Vogel/Lehner
Doppelbesteuerungsabkommen

Doppelbesteuerungsabkommen

der Bundesrepublik Deutschland auf dem Gebiet der Steuern vom Einkommen und Vermögen

Kommentar
auf der Grundlage der Musterabkommen

begründet von

Dr. Dr. h. c. Klaus Vogel †

em. o. Universitätsprofessor an der Universität München
Forschungstelle für Europäisches und Internationales Steuerrecht

herausgegeben von

Dr. Moris Lehner

o. Universitätsprofessor an der Universität München
Forschungstelle für Europäisches und Internationales Steuerrecht

erläutert von

Dr. Daniel Dürrschmidt, LL.M. (Sydney), Universität München; *Dipl. Kfm. Axel Eigelshoven*, Steuerberater, Düsseldorf; *Dr. Michael Engelschalk*, Bereichsleiter Steuern, Weltbank, Wien; *Dr. Maximilian Görl*, Rechtsanwalt, München; *Prof. Dr. Alexander Hemmelrath*, Steuerberater und Wirtschaftsprüfer, München; *Prof. Dr. Roland Ismer*, MSc Econ. (LSE), Universität Erlangen-Nürnberg; *Prof. Dr. Moris Lehner*, Universität München; *Dr. Allit Lohbeck*, LL.M. (Cambridge), Oberregierungsrätin, Bonn; *Stefanie Nasdala*, Universität München; *Prof. Dr. Reinhard Pöllath*, LL.M. (Cambridge/Mass.), Rechtsanwalt und Fachanwalt für Steuerrecht, München/Berlin; *Prof. Dr. Rainer Prokisch*, Universität Maastricht; *Dr. Rahel Reichold*, Universität München; *Prof. Dr. Ekkehart Reimer*, Universität Heidelberg; *Prof. Dr. Alexander Rust*, LL.M. (New York), Wirtschaftsuniversität Wien; *Dr. Gerhard Specker*, Rechtsanwalt, Berlin; *Dr. Frank Stockmann*, Rechtsanwalt, Steuerberater, Fachanwalt für Steuerrecht, Greiling; *Wolfgang Tischbirek*, LL.M. (Berkeley), Rechtsanwalt und Steuerberater, Frankfurt am Main; *Prof. Dr. Christian Waldhoff*, Humboldt-Universität Berlin

6., völlig neu bearbeitete Auflage 2015

C.H.BECK

Zitiervorschlag:
Bearbeiter in Vogel/Lehner DBA, Art. 5 Rz. 12

www.beck.de

ISBN 978 3 406 64929 5

Wilhelmstraße 9, 80801 München
Satz und Druck: Druckerei C. H. Beck, Nördlingen
(Adresse wie Verlag)

Gedruckt auf alterungsbeständigem, säurefreiem Papier
(hergestellt aus chlorfrei gebleichtem Zellstoff)

Benutzerhinweise

Der Kommentar erläutert die derzeit geltenden deutschen Doppelbesteuerungsabkommen für die Steuern vom Einkommen und Vermögen sowie die Abkommensentwürfe, die bis zum **1. August 2014** veröffentlicht wurden. Abkommen, die noch nicht in Kraft getreten sind, auch wenn sie bereits die Zustimmung der deutschen Gesetzgebungsorgane gefunden haben, sind mit einem **„(E)"** (Entwurf) gekennzeichnet.

Die deutschen Abkommen folgen in Inhalt und Aufbau überwiegend dem Abkommensmuster der OECD, weichen aber in Einzelheiten von ihm ab. Der Kommentar verwendet deshalb das **OECD-Muster als Gliederungsprinzip** und als Hilfe für das Verständnis der geltenden Einzelabkommen. Erläutert werden jeweils zunächst von Artikel zu Artikel und von Absatz zu Absatz die Regelungen des OECD-Musterabkommens und seines Kommentars in der Fassung vom Juli 2014. Berücksichtigt werden auch die im April 2013 vorgelegte **Deutsche Verhandlungsgrundlage** und das **Abkommensmodell der Vereinigten Staaten** (US-MA). Auf wichtige Abweichungen von früheren Fassungen des OECD-Modells wird hingewiesen. Darüber hinaus werden die Abweichungen der deutschen Abkommen vom OECD-Modell in Übersichten dargestellt und ebenfalls erläutert. Auf eine durchgehende Kommentierung des **UN-Musterabkommens** wurde verzichtet; der englische Originaltext ist aber im Anhang abgedruckt.

Die Texte der deutschen Doppelbesteuerungsabkommen können hier nicht wiedergegeben werden. Für sie muss auf eine der geläufigen Sammlungen bzw. auf die Internetseite des BMF verwiesen werden. Die **Abkommensübersichten** in dieser Kommentierung sollen helfen, die Originaltexte zu erschließen. Sie geben dabei aber stets deren Auslegung durch die Verfasser wieder. Das Zeichen „≈ MA" kennzeichnet Abweichungen im Wortlaut dieser Abkommen gegenüber den Musterabkommen, die die Verfasser für rechtlich unerheblich halten. Den Rückgriff auf die Abkommenstexte können diese Übersichten aber nicht ersetzen.

Das OECD-MA wird in einer vom Bundesministerium der Finanzen in Zusammenarbeit mit dem österreichischen Bundesfinanzministerium und der Eidgenössischen Steuerverwaltung erarbeiteten **Übersetzung** wiedergegeben. Soweit für Ergänzungen des OECD-MA und seines Kommentars keine derartigen Übersetzungen vorliegen, sind diese Ergänzungen in der vom OECD-Steuerausschuss verabschiedeten Originalfassung (englisch) in die deutschen Texte eingefügt. Die in eckige Klammern gesetzten Zwischenüberschriften zum OECD-Kommentar wurden von den Verfassern eingesetzt. Die Verfasser sind ferner für die deutsche Übersetzung des US-MA verantwortlich. Die Stellungnahmen der Nicht-OECD-Staaten sind in englischer Sprache abgedruckt.

Jedem Artikel ist ein Literaturverzeichnis vorangestellt, in dem die in der jeweils nachfolgenden Kommentierung abgekürzt zitierte Literatur vollständig zitiert ist. Zeitschriftenbeiträge und andere Quellen, die mit den Angaben in der Kommentierung leicht auffindbar sind, sind hier nicht verzeichnet. Grundlegende und weiterführende Literatur wird innerhalb der Kommentierungen vor bestimmten Abschnitten angegeben. Beiträge in Zeitschriften werden jedoch aus Platzgründen ohne Angabe des Titels zitiert.

Vorwort zur 6. Auflage

Zweiunddreißig Jahre nach dem Erscheinen der ersten Auflage dieses Kommentars im Jahre 1983 legen wir die sechste Auflage mit einem gegenüber der Erstauflage um gut 1000 Seiten gewachsenen Umfang vor. Die fast unüberschaubare Fülle des Materials an in- und ausländischer Literatur, Rechtsprechung und an Verlautbarungen der Finanzverwaltungen war kaum zu bewältigen. Dennoch haben sich die Autoren bemüht, Aktualität zum Stand 1. August 2014 zu gewährleisten. Weitere Aktualisierungen waren aufgrund der erforderlichen Herstellungszeit für das Werk nicht möglich. Aktualität zu dem genannten Zeitpunkt ist auch für die Kommentierung der von der Bundesrepublik Deutschland abgeschlossenen Doppelbesteuerungsabkommen einschließlich der im Stadium des Entwurfs vorliegenden Abkommen gewährleistet. Sie sind vollständig berücksichtigt (nach dem 1. August 2014 unterzeichnete Abkommen konnten nicht mehr berücksichtigt werden).

Es entspricht dem mit der ersten Auflage dieses Kommentars begründeten Konzept, dass sich die Erläuterungen primär am OECD-Musterabkommen orientieren, wobei die vorliegende Neuauflage den letzten Stand des OECD-MA nach dem Update 2014 berücksichtigt. Übereinstimmungen und Abweichungen werden in ausführlichen Übersichten zu den einzelnen Artikeln und innerhalb der Artikel bei den einzelnen Absätzen dargestellt und kommentiert. Dies gilt, allerdings ohne die ergänzenden tabellarischen Übersichten, auch für das US- und für das UN-Muster und selbstverständlich auch für die im April 2013 in Berlin vom BMF vorgelegte Deutsche Verhandlungsgrundlage für Doppelbesteuerungsabkommen. Musterabkommen anderer Staaten und andere länderübergreifende Musterabkommen werden in den „Grundlagen des Abkommensrechts" vorgestellt. Dieser Teil ist neu; er ersetzt die bisherige Einleitung, die umfassend ergänzt und fortgeschrieben wird. Zentrales Anliegen dieses Grundlagenteils und Grund für die neue Benennung ist es, die sehr komplexe Problematik der Auslegung von Doppelbesteuerungsabkommen durch eine grundlegende Systematisierung unter möglichst vollständiger Berücksichtigung der Rechtsprechung so aufzubereiten, dass sie dem Benutzer des Kommentars als zuverlässige Anleitung für die Anwendung des Abkommensrechts dienen kann. Darüber hinaus enthält die Neuauflage zahlreiche Glanzlichter, auf die hier nur beispielhaft hingewiesen werden kann. So umfasst die Kommentierung des Art. 1 in einem gesonderten Anhang die Problembereiche des Missbrauchs im Kontext des Abkommensrechts. Zu Art. 7 wird sowohl die Fassung der Vorschrift nach dem OECD-MA 2008 als auch die im Juli 2010 verabschiedete revidierte Fassung mit dem dazu veröffentlichten Kommentar der OECD einschließlich des „Authorized OECD Approach" erörtert. In Art. 9 wird die auch vom BFH bestätigte Sperrwirkung des Art. 9 behandelt, die nachhaltige Auswirkungen auf den Fremdvergleichsgrundsatz des § 1 AStG hat. Die Kommentierung zu Art. 24 untersucht die Vereinbarkeit der „Thin-Cap-Legislation" mit den abkommensrechtlichen Diskriminierungsverboten und behandelt die Schnittstellen der Vorschrift zu den unionsrechtlichen Diskriminierungsverboten. Im Rahmen des Art. 25 werden die neuen Entwicklungen der abkommensrechtlichen Streitschlichtung vorgestellt. Bei Art. 26 werden die umfassenden Maßnahmen im Bereich des Informationsaustausches einschließlich der unionsrechtlichen Vorgaben behandelt.

Klaus Vogel, der Begründer dieses Kommentars, hat seine grundlegenden Kommentierungen bis zur fünften Auflage fortgeführt, ihr Erscheinen im Jahre 2008 hat er allerdings nicht mehr erlebt. Die von ihm bearbeiteten Artikel haben neue Verfasser gefunden, die sich an den Vorarbeiten von *Klaus Vogel* orientieren. Dennoch sind die neuen Kommentierungen, so wie sich das *Klaus Vogel* von seinen Schülern immer gewünscht hat, eigenständige Leistungen der neuen Autoren.

Die Neuauflage beruht auf großem Engagement der Mitarbeiterinnen und Mitarbeiter der Forschungstelle für Europäisches und Internationales Steuerrecht. Mein ganz besonderer Dank gilt Herrn *Dr. Daniel Dürrschmidt LL.M.,* der über Jahre hinweg für die umfangreiche Materialsammlung, für alle organisatorischen Abläufe, für die Koordination der Mitarbeiter sowie für den Kontakt zu den Autoren und zum Verlag verantwortlich war. Neben eigenen Kommentierungen hat er es mir ermöglicht, aktualisierte Bearbeitungen der Art. 4 und 25 vorzulegen. Ohne seine besonders engagierte Arbeit wäre die Neuauflage nicht zustande gekommen. Viel Hilfe bei der Erarbeitung und Auswertung des Materials für die Grundlagen des Abkommensrechts haben Frau *Stefanie Nasdala* und Frau *Dr. Rahel Reichold* mit sehr großem Einsatz geleistet. Ich danke auch Frau *Martina Tippelhofer LL.M.*, Herrn *Walter Hänsle* und Herrn *Carsten Hohmann LL.M.* Frau *Brigitte Fichtner* hat uns bei der Erstellung und Korrektur der Manuskripte ebenso unterstützt, wie bei der datentechnischen Aufbereitung der Stichwortregister. *Frau Charlotte Schwenk* und Herr *Stephan Georg Faber* haben das Gesamtstichwortverzeichnis konsolidiert und die Modifikationen des OECD-Update 2014 in die MA-Texte eingearbeitet. Dank gebührt auch weiteren studentischen Hilfskräften und freien Mitarbeitern, die mit sehr großem Engagement an der Vorbereitung der Neuauflage mitgewirkt haben: Frau *Stefanie Baur*, Frau *Dr. Carolin Bock*, Herrn *Michael Böhme*, Frau *Kristin Draxler*, Frau *Ramona Frenzel*, Frau *Constanze Hilpert*, Frau *Nicole Lieb*, Frau *Serena Lupperger*, Frau *Katharina Mödinger*, Herrn *Benedikt Müller*, Frau *Frauke Nieskens*, Herrn *Felix Wobst* und Frau *Michaela Zeitler*.

Schließlich danke ich auch allen Mitarbeiterinnen und Mitarbeitern des Verlags C. H. Beck, unter ihnen vor allem Frau *Gabriele Wichmann-Woge,* die uns mit großem Engagement unterstützt hat.

München, im Oktober 2014 *Moris Lehner*

Aus dem Vorwort zur 1. Auflage

In seiner verwirrenden Vielfalt ist das Recht der Doppelbesteuerungsabkommen auch dem erfahrenen Praktiker des internen Steuerrechts oft nur sehr schwer zugänglich. Dieser Kommentar möchte ihm den Zugang erleichtern. Er ist, so verwunderlich es klingen mag, ein Zwischenergebnis eines wissenschaftlichen Forschungsvorhabens. Seiner Brauchbarkeit für die Praxis wird das indes nicht im Wege stehen: erster Schritt jeder wissenschaftlichen Bearbeitung muß es ja sein, die Vielzahl der Normen und Rechtsfragen zu ordnen und sich Überblick zu verschaffen; diesen Überblick braucht aber auch der Praktiker.

Die Forschungstelle für ausländisches und Internationales Finanz- und Steuerrecht der Universität München arbeitet seit 1979 an einem Forschungsprojekt, in dessen erstem Arbeitsabschnitt die Umsetzung des OECD-Musterabkommens in konkrete bilaterale Verträge am Beispiel der Doppelbesteuerungsabkommen der Bundesrepublik Deutschland aufgearbeitet und dargestellt werden sollte. In die Darstellung einbezogen werden sollten dabei die bislang zu den Abkommen entstandenen Auslegungsfragen, vor allem soweit sie sich aus dem Zusammenwirken der unterschiedlichen nationalen Rechtsordnungen ergaben. Je mehr dieser Plan Gestalt annahm, desto deutlicher wurde, daß eine derartige Zusammenstellung nicht nur als Basis weiterer Forschung von Nutzen sein würde, sondern unmittelbar auch für die Anwendung der Abkommen in der steuerrechtlichen Praxis. So entschlossen wir uns, das, was für unsere wissenschaftliche Arbeit nur ein Zwischenergebnis war, als Hilfe zur Abkommensauslegung in der Form eines Kommentars herauszubringen.

„Wir" schreibe ich, weil es sich um eine Teamarbeit handelt. Daß dieses Team zustandegekommen und seine Arbeit bis zu ihrem jetzigen Stand bringen konnte, wäre nicht denkbar gewesen ohne die großzügige und fortdauernde Unterstützung unserer Untersuchung durch die Stiftung Volkswagenwerk. Der Stiftung, ihren Organen und Mitarbeitern, unter ihnen vor allem Herrn Rechtsanwalt *Dr. Werner Seifart* und Frau *Dr. Helga Junckers,* sei deshalb hier an erster Stelle und besonders herzlich gedankt. In den Kommentar einbezogen werden konnten Ergebnisse, die in gesonderten Forschungsprojekten mit Unterstützung der Deutschen Forschungsgemeinschaft und der Alfried Krupp von Bohlen und Halbach-Stiftung erarbeitet worden waren. Auch diesen Förderern möchte ich vielmals danken.

München, den 1. März 1983 *Klaus Vogel*

Aus dem Vorwort zur 1. Auflage

[illegible]

Bearbeiterverzeichnis

Es haben bearbeitet:

Art. 3, Vor Art. 6-22, 19	*Daniel Dürrschmidt*
Art. 9	*Axel Eigelshoven*
Art. 26, 27, 28	*Michael Engelschalk*
Art. 5	*Maximilian Görl*
Art. 7, 8, 14	*Alexander Hemmelrath*
Art. 2, 18, 23	*Roland Ismer*
Grundlagen, Art. 4, 25	*Moris Lehner*
Überschrift und Präambel, Art. 30, 31	*Stefanie Nasdala*
Art. 11, 12	*Reinhard Pöllath / Allit Lohbeck*
Art. 1, 15, 16	*Rainer Prokisch*
Art. 20	*Rahel Reichold*
Art. 6, 13	*Ekkehart Reimer*
Art. 21, 24	*Alexander Rust*
Art. 17, 22	*Frank Stockmann*
Vor Art. 10-12	*Wolfgang Tischbirek / Allit Lohbeck / Maximilian Görl*
Art. 10	*Wolfgang Tischbirek / Gerhard Specker*
Art. 29	*Christian Waldhoff*

Inhaltsverzeichnis

Grundlagen des Abkommensrechts

Überschrift des Musterabkommens

Abschnitt I. Geltungsbereich des Abkommens

Abschnitt II. Begriffsbestimmungen

Inhalt

Abschnitt IV. Besteuerung des Vermögens

Abschnitt V. Methoden zur Vermeidung der Doppelbesteuerung

Abkürzungsverzeichnis

a. A.	andere,r Auffassung/andere,r Ansicht
A. C.	Appeal Cases (Entscheidungssammlung Revisionsfälle, Großbritannien)
a. E.	am Ende
a. F.	alte Fassung
a. a. O.	am angegebenen Ort
AAR	Authority for Advance Ruling (Behörde für Auskunft in Steuersachen, Indien)
Abk.	Abkommen
ABl.	Amtsblatt der Europäischen Union
Abs.	Absatz
aBV	(alte) Schweizerische Bundesverfassung vom 19.4.1874
AfA	Absetzung für Abnutzung
AFDI	Annuaire Français de Droit International (Zeitschrift, International)
AG	Die Aktiengesellschaft (Zeitschrift)
AIG	Auslandsinvestitionsgesetz (Gesetz über steuerliche Maßnahmen bei Auslandsinvestitionen der deutschen Wirtschaft vom 18.8.1969, BGBl. I S. 1211, 1214)
AIR	Australian Income Tax Reports (Zeitschrift, Australien)
AJCL	Asian Journal of Comparative Law (Zeitschrift, Asien)
AJIL	American Journal of International Law (Zeitschrift, International)
AktG	Aktiengesetz
All ER	All England Law Reports (Entscheidungssammlung, Großbritannien)
allg.	allgemein, e, er, es, en
Alt.	Alternative
ANBPPI	Association des Bureaux pour la Protection de la Propriété Industrielle
ÄndAbk.	Änderungsabkommen
ÄndProt.	Änderungsprotokoll
Anm.	Anmerkung
AnwBl.	Anwaltsblatt (Zeitschrift)
AO	Abgabenordnung
AOA	Authorized OECD Approach
AöFV	Amtsblatt der Österreichischen Finanzverwaltung
AÖR	Archiv des Öffentlichen Rechts (Zeitschrift)
APA	Advance Pricing Agreement
APTB	Asia-Pacific Tax Bulletin (Zeitschrift, Asien und westpazifischer Raum) (bis 1995: APTIRC-Bull.)
APTIRC-Bull.	Asian-Pacific Tax and Investment Bulletin (Zeitschrift, Asien und westpazifischer Raum) (seit 1995: APTB)
Art.	Artikel
AS	Amtliche Sammlung der Bundesgesetze und Verordnungen (Schweiz)

ASA	Archiv für Schweizerisches Abgabenrecht (Zeitschrift, Schweiz)
AStG	Außensteuergesetz
ATC	Australian Tax Cases (Entscheidungssammlung, Australien)
ATF	Australian Tax Forum (Zeitschrift, Australien)
ATO	Australian Taxation Office (Oberste Steuerbehörde, Australien)
ATR	Australian Tax Reports (Zeitschrift, Australien)
aufgeh.	aufgehoben
Aufl.	Auflage
AVR	Archiv des Völkerrechts (Zeitschrift)
AWB	Algemene wet bestuursrecht (Gesetz, Niederlande)
AWD	Außenwirtschaftsdienst des Betriebsberaters (Zeitschrift) (ab 1975: RIW/AWD)
AWZ	Ausschließliche Wirtschaftszone
Baker	Baker, Double Taxation Conventions, Loseblatt, London
BAnz.	Bundesanzeiger
BAO	Bundesabgabenordnung (Gesetz, Österreich)
Baumbach/Hueck	Baumbach/Hueck, Aktiengesetz, Kommentar, 13. Aufl., München 1968 (ergänzt 1970)
Ba-Wü	Baden-Württemberg (auch: BW)
Bay	Bayern
BayLfSt	Bayerisches Landesamt für Steuern (auch: LfSt)
BB	Der Betriebsberater (Zeitschrift)
BBl	Bundesblatt (Amtsblatt, Schweiz)
Bd.	Band
BddW	Blick durch die Wirtschaft (Zeitschrift)
BdF	Bundesminister der Finanzen
BDGV	Berichte der Deutschen Gesellschaft für Völkerrecht
Beermann/Gosch	Beermann/Gosch, Abgabenordnung und Finanzgerichtsordnung mit Nebengesetzen/EuGH-Verfahrensrecht, Kommentar, Loseblatt, Bonn
Beil.	Beilage
BEPS	Base Erosion and Profit Shifting
betr.	betreffen, betreffend, betrifft
BewG	Bewertungsgesetz
BF	Bulletin Fiscal (Zeitschrift, Frankreich)
BfF	Bundesamt für Finanzen
BFH	Bundesfinanzhof
BFH/NV	Sammlung amtlich nicht veröffentlichter Entscheidungen des Bundesfinanzhofs
BFHE	Amtliche Sammlung der Entscheidungen des Bundesfinanzhofs
BgA	Betrieb gewerblicher Art
BGB	Bürgerliches Gesetzbuch
BGBl.	Bundesgesetzblatt
BGE	Amtliche Sammlung der Entscheidungen des Schweizerischen Bundesgerichts
BGH	Bundesgerichtshof
BGHZ	Amtliche Sammlung der Entscheidungen des Bundesgerichtshofs in Zivilsachen

BHGK	Gosch/Grotherr/Kroppen, DBA, Kommentar, Loseblatt, Herne/Berlin (früher: Becker/Höppner/Grotherr/Kroppen)
BIFD	Bulletin for International Fiscal Documentation (Zeitschrift, International)
BIT	Bulletin for International Taxation (Zeitschrift, International)
BK	Kahl/Waldhoff/Walter, Bonner Kommentar zum Grundgesetz, Loseblatt, Heidelberg
Bln	Berlin
Blümich	Blümich, EStG - KStG - GewStG - Nebengesetze, Kommentar, Loseblatt, München
BMF	Bundesminister der Finanzen (auch: BdF); oder: Bundesministerium für Finanzen
BMW	Bundesminister für Wirtschaft
BNB	Beslissingen in Belastingzaken, Nederlandse Belastingrechtspraak (Entscheidungssammlung, Niederlande)
Brdbg.	Brandenburg
BReg.	Bundesregierung
BRep.	Bundesrepublik Deutschland
BSG	Bundessozialgericht
bspw.	beispielsweise
BSt-VwG	Betriebstätten-Verwaltungsgrundsätze (sog. „Betriebstättenerlass“)
BStBl.	Bundessteuerblatt
BT	Bundestag
BT-Drs.	Bundestags-Drucksache
BTR	British Tax Review (Zeitschrift, Großbritannien)
Buchst.	Buchstabe
BV	Schweizerische Bundesverfassung vom 18. 4. 1999
BVerfG	Bundesverfassungsgericht
BVerfGE	Amtliche Sammlung der Entscheidungen des Bundesverfassungsgerichts
BW	Baden-Württemberg (auch: Ba-Wü)
BYIL	British Yearbook of International Law (Zeitschrift, Großbritannien)
bzgl.	bezüglich
BZSt	Bundeszentralamt für Steuern
bzw.	beziehungsweise
C. civ.	Code civil (Gesetz, Frankreich)
C.L.R.	Commonwealth Law Reports (Zeitschrift, Australien)
C.T.C.	Canadian Tax Court (Gericht, Kanada)
CAA	Cour administrative d'appel (Oberverwaltungsgericht, Frankreich)
Callies/Ruffert	Callies/Ruffert, EUV, AEUV, Kommentar, 4. Aufl., München 2011
Can.Gaz.	Canadian Gazette (Zeitschrift, Kanada)
CBDT	Central Board of Direct Taxes (Finanzbehörde, Indien)
CCCTB	Common Consolidated Corporate Tax Base (EU; auch GKKB)
CCH	Commerce Clearing House (Datenbank, USA/Kanada)

CCRA	Canada Customs and Revenue Agency (Kanada)
CDFI	Cahiers de Droit Fiscal International (Nummer des Bandes in röm. Zahlen) (Zeitschrift, International)
CE	Conseil d'Etat (Staatsrat und oberstes Verwaltungsgericht, Frankreich)
CGI	Code Général des Impôts (Gesetz, Frankreich)
CGTA	Capital Gains Tax Act (Gesetz, Großbritannien)
CIAT	Centro Interamericano de Administraciones Tributarias (Inter-American Center of Tax Administrations)
CIR	Commissioner of Inland Revenue (Leiter des IR, Neuseeland); oder: Commissioner of Internal Revenue (Leiter des IRS, USA)
COM	Mitteilung der Europäischen Kommission (auch: KOM); oder: COMMERCIAL (Urteil zur kommerziellen Verwendung zugelassen)
comm.	commentaire
Comr.	Commissioner
concl.	conclusions
Cong.	Congress
Const.	Constitution
CTJ	Canadian Tax Journal (Zeitschrift, Kanada)
Cum.Bull.	Cumulative Bulletin (Bekanntgabeblatt des IRS, USA)
D	Deutschland
D.	Digesten (Sammlung von Werken römischer Rechtsgelehrter)
d. h.	das heißt
DB	Der Betrieb (Zeitschrift)
DB Beil.	Der Betrieb – Beilage (Zeitschrift)
DBA	Doppelbesteuerungsabkommen
DBG	Gesetz über die direkte Bundessteuer (Gesetz, Schweiz)
DE-VG	Deutsche Verhandlungsgrundlage für Doppelbesteuerungsabkommen (Stand: 17. April 2013)
Debatin/Walter	Debatin/Walter, Handbuch zum Deutsch-Amerikanischen Doppelbesteuerungsabkommen, Loseblatt, Amsterdam
ders.	derselbe
DFI	Derivatives and Financial Instruments (Zeitschrift, International)
dies.	dieselbe, dieselben
diesbzgl.	diesbezüglich
DIHT	Deutscher Industrie- und Handelstag
Dir. e Prat. Trib.	Diritto e Pratica Tributaria (Zeitschrift, Italien)
Diss.	Dissertation
Div.	Dividende
DJT	Verhandlungen des Deutschen Juristentages
Doernberg/van Raad	Doernberg/van Raad,The 1996 United States Model Income Tax Convention: Analysis, Commentary and Comparison, Den Haag 1997
DÖV	Die öffentliche Verwaltung (Zeitschrift)
Dok.-Nr.	Dokumentennummer (bei elektronischen Datenbanken)
DoppBest.	Doppelbesteuerung
DPM	Dötsch/Pung/Möhlenbrock, Die Körperschaftssteuer, Kommentar, Loseblatt, Stuttgart

Dr. Fisc.	Droit Fiscal (Zeitschrift, Frankreich)
Dreier	Dreier (Hrsg.), Grundgesetz, Kommentar, 3 Bde., Tübingen, ab 1996
DStJG	Deutsche Steuerjuristische Gesellschaft
DStR	Deutsches Steuerrecht (Zeitschrift)
DStR-Beih.	DStR-Beihefter (Zeitschrift)
DStRE	Deutsches Steuerrecht Entscheidungsdienst (Zeitschrift)
DStZ	Deutsche Steuerzeitung (Zeitschrift)
DStZ/A	Deutsche Steuerzeitung Ausgabe A (Zeitschrift)
DStZ/E	Deutsche Steuerzeitung Ausgabe E (Zeitschrift)
dt.	deutsch, e, er, es, en
DTC	Dominion Tax Cases (Entscheidungssammlung, Kanada)
DVBl.	Deutsches Verwaltungsblatt (Zeitschrift)
DVR	Deutsche Verkehrsteuer-Rundschau (Zeitschrift)
DW	Debatin/Wassermeyer (Hrsg.), Doppelbesteuerung, Kommentar, Loseblatt, München (ab Oktober 2012: Wassermeyer)
E	Amtliche Entscheidungssammlung
(E)	Entwurf (= bei Redaktionsschluss noch nicht in Kraft getreten)
EAS	Express-Antwort-Service (Einzelauskünfte des ÖstBMF, Österreich)
EC Tax Rev.	EC Tax Review (Zeitschrift, EU)
ECITLS	EC and International Tax Law Series (Zeitschrift, International)
Edwardes-Ker	Edwardes-Ker, The International Tax Treaties Service, Loseblatt, Dublin
EFG	Amtliche Sammlung der Entscheidungen der Finanzgerichte
EG	Europäische Gemeinschaften
EG-Dok.	Dokument der Europäischen Gemeinschaft
EG-Komm.	Kommission der Europäischen Gemeinschaften
EGAHiG	EG-Amtshilfe-Gesetz (Gesetz zur Durchführung der EG-Richtlinie über die gegenseitige Amtshilfe im Bereich der direkten und indirekten Steuern)
EGBGB	Einführungsgesetz zum Bürgerlichen Gesetzbuch
EGKS	Europäische Gemeinschaft für Kohle und Stahl
EGV	Vertrag zur Gründung der Europäischen Gemeinschaft
ehem.	ehemalig, e, er, es, en
Einl.	Einleitung
EJGK	Endres/Jacob/Gohr/M. Klein, DBA Deutschland/USA Doppelbesteuerungsabkommen, Kommentar, München 2009
EJIL	European Journal of International Law (Zeitschrift, International)
Emmerich/Habersack	Emmerich/Habersack (Hrsg.), Aktien- und GmbH-Konzernrecht, Kommentar, 7. Aufl., München 2013
Emory Int'l L. Rev.	Emory International Law Review (Zeitschrift, International)
EMRK	Europäische Menschenrechts-Konvention
engl.	englisch, e, er, es, en
entspr.	entsprechend

EPIL	Bernhardt (Hrsg.), Encyclopedia of Public International Law, 1992-2001 (siehe auch: MPEPIL)
ErbStG	Erbschaftsteuer- und Schenkungsteuergesetz
erg.	ergänzend
Erg. Abg.	Ergänzungsabgabe
Erk. Slg.	Amtliche Sammlung der Erkenntnisse und Beschlüsse des Verwaltungsgerichtshofes (Österreich)
Erl.	Erlass
Essays Int. Tax.	Alpert/van Raad (Hrsg.), Essays on International Taxation – To Sidney I. Roberts, Deventer/Boston 1993
EStDV	Einkommensteuer-Durchführungsverordnung
EStG	Einkommensteuergesetz
EStR	Einkommensteuer-Richtlinien
EStZ	Europäische Steuerzeitung (Zeitschrift, EU)
ET	European Taxation (Zeitschrift, EU)
et. al.	und andere
EU	Europäische Union
EUAHiG	EU-Amtshilfe-Gesetz (Gesetz über die Durchführung der gegenseitigen Amtshilfe in Steuersachen zwischen den Mitgliedstaaten der Europäischen Union)
EuGH	Gerichtshof der Europäischen Union
EuGHE	Amtliche Sammlung der Rechtsprechung des Gerichtshofs der Europäischen Union
EUV	Vertrag über die Europäische Union
EuZW	Europäische Zeitschrift für Wirtschaftsrecht (Zeitschrift, EU)
EWG	Europäische Wirtschaftsgemeinschaft
EWHC	High Court of Justice (Oberstes Zivilgericht, England/Wales)
EWIV	Europäische wirtschaftliche Interessenvereinigung
EWR	Europäischer Wirtschaftsraum
EWS	Europäisches Wirtschafts- und Steuerrecht (Zeitschrift, EU)
F.	Fach
f., ff.	folgende, es, er, en
F. 2 d	Federal Reporter, Second Series (Entscheidungssammlung, USA)
F. 3 d	Federal Reporter, Third Series (Entscheidungssammlung, USA)
F. Supp.	Federal Supplement (Entscheidungssammlung, USA)
FA	Finance Act (Gesetz, Großbritannien/Indien)
FCT	Federal Commissioner of Taxation (Leiter der ATO, Australien)
FCWTR	Financial Times World Tax Report (Zeitschrift, International)
Fed. Comm.	Federal Commissioner (Behördenleiter, Australien)
Festg.	Festgabe
FG	Finanzgericht
FGO	Finanzgerichtsordnung
FinArch.	Finanz-Archiv (Zeitschrift)
FinMin	Finanzminister; oder: Finanzministerium
FinSen	Finanzsenator

FJ .... Finanz-Journal (Zeitschrift, Österreich)
FJF .... Fiscale jurisprutentie/Jurisprudence fiscale (Zeitschrift, Belgien)
Fla. Tax Rev. .... Florida Tax Review (Zeitschrift, USA)
Fn. .... Fußnote
FProt. .... Final Protocol
FR .... Finanzrundschau (Zeitschrift)
franz. .... französisch, e, er, es, en
Frotscher .... Frotscher, Internationales Steuerrecht, 3. Aufl., München 2009
Frotscher/Schwarz ...... Frotscher/Schwarz, Abgabenordnung, Kommentar, Loseblatt, Freiburg
FS .... Festschrift
FS 30 Jahre WU Wien Gassner/M. Lang (Hrsg.), Besteuerung und Bilanzierung international tätiger Unternehmen, 30 Jahre Steuerrecht an der Wirtschaftsuniversität Wien (1998)
FS 50 Jahre BSG .... von Wulffen/Krasney (Hrsg.), Festschrift 50 Jahre Bundessozialgericht (2004)
FS AG FAfStR .... Arbeitsgemeinschaft der Fachanwälte für Steuerrecht e.V., Bochum (Hrsg.), Festschrift 50 Jahre Arbeitsgemeinschaft der Fachanwälte für Steuerrecht (1999)
FS Avery Jones .... Baker/Bobbett (Hrsg.), Tax polymath – a life in international taxation, essays in honour of John F. Avery Jones (2010)
FS Bernhardt .... Beyerlin/Bothe/Hofmann/Petersmann (Hrsg.), Recht zwischen Umbruch und Bewahrung, Völkerrecht – Europarecht- Staatsrecht, Festschrift für Rudolf Bernhardt (1995)
FS Beusch .... Beisse/Lutter/Närger (Hrsg.), Festschrift für Karl Beusch zum 68. Geburtstag am 31. Oktober 1993 (1993)
FS Cagianut .... Höhn/Vallender, Steuerrecht im Rechtsstaat, Festschrift für Prof. Dr. Francis Cagianut zum 65. Geburtstag (1990)
FS David .... Foquet (Hrsg.), Regards critiques et perspectives sur le droit et la fiscalité, Liber amicorum Cyrille David (2005)
FS Debatin .... Burmester/Endres (Hrsg.), Außensteuerrecht, Doppelbesteuerungsabkommen und EU-Recht im Spannungsverhältnis, Festschrift für Helmut Debatin zum 70. Geburtstag (1997)
FS Djanani .... Brähler/Lösel (Hrsg.), Deutsches und internationales Steuerrecht, Festschrift für Christiana Djanani zum 60. Geburtstag (2008)
FS Döllerer .... Knobbe-Keuk/F. Klein/Moxter (Hrsg.), Handelsrecht und Steuerrecht, Festschrift für Dr. Dr. h.c. Georg Döllerer (1988)
FS Dumon .... Bützler (Hrsg.), Liber amicorum Frédéric Dumon (1983)
FS Ellis .... van Arendonk/Engelen, A Tax Globalist: Essays in Honour of Maarten J. Ellis (2005)
FS Fischer .... Kleineidam (Hrsg.), Unternehmenspolitik und internationale Besteuerung, Festschrift für Lutz Fischer zum 60. Geburtstag (1999)
FS Flick .... F. Klein/Stihl/Wassermeyer (Hrsg.), Unternehmen Steuern, Festschrift für Hans Flick zum 70. Geburtstag (1997)

FS Frotscher .... Lüdicke/Mössner/Hummel (Hrsg.), Das Steuerrecht der Unternehmen, Festschrift für Gerrit Frotscher zum 70. Geburtstag (2013)

FS Häberle .... Blankenagel/Pernice/Schulze-Fielitz (Hrsg.), Verfassung im Diskurs der Welt, Liber Amicorum für Peter Häberle zum siebzigsten Geburtstag (2004)

FS Herzig .... Kessler/Förster/Watrin (Hrsg.), Unternehmensbesteuerung, Festschrift für Norbert Herzig zum 65. Geburtstag (2010)

FS Hinnekens .... Peeters, Liber amicorum Luc Hinnekens (2002)

FS Jahrreiß .... Carstens/Peters (Hrsg.), Festschrift Hermann Jahrreiß zu seinem siebzigsten Geburtstag, 19. August 1964 (1964)

FS J. Lang .... Tipke/Seer/Hey/Englisch (Hrsg.), Gestaltung der Steuerrechtsordnung, Festschrift für Joachim Lang zum 70. Geburtstag (2011)

FS Kreile .... Becker/Lerche/Mestmäcker (Hrsg.), Wanderer zwischen Musik Politik und Recht, Festschrift für Reinhold Kreile zu seinem 65. Geburtstag (1994)

FS Kruse .... Drenseck/Seer (Hrsg.), Festschrift für Heinrich Wilhelm Kruse zum 70. Geburtstag (2001)

FS Leisner .... Isensee/Lecheler (Hrsg.), Freiheit und Eigentum, Festschrift für Walter Leisner zum 70. Geburtstag (1999)

FS Lerche .... Badura (Hrsg.), Wege und Verfahren des Verfassungslebens, Festschrift für Peter Lerche zum 65. Geburtstag (1993)

FS Lodin .... Andersson/Melz/Silfverberg (Hrsg.), Liber Amicorum Sven-Olof Lodin: Modern Issues in the Law of International Taxation (Series on International Taxation) (2001)

FS Loukota .... M. Lang/Jirousek (Hrsg.), Praxis des Internationalen Steuerrechts, Festschrift für Helmut Loukota zum 65. Geburtstag (2005)

FS Lutter .... Schneider/Hommelhoff /Schmidt (Hrsg.), Deutsches und europäisches Gesellschafts-, Konzern- und Kapitalmarktrecht, Festschrift für Marcus Lutter zum 70. Geburtstag (2000)

FS Mosler .... Bernhardt/Geck/Jaenicke/Steinberger (Hrsg.), Völkerrecht als Rechtsordnung, internationale Gerichtsbarkeit, Menschenrechte, Festschrift für Hermann Mosler (1983)

FS Murai .... Kamedda u. a. (Hrsg.), Festschrift in Honor of Professor Tadashi Murai (2012)

FS Nolz .... Quantschnigg/Wiesner/Mayr (Hrsg.), Steuern im Gemeinschaftsrecht, Festschrift für Wolfgang Nolz (2008)

FS Oppermann .... Classen/Dittmann/Fechner/Gassner/Kilian (Hrsg.), „In einem vereinten Europa dem Frieden der Welt zu dienen", Liber amicorum Thomas Oppermann, (2001)

FS Raupach .... P. Kirchhof/Schmidt/Schön/K. Vogel (Hrsg.), Steuer- und Gesellschaftsrecht zwischen Unternehmerfreiheit und Gemeinwohl, Festschrift für Arndt Raupach zum 70. Geburtstag (2006)

FS Reiß .... P. Kirchhof/Nieskens (Hrsg.), Festschrift für Wolfram Reiß zum 65. Geburtstag (2008)

FS Ritter	Kley/Sünner/Willemsen (Hrsg.), Steuerrecht, Steuer- und Rechtspolitik, Wirtschaftsrecht und Unternehmensverfassung, Umweltrecht, Festschrift für Wolfgang Ritter zum 70. Geburtstag (1997)
FS Rödler	M. Lang/Weinzierl (Hrsg.), Europäisches Steuerrecht, Festschrift für Friedrich Rödler zum 60. Geburtstag (2010)
FS Rudolf	Arndt/Knemeyer/Kugelmann (Hrsg.), Völkerrecht und deutsches Recht, Festschrift für Walter Rudolf zum 70. Geburtstag (2001)
FS Ryser	Locher/Rolli/Spori (Hrsg.), Internationales Steuerrecht in der Schweiz – aktuelle Situation und Perspektiven, Festschrift zum 80. Geburtstag von Walter Ryser (2005)
FS Schlochauer	von Münch (Hrsg.), Staatsrecht, Völkerrecht, Europarecht, Festschrift für Hans-Jürgen Schlochauer zum 75. Geburtstag am 28. März 1981 (1981)
FS Scholz	Pitschas/Uhle (Hrsg.), Wege gelebter Verfassung in Recht und Politik, Festschrift für Rupert Scholz zum 70. Geburtstag (2007)
FS Seidl-Hohenveldern	Rest/Hafner/Loibl (Hrsg.), Liber amicorum Professor Ignaz Seidl-Hohenveldern, in honour of his 80th birthday (1998)
FS Selmer	Osterloh/Schmidt/Weber (Hrsg.), Staat, Wirtschaft, Finanzverfassung, Festschrift für Peter Selmer zum 70. Geburtstag (2004)
FS Spindler	Mellinghoff/Schön/Viskorf (Hrsg.), Steuerrecht im Rechtsstaat, Festschrift für Wolfgang Spindler zum 65. Geburtstag (2011)
FS Spitaler	Gerhard (Hrsg.), Gegenwartsfragen des Steuerrechts, Festschrift für Armin Spitaler (1958)
FS Streck	Binnewies (Hrsg.), Festschrift für Michael Streck zum 70. Geburtstag (2011)
FS Tomuschat	Dupuy/Fassbender/Shaw/Sommermann (Hrsg.), Völkerrecht als Wertordnung – Common Values in International Law, Festschrift für Christian Tomuschat (2006)
FS v. Wallis	F. Klein/K. Vogel (Hrsg.), Der Bundesfinanzhof und seine Rechtsprechung. Grundfragen – Grundlagen, Festschrift für Hugo von Wallis zum 75. Geburtstag am 12. April 1985 (1985)
FS Vanistendael	Hinnekens (Hrsg.), A vision of taxes within and outside the European borders, Festschrift in honor of Prof. Frans Vanistendael (2008)
FS Walter	Conston (Hrsg.), Aktuelle Themen im U.S.-Deutschen Steuer- und Handelsrecht, Festschrift zu Ehren v. Otto L. Walter (1988)
FS Ward	Maisto/Nikolakakis/Ulmer (Hrsg.), Essays on Tax Treaties, A Tribute to David A. Ward (2012)
FS Wassermeyer	Gocke/Gosch/M. Lang (Hrsg.), Körperschaftsteuer, Internationales Steuerrecht, Doppelbesteuerung, Festschrift für Franz Wassermeyer zum 65. Geburtstag (2005)
FTWTR	Financial Times World Tax Reports (Zeitschrift, International)

FVG	Gesetz über die Finanzverwaltung
FVW	Freiburgischer Verband für Waldwirtschaft
FWBS	Flick/Wassermeyer/Baumhoff/Schönfeld, Außensteuerrecht, Kommentar, Loseblatt, Köln (früher: FWB)
FWK	Flick/Wassermeyer/Kempermann, Doppelbesteuerungsabkommen Deutschland-Schweiz, Kommentar, Loseblatt, Köln (früher: FWWK)
G	Gesetz
GA	Generalanwalt (EU)
GAAR	General Anti-Avoidance Rule (allgemeine Missbrauchsvorschrift zur Verhütung von Steuerumgehung)
Gassner/Lang/Lechner, Entwicklungen	Gassner/Lang/Lechner, Aktuelle Entwicklungen im Internationalen Steuerrecht, 1994
Gassner/Lang/Lechner, Methoden	Gassner/Lang/Lechner, Die Methoden zur Vermeidung der Doppelbesteuerung, Wien 1995
GATT	General Agreement on Tariffs and Trade (Allgemeines Zoll- und Handelsabkommen)
GCM	U. S. General Counsel Memorandum (USA)
Geiger, Grundgesetz	Geiger, Grundgesetz und Völkerrecht, 6. Aufl., München 2013
GeschOBT	Geschäftsordnung des Deutschen Bundestages
GewStDV	Gewerbesteuer-Durchführungsverordnung
GewStG	Gewerbesteuergesetz
GewStR	Gewerbesteuer-Richtlinien
GG	Grundgesetz
gg.	gegen
ggf.	gegebenenfalls
GJLL	Gröhs/Jirousek/Lang/Loukota, Kurzkommentar zum neuen Doppelbesteuerungsabkommen Österreich-USA, 1997
GKG	Gosch/Kroppen/Grotherr, DBA-Kommentar, Loseblatt, Herne/Berlin
GKKB	Gemeinsame konsolidierte Körperschaftsteuerbemessungsgrundlage (EU; s. auch CCCTB)
gl. A.	gleiche Ansicht
GmbH	Gesellschaft mit beschränkter Haftung
GmbHR	GmbH-Rundschau (Zeitschrift)
Gr	Gruppe
Grabitz/Hilf/ Nettesheim	Grabitz/Hilf/Nettesheim, Das Recht der Europäischen Union, Loseblatt, München
grds.	grundsätzlich
Grotherr	Grotherr, Handbuch der internationalen Steuerplanung, 3. Aufl., Herne 2011
Grundl.	Grundlagen
GRUR	Gewerblicher Rechtsschutz und Urheberrecht (Zeitschrift)
GRUR Int.	Gewerblicher Rechtsschutz und Urheberrecht International (Zeitschrift, International)
GS	Gedächtnisschrift

GS Knobbe-Keuk ...... Schön/Flume (Hrsg.), Gedächtnisschrift für Brigitte Knobbe-Keuk (1997)
GS Quantschnigg .... BMF Österreich/JKU Linz (Hrsg.), Einkommensteuer Körperschaftsteuer Steuerpolitik, Gedenkschrift Peter Quantschnigg (2010)
GVBl. .... Gesetz- und Verordnungsblatt
GZ .... Geschäftszahl

h. A. .... herrschende Auffassung, herrschende Ansicht
h. M. .... herrschende Meinung
H.R. .... House of Representatives (USA)
Haase .... Haase/Becker, Außensteuergesetz, Doppelbesteuerungsabkommen, 2. Aufl., Heidelberg 2012
Halbs. .... Halbsatz
HdB .... Handbuch
HdbStR .... Isensee/P. Kirchhof (Hrsg.), Handbuch des Staatsrechts der Bundesrepublik Deutschland, 10 Bde., 1.–3. Aufl., Heidelberg ab 1987 (auch: HStR)
Hess .... Hessen
HFR .... Höchstrichterliche Finanzrechtsprechung (Zeitschrift)
HGB .... Handelsgesetzbuch
HHR .... Herrmann/Heuer/Raupach, Einkommensteuer- und Körperschaftsteuergesetz mit Nebengesetzen, Kommentar, Loseblatt, Köln
HMRC .... Her Majesty's Revenue & Customs (Steuerbehörde, Großbritannien)
Höhn .... Höhn (Hrsg.), Handbuch des internationalen Steuerrechts der Schweiz, 2. Aufl., Bern 1993
Höhn/David .... Höhn/David (Hrsg.), Doppelbesteuerungsrecht, Bern/Stuttgart 1973
HR .... Hoge Raad (oberstes ordentliches Gericht, Niederlande)
Hrsg. .... Herausgeber
HStR .... Isensee/P. Kirchhof (Hrsg.), Handbuch des Staatsrechts der Bundesrepublik Deutschland, 10 Bde., 1.–3. Aufl., Heidelberg ab 1987 (auch: HdbStR)
Hübschmann/Hepp/Spitaler .... Hübschmann/Hepp/Spitaler, Abgabenordnung und Finanzgerichtsordnung, Kommentar, Loseblatt, Köln

i. d. F. .... in der Fassung
i. d. R. .... in der Regel
i. E. .... im Erscheinen
i. e. S. .... im engeren Sinn
i. Erg. .... im Ergebnis
i. R. .... im Rahmen
i. S. .... im Sinne
i. S. d. .... im Sinne des
i. Ü. .... im Übrigen
i. V. m. .... in Verbindung mit
i. w. S. .... im weiteren Sinn
IBFD .... International Bureau of Fiscal Documentation
IBFD International Tax Glossary .... IBFD International Tax Glossary, 6. Aufl., 2009

ICC	International Chamber of Commerce (Internationale Handelskammer)
ICDT	Instituto Colombiano de Derecho Tributario (Institut für Steuerrecht, Kolumbien)
ICLQ	International and Comparative Law Quarterly (Zeitschrift, International)
ICTA	Income and Corporation Taxes Act (Gesetz, Großbritannien)
IDW	Institut der Wirtschaftsprüfer e. V.
IFA	International Fiscal Association
IFSt	Institut für Finanzen und Steuern e.V.
IGH	Internationaler Gerichtshof
ILADT	Instituto Latinoamericano de Derecho Tributario (Institut für Steuerrecht, Lateinamerika)
ILC	International Law Commission
(Ind.) ITR	Income Tax Reporter (Zeitschrift, Indien)
INF	Die Information über Steuer und Wirtschaft (Zeitschrift)
insbes.	insbesondere
InstAuIFuSt	Institut für Ausländisches und Internationales Finanz- und Steuerwesen, Hamburg
InstFst	Institut Finanzen und Steuern
INTM	International Manual (Richtlinien des HMRC, Großbritannien)
Ipsen, Völkerrecht	Ipsen, Völkerrecht, 6. Aufl., München 2014
IRB	Internal Revenue Bulletin (Bekanntgabeblatt des IRS, USA)
IRC	Internal Revenue Code (Gesetz, USA)
IRS	Internal Revenue Service (Bundessteuerbehörde, USA)
IRSG	Schweizerisches Bundesgesetz über die internationale Rechtshilfe in Strafsachen
IStR	Internationales Steuerrecht (Zeitschrift)
IStR-LB	Internationales Steuerrecht – Länderbericht (Zeitschrift)
ITA	Income Tax Act (Gesetz, Großbritannien/Kanada)
ITAT	Income Tax Appelate Tribunal (Gericht, Indien)
ITJ	The International Tax Journal (Zeitschrift, International)
ITO	Income Tax Officer (Indien)
ITPJ	International Transfer Pricing Journal (Zeitschrift, International)
ITR	International Tax Review (Zeitschrift, International)
IWB	Internationale Wirtschaftsbriefe (Zeitschrift, International)
J.	Justice
J. B. L.	Journal of Business Law (Zeitschrift, Großbritannien)
J. T.	Journal des Tribunaux (Zeitschrift, Belgien)
J. Transnat'l L&Pol'y	Journal of Transnational Law and Policy (Zeitschrift, International)
Jacobs	Jacobs, Internationale Unternehmensbesteuerung, 7. Aufl., München 2011
JbFfSt	Jahrbuch der Fachanwälte für Steuerrecht
JDF	Journal de Droit Fiscal (Zeitschrift, Belgien)
Jg.	Jahrgang
JIT	Journal of International Taxation (Zeitschrift, International)

Jtax	Journal of Taxation (Zeitschrift, USA)
JW	Juristische Wochenschrift (Zeitschrift)
JZ	Juristenzeitung (Zeitschrift)
(K)	Gekündigtes oder auslaufendes DBA
KAGB	Kapitalanlagegesetzbuch
KAGG	Gesetz über Kapitalanlagegesellschaften
KapErhStG	Gesetz über steuerrechtliche Maßnahmen bei der Erhöhung des Nennkapitals aus Gesellschaftsmitteln und bei Überlassung von eigenen Aktien an Arbeitnehmer
KFR	Kommentierte Finanzrechtsprechung (Zeitschrift)
KG	Kommanditgesellschaft
KHO	Korkein hallinto-oikeus (Oberverwaltungsgericht, Finnland)
Kirchhof	Kirchhof, EStG, Kommentar, 13. Aufl., Heidelberg 2014
Kluge	Kluge, Das Internationale Steuerrecht. Gemeinschaftsrecht, Außensteuerrecht, Abkommensrecht, 4. Aufl., München 2000
KN	Kurznachrichten (IWB Teil I)
Koch/Scholtz	Koch/Scholtz, Abgabenordnung, AO 1977, 5. Aufl., Köln 1996
KOM	Mitteilung der Kommission (auch: COM)
KonsVersCHEV	Verordnung zur Umsetzung von Konsultationsvereinbarungen zwischen der BRD und der Schweizerischen Eidgenossenschaft
koord.	koordiniert
Korn/Debatin	Korn/Debatin, Doppelbesteuerung, Kommentar, Loseblatt, München (früh.: Korn/Dietz)
KSM	Kirchhof/Söhn/Mellinghoff (Hrsg.), Einkommensteuergesetz. Kommentar, Loseblatt, Heidelberg
KStG	Körperschaftsteuergesetz
KStR	Körperschaftsteuer-Richtlinien
Kühn/Hofmann/Hofmann	Kühn/Hofmann/Hofmann, Abgabenordnung, Finanzgerichtsordnung, Nebengesetze, Kommentar, 17. Aufl., Stuttgart 1995 (früher: Kühn/Kutter/Hofmann)
KVStG	Kapitalverkehrsteuergesetz
LB	Wet op de loonbelasting (Gesetz, Niederlande)
LBP	Littmann/Bitz/Pust, Das Einkommenssteuerrecht, Kommentar, Loseblatt
LCF	Le Courrier Fiscal (Zeitschrift, Belgien)
Lenski/Steinberg	Lenski/Steinberg, Kommentar zum Gewerbesteuergesetz, Loseblatt, Köln
LfSt	Bayerisches Landesamt für Steuern (auch: BayLfSt)
lit.	Buchstabe
Locher	Locher, Das Schweizerisch-Deutsche Doppelbesteuerungsabkommen, Loseblatt, Basel
Locher/Meier/v. Siebenthal/Kolb	Locher/Meier/von Siebenthal/Kolb, Doppelbesteuerungsabkommen Schweiz-Deutschland 1971 und 1978, Textausgaben und Praxis, Loseblatt, Basel, 1995
Loy. L. A. Ent. L.Rev.	Loyola of Los Angeles Entertainment Law Review (Zeitschrift, USA)

LPIB .... Law and Policy in International Business (Zeitschrift, International) (ab 2004: Georgetown Journal of International Law)
LS .... Lang/Schuch, Doppelbesteuerungsabkommen Deutschland/Österreich, München/Wien 1997
LStDV .... Lohnsteuerdurchführungsverordnung
LStR .... Lohnsteuerrichtlinien
Ltd. .... Limited Company
LTR .... Private Letter Ruling (verbindliche Auskunft des IRS, USA)

m. a. W. .... mit anderen Worten
m. E. .... meines Erachtens
m. w. N. .... mit weiteren Nachweisen
m. W. v. .... mit Wirkung vom
MA .... Musterabkommen, bei Gebrauch im Singular: OECD-Musterabkommen 1995
MA 1963 .... OECD-Musterabkommen 1963
MA 1977 .... OECD-Musterabkommen 1977
MA-Komm. .... Kommentar zum OECD-Musterabkommen i. d. F. vom 15.7.2005
MA-Komm. 1963 .... Kommentar zum OECD-Musterabkommen 1963
MA-Komm. 1977 ...... Kommentar zum OECD-Musterabkommen 1977
MBB .... Maandblad Belasting-Beschouwingen (Zeitschrift, Niederlande)
McDaniel/Ault .... McDaniel/Ault, Introduction to United States International Taxation, 3. Aufl., Deventer/Boston 1989
MD .... T. Maunz/Dürig, Grundgesetz, Kommentar, Loseblatt, München
Meckl-Vorp. . ... Mecklenburg-Vorpommern
Meyer-Marsilius/
Hangarter .... Meyer-Marsilius/Hangarter (Hrsg.: Handelskammer Deutschland-Schweiz), Doppelbesteuerungsabkommen Deutschland-Schweiz, Text und Kommentar, Loseblatt, Zürich
MNR .... The Minister of National Revenue (Finanzminister, Kanada)
Mössner u. a. .... Mössner u. a., Steuerrecht international tätiger Unternehmen, 4. Aufl., Köln 2012
MPEPIL .... Wolfrum (Hrsg.) Max Planck Encyclopedia of Public International Law, 2012 (siehe auch: EPIL; die MPEPIL stellt nicht lediglich eine Neuauflage zur EPIL, sondern ein neues Werk dar; s. http://www.mpil.de/ww/de/pub/forschung/forschung_im_detail/projekte/voelkerrecht/max_planck_epil.cfm)
MSIStR .... Münchener Schriften zum Internationalen Steuerrecht
MüKo .... Rixecker/Säcker/Oetker, Münchener Kommentar zum Bürgerlichen Gesetzbuch, Großkommentar, Band 10 (IPR, ROM I-VO, ROM II-VO, EGBGB), 5. Aufl., München 2010

n. F. .... neue Fassung
n. v. .... nicht veröffentlicht

NATO	North Atlantic Treaty Organisation
NATO SOFA	NATO Status of Forces Agreement
nBV	(neue) Schweizerische Bundesverfassung v. 18.4.1999
Nds.	Niedersachsen
NF	Neue Folge
NJW	Neue Juristische Wochenschrift (Zeitschrift)
NM	Standpunkt von Nicht-OECD-Staaten zum OECD-MA (Anhang zum MA-Komm. i. d. F. vom 29.4.2000) (auch: OECD-NM)
no.	Numero
Nr.	Nummer
NRW	Nordrhein-Westfalen
NSWSC	New South Wales Supreme Court (Oberstes Gericht New South Wales, Australien)
NTJ	National Tax Journal (Zeitschrift, USA)
NVwZ-RR	Rechtsprechungsreport der NVwZ (Zeitschrift)
o.	oben
o. a.	oben angegeben, e, er, es, en
o. A.	ohne Autor
o. ä.	oder ähnliches, em
o. dgl.	oder dergleichen
o. Verf.	ohne Verfasser
OCAM	Organisation Commune Africaine et Malgache
OECD	Organization for Economic Cooperation and Development
OECD-NM	Standpunkt von Nicht-OECD-Staaten zum OECD-MA (Anhang zum MA-Komm. i.d.F. vom 29.4.2000) auch: NM)
OECD	Partnership-Report OECD (Hrsg.), The Application of the OECD Model Tax Convention to Partnerships, 1999
OEEC	Organization for European Economic Cooperation
OFD	Oberfinanzdirektion
ÖJT	Verhandlungen des Österreichischen Juristentages
öst.	österreichisch, e, er, es, en
ÖstBMF	Bundesministerium der Finanzen (Österreich)
ÖstEStG	Einkommensteuergesetz (Österreich)
OstEuR	Osteuropa-Recht (Zeitschrift)
ÖstVfGH	Verfassungsgerichtshof (Österreich)
ÖstVwGH	Verwaltungsgerichtshof (Österreich)
ÖStZ	Österreichische Steuer-Zeitung (Zeitschrift, Österreich)
ÖStZB	Die finanzrechtlichen Erkenntnisse des Verwaltungsgerichtshofs und des Verfassungsgerichtshofs, Beilage zur ÖStZ (Zeitschrift, Österreich)
ÖZöffR	Österreichische Zeitschrift für öffentliches Recht (Zeitschrift, Österreich)
Pas.B.	Pasicrisie Belge (Zeitschrift, Belgien)
PCPJI	Publications de la Cour Permanente de Justice Internationale/Publications of the Permanent Court of International Justice (Veröffentlichungen des Ständigen Internationalen Gerichtshofs)
Philipp/Loukota/ Jirousek	Philipp/Loukota/Jirousek, Internationales Steuerrecht, Loseblatt

Philipp/Pollak .... Philipp/Pollak, Internationales Steuerrecht, Loseblatt, Wien
PIStB .... Praxis Internationale Steuerberatung (Zeitschrift)
Postlewaite .... Philip F. Postlewaite, International Taxation, Vol. 1 and 2, Durham, North Carolina, 9. Aufl. 2014
Prä .... Präambel
Prop. Treas. Regs. ...... Proposed Treasury Regulations
Prot. .... Protokoll

R&R .... Revision & Regnskabsvæsen (Zeitschrift, Dänemark)
R&L .... von Thülen Rhoades/Langer, U. S. International Taxation and Tax Treaties, Loseblatt, New York
RÅ .... Regeringsrättens årsbok (Entscheidungssammlung, Schweden)
RabelsZ .... (Rabels) Zeitschrift für ausländisches und internationales Privatrecht (Zeitschrift)
Rass.Trib. .... Rassegna Tributaria (Zeitschrift, Italien)
RBÜ .... Revidierte Berner Übereinkunft zum Schutze von Werken der Literatur und der Kunst
RC .... Recueil des Cours de l'Académie de Droit International de la Haye (Sammlung von Kursunterlagen zum Völkerrecht der Haager Akademie für Völkerrecht)
RDAI .... Revue de Droit des Affaires Internationales/International Business Law Journal (Zeitschrift, International)
RDF .... Recht der Finanzinstrumente (Zeitschrift)
Rdn. .... Randnummer
Reg. . ... Regulation, s
REIT .... Real Estate Investment Trust
REITG .... Gesetz über deutsche Immobilien-Aktiengesellschaften mit börsennotierten Anteilen vom 28.5.2007, BGBl. I, 914
Reith .... Reith, Internationales Steuerrecht, Handbuch zum Doppelbesteuerungs- und Außensteuerrecht und zu Gestaltungen grenzüberschreitender Investitionen, München 2004
req.n. .... Aktenzeichen (Frankreich)
Rev.Rul. .... Revenue Ruling (Verwaltungsrichtlinien des IRS, USA)
Rdvfg. .... Rundverfügung
RdW .... Recht der Wirtschaft (Zeitschrift); oder: Österreichisches Recht der Wirtschaft (Zeitschrift, Österreich), oder: Rechtsarchiv der Wirtschaft (Zeitschrift)
RFH .... Reichsfinanzhof
RFHE .... Amtliche Sammlung der Entscheidungen des Reichsfinanzhofs
RG .... Reichsgericht
RGBl. .... Reichsgesetzblatt
RGW .... Rat für gegenseitige Wirtschaftshilfe
RGZ .... Amtliche Sammlung der Entscheidungen des Reichsgerichts in Zivilsachen
RhPf. .... Rheinland-Pfalz (auch: Rh-Pf)
Riv. dir. trib. .... Rivista di diritto tributario (Zeitschrift, Italien)
RIW .... Recht der Internationalen Wirtschaft (von 1975 bis 1981 RIW/AWD) (Zeitschrift)

RIW/AWD .... Recht der Internationalen Wirtschaft/Außenwirtschaftsdienst des Betriebsberaters (bis 1974 AWD; ab 1982 RIW) (Zeitschrift)
RJF .... Revue de Jurisprudence Fiscale (Zeitschrift, Frankreich)
rkr. .... rechtskräftig
Rn. .... Randnummer
Roberts/Warren .... Roberts/Warren, U. S. Income Taxation of Foreign Corporations and Nonresident Aliens, Loseblatt, New York
Rolno. .... Aktenzeichen (Niederlande)
Rs. .... Rechtssache
Rspr. .... Rechtsprechung
RStBl. .... Reichssteuerblatt
Rt. .... Norsk Retstidende (Zeitschrift, Norwegen)
Rz. .... Randziffer

s. .... siehe
S. .... Satz
s. a. .... siehe auch
S. Ct. .... Supreme Court (Oberster Gerichtshof, USA)
s. o. .... siehe oben
s. u. .... siehe unten
SA Tax Rev. .... South African Tax Review (Zeitschrift, Südafrika)
SAM .... Steueranwaltsmagazin (Zeitschrift)
SAT .... State Administration of Taxation (Steuerbehörde, China)
Sachs. .... Sachsen
Sachs/Bearbeiter .... Sachs (Hrsg.), Grundgesetz. Kommentar, 7. Aufl., München 2014
SCE .... Societas Cooperative Europaea (Europäische Genossenschaft)
Schaps/Abraham .... Schaps/Abraham, Das Deutsche Seerecht, 4. Aufl., Berlin, New York 1978
Schaumburg .... Schaumburg, Internationales Steuerrecht, Außensteuerrecht, Doppelbesteuerungsrecht, 3. Aufl., Köln 2011
SchiffsRegO .... Schiffsregisterordnung
SchlHolst. .... Schleswig-Holstein
Schmidt .... Schmidt/Weber-Grellet/Heinicke, EStG, Kommentar, 33. Aufl., München 2014
Schulze-Brachmann ... Schulze-Brachmann, Doppelbesteuerung, Kurzkommentar, 2. Aufl., Stuttgart/Wiesbaden 1973
Schwarze .... Schwarze, EU-Kommentar, 3. Aufl., Baden-Baden 2012
SchweizBG .... Schweizerisches Bundesgericht
SchweizBVGer .... Bundesverwaltungsgericht (Schweiz)
scil. .... scilicet (nämlich)
SD .... Schönfeld/Ditz, Doppelbesteuerungsabkommen, Kommentar, Köln 2013
SE .... Societas Europaea (Europäische Aktiengesellschaft)
sec., secs. .... section, s
sess. .... session
Skat Ud. .... Skat Udland (Zeitschrift, Dänemark)
Skatt.Ov. .... Skattepolitisk Oversigt (Zeitschrift, Dänemark)
SKK .... Strunk/Kaminski/Köhler, Außensteuergesetz, Doppelbesteuerungsabkommen, Kommentar, Loseblatt, Berlin/Bonn

Slg.	Sammlung
sog.	sogenannte, er, es, en
Sp.	Spalte
SProt.	Schlussprotokoll
SpuRt	Zeitschrift für Sport und Recht (Zeitschrift)
SRIStR	Schriftenreihe zum Internationalen Steuerrecht
SRÜ	Seerechtsübereinkommen der Vereinten Nationen vom 10.12.1982, BGBl. II 1994, 1799 ff.
st. Rspr.	ständige Rechtsprechung
StAnpG	Steueranpassungsgesetz
Staudinger	Julius von Staudingers, Kommentar zum Bürgerlichen Gesetzbuch mit Einführungsgesetz und Nebengesetzen – Einführungsgesetzbuch zum Bürgerlichen Gesetzbuche/IPR Internationales Privatrecht (Einleitung zum IPR), Berlin 2012
Stb	Der Steuerberater (Zeitschrift)
Stbg	Die Steuerberatung (Zeitschrift)
StbJb	Steuerberater-Jahrbuch
StBp	Die steuerliche Betriebsprüfung (Zeitschrift)
STC	Simon's Tax Cases (Entscheidungssammlung, Großbritannien)
STC (SCD)	Simon's Tax Cases, Special Commissioners' Decisions (Entscheidungssammlung, Großbritannien)
STE	Der Steuerbescheid (Zeitschrift, Schweiz)
StEd	Steuer-Eildienst (Zeitschrift)
StEK	Steuer-Erlass-Kartei, Loseblatt, Köln
SteuK	Steuerrecht kurzgefasst (Zeitschrift)
STI	Simon's Tax Intelligence (Zeitschrift, Großbritannien)
StIGH	Ständiger Internationaler Gerichtshof
StKR	Steuer-Kongress-Report (Jahrbuch)
StPfl.	Steuerpflichtiger, Steuerpflicht
Streinz	Rudolf Streinz, EUV/AEUV, Kommentar, 2. Aufl., München 2012
StRev	Steuer-Revue (Zeitschrift, Schweiz)
STRK	Steuer-Rechtsprechungskartei, Loseblatt, Köln
StuW	Steuer und Wirtschaft (Zeitschrift; bis 1967 Teil I Abhandlungen)
StuZollblatt	Steuer- und Zollblatt (Zeitschrift)
StVj	Steuerliche Vierteljahresschrift
suppl.	supplement
SvSkT	Svensk Skattetidning (Zeitschrift, Schweden)
SWI	Steuer und Wirtschaft International (Zeitschrift, Österreich)
SWTI	Simon's Weekly Tax Intelligence (Zeitschrift, Großbritannien)
Syst.	Systematik
SZIER	Schweizerische Zeitschrift für internationales und europäisches Recht (Zeitschrift, Schweiz)
T.F.R.	Trattamento di Fine Rapporto (Zeitschrift, Italien)
TA	Tax Act (Gesetz, Großbritannien); oder: Tribunal Administratif (Verwaltungsgericht, Frankreich)

Tax Cases .... Reports of Tax Cases (Entscheidungssammlung, Großbritannien)
Tax Court .... Reports of the Tax Court of the United States (Entscheidungssammlung, USA)
Tax L.Rev. .... Tax Law Review (Zeitschrift, USA)
Taxes Int'l .... Taxes International (Zeitschrift, Großbritannien)
TC .... Tax Chamber des UKFTT
TCC .... Tax Court of Canada (Gericht, Kanada)
TCM .... Tax Court Memorandum Decisions (USA)
Terra/Wattèl............... Terra/Wattèl, European Tax Law, 6. Aufl., Alphen aan den Rijn 2012
TfS .... Tidsskrift for Skatter og Afgifter (Rechtsprechungssammlung, Dänemark)
TI .... Taxes International (Zeitschrift, International)
Tipke/Kruse . ... Tipke/Kruse (Hrsg.), Abgabenordnung, Kommentar, Loseblatt, Köln
Tipke/Lang .... Tipke/Lang (Hrsg.), Steuerrecht, 21. Aufl., Köln 2013
TLR .... Tax Law Review (Zeitschrift, USA)
TM .... Tax Management (Zeitschrift, USA)
TMIF .... Tax Management International Forum (Zeitschrift, USA)
TMIJ .... Tax Management International Journal (Zeitschrift, USA)
TMTP .... Tax Management Transfer Pricing (Zeitschrift, USA)
TN .... Tax Notes (Zeitschrift, USA)
TNI .... Tax Notes International (Zeitschrift, USA)
TNS .... Tax News Service (Zeitschrift, Niederlande)
TPI .... Tax Planning International (Zeitschrift, USA)
TPIR .... Tax Planning International Review (Zeitschrift, USA)
TPITP .... Tax Planning International Transfer Pricing (Zeitschrift,
TR .... Taxation Ruling (Zeitschrift, Australien)
Treas. Regs. .... U. S. Code of Federal Regulations, Title 26: IRS, Department of the Treasury (USA)
TRNZ .... Tax Reports of New Zealand (Zeitschrift, Neuseeland)
TTE .... The Tax Executive (Zeitschrift, USA/Kanada)
TTM .... The Tax Magazine (Zeitschrift, International)
Tz. .... Textziffer

u. .... unten
u. a. .... unter anderem, unter anderen
u. ä. .... und ähnliche(s)
u. a. m. .... und andere mehr
u. E. .... unseres Erachtens
u. U. .... unter Umständen
Ubg .... Die Unternehmensbesteuerung (Zeitschrift)
UdSSR .... Union der Sozialistischen Sowjetrepubliken
UFS .... Unabhängiger Finanzsenat (Österreich)
UKFTT .... First-tier Tribunal des Vereinigten Königreiches
UmwStG .... Umwandlungssteuergesetz
UN .... United Nations
UN-Komm. .... Kommentar zum UN-MA
UNESCO .... United Nations Educational, Scientific and Cultural Organisation
UNO .... United Nations Organisation
UNTS .... United Nations Treaty Series

UntStRefG	Unternehmensteuerreformgesetz 2008 vom 14.8.2007, BGBl. I, 1912
UrhG	Urheberrechtsgesetz
Urt.	Urteil
US	Cases adjudged in the Supreme Court of the United States (United States Reports, USA)
US-MA	US Model Income Tax Convention of September 20, 1996
US-Regs.	Regulations of the US IRC (Durchführungsbestimmungen zum IRC, USA)
US-TE	United States Model Income Tax Convention of September 20, 1996, Technical Explanation
USA	United States of America
USTC	U. S. Tax Cases
UStDV	Umsatzsteuer-Durchführungsverordnung
UStG	Umsatzsteuergesetz
usw.	und so weiter
UVR	Umsatz- und Verkehrsteuer-Recht (Zeitschrift)
V (in Tabellen)	Vertragsstaat
v.	versus, auch: vom
v. a.	vor allem
v. H.	vom Hundert
V-N	Vakstudie Nieuws (Zeitschrift, Niederlande)
VAE	Vereinte Arabische Emirate
VCLT	Vienna Convention on the Law of Treaties (auch: WÜRV)
Verdross/Simma	Verdross/Simma, Universelles Völkerrecht, unveränderter Nachdruck der 3. Aufl., Berlin 2010
VermStG	Vermögensteuergesetz
VersWi	Die Versicherungswirtschaft (Zeitschrift)
VerwArch.	Verwaltungsarchiv (Zeitschrift)
VerwG	Verwaltungsgericht
VerwGrS	Grundsätze für die Prüfung der Einkunftsabgrenzung bei international verbundenen Unternehmen (Verwaltungsgrundsätze)
vGA	verdeckte Gewinnausschüttung
vgl.	vergleiche
VJSchr.	Vierteljahresschrift für Steuer- und Finanzrecht (Zeitschrift)
vMK	von Münch/Kunig (Hrsg.), Grundgesetz, Kommentar, 3 Bde., 3.–5. Aufl., München ab 1996
Vogel/Shannon/ Doernberg/van Raad	Vogel/Shannon/Doernberg/van Raad, United States Income Tax Treaties, Deventer, Boston 1989
vol.	volume
von der Groeben/ Schwarze	von der Groeben/Schwarze, EU-/EG-Vertrag, Kommentar, 6. Aufl., Baden-Baden 2004
VSt.	Vermögensteuer
VStG	Vermögensteuergesetz
VStR	Vermögensteuer-Richtlinien
VVaG	Versicherungsverein auf Gegenseitigkeit
VVDStRL	Veröffentlichungen der Vereinigung der Deutschen Staatsrechtslehrer

VwVfG	Verwaltungsverfahrensgesetz
VZ	Veranlagungszeitraum
W. L. R.	The Weekly Law Reports (Zeitschrift, Großbritannien)
Wassermeyer	Wassermeyer (Hrsg.), Doppelbesteuerung, Kommentar, Loseblatt, München (bis Oktober 2012: DW)
WFR	weekblad fiscaal recht (Zeitschrift, Niederlande)
WiB	Woche im Bundestag (Zeitschrift)
WIPO	World Intellectual Property Organization
WM	Wertpapiermitteilungen (Zeitschrift)
Wolff/Bachof/Stober/Kluth	Wolff/Bachof/Stober/Kluth, Verwaltungsrecht Band II, 7. Aufl., München 2010
Wpg	Die Wirtschaftsprüfung (Zeitschrift)
WRV	Weimarer Reichsverfassung
WÜD	Wiener Übereinkommen über diplomatische Beziehungen
WÜK	Wiener Übereinkommen über konsularische Beziehungen
WÜRV	Wiener Übereinkommen über das Recht der Verträge (auch: VCLT)
YBILC	Yearbook of the International Law Commission
z. B.	zum Beispiel
z. T.	zum Teil
z. Zt.	zur Zeit
ZaöRV	Zeitschrift für ausländisches öffentliches Recht und Völkerrecht (Zeitschrift)
ZBA	Zinsbesteuerungsabkommen zwischen der Schweiz und der EU
ZESAR	Zeitschrift für europäisches Sozial- und Arbeitsrecht (Zeitschrift, EU)
ZfZ	Zeitschrift für Zölle und Verbrauchsteuern (Zeitschrift)
ZGR	Zeitschrift für Gesellschaftsrecht (Zeitschrift)
Ziff.	Ziffer
ZIR	Zeitschrift für internationales Recht (Zeitschrift)
zit.	zitiert
ZKF	Zeitschrift für Kommunalfinanzen (Zeitschrift)
Zus.Abk.	Zusatzabkommen
zw.	zweifelhaft
zwi.	zwischen

Übersicht der DBA

mit Fundstellen der Erläuterungen

DBA Ägypten

Vom 8.12.1987, BGBl. II 1990, 279, BStBl. I 1990, 278
Inkrafttreten: 22.9.1991 (BGBl. II, 1042)

Anwendungsbeginn: 1.1.1992

Art. des DBA	Erläutert bei Art.	Rz.
1	1	–
2	2	–
3	3	29
4	4	141
5	5	50 f., 80, 140
6	6	129, 177
7	7	138
8	8	–
9	9	152, 181
10	10	–
11	11	49 ff., 82, 83
12	12	36
13	13	152, 327
14	14	51
15	15	77
16	16	–
17	17	70, 94
18	18	93
19	19	93
20	20	32, 33
21	15	–
22	21	33
23	22	105 f.
24	23	75, 96
25	24	40, 67, 88
26	25	60, 62, 134, 192
27	26	62
28	28	–
29	29	–
30	30	–
31	31	–

DBA Albanien

Vom 6.4.2010, BGBl. II 2012, 1186, BStBl. I 2012, 292
Inkrafttreten: 23.12.2011 (BGBl. II 2012, 1186)

Anwendungsbeginn: 1.1.2012

Art. des DBA	Erläutert bei Art.	Rz.
1	1	61, 64a, 135d, 136c, 136d, 136p
2	2	–
3	3	25
4	4	141, 149, 151
5	5	53, 76, 80
6	6	126
7	7	–
8	8	–
9	9	–
10	10	76
11	11	49, 50, 51, 84
12	12	34, 83, 91a
13	13	310, 311
14	14	51, 92, 182, 183, 188
15	15	–
16	16	–
17	17	70, 81a, 94, 95, 96, 97, 136
18	18	82, 83, 101
19	19	43, 46, 73
20 Abs. 1	15 Anh. III	–
20 Abs. 2, 3	20	36
21	21	50
22	22	–
23	23	69, 95
24	24	–
25	25	60, 62, 134, 136a
26	26	125
27	27	26
28	Vor 6 bis 22	–
–	–	–
30	28	–
–	–	–
32	32	–
33	33	–

DBA Algerien

Vom 12.11.2007, BGBl. II 2008, 1188, BStBl. I 2009, 382
Inkrafttreten: 23.12.2008 (BGBl. II, 1188)

Anwendungsbeginn: 1.1.2009

Art. des DBA	Erläutert bei Art.	Rz.
1	1	61, 64c, 135, 135d, 136b, 136c, 136d
2	2	–
3	3	25
4	4	141, 149, 151
5	5	53
6	6	126
7	7	61, 67
8	8	–
9	9	–
10	10	141, 225
11	11	50, 51, 84
12	12	35, 83
13	13	310, 311
14	14	511
15	15	92, 182, 182, 188
16	16	–
17	17	70, 94, 96, 97, 136
18	18	82, 85, 94
19	19	43, 46, 73
20 Abs. 1	15 Anh. III	182, 183, 188
20 Abs. 2, 3	20	367
21	21	55
22	22	–
23	23	69, 96, 153
24	24	134
25	25	60, 62, 134, 136a
26	26	125
27	27	2b
28	Vor 6 bis 22	–
–	–	–
30	28	–
–	–	–
32	30	–
33	31	–

DBA Argentinien

Vom 13.7.1978, BGBl. II 1979, 587, BStBl. I 1979, 327
Inkrafttreten: 30.6.2001 (Mitteilung v. 11.6.2001, BStBl. I 2001, 540)

Anwendungsbeginn: 1.1.1976

Art. des DBA	Erläutert bei Art.	Rz.
1	1	–
2	2	53
3	3	28
4	4	142
5	5	104, 139 f.
6	6	45, 126, 214
7	7	155
8	8	–
9	9	181
10	10	27
11	11	49 ff., 102
12	12	36
13	13	110, 152, 226, 322
14	14	63
15	15	–
16	16	–
17	17	70, 94, 95
18	19	40, 54, 95
19	18	93, 101
20	20	32 f.
21	21	57
22	22	77, 101, 103
23	23	21, 56, 75 ff., 80, 172, 179, 198
24	24	40, 67, 88, 156
25	25	135
26	26	–
27	28	–
28	29	11
29	30	–
30	31	–

Armenien

Für die Republik Armenien ist gem. zwischenstaatlicher Vereinbarung (BGBl. II 1993, 169) das mit der UdSSR abgeschlossene Doppelbesteuerungsabkommen vom 24.11.1981 (BGBl. II 1983, 2, BStBl. I 1983, 90) anzuwenden.

DBA Aserbaidschan

Vom 25.8.2004, BGBl. II 2005, 1146, BStBl. I 2006, 291
Inkrafttreten: 28.12.2005 (BGBl. II 2006, 120)

Anwendungsbeginn: 1.1.2006
Zuvor war gemäß zwischenstaatlicher Vereinbarung (BGBl. II 1996, 2471) das mit der UdSSR geschlossene Doppelbesteuerungsabkommen vom 24.11.1981 (BGBl. II 1983, 2; BStBl. I 1983, 90) anzuwenden.

Art. des DBA	Erläutert bei Art.	Rz.
1	1	135, 135a, 136b, 136c, 136d
2	2	–
3	3	25
4	4	141, 149
5	5	53, 80, 118, 140
6	6	126
7	7	14, 66, 67
8	8	56
9	9	–
10	10	76, 140 f., 205, 228
11	11	50 f., 82, 84, 102
12	12	6, 30, 36, 64b, 91a
13	13	153 ff.
14	14	51
15	15	–
16	16	–
17	17	70, 94, 94a, 95, 97, 136
18	18	82, 101
19	19	–
20	20	–
21	21	–
22	22	22, 81
23	23	75, 96, 228
24	24	–
25	25	60, 62, 134
26	26	64
27	–	–
28	–	–
29	28	–
30	–	–
31	30	27
32	31	–

DBA Australien

Vom 24.11.1972, BGBl. II 1974, 338, BStBl. I 1974, 424
Inkrafttreten: 15.2.1975 (BGBl. II, 216)

Anwendungsbeginn: *Deutschland:* für veranlagte Steuern 1.1.1971, für Abzugsteuern 1.7.1971 – *Australien:* 1.7.1971

Art. des DBA	Erläutert bei Art.	Rz.
1	1	–
2	2	63, 65
3	3	29, 50
4	4	145, 225
5	5	50, 80, 134
6	6	45, 51, 52, 119, 197, 211, 213
7	7	165
8	8	44
9	9	150, 152, 181, 185
10	10	27, 225
11	11	24, 50, 105, 113
12	12	36, 42, 72, 83
–	13	63, 94, 112 f., 152, 328
13	14	47
14	15	84, 119
15	16	–
16	17	73, 139
17	19 Abs. 1, 3	48, 51, 77, 93, 96
18	18	82
18	19 Abs. 2	72, 77
19	20	23, 29
20	21	31, 33
21	22	81, 106
22	23	75, 81, 178, 182
–	24	24
23	25	135, 167
24	26	–
25	28	–
26	29	–
27	29	15, 17, 20
28	30	–
29	31	–

DBA Bangladesch

Vom 29.5.1990, BGBl. II 1991, 1411, BStBl. I 1992, 34
Inkrafttreten: 21.2.1993 (BGBl. II, 847)

Anwendungsbeginn: 1.1.1990

Art. des DBA	Erläutert bei Art.	Rz.
1	1	–
2	2	14, 31
3	3	29, 31
4	4	141
5	5	52, 78, 132, 135, 160
6	6	53, 110, 125, 211, 214
7	7	–
8	8	–
9	9	181
10	10	–
11	11	50 f., 82, 113
12	12	36
13	13	153 ff., 226
14	14	51
15	15	–
16	16	–
17	17	70, 94, 95
18	18	–
19	19	41
20	20	29, 32 f.
21	21	33
–	22	21, 57, 82, 106
22	23	75, 111, 198
23	24	88, 156, 185
24	26	62
25	25	60, 62, 134
27	28	–
28	30	–
29	31	–

DBA Belarus

Vom 30.9.2005, BGBl. II 2006, 1042, BStBl. I 2007, 276
Inkrafttreten: 31.12.2006 (BGBl. II 2007, 287)

Anwendungsbeginn: 1.1.2007

Zuvor war gemäß zwischenstaatlicher Vereinbarung (BGBl. II 1996, 2471) das mit der UdSSR geschlossene Doppelbesteuerungsabkommen vom 24.11.1981 (BGBl. II 1983, 2; BStBl. I 1983, 90) anzuwenden.

Art. des DBA	Erläutert bei Art.	Rz.
1	1	71, 135, 135a, 136b
2	2	15
3	3	28
4	4	148
5	5	–
6	6	119 ff.
7	7	14, 61, 67, 98, 138
8	8	56
9	9	–
10	10	76, 140 f., 171, 225, 234 f.
11	11	49 f., 82, 102
12	12	30, 36, 64b, 88
13	13	–
14	14	–
15	15	82
16	16	–
17	17	70, 94a, 95, 95a, 96, 97, 136
18	18	85, 94 f., 101, 182
19	19	49
20	20	–
21	21	–
22	22	–
23	23	75, 96, 106, 228
24	24	–
25	25	60, 62, 134, 154
26	26	64
27	–	–
28	28	–
29	30	–
30	31	–

DBA Belgien

Vom 11.4.1967, BGBl. II 1969, 18, BStBl. I 1969, 39
Inkrafttreten: 30.7.1969 (BGBl. II, 1465)

Anwendungsbeginn: 1.1.1966

Zusatzprotokoll vom 5.11.2002, BGBl. II 2003, 1615
Inkrafttreten: 28.12.2003 (BGBl. II, 1744)

Anwendungsbeginn: 1.1.2004

Änderungsprotokoll vom 21.1.2010, BGBl. II, 1279,
noch nicht in Kraft getreten

Anwendungsbeginn: 1.1.2010

Art. des DBA	Erläutert bei Art.	Rz.
1	1	61, 63, 64, 70
2	2	–
3	3	25, 75
4	4	142, 149, 223, 298, 304
5	5	75, 140, 142, 163, 176
6	6	–
7	7	142, 144
8	8	57, 64
9	9	148, 181
10	10	95, 272
11	11	49 f., 136
12	12	36, 107, 108
13	13	152
14	14	–
15	15	83a
16	16	22, 24
17	17	24, 74, 88
18	18	–
19	19	40, 47, 55, 56, 75 f., 96
20 Abs. 1	–	–
20 Abs. 2	20	–
21	21	–
22	22	76, 103
23	23	97, 111, 113, 182, 212, 217
24	24	40, 67, 130
25	25	57, 62, 154, 167, 169, 170
26	26	61, 64, 71, 87, 89
27	27	11, 17, 36, 48, 74, 103
28 Abs. 1	28	–
28 Abs. 2	–	–
29	29	–
30	30	–
31	31	–

DBA Bolivien

Vom 30.9.1992, BGBl. II 1994, 1087, BStBl. I 1994, 575
Inkrafttreten: 12.7.1995 (BGBl. II, 907)

Anwendungsbeginn: 1.1.1991

Art. des DBA	Erläutert bei Art.	Rz.
1	1	–
2	2	–
3	3	28
4	4	143, 224
5	5	35, 47 ff.
6	6	–
7	7	68, 98
8	8	–
9	9	181
10	10	27, 93
11	11	42a, 49 ff., 77a, 82
12	12	36
13	13	152, 226
14	14	47, 63
15	15	74, 78
16	16	–
17	17	70, 72, 79, 93, 94, 95, 141
18	19	90
19	18	–
20	20	29, 32 f
21	21	–
22	22	–
23	23	21, 56, 75 f., 96, 172, 179
24	24	40, 67, 88
25	25	130, 170, 171
26	26	91
27	28	38
28	30	–
29	31	–

Bosnien-Herzegowina

Im Verhältnis zur Republik Bosnien und Herzegowina gilt gem. zwischenstaatlicher Vereinbarung (BGBl. II 1992, 1196) das mit der Sozialistischen Föderativen Republik Jugoslawien abgeschlossene Doppelbesteuerungsabkommen vom 26.3.1987, BGBl. II 1988, 744, BStBl. I 1988, 372

DBA Bulgarien

Vom 15.1.2010, BGBl. II 2010, 1286, BStBl. I 2011, 543
Inkrafttreten: 21.12.2010 (BGBl. II 2011, 584)

Anwendungsbeginn: 1.1.2011

Art. des DBA	Erläutert bei Art.	Rz.
1	1	61, 64k, 135e, 136b
2	2	–
3	3	25
4	4	145, 148, 151, 225, 291
5	5	53, 53a, 76, 86, 174
6	6	126
7	7	14, 67, 98
8	8	55, 70
9	9	–
10	10	71, 132, 141
11	11	49, 50, 51, 82
12	12	34, 88, 89, 91a, 92a
13	13	111, 167, 226, 230
–	14	24, 45, 46
14	15	7, 92, 119
15	16	21, 22, 23a, 70, 81a, 94 ff.
16	17	–
17	18	82 ff., 94, 101
18	19	38, 43, 45, 56, 73
19 Abs. 1, 2	15 Anh. III	182, 183
19 Abs. 3	20	–
20	21	55
21	22	54
22	23	69, 95, 228
23	24	89
24	25	60, 62, 134, 136a
25	26	125
26	27	–
27	Vor 6 bis 22	20c
–	–	–
29	28	–
–	–	–
31	30	–
32	31	–

DBA China

Vom 10.6.1985, BGBl. II 1986, 447, BStBl. I 1986, 329
Inkrafttreten: 14.5.1986 (BGBl. II, 731)

Anwendungsbeginn: grundsätzlich 1.1.1985, für Abzugsteuern auf Zinsen und Lizenzgebühren: 1.7.1985

Art. des DBA	Erläutert bei Art.	Rz.
1	1	–
2	2	15
3	3	25, 72
4	4	142, 300
5	5	80 f.
6	6	–
7	7	98, 138
8	8	–
9	9	181
10	10	123
11	11	50 f., 82
12	12	36, 88
13	13	152, 326
14	14	51
15	15	–
16	16	–
17	17	93
18	18	–
19	19	39, 49
20	15	164 ff.
21	20	33
22	21	33, 55, 58
23	22	–
24	23	75, 96, 112, 198
25	24	88
26	25	60, 62, 134
27	26	62
28	28	–
29	29	11
30	30	12, 17, 27
31	31	–

DBA China (E)

Abkommen vom 28.3.2014 noch nicht in Kraft getreten.

Art. des DBA	Erläutert bei Art.	Rz.
1	1	56, 135, 136b ff.
2	2	–
3	3	–
4	4	148
5	5	53, 81
6	6	–
7	7	–
8	8	55
9	9	–
10	10	–
11	11	42a, 50 f., 82
12	12	–
13	13	–
14	14	–
15	15	92
16	16	–
17	17	–
18	18	83, 85
19	19	43 f., 49, 73, 76
20 Abs. 1, 2	15 Anh. III	–
20 Abs. 3	20	–
21	21	55
22	22	–
23	23	69, 75, 95, 104, 197
24	24	–
25	25	60
26	26	125
27	27	67, 73, 100
28	30	–
29	–	–
30	–	–
31	–	–
31	–	–
32	30	26
33	31	26

DBA Costa Rica (E)

Abkommen vom 13.2.2014 am 13.2.2014 unterzeichnet;
noch nicht in Kraft getreten.

Art. des DBA	Erläutert bei Art.	Rz.
1	1	56, 61, 71, 135, 136b ff.
2	2	–
3	3	25, 25b
4	4	–
5	5	–
6	6	122
7	7	–
8	8	55
9	9	–
10	10	–
11	11	49 ff., 82, 84, 102
12	12	–
13	13	–
14	14	–
15	15	92
16	16	–
17	17	–
18	18	82 f., 85, 94 f., 101
19	19	43 f., 45, 49, 76
20 Abs. 1	15 Anh. III	–
20 Abs. 2	20	–
21	21	55
22	22	18, 22
23	23	69, 75, 95
24	24	89
25	25	60
26	26	125
27	27	28, 47, 67, 73, 100
28	–	–
29	–	–
30	28	–
31	–	–
32	30	–
33	31	–

DBA Dänemark

Vom 22.11.1995, BGBl. II 1996, 2565, BStBl. I 1996, 1219
Inkrafttreten: 25.12.1996 (BGBl. II 1997, 728)

Anwendungsbeginn: 1.1.1997

Art. des DBA	Erläutert bei Art.	Rz.
1	1	135, 136b
2	2	53
3	3	28, 50
4	4	87, 141
5	5	–
6	6	45 f., 51, 56, 119, 120
7	7	–
8	8	56, 71
9	9	–
10	10	71 f.
11	11	24, 49, 67b, 82
12	12	83
13	13	112, 114, 153 ff.
14	14	–
15	15	81, 83a, 92, 118
16 Abs. 1	16	21, 23a
16 Abs. 2	15	–
17	17	70, 94
18 Abs. 1, 4–6	18	85, 94, 96, 99, 101
18 Abs. 2, 3	19 Abs. 2	71, 73, 76
19	19	38, 40, 43, 44, 45, 48, 54
20	20	–
21	21	55
22	22	83
23	–	–
24	23	96, 111, 183
25	–	–
26	–	–
29–40	26	60, 71
33–40	27	11, 36, 81, 88, 99
41	24	88
42	25	169 f., 192, 360, 390
43	25	60, 62, 134, 168
44	25	137
–	–	–
46	Vor 10 bis 12	35
47	28	31
48	29	11, 14, 15 17, 20
49	30	–
50	31	–

DBA Ecuador

Vom 7.12.1982, BGBl. II 1984, 466, BStBl. I 1984, 338
Inkrafttreten: 25.6.1986 (BGBl. II, 781)

Anwendungsbeginn: 1.1.1987

Art. des DBA	Erläutert bei Art.	Rz.
1	1	–
2	2	15
3	3	28
4	4	142, 299
5	5	34, 47 ff., 157
6	6	51, 52, 119, 121, 195, 197, 211, 213
7	7	138, 142
8	8	–
9	9	181
10	10	27, 88
11	11	49 ff.
12	12	36
13	13	91, 152, 226
14	14	54, 63
15	15	–
16	16	–
17	17	70, 79, 93, 94, 95, 141, 142
18	19	77, 90
19	18	–
20	20	29, 32 f.
21	21	–
22	22	54
23	23	21, 56, 75, 111, 172, 179, 198
24	24	40, 67, 88, 156, 185
25	25	130, 171
26	26	87 , 91
27	28	38
28	29	–
29	30	–
30	31	–

DBA Elfenbeinküste

Vom 3.7.1979, BGBl. II 1982, 154, BStBl. I 1982, 358
Inkrafttreten: 8.7.1982 (BGBl. II, 637)

Anwendungsbeginn: *Deutschland:* 1.1.1982 – *Elfenbeinküste:* für Gewinnsteuern 1.10.1982, für sonstige veranlagte Steuern 1.1.1982, für Abzugsteuern 1.1.1982

Art. des DBA	Erläutert bei Art.	Rz.
1	1	71
2	2	32
3	3	25
4	4	141
5	5	132, 140
6	6	–
7	7	59, 140, 157, 165
8	8	72
9	9	181
10	10	170
11	11	49, 51
12	12	36
13	13	152
14	14	51
15	15	83a
16	16	–
17	17	70, 94, 95, 97
18	18	–
19	19	42, 48, 71
20	20	29, 32
21	21	57
22	22	–
23	23	75, 179, 198
24	24	40, 67, 88, 129
25	25	193
26	26	88, 89, 91
27	28	–
28	29	11
29	30	–
30	31	–

DBA Estland

Vom 29.11.1996, BGBl. II 1998, 547, BStBl. I 1998, 543
Inkrafttreten: 30.12.1998 (BGBl. II 1999, 84)

Anwendungsbeginn: 1.1.1994

Art. des DBA	Erläutert bei Art.	Rz.
1	1	136b, 136d
2	2	15
3	3	25
4	4	141, 148, 291, 292
5	5	76, 80, 162
6	6	51, 55, 119, 196
7	7	98, 141
8	8	–
9	9	181
10	10	76, 140
11	11	50 f., 82
12	12	30, 36, 83, 88
13	13	111, 153 ff.
14	14	51
15	15	119
16	16	–
17	17	70, 94, 95, 96
18	18	101
19	19	49, 73, 75
20	20	–
21	21	55
22	22	22, 81
23	23	75, 96, 112
24	24	88
25	25	60, 62, 134
26	26	62, 64
27	28	–
28	30	–
29	31	–

DBA Finnland

Vom 5.7.1979, BGBl. II 1981, 1165, BStBl. I 1981, 201
Inkrafttreten: 4.6.1982 (BGBl. II, 577)

Anwendungsbeginn: grundsätzlich 1.1.1981,
für Abzugsteuern auf Dividenden, Zinsen, Lizenzgebühren 4.7.1982

Art. des DBA	Erläutert bei Art.	Rz.
1	1	61, 63, 64, 65a
2	2	–
3	3	25, 74, 128
4	4	142, 149
5	5	–
6	6	51, 55, 120 f., 127, 195, 196
7	7	–
8	8	53
9	9	181
10	10	72, 123, 169
11	11	24, 49
12	12	36, 108
13	13	153 ff.
14	14	63
15	15	77, 81, 82, 92, 119
16	16	22, 23a
17	17	137, 143
18	18	85, 94 f., 101
19	19	40, 49, 71
20	20	–
21	21	–
22	22	103
23	23	75, 82, 97, 179, 186
24	24	40, 67, 88
25	25	–
26	26	61, 72 f., 87
27	28	–
28	29	–
29	29	14, 15, 16, 17, 20
30	30	–
31	31	–

Zur Bedeutung der Rechtshilfeverträge mit Finnland s. außerdem Art. 27 Rz. 9, 11, 20, 26 f., 36, 48, 74, 81, 88, 99, 102.

DBA Frankreich

Vom 21.7.1959, BGBl. II 1961, 398, BStBl. I 1961, 343
Inkrafttreten: 4.11.1961 (BGBl. II, 1659)

Anwendungsbeginn: für Abzugsteuern 1.1.1958, für andere Steuern 1957

Revisionsprotokoll vom 9.6.1969, BGBl. II 1970, 719, BStBl. I 1970, 902
Inkrafttreten: 8.10.1970 (BGBl. II, 1189)
(**Anwendungsbeginn:** 1968)

Änderungsprotokoll vom 28.9.1989, BGBl. II 1990, 770, BStBl. I 1990, 413
Inkrafttreten: 1.10.1990 (BGBl. II 1991, 387)
(**Anwendungsbeginn:** 1.1.1990)

Zusatzabkommen vom 20.12.2001, BGBl. II 2002, 2372, BStBl. I 2002, 892
Inkrafttreten: 1.6.2003 (BGBl. II, 542)
(**Anwendungsbeginn:** 1.1.2002)

Art. des DBA	Erläutert bei Art.	Rz.
–	1	61, 70, 71, 132a
1	2	33 f., 60
1 Abs. 4	25 Abs. 3	–
2 Abs. 1 Nr. 1, 2, 3, 6, 8	3 Abs. 1	30, 50
2 Abs. 1 Nr. 4, 5	4	87, 142, 297, 303
2 Abs. 1 Nr. 7	5	140, 142
2 Abs. 2	3 Abs. 2, 3	126
3	6	75, 97, 183
3	13	112, 114, 152, 229, 325
4	7	51, 59, 134, 165, 180
5	9	148, 181
6	8	–
7	13 Abs. 4	53, 55, 78, 91
8	10	273
9	10	76, 88, 109, 116, 131, 140, 141, 150 f., 229 ff., 234 f., 239
10	11	24, 49
11	16	27
12 Abs. 1, 2 Satz 1	14	39, 48
12 Abs. 2 Satz 2	17	71, 73, 74, 88
13 Abs. 1, 2, 4, 5	15	71, 76a, 77, 79, 83, 94, 123
13 Abs. 3	20	36
13 Abs. 6	18	82, 85, 101
14	19	37 f., 51, 54, 75 f., 96
15 Abs. 1, 2, 3, 5	12	20b, 82, 88, 105, 108
15 Abs. 4	13 Abs. 4	55, 78, 91
16	15	162, 164 ff., 179
17	20	24
18	21	–
19	22	19
20	23	73, 183
21	24	30, 40, 67
22 Abs. 2, 3	26	66, 71, 87 88, 118 f.
22 Abs. 4	–	–
23	27	11, 36, 41a, 73, 74, 103
24	28	5, 32
25	25	57 f., 129 f., 171, 191 f., 266

Art. des DBA	Erläutert bei Art.	Rz.
26 Abs. 1, 3	–	–
26 Abs. 2	26	–
27	29	14, 17, 20
28	29	–
29	30	14, 15, 17, 20
30	31	–
30 a	2 Abs. 4, Satz 2	–
31	31	–

DBA Georgien

Vom 1.6.2006, BGBl. II 2007, 1034, BStBl. I 2008, 482
Inkrafttreten: 21.12.2007 (BGBl. II 2008, 52)

Anwendungsbeginn: 1.1.2008

Zuvor war gemäß zwischenstaatlicher Vereinbarung (BGBl. II 1992, 1228) das mit der UdSSR geschlossene Doppelbesteuerungsabkommen vom 24.11.1981 (BGBl. II 1983, 2; BStBl. I 1983, 90) anzuwenden.
Änderungsprotokoll vom 11.3.2014 am 11.3.2014 unterzeichnet; noch nicht in Kraft getreten.

Art. des DBA	Erläutert bei Art.	Rz.
1	1	136b, 136c, 136d
2	2	–
3	3	–
4	4	141, 229
5	5	53
6	6	126
7	7	14, 66, 67
8	8	
9	9	–
10	10	71, 137a, 140 f., 184 ff., 205 ff., 225, 228, 230
11	11	24, 49 ff.
12	12	91a
13	13	153 ff.
14	14	47
15	15	82
16	16	–
17	17	70, 94, 94a, 96, 97, 136
18	18	85, 101
19	19	49
20	20	–
21	21	–
22	22	22
23	23	–
24	24	–
25	25	–
26	26	64
26a (E)	–	27
27	–	–
28	–	–
29	28	–
30	–	–
31	30	27
32	31	–

DBA Ghana

Vom 12.8.2004, BGBl. II 2006, 1018, BStBl. I 2008, 467
Inkrafttreten: 14.12.2007 (BGBl. II 2008, 51)

Anwendungsbeginn: 1.1.2008

Art. des DBA	Erläutert bei Art.	Rz.
1	1	61, 71, 135 ff., 145
2	2	–
3	3	25
4	4	141
5	5	53
6	6	126
7	7	14, 61, 66, 67
8	8	–
9	9	–
10	10	140 f., 184 ff., 205 ff., 225, 228, 230
11	11	50 f., 82, 84
12	12	36, 83, 91a
13	13	108, 153 ff.
14	14	–
15	15	82
16	16	–
17	17	70, 94a, 95, 136
18	18	82, 85, 94 f., 101
19	19	49
20	20	–
21	21	55
22	22	–
23	–	–
24	23	75, 96, 106, 228
25	24	–
26	25	60, 62, 134
27	26	–
28	–	–
29	–	–
30	28	–
–	–	–
32	30	–
33	31	–

DBA Griechenland

Vom 18.4.1966, BGBl. II 1967, 853, BStBl. I 1967, 51
Inkrafttreten: 8.12.1967 (BGBl. II 1968, 30)

Anwendungsbeginn: 1.1.1964

Ergänzungsprotokoll, paraphiert am 28.3.2000
(vgl. BMF, Schreiben v. 18.1.2002, IV B 6 – S 1300 – 155/01).
Unterzeichnung, Verkündung und Inkrafttreten stehen noch aus.

Art. des DBA	Erläutert bei Art.	Rz.
–	1	56
I	2	60
II Abs. 1, Nr. 1, 2, 3, 5, 6, 8, 9, 10	3	28, 50
II Abs. 1, Nr. 4	4	142, 305
II Abs. 1, Nr 7	5	–
II Abs. 2	3	126
III	7	50, 142, 165
IV	9	181
V	8	40
VI	10	93, 230 f.
VII	11	23, 50
VIII	12	90
IX	13	90, 112, 114, 152
X	19 Abs. 1, 3	40, 47, 55, 94, 96
XI Abs. 1 Satz 1, 2	14	–
XI Abs. 1 Satz 3	17	–
XI Abs. 2, 3, 5, 6	15	124
XI Abs. 4	16	–
XII Abs. 1	18	82
XII Abs. 2, 3, 4, 5	19 Abs. 2 Buchst. a	–
XIII	6	45
XIV	15	162, 164 ff.
XV	20	36
–	21	27
XVI	22	77
XVII	23	97
XVIII	28	16
XIX	26	64, 66, 67, 70, 87, 88, 117, 119
XX	25	57 f., 129, 167, 171, 191
XXI	24	40, 67
XXII	29	–
XXIII	30	–
XXIV	31	–

DBA Großbritannien 1964/70

Vom 26.11.1964, BGBl. II 1966, 359, BStBl. I 1966, 730
Inkrafttreten: 30.1.1967 (BGBl. II, 828)

Anwendungsbeginn: *Deutschland:* für Abzugsteuern auf Dividenden 1.2.1967, für sonstige Steuern ab 1960 – *Großbritannien:* für income tax 6.4.1960, für surtax 6.4.1959, für profits tax grds. 1.4.1960

Revisionsprotokoll vom 23.3.1970, BGBl. II 1971, 46, BStBl. I 1971, 140
Inkrafttreten: 30.5.1971 (BGBl. II, 841)
(**Anwendungsbeginn:** 30.5.1971)

Art. des DBA	Erläutert bei Art.	Rz.
–	1	56, 71
I	2	60
II Abs. 1 Buchst. a–g, j, k, m, Abs. 3	3	27, 50, 73
II Abs. 1	4	145, 223, 303
II Abs. 1 Buchst. l	5	–
II Abs. 2	Vor 6 bis 22	32
III	7	50, 59, 142, 165, 180
IV	9	146, 148, 181
V	8	–
VI	10	28, 78, 96, 121 f., 231, 236
VII	11	23 f., 49, 137
VII	12	31a, 82, 83, 88, 90, 106, 108
VIII	13	152, 323, 325
IX	19	40, 47, 55, 96
X Abs. 1, 2	18	82
X Abs. 3	3 Abs. 2	–
XI Abs. 1	14	–
XI Abs. 2, 3, 5	15	70, 84, 164 ff., 176, 180
XI Abs. 4	16	–
XI Abs. 6	17	–
XII	6	45, 214
XIII	15	71
XIV	20	63
XV	21	28
XVI	22	–
XVII	24	40, 67, 71 ff., 88
XVIII	23	71 f., 97, 112 f., 178
XVIII A	25	167, 170
XIX	26	66, 87, 88
–	28	30, 39
XX	24	58 f., 77, 155
XXI	29	15, 17, 20
XXII	29	11, 15, 17, 20
XXIII	30	18 f.
XXIV	31	–

DBA Großbritannien 2010

Vom 30.3.2010, BGBl. II 1333
Inkrafttreten: 30.12.2010 (BGBl. II, 536)

Anwendungsbeginn: *Deutschland:* für Abzugsteuern auf Beträge 1.1.2011, für sonstige Steuern 1.1.2011 – *Großbritannien:* für Einkommensteuer 6.4.2011, für Körperschaftsteuer 1.4.2011, für Abzugsteuern auf Einkünfte 1.1.2011

Art. des DBA	Erläutert bei Art.	Rz.
1	1	23, 23a, 42, 55n, 56, 61, 71, 71b, 72, 72e, 89, 89b, 90, 116, 120d, 135 f., 136b f., 144 ff.
2	2	77
3	3	2, 16, 18, 25, 27, 41, 44, 73, 80
4	4	32, 41, 77b, 89, 145, 151, 192, 194 ff., 223, 224, 296, 298, 303
5	5	15 ff., 29, 53, 91, 144, 147, 150
6	6	45, 73, 82, 105, 126, 155, 158, 210, 214
7	7	14, 14e, 113, 142
8	8	55
9	9	9, 11, 30, 102, 132a
10	10	9, 71, 96, 131, 141, 192
11	11	24, 35 ff., 43, 49, 50 f., 59b, 82
12	12	37
13	13	111, 156, 167, 323
14	15	17a f., 46, 50, 53a, 54b, 63, 82, 84 ff., 89a, 122
15	16	11
16	17	5, 24, 43, 67b, 94 ff., 116, 136
17	18	38, 82 ff., 101, 160, 168
18	19	20b, 47 f., 73
19 Abs. 1	15 Anh. III	176, 182
19 Abs. 2	20	–
–	–	–
21	21	32, 46b, 55
22	22	54, 83
23	23	12a, 65 f., 69, 95, 175 ff.
24	1	–
25	24	51, 126, 134, 166a, 169, 173, 187
26	25	9, 60, 62, 136a, 230, 270
27	26	18, 125
28	27	99a
29	Vor 6 bis 22	2, 7a, 18 ff., 20c ff.
30	28	–
–	–	
32	30	19, 35 f.
33	31	19, 35 f.

DBA Indien

Vom 19.6.1995, BGBl. II 1996, 707, BStBl. I 1996, 599
Inkrafttreten: 19.12.1996 (BGBl. II 1997, 751)

Anwendungsbeginn: 1.1.1997

Art. des DBA	Erläutert bei Art.	Rz.
1	1	136b, 136d
2	2	32
3	3	26, 29, 50
4	4	141
5	5	50ff., 80, 132, 135, 161
6	6	120
7	7	66, 98, 137f., 141
8	8	15, 51, 56
9	9	181
10	10	228, 230f.
11	11	50f., 82
12	12	36, 83, 84
13	13	152, 226
14	14	39, 47, 51, 65
15	15	74, 119
16	16	–
17	17	70, 94, 95, 97
18	18	–
19	19	–
20 Abs. 1, 3	21 Abs. 1, 2	12, 32, 55
20 Abs. 2	20	32
21	–	–
22	22	–
23	23	75, 96, 106, 142, 178, 224
24	24	88, 128, 185
25	25	60, 62, 134, 170
26	26	62
27	28	31
28	30	–
29	31	–

DBA Indonesien

Vom 30.10.1990, BGBl. II 1991, 1087, BStBl. I 1991, 1001
Inkrafttreten: 28.12.1991 (BGBl. II, 1401)

Anwendungsbeginn: 1.1.1992

Art. des DBA	Erläutert bei Art.	Rz.
1	1	–
2	2	–
3	3	29
4	4	141, 224
5	5	102, 138, 140, 160
6	6	–
7	7	66, 98, 144
8	8	–
9	9	181
10	10	171, 228, 230 f., 270
11	11	50 f.
12	12	30, 36, 84, 88
13	13	111 f., 152
14	14	51, 63
15	15	119
16	16	–
17	17	70, 94, 95
18	18	93
19	19	43, 48
20	20	–
21	21	12, 32
22	22	81
23	23	75
24	24	88, 132, 156
25	25	62, 134, 170
26	26	62
27	28	31
28	29	11
29	30	18 f.
30	31	–

DBA Iran

Vom 20.12.1968, BGBl. II 1969, 2134, BStBl. I 1970, 769
Inkrafttreten: 30.12.1969 (BGBl. II 1970, 282)

Anwendungsbeginn: 1.1.1970

Art. des DBA	Erläutert bei Art.	Rz.
1	1	59
2	2	–
3	3	25
4	4	142
5	5	51
6	6	211, 214
7	7	142, 165
8	8	–
9	9	181
10	10	231
11	11	49 f.
12	12	36, 72, 87 f.
13	13	152
14	14	–
15	15	–
16	16	–
17	17	–
18	18	–
19	19	47 , 55, 75, 91
20	20	–
21	15	97 ff.
22	21	–
23	22	75
24	23	78, 81
25	24	40, 67, 88
26	25	–
27	26	87, 88
28	28	–
29	29	–
30	30	–
31	31	–

DBA Irland 2011

Vom 30.3.2011, BGBl. II 2011, 1042, BStBl. I 2013, 471
Inkrafttreten: 28.11.2012 (BGBl. II 2013, 332)

Anwendungsbeginn: *Deutschland:* für Abzugsteuern 1.1.2012, übrige ab 2013 – *Irland:* für Einkommensteuer 1.1.2013, für Körperschaftsteuer ab 2013

Art. des DBA	Erläutert bei Art.	Rz.
1	1	56, 61, 71, 120p, 135 ff., 136b ff., 144g
2	2	–
3	3	25
4	4	22, 41, 83g, 141, 144, 150, 228, 294
5	5	53
6	6	126
7	7	–
8	8	55
9	9	–
10	10	71, 132, 141, 225
11	11	24, 82
12	12	91a
13	13	167
14	15	72a, 102
15	16	–
16	17	67b, 70, 81a, 94a ff., 136
17	18	82 ff., 101
18	19	47
19 Abs. 1	15 Anh. III	182 f.
19 Abs. 2	20	–
20	21	31 f., 55 ff.
21	22	54
–	–	–
23	23	66 ff., 95, 199
24	24	126, 174a
25	25	60 ff., 134 ff.
26	26	125
27	27	99a
28	Vor 6 bis 22	18b
29	1	–
30	28	–
–	–	–
32	30	–
33	31	–
–	–	–

DBA Island

Vom 18.3.1971, BGBl. II 1973, 358, BStBl. I 1973, 505
Inkrafttreten: 2.11.1973 (BGBl. II, 1567)

Anwendungsbeginn: 1.1.1968

Art. des DBA	Erläutert bei Art.	Rz.
1	1	61, 63, 64
2	2	–
3 Abs. 1 Buchst. a–f, h, i, j, Abs. 2	3	25, 29
4	4	149, 306
5	5	–
6	6	211, 214
7	7	–
8	8	–
9	9	181
10	10	70 f., 123 f., 133, 140, 230 ff.
11	11	24, 49
12	12	36, 88
13	13	152
14	14	–
15	15	125
16	16	–
17	17	–
18	19 Abs. 1, 3	55, 77, 93
19	18	–
19	19 Abs. 2	77
20	20	–
21	21	–
22	22	–
23	23	81
24	24	40, 67, 88
25	25	192
26	26	61, 64, 87, 88
27	28	–
28	29	–
29	30	–
30	31	–

DBA Israel

Vom 9.7.1962, BGBl. II 1966, 330, BStBl. I 1966, 701
Inkrafttreten: 21.8.1966 (BGBl. II, 767)

Anwendungsbeginn: 1.1.1961

Änderungsprotokoll vom 20.7.1977, BGBl. II 1979, 183, BStBl. I 1979, 125
Inkrafttreten 24.9.1979 (BGBl. II, 1031)
(**Anwendungsbeginn:** 1.1.1970)

Art. des DBA	Erläutert bei Art.	Rz.
–	1	56, 71
1	2	60
2 Abs. 1 Nr. 1–4, 6, 9, 10, Abs. 3	3	28, 75
2 Abs. 1 Nr. 5	4	145, 223, 224, 304, 305
2 Abs. 1 Nr. 7 a	5	–
2 Abs. 1 Nr. 8	10 Abs. 3	226, 229 ff., 240
2 Abs. 2	Vor 6 bis 12	30
3	6	119, 124
4	7	59
5	9	148, 181
6	8	–
7	13	90, 112 ff., 152
8 Abs. 1	14	–
8 Abs. 2	17	–
8 Abs. 3	16	–
9	15	–
10	19 Abs. 1, 3	40, 47 f., 55, 71, 94, 96
11 Abs. 1	18	82
11 Abs. 2, 3	19 Abs. 2	71
12	10	27, 93
13	11	24, 49 f.
14	12	36, 105, 108
15	15	43, 97 ff.
16	20	29, 31, 32, 34, 36
17	21	–
17 A	22	75
18	23	75 ff., 81, 178, 198
19	24	40, 67
20	26	64, 87, 88, 117 ff.
21	25	57 f., 129, 167, 171, 191
22	–	–
–	28	30
23	30	–
24	29	18
25	30	17
26	31	–

DBA Italien

Vom 18.10.1989, BGBl. II 1990, 743, BStBl. I 1990, 396
Inkrafttreten: 27.12.1992 (BGBl. II 1993, 59)

Anwendungsbeginn: 1.1.1993; für Einkünfte von in Italien ausgeübter nichtselbständiger Tätigkeit: 1.1.1990

Art. des DBA	Erläutert bei Art.	Rz.
1	1	61, 64e, 132a
2	2	–
3	3	25
4	4	87, 141, 149, 172
5	5	34, 108
6	6	51, 58, 84, 213
7	7	98
8 Prot. Nr. 6	8	56
9	9	181
10	10	93, 132, 140, 228
11	11	35, 50 f.
12	12	35, 36
13	13	152
14	14	–
15	15	71, 89, 94, 98, 105
16	16	–
17	17	70, 95
18	18	85, 92, 101
19	19	43 f., 47, 49, 51, 57, 73, 75 f.
20	20	–
21	15	162, 164 ff.
22	21	32, 55
23	22	–
24	23	96, 111, 182 f., 200
25	24	68, 88
26	25	42, 58, 60, 62, 132, 136, 154, 167, 192
27	26	64, 72 f.
28	28	–
29	–	–
30	29	13
31	30	20
32	31	–

Zur Bedeutung eines separaten Rechtshilfeabkommens s. Art. 27 Rz. 11, 20, 27, 36, 67, 74, 102.

DBA Jamaika

Vom 8.10.1974, BGBl. II 1976, 1195, BStBl. I 1976, 408
Inkrafttreten: 13.9.1976 (BGBl. II, 1703)

Anwendungsbeginn: 1.1.1973

Art. des DBA	Erläutert bei Art.	Rz.
1	1	59
2	2	65
3 Abs. 1, 2	3	29
3 Abs. 3	Vor 6 bis 22	30
4	4	142, 302
5	5	51, 132, 140
6	6	–
7	7	138
8	8	53
9	9	181
10	10	72, 123, 134, 230 ff.
11	11	49 f.
12	12	31a, 36, 83
13	13	152, 228
14	14	54, 63
15	15	84
16	16	–
17	17	142
18	19	95
19	18	82
20	20	29, 32 f.
21	21	–
22	22	–
23	23	72, 97, 112
24	24	40, 67, 88
25	25	–
26	26	87
27	28	–
28	29	–
29	30	17
30	31	–

DBA Japan

Vom 22.4.1966, BGBl. II 1967, 872, BStBl. I 1967, 59
Inkrafttreten: 9.6.1967 (BGBl. II, 2028)

Anwendungsbeginn: 1.1.1967

Änderungsprotokoll vom 17.4.1979, BGBl. II 1980, 1183, BStBl. I 1980, 650
Inkrafttreten: 10.11.1980 (BGBl. II, 1426)

(**Anwendungsbeginn:** *Deutschland:* 1.1.1977; *Japan:* 1.1.1980)

2. Änderungsprotokoll vom 17.2.1983 (BGBl. II 1984, 194)
Inkrafttreten: 4.5.1984 (BGBl. II, 567)

(**Anwendungsbeginn:** 1.1.1981)

Art. des DBA	Erläutert bei Art.	Rz.
1	1	61, 64e
2	2	–
3	3	25
4	4	142, 226, 291, 294
5	5	–
6	6	–
7	7	62
8	8	56
9	9	181
10	10	75, 93, 140, 142, 230 f., 234
11	11	50
12	12	36
13	13	111, 152
14	14	–
15	15	81, 84, 119
16	16	22
17	17	139, 142
18	18	–
19	19	47 f., 53, 55, 75
20	15	97 ff.
21	20	25
22	21	30
22 A	22	81
23	23	97
24	24	40, 67, 88
25	25	–
26	26	87, 88
27	28	–
28	29	–
29	30	–
30	31	–

DBA Jersey

Vom 4.7.2008, BGBl. II 2009, 589, BStBl. I 2010, 174
Inkrafttreten: 28.8.2009 (BGBl. II 2010, 38)

Anwendungsbeginn: 1.1.2010

Art. des DBA	Erläutert bei Art.	Rz.
1	1	–
2	2	–
3	–	–
4	3	25
5	4	141, 224
6	18	82 ff., 101
7	20	–
8	9	182
9	25	16, 60 ff., 134 ff., 167, 173
10	30	–
11	31	–

DBA Jugoslawien[1]

Vom 26.3.1987, BGBl. II 1988, 745, BStBl. I 1988, 372
Inkrafttreten: 25.12.1988 (BGBl. II, 1179)

Anwendungsbeginn: 1.1.1989

Gem. zwischenstaatlicher Vereinbarung (BGBl. II 1997, 961) gilt das DBA nach dem Zerfall der Sozialistischen Föderativen Republik Jugoslawien für die neue Bundesrepublik Jugoslawien fort.

Art. des DBA	Erläutert bei Art.	Rz.
1	1	–
2	2	–
3	3	27, 28, 50
4	4	142, 224
5	5	–
6	6	121
7	7	–
8	–	–
9	8	–
10	9	181
11	10	27, 230 f.
12	11	24, 49, 51
13	12	36
14	13	152
15	14	51
16	15	–
16 Abs. 3, 5	19 Abs. 1	43, 50 f.
17	16	22, 23
18	17	71, 93
19 Abs. 1	18	–
19 Abs. 2, 3	19 Abs. 2, 3	71, 98 f.
20	20	31
21	15	164 ff.
22	21	55
23	22	103
24	23	75, 114, 228
25	24	–
26	25	62, 134, 192
27	26	87, 88
28	28	31
29	29	–
30	30	27
31	31	–

[1] Mit folgenden Staaten wurden Vereinbarungen über die Fortgeltung des DBA Jugoslawien geschlossen: Bosnien–Herzegowina, Kroatien, Slowenien und Mazedonien, BMF–Schreiben vom 2.1.1996, BStBl. I, 5.

DBA Kanada

Vom 19.4.2001, BGBl. II 2002, 671, BStBl. I 2002, 505
Inkrafttreten: 28.3.2002 (BGBl. II, 962)

Anwendungsbeginn: 1.1.2001

Art. des DBA	Erläutert bei Art.	Rz.
1	1	135, 136b, 147
2	2	15
3	3	25, 28
4	4	141, 291, 292
5	5	53, 53a
6	6	–
7	7	45, 143
8	8	–
9	9	181
10	10	72, 97, 140 f., 171, 234 f., 268, 270 f.
11	11	50
12	12	30, 35, 36, 46b, 88, 89
13	13	92, 111, 153 ff.
14	14	–
15	15	78a, 81, 82, 119
16	16	22, 23a
17	17	70, 94, 94a, 95, 96
18	18	82, 85 f., 94, 97, 101, 207
19	19	39, 44, 48, 77, 93, 96
20	20	–
21	21	33, 55
22	22	81
23	23	75, 96, 112, 228
24	24	67, 88, 132, 174
25	25	60 ff., 136, 168, 269
26	26	64, 92
27	27	11, 25, 36, 67, 75, 81, 88, 100, 101
28	28	35
29	–	–
30	–	–
31	30	17, 43
32	31	–

DBA Kasachstan

Vom 26.11.1997, BGBl. II 1998, 1592, BStBl. I 1998, 1029
Inkrafttreten: 21.12.1998 (BGBl. II 1999, 86)

Anwendungsbeginn: 1.1.1996

Art. des DBA	Erläutert bei Art.	Rz.
1	1	61, 71, 135, 135a, 136b, 145
2	2	15
3	3	28
4	4	141, 148
5	5	–
6	6	–
7	7	61, 138, 142
8	8	–
9	9	–
10	10	140, 171, 225, 234 f., 270
11	11	50, 82
12	12	31a, 36, 83, 88
13	13	153 ff.
14	14	51
15	15	78a, 81, 82, 92
16	16	22
17	17	94, 94a, 95, 96, 97
18	18	82, 85, 94 f., 101
19	19	43, 44, 45, 49, 73
20	20	–
21	21	55
22	22	22
23	23	75, 96, 106
24	24	–
25	25	60, 62, 134, 192
26	26	64
27	–	–
28	–	–
29	28	–
30	29	–
31	30	39
32	31	–

DBA Kenia

Vom 17.5.1977, BGBl. II 1979, 607, BStBl. I 1979, 338
Inkrafttreten: 17.7.1980 (BGBl. II, 1357)

Anwendungsbeginn: 1.1.1980

Art. des DBA	Erläutert bei Art.	Rz.
1	1	–
2	2	36
3	3	28
4	4	142
5	5	50, 80, 132, 140
6	6	51, 52
7	7	–
8	8	–
9	9	181
10	10	123, 230 f.
11	11	49 f.
12	12	36, 86
13	13	111, 152, 226
14	14	51, 67
15	15	119
16	16	–
17	17	93, 94, 142
18	19 Abs. 1, 3	49, 51, 94, 96
19 Abs. 1, 2, 3, 4	18	89
19 Abs. 3	19 Abs. 2	71
20	20	28, 32 f.
21	21	28
22	22	81
23	23	75, 97, 228
24	24	88, 132
25	25	62, 192
26	26	69, 87, 88
27	28	–
28	29	11
29	30	–
30	31	–

DBA Kirgisistan

Vom 1.12.2005, BGBl. II 2006, 1066, BStBl. I 2007, 233
Inkrafttreten: 22.12.2006 (BGBl. II 2007, 214)

Anwendungsbeginn: 1.1.2007

Zuvor war gemäß zwischenstaatlicher Vereinbarung (BGBl. II 1992, 1015) das mit der UdSSR geschlossene Doppelbesteuerungsabkommen vom 24.11.1981 BGBl. II 1983, 2; BStBl. I 1983, 90) anzuwenden.

Art. des DBA	Erläutert bei Art.	Rz.
1	1	135, 136b, 136c, 136d
2	2	–
3	3	–
4	4	141
5	5	53, 80
6	6	126
7	7	14, 66, 67
8	8	–
9	9	–
10	10	76, 140, 184 ff., 205 ff., 228, 230
11	11	49 f., 82, 84, 102
12	12	36, 91a
13	13	111, 153 ff.
14	14	–
15	15	82, 119
16	16	–
17	17	70, 94, 95, 96, 97, 136
18	18	82, 85, 101
19	19	43, 44
20	20	–
21	21	–
22	22	81
23	23	–
24	24	–
25	25	60, 62, 134
26	26	64
27	28	–
28	30	27, 35
29	31	–

DBA Korea

Vom 10.3.2000, BGBl. II 2002, 1630, BStBl. I 2003, 24
Inkrafttreten: 31.10.2002 (BGBl. II, 2855)

Anwendungsbeginn: 1.1.2003

Art. des DBA	Erläutert bei Art.	Rz.
1	1	135, 135a, 136b, 145
2	2	–
3	3	28
4	4	148
5	5	53, 80
6	6	126
7	7	–
8	8	45, 54
9	9	–
10	10	76, 97, 140, 169, 171, 234 f.
11	11	50, 82
12	12	30, 36, 88, 89, 92b
13	13	111, 153 ff., 226 f.
14	14	51
15	15	82, 92, 119
16	16	–
17	17	70, 83, 94, 95, 96, 97, 144, 146
18	18	82, 85, 101
19	19	43, 49, 77, 93
20	20	37
21	21	55
22	22	81
23	23	75, 96, 106, 198, 229
24	24	–
25	25	60, 62, 134
26	26	64
27	–	–
28	28	–
29	30	–
30	31	–

Kosovo

Im Verhältnis zur Republik Kosovo ist gem. zwischenstaatlicher Vereinbarung vom 29. 6.2011 (BGBl. II 2011, 748) das mit der Sozialistischen Föderativen Republik Jugoslawien abgeschlossene Doppelbesteuerungsabkommen vom 26.3.1987 (BGBl. II 1988, 744, BStBl. I 1988, 372) anzuwenden.

DBA Kroatien

Vom 6.2.2006, BGBl. II, 1112, BStBl. I 2007, 247
Inkrafttreten: 20.12.2006 (BGBl. II 2007, 213)
Anwendungsbeginn: rückwirkend ab dem 1.1.2000
(BMF, Schreiben v. 18.1.2002, IV B 6 – S 1300 – 155/01).

Zuvor war gemäß zwischenstaatlicher Vereinbarung (BGBl. II 1992, 1146) das mit Jugoslawien geschlossene Doppelbesteuerungsabkommen vom 26.3.1987 (BGBl. II 1988, 1179; BStBl. I 1988, 372) anzuwenden.

Art. des DBA	Erläutert bei Art.	Rz.
1	1	61, 64, 136b, 136c
2	2	–
3	3	–
4	4	141
5	5	–
6	6	–
7	7	14, 66, 67
8	8	65
9	9	–
10	10	140 f., 184 ff., 205 ff., 225, 228, 230
11	11	24, 49, 51, 82, 84, 102
12	12	36
13	13	153 ff.
14	14	47
15	15	78a, 82, 92
16	16	–
17	17	70, 94, 97, 136
18	18	82, 85, 101
19	19	49
20	20	–
21	21	55
22	22	22
23	23	–
24	–	–
25	–	–
24	24	–
25	25	60, 62, 134, 192
26	26	64, 93
27	–	–
28	28	31
29	–	–
30	30	27
31	31	–

DBA Kuwait

Vom 18.5.1999, BGBl. II 2000, 390, BStBl. I 2000, 439
Inkrafttreten: 2.8.2000 (BGBl. II, 1156)

Anwendungsbeginn: 1.1.1998

Art. des DBA	Erläutert bei Art.	Rz.
1	1	148, 149
2	2	–
3	3	28
4	4	141, 145, 148, 295
5	5	75, 199, 160
6	6	–
7	7	98, 137
8	8	–
9	9	181
10	10	72, 88, 97, 140 f., 156
11	11	24, 51
12	12	36, 83, 88
13	13	152
14	14	–
15	15	–
16	16	–
17	17	94, 95
18	18	–
19	19	48
20	20	32
21	21	55
22	22	–
23	–	–
24	23	75, 96, 229
25	25	62, 134
26	26	–
27	–	–
28	28	–
29	30	–
30	31	–

DBA Lettland

Vom 21.2.1997, BGBl. II 1998, 330, BStBl. I 1998, 531
Inkrafttreten: 26.9.1998 (BGBl. II, 2630)

Anwendungsbeginn: 1.1.1996

Art. des DBA	Erläutert bei Art.	Rz.
1	1	136b, 136d
2	2	15
3	3	25
4	4	141, 148, 291, 292
5	5	75, 80, 162
6	6	45, 51, 55, 196
7	7	98, 141
8	8	–
9	9	181
10	10	76, 140
11	11	50 f., 82
12	12	30, 36, 83, 88
13	13	111, 153 ff.
14	14	51
15	15	119
16	16	–
17	17	70, 94, 95, 96
18	18	101
19	19	49, 73, 75
20	20	–
21	21	55
22	22	22, 81
23	23	75, 96, 112, 229
24	24	88
25	25	60, 62, 134
26	26	62, 64
27	28	–
28	30	–
29	31	–

DBA Liberia

Vom 25.11.1970, BGBl. II 1973, 1286, BStBl. I 1973, 615
Inkrafttreten: 25.4.1974 (BGBl. II 1975, 916)

Anwendungsbeginn: 1.1.1970

Art. des DBA	Erläutert bei Art.	Rz.
1	1	61, 63, 64, 150
2	2	–
3	3	25, 29
4	4	142, 291
5	5	132
6	6	51, 56, 119, 122
7	7	–
8	8	54
9	9	181
10	10	109, 140, 142
11	11	49 f.
12	12	30, 36
13	13	111, 152, 226
14	14	53
15	15	82, 126
16	16	101
17	17	139, 142
18	19 Abs. 1, 3	93
19	18	101
19 Abs. 1, 2	19 Abs. 2	77
20	20	29, 32 f.
21	21	31
22	22	81
23	23	229
24	24	40, 67, 88
25	25	154, 171
26	26	64, 66, 87, 88
27	28	–
28	29	–
29	30	–
30	31	–

DBA Liechtenstein

Vom 17.11.2011, BGBl. II 2012, 1462, BStBl. I 2013, 488
Inkrafttreten: 19.12.2012 (BGBl. II 2013, 332)

Anwendungsbeginn: 1.1.2013

Art. des DBA	Erläutert bei Art.	Rz.
1	1	55j ff., 61, 71
2	2	–
3	3	32
4	4	77b, 88, 141, 148, 150, 151, 159k, 182
5	5	–
6	6	126
7	7	14, 61, 252
8	8	55
9	9	–
10	10	97, 12, 132, 141 ff., 165, 170 ff., 230
11	11	5a, 24, 49 ff., 56, 82 ff.
12	12	54, 83, 92b
13	13	97, 326
14	15	76f
15	16	–
16	17	70, 82a f., 99, 136, 144
17	18	82 ff., 94 ff., 101
18	19	43 ff., 72, 84, 91
19	15 Anh. III	182 f.
20	20	–
21	21	–
22	22	54
23	23	69, 95, 252 ff.
24	24	89, 126, 166, 174
25	25	16, 60 ff., 134, 136a, 261, 271 f.
26	26	11, 19, 27, 112, 125
27	–	–
28	27	–
29	28	–
30	Vor 6 bis 22	–
–	–	–
–	–	–
33	30	8a
34	31	8a

DBA Litauen

Vom 22.7.1997, BGBl. II 1998, 1571, BStBl. I 1998, 1016
Inkrafttreten: 11.11.1998 (BGBl. II, 2962)

Anwendungsbeginn: 1.1.1995

Art. des DBA	Erläutert bei Art.	Rz.
1	1	136b, 136d
2	2	15
3	3	25
4	4	141, 148, 291, 292
5	5	75, 80, 162
6	6	51, 56, 119, 122
7	7	98, 141
8	8	–
9	9	181
10	10	76, 140
11	11	50 f., 82
12	12	30, 36, 83, 88
13	13	111, 153 ff.
14	14	51
15	15	119
16	16	–
17	17	70, 94, 95, 96
18	18	101
19	19	49, 73, 75
20	20	–
21	21	55
22	22	22, 81
23	23	75, 96, 112, 229
24	24	88
25	25	60, 62, 134
26	26	62
27	28	–
28	30	–
29	31	–

DBA Luxemburg 2012

Vom 23.4.2012, BGBl. II, 1402
Inkrafttreten: 30.9.2013 (BGBl. II 2014, …)

Anwendungsbeginn: 1.1.2014

Art. des DBA	Erläutert bei Art.	Rz.
1	1	56, 72c, 135, 135d ff., 136b ff.
2	2	47
3	3	25, 30, 44, 50, 75
4	4	141, 146 ff., 150 f., 168, 223, 227, 297 f.
5	5	–
6	6	–
7	7	14, 157, 164, 252
8	8	39, 55, 63
9	9	–
10	10	71 f., 141, 225, 231, 235
11	11	23 f., 49, 82 ff.
12	12	34
13	13	–
14	15	75a, 92, 116c f., 143
15	16	–
16	17	71, 75 f.
17	18	5, 18, 82 f., 84 ff., 101
18	19	43 ff., 54, 72, 84, 98
19 Abs. 1	15 Anh. III	182 ff., 186
19 Abs. 2	20	–
20	21	55
21	22	–
22	23	69, 95, 105, 225 f.
23	24	126, 156, 166, 174
24	25	57, 60 ff., 127 ff., 134, 136a, 169, 172 ff.
25	26	125
26	Vor 6 bis 22	–
–	–	–
28	28	34
–	–	–
30	30	13
31	31	13

DBA Malaysia 2010

Vom 23.2.2010, BGBl. II 2010, 1310, BStBl. I 2011, 329
Inkrafttreten: 21.12.2010 (BGBl. II 2011, 464)

Anwendungsbeginn: 1.1.2011

Art. des DBA	Erläutert bei Art.	Rz.
1	1	56
2	2	19, 44
3	3	25
4	4	142, 296
5	5	76, 80, 132
6	6	–
7	7	144, 164
8	8	55
9	9	182
10	10	141
11	11	50 f., 102
12	12	10b, 34, 84
13	13	304
14	14	–
15	15	119, 122 ff.
16	16	–
17	17	70, 94 ff., 136
18	18	82, 85, 101
19	19	43, 72 f.
20	20	27 f., 31
21	15 Anh. III	182 ff.
22	21	30, 55
23	23	69, 95
24	24	156, 187
25	25	60 ff., 134, 136a
26	26	125
–	–	–
28	28	–
–	–	–
30	30	–
31	31	–

DBA Malta

Vom 8.3.2001, BGBl. II 2001, 1297, BStBl. I 2002, 76
Inkrafttreten: 27.12.2001 (BGBl. II 2002, 320)

Anwendungsbeginn: 1.1.2002
Änderungsprotokoll vom 17.6.2010, BGBl. II 2011, 275, BStBl. I 2011, 742
Inkrafttreten: 19.5.2011 (BGBl. II 2011, 640)

Anwendungsbeginn: 1.1.2012

Art. des DBA	Erläutert bei Art.	Rz.
1	1	135, 147
2	2	–
3	3	28
4	4	141, 304
5	5	53, 53a
6	6	45, 119, 123, 126
7	7	142
8	8	54
9	9	–
10	10	92, 140 f., 171, 225, 234 f.
11	11	49 ff., 82
12	12	92b
13	13	153 ff.
14	14	51
15	15	82
16	16	–
17	17	70, 83, 94, 95, 96, 97, 144, 146
18	18	85, 94 f., 101
19	19	77, 93
20	20	32 f.
21	21	55
22	22	22
23	23	75, 96, 106, 198
24	24	185
25	25	60, 62, 134, 170
26	26	64, 93
27	–	–
28	28	–
29	–	–
30	–	–
31	30	–
32	31	–

DBA Marokko

Vom 7.6.1972, BGBl. II 1974, 22, BStBl. I 1974, 60
Inkrafttreten: 8.10.1974 (BGBl. II, 1325)

Anwendungsbeginn: für veranlagte Steuern: Erhebungszeiträume, die nach dem 1.1.1974 enden, für Abzugsteuern: 1.1.1979

Art. des DBA	Erläutert bei Art.	Rz.
1	1	150
2	2	–
3	3	28
4	4	142
5	5	51
6	6	51
7	7	139, 142, 157, 165
8	8	54, 63
9	9	148, 181
10	10	70, 230 f.
11	11	50
12	12	36, 72, 83, 87 f.
13	13	152
14	14	51
15	15	83a
16	16	–
17	17	97
18	19 Abs. 1, 3	47, 54, 55, 93
19	18	90
19	19 Abs. 2	77
20	20	29, 33
21	21	28
22	22	–
23	23	75, 81, 97, 178, 229
24	24	40, 67, 88
25	25	193
26	26	87, 89
27	28	–
28	29	–
29	30	–
30	31	–

DBA Mauritius 2011

Vom 7.10.2011, BGBl. II 2012, 1050, BStBl. I 2013, 388
Inkrafttreten: 7.12.2012 (BGBl. II 2013, 331)

Anwendungsbeginn: 1.1.2013

Art. des DBA	Erläutert bei Art.	Rz.
1	1	56, 150
2	2	19, 44
3	3	32, 44, 80, 87
4	4	76, 145, 150
5	5	53, 80
6	6	126
7	7	14
8	8	55
9	9	26
10	10	70, 88, 97
11	11	24, 37, 82 ff.
12	12	34
13	13	22b, 304
14	15	–
15	16	–
16	17	70, 94 ff., 136
17	18	82 ff.
18	19	43 ff., 172
19	15 Anh. III	192 f.
20	20	–
21	21	–
–	–	–
23	23	–
24	24	–
25	25	60 ff., 134
26	26	125
27	27	20b
28	Vor 6 bis 22	–
–	–	–
30	28	11
–	–	–
32	30	–
33	31	–

DBA Mazedonien

Vom 13.7.2006, BGBl. II 2010, 1153, BStBl. I 2011, 313
Inkrafttreten: 29.11.2010 (BGBl. II 2011, 462)

Anwendungsbeginn: 1.1.2011

Art. des DBA	Erläutert bei Art.	Rz.
1	1	56
2	2	20
3	3	25
4	4	141, 151, 304
5	5	53
6	6	–
7	7	–
8	8	–
9	9	–
10	10	141, 225
11	11	49, 58, 82, 84, 102
12	12	34, 91a
13	13	304
14	14	–
15	15	–
16	16	–
17	17	81a, 94 ff., 136
18	18	82 ff., 94 f., 101
19	19	43 f., 72
20 Abs. 1, 2	15 Anh. III	182 f.
20 Abs. 3	20	–
21	21	–
22	22	–
23	23	–
24	24	134
25	25	60 ff., 134
26	26	–
27	Vor 6 bis 22	–
–	–	–
29	28	–
–	–	–
31	30	75 f.
32	31	75 f.

DBA Mexiko 2008

Vom 9.7.2008, BGBl. II 2009, 746, BStBl. I 2014, 1223
Inkrafttreten: 15.10.2009 (BGBl. II 2010, 62)

Anwendungsbeginn: 1.1.2010

Art. des DBA	Erläutert bei Art.	Rz.
1	1	56, 136b ff., 145
2	2	–
3	3	25
4	4	151, 291 f., 304
5	5	35, 53
6	6	126, 153
7	7	66 f.
8	8	55
9	9	182
10	10	141, 225
11	11	38, 59
12	12	34, 82 ff., 113
13	13	226
14	14	51
15	15	92, 121
16	16	23
17	17	70, 81 ff.,94 ff., 136, 144a
18	18	82 ff., 101
19	19	43 ff., 73, 91
20 Abs. 1	15 Anh. III	182 f.
20 Abs. 2	20	–
21	21	33, 57
22	22	56
23	23	21, 63, 69, 95, 175
24	24	–
25	25	60, 95, 135 ff., 356
26	26	18, 125
27	27	–
–	–	–
29	28	–
–	–	–
31	30	–
32	31	–

Moldau

Für die Republik Moldau ist gem. zwischenstaatlicher Vereinbarung (BGBl. II 1996, 768) das mit der UdSSR abgeschlossene Doppelbesteuerungsabkommen vom 24.11.1981 (BGBl. II 1983, 2, BStBl. I 1983, 90) anzuwenden.

DBA Mongolei

Vom 22.8.1994, BGBl. II 1995, 819, BStBl. I 1995, 607
Inkrafttreten: 23.6.1996 (BGBl. II 1220)
Anwendungsbeginn: 1.1.1997

Art. des DBA	Erläutert bei Art.	Rz.
1	1	136 b
2	2	–
3	3	28
4	4	141
5	5	103
6	6	119 f., 126
7	7	98, 141
8	8	–
9	9	181
10	10	27, 76, 140 f., 228, 230 f.
11	11	51, 82
12	12	36
13	13	152
14	14	51
15	15	–
16	16	–
17	17	70, 94, 95, 97
18	18	–
19	19	48
20	20	32
21	21	55
22	22	75
23	23	75, 96, 229
24	24	88
25	25	60, 62, 134, 170
26	26	–
27	28	31
28	30	–
29	31	–

Montenegro

Im Verhältnis zur Republik Montenegro ist gem. zwischenstaatlicher Vereinbarung vom 29.6.2011 (BGBl. II, 745) das mit der Sozialistischen Föderativen Republik Jugoslawien abgeschlossene Doppelbesteuerungsabkommen vom 26.3.1987 (BGBl. II 1988, 744, BStBl. I 1988, 372) anzuwenden.

DBA Namibia

Vom 2.12.1993, BGBl. II 1994, 1263, BStBl. I 1994, 673
Inkrafttreten: 26.7.1995 (BGBl. II, 770)
Anwendungsbeginn: *Deutschland:* 1.1.1993 – *Namibia:* für Abzugsteuern 1.3.1993; sonstige: 1.1.1993

Art. des DBA	Erläutert bei Art.	Rz.
1	1	136b, 136d
2	2	–
3	3	28
4	4	141, 304
5	5	–
6	6	119 f.
7	7	98, 138, 141
8	8	–
9	9	181
10	10	27, 72, 76, 140 f., 228, 230 f.
11	11	24, 49 ff., 82
12	12	36
13	13	152
14	14	51
15	15	74, 89
16	16	–
17	17	70, 94, 95, 97
18	18	–
19	19	–
20	20	17, 20 f.
21	21	28, 55
22	22	22
23	23	75, 96, 198, 229
24	24	88
25	25	60, 62, 134, 170
26	26	62
27	28	31
28	30	–
29	31	–

DBA Neuseeland

Vom 20.10.1978, BGBl. II 1980, 1223, BStBl. I 1980, 655
Inkrafttreten: 21.12.1980 (BGBl. II, 1485)

Anwendungsbeginn: *Deutschland:* 1.1.1978 – *Neuseeland:* 1.4.1978

Art. des DBA	Erläutert bei Art.	Rz.
1	1	–
2	2	20, 36
3	3	29
4	4	141, 291
5	5	–
6	6	39
7	7	–
8	8	
9	9	181
10	10	225, 228, 230 f.
11	11	56
12	12	36, 83
13	13	153 ff., 226
14	14	–
15	15	–
16	16	–
17	17	–
18	18	85, 101
19	19	49
20	20	–
21	21	33, 55, 57
22	22	–
23	23	229
–	24	24
24	25	167, 192
25	26	64
26	28	31, 35
27	29	15, 17, 20
28	29	–
29	30	–
30	31	–

DBA Niederlande 1959/2004

Vom 16.6.1959, BGBl. II 1960, 1782, BStBl. I 1960, 382
Inkrafttreten: 18.9.1960 (BGBl. II 2216)
Anwendungsbeginn: grds. 1.1.1956
Zusatzprotokoll vom 13.3.1980, BGBl. II 1151, BStBl. I 1980, 647
Inkrafttreten: 1.1.1981 (BGBl. II 1980, 1486)
(**Anwendungsbeginn:** 1.1.1979)
Zweites Zusatzprotokoll (Änderungsprotokoll) vom 21.5.1991, BGBl. II 1991, 1429, BStBl. I 1992, 94
Inkrafttreten: 20.2.1992 (BGBl. II 1992, 170)
Anwendungsbeginn: 20.2.1992
Drittes Zusatzprotokoll vom 4.6.2004, BGBl. II 2004, 1653, BStBl. I 2005, 364
Inkrafttreten: 30.12.2004 (BGBl. II 2005, 101)
Anwendungsbeginn: 1.1.2005

Art. des DBA	Erläutert bei Art.	Rz.
–	1	39, 56, 71
1	2	33 f.
2 Abs. 1 Nr. 1, 3, 5 Abs. 2	3	30, 50, 73, 75, 121
2 Abs. 1 Nr. 2	5	35 a
3	4	146, 148, 223, 227, 297, 298, 302
4	6	45, 51 f., 54, 58, 119, 129, 158, 211 f.
4	13	18 f.
5	7	52, 59, 135, 157, 165, 181
6	9	52, 54, 58, 212a f.
7	8	39, 63
8	13	57, 112 f., 152, 229, 325
9 Abs. 1, 2	14	39, 50
9 Abs. 2	17	71, 74, 76
9 Abs. 4	16	21
10	15	4a, 28, 44, 74, 75a ff., 76a, 85, 116, 117
11	19 Abs. 1, 3	37, 51, 54, 94, 98
12	18	85, 101
12 Abs. 2, 3	19 Abs. 2	71, 76
13	10	87, 93, 120, 140, 226, 229 ff., 235
14	11	24, 49, 84
15	12	33, 82 f., 88, 105, 108
16	21	–
17	15	162 ff.
18	20	–
19	22	9, 19, 58, 79, 105
20	23	42, 49, 73, 97, 148, 151, 218, 228
21	28	19
22	25	57, 129 f.
23	26	65, 71, 87, 88, 116 f., 119, 133
24	24	40, 67 f., 88, 127, 186
25	25	169, 171
26	29	–
27	29	11, 14, 15, 17, 20
28	30 Abs. 2	–
29	30, 31	–

Zur Vollstreckungshilfe im Bereich der Grenzgängerbesteuerung (Art. 2 ZusProt. v. 18.3.1980) s. Art. 27 Rz. 11, 29, 36, 74, 103.

DBA Niederlande 2012 (E)

Vom 12.4.2012, BGBl. II, 1414, noch nicht in Kraft getreten

Art. des DBA	Erläutert bei Art.	Rz.
1	1	14, 23, 56, 64l, 72 ff., 120e ff., 133 d, 135 ff., 136b ff.
2	2	44, 47
3	3	25, 30, 50, 73 ff.
4	4	32 ff., 141, 148, 223, 227, 297 ff.
5	5	35a, 53
6	6	158
7	7	14, 52a, 157, 164, 252
8	8	55, 65
9	9	52a
10	10	71, 131, 141, 171, 218
11	11	24, 49, 51
12	12	82
13	13	–
14	15	75b, 116 ff.
15	16	22 ff.
16	17	71, 75 ff.
17	18	6c f., 81 ff., 93, 101
18	19	43 ff., 54, 65c, 72 f., 94, 98
19	15 Anh. III	135a, 143, 156b, 179
20	20	–
21	21	55
22	23	69, 95
–	–	–
24	24	30, 52, 89, 126, 156, 173
25	25	9, 57, 60, 127 ff., 134, 136a, 169 ff., 174
–	–	–
27	26	125
28	27	17, 29, 71b
29	Vor 6 bis 22	–
30	28	–
–	–	–
32	29	–
33	30	19, 35a
34	31	19, 35a

DBA Norwegen 1991/2013

Vom 4.10.1991, BGBl. II 1993, 972, BStBl. I 1993, 655
Inkrafttreten: 7.10.1993 (BGBl. II 1895)

Anwendungsbeginn: 1.1.1991

Änderungsprotokoll vom 24.6.2013, am 11.3.2014 unterzeichnet, noch nicht in Kraft getreten

Art. des DBA	Erläutert bei Art.	Rz.
1	1	136b, 136d
2	2	–
3	3	50, 25
4	4	87, 141
5	5	82
6	6	45, 51, 56
7	7	–
8	8	56, 71
9	9	181
10	10	70 f., 140, 231, 234
11	11	24, 35, 49
12	12	–
13	13	112, 153 ff., 2265
14	14	–
15	15	77, 82, 94, 118, 120
16	16	21
17	17	70, 94, 95, 96, 143, 144
18	18	85, 94 f., 101
19	19	37, 43, 49, 93, 94
20	–	–
21	21	55
22 (2013 (E): –)	22 (2013 (E): –)	83
23	23	96 f., 111, 228
24	24	88, 132
25	25	60, 62, 134, 136 f., 154, 168, 192
26	26	64, 71
27	27	11, 36, 74, 103
28	Vor 10 bis 12	35
29	28 ((E): –)	–
30	30	–
31	31	–

DBA Oman (E)

Erstmaliges Abkommen vom 15.8.2012 am 15.8.2012 unterzeichnet;
noch nicht in Kraft getreten.

Art. des DBA	Erläutert bei Art.	Rz.
1	1	56, 61, 71, 72h, 135, 135d, 136b ff.
2	2	–
3	3	–
4	4	–
5	5	–
6	6	–
7	7	–
8	8	–
9	9	–
10	10	–
11	11	–
12	12	–
13	13	–
14	14	–
15	15	182 ff.
16	16	–
17	17	–
18	18	–
19	19	–
20 Abs. 1	15 Anh. III	–
20 Abs. 2	20	–
21	21	–
22	22	–
23	23	–
24	24	–
25	25	–
26	26	–
27	Vor 6 bis 22	125
–	–	–
29	28	–
–	–	–
31	30	–
32	31	–

DBA Österreich

Vom 24.8.2000, BGBl. II 2002, 734, BStBl. I 2002, 584
Inkrafttreten: 18.8.2002 (BGBl. II 2435)

Anwendungsbeginn: 1.1.2003

Revisionsprotokoll vom 29.12.2010, BGBl. II 2011, 1209, BStBl. I 2012, 366
Inkrafttreten: 1.3.2012 (BGBl. II 2012, 146)

Anwendungsbeginn: 1.1.2011

Art. des DBA	Erläutert bei Art.	Rz.
1	1	39, 61, 71, 135, 135a, 136b
2	2	–
3	3	25, 30
4	4	87, 141, 148
5	5	–
6	6	158
7	7	59, 61, 181
8	8	–
9	9	–
10	10	140 f., 171, 225, 234 f.
11	11	24, 49, 51, 82, 84
12	12	36, 92b
13	13	153 ff.
14	14	47
15	15	44, 78a, 81, 90, 95, 102
16	16	22
17	17	70, 74, 82 f., 88, 94, 95, 96, 97, 144
18	18	82, 85, 94 f., 101
19	19	43 ff., 49, 51, 57, 75
20	20	27
21	21	55
22	22	–
23	23	74, 75, 96, 106, 111, 228
24	24	–
25	25	60, 62, 134, 192, 205, 208, 268
26	26	64, 72, 74, 93
27	–	–
28	–	–
29	28	–
30	–	–
31	30	–
32	–	–
33	31	–

Zur Bedeutung des Rechtshilfevertrags 1954 s. Art. 27 Rz. 11, 36, 73, 102.

DBA Pakistan

Vom 14.7.1994, BGBl. II 1995, 838, BStBl. I 1995, 617
Inkrafttreten: 30.12.1995 (BGBl. II 1996, 467)

Anwendungsbeginn: *Deutschland:* 1.1.1995 – *Pakistan:* 1.7.1995

Art. des DBA	Erläutert bei Art.	Rz.
1	1	136b, 136d
2	2	14, 31
3	3	25
4	4	141
5	5	51, 53, 102, 160
6	6	51 f., 129
7	7	66, 98, 138
8	8	–
9	9	181
10	10	72, 135, 140 f., 230
11	11	24, 42c, 49 ff., 82
12	12	36, 83
13	13	153 ff., 226
14	14	39, 51
15	15	121
16	16	21
17	17	94, 95
18	18	82, 100
19	19	48, 49
20	20	32 f.
21	21	55
–	22	21, 57, 82, 106
22	23	75, 96, 198, 229
23	24	–
24	25	60, 62, 134, 170
25	26	87
26	28	31, 35
27	29	15, 17, 20
28	30	–
29	31	–

DBA Philippinen 1983

Vom 22.7.1983, BGBl. II 1984, 878, BStBl. I 1984, 544
Inkrafttreten: 14.12.1984 (BGBl. II, 1008)

Anwendungsbeginn: 1.1.1985

Art. des DBA	Erläutert bei Art.	Rz.
1	1	60, 72a, 79, 87
2	2	–
3	3	28, 32
4	4	142
5	5	53, 80 f., 132, 140
6	6	51 f., 122
7	7	66, 138
8	8	46
9	9	181
10	10	72, 91, 123, 140, 142, 230 f.
11	11	49 ff.
12	12	30, 36, 88
13	13	152, 226
14	14	51
15	15	–
16	16	–
17	17	70, 94, 95, 97, 142
18	19 Abs. 1, 3	94
19 Abs. 1	18	82, 89, 101
19 Abs. 2	19 Abs. 2	71
20	15	–
21	20	29, 32 f.
22	21	33, 58
23	22	–
24	23	75, 96, 198, 229
25	24	67, 70, 88, 185
26	25	–
27	26	65, 87
28	28	–
29	29	11
30	30	–
31	31	–

DBA Philippinen 2013

Vom 9.9.2013, unterzeichnet.

Art. des DBA	Erläutert bei Art.	Rz.
1	1	56
2	2	–
3	3	25
4	4	151
5	5	–
6	6	–
7	7	–
8	8	–
9	9	–
10	10	–
11	11	–
12	12	–
13	13	–
14	14	–
15	15	–
16	16	–
17	17	–
18	18	–
19	19	–
20	15 Anh. III	–
21	20	–
22	21–	–
23	22	–
24	23	–
25	24	–
26	25	–
27	26	–
28	Vor 6 bis 22	–
–	–	–
30	28	–
–	–	–
32	30	–
33	31	–

DBA Polen

Vom 14.5.2003, BGBl. II 2004, 1304, BStBl. I 2005, 349
Inkrafttreten: 19.12.2004 (BGBl. I 2005, 55)

Anwendungsbeginn: 1.1.2005

Art. des DBA	Erläutert bei Art.	Rz.
1	1	135, 135a, 136b, 136d
2	2	19
3	3	25, 77
4	4	141, 149
5	5	53, 53a
6	6	126 f.
7	7	67, 98
8	8	56
9	9	–
10	10	140 f., 231
11	11	24, 49 ff., 82
12	12	36, 88, 91a
13	13	153 ff.
14	14	–
15	15	81 f., 83 b
16	16	22, 23 a
17	17	93, 94, 94a, 95, 96, 136
18	18	82, 85, 92, 94 f., 101
19	19	44, 49, 52, 56, 78, 94, 97
20	20	–
21	20	–
22	21	55
23	22	–
24	23	75, 96, 106, 198, 228
25	24	–
26	25	60, 62, 134
27	26	93, 114
28	–	–
29	–	–
30	28	30
31	30	17, 25
32	31	–

DBA Portugal

Vom 15.7.1980, BGBl. II 1982, 130, BStBl. I 1982, 348
Inkrafttreten: 8.10.1982 (BGBl. II 861)

Anwendungsbeginn: 1.1.1983

Art. des DBA	Erläutert bei Art.	Rz.
1	1	61, 65b
2	2	–
3	3	25, 28
4	4	149, 306
5	5	–
6	6	–
7	7	–
8	8	–
9	9	181
10	10	230 f.
11	11	34, 49, 51
12	12	36
13	13	152
14	14	51
15	15	–
16	16	25
17	17	–
18	18	–
18	19 Abs. 2	77
19	19 Abs. 1, 3	93
20	20	–
21	20	32 f.
22	21	32, 55
23	22	–
24	23	75 f., 94, 198, 228
25	24	88, 185
26	25	60, 62, 167, 192
27	26	61, 64, 87, 88
28	28	–
29	29	–
30	30	–
31	31	–

DBA Rumänien

Vom 4.7.2001, BGBl. II 2003, 1594, BStBl. I 2004, 273
Inkrafttreten: 17.12.2003 (BGBl. II 2004, 102)

Anwendungsbeginn: 1.1.2004

Art. des DBA	Erläutert bei Art.	Rz.
1	1	135, 135a, 136b, 136 c
2	2	–
3	3	25, 28
4	4	141, 304
5	5	53, 103, 140
6	6	–
7	7	66, 67
8	8	56
9	9	–
10	10	69 ff., 140 f., 170 f., 184 ff., 205 ff., 225, 230 f.
11	11	25, 49 f., 82, 84
12	12	36, 89, 91 a
13	13	153 ff.
14	14	–
15	15	82, 92
16	16	–
17	17	70, 94, 94a, 96, 97, 136
18	18	82, 85, 92, 94 f., 101
19	19	–
20 Abs. 1	15	162, 182 f.
20 Abs. 2	20	–
21	21	–
22	22	22
23	23	75, 106, 228
24	24	–
25	25	60, 62, 134, 154
26	26	64
27	23	–
28	1	135
29	28	–
30	Einl.	48, 53, 91
31	30	19, 35
32	31	–

DBA Russische Föderation

Vom 25.5.1996, BGBl. II 1996, 2710, BStBl. I 1996, 1490
Inkrafttreten: 30.12.1996 (BGBl. II 1997, 752)

Anwendungsbeginn: 1.1.1997

Revisionsprotokoll vom 15.10.2007, BGBl. II 2008, 1398, BStBl. I 2009, 831
Inkrafttreten: 15.5.2009 (BGBl. II, 820)

Anwendungsbeginn: 1.1.2010

Art. des DBA	Erläutert bei Art.	Rz.
1	1	–
2	2	15, 32
3	3	77
4	4	–
5	5	–
6	6	–
7	7	52, 98, 138
8	8	–
9	9	181
10	10	27, 72, 140 f.,
11	11	24, 49, 51, 82
12	12	36, 89
13	13	111, 152
14	14	–
15	15	74, 88, 119
16	16	–
17	17	70, 87, 94, 94a, 95, 96, 97
18	18	101
19	19	–
20	20	–
21	21	–
22	22	22, 81
23	23	75, 96, 229
24	24	40, 67, 88
25	25	62, 134, 154
26	26	64
27	28	–
28	30	–
29	31	–

DBA Sambia

Vom 30.5.1973, BGBl. II 1975, 662, BStBl. I 1975, 688
Inkrafttreten: 8.11.1975 (BGBl. II, 2204)

Anwendungsbeginn: 1.1.1971

Art. des DBA	Erläutert bei Art.	Rz.
1	1	–
2	2	–
3	3	28
4	4	142, 304
5	5	75, 80
6	6	–
7	7	–
8	8	–
9	9	181
10	10	70, 123, 230 f.
11	11	49 f.
12	12	36
13	13	152
14	14	51
15	15	–
16	16	–
17	17	94, 142
18	19 Abs. 1, 3	47, 93
19	18	90
19	19 Abs. 2	77
20	20	28, 32 f.
21	21	28
22	22	–
23	23	75, 97, 229
24	24	40, 67, 70, 88, 131
25	25	–
26	26	87
27	28	–
28	29	–
29	30	–
30	31	–

DBA Schweden

Vom 14.7.1992, BGBl. II 1994, 687, BStBl. I 1994, 422
Inkrafttreten: 13.10.1994 (BGBl. II 1995, 29)

Anwendungsbeginn: 1.1.1995

Art. des DBA	Erläutert bei Art.	Rz.
1	1	61, 135, 136b
2	2	53
3	3	28, 100, 126, 129
4	4	87, 141
5	5	–
6	6	45, 120 f.
7	7	–
8	8	47, 56, 71
9	9	182
10	10	71, 93, 140 f., 156, 228, 230 f., 234 f.
11	11	24, 49, 82, 137
12	12	101
13	13	111 f., 153 ff.
14	14	–
15	15	81, 92, 94, 119
16	16	22, 23a
17	17	70, 94, 139
18	18	82, 85, 101
19	19	43, 45, 73
20	20	–
21	21	55
22	22	22, 81, 83, 107
23	23	81, 96, 111, 183, 228
29–37	26	60, 64, 71 f., 75, 117
–	27	11, 36, 81, 88, 99
38	24	88
39	25	169 f.
40	25	59 f., 134, 168
41	25	137, 192, 267, 360, 390
44	Vor 10 bis 12	48, 59
45	28	31, 38
46	30	–
47	31	–

DBA Schweiz

Vom 11.8.1971, BGBl. II 1972, 1022, BStBl. I 1972, 520
Inkrafttreten: 29.12.1972 (BGBl. II 1973, 74)

Anwendungsbeginn: 1.1.1972

Änderungsprotokoll vom 30.11.1978, BGBl. II 1980, 751, BStBl. I 1980, 399 – Inkrafttreten: 5.9.1980 (BGBl. II, 1281)

(**Anwendungsbeginn:** 1.1.1977)

Änderungsprotokoll vom 17.10.1989, BGBl. II 1990, 766, BStBl. I 1990, 409 – Inkrafttreten: 30.11.1990 (BGBl. II, 1698)

(**Anwendungsbeginn:** 1.1.1990)

Änderungsprotokoll vom 21.12.1992, BGBl. II 1993, 1888, BStBl. I 1993, 927 – Inkrafttreten: 29.12.1993 (BGBl. II 1994, 21)

(**Anwendungsbeginn:** 1.1.1994)

Revisionsprotokoll vom 12.3.2002, BGBl. II 2003, 68, BStBl. I 2003, 165 – Inkrafttreten: 24.3.2003 (BGBl. II, 436)

(**Anwendungsbeginn:** für Abzugsteuern ab 1.1.2002, für Veranlagungssteuern erst nach Inkrafttreten)

Revisionsprotokoll vom 27.10.2010, BGBl. II 2011, 1090, BStBl. I 2012, 512 – Inkrafttreten: 21.12.2011 (BGBl. II 2012, 279)

Anwendungsbeginn: 1.1.2011/2012

Art. des DBA	Erläutert bei Art.	Rz.
1	1	61, 65c, 71, 135, 135a, 137 ff.
2	2	30
3	3	28, 117
4	4	22, 63, 80, 85, 87, 145, 172, 190, 192, 301, 304
5	5	–
6	6	57, 59, 73, 75, 158
7	7	52, 61, 168
8	8	38
9	9	181
10	10	94, 97, 111, 141, 156, 169, 171, 230 f., 234 f., 268
11	11	24, 37, 49, 52
12	12	–
13	13	152
14	14	–
15	15	76, 80, 102, 118
16	16	23b
17	17	70 f., 88, 94a, 95, 143
18	18	101
19	19	36, 43, 51, 65, 75, 95
20	20	–
21	21	29
22	22	94, 102, 104
23	Vor 6 bis 22	–
24	23	21, 56, 75, 81 f., 107, 172, 174, 179, 183, 186, 200, 229, 232
25	24	40, 67, 88
26	25	154, 192
27	26	68, 70, 87, 117, 132

Art. des DBA	Erläutert bei Art.	Rz.
28	Vor 6 bis 22	–
29	28	31
30	30	9, 11, 20
31	29	13
32	30	19

Serbien

Im Verhältnis zur Republik Serbien gilt gem. zwischenstaatlicher Vereinbarung vom 31.3.2011 das mit der Sozialistischen Föderativen Republik Jugoslawien abgeschlossene Doppelbesteuerungsabkommen vom 26.3.1987, BGBl. II 1988, 744, BStBl. I 1988, 372.

DBA Simbabwe

Vom 22.4.1988, BGBl. II 1989, 715, BStBl. I 1989, 311
Inkrafttreten: 22.4.1990 (BGBl. II, 244)

Anwendungsbeginn: *Deutschland:* 1.1.1987 – *Simbabwe:* 1.4.1987

Art. des DBA	Erläutert bei Art.	Rz.
1	1	72a
2	2	–
3	3	25, 32
4	4	142
5	5	53a
6	6	–
7	7	98
8	8	–
9	9	181
10	10	72, 123
11	11	50 f.
12	12	36, 83
13	13	152, 226
14	14	–
15	15	–
16	16	–
17	17	–
18	18	93
19	19	76
20	20	–
21	21	–
22	22	–
23	23	75, 81, 97
24	24	88, 185
25	25	60, 62, 134
26	26	62
27	28	31
28	29	–
29	30	–
30	31	–

DBA Singapur 2004

Vom 28.6.2004, BGBl. II 2006, 930, BStBl. I 2007, 157
Inkrafttreten: 12.12.2006 (BGBl. I 2007, 24)

Anwendungsbeginn: 1.1.2007

Art. des DBA	Erläutert bei Art.	Rz.
1	1	61, 71, 135, 135a, 136b, 136c, 136d
2	2	–
3	3	25, 29
4	4	141
5	5	50, 53, 80, 132
6	6	126
7	7	14, 61, 67
8	8	56
9	9	–
10	10	72, 92, 140 ff., 184 f., 205 ff., 225, 230 f.
11	11	50, 82, 84, 102
12	12	36, 88
13	13	153 ff.
14	14	47, 51
15	15	82, 89, 122
16	16	–
17	17	83, 94a, 95, 96, 136, 144, 146
18	18	82, 85, 101
19	19	43, 45, 48, 49, 77, 93
20	20	32 f.
21	21	55
22	22	22, 54
23	–	–
24	23	75, 96, 106, 112, 178, 228
25	24	187
26	25	60, 62, 134
27	26	62, 88
28	–	–
29	–	–
30	28	31
31	30	–
32	31	–

Slowakei

Im Verhältnis zur Slowakischen Republik gilt gem. zwischenstaatlicher Vereinbarung (BGBl. II 1993, 762) das mit der Tschechoslowakischen Sozialistischen Republik abgeschlossene Doppelbesteuerungsabkommen vom 19.12.1980 (BGBl. II 1982, 1022, BStBl. I 1982, 904) fort.

Vgl. die Abkommensübersicht zum ***DBA Tschechoslowakei***

Revisionsabkommen am 4.11.2004 paraphiert

DBA Slowenien

Vom 3.5.2006, BGBl. II 2006, 1091, BStBl. I 2007, 171
Inkrafttreten: 19.12.2006 (BGBl. II 2007, 213)
Anwendungsbeginn: 1.1.2007
Zuvor war gemäß zwischenstaatlicher Vereinbarung (BGBl. II 1993, 1261) das mit Jugoslawien geschlossene Doppelbesteuerungsabkommen vom 26.3.1987 (BGBl. II 1988, 1179; BStBl. I 1988, 372) anzuwenden.

Änderungsprotokoll vom 17.5.2011, BGBl. II 2012, 154, BStBl. I 2013, 369 – Inkrafttreten: 30.7.2012 (BGBl. II 2013, 330)

Art. des DBA	Erläutert bei Art.	Rz.
1	1	61, 64, 135, 136b, 136c, 136d
2	2	–
3	3	–
4	4	141, 149
5	5	–
6	6	126
7	7	14, 67
8	8	–
9	9	–
10	10	71 f., 76 f., 140, 173 ff., 184 ff., 205 ff., 225, 228, 230
11	11	49 ff.
12	12	36, 91a
13	13	152
14	14	47
15	15	82, 92
16	16	–
17	17	70, 94, 94a, 96, 136
18	18	82, 94 f., 101
19	19	–
20	20	–
21	21	55
22	22	22
23	23	–
24	24	–
25	25	–
26	26	64
27	–	–
28	–	–
29	28	–
30	–	–
31	30	27
32	31	–

DBA Spanien 2011

Vom 3.2.2011, BGBl. II 2012, 18, BStBl. I 2013, 349
Inkrafttreten: 18.10.2012 (BGBl. II 2013, 329)

Anwendungsbeginn: 1.1.2013

Art. des DBA	Erläutert bei Art.	Rz.
1	1	56, 72b, 135d, 135, 135i, 136b ff.
2	2	70
3	3	25 f.
4	4	141, 149, 170, 299, 306
5	5	53
6	6	126, 196
7	7	14 f., 142
8	8	55
9	9	–
10	10	132, 141, 169 f.
11	11	24, 49 ff., 82
12	12	88, 91a
13	13	173, 309 ff.
14	15	–
15	16	–
16	17	70, 81a, 93, 96, 136
17	18	82 f., 93, 101
18	19	43, 47, 72 f., 94
19 Abs. 1	15 Anh. III	182 f.
19 Abs. 2	20	–
20	21	–
21	22	23, 54
22	23	69, 95
23	24	126, 173
24	25	60 ff., 134, 136a, 154c
25	26	–
26	27	–
27	28	–
28	1	–
–	–	–
30	30	35 f.
31	31	35 f.
–	–	–

DBA Sri Lanka

Vom 13.9.1979, BGBl. II 1981, 631, BStBl. I 1981, 611
Inkrafttreten: 20.2.1982 (BGBl. II, 185)

Anwendungsbeginn: *Deutschland:* 1.1.1983 – *Sri Lanka:* 1.4.1983

Art. des DBA	Erläutert bei Art.	Rz.
1	1	–
2	2	–
3	3	28
4	4	142
5	5	53a, 78
6	6	51 f., 119, 121
7	7	138
8	8	49
9	9	181
10	10	88
11	11	51
12	12	36
13	13	116, 152, 226
14	14	–
15	15	84, 182
16	16	–
17	17	94, 95, 142
18	18	82
19	19	48, 55, 73
20	15	–
21	20	29, 32 f.
–	21	27
22	22	22, 103
23	23	75, 111
24	24	40, 67, 88, 126, 132, 187
25	28	–
26	25	–
27	26	62
28	29	11
29	30	–
30	31	–

DBA Südafrika 1973

Vom 25.1.1973, BGBl. II 1974, 1186, BStBl. I 1974, 850
Inkrafttreten: 28.2.1975 (BGBl. II, 440)

Anwendungsbeginn: *Deutschland:* 1.1.1965 – *Südafrika:* für veranlagte Steuern 1.3.1964, für Abzugsteuern 1.1.1965

Art. des DBA	Erläutert bei Art.	Rz.
1	1	–
2	2	14, 31
3 Abs. 1 Buchst. a–f, h, i, k, l, Abs. 2	3	31, 50
3 Abs. 1 Buchst. g	4	145, 149, 302, 303
3 Abs. 1 Buchst. j	5	–
4	7	50, 142, 165
5	9	181
6 Abs. 1, 2	8	–
6 Abs. 3	22	–
7	10	72
8	11	49
9	12	36
10	6	–
11	13	152
12 Abs. 1, 2	14	–
12 Abs. 3	16	–
13	15	89
14	17	–
15	19 Abs. 1, 3	37, 43, 47, 55, 94
16	18	91, 101
16 Abs. 2–4	19 Abs. 2	71
17	15	97 ff.
18	20	–
19	21	–
20 Abs. 2 Buchst. a Satz 4	22	20, 55, 80, 106
20	23	87, 89
21	26	89
–	28	30
22	25	129, 167, 171, 192
23	24	40, 67, 88, 185
24	29	–
25	30	–
26	–	–
27	31	–

DBA Südafrika 2008 (E)

Vom 9.9.2008, am 9.9.2008 unterzeichnet;
noch nicht in Kraft getreten.

Art. des DBA	Erläutert bei Art.	Rz.
1	1	56
2	2	44, 70
3	3	29, 31, 50
4	4	141, 145, 149 ff., 302 f.
5	5	53, 80
6	6	73, 126
7	7	14
8	8	55
9	9	–
10	10	225, 235
11	11	24, 49, 82
12	12	34, 92b
13	13	304
14	15	92
15	16	–
16	17	70, 83, 93 ff., 136, 144
17	18	–
18	19	43 ff., 53 f., 72, 94
19 Abs. 1	15 Anh. III	182 f.
19 Abs. 2	20	–
20	21	–
21	22	22, 54, 84
22	23	69, 95
23	24	126, 132ff., 174
24	25	60 ff.,134, 136a
25	26	–
26	1	–
27	28	30
–	–	–
29	30	–
30	31	–

DBA Syrien

Vom 17.2.2010, BGBl. II 2010, 1359, BStBl. I 2011, 345
Inkrafttreten: 30.12.2010 (BGBl. II 2011, 463)

Anwendungsbeginn: 1.1.2011

Art. des DBA	Erläutert bei Art.	Rz.
1	1	56
2	2	19, 44
3	3	25
4	4	141, 149, 151
5	5	53, 76, 86
6	6	126
7	7	61, 67
8	8	55
9	9	–
10	10	141, 150, 225
11	11	50 f., 92
12	12	34, 91a
13	13	–
14	14	51
15	15	–
16	16	–
17	17	70, 81a, 95 ff., 136, 144a
18	18	82 ff., 94 f., 101
19	19	43, 46, 73
20 Abs. 1	15 Anh. III	182 ff.
20 Abs. 2	20	–
21	21	55
22	23	69, 95
23	24	134, 156
24	25	60 ff., 134, 136a
25	26	125
–	–	–
27	28	–
–	–	–
29	30	–
30	31	–

DBA Tadschikistan

Vom 27.3.2003, BGBl. II 2004, 1034 , BStBl. II 2005, 15
Inkrafttreten: 21.9.2004 (BGBl. II, 1565)

Anwendungsbeginn: 1.1.2005

Zuvor war gemäß zwischenstaatlicher Vereinbarung (BGBl. II 1996, 2471) das mit der UdSSR abgeschlossene Doppelbesteuerungsabkommen vom 24.11.1981 (BGBl. II 1983, 2; BStBl. I 1983, 90) anzuwenden.

Art. des DBA	Erläutert bei Art.	Rz.
1	1	61, 64, 71
2	2	–
3	3	25
4	4	141
5	5	53
6	6	126
7	7	14, 61, 66, 67
8	8	–
9	9	–
10	10	140, 184 ff., 205 ff., 225, 228, 230
11	11	49, 51, 82, 84
12	12	36, 91a
13	13	153 ff.
14	15	82, 92
15	16	–
16	17	70, 94, 94a, 96
17	18	82, 85, 94 f., 101
18	19	–
19	20	–
20	21	55
21	22	22
22	23	75, 96, 106, 228
23	24	–
24	25	60, 62, 134
25	26	–
26	Vor 10–12	–
27	1	135 ff.
28	28	–
29	Einl.	–
30	30	27
31	31	–

DBA Taiwan

Vom 19./28.12.2011, BGBl. I 2012, 2079, BStBl. I 2013, 20
Inkrafttreten: 7.12.2011 (BGBl. I 2012, 2461)

Anwendungsbeginn: 1.1.2013

Art. des DBA	Erläutert bei Art.	Rz.
1	1	56, 61, 64c, 136b
2	2	22
3	3	25
4	4	141 ff., 149, 151
5	5	53, 81
6	6	–
7	7	14
8	8	55
9	9	–
10	10	76, 93, 126, 133
11	11	–
12	12	–
13	13	–
14	15	92, 119
15	16	–
16	17	70, 81a, 96 f., 136, 144a
17	18	–
18	19	78
19 Abs. 1	15 Anh. III	182 ff.
19 Abs. 2	20	–
20	21	55
21	22	22, 54
22	23	69, 95
23	24	134
24	25	62, 134, 136a, 316, 339
25	26	–
26	Vor 6 bis 22	–
–	–	–
–	–	–
29	30	28, 38c
30	31	28, 38c

DBA Thailand

Vom 10.7.1967, BGBl. II 1968, 590, BStBl. I 1968, 1047
Inkrafttreten: 4.12.1968 (BGBl. II, 1104)

Anwendungsbeginn: 1.1.1967

Art. des DBA	Erläutert bei Art.	Rz.
1	1	–
2	2	–
3	3	28
4	4	142, 291
5	5	79, 135 f., 160
6	6	211 f.
7	7	142, 165
8	8	48
9	9	181
10	10	109, 225
11	11	49 f.
12	12	30, 36, 82
13	13	90, 111, 152, 324
14	14	42
14	15	78, 97, 119
15	17	93, 94, 94a, 95, 142
16	16	–
17	19 Abs. 1, 3	43, 47, 55, 94
18	18	82, 89
18 Abs. 2, 3	19 Abs. 2	71
19	15	97 ff.
20	20	29, 32, 34
–	21	27
21	22	54, 81
22	23	78, 81, 97, 182
23	24	40, 67, 88
24	25	194
25	26	87
26	28	–
27	–	–
28	29	–
29	30	24
30	31	–

DBA Trinidad und Tobago

Vom 4.4.1973, BGBl. II 1975, 679, BStBl. I 1975, 697
Inkrafttreten: 28.1.1977 (BGBl. II, 263)

Anwendungsbeginn: 1.1.1972

Art. des DBA	Erläutert bei Art.	Rz.
1	1	150
2	2	14, 31
3	3	25
4	4	142
5	5	51, 53, 132
6	6	–
7	7	63
8	8	–
9	9	181
10	10	72
11	11	23, 49 f.
12	12	36
13	13	152, 329
14	14	54
15	15	126
16	16	–
17	17	142
18	19	47, 95
19	18	–
20	20	29, 32 f.
21	21	31, 33
22 Abs. 1 Buchst. a Satz 4	22	20, 55, 80, 106
22	23	75 f.
23	24	40, 67, 88
24	25	–
25	26	87, 88
26	28	–
27	29	–
28	30	–
29	31	–

DBA Tschechien 1997 (E)

Paraphiert am 22.3.2000

Anwendungsbeginn: noch offen

Art. des DBA	Erläutert bei Art.	Rz.
1	1	61, 64, 71, 135
2	2	15
3	3	25
4	4	141
5	5	81
6	6	–
7	7	61
8	8	–
9	9	152
10	10	140, 171, 225, 234
11	11	24, 49, 82
12	12	36, 88
13	13	153 ff.
14	14	51
15	15	82, 83, 85, 127
16	16	–
17	17	70, 94, 95, 96
18	18	85, 94 f., 101
19	19	–
20	20	–
21	21	55
22	22	76
23	23	75
24	24	31, 126
25	25	60, 62, 134
26	26	–
27	–	–
28	28	–
29	30	27
30	31	–

DBA Tschechoslowakei

Vom 19.12.1980, BGBl. II 1982, 1023, BStBl. 1982, 904
Inkrafttreten: 17.11.1983 (BGBl. II, 692)

Anwendungsbeginn: 1.1.1984

Dieses DBA gilt gem. zwischenstaatlicher Vereinbarung (BGBl. II 1993, 762) für die Slowakische Republik fort.

Art. des DBA	Erläutert bei Art.	Rz.
1	1	–
2	2	15
3	3	28
4	4	142, 225
5	5	–
6	6	–
7	7	–
8	8	–
9	9	181 f.
10	10	70
11	11	24, 49
12	12	36
13	13	152, 226
14	14	66
15	15	78
16	16	–
17	17	93
18	19	52, 56
19	18	–
20	20	29, 32
21	21	–
22	22	–
23	23	75, 97
24	24	27, 88
25	25	–
26	26	87, 89
27	28	–
28	29	–
29	30	27
30	31	–

DBA Türkei 2011

Vom 19.9.2011, BGBl. II 2012, 526, BStBl. I 2013, 373
Inkrafttreten: 1.8.2012 (BGBl. II 2013, 329)

Anwendungsbeginn: 1.1.2011

Art. des DBA	Erläutert bei Art.	Rz.
1	1	56
2	2	19, 44
3	3	25
4	4	141 f., 151, 291
5	5	53, 80 f.
6	6	53, 125h f.
7	7	61, 67, 142, 164, 223
8	8	–
9	9	–
10	10	76, 228
11	11	5a, 50, 82
12	12	10, 35, 83, 91a ff.
13	13	32
14	14	49ff., 54
15	15	78, 119, 127
16	16	–
17	17	70, 75, 81a, 94 ff., 136
18	18	82, 93
19	19	72, 94
20 Abs. 1	20	23, 35
20 Abs. 2	15 Anh. III	182 ff.
21	21	55
22	23	69, 95
23	24	–
24	25	60 ff., 134, 136a, 139
25	26	125
26	27	–
27	Vor 6 bis 22	–
28	28	–
–	–	–
30	30	39
31	31	39

DBA Tunesien

Vom 23.12.1975, BGBl. II 1976, 1654, BStBl. I 1976, 498
Inkrafttreten: 19.11.1976 (BGBl. II, 1927)

Anwendungsbeginn: Für veranlagte Steuern 1976, für Abzugsteuern 1.1.1977

Art. des DBA	Erläutert bei Art.	Rz.
1	1	71
2	2	–
3	3	28
4	4	142
5	5	80, 83, 140
6	6	–
7	7	59, 157
8	8	–
9	9	182
10	10	123
11	11	50, 84
12	12	30, 36, 83, 87
13	13	152, 226
14	14	51, 63
15	15	83a
16	16	–
17	17	97
18	18	–
18	19 Abs. 2	77
19	19 Abs. 1, 3	93
20	20	29, 32 f.
21	21	–
22	22	–
23	23	75, 81, 97, 182
24	24	29, 40, 67, 187
25	25	192
26	26	87, 88
27	28	–
28	29	11
29	30	–
30	31	–

Turkmenistan

Für die Republik Turkmenistan ist gem.
Bericht der Botschaft Aschgabat vom 11. August 1999
(Nr. 377/99; vgl. BMF, Schreiben v. 18.1.2002, IV B 6 – S 1300 – 155/01)
das mit der UdSSR abgeschlossene Doppelbesteuerungsabkommen vom 24.11.1981
(BGBl. II 1983, 2, BStBl. I 1983, 90) anzuwenden.

DBA UdSSR[1]

Vom 24.11.1981, BGBl. II 1983, 3, BStBl. I 1983, 90
Inkrafttreten: 15.6.1983 (BGBl. II, 427)

Anwendungsbeginn: für veranlagte Steuern 1980, für Abzugsteuern 1.1.1980

Art. des DBA	Erläutert bei Art.	Rz.
1 Abs. 1	1	–
1 Abs. 2	3 Abs. 1 Buchst. a	30, 126, 128
1 Abs. 3, 4, 5	4	142, 223, 225
2	2	15, 53
3	3	–
4	5	34, 106, 173
5	7	64, 142, 165
6	8	–
–	9	181, 183
7	10	28
8	11	25, 49, 51
9	12	82, 83, 89, 105
10	6	119, 121, 213
10	13 Abs. 1	–
11	13 Abs. 2, 3, 4	75
12	14	46
12	15	88
13	19	152, 226
14	18	–
15	20	–
Prot. Nr. 6	16	–
16	17	87, 94
17	21	–
18	22	54, 103
19	23	23, 114
20	24	26f., 88, 185
21	2 Abs. 4 Satz 2	–
–	26	59
–	28	30
22	25	129
23	29	–
24	30	27, 39
25	31	–

[1] Vereinbarungen über die Fortgeltung des DBA UdSSR wurden mit folgenden Staaten geschlossen:
Russische Föderation, Aserbaidschan, Armenien, Belarus, Georgien, Kirgisistan, Moldau, Tadschikistan, Ukraine und Usbekistan. Der Fortgeltung entgegengetreten ist die Republik Kasachstan durch Kündigung mit Wirkung vom 1.1.1996.
Im Verhältnis zu Turkmenistan gilt das DBA UdSSR (BMF-Schreiben vom 2.1.1996, BStBl. I 1996, 5) nach allgemeinen völkerrechtlichen Grundsätzen fort, ohne dass dies besonders vereinbart wurde.

DBA Ukraine

Vom 3.7.1995, BGBl. II 1996, 499, BStBl. I 1996, 498
Inkrafttreten: 3.10.1996 (BGBl. II, 2609)

Anwendungsbeginn: 1997

Art. des DBA	Erläutert bei Art.	Rz.
1	1	136b, 136d
2	2	15, 32
3	3	28
4	4	141, 304
5	5	53a, 132
6	6	119 f.
7	7	–
8	8	56
9	9	181
10	10	72
11	11	49 ff., 82
12	12	35 f.
13	13	153 ff., 226
14	14	–
15	15	–
16	16	–
17	17	70, 94, 95, 97
18	18	93, 101
19	19	43, 45, 49
20	20	–
21	21	55
22	22	22
23	23	75, 81, 96
24	24	–
25	25	60, 62, 134, 170
26	26	62
27	28	31
28	30	–
29	31	–

DBA Ungarn 2011

Vom 28.2.2011, BGBl. II 2011, 919, BStBl. I 2012, 155
Inkrafttreten: 30.12.2011 (BGBl. II 2012, 47)

Anwendungsbeginn: 1.1.2012

Art. des DBA	Erläutert bei Art.	Rz.
1	1	56, 135e
2	2	–
3	3	25
4	4	141, 151
5	5	53
6	6	126
7	7	14 f., 61, 67, 137
8	8	–
9	9	–
10	10	71, 133, 141
11	11	24, 49 ff., 82
12	12	34, 88, 91a
13	13	174
14	15	92
15	16	–
16	17	70, 81a, 94 ff., 136, 144e
17	18	85 ff.
18	19	43 ff., 73
19 Abs. 1	15 Anh. III	182 ff.
19 Abs. 2	20	27
20	21	55
21	22	54
22	23	69, 95, 252a
23	24	89, 134, 174
24	25	38, 60 ff., 134, 136a
25	26	125
26	Vor 6 bis 22	20e
–	–	–
28	28	–
–	–	–
30	30	–
31	31	–

DBA Uruguay 2010

Vom 9.3.2010, BGBl. II 2011, 954, BStBl. I 2012, 350
Inkrafttreten: 28.12.2011 (BGBl. II 2012, 131)

Anwendungsbeginn: 1.1.2012

Art. des DBA	Erläutert bei Art.	Rz.
1	1	56
2	2	–
3	3	25
4	4	141, 149, 151
5	5	53, 76
6	6	–
7	7	14, 61, 64
8	8	–
9	9	–
10	10	141, 225
11	11	50 f., 82
12	12	83, 91a
13	13	–
14	15	92
15	16	22
16	17	70, 81a, 94 ff., 136, 144a
17	18	–
18	19	43 ff., 73
19 Abs. 1	15 Anh. III	182 f.
19 Abs. 2	20	–
20	21	55
21	22	54
22	23	69, 95, 193
23	24	126, 156, 174
24	25	60 ff., 134 ff.
25	26	125
26	27	26
27	Vor 6 bis 22	–
–	–	–
29	28	–
–	–	–
31	30	–
32	31	–

DBA USA 1989

Vom 29.8.1989, BGBl. II 1991, 355, BStBl. I 1991, 94
Inkrafttreten: 21.8.1991 (BGBl. II 1992, 235)

Anwendungsbeginn: grundsätzlich 1.1.1990

Art. des DBA	Erläutert bei Art.	Rz.
1	1	33, 60, 61, 64b, 64c, 76, 87, 130, 136b, 136d, 144 a
2	2	15, 65
3	3	126, 127
4	4	22, 74, 87, 101, 147, 149, 291 ff.
5	5	35, 108, 131, 141
6	6	45, 48 ff., 73, 158, 182
7	7	45, 65, 142, 143
8	8	47, 56
9	9	146, 184 f.
10	10	71, 270, 275 f.
11	11	37, 49, 51, 69a, 82, 84
12	12	66b, 82 f., 90
13	13	92, 111, 153 ff.
14	14	46, 47
15	15	71, 91, 122
16	16	28
17	17	70, 78, 94, 95, 96, 140
18	18	82 f., 94, 96, 98
19	19	37, 47 f., 55, 75 f., 97
20	20	24, 35
21	21	48, 55, 57
22	22	53, 81
23	23	28, 96, 97, 112, 178, 184 f., 200
24	24	69, 88, 132, 188
25	25	60, 134, 137, 154, 168, 170, 192, 231, 260 ff.
26	26	64, 71
26 Abs. 4 + 5	27	11, 28, 36, 47, 67, 73, 74, 100
27	–	–
28	1	116
29	Vor 10 bis 12	35
30	28	38
31	29	–
32	30	35
33	31	–

DBA USA 1989/2006

Vom 1.6.2006, BGBl. II, 1184, BStBl. I 2008, 766
Inkrafttreten: 28.12.2007 (BGBl. II 2008, 117)

Anwendungsbeginn: grundsätzlich 1.1.2008
Für Abzugsteuern: 1.1.2007

Art. des DBA	Erläutert bei Art.	Rz.
1	1	33, 55c, 61, 64d, 76, 87, 120l, 130, 136b, 136d, 141 ff.
2	2	15, 65
3	3	33, 126
4	4	147, 149, 293
5	5	35, 108, 131, 141
6	6	–
7	7	14, 45, 65, 108, 142, 143
8	8	47, 56
9	9	146, 184 f.
10	10	71 f., 137 ff., 140 f., 156, 183 ff., 205 ff., 228, 230 ff., 234 f., 270, 276
11	11	23, 37, 49, 51, 69a, 82, 84
12	12	66b, 82 f., 90
13	13	92, 111, 153 ff.
14	14	46
15	15	71, 91, 122
16	16	28
17	17	70, 78a, 140
18	18	82 f., 94, 96, 98, 210 ff.
18 A	–	–
19	19	37, 39, 47 f., 55, 75 f., 97
20	20	24, 35
21	21	48, 55, 57
22	22	53, 54, 81
23	23	96 f., 112, 178, 185, 200
24	24	69, 132, 188
25	25	9, 60, 134, 137, 154, 168, 170, 192, 231, 261 ff., 357
26	26	64, 71
26 Abs. 4 + 5	27	11, 28, 36, 47, 67, 73, 74, 100
27	–	–
28	1	116
29	Vor 10 bis 12	35
30	28	38
31	–	–
32	30	35
33	31	–

DBA Usbekistan

Vom 7.9.1999, BGBl. II 2001, 978, BStBl. I 2001, 765
Inkrafttreten: 14.12.2001 (BGBl. II 2002, 269)

Anwendungsbeginn: 1.1.2002

Zuvor war gem. zwischenstaatlicher Vereinbarung (BGBl. II 1995, 205) das mit der UdSSR abgeschlossene Doppelbesteuerungsabkommen vom 24.11.1981 (BGBl. II 1983, 2, BStBl. I 1983, 90) anzuwenden.

Art. des DBA	Erläutert bei Art.	Rz.
1	1	61, 71, 135a, 135, 145
2	2	15
3	3	25
4	4	141
5	5	–
6	6	–
7	7	61, 138
8	8	–
9	9	–
10	10	76, 140
11	11	49 ff., 82
12	12	30, 36, 64b, 83, 92b
13	13	111, 153 ff.
14	14	–
15	15	82, 119
16	16	–
17	17	70, 83, 94, 95, 96, 97, 144, 146
18	18	82, 85, 101
19	19	43, 45, 49
20	20	–
21	21	55
22	22	22, 81
23	23	75, 96, 229
24	24	88
25	25	60, 62, 134
26	26	64
27	–	–
28	–	–
29	28	–
30	–	–
31	30	–
32	31	–

DBA Venezuela

Vom 8.2.1995, BGBl. II 1996, 728, BStBl. I 1996, 611
Inkrafttreten: 19.8.1997 (BGBl. II 1997, 1809)

Anwendungsbeginn: 1.1.1997

Art. des DBA	Erläutert bei Art.	Rz.
1	1	136b, 136d
2	2	–
3	3	28
4	4	141, 304
5	5	–
6	6	119 f., 126
7	7	98, 141
8	8	–
9	9	181
10	10	27, 70 ff.
11	11	49, 51, 82
12	12	36
13	13	152
14	14	–
15	15	74
16	16	29
17	17	70, 94, 95, 97
18	18	–
19	19	–
20	20	32
21	21	32, 55
22	22	22
23	23	75, 96, 198
24	24	88
25	25	62, 134, 136, 154, 170
26	26	62
27	28	31
28	30	–
29	31	–

DBA Vereinigte Arabische Emirate 2010

Vom 1.7.2010, BGBl. II 2011, 538, BStBl. I 2011, 942
Inkrafttreten: 14.7.2011 (BGBl. II, 873)

Anwendungsbeginn: 1.1.2009

Art. des DBA	Erläutert bei Art.	Rz.
1	1	56, 144
2	2	19, 44
3	3	–
4	4	151, 295
5	5	–
6	6	–
7	7	14, 67
8	8	–
9	9	–
10	10	–
11	11	24, 37, 49 ff., 102
12	12	34, 83
13	13	–
14	15	–
15	16	–
16	17	70, 94ff., 136
17	18	–
18	19	43 ff., 73
19 Abs. 1	15 Anh. III	182 ff.
19 Abs. 2	20	–
20	21	–
21	1	–
22	23	21, 63, 69, 175
23	24	126, 156, 174
24	25	60, 154c
25	26	125
26	Vor 6 bis 22	–
27	28	–
–	–	–
29	30	–
30	31	–

DBA Vietnam

Vom 16.11.1995, BGBl. II 1996, 2622, BStBl. I 1996, 1422
Inkrafttreten: 27.12.1996 (BGBl. II 1997, 752)

Anwendungsbeginn: 1.1.1997

Art. des DBA	Erläutert bei Art.	Rz.
1	1	136b, 136d
2	2	–
3	3	28
4	4	142
5	5	–
6	6	–
7	7	98, 144
8	8	–
9	9	181
10	10	71, 76, 140
11	11	50 f., 82
12	12	30, 36, 83 f.
13	13	153 ff.
14	14	–
15	15	119
16	16	–
17	17	93
18	18	–
19	19	49, 73
20	20	34
21	21	55
22	22	–
23	23	75, 81, 96, 198, 229
24	24	88, 132, 185
25	25	62, 134, 170
26	26	62
27	28	–
28	30	–
29	31	–

DBA Weißrussland

s. Belarus

DBA Zypern 2011

Vom 18.2.2011, BGBl. II 2011, 1068, BStBl. I 2012, 222
Inkrafttreten: 16.12.2011 (BGBl. II 2012, 117)

Anwendungsbeginn: 1.1.2012

Art. des DBA	Erläutert bei Art.	Rz.
1	1	56, 71, 135
2	2	–
3	3	–
4	4	141, 151
5	5	53, 80
6	6	–
7	7	14, 61
8	8	55
9	9	–
10	10	71, 141, 165, 170, 225
11	11	5a, 24, 49, 82, 102
12	12	10, 34, 91a
13	13	109
14	15	22, 92, 110b, 121
15	16	–
16	17	81 f.,136, 144a
17	18	82 ff., 94 ff., 101
18	19	43 ff., 73
19 Abs. 1	15 Anh. III	182 f.
19 Abs. 2	20	32
20	21	28, 55
21	22	54, 78
22	23	21, 63, 175
23	24	126, 173
24	25	60 ff., 134
25	26	125
26	Vor 6 bis 22	–
–	–	–
28	28	–
–	–	–
30	30	–
31	31	–

Grundlagen des Abkommensrechts

Inhalt

Text: OECD-Kommentar (MA-Kommentar)

1. [Zum Begriff der Doppelbesteuerung] *Unter der internationalen juristischen Doppelbesteuerung wird üblicherweise die Erhebung vergleichbarer Steuern in zwei (oder mehreren) Staaten von demselben Steuerpflichtigen für denselben Steuergegenstand und denselben Zeitraum verstanden. Ihre nachteiligen Folgen für den Waren-, Dienstleistungs-, Kapital-, Technologie- und Personenverkehr sind zu bekannt, als dass auf die Bedeutung hingewiesen werden müsste, die der Beseitigung der Hindernisse zukommt, welche sich aus der Doppelbesteuerung für die Ausweitung der Wirtschaftsbeziehungen zwischen den Staaten ergeben.*

2. [Einheitliche Behandlung in den Mitgliedstaaten] *Es ist unter den Mitgliedstaaten der OECD seit langem anerkannt, dass es erstrebenswert ist, die in jedem Mitgliedstaat gegebene steuerliche Lage der Steuerpflichtigen, die in anderen Staaten kaufmännisch, gewerblich oder finanziell oder in anderer Weise tätig sind, zu klären, zu vereinheitlichen und zu sichern, indem alle Staaten gleiche Fälle der Doppelbesteuerung in derselben Weise regeln.*

3. [Hauptzweck des MA] *Dies ist der Hauptzweck des Musterabkommens der OECD auf dem Gebiete der Steuern vom Einkommen und vom Vermögen, das ein Instrument ist, die meistverbreiteten, auf dem Gebiet der internationalen juristischen Doppelbesteuerung auftauchenden gemeinsamen Probleme auf einheitlicher Grundlage zu lösen. Nach der Empfehlung des Rates der OECD sollten sich die Mitgliedstaaten bei Anwendung und Revision zweiseitiger Abkommen nach dem Musterabkommen in seiner Auslegung durch den Kommentar und unter Berücksichtigung der in ihm enthaltenen Vorbehalte richten; die Finanzbehörden der Mitgliedstaaten sollten sich bei der Anwendung und Auslegung der Vorschriften ihrer auf dem Musterabkommen beruhenden Steuerabkommen nach dem Kommentar in seiner jeweils geltenden Fassung und nach Maßgabe der dazu angefügten mitgliedstaatlichen Bemerkungen richten.*

A. Geschichtliches

4. [Arbeiten des Völkerbundes] *Als der Rat der Organisation für Europäische wirtschaftliche Zusammenarbeit (OEEC) am 25. Februar 1955 seine erste Empfehlung über die Doppelbesteuerung beschloss, war bereits durch zweiseitige Abkommen und durch einseitige Maßnahmen ein Fortschritt in der Vermeidung der Doppelbesteuerung erzielt worden. Damals bestanden zwischen den Staaten, die nunmehr der OECD angehören, bereits 70 allgemeine zweiseitige Abkommen. Dies war größtenteils den vom Völkerbund seit 1921 geleisteten Arbeiten zu verdanken. Diese Arbeiten führten 1928 zu den ersten zweiseitigen Musterabkommen und schließlich zu den Musterabkommen von Mexiko (1942) und London (1946), deren Grundsätze mit gewissen Abwandlungen in viele der im folgenden Jahrzehnt geschlossenen oder revidierten zweiseitigen Abkommen Eingang fanden. Keines dieser Musterabkommen ist jedoch uneingeschränkt und einhellig gebilligt worden. Sie wiesen außerdem in einigen wesentlichen Punkten erhebliche Unterschiede sowie gewisse Lücken auf.*

5. [Entwicklung in der Nachkriegszeit] *Die wachsende wirtschaftliche Verflechtung und Zusammenarbeit der Mitgliedstaaten der OEEC in der Nachkriegszeit und die zwi-*

schen ihnen entwickelte wirtschaftliche Zusammenarbeit ließen die Bedeutung von Maßnahmen zur Vermeidung der internationalen Doppelbesteuerung immer klarer hervortreten. Die Notwendigkeit, das Netz zweiseitiger Doppelbesteuerungsabkommen auf alle Mitgliedstaaten der OEEC und später der OECD – von denen einige bisher nur sehr wenige, andere gar keine Abkommen abgeschlossen hatten – auszudehnen, wurde erkannt. Gleichzeitig erwies sich die Harmonisierung dieser Abkommen nach einheitlichen Grundsätzen, Begriffsbestimmungen, Regeln und Verfahren sowie eine Einigung auf eine gemeinsame Auslegung als immer erstrebenswerter.

***6. [Entwicklung von 1955 bis 1963]** Vor diesem neuen Hintergrund nahm der Steuerausschuss 1956 die Arbeit auf, um ein Musterabkommen auszuarbeiten, das die zwischen den Mitgliedstaaten der OECD bestehenden Doppelbesteuerungsprobleme lösen und für alle Mitgliedstaaten annehmbar sein würde. Von 1958 bis 1961 arbeitete der Steuerausschuss vier Zwischenberichte aus, bevor er 1963 seinen Schlussbericht unter dem Titel „Musterabkommen zur Vermeidung der Doppelbesteuerung des Einkommens und des Vermögens" vorlegte. Der Rat der OECD nahm am 30. Juli 1963 eine Empfehlung über die Vermeidung der Doppelbesteuerung an, in der er den Mitgliedstaaten empfahl, das Musterabkommen beim Abschluss oder bei der Revision ihrer zweiseitigen Abkommen zu berücksichtigen.*

***7. [Entwicklung bis zum MA 1977]** Der Steuerausschuss der OECD hatte schon bei der Vorlage seines Berichts im Jahre 1963 vorgesehen, das Musterabkommen in der Folgezeit nach weiteren Studien zu überarbeiten. Eine derartige Revision war außerdem erforderlich zur Verwertung von Erfahrungen der Mitgliedstaaten bei Verhandlungen über zweiseitige Abkommen und bei deren praktischer Anwendung, bei der Weiterentwicklung der Steuersysteme, bei der Zunahme der internationalen Beziehungen auf steuerlichem Gebiet sowie bei der Entwicklung neuer Bereiche wirtschaftlicher Tätigkeit und immer komplexerer Gestaltungsformen, die die Unternehmen für ihre internationale Wirtschaftstätigkeit entwickeln. Aus allen diesen Gründen haben sich der Steuerausschuss und seit 1971 der ihm nachfolgende Fiskalausschuss mit der Revision des Musterabkommens von 1963 und dem Kommentar dazu beschäftigt. Dies führte 1977 zur Veröffentlichung eines neuen Musterabkommens und eines neuen Kommentars.*

***8. [Die Entwicklung nach 1977]** Die Faktoren, die zur Revision des Musterabkommens von 1963 geführt hatten, wirkten weiter; der Druck, das Musterabkommen zu überarbeiten und den wechselnden wirtschaftlichen Bedingungen anzupassen, verstärkte sich zunehmend und auf vielerlei Weise. Es entwickelten sich neue Technologien; gleichzeitig kam es zu grundlegenden Veränderungen in der Abwicklung grenzüberschreitender Geschäftsbeziehungen. Die Methoden der Steuerverkürzung und -umgehung verfeinerten sich. Die Globalisierung und Liberalisierung der Wirtschaft in der OECD nahm in den 80er Jahren rasch zu. Dem entsprach es, dass sich der Fiskalausschuss der OECD, und vor allem dessen Arbeitsgruppe 1, auch nach 1977 mit zahlreichen, unmittelbar oder mittelbar mit dem Musterabkommen von 1977 zusammenhängenden Fragen befasste. Diese Arbeiten brachten eine Anzahl von Berichten hervor, von denen einige Änderungen des Musterabkommens und seines Kommentars empfahlen.*

***9. [Konzept eines laufend zu verändernden Musterabkommens]** Aus der Erkenntnis, dass die Revision des Musterabkommens und des Kommentars ein sich ständig vollziehender Prozess geworden war, kam der Fiskalausschuss 1991 zum Konzept eines laufend zu verändernden Musterabkommens, das periodisch und zeitnah überarbeitet und geändert wird, ohne dass jeweils eine Gesamtrevision abzuwarten ist. Es wurde daher entschieden, eine überarbeitete Revision des Musterabkommens zu veröffentlichen, die die Arbeiten seit 1977 berücksichtigt, indem sie viele der Empfehlungen aufnimmt, die die oben genannten Berichte enthalten.*

***10. [Berücksichtigung von Beiträgen der Nichtmitgliedstaaten und anderer Interessierter]** In Anbetracht der Tatsache, dass das Musterabkommen weit über den Kreis der*

Mitgliedstaaten der OECD hinaus wirkt, entschied der Ausschuss, den Revisionsprozess so zu eröffnen, dass ihm die Beiträge von ***Nichtmitgliedstaaten,*** *anderer internationaler Organisationen und anderer Interessierter zugute kommen. Man war der Auffassung, dass solche Beiträge von außen den Fiskalausschuss in seiner Daueraufgabe unterstützen können, das Musterabkommen zu überarbeiten, damit es der Entwicklung des internationalen Steuerrechts und seiner Grundsätze entspricht.*

11. [Musterabkommen 1992] *Dies führte 1992 zur Veröffentlichung des Musterabkommens in einer Loseblattform. Es stellt – abweichend vom Musterabkommen von 1963 und vom Musterabkommen von 1977 – nicht das abschließende Ergebnis einer umfassenden Revision dar, sondern ist eher als erster Schritt eines ständigen Revisionsprozesses anzusehen, der periodische Überarbeitungen hervorbringt und sicherstellt, dass das Musterabkommen zu jedem Zeitpunkt die Auffassungen der Mitgliedstaaten zutreffend wiedergibt.*

B. Der Einfluss des OECD-Musterabkommens

12. [Bedeutung beim Abschluss und bei der Auslegung von DBA] *Das OECD-Musterabkommen hat seit 1963 einen starken Widerhall beim Abschluss, bei der Anwendung und Auslegung von Doppelbesteuerungsabkommen gefunden.*

13. [Bedeutung für den Abschluss und die Revision zweiseitiger Abkommen] *Erstens haben sich die Mitgliedstaaten der OECD beim Abschluss und bei der Revision zweiseitiger Abkommen weitgehend an das Musterabkommen gehalten. Der Fortschritt auf dem Wege zur Beseitigung der Doppelbesteuerung zwischen den Mitgliedstaaten lässt sich an der wachsenden Zahl von Abkommen ablesen, die seit 1957 in Übereinstimmung mit den Empfehlungen des Rates der OECD abgeschlossen worden sind. Die Bedeutung des Musterabkommens sollte aber nicht nur an der Zahl der zwischen den Mitgliedstaaten geschlossenen Abkommen gemessen werden*[1]*, sondern auch daran, dass diese Abkommen sich entsprechend den Empfehlungen des Rates der OECD an den Aufbau und meist auch an die wichtigsten Regelungen des Musterabkommens halten. Das Bestehen des Musterabkommens hat die zweiseitigen Verhandlungen zwischen den Mitgliedstaaten der OECD erleichtert und die erstrebenswerte Vereinheitlichung ihrer zweiseitigen Abkommen zum Nutzen der Steuerpflichtigen und der nationalen Steuerverwaltungen ermöglicht.*

14. [Wirkungen über die OECD hinaus] *Zweitens hat das OECD-Musterabkommen auch über die OECD hinaus Wirkungen gezeigt. Es wurde den Verhandlungen von Mitgliedstaaten mit Nichtmitgliedstaaten zugrunde gelegt, darüber hinaus aber auch den Verhandlungen zwischen Nichtmitgliedstaaten und den Arbeiten, die andere weltweite oder regionale internationale Organisationen auf dem Gebiet der Doppelbesteuerung und verwandter Probleme unternommen haben. Vor allem aber wurde es als Grundlage für die ursprüngliche und die revidierte Fassung des Musterabkommens der Vereinten Nationen für Abkommen zwischen entwickelten Ländern und Entwicklungsländern*[2] *verwendet, das einen bedeutsamen Teil der Regelungen und des Kommentars des OECD-Musterabkommens wiedergibt.*

15. [Kommentar als allgemeine Anwendungsrichtlinie] *Drittens hat die weltweite Anerkennung der Regelungen des Musterabkommens und ihre Aufnahme in die Mehrheit der zweiseitigen Abkommen dazu beigetragen, die Kommentare zu den Regelungen des Musterabkommens zu einer weithin akzeptierten Richtlinie für die Auslegung und die An-*

---

[1] Für eine Liste dieser Abkommen vgl. den Anhang in Bd. 2 der Loseblatt-Ausgabe des OECD-Musterabkommens.

[2] United Nations Model Double Taxation Convention between Developed and Developing Counties, United Nations Publications, New York, first edition 1980, second edition 2001.

wendung bestehender zweiseitiger Abkommen zu machen. Dies hat die Auslegung und die Umsetzung dieser zweiseitigen Abkommen nach gemeinsamen Grundsätzen erleichtert. Mit der weiteren Ausdehnung des Netzwerkes der Abkommen wird die Bedeutung allgemein anerkannter Richtlinien immer größer.

C. Überblick über das Musterabkommen

16. [Titel des Musterabkommens] *Die Titel des Musterabkommens von 1963 und des Musterabkommens von 1977 nahmen auf die Beseitigung der Doppelbesteuerung Bezug. Nunmehr wurde entschieden, einen kürzeren Titel ohne diese Bezugnahme zu benutzen und so die Tatsache anzuerkennen, dass das Musterabkommen sich nicht ausschließlich mit der Beseitigung der Doppelbesteuerung befasst, sondern auch andere Fragen wie die Steuerverkürzung und -umgehung und die Gleichbehandlung behandelt. Geändert wurde sowohl der Titel der vorliegenden Veröffentlichung wie das Musterabkommen selbst. Dabei wird davon ausgegangen, dass die Abkommenspraxis vieler Mitgliedsländer weiterhin in der Überschrift entweder auf die Vermeidung der Doppelbesteuerung oder aber sowohl auf die Vermeidung der Doppelbesteuerung als auch auf die Verhinderung der Steuerverkürzung Bezug nimmt.*

17. [Grundzüge des Musterabkommens] *Das Musterabkommen legt zunächst den Geltungsbereich des Abkommens fest (Abschnitt I) und definiert sodann einige Ausdrücke (Abschnitt II). Den Hauptteil bilden die Abschnitte III bis V, die festlegen, inwieweit jeder der beiden Vertragsstaaten Einkünfte und Vermögen besteuern kann und wie die Doppelbesteuerung vermieden werden soll. Daran schließen sich die besonderen Bestimmungen (Abschnitt VI) und die Schlussbestimmungen (Inkrafttreten und Kündigung, Abschnitt VII) an.*

18. [Geltungsbereich und Begriffsbestimmungen] *Das Abkommen gilt für alle Personen, die in einem Vertragsstaat oder in beiden Vertragsstaaten ansässig sind (Artikel 1). Es bezieht sich auf die Steuern vom Einkommen und vom Vermögen, die in Artikel 2 allgemein beschrieben werden. In Abschnitt II werden einige der in mehr als einem Artikel des Abkommens verwendeten Ausdrücke definiert. Andere Ausdrücke wie „Dividenden“, „Zinsen“, „Lizenzgebühren“ und „unbewegliches Vermögen“ sind in den jeweiligen Artikeln definiert.*

19. [Besteuerung des Einkommens und des Vermögens] *Zur Vermeidung der Doppelbesteuerung sieht das Abkommen zwei Kategorien von Maßnahmen vor. Zunächst bestimmen die Artikel 6 bis 21 für die einzelnen Einkünfte das Besteuerungsrecht des Quellenstaates bzw. des Belegenheitsstaates und des Wohnsitzstaates, und Artikel 22 bestimmt dasselbe für das Vermögen. Für einige Einkünfte und Vermögensteile wird einem der Vertragsstaaten das ausschließliche Besteuerungsrecht eingeräumt. Damit wird eine Besteuerung in dem anderen Vertragsstaat ausgeschlossen und so eine Doppelbesteuerung vollständig vermieden. Meist wird dieses ausschließliche Besteuerungsrecht dem Wohnsitzstaat zugestanden. Für andere Einkünfte und Vermögensteile ist kein ausschließliches Besteuerungsrecht vorgesehen. Für zwei Arten von Einkünften (Dividenden und Zinsen) wird – obwohl beide Staaten zur Besteuerung berechtigt sind – das Besteuerungsrecht des Quellenstaates begrenzt. Sodann hat der Wohnsitzstaat, soweit der Quellen- bzw. Belegenheitsstaat nach diesen Bestimmungen ein nicht begrenztes oder ein begrenztes Besteuerungsrecht hat, zur Vermeidung der Doppelbesteuerung eine Entlastung zu gewähren; diesen Zweck erfüllen die Artikel 23A und 23B. Das Abkommen überlässt den Vertragsstaaten die Wahl zwischen zwei Methoden zur Vermeidung der Doppelbesteuerung, nämlich der Befreiungsmethode und der Anrechnungsmethode.*

20. [Formen der Besteuerung im Quellenstaat] *Die Einkünfte und Vermögensteile lassen sich je nach der für den Quellen- bzw. Belegenheitsstaat maßgebenden steuerlichen Behandlung in drei Gruppen einteilen:*
- *Einkünfte und Vermögensteile, die im Quellen- bzw. Belegenheitsstaat ohne Begrenzung besteuert werden können;*

- *Einkünfte, die im Quellenstaat begrenzt besteuert werden können;*
- *Einkünfte und Vermögensteile, die im Quellen- bzw. Belegenheitsstaat nicht besteuert werden können.*

21. [Unbegrenzte Besteuerung im Quellenstaat] *Folgende Einkünfte und Vermögensteile können ohne Begrenzung im Quellen- bzw. Belegenheitsstaat besteuert werden:*

- *Einkünfte aus dem in diesem Staat liegenden unbeweglichen Vermögen (einschließlich der Einkünfte aus land- und forstwirtschaftlichen Betrieben), Gewinne aus der Veräußerung dieses Vermögens und das Vermögen selbst (Artikel 6 und Absätze 1 der Artikel 13 und 22)* **[ab 15.7.2014:]** *as well as gains from the alienation of shares deriving more than 50 per cent of their value from such property (paragraph 4 of Article 13);*
- *Gewinne einer in diesem Staat gelegenen Betriebstätte, Gewinne aus der Veräußerung der Betriebstätte und des beweglichen Vermögens, das Betriebsvermögen der Betriebstätte ist (Artikel 7 und Absätze 2 der Artikel 13 und 22); ausgenommen sind aber Betriebstätten für Zwecke der internationalen Seeschifffahrt, der Binnenschifffahrt und der internationalen Luftfahrt (vgl. Nr. 23);*
- *Einkünfte aus der in diesem Staat ausgeübten Tätigkeit von Künstlern und Sportlern, ohne Rücksicht darauf, ob die Einkünfte dem Künstler oder dem Sportler selbst oder einer anderen Person zufließen (Artikel 17);*
- *Aufsichtsrats- und Verwaltungsratsvergütungen, die eine in diesem Staat ansässige Gesellschaft zahlt (Artikel 16);*
- *Vergütungen für eine in diesem Staat ausgeübte, nicht unter den öffentlichen Dienst fallende unselbstständige Arbeit, es sei denn, der Arbeitnehmer hält sich in diesem Staat nicht länger als 183 Tage innerhalb eines Zeitraums von 12 Monaten, der während des betreffenden Steuerjahres beginnt oder endet, auf, und es sind noch gewisse andere Voraussetzungen erfüllt; ferner Vergütungen für eine unselbstständige Arbeit, die an Bord eines Seeschiffes oder Luftfahrzeuges, das im internationalen Verkehr betrieben wird, oder eines der Binnenschifffahrt dienenden Schiffes ausgeübt wird, wenn sich der Ort der tatsächlichen Geschäftsleitung dieses Unternehmens in diesem Staat befindet (Artikel 15);*
- *Vergütungen und Ruhegehälter im öffentlichen Dienst unter gewissen Voraussetzungen (Artikel 19).*

22. [Begrenzte Besteuerung im Quellenstaat] *Folgende Einkünfte können im Quellenstaat einer begrenzten Besteuerung unterworfen werden:*

- *Dividenden: Unter der Voraussetzung, dass die Beteiligung, für die die Dividenden gezahlt werden, nicht tatsächlich zu einer im Quellenstaat gelegenen Betriebstätte oder festen Einrichtung gehört, hat dieser Staat seine Steuer, wenn der Nutzungsberechtigte eine Gesellschaft ist, die über mindestens 25 vom Hundert des Kapitals der die Dividenden zahlenden Gesellschaft verfügt, auf 5 vom Hundert, in allen anderen Fällen auf 15 vom Hundert des Bruttobetrages der Dividenden zu begrenzen (Artikel 10);*
- *Zinsen: Unter der gleichen Voraussetzung wie bei den Dividenden hat der Quellenstaat seine Steuer auf 10 vom Hundert des Bruttobetrages der Zinsen zu begrenzen, soweit die Zinsen einen angemessenen Betrag nicht übersteigen (Artikel 11).*

23. [Keine Besteuerung im Quellenstaat] *Die übrigen Einkünfte und Vermögensteile können im Quellen- bzw. Belegenheitsstaat nicht besteuert werden; sie können in der Regel nur im Wohnsitzstaat des Steuerpflichtigen besteuert werden. Dies gilt z. B. für Lizenzgebühren, die nicht Einkünfte aus unbeweglichem Vermögen sind (Artikel 12), für Gewinne aus der Veräußerung von Wertpapieren (Artikel 13 Absatz 5* **[ab 15.7.2014:]** *subject to the exception of paragraph 4 of Article 13), für die nicht im öffentlichen Dienst anfallenden Ruhegehälter (Artikel 18), Zahlungen, die ein Student für sein Studium oder Ausbildung erhält (Artikel 20), Vermögen in Form von Wertpapieren (Artikel 22 Absatz 4). Gewinne aus dem Betrieb von Seeschiffen oder Luftfahrzeugen im internationalen Verkehr oder von der Binnenschifffahrt dienenden Schiffen, Gewinne aus der Veräußerung dieser Schiffe oder Luftfahrzeuge und diese Schiffe oder Luftfahrzeuge selbst können nur in dem Staat besteuert wer-*

den, in dem sich der Ort der tatsächlichen Geschäftsleitung des Unternehmens befindet (Artikel 8 und Absätze 3 der Artikel 13 und 22). Unternehmensgewinne, die nicht einer Betriebstätte im Quellenstaat zugerechnet werden können, können nur im Wohnsitzstaat besteuert werden (Absatz 1 des Artikels 7).

24. [Kein Doppelbesteuerungsproblem bei Besteuerung nur im Wohnsitzstaat] *Bezieht eine in einem Vertragsstaat ansässige Person Einkünfte aus Quellen im anderen Vertragsstaat oder gehören ihr dort gelegene Vermögensteile und können die Einkünfte oder Vermögensteile nach dem Abkommen nur im Wohnsitzstaat besteuert werden, so entsteht kein Doppelbesteuerungsproblem, da der Quellen- bzw. Belegenheitsstaat von der Besteuerung dieser Einkünfte oder dieses Vermögens Abstand nehmen muss.*

25. [Wahl des Wohnsitzstaates in der Methode zur Vermeidung der Doppelbesteuerung] *Können jedoch Einkünfte oder Vermögensteile nach dem Abkommen im Quellen- bzw. Belegenheitsstaat begrenzt oder ohne Begrenzung besteuert werden, so hat der Wohnsitzstaat die Wahl zwischen den beiden folgenden Methoden zur Vermeidung der Doppelbesteuerung:*

- *Befreiungsmethode: Einkünfte oder Vermögensteile, die im Quellen- bzw. Belegenheitsstaat besteuert werden können, sind im Wohnsitzstaat von der Steuer befreit, können aber bei der Festsetzung des Satzes der Steuer für die übrigen Einkünfte oder das übrige Vermögen des Steuerpflichtigen einbezogen werden.*
- *Anrechnungsmethode: Die Einkünfte oder Vermögensteile, die im Quellen- bzw. Belegenheitsstaat besteuert werden können, werden auch im Wohnsitzstaat besteuert, die im Quellen- bzw. Belegenheitsstaat erhobene Steuer wird aber auf die von den Einkünften oder Vermögensteilen im Wohnsitzstaat zu erhebende Steuer angerechnet.*

[ab 15.7.2014:]

25.1 *It follows from the preceding explanations that, throughout the Convention, the words "may be taxed in" a Contracting State mean that that State is granted the right to tax the income to which the relevant provision applies and that these words do not affect the right to tax of the other Contracting State, except through the application of Article 23 A or 23 B when that other State is the State of residence.*

26. [Besondere Bestimmungen] *Das Musterabkommen enthält eine Anzahl besonderer Bestimmungen. Sie betreffen:*

- *die Beseitigung steuerlicher Ungleichbehandlung in verschiedenen Fällen (Artikel 24);*
- *die Einleitung des Verständigungsverfahrens zur Beseitigung der Doppelbesteuerung und von Konflikten bei der Auslegung des Abkommens (Artikel 25);*
- *den Austausch von Informationen zwischen den Steuerverwaltungen der Vertragsstaaten (Artikel 26);*
- *die Amtshilfe der Vertragsstaaten bei der Beitreibung der beiderseitigen Steuern (Artikel 27);*
- *die Besteuerung von Mitgliedern diplomatischer Missionen und konsularischer Vertretungen (Artikel 28);*
- *die Ausdehnung des territorialen Geltungsbereichs des Abkommens (Artikel 29).*

27. [Allgemeine Bemerkungen zum Musterabkommen] *Das Musterabkommen sucht soweit wie möglich für jeden Fall nur eine einzige Regelung zu treffen; zu gewissen Punkten erschien es jedoch unumgänglich, im Rahmen des Abkommens einen für eine effiziente Anwendung noch vertretbaren Spielraum zu lassen. Den Mitgliedstaaten ist es also in einem gewissen Ausmaß freigestellt, den Quellensteuersatz für Dividenden und Zinsen festzulegen,* **[ab 22.7.2010:]** *and the choice of method for elominating double Taxation* **[bis 21.7.2010:** *und – unter bestimmten Voraussetzungen – die Zurechnung von Gewinnen an eine Betriebstätte durch Aufteilung des Gesamtgewinns des Unternehmens vorzunehmen***]**. *Darüber hinaus enthält der Kommentar für einige Fälle noch Alternativen oder zusätzliche Bestimmungen.*

28. [Kommentar zu jedem Artikel] *Zu jedem Artikel gibt es einen eingehenden Kommentar, der die Bestimmungen erläutert und interpretiert.*

29. [Anwendung des Kommentars in Streitfällen] *Da dieser Kommentar von den Sachverständigen ausgearbeitet und gebilligt wurde, die die Regierungen der Mitgliedstaaten in den Fiskalausschuss entsandt haben, kommt ihm eine besondere Bedeutung für die Entwicklung des internationalen Steuerrechts zu. Der Kommentar ist zwar nicht dazu bestimmt, den von den Mitgliedstaaten geschlossenen Abkommen, die anders als das Musterabkommen die verbindlichen völkerrechtlichen Vereinbarungen darstellen, in irgendeiner Form beigefügt zu werden, sie können aber bei der Anwendung des Abkommens und insbesondere im Fall von Streitigkeiten von großem Nutzen sein.*

29.1 [Bedeutung des Kommentars für die Steuerverwaltungen] *Die Steuerverwaltungen der Mitgliedstaaten konsultieren den Kommentar routinemäßig bei der Auslegung ihrer zweiseitigen Steuerabkommen. Der Kommentar ist sowohl bei der Entscheidung alltäglicher Einzelfragen als auch bei der Lösung größerer Fragen, die die politischen Absichten und den Sinn hinter verschiedenen Vorschriften berühren, von Nutzen. Die Steuerbeamten legen der Anleitung, die der Kommentar gibt, großes Gewicht bei.*

29.2 [Bedeutung des Kommentars für die Steuerpflichtigen] *In ähnlicher Weise machen auch Steuerpflichtige bei der Ausübung ihrer Geschäftstätigkeit und der Planung ihrer geschäftlichen Transaktionen und Investitionen von dem Kommentar ausgiebigen Gebrauch. Der Kommentar ist von besonderer Bedeutung in den Ländern, in denen es kein Verfahren zur Erlangung von Vorwegauskünften zu steuerlichen Fragen von den Steuerverwaltungen gibt; denn in diesem Fall kann er die einzige verfügbare Auslegungsquelle sein.*

29.3 [Bedeutung des Kommentars für die Gerichte] *Auch die Gerichte wenden sich immer mehr zweiseitigen Steuerabkommen zu. Sie benutzen den Kommentar in zunehmendem Maße bei der Entscheidungsfindung. Nach den Erhebungen des Fiskalausschusses ist der Kommentar in den veröffentlichten Entscheidungen der Gerichte der großen Mehrheit der Mitgliedstaaten erwähnt worden. In vielen Entscheidungen ist er ausführlich zitiert und analysiert worden und hat häufig eine entscheidende Rolle bei den Überlegungen des Richters gespielt. Der Ausschuss erwartet, dass sich diese Entwicklung fortsetzt, da das weltweite Netz von Steuerabkommen weiterhin wächst und der Kommentar in noch breiterem Umfang als eine bedeutende Auslegungsquelle Anerkennung findet.*

30. [Bemerkungen der Mitgliedstaaten zum Kommentar] *In einigen Fällen wurde von den Mitgliedstaaten, die sich einer im Kommentar zu dem betreffenden Artikel gegebenen Auslegung nicht anschließen konnten, Bemerkungen zum Kommentar angefügt. Diese Bemerkungen drücken daher keine Ablehnung des Abkommenstextes aus, sondern geben nur einen nützlichen Hinweis darauf, wie diese Staaten die Bestimmungen des betreffenden Artikels anwenden werden. Da sich die Bemerkungen auf die im Kommentar wiedergegebenen Auslegungen der Artikel beziehen, ist eine Bemerkung durch die darauf hingewiesen werden soll, dass ein Land den Wortlaut einer alternativen oder zusätzlichen Bestimmung abzuändern wünscht, deren Aufnahme in die zweiseitigen Abkommen der Kommentar zulässt, abzuändern wünscht, nicht erforderlich.*

31. [Vorbehalte gewisser Mitgliedstaaten zu einigen Abkommensbestimmungen] *Alle Mitgliedstaaten, die an der Erarbeitung des Musterabkommens beteiligt waren, stimmen dessen Zielen und den wesentlichen Bestimmungen zu. Fast alle haben jedoch zu einigen Abkommensbestimmungen Vorbehalte angemeldet, die im Kommentar zu den betreffenden Artikeln wiedergegeben sind. Sie brauchten keinen Vorbehalt einzulegen, um ihre Absicht anzuzeigen, alternative oder zusätzliche Bestimmungen zu verwenden, deren Verwendung der Kommentar den Ländern überlässt, oder den Wortlaut einer Bestimmung des Musters abzuändern, um eine im Kommentar vertretene Auslegung dieser Bestimmung zu bestätigen oder aufzuheben. Soweit bestimmte Mitgliedstaaten Vorbehalte angemeldet haben, behalten* *die anderen Mitgliedstaaten bei den Verhandlungen über zweiseitige Abkommen mit den ersteren Staaten das Recht, nach dem Grundsatz der Gegenseitigkeit vorzugehen.*

32. [Übereinstimmung bei der Ausarbeitung des Musterabkommens] *Nach Auffassung des Fiskalausschusses sind diese Vorbehalte vor dem Hintergrund der weiten Bereiche an Übereinstimmung zu beurteilen, die bei der Ausarbeitung des Abkommens erzielt wurde.*

33. [Verhältnis zu früheren Fassungen] *Bei der Ausarbeitung des Musterabkommens von 1977 hat der Fiskalausschuss die Auslegungsprobleme untersucht, die sich aus den Änderungen des Wortlauts der Artikel oder des Kommentars zum Musterabkommen von 1963 ergeben konnten. Nach der damaligen Auffassung des Ausschusses sollten die damals bestehenden Abkommen soweit wie möglich im Sinne des neuen Kommentars ausgelegt werden, auch wenn die Bestimmungen der Abkommen noch nicht den verbesserten Wortlaut des Musterabkommens von 1977 enthalten. Ferner wurde darauf hingewiesen, dass die Mitgliedstaaten, die ihre diesbezügliche Auffassung klarstellen wollen, dies durch Briefwechsel der zuständigen Behörden im Rahmen des Verständigungsverfahrens tun können, und dass diese Behörden auch ohne einen solchen Briefwechsel dieser Auslegung im Verständigungsverfahren im Einzelfall folgen können.*

34. [Rückwirkende Anwendung des MA 1992] *Der Ausschuss ist der Auffassung, dass die Änderungen der Artikel des Musterabkommens oder seiner Kommentare entsprechend zu verstehen sind.*

35. [Vorrang abweichender Regelungen] *Dabei ist klar, dass Änderungen der Artikel des Musterabkommens und die ausschließlich damit zusammenhängenden Änderungen des Kommentars die Auslegung und Anwendung früher abgeschlossener Abkommen nicht berühren, soweit die Regelungen dieser Abkommen inhaltliche Abweichungen von den geänderten Artikeln enthalten. Andere Änderungen oder Einfügungen in den Kommentar sollten dagegen bei der Auslegung oder Anwendung der früheren Abkommen herangezogen werden, da sie den übereinstimmenden Willen der Mitgliedstaaten der OECD in Bezug auf die angemessene Auslegung bestehender Regelungen oder auf ihre Anwendung in bestimmten Situationen darstellen.*

36. [Kein „argumentum e contrario"] *Ist der Ausschuss damit der Auffassung, dass der geänderte Kommentar zur Auslegung und Anwendung der vor der Änderung abgeschlossenen Abkommen herangezogen werden kann, so tritt er jedem „argumentum e contrario" entgegen, das aus der bloßen Änderung eines Artikels des Musterabkommens oder des Kommentars folgert, der frühere Wortlaut des Abkommens oder Kommentars müsste inhaltlich von dem der geänderten Fassung abweichen. Da viele Änderungen einfach klarstellen, nicht aber ändern wollen, wären solche Überlegungen e contrario in vielen Fällen klarerweise falsch.*

36.1 [Bedeutung von Änderungen früherer Abkommen] *Die Steuerbehörden der Mitgliedstaaten befolgen die allgemeinen Grundsätze, die in den vier vorangegangenen Absätzen angesprochen sind. Dementsprechend glaubt der Fiskalausschuss, dass auch die Steuerpflichtigen es nützlich finden, spätere Fassungen des Kommentars bei der Auslegung früherer Abkommen zu Rate zu ziehen.*

37. [Problem eines multilateralen Abkommens] *Bei der Ausarbeitung des Musterabkommens von 1963 und des Musterabkommens von 1977 hatte sich der Fiskalausschuss mit der Frage beschäftigt, ob die Möglichkeit des Abschlusses eines multilateralen Doppelbesteuerungsabkommens besteht; er kam zu dem Ergebnis, dass dies unter den damaligen Umständen auf große Schwierigkeiten stoßen würde. Er erkannte an, dass einzelne Gruppen von Mitgliedstaaten in der Lage sein könnten, den Abschluss eines solchen Abkommens untereinander auf der Grundlage des Musterabkommens mit den gegebenenfalls erforderlichen Änderungen zu erwägen.*

38. ***[Vergleich mit dem Nordischen Übereinkommen]*** *Ein praktisches Beispiel für ein solches multilaterales Abkommen innerhalb einer Gruppe von Mitgliedstaaten ist das Nordische Übereinkommen auf dem Gebiete der Steuern vom Einkommen und vom Vermögen zwischen Dänemark, Finnland, Island, Norwegen und Schweden, die 1983 geschlossen sowie 1987, 1989 und 1996 ersetzt wurde*[1] *und die sich eng an die Regelungen des Musterabkommens hält.*

39. ***[Vergleich mit dem Übereinkommen über die gegenseitige Amtshilfe in Steuersachen]*** *In diesen Zusammenhang gehört auch das Übereinkommen über die gegenseitige Amtshilfe in Steuersachen, das im Europarat auf der Grundlage eines ersten Entwurfs des Fiskalausschusses ausgearbeitet wurde. Dieses Übereinkommen ist am 1. April 1995 in Kraft getreten.*

40. ***[Zweiseitige Abkommen als bessere Lösung]*** *Trotz dieser beiden multilateralen Abkommen gibt es keine Gründe dafür, dass die Ausarbeitung und der Abschluss eines multilateralen Doppelbesteuerungsabkommens zwischen allen Mitgliedstaaten heute als praktisch verwirklichbare Lösung angesehen werden kann. Der Ausschuss ist daher der Auffassung, dass zweiseitige Abkommen weiterhin der angemessenere Weg sind, um die Doppelbesteuerung auf internationaler Ebene zu beseitigen.*

41. ***[Steuerumgehung, Steuerhinterziehung, Abkommensmissbrauch]*** *Der Fiskalausschuss untersucht die Fragen des Abkommensmissbrauchs und der internationalen Steuerhinterziehung weiter. Das Problem wird in den Kommentaren zu mehreren Artikeln angesprochen. Insbesondere gibt Artikel 26 – wie der Kommentar klarstellt – den Staaten die Möglichkeit, zur Bekämpfung solcher Missbräuche Informationen auszutauschen.*

Zu den Stellungnahmen von [bis 21.7.2010: Nichtmitgliedstaaten ab 22.7.2010:] non-OECD economies zum OECD-MA (OECD-NM)[2]

1. *Als 1991 der Fiskalausschuss das Konzept eines periodisch zu überarbeitenden Musterabkommens einführte, entschied er sich dafür, den Revisionsprozess des Musterabkommens auch für* **[bis 21.7.2010:** *Nichtmitgliedstaaten* **ab 22.7.2010:]** *non-OECD economies zu öffnen, um von deren Eingaben zu profitieren, da der Einfluss des Musterabkommens sich weit über die OECD-Mitgliedstaaten hinaus ausgeweitet hatte.*

2. *Infolge dieser Entscheidung beschloss der Steuerausschuss 1996, jährliche Treffen zu veranstalten, die es Sachverständigen der Mitgliedstaaten und einiger* **[bis 21.7.2010:** *Nichtmitgliedstaaten* **ab 22.7.2010:]** *non-OECD economies erlauben würden, mit der Verhandlung, Anwendung und Auslegung der Doppelbesteuerungsabkommen in Verbindung stehende Fragen zu besprechen. Angesichts der Tatsache, dass von den Nichtmitgliedstaaten eine Beteiligung an der Entwicklung des Musterabkommens nur zu erwarten ist, wenn sie sich vorbehalten können, seinen Regelungen zu widersprechen, entschied der Ausschuss auch, dass diese Staaten – wie die Mitgliedstaaten – die Möglichkeit haben sollten, die Bereiche zu benennen, in denen sie mit dem Text eines Artikels oder mit der im Kommentar vertretenen Auslegung nicht übereinstimmen können.*

3. *Dies führte zur Einbeziehung dieses Abschnitts in das Musterabkommen, der die Stellungnahmen einer Vielzahl von* **[bis 21.7.2010:** *Nichtmitgliedstaaten* **ab 22.7.2010:]** *non-OECD economies hinsichtlich der Artikel des Musterabkommens und des zugehörigen Kommentars wiedergibt. Dabei ist eine regelmäßige Aktualisierung dieses Textes – ebenso*

---

[1] Die Faröer haben die Übereinkommen von 1989 und 1996 ebenfalls unterzeichnet.

[2] Der nachfolgende Abschnitt ist Bestandteil der amtlichen Ausgabe des OECD-MA und seines Kommentars; er ist dort aber an anderer Stelle abgedruckt.

wie des übrigen Musterabkommens – beabsichtigt, so dass Änderungen in den Auffassungen der beteiligten Staaten deutlich werden.

4. *Dieser Text gibt die Stellungnahmen folgender* **[bis 21.7.2010:** *Staaten* **ab 22.7.2010:]** *non-OECD economies zum Musterabkommen wieder:*

[bis 21.7.2010]:

Albanien	*Argentinien*	*Belarus*	*Brasilien*	*Bulgarien*	*China*
Elfenbeinküste	*Estland*	*Gabun*	*Israel*	*Kroatien*	*Lettland*
Litauen	*Malaysia*	*Marokko*	*Philippinen*	*Rumänien*	*Russland*
Serbien und Montenegro		*Slowenien*	*Südafrika*	*Thailand*	*Tunesien*
Ukraine	*Vietnam*				

[ab 22.7.2010]:

Albania	*Argentina*	*Armenia*	*Belarus*	*Brazil*	*Bulgaria*
Croatia	*Democratic Republic of the Congo*			*Estonia*	*Gabon*
Hong Kong, China		*India*	***Indonesia***	*Israel*	*Ivory Coast*
Kazakhstan	*Latvia*	*Lithuania*	*Malaysia*	*Morocco*	
People's Republic of China		*Philippines*	*Romania*	*Russia*	*Serbia*
South Africa	*Thailand*	*Tunisia*	*Ukraine*	***United Arab Emirates***	
Vietnam					

[ab 15.7.2014]:

4. *This section reflects the following non-OECD economies' positions on the Model Tax Convention:*

Albania	*Argentina*	*Armenia*	***Azerbaijan***	*Belarus*	*Brazil*
Bulgaria	*Colombia*	*Croatia*	*Democratic Republic of the Congo*		
Gabon	***Georgia***	*Hong Kong, China*		*India*	*Indonesia*
Ivory Coast	*Kazakhstan*	*Latvia*	*Lithuania*	*Malaysia*	*Morocco*
People's Republic of China		*Philippines*	*Romania*	*Russia*	*Serbia*
Singapore	*South Africa*	*Thailand*	*Tunisia*	*Ukraine*	
United Arab Emirates		*Vietnam*			

5. *Wenngleich diese* **[bis 21.7.2010:** *Staaten* **ab 22.7.2010:]** *economies grundsätzlich mit dem Text der Artikel des Musterabkommens und den im Kommentar vertretenen Auslegungen übereinstimmen, gibt es für jeden* **[bis 21.7.2010:** *Staat* **ab 22.7.2010:]** *economies Bereiche, in denen Meinungsverschiedenheiten auftreten. Für jeden Artikel des Musterabkommens zeigen die hier abgedruckten* **[bis 21.7.2010:** *Stellungnahmen* **ab 22.7.2010:]** *section auf, wo ein Staat nicht mit dem Text des Artikels oder mit der im Kommentar vertretenen Auslegung im Hinblick auf den jeweiligen Artikel übereinstimmt*. Wie auch im Fall der Bemerkungen und Vorbehalte der Mitgliedstaaten wird nicht auf Fälle Bezug genommen, in denen ein Staat den Text eines Artikels um Bestimmungen ergänzen möchte, die nicht im Widerspruch zum Artikel stehen, insbesondere wenn diese Bestimmungen im Kommentar als Alternative angeboten werden oder in denen ein Staat eine Auslegung, die nicht im Widerspruch zum Kommentar steht, vorschlagen möchte.*

Literatur zu den Grundlagen des Abkommenrechts:

Adamczyk, in M. Lang/Pistone/Schuch/Staringer, Introduction to European Tax Law on Direct Taxation, 3. Aufl. (2013), S. 13 ff.; *Aigner/Züger,* in Gassner/M. Lang/Lechner, Per- 1

* **[Bis 21.7.2010:** ***China*** wünscht ausdrücklich klarzustellen, dass es bei seinen Verhandlungen mit anderen Staaten nicht an die in diesem Dokument dargelegten Stellungnahmen gebunden ist; **ab 22.7.2010:]** ***Indonesia and the People's Republic of China*** wish to clarify expressly that in the ccurse of negotiatons with other countries, they will not be bound by their stated postitions included in this section.

sonengesellschaften (2000), S. 47 ff.; *Andersen,* Analysis of United States Income Tax Treaties Current Through 2012; *Aumayr,* in M. Lang/Schuch/Staringer/Pistone, Internationale Amtshilfe in Steuersachen (2011), S. 47 ff.; *F. Avery Jones,* in Maisto, Tax Treaties and Domestic Law (2006); *ders.,* in Tiley, Studies in the History of Tax Law, vol. 6 (2013); *Baker,* Double Taxation Conventions, Loseblatt, Introductory Topics, (Dezember 2012); *von Bar/Mankowski,* Internationales Privatrecht, Bd. 1 (2003); *Belamarik,* in Schilcher/Weninger, Fundamental Issues and Practical Problems in Tax Treaty Interpretation (2008), S. 67 ff.; *Berber,* Lehrbuch des Völkerrechts, 2. Aufl., Bd. 1 (1975); *Bird,* in Head/Krever, Tax Reform in the 21st Century (2009); *Bleckmann,* Grundgesetz und Völkerrecht (1975), S. 277 ff.; *Blumenberg/Kring,* Europäisches Beihilferecht und Besteuerung (2011); *Blumenstein,* System des Steuerrechts, Bd. I (1945); *Boccardo,* in Hofstätter/Plansky, Dual Residence in Tax Treaty Law and EC Law (2009); *Borrego,* Limitation on Benefits Clauses in Double Taxation Conventions (2006); *de Broe,* International Tax Planning and Prevention of Abuse (2008); *Brunsbach/Endres/J. Lüdicke/Schnitger,* IFSt, Schrift Nr. 480 (2012); *Bühler,* Prinzipien des Internationalen Steuerrechts (1964); *ders.,* Lehrbuch des Steuerrechts (1927); *Cansier,* Finanzwissenschaftliche Steuerlehre (2004); *Cleave,* in M. Lang/Pistone/Schuch/Staringer, The Impact of the OECD and UN Model Conventions on Bilateral Tax Treaties (2012); *Cordewener,* Europäische Grundfreiheiten und nationales Steuerrecht (2002); *Dahm/Delbrück/Wolfrum,* Völkerrecht, Bd. I/1, 2. Aufl. (1989); *Daly,* The WTO and Direct Taxation (2005), WTO Discussion Paper no. 9; *Dautzenberg,* Unternehmensbesteuerung im EG-Binnenmarkt (1997); *Davies,* Principles of International Double Taxation Relief (1985); *Doehring,* Völkerrecht, 2. Aufl. (2004); *Devereux,* Capital Export Neutrality, Capital Import Neutrality and Capital Ownership Neutrality, IFS Discussion Paper (1990); *Doernberg/van Raad,* The 1996 United States Model Income Tax Convention (1997); *Droste-Lehnen,* Die authentische Interpretation, Dogmengeschichtliche Entwicklung und aktuelle Bedeutung (1990); *Dürrschmidt,* Besteuerung von grenzüberschreitenden Unternehmensumstrukturierungen und Europäische Grundfreiheiten (2008); *Edwardes-Ker,* The International Tax Treaties Service, Losebl., Introduction, (auch gesondert als: Tax Treaty Interpretation, Losebl.); *Elicker,* Die Zukunft des internationalen Steuerrechts (2006); *Engelen,* Interpretation of Tax Treaties under International Law (2004); *Engelschalk,* in K. Vogel, Steuern auf ausländische Einkünfte (1985); *Englisch,* Dividendenbesteuerung (2005); *ders.,* Aufteilung der Besteuerungsbefugnisse – Ein Rechtfertigungsgrund für die Einschränkung von EG-Grundfreiheiten (2008); *Falis,* in *Herdin-Winter/Hofbauer,* The Relevance of WTO Law for Tax Matters (2006), S. 37 ff.; *Fischbach,* Die Verfassungsgerichtliche Kontrolle der Bundesregierung bei der Ausübung der Auswärtigen Gewalt (2011); *Fischer-Zernin,* Internationale Ertragssteuern und Welthandelsordnung (GATT/WTO) (1996); *Fitzmaurice,* in Evans, International Law (2003), S. 173 ff.; *Flick,* in FS Spitaler (1958), S. 151 ff.; *L.J. Fong,* Hongkong – Individual Taxation, Country Analyses, Stand Mai 2012; *ders.,* Hongkong – Corporate Taxation, Country Analyses, Stand Mai 2012; *Frowein,* Das de facto-Regime im Völkerrecht (1968); *ders.,* in Gröblinghoff/Kruse/Lachmayer/Peters/Dalibor, Perspektiven des Öffentlichen Rechts (2011), S. 83 ff.; *Gandenberger,* Kapitalexportneutralität versus Kapitalimportneutralität, in Aufsätze zur Wirtschaftspolitik, Forschungsinstitut für Wirtschaftspolitik an der Universität Mainz, Heft 7, (1983); *Gebhardt,* Deutsches Tax Treaty Overriding (2013); *Geiger,* Grundgesetz und Völkerrecht mit Europarecht, 6. Aufl. (2013); *Gloria,* Das steuerliche Verständigungsverfahren und das Recht auf diplomatischen Schutz (1988); *Gomaa,* Suspension or Termination of Treaties (1996); *Gómez-Ballina,* in Schilcher/Weninger, Fundamental Issues and Practical Problems in Tax Treaty Interpretation (2008), S. 91 ff.; *Gosch,* in Kruthoffer-Röwekamp, Die Rechtsprechung des EuGH in ihrer Bedeutung für das nationale und internationale Recht der direkten Steuern, Kolloquium im Bundesministerium der Finanzen, Berlin (2010), S. 61 ff.; *ders.,* in J. Lüdicke, Vermeidung der Doppelbesteuerung und ihre Grenzen (2013), S. 16 ff.; *ders.,* in Schaumburg/Piltz, Veräußerungsgewinne im Internationalen Steuerrecht (2004), S. 103; *Gündisch,* Personengesellschaften im DBA-Recht (2004); *Hasanovic,* Einkünftezurechnung im DBA-Recht und Personengesellschaften, in M. Lang/Schuch/Staringer, Einkünftezurechnung im Internationalen Steuerrecht (2012); *Hattingh,* in Tiley, Studies in the History of Tax Law, vol. 6 (2013); *Hemetsberger-Koller,* in Die Zukunft des Internationalen Steuerrechts (1999), S. 13 ff.; *Hensel,* Steuerrecht, 3. Aufl. (1933); *Herdegen,* Interpretation in International Law, in MPEPIL, vol. VI (2012); *ders.,* Völkerrecht, 11. Aufl. (2012); *Hilf,* Die Auslegung mehrsprachiger Verträge (1973); *Herrmann,* in Cordewener/Enchelmaier/Schindler, Meistbegünstigung im Steuerrecht der EU-Staaten (2006), S. 29 ff.; *Hey,* Harmonisierung der Unternehmensbesteuerung in Europa (1997); *dies.,* in J. Lüdicke, Wo steht das deutsche Internationale Steuerrecht? (2009), S. 137 ff.; *Höhn,* Handbuch des Internationalen Steuerrechts der Schweiz, 2. Aufl. (1993); *Höhn/Mäusli,* Interkantonales Steuerrecht, 4. Aufl. (2000); *Hofbauer,* Das Prinzip der Meistbegünstigung im grenzüberschreitenden Ertragssteuerrecht (2005); *Homburg,* Allgemeine Steuerlehre, 6. Aufl. (2010); *ders.,* Wohnsitzprinzip, in Die internationale Unternehmensbesteuerung im Wandel (2005), S. 14 ff.; *von Hoffmann/Thorn,* Internationales Privatrecht, 9. Aufl. (2007); IBFD International Tax Glossary, 6. Aufl. (2009); *Hofmann,* in Rust, Double Taxation within the European Union (2011), S. 75 ff.; *Hofstätter,* in M. Lang/Schuch/Staringer, Tax Treaty Law and EC Law (2007), S. 25 ff.; India Master Tax Guide, 5. Aufl. (2011); *Isay,* Internationales Finanzrecht (1934); *Ismer,* in M. Lang/Pistone, The EU and Third Countries – Direct Taxation (2007), S. 233 ff.; *Iwasawa,* International Law, Human Rights and Japanese Law – The Impact of International Law on Japanese Law (1998); *Jacobs/Endres/Spengel,* Internationale Unternehmensbesteuerung (2011); *Jankowiak,* Doppelte Nichtbesteuerung im Internationalen Steuerrecht (2009); *Jeffery,* The Impact of State Sovereignty on Global Trade and International Taxation (1999); *Karl,* in Schreuer, Autorität und internationale Ordnung (1979), S. 9 ff.; *Kegel/Schurig,* Internationales Privatrecht, 9. Aufl. (2004); *Kemmeren,* in Lang/Pistone/Schuch/Staringer/Storck/Zagler, Tax Treaties (2010); *Kempermann,* in Wassermeyer/Richter/Schnittker, Personengesellschaften im Internationalen Steuerrecht (2010); *Klapdor,* Effiziente Steuerordnung durch ein europäisches Musterabkommen (2000); *Kment,* Grenzüberschreitendes Verwaltungshandeln: Transnationale Elemente deutschen Verwaltungsrechts (2010); *Köck,* Vertragsinterpretation und Vertragsrechtskonvention, Zur Bedeutung der Art. 31 und 32 der Wiener Vertragsrechtskonvention 1969 (1976); *Korn,* in M. Lang, Recent Tax Treaty Developments Around the Globe (2009), S. 159 ff.; *Kofler,* Doppelbesteuerungsabkommen und Europäisches Gemeinschaftsrecht (2007); *Kofler/Tumpel,* in M. Lang/Schuch/Staringer, Tax Treaty Law and EC Law (2007), S. 191 ff.; *Kropholler,* Internationales Privatrecht, 6. Aufl. (2006); *ders.,* Internationales Einheitsrecht (1975); *Kube,* in Becker/Schön, Steuer- und Sozialstaat im europäischen Systemwettbewerb (2005), S. 99 ff.; *Lakshminarayanan,* in Ecker/Ressler, History of Tax Treaties (2011), S. 93 ff.; *J. Lang,* Systematisierung der Steuervergünstigungen (1974); *Lampert,* in M. Lang/Pistone/Schuch/Staringer, The Impact of the OECD and UN Model Conventions on Bilateral Tax Treaties (2012); S. 466 ff.; *M. Lang,* Die Auswirkungen des gemeinschaftsrechtlichen Beihilferechts auf das Steuerrecht (2009); *ders.,* in Lehner, Reden zum Andenken an Klaus Vogel (2010), S. 59 ff.; *ders.,* Einführung in das Recht der Doppelbesteuerungsabkommen (2002); *ders.,* Introduction to the Law of Double Taxation Conventions, 2. Aufl. (2013); *ders.,* The Application of the OECD Model Tax Convention to Partnerships. A Critical Analysis of the Report Prepared by the OECD Committee on Fiscal Affairs (2000); *ders.,* in Gassner/Lang/Lechner, Aktuelle Entwicklungen im Internationalen Steuerrecht (1994), S. 11 ff.; *M. Lang/u. a.,* Multilateral Tax Treaties (1997); *M. Lang/Herdin/Hofbauer,* WTO and Direct Taxation (2005); *Langer,* Grundlagen einer internationalen Wirtschaftsverfassung (1995); *Llauger Boix,* in Schilcher/Weninger, Fundamental Issues and Practical Problems in Tax Treaty Interpretation (2008); *Lehner,* in Birk/Ehlers, Rechtsfragen des europäischen Steuer-, Außenwirtschafts- und Zollrechts (1995), S. 18 ff.; *ders.,* in Birk, Handbuch des Europäischen Steuer- und Abgabenrechts (1995), S. 903 ff.; *ders.,* Europarechtliche Perspektiven für das Internationale Steuerrecht (1994); *ders.,* in Kirchhof/Lehner/Birk, Steuern im Verfassungsstaat, (1996), S. 95 ff.; *ders.,* in M. Lang/Schuch/Staringer, Tax Treaty Law and EC Law (2007), S. 11 ff.; *ders.,* Verständigungsverfahren (1982); *Link,* Konsolidierte Besteuerung im Abkommensrecht (2008); *Linke/Hau,* Internationales Zivilverfahrensrecht, 5. Aufl. (2011); *Lippert,* Handbuch des Internationalen Finanzrechts, 2. Aufl. (1928); *Locher,* System des schweizerischen Steuerrechts, 6. Aufl. (2002); *ders.,* Einführung in das interkantonale Steuerrecht, 3. Aufl. (2009); *Lodin/Gammie,* Home State Taxation (2001); *J. Lüdicke,* Überlegungen zur deutschen DBA-Politik (2008); *Loukota,* EG-Grundfreiheiten und beschränkte Steuerpflicht (2005); *ders.,* in Gassner/M. Lang/Lechner, Personengesellschaften (2000), S. 15 ff.; *ders.,* in M. Lang/Schuch/Staringer, Tax Treaty Law and EC Law (2007), S. 125 ff.; *Martha,* The Jurisdiction to Tax in International Law (1989); *Mäusli-Allenspach/Oertli,* Das schweizerische Steuerrecht, 7. Aufl. (2013); *Mazz,* in Mazz/Pistone,

Reflexiones en torno a un Modelo Latinoamericano de Convenio de Doble Imposición (2010), S. 29 ff.; *Möllenbeck,* Das Verhältnis der EG-Amtshilfe zu den erweiterten Mitwirkungspflichten bei internationalen Steuerfällen (2010); *R. Musgrave/P. Musgrave,* in Bird/Head, Modern Fiscal Issues (1972); *P. Musgrave,* Taxation of Foreign Investment Income (1963); *Musil,* Deutsches Treaty Overriding und seine Vereinbarkeit mit Europäischem Gemeinschaftsrecht (2000); *F. Neumark,* Theorie und Praxis der modernen Einkommensbesteuerung (1947); *Oberson,* Précis de droit fiscal international, 3. Aufl. (2009), S. 26 ff.; *Olenik,* in Ecker/Ressler, History of Tax Treaties (2011); *R. Offermanns,* Netherlands – Corporate Taxation, Country Analyses IBFD, Stand 1. Juni 2012; *ders.,* Netherlands – Individual Taxation, Country Analyses IBFD, Stand 1. Juni 2012; *Ohler,* Die Kollisionsordnung des Allgemeinen Verwaltungsrechts (2005); *ders.,* in Terhechte, Verwaltungsrecht der EU (2011), § 9; *Owen,* Canada's Tax Treaties 2001 (2001), S. 1 ff.; *Palamarchuk,* Revista de la Facultad de Derecho (1959), S. 949 ff.; *Panayi,* European Union and Corporate Tax Law (2013); *Piltz,* in L. Fischer, Besteuerung internationaler Konzerne (1993), S. 21 ff.; *Pistone,* in Cordewener/Enchelmaier/Schindler, Meistbegünstigung im Steuerrecht der EU-Staaten (2006), S. 193 ff.; *ders.,* The Impact of Community Law on Tax Treaties: Issues and Solutions (2002); *ders.,* in Mazz/Pistone, Reflexiones en torno a un Modelo Latinoamericano de Convenio de Doble Imposición (2010), S. 57 ff.; *Pistone/Massoner,* in M. Lang/Schuch/Staringer, Quellensteuern – Der Steuerabzug bei Zahlungen an ausländische Empfänger (2010), S. 133 ff.; *Plansky,* in M. Lang/Pistone/Schuch/Staringer, Introduction to European Tax Law on Direct Taxation, 3. Aufl. (2013), S. 237; *Prokisch,* Language, in K. Vogel, Interpretation of Tax Law and Treaties and Transfer Pricing in Japan an Germany, Series on International Taxation, vol. 20 (1998), S. 103 ff.; *Provodová,* in Schilcher/Weninger, Fundamental Issues and Practical Problems in Tax Treaty Interpretation (2008), S. 139 ff.; *Rauscher,* Internationales Privatrecht, 4. Aufl. (2012); *Rehfeld,* Die Vereinbarkeit des Außensteuergesetzes mit den Grundfreiheiten des EG-Vertrages (2007); *Reich,* Die wirtschaftliche Doppelbelastung der Kapitalgesellschaften und ihrer Anteilseigner (2000); *Reimer,* in Holoubek/M. Lang, Verfahren der Zusammenarbeit von Verwaltungsbehörden in Europa (2012), S. 63 ff.; *ders.,* in Lang, Tax Treaty Interpretation (2001), S. 119 ff.; *ders.,* in Lehner, Grundfreiheiten im Steuerrecht der EU-Staaten (2000), S. 39 ff.; *ders.,* in Lehner, Reden zum Andenken an Klaus Vogel (2010), S. 89 ff.; *ders.,* in J. Lüdicke, Wo steht das deutsche Internationale Steuerrecht (2009), S. 31 ff.; *ders.,* in Möllers/Voßkuhle/Walter (Hrsg.), Internationales Verwaltungsrecht – Eine Analyse anhand von Referenzgebieten (2007); *ders.,* in Rust, Double Taxation within the European Union (2011), S. 87 ff.; *ders.,* Der Ort des Unterlassens. Die ursprungsbezogene Behandlung von Entgelten für Untätigkeit im Internationalen Steuerrecht (2004); *Remacle/Nonnenkamp,* in Rust, Double Taxation within the European Union, S. 17 ff.; *Ress,* in Bieber/Ress, Die Dynamik des Europäischen Gemeinschaftsrechts/The dynamics of EC-law (1987), S. 49 ff.; *Richner/Frei/Kaufmann/Meuter,* Handkommentar zum DBG, 2. Aufl. (2009); *Riedl,* Die internationale Doppelbesteuerung im EU-Binnenmarkt (2012); *Roccatagliata,* in Pistone, Legal Remedies in European Tax Law (2009), S. 69 ff.; *Rodriguez,* Costa Rica – Corporate Taxation, Country Analyses IBFD, Stand 3. März 2012; *dies.,* Costa Rica – Individual Taxation, Country Analyses IBFD, Stand 3. März 2012; *dies.,* Panama – Corporate Taxation, Country Analyses IBFD, Stand 15. Oktober 2011; *dies.,* Panama – Individual Taxation, Country Analyses IBFD, Stand 15. Oktober 2011; *Roene,* in Ecker/Ressler, History of Tax Treaties (2011), S. 17 ff.; *Roenne Rohatgi,* Basic International Taxation, vol. I, 2. Aufl. (2005); *Rosenbloom,* Current Developments in Regard to Tax Treaties, in New York University (1982), S. 31 ff.; *Rudat,* Steuerneutralität im Europäischen Binnenmarkt: Die Prinzipien der Kapitalexport- und Kapitalimportneutralität im Internationalen Steuerrecht und ihr Verhältnis zum Europäischen Binnenmarkt (2010); *Rust,* in J. Lüdicke, Vermeidung der Doppelbesteuerung und ihre Grenzen (2013), S. 37 ff.; *Sandler,* Tax Treaties and Controlled Foreign Company Legislation (1998); *Schilcher,* Grenzen der Mitwirkungspflichten im Lichte des Gemeinschaftsrechts (2010); *ders.,* in M. Lang/Schuch/Staringer, Tax Treaty Law and EC Law (2007), S. 151 ff.; *Schindler,* in Cordewener/Enchelmaier/Schindler, Meistbegünstigung im Steuerrecht der EU-Staaten (2006), S. 201 ff.; *M. Schmitt,* in Schilcher/Weninger, Fundamental Issues and Practical Problems in Tax Treaty Interpretation (2008), S. 117 ff.; *Schön,* Die Auslegung europäischen Steuerrechts, Das harmonisierte Steuerrecht zwischen nationalem Zivilrecht und europäischem Gemeinschaftsrecht (1993); *ders.,* in Becker/

Schön, Steuer- und Sozialstaat im europäischen Systemwettbewerb (2005); *ders.*, in Hancher/Ottervanger/Slot, EU State Aids (2012), S. 321 ff.; *ders.*, in Koenig/Roth/Schön, Aktuelle Fragen des EG-Beihilfenrechts (2001), S. 106 ff.; *Schönfeld*, Hinzurechnungsbesteuerung und europäisches Gemeinschaftsrecht (2005); *Schoueri*, in Ferraz, Princípios e limites da tributação (2005), S. 321 ff.; *Schuch/Bauer*, in Gassner/M. Lang/Lechner, Personengesellschaften (2000), S. 27 ff.; *Schwarz*, Schwarz on Tax Treaties, 3. Aufl. (2013); *Schwenke*, in Baumhoff/Schönfeld, Grenzüberschreitende Verlustverrechnung (2011), S. 1 ff.; *Shannon*, Die Doppelbesteuerungsabkommen der USA (1987), S. 7 ff.; *Shelton*, Interpretation and Application of Tax Treaties (2006); *Silva*, in Costa/Schoueri/Bergstrom Bonilha (coord.), Direito tributário atual, n. 19, IBDT (2005), S. 164 f.; *Simader*, in M. Lang/Schuch/Staringer, Internationale Amtshilfe in Steuersachen (2011), S. 309 ff.; *dies.*, Witholding Tax and the Fundamental Freedoms (2013); *Singh*, in Herdin-Winter/Hofbauer, The Relevance of WTO Law for Tax Matters (2006), S. 49 ff.; *de Sousa*, in Schilcher/Weninger, Fundamental Issues and Practical Problems in Tax Treaty Interpretation (2008), S. 241 ff.; *Souza de Castelo Branco*, in Ecker/Ressler, History of Tax Treaties (2011), S. 41 ff.; *Spengel*, Internationale Unternehmensbesteuerung in der Europäischen Union: Steuerwirkungsanalyse, Empirische Befunde, Reformüberlegungen (2003); *Spitaler*, Das Doppelbesteuerungsproblem bei den direkten Steuern (1967), Nachdruck der 1. Aufl. von 1936; *Stamp, Sir Josiah*, The Fundamental Principles of Taxation, London, Macmillan (1921); *Stein/v. Buttlar*, Völkerrecht, 13. Aufl. (2012); *Strasser*, Die Auslegung von Quellenstaatenregelungen in Doppelbesteuerungsabkommen (2005); *Surrey*, United Nations Model Convention for Tax Treaties Between Developed and Developing Countries, Selected Monographs on Taxation (1980); *Sutter*, Das EG-Beihilfenverbot und sein Durchführungsverbot in Steuersachen (2005); *ders.*, in Gassner/M. Lang/taringer/Schuch, Die Verteilung der Besteuerungsrecht zwischen Ansässigkeits- und Quellenstaat in Doppelbesteuerungsabkommen (2005); *Teichner*, Internationales Steuerrecht (1967); *van Thiel*, in Lang/Herdin/Hofbauer, WTO and Direct Taxation (2005), S. 19 ff.; *Tittle/Avi-Yonah*, The integrated 2006 United States Model Income Tax Treaty (2008); *Toffoli Tavolaro*, in Schoueri, Direito tributário: homenagem a Paulo de Barros Carvalho (2008), S. 793 ff.; *Torres*, in Uckmar, Impuestos sobre el comercio internacional, 2. Aufl. (2008), S. 405 ff.; *du Toit*, Beneficial Ownership of Royalties in Bilateral Tax Treaties (1999); *Vaissière/de la Blétière*, in M. Lang/Pistone/Schuch/Staringer, The Impact of the OECD and UN Model Conventions on bilateral Tax Treaties (2012), S. 421 ff.; *Valdes Costa*, Estudios de Derecho Tributario Latinoamericano (1982), S. 283 ff.; *Verdross/Simma*, Universelles Völkerrecht, 3. Aufl. (1984); *Villiger*, Commentary on the 1969 Vienna Convention on the Law of Treaties (2009); *K. Vogel*, Der räumliche Anwendungsbereich der Verwaltungsrechtsnorm (1965); *ders.*, in M. Lang/Schuch/Staringer, Soft Law in der Praxis (2005), S. 145 ff.; *ders.*, Should europe adopt a uniform method for the avoidance of double taxation? (1999); *K. Vogel/Prokisch*, Auslegung von Doppelbesteuerungsabkommen, CDFI LXXVIIIa (1993); *Vogel/Shannon/Doernberg/van Raad*, United States Tax Treaties, (1989); *Vogenauer*, Die Auslegung von Gesetzen von England und auf dem Kontinent, Bd. I und II (2001); *Wagner*, Direkte Steuern und Welthandelsrecht, Das Verbot ertragsteuerlicher Exportsubventionen im Recht der WTO (2005); *Waldhoff*, in Fleischer, Mysterium „Gesetzesmaterialien" – Bedeutung und Gestaltung der Gesetzesbegründung in Vergangenheit, Gegenwart und Zukunft (2013), S. 77 ff.; *Walker*, Double Taxation in the United States (1895); *Ward*, Introduction to the Law Relating to Tax Treaties, in Ward's Tax Treaties 1996–1997; *ders.*, in Maisto, Courts and Tax Treaty Law (2007), S. 161 ff.; *Ward/u. a.*, The Interpretation of Income Tax Treaties with Particular Reference to the Commentaries on the OECD Model (2005); *Wassermeyer/Richter/Schnittker*, Personengesellschaften im Internationalen Steuerrecht (2010); *Weber*, in Pistone, Legal Remedies in European Tax Law (2009), S. 45 ff.; *Weber-Fas*, Staatsverträge im Internationalen Steuerrecht (1982); *Wells*, United States policies in international double taxation of income (1950); *Wery*, De autonomie van het eenvormig privatrecht (1971); *Wichmann*, Entwicklungstendenzen der Doppelbesteuerungsabkommen (2009); *Xavier*, Direito Tributário internacional do Brasil, 7. Aufl. (2010); *Ziegenhain*, Extraterritoriale Rechtsanwendung und die Bedeutung des genuine link-Erfordernisses (1992); *Zweifel/Beusch/Mäusli-Allenspach*, Interkantonales Steuerrecht (2011).

A. Doppelbesteuerungsabkommen

I. Das Recht der Doppelbesteuerungsabkommen als Teilbereich des Internationalen Steuerrechts

2 **Literatur:** *Bühler,* Prinzipien des Internationalen Steuerrechts (1964); *Hensel,* Steuerrecht, 3. Aufl. (1933); *Isay,* Internationales Finanzrecht (1934); *Lehner,* in FS für Klaus Vogel (2000), S. 1149; *ders.,* Internationale Reichweite staatlicher Besteuerungshoheit, in HStR, Bd. XI (2013), § 251; *Lippert,* Handbuch, des Internationalen Finanzrechts, 2. Aufl. (1928); *Reimer,* in Möllers/Voßkuhle/Walter, Internationales Verwaltungsrecht (2007), S. 181; *Rohatgi,* Basic International Taxation, vol. I, 2. Aufl. (2005); *Spitaler,* Das Doppelbesteuerungsproblem bei den direkten Steuern (1967), Nachdruck der 1. Aufl. von 1936; *Teichner,* Internationales Steuerrecht (1967); *K. Vogel,* Der räumliche Anwendungsbereich der Verwaltungsrechtsnorm (1965).

3 Doppelbesteuerungsabkommen (zum Begriff der Doppelbesteuerung s. Rz. 7 ff.) bilden als völkerrechtliche Verträge das **Internationale Steuerrecht im engeren Sinn.** Sie sind Teil des auf grenzüberschreitende Sachverhalte anwendbaren Steuerrechts, das in der Gesamtheit seiner Regelungen als **Internationales Steuerrecht im weiteren Sinn bezeichnet** werden kann (*Bühler,* Prinzipien, S. 1 ff.; *Teichner,* S. 4 ff.; *K. Vogel,* DStZ 1997, 269; Wassermeyer/*Wassermeyer,* Vor Art. 1 OECD-MA Rz. 6: „Teilgebiet des Internationalen Steuerrechts"; so auch, aber mit weiteren Differenzierungen: *Mössner,* ÖZöffR 1974, 255, 275 ff.; *Kluge,* S. 2; *Schaumburg,* Rz. 1.4: „Ordnungsbegriff"; *Lehner,* FS K. Vogel, S. 1149; *Rohatgi,* Basic, vol. I, S. 13 f.). Dieser funktional-gegenstandsbezogene Begriff des Internationalen Steuerrechts hat seinen Ursprung im Schrifttum des 19. Jahrhunderts, das allerdings den Begriff **Internationales Finanzrecht** verwendet (*Spitaler,* Das Doppelbesteuerungsproblem, S. 550 ff.; *Isay,* S. 3; *Lippert,* Handbuch des Internationalen Finanzrechts, S. 1 ff.; vgl. auch *Hensel,* Steuerrecht, S. 17; zur Entwicklung der Begriffe s. *K. Vogel,* Anwendungsbereich, S. 168 ff.).

Zur **Geschichte der Doppelbesteuerungsabkommen** s. Rz. 32.

II. Rechtsquellen des Abkommensrechts

4 Doppelbesteuerungsabkommen unterliegen dem Regime des Völkerrechts (Rz. 4a) und des supranationalen Rechts der Europäischen Union (Rz. 4b). Hinzu kommen Vorgaben des innerstaatlichen Verfassungs- und Gesetzesrechts der Vertragsstaaten (Rz. 4c).

4a Als **völkerrechtliche Verträge** binden Doppelbesteuerungsabkommen die Vertragsstaaten. Sie begründen aber auch Rechte und Pflichten der nach Maßgabe des Art. 1 MA abkommensberechtigten Personen. Besonderheiten des Abkommensrechts ergeben sich daraus, dass es an das innerstaatliche Steuerrecht der Vertragsstaaten anknüpft (s. Rz. 64 ff.). Für die **Auslegung und Anwendung** der Doppelbesteuerungsabkommen (s. Rz. 95 ff., 149 ff.) sind neben den zentralen abkommensrechtlichen Bestimmungen über die Abgrenzung der Besteuerungszuständigkeit der Vertragsstaaten durch Verteilungsnormen (Art. 6–22 MA; zum Begriff der Verteilungsnorm s. Rz. 67), die ebenfalls in den Abkommen selber enthaltenen Vorschriften über den persönlichen, sachlichen und räumlichen Anwendungsbereich (Art. 1, 2 und 29 MA) einschließlich des Inkrafttretens (Art. 30 MA) und der Kündigung (Art. 31 MA) zu beachten. Weiterhin sind zahlreiche abkommensrechtliche Begriffsbestimmungen (s. Rz. 95 ff., 149 ff.) sowie die im jeweiligen abkommensrechtlichen Zusammenhang (s. Rz. 109 ff. und Art. 3 Rz. 121a) bedeutsamen **OECD-, UN- und US-Musterabkommen** einschließlich der zu OECD-MA und UN-MA verabschiedeten Kommentare (s. Rz. 123 ff.) und, zum US-MA, sog. „Technical Explanations" (s. Rz. 37, 110a, 138) zu berücksichtigen. Zu berücksichtigen sind auch Zusatzdokumente wie Protokolle und Schriftwechsel (s. Rz. 49, 109b und Art. 3 Rz. 121a) sowie nach Maßgabe des verfassungsrechtlich Zulässigen, Vereinbarungen der Steuerverwaltungen im Rahmen von Verständigungs- und Konsultationsverfahren (s. Rz. 109c, 135 ff.; Art. 25 Rz. 20 ff., 72 ff., 150 ff.).

Neben diesen Vorgaben sind für die Auslegung und Anwendung von Doppelbesteuerungsabkommen auch die allgemeinen Regeln des Völkerrechts zu beachten, speziell diejenigen, die in die **Wiener Konvention über das Recht der Verträge (WÜRV)** aufgenommen worden sind (s. Rz. 105 ff.). Sie gelten allerdings im Verhältnis zu den speziellen abkommensrechtlichen Vorgaben für die Auslegung, aber auch für den Abschluss und für die Kündigung von Doppelbesteuerungsabkommen, aufgrund ihres allgemeinen Regelungscharakters nur ergänzend bzw. subsidiär (s. Rz. 105 ff., 113 ff.).

Überlagert wird das Recht der Doppelbesteuerungsabkommen, wie auch das **4b** innerstaatliche Steuerrecht der Mitgliedstaaten, durch Vorgaben des **primären und des sekundären Unionsrechts** (s. Rz. 251 ff.). Dazu gehören die in der Rspr. des EuGH für das Abkommensrecht bislang noch zurückhaltend entfalteten Grundfreiheiten in ihren Ausprägungen als Diskriminierungs- und Beschränkungsverbote (s. Rz. 252, 262a), die auf dem Gebiet der direkten Steuern erlassenen Richtlinien (s. Rz. 253, 274 ff.), aber auch unionsrechtliche Verordnungen (s. Rz. 254) sowie steuerpolitische Grundsatzentscheidungen und Programme, insbesondere solche der EU-Kommission (s. Rz. 256 ff.).

Innerstaatliches Recht der Vertragsstaaten bestimmt als **Verfassungsrecht** im **4c** Zusammenwirken mit abkommensrechtlichen Vorschriften über die Voraussetzungen des Inkrafttretens, der Geltung und des Außerkrafttretens von Doppelbesteuerungsabkommen, aber auch über die Möglichkeiten zur Änderung und Ergänzung von DBA (s. Rz. 46 ff., 135 ff., Art. 25 Rz. 72 ff., 154 f., 166 und Art. 30/31 Rz. 3 ff., 31 ff.). **Einfachgesetzliche** Vorschriften des innerstaatlichen Rechts bilden die Anknüpfungen der abkommensrechtlichen Verteilungsnormen (zum Begriff s. Rz. 67), anhand derer über die Bestätigung oder über die Beschränkung, teilweise auch über die Aufteilung des Steuerzugriffs der Vertragsstaaten auf Einkünfte aus grenzüberschreitender Tätigkeit zu entscheiden ist (s. Rz. 64 ff.; Vor Art. 6–22 Rz. 2). Auch die abkommensrechtlichen Vorschriften über die Methoden zur Vermeidung bzw. Beseitigung der Doppelbesteuerung knüpfen an innerstaatliches Recht an (s. Art. 23 Rz. 15, 158, 221, 232 f.). Darüber hinaus enthalten DBA Begriffsbestimmungen die auf das innerstaatliche Steuerrecht der Vertragsstaaten verweisen (s. Rz. 95 ff., 149 ff.). Umgekehrt enthält aber auch das innerstaatliche Steuerrecht Bezüge zum Abkommensrecht (vgl. etwa §§ 1 Abs. 2 bis 4, 1a, 2 Abs. 7 S. 3, 2a, 32b Abs. 1 Nr. 2 bis 5, 34c, 34d, 49 bis 50a EStG; §§ 2, 8b Abs. 1 S. 3, 12, 18, 19 Abs. 4, 26, 32 Abs. 1 Nr. 2, Abs. 2. Abs. 4 KStG; §§ 2, 8 bis 13, 90 Abs. 2 und 3, 117 bis 117b, 162 Abs. 2 bis 4, 165 Abs. 1 S. 2 Nr. 1, 175a, 180 Abs. 5 Nr. 1 AO; die Normen des AStG, §§ 2 Abs. 6 und 7, 9 Nr. 7 und 8 GewStG, §§ 2 Abs. 1 Nr. 1, 19 Abs. 2, 21 ErbStG, §§ 1 Abs. 2 bis 3, 1a bis 1c, 3b bis 3e, 4 Abs. 1 Nr. 1 bis 3, 4b, 6 bis 8 UStG). Darüber hinaus gibt es Normen des innerstaatlichen Steuerrechts, die nach dem Abschluss eines Doppelbesteuerungsabkommens gezielt im Widerspruch zum Abkommensrecht erlassen werden (vgl. § 50d EStG; dazu *Frotscher,* IStR 2009, 593; *Gosch,* IStR 2008, 413; *Lehner,* IStR 2012, 389 m. w. N.) und zum Problem des Treaty Override führen (s. Rz. 193 ff.; 270). Zur deutschen Verhandlungsgrundlage für DBA s. Rz. 38 f.

4d Schließlich gibt es steuerrechtliche Vorschriften in völkerrechtlichen Verträgen, die auf anderen Rechtsgebieten abgeschlossen wurden (s. die Beiträge in *Lang/ Pistone/Schuch/Staringer/Starck,* Tax Rules in Non-Tax Agreements [2012]).

III. Doppelbesteuerung im Abkommensrecht

5 **Literatur (für ältere Literatur s. die Vorauflagen):** *Bühler,* Prinzipien des Internationalen Steuerrechts (1964); *ders.,* Lehrbuch des Steuerrechts (1927); *Davies,* Principles of International Double Taxation Relief (1985); *Jankowiak,* Doppelte Nichtbesteuerung im Internationalen Steuerrecht (2009); *M. Lang,* Doppelte Nichtbesteuerung, IFA-Generalbericht CDFI 89a (2004); *Lüdicke,* Überlegungen zur deutschen DBA-Politik (2008); *Mössner,* DStJG 9 (1985), S. 135; *Reich,* Die wirtschaftliche Doppelbelastung der Kapitalgesellschaften und ihrer Anteilseigner (2000); *Spitaler,* Das Doppelbesteuerungsproblem bei den direkten Steuern (1967), Nachdruck der 1. Aufl. von 1936.

6 Eine **Definition** des Gegenstands von Doppelbesteuerungsabkommen über engere **funktionale Zielsetzungen** des Abkommensrechts, d. h. über die Vermeidung und die Beseitigung von Doppelbesteuerung, ist nur sehr eingeschränkt möglich. Zum einen ist der Begriff „Doppelbesteuerung" ohne nähere Konturierung **unscharf** (grundlegend bereits *Spitaler,* Das Doppelbesteuerungsproblem, S. 53 ff.; *Jacobs,* S. 3: „inhaltlich nicht eindeutig bestimmt"; *Kluge,* S. 25; *Mössner,* DStJG 9 (1985), S. 135 (137): „Kein Rechtsbegriff"; Wassermeyer/*Wassermeyer,* Vor Art. 1 OECD-MA Rz. 1: kein *„terminus technicus";* vgl. auch *Schaumburg,* Rz. 12.1 ff.). Zum anderen bezeichnet der Begriff keine, den einzelnen Verteilungsnormen (zum Begriff s. Rz. 67) übergeordnete bzw. allgemeine abkommensrechtliche Zielsetzung, die Doppelbesteuerung bzw. Doppelnichtbesteuerung (dazu Rz. 70 ff., 107b ff., 158 ff.) nach Möglichkeit zu vermeiden bzw. zu beseitigen (zu Ausnahmen s. GKG/*Grotherr,* Grundlagen, Rz. 1 ff.). Vielmehr muss sich diese Zielsetzung aus der jeweiligen Abkommensnorm als jeweils konkrete abkommensrechtliche Vorgabe für die Abgrenzung der Besteuerungszuständigkeit zwischen den Vertragsstaaten ergeben, zumal die Verteilungsnormen und die Methodenartikel den Begriff „Doppelbesteuerung" mit Ausnahme des Art. 7 Abs. 3 MA in der Regel gar nicht enthalten (grundlegend: *M. Lang,* CDFI 89a, S. 21 (26 ff., 29); *K. Vogel,* IStR 2007, 225 (226 f.); *Jankowiak,* S. 34 ff.; *J. Lüdicke,* Überlegungen, S. 7 ff., 87 ff.; *Lehner,* IStR 2011, 733 (735 ff.) sowie u. Rz. 63 ff.). Dies gilt im Hinblick auf die Konkretisierungsbedürftigkeit des Begriffs „Doppelbesteuerung" auch dann, wenn der Begriff ausnahmsweise in Protokollen zu DBA verwendet wird, die dem Steuerpflichtigen unter dort näher geregelten Voraussetzungen, also ebenfalls nicht allgemein, sondern nach Maßgabe dieser Regelungen, einen Anspruch auf Vermeidung der „Doppelbesteuerung" geben (GKG/*Grotherr,* Grundlagen, Rz. 2 u. a. mit Verweis auf Absatz 18 des Protokolls zu Art. 24 und 26 *DBA-Italien;* zur unionsrechtlichen Problematik s. u. Rz. 266 ff.). Das in Art. 25 Abs. 3 MA vorgesehene Konsultationsverfahren bestätigt diese Sicht, weil es lediglich gemeinsame Beratungen darüber vorsieht, wie eine „Doppelbesteuerung" in Fällen vermieden werden kann, die im Abkommen nicht behandelt sind (s. Art. 25 Rz. 155 ff.). Der Begriff „Doppelbesteuerung" erlangt auch im Zusammenhang mit dem **Verbot der virtuellen Doppelbesteuerung** Bedeutung (s. Rz. 8 und Rz. 69 ff.).

7 Mit diesen Vorbehalten, die auch für die Bezeichnung rein innerstaatlicher Sachverhalte von Doppelbelastung (dazu Rz. 9a) zu beachten sind, kann für den Begriff der Doppelbesteuerung im Anwendungsbereich von Doppelbesteuerungsabkommen wie folgt unterschieden werden:

Internationale Doppelbesteuerung im Rechtssinne („internationale juristische Doppelbesteuerung") entsteht durch die „Erhebung vergleichbarer Steuern in zwei (oder mehreren) Staaten von demselben Steuerpflichtigen für denselben Steuergegenstand und denselben Zeitraum" (MA-Komm., Einleitung Ziff. 1; grundlegend bereits *K. Vogel,* DBA, 1. Aufl., 1983, Einl. Rz. 1; *ders.,* DStZ 1997, 269 (276); Wassermeyer/*Wassermeyer,* Vor Art. 1 OECD-MA Rz. 2; *Lehner/Waldhoff,* in KSM, § 1 Rz. A486, A489; *Rohatgi,* Basic, vol. I, S. 15; *Davies,* Principles, S. 1 sowie die Nachw. in Rz. 2; mit gleichen begrifflichen Prämissen schon: *Bühler,* Prinzipien, S. 32, der die internationale Doppelbesteuerung in einem „engeren Sinn" von der wirtschaftlichen Doppelbesteuerung (zu dieser s. Rz. 9f.) als internationale Doppelbesteuerung in einem „weiteren Sinn" unterscheidet). Internationale juristische Doppelbesteuerung bzw. „tatsächliche (juristische) Doppelbesteuerung" (BFH BStBl. II 2009, 524 (526)) kommt heute vor allem dadurch zustande, dass die überwiegende Mehrheit der Staaten nach im Grundsatz übereinstimmenden innerstaatlichen Normen über die unbeschränkte Steuerpflicht **(Welteinkommensprinzip)** und über die beschränkte Steuerpflicht (**Territorialitäts- bzw. Quellenprinzip;** dazu Rz. 11f.) neben inlandsbezogenen auch auslandsbezogene Wirtschaftsvorgänge besteuert. Auch diese Begriffsbestimmung ist der Kritik an einem einheitlichen Begriff von „Doppelbesteuerung" ausgesetzt, weil sich ihre einzelnen Merkmale, etwa die Identität des Besteuerungszeitraums, nicht in den Tatbestandsmerkmalen der Verteilungsnormen und der Methodenartikel widerspiegeln (zu dieser Kritik mit weiteren Differenzierungen insbesondere *Kluge,* S. 26ff.; *Mössner,* DStJG 9 (1985), S. 135 (139f.); *K. Vogel,* DStZ 1997, 269 (276f.); Wassermeyer/*Wassermeyer,* Vor Art. 1 OECD-MA Rz. 2; vgl. auch *Frotscher,* Internationales Steuerrecht, Rz. 5; *Schaumburg,* Rz. 12.3 mit dem Hinweis, dass unter „Identität des Steuerobjekts" auch „wirtschaftliche Identität" zu verstehen sei). Dennoch hat sich der Begriff **„internationale juristische Doppelbesteuerung"** bzw. „international juridical double taxation" weltweit durchgesetzt (Nachw. in Rz. 1f.). Darüber hinaus ist der Begriff für Zwecke grundlegender systematischer Abgrenzungen sachgerecht.

Zur Beseitigung internationaler juristischer Doppelbesteuerung s. Rz. 30ff.

Internationale juristische Doppelbesteuerung findet im abkommensrechtlich 8
nicht ausdrücklich normierten **Verbot der virtuellen Doppelbesteuerung** einen Gegenpol (s. Rz. 69ff. sowie Vor Art. 6–22 Rz. 7, 20a; Art. 23 Rz. 39). Das bereits in der Rspr. des RFH anerkannte Verbot (s. Rz. 69ff.; 158b; 197) soll verhindern, dass der Ansässigkeitsstaat (zum Begriff s. Rz. 91) einer abkommensrechtlichen Verpflichtung zur Vermeidung der Doppelbesteuerung durch Freistellung nur deshalb nicht genügt, weil der Nichtansässigkeitsstaat die ihm zur Besteuerung überlassenen Einkünfte aus Gründen seines originär innerstaatlichen Rechts nicht besteuert.

„Wirtschaftliche Doppelbesteuerung" (teilw. auch als „Doppelbelastung" 9
bezeichnet; s. Rz. 9a) liegt vor, wenn derselbe Wirtschaftsvorgang oder Vermögenswert in zwei oder mehreren Staaten in demselben Zeitraum besteuert wird, dies jedoch nicht bei demselben Steuerpflichtigen. **Fehlende „Subjektidentität"** ist insoweit das besondere Abgrenzungsmerkmal von „juristischer Doppelbesteuerung" (so bereits *Bühler,* Prinzipien, S. 33: „Doppelbesteuerung in einem weiteren (wirtschaftlichen) Sinn"; *Flick,* StuW 1960, 329; *K. Vogel,* DStZ 1997, 269 (276); Wassermeyer/*Wassermeyer,* Vor Art. 1 OECD-MA Rz. 3; vgl. auch *Frotscher,* IStR, Rz. 6; *Jacobs,* S. 3; *Rohatgi,* Basic, vol. I, S. 2, 15). Obwohl mit dem Negativkriterium der fehlenden Subjektidentität ein brauchbares Unterscheidungskriterium gegenüber der juristischen Doppelbesteuerung gegeben ist, bleibt auch der Begriff der wirtschaftlichen Doppelbesteuerung unscharf und ohne unmittelbare Bedeutung für die Anwendung der Verteilungsnormen. Er umfasst nach überwiegendem Verständnis Zurechnungskonflikte (s. Rz. 181ff.), die u.a. daraus entstehen können, dass Einkünfte in einem Vertragsstaat dem wirtschaftlichen, im anderen Ver-

tragsstaat dagegen dem rechtlichen Eigentümer zugerechnet werden, aber auch Fälle, in denen ein Vertragsstaat Personengesellschaften als „intransparente" Gebilde behandelt und Einkünfte diesen unmittelbar zurechnet, während der andere Vertragsstaat die Einkünfte den Gesellschaftern zurechnet, weil er Personengesellschaften als „transparente" Gebilde behandelt, schließlich aber auch die „doppelte" Besteuerung des Gewinns bei der ausschüttenden Körperschaft und anschließend bei ihren Anteilseignern (grundlegend bereits *Spitaler,* Das Doppelbesteuerungsproblem, S. 92 ff.; auf ihn bezogen: *Bühler,* Prinzipien, S. 32; vgl. auch Wassermeyer/*Wassermeyer,* Vor Art. 1 OECD-MA Rz. 3; ebenso *Frotscher,* Internationales Steuerrecht, Rz. 6. So auch *K. Vogel,* DBA, 1. Aufl., 1983, Einl. Rz. 1 und Folgeauflagen, der den letzten Fall – allerdings ohne Konsequenzen – als „anderen Sachverhalt" bezeichnet).

9a Andere Autoren erfassen diese Konstellation der wirtschaftlichen, d. h. der durch fehlende Subjektidentität gekennzeichneten Fälle von Doppelbesteuerung mit dem Begriff der **Doppelbelastung** (vgl. etwa *Jacobs,* S. 3; *Kluge,* S. 23, 27; *Reich,* S. 24; *Schaumburg,* Rz. 12.3). Davon zu unterscheiden sind rein innerstaatliche Konstellationen der doppelten steuerlichen Belastung ein und desselben Steuerpflichtigen etwa durch Ertrag- und Verkehrsteuern, die ebenfalls mit dem Begriff der Doppelbelastung gekennzeichneten werden (vgl. zur Abgrenzung *Seer,* in Tipke/Lang, § 6, Rz. 54 ff.; grundlegend *Bühler,* Lehrbuch des Steuerrechts, S. 235 f.; *J. Lang,* Systematisierung der Steuervergünstigungen, S. 36 ff.; dazu und zu den besonderen Problemen der interkantonalen Doppelbesteuerung und Doppelbelastung *Höhn,* Interkantonales Steuerrecht, S. 40 ff.; *Locher,* System, S. 92 ff., 193 f.; *ders.,* Einführung, S. 1 ff.; *Mäusli-Allenspach/Oertli,* S. 173 f., 186 ff., 521 ff.; *Mäusli-Allenspach,* in Zweifel/Beusch/Mäusli-Allenspach, § 3, S. 17 ff.)

IV. Doppelbesteuerung und allgemeines Völkerrecht

10 **Literatur (für weitere ältere Literatur s. die Vorauflagen):** *Blumenstein,* System des Steuerrechts, Bd. I (1945); *Chrétien,* A la Recherche du Droit International Fiscal Commun (1955), S. 63 ff.; *Engelschalk,* in K. Vogel, Steuern auf ausländische Einkünfte (1985), S. 74; *Fischer-Zernin,* Internationale Ertragssteuern und Welthandelsordnung (GATT/WTO) (1996); *Garelli,* Il Diritto Internazionale Tributario (1899); *Geyler,* Steuerliche Mehrfachbelastung und ihre normative Abwehr, Bd. 1 (1931), S. 169 ff.; *Hensel,* Steuerrecht, 3. Aufl. (1933); *Isay,* Internationales Finanzrecht (1934); *Jeffery,* The Impact of State Sovereignity on Global Trade and International Taxation (1999); *Kment,* Grenzüberschreitendes Verwaltungshandeln: Transnationale Elemente deutschen Verwaltungsrechts (2010); *Lehner,* in FS Wassermeyer (2005), S. 242; *Lippert,* Handbuch des Internationalen Finanzrechts, 2. Aufl. (1928); *Martha,* The Jurisdiction to Tax in International Law (1989); *Mazz,* in Mazz/Pistone, Reflexiones en torno a un Modelo Latinoamericano de Convenio de Doble Imposición (2010), S. 29; *Möllenbeck,* Das Verhältnis der EG-Amtshilfe zu den erweiterten Mitwirkungspflichten bei internationalen Steuerfällen (2010); *Mössner,* ÖZöffR 1974, 255; *Pistone,* in Mazz/Pistone, Reflexiones en torno a un Modelo Latinoamericano de Convenio de Doble Imposición (2010), S. 57; *Rudolf,* in FS J. Bärmann, (1975), S. 769; *Schaumburg/Schaumburg,* in FS Streck, S. 369; *Schilcher,* Grenzen der Mitwirkungspflichten im Lichte des Gemeinschaftsrechts (2010); *Schoueri,* in Ferraz, Princípios e limites da tributação (2005), S. 321; *Seer,* in FS Schaumburg (2009), S. 151 ff.; *Spitaler,* Das Doppelbesteuerungsproblem bei den direkten Steuern (1967), Nachdruck der 1. Aufl. von 1936; *Toffoli Tavolaro,* in Schoueri, Direito tributário: homenagem a Paulo de Barros Carvalho (2008), S. 793; *Torres,* in Uckmar, Impuestos sobre el comercio internacional, 2. Aufl. (2008), S. 405; *K. Vogel,* Der räumliche Anwendungsbereich der Verwaltungsrechtsnorm (1965); *Weber-Fas,* Staatsverträge im Internationalen Steuerrecht (1982); *Ziegenhain,* Extraterritoriale Rechtsanwendung und die Bedeutung des Genuine-Link-Erfordernisses (1992).

1. Territoriale Grundlagen staatlicher Besteuerungshoheit

Die Besteuerungshoheit des Staates ist Teil seiner **territorial** radizierten Souveränität (*Blumenstein,* System des Steuerrechts, Bd. I, S. 2 f.; *P. Kirchhof,* HStR, Bd. V, § 118, Rz. 221; *Lehner,* FS Wassermeyer, S. 241 (245 ff.); *ders.,* HStR, Bd. XI, § 251, Rz. 1 f.; aus der älteren Literatur: *Weber-Fas,* Staatsverträge, S. 32 ff.; *Hensel,* Steuerrecht, S. 14; *Lippert,* Handbuch des Internationalen Finanzrechts, S. 124 ff., 895 ff.; *Spitaler,* Das Doppelbesteuerungsproblem, S. 154 ff.). **Völkerrechtlich** ist die Besteuerung ausländischer Wirtschaftsvorgänge und Vermögenswerte grundsätzlich zulässig, wenn die besteuerte Person zu dem besteuernden Staat eine hinreichend enge Beziehung hat, die im Völkerrecht als **„genuine link"** bezeichnet wird (vgl. *Dahm/Delbrück/Wolfrum,* Völkerrecht, Bd. I/1, S. 320 f.; *Geiger,* S. 294 ff.; *Herdegen,* Völkerrecht, S. 192 ff.; *Ipsen,* Völkerrecht, § 23, Rz. 88, 90 ff.; *Stein/von Buttlar,* Völkerrecht, Rz. 606; *Verdross/Simma,* Universelles Völkerrecht, § 1183 ff.; *Ziegenhain,* Extraterritoriale Rechtsanwendung, passim; speziell im Kontext des Verwaltungshandelns *Kment,* Grenzüberschreitendes Verwaltungshandeln, S. 72, 104 ff.; *Ohler,* Kollisionsordnung, S. 327 ff.; speziell im Kontext des Internationalen Steuerrechts: *Lehner,* FS Wassermeyer, S. 241 (244); *Schön,* WTJ 2009, 67 (90); *ders.,* BTR 2010, 554; speziell zur französischen Finanztransaktionssteuer *Englisch/Krüger,* IStR 2013, 513). Das **BVerfG** verlangt insoweit hinreichend sachgerechte **„Anknüpfungsmomente"** (BVerfGE 63, 343 (369) v. 22.3.1983; s. auch BVerfG 2 BvR 793/07, Beschluss v. 30.8.2008, NVwZ 2008, 878 (879)). Diese allgemein völkerrechtliche Voraussetzung wird im Anwendungsbereich der unbeschränkten Steuerpflicht insbesondere durch den Wohnsitz, den gewöhnlichen Aufenthalt, den Sitz, den Ort der Geschäftsleitung, mit Einschränkungen auch durch die Staatsangehörigkeit des Steuerpflichtigen erfüllt. Im Anwendungsbereich der beschränkten Steuerpflicht bildet die inländische Quelle der Einkünfte das genuine link-Erfordernis für die Besteuerung des beschränkt steuerpflichtigen Steuerausländers (*Martha,* S. 66 (88 ff.); *American Law Institute,* Restatement of the Law Third, The Foreign Relations Law of the United States, adopted on May 14, 1986 [1987], §§ 411 f.; vgl. BFH I 230/61 S, BStBl. III 1964, 253 (256); BFH II 154/61 U, BStBl. III 1965, 134 (135); BFH I R 50/71, BStBl. II 1974, 107 (108 ff.); BFH II R 75/67, BFHE 95, 345 (348 f.); BFH I R 100/99, BFH/NV 2001, 1402 (1403 f.); BFH III B 170/05, BFH/NV 2006, 1090 (1091); BFH II R 66/04, BStBl. II 2007, 49 (51 f.); FG München, 4 K 2675/09, EFG 2012, 2224; FG Baden-Württemberg, 1 K 4176/09, EFG 2010, 1668 ff.). Die mit dem genuine link-Erfordernis umschriebene Voraussetzung des allgemeinen Völkerrechts für die Erstreckung inländischer Normen auf Auslandssachverhalte wird in unterschiedlicher Terminologie auch als **„Territorialprinzip"**, **„Territorialitätsprinzip"** oder **„Territorialgrundsatz"** bezeichnet (so bereits GA *Mancini* v. 16.10.1985, Rs. 270/83, Slg. 1986, 273, 282 – *Avoir fiscal;* s. EuGH v. 15.5.1997, Rs. 250/95, Slg. 1997-I, 2471 – *Futura Participations,* Tz. 22; EuGH v. 13.12.2005, Rs. C-446/03, Slg. 2005-I, 10837 – *Marks & Spencer,* Tz. 39; EuGH v. 15.2.2007, Rs. C-345/04, Slg. 2007-I, 1425 – *Centro Equestre,* Tz. 22 und EuGH v. 1.12.2011, Rs. C-250/08, Slg. 2011-I, 0000 – *Kommission/Belgien,* Tz. 48; zur Bedeutung des Territorialitätsprinzips s. *Lehner,* FS Wassermeyer, S. 241 ff.; *Lehner/Reimer,* IStR 2005, 542 ff.; *Schön,* BTR 2010, 554 ff.; *Kegel,* FS Seidl-Hohenveldern, S. 243 ff.; allgemein *Ohler,* in Terhechte, § 9, Rz. 1 ff.; *Kment,* Grenzüberschreitendes Verwaltungshandeln, S. 68 ff.; s. auch Rz. 266b). Von diesem allgemein völkerrechtlichen Begriffsverständnis zu unterscheiden ist die speziell steuerrechtliche Verwendung des Begriffs der Territorialität bzw. der **Besteuerung nach dem Territorialitätsprinzip** als Bezeichnung für die nach den Regeln der beschränkten Steuerpflicht auf Einkünfte aus inländischen Quellen beschränkte Besteuerung 11

(s. die vorstehenden Nachweise sowie u. Rz. 91, 266a ff.). Der BFH spricht insoweit von territorialer Zuordnung (BFH I B 109/13 v. 19.12.2013, BFH/NV 2014, 623): *DBA Irland.* Davon wiederum zu unterscheiden ist die Verwendung der genannten Begriffe und zusätzlich die Bezeichnung als Besteuerung nach dem Ursprungs- oder Quellenprinzip im Sinne **lateinamerikanischer Praxis** (s. Rz. 12; 39 a).

12 Eine entgegenstehende Auffassung, d. h. ein Verständnis von Territorialität, wonach auch im Inland ansässige Personen nur mit ihren inländischen Einkünften besteuert werden, wurde bis in die zweite Hälfte des vorigen Jahrhunderts vor allem von der lateinamerikanischen Wissenschaft und Finanzpolitik mit Nachdruck vertreten (s. z. B.: *Palamarchuk,* Revista de la Facultad de Derecho, S. 987 ff.; *Valdes Costa,* Estudios de Derecho Tributario Latinoamericano, S. 283; s. auch die „Grundsatzerklärung" der Ersten Lateinamerikanischen Steuerrechts-Konferenz von 1956 in Montevideo, sowie mehrere Resolutionen nachfolgender Konferenzen, die von der „Revista" veröffentlicht wurden; ferner das Anden-Pakt-Modell Rz. 39a, 40a und *Avi-Yonah,* BIT 2007, 130). Diese Auffassung entspricht aber nicht dem geltenden Völkerrecht, wie es sich aus den bestehenden internationalen Konventionen, der Staatenpraxis und der Rechtsprechung ablesen lässt. In Anerkennung dessen beginnt inzwischen auch die lateinamerikanische Theorie, vom Quellenprinzip im strengen Sinn abzurücken. Dem entspricht ein Entwurf des **ILADT** (Instituto Latinoamericano de Derecho Tributario) für ein multilaterales Doppelbesteuerungsabkommen (Modelo ILADT de Convenio multilateral de Doble imposición para américa latina, s. Modelo ILADT, ICDT, 2012, www.iladt.org; engl.: Multilateral Model Convention for Latin America for the Avoidance of Double Taxation, nichtamtl. Übersetzung, s. www.ibfd.org), der die Quellenbesteuerung bestätigt, aber zurückhaltend ausgestaltet und die Anwendung der Verteilungsnormen vereinfacht (s. hierzu *Ogazón,* ILADT – Multilateral Model Tax Convention for Latin America, News IBFD v. 19.9.2012, www.ibfd.org; *Pistone,* in Mazz/Pistone, S. 57 ff.). Die Gesetzgebung in den lateinamerikanischen Staaten ist bereits teilweise zur Welteinkommensbesteuerung übergegangen (s. *Mazz,* in Mazz/Pistone, S. 55; für Brasilien *Xavier,* S. 3 ff.; *de Moura Borges,* in Revista fórum de direito tributário, S. 94, 98, 117; *Schoueri,* in Ferraz, Princípios e limites da tributação, S. 326, 328, 330, 334, 336 f., 355; *Silva,* in Costa/Schoueri/Bergstrom/Bonilha, S. 169; *Toffoli Tavolaro,* in Schoueri, Direito tributário, S. 796, 798; *Torres,* in Uckmar, S. 408; für Argentinien, Brasilien, Chile, Kolumbien, Mexiko, Peru und Venezuela *Velayos/Barreix,* Intertax 2013, 128 (130)) und hat das Prinzip auch sonst durchbrochen (*Gnazzo/Piedrabuena,* BIFD 1980, 361; *Velayos/Barreix,* Intertax 2013, 128 (130)). Darüber hinaus ist die Bedeutung des Kriteriums der „Territorialität" auch in diesen Staaten nicht ganz eindeutig. In der Praxis der lateinamerikanischen Staaten wird es sehr unterschiedlich ausgelegt (vgl. *Engelschalk,* in K. Vogel, Steuern auf ausländische Einkünfte, S. 74 ff.; für Brasilien *Schoueri,* in Ferraz, Princípios e limites da tributação, S. 326, 336; *Silva,* in Costa/Schoueri/Bergstrom/Bonilha, S. 167, 173; *Gomes,* S. 895). Auch in anderen Staaten, die dem Quellenprinzip folgen, hat die Frage, wann Einkünfte im Inland entstehen oder bezogen werden *(arise, are derived by),* richterlicher Klärung bedurft (für Hongkong s. *Privy Council,* CIR v. Hang Seng Bank Ltd., 1990 STC 733, sowie CIR v. HK-TVB International Ltd., 1992 STC 723). Unter dem Gesichtspunkt zwischenstaatlicher Gerechtigkeit hatte jene lateinamerikanische Auffassung allerdings viel für sich; s. dazu Rz. 20 ff.

2. Kein völkerrechtliches Verbot der Doppelbesteuerung

13 Es gibt **kein völkerrechtliches „Quellenprinzip" oder „Territorialprinzip"**, das es verbieten würde, **Rechtsfolgen** des innerstaatlichen Rechts an aus-

ländische Sachverhalte durch Besteuerung des ausländischen Einkommens von Steuerinländern oder des inländischen Einkommens von Steuerausländern anzuknüpfen (keine „materielle Territorialität“: *K. Vogel,* Anwendungsbereich, S. 101 ff., 142 ff.; zum Grundsatz der „formellen Territorialität“ s. Rz. 16).

Das allgemeine Völkerrecht kennt auch **kein Verbot der Doppelbesteuerung** (BFH I 230/61 S, BStBl. III 1964, 253 (256); BFH II R 75/67, BFHE 95, 345 (350); BFH VI R 210/72, BStBl. II 1975, 497 (498): *DBA Österreich 1954;* BFH II R 66/04, BStBl. II 2007, 49 (51 f.); BFH I R 100/99, BFH/NV 2001, 1402 (1403 f.); FG Baden-Württemberg 14 K 2241/09, DStRE 2012, 745; s. auch FG Baden-Württemberg 1 K 4176/09, EFG 2012, 1668; sowie BFH IX R 162/85, BStBl. II 1991, 704 (707: „In welchem Umfang die Bundesrepublik die genannten Einkünfte in die inländische Besteuerung einbezieht, kann sie frei bestimmen …“)). Zur Doppelbesteuerung kommt es erst durch das Zusammenwirken der Gesetze mehrerer Staaten; ist jedes einzelne von ihnen völkerrechtsgemäß, so sind sie es auch in ihrer Gesamtheit. Zu der entsprechenden Problematik des Unionsrechts s. Rz. 264b ff.

Auch **wirtschaftlich nachteilige Auswirkungen** eines Steuergesetzes für ei- **14**
nen anderen Staat – z. B. wenn im Quellenstaat gewährte Steuervergünstigungen durch eine entsprechend höhere Besteuerung im Ansässigkeitsstaat ausgeglichen und dadurch wirkungslos werden – widersprechen dem derzeit geltenden Völkerrecht grundsätzlich nicht. Ausnahmen gelten allerdings nach Maßgabe der unionsrechtlichen Beihilfeverbote (s. hierzu u. Rz. 273). Ausnahmen können sich auch auf Grund der unter dem Dach der **WTO** zusammengefassten völkerrechtlichen Abkommen, insbesondere dem **GATT** (General Agreement on Tariffs and Trade; abrufbar unter www.wto.org), dem **GATS** (General Agreement on Trade in Services; abrufbar unter www.wto.org) sowie dem **SCM**-Abkommen (Agreement on Subsidies and Countervailing Measures; abrufbar unter www.wto.org) ergeben, soweit Steuergesetze den internationalen Wettbewerb beeinträchtigen (weiterführend hierzu: *Daly,* CTJ 2000, 1053; *ders.,* The WTO and Direct Taxation; *Ecker/Koppensteiner,* SWI 2009, 142; *Fischer-Zernin,* S. 95 ff.; *Green,* CTJ 202, 107; *Hofbauer,* ecolex 2005, 467; *dies.,* Das Prinzip der Meistbegünstigung; *Hufbauer,* WTJ 2010, 763; *McDaniel,* Intertax 2002, 166; *Schön,* RIW 2004, 50; *Slemrod/Avi-Yonah,* 55 TLR 533 (2002); *Stockmann,* IStR 1999, 129; *Trottmann,* IStR 2004, 661; sowie die Beiträge in *Herdin-Winter/Hofbauer,* The Relevance of WTO Law for Tax Matters; *M. Lang/Herdin/Hofbauer,* WTO and Direct Taxation; im Hinblick auf Exportsubventionen; *Wagner,* Direkte Steuern und Welthandelsrecht; *Ault,* DStJG 36 (2013), S. 119 (125 ff.); s. auch den WTO Analytical Index – Guide to WTO Law and Practice, abrufbar unter www.wto.org).

3. Besonderheiten

So können besonders das **Prinzip der Meistbegünstigung** (Art. I GATT, Art. II GATS; zur unionsrechtlichen Problematik der Meistbegünstigung s. Rz. 271 ff. sowie die Vorauflage, Einl. Rz. 268), das **Prinzip der Inländergleichbehandlung** (Art. III GATT, Art. XVII GATS) sowie das **Verbot von Exportsubventionen** (Art. XVI GATT, SCM-Abkommen) dem nationalen Steuergesetzgeber Grenzen im Hinblick auf die Umsetzung und Ausdifferenzierung seiner steuerpolitischen Grundentscheidungen setzen (s. *Schön,* RIW 2004, 50 (53)). Die genannten Regelungen haben dabei entgegen älterer, teils immer noch vertretener Rechtsansicht (s. *Stockmann,* IStR 1999, 129 (135) m. w. N.; *Green,* CTJ 2002, 108; *ders.,* BIT 2002, 254) Bedeutung nicht nur im Recht der indirekten Steuern, sondern auch im Recht der direkten Steuern (s. dazu Panel Report, US – Tax Treatment for ‚Foreign Sales corporations‘, Recourse to Article 21.5 of the DSU by the European Communities, WT/DS 108/RW, Tz. 8.142 ff.; außerdem *Daly,* CTJ

2000, 1049; *Ecker/Koppensteiner,* SWI 2009, 142f. m.w.N.; *Falis,* in *Herdin-Winter/Hofbauer,* The Relevance of WTO Law for Tax Matters, S. 47f.; *Fischer-Zernin,* S. 17ff.; *Hofbauer,* ecolex 2005, 467; *dies.,* Meistbegünstigung, S. 54ff. m.w.N.; *Lennard,* in WTO and Direct Taxation, S. 73ff., 101; *McDaniel,* Intertax 2002, 171; *Schön,* RIW 2004, 50, (53ff.); *Singh,* in The Relevance of WTO Law for Tax Matters, S. 64ff.; *Slemrod/Avi-Yonah,* 55 TLR 533 (2002), S. 536f.; *Trottmann,* IStR 2004, 661 (665f.); *van Thiel,* in WTO and Direct Taxation, S. 19ff., 45 m.w.N.; *Wagner,* Direkte Steuern und Welthandelsrecht, S. 30f.; *Waincymer,* in FS Vanistendael, S. 884ff.). Allerdings sind die jeweiligen Besonderheiten der einzelnen Abkommen zu berücksichtigen. So werden beispielsweise direkte Steuern und Doppelbesteuerungsabkommen im GATS-Abkommen größtenteils ausgeblendet (s. etwa Art. II:2, XIV lit. e, XXII:3 GATS; hierzu *Ecker/Koppensteiner,* SWI 2009, 142 (145); *Hofbauer,* Das Prinzip der Meistbegünstigung, S. 72ff.; *Schön,* RIW 2004, 50 (51f.)). Im GATT-Abkommen gibt es hingegen anders als im GATS-Abkommen (Art. XXII:3 GATS) keine sog. „carve-out"-Bestimmung für Doppelbesteuerungsabkommen (*Ecker/Koppensteiner,* SWI 2009, 142 (143f.)). Ein Verstoß eines Doppelbesteuerungsabkommens gegen das GATT-Abkommen kommt allerdings nur in Betracht, „wenn ausnahmsweise ein Doppelbesteuerungsrecht im Tatbestand die Produktion oder den grenzüberschreitenden Handel von bestimmten Produkten erfasst" (*Schön,* RIW 2004, 50 (52); s.a. die Beispiele bei *Hofbauer,* ecolex 2005, 471). Zum Verbot ertragsteuerlicher Exportsubventionen s. *Wagner,* Direkte Steuern und Welthandelsrecht; einen Überblick geben *Ecker/Koppensteiner,* SWI 2009, 142 (146ff.). Zum Verhältnis der welthandelsrechtlichen Diskriminierungsverbote zu Art. 24 MA und anderen steuerlichen Diskriminierungsverboten s. Art. 24 Rz. 11f. Zum Streitbeilegungsverfahren nach Welthandelsrecht s. Art. 25 Rz. 355.

16 Nach Maßgabe der allgemeinen Regeln des Völkerrechts unzulässig ist die Vornahme von **Hoheitsakten** auf fremdem Staatsgebiet: Grundsatz der „formellen Territorialität", der vom Grundsatz der „materiellen Territorialität" i.S. der Anforderungen an den räumlichen Anwendungsbereich innerstaatlicher Normen (s. Rz. 11) zu unterscheiden ist (s. *Vogel,* Der räumliche Anwendungsbereich, S. 2f., 13ff., 101ff., der insoweit zwischen „transitiver" und „intransitiver" Geltung unterscheidet; *Lehner,* FS Wassermeyer, S. 241 (243f.); Tipke/Kruse/*Seer,* § 117, Anm. 4; der Sache nach jedoch ohne diesen Begriff *Herdegen,* Völkerrecht, § 26, Rz. 1ff.; *Kment,* Grenzüberschreitendes Verwaltungshandeln, S. 74f.; *Stein/von Butlar,* Völkerrecht, Rz. 537; *Dahm/Delbrück/Wolfrum,* Völkerrecht, Bd. I/1, S. 319, 326f.; *Ipsen,* Völkerrecht, § 23, Rz. 69ff.; *Geiger,* S. 314f.; zur Abgrenzung zwischen hoheitlicher und nicht hoheitlicher Tätigkeit des Staates im vorliegenden Zusammenhang s. BVerfG, Beschl. v. 17.3.2014, 2 BvR 763/13, NJW 2014, 1723 (1724). Hierzu gehört bereits die, sei es formlose, sei es förmliche Zustellung eines Verwaltungsakts im Ausland (Zustellung durch einfachen Brief: BFH BStBl. III 1959, 181 (182); zur grenzüberschreitenden Bekanntgabe von Verwaltungsakten s. *Reimer,* in Holoubek/M. Lang, S. 63, 78f.). Erst recht unzulässig ist die Vornahme einer Betriebsprüfung oder sonstiger Ermittlungen auf fremdem Staatsgebiet ohne das Einverständnis des anderen Staats (*v. Siebenthal,* StRev 1979, 382 (443, 461ff.); *K. Vogel,* Anwendungsbereich S. 347; Tipke/Kruse/*Seer,* § 117 Anm. 2; *Reimer,* in Holoubek/M. Lang, S. 63, 70ff. zu den Voraussetzungen einer grenzüberschreitenden elektronischen Außenprüfung).

Davon zu unterscheiden sind Ersuchen, die auf der Grundlage völkervertraglicher und unionsrechtlicher **Amts- oder Rechtshilfe** möglich sind (s. Art. 25 Rz. 16; Art. 26 Rz. 2ff.; Art. 27 Rz. 2bff.).

18 Grundsätzlich zulässig ist es **allerdings,** den Steuerpflichtigen bei Auslandssachverhalten zu besonderer **Mitwirkung,** insbesondere zur Erteilung von Auskunft,

Vorlage von Urkunden, Dokumentation usw. heranzuziehen (vgl. u. a. §§ 90 Abs. 2 und 3 AO, § 1 Abs. 2 AStG; ausführlich hierzu *Schaumburg,* Rz. 19.1 ff.; *Seer,* in Tipke/Lang, § 21, Rz. 174 ff.; *ders.,* FS Schaumburg, S. 151 (161 ff.); *Möllenbeck,* Das Verhältnis der EG-Amtshilfe zu den erweiterten Mitwirkungspflichten, passim; *Schilcher,* Grenzen der Mitwirkungspflichten, S. 105 ff.; *Korts/Korts,* IStR 2006, 869; *Hagen,* NWB 2008, 3555; *Schaumburg/Schaumburg,* FS Streck, S. 369, 373 ff.; *Seer,* EWS 2013, 257; s. auch *Reimer,* in Holoubek/M. Lang, S. 63, 70 ff. zur grenzüberschreitenden elektronischen Außenprüfung nach § 147 Abs. 6 S. 1 AO).

V. Internationale Abgrenzung der Besteuerung nach grundsätzlichen rechtlichen und wirtschaftlichen Aspekten

Literatur: *Becker/Fuest,* Journal of Public Economics 2011, 28; *dies.,* International Economic Review 201, 171; *Bird,* in Head/Krever, Tax Reform in the 21st Century (2009), S. 441; *Beiser,* SWI 2014, 52; *ders.,* SWI 2014, 145; *Bruins/Einaudi/Seligman/Stamp,* Report on Double Taxation Submitted to the Financial Committee, League of Nations, Economic and Financial Commission, 5. April 1923; *Brunsbach/Endres/J. Lüdicke/Schnitger,* IFSt, Schrift Nr. 480, 2012, S. 87; *Brooks,* in Head/Krever, Tax Reform in the 21st Century (2009), S. 471; *Devereux,* Capital Export Neutrality, Capital Import Neutrality and Capital Ownership Neutrality, IFS Discussion Paper 1990; *ders.,* in Head/Krever, Tax Reform in the 21st Century, 2009, S. 499; *Elicker,* Die Zukunft des internationalen Steuerrechts (2006); *Gandenberger,* Kapitalexportneutralität versus Kapitalimportneutralität, in Aufsätze zur Wirtschaftspolitik, Forschungsinstitut für Wirtschaftspolitik an der Universität Mainz, Heft 7, 1983; *Jeffery,* The Impact of State Sovereignty on Global Trade and International Taxation (1999); *Kemmeren,* in Lang/Pistone/Schuch/Staringer/Storck/Zagler, Tax Treaties (2010), S. 237; *J. Lang,* in FS Schaumburg (2009), S. 45; *R. Musgrave/P. Musgrave,* in Bird/Head, Modern Fiscal Issues (1972), S. 63; *P. Musgrave/R. Musgrave,* in Proceedings of the VIIIth Munich Symposium on International Taxation (1990), S. 59; *R. Musgrave,* Finanztheorie, 2. Aufl. (1966); *v. Schanz,* FinArch, Bd. 9 II (1892), 365; *ders.,* FinArch. Bd. 40 (1923), 353; *Mössner,* in Tipke/Bozza, Besteuerung von Einkommen (2000), S. 253 ff.; *F. Neumark,* Theorie und Praxis der modernen Einkommensbesteuerung (1947); *Richmann,* Taxation of Foreign Investment Income (1963); *Schaumburg,* in FS Tipke (1995), S. 125; *Schön,* DStJG 23 (2000), S. 196; *ders.,* in Becker/Schön, Steuer- und Sozialstaat im europäischen Systemwettbewerb (2005), S. 40; *ders.,* WTJ 2009, 67; *ders.,* WTJ 2010, 65; *ders.,* WTJ 2010, 227; *Spengel,* DStJG 36 (2013), S. 39; *ders.,* Internationale Unternehmensbesteuerung in der Europäischen Union: Steuerwirkungsanalyse, Empirische Befunde, Reformüberlegungen (2003); *K. Vogel,* in FS F. Klein (1994), S. 361; *Weber-Fas,* Staatsverträge im Internationalen Steuerrecht (1982). 19

1. Gerechtigkeitsaspekte

Nach innerstaatlichem Recht wird die territorial radizierte und nach allgemeinen Regeln des Völkerrechts in Bezug auf die Besteuerung von Auslandssachverhalten nur rudimentär beschränkte Besteuerungshoheit der Staaten (s. Rz. 11 ff.) durch die verfassungsrechtlichen Vorgaben der **Besteuerung nach der Leistungsfähigkeit** determiniert (grundlegend zur Bedeutung des Leistungsfähigkeitsprinzips im Internationalen Steuerrecht: *K. Vogel,* FS Klein, S. 361 (371 ff.); *J. Lang,* FS Schaumburg, S. 45 ff.; *Schön,* WTJ 2009, 67 (71 ff.); *ders.,* WTJ 2010, 65 (72 ff.); *ders.,* WTJ 2010, 227 (245 ff.); *Schaumburg,* FS Tipke, S. 125 ff.; *Lehner,* HStR, Bd. XI, § 232, Rz. 14 ff., 23 ff.). Internationale juristische Doppelbesteuerung (s. Rz. 7) widerspricht der Besteuerung nach der Leistungsfähigkeit. Nach dem innerstaatlichen Recht der Bundesrepublik Deutschland besteht deshalb eine **verfassungsrechtliche Pflicht,** Doppelbesteuerung durch unilaterale Maßnahmen, etwa durch Anrechnung der ausländischen Steuer zu beseitigen, ergänzt durch ein **Be-** 20

mühen um bilaterale Maßnahmen zur Vermeidung bzw. Beseitigung der Doppelbesteuerung (*Lehner/Waldhoff,* in KSM, § 1 Rz. A496; vgl. auch *Frotscher,* Internationales Steuerrecht, Rz. 23; *Schaumburg,* Rz. 14.8; *ders.,* FS Tipke, S. 125 (143ff.); *Weber-Fas,* Staatsverträge, S. 43f.; *Bachmayer,* StuW 1964, Sp. 885 (888)). Ob es ein verfassungsrechtliches, insbesondere ein gleichheitsrechtliches Gebot gibt, Nachteile zu beseitigen, die sich aus den unterschiedlichen Wirkungen der Methoden zur Beseitigung der Doppelbesteuerung ergeben können (s. Rz. 68, 276ff., Art. 23 Rz. 61f., 145, 150), bedarf sorgfältiger Prüfung im Einzelfall (zur Diskussion neuerer österreichischer Rspr. s. *M. Lang,* SWI 2014, 58; *Staringer,* SWI 2014, 90; zur entspr. unionsrechtlichen Problematik s. Rz. 267b).

21 Verfassungsrechtliche Vorgaben sind auch zu berücksichtigen, soweit die Rechtfertigung der Besteuerung der im Inland ansässigen Person mit ihrem Welteinkommen und die Besteuerung der im Ausland ansässigen Person mit ihren inländischen Einkünften nach Maßgabe **territorial-äquivalenztheoretischer Ansätze** darauf gestützt wird, dass die Steuer der „Preis" für die Nutzung der inländischen Rechts- und Wirtschaftsordnung zur Erzielung von Einkünften ist (grundlegend zu diesen Rechtfertigungsansätzen und zu der darauf aufbauenden Markteinkommenstheorie: *K. Vogel,* Der Staat 1986, 481ff.; *Ruppe,* DStJG 6 (1979), S. 7 (16) mit Bezug auf *F. Neumark,* Theorie und Praxis der modernen Einkommensbesteuerung, S. 41; *P. Kirchhof,* in K/S/M, § 2 Rz. A 364f.; *ders.,* HStR Bd. V, 3. Aufl. 2007, § 118, Rz. 221ff.; *Söhn,* FS Tipke, S. 343; *Steichen,* FS Tipke, S. 365 (370ff.); *Lehner/Waldhoff,* in KSM, § 1 Rz. A164ff.; *Lehner,* HStR, Bd. XI, § 251, Rz. 9ff.; BVerfGE 84, S. 239 (269) v. 19.3.1991; BVerfGE 93, S. 121 (135f.) v. 22.6.1995; mit Bezug auf das Tatbestandsmerkmal „Deutscher" in § 2 AStG: BVerfGE 72, S. 200 (246) v. 14.5.1986; zu dieser Anknüpfung s. *Schön,* in Becker/Schön, Steuer- und Sozialstaat im europäischen Systemwettbewerb, S. 40 (51ff.); kritisch zu äquivalenz- bzw. nutzentheoretischen Rechtfertigungsansätzen *Hey,* FS J. Lang, S. 133ff.).

22 Die **konkrete Ausgestaltung dieser Vorgaben** erfolgt durch die Vorschriften über die unbeschränkte und die beschränkte Steuerpflicht und durch die Normen des Außensteuerrechts. Doppelbesteuerungsabkommen grenzen die Besteuerungszuständigkeit der Staaten nach Maßgabe völkervertraglicher Vereinbarungen auf bilateraler, teils auch auf multilateraler Basis voneinander ab (s. Rz. 32ff.). Primäres und sekundäres Unionsrecht überlagert beide Bereiche (s. Rz. 250ff.).

23 Eng verbunden mit den individualrechtlichen Aspekten der Besteuerung grenzüberschreitender Sachverhalte stellt sich die Frage nach der gerechten **Aufteilung der Besteuerung im Verhältnis der Staaten zueinander** (vgl. aus der umfassenden Literatur: *K. Vogel,* Intertax 1988, 393 (398ff.; 400); *Beiser,* 145ff.; *Bird,* in Head/Krever, Tax Reform in the 21st Century, S. 441ff.; *Brooks,* in Head/Krever, Tax Reform in the 21st Century, S. 471ff.; *Cansier,* Finanzwissenschaftliche Steuerlehre, S. 198f.; *Homburg,* Allgemeine Steuerlehre, S. 286ff.; *ders.,* in Die internationale Unternehmensbesteuerung im Wandel, S. 14 (21f.); *Kluge,* S. 654f.; *J. Lang,* FS Schaumburg, S. 45ff.; *Rödder,* FS J. Lang, S. 1147ff.; *Schaumburg,* FS Tipke, S. 125 (129ff.); *Owens/M. Lang,* TPIR 2013, Nr. 8, 26).

Das Problem der gerechten Abgrenzung staatlicher Besteuerungsansprüche wurde erstmals von *Peggy Richman* (später *Musgrave,* Taxation of Foreign Investment Income, S. 1, 15, 22) mit den Begriffen „internation equity" bzw. „equitable division of tax revenue" angesprochen (vgl. auch *R. Musgrave/P. Musgrave,* in Bird/Head, Modern Fiscal Issues, S. 63ff.). Obwohl *Richman* für die Aufteilung der Besteuerung zunächst differenziert nach verschiedenen Investitionsformen und Neutralitätskonzepten (s. Rz. 24) auf den Beitrag abstellt, den die Staaten in Gestalt von Infrastrukturleistungen als Voraussetzungen für die Erzielung von Einkünften bieten, entscheidet sie sich im Ergebnis sehr pauschal für eine primäre Besteuerung durch den Ansässigkeitsstaat, weil dieser Schutz und Dienstleistungen bereitstelle (S. 16 ff., 23). Unter Berücksichtigung ihres äquivalenz- bzw. nutzentheoretischen Ansatzes („benefit principle") sieht sie jedoch Rechtfertigungsmöglichkeiten für eine Besteuerung im Quellenstaat (S. 24). *K. Vogel* greift diesen äquivalenztheoretischen Ansatz auf, kommt jedoch, ebenfalls mit Differenzierungen hinsichtlich der Investitionsform (insbesondere Portfolio- im Vergleich zu Direktinvestitionen), zu einer gegenteiligen Gewichtung, weil er die Infrastruktur des Quellenstaats als primäre Voraussetzung für die Erzielung von Einkünften erkennt; er erlaubt jedoch Korrekturen zugunsten des Anrechnung gewährenden Ansässigkeitsstaats, soweit nicht Gesichtspunkte der Effizienz eine ausschließliche Besteuerung im Quellenstaat gebieten (*K. Vogel,* Intertax 1988, 393 (398 ff.; 400); zu weiteren Differenzierungen unter unionsrechtlichen Aspekten *ders.,* BIT 2002, 4 (7 ff.)). Gemeinsam ist beiden Positionen der **territoriale Bezug** der Person *(Richman)* bzw. der Quelle der Einkünfte *(K. Vogel)* zu einem Staatsgebiet als jeweils primär entscheidendes Kriterium für eine sachgerechte Aufteilung der Besteuerung zwischen den Staaten. Bemerkenswert ist, dass die für die zwischenstaatliche Abgrenzung der Besteuerung relevanten äquivalenztheoretischen Prämissen zugleich auch die Gründe sind, welche die Besteuerung der grenzüberschreitend Einkünfte erzielenden Person rechtfertigen (s. *Lehner,* HStR, Bd. XI, § 232, Rz. 11 ff.). Genau darin liegt jedoch der Kern des Problems, weil die territoriale Bestimmung der Quelle von Einkünften trotz ihres im Vergleich zur Ansässigkeit äquivalenz- bzw. nutzentheoretischen Vorzugs für die Abgrenzung der zwischenstaatlichen Besteuerungszuständigkeit häufig nur bedingt bzw. mit großen Schwierigkeiten möglich ist (vgl. nur: *K. Vogel,* BIFD 2005, 420; *Schön,* WTJ 2009, 67; *Lehner/Reimer,* IStR 2005, 542). Auch das Unionsrecht bietet kaum Anhaltspunkte für eine gerechte Abgrenzung der zwischenstaatlichen Besteuerungszuständigkeit. Aus diesem Grund überlässt der EuGH den Mitgliedstaaten die Aufteilung der Besteuerung (s. Rz. 266 ff.).

2. Finanzwissenschaftliche Neutralitätskonzepte

Finanzwissenschaftliche Neutralitätskonzepte bilden zwar wichtige Orientierungen für die Ausgestaltung der individualrechtlichen und der zwischenstaatlichen Abgrenzungsentscheidungen, sie sind jedoch rechtlich unverbindlich. Dennoch gewinnen sie im engeren abkommensrechtlichen Kontext Bedeutung für die Entscheidung über die Vermeidung bzw. Beseitigung der Doppelbesteuerung nach der Freistellungs- oder nach der Anrechnungsmethode (s. Rz. 26 ff.). **24**

In der Finanzwissenschaft wird insoweit neben den überkommenen Konzepten der **Kapitalexportneutralität** und der **Kapitalimportneutralität** (Rz. 25 ff.) eine neuere Vorgabe der **Kapitaleignerneutralität** (Rz. 29) unterschieden (zu weiteren Neutralitätskonzepten s. *Kemmeren,* in Lang/Pistone/Schuch/Staringer/Storck/Zagler, Tax Treaties, Amsterdam, S. 237 ff.; *Jeffery,* The Impact, S. 4 ff.). Während **Kapitalexport- und Kapitalimportneutralität** auf jeweils unterschiedliche steuerneutrale Allokation von Realkapital bei Unternehmensneugründungen (**„Greenfield-Investitionen"**) gerichtet sind, bezieht sich **Kapitaleignerneutralität** auf steuerneutrale Investitionsbedingungen bei Unternehmensübernahmen in Gestalt von **M&A – Investitionen** (grundlegend zu dieser wichtigen Unterscheidung *Spengel,* DStJG 36 (2013), S. 44 ff., 51 ff.; *Desai/Hines,* NTJ 2003, 487 ff.; *dies.*, NTJ 2004, 937 ff.; *Devereux,* in *Head/Krever,* Tax Reform in the 21st Century, S. 499 (505 ff.); *Becker/Fuest,* Journal of Public Economics 2011, 28 ff.; *Hebous/Ruf/Weichenrieder,* NTJ 2011, 817 ff.; *Schön,* WTJ 2009, 67, 71 ff.; *ders.,* WTJ 2010, 65; *ders.,* WTJ 2010, 227). Die Zielsetzungen der jeweiligen Neutralitätskonzepte lassen sich zwar relativ klar voneinander unterscheiden, ihre Wirkungen hängen jedoch von zahlreichen Parametern, vor allem aber von der empirischen Verifizierbarkeit der ihnen zugrunde liegenden ökonomischen Grundannahmen ab.

25 **Kapitalexportneutralität** orientiert sich an den steuerlichen Investitionsbedingungen im Ansässigkeitsstaat des Investors. Die steuerliche Belastung des inländischen Investors soll nicht davon abhängig sein, ob er im Inland oder aber im Ausland investiert. Demgegenüber zielt **Kapitalimportneutralität** auf eine von der Ansässigkeit des Investors unabhängige steuerliche Belastung im Staat der Investition; die ausländische und die inländische Investition soll dem Steuerniveau des Staates entsprechen, in dem die Investition erfolgt (grundlegend: *P. Richman* (später *Musgrave*), Taxation of Foreign Investment Income, S. 8; *Gandenberger,* Kapitalexportneutralität, S. 8 ff.; *K. Vogel,* Intertax 1988, 310 (311 ff.); *Spengel,* DStJG 36 (2013), S. 46 ff.; *ders.,* Internationale Unternehmensbesteuerung, S. 231 ff.; *Prokisch,* in K/S/M, § 34c Rz. A 14 ff.; *Schön,* DStJG 23 (2000), S. 196 f.; *ders.,* WTJ 2009, 67 (71, 79 ff.); *Jacobs,* S. 19; *Jeffery,* The Impact, S. 5 ff.; *Rohatgi,* Basic, vol. I, S. 23). Im Hinblick auf das auch im Internationalen Steuerrecht zu beachtende Gebot der Besteuerung nach der wirtschaftlichen Leistungsfähigkeit (s. Rz. 20 f.) entspricht Kapitalexportneutralität somit zumindest in der Grundkonzeption der klassischen, auf das **Welteinkommen** bezogenen Sicht von Leistungsfähigkeit, wobei die Besteuerung des Welteinkommens allerdings einer Korrektur in Gestalt der Anrechnung der ausländischen Steuer bedarf. Dieser Sicht steht jedoch eine sehr gewichtige Auffassung entgegen, die sich für ein territorial begrenztes Verständnis von wirtschaftlicher Leistungsfähigkeit ausspricht (*K. Vogel,* FS Klein, S. 361 (371 ff.); aus finanzwissenschaftlicher Sicht zustimmend: *Homburg,* Allgemeine Steuerlehre, S. 287).

26 **Abkommensrechtlich** zielt die auf dem Prinzip der Besteuerung des Welteinkommens beruhende **Anrechnungsmethode** (s. Rz. 31a; Art. 23, Rz. 120 ff.) auf die Verwirklichung von **Kapitalexportneutralität,** während die auf alleinige Besteuerung im Quellenstaat abzielende **Freistellungsmethode** (s. Rz. 31a; Art. 23, Rz. 31 ff.) auf **Kapitalimportneutralität** gerichtet ist (vgl. die Nachw. in Rz. 24), doch kann keine der beiden Methoden ihre jeweilige Zielsetzung uneingeschränkt verwirklichen. Im Einzelnen sind die Wirkungen vielschichtig und u. a. davon abhängig, ob zwischen in- und ausländischen Investitionen ein substitutives Verhältnis in der Form besteht, dass inländische Investitionen bei gegebenem Kapitalstock, d. h. im Fall von „Greenfield-Investitionen" (s. Rz. 24), negativ auf eine Ausweitung von Auslandsaktivitäten reagieren. Im ersten Fall gewährleistet nur die kapitalexportneutrale Besteuerung, d. h. die Anrechnungsmethode, Produktionseffizienz; andernfalls kann auch eine kapitalimportneutrale Besteuerung auf der Basis der Freistellungsmethode überlegen sein (*Spengel,* DStJG 36 (2013), S. 44 f., 48 ff.; für die Freistellungsmethode: *Brunsbach/Endres/J. Lüdicke/Schnitger,* IFSt, Schrift Nr. 480, 2012, S. 87 ff.; aus unionsrechtlicher Sicht: *K. Vogel,* BIT 2002, 4 ff.; zum älteren Meinungsstand vgl. die Vorauflage Rz. 25).

27 Unabhängig vom Vorliegen und von der Bewertung dieser Prämissen, haben die im Dienst von Kapitalexport- und Kapitalimportneutralität stehenden Methoden zur Vermeidung bzw. Beseitigung der Doppelbesteuerung im Hinblick auf die Verwirklichung der Neutralitätsziele **Defizite bzw. unzureichende Wirkungen.** Dies liegt für die auf Kapitalexportneutralität gerichtete Anrechnungsmethode bereits darin begründet, dass sie eine dem inländischen Steuerniveau entsprechende steuerliche Belastung der Auslandsinvestition im Ansässigkeitsstaat des Investors nur unter den praxisfremden Voraussetzungen einer uneingeschränkten Anrechnung der ausländischen Steuer und, bei höherem ausländischen Steuerniveau, gar nur durch subventive Erstattung der ausländischen Steuer bewirken könnte. Ist die Belastung im Quellenstaat dagegen niedriger als im Ansässigkeitsstaat, so bewirkt die Anrechnungsmethode zwar Kapitalexportneutralität, sie führt aber auch zu einer protektionistisch wirkende Erhöhung der Steuerbelastung des Quellenstaats durch die Besteuerung im Ansässigkeitsstaat, die dann in der Abkommenspraxis teilweise

durch eine fiktive Steueranrechnung nach den Methoden des *matching credit* oder des *tax sparing* ausgeglichen wird (s. Art. 23 Rz. 22, 64, 193 ff.; *Jacobs,* S. 22; *Prokisch,* in K/S/M, § 34c Rz. A 16; kritisch auch *Beiser,* 55 f.). Dies relativiert den aus der Belastungsperspektive des Ansässigkeitsstaats grundsätzlichen gleichheitsrechtlichen Vorzug, den die Anrechnungsmethode im Vergleich zur Freistellungsmethode hat. Die Verwirklichung einer kapitalexportneutralen Besteuerung bereitet schließlich auch dann Probleme, wenn Gewinne in ausländischen Kapitalgesellschaften thesauriert und dadurch von der inländischen Besteuerung abgeschirmt werden, wobei Gegenmaßnahmen etwa in Gestalt einer Hinzurechnungsbesteuerung wiederum mit unionsrechtlichen Grundfreiheiten kollidieren können (grundlegend: *Spengel,* DStJG 36 (2013), S. 48; *Jacobs,* S. 448 ff.).

Indes kann auch die Sicherstellung einer **kapitalimportneutralen** Besteuerung **28** allein durch die **Freistellungsmethode** nicht verwirklicht werden. Vielmehr muss auch der Quellenstaat gewährleisten, dass ausländische Investoren keinen Nachteilen ausgesetzt sind, die für ansässige Investoren nicht bestehen (speziell zum unionsrechtlichen Gebot der Inländergleichbehandlung s. Rz. 264 ff.). Ergänzende Koordination muss aber auch gewährleisten, dass die Besteuerung im Quellenstaat abschließend ist. Das bedeutet mit weit reichenden Folgen für die Ausgestaltung und Koordinierung der nationalen Gewinnermittlungsvorschriften auch, dass der Einfluss einer abweichenden Besteuerung im Ansässigkeitsstaat, so etwa im Fall der Fremdfinanzierung eines Auslandsengagements, ausgeschlossen werden muss, um Kapitalimportneutralität zu erreichen (*Spengel*, DStJG 36 (2013), S. 49).

Während die überkommenen Konzepte der Kapitalexport- und -import- **29** neutralität auf die steueroptimale Allokation von Realkapital bei Neuinvestitionen (Greenfield-Investitionen) gerichtet sind (s. Rz. 24), werden neuere Zielsetzungen von Steuerneutralität nach den Vorgaben der **Kapitaleignerneutralität (capital ownership neutrality)** auf die steuerlichen Investitionsbedingungen bei Unternehmensübernahmen (M&A-Investitionen) ausgeweitet. Danach soll die Besteuerung keinen Einfluss auf die Eigentümerstruktur eines bestehenden Kapitalstocks haben; primär allokationsbestimmend sollen die Kriterien der optimalen Produktivität des Investors sein. Nach dem gegenwärtigem Stand der finanzwissenschaftlichen Forschung kann Kapitaleignerneutralität entweder durch eine international koordinierte kapitalimportneutrale oder durch eine kapitalexportneutrale Besteuerung verwirklicht werden (grundlegend: *Desai/Hines,* NTJ 2003, 487; *dies.,* NTJ 2004, 937; *Devereux,* Capital Export Neutrality, Capital Import Neutrality and Capital Ownership Neutrality, IFS Discussion Paper 1990; zu Einzelheiten und zur Unterscheidung: *Spengel,* DStJG 36 (2013), S. 51 ff.; *Becker/Fuest,* Journal of Public Economics 2011, 28 (31 ff.); *dies.,* International Economic Review 201, 171 ff.; *Owens/M. Lang,* TPIR 2013, Nr. 8, 26 (27); *Schön,* WTJ 2009, 67 (71, 81 f.)).

VI. Vermeidung der Doppelbesteuerung, besonders durch Abkommen

Literatur (für weitere ältere Literatur s. die Vorauflagen): *F. Avery Jones,* in Tiley, **30** Studies in the History of Tax Law, vol. 6 (2013), S. 1; *Birk,* in FS J. Lang (2010), S. 1131; *Bühler,* Les Accords Internationaux Concernant la Double Imposition et l'Evasion Fiscale, RC 1936 I 433; *Doernberg/van Raad,* The 1996 United States Model Income Tax Convention (1997); *Dorn,* 33. DJT 495 = JW 1924, 1834; *ders.,* VJSchr. 1927, 189; *Flick,* FinArch. NF 21 (1961), 88; *Hattingh,* in Tiley, Studies in the History of Tax Law, vol. 6 (2013), S. 31; *Hemetsberger-Koller,* in Die Zukunft des Internationalen Steuerrechts (1999); *Jankowiak,* Doppelte Nichtbesteuerung im Internationalen Steuerrecht (2009); *Jirousek,* in FS Rödler (2010), S. 411; *J. Lüdicke,* in FS Avery Jones, (2008), S. 269; *M. Lang,* Doppelbesteuerungsabkommen und innerstaatliches Recht (1992); *Owens/M. Lang,* TPIR 2013, Nr. 5, 20; Nr. 6, 25; Nr. 7,

26; Nr. 8, 26; *Tittle/Avi-Yonah,* The integrated 2006 United States Model Income Tax Treaty (2008).

OECD-Dokumente: OECD (2013), Addressing Base Erosion and Profit Shifting; OECD (2011), OECD-Verrechnungspreisleitlinien für multinationale Unternehmen und Steuerverwaltungen 2010; OECD (2010), Report on the attribution of profits to permanent establishments.

31 Internationale juristische Doppelbesteuerung (s. Rz. 7) kann nach originär innerstaatlichem Recht (**unilateral** s. Rz. 31a) oder durch Abkommen (**bilateral** s. Rz. 32 ff. bzw. **multilateral** s. Rz. 39 ff.) vermieden werden.

1. Unilaterale Maßnahmen zur Vermeidung von Doppelbesteuerung

31a Einseitig kann Doppelbesteuerung dadurch vermieden werden, dass einer der beiden beteiligten Staaten seine Besteuerung des grenzüberschreitenden Sachverhalts zurücknimmt. Auf Seiten des Ansässigkeitsstaates geschieht dies überwiegend nach einem in den Rechtsordnungen der angelsächsischen Staaten entwickelten Vorbild dadurch, dass der Ansässigkeitsstaat, der nicht zugleich Quellenstaat ist, die dort erhobene Steuer bis zur Höhe seiner eigenen Steuer **anrechnet** (im deutschen Recht gemäß § 34c Abs. 1 i. V. m. § 34d EStG, § 26 KStG, § 21 ErbStG; das GewStG enthält keine unilaterale Anrechnungsvorschrift; s. dazu Art. 2 Rz. 73 ff. und die Nachweise dort; vgl. zum amerikanischen Recht sec. 901 bis 908 IRC; zum englischen Recht ICTA 1988, 790; zur Entwicklung der einschlägigen amerikanischen Vorschriften: *Graetz/O'Hear,* 1021 ff.; *McClure/Bouma,* 43 Tax Notes 1379 ff. (June 12, 1989); zu Indien: India Master Tax Guide, 2011). Teilweise ist auch ein Abzug der ausländischen Steuer von der Bemessungsgrundlage und, neben dem Erlass der ausländischen Steuer, auch ihre Festsetzung in einem Pauschbetrag vorgesehen, so in Deutschland nach § 34c Abs. 2 und 5 EStG, § 26 Abs. 6 KStG. Sondervorschriften gelten im Anwendungsbereich von Doppelbesteuerungsabkommen (§ 34c Abs. 6 EStG; dazu *Prokisch,* in KSM, § 34c Rz. C 1 ff.).

Im Gegensatz hierzu wird von einigen Ländern die Doppelbesteuerung bereits einseitig durch **Freistellungen** vermieden. Die Schweiz stellt beispielsweise Einkünfte aus ausländischen Betriebstätten und Grundbesitz bereits nach innerstaatlichem Recht frei (unbedingte Freistellung mit Progressionsvorbehalt; vgl. Art. 6 Abs. 1, 7 Abs. 1, 52 Abs. 1 DBG; dazu *Richner/Frei/Kaufmann/Meuter,* Art. 6, Rz. 6; *Mäusli-Allenspach/Oertli,* S. 560). In den Niederlanden richtet sich die unilaterale Vermeidung der Doppelbesteuerung bei natürlichen und juristischen Personen nach dem *Besluit voorkoming dubbele belasting* aus dem Jahr 2001. Das Einkommen aus ausländischen Quellen wird je nach der Art der Einkünfte entweder freigestellt (mit Progressionsvorbehalt) oder angerechnet. Zudem ist in einigen Fällen auch der Abzug der ausländischen Steuer von der niederländischen Bemessungsgrundlage vorgesehen (s. *R. Offermanns,* Netherlands – Individual Taxation, Country Analyses IBFD, Stand 1. Juni 2012, Kapitel 7; *ders.,* Netherlands – Corporate Taxation, Country Analyses IBFD, Stand 1. Juni 2012, Kapitel 7; Wassermeyer/*Galavazi,* DBA Niederlande Anh. Rz. 55 f.; für einen Überblick über die Anwendung der Freistellungsmethode in Singapur s. *Ho,* APTB 2008, 118). Die weitestgehende und wirksamste Freistellung wird durch ein striktes Quellen- bzw. Ursprungsprinzip gewährleistet (s. o. Rz. 11 f.), sei es begrenzt für die Körperschaftsteuer wie in Frankreich (s. *Comolet-Tirman,* BIT 2011, 199), sei es für die Einkommensteuer, wie beispielsweise in Hongkong (s. *L. J. Fong,* Hongkong – Individual Taxation, Country Analyses, Stand Mai 2012, Kapitel 7; *ders.,* Hongkong – Corporate Taxation, Country Analyses, Stand Mai 2012, Kapitel 7), Panama (s. *Cortés,* TNI 2011, 259, 260; *Rodriguez,* Panama – Individual Taxation, Country Analyses IBFD, Stand 15. Oktober 2011, Kapitel 1.2.1, 7; *dies.,* Panama – Corporate Taxation, Country Analyses IBFD, Stand 15. Oktober 2011, Kapitel 1.2.1., 7), Costa Rica (s. *Rodriguez,* Costa Rica – Individual Taxation, Country Analyses IBFD, Stand 3. März 2012, Kapitel 7; *dies.,* Costa Rica – Corporate Taxation, Country Analyses IBFD, Stand 3. März 2012, Kapitel 7), Paraguay und (mit einigen Ausnahmen) Uruguay (zu Paraguay und Uruguay s. *Forcada,* BIT 2011, Vol. 65, No. 7 abrufbar unter www.online.ibfd.ord/kbase).

Durch einseitigen Maßnahmen wird die Doppelbesteuerung jedoch nicht immer umfassend beseitigt (vgl. nur zu den Begrenzungen der Anrechnung nach deutschem Recht: *Prokisch,* in KSM, § 34c Rz. B 102 ff. sowie Art. 23 Rz. 142 ff., 174, 183). Dies führt zum Abschluss von Doppelbesteuerungsabkommen (s. Rz. 32 ff.).

2. Geschichte der Doppelbesteuerungsabkommen

Literatur: *Spitaler,* Das Doppelbesteuerungsproblem, S. 1 ff.; *Lippert,* Handbuch des Internationalen Finanzrechts, S. 530 ff., 599 f.; *Gloria,* Das steuerliche Verständigungsverfahren, S. 123 ff.; *Avery Jones,* BTR 2011, 653; *Jogarajan,* WTJ 2013, 368; *Hattingh,* in Tiley, Studies in the History of Tax Law, S. 31 ff.; *Hemetsberger-Koller/Kolm,* The Journal of European Economic History Vol. 35, No. 1, Spring 2006, S. 85; *Korn,* in M. Lang, Recent Tax Treaty Developments Around the Globe, S. 161; *Menck,* DStZ 1970, 263; *Roene,* in Ecker/Ressler, History of Tax Treaties, S. 17 ff.; *Souza de Castelo Branco,* in Ecker/Ressler, History of Tax Treaties, S. 41 ff.; *Weber-Fas,* Staatsverträge, S. 13 ff.; für die Schweiz *Locher,* Einführung, S. 71 ff.; für die USA *Shannon,* Die Doppelbesteuerungsabkommen der USA, S. 7 ff.; grundlegend *Wells,* United States policies in international double taxation of income; *Walker,* Double Taxation in the United States. **32**

Schon seit Ende des neunzehnten Jahrhunderts sind einzelne Staaten dazu übergegangen, zur Vermeidung der Doppelbesteuerung **zweiseitige Abkommen** abzuschließen. Zunächst handelte es sich um Staaten, die zueinander in einem Bundesverhältnis oder zumindest in einem engen Bündnis standen (Übereinkunft zwischen Preußen und Sachsen über die direkten Steuern vom 16.4.1869 (Prot. No. 64. Sitzungsperiode 1869–70 des Preuß. Abgeordnetenhauses, abgedr. in IStR 2006, III mit Anm. *Kippenberg,* IStR 2006, II), zwischen Österreich und Ungarn über die Unternehmensbesteuerung vom 18.12.1869/7.1.1870, Vertrag zur Beseitigung der Doppelbesteuerung zwischen Preußen und Österreich vom 21.6.1899, s. dazu *Hemetsberger-Koller,* S. 13 ff.; *Hattingh,* in Tiley, Studies in the History of Tax Law, S. 31 ff.). Nach dem ersten Weltkrieg kam es dann zum Ausbau eines ersten größeren Abkommensnetzes in Mitteleuropa. Das erste Doppelbesteuerungsabkommen des Deutschen Reiches wurde 1925 mit dem Königreich Italien abgeschlossen. Großbritannien und die Vereinigten Staaten verhielten sich damals noch zurückhaltend. Das einzige umfassende britische Abkommen der Zwischenkriegszeit war eines mit Irland 1922/28 (zu den Hintergründen und der Entwicklung in England s. *J. F. Avery Jones,* in Tiley, Studies in the History of Tax Law, S. 1 ff.; *Stamp,* The Fundamental Principles of Taxation, S. 2). Die Vereinigten Staaten schlossen (nach Teilabkommen mit Frankreich 1932 und mit Kanada 1936) erst im Jahre 1939 umfassende Abkommen mit Schweden und Frankreich (vgl. Hearings before the House Ways and Means Committee on H. R. 10 165, A Bill to Reduce International Double Taxation, 71 st. Cong. 2nd Sess., 1930; s. auch *Brecher,* The Tax Executive 1972, 175; *Rosenbloom,* Current Developments in Regard to Tax Treaties, in New York University, S. 31).

3. Die Entwicklung einheitlicher Abkommensmuster

a) Das OECD-Musterabkommen. Zu einer Angleichung der zwischenstaatlichen Abkommen und zur Entwicklung **einheitlicher Abkommensmuster** tru- **33**

gen wesentlich die Arbeiten des **Völkerbundes** bei. 1921 beauftragte der Finanzausschuss des Völkerbunds die Finanzwissenschaftler *Bruins* (Rotterdam), *Einaudi* (Turin), *Seligman* (New York) und *Stamp* (London) mit der Erstellung eines Gutachtens über Doppelbesteuerungsfragen, das 1923 vorgelegt wurde, jedoch praktisch wirkungslos blieb (*Graetz/O'Hear,* 1074f. (1079); *Avery Jones,* in Tiley, Studies in the History of Tax Law, S. 16ff.; ausführlich zu den Hintergründen *Jogarajan,* WTJ 2013, 368). Mit dem gleichen Ziel wurden im Jahre 1922 technische Experten aus sieben europäischen Ländern zusammengerufen. Nach einer Vergrößerung dieses Gremiums durch Hinzuziehung weiterer Sachverständiger wurde in den Jahren 1926 und 1927 ein Abkommensmuster erarbeitet, das 1928 auf einer auf Initiative des Generalsekretärs des Völkerbunds einberufenen Konferenz von Regierungsvertretern aus 28 Staaten (darunter auch Nichtmitglieder des Völkerbunds) um zwei weitere Entwürfe ergänzt wurde. Zur Förderung der weiteren Entwicklung setzte der Rat des Völkerbunds 1928 einen ständigen Steuerausschuss ein, der 1929 zur Ablösung der Abkommensmuster von 1928 zwei veränderte Modelle vorgelegt hat. Ein Unterausschuss, dessen Mitglieder, durch die Umstände des zweiten Weltkriegs bedingt, in ihrer Mehrheit aus Lateinamerika kamen, erarbeitete 1943 das Abkommensmuster von **Mexiko;** ihm folgte 1946 das Muster von **London,** bei dessen Ausarbeitung die Industriestaaten wieder stärker beteiligt waren und dementsprechend ihre Auffassungen stärker berücksichtigt wurden (für einen Überblick über Entstehung und Bedeutung der Abkommensmuster s. *Souza de Castelo Branco,* in Ecker/Ressler, History of Tax Treaties, S. 44ff.; *Innamorato,* Intertax 2008, 98, 110; *Lennard,* APTB 2008, 23; zum Einfluss Großbritanniens *Avery Jones,* BTR 2011, 653).

34 Die Bemühungen der OEEC und ihrer Nachfolgeorganisation, der **OECD,** um Maßnahmen gegen Doppelbesteuerung (s. MA-Komm., Einleitung, Ziff. 4ff.) knüpften an diese Vorarbeiten des Völkerbunds an. Der 1956 konstituierte Steuerausschuss der OEEC legte bis 1961 in vier Zwischenberichten eine Reihe von Musterartikeln vor, **1963** dann einen zusammenfassenden Bericht, dem das vollständige **Musterabkommen** sowie offizielle Kommentare *(Commentaries, Commentaires,* in der amtlichen deutschen Übersetzung im Singular „der Kommentar") beigefügt waren (s. *Souza de Castelo Branco,* in *Ecker/Ressler,* History of Tax Treaties, S. 46f.; *Ault,* DStJG 36 (2013), S. 113). Die Kommentare erläuterten das Muster. Soweit einzelne Mitgliedstaaten der OECD bestimmten Vorschlägen des Musters nicht folgen wollten, konnten sie im Rahmen der Kommentare **Vorbehalte** anmelden (Ausnahmen bestehen insoweit für Verrechnungspreisrichtlinien, s. *Ault,* DStJG 36 (2013), S. 113 (122)), eine Praxis, die nach wie vor besteht. Das OECD-Muster und die dazu gehörenden Kommentare sind Gegenstand einer **Empfehlung des Rates der OECD an die Mitgliedstaaten der OECD** (Art. 5 Buchst. b der OECD-Satzung).

35 In den folgenden Jahren wurden sowohl das Muster als auch die Kommentare durch den Steuerausschuss der OECD zunächst in Etappen und dann kontinuierlich überarbeitet (s. *Messere,* ET 1993, 246; *Innamorato,* Intertax 2008, 98, 111). **1977** verabschiedete der Ausschuss einen **neuen** Bericht mit einem z. T. veränderten **Muster und Kommentaren,** die wiederum durch eine Empfehlung des Rats (vom 11.4.1977) angenommen wurden. In den folgenden anderthalb Jahrzehnten veröffentlichte der Steuerausschuss eine Reihe von Berichten und Stellungnahmen zu Einzelfragen, die auch Empfehlungen zu Abkommensformulierungen enthielten. Diese Empfehlungen gingen in die **1992** verabschiedete, wiederum durch eine Empfehlung des Rats (vom 23.7.1992) angenommene Neufassung ein, mit der der Steuerausschuss seine Absicht bekundete, in Zukunft in **kürzerer Folge** Ergänzungen des Musters und der Kommentare auch zu Einzelfragen zu beschließen (deutlich gemacht durch die Veröffentlichung von Muster und Kommentaren in

Loseblattform; daneben gab es gelegentlich eine, wie bisher, geheftete Fassung (s. *Messere,* ET 1993, 250)). In Verwirklichung dieser Absicht wurden in den Jahren **1994, 1995, 1997, 2000, 2003, 2005, 2008, 2010** und (punktuell zu Art. 26 MA) **2012** weitere Ergänzungen beschlossen und veröffentlicht. Seit 1997 werden Änderungen und Ergänzungen auf Grund einer Ermächtigung durch den Rat der OECD unmittelbar durch den Steuerausschuss der OECD veröffentlicht (s. Wassermeyer/*Krabbe,* Vor Art. 1 OECD-MA Rz. 156). Diese Veränderungen betreffen vor allem die Kommentare, weniger den Text des Musters selber. Sie sind auch sehr viel umfangreicher geworden; die Zahl der Vorbehalte hat sich vermehrt. Außer den Vorbehalten hat eine Reihe von Mitgliedsstaaten **„Bemerkungen"** beigefügt; diese „drücken… keine Ablehnung des Abkommenstextes aus, sondern geben nur einen nützlichen Hinweis darauf, wie diese Staaten die Bestimmungen des betreffenden Artikels anwenden werden" (MA-Komm., Einleitung, Ziff. 30). Zur Entwicklung von 1992 bis 2008 s. *Innamorato,* Intertax 2008, 98, 111; zum Update 2000 s. *Krabbe,* IStR 2000, 196; zum Update 2003 *ders.,* IStR 2003, 253.

Die **Änderungen** des Jahres **2005** betreffen vor allem den Informationsaustausch nach Art. 26 MA. Sie sind vor dem Hintergrund der Arbeiten und Berichte der OECD über den sog. schädlichen Steuerwettbewerb zu sehen (ausführlich dazu: SKK/*Kaminski/Strunk,* Aktuelles OECD-MA, 11. Erg. Lfg., Stand September 2007; *Kolb,* IWB 2005, 919; speziell zu Art. 26 MA s. *Aumayr,* in M. Lang/Schuch/Staringer, S. 52 sowie Art. 26 Rz. 5 f.). Daneben wurde der Wortlaut des Art. 19 MA an Art. 18 MA angeglichen. Die Änderungen im Kommentar betreffen den abhängigen Vertreter und die Qualifikation einer Tochtergesellschaft als ständiger Vertreter der Muttergesellschaft nach Art. 5 MA sowie die Behandlung steuerlicher Nebenleistungen nach Art. 8 MA (s. Art. 5 Rz. 110 ff.; 168 ff., Art. 8 Rz. 19). Darüber hinaus finden sich Aussagen zur steuerlichen Behandlung von Mitarbeiteroptionen und Ruhegehältern und es wurde infolge der Änderungen im Text des Musters auch der Kommentar zu Art. 25 und Art. 26 MA geändert. **35a**

Die **Änderungen** des Jahres **2008** betreffen die Verbesserung der Lösung von Zweifelsfragen durch Verständigungsverfahren, eine Überarbeitung des Kommentars zu Art. 7 MA unter Berücksichtigung des sog. Betriebstättenberichts vom 17.7.2008 (s. Art. 7 Rz. 14a ff., 87a ff., 182 ff.), weiterhin Hinweise zur Anwendung und Auslegung von Art. 24 MA, die Behandlung von REITs sowie die steuerliche Behandlung von Dienstleistungen (für einen Überblick s. *Kolb,* IWB 2009, 67). Im Rahmen der Änderungen des Art. 25 MA wurde ein neuer Absatz 5 mit entsprechender Kommentierung eingefügt, der ein Schiedsverfahren als Fortsetzung eines gescheiterten Verständigungsverfahrens vorsieht (s. Art. 25 Rz. 3a, 199 ff.). Im Anhang des Kommentars zu Art. 25 MA ist ein Muster für eine im Rahmen eines Schiedsverfahrens getroffene Verständigungsvereinbarung abgedruckt (*Herlinghaus,* IStR 2010, 125). Die OECD stellt nun auch eine Anleitung zur effektiven Durchführung von Verständigungsverfahren online zur Verfügung (*Haase/Dorn,* IWB 2011, 723; s. www.oecd.org/ctp/memap). Kritik erfahren die Neuerungen des Updates 2008 zur steuerlichen Begründung von Dienstleistungsbetriebstätten. Grundsätzlich soll für eine Besteuerung im Quellenstaat ein Minimum an physischer Präsenz ausreichen, wobei die Besteuerung auf die dort erbrachte Tätigkeit begrenzt sein und eine Nettobesteuerung erfolgen soll. Begründet wird die Neuregelung mit gleichheitsrechtlichen Überlegungen. Gegen eine Erweiterung werden vor allem administrative Gründe angeführt. Kritik erfährt die Neukommentierung vor allem auch deshalb, weil es zu einer Aufweichung der Betriebstättengrundsätze kommt, womit Rechtsunsicherheit einhergeht (s. Art. 5 Rz. 70a; vgl. auch *Reimer,* IStR 2009, 378; *Eckl,* IStR 2009, 510; *Bendlinger,* IStR 2009, 521; *Rosenberger/Vitali/Ziehr,* IStR-Beih 2010, 1). Die Änderungen des Art. 7 MA sind vor dem Hintergrund zu sehen, den Fremdvergleichsgrundsatz **35b** nicht nur bei Konzerngesellschaften, sondern auch bei der Betriebstättenbesteuerung einheitlich anzuwenden (s. Art. 7 Rz. 14a ff.; 87 ff.; 182 ff.). Art. 7 MA wurde dabei in einem zweistufigen Verfahren geändert: Zunächst wurden die Grundsätze aus dem Betriebstättenbericht, die mit dem bisherigen Kommentar in Einklang standen, in den Kommentar aufgenommen (s. Art. 7 Rz. 14a ff., 87 ff.; s. auch *Kahle/Mödinger,* IStR 2010, 757; *Baldamus,* IStR 2012, 317)).

35c Im **OECD-Update 2010** wurde Art. 7 MA sodann im Sinne des bereits 2008 überarbeiteten Kommentars angepasst (für einen Überblick über die aktuellen Änderungen des Update 2010 s. *Digeronimo/Kolb,* IWB 2011, 26; *Haase/Dorn,* IWB 2011, 721). Zugleich wurden eine überarbeitete Version des Betriebstättenberichts 2010 und der OECD-Verrechnungspreisgrundsätze 2010 herausgegeben (s. OECD (2011), Verrechnungspreisleitlinien 2010; zum zweiten OECD-Diskussionsentwurf s. *Schmidtke/Tillmann,* IWB 2013, 709). Zur Neufassung des Art. 7 MA und zur Umsetzung in deutschen Abkommen s. Art. 7 Rz. 14a ff.; 182 ff.; dazu auch *Kahle/Mödinger,* IStR 2010, 757; *dies.,* IStR 2011, 821; *Baldamus,* IStR 2012, 317). Im Jahressteuergesetz 2013 wird § 1 AStG entsprechend ausgeweitet (s. zur Entwicklung: *Baldamus,* IStR 2012, 317, 318 f.; *Wilke,* IWB 2012, 271; *Schnitger,* IStR 2012, 633, 634 ff.; *Hemmelrath/Kepper,* IStR 2013, 37, 41). Der Vermittlungsausschuss hat sich am 5.6.2013 geeinigt (zu den Änderungen s. BT-Drucks. 17/13722; für einen Überblick *Höreth/Stelzer,* DStR 2013, 455). Es ist davon auszugehen, dass im Zuge der Änderungen auch eine Überarbeitung des Betriebstättenerlasses (BStBl. I 1999, 1076 i. d. F. BStBl. 2009 I, 888) vorgenommen und insbesondere die indirekte Gewinnaufteilungsmethode aufgegeben wird, da sie im Widerspruch zur revidierten Fassung des Art. 7 MA und der neuen Kommentierung steht (*Baldamus,* IStR 2012, 318, 319; s. Art. 7 Rz. 184). Zudem hat die OECD 2010 einen Diskussionsentwurf für die Erarbeitung einer Internationalen VAT-Richtlinie veröffentlicht.

Am **17.6.2012** hat der OECD-Rat darüber hinaus Änderungen zu **Art. 26 MA** genehmigt (s. Art. 26 Rz. 5). Damit sind nun auch Gruppenanfragen zulässig. Allerdings müssen die Steuerpflichtigen durch bestimmte Suchkriterien identifizierbar sein. Sog. „Fishing Expeditions" bleiben unzulässig.

35d Am **15.7.2014** wurde das **OECD Update 2014** veröffentlicht (s. www.oecd.org). Die Änderungen (s. dazu *Haase,* IStR 2014, 540) umfassen die Artikel 3, 10, 17 und 26 des Musterabkommens. Darüber hinaus wurde der Kommentar an zahlreichen Stellen überarbeitet (Art. 3 bis 21, Art. 23 A/B, Art. 24 bis 27 MK). Das Update 2014 aktualisiert zudem zahlreiche Stellungnahmen und Bemerkungen von OECD-Mitgliedstaaten und Nichtmitgliedstaaten. Es enthält jedoch keine Änderungen aus dem „Base Erosion and Profit Shifting"-Bericht (BEPS) der OECD v. 12.2.2013 (s. *OECD* (2013), Addressing Base Erosion and Profit Shifting). Der BEPS-Bericht der OECD ist im Zusammenhang mit der Bekämpfung von legalen Gewinnverlagerungen multinationaler Unternehmen von Bedeutung. Er wurde von den G20-Staaten in Auftrag gegeben. Der Bericht gibt Aufschluss über Ausmaß und Funktionsweise der Verlagerung von Steuersubstrat (s. hierzu die Beiträge in *Brian/M. Lang/Vann,* Base Erosion and Profit Shifting, BIT, special edition vol. 68, no. 6/7 – 2014; *Eilers/Schmitz,* IStR 2013, 68; *Hey,* DB 2013, 21; *Gillamariam/Binding,* DStR 2013, 1153; *Pinkernell,* IStR 2013, 180; *ders.,* IStR-LB 2013, 17; *Rasch/Tillmann,* ISR 2013, 139; *Fuest/Spengel/Finke/Heckemeyer/Nusser,* WTJ 2013, 307; *Rödder/Pinkernell,* IStR 2013, 619; *Pelaez/Bonekamp,* IWB 2013, 514; *Ault,* TNI 2013, 1195; speziell aus abkommensrechtlicher Sicht: *Owens/M. Lang,* TPIR 2013, Nr. 5, 20; Nr. 6, 25; Nr. 7, 26; Nr. 8, 26; *Kulcsar/Rogers-Glabush,* ET 2013, 411; *Pinkernell,* FR 2013, 737 (743); *Gillamariam/Binding,* DStR 2013, 1153 (1156 f.); *Valta,* ISR 2014, 176; 221; 249).

Überblick über die wichtigsten Änderungen des MA und MA-Komm. seit 2005 35e

Literatur zum Update 2005: *Kolb,* IWB 2005, 919; *Portner,* IStR 2005, 8; *SKK,* Aktuelles OECD-MA, 11. Erg. Lfg., Stand September 2007; **Literatur zum Update 2008:** *Kolb,* IWB 2009, 67; **Literatur zum Update 2010:** *Digeronimo/Kolb,* IWB 2011, 26; *Haase/Dorn,* IWB 2011, 721; *Kahle/Mödinger,* IStR 2010, 757; *dies.,* IStR 2011, 821; **Literatur zum Update 2014:** *Bendlinger,* SWI 2014, 138.

Vorschrift	Änderung im Text	Änderung im Kommentar	Inhalt der Änderung
Art. 1 (Unter das Abkommen fallende Personen)	(–)	(+)	**2010:** • Abkommensberechtigung kollektiver Anlageinstrumente • Grundsatz der staatlichen Immunität und dessen Anwendung in Steuerfragen
Art. 3 (Begriffsbestimmungen)	(+)	(+)	**MA 2014:** • Klarstellung der französischen Sprachfassung von Art. 3 Abs.1 lit. h
Art. 4 (Ansässige Person)	(–)	(+)	**2008:** • Bestimmung der Ansässigkeit doppelt ansässiger Gesellschaften
	(–)	(+)	**2010:** • Ansässigkeit von Staatsfonds
Art. 5 (BS-Begriff)	(–)	(+)	**2005:** • Abs. 5: Kommentierung zum abhängigen Vertreter • Abs. 7: Konkretisierung der Voraussetzungen unter denen eine TG zur Betriebstätte der MG wird
	(–)	(+)	**2008:** • Vorschlag für Alternativbestimmung hinsichtlich Dienstleistungen
	(–)	(+)	**2010:** • Betriebstättenqualifikation von Telekommunikationsdienstleistungen
Art. 6 (Einkünfte aus unbeweglichen Vermögen)	(–)	(+)	**2008:** • Verweis auf 67.1 bis 67.7 des MK zu Art. 10 hinsichtlich Ausschüttungen von REITs
	(–)	(+)	**2014:** • Aussagen zu Einkünften aus Land- und Forstwirtschaft in Ziff. 2.1
Art. 7 (Unternehmensgewinne)	(–)	(+)	• Anpassung und Änderung von Art. 7 unter Berücksichtigung des Betriebstättenberichts 2008, der überarbeiteten Version des Betriebstättenberichts 2010 und der überarbeiteten Version der OECD-Verrechnungspreisgrundsätze 2010

Vorschrift	Änderung im Text	Änderung im Kommentar	Inhalt der Änderung
			• **Erster Teil der Änderungen im Jahr 2008:** Überarbeitung des Kommentars zu Art. 7 unter Berücksichtigung des Betriebstättenberichts soweit die Grundsätze aus dem Bericht mit dem bisherigen Kommentar in Einklang stehen
	(+)	(+)	• **Zweiter Teil der Änderungen im Jahr 2010**: **MA**: Neufassung der Absätze 1 und 2 sowie Streichung der Absätze 3–6; das in Absatz 7 geregelte Verhältnis von Art. 7 zu anderen Vorschriften ist nun in Absatz 4 geregelt **MK:** Darstellung der unterschiedlichen Grundauffassungen zur Reichweite der Selbständigkeitsfiktion (eingeschränkte und uneingeschränkte Selbständigkeitsfiktion) Art. 7 soll nunmehr der uneingeschränkten Selbständigkeitsfiktion folgen; demnach Streichung von Art. 7 Abs. 4 und Abs. 6 Zweistufiges Verfahren der Gewinnzurechnung: 1. Fiktion der Betriebstätte als eigenständiges Unternehmen und Funktions- und Risikoanalyse unter Berücksichtigung der Besonderheiten bei Betriebstätten (keine zivilrechtlich wirksamen vertraglichen Beziehungen innerhalb eines Einheitsunternehmens mgl. da es an einem anderen Rechtssubjekt fehlt) 2. Analoge Anwendung der Verrechnungspreisgrundsätze Alternativregelung zu Art. 7 Abs. 3, d. h. Korrektur nur nach erfolgreichem Abschluss eines Verständigungsverfahrens; wichtig wegen den unterschiedlichen Kapitalisierungsmethoden
	(–)	(+)	**2014:** • Ersetzung „income“ durch „profits“ in Ziff. 35, 36 • Begrenzung der Gegenberichtigung in Ziff. 68

Vorschrift	Änderung im Text	Änderung im Kommentar	Inhalt der Änderung
			• Aussagen zum Emissionshandel in Ziff. 75.1
Art. 8 (Seeschifffahrt Binnenschifffahrt; Luftschifffahrt)	(–)	(+)	**2005:** • Änderungen bzgl. der steuerlichen Behandlung von Nebentätigkeiten
	(–)	(+)	**2010:** • Anpassung an die Änderungen des Art. 7
	(–)	(+)	**2014:** • Aussagen zu Emissionszertifikaten
Art. 9 (Verbundene Unternehmen)	(–)	(+)	**2008:** • Verweis auf das Verständigungsverfahren des Art. 25 bei Streit über Höhe und Qualifizierung der Ausschüttung; Hinzufügung der Vorbehalte von Deutschland und Italien
Art. 10 (Dividenden)	(–)	(+)	**2005:** • Hinweis auf Möglichkeit einer Bestimmung zur Quellensteuerbefreiung i. d. R. generell steuerbefreiter Pensionskassen u. ä. Versorgungseinrichtungen,
	(–)	(+)	**2008:** • Alternativbestimmung zu Abs. 2 hinsichtlich der steuerlichen Behandlung von REITS
	(–)	(+)	**2010:** • Klarstellung hinsichtlich der Befreiung des Staates und seiner Gebietskörperschaften von der auf Dividenden erhobenen Quellensteuer und Formulierungsvorschlag für entsprechende Neufassung
	(+)	(+)	**MA 2014:** • stilistische Änderung von Absatz 2 **MK 2014:** • Erläuterungen zum „beneficial owner" • Erfassung von Gewinnen aus der Rücknahme von Anteilen einer Gesellschaft
Art. 11 (Zinsen)	(–)	(+)	**2005:** • Hinweis auf Voraussetzungen für eine Behinderung des internationalen Handels durch Quellensteuererhebung und fehlende Sachgerechtigkeit aus anderen Gründen mit Formulierungsvorschlägen für eine Kategorisierung von Zinseinkünften ohne Quellensteuer

Vorschrift	Änderung im Text	Änderung im Kommentar	Inhalt der Änderung
			• Aussagen zur Problematik von Dreiecksverhältnissen unter Hinweis auf die Möglichkeit eines multilateralen Abkommens
	(–)	(+)	**2010:** • Hinweis auf eine Befreiung des Staates, seiner Gebietskörperschaften und ausschließlich ihm gehörender Einrichtungen von der Quellensteuer • Ausführungen zum Betriebstättenvorbehalt
	(+)	(+)	**MA 2014:** • stilistische Änderung von Absatz 2 **MK 2014:** • Erläuterungen zum „beneficial owner" • Aussagen zu Einkünften im Zusammenhang mit öffentlichen Anleihen und Obligationen
Art. 12 (Lizenzgebühren)	(–)	(+)	**2005:** • Klarstellung, dass bei Vergütungen für Exklusivrechte die Vergütungen insgesamt unter den Begriff der Lizenzgebühren fallen, auch wenn die Vergütungen in einen positiven (Benutzung des Immaterialguts) und einen negativen Teil (Unterlassung der Einräumung des Immaterialguts an andere) aufgeteilt werden
	(–)	(+)	**2008:** • Klarstellungen zur Abgrenzung zu Art. 7 bei Unternehmensgewinnen
	(–)	(+)	**2010:** • Aussagen zur Qualifikation von Vergütungen, die für Transponder-Leasing, das Überlassen von Pipelines und Kabeln für die Übermittlung von Elektrizität oder Telekommunikation, die Zurverfügungstellung von Radiofrequenzen oder Roaming gezahlt werden (i.d.R. kein Art. 12; Ausnahmen beim Transponder-Leasing, abhängig von der Vertragsgestaltung) • Ausführungen zum Betriebstättenvorbehalt
	(–)	(+)	**2014:** • Erläuterungen zum „beneficial owner"
Art. 13 (Gewinne aus der Veräußerung von Vermögen)	(–)	(+)	**2005:** • Aussagen zu Mitarbeiteroptionen

Vorschrift	Änderung im Text	Änderung im Kommentar	Inhalt der Änderung
			• Hinweis auf Möglichkeit der Befreiung von der Besteuerung im Quellenstaat für Pensionskassen u. ä. Versorgungseinrichtungen; Formulierungsvorschlag in Ziff. 69
	(–)	(+)	**2008:** • Anpassung des Kommentars zu Art. 13 Abs. 4 an die Alternativbestimmung zu Art. 10 Abs. 2 im Hinblick auf REITS
	(–)	(+)	**2010:** • Ausführungen zum Betriebstättenvorbehalt
	(–)	(+)	**2014:** • Erfassen von Emissionszertifikaten • Aussagen zu Liquidationsgewinnen und der Rücknahme von Anteilen einer Gesellschaft
Art. 15 (unselbständige Arbeit)	(–)	(+)	**2005:** • Maßgeblicher Zeitpunkt der Besteuerung, insbesondere hinsichtlich Mitarbeiteroptionen • Klarstellung zur Bestimmung der 183-Tage-Regel
	(–)	(+)	**2008:** • Auslegungshilfen zur 183-Tage-Regel • Keine Aufnahme des sog. wirtschaftlichen AG; es bleibt bei den Ausführungen in Ziff. 8 zum internationalen AN-Verleih
	(–)	(+)	**2010:** • Besteuerungsrecht für Arbeitsvergütungen gemäß dem Authorised OECD Approach • Klarstellung, dass AG nicht nur der formale AG sein muss und der erweiterte AG-Begriff nicht nur auf Missbrauchsfälle anzuwenden ist • Aufzählung von Kriterien und Lösungsbeispielen für die Behandlung streitiger Tätigkeitsvergütungen
	(–)	(+)	**2014:** • Hinweise zur Zuordnung von Vergütungen • Auslegung „betreffendes Steuerjahr"
Art. 16 (Aufsichts- und Verwaltungsratsvergütungen)	(–)	(+)	**2005:** • Entsprechende Ergänzungen zur steuerlichen Behandlung von Mitarbeiteroptionen hinsichtlich der Änderungen zum Kommentar zu Art. 15

Vorschrift	Änderung im Text	Änderung im Kommentar	Inhalt der Änderung
Art. 17 (Künstler und Sportler)	(–)	(+)	**2008:** • Formulierungsvorschlag zur Ergänzung von Art. 17: Nettobesteuerung im Auftrittstaat auf Antrag des Künstlers oder Sportlers
	(+)	(+)	**MA 2014:** • Neufassung **MK 2014:** • Anpassung an Neufassung • Klarstellung in Ziff. 8.1, dass es nicht darauf ankommt, wer bezahlt • Aussagen zum Anwendungsbereich • Alternativbestimmung zur Bemessungsgrundlage
Art. 18 (Ruhegehälter)	(–)	(+)	**2005:** • Ausführliche Darstellung der unterschiedlichen Ansatzpunkte für die Besteuerung von Ruhegehältern im Quellenstaat • Formulierungsvorschlag für die Steuerbefreiung von anerkannten Pensionskassen • Ausführungen über die steuerliche Behandlung der Übertragung des Pensionskassenguthabens auf eine andere Kasse
Art. 19 (Öffentlicher Dienst)	(+)	(+)	**MA 2005:** • Anpassung des Wortlauts von Abs. 2 und 3 an Art. 18; erfasst werden nun auch „ähnliche Vergütungen" **MK 2005:** • Aussagen zum Anwendungsbereich: Einmalzahlungen, Behandlung von Ruhegehältern, die für private und öffentliche Tätigkeiten gezahlt werden; Behandlung von Vergütungen, die aus Sondervermögen gezahlt werden, die von der öffentlichen Hand errichtet, aber nicht zwingend finanziert worden sind
Art. 20 (Studenten)	(–)	(+)	**2005:** • Klarstellung zur Anwendbarkeit des Art. 15
	(–)	(+)	**2014:** • Ausführungen zur Quelle der Zahlungen
Art. 21 (andere Einkünfte)	(–)	(+)	**2008:** • Aussagen zum Anwendungsbereich

Vorschrift	Änderung im Text	Änderung im Kommentar	Inhalt der Änderung
			• Klarstellung hinsichtlich der Besteuerung von drittstaatlichen Einkünften doppelt ansässiger Personen, deren Ansässigkeit nach Art. 4 Abs. 2/3 bestimmt wird
	(–)	(+)	**2010:** • Ausführungen zum Betriebstättenvorbehalt
Art. 22 (Vermögen)	(–)	(+)	**2010:** • Ausführungen zum Betriebstättenvorbehalt
Art. 23 A/B (Methodenartikel)	(–)	(+)	**2005:** • Vermeidung der Doppelbesteuerung bei unbeschränkter Besteuerung in den Vertragsstaaten in verschiedenen Zeitabschnitten
	(–)	(+)	**2014:** • Empfehlung bei fehlender Anrechnungsmöglichkeit der Quellensteuer auf Zinsen im Zusammenhang mit Refinanzierungszinsen diese Zinsen generell von der Quellensteuer freizustellen (bisherige Empfehlung: Anrechnung)
Art. 24 (Gleichbehandlung)	(–)	(+)	**2008:** • Ausführungen zur Auslegung und Anwendung von Art. 24
	(–)	(+)	**2010**: • Neukommentierung zu Absatz 3: Anwendung besonderer Gewinnermittlungsmethoden bei Betriebsstätten wird nicht verhindert
Art. 25 (Verständigungsverfahren)	(–)	(+)	**2005:** • Hinweis auf Anwendbarkeit des Art. 25 auf Informationen, die im Rahmen eines Verständigungsverfahrens ausgetauscht werden sowie auf Sicherung der Vertraulichkeit der Informationen
	(+)	(+)	**MA 2008:** Neuer Absatz 5 **MK 2008:** • Aussagen zu Funktion, Voraussetzungen und Rechtsfolgen sowie verfahrensrechtlichen Aspekten des Schieds- und Verständigungsverfahrens sowie zum Verhältnis der Verfahren zueinander und der Möglichkeiten der Vertragsstaaten bei der Einführung eines Schiedsverfahrens

Vorschrift	Änderung im Text	Änderung im Kommentar	Inhalt der Änderung
	(–)	(+)	**2010:** • Anpassung der Beispielsfälle an die Neufassung des Art. 7
Art. 26 (Informationsaustausch)	(+)	(+)	**MA 2005:** • umfassende Amtshilfe, auch Bankinformationen sollen ausgetauscht werden • Schweiz: Vorbehalt, allerdings nicht für Fälle, in denen ein in beiden Staaten mit Freiheitsstrafe bedrohter Steuerbetrug vorliegt **MK 2005:** • Aussagen zum Anwendungsbereich und zu den Grenzen der Informationsbeschaffung sowie Erläuterung der neuen Abs. 4 und 5
	(–)	(+)	**2010:** • Anpassung der Beispielsfälle an die Neufassung des Art. 7 • Keine Vorbehalte mehr
	(+)	(+)	**MA und MK 2014:** • Neufassung entsprechend der vom Rat 2012 genehmigten Änderungen zum internationalen Informationsaustausch

36 **b) Das UN-Musterabkommen.** Das OECD-MA berücksichtigt traditionell vor allem die Interessen von Industriestaaten und stellt die Besteuerung im Ansässigkeits-/Wohnsitzstaat in den Vordergrund (*Jacobs/Endres/Spengel,* S. 65; *Owens/M. Lang,* TPIR 2013, Nr. 5, 20; Nr. 6, 25; Nr. 7, 26; Nr. 8, 26). Anders als Industriestaaten haben Länder mit niedrigerem wirtschaftlichem Entwicklungsstand (Schwellen- und Entwicklungsländer) dagegen oft einen Importüberschuss und sind auf Dienstleistungen und Investitionen von außerhalb ihres Hoheitsgebiets angewiesen (*Jacobs/Endres/Spengel,* S. 68; *Baistrocchi,* BTR 2008, 352). Die damit verbundene Wertschöpfung und die daraus resultierenden Gewinne können nach den Grundsätzen des OECD-MA allerdings häufig nicht als Anknüpfungen für eine Besteuerung in diesen (Quellen-)Staaten dienen. Um dennoch ausreichend Einnahmen zu generieren und Ausgaben zu kompensieren, haben diese Länder ein starkes Interesse an einer umfassenden Quellenbesteuerung. Auf der anderen Seite sollen auch steuerliche Anreize für ausländische Investoren gesetzt werden (*Baistrocchi,* BTR 2008, 352, 364). Um den (Fiskal-)Interessen der weniger hoch entwickelten Staaten Rechnung zu tragen, wurden verschiedene Gegenentwürfe zum OECD-Abkommen konzipiert (zu den Hintergründen s. *Baistrocchi,* BTR 2008, 352 m. w. N. sowie die Ausführungen und Nachweise in Rz. 13). In diesem Zusammenhang kommt vor allem den Überlegungen zur Ausweitung des Betriebstättenbegriffs und zur Anerkennung der Dienstleistungsbetriebstätte (zur eingeschränkten Attraktivkraft der Betriebstätte s. Art. 5 Rz. 70a; Art. 7 Rz. 42 f.) sowie der Diskussion um unterschiedliche Höchstsätze bei der Besteuerung von Dividenden, Zinsen und Lizenzgebühren (s. Vor Art. 10–12 Rz. 3 ff.), der fiktiven Steueranrechnung (s. Art. 23 Rz. 191 ff.; *Jacobs/Endres/Spengel,* S. 76), aber auch

der Zurechnung der Ausgaben zu den einzelnen Einkunftsarten Bedeutung zu (allgemein unter dem Blickwinkel der Sicherung vom Steueraufkommen durch DBA *Owens/M. Lang,* TPIR 2013, Nr. 5, 20; Nr. 6, 25; Nr. 7, 26; Nr. 8, 26).

Ein Modellabkommen, das den Interessen der Entwicklungsländer dienen soll, **36a** wurde von den Vereinten Nationen im Jahre 1980 veröffentlicht (dazu *Lennard,* APTB 2008, 23). Dieses **UNO-Modell** war das Ergebnis von mehr als zehnjährigen Beratungen einer vom Wirtschafts- und Sozialrat der Vereinten Nationen bestellten Expertengruppe (zum Expertenkommitee s. *Lennard,* APTB 2008, 23, 24; *Ault,* DStJG 36 (2013), S. 113 (127 f.); Wassermeyer/*Krabbe,* Vor Art. 1 OECD-MA Rz. 169). In seinem Aufbau folgte es dem OECD-MA, wich jedoch inhaltlich in einigen wichtigen Punkten ab (gebilligt vom Wirtschafts- und Sozialrat am 22.4.1980, Text: United Nations, 1980, ST/ESA/102, Resolution 1980/13 Nr. 1; s. dazu: *Surrey,* Harvard Law Journal 1978, 1; *Ritter,* DStZ 1979, 419; *Hundt,* RIW 1981, 306; *Surrey,* United Nations Model Convention for Tax Treaties Between Developed and Developing Countries, 1980; *Wijnen/Magenta,* BIFD 1997, 574; *Zagaris,* TNI 2005, 337; kritisch hinsichtlich der Annahme, das UN-MA baue auf dem OECD-MA auf: Wassermeyer/*Wassermeyer,* Vor Art. 1 OECD-MA Rz. 22). Eine überarbeitete Fassung des UNO-Modells wurde 2001 publiziert (UN-Dokument E 1999/84; s. dazu *Krabbe,* IStR 2000, 618). Die Version 2001 wird durch das am 15.3.2012 veröffentlichte Update 2011 ersetzt (United Nations Model Double Taxation Convention between Developed and Developing Countries (2011); s. www.un.org; zu den Änderungen durch das Update 2011 s. *Lennard,* APTB 2010, 9, 10; *ders.,* BIT 2012, 631; *Arnold,* BIT 2011, 118, 119; *ders.,* BIT 2012, 523; *Bayer,* SWI 2011, 539; *Yaffar/Lennard,* BIT 2012, 590, 624; *Goede/Dickinson,* BIT 2012, 587). Die Änderungen betreffen u. a. die Möglichkeit zur Einleitung eines Schiedsverfahrens nach Art. 25 Abs. 5 UN-MA (s. Art. 25 Rz. 199) und den Informationsaustausch nach Art. 26 UN-MA. Art. 26 UN-MA, der den Informationsaustausch zum Gegenstand hat, entspricht zwar weitestgehend Art. 26 OECD-MA. In Art. 26 Abs. 1 UN-MA ist allerdings ein weiterer Satz eingefügt, der die Bedeutung des Informationsaustauschs in Steuerumgehungs- und -hinterziehungsfällen hervorhebt. Ein vom OECD-MA abweichender Standard ist nicht angestrebt (s. *Bayer,* SWI 2011, 539, 540 f.; 7. Sitzungsbericht des UN-Expertenkomitee vom 24.–28.10.2011; UN-Dok. E/2011/45-E/C.18/2011/6 zu Art. 26 Rz. 73). Diesbezüglich fehlt jedoch eine ausdrückliche Klarstellung. Darüber hinaus enthält Art. 26 Abs. 6 UN-MA, abweichend von Art. 26 OECD-MA, einen Auftrag an die Vertragsstaaten, geeignete Verfahrensregeln zu entwickeln (s. Art. 26 Rz. 12). Neu eingefügt wurde mit Art. 27 UN-MA zudem eine Bestimmung über Amtshilfe, die Art. 27 OECD-MA entspricht (s. Art. 27 Rz. 4). Art. 19 UN-MA wurde ebenfalls an Art. 19 OECD-MA angeglichen. Ferner gab es kleinere Änderungen bei Art. 5 Abs. 3 lit. b UN-MA im Hinblick auf die zeitlichen Voraussetzungen für die Begründung einer Dienstleistungsbetriebstätte (statt sechs Monaten gilt nun ein Zeitraum von 183 Tagen) und es wurde mit Art. 13 Abs. 5 UN-MA eine neue Regelung für die Veräußerung qualifizierter Beteiligungen eingeführt (s. Art. 13 Rz. 179 ff.). Weitere Änderungen wurden im Kommentar zu Art. 5 UN-MA vorgenommen (s. Art. 5 Rz. 2 ff.). Sie sind vor allem im Zusammenhang mit Art. 14 UN-MA zu sehen, der im OECD-MA bereits im Jahr 2000 gestrichen wurde (kritisch zu dem Umstand, dass es für das UN-Abkommen keine Möglichkeit zu Vorbehalten und Bemerkungen gibt: *Arnold,* BIT 2011, 118, 119). Die Änderungen des Art. 7 OECD-MA/MK (AOA) wurden hingegen nicht übernommen (s. Art. 7 Rz. 182). In den UN-Kommentar wurden jedoch die Änderungen des OECD-MK 2010 zu Art. 10, 11, 12 OECD-MA (Nutzungsberechtigter) sowie die Änderungen im OECD-MK zu Art. 15, 18 und Art. 24 OECD-MA (s. im Einzelnen auch Vor Art. 10–12 Rz. 1 ff.; Art. 10

Rz. 17, 31 ff., 183, 243; Art. 11 Rz. 2, 29, 88, 90, 118; Art. 12 Rz. 2, 16, 41, 75, 99; Art. 15 Rz. 2; Art. 18 Rz. 10, 60 ff., 150 und Art. 24 Rz. 35) entsprechend eingearbeitet. Im Kommentar zu Art. 1 UN-MA finden sich auf Grundlage der Ausführungen des OECD-MK Aussagen zum Missbrauch von Doppelbesteuerungsabkommen wie beispielsweise zum Treaty Shopping (s. Art. 1 Rz. 88 ff.) oder zu Dreieckssachverhalten (s. Art. 1 Rz. 89a). Von großer Bedeutung sind die Ausführungen zum Verhältnis des UN-MA zu den OECD-Verrechnungspreisrichtlinien. In Art. 9 Tz. 3 des UN-MK 2001 wurde festgehalten, dass die OECD-Verrechnungspreisgrundsätze international anerkannte Standards sind und es wurde eine Empfehlung ausgesprochen, diese Grundsätze anzuwenden. Das gegenwärtige UN-Expertenkomitee spricht sich zwar in Art. 9 Tz. 2 des UN-MK 2011 für die Anwendung des Fremdvergleichsgrundsatzes aus, die Auffassungen zur Bedeutung der OECD-Verrechnungspreisgrundsätze gehen jedoch auseinander. Für das Update 2011 konnte insoweit keine Einigung erzielt werden. In Art. 9 UN-MK 2011 Tz. 3 wird diesbezüglich die Ansicht des UN-Expertenkomitees von 1999 wiedergegeben und bemerkt, dass das gegenwärtige Komitee diese Empfehlung nicht vollständig in Erwägung gezogen hat. Für nähere Informationen wird auf den 7. Sitzungsbericht des UN-Expertenkomitees vom 24.–28.10.2011 verwiesen (s. UN-Dok. E/2011/45-E/C.18/2011/6 zu Art. 9 Tz. 40 ff.; einen Überblick gibt *Bayer,* SWI 2011, 539, 542; s. auch Art. 9 Rz. 2, 158; grundlegend neu und umfassend ist das Practical Manual on Transfer Pricing for Developing Countries (2011)). Wegen seiner besonderen Bedeutung wird das UN-MA in diesem Kommentar durchgehend bei jedem Artikel neben dem OECD-MA angesprochen. Allgemein zu den Unterschieden zwischen dem OECD-Musterabkommen und dem UN-Musterabkommen s. *Lennard,* APTB 2008, 23, 25; *ders.,* APTB 2009, 4; *Souza de Castelo Branco,* in Ecker/Ressler, History of Tax Treaties, S. 49; speziell im Verhältnis zu den BRICS-Staaten s. *Gutiérrez* in Gutiérrez/Perdelwitz, Taxation of Business Profits (2013), S. 307.

36b **c) Das ILADT-Modell.** Einen Vorschlag für ein lateinamerikanisches Abkommensmodell als Alternative zum OECD-MA und UN-MA macht das lateinamerikanische Institut für Steuern (Instituto Latinoamericano de Derecho Tributario, sog. ILADT; s. hierzu Rz. 13). Auch dieses Modell spricht sich für eine stärkere Quellenbesteuerung aus (zu den Hintergründen s. Rz. 12).

4. Länderspezifische Musterabkommen

37 **a) Ausländische Musterabkommen, insbesondere das US-Musterabkommen.** Das US Department of the Treasury der **Vereinigten Staaten** hat als Grundlage für seine Abkommensverhandlungen erstmals 1976 ein **eigenes Modell** herausgebracht. Dieses Musterabkommen wurde im September 1996 verändert. Die neueste Version des US-Musterabkommens wurde am 15.11.2006 veröffentlicht (*US Department of the Treasury,* United States Model Income Tax Convention of November 15, 2006). Dem US-Musterabkommen ist eine „Technical Explanation" beigefügt (zur Erläuterung s. *Doernberg/van Raad,* The 1996 United States Model Income Tax Convention, 1997; *Tittle/Avi-Yonah,* The integrated 2006 United States Model Income Tax Treaty, 2008; *Kessler/Eicke,* IStR 2007, 159; zur Geschichte und zur Erläuterung des US-Modells s. näher *K. Vogel/Shannon/Doernberg/van Raad,* United States Tax Treaties, 1989 ff. (Loseblatt)). Auf der Grundlage des OECD-MA soll das „Treasury Model" spezifische Anliegen der Abkommenspolitik der Vereinigten Staaten zum Ausdruck bringen (vgl. *Patrick,* Law and Policy in International Business 10 (1978), 613; zur Vertragspolitik der Vereinigten Staaten gegenüber Entwicklungsländern vgl. *Surrey,* Factors Affecting US Treasury in Conducting International Tax Treaties, The Journal of Taxation

1968, 277 ff.; *Estes,* Tax Treaties, The International Lawyer 1980, 508 ff.; *Rosenbloom,* Current Developments in Regard to Tax Treaties, in New York University, S. 1 ff.; zu den Besonderheiten der sog. Limitation on benefits-Klauseln s. Art. 1 Rz. 121 ff., 144 ff. und zum Umgang mit Treaty Overrides *Femia/Aksakal,* TNI 2010, 341 sowie u. Rz. 193 ff., 204). Wegen seiner besonderen Bedeutung wird das US-MA in diesem Kommentar durchgehend bei jedem Artikel neben dem OECD-MA angesprochen.

In neuerer Zeit haben darüber hinaus einige andere Staaten auf dem OECD-MA beruhende eigene Abkommensmodelle publiziert (vgl. das **belgische Musterabkommen** aus dem Jahr 2007 www.fisconet.be; einen Überblick gibt *de Broe,* BIT 2008, 322, 324; für **Australien** *Dirkis,* BIT 2008, 56; für **Österreich** M. Lang/Schuch/Staringer, Die österreichische DBA-Politik, 2013; der österreichische Entwurf findet sich im Anhang auf S. 407 ff.). **37a**

b) Die deutsche Verhandlungsgrundlage für DBA – Vorgabe für die deutsche Abkommenspolitik. Mit Datum vom 17.4.2013 hat das BMF die erste Fassung einer nach Bedarf fortzuschreibenden deutschen **Verhandlungsgrundlage für Doppelbesteuerungsabkommen im Bereich der Steuern vom Einkommen und Vermögen** veröffentlicht (BMF IV B 2 – S 1301/10/10022-32, DOK 2012/0214500; s. auch IStR, Beihefter zu Heft 10/2013 II). Die Verhandlungsgrundlage dient einer „effizienten Umsetzung der deutschen Abkommensziele unter Verwendung möglichst einheitlicher Formulierungen" (s. Verlautbarung des BMF v. 22.8.2013 Az. IV B 2 – S 1301/13/10009; jeweils aktuelle Fassung abrufbar unter www.bundesfinanzministerium.de). Im Aufbau und im Regelungsgehalt stimmt die Verhandlungsgrundlage weitgehend mit dem MA überein; inhaltlich enthält sie jedoch teils starke Abweichungen (vgl. den Überblick bei *Rotter/Welz/Lammers,* Kommentar zur Verhandlungsgrundlage für DBA (2014), S. 10 ff., 47 ff., *Ditz/Schönfeld,* DB 2013, 1437; *J. Lüdicke,* Anmerkung zur deutschen Verhandlungsgrundlage für Doppelbesteuerungsabkommen, IStR, Beihefter zu Heft 10/2013 I, S. 27; *Lay/Stoecker,* IWB 2013, 368; im Hinblick auf Entwicklungsländer *Valta,* IStR 2013, 186; zu den Einzelheiten *Schönfeld/Ditz* in SD, Anh. 4, Rz. 4 ff.; hier die nachfolgenden Kommentierungen jeweils unter der Überschrift „Übereinstimmungen und Abweichungen" sowie „Deutsche DBA"). Zusätzlich zu den Bestimmungen des MA enthält die Verhandlungsgrundlage in Art. 27 Verfahrensregeln für die Quellenbesteuerung und in Art. 30 eine Bestimmung, wonach das Protokoll Bestandteil des Abkommens ist. Andererseits wurde eine dem Art. 29 MA entsprechende Vorschrift über die Ausdehnung des räumlichen Geltungsbereichs nicht in die Verhandlungsgrundlage aufgenommen. Die Verhandlungsgrundlage konkretisiert die intensiv diskutierte deutsche Abkommenspolitik (*J. Lüdicke,* Überlegungen; *ders.,* FR 2011, 1077; *ders.,* Die deutsche Position beim Abschluss von DBA, in Lang/Schuch/Staringer, Die österreichische DBA-Politik, Das „österreichische Musterabkommen", 2013, S. 31; *Lehner,* FR 2011, 1087; *Wichmann,* FR 2011, 1082; im unionsrechtlichen Kontext: *M. Lang,* IStR 2013, 365; weiterführend zur deutschen Abkommenspolitik *Müller-Gotermann,* in Baumhoff/Schönfeld, Doppelbesteuerungsabkommen – Nationale und internationale Entwicklungen (2012), S. 1 ff.; *ders.,* FR 2012, 1032; *Schön,* in Lüdicke, Praxis und Zukunft des deutschen Internationalen Steuerrechts (2012), S. 1 ff.; *Rotter/Welz,* IWB 2013, 628; s. auch die Beiträge in ifst, Deutsche Abkommenspolitik (2013); zur Abkommenspolitik der EU-Kommission s. Rz. 256 ff.). Die Vorgabe des BMF ist zu begrüßen, weil sie lange erwartete Verlässlichkeit und Transparenz verspricht und weil sie zahlreiche Forderungen der Praxis berücksichtigt; vorläufig offen bleibt der Wunsch nach einer Denkschrift zur Erläuterung der Abweichungen vom MA (*J. Lüdicke,* Überlegungen, S. 26, 45; *Schönfeld/Ditz* in SD, Anh. 4, Rz. 1 f.). **38**

Besonders hervorzuheben ist der grundlegende, bereits in der Präambel (zu ihrer rechtlichen Bedeutung s. Rz. 38a, 136) formulierte und insbesondere in Art. 22 Abs. 1 Buchst. e) der Verhandlungsgrundlage konkretisierte Wunsch, sowohl **Doppelbesteuerungen als auch Nichtbesteuerungen** (s. Rz. 6, 70 ff., 162 ff.) zu vermeiden. Mit der Vermeidung einer Doppelnichtbesteuerung bzw. Keinmalbesteuerung strebt die Verhandlungsgrundlage ein unter dem Gesichtspunkt leistungsfähigkeitsgerechter Besteuerung (s. Rz. 20 f.) lobenswertes Ziel an. Die Verhandlungsgrundlage geht aber mit dieser Vorgabe deutlich über das Verbot der virtuellen Doppelbesteuerung (s. Rz. 69 ff.) hinaus (*J. Lüdicke,* IStR, Beihefter zu Heft 10/2013, 27 (34, 28); *Ditz/Schönfeld,* DB 2013, 1437; *Kaminski,* Stbg 2013, 261 (268); *Lay/Stoecker,* IWB Nr. 11 v. 12.6.2013, S. 368 (372); *Schönfeld/Häck,* ISR 2013, 168; s. zur Problematik auch *Rust,* in J. Lüdicke, Vermeidung der Doppelbesteuerung und ihre Grenzen, S. 37 ff., 49 f.). Sie knüpft insoweit sachlich an die Vorgaben des § 2 Abs. 2 AO und an einseitige Maßnahmen zur Vermeidung von Keinmalbesteuerung in Gestalt innerstaatlicher, unter dem Gesichtspunkt des Treaty Override allerdings sehr problematischer Gesetzgebung (s. Rz. 196, 197 ff.) an. Mit diesen Zielsetzungen steht die Verhandlungsgrundlage zwar in der Tradition einer auf Freistellung ausgerichteten Abkommenspolitik, die aber zunehmend durch Ausnahmeregelungen eingeschränkt wird (s. Art. 23 Rz. 63 ff.). In diesem Zusammenhang gewinnen die Möglichkeiten eines Wechsels von der Freistellung zur Anrechnungsmethode als Maßnahmen gegen Steuerumgehung durch abkommenswidrige innerstaatlicher Gesetzgebung (s. Rz. 270 ff.), aber auch durch entsprechende abkommensrechtliche Mechanismen zunehmend Bedeutung (s. Art. 23 Rz. 172 u. ausführlich zu weiteren Möglichkeiten der abkommensrechtlichen Missbrauchsvermeidung Art. 1 Rz. 100 ff. und zur deutschen Abkommenspolitik Art. 1 Rz. 135 ff.). Die damit verbundenen protektionistischen Effekte sind unter dem Aspekt von Neutralitätsgesichtspunkten bedenklich (s. Rz. 27, 267a). Demgegenüber sind Bestrebungen, einer Ausweitung des Betriebstättenbegriffs entgegen zu wirken (Art. 5 Rz. 3 ff., 29, 62, 73, 135) im Hinblick auf sachgerechte Gewinnallokation zu begrüßen (s. Rz. 24 ff.). Zu begrüßen sind auch Fortschritte bei den Möglichkeiten der Streitbeilegung und der Verständigung (s. Art. 25 Rz. 54 ff., 126 ff., 165 ff., 190 ff., 250 ff., 375 ff.) sowie des Informationsaustausches (s. Art. 26 Rz. 3 ff., 29, 62, 73, 135) und der Amtshilfe (s. Art. 27 Rz. 11, 25 ff., 47 f., 73 ff., 88, 99 ff.). Kaum Fortschritte gibt es dagegen bei den Einwirkungen des Unionsrechts auf die Doppelbesteuerungsabkommen der Mitgliedstaaten (s. Rz. 262 ff.), sieht man einmal von den unionsrechtlichen Vorgaben für die Verlustberücksichtigung in Freistellungsfällen ab (s. Rz. 268b ff.). Deutsche Abkommenspolitik muss deshalb auch in ihrer neuen Ausrichtung wegen der zunehmenden Komplexität des Internationalen Steuerrechts den berechtigten Forderungen nach Kontinuität und Koordination (*Schön,* in Lüdicke, Praxis und Zukunft des deutschen Internationalen Steuerrechts, S. 1 (14 ff.) genügen. Die deutsche Verhandlungsgrundlage kann einen wichtigen Beitrag zur Verwirklichung dieser Zielsetzungen leisten.

38a Die Verhandlungsgrundlage erhebt aber nicht den Anspruch rechtlicher Verbindlichkeit, etwa im Sinne einer Selbstbindung der Verwaltung (offen gelassen bei *Rotter/Welz/Lammers,* S. 17 f.). Dies folgt bereits aus der Bezeichnung als „Verhandlungsgrundlage" und aus der Notwendigkeit, auf Wünsche des Vertragspartners eingehen zu können. Die Verhandlungsgrundlage hat deshalb nur die Funktion einer **Leitlinie für den Abschluss von Doppelbesteuerungsabkommen.** Der Umstand, dass sie die Billigung des Finanzausschusses des Deutschen Bundestages erfahren hat, gibt ihr auch keine rechtsstaatliche Qualität, die den bislang abgeschlossenen Doppelbesteuerungsabkommen fehlt (vgl. aber *Schönfeld/Ditz* in SD, Anh. 4, Rz. 1). Andererseits entlässt die Verhandlungsgrundlage die Bundesrepublik Deutschland nicht aus den zwar schwachen, aber doch aus der Qualität des OECD-MA als Empfehlung des Rates der OECD folgenden **rechtlichen Bindungen** an das OECD-MA und an dessen Kommentar (s. Rz. 123 ff.). Solange eine entsprechende ausdrückliche Erklärung fehlt, kann die Verhandlungsgrundlage im Fall von Abweichungen zu Bestimmungen des OECD-MA auch nicht als genereller Vorbehalt (s. Rz. 34 f., 124b) zu Bestimmungen des Musterabkommens gewertet werden. Es bleibt somit trotz Veröffentlichung der Verhandlungsgrundlage bei der abgeschwächten Verpflichtung (s. Rz. 124b) der Bundesrepublik Deutschland den Empfehlungen des Rates der OECD zu folgen, soweit nicht bereits Vorbehalte geltend gemacht wurden oder künftig geltend machen werden, die mit den Leitlinien der Verhandlungsgrundlage übereinstimmen (zu Musterfällen für die Auslegung nach Maßgabe der Verhandlungsgrundlage s. *Endres/Freiling,* PIStB 2014, 40; 74).

c) Länderübergreifende Musterabkommen. In einer gemeinsamen Erklärung haben Deutschland, die USA, Frankreich, Großbritannien und Spanien am 28.2.2012 zudem vereinbart, den Ausbau der bilateralen Zusammenarbeit zur Bekämpfung der Steuerhinterziehung voranzutreiben. Hierzu wurde ein Musterabkommen vereinbart (**„Musterabkommen zur Verbesserung der Steuerehrlichkeit und Umsetzung des Foreign Account Tax Compliance Act (FATCA)“;** s. BMF Pressemitteilung Nr. 36 vom 26.7.2012; www.bundesfinanzministerium.de; s. hierzu *Beier/Schulte,* RIW 2012, 129; 282; 683; *Demleitner,* IStR 2013, 564; *Döhle,* IWB 2013, 438; *Dorfmüller,* StuB 2013, 147; *Hartrott/Heinemann,* BB 2012, 671; *Wybitul/Beier,* BB 2012, 1200; Verordnung zur Umsetzung des FATCA Abkommens (FATCA UmsetzungsVO) v. 23.7.2014 (BGBl. I 2014 S. 1222; s. Art. 10, Rz. 262; Art. 26 Rz. 18a, 40a). **39**

Der besonderen Interessenlage der Entwicklungsländer (s. Rz. 36) dient auch das 1971 erarbeitete und beschlossene Modell der **Anden-Gruppe** (synonym Andenpakt; Grupo Andino; seit 1997 Andengemeinschaft; comunidad andina), eines Zusammenschlusses der Staaten Bolivien, Ecuador, Kolumbien Peru, Chile (bis 1976) und Venezuela (1973 bis 2011). Das Anden-Modell (zum **ILADT-Modell** s. Rz. 13 und Rz. 36b) stellt die traditionellen Anliegen der lateinamerikanischen Staaten, insbesondere das Quellenprinzip, in den Vordergrund (Text: BIFD 1974 Supp. D, 309; s. dazu *Naranjo,* BIFD 1987, 89; *Weizmann,* Skat Ud. 1994, 418; *Baistrocchi,* BTR 2008, 352, 372). Das Abkommensmodell wurde 2004 durch ein multilaterales Abkommen ersetzt (s. hierzu Rz. 40a Nr. 7). **39a**

1987 wurde zudem ein Abkommensmodell der **ASEAN-Staaten** vereinbart (dazu: *van der Bruggen,* TNI March 2002, 1227).

5. Vermeidung der Doppelbesteuerung durch multilaterale Abkommen

Literatur: *Atchabahian,* BIFD 1974 Vol. XXVIII (8), 308; *Brauner,* 56 TLR 259 (2003); *Brooks,* in M. Lang u. a., Building Bridges (2010), S. 211; *Helminen,* BIT 2007, 23; *dies.,* The Nordic Multilateral Tax Treaty as a Model for a Multilateral EU Tax Treaty 2013; *Hengsle,* BIFD 2002, 371; *Jogarajan,* (2011), AJCL: Vol. 6: Iss. 1, Art. 8, 1; *M. Lang,* in M. Lang u. a., Multilateral Tax Treaties, New Developments in International Tax Law (1997), S. 187; *Lokouta,* in M. Lang u. a., Multilateral Tax Treat Doppelbesteuerungsabkommen die Zukunft? – Einige Bemerkungen im Hinblick auf die Erfahrung in den nordischen Staaten, Institut für Ausländisches und Internationales Finanz- und Steuerwesen (1985); *ders.,* Svensk Skattetidning 1990, 154; *ders.,* Intertax 2000, 301; *Vann,* APTIRC-Bull. 1990, 392; *ders.,* BIFD 1991, 151; *van Raad,* BIFD 2002, 248. **40**

Multilaterale Doppelbesteuerungsabkommen sind bzw. waren: **40a**

(1) Der Allgemeine Vertrag über steuerliche Zusammenarbeit vom 29.1.1971 der 1985 aufgelösten OCAM (Organisation Commune Africaine et Malgache), die

zu diesem Zeitpunkt aus 14 Staaten bestand (Text: African Tax Systems, Losebl., Section E). Am 26.9.2008 wurde von den Mitgliedstaaten der UEMOA (Union Economique et Monétaire Ouest Africaine) der West African Economic and Monetary Union Tax Treaty (offizieller Titel: „reglement N°08/2008/CM/UEMOA portant adoption des regles visant a eviter la double imposition au sein de l'uemoa et des regles d'assistance en matiere fiscale") unterzeichnet. Er trat am 1.1.2009 in Kraft. Mitgliedstaaten der UEMOA sind *Benin, Burkina Faso, Guinea-Bissau, Elfenbeinküste, Mali, Niger, Senegal* und *Togo.* Der Vertrag ersetzt die bisher zwischen den Mitgliedstaaten geschlossenen multilateralen Abkommen (den „West African Economic Community tax treaty" vom 29.10.1984 zwischen *Burkina Faso, Elfenbeinküste, Mali, Mauretanien, Niger und Senegal* sowie den Allgemeinen Vertrag über die steuerliche Zusammenarbeit vom 29.1.1971; vgl. Art. 43 des Abkommens) und folgt in großen Teilen dem UN-Musterabkommen (in Kraft; Text: www.uemoa.int).

(2) Das noch nicht in Kraft getretene Doppelbesteuerungsabkommen zwischen den Ostafrikanischen Staaten *Kenia, Uganda, Burundi, Ruanda* und *Tansania* vom 30.11.2010 (Agreement between the governments of the Republics of Kenya, Uganda, Burundi, Rwanda and the United Republic of Tanzania for the avoidance of double taxation and the prevention of fiscal evasion with respect to taxes on income, s. www.eac.int). Der Ministerrat der East African Community (EAC) hat die Mitgliedstaaten aufgefordert, die erforderlichen Maßnahmen zu ergreifen, damit das Abkommen in Kraft treten kann (s. EAC Gazette, Vol. AT 1, No. 4 v. 22.2.2013).

(3) Zwei Verträge im Rahmen des – inzwischen aufgelösten – Rates für gegenseitige Wirtschaftshilfe („Comecon" bzw. „CMEA") vom 27.5.1977 (natürliche Personen betreffend; Text: Gesetzblatt der DDR 1979 II 42) und vom 19.5.1978 (juristische Personen betreffend; Text: ET 1979, 387 (engl.) sowie SWI 1991, 52 (dt.); Gesetzblatt der DDR 1979 II 46). Die Verträge sind nicht mehr in Kraft (weiterführend *T. Nagy,* ET 1979, 379; *Uher,* SWI 1991, 50; *J. G. Gluchowski,* OstEurR 1986, 58).

(4) Das „Nordische Übereinkommen" zwischen *Dänemark, Finnland, Island, Norwegen, Schweden,* und seit 1996 auch den *Färöer* Inseln (vgl. Bekendtgørelse Nr. 1 (Dänemark) af 16. Januar 1984 af Overenskomst af 22. Marts 1983 mellam Danmark, Finnland, Island, Norge og Sverige til undgåelse af dobbeltbeskatning for sa vidt angar indkomst- og formueskatter; s. a. www.norden.org; dazu *Helminen,* BIT 2007, 23; *dies.,* The Nordic Multilateral Tax Treaty; *Mattsson,* Intertax 2000, 301; *Hengsle,* BIFD 2002, 371; *ders.,* Gehört den multilateralen Doppelbesteuerungsabkommen die Zukunft? – Einige Bemerkungen im Hinblick auf die Erfahrung in den nordischen Staaten, Institut für Ausländisches und Internationales Finanz- und Steuerwesen, 1985; sowie *ders.,* Svensk Skattetidning 1990, 154; *Weizman,* Dobbelbeskatningsoverenkomster, 68; *Brauner,* 56 TLR 259 (2003), 319 ff.; *Jogarajan,* (2011), AJCL: Vol. 6: Iss. 1, Art. 8, 1, 16 ff.). Am 4.4.2008 wurde in Helsinki ein neues Protokoll unterzeichnet. Die Änderungen betreffen insbesondere die Besteuerung von Pensionen und von Einkünften aus internationalem Flugverkehr sowie die Dividendenbesteuerung (ausführlich zum Anwendungsbereich und zur Auslegung sowie zu einzelnen Bestimmungen des Abkommens *Helminen,* BIT 2007, 23, 49, 103; *Korkein hallinto-oikeus* 14.6.1999/1600 v. 14.6.1999, KHO: 1999:34, Finnland/Kanada und Schweden; zu Fragen der Diskriminierung: *Regeringsrätten* 2772-1999 v. 23.11.1999, RÅ 1999, Schweden/Norwegen; zu Unternehmensgewinnen: 25.4.2002/966 v. 25.4.2002, *Korkein hallinto-oikeus,* KHO: 2002:34, Finnland/Schweden; zu Fragen der Vertragsauslegung: *Regeringsrätten* RÅ 2004 ref. 20 v. 5.4.2004, Schweden/Norwegen; zu Fragen der Ansässigkeit, Un-

ternehmensgewinnen und Gewinnen aus der Veräußerung von Vermögen: *Regeringsrätten* RÅ, 7569-08 v. 25.11.2009, 2009 ref. 91, Schweden/Norwegen; zu Fragen der Ansässigkeit: *Landsskatteretten,* 09–01383 v. 14.4.2010 SKM No. 2010.486, Dänemark/Schweden; zur Zinsbesteuerung: *Landsskatteretten,* 09–00064 v. 22.12.2010, SKM No. 2011.57 Dänemark/Schweden; *Landsskatteretten,* 09–03189 v. 25.5.2011, SKM No. 2011.485, Dänemark/Schweden; zu Investmentfonds und Dividendenbesteuerung: *Keskusverolautakunta,* KVL 002/2012 v. 1.2.2012, Finnland/Schweden; zur Besteuerung von Veräußerungsgewinnen: s. die Entscheidung der schwedischen Steuerbehörden v. 16.11.2010 (SKV dnr. 131657223-10/111). Das Abkommen ist in Kraft.

(5) Der CARICOM-Vertrag der karibischen Staaten von 1995 (Text und kritische Darstellung bei *Bierlaagh,* BIFD 2000, 99; www.caricom.org.; s. *M. Lang u. a.,* Multilateral Tax Treaties; *Jogarajan,* (2011), AJCL: Vol. 6: Iss. 1, Art. 8, 1, 12 ff.; *Brooks,* in M. Lang u. a., Building Bridges, S. 227 ff.; die Möglichkeit eines multilateralen DBA für die asiatisch-pazifische Region diskutiert *Vann,* APTIRC-Bull. 1990, 392; *ders.,* BIFD 1991, 151). Der CARICOM-Vertrag ist in Kraft.

(6) Das „SAARC limited multilateral agreement on avoidance of double taxation and mutual administrative assistance in tax matters" vom 13.11.2005 zwischen den Mitgliedstaaten des SAARC (South Asian Association for Regional Cooperation; s. hierzu *Jogarajan,* (2011), AJCL: Vol. 6: Iss. 1, Art. 8, 1, 19 ff.). Mitgliedstaaten des SAARC sind *Bangladesch, Bhutan, Indien,* die *Malediven, Nepal, Pakistan* und *Sri Lanka (*zur aktuellen Diskussion eines multilateralen Abkommens zwischen den Mitgliedstaaten der ASEAN (Association of South East Asian Nations; die zehn Mitgliedstaaten sind *Brunei Darussalam, Kambodscha, Indonesien, Demokratische Volksrepublik Laos, Malaysia, Myanmar,* die *Philippinen, Singapur, Thailand, Vietnam*) s. *Jogarajan,* (2011), AJCL: Vol. 6: Iss. 1, Art. 8, 1 ff.). Der SAARC-Vertrag trat am 10.1.2011 in Kraft (Text s. www.saarc-sec.org.; zu den unterschiedlichen Anwendungszeitpunkten in den einzelnen Ländern siehe Art. 16 des Vertrags: für *Indien, Sri Lanka:* 1.4.2011; für *Bangladesch, Bhutan, Pakistan:* 1.7.2011; für *Nepal:* 16.7.2011; für die *Malediven:* 1.1.2012).

(7) Das Steuerabkommen zwischen den Mitgliedstaaten der „Andengemeinschaft" *Bolivien, Kolumbien, Ecuador* und *Peru* (Entscheidung 578 der Andengemeinschaft, ersetzt Entscheidung 040; zum vorhergehenden Abkommensmodell s. Rz. 39a; die Entscheidungen der Andengemeinschaft sind abrufbar unter www.comunidadandina.org; vgl. dazu: *Jogarajan,* (2011), AJCL: Vol. 6: Iss. 1, Art. 8, 1, 9 ff.; *Atchabahian,* BIFD 1974 Vol. XXVIII (8), 308). Kritik erfährt das Abkommen vor allem deshalb, weil es das Besteuerungsrecht allein dem Quellenstaat zuweist (s. diesbezüglich auch Rz. 36). Das Abkommen ist in Kraft.

(8) Das Arabische Steuerabkommen des Rates für Arabische Wirtschaftseinheit ([CAEU], eine Organisation der Arabischen Liga). Das Abkommen wurde am 3.12.1973 von *Ägypten, Irak, Jordanien, Kuwait, Sudan, Syrien* und der *Arabischen Republik Jemen* unterzeichnet und trat am 13.7.1975 in Kraft (www.ibfd.org; aufgeführt auch in IBFD International Tax Glossary, 6. Aufl. 2009, S. 482).

(9) Das Abkommen zwischen den Mitgliedstaaten der Union des Arabischen Maghreb (AMU; *Algerien, Libyen, Mauretanien, Marokko* und *Tunesien*), unterzeichnet am 23.7.1995, veröffentlicht in Algerian Official Gazette No. 79 of 3 October 1995 (Decree 95–1721 of 25 September 1995; in Kraft).

(10) Ein Musterabkommen der Russischen Föderation wurde am 24.2.2010 verabschiedet (www.CONSULTANT.RU/document/cons_doc_LAW_137090/?frame=1).

(11) Das multilaterale Abkommen zur Vermeidung der Doppelbesteuerung bei Urheberrechten der UNESCO vom 13.12.1979. Das Abkommen tritt in Kraft, wenn mindestens 10 Staaten ratifiziert haben (vgl. Art. 13 des Abkommens). Bisher wurde das Abkommen nur in 8 Staaten ratifiziert (www.unesco.org). (Noch nicht in Kraft).

40b Ein weiteres wichtiges Beispiel für ein multilaterales Abkommen auf einem besonderen Gebiet des Abkommensrechts bildet das EU-Schiedsübereinkommen zur Beseitigung der Doppelbesteuerung im Fall der Gewinnberichtigung zwischen verbundenen Unternehmen (s. u. Rz. 255; Art. 25 Rz. 300 ff.). Ein multilaterales Doppelbesteuerungsabkommen zwischen den Mitgliedstaaten der EWG gab es nur in einem Entwurf aus dem Jahre 1968 (s. Rz. 256d).

41 Die **Vorteile multilateraler Abkommen** liegen in der einheitlichen Ausgestaltung und in der Möglichkeit der einheitlichen Auslegung. Dies bedeutet für den Steuerpflichtigen Rechts- und Planungssicherheit. Darüber hinaus ermöglichen multilaterale Abkommen einen verbesserten Informationsaustausch zwischen den Steuerbehörden der Mitgliedstaaten und die Vermeidung von Treaty Shopping (s. Art 1 Rz. 89 ff.). Die **Nachteile** multilateraler Abkommen folgen vor allen aus den unterschiedlichen Steuersystemen, wirtschaftlichen Voraussetzungen und Interessen der einzelnen Länder, denen durch bilaterale Verträge grundsätzlich besser Rechnung getragen werden kann. Zudem ist es gerade bei unterschiedlichen Interessen der Länder ungleich schwieriger sich auf Vertragsänderungen oder auf eine einheitliche Auslegung von Abkommensvorschriften zu einigen (vgl. *Sasseville/Zolt,* BIFD 2002, 233, 236; *Kees van Raad,* BIFD 2002, 248 f.; *McIntyre,* BIFD 2002, 250, 253; weiterführend zu den Vor- und Nachteilen multilateraler Abkommen auf dem Gebiet der Steuern s. grundlegend *M. Lang,* in M. Lang u. a., Multilateral Tax Treaties, S. 187 ff.; *ders.,* SWI 1997, 492; *Mattsson,* Intertax 2000, 301; *Hengsle,* BIFD 2002, 371, 372; *Asakawa,* APTB 2003, 74, 78; *Brooks,* in M. Lang u. a., Building Bridges, S. 211 ff.; *Jogarajan,* (2011), AJCL: Vol. 6: Iss. 1, Art. 8, 1, 5 ff.; zum Vorschlag eines OECD-weiten multilateralen Abkommen s. *Loukota,* in M. Lang u. a., Multilateral Tax Treaties, S. 96 ff.; zu einem weltweiten einheitlichen Steuersystem s. *Brauner,* 56 TLR 259 (2003)).

VII. Doppelbesteuerungsabkommen und Internationales Privatrecht

42 **Literatur:** *v. Bar/Manikowski,* Internationales Privatrecht, Bd. 1, 2. Aufl. (2003), S. 230 ff.; *Bühler,* Internationales Steuerrecht und Internationales Privatrecht (1960); *Isay,* Internationales Finanzrecht (1934), S. 6 ff.; *Kegel/Schurig,* Internationales Privatrecht, 9. Aufl. (2004), S. 25 ff.; *Mössner,* ÖZöffR 1974, 255 (266 ff.); *Neumeyer,* Internationales Verwaltungsrecht, Bd. 4: Allgemeiner Teil (1936), S. 60 ff. (98 ff.); *K. Vogel,* EPIL Bd. 9 (1986), S. 2 ff.; *ders., Der* räumliche Anwendungsbereich der Verwaltungsrechtsnorm (1965), S. 194 ff., 270 ff., 298 ff.

43 Berührt ein privatrechtlicher Sachverhalt die Rechtsordnungen mehrerer Staaten, so bestimmt das „Internationale Privatrecht", welche von ihnen anzuwenden ist, die innerstaatliche, oder die eines anderen Staates (s. Art. 3 EGBGB). Es gibt jedoch kein einheitliches Internationales Privatrecht; jeder Staat erlässt vielmehr seine eigenen Regeln. Daraus resultierende Unterschiede in der Bestimmung des anwendbaren Rechts werden durch bilaterale und multilaterale völkerrechtliche Verträge und durch europäisches Sekundärrecht in Gestalt von Verordnungen auf dem Gebiet des IPR beseitigt bzw. verringert (s. MüKo/*Sonnenberger,* Einl. IPR, Rz. 146, 242 ff.). Die Normen, die darüber bestimmen, **welches Recht anzuwenden ist,** bezeichnet man herkömmlich als **„Kollisionsnormen",** wobei zum

Kollisionsrecht im weiteren Sinn u.a. auch (innerstaatliche) Regeln über den zeitlichen Vorrang oder über den Vorrang spezieller gegenüber allgemeinen Normen gehören. Soweit das Steuerrecht an privatrechtliche Vorgänge oder Rechtsverhältnisse anknüpft, bestimmt sich auch steuerrechtlich die Frage, welches Privatrecht anzuwenden ist, nach dem Internationalen Privatrecht des betreffenden Staates (z.B. die Frage, nach welchem Recht die Rechtsfähigkeit einer Person zu bestimmen ist). Von den Kollisionsnormen unterscheiden sich die **„Sachnormen"** als Normen, die Bestandteile der Rechtsordnung sind, auf die nach Maßgabe der Kollisionsnormen verwiesen wird.

Dagegen erheben die Staaten Steuern nur aufgrund ihrer **eigenen Steuergesetze** (für Beispiele: *Kluge,* S. 7f.; *West,* TNI September 1996, 987). Auch eine Besteuerung unter ergänzender Berücksichtigung von ausländischen Rechtsvorschriften gibt es nur in Ausnahmefällen (im originär innerstaatlichen Recht u.a. hinsichtlich des Tatbestandsmerkmals der „ausländischen Einkünfte" in § 34c Abs. 1 EStG (dazu auch Art. 23 Rz. 136); im Abkommensrecht u.a. die Bestimmung der Staatsangehörigkeit in Art. 4 Abs. 2 Buchst. b MA nach dem Recht des Staates, um dessen Staatsangehörigkeit es geht; die Auslegung des Ausdrucks „unbewegliches Vermögen" in Art. 6 Abs. 2 MA nach dem Recht des Belegenheitsstaats; die entsprechende Regelung für Dividenden in Art. 10 Abs. 3 MA (in diesem Sinne auch Wassermeyer/*Wassermeyer,* Art. 3 Rz. 81); zur weiteren Bedeutung des innerstaatlichen Rechts für die Abkommensauslegung s. Rz. 151 ff.; Art. 3 Rz. 96 ff.; 117). Zu diesem **„Anerkennungsgrundsatz"** einschließlich seiner Bedeutung im europäischen Unionsrecht und zu den Ausnahmen von diesem Grundsatz *Reimer,* FR 2007, 217; aus verfahrensrechtlicher Sicht *Hendricks,* IStR 2011, 711 (zum Zusammenhang mit dem Grundsatz der Entscheidungsharmonie s. Rz. 114 ff.). Anders als die Normen des Internationalen Privatrechts führen Doppelbesteuerungsabkommen nicht dazu, dass ein Staat auf einen Sachverhalt ausländisches Recht anwendet. Die Abkommensnormen **beschränken** vielmehr das Steuerrecht der Vertragsstaaten zur Vermeidung von Doppelbesteuerung **inhaltlich.** Ihre Verteilungsnormen (zum Begriff s. Rz. 67) ergänzen bzw. modifizieren das innerstaatliche Recht entweder so, dass sie für bestimmte Fälle eine nach innerstaatlichem Recht begründete Steuerpflicht in einem der beiden Vertragsstaaten ausschließen bzw. der Höhe nach begrenzen, oder so, dass sie die Vertragsstaaten verpflichten, für bestimmte Fälle die Steuern des anderen Staates auf die eigenen Steuern anzurechnen. Im Anwendungsbereich eines Doppelbesteuerungsabkommens besteht also eine Steuerpflicht nur nach Maßgabe des abkommensrechtlich **modifizierten innerstaatlichen Steuerrechts.** Die Doppelbesteuerungsnormen enthalten daher keine **„Kollisionsnormen"** (a.A. *Schaumburg,* Rz. 14.1) wie die des Internationalen Privatrechts, vielmehr wirken die Verteilungsnormen im Sinne von *Karl Neumeyer* (S. 104) als **„Grenznormen"** zur Begrenzung der Tatbestände, die unter die steuerpflichtbegründenden Normen des innerstaatlichen Rechts fallen. Während derartige „Grenznormen" im innerstaatlichen Recht regelmäßig in den materiellrechtlichen Normen enthalten oder doch eng mit ihnen verknüpft sind (vgl. §§ 1 Abs. 4, 49 EStG), dienen die Grenz- bzw. Verteilungsnormen der Doppelbesteuerungsabkommen primär zur einvernehmlichen Abgrenzung der Besteuerungsbefugnisse im Verhältnis der Vertragsstaaten zueinander (*Reimer,* FR 2007, 217; *Ohler,* Kollisionsordnung, S. 19f.). 44

B. Näheres zu Doppelbesteuerungsabkommen

I. Abschluss und innerstaatliches Wirksamwerden von Doppelbesteuerungsabkommen

45 **Literatur:** *Aust,* Modern Treaty Law and Practice, 2. Aufl. (2007); *Bleckmann,* Begriff und Kriterien der innerstaatlichen Anwendbarkeit völkerrechtlicher Verträge (1970); *Frowein,* Das de facto-Regime im Völkerrecht (1968), S. 94 ff.; *Lehner,* in Kirchhof/Lehner/Birk, Steuern im Verfassungsstaat (1996), 95; *Orakhelashvili/Williams,* 40 Years of the Vienna Convention on the Law of Treaties (2010); *Verdross/Simma,* Universelles Völkerrecht, 3. Aufl. (1984).

46 Doppelbesteuerungsabkommen sind **völkerrechtliche Verträge.** Ihr Zustandekommen und ihre Wirkungen bestimmen sich nach dem innerstaatlichen Verfassungsrecht der Vertragsstaaten und nach dem **Wiener Übereinkommen über das Recht der Verträge (WÜRV)** vom 23.5.1969. Auch das WÜRV ist ein völkerrechtlicher Vertrag. Die von der Vertragsrechtskonferenz der Vereinten Nationen erarbeitete Konvention ist gemäß ihres Art. 84 nach dem Beitritt des fünfunddreißigsten Staates bereits am 27.1.1980 in Kraft getreten. Zur Bedeutung des WÜRV insbesondere für die Auslegung von DBA auch gegenüber von Staaten, die dem Übereinkommen bislang nicht beigetreten sind, s. ausführlich Rz. 105 ff. Zum Verhältnis zwischen Völkerrecht und innerstaatlichem Recht einzelner Staaten s. *Kunig* in Vitzthum/Proelß, Völkerrecht, 6. Aufl. (2013), S. 82 ff.

1. Abschlussverfahren

47 Völkerrechtliche Verträge werden in der Regel (so auch Doppelbesteuerungsabkommen) in einem mehrstufigen Verfahren abgeschlossen, wobei in der überwiegenden Praxis mehrere Staatsorgane beteiligt sind.

Folgende Phasen sind zu unterscheiden (vgl. *Herdegen,* S. 118 ff.; *Geiger,* S. 94 ff.): Die gemeinsame Erarbeitung des Vertragstextes (Rz. 48 f.), die Authentifizierung des ausgehandelten Textes (i.d.R. durch Paraphierung, s. Rz. 50 f.) sowie der eigentliche Vertragsschluss, der durch Unterzeichnung (s. Rz. 52), parlamentarische Zustimmung (s. Rz. 53 f.) und Ratifikation (Rz. 55) bewirkt wird.

48 Für die Verhandlung des Vertragstextes ist in den meisten Staaten, so auch in der **Bundesrepublik Deutschland,** das Außenministerium zuständig. Verhandlungen über Doppelbesteuerungsabkommen werden jedoch typischerweise durch den **Finanzminister,** vertreten durch einen Verhandlungsleiter, geführt. Je nach Notwendigkeit nehmen Vertreter anderer Ministerien, in Deutschland besonders des Auswärtigen Amtes, an den Verhandlungen teil, gegebenenfalls auch Vertreter eines oder mehrerer Bundesländer.

49 Zunächst erarbeiten die Verhandlungsleiter einen **Vertragstext** in nur einer Sprache, der Verhandlungssprache. Zum Vertragstext gehören auch **Zusatz- bzw. Schlussprotokolle und** (auch spätere) **Briefwechsel;** darin werden Verhandlungsergebnisse niedergelegt, die vom „Haupttext" des Vertrags abgesetzt werden sollen, etwa weil sie als weniger wichtig betrachtet werden oder weil sie nur einen der beiden Vertragsstaaten betreffen. Dies bestätigt Art. 30 DE-VG. Danach sind angefügte Protokolle Bestandteil des jeweiligen Abkommens.

50 Nach dem Abschluss der Verhandlungen werden zwei Exemplare des Textes und etwaige Zusatzdokumente (s. Rz. 49) Blatt für Blatt von den Leitern der beiden Delegationen mit ihren Namenszeichen versehen und dadurch als authentisch festgelegt **(„Paraphierung")**. Soweit Verhandlungssprache nicht die Landessprache der Vertragspartner ist, werden nach der Paraphierung Fassungen in den jeweiligen

Landessprachen ausgearbeitet und zwischen den Vertragspartnern abgestimmt. Regelmäßig werden Doppelbesteuerungsabkommen in den Landessprachen beider Vertragsstaaten abgeschlossen (so z.B. *DBA Belarus, VR China, Finnland* oder *Polen;* erkennbar wird dies an der Schlussklausel des Abkommens, dazu Art. 30/31 Rz. 41 ff.). Häufig wird, ebenfalls in der Schlussklausel, vereinbart, dass zusätzlich eine Fassung in einer dritten Sprache, (meist) Englisch, (selten) Französisch oder Russisch, maßgeblich sein soll, um Auslegungsunterschiede oder Zweifel über die Aussagen des Vertrages zu vermeiden (vgl. z.B. die Schlussklauseln der *DBA Algerien 2007, Aserbaidschan, Estland, Kasachstan* oder *Kuwait;* für eine Übersicht über deutsche DBA s. Art. 30/31 Rz. 42). Zur Auslegung von mehrsprachig abgeschlossenen DBA s.u. Rz. 111 ff.

Die Paraphierung dient nur der **Authentifizierung** des Vertragstextes (Art. 10 lit. b) WÜRV). Sie ist (Ausnahme vgl. Art. 12 Abs. 2 lit. a) WÜRV) vom eigentlichen Abschluss des Vertrages (s. Rz. 52 ff.) zu unterscheiden. Nach der Authentifizierung ist eine einseitige Änderung des Textes (soweit kein Vorbehalt erklärt wurde, vgl. Art. 2 Abs. 1 lit. d) WÜRV) grundsätzlich nicht mehr möglich. Erweisen sich nachträglich kleinere **Änderungen** des vereinbarten Textes dennoch als nötig, so werden die entsprechenden Blätter des paraphierten Textes gegen neue, ebenfalls paraphierte Blätter, einvernehmlich ausgetauscht. Größere Änderungswünsche können Neuverhandlungen des gesamten Vertrages erfordern (vgl. *Geiger,* S. 96). 51

Auf die Phase der Verhandlungen folgt die des eigentlichen **Vertragsabschlusses.** Die Paraphierung allein verpflichtet die Vertragsstaaten noch nicht, den Vertrag mit völkerrechtlicher und innerstaatlicher Verbindlichkeit auszustatten. Dies ist erst Ergebnis der **parlamentarischen Zustimmung** (s. Rz. 53) und der darauf folgenden **Ratifikation** (s. Rz. 55). Bei Doppelbesteuerungsabkommen erfolgt der Vertragsschluss in einem mehrstufigen Verfahren, das aus der Unterzeichnung, der parlamentarischen Zustimmung (s. Rz. 53) und schließlich der Ratifikation (s. Rz. 55) besteht. Die Unterzeichnung erzeugt allerdings bereits eine begrenzte Verpflichtung der Vertragsstaaten, das parlamentarische Zustimmungsverfahren durchzuführen (s. Rz. 53). 52

Das **Verfassungsrecht der Bundesrepublik Deutschland** sieht in Art. 59 Abs. 2 GG für den völkerrechtlichen Vertrag die Zustimmung der gesetzgebenden Körperschaften, d.h. des Bundestages und des Bundesrats durch Gesetz vor. Protokolle und Briefwechsel (s. Rz. 49) sind Bestandteile des völkerrechtlichen Vertrages. Sie bedürfen deshalb ebenfalls der parlamentarischen Zustimmung. Das Zustimmungsgesetz umfasst somit sowohl das Abkommen als auch die dazu gehörenden Protokolle und Briefwechsel. Das in Art. 59 Abs. 2 GG vorgesehene Gesetzgebungsverfahren bestimmt sich nach Art. 76 ff. GG, §§ 78 ff. GeschOBT; Änderungsanträge sind nicht zulässig (§ 82 Abs. 2 GeschOBT; ausführlich zu der Mitwirkung des Parlaments speziell beim Abschluss von DBA s. *Lehner,* Die Rolle des Parlaments, S. 116; s. auch *Schönfeld/Häck* in SD, Systematik, Rz. 67). Das Zustimmungsgesetz wird, wie jedes andere Gesetz auch, gemäß Art. 82 GG vom Bundespräsidenten ausgefertigt und im Bundesgesetzblatt verkündet. 53

Das Zustimmungsgesetz hat eine **Doppelfunktion.** Zum einen ermächtigt es den Bundespräsidenten, den völkerrechtlichen Vertrag mit völkerrechtlich verbindlicher Wirkung zu ratifizieren (vgl. *Geiger,* S. 125, 163; *Herdegen,* S. 120). Zum anderen stellt das Zustimmungsgesetz den Rechtsakt dar, der dem völkerrechtlichen Vertrag nach der Ratifikation innerstaatliche Geltung verschafft (vgl. *Geiger,* S. 125, 163; MD/*Nettesheim,* Art. 59 Rz. 93 weist dem Zustimmungsgesetz darüber hinaus noch zwei weitere Funktionen zu: die Exekutive in Bezug auf ihre „treaty-making-power" der parlamentarischen Kontrolle zu unterwerfen und den Rang des völkerrechtlichen Vertrags im innerstaatlichen Recht (Gesetzesrang) festzulegen). 54

55 Nach der Zustimmung durch den Bundestag folgt als letzter Schritt die **Ratifikation.** Durch sie wird der völkerrechtliche Vertrag auf völkerrechtlicher und auf innerstaatlicher Ebene verbindlich (vgl. Art. 2 Abs. 1 lit. b), Art. 14 Abs. 1 WÜRV). Zustimmung allein führt somit noch nicht zur Verbindlichkeit bzw. Wirksamkeit des völkerrechtlichen Vertrages. Diese Wirkungen sind erst Folgen der Ratifikation. Die drei Musterabkommen sehen die Ratifikation auch für DBA vor (Art. 30 OECD MA, Art. 29 UN MA, Art. 28 US MA). Hierzu im Einzelnen Art. 30/31 Rz. 3 ff., 17).

56 **Innerstaatliche Anwendbarkeit** in der Form, dass der völkerrechtliche Vertrag über eine Verpflichtung der Vertragsstaaten hinaus auch Rechte und Pflichten für den Einzelnen begründet, setzt jedoch nach herrschender Meinung voraus, dass die Bestimmungen des völkerrechtlichen Vertrages auch bestimmt genug, d. h. **anwendungsfähig** („self-executing") sind (vgl. *Verdross/Simma,* S. 550 f.; *Doehring,* S. 306 f.). Dem entspricht § 2 AO (Hübschmann/Hepp/Spitaler/*Musil,* § 2 AO Rz. 150 ff., insb. 156 ff.; Tipke/Kruse/*Drüen,* § 2 AO Rz. 28 ff.).

2. Anwendungsbeginn

57 Vom völkerrechtlichen Inkrafttreten (dazu Art. 30/31 Rz. 6, 17 f.) und von der innerstaatlichen Anwendbarkeit des Doppelbesteuerungsabkommens zu unterscheiden, ist der **Zeitpunkt,** zu dem die **materiellrechtlichen Wirkungen** des Abkommens eintreten sollen, also der Veranlagungszeitraum, von dem an, oder der Stichtag, von dem an das Abkommen für die Besteuerung wirksam werden soll. Üblicherweise wird dieser **„Anwendungsbeginn"** in den Schlussartikeln des Abkommens ausdrücklich vereinbart (dazu ausführlich Art. 30/31 Rz. 7 f., 19 f.).

3. Sonderfälle

58 Sonderfälle betreffen Abkommen mit Staaten, die **völkerrechtlich (noch) nicht offiziell anerkannt** sind. Als wichtiges Beispiel ist das am 7.11.2012 in Kraft getretene Abkommen zwischen dem Deutschen Institut in Taipeh und der Taipeh-Vertretung in der Bundesrepublik Deutschland zur Vermeidung der Doppelbesteuerung und zur Verhinderung der Steuerverkürzung hinsichtlich der Steuern vom Einkommen und vom Vermögen (im Folgenden auch zitiert als DBA Taipeh) zu nennen (zu Einzelregelungen und Abweichungen dieses Abkommens vom OECD-MA siehe *Hensel,* IWB 2012, 432 ff.; *Zhang,* IStR-LB 2013, 12 ff.; s. a. Art. 30/31 Rz. 28). Da das Abkommen nach entsprechender Erklärung der Bundesregierung kein völkerrechtlicher Vertrag sein sollte (vgl. BT-Drucks. 17/9690, S. 1, 6), wurde es übereinstimmend mit einer Praxis anderer westlicher Staaten, vom Leiter des Deutschen Instituts in Taipeh und dem Leiter der Taipeh-Vertretung in der Bundesrepublik Deutschland abgeschlossen (vgl. BT-Drucks. 17/9690, S. 1). Strukturell und inhaltlich orientiert es sich am OECD-Musterabkommen, allerdings mit einigen, der schwierigen völkerrechtlichen Problematik geschuldeten Besonderheiten (vgl. BT-Drucks. 17/9690, S. 44 f.). Während Abkommen die Bezeichnung der an ihnen beteiligten Staaten üblicherweise nennen und deren Gebiet als das innerhalb ihrer Staatsgrenzen liegende Territorium bezeichnen, vermeidet das Abkommen mit Taipeh diese Begriffe. Stattdessen werden Gebiete definiert, in denen „das Steuerrecht von der Taxation Agency, Finanzministerium, Taipeh, […] angewendet wird" (vgl. Art. 2 Abs. 3 Buchst. b) DBA Taipeh) bzw. „das Steuerrecht durch das Bundesministerium der Finanzen […] angewendet wird" (vgl. Art. 2 Abs 3 Buchst. a) DBA-Taipeh; zur Auslegung s. Art. 2 Rz. 22).

59 Besonderheiten ergaben sich bereits in Bezug auf die Beteiligung des Bundestags, weil Art. 59 Abs. 2 GG nach Ansicht der Bundesregierung nicht zur Anwendung kommen konnte. Aus diesem Grund wurde die innerstaatliche Umsetzung,

in der deutschen Vertragspraxis bislang einzigartig, auf der Grundlage von Art. 105 Abs. 2, 108 Abs. 5 GG im Rahmen eines nationalen Steuergesetzes vollzogen (vgl. BT-Drucks. 17/9690, S. 1, 6). Der Bundestag hat dem Abkommen durch besonderes Gesetz zugestimmt (vgl. Art. 1 Abs. 1 DBA TaipehG, BGBl. I 2012, 2079). In Art. 2 DBA TaipehG wird die entsprechende Geltung des § 2 Abs. 1 AO sowie der Vorschriften mit Bezug zu Abkommen zur Vermeidung der Doppelbesteuerung (insbesondere § 32b Abs. 1 Nr. 3, § 34c Abs. 6, § 50d EStG, vgl. Begründung zu Art. 2, BT-Drucks. 17/9690, S. 6) auf das Abkommen mit Taipeh samt Protokoll angeordnet (für einen Überblick s. *Schiessl,* ISR 2013, 125).

Ganz überzeugend ist diese Vorgehensweise nicht. Nach Völkerrecht können zwar mit *de facto*-Herrschaften (*Verdross/Simma,* S. 239) völkerrechtliche Verträge abgeschlossen werden, ohne dass damit eine (konkludente) Anerkennung als Staat zum Ausdruck gebracht wird, soweit dies klargestellt wird (*Verdross/Simma,* S. 241, 337, 604 f.; *Doehring,* S. 118; *Heuser,* ZaöRV 49 (1989) 335, 338 f.; zu Taiwan als *de facto*-Herrschaft mit „treaty-making-power" siehe MPEPIL/*Björn,* „Taiwan", S. 750). Entscheidend für die Annahme eines völkerrechtlichen Vertrags ist der Rechtsbindungswille der Vertragsparteien, der einen völkerrechtlichen Vertrag von einer politischen Absichtserklärung unterscheidet (*Stein/v. Buttlar,* S. 11; *Verdross/Simma,* S. 337, 342 f.). Es ist naheliegend, dass für das Abkommen zwischen dem Deutschen Institut in Taipeh und der Taipeh-Vertretung in der Bundesrepublik Deutschland zur Vermeidung der Doppelbesteuerung und zur Verhinderung der Steuerverkürzung hinsichtlich der Steuern vom Einkommen und vom Vermögen ein solcher Rechtsbindungswille vorlag und die oben erwähnten Besonderheiten (nur) klarstellen sollen, dass Deutschland durch das Abkommen die Republik China (Taiwan) im Ergebnis nicht offiziell anerkennt. Die Kompetenz, Steuern zu erheben und die Ausübung dieser Kompetenz nach Maßgabe von DBA zu beschränken, steht aber grundsätzlich nur den Staaten, im vorliegenden Fall also der Bundesrepublik Deutschland und den für sie handelnden Verfassungsorganen (s. Rz. 48) und der *de facto*-Herrschaft Taiwan zu und nicht dem Deutschen Institut in Taipeh bzw. der Taipeh Vertretung in der Bundesrepublik Deutschland, die aber formell als Vertragschließende auftreten. Daraus resultiert zumindest rechtliche Unsicherheit. Etwas anderes gilt, wenn man im Abkommen zwischen dem Deutschen Institut in Taipeh und der Taipeh-Vertretung in der Bundesrepublik Deutschland zur Vermeidung der Doppelbesteuerung und zur Verhinderung der Steuerverkürzung hinsichtlich der Steuern vom Einkommen und vom Vermögen zumindest materiellrechtlich einen völkerrechtlichen Vertrag zwischen Deutschland und der *de facto*-Herrschaft Taiwan sieht (vgl. auch *Frowein,* S. 108, 111, 113 f.: „Soweit aus dem Inhalt der Abkommen und den Umständen des Abschlusses hervorgeht, daß der Staat und das *de facto*-Regime selbst Bindungen eingehen wollten, entstehen für sie völkerrechtliche Verpflichtungen, selbst wenn als Partner der Abkommen formell von ihnen getrennte Rechtspersonen auftreten." Diese Abkommen seien dann zwar für sich genommen keine völkerrechtlichen Verträge, sie führten aber dennoch zu völkerrechtlichen Bindungen der Staaten, wenn diese dem Abschluss zustimmen). 60

II. Funktion und Elemente der Doppelbesteuerungsabkommen

Literatur (für weitere ältere Literatur s. die Vorauflagen): *Jankowiak,* Doppelte Nichtbesteuerung im Internationalen Steuerrecht (2009); *Kerath,* Maßstäbe zur Auslegung und Anwendung von Doppelbesteuerungsabkommen unter besonderer Berücksichtigung des Verständigungsverfahrens (1995); *M. Lang,* Doppelte Nichtbesteuerung, IFA-Generalbericht CDFI 89a, 2004; *ders.,* DStJG 34 (2011), S. 353; *Lehner,* HStR, Bd. XI, § 232, Rz. 43 ff.; 63

Locher, in Festgabe zum Schweizerischen Juristentag (1988), S. 365; *J. Lüdicke,* Überlegungen zur deutschen DBA-Politik (2008); *Mössner,* in FS Seidl-Hohenveldern (1988), S. 403; *ders.,* DStJG 8 (1985), S. 135; *K. Vogel,* in FS F. Klein (1994), S. 361; *ders.,* DStJG 8 (1985), S. 3.

64 Durch Doppelbesteuerungsabkommen modifizieren die Vertragsstaaten die in ihrer jeweiligen **Souveränität** begründete und in ihrem jeweiligen innerstaatlichen Recht ausgestaltete Besteuerung grenzüberschreitender Sachverhalte (grundlegend: *K. Vogel,* FS F. Klein, S. 362ff.; so bereits *ders.,* in der 1. Aufl. 1983, Einl. Rz. 24; *Mössner,* FS Seidl-Hohenveldern, S. 403ff., 414; zustimmend Wassermeyer/*Wassermeyer,* Art. 1 OECD-MA Rz. 9). Anders als die Kollisionsnormen des internationalen Privatrechts (s. Rz. 43) bestimmen Doppelbesteuerungsabkommen nicht darüber, ob auf einen grenzüberschreitenden Sachverhalt inländisches oder ausländisches Recht anzuwenden ist, vielmehr bleibt es bei der alleinigen, wenngleich durch die abkommensrechtlichen Verteilungs- und Definitionsnormen (s. Rz. 44) bestätigten oder modifizierten Anwendung des jeweiligen **innerstaatlichen** Rechts der Vertragsstaaten (zu dieser Wirkung s. *Boidman,* in Essays on Tax Treaties (2012), S. 33 (36ff., 54ff.).

65 Weil die Besteuerungskompetenz in der staatlichen Souveränität verankert ist, werden die Vertragsstaaten durch die Abkommen weder zur Besteuerung „ermächtigt" (*„authorized",* so *J. Prebble,* APTIRC-Bull. 1993, 25), noch werden ihnen „Besteuerungskompetenzen" oder „Besteuerungsrechte" zugeteilt, wie dies teilweise in älteren Abkommen ausgedrückt war (s. *K. Vogel,* StuW 1985, 369; *ders.,* FS F. Klein, S. 362ff.; *Mössner,* FS Seidl-Hohenveldern, S. 414; *Kluge,* S. 654ff.). DBA regeln auch keinen „Kompetenzkonflikt" (so noch *Fischer-Zernin,* RIW 1987, 785). Vielmehr sind und bleiben die Staaten kraft ihrer Souveränität zur Besteuerung, d.h. zur Normierung steuerpflichtbegründender Tatbestände **allein und originär zuständig** (bestätigend BFH I R 79/96, BStBl. II 1998, 113). Die gilt auch im Anwendungsbereich des Unionsrechts (s. Rz. 259). **Doppelbesteuerungsabkommen begründen grds. keine Steuerpflicht** (s. Rz. 44). Zu Ausnahmen s. *Boidman,* in Essays on Tax Treaties (2012), S. 33 (52f.).

66 Doppelbesteuerungsabkommen bilden ein eigenständiges Regelsystem, das die steuerpflichtbegründenden Tatbestände des innerstaatlichen Rechts im Überschneidungsbereich ihres grenzüberschreitenden Anwendungsbereichs bestätigt oder modifiziert. Sachlich zutreffend sind Aussagen über eine „Aufteilung der Besteuerungsbefugnis" (EuGH v. 13.12.2005, Rs C-446/03, Slg. 2005 – I-10837 – *Marks & Spencer,* Tz. 46; EuGH v. 15.5.2008, Rs C-414/06, Slg. 2008 – I-3601 – *Lidl Belgium;* st. Rspr.) bzw. eine Aufteilung der „Steuerquellen" oder des „Steuerguts" (BFH VI 334/63 U, BStBl. III 1965, 352 (353): *DBA Niederlande 1959;* BFH I R 152/74, I R 153/74, BStBl. II 1976, 662: *DBA Österreich 1954;* so auch schon *Becker,* StuW 1939, I 763, 764). Zutreffend ist auch, dass das Abkommen dem innerstaatlichen Steuerrecht „Schranken" setzt (*Debatin,* DStR 1992, Beih. zu Heft 23, 2; kritisch Wassermeyer/*Wassermeyer,* Art. 1 OECD-MA Rz. 9), dass es einen Verzicht „auf Steueransprüche" (BFH I R 35/70 BStBl. II 1972, 785, 789) begründet oder aus innerstaatlicher Sicht als „sachliche Steuerbefreiung" oder „-ermäßigung" wirkt (BFH BStBl. II 1989, 649; BFH-NV 1993, 156 mit Anm. *FW*).

67 Im internationalen Sprachgebrauch wird die zentrale Funktion der Abkommenswirkungen durch den auf *Dorn* zurückgehende Begriff der **„Verteilungsnorm"** verdeutlicht (so bereits grundlegend *K. Vogel,* 1. Aufl. 1983, Einl. Rz. 24; *M. Lang,* Einführung, S. 100ff.; *ders.,* DStjG 34 (2011), S. 353, 365; *Schaumburg,* Rz. 16.32, 16.211; *Kirchhof*/Söhn, § 2 Rz. A 148; Haase/*Haase,* Einl Rz. 64; in diese Richtung kann auch BFH I R 95/10, BFHE 234, 63 Rz. 18 verstanden werden; kritisch Wassermeyer/*Wassermeyer,* Art. 1 OECD-MA, Rz. 9; vermittelnd *Mössner,* FS Seidl-Hohenveldern, 1988, S. 403 (416f.)). Die Bezeichnung lässt sich leicht in alle geläufigen Sprachen übersetzen und ist inzwischen weltweit gebräuchlich („distributive rule": *Australian Tax Office,* TR 2001/13, No. 22 und durchgehend, ebenso viele andere; „norma de reparticão": *Xavier,* S. 42; *Kees van Raad,* FS Vanistendael, S. 729ff.; règle de répartition oder règle d'attribution: s. www.senat.fr u. v. m.).

1. Beschränkung des innerstaatlichen Steuerrechts der Vertragsstaaten

Die Beschränkung des innerstaatlichen Steuerrechts kann entweder darin bestehen, dass jeweils der eine der beiden Vertragsstaaten auf die Besteuerung ausländischer Einkünfte der in seinem Gebiet ansässigen Person verzichtet **(Freistellungs- oder Befreiungsmethode),** oder darin, dass er die Steuer des anderen Vertragsstaats, des Quellenstaats (zum Begriff s. Rz. 90f.), auf seine eigene anrechnet (**Anrechnungsmethode;** ausführlich zu beiden Methoden s. Art. 23; zu den Ursprüngen und Hintergründen: *Avery Jones,* BIFD 2012, 67). Dagegen werden durch DBA weder nach innerstaatlichem Recht nicht bestehende Steueransprüche begründet, noch bestehende in ihrem Umfang erweitert oder in ihrer Art verändert, etwa hinsichtlich der Einkunfts- oder Vermögensart (RFH III A 267/34 RStBl. 1935, 1399 (1400f.); RFH III A 398/34 RStBl. 1936, 1209 (1210); RFH I 236/38 RStBl. 1939, 312: alle *DBA Schweiz;* BFH II R 39/89, BFHE 168, 431: *DBA Japan 1966*; BFH II R 10/92, BFHE 177, 132: *DBA USA 1954/1965, DBA Spanien 1966, DBA Brasilien 1975*; ÖstVGH ÖstZB 1992, 833: *DBA Österreich 1954/92;* s. auch *Regeringsrätten* RA 2008 ref 24 (2697-05) v. 5.4.2008 Schweden/Schweiz; *Regeringsrätten* RA 20082655-05 v. 3.4.2008, Schweden/Schweiz; aus der schweizerischen Literatur s. *Mäusli-Allenspach/Oertli,* S. 560, 565f.; einschränkend *M. Lang,* DStJG 34 (2011), S. 353, 365; Wassermeyer/*Wassermeyer,* Art. 1 Rz. 10). In besonderen Situationen des Abschlusses eines neuen DBA oder der Änderung eines bestehenden DBA kann die beschränkende Wirkung des Abkommens jedoch zu einer im Vergleich zu vorher höheren Steuerbelastung führen (zu diesen Fällen s. *Boidman,* in Essays on Taxation (2012), S. 33ff. sowie Art. 30/31 Rz. 8a). Inwieweit ein Staat von der ihm belassenen Möglichkeit zu besteuern Gebrauch macht, richtet sich ausschließlich nach seinem innerstaatlichen Recht (ÖstVGH ÖStZB 1992, 127; *Mäusli-Allenspach/Oertli,* S. 560, 565f.). In der schweizerischen Literatur wird dies als die **„negative Wirkung"** der Doppelbesteuerungsabkommen bezeichnet (*Locher,* in Festgabe zum Schweizerischen Juristentag, S. 365, 366 m. w. N. in Fn. 2; *Mäusli-Allenspach/Oertli,* S. 565f.; die (nur) negative Wirkung unter Berücksichtigung der Erweiterung des Staatsvertragsreferendums im Jahr 2003 um Art. 141 Abs. 1 Buchst. d der Eidgenössischen Bundesverfassung anzweifelnd: *Simonek,* ASA 2004, 97ff.; entsprechend kritisch für Österreich *M. Lang,* DStJG 34 (2011), S. 353, 365; *ders.,* Einführung, S. 31, Rz. 48; dem schweizerischen Sprachgebrauch folgt *Xavier,* S. 111f. für Brasilien). Zum Verbot der virtuellen Doppelbesteuerung s. Rz. 69ff.; zu Besonderheiten im Anwendungsbereich der Art. 23 Abs. 1 und Abs. 4 s. Rz. 155ff. **68**

2. Verbot der virtuellen Doppelbesteuerung

Während die Beseitigung der Doppelbesteuerung nach der Anrechnungsmethode vorbehaltlich der Möglichkeit fiktiver Anrechnung grundsätzlich voraussetzt, dass im Nichtansässigkeitsstaat tatsächlich besteuert wurde (s. Art. 23 Rz. 126, 192ff.), ist **Freistellung** grundsätzlich unabhängig davon zu gewähren, ob der andere Vertragsstaat eine nach seinem innerstaatlichen Recht begründete bzw. begründbare und ihm nach dem Abkommen belassene Besteuerung tatsächlich (noch) ausübt. Freistellung im Ansässigkeitsstaat ist also grundsätzlich auch dann zu gewähren, wenn die Nichtbesteuerung im anderen Vertragsstaat dazu führt, dass **69** die Einkünfte in keinem der beiden Vertragsstaaten besteuert werden (s. dazu Rz. 73, 155 f.). Üblicherweise wird diese Regel mit den Worten umschrieben, das Abkommen verhindere nicht nur die „aktuelle", „effektive" oder „tatsächliche", sondern bereits die **„virtuelle (denkbare) Doppelbesteuerung"** (so in der Sache, aber noch ohne Verwendung des Begriffs bereits RFH III A 267/34, RStBl. 1935, 1399: *DBA Schweiz 1934*; RFH III 206/39 RStBl. 1940, 532: *DBA Österreich 1923*: „Ob und wie dieser Staat sein Recht ausnützt, geht den überlassenden Staat nichts an." Seitdem st. Rspr. (BFH III 210/61, BStBl. III 1967, 588 (589): *DBA Schweden 1928* (erstmalige Erwähnung des Begriffs in der Rspr. des BFH); BFH I R 130/70, BStBl. II 1973, 57 (59): *DBA Niederlande 1959;* BFH I R 27/73, BStBl. II 1975, 61 (62): *DBA USA 1954/65* (ausdrücklich auch für den Fall, dass der Steuerpflichtige in den USA keine Steuererklärung abgegeben hat und deshalb dort (trotz bestehender Steuerpflicht tatsächlich) nicht besteuert wurde)*;* BFH I R 104/79, BFHE 137, 29 (31): *DBA Italien 1925* („aus welchem Grunde auch immer"); BFH II R 39/89, BStBl. II 1993, 63 (67): *DBA Japan;* BFH I R 148/87, BStBl. II 1989, 319 (321): *DBA Italien 1925*; BFH I R 64/92, BFH/NV 1994, 11 (12): *DBA Italien 1925* („unabhängig davon …, ob in dem anderen Vertragsstaat (…) eine Besteuerung der Einkünfte rechtlich möglich ist und tatsächlich durchgeführt wird"); BFH I R 66/09, BFHE 236, 304 (311): *DBA Türkei 1985,* wonach die Abwehr der virtuellen Doppelbesteuerung das „tragende Prinzip der Freistellung" repräsentiert; vgl. auch *Hoge Raad* Rolno. 20916 BNB 1983/203; *Cour de Cassation de Belgique* FJF 2004/65; *Tax Court of Canada* Hausman Estate v. Canada [1998] 4 C. T. C. 2232)); im Grundsatz übereinstimmend *Drüen,* in Tipke/Kruse, Rz. 33 zu § 2 AO; GKG/*Grotherr,* Grundlagen Abschnitt 1, Rz. 30 ff.; Kirchhof/*Gosch,* § 50d EStG Rz. 35a; Haase/*Haase,* Einl. Rz. 46, 138; *Jankowiak,* S. 75; *Kluge,* S. 911; *M. Lang,* BIT 2009, 204; *Portner,* IStR 2009, 195 (196); *Schaumburg,* Rz. 12.8; 16.216; Wassermeyer/*Wassermeyer,* Vor Art. 1 OECD-MA, Rz. 4; aus Sicht der Schweiz s. *Mäusli-Allenspach/Oertli,* S. 565; a. A. mit nicht überzeugenden Überlegungen zur wirtschaftlichen Betrachtungsweise *Schulz-Trieglaff,* IStR 2012, 577 (578)).

70 Das Verbot der virtuellen Doppelbesteuerung soll sicherstellen, dass keiner der beiden Vertragsstaaten das in seiner Souveränität verankerte Recht verliert, seine innerstaatliche Besteuerung **außerhalb** seiner abkommensrechtlichen Bindungen auszugestalten (*Lehner,* IStR 2012, 389 (393)). Die völkervertraglich vereinbarte Abgrenzung der Besteuerungszuständigkeit der Vertragsstaaten soll gewahrt bleiben (*J. Lüdicke,* Überlegungen, S. 93). Das Verbot der virtuellen Doppelbesteuerung korrespondiert mit dem Grundsatz, dass Doppelbesteuerungsabkommen eine nach innerstaatlichem Recht nicht bestehende Steuerpflicht nicht begründen können; allein innerstaatliches Steuerrecht entscheidet über das Bestehen oder über das Nichtbestehen originärer Steuerpflicht (s. Rz. 65, 68).

71 **Abgrenzungen:** Fälle der Doppelnichtbesteuerung, die als Folgen eines **negativen Qualifikationskonflikts** eintreten können (s. Rz. 158 ff., 162e), werden nicht vom Verbot der virtuellen Doppelbesteuerung erfasst (s. Rz. 158 ff., 162e). Das Verbot gilt vielmehr nur dann, wenn allein **originär innerstaatliches** Recht Ursache für die Nichtbesteuerung ist, nicht aber auch Schwierigkeiten bei der Auslegung des Doppelbesteuerungsabkommens (so jetzt deutlich BFH I R 46/10, BFHE 234, 339 (351 f.): *DBA Großbritannien 1964/1970;* noch unentschieden dagegen BFH, I B 191/09, BStBl. II 2011, 156: *DBA Spanien 1966;* dazu *Lehner,* IStR 2012, 389 (393 f.); Kirchhof/*Gosch,* § 50d EStG Rz. 41a a. E.; differenzierend *Jankowiak,* S. 154).

Soweit BFH I R 52/11 (BFHE 237, 356 (359)) im Zusammenhang mit den ansässigkeitsbegründenden Merkmalen der unbeschränkten Steuerpflicht zutreffend betont, dass insoweit „virtuelle" Steuerpflicht ausreicht, tatsächliche Steuerpflicht also nicht erforderlich ist (s. Art. 4 Rz. 82 ff.), steht der allein den Status der unbeschränkten Steuerpflicht betreffende und insoweit unglücklich gewählte Begriff (Anm. *Dürrschmid*, IWB 2012, 818; Art. 4 Rz. 82 ff.) nicht im Zusammenhang mit dem Verbot der virtuellen Doppelbesteuerung, sondern mit den Voraussetzungen der Abkommensberechtigung (s. Art. 1 Rz. 54k).

Abzugrenzen vom Verbot der virtuellen Doppelbesteuerung ist schließlich auch eine Regelung des originär innerstaatlichen österreichischen Steuerrechts, wonach eine virtuelle Doppelbesteuerung im Sinne der bloßen Möglichkeit einer Doppelbesteuerung nicht ausreicht, um eine in § 48 BAO vorgesehene unilaterale Entlastung zu begründen (öVwGH Erkenntnis v. 12.7.1990 GZ 89/16/0069 mit Besprechung *Urtz,* SWI 1996, 539; öVwGH Erkenntnis v. 19.10.1991 GZ 90/13/0007).

Das Verbot der virtuellen Doppelbesteuerung wird durch ausdrücklich verein- **72**
barte Bedingungen der Freistellung wie **subject-to-tax Klauseln,** die teilweise auch als **Rückfallklauseln** bezeichnet werden (s. hierzu Art. 1 Rz. 135e ff.; Vor Art. 6–22 Rz. 19 ff., 20 ff.; Art. 23 Rz. 11), **limitation-on-benefits-Klauseln** (s. Art. 1 Rz. 121 ff., 144 ff.), **switch-Over-Klauseln** (s. Art. 1 Rz. 136 ff.) und Regelungen nach dem Muster des **Art. 23A Abs. 4** (s. Rz. 155 ff.; sowie Art. 23 Rz. 243 ff.) eingeschränkt bzw. aufgehoben. Der freistellende Staat wird sich zudem i. d. R. vorbehalten, freigestellte Einkünfte und Vermögen bei der Bemessung der Höhe der Steuerpflicht zu berücksichtigen (**„Progressionsvorbehalt“,** s. Art. 23 A und B Rz. 206 ff.).

Folge der Freistellung kann es also sein, dass bestimmte Einkünfte in **keinem** **73**
der beiden Vertragsstaaten besteuert werden. Solche „doppelte Freistellung“, auch als **„Doppelnichtbesteuerung“** bzw. **„Keinmalbesteuerung“** bezeichnet (vgl. zu den vielfältigen Gründen des Entstehens von Keinmalbesteuerung und zur Terminologie: *Jankowiak,* S. 32 ff.; *Rust,* in J. Lüdicke, Vermeidung der Doppelbesteuerung und ihre Grenzen, S. 37 ff.), ist jedoch nach den vorstehenden Erläuterungen abkommensrechtlich **weder unbillig noch unangemessen** (vgl. BFH BFH/NV 1994, 11 (12) zum *DBA Italien 1925:* „kann (…) nicht von vornherein als unsinnig und deshalb als nicht gewollt bezeichnet werden“, insoweit jedoch missverständlich BFH BStBl. II 1993, 655 (656)). Zutreffend lehnt BFH I R 46/10 (BFHE 234, 339 (351): *DBA Großbritannien 1964/1970*) die Annahme der Vorinstanz ab, wonach sich die Vertragsstaaten im Abkommen auf eine „wechselseitige Einmalbesteuerung“ verständigt hätten; zutreffend abgelehnt wird auch, dass diese Wechselwirkung einer „abkommensrechtlichen Wertentscheidung“ entspreche (eine Keinmalbesteuerung ebenfalls in Kauf nehmend BFH BStBl. II 2012 106 (109). Die Rechtsprechung des BFH ist diesbezüglich jedoch uneinheitlich: a. A. etwa BFH BStBl. II 2002, 271 (273), s. hierzu *Rust,* ISR 2013, 241 (244 f.). Mag Doppelnichtbesteuerung in bestimmten Konstellationen durchaus dem Gebot einer leistungsfähigkeitsgerechten Besteuerung widersprechen (s. Rz. 20 f.; insoweit sehr differenziert *Jankowiak,* S. 103 ff.; *Lehner,* IStR 2011, 733 (735); *ders.,* HStR, Bd. XI, § 232, Rz. 15 ff., 28 ff.; dazu und zu unionsrechtlichen Aspekten der Doppelnichtbesteuerung auch BFH I R 66/09, BFHE 236, 304 (311 ff.)), so sind die daraus zu ziehenden Konsequenzen außerhalb von speziellen Vereinbarungen (s. am Anfang dieser Rz.) dennoch nicht solche, die aus allgemeinen Grundsätzen des Abkommensrechts abgeleitet werden könnten. Insbesondere liegt dem Abkommensrecht keine, über den Regelungsbereich der einzelnen Verteilungsnormen hinausgehende allgemeine Zielsetzung zur Vermeidung von Doppelnichtbesteuerung zugrunde (s. bereits o. Rz. 6; grundlegend *M. Lang,* CDFI 89a, S. 21, 26 ff., 29; *ders.,* IWB 2011, 281 (282); *ders.,* DStJG 36 (2013), S. 1 (22 ff.); *K. Vogel,* IStR 2007, 225; *Wassermeyer,* ISR 2013, 87 (89); *Rust,* ISR 2013, 241 (244 f.); *Schönfeld/Ditz/Häck,* in SD Anh.; Art. 22 DE-VG Rz. 138; a. A. *Wolff,* IStR 2004, 542

(545); *Schröder,* IStR 2009, 49; *Wichmann,* FR 2011, 1082; *Czakert,* IStR 2012, 703 (706); GKG/*Wilke,* Art. 3 OECD-MA Rz. 88; in diese Richtung wohl auch Haase/*Haase,* Einl. Rz. 139; aus unionsrechtlicher Perspektive s. *Helminen,* The Nordic Multilateral Tax Treaty as a Model for a Multilateral EU Tax Treaty 2013, S. 93 ff.). Die deutsche Verhandlungsgrundlage (s. o. Rz. 38 f.) führt allerdings in ihrer Präambel (zu ihrer rechtlichen Bedeutung s. Rz. 136) ausdrücklich die Vermeidung der doppelten Nichtbesteuerung als Abkommenszweck an (vgl. *Rust,* ISR 2013, 241 (245)).

Diese Vorgabe kann jedoch nur als Zielsetzung für die künftige deutsche Abkommenspolitik wirken. Rechtliche Wirkungen gehen von dieser Zielsetzung nicht aus (s. Rz. 38a). Dem entspricht der Wortlaut des Art. 25 Abs. 3 Satz 2 MA, der lediglich zu Beratungen über Möglichkeiten zur Vermeidung einer im Abkommen nicht behandelten Doppelbesteuerung, nicht aber auch einer im Abkommen nicht behandelten Doppelnichtbesteuerung ermächtigt (dazu und zu dem insoweit ebenfalls sehr problematischen § 2 Abs. 2 AO s. Art. 25 Rz. 154a ff.; *Lehner,* IStR 2011, 733 (735 ff.) m. w. N.; zu weiteren Differenzierungen s. *Rust,* in J. Lüdicke, Vermeidung der Doppelbesteuerung und ihre Grenzen, S. 45 ff.). Vor dem Hintergrund der Präambel der deutschen Verhandlungsgrundlage erscheint es inkonsequent, dass sie Beratungen über die Vermeidung einer Doppelnichtbesteuerung in ihrer, dem Art. 25 Abs. 3 OECD-MA entsprechenden Vorgabe nicht vorsieht. Rein unilaterale Maßnahmen nach dem Muster des § 50d EStG überwinden das Verbot der virtuellen Doppelbesteuerung jedenfalls nur um den Preis eines **Treaty Override** (s. Rz. 193 ff.).

III. Aufbau und Anwendung der Doppelbesteuerungsabkommen

76 Das OECD- und das UN-MA sowie eine Vielzahl der geltenden Abkommen sind in **sieben Abschnitte** eingeteilt (s. MA-Komm., Einleitung, Ziff. 17 ff. Im Gegensatz hierzu ist das US-MA zwar nicht förmlich in Abschnitte unterteilt, es hat aber im Grunde denselben Aufbau). Die Abschnitte I und II regeln die Anwendungsvoraussetzungen (in der Terminologie der MA: den **„Geltungsbereich"**) des Abkommens und enthalten grundlegende Begriffsbestimmungen. Abschnitt III, der wichtigste Abschnitt, enthält die **Verteilungsnormen** (zum Begriff s. Rz. 67) für die Besteuerung des **Einkommens** (Art. 6 bis 21), Abschnitt IV die Verteilungsnorm für die Besteuerung des **Vermögens** (Art. 22). Abschnitt V regelt in Ergänzung der Abschnitte III und IV die Rechtsfolge für die Beseitigung der Doppelbesteuerung im Staat der Ansässigkeit für den Fall, dass die Verteilungsnormen insoweit keine abschließende Rechtsfolge vorsehen (s. Rz. 82). Sowohl das OECD- als auch das UN-MA stellen den Vertragsstaaten die Beseitigung der Doppelbesteuerung durch Freistellung oder Anrechnung als gleichberechtigte Lösungen zur Wahl. Der sechste Abschnitt enthält als zusätzliche Bestimmungen Diskriminierungsverbote (Art. 24), Vorschriften über ein Verständigungsverfahren bei verbleibenden Doppelbesteuerungen und Zweifeln sowie bei Meinungsverschiedenheiten bei der Auslegung und Anwendung des Abkommens (Art. 25), über den Informationsaustausch (Art. 26) und über gegenseitige Vollstreckungshilfe (Art. 27 (neu)), einen Vorbehalt zugunsten der steuerlichen Vorrechte der Diplomaten und Konsularbeamten (Art. 28) und eine Regel für den Fall, dass das Abkommen auf abhängige Hoheitsgebiete ausgedehnt werden soll (Art. 29; nicht im UN-MA enthalten). Schlussbestimmungen regeln das Inkrafttreten und die Kündigung des Abkommens (Art. 30/31; im UN-MA: Art. 29, 30).

77 Grundlegend für die Wirkung von Doppelbesteuerungsabkommen sind die Verteilungsnormen (zum Begriff s. Rz. 67). Zu einer **theoretisch vollständigen**

Verteilungsnorm gehören nach einer von *Klaus Vogel* erarbeiteten methodischen Grundlegung (s. bereits 1. Aufl. 1983, Einl. Rz. 26) folgende Grundelemente, die allerdings, auch in den MA und in den Abkommen der Bundesrepublik Deutschland, auf mehrere Abkommensartikel verteilt sind:

Anwendungsvoraussetzungen: 78

(1) Abkommensbindung des Steuergläubigers (bedeutsam z. B. für Gliedstaaten und abhängige Hoheitsgebiete)
(2) Abkommensberechtigung des Steuerschuldners (regelmäßig bestimmt durch die „Ansässigkeit", Art. 1 MA)
(3) Anwendbarkeit des Abkommens auf die in Frage stehende Steuer (die im Abkommen bezeichneten und gleichartige Steuern, Art. 2 MA)

Tatbestandselemente: 79

(1) Bezeichnung desjenigen Tatbestands im innerstaatlichen Steuerrecht, für den die Norm gelten soll (des „Objekttatbestands": etwa „Einkünfte", „Gewinn", „Vermögen")
(2) Die besonderen Tatbestandsvoraussetzungen der Verteilungsnorm (der „Metatatbestand")
  (a) Bestimmung eines Ausschnitts aus den steuerpflichtbegründenden Elementen des Objekttatbestands: der Steuerquelle („Einkünfte aus unbeweglichem Vermögen", „Gewinne eines Unternehmens" usw.)
  (b) Bestimmung eines Ausschnitts aus den die Steuerpflicht bemessenden Elementen des Objekttatbestands (z. B. Art. 7 Abs. 2 MA; in der Schweiz spricht man von „Steuerausscheidung": *Höhn/Mäusli,* Interkantonales Steuerrecht, S. 57 ff.; 247 ff., 389 ff.; *Mäusli-Allenspach/Oertli,* S. 75; 536 ff.; 566 f.; 576)
  (c) Mindestvoraussetzungen für die Anwendung der Verteilungsnorm (Anwendungs-„Schwelle", z. B. Vorhandensein einer Betriebstätte)
(3) Verknüpfung des Metatatbestands mit der Person des Steuerschuldners: die Zurechnung („Einkünfte, die eine . . . Person bezieht")
(4) Verknüpfung des Metatatbestands mit dem (den) Steuergläubiger(n): das Anknüpfungsmerkmal
  (a) entweder über eine Eigenschaft des Steuerschuldners (Ansässigkeit, Staatsangehörigkeit)
  (b) oder über Sachverhaltselemente (z. B. Belegenheit des unbeweglichen Vermögens)

Die doppelte Rechtsfolge: 80

(1) Für jeweils einen der beiden Vertragsstaaten bleibt dessen materielles Steuerrecht im Anwendungsbereich des Metatatbestands unberührt, sein Steueranspruch wird allenfalls der Höhe nach begrenzt („vorrangige Besteuerung")
(2) Der andere Vertragsstaat stellt den Sachverhalt von der Steuer frei (gegebenenfalls unter Progressionsvorbehalt) oder er verpflichtet sich zur Anrechnung der erhobenen Steuer („nachrangige Besteuerung")

81 Die **Verteilungsnormen** des dritten Abschnitts sind nach „Einkunftsarten" (zum Begriff s. Rz. 84) gegliedert, die des vierten Abschnitts entsprechend nach „Vermögensarten". Solchen Einkunftsarten ähnelt die Klassifizierung des Einkommens in den Einkommensteuergesetzen einer Reihe von Staaten, so z. B. Deutschlands oder Großbritanniens (§ 2 Abs. 1 EStG; ICTA 1988c. 1 sec. 15 Part I sec. 15–20). Zu berücksichtigen ist jedoch, dass andere Staaten die Einkünfte anders bestimmen und abgrenzen, dass viele auch von einem umfassenden Einkommensbegriff ohne Aufteilung in Einkunftsarten ausgehen (z. B. die Vereinigten

Staaten: sec. 61 IRC). **Die in den DBA umschriebenen Einkunftsarten dürfen daher keinesfalls mit denen des innerstaatlichen Rechts gleichgesetzt werden;** jede Ähnlichkeit ist nur oberflächlich und zufällig (*M. Lang,* DStJG 34 (2011), S. 353ff.; *Wassermeyer,* IStR 2010, 324ff.; für das englische Recht *Avery Jones,* FS Vanistendael, S. 93ff.; i.Erg. auch BFH I B 109/13 v. 19.12.2013, BFH/NV 2014, 623 (624): *DBA Irland*).

1. Verteilungsnormen mit abschließender und mit offener Rechtsfolge

82 In ihrem Sprachgebrauch folgen die Verteilungsnormen aller geltenden Abkommensmuster einem einheitlichen System. Heißt es in einer Vorschrift bestimmte Einkünfte „**können nur** in … besteuert werden" (engl.: shall be taxable only; franz.: ne sont imposables que dans), so muss der andere Staat die Einkünfte freistellen. Heißt es dagegen „**können in** … besteuert werden" (ohne „nur"; engl.: may be taxed; franz. sont imposables dans) – diese Wendungen beziehen sich stets auf den Quellenstaat –, so werden die Rechtsfolgen im Ansässigkeitsstaat nicht durch die Verteilungsnorm, sondern erst durch Art. 23 festgelegt (so jetzt auch die Klarstellung durch Ziff. 25.1 der Einl. des MA-Komm. nach dem Update 2014). Mit anderen Worten: Verteilungsnormen mit **abschließender** Rechtsfolge („können nur") sind von solchen mit unvollständiger oder **offener Rechtsfolge** („können") zu unterscheiden. Verteilungsnormen mit offener Rechtsfolge sind durch die Anwendung von Art. 23 zu ergänzen (s. Vor Art. 6–22, Rz. 4ff.). Bei den Abkommen der Vereinigten Staaten ist ferner die „saving clause" zu beachten (s. dazu Art. 1 Rz. 77ff.).

83 Wie bereits erwähnt, sehen Art. 23 des OECD- und UN-MA zwei Lösungsmöglichkeiten für die Vermeidung bzw. Beseitigung von Doppelbesteuerung vor. Wenn die Vertragsstaaten diesen Artikel für ihr jeweiliges Abkommen vereinbaren, können sie zwischen der **Freistellungs-** und der **Anrechnungsmethode wählen** (das US-MA sieht nur die Anrechnungsmethode vor). Es kommt jedoch praktisch nie zu einer ausschließlichen Anwendung der Anrechnungsmethode, da fast alle geltenden Abkommen Verteilungsnormen mit abschließender Rechtsfolge („können nur") enthalten, die immer zu Freistellungen führen. Entsprechendes gilt nach den Abkommensmustern für die Freistellungsmethode: selbst für den Fall, dass grundsätzlich diese Methode gewählt wird, sieht Art. 23 A OECD- und UN-MA (der „Freistellungsartikel") vor, dass die Doppelbesteuerung bei Einkünften aus **Dividenden** und **Zinsen** durch **Anrechnung** zu vermeiden ist. Im Gegensatz hierzu wurden in Kontinental-Europa während der zwanziger und frühen dreißiger Jahre Abkommen abgeschlossen, die ausschließlich die Freistellungsmethode vorgesehen hatten; von ihnen war zumindest das Doppelbesteuerungsabkommen Deutschland/Italien von 1925 noch bis in die neunziger Jahre in Kraft.

84 Die **Verteilungsnormen** des Abschnitts III sind nicht systematisch gegliedert; ihre Reihenfolge hat sich in historischer Entwicklung herausgebildet. Nach ihrem Inhalt kann man vier Gruppen unterscheiden:

- **erstens** Bestimmungen, die sich auf Einkommen aus bestimmten **Tätigkeiten** beziehen; sie lassen sich in drei Gruppen einteilen: unternehmerische Tätigkeit (Art. 7), unselbstständige Arbeit (Art. 15), Land- und Forstwirtschaft (Art. 6);
- **zweitens** Bestimmungen, die sich auf Einkünfte aus bestimmten **Vermögenswerten** beziehen; vier Gruppen: Dividenden (Art. 10), Zinsen (Art. 11), Lizenzgebühren (Art. 12) und unbewegliches Vermögen (Art. 6);
- **drittens** Bestimmungen für Gewinne aus der **Veräußerung von Vermögen;** fünf Gruppen entsprechend den fünf Absätzen von Art. 13;
- **viertens** eine Bestimmung über Studenten (Art. 20) und eine **Auffangvorschrift** für Einkünfte, die nicht in die vorstehenden drei Kategorien fallen (Art. 21).

Teils beziehen sich die Verteilungsnormen auf die weltweiten Einkünfte des Steuerpflichtigen bzw. dessen weltweites Vermögen, teils nur auf dessen Einkünfte oder Vermögen in den Vertragsstaaten (*van Raad,* FS Hinnekens, S. 593: teils „global reach", teils „bilateral reach").

Soweit Verteilungsnormen vorstehend nicht aufgeführt wurden, handelt es sich um Spezialbestimmungen (leges speciales) im Verhältnis zu den aufgeführten: so z. B. Art. 8 (Schifffahrt u. a.) im Verhältnis zu Art. 7; Art. 17 (Künstler und Sportler) im Verhältnis zu Art. 15 und z. T. sogar zu Art. 7 (s. z. B. *Arnold,* BIT 2009, 562). Diese speziellen Regeln gehen den allgemeinen vor. DBA können auch Verteilungsnormen enthalten, die in den MA nicht vorgesehen sind, z. B. für Einkünfte im Zusammenhang mit der Gewinnung von Bodenschätzen aus dem Kontinentalschelf nach Art. 20 *DBA Norwegen* und begrenzt auf Transportleistungen im Zusammenhang mit Offshore-Ölförderungen nach Art. 23 Abs. 4 *DBA Dänemark.*

Falls bestimmte Einkünfte den Tatbestand mehrerer Verteilungsnormen erfüllen, **85**
haben diejenigen, die sich auf Einkommen aus Vermögenswerten beziehen (s. die vorige Rz., Kategorie 2), regelmäßig **Vorrang** vor solchen, die Einkünfte aus Tätigkeiten zum Gegenstand haben (Kategorie 1; vgl. OECD-MA, Art. 6 Abs. 4 und Art. 7 Abs. 4; UN-MA, Art. 6 Abs. 4 und Art. 7 Abs. 6; so auch *Schaumburg,* Rz. 16.214; Wassermeyer/*Wassermeyer,* Vor Art. 6–22, Rz. 21 ff.; *ders.,* IStR 2010, 37, 39; Haase/*Haase,* Einl. Rz. 107 ff.; anschaulich *Kees van Raad,* FS Vanistendael, S. 730; vgl. auch *M. Lang,* IStR 2002, 609, 611: „Daher ist den Verteilungsnormen die Zielsetzung immanent, dass immer nur *eine* Verteilungsnorm anwendbar ist"). Gehören zum Beispiel zum Betriebsvermögen eines Unternehmens Anteile an einer Kapitalgesellschaft, so werden die Erträge aus diesen Anteilen nach Art. 10 als Dividenden und nicht gemäß Art. 7 als Unternehmenseinkünfte besteuert. Entsprechendes gilt für ein Unternehmen, das einer Person im anderen Vertragsstaat ein Darlehen oder eine Lizenz gewährt oder das in diesem Staat unbewegliches Vermögen besitzt (s. im Einzelnen Art. 7 Rz. 8 ff., 167 ff.; zu Art. 7 Abs. 7 OECD-MA 2008, s. Art. 7 Rz. 158 ff.; Art. 6 Rz. 6 ff.; Art. 11 Rz. 4 ff.; Art. 12 Rz. 9 ff., 94; s. aus der Rechtsprechung z. B. BFH v. 27.2.1991, I R 15/89, BStBl. II 1991, 444: *DBA USA 1954/1965*; BFH v. 26.5.2005, I B 159/04, BFH/NV 2005, 1560: *DBA USA 1954/1965;* BFH v. 10.8.2006, II R 59/05, BStBl. II 2009, 758: *DBA Frankreich 1959/1969*; BFH v. 20.12.2006, I B 47/05, BStBl. II 2009, 766: *DBA Großbritannien 1964;* BFH v. 17.10.2007, I R 5/06, BStBl. II 2009, 356: DBA USA 1989; BFH v. 19.12.2007, I R 66/06, BStBl. II 2008, 510: *DBA Niederlande 1959*; BFH v. 8.9.2010, I R 74/09, BFHE 231, 84: *DBA USA 1989*; FG Schleswig-Holstein v. 14.7.2009, 5 K 210/07, EFG 2009, 1998: *DBA-USA 1989*). Davon gibt es aber eine bedeutende **Ausnahme:** werden Dividenden, Zinsen oder Lizenzgebühren durch eine Betriebstätte im anderen Vertragsstaat bezogen und gehört das Recht, auf Grund dessen die Zahlungen erfolgen, zum Betriebsvermögen dieser Betriebstätte, so richtet sich die Besteuerung nach Art. 7 („Betriebstättenvorbehalt", s. Vor Art. 10–12, Rz. 30 ff.; aus der Rechtsprechung s. z. B. BFH v. 8.9.2010, I R 74/09, BFHE 231, 84: *DBA USA 1989*; BFH v. 24.8.2011, I R 46/10, BFHE 234, 339: *DBA Großbritannien 1964/1970*). Kollidieren Verteilungsnormen mehrerer Abkommen, so ist das Konkurrenzverhältnis nach allgemeinen Vorrangregeln zu lösen; eine Meistbegünstigung ist ausgeschlossen (FG Baden-Württemberg 2 K 776/11, nrkr. (I R 19/13 EFG 2013, 707).

Ist andererseits die Besteuerung bestimmter Einkünfte im DBA nicht geregelt **86**
und greift auch keine Auffangregelung ein (wie sie in allen drei MA in Art. 21 vorgesehen ist), so bleibt insoweit die Doppelbesteuerung, gegebenenfalls auch eine Keinmalbesteuerung (s. Rz. 73) bestehen.

2. Anwendung des Abkommens

87 Für das Vorgehen bei der **Anwendung** eines Abkommens ist umstritten, ob zunächst das Abkommensrecht oder umgekehrt aus systematischen Gründen zunächst das innerstaatliche Recht zu prüfen ist. Der RFH war der Meinung, es müsse stets zunächst die Steuerpflicht nach innerstaatlichem Recht geprüft werden (RStBl. 1935, 1399 (1401): *DBA Schweiz;* 1938, 937: *DBA Italien 1925;* 1940, 809 (810): *DBA Schweiz;* ebenso *Becker,* StuW 1939 I, 745 (762); einschränkend dagegen der BFH: nur „in der Regel" aus praktischen Gründen, BFH v. 12.12.1978, I R 69/75, BStBl. II 1979, 64, 65: *DBA Schweiz;* bestätigend BFH v. 28.4.1984, I R 191/79, BStBl. II 1984, 664: *DBA Schweiz 1971*; BFH v. 12.3.1980, I R 186/76, BStBl. II 1980, 531: *DBA Niederlande 1959*; BFH v. 17.10.1990, I R 16/89, BStBl. II 1991, 211: *DBA Schweiz 1971*; aus neuerer Zeit: BFH v. 7.12.2011, I R 5/11, BFH/NV 2012, 556: *DBA USA 1989;* BFH v. 13.12.2011, I B 159/11, BFH/NV 2012, 417: *DBA Kanada 2001*; aus österreichischer Sicht: öVwGH Erkenntnis v. 28.11.2007, GZ 2006/14/0057; aus französischer Sicht: *Martin,* BIT 2011, 205, 206; *Conseil d'Etat* req. n. 271 366, Aznavour, RJF 6/08 No. 629: *DBA Frankreich-Belgien, DBA Frankreich-Großbritannien*). Einen „rechtssystematisch … umgekehrten Prüfungsgang" befürwortet *Debatin* (Wassermeyer/*Debatin,* Syst. III Rz. 52 f.; *ders.,* AWD 1969, 477; *ders.,* DStR 1992, Beih. zu Heft 23, 2; so auch *Kerath,* Maßstäbe zur Auslegung und Anwendung von Doppelbesteuerungsabkommen, S. 156; *Schaumburg,* Rz. 16.40; BFH v. 28.4.1982, I R 151/78, BStBl. II 1982, 566: *DBA Frankreich 1959*). *Debatin* konzediert jedoch, dass es sich aus praktischen Gründen empfehlen könne, den ersten Schritt beim innerstaatlichen Recht zu machen. Beide Vorgehensweisen sind einander **gleichwertig.** Zwar ist das Abkommen gegenüber dem nationalen Recht lex specialis, die Tatbestandsvoraussetzungen der Verteilungsnorm treten jedoch, wie dargelegt, als zusätzliche Voraussetzungen der Steuerpflicht bei grenzüberschreitenden Sachverhalten neben die des innerstaatlichen Rechts (s. o. Rz. 44, 70 ff.). *K. Vogel* (s. bereits erste Aufl. 1983, Einl. Rz. 29) bezeichnet das Abkommen in einem bildlichen Vergleich als **Lochschablone,** die über das Muster des innerstaatlichen Rechts gelegt wird und bestimmte Partien abdeckt. Ob man hier mit der Prüfung der Schablone oder der des Musters beginne, laufe auf das gleiche hinaus; es könne von Fall zu Fall nach Gründen der Zweckmäßigkeit pragmatisch entschieden werden (übereinstimmend: *Mössner,* FS Seidl-Hohenveldern, S. 417; *M. Lang,* Einführung, S. 35; *Lindencrona,* Skattenytt 1992, 349; *Wassermeyer,* StuW 1990, 404, 411; *ders.,* IStR 2010, 241; GKG/*Menck,* Grundlagen Abschnitt 2, Rz. 100. Dagegen stets zunächst das innerstaatliche Recht prüfend Haase/*Haase,* Einl. Rz. 81 ff.). Nur in Fällen, in denen das innerstaatliche Recht auf das Abkommen oder dieses auf das innerstaatliche Recht verweist, kann eine bestimmte Prüfungsreihenfolge logisch geboten sein (*Lindencrona,* a. a. O.). Dagegen kann der Steuerpflichtige im Allgemeinen nicht „wählen", ob ein Abkommen auf ihn Anwendung findet oder nicht. Wo das innerstaatliche Recht ihm diese Möglichkeit einräumt, darf er dann jedenfalls seine Wahl nicht auf Vertragsvorschriften beschränken, die für ihn vorteilhaft sind (kein „cherry-picking"; vgl. für Kanada: *Arnold* CTJ 1995, 869; für Großbritannien: *Avery Jones,* in *Maisto,* Tax Treaties and Domestic Law, S. 141 ff.; für die USA: Rev. Rul. 80–147, 1980–1 CB 168 und u. bei Art. 1 Rz. 75). Auch eine Meistbegünstigung ist ausgeschlossen (s. Rz. 15, 87, 271 ff.).

88 Wie schon erwähnt, sind den Abkommen häufig noch **„Schlussprotokolle",** oft auch **sonstige ergänzende Dokumente** beigefügt (s. o. Rz. 49). Sie erläutern und ergänzen den Abkommenstext; gelegentlich verändern sie ihn. Rechtlich sind sie Bestandteile des Abkommens und entfalten die gleiche verpflichtende Kraft wie der Haupttext. Bei der Anwendung eines Doppelbesteuerungsabkommens ist es deshalb erforderlich, auch derartige Zusatzdokumente genau zu lesen.

IV. „Wohnsitz-"/„Ansässigkeits-" und „Quellenstaat"

Literatur: *Reimer,* Der Ort des Unterlassens. Die ursprungsbezogene Behandlung von Entgelten für Untätigkeit im Internationalen Steuerrecht (2004), S. 299 ff.; *Gassner/M. Lang/Schuch/Staringer,* Die Verteilung der Besteuerungsrechte zwischen Ansässigkeits- und Quellenstaat im Recht der Doppelbesteuerungsabkommen (2005); *Homburg,* in Die internationale Unternehmensbesteuerung im Wandel (2005); *Martha,* The Jurisdiction to Tax in International Law (1989); *v. Schanz,* FinArch, Bd. 9 II (1892), 365; *Spitaler,* Das Doppelbesteuerungsproblem bei den direkten Steuern (1967), Nachdruck der 1. Aufl. von 1936; *Strasser,* Die Auslegung von Quellenstaatenregelungen in Doppelbesteuerungsabkommen (2005); *K. Vogel,* in FS Loukota (2005), S. 621; *ders.,* in FS Otto Walter (1988), S. 101. 90

In der Einleitung der OECD zum MA und im MA-Komm. sowie in der Literatur werden die Vertragsstaaten der DBA überwiegend als **„Wohnsitzstaat"** (so in der deutschen Übersetzung von „State of residence"; „État de résidence"); besser, da auch auf Gesellschaften bezogen: **„Ansässigkeitsstaat"** und als **„Quellenstaat"** („State of source"; „État de la source") bzw. „Belegenheitsstaat" („State of situs"; „État du situs") bezeichnet. 91

Als **„Ansässigkeitsstaat"** gilt der Vertragsstaat, in welchem eine Person i. S. des Art. 4 Abs. 1 aufgrund ihres Wohnsitzes, ihres ständigen Aufenthaltes, des Ortes ihrer Geschäftsleitung oder eines anderen ähnlichen Merkmals unbeschränkt steuerpflichtig ist (s. Art. 4 Rz. 6, 71 ff.). Als **„Quellenstaat"** wird der Staat bezeichnet, aus dem die Einkünfte stammen (vgl. MA-Komm. Einl. Tz. 19 ff.; *Schönfeld/Häck,* in SD, Systematik Rz. 39; *Schaumburg,* Rz. 16.211; *Kluge,* S. 741 ff., 755; so auch bereits BFH v. 5.2.1965, VI 338/63 U, BStBl. III 1965, 258; BFH v. 12.7.1967, I 71/64, BStBl. III 1967, 657; aus neuerer Zeit s. BFH v. 22.6.2011, I R 103/10, BStBl. II 2012, 115; BFH v. 6.6.2012, I R 6/11, I R 8/11, BStBl. II 2013, 111; BFH v. 13.6.2012, I R 41/11, BStBl. II 2012, 880; BFH v. 24.10.2012, I R 47/12, BFH/NV 2013, 196 u. v. m.). Diese Unterscheidung bedarf zusätzlicher Differenzierung, die aber sehr schwierig ist, weil das MA und sein Kommentar, nur ausnahmsweise ausdrückliche Bestimmungen über den Quellenstaat enthalten (s. MA-Komm. zu Art. 6 Ziff. 1; zu Art. 10 Ziff. 9; zu Art. 11 Abs. 5 Ziff. 26; zu Art. 18 Ziff. 19; Art. 20 mit MA-Komm. Ziff. 4). Als besondere Schwierigkeit kommt hinzu, dass Quellenregeln materiell auf Kriterien territorial-wirtschaftlicher Zugehörigkeit gestützt werden, die häufig schwer oder gar nicht bestimmbar sind (dazu bereits o. Rz. 23 sowie *Spitaler,* Das Doppelbesteuerungsproblem, S. 429 ff.; *K. Vogel,* BIFD 2005, 420; *Schön,* WTJ 2009, 67 (68 f.); *ders.,* BTR 2010, 554; *Shay/Fleming/Perony,* TLR 2002, 81 (106 ff.); *Lehner/Reimer,* IStR 2005, 542). Auch gibt es **kein völkerrechtliches Quellenprinzip oder Territorialitätsprinzip,** dem klare Quellenregeln für Doppelbesteuerungsabkommen entnommen werden könnten (s. o. Rz. 11 f., 20 ff.; zu den problematischen Versuchen einer Abgrenzung der Besteuerungszuständigkeit nach generellen Kriterien ökonomischer Effizienz bzw. Neutralität s. o. Rz. 24 ff.; zur unionsrechtlichen Problematik s. Rz. 266 ff.). Dies gilt entsprechend für die Unterscheidung zwischen einem Wohnsitz**prinzip** und einem Quellen**prinzip** (vgl. *Homburg,* Wohnsitzprinzip, S. 14 ff.).

1. Quellenregeln

Quellenregeln sollen den Staat bestimmen, in dem Einkünfte ihre Quelle haben bzw. in dem Vermögenswerte belegen sind (*K. Vogel,* IStR, Beihefter zu Heft 24/97, 1). Obwohl der Begriff im europäischen Rechtskreis geprägt wurde (*v. Schanz,* FinArch, Bd. 9 II (1892), 365 (380 ff.) spricht in diesem Zusammenhang von „wirtschaftlicher Zugehörigkeit"; *Dorn,* VJSchr. 1927, 189 (208 ff.)), hat er vor 92 allem im anglo-amerikanischen Steuerrecht unter der Bezeichnung **„source rules"**, so insbesondere im Steuerrecht der USA (sec. 861 ff. IRC), eigenständige und differenzierte normative Bedeutung für die abgrenzende Bestimmung inländischer und ausländischer Einkünfte gewonnen (s. *Rosenblum,* IBFD 2006, 386 ff.; *Shay/Fleming/Perony,* TLR 2002, 81 (106 ff.); *Doernberg,* International Taxation 2012, 30; *K. Vogel,* FS Otto Walter, S. 101 ff.; *Rohatgi,* Basic, vol. I, S. 222 ff.; *Reimer,* Der Ort des Unterlassens, S. 156 f.). Von den „source rules" zu unterscheiden ist die **„jurisdiction to tax".** Sie knüpft als territorial radizierte Besteuerungshoheit (s. Rz. 11 f.) an die nach Maßgabe der Quellenregeln bestimmten inländischen Einkünfte oder, bezogen auf den persönlichen Status des Steuerpflichtigen, an dessen Ansässigkeit im Inland an (*Rosenblum*, IBFD 2006, 386 (387); *Martha,* The Jurisdiction to Tax in International Law, S. 59 ff.). Die Bedeutung der Quellenregeln liegt somit zum einen in der Bestimmung der inländischen Einkünfte, die der beschränkten Steuerpflicht unterfallen; darüber hinaus aber auch in der Bestimmung der ausländischen Einkünfte, deren Besteuerung im Quellenstaat dann im Ansässigkeitsstaat zur Anrechnung der ausländischen Steuer berechtigt (s. Art. 23 Rz. 164). Für das deutsche Steuerrecht kann für die Anwendung eines Doppelbesteuerungsabkommens grundsätzlich dahingestellt bleiben, inwieweit Vorschriften mit ähnlicher Funktion, insbesondere die §§ 49 und 34d EStG, für sich allein nur Quellenregeln sind oder ob sie bereits Ansätze für die Bestimmung des Besteuerungszugriffs i. S. von „jurisdiction to tax" enthalten (dazu *Reimer,* Der Ort des Unterlassens, S. 431 f.).

93 **Quellenregeln in Doppelbesteuerungsabkommen** konkretisieren die territorialen Anknüpfungen der Verteilungsnormen für Einkünfte, die eine in einem Vertragsstaat ansässige Person aus dem anderen Vertragsstaat bezieht (dazu *Kluge,* S. 762 ff.; *Strasser,* S. 105 ff.; sowie die Beiträge in *Gassner/Lang/Schuch/Staringer* (Hrsg.); *Frotscher,* Internationales Steuerrecht, Rz. 206 ff.; *Schaumburg,* Rz. 16.512 ff.; ausführlich *Reimer,* Der Ort des Unterlassens, S. 433 ff.; zur Problematik der Quellenbestimmung bei global agierenden Unternehmen *Schön,* WTJ 2009, 67 (68 ff.); im Zusammenhang mit Zurechnungskonflikten s. *M. Lang,* IWB 2011, 281 (288 f., 292 ff.)). Ein Beispiel bildet Art. 11 Abs. 5 für die Bestimmung desjenigen Vertragsstaats, aus dem die Zinsen i. S. des Abs. 1 nach Maßgabe der **Ansässigkeit** des Schuldners der Zinsen oder des Kriteriums der Betriebstätte, für die die Zinsen aufgewendet werden **stammen** (s. Art. 11 Rz. 98; entsprechend zu Art. 12 Abs. 1 und 3 dort Rz. 20a ff., 94). Ähnlich erfolgt die **örtliche Bestimmung der Quelle** in Art. 10, wonach der Sitz der die Dividenden oder, im Fall des Art. 16, der die Aufsichtsratsvergütungen zahlenden Gesellschaft über die örtliche Herkunft Einkünfte entscheidet (*Rohatgi,* Basic, vol. I, S. 100, 147 ff., 164). Besondere Quellenregeln finden sich in Verteilungsnormen, nach denen die örtliche Zuweisung der Besteuerungszuständigkeit davon abhängt, dass bestimmte **„Besteuerungsschwellen"** überwunden werden (*K. Vogel,* FS Loukota, S. 623 (627)), so insbesondere nach Maßgabe des Art. 7 Abs. 1 Satz 2 für die Besteuerung von Unternehmensgewinnen im Nichtansässigkeitsstaat unter der Voraussetzung, dass das Unternehmen des Ansässigkeitsstaats im Nichtansässigkeitsstaats über eine Betriebstätte verfügt, der die Gewinne zuzurechnen sind. Als **„negative" Quellenregel** ergibt sich aus diesem Erfordernis der Zurechenbarkeit (dazu auch Rz. 181) die Ablehnung einer „Attraktivkraft der Betriebstätte", mit der Folge, dass dem Betriebstättenstaat nicht sämtliche Einkünfte des Unternehmens aus Quellen innerhalb dieses Staates zur Besteuerung überlassen sind, sondern nur diejenigen, die mit der Tätigkeit der Betriebstätte in einem wirtschaftlichen Zusammenhang stehen (s. Art. 7 Rz. 42 f.). Eine **„Besteuerungsschwelle"** in diesem Sinne enthält auch Art. 15 Abs. 2 wonach die Besteuerung von Einkünften aus unselbständiger Arbeit im Nichtansässigkeitsstaat nicht nur davon abhängt, dass die Arbeit dort aus-

geübt worden ist, sondern dass auch die Anforderungen der 183-Tage-Klausel oder die in der Person des die Vergütungen Zahlenden erfüllt sind (s. Art. 15 Rz. 37ff.; 49ff.; 63ff.). Soweit Abkommen sog. **„deemed source rules"** enthalten (s. Art. 23 Rz. 12a), die für die Anwendung der Methodenartikel abweichend von Art. 23 A und B bestimmen, dass Einkünfte aus dem Nichtansässigkeitsstaat stammen, wenn sie dort in Übereinstimmung mit dem Abkommen besteuert werden können oder besteuert worden sind, handelt es sich hierbei um **„unechte Quellenregeln"** (*Reimer*, Der Ort des Unterlassens, S. 444), weil sie die Quelle der Einkünfte nicht eigenständig lokalisieren, sondern an die Rechtsfolgen von Verteilungsnormen anknüpfen (zur unzutreffenden Bewertung von „deemed source rules" als „subject to tax"- bzw. Rückfallklauseln *K. Vogel,* IStR-Beih zu Heft 24/1997, 1; dazu Art 23 Rz. 12a und Vor Art. 6–22 Rz. 20e). Schließlich ist mit *Reimer* (Der Ort des Unterlassens, S. 433; *K. Vogel,* FS Loukota, S. 623 (624f.)) darauf hinzuweisen, dass Quellenregeln nicht erforderlich sind, wenn die Besteuerung ohne Rücksicht auf die örtliche Herkunft der Einkünfte allein dem Ansässigkeitsstaat überlassen ist (s. Art. 7 Abs. 1 Satz 1 für Unternehmensgewinne bei Fehlen einer Betriebstätte; Art. 13 Abs. 5 für die Besteuerung sonstigen Vermögens; Art. 18 für Ruhegehälter; Art. 21 Abs. 1 und 22 Abs. 4 für sonstige Einkünfte bzw. sonstiges Vermögen). Dass der Ansässigkeitsstaat zugleich der Quellenstaat ist wenn die Einkünfte aus seinem Territorium stammen (dazu *K. Vogel,* FS Loukota, S. 623 (624f.), der deshalb zwischen **Ansässigkeitsstaat und Nichtansässigkeitsstaat** unterscheidet), ist nur dann selbstverständlich, wenn insoweit, anders vor allem häufig im Fall einer nach Art. 9 erforderlichen Gewinnabgrenzung, keine Unklarheit über die Quelle der Einkünfte besteht. Vor diesem Hintergrund gewinnt auch Art. 9 die Qualität einer Quellenregel. Schließlich kann die Unterscheidung zwischen dem Ansässigkeitsstaat und dem Nichtansässigkeitsstaat auch vom Ergebnis der Ansässigkeitsbestimmung nach einer **„tie-breaker-rule"** des Art. 4 Abs. 2 und 3 (s. dort Rz. 13, 20ff., 160ff.; 240ff.) abhängig sein (*K. Vogel,* FS Loukota, S. 623 (624f.)). Eine einheitliche Begrifflichkeit und Systematik von Quellenregeln enthalten die Abkommen jedenfalls nicht. Es ist bezeichnend, dass Art. 20, die einzige Verteilungsnorm, die den Begriff „Quelle" als Tatbestandsmerkmal enthält, diesen Begriff nicht zur Abgrenzung der Besteuerungszuständigkeit zwischen den beiden Vertragsstaaten, sondern allein zum Ausschluss einer Besteuerung im Ansässigkeitsstaat verwendet. Auch keine Quellenregel zur Abgrenzung der Besteuerungszuständigkeit, sondern eine **Negativvoraussetzung für abkommensrechtliche Ansässigkeit** enthält Art. 4 Abs. 1 Satz 2, soweit er die Ansässigkeit in dem Staat ausschließt, in dem die Person nur mit Einkünften aus **Quellen** in diesem Staat steuerpflichtig ist (s. Art. 4 Rz. 120ff.).

2. Verteilung der Besteuerungszuständigkeit

Hinsichtlich der **Verteilung der Besteuerungszuständigkeit zwischen dem Ansässigkeitsstaat und dem Nichtansässigkeitsstaat** sind grundlegende systematische Abgrenzungen in Anbetracht der dargestellten Schwierigkeiten nur mit Vorbehalten möglich (zum Folgenden *Kluge,* S. 762ff.; *Strasser,* S. 105ff.; sowie die Beiträge in Gassner/M. Lang/Schuch/Staringer, Die Verteilung der Besteuerungsrechte; *Schön,* WTJ 2009, 67, (68ff.)). In Verteilungsnormen mit **abschließender Rechtsfolge** („können nur" bzw. „dürfen nur", vgl. Rz. 82; Vor Art. 6–22, Rz. 7) wird die ausschließliche Befugnis zur Besteuerung der Einkünfte bzw. des Vermögens i.d.R. dem Ansässigkeitsstaat zugesprochen (Art. 7 Abs. 1 S. 1 HS. 1; Art. 12 Abs. 1; Art. 13 Abs. 5; Art. 15 Abs. 1 und 2; Art. 18; Art. 19 Abs. 1 Buchst. b, Abs. 2 Buchst. b; Art. 21 Abs. 1; Art. 22 Abs. 4; sowie MA-Komm. zu Art. 23 Ziff. 6.). Dem Quellenstaat ist die ausschließliche Besteuerung dagegen 94 hauptsächlich für Gewinne aus dem Betrieb und aus der Veräußerung von Seeschiffen und Luftfahrzeugen (Art. 8 Abs. 1 und Abs. 2, Art. 13 Abs. 3, Art. 22 Abs. 3) sowie bestimmte Vergütungen für im öffentlichen Dienst geleistete Arbeit (Art. 19 Abs. 1 Buchst. a) und Abs. 2 Buchst. a)) zugewiesen. Bei allen Verteilungsnormen mit **offener Rechtsfolge** („können" bzw. „dürfen" ohne „nur", vgl. Rz. 82; vor Art. 6–22, Rz. 7) ist der Ansässigkeitsstaat zur Vermeidung einer Doppelbesteuerung nach Anwendung des Art. 23 entweder durch Freistellung nach Art. 23A oder Anrechnung nach Art. 23B verpflichtet. Die Besteuerung durch den Ansässigkeitsstaat ist dann nachrangig. Ein genereller **Vorzug** des MA für die Besteuerung im Ansässigkeit kann jedenfalls nicht festgestellt werden. *Reimer* (Der Ort des Unterlassens, S. 300 ff.) hat gezeigt, dass ein solcher Vorzug für Einkünfte aus Tätigkeiten – damit für den größeren Teil der grenzüberschreitenden Einkünfte – **nur in einem formalen Sinne** gilt. Mit Ausnahme der Auffangklauseln der Art. 13 Abs. 5, 21 Abs. 1 und 22 Abs. 4 sowie des insoweit untypischen Art. 18 weisen die Verteilungsnormen dem Ansässigkeitsstaat eine vorrangige Besteuerung grundsätzlich nur dann zu, wenn die Einkünfte dort erwirtschaftet worden sind oder wenn die Einkünfte aus dem Nichtansässigkeitsstaat eine Anwendungs-„Schwelle" (s. Rz. 93: Bezug durch eine Betriebstätte bei Art. 7 Abs. 1, 183-Tage-Klausel bei Art. 15 Abs. 1 und 2) nicht überschreiten (vgl. *K. Vogel,* FS Loukota, S. 627).

C. Auslegung von Doppelbesteuerungsabkommen

95 **Literatur zur Auslegung von Doppelbesteuerungsabkommen (für weitere ältere Literatur s. die Vorauflagen):** *Becerra,* Interpretation and Application of Tax Treaties in North America, 2. Aufl. (2013); *Blumenwitz,* in FS Kreile (1994), S. 73; *Calderón/Piña,* ET 1999, 376; Tipke/Kruse/*Drüen,* § 2 AO, Rz. 39 ff.; *Edwardes-Ker,* The International Tax Treaties Service, Losebl., Introduction, 21 ff. (auch gesondert als: Tax Treaty Interpretation, Losebl.); *Engelen,* Interpretation of Tax Treaties under International Law (2004); *Haase,* IWB 2013, 162; *Heinrich/Moritz,* ET 2000, 142; *Hohlfeld,* Die Stellung und Auslegung von Doppelbesteuerungsabkommen im englischen Recht (2002); *van Houtte,* Auslegungsgrundsätze im internen und im internationalen Steuerrecht (1968); *Kerath,* Maßstäbe zur Auslegung und Anwendung von Doppelbesteuerungsabkommen unter besonderer Berücksichtigung des Verständigungsverfahrens (1995); *Kluge,* RIW 1975, 90; *J. Lang,* StuW 1975, 285; *M. Lang,* in FS Debatin (1997), S. 283; *ders.* (Hrsg.), Tax Treaty Interpretation (2001); *ders.,* Introduction to the Law of Double Taxation Conventions, 2. Aufl. (2013), S. 41 ff.; *M. Lang/Mössner/Waldburger,* Die Auslegung von Doppelbesteuerungsabkommen in der Rechtsprechung der Höchstgerichte Deutschlands, der Schweiz und Österreichs (1998); *Lehner,* in K. Vogel, Interpretation of Tax Law and Treaties and Transfer Pricing in Japan and Germany (1998), S. 85; *ders.,* in FS G. Frotscher (2013), S. 383; *Lenz,* Die Auslegung der Doppelbesteuerungsabkommen, Generalbericht, CDFI XLII, S. 281, und Nationalberichte, a. a. O., S. 165; *Mössner,* in FS Seidl-Hohenveldern (1988), S. 403; *ders.,* in FS G. Frotscher (2013), S. 461; *Murai,* in K. Vogel, Interpretation of Tax Law and Treaties and Transfer Pricing in Japan and Germany (1998), S. 111; *Owen,* Interpretation of Tax Treaties, in Canada's Tax Treaties 2001, S. 1; *Pijl,* BIFD 1997, 539; *Pohl,* RIW 2012, 677; *Prokisch,* SWI 1994, 52; *Reimer,* ET 1999, 458; *Shelton,* Interpretation and Application of Tax Treaties (2006); *Schwarz,* Schwarz on Tax Treaties, 3. Aufl. (2013), S. 91 ff.; *Strobl,* in FS Döllerer (1988), S. 635; *K. Vogel,* in Haarmann, Auslegung und Anwendung von Doppelbesteuerungsabkommen (2004), S. 1; *K. Vogel/Prokisch,* Auslegung von Doppelbesteuerungsabkommen, CDFI LXXVIIIa (1993), Generalbericht, S. 19, und Nationalberichte, a. a. O., S. 161; *Ward,* Introduction to the Law Relating to Tax Treaties, in Ward's Tax Treaties 1996–1997, S. 14 ff.; *ders.,* BIFD 1980, 545.

Literatur zum Qualifikationsproblem: *Aigner/Züger,* in Gassner/M. Lang/Lechner, Personengesellschaften (2000), S. 47; *Arendt,* StuW 1959 I, 381; *Avery Jones,* in FS Beusch (1993), S. 43; *ders.,* BIFD 2003, 184; *Avery Jones u. a.,* BTR 1984, 14 ff., 90 ff.; *Benecke/*

Schnitger, RIW 2002, 439; *Debatin,* DB 1985 Beilage 23, S. 1; *Brockway,* in Canadian Tax Foundation, Reports of Proceedings of the 35th Tax Conference, 1984, 619; *Déry/Ward,* Nationalbericht, CDFI LXXVIIIa, S. 259; *Engelen/Pötgens,* WFR 2000, 1016 (1018); *Franz/Voulon,* BB 2011, 1111; *Gosch,* in Schaumburg/Piltz, Veräußerungsgewinne im Internationalen Steuerrecht (2004), S. 103; *Gündisch,* Personengesellschaften im DBA-Recht (2004); *ders.,* IStR 2005, 829; *Haase,* IWB 2013, 162; *E. Herzfeld,* VJSchr. 1932, 422 (456 ff.); *Heurung/Seidel,* in FS Djanani, S. 313; *Jankowiak,* Doppelte Nichtbesteuerung im Internationalen Steuerrecht (2009); *Ketelsen,* SkatUd. 1992, 247; *Kluge,* DStR 1976, 365; *Knobbe-Keuk,* RIW 1991, 306; *M. Lang,* Doppelbesteuerungsabkommen und innerstaatliches Recht (1992); *ders.,* in FS Vogel (2000), S. 907; *ders.,* The Application of the OECD Model Tax Convention to Partnerships. A Critical Analysis of the Report Prepared by the OECD Committee on Fiscal Affairs (2000); *ders.,* BIT 2009, 204; *ders.,* IStR 2010, 114; *ders.,* IWB 2011, 281; *Piltz,* in L. Fischer, Besteuerung internationaler Konzerne (1993), S. 21; *Raupach,* Der Durchgriff im Steuerrecht (1968), S. 135 ff.; *Romyn,* WFR 1995, 1422; *Rust,* BIFD 2003, 45; *Salomé/ Danon,* Intertax 2003, 190; *Schuch/Bauer,* in Gassner/M. Lang/Lechner, Personengesellschaften (2000), S. 27; *Sinclair u. a.,* BIFD 1986, 75 ff.; *Sundgren,* BTR 1990, 286; *Torrione,* in FS Avery Jones, S. 19; *H. Vogel,* BB 1978, 1021; *K. Vogel,* Der räumliche Anwendungsbereich der Verwaltungsrechtsnorm (1965), S. 279 ff. (311, 325 ff.); *ders.,* La Clause d'Interprétation de l'Article 3 Par. 2 Modèle de Convention de l'O. C. D. E., in Réflexions offertes à Paul Sibille, 1981, 519; *ders.,* StuW 1982, 286; *ders.,* FTWTR 1993, 182; *ders.,* BIFD 2003, 41; *ders.,* SWI 2000, 103 (110 f.); *Weber-Fas,* Staatsverträge im Internationalen Steuerrecht (1982); *Wengler,* Beiträge zum Problem der internationalen Doppelbesteuerung (1935), S. 12 ff.; *Widmann,* DStJG 8 (1985), S. 235; *Xavier,* Riv. dir. trib., 1994 I, 523.

I. Systematik und Abgrenzungen

Die Auslegung eines völkerrechtlichen Vertrages, darf **nicht** nach den je eigenen **innerstaatlichen Auslegungsregeln oder -gewohnheiten** der Vertragsstaaten erfolgen (*Shelton,* S. 148; vgl. auch *K. Vogel,* IStR 2003, 523 (524), *ders.,* SWI 2000, 103 (105), *ders.,* StuW 1982, 111 (119), *Reimer,* ET 1999, 458, *Schaumburg,* Rz. 16.50 und *Schönfeld/Häck,* in SD, Systematik, Rz. 79; insoweit zu Unrecht kritisch: *Arnold,* BIT 2010, 2 (5 ff., 10 ff.)), weil daraus die Gefahr einer unterschiedlichen Anwendung des Vertrags, d. h. einer mit den einvernehmlich konzipierten völkerrechtlichen Verpflichtungen der Vertragsstaaten nicht übereinstimmenden Vertragsanwendung resultieren würde. Dies gilt auch und im Besonderen vor dem Hintergrund, dass sich die Methoden zur Auslegung innerstaatlichen Steuerrechts in den verschiedenen Rechtskreisen stark angenähert haben und trotz Unterschieden im Detail häufig zu ähnlichen Ergebnissen führen (für eine vertiefende, rechtsvergleichende Untersuchung der Auslegung kontinentaleuropäischer Gerichte am Beispiel u. a. Deutschlands und Frankreichs, sowie der Auslegung durch englische Gerichte s. *Vogenauer,* Bd. I und II). Für die Auslegung von Doppelbesteuerungsabkommen muss daher vorbehaltlich spezieller Auslegungsregeln (s. u. Rz. 113 ff., 149 ff.) ein **eigener, vermittelnder Weg** gefunden werden (*K. Vogel/Prokisch,* CDFI LXXVIIIa, S. 19 (26); *K. Vogel,* IStR 2003, 523 (524); *ders.,* StuW 1982, 111 (119 f.); s. a. *Reimer,* ET 1999, 458; vgl. auch *Weber-Fas,* Staatsverträge, S. 82). Soweit ein internationales Gericht über Auslegungsfragen zu befinden hat, ist dies unzweifelhaft, denn solch ein Gericht kann für die Auslegung eines bilateralen völkerrechtlichen Vertrags grds., d. h. vorbehaltlich spezieller Vereinbarung, nicht an das innerstaatliche Recht eines der beiden Vertragsstaaten gebunden sein. Für die Auslegung durch nationale Gerichte darf indes nichts anderes gelten, weil sonst die Gefahr entsteht, dass die innerstaatliche Handhabung des Vertrags mit den völkerrechtlichen Verpflichtungen nicht übereinstimmt (vgl. *Shelton,* S. 148; *K. Vogel,* StuW 1982, 111 (119 f.); *Reimer,* ET 1999, 458 (463)). **96**

Es kommt insoweit auch nicht darauf an, ob das DBA nach nationalem Verfassungsrecht Teil des innerstaatlichen Gesetzesrechts wird (*Shelton,* S. 164f. m.w.N.).

96a Eine sachgerechte Anwendung der Doppelbesteuerungsabkommen setzt deshalb einvernehmliche Auslegung der Abkommensbestimmungen durch die vertragsschließenden Staaten voraus (in diesem Sinne auch *Schaumburg,* Rz. 16.49, 16.52, der jedoch von „einheitlicher" Anwendung der Abkommensnormen spricht; ähnlich auch *Blumenwitz,* FS Kreile, S. 73). Während **autonome Auslegung nach überwiegender Auffassung** und auch nach diesem Kommentar eine **vom innerstaatlichen Recht unbeeinflusste Auslegung des Abkommens** bezeichnet (s. Rz. 113b), wird unter **einvernehmlicher Auslegung** im Folgenden Übereinstimmung über die Anwendung bestimmter Auslegungsregeln, etwa Übereinstimmung über die Anwendungsvoraussetzungen des Art. 3 Abs. 2 MA, verstanden. Das Einvernehmen der Vertragsstaaten in diesem Sinne muss jedoch nicht zwingend zu einem **übereinstimmenden Auslegungsergebnis** in beiden Vertragsstaaten führen. Die einvernehmliche Auslegung ist deshalb auch von der übereinstimmenden Auslegung zu unterscheiden.

Doppelbesteuerungsabkommen unterscheiden sich zunächst nicht von anderen völkerrechtlichen Verträgen. Für sie **gelten** deshalb auch die **allgemeinen Vorgaben über die Auslegung völkerrechtlicher Verträge,** wie sie insbesondere im WÜRV vereinbart sind (siehe dazu u. Rz. 105ff.). Aus den engen Bezügen der Doppelbesteuerungsabkommen zum innerstaatlichen Recht der Vertragsstaaten (o. Rz. 5ff., 68ff.) und zum Unionsrecht (u. Rz. 251ff., 262ff.) einerseits und dem eigenständigen Regelungsanspruch der Abkommen andererseits, resultieren jedoch **Besonderheiten** (s.u. Rz. 113, 113b ff.). Die Verteilungsnormen (zum Begriff s. Rz. 67) sind darauf gerichtet, je unterschiedliche Besteuerungstatbestände des innerstaatlichen Steuerrechts der Vertragsstaaten zu erfassen und in der Reichweite des Steuerzugriffs auf Auslandssachverhalte zu bestätigen oder zu modifizieren (o. Rz. 64ff.). Zwischen den Verteilungsnormen der Doppelbesteuerungsabkommen und dem innerstaatlichen Steuerrecht der Vertragsstaaten bestehen deshalb differenzierte Bezüge, die bei der Auslegung von Doppelbesteuerungsabkommen berücksichtigt werden müssen (speziell zur Bedeutung dieser Bezüge für die Auslegung: Wassermeyer/*Wassermeyer,* Art. 3 OECD-MA, Rz. 71a, 76).

1. Qualifikationsprobleme

96b Besondere Auslegungsprobleme können entstehen, wenn das Abkommen Begriffe des innerstaatlichen Rechts **verwendet** (s. hierzu Rz. 152c ff. mit einigen Beispielen), wenn es für die Abkommensauslegung ausdrücklich auf Begriffe des innerstaatlichen Rechts **verweist** (vgl. u.a. Art. 6 Abs. 2 S. 1 MA; s.a. Rz. 151ff.) oder wenn es die Auslegung nach Maßgabe innerstaatlichen Begriffsverständnisses davon abhängig macht, dass der **Zusammenhang nichts anderes erfordert** (Art. 3 Abs. 2 MA, s. dort Rz. 97ff., grundlegend zur Systematik s. Rz. 97f., 149ff.). Weichen die innerstaatlichen Bedeutungen dieser Begriffe in den Vertragsstaaten voneinander ab, so kann dies zu ungewollter Doppelbesteuerung oder Doppelfreistellung führen. Für diese Problematik, aber auch zur Beschreibung anderer Auslegungsprobleme hat sich die Bezeichnung als **„Qualifikationsproblem"** eingebürgert (so zuerst *E. Herzfeld,* VJSchr. 1932, 422 (456ff.); *K. Vogel,* StuW 1982, 286 (292) m.w.N.), wobei der Begriff häufig auch ohne nähere Abgrenzung allgemein zur Bezeichnung von Auslegungsproblemen verwendet wird (einen Überblick über die unterschiedliche Verwendung des Begriffs gibt *Gündisch,* Personengesellschaften, S. 48ff. und *Wassermeyer,* in Wassermeyer/Richter/Schnittker, Personengesellschaften, Rz. 6.4f.; zu den sehr unterschiedlichen und teils auch undifferenzierten Systematisierungen und Abgrenzungen im Schrifttum: *Kluge,* Rz. R65 ff., *Schaumburg,* Rz. 16.79 ff., Wassermeyer/*Wassermeyer,* Art. 1 OECD-MA, Rz. 48 und u. Rz. 96d und 96e). Neuere Entwicklungen haben die Bedeutung des Qualifikationsproblems insbesondere bei den Verteilungsnormen zwar reduziert, es bleibt jedoch bedeutsam (s. u. Rz. 157 und Rz. 158 ff.; s. a. Art. 23 Rz. 39 ff.).

Der Begriff **„Qualifikation"** bzw. **„Qualifikationsproblem"** stammt aus dem Internationalen Privatrecht (s. Rz. 42 ff.). Er steht dort im Zusammenhang mit der Frage, ob Normen der eigenen oder der Rechtsordnung des anderen Staates auf einen grenzüberschreitenden Sachverhalt zur Anwendung kommen sollen: Qualifikation nach der **„lex fori"**, der **„lex causae"** oder **„autonome"** Qualifikation (vgl. MünchKommBGB/*Sonnenberger,* Einl. IPR Rz. 481 ff.; *Sturm/Sturm* in Staudinger, Einl. IPR Rz. 11 f., 241 ff.; *Rauscher,* Rz. 442 f., 465 ff.; *von Hoffmann/Thorn,* § 6 Rz. 1 ff.; *Kropholler,* IPR, S. 113 ff., 121 ff., *Kegel/Schurig,* § 7; s. *K. Vogel,* SWI 2000, 103 (111), *ders.,* StuW 1982, 286 (292), *ders.,* Anwendungsbereich, S. 279 ff.; zur Bedeutung dieser Terminologie s. a. unten Rz. 113a m. w. N.). Schon aus diesem Grund ist die Verwendung des Begriffs der „Qualifikation" im Steuerrecht problematisch. Bereits die Fragestellungen sind im Steuerrecht ganz anders, weil die Verteilungsnormen der Doppelbesteuerungsabkommen, anders als die Normen des Internationalen Privatrechts, keine Kollisionsnormen sind. Sie regeln nicht die Frage, ob inländisches oder ausländisches Recht auf einen grenzüberschreitenden Sachverhalt zur Anwendung kommt (s. o. Rz. 42 ff.). Für das Abkommensrecht ist vielmehr entscheidend, ob **Begriffe,** die ein für beide Vertragsstaaten gleichermaßen verbindliches Abkommen verwendet, auf der Ebene des Abkommens **autonom** (s. o. Rz. 96a) oder nach Maßgabe ihrer Bedeutung im innerstaatlichen Recht des Ansässigkeitsstaats oder des Quellenstaats für beide Staaten gleichermaßen verbindlich auszulegen sind. Die Problemlage, die entsteht, wenn eine **Abkommensnorm** Begriffe des innerstaatlichen materiellen Rechts aufgreift, unterscheidet sich deshalb grundsätzlich von dem „Qualifikationsproblem" des Internationalen Privatrechts und sollte mit diesem nicht verwechselt werden (ebenso *Mössner,* FS Seidl-Hohenveldern, 1988, S. 403 (419 f.); *Kluge,* Rz. R69 f., kritisch im Hinblick auf diese Übernahme in das internationale Steuerrecht auch bereits *K. Vogel,* StuW 1982, 286 (292)). **Wirkliche „Qualifikations"-Probleme,** die denen des Internationalen Privatrechts vergleichbar sind, können sich im Bereich der Doppelbesteuerungsabkommen allenfalls bei der Bestimmung der Steuern ergeben, auf die das Abkommen anwendbar ist (*K. Vogel,* Anwendungsbereich, S. 329 f.; *ders.,* StuW 1982, 286 (292)). Diese Fragestellung ist aber weitgehend dadurch erledigt, dass die betreffenden Steuern im Abkommen ausdrücklich aufgeführt werden (vgl. Art. 2 Abs. 3 des OECD- und UN-MA, Art. 2 Abs. 3 des US-MA). **96c**

Sollen die Begriffe „Qualifikation" bzw. „Qualifikationsproblem" im Kontext des Abkommensrechts bestimmte Auslegungsprobleme kennzeichnen und Lösungsmöglichkeiten indizieren, so müssen sie differenziert verwendet werden. Dies bedeutet zunächst, dass nicht schon dann von Qualifikationsproblemen gesprochen werden sollte, „wenn zwei Staaten ein und denselben Sachverhalt steuerlich unterschiedlich behandeln" (so *Piltz,* S. 21 (22 f.); vgl. auch *Strunk/Kaminski,* in SKK, Einf. Rz. 56, 64). Ein derart weites Verständnis der Qualifikationsproblematik schließt neben allen anderen Auslegungsproblemen letztlich auch **die von Auslegungsproblemen grundsätzlich zu unterscheidenden Zurechnungsprobleme** ein (dazu und zu weiteren Differenzierungen u. a. zur Unterscheidung zwischen subjektiven und objektiven Qualifikationskonflikten s. *Schönfeld/Häck,* in SD, Art. 23 A/B Rz. 38 und *Haase,* IWB 2013, 162 (163); zur Behandlung von Zurechnungskonflikten unten Rz. 181 ff.). Ein weniger weites Verständnis der **96d**

Qualifikationsproblematik hat *M. Lang* (IStR 2010, 114 (117)) entwickelt: „wenn in den beiden Staaten unterschiedliche Verteilungsnormen angewendet werden und dies zu Doppelbesteuerung oder Doppelnichtbesteuerung führt" (ähnlich, und ebenfalls Zurechnungskonflikte abgrenzend: *Heurung/Seidel,* FS Djanani, S. 313 (320f.); *Jirousek,* FS Loukota, S. 175 (177ff.); *Loukota,* SWI 1999, 70ff.; *Haase/Dorn,* IStR 2011, 791 (792)). Da sich jedoch insgesamt ein weites bzw. undifferenziertes Verständnis des Qualifikationsproblems im Abkommensrecht eingebürgert hat, ist es sinnvoll, im Dienst begrifflicher Klärung zumindest zwischen **Qualifikation i. w. S.** und **Qualifikation i. e. S.** zu unterscheiden:

96e **a) Positive und negative Qualifikationskonflikte i. e. S. und i. w. S.**

Als **Qualifikationsprobleme i. e. S.** (bei *Heurung/Seidel,* FS Djanani, S. 313 (320) „echte Qualifikationskonflikte" genannt) sollten deshalb – in Anlehnung an die Ausführungen in Rz. 96b – nur diejenigen Auslegungsfragen bezeichnet werden, bei denen es um die Bedeutung von Abkommensbegriffen geht, die auch im **innerstaatlichen Steuerrecht** eines oder beider Vertragsstaaten verwendet werden und auf die zulässigerweise bei der Auslegung und Anwendung des Abkommens zurückgegriffen wird. Eine Auslegung nach innerstaatlichem Recht kommt dann in Betracht, wenn das Abkommen Begriffe durch (ausdrücklichen) Verweis auf das innerstaatliche Recht definiert (s. Rz. 151ff.) oder wenn innerstaatliches Recht nach Maßgabe des Art. 3 Abs. 2 MA zur Anwendung kommt (s. Rz. 152ff.). Soweit es sich um die **Qualifikation bei der Anwendung von Verteilungsnormen** handelt, wird zwischen „positiven" und „negativen" Qualifikationskonflikten unterschieden. Von einem **„positiven" Qualifikationskonflikt i. e. S.** wird gesprochen, wenn beide Vertragsstaaten als Folge der Anwendung ihrer heimischen Definitionen eine Vorrangbesteuerung beanspruchen. Doppelbesteuerung wird dann nicht vermieden. Dagegen handelt es sich um einen **„negativen" Qualifikationskonflikt i. e. S.**, wenn Staaten als Folge der Anwendung ihrer heimischen Definitionen davon ausgehen, dass (nur) der andere Staat besteuern darf. Auslegungskonflikte, die **ganz allgemein** zu einer Doppelbesteuerung oder Doppelnichtbesteuerung (einschließlich einer Minderbesteuerung i.S. des Art. 23 A Abs. 4 MA) führen, werden nach der hier vertretenen Auffassung mithin als **positive bzw. negative Qualifikationskonflikte i. w. S.** bezeichnet (vgl. zum Begriff, allerdings ohne diese Differenzierung und Fälle der Minderbesteuerung nicht erfassend: *Schönfeld/Häck,* in SD, Systematik Rz. 12; *Schaumburg,* Rz. 16.84, 16.132, 16.159; *Loukota,* SWI 1999, 70 (77) und *Jirousek,* FS Loukota, S. 175 (177); zum Begriff s. BFH BStBl. II 2011, 156 (161): *DBA Spanien 1966*; zu den Ursachen s. BFH BFHE 234, 339 (351f.): *DBA Großbritannien 1964/1970*). Wenn der Ansässigkeitsstaat des Steuerpflichtigen die Doppelbesteuerung durch Freistellung vermeidet, kann ein „negativer" Qualifikationskonflikt womöglich zur Doppelfreistellung führen (s. Rz. 155ff.). Vermeidet er Doppelbesteuerung durch Anrechnung, so mag er feststellen, dass der andere Vertragsstaat (der „Staat der Nichtansässigkeit") keine Steuern erhebt; infolgedessen wird in diesem Fall die Besteuerung durch den Ansässigkeitsstaat grundsätzlich nicht berührt.

Definiert das Abkommen einen Begriff jedoch eigenständig (s. Rz. 150f.) oder schließt Art. 3 Abs. 2 MA die Auslegung nach innerstaatlichem Recht aus (s. Art. 3 Rz. 111e), so ist der Begriff unabhängig vom innerstaatlichen Recht, d.h. „autonom" (s. Rz. 96a, 113b ff.) auszulegen. **Autonome Auslegung** ist zwar häufig problematisch, weil z.B. Subsumtionskonflikte oder andere Auslegungskonflikte (zu den Begriffen insoweit s. Wassermeyer/*Wassermeyer,* Art. 1 OECD-MA, Rz. 48 und *Gündisch,* S. 60f.) auftreten und zu positiven und negativen Qualifikationskonflikten i.w.S. führen können, sie bildet aber für sich betrachtet **kein Qualifikationsproblem i. e. S.** (vgl. *K. Vogel,* Anwendungsbereich, S. 330).

Auch der OECD Partnership Report nimmt i. Erg. eine solche Abgrenzung vor und unterscheidet im Hinblick auf die in ihm vorgeschlagenen Lösungen nach den Ursachen der Konflikte (Ziff. 108).

b) Beispiele für Qualifikationsprobleme i. e. S. **96f**

Verdeutlichung und Konkretisierung von Auslegungsproblemen, die zugleich Qualifikationsprobleme i. e. S. sind, durch Beispiele:

- Abfindungen, die nach Beendigung eines Arbeitsverhältnisses gezahlt werden, können nach deutschem innerstaatlichem Recht „Gehälter" oder „Löhne" i. S. des § 19 Abs. 1 S. 1 Nr. 1 EStG sein. Für die Beantwortung der Frage, ob Abfindungen unter Art. 15 MA oder aber unter Art. 21 MA fallen, wird im Hinblick auf die in Art. 15 MA ebenfalls enthaltenen Begriffe „Gehälter" und „Löhne" teilweise auf innerstaatliches Recht zurückgegriffen (so mit Hinweis auf Art. 3 Abs. 2 MA BFH BStBl. II 2010, 394 (396): *DBA-Belgien;* BFH BStBl. II 2010, 387 (388): *DBA Schweiz;* BFH BStBl. II 2012, 493 (495): *DBA USA 1989*; s. a. BFH BStBl. II 2009, 632 (634): *DBA Schweiz;* BFH BFH/NV 2007, 13 (14): *DBA Schweiz;* BFH BStBl. II 1997, 341 (342): *DBA Liberia;* BFH BStBl. II 1988, 819 (821): *DBA Schweiz;* BFH BStBl. II 1973, 757 (758): *DBA Schweiz 1931/57/59;* s. a. Art. 15 Rz. 10, 17 ff.). Auch wenn sich bei Abfindungen im Regelfall nach beiden Vorschriften die alleinige Besteuerungszuständigkeit des Ansässigkeitsstaats ergeben wird, besteht im Einzelfall dennoch die Gefahr einer Doppelbesteuerung bzw. Doppelnichtbesteuerung.
- Auch für den Begriff der (sonstigen) „selbständigen Arbeit", der nach hier vertretener Auffassung autonom auszulegen ist (s. Art. 14 Rz. 12), greift der BFH in enger Anlehnung an das innerstaatliche Recht auf § 18 EStG zurück (so BFH BStBl. II 2002, 271 (272): *DBA Österreich 1954* und im Anschluss hieran auch FG Niedersachsen, EFG 2005, 766 (767): *DBA Österreich 1954,* in dem es jedoch keine dem Art. 3 Abs. 2 MA entsprechende Regelung gab). In der Literatur wird teilweise dasselbe Ergebnis über Art. 3 Abs. 2 MA erreicht (Wassermeyer/*Wassermeyer,* Art. 14 OECD-MA Rz. 11 ff. m. w. N.). Folgt man dem, so beantwortet sich die Frage, ob abkommensrechtlich Einkünfte nach Art. 14 i. d. F. bis 2000 vorliegen oder nicht, nach innerstaatlichem Recht. Dies führt jedoch dazu, dass innerstaatliche Besonderheiten, wie die früher vom BFH vertretene sog. **Vervielfältigungstheorie,** in das Abkommensrecht hineingetragen werden.
- Der berühmte Fall *Pierre Boulez* (*US Tax Court* v. 16.10.1984, 83 Tax Court 584 (1984): *DBA USA 1954/65*; ausführlich dazu s. Art. 12 Rz. 66a f.) betraf ein ähnliches Problem wie im eben genannten Beispiel. Dort stellte sich zwar grundsätzlich die auf Abkommensebene zu entscheidende Frage, ob Vergütungen für die Überlassung von Rechten, die ein Dirigent für Schallplattenaufnahmen erhält, nach Art. VIII *DBA USA 1954/65* (Art. 12 MA) Lizenzgebühren darstellen oder ob sie als Entgelt für selbständige Tätigkeit nach Art. X *DBA USA 1954/65* (Art. 14 MA i. d. F. bis 2000) zu werten sind. Jedoch war seitens des *US Tax Courts* mittelbar auch darüber zu entscheiden, ob innerhalb der Auslegung des Art. X *DBA USA 1954/65* Wertungen und Definitionen des innerstaatlichen Rechts Bedeutung erlangen. Begriffsidentität zwischen den abkommensrechtlichen Tatbestandsmerkmalen und den im innerstaatlichen Steuerrecht verwendeten Begriffen ist jedenfalls nicht erforderlich (s. Rz. 152c). Dies gilt entsprechend im Anwendungsbereich des Art. 7 Abs. 4 MA seit Streichung des Art. 14 i. d. F. bis 2000 (s. Art. 7 Rz. 13 f.).
- Für weitere Beispiele s. 4. Aufl., Einl. Rz. 154.

96g **Kein Qualifikationsproblem i. e. S.** liegt vor, soweit es sich um die Subsumtion ausländischer Rechtsinstitute unter Vorschriften des innerstaatlichen materiellen Steuerrechts handelt (berühmtes Beispiel: ob eine venezolanische OHG oder KG, die nach venezolanischem Recht juristische Person ist, dem Einkommen- oder Körperschaftsteuerrecht unterliegt (s. RFH RFHE 27, 73 (78 ff.) „Typenvergleich"; vgl. BFH BStBl. II 1992, 972 (974 f.); BFH BStBl. II 1996, 312 (313); BFH BStBl. II 1999, 437 (439); BFH BStBl. II 2007, 521 (523); BFH BStBl. II 2009, 263 (266); BFH BFHE 234, 339 (344) und BFH BFHE 237, 356 (359); in diesem Zusammenhang spricht der BFH BStBl. II 2009, 234 (235 f.) zum *DBA USA 1989* auch von der „Einordnung" als juristische Person; vgl. auch *K. Vogel,* StuW 1982, 286 (288, 292)). Im Privatrecht werden diese Probleme z. T. als „Substitution" bezeichnet (MünchKommBGB/*Sonnenberger,* Einl. IPR Rz. 602 ff.; *Rauscher,* Rz. 536 ff.). Dieser Ausdruck lässt sich in das Internationale Steuerrecht übertragen (*K. Vogel,* Anwendungsbereich, S. 329 ff.). Zur Abgrenzung von **„Zurechnungskonflikten"** s. u. Rz. 181.

96h **Kein Qualifikationsproblem und auch kein Auslegungsproblem** bildet schließlich die jeder Abkommensanwendung vorangehende **Ermittlung des Sachverhalts.** Sie mag häufig problematisch sein, sie ist jedoch für sich allein kein Problem der Abkommensauslegung. Führt unterschiedliche Sachverhaltswürdigung zu Auslegungsproblemen, so wird dies auch als **Subsumtionskonflikt** bezeichnet (*Schaumburg,* Rz. 16.80 f.; Wassermeyer/*Wassermeyer,* Art. 1 OECD-MA, Rz. 48).

97 **2. Auslegungsregeln und -grundsätze im Überblick**

Für die Auslegung von Doppelbesteuerungsabkommen gelten:

Allgemeine Vorgaben für die Auslegung völkerrechtlicher Verträge (s. u. II., Rz. 101 ff.):

- Völkerrechtliche Vorgaben, insbesondere das Wiener Übereinkommen über das Recht der Verträge (Rz. 105 ff.)
- Unionsrechtliche Vorgaben (Rz. 112b; 251 ff.)

Besondere Grundsätze für die Auslegung von Doppelbesteuerungsabkommen (s. u. III., Rz. 113 ff.):

- das Gebot der autonomen Auslegung (Rz. 96a, 113a ff.)
- das Streben nach Entscheidungsharmonie (Rz. 114 ff.)
- die Bedeutung des OECD-Musterabkommens und seiner Kommentare (Rz. 123 ff.)
- Vereinbarungen und Erläuterungen durch Verwaltungsexperten (Rz. 135 ff.)
- die Bedeutung von Parallelabkommen (Rz. 140 ff.)
- kein übergeordnetes Gebot zur Vermeidung der Doppelbesteuerung und der Doppelnichtbesteuerung (s. o. Rz. 6; u. Rz. 107b ff.; 158 ff.)

Spezielle Regeln für die Auslegung von Doppelbesteuerungsabkommen (s. u. IV., Rz. 149 ff.):

- im Abkommen eigenständig oder durch Verweis auf das innerstaatliche Recht definierte allgemeine und spezielle Begriffe (Rz. 149 f., 150 f., 151 ff.)
- Vorgaben für die Auslegung nach innerstaatlichem Recht von nicht im Abkommen eigenständig oder durch Verweis auf das innerstaatliche Recht definierten Begriffen gemäß Art. 3 Abs. 2 MA (Rz. 152 ff.; Art. 3 Rz. 97 ff.)
- Besonderheiten im Anwendungsbereich von Art. 23 A/B Abs. 1 und Art. 23 Abs. 4 MA sowie Besonderheiten der Vertragspraxis (s. Rz. 164 ff.)

Verfahrensrechtliche Vorschriften:

- Innerstaatliche Verwaltungs- und Gerichtsverfahren (s. Art. 25 Rz. 2)
- Verständigungsverfahren im engeren Sinn (s. Art. 25 Rz. 20 ff., 70 ff.)

- Konsultationsverfahren (s. Art. 25 Rz. 150 ff.)
- Schiedsverfahren (s. Art. 25 Rz. 199 ff.)
- EU-Schiedsübereinkommen (s. Art. 25 Rz. 300 ff.).

Als **grundlegende systematische Vorgabe und als besonderer Grundsatz für die Auslegung von Doppelbesteuerungsabkommen** (zu diesen besonderen Grundsätzen s. Rz. 113 ff.) gilt vorbehaltlich der im Abkommen selber enthaltenen speziellen Auslegungsregeln und Begriffsbestimmungen das Gebot der **autonomen Auslegung** (s. Rz. 96a, 113a ff.). Spezielle Auslegungsregeln und Begriffsbestimmungen haben Vorrang vor den **allgemeinen völkerrechtlichen** (s. Rz. 105 ff.) **und unionsrechtlichen** (s. Rz. 112b, 250 ff.) Vorgaben für die Abkommensauslegung (so für die allg. völkerrechtlichen Auslegungsregeln das *SchweizBVGer* v. 21.1.2010, Az. A-7789/2009, BVGE 2010/7, S. 85 (99), Erwägung 3.6.1.). 98

II. Allgemeine Vorgaben für die Auslegung völkerrechtlicher Verträge

Literatur: die oben, Rz. 45, 95, genannten Werke, ferner: *Arnold,* BIT 2010, 2; *Becerra,* Interpretation and Application of Tax Treaties in North America, 2. Aufl. (2013); *Bernhardt,* Die Auslegung völkerrechtlicher Verträge insbesondere in der neueren Rechtsprechung internationaler Gerichte (1963); *Blumenwitz,* in K. Vogel, Doppelbesteuerungsabkommen und nationales Recht (1995), S. 5 ff.; *ders.,* in FS Kreile (1994), S. 73; *E. van der Bruggen,* ET 2003, 142; *ders.,* BTR 2003, 25; *Criddle,* 44 Virginia Journal of International Law, 2004, 431; *Engelen,* Interpretation of Tax Treaties under International Law (2004); *Fitzmaurice,* BYIL. 1957, 1; *Gardiner,* Treaty Interpretation (2008); *Herdegen,* Interpretation in International Law, in MPEPIL, vol. VI (2012); *Hilf,* Die Auslegung mehrsprachiger Verträge (1973); *Köck,* Vertragsinterpretation und Vertragsrechtskonvention, Zur Bedeutung der Art. 31 und 32 der Wiener Vertragsrechtskonvention 1969 (1976); *Kuner,* ICLQ 1991, 953; *M. Lang,* IWB 2011, 281; *ders.,* in FS Ward (2012), S. 15; McDougal/*Lasswell/Miller,* The Interpretation of International Agreements (1994); *Mössner,* AVR 1971/72, 273; *Owen,* Interpretation of Tax Treaties, in Canada's Tax Treaties (2001), S. 1; *Ress,* Wechselwirkungen zwischen Völkerrecht und Verfassung bei der Auslegung völkerrechtlicher Verträge, BDGV 23 (1982), S. 7; *Schreuer,* Wechselwirkungen zwischen Völkerrecht und Verfassung bei der Auslegung völkerrechtlicher Verträge, BDGV 23 (1982), S. 61; *Shelton,* Interpretation and Application of Tax Treaties (2004); *Verdross/Simma,* Universelles Völkerrecht, 3. Aufl. (1984), Rz. 774 ff.; *Villiger,* Commentary on the 1969 Vienna Convention on the Law of Treaties (2009); *Ward,* Introduction to the Law Relating to Tax Treaties, in Ward's Tax Treaties 1996–1997, S. 14 ff.; *Weber-Fas,* Staatsverträge im Internationalen Steuerrecht (1982); *Yasseen,* RC 1976 III, 1. 101

1. Völkerrechtliche Vorgaben

Das **Wiener Übereinkommen über das Recht der Verträge (WÜRV)** vom 23.5.1969 (s. Rz. 46) enthält allgemeine Vorgaben über die Auslegung völkerrechtlicher Verträge, die im Rang von allgemeinen Regeln des Völkerrechts i.S. des Art. 25 GG gelten (MD/*Herdegen,* Art. 25 GG Rz. 20; s. z.B. auch BSG BSGE 93, 194 (200)). Das WÜRV führt zwar aus einigen Unsicherheiten der älteren Völkerrechtswissenschaft und -praxis heraus, es **kann** aber den **Besonderheiten der Doppelbesteuerungsabkommen nicht ausreichend Rechnung tragen.** In der Rechtsprechung werden die Regeln des Übereinkommens deshalb bei der Auslegung von Doppelbesteuerungsabkommen nur mit Vorbehalten zugrundegelegt. Herangezogen wird das WÜRV aber auch bei der Auslegung von DBA im Verhältnis zu Staaten, die dem Wiener Übereinkommen (noch) nicht beigetreten sind, weil die Auslegungsregeln des WÜRV überwiegend auf allgemeinen Regeln des Völkerrechts beruhen, die das WÜRV lediglich kodifiziert und konkreti- 105 siert (s. *High Court of Australia* v. 22.8.1990, Rs. Thiel vs. FCT, 171 C.L.R. 338 (349, 356): *DBA Australien/Schweiz;* zustimmend: *ATO,* TR 2001/13, para 96; im Verhältnis zu den USA s.a. das *SchweizBVGer* v. 21.1.2010, Az. A 7789/2009, BVGE 2010/7, S. 85 (95, 98), Erwägung 3.5 und 3.6.1; s.a. *Verdross/Simma,* S. 433; IGH, Namibia Case, First Advisory Opinion, ICJ Reports 1971, 94; Gabíkovo-Nagymaros Case (Hungary/Slovakia), Judgment, ICJ Reports 1997, 46, 99; EGMR, Fall Golder, Series A Vol 18, 14; Case of Kononov v. Latvia, Beschw.-Nr. 36376/04, joint dissenting opinion of Judges Fura-Sandström, David Thór, Björgvinsson and Ziemele Rz. 6). Das US-amerikanische **„Restatement"** (s.o. Rz. 11) Part III, Introductory Note, S. 145, teilt diese Ansicht jedenfalls im Ausgangspunkt („This Restatement accepts the Vienna Convention as, in general, constituting a codification of the customary international law governing international agreements, and therefore as foreign relations law of the United States even though the United States has not adhered to the Convention"). Auch die *IFA* hat sich im Zusammenhang mit der Auslegung von DBA auf ihrem Kongress 1993 in Florenz durch eine Resolution nachdrücklich in diesem Sinne ausgesprochen. Die Auslegungsregeln des WÜRV sind nach hier vertretener Auffassung **Völkergewohnheitsrecht** (s. BFH BStBl. II 2010, 781 (782); BFH BFHE 144, 483 (485); FG Baden Württemberg, EFG 2007, 1879 (1880); *SchweizBVGer* v. 21.1.2010, Az. A 7789/2009, BVGE 2010/7, S. 85 (95, 98), Erwägung 3.5 und 3.6.1; zur rechtlichen Reichweite dieser Annahme, ohne Festlegung auf die Qualität der Auslegungsregeln der WÜRV: BFH BStBl. II 1990, 4 (5f.): *DBA Italien 1925;* vgl. a. *K. Vogel/Prokisch,* CDFI LXXVIIIa, S. 19 (31ff.); *Ress,* in Bieber/Ress, Dynamik, S. 49 (51); *M. Lang,* in FS Ward, S. 15 (18); *ders.,* IWB 2011, 281; Wassermeyer/*Wassermeyer,* Vor Art. 1 OECD-MA Rz. 37; *Blumenwitz,* FS Kreile, S. 73 (76); *Reimer,* ET 1999, 458 (459); *J. Lang,* StuW 1975, 285 (289); *Schönfeld/Häck,* in SD, Systematik Rz. 87; *Cottier/Matteotti,* ASA 78 (2009/2010), 349 (374) mit weiteren Nachweisen zur Rspr. des IGH und der Spruchpraxis der Streitbeilegungsorgane der WTO; *Ward u.a.,* Interpretation, S. 15f., Fn. 31 mit zahlreichen weiteren Nachweisen aus der Rechtsprechung; *de Broe,* S. 235f. m.w.N.; *Arnold,* BIT 2010, 2 (5); *Lord Diplock* in *House of Lords* v. 10.7.1980, Rs. Fothergill v. Monarch Airlines, (1981) A.C. 251 (282)). **Maßgebend für die Auslegung sind** die Artikel 31 bis 33 WÜRV; sie werden hier in der deutschen Übersetzung nach BGBl. II 1985, 926 wiedergegeben (zu den einzelnen Artikeln vgl. u.a. *Villiger* m.w.N., *Yasseen,* RC 1976 III, 1 und *Köck,* S. 77ff.; im Hinblick auf Doppelbesteuerungsabkommen: *Arginelli/Innamorato,* ET 2008, 299 (302); *Arnold,* BIT 2010, 2 (5ff.); *de Broe,* S. 236ff.; *Engelen,* Interpretation, S. 41ff.; *Edwardes-Ker,* Introduction, S. 21ff., 51ff.; *Lakshminarayanan,* in Ecker/Ressler, History of Tax Treaties, S. 93 (108ff.); *M. Lang,* SWI 2011, 105 (110ff.); *Owen,* S. 1 (5ff.).; *Schönfeld/Häck,* in SD, Systematik Rz. 89ff.; *K. Vogel/Prokisch,* CDFI LXXVIIIa, S. 19ff.; *Ward,* Treaties, S. 24ff.). Das US Restatement of the Law Third (o. Rz. 11) hat in § 325 den Art. 31 Abs. 1 WÜRV und teilweise dessen Abs. 3 übernommen.

Abschnitt 3 WÜRV: Auslegung von Verträgen

Art. 31 Allgemeine Auslegungsregel

(1) Ein Vertrag ist nach Treu und Glauben in Übereinstimmung mit der gewöhnlichen, seinen Bestimmungen in ihrem Zusammenhang zukommenden Bedeutung und im Lichte seines Zieles und Zwecks auszulegen.

(2) Für die Auslegung eines Vertrags bedeutet der Zusammenhang außer dem Vertragswortlaut samt Präambel und Anlagen

a) jede sich auf den Vertrag beziehende Übereinkunft, die zwischen allen Vertragsparteien anlässlich des Vertragsschlusses getroffen wurde;
b) jede Urkunde, die von einer oder mehreren Vertragsparteien anlässlich des Vertragsabschlusses abgefasst und von den anderen Vertragsparteien als eine sich auf den Vertrag beziehende Urkunde angenommen wurde.

(3) Außer dem Zusammenhang sind in gleicher Weise zu berücksichtigen

a) jede spätere Übereinkunft zwischen den Vertragsparteien über die Auslegung des Vertrags oder die Anwendung seiner Bestimmungen;
b) jede spätere Übung bei der Anwendung des Vertrags, aus der die Übereinstimmung der Vertragsparteien über seine Auslegung hervorgeht;
c) jeder in den Beziehungen zwischen den Vertragsparteien anwendbare einschlägige Völkerrechtssatz.

(4) Eine besondere Bedeutung ist einem Ausdruck beizulegen, wenn feststeht, dass die Vertragsparteien dies beabsichtigt haben.

Art. 32 Ergänzende Auslegungsmittel

Ergänzende Auslegungsmittel, insbesondere die vorbereitenden Arbeiten und die Umstände des Vertragsabschlusses, können herangezogen werden, um die sich unter Anwendung des Art. 31 ergebende Bedeutung zu bestätigen oder die Bedeutung zu bestimmen, wenn die Auslegung nach Art. 31
a) die Bedeutung mehrdeutig oder dunkel lässt oder
b) zu einem offensichtlich sinnwidrigen oder unvernünftigen Ergebnis führt.

Art. 33 Auslegung von Verträgen mit zwei oder mehr authentischen Sprachen

(1) Ist ein Vertrag in zwei oder mehr Sprachen als authentisch festgelegt worden, so ist der Text in jeder Sprache in gleicher Weise maßgebend, sofern nicht der Vertrag vorsieht oder die Vertragsparteien vereinbaren, dass bei Abweichungen ein bestimmter Text vorgehen soll.

(2) Eine Vertragsfassung in einer anderen Sprache als einer der Sprachen, deren Text als authentisch festgelegt wurde, gilt nur dann als authentischer Wortlaut, wenn der Vertrag dies vorsieht oder die Vertragsparteien dies vereinbaren.

(3) Es wird vermutet, dass die Ausdrücke des Vertrags in jedem authentischen Text dieselbe Bedeutung haben.

(4) Außer in den Fällen, in denen ein bestimmter Text nach Absatz 1 vorgeht, wird, wenn ein Vergleich der authentischen Texte einen Bedeutungsunterschied aufdeckt, der durch die Anwendung der Art. 31 und 32 nicht ausgeräumt werden kann, diejenige Bedeutung zugrundegelegt, die unter Berücksichtigung von Ziel und Zweck des Vertrags die Wortlaute am besten miteinander in Einklang bringt.

a) Wortlaut und Wille der Vertragsparteien. Für die Auslegung eines völkerrechtlichen Vertrags steht nach diesen Regeln dessen **Wortlaut** im Vordergrund (Kommentar zu Art. 27 Abs. 1 des endgültigen Entwurfs der ILC zum WÜRV, YBILC 1966, Bd. 2, S. 218, 220, s. a. *Klebau,* RIW 1085, 125 (127); *K. Vogel/Prokisch,* CDFI LXXVIIIa, S. 19 (39)), also die „gewöhnliche Bedeutung" der „Ausdrücke" (englisch: terms, französisch: termes; nicht, wie in der deutschen Übersetzung „Bestimmungen"). Dabei geht es jedoch nicht um den Wortlaut allein innerhalb der **einzelnen** Vorschrift, sondern um den Wortlaut innerhalb des gesamten Vertrags in seinem **Zusammenhang** (*K. Vogel/Prokisch,* CDFI LXXVIIIa, S. 19 (34); *Blumenwitz,* FS Kreile, S. 73 (83); FG Baden-Württemberg EFG 2011, 1071 (1073) und EFG 2011, 411; *Olenik,* in Ecker/Ressler, History of Tax Treaties, S. 57 (69 f.); s. zum Zusammenhang Rz. 109 ff.). **106**

Abgelehnt ist damit jedenfalls diejenige ältere Auffassung, die in erster Linie auf den – subjektiven – Willen der Vertragsparteien abstellen wollte (für Nachweise s. die **106a**

Vorauflage, Einl. Rz. 107). Subjektive Elemente bleiben jedoch nicht ganz und gar außer Betracht. Sie klingen zunächst schon im **Zweck** des Vertrages an. Die deutsche Übersetzung „Ziel und Zweck" ist allerdings zu subjektiv gefasst; es heißt englisch „object and purpose", französisch „objet et … but", deutsch also besser „Gegenstand und Zweck". Dadurch kommt zum Ausdruck, dass nicht eine subjektive Vorstellung der Vertragsschließenden, sondern der im Ganzen des Vertrags **objektivierte Vertragszweck** gemeint ist (vgl. *Weber-Fas,* Staatsverträge, S. 82 f.; *Olenik,* in Ecker/Ressler, History of Tax Treaties, S. 57 (72); BFH BStBl. II 1975, 584 (585): *DBA Niederlande 1959* und BFH BStBl. II 1975, 604 (605): *DBA USA 1954/65*). **„Gegenstand und Zweck"** sind insoweit als einheitlicher Ausdruck zu verstehen (*Yasseen,* RC 1976 III, 1 (55 ff.); *Engelen,* Interpretation, S. 166 ff.; *Villiger,* Art. 31 VCLT, para 11). Als solcher sind sie der internationalen Rechtsprechung geläufig (*Yasseen* a. a. O.), zudem ist nicht ersichtlich, was man anderenfalls unter dem „Gegenstand" eines Vertrags verstehen sollte. Überdies ist der Vertragszweck wiederum gemäß Art. 31 WÜRV durch die Bestimmung, dass die Ausdrücke (terms, termes) des Vertrags „in seinem Lichte" zu sehen sind, **auf den Wortlaut bezogen.** Der Zweck stellt also für sich allein kein selbstständiges Auslegungsmittel dar. Daraus kann aber nicht geschlossen werden, dass Doppelbesteuerungsabkommen grundsätzlich restriktiv auszulegen seien, weil die Vertragschließenden im Zweifel, d. h. wenn eine völkervertraglich vereinbarte Vorschrift unklar ist, auf ihre Souveränität nur insoweit verzichten wollten, wie sich das aus dem Vertragstext eindeutig ergebe (in-dubio-mitius-Prinzip; vgl. hierzu das Gutachten des StIGH v. 21.11.1925 in der Sache „Mossul", PCPJI Series B, Nr. 12, S. 25; *Verdross/Simma,* Rz. 780; *Berber,* S. 482; kritisch: *Weber-Fas,* Staatsverträge, S. 84, 87; offen gelassen in: BFH BStBl. II 1968, 797 (800): *DBA USA 1954/65*). Weder die WÜRV noch die neuere Rechtsprechung des IGH stützt diese Vermutung als generelle Auslegungsregel (MPEPIL/*Herdegen,* Interpretation in International Law, Rz. 28 f.; vgl. auch *Reimer,* ET 1999, 458 (461); *Schaumburg,* Rz. 16.52).

107 Demgegenüber ist der **Wille** der Parteien nach Art. 31 WÜRV – und nach § 325 des US Restatement of the Law Third (o. Rz. 11), s. o. Rz. 105 a. E. – nur in dem Maße bedeutsam, in dem er im Text des Vertrags deutlich **Ausdruck gefunden** hat (*van Raad,* Interpretatie, S. 55; Wassermeyer/*Wassermeyer,* Vor Art. 1 OECD-MA Rz. 31 und Art. 3 OECD-MA Rz. 78; *Engelen,* Interpretation, S. 83 ff.; *J. Lang,* StuW 1975, 285 (288); *Gosch,* ISR 2013, 87 (88 f.) spricht vom Erfordernis einer „konkreten „verbegrifflichten" Abbildung im Abkommen selbst"; dem entsprechend lehnt BFH BStBl. II 2004, 260 (261): *DBA Kanada* die Berücksichtigung eines möglicherweise mit der streitgegenständlichen Abkommensvorschrift verfolgten Zwecks der Vermeidung sog. „Keinmalbesteuerung" ab; ähnlich: BFH BFH/NV 2012, 1138 (1140): *DBA Schweiz;* BFH BFH/NV 2005, 1500 (1502): *DBA USA 1989,* BFH BFHE 186, 89 (93): *DBA Philippinen;* BFH BStBl. II 1988, 574 (576): *DBA USA 1954/65* und BFH BStBl. II 1988, 810 (812): *DBA USA 1954/65;* BFH BStBl. II 1975, 584 (585 f.): *DBA Niederlande 1959* und BFH BStBl. II 1973, 57 (58 f.): *DBA Niederlande 1959;* anders aber noch: RFH RStBl. 1939, 878: *DBA Italien 1925* mit Hinweis auf die „authentische Auskunft" (zur authentischen Auslegung s. Rz. 109c) des Reichsministers der Finanzen). Die Auffassung, dass das „Hauptziel der Vertragsauslegung … die Feststellung des Parteiwillens" sei (so der *US Tax Court* v. 11.4.1983, Rs. Burghardt v. CIR, 80 Tax Court 705 (707): *DBA USA/Italien* und v. 7.4.1988, Rs. Arnaud v. CIR, 90 Tax Court 649 (652), jeweils mit Bezug zu *US Court of Appeals Second Circuit* v. 14.2.1962, Rs. Maximov v. US, 299 F.2d 565 (1962), bestätigt durch *US Supreme Court* v. 29.4.1963, 373 US 61), entspricht also nicht mehr dem geltenden Völkerrecht, wie es im WÜRV und übereinstimmend damit in § 325 des US Restatement of the Law Third (o. Rz. 11) niedergelegt worden ist.

Eine Berücksichtigung des Willens der Vertragsparteien bei der Auslegung eines völkerrechtlichen Abkommens widerspricht jedoch nicht generell dem WÜRV (*K. Vogel/Prokisch,* CDFI LXXVIIIa, S. 19 (40); anders dagegen mit Bezug zu der o. in Rz. 107 a. E. genannten Rechtsprechung US-amerikanischer Gerichte der Nationalbericht der USA, *Katz,* CDFI LXXVIIIa, S. 615 (617)). Denn nach Art. 31 Abs. 4 WÜRV bleibt es möglich, dass die Parteien einem Ausdruck eine vom Üblichen abweichende Bedeutung beilegen. Der Wille der Vertragsparteien muss dann natürlich beachtet werden, soweit er im Wortlaut des Abkommens seinen Niederschlag gefunden hat. **107a**

b) Deutungsalternativen. Lässt der Wortlaut mehrere Deutungsalternativen zu, so ist das Regelungsverständnis zugrunde zu legen, das sich besser mit Ziel und Zweck der Norm und damit auch besser mit dem Willen der Vertragsparteien in Einklang bringen lässt (s. BFH BStBl. II 2008, 793 (794 f.): *DBA Luxemburg 1958/73* und mit Bezug hierauf FG Baden-Württemberg EFG 2011, 411 (411 f.) und EFG 2011, 1071 (1073): beide *DBA Schweiz;* vgl. auch BFH BStBl. II 2002, 271 (273): *DBA Österreich 1954*; BFH BStBl. II 2006, 743 (745): *DBA Singapur;* FG Nürnberg EFG 2011, 1250 (1251): *DBA Großbritannien 1964/1970* und BFH BStBl. II 1995, 238 (240): *DBA Großbritannien 1964/1970* sowie bereits BHF BStBl. III 1967, 88 (89): *DBA Kanada 1956;* vgl. auch *J. Lang,* StuW 1975, 285 (288, 290)). Ein **allgemeiner Zweck von Doppelbesteuerungsabkommen,** Doppelbesteuerung zu vermeiden, z. T. aber auch Doppelnichtbesteuerung zu verhindern (s. Rz. 6, 73, 106a), kann deshalb **nur von sekundärer Bedeutung** sein. Zu berücksichtigen ist bei einer solchen Heranziehung des allgemeinen Zwecks von DBA jedoch in jedem Fall, ob in Bezug auf die konkret in Rede stehende Norm eine etwaige Doppelbesteuerung bzw. Doppelnichtbesteuerung von den Vertragsstaaten z. B. aus Gründen der Vereinfachung, der Praktikabilität oder aus anderen Gründen in Kauf genommen wurden (vgl. Wassermeyer/*Wassermeyer,* Art. 3 OECD-MA Rz. 78, 86; zutreffend auch *Kluge,* Rz. R37: „Eine Lösung mit dem Hinweis auf den allgemeinen Zweck, die Doppelbesteuerung vermeiden zu wollen, ist nicht zu begründen". Ebenso zutreffend führt *Gosch* (ISR 2013, 87 (89)) aus, dass „(w)eder ein Primärtelos der Vermeidung der Doppelbesteuerung noch ein Sekundärtelos der Vermeidung der doppelten Nicht-Besteuerung" an der Letztmaßgeblichkeit des Abkommenstextes etwas zu ändern vermag. Zurückhaltend insoweit auch *M. Lang,* IStR 2002, 609 (611 ff.), *ders.,* IWB 2011, 281 (282); *Schönfeld/Häck,* in SD, Systematik Rz. 3, 12 f., 92 und GKG/*Henkel,* Grundlagen 4 Rz. 33. Zu Unrecht ganz generell auf den Vertragszweck als solchen abstellend: *Schaumburg,* Rz. 16.63). Eine Auslegungsdirektive i. S. e. vermeintlichen Telos der Vermeidung einer Doppelbesteuerung, oder gar der Vermeidung einer Doppelnichtbesteuerung als übergeordnetem Zweck gibt es gerade nicht. **107b**

c) Abkommenswortlaut als Grenze für das richtige Abkommensverständnis. Ausgeschlossen ist somit jedenfalls eine Auslegung, die, wiewohl dem Parteiwillen entsprechend, mit dem Abkommenswortlaut in keiner Weise mehr zu vereinbaren ist (s. dazu im Hinblick auf eine in einer Konsultations- oder Verständigungsvereinbarung niedergelegte Abkommenspraxis der Vertragsstaaten: BFH BStBl. II 2010, 387 (389): *DBA Schweiz 1971*; BFH BStBl. II 2010, 394 (397): *DBA Belgien;* BFH BStBl. II 2012, 548 (550): *DBA Frankreich* und BFH BStBl. II 2012, 880 (883): *DBA Österreich;* in diesem Sinne i. Erg. auch BFH BStBl. II 2009, 234 (237): *DBA USA 1989*; BFH BFH/NV 2012, 275 (276 f.): *DBA Schweiz;* BFH BStBl. II 1988, 574 (575): *DBA USA 1954/65*; BFH BFH/NV 2005, 1500 (1502): *DBA USA 1989*; BFH BStBl. II 2013, 111 (114): *DBA Brasilien;* BFH BStBl. III 1965, 258 (259): *DBA Schweiz 1931/59*; FG Baden-Württemberg EFG 2011, 411 und EFG 2011, 1071 (1073): beide *DBA Schweiz;* FG Nürnberg EFG **107c**

2011, 981 (983): *DBA Brasilien;* vgl. auch *Wassermeyer,* SWI 1992, 171 (172); wohl etwas großzügiger: Wassermeyer/*Wassermeyer,* Art. 3 OECD-MA, Rz. 77f.; a.A. *Karl,* in Schreuer, Autorität, S. 9 (15f.), der im Wortlaut nicht immer die Grenze der Auslegung sehen will. Entsprechend den o.g. Grundsätzen gegen eine erweiternde Auslegung über den Wortlaut hinaus: BFH BFH/NV 2012, 1141 (1142) sowie BFH BFH/NV 2002, 1423: beide *DBA Luxemburg 1958/73*; BFH BFH/NV 1999, 1317 (1319): *DBA Schweiz;* BFH BStBl. II 1989, 599 (602): *DBA Indien 1959*; BStBl. II 1987, 253 (255): *DBA USA 1954/65*; i.Erg. so auch der *TCC* v. 28.9.2007, Rs. Garcia v. The Queen, 2007 TCC 548: „beyond what is reasonable"). Noch weniger ist es zulässig, dass ein Gericht, wenn die Abkommensauslegung nach dem Wortlaut zu einem sinnwidrigen Ergebnis führt, diejenige Auslegung zugrunde legt, die nach Ansicht des Gerichts die Parteien vernünftigerweise gewollt haben müssten (vgl. BFH BStBl. II 1989, 319 (321f.); so aber *US Court of Claims,* v. 5.5.1982, Rs. Great-West Life Assurance Co.v. US, No. 114-79T, 678 F.2d 180 (1982): *DBA USA/Kanada;* dazu, mit berechtigter Kritik, das American Law Institute, Restatement of the Law Third o.Rz. 11, 105; das Gericht kann aber in solchen Fällen nach Art. 32 WÜRV vorgehen s.Rz. 110).

108 **d) Gewöhnliche und besondere Bedeutung von Ausdrücken.** Die **„gewöhnliche Bedeutung"** der Ausdrücke i.S. des Art. 31 Abs. 1 WÜRV ist nicht notwendig die der Umgangssprache. Soweit sich ein international einheitlicher oder in den Vertragsstaaten übereinstimmender juristischer Sprachgebrauch, auf Sondergebieten wie dem Steuerrecht, auch ein spezieller Fachsprachgebrauch entwickelt hat, ist dieser Sprachgebrauch der „gewöhnliche" im Sinne des Art. 31 Abs. 1 WÜRV. Insbesondere gilt dies für diejenigen Ausdrücke, die sich inzwischen, u.a. unter dem Einfluss des OECD-MA und seiner Kommentare (dazu Rz. 123ff., Wassermeyer/*Wassermeyer,* Art. 3 OECD-MA Rz. 78), zu einer **„internationalen Steuersprache"** entwickelt haben (den treffenden Ausdruck „international tax language" hat schon 1959 *Lord Radcliffe* geprägt: s. *House of Lords* v. 16.7.1959, Rs. Ostime v. Australian Mutual Provident Society, (1960) A.C. 459 (480): *DBA Großbritannien/Australien;* aufgenommen vom *High Court of Australia* v. 22.8.1990, Rs. Thiel v. FCT, 171 C.L.R. 338 (349): *DBA Australien/Schweiz;* vertieft von *Prokisch,* SWI 1994, 52 (58f.), *ders.,* Language, S. 103; ebenso *du Toit,* Beneficial Ownership, 182ff.; *Reimer,* ET 1999, 458 (468); *Wijnen,* BIT 2013, 575 (576f.). Abs. 4 des Art. 31 WÜRV stellt überdies, wie oben schon erwähnt wurde (Rz. 107a), klar, dass die Vertragsparteien einem Ausdruck auch eine vom Üblichen abweichende Bedeutung beilegen können.

109 **e) Zusammenhang.** Im Rahmen des **Zusammenhangs** i.S. des Art. 31 Abs. 2 WÜRV (zum Zusammenhang i.S. des Art. 3 Abs. 2 MA s. Rz. 113, 133, 150ff., 189 sowie Art. 3 Rz. 116aff.) ist u.a. das Regelungssystem zu berücksichtigen, in das sich der auszulegende Begriff einfügt. Daher können die Sachzusammenhänge und systematischen Verknüpfungen z.B. zwischen Verteilungsnormen und Methodenartikel für eine bestimmte Deutungsalternative streiten (für eine im Regelfall einheitliche Auslegung des Begriffs „Dividenden" innerhalb eines Abkommens daher z.B. BFH BStBl. II 2008, 793 (794): *DBA Luxemburg 1958/73* und BFH BStBl. II 2011, 208 (209): *DBA USA 1989*; ähnlich für die Begriffe „unbewegliches Vermögen" und „Betriebstätte" BFH BStBl. II 2012, 457 (459): *DBA Spanien 1966*; für den Begriff „unbewegliches Vermögen" s. aber auch bereits BFH BStBl. II 1982, 768 (769): *DBA Spanien 1966*; s.a. BFH BStBl. II 2010, 781 (783): *DBA Schweiz 1992* und bereits BFH BFH/NV 1999, 751 (753): *DBA Schweiz;* vgl. auch *Weber-Fas,* Staatsverträge, S. 85; *Wassermeyer,* IStR 2007, 413 (415) gegen die pauschale Ansicht bei BMF v. 16.4.2010, BStBl. I 2010, 354, Tz. 2.2.1.3.). Zu berücksichtigen ist insbesondere auch das abkommensrechtliche

Prinzip des Vorrangs der speziellen Einkunftsart (BFH BStBl. II 2012, 457 (459): *DBA Spanien 1966;* BFH BFHE 231, 84 (87): *DBA USA 1989*; BFH BStBl. II 2009, 758 (764f.): *DBA Frankreich* und BFH BStBl. II 2009, 766 (770): *DBA Großbritannien 1964/1970*; BFH BStBl. II 2003, 875 (876): *DBA Schweiz;* BFH HFR 2001, 1053: *DBA Schweiz;* s.a. Art. 7 Abs. 4 MA und vergleichbare Regelungen in Abkommen; vgl. Wassermeyer/*Wassermeyer,* Art. 3 OECD-MA Rz. 81; a.A. BMF v. 16.4.2010, BStBl. I 2010, 354, Tz. 2.2.1.).

Der BFH geht i.R.d. Auslegung von DBA außerdem von dem „Grundsatz" aus, dass sich die Vertragsparteien im Zweifel „wechselseitig gleich weit reichende Besteuerungsrechte einräumen wollen" (so ausdrücklich in BFH BStBl. II 2013, 73 (74) und BFH BFH/NV 2011, 1875 (1877) zur Auslegung des Art. 15 Abs. 4 *DBA Schweiz* und der Frage, ob der dort nicht ausdrücklich genannte „Delegierte", den es nur im Schweizer Recht gibt, unter diese Vorschrift subsumiert werden kann). Diese Rechtsprechung beruft sich auf eine Entscheidung des BFH aus dem Jahr 2008 (BFH BFH/NV 2008, 1487 (1487f.): *DBA Belgien*), die jedoch nicht ohne Weiteres übertragbar ist, weil dort – anders als in den o.g. Schweizer Fällen – in einer Situation zu entscheiden war, in der unterschiedliche Sprachfassungen zu den Zweifeln geführt haben, ob geschäftsführende Organe einer Kapitalgesellschaft unter Art. 16 *DBA Belgien* fallen oder nicht. Nach den u. in Rz. 111 ff. aufgezeigten Grundsätzen und insbesondere vor dem Hintergrund des Art. 33 Abs. 3, 1 WÜRV sah der BFH solche Organe zu Recht als vom Anwendungsbereich des Art. 16 *DBA Belgien* erfasst an, weil sich die Vertragsstaaten im Zweifel „wechselseitig dieselben Besteuerungsrechte einräumen wollen", und bezog sich dafür zusätzlich auf Wassermeyer/*Malinski* (Art. 16 DBA Belgien, Rz. 8) sowie auf *Prokisch* (Art. 16 Rz. 22, 24 der 4. Aufl. dieses Kommentares; insoweit unverändert die vorliegende Auflage, Art. 16 Rz. 22, 24). Die o.g. Entscheidungen zum *DBA Schweiz 1994* (BFH BStBl. II 2013, 73 (74); BFH BFH/NV 2011, 1875 (1877)) begegnen jedoch nicht nur im Hinblick auf die Übertragung der Entscheidung aus dem Jahr 2008 Bedenken, sondern auch im Hinblick auf die Postulierung eines „Grundsatzes", wonach sich die Vertragsparteien im Zweifel „wechselseitig gleich weit reichende Besteuerungsrechte einräumen wollen". Den vertragsschließenden Parteien sollten generell keine Motive unterstellt werden; dies gilt insbesondere vor dem Hintergrund der Wahrung der Ausgewogenheit des konkreten Abkommens als Ganzem. **109a**

Im Rahmen des Zusammenhangs des Vertrags sind nach Art. 31 Abs. 2 WÜRV auch ergänzende Dokumente, bei Doppelbesteuerungsabkommen etwa **Noten- oder Briefwechsel anlässlich der Unterzeichnung eines DBA** zu berücksichtigen (*Weber-Fas,* Staatsverträge, S. 84f.; s. auch Art. 3 Rz. 121a). Liegt hierin eine (konkludente) Auslegungsvereinbarung, kann für sie nichts Anderes gelten als für spätere Vereinbarungen und die Staatenpraxis (s. dazu sogleich, sowie Rz. 135a ff.). So zieht der BFH das Verhandlungsprotokoll von Juni 1971 zum *DBA Schweiz,* welches nicht in das deutsche Vertragsgesetz zu diesem Abkommen einbezogen wurde, mit Hinweis auf dessen „norminterpretierende Bedeutung" heran, um die eigene Auslegung zu bestätigen (BFH BStBl. II 1999, 207 (209); s. auch BFH v. 13.11.2013, I R 23/12, BStBl. II 2014, 508: *DBA Schweiz*). In einer anderen Entscheidung legt der BFH eben dieses Verhandlungsprotokoll als „Auslegungshilfe" zugrunde, indem er dem Gesetzgeber unterstellt, es handele sich um eine von diesem für zutreffend erachtete Auslegung, weil im Vertragsgesetz kein Vorbehalt geäußert worden sei (BFH BStBl. II 1997, 132 (133). Mit ähnlichen Argumenten auch bereits BFH BFH/NV 1996, 200 (201) und darüber hinaus, eine dem DBA nicht widersprechende Vereinbarung annehmend, BFH BFHE 164, 29 (33); die Problematik bleibt offen in BFH BStBl. II 1990, 113 (115): *DBA Schweiz 1971.* Problemlos als „verbindliche Vorgabe für die Auslegung" können und müssen in Verhandlungsprotokollen liegende Auslegungsvereinbarungen berücksichtigt wer- **109b** den, wenn das Vertragsgesetz sie einbezieht (BFH BStBl. II 2010, 155 zu einem anderen Verhandlungsprotokoll des *DBA Schweiz 1994*). Eine Bindung der Gerichte an Bestimmungen in Verhandlungsprotokollen bejaht das FG Baden-Württemberg v. 19.12.2013, 3 K 1189/13, juris: *DBA Schweiz*.

109c **f) Spätere Vereinbarungen – authentische Interpretation. Spätere Vereinbarungen** und die **Staatenpraxis** bei der Anwendung des Vertrags sollen nach Art. 31 Abs. 3 WÜRV ebenfalls beachtet werden (vgl. BFH BStBl. II 2010, 778 (780): *DBA Schweiz,* wo der BFH die nachfolgende Praxis der Vertragsdurchführung durch die Vertragsstaaten als „wichtiges und objektiv feststellbares Indiz dafür" benennt, „wie die Parteien den Vertrag einvernehmlich verstehen bzw. zumindest im Zeitpunkt des Vertragsschlusses und in den darauf folgenden Jahren verstanden haben"; ähnlich hält es schon BFH BStBl. III 1963, 212 (213): *DBA Schweiz* für rechtlich unbedenklich, zur Auslegung auf eine Verständigungsvereinbarung zurückzugreifen, weil „diese von den Vertragsparteien gegebene Erläuterung des Begriffs […] ihren Willen wiedergebe"). Die späteren Vereinbarungen bzw. die Staatenpraxis werden demnach i. R. d. Auslegung berücksichtigt, weil es sich um ein Mittel sog. **authentischer Interpretation** handelt (*Olenik,* in Ecker/Ressler, History of Tax Treaties, S. 57 (73); ähnlich auch *Blumenwitz,* FS Kreile, S. 73 (79 f.)). Als authentische Interpretation wird die Auslegung von fraglichen Bestimmungen völkerrechtlicher Verträge **durch die Vertragsparteien** verstanden, denn „authentisch" verweist auf den Urheber und geht auf den Gedanken zurück, dass das, was vom Urheber stammt, unverfälscht und glaubwürdig sein muss. **Zweck der authentischen Interpretation** ist es, Rechtsunsicherheit durch uneinheitliche Anwendung von Gesetzen oder völkerrechtlichen Verträgen zu vermeiden, indem Auslegungszweifel beseitigt, der Inhalt von Normen präzisiert sowie Abweichungen ausgeschlossen werden (*Droste-Lehnen,* S. 282). Dadurch wird jedoch auch deutlich, dass nur diejenigen, die den Vertrag geschlossen haben, denselben auch authentisch interpretieren können (*Grabau,* Rechtstheorie 23 (1992) 343; *Fischbach,* S. 26). Hieran anschließend stellt sich i. R. d. Doppelbesteuerungsabkommen die Frage, ob **Verständigungs- und Konsultationsvereinbarungen** nach Art. 25 MA (s. Rz. 135 ff.; Art. 25 Rz. 154) Ausdruck einer authentischen Interpretation sein können, was zu bejahen ist. Ob solche (späteren) Vereinbarungen bzw. tatsächliche Übungen gem. Art. 31 Abs. 3 WÜRV bei der innerstaatlichen Anwendung eines Abkommens berücksichtigt werden können oder müssen, hängt allerdings vom Verfassungsrecht des betreffenden Staates ab (s. ausführlich Rz. 135a ff. sowie Art. 25 Rz. 154 jeweils m. w. N.; zur Übertragung der Rechtslage von „förmlichen" Verständigungsvereinbarungen auf die tatsächliche Übung i. S. des Art. 31 Abs. 3 Buchst. b WÜRV s. BFH BStBl. II 2009, 356 (360)). Zu den Grenzen solcher Auslegung s. Rz. 107c und BFH BFHE 186, 89 (93): *DBA Philippinen;* die genaue Grenzziehung ist, wie *Blumenwitz,* FS Kreile, S. 73 (80) zu Recht festhält, teils höchst problematisch. Eine Vertragsänderung durch die Vertragsparteien gehört nicht zur authentischen Interpretation (*Meyer,* FS Bundessozialgericht, S. 221 (221, 224); vgl. auch *Fischbach,* S. 26 f. und *Verdross/Simma,* § 775; einen historischen Abriss zur „interpretatio authentica" geben *Grabau,* Rechtstheorie 23 (1992) 343 (344 ff.) und *Schneider,* FS Mosler, S. 849 ff.).

109d **g) Keine qualitative Reihung der nach Art. 31 WÜRV bei der Auslegung von DBA zu berücksichtigenden Aspekte.** Die allgemeine Auslegungsregel des Art. 31 WÜRV stellt **keine qualitative Reihung** der bei der Auslegung von völkerrechtlichen Verträgen zu berücksichtigenden Aspekte auf. Die in Art. 31 WÜRV angesprochenen Mittel zur Auslegung sind grundsätzlich gleichrangig anzuwenden (*Villiger,* Art. 31 VCLT, paras 28 and 29, *Schönfeld/Häck,* in SD, Systematik, Rz. 96; so im Grundsatz auch *Schaumburg,* Rz. 16.63), was es jedoch nicht ausschließt, aus rein logischen Gründen im Auslegungsprozess eine gewisse Reihenfolge einzuhalten (vgl. *Villiger,* Art. 31 VCLT, paras 30 and 31; *Olenik,* in Ecker/Ressler, History of Tax Treaties, S. 57 (76 f.)). Dabei sind alle Aspekte zu berücksichtigen, was in der Praxis jedoch häufig unterbleibt (mit einigen Beispielen hierzu *Villiger,* Art. 31 VCLT, paras 30 and 32 to 34 und *Olenik,* in Ecker/Ressler, History of Tax Treaties, S. 57 (77 f.)).

h) Materialien i. S. des Art. 32 WÜRV. Texte, insbesondere Verhandlungsprotokolle, die im Zusammenhang mit den Vertragsverhandlungen vorgelegt oder hergestellt worden sind (die sog. **„Materialien"** des einzelnen Vertrags), also subjektiv-historisch bedeutsame Erkenntnisquellen (*Weber-Fas,* Staatsverträge, S. 83), sollen dagegen nach Art. 32 WÜRV nur **ergänzend** herangezogen werden. Die Berücksichtigung solcher ergänzender Auslegungsmittel (zum Meinungsstand s. *Olenik,* in Ecker/Ressler, History of Tax Treaties, S. 57 (81 ff.)) kann hilfreich sein, wenn nach der Auslegung gem. Art. 31 WÜRV Zweifel bleiben (Art. 32 Alt. 2 Buchst. a WÜRV) oder die Auslegung nach Art. 31 WÜRV zu einem offensichtlich sinnwidrigen oder unvernünftigen Ergebnis führt (Art. 32 Alt. 2 Buchst. b WÜRV). Bei einem lediglich wenig befriedigendem Ergebnis der Vertragsauslegung ist ein Rückgriff auf ergänzende Texte allerdings grundsätzlich nicht zulässig (*Weber-Fas,* Staatsverträge, S. 86). Aufgrund Art. 32 WÜRV ist es auch nicht möglich, ein über Art. 31 WÜRV gefundenes, nicht offensichtlich sinnwidriges oder unvernünftiges Auslegungsergebnis wieder zu verwerfen (*Olenik,* in Ecker/Ressler, History of Tax Treaties, S. 57 (79 und 86); *de Broe,* S. 256 f.). Zum Anwendungsbereich des Art. 32 WÜRV allgemein s. *Olenik,* in Ecker/Ressler, History of Tax Treaties, S. 57 (86 ff.). Die Regelung bestätigt den o. unter Rz. 106 ff. dargestellten Grundsatz, dass bei der Auslegung völkerrechtlicher Verträge grundsätzlich nach dem im **Vertragstext** objektivierten und bestätigten Willen der Vertragsparteien zu forschen ist (*Weber-Fas,* Staatsverträge, S. 83; vgl. auch *Gosch,* ISR 2013, 87 (89) und *Ress,* in Bieber/Ress, Dynamik, S. 49 (54)). Entscheidend für diese lediglich nachrangige Berücksichtigung der Materialien ist u. a. auch, dass bei multilateralen Verträgen, über die meist langwierig verhandelt wird, den später beitretenden Staaten die dann oft sehr umfangreichen Materialien unter Umständen gar nicht bekannt sein werden. Es kann ihnen unter Umständen nicht zugemutet werden, diese Materialien zu beschaffen und auszuwerten (*K. Vogel,* StuW 1982, 111 (121 f.)). 110

Erläuterungen, die nach Abschluss der Vertragsverhandlungen im parlamentarischen Zustimmungsverfahren gegeben werden und an denen der andere Vertragsstaat nicht mitgewirkt hat, etwa in Deutschland die von der Bundesregierung mit dem Entwurf des Zustimmungsgesetzes zu einem Doppelbesteuerungsabkommen den Gesetzgebungsorganen stets vorgelegte **„Denkschrift"**, in den Vereinigten Staaten die **„Technical Explanations"**, die das Finanzministerium regelmäßig zusammen mit dem Vertragstext veröffentlicht, sowie die Berichte des Auswärtigen Ausschusses des Senats zu einem bestimmten Vertrag (s. dazu die 5. Aufl., Einl. Rz. 52), gehören **nicht zu den Materialien** i. S. des Art. 32 WÜRV (*Schaumburg,* Rz. 16.73; s. dazu weiterführend auch u. Rz. 138). Dies gilt abweichend von der 5. Aufl. (Einl. Rz. 110) auch dann, wenn und soweit diese Texte den Inhalt von Noten- oder Briefwechseln aus Anlass der Paraphierung oder Unterzeichnung des Abkommens mitteilen (a. A. *Kluge,* Rz. R39), sie also lediglich die gemeinsamen Vorstellungen der Vertragspartner wiedergeben (vgl. *Klebau,* RIW 1985, 125 (133)). In einem solchen Fall ist der Noten- bzw. Briefwechsel aber i. R. d. **Zusammenhangs** nach Art. 31 WÜRV (s. o. Rz. 109b) oder jedenfalls als Materialie nach Art. 32 WÜRV zu beachten. 110a

i) Mehrsprachige Fassungen eines DBA. Art. 33 WÜRV entspricht der bisher schon geltenden völkerrechtlichen Regel, dass **bei mehrsprachigen Verträ-** 111

gen die verschiedenen sprachlichen Fassungen (allgemein dazu o. Rz. 50) **in gleicher Weise verbindlich** sind. Doppelbesteuerungsabkommen werden regelmäßig mehrsprachig abgeschlossen, sofern nicht die Vertragsstaaten dieselbe Sprache haben. Art. 33 Abs. 3 WÜRV enthält für diese Fälle die Vermutung, dass die Ausdrücke des Vertrags in jedem authentischen Text dieselbe Bedeutung haben, so dass sich der Rechtsanwender grundsätzlich auf eine der authentischen Textfassungen beziehen kann (str., s. *Hilf,* S. 74 ff. m. w. N.). Jedoch kann es vorkommen, dass die Bedeutungen der verschiedenen authentischen Textfassungen nicht identisch sind, sich die o. g. Vermutung also als nicht zutreffend herausstellt. Der Rechtsanwender darf sich bei der Auslegung dann nicht auf diejenige Abkommensfassung beschränken, die in seiner Sprache gehalten ist, sondern muss, sobald Zweifel auftreten, **immer** auch die **fremdsprachige Fassung** mit **heranziehen** (mit der Einschränkung auf Zweifelsfälle *Blumenwitz,* FS Kreile, S. 73 (81) und *Engelen,* Interpretation, S. 384 ff.; so wohl auch *Waldock,* zitiert nach YBILC 1966, Bd. I, Teil 2, S. 210 f.; *Hilf,* S. 77; *Kluge,* Rz. R39; *Gosch,* ISR 2013, 87 (90); *ders.,* in J. Lüdicke, Vermeidung der Doppelbesteuerung und ihre Grenzen, S. 7 f. und Wassermeyer/*Wassermeyer,* Art. 3 OECD-MA Rz. 83; a. A. zumindest für DBA wegen ihrer Einwirkung auf Rechte und Pflichten des Einzelnen: *M. Lang,* FS Ward, S. 15 (20 f.) und *ders.*, IStR 2011, 403 (405 f.); s. auch *Hilf,* mit zahlreichen Nachweisen; *Schaumburg,* Rz. 16.70, *Schönfeld/Häck* in SD, Systematik Rz. 77 und aus der Rechtsprechung: BFH BStBl. II 2011, 482 (484): *DBA Großbritannien 1964/70*; BFH BStBl. II 2005, 14 (18): *DBA Irland 1962;* BFH BStBl. II 1998, 21 (24): *DBA Spanien 1966*; BFH BFHE 165, 392 (394): *DBA USA 1954/65;* BFH BStBl. II 1997, 679 (680): *DBA Großbritannien 1964/1970*; BFH BStBl. II 1995, 683 (685): *DBA USA 1954/65;* BFH BStBl. II 1995, 95 (96): *DBA Kanada 1981;* BFH BStBl. II 1995, 238 (240): *DBA Großbritannien 1964/1970;* BFH BStBl. II 1990, 379 (381): *DBA Kanada 1956;* BFH BStBl. II 1990, 381 (382): *DBA Kanada 1956;* BFH BFHE 160, 513 (515 f.): *DBA Belgien;* BFH BFHE 159, 518 (520): *DBA Großbritannien 1964/1970;* BFH BStBl. II 1989, 599 (600): *DBA Indien 1959;* BFH BStBl. II 1988, 486 (487): *DBA Italien 1925;* BFH BStBl. II 1986, 513 (515): *DBA Frankreich;* BFH BStBl. II 1986, 4 (6): *DBA Spanien 1966*).

111a Gelegentlich wird zusätzlich **vereinbart, dass** bei Abweichungen zwischen unterschiedlichen Sprachfassungen eine Fassung in einer **dritten Sprache** – meist Englisch oder Französisch – **verbindlich** sein soll (Art. 33 Abs. 4 i. V. m. Abs. 1 Halbs. 2 WÜRV; zur Bedeutung der Schlussklausel s. Art. 30/31 Rz. 41, 43; für eine Übersicht der deutschen Abkommenspraxis s. Art. 30/31 Rz. 42; für weitere Beispiele s. *M. Lang,* FS Ward, S. 15 (16)). Ist vereinbart, dass in Zweifelsfällen eine Fassung in einer dritten Sprache allein verbindlich sein soll (Art. 33 Abs. 4 i. V. m. Abs. 2, Abs. 1 Halbs. 2 WÜRV), so muss der Rechtsanwender selbstverständlich auch dies beachten. Hierfür ist allerdings Voraussetzung, dass die Vereinbarung Bestandteil des innerstaatlich anwendbaren, von den Gesetzgebungsorganen gebilligten Vertrags ist (s. Rz. 45 ff.). Pointiert, aber zutreffend hat dies *Lord Scarman* in einem Fall, in dem nach einem Vertrag dessen französische Fassung ausschlaggebend sein sollte, mit den Worten umschrieben: „The French text is, therefore, English law" (*House of Lords* v. 10.7.1980, Rs. Fothergill v. Monarch Airlines, (1981) A. C. 251 (291)). Nach dem in Deutschland für die Gerichte geltenden Grundsatz **„iura novit curia"** müssen die Gerichte folglich alle authentischen Vertragstexte berücksichtigen. Mit *M. Lang* (FS Ward, S. 15 (21 ff.) und IStR 2011, 403 (406 f.) jeweils m. w. N.) ist jedoch die Frage berechtigt, ob diese (authentischen) Vertragstexte tatsächlich mit demselben Gewicht berücksichtigt werden müssen oder ob nicht, falls Englisch oder Französisch zu den authentischen Sprachfassungen gehören, diesen jedenfalls dann mehr Gewicht beigemessen werden sollte, wenn die Vertragsstaaten eine Regelung des MA übernommen haben

(s. dazu auch Rz. 112, 130 und 134a). Für Beispiele, in denen Gerichte die fremdsprachige Fassung der DBA herangezogen und diese als klarer befunden haben als die in ihrer eigenen Sprache: *Hoge Raad,* Entscheidung v. 13.9.1989, Az.: 25 419, BNB 1990/60*: *DBA Niederlande/Kanada;* FG Köln EFG 1984, 460 (461): *DBA Frankreich;* zumindest z. T. stützt sich BFH BFH/NV 2008, 1487 (1487 f.) zum *DBA Belgien* auf die französische und niederländische Fassung dieses Abkommens. Ein Beispiel, in dem das Gericht zu dem Ergebnis kam, die Vertragsfassung in der eigenen Sprache bringe den Sinn des Vertrags besser zum Ausdruck, bietet *Hoge Raad* (Entscheidung v. 15.4.1992, Az.: 28 217, BNB 1992/223: *DBA Niederlande/ Deutschland*).

Bei **mehrsprachigen Verträgen** kann nicht vermieden werden, dass sich zwischen den verschiedenen Sprachfassungen Bedeutungsunterschiede ergeben. Entsprechend der Vorgabe des Art. 33 Abs. 4 WÜRV ist **ohne vorrangige Sonderregelung** (s. dazu Rz. 111a) zunächst durch **Auslegung** nach den allgemeinen Regeln für die Auslegung von DBA eine Lösung zu suchen; erst wenn dies nicht gelingt, ist wie in Rz. 112a geschildert vorzugehen. Dass eine Formulierung erkennbar vom Recht eines Vertragsstaates beeinflusst wurde, kann insoweit eine Rolle spielen (so der schwedische *Regeringsrätt,* RÅ 1987 ref. 162; sehr kritisch: *Sundgren,* BTR 1990, 286), ebenso, dass die Vertragsparteien lediglich eine Regelung des MA in ihre Landessprache übersetzt haben, ohne inhaltlich Änderungen zu beabsichtigen (s. dazu Rz. 130, 134a, sowie *M. Lang,* FS Ward, S. 15 (22 ff.) und IStR 2011, 403 (406 ff.)), nicht jedoch, in welcher Sprache die Vertragsverhandlungen geführt worden sind (*Sundgren* a. a. O., 299; nicht so eng: *M. Lang,* FS Ward, S. 15 (22) und IStR 2011, 403 (406) jeweils m. w. N.). Für ein Beispiel zum *DBA Großbritannien 1964/70* s. Art. 3 Rz. 27. Der Berücksichtigung der französischen bzw. englischen Fassung des MA (s. Rz. 130, 134a) steht Art. 33 WÜRV nicht entgegen, selbst wenn weder Französisch noch Englisch als authentische Sprachfassung festgelegt wurde: Insoweit kann nach *M. Lang (*IStR 2011, 403 (407 f.)) über Art. 33 Abs. 2 WÜRV im Falle der Übernahme einer Regelung aus dem MA (s. hierzu Rz. 130) von einer **konkludenten Vereinbarung** ausgegangen werden, wonach der Sinngehalt der betreffenden Abkommensnorm jenem der zugrunde liegenden Regelung des MA entsprechen soll, der sich wiederum aus der englischen oder französischen Fassung des MA ergibt. Auch wenn man dem nicht folgen wollte, kommt dem MA in seinen authentischen Sprachfassungen Bedeutung nach den allgemeinen Regeln (vgl. dazu Rz. 123 ff.) i. R. d. Art. 33 Abs. 4 WÜRV zu (a. A. *Gosch,* ISR 2013, 87 (90), der offenbar nicht anerkennt, dass ein solches Vorgehen nach den allgemeinen Regeln der Berücksichtigung von MA und MA-Komm. i. R. d. Auslegung von DBA (s. Rz. 123 ff.) nur dann in Betracht kommt, wenn die Vertragspartner gerade das Verständnis des MA zugrunde legen wollten; hieran werden die Vertragsstaaten lediglich festgehalten). **112**

Kann durch Auslegung nicht bestimmt werden, welche Fassung maßgebend ist, so bleibt die betreffende abkommensrechtliche Regelung weiterhin unklar. Art. 33 Abs. 4 WÜRV ordnet für diesen Fall an, dass diejenige Bedeutung zugrunde gelegt werden soll, die unter Berücksichtigung von Ziel und Zweck des Vertrages die Wortlaute am besten miteinander in Einklang bringt. Mit dieser Zielsetzung wird sich fast immer eine Lösung finden lassen, notfalls wird der „kleinste gemeinsame Nenner" zugrunde gelegt. Abweichend von der Vorauflage (5. Aufl., Einl. Rz. 112) wird insoweit nicht, auch nicht als ultima ratio, von einem ungeregeltem Sachverhalt ausgegangen (so aber *Blumenwitz,* FS Kreile, S. 73 (82)). Zur Verdeutlichung ein Beispiel: Art. 5 Abs. 3 *DBA Italien 1925* stellte den Dividenden die Einkünfte aus vergleichbaren „Wertpapieren" gleich, in der italienischen Fassung hieß es dagegen „valori mobiliari"; dieser Begriff schließt den GmbH-Anteil ein, die deutsche Fassung dagegen nicht (vgl. RFH RStBl. 1935, 1160 (1161): *DBA* **112a**

Schweiz 1931; RFH RStBl. 1936, 1209 (1210): *DBA Schweiz 1931*). In diesem Fall führen die o.g. Grundsätze dazu, dass die Vertragsparteien für diejenigen „valori mobiliari", die keine Wertpapiere waren, eine Einbeziehung in die Regelung des Art. 5 Abs. 3 Halbs. 1 *DBA Italien 1925* nicht vereinbart haben; für sie kamen somit über Art. 5 Abs. 3 Halbs. 2 des Abkommens die Regeln über die Unternehmensbesteuerung zur Anwendung (s. a. BFH BStBl. II 1982, 243 (244): *DBA Italien 1925*). Kein Fall des hier erörterten Problems ist, dass Art. 18 Abs. 2 *DBA Türkei 1985* eine Regelung enthielt, die sich in ihrer deutschen Fassung auf Renten und andere Zahlungen „aufgrund einer Unfallversicherung" und in der türkischen allgemein auf Zahlungen von Schadensersatz bezog (anders noch die Vorauflage, 5. Aufl., Einl. Rz. 112). Denn erstens enthielt das *DBA Türkei 1985* eine Schlussklausel, wonach „bei unterschiedlicher Auslegung des deutschen und des türkischen Wortlauts" der englische Text den Ausschlag geben sollte; es handelt sich mithin um einen Fall, in dem eine Sonderregelung vereinbart war (s. dazu o. Rz. 111a). Und zweitens bestehen bereits Zweifel, ob der Anwendungsbereich dieser Schlussklausel überhaupt eröffnet war (zu den Schlussklauseln und ihrer Anwendung s. Art. 30/31 Rz. 43). Nachdem in der Denkschrift zum *DBA Türkei 1985* (BT-Drs. 11/5288, S. 30) von einem Redaktionsversehen in der deutschen Fassung gesprochen wird, weil die Regelung in Art. 17 des *DBA Türkei 1974* übernommen werden sollte, so stellt sich die Frage, ob tatsächlich eine „unterschiedliche Auslegung", wie sie die Schlussklausel für die Maßgeblichkeit des englischen Textes verlangte, gegeben war. Die Denkschrift (a. a. O.) jedenfalls erachtet die türkische Sprachfassung als maßgeblich. Unter diesen Umständen kommt es also nicht darauf an, ob der Wortlaut in der englischen Sprachfassung („payments made … in respect of insuring personal accidents") im vorliegenden Zusammenhang Sinn ergab oder nicht. Zur Berücksichtigung von Denkschriften als einseitige Erläuterungen eines Abkommens s. Rz. 110a, 138.

2. Unionsrechtliche Vorgaben

112b Das Unionsrecht enthält keine generellen Vorgaben für die Auslegung von Doppelbesteuerungsabkommen (zur Relevanz des Unionsrechts für abkommensrechtliche Sonderregelungen, etwa zu Art. 3 Abs. 2 MA s. dort Rz. 97 ff.; allgemein zum Verhältnis von EU-Recht und Abkommensrecht, d. h. über die Auslegungsproblematik hinaus s. u. Rz. 251 ff.).

III. Besondere Grundsätze für die Auslegung von Doppelbesteuerungsabkommen

113 Eine eindeutige Abgrenzung der Besteuerungszuständigkeit setzt im Hinblick auf jeweils unterschiedliches innerstaatliches Recht, an das das Abkommen anknüpft und auf das es u. U. modifizierend einwirkt (s. Rz. 64 ff.), voraus, dass Doppelbesteuerungsabkommen **autonom,** d. h. weitgehend unabhängig von jeweils unterschiedlichem innerstaatlichem Steuerrecht der Vertragsstaaten ausgelegt werden (näher hierzu s. Rz. 96a und 113b; a. A. *Arnold,* BIT 2010, 2 (5 ff., 10 ff.), dem es lediglich auf das Ergebnis der „common interpretation" (s. Rz. 114 ff.) ankommt). Eine Abkommensauslegung unter Berücksichtigung bzw. nach Maßgabe von Begriffen des innerstaatlichen Steuerrechts ist deshalb nur zulässig, wenn und soweit eine Abkommensnorm ausdrücklich auf solche Begriffsbestimmungen verweist (s. Rz. 151 ff.) oder wenn die Voraussetzungen des Art. 3 Abs. 2 MA erfüllt sind (s. Rz. 152 ff. und Art. 3 Rz. 97 ff.). Dem entsprechen besondere Vorgaben für die Auslegung von DBA. Sie bestehen in Form von besonderen **Grund-**

sätzen für die Auslegung von DBA im Sinne eines allgemeinen Teils abkommensrechtlicher Auslegungsregeln (s. sogleich) und in Form von **speziellen Regeln** für die Auslegung von Doppelbesteuerungsabkommen (s. Rz. 149 ff.). Im Einzelnen hängen die Anwendung und die Rangfolge der Auslegungsregeln somit ganz entscheidend auch davon ab, ob die auszulegende Abkommensnorm Begriffe des innerstaatlichen Rechts der Vertragsstaaten verwendet oder nicht.

1. Das Gebot der autonomen Auslegung

Literatur: Die o. Rz. 95, genannte Literatur, ferner: *Debatin,* AWD 1969, 477; *ders.,* DB 1985, Beil. 23, 1; *ders.,* DB 1986, 510; *ders.,* DStR 1992, Beih. 23, 1; *Gosch,* ISR 2013, 87; *ders.,* in J. Lüdicke, Vermeidung der Doppelbesteuerung und ihre Grenzen (2013), S. 1; *Herung/Seidel,* in FS Djanani (2008), S. 313 (321 ff.); *M. Lang,* in Grotherr, Handbuch der Internationalen Steuerplanung, 3. Aufl. (2011), S. 1865 ff.; *ders.,* in FS Debatin (1997), S. 283; *ders.,* IWB 2011, 281; *Lehner,* in FS G. Frotscher (2013), S. 383; *Meretzki,* IStR 2011, 213; *K. Vogel,* StuW 1982, 286; *ders.,* DB 1986, 507; *ders./Prokisch,* Auslegung von Doppelbesteuerungsabkommen, CDFI LXXVIIIa (1993), Generalbericht, S. 19; *Wassermeyer,* StuW 1990, 404; **aus dem IPR:** *Kegel/Schurig,* Internationales Privatrecht, 9. Aufl. (2004); *Schurig,* Kollisionsnorm und Sachrecht (1981); *von Bar/Mankowski,* Internationales Privatrecht, Bd. 1 (2003).

a) Zielsetzung und Abgrenzungen: Die Methode der autonomen Auslegung (dazu bereits o. Rz. 96a) stammt **aus dem Internationalen Privatrecht** (*vgl. Kegel/Schurig,* § 7, S. 336; *Schurig,* S. 214 ff.; *von Bar/Mankowski,* S. 637 ff.). Sie dient dort zur Lösung von besonderen Auslegungsproblemen, die im IPR als Qualifikationskonflikte bezeichnet werden (dazu o. Rz. 96c). Insoweit wird zwischen der Qualifikation nach dem eigenen Sachrecht *(lex-fori-Theorie),* der Qualifikation nach dem Sachrecht der fremden Rechtsordnung *(lex-causae-Theorie)* und schließlich nach der autonomen Qualifikation unterschieden (*Kegel/Schurig,* § 7, S. 336 ff.; vgl. *K. Vogel,* Anwendungsbereich, S. 280 f., 283 ff.; *ders.,* StuW 1982, 286 (293)). „Autonom" wird im Internationalen Privatrecht eine Qualifikation genannt, wenn sie sich weder an die *lex-fori* noch an die *lex-causae* binden will, sondern wenn sie statt dessen eigene Maßstäbe entwickelt, dies jedoch durchaus mit Hilfe der Rechtsvergleichung und der teleologischen Auslegung (*Kegel/Schurig,* § 7, S. 343 ff.; *Schurig,* S. 215 ff.; *von Bar/Mankowski,* S. 658 ff.; zur Bedeutung dieser Theorien im Abkommensrecht s. *Kluge,* Rz. B1 ff. und R53, sowie *K. Vogel,* StuW 1982, 286 (293)). **113a**

Für die Auslegung von Doppelbesteuerungsabkommen muss **Ausgangspunkt** der Überlegungen die Feststellung sein, „dass das innerstaatliche Recht einerseits und das Recht der Doppelbesteuerung andererseits als in sich geschlossene Regelkreise aufzufassen sind, die eigene Abgrenzungen und Begriffsbestimmungen haben" (so *Debatin,* DStZA 1966, 369; vgl. auch *Gosch,* ISR 2013, 87; *Kluge,* Rz. R30 f., R46 f.; *Wassermeyer,* StuW 1990, 404 (405); *Schaumburg,* Rz. 16.49 f.; *Schönfeld*/Häck, in SD, Systematik Rz. 78; s. a. BFH BStBl. II 1986, 4 (5): „DBA haben ihre eigene Begriffssprache" und BFH BStBl. II 2000, 605 (607): „Abkommensrecht und nationales Recht bewegen sich insoweit auf unterschiedlichen Ebenen und haben ein eigenes Begriffsverständnis"). Die **in sich geschlossenen Regelkreise** des innerstaatlichen Rechts und des Abkommens rechts sind **aber auch eng aufeinander bezogen** (s. Rz. 64 ff.; *Kluge,* Rz. R46 f.). Sollen die Verteilungsnormen sachgerecht wirken, obwohl sie an jeweils unterschiedliches innerstaatliches Recht anknüpfen und dieses im grenzüberschreitenden Anwendungsbereich u. U. modifizieren, so **müssen** sie **grundsätzlich unabhängig vom innerstaatlichen Recht** (s. o. Rz. 96a) „aus dem Abkommen heraus" (*M. Lang,* IWB 2011, 281 (288)) **ausgelegt werden** (vgl. *Debatin,* DB 1985, Beil. 23, S. 1 (5 f.) m. w. N., *Schaumburg,* Rz. 16.52, 16.61 und *Kluge,* Rz. R30, die darauf hinweisen, dass daher allenfalls „Begriffsparallelität", aber nicht „Begriffsidentität" besteht, wenn ein Abkommen Begriffe des innerstaatlichen Rechts ver- **113b** wendet; vgl. auch GKG/*Henkel,* Grundlagen 4 Rz. 45 und *M. Lang,* in Grotherr, Handbuch, S. 1865 (1875); verfehlt insoweit FG Hamburg v. 12.8.2013, 6 K 279/12, EFG 2013, 1929 (1931): *DBA Zypern*).

113c Dem Ziel einer sachgerechten Anwendung des Doppelbesteuerungsabkommens dient die Auslegung des Abkommens aus seinem eigenen **Sinnzusammenhang,** die **„autonome" Auslegung** (allgemein dazu *M. Lang,* in Grotherr, Handbuch, S. 1865 (1875 ff.); *Schaumburg,* Rz. 16.61 ff.; GKG/*Henkel,* Grundlagen 4 Rz. 45 ff.; *Heurung/Seidel,* FS Djanani, 2008, 313 (322 ff.); in diesem Sinne auch bereits *Weber-Fas,* Staatsverträge, S. 88 f., der jedoch den in diesem Zusammenhang ungewöhnlichen Begriff „authentische Interpretation" gebraucht (zu diesem Begriff in dem in dieser Kommentierung verstandenen Sinn s. Rz. 109c); im Hinblick auf eine autonom europäische Auslegung von Richtlinien auf dem Gebiet des Steuerrechts: *Schön,* Auslegung, S. 49; aus deutscher und aus britischer Sicht: *Heidemann/Knebel,* Intertax 2010, 136; aus französischer Sicht: *Martin,* BIT 2011, 205). **In der Rechtsprechung wird** mit unterschiedlicher Formulierung **vorrangig die „autonome" Auslegung gefordert** (BFH v. 11.12.2013 I R 4/13, BFH/NV 2014, 614 (619): *DBA Italien*: „primär autonom"; BFH BStBl. II 2013, 111 (114) und BFH BStBl. II 2011, 446 (447): abkommensautonomes Verständnis; BFH BStBl. II 2011, 482 (485): abkommensautonome Abgrenzung vom innerstaatlichen Begriffsverständnis; BFH BFHE 231, 84 (90) und BFH BStBl. II 1998, 672 (674): autonome Abkommensauslegung; BFH BStBl. II 2011, 488 (491), BFH BFHE 231, 63 (69) und FG Düsseldorf EFG 2011, 878 (878, 882): abkommensautonome Auslegung; FG Nürnberg EFG 2011, 981 (983), FG Baden-Württemberg EFG 2009, 904 (709) und FG Berlin IStR 2002, 845 (847): autonome Auslegung; FG Berlin-Brandenburg v. 29.4.2014, 3 K 3227/13, IStR 2014, 529 (531) nrkr.; FG Baden-Württemberg EFG 2003, 1459 (1460 f.): autonome Auslegung). Mit gleicher Bedeutung wird auf eine **Auslegung nach dem „Sinnzusammenhang" abgestellt** (BFH BStBl. II 2004, 767 (768); BFH BStBl. II 2004, 560 (563); BFH BFH/NV 2004, 1076 (1078); BFH BStBl. II 1995, 405 (406 f.); BFH BStBl. II 1992, 94; BFH BStBl. II 1986, 513 (515); BFH BStBl. II 1986, 442 (444); BFH BStBl. II 1973, 810 (811); BStBl. II 1971, 379 (380) und BFH BStBl. III 1959, 133 (135); insoweit ähnlich, jedoch in der Formulierung abweichend: BFH BStBl. II 1982, 566: Orientierung „in erster Linie an dem Sinn- oder Vorschriftenzusammenhang des Abkommens selbst"; BFH BStBl. II 1986, 4 (5), BFH BStBl. II 1994, 218 (219), BFH BStBl. II 1992, 546 (547), BFH BStBl. II 1990, 906 (907), BFH BFHE 160, 513 (515 f.) und FG Köln, EFG 2009, 1437 (1438 und 1439): „Sinn- und Vorschriftenzusammenhang innerhalb des Abkommens"; BFH BFHE 229, 252 (258): „fordert […] der […] abkommenspezifische „Zusammenhang" eine vom nationalen Recht losgelöste Einordnung"; BFH BFHE 233, 517 (522): Auslegung aus dem Zusammenhang des DBA; BFH HFR 2001, 1053: Auslegung aus dem Zusammenhang heraus, in den der Begriff gestellt ist (1053) bzw. eigenständige Auslegung eines Begriffs in „seinem abkommensrechtlichen Kontext" (1054); BFH BStBl. II 1996, 563 (564): Auslegung vorrangig aus dem Zusammenhang heraus, in den der betreffende Ausdruck gestellt ist; BFH BFH/NV 1999, 751 (752 f.): „Regelungszusammenhang"; BFH BStBl. II 1997, 679 (680): „Sachzusammenhang der Regelung"; BFH BFHE 159, 518 (521) und BFH BStBl. II 1989, 319 (320): „Sachzusammenhang"; FG Rheinland-Pfalz EFG 1999, 175: „Auslegung aus dem Sinn- und Vorschriftenzusammenhang des Abkommens"; FG München, EFG 2003, 512 (513): „Auslegung […] aus dem Sinnzusammenhang der Abkommensvorschriften". **In diesem Sinne auch:** BFH BStBl. II 2012, 115 (117): abkommensrechtliche Betrachtung; BFH BStBl. II 2002, 238 (239): Begriffsbestimmung „im Abkommensrecht nach eigenen Regeln"; BFH/NV 2001, 891 (892) und BStBl. II 1997, 679 (681): eigenständige abkommensrechtliche Auslegung; BFH BStBl. II 1997, 57 (58), BFH BStBl. II 1997, 60 (61) und BStBl II 1997, 63 (65): Verständnis im „abkommensrechtlichen Sinne"; BFH BStBl. II 1988, 574 (575): „authentische Interpretation [...] durch das Abkommen selbst" (vor dem in Rz. 109c geschilderten Hintergrund ungewöhnliche Verwendung des Begriffs „authentisch" und im vorliegenden Zusammenhang in der Rspr. des BFH bislang einmalig); BFH BStBl. II 1972, 948 (949): Auslegung „in erster Linie [...] aus den Vorschriften des Abkommens selbst"; BFH BStBl. II 1983, 771 (774): Auslegung „in erster Linie aus sich selbst heraus"; BFH BStBl. II 2012, 548 (549); BFH BStBl. II 2012, 457 (459); BFH BStBl. II 2009, 356 (357 f.); BFH BFH/NV 2005, 1500 (1502); BFH BFH/NV 2005, 1242 (1243); BFH BStBl. II 1995, 683 (684); BFH BFH/NV 1992, 385 (386); BFH BStBl. II 1991, 444 (446); BFH BStBl. II 1991, 211 (212); BFH BStBl. II 1972, 459 (460); BFH BStBl. II 1969, 325 (326); FG Nürnberg EFG 2011, 1250 (1251); FG Düsseldorf EFG 2009, 2004 (2005); FG Köln, EFG 2009, 1819 (1820 f.); *High Court of Australia* v. 22.8.1990, Rs. Thiel v. FCT, 171 C.L.R. 338: *DBA Australien/Schweiz*).

Im Gegensatz zu dieser überwiegenden Auffassung versteht *Wassermeyer* „autonome Auslegung" im Sinne einer Auslegung nach dem jeweiligen innerstaatlichen Steuerrecht des Anwendestaates (Wassermeyer/*Wassermeyer* Art. 3 OECD-MA Rz. 19, 80a, *Wassermeyer,* FS Herzig, S. 897 (911)). Diese Ansicht findet sich vereinzelt auch in der BFH-Rechtsprechung (so bei BFH BStBl. II 2007, 756 (758): *DBA Australien;* auch *Kluge,* Rz. R35 und *J. Lüdicke,* IStR 2011 91 (93 f.) scheinen dieses Verständnis zu teilen). Strikt abzulehnen ist die Auffassung von *Meretzki* (IStR 2011, 213 (217)), der eine Auslegung als autonom ansieht, wenn die Abkommensanwendung in einem Vertragsstaat unabhängig von der Auslegung durch den anderen Vertragsstaat erfolgt. **113d**

Der **Grundsatz** der autonomen, d.h. der von (ggf. divergierendem) innerstaatlichem Recht unabhängigen Auslegung (s. o. Rz. 96a, 113b), wird durch Art. 3 Abs. 2 MA bestätigt (*M. Lang,* in Grotherr, Handbuch, S. 1865 (1876)). Andererseits gibt es Bezüge des Abkommens zum innerstaatlichen Steuerrecht (dazu sogleich), die das Abkommen bewusst nicht selber regeln, sondern dem innerstaatlichen Recht überlassen will (vgl. *Wassermeyer,* StuW 1990, 404 (405); *Kluge,* Rz. R30 f.; *M. Lang,* FS Debatin, S. 283 (301 f.); *Lehner,* FS G. Frotscher, S. 383 (386 ff.)). Daher ist als **Vorfrage** zu klären, ob das Auslegungsproblem in den **Regelungs- bzw. Anwendungsbereich des Abkommens,** genauer: der konkret auszulegenden Verteilungsnorm fällt (BFH BStBl. II 1975, 708 (709) spricht insoweit vom „Regelungsgehalt des Abkommens"), denn die Vertragsstaaten sehen regelmäßig davon ab, sämtliche die internationale Doppelbesteuerung betreffende Fragen in ihren Abkommen zu regeln (*Wassermeyer,* SWI 1992, 171 (173 f.)). Insoweit kann festgehalten werden, dass jedenfalls weite Bereiche der **Einkünftezurechnung** und der **Ermittlung der Höhe der „Einkünfte"** bewusst aus dem Regelungsbereich des Abkommens ausgeklammert bleiben (s. Rz. 152g; 181 ff.; vgl. auch *Wassermeyer,* SWI 1992, 171 (174 f.), der aber „mit Einschränkungen" auch die Zuordnung von Einnahmen zu einer bestimmten Einkunftsart als nicht vom abkommensrechtlichen Regelungsgegenstand erfasst ansieht (*ders.,* StuW 1990, 404 (408); Wassermeyer/*Wassermeyer,* Art. 1 OECD-MA Rz. 49; vgl. auch *Lehner,* FS G. Frotscher, S. 383 (397 ff.); ähnlich auch: *Kluge,* Rz. R31 und R46 f.); für eine Aufzählung der nicht vom Regelungsbereich der DBA erfassten Bereiche s. GKG/*Henkel,* Grundlagen 4 Rz. 46). Dementsprechend grenzt der BFH in einer Entscheidung zum *DBA Österreich 1954* zutreffend die Fragen der Einkünftezurechnung, der Einkünfteermittlung und der inländischen subjektiven und objektiven Steuerpflicht vom Anwendungsbereich einer dem Art. 3 Abs. 2 MA vergleichbaren Norm ab (BFH BStBl. II 2000, 399 (402): *DBA Österreich 1954*). Im Zusammenhang mit der Einkünftezurechnung stellt der BFH in einer anderen **113e**

Entscheidung zutreffend fest, dass sie „grundsätzlich nicht Gegenstand der Doppelbesteuerungsabkommen" ist (BFH BStBl. II 1998, 235 (237)). Nicht ganz so deutlich äußert sich der BFH der Sache nach in zwei weiteren Entscheidungen (BFH BStBl. II 1985, 120 (121): *DBA Schweiz* und BStBl. II 1986, 496 (497): *DBA Schweiz 1931/57/59*). Im Zusammenhang mit der Einkünfteermittlung bzw. der objektiven Steuerpflicht urteilt der BFH ähnlich (BFH BStBl. II 1992, 94: *DBA Österreich 1954*). Dass Abkommen im Hinblick auf Fragen nach dem Steuersubjekt, der Zurechnung, der Ermittlung der Besteuerungsgrundlagen und der Art und Weise, in der der Steueranspruch durchzusetzen ist, „regelmäßig schweigen", stellt BFH BStBl. II 1998, 672 (674): *DBA Schweiz* fest. Demgegenüber wendet der BFH in anderen Entscheidungen im Hinblick auf Zurechnungsfragen zu Unrecht eine dem Art. 3 Abs. 2 MA entsprechende Norm der Vertragspraxis an (BFH BFHE 234, 63 (67): *DBA Ungarn 1977;* BFH BStBl. II 1990, 113 (115): *DBA Schweiz* und BFH BStBl. II 1988, 521 (524): *DBA Schweiz*). Ähnlich geht der BFH in einigen Entscheidungen zu Fragen der Einkünfteermittlung bzw. der objektiven Steuerpflicht vor (BFH BStBl. II 1997, 128 (129): *DBA Belgien;* BFH BFHE 114, 530 (534): *DBA Luxemburg 1958*; BFH BStBl. II 1987, 256 (257): *DBA Niederlande 1959* und BFH BFHE 142, 459 (462): *DBA Niederlande 1959*).

113f **b) Anwendungsbereich der autonomen Auslegung.** Mit diesen grundsätzlichen Vorbehalten, die auch „vor der Klammer" des Art. 3 Abs. 1 und Abs. 2 MA stehen, ist autonome Auslegung geboten,

- für Ausdrücke, die im Abkommen eigenständig und ohne Verweis auf das innerstaatliche Recht definiert sind (s. Rz. 150);
- für Ausdrücke, die im Abkommen nicht definiert sind, soweit der Zusammenhang i. S. des Art. 3 Abs. 2 MA eine vom innerstaatlichen Recht unabhängige, d. h. autonome Auslegung erfordert (s. o. Rz. 96a, 113b und u. Rz. 152 ff.), wobei aber, insoweit abweichend von der Vorauflage (s. 5. Aufl., Art. 3 Rz. 121), von einem grundsätzlichen Vorrang der autonomen Auslegung, d. h. der Auslegung aus dem Zusammenhang des Abkommens vor einer Auslegung nach innerstaatlichem Recht auszugehen ist (ähnlich: *Gosch,* ISR 2013, 87 (88 f.); *ders.,* in J. Lüdicke, Vermeidung der Doppelbesteuerung und ihre Grenzen, S. 9; *M. Lang,* in Grotherr, Handbuch, S. 1865 (1876)). Allein aus der Möglichkeit einer autonomen Auslegung darf allerdings noch nicht darauf geschlossen werden, dass sie auch ohne Weiteres erforderlich ist (so implizit, ohne auf die Bedingung der Erforderlichkeit einzugehen, aber wohl BFH BStBl. II 1986, 4 (5) zum *DBA Spanien 1966*: „Vor der Anwendung etwaiger innerstaatlicher Begriffsbestimmungen [...] ist [...] zu untersuchen, ob sich eine eigene Begriffsbestimmung aus dem Sinnzusammenhang der Vorschriften des Abkommens gewinnen läßt"; vgl. auch BFH v. 11.12.2013, I R 4/13, BFH/NV 2014, 614 (619): *DBA Italien;* BFH BStBl. II 1973, 810 (811): *DBA Schweiz 1931/57/59* und BFH BStBl. II 1971, 379 (381): *DBA Schweiz 1931/57/59;* i. Erg. so auch *Debatin,* AWD 1969, 477 (480), *ders.,* DB 1985, Beil. 23, S. 1 (6 f.) und *ders.,* DStR 1992, Beih. 23 S. 1 (7), der den Rückgriff auf das innerstaatliche Recht als ultima ratio der Auslegung von DBA begreift; ähnlich *M. Lang,* IWB 2011, 281 (287 ff.); *Gosch,* ISR 2013, 87 (88, 90, 95); *ders.,* SWI 2011, 324; *ders.,* in J. Lüdicke, Vermeidung der Doppelbesteuerung und ihre Grenzen, S. 9 und mit einer am Abkommenszweck orientierten Argumentation auch *Schönfeld/Häck,* in SD, Systematik Rz. 84 und *Schaumburg,* Rz. 16.52 m. w. N., Rz. 16.57 und 16.64). Zur weiteren Konkretisierung des Anwendungsbereichs der autonomen Auslegung s. Art. 3 Rz. 96 ff.;
- ohne die Bedingung des Art. 3 Abs. 2 MA, soweit es sich um Abkommensbegriffe handelt, die nicht solche des innerstaatlichen Steuerrechts i. S. des Art. 3

Abs. 2 MA sind, d. h. die im innerstaatlichen Recht nicht mit Bedeutung für das Steuerrecht, für das das Abkommen gilt, verwendet werden (s. Rz. 153 und Art. 3 Rz. 111b f.);

In jedem Falle **nicht autonom auszulegen sind** Ausdrücke, die das Abkommen unter ausdrücklichem Hinweis auf das innerstaatliche Recht definiert (s. Rz. 151 ff.). **113g**

c) Mittel bzw. Methoden der autonomen Auslegung. Mittel bzw. Methoden der autonomen Auslegung (s. Rz. 113a) sind alle Anhaltspunkte, die zu diesem Auslegungsziel führen können. Aus allgemein völkerrechtlicher Sicht gehören dazu zunächst die in Art. 31 Abs. 2 WÜRV genannten Übereinkünfte und Urkunden, wobei historische, systematische und teleologische Anhaltspunkte auch für die Auslegung von Doppelbesteuerungsabkommen bedeutsam sind (s. bereits oben Rz. 106 ff.; differenzierend zu Art. 31 und 32 WÜRV: *Arnold,* BIT 2010, 2 (5 ff.); *M. Lang,* IWB 2011, 281; *ders.,* SWI 2011, 105 (110 ff.); *Schönfeld/Häck,* in SD, Systematik Rz. 89 ff.; zur Stützung eines auf Wortlaut und Systematik beruhenden Auslegungsergebnisses durch die historische Herleitung der betreffenden Norm s. BFH BStBl. II 2009, 94 (96); BFH BStBl. II 2009, 97 (99): beide *DBA Schweiz*). Üblicherweise werden die Mittel bzw. Methoden der autonomen Auslegung bei der Erörterung der **Erforderlichkeit** i. S. des Art. 3 Abs. 2 MA (s. Art. 3 Rz. 121a) dargestellt. Dies erscheint sachgerecht, solange nicht allein aus der Möglichkeit einer autonomen Auslegung auf ihre Erforderlichkeit i. S. dieser Vorschrift geschlossen wird (s. oben Rz. 113 f sowie Art. 3 Rz. 120). Mit diesem Vorbehalt gehören zu den Methoden und Mitteln der autonomen Auslegung auch Vergleiche mit – auch später eingeführten – Abkommensvorschriften desselben Abkommens und Vergleiche mit Regelungen in anderen Doppelbesteuerungsabkommen. Auch das Fehlen ähnlicher Abkommensvorschriften in anderen DBA ist zu berücksichtigen (s. Rz. 140 ff.), ebenso Unterschiede bzw. Übereinstimmungen zwischen Abkommensrecht und innerstaatlichem Recht (für einen Länderüberblick s. *Sada Garibay,* BIT 2011, No. 8); zu Einzelheiten s. Art. 3 Rz. 121a. **113h**

Im Dienst der autonomen Auslegung stehen: **113i**

- Das Streben nach Entscheidungsharmonie (s. u. 2., Rz. 114 ff.)
- Die Bedeutung des OECD-Musterabkommens und seines Kommentars (s. u. 3., Rz. 123 ff.)
- Auslegungsvereinbarungen und Erläuterungen durch Verwaltungsexperten (s. u. 4., Rz. 135 ff.)
- Die Bedeutung von Parallelabkommen (s. u. 5., Rz. 140 ff.)

Zur Bedeutung dieser Vorgaben für den Begriff des Zusammenhangs in Art. 3 Abs. 2 MA s. dort Rz. 116a ff.

2. Das Streben nach Entscheidungsharmonie

Literatur: *Arnold,* BIT 2010, 2 (11 ff.); *Bayer,* RabelsZ 1955, 603; *Flick,* in FS Spitaler, S. 151 ff.; *Hinnekens,* Allgemeen Fiscaal Tijdschrift 1986, 225; *Kropholler,* Internationales Einheitsrecht (1975), S. 258 ff.; *Munday,* ICLQ 1978, 450; *Prokisch,* SWI 1994, 52; *van Raad,* WFR 1990, 1874; *K. Vogel,* in FS Flick (1997), S. 1043 ff.; *Ward,* in Maisto, Courts and Tax Treaty Law (2007), S. 161; *Wijnen,* BIT 2013, 575; *Pohl,* RIW 2012, 677 (681). **114**

Bereits aus dem Gebot, Abkommensnormen **„im Lichte ihres jeweils konkreten Gegenstands und Zwecks"** auszulegen (Art. 31 Abs. 1 WÜRV; s. o. Rz. 106 ff.), folgt die Erwartung an Behörden und Gerichte der Vertragsstaaten, jeweils diejenige Auslegung anzustreben, die **am ehesten Aussicht** hat, **in beiden Vertragsstaaten akzeptiert zu werden** (vgl. *Schönfeld/Häck,* in SD, Syste- **115** matik Rz. 92). Auch in den Regeln des Art. 33 WÜRV über die Auslegung mehrsprachiger Verträge, besonders seines Abs. 4 (s. Rz. 111ff.), kommt diese Zielsetzung zum Ausdruck (s. auch *Reimer,* ET 1999, 458 (462, 466); *ders.,* IStR 2008, 551 (554f.)). Um ein solches, in beiden Vertragsstaaten akzeptables Auslegungsergebnis zu erreichen, hat sich im Internationalen Steuerrecht in Anlehnung an das IPR (*Kropholler,* Einheitsrecht, S. 36ff.; *Linke/Hau,* § 2 Rz. 47) ein **Gebot der internationalen „Entscheidungsharmonie"** oder „common interpretation" entwickelt (zu Inhalt und Grenzen dieses Gebots s. Rz. 116ff.). Dies war früher umstritten (für eine Übertragung in das Internationale Steuerrecht bereits im Jahre 1958: *Flick,* in FS Spitaler, S. 151; in neuerer Zeit: *Mössner,* FS Seidl-Hohenveldern, 1988, S. 403 (406f.); *Prokisch,* SWI 1994, 52 (52, 55ff.); *K. Vogel,* FS Bernhardt, S. 1143 (1153f.); *Reimer,* IStR 2008, 551; *ders.,* in Lehner, Reden zum Andenken an K. Vogel, S. 89 (123ff.); *Waldhoff,* IStR 2009, 386 (389); *Schaumburg,* Rz. 16.68; *Schönfeld/Häck,* in SD, Systematik Rz. 92; wohl auch *Wassermeyer,* IStR 2010, 37 (40); zweifelnd: Wassermeyer/*Wassermeyer,* Art. 3 OECD-MA Rz. 78; differenziert: GKG/*Henkel,* Grundlagen 4 Rz. 44; kritisch: *Hahn,* FS Wassermeyer, S. 631ff.; *Kluge,* Rz. R45, R46; dagegen: *Hahn,* IStR 2012, 941; *Gloria,* S. 73f.).

115a Mittlerweile wird ein solches Gebot bzw. Ziel auch **vom Bundesfinanzhof anerkannt,** jedoch ohne den Begriff der Entscheidungsharmonie stets zu benennen (s. BFH BStBl. II 2013, 73 (74f.); BFH BFH/NV 2011, 1875 (1878); BFH BStBl. II 1999, 207 (208); BFH BStBl. II 1994, 696 (697) und BFH BStBl. II 1988, 819 (821): alle *DBA Schweiz;* BFH BStBl. II 2010, 398 (403); BFH BStBl. II 2002, 271 (272 und 273f.); BFH BStBl. II 1983, 34 (36) und BStBl. II 1970, 660 (661): *DBA Österreich 1954*: alle drei *DBA Österreich 1954;* BFH BStBl. II 2007, 100 (102): *u.a. DBA Bulgarien;* BFH BStBl. II 2012, 106 (108): *DBA Großbritannien 1964/70;* das Gebot der „Entscheidungsharmonie" ausdrücklich anerkennend: BFH I R 4/13 v. 11.12.2013, BFH/NV 2014, 614 (615): *DBA Italien;* BFH BStBl. II 2013, 111 (114): *DBA Brasilien;* BFH BStBl. II 2012, 880 (883): *DBA Österreich;* BFH BFHE 233, 517 (523): *DBA USA 1989;* BFH BFHE 229, 252 (259): *DBA USA 1989*; BFH BStBl. II 2010, 394 (397): *DBA Belgien;* BFH BStBl. II 2010, 387 (389): *DBA Schweiz;* BFH BStBl. II 2009, 758 (765): *DBA Frankreich;* BFH BStBl. II 2000, 605 (607): *DBA USA 1954/65;* BFH BStBl. II 2000, 399 (403): *DBA Österreich 1954* und offen gelassen bei BFH BStBl. II 1988, 810 (814): DBA USA 1954/65). **Teilweise** wird das Gebot der Entscheidungsharmonie **auch seitens der Finanzgerichte anerkannt** (FG Köln v. 25.2.2014, 8 K 2555/11, EFG 2014, 1114 (1116f.); FG Nürnberg EFG 2011, 981 (983): *DBA Brasilien;* dem Grunde nach auch FG Hamburg, Urt. v. 16.4.2010, 5 K 114/08, juris-Dok.-Nr. STR E201077133: *DBA Niederlande;* FG München EFG 2009, 1954 (1956): *DBA USA 1989;* FG Hamburg EFG 2004, 86 (89): *DBA USA 1989*; FG Niedersachsen, RIW 1991, 963 (964): *DBA Schweiz* und FG Rheinland-Pfalz, EFG 1990, 159 (162): *DBA USA 1954/65*). Schon in der **älteren Rechtsprechung** des RFH und BFH wurde Entscheidungsharmonie jedenfalls **der Sache nach angestrebt,** soweit auf internationale Vertragsmuster (s. Rz. 123ff.) oder auf Richtlinien verwiesen wurde, die mit den Behörden des anderen Vertragsstaates abgestimmt waren (BStBl. II 1969, 579 (581): *DBA USA 1954/65*) oder wenn Vergleiche mit anderen Doppelbesteuerungsabkommen gezogen wurden (RStBl. 1938, 188 (198): *DBA Tschechoslowakei;* BStBl. II 1972, 281 (283): *DBA Italien 1925;* für einen derartigen Vergleich auch *Flick,* in FS Spitaler, S. 151 (160); zur Bedeutung von Parallelabkommen s.u. Rz. 140ff.).

115b Auch in der **ausländischen Rechtsprechung** hat das Gebot der Entscheidungsharmonie für das Recht der Doppelbesteuerungsabkommen Anerkennung gefunden: Die britische Rechtsprechung betrachtet die Entscheidung des *House* *of Lords* in der Sache Fothergill v. Monarch Airlines (s. hierzu Rz. 118) als *leading case* auch für das Internationale Steuerrecht (so ausdrücklich der *EWHC Chancery Devision* v. 9.2.1990 (Rs. Inland Revenue Commissioners v. Commerzbank AG, [1990] STC 285); ausführlich und dezidiert gegen eine Übertragung gerade dieser Entscheidung in das Internationale Steuerrecht: *Hahn,* IStR 2012, 941 (948)). Der neuseeländische *Court of Appeal* führt aus: „It is well established following New Zealands commitment to CER" (gemeint ist das „Australia New Zealand Closer Economic Relations Trade Agreement") „that commercial legislation applicable to Australia/New Zealand transactions should in the ordinary course be accorded the same interpretation on either side of the Tasman. For similar reasons it is obviously desirable that the same interpretation answer should be given whether a double taxation treaty question arises for determination in New Zealand or the US and in our view appropriate consideration should be given to the considered official opinion of the other party of the treaty as to its meaning" (*New Zealand Court of Appeal,* Rs. CIR v. JFP Energy Inc., (1990) 12 NZTC 7, 176: *DBA Neuseeland/USA*). Ähnlich schon 1981 ein norwegisches Untergericht: „Der bør være stor grad av harmoni i tolkningen i de enkelte land" („Es muss einen hohen Grad von Harmonie in der Auslegung des einzelnen Landes geben": *Stavanger Byrett,* Utv. 1981, 285: *DBA Norwegen/USA*). Und nur zwei Jahre danach ein hohes indisches Gericht: „… a new area of genuine ‚international tax law' is now in the process of developing. Any person interpreting a tax treaty must now consider decisions and rulings world wide relating to similar treaties" (*High Court of Andhra Pradesh* v. 17.6.1983, Rs. Commissioner of Income Tax vs. Visakhapatnam Port Trust, [1983] 144 ITR 146: *DBA Indien/Deutschland*). Im Urteil des *Tax Court of Canada* v. 8.4.2010 (Rs. TD Securities (USA) LLC v. The Queen, 2010 TCC 186 (para 89)), heißt es zum *DBA Kanada/USA:* „The Interpretation and administration of the provisions of a treaty by a treaty partner can also be instructive and provide evidence of the intentions, objects and purposes of the treaty.' Der *Federal Court of Australia* v. 4.3.1997 (Rs. Lamesa Holdings BV v. FCT, 35 ATR 239 (1997)) führt zum *DBA Australien/Niederlande* aus: „that an interpretation of the Netherlands-Australia DTA by the Hoge Raad would be both admissible and persuasive given that uniformity in the application of the Agreement in both countries is desired." Der Sache nach auch der *ITAT* v. 21.1.2009, Rs. DaimlerChrysler India Private Limited v. Deputy Commissioner of Income Tax, ITA No. 968/PN/03, para 59 ff. (für weitere Beispiele s. *Reimer,* IStR 2008, 551 (553); *Ward,* in Maisto, Courts, S. 161 (175 ff.) und *Baker,* Introductory Topics, Rz. E28).

Im ausländischen Schrifttum haben sich für die Beachtung des Grundsatzes der Entscheidungsharmonie u. a. ausgesprochen: *Edwardes-Ker,* Introduction, S. 25; *Williams,* Intertax 1990, 298 (299 ff.); *van Raad,* WFR 1990, 1874 (1877); *Baker,* Introductory Topics, Rz. E26 ff.; *R. Smith,* The Tax Lawyer 1996, 845 (863 f.); *Locher,* Einführung, S. 120; *Oberson,* Précis, S. 26; *Rohatgi,* Basic, vol. I, S. 38, 47, 59; erstrebenswert aber nicht durchsetzbar: *Wijnen,* BIT 2013, 575 (577). Auf ihrem Kongress 1993 in Florenz hat sich auch die *IFA* nachdrücklich für internationale Entscheidungsharmonie eingesetzt (*K. Vogel/Prokisch,* CDFI LXXVIIIa, S. 19 (28) und S. 55 (62, 64)). **115c**

„Entscheidungsharmonie" **setzt voraus, dass** Gerichte und Verwaltungsbehörden, die ein Doppelbesteuerungsabkommen anzuwenden haben, einschlägige Entscheidungen von Gerichten und Behörden des anderen Vertragsstaats und gegebenenfalls dritter Staaten **zur Kenntnis nehmen** und sich mit ihnen **auseinandersetzen.** Ob sich der Richter selber um eine Kenntnis der einschlägigen ausländischen Entscheidungen bemühen muss, ob dies in seinem Ermessen steht oder ob er auf diejenigen Entscheidungen beschränkt ist, auf die sich die Parteien berufen, ist eine Frage des jeweiligen nationalen **Prozessrechts.** Der Richter muss **116** aber zumindest diejenigen Entscheidungen ausländischer Gerichte zum fraglichen Abkommen zur Kenntnis nehmen, die die Parteien ihm unterbreiten; beherrscht er die fremde Sprache nicht, muss er sie übersetzen lassen. Natürlich wird er dabei der Tatsache Rechnung tragen, dass die Parteien bestrebt sein werden, vor allem die zu ihren Gunsten sprechenden Entscheidungen vorzulegen. Ein **praktisches Problem** der Entscheidungsharmonie betrifft auch die **Information** über entsprechende ausländische Rechtsprechung (treffend *Reimer* in Lang, Tax Treaty Interpretation (2001), S. 119 ff. (133): „... limited by insufficient knowledge of foreign languages, foreign legal customs and foreign case law"). Für deutsche Richter ohne größere Schwierigkeiten zugänglich sind aber z. B. die Entscheidungen des österreichischen Verwaltungsgerichtshofs und des schweizerischen Bundesgerichts, für britische und amerikanische Richter regelmäßig die Entscheidungen englischsprachiger Gerichte (s. auch *Wijnen,* BIT 2013, 575 (577). Das *International Bureau of Fiscal Documentation* in Amsterdam baut zurzeit eine weltweite Datenbank der gerichtlichen Entscheidungen zu Doppelbesteuerungsabkommen auf, in der bereits mehrere tausend Gerichtsentscheidungen im Originaltext und/oder in englischer Zusammenfassung online verfügbar sind.

117 Um zu „Entscheidungsharmonie" zu gelangen, sind Gerichte und Verwaltungsbehörden mangels durchsetzbarer rechtlicher Verbindlichkeit dieses Gebots allerdings **nicht gezwungen,** die Entscheidungen anderer Gerichte **„unreflektiert" oder ungeprüft zugrunde zu legen.** Denn einerseits können auch die Entscheidungen ausländischer Gerichte sehr stark voneinander abweichen (Ulster-Swift-Ltd. v. Taunton Meat Haulage Ldt., (1977) 1 W. L. R. 625 (631) stellt nicht weniger als zwölf verschiedene Rechtsauffassungen fest). Andererseits ist auch eine überwiegende oder gar einheitliche Rechtsauffassung nicht bindend (so allerdings *Wery,* De autonomie van het eenvormig privatrecht, 1971, 24 f.; abgewogen: *Kropholler,* Einheitsrecht, S. 281 ff.). Überzeugend ist hierzu die Stellungnahme des *House of Lords* v. 10.7.1980 im Fall Fothergill v. Monarch Airlines (s. (1981) A. C. 251): Das Gericht hebt hervor, dass die Überzeugungskraft der Entscheidung eines ausländischen Gerichts vom Ansehen des Gerichts und auch von seinem Rang abhänge (S. 284). Die Situation, in der Entscheidungen ausländischer Gerichte zur selben Thematik ergangen sind, ist m. a. W. keine andere, wenn die betreffende Entscheidung von einem gleichrangigen inländischen Gericht herrührt. Denn auch innerstaatlich ist „Entscheidungsharmonie" ein Auslegungsziel: der Richter muss andere Entscheidungen und *obiter dicta* zur Kenntnis nehmen, ihre Gründe erwägen und darf nicht hartnäckig auf einer höchst eigenen Ansicht beharren, sondern soll die Auslegung wählen, die die beste Aussicht hat, sich durchzusetzen. Nicht anders liegt es auch im Verhältnis zu ausländischen Gerichten, weshalb das *House of Lords* in o. g. Entscheidung weiter ausführt: „Our courts will have to develop their jurisprudence in company with the courts of other countries from case to case" (S. 293). Eine **inhaltliche Bindung** an die ausländische Entscheidung besteht demgemäß **nicht** (so auch *Schönfeld/Häck,* in SD, Systematik Rz. 92 und wohl auch *Gosch,* ISR 2013, 87 (91), der diese Entscheidungen in Anlehnung an *Reimer,* IStR 2008, 551 (554) als „Inspirationsquelle" ansieht, aus der keinerlei Verbindlichkeit folge; vgl. auch *Gosch,* in J. Lüdicke, Vermeidung der Doppelbesteuerung und ihre Grenzen, S. 11 f.). *Hahn (*IStR 2012, 941 (949)) kritisiert, dass das Gebot der Entscheidungsharmonie in seiner Bedeutung „gegen null" konvergiert. Er betrachtet das Gebot der Entscheidungsharmonie in der hier vertretenen Ausgestaltung lediglich als „den Rechtsanwender treffende Obliegenheit – mehr berufsethischer als rechtlicher Natur –, zugängliche Rechtserkenntnisquellen auch auszuschöpfen.

118 Zwei Entscheidungen des jeweils höchsten Gerichts Großbritanniens (*House of Lords* v. 10.7.1980, Rs. Fothergill v. Monarch Airlines, (1981) A. C. 251 (273 ff.))

bzw. der USA (*US Supreme Court* v. 17.4.1991, Rs. Eastern Airlines Inc. v. Floyd, 111 S. Ct. 1489 (1991)) verdeutlichen, wie Entscheidungsharmonie erreicht werden kann: In beiden Fällen ging es um das Warschauer Abkommen über Ersatzleistungen für Schäden beim privaten Luftverkehr. Auch hier war im Hinblick auf den Zweck des Vertrags, den der Rechtsvereinheitlichung, Entscheidungsharmonie anzustreben; der *US Supreme Court* sagt dies in seiner Entscheidung ausdrücklich mit den Worten: „We must also consult our sister signatories" (S. 1501). Beide Entscheidungen erwägen sehr gründlich die (französische) Wortbedeutung der einschlägigen Bestimmung unter Heranziehung von Rechtswörterbüchern und der französischen wissenschaftlichen Literatur. Beide gehen auch auf in- und ausländische Rechtsprechung ein, der *US Supreme Court* besonders auf eine Entscheidung des Israelischen Obersten Gerichtshofs, der er aber nicht folgt. Beide Gerichte begründen am Ende ihr eigenes Ergebnis aus dem Zweck der auszulegenden Vorschriften, jedoch in ausführlicher Auseinandersetzung mit jener ausländischen Literatur und Rechtsprechung.

In der Sache übereinstimmend haben kanadische Gerichte für die Auslegung des *DBA Kanada/USA* Entscheidungen von Behörden und Gerichten der Vereinigten Staaten herangezogen mit dem Bemerken, diese Entscheidungen seien für Kanada zwar nicht bindend, aber doch überzeugungskräftig (*„persuasive": Tax Appeal Board* v. 3.6.1959, Rs. No. 630 v. MNR, 59 DTC 300), oder – in einem anderen Fall – sie seien jedenfalls nicht offenbar irrig und eine Abweichung sei zu vermeiden, weil sie eine Doppelbesteuerung zur Folge haben würde (kanadischer *Federal Court – Trial Division* v. 17.3.1976, Rs. Canadian Pacific Ltd. v. The Queen, 76 DTC 6120 (6135), s. auch kanadischer *Federal Court – Trial Division* v. 28.3.1991, Rs. Utah Mines Ltd. v. The Queen, 91 DTC 5245, und *Federal Court of Appeal* v. 5.11.1993, Rs. Qing Gang K. Li v. The Queen, 94 DTC 6059). Die Gerichte der Vereinigten Staaten haben diesen Dialog aufgenommen (*US Court of Appeals Ninth Circuit* v. 2.4.1962, Rs. Donroy Ltd. v. United States, 301 F.2d 200; s. auch *US Court of Appeals Second Circuit* v. 22.10.1975, Rs. US v. A. L. Burbank & Co., Ltd., 525 F.2d 9 (1975)), gelangten jedoch teilweise zu einer von der kanadischen abweichenden Rechtsauffassung. **119**

3. Die Bedeutung des OECD-Musterabkommens und seiner Kommentare

Literatur: *Arnold,* BIT 2011, 118; *ders.*, BIT 2010, 2; *Ault,* Intertax 1994, 144; *Avery Jones,* BIFD 2002, 102; *Bayer,* SWI 2011, 539; *Belamarik,* in Schilcher/Weninger, Fundamental Issues and Practical Problems in Tax Treaty Interpretation (2008), S. 67; *Bernstein/Summerhill,* TNI March 2009, 985; *Boccardo,* in Hofstätter/Plansky, Dual Residence in Tax Treaty Law and EC Law (2009), S. 115; *Buitrago Díaz,* TNI November 2006, 925; *Dahm,* DÖV 1959, 363; *Ellis,* BIFD 2000, 617; *ders.*, BIT 2006, 103; *Engelen,* BIT 2006, 105; *Erasmus-Koen/Douma,* BIT 2007, 339; *Favi/Parolini,* BIT 2010, 429; *Franz/Voulon,* BB 2011, 1111; *Gómez-Ballina,* in Schilcher/Weninger, Fundamental Issues and Practical Problems in Tax Treaty Interpretation (2008), S. 91; *Grotherr,* IWB 2008, Fach 3, Gruppe 1, 2309; *Guillaume,* AFDI 1979, 75; *Hahn/Weber,* Die OECD, Organisation für wirtschaftliche Zusammenarbeit und Entwicklung (1976); *Heger,* SWI 2011, 95; *Innamorato,* Intertax 2008, 98; *Kandev/Wiener,* TNI May 2009, 667; *M. Lang,* IWB 2011, 281; *ders.*, IStR 2011, 403; *ders.*, in Gassner/M. Lang/Lechner, Aktuelle Entwicklungen im Internationalen Steuerrecht (1994), S. 11; *ders.*, SWI 2011, 105; *ders.*, SWI 1995, 412; *ders.*, in Brähler/Lösel, FS Djanani (2008), S. 495; *ders.*, IStR 2001, 536; *ders.*, IStR 2011, 1; *ders.*, ÖStZ 2006, 203; *M. Lang/Brugger,* The role of the OECD Commentary in tax treaty interpretation, (2008) 23 ATF 95; *M. Lang/Pistone/Schuch/Staringer,* The Impact of the OECD and UN Model Conventions on Bilateral Tax Treaties (2012); *Llauger Boix,* in Schilcher/Weninger, Fundamental Issues and Practical Problems in Tax Treaty Interpretation (2008), S. 439; *Morris,* CTJ 2009, 307; *Mössner,* **123**

BIT 2010, 16; *ders.*, in FS Seidl-Hohenveldern (1988), S. 403; *Oesterhelt,* ASA 80 (2011/2012), 373; *Pijl,* ET 2006, 216; *Pohl,* RIW 2012, 677; *Prokisch,* SWI 1994, 52; *Provodová,* in Schilcher/Weninger, Fundamental Issues and Practical Problems in Tax Treaty Interpretation (2008), S. 139; *Reimer,* in Lehner, Reden zum Andenken an Klaus Vogel (2010), S. 89; *ders.*, ET 1999, 458; *Ribes,* Intertax 2010, 21; *Sasseville,* in FS Avery Jones (2010), S. 37; *M. Schmitt,* in Schilcher/Weninger, Fundamental Issues and Practical Problems in Tax Treaty Interpretation (2008), S. 117; *Schnitger,* IStR 2002, 407; *Thiel,* in FS Herzig (2010), S. 1023; *Tieskens,* WFR 1999, 1757; *K. Vogel,* in Classen u. a., „In einem vereinten Europa der Welt zu dienen ..." – Liber amicorum Thomas Oppermann (2001), S. 477; *ders.*, in M. Lang/Schuch/Staringer, Soft Law in der Praxis (2005), S. 145; *ders.*, BIFD 2000, 612; *Ward,* BIT 2006, 97; *Ward u. a.*, The Interpretation of Income Tax Treaties with Particular Reference to the Commentaries on the OECD-Model (2005); *Waters,* in FS Loukota (2005), S. 671; *Wichmann,* FR 2011, 1082; *ders.*, in J. Lüdicke, Wo steht das deutsche Internationale Steuerrecht (2009), S. 103.

Zur Bedeutung der **deutschen Verhandlungsgrundlage** für die Auslegung von DBA s. *Rotter/Welz/Lammers,* Kommentar zur Verhandlungsgrundlage für DBA (2014), S. 20ff. sowie o. Rz. 38.

124 **a) Erste Ansätze.** Die Bedeutung des **OECD-MA** und seiner **Kommentare** für die Abkommensauslegung beruht nicht allein auf dem Grundsatz der Entscheidungsharmonie (s. dazu Rz. 114ff.). Schon 1933 hat sich der Reichsminister der Finanzen vor dem RFH zur Bekräftigung einer Auslegung auf die von der Doppelbesteuerungskonferenz beim Völkerbund 1928 aufgestellten Musterentwürfe mit ihren Erläuterungen bezogen (RStBl. 1934, 417 (419): *DBA Italien 1925*). In gleicher Weise verwies der BFH sogar für das *DBA Schweiz 1931/57* auf das OECD-MA, also für ein Abkommen, das noch gar nicht auf der Grundlage des Musters abgeschlossen worden war (BStBl. III 1966, 24 (26f.); BStBl. III 1966, 463 (464)), allerdings nicht schon für das alte Abkommen mit *Italien* von 1925 (BFH BStBl. II 1972, 281 (283f.); s. dazu FG Köln, EFG 1987, 230 (230f.). Auch der *US Court of Appeal Second Circuit* v. 22.10.1975 (Rs. US v. A. L. Burbank & Co., Ltd., 525 F.2d 9 (1975): zum *DBA USA/Kanada* – von 1942! –), das *SchweizBG* v. 17.9.1976 (BGE 102 Ib 264 (269): *DBA Schweiz/Spanien*), Kanadas *Supreme Court* v. 22.6.1995 (Rs. The Queen v. Crown Forest Industries, 95 DTC 5389 (5398): *DBA Kanada/USA*); *Tax Court of Canada* v. 13.5.2011, 2007-2583(IT)G, Her Majesty v. Sommerer, 2011 TCC 212; *Federal Court of Appeal,* v. 13.7.2012, A-188-11, Her Majesty v. Sommerer, 2012 FCA 207; *DBA Österreich/Kanada;* dazu *M. Lang,* TNI 2014, 285; *ders.*, FS Torggler (2013), S. 713 (719ff.) und der *New South Wales Supreme Court* v. 4.12.2002 (Rs. Unisys Corp. v. FCT, [2002] NSWS C 1115: *DBA Australien/USA*) ziehen das **MA** heran (für einen Überblick über die ausl. Rspr. s. *Wijnen,* BIT 2013, 575 (576)). Dasselbe gilt für die neuere Rechtsprechung des BFH (s. BFH BFHE 165, 392 (394): *DBA USA 1954/65;* BFH BStBl. II 1995, 405 (406): *DBA Sowjetunion;* BFH BStBl. II 1986, 513 (515): *DBA Frankreich* und BFH BStBl. II 1985, 417 (419f.): u. a. *DBA USA 1954/65*). In Fällen, in denen eine Regelung im MA zeitlich nach der betreffenden Abkommensregelung eingefügt wurde, ist jedoch erkennbar, dass sich der BFH grundsätzlich nicht bzw. nur in begründeten Ausnahmefällen auf das MA bezieht: So weist BFH BStBl. II 2011, 156 (161f.): *DBA Spanien 1966* darauf hin, dass Art. 23 A Abs. 4 MA erst 2000 im MA ergänzt wurde; ebenso lehnt für jeweils eine Regelung, die noch vor Schaffung des ersten OECD-MA im Jahr 1963 vereinbart wurde, sowohl BFH BFH/NV 2009, 390 (391) zum *DBA Frankreich* als auch BFH BStBl. II 1998, 649 (651) zum *DBA USA 1954* einen Rückgriff auf das MA ab. Im Ausgangspunkt geht auch BFH BStBl. II 1997, 15 (17) hiervon aus. Der BFH zieht das MA aber dennoch i. R. d. Begründung heran, weil das *DBA Niederlande 1959* insoweit ersichtlich auf den bereits 1956 begonnenen

Arbeiten des Steuerausschusses der OECD beruhte. Ähnlich, jedoch ohne auf die Tatsache einzugehen, dass das Zusatzprot., mit dem der streitgegenständliche Art. 12A in das *DBA Schweiz 1931* aufgenommen wurde, auf 1959 datiert: BFH BStBl. II 1969, 466 (467). Zum *DBA Schweden 1959* stellt BFH BStBl. II 1986, 442 (444) darauf ab, dass es ein Änderungsprotokoll von 1978 gab, das die maßgebliche Regelung des Abkommens trotz der Veränderungen im MA unberührt gelassen hat.

b) Unterscheidung zwischen der Heranziehung des MA und des MA-Kommentars. Für die Auslegung von DBA ist zwischen der Heranziehung des MA und der Berufung auf den MA-Komm. und insoweit wiederum im Verhältnis zwischen OECD-Staaten (s. Rz. 130 ff.) und Nicht OECD-Staaten (s. Rz. 134) zu unterscheiden, wobei der MA-Komm. ein Mittel für die authentische Auslegung (zu diesem Begriff s. Rz. 109c) des Musters bildet (*Waldhoff,* in Fleischer, Gesetzesmaterialien, S. 77 (84)). Die Auslegung des **MA** darf grundsätzlich nur am englischen bzw. französischen Originaltext ansetzen, denn nur diese sind „authentisch" (*M. Lang,* FS Ward, S. 15 (17); *ders.,* IStR 2011, 403 (404, 408)). Das MA kann aber auch für Abkommen bedeutsam sein, die nicht in einer der beiden Originalsprachen Englisch und Französisch abgeschlossen worden sind. Soweit ein nicht in der Originalsprache des MA abgefasstes Abkommen Begriffe verwendet, die denen des MA zumindest ähnlich sind, kann ein Rückgriff auf die Originalfassungen klären, was die Vertragsparteien gemeint haben (s. BFH BStBl. II 1997, 15 (17): *DBA Niederlande 1959* und ergänzend s. Rz. 130 ff.). Haben die Vertragsparteien dagegen eine Bestimmung oder auch nur eine Wendung des MA nicht in ihr Abkommen übernommen, so wird dies, auch wenn sie keinen ausdrücklichen Vorbehalt erklärt haben (s. Rz. 35, 124b, 127a), in der Regel bedeuten, dass sie die Anwendung der Bestimmung ausschließen wollten. Dieser Schluss ist allerdings nicht zwingend (ergänzend s. Rz. 131 ff.). So folgt z. B. das *DBA Kanada/USA* in seiner Definition der Ansässigkeit zwar (weitgehend) dem Art. 4 Abs. 1 Satz 1 MA, aber ohne den dort anschließenden Satz 2. Daraus folgerte Kanadas *Federal Court of Appeal,* dass die Vertragsstaaten auch Personen als ansässig behandelt wissen wollten, für die das nach Satz 2 nicht gelten würde (Urt. v. 8.11.1993, Rs. The Queen v. Crown Forest Industries Ltd., 94 DTC 6107: *DBA Kanada/USA,* paras 16, 17). Zu Recht verwarf der *Supreme Court* diese Folgerung, weil das Fehlen des Satzes auch andere Gründe gehabt haben konnte, etwa weil er im Hinblick auf die Steuergesetzgebung Kanadas und der USA „einfach nicht erforderlich gewesen sei" (95 DTC 5389 (5398 f.)). Zur Bedeutung von Beratungsprotokollen der OECD für die Abkommensauslegung s. *M. Lang,* SWI 2005, 16. 124a

Umstritten ist, wie sich die Heranziehung **der Kommentare zum MA** für die Auslegung von Doppelbesteuerungsabkommen begründen lässt, soweit nicht die Abkommen oder die zu ihnen vereinbarten Protokolle ausdrücklich auf die Kommentare verweisen (so einige österreichische Abkommen, insbesondere mit *Armenien, Aserbeidschan, Kasachstan, Mexiko, Moldau, Mongolei, Polen, Ukraine* und den *Vereinigten Arabischen Emiraten*). Wie das MA und dessen spätere Änderungen wurden die Kommentare als **„Empfehlungen"** *(recommendations)* des Rates der OECD verabschiedet. Im Gegensatz zu „Entscheidungen" *(decisions)* des Rates sind diese Empfehlungen zwar **nicht bindend;** sie sind vielmehr nach Art. 18 Buchst. b der Verfahrensordnung der OECD den Mitgliedstaaten „zur Prüfung zu unterbreiten, ob sie es für angebracht *(opportune)* halten, ihnen zu folgen" (*Hahn/Weber,* S. 99; *Guillaume,* AFDI 1979, 75). **Gleichwohl** gibt die OECD dem MA-Komm. „besondere Bedeutung für die Entwicklung des internationalen Steuerrechts", auch wenn er, anders als die Abkommen selbst, keine völkerrechtlich verbindliche Vereinbarung darstellt (s. Ziff. 29 der Einl. des MA-Komm.). Das erscheint selbst- 124b verständlich, weil der MA-Komm. seine Bedeutung für die Auslegung von DBA nicht aus sich heraus bestimmen kann (s. *M. Lang,* in Gassner/Lang/Lechner, S. 11 (14f.)). Aus der Praxis, dem MA-Komm. **Vorbehalte** und **Bemerkungen** beizufügen, wird man aber immerhin entnehmen können, dass die **Mitgliedstaaten** den in ihm enthaltenen Empfehlungen zumindest eine **abgeschwächte Verpflichtung** beilegen wollen, diesen **Empfehlungen zu folgen,** wenn einerseits der betreffende Staat nicht Vorbehalte angemeldet hatte, oder wenn andererseits im Einzelfall sachliche Gründe – etwa im Hinblick auf Besonderheiten seines innerstaatlichen Rechts – der Befolgung nicht entgegenstehen (*K. Vogel,* Soft Law, S. 145 (148); zustimmend: *Rodi,* RIW 1992, 484 (489), *Mössner,* FS Seidl-Hohenveldern, 1988, S. 403 (412), sowie tendenziell auch *Innamorato,* Intertax 2008, 98 (107); ähnlich: *Dahm,* DÖV 1959, 363 (364), der in den Fällen einer solchen Empfehlung eine „gelockerte Rechtspflicht, aber immerhin eine wirkliche Rechtspflicht" annimmt (kritisch: *Ault,* Intertax 1994, 144 (145), *M. Lang,* in Gassner/Lang/Lechner, S. 11 (18) und *Blokker,* zitiert nach *Erasmus-Koen/Douma,* BIT 2007, 339 (341)). *Pijl* (ET 2006, 216 (218)) sieht in der Möglichkeit, Vorbehalte und Bemerkungen beizufügen, eine implizite Bestätigung gerade des nicht bindenden Charakters des MA-Komm. *Waldhoff* (StbJb 2005/2006, S. 161 (170f.)) will demgegenüber eine abgeschwächte Verpflichtung nur dann annehmen, wenn ihr Ausschluss nicht von einer offiziösen Gegenbemerkung oder Distanzierung abhängig ist, betont jedoch, dass der MA-Komm. „gleichwohl einen wichtigen Gesichtspunkt" bietet und dass sich sein Gewicht „allerdings nach der Überzeugungskraft der dort vertretenen Argumente im Vergleich zu den übrigen Argumenten …" bestimmt (S. 178). Ähnlich äußert sich *M. Lang* (FS Djanani, S. 495 (500)): „einer von mehreren beim Auslegungsvorgang maßgebenden Faktoren, die dann je nach Überzeugungskraft im Einzelfall größeres oder geringeres Gewicht haben können". Ebenfalls zurückhaltender das *ATO* (TR 2001/13, para 101): „a general or ‚quasi-political' rather than ‚legal', expectation"; *Schönfeld/Häck* (SD, Systematik Rz. 62): „Hohe rechtsfaktische Bedeutung" bzw. „einzigartige Bedeutung"; *Ribes* (Intertax 2010, 21 (23)): „an agreement on a common interpretation"; *Franz/Voulon* (BB 2011, 1111 (1114)): „hoher Stellenwert" (vgl. auch *M. Lang,* in Gassner/Lang/Lechner, S. 11 (19, 21 und 40)); *ders.*, ÖStZ 2006, 203 (206f.); *ders.*, IWB 2011, 281 (285f.)). Offensiver allerdings das *SchweizBG* (v. 6.5.2008, 2C 276/2007/zga, Erwägung 5.3): „Der OECD-Kommentar ist für die Auslegung der von der Schweiz nach dem Vorbild dieses Kommentars geschlossenen Doppelbesteuerungsabkommen von erheblicher Bedeutung. Eine Lösung für Abkommen, die dem Musterabkommen nachgebildet sind, muss daher mit dem OECD-Kommentar im Einklang stehen". Dagegen aber *M. Lang* (FS Djanani, S. 495 (498ff.)). Eine (echte) rechtliche Bindungswirkung des MA-Komm. grundsätzlich ablehnend ferner *Ward* (BIT 2006, 97 (99f.)), *Engelen* (BIT 2006, 105), *Pijl* (ET 2006, 216 (217ff. und 224)) und *Ribes* (Intertax 2010, 21 (23 und 25)). *Engelen* (BIT 2006, 105 (106 und 109)) nimmt aber eine stillschweigende Einwilligung und damit eine Bindungswirkung an, wenn ein OECD-Mitgliedstaat im Fall einer musterkonformen Bestimmung auf die Aufnahme einer Bemerkung oder eines Vorbehalts zu einer nach Maßgabe des MA-Komm. empfohlenen Auslegung dieser Bestimmung verzichtet hat (dagegen aber *Pijl,* ET 2006, 216 (222f.), *Ward,* zitiert nach *Erasmus-Koen/Douma,* BIT 2007, 339 (345ff.) und *Pistone,* in M. Lang/Pistone/Schuch/Staringer, Impact, S. 1 (8); zweifelnd: *Weiss,* zitiert nach *Erasmus-Koen/Douma,* BIT 2007, 339 (347f.); tendenziell wie *Engelen* aber *Gómez-Ballina,* Relevance, S. 91 (96)). Vgl. schließlich auch *Arnold* (BIT 2010, 2 (8)): „Judges in many countries […] readily consult the Commentaries and attribute significant weight to them without agonizing about whether they are covered by Art. 31 [VCLT] or Art. 32 [VCLT]."”).

Die Beschlüsse des Rates, durch die das MA und die Kommentare verabschiedet und fortgeschrieben werden und durch die das *Committee of Fiscal Affairs* zu deren selbständiger Fortschreibung ermächtigt wird, **richten sich** jedoch ausdrücklich **nur an die Regierungen** der Mitgliedstaaten, und empfehlen ihnen, „dass ihre Steuerverwaltungen den Kommentaren zu den Artikeln des Musterabkommens folgen" (so u.a. die Recommendation of the OECD Council concerning the Model Tax Convention on Income and on Capital, adopted by the Council on 23 October 1997; vgl. auch Ziff. 3 der Einl. des MA-Komm.). Aber auch insoweit ist die Annahme einer Bindung der **Steuerverwaltungen** kritisch zu sehen (so auch *Waldhoff,* StbJb 2005/2006, S. 161 (176f.) m.w.N.). Es darf auch nicht unberücksichtigt bleiben, dass die Kommentare nicht selten Ausdruck von Kompromissen sind. Dies kann ihre rechtliche Bedeutung zusätzlich schwächen (*M. Lang,* SWI 2011, 105 (111)). Dagegen begründet der MA-Komm. für die **Gerichte** der Mitgliedstaaten, insoweit übereinstimmend mit dem Gebot der Entscheidungsharmonie (s. dazu Rz. 114ff.), **keine durchsetzbare rechtliche Verpflichtung** (*K. Vogel,* BIFD 2000, 612 (614); dem folgend das *SchweizBVGer* v. 21.1.2010, Az. A-7789/2009, BVGE 2010/7, S. 85 (100), Erwägung 3.6.2 a.E.; s.a. BFH BFH/NV 2003, 1152 (1153): *DBA Irland 1962,* der die Vorgaben des MA-Komm. lediglich „flankierend" zum Regelverständnis heranziehen will; vgl. ferner *Franz/Voulon,* BB 2011, 1111 (1114); *M. Lang/Brugger,* (2008) 23 ATF 95 (104f.); besonders deutlich: BFH BStBl. II 2009, 625 (630): „Sofern dem Kommentar zum OECD-MA eine andere Beurteilung zu entnehmen sein sollte, [...] wäre dem nicht zu folgen." (vgl. aber BFH BStBl. II 2012, 548 (550f.) und die weiteren Nachweise der Rechtsprechung in Rz. 127a); für einen Kurzüberblick über die Auffassung des italienischen *Corte di Cassazione* s. nur *Favi/Parolini,* BIT 2010, 429 (433); für die Sicht in verschiedenen Ländern s. die Beiträge in *M. Lang/Pistone/Schuch/Staringer,* Impact). **124c**

c) Abgrenzungen. Bedeutung für die Auslegung der Doppelbesteuerungsabkommen kommt dem MA-Komm. nach hier vertretener Auffassung allerdings nur **im Rahmen der allgemeinen Auslegungsregeln des WÜRV** zu (s. Rz. 126; generell gegen eine Berücksichtigung des WÜRV in diesem Zusammenhang *Ribes,* Intertax 2010, 21 (24ff.), die dem MA-Komm. gleichwohl erhebliche interpretatorische Bedeutung zuschreibt; differenzierend *Gómez-Ballina,* Relevance, S. 91 (107ff. und 115)). **125**

Die Kommentare sind allerdings keine „Urkunde[n], die von einer oder mehreren Vertragsparteien anlässlich des Vertragsabschlusses" i.S. des Art. 31 Abs. 2 Buchst. b WÜRV „abgefasst" wurden (zutreffend *Ault,* Intertax 1994, 144 (145) und Wassermeyer/*Wassermeyer,* Vor Art. 1 OECD-MA Rz. 41; vgl. auch *M. Lang,* in Gassner/Lang/Lechner, S. 11 (17f.); *K. Vogel,* BIFD 2000, 612 (614); *Ribes,* Intertax 2010, 21 (24); *Provodová,* Relevance, S. 139 (147)). Die Kommentare (sowie spätere Änderungen) sind ferner schwerlich (spätere) „Übereinkünfte" – zwischen den Vertragsstaaten des konkreten DBA – i.S. des Art. 31 Abs. 2 Buchst. a bzw. Abs. 3 Buchst. a WÜRV (vgl. auch *K. Vogel,* BIFD 2000, 612 (614); *Ault,* Intertax 1994, 144 (145), der zudem darauf hinweist, dass die OECD diesen Kommentaren keine Bindungswirkung zumisst; *Gosch,* ISR 2013, 87 (92); *M. Lang/Brugger,* (2008) 23 ATF 95 (104f.); *M. Lang,* in Gassner/Lang/Lechner, S. 11 (25f.); *ders.*, ÖStZ 2006, 203 (208); *ders.*, SWI 2011, 105 (110); *M. Schmitt,* Relevance, S. 117 (128); *Provodová,* Relevance, S. 139 (147); *Lampert,* in M. Lang/Pistone/Schuch/Staringer, Impact, S. 466 (470); *Oesterhelt,* ASA 80 (2011/2012), 373 (380); Wassermeyer/*Wassermeyer,* Vor Art. 1 OECD-MA Rz. 41; a.A. aber *Wichmann,* FR 2011, 1082 (1083f.)). Auch wenn man Letzteres annähme, wären die Kommentare für Gerichte und Steuerpflichtige nur beachtlich, wenn die innerstaatlichen Vor- **125a** aussetzungen für eine Vertragsänderung bzw. für eine Vertragsergänzung, in Deutschland nach Art. 59 Abs. 2 GG (s. Rz. 46 ff.), erfüllt würden, was aber in Bezug auf den MA-Komm. nicht der Fall ist (*M. Lang,* Einführung, S. 44 f.). Die Kommentare (sowie spätere Änderungen) sind auch **keine „spätere Übung"** i. S. des Art. 31 Abs. 3 Buchst. b WÜRV, sie könnten allenfalls dazu beitragen, dass sich eine solche Übung entwickelt (*M. Lang,* ÖStZ 2006, 203 (208 f.); zustimmend *Lampert* a. a. O.; so implizit auch *Provodová,* Relevance, S. 139 (148); *Oesterhelt,* a. a. O., 373 (381); vgl. auch *Avery Jones,* zitiert nach *Erasmus-Koen/Douma,* BIT 2007, 339 (348); *Broekhuijsen,* BIT 2013, 1, im Grundsatz a. A. allerdings noch *M. Lang,* Bedeutung des MA, S. 11 (26 ff.)).

125b Die Kommentare sind nach der hier vertretenen Auffassung auch **nicht „vorbereitende Arbeiten"** i. S. des Art. 32 WÜRV, da sich dieser lediglich auf die „Materialien" des Vertrags (s. oben Rz. 110) bezieht. Das zeigt ein Blick auf die ratio der Vorschrift, wie sie oben (Rz. 110) erläutert wurde. Anders als vorbereitende Arbeiten zu einem konkreten Vertrag sind das MA und der MA-Komm. allgemein bekannt, zumindest leicht zugänglich. Es gibt daher keinen Grund, sie wie die „vorbereitenden Arbeiten" i. S. des Art. 32 WÜRV zur Auslegung erst in zweiter Linie heranzuziehen (so auch *Ribes,* Intertax 2010, 21 (25); *Cleave,* in M. Lang/Pistone/Schuch/Staringer, Impact, S. 1101 (1113); *Oesterhelt,* ASA 80 (2011/2012), 373 (377; 390); vgl. außerdem *Prokisch,* SWI 1994, 52 (53)). Allerdings können ergänzende Auslegungsmittel i. S. des Art. 32 WÜRV auch andere als die dort aufgezählten sein – arg. „insbesondere" (so auch *Oesterhelt,* a. a. O., 373 (376 und 378)) – so dass der MA-Komm. (im Gegensatz zur hier vertretenen Auffassung) als von dieser Regelung miterfasst angesehen werden könnte (so *Mössner,* FS Seidl-Hohenveldern, 1988, S. 403 (411 f.); *ders.,* BIT 2010, 16 (18 f.); *Gosch,* ISR 2013, 87 (91); *ders.,* in J. Lüdicke, Vermeidung der Doppelbesteuerung und ihre Grenzen, S. 12 f.; *M. Lang/Brugger,* (2008) 23 ATF 95 (98) m. w. N.; *M. Lang,* in Gassner/Lang/Lechner, S. 11 (15 f.); *ders.,* ÖStZ 2006, 203 (205); *ders.,* IWB 2011, 281 (285); *ders.,* SWI 2011, 105 (111); *ders.,* FS Ward, S. 15 (26 f.); *ders.,* DStJG 36 (2013), S. 1 (18 ff.); *Sasseville,* FS Avery Jones, S. 37 (45 f.); *Boccardo,* Dual resident corporations, S. 115 (120); *Reimer,* ET 1999, 458 (468); *Gloria,* S. 90 f.; *High Court of Australia* v. 22.8.1990, Rs. Thiel v. FCT, 171 C. L. R. 338 (350), para 10: *DBA Australien/Schweiz;* sowie *Vaissière/de la Blétière,* in M. Lang/Pistone/Schuch/Staringer, Impact, S. 421 (426)). Allerdings stellt *Avery Jones* (BIFD 2002, 102 (102 f.)) die Frage, ob eine lediglich nachrangige Bedeutung der Kommentare von den Vertragsparteien gewünscht ist.

126 Für OECD-Mitgliedstaaten, die **musterkonforme DBA** abgeschlossen haben, kann jedoch nach zutreffender Auffassung von *Ault* (Intertax 1994, 144 (146 f.)), angenommen werden, dass diese Staaten den musterkonformen Bestimmungen, die Bedeutung beimessen, die sich aus dem MA und aus dem MA-Komm. ergibt (so auch Wassermeyer/*Wassermeyer,* Vor Art. 1 OECD-MA Rz. 34, 44, 51; s. a. unten Rz. 130). Diese Bedeutung kann man, wie *Prokisch* (SWI 1994, 52 (58 f.)), zutreffend dargelegt hat, als **„gewöhnliche Bedeutung"** der Ausdrücke des DBA i. S. des Art. 31 Abs. 1 WÜRV verstehen (zustimmend: *K. Vogel,* BIFD 2000, 612 (615); *ders.,* Soft Law, S. 145 (147); *Oberson,* Précis, S. 23; GKG/*Henkel,* Grundlagen 4 Rz. 44; vgl. ferner *M. Lang/Brugger,* (2008) 23 ATF 95 (99 f.); *M. Lang,* FS Ward, S. 15 (27 ff.); *M. Schmitt,* Relevance, S. 117 (126); wohl auch *Avery Jones,* BIFD 2002, 102 f.; sowie u. U. *Boccardo,* Dual resident corporations, S. 115 (120 f.)).

126a Alternativ kann man im Fall derartiger Übereinstimmung mit *Ault* (Intertax 1994, 144 (146 f.)) auch auf die **„besondere Bedeutung"** i. S. des Art. 31 Abs. 4 WÜRV abstellen (*Ault* folgend *Arnold* BIT 2010, 2 (13) und *Link,* S. 35 ff.; zustimmend auch *K. Vogel,* BIFD 2000, 612 (614 f.); vgl. ferner *Schaumburg,*

Rz. 16.76; Entscheidung der *Special Commissioners* v. 7.6.2005, Rs. UBS AG v. Commissioners for HMRC, 7 ITLR 893 (907), para 10: *DBA Großbritannien/Schweiz;* Entscheidung der *Special Commissioners* v. 19.2.2008, Rs. Trevor Smallwood Trust v. Commissioners for HMRC, 10 ITLR 574 (605), para 98: *DBA Großbritannien/Mauritius;* Entscheidung der *TC des UKFTT* v. 1.4.2010, Rs. FCE Bank plc v. Commissioners for HMRC, [2010] UKFTT 136 (TC), para 3: *DBA Großbritannien/USA; Cleave,* in M. Lang/Pistone/Schuch/Staringer, Impact, S. 1101 (1110); kritisch jedoch *Ribes,* Intertax 2010, 21 (25); *Gómez-Ballina,* Relevance, S. 91 (105)). Diese besondere Bedeutung ist dann für die Auslegung bindend (so auch *Schaumburg,* Rz. 16.76; ähnlich *M. Lang,* in Gassner/Lang/Lechner, S. 11 (19f.): „primär bei der historischen Auslegung zu berücksichtigen"; vgl. auch dort, S. 11 (22f. und 40); *ders.*, ÖStZ 2006, 203 (206 und 210); *ders.*, IWB 2011, 281 (285); *ders.*, SWI 2011, 105 (111); *Belamarik,* Specialties, S. 67 (82); *Boccardo,* Dual resident corporations, S. 115 (120); zweifelnd aber *Mössner,* BIT 2010, 16 (18)).

Im Ergebnis ist es unerheblich, ob man dem MA-Komm. Art. 31 Abs. 1 oder Abs. 4 WÜRV zuordnet oder ob man gar ganz allgemein – wie *Ward* (BIT 2006, 97 (99)) mit Bezug auf die Entscheidung des kanadischen *Supreme Court* v. 22.6.1995 (Rs. The Queen v. Crown Forest Industries, 95 DTC 5389 (5398): *DBA Kanada/USA*) – davon ausgeht, das MA und seine Kommentare bildeten den **„legal context"** des betreffenden Abkommens; entscheidend ist vielmehr, dass sie nach all diesen Auffassungen ein **Auslegungsmittel i. S. des Art. 31 WÜRV** und daher nicht bloß subsidiär zu berücksichtigen sind (*Oesterhelt,* ASA 80 (2011/2012), 373 (379); *Pohl,* RIW 2012, 677 (678f.)). **126b**

Kann der MA-Komm. demnach bei der Abkommensauslegung auch nach Maßgabe der Bestimmungen des WÜRV berücksichtigt werden, so ist damit noch keine Aussage darüber getroffen, wie er im Verhältnis zu anderen Auslegungskriterien zu gewichten ist. Das WÜRV äußert sich dazu nicht (*M. Lang,* ÖStZ 2006, 203 (206f.); *Sasseville,* FS Avery Jones, S. 37 (45ff.); vgl. auch bereits *M. Lang,* in Gassner/Lang/Lechner, S. 11 (20); s. ergänzend auch Rz. 109d). **126c**

d) Zeitliche Aspekte – „dynamische" Auslegung (zum Problem der statischen oder beweglichen Verweisung auf das innerstaatliche Recht s. u. Rz. 184ff.). Bei der Auslegung der Abkommen unter OECD-Mitgliedstaaten ist allerdings auch nach der hier vertretenen (o. Rz. 126ff.), auf Art. 31 Abs. 1 bzw. Abs. 4 WÜRV abstellenden Auffassung jeweils nur diejenige Fassung des MA-Komm. zu berücksichtigen, die **im Zeitpunkt des Vertragsschlusses** galt (*K. Vogel,* BIFD 2000, 612 (615); *ders.*, Soft Law, S. 145 (147); *Heger,* SWI 2011, 95 (100f.); *Gosch,* ISR 2013, 87 (92); *Roser,* Ubg 2013, 37 (41); *M. Lang/Brugger,* (2008) 23 ATF 95 (99f., 107); *M. Lang,* in Gassner/Lang/Lechner, S. 11 (24ff., 40f.); *ders.*, ÖStZ 2006, 203 (207ff.); *ders.*, FS Djanani, S. 495 (499); *ders.*, IStR 2011, 1 (6); *ders.*, IWB 2011, 281 (285f.); *ders.*, SWI 2011, 105 (109ff.); *ders.*, DStJG 36 (2013), S. 1 (18ff.); *ders.*, TNI 2014, 285; *ders.*, FS Torggler (2013) S. 713 (721ff.); *Schaumburg,* Rz. 16.77; *Schönfeld/Häck,* in SD, Systematik Rz. 98; GKG/*Henkel,* Grundlagen 4 Rz. 41; *Bernstein/Summerhill,* TNI March 2009, 985 (989); *M. Schmitt,* Relevance, S. 117 (137); *Vaissière/de la Blétière,* in M. Lang/Pistone/Schuch/Staringer, Impact, S. 421 (429); *Heurung/Seidel,* FS Djanani, S. 313 (349f.) im Zusammenhang mit der neuen Auslegung des Art. 23 A/B Abs. 1 MA bei Qualifikationskonflikten (für weitere Literaturnachweise hierzu s. unten Rz. 158d); *Hemmelrath/Kepper,* IStR 2013, 37 (39f.), sowie Art. 7 Rz. 14cff. im Zusammenhang mit den Änderungen des MA-Komm. i. R. d. AOA). Zu den für und gegen die Berücksichtigung späterer Fassungen des MA-Komm. sprechenden Argumenten s. *Avery Jones,* BIFD 2002, 102 (103f.). Ergänzend s. unten Rz. 127c. Die **grundsätzliche Unbeacht-** **127**

lichkeit späterer Fassungen des MA-Komm. wird vielfach in der Rechtsprechung (s. dazu *Pohl,* RIW 2012, 677 (678 ff.) vertreten (s. BFH v. 16.1.2014, I R 30/12, BFH/NV 2014, 789: *DBA Schweiz*; BFH BStBl. II 2011, 488 (490): *DBA Schweiz;* BFH BFHE 234, 63 (69): *DBA Ungarn 1977*; BFH BStBl. II 2012, 106 (109): *DBA Großbritannien 1964/1970* und BFH BStBl. II 1972, 281 (284): *DBA Italien 1925;* speziell zum Partnership Report s. BFH v. 11.12.2013, I R 4/13, BFH/NV 2014, 614 (615): *DBA Italien;* für die ausländische Rechtsprechung s. *ÖstVwGH* v. 31.7.1996, GZ: 92/13/0172, ÖStZB 1997, 235 (237): *DBA Österreich/Schweiz* (dazu *M. Lang,* SWI 1996, 427), *Tax Court of Canada* v. 25.8.1997, Rs. Specialty Manufacturing Ltd. v. The Queen, 97 DTC 1511: *DBA Kanada/USA,* und *United States Court of Federal Claims* v. 7.7.1999, Rs. National Westminster Bank PLC v. US I, 44 Federal Claims Reporter 120: *DBA USA/Großbritannien;* so im Ausgangspunkt auch *Federal Court of Australia* v. 4.3.1997, Rs. Lamesa Holdings BV v. FCT, 35 ATR 239 (1997): *DBA Australien/Niederlande, US Tax Court* v. 2.5.1995, Rs. The Taisei Fire and Marine Insurance Co. v. CIR, 104 Tax Court 535 (550): *DBA USA/Japan, EWHC Chancery Division* v. 17.4.1984, Rs. Sun Life Assurance Co. of Canada v. Pearson (Inspector of Taxes), [1984] STC 461 (513) und der kanadische *Federal Court of Appeal* v. 19.10.1998, Rs. Cudd Pressure Control v. The Queen, 98 DTC 6630 (6638): *DBA Kanada/USA* (zu den Besonderheiten in diesem Fall s. unten Rz. 127b a. E.)).

127a **Abweichend davon** spricht sich vor allem der Rat der **OECD** in Tz. I. 3. seiner *Recommendation concerning the Model Tax Convention on Income and on Capital* v. 23.10.1997 für eine **„dynamische"** Auslegung aus, d. h. für eine Auslegung, die den MA-Komm. immer in seiner jeweils gültigen Fassung zugrunde legt, was u. U. zu einer faktischen Rückwirkung führt. (s. auch Ziff. 3, 33 und 35 f. der Einl. des MA-Komm.). Dem folgt die österreichische Finanzverwaltung (s. ÖstBMF v. 27.10.1995, GZ: Z 040610/286-IV/4/95, AöFV 284/1995; a. A. aber *M. Lang,* IStR 2001, 536 (538 f.); *ders.*, ÖStZ 2006, 203 (207 f.); kritisch *Lampert,* in M. Lang/Pistone/Schuch/Staringer, Impact, S. 466 (470); differenzierend *Ribes,* Intertax 2010, 21 (25 ff.)). Soweit ersichtlich, hat bisher noch kein Mitgliedstaat Vorbehalte gegen die Auffassung des Rates der OECD angemeldet (dazu *Engelen,* zitiert nach *Erasmus-Koen/Douma,* BIT 2007, 339 (345)). Auch zahlreiche Stimmen im **Schrifttum** befürworten eine **„dynamische"** Auslegung im vorgenannten Sinne (s. z. B. *Wichmann,* FR 2011, 1082 (1084); *ders.*, Entwicklungstendenzen, S. 104 f.; *Thiel,* FS Herzig, S. 1023 (1030 ff.); *Sasseville,* FS Avery Jones, S. 37 (46 ff.); *Czakert,* IStR 2012, 703 (705); sowie eingeschränkt auch *Reimer,* ET 1999, 458 (468 f.); *Llauger Boix,* Conflicts of qualification, S. 439 (454); *Pistone,* in M. Lang/Pistone/Schuch/Staringer, Impact, S. 1 (6 f.); *Lampert,* IStR 2013, 513 (516 ff.); s. ferner *Belamarik,* Specialties, S. 67 (82), mit dem Argument, die OECD-Mitgliedstaaten hätten das Recht, Vorbehalte zu machen: machten sie von diesem Recht nicht Gebrauch, sei offenkundig, dass sie die Änderung erkennen und akzeptieren). Darüber hinaus wird eine **„dynamische"** Auslegung grundsätzlich auch in der **Rechtsprechung** befürwortet. So heißt es im Urteil des kanadischen *Federal Court of Appeal* v. 26.2.2009 (Rs. The Queen v. Prévost Car Inc., 2009 DTC 5053, para 10, 11 and 12) zum *DBA Kanada/Niederlande:* „[…] have made the Commentaries on the provisions of the OECD Model a widely-accepted guide to the interpretation and application of the provisions of existing bilateral conventions"; „The same may be said with respect to later commentaries, when they represent a fair interpretation of the words of the Model Convention and do not conflict with Commentaries in existence at the time a specific treaty was entered […]"; „the OECD 2003 Amendments to the 1977 Commentary are a helpful complement to the earlier Commentaries, insofar as they are eliciting, rather than contradicting, views previously expressed" (zustimmend *Kandev/Wiener,* TNI

May 2009, 667 (670 f.); kritisch aber vor allem *Morris,* CTJ 2009, 307 (311 ff.)). Auch der BFH (BStBl. II 2012, 548 (550)) zieht in einer Entscheidung zur Dauer des 183-Tage-Aufenthalts gemäß Art. 13 Abs. 4 Nr. 1 *DBA Frankreich,* ohne dies jedoch ausdrücklich zu sagen, eine „dynamische" Auslegung des MA-Komm. jedenfalls für das „Verständnis" eines Abkommensartikels zu Rate, der etwa zwei Jahre vor der entsprechenden Kommentierung im MA-Komm. geändert wurde, und rekurriert dabei auf die seines Erachtens insoweit gegebene „zeitliche[...] Nähe". In BFH (BStBl. II 1997, 15 (17)) zieht der BFH eine erst 1992 in den MA-Komm. aufgenommene Regelung zu Art. 15 MA zur Auslegung des *DBA Niederlande 1959* heran, weil die streitgegenständliche Abkommensnorm auf den 1956 begonnenen Arbeiten des Steuerausschusses der OECD aufbaue und der MA-Komm. i. d. F. seit 1992 die Vorstellungen ausdrücke, die die Mitgliedstaaten der OECD von Anfang an mit der dazugehörigen Vorschrift des MA verbanden. BFH BStBl. II 2002, 410 (411 f.) überträgt eine Rechtsprechung zum *DBA Großbritannien 1964/1970,* die sich lediglich zusätzlich zu dem auf Basis des Abkommens selbst gefundenen Ergebnis auf eine zwischenzeitliche Entwicklung der abkommensrechtlichen Auslegung von Art. 17 MA samt dazugehörigem, im Jahr 1992 entsprechend geänderten MA-Komm. stützte (BFH BStBl. II 1997, 679), auf die *DBA Österreich 1954* und *Niederlande 1959,* ohne jedoch die Problematik anzusprechen, inwieweit ein Rückgriff auf den MA-Komm. i. d. F. von 1992 für Abkommen, die vor dem ersten MA von 1963 abgeschlossen wurden, zulässig ist. Das im Urteil nur versteckt anklingende Argument, eine inhaltliche Änderung des MA werde durch die Änderungen im MA-Komm. von 1992 nicht bewirkt (hierzu s. a. u. Rz. 129 f.), kann für solche DBA nicht eingreifen. Eine „dynamische" Auslegung favorisiert wohl auch das *SchweizBG* (v. 6.5.2008, 2C 276/2007/zga, Erwägung 5.3), indem es nicht in zeitlicher Hinsicht differenziert (dagegen allerdings *M. Lang,* FS Djanani, S. 495 (497 und 499) und *Oesterhelt,* ASA 80 (2011/2012), 373 (380 und 390 ff.); für eine eingehende Analyse der Entwicklung in der Rechtsprechung des *SchweizBG* s. *Oesterhelt,* a. a. O., 373 (385 ff.), der zusehends eine „dynamische" Auslegung durch das Gericht ausmacht). Schließlich wurde im Urteil der *Special Commissioners* v. 19.2.2008 (Rs. Trevor Smallwood Trust v. Commissioners for HMRC, 10 ITLR 574 (606), para 99: *DBA Großbritannien/Mauritius*), festgehalten: „The safer option is to read the later commentary and then decide in the light of its content what weight should be given to it".

Insgesamt ist festzuhalten, dass späteren Fassungen des MA-Komm. ungeachtet der Problematik ihrer Verbindlichkeit zumindest ein erklärender, wenn auch nicht sehr hoher Wert für die Auslegung früher abgeschlossener Abkommen zwischen OECD-Mitgliedstaaten zugeschrieben wird (so auch *Innamorato,* Intertax 2008, 98 (109 f.); sowie *M. Schmitt,* Relevance, S. 117 (126 f., 130 und 132); s. auch dort, S. 117 (132 ff.) für einen Überblick über die diesbezüglich in verschiedenen Ländern vertretenen Standpunkte). Daher zieht wohl auch der BFH in BStBl. II 1999, 207 (208) zum *DBA Schweiz* eine „Klarstellung" durch eine spätere Fassung des MA-Komm. heran, um seine Auslegung zu stützen (ähnlich auch BFH BStBl. II 1997, 679 (680): *DBA Großbritannien 1964/1970*). Der kanadische *Federal Court of Appeal* v. 19.10.1998 (Rs. Cudd Pressure Control v. The Queen, 98 DTC 6630 (6638)) zieht mit Vorsicht sogar den MA-Komm. 1977 auf das *DBA Kanada/USA* von 1942 hinzu: „In particular, they cannot be used to determine the intent of the drafters of the 1942 Convention. However, although the wording and arrangement of the provisions are significantly different in the two conventions, the 1942 Convention follows the same general principles as the OECD model. The OECD Commentaries, therefore, can provide some assistance in discerning the „legal context" surrounding double taxation conventions at international law". Wesentlich restriktiver aber *M. Lang,* ÖStZ 2006, 203 (209 f.). **127b**

127c Leitet man jedoch mit der hier vertretenen Auffassung (o. Rz. 126f.) die Bedeutung des MA-Komm. aus Art. 31 Abs. 1 WÜRV ab, so ist das in Rz. 127 Dargelegte schon deshalb zwingend, weil nur der im Zeitpunkt des Vertragsschlusses schon vorhandene Kommentar die Wortwahl der Parteien bestimmen konnte (*Ault,* Intertax 1994, 144 (147f.); übereinstimmend: Wassermeyer/*Wassermeyer,* Vor Art. 1 OECD-MA, Rz. 60; *de Broe u. a.,* BIFD 2000 S. 503 (510); *M. Lang,* in Gassner/Lang/Lechner, S. 11 (30ff.); *ders.,* SWI 1995, 412; *ders.,* Intertax 1997, 7; *Link,* S. 38; *Martín Jiménez,* BIFD 2004 S. 17 (28); *Oberson,* Précis, S. 23; *Rohatgi,* Basic, vol. I, S. 46; *Schaumburg,* Rz. 16.76f.; *K. Vogel,* SWI 2000, 103 (109); Entscheidung der *Special Commissioners* v. 19.2.2008, Rs. Trevor Smallwood Trust v. Commissioners for HMRC, 10 ITLR 574 (606), para 99: *DBA Großbritannien/Mauritius;* Entscheidung der *TC des UKFTT* v. 1.4.2010, Rs. FCE Bank plc v. Commissioners for HMRC, [2010] UKFTT 136 (TC), para 30: *DBA Großbritannien/USA; Lampert,* in *M. Lang/Pistone/Schuch/Staringer,* Impact, S. 466 (469); *Oesterhelt,* ASA 80 (2011/2012), 373 (380 und 390); *Hemmelrath/Kepper,* IStR 2013, 37 (39f.); i. Erg. so auch *Ward,* BIT 2006, 97 (101), wenn auch darauf abstellend, dass spätere Fassungen des MA-Komm. nicht zum „legal context" des betreffenden Abkommens gehören; abweichend *Strunk/Kaminski* in SKK, Einf. Rz. 44).

127d Diese Überlegungen werden **durch häufige Änderungen** des OECD-MA und noch mehr seines Kommentars (kritisch auch *M. Lang/Brugger,* (2008) 23 ATF 95 (107f.); *Innamorato,* Intertax 2008, 98 (113f.); *Waldhoff,* StbJB 2005/2006, S. 161 (162f.)) sowie durch die im Hinblick hierauf defizitäre **Veröffentlichungspraxis** der OECD **gestützt** (zustimmend *Ribes,* Intertax 2010, 21 (25)). Entgegen berechtigter Erwartungen hat die OECD kein Amtsblatt, in dem ihre Beschlüsse veröffentlicht werden. Außerdem sind Änderungen des MA und des MA-Komm., die seit 2010 nicht mehr in einer Loseblattsammlung, sondern in fest broschierten Büchern veröffentlicht werden, in gedruckter Fassung nur mit zeitlicher Verzögerung verfügbar. In Zeiten der (zeitnahen) Abrufbarkeit der entsprechenden Veränderungen auf der Internetseite der OECD erscheinen diese praktischen Aspekte jedoch immer weniger eine Rolle zu spielen. Gleichwohl wird nach wie vor gewisse Zeit vergehen müssen (s. unten Rz. 131), bis eine neue Auslegung die Qualität einer „gewöhnlichen Bedeutung" i. S. des Art. 31 Abs. 1 WÜRV erlangen kann (s. *K. Vogel,* BIFD 2000, 612 (615f.)).

128 **e) Sonderfälle.** Verpflichtet eine **Abkommensvorschrift** die Vertragsparteien ausnahmsweise, das betreffende Abkommen nach Maßgabe des MA-Komm. auszulegen (für Beispiele s. oben Rz. 124b), so kann auch das unmittelbar nur auf den zur Zeit der Vereinbarung geltenden MA-Komm. bezogen werden. Bei einer ausdrücklichen Bestimmung eines Abkommens, wonach die **jeweils geltende** Fassung des MA-Komm. maßgebend sein soll (so z. B. das zweite Protokoll zum *DBA Österreich-Mazedonien,* vgl. *Belamarik,* Specialties, S. 67 (82f.)), ist zu prüfen, inwieweit das nationale Verfassungsrecht der Vertragsstaaten derartige „dynamische" Verweisungen gestattet. Sie wären faktisch eine Ermächtigung an ein **außerstaatliches Organ** – den OECD-Steuerausschuss – zu **innerstaatlich verbindlichen Vorgaben für die Rechtsanwendung.** Dies dürfte nur in den wenigsten Staaten verfassungsrechtlich zulässig sein (vgl. auch *K. Vogel,* Soft Law, S. 145 (146)). **Verfassungsrechtlich** besonders problematisch wäre eine solche „dynamische" Auslegung in der Form, dass auch ohne Verweisung im vorgenannten Sinne stets die gegenwärtige Fassung des MA-Komm. Anwendung finden soll. In diesem Fall könnte die Finanzverwaltung am Gesetzgeber vorbei und damit in den sensiblen Bereichen des Grundsatzes der Gewaltenteilung und des Gesetzesvorbehalts auf die bestehenden Abkommen und damit auf die innerstaatlich anwendbaren Steuergesetze Einfluss nehmen. Die Gefahr verfassungsrechtlich unzulässiger Rückwirkung besteht allerdings nur für Sachverhalte, die bereits verwirklicht worden sind (anders *Grotherr,* IWB 2008, Fach 3, Gr. 1, 2309 (2325); vgl. auch *M. Lang,* ÖStZ 2006, 203 (210); *Innamorato,* Intertax 2008, 98 (109); *Lampert,* in M. Lang/Pistone/Schuch/Staringer, Impact, S. 466 (470 f.)). – Zur verfassungsrechtlichen Problematik dynamischer oder statischer Verweisungen des Abkommens selbst auf die jeweils im konkreten Anwendungszeitpunkt oder im Zeitpunkt des Inkrafttretens des Abkommens geltende Gesetzeslage im innerstaatlichen Recht der Vertragsstaaten s. u. Rz. 188; Art. 30/31 Rz. 10, 16, 20 f.

f) Bloße Klarstellungen. Zahlreiche Änderungen und Ergänzungen des MA und des MA-Komm., die seit 1977 erfolgt sind, sollen laut Aussage der OECD allerdings **nur klarstellen,** was nach Meinung des Steuerausschusses bereits aufgrund der früheren MA-Fassung galt (vgl. MA-Komm., Introduction, Ziff. 35 f.). Der Bericht des Ausschusses zum MA 1977 drückt daher in Ziff. 30 die **Erwartung** aus, dass die Staaten diese Klarstellungen auch bereits bei der Anwendung ihrer geltenden Abkommen berücksichtigen, „gegebenenfalls nach vorheriger ausdrücklicher Verständigung". In der Einleitung zum MA 2010 hat der Ausschuss diese Auffassung in Ziff. 34 noch einmal bestätigt. Als Ansichten der Experten des Steuerausschusses darüber, wie die frühere Fassung des MA oder des MA-Komm. zu verstehen sei, können solche „Klarstellungen" „besonderes Gewicht beanspruchen" (*EWHC Chancery Division* v. 17.4.1984, Rs. Sun Life Assurance Co. of Canada v. Pearson (Inspector of Taxes), [1984] STC 461 (513)). Sie haben allerdings kein größeres Gewicht als die Äußerungen anderer, ebenso qualifizierter Experten (das *ATO,* TR 2001/13, para 108, empfiehlt gleichwohl ihre Berücksichtigung „as a matter of practice"). Stets bleiben sie überdies **nachträgliche** Äußerungen, die nicht schon in das frühere Abkommen eingegangen sind (*Reimer,* ET 1999, 458 (469), spricht von einem „limited and somewhat soft retroactive effect"). **Binden können sie** die Abkommensauslegung daher **nicht;** sie befreien somit den Auslegenden nicht von der Prüfung, inwieweit die Neufassung wirklich nur klarstellt, was schon früher die richtige Aussage des MA war bzw. sein sollte (vgl. auch *M. Lang,* ÖStZ 2006, 203 (209); *ders.,* IWB 2011, 281 (286); *ders.,* SWI 2011, 105 (110 f.); *Schönfeld/Häck,* in SD, Systematik Rz. 97 f.), und inwieweit sie in Wahrheit das MA tatsächlich fortbilden wollen (der *US Tax Court* ging für eine solche Prüfung bis auf den Bericht des Völkerbunds-Steuerausschusses von 1928 zurück und befand, dass dieser die geänderte Fassung des MA-Komm. bestätigt: *US Tax Court* v. 2.5.1995, Rs. The Taisei Fire and Marine Insurance Co. v. CIR, 104 Tax Court 535: *DBA USA/Japan*). „Echte" Klarstellungen im MA-Komm. verändern die Bedeutung des MA in seiner bei Abschluss eines DBA gültigen Fassung inhaltlich nicht und können daher nur als (unverbindliche) Auslegungshilfen Berücksichtigung finden (so i. Erg. *Ward,* BIT 2006, 97 (101 f.); vgl. im Grundsatz auch *Mössner,* Steuerrecht, Rz. 1.175). Dabei handelt es sich aber streng genommen nicht um eine dynamische Auslegung des Abkommens nach der jeweils gültigen Fassung des MA-Komm. (so auch Wassermeyer/*Wassermeyer,* Vor Art. 1 OECD-MA Rz. 60; anders: *Mössner,* Steuerrecht, Rz. 1.175; ähnlich: *M. Lang,* IWB 2011, 281 (286), der eine solch klarstellende Kommentarfassung für überflüssig hält, weil sie dann einem Fachaufsatz ähnelt, der den Inhalt einer Regelung lediglich zutreffend beschreibt, dem jedoch selber keine normative Bedeutung zukommt). 129

Manche Änderungen des MA oder MA-Komm. sollen ohnehin nur den Text **sprachlich verbessern,** etwa die englische und französische Fassung aneinander angleichen. Vor allem 1995 sind viele Änderungen allein aus diesem Grunde vorgenommen worden. Nicht jede Änderung des Textes muss also rechtlich bedeutsam sein. Die Grenzen sind gleichwohl fließend (so auch *Innamorato,* Intertax 2008, 98 (123)). Eine genaue Prüfung im Einzelfall ist unabdingbar. 129a

130 **g) Folgerungen.** Für die Auslegung von Doppelbesteuerungsabkommen **unter OECD-Staaten** kann festgehalten werden:

(1) Ist ein eingebürgerter Text des MA unverändert übernommen bzw. lediglich in die Landessprache übersetzt worden, so ist grundsätzlich davon auszugehen, dass die Vertragsstaaten der Empfehlung des Rates nachkommen wollten (vgl. auch *M. Lang/Brugger,* (2008) 23 ATF 95 (100 und 107); *M. Lang,* IWB 2011, 281 (285); *Lampert,* in M. Lang/Pistone/Schuch/Staringer, Impact, S. 466 (469); *Oesterhelt,* ASA 80 (2011/2012), 373 (378 und 393); *Ward,* BIT 2006, 97 (99); Wassermeyer/*Wassermeyer,* Vor Art. 1 OECD-MA Rz. 34, 44, 51; *Schaumburg,* Rz. 16.75; das ÖstBMF v. 27.10.1995, GZ: Z 04 0610/286-IV/4/95, AöFV 284/1995; *ÖstVwGH* v. 31.7.1996, GZ: 92/13/0172, ÖStZB 1997, 235 (237): *DBA Österreich/Schweiz;* sowie *HMRC,* INTM152070). Das bedeutet, dass für die Auslegung neben dem Vertragstext des Abkommens – je nach der maßgeblichen Sprachfassung (dazu o. Rz. 111 ff.) – auch das Modell in seinen beiden authentischen Fassungen (d. h. Englisch und Französisch; s. Rz. 124a) herangezogen werden sollte (so auch *M. Lang,* IStR 2011, 403 (406 ff.), Wassermeyer/*Wassermeyer,* Vor Art. 1 OECD-MA Rz. 51 und *Link,* S. 40 f.; vgl. ferner den BFH BStBl. II 2012, 548 (550)); ebenso eine zur Zeit des Abkommensabschlusses bereits seit längerer Zeit vorliegende Erläuterung durch einen MA-Komm. (vgl. auch Urteil der *Special Commissioners* v. 19.2.2008, Rs. Trevor Smallwood Trust v. Commissioners for HMRC, 10 ITLR 574 (605): *DBA Großbritannien/Mauritius,* sowie *SchweizBVGer* v. 21.1.2010, Az. A 7789/2009, BVGE 2010/7, S. 85 (99), Erwägung 3.6.2: „zentrale Bedeutung"). Bislang hat der Rat der OECD allerdings noch keine Empfehlung an die Mitgliedstaaten ausgesprochen, in ihren Abkommen zum Ausdruck zu bringen, dass Abkommensbestimmungen, die Vorschriften des OECD-MA entsprechen, i. S. einer autonomen Auslegung (s. o. Rz. 96a, 113a ff.) in Übereinstimmung mit der Auslegung durch den MA-Komm. auszulegen und anzuwenden seien (zu derartigen Aussagen in einigen österreichischen Abkommen s. oben Rz. 124b). Selbstverständlich kann ein MA-Komm. aber nicht gegenüber OECD-Staaten herangezogen werden, die ihre vom Kommentar abweichende Auffassung durch einen Vorbehalt zum Ausdruck gebracht haben (so auch der kanadische *Federal Court of Appeal* v. 26.2.2009, Rs. Prévost Car Inc. v. The Queen, 2009 DTC 5053, para 11: *DBA Kanada/Niederlande* und mit Bezug hierauf auch *Tax Court of Canada* v. 8.4.2010, Rs. TD Securities (USA) LLC v. The Queen, 2010 TCC 186, para 59 and 77: *DBA Kanada/USA; Ribes,* Intertax 2010, 21 (23); für einen Kurzüberblick über die Auffassung des italienischen *Corte di Cassazione* s. nur *Favi/Parolini,* BIT 2010, 429 (433); für Österreich s. *Steininger,* in M. Lang/Pistone/Schuch/Staringer, Impact, S. 110 (111); z. T. a. A. jedoch *M. Lang/Brugger,* (2008) 23 ATF 95 (101); *M. Lang,* in Gassner/Lang/Lechner, S. 11 (20 f.); *ders.*, ÖStZ 2006, 203 (206 f.); *ders.*, FS Ward, S. 15 (29)).

131 (2) Beruht der einschlägige Text des MA oder des MA-Komm. auf einer **Änderung,** die **noch nicht längere Zeit zurückliegt,** so kommt es darauf an, ob die **Gründe** für die Änderung überzeugen können. Als Frist, nach deren Ablauf eine neue Auslegung als in der Fachwelt „eingebürgert" anzusehen ist, sei hier ein Zeitraum von **zehn Jahren** vorgeschlagen (s. auch o. Rz. 127d; sowie *K. Vogel,* BIFD 2000, 612 (616); *ders.*, Soft Law, S. 145 (148); dieser vorsichtigen Sichtweise zustimmend *Lampert,* in M. Lang/Pistone/Schuch/Staringer, Impact, S. 466 (469)).

132 (3) Wurde eine Bestimmung des MA **nicht wörtlich** übernommen bzw. nicht lediglich in die Landessprache übersetzt, aber eine Formulierung gewählt, die eine Auslegung im Sinne des MA gestattet, oder wurde die Bestimmung zwar wörtlich übernommen bzw. übersetzt, legt aber **eine andere,** vom MA abweichende Vor-

schrift, eine veränderte Auslegung auch der dem MA entsprechenden Regelung nahe, so spricht immer noch eine starke **Vermutung** für eine Auslegung im Sinne des MA (ähnlich: Wassermeyer/*Wassermeyer,* Vor Art. 1 OECD-MA Rz. 51; restriktiver: *M. Lang/Brugger,* (2008) 23 ATF 95 (100)).

(4) Erst soweit **beides zusammenkommt,** d.h. eine Abweichung im Wortlaut und ein Zusammenhang, der eine gegenüber dem MA veränderte Auslegung nahelegt, können das MA und ein MA-Komm. nicht mehr als Hinweis für die Auslegung der betreffenden Vorschrift herangezogen werden (so z.B. BFH BStBl. II 1992, 645 (646) zur Frage der Gestattung von Spontanauskünften nach Art. XVI *DBA USA 1954/65;* vgl. Wassermeyer/*Wassermeyer,* Vor Art. 1 OECD-MA Rz. 51). **133**

h) Bedeutung für Nicht-OECD-Staaten. Geringer, wenn auch nicht ganz von der Hand zu weisen, ist dagegen die Bedeutung des OECD-MA für Verträge mit oder unter **Nicht-OECD-Staaten.** Dass die Vertragspartner eine Bestimmung i.S. des OECD-MA übernehmen wollten, wird man in diesen Fällen nur dann ohne weiteres anzunehmen haben, wenn die Vorschrift mit dem OECD-MA wörtlich übereinstimmt und ihr Zusammenhang keine abweichende Auslegung nahelegt. Insoweit ist relevant, dass auch Nicht-OECD-Staaten ihre Position zu bestimmten Artikeln des MA bzw. des MA-Komm. zum Ausdruck bringen können (vgl. auch Urteil der *Special Commissioners* v. 19.2.2008, Rs. Trevor Smallwood Trust v. Commissioners for HMRC, 10 ITLR 574 (605), para 98: *DBA Großbritannien/Mauritius*). Welche Bedeutung dem MA-Komm. beizulegen ist, wird man auch in einem solchen Fall nicht generell sagen können, sondern nach den Umständen des Einzelfalls bestimmen müssen (s. *Rohatgi,* Basic, vol. I, S. 43: „persuasive factor"; anders wohl z.B. *Belamarik,* Specialties, S. 67 (82), der davon ausgeht, dass ein Nicht-OECD-Staat, wenn er mit einer Auslegung durch den Kommentar nicht konform geht, dies im betreffenden Abkommen selbst (oder in den Protokollen, Anhängen oder sonstigen öffentlichen Dokumenten) deutlich machen sollte; ähnlich Wassermeyer/*Wassermeyer,* Vor Art. 1 OECD-MA Rz. 54; pauschaler wohl auch *Ribes,* Intertax 2010, 21 (23)). **134**

i) Abkommen mit Entwicklungsländern. Bei neueren Abkommen mit Entwicklungsländern müssen auch das **UN-MA** und sein offizieller **Kommentar** (in der Fassung 2011: E/C.18/2011/3, in der Fassung 2001: ST/ESA/PAD/SER.E/21, beide verfügbar bei www.un.org; in der Fassung 1980: ST/ESA/102) berücksichtigt werden. Nach Auffassung von *M. Lang* (FS Ward, S. 15 (29f.) und *ders.,* IStR 2011, 403 (409)), sind im Fall eines auf dem UN-MA beruhenden Abkommens vor allem die englische und die französische Sprachfassungen zu konsultieren, soweit das UN-MA dem OECD-MA nachgebildet ist, aber auch die arabische, die chinesische, die russische und die spanische Sprachfassung als ggf. authentische Fassungen des UN-MA. Nachdem das UN-MA auf dem OECD-MA aufbaut (s. UN Model 2001, Introduction, paras 9 and 37), ist es bei der Auslegung entsprechender DBA angezeigt, i.Erg. beide Modelle zu berücksichtigen (s. auch *Ribes,* Intertax 2010, 21 (23)). Nach Meinung des UN-Expertenkomitees (zitiert nach *Bayer,* SWI 2011, 539 (539); vgl. auch Report der 6. Sitzung des Committee of Experts on International Cooperation in Tax Matters, E/2010/45-E/CN.18/2010/7, para 13, 14) bedeuten aber auch Lücken bei der Wiedergabe des OECD-Kommentars nicht zwangsläufig, dass der entsprechende Teil abgelehnt wird, sondern lediglich, dass er nicht als wesentlich erachtet wurde. Insoweit ist bedeutsam, dass in den UN-Komm. keine Vorbehalte und Bemerkungen aufgenommen werden können (*Arnold,* BIT 2011, 118 (119f.); vgl. auch Note by the Secretariat of the Committee of Experts on International Cooperation in Tax Mat- **134a**

ters v. 17.8.2011 im Hinblick auf Vorbehalte und Bemerkungen bzgl. des UN-MA, Az. E/C.18/2011/4).

4. Auslegungsvereinbarungen und Erläuterungen von Verwaltungsexperten

135 **Literatur:** *Arnold,* BIT 2010, 494; *Avery Jones,* EC Tax Rev. 1999, 4; *Belamarik,* in Schilcher/Weninger, Fundamental Issues and Practical Problems in Tax Treaty Interpretation (2008), S. 67; *Bernhardt,* in FS Rudolf (2001), S. 15; *Cottier/Matteotti,* ASA 78 (2009/2010), 349; *Delaney,* TPIR September 2011, 4; *Drüen,* IWB 2011, 360; *Heger,* SWI 2011, 95; *Hummel,* IStR 2011, 397; *Ismer,* IStR 2009, 366; *M. Lang,* RIW 1992, 573; *ders.,* DStJG 36 (2013), S. 1 (11 ff.); *Lehner,* IStR 2011, 733; *Neyer/Schlepper,* FR 2011, 648; *Pohl,* RIW 2012, 677 (680); *Reinhold/Harrington,* TNI June 2008 2009, 923; *K. Vogel,* BIFD 2000, 612.

135a Die Vertragsstaaten haben die Möglichkeit, im Rahmen einer autonomen Auslegung (s. o. Rz. 96a, 113a ff.) eine Vereinbarung zu treffen, in der sie eine bestimmte **authentische Auslegung** des betreffenden Doppelbesteuerungsabkommens (zum Begriff der authentischen Auslegung s. Rz. 109c) festlegen. Insoweit sind die Vertragsstaaten als „Herren des Vertrags" grundsätzlich frei, sich im Hinblick auf die Auslegung eines völkerrechtlichen Vertrages von dem zu trennen, was zur Zeit des Vertragsschlusses ihre gemeinsame Überzeugung war (*Bernhardt,* FS Rudolf, S. 15 (17)). Da das Völkerrecht insoweit keine bestimmte Form verlangt, genügt für eine **Auslegungsvereinbarung** jede Art der Einigung, die einen Bindungswillen der Vertragspartner zum Ausdruck bringt (vgl. BVerfG BVerfGE 86, 286 (359)). Auch Auslegungsvereinbarungen im Verständigungs- und im Konsultationsverfahren nach Art. 25 MA (s. dort Rz. 86 f., 154) können derartige Regelungen enthalten. Auch insoweit kann von authentischer Auslegung (durch beauftragte Organe) gesprochen werden (vgl. *Karl,* in Schreuer, Autorität, S. 9 (11)). Verständigungs- bzw. Konsultationsvereinbarungen, die im Verhältnis zu Drittstaaten getroffen werden, binden allerdings grds. nicht im Verhältnis zu anderen Vertragsstaaten (zutreffend FG Köln v. 25.2.2014, 8 K 2555/11, EFG 2014, 114 (116 f.): *DBA Italien* sowie Art. 25 Rz. 3, 73); nichts anderes folgt aus dem Gebot der Entscheidungsharmonie (s. o. Rz. 114 ff.; FG Köln a. a. O.; Art. 25 Rz. 89, 100 ff.). Unabdingbare Voraussetzung ist allerdings, dass die zuständigen Behörden nach dem jeweiligen innerstaatlichen **(Verfassungs)recht** der Vertragsstaaten zum Abschluss völkerrechtlich bindender Vereinbarungen ermächtigt sind (s. Rz. 136 f.), weil in der verbindlichen Festlegung einer (authentischen) Auslegung eine eigenständige Regelung liegt. Durch eine im gegenseitigen Einverständnis geübte **Praxis** kann eine solche Vereinbarung unter dieser Voraussetzung auch stillschweigend zustande kommen. In diesen Fällen und unter den genannten Voraussetzungen sind neben den Vertragsstaaten selber (aufgrund der Bindung durch einen wirksamen völkerrechtlichen Vertrag) auch die innerstaatlichen Behörden gebunden, soweit nicht Gerichte des betreffenden Staates anders entscheiden (zu den verschiedenen Ebenen der Bindung bei Auslegungsvereinbarungen s. Wassermeyer/*Eilers,* Art. 25 OECD-MA, Rz. 62; zur Frage einer weiter reichenden Bindungswirkung s. Rz. 136 ff.).

136 **a) Verfassungsrechtliche Anforderungen.** Ob und unter welchen besonderen Voraussetzungen Auslegungsvereinbarungen **innerstaatlich für andere Rechtsanwendungsorgane verbindlich** sein können, also auch von den Gerichten beachtet werden müssen, richtet sich in der Regel nach dem **Verfassungsrecht** des jeweiligen Vertragsstaats (*Avery Jones,* EC Tax Rev. 1999, 4; vgl. auch *Heger,* SWI 2011, 95 (96 f.); *Belamarik,* Specialties, S. 67 (84); *M. Lang,* IWB 2011, 281 (283 f.)). Nach dem Verfassungsrecht der Bundesrepublik Deutschland stimmt

der Gesetzgeber einem völkerrechtlichen Vertrag in Kenntnis der Bedeutung von Präambeln und Zielvorgaben dieses Vertrages zu (s. Rz. 46ff., 53f.). „Eine – interpretative – Fortbildung des Vertragsrechts durch sogenannte authentische Interpretation und eine sich auf dieser Grundlage entfaltende oder jene Rechtsfortbildung erst bewirkende Vertragspraxis stützt sich mithin auf den bestehenden Vertrag und ist deshalb vom Zustimmungsgesetz nach Art. 59 Abs. 2 Satz 1 GG gedeckt" (BVerfGE 90, 286 (362); vgl. auch BVerfGE 104, 151 (199ff.)). Sind nach dem jeweiligen Verfassungsrecht völkerrechtliche Abkommen ohne besondere Umsetzung innerstaatlich verpflichtend, so gilt dies auch für Auslegungsvereinbarungen und ggf. für eine verbindlich gewordene Auslegungspraxis. Die zuständigen Behörden könnten dann als durch eine dem Art. 25 Abs. 3 MA entsprechende Vorschrift des Abkommens ermächtigt angesehen werden, solche verbindlichen Auslegungsvereinbarungen abzuschließen (Art. 25 Abs. 4 MA; Ziff. 4 MA-Komm. zu Art. 25 MA; s. a. Art. 25 Rz. 181). Denkbar ist auch, dass zwar die Verfassung eine Umsetzung der Vereinbarung in innerstaatliches Recht voraussetzt, die zuständigen Behörden aber nicht nur als zum Abschluss, sondern auch zur Umsetzung von Auslegungsvereinbarungen ermächtigt gelten. Entsprechend hat der norwegische *Høyesterett* (Rt. 1992, 1401 (1413)), eine Auslegungsvereinbarung für verbindlich erklärt (vgl. *K. Vogel,* BIFD 2000, 612 (613)). Dem entspricht auch die Rechtsauffassung in Schweden und in den Niederlanden (*Avery Jones,* EC Tax Rev. 1999, 4 (6) m. w. N.). Zur Rechtslage in der Schweiz vgl. *Cottier/Matteotti,* ASA 78 (2009/2010), 349 (366f.). Verlangt aber das Verfassungsrecht den Erlass eines innerstaatlichen Rechtsanwendungsbefehls durch das Parlament (s. o. Rz. 53f.), so wären verbindliche Auslegungsvereinbarungen auf der Grundlage einer mit der parlamentarischen Zustimmung (stillschweigend) verbundenen Ermächtigung der zuständigen Behörden möglich. In Deutschland wurde mit dem Jahressteuergesetz 2010 in § 2 Abs. 2 AO eine Möglichkeit geschaffen, Konsultationsvereinbarungen (s. Art. 25 Rz. 154a) durch Rechtsverordnungen innerstaatlich verbindlich zu machen (s. *Drüen,* IWB 2011, 360 (363ff.); *ders.,* in Tipke/Kruse, § 2 AO, Anm. 43aff.; *Hummel,* IStR 2011, 397; *Ismer,* IStR 2009, 366; *Lehner,* IStR 2011, 733). Diese Möglichkeit begegnet jedoch nachhaltigen Bedenken im Hinblick auf die **Bestimmtheitsanforderungen** des Art. 80 GG (s. *Hummel,* IStR 2011, 397; *Lehner,* IStR 2011, 733; a. A. *Schönfeld/Häck,* in SD, Systematik Rz. 100).

b) Abgrenzungen. In Deutschland kommt es im Zusammenhang mit derartigen Auslegungsvereinbarungen nach der Rechtsprechung des BVerfG (hier und im Weiteren: BVerfGE 90, 286 (361ff.), bestätigt mit BVerfGE 104, 151 (199ff.)) auch maßgeblich darauf an, ob eine materielle Inhaltsänderung eines bestehenden völkerrechtlichen Vertrags durch Änderungsvertrag erfolgt. Nur dann gibt es einen tauglichen Gegenstand für das Zustimmungsverfahren nach Art. 59 Abs. 2 S. 1 GG. Würden die Grenzen zulässiger Auslegung überschritten, so liegt darin keine Auslegungsvereinbarung, die den beschriebenen Anforderungen genügt. Völkerrechtlich mag ein derartiges Vorgehen unproblematisch sein, eine „Reparatur" durch ein (nachträgliches) Zustimmungsgesetz nach Art. 59 Abs. 2 S. 1 GG scheidet jedoch aus. Bis zum Abschluss eines wirksamen Änderungsvertrags ist eine solche Vereinbarung für den Rechtsanwender deshalb nicht verbindlich. **136a**

c) Folgen von Auslegungsvereinbarungen. Vor dem Hintergrund der in Rz. 136f. geschilderten Rechtslage in Deutschland kommt es darauf an, ob die Vertragsparteien mit ihrer Vereinbarung eine (authentische) Auslegung oder aber eine materielle Vertragsänderung erreichen wollten. Stützen sich die vertragsschließenden Parteien ausschließlich auf Art. 25 Abs. 1 bis 3 MA, so ist davon auszugehen, dass kein Vertragsänderungswille besteht. Dasselbe gilt, wenn es um eine kon- **136b**

kludente Auslegungsvereinbarung aufgrund einer übereinstimmenden Praxis geht, weil Behörden und Gerichte grundsätzlich nur zur Auslegung befugt sind.

137 Zutreffend hat der BFH daher nach deutschem Verfassungsrecht die innerstaatliche Verbindlichkeit einiger (das betreffende DBA faktisch „ändernder") Verständigungs- bzw. Konsultationsvereinbarungen abgelehnt, wobei die Terminologie zur Bezeichnung des Verfahrens uneinheitlich ist (zumeist **„Verständigungsverfahren"**, bisweilen **„Konsultationsverfahren"**, z. T. werden beide Verfahren genannt, manchmal wird lediglich von „Übereinkunft" gesprochen; teilweise fehlt auch eine Bezeichnung, weil es um eine geduldete Praxis ging; vgl. BFH BStBl. II 1987, 171 (172): *DBA Frankreich;* BFH BStBl. II 1987, 253 (255): *DBA USA 1954/65*; BFH BStBl. II 1990, 4 (5 f.): *DBA Italien 1925*; BFH BFH/NV 1990, 705 (706): *DBA Schweiz;* BFH BStBl. II 1997, 15 (17): *DBA Niederlande;* BFH BFH/NV 2002, 479: *DBA Frankreich;* BFH BStBl. II 2005, 375 (376): *DBA Frankreich;* BFH BStBl. II 2010, 387 (389 ff.): *DBA Schweiz;* BFH BStBl. II 2010, 394 (396 ff.): *DBA Belgien;* BFH BStBl. II 2010, 602 (605): *DBA Schweiz;* BFH BStBl. II 2011, 443 (445): *DBA Schweiz;* BFH BStBl. II 2012, 548 (550 f.): *DBA Frankreich;* BFH BStBl. II 2012, 880 (883): *DBA Österreich;* FG Hamburg EFG 2008, 300 (301): *DBA Schweiz* und EFG 1993, 586: *DBA Schweiz;* FG Hessen EFG 2014, 288: *DBA Schweiz;* FG Köln EFG 2008, 593 (594 f.): *DBA Belgien* und EFG 2008, 1775 (1777): *DBA Belgien;* FG München EFG 2009, 228 (229 f.): *DBA Schweiz;* FG des Saarlandes EFG 2008, 1686 (1687): *DBA Frankreich;* vgl. auch Haase/*Becker,* Art. 25 Rz. 42; *Heger,* SWI 2011, 95 (96); differenzierend SKK/*Schmitz,* Art. 25 Rz. 64; speziell zur Problematik des § 2 Abs. 2 AO s. o. Rz. 136 a. E.; vgl. ferner *K. Vogel,* BIFD 2000, 612 (613); *Pohl,* RIW 2012, 677 (680)). Ähnlich urteilten in Belgien der *Hof van Beroep te Gent* (v. 20.6.1996, Az. G 96/10, TNS 1996, 285; v. 3.1.2002, Az. 1994/FR/154 und v. 10.11.2009, Az. 2008/AR/2273: alle *DBA Belgien/Niederlande*) und das *SchweizBVGer* (v. 21.1.2010, Az. A 7789/2009, Erwägung 3.7, auszugsweise bei BVGE 2010/7, S. 85 (100 ff.): *DBA Schweiz/USA*).

137a Wird demgegenüber eine **Auslegungsvereinbarung** getroffen, die sich in den Grenzen zulässiger Auslegung hält, so kann sie die Kontrollrechte und Kontrollpflichten der Fachgerichte zwar nicht einschränken, denn zur verbindlichen Auslegung einer Norm ist grds. allein die rechtsprechende Gewalt berufen (BVerfG BVerfGE 126, 369 (392)). Dennoch haben die Gerichte diese Auslegungsvereinbarung zu berücksichtigen. Dies ergibt sich nicht zuletzt auch aus dem Zustimmungsgesetz zum Abkommen, dessen Auslegung die Auslegungsvereinbarung dient. Art. 31 Abs. 3 Buchst. a und b WÜRV, nach denen spätere Übereinkünfte und jede spätere Übung bei der Auslegung eines Abkommens in gleicher Weise wie dessen Zusammenhang zu berücksichtigen sind, bringen insoweit nur eine Selbstverständlichkeit zum Ausdruck. Dementsprechend sieht der BFH in solchen Auslegungsvereinbarungen zu Recht eine **„Auslegungshilfe"** (BFH BStBl. II 1997, 134 (135) und BFH BStBl. 2010, 602 (605), beide zum *DBA Schweiz;* vgl. auch BFH BStBl. II 2009, 94 (97) und BStBl. II 2009, 97 (100), beide zum *DBA Schweiz*), er betont allerdings die fehlende normative Kraft von Auslegungsvereinbarungen gegenüber den Gerichten (vgl. BFH v. 15.9.2004, I R 67/03, BFH/NV 2005, 267; sehr zurückhaltend auch BFH v. 16.1.2014, I R 30/12, BFH/NV 2014, 789, beide zum *DBA Schweiz*). Wie der BFH haben nach ihrem jeweiligen innerstaatlichen Recht zur innerstaatlichen Verbindlichkeit von Auslegungsvereinbarungen auch der *ÖstVwGH* (v. 27.8.1991, GZ: 90/14/0237, ÖStZB 1992, 127 (128): *DBA Österreich/Deutschland;* v. 20.9.2001, GZ: 2000/15/0116, ÖStZB 2002, 612 (614): *DBA Österreich/Schweiz;* v. 30.3.2006, GZ: 2002/15/0098, ÖStZB 2006, 551 (552): *DBA Österreich/Deutschland;* v. 23.2.2010, GZ: 2008/15/0148, ÖStZB 2010, 562 (563): *DBA Österreich/Schweiz;* zur Rechtslage in Österreich

s. auch ausführlich *M. Lang,* in Gassner/Lang/Lechner, S. 11 (21 ff.), in den Niederlanden der *Hoge Raad* (v. 29.9.1999, Az.: 33 267, BNB 2000/16C*; *DBA Niederlande/Deutschland*) und die italienische *Corte di Cassazione* (v. 24.5.1988, Az. 3610, Dir. e Prat. Trib. 1989, 547: *DBA Italien/Frankreich*) entschieden. Um eine Verbindlichkeit gegenüber Gerichten herzustellen, wurde inzwischen § 2 Abs. 2 AO geschaffen (vgl. Gesetzesentwurf der BReg., BT-Drucks. 17/2249, S. 86), der – sieht man die Regelung als den rechtsstaatlichen Anforderungen genügend an (str., hierzu ausführlich die in Rz. 136 a.E. angeführte Literatur) – eine Ermächtigung zum Erlass von Rechtsverordnungen zur „Umsetzung" derlei „echter" Auslegungsvereinbarungen enthält.

d) Einseitige Erläuterungen. Größte Zurückhaltung ist gegenüber **einseitigen Erläuterungen** geboten, die innerstaatliche Behörden nach Aushandlung eines Doppelbesteuerungsabkommens im parlamentarischen Zustimmungsverfahren geben: z. B. in den Vereinigten Staaten die Erläuterungen durch die **„Technical Explanations"** (dazu bereits o. Rz. 4a, 110a sowie knapp *Delaney,* TPIR September 2011, 4 (6 f.); *Arnold,* BIT 2010, 494 (497, Fn. 8); *Reinhold/Harrington,* TNI June 2008, 923 (942 und passim); *Doernberg/van Raad,* The 1996 United States Model Income Tax Convention, S. 1 f.), die das Finanzministerium zusammen mit dem Vertragstext dem Senat vorlegt, sowie die Erläuterungen durch den späteren Bericht des auswärtigen Ausschusses des Senats zu dem Doppelbesteuerungsabkommen. Für Deutschland sind insoweit die Erläuterungen durch die von der Bundesregierung jeweils zusammen mit dem Entwurf eines Zustimmungsgesetzes zu einem Doppelbesteuerungsabkommen dem Parlament vorgelegte **„Denkschrift"** zu nennen. Solche Dokumente geben nur die Vorstellungen eines Vertragspartners wieder. Bereits aus diesem Grund unterfallen sie nicht dem für die Auslegung maßgeblichen Zusammenhang i. S. des Art. 31 Abs. 2 Buchst. b WÜRV; sie werden vom anderen Vertragspartner nicht „als eine sich auf den Vertrag beziehende Urkunde angenommen" (gegen die Einbeziehung solcher Dokumente in die Auslegung auch *Delaney,* TPIR September 2011, 4 (6); *Belamarik,* Specialties, S. 67 (84); *Gosch,* ISR 2013, 87 (92); *Arnold,* BIT 2010, 494 (497, Fn. 8) erachtet die „Technical Explanations" allerdings als von Art. 32 WÜRV erfasst; für weitere Nachweise s. die Vorauflagen). Solche Dokumente gehören ebenfalls nicht zu den Materialien i. S. des Art. 32 WÜRV (s. o. Rz. 110 f.). Sie sind daher im Grundsatz nicht zu berücksichtigen. Anderes kann nur gelten, wenn „Technical Explanations" vor Abschluss des Vertrags vom Vertragspartner formell anerkannt werden (so beispielsweise im Fall einer Technical Explanation der USA aus dem Jahr 1984 zum *DBA Kanada/USA 1980,* die vom kanadischen Finanzminister bekräftigt wurde (*Déry/Ward,* Nationalbericht, CDFI LXXVIIIa, S. 259 (271); dazu auch der *Tax Court of Canada* v. 2.3.1994, Rs. Stanley Coblentz v. The Queen, 94 DTC 1364 und in zweiter Instanz der *Federal Court of Appeal* v. 30.9.1996 (96 DTC 6531). Der kanadische *Federal Court of Appeal* v. 26.9.1997 hat die betreffende Technical Explanation in der Rs. Attorney General of Canada v. Kubicek Estate, 97 DTC 5454 dennoch nicht als verbindlich betrachtet (dazu kritisch *Nitikman,* TNI Sept. 1999, 1089 (1092 f.)). 138

In der **Vergangenheit** haben sich die Gerichte, wohl in Ermangelung sonstiger Hilfen, dennoch stärker auf einseitige Meinungsäußerungen von Behörden gestützt. So hat der RFH in mehreren Fällen eine Erklärung des Reichsfinanzministers über die Auslegung eines Doppelbesteuerungsabkommens als **„authentische Interpretation"** und daher als verbindlich bezeichnet (StuW 1931, 1809 (1810): *DBA Ungarn;* RStBl. 1939, 878: *DBA Italien 1925*). Auch der RFH bezieht sich in einer Entscheidung zum *DBA Österreich 1922* (RStBl. 1935, 1358 (1359)) ergänzend auf eine Aussage von Dorn, die „von um so größerem Gewicht" sei, „als 139

Dorn für das Deutsche Reich die Doppelbesteuerungsabkommen in erster Linie bearbeitet hat." Ein kanadisches Gericht hat einen Beamten zur Auffassung der Finanzverwaltung über die Auslegung einer Abkommensbestimmung als Zeugen gehört (*Federal Court – Trial Division* v. 7.9.1979, Rs. Hunter Douglas Ltd. v. The Queen, 79 DTC 5340). Ein *District Court* der Vereinigten Staaten hat sich auf die Aussage eines Ministerialbeamten gestützt, die dieser in einer Anhörung vor dem Senat abgegeben hatte (*US District Court, WD Arkansas, Fayetteville Division* v. 17.6.1983, Rs. Corliss v. US, 83–2 USTC, 9447). Der *US Tax Court* v. 6.10.2010 hat sich in der Rs. Savary v. CIR (T.C. Summary Opinion 2010-150, 2010 WL 3981700 (US Tax Court), Docket No. 6839-09S, unter „C.") ohne weitere Problematisierung ebenso auf die „Technical Explanations" (s. Rz. 138) bezogen wie der *Tax Court of Canada* v. 8.4.2010 (Rs. TD Securities (USA) LLC v. The Queen, 2010 TCC 186, para 61: *DBA Kanada/USA*). Der BFH verhält sich zu den Auskünften des Bundesministeriums der Finanzen über die Absichten der Vertragsparteien zutreffend eher reserviert: es gehe „nicht an, lediglich die einseitige subjektive Vorstellung des deutschen Vertragspartners bei der Auslegung zugrundezulegen" (BFH BStBl. II 1975, 604 (605): *DBA USA 1954/65,* s.a. BFH BStBl. II 1975, 584 (585f.): *DBA Niederlande 1959* und BFH BStBl. II 2011, 443 (444f.): *DBA Schweiz*). Andererseits hat sich der BFH bisweilen auch auf einseitige Aussagen am Vertragsschluss beteiligter Personen bezogen, um die eigene Argumentation zu stützen. So stellt der BFH, ebenso wie bereits der RFH (s. o.), im Hinblick auf eine Äußerung von *H. Dorn* zum DBA Italien 1925, das von Dorn auf deutscher Seite mitunterzeichnet wurde, fest, es handele sich um eine „Auskunft aus erster Hand über den damaligen Parteiwillen" (BFH BStBl. II 1972, 281 (283f.)). Die Auffassung des anderen Vertragspartners wird jedoch nur selten bekannt sein.

5. Die Bedeutung von Parallelabkommen

140 **Literatur:** *Heger,* SWI 2011, 95; *J. Lüdicke,* FR 2011, 1077; *Matscher,* in FS *Mosler* (1983), S. 545; *Reimer,* in Lehner, Reden zum Andenken an Klaus Vogel (2010), S. 89; *ders.*, ET 1999, 458; *K. Vogel,* StbJb 1983/84, S. 373.

141 Selbst wenn Abkommen eines Staates von den ihnen zugrundeliegenden Modellen (dem der OECD oder einem anderen) abweichen, sind die Abweichungen häufig recht einheitlich. Formulierungen, die bereits in früheren Abkommen ausgehandelt wurden, finden sich oft auch in nachfolgenden Verträgen. Dem können Interessen des eigenen Staates zugrundeliegen, aber auch der Wunsch des neuen Vertragspartners. Zugeständnisse, die einem Partner gemacht worden sind (etwa einem Entwicklungsland), können einem späteren Verhandlungspartner in gleicher Lage manchmal nur schwer verwehrt werden. So entwickelt jeder Staat eigene **Standardformulierungen,** die er neben dem OECD- oder dem UN-MA in seine Verhandlungen einzubringen versucht. Diese werden nach Bedarf auch fortgeschrieben und bewirken dadurch, auch wenn sie nicht zu einem **eigenen Modellabkommen** zusammengefasst werden (wie z.B. bei dem US-MA; auch in Deutschland wurde im April 2013 eine **„Verhandlungsgrundlage"** vorgestellt (s. o. Rz. 38f.)), eine zusätzliche Kontinuität für die Abkommen des betreffenden Staates. Es liegt deswegen nahe und ist auch **grundsätzlich zulässig, für die Auslegung eines Abkommens auf Parallelabkommen Bezug zu nehmen** (s. z.B. BFH BStBl. II 2004, 767 (768): *DBA Russland*). Der BFH hat eine „nahtlose Fortführung" einer bereits im *DBA Schweiz 1931/57/59* enthaltenen Regelung im *DBA Schweiz 1971/1992* nicht erkennen können und aus der klar von der Vorgängerregelung abweichenden Formulierung im neuen Abkommen inhaltliche Unterschiede gefolgert (BFH BFH/NV 2012, 1138 (1140)); vgl. auch BFH

BFHE 114, 530 (534 f.): *DBA Luxemburg 1958*). Dasselbe gilt für den *US Tax Court* v. 11.4.1983 (Rs. Burghardt v. CIR, 80 Tax Court 705), der zu Recht für die Auslegung des *DBA USA/Italien* die Entstehungsgeschichte des – älteren – *DBA USA/Kanada* herangezogen hat. Ebenso bezieht sich der *EWHC Chancery Division* v. 31.8.1988 (Rs. Union Texas Petroleum Corp. v. Critchley (Inspector of Taxes), [1988] STC 691 (700)) zur Auslegung von Vorschriften des *DBA Großbritannien/USA* auf Vorschriften des *DBA Großbritannien/Finnland* (im Ergebnis bestätigt durch den *Court of Appeal* v. 27.2.1990, [1990] STC 305). Für die Schweiz s. das *SchweizBG* v. 6.5.2008 (2C 276/2007/zga, Erwägung 3.2 ff.); für Indien s. *ITAT* v. 21.1.2009 (Rs. DaimlerChrysler India Private Limited v. Deputy Commissioner of Income Tax, ITA No. 968/PN/03, para 43), das darüber hinaus sogar auf ausländische Gerichtsentscheidungen zurückgreift (para 59 ff.); vgl. auch *Heger,* SWI 2011, 95 (97); *Reimer,* in Lehner, Reden zum Andenken an K. Vogel, S. 89 (121 f.); *ders.*, ET 1999, 458 (467)). Dem entspricht durchaus auch das Bemühen um Entscheidungsharmonie (s. o. Rz. 114 ff.).

Auf der anderen Seite darf die Verwendung von Abkommensmustern und Stan- **142** dardformulierungen nicht darüber hinwegtäuschen, dass jedes **einzelne Abkommen eigenständig** ist: es berührt jeweils sehr konkrete, einander oft entgegengesetzte Interessen der Vertragsstaaten, über deren Ausgleich sie langwierig miteinander verhandeln. Der *EWHC Chancery Division* weist in der Rs. Union Texas Petroleum Corp. v. Critchley (Inspector of Taxes) v. 31.8.1988 deshalb zu Recht darauf hin, man müsse sich immer vergegenwärtigen, dass der Abkommenswortlaut nicht vom Rechtsausschuss des Parlaments stammt, sondern einen Text darstellt, der durch Vertragsverhandlungen zwischen zwei Regierungen zustande kam ([1988] STC 691 (700): *DBA Großbritannien/USA;* vgl. auch EuGH v. 5.7.2005, Rs. C-376/03, Slg. 2005, I-5821).

Vergleiche mit Doppelbesteuerungsabkommen, die die Vertragsstaaten **mit an-** **143** **deren Staaten** abgeschlossen haben, lassen sich deshalb für die Auslegung nur mit großer Vorsicht ziehen. Andererseits müssen Unterschiede im Wortlaut nicht unbedingt bedeuten, dass auch Unterschiede in der Sache beabsichtigt sind (so BFH BFHE 165, 392 (394 f.): *DBA USA 1954/65* und BFH BStBl. II 1985, 417 (419): *DBA USA 1954/65*; a. A. zu Unrecht der *ÖstVwGH* v. 19.12.2006, GZ: 2005/15/0158, ÖStZB 2007, 297 (299): *DBA Österreich/Liechtenstein* und *ÖstVwGH* v. 28.11.2007, GZ: 2006/14/0057, ÖStZB 2008, 434 (435): *DBA Österreich/Liechtenstein;* dagegen zutreffend *M. Lang,* SWI 2007, 199; a. A. wohl auch *Reimer,* in Lehner, Reden zum Andenken an K. Vogel, S. 89 (120)). Insbesondere ist es **nicht** möglich, aus dem Fehlen einer Regelung, die ein anderes Abkommen ausdrücklich enthält, ohne Weiteres etwa im Wege des Umkehrschlusses **(argumentum e contrario)** zu folgern, dass jene Regelung in dem zu entscheidenden Fall nicht gelten soll (BFH BStBl. II 2008, 793 (795): *DBA Luxemburg 1958/73;* BFH BStBl. II 2008, 510 (511): *DBA Niederlande;* BFH BStBl. II 2009, 766 (770): *DBA Großbritannien 1964/1970*; BFH BStBl. II 2009, 758 (764 f.): *DBA Frankreich;* zur Stützung der Argumentation i. Ü. aber herangezogen z. B. durch BFH BFH/NV 2012, 1141 (1142): *DBA Luxemburg 1958/73,* BFH BFH/NV 2008, 206 (207): *DBA Türkei 1985* oder BFH BStBl. II 1989, 319 (321): *DBA Italien 1925;* vgl. auch schon RFH RFHE 42, 204 (205): *DBA Tschechoslowakei 1923*). Es ist auch denkbar, dass der Vertragsstaat des einen Abkommens **Klarstellungen** gewollt hat, die einem anderen Vertragspartner nicht wichtig waren. Gelegentlich kommt es sogar vor, dass eine bestimmte Regelung ausdrücklich abbedungen wird, die über eine andere Vorschrift desselben DBA dann doch eingreift. So etwa in Fällen, in denen bestimmte Einkünfte von einer Besteuerung im Ansässigkeitsstaat ausgenommen werden, die dann durch eine Auffangklausel entsprechend Art. 21 MA am Ende doch dem Ansässigkeitsstaat zugewiesen werden. Solche – nicht zu vermeidenden – Unstimmigkeiten können eine Folge des beiderseitig zähen Verhandelns sein (zur Thematik s. a. *K. Vogel,* StuW 1982, 286 (298)).

144 Beim Vergleich von Parallelabkommen ist auch zu berücksichtigen, dass die **Abkommenspraxis** der einzelnen Staaten Änderungen unterworfen ist. Dies betrifft sowohl die Abkommenspolitik insgesamt als auch die Formulierung von Vertragsbestimmungen im Einzelnen. Aufschlüsse für die Abkommensauslegung lassen sich durch einen Vergleich der DBA deshalb **nur** gewinnen, wenn einzelne Abkommen vor dem Hintergrund **einer größeren Zahl ihm vorausgehender und nachfolgender Abkommen** beider Vertragsstaaten bewertet werden (vgl. BFH BStBl. II 1988, 810 (812), in dem zur Auslegung einer Bestimmung des *DBA USA 1954/65* frühere und spätere DBA der USA – von einem deutschen Gericht! – herangezogen werden). Man sollte dabei auch im Blick haben, dass es für die gegenseitige Beeinflussung der Abkommen nicht auf die Zeitfolge ihres Inkrafttretens, sondern auf die der **Verhandlungen** ankommt; diese lässt sich oft allerdings nur sehr schwer feststellen.

145 Es kann auch erforderlich sein, mehrere zeitlich nebeneinander laufende **Abkommenstypen** eines Staates zu unterscheiden: so in der deutschen Abkommenspraxis zwischen 1954 und dem Anfang der sechziger Jahre einerseits die Abkommen mit europäischen Nachbarstaaten, dann diejenigen mit angelsächsischen Staaten – diesem Muster folgen auch die Abkommen mit Ägypten (von 1959) und Griechenland –, schließlich das Abkommen mit Frankreich, das sich von allen annähernd gleichzeitigen deutschen Abkommen unterscheidet. In der Zeit des „kalten Krieges" standen, wenngleich weniger stark unterschieden, nebeneinander die Abkommen mit **westlichen Industriestaaten,** diejenigen mit **Entwicklungsländern** und die mit (bei Abschluss des Abkommens) **kommunistischen Staaten.** Die Zugehörigkeit eines Vertrages zu einer dieser Gruppen kann durchaus zum bestimmenden Faktor für die Auslegung einer Vorschrift werden.

IV. Spezielle Regeln für die Auslegung von Doppelbesteuerungsabkommen

149 Ergänzend zu den **allgemeinen Vorgaben** für die Auslegung völkerrechtlicher Verträge (s. Rz. 97, 101 ff.) und zu den **besonderen Grundsätzen** für die Auslegung von Doppelbesteuerungsabkommen (s. Rz. 97, 113 ff.) enthalten Doppelbesteuerungsabkommen **spezielle Auslegungsregeln** (s. Rz. 97), in Gestalt von

- allgemeinen und speziellen Begriffsbestimmungen, in denen das **Abkommen Ausdrücke** eigenständig (s. Rz. 150 f.) oder durch Verweis auf innerstaatliches Recht (s. Rz. 151 ff.) **definiert;**
- Regeln für die Auslegung nach innerstaatlichem Recht gem. Art. 3 Abs. 2 MA von **nicht im Abkommen** eigenständig oder durch Verweis auf das innerstaatliche Recht **definierten Ausdrücken** (s. Rz. 152 ff.; sowie Art. 3 Rz. 97 ff.);
- Besonderheiten im Anwendungsbereich von Art. 23 A/B Abs. 1 und des Art. 23 A Abs. 4 MA (s. Rz. 155 ff.);
- Besonderheiten der Vertragspraxis (s. Rz. 164 ff.).

Gemeinsam ist diesen speziellen Auslegungsregeln, dass sie besondere Probleme im Verhältnis zwischen dem Abkommensrecht und dem innerstaatlichen Steuerrecht der Vertragsstaaten zum Gegenstand haben.

149a Nach einer **grundlegenden Weichenstellung,** die in Art. 3 Abs. 2 MA angelegt ist (s. Art. 3 Rz. 98), ist zwischen Ausdrücken zu unterscheiden, die im Abkommen eigenständig oder durch Verweis auf das innerstaatliche Recht definiert sind (s. u. Rz. 150 f. und 151 ff.), und solchen, die das Abkommen verwendet, ohne sie zu definieren. Insoweit ist danach zu unterscheiden, ob das innerstaatliche

Recht den betreffenden Ausdruck mit Bedeutung für das Steuerrecht, für das das Abkommen gilt, verwendet (s. u. Rz. 152 ff.) oder nicht (s. u. Rz. 153).

1. Im Abkommen eigenständig oder durch Verweis auf das innerstaatliche Recht definierte allgemeine und spezielle Begriffe

a) Ausdrücke, die das Abkommen eigenständig, also ohne ausdrücklichen Verweis auf das innerstaatliche Recht definiert, sind grundsätzlich **autonom** (s. dazu Rz. 96a, 113a ff.) **auszulegen;** dazu gehören: **150**

- Allgemeine und spezielle Begriffsbestimmungen: Art. 3 Abs. 1 MA unter der Bedingung, dass der Zusammenhang nichts anderes erfordert (s. Art. 3 Rz. 3, 5); „Ansässigkeit" in Art. 4 Abs. 2, 3 MA (s. dort Rz. 161 ff., 241 ff.); „Betriebstätte" in Art. 5 (s. dort Rz. 8, 10 ff.);
- Normen über den sachlichen Anwendungsbereich: Art. 2 Abs. 2, 3 und 4 MA (s. dort Rz. 24 ff., 50 ff. und 57 ff.); anders Art. 2 Abs. 1 MA (s. dort Rz. 4 ff.);
- Verteilungsnormen: „Dividenden" in Art. 10 Abs. 3 erste und zweite Alt. MA (s. dort Rz. 185, 186); „Zinsen" in Art. 11 Abs. 3 MA (s. dort Rz. 56, 58 ff.); „Lizenzgebühren" in Art. 12 Abs. 2 MA (s. dort Rz. 42, 43 ff.).

Umschreibt bzw. konkretisiert das Abkommen innerhalb einer abkommensrechtlichen Definition einen Ausdruck mit Hilfe von Begriffen, die im Abkommen selber weder eigenständig noch durch Verweis auf das innerstaatliche Recht definiert werden, die aber solche des innerstaatlichen Rechts sind, so ist Art. 3 Abs. 2 MA anzuwenden (s. dazu im Einzelnen Art. 3 Rz. 97 ff. sowie u. Rz. 152 ff.; so auch *Schönfeld/Häck,* in SD, Systematik Rz. 81). Der Zusammenhang wird in diesen Fällen im Regelfall eine autonome Auslegung (s. dazu Rz. 96a, 113a ff.) erfordern, jedoch kann es sachlich geboten sein, von diesem Grundsatz abzuweichen (s. u. Rz. 152 f). **150a**

b) Ausdrücke, die das Abkommen durch ausdrücklichen Verweis auf das innerstaatliche Recht definiert, sind grundsätzlich nach **innerstaatlichem** Recht auszulegen (s. Rz. 151a ff.): **151**

- Allgemeine und spezielle Begriffsbestimmungen: „Gesellschaft" in Art. 3 Abs. 1 Buchst. b) MA (dort Rz. 24 ff.); „Zuständige Behörde" in Art. 3 Abs. 1, Buchst. f) MA (dort Rz. 55 f.); „Staatsangehörigkeit" in Art. 3 Abs. 1 Buchst. g) MA (dort Rz. 60 ff.); „Ansässigkeit" in Art. 4 Abs. 1 MA (dort Rz. 71 ff.);
- Verteilungsnormen: Unbewegliches Vermögen in Art. 6 Abs. 2 MA (dort Rz. 64 ff.); Dividenden in Art. 10 Abs. 3 dritte Alt. MA (dort Rz. 185, 199); Zinsen in Art. 11 Abs. 3 OECD-MA 1963 (dort Rz. 58).

Soweit das Abkommen Begriffe durch **Verweis auf das innerstaatliche Recht** definiert, bezieht es sich meist auf die von **der jeweiligen Abkommensnorm angesprochene Rechtsordnung als Ganze.** So bezieht sich Art. 6 Abs. 2 MA zur Definition des „unbeweglichen Vermögens" ergänzend zu einigen vorrangig zu berücksichtigenden Grundaussagen über die Reichweite dieses Begriffs auf das Recht des Quellen- bzw. Belegenheitsstaates (dort Rz. 64, 67 ff.). Art. 10 Abs. 3 dritte Alt. MA definiert den Dividendenbegriff mit Bezug auf die Rechtsordnung des Staates, in dem die ausschüttende Gesellschaft ansässig ist (dort Rz. 185, 199). Art. 3 Abs. 1 Buchst. g) MA verweist auf das Staatsangehörigkeitsrecht des Staates, um dessen Staatsangehörigkeit es sich handelt (Wassermeyer/*Wassermeyer,* Art. 4 OECD-MA Rz. 81). Der **jeweils andere Vertragsstaat** ist an die Einordnung nach der jeweils maßgeblichen Rechtsordnung **gebunden** (so der Sache nach BFH BStBl. II 2011, 860 (862) zu Art. 11 Abs. 4 *DBA Brasilien* a. F.; Wassermeyer/*Wassermeyer,* Art. 3 OECD-MA, Rz. 81). Eine Sonderstellung für Verweise auf das innerstaatliche Recht **151a**

nimmt insoweit **Art. 3 Abs. 2 MA** selber ein: er verweist auf das innerstaatliche Steuerrecht des Anwendestaates (dazu im Einzelnen Art. 3 Rz. 97 ff. sowie u. Rz. 152 ff.). Es liegt in der Natur dieser Norm, dass der jeweils andere Vertragsstaat an diese Einordnung grundsätzlich nicht gebunden sein kann. Ausnahmen ergeben sich im Anwendungsbereich des sog. **„new approach“** (s. dazu u. Rz. 157, 158 ff.). Sofern in anderen Fällen, d. h. nicht in den Fällen des Art. 3 Abs. 2 MA, ein Ausdruck mittels Verweises auf innerstaatliches Recht definiert wird, **ohne** dass **ausdrücklich** gesagt wird, **welche der beiden innerstaatlichen Rechtsordnungen anwendbar sein soll,** so ist diese Frage in jedem Einzelfall anhand der allgemeinen Regeln (s. Rz. 105 ff.) zu klären.

151b Sofern allgemein auf die gesamte Rechtsordnung eines der Vertragsstaaten verwiesen wird, wie z. B. i. R. d. Art. 6 Abs. 2 MA, kommt es grundsätzlich nicht darauf an, aus welchem Rechtsgebiet eine Definition herangezogen wird. Jedoch kann es Fälle geben, in denen ein und derselbe Begriff in verschiedenen Rechtsmaterien innerhalb der maßgeblichen Rechtsordnung unterschiedliche Bedeutung hat. Falls in solchen Fällen Zweifel verbleiben, sollte aufgrund der unmittelbaren Sachnähe der DBA zum Steuerrecht auf den steuerrechtlichen Begriff zurückgegriffen werden (s. auch *Schaumburg,* Rz. 16.59).

151c Der Verweis auf das innerstaatliche Recht bezieht sich **dynamisch** auf das jeweils geltende Recht im maßgeblichen Staat nach den dort geltenden Auslegungsmethoden (*Reimer,* ET 1999, 458 (473)), sofern sich aus dem Abkommen nichts Abweichendes ergibt (*Schaumburg,* Rz. 16.59 f.; so i. Erg. auch *Reimer,* ET 1999, 458 (472 f.), der sich speziell auch mit den Grenzen beweglicher Verweisungen aus verfassungsrechtlicher Sicht befasst; ergänzend zu diesen Grenzen s. auch u. Rz. 188; allgemein zur Problematik statischer und beweglicher Verweisungen s. unten Rz. 182 ff.).

2. Auslegung nach innerstaatlichem Recht von nicht im Abkommen eigenständig oder durch Verweis auf das innerstaatliche Recht definierten Begriffen gemäß Art. 3 Abs. 2 MA

152 **a) Ausdrücke, die im innerstaatlichen Recht verwendet werden.** Für Ausdrücke, die Bedeutung für das Steuerrecht haben, ist der Anwendungsbereich des Art. 3 Abs. 2 MA eröffnet (s. dort Rz. 98, 111 b f.; *Schönfeld/Häck,* in SD, Systematik Rz. 83 f.; zu Ausdrücken, die im innerstaatlichen Recht nicht, oder ohne Bedeutung für das Steuerrecht verwendet werden, s. Rz. 153).

152a In diesen Fällen kann sich aber die Vorfrage stellen, ob das innerstaatliche Recht, auf das das Abkommen Anwendung findet, den Begriff überhaupt **verwendet** (so auch Wassermeyer/*Wassermeyer,* Art. 3 OECD-MA Rz. 74). Die Beantwortung dieser Vorfrage kann problematisch sein. So hat der BFH (BStBl. II 2011, 446 (447)) für die Auslegung des in Art. 13 Abs. 8 *DBA-Frankreich* nicht definierten Begriffs „Ruhegehälter“ festgestellt, dass dieser Begriff „unbeschadet des Fehlens einer ausdrücklichen Begriffsdefinition nach Maßgabe eines abkommensautonomen Verständnisses und nicht nach innerstaatlichem Recht“ zu bestimmen sei. Der „Zwischenschritt“, nämlich die Frage, ob das innerstaatliche Recht den Begriff verwendet (s. § 19 Abs. 2 S. 2 Nr. 1 EStG) und damit die wichtige Anschlussfrage, ob der Zusammenhang i. S. des Art. 3 Abs. 2 MA (Art. 1 Abs. 2 *DBA-Frankreich*) die autonome Auslegung **erfordert,** wird auf diese Weise übersprungen. Der BFH bezieht sich allerdings für seine im Ergebnis zutreffende Auslegung auf die im methodischen Vorgehen ausführlichere Entscheidung in BStBl. II, 2011, 488 (489): *DBA-Schweiz*.

152b Art. 3 Abs. 2 MA verlangt nicht, dass der betreffende Ausdruck im innerstaatlichen **Steuerrecht** verwendet wird. Ausreichend ist auch eine Verwendung im sonstigen innerstaatlichen Recht, sofern der Ausdruck **Bedeutung im Steuerrecht** hat, für das das Abkommen gilt (s. Art. 3 Rz. 111f.). Daher zieht der BFH (BStBl. II 1997, 132 (133f.)) für den Begriff „Wohnsitz" in Art. 15a *DBA Schweiz* die Definition der Abgabenordnung heran. Findet sich der betreffende Begriff nur in anderen Steuergesetzen als denen, für die das Abkommen gilt, oder sonst in der nicht steuerlichen Rechtsordnung und kommt ihm für das einschlägige Steuerrecht keinerlei Bedeutung zu, so greift Art. 3 Abs. 2 MA nicht ein (s. Art. 3 Rz. 111ff. und u. Rz. 153; zu eng insoweit *K. Vogel,* StuW 1982, 286 (293, 295f.) und wohl auch BFH BStBl. II 1994, 318 für den Begriff „fällig" in Art. 28 Abs. 3 *DBA Schweiz*).

Bei der Prüfung der Vorfrage, ob das innerstaatliche Steuerrecht den betreffenden abkommensrechtlichen Ausdruck verwendet, kommt es nicht darauf an, ob zwischen den Begriffen des Abkommens und denen des innerstaatlichen Rechts wörtliche Übereinstimmung besteht (insoweit zu eng *M. Lang,* IStR 2011, 403 (410); *Schönfeld/Häck,* in SD, Systematik Rz. 83; wie hier auch *de Broe,* S. 268). Ausreichend ist vielmehr **sachliche Übereinstimmung bzw. Entsprechung im Begriffskern,** die den Wortlaut als Grenze der Auslegung nicht sprengt (zur Bedeutung des Wortlauts als Grenze für die Auslegung s. o. Rz. 106ff. einschl. der in Rz. 107c zitierten Rechtsprechung). Aus diesem Grund findet etwa der Begriff „Künstler" im deutschen innerstaatlichen Recht eine sachliche Entsprechung in dem Ausdruck „selbständig ausgeübte ... künstlerische ... Tätigkeit" in § 18 Abs. 1 Nr. 1 S. 1 EStG (vgl. auch § 49 Abs. 1 Nr. 2 Buchst. d, Nr. 3 und § 50a Abs. 1 Nr. 1 EStG; sowie BFH BStBl. II 2002, 410 (411) und BFH/NV 2001, 891 (892): „Die Bedeutung beider Formulierungen ist gleich. Übt eine Person eine künstlerische Tätigkeit aus, wird sie dabei als Künstler tätig."). Dasselbe gilt für den Begriff „Sportler" in Art. 17 MA, der in der Sache mit dem Ausdruck „sportliche ... Darbietungen" in § 49 Abs. 1 Nr. 2 Buchst. d und § 50a Abs. 1 Nr. 1 EStG übereinstimmt (dazu auch BFH v. 18.7.2001, I R 26/01, BStBl. II 2002, 410: *DBA Österreich*). Zu den Begriffen „ständige Wohnstätte" s. Art. 4 Rz. 180ff.; „Mittelpunkt der Lebensinteressen" s. Art. 4 Rz. 190ff.; „tatsächliche Geschäftsleitung" s. Art. 4 Rz. 263 sowie u. Rz. 153. 152c

Aus einer Übereinstimmung mit einem im innerstaatlichen Recht verwendeten Begriff im Begriffskern folgt allerdings noch nicht, dass die betreffenden abkommensrechtlichen Begriffe ohne weiteres nach innerstaatlichem Recht auszulegen sind. Vielmehr ist zu fragen, **ob** nicht der **Zusammenhang i. S. des Art. 3 Abs. 2 MA** eine **autonome Auslegung** (s. dazu Rz. 96a, 113aff.) **erfordert** (siehe zur maßgeblichen Prüfungsreihenfolge Art. 3 Rz. 108; vgl. auch Wassermeyer/*Wassermeyer,* Art. 3 OECD-MA, Rz. 81). Dies ist nach der neueren Rechtsprechung des BFH zu bejahen für den Begriff der „künstlerischen Tätigkeit" in Art. 9 Abs. 2 S. 2 *DBA Niederlande* bzw. Art. 8 Abs. 2 S. 2 *DBA Österreich 1954/1992,* der werkschaffende Künstler wie Bühnenbildner oder Regisseure nicht erfasst (durchaus i.S. des Art. 3 Abs. 2 MA, doch ohne die Vorschrift zu erwähnen, BFH BStBl. II 2002, 410 (412) und BFH/NV 2001, 891 (892), jeweils mit Bezug auf BFH BStBl. II 1997, 679 (680f.): *DBA Großbritannien 1964/1970*; ähnlich für einen Bühnenmaler i.R. des Art. 12 Abs. 2 S. 2 *DBA-Frankreich,* wobei diese Vorschrift ausdrücklich eine Ausübung in Form einer öffentlichen Darbietung verlangt, BFH BFHE 170, 126 (128); anders jedoch noch BFH BFHE 160, 513 (515f.) zu Art. 17 *DBA Belgien,* wonach sich aus dem Zusammenhang kein Grund für eine Einschränkung des Rückgriffs auf innerstaatliches Recht über Art. 3 Abs. 2 *DBA Belgien* ergebe; zu dieser Rspr. *Pohl,* RIW 2012, 677 (681ff.)). 152d

Aus einer sachlichen oder gar wörtlichen Übereinstimmung von Abkommensbegriffen und solchen des innerstaatlichen Steuerrechts (s. dazu o. Rz. 152c) kann auch nicht ohne Weiteres geschlossen werden, dass solche Ab- 152e kommensbegriffe mit einem **stillschweigenden Bezug** bzw. einer **stillschweigenden Verweisung** auf den Ausdruck des innerstaatlichen Rechts verwendet werden und dass sie deshalb nach Maßgabe des innerstaatlichen Rechts auszulegen sind (so möglicherweise BFH BStBl. II 2002, 271 (272), wo es zu Art. 8 Abs. 1 *DBA Österreich 1954* heißt: „Der Begriff [...] ist zwar im DBA-Österreich selbst nicht definiert [...] lehnt sich jedoch eng an die Wortwahl des deutschen Rechts an, das [...] denselben Terminus verwendet"). Denkbar ist dies vorbehaltlich der abkommensrechtlichen Modifikationen für den Begriff der „Anrechnung" nach Art. 23 MA (s. Vorauflage, Einl. Rz. 154a). Es erscheint jedoch nicht sachgerecht, diese Frage außerhalb des Art. 3 Abs. 2 MA zu behandeln, der die Auslegung von Ausdrücken zum Gegenstand hat, die im Abkommen nicht definiert sind. Vielmehr kann und muss dort nach Maßgabe des erforderlichen Zusammenhangs entweder zugunsten des innerstaatlichen Rechts oder zugunsten einer autonomen Auslegung entschieden werden (s. Rz. 152d; Art. 3 Rz. 111b). Es besteht deshalb auch **keine Vermutung für** eine **Auslegung nach innerstaatlichem Recht** (so aber *Wassermeyer,* StuW 1990, 404; Wassermayer/*Wassermeyer,* Art. 3 OECD-MA, Rz. 71, 81). Daher enthält beispielsweise der Begriff „gewöhnlicher Aufenthalt" in Art. 4 Abs. 2 Buchst. b MA keinen stillschweigenden Verweis auf das innerstaatliche Recht, vielmehr ist Art. 3 Abs. 2 MA anzuwenden. Weil der Abkommenszusammenhang insoweit eine autonome Auslegung erfordert (dazu im Einzelnen Art. 4 Rz. 203), ist der Ausdruck mithin nicht nach innerstaatlichem Recht auszulegen. Dasselbe gilt für den Ausdruck der „gewerblichen Tätigkeit" in Art. 11 Abs. 3 *DBA USA* bzw. der „gewerblichen Gewinne eines Unternehmens" in Art. 7 Abs. 1 S. 1 *DBA USA,* bei denen der Zusammenhang i. S. des Art. 3 Abs. 2 MA eine originär gewerbliche und nicht eine fingierte gewerbliche Tätigkeit verlangt (gegen ein „Durchschlagen" des § 15 Abs. 3 Nr. 2 EStG daher zu Recht BFH BFHE 229, 252 (256 ff.); mit Bezug hierauf vgl. auch BFH v. 9.12.2010, I R 49/09, BStBl. II 2011, 482 (484 f.): *DBA Großbritannien 1964/ 1970;* BFH v. 25.5.2011, I R 95/10, BFHE 234, 63 (70 f.): *DBA Ungarn 1977*; BFH v. 4.5.2011, II R 51/09, BFHE 233, 517 (522 f.): *DBA Schweiz* und BFH v. 19.5.2010, I B 191/09, BStBl. II 2011, 156 (158): *DBA Spanien 1966*; FG Münster v. 11.12.2013, 6 K 3045/11, EFG 2014, 753 (754); vgl. zudem Art. 7 Rz. 57. Auch die österreichische Finanzverwaltung hat ihre Auffassung entsprechend angepasst: ÖstBMF v. 27.1.2012, EAS 3256, SWI 2012, 51).

152f Verwendet das Abkommen **Begriffe des innerstaatlichen Rechts,** die es zwar nicht eigenständig oder mittels Verweis auf das innerstaatliche Recht definiert, **mit denen** das Abkommen aber **eigenständige Definitionen umschreibt bzw. konkretisiert,** so richtet sich die Auslegung dieser Begriffe grds. nach Art. 3 Abs. 2 (s. o. Rz. 150a) MA. Erforderlich ist deshalb die Prüfung, ob der Zusammenhang eine autonome Auslegung erfordert. Dies verkennt der BFH, wenn er für die im *DBA USA 1989* enthaltene Definition des Zinsbegriffs zur Auslegung des Ausdrucks „Einkünfte aus Forderungen jeder Art" sofort auf innerstaatliches Recht zurückgreift und nicht prüft, ob der Zusammenhang eine autonome Auslegung erfordert (BFH BFHE 229, 252 (254 f.) und BFH BStBl. II 2009, 356 (357); zutreffend dagegen für den Ausdruck „Arbeitgeber" im DBA *Österreich-CSSR ÖstVwGH* v. 22.5.2013, Z1 2009/13/0031-5, ÖStZB 2014, 146; dazu *Dzivrdý,* IStR 2013, 939); *ÖstVwGH* v. 26.3.2014, 2010/13/0089, ÖStZB 2014, 366.

152g Besonderheiten gelten für **Ausdrücke** in Verteilungsnormen, die auch im innerstaatlichen Recht verwendet werden, **für die das Abkommen** aber grundsätzlich **keinen Regelungsanspruch enthält** (s. *Lehner,* FS G. Frotscher, S. 383 (397 ff.)). Hierzu zählen **insbesondere Zurechnungsfragen** (zu diesen s. Rz. 181 ff.; zu weiteren Bereichen außerhalb des Regelungsbereichs des Abkommens s. o. Rz. 113e). Die Verteilungsnormen bezeichnen zunächst denjenigen Tatbestand im innerstaatlichen Steuerrecht, für den die Norm gelten soll, den Objekttatbestand (s. o. Rz. 79): etwa „Einkünfte", „Gewinn", „Vermögen"; daran anknüpfend bestimmen sie die näheren Voraussetzungen für Beschränkungen oder Bestätigungen einer nach innerstaatlichem Steuerrecht begründeten persönlichen und sachlichen Steuerpflicht. Wie der Objekttatbestand nach innerstaatlichem Recht zu bestimmen ist, d. h. wie Einkünfte oder Gewinne zu ermitteln sind, bleibt jedoch dem **innerstaatlichen Recht** überlassen (vgl. *M. Lang,* IWB 2011, 281 (290); Wassermeyer/*Wassermeyer,* Art. 3 OECD-MA, Rz. 80 und vor Art. 6–22 OECD-MA Rz. 55; vgl. bereits BFH, BStBl. II 1976, 454). Davon geht auch der MA-Komm. aus, der in Art. 7 Ziff. 71 festhält, dass es nicht für notwendig gehalten wurde, den Ausdruck „Gewinne" im Musterabkommen zu definieren (zu Ausnahmen bzw. Besonderheiten im Zusammenhang mit Zurechnungsfragen s. Rz. 181 ff.). **Auslegungsprobleme stellen sich** somit **nur im Regelungsbereich des Abkommens,** d. h. dort, wo es um die Abgrenzung der Besteuerungszuständigkeit geht. Auch diese Problematik ist über Art. 3 Abs. 2 MA lösbar: der Zusammenhang i. S. der Vorschrift kann eine autonome Auslegung nur im Regelungsbereich des Abkommens erfordern (s. Art. 3 Rz. 116c).

b) Ausdrücke, die im innerstaatlichen Recht nicht oder ohne Bedeutung für das Steuerrecht, für das das Abkommen gilt, **verwendet werden,** sind **autonom** (s. dazu Rz. 96a, 113a ff.) auszulegen; der Anwendungsbereich des Art. 3 Abs. 2 MA ist in diesen Fällen nicht eröffnet (s. dort Rz. 111b; *Schönfeld/Häck,* in SD, Systematik Rz. 83. Zu Beispielen s. u. a. Art. 4 „ständige Wohnstätte" dort Rz. 180 ff.; „Mittelpunkt der Lebensinteressen" dort Rz. 190 ff.; „tatsächliche Geschäftsleitung" dort Rz. 263; Art. 3 Rz. 111a, 116c). **153**

3. Besonderheiten im Anwendungsbereich von Art. 23 A/B Abs. 1 und des Art. 23 A Abs. 4 MA

Eine zwischen beiden Vertragsstaaten im Hinblick auf die Methode einvernehmliche und im Hinblick auf das Ergebnis übereinstimmende Auslegung (zu den Begriffen insoweit s. o. Rz. 96a) kann aus verschiedenen Gründen scheitern. So kann es Fälle geben, in denen die Vertragsstaaten einen autonom auszulegenden Begriff zwar übereinstimmend und autonom auslegen wollen, ihnen dies aber trotz Bemühens um Entscheidungsharmonie (s. dazu o. Rz. 114 ff.) nicht gelingt. Andererseits kann es zu Situationen kommen, in denen sich die Vertragsparteien einig sind, dass Art. 3 Abs. 2 MA zur Anwendung des innerstaatlichen Rechts des Anwendestaats führt, dass aber ein übereinstimmendes Auslegungsergebnis aufgrund der Unterschiede im innerstaatlichen Recht der beiden Staaten nicht erreicht werden kann. Eine übereinstimmende Auslegung kann aber auch bereits daran scheitern, dass zwischen beiden Vertragsstaaten Uneinigkeit über die Anwendungsvoraussetzungen einer Auslegungsregel besteht. Im Hinblick auf Art. 3 Abs. 2 MA ist dies etwa dann der Fall, wenn einer der beiden Vertragsstaaten davon ausgeht, dass der auszulegende Ausdruck, wie es Art. 3 Abs. 2 MA erfordert, im innerstaatlichen Steuerrecht verwendet wird (zu dieser Anwendungsvoraussetzung s. Art. 3 Rz. 111b, 111 f., 111g sowie o. Rz. 152a f.), während der andere Staat meint, dass dies nicht der Fall sei und dass der Ausdruck deshalb ohne die Bedingung der Erforderlichkeit i. S. der Vorschrift von vornherein autonom auszulegen sei (s. o. Rz. 153). Folge des Scheiterns ist entweder, dass eine **Doppelbesteuerung nicht vermieden bzw. beseitigt** werden kann oder dass eine **Doppelnichtbesteuerung** (Keinmalbesteuerung, s. Rz. 6, 69 ff., 107b ff., 158 ff.) bzw. Minderbesteuerung eintritt. Soweit der Anwendungsbereich des Verständigungsverfahrens in diesen Fällen reicht, kann es fehlende materiellrechtliche Regelungen nicht ersetzen (s. Art. 25 Rz. 72, 230). Um dieses Problem für einen Teil (dazu **155** sogleich) der o.g. Beispielsfälle zu lösen, hat sich eine **„neue Auslegung"** zu Art. 23 A/B Abs. 1 MA, ergänzt durch den neuen Art. 23 A Abs. 4 MA durchgesetzt (s. dazu umfassend Rz. 157, 158ff.). Nicht durchgesetzt haben sich dagegen Lösungen, die dem Anwendestaat eine pauschale Auslegungsprärogative geben wollen (s. Rz. 156, 156a).

156 **a) Ältere Vorschläge,** die allerdings nicht nur für den Fall des Scheiterns und auch nicht nur im Kontext des Art. 3 Abs. 2 MA, sondern generell auf das Recht des **„Anwendestaates"** („lex fori") abstellen wollten (näher zu dieser Auffassung *K. Vogel/Prokisch,* CDFI LXXVIIIa, S. 19 (41f.) sowie die Nachw. in der 3. Aufl. Einl. Rz. 96a), konnten sich nicht durchsetzen, weil nach zutreffender Auffassung jeder Staat, der das Abkommen anwendet, „Anwendestaat" ist und insoweit keine Lösung des Konflikts erreicht werden kann (s. Art. 3 Rz. 111; sehr deutlich Wassermeyer/*Wassermeyer,* Art. 3 OECD-MA Rz. 72: „Angewendet wird das MA immer dann, wenn sein Sinn ermittelt wird"; vgl. auch *K. Vogel,* StuW 1982, 186 (296): „‚Anwendung' ist jede Entscheidung [...] über eine Steuerfrage, für die das Abkommen herangezogen wird"; ebenfalls kritisch *M. Lang,* IWB 2011, 281 (288); *ders.,* DStJG 36 (2013), S. 1 (14), der ein Abstellen auf das innerstaatliche Recht des ‚jeweiligen' Anwendestaates nur „in höchst seltenen Ausnahmefällen" des Scheiterns einer autonomen Auslegung für zulässig erachtet; differenzierend: *Haase,* IWB 2013, 162 (165)). Doppelbesteuerung aber auch Doppelnichtbesteuerung können gerade nicht vermieden werden, wenn beide Staaten das Abkommen unterschiedlich anwenden (dazu bereits o. Rz. 96e; vgl. auch *K. Vogel,* StuW 1982, 286 (293f.)).

156a **b) Keine generelle Auslegungsprärogative**. Weil jeder Staat, der das Abkommen anwendet, auch „Anwendestaat" ist, muss auch Auffassungen entgegengetreten werden, die **einem der Vertragsstaaten** eine generelle oder eine zumindest für den Fall des Scheiterns einer autonomen Auslegung subsidiäre **Prärogative** für die Auslegung geben wollen. Dieser Ansatz favorisiert eine **besondere Auslegung des Begriffs „Anwendung"** in Art. 3 Abs. 2 MA, die zwischen dem bloßen „Lesen" des Abkommens zu Prüfungszwecken und dem „Anwenden" des Abkommens unterscheiden will, so dass im Regelfall nur einer der beiden Vertragsstaaten das Abkommen „anwendet" (grundlegend *Avery Jones u.a.,* BTR 1984, 14 (50, 54); *Avery Jones,* FS Beusch, 1993, S. 43 (45, 47ff., 61); dies zumindest erwägend: *K. Vogel/Prokisch,* CDFI LXXVIIIa, S. 19 (45f.); zustimmend: *de Broe,* S. 269f.; wie hier kritisch: *M. Lang,* IWB 2011, 281 (288f.), *Gosch,* ISR 2013, 87 (93), *Meretzki,* IStR 2011, 213 (215), *Link,* S. 50ff. und Wassermeyer/*Wassermeyer,* Art. 3 OECD-MA Rz. 72f.). Kurz ausgedrückt, gehen die Vertreter dieses Ansatzes davon aus, dass derjenige Vertragsstaat, der eine Abkommensnorm nur „lesend" prüft, für die Auslegung der betreffenden Norm nicht nach Art. 3 Abs. 2 MA auf sein eigenes innerstaatliches Recht zurückgreifen darf. Diesem Lösungsansatz wird zu Recht entgegengehalten, dass sich Verteilungsnormen keineswegs nur an den Quellenstaat wenden und sich der Methodenartikel keineswegs nur an den Ansässigkeitsstaat wendet (*Wassermeyer,* IStR 2010, 37 (39) mit Hinweis u.a. auf Art. 7 Abs. 1 Satz 1, Art. 8, 10 Abs. 1, 11 Abs. 1, 12 Abs. 1 MA). Zu einem **wichtigen Sonderfall,** der mit unterschiedlicher Begründung in bestimmten Situationen zur selben Rechtsfolge, d.h. einer Auslegungsprärogative des Quellenstaates gelangt s. Rz. 157, 158ff.

157 **c) Neue Ansätze im Anwendungsbereich des Art. 23 A/B Abs. 1 bzw. Art. 23 A Abs. 4 MA.** In der OECD haben sich Lösungen durchgesetzt, die für bestimmte Auslegungsprobleme aus einer neuen Auslegung des Art. 23 A/B Abs. 1 MA abgeleitet (dazu u. Rz. 158ff.) und für andere Auslegungsprobleme nach Maßgabe des Art. 23 A Abs. 4 MA ergänzt werden (dazu u. Rz. 159ff.).

aa) Doppelbesteuerung als Folge einer im Anwendungsbereich des Art. 3 Abs. 2 MA jeweils unterschiedlichen Auslegung nach innerstaatlichem Recht (s. u. Rz. 158a, 158c ff.; positiver Qualifikationskonflikt i. e. S.) und **Doppelnichtbesteuerung** als Folge einer im Anwendungsbereich des Art. 3 Abs. 2 MA jeweils unterschiedlichen Auslegung nach innerstaatlichem Recht (s. u. Rz. 158b ff.; negativer Qualifikationskonflikt i. e. S.): **158**

Eine **Bindung des Ansässigkeitsstaats an die Auslegung des Quellenstaats** gilt im Anwendungsbereich des **Art. 23 A/B Abs. 1 MA** in den Fällen, in denen der Auslegungs- bzw. Qualifikationskonflikt (zur Terminologie s. o. Rz. 96e) aus einer unterschiedlichen Auslegung nach dem **innerstaatlichen** Recht der Vertragsstaaten resultiert. Nach diesem, auf Vorarbeiten von *Avery Jones u. a.,* (BTR 1984, 14 (50)), und *Déry/Ward,* Nationalbericht, CDFI LXXVIIIa, S. 259 (281)) beruhendem sog. **„new approach"** (*Avery Jones,* BIFD 2003, 184; *K. Vogel,* BIFD 2003, 41; *M. Lang,* Introduction, S. 59 ff.), muss der Ansässigkeitsstaat ausländische Einkünfte freistellen oder die auf die ausländischen Einkünfte anfallende Steuer des anderen Vertragsstaats anrechnen, wenn die Einkünfte, so der Wortlaut des Art. 23 A/B Abs. 1 MA, **„nach diesem Abkommen im anderen Vertragsstaat",** d. h. im Quellenstaat, **„besteuert werden [können]".** Diese Formulierung schließt eine Besteuerung unter Rückgriff auf das innerstaatliche Recht nach Maßgabe des Art. 3 Abs. 2 MA ein und begründet **insoweit,** d. h. bezogen auf eine zulässige Auslegung nach dem **innerstaatlichen** Recht, eine Auslegungsprärogative des **„anderen"** Staates, d. h. des Quellenstaats, gegenüber dem Ansässigkeitsstaat. Eine solche Bindung des Ansässigkeitsstaats an die Auslegung des Quellenstaats wird auch als **„Qualifikationsverkettung"** bezeichnet (vgl. zum Begriff z. B. *Jankowiak,* S. 130, 131; *Heurung/Seidel,* FS Djanani, 313 (342 ff., 346); *Gosch,* in Schaumburg/Piltz, Veräußerungsgewinne S. 103 (110); *ders.,* in J. Lüdicke, Vermeidung der Doppelbesteuerung und ihre Grenzen, S. 16 ff.; *Haase,* IWB 2013, 162 (164); *Mössner,* Steuerrecht, Rz. 1.187; *Schönfeld/Häck,* in SD, Systematik Rz. 14 und Art. 23A/B Rz. 37; *Benecke/Schnitger,* RIW 2002, 439 (444 f.); s. a. grundlegend bereits *Debatin,* DB 1985 Beilage 23, S. 1 (4 f.); zu den Einzelheiten s. Art. 3 Rz. 125 ff.). Wenn also der **Nichtansässigkeitsstaat** die Einkünfte oder das Vermögen gemäß zutreffender Auslegung des Abkommens nach Art. 3 Abs. 2, d. h. in Anwendung seines innerstaatlichen Rechts **besteuern darf,** dann muss der Ansässigkeitsstaat diese Einkünfte **auch dann freistellen bzw.** die vom Quellenstaat erhobenen Steuern im Rahmen des Höchstbetrags **anrechnen,** wenn er selber bei Anwendung **seines eigenen** innerstaatlichen Rechts die einschlägige Verteilungsnorm **anders auslegen** würde. Ein (positiver) Qualifikationskonflikt i. e. S. wird so bereits im Vorfeld vermieden. **158a**

Umgekehrt muss der Ansässigkeitsstaat diese Einkünfte **nicht freistellen, wenn** der Nichtansässigkeitsstaat sie aufgrund einer nach Maßgabe des Art. 3 Abs. 2 MA zulässigen Auslegung des Abkommens nach seinem innerstaatlichen Recht **nicht besteuern darf.** Hierdurch wird ein (negativer) Qualifikationskonflikt i. e. S. verhindert. Die Qualifikationsverkettung nach Maßgabe des Art. 23 A/B Abs. 1 MA (s. u. Rz. 158c) richtet sich aber nur dagegen, dass der Quellenstaat sich wegen einer im Anwendungsbereich des Art. 3 Abs. 2 MA nach Maßgabe seines innerstaatlichen Rechts auszulegenden Abkommensbestimmung an der Besteuerung gehindert sieht. Doppelnichtbesteuerung als Ergebnis unterschiedlicher Auslegung nach innerstaatlichem Recht im Anwendungsbereich des Art. 3 Abs. 2 MA ist insoweit **zu unterscheiden von** Doppelnichtbesteuerung, die aus anderen Auslegungskonflikten resultiert (zur Abgrenzung von Qualifikationskonflikten i. e. S. von solchen i. w. S. s. o. Rz. 96e), sowie von Doppelnichtbesteuerung, die ihre Ursache allein darin hat, dass der Quellenstaat unabhängig vom Abkommen Einkünfte aus Gründen seines originär innerstaatlichen Rechts nicht besteuert. Eine „kompensatori- **158b** sche Besteuerung" des Ansässigkeitsstaats ist in diesen letztgenannten Fällen bereits wegen des **Verbots der virtuellen Doppelbesteuerung** (s. Rz. 69 ff.) unzulässig (s. BFH BFH/NV 1994, 11 (12): *DBA Italien 1925;* zu weiteren Nachweisen s. o. Rz. 73). Es ist mithin **genau zu unterscheiden, was als Ursache für eine Doppelnichtbesteuerung anzusehen ist.** Abzulehnen ist es daher, wenn der BFH erwägt, das Verbot der virtuellen Doppelbesteuerung auf die Fälle der negativen Qualifikationskonflikte zu übertragen (BFH BStBl. II 2011, 156 (161): *DBA Spanien 1966*). Diese Erwägung hätte zur Folge, dass der Ansässigkeitsstaat auch in den Fällen negativer Qualifikationskonflikte i. e. S., die auf unterschiedliche Auslegung des Abkommens zurückzuführen sind, zur Freistellung gezwungen wäre. Hierfür gibt es jedoch keinen Grund, denn anders, als in den Situationen, in denen das Verbot der virtuellen Doppelbesteuerung eingreift, resultiert die doppelte Nichtbesteuerung in den Fällen negativer Qualifikationskonflikte i. e. S. nicht daraus, dass der Quellenstaat in Ausübung seiner Souveranität nach seinem innerstaatlichen Recht auf die Besteuerung verzichtet (s. Rz. 70). Zu Lösungsmöglichkeiten s. u. Rz. 160a, 161, 164b.

158c Die in Rz. 158a und 158b geschilderten Rechtsfolgen gelten selbstverständlich auch in den Fällen, in denen das Abkommen ausdrücklich auf eine Begriffsbestimmung des innerstaatlichen Rechts des Nichtansässigkeitsstaats verweist (s. o. Rz. 151 ff.). In solchen Fällen droht jedoch kein Qualifikationskonflikt i. e. S., da der Ansässigkeitsstaat bei der Auslegung von Art. 23 A/B Abs. 1 MA bereits aufgrund des ausdrücklichen abkommensrechtlichen Verweises an die Auslegung im Quellenstaat gebunden ist (s. o. R. 151a). Nach hier vertretener Auffassung erfasst der „new approach" bzw. die „Qualifikationsverkettung" nach Maßgabe des Art. 23 A/B Abs. 1 MA nur diejenigen Situationen, in denen aufgrund der **Besonderheiten des Art. 3 Abs. 2 MA,** der auf das jeweilige innerstaatliche Steuerrecht des Anwendestaats verweist, positive oder negative Qualifikationskonflikte i. e. S. drohen. Der Begriff „Qualifikationsverkettung" wird daher vorliegend – insoweit synonym zum Begriff „new approach" – in einem **engeren Sinne** verstanden (zum Begriff der Qualifikationsverkettung im weiteren Sinne s. *Schönfeld/Häck,* in SD, Art. 23A/B Rz. 37 und die weiteren Nachweise in Rz. 158a).

158d Der **OECD-Steuerausschuss** hat sich der Auslegung nach diesem sog. „new approach" i. S. einer **Qualifikationsverkettung** (Bindung des Ansässigkeitsstaats an die Auslegung des Nichtansässigkeitsstaats) **angeschlossen** (OECD Partnership Report, Ziff. 94 ff.; jetzt: MA-Komm. Art. 23 Ziff. 32.2 ff.; ferner *K. Vogel,* SWI 2000, 103 (111 f.); **zustimmend auch** *Rust,* BIFD 2003, 45; *Salomé/Danon,* Intertax 2003, 190; *Mössner,* Steuerrecht, Rz. 2.423; *Torrione,* FS Avery Jones, S. 19 (25); wohl auch *Reimer,* FR 2007, 217 (218); *ders.,* IStR 2008, 551 (552, 555); *ders.,* in Lehner, Reden zum Andenken an K. Vogel, S. 89 (127) und *Thiel,* FS Herzig, S. 1023 (1031 f.); i. Erg. auch *Loukota,* SWI 1999, 70 (74 ff.); **ablehnend:** *Aigner/Züger,* in Gassner/M. Lang/Lechner, Personengesellschaften, S. 47 ff.; *Franz/Voulon,* BB 2011, 1111 (1114); *Gosch,* in J. Lüdicke, Vermeidung der Doppelbesteuerung und ihre Grenzen, S. 16 ff.; *Heurung/Seidel,* FS Djanani, S. 313 (348 f.); *M. Lang,* Application, S. 78 ff.; *ders.,* FS K. Vogel, S. 907 ff.; *ders.,* Einführung, S. 61 ff.; *ders.,* BIT 2009, 204; *ders.,* IStR 2010, 114 ff.; *ders.,* IStR 2012, 857 (speziell für Qualifikationskonflikte, die zugleich Zurechnungskonflikte sind, s. auch u. Rz. 181 ff.); *ders.,* IWB 2011, 281 (292 f.); *Schaumburg,* Rz. 16.83; *Schönfeld/Häck,* in SD, Art. 23A/B Rz. 37; *Schuch/Bauer,* in Gassner/M. Lang/Lechner, Personengesellschaften, S. 27 ff.; Wassermeyer/*Wassermeyer,* Art. 1 OECD-MA Rz. 28g und Rz. 73; *ders.,* Art. 23 OECD-MA Rz. 46; *ders.,* IStR 2011, 85 (90), der jedoch statt dessen verlangt, der Ansässigkeitsstaat habe sich sozusagen in die Lage des Quellenstaates zu versetzen und insoweit nur zu prüfen, ob der Quellenstaat zu dem Ergebnis kommen konnte, dass die Einkünfte bei ihm besteuert werden können, „Grundsatz einer Quellenstaat bezogenen Betrachtungsweise"; ähnlich auch *Meretzki,* IStR 2011, 213 (214 ff.)). Die **Kritik in der Literatur gründet sich** u. a. **auf** das Fehlen einer Rechtsgrundlage für diesen neuen Ansatz für vor 2000 abgeschlossene DBA (*M. Lang,* BIT 2009, 204 (205); *Jankowiak,* S. 145 m. w. N. und S. 140, 217; Wassermeyer/*Wassermeyer,* Art. 1 OECD-MA Rz. 28g; *Schmidt/Blöchle* in SKK, Art. 23 A/B OECD-MA Rz. 86, *Schönfeld/Häck,* in SD, Systematik Rz. 14; *Kempermann,* in Wassermeyer/Richter/Schnittker, Personengesellschaften, Rz. 3.15 und *Franz/Voulon,* BB 2011, 1111 (1114); so i. Erg. auch *Gosch,* in Schaumburg/Piltz, Veräußerungsgewinne, S. 103 (113, 115 f.); *ders.,* in J. Lüdicke, Vermeidung der Doppelbesteuerung und ihre Grenzen, S. 16 ff.; zweifelnd *Benecke/Schnitger,* RIW 2002, 439 (445); s. zu dieser Problematik auch Rz. 158 f). Der „new approach" wird auch deshalb kritisiert, weil durch ihn wichtige Vorzüge der Freistellungsmethode (z. B. der der einfacheren Steueradministration) entfallen (*Jankowiak,* S. 146 f.; *Schuch/Bauer,* in Gassner/M. Lang/Lechner, Personengesellschaften, S. 27 ff. (35)) und das vereinbarte Gleichgewicht innerhalb des Abkommens gestört werden könnte, wenn der Quellenstaat sich das größtmögliche Besteuerungsrecht zu Lasten des an diese Einordnung i. R. d. „new approach" gebundenen Ansässigkeitsstaats sichert (Wassermeyer/*Wassermeyer,* Art. 3 OECD-MA Rz. 80a; *Jankowiak,* S. 147 f. m. w. N.; *Franz/Voulon,* BB 2011, 1111 (1114); *Gosch,* in Schaumburg/Piltz, Veräußerungsgewinne, S. 103 (115); *Benecke/Schnitger,* RIW 2002, 439 (445); *Schuch/Bauer,* in Gassner/M. Lang/Lechner, Personengesellschaften, S. 27 ff. (37 f.); s. a. *K. Vogel,* SWI 2000, 103 (112)). Das Konfliktpotential zwischen den Vertragsstaaten kann zwar aus den genannten Gründen zunehmen, jedoch ist der Ansässigkeitsstaat einem solchen Verhalten des Quellenstaats nicht schutzlos ausgeliefert (s. *K. Vogel,* SWI 2000, 103 (112)). Schließlich wird gegen den „new approach" vorgebracht, dass er das herkömmliche Verständnis des Art. 3 Abs. 2 MA für die Anwendung des Art. 23 A/B Abs. 1 MA aufgebe, indem er den Ansässigkeitsstaat, der das Abkommen im Grunde ebenso i. S. des Art. 3 Abs. 2 MA „anwendet" (s. Rz. 156 f.), an das nationale Regelungsverständnis des Quellenstaates bindet, obwohl im Anwendungsbereich des Art. 3 Abs. 2 MA der jeweilige Anwendestaat, d. h. auch der Ansässigkeitsstaat, den Abkommenstext in seinem Sinne auslegen darf (*Gosch,* in Schaumburg/Piltz, Veräußerungsgewinne, S. 103 (111 f.); *Jankowiak,* S. 139 f.; *Heurung/Seidel,* FS Djanani, S. 313 (348); *Schuch/Bauer,* in Gassner/M. Lang/Lechner, Personengesellschaften, S. 27 ff. (36)). *Gosch* weist außerdem darauf hin, dass die im MA und den DBA üblichen Verweisungen, z. B. in Art. 6 Abs. 2 MA oder Art. 10 Abs. 3 MA, nahezu überflüssig wären, würde sich eine Bindung des Ansässigkeitsstaats an die Auslegung im Quellenstaat ohnehin aus Art. 23 A/B Abs. 1 MA ergeben (*Gosch,* in Schaumburg/Piltz, Veräußerungsgewinne, S. 103 (114); *ders.,* ISR 2013, 87 (93 f.)). Tatsächlich schrumpft der Regelungsbereich dieser Verweise aber darauf, dass nicht – wie bei Art. 3 Abs. 2 MA – nur auf steuerlich bedeutsame Vorschriften des Quellenstaats verwiesen wird, sondern meist auf die gesamte Rechtsordnung (s. o. Rz. 151a); jedoch sind auch ausdrückliche Verweise auf das Recht des Ansässigkeitsstaats denkbar. Ähnliche Abgrenzungsschwierigkeiten bestehen, wenn die neue Auslegung des Art. 23 A/B Abs. 1 MA auf Switch-Over-Klauseln (zu diesen s. Art. 1 Rz. 136 ff.; Vor 6–22 Rz. 20g) trifft und diese für Qualifikationskonflikte zusätzlich ein vorgeschaltetes Verständigungsverfahren vorsehen (vgl. *Heurung/Seidel,* FS Djanani, S. 313 (348 f.); zu einem weiteren Kritikpunkt innerhalb der Literatur s. Rz. 158g). Dennoch folgt **das BMF der Auffassung des OECD-Steuerausschusses** (BMF v. 16.4.2010, BStBl. I 2010, 354, zur Anwendung von DBA auf Personengesellschaften, Tz. 4.1.3.; zum Entwurf dieses Schreibens: *Wassermeyer,* IStR 2007, 413 und (kritisch) *M. Lang,* IStR 2007, 606 (608 f.)). Dasselbe gilt für die österreichische Finanzverwaltung (ÖstBMF v.

21.6.2010 (EAS 3167), SWI 2010, 458). Die **deutsche Rechtsprechung** lehnt die Annahme einer solchen Qualifikationsverkettung für Alt-DBA allerdings ohne entsprechende abkommensrechtliche Anordnung weitgehend ab (BFH v. 13.11.2013, I R 67/12, BStBl. II 2014: *DBA Belgien;* BFH BFHE 234, 63 (68f.): *DBA Ungarn 1977;* vgl. auch BFH BStBl. II, 2011, 156 (161f.): *DBA Spanien 1966)*. Sie begründet ihre Ablehnung u. a. mit den entfallenden Vorteilen der Freistellungsmethode und dem Prinzip des Verbots der virtuellen Doppelbesteuerung (BFH BFHE 234, 63 (68f.): *DBA Ungarn 1977;* FG Hamburg, EFG 2007, 96 (100) und 101 (104f.): jeweils *DBA Spanien 1966*). Teilweise wird zusätzlich mit Bezug auf Art. 3 Abs. 2 MA argumentiert und darauf hingewiesen, dass auch Art. 23 A/B Abs. 1 MA durch den Anwendestaat ausgelegt wird (BFH BFHE 234, 63 (68f.): *DBA Ungarn 1977;* vgl. auch BFH BStBl. II 2013, 111 (114): *DBA Brasilien* und FG Hamburg, EFG 2007, 101 (104f.): *DBA Spanien 1966*). In einem Fall wird eine Qualifikationsverkettung gar als unnötig betrachtet, weil Qualifikationskonflikte über die Grundsätze der Entscheidungsharmonie gelöst werden könnten (FG Nürnberg EFG 2011, 981 (983): *DBA Brasilien*). Bejaht wurde demgegenüber eine solche Qualifikationsverkettung vom FG Düsseldorf (IStR 2009, 733 (737): *DBA Großbritannien 1964/1970*).

158e Die Meinungsverschiedenheiten über die Auslegung nach dem „new approach" werden jedoch entschärft, weil diese Auslegung voraussetzt, dass Art. 3 Abs. 2 MA eine Auslegung nach innerstaatlichem Recht ermöglicht, d.h. dass es sich um einen Ausdruck handelt, der im Abkommen nicht definiert ist und für den der Zusammenhang i.S. des Art. 3 Abs. 2 MA keine autonome Auslegung (dazu Rz. 96a, 113a ff.) erfordert (s. Rz. 152ff. und Art. 3 Rz. 116a ff.). Das Einvernehmen beider Vertragsstaaten über das Vorliegen der Anwendungsvoraussetzungen des Art. 3 Abs. 2 MA (zum Begriff der einvernehmlichen Auslegung o. Rz. 96a) kann also durch den „new approach" **nicht** überwunden werden. Der „new approach" führt somit **nicht zu einer generellen Bindung des Ansässigkeitsstaats an die Auslegung des Quellenstaats.** Erfordert der Zusammenhang i.S. des Art. 3 Abs. 2 MA eine autonome Auslegung und scheitert sie, so tritt demnach keine Bindung des Ansässigkeitsstaats an die Auslegung des Quellenstaats i.S. des „new approach" ein. Eine solche Bindung scheidet aber auch dann aus, wenn der Anwendungsbereich des Art. 3 Abs. 2 MA nicht eröffnet ist, weil es sich um einen im Abkommen definierten Ausdruck handelt (zu diesen Fällen s. Rz. 150f., 151ff. und 158c). Der spezielle Verweis geht insoweit, wie auch im Fall eines Verweises auf eine Begriffsbestimmung nach dem Recht des Ansässigkeitsstaats (s. Rz. 151), der Auslegung des Art. 23 A/B Abs. 1 MA nach dem „new approach" als „lex specialis" vor. Eine Qualifikationsverkettung nach Maßgabe des Art. 23 A/B Abs. 1 MA (s. o. Rz. 158c) tritt also nicht ein; etwaige Doppelbesteuerung kann allenfalls im Verständigungs- bzw. Konsultationsverfahren beseitigt werden (s. Art. 3 Rz. 110a; Art. 25 Rz. 30, 74). Die **Auswirkungen der Bindungswirkung durch den „new approach"** sind also **begrenzt** (vgl. auch *M. Lang,* Introduction, S. 59f.). Andererseits erscheint die hier noch in der 5. Aufl. vertretene Beschränkung auf Verteilungsnormen mit offener Rechtsfolge zu eng. Sie wird aufgegeben, weil die Unterscheidung zwischen Verteilungsnormen mit offener und mit abschließender Rechtsfolge (dazu Rz. 82) im hier relevanten Funktionszusammenhang lediglich regelungstechnischer Natur ist (weitere, differenzierende Begründung bei *Rust,* BIFD 2003, 45 (48ff.). Das im MA-Komm. zu Art. 23 Ziff. 32.4 erörterte Fallbeispiel bestätigt diese Auffassung.

158f Nach Maßgabe der allgemeinen Grundsätze für die **Relevanz des MA und des MA-Komm. für die Vertragspraxis** (s. Rz. 123ff. und insbesondere Rz. 127ff.) erscheint es aber vertretbar, die Auslegung des Art. 23 A/B Abs. 1 MA nach dem „new approach" erst ab dem Zeitpunkt ihrer Einbindung in den MA-

Kommentar im Jahre **2000**, d.h. nur für Abkommen zugrunde zu legen, die nach diesem Zeitpunkt abgeschlossen worden sind (strikt gegen eine Anwendung vor diesem Zeitpunkt Wassermeyer/*Wassermeyer,* Art. 23 OECD-MA, Rz. 28g; so i.Erg. auch BFH BFHE 234, 63 (69): *DBA Ungarn 1977*; ähnlich BFH BStBl. II 2011, 156 (161f.): *DBA Spanien 1966*; s. dazu aber auch o. Rz. 158d m.w.N.).

Die Auslegung des Art. 23 A/B Abs. 1 MA nach dem „new approach" begegnet allerdings über die o. in Rz. 158d genannten Aspekte auch deshalb teils nachhaltiger Kritik, weil sich die Bindung des Ansässigkeitsstaats an die Auslegung des Quellenstaats als Ausnahme von dem (auch hier) besonders betonten **Gebot der autonomen Auslegung** (s.o. Rz. 96a, 113a ff.) darstellt. Diese Kritik überzeugt jedoch nicht. Entscheidend ist ihr entgegenzuhalten, dass die Bindung des Ansässigkeitsstaats an die Auslegung des Quellenstaats nur im bilateral einvernehmlich eröffneten Anwendungsbereich des innerstaatlichen Rechts über Art. 3 Abs. 2 MA wirkt und dort nur unter der Voraussetzung, dass der Zusammenhang keine andere, d.h. gerade **keine autonome Auslegung erfordert.** Vor diesem Hintergrund wirkt die Bindung des Ansässigkeitsstaats nach dem „new approach" nur in einem Bereich, in dem es bereits nach dem Abkommen nicht mehr um autonome Auslegung geht, sondern nur um die Frage, ob sich die Auslegung eines im Abkommen nicht definierten Ausdrucks nach dem innerstaatlichen Recht des Ansässigkeitsstaats oder nach dem innerstaatlichen Recht des Nichtansässigkeitsstaats zu richten hat. In diesem begrenzten Bereich kann die Bindung des Ansässigkeitsstaats an die Auslegung des Quellenstaats gerechtfertigt werden, nicht zuletzt deshalb, weil dem Ansässigkeitsstaat eine primäre Verantwortung für eine der Leistungsfähigkeit des Steuerpflichtigen entsprechende Besteuerung obliegt (*Lehner/Waldhoff,* in KSM, § 1 Rz. A496ff.; mit teils ähnlicher Begründung *Loukota,* SWI 1999, 70 (75)). **158g**

bb) Doppelnichtbesteuerung oder Minderbesteuerung nach Art. 10 Abs. 2 oder Art. 11 Abs. 2 MA wegen unterschiedlicher Auslegung des Abkommens außerhalb des Rückgriffs auf innerstaatliches Recht nach Art. 3 Abs. 2 MA (s.o. Rz. 157; **negativer Qualifikationskonflikt i. w. S.;** zu den Begriffen s. Rz. 96b, 96d f.): **159**

Eine besondere Konstellation des Scheiterns übereinstimmender Auslegung (zum Begriff s.o. Rz. 96a) mit der Folge einer Doppelnichtbesteuerung oder einer Minderbesteuerung durch Anwendung des Art. 10 Abs. 2 oder des Art. 11 Abs. 2 MA im Nichtansässigkeitsstaat regelt **Art. 23 A Abs. 4 MA** (dazu auch Art. 23 Rz. 243ff.). Art. 23 A Abs. 4 MA erfasst Fälle, in denen der Nichtansässigkeitsstaat **das Abkommen** so auslegt, dass er bestimmte Einkünfte nicht, oder nur nach Maßgabe der Art. 10 Abs. 2 oder Art. 11 Abs. 2 MA besteuern darf, während sich der Ansässigkeitsstaat zur Freistellung verpflichtet sieht, weil er die Besteuerung im Nichtansässigkeitsstaat bejaht. Art. 23 A Abs. 4 MA unterscheidet sich von den über Art. 23 A/B Abs. 1 MA zu lösenden Qualifikationskonflikten i.e.S. zum einen darin, dass die Auslegungsdivergenz ihre Ursache im Fall des Abs. 1 in einer nach Maßgabe des Art. 3 Abs. 2 MA zulässigen Auslegung des Abkommens nach innerstaatlichem Recht hat, sodass die eigentliche Ursache der Auslegungsdivergenz auf Unterschiede des innerstaatlichen Rechts zurückzuführen ist (s.o. Rz. 158e). Demgegenüber haben die nach Art. 23 A Abs. 4 MA relevanten Auslegungsdivergenzen ihre **Ursache** in einer vom innerstaatlichen Recht unabhängigen, aber eben divergierenden Auslegung des Abkommens oder den „Tatumstände(n) eines Falles" (MA-Komm. Art. 23 Ziff. 56.1). Innerstaatliches Recht kann für die Auslegung in diesem Zusammenhang grundsätzlich nur dann relevant werden, wenn das Abkommen, anders als im Fall des Art. 3 Abs. 2 MA, für die Auslegung **ausdrücklich** auf Begriffsbestimmungen des innerstaatlichen Rechts verweist (s. Rz. 151ff.). Ohne die Konfliktlösung des Art. 23 A Abs. 4 MA bliebe der

Ansässigkeitsstaat nach Abs. 1 verpflichtet, Freistellung zu gewähren, weil die Freistellungsverpflichtung des Abs. 1 nur dann entfällt, wenn die Einkünfte „nach diesem Abkommen" (dazu o. Rz. 158b) im Nichtansässigkeitsstaat nicht besteuert werden können. Anders gewendet: entfällt die Verpflichtung des Ansässigkeitsstaats bereits deshalb, weil die Voraussetzungen des Art. 23 A/B Abs. 1 MA nicht erfüllt sind, so ist Abs. 4 nicht anzuwenden, d. h. nicht erforderlich, um die Besteuerung im Ansässigkeitsstaat sicherzustellen (MA-Komm. Art. 23 Ziff. 56.3. a. E.).

160 Wie die Qualifikationsverkettung nach Maßgabe des Art. 23 A/B Abs. 1 MA (s. o. Rz. 158b) ist auch Art. 23 A Abs. 4 MA in seinem Anwendungsbereich von den Fällen abzugrenzen, in denen die Nicht- bzw. Minderbesteuerung im Quellenstaat nicht aus einem (drohenden) negativen Qualifikationskonflikt resultiert, sondern schlicht daraus, dass der Quellenstaat, eine ihm nach dem Abkommen verbleibende Besteuerung aus Gründen seines **originär innerstaatlichen** Rechts nicht ausübt.

160a In diesen Fällen bleibt die Verpflichtung des Ansässigkeitsstaats zur Freistellung bestehen, soweit nicht eine sog. subject-to-tax-Klausel eingreift. **Art. 23 A Abs. 4 MA ist** jedenfalls **keine subject-to-tax-Klausel,** die eine Freistellung im Ansässigkeitsstaat davon abhängig macht, dass die Einkünfte nach dem **innerstaatlichen** Recht des Quellenstaats dort besteuert werden (Ziff. 15 MA-Komm. zu Art. 1; Art. 1 Rz. 135e ff.; vor Art. 6–22 Rz. 20a ff.; Art. 23 Rz. 11, 250; Wassermeyer/*Wassermeyer,* Art. 23 OECD-MA, Rz. 146). Art. 23 A Abs. 4 MA **wirkt aber** im Ergebnis **wie eine Switch-Over-Klausel** (s. Art. 1 Rz. 136 ff.), **soweit** (so mit guten Gründen Wassermeyer/*Wassermeyer* Art. 23 OECD-MA Rz. 143) die aus der Sicht des Ansässigkeitsstaats unzutreffende Anwendung des Art. 10 Abs. 2 oder des Art. 11 Abs. 2 MA durch den Quellenstaat zur Anrechnung der Quellensteuer nach Maßgabe des Art. 23 A Abs. 2 Satz 1 MA führt.

161 Bleibt es in diesen und auch in anderen, durch das Abkommen nicht gelösten Fällen bei einer Doppelnichtbesteuerung, so darf sie ohne Verstoß gegen das völkerrechtliche Verbot eines **„Treaty Override"** grundsätzlich nicht durch unilaterale, dem Abkommen widersprechende innerstaatliche Gesetzgebung beseitigt wegen (s. Rz. 193 ff.). Dies gilt entsprechend für bilaterale Vereinbarungen zwischen den Finanzbehörden der beteiligten Vertragsstaaten und deren innerstaatliche Umsetzung durch Rechtsverordnungen, wie dies in § 2 Abs. 2 AO vorgesehen ist (dazu oben Rz. 136 ff.).

162 **cc) Zusammenfassende Systematisierung von Auslegungsproblemen und Lösungen**

Die vorstehenden Ausführungen lassen sich wie folgt systematisieren:

162a – **Doppelbesteuerung** als Folge nicht erzielbarer autonomer Auslegung (s. o. Rz. 96a, 113a ff.) oder als Folge der Uneinigkeit über die Anwendung einer Auslegungsregel (s. Rz. 96a, 155) einschließlich der Uneinigkeit über die Anwendungsvoraussetzungen des Art. 3 Abs. 2 MA:
Abhilfe allenfalls im **Verständigungs- oder Konsultationsverfahren** (s. Art. 25 Rz. 20 ff., 70 ff., vgl. BFH BFH/NV 1994, 153 und Ziff. 32.5 MA-Komm. zu Art. 23 MA);

162b – **Doppelbesteuerung** als Folge einer im Anwendungsbereich des Art. 3 Abs. 2 MA jeweils unterschiedlichen Auslegung nach innerstaatlichem Recht (positiver Qualifikationskonflikt i. e. S., s. dazu o. Rz. 96e):
Bindung des Ansässigkeitsstaats an die Auslegung des Quellenstaats (sog. **„new approach"** bzw. **„Qualifikationsverkettung"**); Verpflichtung des Ansässigkeitsstaats zur Freistellung bzw. Anrechnung (s. o. Rz. 158, 158a, 158c ff.);

- **Doppelnichtbesteuerung** als Folge einer im Anwendungsbereich des Art. 3 Abs. 2 MA jeweils unterschiedlichen Auslegung nach innerstaatlichem Recht (negativer Qualifikationskonflikt i. e. S., s. dazu o. Rz. 96e): **162c**
  Bindung des Ansässigkeitsstaats an die Auslegung des Quellenstaats (sog. **„new approach"** bzw. **„Qualifikationsverkettung"**); keine Verpflichtung des Ansässigkeitsstaats zur Freistellung (s. o. Rz. 158, 158b ff.);
- **Doppelnichtbesteuerung oder Minderbesteuerung** nach Art. 10 Abs. 2 oder Art. 11 Abs. 2 MA wegen unterschiedlicher Auslegung des Abkommens außerhalb des Anwendungsbereichs von Art. 3 Abs. 2 MA (negativer Qualifikationskonflikt i. w. S., zum Begriff s. o. Rz. 96b, 96d f.): **62d**
  Keine Verpflichtung des Ansässigkeitsstaats zur Freistellung nach Art. 23A Abs. 4 MA (s. o. Rz. 159 ff.);
- **Doppelnichtbesteuerung**, die ihre Ursache nicht in Meinungsverschiedenheiten über die Auslegung des Abkommens hat, sondern allein darin, dass der Nichtansässigkeitsstaat die ihm abkommensrechtlich zustehende Besteuerung aus Gründen seines originär innerstaatlichen Rechts nicht ausübt (kein negativer Qualifikationskonflikt): **162e**
  aufgrund des **Verbots der virtuellen Doppelbesteuerung fortbestehende Verpflichtung des Ansässigkeitsstaats** zur Freistellung, falls keine subject-to-tax-Klausel eingreift (s. o. Rz. 158b, 160, 160a).

163 **dd) Umsetzung des OECD-Ansatzes in der Vertragspraxis** (s. dazu die Übersicht in Art. 23 Rz. 16). In der Vertragspraxis finden sich Vorschriften, die sowohl mit Art. 23 A/B Abs. 1 MA als auch mit Art. 23 A Abs. 4 MA und solche, die nur mit Art. 23 A/B Abs. 1 MA vergleichbar sind. Für eine Übersicht der ersten nach dem Muster des Art. 23 A Abs. 4 MA abgeschlossenen Abkommen s. Art. 23 Rz. 252.

4. Besonderheiten der Vertragspraxis

164 Zur Lösung der in Rz. 155 angesprochenen Probleme bietet die Vertragspraxis unterschiedliche Ansätze. So regeln u. a. das *DBA-Indien,* Prot. Nr. 6 Buchst. c, das *DBA Italien,* Prot. Nr. 18, das *DBA Kanada,* Prot. Nr. 9, das *DBA Norwegen,* Prot. Nr. 10 Buchst. a und das *DBA Schweden,* Art. 43 Abs. 1 Buchst. a den Übergang von der Freistellungsmethode zur Anrechnungsmethode, wenn eine **Doppelbesteuerung oder eine Doppelnichtbesteuerung** (bzw. Minderbesteuerung) als Folge einer unterschiedlichen Zuordnung oder Zurechnung von Einkünften eintritt (Switch-Over-Klauseln, vgl. zu diesen Art. 1 Rz. 136 ff. und vor Art. 6–22 Rz. 20 f.). Art. 23 Abs. 4 Buchst. a, b *DBA USA,* aber auch die deutsche Verhandlungsgrundlage für DBA (zu dieser s. o. Rz. 38 f.) enthalten eine ähnliche Regelung; sie erfassen jedoch nicht auch die Doppel-, Doppelnicht- oder Minderbesteuerung aufgrund von Zurechnungskonflikten (zu diesen s. u. Rz. 181 ff.). Gemeint sind nach der ersten Alternative Fälle, in denen sowohl der Ansässigkeitsstaat als auch der Quellenstaat eine jeweils alleinige Besteuerung beanspruchen, etwa deshalb weil der Ansässigkeitsstaat Einkünfte, die eine in seinem Gebiet ansässige Person aus dem anderen Vertragsstaat bezieht, als Lizenzgebühren nach Art. 12 MA behandelt, während der Quellenstaat Einkünfte aus künstlerischer Tätigkeit (Art. 17 MA) annimmt (Zuordnung zu unterschiedlichen Verteilungsnormen; zur Abgrenzung von Zurechnungskonflikten s. Rz. 181 ff.). In diesem und in ähnlichen Fällen (vgl. die Beispiele bei Wassermeyer/*Krabbe,* Art. 45 *DBA-Dänemark,* Rz. 3) bewirkt die Regelung, dass der **Ansässigkeitsstaat** anstelle der vom Quellenstaat aufgrund seiner abkommensrechtlichen Zuordnung bzw. Qualifikation erwarteten Freistellung zur Anrechnung verpflichtet wird, um die aus der unterschiedlichen Zuordnung resultierende Doppelbesteuerung zu beseitigen.

164a **Anders als** die Auslegung des Art. 23 A/B Abs. 1 MA nach dem **„new approach"** (s. o. Rz. 157, 158 ff.) sollten diese Regelungen nicht auf Auslegungs- bzw. Qualifikationskonflikte beschränkt werden, die das Ergebnis unterschiedlicher Anwendung innerstaatlichen Rechts im Anwendungsbereich des Art. 3 Abs. 2 MA sind (s. Rz. 158e). Auch dann nicht, wenn die Abkommen davon sprechen, dass Einkünfte unterschiedlich „qualifiziert" werden (wie im *DBA Italien* und dem *DBA Kanada*). Das kann zur Folge haben, dass die hier diskutierten Abkommensbestimmungen auch diejenigen Fälle einer Doppelbesteuerung erfassen, die nach dem „new approach" über Art. 23 A/B Abs. 1 MA zu lösen wären (s. o. Rz. 157, 158 ff.). Während aber der Ansässigkeitsstaat nach dem „new approach" zur Freistellung verpflichtet bleibt, führen die hier diskutierten Abkommensbestimmungen zum Wechsel von der Freistellung zur Anrechnung. Sie sehen jedoch als Voraussetzung für den Übergang zur Anrechnungsmethode vor, dass Einkünfte unterschiedlichen Abkommensbestimmungen zugeordnet werden und dieser Konflikt zu Doppelbesteuerung bzw. Doppelnichtbesteuerung führt, sie setzen mithin – auch bei evtl. leicht abweichender Formulierung – einen Qualifikationskonflikt voraus. Kann das Entstehen eines solchen Qualifikationskonfliktes in bestimmten Fällen durch die neue Auslegung („new approach") einer dem Art. 23 A/B Abs. 1 MA entsprechenden Abkommensregelung vermieden werden, ist der Anwendungsbereich der hier diskutierten speziellen Abkommensbestimmungen nicht eröffnet. Sie **gehen** also der **Auslegung nach** dem **„new approach" nicht ohne weiteres als speziellere Regelungen vor** (so aber *Schönfeld/Häck,* in SD, Systematik Rz. 14).

164b Soweit Abkommen Regelungen enthalten, die, dem Art. 23 A/B Abs. 1 MA vergleichbar, nicht nur gegen Doppelbesteuerung, sondern, dem Art. 23 A Abs. 4 MA ähnlich, **auch** (so u. a. die bereits genannten *DBA Indien, Italien, Kanada, Norwegen* und *USA*) **oder nur gegen Doppelnichtbesteuerung** bzw. **Minderbesteuerung** gerichtet sind (u. a. das *DBA Dänemark,* Art. 45 Abs. 1 Buchst. a, das *DBA Mexiko,* Art. 23 Abs. 1 Buchst. e, das *DBA Österreich,* Art. 28 Abs. 1 Buchst. a und das *DBA Russland,* Art. 23 Abs. 2 Buchst. e), ist ihre Wirkungsweise von der des **Art. 23 A Abs. 4 MA** abzugrenzen. Gemeinsam ist diesen Regelungen und der des Art. 23 A Abs. 4 MA, dass sie sich – mit Ausnahme des Art. 23 Abs. 4 Buchst. b *DBA-USA* (Wassermeyer/*Wolff,* Art. 23 DBA USA Rz. 321) und des Art. 23 Abs. 3 Buchst. b *DBA Liechtenstein* – nicht gegen Fälle der Doppelnichtbesteuerung richten, die ihre Ursache allein im innerstaatlichen Recht des Quellenstaats haben (s. Rz. 160). Ursache der Doppelnichtbesteuerung muss vielmehr sein, dass, so stellvertretend für diese Abkommensbestimmungen, Art. 45 Abs. 1 Buchst. a *DBA-Dänemark:* „in den Vertragsstaaten Einkünfte oder Vermögen unterschiedlichen Abkommensbestimmungen zugeordnet oder verschiedenen Personen zugerechnet werden … und … aufgrund dieser unterschiedlichen Zuordnung oder Zurechnung die betreffenden Einkünfte oder Vermögenswerte unbesteuert blieben oder zu niedrig besteuert würden …". Die unter dieser Voraussetzung angeordnete Beseitigung der Doppelbesteuerung nach der Anrechnungs- anstelle der Freistellungsmethode wirkt in den Fällen einer **Minderbesteuerung** (zu diesen Fällen o. Rz. 159 sowie u. Rz. 164d) wie Art. 23 A Abs. 4 MA und in den Fällen, in denen der Quellenstaat, aus der Sicht des Ansässigkeitsstaats unzutreffend Art. 10 Abs. 2 oder Art. 11 Abs. 2 MA anwendet, als **„Switch-Over-Klausel"** (s. Rz. 160a). Wird im Quellenstaat nicht besteuert, so wirken beide Regelungstypen ebenfalls ähnlich: Die Beseitigung der Doppelbesteuerung nach der Anrechnungs- anstelle der Freistellungsmethode führt nach den hier diskutierten Abkommensbestimmungen dazu, dass der Ansässigkeitsstaat unbeschränkt besteuern kann, wenn im Quellenstaat aufgrund des beschriebenen Konflikts keine Steuer erhoben wurde, so dass im Ansässigkeitsstaat nicht mehr anzurechnen ist.

Art. 23 A Abs. 4 MA führt ebenfalls dazu, dass der Ansässigkeitsstaat unbeschränkt besteuern kann (s. o. Rz. 159).

Die hier diskutierten speziellen Abkommensbestimmungen, die zu einem Wechsel von der Freistellungs- zur Anrechnungsmethode führen, haben schließlich nur in den Fällen Bedeutung, in denen der Ansässigkeitsstaat die Doppelbesteuerung nach der Freistellungs- und nicht nach der Anrechnungsmethode beseitigt (Wassermeyer/*Krabbe,* Art. 45 *DBA-Dänemark,* Rz. 2). Ein solcher Übergang ist nicht nötig, wenn der Ansässigkeitsstaat bereits nach der Ausgangsregelung des Methodenartikels anrechnet. Die Bestimmungen der *DBA Dänemark, Russland* und *Schweden,* die solch einen Übergang ihrem Wortlaut nach vorsehen, sind insoweit redundant. **164c**

Mit Ausnahme des Vertrags mit Norwegen, der als einer der ersten eine Klausel dieser Art enthielt, enthalten alle hier behandelten Abkommen nach „unbesteuert blieben" die Worte „oder zu niedrig besteuert würden". Es ist aber unklar, wann eine Besteuerung im Sinne dieser Vorschrift „zu niedrig" ist. Eine derartige Regelung widerspricht dem Rechtsstaatsgebot, nach dem Ermächtigungen zu Eingriffen „bestimmt und begrenzt" sein müssen (BVerfGE 13, 153 (160); BVerfG, HFR 2011, 86; s. näher *K. Vogel,* HStR IV S. 47 ff.; vgl. auch *Drüen,* in Tipke/Kruse, § 5 AO Rz. 6 und Klein/*Gersch,* § 3 AO Rz. 11, jeweils m. w. N.). Präziser vereinbart Deutschland in jüngeren DBA, z. B. in den *DBA Rumänien, DBA Singapur* oder *DBA Großbritannien 2010* eine Formulierung mit dem Wortlaut: „oder niedriger als ohne diesen Konflikt besteuert würden". Auf diese Weise wird die Unklarheit der älteren Abkommen vermieden. Dasselbe gilt für Abkommen, die ganz allgemein darauf abstellen, dass die betreffenden Einkünfte im Quellenstaat „nicht oder nur ermäßigt besteuert" werden (wie das *DBA Italien* und das *DBA Kanada*). **164d**

Zusätzlich enthalten manche Abkommen, die eine gegen Doppelnicht- oder Minderbesteuerung gerichtete Switch-Over-Klausel vorsehen, eine **Generalklausel.** Danach werden die Vertragsstaaten ermächtigt, auch für andere Einkünfte von der Freistellungsmethode zur Anrechnungsmethode überzugehen, „um die steuerliche Freistellung von Einkünften in beiden Vertragsstaaten oder sonstige Gestaltungen zum Missbrauch des Abkommens zu verhindern" (so vorgesehen vor allem in älteren Abkommen, z. B. in Art. 28 Abs. 1 Buchst. b *DBA Österreich* oder Prot. Nr. 6 Buchst. c Doppelbuchst. bb *DBA Indien*). Die Ermächtigung ist an bestimmte Verfahrensregeln gebunden (vorherige Konsultation, Notifizierung auf diplomatischem Weg); außerdem soll sie häufig nur gelten, soweit das innerstaatliche Recht der Vertragsstaaten dies gestattet. Wie weit das der Fall ist, ist zumindest für Deutschland nicht eindeutig klar. Das deutsche Verfassungsrecht verlangt grundsätzlich, dass Ermächtigungen zu Eingriffen, auch zu Ausnahmen von begünstigenden Vorschriften, „bestimmt und begrenzt" sein müssen (BVerfGE 13, 153 (160); BVerfG, HFR 2011, 86; s. näher *K. Vogel,* HStR IV S. 47 ff.; vgl. auch *Drüen,* in Tipke/Kruse, § 5 AO Rz. 6 und Klein/*Gersch,* § 3 AO Rz. 11, jeweils m. w. N.). Ob die hier behandelte Regelung diesen Anforderungen noch entspricht, ist zweifelhaft. Unstreitig ist allerdings, dass eine – eng auszulegende – Missbrauchsklausel, wie sie das innerdeutsche Steuerrecht in § 42 AO vorsieht, ungeachtet ihrer Unbestimmtheit verfassungsrechtlich zulässig ist. Auch Doppelbesteuerungsabkommen stehen nach überwiegender, auch hier vertretener Ansicht unter einem allgemeinen **Missbrauchsvorbehalt** (s. Anhang zu Art. 1 Rz. 100 ff., insbesondere Rz. 117). Soweit die hier behandelte Klausel über solch einen Missbrauchsvorbehalt nicht hinausgeht, führt sie nur zu einer Korrektur, die auch ohne ausdrückliche Festlegung im Abkommen, freilich mit anderer Rechtsfolge (darüber sogleich), zulässig wäre. Für eine derartige Auslegung spricht das Wort **„sonstige".** Es kann dahin verstanden werden, dass eine Doppelfreistellung nur dann zur Anwendung der Vorschrift ermächtigt, wenn sie auf einer „Gestaltung zum Miss- **165** brauch des Abkommens“ beruht. Die rechtliche Bedeutung der Vorschrift läge dann darin, dass sie die Geltendmachung des Missbrauchs von der Einhaltung besonderer Verfahrensvorschriften abhängig macht und dass sie als Folge des Missbrauches den Übergang zur Anrechnung vorsieht statt – wie nach § 42 AO – diejenige Besteuerung, die sich bei wirtschaftlich angemessener Gestaltung ergeben würde. Mit dieser einschränkenden Auslegung könnte man die Vorschrift noch als verfassungsmäßig betrachten (kritisch zu dieser Regelung auch *Gassner,* SWI 1999, 290).

166 Noch weitergehend ist in zahlreichen, insbesondere in jüngerer Zeit abgeschlossenen deutschen DBA ein Übergang zur Anrechnung nach vorheriger Notifikation ohne eine Beschränkung auf Doppelfreistellungs- und Missbrauchsfälle vorgesehen (so z.B. in Art. 43 Abs. 1 Buchst. b *DBA Schweden,* Art. 23 Abs. 1 Buchst. e Doppelbuchst. bb *DBA Großbritannien 2010* oder Art. 22 Abs. 1 Buchst. e Doppelbuchst. bb *DBA Niederlande 2012 (E)*). Eine entsprechende Regelung sieht auch die deutsche Verhandlungsgrundlage (s. Rz. 38) vor (allgemein zu dieser s.o. Rz. 38f.). Eine solche Regelung ist nach dem o. unter Rz. 165 Ausgeführten mit deutschem Verfassungsrecht nicht vereinbar.

V. Zurechnungskonflikte

181 Wenn dieselben Einkünfte nach dem innerstaatlichen Recht eines der beiden Vertragsstaaten einer anderen Person zugerechnet werden als nach dem innerstaatlichen Recht des anderen Vertragsstaats, so kann daraus wirtschaftliche Doppelbesteuerung (s.o. Rz. 9f.) oder Doppelnichtbesteuerung resultieren. Derartige Konflikte werden **„Zurechnungskonflikte“** genannt (s. etwa *Loukota,* in Gassner/M. Lang/Lechner, Personengesellschaften, S. 15 (18f.); *M. Lang,* IStR 2010, 114 (115); *Kempermann,* in Wassermeyer/Richter/Schnittker, Personengesellschaften, Rz. 3.5). Zurechnungskonflikte sind dem Abkommensrecht **vorgelagert,** weil sie ihre Ursache nicht, zumindest nicht allein, im Abkommensrecht, sondern im innerstaatlichen Recht der Vertragsstaaten haben.

181a Zurechnungskonflikte können entstehen,

- wenn ein Vermögenswert in einem Staat dem wirtschaftlichen Inhaber zugerechnet wird, so in Deutschland nach § 39 AO, im anderen Staat dagegen dem Eigentümer im Rechtssinne;
- wenn sich ein Steuerinländer an einer ausländischen Basisgesellschaft beteiligt und die Einkünfte dieser Gesellschaft nach § 42 AO dem inländischen Gesellschafter zugerechnet werden, im anderen Staat jedoch eine Zurechnung an die Gesellschaft erfolgt (Beispiel nach *Haase,* IWB 2013, 162 (166));
- wenn Zuflüsse aus einem Nachlass in einem Staat als solche des Nachlasses besteuert werden, z.B. in den USA, im anderen als solche des Erben, z.B. in Deutschland (für ein Beispiel s. US TAM 9 413 005), oder
- wenn in beiden Staaten unterschiedliche Regeln über die Einkünftezurechnung zwischen verbundenen Unternehmen zur Anwendung kommen (s. Art. 9 Rz. 130).
- Zurechnungskonflikte entstehen schließlich auch, wenn ein Staat ein juristisches Gebilde, insbesondere eine Personengesellschaft, als „intransparent“, d.h. als eigenständiges Steuersubjekt behandelt und ihr Einkünfte zurechnet, der andere Staat dagegen die Gesellschaft als „transparent“ behandelt, d.h. nicht die Gesellschaft als solche, sondern die einzelnen Gesellschafter besteuert (s.u. Rz. 181df.; Art. 1 Rz. 17ff., 30ff.).

181b Über die auf das Steuersubjekt bezogene Zurechnung von Einkünften ist nach originär innerstaatlichem Recht zu entscheiden (*J. Lüdicke,* IStR 2011, 91 (93);

Wassermeyer/*Wassermeyer,* Art. 1 OECD-MA Rz. 27a, 28c, der insoweit auch davon spricht, wer die Einkünfte im konkreten Fall steuerlich „erzielt"; vgl. auch BFH BStBl. 1998 II, 672 (674); BFH BStBl. 2007 II, 521; mit ausdrücklichem Bezug darauf ÖstBMF v. 24.9.2013 (EAS 3338), SWI 2013, 512, dazu *M. Lang,* IStR 2012, 857; *ders.,* BIT 2013, 105; BFH BFHE 234, 63 (67)), weil die Zurechnung von Einkünften zu einer Person **konstitutives Merkmal** des steuerpflichtbegründenden Tatbestandes ist, an den die Verteilungsnormen des Abkommens zwar anknüpfen, dessen Voraussetzungen sie aber nicht selber bestimmen können (**Doppelbesteuerungsabkommen begründen grds. keine Steuerpflicht** (s. Rz. 65, Wassermeyer/*Wassermeyer,* Art. 1 OECD-MA Rz. 27b). Im Grundsatz geht es im Abkommensrecht lediglich darum, demjenigen abkommensrechtlichen Schutz zukommen zu lassen, der diesen aufgrund des innerstaatlichen Steuerzugriffs im Anwendungsbereich und nach Maßgabe des für ihn anwendbaren Abkommens benötigt (vgl. Wassermeyer/*Wassermeyer,* Art. 6 OECD-MA Rz. 19; ähnlich: *J. Lüdicke,* IStR 2011, 91 (93)). Aus diesen Gründen können Doppelbesteuerungsabkommen Zurechnungsentscheidungen zwar nicht konstitutiv begründen, wohl aber **unter engen Voraussetzungen modifizieren,** etwa dann, wenn eine klare Abgrenzung der Besteuerungszuständigkeit nach den Vorgaben einer entsprechenden Abkommensnorm Korrekturen einer innerstaatlichen Zurechnungsentscheidung erfordert. Dies kann im spezifisch abkommensrechtlichen Regelungszusammenhang der Gewinnabgrenzung zwischen Stammhaus und Betriebstätte nach Maßgabe des Art. 7 Abs. 2–6 MA i. d. F. bis einschl. 2008 (s. Art. 7 Rz. 70 ff.) bzw. des Art. 7 Abs. 2, 3 MA i. d. F. seit 2010 (dazu allgemein Art. 7 Rz. 182 ff.) oder der Gewinnabgrenzung zwischen zwei verbundenen Unternehmen i. S. des Art. 9 Abs. 1 und 2 MA (s. Art. 9 Rz. 129 ff.) der Fall sein (*Lehner,* FS G. Frotscher, S. 383 (398 ff.)). Das Abkommen enthält zwar auch in diesen Fällen keine eigenständigen, also keine konstitutiven Zurechnungsentscheidungen, es knüpft aber an die entsprechenden Zurechnungsentscheidungen des innerstaatlichen Rechts an und modifiziert diese im spezifischen Anwendungsbereich der genannten Abkommensbestimmungen. Jenseits dieser abkommensrechtlichen Modifikationen, so stellt *Wassermeyer* (FS Herzig, S. 897 (911)) zutreffend fest, nehmen DBA in Kauf, dass die Vertragsstaaten die Zurechnungsentscheidung unterschiedlich und abweichend voneinander regeln.

Die dem Abkommensrecht vorgelagerte innerstaatliche Zurechnungsentscheidung kann sich aber auf der Abkommensebene auswirken. **Drei abkommensrechtliche Regelungsbereiche können betroffen sein:** die Abkommensberechtigung, damit zusammenhängend die Entscheidung über die anzuwendende Verteilungsnorm, und die Anwendung des Methodenartikels. **181c**

Für die **Abkommensberechtigung** kann die Zurechnungsentscheidung vor allem im Zusammenhang mit der Steuersubjekteigenschaft von Personengesellschaften Bedeutung erlangen, wenn die Personengesellschaft in einem Vertragsstaat als solche steuerpflichtig ist, während im anderen Vertragsstaat eigenständige persönliche Steuerpflicht nur für die einzelnen Gesellschafter besteht (s. BFH v. 13.11.2013, I R 67/12, BStBl. II 2014, 172: *DBA Belgien;* Art. 1 Rz. 17 ff., 30 ff.; Art. 4 Rz. 72a ff.). Insoweit ist zu beachten, dass die Abkommensberechtigung nicht nur die Eigenschaft als „Person" bzw. als „Personenvereinigung" i. S. des Art. 3 Abs. 1 Buchst. a MA voraussetzt, sondern auch die Ansässigkeit i. S. des Art. 4 Abs. 1 MA, die wiederum nach Maßgabe des innerstaatlichen Rechts davon abhängt, ob die Person oder die Personenvereinigung als solche, nach dem jeweiligen innerstaatlichem Steuerrecht, Steuersubjekt, d. h. Subjekt der Zurechnung sein kann. Diskrepanzen in diesem Bereich können dazu führen, dass die Abkommensberechtigung einer Personengesellschaft in einem der beiden Vertragsstaaten bejaht, im anderen dagegen verneint wird. Die *tie-breaker-rules* des Art. 4 Abs. 2 und 3 MA **181d** können diesen Konflikt nicht lösen, weil sie nur im Fall von Subjektidentität anwendbar sind (deutlich: *M. Lang,* IStR 2010, 114 (117); zu Lösungsvorschlägen s. Art. 1 Rz. 12b).

181e Zurechnungsentscheidungen (s. Rz. 181c) können sich auf die **Entscheidung über die anzuwendende Verteilungsnorm** auswirken bzw. diese Entscheidung präjudizieren. Dies ist etwa dann der Fall, wenn der Staat, der die Personengesellschaft als intransparentes Gebilde behandelt, auf ihre „Gewinnausschüttungen" Art. 10 MA anwendet, während der die Gesellschaft als transparentes Gebilde behandelnde Vertragsstaat Art. 7 Abs. 1 bzw. Art. 21 MA als einschlägige Verteilungsnormen erkennt. Es liegt dann ein Qualifikationskonflikt i. w. S. vor (für weitere Fälle s. Art 1 Rz. 15, 17 ff., 30 ff.; Art. 7 Rz. 36 ff., 58; Art. 10 Rz. 188 ff.; Art. 11 Rz. 15; Art. 12 Rz. 23).

181f Zurechnungsentscheidungen können sich auch auf die **Anwendung des Methodenartikels** auswirken, wenn etwa die Zurechnungsentscheidung in einem Vertragsstaat zur Anwendung einer Verteilungsnorm mit offener, im anderen dagegen zur Anwendung einer Verteilungsnorm mit abschließender Rechtsfolge führt. Von dieser nur **mittelbaren** Auswirkung der Zurechnungsentscheidung auf die Anwendung des Methodenartikels streng zu unterscheiden, ist der zu Recht erheblicher Kritik ausgesetzte Ansatz, Zurechnungskonflikte nach den Vorschlägen des OECD Partnership Reports grundsätzlich im Sinne einer Bindung des Quellenstaats an die Zurechnungsentscheidung des Ansässigkeitsstaats zu lösen (vgl. zum Meinungsstand: *M. Lang,* IStR 2011, 1 ff.; *ders.,* Diskussionsbeitrag, zitiert nach *Canete/Eckerstorfer,* SWI 2010, 203 (204); *Wassermeyer,* IStR 2011, 85 (90): „die große Schwäche des OECD-Partnership-Reports"; *ders.,* in Wassermeyer/Richter/Schnittker, Personengesellschaften, 2010, 211 (215 ff.); s. auch Art. 1 Rz. 18b; vgl. auch *Kofler/Moshammer,* SWI 2013, 6 ff.; *Stianstny/Stradinger,* SWI 2013, 18 ff.; Wassermeyer/*Wassermeyer,* Art. 1 OECD-MA Rz. 27b, 28d, 28 f; *Hasanovic,* Einkünftezurechnung im DBA-Recht und Personengesellschaften, in M. Lang/Schuch/Staringer, Einkünftezurechnung im Internationalen Steuerrecht, 2012, S. 85 (91 ff.)).

181g Zurechnungskonflikte können zu Qualifikationskonflikten führen (s.o. Rz. 181 f.); sie sind aber **von Qualifikations- bzw. Auslegungskonflikten** (s. zum Begriff Rz. 96b ff.) **zu unterscheiden** (*Mössner,* FS G. Frotscher, S. 461 (469 ff.); *Kempermann,* in Wassermeyer/Schnittker/Richter, Personengesellschaften, Rz. 3.13 und Rz. 3.5; *Jirousek,* Diskussionsbeitrag, zitiert nach *Canete/Eckerstorfer,* SWI 2010, 203 (205); OECD Partnership Report, Kapitel III.1: „conflicts of qualification"; Kapitel III.2: „conflicts of income allocation"; für die Möglichkeit einer Überlagerung beider Begriffe s. *M. Lang,* IStR 2010, 114 (117 ff.)). Während Zurechnungskonflikte primär das originär **innerstaatliche Recht** der Vertragsstaaten betreffen (s. Rz. 181b), sind Auslegungskonflikte auf der Ebene der **Abkommensanwendung** angesiedelt (s. Rz. 96d).

Dem steht die hier befürwortete Bindung des Ansässigkeitsstaats an die **Auslegung** des Nichtansässigkeitsstaates nach den Vorgaben des sog. „new approach" (s. Rz. 157, 158 ff.) jedoch nicht entgegen. Sie findet ihre Grundlage im Wortlaut des Art. 23 A/B Abs. 1 MA, während das Abkommen für die nach innerstaatlichem Recht zu treffende Zurechnungsentscheidung gerade keine eigenständigen Vorgaben enthält. Die Auslegung nach dem „new approach" soll einen **Auslegungskonflikt** unter der Prämisse lösen, dass die Einkünfte, so der Wortlaut des Art. 23 A/B Abs. 1 MA, „nach diesem Abkommen" im anderen Staat besteuert werden können. Dies schließt eine Abkommensanwendung ein, die dem Nichtansässigkeitsstaat unter den Voraussetzungen des Art. 3 Abs. 2 MA einen Rückgriff auf sein innerstaatliches Recht erlaubt, um die in Betracht kommende Verteilungsnorm „nach diesem Abkommen" auszulegen (s. Rz. 157 ff.). Soweit der BFH eine Bindung des Ansässigkeitsstaats an die Zurechnungsentscheidung des Quellenstaats ablehnt und diese Frage allein nach innerstaatlichem Recht entscheidet (BFH BFHE 234, 63 (67 f.)), ist ihm im Ergebnis zuzustimmen (vgl. auch BMF v. 16.4.2010, BStBl. I 2010, 354; Tz. 4.1.4.1 i. V. m. 4.1.1; *Schmidt,* IStR 2011, 688, (690); in diesem Sinne wohl auch EAS-Auskunft des ÖstBMF v. 21.9.2009 (EAS 3087), SWI 2009, 522; dazu *M. Lang,* IStR 2010, 114; *ders.,* TNI 2014, 285, 290 ff.; *ders.,* FS Torggler (2013), S. 713 (723 ff.)). Es darf jedoch bezweifelt werden, ob die vom BFH auf Art. 3 Abs. 2 MA gestützte Begründung seines Ergebnisses zutreffend ist. Art. 3 Abs. 2 MA ist nur in den Fällen anwendbar, in denen ein im Abkommen nicht definierter Ausdruck auszulegen ist, nicht bereits dann, wenn es sich um eine dem Abkommensrecht, d. h. der Abkommensanwendung vorgelagerte Entscheidung handelt, die bereits aus diesem Grund allein nach innerstaatlichem Recht zu treffen ist (so für einen Zurechnungskonflikt im Fall eines Nießbrauchs auch *Piltz* und wohl auch *Wassermeyer,* Diskussionsbeiträge, zitiert nach *Schaumburg/Piltz,* Veräußerungsgewinne, S. 187 f.). Dies entspricht Art. 4 Abs. 1 MA, der die für die Abkommensberechtigung konstitutive Entscheidung über die Steuerpflicht des zu beurteilenden Gebildes grundsätzlich allein dem innerstaatlichen Recht überlässt (s. Art. 4 Rz. 76 ff.).

Zurechnungskonflikte erfahren daher auf Abkommensebene keine Lösung, sofern nicht nach Maßgabe spezieller Abkommensbestimmungen besondere Regelungen eingreifen (so i. Erg. auch *Mössner,* Steuerrecht, Rz. 1.182). Solche Spezialregelungen sind neben den auf die Person des Steuerpflichtigen bezogenen Zurechnungsentscheidungen (s. o. Rz. 181c) teilweise auch Switch-Over-Klauseln (vgl. zu diesen Art. 1 Rz. 136 ff.) nach Maßgabe besonderer Abkommensvorschriften (zu diesen s. o. Rz. 164 ff.). **181h**

D. Doppelbesteuerungsabkommen und Änderungen des innerstaatlichen Rechts

Doppelbesteuerungsabkommen knüpfen an das jeweilige innerstaatliche Steuerrecht der Vertragsstaaten an (s. o. Rz. 63 ff.). Daraus resultiert die Schwierigkeit, bei Änderungen des innerstaatlichen Rechts jeweils auch die Abkommen zeitnah zu ändern. Grundsätzlich sind die Abkommen darauf angelegt, Reformen des innerstaatlichen Rechts zu überdauern. Besonders deutlich macht dies Art. 2 Abs. 4 MA, der bestimmt, dass die Abkommen auch für Steuern gleicher oder im Wesentlichen ähnlicher Art gelten sollen, wenn sie künftig in den Vertragsstaaten neben den derzeitigen Steuern oder an deren Stelle erhoben werden (s. Art. 2 Rz. 56a ff.). Ebenso gelten die Abkommen bei anderen Änderungen des innerstaatlichen Rechts grundsätzlich **mit ihrem bisherigen Regelungsinhalt** fort. **182**

Konflikte, zumindest Anpassungsprobleme, können sich durch eine Änderung des innerstaatlichen Rechts in zwei Fällen ergeben, **183**

- wenn das Abkommen auf Ausdrücke oder Regelungen des innerstaatlichen Rechts verweist, und diese geändert werden (s. Rz. 184 ff.) **und/oder**
- wenn das neue Recht dem Abkommen widerspricht, sog. „Treaty Override" (s. Rz. 193 ff.).

I. Verweisungen: statisch oder beweglich

Literatur: *Avery Jones u. a.,* BTR 1984, 14, 90; *Lampert,* IStR 2012, 513; *M. Lang,* RIW 1992, 573; *ders.,* SWI 2007, 199; *ders.,* IWB 2011, 281; *van Raad,* Intertax 1992, 671; *Sinclair u. a.,* BIFD 1986, 75; *Widmann,* DStJG 9 (1985), S. 235. **184**

185 Verweist ein Abkommen auf das innerstaatliche Recht der Vertragsstaaten – besonders für die Auslegung von Ausdrücken, die aus dem innerstaatlichen Recht der Vertragsstaaten übernommen wurden (s. o. Rz. 151 ff. und u. Art. 3 Rz. 96 ff.), aber auch sonst, so ergibt sich bei Änderungen dieses innerstaatlichen Rechts zunächst die Frage, ob sich die Verweisung auf das Recht der Vertragsstaaten **im Zeitpunkt des Abkommensschlusses** bezieht (**„statische"** Verweisung) oder auf das Recht **im Zeitpunkt der Anwendung** des Abkommens (**„bewegliche"**, „ambulatorische", „evolutiv" oder „dynamische" Verweisung). Die Frage ist bisher vornehmlich im Zusammenhang mit Art. 3 Abs. 2 MA erörtert worden (s. dazu Art. 3 Rz. 124). Sie kann sich aber genauso auch für andere ausdrückliche (z. B. nach Art. 6 Abs. 2 MA) oder (so man stillschweigende Verweisungen nicht über Art. 3 Abs. 2 OECD-MA löst, s. hierzu Rz. 152b), auch für stillschweigende Verweisungen in den Abkommen stellen (zur Bedeutung von Änderungen des **MA-Komm.** für DBA, die vor diesen Änderungen geschlossen wurden s. Rz. 127 ff.). Bis Anfang der achtziger Jahre war die Verweisungsfrage unproblematisch. Verweisungen auf das innerstaatliche Recht wurden im Gegensatz zu dem bei völkerrechtlichen Verträgen ansonsten üblicherweise vorherrschenden statischen Grundverständnis (vgl. *Lampert,* IStR 2012, 513 m. w. N.) auf das **jeweils geltende** Recht bezogen, ohne dass dies näher diskutiert worden wäre (so schon *Lenz,* CDFI XLII (1960) 294 (297); auch *US-Rev.Rul.* 80–243, 1980–36, 32). Abweichende Auffassungen fanden keine Resonanz (etwa *Rivier,* Droit Fiscal Suisse: Le Droit Fiscal International, 1983, S. 105). Zu einer eingehenden Diskussion führte eine durch spätere gesetzliche Regelung obsolet gewordene (dazu sogleich) kanadische Rechtsprechung, die abweichend von jener ganz herrschenden Auffassung eine im Abkommen vorgesehene, Art. 3 Abs. 2 MA entsprechende Verweisung auf das **bei Abschluss des Abkommens** geltende Recht des betreffenden Vertragsstaats bezog (s. der *Federal Court of Appeal* v. 15.1.1981, Rs. The Queen v. Melford Developments Inc., 81 DTC 5020 und in nächster Instanz der *Supreme Court of Canada* v. 28.9.1982, 82 DTC 6281). Hintergrund war, dass der kanadische Gesetzgeber durch eine Änderung des innerstaatlichen Rechts den Kreis der ihm zur Besteuerung überlassenen Sachverhalte erweitert und damit die eigene abkommensrechtliche Situation verbessert hatte. Es ließ sich allerdings nicht eindeutig feststellen, ob dies mit der Änderung bezweckt war oder ob es sich dabei nur um eine begünstigende Nebenwirkung eines aus anderen Gründen geänderten Gesetzes handelte, weshalb sich die kanadischen Richter im Fall *Melford* (s. o.) für eine statische Interpretation der Verweisung ausgesprochen hatten.

186 Das Problem, welcher Art von Verweisung der Vorzug zu geben ist, wurde eingehend und überzeugend in einer Untersuchung der „International Tax Group" unter der Federführung von *J. F. Avery Jones* behandelt (*Avery Jones u. a.,* BTR 1984, 14, 90). Für die Auffassung der kanadischen Gerichte spricht zwar, dass eine Verweisung auf das jeweils geltende – wechselnde – Recht, den Vertragsstaaten die Möglichkeit gibt, durch eine Änderung ihres innerstaatlichen Rechts den Inhalt ihrer abkommensrechtlichen Verpflichtung zu ändern (hieraus kann allerdings ein sog. „Treaty Override" resultieren, s. zu diesem Problemkreis Rz. 193 ff.; nicht ganz eindeutig, aber wohl in diese Richtung Haase/*Gaffron,* Art. 3, Rz. 71 a. E.). Gegen die Auffassung der kanadischen Gerichte spricht allerdings, dass es äußerst schwierig sein kann, bei älteren Doppelbesteuerungsabkommen noch festzustellen, wie die Terminologie des innerstaatlichen Rechts im Zeitpunkt des Vertragsschlusses genau zu verstehen war. So galt z. B. zwischen Deutschland und Italien noch bis 1992 ein Abkommen aus dem Jahre 1925. Zudem ist fraglich, welcher Zeitpunkt entscheidend sein soll, weil Doppelbesteuerungsabkommen bis zu ihrem Inkrafttreten verschiedene Stadien durchlaufen (s. Rz. 46 ff.; *Ribes,* Intertax, 2010, 21 (22)). Darüber hinaus gibt es Bestimmungen in Doppelbesteuerungsabkommen, die überhaupt nur bei einer nicht statischen („beweglichen") Interpretation sinnvoll verstanden werden können, wie z.B. Art. 10 Abs. 3 aller drei Musterabkommen (OECD-MA, UN-MA, US-MA; vgl. auch *Lampert,* IStR 2012, 513 (515)). Zum Themenkomplex s.a. *K. Vogel,* StuW 1982, 186 (296).

Aus diesen Gründen ist der herkömmlichen Ansicht, dass Verweisungen grundsätzlich auf das **jeweils geltende** innerstaatliche Recht zu beziehen sind, der Vorzug zu geben (s. hierzu u.a. auch: *Brockway,* in Canadian Tax Foundation, 632; *de Broe,* S. 270f.; *Klebau,* RIW 1985, 125 (129); *Lampert,* IStR 2012, 513; *M. Lang,* SWI 2007, 199 (201f.); *Langbein,* RIW 1985, 531 (539); *ders.,* Intertax 1987, 4 (6f.); *ders.,* RIW 1988, 875 (878ff.); *Sasseville,* FS Avery Jones, S. 37; *Sinclair u. a.,* BIFD 1986, 75 (81ff.); *K. Vogel/Prokisch,* CDFI LXXVIIIa, S. 19 (48); *Widmann,* DStJG 8 (1985), S. 235, (242ff.); Wassermeyer/*Wassermeyer,* Art. 3 OECD-MA Rz. 92, der für ein solches Verständnis u.a. Art. 2 Abs. 4 MA anführt, sofern man die Regelung als allg. Grundsatz versteht; missverständlich *Schaumburg,* Rz. 16.66: „stets"). Für Kanada ist die Frage kurze Zeit später durch Gesetz im Sinne einer „beweglichen" Interpretation entschieden worden (Sec. 3 des Income Tax Conventions Interpretation Act v. 20.12.1984, RS C 1985, c. I-4, s. www.laws-lois.justice.gc.ca). 187

Allerdings sind die **Grenzen beweglicher Verweisungen** zu beachten, denn bewegliche Verweisungen können gegen den materiellen Gehalt der einschlägigen Abkommen verstoßen (*Kingson,* Columbia Law Review 1981, 1151). Deshalb haben sich *Avery Jones* und seine Mitautoren für die Anerkennung beweglicher Verweisungen nur unter dem Vorbehalt einer **„implied limitation"** ausgesprochen: „without impairing the balance or affecting the substance of the convention" (*Avery Jones u. a.,* BTR 1984, 14 (48)). Die Abwehr eines möglichen Missbrauchs wird hier schon durch eine zweckentsprechende Auslegung des auf das innerstaatliche Recht verweisenden Abkommensausdrucks erreicht. Dem ist zu folgen (so auch die o. in Rz. 187 Zitierten), doch kann nicht jeder Verstoß gegen den materiellen Gehalt eines Abkommens schon auf diese Weise abgewehrt werden. 188

Zum Teil enthalten die Verteilungsnormen auch selber Grenzen, wie z.B. Art. 6 Abs. 2 MA (s. Art. 6 Rz. 69), zum Teil schreiben einzelne Normen auch den Rechtsstand fest, wie z.B. Art. 24 Abs. 1 Nr. 1 Buchst. b) 2. Spiegelstrich a.E. *DBA Schweiz*. In neuerer Zeit wird die Frage u.a. im Zusammenhang mit Abkommensbestimmungen diskutiert, die auf § 8 AStG verweisen (s. hierzu *Kaminski/Strunk,* IStR 2011, 137).

Verfassungsrechtlich kann die „bewegliche" Verweisung auf das jeweils geltende, also auch nach Inkrafttreten des Abkommens geänderte innerstaatliche Recht, unter dem Aspekt des **Rückwirkungsverbots** für solche Sachverhalte problematisch werden, deren Verwirklichung zu diesem Zeitpunkt noch nicht abgeschlossen war (s. zur Rückwirkung Art. 30/31 Rz. 10, 16, 20f.).

Seit **1995** sieht der MA-Komm. eine **„bewegliche"** bzw. **„dynamische"** Interpretation der Verweisungen ausdrücklich vor, wenn der Zusammenhang nichts anderes erfordert (zu Art. 3 MA-Komm. Ziff. 11ff.; zum Problem der beweglichen Verweisung im Zusammenhang mit dem MA-Komm. s. ausführlich Rz. 127ff.). Schon seit 1992 hatte er sich für die „bewegliche" Interpretation ausgesprochen; er weist nun aber auch darauf hin, dass sich aus dem Zusammenhang der Vorschrift im Einzelfall anderes ergeben könne, wobei zwei entgegengesetzte Interessen der Vertragsstaaten, das an einer dauerhaften und das an einer praktikablen Regelung, einander gegenüberstünden. Was der MA-Komm. zur Präzisierung des „Zusammenhangs" ausführt, bleibt leider unklar (s. *van Raad,* Intertax 1992, 671). Der klarstellende Verweis birgt zudem Gefahren. So entschied der *ÖstVwGH,* dass bei DBA, die einen solchen expliziten Verweis auf die dynamische Auslegung nicht enthalten, im Umkehrschluss davon auszugehen ist, dass diese Regelungen **sta-** 189

tisch zu verstehen seien (*ÖstVwGH* v. 19.12.2006, GZ: 2005/15/0158, ÖStZB 2007, 297 (299): *DBA Österreich/Liechtenstein; ÖstVwGH* v. 28.11.2007, GZ: 2006/14/0057, ÖStZB 2008, 434 (435): *DBA Österreich/Liechtenstein;* zutreffend ablehnend *M. Lang,* SWI 2007, 199; *ders.,* IWB 2011, 281 (291 f.)).

II. Abkommensverletzung („Treaty Override")

193 **Literatur:** *Avi-Yonah,* in Maisto, Tax Treaties and Domestic Law (ECITLS vol. 2), 2006, 65; *de Sousa,* in Schilcher/Weninger, Fundamental Issues and Practical Problems in Tax Treaty Interpretation (2008), S. 241; *Eilers,* TMIJ 1990, 295; *Feist,* Kündigung, Rücktritt und Suspendierung von multilateralen Verträgen (2001); *Fitzmaurice,* in Evans, International Law (2003), S. 173; *Frotscher,* in FS Schaumburg (2009), S. 687 ff.; *Gebhardt,* Ubg 2012, 585; *Gomaa,* Suspension or Termination of Treaties (1996); *Giegerich,* in Dörr/Schmalenbach, Vienna Convention on the Law of Treaties (2012); KSM/*Hahn-Joecks,* § 50 d Rz. A35 ff.; *Hey,* in J. Lüdicke, Wo steht das deutsche Internationale Steuerrecht? (2009), S. 137; *Ismer/Baur,* IStR 2014, 421; *Lehner,* IStR 2012, 389; *J. Lüdicke,* Überlegungen zur deutschen DBA-Politik (2008); *Kahlenberg,* StuB 2014, 222; *Musil,* Deutsches Treaty Overriding und seine Vereinbarkeit mit Europäischem Gemeinschaftsrecht (2000); *Oliva,* CTJ 1996, 1314; *Rezek/Lüthi u. a.,* Tax Treaties and Domestic Legislation, 43rd IFA-Congress, Rio de Janeiro, Seminar B, 1989; *Rust,* Die Hinzurechnungsbesteuerung (2007); *Schoueri,* Revista dos Tribunais (1993), S. 147; *Seer,* IStR 1997, 481; *ders.,* Riv. dir. trib. int. 2000, 99; *Schwenke,* in Baumhoff/Schönfeld, Doppelbesteuerungsabkommen – Nationale und internationale Entwicklungen (2012), S. 23 ff.; *K. Vogel,* in FS Ernst Höhn (1995), S. 461; *ders.,* in Maisto, Tax Treaties and Domestic Law (ECITLS 2) (2006), S. 3; *Villiger,* Commentary on the 1969 Vienna Convention on the Law of Treaties (2009); *Wouters/Vidal,* in Maisto, Tax Treaties and Domestic Law (ECITLS 2), 2006, S. 22; weiterführend insbes. zur ausländischen Lit. s. *Mikic,* ET 2013, 475.

OECD-Dokumente: *OECD,* Tax Treaty Override, 1989 (auch veröffentlicht in TNI January 1990, 25).

1. Abkommenswidrige Gesetzgebung

194 Änderungen des innerstaatlichen Steuerrechts (s. Rz. 182 ff.) können in ihrer Wirkung einer materiellen Änderung von Doppelbesteuerungsabkommen gleich kommen. Dies ist etwa dann der Fall, wenn der Ansässigkeitsstaat eine ihm abkommensrechtlich obliegende Verpflichtung zur Freistellung nach dem Inkrafttreten des Abkommens durch innerstaatliche Gesetzgebung von Voraussetzungen abhängig macht, die das Abkommen nicht enthält, die ihm sogar widersprechen. Der Vorteil von unilateralen Einwirkungen auf Doppelbesteuerungsabkommen durch innerstaatliche Gesetzgebung besteht darin, dass der langwierigere Prozess einer Anpassung des Abkommens, notfalls auch dessen Kündigung (s. Art. 30/31 Rz. 31), umgangen wird. Dem steht allerdings entgegen, dass sich innerstaatliche Gesetzgebung, die im Widerspruch zu Doppelbesteuerungsabkommen steht, als **Vertragsbruch** erweisen kann (s. Rz. 197 ff.). Dieser Vertragsbruch wird als **„Treaty Override"** bezeichnet (*Gosch,* IStR 2008, 413; *Frotscher,* FS Schaumburg, S. 687 (689); *J. Lüdicke,* Überlegungen, S. 33; *Musil,* S. 26; Wassermeyer/*Wassermeyer,* Art. 1 OECD-MA Rz. 12; BFH BStBl. II 2011, 156 (161): *DBA Spanien;* BFH BFHE 236, 327 (332): *DBA Irland*). Der Steuerausschuss der OECD definiert Treaty Override als „the enactment of domestic legislation intended by the legislature to have effects in clear contradiction to international treaty obligations", der Ausschuss hat aber keine Einwendungen gegen „legislation that merely interprets tax treaties" (OECD Nr. 5). Wegen der völker- und verfassungsrechtlichen Folgen eines Treaty Override (s. Rz. 197 ff.), aber auch wegen der unionsrechtlichen Relevanz (s. Rz. 270 f.; zur ökonomischen Relevanz s. *Gebhardt,* Deutsches Tax Treaty Overriding, S. 95 ff.), ist eine Abgrenzung von den Fällen erforderlich, in denen das Abkommen nach Maßgabe innerstaatlichen Rechts auszulegen ist (s. o. Rz. 149 ff.). Insoweit ist wiederum

bedeutsam, ob eine „statische" oder eine „bewegliche" Verweisung auf das innerstaatliche Recht anzunehmen ist (s. o. Rz. 184). Die gesetzliche Formulierung, wonach eine Norm „ungeachtet des Abkommens" (vgl. § 50d Abs. 1, 8, 9 EStG) anzuwenden ist, kann als gewichtiges Indiz für das Vorliegen eines Treaty Override gewertet werden. Voraussetzung für die Annahme eines Treaty Overrides ist eine solche Formulierung aber nicht (s. Rz. 206; zum Meinungstand s. *Frotscher,* FS Schaumburg, S. 687 (689 f.); *Gosch,* IStR 2008, 413 (418); *Lehner,* IStR 2012, 389 (390 f.); *J. Lüdicke,* Überlegungen, S. 33 ff.). Die Formulierung bringt aber deutlich zum Ausdruck, dass der Gesetzgeber für den so bezeichneten Fall von dem in § 2 Abs. 1 AO angeordneten Vorrang der Doppelbesteuerungsabkommen gegenüber innerstaatlichem Recht abweichen will; § 2 Abs. 1 AO steht dem nicht entgegen (s. Rz. 200; Hübschmann/Hepp/Spitaler/*Birk,* § 2 AO Rz. 170 ff.). Davon zu unterscheiden ist, ob ein Treaty Override **völkerrechts- und/oder verfassungswidrig** (dazu Rz. 197 ff.) oder **unionsrechtswidrig** (s. Rz. 270 f.) ist.

Mit den als Treaty Override bezeichneten Maßnahmen verfolgt der Gesetzgeber 195
vor allem Ziele der Missbrauchsverhinderung und der Verhinderung von Keinmalbesteuerung bzw. Doppelnichtbesteuerung, teilweise auch die Sicherstellung von Besteuerungssubstrat (*Gosch,* IStR 2008, 413 (414 ff.); *Lehner,* IStR 2012, 389 (390 ff.); *Salzmann,* IWB 2013, 405; *Perdelwitz,* ET 2013, 445; *Gerzova/Popa,* ET 2013, 420). **Missbrauchsverhinderung** durch gesetzlich angeordneten Entzug von Abkommenserleichterungen etwa in Gestalt der Nichtgewährung einer abkommensrechtlich vorgesehenen Befreiung oder Reduzierung von Quellensteuer (vgl. § 50d Abs. 1 und 3 EStG) oder der Ersetzung einer abkommensrechtlich vorgesehenen Freistellung durch Anrechnung (vgl. § 20 Abs. 2 AStG, § 50d Abs. 8 u. 9 EStG) ohne entsprechende abkommensrechtliche subject-to-tax-Klausel (s. Art. 1 Rz. 135e ff.; vor Art. 6–22 Rz. 19 ff., 20 ff.; Art. 23 Rz. 11) und durch gesetzlich angeordnete vom Abkommen abweichende Zurechnungsentscheidungen (vgl. § 50d Abs. 10 und 11 EStG), bilden nur einen Ausschnitt aus dem umfassenden Katalog von Maßnahmen gegen internationale Steuerumgehung (dazu Art. 1 Rz. 88 ff.). Im Hinblick auf die Rechtsfolgen eines Treaty Override (s. Rz. 197 ff.) ist deshalb sehr sorgfältig zu prüfen, ob innerstaatliche Gesetzgebung dieser Art zulässig ist, weil sie lediglich einen grundsätzlich anzuerkennenden völkerrechtlichen bzw. abkommensrechtlichen Missbrauchsvorbehalt (dazu Art. 1 Rz. 117, 133b) konkretisiert oder ob sie tatsächlich gegen Abkommensrecht verstößt. Ist dies der Fall, so ist zu prüfen, ob der Verstoß ausnahmsweise gerechtfertigt werden kann (s. Rz. 202). Der OECD-Steuerausschuss hat sich ausdrücklich, auch für Fälle, dass Missbräuche zu verhindern sind, strikt **gegen** eine von den Abkommen abweichende Gesetzgebung ausgesprochen (OECD, a. a. O., Nr. 34; ebenso *Wouters/Vidal,* ECITLS 2, 25; s. dazu *Kulcsar/Rogers-Glabush,* ET 2013, 411). Darüber hinaus ist **zweifelhaft,** ob ein **Gesetz,** also eine nicht nur auf Einzelfälle bezogene Regelung, überhaupt auf ein völkerrechtliches Missbrauchsverbot gestützt werden kann (*Avi-Yonah,* ECITLS 2). Übereinstimmend mit den strengen unionsrechtlichen Anforderungen an die Zulässigkeit von Normen gegen Missbrauchsabwehr (s. Art. 1 Rz. 99 ff.) und nicht zuletzt im Hinblick auf die rechtsstaatlichen Bestimmtheitsanforderungen ist deshalb auch im vorliegenden Zusammenhang zu fordern, dass die jeweilige Norm inhaltlich ausreichend differenziert und bestimmt ist und dass sie dem Steuerpflichtigen Entlastungsmöglichkeiten gewährt (s. Art. 1 Rz. 117, 113b). Diese Voraussetzungen sind u. a. für § 50d Abs. 3 EStG nicht ausreichend gewährleistet (vgl. *J. Lüdicke,* IStR 2012, 81 (82); *Kraft/Gebhardt,* DB 2012, 80 (82); *Lehner,* IStR 2012, 389 (391 f.)).

Das Gebot sorgfältiger Prüfung gilt entsprechend für die Frage nach dem Vorlie- 196
gen eines **Treaty Override als Maßnahme gegen Keinmalbesteuerung.** Insoweit ist zu beachten, dass Doppelbesteuerungsabkommen, soweit keine subject-

to-tax-Klauseln vereinbart sind (dazu Art. 1 Rz. 135e ff.; Vor Art. 6–22 Rz. 19 ff., 20 ff.; Art. 23 Rz. 11), kein generelles Verbot der Doppelnichtbesteuerung enthalten (s. Rz. 6, 69 ff., 107b ff., 158 ff.; grundlegend: *M. Lang,* CDFI, 89a (2004), S. 21, 26 ff.; *Lehner,* IStR 2011, 733). Vielmehr ist eine abkommensrechtliche Verpflichtung der Freistellung grundsätzlich unabhängig davon einzuhalten, ob der andere Vertragsstaat den Sachverhalt nach seinem innerstaatlichen Steuerrecht einer Steuerpflicht unterwirft. Ein Beispiel für einen Verstoß gegen das Verbot der virtuellen Doppelbesteuerung (s. o. Rz. 8, 69 ff.) bildet § 50d Abs. 9 S. 1 Nr. 2 EStG (dazu *Lehner,* IStR 2012, 389 (395 f. m. w. N.)). Zu beachten ist jedoch, dass das Verbot der virtuellen Doppelbesteuerung nicht auf Fälle einer Doppelnichtbesteuerung anzuwenden ist, die das Ergebnis eines negativen Qualifikationskonflikts sind (s. Rz. 158b, 160 ff.; *Lehner,* IStR 2012, 389 (393); *J. Lüdicke,* Überlegungen, S. 93; zumindest zweifelnd BFH BStBl. II 2011, 156: *DBA Spanien*).

2. Folgen des „Treaty Override"

197 Soweit die Rechtswidrigkeit eines Treaty Override bejaht wird, bezieht sich diese Aussage primär auf die **Völkerrechtswidrigkeit** abkommenswidriger Gesetzgebung (vgl. *Frotscher,* FS Schaumburg, S. 687 (689); *Gosch,* IStR 2008, 413 (414); *Schaumburg,* Rz. 3.26; *Schwenke,* S. 27 ff.; Wassermeyer/*Wassermeyer,* Art. 1 OECD-MA Rz. 12; und die Nachw. bei *Lehner,* IStR 2012, 389 f.; FG Bremen, EFG 2011, 988: *DBA Irland;* FG Düsseldorf EFG 2011, 878: *DBA USA;* in Erwägung gezogen, aber offen gelassen: BFH BStBl. II 1995, 129 (130): *DBA Polen;* BFH BStBl. II 2010, 394 (398): *DBA Belgien;* BFH BStBl. II 2011, 156 (161): *DBA Spanien;* BFH/NV 2011, 138 (140): *DBA USA;* BFH/NV 2011, 2165 (2170): *DBA Großbritannien;* BFH BFHE 236, 327 (330 ff.): *DBA Irland*). Als völkerrechtliche Sanktionen eines Treaty Override kommen die in Art. 60 WÜRV (allgemein zur WÜRV s. o. Rz. 105 ff.) vorgesehene **Suspendierung oder Kündigung** des Abkommens in Betracht (dazu *Doernberg,* TNI November 1990, S. 1130, der eine inhaltlich begrenzte Kündigung oder Suspendierung empfiehlt; *Feist,* S. 134 ff.; *Villiger,* Art. 60 Rz. 16, 27). Zulässig sind auch der jeweiligen Vertragsverletzung entsprechende Gegenmaßnahmen, wie sie Großbritannien und andere Staaten in einem nicht abkommensrechtlichen Fall, dem der „unitary taxation" (s. die 3. Aufl., Art. 9 Rz. 17a), den Vereinigten Staaten angedroht haben (s. *Turro,* TNI July 1993, 75; *de Hosson,* Intertax 1993, 578). Eine Kündigung oder Suspendierung nach Art. 60 WÜRV setzt allerdings eine „erhebliche Verletzung" einer für die Erreichung des Vertragszwecks „wesentlichen Bestimmung" unter Berücksichtigung der Verhältnismäßigkeit voraus (vgl. *Feist,* S. 134 ff.; *Giegerich,* Art. 60, Rz. 32; *Villiger,* Art. 26 Rz. 16, 27). Angesichts dieser hohen Anforderungen bestehen gewichtige Zweifel, ob innerstaatliche Gesetzgebung, die den Anforderungen des abkommensrechtlichen Missbrauchsvorbehalts nicht genügt (s. Rz. 195), oder solche, die anstelle der abkommensrechtlich vorgesehenen Freistellung lediglich Anrechnung gewährt (vgl. § 20 Abs. 2 AStG), zu den schwerwiegenden Konsequenzen einer Suspendierung oder einer Kündigung des Abkommens berechtigt. Dies gilt entsprechend für Maßnahmen gegen Doppelnichtbesteuerung bzw. Keinmalbesteuerung (s. Rz. 194, 196). Handelt es sich insoweit um Verstöße gegen das Verbot der virtuellen Doppelbesteuerung (s. Rz. 8, 69 ff., 196 f.), so liegt bereits kein Verstoß gegen eine „Bestimmung" („provision") des Abkommens i. S. des Art. 60 WÜRV vor, weil das Verbot der virtuellen Doppelbesteuerung grundsätzlich keinen normativen Niederschlag in DBA findet. Anderes kommt nur für den Fall eines Verstoßes gegen eine abkommensrechtlich vereinbarte subject-to-tax-Klausel (s. Rz. 195 f.) in Betracht, etwa dann, wenn die innerstaatliche Gesetzgebung sehr viel weiter greifen würde als dies nach der abkommensrechtlichen Klausel zulässig ist.

Unterhalb dieser Schwelle begegnet Treaty Override jedoch den nachhaltigen Bedenken eines Verstoßes gegen das durch Art. 26 WÜRV konkretisierte völkerrechtliche Gebot des ***pacta sunt servanda*** (s. u. Rz. 198, 202) und gegen das in Art. 27 WÜRV im Kontext dieses Grundsatzes ausgesprochene Verbot, Vertragsverletzungen durch Berufung auf das innerstaatliche Recht zu rechtfertigen. Aus dem Gebot des *pacta sunt servanda* folgt zwar keine zusätzliche völkerrechtliche Bindung an den konkreten Inhalt einzelner Vertragsbestimmungen (ganz herrschende Auffassung, vgl. nur: *Herdegen,* in: Maunz/Dürig/Herzog/Scholz, GG, Art. 25 Rz. 8f.; *Steinberger,* in HStR, Bd. VII, 1992, § 173 Rz. 9), wohl aber eine Bindung an die **„Gültigkeitsbedingungen"** (*Tomuschat,* Rz. 114) des völkerrechtlichen Vertrages. Das bedeutet, dass jede Vertragspartei zur Vermeidung einer etwaigen Kündigung, aber auch zur Vermeidung von Maßnahmen, die im Widerspruch zu Bestimmungen des völkerrechtlichen Vertrages stehen, bereits völkerrechtlich verpflichtet ist, rechtzeitig bilateral einvernehmliche Lösungen im Kontext des Vertrages mit dem Vertragspartner zu suchen, wenn sie den völkerrechtlichen Vertrag ändern will (*Fitzmaurice,* S. 183; *Gomaa,* S. 37; *Villiger,* Rz. 8; *Stein,* IStR 2006, 505 (509); zur verfassungsrechtlichen Bedeutung dieses Gebots s. Rz. 202), oder den Vertrag ordnungsgemäß zu kündigen. 198

Verfahrensrechtlich steht hierfür neben Regierungskonsultationen mit dem Ziel einer Änderung des Abkommens nach Maßgabe der verfassungsrechtlichen Vorgaben (s. Rz. 201) im Vorfeld auch das Konsultationsverfahren nach Art. 25 Abs. 3 MA (s. Art. 25 Rz. 150ff.) zur Verfügung. Es erlaubt zwar aus kompetenzrechtlichen Gründen keine Abweichung von völkervertraglichen Vereinbarungen (s. Art. 25 Rz. 154a), wohl aber das Bemühen um eine abkommenskonforme Auslegung innerstaatlicher Normen und um andere Lösungsvorschläge zur Vermeidung eines Treaty Override (s. *Ismer/Baur,* IStR 2014, 421 (427); *Sachdeva,* ET 2013, 468). Hinzuweisen ist auch auf Art. 2 Abs. 4 Satz 2 MA. Danach teilen die Behörden der Vertragsstaaten einander die in ihren Steuergesetzen eingetretenen bedeutsamen Änderungen mit (s. Art. 2 Rz. 56ff.). Die Erfüllung dieser Verpflichtung rechtfertigt freilich keinen Verstoß gegen Abkommensrecht. 199

Einfachgesetzlich begegnet Treaty Override der Regelung des § 2 Abs. 1 AO, der die Stellung der Doppelbesteuerungsabkommen als Sondervorschriften gegenüber den allgemeinen Steuergesetzen klarstellen soll (***leges speciales*** oder ***leges aliae,*** für Letzteres: Hübschmann/Hepp/Spitaler/*Birk,* § 2 AO Rz. 174; zustimmend *Seer,* 484f.; *Rust/Reimer,* IStR 2005, 843 (845) sowie u. Rz. 200. Für Österreich gilt Entsprechendes nach *ÖstVwGH* Erk. Slg. Nr. 2907 (F)/1963; dazu *M. Lang,* Finanzjournal 1988, 72; für Großbritannien: Salomon v. Commissioner of Customs and Excise, W.L.R. 1966 III 1223 (1233); für die USA: Cook v. United States, 208 U.S. 102, 120 (1933)). Der danach für Doppelbesteuerungsabkommen unter der Voraussetzung ihrer unmittelbaren Anwendbarkeit als innerstaatliches Recht begründete Vorrang vor den Steuergesetzen kann allerdings nach der ***lex posterior***-Regel grundsätzlich nicht verhindern, dass sich ein Vertragsstaat durch spätere Gesetzgebung über diese einfachgesetzliche Vorrangbestimmung hinwegsetzt (Hübschmann/Hepp/Spitaler/*Birk,* § 2 AO Rz. 174; so im Ergebnis auch *Drüen,* in Tipke/Kruse, § 2 AO Rz. 2; *Musil,* S. 72; *Seer,* 481). Dies geschieht üblicherweise dadurch, dass die Geltung der abkommenswidrigen innerstaatlichen Norm in ihrem Wortlaut „ungeachtet des Abkommens" angeordnet wird. Beispiele bilden § 50d Abs. 1, 8 und 9 EStG (s. o. Rz. 194). Über die Zulässigkeit eines Treaty Override nach Völkerrecht (s. Rz. 197f.), Unionsrecht (s. Rz. 270) und nach innerstaatlichem Verfassungsrecht (s. Rz. 201) ist damit allerdings noch nichts ausgesagt, weil § 2 Abs. 1 AO nur einfaches Bundesgesetz ist. Er kann deshalb auch den Doppelbesteuerungsabkommen keinen höheren Rang verleihen (Wassermeyer/*Wassermeyer,* Vor Art. 1 OECD-MA, Rz. 9ff.). Dies gilt entspre- 200 chend für das Gebot des *pacta sunt servanda,* das neben seiner völkervertraglichen Vereinbarung in Art. 26 WÜRV als allgemeine Regel des Völkerrechts i. S. des Art. 25 GG gilt (dazu Rz. 202). Es kann den Verträgen nach ganz herrschender Auffassung zwar keinen höheren Rang als den Gesetzen verschaffen, es gebietet jedoch die Einhaltung der **Gültigkeitsbedingungen** des Abkommens (s. Rz. 198). Dieser Vorgabe entsprechend, bildet § 2 Abs. 1 AO allerdings insoweit eine Verbindung zum Verfassungsrecht als er das Gebot der Völkerrechtsfreundlichkeit des Grundgesetzes (dazu Rz. 201) im Sinne einer Vermutung bestätigt, die besagt, dass der Gesetzgeber von völkerrechtlichen Pflichten grundsätzlich nicht abweichen will (*Drüen,* in Tipke/Kruse, § 2 AO Rz. 2; vgl. auch *J. Lüdicke,* Überlegungen, S. 38).

201 **Verfassungswidrig ist Treaty Override nicht.** Es verstößt jedoch gegen die im Grundsatz des *pacta sunt servanda* verankerte Pflicht, die **Gültigkeitsbedingungen des völkerrechtlichen Vertrages** zu wahren (s. o. Rz. 198, 200 sowie u. Rz. 202). Die in der Vorauflage (5. Aufl. Rz. 205) von *K. Vogel* vertretene Auffassung, Treaty Override sei verfassungswidrig, beruht auf einem besonderen Verständnis des Rechtsstaatsgrundsatzes (Art. 20 und 28 GG), den *K. Vogel,* „im Lichte" der „Einordnung" Deutschlands „in die Völkerrechtsordnung der Staatengesellschaft" versteht. Diesen rechtsstaatlichen Ansatz verdeutlichend, bezieht sich *K. Vogel* insbesondere auf eine Aussage des **BVerfG** (BVerfGE 111, 307 (319)), wonach es nicht dem Ziel der „Völkerrechtsfreundlichkeit" des Grundgesetzes, widerspreche, „wenn der Gesetzgeber ausnahmsweise Völkervertragsrecht nicht beachtet, sofern nur auf diese Weise ein Verstoß gegen tragende Grundsätze der Verfassung abzuwenden ist". Diese Aussage wird von *K. Vogel* dahingehend verstanden, dass eine Nichtbeachtung von Völkervertragsrecht, wenn nicht ausnahmsweise nur auf diese Weise ein Verstoß gegen tragende Grundsätze der Verfassung abzuwenden sei, **„dem Ziel der „Völkerrechtsfreundlichkeit"** – somit einem Verfassungsgebot – **widerspreche."** Dass die vom BVerfG vorbehaltene Ausnahme je für Doppelbesteuerungsabkommen zutreffen könnte, dass diese m. a. W. gegen tragende Grundsätze der Verfassung verstoßen könnten, sei allerdings kaum vorstellbar (*K. Vogel,* FS *Häberle,* S. 499, Formulierung in Anlehnung an BVerfGE 63, 343 (370); **ihm folgend:** *Elicker,* Die Zukunft des internationalen Steuerrechts, S. 15 ff.; *Schönfeld/Häck,* in SD, Systematik Rz. 149 ff.; *Stein,* IStR 2006, 505; *Weigell,* IStR 2009, 636 (640); **zurückhaltend:** *Gosch,* IStR 2008, 413 (419); **gegen Verfassungswidrigkeit:** *Frotscher,* FS Schaumburg, S. 687 (698 f.), 704 f.; *ders.,* IStR 2009, 593 (598); *Hahn,* IStR 2011, 863 (867); *Hey,* 152; *Ismer/Baur,* IStR 2014, 421 (424 ff.); *Jansen/Weidmann,* IStR 2010, 596 (599); *Krumm,* AöR 138 (2013), 363 (374 ff., 408); *Lehner,* IStR 2012, 389 (397 ff., 403; *ders.,* IStR 2014, 189 (191 f.); *Mitschke,* IStR 2011, 2221 (2224); *Musil,* IStR 2014, 192 (194 f.); *Schwenke,* S. 31 ff.; FG München v. 19.7.2011, 8 V 3774/10, EFG 2012, 522: *DBA Großbritannien*). *Rust* und *Reimer* wägen das Rechtsstaatsprinzip gegen das Demokratieprinzip ab und kommen zu dem Ergebnis, dass ein Parlament spätere Parlamente nicht unbegrenzt binden dürfe. Bei Doppelbesteuerungsabkommen führe eine Abwägung jedoch in der Regel zum Vorrang des Abkommens, somit zur Verfassungswidrigkeit des „treaty override" (*Rust/Reimer,* IStR 2005, 843; *Rust,* Hinzurechnungsbesteuerung, S. 108 ff.). Der BFH hatte die Frage zunächst offen gelassen (BFH v. 19.5.2010, I B 191/09, BStBl. II 2011, 156 (161): *DBA Spanien;* BFH v. 11.1.2012, I R 27/11, BFHE 236, 327 (331 f.): *DBA Irland;* dazu *Hilbert,* IStR 2012, 405). Dagegen begründet er in seinem Vorlagebeschluss zu § 50d Abs. 8 EStG an das BVerfG (BFH v. 10.1.2012, I R 66/09, BFHE 236, 304 (308 ff.): *DBA Türkei* 1985 mit Anm. *Hagenal/Wagner,* FR 2012, 819; *Lehner,* IStR 2012, 389 (402 ff.) und zu § 50 d Abs. 10 EStG (BFH v. 11.12.2013, I R 4/13, BFH/NV 2014, 614: *DBA Italien 1989* mit Anm. von *Benecke/Wendelin,* IStR 2014, 227;

Lehner, IStR 2014, 189; *Musil,* IStR 2014, 192) die Verfassungswidrigkeit des Treaty Override in Anlehnung an die Argumentation von *K. Vogel.* Diese Begründungen überzeugen jedoch nicht. Aus der Rechtsprechung des BVerfG zur Bedeutung des Grundsatzes der Völkerrechtsfreundlichkeit des Grundgesetzes folgt nicht, dass ein abkommenswidriges Gesetz, das diesem Grundsatz widerspricht, ohne weiteres verfassungswidrig ist (dazu und zum Folgenden *Lehner,* IStR 2012, 389 (403f.)). Bestimmungen völkerrechtlicher Verträge gelten gemäß Art. 59 Abs. 2 GG nur im Rang einfacher Bundesgesetze (*Nettesheim,* in Maunz/Dürig/Herzog/Scholz, GG, Art. 59 Rz. 173, 181ff.; *Rojahn,* in v. Münch/Kunig, GG, Art. 25 Rz. 18; speziell im einfachgesetzlichen Kontext des § 2 Abs. 1 AO (dazu o. Rz. 194) Hübschmann/Hepp/Spitaler/*Birk,* § 2 AO Rz. 3, 5, 161). Auch Art. 25 GG, der den Grundsatz der Völkerrechtsfreundlichkeit des Grundgesetzes umfasst (*Streinz,* in Sachs, GG, Art. 24 Rz. 6; Art. 25 Rz. 9; *Musil,* S. 51ff.; BVerfGE 112, 1 (25); 128, 326 (365)), hat keine, den einfachen Gesetzesrang völkerrechtlicher Verträge erhöhende Wirkung (*Herdegen,* in Maunz/Dürig/Herzog/Scholz, GG, Art. 25 Rz. 6f., 8; Hübschmann/Hepp/Spitaler/*Birk,* § 2 AO Rz. 3b; *Musil,* S. 63). Soweit *K. Vogel* darauf hinweist, dass in der Mehrzahl der Staaten Kontinentaleuropas ein Vorrang des Völkervertragsrechts vor innerstaatlichen Gesetzen bejaht wird (s. 5. Aufl. Rz. 204), ist diese Rechtslage auch für die Bundesrepublik Deutschland anzustreben, gegenwärtig ist sie aber noch nicht verwirklicht.

Besonderheiten gelten für das in seiner Zielsetzung dem Grundsatz der Völker- **202**
rechtsfreundlichkeit entsprechende Gebot des ***pacta sunt servanda***. Es bewirkt zwar keine Bindung an die einzelnen **Bestimmungen** eines völkerrechtlichen Vertrages, wohl aber eine Bindung an die **Gültigkeitsbedingungen** des Vertrages (dazu o. Rz. 198). Art. 25 GG nimmt das Gebot des *pacta sunt servanda* als allgemeine Regel des Völkerrechts in die innerstaatliche Rechtsordnung auf (vgl. nur *Bleckmann,* Grundgesetz und Völkerrecht, 1975, S. 24; *Randelzhofer,* in Maunz/Dürig/Herzog/Scholz, GG, Art. 24 Abs. 2 Rz. 33f.) und stattet es mit einem Rang vor einfachen Bundesgesetzen, aber **nicht mit Verfassungsrang** aus (vgl. nur *Herdegen,* in Maunz/Dürig/Herzog/Scholz, GG, Art. 25, Rz. 42 m.w.N.). Dem entspricht, dass das BVerfG aus Art. 25 S. 2 GG die Pflicht des Gesetzgebers ableitet, Verletzungen völkerrechtlicher Verträge „nach Möglichkeit zu unterlassen" und Völkerrechtsverstöße zu korrigieren (BVerfGE 112, 1 (26)). Dies schließt die Möglichkeit einer Rechtfertigung von Verstößen innerstaatlicher Gesetzgebung gegen Normen eines Doppelbesteuerungsabkommens und gegen die nach Maßgabe des Art. 25 GG zu beachtenden Gültigkeitsbedingungen des Abkommens zwar nicht aus (kritisch *Schönfeld/Häck,* in SD, Systematik Rz. 156). Voraussetzung für die Zulässigkeit derartiger Gesetzgebung ist jedoch der Versuch, unerwünschte Abkommenswirkungen zunächst durch Verhandlungen zu korrigieren, notfalls zu erwägen, ob eine Suspendierung oder eine Kündigung nach Maßgabe des Art. 60 WÜRV sachgerecht und erforderlich wäre und einseitige Maßnahmen mit der Wirkung eines Treaty Override als ***ultima ratio*** erst dann zu ergreifen, wenn Verstöße gegen höherrangiges Recht, insbesondere gegen das verfassungsrechtliche Gebot der Steuergerechtigkeit anders nicht beseitigt bzw. vermieden werden können (dazu *Lehner,* IStR 2012, 389 (403ff.)).

3. Ausländische Rechtsordnungen

Betrachtet man die ausländischen Rechtsordnungen (für einen Überblick s. *Mi-* **203**
kic, ET 2013, 475; allgemein zum Verhältnis zwischen Völkerrecht und innerstaatlichem Recht einzelner Staaten s. *Kunig* in: Vitzthum/Proelß, Völkerrecht, 6. Aufl. (2013), S. 82ff.), so ergibt sich für die Zulässigkeit eines Treaty Override ein uneinheitliches Bild: Staaten, wie z.B. die USA oder Großbritannien, greifen auf das Mittel des Treaty Override zurück, in anderen Staaten ist ein Treaty Override un-

zulässig. Im Einzelnen hängt die Antwort, wie auch nach deutschem Recht (s. Rz. 201 f.), wesentlich vom Rangverhältnis zwischen völkerrechtlichen Verträgen und dem jeweiligen nationalen Steuerrecht ab:

204 Am Beispiel der **Vereinigten Staaten** zeigt sich dies besonders deutlich: dort entnimmt die ständige Rechtsprechung der Verfassungsnorm des Art. VI cl. 2, dass völkerrechtliche Verträge auf einer Stufe mit obersten Bundesrecht stehen („shall be the supreme Law of the Land"). Aufgrund dieser Gleichrangigkeit kann ein späteres Bundesgesetz Bestimmungen völkerrechtlicher Verträge mit innerstaatlicher Verbindlichkeit außer Kraft setzen (s. beispielsweise *Supreme Court,* Whitney v. Robertson, 124 US 190 (194): „but if the two are inconsistent, the one last in date will control the other"; seit 1988 kodifiziert in Sec. 7852(d)(1) IRC; zur Begründung und insbesondere Kritik an dieser sog. „later-in-time"-rule s. *Lobel,* 71 Virginia Law Review 1071 ff. (1084 ff., 1108), *Sachs,* 47 Tax Lawyer 867 ff.; *Infanti,* 62 University of Pittsburgh Law Review 677 (692 ff.)). Der erste Treaty Override eines DBA in den USA geht auf das Jahr 1962 zurück (*Infanti,* 62 University of Pittsburgh Law Review 677 (681)). Als bisher bedeutendster und gravierendster Treaty Override der Vereinigten Staaten gilt der Foreign Investment in Real Property Act („FIRPTA") von 1980, der nach einer Übergangszeit von 5 Jahren ohne Rücksicht auf entgegenstehende DBA in Kraft trat. Das Gesetz erklärte Gewinne nichtansässiger Personen aus der Veräußerung von Beteiligungen an in den USA ansässige Immobilienholdinggesellschaften für steuerpflichtig. In den überwiegenden DBA der USA war jedoch die Besteuerung der Erlöse aus Aktienverkäufen dem Wohnsitzstaat vorbehalten. Dessen ungeachtet entschied der Kongress, dass der FIRPTA auch gegenüber diesen Steuerpflichtigen mit einer Verzögerung von fünf Jahren in Kraft treten sollte (s. hierzu *K. Vogel,* FS Höhn, S. 463; s. auch *Rehfeld,* Die Vereinbarkeit des Außensteuergesetzes mit den Grundfreiheiten des EG-Vertrages, S. 436 f.; *Gebhardt,* Deutsches Tax Treaty Overriding, S. 6 f.). Da viele Abkommen seither im Lichte des FIRPTA nach- bzw. neuverhandelt wurden, kommt diesem Treaty Override kaum noch Bedeutung zu. Seitdem nutzten die Vereinigten Staaten das Mittel des Treaty Override mit unterschiedlichen Zielsetzungen (s. den Überblick bei *Andersen,* unter 1.03 [1][a][iii], S. 5 ff., *Wolff,* 9 Fla. Tax Rev. 699 (732 ff.); *Girolamo,* BIT 2013, vol. 67, No 3, abrufbar unter www.online.IBFD.ord/kbase und *Infanti,* ECITLS vol. 2, 366 ff.; differenziert im Hinblick auf mögliche Rechtfertigungsgründe: *Avi-Yonah,* ECITLS vol. 2, 75 ff.).

204a Die Rechtslage in **Großbritannien** ähnelt der des deutschen Rechts. Die innerstaatliche Anwendbarkeit von Doppelbesteuerungsabkommen beruht auf Sec. 2 TIOPA 2010, einem Gesetz („statute"). Doppelbesteuerungsabkommen können deshalb keinen höheren Rang erlangen, als er diesem Gesetz zukommt (*Roxan,* ECITLS vol. 2, 319). Dies gilt auch vor dem Hintergrund von Sec. 6(1) TIOPA 2010 mit der Bestimmung: „have effect (…) despite anything in any enactment". Das Parlament hat dennoch die Möglichkeit, die völkervertraglichen Verpflichtungen zu „überschreiben", denn es gilt das grundlegende Prinzip, dass kein Parlament die Macht hat, ein künftiges Parlament dergestalt zu binden oder zu beschränken, dass es ein Gesetz nicht wieder ändern kann. Es gelten mithin die allgemeinen Regelungen zur Lösung von Normkonflikten, wie z. B. der *lex-posterior-* oder der *lex-specialis*-Grundsatz (*Roxan,* ECITLS vol. 2, 319, 338 f.). Für einen wirksamen Treaty Override muss das Parlament lediglich deutlich genug zum Ausdruck bringen, ein Abkommen „überschreiben" bzw. ändern zu wollen (*Schwarz,* S. 44). Nachdem Großbritannien im Falle von Sec. 812 Income and Corporation Taxes Act 1988 zunächst nur mit einem Treaty Override gegenüber den USA gedroht hatte (s. *Schwarz,* S. 44 f.), hat es sich dieses Mittels später tatsächlich bedient. Als Beispiel kann Sec. 112(4) und (5) ICTA 1988 bzw. Sec. 858 des Income Tax (Trading and Other Income) Act 2005 genannt werden, der in Großbritannien ansässigen Gesellschaftern einer ausländischen Personengesellschaft Abkommensvorteile vorenthält (s. *Schwarz,* S. 45; *Roxan,* ECITLS vol. 2, 339).

Ähnlich ist die Rechtslage in anderen Staaten: In **Australien** werden völkerrechtliche Verträge durch ein Parlamentsgesetz, den International Tax Agreements Act 1953, umgesetzt. Dort wird zwar in Sec. 4(2) angeordnet, dass sich das inkorporierte Völkervertragsrecht außer in zwei ausdrücklich genannten Fällen im Kollisionsfall gegenüber einfachem Gesetzesrecht durchsetzt, ein bewusst herbeigeführter Treaty Override wird dadurch aber nicht unmöglich gemacht (s. dazu *Kobetsky,* BIT 2005, 236 (245)). **204b**

In **Österreich** erlangen mit der erforderlichen Zustimmung des Nationalrats abgeschlossene DBA denselben Rang wie das Steuerrecht des Bundes. Eines Transformationsaktes i. e. S. bedarf es nicht. In Anbetracht fehlender verfassungsrechtlicher Vorkehrungen für einen unlösbaren Konflikt zwischen DBA und nationalem Steuerrecht, sind die allgemeinen Vorschriften anzuwenden. Dabei sind die Regelungen in DBA zwar leges speciales im Vergleich zum nationalen, im Regelfall allgemeineren Steuerrecht, sie können sich aber gegenüber einem widersprechenden, später erlassenen und noch spezielleren Steuergesetz, nicht durchsetzen (zur rechtlichen Situation in Österreich und zum vermutlich einzigen (*Leitner,* FS Schaumburg, S. 889 (893, Fn. 11)) österreichischen Treaty Override s. *Hohenwarter,* ECITLS vol. 2, 169 ff., 184 f. jeweils m. w. N.). **204c**

In der **Schweiz** geht man zwar traditionell davon aus, dass internationales Vertragsrecht innerstaatlichem Schweizer Recht vorgeht (*SchweizBVGer,* BVGE 2010, Nr. 40, 543 (549)), die Rechtsprechung macht jedoch eine sehr bedeutsame Ausnahme: Aufgrund der sog. *Schubert-Praxis* (*SchweizBG,* BGE 99Ib, 39, mehrfach bestätigt, u. a. durch *SchweizBG,* BGE 112II, 1 (13) und BGE 136III, 168 (172), sowie *SchweizBVGer,* Urt. v. 23.3.2010, A-2744/2008 und v. 18.7.2011, A-6962/2010) kann sich Schweizer Gesetzesrecht gegenüber Völkervertragsrecht durchsetzen. Nach dieser ständigen Rechtsprechung kommt einem Bundesgesetz eine dem entsprechende Bindungswirkung zu, wenn der Gesetzgeber einen Widerspruch zu Völkervertragsrecht bewusst in Kauf genommen hat. Dies wird bei einem Treaty Override regelmäßig der Fall sein. **204d**

Demgegenüber ist in Staaten, in denen die Verfassung ausdrücklich oder durch ungeschriebene Verfassungsgrundsätze völkerrechtlichen Verträgen unter bestimmten Umständen den Vorrang vor „normalem“ Gesetzesrecht einräumen, ein Treaty Override durch den Gesetzgeber grundsätzlich unzulässig: **205**

Seit 1947 gilt dies beispielsweise für **Japan** aufgrund von Art. 98 Abs. 2 der Verfassung, der besagt, dass die von Japan abgeschlossenen völkerrechtlichen Verträge gewissenhaft eingehalten werden sollen. Es ist anerkannt, dass hieraus die Höherrangigkeit von Völkervertragsrecht gegenüber Gesetzesrecht folgt. Unvereinbarkeiten zwischen Gesetzes- und Völkervertragsrecht werden in Japan so gelöst, dass sich das Letztgenannte durchsetzt (s. dazu *Sandler,* S. 46 f. mit Bezug auf *Iwasawa,* S. 95, 289; grundlegend zum Abschluss völkerrechtlicher Verträge und deren Implementation in japanisches Recht s. *Hirobe,* AVR 1987, 39 ff.). **205a**

Demgegenüber statuiert in **Frankreich** Art. 55 der Verfassung von 1958 einen höheren Rang von völkerrechtlichen Verträgen oder Abkommen gegenüber Gesetzesrecht nur unter dem Vorbehalt der Reziprozität (Gegenseitigkeit; „Les traités ou accords (...) ont (...) une autorité supérieure à celle des lois, sous réserve (...) de son application par l’autre partie“). Zu der hier nicht weiter zu erörternden Frage nach der Reichweite dieses Gegenseitigkeitsvorbehalts s. *Ress,* ZaöRV 1975, 445 (456, 460 ff.); speziell zur CFC-Gesetzgebung in Frankreich *Gaoua/Ribeiro,* ET 2013, 451). **205b**

Die Verfassungen von **Russland** (Art. 15 Abs. 4) und des **Königreichs Niederlande** (Art. 94; zu den Doppelbesteuerungsabkommen nicht betreffenden Aus- **205c** nahmen s. *Pijl,* ECITLS vol. 2, 292 f., 303) oder **Polen** (Art. 91 Abs. 2) ordnen unter bestimmte Bedingungen einen Vorrang von Völkervertragsrecht vor nationalem Gesetzesrecht an. Trotz unklarer Formulierung gilt dies wohl auch für **Mexiko** aufgrund von Art. 133 der mexikanischen Verfassung (s. *Ramos,* BIT 2010, 620 (622), der zudem auf die neue, jedoch noch nicht für die Gerichte verbindliche Rechtsprechung des mexikanischen Supreme Court zum Rang völkerrechtlicher Verträge im mexikanischen Normensystem hinweist. Zu dieser Rechtsprechung s. *Arias,* BIFD 2002, 510 (513)).

205d In **Portugal** wird aus Art. 8 Abs. 1, 2 der Verfassung i. V. m. dem Grundsatz des *pacta sunt servanda* und den Prinzipien der Art. 26, 27 WÜRV abgeleitet, dass sich völkerrechtliche Verträge sowohl gegen bereits bestehende als auch gegen später erlassene Gesetze durchsetzen, so dass Treaty Overrides in Portugal nicht zulässig sind (*de Sousa,* S. 246, Fn. 17; *Teixeira/Williams,* Intertax 1994, 167 (168)).

205e In **Italien** wurde mit dem neuen Art. 117 Abs. 1 der Verfassung im Jahr 2001 eine Regelung geschaffen, nach der der Staat und die Regionen unter Wahrung der Verfassung sowie der sich aus der Unionsrechtsordnung und den internationalen Verpflichtungen ergebenden Einschränkungen ihre Gesetzgebungsbefugnisse auszuüben haben. Die h. M. in der italienischen Literatur wie auch das italienische Verfassungsgericht sehen hierin die Anordnung eines verfassungsrechtlichen Vorrangs völkerrechtlicher Verträge gegenüber einfachem Gesetzesrecht, falls beides nicht in Einklang gebracht werden kann. Zur Entscheidung ist jedoch nur das Verfassungsgericht befugt (*Bracco,* ECITLS vol. 2, 250 f., 257 f.; *Arginelli/Innamorato,* ET 2008, 299 (300 ff.), der zudem zwei Beispiele für mögliche verfassungswidrige italienische Treaty Overrides darstellt; für weitere Beispiele s. *K. Vogel,* ECITLS vol. 2, 6 ff.; *Girolamo,* BIT 2013, vol. 67, No 3, abrufbar unter www.online.IBFD.ord/kbase).

206 Schließlich besteht die Möglichkeit, abkommenswidrige Gesetzgebung nicht offen zu erklären. Sie zu verschweigen, wird dadurch erleichtert, dass über die Frage, was im Einzelfall vertragswidrig ist, unterschiedliche Rechtsansichten möglich sind. Das erlaubt es, Vertragstreue vorzugeben. **Widerspricht** ein Gesetz einer langjährigen und **bisher unstreitigen Interpretation** eines Abkommens, die es angeblich „klarstellen" soll, so kann dies die Annahme eines Treaty Override begründen (s. zur Abgrenzung o. Rz. 194 f.). Bedenken können auch entstehen, wenn das Ergebnis eines angeblich unrichtigen **gerichtlichen Urteils** korrigiert werden soll. Es mag zwar durchaus sein, dass ein innerstaatliches Gesetz den Sinn des Abkommens klären soll (so wohl gegenüber den kanadischen Entscheidungen im Fall Melford, s. Rz. 185 f.). Dies erscheint jedoch bedenklich, wenn solche Korrekturen **in größerer** Zahl und für mehrere Abkommen vorgenommen werden (wie in Großbritannien nach der Entscheidung des *House of Lords* in *Dawson* v. IRC, 1989 STC 473 [durch Finance Act 1989, sect. 110], sogar rückwirkend nach den Entscheidungen des *Court of Appeal* in Union Texas Petroleum Co. v. Critchley, 1988 STC 691 [durch Finance Act 1989, sect. 115], und selbst noch während eines anhängigen gerichtlichen Verfahrens in Padmore v. IRC, 62 Tax Cases 352 [durch Finance Act (No. 2) 1987, sect. 26]; s. dazu *Williams,* Intertax 1990, 298). Entgegen der Auffassung des OECD-Steuerausschusses (a. a. O. Nr. 4a) kann solches Vorgehen als **versteckter Treaty Override** zu bewerten sein.

207 Ergänzend zur Problematik des Treaty Override in anderen Rechtsordnungen s. *Michel,* ET 2013, 414: **Kanada;** *Catrut,* ET 2013, 439**: Rumänien;** *Sariano,* ET 2013, 459: **Spanien.**

E. Doppelbesteuerungsabkommen und EU-Recht

I. Rechtsquellen

Literatur: *Adamczyk*, in M. Lang/Pistone/Schuch/Staringer, Introduction, S. 13; *van Crombrugge*, in FS Vanistendael (2008), S. 239; *M. Lang*, Intertax 2014, 169; *ders.*, IStR 2013, 365; *ders.*, SWI 2013, 62 und 206; *Lehner*, in FS Scholz (2007), S. 1047; *Roccatagliata*, in Pistone, Legal Remedies in European Tax Law (2009), S. 69; *Rossi-Maccanico*, EC Tax Rev. 2009, 223; *Schwarze*, EuR 2011, 3; *Terra/Wattel*, S. 53 ff., 601 ff.; *Schwarz*, Schwarz on Tax Treaties, 3. Aufl. (2013), S. 49 ff. 251

Beim Abschluss und bei der Anwendung von Doppelbesteuerungsabkommen der Mitgliedstaaten der **Europäischen Union** sind Einwirkungen des Unionsrechts, insbesondere des Vertrags über die Arbeitsweise der Europäischen Union (AEUV), auf das Internationale Steuerrecht zu beachten. Insoweit ist grundlegend zwischen den Einwirkungen des Unionsrechts auf die innerstaatlichen Vorschriften über die Ausgestaltung der **unbeschränkten und der beschränkten Steuerpflicht** einerseits (s. Rz. 262a) und den Einwirkungen des Unionsrechts auf die **Doppelbesteuerungsabkommen** andererseits zu unterscheiden (s. Rz. 265 ff.).

Grundlagen des Unionsrechts sind nach Inkrafttreten des Vertrags von Lissabon, 252
der **Vertrag über die Arbeitsweise der Europäischen Union (AEUV) und der Vertrag über die Europäische Union (EUV),** s. Art. 1 Abs. 2 AEUV, Art. 1 EUV. Diese beiden Verträge und die sie ergänzenden Dokumente werden im Gegensatz zu dem auf Grund dieser Verträge von den Unionsorganen erlassenen **sekundären Unionsrecht** (s. Rz. 253 ff., 274 ff.) als **primäres Unionsrecht** bezeichnet. Für das Internationale Steuerrecht gehören dazu neben Art. 351 AEUV über das **Verhältnis (früherer) völkerrechtlicher Verträge zum Unionsrecht** (s. Rz. 258 ff.), vor allem die durch den AEUV primärvertraglich begründeten und gewährleisteten **Grundfreiheiten**: Allgemeine Freizügigkeit (Art. 21 AEUV); Arbeitnehmerfreizügigkeit (Art. 45 ff. AEUV); Niederlassungsfreiheit (Art. 49 ff. AEUV); Dienstleistungsfreiheit (Art. 56 ff. AEUV) und Kapitalverkehrsfreiheit (Art. 63 ff. AEUV) – (einen kurzen Überblick über die Entwicklung gibt *van Crombrugge*, FS Vanistendael, S. 239 ff.; allgemein zu den Rechtsquellen des Unionsrechts mit Einfluss auf die direkten Steuern *Adamczyk*, in M. Lang/Pistone/Schuch/Staringer, Introduction, S. 13 (15 ff.); allgemein zu den Grundfreiheiten und ihre Bedeutung im Steuerrecht *Terra/Wattel*, S. 53 ff.). Nach Inkrafttreten des Vertrags von Lissabon können auch die Unionsgrundrechte (Art. 6 EUV i.V.m. der Charta der Grundrechte der EU, 2007/C 303/01, ABl. EG Nr. C 83 v. 30.3.2010, S. 389) eine größere Bedeutung für das Steuerrecht der Mitgliedstaaten entfalten (s. *Elicker*, DStZ 2011, 162).

Neben dem primären Unionsrecht stehen als sekundäres Unionsrecht die von 253
den Organen der EU erlassenen **Verordnungen, Richtlinien**, **Beschlüsse,** Empfehlungen und Stellungnahmen (Art. 288 AEUV). Für das Internationale Steuerrecht einschließlich des Abkommensrechts sind vor allem die folgenden, auf der Grundlage der Art. 94 EG/115 AEUV ergangenen, **Richtlinien** bedeutsam:

- die Richtlinie 90/435/EWG v. 23.7.1990 über das gemeinsame Steuersystem der Mutter- und Tochtergesellschaften verschiedener Mitgliedstaaten (ABl. EWG Nr. L 225 v. 20.8.1990 S. 6); jetzt: Richtlinie 2011/96/EU des Rates v. 30.11.2011 (Neufassung, ABl. EU Nr. L 345 v. 29.12.2011 S. 8 unter Aufhebung der RL 90/435/EWG in Art. 9), zuletzt geändert durch Art. 1 ÄndRL 2013/13/EU v. 13.5.2013 (ABl. EU Nr. L 141 v. 28.5.2013 S. 30) sowie Änderungsvorschlag der Kommission v. 25.11.2013 (COM (2013), 814 (final); kurz: **Mutter-Tochter-Richtlinie** (s. dazu auch Art. 10 Rz. 173 ff. und *Terra/Wattel,* S. 601 ff. sowie den Änderungsvorschlag der Kommission v. 25.11.2013, COM (2013) 814 endg.; zur Umsetzung s. *Schiefer/Quinten,* IWB 2013, 460);

- die Richtlinie 90/434/EWG v. 23.7.1990 über das gemeinsame Steuersystem für Fusionen, Spaltungen, die Einbringung von Unternehmensteilen und den Austausch von Anteilen, die Gesellschaften verschiedener Mitgliedstaaten betreffen (ABl. EWG Nr. L 225 v. 20.8.1990 S. 1); jetzt: Richtlinie 2009/133/EG des Rates v. 19.10.2009 über das gemeinsame Steuersystem für Fusionen, Spaltungen, Abspaltungen, die Einbringung von Unternehmensteilen und den Austausch von Anteilen, die Gesellschaften verschiedener Mitgliedstaaten betreffen, sowie für die Verlegung des Sitzes einer Europäischen Gesellschaft oder einer Europäischen Genossenschaft von einem Mitgliedstaat in einen anderen Mitgliedstaat (Neufassung, ABl. EG Nr. L 310 v. 25.11.2009 S. 34 unter Aufhebung der RL 90/434/EWG in Art. 17), zuletzt geändert durch Art. 1 ÄndRL 2013/13/EU v. 13.5.2013 (ABl. EU Nr. L 141 v. 28.5.2013 S. 30); kurz: **Fusionsrichtlinie** (s. zur Umsetzung der Fusionsrichtlinie in den EU-Mitgliedstaaten die von Ernst & Young in 2009 für die Europäische Kommission erstellte „Studie über die Umsetzung der Fusionsrichtlinie (direkte Besteuerung)", abrufbar unter http://ec.europa.eu/taxation_customs/common/publications/studies/archives/index_de.htm, die Ausführungen in Art. 7 Rz. 44 und *Terra/Wattel,* S. 653 ff.);
- die Richtlinie 2003/49/EG v. 3.6.2003 über eine gemeinsame Steuerregelung für Zahlungen von Zinsen und Lizenzgebühren zwischen verbundenen Unternehmen verschiedener Mitgliedstaaten (ABl. EG Nr. L 157 v. 26.6.2003 S. 49), zuletzt geändert durch Art. 1 ÄndRL 2013/13/EU v. 13.5.2013 (ABl. EU Nr. L 141 v. 28.5.2013 S. 30); kurz: **Zins- und Lizenzgebühren-Richtlinie** (s. hierzu der Vorschlag der Europäischen Kommission für eine Neufassung der Richtlinie über eine gemeinsame Steuerregelung für Zahlungen von Zinsen und Lizenzgebühren zwischen verbundenen Unternehmen verschiedener Mitgliedstaaten v. 11.11.2011 (KOM (2011) 714 endg.) und die Stellungnahme des Europäischen Wirtschafts- und Sozialausschusses hierzu (ABl. EU Nr. C 143 v. 22.5.2012 S. 46), *Terra/Wattel,* S. 757 ff. sowie Art. 11 Rz. 7 und Rz. 274 ff.);
- die Richtlinie 2003/48/EG v. 3.6.2003 im Bereich der Besteuerung von Zinserträgen (ABl. EG Nr. L 157 v. 26.6.2003 S. 38; zuletzt geändert durch Art. 1 ÄndRL 2014/48/EU v. 24.3.2014 (ABl. EU Nr. L 111 v. 15.4.2014 S. 50); kurz: **Zinsertragsteuerrichtlinie** dazu *Strub,* IStR 2014, 313;
- die Richtlinie 77/799 v. 19.12.1977 über die gegenseitige Amtshilfe zwischen den zuständigen Behörden der Mitgliedstaaten im Bereich der direkten Steuern (ABl. EWG Nr. L 336 v. 27.12.1977 S. 15), ersetzt m. W. v. 1.1.2013 durch die Richtlinie 2011/16/EU des Rates v. 15.2.2011 über die Zusammenarbeit der Verwaltungsbehörden im Bereich der Besteuerung und zur Aufhebung der Richtlinie 77/799/EWG (ABl. EU Nr. L 64 v. 11.3.2011 S. 1); kurz: **Amtshilferichtlinie** (s. hierzu auch den Vorschlag der Europäischen Kommission v. 12.6.2013 zur Änderung der Richtlinie 2011/16/EU bezüglich der Verpflichtung zum automatischen Austausch von Informationen im Bereich der Besteuerung (COM (2013) 348 final), sowie Art. 26 Rz. 14 ff.). Das Gesetz zur Umsetzung der Amtshilferichtlinie sowie zur Änderung steuerlicher Vorschriften (Amtshilferichtlinieumsetzungsgesetz – AmtshilfeRLUmsG) wurde am 29.6.2013 im Bundesgesetzblatt verkündet (BGBl. 2013 I S. 1809; s. dazu *Seer,* IWB 2014, 87);
- die Richtlinie 76/308/EWG v. 15.3.1976 über die gegenseitige Unterstützung bei der Beitreibung von Forderungen im Zusammenhang mit Maßnahmen, die Bestandteil des Finanzierungssystems des Europäischen Ausrichtungs- und Ga-

rantiefonds für die Landwirtschaft sind, sowie von Abschöpfungen und Zöllen (ABl. EWG Nr. L 73 v. 19.3.1976 S. 18, Berichtigung ABl. EWG Nr. L 306 v. 30.11.1977 S. 34); Richtlinie 2008/55/EG des Rates v. 26.5.2008 über die gegenseitige Unterstützung bei der Beitreibung von Forderungen in Bezug auf bestimmte Abgaben, Zölle, Steuern und sonstige Maßnahmen (Neufassung, ABl. EG Nr. L 150 v. 10.6.2008 S. 28); diese wiederum ersetzt m. W. v. 1.1.2012 durch die Richtlinie 2010/24/EU des Rates v. 16.3.2010 über die Amtshilfe bei der Beitreibung von Forderungen in Bezug auf bestimmte Steuern, Abgaben und sonstige Maßnahmen (ABl. EU Nr. L 84 v. 31.3.2010 S. 1); kurz: **Beitreibungsrichtlinie** (s. hierzu auch die Durchführungsverordnung (EU) Nr. 1189/2011 der Europäischen Kommission v. 18.11.2011 zur Festlegung der Durchführungsbestimmungen zu bestimmten Artikeln der Richtlinie 2010/24/EU (ABl. EU Nr. L 302 v. 19.11.2011 S. 16) sowie die Ausführungen in Art. 27 Rz. 5 ff.).

Verordnungen haben **allgemeine Geltung**. Sie sind in allen Teilen verbindlich und gelten unmittelbar in den Mitgliedstaaten (Art. 288 Abs. 1, 2 AEUV). **254**
Richtlinien hingegen **verpflichten die Mitgliedstaaten**, bestimmte Ziele zu verwirklichen, wie etwa steuerrechtliche Vorschriften anzugleichen; sie überlassen den Mitgliedstaaten aber grundsätzlich die Wahl der Mittel zur Umsetzung der Richtlinienziele (Art. 288 Abs. 1, 3 AEUV). Ungeachtet ihrer Adressierung an die Mitgliedstaaten gewähren sie, wenn ein Mitgliedstaat eine Richtlinie nur unvollkommen umsetzt oder sie sonst verletzt, nach der Rspr. des EuGH auch dem **Bürger** unmittelbare Rechte, sofern die betreffende Richtlinienbestimmung nur inhaltlich „unbedingt" sowie „hinreichend genau" ist (st. Rspr., grundlegend EuGH v. 5.4.1979, Rs. 148/78, Slg. 1979-I, 1629 – *Ratti,* Tz. 18 und EuGH v. 22.2.1990, Rs. C-221/88, Slg. 1990-I, 495 – *Busseni,* Tz. 22; dazu Streinz/*Schroeder,* EUV/AEUV, Art. 288 AEUV, Rz. 106 ff.; Calliess/Ruffert/*Ruffert,* EUV/AEUV, Art. 288 AEUV, Rz. 47 ff. jeweils m. w. N.).

Unmittelbare Rechte und Pflichten der Mitgliedstaaten, aber auch des Steuerpflichtigen, folgen weiterhin aus **multilateralen völkerrechtlichen Verträgen**, die die Mitgliedstaaten auf der Grundlage des Art. 293 EG abgeschlossen haben (Art. 293 EG wurde zwar nicht in den AEUV übernommen; dies hat jedoch keine Bedeutung für die bereits abgeschlossenen Verträge (s. hierzu allgemein *Dürrschmidt,* NJW 2010, 2089; *Lehner,* IStR 2005, 397 sowie die Ausführungen in Art. 25 Rz. 6, 300)). Insoweit ist das „Übereinkommen über die Beseitigung der Doppelbesteuerung im Falle von Gewinnberichtigungen zwischen verbundenen Unternehmen" (90/436/EWG, ABl. EWG Nr. L 225 v. 20.8.1990 S. 10 - sog. **EU-Schiedsübereinkommen)** von besonderer Bedeutung (ausführlich dazu: Art. 25 Rz. 6, 300 ff.; allgemein s. a. *L. Hinnekens,* EC Tax Rev. 2010, 109, *Plansky,* in M. Lang/Pistone/Schuch/Staringer, Introduction, S. 237 und *Terra/Wattel,* S. 703 ff.). Es sieht ein Streitbeilegungsverfahren für Fälle der Gewinnberichtigung zwischen verbundenen Unternehmen vor, die in einem Verständigungsverfahren nicht gelöst werden konnten (zum Verfahren im Einzelnen s. Art. 25 Rz. 302 ff. und Art. 9 Rz. 144, 180; s. ergänzend auch u. Rz. 256b). Das EU-Schiedsübereinkommen ist ein multilateraler völkerrechtlicher Vertrag zwischen den Mitgliedstaaten der EU, **kein Rechtsakt des Unionsrechts**. Aus diesem Grund besteht in seinem Anwendungsbereich grundsätzlich keine Rechtsprechungszuständigkeit des EuGH (s. zu der gesonderten Zuständigkeitsbestimmung in Art. 25 Abs. 5 des DBA *Österreich* Art. 25 Rz. 268; s. auch *Lehner,* FS Reiß, S. 665 (676 ff.)). **255**

Maßnahmen ohne Rechtsverbindlichkeit („soft law") sind neben Empfehlungen und Stellungnahmen (Art. 288 Abs. 1, 5 AEUV) die vom Rat der Europäischen Union und vor allem die von der Europäischen Kommission beschlossenen **256**

Programme, Arbeitsdokumente, Studien und sonstigen Veröffentlichungen (zur Entwicklung *Lehner,* FS Scholz, S. 1047 ff.; allg. zum Soft Law in der EU *Schwarze,* EuR 2011, 3; zum Einfluss von Soft Law auf das Europäische Steuerrecht *Roccatagliata,* in Pistone, Legal Remedies, S. 69 ff.; einen Überblick über die Maßnahmen bis 2009 gibt *Rossi-Maccanico,* EC Tax Rev. 2009, 223).

Nicht rechtsverbindlich im strengen Sinne ist die von der Kommission bereits 1993 gewählte Form der **Empfehlung** (so etwa die Empfehlung vom 21.12.1993 „betreffend die Besteuerung bestimmter Einkünfte, die von Nichtansässigen in einem anderen Mitgliedstaat als dem ihres Wohnsitzes erzielt werden", 94/79/EG, ABl. EG Nr. L 39 v. 10.2.1994 S. 22; s. *Schonewille,* EC Tax Rev. 1994, 63 und *Thömmes,* Intertax 1994, 182).

Grundlegende **Programme** ohne Rechtsverbindlichkeit mit Bedeutung für die Problematik der Doppelbesteuerung sind die bereits 1990 von der Kommission veröffentlichten „Leitlinien der Unternehmensbesteuerung" (SEK(90) 601 endg.) und das von ihr 1993 vorgelegte „Strategische Programm für den Binnenmarkt" (KOM(93) 632 endg.; dazu *Albregtse/Heithuis,* EC Tax Rev. 1994, 7 und *Schonewille,* EC Tax Rev. 1994, 56). Als **Diskussionspapier** ohne Rechtsverbindlichkeit ist das im März 1996 durch die Kommission vorgestellte **Globalkonzept** für den Bereich der direkten Steuern zu nennen (**„Steuern in der Europäischen Union"**, SEK(96) 487 endg.). Dieses Konzept führt in der weiteren Entwicklung zu einem „Steuerpaket", das u. a. den **„Verhaltenskodex für die Unternehmensbesteuerung"** (Entschließung des Rates und der im Rat vereinigten Vertreter der Regierungen der Mitgliedstaaten v. 1.12.1997, ABl. EG Nr. C 2 v. 6.1.1998 S. 2), die Zinsertragsteuerrichtlinie und die Zins- und Lizenzgebühren-Richtlinie (s. Rz. 253) umfasst. Der auf eine Entschließung des Rates der EU zurückgehende „Verhaltenskodex für die Unternehmensbesteuerung" (**„Code of Conduct"**; zur Rechtsentwicklung insoweit u. a. *Kluge,* K5 ff.; zu entsprechenden Bestrebungen der OECD *Vanistendael,* EC Tax Rev. 1999, 163 (166 f.)) begründet nach seinem ausdrücklichen Wortlaut nur eine „politische Verpflichtung" der Mitgliedstaaten, wettbewerbsschädliche steuerliche Maßnahmen zurückzunehmen und künftig zu unterlassen. Im Hinblick auf das **Doppelbesteuerungsproblem** stellt der Rat fest, dass den in Doppelbesteuerungsabkommen enthaltenen Maßnahmen zur **Missbrauchsbekämpfung** grundlegende Bedeutung bei der Vermeidung von Steuervermeidung und Steuerhinterziehung zukommt. In diesem Zusammenhang steht auch die Mitteilung der Europäischen Kommission zur „Missbrauchsbekämpfung im Bereich der direkten Steuern (innerhalb der EU und im Hinblick auf Drittländer)" v. 10.12.2007 (KOM (2007) 785 endg.), in der die Mitgliedstaaten aufgefordert werden, ihre Vorschriften zur Bekämpfung des Missbrauchs im Bereich der direkten Steuern im Lichte der einschlägigen Rechtsprechung des EuGH zu überprüfen und koordinierte Lösungen in diesem Bereich zu suchen. Im Jahr 2009 hat die Europäische Kommission zudem eine Mitteilung über Maßnahmen zur **„Förderung des verantwortungsvollen Handelns im Steuerbereich" („good governance")** angenommen (KOM (2009) 201 endg., s. dazu auch die Stellungnahme des Europäischen Wirtschafts- und Sozialausschusses ABl. EU Nr. C 255 v. 22.9.2010, S. 61, sowie die Entschließung des Europäischen Parlaments v. 10.2.2010, 2009/2174 (INI), P7_TA(2010)0020; vgl. auch *Mosquera Valderrama,* TNI Aug. 2010, 609 (612)). Neueren Datums sind die Mitteilung der Kommission „über konkrete Maßnahmen, auch in Bezug auf Drittländer, zur Verstärkung der Bekämpfung von Steuerbetrug und Steuerhinterziehung" v. 27.6.2012 (COM (2012) 351 final), die Mitteilung über den „Aktionsplan zur Verstärkung der Bekämpfung von Steuerbetrug und Steuerhinterziehung" v. 6.12.2012 (COM (2012) 722 final), sowie vom selben Tag eine **Empfehlung** der Kommission **„betreffend aggressive Steuerplanung"** (COM (2012) 8806 final; dazu *M. Lang,*

SWI 2013, 62), in der den Mitgliedstaaten spezielle und allgemeine Maßnahmen nahe gelegt werden. Am 21.5.2013 hat das EP die Mitgliedstaaten aufgefordert, sich diesen Aktionsplan zu eigen zu machen und vollständig umzusetzen (Entschließung vom 21.5.2013, 2013 (INI). Im Anwendungsbereich von Doppelbesteuerungsabkommen werden Maßnahmen gegen Doppelnichtbesteuerung empfohlen (dazu auch Rz. 256e). Kritisch zu dieser neueren EU-Steuerpolitik bei den direkten Steuern *M. Lang,* IStR 2013, 365. Über die „Zusammenarbeit mit den Entwicklungsländern bei der Förderung des verantwortungsvollen Handelns im Steuerbereich" erging seitens der Europäischen Kommission am 20.4.2010 eine gesonderte Mitteilung (KOM (2010) 163).

Bereits in ihrem **Grundsatzpapier „Steuerpolitik in der Europäischen Union – Prioritäten für die nächsten Jahrzehnte"** vom 23.5.2001 (KOM (2001) 260 endg.; vgl. dazu *Menck,* FR 2002, 269) betont die Kommission, dass kein Bedürfnis für eine allgemeine, durchgängige Harmonisierung der direkten Steuern besteht. Vielmehr soll die EU entsprechend dem Grundsatz der Subsidiarität erst dann tätig werden, wenn einzelstaatliche Maßnahmen nicht zu einer befriedigenden Lösung führen. Nach diesem Grundsatzpapier liegt der Schwerpunkt der Steuerpolitik auf der Beseitigung steuerlicher Hindernisse für grenzüberschreitende Wirtschaftstätigkeit und auf der Bekämpfung des Steuerwettbewerbs.

In der Folgezeit konzentriert sich die Kommission vor allem auf die **Unternehmensbesteuerung.** In ihrer Mitteilung „Ein Binnenmarkt ohne steuerliche Hindernisse – Strategie zur Schaffung einer konsolidierten Körperschaftsteuer-Bemessungsgrundlage für die grenzüberschreitende Unternehmenstätigkeit in der EU" vom 23.10.2001 (KOM (2001) 582 endg.) werden als partielle Harmonisierungslösungen eine **gemeinsame konsolidierte Körperschaftsteuerbemessungsgrundlage** (GKKB; dazu weiter u. Rz. 256a), eine Pilotregelung zur Besteuerung kleinerer und mittlerer Unternehmen nach dem jeweiligen Steuerrecht des Ansässigkeitsstaates (**„Sitzlandbesteuerung"**, dazu u. Rz. 256c) und die Verbesserung der **Verrechnungspreisgestaltung** (näher hierzu u. Rz. 256b) vorgeschlagen. Bezogen auf die innerhalb der EU abgeschlossenen **Doppelbesteuerungsabkommen** (s. a. Rz. 256d) erstrebt die Kommission eine verbesserte Anpassung an die Vorgaben des Binnenmarkts, vor allem durch die Veröffentlichung von Orientierungshilfen anhand der Rechtsprechung des EuGH, sowie eine bessere Koordination der Abkommenspolitik gegenüber Drittstaaten und die Einführung eines verbindlichen Schlichtungsverfahrens im Fall von Zweifeln bei der Auslegung und Anwendung der Doppelbesteuerungsabkommen (KOM (2001) 582 endg., S. 13, 16 f.; diesen Bestrebungen entspricht das 2008 in das MA eingegangene Schiedsverfahren gem. Art. 25 Abs. 5 MA, s. dazu dort Rz. 201 ff., 221). Grundlage dieses Programms ist die Studie „Unternehmensbesteuerung im Binnenmarkt" (Arbeitsdokument der Dienststellen der Kommission v. 23.10.2001, SEK (2001) 1681 endg.). Bestätigt wird die gewählte Strategie in der Mitteilung der Kommission „Ein Binnenmarkt ohne unternehmenssteuerliche Hindernisse, Ergebnisse, Initiativen, Herausforderungen", vom 24.11.2003 (KOM (2003) 726 endg.) Allgemein zur Zukunft der Unternehmensbesteuerung *Loukota,* SWI 2004, 297; *Panayi,* European Union Corporate Tax Law (2013), S. 3 ff. Weitere Lösungsansätze zu den in der Studie „Unternehmensbesteuerung im Binnenmarkt" dargestellten wesentlichen steuerlichen Hindernissen stellt die Kommission in ihrer Mitteilung v. 19.12.2006 zur „Koordinierung der Regelungen der Mitgliedstaaten zu den direkten Steuern im Binnenmarkt" vor (KOM (2006) 823 endg.). Nach Auffassung der Kommission lassen sich insbesondere der Abbau von Diskriminierungen und Doppelbesteuerung, die Verhinderung von unbeabsichtigter Nichtbesteuerung und von Missbrauch sowie die Senkung der Befolgungskosten am besten, in einigen Fällen auch ausschließlich, durch eine Koordinierung von Steuerregelungen zwischen den Mitgliedstaaten erreichen. Die Kommission betont das Erfordernis einer stärkeren Steuerkoordinierung in der EU für das reibungslose Funktionieren des Binnenmarktes zuletzt nochmals im Anhang des „Jahreswachstumsberichts 2012" (s. Bericht der Kommission über eine „wachstumsfreundliche Steuerpolitik in den Mitgliedstaaten und eine bessere Steuerkoordinierung in der EU" v. 23.11.2011 (KOM (2011) 815 Teil 5/5 – Anhang 4 zum „Jahreswachstumsbericht 2012").

256a Zur Verbesserung der steuerlichen Situation von Unternehmen in der EU hat die Europäische Kommission am 16.3.2011 einen **Richtlinienvorschlag** für ein gemeinsames System zur Ermittlung der Steuerbemessungsgrundlage von Unternehmen veröffentlicht („Vorschlag für eine Richtlinie des Rates über eine **Gemeinsame konsolidierte Körperschaftsteuer-Bemessungsgrundlage (GKKB)"** (KOM (2011) 121 endg.). Die früheste Umsetzung dieses Richtlinienvorschlages ist für das Jahr 2015 vorgesehen (s. „Bürgerinfo" der Europäischen Kommission zur GKKB; zu den weiteren Schritten s. auch *Vascega/van Thiel,* ET 2011, 374). Die deutsche Bundesregierung sieht zwar Vorteile, beurteilt den Richtlinienvorschlag jedoch durchaus auch kritisch (s. BT-Drucks. 17/5748 S. 1f.). Allgemein zur GKKB, u.a. *Garbadino,* EC Tax Review 2012, 248; *Bünning/Möser,* BB 2011, 2647; *Celebi,* EC Tax Review 2013, 289; *Förster/Krauß,* IStR 2011, 607; *Frey/Speidel,* Stb 2011, 430; *Glaser,* DStR 2011, 2317; *Herzig,* in FS G. Frotscher, S. 203; *Herzig/Kuhr,* DB 2011, 2053; *Kahle/Dahlke/Schulz,* Ubg 2011, 491; *Kemmeren,* EC Tax Rev. 2011, 208; *Lamotte,* ET 2012, 271; *M. Lang,* StuW 2012, 297; *Lenz/Rautenstrauch,* DB 2011, 726; *Marx,* DStZ 2011, 547; *Müller-Gatermann/Möhlenbrock/Fehling,* ISR 2012, 17; *Panayi,* European Corporate Tax Law 2013, S. 81ff.; *Rautenstrauch,* EWS 2011, 161; *Röder,* WTJ 2012, 125; *Scheffler/Krebs,* DStR-Beih. 2011, 13; *Spengel/Ortmann/Babel* u.a., WTJ 2012, 185; *Streek,* Intertax, 2013; *Scheffler/Köstler,* DStR 2014, 664; *Terra/Wattel,* S. 797 ff. Vgl. zu diesem Vorschlag auch die Stellungnahme des Europäischen Wirtschafts- und Sozialausschusses v. 26./27.10.2011 (ABl. EU Nr. C 24 v. 28.1.2012, S. 63) und des Ausschusses der Regionen v. 14.12.2011 (ABl. EU Nr. C 54 v. 23.2.2012, S. 65). Das Europäische Parlament hat den Entwurf im Grundsatz gebilligt, zugleich jedoch einige Änderungsvorschläge beschlossen (s. legislative Entschließung des Europäischen Parlaments vom 19.4.2012, P7_TA-PROV(2012)0135). Zu einem Kompromissvorschlag s. *Scheffler/Köstler,* DStR 2013, 2190; *dies.,* DStR 2013, 2235; *dies.,* DStR 2014, 664. Zur gewerbesteuerrechtlichen Problematik *Scheffler/Schöpfel/Köstler/Binder,* StuW 2013, 28ff.

256b Zur Verbesserung der **Verrechnungspreisgestaltung** wurde informell bereits im Juni 2002 ein EU-Verrechnungspreisforum eingerichtet (SEK(2001) 1681 endg.), das die Europäische Kommission in steuerlichen Fragen im Zusammenhang mit Verrechnungspreisen unterstützt und berät. In mehreren Mitteilungen hat die Kommission Bericht über das Fortschreiten der Arbeiten erstattet (s. KOM (2004) 297 endg. v. 23.4.2004, KOM (2005) 543 endg. v. 7.11.2005, KOM (2007) 71 endg. v. 26.2.2007, KOM (2009) 472 endg. v. 14.9.2009, KOM (2011) 16 endg. v. 25.1.2011, KOM (2012) 516 final v. 19.9.2012). Ein wichtiges Ergebnis ist der „Verhaltenskodex zur wirksamen Durchführung des Übereinkommens über die Beseitigung der Doppelbesteuerung im Falle von Gewinnberichtigungen zwischen verbunden Unternehmen" vom 27.6.2006 (ABl. EG Nr. C 176 v. 28.7.2006, S. 8). Der Verhaltenskodex wurde 2009 auf der Grundlage der Empfehlungen des gemeinsamen EU-Verrechnungspreisforums überarbeitet (ABl. EU Nr. C 322 v. 30.12.2009 S. 1); er enthält Hinweise zu den praktischen Aspekten und der Durchführung des EU-Schiedsübereinkommens (s. dazu *Damsma,* ITPJ 2010, 34; *Di Cesare,* ITPJ 2010, 276; *Sporken/den Besten,* ITPJ 2010, 213). Anders als das EU-Schiedsübereinkommen begründet der Verhaltenskodex auch nach seiner

Überarbeitung nur politische, nicht auch rechtliche Verpflichtungen der Mitgliedstaaten (*Bödefeld/Kuntschik*, IStR 2010, 474).

Im Bereich der **Sitzlandbesteuerung** hat die Kommission durch Mitteilung vom 23.12.2005 („Sitzlandbesteuerung – Skizzierung eines möglichen Pilotprojekts zur Beseitigung unternehmensteuerlicher Hindernisse für kleine und mittlere Unternehmen im Binnenmarkt" (KOM (2005) 702 endg.)) Lösungen aufgezeigt, um steuerliche Hindernisse für grenzüberschreitende Tätigkeiten kleinerer und mittlerer Unternehmen zu beheben. Danach soll es solchen Unternehmen gestattet werden, ihre Gewinne nach den Steuerregelungen des Ansässigkeitsstaates der Muttergesellschaft bzw. der Hauptverwaltung zu ermitteln (siehe dazu auch das Arbeitsdokument der Dienststellen der Kommission v. 23.12.2005, SEC (2005) 1785). Allgemein zum gesamten Themenkomplex *Cerioni,* ET 2006, 375, *Thömmes/Rasch/Koch,* ITPJ 2006, 117, *Diemer/Mors,* ITPJ 2006, 111 und *Loukota,* SWI 2004, 297 (298 ff.); grundlegend *Lodin/Gammie,* S. 9ff. **256c**

Für das Problem der **Doppelbesteuerung im EU-Binnenmarkt** hatte die Kommission bereits im Jahr 1968 ein multilaterales Abkommen zwischen allen Mitgliedstaaten vorgeschlagen (s. Kommission der Europäischen Gemeinschaften, Vorentwurf 1968 zu einem Europäischen Doppelbesteuerungsabkommen, EG-Dok. 11.414/XIV/68 D v. 1.7.1968; dazu und zu weiteren Vorschlägen *Helminen,* The Nordic Multilateral Tax Treaty as a Model for a Multilateral EU Tax Treaty, 2013; *de Graaf,* EC Tax Rev. 1998, 258 (270 f.); *Kofler,* Doppelbesteuerungsabkommen, S. 374 ff.; *M. Lang,* SWI 1997, 392; *ders.,* IStR 2005, 297; *M. Lang/Schuch,* EC Tax Rev. 2000, 39; sowie die Beiträge in M. Lang u. a., Multilateral Tax Treaties; *Pistone,* Impact, S. 207 ff., 235 ff.; *ders.,* EC Tax Rev. 2005, 4 (9); *ders.,* in Cordewener/Enchelmaier/Schindler, Meistbegünstigung, S. 193 ff.; *Schindler,* in Cordewener/Enchelmaier/Schindler, Meistbegünstigung, S. 201 ff.; *Schuch,* EC Tax Rev. 1998, 29; *Sutter,* EuZW 2003, 120; jüngst auch *M. Lang,* SWI 2013, 206). Nach den Vorstellungen der Kommission sollte für die Auslegung dieses multilateralen Doppelbesteuerungsabkommens der EuGH zuständig sein (vgl. zu einer entsprechenden Regelung jetzt Art. 25 Abs. 5 des *DBA Österreich* (dazu Art. 25 Rz. 268); grundlegend zur Auslegung von DBA durch den EuGH *M. Lang,* FS G. Frotscher, S. 365 (367 ff.)). Als andere Möglichkeit, die das derzeitige System auf bilateraler Grundlage „intakt" ließe, wurde im Jahre 2005 die Erarbeitung eines auf die EU zugeschnittenen Musterabkommens samt Kommentar nach dem Vorbild der OECD vorgeschlagen (vgl. dazu das Arbeitspapier der Kommission „Doppelbesteuerungsabkommen und Recht der Europäischen Gemeinschaft" vom 9.6.2005 (TAXUD E1/FR DOC (05) 2306; kritisch dazu *Obhof,* Intertax 2009, 406 (412 f.)). **256d**

Am 11.11.2011 hat die Europäische Kommission eine umfassende Stellungnahme zu den Ursachen der Doppelbesteuerung in der EU, wie auch zu möglichen Lösungsansätzen, vorgelegt (KOM (2011) 712 endg.). Die Kommission macht deutlich, dass Doppelbesteuerung eines der größten steuerlichen Hemmnisse für den Binnenmarkt darstellt und im Interesse der Bürger und Unternehmen der EU-Mitgliedstaaten beseitigt werden muss (KOM (2011) 712 endg., S. 6). Neben der geplanten Einführung der GKKB (s. Rz. 256a) und dem Vorschlag zur Änderung der Zins- und Lizenzgebührenrichtlinie (s. Rz. 253), wollte die Kommission im Jahr 2012 auch Lösungen für die grenzüberschreitende Doppelbesteuerung von Dividendenzahlungen an Aktionäre vorstellen, sowie zusätzlich andere Möglichkeiten zur Beseitigung der Doppelbesteuerung prüfen, etwa die Einrichtung eines Forums zur Doppelbesteuerung für reine EU-Steuersachverhalte, einen Vorschlag für einen Verhaltenskodex zur Doppelbesteuerung oder die Festlegung eines verbindlichen Streitbeilegungsverfahrens für ungelöste Doppelbesteuerungsfälle. Zu den jüngsten Initiativen der Kommission s. *M. Lang,* SWI 2013, 206 sowie IStR 2013, 365 (369 ff.).

256e Auch die Frage der **doppelten Nichtbesteuerung** bzw. **Keinmalbesteuerung** (s. Rz. 73) in der EU war Gegenstand der Mitteilung der Europäischen Kommission v. 11.11.2011 (KOM(2011) 712 endg.). Doppelte Nichtbesteuerung bzw. Keinmalbesteuerung führt zum Verlust von Steuerertrag für die Mitgliedstaaten und zu unlauterem Wettbewerb im Binnenmarkt. Die Kommission hat deshalb am 29.2.2012 als erste Maßnahme eine öffentliche Konsultation zur Lösung dieses Problems eingeleitet (s. Pressemitteilung v. 29.2.2012, IP/12/201, und das Konsultationspapier TAXUD D1 D(2012); für die Ergebnisse dieser Konsultation s. die Zusammenfassung v. 5.7.2012, TAXUD D1 D(2012), abrufbar unter http://ec.europa.eu/taxation_customs/common/consultations/tax/2012_double_non_taxation_de.htm). Basierend auf diesen Ergebnissen hat die Kommission in ihrer Empfehlung „betreffend aggressive Steuerplanung" v. 6.12.2012 (C(2012) 8806 final; kritisch dazu *M. Lang,* SWI 2013, 62; s. bereits o. Rz. 256) u.a. entsprechende Maßnahmen gegen Keinmalbesteuerung vorgeschlagen. Um Konflikten bei hybriden Finanzgestaltungen zu begegnen, hat die Kommission eine Änderung der Mutter-Tochter-Richtlinie vorgeschlagen (KOM (2013), 814 endg.). Mit der Frage, inwieweit Doppelnichtbesteuerung innerhalb der EU durch ein multilaterales Abkommen gelöst werden kann, das auf der nordischen Konvention basiert, beschäftigt sich *Helminen,* ET 2013, 306; *dies.,* The Nordic Multilateral Tax Treaty as a Model for a Multilateral EU Tax Treaty 2013, S. 93ff.

256f Auf dem Gebiet der **Besteuerung natürlicher Personen** sind **vor allem** Maßnahmen im **Bereich der Dividendenbesteuerung** zu nennen. In ihrer Mitteilung über die „Besteuerung von Dividenden natürlicher Personen im Binnenmarkt" vom 19.12.2003 (KOM (2003) 810 endg.) gibt die Kommission zunächst Orientierungshilfen zu den Auswirkungen des Unionsrechts auf die Dividendenbesteuerungssysteme der Mitgliedstaaten (s. Pressemitteilung v. 8.1.2004, IP/04/25). Im Jahr 2009 hat sie konkrete „Verfahren zur Quellensteuererleichterung" für Erträge aus Dividenden, Zinsen und anderen Wertpapieren aus anderen Mitgliedstaaten in einer Empfehlung vorgeschlagen (KOM (2009) 7924 endg.; s.a. die Pressemitteilung v. 19.10.2009, IP/09/1543). Im Bereich der Doppelbesteuerung will die Kommission u.a. Lösungsvorschläge für die Probleme bei der grenzüberschreitenden Zahlung von Dividenden vorlegen (KOM (2011) 712 endg.; s. dazu bereits o. Rz. 256d). Weiteren Problemen auf dem Gebiet der Besteuerung natürlicher Personen widmet sich schließlich **auch** die Mitteilung der Kommission zur „Beseitigung grenzüberschreitender steuerlicher Hindernisse für die Bürgerinnen und Bürger der EU" aus dem Jahr 2010 (KOM (2010) 769 endg.), in der die wichtigsten steuerlichen Probleme im grenzüberschreitenden Bereich mit Lösungsvorschlägen aufgezeigt werden. Dazu zählen vor allem Fälle von **Diskriminierung, Doppelbesteuerung, Schwierigkeiten bei der Geltendmachung von Steuerrückzahlungen und Probleme bei der Beschaffung von Informationen über** die Besteuerung in anderen Mitgliedstaaten.

II. Einwirkungen von primärem Unionsrecht auf das internationale Steuerrecht

257 Aus dem Bereich des primären Unionsrechts sind für das internationale Steuerrecht bedeutsam:

- Art. 351 AEUV, der das Verhältnis zwischen dem Unionsrecht und (früheren) völkerrechtlichen Verträgen der Mitgliedstaaten zum Gegenstand hat (s. Rz. 258ff.),
- die Grundfreiheiten der Art. 45ff. AEUV (s. Rz. 264ff.), sowie
- das Beihilfenverbot nach Art. 107ff. AEUV (s. dazu Rz. 273).

Nicht im AEUV enthalten ist eine dem Art. 293 EG entsprechende Verpflichtung der Mitgliedstaaten zur Beseitigung der Doppelbesteuerung (s. dazu die Vorauflage 5. Aufl., Einl. Rz. 264 und u. Rz. 264a).

1. Verhältnis zwischen Unionsrecht und völkerrechtlichen Verträgen der Mitgliedstaaten (für einen Überblick: *Kofler,* Doppelbesteuerungsabkommen, S. 269 ff.). 258

Grundsätzlich behalten die Mitgliedstaaten ihre Kompetenz für den Abschluss völkerrechtlicher Verträge kraft ihrer völkerrechtlichen **Souveränität**, die zwar durch das Unionsrecht nach Maßgabe ausdrücklicher primärvertraglicher Normierung unter Berücksichtigung des Subsidiaritätsprinzips und des Prinzips der begrenzten Einzelermächtigungen eingeschränkt, aber nicht begründet werden kann (vgl. Art. 3, 4 Abs. 1, Art. 5 EUV; dazu *Sacchetto,* FS Vanistendael, S. 799 ff.). Für Doppelbesteuerungsabkommen innerhalb der Union bleibt es deshalb bei der alleinigen Kompetenz der Mitgliedstaaten, weil sie der Union auf dem Gebiet des Rechts der direkten Steuern keine spezifische Kompetenz übertragen haben. Dem steht nicht entgegen, dass die **Mutter-Tochter-Richtlinie** und die **Zins- und Lizenzgebühren-Richtlinie** (s. Rz. 253) Wirkungen haben, die denen eines multilateralen Abkommens funktional entsprechen, weil sie spezielle Teilaspekte eines Doppelbesteuerungsabkommens erfassen (zum Meinungsstand s. *Kofler,* Doppelbesteuerungsabkommen, S. 359 f.; *Lehner,* in M. Lang/Schuch/Staringer, Tax Treaty Law, S. 11 ff.; *Hofstätter,* in M. Lang/Schuch/Staringer, Tax Treaty Law, S. 25 ff.; sowie u. Rz. 274 ff.). Mit dem ausdrücklich formulierten Vorbehalt des Fehlens harmonisierten Rechts auf diesem Gebiet entspricht die hier vertretene Auffassung auch der Rechtsprechung des EuGH (s. z.B. EuGH v. 21.9.1999, Rs. C-307/97, Slg. 1999, I-6161 – *Saint-Gobain,* Tz. 56; EuGH v. 6.12.2007, Rs. C-298/05, Slg. 2007, I-10451 – *Columbus Container,* Tz. 27, 45, 51). Auch der ohne offizielle Begründung bemerkenswerte Verzicht auf die Aufnahme einer dem Art. 293 EG (s. Rz. 264a) entsprechenden Vorschrift in den AEUV ändert daran nichts. Allein aus diesem Verzicht erwächst keine Kompetenz der Unionsorgane zur Beseitigung der juristischen Doppelbesteuerung (zum Begriff s. Rz. 7; *Lehner,* IStR 2005, 397).

a) Anwendungsvorrang des Unionsrechts

Literatur: *Cordewener,* Europäische Grundfreiheiten und nationales Steuerrecht (2002), S. 53 ff.; *Gosch,* in Kruthoffer-Röwekamp, Die Rechtsprechung des EuGH in ihrer Bedeutung für das nationale und internationale Recht der direkten Steuern, Kolloquium im Bundesministerium der Finanzen, Berlin (2010), S. 61; *Hey,* StuW 2010, 301; *Kofler,* Doppelbesteuerungsabkommen, S. 268, S. 271 ff., 826 ff.; *Kokott/Henze,* in FS Spindler (2011), S. 279 ff.; *M. Lang,* in FS J. Lang (2010), S. 1003 ff.; *Reimer,* in J. Lüdicke, Wo steht das deutsche Internationale Steuerrecht (2009), S. 31 ff.; *Rust,* IStR 2009, 382; *Weber,* in Pistone, Legal Remedies, S. 45 (46, 56 ff.).

Unionsrecht hat jedoch **Anwendungsvorrang** gegenüber dem Recht der Mitgliedstaaten: Widerspricht eine auf grenzüberschreitende Sachverhalte anwendbare Norm des originär **innerstaatlichen** Rechts eines Mitgliedstaats dem primären oder dem sekundären Unionsrecht, so geht ihr das Unionsrecht vor. Die dem Unionsrecht entgegenstehende innerstaatliche Norm wird dadurch zwar nicht nichtig, sie ist jedoch im Umfang ihrer Unionsrechtswidrigkeit auf den vom Unionsrecht erfassten grenzüberschreitenden Sachverhalt **unanwendbar** (s. bereits EuGH v. 15.7.1964, Rs. 6/64 Slg. 1964, 1251 – *Costa/E. N. E. L.;* EuGH v. 9.3.1978, Rs. 106/77, Slg. 1978, 629 – *Simmenthal;* st. Rspr. neuerdings EuGH v. 14.6.2012, 259

Rs. C-606/10, NVwZ-RR 2012, 736 – *ANAFE.,* Tz. 73f. m.w.N.; dazu auch *Kofler,* Doppelbesteuerungsabkommen, S. 268; *Cordewener,* Europäische Grundfreiheiten, S. 53ff.; *Ehrke-Rabel,* ÖStZ 2009, 189ff.). Der BFH trägt dem Anwendungsvorrang des unionsrechtlichen Primärrechts auch im Rahmen einer „geltungserhaltenden Reduktion" einer strittigen innerstaatlichen Norm Rechnung, indem er die vom EuGH verbindlich formulierten unionsrechtlichen Erfordernisse in die betroffene nationale Norm „hineinliest" (so z.B. BFH BStBl. II 2010, 774 und BFH BStBl. II 2010, 692, jew. m.w.N.; zur Unterscheidung zwischen Anwendungsvorrang und unionsrechtskonformer Auslegung: *Gosch,* in Kruthoffer-Röwekamp, Die Rechtsprechung des EuGH, S. 61ff.; *Hey,* StuW 2010, 301; *Kokott/Henze,* FS Spindler, S. 279ff.; *M. Lang,* FS J. Lang, S. 1003ff.; *Reimer,* in J. Lüdicke, Internationale Steuerrecht, S. 31ff.; *Rust,* IStR 2009, 382; *Weber,* in Pistone, Legal Remedies, S. 45 (46, 56ff.). Der Anwendungsvorrang des Unionsrechts gilt nicht nur im Verhältnis zu den Vorschriften des originär innerstaatlichen Rechts der Mitgliedstaaten; er gilt auch – mit Besonderheiten bei völkerrechtlichen Verträgen zwischen den Mitgliedstaaten und Drittstaaten (s. Rz. 260ff.) - **für die von den Mitgliedstaaten abgeschlossenen** und in innerstaatliches Recht umgesetzten **völkerrechtlichen Verträge.** Vom Anwendungsvorrang des Unionsrechts umfasst sind also **auch die zwischen Mitgliedstaaten der Union abgeschlossenen Doppelbesteuerungsabkommen** (EuGH v. 27.2.1962, Rs. 10/61, Slg. 1962, 1 – *Kommission gg. Italien* für Verträge, die vor Geltung des EG- bzw. EWG-Vertrages geschlossen wurden; EuGH v. 20.5.2003, Rs. C-469/00, Slg. 2003, I-5053 – *Ravil SARL,* Tz. 37; EuGH v. 18.11.2003, Rs. C-216/01, Slg. 2003, I-13617 – *Bud jovický Budvar;* EuGH v. 19.1.2006, Rs. C-265/04, Slg. 2006, I-923 – *Bouanich,* Tz. 50; zu diesem Anwendungsvorrang *Bendlinger,* FS Rödler, S. 83 (86f.); *Kofler,* Doppelbesteuerungsabkommen, S. 271ff., 826ff.). Der AEUV hat jedoch grundsätzlich keine Bedeutung für die Frage, ob ein Mitgliedstaat gegen seine abkommensrechtlichen Verpflichtungen zur Beseitigung der Doppelbesteuerung verstoßen hat (vgl. EuGH v. 14.12.2000, Rs. C-141/99, Slg. 2000, I-11619 – *AMID,* Tz. 18 m.w.N.; EuGH v. 6.12.2007, Rs. C-298/05, Slg. 2007, I-10451 – *Columbus Container,* Tz. 46f.; EuGH v. 16.7.2009, Rs. C-128/08, Slg. 2009, I-6823 – *Damseaux,* Tz. 20ff.; *Beiser,* ÖStZ 2009, 211 (213); *Pistone,* Impact, S. 83f.; *Schaumburg,* Internationales Steuerrecht, Rz. 3.50ff.). Zur Auslegung von DBA durch den EuGH s. *M. Lang,* FS G. Frotscher, S. 365ff.

b) Völkerrechtliche Verträge im Verhältnis zu Drittstaaten

Literatur: *Pache/Bielitz,* EuR 2006, 316; *Panayi,* ET 2004, 83; *Pistone,* in FS Vanistendael (2008), S. 713 (723 ff.); *Schön,* in FS Wassermeyer (2005), S. 489; *Vanistendael,* EC Tax Rev. 1999, 163.

260 Auch völkerrechtliche Verträge zwischen **Mitgliedstaaten und Drittstaaten** können in zweifacher Weise gegen Unionsrecht verstoßen: Zum einen dadurch, dass sie den vertragsschließenden **Mitgliedstaat** zu einem Verhalten verpflichten, das gegen Unionsrecht verstößt, etwa bei völkervertraglichen Vereinbarungen im Zusammenhang mit der auch im Verhältnis zu Drittstaaten wirkenden **Kapitalverkehrsfreiheit** (dazu *Schön,* FS Wassermeyer, S. 489ff.; einen kurzen Überblick gibt auch *Pistone,* FS Vanistendael, S. 713 (723ff.)). Zum anderen können mitgliedstaatliche Verträge mit Drittstaaten den **Drittstaat** zu einem Verhalten berechtigen oder gar verpflichten, das unionsrechtswidrige Nachteile etwa für die Abkommensberechtigung (s. Rz. 269 sowie Art. 1 Rz. 4) nach Maßgabe von **limitation-on-benefits-Klauseln** (s. Rz. 269a; Art. 1 Rz. 127ff.) zur Folge haben kann.

260a **Völkerrechtlich** sind unionsrechtswidrige Vereinbarungen grundsätzlich wirksam. Dies gilt auch für DBA unter Mitgliedstaaten. Eine unionsrechtswidrige Regelung kann, wenn sie in einem DBA zwischen einem Mitgliedstaat und einem Drittstaat enthalten ist, von dem Drittstaat rechtens angewendet werden, weil der Drittstaat nicht an das Unionsrecht gebunden ist (ebenso *L. Hinnekens,* EC Tax Rev. 1994, 146 (162); *ders.,* EC Tax Rev. 1995, 202 (203); vgl. auch *Vanistendael,* EC Tax Rev. 1999, 163 (164, 166)). **Unionsrechtlich** wird das völkervertragliche Verhältnis **zu Drittstaaten** in Art. 351 AEUV geregelt. Die Bestimmung unterscheidet (wie ihre inhaltsgleiche Vorgängerregelung in Art. 307 EG) zwischen Verträgen, die bereits vor 1958, oder im Falle später beigetretener Staaten, vor dem Zeitpunkt ihres Beitritts bestanden haben, d. h. den **„Altverträgen"** (s. Rz. 260b) und den später abgeschlossenen **„Neuverträgen"** (s. Rz. 260c). Zu der Frage, welcher Zeitpunkt insoweit maßgeblich ist, werden unterschiedliche Auffassungen vertreten: Streinz/*Kokott* (Art. 351 AEUV Rz. 1) stellt auf den Zeitpunkt des Inkrafttretens des Vertrages ab; Calliess/Ruffert/*Schmalenbach* (Art. 351 AEUV Rz. 5) lässt m. w. N. in bestimmten Situationen auch die völkerrechtliche Ratifizierung ausreichen; *Schönfeld/Häck* (in SD, Systematik, Rz. 109) stellen allein auf die Unterzeichnung des Vertrages ab.

Altverträge mit Drittstaaten sind auch dann nach Art. 351 AEUV wirksam geblieben, wenn sie zum Unionsrecht in Widerspruch standen. Es gilt insoweit der Grundsatz des *„pacta sunt servanda"* (s. Rz. 202). Der durch den Vertrag gebundene Mitgliedstaat ist jedoch verpflichtet, einen etwaigen Widerspruch zum Unionsrecht mit „allen geeigneten Mitteln" zu beheben, d. h. in erster Linie mit dem Vertragspartner zu verhandeln und notfalls, soweit zulässig, den Vertrag auch zu kündigen (s. Rz. 202; im Einzelnen dazu Streinz/*Kokott,* Art. 351 AEUV Rz. 14 ff., Schwarze/*Terhechte,* Art. 351 AEUV Rz. 9 ff., Calliess/Ruffert/*Schmalenbach,* Art. 351 AEUV Rz. 15 ff.; *Lorenzmeier,* in Grabitz/Hilf/Nettesheim, Art. 351 AEUV Rz. 26 ff.). Für Staaten, die der EU erst nach ihrer Gründung beigetreten sind oder noch beitreten werden, gilt diese Regel für vor ihrem Beitritt abgeschlossene Verträge entsprechend (*Pistone,* Impact, S. 83 ff.; Calliess/Ruffert/*Schmalenbach,* Art. 351 AEUV Rz. 1 ff; *Voss,* SZIER 1996, 161 ff.; EuGH v. 14.10.1980, Rs. 812/79, Slg. 1980, 1287 – *Burgoa,* Tz. 6 ff.; EuGH v. 4.7.2000, Rs. C-84/98, Slg. 2000, I-5215 – *Kommission gg. Portugal,* Tz. 50 ff.; EuGH v. 1.2.2005, Rs. C-203/03, Slg. 2005, I-935 – *Kommission gg. Österreich,* Tz. 61; EuGH v. 3.3.2009, Rs. C-205/06, Slg. 2009, I-1301 – *Kommission gg. Österreich,* Tz. 34 ff.; EuGH v. 3.3.2009, Rs. C-249/06, Slg. 2009, I-1335 – *Kommission gg. Schweden,* Tz. 34 ff.; EuGH v. 19.11.2009, Rs. C-118/07, Slg. 2009, I-10 889 – *Kommission gg. Finnland,* Tz. 26 ff.; vgl. auch EuGH v. 15.11.2011, Rs. C-264/09, EuZW 2011, 793 – *Kommission gg. Slowakei,* Tz. 40 ff.). **260b**

Bei **Neuverträgen mit Drittstaaten** ist zu unterscheiden: Soweit die Verträge Sachbereiche betreffen, die erst nach Vertragsschluss durch Kompetenzzuwachs in die Zuständigkeit der Union gefallen sind, wird in der Literatur überwiegend – der EuGH hat sich soweit ersichtlich noch nicht mit dieser Problematik befasst – eine **analoge Anwendung des Art. 351 AEUV** befürwortet, sofern der Kompetenzzuwachs bei Vertragsschluss nicht absehbar war (*Pache/Bielitz,* EuR 2006, 316 (327) m. w. N.; *Petersmann/Spennemann,* in von der Groeben/Schwarze, Art. 307 EG Rz. 6 m. w. N.; Schwarze/*Terhechte,* Art. 351 AEUV Rz. 16; *Lorenzmeier,* in Grabitz/Hilf/Nettesheim, Art. 351 AEUV Rz. 20 ff.; auf den engen Anwendungsbereich einer solchen Analogie hinweisend: Calliess/Ruffert/*Schmalenbach,* Art. 351 AEUV Rz. 8 m. w. N. und mit Bezug hierauf *Lorenzmeier,* in Grabitz/Hilf/Nettesheim, Art. 351 AEUV Rz. 23 f.; a. A. *Manzini,* EJIL 2001, 781 (786)). Auf dem Gebiet der Vermeidung der Doppelbesteuerung ist ein solcher Kompetenzzuwachs jedoch nicht zu besorgen (s. Rz. 258). Für Neuverträge mit Drittstaaten, die bereits bei deren Abschluss im Widerspruch zur unionsrechtlichen Kompetenzordnung standen, ist Art. 351 AEUV dagegen nicht, d. h. auch nicht analog anwend- **260c** bar, da die Mitgliedstaaten in diesem Fall nicht vergleichbar schutzwürdig sind (*Pache/Bielitz,* EuR 2006, 316 (336); vgl. auch Calliess/Ruffert/*Schmalenbach,* Art. 351 AEUV Rz. 8). Insoweit kann es jedoch eine Rücksichtnahmepflicht der Europäischen Union gegenüber diesem Mitgliedstaat und dessen kompetenzwidrig eingegangenen völkervertraglichen Verpflichtungen geben, so dass ein Bruch dieser Verpflichtungen nur unter Einschränkungen vom betreffenden Mitgliedstaat verlangt werden kann (*Pache/Bielitz,* EuR 2006, 316 (336f.)). Diese Rücksichtnahmepflicht der Europäischen Union ergibt sich aus dem in Art. 4 Abs. 3 EUV enthaltenen **Gebot der „loyalen Zusammenarbeit"** (bis zur Neuregelung des Art. 10 EG durch Art. 4 Abs. 3 EUV als Loyalitätsgrundsatz, in der Literatur auch als Gemeinschafts- oder Unionstreue bezeichnet; s. dazu Calliesss/Ruffert/*Kahl,* Art. 4 EUV Rz. 29ff.; Schwarze/*Hatje,* Art. 4 EUV Rz. 21, jew. m.w.N.). Diese Rücksichtnahmepflicht korreliert mit Anpassungspflichten des betreffenden Mitgliedstaats, der evtl. wegen eines Verstoßes gegen Grundfreiheiten (s. Rz. 262ff.), jedenfalls aber aufgrund des Gebots der „loyalen Zusammenarbeit" zur Herstellung unionsrechtlich konformer Zustände verpflichtet sein kann (*Pache/Bielitz,* EuR 2006, 316 (337)). In Bezug auf diese Anpassungspflicht des Mitgliedstaats sind aufgrund seiner insoweit geringeren Schutzwürdigkeit höhere Anforderungen zu stellen als im Rahmen des Art. 351 Abs. 2 AEUV (*Pache/Bielitz,* EuR 2006, 316 (337 f.)). Insgesamt zu den Anforderungen nach Art. 351 AEUV s. die Nachw. in Rz. 260b. Zum Anwendungsvorrang s.o. Rz. 259.

2. Verhältnis zu EFTA-Staaten bzw. Staaten des EWR

Literatur: *Dürrschmidt/Wobst,* IStR 2013, 202; *Ismer,* in M. Lang/Pistone, EU and Third Countries, S. 233 (252ff.); *Metzler,* in M. Lang/Schuch/Staringer, Tax Treaty Law and EC Law (2007), S. 265; *Pistone,* Intertax 2006, 234; *Sedemund,* BB 2006, 2781.

261 Eine **Sonderstellung unter den Drittstaaten** nehmen **die Mitgliedstaaten der** im Jahre 1960 gegründeten Europäischen Freihandelszone **EFTA** ein. Mit Ausnahme der Staaten Norwegen, Liechtenstein, Schweiz und Island sind die ursprünglichen EFTA-Staaten der EU beigetreten. Durch das Abkommen über den Gemeinsamen Wirtschaftsraum (EWR) aus dem Jahr 1992 (ABl. EG Nr. L 1 v. 3.1.1994 S. 1, 3) wurden zwischen den EFTA-Staaten, mit Ausnahme der Schweiz, und den Mitgliedstaaten der Union binnenmarktähnliche Verhältnisse geschaffen (s. dazu und zu weiteren bilateralen Verträgen zwischen der Schweiz und der EU *Cordewener,* IStR 2008, 536 (538ff.); *J. Maier,* Die steuerlichen Implikationen des Freizügigkeitsabkommens Schweiz – EU, 2012; *Weigell,* IStR 2006, 190 (191ff.); FG Baden-Württemberg v. 19.12.2013, 3 K 2654/11, juris, Vorabentscheidungsersuchen an den EuGH zur überdachenden Besteuerung nach Art. 4 Abs. 4 *DBA Schweiz 1992*). Für die Schweiz, die das EWR-Abkommen zwar unterschrieben, jedoch nicht ratifiziert hat, gelten das bilaterale Freihandelsabkommen mit der EWG aus dem Jahr 1972, ABl. EG Nr. L 300 v. 31.12.1972 S. 189, das mit der EG geschlossene Freizügigkeitsabkommen aus dem Jahr 2002, ABl. EG Nr. L 114 v. 30.4.2002, S. 6, sowie das zwischen EG und der Schweiz geschlossene Zinsbesteuerungsabkommen aus dem Jahr 2004, ABl. EG Nr. L 385 v. 29.12.2004, S. 30 (zu den beiden letztgenannten Abkommen s. *Schönfeld/Häck,* in SD, Systematik, Rz. 144f.). Die Wirkung der Grundfreiheiten der jeweiligen Verträge des EWR bzw. der EU ist weitgehend identisch (vgl. Art. 4, 28ff. EWR-Abkommen; vgl. zur Niederlassungsfreiheit: EuGH v. 23.2.2006, Rs. C-471/04, Slg. 2006, I-2107 – *Keller Holding GmbH,* Tz. 49; EuGH v. 19.7.2012, Rs. C-48/11, DStRE 2013, 148 – *A,* Tz. 21; zur Kapitalverkehrsfreiheit: EuGH v. 23.9.2003, Rs. C-452/01, Slg. 2003, I-9743, *Ospelt und Schlössle Weissenberg,* Tz. 28; mit Bezug u.a. hierauf auch EFTA-Gericht v. 23.11.2004 Rs. E-1/04 Fokus Bank, IStR 2005,

55 ff., Tz. 23; EFTA-Gericht v. 1.7.2005, Rs. E-10/04 – *Paolo Piazza,* Tz. 33, 39, und EuGH v. 28.10.2010, Rs. C-72/09, Slg. 2010, I-10659 – *Ètablissements Rimbaud,* Tz. 21 f.; EuGH v. 20.10.2011, Rs. C-284/09, Slg. 2011 I-9879 – *Kommission gg. Deutschland,* Tz. 96 m. w. N.; zur Arbeitnehmerfreizügigkeit: EuGH v. 1.12.2011, Rs. C-253/09, HFR 2012, 228 – *Kommission gg. Ungarn,* Tz. 91; zur Dienstleistungsfreiheit: EuGH v. 5.7.2007, Rs. C-522/04, Slg. 2007, I-5701 – *Kommission gg. Belgien,* Tz. 45). Zu der Frage der Maßgeblichkeit der Judikatur des EuGH aus der Zeit nach Abschluss des EWR-Abkommens für dessen Auslegung *Horvath,* SWI 2008, 464. In diesem Rahmen ist es Sache des EuGH, darüber zu wachen, dass die Vorschriften des EWR-Abkommens, die im Wesentlichen mit denen des AEUV identisch sind, innerhalb der Mitgliedstaaten einheitlich ausgelegt werden (EuGH v. 23.9.2003, Rs. C-452/01, Slg. 2003, I-9743, *Ospelt und Schlössle Weissenberg,* Tz. 29; mit Bezug hierauf EuGH v. 28.10.2010, Rs. C-72/09, Slg. 2010, I-10659 – *Ètablissements Rimbaud,* Tz. 20 und EuGH v. 20.10.2011, Rs. C-284/09, DStR 2011, 2038 – *Kommission gg. Deutschland,* Tz. 95 m. w. N.; EuGH v. 19.7.2012, Rs. C-48/11, DStRE 2013, 148 – *A,* Tz. 15). Im Hinblick auf bestimmte Rechtfertigungsgründe ist u. U. auf die besondere Situation des EWR-Abkommens Rücksicht zu nehmen, etwa in Fällen, in denen mit einem Vertragsstaat des EWR kein vergleichbarer Rechtsrahmen in Bezug auf Amts- und Rechtshilfe wie innerhalb der Union besteht (vgl. EuGH v. 12.7.2012, Rs. C-269/09, HFR 2012, 1025 – *Kommission gg. Spanien,* Tz. 96 ff. und im Ausgangspunkt auch EuGH v. 19.7.2012, Rs. C-48/11, DStRE 2013, 148 – *A,* Tz. 35 ff., jeweils m. w. N.). Obgleich das EWR-Abkommen, wie auch der AEUV, über einen gewöhnlichen völkerrechtlichen Vertrag hinausgeht, werden auf seiner Grundlage keine Hoheitsrechte übertragen (EFTA-Gericht v. 10.12.1998, Rs. E-9/97 – *Sveinbjörnsdóttir,* Tz. 59 ff.; mit Bezug hierauf EFTA-Gericht v. 30.5.2002, Rs. E-4/01 – *Karlsson,* Tz. 25). Eine dem alten Art. 293 EG (s. dazu ausführlich die 5. Aufl. Einl. Rz. 264 sowie u. Rz. 264a) entsprechende Norm ist im EWR-Abkommen nicht enthalten (vgl. zu alledem auch *Ismer,* in M. Lang/Pistone, EU and Third Countries, S. 233 (252 ff.); *Pistone,* Intertax 2006, 234 (239 ff.); *Sedemund,* BB 2006, 2781 (2784 f.)).

3. Einwirkung der Grundfreiheiten auf das Internationale Steuerrecht

Literatur: *Beiser,* ÖStZ 2009, 211; *Birk,* in FS J. Lang, S. 1131 ff. (1140 ff.); *Brombach-Krüger,* Ubg 2009, 335; *Cordewener,* Europäische Grundfreiheiten und nationales Steuerrecht (2002); *Englmair,* in: M. Lang/Pistone/Schuch/Staringer, Introduction to European Tax Law, 3. Aufl. (2013), S. 43 ff.; *Führich,* Der Einfluss der EuGH-Rechtsprechung auf die deutsche Unternehmensbesteuerung (2009); *Hey,* StuW 2010, 301; *Heydt,* in Lehner, Grundfreiheiten (2000), S. 25 ff.; *Jacobs,* Internationale Unternehmensbesteuerung, 7. Aufl. (2011), S. 95 ff.; *Kahler,* IWB 2012, 253 und 294; *Kofler,* Doppelbesteuerungsabkommen und Europäisches Gemeinschaftsrecht (2007), S. 51 ff.; *ders.,* IStR 2011, 668; *Kokott/Ost,* EuZW 2011, 496; *M. Lang,* in Gassner/M. Lang/Lechner, Doppelbesteuerungsabkommen und EU-Recht, Auswirkungen auf die Abkommenspraxis (1996), S. 25; *ders.,* SWI 2009, 216; *ders.,* in FS Rödler (2010), S. 521; *Lehner,* FR 2011, 1087; *ders.,* IStR 2001, 329; *ders.,* DStJG 23 (2000), S. 263; *Nieminen,* BIT 2010, 330; *Pistone,* Intertax 2008, 146; *Rödder,* in FS Herzig (2010), S. 349; *Schnitger,* Die Grenzen der Einwirkung der Grundfreiheiten des EG-Vertrages auf das Ertragsteuerrecht (2006); *Schön,* IStR 2004, 289; *Schönfeld,* StuW 2006, 79; *Sydow,* IWB 2008, 419; *van Crombrugge,* TNI June 2009, 843. **262**

Der EuGH hat die **Grundfreiheiten** vor allem im Hinblick auf die Nachteile entfaltet, die für beschränkt Steuerpflichtige, insbesondere für Grenzgänger, im Quellenstaat gegenüber unbeschränkt Steuerpflichtigen in deren Ansässigkeitsstaat bestanden und teilweise noch bestehen (für eine nähere Darstellung s. Art. 15 **262a**

Rz. 128 ff.; grundlegend und umfassend: *Cordewener,* Europäische Grundfreiheiten; kritisch zur Rspr. des EuGH im Bereich der direkten Steuern *Kortz,* Die Rechtsprechung des Europäischen Gerichtshofs zur beschränkten Einkommensteuerpflicht, 2010; *Mitschke,* FR 2008, 165; s. auch *Gutmann,* FS Vanistendael, S. 485 ff. und *Terra/Wattel,* S. 35 ff.; *O'Shea,* WTJ, 2013, 100 (119 ff.)). Für Doppelbesteuerungsabkommen haben die Grundfreiheiten in ihren Ausprägungen als Diskriminierungs- und Beschränkungsverboten dagegen weitaus geringere Bedeutung erlangt. Inwieweit die Grundfreiheiten vor diesem Hintergrund eine Verpflichtung zur Beseitigung juristischer und/oder wirtschaftlicher Doppelbesteuerung begründen, wird in Rz. 264 ff. ausführlich dargelegt. Zu der Frage, inwieweit die Grundfreiheiten im Übrigen auf das Abkommensrecht einwirken s. u. Rz. 265 ff.

263 Besonderheiten gelten für das Verhältnis der unionsrechtlichen Diskriminierungsverbote zu den **abkommensrechtlichen Diskriminierungsverboten** des Art. 24 MA. Insoweit gibt es Überschneidungen und Wechselwirkungen, nicht zuletzt in Gestalt des Gebots einer unionsrechtskonformen Auslegung der abkommensrechtlichen Diskriminierungsverbote im Lichte der unionsrechtlichen Grundfreiheiten und Diskriminierungsverbote (s. Art. 24 Rz. 19; *Bammens,* EC Tax Review 2013, 172; *Garrido,* EC Tax Rev. 2009, 157; *Lehner,* IStR 2001, 329 (332 ff.); *Rust,* DStJG 36 (2013), S. 71; *O'Shea,* WTJ, 2013, 100; *Züger,* SWI 2001, 111), die allerdings in der Rspr. des EuGH noch keine konkreten Konturen haben (vgl. EuGH v. 18.11.1999, Rs. C-200/98, Slg. 1999, I-8261 – *X AB und Y AB* mit Anm. *Köplin/Sedemund,* IStR 2000, 305).

a) Verpflichtung der Mitgliedstaaten zur Beseitigung der Doppelbesteuerung

264 **Literatur:** *Eden,* BTR 2010, 610; *Heydt,* SWI 2011, 371; *Gutmann,* in Richelle/Schön/Traversa (Hrsg.), Allocating Taxing Powers within in The EU, 2013, S. 63 (69 ff.); *Hofmann,* in Rust, Double Taxation within the European Union (2011), S. 75 ff.; *Hofstätter,* in M. Lang/Schuch/Staringer, Tax Treaty Law and EC Law (2007), S. 25 ff.; *Kemmeren,* EC Tax Rev. 2008, 156; *ders.,* EC Tax Review 2012, 157; *Kühbacher,* SWI 2010, 308; *M. Lang,* Intertax 2014, 169; *Lehner,* IStR 2005, 397; *ders.,* IStR 2001, 329; *Monsenego,* Taxation of Foreign Business Income (2012), S. 255 ff.; *O'Shea,* WTJ 2013, 100 (107); *Remacle/Nonnenkamp,* in Rust, Double Taxation within the European Union (2011), S. 17 ff.; *Wattel,* in Rust, Double Taxation within the European Union (2011), S. 157 ff.

264a Nachdem die noch in **Art. 293 EG** enthaltene ausdrückliche Verpflichtung der Mitgliedstaaten zur Beseitigung der Doppelbesteuerung (s. dazu Rz. 264 der Vorauflage, sowie *Kofler,* Doppelbesteuerungsabkommen, S. 366 ff. und *Daxkobler/Huisman,* ET 2013, 400 (403 f.) m. w. N.) ohne offizielle Begründung nicht in den AEUV übernommen wurde (s. dazu *Dürrschmidt,* NJW 2010, 2086 (2089); *L. Hinnekens,* Intertax 2009, 602 (606 ff.); *Hofmann,* in Rust, Double Taxation, S. 75 ff.; *Kemmeren,* EC Tax Rev. 2008, 156; *ders.,* EC Tax Review 2012, 157; *Lehner,* IStR 2005, 397 (398); *Nieminen,* BIT 2010, 330 (331 ff.); *Reimer,* in Rust, Double Taxation, S. 87 ff.; *O'Shea,* WTJ, 2013, 100 (104 ff.); *Terra/Wattel,* S. 20 ff.), stellt sich die Frage nach einer Verpflichtung der Mitgliedstaaten zur Beseitigung der Doppelbesteuerung nach dem AEUV grundsätzlich nur im Hinblick auf die Wirkung der **Grundfreiheiten**. Sie stellt sich sowohl als Frage nach der Beseitigung der juristischen Doppelbesteuerung (zum Begriff s. o. Rz. 7; u. Rz. 264b ff.) als auch der wirtschaftlichen Doppelbesteuerung (zum Begriff s. o. Rz. 9 f.; im Übrigen s. u. Rz. 264 f ff.) und ist von Einwirkungen der Grundfreiheiten auf die Ausgestaltung von DBA zu unterscheiden (s. u. Rz. 265 ff.).

264b **aa) Verpflichtung zur Beseitigung der juristischen Doppelbesteuerung.** Zunächst ist festzuhalten, dass sich juristische Doppelbesteuerung **auf die Wett-**

bewerbsbedingungen im Binnenmarkt auswirkt und damit ein Hindernis für die Verwirklichung der Zielsetzungen des Binnenmarktes darstellt (s. Rz. 256d). Da die juristische Doppelbesteuerung insoweit grundsätzlich als **problematisch** anzusehen ist, hat die Kommission in ihrer Mitteilung v. 11.11.2011 (KOM (2011) 712 endg.) weitere Maßnahmen zur Lösung des Problems der Doppelbesteuerung im Binnenmarkt vorgeschlagen; sie verfolgt die Beseitigung der Doppelbesteuerung unabhängig von einer primärvertraglichen Verpflichtung der Mitgliedstaaten in ihren Empfehlungen und Stellungnahmen mit großem Nachdruck (zu den Maßnahmen allgemein s. Rz. 256d; zur Entwicklung der Haltung der Kommission im Hinblick auf die grundfreiheitsrechtliche Erheblichkeit internationaler juristischer Doppelbesteuerung vgl. *Riedl,* S. 138f.). Dies ist nicht zuletzt deshalb wichtig, weil die Mitgliedstaaten nach geltendem EU-Recht, d.h. „ohne eine entsprechende Initiative der EU nicht verpflichtet" sind, „nicht diskriminierende" juristische Doppelbesteuerung zu vermeiden, „da dieser Sachverhalt außerhalb des Geltungsbereichs der Grundfreiheiten liegt" (Kommission v. 11.11.2011, (KOM (2011) 712 endg., S. 6, dazu *O'Shea,* WTJ 2013, 100).

Die Kommission bezieht sich mit dieser Aussage auf die Rechtsprechung des EuGH, der in den Nachteilen, die sich allein aus der parallelen Ausübung der Besteuerungsbefugnisse der verschiedenen Mitgliedstaaten ergeben können, insbesondere einer hieraus resultierende Doppelbesteuerung, **keine nach Unionsrecht verbotene Diskriminierung oder Beschränkung der Grundfreiheiten** erkennt (EuGH v. 6.12.2007, Rs. C-298/05, Slg. 2007, I-10451 – *Columbus Container,* Tz. 43, 45, 51; EuGH v. 20.5.2008, Rs. C-194/06, Slg. 2008, I-3747 – *Orange European Smallcap Fund,* Tz. 41, 42, 47; EuGH v. 16.7.2009, Rs. C-128/08, Slg. 2009, I-6823 – *Damseaux,* Tz. 27; EuGH v. 8.12.2011, Rs. C-157/10, IStR 2012, 152 – *Banco Bilbao,* Tz. 38f.; ähnlich aber auch bereits EuGH v. 14.11.2006, Rs. C-513/04, Slg. 2006, I-10967 – *Kerckhaert und Morres,* Tz. 20, 22ff.; dazu, dass insoweit auch keine Diskriminierung vorliegt, s.u. Rz. 266c). Die höhere Steuerbelastung im Vergleich zum rein innerstaatlichen Sachverhalt resultiert in diesen Fällen nicht aus einer Ungleichbehandlung, die einem der beiden Mitgliedstaaten angelastet werden kann (EuGH v. 20.5.2008, Rs. C-194/06, Slg. 2008, I-3747 – *Orange European Smallcap Fund,* Tz. 42). Die Mitgliedstaaten sind daher auch nicht verpflichtet, ihre eigenen Steuersysteme den Steuersystemen anderer Mitgliedstaaten anzupassen, um Doppelbesteuerungen zu vermeiden, die sich aus der parallelen Ausübung ihrer Besteuerungsbefugnisse ergeben können (EuGH v. 12.2.2009, Rs. C-67/08, Slg. 2009, I-883 – *Block,* Tz. 28ff.; EuGH v. 15.4.2010, Rs. C-96/08, Slg. 2010, I-2911 – *CIBA,* Tz. 25ff.; EuGH v. 8.12.2011, Rs. C-157/10, IStR 2012, 152 – *Banco Bilbao,* Tz. 38f.; vgl. auch EuGH v. 16.7.2009, Rs. C-128/08, Slg. 2009, I-6823 – *Damseaux*, Tz. 27ff.). Dasselbe gilt, wenn es um eine aus der parallelen Ausübung der Besteuerungsbefugnis eines Mitgliedstaats und eines **Drittstaats** resultierende juristische Doppelbesteuerung geht. Insoweit verneint der EuGH eine auf Art. 63 AEUV gestützte Verpflichtung des Wohnsitzstaats des Dividendenempfängers, Vorkehrungen gegen eine Mehrfachbelastung der im Quellenstaat vorbelasteten Dividenden durch Anrechnung der Quellensteuer zu treffen (EuGH v. 10.2.2011, verb. Rs. C-436/08 und C-437/08, Slg. 2011, I-305 – *Österreichische Salinen* und *Haribo Lakritzen*, Tz. 171, 172 und 119ff.; zu dieser Rechtsprechung *O'Shea,* TNI March 2011, 927; *Smit*, ET 2011, 275 und *von Brocke*, IWB 2011, 189). Eine Verpflichtung der Mitgliedstaaten zur Beseitigung der juristischen Doppelbesteuerung ergibt sich also nach Ansicht des EuGH nicht aus den Grundfreiheiten. Zwar gehört die Beseitigung der Doppelbesteuerung innerhalb der Europäischen Union zu den Zielen der EU-Verträge (so ausdrücklich bereits EuGH v. 12.5.1998, Rs. C-336/96, Slg. 1998, I-2793 – *Gilly*, Tz 16, 23 sowie EuGH v. 16.7.2009, Rs. C-128/08, Slg. 2009, I-6823 – *Dam-* **264c** *seaux,* Tz. 28). Das Unionsrecht überlässt die Verwirklichung dieses Zieles jedoch den Mitgliedstaaten. Der EuGH stellt insoweit deutlich fest, dass die Mitgliedstaaten dafür zuständig bleiben, die Kriterien für die Besteuerung des Einkommens und Vermögens festzulegen, um Doppelbesteuerung ggf. im Vertragswege zu beseitigen (EuGH v. 12.5.1998, Rs. C-336/96, Slg. 1998, I-2793 – *Gilly,* Tz. 23f., 30; EuGH v. 21.9.1999, Rs. C-307/97, Slg. 1999, I-6161 – *Saint-Gobain,* Tz. 57; EuGH v. 28.2.2013, Rs. C-168/11, IStR 2013, 275 – *Beker,* Tz. 32). Die Mitgliedstaaten sind jedoch dann, wenn sie Maßnahmen gegen juristische Doppelbesteuerung ergreifen, **an** die **Vorgaben des Unionsrechts**, insbesondere an die Grundfreiheiten, **gebunden** (EuGH v. 21.9.1999, Rs. C-307/97, Slg. 1999, I-6161 – *Saint-Gobain,* Tz. 58; EuGH v. 12.12.2002, Rs. C-385/00, Slg. 2002, I-11 819 – *de Groot,* Tz. 75, 93f., 101ff.; EuGH v. 20.5.2008, Rs. C-194/06, Slg. 2008, I-3747 – *Orange European Smallcap Fund,* Tz. 47f.; EuGH v. 28.2.2013, Rs. C-168/11, IStR 2013, 275 – *Beker,* Tz. 32ff. m.w.N.). Weitere Argumente ergeben sich aus der den Mitgliedstaaten überlassenen Aufteilung der Besteuerungszuständigkeit (s. Rz. 266ff.).

264d In der **Literatur** wird diese Rechtsprechung des EuGH **teils kritisch** aufgenommen (*Beiser,* RdW 2010, 55 (56ff.); *Heydt,* FS Rödler, S. 359 (361f.); *ders.,* SWI 2011, 371; *Kofler,* IStR 2011, 668 (669f.); *Kofler/Metzler,* ÖStZ 2009, 219 (222f.); *Kühbacher,* ÖStZ 2009, 496; *Pistone/Massoner,* in M. Lang/Schuch/Staringer, Quellensteuern, S. 133ff.; s. auch die Nachw. bei *Daxkobler/Huisman,* ET 2013, 400f.; *Simander,* Withholding Taxes (2013), S. 181ff.). Kritisiert wird insoweit u.a., dass der EuGH seine in anderen Rechtsbereichen etablierte Rechtsprechung, sog. „doppelte Hürden" könnten Verstöße gegen Grundfreiheiten darstellen, nicht auf den Bereich des Steuerrechts übertragen hat (*Kofler,* IStR 2011, 668 (670); *Kofler/Metzler,* ÖStZ 2009, 219 (222); *Pistone/Massoner,* in M. Lang/Schuch/Staringer, Quellensteuern, S. 133 (138)). Außerdem nehme der EuGH in anderen Bereichen der direkten Steuern, wie z.B. bei der Frage der doppelten Verlustverwertung oder im Hinblick auf familien- und personenbezogene Verschonungen, durchaus eine Verteilung der Besteuerungsbefugnisse zwischen den betroffenen Mitgliedstaaten vor, so dass nicht ersichtlich sei, weshalb der EuGH bei der Lösung der juristischen Doppelbesteuerung nicht zumindest den Versuch unternehme, entsprechende Kriterien für eine Art Verantwortlichkeitszuteilung zu entwickeln (*Kofler,* IStR 2011, 668 (670); *Kofler/Metzler,* ÖStZ 2009, 219 (222f.); *Pistone/Massoner,* in M. Lang/Schuch/Staringer, Quellensteuern, S. 133 (138)). Hinzu kommen zahlreiche Stimmen in der Literatur, die auch früher schon die Annahme eines Verstoßes gegen die Grundfreiheiten aufgrund juristischer Doppelbesteuerung befürworteten. Dies mit der Begründung, dass die juristische Doppelbesteuerung ein erhebliches Hindernis für grenzüberschreitendes Handeln darstelle, weil es sich um eine steuerliche Mehrbelastung nur des grenzüberschreitenden Sachverhalts handelt (*Englisch,* Dividendenbesteuerung, S. 251ff.; zustimmend: *Schönfeld,* StuW 2006, 79 (79f.); *Loukota,* EG-Grundfreiheiten und beschränkte Steuerpflicht, S. 98ff.; *Loukota/Jirousek,* SWI 2007, 295; *Kofler,* SWI 2006, 62 (65ff.), der insoweit von einer besonderen „Form der de-facto-Diskriminierung" spricht; *ders.,* Doppelbesteuerungsabkommen, S. 95ff., 102ff.; so aber auch *Beiser,* RdW 2010, 55 (56); insgesamt zu dieser Problematik *Lehner,* in M. Lang/Schuch/Staringer, Tax Treaty Law, S. 11).

264e Zusammenfassend ist für die Frage nach einer in den Grundfreiheiten verankerten Verpflichtung der Mitgliedstaaten zur Vermeidung bzw. Beseitigung von juristischer Doppelbesteuerung festzustellen, dass sich die Wirkung der Grundfreiheiten grundsätzlich nur auf die Rechtsordnung eines der beiden Mitgliedstaaten erstreckt. Die Grundfreiheiten in ihren Ausprägungen als Diskriminierungs- und Beschränkungsverbote sind nicht auf die Besteuerung von Nachteilen zugeschnitten, die durch das Zusammenwirken von zwei oder mehreren Rechtsordnungen entstehen (grundlegend zu dieser Wirkung der Grundfreiheiten: *Schön,* GS Knobbe-Keuk, S. 743 (761 f.) m. w. N.; *ders.,* IStR 2004, 289 (292); vgl. auch *M. Lang,* in Lehner, Reden zum Andenken an K. Vogel, S. 59 (75) mit Bezug auf *Lang,* EC Tax Rev. 2009, 98 ff.; *ders.,* IStR 2013, 365 (369); *Terra/Wattel,* S. 211 ff., 884 ff.; *Riedl,* S. 135 ff.; KSM/*Prokisch,* § 34c EStG, Rz. A74 ff.; *O'Shea,* WTJ 2013, 100 (106 ff.), kritisch: *Gutmann,* S. 69 ff.; *Monsenego,* S. 255 ff.). Der Quellenstaat verstößt deshalb nicht gegen Diskriminierungsverbote, wenn er Einkünfte, die von Nichtansässigen aus seinem Gebiet bezogen werden, ebenso besteuert, wie Einkünfte der in seinem Gebiet Ansässigen. Der Ansässigkeitsstaat wiederum verstößt nicht gegen Beschränkungsverbote, wenn er Ansässige unabhängig davon besteuert, ob sie inländische oder ausländische Einkünfte erzielen (*Schön,* GS Knobbe-Keuk, S. 743 (761 f.), Bd. XI, § 251 Rz. 21 f. und Rz. 34 f.).

bb) Verpflichtung zur Beseitigung wirtschaftlicher Doppelbesteuerung. **264f** Für die Beantwortung der Frage, ob die Mitgliedstaaten nach Maßgabe der Grundfreiheiten verpflichtet sind, **wirtschaftliche Doppelbesteuerung** zu vermeiden oder zu beseitigen, ist **nach den Ursachen** der wirtschaftlichen Doppelbesteuerung **zu unterscheiden.** Unionsrechtlich relevante wirtschaftliche Doppelbesteuerung kann ihren Grund in der Doppelbelastung von Gewinnausschüttungen haben (zu diesen Fällen s. u. Rz. 264g). Sie kann aber ebenso Folge abkommensrechtlicher Zurechnungs- und Qualifikationskonflikte (zu diesen Konflikten und ihrer Behandlung ausführlich o. Rz. 181 ff.) oder unzureichend abgestimmter Verrechnungspreise (dazu u. Rz. 264h) sein (zu dieser Unterscheidung s. *Kofler,* Doppelbesteuerungsabkommen, S. 874 ff.; *Remacle/Nonnenkamp,* in Rust, Double Taxation, S. 17 (20 ff.)).

In Fällen einer wirtschaftlichen Doppelbesteuerung, die sich aufgrund doppelter **264g** steuerlicher Belastung bei der ausschüttenden Gesellschaft und dem Anteilseigner ergibt, verlangt der EuGH eine Gleichbehandlung des reinen Inlandssachverhalts mit dem grenzüberschreitenden Sachverhalt. Der EuGH orientiert sich mithin, anders als dies bei der juristischen Doppelbesteuerung möglich ist, an Vermeidungs- bzw. Linderungsmaßnahmen des **innerstaatlichen Rechts** in reinen Inlandskonstellationen und leitet aus den Grundfreiheiten eine Verpflichtung zur Erstreckung dieser Maßnahmen auf grenzüberschreitende Sachverhalte ab (vgl. EuGH v. 20.10.2011, Rs. C-284/09, DStR 2011, 2038 – *Kommission gg. Deutschland,* Tz. 56 ff.; EuGH v. 25.10.2012, Rs. C-387/11, IStR 2012, 971 – *Kommission gg. Belgien,* Tz. 49 ff.; EuGH v. 10.2.2011, verb. Rs. C-436/08 und C-437/08, Slg. 2011, I-305 – *Österreichische Salinen* und *Haribo Lakritzen,* Tz. 59 f.; EuGH v. 13.11.2012, Rs. C-35/11, IStR 2012, 924 – *Test Claimants in the FII Group Litigation,* Tz. 37 f.; s. auch Art. 10 Rz. 178 ff.).

Zur Frage der Unionsrechtskonformität von **Verrechnungspreiskorrekturen** **264h** bei grenzüberschreitenden Geschäftsbeziehungen hat der EuGH die grundsätzliche Vereinbarkeit nationaler Korrekturvorschriften mit der Niederlassungsfreiheit (Art. 49, 54 AEUV) in der Rs. *SGI* ausdrücklich festgestellt (EuGH v. 21.1.2010, Rs. C-311/08, Slg. 2010, I-487 – *SGI,* Tz. 76; s. auch BFH I R 45/11, BStBl. II 2013, 771 zu § 90 Abs. 3 EStG (zu dieser Rechtsprechung s. *Boone/Casley/van de Gucht/Chatar,* ITPJ 2010, 183; *Jiménez,* BIT 2010, 271; *Meussen,* ET 2010, 245; *Moshammer,* SWI 2010, 215; *O'Shea,* TNI Feb. 2010, 491; CFE, ET 2012, 311; *Glahe,* EC Tax Review 2013, 222; zur allgemeinen Problematik der Doppelbesteuerung bei Verrechnungspreiskorrekturen s. auch die Studie zur Unternehmensbesteuerung im Binnenmarkt (SEK (2001) 1681 endg.), die Mitteilung der Europäischen Kommission v. 14.9.2009 über einen Vorschlag für einen überarbeiteten Verhaltenskodex für die wirksame Durchführung des EU-Schiedsübereinkommens (KOM (2009) 472 endg.), *Kofler,* Doppelbesteuerungsabkommen, S. 875 ff. sowie die Ausführungen bei Rz. 255, 256b und Art. 9 Rz. 180)).

265 **b) Einwirkungen der Grundfreiheiten auf Doppelbesteuerungsabkommen.**

Von der Frage einer unionsrechtlichen Verpflichtung der Mitgliedstaaten zur Beseitigung der Doppelbesteuerung zu unterscheiden (s. o. Rz. 264 ff.), ist die Frage nach den Einwirkungen des Unionsrechts, inbes. der Grundfreiheiten auf die Ausgestaltung des Abkommensrechts. Sie stellt sich insbesondere im Hinblick auf die

- **Aufteilung der Besteuerungszuständigkeit** zwischen den Vertragsstaaten (Rz. 266 ff.),
- **Methode zur Beseitigung der Doppelbesteuerung** (Rz. 267 ff.),
- **Verlustberücksichtigung** bei Freistellung (Rz. 268 ff.),
- **Abkommensberechtigung** (Rz. 269), auf ein
- **Treaty Override** (Rz. 270) und auf die
- **Meistbegünstigung** (Rz. 271 ff.).

aa) Aufteilung der Besteuerungszuständigkeit

266 **Literatur:** *Cordewener,* Europäische Grundfreiheiten und nationales Steuerrecht (2002), S. 857 ff.; *Englisch,* Aufteilung der Besteuerungsbefugnisse – Ein Rechtfertigungsgrund für die Einschränkung von EG-Grundfreiheiten (2008); *Gammie,* in FS Ellis (2005), S. 266 (276 ff.); *Heydt,* in Lehner, Grundfreiheiten (2000), S. 25 ff.; *Hohenwarter,* in M. Lang/Schuch/Staringer, Tax Treaty Law and EC Law (2007), S. 83; *Jacobs,* Internationale Unternehmensbesteuerung, 7. Aufl. (2011), S. 225; *Kofler,* Doppelbesteuerungsabkommen und Europäisches Gemeinschaftsrecht (2007), S. 530 ff.; *M. Lang,* IStR 2005, 289 (294 f.); *ders.,* in Gassner/M. Lang/Lechner, Doppelbesteuerungsabkommen und EU-Recht, Auswirkungen auf die Abkommenspraxis (1996), S. 25; *Musil/Fähling,* DStR 2010, 1501; *Petritz/Schuch,* in Gassner/M. Lang/Schuch/Staringer, Verteilung der Besteuerungsrechte zwischen Ansässigkeits- und Quellenstaat im Recht der Doppelbesteuerungsabkommen (2005), S. 123 ff.; *Pistone,* The Impact of Community Law on Tax Treaties: Issues and Solutions (2002), S. 13 ff., 27 ff.; *Scherer,* Doppelbesteuerung und europäisches Gemeinschaftsrecht (1995), S. 107 ff.; *Schön,* IStR-Beihefter 2013, 1 (12); *Seiler/Axer,* IStR 2008, 838; *Toifl,* in Gassner/M. Lang/Lechner, Doppelbesteuerungsabkommen und EU-Recht, Auswirkungen auf die Abkommenspraxis (1996), S. 139 ff.

Grundlegend und mehr oder weniger selbstverständlich ist zwar, dass die Vermeidung der Doppelbesteuerung eine unerlässliche Voraussetzung für die Verwirklichung des Binnenmarktes bildet (Rz. 256d, 264b), doch schreiben die unionsrechtlichen Grundfreiheiten den Vertragsstaaten eines Doppelbesteuerungsabkommens nicht vor, wie die Besteuerungszuständigkeit zwischen dem Ansässigkeitsstaat und dem Quellenstaat abzugrenzen ist. Der EuGH begründet dies mit der bislang **fehlenden Harmonisierung** auf dem Gebiet der direkten Steuern. Somit bleibt es den Vertragsstaaten überlassen, die **„Kriterien für die Aufteilung ihrer Steuerhoheit“** untereinander festzulegen, um Doppelbesteuerungen zu beseitigen (EuGH v. 12.5.1998, Rs. C-336/96, Slg. 1998, I-2793 – *Gilly,* Tz. 24, 30; EuGH v. 8.12.2011, Rs. C-157/10, IStR 2012, 152 – *Banco Bilbao,* Tz. 31; EuGH v. 12.7.2012, Rs. C-269/09, HFR 2012, 1025 – *Kommission gg. Spanien,* Tz. 77; EuGH v. 4.7.2013, Rs. C-350/11 – *Argenta Spaarbank,* Tz. 50; *Kofler,* Doppelbesteuerungsabkommen, S. 530 ff.; im Anschluss daran gehen *Schönfeld/Häck,* in SD, Systematik, Rz. 104 von einer grundfreiheitlichen „Immunisierung“ der in DBA enthaltenen Verteilungsnormen aus). Die Begründung des EuGH greift jedoch zu kurz, weil auch eine Vollharmonisierung des Rechts der direkten Steuern einschließlich der Regeln über die beschränkte und die unbeschränkte Steuerpflicht

Doppelbesteuerung nicht ausschließen würde (a. A. offenbar *M. Lang,* IStR 2013, 365 (369)). Es würden dann eben harmonisierte Normen über die beschränkte und die unbeschränkte Steuerpflicht zur Doppelbesteuerung führen. Erforderlich ist vielmehr eine Harmonisierung der **Doppelbesteuerungsabkommen** auf der Grundlage eines einheitlichen europäischen Musterabkommens oder ein multilaterales, zwischen den Mitgliedstaaten der EU abgeschlossenes Abkommen, um das Doppelbesteuerungsproblem innerhalb der Union sachgerecht zu lösen (zu diesen Forderungen s. Rz. 256d). Die deutsche Verhandlungsgrundlage (s. Rz. 38) behandelt diese Problematik nicht. Übereinstimmend mit seiner Rechtsprechung zu den Anforderungen der Grundfreiheiten an die diskriminierungs- und beschränkungsfreie Ausgestaltung der beschränkten und der unbeschränkten Steuerpflicht (s. Rz. 262a), weist der EuGH jedenfalls auch im speziell abkommensrechtlichen Zusammenhang in ständiger Rechtsprechung darauf hin, dass die **Mitgliedstaaten die Vorgaben des Unionsrechts**, insbesondere die Diskriminierungsverbote, **bei der Anwendung von Doppelbesteuerungsabkommen beachten müssen** (EuGH v. 21.9.1999, Rs. C-307/97, Slg. 1999, I-6161 – *Saint-Gobain,* Tz. 56 ff.; EuGH v. 12.12.2002, Rs. C-385/00, Slg. 2002, I-11819 – *de Groot,* Tz. 93 f.; neuerdings EuGH v. 28.2.2013, Rs. C-168/11, IStR 2013, 275 – *Beker,* Tz. 32 ff. m. w. N.; zustimmend z. B. BFH BStBl. II 2006, 861 (863)). Der EuGH scheint in dieser Rechtsprechung zwischen der **„Aufteilung“** der Besteuerungsbefugnisse und der **„Ausübung“** dieser Befugnisse unterscheiden zu wollen (s. die Schlussanträge des Generalanwalt *Mengozzi* v. 29.3.2007, Rs. C-298/05, Slg. 2007, I-10 451 – *Columbus Container,* Tz. 82 ff. mit Bezug auf EuGH v. 12.12.2002, Rs. C-385/00, Slg. 2002, I-11819 – *de Groot,* Tz. 93 f.) Nach zutreffender Auffassung von *M. Lang* ist eine solche Unterscheidung bei Doppelbesteuerungsabkommen jedoch nicht sachgerecht, weil die Aufteilung und die Ausübung „zwei Seiten derselben Medaille“ sind (*M. Lang,* in Lehner, Reden zum Andenken an K. Vogel, S. 59 (66 f); *ders.*, FS Reiß, S. 679 (683)).

Die „Wahrung der ausgewogenen Aufteilung der Besteuerungsbefugnisse“ zwischen den Mitgliedstaaten wird seit dem Urteil des EuGH in der Rechtssache *Marks & Spencer* auch als möglicher **Rechtfertigungsgrund** (ggf. in Kombination mit anderen Rechtfertigungsgründen) für Verstöße der Mitgliedstaaten gegen Unionsrecht im Bereich der direkten Steuern grundsätzlich anerkannt (vgl. EuGH v. 13.12.2005, Rs. C-446/03, Slg. 2005, I-10837 – *Marks & Spencer,* Tz. 45; EuGH v. 15.5.2008, Rs. C-414/06, Slg. 2008, I-3601 – *Lidl Belgium,* Tz. 31; EuGH v. 21.2.2013, Rs. C-123/11, DStR 2013, 392 – *A Oy,* Tz. 41 ff.; EuGH v. 10.4.2014, Rs. C-190/12, IStR 2014, 334 – *Emerging Markets* jew. m. w. N.; dazu: *Englisch,* Aufteilung). Im speziell abkommensrechtlichen Zusammenhang hat der EuGH im Verfahren *Lidl Belgium* eine Verpflichtung des Ansässigkeitsstaates zur Berücksichtigung ausländischer Betriebstättenverluste mit der Begründung verneint, dass die Aufteilung der Besteuerungsbefugnisse nach dem Betriebstättenprinzip (s. Art. 7 Rz. 16 ff.) des geltenden Doppelbesteuerungsabkommens „die Symmetrie zwischen dem Recht zur Besteuerung der Gewinne und der Möglichkeit, Verluste in Abzug zu bringen, wahrt“ (EuGH v. 15.5.2008, Rs. C-414/06, Slg. 2008, I-3601 – *Lidl Belgium,* Tz. 33). Ähnlich argumentiert der EuGH auch im Verfahren *National Grid Indus* bei der Verwaltungssitzverlegung einer Kapitalgesellschaft in einen anderen Mitgliedstaat. Da in diesem Fall dem Ansässigkeitsstaat nach den Regelungen des geltenden DBA das alleinige Besteuerungsrecht für Wertzuwächse im Vermögen der Gesellschaft nach dem Wegzug zustand (s. hierzu auch die Ausführungen unter Art. 13 Rz. 199 ff.) sei eine Schlussbesteuerung der stillen Reserven im Wegzugsstaat grundsätzlich gerechtfertigt, um „die Wahrung der Aufteilung der Besteuerungsbefugnis zwischen den betreffenden Mitgliedstaaten zu gewährleisten“, sofern sie nicht über das hierzu erforderliche Maß hinausgeht (EuGH v. **266a**

29.11.2011, Rs. C-371/10, Slg. 2011, I-12273 – *National Grid Indus,* Tz. 48, 58; s. dazu *CFE,* ET 2013, 276; *Gosch,* IWB 2012, 779; *Kessler/Philipp,* DStR 2012, 267; *Körner,* IStR 2012, 1; *Kok,* EC Tax Review 2012, 200; *Mitschke,* IStR 2012, 6; *ders.,* DStR 2012, 629; *Ruiner,* IStR 2012, 49; *van den Hurk/van den Broek/Korving,* BIT 2013, 257; *O'Shea,* WTJ 2013, 100 (110 ff.); *Thömmes/Linn,* Intertax 2012, 485; *Wattel,* TNI 2011, 371 (376 ff.); im Ausgangspunkt bestätigt durch EuGH v. 12.7.2012, Rs. C-269/09, HFR 2012, 1025 – *Kommission gg. Spanien,* Tz. 78 ff.; allgemein zur Problematik von Umstrukturierungen *Dürrschmidt,* S. 1 ff.; *ders.,* StuW 2010, 137 ff.). Mit Blick auf die mit der Aufteilung der Besteuerungsbefugnis in engem Zusammenhang stehenden deutschen Entstrickungsregelungen der §§ 4 Abs. 1 S. 3 und S. 4 EStG sowie 12 Abs. 1 KStG haben bereits das FG Rheinland-Pfalz EFG 2011, 1096 (hierzu *Kessler/Philipp,* DStR 2011, 1888, *Mitschke,* IStR 2011, 294 und *Körner,* IStR 2011, 527) und das FG Köln EFG 2012, 302 ernstliche Zweifel an der Vereinbarkeit mit Unionsrecht (Art. 49 AEUV) geäußert (zur Zulässigkeit solcher Regelungen aber EuGH v. 23.1.2014, Rs. C-164/12, IStR 2014, 106 – *DMC*). Zur gesamten Problematik s. *Pohl,* JbFfSt 2012/13, S. 610 und *Thömmes,* JbFfSt 2012/13, S. 79. Zur Problematik der Entstrickung im Zusammenhang mit dem Abschluss bzw. der Änderung von DBA s. Art. 30/31 Rz. 8a.

266b Die Begründungen des EuGH beruhen auf der Wirkung des **Territorialitätsprinzips** (s. zum Begriff Rz. 11 ff.), das auch im Unionsrecht anerkannt ist (EuGH v. 15.5.1997, Rs. C-250/95, Slg. 1997, I-2471 – *Futura Participations,* Tz. 22; EuGH v. 15.2.2007, Rs. C-345/04, Slg. 2007, I-1425 – *Centro Equestre,* Tz. 22; EuGH v. 1.12.2011, Rs. C-250/08, IStR 2012, 67 – *Kommission gg. Belgien,* Tz. 48; grundlegend *Lehner,* FS Wassermeyer, S. 241 ff.). **Besteuerung bzw. Aufteilung der Besteuerungshoheit nach dem Territorialitätsprinzip** bildet eine Vorgabe, die gewährleisten kann, dass die Besteuerungszuständigkeiten der Mitgliedstaaten bei Anwendung des Unionsrechts sachgerecht bestimmt bzw. abgegrenzt werden (vgl. EuGH v. 29.3.2007, Rs. C-347/04, Slg. 2007, I-2647 – *Rewe Zentralfinanz,* Tz. 69). Der EuGH hat aber auch klargestellt, dass die Mitgliedstaaten die ihnen nach Maßgabe des Territorialitätsprinzips zustehenden Befugnisse unter Beachtung des Unionsrechts ausüben müssen (EuGH v. 1.12.2011, Rs. C-250/08, IStR 2012, 67 – *Kommission gg. Belgien,* Tz. 48). In den Verfahren *National Grid Indus* und *N,* die Wegzugsfälle zum Gegenstand hatten, hat der EuGH das Territorialitätsprinzip gleichbedeutend mit dem **Rechtfertigungsgrund „Wahrung der Aufteilung der Besteuerungsbefugnisse"** angesprochen und mit der zeitlichen Komponente des Wegzugs verknüpft (EuGH v. 7.9.2006, Rs. C-470/04, Slg. 2006, I-7409 – *N.,* Tz. 46; EuGH v. 29.11.2011, Rs. C-371/10, Slg. 2011, I-12273 – *National Grid Indus,* Tz. 46, 58, 60; bestätigt mit EuGH v. 12.7.2012, Rs. C-269/09, HFR 2012, 1025 – *Kommission gg. Spanien,* Tz. 78 ff.; EuGH v. 23.1.2014, Rs. C-164/12, IStR 2014, 106 – *DMC,* Tz. 49). Danach besteht ein unionsrechtlich zulässiger Besteuerungsanspruch des Wegzugstaates nur insoweit, als die stillen Reserven eines Wirtschaftsgutes während der Steuerverhaftung im Wegzugstaat gebildet wurden (*Kessler/Moritz,* DStR 2012, 267; *Thömmes,* IWB 2011, 897).

266c In diesem Zusammenhang ist bedeutsam, dass der EuGH die **Bedeutung des OECD-MA für die** von den Mitgliedstaaten abgeschlossenen **DBA** ausdrücklich anerkennt (EuGH v. 12.5.1998, Rs. C-336/96, Slg. 1998, I-2793 – *Gilly,* Tz. 31 f.; EuGH v. 23.2.2006, Rs. C-513/03, Slg. 2006, I-1957 – *van Hilten-van der Heijden,* Tz. 48; EuGH v. 15.5.2008, Rs. C-414/06, Slg. 2008, I-3601 – *Lidl Belgium,* Tz. 22; *Dautzenberg,* Unternehmensbesteuerung, S. 645 ff.; *Klapdor,* S. 113 ff.; *Kofler,* Doppelbesteuerungsabkommen, S. 530 ff.; *M. Lang,* IStR 2005, 289 (294)). Auch vor diesem Hintergrund sollten die abkommensrechtlichen Verteilungsnormen einer Überprüfung durch den EuGH weitgehend entzogen sein (*Schönfeld/*

Häck, in SD, Systematik, Rz. 118; zu den Grenzen s. bereits o. Rz. 266a). Eine allein aus der Aufteilung der Besteuerungszuständigkeit resultierende Ungleichbehandlung zwischen Angehörigen der beteiligten Vertragsstaaten begründet jedenfalls keine Diskriminierung (EuGH v. 12.5.1998, Rs. C-336/96, Slg. 1998, I-2793 – *Gilly,* Tz. 51 ff.; EuGH v. 12.7.2005, Rs. C-403/03, Slg. 2005, I-6421 – *Schempp,* Tz. 45; zustimmend BFH BStBl. II 2009, 1000). Es handelt sich vielmehr um Fälle der grundsätzlich nicht von den Grundfreiheiten erfassten **Disparität der Steuerrechtsordnungen** (dazu *Cordewener,* Europäische Grundfreiheiten, S. 298 ff.). Weder eine verbotene Diskriminierung noch eine unzulässige Beschränkung der Grundfreiheiten ist nach der Rechtsprechung des EuGH anzunehmen, wenn eine rechtliche Doppelbesteuerung allein daraus resultiert, dass die betreffenden Mitgliedstaaten ihre jeweilige Besteuerungsbefugnis parallel ausüben (Nachweise o. Rz. 264c). Es liegt in der Konsequenz dieser Rechtsprechung, dass der EuGH in der Rs. *Wielockx* (EuGH v. 11.8.1995, Rs. C-80/94, Slg. 1995-I, 2493, Tz. 24 f.) einen auf den Kohärenzgedanken gestützten Versuch zur Rechtfertigung einer Diskriminierung mit dem Hinweis auf die **abkommensrechtliche** Verteilung der Besteuerungszuständigkeit zwischen den Mitgliedstaaten zurückgewiesen hat (bestätigt durch EuGH v. 10.9.2009, Rs. C-269/07, Slg. 2009, I-7811 – *Kommission gg. Deutschland,* Tz. 63, 113).

Nicht unmittelbar, sondern nur mittelbar um die Aufteilung der Besteuerungszuständigkeit geht es in den Fällen, in denen die Besteuerung nach Maßgabe einer Verteilungsnorm zu Diskriminierungen führt, weil der Steuerpflichtige in dem Staat, dem die Besteuerung zugewiesen wird, nach den im Vergleich zur unbeschränkten Steuerpflicht benachteiligenden Regeln der beschränkten Steuerpflicht besteuert wird (s. Art. 4 Rz. 31). Insoweit hat der EuGH wiederholt entschieden, dass die Mitgliedstaaten die ihnen durch DBA zugewiesene Besteuerung unionsrechtskonform ausüben müssen (s. die Nachweise in Rz. 266). **266d**

Eine ebenfalls nur mittelbare Folge der zwischenstaatlichen Abgrenzung von Besteuerungszuständigkeit ist die bereits in Folge der *Schumacker*-Rechtsprechung des EuGH (EuGH v. 14.2.1995, Rs. C-279/93, Slg. 1995, I-225) erörterte Frage nach der Bedeutung des Zusammenwirkens zweier Rechtsordnungen für das Entstehen von Diskriminierungen (grundlegend *Cordewener,* Europäische Grundfreiheiten, S. 828 ff.; *Kofler,* Doppelbesteuerungsabkommen, S. 564 ff.; s. auch o. Rz. 264e). Sie stellt sich im abkommensrechtlichen Zusammenhang als Gegenfrage nach den Möglichkeiten, im innerstaatlichen Recht angelegte Diskriminierungen durch **korrespondierende Entlastungen in Doppelbesteuerungsabkommen** zu kompensieren (dazu *Kofler,* BIT 2011, 684; *ders.,* IStR 2011, 668 (671 f.)). Abweichend von der Rechtsprechung des EFTA-Gerichts (v. 23.11.2004, Rs. E-1/04, IStR 2005, 55 – *Fokus-Bank,* Tz. 37; dazu *Cordewener,* PIStB 2005, 80; *ders.,* IStR 2006, 113, 158; *Eicker/Breuer,* IStR 2005, 59; *Kempf,* DB 2005, 744; *Kofler,* ÖStZ 2005, 143, 169) hat der EuGH in jüngerer Rechtsprechung klar entschieden, dass „ein Mitgliedstaat die Beachtung seiner Verpflichtungen aus dem Vertrag dadurch sicherzustellen vermag, dass er mit einem anderen Mitgliedstaat ein Abkommen zur Vermeidung der Doppelbesteuerung schließt" (EuGH v. 8.11.2007, Rs. C-379/05, Slg. 2007, I-9569 – *Amurta,* Tz. 79; EuGH v. 19.11.2009, Rs. C-540/07, Slg. 2009, I-10983 – *Kommission gg. Italien,* Tz. 36; EuGH v. 3.6.2010, Rs. C-487/08, Slg. 2010, I-4843 – *Kommission gg. Spanien,* Tz. 58; EuGH v. 20.10.2011, Rs. C-284/09, Slg. 2011, I-9879 – *Kommission gg. Deutschland,* Tz. 62). Im Falle einer Ungleichbehandlung von Dividendenausschüttungen an ausländische Gesellschaften kann eine Ungleichbehandlung im Quellenstaat jedoch nur dann durch eine entsprechende Anrechnung der Quellensteuer im Ansässigkeitsstaat der Muttergesellschaft durch ein DBA „neutralisiert" werden, wenn dieses eine Vollanrechnung der Steuer vorsieht und die Dividenden im anderen Mitgliedstaat auch hinreichend besteuert werden (Schlussanträge v. 16.7.2009, Rs. C-540/07, Slg. 2009, I-10983 – *Kommission gg. Italien,* Tz. 48ff. mit Bezug auf EuGH v. 8.11.2007, Rs. C-379/05, Slg. 2007, I-9569 – *Amurta,* Tz. 75ff.; EuGH v. 20.10.2011, Rs. C-284/09, Slg. 2011, 2038 – *Kommission gg. Deutschland,* Tz. 64–70 m. w. N.; EuGH v. 25.10.2012, Rs. C-387/11, IStR 2012, 971 – *Kommission gg. Belgien,* Tz. 55ff.; zu dieser Rechtsprechung *Behrens,* BB 2011, 2915; *Cloer/Vogel,* PIStB 2012, 10; *Gosch,* BFH/PR 2011, 455; *Grieser/Faller,* DB 2011, 2798; *Kessler/Dietrich,* IStR 2011, 2131; *Linn,* IStR 2011, 846; *Patzer/Nagler,* IStR 2012, 700; *Schnitger,* DB 2012, 305; *Stöber,* DStZ 2012, 155; *von Brocke,* IWB 2011, 826). Ein einseitiger Nachteilsausgleich des Sitzstaats reicht somit nicht aus (*Kofler,* IStR 2011, 668 (671). A. A. wohl BFH BFHE 224, 556 (563), der es als hinzunehmende „Unschärfe" angesehen hat, wenn im Ansässigkeitsstaat eine Doppelbesteuerung im Wege der Anrechnung von Quellensteuer nicht vollständig ausgeglichen wird; kritisch hierzu *Bron,* DB 2009, 1688; *Rehm/Nagler,* GmbHR 2009, 944; *Schön,* IStR 2009, 555, *von Brocke/Hackemann,* IWB 2009, 897).

267 **bb) Methoden zur Beseitigung der Doppelbesteuerung**

Literatur: *Cordewener/Schnitger,* StuW 2006, 50; *Göydeniz,* IStR 2011, 665; *Keuthen,* Die Vermeidung der juristischen Doppelbesteuerung im EG-Binnenmarkt (2009; *M. Lang,* SWI 2014, 58; *Lehner,* Internationale Reichweite staatlicher Besteuerungshoheit, in HStR, Bd. XI, § 251 Rz. 50; *Pistone/Massoner,* in M. Lang/Schuch/Staringer, Quellensteuern – Der Steuerabzug bei Zahlungen an ausländische Empfänger (2010), S. 133 (148 ff.); *Rudat,* Steuerneutralität im Europäischen Binnenmarkt: Die Prinzipien der Kapitalexport- und Kapitalimportneutralität im Internationalen Steuerrecht und ihr Verhältnis zum Europäischen Binnenmarkt (2010); *Staringer,* SWI 2014, 90; *K. Vogel,* BIFD 2002, 4.

267a Aus den Gründen, die dazu führen, den Mitgliedstaaten die Aufteilung ihrer Besteuerungsbefugnisse zu überlassen (s. o. Rz. 266ff.) folgt, dass sich aus dem Unionsrecht grundsätzlich auch keine rechtlichen Vorgaben für eine bestimmte Methode zur Vermeidung bzw. Beseitigung der Doppelbesteuerung entnehmen lassen. Entsprechendes gilt nach **Art. 4 Abs. 1 der Mutter-Tochter- Richtlinie** (s. Rz. 253). Danach ist sowohl die Anrechnungs- als auch die Freistellungsmethode möglich (*Cordewener/Schnitger,* StuW 2006, 50 (58); *Lehner,* StuW 1998, 159 (170)). Grundsätzlich lässt sich jedoch sagen, dass die Freistellungsmethode mit ihrer Wirkung von **Kapitalimportneutralität** eher auf der Linie der unionsrechtlichen Beschränkungsverbote liegt, während die auf **Kapitalexportneutralität** gerichtete Anrechnungsmethode, zumindest bei höherer Steuerbelastung im Ansässigkeitsstaat, protektionistische Effekte hat (s. hierzu ausführlich *Rudat,* Steuerneutralität, S. 93ff., der allerdings im Ergebnis eine Unionsrechtswidrigkeit der Anrechnungsmethode annimmt, S. 154; zu Wirkungsweise von Kapitalexport- und -importneutralität s. Rz. 24ff. sowie grundlegend: *Schönfeld,* Hinzurechnungsbesteuerung, S. 175ff.; *Terra/Wattel,* S. 210ff.; allgemein auch: *Spengel,* DStJG 36 (2013), S. 39ff.; *K. Vogel,* Intertax 1988, 310ff.; *ders.,* StuW 1993, 380 (386ff.)). Dies spricht ohne dahingehende Rechtspflicht steuerpolitisch für eine abkommenspolitische Bevorzugung der Freistellungsmethode (s. dazu *Lehner,* FS Wassermeyer, S. 241 (253); *ders.,* StuW 1998, 159 (171ff.); *ders.,* DStJG 23 (2000), S. 263 (282f.); ders., FR 2011, 1087 (1091); *Englisch,* Dividendenbesteuerung, S. 251ff; *Schönfeld,* StuW 2006, 79 (82); *ders.,* Hinzurechnungsbesteuerung, S. 179ff.; *Schilcher,* in M. Lang/Schuch/Staringer, Tax Treaty Law, S. 189f.; *K. Vogel,* Should Europe, S. 11 ff.; *ders.,* EC Tax Rev. 1998, 150; differenzierend *Hey,* Harmonisierung, S. 145ff., 153ff.; *M. Lang,* IStR 2005, 289 (295); *Loukota,* in M. Lang/Schuch/Staringer, Tax Treaty Law, S. 125 (135ff.); wohl grundsätzlich für eine Gleichberechtigung der beiden Methoden *Kofler,* Doppelbesteuerungsabkommen, S. 619ff.;

für den Vorrang der Anrechnungsmethode nach Maßgabe der Kapitalexportneutralität *Jacobs,* Internationale Unternehmensbesteuerung, S. 26 ff.).

Nach Auffassung des EuGH sind die **Anrechnungs- und die Freistellungsmethode** grundsätzlich **gleichwertig**, vorausgesetzt jedoch, dass die jeweilige Methode zu einer steuerlichen Gleichstellung des grenzüberschreitenden Sachverhalts mit dem zu vergleichenden Inlandsfall führt (EuGH v. 10.2.2011, verb. Rs. C-436/08 und C-437/08, Slg. 2011, I-305 – *Österreichische Salinen* und *Haribo Lakritzen,* Tz. 86 ff.; EuGH v. 13.11.2012, Rs. C-35/11, IStR 2012, 924 – *Test Claimants in the FII Group Litigation,* Tz. 39, 50; s. dazu allgemein auch *Jirousek,* SWI 2012, 53 (58 ff.); aus verfassungsrechtlicher Sicht s. Rz. 20). Der EuGH stellt in diesem Zusammenhang mit Bezug auf die Besteuerung ausländischer Dividenden fest, dass der Steuersatz für Dividenden aus ausländischen Quellen nicht höher sein darf, als der Steuersatz für Dividenden aus inländischen Quellen, und dass eventuell gewährte Steuergutschriften im Staat des Empfängers zumindest ebenso hoch sein müssen wie der im Staat der ausschüttenden Gesellschaft gezahlte Betrag, wobei höchstens die im Mitgliedstaat der Empfängergesellschaft festgesetzte Steuer gutgeschrieben werden muss (EuGH v. 10.2.2011, verb. Rs. C-436/08 und C-437/08, Slg. 2011, I-305 – *Österreichische Salinen* und *Haribo Lakritzen,* Tz. 86; EuGH v. 13.11.2012, Rs. C-35/11, IStR 2012, 924 – *Test Claimants in the FII Group Litigation,* Tz. 39). Die Grundfreiheiten begründen jedoch keinen Rechtsanspruch auf Anwendung einer bestimmten Methode zur Vermeidung der Doppelbesteuerung, auch wenn diese zu einem erheblichen Steuervorteil führt (s. FG Köln EFG 2012, 445 (452), rkr.). Nach Auffassung des EuGH könnte aber ein für den Steuerpflichtigen unverhältnismäßiger Verwaltungsaufwand Auswirkungen auf die Gleichwertigkeit der Methoden haben (EuGH v. 10.2.2011, verb. Rs. C-436/08 und C-437/08, Slg. 2011, I-305 – *Österreichische Salinen* und *Haribo Lakritzen,* Tz. 91 ff., 96 f.; kritisch *Kühbacher,* SWI 2011, 123 f.), lehnt dies jedoch im konkret entschiedenen Fall i. E. ab. Der EuGH hat einen Verstoß der Anrechnungsmethode gegen Diskriminierungsverbote zudem sehr deutlich mit der Begründung abgelehnt, dass Doppelbesteuerungsabkommen lediglich die Doppelbesteuerung verhindern, aber keine Steuersatznachteile ausgleichen sollen (EuGH v. 12.5.1998, Rs. C-336/96, Slg. 1998, I-2793 – *Gilly,* Tz. 46). Soweit ausländische Gewinne als Folge der Anrechnungsmethode demselben Steuersatz unterworfen werden wie inländische Gewinne, liegt darin keine unionsrechtswidrige Diskriminierung (EuGH v. 12.5.1998, Rs. C-336/96, Slg. 1998-I, 2793 – *Gilly,* Tz. 46 f.; EuGH v. 6.12.2007, Rs. C-298/05, Slg. 2007, I-10451 – *Columbus Container,* Tz. 38 f.) Hinsichtlich der **Ermittlung der anrechenbaren ausländischen Quellensteuern** nach nationalem Recht, hat der EuGH nach Vorlage durch den BFH (IStR 2011, 387 m. Anm. *J. Lüdicke/Jorewitz*) und mit Bezug auf seine Entscheidung in der Rs. de Groot (EuGH v. 12.12.2002, Rs. C-385/00, Slg. 2002, I-11819 Tz. 89 ff.) entschieden, dass die Berechnungsformel für den Anrechnungshöchstbetrag nach § 34c Abs. 1 S. 2 EStG als Beschränkung gegen die Kapitalverkehrsfreiheit verstößt, weil in dem Quotienten, mit dem die tarifliche Einkommensteuer multipliziert wird, Sonderausgaben und außergewöhnliche Belastungen als Kosten der persönlichen Lebensführung sowie personen- und familienbezogene Umstände nicht vollständig berücksichtigt werden (EuGH v. 28.2.2013, C-168/11, IStR 2013, 275 – *Beker,* Tz. 36 ff.; dazu *Ismer,* IStR 2013, 297; *Lehner,* in HStR, Bd. XI, § 251 Rz. 40). Nach der Rechtsprechung des EuGH ist derartiger Aufwand grundsätzlich vorrangig vom Ansässigkeitsstaat zu berücksichtigen (EuGH v. 12.12.2002, Rs. C-385/00, Slg. 2002, I-11 819 – *de Groot,* Tz. 90 ff.); der EuGH will diese Vorgaben auf den Bereich der Kapitalverkehrsfreiheit übertragen (EuGH v. 28.2.2013, C-168/11, IStR 2013, 275 – *Beker,* Tz. 44 f.). 267b

cc) Verlustberücksichtigung bei Freistellung

268 **Literatur:** *Alemendral*, Intertax 2010, 476; *Baumhoff/Schönfeld* (Hrsg.), Grenzüberschreitende Verlustverrechnung (2011); *Cordewener,* IStR 2003, 413; *Hufeld,* Ubg 2011, 504; *Marres,* Intertax 2011, 112; *Musil,* DB 2011, 2451; *Richelle,* in Richelle/Schön/Traversa (Hrsg.), Allocating Taxing Powers within in The EU, 2013, S. 101; *Stiller,* StuB 2011, 1294.

Mitteilung der Europäischen Kommission v. 19.12.2006 betreffend die „Steuerliche Behandlung von Verlusten bei grenzübergreifenden Sachverhalten", KOM (2006) 824 endg.; Entschließung des Europäischen Parlaments v. 15.1.2008 „zu der steuerlichen Behandlung von Verlusten bei grenzübergreifenden Sachverhalten", 2007/2144(INI), P6_TA(2008)0008; Bericht der Facharbeitsgruppe „Verlustverrechnung und Gruppenbesteuerung" des BMF v. 15.9.2011.

268a Erfolgt die Beseitigung der Doppelbesteuerung nach der **Anrechnungsmethode** (s. Art. 23 Rz. 53, 128 ff.), so ist vorbehaltlich spezieller Verlustverrechnungsverbote des innerstaatlichen Rechts (dazu *Jacobs*, Internationale Unternehmensbesteuerung, S. 390 ff.), vom Welteinkommen auszugehen, sodass sich ausländische Verluste bereits auf die Bemessungsgrundlage der inländischen Steuer auswirken. Die Anerkennung und Berechnung ausländischer Verluste muss jedoch unionsrechtskonform ausgestaltet werden. So darf bei inländischen Steuerpflichtigen mit Verlusten aus Immobilien, die in einem anderen Mitgliedstaat belegen sind, der Verlustausgleich nach innerstaatlichem Recht weder generell versagt werden, noch darf die Anwendung einer Abschreibungsmethode vorgegeben werden, die Nachteile im Vergleich zu der für Inlandsimmobilien geltenden Regelung begründet (EuGH v. 15.10.2009, Rs. C-35/08, Slg. 2009, I-9807 – *Busley/Cibrian; Thömmes* IWB 2009, 1113, F. 11a, S. 1277; *Schwenke*, IStR 2009, 843).

268b Bei der Vermeidung der Doppelbesteuerung nach der **Freistellungsmethode** (s. Art. 23 Rz. 31 ff., insbesondere Rz. 52 ff.) bleiben ausländische Verluste nach ständiger deutscher Rechtsprechung dagegen grundsätzlich unberücksichtigt, wenn auch ausländischen Gewinne wegen der abkommensrechtlichen Freistellung im Inland nicht besteuert werden dürfen (sog. **„Symmetriethese"**, vgl. aktuell BFH BFHE 230, 35 mit Hinweis auf die grundsätzliche Anerkennung der Symmetriethese durch den EuGH, BFH BStBl. II 2009, 630 und BFH BFH/NV 2008, 1161). Auch der EuGH weist in seiner Rechtsprechung zur Wegzugsbesteuerung nach einer Sitzverlegung in das Ausland darauf hin, dass „wegen der Symmetrie zwischen dem Recht zur Besteuerung der Gewinne und der Möglichkeit, Verluste in Abzug zu bringen", Wertschwankungen nach einer Sitzverlegung nur im neuen Ansässigkeitsstaat der Kapitalgesellschaft zum Ansatz gebracht werden können, wenn die Gesellschaft ausschließlich dort einer Besteuerung unterliegt (EuGH v. 29.11.2011, Rs. C-371/10, Slg. 2011, I-12273 – *National Grid Indus*, Tz. 58).

268c Das Problem der Nichtberücksichtigung von ausländischen Verlusten bei abkommensrechtlich freigestellten Einkünften stellt sich für **Betriebstättenverluste** im Sitzstaat des Stammhauses und für Beteiligungsaufwand inländischer Muttergesellschaften an **ausländischen Tochtergesellschaften** (s. Rz. 268 f.) unterschiedlich dar:

Die Nichtberücksichtigung von ausländischen **Betriebstättenverlusten** im Sitzstaat des Stammhauses verstößt nicht gegen die Niederlassungsfreiheit, soweit die Verluste im Betriebstättenstaat in zukünftigen Veranlagungszeiträumen (z. B. durch Möglichkeit eines Verlustvortrags) berücksichtigt werden können (EuGH v. 15.5.2008, Rs. C-414/06, Slg. 2008, I-3601 – *Lidl Belgium,* Tz. 54; s. a. die Nachfolgeentscheidung des BFH BStBl. II 2009, 630 und den hierzu zwar ergangenen, jedoch in vorliegendem Zusammenhang nicht einschlägigen Nichtanwendungserlass im BMF-Schreiben v. 13.7.2009, BStBl. I 2009, 835). Fallen die Verluste bei einer Betriebstätte in einem **Drittstaat** an, so ist eine Verlustberücksichtigung bereits aufgrund der in

Betriebstättenfällen anwendbaren Niederlassungsfreiheit (zur Abgrenzung von der Kapitalverkehrsfreiheit *Schönfeld/Häck* in SD, Systematik, Rz. 114 und *Jacobs,* Internationale Unternehmensbesteuerung, S. 215 ff., jeweils m. w. N.) ausgeschlossen (EuGH v. 6.11.2007, Rs. C-415/06, Slg. 2007, I-151 – *Stahlwerk Ergste Westig,* Tz. 13 ff., 19). Ist ein Vortrag der Betriebstättenverluste im Betriebstättenstaat nicht möglich, so kann im Sitzstaat des Stammhauses eine Verlustberücksichtigung jedenfalls dann abgelehnt werden, wenn Verluste bei Entstehung im Betriebstättenstaat zunächst bei der Festsetzung der Steuer des Stammhauses abgezogen wurden, später aber, sobald die Betriebstätte wieder Gewinn erwirtschaftet, im Rahmen einer inländischen **Nachversteuerungsregelung** (wie z. B. nach § 2a Abs. 3 EStG a. F.) erneut hinzugerechnet werden müssen (EuGH v. 23.10.2008, Rs. C-157/07, Slg. 2008, I-8061 – *Krankenheim Ruhesitz am Wannsee,* Tz. 55; einschränkend Schlussantrag *GA Kokott* v. 13.3.2014 und EuGH v. 17.7.2014, Rs. C-48/13, IStR 2014, 257; 563 – *Nordea Bank;* vgl. zur Nachversteuerung von negativen ausländischen Betriebstätteneinkünften nach § 2 Abs. 1 AuslInvG a. F. BFH BStBl. II 2010, 599). Die Berücksichtigung von **umrechnungsbedingten Währungsverlusten** aus der Rückführung von Dotationskapital darf im Sitzstaat des Stammhauses nicht ausgeschlossen sein (EuGH v. 28.2.2008, Rs. C-293/06, Slg. 2008, I-1129 – *Deutsche Shell*, Tz. 45).

Die Vorgaben des EuGH zur Berücksichtigung von ausländischen Betriebstättenverlusten wurden durch die **Rechtsprechung** in den Entscheidungen BFH BStBl. II 2010, 1065 und BFH BFHE 230, 35 weiter präzisiert. Der BFH lässt einen Abzug ausländischer Betriebstättenverluste nur ausnahmsweise zu, „sofern und soweit der Steuerpflichtige nachweist, dass die Verluste im Betriebstättenstaat steuerlich unter keinen Umständen anderweitig verwertbar sind (sog. **„finale Verluste“**)“. An einer Finalität fehlt es jedoch u. a. dann, wenn der Betriebstättenstaat nur einen zeitlich begrenzten Vortrag von Verlusten zulässt. Kann der Betriebstättenverlust dagegen aus tatsächlichen Gründen nicht mehr berücksichtigt werden (z. B. bei Umwandlung der Auslandsbetriebstätte in eine Kapitalgesellschaft, ihrer entgeltlichen oder unentgeltlichen Übertragung oder ihrer endgültigen Aufgabe), so ist ein Verlustabzug beim inländischen Stammhaus vorzunehmen (einschränkend BayLfSt v. 19.2.2010, DStR 2010, 444). Die ausländischen Verluste sind nach Maßgabe des deutschen Steuerrechts zu ermitteln und erst im Finalitätsjahr zu berücksichtigen, d. h. es findet **keine „phasengleiche“** Berücksichtigung der Verluste statt (BFH BFHE 230, 35; kritisch *Roser,* Ubg 2010, 30). Die BFH-Rechtsprechung zu Betriebstättenverlusten wird in der Literatur teilweise als nicht mit den Vorgaben des EuGH vereinbar bewertet; teilweise wird aber auch eine großzügigere Auslegung der Rechtsprechung des EuGH für die Bestimmung von Konstellationen, in welchen „finale“ Verlusten entstehen können, gefordert (zum Meinungsstand vgl. *Musil,* DB 2011, 2451 (2453)). Dagegen sieht die Finanzverwaltung in der dem BFH (BFHE 230, 35) zugrunde liegenden Gestaltung eine zu weite Auslegung der Kriterien des EuGH zur grenzüberschreitenden Verlustberücksichtigung. Sie spricht sich deshalb für eine (zukünftig) enge gesetzliche Definition der „finalen“ Betriebstättenverluste aus (Bericht der Facharbeitsgruppe „Verlustverrechnung und Gruppenbesteuerung“ v. 15.9.2011, S. 67 ff., insbesondere S. 69). Die Finanzgerichte setzen die Vorgaben des BFH weitgehend um (vgl. zum Vorliegen „finaler“ Verluste bei Schließung einer ausländischen Betriebstätte: FG Niedersachsen EFG 2011, 2088 mit Anm. *Graw* (BFH v. 25.2.2014, I R 48/11, RIW 2014, 469), s. a. *Mitschke,* IStR 2011, 772). Nach Auffassung des FG Rheinland-Pfalz (EFG 2010, 2099, 1614) ist die zu Betriebstättenverlusten ergangene BFH-Rechtsprechung auch auf **Überschusseinkünfte** (hier Verluste aus der Vermietung eines Ferienhauses) zu übertragen (s. dazu *Jahn,* PIStB 2010, 205). **268d**

Die Nichtberücksichtigung von **ausländischem Beteiligungsaufwand** bei inländischen Anteilseignern hat der EuGH als nicht zu rechtfertigende Beschränkung **268e** der Niederlassungsfreiheit angesehen (EuGH v. 23.2.2006, Rs. C-471/04, Slg. 2006, I-2107 – *Keller Holding GmbH;* EuGH v. 29.3.2007, Rs. C-347/04, Slg. 2007, I-2647 – *Rewe Zentralfinanz;* vgl. auch EuGH v. 18.9.2003, Rs. C-168/01, Slg. 2003, I-9409 – *Bosal Holding BV*).

268f Keine Folge der abkommensrechtlichen Freistellung ist die **Nichtberücksichtigung von Verlusten ausländischer Tochtergesellschaften** im Ansässigkeitsstaat der Muttergesellschaft, obwohl diese Folge, ebenso wie die Freistellungsmethode, im Territorialitätsprinzip (s. Rz. 266b) begründet ist. Der **EuGH** hat in diesem Fall eine nicht zu rechtfertigende Beschränkung der Niederlassungsfreiheit nur unter den strengen Voraussetzungen angenommen, dass die Verluste der ausländischen Tochtergesellschaft in ihrem Ansässigkeitsstaat trotz Ausschöpfung aller Möglichkeiten nicht berücksichtigt werden können (EuGH v. 13.12.2005, Rs. C-446/03, Slg. 2005, I-10837 – *Marks & Spencer,* Tz. 59; *Mitschke,* IStR 2013, 209; bestätigt in EuGH v. 21.2.2013, Rs. C-123/11, DStR 2013, 392 – *A Oy,* Tz. 49 ff., wobei der EuGH betont, dass an diesen Nachweis erhöhte Anforderungen zu stellen sind). Eine allgemeine Verpflichtung der Mitgliedstaaten zur Berücksichtigung von laufenden Verlusten bei EU-Tochtergesellschaften etwa im Rahmen von Gruppenbesteuerungssystemen oder sog. Konzernbeitragsregelungen (s. *Ismer,* DStR 2012, 821) hat der EuGH jedoch abgelehnt (EuGH v. 18.7.2007, Rs. C-231/05, Slg. 2007, I-6373 – *Oy AA,* Tz. 44, 51 ff.; EuGH v. 25.2.2010, Rs. C-337/08, Slg. 2010, I-1215 – *X Holding,* Tz. 28 ff.). Nach Ansicht des EuGH sind derartige Verlustverrechnungsbeschränkungen jedenfalls grundsätzlich dann gerechtfertigt, wenn die mitgliedstaatlichen Maßnahmen nicht über das hinausgehen, was erforderlich ist, um folgende Ziele zu erreichen: die ausgewogene Aufteilung der Besteuerungsbefugnis zwischen den Mitgliedstaaten in Bezug auf die Gewinne und Verluste der im jeweiligen Gebiet niedergelassenen Gesellschaften, die Verhinderung doppelter Verlustberücksichtigung und die Vermeidung der Steuerfluchtgefahr (EuGH, v. 13.12.2005, Rs. C-446/03, Slg. 2005, I-10837 – *Marks & Spencer,* Tz. 42 ff.; EuGH v. 18.7.2007, Rs. C-231/05, Slg. 2007, I-6373 – *Oy AA,* Tz. 44, 51 ff.; vgl. aber auch EuGH v. 29.3.2007, Rs. C-347/04, Slg. 2007, I-2647 – *Rewe Zentralfinanz,* Tz. 41 ff.; EuGH v. 8.11.2007. Rs. C-379/05, Slg. 2007, I-9569 – *Amurta,* Tz. 56 ff.; EuGH v. 21.2.2013, Rs. C-123/11, DStR 2013, 392 – *A Oy,* Tz. 40 ff.). Der **BFH** wendet indessen seine zu den Betriebstättenverlusten ergangene Rechtsprechung (s. Rz. 268d) auch auf Verluste ausländischer Tochtergesellschaften an (BFH BFHE 231, 554 und diesem folgend: FG Hamburg EFG 2012, 434, rkr.; insoweit kritisch *Schulz-Trieglaff,* IStR 2011, 244: „falsches Vergleichspaar"; vgl. auch bereits FG Rheinland-Pfalz EFG 2010, 1632, rkr.). In der **Literatur** ist das EuGH-Urteil v. 25.2.2010 in der Sache *X-Holding* (Rs. C-337/08, Slg. 2010, I-1215) Anlass für die Frage, ob es eine Abkehr des EuGH von seinen Grundsätzen in der Sache *Marks & Spencer* (EuGH v. 13.12.2005, Rs. C-446/03, Slg. 2005, I-10837) andeuten will (so etwa *Benecke/Staats,* IStR 2010, 668 f.; *Mitschke,* DStR 2010, 1368; a. A. *Hufeld,* Ubg 2011, 504; *Schwenke,* in Baumhoff/Schönfeld, Grenzüberschreitende Verlustverrechnung, S. 1; zweifelnd auch *Englisch,* IStR 2010, 215). Im Ergebnis differenziert der EuGH jedoch auch in der Rs. *Marks & Spencer* zwischen der unionsrechtlichen Behandlung von sog. „laufenden" und „finalen" Verlusten. Der EuGH stellt mit Blick auf laufende Verluste fest, dass das Unionsrecht einer Regelung eines Mitgliedstaats nicht entgegensteht, „die es einer gebietsansässigen Muttergesellschaft allgemein verwehrt, von ihrem steuerpflichtigen Gewinn Verluste abzuziehen, die einer in einem anderen Mitgliedstaat ansässigen Tochtergesellschaft dort entstanden sind, während sie einen solchen Abzug für Verluste einer gebietsansässigen Tochtergesellschaft zulässt." (Tz. 59). Wenn die Verluste im Mitgliedstaat der Tochtergesellschaft jedoch „final" werden, muss der Ansässigkeitstaat der Muttergesellschaft einen Verlustausgleich erlauben (Tz. 59;

bestätigt in der Rs. *A Oy* (a. a. O.) gegen die Schlussanträge der GA *Kokott;* s. *Stiller,* NWB 2013, 1642; kritisch *Mitschke,* IStR 2013, 209; *Cohrs,* ET 2013, 345).

Die im Vergleich zu der **grundsätzlich** unionsrechtswidrigen Beschränkung des Abzugs von Beteiligungsaufwendungen (s. o. Rz. 268e) **nur in Ausnahmefällen** unionsrechtswidrige Beschränkung des Verlustabzugs ausländischer Tochtergesellschaften ist konsequent. Die Abstufung der unionsrechtlichen Anforderungen entspricht dem vom EuGH als Grundlage für die Besteuerung von Mutter- und Tochtergesellschaften nach den Grundsätzen der unbeschränkten und der beschränkten Steuerpflicht auch unionsrechtlich anerkannten Territorialitätsprinzip (s. Rz. 266b sowie EuGH v. 15.5.1997, Rs. C-250/95, Slg. 1997, I-2471 – *Futura Participations,* Tz. 21 f.; EuGH v. 13.12.2005, Rs. C-446/03, Slg. 2005, I-10 837 – *Marks & Spencer,* Tz. 39 f.; EuGH v. 29.3.2007, Rs. C-347/04, Slg. 2007, I-2647 – *Rewe Zentralfinanz,* Tz. 68 f.; zur Konformität des Territorialitätsprinzips mit Unionsrecht: *Lehner,* FS Wassermeyer, S. 241 (249 ff.); *ders.,* DStJG 23 (2000), S. 263 (276 ff.); kritisch *Helminen,* ET 2007, 490 (495); *Jacobs,* Internationale Unternehmensbesteuerung, S. 423 f.). 268g

Soweit positive ausländische, abkommensrechtlich freigestellte Einkünfte bei der Bestimmung des Steuersatzes durch den **Progressionsvorbehalt** berücksichtigt werden (s. Art. 23 Rz. 205 ff.), darf die Berücksichtigung ausländischer Verluste im Wege des negativen Progressionsvorbehalts nicht durch ein innerstaatliches Verlustberücksichtigungsverbot ausgeschlossen werden (EuGH v. 21.2.2006, Rs. C-152/03, Slg. 2006, I-1711 – *Ritter-Coulais,* Tz. 41; *s.* dazu auch Art. 23, Rz. 15a, 232; *Hruschka,* IStR 2006, 629; *Ribbrock/Sedemund,* BB 2006, 528 f.; zu den Folgerungen: BFH BFH/NV 2007, 410; EuGH v. 18.7.2007, Rs. C-182/06, Slg. 2007, I-6705 – *Lakebrink,* Tz. 36; dazu *de Weerth,* DStR 2007, 1341; *Taverner,* ET 2007, 308). 268h

Für **Verluste beschränkt Steuerpflichtiger,** die **in deren Ansässigkeitsstaat entstanden** sind, ist an die Rechtsprechung des EuGH zur Besteuerung von Grenzgängern anzuknüpfen (vgl. EuGH v. 14.2.1995, Rs. C-279/93, Slg. 1995, I-225 – *Schumacker,* Tz. 31 ff.; insoweit ständige Rechtsprechung, aktuell EuGH v. 31.3.2011, Rs. C-450/09, Slg. 2011, I-2497 – *Schröder,* Tz. 37 f.; EuGH v. 10.5 2012, Rs. C-39/10, IStR 2012, 466 – *Kommission gg. Estland,* Tz. 49 ff.). Danach sind beschränkt Steuerpflichtige und unbeschränkt Steuerpflichtige dann im Rahmen der Arbeitnehmerfreizügigkeit nach Art. 45 AEUV in der vom EuGH vorausgesetzten vergleichbaren Lage, wenn der beschränkt Steuerpflichtige seine Einkünfte ausschließlich oder fast ausschließlich aus dem Beschäftigungsstaat bezieht. Hat der beschränkt Steuerpflichtige in diesem Fall keine Möglichkeit, Verluste (z. B. negative Immobilieneinkünfte) in seinem Ansässigkeitsstaat zu berücksichtigen, so ist nach den Vorgaben des Gemeinschaftsrechts der Beschäftigungsstaat verpflichtet, einen entsprechenden Verlustabzug zu gewähren (EuGH v. 16.10.2008, C-527/06, Slg. 2008, I-7735 – *Renneberg,* Tz. 84; dazu auch *Jezzi,* TNI Dec. 2009, 763; *Lavrelashvili/Müller,* EWS 2009, 164). 268i

Von der freistellungsbedingten Berücksichtigung von Auslandsverlusten zu unterscheiden sind weiterhin die Fälle, in denen **inländische Verluste mit abkommensrechtlich freigestellten ausländischen Gewinnen verrechnet** werden. Eine solche Verlustverrechnung widerspricht grundsätzlich der abkommensrechtlichen Freistellung. Der EuGH hat jedoch in den Fällen, in denen aufgrund eines innerstaatlichen Verlustverrechnungsverbotes eines Mitgliedstaates dieser Verlust in keinem der betroffenen Mitgliedstaaten vom Einkommen abziehbar war, eine unionsrechtswidrige Beschränkung der Niederlassungsfreiheit angenommen (EuGH v. 14.12.2000, Rs. C-141/99, Slg. 2000, I-11 619 – *AMID;* dazu *Lehner,* RIW 2001, 387; *Saß,* DB 2001, 508 ff.; vgl. auch EuGH v. 12.9.2002, Rs. C-431/01, Slg. 2002, I-7073 – *Mertens*). 268j

269 **dd) Abkommensberechtigung**

Literatur: *Borrego,* Limitation on Benefits Clauses in Double Taxation Conventions (2006); *Dautzenberg,* EWS 2001, 270; *Kofler,* in FS Loukota (2005), S. 213; *ders.,* DStJG 33 (2010), S. 213 ff.; *O'Shea,* WTJ 2013, 100 (107 ff.); *Panayi,* ET 2004, 83; *Schönfeld,* IStR 2012, 215.

Abkommensberechtigung ist die Befugnis, Rechte aus dem Abkommen geltend zu machen (s. Art. 1 Rz. 4). Sie besteht nach Maßgabe des Art. 1 MA für Personen i. S. des Art. 3 Abs. 1 Buchst. a und b MA, die in einem Vertragsstaat oder in beiden Vertragsstaaten i. S. des Art. 4 MA ansässig sind. Betriebstätten (s. Art. 5 MA) sind keine „Personen" i. S. des Art. 3 Abs. 1 MA (s. Art. 3 Rz. 11, 64) und daher nicht als solche abkommensberechtigt (s. Art. 1 Rz. 8; Art. 4 Rz. 75). Die gegenteiligen Aussagen des EuGH in seinem Urteil zum Verfahren *Lidl Belgium* (EuGH v. 15.5.2008, Rs. C-414/06, Slg. 2008, I-3601, Tz. 21) müssen wohl als Fehlinterpretation der Regelungen des Art. 2 *DBA Luxemburg 1958/73/2009* angesehen werden. Aus der fehlenden Abkommensberechtigung resultieren für inländische Betriebstätten Nachteile im Vergleich zu rechtlich selbständigen inländischen Gesellschaften, die als „Personen" i. S. des Art. 3 Abs. 1 Buchst. b MA abkommensberechtigt sind (s. Art. 3 Rz. 13 ff.). Der EuGH hat in dieser unterschiedlichen Behandlung einen Verstoß gegen die Niederlassungsfreiheit der Art. 43 und 48 EG gesehen (EuGH v. 21.9.1999, Rs. C-307/97, Slg. 1999, I-6161 – *Saint-Gobain,* Tz. 42 f.). Aus der daraus resultierenden Gleichbehandlungspflicht folgt jedoch weder eine abkommensrechtliche Ansässigkeit der Betriebstätte noch ihre Abkommensberechtigung (s. Art. 4 Rz. 75; Art. 1 Rz. 7 ff., 12). Zu den Folgen dieser Rechtsprechung s. *Kofler,* Doppelbesteuerungsabkommen, S. 451 ff.

Ebenfalls keine unmittelbare Auswirkung auf die Abkommensberechtigung hat die vom EuGH auf die Niederlassungsfreiheit gestützte Verpflichtung zur international privatrechtlichen Anerkennung von Gesellschaften im Tätigkeitsstaat (EuGH v. 9.3.1999, Rs. C-212/97, Slg. 1999, I-1459, – *Centros;* EuGH v. 5.11.2002, Rs. C-208/00, Slg. 2002, I-9919 – *Überseering;* EuGH v. 30.9.2003 – Rs. C-167/01, Slg. 2003, I-10155 – *Inspire Art;* s. auch Art. 4 Rz. 113). Sie sind bereits als „Personen" i. S. des Art. 3 Abs. 1 Buchst. a und b MA aufgrund ihrer Ansässigkeit in einem der Vertragsstaaten abkommensberechtigt.

269a **Missbräuchliche Gestaltungen** können Einschränkungen der Abkommensberechtigung rechtfertigen. Steuergestaltungen, die darauf gerichtet sind, in den Genuss der Vorteile eines bestimmten Abkommens zu gelangen, das für den Steuerpflichtigen nicht gilt, weil er in keinem der beiden Vertragsstaaten ansässig und deshalb nicht abkommensberechtigt ist, werden als **„treaty shopping"** bezeichnet; sie sind vom **„rule shopping"** zu unterscheiden (s. Art. 1 Rz. 101 ff. für einen Überblick aus unionsrechtlicher Perspektive s. *D. Weber,* ET 2013, 251 (I); 313 (II)), das im Rahmen bestehender Abkommensberechtigung auf die Anwendung einer vorteilhafteren als der für die konkrete Gestaltung zutreffenden Verteilungsnorm zielt. Gegen die internationale Steuerumgehung in Gestalt des „treaty shopping" richten sich vor allem die in der Abkommenspraxis der USA verwendeten **„limitation on benefits-Klauseln"** (auch: „LOB-Klauseln"; s. zu diesen allgemein Art. 1 Rz. 121 ff., 144 ff.; vgl. auch MA-Komm. zu Art. 1 Ziff. 20 und Art. 22 US-MA 2006). Sie sollen gewährleisten, dass der Steuerpflichtige ausreichende wirtschaftliche Gründe für die gewählte Unternehmensstruktur hat (s. Art. 1 Rz. 122 f., 127). Nach den Vorgaben des Unionsrechts sind LOB-Klauseln vor allem deshalb problematisch, weil sie die Gefahr einer Ungleichbehandlung von ausländischen und inländischen Anteilseignern begründen, die den differenzierten Anforderungen des EuGH an die Zulässigkeit von Missbrauchsvorschriften widerspricht (zu diesen Anforderungen s. Art. 1 Rz. 99 ff.). Art. 28 Abs. 3 i. V. m.

Abs. 4 Buchst. a *DBA USA 1989/2006* i. d. F. von 2008 soll der Unionsrechtswidrigkeit entgegenwirken. Danach können Abkommensvergünstigungen dann nicht versagt werden, wenn zwar nicht die Gesellschaft, wohl aber ihre Gesellschafter vergleichbare Vergünstigungen beanspruchen könnten (**„derivative benefits“;** dazu Art. 1 Rz. 130, 144c f.). Mit Urteil vom 12.12.2006 hat der EuGH in der Rs. *Test Claimants in Class IV of the ACT Group Litigation* (Rs. C-374/04, Slg. 2006, I-11673 – *Test Claimants in Class IV of the ACT Group Litigation,* Tz. 75 ff.) entschieden, dass LOB-Klauseln nicht gegen EG-Recht verstoßen (aus unionsrechtlicher Sicht s. insbesondere *Adamczyk,* SWI 2007, 124; *Borrego,* S. 237 ff.; *Forsthoff,* IStR 2006, 509 ff.; *Kofler,* Doppelbesteuerungsabkommen, S. 500 ff.; kritisch zu dieser EuGH-Rechtsprechung: *Guerra,* ET 2011, 85 und *Osterweil,* EC Tax Rev. 2009, 236 schwer vertretbar insoweit *Kemmeren,* EC Tax Review 2012, 157/170 f.; wie hier auch *O'Shea,* WTJ 2013, 100 (108 ff.)).

Nicht gegen einen Missbrauch von Doppelbesteuerungsabkommen durch ansässige, sondern durch ausländische Gesellschaften richtet sich **§ 50d Abs. 3 EStG** (s. ausführlich Art. 1 Rz. 133 ff.). Er schließt die Gewährung von bestimmten Abkommenserleichterungen aus, wenn Personen an der Gesellschaft beteiligt sind, denen die Vergünstigung nicht zustünde, wenn sie die Einkünfte unmittelbar erzielten, oder wenn bestimmte wirtschaftliche Voraussetzungen für die Einschaltung der ausländischen Gesellschaft fehlen. Die Vereinbarkeit des § 50d Abs. 3 EStG i. d. F. des JStG 2007 mit **Unionsrecht** wurde im Schrifttum überwiegend bezweifelt (s. die Nachweise bei Kirchhof/*Gosch,* § 50d EStG, Rz. 26 f.; *Gosch,* IStR 2008, 413 (415); *Plewka/Renger,* GmbHR 2007, 1027; *Kessler/Eicke,* DStR 2007, 781; *Bron,* DB 2007, 1273; *Böing,* RIW 2007, 161; *Kessler,* IStR 2006, 577). Die Europäische Kommission hat die Bundesrepublik Deutschland am 18.3.2010 in Form einer mit Gründen versehenen Stellungnahme (zweiter Schritt des Vertragsverletzungsverfahrens gemäß Art. 258 AEUV) aufgefordert, § 50d Abs. 3 EStG i. d. F. des JStG 2007 zu ändern (EU-Komm. v. 18.3.2010, Az. 2007/4435, vgl. Pressemitteilung IP/10/298). Die Kommission beanstandete nicht das verfolgte Ziel der Missbrauchsbekämpfung bei Quellensteuerentlastungen ausländischer Gesellschaften (**„anti-treaty-shopping rule“**), sondern lediglich die unverhältnismäßigen Anforderungen, welche an ausländische Unternehmen zur Erbringung des Nachweises eigener Wirtschaftstätigkeit gestellt wurden. Die Kommission sah deshalb in der Regelung des § 50d Abs. 3 S. 1 Nr. 2 EStG a. F. eine Verletzung des Art. 63 AEUV und der Mutter-Tochter-Richtlinie. Der deutsche Gesetzgeber hat mit einer Änderung von § 50d Abs. 3 EStG im Rahmen des Beitreibungsrichtlinie-Umsetzungsgesetzes (BeitrRLUmsG v. 7.12.2011, BGBl. I 2011, 2592; dazu BMF v. 24.1.2012, BStBl. I 2012, 171; *Fischer/Dorfmueller,* Ubg 2012, 162) mit Wirkung ab VZ 2012 reagiert. Unionsrechtliche Zweifel bestehen jedoch aufgrund überschießender Tendenzen der Neuregelung weiter, insbesondere hinsichtlich der Anforderungen an beachtliche Gründe für die Einschaltung der ausländischen Gesellschaft, sowie des kumulativen Erfordernisses eines angemessen eingerichteten Geschäftsbetriebes (so etwa *Behrens,* AG 2011, 863; *Engers/Dyckmans,* Ubg 2011, 929; *J. Lüdicke,* IStR 2012, 81; Kirchhof/*Gosch,* § 50d EStG, Rz. 27, 29g ff.; *Schaflitzl/Weidmann,* DStR Beih. 2013, 30 (36); *Kraft/Gebhardt,* DB 2012, 80 (82 f.); *Birker,* BB 2012, 1961; *Schönfeld,* IStR 2012, 215; *Stark/Jasper,* IStR 2013, 169 (172); a. A. *Musil,* FR 2012, 149 (152)). Auch die nunmehr gesetzlich festgeschriebene Umkehrung der Feststellungslast wird ebenfalls als unionsrechtlich bedenklich eingestuft (*Kraft/Gebhardt,* DB 2012, 80 (83); grundlegend *Seer,* IWB 2012, 604). **269b**

Weitere Einschränkungen bei der Entlastung von deutschen Quellensteuern für ausländische Gesellschaften sieht das **Steuerhinterziehungsbekämpfungsgesetz** v. 29.7.2009 (BGBl. I 2009, 2302) i. V. m. der **Steuerhinterziehungsbekämp-** **269c**

fungsverordnung (SteuerHBekV) (VO v. 18.9.2009, BGBl. I 2009, 3046) vor (näher: Art. 26 Rz. 24a). Danach kann die Entlastung von deutscher Quellensteuer bei ausländischen Unternehmen ganz oder teilweise versagt werden, wenn die Anteilseigner der ausländischen Gesellschaft in einem Staat ansässig sind, mit dem kein Informationsaustausch entsprechend Art. 26 MA 2005 vereinbart wurde, der Staat auch keine vergleichbaren Auskünfte erteilt oder die Bereitschaft zu einer entsprechenden Auskunftserteilung fehlt. Das BMF veröffentlichte am 5.10.2010 ein Schreiben betreffend „nicht kooperative" Staaten im Sinne der SteuerHBekV (BStBl. I 2010, 19). Danach erfüllt zumindest zum 1. Januar 2010 kein Staat die Voraussetzungen für Maßnahmen nach der SteuerHBekV. Ob die Maßnahmen des Steuerhinterziehungsbekämpfungsgesetzes und der SteuerHBekV auch mit Unionsrecht (Art. 63 AEUV) vereinbar sind, wird in der Literatur stark bezweifelt (so etwa *Kessler/Eicke*, DB 2009, 1314; *Sinz/Kubaile*, IStR 2009, 401; *Wagner*, BB 2009, 2293). Der EuGH weist im Zusammenhang mit Normen, die der Missbrauchsverhügung dienen, im Rahmen der Rechtfertigungsprüfung häufig auch auf die Möglichkeiten der Mitgliedstaaten zur Erlangung von entsprechenden Informationen auf der Grundlage der EU-Amtshilferichtlinie hin (s. Rz. 253, 269 f.).

269d Zu der europarechtlichen Problematik des **§ 50d Abs. 9 S. 1 Nr. 2 EStG**, der die Sicherstellung der Einmalbesteuerung zum Ziel hat, s. Art. 1 Rz. 134d. Zu der Frage, ob der hierin liegende Treaty Override (dazu *Lehner,* IStR 2012, 389 (395); *Gosch,* IStR 2008, 413 (416); *Mitschke*, DStR 2011, 2221; *Musil,* FR 2012, 149 (150); *K. Vogel,* IStR 2007, 225 (228); *Klein/Hagena,* in HHR § 50d EStG Rz. 121; FG München EFG 2012, 522; FG Bremen EFG 2011, 988; offen gelassen in BFH BFHE 236, 327; ebenso BFH v. 19.12.2013 zu § 50d Abs. 9 Satz 1 Nr. 2 EStG 2002 n. F., IStR 2014, 363) unionsrechtswidrig ist, s. u. Rz. 270 f.

269e Die in § 50d Abs. 2 S. 1 EStG geforderte **Freistellungsbescheinigung** im Steuerabzugsverfahren ist unionsrechtlich grundsätzlich unbedenklich, weil sie durch das Erfordernis des Funktionierens dieses Verfahrens gerechtfertigt ist (EuGH v. 3.10.2006, Rs. C-290/04, Slg. 2006, I-9461 –*Scorpio,* Tz. 57 ff.). Liegt eine solche Freistellungsbescheinigung nicht vor, so ist nach Rechtsprechung des BFH auch im Falle eines Verstoßes gegen Unionsrecht trotzdem zunächst ein Quellensteuereinbehalt hinzunehmen (BFH BFHE 236, 318) Eine nachträgliche Berichtigung kann erst im Erstattungsverfahren erfolgen, wobei der BFH unter Verweis auf das Urteil des EuGH in der Rs. *Scorpio* (EuGH v. 3.10.2006, Rs. C-290/04, Slg. 2006, I-9461) in dieser „Zweiteilung des Verfahrens" keinen erneuten Unionsrechtsverstoß sieht.

269f Der EuGH hat in den Rechtssachen *ELISA* (EuGH v. 11.10.2007, Rs. C-451/05, Slg. 2007, I-8251); *Établissements Rimbaud* (EuGH v. 28.10.2010, Rs. C-72/09, Slg. 2010, I-10659; dazu *Wenz/Wünsche,* IStR 2010, 845 f.) und *Prunus* (EuGH v. 5.5.2011, Rs. C-384/09, Slg. 2011, I-3319) klargestellt, das die Mitgliedstaaten zwar grundsätzlich berechtigt sind, die Erlangung von Steuervorteilen von dem Bestehen entsprechender **Amtshilfevereinbarungen** zur Bekämpfung von Steuerhinterziehung und Steuerflucht abhängig zu machen. Dies gilt uneingeschränkt jedoch nur für Sachverhalte mit Drittstaatenbezug, die nicht in den Anwendungsbereich der Amtshilferichtlinie (s. zu dieser Rz. 253) fallen (EuGH v. 28.10.2010, Rs. C-72/09, *Établissements Rimbaud*, Slg. 2010, I-10659, Tz. 44 ff.; EuGH v. 10.2.2011, verb. Rs. C-436/08 und C-437/08, Slg. 2011, I-305 – *Österreichische Salinen* und *Haribo Lakritzen*, Tz. 71 ff.; dazu *Simader*, SWI 2011, 244), während dem Steuerpflichtigen in Fällen innerhalb der EU zumindest die Möglichkeit gewährt werden muss, Beweise vorzulegen, die den Vorwurf bzw. den Verdacht einer Steuerhinterziehung oder -umgehung entkräften (EuGH v. 11.10.2007, Rs. C-451/05, Slg. 2007, I-8251 – *ELISA,* Tz. 96; allgemein zur internationalen Amtshilfe in Steuersachen *Jirousek,* SWI 2013, 467; *M. Lang*, SWI 2012, 67; *Seer,*

EC Tax Review 2013, 66; *Spies,* Intertax 2012, 518; *Seer/Gabert,* StuW 2010, 3; *Simader,* in M. Lang/Schuch/Staringer, Internationale Amtshilfe, S. 309 ff.; speziell zum sog. *Rubik*-Abkommen s. *Pistone,* BIT 2013, 216). Hinsichtlich der **Nachweis- und Belegpflichten** des Steuerpflichtigen für gezahlte ausländische Steuern hat der EuGH entschieden, dass diese zwar nicht den Detaillierungsgrad einer amtlich vorgeschriebenen Bescheinigung nach innerstaatlichem Recht aufweisen müssen, die zuständigen Behörden müssen jedoch in die Lage versetzt werden, genau zu überprüfen, ob die Voraussetzungen für die Inanspruchnahme eines Steuervorteils (bspw. einer Steueranrechnung) vorliegen (EuGH v. 30.6.2011, Rs. C-262/09, Slg. 2011, I-5669 – *Meilicke II,* Tz. 45 f.; dazu *Delbrück/Hamacher,* IStR 2011, 549; *Intemann,* NWB 2011, 3268). In einem Folgeurteil lehnt das FG Köln EFG 2012, 2300 eine Anrechnung ab, weil es bei dem alternativ möglichen Nachweis der tatsächlich entrichteten Körperschaftsteuer auf die Erfüllung der materiellen Kriterien einer Körperschaftsteuerbescheinigung ankomme und Belege insoweit nicht als ausreichend angesehen werden könnten, wenn die die dort angegebenen Körperschaftsteuerbeträge auf „Annahmen" und „Unterstellungen" beruhen (Revision anhängig beim BFH, Az. I R 69/12). Das FG Münster hat es für die Anrechnung ausländischer Körperschaftsteuer unter Geltung des Anrechnungsverfahrens bis zum Jahr 2001 als nicht ausreichend angesehen, wenn lediglich Geschäftsberichte bzw. Jahresberichte der ausschüttenden Körperschaft vorgelegt werden und die Körperschaftsteuer nach dem jeweils geltenden Steuersatz berechnet wird (FG Münster EFG 2012, 946; Rev. anh. BFH I R 38/12).

Ob ein **Steuerabzugsverfahren durch Quellensteuereinbehalt** bei ausländi- **269g** schen Künstlern bzw. Sportlern auch nach Inkrafttreten der geänderten Beitreibungsrichtlinie (s. zu dieser im Einzelnen Rz. 253) mit der Dienstleistungsfreiheit (Art. 56 ff. AEUV) vereinbar ist, hat der EuGH inzwischen entschieden: er sieht die Besteuerung gebietsfremder Dienstleister im Wege der Quellenbesteuerung trotz der Möglichkeiten gegenseitiger Unterstützung im Bereich der Beitreibung von Steuern durch die Beitreibungsrichtlinie (s. zu dieser im Einzelnen Rz. 253) als unionsrechtskonform an (EuGH v. 18.10.2012, Rs. C-498/10, IStR 2013, 26 – *X;* hierzu *Müller,* IWB 2012, 843 und *O'Shea,* TNI March 2013, 957; *Kemmeren,* EC Tax Review, 2013, 2; s. zum Vorlageverfahren *Molenaar/Grans,* ET 2011, 359); so bereits FG Düsseldorf EFG 2012, 127 zum Steuerabzugsverfahren nach § 50a EStG a. F. bei ausländischen Künstlern für die Jahre 2002–2006 (inzwischen rkr. BFH I R 60/11). Als europarechtlich problematisch kann sich aber eine **abgeltende Wirkung** des Steuerabzuges herausstellen, wenn hierdurch der grenzüberschreitende Fall gegenüber dem reinen Inlandsfall ungleich behandelt wird (s. dazu z. B. EuGH v. 12.6.2003, Rs. C-234/01, Slg. 2003, I-5933 – *Gerritse,* Tz. 28 f.). In diesem Fall hat es der EuGH als mit Unionsrecht nicht vereinbar angesehen, dass es beschränkt Steuerpflichtigen (aufgrund der Abgeltungswirkung) endgültig versagt blieb, von ihren zu versteuernden Einkünften die damit zusammenhängenden Betriebsausgaben abzuziehen, während für unbeschränkt Steuerpflichtige eine solche Möglichkeit bestand. S. aber auch EuGH v. 20.10.2011, Rs. C-284/09, Slg. 2011, I-9879 – *Kommission gg. Deutschland,* Tz. 50 ff. zur Ungleichbehandlung von Streubesitzdividenden, je nachdem, ob sie an gebietsansässige oder an gebietsfremde Empfängergesellschaften ausgeschüttet werden, weil im erstgenannten Fall keine steuerliche Belastung durch Quellensteuer gegeben, im letztgenannten Fall aber die Quellensteuer nach deutschem Steuerrecht endgültig war. Kritisch zu den Nachfolgevorschriften *Hey,* KSzW 2013, 2.

ee) Treaty Override (s. zum Begriff o. Rz. 194)

270 **Literatur:** *Brombach-Krüger,* Ubg 2008, 324; *Forsthoff,* IStR 2006, 509; *Gosch,* IStR 2008, 413 (419 ff.); KSM/*Hahn-Joecks,* § 50d Rz. A 39 ff.; *Hey,* in J. Lüdicke, Wo steht das deutsche Internationale Steuerrecht? (2009), S. 137; *Kofler,* Doppelbesteuerungsabkommen und Europäisches Gemeinschaftsrecht (2007), S. 604 ff.; *ders.,* SWI 2006, 62; *Kulcsar/Rogers-Glabush,* ET 2013, 411; *M. Lang,* in FS Reiß (2008), S. 679 ff.; *ders.,* in Lehner, Reden zum Andenken an Klaus Vogel (2010), S. 59; *Lehner,* IStR 2012, 389; *Musil,* Deutsches Treaty Overriding und seine Vereinbarkeit mit Europäischem Gemeinschaftsrecht (2000); *ders.,* FR 2012, 149 (141 ff.); *Thygesen,* Intertax 2013, 351 (354 ff.); *Weigell,* IStR 2009, 636.

Bereits vor dem Verzicht auf die Übernahme einer Art. 293 EG entsprechenden Regelung in den AEUV (s. dazu o. Rz. 264a) war umstritten, ob ein generelles unionsrechtliches Verbot eines Treaty Override bereits aus der Verpflichtung der Mitgliedstaaten zur Beseitigung der Doppelbesteuerung gemäß **Art. 293 EG in Verbindung mit dem in Art. 10 EG** niedergelegten Gebot der Gemeinschaftstreue abzuleiten war (s. zum Meinungsstand *Gosch,* IStR 2008, 413 (419 f.); bejahend: *Hey,* in J. Lüdicke, Internationale Steuerrecht, S. 137 (153 f.); *Kofler,* Doppelbesteuerungsabkommen, S. 606 ff.; ablehnend dagegen *Brombach-Krüger,* Ubg 2008, 324 (325 f.) und *Bron,* IStR 2007, 431 (434)). Der EuGH hat einen Verstoß gegen Unionsrecht verneint, weil Art. 10 EG lediglich eine allgemeine Verpflichtung der Mitgliedstaaten enthalte, deren konkreter Inhalt im Einzelfall von den Bestimmungen des Vertrags oder den sich aus seinem allgemeinen System ergebenden Regelungen abhänge. Die Norm sei aber nicht so auszulegen, dass sie eine für die Mitgliedstaaten unabhängige Verpflichtung über die Pflichten aus Art. 56 EG und 293 EG hinaus begründet. Art. 293 EG verleihe Privatpersonen keine Rechte, auf die sie sich unmittelbar berufen könnten (EuGH v. 12.5.1998, Rs. C-336/96, Slg. 1998, I-2793 – *Gilly,* Tz. 16; EuGH v. 19.9.2012, Rs. C-540/11, IStR 2013, 307 – *Levy Sebbag,* Tz. 26 ff.; dazu *de Broe,* EC Tax Review 2012, 180; *Martina Tippelhofer,* IStR 2013, 310; allgemein zu dem in Art. 4 Abs. 3 EUV enthaltenen Gebot der „loyalen Zusammenarbeit" o. Rz. 260c sowie *Daxkobler/Huisman,* ET 2013, 400 (404 f.)). Vereinzelt wurde Treaty Override allein auf der Grundlage des Art. 10 EG i. V. m. einer aus den Grundfreiheiten hergeleiteten Pflicht zur Beseitigung der Doppelbesteuerung als Verstoß gegen Unionsrecht gewertet (so z. B. *de Sousa,* in Schilcher/Weninger, Fundamental Issues, S. 241 (258)). Dies ist jedoch nach der Rechtsprechung des EuGH in der Sache *Levy Sebbag,* die eine autonome, auf Art. 10 EG (Art. 4 Abs. 3 EUV) gestützte Erfüllungs- oder Unterlassungsverpflichtung der Mitgliedstaaten ablehnt (so *Martina Tippelhofer,* IStR 2013, 310 (311 f.); kritisch *Offermanns,* ET 2013, 430 (435)), und insbesondere im Hinblick auf die oben in Rz. 264c dargestellte Rechtsprechung zu der Frage, ob den Grundfreiheiten eine Pflicht zur Beseitigung von Doppelbesteuerung entnommen werden kann, nicht haltbar (vgl. *Daxkobler/Huisman,* ET 2013, 400 (405)).

270a Im Hinblick auf die Vereinbarkeit eines Treaty Override mit Grundfreiheiten ergibt sich inzwischen ein relativ eindeutiges Bild: In der Entscheidung *Kerckhaert und Morres* hat der EuGH im Fall einer allein nach innerstaatlichem Recht begründeten Nichtgewährung der im Abkommen vorgesehenen Anrechnung keine Verletzung der Grundfreiheiten, konkret der Kapitalverkehrsfreiheit, gesehen (EuGH v. 14.11.2006, Rs. C-513/04, Slg. 2006, I-10 967, Tz. 17 ff.; dazu ausführlich *Kofler,* Doppelbesteuerungsabkommen, S. 167 ff.; sehr deutlich insoweit die Schlussanträge des Generalanwalts vom 6.4.2006, Rs. C-513/04, Slg. 2006, 10 967 – *Kerckhaert und Morres,* Tz. 37; zustimmend *Forsthoff,* IStR 2006, 509 (510 f.); *M. Lang,* in Lehner, Reden zum Andenken an K. Vogel, S. 59 (74 ff.); so im Ergebnis auch *Klühs/Schmidtbleicher,* IStR 2007, 16 (20 f.); kritisch und mit Bezug auf *Cordewener,*

Europäische Grundfreiheiten, S. 882f.; mit dem Ergebnis einer Gemeinschaftsrechtswidrigkeit: *Englisch*, IStR 2007, 67 (68f.)). Auch im Fall *Columbus Container* (EuGH v. 6.12.2007, Rs. C-298/05, Slg. 2007, I-10451) hat der EuGH einen Verstoß der **switch-over-Klausel** des § 20 Abs. 2 AStG gegen Unionsrecht abgelehnt (hierzu *Brombach-Krüger*, Ubg 2008, 324; *dies.*, BB 2009, 924; *Bron,* EWS 2008, 39; *Calderón/Baez,* Intertax 2009, 212; *Kessler/Eicke*, TNI Feb. 2008, 587; *Thömmes,* IWB 2008, 39, F. 11a, S. 1169; s. a. Art. 1 Rz. 99c; zu switch-over-Klauseln allgemein s. Art. 1 Rz. 136ff.). Darüber hinaus stellt der EuGH mit Bezug auf Art. 293 EG fest, dass er für die Beurteilung einer Abkommensverletzung nicht zuständig sei (Tz. 44, 46). Beim derzeitigen Stand des Gemeinschaftsrechts sei keine Beeinträchtigung der Grundfreiheiten zu sehen, solange nationale switch-over-Klauseln durch den Wechsel zur Anrechnungsmethode lediglich die steuerliche Gleichstellung von Inlandsfällen mit Auslandsfällen bewirken (Tz. 39f., 53f.). Der EuGH hat somit klargestellt, dass er weder dafür zuständig ist, über die Rangfolge zwischen Doppelbesteuerungsabkommen und sonstigem nationalem Recht zu entscheiden, noch das Verhältnis zwischen zwei kollidierenden nationalen Regelungen untereinander zu beurteilen (*M. Lang*, FS Reiß, S. 679 (681)). Etwas anderes kann im jeweils zu prüfenden Einzelfall nur gelten, wenn das Treaty Override im Ergebnis zu einer unionsrechtlich verbotenen Diskriminierung führt (s. hierzu *Gosch,* IStR 2008, 413 (420f.); *Hey*, in J. Lüdicke, Internationale Steuerrecht, S. 137 (155f.)); einen Verstoß gegen Unionsrecht ebenfalls **verneinend**: *Mitschke*, DStR 2011, 2221 (2226), Musil FR 2012, 149 (151f.), *ders.*, Deutsches Treaty Overriding, S. 105ff., *Terra/Wattel,* S. 952ff. und im Grundsatz auch *Bron,* IStR 2007, 431 (435f.); einen Verstoß gegen Unionsrecht **bejahend**: *Zacher/Stöcker*, SAM 2007, 87 und *Daragan*, DB 2011, 2681, gestützt auf das Rechtsstaatsprinzip und einen „Zwischenrang", der den DBA zukommen soll). Nach dem Beschluss des EuGH in der Rs. *Levy Sebbag* (EuGH v. 19.9.2012, Rs. C-540/11, IStR 2013, 307) ist jedenfalls davon auszugehen, dass ein Treaty Override nicht gegen Unionsrecht verstößt (so mit Bezug zu EuGH v. 6.12.2007, Rs. C-298/05, Slg. 2007, I-10451 – *Columbus Container* auch bereits BFH BFHE 236, 304).

ff) Meistbegünstigung 271

Literatur: *Cordewener/Enchelmaier/Schindler* (Hrsg.), Meistbegünstigung im Steuerrecht der EU-Staaten (2006); *Cordewener/Reimer,* ET 2006, 239; 291; *Dreesen*, Diskriminierung durch unterschiedlich günstige EG-interne Doppelbesteuerungsabkommen und gemeinschaftsrechtliche Meistbegünstigungspflicht (2010); *Dürrschmidt,* BIT 2006, 202; *Häger*, Meistbegünstigung im Recht der Doppelbesteuerungsabkommen (2008); *Hofbauer*, Das Prinzip der Meistbegünstigung im grenzüberschreitenden Ertragsteuerrecht – Eine Betrachtung anhand des Internationalen Wirtschaftsrechts und des Rechts der Doppelbesteuerungsabkommen (2005), S. 126 ff.; *Kofler,* Doppelbesteuerungsabkommen und Europäisches Gemeinschaftsrecht (2007), S. 759ff.; *Kofler/Schindler,* ET 2005, 530; *M. Lang,* in FS Reiß (2008), S. 679 (682 ff.); *Mayer-Theobald,* Non-garden most favoured negotiating – Sind EU-Mitgliedstaaten bei der Neuverhandlung von Doppelbesteuerungsabkommen mit Drittstaaten nach dem Unionsrecht verpflichtet, Vorteile auch für die Angehörigen aller anderen EU-Mitgliedstaaten auszuhandeln? (2011); *Schwarz,* Schwarz on Tax Treaties, 3. Aufl. (2013), S. 55ff.; *Thierrichter,* in Herdin-Winter/Hofbauer, The Relevance of WTO Law for Tax Matters (2006), S. 297; *van den Hurk/Korving,* BIT 2006, 365; *van Thiel,* ET 2007, 263 und 314; *Weber/Spierts,* ET 2004, 65; *Zester,* Intertax 2006, 143.

Meistbegünstigung ist die völkervertraglich ausdrücklich zugesicherte Verpflichtung eines Vertragsstaats, den anderen Vertragspartner bzw. Personen oder Sachen, die in einer bestimmten Beziehung zu diesem Staat stehen, so zu behandeln, wie den bestbehandelten Dritten (*Herrmann,* in Cordewener/Enchelmaier/Schindler, Meistbegünstigung, S. 29ff. m. w. N.; *Ipsen,* S. 680; *Langer,* S. 107; ein Beispiel für völkerrechtliche Meistbegünstigung bildet Art. XI Abs. 3 des Freundschaftsabkommens zwischen Deutschland und den USA v. 29.10.1954 (BGBl. II 1956, 487); dazu BFH BStBl. II 2011, 747). Die Folge eines auf diese Weise für die Abkommensanwendung aus den unionsrechtlichen Grundfreiheiten ableitbaren Anspruchs wäre, dass Abkommenserleichterungen, etwa ein günstiger Quellensteuersatz oder ein Freibetrag, der im Abkommen zwischen den EU-Mitgliedstaaten A und B, nicht aber auch im Abkommen zwischen den Mitgliedstaaten A und C vorgesehen ist, auch von Steuerpflichtigen beansprucht werden könnte, für die das weniger günstige Abkommen zwischen den Staaten A und C gilt. Im Ergebnis liefe eine abkommensrechtliche Meistbegünstigung auf eine von der Ansässigkeit unabhängige, somit weitgehend freie Wahl der Abkommensberechtigung (s. Art. 1 Rz. 4 ff.) hinaus (zu den unionsrechtlich relevanten Anwendungsfeldern der Meistbegünstigung s. *Kofler,* Doppelbesteuerungsabkommen, S. 759 ff.). So gesehen tritt das Problem der Meistbegünstigung auch neben das des Abkommensmissbrauchs durch „treaty shopping" (s. dazu oben Rz. 269a).

271a Eindeutig besteht ein Meistbegünstigungsanspruch nur in den wenigen Fällen, in denen Doppelbesteuerungsabkommen eine Meistbegünstigung ausdrücklich vorsehen (s. Art. 24 Rz. 174). Der EuGH hat die Ableitung eines abkommensrechtlichen Meistbegünstigungsanspruchs aus den **unionsrechtlichen Grundfreiheiten** in der Rs. *D.* abgelehnt (EuGH v. 5.7.2005, Rs. C-376/03, Slg. 2005, I-5821; bestätigt durch EuGH v. 12.12.2006, Rs. C-374/04, Slg. 2006, I-11673 – *Test Claimants in Class IV of the ACT Group Litigation*). Er hat entschieden, dass die Kapitalverkehrsfreiheit für einen in Deutschland ansässigen Steuerpflichtigen keinen Anspruch auf die Gewährung eines Freibetrags begründet, der zwar im *DBA Niederlande/Belgien* zugunsten eines in Belgien ansässigen Steuerpflichtigen vorgesehen war, nicht aber im *DBA Niederlande/Deutschland,* weil sich ein in Belgien ansässiger Steuerpflichtiger hinsichtlich der in den Niederlanden erhobenen Vermögensteuer nicht in der gleichen Lage befinde wie ein außerhalb Belgiens ansässiger Steuerpflichtiger (EuGH, Rs. *D,* a. a. O., Tz. 52 ff., 59 ff.; Rs. *Test Claimants in Class IV of the ACT Group Litigation,* a. a. O., Tz. 65 f., 84 ff.). Zur Begründung verweist der EuGH auf seine in ständiger Rspr. bekräftigte Auffassung, dass es den Mitgliedstaaten freistehe, die Anknüpfungspunkte für die Aufteilung der Steuerhoheit festzulegen (EuGH, Rs. *D,* a. a. O., Tz. 52; Rs. *Test Claimants in Class IV of the ACT Group Litigation,* a. a. O., Tz. 51 f., 81, 88 mit Hinweis u. a. auf EuGH v. 12.5.1998, Rs. C-336/96, Slg. 1998, I-2793 – *Gilly,* Tz. 30; dazu bereits o. Rz. 266 ff.), dass die Beschränkung der im Abkommen vereinbarten gegenseitigen Rechte und Pflichten auf Personen, die in einem der beiden Staaten wohnen, eine Konsequenz sei, die sich aus dem Wesen bilateraler Abkommen zur Vermeidung der Doppelbesteuerung ergebe, und schließlich, dass die zur Diskussion stehende Befreiungsvorschrift nicht von dem übrigen Abkommen losgelöst werden könne, sondern einen integralen Bestandteil des Abkommens bilde und zu dessen Ausgewogenheit beitrage (EuGH, Rs. *D,* a. a. O., Tz. 62; Rs. *Test Claimants in Class IV of the ACT Group Litigation,* a. a. O., Tz. 88 ff.). In einer Situation, in der sich der Steuerpflichtige – anders als den in der Rs. *D* und *Test Claimants in Class IV of the ACT Group Litigation* entschiedenen Fällen – in einer vergleichbaren Lage mit einem in den Niederlanden ansässigen Steuerpflichtigen befindet, hätte ihm der Anspruch auf den Freibetrag aber aus Gründen der **Inländergleichbehandlung** zugestanden. Die abkommensrechtlichen Bestimmungen wären dann irrelevant gewesen; ein Meistbegünstigungsproblem hätte sich nicht gestellt. Gegen eine abkommensrechtliche Meistbegünstigung auch FG Baden-Württemberg v. 26.9.2012, 2 K 776/11, EFG 2013, 707, nrkr. (I R 19/13); dazu auch o. Rz. 85, 87.

271b Soweit der EuGH mit Bezug auf die Entscheidung in der Rs. *Saint-Gobain* zur **Gleichbehandlung von Betriebstätten mit ansässigen Tochtergesellschaf-**

ten darauf hinweist, dass es Situationen gebe in denen Vergünstigungen aus einem Abkommen auf Personen aus einem nicht an dem Abkommen beteiligten Mitgliedstaat erstreckt werden können (EuGH v. 21.9.1999, Rs. C-307/97, Slg. 1999, I-6161), ist dies zumindest missverständlich. Auch insoweit handelt es sich lediglich um eine Wirkung des Gebots der Inländergleichbehandlung (s. Rz. 269), nicht aber um einen Fall der Meistbegünstigung im vorstehenden Sinne. In der Literatur wurde diese Rechtsprechung sehr differenziert aufgenommen (siehe hierzu die Nachweise bei *Kofler,* Doppelbesteuerungsabkommen, S. 759 ff.).

4. Verpflichtung zum Schadensersatz

Literatur: *Borgsmidt,* SAM 2010, 207; *Gehm,* NWB 2012, 2410; *Kleinert/Podewills,* BB 2008, 2329; *Thömmes/Linn,* IStR 2012, 777; *de Weerth,* DStR 2008, 1669.

Die Frage, **ob** Mitgliedstaaten **im Falle einer unionsrechtswidrigen DBA-Regelung** verpflichtet sein können, einem durch die vertragswidrige Vorschrift geschädigten Steuerpflichtigen **Schadensersatz** zu leisten, hat für das Internationale Steuerrecht bisher keine Bedeutung (allgemein dazu, d. h. nicht im steuerrechtlichen Zusammenhang: EuGH v. 19.11.1991, verb. Rs. C-6/90 und C-9/90, Slg. 1991, I-5357 – *Francovich;* EuGH v. 5.3.1996, verb. Rs. C-46/93 und C-48/93, Slg. 1996, I-1029 – *Brasserie du Pêcheur* und *Factortame Ltd.;* EuGH v. 8.10.1996, verb. Rs. C-178/94, C-179/94, C-188/94, C-189/94 und C-190/94, Slg. 1996, I-4845 – *Dillenkofer u. a.* sowie Große Kammer v. 24.3.2009, Rs. C-445/06, Slg. 2009, I-2119 – *Danske Slagterier;* s. dazu Streinz/*Streinz,* Art. 4 EUV, Rz. 34, 44, Streinz/*Schroeder,* Art. 34 AEUV, Rz. 78 und *Dörr,* EuZW 2012, 86). Die Möglichkeit eines derartigen Anspruchs hat der EuGH jedoch dem Grunde nach bejaht (EuGH v. 8.3.2001, verb. Rs. C-397/98 und C-410/98, Slg. 2001, I-1727 – *Metallgesellschaft Ltd.* und *Höchst AG,* Tz. 91 ff.; EuGH v. 12.12.2006, Rs. C-446/04, Slg. 2006, I-11753 – *Test Claimants in the FII Group Litigation,* Tz. 197 ff.; aufgeworfen, aber nicht entschieden in EuGH v. 12.12.2006, Rs. C-374/04, Slg. 2006, I-11673 – *Test Claimants in Class IV of the ACT Group Litigation,* Tz. 89). In seinem Beschluss v. 23.4.2008, Rs. C-201/05, *Test Claimants in the CFC and Dividend Group Litigation* (Slg. 2008, I-2875) macht der EuGH deutlich, dass die Mitgliedstaaten der EU nach ständiger Rechtsprechung grundsätzlich verpflichtet sind, dem Steuerpflichtigen unter Verstoß gegen das Unionsrecht erhobene Abgaben, sowie alle in unmittelbaren Zusammenhang mit dieser Abgabe an diesen Staat gezahlten oder von diesem einbehalten sonstigen Beträge, zu erstatten (Tz. 112, 114). Mangels einer Gemeinschaftsregelung über die Erstattung zu Unrecht erhobener inländischer Abgaben sei es Aufgabe des innerstaatlichen Rechts der einzelnen Mitgliedstaaten, die zuständigen Gerichte und die Verfahrensmodalitäten zur Durchsetzung dieses **Erstattungsanspruchs** zu bestimmen (Tz. 113). Ein **Staatshaftungsanspruch** gegen einen Mitgliedstaat in Sinne des Ersatzes von Schäden, die einem Steuerpflichtigen durch Verstöße des Staates gegen das Unionsrecht entstanden sind, hat der EuGH unter drei Voraussetzungen anerkannt: (1) Die verletzte Rechtsnorm bezweckt, dem Einzelnen Rechte zu verleihen, (2) der Verstoß ist hinreichend qualifiziert, und (3) zwischen dem Verstoß gegen die dem Staat obliegende Verpflichtung und dem entstandenen Schaden besteht ein unmittelbarer Kausalzusammenhang (Tz. 118). Die Prüfung der konkreten Voraussetzungen bleibt den nationalen Gerichten überlassen (Tz. 119). Zu alldem s. *Borgsmidt,* SAM 2010, 207; *Gehm,* NWB 2012, 2410; *Kleinert/Podewills,* BB 2008, 2329; *Thömmes/Linn,* IStR 2012, 777; *de Weerth,* DStR 2008, 1669. 272

5. Einwirkungen des Beihilfenverbots auf Doppelbesteuerungsabkommen

Literatur: *Blumenberg,* in: Grotherr, Handbuch der internationalen Steuerplanung (2011), S. 2133; *Blumenberg/Kring,* Europäisches Beihilferecht und Besteuerung, IFSt-Schrift Nr. 473 (2011); *M. Lang,* Die Auswirkungen des gemeinschaftsrechtlichen Beihilferechts auf das Steuerrecht (2009); *Rust/Micheau*(Hrsg.), State Aid and Tax Law (2013); *Schön,* in Hancher/Ottervanger/Slot, EU State Aids (2012), S. 321; *ders.,* in: König/Roth, Aktuelle Fragen, S. 106; *Sutter,* Das EG-Beihilfenverbot und sein Durchführungsverbot in Steuersachen (2005); *ders.,* in Gassner/Schuch/M. Lang/Staringer, Doppelbesteuerungsabkommen (2005), S. 83.

273 Während die Einwirkungen des unionsrechtlichen Verbots staatlicher Beihilfen auf das innerstaatliche Steuerrecht mittlerweile große Bedeutung gewonnen haben (*Blumenberg,* in Grotherr, S. 2133 ff.; *Blumenberg/Kring,* Europäisches Beihilferecht; *Blumenberg/Haisch,* FR 2012, 12; *Hackemann/Sydow,* IStR 2013, 768; *Ismer/Karch,* IStR 2014, 130; *Jaeger,* EuZW 2012, 92; *Th. Jaestedt,* in Heidenhain, European State Aid Law, § 8; *Klemt,* DStR 3013, 1057; *Kube,* S. 99; *M. Lang,* Auswirkungen des gemeinschaftsrechtlichen Beihilferechts; *Schön,* in Hancher/Ottervanger/Slot, EU State Aids, S. 321 ff.; *ders.,* in König/Roth, Aktuelle Fragen, S. 106 ff.), wirkt sich das **Beihilfenverbot** auf die von den Mitgliedstaaten abgeschlossenen Doppelbesteuerungsabkommen bislang noch nicht aus. Ein aus einem DBA resultierender steuerlicher Vorteil stellt grundsätzlich keine Beihilfe i. S. v. Art. 107 Abs. 1 AEUV dar. Abkommenserleichterungen sind vielmehr allgemeine Maßnahmen, die grundsätzlich allen in einem Mitgliedstaat ansässigen Wirtschaftsteilnehmern zugutekommen. Eine Beihilfe würde nur dann vorliegen, wenn einzelne Unternehmens- oder Produktionszweige systemwidrig begünstigt würden. Ein Verstoß von Abkommensrecht gegen Art. 107 ff. AEUV kommt deshalb grundsätzlich nicht in Betracht (Mitteilung der Kommission über die Anwendung der Vorschriften über staatliche Beihilfen auf Maßnahmen im Bereich der direkten Unternehmensbesteuerung, ABl. EG Nr. C 384 v. 10.12.1998, S. 3, Tz. 13; *Sutter,* EG-Beihilfenverbot, S. 105, 107; *ders.,* in Gassner/Schuch/M. Lang/Staringer, Doppelbesteuerungsabkommen, S. 83 ff., 107 m. w. N.; *von Wallenberg/Schütte,* in Grabitz/Hilf/Nettesheim, Art. 107 AEUV, Tz. 41 ff., 112).

III. Einwirkungen des sekundären Unionsrechts auf Doppelbesteuerungsabkommen

274 **Literatur:** *Kofler,* Doppelbesteuerungsabkommen und Europäisches Gemeinschaftsrecht (2007), S. 822 ff.; *Kofler/Tumpel,* in M. Lang/Schuch/Staringer, Tax Treaty Law and EC Law (2007), S. 191.

274a Die im Bereich der direkten Steuern auf der Grundlage des Art. 115 AEUV erlassenen Richtlinien (s. Rz. 253) können **unmittelbaren** oder nur **mittelbaren Abkommensbezug** haben (zu dieser Unterscheidung *Lehner,* in Lehner, Europarecht und Internationales Steuerrecht (1994), S. 19 (24 ff.); *ders.,* in Birk/Ehlers, Rechtsfragen, S. 18 (22 ff.); *ders.,* in Birk, Handbuch, S. 903 (939 ff.); vgl. auch *Birk,* FS J. Lang, S. 1131 (1144); *Craig,* BIFD 2003, 63 (66 ff.); *L. Hinnekens,* EC Tax Rev. 1997, 167 (168 ff.); *Kofler,* Doppelbesteuerungsabkommen, S. 822 ff.; *Kofler/Tumpel,* in M. Lang/Schuch/Staringer, Tax Treaty Law, S. 191 ff.; *Kotschnigg,* ÖStZ 1997, 273; *Raymon/Smit,* ET 2001, 98).

274b Richtlinien haben **unmittelbaren Abkommensbezug,** wenn sie unmittelbar auf Änderungen oder Ergänzungen von Doppelbesteuerungsabkommen gerichtet sind, wie dies ursprünglich bei dem auf Änderung des Verständigungsverfahrens (s. Art. 25 MA) gerichteten Richtlinienvorschlag zur Beseitigung der Doppelbesteuerung im Falle der Gewinnberichtigung zwischen verbundenen Unternehmen durch ein verbindliches Schiedsverfahren geplant war (s. *Lehner,* Möglichkeit zur Verbesserung des Verständigungsverfahrens auf der Grundlage des EWG-Vertrages (1982)). Dieser Vorschlag wurde jedoch nicht verwirklicht; an seiner Stelle haben die Mitgliedstaaten der Union einen völkerrechtlichen Vertrag in Gestalt des multilateralen EU-Schiedsübereinkommen miteinander abgeschlossen (s. oben Rz. 255, Art. 9 Rz. 180; Art. 25 Rz. 300). Von vornherein nicht als Richtlinie, sondern als völkerrechtlicher Vertrag auf der Grundlage von Art. 293 EG (dazu ausführlich Rz. 264 der Vorauflage) war der im Jahre 1968 vorgelegte Vorentwurf der europäischen Kommission für ein multilaterales Doppelbesteuerungsabkommen (s. Rz. 256d) konzipiert.

Während Richtlinien mit unmittelbarem Abkommensbezug, also solche, die unmittelbar auf Änderungen oder Ergänzungen der innereuropäischen Doppelbesteuerungsabkommen zielen, bislang nicht ergangen sind, gibt es durchaus Richtlinien bzw. Richtlinienbestimmungen mit **mittelbarem Abkommensbezug.** Nur mittelbar ist der Bezug bzw. die Wirkung der Richtlinie auf das Abkommensrecht, wenn Richtlinien zur Änderung von Vorschriften des innerstaatlichen Rechts führen, an die Doppelbesteuerungsabkommen anknüpfen (s. zur Wirkungsweise der Verteilungsnormen Rz. 76 ff. sowie Vor Art. 6 bis 22 Rz. 1 ff.). Ein wichtiges Beispiel für diesen mittelbaren Abkommensbezug bildet die **Mutter-Tochter-Richtlinie** (s. *Kofler,* IStR 2011, 668 (672)). Durch Verpflichtung des Staates der Muttergesellschaft zur Freistellung der ausländischen Dividenden bzw. Anrechnung der auf diese Dividenden gezahlten Steuer hat die Mutter-Tochter-Richtlinie den Schachtelprivilegien der innereuropäischen Doppelbesteuerungsabkommen eine zusätzliche unionsrechtliche Grundlage im innerstaatlichen Recht der Mitgliedstaaten gegeben und dazu geführt, dass die abkommensrechtlichen Schachtelprivilegien weitgehend bedeutungslos geworden sind. Weiterhin hat die Mutter-Tochter-Richtlinie durch ein Quellensteuerverbot im Staat der Tochtergesellschaft die Kapitalertragsteuerbelastung der die Dividenden empfangenden Muttergesellschaft beseitigt und auch dadurch zu einem Leerlauf der entsprechenden Quellensteuerreduzierungen in den innereuropäischen DBA geführt (s. Art. 10 Rz. 4; 173 ff.; Art. 23 Rz. 256). **274c**

Bei der **Auslegung der Richtlinienbestimmungen** setzt der EuGH sehr **enge Grenzen**. Gesellschaften, die nicht einer der aufgeführten Rechtsformen im Anhang der Mutter-Tochter-Richtlinie (dazu oben Rz. 253) entsprechen (z. B. eine luxemburgische „société d'investissement à capital variable" (SICAV) oder im Hinblick auf die Richtlinie i. d. F. bis 2003 eine französische „société par actions simplifiée" (SAS)) konnten keine Quellensteuerbefreiung auf Gewinnausschüttungen auf der Grundlage der Richtlinie in Anspruch nehmen (EuGH v. 18.6.2009, Rs. C-303/07, Slg. 2009, I-5145 – *Aberdeen Property Fininvest Alpha,* Tz. 27; EuGH v. 1.10.2009, Rs. C-247/08, Slg. 2009, I-9225 – *Gaz de France*, Tz. 33–43; zustimmend in Bezug auf eine französische SAS für die Vorschrift des § 43b Abs. 2 S. 1 EStG i. V. m. Anlage 2 zu § 43b EStG a. F. auch BFH BFHE 236, 318). Dasselbe gilt für nationale Missbrauchsverhinderungsvorschriften im Sinne von Art. 15 Abs. 1 Buchst. a der Fusionsrichtlinie (dazu oben Rz. 253). Der EuGH hat zur entsprechenden Regelung in Art. 11 Abs. 1 Buchst. a der RL 90/434/EWG entschieden, dass diese Richtlinienbestimmung nicht angewendet werden darf, also die Begünstigung nicht versagt werden darf, wenn die Steuerumgehung lediglich auf Steuern gerichtet ist, die von der Richtlinie nicht erfasst werden, wie z. B. die im nationalen Recht geregelten Verkehrsteuern (EuGH v. 20.5.2010, Rs. C-352/08, Slg. 2010, I-04303 - *Modehuis A. Zwijnenburg BV*). **274d**

Ein weiteres Beispiel für mittelbare Richtlinienwirkungen bildet die **Zins- und Lizenzgebühren-Richtlinie** (dazu oben Rz. 253), die den Quellensteuersatz in **274e** den von ihr erfassten Fällen auf null reduziert (s. Art. 11 Rz. 7). Dies hat zur Folge, dass Abkommensvorschriften, die eine begrenzte Quellensteuer auf Zinsen und Lizenzgebühren zulassen (s. Art. 11 Rz. 30 ff.; Art. 12 Rz. 30 ff.), ebenfalls leerlaufen, weil der Quellenstaat aufgrund der Richtlinie bereits nach seinem innerstaatlichen Recht nicht mehr berechtigt ist, eine Quellensteuer auf die der Richtlinie unterfallenden Zinsen und Lizenzgebühren zu erheben. Die Mutter-Tochter-Richtlinie und die Zins- und Lizenzgebühren-Richtlinie wirken somit funktional wie Teilregelungen eines multilateralen Doppelbesteuerungsabkommens (s. Rz. 258). Der EuGH hat in der Rs. *Scheuten Solar* v. 21.7.2011 festgestellt, dass die Zins- und Lizenzgebühren-Richtlinie darauf gerichtet ist, eine rechtliche Doppelbesteuerung grenzüberschreitender Zinszahlungen zu verhindern, weil sie eine Besteuerung der Zinsen im Quellenstaat zulasten des Nutzungsberechtigten dieser Zinsen verbietet (EuGH v. 21.7.2011, Rs. C-397/09, Slg. 2011, I-6455 – *Scheuten Solar*, Tz. 28). Daraus folgert der EuGH jedoch auch, dass bei nationalen Rechtsvorschriften wie z. B. § 8 Nr. 1 GewStG, welche nicht die Besteuerung des Zinsgläubigers betreffen, sondern nur die Ermittlung der Bemessungsgrundlage der Gewerbesteuer beim Zinsschuldner regeln, kein Verstoß gegen die Zins- und Lizenzgebühren-Richtlinie vorliegt (EuGH v. 21.7.2011, Rs. C-397/09, Slg. 2011, I-6455 – *Scheuten Solar*, Tz. 30, 36; s. zu diesem Urteil *Bron*, EWS 2011, 386; *Goebel/Küntscher*, IStR 2011, 630; *Hiller*, BB 2011, 2715; *Jaschke*, RIW 2011, 766; Nachfolgeurteil des BFH I R 30/08, BStBl. II 2012, 507). Auch die **Zinsertragsteuerrichtlinie** (s. oben Rz. 253 und Art. 11 Rz. 8) hat mittelbaren Abkommensbezug, soweit Luxemburg und Österreich, anstelle eines automatischen Informationsaustausches, eine Quellensteuer auf Zinserträge erheben, obwohl diese Staaten abkommensrechtlich zur Freistellung oder zu einer Besteuerung mit einem geringeren Steuersatz verpflichtet sind. Abkommensrelevante Wirkungen auf das innerstaatliche Recht der Mitgliedstaaten haben auch die **Fusionsrichtlinie** (s. oben Rz. 253 und Art. 7 Rz. 44) und die **Amtshilferichtlinie** (s. oben Rz. 253 und Art. 26 Rz. 14 ff.).

275 Richtlinien haben, ebenso wie das primäre Unionsrecht, **Anwendungsvorrang** sowohl gegenüber dem originär innerstaatlichen Recht der Mitgliedstaaten als auch im Verhältnis zu den unionsintern abgeschlossenen Doppelbesteuerungsabkommen (s. Rz. 258 f.). Darüber hinaus unterliegen Richtlinien ihrerseits nicht nur der Auslegung nach Maßgabe des primären Unionsrechts, sondern auch dem Anwendungsvorrang des Primärrechts (EuGH v. 18.9.2003, Rs. C-168/01, Slg. 2003, I-9409 – *Bosal Holding BV*, Tz. 26 f.; EuGH v. 23.2.2006, Rs. C-471/04, Slg. 2006, I-2107 – *Keller Holding GmbH,* Tz. 45, 50; EuGH v. 12.12.2006, Rs. C-446/04, Slg. 2006, I-11753 – *Test Claimants in the FII Group Litigation,* Tz. 67 f.; dazu *Kofler,* Doppelbesteuerungsabkommen, S. 822 ff.; *Kofler*, FS Rödler, S. 433 (434 ff.); *Kofler/Tumpel,* in M. Lang/Schuch/Staringer, Tax Treaty Law, S. 191 ff.; für eine größere Bedeutung des Sekundärrechts *Mitschke,* IStR 2013, 15). Für Fälle außerhalb des Anwendungsbereichs der Richtlinien hat der EuGH deutlich festgestellt, dass die Mitgliedstaaten Maßnahmen zur Vermeidung einer mehrfachen Belastung oder wirtschaftlichen Doppelbesteuerung (bspw. durch den Abschluss von Doppelbesteuerungsabkommen) nur im Einklang mit den Grundfreiheiten des AEUV treffen dürfen (vgl. EuGH v. 20.10.2011, Rs. C-284/09, Slg. 2011, I-9879 – *Kommission gg. Deutschland,* Tz. 48 m. w. N.). Probleme zwischen dem Anwendungsbereich der Doppelbesteuerungsabkommen und den Richtlinien können sich jedoch für die Auslegung von Begriffen ergeben, die sowohl im Abkommensrecht als auch in der auf das Abkommensrecht mittelbar einwirkenden Richtlinie enthalten sind. Beispiele bilden die Begriffe „Zinsen“ und „Lizenzgebühren“ in Art. 2 bzw. „Unternehmen“, „verbundenes Unternehmen“ und „Betriebstätte“ in Art. 3 der Zins- und Lizenzgebühren- Richtlinie (s. zu dieser Rz. 253). Auch bei Übereinstimmungen mit entsprechenden Definitionen des MA (s. zu den Beispielen Art. 11 Rz. 7), erst recht aber im Fall von Abweichungen (s. etwa zum Begriff der „Zinszahlung" in Art. 6 der Zinsertragsteuerrichtlinie, Art. 11 Rz. 8), ist für die Auslegung der Richtlinie in letzter Instanz der EuGH zuständig (s. EuGH v. 17.10.1996, verb. Rs. C-283/94, C-291/94 und C-292/94, Slg. 1996, I-5063 – *Denkavit;* EuGH v. 1.10.2009, Rs. C-247/08, Slg. 2009, I-9225 – *Gaz de France*, Tz. 26 m. w. N.). Der EuGH erkennt zwar die Bedeutung des **OECD-MA** für die **Ausgestaltung** der von den Mitgliedstaaten abgeschlossenen DBA an (s. Rz. 266c), er ist aber nicht an die für Doppelbesteuerungsabkommen geltenden Auslegungsgrundsätze (s. Rz. 95 ff.) gebunden. Allerdings sieht beispielsweise Art. 25 des *DBA Österreich* eine allgemeine schiedsverfahrensrechtliche Zuständigkeit des EuGH vor (s. Art. 25 Rz. 268; dazu auch und grundlegend zur Auslegung von DBA durch den EuGH s. *M. Lang,* FS G. Frotscher, S. 365 (367 ff.)).

Richtlinienkonform geändertes innerstaatliches Recht und Doppelbesteuerungs- **276**
abkommen können aber auch **nebeneinander anwendbar** sein. So bestimmt die Mutter-Tochter-Richtlinie in Art. 7 Abs. 2, dass die Vorschriften der DBA über die Dividendenbesteuerung von den zu treffenden Regelungen unberührt bleiben (s. Art. 10 Rz. 173 ff.). Art. 9 der Zins- und Lizenzgebühren-Richtlinie bestimmt, dass sie nicht die Anwendung einzelstaatlicher oder bilateraler Bestimmungen berührt, die über die Bestimmungen der Richtlinie hinausgehen und die Beseitigung oder Abschwächung der Doppelbesteuerung von Zinsen und Lizenzgebühren bezwecken (dazu Art. 11 Rz. 7; grundlegend zu diesem **„Günstigkeitsprinzip"** *Kofler*, Doppelbesteuerungsabkommen, S. 826 ff., 847 ff.). Zum Verhältnis zwischen den in den Richtlinien enthaltenen Vorschriften gegen Steuerumgehung, den entsprechenden Vorschriften des innerstaatlichen Rechts und den damit verbundenen Auswirkungen auf das Abkommensrecht, s. Anhang zu Art. 1 Rz. 99 ff.

Überschrift und Präambel

Text: OECD-Musterabkommen (OECD-MA)

Abkommen zwischen (Staat A) und (Staat B) auf dem Gebiete der Steuern vom Einkommen und Vermögen[1]

Präambel zum Abkommen[2]

Text: Deutsche Verhandlungsgrundlage (DE-VG)

Abkommen zwischen der Bundesrepublik Deutschland und …. zur Vermeidung der Doppelbesteuerung und zur Verhinderung der Steuerverkürzung auf dem Gebiet der Steuern vom Einkommen und vom Vermögen

Die Bundesrepublik Deutschland
und
…………………………………………………………… –,
von dem Wunsch geleitet, ihre beiderseitigen wirtschaftlichen Beziehungen weiterzuentwickeln, ihre Zusammenarbeit in Steuersachen zu vertiefen und eine wirksame und zutreffende Steuererhebung zu gewährleisten,
in der Absicht, die jeweiligen Besteuerungsrechte gegenseitig so abzugrenzen, dass sowohl Doppelbesteuerungen wie auch Nichtbesteuerungen vermieden werden –
sind wie folgt übereingekommen:

Text: US-Musterabkommen (US-MA)

Abkommen zwischen der Regierung der Vereinigten Staaten von Amerika und der Regierung von …. zur Vermeidung der Doppelbesteuerung und der Vermeidung von Steuerverkürzung auf dem Gebiet der Steuern vom Einkommen

Von dem Wunsch geleitet, ein Abkommen zur Vermeidung der Doppelbesteuerung und zur Vermeidung von Steuerverkürzung auf dem Gebiet der Steuern vom Einkommen abzuschließen, haben die Regierung der Vereinigten Staaten von Amerika und die Regierung von …. Folgendes vereinbart:

---

[1] Staaten, die dies wünschen, können der weitverbreiteten Übung folgen, in der Überschrift entweder auf die Vermeidung der Doppelbesteuerung oder aber auf die Vermeidung der Doppelbesteuerung und die Vermeidung der Steuerverkürzung hinzuweisen. *(Originalfußnote des MA)*

[2] Die Präambel des Abkommens richtet sich nach den verfassungsrechtlichen Vorschriften der beiden Vertragsstaaten. *(Originalfußnote des MA)*

Erläuterungen zur Überschrift des Musterabkommens

Inhalt

1 **Literatur:** *von Arnauld,* Völkerrecht (2012); *Beckert/Breuer,* Öffentliches Seerecht (1991); *Colombos,* The International Law of the Sea, 6. Aufl. (1963); *Dahm/Delbrück/Wolfrum,* Völkerrecht, Bd. I/1, Die Grundlagen. Die Völkerrechtssubjekte, 2. Aufl. (1988); *Elbing,* Zur Anwendbarkeit der Grundrechte bei Sachverhalten mit Auslandsbezug (1992); *van Elsuwege,* Baltic States, in MPEPIL, vol. I (2012); *Fastenrath/Schweisfurth/Ebenroth,* Das Recht der Staatensukzession (1996); *Graf Vitzthum,* in Graf Vitzthum (Hrsg.), Handbuch des Seerechts (2006), Kapitel 2, S. 63; *Heintschel von Heinegg,* in Graf Vitzthum (Hrsg.), Handbuch des Seerechts (2006), Kapitel 7, S. 491; *Hofmann,* Czechoslovakia, Dissolution of, in MPEPIL, vol. II (2012); *Kau,* in Graf Vitzthum/Proelß (Hrsg.), Völkerrecht, 6. Aufl. (2013), Abschnitt 3, S. 131; *Kment,* Grenzüberschreitendes Verwaltungshandeln, Transnationale Elemente deutschen Verwaltungsrechts (2010); *Lagoni,* in Graf Vitzthum (Hrsg.), Handbuch des Seerechts (2006), Kapitel 3, S. 166; *Lorenz,* Der territoriale Anwendungsbereich der Grund- und Menschenrechte (2005); *Jü. Lüdicke,* Überlegungen zur deutschen DBA-Politik (2008); *ders.,* in Lang/Schuch/Staringer (Hrsg.), Die österreichische DBA-Politik – Das „österreichische Musterabkommen" (2013), S. 31; *Mankowski,* Seerechtliche Vertragsverhältnisse im Internationalen Privatrecht (1995); *Meessen,* Völkerrechtliche Grundsätze des internationalen Kartellrechts (1975); *Meng,* Extraterritoriale Jurisdiktion im öffentlichen Wirtschaftsrecht (1994); *J. Menzel,* Internationales Öffentliches Recht, Verfassungs- und Verwaltungsgrenzrecht in Zeiten offener Staatlichkeit (2011); *Merten,* in Merten/Papier (Hrsg.), Handbuch der Grundrechte in Deutschland und Europa, Bd. IV (2011), § 94; *Núñez-Müller,* Die Staatszugehörigkeit von Handelsschiffen im Völkerrecht, Voraussetzungen und Rechtsfolgen der Flaggenverleihung unter besonderer Berücksichtigung der sog. Billigflaggen (1994); *Oeter,* Yugoslavia, Dissolution of, in MPEPIL, vol. X (2012); *Ohler,* Kollisionsordnung des Allgemeinen Verwaltungsrechts (2005); *O'Connel,* The Law of State Succession (1956); *Petry,* Die Ertragsbesteuerung auf dem deutschen Festlandsockel und in der deutschen ausschließlichen Wirtschaftszone (2008); *Proelß,* in Graf Vitzthum (Hrsg.), Handbuch des Seerechts (2006), Kapitel 3, S. 222; *ders.,* in Graf Vitzthum/Proelß (Hrsg.), Völkerrecht, 6. Aufl. (2013), Abschnitt 5, S. 351; *Seidl-Hohenveldern,* Völkerrecht, 9. Aufl. (1997); *Verdross/Simma/Geiger,* Territoriale Souveränität und Gebietshoheit, Zur völkerrechtlichen Lage der Oder-Neiße-Gebiete (1980); *K. Vogel,* Der räumliche Anwendungsbereich der Verwaltungsrechtsnorm (1965); *Wolfrum,* in Graf Vitzthum (Hrsg.), Handbuch des Seerechts (2006), Kapitel 4, S. 287; *Ziegenhain,* Extraterritoriale Rechtsanwendung und die Bedeutung des Genuine-Link-Erfordernisses (1992); *Zimmermann,* Staatennachfolge in völkerrechtliche Verträge (2000); *ders.,* State Succession in Treaties, in MPEPIL, vol. IX (2012); *ders.,* Continuity of States, in MPEPIL, vol. II (2012).

I. Vertragsstaaten, Geltungsbereich des DBA

1a **Literatur:** *Beckert/Breuer,* Rz. 25 ff., 272 ff., 1383 ff., 1443 ff.; *Colombos,* §§ 303 ff.; *Elbing,* S. 46 ff., 93 ff., 135 ff.; 137 ff.; *Graf Vitzthum,* in Graf Vitzthum, Handbuch des Seerechts, S. 63 ff.; *ders.,* HStR, Bd. II, § 18; *Kment,* S. 54 ff.; *Lagoni,* in Graf Vitzthum, Handbuch des Seerechts, S. 166 ff.; *Lorenz,* S. 1 ff.; *Mankowski,* S. 430, 470 ff.; *Meng,* S. 10 ff.; *E. Menzel,*

AöR, Bd. 90 (1965), S. 1; *J. Menzel,* S. 1 ff.; *Núñez-Müller,* S. 68 ff.; *Ohler,* S. 277 ff., 327 ff.; *Proelß,* in Graf Vitzthum, Handbuch des Seerechts, S. 222 ff.; *ders.,* in Graf Vitzthum/Proelß, Völkerrecht, S. 351 ff.; *Verdross/Simma/Geiger,* S. 90 f.; *K. Vogel,* S. 1 ff.; *Wolfrum,* in Graf Vitzthum, Handbuch des Seerechts, S. 287 ff.; *Ziegenhain,* S. 1 ff.

Wie das OECD-MA enthalten auch die Deutsche Verhandlungsgrundlage sowie UN- und US-MA eine Überschrift. Sie bezeichnet die **Vertragsstaaten** im inkorporationsrechtlichen Sinne (dazu und zur Abgrenzung vom „Vertragsstaat" im geographischen Sinne s. Art. 3 Rz. 83a ff.). Zugleich wird durch die Benennung der Vertragsstaaten das Gebiet bzw. die Gebiete, für die das Abkommen **gelten** soll, **und damit** der **räumliche Anwendungsbereich des DBA** umrissen. Dieser erlangt in zweierlei Hinsicht Bedeutung (*K. Vogel,* S. 1): Einerseits geht es um den Bereich, innerhalb dessen das Abkommen durch den Rechtsanwender, also insb. Gerichte und Behörden angewandt wird (s. Rz. 3, 5 ff.), und andererseits um den Bereich der Sachverhalte, auf welche das Abkommen nach seinem spezifischen Regelungsgehalt jeweils anzuwenden ist (s. Rz. 4, 5 ff.). Zu dieser Unterscheidung und der in der Literatur insoweit variierenden Terminologie s. *Dahm/Delbrück/Wolfrum,* S. 319, *Kment,* S. 71, *Meessen,* S. 15, *Meng,* S. 11 f., *J. Menzel,* S. 155 ff., *Rossi,* 45 (2007) AVR 115 (118 f.) und *Ziegenhain,* S. 3, jeweils m. w. N. 2

1. Durchsetzungsbereich

Die Überschrift bezeichnet als Erstes das Gebiet, in dem Verwaltungsbehörden und Gerichte das Abkommen **beachten,** d. h. es **ihren Entscheidungen zugrunde legen müssen.** Geltungsbereich in diesem Sinne ist regelmäßig das gesamte **Staatsgebiet** der Vertragsstaaten (s. Rz. 9). Dies wiederum bedeutet, dass eine Norm außerhalb des Staatsgebiets, für das sie gilt, nicht angewandt werden muss bzw. darf (*K. Vogel,* S. 15). Insoweit kommt der Überschrift auch eine abgrenzende Funktion zu, denn die Vornahme von Hoheitsakten auf fremdem Staatsgebiet ist grundsätzlich unzulässig (**Grundsatz der formellen Territorialität;** zu diesem Begriff s. Grundl. Rz. 16 sowie Art. 3 Rz. 83c; s. a. *Herzfeld,* VJSchr. 1932, 422 (428); *K. Vogel,* S. 342 ff.; *Lehner,* FS Wassermeyer, S. 241 (243 f.); *ders.,* HStR, Bd. XI, § 251 Rz. 19; *Kment,* S. 74 ff.; *Rossi,* 45 (2007) AVR 115 (122 ff.)). Die Überschrift bezeichnet mithin den „Durchsetzungsbereich" des Abkommens (*Meng,* 27 (1989) AVR 156 (160)), der auf der „Vollzugsgewalt" bzw. „jurisdiction to enforce" beruht (*American Law Institute,* Restatement of the Law Third, The Foreign Relations Law of the United States, adopted on May 14, 1986 [1987], § 401; *von Arnauld,* Rz. 344; *Lehner,* FS Wassermeyer, S. 241 (244); *ders.,* HStR, Bd. XI, § 251 Rz. 19 f.). Auf *K. Vogel* geht es zurück, diesen Aspekt des Geltungsbereichs eines DBA als „Geltung" im intransitiven Sinn bzw. „intransitive Territorialität" zu verstehen (so *K. Vogel* in den Vorauflagen dieses Kommentars, s. nur 5. Aufl., Zur Überschrift Rz. 3; s. aber bereits *K. Vogel,* S. 2, 13 ff.; s. a. *Elbing,* S. 45 ff., 139 ff.). 3

2. Anknüpfungsbereich

Die Überschrift bezeichnet jedoch auch das geographische Gebiet, innerhalb dessen die sich dort ereignenden **steuererheblichen Tatsachen den Vorschriften des Abkommens unterliegen** sollen. Gemeint ist der Bereich, in dem das Abkommen auf Sachverhalte angewandt wird. Völkerrechtlich ist insoweit auch eine Erstreckung des Anwendungsbereichs einer Norm auf grenzüberschreitend verwirklichte Sachverhalte zulässig, sofern ein sog. „Genuine Link" bzw. eine Anknüpfung an einen Inlandssachverhalt gegeben ist (**Grundsatz der materiellen Territorialität;** dazu allgemein Grundl. Rz. 11, s. a. *Lehner,* FS Wassermeyer, S. 241 (244); *ders.,* HStR, Bd. XI, § 251 Rz. 19; *Kment,* S. 69 f., 71 ff., 104 ff.; 4

Elbing, S. 138 f.; vgl. auch *Dahm/Delbrück/Wolfrum,* S. 319 ff.). Die Überschrift bezeichnet mithin auch den „Anknüpfungsbereich" des Abkommens (*Meng,* 27 (1989) AVR 156 (160)), der auf der „Rechtsetzungsgewalt" bzw. „jurisdiction to prescribe" beruht (*American Law Institute,* Restatement of the Law Third, The Foreign Relations Law of the United States, adopted on May 14, 1986 [1987], § 401; *von Arnauld,* Rz. 344; *Lehner,* FS Wassermeyer, S. 241 (244); *ders.*, HStR, Bd. XI, § 251 Rz. 19 f.). *K. Vogel* versteht diesen Aspekt als „Geltung" des DBA im transitiven Sinn (so *K. Vogel* in den Vorauflagen dieses Kommentars, s. nur 5. Aufl., Zur Überschrift Rz. 5 ff.; s. aber bereits *K. Vogel,* S. 2, 14; s. a. *Elbing,* S. 46 ff., 137 ff.).

3. Verdeutlichung der Wichtigkeit dieser Unterscheidung

5 Sollen dem DBA nur Vorgänge **im Staatsgebiet** (dazu s. Rz. 9) unterliegen, so unterscheiden sich beide Dimensionen des räumlichen Anwendungsbereichs nicht, sind also transitiv und intransitiv verstandener Geltungsbereich des Abkommens deckungsgleich. Sollen jedoch auch Tatsachen und Vorgänge **außerhalb des betreffenden Staatsgebiets** Steuerpflichten auslösen und vereinbaren die Vertragsparteien im DBA, dass diese Sachverhalte in bestimmten Fällen nicht oder nur steuerermäßigend zu berücksichtigen sein sollen, so geht der transitiv verstandene räumliche Geltungsbereich eines DBA über den intransitiv verstandenen hinaus. Im Hinblick auf die Einzelheiten ist folgendermaßen zu differenzieren:

6 **a) Inlandsanknüpfung:** Soweit die DBA die vorrangige Besteuerungszuständigkeit in Bezug auf bestimmte Einkünfte oder Vermögenswerte einem Vertragsstaat als **Quellenstaat** oder **Belegenheitsstaat** zuweisen, müssen sie zwangsläufig an eine Beziehung zu dessen Gebiet anknüpfen. So sprechen Art. 6 Abs. 1 MA von unbeweglichem Vermögen, das in einem Vertragsstaat „liegt", Art. 7 Abs. 1 MA von einer Betriebstätte, die dort „belegen" ist (im englischen und französischen Original in beiden Fällen: „situated", „situé"), Art. 11 und 12 MA von Zinsen und Lizenzgebühren, die aus einem Vertragsstaat „stammen" („arising", „provenant"), Art. 15 MA von einer Tätigkeit, die in einem Vertragsstaat „ausgeübt" wird („is exercised", „est exercé"). In der Regel wird dieses **Quellen-** oder **Belegenheitsgebiet (Anknüpfungsgebiet)** mit dem Staatsgebiet und jenes wiederum mit dem intransitiv verstandenen Geltungsbereich des Abkommens – dem Bereich seiner Anwendung durch Gerichte und Behörden – identisch sein. Das Anknüpfungsgebiet kann aber auch enger sein, z. B. wenn ein DBA bestimmt, dass Einkünfte aus einer im Staatsgebiet gelegenen **Freihandelszone** nicht als aus inländischen Quellen stammend und damit nicht als inländisch im Sinne der Verteilungsnormen betrachtet werden sollen. Und es kann weiter ausgedehnt sein, wenn z. B. bestimmt ist, dass Betriebstätten, Tätigkeiten usw. in einem bestimmten Bereich **außerhalb** des Staatsgebiets für Zwecke der Verteilungsnormen als inländisch zu betrachten sind.

7 **b) Weltweite „Geltung für":** Eine Reihe von Verteilungsnormen des MA gilt aber auch für Einkünfte und Vermögenswerte aus **Drittstaaten** und **staatsfreiem Gebiet** und behält deren Besteuerungszuständigkeit dem Ansässigkeitsstaat vor. So werden solche Einkünfte und Vermögenswerte erfasst von Art. 7 Abs. 1 S. 1 Halbs. 1 MA für Unternehmenseinkünfte, sofern keine Betriebstätte im Quellenstaat existiert. Dasselbe gilt i. R. des früheren, im Jahr 2000 gestrichenen Art. 14 MA für Einkünfte aus selbständiger Arbeit, wenn keine feste Einrichtung im Quellenstaat besteht, sowie für Art. 15 MA für Einkünfte aus unselbständiger Arbeit, die nicht im anderen Vertragsstaat ausgeübt wird (s. Art. 15 Rz. 12). Bei Einkünften aus internationaler Seeschifffahrt und Luftfahrt ist nach Art. 8 MA entsprechend die Besteuerung dem Vertragsstaat vorbehalten, in dem sich die tatsächliche

Geschäftsleitung des Unternehmens befindet. Besonders wichtig ist, dass auch die **Auffangklauseln** des Art. 21 Abs. 1 MA und des Art. 13 Abs. 5 MA sowie des Art. 22 Abs. 4 MA, die die Besteuerungszuständigkeit im Hinblick auf die nicht schon zuvor erfassten Einkünfte und Vermögenswerte dem Ansässigkeitsstaat zuweisen, **für weltweit erzielte Einkünfte bzw. weltweit belegene Vermögenswerte gelten** (s. Art. 13 Rz. 48, 211, 220; Art. 21 Rz. 4, 7, 16; Art. 22 Rz. 4, 90; Ziff. 22 S. 6 MA-Komm. zu Art. 13 MA; Ziff. 1 S. 3, Ziff. 4 S. 1, 2 MA-Komm. zu Art. 21 MA). Abkommen, die dem MA folgen, besonders dessen Auffangklauseln enthalten, sind also nicht auf das Anknüpfungsgebiet (Quellen- oder Belegenheitsgebiet) der speziellen Verteilungsnormen im Sinne der vorigen Rz. begrenzt. Sie sind vielmehr auf Einkünfte und Vermögenswerte **aus der ganzen Welt** anzuwenden, denn soweit sie nicht eine Besteuerung durch den Quellen- oder Belegenheitsstaat vorsehen, belassen sie die Besteuerungszuständigkeit dem Ansässigkeitsstaat des Steuerpflichtigen. Ein Gebiet, für das sie im transitiven Sinne nicht gelten, gibt es für sie nicht.

4. Vertragsstaaten

Eine Definition des Begriffs „Vertragsstaat" im inkorporationsrechtlichen oder im geographischen Sinn (dazu Art. 3 Rz. 83a ff.) sehen OECD- und UN-MA nicht vor; das US-MA enthält in Art. 3 Abs. 1 Buchst. i zumindest eine Definition für den Ausdruck „Vereinigte Staaten". Doch stellt es der MA-Komm. in Ziff. 1 S. 4, 5 zu Art. 3 MA den Vertragsparteien ausdrücklich frei, eine entsprechende Definition im DBA zu vereinbaren. Auch der Kommentar zum UN-MA stellt in Ziff. 3 S. 5, 6 zu Art. 3 UN-MA klar, dass den Vertragsstaaten diese Möglichkeit offen steht. Deutschland macht hiervon in den allermeisten Fällen Gebrauch (für eine Übersicht deutscher DBA s. Art. 3 Rz. 84 f.). Dass der Ausdruck „Vertragsstaat" bzw. „der andere Vertragsstaat" (im inkorporationsrechtlichen Sinne) je nach dem Zusammenhang die Bundesrepublik Deutschland oder den anderen Staat meint (so z. B. Art. 3 Abs. 1 Nr. 1 der Deutschen Verhandlungsgrundlage), führt jedoch vor dem Hintergrund, dass sich diese Informationen im Grundsatz bereits aus der Überschrift ergeben, nicht weiter; diese Regelung ist daher nur klarstellend. 8

Wie in der Deutschen Verhandlungsgrundlage wird darüber hinaus meist angeordnet, welcher Bereich – geographisch – vom Begriff „Vertragsstaat" erfasst wird. Ausgangspunkt für eine solche Regelung ist regelmäßig das, was völkerrechtlich als **Staatsgebiet** („Hoheitsgebiet") gilt. Das Staatsgebiet ist dreidimensional gegliedert (*Graf Vitzthum,* HStR, Bd. II, § 18 Rz. 7; *Epping/Gloria,* in Ipsen, § 23 Rz. 2; *Lehner/Waldhoff,* in KSM, § 1 Rz. B27). Es umfasst das Landgebiet des betreffenden Staates und das sog. Küstenmeer; oberhalb dessen gehört der Luftraum ebenfalls zum Staatsgebiet, nach Art. II des Weltraumvertrages aber nicht der Weltraum (*Graf Vitzthum,* HStR, Bd. II, § 18 Rz. 7, 9, 24 f., 30; *Proelß,* in Graf Vitzthum/Proelß, Völkerrecht, Rz. 7, 15, 30, 38, 45, 76 f.; *Kau,* in Graf Vitzthum/Proelß, Völkerrecht, Rz. 146 ff.; *Epping/Gloria,* in Ipsen, § 23 Rz. 2; *Lehner/Waldhoff,* in KSM, § 1 Rz. B27 f.; vgl. auch Art. 2 Abs. 1, 2 des SRÜ; zu den Besonderheiten im Hinblick auf das Küstenmeer s. *Graf Vitzthum,* FS Tomuschat, S. 1067 (1078 ff.); *ders.,* in Graf Vitzthum, Handbuch des Seerechts, Rz. 109 ff.). Der Bereich des Meeres jenseits des Küstenmeeres, d. h. insb. die **hohe See** (Art. 86 ff. des SRÜ), eine etwa eingerichtete **AWZ** („exclusive economic zone"; Art. 55 ff. des SRÜ) oder der sog. **Festlandsockel** („continental shelf", „Kontinentalschelf"; Art. 76 ff. des SRÜ), gehört demgegenüber **nicht zum Staatsgebiet;** die Gebietshoheit eines Küstenstaates erstreckt sich hierauf nicht (s. Art. 29 Rz. 11; Art. 2 Abs. 1, 2 des SRÜ; *Graf Vitzthum,* HStR, Bd. II, § 18 Rz. 25, 30, 32 f.; *Proelß,* in 9

Graf Vitzthum/Proelß, Völkerrecht, Rz. 7 ff., 10 ff., 51 ff.; *Lagoni,* in Graf Vitzthum, Handbuch des Seerechts, Rz. 63, 216 f.; Ipsen/*Gloria,* § 53 Rz. 45, § 54 Rz. 1; *Dahm/Delbrück/Wolfrum,* S. 383, 495, 503, 524; *Lehner/Waldhoff,* in KSM, § 1 Rz. B26, B28, B42; BK/*Kahl,* Staatsgebiet und Grenzen, Rz. 174; *Ehlers,* VerwArch 2013, 406 (412)). Ein sog. aquitorialer Gebietserwerb (zum Begriff s. *Proelß,* in Graf Vitzthum/Proelß, Völkerrecht, Rz. 29) ist insb. im Hinblick auf den Festlandsockel, an dem nach Art. 77 des SRÜ lediglich besondere, funktional begrenzte „souveräne Rechte" des Küstenstaats bestehen, nicht gegeben (dazu *Proelß,* in Graf Vitzthum/Proelß, Völkerrecht, Rz. 10 ff., 29, 38; *Kment,* S. 82 ff.; vgl. auch *E. Menzel,* AöR 90 (1965) 1 (7 f., 33 ff., 38, 57 ff.), *Willecke,* DVBl. 1966, 461 (466) und *Schröer,* RIW/AWD 1978, 507 (511); a. A. *Seidl-Hohenveldern,* FS Jahrreiss, S. 395 (405 f., 408)).

9a Vor diesem Hintergrund erscheint es auch nicht zulässig, den Festlandsockel bei auf das „Hoheitsgebiet" abstellenden Vertragsstaatsdefinitionen rechtlich so zu behandeln, als gehöre er zum Staatsgebiet. Dies würde nämlich außer Acht lassen, dass dem betreffenden Küstenstaat auf dem Festlandsockel völkerrechtlich keine volle Souveränität zukommt, sondern ihm nur einzelne souveräne und darüber hinaus funktionell beschränkte Rechte hieran zugestanden werden (vgl. Art. 2 im Gegensatz zu Art. 77 Abs. 1, 78 des SRÜ, *Lagoni,* in Graf Vitzthum, Handbuch des Seerechts, Rz. 60, 63, *Proelß,* in Graf Vitzthum, Handbuch des Seerechts, Rz. 216 f. und *ders.,* in Graf Vitzthum/Proelß, Völkerrecht, Rz. 10, 38, 51 ff.; vgl. auch BFH, BStBl. II 1978, 50 (52); anders jedoch Art. 29 Rz. 11, *Schaumburg,* Rz. 16.186, *Mössner,* Rz. 2.450, SD/*Meinert,* Art. 29 Rz. 16 und SD/*Hruschka,* Art. 5 Rz. 5). Dasselbe muss für die AWZ gelten (so auch *Behrendt/Wischott/Krüger,* BB 2012, 1827 (1830 f.)). Dass auch die Verhandlungspartner i. R. eines DBA von dieser Unterscheidung ausgehen, zeigen die meisten Abkommen, die – wie in Rz. 10 und 10a angesprochen – Festlandsockel und/oder AWZ in den Vertragsstaatsbegriff einbeziehen. Denn dort wird dem „Hoheitsgebiet" nahezu immer das an das Küstenmeer angrenzende Gebiet gegenüber gestellt. In Art. 5 Abs. 4 *DBA Niederlande 2012 (E),* Art. 20 Abs. 2 *DBA Norwegen 1991/2013 (E)* oder Art. 20A Abs. 2 *DBA Litauen* kommt Entsprechendes zum Ausdruck. Zur Berücksichtigung von Parallelabkommen i. R. der Auslegung s. aber Grundl. Rz. 140 ff. Aus Art. 60 Abs. 2 des SRÜ (für den Festlandsockel i. V. m. Art. 80 des SRÜ) ergibt sich nichts Anderes.

10 Der **Festlandsockel** wird aufgrund seiner besonderen Bedeutung für den betreffenden Küstenstaat (s. Rz. 9 a. E.) **in einigen Doppelbesteuerungsabkommen dennoch** in die Definition des Vertragsstaatsbegriffs **einbezogen.** Diese Einbeziehung kann ausdrücklich erfolgen (so z. B. im *DBA Russland*), mittels einer Umschreibung (so z. B. in der Deutschen Verhandlungsgrundlage), oder mittelbar, indem auf den Geltungsbereich des Steuerrechts des betreffenden Staates Bezug genommen wird, welcher in Deutschland wiederum gem. § 1 Abs. 1 S. 2 EStG, § 1 Abs. 3 KStG, § 2 Abs. 7 Nr. 1 GewStG usw. für die direkten Steuern auch den Festlandsockel erfasst (s. Art. 29 Rz. 11; *Lehner/Waldhoff,* in KSM, § 1 Rz. B37 f.; für eine Übersicht deutscher Abkommen insoweit Art. 3 Rz. 85). Letztgenannte Alternative gilt auch für Altabkommen, sofern dieser Verweis zutreffend dynamisch gehandhabt wird (zur Problematik statischer/dynamischer Verweisung s. Grundl. Rz. 184 ff.). Unbefriedigend sind demgegenüber Abkommensregelungen, die für die Definition des Vertragsstaats im Hinblick auf die Bundesrepublik Deutschland – aus verfassungspolitischen Gründen (*Jü. Lüdicke,* Überlegungen, S. 113) – auf den „Geltungsbereich des Grundgesetzes" Bezug nehmen; dieser ist nämlich nicht eindeutig geregelt (Wassermeyer/*Kramer,* Art. 2 DBA Frankreich Rz. 8): *K. Vogel* hat bereits gezeigt, dass es auch für das Grundgesetz einen intransitiv und einen transitiv zu verstehenden Geltungsbereich gibt, der räumliche Geltungsbereich des Grundgesetzes mithin nicht ohne Weiteres auf die 16 Bundesländer begrenzt angesehen werden kann (*K. Vogel,* S. 146 ff.; im Hinblick auf den Geltungsbereich speziell der Grundrechte über das Bundesgebiet hinaus s. nur *Badura,* FS Leisner, S. 403 (409 ff.), *Lorenz,* S. 127 ff. und *J. Menzel,* S. 563 ff., 587 ff., 591 ff.). Es ist daher durch Auslegung zu ermitteln, was die Vertragsparteien des Abkommens konkret mit der Bezugnahme auf den „Geltungsbereich des Grundgesetzes" erreichen wollten. Da das Grundgesetz – abhängig von den Umständen und von der jeweils einschlägigen Regelung des Grundgesetzes – auf der ganzen Welt gelten kann (etwa in deutschen Botschaften oder bei Auslandseinsätzen der Bundeswehr), die Vertragsstaaten jedoch mittels der geographischen Definition des Begriffs „Bundesrepublik Deutschland" erkennbar eine geographische Abgrenzung zum jeweils anderen Vertragsstaat vornehmen wollten, ist davon auszugehen, dass die Vertragsstaaten nur das Staatsgebiet Deutschlands gemeint haben können; andernfalls liefe die Definition ins Leere und die bezweckte Abgrenzung würde nicht erreicht. Die Vertragsparteien haben den „Geltungsbereich des Grundgesetzes" mithin ähnlich wie in Art. 23 GG i. d. F. bis 1990 i. S. des Staatsgebiets verstanden (so auch *Petry,* S. 170 f., *Riemenschneider,* IStR 2002, 561 (565), Wassermeyer/*Kramer,* Art. 2 DBA Frankreich Rz. 8 und *Schwenke/Malinsky,* in Wassermeyer, Art. 3 DBA Belgien Rz. 5; zur Auslegung des Art. 23 GG a. F. s. *K. Vogel,* S. 147 m. w. N.; vgl. BVerfG BVerfGE 36, 1 (16, 28, 30 f.); seit der Wiedervereinigung Deutschlands s. die Präambel des Grundgesetzes; s. a. *Graf Vitzthum,* HStR, Bd. II, § 18 Rz. 12, 16; i. Erg. so auch *Ohler,* S. 279). Dem entspricht es, dass keines der Abkommen mit einer Bezugnahme auf den „Geltungsbereich des Grundgesetzes" nach 1990 abgeschlossen wurde. Der Festlandsockel ist von einer solchen Regelung mithin nicht erfasst (so auch *Bode,* DB 1976, 405 (406) m. w. N.; vgl. auch *E. Menzel,* AöR 90 (1965) 1 (36 f., 38)). Dies wiederum wird bestätigt durch die Abkommen mit *Australien, Island, Jamaika, Liberia, Marokko, Neuseeland, Portugal, Sambia,* der *Schweiz, Südafrika 1973* oder *Trinidad/Tobago,* die auf den „Geltungsbereich des Grundgesetzes" abstellen, aber – im Gegensatz zu den Abkommen mit *Belgien, Frankreich, Iran, Japan* oder *Thailand* – den Festlandsockel zusätzlich in den Vertragsstaatsbegriff einbeziehen (zur Problematik eines Abstellens auf Parallelabkommen i. R. der Auslegung s. aber Grundl. Rz. 140 ff.).

Inzwischen finden sich in diversen Abkommen auch bereits Erstreckungen des Vertragsstaatsbegriffs auf die AWZ (so z. B. das *DBA Georgien,* das *DBA Irland 2011,* das *DBA Rumänien,* das *DBA Russland* und das *DBA Ukraine*). Beschreibungen, wie sie in der Deutschen Verhandlungsgrundlage, dem *DBA Liechtenstein 2011,* dem *DBA Philippinen 2013,* aber auch bereits im *DBA Indien* und zahlreichen anderen seit den 90er Jahren abgeschlossenen DBA enthalten sind, wird man in diesem Sinne auslegen können. Eine entsprechende ausdrückliche Einbeziehung vermeidet es, dass zur Frage Stellung bezogen werden muss, ob eine etwaige Einbeziehung des Festlandsockels im konkreten Fall auch die AWZ erfasst (für den innerstaatlichen Inlandsbegriff im Bereich der deutschen direkten Steuern seit dem JStG 2008 in Bezug auf Nord- und Ostsee bejaht von *Waldhoff/Engler,* FR 2012, 254 (255 ff.) und mit Bezug hierauf *Ehlers,* VerwArch 2013, 406 (424); s. nun auch die Änderungen (Klarstellungen) in § 1 Abs. 1 Satz 2 EStG, § 1 Abs. 3 KStG und in § 2 Abs. 7 Nr. 1 GewStG durch das Gesetz zur Anpassung des nationalen Steuerrechts an den Beitritt Kroatiens zur EU und zur Änderung weiterer steuerlicher Vorschriften vom 25.7.2014 (BGBl. I S. 1266; zur Begründung zum Gesetz s. BT-Drs. 18/1529 S. 63, 67 und 70). **10a**

Gehören Bereiche wie der Festlandsockel oder die AWZ nach der konkreten Definition nicht zum Begriff des Vertragsstaat, so stellt sich die Frage, ob DBA auch ohne ausdrückliche Regelung z. B. auf Einkünfte aus Tätigkeiten auf dem Festlandsockel und auf dort befindliche Vermögenswerte anzuwenden sind. Einzelne Steuerverwaltungen haben die Ansicht vertreten, sie seien in solchen Fällen in der **11**

Besteuerung von Einkünften aus dem Festlandsockel durch das Abkommen nicht beschränkt (Briefwechsel zwischen Norwegen und der Schweiz vom 29.11./14.12.1982, abgedruckt bei *Oliver,* BTR 1990, 303 (307 f.), ferner bei *Skaar,* BTR 1993, 189 (194 f.), und bei *Sollund,* ET 1993, 105 f.; ähnlich offenbar auch die dänische Steuerverwaltung, zitiert nach *Weizman,* ET 1993, 261). Diese Auffassung beruht jedoch auf einer Vermengung von transitiver und intransitiver Dimension des räumlichen Anwendungsbereichs eines DBA. Wie in Rz. 7 bereits ausgeführt, ist ein DBA auch in Bezug auf Einkünfte und Vermögen aus Drittstaaten oder aus staatsfreiem Gebiet (wie z. B. dem Festlandsockel) anwendbar. Sie behalten dem Ansässigkeitsstaat die Besteuerungszuständigkeit für solche Einkünfte und Vermögenswerte vor (so auch *Weizman,* ET 1993, 261 (264 f.)). Gilt ein DBA zwischen Staat A und Staat B und wird im Abkommen ein Bereich wie der Festlandsockel oder die an Bedeutung gewinnende AWZ vom Vertragsstaatbegriff nicht erfasst, so bedeutet dies demnach nicht ohne Weiteres, dass das DBA auf Einkünfte und Vermögenswerte außerhalb jenes Anknüpfungsgebiets nicht anzuwenden ist.

12 **Schiffe** sind unter bestimmten Umständen erfasst von einer Definition des Begriffs „Vertragsstaat", die auf das „Hoheitsgebiet" oder den „Geltungsbereich des Grundgesetzes" abstellt (zu Letztgenanntem s. Rz. 10). Grund hierfür ist aber nicht, dass Schiffe („schwimmende") Teile des Staatsgebiets seien. Denn Schiffe **gehören** auch dann **nicht zum Staatsgebiet,** wenn sie die Flagge des betreffenden Staats zu führen berechtigt sind (s. nur *Graf Vitzthum,* HStR, Bd. II, § 18 Rz. 15); andernfalls wäre ein Überfliegen oder Untertauchen solcher Schiffe auf hoher See grundsätzlich verboten (*von Arnauld,* Rz. 823, 827; *Seidl-Hohenveldern,* Rz. 1260 f.; *Núñez-Müller, S.* 83; *Mankowski,* S. 473 f.). Die früher bisweilen anzutreffende Auffassung, es handele sich bei Schiffen um „schwimmende Gebietsteile" des Staates, dessen Flagge sie berechtigt führen, ist auch deshalb abzulehnen, weil sie nicht erklären kann, warum ein Schiff in einem fremden Hafen oder in fremden Küstengewässern der Gebietshoheit des Hafen- bzw. Küstenstaats unterliegt (s. *Seidl-Hohenveldern,* Rz. 1260 f., 1199, *Núñez-Müller, S.* 83 f. und *Mankowski,* S. 473 f.; vgl. auch *Colombos,* § 306 f.), und darüber hinaus Gebiets- und Flaggenhoheit als verschiedene Formen völkerrechtlich anerkannter Hoheitsgewalt vermengt (vgl. *Graf Vitzthum,* HStR, Bd. II, § 18 Rz. 15, *Mankowski,* S. 477, *Wolfrum,* in Graf Vitzthum, Handbuch des Seerechts, Rz. 36 und *Lehner/Waldhoff,* in KSM, § 1 Rz. B30; für eine Darstellung beider Rechtsansichten s. auch *Mankowski,* S. 472 ff. und *Colombos,* § 303 ff., jeweils m. w. N.). Der **Flaggenstaat** eines Schiffes übt indes **aufgrund** seiner **Flaggenhoheit Staatsgewalt über das Schiff** aus; im Bereich der hohen See ist diese Staatsgewalt des Flaggenstaates ausschließlich (s. Art. 92 Abs. 1 S. 1 des SRÜ). Weil die Flaggenhoheit für den Flaggenstaat auf hoher See nicht zuletzt alleinige Vollzugsgewalt bedeutet (*Núñez-Müller, S.* 87) und so der Durchsetzungsbereich (jurisdiction to enforce, s. Rz. 3) erweitert wird, erscheint es berechtigt, **Schiffe im Bereich der hohen See** für die Zwecke des Vertragsstaatsbegriffs **rechtlich so zu behandeln, als erstreckte sich das „Hoheitsgebiet" auf diese** (vgl. *Merten,* Rz. 82; i. Erg. so auch Wassermeyer/*Wassermeyer,* Art. 1 OECD-MA Rz. 41, Wassermeyer/*Hardt,* Art. 3 DBA Schweiz Rz. 8, *Schaumburg,* Rz. 16.186 und SD/*Meinert,* Art. 29 Rz. 15). Im Bereich anderer Meereszonen erscheint dies jedoch nicht gerechtfertigt, weil dort die Flaggenhoheit (abgestuft) in Konkurrenz mit Hoheitsbefugnissen des Küstenstaats tritt (dazu *Dahm/Delbrück/Wolfrum,* S. 412, 435 f.; *Graf Vitzthum,* in Graf Vitzthum, Handbuch des Seerechts, Rz. 75; *Núñez-Müller, S.* 87, 92 ff.; *Wolfrum,* BDGV, Bd. 31, S. 121 (127 f.); *Lagoni,* 26 (1988) AVR 261 (335 ff.); *ders.,* Diskussionsbeitrag, zitiert nach BDGV, Bd. 31, S. 155 f.)).

12a **Flugzeuge** gehören nicht zum Staatsgebiet. Vielmehr gehört zum Staatsgebiet auch der Luftraum über diesem (Lufthoheit als Derivat territorialer Souveränität.

Proelß, in Graf Vitzthum/Proelß, Völkerrecht, Rz. 31). Frei ist jedoch der Luftraum oberhalb der Hohen See oder der AWZ (*Heintschel von Heinegg,* in Graf Vitzthum, Handbuch des Seerechts, Rz. 83; *Beckert/Breuer,* Rz. 1383 ff.). Dennoch ist unklar, ob sich die in Rz. 12 geschilderte Rechtslage bei Schiffen auch auf Flugzeuge übertragen lässt, wenn diese sich im Bereich der hohen See befinden. M. E. gibt es keinen Grund, Flugzeuge, bei denen die Flaggenhoheit im Bereich oberhalb der hohen See ebenso ausschließlich ist wie für Schiffe im Bereich der hohen See, anders zu behandeln als diese (*Merten,* Rz. 82; so zu § 1 EStG *Lehner/Waldhoff,* in KSM, § 1 Rz. B30, s. dazu auch Kirchhof/*Gosch,* § 1 EStG Rz. 6 und *Schaumburg,* Rz. 5.33, beide mit Bezug zu BFH, BStBl. II 1989, 319; a. A. offenbar Wassermeyer/*Wassermeyer,* Art. 1 OECD-MA Rz. 42).

Enthält das DBA keine spezifische Bestimmung darüber, welches Gebiet 13
geographisch zum einen bzw. zum anderen Vertragsstaat gehören soll, so verwendet das Abkommen Begriffe wie den „Vertragsstaat" oder den „anderen Vertragsstaat", ohne diese räumlich zu definieren. Die Lösung ergibt sich in diesen Fällen aus einer dem Art. 3 Abs. 2 MA vergleichbaren Vorschrift des Abkommens: Je nachdem, ob der betreffende Begriff im innerstaatlichen Recht mit Bedeutung im Steuerrecht verwendet wird und der Abkommenszusammenhang nichts Anderes erfordert (s. Art. 3 Rz. 110 ff.), ist auf innerstaatliches Recht zurückzugreifen oder nicht. Es kann mithin nicht ohne Weiteres auf das Völkerrecht sowie das Verfassungsrecht der Vertragsstaaten abgestellt werden (so aber noch *K. Vogel* seit der 3. Auflage dieses Kommentars, s. nur 5. Aufl., Zur Überschrift Rz. 3 a. E.). Ist Deutschland als Vertragsstaat beteiligt, so wird man davon ausgehen können, dass die Definition des Begriffs „Inland" in steuerlichen Vorschriften wie den § 1 Abs. 1 S. 2 EStG, § 1 Abs. 3 KStG, § 2 Abs. 7 GewStG in geographischer Hinsicht im Begriffskern sachlich mit einer Definition des Vertragsstaats Bundesrepublik Deutschland übereinstimmt (vgl. Grundl. Rz. 152c, so auch Art. 3 Rz. 83d), so dass – sofern der Abkommenszusammenhang insoweit nichts Anderes erfordert – auch der Festlandsockel (funktional begrenzt) vom räumlichen Geltungsbereich des Abkommens erfasst ist (insofern gibt § 3 der Verordnung zur Umsetzung von Konsultationsvereinbarungen zwischen der Bundesrepublik Deutschland und dem Königreich der Niederlande, BGBl. I 2010, 2183 nur die zutreffende Auslegung des *DBA Niederlande 1959/80/91/2004* wieder). Dasselbe gilt für die AWZ, wenn man sie als von § 1 Abs. 1 S. 2 EStG erfasst ansieht (letztlich offen gelassen von *Behrendt/Wischott/Krüger,* BB 2012, 1827 (1831); s. dazu auch Rz. 10a a. E.).

Ziff. 1 des MA-Komm. zu Art. 29 MA erwähnt die Möglichkeit, Teile des Ho- 14
heitsgebiets eines Vertragsstaates durch das Abkommen von dessen Geltung **auszunehmen.** Das *DBA Norwegen 1991* enthält beispielsweise eine solche Regelung: der Ausdruck „Königreich Norwegen" umfasst danach nicht Svalbard, Jan Mayen und die abhängigen Gebiete Norwegens („biland"). Das Abkommen ist in solchen Fällen von den zentralen Steuerbehörden – unter Beachtung der in Rz. 7 und 11 genannten Besonderheiten – nicht anzuwenden, soweit diese Gebietsteile betroffen sind; die Steuerbehörden der betroffenen Gebietsteile wenden das Abkommen ebenfalls nicht an. Soll ein Abkommen nachträglich auf solche ausgenommenen Gebiete ausgedehnt werden, sieht Art. 29 MA dafür ein vereinfachtes Verfahren vor (s. dazu ausführlich Art. 29 Rz. 3 ff.).

II. Staatennachfolge

Literatur: *Dahm/Delbrück/Wolfrum,* S. 137 ff.; *van Elsuwege,* Baltic States, in MPEPIL, 15
vol. I (2012); *Fastenrath/Schweisfurth/Ebenroth,* S. 1 ff.; *Kau,* in Graf Vitzthum, Völkerrecht, S. 131; *Hernández,* Territorial Change, Effects of, in MPEPIL, vol. IX (2012); *Hofmann,* Czechoslovakia, Dissolution of, in MPEPIL, vol. II (2012); *O'Connel,* S. 77; *Oeter,* Yugoslavia,

Dissolution of, in MPEPIL, vol. X (2012); *Rodi/Prokisch,* StuW 1992, 48; *Zimmermann,* S. 1 ff.; *ders.,* State Succession in Treaties, in MPEPIL, vol. IX (2012); *ders.,* Continuity of States, in MPEPIL, vol. II (2012).

16 Die Rechtsfolgen von Veränderungen im Bestand der Vertragsstaaten sollte die **Wiener Konvention über das Recht der Staatennachfolge in Verträge** vom 23.8.1978 regeln. Dieses Übereinkommen ist 1996 in Kraft getreten, wurde bislang allerdings erst von wenigen Staaten ratifiziert; insb. sind Deutschland und andere wichtige west-europäische Länder bislang nicht beigetreten (Umsetzungsstand abrufbar unter http://treaties.un.org). Nur wenige der Regelungen dieses Übereinkommens können als Völkergewohnheitsrecht angesehen werden (MPEPIL/*Zimmermann,* State Succession in Treaties, Rz. 4). Dennoch erhebt es den Anspruch, Teile anerkannten Völkergewohnheitsrechts zu kodifizieren (s. bereits die eigene Präambel: „codification and progressive development of the rules relating to succession of States in respect of treaties"; ob das Übereinkommen das Völkergewohnheitsrecht insoweit zutreffend kodifiziert, untersucht *Zimmermann,* S. 821 ff.). Zum Völkergewohnheitsrecht gehört der Grundsatz, dass eine Änderung der Verfassung, des Namens oder auch wesentliche Veränderungen des Gebietsbestandes eines Vertragsstaates die Fortgeltung eines DBA nicht berühren, solange die völkerrechtliche **Identität** des Vertragsstaats gewahrt bleibt. Insoweit ist die Frage der völkerrechtlichen Identität denklogisch vorrangig zu beantworten; ist sie im Einzelfall zu bejahen, liegt bereits keine Staatensukzession vor (*Zimmermann,* S. 46; MPEPIL/*Zimmermann,* Continuity of States, Rz. 1, 6, 17; zu den Kriterien völkerrechtlicher Identität insoweit s. MPEPIL/*Zimmermann,* Continuity of States, Rz. 15 f.). So galten die DBA der früheren UdSSR nach deren Auseinanderfallen gegenüber der insoweit völkerrechtlich identischen Russischen Föderation fort (MPEPIL/*Zimmermann,* Continuity of States, Rz. 13; vgl. auch BMF v. 3.3.1992, BStBl. I 1992, 114; s. a. Art. 34 Abs. 1 Buchst. a der Wiener Konvention über das Recht der Staatennachfolge in Verträge); inzwischen ist ein neues DBA abgeschlossen worden. Im Verhältnis zu den anderen aus der UdSSR hervorgegangenen, nun unabhängigen Staaten (mit Ausnahme der Staaten des Baltikums) nimmt das deutsche BMF eine je partielle Rechtsnachfolge in die Verträge der UdSSR an, nach der eine Fortgeltung der DBA gegenüber diesen Staaten zu vermuten sei, sofern nicht einer der Nachfolgestaaten innerhalb angemessener Frist erkläre, er betrachte das DBA als erloschen (BMF a. a. O.). Entsprechendes gilt bzw. galt für die Nachfolgestaaten Jugoslawiens (BMF a. a. O.) und der Tschechoslowakei (BMF v. 4.1.1993, BStBl. I 1993, 4 (5)). Die Haltung des BMF entspricht insoweit im Ausgangspunkt wohl völkerrechtlichen Grundsätzen zur Staatennachfolge (im Hinblick auf die baltischen Staaten, bei denen die Frage der völkerrechtlichen Identität eine große Rolle spielte, s. MPEPIL/*van Elsuwege,* Baltic States, Rz. 25 ff., 31 ff. und *Kau,* in Graf Vitzthum/Proelß, Völkerrecht, Rz. 173; im Hinblick auf die Nachfolgestaaten der ehem. Tschechoslowakei s. MPEPIL/*Hofmann,* Czechoslovakia, Dissolution of, Rz. 8 ff.; zu den besonderen Problemen im Hinblick auf die Nachfolgestaaten des ehem. Jugoslawien s. MPEPIL/*Oeter,* Yugoslavia, Dissolution of, Rz. 10 ff., 87 ff., 112 f. m. w. N.). Teilweise wurden mit den betroffenen Staaten inzwischen neue Abkommen bzw. ausdrückliche Fortgeltungsvereinbarungen geschlossen (hierzu Art. 30/31 Rz. 25).

17 Ändert sich das Gebiet eines Staates, so gelten grundsätzlich dessen Abkommen intransitiv wie transitiv auch für das neue Gebiet, und ihre Geltung für das abgetretene oder selbständig gewordene Gebiet entfällt (**„Grundsatz der beweglichen Vertragsgrenzen";** s. *Kau,* in Graf Vitzthum/Proelß, Völkerrecht, Rz. 172, 192; *Dahm/Delbrück/Wolfrum,* S. 137). Für DBA kann das im erstgenannten Fall einer Erstreckung aufgrund der engen Verzahnung von DBA mit dem innerstaatlichen materiellen Steuerrecht aber nur gelten, „wenn im Erstreckungsgebiet Steuern erhoben werden, die im Wesentlichen den Steuern ähnlich sind, für die das DBA gilt" (*Rodi/Prokisch,* StuW 1992, 48 (53); in diesem Zusammenhang für die Situation bei der Wiedervereinigung Deutschlands bzw. im Hinblick auf Hongkong und Macau im Verhältnis zu DBA der Volksrepublik China s. Art. 30/31 Rz. 12).

III. Zweck des Abkommens

Früher nahm der Titel des OECD-MA auf den Zweck der Beseitigung der Doppelbesteuerung Bezug. Wie sich aus Ziff. 16 des MA-Komm. zur Introduction ergibt, wurde diese Bezugnahme zugunsten eines kürzeren Titels gestrichen, um auch dem Umstand Rechnung zu tragen, dass sich das Musterabkommen nicht ausschließlich mit der Beseitigung der Doppelbesteuerung befasst. Zur geplanten Änderung der Überschrift des MA i. R. der BEPS-Initiative der OECD s. Rz. 22. Die Deutsche Verhandlungsgrundlage, das US-MA und alle, d. h. auch die neueren, nach dem OECD-Muster abgeschlossenen deutschen DBA enthalten in der Überschrift eine Bezugnahme auf den mit dem Abkommen verfolgten Zweck der Vermeidung der Doppelbesteuerung, häufig, wie bei der Deutschen Verhandlungsgrundlage und dem US-MA, auch ergänzt durch den Zweck der Verhinderung einer Steuerverkürzung. **18**

Im Regelfall wird auch in der Präambel eines DBA der Zweck des Abkommens benannt. Entsprechend findet sich dort im Regelfall die Formulierung, dass durch das Abkommen Doppelbesteuerung vermieden werden soll. Einer Präambel kommt i. R. d. Auslegung von DBA Bedeutung zu. Denn gemäß Art. 31 Abs. 2 WÜRV gehört die Präambel eines völkerrechtlichen Vertrages zu den Aspekten, die im (Gesamt-)Zusammenhang des Vertrages (dazu s. Grundl. Rz. 109 ff.) Berücksichtigung finden; deshalb hat die Präambel nach Art. 31 Abs. 1 WÜRV Einfluss auf die Auslegung des betreffenden Vertrages und insbes. seiner Vertragsbestimmungen (*K. Vogel/Prokisch,* CDFI LXXVIIIa (1993), S. 19 (34)). Zur Bedeutung von Sinn und Zweck bzw. dem Willen der Vertragsparteien i. R. der Auslegung allgemein s. Grundl. Rz. 106 ff. Zur Bedeutung der Präambel im Speziellen s. *Jü. Lüdicke,* IStR Beih. zu Heft 10/2013, S. 25 (28). Zur begrenzten Bedeutung i. R. der Verteilungsnormen s. a. *K. Vogel/Prokisch,* CDFI LXXVIIIa (1993), S. 19 (38 f.). **19**

Auch wenn der Präambel mithin keine unmittelbar rechtliche Wirkung zukommt, so ist es dennoch nicht ganz unproblematisch, wenn die Präambel der Deutschen Verhandlungsgrundlage als Abkommenszweck undifferenziert auch die Vermeidung von Nichtbesteuerung nennt. Denn legte man Abkommensbestimmungen teleologisch immer so aus, dass es nicht zu einer doppelten Nichtbesteuerung kommt, so könnte dies zu einem Konflikt mit dem Grundsatz führen, dass DBA bereits die virtuelle Doppelbesteuerung vermeiden (dazu Grundl. Rz. 69 ff.). Dieser Grundsatz bedeutet nämlich systemimmanent, dass es auch zu Doppelnichtbesteuerung kommen kann. Es muss vor diesem Hintergrund also die Vermeidung „unbeabsichtigter" Doppelnichtbesteuerung gemeint sein (s. *Jü. Lüdicke,* IStR Beih. zu Heft 10/2013, S. 25 (27); *ders.,* in Lang/Schuch/Staringer, öst. DBA-Politik, S. 31 (36); *ders.,* Überlegungen, S. 7 f.). Liest man die Präambel auch nicht isoliert, sondern i. R. des Gesamtzusammenhangs des Abkommens und insb. im Lichte der Überschrift, die maßgeblich auch auf die Verhinderung der Steuerverkürzung abstellt (vgl. *Ditz/Schönfeld,* DB 2013, 1437), so wird klar, dass es zudem v. a. um die Verhinderung missbräuchlicher Gestaltungen geht. Aus diesen Gründen darf bei der Auslegung einer Abkommensvorschrift nicht ohne Weiteres sofort auf den Abkommenzweck der Vermeidung einer Nichtbesteuerung abgestellt werden (vgl. *Jü. Lüdicke,* IStR Beih. zu Heft 10/2013, S. 25 (28)). Bestehen **20** jedoch Zweifel, so wird eine Abkommensregelung teleologisch dahingehend auszulegen sein, dass von mehreren möglichen Auslegungsalternativen, diejenige zu wählen ist, die nicht zu einer Doppelnichtbesteuerung führt (*Rust,* ISR 2013, 241 (245)). Zur Kritik an der Deutschen Verhandlungsgrundlage insoweit s. Grundl. Rz. 38, 73.

21 Bislang ist neben der Präambel in der Deutschen Verhandlungsgrundlage lediglich im US-MA eine Präambel formuliert worden. Das US-MA benennt darin als Zweck des Abkommens neben der Vermeidung der Doppelbesteuerung ausdrücklich die Verhinderung von Steuerverkürzung. Sie vermeidet daher von vornherein den Eindruck, jegliche aufgrund des Abkommens eintretende Doppelnichtbesteuerung sei unerwünscht.

22 Das Gleiche gilt für die von der OECD geplante Präambel des MA. In dem Discussion Draft der OECD zur Vermeidung der Gewährung von Abkommensvorteilen in Missbrauchsfällen, der im Zusammenhang mit dem Kampf gegen „Base Erosion" und „Profit Shifting" (BEPS) im März 2014 veröffentlicht wurde, formuliert die OECD in Ergänzung zu einem Hinweis auf das Ziel der Vermeidung von Steuerverkürzung in der Überschrift eine Präambel. Geplant ist folgender Wortlaut: „Intending to conclude a Convention for the elimination of double taxation […] without creating opportunities for non-taxation or reduced taxation through tax evasion or avoidance (including through treaty shopping arrangements aimed at obtaining reliefs provided in this Convention for the indirect benefit of residents of third States)" (s. *OECD,* BEPS Action 6: Preventing the Granting of Treaty Benefits in inappropriate Circumstances, S. 4, 27 ff., abrufbar unter www.oecd.org).

Abschnitt I. Geltungsbereich des Abkommens

Artikel 1. Unter das Abkommen fallende Personen

Text: OECD-Musterabkommen (OECD-MA)

Dieses Abkommen gilt für Personen, die in einem Vertragsstaat oder in beiden Vertragsstaaten ansässig sind.

Text: Deutsche Verhandlungsgrundlage (DE-VG)

Artikel 1. Persönlicher Geltungsbereich

Dieses Abkommen gilt für Personen, die in einem Vertragsstaat oder in beiden Vertragsstaaten ansässig sind.

Text: US-Musterabkommen (US-MA)

Allgemeiner Geltungsbereich

1. Dieses Abkommen gilt, soweit es nichts anderes vorsieht, nur für Personen, die in einem Vertragsstaat oder in beiden Vertragsstaaten ansässig sind.

2. Das Abkommen berührt in keiner Weise Vergünstigungen, die gegenwärtig oder zukünftig gewährt werden aufgrund
a) der Gesetze eines Vertragsstaats oder
b) einer anderen Vereinbarung, der die Vertragsstaaten angehören.

3. Ungeachtet des Absatzes 2 Buchstabe b
a) kommen die Vertragsstaaten für Zwecke des Artikels XXII Absatz 3 (Konsultation) des Allgemeinen Abkommens für den Handel mit Dienstleistungen überein, dass Fragen zur Auslegung oder Anwendung des vorliegenden Abkommens und insbesondere die Frage, ob eine Besteuerungsmaßnahme in den Geltungsbereich dieses Abkommens fällt, ausschließlich nach Artikel 25 (Verständigungsverfahren) dieses Abkommens geregelt werden, und
b) gelten die Bestimmungen des Artikels XVII des Allgemeinen Abkommens für den Handel mit Dienstleistungen nur dann für eine Besteuerungsmaßnahme, wenn die zuständigen Behörden übereinkommen, dass die Maßnahme nicht in den Geltungsbereich des Artikels 24 (Gleichbehandlung) des vorliegenden Abkommens fällt.
c) Im Sinne dieses Absatzes ist eine „Maßnahme" ein Gesetz, eine Richtlinie, eine Regelung, ein Verfahren, eine Entscheidung, eine Verwaltungsmaßnahme oder eine ähnliche Bestimmung oder Vorgehensweise.

4. Soweit nicht Absatz 5 gilt, berührt dieses Abkommen nicht die Besteuerung durch einen Vertragsstaat von dort ansässigen Personen im Sinne des Art. 4 (Ansässigkeit) und von Staatsbürgern dieses Staats. Ungeachtet der sonstigen Bestimmungen dieses Abkommens kann ein ehemaliger Staatsbürger oder langfristig Aufenthaltsberechtigter eines Vertragsstaats für einen Zeitraum von zehn Jahren nach dem Verlust dieses Status gemäß dem Recht dieses Staats besteuert werden.

5. Nicht berührt werden durch Absatz 4
a) die Vergünstigungen, die ein Vertragsstaat nach Artikel 9 Absatz 2 (Verbundene Unternehmen), Artikel 17 Absätze 1 Buchstabe b sowie 2 und 5 (Ruhegehälter, Sozialversicherungsleistungen, Renten, Unterhalt und Kindesunterhalt), Artikel 18 Absätze 1 und 4 (Pensionsfonds) und den Artikeln 23 (Vermeidung der Doppelbesteuerung), 24 (Gleichbehandlung) und 25 (Verständigungsverfahren) gewährt; und

b) die Vergünstigungen, die ein Vertragsstaat nach Artikel 18 Absatz 2 (Pensionsfonds) und den Artikeln 19 (Öffentlicher Dienst), 20 (Studenten und Praktikanten) und 27 (Mitglieder diplomatischer Missionen und konsularischer Vertretungen) natürlichen Personen gewährt, die weder Staatsangehörige dieses Staates sind noch dort den Status von Einwanderern haben.

6. Werden Einkünfte oder Gewinne von einer oder über eine Person erzielt, die nach dem Recht eines der Vertragsstaaten als solche nicht steuerpflichtig ist, gelten diese als von einer in einem Staat ansässigen Person erzielt, soweit sie im Sinne der Steuergesetze dieses Staates als Einkünfte oder Gewinne einer ansässigen Person gelten.

Inhalt

Literatur: *Aigner,* Kapitalanlagefonds im Recht der Doppelbesteuerungsabkommen (2001); *Albregtse,* Fiscaal-economische aspecten van internationale belastingvermijding (1983); *Arnold/van Weeghel,* in Maisto (Hrsg.), Tax Treaties and Domestic Law (2006); *Ault,* in Gassner/Lang/Lechner, Das neue Doppelbesteuerungsabkommen zwischen Österreich und den USA (1997); *Ballestrem, Graf von,* Beteiligung an einer intransparent besteuerten ausländischen Personengesellschaft als steuerliches Gestaltungsinstrument (2004); *Barenfeld,* Taxation of Cross-Border Partnerships (2005); *Baumhoff/Schönfeld,* Doppelbesteuerungsabkommen – Nationale und Internationale Entwicklungen (2012); *Becker/Wurm,* Treaty Shopping (1988); *Brown (ed.),* 1

A Comparative Look at Regulation of Corporate Tax Avoidance (2012); *Boles*, Gesellschaften im US-Einkommenssteuerrecht (1993); *Bowler*, Countering Tax Avoidance in the UK: Which Way Forward?, The Institute for Fiscal Studies, TLRC Discussion Paper No. 7 (2009); *Bracewell-Milnes,* The Economics of International Tax Avoidance (1980); *de Broe*, International Tax Planning and Prevention of Abuse: A Study under Domestic Tax Law, Tax Treaties and EC Law in Relation to Conduit and Base Companies (2007); *van Brunschot,* in van Dijkbundel (1988); *Bühler,* Prinzipien des internationalen Steuerrechts (1964); *Candu*, in Schilcher/ Weninger, Fundamental Issues and Practical Problems in Tax Treaty Interpretation (2008); *Daniels,* Issues in International Partnership Taxation (1991); *Donati,* Besteuerung ausländischer Personengesellschaften in der Schweiz (2001); *Fett,* Triangular Cases (2014); *Fu,* Die stille Gesellschaft im internationalen Steuerrecht aus deutscher Sicht (1996); *Erlichman,* Tax Avoidance in Canada: The General Anti-Avoidance Rule (2002); *Gassner/Lang/Lechner,* Personengesellschaften im Recht der Doppelbesteuerungsabkommen (2000); *Gröhs,* Die Gewinnbesteuerung der Personengesellschaften im internationalen Steuerrecht Österreichs (1986); *Großfeld,* Basisgesellschaften im Internationalen Steuerrecht (1974); *Großmann,* Doppelt ansässige Kapitalgesellschaften im internationalen Steuerrecht (1995); *Gündisch,* Personengesellschaften im DBA-Recht (2004); *Hammer,* Ausländische Stiftungen und vergleichbare Strukturen im österreichischen Steuerrecht (2012); *Harris/Oliver,* International Commercial Tax (2010); *Hartmann,* Steuergestaltung durch Verwendung hybrider Gesellschaften (2000); *Helde,* Dreiecksverhältnisse im Internationalen Steuerrecht unter Beteiligung einer Betriebsstätte (2000); *Herrmann,* Die Einordnung ausländischer Gesellschaften im deutschen, US-amerikanischen und europäischen Steuerrecht (2001); *Hochheim,* Der Typenvergleich aus europarechtlicher Sicht (2009); *Höhn/David,* Doppelbesteuerungsrecht (1973); *Huiskamp/Bracewell-Milnes/Wisselink,* International Tax Avoidance, Vol. B 1978, Vol. A 1979; *Ijzerman,* Het leerstuk van de wetsonduiking in het belastingrecht (1990); *Jain,* Effectiveness of the Beneficial Ownership Test in Conduit Company Cases (2013); *Killius,* Die Behandlung der Personenunternehmen im Recht der Doppelbesteuerungsabkommen (1995); *Kraft,* Die missbräuchliche Inanspruchnahme von Doppelbesteuerungsabkommen (1991); *Kronat,* Die internationale Besteuerung von Wertpapier-Investmentfonds (2001); *van Kuijk/Lambion/Peetermans/Hendessy*, Intertax 2012, 365; *Lampe,* Missbrauchsvorbehalte in völkerrechtlichen Abkommen am Beispiel der Doppelbesteuerungsabkommen (2006); *Lang,* in Kofler/Masch/van Thiel (Hrsg.), Tax Evasion and Tax Avoidance: Symposium on Tax Policy (2011); *Lang/Massoner,* Die Grenzen steuerlicher Gestaltung in der österreichischen Rechtsprechung (2009); *Lang/Pistone u. a.*, Benefical Ownership: Recent Trents (2013); *Lapidoth,* Evasion and Avoidance of Income Tax (1966); *Lohr/Graetz,* Die Besteuerung ausländischer Investmentfonds bei privaten Kapitalanlegern (1996); *Lüdicke*, Personengesellschaften im Internationalen Steuerrecht, in Dötsch u. a. (Hrsg.), Die Personengesellschaft im Steuerrecht (2011); *Lüthi,* in Höhn, Handbuch des internationalen Steuerrechts der Schweiz, 2. Aufl. (1993); *Lutz,* Die Maßnahmen gegen die missbräuchliche Inanspruchnahme von Doppelbesteuerungsabkommen (2000); *Michaud,* Fiscalité internationale. 1.: Prévention, contrôle et répression de l'évasion fiscale (1982); *Möbus,* Ausgewählte Besteuerungsfragen und Gestaltungsmöglichkeiten bei der Beteiligung an einer US-Limited Liability Company (2001); *Mössner,* in Fischer, Besteuerung wirtschaftlicher Aktivitäten von Ausländern in Deutschland (1995); *Paschen,* Steuerumgehung im nationalen und internationalen Steuerrecht (2001); *Peeters*, Fiscale Transparentie: Toerekening van Inkomsten (2010); *Piltz,* Die Personengesellschaften im internationalen Steuerrecht der Bundesrepublik Deutschland (1981); *ders.,* in L. Fischer (Hrsg.), Besteuerung internationale Konzerne (FIB 3) (1993); *ders.,* in Piltz/Schaumburg, Unternehmensfinanzierung im Internationalen Steuerrecht (1995); *Pott,* Die Kollision unterschiedlicher Formen der Gesellschaftsbesteuerung im internationalen Steuerrecht (1983); *Pusill-Wachtsmuth,* Der Typenvergleich zur Einordnung ausländischer Gesellschaften in das deutsche System der Einkommenbesteuerung (2003); *Raupach,* Der Durchgriff im Steuerrecht (1968); *Rhoades/Lange,* Income Taxation of Foreign Related Transactions, Vol. 3 (1993); *Richter/Wachter* (Hrsg.), Handbuch des internationalen Stiftungsrechts (2007); *Riemenschneider,* Abkommensberechtigung von Personengesellschaften (1995); *Rosenbloom,* Tax Treaty Abuse: Policies and Issues, Law and Policy in International Business (1983); *Rudolf,* Treaty Shopping und Gestaltungsmissbrauch (2012); *Rust,* Die Hinzurechnungsbesteuerung, Notwendigkeit und Umsetzbarkeit einer Reform (2007); *Ryser,* Introduction au Droit Fiscal International de la Suisse (1980); *Schön*, in Dötsch u. a. (Hrsg.), Die Personengesellschaft im Steuerrecht (2011), S. 139; *Schoueri*, Planejamento fisal atravès de acordos de bitributação: Treaty shopping (1995); *Shannon*, Die Doppelbesteuerungsabkommen der USA: Abkommenspolitik und geltendes Abkommensrecht, MSIStR 11 (1987); *Sutter/Zehetner* (Hrsg.), Triangular Tax Cases (2004); *Toifl*, Personengesellschaften im Recht der Doppelbesteuerungsabkommen (2003); *du Toit*, Beneficial Ownership of Royalties in Bilateral Tax Treaties (1999); *von Uckermann*, Besteuerung von Basisgesellschaften in den USA und in Deutschland (2003); *Urtz/Züger* (Hrsg.), Personengesellschaften im internationalen Steuerrecht (2001); *Viitala*, Taxation of Investment Funds in the European Union (2005); *Vogel*, in Haarmann, Grenzen der Gestaltung im Internationalen Steuerrecht (1994); *Vogel/Ellis u. a.*, in J. Huiskamp, Recourse to Tax Havens, Use and Abuse (IFA Congress Seminar Series) (1981); *dies.*, in Vogel, Steueroasen und Außensteuergesetze (1981); *Ward/Gustafson u. a.*, How Domestic Anti-Avoidance Rules Affect Double Taxation Conventions (IFA Congress Seminar Series 19c) (1995); *Wassermeyer/Richter/Schnittker*, Personengesellschaften im Internationalen Steuerrecht (2010); *Weber*, Tax Avoidance and the EC Treaty Freedoms: A study on the limitations under European Law to the prevention of tax avoidance (2005); *Van Weeghel*, The improper use of Tax Treaties, with particular reference to the Netherlands and the United States (1998); *Weggenmann*, Personengesellschaften im Lichte der Doppelbesteuerungsabkommen (2005); *Wehrße*, Grenzüberschreitende Besteuerung von Personengesellschaften im internationalen Vergleich (2011); *Wheeler*, The Missing Keystone of Income Tax Treaties (2012); *Winkelmann*, Steuerumgehung durch die Einschaltung ausländischer Kapitalgesellschaften (1996).

OECD-Dokumente: *OECD*, Countering Offshore Tax Evasion (2009); *dies.*, Overview of the OECD's work on Countering International Tax Evasion (2009); *dies.*, Possible Improvements to Procedure for Tax Relief for Cross Border Investors (2009); *dies.*, Tackling Aggressive Tax Planning through Improved Transparency and Disclosure Initiatives (2011); *dies.*, The granting of treaty benefits with respect to the income of Collective Investment Vehicles (2010).

Text: OECD-Kommentar (MA-Kommentar)

1. [Allgemeine Grundsätze] *Während frühere Abkommen im Allgemeinen auf die „Staatsangehörigen" der Vertragsstaaten anzuwenden waren, gelten die neueren Abkommen gewöhnlich für die in einem Vertragsstaat oder in beiden Vertragsstaaten „ansässigen Personen", und zwar ohne Rücksicht auf die Staatsangehörigkeit. Der Geltungsbereich einiger Abkommen geht sogar noch weiter, denn er erstreckt sich ganz allgemein auf die „Steuerpflichtigen" der Vertragsstaaten; damit sind auch die Personen erfasst, die zwar in keinem der beiden Staaten ansässig sind, aber dennoch in beiden mit einem Teil ihres Einkommens oder Vermögens besteuert werden. Aus praktischen Gründen wurde daher bestimmt, dass das Abkommen für die in einem Vertragsstaat oder beiden Vertragsstaaten ansässigen Personen gilt. Der Ausdruck „ansässige Person" ist in Artikel 4 definiert.*

Anwendung des Abkommens auf Personengesellschaften

2. [Unterschiede von Staat zu Staat] *Das innerstaatliche Steuerrecht unterscheidet sich in der Behandlung von Personengesellschaften. Diese Unterschiede verursachen bei der Anwendung von Steuerabkommen auf Personengesellschaften etliche Schwierigkeiten. Diese Schwierigkeiten werden in dem Bericht des Fiskalausschusses mit dem Titel „Die Anwendung des OECD-Musterabkommens auf Personengesellschaften" analysiert. Dessen Schlussfolgerungen sind unten und in dem Kommentar zu verschiedenen anderen Bestimmungen des Musterabkommens aufgenommen.*

3. [Behandlung als Körperschaft oder Transparenzprinzip] *Wie in dem genannten Bericht erläutert, liegt die Hauptursache der Schwierigkeiten darin, dass einige Länder Personengesellschaften als steuerliche Einheiten (manchmal sogar als Körperschaften) behandeln, während andere Länder etwas anwenden, was man als Prinzip der fiskalischen Transparenz* *bezeichnen kann, wonach die Personengesellschaft für steuerliche Zwecke negiert wird und die einzelnen Gesellschafter mit ihrem jeweiligen Anteil am Einkommen der Personengesellschaft besteuert werden.*

4. [Ansässigkeit] *Eine erste Schwierigkeit ist der Umfang, zu dem eine Personengesellschaft als solche Anspruch auf die Vorteile der Bestimmungen des Abkommens hat. Nach Artikel 1 haben nur Personen, die in einem der Vertragsstaaten ansässig sind, Anspruch auf die Vorteile des Steuerabkommens, das zwischen diesen Staaten geschlossen worden ist. Zwar wird in Absatz 2 des Kommentars zu Artikel 3 erläutert, warum eine Personengesellschaft eine Person darstellt; eine Personengesellschaft ist jedoch nach Artikel 4 nicht notwendigerweise als eine in einem Vertragsstaat ansässige Person qualifiziert.*

5. [Abkommensberechtigung] *Wird eine Personengesellschaft als Kapitalgesellschaft behandelt oder wird sie wie eine solche besteuert, so ist die Personengesellschaft eine in dem Vertragsstaat ansässige Person, der sie auf Grund der in Artikel 4 Absatz 1 erwähnten Merkmale besteuert, und hat damit Anspruch auf die Abkommensvorteile. Wird jedoch eine Personengesellschaft fiskalisch transparent behandelt, so ist sie nicht steuerpflichtig in diesem Staat im Sinne des Artikels 4 Absatz 1 und kann daher keine in diesem Staat ansässige Person für Zwecke des Abkommens sein. In einem solchen Fall würde die Anwendung des Abkommens auf die Personengesellschaft als solche verweigert werden, wenn nicht eine Sonderbestimmung für Personengesellschaften in das Abkommen aufgenommen worden wäre. Wenn die Anwendung des Abkommens in dieser Weise verweigert wird, sollten die Gesellschafter in Bezug auf ihren Anteil an dem Einkommen der Personengesellschaft Anspruch auf die Vorteile des Abkommens haben, das die Staaten, in denen sie ansässig sind, geschlossen haben, soweit ihnen das Einkommen der Personengesellschaft für die Zwecke der Besteuerung in ihrem Wohnsitzstaat zugerechnet wird (siehe Ziffer 8.4 des Kommentars zu Artikel 4).*

6. [Verhältnis zur Abkommensberechtigung der Gesellschafter] *Das Verhältnis zwischen dem Anspruch der Personengesellschaft auf die Vorteile eines Steuerabkommens und demjenigen der Gesellschafter wirft weitere Fragen auf.*

6.1 [Abkommensberechtigung der Personengesellschaft und Besteuerung der Gesellschafter] *Eine Frage bezieht sich auf die Wirkung, die die Anwendung der Abkommensbestimmungen auf eine Personengesellschaft auf die Besteuerung der Gesellschafter haben kann. Wenn eine Personengesellschaft als in einem Vertragsstaat ansässige Person behandelt wird, sind die Bestimmungen des Abkommens, die das Recht des anderen Vertragsstaates beschränken, die Personengesellschaft mit ihrem Einkommen zu besteuern, nicht in der Weise anzuwenden, dass das Recht des anderen Staates beeinträchtigt wird, die Gesellschafter, die in dessen Gebiet ansässig sind, mit ihrem Anteil am Einkommen der Personengesellschaft zu besteuern. Einige Staaten werden in ihre Abkommen eine Bestimmung aufnehmen wollen, die ausdrücklich das Recht eines Vertragsstaates bestätigt, ansässige Gesellschafter mit ihrem Anteil am Einkommen der Personengesellschaft zu besteuern, die als eine in dem anderen Vertragsstaat ansässige Person behandelt wird.*

6.2 [Unterschiedliche Abkommensberechtigung der Gesellschaft und der Gesellschafter] *Eine andere Frage betrifft die Wirkung der Abkommensbestimmungen auf das Recht eines Vertragsstaates, Einkünfte zu besteuern, die in seinem Gebiet entstehen, wenn der Anspruch auf die Vorteile eines oder mehrerer Abkommen für die Gesellschafter und die Gesellschaft unterschiedlich sind. Wenn z. B. der Quellenstaat eine einheimische Personengesellschaft als fiskalisch transparent behandelt und daher die Gesellschafter mit ihrem Anteil am Einkommen der Personengesellschaft besteuert, wäre ein Gesellschafter, der in einem Staat ansässig ist, der Personengesellschaften wie Körperschaften besteuert, nicht in der Lage, die Vorteile des Abkommens zwischen den zwei Staaten in Bezug auf den Anteil am Einkommen der Personengesellschaft geltend zu machen, den der Quellenstaat in seinen Händen besteuert, da das Einkommen, obwohl es nach dem Recht des Quellenstaates der Person zugerechnet wird, die die Vorteile des Abkommens geltend macht, nicht in gleicher Weise für Zwecke der Besteuerung dieses Einkommens im Ansässigkeitsstaat dieser Person zugerechnet wird.*

6.3 ***[Gewährung der Abkommensvorteile im Quellenstaat]*** *Die Ergebnisse, die im vorangehenden Absatz umschrieben worden sind, sollten auch dann gelten, wenn aufgrund des innerstaatlichen Rechts des Quellenstaates die Personengesellschaft nicht als steuerlich transparent, sondern als gesondertes Steuersubjekt angesehen wird, dem das Einkommen zugerechnet wird, vorausgesetzt, dass die Personengesellschaft im vorliegenden Fall nicht als im Quellenstaat ansässige Person angesehen wird. Diese Folgerung beruht auf dem Grundsatz, dass der Quellenstaat als Teil des tatsächlichen Zusammenhanges, in dem das Abkommen anzuwenden ist, berücksichtigen sollte, in welcher Weise ein Einkommensteil, der in seinem Hoheitsgebiet entsteht, in dem Hoheitsgebiet der Person behandelt wird, die die Vorteile des Abkommens als ansässige Person geltend macht. Staaten, die mit dieser Auslegung des Artikels nicht einverstanden sind, haben die Möglichkeit, dieses Ergebnis mit einer Sonderbestimmung zu erreichen, welche die drohende Möglichkeit einer Doppelbesteuerung in Fällen vermeidet, in denen das Einkommen der Personengesellschaft von den zwei Staaten unterschiedlich zugerechnet wird.*

6.4 ***[Zurechnung der Einkünfte]*** *Wenn das Einkommen, wie in Ziffer 6.2 beschrieben, durch eine transparente Personengesellschaft hindurch an die Gesellschafter fließt, die mit diesem Einkommen in ihrem Ansässigkeitsstaat steuerpflichtig sind, ist es sachgerecht, es als an die Gesellschafter „gezahlt" anzusehen; denn es wird diesen und nicht der Gesellschaft für Zwecke der Bestimmung der Steuerschuld in ihrem Ansässigkeitsstaat zugerechnet. Daher erfüllen die Gesellschafter unter diesen Umständen die in verschiedenen Artikeln geforderte Voraussetzung, dass das betreffende Einkommen an eine in dem anderen Staat ansässige Person gezahlt wird. In gleicher Weise ist die in einigen anderen Bestimmungen geforderte Voraussetzung, dass die Einkünfte oder Gewinne von einer in dem anderen Vertragsstaat ansässigen Person bezogen werden, unter den beschriebenen Umständen erfüllt. Durch diese Auslegung wird vermieden, dass die Abkommensvorteile für das Einkommen einer Personengesellschaft mit der Begründung versagt werden, dass weder die Gesellschaft, weil sie keine ansässige Person ist, noch die Gesellschafter, weil das Einkommen ihnen nicht direkt gezahlt oder von ihnen bezogen wird, die Vorteile des Abkommens in Bezug auf das Einkommen geltend machen können. Nach dem Grundsatz, der in Ziffer 6.3 erörtert wird, sollten die Voraussetzungen als erfüllt angesehen werden, dass das Einkommen an eine in einem Vertragsstaat ansässige Person gezahlt oder von dieser bezogen wird, selbst wenn aufgrund des innerstaatlichen Rechts des Quellenstaates die Personengesellschaft für steuerliche Zwecke nicht als transparent angesehen wird, vorausgesetzt, dass die Personengesellschaft im vorliegenden Fall als nicht im Quellenstaat ansässige Person angesehen wird.*

6.5 ***[Betroffenheit von mehr als zwei Staaten]*** *Personengesellschaften, die drei Staaten berühren, werfen in Bezug auf die Feststellung der Abkommensberechtigung schwierige Probleme auf. Viele Probleme werden jedoch durch die Anwendung der Grundsätze gelöst werden können, die in den Ziffern 6.2 bis 6.4 beschrieben sind. Ist ein Gesellschafter in dem einen Vertragsstaat ansässig und ist die Personengesellschaft in dem anderen Vertragsstaat errichtet worden und stammt das anteilige Einkommen der Gesellschafter aus einem dritten Staat, so mag der Gesellschafter die Vorteile des Abkommens zwischen seinem Ansässigkeitsstaat und dem Quellenstaat geltend machen, soweit ihm das Einkommen der Gesellschaft für Zwecke der Besteuerung in seinem Ansässigkeitsstaat zugerechnet wird. Wenn die Personengesellschaft außerdem als eine in dem Staat, in dem sie errichtet ist, ansässige Person besteuert wird, kann auch sie selbst die Vorteile des Abkommens zwischen dem Staat, in dem sie errichtet ist, und dem Quellenstaat geltend machen. In einem solchen Fall „doppelter Vorteile" darf der Quellenstaat keine Steuer erheben, die mit den Bestimmungen der beiden anwendbaren Doppelbesteuerungsabkommen nicht vereinbar ist. Wenn sich die Steuersätze in den beiden Abkommen unterscheiden, ist daher der niedrigere anzuwenden. Die Vertragsstaaten werden jedoch Sonderbestimmungen in Betracht ziehen wollen, um mit der Durchführung der Vorteilsgewährung in solchen Situationen umzugehen, so dass die Gesellschaft die Abkommensvorteile geltend machen kann, die Gesellschafter jedoch keine konkurrierenden Ansprüche stellen können. Sol-*

che Bestimmungen könnten die sachgerechte und vereinfachte Durchführung der Vorteilsgewährung sicherstellen. Keine Vorteile würden nach dem Abkommen zwischen dem Staat, in dem die Gesellschaft errichtet ist, und dem Quellenstaat gewährt, wenn die Gesellschaft von dem Staat, in dem sie errichtet ist, als steuerlich transparent angesehen wird. In gleicher Weise würden keine Vorteile nach dem Abkommen zwischen dem Ansässigkeitsstaat des Gesellschafters und dem Quellenstaat gewährt, wenn das Einkommen der Gesellschaft nach dem Steuerrecht des Ansässigkeitsstaates nicht dem Gesellschafter zugerechnet wird. Wenn die Gesellschaft in dem Staat, in dem sie errichtet ist, als steuerlich transparent angesehen und das Einkommen der Gesellschaft nach dem Steuerrecht des Staates, in dem der Gesellschafter ansässig ist, nicht dem Gesellschafter zugerechnet wird, darf der Quellenstaat das Einkommen der Gesellschaft, das dem Gesellschafter zugerechnet wird, ohne Einschränkung besteuern.

6.6 [Andere Schwierigkeiten] *Unterschiede in der Anwendung des Transparenzprinzips können andere Schwierigkeiten für die Anwendung des Abkommens verursachen. Ist ein Staat der Ansicht, dass eine Personengesellschaft nicht als in einem Staat ansässige Person zu qualifizieren ist, weil sie nicht steuerpflichtig ist und die Gesellschafter in ihrem Ansässigkeitsstaat mit ihrem Teil des Gesellschaftseinkommens steuerpflichtig sind, so ist davon auszugehen, dass dieser Staat die Bestimmungen des Abkommens so anwenden wird, als ob die Gesellschafter das Einkommen unmittelbar bezogen hätten, so dass die Einstufung des Einkommens für Zwecke der Zuteilungsregeln der Artikel 6 bis 21 nicht durch den Umstand verändert wird, dass das Einkommen durch die Personengesellschaft fließt. Schwierigkeiten können sich jedoch bei der Anwendung von Bestimmungen ergeben, die sich auf die Tätigkeiten des Steuerpflichtigen, sein Wesen oder sein Verhältnis zu einer anderen Partei der Transaktion beziehen. Einige dieser Schwierigkeiten werden in Ziffer 19.1 des Kommentars zu Artikel 5 und in den Ziffern 6.1 und 6.2 des Kommentars zu Artikel 15 erörtert.*

6.7 [Qualifikationskonflikte] *Schließlich ergeben sich weitere Schwierigkeiten, wenn die Vertragsstaaten abhängig von ihrem innerstaatlichen Recht, von ihrer Auslegung der Abkommensbestimmungen oder ihrer Beurteilung der erheblichen Tatsachen auf Einkünfte, die von der Gesellschaft oder ihren Gesellschaftern bezogen werden, unterschiedliche Regeln des Abkommens anwenden. Diese Schwierigkeiten beziehen sich auf das allgemeinere Problem der Qualifikationskonflikte, das in den Ziffern 32.1ff. und 56.1ff. des Kommentars zu Art. 23 behandelt wird.*

Cross-Border Issues Relating to Collective Investment Vehicles

6.8 *Most countries have dealt with the domestic tax issues arising from groups of small investors who pool their funds in collective investment vehicles (CIVs). In general, the goal of such systems is to provide for neutrality between direct investments and investments through a CIV. Whilst those systems generally succeed when the investors, the CIV and the investment are all located in the same country, complications frequently arise when one or more of those parties or the investments are located in different countries. These complications are discussed in the report by the Committee on Fiscal Affairs entitled „The Granting of Treaty Benefits with Respect to the Income of Collective Investment Vehicles“,*[1] *the main conclusions of which have been incorporated below. For purposes of the Report and for this discussion, the term „CIV“ is limited to funds that are widely-held, hold a diversified portfolio of securities and are subject to investor-protection regulation in the country in which they are established.*

Application of the Convention to CIVs

6.9 *The primary question that arises in the cross-border context is whether a CIV should qualify for the benefits of the Convention in its own right. In order to do so under treaties*

[1] Reproduced in Volume II of the loose-leaf version of the OECD Model Tax Convention at page R(24)-1.

that, like the Convention, do not include a specific provision dealing with CIVs, a CIV would have to qualify as a „person" that is a „resident" of a Contracting State and, as regards the application of Articles 10 and 11, that is the „beneficial owner" of the income that it receives.

6.10 *The determination of whether a CIV should be treated as a „person" begins with the legal form of the CIV, which differs substantially from country to country and between the various types of vehicles. In many countries, most CIVs take the form of a company. In others, the CIV typically would be a trust. In still others, many CIVs are simple contractual arrangements or a form of joint ownership. In most cases, the CIV would be treated as a taxpayer or a „person" for purposes of the tax law of the State in which it is established; for example, in some countries where the CIV is commonly established in the form of a trust, either the trust itself, or the trustees acting collectively in their capacity as such, is treated as a taxpayer or a person for domestic tax law purposes. In view of the wide meaning to be given to the term „person", the fact that the tax law of the country where such a CIV is established would treat it as a taxpayer would be indicative that the CIV is a „person" for treaty purposes. Contracting States wishing to expressly clarify that, in these circumstances, such CIVs are persons for the purposes of their conventions may agree bilaterally to modify the definition of „person" to include them.*

6.11 *Whether a CIV is a „resident" of a Contracting State depends not on its legal form (as long as it qualifies as a person) but on its tax treatment in the State in which it is established. Although a consistent goal of domestic CIV regimes is to ensure that there is only one level of tax, at either the CIV or the investor level, there are a number of different ways in which States achieve that goal. In some States, the holders of interests in the CIV are liable to tax on the income received by the CIV, rather than the CIV itself being liable to tax on such income. Such a fiscally transparent CIV would not be treated as a resident of the Contracting State in which it is established because it is not liable to tax therein.*

6.12 *By contrast, in other States, a CIV is in principle liable to tax but its income may be fully exempt, for instance, if the CIV fulfils certain criteria with regard to its purpose, activities or operation, which may include requirements as to minimum distributions, its sources of income and sometimes its sectors of operation. More frequently, CIVs are subject to tax but the base for taxation is reduced, in a variety of different ways, by reference to distributions paid to investors. Deductions for distributions will usually mean that no tax is in fact paid. Other States tax CIVs but at a special low tax rate. Finally, some States tax CIVs fully but with integration at the investor level to avoid double taxation of the income of the CIV. For those countries that adopt the view, reflected in paragraph 8.6 of the Commentary on Article 4, that a person may be liable to tax even if the State in which it is established does not impose tax, the CIV would be treated as a resident of the State in which it is established in all of these cases because the CIV is subject to comprehensive taxation in that State. Even in the case where the income of the CIV is taxed at a zero rate, or is exempt from tax, the requirements to be treated as a resident may be met if the requirements to qualify for such lower rate or exemption are sufficiently stringent.*

6.13 *Those countries that adopt the alternative view, reflected in paragraph 8.7 of the Commentary on Article 4, that an entity that is exempt from tax therefore is not liable to tax may not view some or all of the CIVs described in the preceding paragraph as residents of the States in which they are established. States taking the latter view, and those States negotiating with such States, are encouraged to address the issue in their bilateral negotiations.*

6.14 *Some countries have questioned whether a CIV, even if it is a „person" and a „resident", can qualify as the beneficial owner of the income it receives. Because a „CIV" as defined in paragraph 6.8 above must be widely-held, hold a diversified portfolio of securities and be subject to investor-protection regulation in the country in which it is established, such a CIV, or its managers, often perform significant functions with respect to the investment and* *management of the assets of the CIV. Moreover, the position of an investor in a CIV differs substantially, as a legal and economic matter, from the position of an investor who owns the underlying assets, so that it would not be appropriate to treat the investor in such a CIV as the beneficial owner of the income received by the CIV. Accordingly, a vehicle that meets the definition of a widely-held CIV will also be treated as the beneficial owner of the dividends and interest that it receives, so long as the managers of the CIV have discretionary powers to manage the assets generating such income (unless an individual who is a resident of that State who would have received the income in the same circumstances would not have been considered to be the beneficial owner thereof).*

6.15 *Because these principles are necessarily general, their application to a particular type of CIV might not be clear to the CIV, investors and intermediaries. Any uncertainty regarding treaty eligibility is especially problematic for a CIV, which must take into account amounts expected to be received, including any withholding tax benefits provided by treaty, when it calculates its net asset value („NAV"). The NAV, which typically is calculated daily, is the basis for the prices used for subscriptions and redemptions. If the withholding tax benefits ultimately obtained by the CIV do not correspond to its original assumptions about the amount and timing of such withholding tax benefits, there will be a discrepancy between the real asset value and the NAV used by investors who have purchased, sold or redeemed their interests in the CIV in the interim.*

6.16 *In order to provide more certainty under existing treaties, tax authorities may want to reach a mutual agreement clarifying the treatment of some types of CIVs in their respective States. With respect to some types of CIVs, such a mutual agreement might simply confirm that the CIV satisfies the technical requirements discussed above and therefore is entitled to benefits in its own right. In other cases, the mutual agreement could provide a CIV an administratively feasible way to make claims with respect to treaty-eligible investors (see paragraphs 36 to 40 of the report The Granting of Treaty Benefits with Respect to the Income of Collective Investment Vehicles for a discussion of this issue). Of course, a mutual agreement could not cut back on benefits that otherwise would be available to the CIV under the terms of a treaty.*

Policy issues raised by the current treatment of collective investment vehicles

6.17 *The same considerations would suggest that treaty negotiators address expressly the treatment of CIVs. Thus, even if it appears that CIVs in each of the Contracting States would be entitled to benefits, it may be appropriate to confirm that position publicly (for example, through an exchange of notes) in order to provide certainty. It may also be appropriate to expressly provide for the treaty entitlement of CIVs by including, for example, a provision along the following lines:*

Notwithstanding the other provisions of this Convention, a collective investment vehicle which is established in a Contracting State and which receives income arising in the other Contracting State shall be treated, for purposes of applying the Convention to such income, as an individual that is a resident of the Contracting State in which it is established and as the beneficial owner of the income it receives (provided that, if an individual who is a resident of the first-mentioned State had received the income in the same circumstances, such individual would have been considered to be the beneficial owner thereof). For purposes of this paragraph, the term „collective investment vehicle" means, in the case of [State A], a [ ] and, in the case of [State B], a [ ], as well as any other investment fund, arrangement or entity established in either Contracting State which the competent authorities of the Contracting States agree to regard as a collective investment vehicle for purposes of this paragraph.

6.18 *However, in negotiating new treaties or amendments to existing treaties, the Contracting States would not be restricted to clarifying the results of the application of other treaty provisions to CIVs, but could vary those results to the extent necessary to achieve policy objectives. For example, in the context of a particular bilateral treaty, the technical analysis may result in CIVs located in one of the Contracting States qualifying for benefits, whilst CIVs in the other Contracting State may not. This may make the treaty appear unbalanced, although whether it is so in fact will depend on the specific circumstances. If it is, then the Contracting States should attempt to reach an equitable solution. If the practical result in each of the Contracting States is that most CIVs do not in fact pay tax, then the Contracting States should attempt to overcome differences in legal form that might otherwise cause those in one State to qualify for benefits and those in the other to be denied benefits. On the other hand, the differences in legal form and tax treatment in the two Contracting States may mean that it is appropriate to treat CIVs in the two States differently. In comparing the taxation of CIVs in the two States, taxation in the source State and at the investor level should be considered, not just the taxation of the CIV itself. The goal is to achieve neutrality between a direct investment and an investment through a CIV in the international context, just as the goal of most domestic provisions addressing the treatment of CIVs is to achieve such neutrality in the wholly domestic context.*

6.19 *A Contracting State may also want to consider whether existing treaty provisions are sufficient to prevent CIVs from being used in a potentially abusive manner. It is possible that a CIV could satisfy all of the requirements to claim treaty benefits in its own right, even though its income is not subject to much, if any, tax in practice. In that case, the CIV could present the opportunity for residents of third countries to receive treaty benefits that would not have been available had they invested directly. Accordingly, it may be appropriate to restrict benefits that might otherwise be available to such a CIV, either through generally applicable anti-abuse or anti-treaty shopping rules (as discussed under „Improper use of the Convention“ below) or through a specific provision dealing with CIVs.*

6.20 *In deciding whether such a provision is necessary, Contracting States will want to consider the economic characteristics, including the potential for treaty shopping, presented by the various types of CIVs that are prevalent in each of the Contracting States. For example, a CIV that is not subject to any taxation in the State in which it is established may present more of a danger of treaty shopping than one in which the CIV itself is subject to an entity-level tax or where distributions to non-resident investors are subject to withholding tax.*

Possible provisions modifying the treatment of CIVs

6.21 *Where the Contracting States have agreed that a specific provision dealing with CIVs is necessary to address the concerns described in paragraphs 6.18 through 6.20, they could include in the bilateral treaty the following provision:*

a) Notwithstanding the other provisions of this Convention, a collective investment vehicle which is established in a Contracting State and which receives income arising in the other Contracting State shall be treated for purposes of applying the Convention to such income as an individual who is a resident of the Contracting State in which it is established and as the beneficial owner of the income it receives (provided that, if an individual who is a resident of the first-mentioned State had received the income in the same circumstances, such individual would have been considered to be the beneficial owner thereof), but only to the extent that the beneficial interests in the collective investment vehicle are owned by equivalent beneficiaries.

b) For purposes of this paragraph:

(i) the term „collective investment vehicle“ means, in the case of [State A], a [ ] and, in the case of [State B], a [ ], as well as any other investment fund, arrangement or entity established in either Contracting State which the competent authorities of the Con-

tracting States agree to regard as a collective investment vehicle for purposes of this paragraph; and

(ii) the term „equivalent beneficiary" means a resident of the Contracting State in which the CIV is established, and a resident of any other State with which the Contracting State in which the income arises has an income tax convention that provides for effective and comprehensive information exchange who would, if he received the particular item of income for which benefits are being claimed under this Convention, be entitled under that convention, or under the domestic law of the Contracting State in which the income arises, to a rate of tax with respect to that item of income that is at least as low as the rate claimed under this Convention by the CIV with respect to that item of income.

***6.22** It is intended that the Contracting States would provide in subdivision (b)(i) specific cross-references to relevant tax or securities law provisions relating to CIVs. In deciding which treatment should apply with respect to particular CIVs, Contracting States should take into account the policy considerations discussed above. Negotiators may agree that economic differences in the treatment of CIVs in the two Contracting States, or even within the same Contracting State, justify differential treatment in the tax treaty. In that case, some combination of the provisions in this section might be included in the treaty.*

***6.23** The effect of allowing benefits to the CIV to the extent that it is owned by „equivalent beneficiaries" as defined in subdivision (b)(ii) is to ensure that investors who would have been entitled to benefits with respect to income derived from the source State had they received the income directly are not put in a worse position by investing through a CIV located in a third country. The approach thus serves the goals of neutrality as between direct investments and investments through a CIV. It also decreases the risk of double taxation as between the source State and the State of residence of the investor, to the extent that there is a tax treaty between them. It is beneficial for investors, particularly those from small countries, who will consequently enjoy a greater choice of investment vehicles. It also increases economies of scale, which are a primary economic benefit of investing through CIVs. Finally, adopting this approach substantially simplifies compliance procedures. In many cases, nearly all of a CIV's investors will be „equivalent beneficiaries", given the extent of bilateral treaty coverage and the fact that rates in those treaties are nearly always 10-15 percent on portfolio dividends.*

***6.24** At the same time, the provision prevents a CIV from being used by investors to achieve a better tax treaty position than they would have achieved by investing directly. This is achieved through the rate comparison in the definition of „equivalent beneficiary". Accordingly, the appropriate comparison is between the rate claimed by the CIV and the rate that the investor could have claimed had it received the income directly. For example, assume that a CIV established in State B receives dividends from a company resident in State A. Sixty-five percent of the investors in the CIV are individual residents of State B; ten percent are pension funds established in State C and 25 percent are individual residents of State C. Under the A-B tax treaty, portfolio dividends are subject to a maximum tax rate at source of 10 percent. Under the A-C tax treaty, pension funds are exempt from taxation in the source country and other portfolio dividends are subject to tax at a maximum tax rate of 15 percent. Both the A-B and A-C treaties include effective and comprehensive information exchange provisions. On these facts, 75 percent of the investors in the CIV – the individual residents of State B and the pension funds established in State C – are equivalent beneficiaries.*

***6.25** A source State may also be concerned about the potential deferral of taxation that could arise with respect to a CIV that is subject to no or low taxation and that may accumulate its income rather than distributing it on a current basis. Such States may be tempted to limit benefits to the CIV to the proportion of the CIV's investors who are currently taxable on their share of the income of the CIV. However, such an approach has proven difficult to apply to widely-held CIVs in practice. Those countries that are concerned about the possibility of such deferral may wish to negotiate provisions that extend benefits only to those CIVs that are required to distribute earnings currently. Other States may be less concerned about the* *potential for deferral, however. They may take the view that, even if the investor is not taxed currently on the income received by the CIV, it will be taxed eventually, either on the distribution, or on any capital gains if it sells its interest in the CIV before the CIV distributes the income. Those countries may wish to negotiate provisions that grant benefits to CIVs even if they are not obliged to distribute their income on a current basis. Moreover, in many countries, the tax rate with respect to investment income is not significantly higher than the treaty withholding rate on dividends, so there would be little if any residence-country tax deferral to be achieved by earning such income through an investment fund rather than directly. In addition, many countries have taken steps to ensure the current taxation of investment income earned by their residents through investment funds, regardless of whether the funds accumulate that income, further reducing the potential for such deferral. When considering the treatment of CIVs that are not required to distribute income currently, countries may want to consider whether these or other factors address the concerns described above so that the type of limits described herein might not in fact be necessary.*

6.26 *Some States believe that taking all treaty-eligible investors, including those in third States, into account would change the bilateral nature of tax treaties. These States may prefer to allow treaty benefits to a CIV only to the extent that the investors in the CIV are residents of the Contracting State in which the CIV is established. In that case, the provision would be drafted as follows:*

a) Notwithstanding the other provisions of this Convention, a collective investment vehicle which is established in a Contracting State and which receives income arising in the other Contracting State shall be treated for purposes of applying the Convention to such income as an individual who is a resident of the Contracting State in which it is established and as the beneficial owner of the income it receives (provided that, if an individual who is a resident of the first-mentioned State had received the income in the same circumstances, such individual would have been considered to be the beneficial owner thereof), but only to the extent that the beneficial interests in the collective investment vehicle are owned by residents of the Contracting State in which the collective investment vehicle is established.

b) For purposes of this paragraph, the term „collective investment vehicle" means, in the case of [State A], a [ ] and, in the case of [State B], a [ ], as well as any other investment fund, arrangement or entity established in either Contracting State which the competent authorities of the Contracting States agree to regard as a collective investment vehicle for purposes of this paragraph.

6.27 *Although the purely proportionate approach set out in paragraphs 6.21 and 6.26 protects against treaty shopping, it may also impose substantial administrative burdens as a CIV attempts to determine the treaty entitlement of every single investor. A Contracting State may decide that the fact that a substantial proportion of the CIV's investors are treaty-eligible is adequate protection against treaty shopping, and thus that it is appropriate to provide an ownership threshold above which benefits would be provided with respect to all income received by the CIV. Including such a threshold would also mitigate some of the procedural burdens that otherwise might arise. If desired, therefore, the following sentence could be added at the end of subparagraph a):*

However, if at least [ ] percent of the beneficial interests in the collective investment vehicle are owned by [equivalent beneficiaries][residents of the Contracting State in which the collective investment vehicle is established], the collective investment vehicle shall be treated as an individual who is a resident of the Contracting State in which it is established and as the beneficial owner of all of the income it receives (provided that, if an individual who is a resident of the first-mentioned State had received the income in the same circumstances, such individual would have been considered to be the beneficial owner thereof).

6.28 *In some cases, the Contracting States might wish to take a different approach from that put forward in paragraphs 6.17, 6.21 and 6.26 with respect to certain types of CIVs* *and to treat the CIV as making claims on behalf of the investors rather than in its own name. This might be true, for example, if a large percentage of the owners of interests in the CIV as a whole, or of a class of interests in the CIV, are pension funds that are exempt from tax in the source country under terms of the relevant treaty similar to those described in paragraph 69 of the Commentary on Article 18. To ensure that the investors would not lose the benefit of the preferential rates to which they would have been entitled had they invested directly, the Contracting States might agree to a provision along the following lines with respect to such CIVs (although likely adopting one of the approaches of paragraph 6.17, 6.21 or 6.26 with respect to other types of CIVs):*

a) A collective investment vehicle described in subparagraph c) which is established in a Contracting State and which receives income arising in the other Contracting State shall not be treated as a resident of the Contracting State in which it is established, but may claim, on behalf of the owners of the beneficial interests in the collective investment vehicle, the tax reductions, exemptions or other benefits that would have been available under this Convention to such owners had they received such income directly.

b) A collective investment vehicle may not make a claim under subparagraph a) for benefits on behalf of any owner of the beneficial interests in such collective investment vehicle if the owner has itself made an individual claim for benefits with respect to income received by the collective investment vehicle.

c) This paragraph shall apply with respect to, in the case of [State A], a [ ] and, in the case of [State B], a [ ], as well as any other investment fund, arrangement or entity established in either Contracting State to which the competent authorities of the Contracting States agree to apply this paragraph.

This provision would, however, limit the CIV to making claims on behalf of residents of the same Contracting State in which the CIV is established. If, for the reasons described in paragraph 6.23, the Contracting States deemed it desirable to allow the CIV to make claims on behalf of treaty-eligible residents of third States, that could be accomplished by replacing the words „this Convention" with „any Convention to which the other Contracting State is a party" in subparagraph a). If, as anticipated, the Contracting States would agree that the treatment provided in this paragraph would apply only to specific types of CIVs, it would be necessary to ensure that the types of CIVs listed in subparagraph c) did not include any of the types of CIVs listed in a more general provision such as that in paragraph 6.17, 6.21 or 6.26 so that the treatment of a specific type of CIV would be fixed, rather than elective. Countries wishing to allow individual CIVs to elect their treatment, either with respect to the CIV as a whole or with respect to one or more classes of interests in the CIV, are free to modify the paragraph to do so.

***6.29** Under either the approach in paragraphs 6.21 and 6.26 or in paragraph 6.28, it will be necessary for the CIV to make a determination regarding the proportion of holders of interests who would have been entitled to benefits had they invested directly. Because ownership of interests in CIVs changes regularly, and such interests frequently are held through intermediaries, the CIV and its managers often do not themselves know the names and treaty status of the beneficial owners of interests. It would be impractical for the CIV to collect such information from the relevant intermediaries on a daily basis. Accordingly, Contracting States should be willing to accept practical and reliable approaches that do not require such daily tracing.*

***6.30** For example, in many countries the CIV industry is largely domestic, with an overwhelming percentage of investors resident in the country in which the CIV is established. In some cases, tax rules discourage foreign investment by imposing a withholding tax on distributions, or securities laws may severely restrict offerings to non-residents. Governments should consider whether these or other circumstances provide adequate protection against investment by non-treaty-eligible residents of third countries. It may be appropriate, for example, to assume that a CIV is owned by residents of the State in which it is established if the CIV has* *limited distribution of its shares or units to the State in which the CIV is established or to other States that provide for similar benefits in their treaties with the source State.*

6.31 *In other cases, interests in the CIV are offered to investors in many countries. Although the identity of individual investors will change daily, the proportion of investors in the CIV that are treaty-entitled is likely to change relatively slowly. Accordingly, it would be a reasonable approach to require the CIV to collect from other intermediaries, on specified dates, information enabling the CIV to determine the proportion of investors that are treaty-entitled. This information could be required at the end of a calendar or fiscal year or, if market conditions suggest that turnover in ownership is high, it could be required more frequently, although no more often than the end of each calendar quarter. The CIV could then make a claim on the basis of an average of those amounts over an agreed-upon time period. In adopting such procedures, care would have to be taken in choosing the measurement dates to ensure that the CIV would have enough time to update the information that it provides to other payers so that the correct amount is withheld at the beginning of each relevant period.*

6.32 *An alternative approach would provide that a CIV that is publicly traded in the Contracting State in which it is established will be entitled to treaty benefits without regard to the residence of its investors. This provision has been justified on the basis that a publicly-traded CIV cannot be used effectively for treaty shopping because the shareholders or unitholders of such a CIV cannot individually exercise control over it. Such a provision could read:*

a) Notwithstanding the other provisions of this Convention, a collective investment vehicle which is established in a Contracting State and which receives income arising in the other Contracting State shall be treated for purposes of applying the Convention to such income as an individual who is a resident of the Contracting State in which it is established and as the beneficial owner of the income it receives (provided that, if an individual who is a resident of the first-mentioned State had received the income in the same circumstances, such individual would have been considered to be the beneficial owner thereof), if the principal class of shares or units in the collective investment vehicle is listed and regularly traded on a regulated stock exchange in that State.

b) For purposes of this paragraph, the term „collective investment vehicle" means, in the case of [State A], a [ ] and, in the case of [State B], a [ ], as well as any other investment fund, arrangement or entity established in either Contracting State which the competent authorities of the Contracting States agree to regard as a collective investment vehicle for purposes of this paragraph.

6.33 *Each of the provisions in paragraphs 6.17, 6.21, 6.26 and 6.32 treats the CIV as the resident and the beneficial owner of the income it receives for the purposes of the application of the Convention to such income, which has the simplicity of providing for one reduced rate of withholding with respect to each type of income. These provisions should not be construed, however, as restricting in any way the right of the State of source from taxing its own residents who are investors in the CIV. Clearly, these provisions are intended to deal with the source taxation of the CIV's income and not the residence taxation of its investors (this conclusion is analogous to the one put forward in paragraph 6.1 above as regards partnerships). States that wish to confirm this point in the text of the provisions are free to amend the provisions accordingly, which could be done by adding the following sentence: „This provision shall not be construed as restricting in any way a Contracting State's right to tax the residents of that State".*

6.34 *Also, each of these provisions is intended only to provide that the specific characteristics of the CIV will not cause it to be treated as other than the beneficial owner of the income it receives. Therefore, a CIV will be treated as the beneficial owner of all of the income it receives. The provision is not intended, however, to put a CIV in a different or better position than other investors with respect to aspects of the beneficial ownership requirement that are* *unrelated to the CIV's status as such. Accordingly, where an individual receiving an item of income in certain circumstances would not be considered as the beneficial owner of that income, a CIV receiving that income in the same circumstances could not be deemed to be the beneficial owner of the income. This result is confirmed by the parenthetical limiting the application of the provision to situations in which an individual in the same circumstances would have been treated as the beneficial owner of the income.*

Application of the Convention to States, their subdivisions and their wholly-owned entities

6.35 *Paragraph 1 of Article 4 provides that the Contracting States themselves, their political subdivisions and their local authorities are included in the definition of a „resident of a Contracting State" and are therefore entitled to the benefits of the Convention (paragraph 8.4 of the Commentary on Article 4 explains that the inclusion of these words in 1995 confirmed the prior general understanding of most member States).*

6.36 *Issues may arise, however, in the case of entities set up and wholly-owned by a State or one of its political subdivisions or local authorities. Some of these entities may derive substantial income from other countries and it may therefore be important to determine whether tax treaties apply to them (this would be the case, for instance, of sovereign wealth funds: see paragraph 8.5 of the Commentary on Article 4). In many cases, these entities are totally exempt from tax and the question may arise as to whether they are entitled to the benefits of the tax treaties concluded by the State in which they are set up. In order to clarify the issue, some States modify the definition of „resident of a Contracting State" in paragraph 1 of Article 4 and include in that definition a „statutory body", an „agency or instrumentality" or a „legal person of public law" [personne morale de droit public] of a State, a political subdivision or local authority, which would therefore cover wholly-owned entities that are not considered to be a part of the State or its political subdivisions or local authorities.*

6.37 *In addition, many States include specific provisions in their bilateral conventions that grant an exemption to other States, and to some State-owned entities such as central banks, with respect to certain items of income such as interest (see paragraph 13.2 of the Commentary on Article 10 and paragraph 7.4 of the Commentary on Article 11). Treaty provisions that grant a tax exemption with respect to the income of pension funds (see paragraph 69 of the Commentary on Article 18) may similarly apply to pension funds that are wholly-owned by a State, depending on the wording of these provisions and the nature of the fund.*

6.38 *The application of the Convention to each Contracting State, its political subdivisions, and local authorities (and their statutory bodies, agencies or instrumentalities in the case of bilateral treaties that apply to such entities) should not be interpreted, however, as affecting in any way the possible application by each State of the customary international law principle of sovereign immunity. According to this principle, a sovereign State (including its agents, its property and activities) is, as a general rule, immune from the jurisdiction of the courts of another sovereign State. There is no international consensus, however, on the precise limits of the sovereign immunity principle. Most States, for example, would not recognise that the principle applies to business activities and many States do not recognise any application of this principle in tax matters. There are therefore considerable differences between States as regards the extent, if any, to which that principle applies to taxation. Even among States that would recognise its possible application in tax matters, some apply it only to the extent that it has been incorporated into domestic law and others apply it as customary international law but subject to important limitations. The Convention does not prejudge the issues of whether and to what extent the principle of sovereign immunity applies with respect to the persons covered under Article 1 and the taxes covered under Article 2 and each Contracting State is therefore free to apply its own interpretation of that principle as long as the resulting taxation, if any, is in conformity with the provisions of its bilateral tax conventions.*

6.39 *States often take account of various factors when considering whether and to what extent tax exemptions should be granted, through specific treaty or domestic law provisions or through the application of the sovereign immunity doctrine, with respect to the income derived by other States, their political subdivisions, local authorities, or their statutory bodies, agencies or instrumentalities. These factors would include, for example, whether that type of income would be exempt on a reciprocal basis, whether the income is derived from activities of a governmental nature as opposed to activities of a commercial nature, whether the assets and income of the recipient entity are used for public purposes, whether there is any possibility that these could inure to the benefit of a non-governmental person and whether the income is derived from a portfolio or from a direct investment.*

7.–27. [Abkommensmissbrauch] *siehe S. 389ff.*

Bemerkungen zum Kommentar

27.1 *Die **Niederlande** werden für die Anwendung des Abkommens auf Personengesellschaften den Schlussfolgerungen, die in dem Kommentar zu Artikel 1 und zu anderen Artikeln des Abkommens enthalten sind, nur insoweit beitreten, als dies durch einen spezifischen Steuervertrag, als Ergebnis des Abkommens oder in der Form einer einseitigen Politik ausdrücklich bestätigt wird.*

27.2 Frankreich *hat eine Reihe von Vorbehalte zu dem Bericht „Die Anwendung des OECD-Musterabkommens auf Personengesellschaften" zum Ausdruck gebracht. Insbesondere ist Frankreich nicht mit der Auslegung in den obigen Ziffern 5 und 6 einverstanden, wonach, wenn einer Personengesellschaft die Abkommensvorteile verweigert werden, die Gesellschafter Anspruch auf die Vorteile der Abkommen haben, die von ihrem Ansässigkeitsstaat geschlossen worden sind. Frankreich glaubt, dass dieses Ergebnis nur möglich ist, wenn Frankreich der Quellenstaat ist, sein innerstaatliches Recht diese Auslegung autorisiert oder Vorschriften zu diesem Zweck in das Abkommen mit dem Staat der Ansässigkeit der Gesellschafter eingefügt werden.*

27.3 Portugal, *das alle Personengesellschaften als solche besteuert, hat eine Reihe von Vorbehalten zu dem Bericht „Die Anwendung des OECD-Musterabkommens auf Personengesellschaften" zum Ausdruck gebracht und meint, die in diesem Bericht vorgeschlagenen Lösungen sollten in gesonderte Bestimmungen eingearbeitet werden, die nur anwendbar sind, wenn sie in die Abkommen aufgenommen wurden. Das betrifft z. B. den Fall der Behandlung der Lage der Gesellschafter steuerlich transparenter Personengesellschaften – ein aufgrund der zwischen den Staaten bestehenden Unterschiede sehr vager Begriff – einschließlich der Lage, in welcher ein Drittstaat zwischen Quellenstaat und Wohnsitzstaat der Gesellschafter steht. Außerdem ist auf die sich aus einigen der vorgeschlagenen Lösungen ergebenden Verwaltungsschwierigkeiten hinzuweisen, die für bestimmte Fälle auch der Bericht selbst erwähnt.*

Vorbehalte zum Artikel

28. *Die **Vereinigten Staaten** behalten sich mit gewissen Ausnahmen vor, ihre Staatsangehörigen und ansässigen Personen einschließlich bestimmter früherer Staatsangehöriger und langfristig Ansässiger ohne Rücksicht auf das Abkommen zu besteuern.*

29. *[gestrichen]*

Text: Stellungnahmen von Nichtmitgliedstaaten zum OECD-MA (OECD-NM)

Positions on the Article

1. *The **Philippines** reserves the right to tax its citizens in accordance with its domestic law.*

*2. **Brazil** reserves the right to extend coverage of the Convention to partnerships since partnerships are considered to be legal entities under its legislation.*

Position on the Commentary

*3. **Gabon, India, Ivory Coast, Morocco and Tunisia** do not agree with the interpretation put forward in paragraphs 5 and 6 of the Commentary on Article 1 (and in the case of India, the corresponding interpretation in paragraph 8.8 of the Commentary on Article 4) according to which if a partnership is denied the benefits of a tax convention, its members are entitled to the benefits of the tax conventions entered into by their State of residence. They believe that this result is only possible, to a certain extent, if provisions to that effect are included in the convention entered into with the State where the partnership is situated.*

[ab 15.7.2014:]

*4. **Argentina** considers that the conclusions on the application of the Convention to partnerships incorporated in the Commentary on Article 1 and in the Commentaries on the relevant provisions of the Model Tax Convention shall only be taken into account to the extent that it is explicitly so confirmed in a specific tax treaty, or as a result of mutual agreement between the competent authorities as provided for under paragraph 3 of Article 25.*

A. Zu den OECD- und UN-MA und zu Art. 1 Abs. 1 des US-MA

I. Musterabkommen

1. Übereinstimmungen und Abweichungen

1a OECD- und UN-MA stimmen im Wortlaut überein. Das US-MA enthält dieselbe Regelung in Art. 1 Abs. 1 (ergänzt durch eine Klarstellung). Darüber hinaus unterstreicht es, dass das Abkommen Steuerermäßigungen, die durch andere Vorschriften zuerkannt worden sind, nicht aufhebe (Abs. 2, 3, s. näher u. Rz. 73 ff.); und es enthält die von den USA – allein von ihnen – in allen ihren Abkommen beanspruchte „saving clause“: Die Besteuerung eigener Ansässiger und Staatsbürger werde durch das Abkommen grundsätzlich nicht berührt (Abs. 4 und 5, s. näher u. Rz. 77 ff.). Dementsprechend ist die Überschrift des Artikels im US-MA weiter gefasst.

2. Erläuterungen

1b **Literatur:** *Dorn,* StuW 1925, 1037; *ders.,* StuW 1931, 1033; *Hattingh,* BIFD 2003, 215; *ders.,* BIFD 2003, 546; *Kinzl,* IStR 2007, 561; *Lang,* SWI 1992, 301; *Prillinger,* SWI 2008, 246.

2 **a) Grundzüge:** Die Vorschrift bestimmt, auf welche Steuerpflichtige das Abkommen anzuwenden ist und unter welchen Voraussetzungen: Es muss sich um die Steuerpflicht einer „Person“ handeln, die in einem Vertragsstaat oder in beiden „ansässig“ ist. Mit den Ausdrücken „Person“ und „ansässig“ verweist die Vorschrift, wenn auch ohne dies ausdrücklich zu sagen, auf Art. 3 Abs. 1 Buchst. a/b und Art. 4 Abs. 1 MA. Dort sind die beiden Ausdrücke definiert; s. u. zu Art. 3 Rz. 11 und zu Art. 4 Rz. 4.

3 **b) Abgrenzung:** Eine Ausnahme von Art. 1 stellt Art. 10 Abs. 5 OECD-MA (Verbot der extraterritorialen Besteuerung) dar, da sich hier ein nichtansässiger Empfänger von Dividenden auf ein DBA zwischen Drittstaaten berufen kann. Da der Vorschrift vor allem die rechtspolitische Erwägung zugrundeliegt, den internationalen Handel zu befördern, lässt sich die mittelbare Drittwirkung des DBA in

diesen Fällen rechtfertigen. Abweichend von Art. 1 gilt das Gleichbehandlungsgebot des Art. 24 Abs. 1 MA nur für die Staatsangehörigen der Vertragsstaaten; es gilt zu ihren Gunsten auch dann, wenn sie nicht in einem Vertragsstaat ansässig sind (s. Art. 24 Rz. 40). Die Einleitung eines Verständigungsverfahrens nach Art. 25 ist durch jede Person eines Vertragsstaates möglich, also etwa auch durch eine Personengesellschaft, die an sich für die Zwecke der Abkommensvorteile nicht als ansässig angesehen wird. Auch der Informationsaustausch des Art. 26 beschränkt sich nicht nur auf Ansässige; es genügt, dass eine beschränkte Steuerpflicht der Personen, über deren Verhältnisse Auskunft begehrt wird, zumindest möglich ist (s. Art. 26 Rz. 55 f.). Das US-MA stellt durch einen Vorbehalt klar, dass solche abweichenden Regelungen der des Art. 1 vorgehen. Seit 1981 enthält das US-MA darüber hinaus in Art. 22 (früher Art. 16) eine ergänzende Regelung, die juristischen Personen in bestimmten Fällen zur Verhinderung des sog. „treaty shopping" die Abkommensberechtigung versagt (s. hierzu Anhang zu Art. 1, u. Rz. 88 ff.).

c) Regelung: Das Abkommen 4
– gilt für
– **Personen,** die
– in einem oder in beiden Vertragsstaaten **ansässig sind.**

Mit der Wendung „gilt für" wird zum Ausdruck gebracht, dass das Abkommen auf die bezeichneten Personen – und nicht auf andere – **anzuwenden ist** („persönlicher Anwendungsbereich"). Rechte und Pflichten entstehen aus dem DBA zunächst für die Vertragsstaaten selber. Sobald und soweit völkerrechtliche Verträge innerstaatlich anwendbar sind (s. Grundl. Rz. 57 ff.), können sie Rechte und Pflichten aber auch für Einzelpersonen begründen (*Ständiger Internationaler Gerichtshof* PCPJI 1928 Série B, No. 15, 17 f.). DBA begrenzen durch ihre Verteilungsnormen die materiellen Steuergesetze des innerstaatlichen Rechts (Grundl. Rz. 44, 67). Rechte und Pflichten, die sich im Zusammenhang mit der Abkommensanwendung ergeben, erwachsen also im Normalfall nicht aus dem Abkommen, sondern aus den Vorschriften des innerstaatlichen Rechts. In einzelnen Normen weisen die DBA aber doch auch Rechtspositionen zu, die über das innerstaatliche Recht hinausgehen (so besonders in Art. 25 für das Verständigungsverfahren). Aus diesem Grunde ist es gerechtfertigt, die Personen, „für die" nach Art. 1 das Abkommen „gilt", vereinfachend als **abkommensberechtigte** Personen zu bezeichnen.

Abkommensberechtigt sind nach Art. 1 im Gebiet der Vertragsstaaten ansässige 5
Personen. Mit dem Begriff „Person" bezeichnen die MA also die Fähigkeit, Träger von Rechten und Pflichten zu sein, die sich aus dem Abkommen oder in dessen Folge ergeben **(„Abkommenssubjektivität").** Für die Definition des Begriffs „Person", also für die Voraussetzungen der Abkommenssubjektivität, wurde bereits auf Art. 3 Abs. 1 Buchst. a MA, für die der „Ansässigkeit" auf Art. 4 hingewiesen.

Vor dem MA 1963 abgeschlossene DBA enthalten meist noch keine dem Art. 1 6
entsprechende Vorschrift. Ursprünglich wurden DBA, ausdrücklich oder stillschweigend, zugunsten und zulasten der beiderseitigen **Staatsangehörigen** vereinbart (RFH RStBl. 1939, 878 aus Anlass des *DBA Italien 1925,* jedoch zu allen damaligen deutschen DBA). Demgegenüber sieht der Völkerbundsentwurf 1928 eine Geltung für alle in den Vertragsstaaten (unbeschränkt und beschränkt) Steuerpflichtigen vor (League of Nations, Report presented by the Committee of Technical Experts on Double Taxation and Tax Evasion, Genf, 1927 (Dok. C.216. M.85), S. 10). Dieser Vorschlag stimmte mit der Ansicht des deutschen Verhandlungsführers *H. Dorn* überein, der sich mit ihr damals aber auch bei den deutschen DBA, so zunächst beim *DBA Italien,* noch nicht durchsetzen konnte (*Dorn,* StuW 1925, 1037). Deutschlands DBA mit *Schweden* von 1928 sah dann für Nicht-

Staatsangehörige immerhin schon die Möglichkeit einer Verständigung vor (SProt. Nr. 15, s. dazu *Dorn,* StuW 1931, 1033), ebenso das *DBA Finnland* von 1935 (SProt. Nr. 15). Vor diesem geschichtlichen Hintergrund ist die These, ein DBA, das keine dem Art. 1 MA entsprechende Vorschrift enthalte, sei auch zugunsten von Nichtansässigen anzuwenden (soweit sich nicht aus einzelnen seiner Vorschriften Abweichendes ergebe, so *Lang,* SWI 1992, 301 für das *DBA Österreich 1954/1992,* s. auch den *High Court of Justice,* Rz. 8), mindestens problematisch. Denkbar ist dagegen, dass solche Abkommen entsprechend der älteren Praxis noch ausschließlich für und gegen die beiderseitigen Staatsangehörigen – auch die nichtansässigen – gelten.

6a Die Modellabkommen von Mexiko (1943) und London (1946) verwendeten zwar weiterhin allgemein den Begriff des „Steuerpflichtigen", der dazugehörige Kommentar lässt aber eine Änderung des Verständnisses erkennen. Nunmehr sollen die DBA für alle Steuerpflichtigen gelten, die ihren steuerlichen Wohnsitz in einem der Vertragsstaaten haben (Kommentar zum MA v. London 1946, Einleitung, Ziff. 10), die beschränkte Steuerpflicht verleiht somit keine Abkommensberechtigung mehr. Bei dieser Auslegung ist es bis heute geblieben (zu den Details s. *Hattingh,* BIFD 2003, 215 (217 ff.)), obwohl gerade auch durch das Europäische Recht deutlich wird, dass beschränkt Steuerpflichtige zur Vermeidung von Diskriminierungen zumindest in bestimmten Fällen als (teilweise) abkommensberechtigt angesehen werden müssen (s. dazu noch Rz. 12).

6b Durch das Abstellen auf den steuerlichen Wohnsitz erhält die Einkünftezurechnung besondere Bedeutung für die Abkommensberechtigung. Da die Abkommensberechtigung die Ansässigkeit der die Abkommensvorteile geltend machenden Person voraussetzt und Art. 4 Abs. 1 MA wiederum auf die unbeschränkte Steuerpflicht dieser Person verweist, kann es zu Problemen kommen, wenn beide Vertragsstaaten die Einkünftezurechnung unterschiedlich beurteilen. *Wheeler* schlägt vor, das traditionelle Denken über die Abkommensberechtigung beiseite zu legen und zukünftig auf die tatsächliche Steuerpflichtigkeit hinsichtlich der in Frage stehenden Einkünfte abzustellen. Besteuere der Quellenstaat aufgrund akzeptabler Quellenregeln, solle der Ansässigkeitsstaat die abkommensrechtlichen Steuervergünstigungen gewähren. Dies erfordere die Entwicklung allgemein anerkannter Quellenregeln (vgl. *Wheeler,* a. a. O., passim).

6c Gelegentlich behandeln Staaten Personen in ihrem innerstaatlichen Recht für bestimmte Einkünfte als beschränkt steuerpflichtig, obwohl sie dort ihren Wohnsitz haben (z. B. Belgien für ausländische Geschäftsführer, Niederlande für Personen, die Recht auf die 30%-Regelung haben; s. dazu noch Art. 15 Rz. 73c und 73d). In diesen Fällen stellt sich die Frage, ob sich die betroffenen Personen auf die DBA dieses Staates berufen können. Das wird von den betroffenen Staaten zu Recht verneint, da nach Art. 4 Abs. 1 MA die fragliche Person „nach dem Recht dieses Staates" unbeschränkt steuerpflichtig sein muss. Andererseits sind Personen, die bei Anwendung des Territorialprinzips nur mit innerstaatlichen Einkünften steuerpflichtig sind, abkommensberechtigt (Klarstellung im MA-Komm. Art. 4 Ziff. 8).

6d **Steuerbefreite Körperschaften** wie Pensionsfonds, Investmentfonds, gemeinnützige Stiftungen und Vereine, etc., könnten als nicht-ansässig angesehen werden, da ihre Einkünfte keine Steuerpflicht im Sitzstaat auslösen. Der MA-Kommentar lässt das Problem offen: Einerseits verweist er auf das Recht mancher Staaten, die steuerbefreite Einheiten als ansässig ansehen, auch wenn ihre Einkünfte tatsächlich nicht besteuert werden („formelle Betrachtungsweise"; Art. 4 Ziff. 8.6); andererseits sollen Länder, die dieser Praxis nicht folgen wollen, spezifische Regelungen in ihre DBA aufnehmen (Art. 4 Ziff. 8.7). In einer Entscheidung zum DBA Niederlande/USA hat der Hoge Raad (U. v. 4.12.2009, nr. 07/10383, BNB 2010/177) einen steuerbefreiten Verein nicht als ansässig angesehen und daraus geschlossen, dass das DBA nicht zur Anwendung kommen kann (s. dazu *De Graaf/Pötgens*, Verontrustende Hoge Raaduitleg verdragsbegrip „inwoner", WFR 2010/266). Daraufhin hat das niederländische Finanzministerium beschlossen, seine Abkommenspolitik zu ändern und in Zukunft in den Abkommen klarzustellen, dass niederländische Gesellschaften auch dann abkommensberechtigt sind, wenn sie nicht der Besteuerung unterliegen (s. Notitie Fiscaal Verdragsbeleid 2011, Tz. 2.2; s. dazu auch *Pötgens*, Verdragstoegang en inwonerschap in de Notitie Fiscaal Verdragsbeleid 2011, WFR 2011, 532). Im neuen DBA mit Deutschland hat dies seinen Niederschlag gefunden.

Auch **Vertragsstaaten** selbst, deren Länder und Gebietskörperschaften können abkommensberechtigt sein. Bei ihnen ist zwar eine „Ansässigkeit" im klassischen Sinn kaum zu bestimmen, aber sie lassen sich territorial einordnen. Dies entspricht dem überwiegenden Verständnis der OECD Mitgliedstaaten (MA-Komm. zu Art. 4 Ziff. 8.4). **6e**

d) Betriebstätten und Dreiecksverhältnisse

Literatur: *Avery Jones/Bobbett*, BIFD 1999, 16; *Bonnard*, Revue fiscale 1995, 588; *Fett*, Triangular Cases, 2014, S. 1 ff.; *Garcia Prats*, Intertax 1994, 473; *Göschl/Kovar/Wahrlich*, in FS Loukota, S. 111; *Heinsen*, in Grotherr, Handbuch der internationalen Steuerplanung, S. 1843; *Helde*, S. 1 ff.; *Jann*, in Gassner/Lang/Lechner, Doppelbesteuerungsabkommen und EU-Recht (1996); *Kollruss*, BB 2013, 3102; *Lang*, in FS Malherbe, S. 685; *Lang/Lüdicke/Riedweg*, IStR 2006, 73; *Pedersen*, ET 2007, 90; *Pötgens*, ET 2008, 210; *van Raad*, ET 1993, 298; *Schuch*, SWI 1999, 451; *Sutter/Zehetner* (Hrsg.), S. 1 ff.; *Wassermeyer*, SWI 1999, 520; *Zhai*, TNI 2009, 1105. **7**

OECD-Dokumente: *OECD*, Triangular Cases, Issues in International Taxation No. 4 (1992).

Betriebstätten sind keine „Personen" und daher **nicht** als solche abkommensberechtigt. Der Träger der Betriebstätte ist es nur, wenn er seinerseits in einem Vertragsstaat ansässig ist (vgl. *US Rev. Rul.* 72–378 hinsichtlich der britischen Filiale einer schweizerischen Bank nach dem *DBA USA/Großbritannien*). Bezieht also eine Betriebstätte Einkünfte aus einem Drittstaat (sog. **„Dreiecksverhältnis"**), so kann sie weder dort noch im Betriebstättenstaat Rechte aus einem DBA zwischen dem Betriebstättenstaat und dem Drittstaat herleiten. Für das *DBA Großbritannien/USA* von 1945, das eine dem Art. 1 MA entsprechende Vorschrift noch nicht enthielt, hat allerdings der britische *High Court of Justice* in einer Entscheidung von 1990 auch inländischen Betriebstätten nichtansässiger Unternehmen eine Abkommensberechtigung zuerkannt mit der Begründung, der Wortlaut des Abkommens beschränke sich eindeutig nicht auf Ansässige (CIR v. Commerzbank und CIR v. Banco do Brasil, 63 Tax Cases 218: *DBA Großbritannien/USA*). Da das DBA weitgehend auf dem Modell von 1928 basierte und die internationale Entwicklung der Abkommensregeln damit übereinstimmt (o. Rz. 6), wird man der Entscheidung zustimmen müssen. Auf Abkommen, die auf den Modellen von Mexiko bzw. London oder auf dem OECD-MA beruhen, ließe sich die Entscheidung aber nicht übertragen. **8**

Das Verbot der Betriebstättendiskriminierung nach Art. 24 Abs. 3 MA gibt einem Unternehmen, das im anderen Vertragsstaat eine Betriebstätte unterhält, kein Recht auf Anwendung der zwischen dem Betriebstättenstaat und dritten Staaten bestehenden DBA (MA-Komm. Art. 24 Ziff. 51 f., a. A. Art. 24 Rz. 114 ff.). Ein Recht auf Anwendung eines DBA auf Nichtabkommensberechtigte kraft eines Diskriminierungsverbots hat allerdings der BFH für das *DBA Italien 1925*, das nur für Staatsangehörige galt, aus dem Verbot der Staatsangehörigkeitsdiskriminierung des *DBA Niederlande 1959* hergeleitet. Dies entspricht Art. 24 Abs. 1 MA; (s. BFH **8a**

BStBl. II 1989, 649). Eine (partielle) Abkommensberechtigung kann sich ferner aus den Diskriminierungsverboten des EG-Vertrags ergeben (dazu noch unten Rz. 12).

9 Ein weiteres Problem ergibt sich dadurch, dass die Abkommen **nicht hinreichend auf „Dreiecksverhältnisse" zugeschnitten sind.** Hat ein Steuerausländer S eine Betriebstätte im anderen Vertragsstaat P und bezieht die Betriebstätte einer Quellenbesteuerung unterliegende Einkünfte (z. B. Dividenden) aus dem Quellenstaat Q, so kann S den auf ihn entfallenden Anteil der Quellensteuer von Q weder in P zur Anrechnung bringen lassen, weil er dort nicht abkommensberechtigt i. S. des Abkommens P/Q ist, noch in seinem Ansässigkeitsstaat, weil dort nach Art. 7 i. V. m. Art. 23 A MA (Freistellung der Betriebstätteneinkünfte) von dem Gewinnanteil an der Gesellschaft gar keine anrechnungsfähige Steuer erhoben wird (vgl. *Hoge Raad* v. 8.2.2002, nr. 36 155, BNB 2002/184 (Schlussanträge GA van Kalmthout) und 11.5.2007, nr. 42 385, BNB 2007/230c (Schlussanträge GA Wattel m. Anm. *Marres*). Diese Situation tritt nicht nur bei Betriebstätten auf, sondern auch in den Fällen, in denen ein Steuerpflichtiger an einer Personengesellschaft beteiligt ist, die wiederum Einkünfte aus dem Quellenstaat Q bezieht, und wenn weiter, wie zur Vereinfachung angenommen sei, alle drei Staaten die Personengesellschaften als steuerlich transparent ansehen.

10 Abkommensrechtlich ist dieses Problem nur angemessen zu lösen, wenn allen inländischen Betriebstätten Abkommensberechtigung zugebilligt würde (zur Frage, ob eine Abkommensberechtigung der Betriebstätte wünschenswert wäre, s. *Ludwig u. a.* CDFI LVIIIa 1 (1973) I 1, durchgehend). Die OECD hat derartige abkommensrechtliche Dreiecksverhältnisse in einem Bericht von 1992 näher erörtert („Triangular Cases" in „Model Tax Convention: Four Related Studies", 1992; über Dreiecksverhältnisse s. ferner: *Hengsle,* Skatt. Ov. 1990, 231; *van Raad,* ET 1993, 298; *Garcia Prats,* Intertax 1994, 473; *Avery Jones/Bobbett,* BIFD 1999, 16; *Wassermeyer,* SWI 1999, 520); die Ergebnisse dieses Berichts sind in den MA-Komm. 92 zu Art. 24 Ziff. 51 ff. eingegangen (s. u. zu Art. 24 Rz. 100 f.). U. a. ist dort eine Formulierung entworfen und den Mitgliedstaaten zur Aufnahme in ihre Abkommen freigestellt, die den Betriebstätten für die Anrechnung von Steuern eines Drittstaats auf Dividenden, Zinsen und Lizenzgebühren gewissermaßen eine **partielle Abkommensberechtigung** einräumt.

11 Eine noch einfachere Lösung ergibt sich, wenn der Betriebstättenstaat – hier der Sitzstaat der Gesellschaft (P) – den in seinem Gebiet Ansässigen **innerstaatlich** die Anrechnung ausländischer Steuern oder die Freistellung ausländischer Einkünfte gewährt. Der Träger der Betriebstätte – oder der Gesellschafter – in S kann dann aufgrund des Art. 24 Abs. 3 MA **Gleichbehandlung** mit den Gebietsansässigen beanspruchen (MA-Komm. zu Art. 24 Ziff. 49 ff.). So sieht z. B. für Deutschland § 50 Abs. 3 EStG zugunsten von ausländischen Inhabern inländischer Betriebstätten die Anrechnung von in Drittländern erhobenen Steuern auf Einkünfte der Betriebstätte aus diesen Ländern vor.

12 Zwischen den Mitgliedstaaten der Europäischen Union ist weiterhin die Niederlassungsfreiheit des AEUV (Art. 49, 54 AEUV) zu beachten. Daraus fließt der Grundsatz der Gleichbehandlung von Betriebstätten und ausländisch beherrschten Kapitalgesellschaften. Im Fall *St. Gobain* (EuGH v. 21.9.1999, Rs. C-307/97, Slg. 1999-I, 6161 auf Vorlage des FG Köln IStR 1997, 557; s. dazu *Thömmes,* Intertax 1997, 452; *Lausterer,* ECTJ 1998, 35; *Schuch,* SWI 1999, 451; *Jann/Toifl,* SWI 1999, 488; *de Weerth,* IStR 1999, 628; *Kostense,* EC Tax Review 2000, 220; *Martín Jiménez et al.,* BIFD 2001, 241) hat der EuGH entschieden, dass die Abkommensvorteile eines DBA mit einem Drittstaat einer Betriebstätte eines Unternehmens mit Sitz in einem Mitgliedstaat nicht verweigert werden dürfen. Im konkreten Fall musste daher der Betriebstätte des französischen Unternehmens die abkommens-

rechtliche Schachtelbefreiung für Dividenden aus den USA und der Schweiz gewährt werden. Ob daraus eine allgemeine Abkommensberechtigung beschränkt Steuerpflichtiger abgeleitet werden kann, ist allerdings zweifelhaft (s. aber *Schuch,* SWI 1999, 451; *Jann/Toifl,* SWI 1999, 488). Der Quellenstaat muss nach wie vor – auch wenn es sich um einen EU-Mitgliedstaat handelt – für die Frage der Quellenbesteuerung das DBA mit dem Ansässigkeitsstaat des Unternehmens und nicht mit dem Staat der Betriebstätte anwenden. Das Gegenseitigkeitsverhältnis mit dem anderen Vertragsstaat wird dadurch zwar verändert, der EuGH sieht darin aber mit Recht keine Rechtfertigung einer Ungleichbehandlung, solange die Rechte des Drittstaats nicht verletzt werden (Tz. 59). Bestätigung findet dieses Ergebnis in der Entscheidung in der Rechtssache *D.* (EuGH v. 5.7.2005, Rs. C-376/03, Slg. 2005-I, 5821; kritisch dazu unter Verweis auf die EuGH-Entscheidung in der Rechtssache *Open Skies* (EuGH v. 5.11.2002, Rs. C-466/98, Slg. 2002-I, 9427), *Lang,* in FS Malherbe, S. 685). Ohnehin ergibt sich das gleiche Ergebnis bei richtiger Auslegung schon aus den Diskriminierungsklauseln der Abkommen selbst (s. bei Art. 24 Rz. 121). Da nach noch geltender Praxis Zinsaufwendungen und Lizenzgebühren im Betriebstättenstaat nicht abzugsfähig sind, stellt sich auch hier die Frage, ob dies nicht gegen die Niederlassungsfreiheit verstößt, da insofern Betriebstätten und Tochtergesellschaften unterschiedlich behandelt werden.

Auch in dem Fall, in dem die Betriebstätte Zinsen oder Lizenzgebühren an einen Nutzungsberechtigten in einem anderen Staat zahlt und die Aufwendungen ihr zuzurechnen sind, entsteht ein Dreiecksverhältnis, wenn das Unternehmen in einem anderen Drittstaat ansässig ist. Allerdings bestimmt insofern Art. 11 Abs. 5 den Betriebstättenstaat als Quellenstaat, so dass der Ansässigkeitsstaat des Unternehmens zur Besteuerung nicht mehr befugt ist (der Inhalt der Abkommensberechtigung ist mit anderen Worten von einem DBA zwischen zwei Ländern abhängig, in denen der Nutzungsberechtigte nicht ansässig ist, vgl. MA-Komm. Art. 11 Ziff. 28 bis 30). Der Staat des Nutzungsberechtigten muss hier die Steuer des Betriebstättenstaats aufgrund des Abkommens mit diesem Staat anrechnen oder freistellen, obwohl der zugrunde liegende Vertrag mit einer Person in einem anderen Staat abgeschlossen wurde und der Nutzungsberechtigte von der Verwendung für die Betriebstätte u. U. keine Kenntnis hatte (anders wird in der Literatur angenommen, dass auch der Ansässigkeitsstaat des Schuldners zur Besteuerung berechtigt ist, s. dazu noch eingehend bei Art. 11 Rz. 104ff. und die dortigen Literaturhinweise). Für Lizenzgebühren gilt Entsprechendes, soweit abweichend vom MA ein Quellenbesteuerungsrecht vereinbart ist. Häufig finden sich in diesen DBA ohnehin dem Art. 11 Abs. 5 entsprechende Quellenregeln (s. Art. 12 Rz. 35). **12a**

Dreiecksprobleme stellen sich ferner in Fällen **doppelter Ansässigkeit**. Diese entstehen vor allem häufiger in Ländern, die der unbeschränkten Steuerpflicht das Gründungsprinzip („incorporation“) zugrunde legen. Zahlt das doppelt ansässige Unternehmen Dividenden, Zinsen oder Lizenzgebühren an einen Empfänger in einem Drittstaat, stellt sich in beiden Ansässigkeitsstaaten die Frage, ob Quellensteuern einbehalten werden kann. Die Tie-Breaker-Rule des Art. 4 Abs. 3 MA kann im Grundsatz in einem solchen Fall nicht zur Anwendung kommen, da sie nur im Verhältnis der beiden Ansässigkeitsstaaten Wirkung entfalten kann, nicht aber im Verhältnis zu einem Drittstaat. Dies ist aber seit 2008 in Ziff. 8.2 Satz 2 des OECD-Komm. zu Art. 4 anders geregelt. Man wird der Änderung schon aus praktischen Gründen zustimmen können, zumal die Tie-Breaker-Regelungen auch internationales Gewohnheitsrecht zum Ausdruck bringen. Anders hat auch der niederländische Hoge Raad (BNB 2001/295) der Tie-Breaker-rule der „Regelung für die Besteuerung im Königreich der Niederlande“ (BRK) (diese entspricht insofern dem OECD-MA) allgemeine Geltung beigemessen. Die Entscheidung lässt sich aber kaum auf DBA übertragen, da die BRK ein Gesetz darstellt, **12b** das als lex specialis das niederländische Steuerrecht beeinflussen kann (anders aber *Vogel,* BIFD 2002, 2, der meint, die Entscheidung könne auch Auswirkungen auf das Abkommensrecht haben). Folgt man allerdings der Auffassung, dass „incorporation" kein von Art. 4 Abs. 1 MA erfasstes Kriterium darstellt (s. dazu bei Art. 4 Rz. 112) und ist das Merkmal der Gründung nicht ausdrücklich in Art. 4 Abs. 1 des jeweiligen DBA genannt, lösen sich diese Fälle schon dadurch, dass der Steuerpflichtige zwar im Lande der Gründung nach nationalem Recht ansässig ist, nicht aber nach Abkommensrecht.

e) Personengesellschaften:

13 **Literatur:** *Agarwal/Chaudhun,* Intertax 2011, 564; *Anger/Wagemann,* IStR 2012, 648; *Ballestrem, Graf von,* S. 1 ff.; *Barenfeld,* S. 1 ff.; *Becker/Loose,* BB 2011, 1559; *dies.,* BB 2011, 2404; *Beiser,* ÖStZ 2011, 453 und 479; *ders.,* DStZ 2013, 99; *Beudeker,* MBB 2010, 167; *Blumers/Zillmer,* BB 2010, 1375; *Boidman/Kandev,* CTJ 2009, 880; *Boles,* S. 1 ff.; *van Bortel,* A. F. T. maart 2009, 42; *Brähler/Engelhard,* IStR 2010, 889; *Brähler/Mayer,* IStR 2010, 678; *Brähler/Scholz/Schmiedel,* SWI 2011, 426; *Brähler/Scholz/Sehrt,* IWB 2011, 402; *Canete/Eckerstorfer,* SWI 2010, 203; *Cui,* BIT 2010, 559; *Daniels,* S. 1 ff.; *Danon,* BIT 2014, 192; *Darmo,* CTJ 2005, 481; *Debatin,* BB 1978, 670; *Delp,* in Grotherr, Handbuch der internationalen Steuerplanung, S. 1663; *Demleiter,* ISR 2013, 131; *Denninger/Gillamariam/Stoll,* StuB 2011, 948; *Djanani/Brähler/Hartmann,* StR 2003, 456; *Djanani/Brähler,* StuW 2007, 53; *Djanani/Brähler/Waldbach,* IStR 2011, 317; *Donati,* S. 1 ff.; *Drüen/van Heek,* DStR 2012, 541; *Eilers,* IStR 2008, 22; *Engel/Hilbert,* BFR 2012, 394; *Feldgen,* IWB 2010, 232; *Fibbe,* MBB 2010, 145; *Fibbe/Lamers/Stevens,* MBB 2011/05; *Endres/Schultz,* in Grotherr, Handbuch der internationalen Steuerplanung, S. 273; *Gassner/Lang/Lechner,* S. 1 ff.; *Goebel/Ungemach/Schmidt/Siegmund,* IStR 2007, 877; *Goldberg,* Essays Int. Tax., S. 155; *Gouthière,* Bulletin Fiscal 1997, 565; *Gröhs,* S. 1 ff.; *Gündisch,* S. 1 ff.; *ders.,* IStR 2005, 829; *Haase,* IWB 2008, 1133; *ders.,* IWB 2013, 162; *Haase/Brändel,* IStR 2011, 255; *Haase/Steierberg,* IWB 2014, 4; *Hahn,* RIW 2008, 212; *Hartmann,* S. 1 ff.; *Haun,* in Grotherr, Handbuch der internationalen Steuerplanung, 1761; *Haun/Reiser,* GmbHR 2007, 915; *Haun/Reiser/Mödinger,* GmbHR 2010, 637; *Helminen,* BIFD 2002, 327; *Herrmann,* S. 1 ff.; *Hey/Bauersfeld,* IStR 2005, 649; *Hinnekens,* BIT 2008, 353; *Hölscher,* IWB F. 3 Deutschland Gr. 2, 1361 (2007); *Hoozemans,* ET 2002, 72; *Hochheim,* S. 1 ff.; *Hruschka,* DStR 2010, 1357; *Hoor,* ET 2012, 135; *Hruschka,* DStR 2010, 1357; *Johnson/Lille,* BIT 2009, 381; *Jacob/Hagena,* IStR 2013, 485; *Jacob/Klein,* IStR 2014, 121; *Jochum,* IStR 2014, 1; *Kahlenberg,* PIStB 2013, 310; *ders.,* ET 2014, 152; *van Kempen,* WFR 2005/573; *Killius,* S. 1 ff.; *Kluge,* S. 70 ff.; *Knobbe-Keuk,* RIW 1991, 306; *Kofler/Moshammer,* SWI 2013, 6; *Kopec/Mroz,* Ubg 2014, 164; *Kosters,* APTB 2006, 19; *Krabbe,* RIW 1976, 135; *ders.,* IWB F. 3 Deutschland Gr. 2 (1998), S. 753; *ders.,* IWB F. 3 Deutschland Gr. 2 (2000), S. 863; *ders.,* IStR 2002, 145; *ders.,* FR 2001, S. 129; *Krauß,* IStR 2014, 165; *Laghmouchi,* BIT 2006, 81; *M. Lang,* SWI 2000, 60; *ders.,* in FS L. Fischer, S. 713; *ders.,* IStR 2000, 129; *ders.,* BIFD 2001, S. 596; *ders.,* CDFI Vol. 89, 2004, 28; *ders.,* IStR 2007, 606; *ders.,* IStR 2010, 114; *ders.,* IStR 2011, 1; *ders.,* IStR 2012, 857; *ders.,* in Bertl u. a. [Hrsg.], Die Personengesellschaft im Unternehmens- und Steuerrecht, 225 ff.; *M. Lang/Reich/Schmidt,* IStR 2007, 1; *ders.,* IStR 2007, 606; *Lang/Staringer,* CDFI 99b (2014), 17 ff. (s. auch die Nationalberichte dort); *LeGall,* RDAI 1988, 213; *ders.,* CDFI LXXXa (1995), S. 709, und Nationalberichte, a. a. O., S. 19 ff.; *ders.,* Dr. Fisc. 2000, 621; *Lehner/Reimer,* IStR 2005, 542; *Leitner/Nowotny,* in FS *Loukota* (2005), S. 313; *Lieber,* IWB 2010, 351; *Lüdicke,* IStR 2011, 91; *ders.,* S. 95; *Martini,* IStR 2012, 441; *Mayr,* IStR 2013, 96; *Mensching,* IStR 2008, 687; *Milet,* CTJ 2011, 25; *Möbus,* S. 1 ff.; *Mössner,* S. 782 ff., 1009 ff.; *Müller,* IStR 2005, 181; *Müller/Wangler,* IStR 2003, 145; *Oepen/Münch,* IStR 2009, 55; *Pancham,* MBB 2010, 158; *Peeters,* S. 1 ff.; *Peter,* RIW 2009, 819; *Philipp,* CDFI LVIII b (1973), S. 1; *Philipp,* IStR 2010, 204; *Piltz,* Personengesellschaften, S. 1 ff.; *Plewka/Renger,* IStR 2006, 586; *Pötgens/de Heer,* Intertax 2012, 54; *Popa,* ET 2012, 181; *ders.,* ET 2013, 299; *Pott,* S. 1 ff.; *Prinz,* FR 2012, 381; *Prinz zu Hohenlohe/Rautenstrauch/Wittmann,* BB 2012, 357; *Pusill-Wachtsmuth,* S. 1 ff.; *Richter,* FR 2010, 544; *ders.,* GmbHR 2012, 1117; *Riemenschneider,* S. 1 ff.; *Rosenthal,* IStR 2007, 610; *Russo/Pedrazzini,* ET 2005, 138; *Salomé/Danon,* Intertax 2003, 190; *Salzmann,* IWB 2012, 359; *Schaffner,* BIT 2000, 218; *Schaumburg,* Stbg 1999, 97 (Teil 1), 156 (Teil 2); *Schick,* IWB 2011, 93; *ders.,* IWB 2011,

241; *Schoessl/Frey,* in Grotherr, Handbuch der internationalen Steuerplanung, 783; *Schild/Abele,* in Grotherr, Handbuch der internationalen Steuerplanung, 1735; *Schmalz,* IStR 2003, 290; *Schmidt, Chr.,* IStR 1996, 14; *ders.,* IStR 2001, 489; *ders.,* Wpg 2002, 1134 und 1232; *ders.,* IStR 2010, 413; *ders.,* IWB 2011, 696; *ders.,* in Lüdicke, Internationales Steuerrecht, S. 185; *Schmidt, S.,* PIStB 2014, 66 und 103; *Schmidt/Blöchle,* IStR 2003, 685; *Schmitt-Homann,* DStR 2010, 1357; *Schmittker,* in Baumhoff/Schönfeld, Doppelbesteuerungsabkommen, 43; *Schnittker/Lemaitre,* FR 2003, 485; *Schön,* S. 139; *Schutz,* WFR 2009/156; *Sedemund,* RIW 2006, 533; *Sliwka/Schmidt,* IStR 2007, 694; *Sonnleitner/Winkelhog,* BB 2014, 473; *Spengel/Schaden/Wehrße,* StuW 2010, 44; *dies.,* StuW 2012, 105; *Stevens,* MBB 2010, 1375; *ders.,* NTFR-B 2011/45; *Stiastny/Stradinger,* SWI 2013, 18; *Strunk/Kaminski,* IStR 2003, 181; *Stümper,* PIStB 2010, 249; *Suchanek,* IStR 2007, 654; *Suchanek/Herbst,* Ubg 2011, 779; *Susarla,* APTB 2011, 200; *Töifl,* S. 1 ff.; *Urtz/Züger* (Hrsg.), S. 1 ff.; *van Raad,* CDFI LXXIIIa (1988), S. 113; *Strunk/Kaminski,* IStR 2007, 2003; *Vees,* DB 2010, 1422; *Vithlani,* CTJ 2004, 294; *K. Vogel,* IStR 1999, 5; *Wassermeyer,* IStR 1998, 489; *ders.,* IStR 1999, 8; *ders.,* IStR 1999, 481; *ders.,* IStR 2004, 676; *ders.,* IStR 2007, 211; *ders.,* IStR 2007, 413; *ders.,* Der Konzern 2008, 338; *ders.,* IStR 2010, 683; *ders.,* FR 2010, 537; *ders.,* in FS Herzig, S. 897; *ders.,* IStR 2011, 85; *ders.,* Ubg 2011, 47; *Wassermeyer/Richter/Schnittker,* S. 1 ff.; *Weggenmann,* S. 1 ff.; *Weggenmann/Rödl,* in FS Reiss (2008), 697; *Wehrße,* S. 1 ff.; *Wittkowski/Kleinknecht,* IWB 3-D-2, 1403 (2009); *Zimmermann,* ZSiS 12/2006, 1.

OECD-Dokumente: *OECD,* The application of the OECD model tax convention to partnerships, Paris (1999).

Verwaltungsanweisungen: BMF, Schreiben v. 16.4.2010, BStBl. I 2010, 354 (Anwendung der Doppelbesteuerungsabkommen (DBA) auf Personengesellschaften); BMF November 2013, Entwurf eines Schreibens zur Anwendung der Doppelbesteuerungsabkommen (DBA) auf Personengesellschaften (veröffentlicht auf der Homepage des BMF).

S. auch die **Literaturübersichten** zu Sondervergütungen unten Rz. 37 und zu anderen Rechtsformen Rz. 52, 53, 54, 55, 55e und 55l.

aa) Einführung: Besondere Schwierigkeiten ergeben sich hinsichtlich der Abkommensberechtigung von transparenten Gebilden, insbesondere von **Personengesellschaften,** wenn sie in einem der beiden Vertragsstaaten als selbstständig steuerpflichtig behandelt, im anderen ihre Einkünfte und Vermögenswerte den Gesellschaftern zugerechnet werden. Wegen dieser Unterschiede hatte sich der Steuerausschuss der OECD ursprünglich nicht in der Lage gesehen, eine einheitliche, abkommensautonome Regelung vorzuschlagen; dasselbe gilt für das UN-MA (UN-Komm., Ziff. 45). 1993 setzte der Steuerausschuss eine Arbeitsgruppe ein, deren erster Bericht über Personengesellschaften im Januar 1999 vom Ausschuss angenommen worden ist (s. dazu insbes. *Schmidt,* IStR 2001, 489; *Engelen/Pötgens,* ET 2000, 250; *Schaffner,* BIT 2000, 218). Auf der Grundlage dieses Berichts wurde der Kommentar zum OECD-Musterabkommen 2000 völlig neu geschrieben. Im Gegensatz zu den Niederlanden (OECD-MA Ziff. 27.1) hat Deutschland keinen Vorbehalt gegenüber den Ausführungen des neuen MA-MK eingebracht. Es ist daher davon auszugehen, dass die deutsche Verwaltungspraxis dem Kommentar folgen wird (anders aber OFD Berlin v. 21.1.2003, IStR 2003, 138; jetzt aber ansatzweise in diese Richtung BMF v. 16.4.2010, BStBl. I 2010, 354 ff. 14

Neben der Abkommensberechtigung ist bei diesen Gesellschaften regelmäßig auch die **abkommensrechtliche Zuordnung** ihrer Einkünfte zweifelhaft – entsprechend nationalem Recht oder abweichend von ihm? –, ebenso deren Abgrenzung gegenüber sonstigen Einkünften der Gesellschafter – insbesondere aus Sonderrechtsverhältnissen zur Gesellschaft –, schließlich die abkommensrechtliche Einordnung ihrer Ausschüttungen – ob sie „Dividenden" i. S. des Art. 10 MA sind –. Über diese Fragen s. eingehend *Le Gall,* CDFI LXXX a, und zu Art. 7 Rz. 36 ff., 58 ff.; Art. 10 Rz. 188, 210; über entsprechende Fragen bei sonstigen Personenzusammenschlüssen und Vermögensmassen s. in den Erläuterungen des vorliegenden Artikels Rz. 51 ff. Ferner ergeben sich abkommensrechtliche Unterschiede je 15 nachdem, ob die Gesellschaft gewerbliche Einkünfte erzielt oder vermögensverwaltend tätig ist. Hier bei Art. 1 werden nur die mit der Abkommensberechtigung zusammenhängenden Fragen behandelt.

16 Zu den Personengesellschaften zählt auch die Europäische Wirtschaftliche Interessenvereinigung **(EWIV);** s. Verordnung des Rates vom 25.7.1985, ABl. Nr. L 199, v. 31.7.1985, 1. Nach dem deutschen Ausführungsgesetz zu dieser Verordnung, BGBl. I 1988, 514, sind in Deutschland auf sie die Vorschriften über offene Handelsgesellschaften anzuwenden, s. zur EWIV: *Goldsworth,* TNI July 1989, 5; *B. Knobbe-Keuk,* EWS 1992, 1; *den Boer-Drinkenburg/Delp,* RIW 1994, 960; GKG/*Wilke* Art. 1 OECD-MA Rz. 44 ff.).

17 **bb) Einordnungsproblem:** Die Abkommensberechtigung der Personengesellschaften hängt zum Teil von der **Vorfrage** ab, ob die Gesellschaft – oder allgemeiner: das zu beurteilende Rechtsgebilde – in dem betreffenden Staat als solches steuerpflichtig ist. Ist dies nicht der Fall, werden vielmehr die Gesellschafter oder bestimmte Begünstigte als steuerpflichtig behandelt, so bezeichnet man das Rechtsgebilde als steuerlich **transparent** (in den USA spricht man auch von „pass-through entities", der Ausdruck ist aber nicht eindeutig); ist das Gebilde dagegen als solches steuerpflichtig, so bezeichnet man es als steuerlich **intransparent** (*van Raad,* Anerkennung, S. 113 ff.). Anhang III des OECD-Berichts über Personengesellschaften enthält eine Zusammenstellung der Rechtsformen in den Mitgliedsländern sowie Hinweise auf ihre jeweilige steuerliche Behandlung als transparent oder intransparent im jeweiligen Ansässigkeitsstaat. Personengesellschaften sind hybride, wenn sie in den beteiligten Staaten unterschiedlich eingeordnet werden.

18 Die Einordnung eines Rechtsgebildes lässt sich im Grundsatz auf zwei verschiedenen Wegen lösen. Traditionell wurde die Einordnung, wenn nicht ein Abkommen etwas anderes vorschrieb, nach den Grundsätzen des **inländischen Rechts** des Staates beurteilt, um dessen Steuerpflicht es sich handelte. Auch heute wird häufig noch so vorgegangen (vgl. etwa BMF v. 16.4.2010, BStBl. I 2010, 354 Tz. 1, BMF Entwurf v. Nov. 2013, Tz. 1.2). Das ist auch durchaus folgerichtig, da sich die Steuerpflicht nach nationalem Recht richtet und das Steuersubjekt nicht nach ausländischem Recht bestimmt werden kann. Allerdings stellt sich die Frage, ob die nationale Einordnung auch auf das Abkommensrecht durchschlagen muss.

18a Jedenfalls hat die nationalrechtliche Vorgehensweise den Nachteil, dass dies unterschiedliche Einordnungen zur Folge haben kann und Einkünfte dementsprechend einer doppelten Besteuerung unterliegen oder in keinem der beteiligten Länder besteuert werden. Deshalb gewinnt die von der OECD vorgeschlagene Lösung mehr und mehr an Einfluss, die eine uniforme Einordnung gewährleisten soll. Danach ist für die abkommensrechtliche Einordnung einer Personengesellschaft die steuerliche Behandlung im Staat der Personengesellschaft maßgebend (s. dazu noch unten Rz. 19). In Belgien hat zum Beispiel der *Hof van Cassatie* (s. Rz. 22b) die Einordnung des Ansässigkeitsstaats der Gesellschaft übernommen, ohne sich allerdings auf das OECD-MA oder den OECD-Bericht zu den Personengesellschaften zu berufen. Demgegenüber bleibt die deutsche Finanzverwaltung (noch) der traditionellen Sichtweise verhaftet. Im BMF-Schreiben v. 19.3.2004 (BStBl. I 2004, 411, unter IV.) zur Einordnung der US-amerikanischen LLC heißt es ausdrücklich: „Das Abkommen bestimmt nicht, dass über die Einordnung eines Rechtsgebildes das Recht des Sitzstaates entscheidet. Jeder Vertragsstaat nimmt vielmehr die Einordnung bei der Anwendung des Abkommens nach seinem eigenen Recht vor". Die Sichtweise wird prinzipiell auch im BMF-Schreiben zur Anwendung der DBA auf Personengesellschaften beibehalten (Tz. 1.2), bei Qualifikationskonflikten, die darauf beruhen, dass die Vertragsstaaten aufgrund Art. 3 Abs. 2 MA zu unterschiedlichen Auslegungen gelangen, will die deutsche Finanzverwaltung dem MA-Komm. in Zukunft folgen (Tz. 4.1.3.3). Sie will die Rechtsfolgenverkettung auch auf DBA anwenden, die schon vor der entsprechenden Änderung des MA-Komm. abgeschlossen worden sind (Tz. 4.1.3.3.2; ebenso BMF Entwurf v. Nov. 2013, Tz. 4.1.3.3.1 und 4.1.3.3.2; zur Kritik s. oben Grundl. Rz. 158d und *Wassermeyer,* IStR 2007, 413).

Die OECD kommt über die Auslegung von Art. 23 MA zu folgendem Ergebnis. Findet die Besteuerung im Quellenstaat in „Übereinstimmung mit den Bestimmungen des Abkommens" statt, ist der Ansässigkeitsstaat verpflichtet, die Freistellung oder Anrechnung zu gewähren, unabhängig davon, wie er die Einkünfte nach eigenem Recht qualifizieren würde (Ziff. 32.4 MA-Komm. zu Art. 23). Danach bestimmt sich also zum einen die Abkommensberechtigung nach dem Recht des Quellenstaates (Tz. 53 OECD-Partnership-Report), zum anderen ergibt sich daraus nachfolgend auch die Qualifizierung der Einkünfte (Tz. 103 f. OECD-Partnership-Report) (weitgehend zustimmend SKK/*Gold,* AStG/DBA Art. 1 Rz. 19 ff.). Allerdings werden Zweifel daran geäußert, ob die „Neuinterpretation" des Art. 23 MA zutreffend sei. Teilweise wird die gesamte Auslegung als dogmatisch nicht begründbar angesehen (s. etwa *Gündisch,* IStR 2005, 829), teilweise wird vertreten, man könne auch über eine autonome Interpretation der Verteilungsnormen zu einem Ergebnis gelangen, das mit dem Ergebnis des OECD-Partnership-Reports übereinstimmt (so *Schmalz,* IStR 2003, 290 zum Verhältnis zwischen Art. 13 Abs. 2 MA und Art. 13 Abs. 5 MA) (s. dazu noch eingehend Grundl. Rz. 113 ff. und Art. 23 Rz. 130a ff.). 18b

cc) Innerstaatliche Einordnung: Die für die Einordnung nach inländischem Recht notwendige Subsumtion unter die Begriffe des inländischen Einkommen-, Körperschaft- und Vermögensteuerrechts (in *Deutschland:* § 15 Abs. 1 Nr. 2 EStG, § 2 KStG, § 2 Abs. 1 Nr. 2 VermStG, in *USA:* sec. 1, 11, 701, 761 IRC, in *Großbritannien:* ICTA 1988, S. 8, 18; CGTA 1979, S. 1 usw.) wird im Schrifttum oft irreführend als „Qualifikation" bezeichnet (z.B. *Arendt,* StuW 1960, 350; s. aber Grundl. Rz. 96g). Besser spricht man von Substitution oder mit dem BFH von **Einordnung.** Maßgebend für die innerstaatliche Behandlung ist dann nicht die rechtliche Zuordnung in dem ausländischen Staat, nach dessen Recht das Gebilde errichtet ist oder in dem es seinen Sitz hat, noch weniger die ausländische Besteuerung. Vielmehr ist darauf abzustellen, ob der ausländische Rechtsträger nach seinem rechtlichen Aufbau und seiner wirtschaftlichen Stellung insgesamt eher mit einem in dem besteuernden Staat als solchem steuerpflichtigen Gebilde zu vergleichen ist oder mit einer Personenmehrheit, deren Einkünfte oder auch Vermögen nicht bei dieser, sondern anteilig bei ihren Mitgliedern besteuert werden („Rechtstypenvergleich"), s. allgemein: *Philipp,* Personengesellschaften, S. 6; *van Raad,* Anerkennung, S. 113 ff.; *Daniels,* Issues, S. 99 ff. 19

In Deutschland ist der Rechtstypenvergleich vom RFH in der Venezuela-Entscheidung (RFH RStBl. 1930, 444 zu einer Kommanditgesellschaft venezolanischen Rechts) entwickelt worden. Seitdem bildet der Rechtstypenvergleich die Basis der Einordnung ausländischer Rechtsgebilde (vgl. BFH BStBl. II 1968, 695; BStBl. II 1981, 222; BStBl. II 1988, 588; BStBl. II 1992, 972; BStBl. II 1993, 399; BStBl. II 1995, 653); allgemein s. ferner: *Arendt* a. a. O.; *Raupach,* Durchgriff, S. 135 ff.; *Piltz,* Personengesellschaften, S. 57 f.; *Pott,* Kollision, S. 51 ff.; *Martini,* IStR 2012, 441; entsprechend für die Gewerbesteuer: BFH BStBl. II 1983, 77). Eine abweichende Auffassung im deutschen Schrifttum und eine vorübergehend abweichende Verwaltungspraxis haben sich nicht durchsetzen können: *Hintzen,* DStR 1971, 327; *ders.,* StuW 1974, 319; FinMin NRW v. 20.3.1973, koordinierter Ländererlass, FR 1973, 216, inzwischen zurückgenommen; dagegen (also in Übereinstimmung mit der von der Grundsatzentscheidung des RFH ausgehenden h. M.): *Streck,* FR 1973, 537; *H. Krabbe,* RIW/AWD 1976, 135; *Kluge,* DStR 1976, 365; *Wurster,* FR 1980, 588; *ders.,* RIW/AWD 1981, 679; die von *Schlütter,* 19a

DStJG 4 (1985), 215 (227) vertretene Meinung, das ausländische Unternehmen sollte ein Wahlrecht haben – d. h. selber entscheiden, wie es von dem besteuernden Staat einzuordnen sei –, hat bisher in Deutschland keine Unterstützung gefunden. Das FG Baden-Württemberg hat in einem Urteil vom 17.3.2008 (EFG 2008, 1098: *DBA USA* zu einer US-amerikanischen LLC) auf den Rechtstypenvergleich verzichtet, da es darauf für die Rechtsfolgen nicht ankäme (kritisch hierzu *Haase,* IWB 3-D-2, 1385 (2008)). Der BFH hat diese Entscheidung aber aufgehoben (BFH BStBl. II 2009, 263: DBA *USA*; s. dazu noch Rz. 19c).

19b Ein ausländisches Gebilde ist nach dem Rechtstypenvergleich als Körperschaft einzuordnen, wenn (1) die Gesellschaft eine zentralisierte Geschäftsführung und Vertretung besitzt, (2) die Haftung beschränkt ist, (3) die Anteile frei übertragen werden können, (4) ein Mindestkapital eingezahlt werden muss und (5) die Gesellschaft rechtsfähig ist. Diese Kriterien müssen nicht alle zugleich gegeben sein, es reicht aus, wenn sie überwiegen. Dementsprechend ist z. B. eine chilenische oder argentinische „sociedad de responsabilidad limitada" der deutschen GmbH gleichzustellen (BMF v. 1.12.1980, FR 1981, 70; BMF v. 30.12.1997, FR 1998, 173: Für die argentinische SRL gilt dies ab VZ 1996, da sie nach argentinischem Recht ab diesem Zeitpunkt als Körperschaftsteuersubjekt angesehen wird; für die Zeit davor s. FinMin Hess. v. 26.9.1994, IStR 1994, 549). Das Gleiche gilt für eine griechische „Eteria Periorismenis Evthinis" („EPE = GmbH", s. BMF v. 16.12.1993, BStBl. I 1994, 3). Es galt auch bereits nach dem vor 1992 in Griechenland geltenden Recht, ungeachtet dessen, dass die EPE – obwohl juristische Person – damals nicht als solche steuerpflichtig war. Abweichend betrachtete allerdings der BFH ihre Gewinne abkommensrechtlich nach der dem Art. 7 MA entsprechenden Vorschrift als Betriebstättengewinne der Gesellschafter (BFH HFR 1992, 109; BFH/NV 1992, 600: beide *DBA Griechenland;* dazu *Kramer,* RIW 1992, 481). Griechische Personalgesellschaften („Omorrythmos Eteria" und „Eterorythmos Eteria") sind zwar steuerlich „intransparent" (sie unterliegen der Einkommen-, nicht der Körperschaftsteuer) und können wie die EPE von ihrem Gewinn ein „Gehalt" für die geschäftsführenden Gesellschafter absetzen. Da ihre zivilrechtliche Struktur aber weitgehend der der deutschen OHG und KG entspricht, bleiben sie für das deutsche Steuerrecht Personalgesellschaften. Dasselbe gilt für Personalgesellschaften aus Rumänien (BMF v. 1.10.1997 BStBl. I 1997, 863; aufgehoben durch BMF v. 16.4.2010, BStBl. I 2010, 354), Spanien (BMF v. 28.5.1998, BStBl. I 1998, 557; aufgehoben durch BMF v. 16.4.2010, BStBl. I 2010, 354 zu *DBA Spanien 1966*), der Slowakei und Tschechien (BMF v. 13.1.1997, BStBl. I 1997, 97; aufgehoben durch BMF v. 16.4.2010, BStBl. I 2010, 354), Tunesien (BMF v. 25.8.1997, BStBl. I 1997, 796; aufgehoben durch BMF v. 16.4.2010, BStBl. I 2010, 354) und Ungarn (Verständigungsvereinbarung, s. BMF v. 29.4.1993, BStBl. I 1993, 342; aufgehoben durch BMF v. 16.4.2010, BStBl. I 2010, 354 zu *DBA Ungarn 1977*). Für eine vergleichende Zusammenstellung ausländischer und inländischer Gesellschaftsformen s. BMF v. 24.12.1999, BStBl. I 1999, 1076, Anhang I, Tabellen 1 und 2 sowie die Anlage zu BMF v. 16.4.2010, BStBl. I 2010, 354.

19c Die Einordnung einer US-amerikanischen LLC lässt sich wegen der weitreichenden Möglichkeiten der Ausgestaltung im Einzelfall nicht generell vollziehen (s. dazu *Wittkowski/Kleinknecht,* IWB 3-D-2, 1403), vielmehr muss die Einordnung auf Grund der konkreten Gestaltung erfolgen (BMF v. 19.3.2004, BStBl. I 2004, 411; BFH BStBl. II 2009, 263; das FG Baden-Württemberg RIW 2009, 887 kommt zum Schluss, dass es sich im konkreten Einzelfall um eine Personengesellschaft handelt). Zur Einordnung der britischen LLP SenFin Berlin v. 19.1.2007, DStR 2007, 1034 und *Eilers,* IStR 2008, 22; s. auch *Schnittker/Lemaitre,* FR 2003, 485 zur Einordnung der US-LLP; ferner *Philipp*, IStR 2010, 204 zur Einordnung einer Delaware LP.

Lebhaft gestritten hat man in Deutschland über die Einordnung ausländischer juristischer Personen, die ihren **Verwaltungssitz** in das deutsche Hoheitsgebiet **verlegen.** Den Anlass zu dieser Diskussion gaben vor allem britische „private companies limited by shares", deren Geschäftsleitung in Deutschland geführt wurde, um für sie hier eine unbeschränkte Steuerpflicht zu begründen und ihnen so einen Anspruch auf Anrechnung der deutschen Körperschaftsteuer zu verschaffen (als sog. **doppelt ansässige Gesellschaften,** s. u. zu Art. 4 Rz. 244; zu den steuerlichen Folgen einer Löschung einer britischen Limited s. BMF v. 6.1.2014, BStBl. I 2014, 111). Nach der im deutschen Internationalen Privatrecht herrschenden, freilich umstrittenen „Sitztheorie" verloren jene Gesellschaften durch die Sitzverlegung nach Deutschland ihre Rechtsfähigkeit. Die Finanzverwaltung folgerte daraus, dass sie in Deutschland nicht körperschaftsteuerpflichtig seien, sondern ihre Gesellschafter der Einkommensteuer unterlägen. Der BFH entschied jedoch, dass es für die Körperschaftsteuerpflicht der genannten Gesellschaften auf ihre Rechtsfähigkeit nicht ankomme; sie seien nach der Gesamtheit ihrer Merkmale den inländischen Körperschaftsteuersubjekten als gleichartig einzuordnen (ob unter § 1 Abs. 1 Nr. 5 oder unter § 3 Abs. 1 KStG könne unentschieden bleiben: BFH BStBl. II 1992, 972 und BStBl. II 1993, 222, s. auch BStBl. II 1992, 263). Die Finanzverwaltung hat daraufhin ihre frühere Auffassung aufgegeben und sich dem BFH angeschlossen (FinMin Brdbg. v. 1.9.1993 (koord.), RIW 1993, 876; OFD Koblenz v. 8.8.1997, RIW 1997, 1066). Die Anerkennung der unbeschränkten Körperschaftsteuerpflicht in diesen Fällen führt insbesondere dazu, dass bei Vorliegen einer inländischen Betriebstätte keine Schlussbesteuerung nach §§ 11, 12 Abs. 2 KStG durchgeführt werden kann (BFH IStR 2001, 152; dazu *Dörrfuß,* IStR 2001, 147). Insgesamt zu den rechtlichen Problemen, die sich in diesem Zusammenhang ergeben, s.: *Lehner,* RIW 1988, 201, sowie die Referate und Diskussionsbeiträge in Hausmann/Raupach u. a., Steuergestaltung durch doppelt ansässige Gesellschaften 1988; s. ferner: *Brood,* Intertax 1990, 22; *Ebenroth/Daiber,* ET 1990, 175; *Frommel,* ET 1990, 267; *Piltz,* FR 1990, 608; *Debatin,* GmbHR 1991, 164; *Henkel,* RIW 1991, 565; *Eppler,* DB 1991, 1949; *Ebenroth/Auer,* RIW 1992 Beil. 1 zu Heft 3; *dies.,* RIW 1992, 998; *Großmann,* S. 35 ff. (49 ff.). Für Italien: *Maisto,* ET 1994, 136. Für den Fall der Europäischen Aktiengesellschaft (SE) regelt schon das europäische Recht selbst, dass eine solche Gesellschaft durch die Verlegung von Geschäftsleitung und Sitz in einen anderen Mitgliedstaat nicht untergeht (Art. 8 Abs. 1 VO). Allerdings bleiben davon steuerliche Auswirkungen unberührt, die nach nationalem Recht mit der Verlegung verbunden sind (z. B. Wegzugsteuern) (s. dazu *Soler Roch,* Tax Residence of the SE, ET 2004, 11; *Thömmes,* ET 2004, 22). 20

Die Sitztheorie ist nach der *Centros*-Entscheidung des EuGH v. 16.7.1998 (Rs. C-212/97, Slg. 1999-I, 1459; s. dazu *Sörgel,* DB 1999, 2236; *Meilicke,* DB 1999, 627; *Kindler,* NJW 1999, 1993; *Görk,* GmbHR 1999, 793; *Bungert,* DB 1999, 1841) auch aus europarechtlicher Sicht zweifelhaft geworden. Beide denkbaren Fälle, also die Verlegung des Sitzes bzw. der Geschäftsführung ins Ausland wie auch die Verlegung des Sitzes bzw. der Geschäftsführung ins Inland, sind von deutschen Gerichten dem EuGH zur Entscheidung vorgelegt worden (für den Wegzug s. AG Heidelberg IStR 2000, 542). Jedenfalls für den Zuzugsfall lässt sich die Sitztheorie nach der Entscheidung des EuGH in den Rechtssachen *Überseering BV* v. 5.11.2002 (Rs. C-208/00, Slg. 2002-I, 9919 = IStR 2002, 809 m. Anm. *Sedemund* und *Schnitger;* s. auch *Thömmes,* IWB F. 11a, 575; *Großerichter,* DStR 2003, 159), *Inspire Art* v. 30.9.2003 (Rs. C-167/01, Slg. 2003-I, 10155), Cartesio v. 16.12.2008 (Rs. C-210/06, Slg. 2008, I 9641) und VALE v. 12.7.2012 (Rs. C-378/10, NJW 2012, 2715; s. dazu *Thömmes,* IWB 2012, 571; *Böttcher/Kraft,* NJW 2012, 2701; *Wicke,* DStR 2012, 1756; s. auch EFTA Court v. 3.10.2012 20a

Rs. E-15/11 – Arcade Drilling AS zur norwegischen Rechtslage) nicht mehr halten. Der Aufnahmestaat muss eine nach dem Recht eines anderen Mitgliedsstaats errichtete Gesellschaft, die eine der Rechtsformen des Aufnahmestaats annehmen will, unter Wahrung ihrer Identität in seine Rechtsordnung aufnehmen (s. etwa *Schönhaus/Müller,* IStR 2013, 174). Zu den Konsequenzen für den Wegzug und Zuzug von Personengesellschaften s. *Schnittker/Benecke,* FR 2010, 565.

20b Entsprechendes gilt nach neuerer zivilrechtlicher Rechtsprechung (BGH DB 2003, 818) gemäß dem Freundschafts-, Handels- und Schifffahrtsvertrages v. 1954 auch für eine US-Corporation. Sie ist als solche im Inland anzuerkennen. Das soll allerdings nach Auffassung der Finanzverwaltung das Erfordernis eines Typenvergleichs zum Zwecke der steuerlichen Einordnung nicht berühren (BMF v. 19.3.2004, BStBl. I 2004, 411). Mit anderen Worten soll die zivil- und steuerrechtliche Anerkennung ausländischer Einheiten keine Auswirkungen auf die Frage der Abkommensberechtigung haben. Entsprechendes wird dann wohl auch für das neue GmbH-Recht gelten, wonach der Verwaltungssitz einer deutschen GmbH ins Ausland verlegt werden kann (s. dazu *Wachter,* GmbHR 2006, 793).

20c **Luxemburg** wendet an Deutschland angelehnt den Typenvergleich auf der Basis der Venezuela-Entscheidung des RFH an (s. *Hoor,* ET 2012, 135). So qualifizierte beispielsweise der Luxemburgische Verwaltungsgerichtshof die französische SCI als Personengesellschaft, weil sie in ihren Charakteristiken einer luxemburgischen Personengesellschaft entspricht (Urt. v. 3.5.2007, no. 22499 C: DBA *Luxemburg/Frankreich*).

21 Auch in den **USA** wurden diejenigen Kriterien, die über die Einordnung **inländischer** nichtrechtsfähiger Gebilde als körperschaftsteuerpflichtige „association" (= corporation) oder als „partnership" entscheiden, entsprechend auf die Einordnung **ausländischer** Rechtsgebilde, rechtsfähiger wie nichtrechtsfähiger, insbesondere „hybrider", d.h. nicht eindeutig einzuordnender, angewandt (s. z.B. LTR 9634016 zu deutschen GmbHs, die als transparent angesehen wurden, TNI September 1996, 789). Diese Technik der Einordnung von Gesellschaften wurde durch Secs. 1361–1379 IRC und Treas. Reg. § 301 7701–1 bis –3 (1996) (so genannte „check-the-box" regulations; s. dazu *Zschiegener,* IWB F. 8 Gr. 2, 85 (1997), F. 8 Gr. 2, 997 (1998)) erheblich vereinfacht. Die Regulations gewähren eine gewisse Rechtssicherheit, die bei den bisherigen Einzelfallentscheidungen nicht gegeben war. Bestimmte ausländische Gesellschaftsformen werden ausdrücklich den Körperschaften gleichgestellt („per se list"; z.B. eine UK Public Limited Company oder die deutsche Aktiengesellschaft, aber nicht die GmbH; nunmehr auch die Societas Europea (SE), s. IRS Notice 2004–68). Alle anderen Gebilde („eligible entities") werden je nach Wahl der Gesellschafter als entweder intransparent oder transparent behandelt (s. zur früheren Praxis und allgemein: *Daniels,* Issues, 99; zu den Regulations s. US Joint Committee on Taxation, Selected Issues relating to Choice of Business Entity, July 27, 2012; *Postlewaite,* Bd.1, S. 407 ff.). Allerdings beschränkt sich die Wirkung der Option auf die Besteuerung in den USA. Beziehen Subchapter-S-corporations Einkünfte aus anderen Staaten, so werden sie insofern nach wie vor als selbständige Steuersubjekte behandelt.

21a Prinzipiell gilt die Wahl für fünf Jahre. Die Regulations enthalten einige Bedingungen. Insbesondere muss das Gebilde eine gewisse Eigenständigkeit aufweisen und einer gewerblichen Tätigkeit („business entity") nachgehen. Auch Einmanngesellschaften sind erfasst; sie werden grundsätzlich wie Betriebstätten des unbeschränkt haftenden Gesellschafters behandelt. Ergänzend hat der IRS Quellensteuerrichtlinien erlassen (Prop. Treas. Reg. § 11441–0 bis –9 v. 22.4.1996; gültig ab 1.1.1998), die auf bestimmte Gestaltungen reagieren, die in Folge der check-the-box-Regulations möglich wurden (s. *Apelt,* IStR 1997, 234). Insbesondere wird der Begriff des Nutzungsberechtigten näher definiert (s. dazu noch unten Rz. 35d ff.).

Der IRS hat außerdem auf die Nutzung von „reverse hybrides" (s. Prop. Treas. Reg. § 1.894–1 (d) (2) v. 26.2.2001 und Prop. Treas. Reg. 71 FR 44240 v. 4.8.2006; s. dazu *Lemein/Lipeles/McDonald,* Taxes – The Tax Magazine 7, January 2007) und ferner darauf reagiert, dass Steuerpflichtige mehr und mehr Personengesellschaften dazu nutzten, die Regelungen des Subpart F (sec. 951 ff. IRC) zu umgehen. Der *US Court of Appeals* (Brown Group, Inc., 96–1 USTC 50, 055; *O'Donnell/Dilworth/Milnes-Vasquez,* TNI March 1996, 741; *McCarthy,* BIFD 1996, 448) hatte nämlich die Anwendung dieser Regelungen auf Personengesellschaften verneint. Die Finanzverwaltung hat darauf mit Proposed Regulations vom 23.3.1998 (Prop. Treas. Reg. § 1952–1; § 1954–1) geantwortet. In den am 18.10.2006 verabschiedeten endgültigen Regulations (T. D. 9292, IRB 2006–47, 914) wird die Zurechnung ausländischer Steuern zu den Gesellschaftern und die damit verbundene Anrechnung ausländischer Steuern geregelt (s. dazu *Lau/Stapleton/Carter,* TAXES – The Tax Magazine 41 (May 2007)). Ferner ergeben sich Probleme, wenn Finanzierungsgeschäfte über Gesellschaften vorgenommen werden, die dann für eine transparente Behandlung optieren. Die Finanzverwaltung behandelt dementsprechend gem. Treasury Regulations Section 1.881-3 die transparente Einheit ausnahmsweise als Person, der die Einkünfte zufließen (s. dazu *Carman,* A Better Mouse Trap: IRS finalizes regulations treating disregarded entities as Persons for purposes of Conduit Financing Regulations, DFI 2012, 41).

Für **Frankreich** grundlegend *Conseil d'Etat* v. 4.4.1997, rec. 144 121, Dr. Fisc. 1997, n° 26, comm. 728 – *Kinggroup;* vgl. *LeGall,* Essai, S. 214 ff. (219 f.); *Derouin,* Dr. Fisc. 1997, n° 50, 1443, n° 51, 1484; *Gouthiere,* Bulletin Fiscal 1997, 565; *Coustel/Coudin,* ET 1997, 463; *Milhac/Bayle/Thill,* TMIJ 1999, 563; *LeGall,* Revue de Dr. Fisc. 2000, 621; ferner Instr. 14-B-3–99 v. 6.5.1999; *Conseil d'Etat* v. 13.10.1999, rec. 191 191 Dr. Fisc. 1999, n° 52, comm. 948 – *Diebold Courtage,* concl. *Bachelier, note Arcard* und die Anmerkung von *Hahn,* IStR 2000, 265; Conseil d'Etat v. 9.2.2000, rec. 178 389 – *Société Suisse Hubertus AG*; Conseil d'Etat v. 18.5.2009, rec. 301 763 – *SAS Etablissements Chevannes, Merceron Ballery*. In Frankreich wird die Personengesellschaft als Steuerobjekt angesehen, auch wenn der Unternehmensgewinn nach den persönlichen Umständen der Gesellschafter besteuert wird. Daraus wird dann konsequenterweise auch auf die Abkommensberechtigung der Gesellschaft geschlossen (s. auch den französischen Vorbehalt im OECD-Bericht zu den Personengesellschaften und MA-Komm. Ziff. 27.2; s. ferner *Hahn,* RIW 2008, 212). Das kann auch auf die Qualifizierung der jeweiligen Einkünfte abfärben. Außerdem kommt Art. 7 MA im Verhältnis Gesellschaft-Gesellschafter nicht zur Anwendung, da nach der französischen Konzeption der Gesellschafter der Personengesellschaft keine Betriebstätte in Frankreich haben kann. Art. 4 Abs. 3 des *DBA Frankreich* bezieht sich nicht auf diesen Fall (s. Wassermeyer/*Kramer,* Art. 4 DBA-Frankreich Rz. 54). Vielmehr kommt Art. 21 MA zur Anwendung, so dass die in Frage stehenden Einkünfte wegen der Ansässigkeit der Personengesellschaft in Frankreich der Besteuerung unterliegen (Conseil d'Etat v. 11.7.2011, rec. 317 024 – *Quality Invest*; s. dazu auch *Popa,* ET 2012, 181). Passive Einkünfte einer ausländischen Personengesellschaft unterliegen demnach der Quellenbesteuerung unter Anwendung des ungeminderten inländischen Steuersatzes. In Instr. 4-H-5–07 v. 29.3.2007 wird nunmehr von dieser Praxis abgewichen, wenn bestimmte Voraussetzungen erfüllt sind. Die ausländische Personengesellschaft wird nicht nach inländischen Kriterien, sondern nach der steuerlichen Behandlung im Staat der Personengesellschaft eingeordnet. Ist sie dort ein transparentes Gebilde, kommt bei passiven Einkünften der ausländischen Personengesellschaft das DBA mit dem Ansässigkeitsstaat des Gesellschafters zur Anwendung und damit die abkommensrechtlichen Quellensteuersätze. Handelt es sich um einen in Frankreich ansässigen Gesellschafter, wird keinerlei Quellensteuer erhoben. Die Instr. gilt nur für Ein- 22 künfte wie Dividenden, Zinsen und Lizenzgebühren, nicht aber für gewerbliche Einkünfte.

22a Im **italienischen** Steuerrecht werden ausländische Personengesellschaften im Gegensatz zu inländischen Personengesellschaften als körperschaftsteuerpflichtige Subjekte angesehen. Sie sind daher abkommensberechtigt. Gewinne eines in Italien ansässigen Gesellschafters gelten als Dividenden und werden erst bei Zufluss besteuert. Probleme ergeben sich allerdings insoweit bei der Frage, in welcher Höhe die ausländische Steuer bei der Anrechnung zu berücksichtigen ist (zu Einzelheiten s. noch *Mayr,* IStR 2013, 96).

22b In **Belgien** ist die Frage der Einordnung in einem Circ. AFZ/2004/0053 v. 16.1.2004 geregelt (zu Einzelheiten s. *van Bortel,* A. F. T. März 2009, 42). Dort wird einerseits auf die Maßgeblichkeit der Einordnung im Staat der Personengesellschaft verwiesen, andererseits aber gleichzeitig auch die Einordnung und Besteuerung nach innerstaatlichem Recht verlangt (s. *P. Hinnekens,* BIT 2008, 353; vgl. auch Dienst Voorafgaande beslissingen in fiscale zaken, nr. 900.102 v. 16.6.2009 zu einer LP auf den Cayman Islands; nr. 900.260 v. 17.11.2009 und nr. 2010.229 v. 24.8.2010 zur britischen LLP; nr. 2010.212 und 2010.213 zu einem mexikanischen Trust). Der belgische *Hof van Cassatie* hat in seinem Urteil v. 2.12.2004, TNS 21.1.2005 gegen die Vorinstanz und die Auffassung der Finanzverwaltung die französische Einordnung einer dort ansässigen SCI mit Einkünften aus unbeweglichem Vermögen übernommen (dem folgt nun auch die belgische Finanzverwaltung für eine Beteiligung an einer US LLC, s. TNS v. 1.8.2007; vor der Veröffentlichung des OECD Berichts über Personengesellschaften galt noch eine nationale Betrachtungsweise, s. dazu *P. Hinnekens,* a. a. O., 231 ff. m. w. N.). Da die SCI in Frankreich steuerlich transparent war, kam das Gericht zu dem Ergebnis, dass die Einkünfte in Übereinstimmung mit Art. 6 OECD-MA in Frankreich der Besteuerung unterliegen und Belgien Freistellung zu gewähren hat. Damit lässt das Gericht die innerstaatliche belgische Einordnung (aus belgischer Sicht ist die SCI wie eine Körperschaft zu behandeln, so dass die Gewinnausschüttungen als Dividenden in Belgien der Besteuerung unterliegen würden) außer Acht (s. dazu *De Broe/de la Serna,* A. F. T. 2005, 13).

23 In **Großbritannien** folgt die Einordnung ähnlichen Kriterien wie in Deutschland. Von ausschlaggebender Bedeutung ist insofern das ausländische Gesellschaftsrecht. Allerdings lässt sich eine Tendenz zu einer mehr wirtschaftlichen Betrachtung beobachten (s. insbes. Memec plc v *IRC,* Court of Appeal [1998] STC 754). Der Vergleich mit inländischen Rechtsformen wird zudem schwieriger, da Großbritannien neben der General Partnership, die keine Rechtspersönlichkeit besitzt, im Jahr 2000 die Limited Liability Partnership (LLP) geschaffen hat, die mit Rechtspersönlichkeit ausgestattet ist (ähnlich auch von jeher schottische Personengesellschaften), aber als solche nicht der Besteuerung unterliegt (s. dazu *Hoozemans,* ET 2002, 72). Im Jahr 2005 hat man in Großbritannien sog. „anti hybrid rules" eingeführt, die die missbräuchliche Ausnutzung von Qualifikationsunterschieden verhindern sollen (zu Finanzierungsfragen s. *Kay,* TPI, Vol. 6, 2007). In Swift v Revenue & Customs hat Judge *Avery Jones* den Versuch unternommen, für die Einordnung entscheidend auf die Zurechnung der Einkünfte an die Gesellschafter abzustellen ([2010] UKFTT 88 (TC): DBA *GB/USA* zur Einordnung einer amerikanischen LLC). Das UK Upper Tribunal hat die Entscheidung aber aufgehoben mit der Begründung, es käme entscheidend auf die Eigentumsverhältnisse bezüglich der Wirtschaftsgüter an; habe der Gesellschafter kein Eigentum, sei die Gesellschaft als Körperschaft einzuordnen (HMRC v. George Anson, [2011] UKUT B21 (TCC); s. auch UKHC v. 2010, HMRC v. Bayfine UK Products [2010] EWHC 609 und UKCA Bayfine UK v. HMRC [2011] EWCA Civ. 304; s. dazu *Cleave,* The Bayfine Case: Elaborate Tax Avoidance Scheme Using Tax Treaty fails in

Court of Appeal of England and Wales, BIT 2011, 11; *Fryer*, Bayfine – A purposive approach to interpreting the UK/US tax treaty, TPETS 05/2011, 8).

Ähnlich wie in Großbritannien ist die Praxis in **Australien.** Allerdings kann aufgrund der „Foreign Hybrid Provisions" (Division 830 Income Tax Assessment Act 1997; für mehr Details s. ATO TD 2008/D13 v. 24.9.2008) eine ausländische transparente Personengesellschaft, die als solche in Australien an sich der Körperschaftsteuer unterliegt, wählen, um nach australischem Steuerrecht als transparent behandelt zu werden (s. etwa ATO ID 2008/24 zu einer britischen LP; ATO ID 2008/80 zu einer Delaware Revised Uniform Limited Partnership; ATO ID 2010/77 zur einer US LLC). Im übrigen neigt die australische Finanzverwaltung zur Übernahme der Einordnung des Ansässigkeitsstaates der Gesellschaft (ATO ID 2010/31 zu einer US LP). Ähnlich hat **Südafrika** die Frage im Einkommensteuergesetz geregelt (mit Wirkung vom 1.10.2010): Wird eine Personengesellschaft in ihrem Sitzstaat als transparent eingeordnet, so wird die Gesellschaft auch in Südafrika als transparente Einheit behandelt. Für **Kanada:** Tax Appeal Board, Economics Laboratory (Canada) Ltd v. M. N. R., 70 DTC 1208; *Tax Appeal Board* (485), Mathewson v. M. N. R., 1963 DTC 490 und zusammenfassend *Easson,* BIFD 2000, 157; *Darmo,* CTJ 2005, 481; *Johnson/Lille,* BIT 2009, 381; in Kanada ist in der Verwaltungspraxis das entscheidende Kriterium die Haftung der Gesellschaft, bei beschränkter Haftung wird von einer Körperschaft ausgegangen, bei unbeschränkter von einer Personengesellschaft (kritisch dazu aber *Boidman/Kandev,* CTJ 2009, 880). Der Rechtstypenvergleich kann auch zur Einordnung als Trust führen (CRA v. 15.4.2008, no. 2008–026625117, zu einer Liechtensteinischen Stiftung; s. aber auch FCA v. 13.7.2012, „Sommerer", 2012 FCA 207, zu einer österreichischen Privatstiftung). In einer Entscheidung v. 8.4.2010 erkennt der Tax Court of Canada (*TD Securities (USA) LLC v. H. M. Q.*: DBA *Kanada/USA*) die Abkommensberechtigung einer US LLC an, obwohl sie in den USA als steuerlich transparent behandelt wurde (s. dazu noch Rz. 35c). 23a

Die Situation in den **Niederlanden** ist hingegen unübersichtlich. Das niederländische Finanzministerium hat die Frage der Einordnung ausländischer Personengesellschafter in einem Beschluss v. 11.12.2009 (nr. CPP2009/519M) neu geregelt, lässt aber eine Vielzahl von Fragen offen (s. dazu im Detail *Beudeker,* MBB 2010, 167). Von besonderer Bedeutung für die Einordnung ausländischer Gesellschaften ist die Frage, ob Gesellschaftsanteile ohne die Zustimmung der Partner übertragen werden können und wer für die Schulden unbeschränkt haftet (s. die ausführliche Erörterung im Schlussantrag des Generalanwalts *Wattel* in der Rs. HR v. 2.6.2006, nr. 40 919, BNB 2006/288; s. auch HR v. 23.9.2011, nr. 10/03 724, BNB 2012/12; ferner *van Kempen,* WFR 2005/573; *Snel,* WFR 2010/189; *Stevens,* NTFR-B 2011, 45). Die einem Beschluss v. 18.12.2004, nr. CPP 2004/2730M, angefügte Liste von ausländischen Gesellschaftsformen und ihrer Einordnung gilt weiterhin, hat aber nur indikative Bedeutung, so dass im Einzelfall eine abweichende Beurteilung zulässig ist. 23b

In der **Schweiz** werden ausländische Personengesellschaften nach den Bestimmungen über die juristischen Personen besteuert, auch wenn sie im Ansässigkeitsstaat als solche nicht steuerpflichtig sind. Anderseits werden Personengesellschaften in der Schweiz als steuerlich transparent behandelt, so dass im Fall einer ausländischen Personengesellschaft mit in der Schweiz ansässigen Gesellschaftern eine Zweiteilung vorzunehmen ist. Der Schweizer Gesellschafter wird nach den einkommensteuerlichen Regelungen mit seinen Gewinnen aus der Personengesellschaft wie ein selbstständig Tätiger besteuert. Bei der Besteuerung der ausländischen Personengesellschaft als juristische Person werden die dem Schweizer Gesellschafter zuzurechnenden Gewinne ausgenommen (s. dazu *Donati,* S. 16; *Reich/Waldburger,* FStR 2004, 299 (306); *Zimmermann,* ZsIs 12/2006, 1; *Lang/Reich/Schmidt,* IStR 2007, 1 (3) mit 24

Hinweis in Fn. 16 auf abweichende Meinungen). Eine US-amerikanische LLC wird für schweizerische Zwecke wie eine Körperschaft behandelt, auch wenn sie in den USA transparent ist. Die LLC kann daher in der Schweiz steuerpflichtig sein und ihre Ausschüttungen gelten als Dividenden (s. Hinweise der Schweizerischen Steuerkonferenz v. 6.9.2011; anders aber die abkommensrechtliche Einordnung).

24a In einer Verwaltungsanweisung zur Anwendung des deutsch-tschechischen DBA auf eine deutsche GmbH & Co. KG v. 30.7.2004 (D-269) hat das **tschechische** Finanzministerium die deutsche Einordnung übernommen, ohne überhaupt auf das innerstaatliche Recht abzustellen. In einer weiteren Verwaltungsanweisung v. 1.9.2005 (D-286) werden die steuerlichen Folgen für die Tschechische Republik als Quellenstaat dargestellt. Wird die Gesellschaft in ihrem Ansässigkeitsstaat als intransparent angesehen, ist die Gesellschaft abkommensberechtigt. Wird sie als transparent angesehen, muss auf die Gesellschafter abgestellt werden (zu weiteren Einzelheiten s. *Vorlickova,* IStR-Länderbericht 1/2006, 6*).

24b Die österreichische Finanzverwaltung hat sich mit Verfügung von 22.6.1993, SWI 1993, 238, der in Deutschland herrschenden Auffassung ausdrücklich angeschlossen (für eine amerikanische „S-corporation"), s. ferner die Erlasse v. 15.9.1993 (EAS 303), SWI 1993, 389; v. 31.10.1997 (EAS 1159), SWI 1998, 4; v. 20.11.2000 (EAS 1756), SWI 2001, 4; v. 23.3.2007 (EAS 2828), SWI 2007, 150 zu einer französischen SNC; v. 6.5.2007 (EAS 2607), SWI 2007, 294; v. 11.2.2009 (EAS 3040), SWI 2009, 114; v. 18.4.2011 (EAS 3217), SWI 2011, 232; v. 23.11.2012 (EAS 3304), SWI 2013, 4. Zu Österreich s. noch umfassend *Gröhs,* Die Gewinnbesteuerung der Personengesellschaften im internationalen Steuerrecht Österreichs (1986). Zu **Japan** s. *Katsushima,* Intertax 2001, 320; *Masui,* BIFD 2000, 149. Zu **Schweden** s. *Wiman,* BIFD 2001, 129; zu **Finnland** *Helminen,* BIFD 2002, 327.

24c Eine **deutsche KGaA** wird im Ausland wegen ihrer Rechtspersönlichkeit (§ 278 Abs. 1 AktG) und ihrer Eigenschaft als Körperschaftsteuersubjekt (§ 1 Abs. 1 Nr. 1 KStG) zumeist als Körperschaft eingeordnet, obwohl der Komplementär nach § 9 Abs. 1 Nr. 1 KStG und § 15 Abs. 1 Nr. 3 EStG wie ein Mitunternehmer der Besteuerung unterworfen wird (BFH BStBl. II 1989, 881; zum Stand der Diskussion s. *Drüen/van Heek,* DStR 2012, 541; *dies.,* DB 2012, 2184; *Hageböke,* DB 2012, 2709). Für die Zwecke des abkommensrechtlichen Schachtelprivilegs hat aber der BFH entschieden, dass es der KGaA in voller Höhe zu gewähren ist, auch wenn der Komplementär eine natürliche Person oder eine Personengesellschaft ist und selbst dann, wenn der Komplementär im Ausland ansässig ist (BFH BFH/NV 2010, 1919: DBA *Frankreich;* kritisch *Wassermeyer,* Ubg 2011, 47). Der Gesetzgeber hat auf diese Rechtsprechung mit der Einführung des § 50d Abs. 11 EStG reagiert, der im Ergebnis verhindern soll, dass natürliche Personen als Gesellschafter einer KGaA DBA-Schachteldividenden steuerfrei vereinnahmen können (zu § 50d Abs. 11 EStG s. *Kollruss,* DStZ 2012, 702; *ders.,* AG 2012, 906; *Kopec/Kudert,* IStR 2013, 498).

25 **dd) Abkommensberechtigung von Personengesellschaften und ähnlichen transparenten Personenvereinigungen.** Die Frage nach der **Abkommensberechtigung** der Personengesellschaften stellt sich entweder im Anschluss an deren Einordnung in das materielle Recht der Vertragsstaaten oder auf der Basis der Einordnung im anderen Vertragsstaat. Folgende Fallkonstellationen sind dabei vor allem zu unterscheiden (eine detailliertere Gliederung findet sich bei *van Raad,* Anerkennung, S. 126 ff.):

26 **(1) Erste Fallgruppe: Die Personengesellschaft (usw.) wird in beiden Vertragsstaaten als solche als steuerpflichtig (intransparent) betrachtet.**

Erster Unterfall: Sie ist in einem Vertragsstaat **unbeschränkt,** im anderen **beschränkt** steuerpflichtig. Dann ist sie nach Art. 3 Abs. 1 Buchst. a und b MA

„Person", nach Art. 4 Abs. 1 in dem erstgenannten Vertragsstaat „ansässig". Ihre Abkommensberechtigung steht außer Zweifel. Sind die Gesellschafter in einem Drittstaat ansässig, der Personengesellschaften als transparent ansieht, die Einkünfte also den Gesellschaftern zurechnet, so sind auch die Gesellschafter abkommensberechtigt. Der Quellenstaat muss das jeweils günstigere Abkommen anwenden. Zum selben Ergebnis gelangt man unter Anwendung von Art. 4 Abs. 1d US-MA (s. dazu *Doernberg/van Raad,* TNI August 1999, 752; *Tan Majure/Lindholm,* 8 JOIT 164 (1997)).

Zweiter Unterfall: Sie ist in **beiden** Vertragsstaaten **unbeschränkt** steuerpflichtig. Dann entscheidet sich nach Art. 4 Abs. 3 MA, in welchem der beiden Staaten sie im Sinne des Abkommens „ansässig" ist. Im Übrigen gilt dasselbe wie im ersten Unterfall.

Dritter Unterfall: Sie ist in **beiden** Vertragsstaaten nur **beschränkt** steuerpflichtig. Dann ist sie in keinem Vertragsstaat „ansässig", daher nach dem Abkommen zwischen **diesen** beiden Staaten **nicht** abkommensberechtigt.

Zur Frage der Einordnung ausländischer Personengesellschaften als selbstständige 27
(„intransparente") Steuersubjekte oder als „transparent" s. Rz. 19 ff. Nach **spanischem** Steuerrecht wird jetzt der Gewinnanteil ansässiger Gesellschafter bei diesen versteuert, die Personengesellschaft ist insoweit also „transparent", während sie hinsichtlich der Anteile **ausländischer** Gesellschafter als gleichsam „intransparent" der Körperschaftsteuer unterliegt. Da es keine Abkommensberechtigung hinsichtlich einzelner Gewinnanteile gibt, muss die Gesellschaft hier insgesamt als abkommensberechtigt angesehen werden, s. dazu *Morris,* TNI October 1991, 1056. Differenzierend hingegen behandelt das BMF (v. 13.1.1997, BStBl. I 1997, 97) Gewinnanteile an tschechischen und slowakischen Kommanditgesellschaften (komanditni spolecnost), die im Fall des Komplementärs bei diesem besteuert werden, während die Gewinnanteile der Kommanditisten der Körperschaftsteuer unterliegen.

(2) Zweite Fallgruppe: Die Personengesellschaft (usw.) ist in beiden Vertragsstaaten als solche nicht steuerpflichtig (transparent). 28

Mit anderen Worten: In beiden Vertragsstaaten entspricht die steuerliche Behandlung den in den angloamerikanischen Staaten und auch in Deutschland herkömmlichen Regeln über die Besteuerung von Personalgesellschaften = **„partnerships"** (nur mit ihnen befasst sich der sehr gründliche Generalbericht von *Le Gall,* CDFI LXXXa). Die Gesellschaft ist zwar Person im Sinne des Art. 3 Abs. 1 Buchst. a, sie ist aber nicht ansässig, da sie selbst nicht der Steuerpflicht unterliegt (das wird zum Teil als unbefriedigend empfunden; *Jacobs,* Internationale Unternehmensbesteuerung, S. 496 ff.) schlägt daher vor, die Ansässigkeit in Art. 4 Abs. 1 MA unabhängig von der Steuerpflichtigkeit zu definieren). Abkommensberechtigt sind die Gesellschafter, sie können die Abkommensvergünstigungen geltend machen (MA-Komm., Ziff. 5 und 6.4) (anders aber die französische Sichtweise, nach der die französische Personengesellschaft, nicht aber die Gesellschafter abkommensberechtigt sind (*Conseil d'Etat* v. 4.4.1997, rec.no. 144221 – *Société Kinggroup*; v. 13.10.1999, rec. n° 191 191, Dr. Fisc. 1999, n° 52, comm. 948 – *SA Diebold Courtage*, concl. *Bachelier, note Arcard;* v. 9.2.2000, no. 178 389 – *Société Suisse Hubertus AG*; v. 18.5.2009, no. 301 763 – *SAS Etablissements Chevannes, Merceron Ballery*; v. 11.7.2011, no. 317024 – *Société Quality Invest*; s. auch *Popa*, ET 2012, 181; anders auch die indische Rechtsprechung, wonach die Personengesellschaft selbst berechtigt ist, die Abkommensvorteile gelten zu machen (Income Tax Appellate Tribunal (ITAT) Mumbai v. 4.7.2008, no. ITA 4633/MUM-2006, (2009) 314 ITR 59 (Rs. *ADIT vs. Chiron Behring GmbH & Co*); v. 17.7.2010, ITA/4896/03, „*Linklaters LLP*"; s. dazu auch die Besprechung von *Susarla,* APTB 2011, 200; ferner *Agarwal/Chaudhuri*, Intertax 2011, 564). Das gilt selbstverständlich nicht, wenn der Gesellschafter im Quellenstaat ansässig ist (FG Köln EFG 1999, 320). Mit Urteil vom 8.1.2013 hat der indische High Court in der Rs. DIT v. Chiron Bearing GmbH & Co. KG (ITA No. 2273/2010) entschieden, dass eine deutsche GmbH & Co. KG, die eine Ansässigkeitsbescheinigung vorlegen kann, abkommensberechtigt ist, da sie der Gewerbesteuer unterliegt und diese Steuer vom Abkommen umfasst ist (zustimmend *Jakob/Hagena,* IStR 2013, 485).

Die dem Art. 10 Abs. 2a) OECD MA nachgebildeten Abkommensvorschriften verlangen, dass die Beteiligung „unmittelbar" vom Begünstigten gehalten wird. Es stellt sich daher die Frage, ob das Unmittelbarkeitserfordernis noch gegeben ist, wenn eine (transparente) Personengesellschaft zwischengeschaltet wird. Der BFH hatte 1974 entschieden, dass es bei Zwischenschaltung einer Personengesellschaft an der Unmittelbarkeit fehle (BStBl. II 1974, 598). Diese Rechtsprechung ist aber nach der Neufassung des § 8b Abs. 6 KStG überholt (Wassermeyer/*Wassermeyer,* OECD MA Art. 23A Rz. 55).

29 Es gilt nichts anderes, wenn die Gesellschafter in einem Drittstaat ansässig sind, der Quellenstaat wird dann das DBA mit dem Ansässigkeitsstaat des Gesellschafters anwenden. Ist beispielsweise Deutschland der Quellenstaat einer Dividendenzahlung an eine ausländische Personengesellschaft, so ist die Berechtigung zur Verminderung bzw. Erstattung der Kapitalertragsteuer für jeden Gesellschafter gesondert zu prüfen, ggf. unterschiedliche Steuersätze anzuwenden bzw. jegliche Vergünstigung zu versagen, wenn einer der Gesellschafter in einem Staat ansässig ist, mit dem kein DBA besteht. Ob die Einkünfte im Ansässigkeitsstaat der Gesellschafter auch tatsächlich der Besteuerung unterliegen, ist eine Frage, die nach dem Abkommen zwischen dem Staat der Gesellschafter und dem Staat der Gesellschaft zu beurteilen ist.

30 **(3) Dritte Fallgruppe: Die Personengesellschaft (usw.) wird nur in einem der beiden Vertragsstaaten als solche als steuerpflichtig (intransparent), im anderen als transparent behandelt.** Das ist die eigentlich schwierige und entsprechend umstrittene Situation, die auch ausführlich im OECD Bericht zu den Personengesellschaften diskutiert wird. Dort kommt es für die Frage, ob und wer im Quellenstaat die Abkommensberechtigung in Anspruch nehmen kann, auf die Einordnung in den Ansässigkeitsstaaten der Gesellschaft und der Gesellschafter an. Die Einordnung im Quellenstaat soll keine Rolle spielen (dagegen wendet sich vor allem *M. Lang*, nach dem es vorrangig auf die Zurechnung der Einkünfte nach dem Steuerrecht des Quellenstaats ankommt; s. etwa IStR 2011, 1 (2) m. w. N.).

31 **3.1 Erster Unterfall:** Sie ist **unbeschränkt** steuerpflichtig (d. h. sie ist als solche in ihrem Ansässigkeitsstaat steuerpflichtig, in der Regel wird sie als Körperschaft behandelt). Dann ist sie nach Art. 3 Abs. 1 Buchst. a und b MA „Person" und nach Art. 4 Abs. 1 in dem Vertragsstaat „ansässig", somit abkommensberechtigt (MA-Komm., Ziff. 5; so auch *Schmidt,* IStR 2010, 413 (416); *Fahrenberg/Henke,* IStR 2004, 489; *Möbus,* GmbHR 2004, 1205; *Mensching*, IStR 2008, 687; *Brähler/Mayer*, IStR 2010, 678; *Feldgen*, IWB 2010, 240; *Richter*, FR 2010, 413 (416); *Spengler/Schaden/Wehrße,* StuW 2012, 105 (108)). Das sollte eigentlich darauf hindeuten, dass die Abkommensberechtigung auch im anderen Vertragsstaat beachtet wird, selbst wenn dieser die Gesellschaft anders – als transparent – einordnet (a. A. aber BMF v. 16.4.2010, BStBl. I 2010, 354, Tz. 2.1.1 und 2.1.2: hier wird ausschließlich auf die deutsche Betrachtungsweise abgestellt). Im einzelnen sind diese Fragen aber auch nach der Änderung des MA-Komm. noch immer strittig.

Eine Behandlung von Personengesellschaften als steuerlich intransparente Einheiten kommt häufig vor, so sind z. B. in den romanischen Staaten Personengesellschaften oft steuerlich intransparent (auch in afrikanischen Staaten, die das französische Steuerrecht übernommen haben, vgl. für Tunesien BMF v. 25.8.1997, BStBl. I 1997, 796, sowie in den meisten osteuropäischen und lateinamerikanischen Ländern) oder sie können für eine Besteuerung als Körperschaft optieren. Die Gesellschaft unterliegt dann in der Regel im Ansässigkeitsstaat der Körperschaftsteuer, abkommensrechtlich ist der Ansässigkeitsstaat der Gesellschaft ausschließlich zur Besteuerung befugt (Art. 7 Abs. 1 MA; s. dazu auch *Lüdicke*, IStR 2011, 91). Die Gewinnanteile der Gesellschafter müssen dementsprechend als Dividenden angesehen werden und können mit Quellensteuer belastet sein. Fraglich bleibt, was das im **anderen Vertragsstaat** bedeutet, wenn dieser nicht die Gesellschaft (usw.), sondern deren Gesellschafter (usw.) besteuert.

3.1.1. Behandlung im Quellenstaat der Einkünfte: Nach Auffassung der OECD (MA-Komm., Ziff. 6.1; s. auch Fallbeispiel 5 des OECD Partnerships Reports; kritisch Wassermeyer/*Wassermeyer*, Art. 1 OECD-MA Rz. 27c und Rz. 28d; anders auch BMF v. 19.3.2004, BStBl. I 2004, 411 Abschn. VI Nr. 2b)) ist der Ansässigkeitsstaat der Gesellschaft in seinem Recht zur Besteuerung der Mitunternehmereinkünfte durch das Abkommen zwischen dem Staat der Gesellschaft und dem Ansässigkeitsstaat der Gesellschafter nicht beschränkt. Es kommt somit zu einer mehrfachen Abkommensberechtigung, wenn ein Gesellschafter in einem Drittstaat ansässig ist. Hat der Quellenstaat mit beiden Staaten, dem der Gesellschaft und dem der Gesellschafter, DBA abgeschlossen, soll er verpflichtet sein, das jeweils günstigere Abkommen anzuwenden (MA-Komm., Ziff. 6.5). Das bedeutet gleichzeitig, dass es dem Quellenstaat nicht erlaubt ist, eine eigenständige Einordnung der Personengesellschaft vorzunehmen. Der Quellenstaat hat im Rahmen der „Sachverhaltsermittlung" zu berücksichtigen, dass die Personengesellschaft nach der Behandlung in ihrem Sitzstaat abkommensberechtigt ist und sie deshalb die Abkommensvergünstigungen geltend machen kann. Das gilt auch, wenn die Gesellschafter in einem Drittstaat ansässig sind (es ist unklar, ob § 50d Abs. 1 Satz 11 EStG i. d. F. des JStG 2013 in diesem Sinne zu verstehen ist; s. dazu *Salzmann*, IWB 2012, 359 (362 f.)). Allerdings muss der Ansässigkeitsstaat der Gesellschaft die Einkünfte auch tatsächlich dieser zurechnen. 32

Im Prinzip entspricht die OECD Auffassung einer Meinung in der Literatur, die schon früher vertreten worden war. Danach sollte in einem solchen Fall die Abkommensberechtigung der Gesellschaft auf die Gesellschafter „durchschlagen" (die nach wie vor Steuersubjekte sind, wenn der Quellenstaat das Transparenzprinzip anwendet), ihnen also der Abkommensschutz zugutekommen, auch wenn sie nicht selber in einem Vertragsstaat ansässig, somit nicht ihrerseits abkommensberechtigt sind (*Korn/Debatin* Syst. IV Rz. 135; *Debatin*, AWD 1969, 481 f.; *Piltz*, Personengesellschaften, S. 134; *Frotscher*, Rz. 365); die Staatenpraxis folgte dem allerdings nur selten; s. *van Raad* CDFI LXXIIIa (1988), 113, 149 f.; BMF v. 29.4.1993 BStBl. I 1993, 342; ÖstBMF v. 15.9.1993, SWI 1993, 389, beide für ungarische Kommanditgesellschaften, die in Ungarn juristische Personen sind; s. auch *Leitner/Gahleitner*, SWI 1994, 85). 32a

Teilweise wird die Ansicht vertreten, dass es in diesem Fall im letztgenannten Vertragsstaat nicht auf die Abkommensberechtigung der Gesellschaft, sondern nur auf die der Gesellschafter ankomme (die aber u. U. in dem Ansässigkeitsstaat der Gesellschaft gar nicht ansässig sind). Hierfür wird auf den Grundsatz der Subjektidentität sowie auf Art. 3 Abs. 2 MA verwiesen (*Diehl,* FR 1978, 521; *Kluge,* DStR 1976, 367; *v. Beckerath,* Der Durchgriff im deutschen Außensteuerrecht, 1978, 108 ff.; *Wassermeyer,* IStR 1998, 489; *ders.* in Wassermeyer, Art. 1 OECD-MA Rz. 22, Art. 3 Rz. 76; *Lang,* FS *L. Fischer,* 717 f.; *Kluge* S. 80 ff.; BMF v. 19.3.2004, BStBl. I 2004, 411 Abschn. VI Nr. 2b; kritisch dazu *Krabbe,* Anm., IStR 2004, 354). Bei einer solchen Auffassung würde aber die Abkommensberechtigung der Gesellschaft rechtlich bedeutungslos bleiben; der Quellenstaat oder der Ansässigkeitsstaat der Gesellschafter könnte den Schutz, den das Abkommen der Gesellschaft gewährt, dadurch unterlaufen, dass er Steuerpflichten nicht der Gesellschaft, 32b sondern den Gesellschaftern auferlegt. Eine derartige Abkommensauslegung wäre nicht sinnvoll; mit Gegenstand und Zweck des Vertrags (Art. 31 Abs. 1 WÜRV, s. Grundl. Rz. 106af.) wäre sie nicht zu vereinbaren. Ferner übersieht sie, dass sich die Rechtsfähigkeit von Gesellschaften nach dem für sie maßgebenden Recht, also nach ihrem Sitz- oder Gründungsrecht richtet (*Vogel,* IStR 1999, 6 m. w. N.; vgl. auch *Jacobs,* S. 500ff.; zustimmend nunmehr auch *Wassermeyer,* IStR 2011, 85 (87)).

33 Das BMF geht dennoch davon aus, das Personengesellschaften zwar Personen im Sinne des Abkommens sein können, ansässig und damit abkommensberechtigt können hingegen nur die Gesellschafter sein (BMF v. 16.4.2010, BStBl. I 2010, 354, Tz. 2.1.1.; so auch FG Köln EFG 2006, 746: *DBA USA*), m. a. W. will das BMF weiterhin eine Auslegung aus nationaler Sicht anwenden (kritisch *Brähler/Meyer,* IStR 2010, 678 (682); anders auch die österreichische Praxis, die die Abkommensvergünstigungen der intransparenten Gesellschaft gewährt, selbst wenn die Gesellschafter in einem Drittstaat ansässig sind (ÖstBMF EAS 1151 v. 31.10.1997; EAS 3044 v. 24.3.2009; s. aber auch EAS 3300 v. 21.6.2010 und dazu *Lang,* IStR 2012, 857)). Sind die Gesellschafter im selben Staat wie die Gesellschaft ansässig, ist das unproblematisch, allerdings wird das Schachtelprivileg für Dividenden nicht gewährt, soweit der Gesellschafter eine natürliche Person ist (zu den teilweise abweichenden Abkommensvorschriften s. noch bei Art. 10 Rz. 72). Auch stellt sich die Frage, ob die Quellensteuer beim Gesellschafter angerechnet werden kann, da die Besteuerung bei zwei verschiedenen Steuersubjekten erfolgt (dafür die österreichische Finanzverwaltung auch bei unterschiedlichen Zeitpunkten der Besteuerung: ÖstBMF EAS 3338 v. 24.9.2013, SWI 2013, 512: *DBA Österreich*). Sind die Gesellschafter in einem Drittstaat ansässig, richten sich deren Abkommensvorteile nach dem DBA zwischen dem Quellenstaat und dem Ansässigkeitsstaat der Gesellschafter. Das widerspricht allerdings dem Wortlaut der DBA (Art. 4 Abs. 1 verweist ausdrücklich auf das Recht des Ansässigkeitsstaats der Gesellschaft) wie auch den Ausführungen des MK.

33a Dementsprechend muss der Abkommensberechtigung der Gesellschaft Rechnung getragen werden, auf die Abkommensberechtigung der Gesellschafter kommt es nicht an (a. A. *Wassermeyer,* IStR 2011, 85 (86)). Nach der hier vertretenen Auffassung sind die Gewinne einer solchen Gesellschaft also nur in dem Staat zu besteuern, in dem sie ansässig ist, sofern nicht aufgrund des Art. 7 oder einer anderen Verteilungsnorm eine (begrenzte) Besteuerung im Quellenstaat zulässig sein sollte (zu den Problemen, die sich hierbei ergeben, s. Rz. 37ff.). Allerdings ist zu beachten, dass aus nationaler Sicht die Gesellschaft kein Steuersubjekt darstellt, sondern die Gesellschafter der Besteuerung unterliegen. Nur diese können sich auf Abkommensvorteile berufen (*Wassermeyer,* IStR 2011, 85). Aus diesem Grund muss der Quellenstaat zwar das DBA mit dem Ansässigkeitsstaat der Gesellschaft anwenden und dieser u. U. auch das Schachtelprivileg eines DBA gewähren (so auch *Plewka/Renger,* IStR 2006, 586; *Wassermeyer,* IStR 2011, 85 (87)), die Abkommensvorteile können aber nur von den Gesellschaftern geltend gemacht werden. Macht die Gesellschaft Abkommensvorteile geltend, so ist dies in einen Antrag im Namen der Gesellschafter umzudeuten, ohne dass dies dazu führen müsste, dass die deutsche Finanzbehörde das Anliegen als unzulässig ablehnen müsste (so aber *Wassermeyer,* IStR 2012, 85; anders aber BMF v. 16.4.2010, BStBl. I 2010, 354, Tz. 2.1.2, wonach die Gesellschaft selbst berechtigt ist, die Abkommensvorteile in Anspruch zu nehmen; wie hier auch *Kempermann,* in W/R/S, Personengesellschaften, Rz. 3.10; vgl. auch Art. 29 *DBA USA*).

33b Entsprechendes gilt für die Anwendung der Mutter-Tochter-Richtlinie. Liegen die Voraussetzungen der Richtlinie vor (ist insbes. die Gesellschaft in die Liste der begünstigten Einheiten aufgenommen), kann die Gesellschaft selbst die Vorteile der Richtlinie einfordern. Würde sich der Ansässigkeitsstaat der zahlenden Gesellschaft hier auf die Nichtsteuerbarkeit der einkünfteerzielenden Gesellschaft berufen, wäre dies mit Unionsrecht nicht zu vereinbaren (im Ergebnis auch BMF v. 3.4.2007, BStBl. I 2007, 446, Tz. 2). Im Bereich des Richtlinienvorschlags zu einer konsolidierten Körperschaftsteuerbemessungsgrundlage stellt sich das nämliche Problem. Hier wird in Working Paper Nr. 57, Tz. 83, angemerkt, dass der Ansässigkeitsstaat des Steuerpflichtigen verpflichtet sei, die Einordnung durch den Staat der Gesellschaft zu akzeptieren. Das muss dann wohl auch für den Quellenstaat gelten.

Sind die Gesellschafter in einem Drittstaat ansässig, so stellt sich die Frage, welches DBA zur Anwendung kommt. Wie schon gesehen nimmt die OECD eine doppelte Abkommensberechtigung an und will sowohl das DBA des Quellenstaats mit dem Gesellschafter wie auch mit der Gesellschaft zur Anwendung kommen lassen. Diese Lösung ist aber zweifelhaft. Für den Quellenstaat sollte vorrangig das DBA mit dem Ansässigkeitsstaat der Gesellschaft einschlägig sein, da er selber nicht zur selbständigen Einordnung berechtigt ist, wenn die Gesellschaft selbst bereits eine Abkommensberechtigung geltend machen kann. Diese Abkommensberechtigung vermittelt folgerichtig den Gesellschaftern ein anteiliges Recht, die Vorteile dieses DBA geltend zu machen, unabhängig davon ob er in einem DBA-Staat oder in einem Staat ohne DBA ansässig ist (insofern aber anders *Wassermeyer*, IStR 2011, 85 (87)). Eine solche Lösung vermeidet auch das Problem, dass es zu einer doppelten Rückerstattung von Steuern kommen könnte, wenn sowohl Gesellschaft als auch Gesellschafter als abkommensberechtigt angesehen werden. 33c

3.1.2 Behandlung im Staat der Gesellschafter: Ferner kommt es dann zu besonderen Problemen, wenn der Staat, in dem der Gesellschafter ansässig ist, die Personengesellschaft anders als der Staat der Personengesellschaft als transparent einordnet. Er wird dann die Einkünfte dem Gesellschafter zurechnen und nicht der Gesellschaft, wenn er sein innerstaatliches Steuerrecht zugrundelegt. 34

Diesem Fall entspricht der Sachverhalt, den der BFH in seinem Urteil v. 25.5.2011 (BFH/NV 2011, 1602: *DBA Ungarn 1977*; Anm. *Schmidt*, IStR 2011, 691; vgl. auch BFH BStBl. II 2008, 953: *DBA Italien*; BFH BStBl. II 2011, 156: *DBA Spanien 1966*) zu entscheiden hatte. Zwei in Deutschland unbeschränkt steuerpflichtige Personen sind an einer ungarischen Gesellschaft beteiligt, die einer deutschen KG vergleichbar ist, in Ungarn aber als Körperschaftsteuersubjekt gesehen wird. Die Gesellschaft vermietet Grundstücke und Maschinen an eine verbundene ungarische Gesellschaft. Es stellt sich hier zunächst die Frage, ob sich der Staat der Gesellschafter nach der Qualifizierung im Staat der Gesellschaft richten soll oder seine eigene Einordnung als ausschlaggebend ansieht. Daraus ergeben sich unterschiedliche Folgerungen für die Einordnung der Einkünfte und die Vermeidung der Doppelbesteuerung. 34a

Der MA-Komm. sieht für dieses Problem keine Lösung vor. Der Sitzstaat der Personengesellschaft besteuert hier nicht in seiner Eigenschaft als Quellenstaat, sondern betrachtet sich selbst als Ansässigkeitsstaat der Gesellschaft. Er kann somit die Einkünfte der Personengesellschaft ohne Begrenzung seiner Besteuerung unterwerfen. Ziff. 6.1 des MA-Komm. will allerdings auch keine Beschränkung der Besteuerungsbefugnis des Ansässigkeitsstaates der Gesellschafter erkennen (s. auch Partnership-Report, Rz. 127); dieser muss lediglich die Einkünfte der Personengesellschaft freistellen oder die ausländische Steuer anrechnen. Der Staat der Gesellschafter ist somit nicht an die Einordnung des Staates der Gesellschaft gebunden (s. dazu auch *Lüdicke*, IStR 2011, 91 (92); *Engel/Hilbert*, FR 2012, 394 (396)). Das führt dazu, dass die Doppelbesteuerung unter Umständen nicht oder teilweise nicht vermieden würde, wenn der Staat der Gesellschafter seine nationale Einordnung für ausschlaggebend hält (s. *Gündisch*, IStR 2005, 829 (831)). Das aber widerspricht Sinn und Zweck des Abkommens und ist daher keine akzeptable Lösung. 34b

34c Der BFH sieht in der Änderung des OECD-MA keine Veranlassung, die traditionelle Sichtweise zu ändern (BFH/NV 2007, 1417; s. auch die Vorinstanz FG Sachsen DStRE 2006, 842: beide *DBA Tschechien;* s. dazu auch *Sliwka/Schmidt*, IStR 2007, 694; *Jahn*, PIStB 2007, 201; BFH/NV 2011, 1602: *DBA Ungarn 1977*; ebenso die österreichische Finanzverwaltung: ÖstBMF, EAS v. 21.11.2003, SWI 2004, 222; EAS v. 23.4.2009, SWI 2009, 268; EAS 3304 v. 23.11.2012, SWI 2013, 4). Danach kommt es auf die Sichtweise des Ansässigkeitsstaats der Gesellschafter an (Typenvergleich). Auch wenn die Personengesellschaft in ihrem Ansässigkeitsstaat als intransparent behandelt wird, werden dem deutschen Gesellschafter die Einkünfte der Personengesellschaft unmittelbar zugerechnet. Handelt es sich um Unternehmensgewinne i. S. des Art. 7 OECD-MA sind diese in der Regel nach dem jeweiligen DBA von der Besteuerung freigestellt (unter Progressionsvorbehalt, s. BFH BFH/NV 2007, 1417: *DBA Tschechien*; s. auch BayLfSt v. 26.3.2010, IStR 2010, 540). Die späteren Dividendenzahlungen der Gesellschaft gelten in Deutschland als nicht steuerbare Privatentnahmen, so dass auch eine etwaige Quellensteuer auf die Dividenden nicht anrechenbar ist (so auch ÖstBMF, EAS 3040 v. 11.2.2009, SWI 2009, 114). Handelt es sich nicht um Unternehmensgewinne, gilt die jeweilige einschlägige Verteilungsnorm des DBA (BFH BFH/NV 2011, 1602: *DBA Ungarn 1977*). So steht die Besteuerungsbefugnis für die Vermietungseinkünfte in diesem Fall zum Teil Ungarn (Art. 6 Abs. 1 MA), zum Teil Deutschland zu (Art. 21 MA).

34d Die Auffassung der deutschen Finanzverwaltung stimmt damit überein (BMF v. 16.4.2010, BStBl. I Ziff. 4.1.4.1; Unterschiede bestanden bei der Frage der gewerblichen Prägung und der Infizierung durch personelle und sachliche Verflechtung, Tz. 2.2.1; s. dazu Art. 7 Rz. 57; ebenso die österreichische Finanzverwaltung, s. EAS 3040 v. 11.2.2009, SWI 2009, 114; anders aber in Reaktion auf BFH IStR 2010, 525 jetzt BMF Entwurf v. Nov. 2013, Tz. 2.2.1 und 2.3.1). Gewerblich tätige intransparente Personengesellschaften werden danach also wie transparente Personengesellschaften behandelt, die Gesellschafter erzielen Betriebstättengewinne, die im Ansässigkeitsstaat der Gesellschaft der Besteuerung unterliegen, allerdings sind dann auch die Quellensteuern auf die Dividenden nicht anrechnungsfähig (vgl. etwa BMF v. 13.1.1997, BStBl. I 1997, 97; BMF v. 28.5.1998, BStBl. I 1998, 557; BMF v. 19.3.2004, BStBl. I 2004, 411, Abschn. IV.3.; BMF v. 16.4.2010, BStBl. I 2010, 354, Tz. 4.1.4.1; ferner FG Hamburg EFG 2007, 101; dazu die Anmerkung von *Suchanek,* IStR 2007, 654; s. auch ÖstBMF, EAS 3303 v. 23.11.2012, SWI 2013, 3). Bei nicht gewerblich tätigen Personengesellschaften wäre nach dieser Auffassung entsprechend die jeweilig einschlägige Verteilungsnorm anzuwenden (also z. B. Art. 6 MA auf Einkünfte aus unbeweglichem Vermögen (dazu FG Hamburg EFG 2007, 96: *DBA Spanien 1966*) oder Art. 11 MA auf Zinsen; s. dazu auch FG Hamburg DStRE 2007, 665: *DBA Kanada*). Das führt aber zur Doppelbesteuerung, da die fraglichen Einkünfte sowohl im Staat der Gesellschaft wie auch im Staat der Gesellschafter der Besteuerung unterworfen werden. Die österreichische Finanzverwaltung will das Problem der Doppelbesteuerung durch eine Freistellung der Einkünfte der Gesellschafter gem. Art. 23 MA lösen (ÖstBMF, EAS 3087 v. 19.9.2009, SWI 2009, 522; EAS 3304 v. 23.11.2012, SWI 2013, 4). Sie übersieht dabei allerdings, dass hier die Freistellung auf Art. 7 MA beruht, d. h. die Doppelbesteuerung wird bereits auf der Ebene der Verteilungsnormen vermieden (zu diesem Fall s. auch *Lang*, IStR 2010, 114, der auf die fehlende Stringenz des Partnership-Reports hinweist und die Anwendung der dort enthaltenen Lösungen grundsätzlich in Zweifel zieht).

34e Zu Problemen kann es kommen, wenn die Gesellschaft oder deren Anteile veräußert werden. Der Gewinn aus der Veräußerung von Anteilen an einer Kapitalgesellschaft ist aus der Sicht des Staats der Gesellschaft im Staat des Gesellschafters vorrangig zu besteuern (Art. 13 Abs. 5 MA), während der Staat des Gesellschafters dies als den Verkauf einer ausländischen Betriebsstätte ansehen wird (Art. 13 Abs. 2 MA; so etwa FG Hamburg EFG 2007, 101: *DBA Spanien 1966*). Das kann dazu führen, dass der Veräußerungsgewinn in beiden Staaten nicht besteuert wird. Nach Ziff. 32.6 MA-Komm. zu Art. 23A MA wäre hier der Staat des Gesellschafters nicht zur Freistellung verpflichtet (kritisch hierzu *Lang,* IStR 2007, 606 (608) m. w. N.; s. auch Grundl. Rz. 159). Die deutsche Finanzverwaltung will die mögliche doppelte Nichtbesteuerung ferner durch die Anwendung des § 50d Abs. 9 Nr. 1 EStG vermeiden (BMF v. 16.4.2010, BStBl. I 2010, 354, Tz. 4.2.1; s. aber auch BFH BStBl. II 2011, 156 mit Zweifeln über die Anwendbarkeit der Vorschrift und BFH BFH/NV 2011, 1602).

Durch die unterschiedliche Betrachtungsweise kann es wegen der fehlenden Personenidentität zu Problemen bei der Anrechnung der ausländischen „Körperschaftsteuer" kommen. Insofern folgt allerdings bei konsequenter Anwendung der nationalen Betrachtungsweise, dass auch die ausländischen Steuern den Gesellschaftern zugerechnet werden müssen. Die deutsche Finanzverwaltung ist hier in der Tat konsequent (BMF v. 16.4.2010, BStBl. 2010, 354 und BMF Entwurf v. Nov. 2013, Tz. 4.1.4.1) und stimmt insoweit mit dem Partnership-Report (Tz. 124 ff., Beispiel 16) und dem MA-Komm. (Ziff. 6.1) überein. Allerdings lehnt sie die Anrechnung der ausländischen Quellensteuer auf die Dividenden ab (s. hierzu *Schmidt,* IStR 2010, 413 (425)). Allerdings ist danach die ausländische Personengesellschaft selbst entlastungsberechtigt, wenn sie nach dem Recht des betreffenden Vertragsstaates als ansässig angesehen wird. Diese Ansicht hat nunmehr auch Eingang in das Einkommensteuergesetz gefunden (§ 50d Abs. 1 S. 11 EStG). Somit kommt es für die Abkommensberechtigung nicht allein auf die nationale Sichtweise des Ansässigkeitsstaates der Gesellschafter an, sondern auch auf die Sichtweise des Ansässigkeitsstaats der Personengesellschaft. Allerdings stellt sich die Frage, ob nach § 50d Abs. 1 S. 11 EStG nur noch die Personengesellschaft erstattungsberechtigt sein soll oder ob daneben auch die Gesellschafter abkommensberechtigt bleiben. Das kann besonders dann problematisch sein, wenn die Gesellschafter in einem Drittstaat ansässig sind, mit dem ebenfalls ein DBA abgeschlossen wurde. **34f**

Die Auffassung des BFH und der Finanzverwaltung übersieht, dass die Abkommensberechtigung der Gesellschaft nach dem DBA für beide Vertragsstaaten verbindlich ist. Die Gesellschaft ist abkommensberechtigt (und nutzungsberechtigt), auch wenn sie selbst in Deutschland nicht steuerpflichtig ist (anders aber *Wassermeyer* FR 2010, 537 (538); *ders.*, in Wassermeyer/Richter/Schnittker, Personengesellschaften, Rz. 6.19 ff.). Die Abkommensberechtigung der Gesellschaft muss deshalb auch für die Zurechnung der Einkünfte gelten („Schluss von der Abkommensberechtigung auf die Bestimmung der Einkunftsart"; so auch *Schmidt,* Wpg 2002, 1134 ff.; *Schmidt/Blöchle,* IStR 2003, 685 ff.; *Vogel,* IStR 1999, 5 (6 f.); *Wassermeyer,* IStR 2011, 85 (86); *Schick,* IWB 2011, 241; *Fibbe,* MBB 2010, 145). Aus der Sicht des Ansässigkeitsstaats der Gesellschaft sind die Einkünfte solche der Gesellschaft, es besteht daher überhaupt kein Anlass, das DBA mit dem Staat der Gesellschafter anzuwenden. Der Staat der Gesellschafter ist somit an einer Besteuerung des Gewinns der Personengesellschaft gehindert (und zwar auch dann, wenn die Personengesellschaft Gewinne aus einer Betriebsstätte in einem Drittstaat erzielt). Die Einkünfte der Gesellschaft können im Staat der Gesellschafter also erst besteuert werden, wenn sie zur Ausschüttung kommen (Anwendung des Dividendenartikels konform Art. 10 MA; nach *Lang,* in FS Vogel 2000, 914; *ders.,* SRIStR 11, 2000, 78 (97 f.), soll der Gewinnanteil bereits bei Entstehung gem. Art. 10 MA steuerbar sein; das lässt sich aber kaum mit Art. 10 MA vereinbaren (so auch *Lüdicke,* IStR 2011, 91 (94)). Die Quellensteuer auf die Dividenden ist dann entsprechend anzurechnen, wenn die Dividenden im Staat der Gesellschafter der Besteuerung **34g** unterliegen, nicht aber kann die ausländische Körperschaftsteuer zur Anrechnung kommen. Insofern entsteht eine wirtschaftliche Doppelbesteuerung, die auch sonst von DBA nicht vermieden wird. Auf die Frage des Progressionsvorbehalts oder auf die Existenz eines Aktivitätsvorbehalts kommt es nicht an (*Haas*, BB 1978, 1253; *Knobbe-Keuk*, RIW 1991, 315; *Wassermeyer*, IStR 1998, 492; anders aber BMF v. 16.4.2010, BStBl. I 2010, 354 Tz. 2.2.1; *Weggenmann,* Rz. 8.46; s. auch *Schmidt*, IStR 2010, 413 (420)).

34h *Lüdicke* wendet hiergegen ein, dass der spätere Gewinntransfer innerstaatlich als Entnahme gesehen wird und daher nicht besteuert werden kann (*Lüdicke*, IStR 2011, 91 (94); s. auch die Erörterungen bei *Piltz*, Personengesellschaften, S. 174). Eine Anrechnung der Quellensteuer auf die Gewinnausschüttungen im Sitzstaat der Gesellschaft käme dann nicht in Betracht (*Vogel*, IStR 1999, 8). Das ist insofern richtig, als aus der abkommensrechtlichen Qualifizierung nicht auf ein deutsches Besteuerungsrecht geschlossen werden kann (anders aber *Manke*, JbFfSt. 1978/79, 238). M. E. ließe sich die Besteuerung aber durch eine entsprechende Regelung im EStG durchaus sicherstellen; gerade die in letzter Zeit vorgenommenen Anpassungen des innerstaatlichen Einkommensteuerrechts an DBA-Vorgaben bestätigen dies (a. A. aber *Lüdicke*, IStR 2011, 91 (96)). Allerdings würde dann auch die Quellensteuer auf die Gewinnausschüttungen anrechenbar.

34i Erwogen wird auch, dem Steuerpflichtigen in diesem Fall ein Wahlrecht zu gewähren. Nach innerstaatlichem Recht bleibt die Gesellschaft transparent, so dass der Steuerpflichtige die Möglichkeit haben sollte, sich darauf zu berufen und zu verlangen, dass die von der ausländischen Gesellschaft erzielten Einkünfte ihm unmittelbar zugerechnet werden (*Schick*, IWB 2011, 241 (242)). Allerdings würde eine solche Optionsmöglichkeit nur in bestimmten Fällen günstiger für den Steuerpflichtigen sein.

34j Der Schluss von der Abkommensberechtigung auf die Bestimmung der Einkunftsart hat auch Auswirkungen auf **Sondervergütungen**. Ist die Gesellschaft im Quellenstaat selbstständiges Steuersubjekt und daher abkommensberechtigt, so sind die Sondervergütungen abkommensrechtlich selbst dann als Betriebsausgaben der Gesellschaft und somit als **Einnahmen der Gesellschafter** zu qualifizieren, wenn dies nach dem Recht des Ansässigkeitsstaates der Gesellschafter nicht gelten würde, und dementsprechend sind auf sie nicht Art. 7 oder Art. 10 MA, wie auf den Anteil am Gesellschaftsgewinn, sondern es sind auf sie die für entsprechende Leistungen an Dritte jeweils einschlägigen Verteilungsnormen anzuwenden (also auf Zinsen Art. 11 MA, auf Gehälter Art. 15 usw.). Z. B. sind Zinsen, die eine ausländische, im Staat ihres Sitzes körperschaftsteuerpflichtige KG an ihren deutschen Gesellschafter zahlt, nach Art. 11 zu beurteilen (BFH BStBl. II 1991, 444: *DBA USA 1954/1965;* BStBl. II 2003, 631: *DBA USA 1954/1965;* IStR 2007, 330: *DBA Großbritannien 1964/70;* BMF v. 24.12.1999, BStBl. I 1999, 1076, Tz. 1.2.3). Sie können also in Deutschland unter Anrechnung der Quellensteuer des anderen Staates besteuert werden, obwohl sie hier nach innerstaatlichem Recht Gewinn aus Gewerbebetrieb sind und auch bleiben. Nach Art. 11 Abs. 3 MA 1963 galt dies schon deshalb, weil für den Begriff der Zinsen auf die rechtliche Behandlung im Quellenstaat abgestellt wurde und Art. 23 A Abs. 2 auf Art. 11 Bezug nimmt (MA Wassermeyer/*Korn/Debatin* Syst. IV Rz. 139; *Krabbe,* RIW/AWD 1976, 135 (138); *Debatin,* DB 1977, Beilage 13, 1 (6); *Manke,* JbFfSt. 1978/79, 333 (346); *Schlütter,* JbFfSt. 1979/80, 152 (168); *Baranowski,* IWB 3 Dtschld. Gr. 3, 549 (555 f.); a. A. *Diehl,* FR 1978, 517 (522 f.)). Das Gleiche gilt, wenn die dem Art. 23 entsprechende Vorschrift nicht ausdrücklich Bezug auf die Verteilungsnorm nimmt; dies wird unten bei Art. 23 Rz. 130b näher begründet. Für jene Bezugnahme verwenden einige deutsche Autoren das Wort „Qualifikationsverkettung" (nach Wassermeyer/*Korn/Debatin* Syst. III Rz. 29 e). Aber dieses Wort klingt bedeutungsvoller, als es tatsächlich ist, vor allem ersetzt es keine Begründung. Zutreffend bemerkt daher *Knobbe-Keuk* (o. Rz. 13), „die Figur" bringe „letztlich keine Lösung der Problematik" (a. a. O., 548). Denn auch die „autonome" Definition der Zinsen in den heutigen Fassungen der MA kann bei einer Auslegung, die dem Gebot der Entscheidungsharmonie Rechnung trägt (s. Grundl. Rz. 114 ff.), nur dahin verstanden werden, dass ein Staat, der die Gesellschaft besteuert und dabei den Abzug der Zinsen als Betriebsausgaben gestattet, diese als Einkünfte der Gesellschafter nach Art. 11 besteuern können muss (*Piltz,* Personengesellschaften, 182). Die Bindung des anderen Staates ergibt sich hier bereits aus der (zutreffenden) Auslegung des Art. 11. Weder der Anwendung des Art. 11, noch der Anrechnung (zu dieser s. bei Art. 23 Rz. 155 f.) steht entgegen, dass Deutschland die Zinsen bereits in dem Jahr besteuern würde, in dem sie bei der Gesellschaft als Aufwand verbucht werden, der Quellenstaat dagegen erst im (möglicherweise) folgenden Jahr der Zahlung.

Entsprechendes gilt für **Entnahmen;** der andere Staat kann sie also als **Dividenden** in den Grenzen des Art. 10 MA besteuern (so ausdrücklich Art. 10 Abs. 4 *DBA Spanien 1966;* ebenso für das *DBA Dänemark/Spanien* der dänische *Ligningsråd,* R&R 1994, 139). Folgerichtig ist es Deutschland durch das Abkommensrecht gestattet, die Entnahmen auch seinerseits zu besteuern; es müsste allerdings die Steuer des Quellenstaates anrechnen (s. dazu bereits oben Rz. 34h; ferner Wassermeyer/*Korn/Debatin,* Syst. IV Rz. 138; *Debatin,* DB 1977, Beilage 13, 5 und seither; *Manke,* JbFfSt. 1978/79, 345; *Schlütter,* JbFfSt. 1979/80, 166 f.; a. A. *Diehl,* FR 1978, 521 f.; s. auch den OECD-Komm. zu Art. 23, Ziff. 32.3 und das Beispiel in Ziff. 32.4.). **34k**

3.2 Zweiter Unterfall (reverse hybrid): Die Personengesellschaft ist in ihrem Sitzstaat nicht steuerpflichtig, wird aber als intransparent im **Staat der Gesellschafter** behandelt. Sie ist nach dem DBA „Person" (z. B. als „sonstige Personenvereinigung" nach Art. 3 Abs. 1 Buchst. a MA, s. Art. 3 Rz. 17), ist jedoch in dem Staat, in dem sie ihren Sitz hat, als solche nicht steuerpflichtig. Nach dem Wortlaut des Art. 4 Abs. 1 MA ist in einem solchen Fall die Gesellschaft in ihrem Sitzstaat nicht „ansässig", weil sie dort nicht „auf Grund ... des Ortes ihrer Geschäftsleitung oder eines anderen ähnlichen Merkmals steuerpflichtig" ist. Sie ist daher nicht abkommensberechtigt. **35**

Erfolgt die Einordnung der Gesellschaft im Staat der Gesellschafter nach innerstaatlichem Recht (so die deutsche und österreichische Finanzverwaltung (BMF v. 16.4.2010 BStBl. I 2010, 354 Tz. 2.1.2; ÖstBMF, EAS 2472 v. 5.7.2004) wie auch die Finanzgerichtsbarkeit (BFH BStBl. II 2009, 263; FG Baden-Württemberg, RIW 2009, 887; BFH BFH/NV 2013, 2002: alle *DBA USA 1*)), ordnet der Staat der Gesellschafter die Einkünfte der Gesellschaft zu, er besteuert die Gesellschafter nicht mit ihren Mitunternehmereinkünften. Vielmehr werden die Einkünfte der Gesellschafter erst bei Ausschüttung erfasst (OFD Berlin IStR 2003, 138; s. zum Zuflussproblem FG Köln, IStR 2012, 121: *DBA USA 1989/2006*), die dann Einkünfte i. S. des Art. 21 MA darstellen (der Dividendenartikel der DBA ist nicht einschlägig, da die Personengesellschaft keine im anderen Vertragsstaat ansässige Gesellschaft ist; s. BFH BStBl. II 2009, 263: *DBA USA*; nach Ansicht der belgischen Finanzverwaltung handelt es sich – in sich widersprüchlich – um Vergütungen für Dienstleistungen (RC v. 24.8.2011, no. 2010/229); s. auch die Anmerkung von *Arnold,* BIT 2011, 650; a. A. FG Baden-Württemberg, EFG 2008, 1098: *DBA USA*, das Art. 21 MA nicht für anwendbar hält; s. dazu noch *Mensching,* IStR 2008, 687; *Panzer/Gebert,* IStR 2008, 813). Das wird regelmäßig potentiell zu Doppelbesteuerungen führen, da der Staat der Personengesellschaft eine Betriebstätte annehmen, während der Staat der Gesellschafter sich auf sein uneinge- **35a** schränktes Besteuerungsrecht der Gewinnausschüttungen berufen wird (so etwa das BMF v. 19.3.2004, BStBl. I 2004, 411 Abschn. VI Nr. 3b; die Finanzverwaltung wird allerdings erwägen, ob nicht Billigkeitsmaßnahmen ergriffen werden müssen (OFD Berlin IStR 2003, 138; im BMF-Schr. v. 16.4.2010, BStBl. I 2010, 354 Tz. 4.1.3.3.1, verlangt die Verwaltung jedoch zusätzlich die Durchführung eines Verständigungsverfahrens)). In der britischen Praxis wird zudem wegen der fehlenden Personenidentität (aus britischer Sicht war die US LLC nicht transparent, so dass die Einkünfte in den USA als Einkünfte der LLC besteuert werden) keine Anrechnung der ausländischen Steuer gewährt (*HMRC v. George Anson,* [2011] UKUT B21 (TCC); s. dazu auch *Delaney*, TPIR 09/2011, 4; *Arnold,* BIT 2012, 54; der Court of Appeal hat die Entscheidung des Upper Tribunal bestätigt, s. dazu näher *Arnold,* BIT 2013, 314; *Popa,* ET 2013, 299). Unter Umständen sind aber die Einkünfte im Inland steuerbegünstigt oder vollständig steuerbefreit, wenn sie innerstaatlich als Dividenden angesehen werden. In Deutschland ist insofern § 3 Nr. 40 EStG oder § 8b KStG einschlägig.

35b Nach anderer Ansicht muss der Ansässigkeitsstaat der Gesellschafter wie im MA-Komm. vorgeschlagen die Einordnung des Staates der Personengesellschaft als transparent übernehmen (so auch der belgische Hof van Cassatie v. 2.12.2004, TNS 21.1.2005; anders noch die Vorinstanz Hof van Beroep Brüssel v. 7.11.2002, B 02/15, FJF 2003/128). In der Tat sollte aus der fehlenden Abkommensberechtigung der Gesellschaft folgen, dass auch der Ansässigkeitsstaat der Gesellschafter Art. 7 MA anwendet und (unter Progressionsvorbehalt) die ausländischen Einkünfte als steuerfreie Entnahmen freistellt (so auch *Brähler/Mayer*, IStR 2010, 678 (682); *Brähler/Scholz/Schmiedel*, SWI 2011, 426; *Brähler/Scholz/Sehrt*, IWB 2011, 402ff., die in der deutschen Praxis zu Recht einen „Wertungswiderspruch" sehen). Dieses Ergebnis entspricht auch dem Grundsatz der Entscheidungsharmonie, da Doppelbesteuerungen vermieden werden.

35c Ein Urteil des Canadian Tax Court vom 8.4.2010 (2010 TTC 186 – *Canadian TD Securities (USA) LLC;* ausführlich dazu *Scheuermann*, CTJ 2010, 646; ähnlich auch die Urteile des indischen Income Tax Appelate Tribunal (Mumbai) v. 4.7.2008, ITA No. 4633/Mum/2006, und v. 16.7.2010; s. dazu auch *Oepen/Münch*, IStR 2009, 55) hält den OECD Kommentar für zweideutig und betrachtet die amerikanische LLC (die für transparente Behandlung optiert hat) als abkommensberechtigt, da sie als originäre Kapitalgesellschaft als ansässig anzusehen sei (anders aber der BFH BStBl. II 2009, 263: *DBA USA 1989*, der auf die transparente Behandlung nach ausländischem Recht abstellt). Sie unterliege auch der Besteuerung im anderen Vertragsstaat, wenn auch letztlich die Steuer beim Mitunternehmer erhoben werde. Die Abkommensberechtigung des Mitunternehmers schlage also auf die Gesellschaft durch. Allerdings ist die Entscheidung zu einem Fall ergangen, in dem der Mitunternehmer im Staat der Gesellschaft ansässig war (die kanadische Finanzverwaltung folgt daher der Entscheidung auch nur insoweit als die Gesellschaft nachweisen kann, dass ihre Gesellschafter in den USA ansässig sind; diese Ansicht ist mit dem 5. Ergänzungsprotokoll auch in das *DBA Kanada/USA* (Art. IV) aufgenommen worden). *M. Lang* (IStR 2011, 1 (4)) will daraus schließen, dass auch in Fällen, in denen die Mitunternehmer in einem Drittstaat ansässig seien, der Personengesellschaft die Abkommensberechtigung zukomme. Zurecht weist *Lang* darauf hin, dass der Staat der Personengesellschaft die Einkünfte besteuern könne, soweit eine Betriebstätte der ausländischen Gesellschafter vorläge und die Einkünfte der Betriebstätte zugerechnet werden könnten.

35d Aber auch dann muss das nationale Recht noch entscheiden, in welchem Augenblick die Anrechnung der ausländischen Steuern erfolgen soll. In den USA war die Rechtslage bisher so, dass die Anrechnung schon im Moment des Zuflusses der Einkünfte bei der Gesellschaft gewährt wurde, obwohl eine Besteuerung erst erfolgen kann, wenn die Einkünfte an die Gesellschafter ausgeschüttet werden. Die US-Finanzverwaltung will gegenwärtig diese Rechtslage durch den Erlass von Regulations ändern (Proposed Regulations 71 FR 44 240 v. 4.8.2006).

Der Quellenstaat, der die Personengesellschaft als transparent einordnet, könnte hier argumentieren, der Gesellschafter sei nicht abkommensberechtigt, da er mit seinen Einkünften nicht in seinem Ansässigkeitsstaat steuerpflichtig sei. Der MA-Komm., Ziff. 6.3, stellt – gewissermaßen den US-amerikanischen withholding agent regulations folgend – den Grundsatz auf, dass der Quellenstaat bei der für die Abkommensanwendung notwendigen Sachverhaltsfeststellung berücksichtigen soll, wie die in Frage stehenden Einkünfte im Staat derjenigen Person behandelt werden, die die Abkommensberechtigung geltend macht (s. MA-Komm. Ziff. 6.2; s. auch *Wassermeyer*, IStR 1999, 485). Mit anderen Worten hängt die Anwendbarkeit des DBA von der Eigenschaft des Steuerpflichtigen als Steuersubjekt in seinem Ansässigkeitsstaat ab. Im Ergebnis führt das dazu, dass weder die Gesellschaft noch die Gesellschafter abkommensberechtigt sein sollen, der Quellenstaat kann besteuern, ohne durch ein DBA in seiner Besteuerungsbefugnis beschränkt zu sein (MA-Komm., Ziff. 6.5). **35e**

Dieses Ergebnis ist unbefriedigend und die Schlussfolgerung auch nicht zwingend. Die OECD geht davon aus, dass die Abkommensberechtigung nicht nur von der Ansässigkeit an sich abhängt, sondern vielmehr auch davon, dass die konkreten Einkünfte der Besteuerung unterliegen. Obwohl der OECD-Bericht das so nicht ausdrücklich sagt, liegt dem wohl eine restriktive Auslegung des Art. 4 Abs. 1 zugrunde. Art. 4 Abs. 1 bezieht sich aber auf Kriterien, die die unbeschränkte Steuerpflicht begründen, nicht aber auf die Steuerbarkeit bestimmter Einkünfte (s. Art. 4 Rz. 82). Das im Bericht über Personengesellschaften weiters angeführte Argument, die Gesellschafter seien in einem solche Fall nicht die Nutzungsberechtigten (beneficial owners), ist bedenklich. Es geht letztlich zurück auf die US-amerikanische Auffassung, die in den Quellensteuerrichtlinien (Prop. Treas. Reg. § 11441–0 bis –9) deutlich wird. Dort wird der Begriff des Nutzungsberechtigten erweiternd definiert und soll auch Personen ausschließen, deren Einkommen im anderen Vertragsstaat nicht der Besteuerung unterliegt. Das mag in innerstaatlichen Fällen zulässig sein, wirft aber angesichts des allgemeinen bisherigen Verständnisses des Begriffs des Nutzungsberechtigten die Frage eines treaty override auf (so auch *Critchfield/Honson/Mendelowitz*, TNI February 1999, 587 (600 ff.); s. dazu noch allgemein Vor 10–12 Rz. 10 ff.). Wenn Vertragsstaaten die Nutzungsberechtigung davon abhängig machen wollen, dass das jeweilige Einkommen beim Empfänger auch tatsächlich der Besteuerung unterliegt, so steht es ihnen frei, entsprechende subject-to-tax-Klauseln oder Zurechnungsklauseln wie etwa Art. 1 Abs. 6 US-MA in ihre DBA einzufügen. Fehlt es jedoch an solchen Klauseln, muss der Quellenstaat entgegen der Auffassung des MA-Komm. die Abkommensberechtigung der Gesellschafter anerkennen, auch wenn das zu doppelter Nichtbesteuerung führen sollte (so auch *M. Lang*, IStR 2011, 1 (2)). Bei der Auslegung von DBA ist die Vermeidung doppelter Nichtbesteuerung keine zu berücksichtigende Zielsetzung (*Lang*, SWI 2000, 63; *ders.*, IStR 2000, 130 ff., *ders.*, CDFI, Bd. 89a, 2004, 25 sowie einheitlich die dort enthaltenen Nationalberichte; kritisch auch *Clayson*, BTR 2000, 73). **35f**

3.3 Dritter Unterfall: Die Personengesellschaft (usw.) ist nur im Quellenstaat als solche **beschränkt** steuerpflichtig (der Quellenstaat betrachtet sie als intransparent). Sie ist nach dem DBA „**Person**“ (z. B. als „sonstige Personenvereinigung“ nach Art. 3 Abs. 1 Buchst. a MA, s. Art. 3 Rz. 17), ist jedoch in dem Staat, in dem sie ihren Sitz hat, als solche nicht steuerpflichtig. Nach dem Wortlaut des Art. 4 Abs. 1 MA wäre in einem solchen Fall die Gesellschaft in ihrem Sitzstaat nicht **36**

„ansässig", weil sie dort nicht „auf Grund ... des Ortes ihrer Geschäftsleitung oder eines anderen ähnlichen Merkmals steuerpflichtig" ist. Sie wäre daher nicht abkommensberechtigt (*Piltz,* Personengesellschaften, 130; *Manke,* DStJG 4 (1985), S. 200; *Geraets,* RDAI 1986, 467 (485); *Firlinger,* SWI 1991, 225; zum gleichen Ergebnis gelangt man, wenn die Personengesellschaft nicht Person im Sinne des DBA ist, s. Art. 3 Rz. 25 ff.). Diese Auffassung wird von Finanzverwaltungen (s. z. B. für spanische Personengesellschaften BMF v. 19.3.1976, RIW/AWD 1976, 305) und auch wissenschaftlich vertreten (s. z. B. *Daniels,* Issues, 161), der Wortlaut des Art. 4 Abs. 1 legt sie, wie gesagt, nahe.

36a Sie ist nunmehr auch in den OECD-Komm. eingeflossen (Ziff. 5). Abkommensberechtigt sind in einem solchen Fall die Gesellschafter mit ihrem jeweiligen Gesellschaftsanteil, auf die abweichende Auffassung des Quellenstaates kommt es mit anderen Worten nicht an (MA-Komm. Ziff. 6.4). Anzuwenden ist das DBA zwischen dem Quellenstaat und dem Ansässigkeitsstaat der Gesellschafter (MA-Komm., Ziff. 6.5). Voraussetzung für eine Abkommensbegünstigung ist aber, dass der Ansässigkeitsstaat der Gesellschafter diesen die Einkünfte auch zurechnet. Tut er dies nicht (weil er etwa die Gesellschaft als intransparent ansieht und dieser die Einkünfte zurechnet), ist der Quellenstaat in seiner Besteuerungsbefugnis nicht beschränkt.

36b Zum selben Ergebnis gelangt man nach dem US-MA. Dessen Art. 1 Abs. 7 bestimmt, dass für den Fall, dass einer der Vertragsstaaten die Gesellschaft als transparent einordnet, es nur darauf ankommt, ob die Einkünfte in diesem Staat auch der unbeschränkten Steuerpflicht unterliegen, gleichgültig ob die Gesellschaft oder die Gesellschafter Steuersubjekt sind. In diesem Sinne haben die USA und Neuseeland die Frage auch in einer Verständigungsvereinbarung geregelt (s. APTB 2005, 285). Die australische Finanzverwaltung kommt zum selben Ergebnis, auch wenn das DBA keine spezielle Regelung enthält (s. ATO, Taxation Determination v. 9.11.2011, TC 2011/25). Im Fall, dass der Gesellschafter im Ansässigkeitsstaat der Gesellschaft ansässig ist, sieht sich die australische Finanzverwaltung durch Art. 7 MA gehindert, die aus Australien stammenden Einkünfte zu besteuern. Australien müsse ferner entsprechend dem OECD MA-Komm. die steuerliche Einordnung im Staat der Gesellschaft beachten. Sind die Gesellschafter in einem Drittstaat ansässig, sei das Abkommen mit diesem Drittstaat anzuwenden. Australien besteuert also nur, wenn mit dem Ansässigkeitsstaat des Gesellschafters kein DBA besteht.

36c Anders als im OECD-Komm. hat der BFH (BFH BStBl. II 2009, 263 = IStR 2008, 849 m. Anm. *Anger/Sewtz: DBA USA;* BFH BFH/NV 2013, 2002 = BB 2013, 3108 m. Anm. *Ribbrock* = ISR 2013, 412 m. Anm. *Eckhardt* = PIStB 2014, 4 m. Anm. *Schmidt* = IStR 2013, 880 m. Anm. *Bauer/Huber: DBA USA*; *Hagemann/Kahlenberg,* IWB 2014, 231) s. auch *Krauß,* IStR 2014, 165; *Jakob/Klein,* IStR 2014, 121; *Hagemann/Kahlenberg* IWB 2014, 231) zu einer US-amerikanischen transparent behandelten Corporation entschieden, dass für Deutschland als Quellenstaat die Zurechnung der Einkünfte zur Corporation maßgeblich ist, auch wenn diese nach ausländischem Steuerrecht nicht selbst Steuersubjekt ist. Dementsprechend ist dann auch der niedrigere Schachtelsteuersatz des Art. 10 Abs. 2a MA anzuwenden (anders noch FG Köln DStRE 2007, 1497 = EFG 2007, 1056: *DBA USA*). Der BFH stellt somit maßgebend auf die Einordnung im Quellenstaat ab, ist dann aber auch konsequent in seiner Durchführung (allerdings bezog sich das Urteil v. 20.8.2008 – I R 34/08, BStBl. II 2009, 263 noch auf ein Streitjahr vor Einführung des Art. 1 Abs. 7 DBA USA; das Urteil v. 26.6.2013 – I R 48/12 – zieht Art. 1 Abs. 7 DBA USA hingegen – die eigene Auffassung bestätigend – heran; s. zu Art. 1 Abs. 7 DBA USA noch unten Rz. 64 f.). Ähnlich wird in Kanada eine (transparente) US-LLC als Steuersubjekt angesehen und diese muss auch die Abkommensvorteile in Anspruch nehmen, die Vorteile werden aber hinsichtlich der an der LLC beteiligten Personen jeweils getrennt ermittelt.

Auch in der Literatur finden sich maßgebliche Stimmen, die dem MA-Komm. nicht folgen wollen (*Wassermeyer,* IStR 1999, 483; *ders.,* in Wassermeyer Art. 1 OECD-MA Rz. 28f.; *Lang,* IStR 2000, 129). Der OECD-Auffassung sei schon deshalb nicht beizupflichten, da die Einordnung im Quellenstaat ausschlaggebend und damit die Personengesellschaft auch berechtigt sein sollte, die Abkommensvorteile wahrzunehmen. Für Zwecke der innerstaatlichen Besteuerung sei die Personengesellschaft als abkommensberechtigt anzusehen und das DBA mit dem Staat der Gesellschaft anzuwenden. Trotz der fehlenden Personenidentität muss dann der Ansässigkeitsstaat entsprechend die Doppelbesteuerung vermeiden (s. dazu *Lang/Reich/Schmidt,* IStR 2007, 1 (7)). **36d**

Innerstaatlich kann es jedoch hier zu Problemen kommen. Es wird dem Quellenstaat durchweg an Regeln fehlen, nach denen er den Gewinn der Gesellschaft – sie ist nach seinem Recht einheitliches Steuersubjekt – auf die Gesellschafter aufteilen könnte. In den USA können in einer solchen Lage die Regeln des „subchapter S" (IRC sec. 1361ff.) angewandt werden. Die australischen „Foreign Hybrid Provisions" erlauben es der Gesellschaft, im Fall des Einordnungskonflikts für eine transparente Besteuerung zu optieren (s. aber auch die Entscheidung des australischen Federal Court v. 26.4.2013, Resource Capital Fund III LLP, [2013] FCA 363: *DBA Australien/USA*: hier war aus der Sicht Australiens als Quellenstaat die Personengesellschaft der Steuerpflichtige (die aber nicht in einem DBA-Staat ansässig war), das Gericht meint aber, dass das DBA mit den USA Australien zwinge, die in den USA ansässigen Partner als Steuerpflichtige zu behandeln; dem kann sicher nicht gefolgt werden; s. auch *Arnold,* BIT 2013, 511). § 50d Abs. 1 Satz 11 in der Fassung des AmtshilfeRLUmsG nimmt nunmehr einen anderen Weg. Werden dem Gläubiger die Einkünfte nach deutschem Recht oder nach ausländischem Recht nicht zugerechnet, kommt es auf die Einkünftezurechnung nach dem Recht des anderen Vertragsstaates an. Im Fall einer nach ausländischem Recht transparenten Gesellschaft, die nach deutschem Recht als intransparent angesehen wird, würde dies bedeuten, dass die Gesellschafter ausschließlich abkommensberechtigt sind. Das würde auf der anderen Seite bedeuten, dass dies zum Verlust des Schachtelprivilegs führte. Auch stellt sich die Frage, ob damit Abkommensregelungen wie Art. 1 Abs. 7 DBA USA 2008 nicht mehr zur Anwendung kommen sollen. **36e**

Für den Quellenstaat ist die Überprüfung der Ansässigkeit der Gesellschafter von besonderer Bedeutung. Australien will hier dem „General Partner" besondere Informationspflichten auferlegen (ATO, Taxation Determination v. 9.11.2011, TC 2011/25 Tz. 34ff.). Die österreichische Finanzverwaltung weist zu Recht darauf hin, dass der Ansässigkeitsstaat der Gesellschaft keine Ansässigkeitsbescheinigung erteilen kann, da das Abkommen zwischen dem Staat der Gesellschaft und dem Quellenstaat nicht zur Anwendung kommt, wenn der Gesellschafter in einem Drittstaat ansässig ist (ÖstBMF, EAS 3071 v. 23.6.2009, SWI 2009, 323). **36f**

ee) Sondervergütungen:

Literatur: *Blumers/Zillmer,* BB 2010, 1375; *Boller/Ellinghoff/Schmidt,* IStR 2009, 109; *Boller/Sliwka/Schmidt,* DB 2008, 1003; *Boller/Schmidt,* IStR 2009, 852; *Cloer/Kudert,* PIStB 2010, 110; *Crezelius,* FR 2013, 1065; *Denninger/Gillamarian/Stoll,* StuB 2011, 948; *Dörfler/Rautenstrauch/Adrian,* BB 2009, 580; *Dorn,* BB 2013, 3038; *Eilers,* in FS Herzig, 1043; *Endres/Schätzler,* PIStB 2011, 275; *Franz/Voulon,* BB 2011, 1111; *Frotscher,* IStR 2009, 596; *Gebhardt/Quilitzsch,* BB 2011, 669; *Goebel/Ellinghoff/Schmidt,* DStZ 2011, 74; *Goebel/Liedke/Schmidt,* IWB 3a-1–7 (2010); *Günkel/Lieber,* Ubg 2009, 301; *Häck,* IStR 2011, 71; *Hagemann/Kahlenberg,* Ubg 2013, 770; *Hagemann/Kahlenberg/Kudert,* Ubg 2014, 80; *Hagena/Klein,* ISR 2013, 267; *Hils,* DStR 2009, 888; *Hruschka,* IStR 2013, 830; *Jarzynska/Kopec,* PIStB 2012, 77; *Kahlenberg/Hagemann,* BB 2014, 215; *Kahlenberg/Melkonyan,* IStR 2013, 340; *Karla,* IStR 2012, 52; *Kollruss,* FR 2014, 588; *Korn,* IStR 2009, 641; *ders.,* DStR 2009, 2366; *Krabbe,* FR 2001, **37**

129; *Kramer*, BB 2011, 2467; *ders.*, IStR 2010, 239; *ders.*, IStR 2014, 21; *Kudert/Kahlenberg*, IStR 2013, 801; *dies.*, PIStB 2013, 94; *dies.*, in FS Frotscher (2013) 347; *Kudert/Melkonyan*, Ubg 2013, 623; *Lohbeck/Wagner*, DB 2009, 423; *Meretzki*, IStR 2009, 217; *Mitschke*, DB 2010, 303; *ders.*, FR 2013, 694; *Müller*, BB 2009, 751; *Pohl*, IWB 2012, 120; *ders.*, IWB 2013, 378; *Prinz*, FR 2010, 541; *ders.*, DB 2011, 1415; *Salzmann*, IStR 2008, 399; *ders.*, IWB 3-3-1539 (2009); *ders.*, IWB 2010, 902; *ders.*, IWB 2009, 1539; *Schmidt*, IStR 2008, 290; *ders.*, DStR 2010, 2436; *ders.*, DStR 2013, 1704; *Stemler*, Die Behandlung von Sondervergütungen bei Personengesellschaften nach dem Recht der Doppelbesteuerungsabkommen (2013); *Strunk/Kaminski*, Stbg 2008, 291; *Wassermeyer*, IStR 2010, 37; *ders.*, IStR 2010, 241; *Weggenmann*, IStR 2002, 614.

38 Besondere Probleme ergeben sich bei **Zahlungen von Personengesellschaften an deren Gesellschafter** (sog. Sondervergütungen, z.B. Zinsen, Gehälter, etc.) im anderen Vertragsstaat, wenn die betreffenden Einkünfte im Steuerrecht der Vertragsstaaten unterschiedlich behandelt werden. Eine Reihe von Autoren verwendet (auch) hierfür den Begriff „Qualifikation"; doch handelt es sich um ein logisch völlig anders gelagertes Problem (dazu s. o. Grundl. Rz. 96b ff.). Solche Konflikte sind darüber hinaus unabhängig von der Frage der Einordnung von Personengesellschaften möglich.

39 Die Frage, wie Sondervergütungen zu behandeln sind, wenn der andere Vertragsstaat die Gesellschaft als steuerpflichtig ansieht und dementsprechend von der Abkommensberechtigung der Gesellschaft auf die Behandlung der Einkünfte der Gesellschafter geschlossen werden muss, ist bereits oben behandelt worden (Rz. 34j). Anders liegt es dagegen, wenn die Personengesellschaft **in beiden Vertragsstaaten kein Steuersubjekt,** wenn sie also transparent ist, jedoch der Abzug von Vergütungen an die Gesellschafter vom Gesellschaftsgewinn **(„Sondervergütungen")** in den Vertragsstaaten unterschiedlich geregelt ist (s. auch Fall 13 des Partnerships-Reports). So können z.B. in den USA Zinsen für Darlehen der Gesellschafter an eine Personengesellschaft von dieser als Betriebsausgaben abgesetzt werden, während in Deutschland solche Zinsen dem Anteil des Gesellschafters am Gesellschaftsgewinn zugerechnet und mit diesem versteuert werden (§ 15 Abs. 1 S. 1 Nr. 2 EStG, s. Rz. 39; einen Überblick über die Behandlung von Sondervergütungen in anderen Staaten geben *Storck/Selent,* RIW/AWD 1980, 332).

40 Unter der Geltung des *DBA USA 1954/65* führte dies zu der Frage, ob die von einer partnership in den USA an ihren deutschen Gesellschafter gezahlten Zinsen, die dort nach Art. VII des DBA steuerfrei waren, in Deutschland entsprechend deutschem Steuerrecht als Unternehmenseinkünfte (Einkünfte einer Betriebstätte des Gesellschafters in den USA) zu behandeln, also nach Art. III des DBA ebenfalls steuerfrei seien. Der BFH hat dies verneint mit der Begründung, Art. III Abs. 5 des DBA, der inhaltlich dem Art. 7 Abs. 7 MA entspricht, „lös[e]" die Zinsen aus dem Betriebstättengewinn „heraus" (BFH BStBl. II 1991, 444 (446); s. auch BFH BStBl. II 1991, 211; 1992, 937; 1995, 683; 1996, 563; 1998, 296; 2000, 336; 2003, 631; BFH/NV 2005, 1560: *DBA USA 1989;* BStBl. II 2009, 356; BStBl. II 2009, 758 = BFH/NV 2006, 2326: *DBA Frankreich* und *Italien;* BStBl. II 2009, 766 = IStR 2007, 330 m. Anm. *Wassermeyer: DBA Großbritannien;* IStR 2011, 32; IStR 2014, 217: *DBA Italien;* FG Rheinland-Pfalz EFG 1990, 159; FG München EFG 1998, 1268: *DBA USA 1954/65;* dem BFH zustimmend: *Busl,* RIW 1991, 847; *Fischer-Zernin,* RIW 1991, 493; *Köhler,* RIW 1991, 1024; *Schmidt,* IStR 1996, 213; *Weggenmann,* IStR 2002, 1; *Jacobs,* Internationale Unternehmensbesteuerung, S. 505 ff.; *Riemenschneider,* S. 152 m. w. N.; anders für Einkünfte aus unbeweglichem Vermögen, weil Art. 6 MA vorgehe: BFH BStBl. II 1994, 91 (92): *DBA Schweiz;* im Grundsatz a. M. FG Hamburg EFG 1997, 987: *DBA USA 1954/65,* wobei die Personengesellschaft in diesem Fall allerdings nicht gewerblich tätig war, für einen ähnlichen Fall einer nicht-gewerblich tätigen Personengesellschaft aber FG Hamburg DStRE 2007, 665: *DBA Kanada* trotz der gewerblichen Prägung der Personengesellschaft).

Anders hat aber auch der BFH selbst entschieden (BStBl. II 2000, 399), hier wird aber die Abweichung von der st. Rspr. mit dem Fehlen einer dem Art. 7 Abs. 7 MA entsprechenden Vorschrift im *DBA Österreich 1954/92* begründet; anders jetzt aber zu den *DBA Frankreich* und *Italien* BFH BFH/NV 2006, 2326: wegen der Behandlung in Österreich, die der deutschen entspreche, sei eine „korrespondierende Entscheidung" in beiden Vertragsstaaten gesichert; eine solche Einzelfallbetrachtung ist für die Auslegung von DBA allerdings wenig überzeugend. **41**

Natürlich muss das Ergebnis dann auch umgekehrt für Zinszahlungen bzw. Lizenzgebühren einer deutschen Personengesellschaft an einen amerikanischen Gesellschafter gelten (zutreffend *Fischer-Zernin* a. a. O.; *Piltz,* in L. Fischer (Hrsg.), Besteuerung internationaler Konzerne (FIB 3), 1993, S. 44f.; BFH BStBl. II 2000, 336: *DBA USA 1954/65,* für den Fall von Beratungsleistungen des Kommanditisten zugunsten einer deutschen KG; BStBl. II 2003, 191: *DBA Schweiz* und *Großbritannien,* für den Fall von Managementleistungen des Kommanditisten; FG Bremen, DStRE 2002, 417: *DBA Schweiz;* FG BW, EFG 2006, 677: *DBA USA 1989;* zu letzterer Entscheidung s. auch *Ismer/Kost,* IStR 2007, 120; BFH 17.10.2007 BStBl. II 2009, 356: *DBA USA 1989* zu Zinszahlungen einer deutschen Personengesellschaft (s. dazu Urteilsanm. *Becker/Hölscher,* RIW 2008, 329); BFH 8.9.2010 I R 74/09 FR 2011, 179: *DBA USA 1989* zu Lizenzzahlungen einer deutschen Personengesellschaft; IStR 2014, 217: *DBA Italien,* m. Anm. *Benecke/Staats;* anders aber BFH BFH/NV 2013, 1999; FG Nds FR 2014, 57 m. Anm. *Kempermann:* beide *DBA Thailand;* kritisch dazu *Kudert/Kahlenberg,* PIStB 2013, 94; *Kahlenberg/Hagemann,* BB 2014, 215). **42**

Der BFH hat bei seiner Argumentation jedenfalls übersehen, dass Art. 7 Abs. 7 MA und entsprechend Art. III Abs. 5 *DBA USA 1954/65* **nur** für Zinsen, Lizenzgebühren, etc. gelten, die **an Dritte** gezahlt werden und unzweifelhaft Fremdkapital darstellen. Andere Verteilungsnormen der DBA sind daher nicht „speziell". Da die Beteiligung an einer nicht abkommensberechtigten ausländischen Gesellschaft abkommensrechtlich eine Betriebstätte ist (s. u. Art. 7 Rz. 36ff., insbes. Rz. 41), ist der Gesellschafter im Verhältnis zu dieser Betriebstätte „Stammhaus". Und die Berücksichtigung von Zinsen oder Lizenzgebühren, die eine Betriebstätte an das Stammhaus zahlt, bestimmt sich, wie umgekehrt auch für Zinsen/Lizenzgebühren des Stammhauses an die Betriebstätte, nach den Grundsätzen der **Gewinnabgrenzung** zwischen Betriebstätte und Stammhaus („eigenkapitalersetzende Darlehen", Art. 7 Abs. 2ff. MA 2008). Hiernach bleiben Leistungen, die die Betriebstätte an das Stammhaus gezahlt hat, Teil des Betriebstättengewinns (s. MA-Komm. 2008 zu Art. 7 Rz. 17ff. im Sinne einer unwiderlegbaren Vermutung, ausdrücklich anders nur für Banken). Auch wenn es sich nach deutschem Recht bei den besagten Forderungen oder Vermögensgütern nicht um Aktivposten der Personengesellschaft handelt (zum Problem des Sonderbetriebsvermögens s. *Eilers,* FS Herzig (2010), 1043 (1045ff.)), so kann diese deutsche Besonderheit nicht auf das Abkommensrecht durchschlagen, wenn die Rechte oder Vermögensgüter tatsächlich funktional der Betriebsstätte zuzurechnen sind (s. dazu auch *Frotscher,* IStR 2009, 593 (595f.); zur Zurechnung s. bei Art. 7 Rz. 36). **43**

Gegen das Vorstehende lässt sich auch nicht einwenden, eine Gesellschaft sei anders als eine Betriebstätte im Verhältnis zu ihrem Gesellschafter ein selbstständiges Unternehmen („zivilrechtliche Betrachtungsweise"; *Knobbe-Keuk* (Rz. 13), S. 308; ähnlich, wenngleich in den Einzelheiten kritisch, auch *Fischer-Zernin,* a.a.O, S. 494; s. auch BFH BFH/NV 2006, 2326, wonach Darlehensverhältnisse zwischen Gesellschafter und Personengesellschaft anders zu behandeln seien als Darlehens- **44** verhältnisse zwischen Haupthaus und Betriebstätte; der Hinweise auf das Zivilrecht gilt international aber nicht in dieser Allgemeinheit, das Argument kann deshalb für das Abkommensrecht keine Rolle spielen; s. auch *Loukota,* Antwort, IStR 2006, 274). Denn das ist sie nur nach innerstaatlichem Recht. Ob sie es wirtschaftlich ist, hängt vom Einzelfall ab. Und **abkommensrechtlich** ist sie es jedenfalls nur dann, wenn sie abkommensberechtigt ist, was sie in den hier erörterten Fällen eben gerade nicht war.

45 Gestattet es der Betriebstättenstaat dennoch, sie vom Gewinn der Betriebstätte abzuziehen – was ihm freisteht –, so ergibt sich daraus noch nicht, dass der Ansässigkeitsstaat sie in den Gewinn des Stammhauses einbeziehen dürfte (Verbot der „virtuellen Doppelbesteuerung", s. o. Grundl. Rz. 8, 69 ff.). Auf die – für sich betrachtet – zutreffenden Ausführungen des BFH zum Betriebstättenvorbehalt (Art. 11 Abs. 4 MA, s. Vor Art. 10 bis 12, Rz. 30 ff.) in BStBl. II 1995, 683 (684 f.), kommt es daher nicht an. Allerdings stellt sich die Frage, ob sich nicht aus der durch die OECD vorgenommenen Neuinterpretation des Art. 23 MA eine andere Lösung ergibt.

46 Im Partnerships Report der OECD (Fallbeispiel 14) wird davon ausgegangen, dass die Einordnung im Staat der Gesellschaft – solange diese auf der innerstaatlichen Rechtslage beruht und nicht auf einer unterschiedlichen Auslegung des Sachverhalts oder von Abkommensbestimmungen – zu einer entsprechenden Einordnung im Ansässigkeitsstaat des Gesellschafters führt. Letzterer müsse anerkennen, dass die Einkünfte im Quellenstaat nach Art. 23 „nach diesem Abkommen in dem anderen Vertragsstaat besteuert werden" können. Mit anderen Worten muss der Ansässigkeitsstaat einer abkommenskonformen Besteuerung des Quellenstaates Rechnung tragen (kritisch Wassermeyer/*Wassermeyer,* Art. 1 OECD-MA Rz. 28e, 28g). Behandelt demnach der Staat der Personengesellschaft diese als transparent, wendet also Art. 7 an, so hat der Ansässigkeitsstaat des Gesellschafters die Doppelbesteuerung dementsprechend zu vermeiden. Für den in Deutschland ansässigen Gesellschafter bedeutet dies, dass die Anteile an den laufenden Gewinnen, aber auch Sondervergütungen im Sinne des § 15 Abs. 1 Satz 1 Nr. 2 EStG, nach Betriebstättengrundsätzen in der Regel von der Bemessungsgrundlage der deutschen Steuer ausgenommen werden, bei natürlichen Personen unter Vorbehalt der Progression (ablehnend aber BFH IStR 2014, 217, der schon eine rückwirkende Anwendung auf das in 1989 abgeschlossene DBA Italien für ausgeschlossen hält).

47 Im Betriebstättenerlass wie auch im Anwendungsschreiben Personengesellschaften (BMF v. 24.12.1999, BStBl. I 1999, 1076; BMF v. 16.4.2010, BStBl. I 2010, 354, Tz. 5.1) folgt die Finanzverwaltung dieser von der BFH-Rspr. abweichenden Auffassung. In Übereinstimmung mit der Auffassung dieses Kommentars geht sie zunächst davon aus, dass Sondervergütungen grundsätzlich – auch wenn ein DBA zur Anwendung kommt – zum inländischen bzw. ausländischen Betriebstättengewinn gehören. Ist Deutschland der Ansässigkeitsstaat des Gesellschafters, hat Deutschland in der Regel nach Art. 23A MA die Vergütungen von der Besteuerung freizustellen. Ist Deutschland Ansässigkeitsstaat der Personengesellschaft und betreibt diese eine gewerbliche Tätigkeit, so hat Deutschland nach Art. 7 MA die Besteuerungsbefugnis für die der Betriebsstätte zuzurechnenden Einkünfte.

47a In Reaktion auf die Rspr. des BFH hat der Gesetzgeber durch das Jahressteuergesetz 2009 einen **§ 50d Abs. 10 EStG** in das Einkommensteuergesetz eingefügt, der die Verwaltungsauffassung gesetzlich festschreiben soll (vgl. BT-Drucks. 16/11108, 23). Nach Auffassung des BFH greift die Vorschrift „tatbestandlich zu kurz" (BFH BFH/NV 2011, 138: *DBA USA*; s. aber auch FG Düsseldorf EFG 2011, 878), da die Zurechnung der Einkünfte zur Betriebsstätte von der Vorschrift unberührt bleibe. Da die Einkünfte nach Auffassung des BFH der Betriebsstätte nicht zugerechnet werden könnten, bleibt die Vorschrift ohne rechtliche Wirkung (zustimmend *Blumers/Zillmer,* BB 2010, 1375; *Boller/Eilinghoff/Schmidt,* IStR 2009, 114; *Franz/Voulon,* BB 2011, 1111; *Häck,* IStR 2011, 71; *Hils,* DStR 2009, 888; *Korn,* DStR 2009, 2366; *Kramer,* IStR 2010, 37; *Lohbeck/Wagner,* DB 2009, 425; *Meretzki,* IStR 2009, 217; *Salzmann,* IWB 2010, 902; *Schmidt,* DStR 2010, 2437; *Wassermeyer,* IStR 2010, 41; *ders.,* IStR 2010, 241; kritisch hierzu *Frotscher,* IStR 2009, 595; *Kammeter,* Urteilsanm., IStR 2011, 37; *Mitschke,* Urteilsanm., FR 2011, 182). M. E. kann dem BFH nicht vorgeworfen werden, er interpretiere § 50d Abs. 10 EStG in irriger Weise, der BFH übersieht jedoch, dass eine funktionale autonome Betrachtungsweise gem. Art. 7 MA doch zu einer Zurechnung des Wirtschaftsguts zur Betriebsstätte führen kann, auch wenn es sich um Sondervermögen des Gesellschafters handelt. Aus diesem Grund kann § 50d Abs. 10 EStG auch nicht als treaty override gesehen werden (so auch FG München DStRE 2009, 2363: *DBA USA*; anders aber *Frotscher,* IStR 2009, 593; *Hils,* DStR 2009, 888 (892); *Günkel/Lieber,* Ubg 2009, 301 (306); *Jansen/Weidmann,* IStR 2010, 596 (598); *Schmidt,* DStR 2010, 2436 (2438); *Prinz,* DB 2011, 1415), da die Vorschrift nur das wiederholt, was nach Abkommensrecht ohnehin gilt. § 50d Abs. 10 EStG ist nunmehr durch das AmtshilfeRLUmsG 2013 wieder geändert worden, um der Verwaltungsauffassung Geltung zu verleihen. Insbesondere stellt Satz 3 klar, dass eine Vergütung des Gesellschafters der Betriebsstätte/Personengesellschaft zugerechnet werden muss. Die Vorschrift wird ferner ergänzt, um mögliche Doppelbesteuerungen und doppelte Nichtbesteuerungen zu vermeiden (zu Einzelheiten s. *Kudert/Kahlenberg,* IStR 2013, 801).

Der BFH hat mit Beschluss v. 11.12.2013, IStR 2014, 217: DBA Italien (Anm. *Benecke/Staats,* IStR 2014, 229), dem BVerfG die Frage vorgelegt, ob § 50d Abs. 10 EStG gegen Völkervertragsrecht verstößt und damit verfassungswidrig sei. Auch die gesetzlich angeordnete Rückwirkung der Vorschrift verstoße gegen das Rechtsstaatsprinzip. Dabei geht der BFH – anders als hier vertreten – von einem treaty override aus (zur Problematik s. auch BFH IStR 2012, 426 zur Verfassungsmäßigkeit des § 50d Abs. 8 EStG und Grundl. Rz. 193 ff.).

Doppelte Nichtbesteuerung: Qualifiziert der andere Vertragsstaat die Son- 48
dervergütungen als Zinsen, Lizenzgebühren etc. oder sieht er die Veräußerung einer Beteiligung an einer Personengesellschaft als Veräußerung sonstigen Vermögens im Sinne des Art. 13 Abs. 4 MA an, kann die aus Art. 23 fließende Anerkennung der Einkunftsqualifikation im Quellenstaat zu einer doppelten Steuerbefreiung führen (s. auch Fallbeispiel 13 des Partnerships-Reports). Ordnet etwa der Staat der Personengesellschaft (P) Zahlungen an einen Gesellschafter als Zinsen ein und sieht er sich deshalb an einer Besteuerung gehindert, da das DBA keine Quellenbesteuerung für Zinsen vorsieht, und sieht der Staat des Gesellschafters die Einkünfte als freizustellende Unternehmensgewinne im Sinne der Art. 7 und 23A, so würden beide Staaten die Einkünfte nicht besteuern.

In einem solche Fall will der Partnerships-Report (Tz. 109; s. auch MA-Komm. 49
2000 zu Art. 23A/B Ziff. 32.1 ff.) und ihm folgend die Finanzverwaltung (Betriebsstättenerlass, a. a. O., Tz. 1.2.3; Anwendungsschreiben Personengesellschaften, a. a. O., Tz. 5.1) durch eine „einschränkende Auslegung" (*Krabbe,* IWB F. 3 Deutschland Gr. 2, 867; *ders.* FR 2001, 130; zustimmend *Weggenmann,* IStR 2002, 1) helfen (kritisch *Günkel/Lieber,* FR 2000, 853; FR 2001, 132). Im Ergebnis wird – ähnlich wie bei den in den DBA teilweise vorhandenen switch-over-Klauseln (s. z. B. Ziff. 21 *Prot. DBA USA 1989*) – von der Freistellungs- zur Anrechnungsmethode übergegangen, wenn aus der unterschiedlichen Einkunftsqualifikation eine partielle oder vollständige Nichtbesteuerung der Einkünfte folgt. Es entspreche nicht dem Sinn und Zweck der Abkommen, die Nichtbesteuerung von Einkünften in beiden Vertragsstaaten zu ermöglichen. Trotz des durchaus anzuerkennenden Interesses ist es jedoch äußert zweifelhaft, ob eine solche Auslegung noch mit den

allgemeinen Auslegungsregeln der WÜRV vereinbart werden kann (so auch *Lang,* IStR 2002, 609 (612)). Anders als der BFH (BFH/NV 2006, 2326) meint, kann auch der Grundsatz der Entscheidungsharmonie isoliert gesehen eine Auslegung nicht rechtfertigen, die die Vermeidung der Doppelnichtbesteuerung rechtfertigt. Die oben in Rz. 43f. aufgeführten Argumente behalten trotz des neuen Auslegungsansatzes ihre Geltung. Außerdem besteht die Gefahr, dass das Ziel der Abkommensauslegung, ein gemeinsames einheitliches Verständnis von Abkommensbegriffen zu erreichen, aus dem Auge verloren wird. Schließlich führt diese Auffassung zu nicht gerechtfertigten ungleichgewichtigen Ergebnissen bei der Anwendung eines DBA. Behandelt der eine Staat Lizenzzahlungen an den ausländischen Gesellschafter als Betriebstättengewinn, während der andere Staat sie in der umgekehrten Situation als Lizenzzahlungen ansehen würde, käme man in beiden Fällen zu dem Ergebnis, dass im ersten Fall der Betriebstättenstaat, im zweiten Fall der Ansässigkeitsstaat des Gesellschafters, also ein und derselbe Vertragsstaat, zur Besteuerung befugt wäre. Man kann solche durch die DBA nicht bezweckten und bei einheitlicher Auslegung nicht möglichen Ergebnisse nicht dadurch rechtfertigen, dass sie bei Anwendung des jeweiligen innerstaatlichen Rechts unvermeidlich seien (so aber *Krabbe,* IWB F. 3 Gr. 2, 772 (1998)). Im Interesse einer einheitlichen Abkommensauslegung bedarf es vielmehr für einen solchen Übergang von der Freistellung zur Anrechnung einer rechtlichen Grundlage in den Abkommen (dagegen will *Krabbe,* IWB F. 3 Gr. 2, 771 (1998) den bereits vorhandenen Regelungen nur „deklaratorische Bedeutung“ zumessen). Der neu in das OECD-MA eingefügte Art. 23A Abs. 4 erfasst im Übrigen die hier zur Diskussion stehenden „Qualifikationskonflikte“, die auf unterschiedlichem nationalen Recht beruhen, nicht (zur Gesamtproblematik s. Art. 23 Rz. 243ff.).

50 Das Anwendungsschreiben Personengesellschaften (Tz. 5.1; kritisch *Wassermeyer,* IStR 2007, 413 (417)) trägt diesen Einwänden Rechnung. Das Schreiben bestätigt zunächst, dass im Grundsatz Freistellung zu gewähren ist, auch wenn die Zinsen im Staat der Personengesellschaft abzugsfähig sind. Kommt es dadurch aber zur doppelten Nichtbesteuerung, sind entweder die Switch-Over-Klauseln der DBA oder § 50 Abs. 9 EStG anzuwenden. Im Ergebnis wären dann die Zinsen doch in Deutschland zu besteuern, eine anzurechnende ausländische Steuer besteht nicht (allerdings ist zweifelhaft, ob § 50d Abs. 9 EStG auf die hier in Frage stehenden Sachverhalts überhaupt angewendet werden kann; vgl. BFH BFH/NV 2011 2165; *Grotherr,* IStR 2007, 266; *Dallwitz/Mattern,* DStR 2007, 1700). Das BMF bewegt sich hier aber auf unsicherem Grund. Zum einen sind die abkommensrechtlichen wie auch die innerstaatlichen switch-over-Klauseln möglicherweise in Streit mit den Diskriminierungsverboten des EG-Vertrages und zum anderen bestehen gegen § 50 Abs. 9 EStG gewichtige verfassungsrechtliche Bedenken (s. dazu noch unten Rz. 134ff.). Jedenfalls ist der BFH der Ansicht, dass § 50 Abs. 9 EStG nicht ausreicht, um Sondervergütungen der inländischen Personengesellschaft zuzuordnen (BFH BFH/NV 2011, 138; s. dazu *Schmidt,* DStR 2010, 2436).

50a **Rechtslage nach dem OECD-MA 2010:** Vor dem Hintergrund des MA-Komm. 2010 sollte sich jedoch die Auffassung der Finanzverwaltung ändern. Der neue Art. 7 MA 2010 („Authorised OECD-Approach“) stellt Betriebsstätten und Tochtergesellschaften hinsichtlich ihrer steuerlichen Behandlung weitgehend gleich und erkennt jegliche Leistungsbeziehungen zwischen Stammhaus und Betriebsstätte an. Jedoch führt der AOA nicht zu einer echten Umqualifikation der internen Transaktionen, so dass Quellensteuern nicht erhoben werden dürfen (MA-Komm. zu Art. 7 MA 2010, Ziff. 28). Der AOA kann aber m. E. nur für Abkommen gelten, die den neuen Art. 7 MA 2010 übernehmen (s. dazu noch bei Art. 7 Rz. 14ef.). § 50d Abs. 10 EStG bleibt zwar auf solche Abkommen anwendbar, wegen der abweichenden Zurechnung der Einkünfte entfaltet er aber keine Wirkung (insofern besteht auch schon ein Widerspruch im deutschen Steuerrecht zwischen § 1 AStG und § 50d Abs. 10 EStG; s. dazu *Hruschka*, IStR 2013, 830; *Schmidt,* DStR 2013, 1704).

f) Andere Personenzusammenschlüsse und Vermögensmassen. Entsprechende Fragen wie bei Personengesellschaften können sich auch für andere Personenzusammenschlüsse (in Deutschland: stille Gesellschaften, Arbeitsgemeinschaften, Vereine) und Vermögensmassen (Stiftungen, Trusts, REITs) ergeben; sie sind prinzipiell nach gleichen Grundsätzen zu lösen (so auch BMF v. 16.4.2010, BStBl. I 2010, 354, Tz. 1.1). Die OECD arbeitet seit Jahren an der Frage, wie das OECD-MA auf Trusts und andere bestimmte Vermögensmassen wie Investmentfonds angewendet werden soll (*OECD*, Possible Improvements; *OECD*, benefits). Hier stellt sich insbesondere das Problem, dass solche Vermögensmassen nach inländischem Steuerrecht steuerbefreit sein können und häufig auch sind. Dann sind sie bei strikter Anwendung des Art. 4 Abs. 1 MA nicht in einem Vertragsstaat ansässig und damit auch nicht abkommensberechtigt. 51

aa) Stille Gesellschaften:

Literatur: *Fries,* IStR 2005, 805; *Fu,* S. 1 ff.; *Ghosh,* ET 1997, 154; *Günkel/Lieber,* IWB F. 10 International Gr. 2, 1393 (1999); *Knebel/Heidemann,* EuZW 2008, 681; *Kopec/Kudert,* IStR 2013, 498; *Krabbe,* IStR 1999, 591; *Leitner,* SWI 2000, 159; *Piltz,* Unternehmensfinanzierung, S. 125; *Schmidt,* IStR 1996, 213; *ders.,* Grotherr, Handbuch der Internationalen Steuerplanung, S. 733; *Schnieder,* IStR 1999, 392; *Scott/Weigel,* IStR 1998, 614; *Stegemann,* IStR 2002, 329. 52

Bei stillen Gesellschaften ist zwischen typischen und atypischen stillen Gesellschaften zu unterscheiden. Einkünfte aus typischen stillen Gesellschaften, die nach deutschem Steuerrecht Zinsen darstellen, werden von vielen DBA ausdrücklich als Dividenden definiert. Das BMF will diese Regelungen im Schr. zur Anwendung von DBA auf Personengesellschaften (BMF v. 16.4.2010, BStBl. I 2010, 354, Tz. 2.2.1.3) so verstanden wissen, dass dies nur für den Quellensteuerabzug im Quellenstaat gelten soll. Dem ist aber entgegenzuhalten, dass Definitionen des DBA allgemein gelten und damit auch für den Methodenartikel verbindlich sind (FG BW EFG 2007, 167; s. auch *Wassermeyer,* IStR 2007, 413 (415). 52a

Die Finanzverwaltung hat die Grundsätze des Betriebstättenerlasses in Abänderung der bisherigen Praxis auch auf die steuerliche Behandlung von **atypischen stillen Gesellschaften** übertragen (BMF v. 28.12.1999, BStBl. I 1999, 1121; aufgehoben und neu geregelt in BMF v. 16.4.2010, BStBl. I 2010, 354, Tz. 2.2.1.2 f.). Der Gewinnanteil eines atypisch stillen Gesellschafters ist danach den Unternehmensgewinnen nach Art. 7 zuzuordnen. Der BFH hatte insofern zunächst Zweifel geäußert (BFH BStBl. II 1995, 683; BStBl. II 1997, 313) und in der Literatur war die Einordnung als Zinsen oder Dividenden vertreten worden (*Wassermeyer,* IStR 1995, 49 (51); *Piltz* (o. Rz. 13), 125 (140); s. auch FG Hamburg EFG 1996, 240). Der BFH hat die Streitfrage im Sinne der Anwendung des Art. 7 entschieden (BFH BStBl. II 1999, 812 = FR 1999, 1361 m. Anm. *Lieber: DBA Schweiz;* s. auch FG Rh.-Pf. EFG 1999, 175: *DBA Schweiz;* FG Düsseldorf DStRE 2006, 1277: *DBA USA 1989*). Erhält somit der Gesellschafter einer atypisch stillen Gesellschaft von der Gesellschaft Zahlungen, so handelt es sich um gewerbliche Einkünfte, die dann im Land der stillen Gesellschaft der Besteuerung unterliegen, wenn der stillen Gesellschaft eine Betriebstätte zugeordnet werden kann. Im Staat des Gesellschafters sind die Gewinne freizustellen oder anzurechnen. Qualifiziert der andere Vertragsstaat die Einkünfte als Zinsen oder Dividenden, so dass er allenfalls eine Quellensteuer erheben kann, wird nach Auffassung des BMF auf deutscher Seite die Freistellung des Betriebstättengewinns versagt (Ziff. 32.6 und 32.7 MA-Komm. zu 52b

Art. 23A MA; § 50d Abs. 9 Satz 1 Nr. 1 EStG) und zur Anrechnung übergegangen Eine etwaige ausländische Quellensteuer kommt zur Anrechnung. Das widerspricht allerdings der Lösung des BFH in BStBl. II 1999, 812. Zu den damit zusammenhängenden Fragen s. noch bei Art. 10 Rz. 58 und Art. 11 Rz. 68. Zu den Auswirkungen des § 50d Abs. 11 EStG s. *Kopec/Kudert,* IStR 2013, 498.

52c Der britische *Court of Appeal* (Memec plc v IRC, [1998] STC 754; s. dazu J.F.A.J., Case Notes: Memec plc v I.R.C., BTR 1997, 188) hat eine atypische stille Beteiligung an einer deutschen Kapitalgesellschaft als intransparent eingeordnet und die Einkünfte abkommensrechtlich als Dividenden angesehen (nach *Knebel/Heidemann*, EuZW 2008, 681, sollte diese Qualifizierung auch für den Ansässigkeitsstaat des stillen Gesellschafters gelten). Innerstaatlich jedoch konnten die Einkünfte nicht den Gewinnausschüttungen zugeordnet werden, so dass eine indirekte Anrechnung der deutschen Körperschaft- und Gewerbesteuer nicht in Betracht kam (s. dazu *Ghosh,* ET 1997, 154). In den USA wird eine atypisch stille Gesellschaft als transparentes Gebilde eingeordnet (OFD Düsseldorf v. 5.7.1989, DB 1989, 1700), solange der Beteiligte nicht eine Kapitalgesellschaft ist (s. US LTR 933717 v. 18.6.1993). Auch Japan kennt das Institut der stillen Gesellschaft, das häufig zur Umgehung der japanischen Steuer benutzt wird. Dem Versuch der japanischen Finanzverwaltung, in der Beteiligung eine Betriebstätte des ausländischen Investors zu sehen, haben die japanischen Gerichte eine Absage erteilt (s. *Arnold*, IStR-LB 1/2009, 3). Seitdem versucht Japan die Frage in seinen DBA zu regeln.

bb) Pensionsfonds

53 **Literatur:** *Gutmann/Austry/Le Roux*, ET 2009, 21; *Jasper/Stark,* IStR 2013, 554; *Loukota*, SWI 2012, 231.

53a **Pensionsfonds** (s. hierzu auch die EU-Pensionsfondsrichtlinie 2003/41/EG) sind häufig innerstaatlich von der Besteuerung befreit. Selbst wenn sie als Person angesehen werden, stellt sich die Frage, ob sie wegen der Steuerbefreiung als ansässig i. S. des Art. 4 Abs. 1 MA gelten können. Ist das nicht der Fall, unterliegen Einkünfte eines ausländischen Pensionsfonds der nationalen Quellensteuer, ohne dass es zu den Ermäßigungen des DBAs käme. In der Abkommenspraxis ist zu beobachten, dass die DBA aus diesem Grund Pensionsfonds explizit die Abkommensberechtigung zuerkennen.

53b Innerhalb der EU kann eine Besteuerung eines ausländischen Pensionsfonds unionsrechtswidrig sein, wenn vergleichbare inländische Pensionsfonds eine Entlastung von der inländischen Kapitalertragsteuer erhalten (Pressemitteilungen der *Europäischen Kommission* v. 7.5.2007, IP/07616, v. 23.7.2007, IP/07/1152, und v. 26.6.2008, IP/08/1022; EuGH v. 6.10.2011, Rs. C-493/09, *„Kommission gegen Portugal*", IStR 2011, 920; EuGH v. 8.11.2012, Rs. C-342/10, *„Kommission gegen Finnland",* IStR 2013, 204; so auch schon der Spanische Gerichtshof in drei Entscheidungen v. 31.3.2010, Nr. 14/2007, 15/2007 und 17/2007; ferner ÖstBMF, EAS v. 20.7.2009, SWI 2009, 420; *für Belgien* s. Circular No. CiRH.233/625.237 v. 25.7.2013). Nach Auffassung des österreichischen UFS (Entsch. v. 30.9.2009, RV/2343-W705; s. dazu auch *Kleemann*, SWI 2010, 272) ist die Unionsrechtswidrigkeit bereits beim Steuerabzug zu berücksichtigen (zur Rechtslage in Österreich s. noch *Loukota*, SWI 2012, 231). Da die Kapitalverkehrsfreiheit auch gegenüber Drittländern gilt, ist die Abzugsbesteuerung bzw. eine Rückerstattung der Kapitalertragsteuer auch bei Einkünften von vergleichbaren Pensionsfonds zu unterlassen bzw. vorzunehmen, wenn diese in Drittstaaten ansässig sind und mit dem jeweiligen Ansässigkeitsstaat ausreichende Amtshilfe- und Informationsaustauschvereinbarungen geschlossen wurden. Allerdings ist darauf zu achten, ob nicht möglicherweise die Standstillklausel des Art. 64 AEUV eingreift. Die Niederlande haben eine gesetzliche Regelung eingefügt (Art. 10 Gesetz über die Besteuerung von Dividenden – WetDB), wonach im Ausland steuerbefreite Körperschaften die Erstattung der Kapitalertragsteuer verlangen können, wenn sie als Nutzungsberichtigte anzusehen sind. Das gilt auch im Verhältnis zur Schweiz (Gerechtshof 's-Hertogenbosch v. 2.8.2012, V-N 2012/53.3); anders aber der Hoge Raad v. 14.2.2014, no. 12/04335, BNB 2014/81, der die Möglichkeiten des Informationsaustausches im Verhältnis zur Schweiz nicht für ausreichend hält. In der Rechtsache Kommission gegen Deutschland (EuGH v. 22.11.2012, Rs. C-600/10, ISR 2013, 22 m. Anm. *Linn*) hat das Gericht die Klage abgewiesen, da es der Kommission nicht gelungen sei, hinreichend nachzuweisen, dass ausländische Pensionsfonds tatsächlich ungünstiger behandelt werden als deutsche Pensionsfonds. Die Frage, ob nicht darin eine Diskriminierung zu sehen sei, dass deutsche Pensionsfonds hohe Pensionsrückstellungen bilden können, die in der Praxis zu einer Steuerfreiheit der Dividenden und zur Rückerstattung der Kapitalertragssteuer führen, während die Kapitalertragsteuer bei ausländischen Pensionsfonds definitiv wird, war nach Ansicht des EuGH nicht Gegenstand der Klage. Die französische Rechtsprechung hat in mehreren Fällen entschieden, dass eine diskriminierende Behandlung ausländischer Pensionsfonds sowohl gegen das abkommensrechtliche Diskriminierungsverbot als auch gegen die Kapitalverkehrsfreiheit verstoßen würde (s. zu den Einzelheiten *Gutmann/Austry/LeRoux*, ET 2009, 21; TNS v. 19.2.2009, French Supreme Administrative Court holds withholding tax on French-source dividends paid to Dutch pension funds incompatible with EC free movement of capital). Insgesamt ist zu beobachten, dass die Mitgliedstaaten der EU danach streben, etwaige Diskriminierungen zu beseitigen (s. *Bammens/Trippas*, DFI 2014, 18 (20)).

cc) Investmentfonds:

Literatur: *Adema*, Intertax 2013, 140; *Aigner*, S. 1 ff.; *Angsten*, IWB 2014, 48; *Arlt/Rolfs*, in Grotherr, Handbuch der internationalen Steuerplanung, S. 1467; *Barret*, BIT 2011, 13; *Bäuml*, FR 2013, 640 und 746; *ders.*, StuB 2013, 128; *Banfi/Mantegazza*, ET 2010, 359; *Berger/Lübbehüsen*, FR 2006, 126; *Breuer*, IWB 2013, 761; *Brielmaier/Wünsche*, IStR 2013, 731; *Bödecker/Binger*, IWB 3a-1, 1121 (2009); *von Brocke*, IWB 2014, 146; *von Brocke/Auer*, IWB 2012, 457; *Calisto Pato*, EC Tax Review 2008, 197; *Digeronimo/Kolb*, IWB 2011, 26; *Dürrschmidt*, IWB 2012, 818; *Eberhardt*, IStR 2013, 377; *Ed/Bongaarts*, CDFI Vol. LXXXIIb 1997, 107 sowie die Nationalberichte dort; *Egner/Wölfert*, DStR 2013, 381; *Elser/Stadler*, DStR 2014, 233; *Escher*, IStR 2011, 686; *Fibbe*, BIT 2010, 138; *Figna/Fürstenau*, IStR 2011, 532; *Fock*, IStR 2001, 203; *ders.*, FR 2006, 369; *Genta*, ET 2013, 80 und 141; *Geurts/Jacob*, IStR 2007, 737; *Giannantonio*, Intertax 2005, 614; *Gottschling/Schatz*, ISR 2014, 30; *Haase*, DStR 2009, 957; *ders.*, Intertax 2011, 337; *Haase/Brändel*, BB 2011, 927; *Jesch/Haug*, DStZ 2013, 771; *Johnston*, BIT 2012, 383;*Kracht*, PIStB 2008, 51; *Kramer*, TNI March 12, 2012, 825; *Kronat*, S. 1 ff.; *Kirchmayr*, IStR 2011, 673; *Lawless/Murray*, ET 2011, 51; *van Kuijk/Lambion/Peetermans/Hennessy*, Intertax 2012, 365; *Langkemper*, DFI 2010, 127; *Lauermann/Birker*, RdF 2013, 51; *Lawless/Murray*, ET 2011, 51; *Linn*, IStR 2012, 455; *Lohr/Graetz*, S. 1 ff.; *Loukota*, SWI 2012, 305; *Martinez Giner*, Intertax 2007, 49; *Oepen/Lievens/van den Bruel*, BIT 2013, 421; *Patzner/Wiese*, IStR 2013, 73; *Petritz-Klar*, SWI 2013, 535; *Plewka/Watrin*, DB 2001, 2264; *Reuss/Prebble*, WTJ 2010, 195; *Rohde/Neumann*, FR 2012, 247; *Schmidt/Blöchle*, IStR 2002, 645; *Schnitger/Schachinger*, BB 2007, 801; *Schraufl*, PIStB 2007, 276; *ders.*, PIStB 2008, 20; *ders.*, PIStB 2011, 335; *ders.*, PIStB 2012, 156; *da Silva*, Intertax 2011, 195; *ders.*, in Weber/van Weeghel (eds.), The 2010 OECD Updates (2011), 65; *Sorgenfrei*, IStR 1994, 465; *Spierts/Spoelder*, IStR 2008, 17; *Staiger/Köth*, BB 2012, 2913; *Steinmüller*, NWB 2012, 808; *Stevens*, in Weber/van Weeghel (eds.), The 2010 OECD Updates (2011), 101; *Stoll*, BB 2011, 2330; *Süß/Mayer*, DStR 2009, 957 ff.; *dies.*, DStR 2009, 1741; *Tappen/Merkhah*, Die geplanten Änderungen des Investmentsteuergesetzes, 2013, 239; *Vermeulen*, Intertax 2011, 248; *ders.*, BIT 2012, 47; *Viitala*, S. 1 ff. **54**

OECD-Dokumente: *OECD*, The Taxation of Collective Investment Institutions (1977); *OECD*, Report of the Informal Consultative Group on the Taxation of Collective Investment Vehicles and Procedures for Tax Relief for Cross-Border Investors on The Granting of Treaty Benefits with respect to the Income of Collective Investment Vehicles, (2009); *OECD*, Possible Improvements to Procedures for Tax Relief for Cross Border Investors (2009); *OECD*. The granting of treaty benefits with respect to the income of Collective Investment Vehicles (2010).

54a Investmentfonds bereiten ähnliche Probleme wie Personengesellschaften, wenn sie als transparent behandelt werden. Prinzipiell sollten Anteilsinhaber so behandelt werden als ob sie unmittelbar an dem Kapitalinvestment beteiligt sind, d. h. die Steuerlast sollte sich durch die Mittelbarkeit des Investments nicht erhöhen (s. *Ed/Bongaarts*, CDFI Vol. LXXXIIb 1997, 107 (125 ff.). Aus diesem Grund werden Investmentfonds und ähnliche Kapitalanlagegesellschaften („Collective Investment Vehicles" – CIVs) häufig steuerlich als transparent behandelt, auch wenn sie in Form von Kapitalgesellschaften organisiert sind. Die Unmittelbarkeit lässt sich dadurch erreichen, dass Staaten Investmentfonds nicht als solche besteuern und auch keine Quellensteuern auf Ausschüttungen erheben, so dass sichergestellt ist, dass Anteilsinhaber nur in ihrem Ansässigkeitsstaat besteuert werden. Die sog. UCITS-Richtlinie, die zuletzt 2009 überarbeitet wurde (2009/65/EG), enthält keine steuerlichen Vorschriften und trägt daher nicht zu einer einheitlichen Besteuerung in Europa bei (s. dazu *Adema*, Intertax 2013, 140).

54b Allerdings ergeben sich auf Grund der Steuerfreiheit Zweifel, ob die Fonds abkommensberechtigt sind (und ob sie die Vorteile der Mutter-Tochter-RL in Anspruch nehmen können) (allgemein zur Problematik s. *Zinkeisen/Walter*, IStR 2007, 583). Die fehlende Abkommensberechtigung kann größeren Verwaltungsaufwand für die Anteilsinhaber bedeuten und kann diese Form des Investments unattraktiv machen.

54c Die OECD beschäftigt sich seit längerem mit dieser Problematik (s. den Bericht aus 1977). 2010 wurde die endgültige Fassung des Berichts (s. Bericht aus 2010) veröffentlicht und in den Kommentar des OECD-MA 2010 eingearbeitet (MA-Komm. Ziff. 6.8 bis 6.16). Insofern geht die OECD von den allgemeinen Regeln aus, d. h. die CIVs müssen ansässige Personen sein, um die Abkommensvorteile in Anspruch nehmen zu können. Im Rahmen der Artikel 10 und 11 MA müssen sie darüber hinaus nutzungsberechtigt sein (MA-Komm. Ziff. 6.9). Diese Voraussetzungen werden bei CIVs häufig nicht vorliegen, da sie bei Steuerfreistellung entweder nicht als Person gelten (MA-Komm. Ziff. 6.10) oder nicht als ansässig angesehen werden könnten (die unterschiedlichen Sichtweisen sind in MA-Komm. Ziff. 6.11 und 6.12 wiedergegeben; s. auch MA-Komm. Ziff. 8.5 und 8.7 zu Art. 4; zur Diskussion s. noch Art. 4 Rz. 83b ff., 150).

54d Der MA-Komm. wendet sich ausdrücklich gegen die Ansicht, dass die Erträge eines Investmentfonds – unabhängig von der Frage der Ansässigkeit – nicht dem Fonds sondern den Anlegern zuzurechnen seien („Nutzungsberechtigung"; MA-Komm. Ziff. 6.14). Die Fondsmanager haben in der Tat regelmäßig eine nahezu unbeschränkte Freiheit im Hinblick auf die Anlage des Vermögens. Insofern ist die Rechtsposition eines Anlegers in einen Investmentfonds grundsätzlich anders als die eines Direktanlegers (s. dazu auch *da Silva*, Intertax 2011, 195 (200 ff.).

54e Sollte der Investmentfonds nicht als abkommensberechtigt angesehen werden, sollten die Anleger selber die Möglichkeit haben, die Abkommensvergünstigungen geltend zu machen. Das ist aber zum einen nur möglich, wenn die Anleger ebenfalls im Staat des Investmentfonds ansässig sind. Außerdem wird das auf praktische Schwierigkeiten stoßen, so dass häufig eine effektive Vermeidung der Doppelbesteuerung nicht erreicht werden wird (zur Diskussion s. *OECD*, Report of the Informal Consultative Group). Die OECD hatte deshalb einen anderen Weg vorgeschlagen (OECD Bericht 1977). Nationale und abkommensrechtliche steuerliche Behandlung sollen aufeinander abgestimmt werden, so dass Abkommensvergünstigungen bereits vom Fonds geltend gemacht und etwaige verbleibende Quellensteuern auf die Erträge der Investmentfonds von den Ausschüttungen an die Anteilsinhaber abgezogen werden können.

Die Generalberichterstatter des IFA Kongresses 1997 haben vorgeschlagen, dass die Abkommensberechtigung der Investmentfonds in den Abkommen geregelt werden sollte. Ferner sei klarzustellen, welche Verteilungsnorm auf die Ausschüttungen anzuwenden sei (*Ed/Bongaarts*, a. a. O., S. 142 ff.). Abkommenspolitisch lässt sich feststellen, dass neuere Abkommen in der Tat spezielle Regelungen enthalten, die Investmentfonds vollständig oder teilweise als abkommensberechtigt ansehen. Der MA-Komm. enthält hierfür verschiedene Vorschläge. Ziff. 6.17 MA-Komm. sieht eine allgemeine Regelung vor, nach der ein Investmentfonds als abkommensberechtigte Person des Staates angesehen wird, in dem der Fonds gegründet wurde. Ziff. 6.21 MA-Komm. enthält eine Alternativlösung, nach der ein Investmentfonds insoweit als abkommensberechtigt gilt als „equivalent beneficiaries" an dem Fonds beteiligt sind. Als „equivalent beneficiaries" gelten Personen, die entweder im Staat des Fonds ebenfalls ansässig sind oder die in einem Drittstaat ansässig sind, mit dem der Quellenstaat ein DBA unterhält, das einen wirksamen und umfassenden Informationsaustausch vorsieht und wonach der Steuersatz im Quellenstaat nicht höher ausfällt als im DBA mit dem Ansässigkeitsstaat des Investmentfonds. Ziff. 6.26 MA-Komm. verschärft diesen Regelungsvorschlag und nimmt die Abkommensberechtigung nur soweit an als der Investor im Staat des Fonds ebenfalls ansässig ist. Andererseits wird auch vorgeschlagen, einem Fonds die Abkommensberechtigung zuzuerkennen, wenn die Fondsanteile an einer Börse gehandelt werden. In solchen Fällen sei ein Abkommensmissbrauch ausgeschlossen, da der Fonds nicht von den Anlegern kontrolliert und beeinflusst werden könne. Einen ähnlichen Vorschlag enthält Ziff. 6.32 MA-Komm., der allerdings einschränkend verlangt, dass die regulären Anteile an einer Börse des Ansässigkeitsstaats des Fonds gehandelt werden. **54f**

Mit all diesen Vorschlägen sind aber praktische Durchführungsprobleme verbunden. So stellt sich die Frage, was geschehen soll, wenn nur ein Teil der Investoren die Voraussetzungen erfüllt, die zu einer Abkommensberechtigung führt. Der MA-Komm. schlägt vor, dass die Abkommensberechtigung dann möglicherweise auch für alle Einkünfte des Fonds gelten soll, wenn nur ein bestimmter Teil der Investoren die Qualifikation erfüllt (Ziff. 6.27 MA-Komm.). Ferner liegt es auf der Hand, dass die Ermittlung des Anteils qualifizierter Anteilseigner auf praktische Schwierigkeiten stößt. Die Anteile wechseln häufig den Eigentümer und oftmals werden Fondsanteile von Mittelspersonen wie Banken oder Stiftungen gehalten. Nach Ziff. 6.29 MA-Komm. sollen daher die Finanzbehörden diesen Schwierigkeiten Rechnung tragen und praktikable Methoden entwickeln und akzeptieren. **54g**

Für den Fall, dass ein Vertragsstaat einen ausländischen Investmentfonds nicht als abkommenberechtigt ansieht, kann es einen Kompromiss bedeuten, wenn der Fonds die Abkommensvorteile im Namen der Investoren geltend machen kann. Ziff. 6.28 MA-Komm. sieht eine Regelung vor, die in solchen Fällen sicherstellen soll, dass den Anteilseignern die Abkommensvorteile erhalten bleiben, die sich aus den für sie geltenden DBA ergeben würden. **54h**

Unionsrechtlich ist auf die Entscheidung des EuGH v. 18.6.2009, Rs. C-303/07 Slg. 2009 I-05145 – *Aberdeen*, hinzuweisen. Auch hier ging es um eine luxemburgische SICAV, die nicht von der Mutter-Tochter-Richtlinie erfasst war und wegen ihrer Steuerbefreiung von den finnischen Steuerbehörden nicht als abkommensberechtigt angesehen wurde. Der EuGH stellt aber nur auf die Ungleichbehandlung im finnischen Steuerrecht ab, das vergleichbare Investmentfonds von der Besteue- **54i** rung freistellt und auch die Dividendeneinkünfte keiner Quellenbesteuerung unterwirft. Damit sei die Kapitalverkehrsfreiheit gem. Art. 63 AEUV verletzt (s. auch die Entscheidung des Verwaltungsgerichts Helsinki v. 1.2.2012, wiedergegeben in TNS v. 5.4.2012). Ähnlich entschied der EuGH in der Rs. *Santander* (EuGH v. 10.5.2012 – Rs. C-338/11, DStR 2012, 1016 m. Anm. *Hahne*; s. dazu auch *von Brocke/Auer*, IWB 2012, 457; *Linn*, IStR 2012, 455; *Wünsche/Brielmaier*, BB 2012, 2467) zum französischen Recht. Die Frage der Vergleichbarkeit ist aber immer noch mit Unsicherheiten behaftet. So verweigerte der niederländische Hoge Raad (U. v. 15.11.2013, no. 12/01866, BNB 2014/20) einem finnischen Investmentvermögen die Quellensteuerbefreiung mit der Begründung, dass nach niederländischem Recht eine zeitnahe Ausschüttung erforderlich sei, was nach finnischem Recht nicht gelte. Der Gerichtshof stellt auch klar, dass die Gleichbehandlung auch für Drittstaatsfälle gelte. Die Notwendigkeit der Wirksamkeit der steuerlichen Kontrolle könne nicht als Rechtfertigungsgrund dienen. Allerdings ist es den Finanzbehörden nicht verwehrt vom Stpfl. zu verlangen, die notwendigen Nachweise beizubringen (EuGH v. 19.11.2009 – Rs. C-540/07, Slg. 2009 I-10983 ‚Kommission gegen Italien; Beschl. v. 10.5.2007 – Rs. C-102/05, A und B, Slg. 2007 I-03871). Offen blieb die Frage, ob Art. 64 AEUV im Einzelfall als Rechtfertigung für Drittstaatenfälle angeführt werden kann. In der unterschiedlichen Behandlung von Einkünften aus inländischen und ausländischen Investmentfonds im belgischen Steuerrecht sieht der EuGH einen Verstoß gegen die Niederlassungsfreiheit bzw. die Kapitalverkehrsfreiheit (EuGH v. 25.10.2012 – Rs. C-387/11, Kommission gegen Belgien). Nach Auffassung des Generalanwalts in der Rs. Emerging Markets Series of DFA Investment Trust Company (Schlussantrag v. 6.11.2013, C-190/12) verstoße jedoch die diskriminierende Behandlung eines US-amerikanischen Investmentsfonds nicht gegen die Kapitalverkehrsfreiheit, da die nationalen Behörden nicht die Möglichkeit hätten, die Auskünfte des ausländischen Investmentfonds zu überprüfen (kritisch dazu *von Brocke*, IWB 2014, 146; klarstellend zu niederländischen Investmentfonds Besluit v. 18.2.2014, No. BLKB2014/15M). Der EuGH hat sich im Urteil v. 10.4.2014 dem Generalanwalt nicht angeschlossen, überlässt es aber dem nationalen Gericht festzustellen, ob die Möglichkeiten der Informationsgewinnung ausreichend sind.

54j Die EU-Mitgliedsstaaten haben zum Teil auf diese Rechtsprechung reagiert. Schweden hat die unterschiedliche quellensteuerliche Behandlung ab 2012 aufgegeben und die Niederlande tun dies rückwirkend zum 31.12.2007 (*Schraufl*, PIStB 2012, 156). Außerdem bemühen sich die Niederlande im Verhältnis zu Drittstaaten um praxisgerechte Regelungen (s. z.B. das Verständigungsverfahren mit Kanada Besluit v. 19.11.2013, Nr. IFZ2013/747M, V-N 2013/60.7). Gerichte in Belgien haben die luxemburgische SICAV als abkommensberechtigt angesehen (*Oepen/Lievens/van den Bruel*, BIT 2013, 421).

54k Deutschland hat hier noch Nachholbedarf. Allerdings gilt anders als in Österreich (zur unionsrechtlichen Problematik des österreichischen Rechts s. *Escher* IStR 2011, 686) ein formeller Investmentbegriff (s. dazu auch *Haase*, DStR 2009, 957; *Süß/Mayer*, DStR 2009, 1741). Danach setzt die Einordnung als ausländischer Investmentanteil voraus, dass dem Anleger entweder ein Rückgaberecht hinsichtlich seines Anteils zusteht oder der ausländische Investmentfonds einer entsprechenden Aufsicht in seinem Ansässigkeitsstaat unterliegt (§ 2 Abs. 9 InvG); auf die Rechtsform des ausländischen Fonds kommt es mithin nicht an. Die Anteilsinhaber müssen die jeweilige Abkommensvergünstigung selber geltend machen (allerdings lassen sich Investmentfonds u. U. unter Berufung auf Ziff. 8.2 MA-Komm. zu Art. 4 als ansässige Personen ansehen (vgl. aber auch Ziff. 8.3); anders aber das FG Niedersachsen (IStR 2007, 755: *DBA Frankreich*) zu einem französischen Fonds („SICAV"); mit Recht kritisch dazu *Geurts/Jacob*, IStR 2007, 737; anders auch FG

Rheinland-Pfalz DStRE 2012, 473: *DBA Frankreich*, ebenfalls zur Abkommensberechtigung einer französischen SICAV; anders wiederum der BFH IStR 2012, 772: *DBA Frankreich*, der auf die Rechtsform und die Frage, ob die französische SICAV zumindest virtuell der Besteuerung in Frankreich unterliegt, abstellt (dazu *Dürrschmidt* IWB 2012, 818; s. dazu auch *Steiger/Köth*, BB 2012, 2915; *Eilers/Schulz*, Urteilsanmerkung, ISR 2012, 56). Ähnlich wie in Frankreich haben luxemburgische SICAVs Rechtspersönlichkeit auf Grund nationalen Rechts, sind aber steuerbefreit: Länder wie Frankreich und Südkorea wollen daher die Abkommensberechtigung nicht anerkennen). Sowohl das Absehen vom Abzug von Kapitalertragsteuer (§ 44a EStG) als auch eine Erstattung gem. § 11 Abs. 2 InvStG sind auf inländische Investmentfonds beschränkt. Im Hinblick auf die oben genannten Entscheidungen des EuGH ist dies offenbar unionsrechtswidrig. Zu den Problemen mit ausländischen Investmentfonds in Ländern, mit denen kein DBA besteht s. *Stoll/Schuh*, BB 2011, 2330.

Ein deutscher Investmentfonds gilt nach § 11 Abs. 1 InvStG als Zweckvermögen **54l**
i. S. des § 1 Abs. 1 Nr. 5 KStG, ist aber von der Belastung mit Körperschaftsteuer und Gewerbesteuer befreit. Die vom Fonds erzielten Erträge werden als tatsächliche bzw. fingierte Ausschüttungen („ausschüttungsgleiche Erträge") bei den Investoren besteuert. Als Zweckvermögen sollte an sich anzunehmen sein, dass ein deutscher Investmentfonds als ansässige Person anzusehen ist und demnach die Abkommensvorteile selbst geltend machen kann. Allerdings ist das dann doch davon abhängig, ob der andere Vertragsstaat mit dieser Einordnung übereinstimmt, was nicht immer der Fall ist. Im März 2011 hat die Finanzministerkonferenz eine Arbeitsgruppe mit der Aufgabe betraut, eine Neukonzeption des Investmentsteuerrechts zu erarbeiten. Der im Dezember 2011 vorgelegte Bericht will sich von der eingeschränkten Transparenz verabschieden und zwischen intransparenten und transparenten Regimes unterscheiden (zu den Einzelheiten s. *Steinmüller*, NWB 2012, 808; *Patzner/Wiese*, IStR 2013, 73). Das Ziel einer internationalen Neutralität der steuerlichen Behandlung von Investmentfonds würde danach teilweise wieder aufgegeben.

Für ausländische Investmentfonds galt bis 2003 das KAGG, seit dem VZ 2004 **54m**
werden ausländische Fonds nach dem InvStG prinzipiell in gleicher Weise behandelt wie deutsche Investmentfonds. So unterscheiden die Zurechnungsvorschriften des InvStG nicht mehr danach, ob der Anleger an einem deutschen oder an einem ausländischen Investmentfonds beteiligt ist. Der ausländische Investmentfond ist, sollte er inländische Einkünfte haben, mit diesen beschränkt steuerpflichtig. Daran ändert sich nichts durch § 17 InvStG, der u. U. einen inländischen Repräsentanten des ausländischen Fonds fordert; dieser gilt ausdrücklich nicht als ständiger Vertreter im Sinne von § 49 Abs. 1 Nr. 2 Buchst. a EStG und begründet daher keine eigenständige Steuerpflicht, andererseits ändert die Vorschrift nichts an einer sonstigen beschränkten Steuerpflicht des Fonds. Inländische Quellensteuern (wie auch ausländische Quellensteuern) kann ein inländischer Anleger eines ausländischen Fonds auf seine inländische Steuer anrechnen (§ 4 Abs. 2 Satz 7 InvStG). Ferner werden Ausschüttungen eines ausländischen Fonds von der Steuer befreit, wenn die Steuerbefreiung bei Direktbezug des Anlegers ebenso zur Anwendung käme. Das am 24.12.2013 in Kraft getretene AIFM-SteuerAnpassungsgesetz hat zu einschneidenden Änderungen der Investmentbesteuerung geführt (s. dazu *Bäuml*, FR 2013, 640 und 746; *Elser/Stadler,* DStR 2014, 233). Vor allem gelten nunmehr ausländische Sondervermögen, die nicht den Regelungen des InvStG a.F. unterlagen, unter bestimmten Voraussetzungen als Kapital-Investitionsgesellschaften, so dass Vergünstigungen aus DBA mit Drittstaaten nicht mehr anwendbar sind. Auch kann das ausländische Sondervermögen trotz der Umqualifizierung selbst nicht abkommensberechtigt sein.

54n Österreichische Investmentfonds sind ebenfalls als transparente Einheiten ausgestaltet. Die Abkommensvergünstigungen können deshalb nur von den Zertifikatsinhabern geltend gemacht werden (ÖstBMF v. 21.4.1997 (EAS 1062), SWI 1997, 242). Allerdings gilt eine Sonderregelung im Verhältnis zur Schweiz (ÖstBMF, Erlass v. 19.8.1960 Zl. 53467-8/1960). Immobilienfonds werden nach österreichischer Ansicht auch dann als transparent angesehen, wenn sie sich im Ausland befinden (§ 42 Abs. 1 i. V. m. § 1 Abs. 2 ImmoInvFG), sodass an sich Art. 6 Anwendung finden müsste. Allerdings wird Art. 10 Abs. 6 des *DBA Österreich* so verstanden, dass die Vorschrift, die Fondsanteile den Gesellschaftsanteilen gleichstellt, auch für Anteile an offenen Immobilienfonds gilt (s. dazu und auch zu den Konsequenzen ÖStBMF v. 26.1.2004 (EAS 2409), SWI 2004, 322). Zu Italien s. *Giannantonio,* Intertax 2005, 614; zur Reform der gesetzlichen Regelungen über Investmentfonds in Spanien s. *Martinez Giner,* Intertax 2007,49. Die belgische Steuer auf den Nettobetrag der Kapitalzuflüsse an in Belgien registrierte ausländische Investmentfonds verstößt nach Ansicht des Gerecht van Eerste Aanleg Brüssel gegen die Doppelbesteuerungsabkommen (Urteile vom 2.8.2011 und 23.11.2011).

54o Die bis VZ 2003 geltende Pauschalbesteuerung ausländischer Investmentfonds gem. § 18 Abs. 3 AuslInvG (sog. „schwarze" Fonds) wird von den deutschen Gerichten neuerdings als Verstoß gegen die Kapitalverkehrsfreiheit angesehen (BFH BStBl. II 2009, 518 (Urteilsbespr. bei *Bödecker/Binger,* IWB 3a-1-1121; s. dazu auch BMF v. 6.7.2009 DStR 2009, 1476); FG Berlin IStR 2005, 342; FG Köln EFG 2007, 1670; FG Hamburg, DStRE 2012, 1402; anders noch FG Köln EFG 2002, 144; FG Düsseldorf EFG 2006, 866; s. dazu auch *Schraufl,* PIStB 2007, 276). Der BFH hat nunmehr die Frage dem EuGH zur Entscheidung vorgelegt (BFH DStRE 2014, 38 zu einem Investmentfonds auf den Kaimaninseln). Insofern sind vor allem zwei Fragen zu beantworten: Greift die Bestandsschutzregelung des Art. 64 Abs. 1 AEUV und spielt es eine entscheidende Rolle, dass kein DBA besteht und daher die Informationsgewinnung beschränkt ist? Das ab 2004 geltende InvStG regelt in § 6 die „Besteuerung bei fehlender Bekanntmachung" im Sinne des § 5 Abs. 1 InvStG, es sind die Erträge pauschal zu ermitteln wobei eine dem Anleger günstigere individuelle Ermittlung wie auch die günstigere individuelle Schätzung ausgeschlossen ist. Da diese Regelungen de facto auf ausländische Investmentvermögen zugeschnitten sind, stellt sich auch hier die Frage, ob § 5 Abs. 1 InvStG nicht gegen die Kapitalverkehrsfreiheit verstößt. Das FG Düsseldorf erachtet die Gesetzeslage aus unionsrechtlicher Sicht als nicht zweifelsfrei und hat sie deshalb dem EuGH vorgelegt (FG Düsseldorf IStR 2012, 663 m. Anm. Rohde/Neumann; s. aber auch FG Berlin-Brandenburg DStRE 2013, 21 und FG Hamburg DStRE 2013, 417; s. ferner *Brielmeier/Wünsche,* IStR 2013, 731).

54p Zur Abkommensberechtigung deutscher Investmentvermögen im Rahmen von „Limitation-on-benefits-Klauseln" s. *Schraufl,* PIStB 2011, 335 und unten Rz. 122f.; zu anderen missbräuchlichen Gestaltungen s. BMF v. 2.12.2013, FR 2014, 85; FM Hessen v. 11.12.2013, FR 2014, 86; allgemein zur Missbrauchsvermeidung *Eberhardt,* IStR 2013, 377.

dd) Staatlich kontrollierte Fonds und ähnliche Körperschaften

55 **Literatur:** *Barret,* BIT 2011, 13; *Prillinger,* SWI 2008, 246.

OECD-Dokumente: OECD, Discussion Draft on the Application of Tax Treaties to State-Owned Entities, including Sovereign Wealth Funds (2009).

55a **Staatliche kontrollierte Fonds** wie die sogenannten **„Sovereign Wealth Funds – SWF"** haben in den letzten Jahren an Bedeutung zugenommen. Häufig tätigen sie auch grenzüberschreitende Investitionen, so dass sich Fragen des internationalen Steuerrechts stellen. Die OECD hat sich in den letzten Jahren mit diesen Fragen befasst und ist zu der Auffassung gelangt, dass der Kommentar zum OECD-MA die mögliche Anwendung des Prinzips staatlicher Immunität im Bereich des Steuerrechts ansprechen sollte (OECD, Discussion Draft (2009)). Im Ergebnis wurden 2010 die Ziff. 6.35 bis 6.39 zu Art. 1 und Ziff. 8.5 zu Art. 4 in den MA-Komm. eingefügt. Ziff. 8.5 zu Art. 4 enthält auch eine Definition des Begriffs „Sovereign Wealth Fund" (s. dazu noch bei Art. 4 Rz. 75a, 83h, 151).

Der MA-Komm. erörtert die möglicherweise entstehenden Probleme, schlägt aber keine konkreten Lösungen vor. Prinzipiell kann – abhängig vom konkreten Sachverhalt – auch eine staatliche Körperschaft in einem Vertragsstaat ansässig und damit abkommensberechtigt sein (so stellt die deutsche Finanzverwaltung Körperschaften des öffentlichen Rechts Ansässigkeitsbescheinigungen aus, OFD Ffm v. 12.4.2012, IStR 2012, 775). Staatlich ist in diesem Sinne weit auszulegen, es kann sich auch um Körperschaften handeln, die im Eigentum untergeordneter Gebietskörperschaften stehen. Häufig sind aber staatliche Körperschaften von der Besteuerung befreit, so dass sie im Grundsatz nicht als ansässig angesehen werden können. Es empfiehlt sich daher, die Abkommensberechtigung in den DBA ausdrücklich festzulegen (Ziff. 6.36 MA-Komm.) oder die Körperschaften in Gegenseitigkeit von jeder Besteuerung freizustellen (Ziff. 13.2 MA-Komm. zu Art. 10 MA; Ziff. 7.4 MA-Komm. zu Art. 11 MA; zu den Kriterien, die hier zu berücksichtigen sind, s. auch Ziff. 6.39 MA).

Ziff. 6.38 MA-Komm. stellt klar, dass die Anwendung eines DBA auf Staaten oder untergeordnete Gebietskörperschaften keine Einschränkung staatlicher Souveränität bedeutet. Da es umstritten sei, ob die Besteuerung eines Staates einen Eingriff in den völkergewohnheitsrechtlichen Grundsatz bedeute, bleibe es den Staaten überlassen, den Grundsatz aus eigener Einsicht zu interpretieren (so stellen die USA (section 892) ausländische Staaten von der Besteuerung frei; allerdings sollen diese Regelungen hinsichtlich der SWF einer Überprüfung unterzogen werden). Eine daraus folgende Besteuerung eines anderen Staates sollte allerdings in Übereinstimmung mit dem eigenen Abkommensrecht erfolgen.

Für die **Finanzmarktstabilisierungsfonds** (i.S. des Finanzmarktstabilisierungsgesetzes – FMStFG) ist die Ansässigkeit der Fonds und damit die Abkommensberechtigung in § 14 Abs. 2 Satz 3 FMStFG ausdrücklich festgelegt (s. dazu auch *Berg*, IStR 2009, 156 ff.; ferner Art. 4 Rz. 75a, 83h, 111c). Damit sollen die Fonds in den Genuss der Abkommensvorteile kommen, insbes. ein Recht auf die niedrigeren Quellensteuern nach DBA haben, obwohl sie nicht der Besteuerung unterliegen (s. Begr. zum Entwurf der Regierungsfraktionen zu § 14 FMStFG, BT-Drucks. 16/10 600). Sollte der andere Vertragsstaat diese Auslegung des Begriffs der Ansässigkeit gem. Art. 4 Abs. 1 MA nicht teilen, bleibt die Regelung wohl ohne Wirkung bzw. bedarf eines Verständigungsverfahrens; jedenfalls kann sich Deutschland insofern nicht auf Art. 3 Abs. 2 MA berufen.

ee) Private Equity Fonds und Venture Capital Fonds

Literatur: *Gupta/Wach/Uffner/Cohen,* CTJ 2009, 23; *Joseph,* DFI 2012, 45; *Lohmann/von Goldacker/Mayta,* BB 2006, 2448; *Magliocco/Ricotti,* ET 2012, 92; *Töben,* IStR 2013, 314 und 350 55a

EU-Dokumente: *European Commission,* Report of Expert Group on removing tax obstacles to cross-border Venture Capital Investments (2009);

Venture Capital Fonds und Private Equity Fonds werden in der Regel in Form einer Personengesellschaft gegründet und ihre Abkommensberechtigung richtet sich demnach nach den oben angegebenen Grundsätzen. Private Equity Fonds sind in den meisten Fällen „closed end funds" mit einer beschränkten Anzahl von Investoren. Sie fallen deshalb nicht in den Investmentfondsbegriff der OECD, so dass der OECD-Komm. nicht unmittelbar auf diese Fonds anwendbar ist. 55b

55c Das BMF hat in einem Schr. v. 16.12.2003, BStBl. I 2004, 40 die steuerliche Behandlung solcher Fonds geregelt und insofern vor allem die Frage behandelt, unter welchen Umständen die Tätigkeit der Fonds als gewerblich qualifiziert werden kann. Der BFH (IStR 2011, 925 m. Anm. *Wassermeyer*; s. auch *Elser/Bindl*, FR 2012, 44; *Süß/Mayer*, DStR 2011, 2276; *Cloer/Martin*, IWB 2011, 933) geht davon aus, dass Private Equity Fonds regelmäßig eine gewerbliche Tätigkeit ausüben werden, so dass die Beteiligung an einem ausländischen Fonds zur Freistellung der Einkünfte führt, wenn der Fonds eine ausländische Betriebsstätte i. S. des Art. 5 MA unterhält. Zu „carried interest" im Fall einer vermögensverwaltenden deutschen KG s. ÖstBMF, EAS 3280, v. 14.5.2012, SWI 2012, 265.

55d Die Expertengruppe, die sich im Auftrag der EU-Kommission (Pressemitteilung v. 3.8.2012, IP/12/881) mit Venture Capital Investments beschäftigte (a. a. O., Rz. 55a), schlägt vor, dass die Quellenstaaten die Einordnung des Ansässigkeitsstaates übernehmen sollen, um unterschiedliche Qualifikationen zu vermeiden.

ff) Trusts/Stiftungen

55e **Literatur:** *Boer*, ITFO 2010/1; De Anglo-Amerikaanse trust in de inkomsten- en vennootschapsbelasting, 2011; *Brown*, APTB, 2013, 309; *Carreño*, ET 2012, 103; *Cleave*, BTR 2011, 705; *Hammer*, S. 1 ff.; *Kraft/Moser/Gebhardt*, DStR 2012, 1773; *Ludwig/Jorde*, IStR 2009, 19; *Milatz/Herbst*, BB 2011, 1500; *Richter/Wachter (Hrsg.)*, S. 1 ff.; *Roth*, (2004) 52 CTJ 329; *Schiffer/Pruns*, NWB 2013, 772; *Schmidt*, ET 2012, 85; *Schmidt*, PIStB 2012, 294; *Wienbracke*, RIW 2007, 201; *Wilke*, PIStB 2012, 122; *ders.*, PIStB 2012, 184.

Sonstige Dokumente: *The Australian Government the Treasury*, Modernising the taxation of trust income – options for reform, Consultation Paper November 2011.

55f Über die Einordnung von **Trusts** im deutschen Steuerrecht vgl.: BFH BStBl. II 1993, 388; 1994, 727; FG Köln EFG 1993, 40 (dazu: *Sieker*, BB 1993, 1257; *Engelmann/Pilger*, BB 1993, 2067; *Killius*, Intertax 1994, 195; *Füger/Rieger*, TNI December 1994, 1923; ferner s. Art. 4 Rz. 83i, 150). Danach hängt es vom Einzelfall ab, wem die Einkünfte aus dem Trustvermögen zuzurechnen sind, dem settlor, dem trustee, den Begünstigten oder u. U. dem Trust selbst. Dementsprechend ist abkommensrechtlich zu bestimmen, welcher ansässigen Person die Abkommensvorteile zukommen. Selbst die angloamerikanischen Staaten, in denen Trusts weithin gebräuchlich sind, gebrauchen unterschiedliche Besteuerungskonzepte. Da es zumeist um die Geltendmachung eines niedrigeren Quellensteuersatzes geht, spielt insofern der Begriff des Nutzungsberechtigten eine ausschlaggebende Rolle (s. dazu bei Vor 10–12 Rz. 10 ff.; *Wienbracke*, RIW 2007, 201 (205 f.)). Über Trusts im schweizerischen Steuerrecht: *Andina*, StRev. 1993, 201; *Landolf/Graf*, ASA 63 (1994/95), 1. Zur Einordnung von liechtensteinischen Anstalten und Stiftungen in den USA s. *Chief Counsel* Advice Memorandum AM 2009-012 v. 7.10.2009.

55g Wie bei Körperschaften kann es zweifelhaft sein, wo sich der Ort der tatsächlichen Geschäftsleitung befindet. Das muss nicht immer der Ort sein, wo der Trustee die geschäftsführenden Entscheidungen trifft, sondern wird vom Einzelfall abhängen. So hat der kanadische Federal Court of Appeal entschieden, dass die Begünstigten entscheidenden Einfluss auf die Entscheidungen des Trustee hatten und es daher auf deren Ansässigkeit ankam (St. Michael Trust Corp. v. Canada, 2010 FCA 309).

55h Auch bei ausländischen **Stiftungen** muss zunächst nach ausländischem Recht ermittelt werden, ob es sich (nach inländischen Vergleichsmaßstäben) um eine Körperschaft, Personenvereinigung oder Vermögensmasse handelt. Auskehrungen einer Stiftung an den Begünstigten sollen nach deutscher Verwaltungsauffassung verdeckte Gewinnausschüttungen i. S. des § 20 Abs. 1 Nr. 9 EStG sein (BMF v. 27.6.2006, BStBl. I 2006, 417). Da diese Vorschrift auf die persönliche Steuerpflicht des Leistenden Bezug nimmt, fallen bei wortgetreuer Auslegung als solche nicht steuerpflichtige Stiftungen nicht unter die Vorschrift mit der Konsequenz, dass die Auskehrungen in diesem Fall keiner deutschen Besteuerung unterliegen. Folgt man dieser Auslegung nicht, stellt sich die Frage nach dem Verhältnis zu § 15 AStG (s. dazu *Wassermeyer,* DStR 2006, 1733).

§ 15 Abs. 1 AStG sieht vor, dass die Erträge einer Familienstiftung den im Inland ansässigen Stiftern bzw. Begünstigten zuzurechnen sind (s. dazu BFH BStBl. II 1993, 388; 1994, 727; IStR 2001, 589; *Piltz,* ZEV 2000, 378; *Wachter,* DStR 2000, 1037; *Werkmüller,* ZEV 1999, 138; die Zurechnung führt aber nicht dazu, dass der Begünstigte in die gesonderte und einheitliche Feststellung aufzunehmen wäre (BFH IStR 2013, 581 m. Anm. *Rohde;* ferner *Engel/Hilbert,* IWB 2013, 519)). Der Durchgriff gilt allerdings – vorbehaltlich des § 20 Abs. 1 AStG – nur für Stiftungen in Ländern, mit denen Deutschland kein DBA abgeschlossen hat. In DBA-Fällen steht die Rechtspersönlichkeit der Stiftung dem Durchgriff entgegen (*Wassermeyer,* FWB, Außensteuerrecht, § 15 Rz. 18f.). Eine Ausnahme gilt allerdings im Verhältnis zur Schweiz (Art. 4 Abs. 11). Die anderslautende Vorschrift des § 20 Abs. 1 AStG (s. dazu näher *Wassermeyer/Schönfeld,* in FWB § 20 Rz. 21ff.) stellt einen treaty override dar und ist daher nach Ansicht des BFH verfassungswidrig (s. bereits Rz. 47a; siehe auch Grundl. Rz. 193ff., insbes. Rz. 201 mit differenzierter Auffassung). In einem kanadischen Fall, in dem der in Kanada unbeschränkt Steuerpflichtige Gesellschaftsanteile in eine österreichische Privatstiftung einbrachte, deren Begünstigter er auch war, hatte die kanadische Finanzverwaltung einen Missbrauch angenommen, als die Gesellschaftsanteile veräußert wurden. Der kanadische Federal Court of Appeal hat Missbrauch verneint, da die anwendbaren Missbrauchsvorschriften zwar die Gewinne dem kanadischen Steuerpflichtigen zurechnen, nicht aber die Rechtspersönlichkeit der Stiftung beseitigen können (s. dazu *Arnold,* BIT 2013, 345). **55i**

Nach den Grundfreiheiten des EG-Vertrages dürfen im übrigen ausländische Stiftungen nicht schlechter gestellt werden als inländische Stiftungen (EuGH v. 14.9.2006, Rs. C-386/04, Slg. 2006-I, 8203 – *Centro di Musicologia Walter Stauffer;* s. dazu *Hippel,* EuZW 2006, 614; *Hüttemann/Helios,* DB 2006, 2481; *Jachmann,* BB 2006, 2607). Im Juli 2007 hat die EG-Kommission wegen § 15 AStG ein Vertragsverletzungsverfahren gegen die Bundesrepublik eingeleitet. Das JStG 2009 hat daraufhin die Vorschrift des § 15 AStG um die Absätze 6 und 7 ergänzt. Danach ist § 15 Abs. 1 AStG auf Familienstiftungen in EU Mitgliedstaaten (und EWR Staaten) nicht anzuwenden, wenn nachgewiesen wird, dass das Stiftungsvermögen den Begünstigten „rechtlich und tatsächlich" entzogen ist. Ferner ist Voraussetzung, dass der Sitzstaat der Stiftung Amtshilfe leistet (EG AmtshilfeRL, DBA, Rechtshilfeabkommen), was vor allem nicht für Liechtenstein galt (das neue DBA mit Liechtenstein 2011 sieht hingegen Amtshilfe vor, Art. 26 DBA Liechtenstein). **55j**

Am 8.2.2012 hat die *Europäische Kommission* einen Vorschlag für eine Verordnung des Rates über das Statut der Europäischen Stiftung (Fundatio Europaea – FE) vorgelegt. Die FE soll in allen Staaten Rechtspersönlichkeit besitzen (zu den Einzelheiten s. *Wilke,* PIStB 2012, 184; *Schiffer/Pruns,* NWB 2013, 772) und wäre damit auch in allen Mitgliedstaaten abkommensberechtigt. **55k**

gg) REITs

Literatur: *Breinersdorfer/Schütz,* DB 2007, 1487; *Bron,* BB 2007, Spezial 7, 2; *da Conceição Costa,* BIT 2012, No 2; *Demel/Yilmaz/Claßen,* IWB 2012, 51; *Dettmeier/Gemmel/Kaiser,* BB 2007, 1191; *Dürrschmidt,* IWB 2012, 818; *Eckl/Seiboth,* ET 2007, 3; *Fabry/Riha,* RIW 2006, 528 *Fritsch/J. Prebble/R. Prebble,* BIT 2010, 320; *Gemmel/Kaiser,* DStR 2009, 1346; *Hechtner/Hundsdoerfer,* Wpg 2007, 647; *Hornig,* PIStB 2007, 190; *Kann/Just/Krämer,* DStR 2006, 2105; *dies.,* DStR 2007, 787; *Klühs/Schmidtbleicher,* IStR 2007, 16; *Knebel/Schmidt,* IWB F. 10 Int. **55l**

Gr 2, 1957 (2007); *Kraft/Bron,* IStR 2007, 377; *Lieber/Schönfeld,* IStR 2006, 126; *Mantegazza/Brambilla,* ET 2012, 280; *Mazansky,* BIT 2013, 150; *Pluskat,* IStR 2006, 661; *Schacht/Gänsler,* IStR 2007, 99; *Schimmelschmidt/Tauser/Lagarrigue,* IStR 2006, 120; *Schmidt/Behnes,* FR 2006, 1105; *Schwarz,* JZ 2008, 550; *Sieker/Göckeler,* DB 2007, 933; *Spoerr/Hollands,* DStR 2007, 49; *Vermeulen,* ET 2011, 159.

OECD-Dokumente: *OECD,* Tax Treaty Issues related to REITs, Public Discussion Draft 30 October 2007, Paris.

55m Real Estate Investment Trusts (REITs) sind zumeist steuerbefreit, so dass sich auch bei ihnen die Frage der Abkommensberechtigung stellt (dazu auch s. Art. 4 Rz. 83e, 150). Wie auch bei Investmentfonds soll die Steuerfreistellung dazu dienen, die Besteuerung auf der Ebene der Anteilseigner durchzuführen. Anders als bei Investmentfonds hat die OECD das Problem der REITs nicht im Kommentar zu Art. 1 geregelt, sondern hat 2008 den Kommentar zu Art. 10 und 13 auf der Grundlage eines Berichts einer „Informal Consultative Group" (REITs ICG) ergänzt (Ziff. 67.1 bis 67.7 MA-Komm. zu Art. 10; Ziff. 28.9 bis 28.11 MA-Komm. zu Art. 13). Danach soll Kleinanlegern der Streubesitzsatz von 15% für Dividenden gewährt werden. Großanleger sollen hingegen überhaupt nicht in den Genuss einer Beschränkung des Quellensteuersatzes kommen.

55n REITs sind zumeist in Form von Körperschaften organisiert, aber prinzipiell steuerlich transparent, d. h. die Gesellschaftsgewinne sind auf der Ebene der Gesellschaft von Besteuerung freigestellt. Die Ausschüttungen werden aber wie Dividenden behandelt, zumeist wird eine zeitnahe Besteuerung durch eine Ausschüttungsverpflichtung sichergestellt. Das US-MA und ihm folgend das *DBA USA 1989/2006* regeln daher folgerichtig die Ausschüttungen von REITs im Dividendenartikel (s. dazu Art. 10 Rz. 66). Auch das am 1.1.2007 in Kraft getretene deutsche REITG (BGBl. I 2007, S. 914) zur Einführung von REITs in Deutschland gewährt (börsennotierten) Kapitalgesellschaften die Steuerbefreiung und qualifiziert die Ausschüttungen als Dividenden. Da der G-REIT grundsätzlich körperschaftsteuerpflichtig ist, er auch der Gewerbesteuer unterliegt, und die Steuerbefreiung von bestimmten Voraussetzungen abhängt, ist er als ansässige Person im Sinne der Abkommen anzusehen und damit auch abkommensberechtigt. Auch die Ausschüttungen ausländischer REITs sollen in Deutschland als Dividenden besteuert werden, was allerdings zu Qualifikationskonflikten führen kann. So werden die Einkünfte der Gesellschafter in Großbritannien beispielsweise als Einkünfte aus unbeweglichem Vermögen qualifiziert.

55o Grundsätzlich sollen Anteilseigner gleich behandelt werden, es sollte keine Rolle spielen ob sie in inländische oder ausländische REITs investieren (BT-Drucks. 16/4026, 24), solange diese vergleichbar sind (s. § 19 Abs. 5 REITG). Diese für die Anleger des Investmentfonds vorgesehene Gleichbehandlung gilt nicht für die REITs selbst. Ausländische REITs mit inländischen Einkünften sind nicht steuerbefreit. Angesichts der Rechtsprechung des EuGH (s. vor allem EuGH, Urt. v. 14.9.2006, Rs. C-386/04, Slg. 2006 I-08203 – Centro di Musicologia Walter Stauffer) verstößt dies offenbar gegen die Niederlassungsfreiheit, wenn der ausländische REIT ansonsten alle Voraussetzungen der Steuerbefreiung erfüllt. Auch andere Teile des REIT-Gesetzes sind europarechtlich bedenklich (s. dazu *Hornig,* PIStB 2007, 190).

II. Deutsche DBA

1. Abkommensübersicht zu Artikel 1

56 Wörtlich oder fast wörtlich wie das MA: die DBA

Ägypten, Albanien 2010, Algerien 2007, Argentinien, Armenien (s. UdSSR), Aserbaidschan, Australien, Bangladesch, Belarus, Belgien, Bolivien, Bosnien-Herzegowina (s.

Jugoslawien), Bulgarien 2010, China, China 2014 (E), Costa Rica 2014 (E), Dänemark (Art. 2 Abs. 4 Buchst. a), Ecuador, Elfenbeinküste, Estland, Finnland (Art. 2 Abs. 1), Frankreich*, Georgien, Ghana, Großbritannien 2010, Indien, Indonesien, Iran, Irland 2011, Island, Italien, Jamaika, Japan, Jugoslawien, Kanada, Kasachstan, Kenia, Kirgisistan, Korea, Kosovo (s. Jugoslawien), Kroatien, Kuwait, Lettland, Liberia, Liechtenstein 2011, Litauen, Luxemburg 2012, Malaysia 2010, Malta, Marokko, Mauritius 2011, Mazedonien 2006, Mexiko 2008, Moldau (s. UdSSR), Mongolei, Oman 2012 (E), Namibia, Neuseeland, Niederlande 2012 (E), Norwegen, Österreich, Pakistan, Philippinen 1983/2013, Polen, Portugal, Rumänien, Russische Föderation, Sambia, Schweden (Art. 2 Abs. 4 Buchst. a), Schweiz, Simbabwe, Singapur 1972, Singapur 2004, Slowakei, Slowenien, Spanien 2011, Sri Lanka, Südafrika 2008, Syrien, Tadschikistan, Taiwan 2011**, Thailand, Trinidad und Tobago, Tschechien (s. Tschechoslowakei), Tschechien 1997 (E), Tunesien, Türkei 2011, Turkmenistan (s. UdSSR), Ukraine, Ungarn 2011, Uruguay 2010, USA 1989/2006, Usbekistan, UdSSR, Venezuela, Vereinigte Arabische Emirate 2010, Vietnam, Zypern 2011.*

Keine ausdrückliche Regelung, jedoch sinngemäß wie das MA (insbesondere lt. der dem Art. 23 MA entsprechenden Vorschrift): die DBA
Griechenland, Großbritannien 1964/70, Israel, Luxemburg 1958, Niederlande 1959/2004.

Abweichungen und Ergänzungen

57

DBA	Abweichungen/Ergänzungen	Artikel	Rz.
Albanien 2010	Sonderregeln für Personengesellschaften	4 Abs. 4	61, 64c, 71a
Algerien 2007	Sonderregeln für Personengesellschaften	4 Abs. 4	61, 64c
Aserbaidschan	Sonderregeln für Personengesellschaften	Prot. Nr. 2	61, 64c
Belarus	Klarstellung für Gewinnanteile als Unternehmensgewinne	7 Abs. 7	61, 71
Belgien	Sonderregeln für OHG, KG, Partenreederei	4 Abs. 1; 23 Abs. 1 Nr. 2	61; 63f., 70
Bulgarien 2010	Sonderregeln für Personengesellschaften	4 Abs. 3	61, 64k
Costa Rica 2014 (E)	Klarstellung für Gewinnanteile als Unternehmensgewinne und Sondervergütungen	7 Abs. 7	61
Elfenbeinküste	Klarstellung für Gewinnanteile als Unternehmensgewinne	7 Abs. 5	61, 71
Finnland	Sonderregeln für Personengesellschaften	3 Abs. 1 Buchst. b; 4 Abs. 4	61, 63f., 65a, 69
Frankreich	Klarstellung für Gewinnanteile als Unternehmensgewinne; Sonderregeln für Personengesellschaften und Investmentvermögen; Klarstellung der Abkommensberechtigung für Vertragsstaaten, Länder und Gebietskörperschaften	4 Abs. 3; 9 Abs. 7; 20 Abs. 1; Art. 25b Abs. 4	58a, 61, 65f, 71, 72

* Jeweils in Verbindung mit einer Aussage über den Abkommenszweck.
** Das DBA Taiwan verwendet statt „Vertragsstaat“ den Begriff „Gebiet“.

DBA	Abweichungen/Ergänzungen	Artikel	Rz.
Ghana	Klarstellung für Gewinnanteile als Unternehmensgewinne	7 Abs. 7	61, 71
Großbritannien 1964/70	Klarstellung für Gewinnanteile als Unternehmensgewinne	3 Abs. 2	61, 71
Großbritannien 2010	Sonderregelung für Altersvorsorgeeinrichtungen	10 Abs. 2 Buchst. b; Prot. Nr. 1;	72e
Iran	Ausnahme für Erdölgewinnung	1 Abs. 2	59
Irland 2011	Sonderregeln für Investmentvermögen	Prot. Nr. 1 Buchst. b	
Island	Sonderregeln für Personengesellschaften	3 Abs. 1 Buchst. d; 4 Abs. 4	61, 63 f.
Israel	Klarstellung für Gewinnanteile als Unternehmensgewinne	4 Abs. 2	61, 71
Italien	Sonderregeln für Personengesellschaften	Prot. Nr. 2	61, 64b
Jamaika	Ausnahme für Jamaika International Business Companies	1 Abs. 2	59
Japan	Sonderregel für Personengesellschaften	7 Abs. 7	61, 64b
Kasachstan	Klarstellung für Gewinnanteile als Unternehmensgewinne und Sondervergütungen	7 Abs. 6	61, 71
Kroatien	Sonderregeln für Personengesellschaften	4 Abs. 4	61, 64c
Liberia	Sonderregeln für Personengesellschaften	Prot. Nr. 5	61, 63 f.
Liechtenstein 2011	Sonderregeln für Personengesellschaften und Stiftungen	7 Abs. 4; Prot. Nr. 2 Buchst. c	61, 67
Luxemburg 2012	Regelung für Investmentfonds	Prot. Nr. 1	72c
Niederlande 1959/2004	Klarstellung für Gewinnanteile als Unternehmensgewinne	5 Abs. 1; SProt. Nr. 9	61, 71
Niederlande 2012 (E)	Regelung der Abkommensberechtigung niederländischer Körperschaften; Sonderregeln für Personengesellschaften	Prot. Nr. II	64l, 72f
Österreich	Klarstellung für Gewinnanteile als Unternehmensgewinne und Sondervergütungen	7 Abs. 7; Prot. Nr. 3	61, 71
Oman 2012 (E)	Klarstellung für Beteiligungen an Personengesellschaft und Sondervergütungen; Regelung der Ansässigkeit des State General Reserve Fund	7 Abs. 7; Prot. Nr. 2	71, 72h

DBA	Abweichungen/Ergänzungen	Artikel	Rz.
Philippinen 1983	Ausnahme für philippinische Staatsangehörige in Deutschland; Anerkennung von Trusts als Person	3 Abs. 1 Buchst. c; SProt. Nr. 1	60, 72h
Philippinen 2013	Sonderregeln für Personengesellschaften	4 Abs. 4	61, 64c
Polen	Sonderregeln für Personengesellschaften	4 Abs. 4	65d f.
Portugal	Sonderregeln für Personengesellschaften	4 Abs. 4	61, 65b f.
Schweden	Sonderregeln für Personengesellschaften	45, 46	61
Schweiz	Klarstellung für Gewinnanteile als Unternehmensgewinne und Sondervergütungen; Sonderregeln für OHG und KG	7 Abs. 7; 24 Abs. 1 Nr. 3	61, 65 f, 71, 72a
Simbabwe	Anerkennung von Trusts als Person	Prot. Nr. 1	72 h
Singapur	Klarstellung für Gewinnanteile als Unternehmensgewinne und Sondervergütungen	7 Abs. 7	61, 71
Slowenien	Sonderregeln für Personengesellschaften	4 Abs. 4	61, 64c
Spanien 2011	Regelung zu Investmentfonds	Prot. Nr. II.	72b
Tadschikistan	Sonderregeln für Personengesellschaften; Klarstellung für Gewinnanteile als Unternehmensgewinne	4 Abs. 4; 7 Abs. 7	61, 64c, 71
Taiwan 2011	Sonderregeln für Personen	4 Abs. 5	61, 64c
Tschechien 1997 (E)	Sonderregel für Personengesellschaften	7 Abs. 8; 27 Abs. 2	61, 63 f., 65, 71
Tunesien	Klarstellung für Gewinnanteile als Unternehmensgewinne	7 Abs. 6	61, 71
Uruguay 2010	Sonderregeln für Personengesellschaften	Art. 4 Abs. 4	59
USA 1989	„Saving clause"; Sonderregel für Personengesellschaften	Prot. Nr. 1 Buchst. b und c; 4 Abs. 1	60 f., 64d f.
USA 1989/2006	Sonderregel für Personengesellschaften und Investmentfonds; „Saving clause"; Abwandererregelung;	1 Abs. 7; Prot. Nr. 2 Buchst. b; Art. 1 Abs. 4 i. V. m. Prot. Nr. 1	61, 64d, 64 f ff., 72d
Usbekistan	Klarstellung für Gewinnanteile als Unternehmensgewinne und Sondervergütungen	7 Abs. 7	61, 71
Zypern 2011	Klarstellung für Gewinnanteile als Unternehmensgewinne und Sondervergütungen	Prot. Nr. 2	71

2. Erläuterungen

58 **a) Abkommensberechtigung:** Das noch aus der Vorkriegszeit stammende *DBA Italien 1925* enthielt über den Kreis der Abkommensberechtigten **keine ausdrücklichen Regeln.** Nach *Korn/Debatin* sollte es, entsprechend Art. 1 MA, auf alle in den Vertragsstaaten **Ansässigen** anzuwenden sein *(Korn/Debatin,* Italien, S. 3). Dieser Auffassung war ursprünglich auch der RFH (RFHE 24, 69(75)). Demgegenüber kam er in einer späteren Entscheidung von 1939 zu dem Ergebnis, **alle** damaligen DBA seien nur für die beiderseitigen **Staatsangehörigen** gültig (RStBl. 1939, 878: *DBA Italien 1925,* zustimmend in einer neueren Entscheidung FG Köln EFG 1987, 230). In der Tat war dies die damalige Abkommenspraxis (s. Rz. 6; dort auch zur Auffassung von *M. Lang,* dass das *DBA Österreich* auch auf Nichtansässige anzuwenden sei). Nach BFH BStBl. II 1989, 649: *DBA Niederlande 1959,* ist jedoch das *DBA Italien 1925* auf in Deutschland ansässige Angehörige eines dritten Staates dann anzuwenden, wenn das mit diesem Staat abgeschlossene DBA ein dem Art. 24 Abs. 1 MA entsprechendes Diskriminierungsverbot enthält.

58a Die Abkommensberechtigung der Vertragsstaaten, der Länder und deren Gebietskörperschaften war im DBA Frankreich a.F. zweifelhaft und wurde daher in einer Verständigungsvereinbarung klargestellt (BMF v. 12.1.2009 BStBl. I 2009, 37).

59 **Persönliche Ausnahmen** von der Abkommensberechtigung enthalten die *SProt. Luxemburg 1958* und *Uruguay 1987,* Nr. 1, für Holdinggesellschaften „im Sinne der besonderen luxemburgischen (uruguayischen) Gesetze", darüber hinaus das *DBA Jamaika,* Art. 1 Abs. 2, für Gesellschaften, die nach dem Jamaika International Business Companies Law oder nach einem ähnlichen späteren Steuergesetz Anspruch auf besondere Steuervergünstigungen haben. Ähnliches gilt nach Art. 1 Abs. 2 *DBA Iran* für Einkünfte aus einer Tätigkeit im Iran, die nach den besonderen iranischen Vorschriften auf dem Gebiet des Erdöls und seiner Derivate genehmigt worden ist, sowie das Vermögen, das dieser Tätigkeit dient.

59a **Sachlich** von der Abkommensberechtigung **nicht mitumfasst** werden nach dem SProt. *Luxemburg 1958,* a.a.O., auch die Einkünfte, die in Deutschland Ansässige von den genannten Holdinggesellschaften beziehen, sowie die Anteile an solchen Gesellschaften, die sie besitzen. Luxemburgische Verwaltungsgesellschaften für Familienvermögen (SPF – Société de Gestion de Patrimoine Familial) sind Kapitalgesellschaften, die unter bestimmten Voraussetzungen von Körperschaft- und Vermögensteuer befreit sind, sie unterliegen lediglich der jährlichen Tax d'Abonnement in Höhe von 0,25% auf das eingezahlte Kapital zuzüglich Emissionsprämien. Diese Gesellschaften ersetzten die sog. 1929-Holdinggesellschaften, die ausdrücklich vom Abkommensschutz ausgenommen sind. Die deutsche Finanzverwaltung vertritt die Auffassung, dass dieser Ausschluss auch für die SPFs gilt (FM NRW v. 8.9.2008, RIW 2008, 895).

60 **Besteuerung von Staatsangehörigen, „saving clause":** Nr. 1 Buchst. a *Prot. USA 1989* behält den Vereinigten Staaten das Recht vor, ihre Staatsangehörigen, Personen mit Wohnsitz in den Vereinigten Staaten und amerikanische Körperschaften ohne Rücksicht auf die Vorschriften des Abkommens zu besteuern, die sog. „saving clause" (s. hierzu Rz. 77ff., 87). Ferner dürfen die Philippinen nach dem *DBA Philippinen,* Prot. Nr. 1, ihre Staatsangehörigen, die ihren Wohnsitz in Deutschland haben, ohne Rücksicht auf das Abkommen besteuern; eine daraus entstehende Doppelbesteuerung wird nach den innerstaatlichen Vorschriften des philippinischen Rechts vermieden.

61 **b)** Die **Sonderregeln** der DBA über **Personengesellschaften** und gleichgestellte Rechtsträger lassen sich zu folgenden Gruppen zusammenfassen:

(1) Der Personengesellschaft (usw.) wird die Eigenschaft als „Person", also die **Abkommenssubjektivität** zuerkannt bzw. bestätigt: *DBA Belgien* Art. 3 Abs. 1 Nr. 4, *Finnland* Art. 3 Abs. 1 Buchst. b; *Island* Art. 3 Abs. 1 Buchst. d; *Liberia* SProt. Nr. 5;

(2) Die „**Ansässigkeit**" der Personengesellschaft im Sitzstaat wird vorausgesetzt oder normiert: *DBA Albanien 2010* Art. 4 Abs. 4; *Algerien 2007* Art. 4 Abs. 4; *Aserbaidschan* Prot. Nr. 2; *Belgien* Art. 4 Abs. 1, SProt. Nr. 12, 2, *Bulgarien 2010* Art. 4 Abs. 3; *Italien* SProt. Nr. 2, *Island* Art. 4 Abs. 4, *Kroatien* Art. 4 Abs. 4; *Liberia* SProt. Nr. 5, *Philippinen 2013* Art. 4 Abs. 4, *Schweden* Art. 45 Abs. 3; *Slowenien* Art. 4 Abs. 4; *Tadschikistan* Art. 4 Abs. 4; *Taiwan 2011* Art. 4 Abs. 5; *Tschechien* Art. 27 Abs. 2; *USA* 1989 Art. 4 Abs. 1 Buchst. b; *USA 1989/2006* Art. 1 Abs. 7; für Unternehmensgewinne ferner *Japan* Art. 7 Abs. 7;

(3) Das Verhältnis zwischen der **Abkommensberechtigung** der Gesellschaft und der der Gesellschafter wird geregelt: *Finnland 1979* Art. 23 Abs. 6; *Portugal* Art. 4 Abs. 4; *Schweiz* Art. 24 Abs. 1 Nr. 3 und VerhandlungsProt. vom 18.6.1971 zu Art. 10 bis 12 und *Spanien 1966* Art. 4 Abs. 4;

(4) Die Besteuerung der Einkünfte der Personengesellschaften (usw.) und ihre Verteilung unter den Vertragsstaaten wird **im Einzelnen aufgeteilt:** *Finnland* SProt. Nr. 1; *Ungarn 1977* SProt. Nr. 4 Buchst. a;

(5) Die Besteuerung der „**Ausschüttungen**" von Personengesellschaften wird geregelt: *DBA Belgien* Art. 23 Abs. 1 Nr. 2 Buchst. a i. V. m. SProt Nr. 12 Abs. 2; *Frankreich* Art. 9 Abs. 7, 20 Abs. 1 letzter Satz.

(6) Das Abkommen stellt klar, dass Art. 7 auch für Gewinne aus Personengesellschaften bzw. auch Sondervergütungen gilt: *DBA Belarus, Costa Rica 2014 (E), Elfenbeinküste, Frankreich, Ghana, Großbritannien 1964/70, Irland 1962/2010, Israel, Kasachstan, Liechtenstein 2011, Österreich, Oman 2012 (E); Schweiz, Singapur 2004, Tadschikistan, Tschechien, Tunesien* und *Usbekistan.*

(7) Die Verteilungsnormen gelten nur insoweit, als die Einkünfte aus dem anderen Vertragsstaat bzw. das Vermögen der Personengesellschaft im Staat der Gesellschaft der Besteuerung unterliegt: *DBA Albanien 2010.*

Zur **„Person"**-Eigenschaft (Abkommenssubjektivität) der Gesellschaften s. näher u. bei Art. 3 Rz. 11 ff., zur **Ansässigkeit** bei Art. 4 Rz. 3 f., zur Besteuerung der „Ausschüttungen" wie Dividenden bei Art. 10 Rz. 36 ff., 54 ff. **62**

Zu 1) Abweichend vom MA nennt die Definition des Begriffs Gesellschaft im **63** *DBA Belgien* ausdrücklich auch bestimmte deutsche Personengesellschaften (OHG, KG, Partenreederei), das *DBA Liberia* allgemein deutsche Personengesellschaften, die *DBA Finnland und Island* allgemein alle Personengesellschaften, materiell führt die Zuerkennung der Abkommenssubjektivität allerdings noch nicht zu einer Abweichung vom MA (zur Ansässigkeit s. noch die folgende Rz. 64).

Zu 2) Nach den *DBA Belgien, Finnland, Island und Liberia* gelten (bestimmte) **64** Personengesellschaften nicht nur als Person, sondern auch als ansässige Personen des Errichtungsstaates. Damit sind diese Personengesellschaften abkommensberechtigt (s. zum *DBA Finnland* noch unten Rz. 65a). Das *DBA Tschechien* normiert in Art. 27 Abs. 2 eine partielle Abkommensberechtigung für eine Personengesellschaft unabhängig von ihrer steuerlichen Behandlung im Hinblick auf Steuersatzreduzierungen von Quellensteuern auf Dividenden, Zinsen und Lizenzgebühren (so auch BMF v. 16.4.2010, BStBl. I 2010, 354 Tz. 2.1.2; hier werden auch die Slowakei, Rumänien und Tunesien genannt, es ist aber zweifelhaft, ob diese Unterscheidung ohne jegliche Rechtsgrundlage rechtmäßig sein kann (s. auch *Wassermeyer*, FR 2010, 537 (538 f.)). Die steuerliche Behandlung der Gesellschafter bleibt hiervon unberührt.

Die Ansässigkeit der Personengesellschaft führt nach dem Beschluss des BFH **64a** zum *DBA Belgien* (BStBl. II 2014, 172) nicht dazu, dass dieser auch das Unternehmen abkommensrechtlich zuzurechnen ist, vielmehr bleibe es bei der Besteuerung der Gesellschafter und käme daher Art. 13 Abs. 2 OECD MA zur Anwendung (s. dazu auch *Engel/Hilbert,* IWB 2014, 106). Allerdings bleibt dann die Abkommensberechtigung der Personengesellschaft wirkungslos. Es sollte daher zumindest im Fall Belgiens eine Bindung des Staates der Gesellschafter an die Subjektqualifikation (oben Rz. 18a) im Staat der Personengesellschaft angenommen werden (so auch Wassermeyer/*Piltz/Wassermeyer,* Art. 7 MA Rz. 67). *Finnland* und *Island* behandeln Personengesellschaft als transparent, so dass sich insoweit keine Zurechnungsunterschiede ergeben.

64b Die Ansässigkeitsfiktion im *DBA Italien* (Nr. 2 Prot.) entfaltet lediglich Bedeutung, wenn der andere Staat Quellenstaat ist. Er muss der Gesellschaft dann die Abkommensvorteile gewähren. Hinsichtlich der Besteuerung der Gesellschafter ergeben sich keine Besonderheiten: beide Staaten rechnen die Einkünfte einer Personengesellschaft unmittelbar den Gesellschaftern zu (s. dazu noch Wassermeyer/*Krabbe,* Art. 4 DBA Italien Rz. 24; *Kluge,* S. 93). Das *DBA Japan* behandelt deutsche OHGs und KGs wie juristische Personen, beschränkt dies aber auf den Anwendungsbereich des Art. 7 – Unternehmensgewinne (s. dazu FG Köln EFG 1998, 930).

64c Die *DBA Albanien 2010, Algerien 2007, Aserbaidschan, Kroatien, Philippinen 2013, Slowenien, Tadschikistan* und *Taiwan 2011* regeln die Ansässigkeit einer Personengesellschaft unter Verweisung auf deren Ort der Geschäftsleitung. Damit wird erreicht, dass die Personengesellschaft selbst, ohne als solche steuerpflichtig zu sein, die Abkommensvorteile in Anspruch nehmen kann (z.B. das Stellen von Anträgen auf Steuerermäßigung). Nach den *DBA Albanien 2010, Algerien 2007 und Tadschikistan* werden die Abkommensvorteile aber nur dann gewährt, wenn Einkünfte und Vermögen der Personengesellschaft im (fiktiven) Ansässigkeitsstaat besteuert werden (Art. 4 Abs. 4).

64d *DBA USA 1989*: Ähnlich, aber noch darüber hinausgehend, wird nach Art. 4 Abs. 1 Buchst. b *DBA USA 1989* eine Personengesellschaft, ein Nachlass oder ein Trust als ansässig angesehen, wenn die Einkünfte entweder bei der Gesellschaft selbst oder bei den Gesellschaftern/Begünstigten der unbeschränkten Steuerpflicht unterliegen. Die Vorschrift soll es zum einen Investoren erleichtern, diese Unternehmensformen auch tatsächlich für ihre Transaktionen benützen und Abkommensvorteile in Anspruch nehmen zu können. Zum zweiten soll sie verhindern, dass Abkommensvorteile in einem Staat in Anspruch genommen werden können, obwohl die Einkünfte in diesem Staat nicht der Besteuerung unterliegen, es soll also eine doppelte Nichtbesteuerung vermieden werden. Wird die Gesellschaft selbst nicht besteuert, kommt es also darauf an, ob die Gesellschafter in demselben Staat als „Ansässige" besteuert werden. Sind sie in einem anderen Staat ansässig, können sich die Gesellschafter nicht auf das DBA mit dem Staat berufen, in dem die Personengesellschaft, der Trust oder der Nachlass ansässig ist. Aus amerikanischer Sicht spielt insofern die Einordnung im anderen Vertragsstaat bzw. die Qualifizierung der Einkünfte dort keine Rolle (vgl. auch Wassermeyer/*Wolff,* Art. 4 DBA USA Rz. 19, 41, 42). Im Ergebnis ist damit die Personengesellschaft nicht abkommensberechtigt, sie kann lediglich die Abkommensvorteile im Namen der abkommensberechtigten Personen geltend machen (partielle Abkommensberechtigung). Für den Fall, dass die Gesellschaften in beiden Staaten unterschiedlich eingeordnet werden, enthält die Vorschrift somit keine Lösung (z.B. ordnet der Ansässigkeitsstaat des Gesellschafters die US-Gesellschaft als nichttransparent ein, optiert diese aber zu einer transparenten Behandlung, so besteuert der Ansässigkeitsstaat der Gesellschafter nicht dieselben Einkünfte wie die USA).

64e Auch wenn eine US-Kapitalgesellschaft zur Besteuerung als transparente Einheit optiert, ändert dies nichts an ihrer Eigenschaft als Gesellschaft und sie kann daher die Abkommensvorteile geltend machen. Gem. Art. 4 Abs. 1 Buchst. b *DBA USA 1989* gilt das aber in diesem Fall nur soweit, als auch Anteilseigner in den USA ansässig sind, die der US-Besteuerung unterliegen. Ist das der Fall, kann sich die Gesellschaft selbst auf den reduzierten Dividendensteuersatz für Schachteldividenden nach dem DBA berufen. Aus Art. 4 Abs. 1 Buchst. b *DBA USA 1989* folgt nicht, dass entweder die Gesellschaft oder die Gesellschafter abkommensberechtigt sind (so aber FG Köln EFG 2006, 746: *DBA USA 1989;* dazu näher *Plewka/Renger,* IStR 2006, 586).

DBA USA 1989/2006:

Literatur: *Anger/Wagemann,* IStR 2012, 648; *Bahns/Keuthen,* IStR 2010, 750; *Dorfmüller,* IStR 2010, 644; *Ehlermann/Maywald,* TNI May 2010, 409; *Endres/Jacob/Gohr/Klein,* DBA Deutschland/USA, Rz. 54 ff.; *Jacob,* IStR 2011, 45; Teil II: IStR 2012, 98; *Schönfeld,* IStR 2007, 274; Wassermeyer/*Wolff,* DBA USA; *Wolff/Eimermann,* IStR 2006, 837. **64f**

Der durch das Protokoll eingefügte Art. 1 Abs. 7 des *DBA USA 1989/2006* ändert die bisherige Rechtslage (Art. 4 Abs. 1 Buchst. b und Prot. Nr. 10 wurden gestrichen). Der Anwendungsbereich ist eröffnet, wenn der in der Frage stehende Rechtsträger von den Vertragsstaaten unterschiedlich eingeordnet wird. Zum einen trägt die Vorschrift neueren Entwicklungen Rechnung und zudem macht sie deutlich, dass es nur auf die Zurechnung ankommt, nicht aber darauf, ob die Einkünfte auch tatsächlich besteuert werden (*Schnitger,* in EJGK Art. 1 Rz. 73 ff.; von einer subject-to-tax-Klausel sollte daher auch keine Rede sein). Fraglich ist, ob nach dieser Vorschrift die Einordnung eines Vertragsstaats verbindlich für die Einordnung des anderen Vertragsstaats sein soll (so *Wolff/Eimermann,* IStR 2006, 837 (838); *Schönfeld,* IStR 2007, 274 (275); s. auch *Bahns/Keuten,* IStR 2010, 750 (751 ff.)) oder ob es den Vertragsstaaten überlassen bleiben soll, ob sie bei der Einordnung die ausländische Behandlung berücksichtigen (so etwa Art. XIV (a) des Memorandum of Understanding zum Protokoll 2004 zur Änderung des *DBA Niederlande/USA,* das eine entsprechende Regelung enthält).

Beispiel (weitere Beispiele bei *Bahns/Keuthen,* IStR 2010, 750): Wird zwischen einer deutschen Kapitalgesellschaft und den amerikanischen Anteilseignern eine deutsche KG zwischengeschaltet, so erzielen die amerikanischen Anteilseigner aus deutscher Sicht wegen der steuerlichen Transparenz der KG Dividendeneinkünfte. Hat die KG allerdings in den USA für die Besteuerung als Kapitalgesellschaft optiert, werden die Dividenden den Anteilseignern nicht (sofort) zugerechnet (vorbehaltlich entgegenstehender Regelungen des US-amerikanischen Steuerrechts). Nach Art. 1 Abs. 7 *DBA USA 1989/2006* muss Deutschland daher das DBA nicht anwenden und keine erniedrigten Steuersätze auf die Dividenden gewähren. **64g**

Art. 1 Abs. 7 schützt demnach den Quellenstaat (vgl. BT-Drucks. 628/06, S. 35). Dieser muss Abkommensvorteile nur dann gewähren, wenn die Einkünfte aus seinem Gebiet im anderen Vertragsstaat als von einer dort ansässigen Person bezogen gelten. Wählt somit eine US-amerikanische LLC eine transparente Behandlung, muss Deutschland trotz gegenteiliger Einordnung die Abkommensvorteile gewähren, wenn die Gesellschafter in den USA ansässig sind (die Entlastungsberechtigung richtet sich nach Art. 29). Ob für die Anwendung der Verteilungsnormen der DBA auf die Gesellschafter abzustellen ist umstritten. Würde man auf die Gesellschafter abstellen, könnte anders als vom BFH in seinem Urteil v. 20.8.2008 – I R 39/07 zum *DBA USA a. F.* entschieden das Schachtelprivileg nicht gewährt werden, wenn sich die Gesellschafter dafür nicht qualifizieren (so FG Köln IStR 2012, 667; s. dazu auch *Anger/Wagemann,* IStR 2012, 648). Das entspricht aber wohl nicht dem amerikanischen Verständnis der Vorschrift und der BFH hat nunmehr in einer neueren Entscheidung das amerikanische Verständnis auch bestätigt **64h**

(BFH IStR 2013, 881 m. Anm. *Bauer/Huber*). Die Vorschrift will das OECD-Verständnis in die Praxis umsetzen. Dementsprechend ergibt sich aus den Technical Explanations zum *DBA USA* Art. 10 Abs. 2 (übereinstimmend mit den Technical Explanations zum US-MA), dass die USA den Rechtsträger und dessen ansässige Gesellschafter als eine abkommensrechtliche Einheit ansehen, so dass das Schachtelprivileg zu gewähren wäre (BFH IStR 2013, 881 m. Anm. *Bauer/Huber*). Dieses Abkommensverständnis ist auch für den anderen Vertragsstaat verbindlich, da die Vorschrift das amerikanische Verständnis in das Abkommen überträgt und daher im Quellenstaat keiner eigenständigen Auslegung mehr zugänglich ist. Unklar ist, ob der durch das Amtshilfe-RL-Umsetzungsgesetz eingefügte § 50d Abs. 1 S. 11 EStG genau den Gegensatz des Art. 1 Abs. 7 *DBA USA* anordnet und wie das Verhältnis zwischen beiden Vorschriften geartet ist (s. dazu *Jakob/Klein*, IStR 2014, 121 (128 ff.)).

64i Sind die Gesellschafter dagegen nicht in den USA ansässig, verleiht das DBA USA keine Vergünstigungen in Deutschland als Quellenstaat (allerdings wird dieser Fall nur ausnahmsweise vorkommen (etwa bei doppelter Ansässigkeit für Zwecke des Abkommens), da nach den Bestimmungen des Subchapter S des IRC die Optionsmöglichkeit nur Gesellschaften offen steht, deren Gesellschafter in den USA unbeschränkt steuerpflichtig sind).

64j *Wolff/Eimermann*, IStR 2006, 837 (838)) weisen darauf hin, dass die Vorschrift im Vergleich zur bisherigen Rechtslage auch vorteilig ausfallen kann, da es nunmehr nicht mehr auf den Begriff des Nutzungsberechtigten ankommt, sondern allein auf die Zurechnung der Einkünfte nach dem Recht des anderen Vertragsstaats (s. auch die Beispiele bei *Schönfeld*, IStR 2007, 274 (276 ff.)).

64k Art. 4 Abs. 3 *DBA Bulgarien 2010* ist dem Art. 1 Abs. 7 *DBA USA 1989/2006* nachgebildet. Die Vorschrift trägt damit dem immanenten Qualifikationskonflikt Rechnung, der sich daraus ergibt, dass bulgarische Personengesellschaften (SD, KD) körperschaftsteuerpflichtig sind, nach deutschem Verständnis aber als transparent gelten. Bezieht eine bulgarische Personengesellschaft Einkünfte aus deutschen Quellen und unterliegt sie damit der Körperschaftsteuer, so muss Deutschland die Abkommensvorteile gewähren, auch wenn die Gesellschafter in einem Drittstaat ansässig sind.

64l Auch Prot. Nr. I Abs. 2 *DBA Niederlande 2012* (E) lehnt sich an das *DBA USA 1989/2006* an für Fälle unterschiedlicher Qualifikation. Es übernimmt zunächst die OECD-Zurechnungsregelung (MA-Komm. Ziff. 6.2, 6.3). Erzielt eine steuerlich transparente Person Einkünfte, so ist sie abkommensberechtigt, wenn die Einkünfte in dem Staat der Person der unbeschränkten Steuerpflicht unterliegen. Dabei spielt es keine Rolle, ob die Person selbst oder deren Gesellschafter besteuert werden. Der Quellenstaat muss dann das Abkommen anwenden, auch wenn die Gesellschaft aus seiner Sicht als transparent anzusehen ist. Erzielt eine Person Einkünfte aus dem anderen Staat und behandelt der Staat der zwischengeschalteten Person diese als transparent, kommt es darauf an, ob die Gesellschafter der unbeschränkten Steuerpflicht in diesem Staat unterliegen. Ist das der Fall, kann die Gesellschaft die Abkommensvorteile geltend machen. Auf die Vorschrift des Prot. Nr. XIX Abs. 1 Buchst. a *DBA Niederlande* 2012 (E) kommt es insofern nicht an, diese – sie erlaubt der Geschäftsführung einer transparenten Gesellschaft die Geltendmachung der Abkommensvorteile im Namen der Gesellschafter – bezieht sich nur auf Fälle, in denen kein Qualifikationskonflikt vorliegt (anders aber *Jochum*, IStR 2014, 1). Ist das nicht der Fall, d. h. sind die Gesellschafter beispielsweise in einem Drittstaat ansässig, und führt dies wegen der unterschiedlichen steuerlichen Behandlung zu Doppel- oder Doppelnichtbesteuerungen, so bleibt die Lösung des Konflikts einem Verständigungsverfahren überlassen.

Zu 3) Das Verhältnis zwischen der **Abkommensberechtigung** von Gesellschaftern und Gesellschaft ist in den DBA, die diese Frage berühren, unterschiedlich geregelt. 65

Das *DBA Finnland* stellt in Art. 23 Abs. 6 sicher, dass die Abkommensberechtigung der Personengesellschaft auch auf die Gesellschafter durchschlägt, d. h. auch die Gesellschafter können für die ihnen zuzurechnenden Einkünfte die Freistellung oder Anrechnung geltend machen (s. dazu noch unten Rz. 69). 65a

Einen eigenen Weg beschreiten die *DBA Portugal* und *Spanien 1966* (zum *DBA Polen* s. noch Rz. 65d). Sie behandeln den Gesellschafter einer Personengesellschaft für die Besteuerung seiner Gesellschaftsbezüge und seines Anteils am Gesellschaftsvermögen als in dem Vertragsstaat ansässig, in dem die Gesellschaft ihre Geschäftsleitung hat, räumen ihm also eine **eigene Abkommensberechtigung, unabhängig von seinem Wohnsitz,** ein (jeweils Art. 4 Abs. 4). Das bedeutet zum einen, dass die spanischen bzw. portugiesischen Personengesellschaften, die zivilrechtlich juristische Personen sind und steuerrechtlich Steuersubjektivität besitzen, nach Art. 4 Abs. 1 ansässig und damit auch abkommensberechtigt sind. Da die Gesellschafter als im Staat der Personengesellschaft ansässig gelten, können die Gewinne der Gesellschaft nur in ihrem Ansässigkeitsstaat besteuert werden (das muss dann auch für doppelstöckige Personengesellschaftsstrukturen gelten; s. *Engel/Hilbert*, FR 2012, 394 (400). Das BMF-Schreiben v. 28.5.1998, IStR 1999, 50 vertrat insoweit eine etwas andere Auffassung, ist aber inzwischen aufgehoben worden. Im Schreiben vom 16.4.2010 äußert sich die Finanzverwaltung zum DBA Spanien nicht. Aus dem Wortlaut der Vorschrift wird aber hinreichend deutlich, dass die Fiktion auch für einen in Deutschland ansässigen Gesellschafter gilt, so dass er in Deutschland keiner Besteuerung unterliegt. Da sich das ausschließliche Besteuerungsrecht bereits aus der Vorschrift selber ergibt, ist für die Anwendung des abkommensrechtlichen Aktivitäts- und Progressionsvorbehalts kein Raum (vgl. *Lüdemann,* IStR 2000, 25; *Schick,* IWB 2011, 93). Allerdings gilt nach dem Notenwechsel zu Art. 23 Abs. 1 Buchst. a *DBA Spanien 1966* die Freistellung für Dividenden nur, wenn die in Spanien ansässige Gesellschaft entweder aktiv tätig ist oder die Dividenden aus einer Beteiligung an einer aktiv tätigen, in Spanien ansässigen Gesellschaft stammen (s. näher *Haase/Brändel*, IStR 2011, 255). Die Freistellung steht allerdings unter dem Vorbehalt des Art. 4 Abs. 4 S. 2 *DBA Spanien 1966*: Besteuert der fiktiv angewiesene Ansässigkeitsstaat der Gesellschafter nicht, fällt die Besteuerungsbefugnis an den tatsächlichen Ansässigkeitsstaat zurück. Wegen der innerstaatlichen Einordnung der Gesellschaft als transparent gelten die Gewinnausschüttungen als nicht steuerbare Entnahmen, so dass allerdings auch eine Anrechnung der ausländischen Quellensteuer nicht in Betracht kommt (vgl. auch FG Hamburg, EFG 2007, 96; BFH BStBl. II 2011, 156: beide *DBA Spanien 1966*; s. dazu auch *Rosenthal*, IStR 2007, 610). Im Beschluss des BFH v. 19.5.2010 (BStBl. II 2011, 156: *DBA Spanien 1966*) ist Art. 4 Abs. 4 des DBA offensichtlich übersehen worden. Auf die Anwendung der Art. 23 und 13 DBA kommt es nicht an, da der deutsche Gesellschafter für Zwecke der DBA-Anwendung als in Spanien ansässig gilt. Veräußerungsgewinne aus der Beteiligung an einer spanischen (Personen-)Gesellschaft können daher unabhängig davon, ob es sich um Privat- oder Unternehmensvermögen handelt, nur in Spanien besteuert werden. 65b

Das neue *DBA Spanien 2011* enthält keine entsprechende Vorschrift mehr. Im Unterschied zum *DBA 1966,* wo die anderen Personenvereinigungen in Art. 3 Abs. 1 Buchst. e *DBA Spanien 1966* nicht genannt waren, entspricht nunmehr Art. 3 Abs. 1 Buchst. b *DBA Spanien 2011* dem OECD-MA. Personengesellschaften gelten mithin als Personen. In Spanien sind sie körperschaftsteuerpflichtig und dementsprechend auch ansässig im abkommensrechtlichen Sinn. Es gelten damit die oben Rz. 26 erläuterten Grundsätze. 65c

65d Auch nach dem *DBA Polen* (Art. 4 Abs. 4) gilt der Gesellschafter als in Polen ansässig, wenn sich die Geschäftsleitung der Personengesellschaft in Polen befindet. Deutschland kann in diesem Fall den unbeschränkt steuerpflichtigen Gesellschafter nicht besteuern, obwohl beide Länder Gewinne einer Personengesellschaft den Gesellschaftern zurechnen. Das wirkt sich vor allem dann aus, wenn die Personengesellschaft kein Unternehmen betreibt.

65e Alle genannten Abkommen enthalten in Art. 4 Abs. 4 Satz 2 eine subject-to-tax-Klausel um zu verhindern, dass es durch die Ansässigkeitsfiktion zu Besteuerungslücken kommt (wie hier Wassermeyer/*Reith,* Art. 4 *DBA Polen* Rz. 24; a. A. *Engel/Hilbert*, FR 2012, 394 (400)).

65f Entsprechend verfährt das *DBA Schweiz* für die nicht in Deutschland ansässigen Gesellschafter einer nach deutschem Recht errichteten OHG oder KG mit Einkünften aus der Schweiz (Art. 24 Abs. 1 Nr. 3; s. *Hangarter,* StRev 1986, 279 (284)). **Umgekehrt** sieht ein Verhandlungsprotokoll mit der Schweiz vom 18.6.1971 die Geltendmachung von **Gesellschafterrechten durch die Gesellschaft** vor: Nach dem Recht eines Vertragsstaates errichtete Personengesellschaften, die in diesem Staat ihre Geschäftsleitung haben, können nach dem Protokoll die in den Art. 10 bis 12 des DBA vorgesehenen Entlastungen von den Steuern des anderen Vertragsstaates beanspruchen, wenn mindestens drei Viertel der Gesellschaftsgewinne Personen zustehen, die in deren Sitzstaat ansässig sind (ähnlich Art. 28 Abs. 6 des *DBA Österreich/Schweiz*). Sind die Voraussetzungen nicht erfüllt, können nur die Gesellschafter Abkommensvorteile geltend machen. Strittig ist, ob der Umstand, dass ausländische Personengesellschaften in der Schweiz als Steuerrechtssubjekte behandelt werden, daran etwas ändert. *Reich* und *Schmidt* weisen zu Recht darauf hin, dass die Behandlung in der Schweiz keinen Einfluss hat auf die vertragliche Abkommensberechtigung (*Lang/Reich/Schmidt,* IStR 2007, 1 (4)).

65g Eine ähnliche Regelung wie im Verhandlungsprotokoll mit der Schweiz ist (offenbar ohne besonderes Protokoll) mit **Frankreich** vereinbart worden: s. BMF v. 20.2.1981, BStBl. I 1981, 74. Zur Frage, ob solche Verständigungsvereinbarungen ohne förmliche Vertragsänderung **innerstaatlich verbindlich** sind, s. allerdings oben die Grundl. Rz. 135 f. Französische Personengesellschaften können im übrigen für eine Besteuerung als Kapitalgesellschaft optieren, sie gelten dann als ansässige Personen.

69 **Zu 4)** Komplizierte **Verteilungsnormen** für die **Einkünfte von Personalgesellschaften** enthält das *SProt. Finnland* in Nr. 1. Kurz zusammengefasst kann nach ihnen der Ansässigkeitsstaat eines Gesellschafters, soweit er im Sinne des Abkommens für bestimmte Einkünfte der Gesellschaft Quellenstaat ist, dessen Anteil an diesen Einkünften auch dann besteuern, wenn nach den allgemeinen Verteilungsnormen des DBA (Art. 6 bis 17 und 21) dem Quellenstaat dieses Recht nicht zusteht; der andere Vertragsstaat ist entsprechend zur Anrechnung verpflichtet. Einkünfte der Gesellschaft aus Drittstaaten besteuert jeder der beiden Vertragsstaaten, soweit sie auf den Gewinnanteil eines in seinem Gebiet ansässigen Gesellschafters entfallen; entfallen sie auf den Gewinnanteil eines Gesellschafters aus einem Drittstaat, so besteuert sie der Vertragsstaat, in dessen Gebiet die Personengesellschaft ansässig ist.

69a Demgegenüber sehr viel einfacher stellt das *DBA Ungarn 1977* lediglich die Einkünfte aus ungarischen offenen Handelsgesellschaften und die Beteiligung als Vermögenswert von der deutschen Besteuerung frei. Das BMF-Schreiben v. 24.9.1999 (IStR 2000, 627; nicht geändert durch BMF v. 16.4.2010 BStBl. I 2010, 354), das sich auf eine ungarische Personengesellschaft bezieht, die Grundvermögen verwaltet, erkennt an, dass Ungarn die Einkünfte aus unbeweglichem Vermögen besteuern darf (Art. 6 Abs. 4 *DBA Ungarn*), will aber den Aktivitätsvorbehalt anwenden, der allerdings nur für Betriebsstätten gilt. Dies ist aber nicht in Übereinstimmung mit dem DBA, da Art. 23 Abs. 1 Buchst. a *DBA Ungarn* unabhängig von der Einordnung in das deutsche Steuerrecht die Freistellung vorsieht (s. auch *Wassermeyer,* FR 2010, 537 f.).

Zu 5) Nach dem *DBA Belgien* sind Einkünfte bestimmter belgischer Personengesellschaften, die in Belgien gem. Art. 7 besteuert werden können, von der Besteuerung in Deutschland freizustellen, soweit sie auf einen in Deutschland ansässigen Gesellschafter entfallen. Damit wird die Anwendung der Freistellungsmethode sichergestellt, obwohl diese Personengesellschaften in Belgien als Körperschaftsteuersubjekte angesehen werden. Art. 9 Abs. 7 des *DBA Frankreich* stellt klar, dass Gewinnausschüttungen französischer Personengesellschaften, soweit sie für die Körperschaftsteuersubjektivität optiert haben, als Dividenden zu behandeln sind, auf die Frankreich die abkommensrechtliche Quellensteuer erheben darf. Deutschland stellt die Unternehmensgewinne unter Progressionsvorbehalt frei, d. h. eine Anrechnung der französischen Quellensteuer unterbleibt (s. Art. 20 Abs. 1 Buchst. c S. 2). **70**

Zu 6) Einige ältere, aber vor allem auch neuere DBA (*Belarus,* Art. 7 Abs. 7, *Costa Rica 2014* (E), *Elfenbeinküste,* Art. 7 Abs. 5, *Frankreich,* Art. 4 Abs. 3, *Ghana,* Art. 7 Abs. 7, *Großbritannien 1964,* Art. III Abs. 2, *Irland 1962,* Art. III Abs. 2, *Israel,* Art. 4 Abs. 2, *Kasachstan,* Art. 7 Abs. 6; *Liechtenstein 2011,* Art. 7 Abs. 4, *Luxemburg 1958,* Art. 5 Abs. 1, *Niederlande 1959,* Art. 5 Abs. 1, *Österreich,* Art. 7 Abs. 7; *Oman 2012 (E),* Art. 7 Abs. 7; *Schweiz,* Art. 7 Abs. 7, *Singapur 2004,* Art. 7 Abs. 7, *Tadschikistan,* Art. 7 Abs. 7; *Tschechien 1997* (E), Art. 7 Abs. 8, *Tunesien,* Art. 7 Abs. 6, *Usbekistan,* Art. 7 Abs. 7 und *Zypern 2011,* Prot. Nr. 2, regeln klarstellend, dass Art. 7 auch für die Einkünfte aus der Beteiligung an einer Personengesellschaft gilt. Die Vorschriften haben darüber hinaus aber hauptsächlich Bedeutung für Sondervergütungen der Gesellschafter, die danach im Betriebstättenstaat der Besteuerung unterliegen, wenn sie nach jeweils innerstaatlichem Recht den Betriebstätteneinkünften des Gesellschafters zugerechnet werden (s. auch *Franz/Voulon,* BB 2011, 1111). Im Ergebnis wird dadurch eine Verbindlichkeit der Qualifizierung des Ansässigkeitsstaats der Personengesellschaft erreicht (vgl. auch ÖstBMF EAS 2983 v. 23.6.2008, SWI 2008, 357). Im Verhältnis zu Österreich ist mit der Regelung keine Änderung der Praxis verbunden, die allerdings bisher auf Verständigungsvereinbarungen beruhte (vgl. Wassermeyer/*Lang/Schuch,* Art. 4 DBA Österreich Rz. 35). Ferner macht sie Vorkehrungen gegen den Fall einer Nichtbesteuerung aufgrund eines Qualifikationskonflikts hinfällig. Die Vorschrift hat wegen ihrer Spezialität Vorrang vor der Subsidiaritätsklausel des Art. 7 Abs. 7 OECD-MA (BFH BStBl. II 1991, 211; s. aber auch *Häck,* IStR 2011, 71). **71**

Enthalten die DBA keine derartige Sonderregelung, ist § 50d Abs. 10 EStG anzuwenden. Allerdings ist die Relevanz der Norm für das Abkommensrecht zweifelhaft (BFH BFH/NV 2011, 138 und BFH/NV 2011, 365; dazu näher *Pohl,* IWB 2012, 120). Im Fall von Abkommen, die dem Art. 7 in der Fassung des OECD-MA 2010 folgen (s. Art. 7 Rz. 252), bestätigt sie lediglich das sich ohnehin aus den Abkommen ergebende Ergebnis. **71a**

Das neue *DBA Großbritannien 2010* enthält die Bestimmung nicht mehr. Die Sonderausgabenproblematik bleibt damit wie auch in anderen DBA ohne eine entsprechende Regelung offen (zur abkommensrechtlichen Behandlung von Sondervergütungen im DBA mit Großbritannien 1964 s. BFH BStBl. II 2009, 766; die hiergegen gerichtete Verfassungsbeschwerde wurde nicht zur Entscheidung angenommen (BVerfG v. 10.6.2009, DStRE 2009, 1021)). **71b**

Zu 7) Das *DBA Albanien 2010* (Art. 4 Abs. 4 S. 2) enthält eine Art subject-to-tax Klausel. Werden die Einkünfte/Vermögensgegenstände der Personengesellschaft im Staat der Gesellschaft nicht besteuert, weil sie etwa den im Ausland ansässigen Gesellschaftern zugerechnet werden, gelten die Verteilungsnormen des DBA nicht. Der Quellenstaat ist damit durch das DBA nicht in seinem Besteuerungsrecht be- **71c**

schränkt. Möglicherweise hat er aber das DBA mit dem Ansässigkeitsstaat der Gesellschafter anzuwenden.

71d Im **Schrifttum** wird gelegentlich versucht, die im Vorstehenden wiedergegebenen Regelungen zur **Bestätigung** einer bestimmten, für richtig gehaltenen **Auslegung** derjenigen DBA heranzuziehen, die für Personengesellschaften keine Sonderregeln enthalten, oder umgekehrt auch zur Widerlegung einer bestimmten Ansicht durch **Umkehrschluss** (s. z.B. *Diehl,* FR 1978, 517 (521); *Kluge,* DStR 1976, 367). Hierfür sind diese Regelungen jedoch zu unterschiedlich. Eine einheitliche Tendenz lässt sich nicht aus ihnen ablesen. Argumente für die Auslegung anderer DBA lassen sich deswegen auch nicht aus ihnen gewinnen (zutreffend *Piltz,* Personengesellschaften, S. 132).

72 **c) Investmentfonds und andere Vermögensmassen:** Um die besonderen Probleme mit **Investmentfonds** zu beseitigen (*Großbritannien, die Niederlande* und *Norwegen)* lehnten eine Abkommensberechtigung der deutschen Investmentgesellschaften wegen der steuerlichen Transparenz des Fonds-Sondervermögens ab (zur Kritik s. *Sorgenfrei,* IStR 1994, 465), teilweise haben diese Länder allerdings nunmehr ihre Praxis der EuGH-Rechtsprechung angepasst) regelt Art. 25b Abs. 4 *DBA Frankreich,* dass Investmentfonds die Steuervergünstigungen des DBA entsprechend der Beteiligungsquote ansässiger Anteilinhaber beanspruchen können. Es werden hier nur französische Fonds angesprochen, die Vorschrift soll aber nach überwiegender Meinung entsprechend für deutsche Fonds gelten (*Sorgenfrei,* IStR 1994, 465, 470; Wassermeyer/*Kramer,* Art. 25b DBA Frankreich, Rz. 15; *Zinkeisen/Walter,* IStR 2007, 583, 585).

72a Mit der Schweiz wurde eine Verständigungsvereinbarung abgeschlossen, nach der die schweizerischen Quellensteuern erstattet werden, soweit die Fondsanteile von deutschen Steuerinländern gehalten werden (FinMin NRW v. 14.12.1964, DB 1965, 53; FinMin Nds. v. 16.10.1974 S 1301–14–311; nach Auffassung von *Zinkeisen/Walter,* a.a.O. verstößt die Vereinbarung gegen das *DBA Schweiz).*

72b Das *DBA Spanien 2011* regelt in seinem Prot. Ziff. I, dass die zuständigen Behörden die Anspruchsvoraussetzungen für die Abkommensbegünstigungen gemeinsam festlegen können, wenn ein Investmentvermögen nicht als ansässige Person gem. Art. 4 des DBA gelten kann.

72c Das *DBA Luxemburg 2012* enthält in Prot. Nr. 1 Regelungen für Investmentfonds (zu Einzelheiten s. noch *Lauermann/Birker,* RDF 2013, 51). Nach Abs. 1 können deutsche Investmentvermögen bzw. luxemburgische Fonds Commun de Placement (FCP) die Quellensteuervergünstigungen des Abkommens geltend machen, soweit die Anteile von Personen gehalten werden, die im Staat des Investmentvermögens ansässig sind. Abs. 2 betrifft Körperschaften, die für Zwecke der Kapitalanlage benutzt werden (Investmentgesellschaften, Risikoanlagegesellschaften (SICAR), Investmentfonds mit variablem (SICAV) bzw. festem Kapital (SICAF)). Die Vorschrift stellt insofern klar, dass diese die Quellensteuervergünstigungen selbständig geltend machen können, auch wenn ihre Einkünfte nach inländischem Recht steuerbefreit sind. Nach Art. 10 Abs. 2 Buchst. c gilt für Real Estate Investment Trusts (REIT) ein Quellensteuersatz von 15%, das Schachtelprivileg findet keine Anwendung.

72d Das *DBA USA 1989/2006* bestimmt in Prot. Nr. 2, dass deutsche Investmentfonds, eine US Regulated Investment Company (RIC) und ein US-REIT als im jeweiligen Vertragsstaat ansässig gelten (nach Einführung des G-REITs lässt sich die Vorschrift wohl auch entsprechend auf diese anwenden). Allerdings enthält Art. 28 des DBA (Limitation-on-Benefits-Klausel) Beschränkungen. Deutsche Investmentvermögen können danach nur dann die Abkommensvergünstigungen geltend machen, wenn 90% der Anteilsinhaber abkommensberechtigt sind. Nach Art. 10

Abs. 3 Buchst. b sind Pensionsfonds partiell abkommensberechtigt im Hinblick auf Dividendeneinkünfte aus dem anderen Vertragsstaat. Art. 10 Abs. 11 erweitert den begünstigten Personenkreis auf Personen, die zugunsten einer oder mehrerer Pensionsfonds Einkünfte erzielen. Die Vertragsparteien haben in einer Verständigungsvereinbarung konkretisiert, was unter solchen Personen zu verstehen ist (BMF v. 12.4.2012, IStR 2012, 387).

Das neue DBA mit ***Großbritannien 2010*** erkennt Pensionsfonds bzw. „Altersvorsorgeeinrichtungen" nicht ausdrücklich die Abkommensberechtigung zu. Es enthält aber in Art. 10 Abs. 2 Buchst. b eine spezielle Ermäßigung des Quellensteuersatzes auf 10 %, wenn der Nutzungsberechtigte der Dividenden eine solche Einrichtung ist. Da es dabei nicht auf die Rechtsform der Altersvorsorgeeinrichtung ankommt (s. Prot. Nr. 1), enthält die Vorschrift eine auf Dividendeneinkünfte begrenzte partielle Abkommensberechtigung von Altersvorsorgeeinrichtungen. **72e**

Das ***DBA Niederlande 2012 (E)*** regelt in Prot. Nr. II die Abkommensberechtigung niederländischer steuerbefreiter Körperschaften. Hierfür verwendet die Regelung eine Fiktion. Die im nlKStG genannten Steuersubjekte (NV, BV, Cooperatie (Genossenschaft), Stichting (Stiftung) und Vereniging (Verein)) gelten im Falle einer Steuerbefreiung als in den Niederlanden ansässig, wenn die jeweiligen Einkünfte dieser Körperschaft und nicht anderen Personen zugerechnet werden (dies kann aber für nicht unternehmerisch tätige Stiftungen und Vereine zweifelhaft sein, s. *Pijl*, Steuerplanung mit nicht unternehmerisch tätigen Stiftungen und Vereinen sowie Dreiecksverhältnisse, IWB 2012, 551). Damit sind auch niederländische Pensionsfonds, Investmentfonds (FBI) und Kapitalanlagegesellschaften (Vrijgestelde Beleggingsinstellingen – VBI) abkommensberechtigt. Bei Dividendeneinkünften niederländischer Pensionsfonds beschränkt sich der deutsche Kapitalertragsteuersatz auf 10 % (Art. 10 Abs. 2 Buchst. b). Das Abkommen stellt ferner klar, dass Deutschland in seiner Anwendung des § 50d Abs. 3 EStG auf VBIs nicht beschränkt sein soll (Prot. Ziff. XV. Abs. 5). **72f**

Handelt es sich nicht um Körperschaften sondern transparent besteuerte Kapitalanlagegesellschaften (Investmentvermögen, Personengesellschaften, Geschlossene Fonds für gemeinsame Rechnung – gesloten fondsen voor gemene rekening – FGR; s allgemein dazu auch *Vermeulen*, BIT 2012, 47)), können die Geschäftsführer bzw. Verwalter der Vermögen die Abkommensvorteile im Namen der Gesellschafter/Anleger geltend machen; die Gesellschafter/Anleger sind dann nicht mehr anspruchsberechtigt (Prot. Ziff. XIX. Abs. 1). Im Fall der geschlossenen FGRs kann der Fondsverwalter auch Abkommensvorteile geltend machen, die sich aus einem Drittabkommen mit dem Quellenstaat ergeben (Prot. Ziff. XIX. Abs. 2). **72g**

Trusts und andere Funds: Nach den *DBA Philippinen 1993* (Art. 3 Abs. 1 Buchst. c) und *Simbabwe* (Prot. Nr. 1) sind Trusts ausdrücklich als Personen im Sinne der DBA anerkannt. Das *DBA Oman 2012 (E)* (Prot. Nr. 2) erklärt den State General Reserve Fund des Sultanats Oman für ansässig im Sinne des Art. 4 Abs. 1 MA und begründet damit dessen Abkommensberechtigung. **72h**

B. Zu Art. 1 Abs. 2 und 3 des US-MA

Zu den Absätzen gibt es weder im OECD-, noch im UN-MA eine Parallele. **73**

I. Erläuterungen

1. Grundzüge

Die Vorschrift stellt klar, dass günstigere Regelungen des innerstaatlichen Rechts oder anderer zwischen den Vertragsstaaten bestehender Abkommen dem DBA vorgehen. Ausnahmen gelten für die Nichtdiskriminierungsklauseln. **74**

2. Regelung

75 **Unberührt** durch das Abkommen bleiben
- alle Ausnahmen, Befreiungen, Abzüge, Steuergutschriften oder anderen **Steuerermäßigungen,** die
- durch das **Recht eines Vertragsstaates** oder durch ein **gesondertes Abkommen** zwischen den Vertragsstaaten gewährt werden.

Dass DBA nur Steuerpflichten begrenzen, nicht neue Steuerpflichten begründen können, ist ein weithin anerkannter Grundsatz des Abkommensrechts; s. dazu die Grundl. Rz. 44. Art. 1 Abs. 2 des US-MA bestätigt diese Regel und erweitert sie dahin, dass auch die Anwendung steuer**ermäßigender** Vorschriften des innerstaatlichen oder des Völkerrechts durch das Abkommen **nicht ausgeschlossen** wird (anders z. B. die deutsche Rspr. über den Verlustabzug bei DBA-Freistellung, s. u. Art. 23 Rz. 52 ff.). Die Regelung ist für die USA durch deren Verfassung geboten: nach Art. I sec. 7 cl. I der Verfassung müssen Gesetze, die Steueraufkommen erzielen, ihren Ursprung im Repräsentantenhaus haben; Verträge werden aber vom Präsidenten mit Zustimmung nur des Senats geschlossen (s. *Shannon,* S. 107; *Vogel/Shannon/Doernberg,* Art. 1, 25 f.). Nach dem US-MA 2006 gilt die Vorschrift auch für multilaterale Verträge, in denen Vergünstigungen enthalten sind. Nach **Auffassung der US Treasury** gibt Abs. 2 im Zusammenwirken mit den einschlägigen Vorschriften des innerstaatlichen Steuerrechts der USA (IRC sec. 894 (a), 7852 (d)) dem Steuerpflichtigen das Recht, zwischen einer Besteuerung nach Maßgabe des Abkommens oder allein nach innerstaatlichem Recht **zu wählen** (Hearing before the Subcommittee on Oversight of the House Ways and Means Committee on Income Tax Treaties, 96th Cong., 2nd Sess., 1980, 8; *Brecher,* TTE 1972, 175 ff. (179 ff., 191); *Vogel/Shannon/Doernberg,* Art. 1, 27; die Wahl darf aber nicht „in an inconsistent manner in order to minimize tax" ausgeübt werden (US-TE zu Para. 2)). Das ist allerdings eine merkwürdige Konsequenz; nach den allgemeinen Regeln über das Verhältnis zwischen Abkommensrecht und innerstaatlichem Recht liegt es **näher,** anzunehmen, dass in allen Fällen – auch ohne eine „Wahl" durch den Steuerpflichtigen – die für diesen **günstigere** Regelung anzuwenden ist. Die Erläuterung ist daher eher so zu verstehen, dass die Anwendung konsistent erfolgen muss, der Steuerpflichtige kann sich nicht teilweise auf das DBA, teilweise auf das innerstaatliche Recht berufen.

75a Der Grundsatz des Abs. 2 gilt nicht für Verpflichtungen der Vertragsparteien aus Nichtdiskriminierungsklauseln, die im **General Agreement on Trade in Service (GATS)** enthalten sind. Art. 24 MA hat insofern Vorrang. Kommt es zu Differenzen über die Auslegung von Art. 24 MA, sind diese primär in einem Verständigungsverfahren zu behandeln. Erst wenn die Parteien in einem solchen Verständigungsverfahren zu dem Schluss kommen, dass Art. 24 MA nicht anwendbar ist, kann das Streitschlichtungsverfahren des GATS zur Durchführung kommen.

II. Deutsche DBA

76 Das *DBA USA 1989* enthält eine dem Abs. 2 entsprechende Regelung in Prot. Nr. 1 Buchst. c. Nicht um eine Beschränkung, sondern im Gegenteil um eine **Ausdehnung** von Steuervergünstigungen des innerstaatlichen Rechts geht es in Art. 27 *DBA USA 1989:* die Vertragsstaaten verpflichten sich hier gegenseitig, steuerbefreiten gemeinnützigen und ähnlichen Organisationen die gleichen Rechte wie entsprechenden innerstaatlichen Organisationen zu gewähren.

C. Zu Art. 1 Abs. 4 und 5 des US-MA

Auch zu diesen beiden Absätzen gibt es weder im OECD-, noch im UN-MA eine Parallele. Die US-TE enthalten in Tz. 18 ff. nähere Erläuterungen. 77

I. Erläuterungen

Literatur: *Ault,* S. 11; *Doernberg/van Raad,* TNI October 1992, 775; *Rosenbloom,* in Maisto/Nikolakakis/Ulmer, Essays on Tax Treaties (2012), 241; *Rossi,* TNI, 30 June 2003, 1351; *Saannon,* RIW 1987, 369; *Toifl,* SWI 1998, 77; *Wagner/Anger,* IStR 2011, 379. 78

1. Grundzüge

Art. 1 Abs. 4 enthält die sog. **„saving clause“.** Diese, soweit ersichtlich, allein von den USA in ihren Abkommen beanspruchte Klausel (für die *Philippinen* s. u. Rz. 87) schränkt den durch Abs. 1 umschriebenen persönlichen Anwendungsbereich des Abkommens wesentlich ein: Die Vertragsstaaten – in der Praxis oft nur die USA – behalten das Recht, ihre Staatsangehörigen und in ihrem Gebiet ansässige Ausländer ohne Rücksicht auf das Abkommen zu besteuern. Abs. 5 sieht jedoch eine Reihe von Ausnahmen vor. Praktisch bedeutsam ist daher die saving clause nur für Verteilungsnormen mit abschließender Rechtsfolge (siehe hierzu Vor Art. 6–22 Rz. 4 ff.), die ausnahmsweise dem Quellenstaat die Besteuerung vorbehalten, ferner für im Ausland ansässige US-Staatsbürger; s. dazu noch u. Rz. 82. 79

2. Regelung

Ein Vertragsstaat kann 80
– die in seinem Gebiet ansässigen Personen
– und aufgrund der Staatsangehörigkeit seine Staatsangehörigen
– **so besteuern, als ob es kein Abkommen gäbe.**

Die Ansässigkeit wird hierbei nach Art. 4 bestimmt. Das hat zur praktischen Folge, dass Personen, die nach dem Steuerrecht der USA dort ansässig, jedoch **nicht** Staatsangehörige der USA sind („resident aliens“), bei Doppelwohnsitz nicht unter die saving clause fallen (also den USA gegenüber abkommensberechtigt bleiben), wenn sie infolge der **Kollisionsregeln** des Art. 4 Abs. 2 und 3 (s. dort) für Abkommenszwecke als im anderen Vertragsstaat ansässig gelten. 81

Die saving clause beruht auf der Vorstellung, dass ein DBA, jedenfalls soweit es die USA betrifft, **nur** die Besteuerung **nichtansässiger Ausländer** beschränken dürfe, **nicht** dagegen die der **eigenen** Staatsangehörigen, Ansässigen und inländischen Körperschaften. Betont wird dabei besonders das Recht der USA, die genannten Personen und Körperschaften aufgrund ihres **Welteinkommens** zu besteuern (Bericht des Department of Treasury, 1977, abgedruckt bei *Rhoades/Langer,* 15–57 ff., 15–58 unter I 1; s. auch Hearing before the Senate Foreign Relations Committee on International Tax Treaties, 96th Cong., 1st. Sess., 1979, 112; US-TE Tz. 18–22). Satz 2 des US-MA 1996 dehnte die Regelung auf **ehemalige Staatsangehörige oder „long-term residents“** aus, wenn sie in den letzten zehn Jahren ihre Staatsangehörigkeit oder Ansässigkeit aufgegeben haben und es einer der Hauptgründe hierfür war, die Einkommensteuer zu vermeiden. Das US-MA 2006 enthält die Beschränkung auf die Steuervermeidungsabsicht nicht mehr (vgl. auch Section 877 IRC). Der *US Tax Court* hat in Crow v. Commissioner entschieden, dass die saving clause eines DBA ehemalige Staatsangehörige nur mitumfasst, wenn das Abkommen einen ausdrücklichen Vorbehalt wie im US-MA ent- 82 hält (85 Tax Court 376 (1985)). Kritik und Verbesserungsvorschläge zur saving clause bei *Doernberg/van Raad,* TNI October 1992, 775.

3. Ausnahmen

83 Für Staatsbürger und ansässige Ausländer sollen nur diejenigen Vorschriften des Abkommens gelten, für die dies klar zum Ausdruck gebracht ist („that are clearly intended to limit the authority of a Contracting State to tax its citizens or residents"); genannt werden hierfür allgemein die Vorschriften über die Steueranrechnung (Art. 23), das Diskriminierungsverbot (Art. 24) und das Verständigungsverfahren (Art. 25), s. Bericht des Department of Treasury, a. a. O. Abs. 5 des Musters teilt die Ausnahmen in zwei Gruppen auf. Die Ausnahmen der ersten Gruppe (Buchst. a) können sowohl von Staatsangehörigen wie von ansässigen Ausländern in Anspruch genommen werden; sie betreffen die Gewinnberichtigung nach Art. 9 Abs. 2, die Besteuerung von staatlichen Sozialversicherungsleistungen (Art. 17 Abs. 2), von Unterstützungszahlungen an Kinder (Art. 17 Abs. 5), bestimmte Pensionszahlungen (Art. 18 Abs. 1 und 4), die Vermeidung der Doppelbesteuerung im Ansässigkeitsstaat und im Staat der Staatsangehörigkeit bei Verteilungsnormen mit nicht abschließender Rechtsfolge (Art. 23), die Gleichbehandlung (Art. 24) und das Verständigungsverfahren (Art. 25). Die Ausnahmen der zweiten Gruppe sind dagegen nur für Personen vorgesehen, die keine Staatsangehörigen des betreffenden Staates sind: Angehörige eines ausländischen öffentlichen Dienstes (Art. 19), Studenten (Art. 20), Diplomaten und Konsularbeamte (Art. 27).

4. Praktische Bedeutung

84 Die wichtigste Ausnahme von der saving clause ist die den Art. 23 betreffende. Durch sie wird im praktischen Ergebnis die Besteuerung der Ansässigen und der eigenen Staatsangehörigen in den USA am Ende doch erheblich eingeschränkt. Soweit nämlich die Verteilungsnormen dem anderen Vertragsstaat eine vorrangige Besteuerung von Einkünften aus Quellen in seinem Gebiet gestatten, sie die Besteuerung im Ansässigkeitsstaat jedoch offen lassen (Verteilungsnormen mit nicht abschließender Rechtsfolge, s. Vor Art. 6–22 Rz. 4 ff.), wird die Verpflichtung der USA, diese Steuer des Quellenstaates anzurechnen, **durch die saving clause nicht beseitigt.** Nur wo die Verteilungsnormen dem **anderen** Vertragsstaat die **ausschließliche Besteuerung** bestimmter Einkünfte vorbehalten – sei es, weil dieser Ansässigkeitsstaat im Sinne des Abkommens ist, sei es, dass es sich um einen der seltenen Fälle handelt, in denen die Verteilungsnormen dem Quellenstaat die Besteuerung bestimmter Einkünfte abschließend zuweisen (s. Vor Art. 6–22 Rz. 4) –, **bleiben die USA aufgrund der saving clause abweichend von der Aussage der Verteilungsnorm zur Besteuerung ihrer Staatsangehörigen und Ansässigen** (im Sinne des Abkommens) **befugt;** sie müssen dann **allerdings** die Steuer des anderen Vertragsstaates **anrechnen** (s. *Shannon,* S. 83 ff.; *Vogel/Shannon/Doernberg,* Art. 1, 47 ff.).

85 So haben die USA z. B. einen amerikanischen Staatsangehörigen, der, in den Niederlanden ansässig, ein privates Ruhegehalt aus den USA bezog, unter Berufung auf die „saving clause" besteuert, obwohl das einschlägige DBA die Freistellung derartiger Ruhegehälter im Quellenstaat vorsah (*Hoge Raad* Rolno. 16.454, BNB 1971/32: *DBA Niederlande/USA*), ähnlich bei einem amerikanischen Staatsangehörigen in Italien (I. V. E. Perkins v. Commissioner of Internal Revenue, 40 Tax Court 330: *DBA Italien/USA*). Ebenso wurde ein in den USA ansässiger amerikanischer Staatsbürger mit seinen Einkünften aus in Deutschland belegenem unbeweglichen Vermögen besteuert, obwohl nach Art. IX des DBA (vor 1965) Einkünfte aus unbeweglichem Vermögen nur im Belegenheitsstaat zu besteuern waren (Rev. Rul. 59–56, 1959–1 Cum. Bull. 237). Umgekehrt haben aufgrund einer –

in diesem Fall zweiseitig formulierten – „saving clause“ die Niederlande die von den USA gezahlte „veterans disability pension“ eines in ihrem Gebiet ansässigen US-Staatsbürgers besteuert (Hoge Raad Rolno. 29243, BNB 1994/277: *DBA Niederlande/USA*).

Eine weitere Ausnahme besteht nach dem Art. 23 Abs. 3 Buchst. c US-MA 1996 für Einkünfte aus US-Quellen. Aufgrund der saving clause könnten die USA solche Einkünfte ohne jegliche Beschränkung besteuern, auch wenn eine Verteilungsnorm des Abkommens die Besteuerungsbefugnis dem anderen Vertragsstaat zuweist und diese nicht vom Anwendungsbereich der Klausel ausgenommen ist (z. B. Zinsen). Eine Anrechnung der Steuer im anderen Vertragsstaat wäre dann in den USA nicht möglich, da es sich nicht um „foreign source income“ handelt (US Supreme Court, Filler v. Commissioner (74 Tax Cases 406 (1980): *DBA Frankreich/USA*)). Für diesen Fall macht die genannte Vorschrift es möglich, dass die USA die ausländische Steuer anrechnen können (s. dazu auch US-TE Tz. 336–340). **86**

II. Deutsche DBA

Von den deutschen DBA enthält lediglich das mit den USA eine saving clause, und zwar einseitig zugunsten der USA *(DBA USA 1989,* Prot. Nr. 1 Buchst. a und b; *DBA USA 1989/2006,* Art. 1 Abs. 4 und 5). Sie umfasst somit nicht Personen mit deutscher Staatsangehörigkeit, die eine „Green Card“ haben, ihren Wohnsitz aber wieder in Deutschland begründen. Die Fassung stimmt weitgehend mit dem US-MA überein; nur die Ausnahmen unterscheiden sich geringfügig. **87**

Das *DBA Philippinen 1983* behält diesen das Recht vor, ihre in Deutschland ansässigen Staatsangehörigen nach ihrem innerstaatlichen Recht zu besteuern (Prot. Nr. 1, s. Rz. 60); die Anwendung der Verteilungsnormen auf in den Philippinen ansässige Personen schränkt das Abkommen jedoch nicht ein.

D. Anhang zu Artikel 1: Internationale Steuerumgehung. Treaty Shopping. Einschränkung der Abkommensberechtigung

Text: Deutsche Verhandlungsgrundlage (DE-VG)

Artikel 28 Anwendung des Abkommens in bestimmten Fällen

(1) **Dieses Abkommen ist nicht so auszulegen, als hindere es**

1. **einen Vertragsstaat, seine innerstaatlichen Rechtsvorschriften zur Verhinderung der Steuerumgehung oder Steuerhinterziehung anzuwenden;**
2. **die Bundesrepublik Deutschland, die Beträge zu besteuern, die nach dem Vierten, Fünften und Siebten Teil des deutschen Außensteuergesetzes in die Einkünfte einer in der Bundesrepublik Deutschland ansässigen Person einzubeziehen sind.**

(2) **Führen die vorstehenden Bestimmungen zur Doppelbesteuerung, beraten die zuständigen Behören nach Artikel 24 Absatz 3, wie die Doppelbesteuerung zu vermeiden ist.**

Text: OECD-Kommentar (MA-Kommentar)

Abkommensmissbrauch

7. ***[Internationale Steuerumgehung]*** *Doppelbesteuerungsabkommen sollen hauptsächlich durch Vermeidung der internationalen Doppelbesteuerung den Austausch von Gütern* *und Dienstleistungen sowie den Kapital- und Personenverkehr fördern. Sie sollen aber auch die Steuerumgehung oder -hinterziehung verhindern.*

7.1 [Missbrauchsgefahr] *Die Steuerpflichtigen können in die Versuchung kommen, die Steuergesetze eines Staates zu missbrauchen, indem sie die Unterschiede der Steuergesetze verschiedener Länder ausnutzen. Solchen Versuchen kann durch Vorschriften oder Rechtsprechungsgrundsätzen, die Teil des innerstaatlichen Rechts des betroffenen Staates sind, entgegengetreten werden. Es ist unwahrscheinlich, dass ein solcher Staat dann Vorschriften eines zweiseitigen Doppelbesteuerungsabkommens akzeptiert, die missbräuchliche Transaktionen zuließen, wenn sie ansonsten durch innerstaatliche Vorschriften und Grundsätze der genannten Art unterbunden würden. Es kann davon ausgegangen werden, dass ein Staat zweiseitige Abkommen so anwenden möchte, dass sie diesen Effekt hätten.*

8. [Abkommensmissbrauch] *Es ist auch zu beachten, dass die Ausdehnung des Netzes der Doppelbesteuerungsabkommen die Missbrauchsgefahr erhöht, da hierdurch der Gebrauch künstlicher Rechtskonstruktionen erleichtert wird, die darauf gerichtet sind, in den Genuss sowohl der Steuervorteile nach bestimmten innerstaatlichen Gesetzen als auch der Steuererleichterungen nach dem Doppelbesteuerungsabkommen zu kommen.*

9. [Basisgesellschaften, Wohnsitzwechsel] *Dies wäre beispielsweise der Fall, wenn sich eine Person (die nicht in einem Vertragsstaat ansässig zu sein braucht) eines Rechtsträgers bedient, der in einem Staat in erster Linie dazu geschaffen wurde, Abkommensvergünstigungen in Anspruch nehmen zu können, die der Person selbst nicht zustünden. Ein weiterer Fall wäre, wenn eine natürliche Person, die in einem Vertragsstaat sowohl ihre ständige Wohnstätte als auch alle wirtschaftlichen Interessen – einschließlich einer wesentlichen Beteiligung an einer Kapitalgesellschaft dieses Staates – hat, hauptsächlich wegen der Absicht, die Beteiligung zu veräußern und der Besteuerung des Veräußerungsgewinns in diesem Staat (nach Artikel 13 Absatz 5) zu entgehen, ihre ständige Wohnstätte in den anderen Vertragsstaat verlegt, wo diese Gewinne nur gering oder überhaupt nicht besteuert werden.*

9.1 [Zwei grundlegende Fragen] *Dies wirft zwei grundlegende Fragen auf, die in den folgenden Ziffern erörtert werden, nämlich:*
- *ob die Vorteile von Doppelbesteuerungsabkommen gewährt werden müssen, wenn Transaktionen durchgeführt werden, die einen Missbrauch dieser Abkommen darstellen, (s. Ziffern 9.2ff.), und*
- *ob besondere Vorschriften und Rechtsprechungsgrundsätze des innerstaatlichen Rechts eines Vertragsstaats, durch die Steuermissbrauch vermieden werden soll, den Doppelbesteuerungsabkommen widersprechen (s. Ziffern 22ff.).*

9.2 [Anwendung einseitiger Missbrauchsbekämpfungsvorschriften] *Für viele Staaten beruht die Antwort auf die erste Frage auf ihrer Antwort auf die zweite Frage. Diese Staaten berücksichtigen, dass Steuern letztlich auf Grund des innerstaatlichen Rechts unter Beachtung der Beschränkungen (und in einigen seltenen Fällen Erweiterungen) nach den Doppelbesteuerungsabkommen erhoben werden. Daher könnte jeder Abkommensmissbrauch auch als Missbrauch des innerstaatlichen Rechts, auf Grund dessen die Steuer erhoben wird, eingestuft werden. Für diese Staaten geht es dann darum, ob die Doppelbesteuerungsabkommen die Anwendung der Missbrauchsvorschriften des innerstaatlichen Rechts ausschließen; dies ist die oben genannte zweite Frage. Wie in Ziffer 22.1 aufgezeigt wird, ist die zweite Frage so zu beantworten, dass diese Missbrauchsvorschriften, soweit sie Teil der grundlegenden innerstaatlichen Vorschriften zur Feststellung des Sachverhalts sind, der Grundlage der Besteuerung ist, in den Doppelbesteuerungsabkommen nicht angesprochen und daher nicht von diesen berührt werden. Aus diesem Grunde wird grundsätzlich kein Widerspruch zwischen solchen Vorschriften und den Doppelbesteuerungsabkommen bestehen.*

9.3 [Abkommensmissbrauch als solcher] *Andere Staaten ziehen es vor, einige Missbräuche als Missbräuche des Abkommens selbst und nicht als Missbräuche des innerstaatlichen Rechts anzusehen. Diese Staaten sind dann der Ansicht, dass die richtige Auslegung* *der Abkommen es ihnen erlaubt, missbräuchliche Transaktionen außer Betracht zu lassen, z. B. solche, die darauf abzielen, nach dem Abkommen nicht beabsichtigte Vorteile zu erlangen. Diese Auslegung ergibt sich aus dem Sinn und Zweck der Steuerabkommen sowie aus der Verpflichtung, sie nach Treu und Glauben auszulegen (s. Artikel 31 des Wiener Übereinkommens über das Recht der Verträge).*

9.4 [Kein Verstoß gegen das Abkommen] *Nach beiden Ansätzen besteht daher Übereinstimmung, dass Staaten die Vorteile von Doppelbesteuerungsabkommen nicht gewähren müssen, wenn Gestaltungen gewählt werden, die einen Abkommensmissbrauch darstellen.*

9.5 [Sorgfältige Prüfung] *Es ist aber darauf hinzuweisen, dass nicht leichtfertig angenommen werden sollte, ein Steuerpflichtiger habe solche missbräuchlichen Transaktionen vorgenommen. Leitsatz sollte sein, dass die Vorteile eines Doppelbesteuerungsabkommens nicht gewährt werden sollten, wenn ein Hauptzweck, bestimmte Transaktionen oder Gestaltungen zu verwirklichen, darin besteht, eine günstigere Steuerposition zu erlangen und diese günstigere Behandlung unter den gegebenen Umständen dem Sinn und Zweck der einschlägigen Vorschriften widersprechen würde.*

9.6 [Aufnahme von Missbrauchsbekämpfungsvorschriften in das Abkommen] *Die mögliche Anwendung allgemeiner Missbrauchsbekämpfungsvorschriften bedeutet nicht, dass keine Notwendigkeit besteht, bestimmte Vorschriften, durch die besondere Arten der Steuerumgehung verhindert werden sollen, in Steuerabkommen aufzunehmen. Wenn bestimmte Steuerumgehungstechniken festgestellt worden sind oder der Gebrauch solcher Techniken besonders problematisch ist, wird es oft nützlich sein, in das Abkommen Vorschriften aufzunehmen, die unmittelbar auf die betreffende Vermeidungsstrategie gerichtet sind. Dies wird ebenfalls nötig sein, wenn ein Staat, der die in Ziffer 9.2 beschriebene Auffassung vertritt, der Meinung ist, dass die Missbrauchsbekämpfungsvorschriften oder -grundsätze, die notwendig sind, um eine solche Strategie anzugehen, in seinem innerstaatlichen Recht fehlen.*

10. [Spezielle Regeln] *Einige Formen der Steuerumgehung sind z. B. bereits ausdrücklich im Abkommen behandelt worden, so etwa durch die Einführung des Begriffs „Nutzungsberechtigter" (Artikel 10, 11 und 12) und besonderer Bestimmungen über Künstlergesellschaften Artikel 17 Absatz 2. Solche Probleme werden auch in den Kommentaren zu Artikel 10 (Ziffern 17 und 22), Artikel 11 (Ziffer 12) und Artikel 12 (Ziffer 7) behandelt.*

10.1 [Ort der Geschäftsleitung im Staat der Muttergesellschaft] *Auch kann in einigen Fällen die Inanspruchnahme von Abkommensvorteilen durch Tochtergesellschaften, insbesondere wenn sie in Steueroasen errichtet worden sind oder in den Genuss von schädlichen Vorzugsregelungen kommen, abgelehnt werden, wenn die sorgfältige Abwägung der Umstände eines Einzelfalles ergibt, dass der Ort der tatsächlichen Geschäftsleitung der Tochtergesellschaft nicht in ihrem angeblichen Ansässigkeitsstaat, sondern im Ansässigkeitsstaat der Muttergesellschaft liegt, so dass sie für Zwecke des innerstaatlichen Rechts und des Abkommens in letzterem Staat ansässig ist (dies wird von Bedeutung sein, wenn das innerstaatliche Recht eines Staats zur Bestimmung der Ansässigkeit einer Körperschaft auf den Ort der Geschäftsleitung oder ein ähnliches Merkmal abstellt).*

10.2 [Betriebsstätte im Staat der Muttergesellschaft] *Die sorgfältige Abwägung der Umstände eines Einzelfalls kann auch ergeben, dass die Geschäftsleitung der Tochtergesellschaft in der Weise in dem Staat der Ansässigkeit der Muttergesellschaft ausgeübt worden ist, dass die Tochtergesellschaft dort eine Betriebsstätte hatte (z. B. in Form eines Orts der Leitung), deren gesamten Gewinne oder ein wesentlicher Teil davon zutreffend zuzurechnen waren.*

11. [OECD-Berichte] *Weitere Beispiele stellen zwei besonders verbreitete Formen des Abkommensmissbrauchs dar, die in zwei Berichten des Steuerausschusses mit dem Titel „Doppelbesteuerungsabkommen und der Gebrauch von Basisgesellschaften" und „Doppelbesteuerungsabkommen und der Gebrauch von Durchlaufgesellschaften" behandelt werden.*

Diese zwei Berichte sind abgedruckt in Volume II auf Seite R(5)-1 und R(6)-1. Die Berichte bezeichnen die in Ziffer 9 geäußerten Befürchtungen als begründet, da eine wachsende Tendenz zur Nutzung von Durchlaufgesellschaften bestehe, um von den Vertragsstaaten bei ihren zweiseitigen Verhandlungen nicht beabsichtigte Abkommensvorteile zu erzielen. Eine wachsende Zahl von Mitgliedstaaten hat daraufhin allgemeine und besondere Abkommensbestimmungen eingeführt, um dem Missbrauch zu begegnen und sich die Bestimmungen ihrer innerstaatlichen Gesetze gegen den Missbrauch vorzubehalten.

12. [Keine abschließende Lösung] *Die Abkommensbestimmungen, die zur Erfassung von Missbräuchen dieser und anderer Art entwickelt worden sind, haben unterschiedliche Gestalt. Die folgenden Beispiele sind aus Vorschriften abgeleitet, die Mitgliedstaaten in ihre zweiseitigen Abkommen aufgenommen haben. Sie sind Muster, deren sich Vertragsunterhändler bei der Suche nach Lösungen für einzelne Fälle bedienen können. Dabei ist insbesondere zu beachten:*
- *der Umstand, dass diese Vorschriften sich nicht gegenseitig ausschließen und mehrere Vorschriften nötig sein können, um verschiedene Probleme zu lösen,*
- *das Ausmaß der durch eine besondere Umgehungsstrategie tatsächlich zu erreichenden Steuervorteile,*
- *die rechtlichen Verhältnisse in beiden Vertragsstaaten und insbesondere, inwieweit das innerstaatliche Recht bereits eine angemessene Antwort auf die Umgehungsstrategie gibt,*
- *der Bereich echter wirtschaftlicher Tätigkeiten, die unbeabsichtigt durch solche Bestimmungen getroffen werden können.*

Durchlaufgesellschaften

13. [Durchlaufgesellschaften, Transparenzklausel] *Viele Länder haben versucht, das Problem der Durchlaufgesellschaften zu lösen. Zu diesem Zweck sind verschiedene Lösungsansätze entwickelt worden. Eine Lösung besteht darin, einer Gesellschaft Abkommensvorteile zu versagen, an der nicht unmittelbar oder mittelbar Personen beteiligt sind, die im Ansässigkeitsstaat der Gesellschaft ansässig sind. Eine solche „Transparenzklausel" könnte zum Beispiel folgenden Wortlaut haben:*

> *„Eine in einem Vertragsstaat ansässige Gesellschaft kann die nach diesem Abkommen für Einkünfte oder Gewinne vorgesehenen Entlastungen nicht beanspruchen, wenn an ihr Personen, die in keinem der Vertragsstaaten ansässig sind, unmittelbar oder mittelbar über eine oder mehrere Gesellschaften, ohne Rücksicht auf deren Ansässigkeit, beteiligt sind oder wenn sie von solchen Personen unmittelbar oder mittelbar über eine oder mehrere Gesellschaften, ohne Rücksicht auf deren Ansässigkeit, kontrolliert wird."*

Vertragsstaaten, die eine solche Bestimmung verwenden wollen, werden unter Umständen in ihren zweiseitigen Verhandlungen die Kriterien näher bestimmen, nach denen sich richtet, ob an der Gesellschaft nichtansässige Personen beteiligt sind oder ob sie von solchen Personen kontrolliert wird.

14. [Geeigneter Anwendungsbereich] *Das Transparenzprinzip, das der genannten Klausel zugrunde liegt, dürfte als Ansatzpunkt für Abkommen mit Ländern in Frage kommen, die keine oder nur eine sehr niedrige Besteuerung haben und in denen normalerweise nur geringe substantielle Wirtschaftstätigkeiten stattfinden. Selbst in derartigen Fällen kann es notwendig sein, sie so abzuändern oder zu ersetzen, dass echte Wirtschaftstätigkeiten geschützt sind.*

15. [„Subject-to-tax-Klauseln"] *Allgemeine „Subject-to-tax-Klauseln" sehen vor, dass Abkommensvorteile im Quellenstaat nur gewährt werden, wenn die betreffenden Einkünfte im Wohnsitzstaat der Besteuerung unterliegen. Das entspricht vom Grundgedanken her dem Ziel der Abkommen, die Doppelbesteuerung zu vermeiden. Das Musterabkommen schlägt aus mehreren Gründen keine solche allgemeine Klausel vor. Dies erscheint bei normalen internationalen Beziehungen angemessen; bei typischen Durchlaufsituationen könnte aber* *der Gedanke der „Subject-to-tax-Klauseln" durchaus aufgegriffen werden. Eine Schutzklausel dieser Art könnte folgenden Wortlaut haben:*

„Werden Einkünfte, die aus einem Vertragsstaat stammen, an eine im anderen Vertragsstaat ansässige Gesellschaft gezahlt und haben nicht in diesem anderen Vertragsstaat ansässige Personen

a) unmittelbar oder mittelbar über eine oder mehrere Gesellschaften, gleichgültig wo diese ansässig sind, durch Beteiligung oder auf andere Weise ein wesentliches Interesse an dieser Gesellschaft, oder

b) üben diese Personen, allein oder zusammen, unmittelbar oder mittelbar die Geschäftsleitung oder Kontrolle dieser Gesellschaft aus,

so sind Bestimmungen dieses Abkommens, die eine Steuerbefreiung oder -ermäßigung vorsehen, nur auf solche Einkünfte anwendbar, die im letztgenannten Staat nach dessen allgemeinem Steuerrecht steuerpflichtig sind."

In zweiseitigen Abkommen kann der Begriff „wesentliches Interesse" näher umschrieben werden. Die Vertragsstaaten können ihn z. B. an einem bestimmten Vomhundertsatz des Kapitals oder den Stimmrechten der Gesellschaft ausrichten.

***16. [Besonderheiten]** „Subject-to-tax-Klauseln" dürften gewisse Vorzüge haben. Sie können bei Staaten mit voll entwickelter wirtschaftlicher Struktur und komplexem Steuerrecht eingesetzt werden. Allerdings muss man in solche Klauseln vertragliche bona-fide-Bestimmungen einbauen, um die notwendige Flexibilität zu erreichen (vgl. Ziffer 19); solche Klauseln schützen ferner nicht genügend fortgeschrittene Umgehungstechniken wie „Stepping-stone"-Gestaltungen.*

***17. [Durchlaufklauseln]** Die vorstehend aufgezeigten Wege stellen in vielfacher Hinsicht nicht zufrieden. Sie knüpfen an wechselndem und kompliziertem Steuerrecht der Vertragsstaaten und nicht an den Gestaltungen an, die dem Abkommensmissbrauch zugrunde liegen. Es ist vorgeschlagen worden, dem „Durchlaufproblem" direkter durch Bestimmungen zu begegnen, die Fälle des Missbrauchs treffen, indem sie die Durchlaufgestaltungen selbst definieren („Durchlaufklauseln"). Eine Klausel dieser Art könnte folgenden Wortlaut haben:*

„Werden Einkünfte, die aus einem Vertragsstaat stammen, an eine im anderen Vertragsstaat ansässige Gesellschaft gezahlt und haben nicht in diesem anderen Vertragsstaat ansässige Personen

a) unmittelbar oder mittelbar über eine oder mehrere Gesellschaften, gleichgültig wo diese ansässig sind, durch Beteiligung oder auf andere Weise ein wesentliches Interesse an dieser Gesellschaft, und

b) üben diese Personen, allein oder zusammen, unmittelbar oder mittelbar die Geschäftsleitung oder Kontrolle dieser Gesellschaft aus,

so sind Bestimmungen dieses Abkommens, die eine Steuerbefreiung oder -ermäßigung vorsehen, nicht anzuwenden, wenn mehr als 50 vom Hundert dieser Einkünfte verwendet werden, um Ansprüche solcher Personen abzugelten (einschließlich Zinsen, Lizenzgebühren, Entwicklungs-, Werbe-, Anbahnungs- und Reiseaufwand oder Abschreibungen von Wirtschaftsgütern des Betriebsvermögens, einschließlich immaterieller Wirtschaftsgüter, Verfahren usw.)."

***18. [Vorteile und Grenzen]** Eine solche Bestimmung scheint die einzige Möglichkeit zu bilden, „Stepping-stone"-Gestaltungen zu bekämpfen. Sie befindet sich in zweiseitigen Abkommen der Schweiz und der Vereinigten Staaten, und ihr Grundsatz bildet offenbar auch die Grundlage der schweizerischen Bestimmungen gegen den Abkommensmissbrauch durch gewisse Arten schweizerischer Gesellschaften. Staaten, die solche Klauseln in ihre Abkommen aufnehmen wollen, sollten aber beachten, dass sie auch echte wirtschaftliche Tätigkeiten treffen können und deshalb durch „bona-fide-Klauseln" zu ergänzen sind.*

***19. [Notwendige Ergänzungen]** Die im vorstehenden aufgezeigten Lösungen sind allgemeiner Art und müssen durch besondere Bestimmungen ergänzt werden, die gewährleisten,* *dass bei echten wirtschaftlichen Tätigkeiten die Abkommensvorteile gewährt werden. Solche Bestimmungen könnten folgenden Wortlaut haben:*

a) Allgemeine „bona-fide-Klausel“
„Die vorstehenden Bestimmungen sind nicht anzuwenden, wenn die Gesellschaft dartut, dass der Hauptzweck der Gesellschaft, ihre Geschäftsführung sowie der Erwerb und die Beibehaltung der Beteiligungen oder anderen Vermögenswerte, aus denen die fraglichen Einkünfte stammen, von wirtschaftlich beachtlichen Gründen geleitet werden und nicht vorrangig die Erlangung von Vorteilen dieses Abkommens bezwecken.“

b) Aktivitätsklausel
„Die vorstehenden Bestimmungen sind nicht anzuwenden, wenn die Gesellschaft in dem Staat, in dem sie ansässig ist, nachhaltig gewerblich tätig ist und die im anderen Vertragsstaat geltend gemachten Steuerentlastungen Einkünfte betreffen, die mit dieser Tätigkeit zusammenhängen.“

c) Steuerbetragsklausel
„Die vorstehenden Bestimmungen sind nicht anzuwenden, wenn die geltend gemachten Steuerentlastungen nicht höher sind als die Steuer, die der Vertragsstaat erhebt, in dem die Gesellschaft ansässig ist.“

d) Börsenklausel
„Die vorstehenden Bestimmungen sind auf eine in einem Vertragsstaat ansässige Gesellschaft nicht anzuwenden, wenn die Hauptgattung ihrer Aktien auf einer anerkannten Börse eines Vertragsstaates registriert ist, oder wenn diese Gesellschaft (unmittelbar oder mittelbar über eine oder mehrere im erstgenannten Vertragsstaat ansässige Gesellschaften) ausschließlich einer in diesem erstgenannten Staat ansässigen Gesellschaft gehört, deren Hauptgattung von Aktien in der bezeichneten Weise registriert ist.“

e) Alternative Entlastungsbestimmung
„Soweit eine gegen den Missbrauch gerichtete Klausel sich auf Personen bezieht, die in einem Vertragsstaat nicht ansässig sind, könnte vorgesehen werden, dass dies in einem Drittstaat ansässige Personen nicht einschließt, wenn dieser Staat mit dem Vertragsstaat, in dem eine Steuerentlastung geltend gemacht wird, ein Doppelbesteuerungsabkommen abgeschlossen hat und die nach diesem Abkommen zu gewährende Entlastung nicht geringer ist als die nach dem vorliegenden Abkommen.“

Diese Klauseln sollen mögliche Wege aufzeigen. Der genaue Wortlaut solcher Klauseln im einzelnen Abkommen hängt von dem allgemein in diesem Abkommen eingeschlagenen Weg ab und sollte in bilateralen Verhandlungen festgelegt werden. Haben die zuständigen Behörden der beiden Vertragsstaaten das Recht, bei der Anwendung von Bestimmungen ihr Ermessen auszuüben, so kann es angemessen sein, durch eine zusätzliche Regelung der zuständigen Behörde des Quellenstaates die Möglichkeit zu geben, im Ermessenswege einer im anderen Staat ansässigen Person die Abkommensvorteile einzuräumen, selbst wenn diese die in den vorstehenden Klauseln vorgesehenen Voraussetzungen für die Entlastung nicht erfüllt.

20. [Umfassende Klausel „Schranken der Abkommensvergünstigungen“] *Zwar lassen die vorstehenden Absätze verschiedene Ansätze erkennen, um das Problem der Durchlaufgesellschaften zu lösen; jeder behandelt jedoch einen besonderen Aspekt des Problems, den man gemeinhin als „Treaty Shopping“ bezeichnet. Staaten, die das Problem umfassend lösen möchten, werden das folgende Beispiel einer ausführlichen Vorschrift über Schranken für Abkommensvergünstigungen in Betracht ziehen wollen. Sie bezweckt, Personen, die in keinem der Vertragsstaaten ansässig sind, daran zu hindern, Zugang zu den Abkommensvergünstigungen durch Einschaltung eines Rechtsträgers zu erreichen, der ansonsten als eine in einem Vertragsstaat ansässige Person anzusehen wäre. Dabei sollte bedacht werden, dass Anpassungen erforderlich sein können und viele Staaten andere Ansätze zur Lösung des Problems des „Treaty Shopping“ bevorzugen. Die Vorschrift hat folgenden Wortlaut:*

„(1) Soweit in diesem Artikel nichts anderes bestimmt ist, kann eine in einem Vertragsstaat ansässige Person, die Einkünfte aus dem anderen Vertragsstaat bezieht, nur

dann alle Vergünstigungen nach diesem Abkommen beanspruchen, die einer in einem Vertragsstaat ansässigen Person ansonsten eingeräumt werden, wenn diese Person berechtigte Person im Sinne des Absatzes 2 ist und die übrigen Voraussetzungen für die Inanspruchnahme der Vergünstigungen erfüllt.

(2) Eine in einem Vertragsstaat ansässige Person ist nur dann berechtigte Person für ein Steuerjahr, wenn sie

a) eine natürliche Person ist;

b) eine anerkannte Regierungseinrichtung ist;

c) eine Kapitalgesellschaft ist, sofern

i) die Hauptgattung ihrer Anteile an einer anerkannten Börse im Sinne von Absatz 6 Buchstabe a oder b zugelassen ist und regelmäßig an einer oder mehreren anerkannten Börsen gehandelt wird, oder

ii) mindestens 50 vom Hundert der Gesamtheit der Stimmrechte und des Werts der Anteile an der Gesellschaft unmittelbar oder mittelbar fünf oder weniger Gesellschaften gehören, die nach Unterabschnitt i dieses Buchstabens Vergünstigungen beanspruchen können, vorausgesetzt, dass bei mittelbarer Beteiligung jeder vermittelnde Beteiligte in einem der Vertragsstaaten ansässig ist;

d) eine gemeinnützige oder sonstige steuerbefreite Organisation ist, vorausgesetzt, dass im Fall eines Pensionsfonds oder einer anderen Organisation, die ausschließlich zur Erbringung von Pensionszahlungen oder ähnlicher Leistungen errichtet worden ist, mehr als 50 vom Hundert der Begünstigten, Mitglieder oder Teilhaber in einem Vertragsstaat ansässig sind;

e) eine andere als eine natürliche Person ist, falls

i) an mindestens der Hälfte der Tage des Steuerjahres mindestens 50 vom Hundert der gesamten Stimmrechte und Kapitalanteile oder anderer Beteiligungen unmittelbar oder mittelbar Personen gehören, die nach den Buchstaben a, b, d oder c Unterabschnitt i dieses Absatzes berechtigte Personen sind, und

ii) weniger als 50 vom Hundert des Rohgewinns dieser Person für das Steuerjahr in Form von im Ansässigkeitsstaat dieser Person für Zwecke der unter das Abkommen fallenden Steuern abziehbaren Zahlungen unmittelbar oder mittelbar Personen zufließen oder zuzurechnen sind, die nicht in einem Vertragsstaat ansässig sind (jedoch außer Zahlungen nach dem Grundsatz des Fremdverhaltens, die im Rahmen der ordentlichen Geschäftstätigkeit für Dienstleistungen oder körperliche Wirtschaftsgüter geleistet werden, und Zahlungen, die im Hinblick auf finanzielle Verpflichtungen an eine Bank geleistet werden, sofern, falls die Bank nicht in einem Vertragsstaat ansässig ist, die Zahlung einer in einem Vertragsstaat gelegenen Betriebsstätte der Bank zuzurechnen ist).

(3)

a) Eine in einem Vertragsstaat ansässige Person kann, selbst wenn sie keine berechtigte Person ist, die Vergünstigungen des Abkommens in Bezug auf Einkünfte aus dem anderen Staat beanspruchen, wenn sie im erstgenannten Staat eine aktive Geschäftstätigkeit ausübt (außer wenn die Geschäftstätigkeit in der Anlage oder Verwaltung von Vermögenswerten für eigene Rechnung dieser Person besteht, es sei denn, es handelt sich bei dieser Tätigkeit um Bank-, Versicherungs- oder Wertpapiergeschäfte einer Bank, einer Versicherungsgesellschaft oder eines eingetragenen Wertpapierhändlers), die Einkünfte aus dem anderen Staat im Zusammenhang mit oder anlässlich dieser Geschäftstätigkeit anfallen und die Person die übrigen Voraussetzungen für die Inanspruchnahme dieser Vergünstigungen erfüllt.

b) Übt die ansässige Person oder ein mit ihr verbundenes Unternehmen in dem anderen Vertragsstaat eine Geschäftstätigkeit aus, so ist Buchstabe a auf daraus erzielte Einkünfte nur anwendbar, wenn die Geschäftstätigkeit im erstgenannten Staat im Verhältnis zu der Geschäftstätigkeit im anderen Staat wesentlich ist. Ob eine Geschäftstätigkeit wesentlich ist, bestimmt sich nach den tatsächlichen Umständen.

c) Bei der Entscheidung, ob eine Person nach Buchstabe a eine aktive Geschäftstätigkeit ausübt, werden Tätigkeiten, die von einer Personengesellschaft, deren Gesellschafter die Person ist, und Tätigkeiten von Personen, die mit dieser Person verbunden sind, als Tätigkeiten dieser Person angesehen. Eine Person ist mit einer anderen verbunden, wenn die eine Beteiligung von mindestens 50 vom Hundert an der anderen inne hat (oder im Fall einer Kapitalgesellschaft mindestens 50 vom Hundert der Gesamtheit der Stimmrechte und des Werts der Anteile an der Gesellschaft) oder eine andere Person unmittelbar oder mittelbar eine Beteiligung von mindestens 50 vom Hundert an jeder Person inne hat (oder im Fall einer Kapitalgesellschaft mindestens 50 vom Hundert der Gesamtheit der Stimmrechte und des Werts der Anteile an der Gesellschaft). In jedem Fall wird eine Person als mit einer anderen verbunden angesehen, wenn nach den tatsächlichen Umständen des Falles die eine die andere kontrolliert oder beide unter der Kontrolle derselben Person oder derselben Personen stehen.

(4) Hat eine in einem Vertragsstaat ansässige Kapitalgesellschaft oder eine Kapitalgesellschaft, die eine solche Gesellschaft kontrolliert, eine Gattung Anteile ausgegeben,

a) die Bedingungen oder anderen Vereinbarungen unterliegt, die den Inhaber zu einem Anteil an den aus dem anderen Vertragsstaat bezogenen Einkünften berechtigt, der größer ist als der Anteil, den der Inhaber ohne diese Bedingungen oder Vereinbarungen erhielte („der unverhältnismäßige Anteil an den Einkünften"), und

b) deren Stimmrechte und Kapitalanteile zu 50 vom Hundert oder mehr nicht berechtigten Personen gehören,

so finden die Vergünstigungen dieses Abkommens ungeachtet der vorstehenden Bestimmungen dieses Artikels auf den unverhältnismäßigen Anteil an den Einkünften keine Anwendung.

(5) Einer in einem Vertragsstaat ansässigen Person, die weder berechtigte Person im Sinne des Absatzes 2 noch nach den Absätzen 3 oder 4 Anspruch auf die Abkommensvergünstigungen hat, können diese Vergünstigungen gleichwohl gewährt werden, wenn die zuständige Behörde des anderen Vertragsstaats feststellt, dass die Errichtung, der Erwerb oder die Aufrechterhaltung dieser Person und die Ausübung ihrer Tätigkeiten nicht den Hauptzweck hatten, die Abkommensvergünstigungen zu erlangen.

(6) Im Sinne dieses Artikels bedeutet der Ausdruck „anerkannte Börse"

a) (in Staat A): . . .

b) (in Staat B): . . ., und

c) jede sonstige Börse, über deren Anerkennung sich die zuständigen Behörden der Vertragsstaaten für Zwecke dieses Artikels verständigen."

Bestimmungen mit Zielrichtung auf bevorzugt besteuerte Rechtsträger

21. [Ausschlussklausel für rechtlich abgrenzbare Gesellschaften] *Bestimmte Arten von Gesellschaften, die in ihrem Ansässigkeitsstaat in den Genuss von Steuerprivilegien kommen, erleichtern Durchlaufgestaltungen und werfen die Frage des schädlichen Steuerwettbewerbs auf. Sind ganz oder fast ganz steuerbefreite Gesellschaften durch bestimmte rechtliche Merkmale abgrenzbar, so können Abkommensmissbräuche dadurch ausgeschlossen werden, dass derartigen Gesellschaften die Abkommensvorteile versagt werden („Ausschluss-Klauseln"). Da solche Vergünstigungen meist besonderen, in den Handels- oder Steuergesetzen des betreffenden Landes definierten Arten von Gesellschaften gewährt werden, bestünde die radikale Lösung darin, Gesellschaften dieser Art aus dem Anwendungsbereich des Abkommens überhaupt auszuschließen. Eine andere Lösung wäre die Aufnahme einer Schutzklausel, die auf Einkünfte, die von solchen Gesellschaften erzielt oder gezahlt werden, Anwendung fände und wie folgt formuliert werden könnte:*

„Auf Einkünfte, die eine in Artikel . . . des Gesetzes . . . oder in einer ähnlichen, nach der Unterzeichnung dieses Abkommens vom . . . erlassenen Vorschrift genannte Gesell-

schaft zahlt oder bezieht, sind die Vorschriften dieses Abkommens, die eine Steuerbefreiung oder -ermäßigung gewähren, nicht anzuwenden."

Der Anwendungsbereich solcher Klauseln könnte auf die Zahlung gewisser Arten von Einkünften wie Dividenden, Zinsen, Veräußerungsgewinne oder Aufsichts- oder Verwaltungsratsvergütungen usw. beschränkt werden. Die in solchen Bestimmungen genannten Gesellschaften könnten den Schutz nach Artikel 24 (Gleichbehandlung) und die Vorteile des Artikels 25 (Verständigungsverfahren) beanspruchen; sie unterlägen den Bestimmungen des Artikels 26 (Informationsaustausch).

***21.1 [Ausschluss-Klauseln und Amtshilfe]** Ausschluss-Klauseln sind klar und einfach anzuwenden, mögen sie auch in gewissen Fällen die Gewährung von Amtshilfe nötig machen. Sie sind wichtige Instrumente, mit denen ein Staat, der in seinem Steuerrecht besondere Vergünstigungen eingeräumt hat, verhindern kann, dass diese Vergünstigungen zum Missbrauch von Abkommen genutzt werden, die er abgeschlossen hat.*

***21.2 [Ausschlussklausel für niedrig besteuerte Gesellschaften]** Ist es nicht möglich oder tunlich, die Gesellschaften, die in den Genuss einer Vorzugsbesteuerung kommen, durch Bezugnahme auf ihre besonderen gesetzlichen Merkmale zu bestimmen, so wird eine allgemeinere Formulierung notwendig sein. Die folgende Vorschrift zielt darauf ab, die Abkommensvergünstigungen solchen Rechtsträgern zu versagen, die andernfalls zwar als in einem Vertragsstaat ansässige Personen dazu berechtigt wären, aber in diesem Staat in den Genuss einer auf ausländisch beherrschte Rechtsträger beschränkte Vorzugsbesteuerung (d. h. Rechtsträgern, die in diesem Staat ansässigen Personen gehören, nicht zur Verfügung stehen) kommen:*

„Eine Kapitalgesellschaft, ein Treuhandvermögen oder eine Personengesellschaft, die in einem Vertragsstaat ansässig ist und unmittelbar oder mittelbar einer Person oder mehreren Personen, die nicht in diesem Staat ansässig sind gehören, oder von diesen kontrolliert werden, können die Abkommensvergünstigungen nicht beanspruchen, wenn der Steuerbetrag, der auf das Einkommen oder das Vermögen der Gesellschaft, des Treuhandvermögens oder der Personengesellschaft erhoben wird (nach Berücksichtigung von Ermäßigungen und Verrechnungen jeder Art einschließlich Erstattungen, Vergütungen, Zuschüssen, Anrechnungsbeträgen oder Freibeträgen, die der Gesellschaft, dem Treuhandvermögen oder der Personengesellschaft gewährten werden), wesentlich niedriger ist als der Betrag, der in diesem Staat erhoben würde, wenn, je nachdem, alle Anteile am Grundkapital der Gesellschaft oder alle Beteiligungsrechte an dem Treuhandvermögen oder der Personengesellschaft einer oder mehreren in diesem Staat ansässigen Personen gehörten."

Bestimmungen mit Zielrichtung auf bestimmte Arten von Einkünften

***21.3 [Ausschlussklausel für niedrig besteuerte Einkünfte]** Die folgende Vorschrift zielt darauf ab, die Abkommensvergünstigungen für bestimmte Einkünfte, die im Rahmen einer Vorzugsbesteuerung niedrig oder nicht besteuert werden, zu versagen:*

„(1) Die Abkommensvergünstigungen finden keine Anwendung auf Einkünfte, die nach den anderen Bestimmungen des Abkommens in einem Vertragsstaat besteuert werden können und aus Tätigkeiten stammen, deren Ausübung keine wesentliche Präsenz in diesem Staat erfordert, einschließlich

a) Bank-, Schifffahrts-, Finanzierungs- oder Versicherungs- oder elektronischer Geschäftstätigkeiten,

b) Tätigkeiten von Leitungs- und Koordinierungszentren oder ähnlicher Einrichtungen, die Verwaltungs-, Finanz- und sonstige Unterstützungsleistungen gegenüber einer Gesellschaft oder einer Unternehmensgruppe erbringen, oder

c) Tätigkeiten, die zu passiven Einkünften wie Dividenden, Zinsen und Lizenzgebühren führen, wenn diese Einkünfte nach dem Recht oder der Verwaltungspraxis dieses Staates einer Vorzugsbesteuerung unterliegen und diesbezüglich vertrauliche Behandlung, die einen wirksamen Auskunftsaustausch verhindert, gewährt wird.

(2) Im Sinne des Absatzes 1 unterliegen Einkünfte einer Vorzugsbesteuerung in einem Vertragsstaat, wenn sie außer auf Grund der vorstehenden Bestimmungen dieses Abkommens

a) steuerbefreit sind,

b) beim Steuerpflichtigen besteuert werden, aber einem Steuersatz unterliegen, der niedriger ist als der Steuersatz für entsprechende Einkünfte bei ähnlichen in diesem Staat ansässigen Steuerpflichtigen, oder

c) in den Genuss einer unmittelbar oder mittelbar in Bezug auf diese Einkünfte eingeräumten Anrechnung, Ermäßigung oder anderen Erleichterung, außer der Anrechnung einer im Ausland gezahlten Steuer, kommen."

Missbrauchsbekämpfungsvorschriften für die Quellenbesteuerung bestimmter Einkünfte

21.4 [Musterklausel] *Die folgende Vorschrift bewirkt, dass die Vergünstigungen bestimmter Abkommensartikel, die die Quellenbesteuerung einschränken, versagt werden, wenn Gestaltungen hauptsächlich zu dem Zweck vorgenommen worden sind, diese Vergünstigungen zu erlangen. Betroffen sind die Artikel 10, 11, 12 und 21; die Vorschrift sollte, wie unten aufgezeigt, jeweils leicht verändert werden, um den Besonderheiten der jeweils unter diese Artikel fallenden Einkünfte Rechnung zu tragen, und hat folgenden Wortlaut:*

„Die Bestimmungen dieses Artikels sind nicht anzuwenden, wenn die Hauptabsicht oder eine der Hauptabsichten einer Person, die mit der Schaffung oder Überlassung der [Artikel 10: „Aktien oder anderen Rechte"; Artikel 11: „Forderung"; Artikel 12 und 21: „Rechte"] befasst war, in Bezug auf die [Art. 10: „die Dividenden"; Artikel 11: „die Zinsen"; Artikel 12: „die Lizenzgebühren" und Artikel 21: „die Einkünfte"] gezahlt werden, darauf gerichtet war, diesen Artikel auf diese Weise auszunutzen."

Vorschriften, die auf nach der Unterzeichnung des Abkommens eingeführte Vorzugsbesteuerungen abzielen

21.5 [Versagung der Abkommensvorteile] *Es mag sein, dass Staaten einen Missbrauch ihrer Abkommen ausschließen möchten, den nach der Unterzeichnung des Abkommens von einem Vertragsstaat eingeführte Vorschriften mit sich bringen. Folgende Vorschrift zielt darauf ab, einen Vertragsstaat davor zu schützen, Abkommensvorteile für Einkünfte gewähren zu müssen, die in den Genuss einer nach der Unterzeichnung des Vertrags eingeführten Vorzugsbesteuerung für bestimmte Einkünfte aus dem Ausland kommen:*

„Die Vergünstigungen der Art. 6 bis 22 dieses Abkommens stehen Personen nicht zu, die

a) nach einem Gesetz eines der Staaten, das in einem Notenwechsel zwischen den Staaten bezeichnet worden ist oder

b) nach einem im Wesentlichen ähnlichen Gesetz, das später erlassen wird, Anspruch auf eine Vorzugsbesteuerung haben."

22. [Andere Formen des Abkommensmissbrauchs] *Geprüft wurden noch andere Formen des Abkommensmissbrauchs (z. B. der Gebrauch von Basisgesellschaften) und mögliche Gegenmaßnahmen wie Regelungen, die den wirtschaftlichen Gehalt über die formale Gestaltung stellen („Substance-over-form"-Regelungen), wirtschaftliche Betrachtungsweise und allgemeine Missbrauchsbekämpfungsvorschriften, insbesondere in Bezug auf die in Ziffer 9.1 genannte zweite Frage, ob diese Regelungen den Steuerabkommen widersprechen.*

22.1 [Keine Abkommensverletzung] *Solche Regelungen sind Teil der grundlegenden Vorschriften des innerstaatlichen Rechts zur Ermittlung des Sachverhalts, der Grundlage der Besteuerung ist; sie werden in Steuerabkommen nicht angesprochen und bleiben daher von diesen unberührt. Daher besteht grundsätzlich kein Konflikt. Ziffer 9.5 bleibt aber zu beachten. Wenn z. B. die Anwendung der in Ziffer 22 genannten Regelungen zu einer Umqualifizierung von Einkünften oder zu einer Neubestimmung des Steuerpflichtigen, der als Bezieher der Einkünfte angesehen wird, führt, wird das Abkommen unter Zugrundelegung dieser Änderungen angewendet.*

22.2 [Folgen bei der Anwendung von Substance-over-form-Regelungen] *Zwar stehen diese Regelungen nicht in Widerspruch zu den Steuerabkommen; es besteht jedoch Einvernehmen darüber, dass in den Abkommen verankerte besondere Verpflichtungen zur Vermeidung der Doppelbelastung solange sorgfältig zu beachten sind, als nicht klar dargelegt ist, dass die Abkommen missbraucht werden.*

23. [Gesetzgebung über beherrschte ausländische Gesellschaften] *Dem Gebrauch von Basisgesellschaften kann auch durch Vorschriften über beherrschte ausländische Gesellschaften entgegengetreten werden. Eine bedeutende Zahl von Mitglieds- und Nichtmitgliedsstaaten hat nunmehr solche Vorschriften eingeführt. Wenn die Gestaltung dieser Art von Gesetzgebung sich auch erheblich von Land zu Land unterscheidet, so haben diese Vorschriften, die nunmehr als legitimes Mittel, die innerstaatliche Steuerbemessungsgrundlage zu schützen, international anerkannt sind, ein gemeinsames Merkmal. Sie führen dazu, dass ein Vertragsstaat in seinem Gebiet ansässige Personen mit Einkünften besteuert, die deren Beteiligung an bestimmten ausländischen Rechtsträgern entsprechen. Es ist manchmal unter Berufung auf bestimmte Auslegungen von Abkommensvorschriften wie Artikel 7 Absatz 1 oder Artikel 10 Absatz 5 die Ansicht vertreten worden, dass dieses gemeinsame Merkmal der Gesetzgebung über beherrschte ausländische Gesellschaften diesen Bestimmungen widerspräche. Aus den Gründen, die in Artikel 7 Ziffer* **[bis 21.7.2010:** *13,* **ab 22.7.2010:]** *14 MA-Komm. und Artikel 10 Ziffer 37 MA-Komm. erläutert werden, entspricht diese Auslegung jedoch nicht dem Text dieser Bestimmungen. Sie lässt sich auch nicht aufrechterhalten, wenn man diese Bestimmungen in ihrem Zusammenhang liest. Folglich ist eine Klarstellung im Abkommen, dass die Gesetzgebung über beherrschte ausländische Gesellschaften nicht dem Abkommen widerspricht, nicht erforderlich, obwohl einige Länder eine solche Klarstellung in ihren Abkommen für nützlich gehalten haben. Es wird anerkannt, dass eine Gesetzgebung über beherrschte ausländische Gesellschaften, die in dieser Weise strukturiert ist, dem Abkommen nicht widerspricht.*

24. *(gestrichen)*

25. *(gestrichen)*

26. [Grenzen der Gesetzgebung] *Staaten, die Regelungen über beherrschte ausländische Gesellschaften oder die oben genannten Missbrauchsbekämpfungsvorschriften in ihre innerstaatlichen Steuergesetze aufnehmen, suchen die Gleichmäßigkeit und Neutralität dieser Gesetze in einer internationalen Umgebung, die durch sehr verschiedene Steuerbelastungen gekennzeichnet ist, aufrecht zu erhalten. Solche Maßnahmen sollten jedoch nur für diesen Zweck genutzt werden. Im Allgemeinen sollten solche Maßnahmen nicht angewendet werden, wenn das betroffene Einkommen einer Besteuerung unterworfen worden ist, die derjenigen im Staat der Ansässigkeit des Steuerpflichtigen vergleichbar ist.*

Besteuerung nach Maßgabe der Überweisung

26.1 [Beschränkung der Abkommensvergünstigungen auf den überwiesenen Betrag] *Nach dem innerstaatlichen Recht einiger Staaten werden Personen, die zwar dort ansässig sind, aber keine als dauerhaft angesehene Verbindung mit dem Staat (manchmal als Domizil bezeichnet) haben, mit ausländischen Einkünften nur besteuert, soweit diese Ein-*

künfte effektiv dorthin verbracht oder überwiesen werden. Solche Personen unterliegen daher, soweit ausländische Einkünfte nicht in ihren Ansässigkeitsstaat verbracht oder überwiesen werden, keiner möglichen Doppelbesteuerung, und es mag unangemessen erscheinen, ihnen für solche Einkünfte die Abkommensvergünstigungen zu gewähren. Vertragsstaaten, die sich einig sind, die Anwendung des Abkommens auf Einkünfte zu beschränken, die in der Hand dieser Personen effektiv besteuert werden, können dies durch Einfügung folgender Vorschrift tun:

> *„Sind nach diesem Abkommen Einkünfte aus einem Vertragsstaat dort ganz oder zum Teil von der Steuer befreit und ist eine Person nach dem Recht des anderen Vertragsstaats in Bezug auf diese Einkünfte nur mit dem Betrag steuerpflichtig, der in diesen anderen Staat überführt oder dorthin überwiesen wird, nicht aber mit dem vollen Betrag, so gelten die nach diesem Abkommen zu gewährenden Steuervergünstigungen nur, soweit der Betrag im anderen Vertragsstaat besteuert wird."*

In einigen Staaten könnte die Anwendung dieser Vorschrift verwaltungsmäßige Schwierigkeiten bereiten, wenn ein wesentlicher Zeitraum zwischen dem Zufluss der Einkünfte in einem Vertragsstaat und der Besteuerung im anderen Vertragsstaat in der Hand der dort ansässigen Person verstriche. Staaten, die diese Schwierigkeiten befürchten, könnten die Regelung im letzten Teil der genannten Vorschrift, d. h. dass die Steuervergünstigungen in dem erstgenannten Staat nur gelten, soweit die fraglichen Einkünfte in dem anderen Staat besteuert werden, von der Voraussetzung abhängig machen, dass die Einkünfte innerhalb eines bestimmten Zeitraums ab dem Zeitpunkt, zu dem sie in dem erstgenannten Staat zufließen, in dem anderen Staat besteuert werden.

Begrenzung der Quellenbesteuerung

26.2 [Automatische Quellensteuerbegrenzung oder Erstattung] *Eine Reihe von Abkommensartikeln begrenzt das Recht eines Staats, Einkünfte, die aus dessen Gebiet stammen, zu besteuern. Wie in Artikel 10 Ziffer 19 MA-Komm. in Bezug auf die Besteuerung von Dividenden hervorgehoben wird, regelt das Abkommen keine Verfahrensfragen und überlässt es jedem Staat, zur Verwirklichung der Beschränkungen des Abkommens das nach seinem innerstaatlichen Recht vorgesehene Verfahren anzuwenden. Ein Staat kann daher die Steuer, die er erhebt, vorbehaltlich einer möglichen vorherigen Prüfung der Abkommensberechtigung, nach den entsprechenden Abkommensbestimmungen automatisch begrenzen oder er kann zunächst die Steuer nach seinem innerstaatlichen Recht erheben und nachträglich den Teil dieser Steuer erstatten, der den nach den Abkommensbestimmungen zulässigen Betrag übersteigt. Im Allgemeinen ist die erste Methode bei Weitem vorzuziehen, um die rasche Verwirklichung der Ansprüche des Steuerpflichtigen nach einem Abkommen sicher zu stellen. Wenn ein Erstattungsverfahren benötigt wird, sollte dies auf offensichtlichen Schwierigkeiten bei der Feststellung der Abkommensberechtigung beruhen. Wenn die zweite Methode gewählt wird, ist es außerdem äußerst wichtig, die Erstattung zügig durchzuführen, insbesondere wenn der erstattete Betrag nicht verzinst wird; denn eine unangemessene Verzögerung der Erstattung bringt für den Steuerpflichtigen unmittelbare Kosten mit sich.*

Bemerkungen zum Kommentar

27. Chile *considers that some of the solutions put forward in the report „The Application of the OECD Model Tax Convention to Partnerships" and incorporated in the Commentary can only be applied if expressly incorporated in a tax convention.* **[ab 22.7.2010]**

27.1–27.3 *siehe S. 325.*

27.4 Belgien *kann die in Ziffer 23 vertretenen Ansichten nicht teilen. Belgien ist der Meinung, dass die Anwendung der Gesetzgebung über beherrschte ausländische Gesellschaften Artikel 5 Absatz 7, Artikel 7 Absatz 1 und Artikel 10 Absatz 5 des Abkommens wi-*

derspricht. Dies gilt insbesondere, wenn ein Staat eine in seinem Gebiet ansässige Person mit Einkünften besteuert, die von einem ausländischen Rechtsträger erzielt und dieser Person auf Grund einer Fiktion entsprechend ihrer Beteiligung am Kapital des ausländischen Rechtsträgers zugerechnet werden. Wenn dieser Staat dies tut, erhöht er die Bemessungsgrundlage, indem er Einkünfte darin einbezieht, die nicht von der ansässigen Person, sondern von einem ausländischen Rechtsträger erzielt werden, der nach dem Abkommen in diesem Staat nicht der Besteuerung unterliegt. Dieser Staat missachtet daher die Rechtspersönlichkeit des ausländischen Rechtsträgers und verstößt gegen das Abkommen (s. auch Artikel 7 Ziffer **[bis 21.7.2010:** *66,* **ab 22.7.2010:]** *74 MA-Komm. und Artikel 10 Ziffer 68.1 MA-Komm.).*

27.5 Zu möglichen Konflikten zwischen Missbrauchsbekämpfungsvorschriften des innerstaatlichen Rechts (einschließlich Vorschriften über beherrschte ausländische Gesellschaften – CFC-Vorschriften) und den Steuerabkommen ist **Irland** *der Ansicht, dass eine einfache allgemeine Schlussfolgerung, ein Konflikt bestehe nicht oder ein Konflikt müsse zugunsten des innerstaatlichen Rechts gelöst werden, nicht möglich ist. Dies wird von der Natur der innerstaatlichen Vorschrift und auch von dem rechtlichen und verfassungsrechtlichen Verhältnis in den einzelnen Mitgliedsstaaten zwischen dem innerstaatlichen Recht und internationalen Abkommen und internationalem Recht abhängen. Irland ist auch nicht mit der Streichung der bis zum Jahre 2002 in Ziffer 26 enthaltenen Wortfassung einverstanden, die wie folgt lautete: „Es verstieße gegen die dem Musterabkommen zugrunde liegenden allgemeinen Grundsätze und gegen den Geist der Abkommen im Allgemeinen, diese Maßnahmen gegen Steuerumgehungen auf die Produktion, die normale Erbringung von Dienstleistungen und den Handel von Gesellschaften mit echter gewerblicher oder kaufmännischer Tätigkeit zu erstrecken, wenn diese Tätigkeiten auf das wirtschaftliche Umfeld des Landes bezogen sind, in dem die Gesellschaften ansässig sind und die Situation nach der Art dieser Tätigkeit den Verdacht der Steuerumgehung nicht aufkommen lassen kann“.*

27.6 ***Luxemburg*** *teilt nicht die Auslegung in den Ziffern 9.2, 22.1 und 23, die besagt, dass generell kein Konflikt zwischen Missbrauchsbekämpfungsvorschriften des innerstaatlichen Rechts eines Vertragsstaats und dessen Steuerabkommen besteht. Luxemburg glaubt daher, dass ein Staat beim Fehlen einer ausdrücklichen Vorschrift in dem Abkommen seine innerstaatlichen Missbrauchsbekämpfungsvorschriften nur in bestimmten Fällen nach Rückgriff auf das Verständigungsverfahren anwenden kann.*

27.7 Die **Niederlande** *treten den Feststellungen im Kommentar, dass innerstaatliche Missbrauchsbekämpfungsvorschriften und Vorschriften über beherrschte ausländische Gesellschaften in aller Regel nicht in Widerspruch zu den Steuerabkommen stehen, nicht bei. Die Vereinbarkeit solcher Regelungen und Vorschriften mit Steuerabkommen hängt unter anderem von der Natur und dem Wortlaut der bestimmten Vorschrift, dem Wortlaut und dem Zweck der einschlägigen Abkommensbestimmung und dem Verhältnis zwischen innerstaatlichem und internationalem Recht in einem Land ab. Da Steuerabkommen deren Missbrauch nicht erleichtern sollen, kann die Anwendung innerstaatlicher Regelungen und Vorschriften in bestimmten Fällen des Missbrauchs oder des eindeutig nicht beabsichtigten Gebrauchs gerechtfertigt sein. In solchen Fällen muss die Anwendung der innerstaatlichen Maßnahmen den Grundsatz der Verhältnismäßigkeit beachten und sollte nicht über das, was zur Vermeidung des Missbrauchs oder des eindeutig nicht beabsichtigten Gebrauchs erforderlich ist, hinausgehen.*

[bis 21.7.2010:]

27.8 Immer wenn der geltende Vorrang von Steuerabkommen in Bezug auf das innerstaatliche Recht nicht beachtet wird, wird **Portugal** *den in den Kommentar zu Artikel 1 aufgenommenen Schlussfolgerungen zur Klärung innerstaatlicher Missbrauchsbekämpfungsregelungen nicht beitreten.* **[ab 22.7.2010:** *gestrichen***]**

27.9 Die ***Schweiz*** *tritt der in Ziffer 7 vertretenen Auffassung nicht bei, nach der es Zweck von Doppelbesteuerungsabkommen ist, Steuerumgehung und -hinterziehung zu ver-*

hindern. Diese Auffassung scheint auch der Fußnote zur Überschrift des Musterabkommens zu widersprechen. In Bezug auf Ziffer 22.1 glaubt die Schweiz, dass innerstaatliche Steuerregelungen zum Missbrauch von Steuerabkommen mit den allgemeinen Bestimmungen der Steuerabkommen in Einklang stehen müssen, insbesondere wenn das Abkommen selbst Bestimmungen zur Vermeidung des Missbrauchs enthält. In Bezug auf Ziffer 23 ist die Schweiz der Ansicht, dass Vorschriften über beherrschte ausländische Gesellschaften je nach der Konzeption dem Geist von Artikel 7 widersprechen.

27.10 Mexiko *ist nicht mit der Auslegung in den Ziffern 5 und 6 einverstanden, wonach, wenn einer Personengesellschaft die Abkommensvorteile versagt werden, ihre Gesellschafter Anspruch auf die Vorteile der Abkommen haben, die mit ihrem Ansässigkeitsstaat abgeschlossen worden sind. Mexiko ist der Auffassung, dass dieses Ergebnis bis zu einem gewissen Ausmaß nur möglich ist, wenn Vorschriften zu diesem Zweck in das Abkommen eingefügt werden, das der Staat schließt, in dem die Personengesellschaft errichtet ist.*

88 **Literatur:** *Albregtse,* S. 1 ff.; *Arnold,* CTJ 2001, 1; *ders.*, in FS Tiley, S. 1 ff.; *Baker,* 40 Loy.U. Chi.L.J. 229 (2008–2009); *Baker/Liao,* BIT 2012, 598; *Cooper,* BIFD 2009, 26; *Erlichman,* S. 1 ff.; *Fischer,* DB 1996, 644; *Fischer-Zernin,* RIW 1987, 362; *Füger,* Grotherr, Handbuch der Internationalen Steuerplanung, S. 734; *Gammie,* Intertax 2000, 267; *Gassner u. a.,* ET 1999, 93; *Gosch,* Missbrauchsabwehr im Internationalen Steuerrecht, DStJG Bd. 36, 201; *Gravelle,* CRS Report for Congress, January 23, 2013; *Großfeld,* S. 1 ff.; *Hey,* DStR 2014, Beih. zu Heft 3, 8*; *Huiskamp/Bracewell-Milnes/Wisselink,* S. 1 ff., Vol. A, S. 1 ff.; *Ijzerman,* Het leerstuk van de wetsonduiking in het belastingrecht (1990); *Kemmeren,* WFR 1987, 1181; *Kinzl,* IStR 2007, 561; *Kraft,* DStR 2014, Beih. zu Heft 3, 14*; *Lapidoth,* S. 1 ff.; *Likhovski,* 25 Cardozo Law Review 953 (2004); *Luja,* Intertax 2000, 226; *Michaud,* S. 1 ff.; *Moerman,* Intertax 1999, 284; *Paschen,* S. 1 ff.; *Pereira de Rezende,* CDFI LXXIVa, 19 ff., und Nationalberichte, a. a. O., 121 ff.; *Pross/Czakert,* IStR 2011, 279; *Rosenbloom,* S. 763; *ders.,* Intertax 1988, 179; *Schiessl,* IStR 2001, 457; *ders.,* JStR 2002, 538; *Schön,* IStR 1996 Beih. zu Heft 2; *Schoueri,* S. 1 ff.; *Söffing,* BB 2004, 2777; *Uckmar,* CDFI LXVIII a (1983), 15 ff.; *Versch,* TMI Forum 1995, Vol. 16, No. 3; *Vogel,* StuW 1985, 369; *ders.,* Grenzen der Gestaltung S. 79; *Vogel/Ellis u. a.,* Recourse to Tax Havens, S. 7 ff.; *dies.,* Steueroasen und Außensteuergesetze S. 1 ff. (1981); *Ward/Gustafson u. a.,* S. 1 ff.; *Ward,* TBTR 1985, 68; *ders.,* Intertax 1995, 176; *ders.,* ET 1995, 2; *Wassermeyer,* SWI 1995, 139; *van Weeghel,* CDFI Vol. 95a (2010), 17 und die Nationalberichte dort; *van Weeghel/Günn,* in Maisto/Nikolakakis/Ulmer, S. 30; *West,* TNI March 31, 2008, 1161; *Wheeler,* CDFI Vol. 92b (2007), 17 und die Nationalberichte dort; *Zimmer,* CDFI Vol. LXXXVIIa (2002), 19 ff. und die Nationalberichte dort.

OECD-/IBFD-Dokumente: OECD, Tax Evasion and Avoidance (1980); L'Évasion et la Fraude Fiscales Internationales, Publications of the International Bureau of Fiscal Documentation, 1981; International Cooperation in Tax Matters. A Report of the Ad Hoc Group of Experts. United Nations ST/ESA/128 (1983), S. 22 ff.; OECD, International Tax Avoidance and Evasion – Four related studies, 1987; OECD, Draft Contents of the 2002 Update to the Model Tax Convention, Paris 2001; Restricting the Entitlement to Treaty Benefits, in 2002 reports related to the OECD Model Tax Convention, Issues in International Taxation No. 8, Paris (2003).

I. Erläuterungen

1. Allgemeines

89 Steuerpflichtige können ihre wirtschaftlichen Verhältnisse grundsätzlich **so gestalten,** wie sie ihnen steuerlich **am günstigsten** erscheinen. Die Tatsache allein, dass eine bestimmte Gestaltung aus steuerlichen Gründen gewählt wurde, kann nicht zum Entzug von Steuervorteilen führen, die das Gesetz an sich vorsieht. Diese Regel gilt, wenn nicht universell, so doch zumindest in den westlichen Demokratien (USA: *Judge Learned Hand,* 69 F. 2d 809 (810) (2d Cir. 1934); Großbritannien:

House of Lords, IRC v. Duke of Westminster, 19 Tax Cases 490, 510; Deutschland: BVerfGE 9, 237 (249); für ein Beispiel s. BFH DStRE 2001, 18 zur Ausnutzung des Stichtagsprinzips; BFH BStBl. II 2003, 50 = IStR 2002, 568 m. Anm. *Kraft,* zur Zwischenschaltung einer Finanzierungsgesellschaft; Belgien: *Cour de Cassation* Pas. B 1961 I, 1082 (1087); USA: Perry Bass v. CiR., 50 Tax Court 595; B. Richard Hansen Land Inc. v. CiR., TCM 1993, 248; Frankreich: *Conseil d'État* req. n. 19079, Dr. Fisc. 1981 comm. 2187, concl. *Lobry;* Australien: Brambles Holdings Ltd. v. Fed. Comm., 1977, AIR 1 977 108). Sie gilt im Abkommensrecht ebenso wie im nationalen Recht; dies entspricht einer gefestigten Rechtsprechung (vgl. Aiken Industries v. Commissioner, 56 Tax Court 925: *DBA Honduras/USA;* BFH BStBl. II 1973, 57 (59); II 1975, 584 (586): beide *DBA Niederlande 1959*). **Steuergestaltung,** auch im **internationalen** Bereich ist nicht anstößig (*van Hoorn Jr.,* 1; *Cozian,* Intertax 1991, 103; *Kramer,* Intertax 1991, 96); ein Übermaß an Steuergestaltung ist lediglich ein Indiz dafür, dass die betreffende Steuergesetzgebung mangelhaft ist (*Vogel,* StuW 1980, 206 (208); *Messmer,* BB 1981, Beil. 1, 1). Darüber hinaus kann Steuergestaltung an Grenzen stoßen, jenseits derer eine Rechtsordnung – als Gerechtigkeitsordnung – sie nicht mehr hinnehmen kann. Eine derartige Grenze kann dort erreicht sein, wo Geschäfte nur zu dem Zweck abgeschlossen werden oder wo abhängige Gesellschaften in einem anderen Staat als sog. „Basisgesellschaften" nur errichtet werden, um bestimmte steuerlich günstige Regeln, gegebenenfalls auch Abkommensregeln, in Anspruch zu nehmen.

Die Staaten schlagen vielfältige Wege ein, um solchen Steuerumgehungen entgegenzuwirken (für eine Übersicht der Problematik s. *Owens,* BIT 2013, 441; *Kavelaars,* Intertax 2013, 507). Trotz der Bemühungen der OECD, den Kommentar dahingehend anzupassen (auch die UN hat im Update des Musterabkommens 2011 den Kommentar zum Missbrauch der Abkommen erneuert und stark erweitert; s. dazu *Baker/Liao,* BIT 2012, 598), lässt sich ein übereinstimmendes Vorgehen nicht feststellen und es ist auch für die Zukunft nicht zu erwarten. Das liegt in erster Linie daran, dass die OECD sich nicht um gemeinsame Standards bemüht, sondern den Staaten möglichst viel Freiheit und Flexibilität lassen will. Wie *Lüdicke* (DBA-Politik, S. 40 ff.) demgegenüber zu Recht anmerkt, handelt es sich um ein internationales Problem, das auch im Zusammenwirken der Vertragsstaaten bekämpft werden sollte. Insofern besteht weitgehend Übereinstimmung, dass Limitation-on-Benefits-Klauseln zu komplex und eher unzweckmäßig sind. Eine wirkungsvolle Anti-Treaty-Shopping-Klausel sollte eher auf das Vorliegen wirtschaftlicher Gründe abstellen, wobei international zu definieren wäre, welche wirtschaftlichen Gründe allgemein akzeptiert werden sollten. **89a**

In den letzten Jahren stand allerdings nicht so sehr die Arbeit an den DBA, sondern der Gedanke der Transparenz im Vordergrund. Dabei geht es vor allem um den Informationsaustausch, dessen Behinderungen (Bankgeheimnis, nicht-kooperative Länder) beseitigt werden sollen (zum Arbeitsprogramm der OECD s. OECD, Overview; ferner zur Einbindung der Steuerparadise OECD Countering; zu den Einzelheiten s. Art. 26 Rz. 6; s. auch *Winner,* StuW 2010, 101; *Lang,* in Kofler/Mason/van Thiel (eds.), Tax Evasion and Tax Avoidance: Symposium on EU Tax Policy (2011), 1). Manche Länder wollen die Transparenz auch auf die internationale Steuerplanung erstrecken und schon frühzeitig Unternehmen und Berater verpflichten, Informationen über Steuerplanungen zu erteilen (OECD, Aggressive Tax Planning; s. dazu *Pross/Czakert,* IStR 2011, 279), vor allem wenn Steuerstrukturen auf breiter Basis vermarktet werden. Vorreiter sind insofern vor allem die USA und Großbritannien (s. *HMRC* Consultation, Disclosure of Tax Avoidance Schemes, 9.12.2009). **89b**

Eine neuere Entwicklung sieht auch in einer doppelten Nichtbesteuerung durch den Gebrauch von Einordnungsunterschieden oder Qualifikationskonflikten eine **89c**

Art von Missbrauch, den es zu vermeiden gilt („aggressive tax planning"). Auf Wunsch einiger Mitgliedstaaten hat sich die OECD der Frage angenommen und im März 2012 einen Bericht zu den sogenannten „hybrid mismatch arrangements" veröffentlicht (*OECD*, Hybrid Mismatch Arrangements: Tax Policy and Compliance Issues, Paris 2012; s. dazu *Bendlinger*, SWI 2012, 485; *Tatarová*, Hybrid Mismatch Arrangements: The OECD Report and the Canadian Perspective, CTJ 2012, 701; *Russo,* BIT 2013, 110; *Bärtsch/Spengel,* BIT 2013, 526; *Steiner,*, SWI 2013, 150; *Schnitger/Oskamp,* IStR 2014, 385; s. auch *OECD*, Aggressive Tax Planning based on After-Tax Hedging 2013)). Der Bericht empfiehlt den Mitgliedsstaaten, spezielle Antimissbrauchregeln in ihr innerstaatliches Recht aufzunehmen und die Anforderungen an die Transparenz zu erhöhen. Man wird sich allerdings fragen müssen, ob dies wirklich der richtige Weg sein kann oder ob es nicht besser wäre, in den Abkommen dafür zu sorgen, dass Einordnungsunterschiede und Qualifikationskonflikte möglichst vermieden werden. Soweit es allerdings um Strukturen mit Steuerparadiesen geht (s. etwa *Richter/Hontheim,* DB 2013, 1260; *van den Hurk,* BIT 2014, 27; *Valta,* ISR 2014, 249), muss das nationale Recht entsprechend angepasst werden. Einige Länder unternehmen zur Zeit entsprechende Anstrengungen (s. etwa für Kanada: *Huynh/Lockwood/Maikawa*, The Anti-Tax-Haven Initiative and the Foreign Affiliate Rules, CTJ 2007, 655). Parallel hat sich auch die EU der Frage angenommen und versuchte zunächst eine Bestandsaufnahme der Fälle von Doppelnichtbesteuerungen (*European Commission*, Staff Working Paper: The Internal Market: Factual Examples of Double Non-Taxation Cases, Consultation Document, TAXUD D1 D(2012)). Am 6.12.2012 hat die Kommission einen Action Plan (An Action Plan to strenghten the fight against tax fraud and tax evasion, COM (2012)722final) vorgelegt, der zunächst aus zwei Empfehlungen zu Steueroasen und zum Aggressive Tax Planning besteht (Pressemitteilung IP/12/1325; Recommendation regarding measures intended to encourage third countries to apply minimum standards of good governance in tax matters, C(2012)8805final und Recommendation on aggressive tax planning, C(2012) 8806final; s. dazu noch *Bendlinger*, SWI 2012, 538; *Lang*, SWI 2013, 62). Auch das EU-Parlament hat mit einer Abstimmung am 19.4.2012 gefordert, dass wirksam gegen Steuerbetrug vorgegangen werden soll. Am 25.11.2013 legte die Kommission einen Vorschlag einer geänderten Mutter-Tochter-Richtlinie (COM (2013)814final) vor, der sich vor allem auch gegen die Nutzung hybrider Finanzierungen richtet (s. Press Release v. 25.11.2013: Tackling Tax Avoidance: Commission tightens key EU corporate tax rules; ferner Memo/13/1040).

In letzter Zeit haben ferner Berichte über die niedrige Steuerlast multinationaler Unternehmen wie Apple, Google und Starbucks Aufsehen erregt. Die Staats- und Regierungschefs der G-20 Staaten haben sich die Bekämpfung der Aushöhlung der Besteuerungsgrundlage zur Aufgabe gemacht und die OECD beauftragt, das Problem grundsätzlich anzugehen. Die OECD hat kürzlich einen ersten Bericht veröffentlicht (*OECD*, Addressing Base Erosion and Profit Shifting, Paris 2013), in dem sie einen Aktionsplan ankündigt (s. auch *Ault*, TNI June 17, 2013, 1195; *Bärsch/Quilitzsch/Schulz*, ISR 2013, 358; *Cracea*, ET 2013, 565; *Eilers/Schmitz*, ISR 2013, 68; *Fuest/Spengel u. a.*, WTJ 2013, 307; *Pelaez/Bonekamp*, IWB 2013, 514; *Rödder/Pinkernell*, IStR 2013, 619; *Steiner*, SWI 2013, 150). Der Aktionsplan (Action Plan on Base Erosion and Profit Shifting) wurde am 19.7.2013 veröffentlicht; er enthält 15 konkrete Problemfelder, in denen es einer Reaktion bedarf. Die Ausarbeitung der konkreten Maßnahmen soll bis 2015 beendet sein. Der Discussion Draft zu Maßnahme 6 Preventing the Granting of Treaty Benefits in Inappropriate Circumstances (März 2014) empfiehlt: (1) eine stärkere Betonung des Zweckes von Abkommen auch Steuervermeidung zu bekämpfen, (2) eine Empfehlung sog. Limitation-on-Benefits-Klauseln in die Abkommen aufzunehmen und

(3) in die Abkommen eine allgemeine Missbrauchsbestimmung einzufügen. Außerdem soll der Kommentar zum OECD MA für bestimmte Fälle der missbräuchlichen Ausnutzung von Abkommensvorteilen ergänzt werden (s. auch die dazu ergangenen Stellungnahmen aus der Öffentlichkeit v. 11.4.2014). Zu Maßnahme 2 Neutralise the Effects of Hybrid Mismatch Arrangements sind zwei Berichte am 19.3.2014 ergangen, einer zu den Abkommensfragen und einer mit Empfehlungen für Änderungen der nationalen Steuersysteme (s. auch die dazu ergangenen Stellungnahmen aus der Öffentlichkeit 7.5.2014). Der Action Plan sieht als Maßnahme 13 eine Evaluierung der Vorschriften über die Dokumentation von Verrechnungspreisen vor. Hierzu hat die OECD am 30.1.2014 einen ersten Vorschlag vorgelegt (Discussion Draft on Transfer Pricing and CbC Reporting; s. dazu auch *Nowotny/Steiner*, SWI 2014, 195).

Die Annahme, dass multinationale Unternehmen in aggressiver Weise Steuern durch Nutzung vielfältigster Möglichkeiten vermeiden, lässt sich allerdings für deutsche Unternehmen empirisch nicht untermauern (*Langkau/Rubart*, IStR 2013, 660).

2. Steuerumgehung im innerstaatlichen Recht

Literatur: Rechtsvergleichend: *Alves Alvarrenga,* BIT 2013, 348; *Banoun,* BIFD 2002, 485; *Brown,* S. 1 ff.; *Cooper,* BIFD 2009, 26; *Hahn,* DStZ 2005, 183; *Kaur/Susarla,* APTB 2011, 256; Lampreave, BIFD 2012, 153; *de Monès/Durand u. a.,* EC Tax Review Part I: 2010, 85; Part II: 2010, 123; *Zielke,* EC Tax Review 2014, 12. **90**

Australien: *Cassidy,* 36 Ottawa Law Review, 259 (2004–2005); *Harris,* BIFD 2007, 65, Part II, BIFD 2007, 109; *Joseph,* APTB 2005, 295; *Kobetsky,* BIFD 2005, 236.

Belgien: *Michel/Offermanns,* ET 2012, 423.

China: *Finnerty/Lai,* APTB 2012, 377; *Lampreave,* BIT 2013, 49; *Zhang,* APTB 2012, 439; *ders.,* BIT 2014, 35.

Dänemark: *Bundgaard/Mollin Ottosen,* ET 2008, 59; *Pedersen,* BIFD 2007, 489.

Deutschland: *Brockmeyer,* DStR 2007, 1325; *Fischer,* FR 2008, 306; *Heintzen,* FR 2009, 599; *Mack/Wollweber,* DStR 2008, 183; *Schulze zur Wiesche,* DStR 2012, 1420; *Wedelstädt,* DB 2007, 2558; *Wienbracke,* DB 2008, 666;

Frankreich: *Gibert,* ET 2010, 123; *Leclercq,* BIFD 2007, 235; *Maucour/Bénard,* Intertax 2008, 90; *Pors/Coirault-Quinquet,* ET 2005, 28.

Großbritannien: *Bowler,* S. 1 ff.; *Cleave,* BIFD 2011, 607; *Roxburgh,* ET 2014, 113; *Schwarz,* BIFD 2011, 8; *VanderWolk,* BIFD 2003, 223; *ders.,* BIFD 2005, 146.

Hongkong: *VanderWolk,* BIFD 2004, 261; *ders.,* BIFD 2009, 609; *ders.,* BIFD 2010, 350.

Indien: *Naskar/Gupta,* APTB 2013, 97; *Krishnamurthy,* BIT 2014, 108; *Zobalia/Devanti,* APTB 2013, 176.

Irland: *Ward,* BIFD 2003, 558; *Hunt/Galvin,* 23 Int. Tax Review 2012/3, 31.

Israel: *Lapidoth,* BIFD 2006, 255.

Japan: *Honjo,* BIFD 2007, 432.

Kanada: *Arnold,* (2004) 52 CTJ 488; *ders.,* CTJ 2014, 113; *Arnold/Li,* CTJ 2010, 127; *Carr/Milot,* CTJ 2008, 243; Cassidy, 36 Ottawa Law Review, 259 (2004–2005); *Duff,* BIFD 2003, 278; *ders.,* BIFD 2006, 54; *Kearl/Lemons,* CTJ 2007, 745; *Thomas,* CTJ 2000, 1861; ferner *Finances Québec,* Aggressive Tax Planning, Working Paper January 2009.

Korea: *Kim,* APTB 2013, 18; *Moo Seok Ok/Yoon Oh,* APTB 2006, 404; *Yoon,* APTB 2013, 190.

Neuseeland: *Maples/Sawyer,* APTB 2012, 331; *Elliffe,* CTJ 2014, 147.

Norwegen: *Zimmer,* TNI Sept. 14, 2009, 921.

Österreich: *Lang/Massoner,* S. 15.

Russland: *Afanasiev,* Intertax 2008, 14; *Fakthutdinov,* BIFD 2011, 591; *Vakhitov,* ET 2005, 163.

Singapur: *How Teck/Oei,* APTB 2012, 337; *Wong,* DFI 2012, 36.

Spanien: *Palao,* BIFD 2004, 112.

Südafrika: *Mazansky,* BIFD 2005, 116; *ders.,* BIFD 2006, 124; *Mazansky,* BIFD 2007, 159; ferner *South African Revenue Service-SARS,* Diskussion Paper on Tax Avoidance, November 2005.

USA: *Avi-Yonath/Halabi,* BIT 2012, 236; *Brown,* BTR 2008, 160; *Cummings,* TAXES – The Tax Magazine 2007, 119; *Hariton,* 60 Tax L. Rev. 29 (2006); *Keinan,* TAXES – The Tax Magazine 2006, 33; *Kreienbaum/Werder,* IStR 2005, 721; *McLure,* BIT 2013, 555.

90a **a) Einzelne Länder.** Das Steuerrecht der meisten Länder kennt Vorschriften oder Grundsätze, nach denen Rechtsgeschäfte, die aus steuerlichen Gründen abgeschlossen wurden, nicht anerkannt werden, wenn die Vertragspartner entgegen der Absicht des Gesetzgebers ungewöhnliche, künstliche Maßnahmen ausschließlich in der Absicht ergreifen, den Wortlaut des Gesetzes zu umgehen und sie diese nicht aus anderen als steuerlichen Erwägungen so vornehmen würden. Lediglich die dogmatischen Anknüpfungspunkte hierfür unterscheiden sich in den einzelnen Rechtskreisen (*Huiskamp,* 199 ff.; *Uckmar,* CDFI LXVIII, 15, 26; *Ward,* BTR 1985, 68; *Govind,* BIFD 1990, 170; *Prebble,* APTIRC-Bull., 1991, 57; *Nevermann,* Justiz und Steuerumgehung (1994); *Fischer,* StuW 1995, 87).

91 In der **angelsächsischen** Rechtsprechung wurden diese Grundsätze unter dem Stichwort **„substance vs. form“** entwickelt. Schon 1935 weigerte sich in den **Vereinigten Staaten** deren Supreme Court (in der Sache Gregory v. Helvering, 292 US 465, 469), eine wirtschaftliche Gestaltung anzuerkennen, weil sie keinen vernünftigen geschäftlichen Zweck („reasonable business purpose“) verfolge und nur aus steuerlichen Gründen unternommen worden sei oder, wie es Richter *Learned Hand* in der Vorinstanz ausgedrückt hatte, weil sie lediglich eine „Vorspiegelung“ („sham“) darstelle (*Court of Appeals,* 2nd Circuit, 69 F. 2d 809 (811); s. auch Canadian FCA (2010 FCA 280) „*Antle*“, wo das Gericht die Errichtung eines Trusts als „sham“ („something that is not what it seems“) ansah. Diese Formel ist seither durch die amerikanischen Gerichte vielfältig wiederholt worden (vgl. *Higgins v. Smith,* 308 US 473; *Knetsch v. US,* 364 US 361, etc.; grundlegend dazu: *Tiley,* BTR 1987, 171 (220)). Im Wesentlichen müssen zwei Fragen beantwortet werden, um zu einer Entscheidung für Form oder Substance zu kommen: Gibt es wirtschaftliche Gründe für die Transaktion? Und trägt die Person, der der Steuervorteil zugute kommt unternehmerisches Risiko? (vgl. vor allem *Court of Appeals,* Compaq Computer Corp. v. Commissioner, 277 F. 3d 778 (5th Cir. Dec. 2001). Die Rechtsprechung im Einzelnen ist aber sehr uneinheitlich (s. *Keinan,* TAXES 2006, 33, der eine Grundsatzentscheidung des Supreme Court für äußerst wünschenswert hält; kritisch auch *Hariton,* 60 Tax L. Rev. 29 (2006)). Die „Economic Substance Doctrine“ wurde mit Wirkung ab 30.3.2010 kodifiziert (Sec. 7701(o) IRC; s. dazu *Staff of The Joint Committee on Taxation,* Technical Explananation of the Revenue Provisions of the “Reconciliation Act of 2010“ (21.3.2010)). Danach kann der IRS Steuervorteile versagen, wenn sich die wirtschaftliche Position des Steuerpflichtigen durch eine Transaktion nicht wesentlich ändert und kein wesentlicher außersteuerlicher Grund für die Transaktion vorliegt. Allerdings müssen etwaige Vorhaben einer Versagung von Steuervorteilen vom zuständigen Director of Field Operations (DFO) genehmigt werden. Die Abteilung des *IRS „Large Business and International Division“ (LB&I)* hat Richtlinien veröffentlicht, die in materieller und verfahrensrechtlicher Hinsicht die Vorschrift konkretisieren (LB&I Directive v. 15.7.2011, LB&I-4–0711-015).

91a Dagegen hielt die **britische Rechtsprechung** im Anschluss an die Entscheidung des *House of Lords* in Duke of Westminster bis vor kurzem an einer strikt wörtlichen Auslegung von Steuergesetzen fest; wo steuervermeidende Gestaltungen überhand nahmen, musste der Gesetzgeber eingreifen (*Stopforth,* BTR 1990, 225; für ein Beispiel s. die Durchgriffsregelung in section 839 (7) ICTA und das Urteil in der Sache *Steele v. European Vinyls Corp (Holdings) BV* (1995) STC 31). Doch hat das *House of Lords* 1981 in *Ramsay v. Commissioners* (54 Tax Cases 101) diese Rechtsprechung dahin ergänzt, dass bei „mehrstufigen Transaktionen", die im Ergebnis zu einer Steuerminderung führen sollen, nicht auf das Einzelgeschäft, sondern auf das Gesamtergebnis gesehen werden müsse. Diese Rechtsprechung wurde in nachfolgenden Entscheidungen weiterentwickelt (vor allem *Comm. v. Burmah Oil Co.*, 54 Tax Cases 200; *Furniss v. Dawson,* 55 Tax Cases 324; *Craven v. White* (1988) 3 W.L.R. 423; *Moodie v. I.R.C.* (1993) STC 188; *Fitzwilliam v. IRC* (1993) STC 502; *Pigott v. Staines Investment Co. Ltd.*, 1995 STC 114; *Ingram v. CiR.* (1999) 1 All ER 297; *Griffin v. Citibank Investments Limited* (2000) STC 1042; *CIR v. Scottish Provident Institution,* 2004, UKHL 52; Barclays Mercantile Business Finance Ltd. v. Mawson (2004) UKHL 51), ihr genauer Anwendungsbereich und ihre Grenzen bleiben jedoch unsicher (vgl. *Ashton,* BTR 1983, 221; *Avery Jones,* BIFD 1985, 371; *ders.,* APTIRC-Bull. 1987, 414; *Bretten/Stockton,* BTR 1987, 280; *Tiley,* BTR 1987, 180ff. (220ff.); *ders.,* BTR 1988, 63ff., (108ff.); *Ashton,* BTR 1988, 482ff.; *Mansfield,* BTR 1989, 5ff.; *Wiggin,* ET 1990, 91; *Frommel,* Intertax 1991, 54; *Popkin,* BTR 1991, 283; *Ward,* ET 1995, 2; *Behrens/Morton,* RIW 1997, 216; *Tomsett,* TPI 1997, 20; *VanderWolk,* BIFD 2001, 68; *ders.,* BIFD 2005, 146). Im Jahr 2009 hat es das Tax Law Review Committee unternommen, die rechtliche Situation zu bewerten und Vorschläge für die Zukunft vorzulegen (s. *Bowler,* a.a.O.). Finanzverwaltung und Gesetzgeber halten darüber hinaus eine Anti-Treaty-Shopping Regelung im nationalen Steuerrecht für erforderlich. Am 1.8.2011 hatte HMRC eine Technical Note zur öffentlichen Diskussion vorgelegt (*HMRC,* Tax Treaties Anti-Avoidance, Technical Note v. 1.8.2011), im September wurde das konkrete Verfahren aber wieder auf Eis gelegt. Es soll nun darüber nachgedacht werden, ob solche Regelungen nicht besser in den Abkommen selbst verankert werden sollten. Jedenfalls ist die britische Regierung nunmehr entschlossen, eine allgemeine Missbrauchsregelung in das Steuergesetz aufzunehmen (Finance Bill 2013; s. dazu *Roxburgh,* ET 2014, 113; die britische FinVerw hat Richtlinien zur Anwendung veröffentlicht: HMRC's GAAR Guidance 2013).

Kanada: Der kanadische *Supreme Court* hält dagegen an der früheren Recht- 92
sprechung des *House of Lords* fest und lehnt es ab, nach dem Zweck eines Geschäfts zu fragen (*Stubart Investment Ltd. v. The Queen* 1984 DTC 6305). Diese Entscheidung ist aber auch auf die den kanadischen Gerichten zu Gebote stehende Möglichkeit zurückzuführen, der Steuerumgehung schon im Bereich der Tatsachenfeststellung zu begegnen (vgl. *Ward,* BIFD 1989, 73). Darüber hinaus wirkte sich aus, dass das kanadische Steuerrecht einige ausdrückliche Bestimmungen zur Bekämpfung von Steuerumgehungstransaktionen enthielt; dies gilt auch für eine Reihe anderer Common-Law-Staaten, z.B. Neuseeland: vgl. *Privy Council, CiR. v. Challenge Corporation Ltd.*, W.L.R. 1987 II, 24). Inzwischen hat die kanadische Gesetzgebung eine – höchst komplizierte – allgemeine Bestimmung zur Bekämpfung der Steuerumgehung eingeführt (§ 245 ITA; s. dazu *Trotter,* Intertax 1989, 180ff.; *Arnold,* TNI October 1990, 1031; *ders.,* CTJ 2001, 1). Die Gerichte legen die Norm eher restriktiv aus (s. *Canadian Pacific Ltd. v. The Queen,* 2000 DTC 2428; dazu auch *Thomas*, 1861; *OSFC Holdings Ltd. v. The Queen,* 2001 DTC, 5471, s. dazu *Duff,* BIFD 2003, 278; ferner Supreme Court of Canada (S CC), *Canada Trustco Mortgage Company v. Canada,* 2005 S CC 54, und *Mathew v. Canada,* 2005 S CC 55; s. zu beiden Entscheidungen *Duff,* BIFD 2006, 54). Noch vorsichtiger werden Fälle von treaty shopping beurteilt (*Tax Court of Canada,* MIL (Investments), 2006 TCC 460 (bestätigt durch FCA 2007 FCA 236); s. aber auch S CC, *Copthorne Holdings*, 2011 S CC 63: DBA Kanada/Niederlande; dazu *Carr/Milot,* CTJ 2008, 243). In *Antle* (2010 FCA 280) hat der Federal Court of Appeal einen Trust als "sham" angesehen.

92a Auch das **australische Steuerrecht** enthält eine ähnliche allgemeine Bestimmung zur Bekämpfung zur Steuerumgehung (Part IVA des ITAA 1936; s. dazu die Entscheidung des australischen *High Court* in *FC of T v. Spotless* 96 ATC 5201; die Entscheidung hat in Australien zu einer lebhaften Diskussion geführt: *Vann/Allerdice,* TNI December 1996, 2063; *Greenbaum,* APTB 1997, 88; *D'Ascenzo,* APTB 1997, 330; zu einer neueren Entscheidung des *Federal Court* in der Rs. *Puzey v. Commissioner of Taxation,* 2004 FCAFC 23 s. *Joseph,* APTB 2005, 295; vgl. auch ATO v. 16.12.2009, Draft Taxation Determination TD 2009/D17 zum treaty shopping). Zusätzlich wurden spezielle Missbrauchsvorschriften in das Gesetz eingefügt (zu einem Fall der Nutzung eines hybriden Finanzierungsinstruments s. Federal Court v. 11.3.2011, *Mills v. Commissioner of Taxation,* [2011] FCA 205). Gegenwärtig wird die allgemeine Missbrauchsvorschrift einer Revision unterzogen, um die Vorschrift effektiver zu machen. Auch **Neuseeland** hat eine allgemeine Missbrauchsvorschrift, deren Anwendung allerdings mit Rechtsunsicherheit verbunden ist. Die Verwaltung bemüht sich mittels Auslegungsrichtlinien mehr Deutlichkeit zu schaffen (zu den gegenwärtigen Vorschlägen s. *Maples/Sawyer,* APTB 2012, 331). Ähnliches gilt für **Südafrika** (Sec. 103(1) Income Tax Act; s. *Derksen,* Intertax 1991, 108; *Mazansky,* BIFD 2005, 116). Die Vorschrift soll in naher Zukunft grundlegende Änderungen erfahren (lesenswert *South African Revenue Service,* Discussion Paper on Tax Avoidance and section 103 of the Income Tax Act 1962 (Nov. 2005), dazu auch *Manzansky,* BIFD 2006, 124).

92b **Indien** fordert allgemein Substanz (*Govind,* 175 ff.). In manchen Abkommen wird dies genauer definiert, so enthält das DBA mit *Singapur* eine Regelung, wonach Substanz ab einem bestimmten Umsatz angenommen wird. Die indische Regierung hat darüber hinaus am 13.7.2012 eine Kommission eingesetzt, um die Anwendungsfragen im Zusammenhang mit der geplanten allgemeinen Missbrauchsklausel zu klären (s. Report v. 30.8.2012, TNS v. 3.9.2012). Am 23.9.2013 hat die indische Finanzverwaltung Verwaltungsrichtlinien zur Anwendung der Missbrauchsbestimmung erlassen.

93 Auf dem **europäischen Kontinent** steht der Gedanke der **Umgehung,** des **Missbrauchs** – „fraus legis", „abus de droit" u. ä. – im Vordergrund. Viele Länder haben hierüber ausdrückliche gesetzliche Regelungen (Deutschland: § 42 AO; Frankreich: Art. L 64 Livre de Procédure Fiscale; Niederlande: Art. 31 Algemene Wet inzake Rijksbelastingen; Österreich: § 22 Bundesabgabenordnung; Schweden: Steuerumgehungsgesetz; Spanien: Art. 15 Ley General Tributaria). Eine Ausnahme war lange Zeit **Belgien** (und auch **Italien**, s. dazu noch Rz. 98), dessen Steuersystem bis 1993 keine allgemeine Missbrauchsregel kannte. Die Auslegung nach der wirtschaftlichen Substanz eines Rechtsgeschäfts hatten die belgischen Gerichte abgelehnt, solange das einschlägige Gesetz eine solche Auslegung nicht vorsah (*Antwerp, court of appeal,* 2. 3. 78, JDF 1979, 344; *Arret de la cour de cassation* v. 6.6.1987, FJF 1987, 68; v. 22.3.1990, FJF 1990, 95, s. *Malherbe/de Broe/Paramore/Lawton,* Intertax 1991, 88; *Verlinden,* ET 1993, 57). Der belgische Gesetzgeber hat darauf mit der Einfügung entsprechender Klauseln in besonders missbrauchsanfällige Steuerregelungen reagiert. 1993 wurde eine allgemeine Missbrauchsregelung geschaffen (Art. 344 Abs. 1 Code des Impôts sur les Revenus), deren Anwendungsbereich allerdings zunächst auf gewerbliche Einkünfte beschränkt war. Der Anwendungsbereich der Vorschrift ist erweitert und zuletzt mit Gesetz v. 24.2.2012 so reformiert worden, dass Steuerplanungsstrukturen schon dann als Missbrauch angesehen werden können, wenn sie dem Zweck des Steuergesetzes widerstreiten (s. *Michel/Offermanns,* ET 2012, 423; für Details s. auch das Circulair der belgischen Finanzverwaltung v. 4.5.2012, No. Ci. RH.81/616-0279, AFZ3/2012)). Ähnlich hat auch **Portugal** erst kürzlich eine allgemeine Missbrauchregelung eingeführt, bei deren praktischer Anwendung noch viele Unsicherheiten bestehen (Art. 38 Abs. 2 Ley

General Tributaria). **Spanien** hat die alte und nur schlecht funktionierende Anti-Missbrauchsregelung im Rahmen der Steuerreform 2003 durch eine neue Regelung ersetzt, die die Maßstäbe objektivieren soll, aber nach wie vor ein besonderes Feststellungsverfahren vorsieht (s. dazu *Palao,* BIFD 2004, 112). Die lateinamerikanischen Staaten haben häufig noch keine allgemeine Missbrauchbestimmung (Brasilien, Chile, Kolumbien, Mexiko, Venezuela), haben aber spezifische Regelungen gegen Missbrauch in ihr Recht aufgenommen und/oder planen die Einführung einer allgemeinen Missbrauchsbestimmung (so etwa Brasilien, wo die Finanzverwaltung jetzt schon ohne Rechtsgrundlage einen „business purpose test" anlegt). Das russische Steuerrecht kennt noch keine kodifizierte allgemeine steuerliche Missbrauchsklausel, stattdessen kommt eine Art von Substance-over-Form Doktrin zur Anwendung (*Fakthutdinov*, BIFD 2011, 591). Die Verwaltung ist bemüht, die Grenzen der Doktrin aufzuzeigen (zur Entwicklung s. *Afanasiev*, Intertax 2008, 14).

Der deutsche Gesetzgeber will sich mit einer Neufassung des § 42 AO im Rahmen des Jahressteuergesetzes 2008 vom abstrakten Begriff des Missbrauchs lösen und stärker auf die „Ungewöhnlichkeit" von Gestaltungen abstellen. Es ist derzeit noch nicht abzusehen, ob mit der Änderung der Vorschrift auch tatsächliche Änderungen in der Praxis verbunden sind (zur Neufassung s. *Carlé*, DStZ 2008, 653; *Crezelius,* DB 2007, 1423; *Brockmeyer,* DStR 2007, 1325; *Häuselmann,* BB 2007, 1533; *Hahn*, DStZ, 2008, 483; *Geerling/Gorbauch,* DStR 2007, 1703; *Leisner-Egensperger*, DStZ 2008, 358; *Schnitger,* IStR 2007, 729 (733); *Mack/Wollweber,* DStR 2008, 182; *Köhler/Tippelhofer,* IStR 2007, 681; *Wienbracke*, DB 2008, 664; *Heintzen*, FR 2009, 599).

Traditionell werden diese Regelungen als Anwendungsfälle einer allgemeinen **94**
Regel über das Verbot des Rechtsmissbrauchs verstanden. „Missbrauch" bezeichnet dabei nicht nur die rechtsdogmatische Einordnung, sondern ist häufig auch ein Tatbestandsmerkmal in den einschlägigen Gesetzen. Darüber hinaus verwenden das deutsche, österreichische und schweizerische Recht den Begriff der **Steuerumgehung.** Sie unterscheiden dadurch die nicht missbräuchliche, rechtlich hinzunehmende steuervermeidende Rechtsgestaltung von der **missbräuchlichen,** das Steuergesetz umgehenden. Rechtsfolge der Umgehung ist, dass das Rechtsgeschäft steuerlich nicht anerkannt wird; der Steuerpflichtige ist so zu besteuern, wie wenn er die sachlich angemessene rechtliche Gestaltung gewählt hätte.

Unter welchen Voraussetzungen ein Missbrauch vorliegt und wie häufig dies an- **95**
genommen wird, ist von Land zu Land unterschiedlich; zum Teil haben sich dabei im Laufe der Zeit auch die Akzente etwas verschoben. Zum Beispiel haben in **Frankreich** die französischen Gerichte die Missbrauchsvorschriften (insbes. Art. L.64 des franz. Steuerverfahrensgesetzes) ursprünglich nur sehr zögernd angewandt, was daran lag, dass sich die einschlägige Vorschrift ursprünglich nur gegen Scheingeschäfte (allerdings in einem vom deutschen Recht abweichenden Verständnis) richtete. Die Gerichte haben die Vorschrift später weiter ausgelegt (vgl. *Conseil d'État* req. n. 83.695 Dr. Fisc. 1973 comm. 643; req. n. 19.079 Dr. Fisc. 1981 comm. 2187, usw.) und auch Gestaltungen, die allein der Steuerersparnis dienen und keinen wirtschaftlichen Grund aufweisen, als erfasst verstanden. Auf dieser Grundlage hat der *Conseil d'État* in neuerer Zeit häufiger einen Missbrauch angenommen (*Conseil d'État* req. n. 19.169, Dr. Fisc. 1981 comm. 1990; req. n. 16.391, Dr. Fisc. 1983 comm. 355, concl. *Schricke;* req. n. 35.491, Dr. Fisc. 1985 comm. 453, concl. *Fouquet;* auch außerhalb des ausdrücklichen Gesetzeswortlauts: req. n. 38.230, Dr. Fisc. 1984 comm. 1278, concl. *Latournerie;* s. auch *Cozian,* Intertax 1991, 103; *Lambert,* ET 1991, 371; für einen Überblick s. *Moerman,* Intertax 1999, 50 und *ders.,* Intertax 1999, 284; zu einer Entscheidung des Verwaltungsgerichts Lille s. *Not,* TNI September 1999, 1044; ferner *Conseil d'État*

n. 247729, Dr. Fisc. 2004 comm. 849 und n. 2005–080715, Dr. Fisc. 2005 comm. 726 concl. Collin; s. dazu auch *Pons/Coirault-Quinquet,* ET 2005, 28; *Leclerq,* BIFD 2007, 235). In der Rs. *Janfin* (req. n. 260.050, Dr. Fisc. 2006 comm. 744) sprach sich der Conseil d'État für eine restriktive Auslegung der allgemeinen Missbrauchsvorschrift aus, erlaubte der Finanzverwaltung daneben aber die Anwendung des allgemeinen Rechtsgedankens des „fraus legis". In weiteren Entscheidungen hat das Gericht dann beide Rechtsgrundlagen in ihren Anwendungsbereichen aneinander angenähert. Daraufhin hat der Gesetzgeber 2008 Art. L.64 geändert, um den Anwendungsbereich zu erweitern.

96 **Österreich** kennt wie Deutschland eine allgemeine Umgehungsregel in § 22 BAO. Auffallend ist, dass trotz des identischen Wortlauts der österreichischen und deutschen Missbrauchsklausel sie in Österreich wesentlich restriktiver gehandhabt wird, was in diesem Fall auf unterschiedlichen rechtstheoretischen Traditionen beruht.

97 Ähnlich wie in Frankreich wurde in den **Niederlanden** früher Art. 31 des Allgemeinen Steuergesetzes nur selten angewandt und an seiner Stelle auf das allgemeine Prinzip des „fraus legis" zurückgegriffen (*Antal,* CDFI La 192, 203). Später hat die Bestimmung dagegen eine wichtige Rolle gespielt (*Hoge Raad,* Rolno. 20651, 20953, 20954, 20991, 21106, BNB 1982/242 bis 246), doch hat daneben auch das Prinzip des „fraus legis" seine Bedeutung behalten (z.B. *Hoge Raad,* Rolno. 25655, 25687 und 26306, BNB 1990/291 bis 293; auch *Arnhem,* Rolno. 399/1988 BNB 1990/225; vgl. auch: *van Brunschot,* ET 1988, 29; *Daniels,* Intertax 1989, 422; *Boekhorst,* ET 1993, 387). Seit 1988 wird Art. 31 AWB nicht mehr angewandt, was zumindest teilweise damit zu tun hat, dass die Vorschrift anders als die Anwendung von „fraus legis" ein besonderes Genehmigungsverfahren vorsieht. Fraus legis liegt vor, wenn eine Gestaltung gewählt wurde, die nicht zur Besteuerung führt, aber doch einem Steuertatbestand nahe kommt, der Steuerpflichtige die Gestaltung hauptsächlich aus steuerlichen Gründen gewählt hat und der Zweck der Steuergesetze verfehlt würde, wenn die Gestaltung Akzeptanz finden könnte.

98 In **Italien** wird das Prinzip des Rechtsmissbrauchs von den Gerichten zwar außerhalb des Steuerrechts grundsätzlich anerkannt, jedoch in Steuersachen kaum angewandt (*Maisto,* Intertax 1991, 93; *Morello,* Dir. e. Prat. Trib. 1991, Vol. LXII Nr. 1, 8; *Gangemi,* BIFD 1993, 522). 1988 hatte man versucht ein allgemeines Missbrauchsverbot im Steuerrecht zu kodifizieren, was aber dann angesichts der heftigen Kritik scheiterte. Die Verwaltung behalf sich mit einer Art wirtschaftlicher Betrachtungsweise; (ähnliches gilt für **Griechenland** (*Perrou,* Intertax 2006, 101)). Erst 1997 wurde eine allgemeine Missbrauchsvorschrift eingeführt, die einen Missbrauch annimmt, wenn keine anzuerkennenden wirtschaftlichen Gründe für eine Transaktion vorliegen. Da der Anwendungsbereich der Norm beschränkt war, bemühte sich das italienische Verfassungsgericht um weitere Rechtsgrundlagen und stützt seit dem Urteil v. 2.12.2008 (Rs. 30057) das Recht, missbräuchliche Gestaltungen zu verhindern, auf den verfassungsrechtlichen Grundsatz des Leistungsfähigkeitsprinzips.

98a In der **Schweiz** hat das Bundesgericht in jahrelanger Rechtsprechung den Begriff der Steuerumgehung geprägt. Das Gericht nimmt eine Steuerumgehung an, wenn das gewählte Vorgehen dem wirtschaftlichen Sachverhalt nicht entspricht, eine erhebliche Steuerersparnis eintreten würde, und der ungewöhnliche Weg nur aus Gründen der Steuerersparnis gewählt wurde (BGE 93 I 725; ASA 51 (1982/83), 505; ASA 54 (1985/86), 82; ASA 55 (1986/87), 134; ASA 64 (1995/1996), 82; ASA 66 (1997/98), 414). Sind diese Voraussetzungen erfüllt, ist der Besteuerung diejenige Rechtsgestaltung zu Grunde zu legen, die sachgemäß gewesen wäre, um den erstrebten wirtschaftlichen Zweck zu erreichen. Um Treaty-

Shopping-Strukturen besser begegnen zu können, stützt sich die Finanzverwaltung daneben stärker auf den Begriff des Nutzungsberechtigten (s. Rz. 120). Ferner hat das Schweizer Bundesgericht in einem Entscheid v. 28.11.2005 (*A. Holding ApS*, Az. 2A. 239/2005, ITLR 2006, 536) aus Art. 31 Abs. 1 WÜRV den Grundsatz des Verbots des Abkommensmissbrauchs entwickelt.

Trotz der unterschiedlichen Einordnung im angelsächsischen und im europäischen Rechtskreis gibt es auffällige **Ähnlichkeiten** in der Vorgehensweise und im Ergebnis (*Ward,* Business Purpose Test, S. 69; *Fischer,* StuW 1995, 94). In neuerer Zeit wirken auch Anregungen über die Grenzen der Systeme hinweg; so hat etwa die Ramsay-Entscheidung des *House of Lords* (s. Rz. 91a) entsprechende Überlegungen auf dem europäischen Kontinent angeregt (*Fischer* a. a. O.; *Böckli* in FS *Cagianut* (1990), S. 289). Inwieweit die Richter bereit sind, statt auf die äußere Form auf den wirtschaftlichen Gehalt eines Rechtsgeschäfts abzustellen, ist offenbar weniger eine Frage der zugrundeliegenden Dogmatik – „Missbrauch" oder „Substanz gegen Form" –, sondern viel stärker eine der Einstellung des jeweiligen Richters, bzw. der rechtlichen Tradition seines Landes (dazu ausführlich *Vogel,* Abkommensrecht, S. 341 ff.). Abgesehen davon besteht der einzige erkennbare Unterschied darin, dass die angloamerikanische Auffassung die Änderung des **Maßstabs** hervorhebt (statt auf die „Form" wird auf die „Substanz" abgestellt), dagegen die europäische Lehre auf den „Missbrauch" als deren wesentliche **Voraussetzung.** 98b

bb) Unionsrecht

Literatur: *Axer,* IStR 2007, 162; *Beimler,* StBp 2007, 357; *Bergmann,* StuW 2010, 246; *Böing,* Steuerlicher Gestaltungsmissbrauch in Europa (2006); *Cloer/Lavrelashvili/Biebl,* SWI 2007, 359; *Burgio,* Intertax 1991, 82; *CFE,* ET 2008, 33; *Domschat,* Die deutsche Vorschrift zur Verhinderung von Abkommens- und Richtlinienmissbrauch und ihre Vereinbarkeit mit Unionsrecht (2011); *Douma/Engelen,* BTR 2006, 429; *Evers/de Graaf,* EC Tax Review 2010, 238; *Gille,* IStR 2007, 194; *Hahn,* ÖStZ 2006, 399; *ders.,* IStR 2007, 323; *ders.,* IStR 2010, 638; *Hilling,* Intertax 2013, 294; *Karimeri,* Intertax 2011, 296; *Kavelaars,* WFR 2011/1177; *Kraft/Bron,* RIW 2006, 209; *Köhler/Tippelhofer,* IStR 2007, 681; *Kokott,* FR 2008, 1041; *Lang,* Cadbury Schweppes' Line of Case Law from the Member States' Perspective, in de la Feria/Vogenauer (Hrsg.), Prohibition of Abuse of Law. S. 435; *ders.,* ET 2011, 223; *Lohse,* BB 2006, 2222; *Martin Jimenez,* BIT 2012, 270; *Poulsen,* Intertax 2013, 230; *Piantavigna,* EC Tax Review 2011, 134; *van Raad/Rouwers/Simonis,* WFR 1997, 1239; *Rädler,* ET 1994, 311; *Ruiz Almendral,* Intertax 2005, 562; *Saß,* DB 1997, 2250; *Schönfeld,* IStR 2012, 215; *Thiele,* IStR 2011, 452; *Tumpel,* in FS Loukota, 2005, 585; *Vanistendael,* EC Tax Review 2006, 4; *ders.,* EC Tax Review 2006, 192; *van der Vegt,* WFR 2009, 761; *Weber,* EC Tax Review 1996, 63; *ders.,* S. 1 ff.; *ders.,* ET 2013, 251 und 313; *Zalasinski,* ET 2012, 446. 99

EU-Dokumente: *EU Commission,* Communication on concrete ways to reinforce the fight against fraud and tax evasion including in relation to third countries, 27.6.2012, COM(2012)351final.

Auch im **Recht der Europäischen Union** finden sich für die direkten Steuern Bestimmungen über die Steuerumgehung, nicht aber Definitionen des Begriffs; EG-Richtlinien 90/434 bzw. 2005/19 („Fusionsrichtlinie"), Präambel Ziff. 9 und Art. 11 Abs. 1 Buchst. a; 90/435 („Mutter-Tochter-Richtlinie"), Art. 1 Abs. 2 und 2003/48 („Richtlinie für Zahlungen von Zinsen und Lizenzgebühren zwischen verbundenen Unternehmen"), Art. 5; dazu *Burgio,* Intertax 1991, 82; *Rädler,* ET 1994 311; *Bergmann,* StuW 2010, 246 zur Mutter-Tochter-RL; *Hahn,* IStR 2010, 638 zur Zins/Lizenzgebühren-RL. Zum Teil verweisen diese Vorschriften auf das innerstaatliche Recht, zum Teil haben sie einen genuin europäischen Inhalt, so dass sich aus diesen Vorschriften schwerlich ein allgemeiner Rechtsgrundsatz ableiten lässt. In der Rechtssache *Leur-Bloem* hatte der EuGH (EuGH v. 17.7.1997, Rs. C-28/95 Slg. 1997-I, 4161; vgl. auch EuGH v. 11.12.2008, Rs. C-285/07 – *A. T.,* 99a

Slg. 2008, I-9329) über die Auslegung des Art. 11 der Fusionsrichtlinie zu entscheiden. Die Ausführungen sind insofern von allgemeiner Bedeutung als hier der EuGH deutlich macht, dass sich die nationalen Gesetzgeber der Mitgliedsstaaten nicht darauf beschränken dürfen, allgemeine Missbrauchskriterien vorzugeben. Vielmehr muss jeder Fall einer Einzelprüfung und der gerichtlichen Kontrolle zugänglich sein. Ferner ist besonders der Verhältnismäßigkeitsgrundsatz zu beachten (s. dazu *Weber,* EC Tax Review 1996, 63; *van Raad/Rouwers/Simonis,* WFR 1997, 1239; *Saß,* DB 1997, 2250; s. auch EuGH v. 5.7.2012 Rs. C-318/10, SIAT u. n. v.). Andererseits hat der EuGH in dieser Entscheidung auch deutlich gemacht, dass der alleinige Zweck, durch einen Anteilstausch in den Genuss der steuerlichen Verlustverrechnung zu kommen, nicht als anzuerkennender wirtschaftlicher Grund in Betracht kommt (s. auch EuGH v. 5.7.2007, Rs. C-321/05, *Kofoed;* dazu *Zalusinski,* ET 2007, 571; ferner EuGH v. 10.11.2011, Rs. C-126/10, *Foggia*: Art. 11 Abs. 1 der Fusionsrichtlinie bringe ein allgemeines EU-Rechtsprinzip zum Ausdruck). Das am 12.12.2006 verkündete SEStEG (BGBl. I 2006, 2782) setzt die 2005 geänderte Fusionsrichtlinie (s. dazu *Aurello,* Intertax 2006, 333) um und regelt in diesem Zusammenhang mehrere „Missbrauchstatbestände". Zumindest bei einigen davon ist fraglich, ob sie mit Art. 11 der Fusionsrichtlinie vereinbart werden können (s. dazu *Gille,* IStR 2007, 194). Die Umsatzsteuerrichtlinien enthalten keine speziellen Missbrauchsvorschriften, allerdings steht auch das Umsatzsteuerrecht wie das gesamte europäische Recht unter einem Missbrauchsvorbehalt (EuGH v. 14.12.2000, Rs. C-110/99, *Emsland Stärke GmbH,* Slg. 2000-I, 11569; EuGH v. 21.2.2006, Rs. C-255/02, *Halifax plc,* Slg. 2006-I, 1609). Die Gestaltung muss mit dem Gesetzeszweck vereinbart werden können und schon ein sinnvoller wirtschaftlicher Grund kann die Gestaltung rechtfertigen. Es bleibt allerdings offen, ob schon ein irgendwie gearteter wirtschaftlicher Grund ausreicht oder ob es einer Abwägung der gegenstreitigen Interessen bedarf (s. *Douma/Engelen,* BTR 2006, 429; *Lohse,* BB 2006, 2222; *Vanistendael,* EC Tax Review 2006, 192).

99b Einen Ansatz zu einer europarechtlichen Missbrauchsdoktrin im Bereich der direkten Steuern enthält die Entscheidung des EuGH in der Rs. *Futura* (EuGH, Rs. C-250/95 Slg. 1997-I, 2471; vgl. auch EuGH v. 30.9.2003, Rs. C-167/01 – *Inspire Art Ltd.,* Slg. 2003-I, 10155). Diesen hat der EuGH weiterentwickelt und neuerdings in der Entscheidung *Cadbury Schweppes* (EuGH v. 12.9.2006, Rs. C-196/04, Slg. 2006-I, 7995; s. auch EuGH v. 13.3.2007, Rs. C-524/04, Test Claimants in the Thin Cap Group Litigation, Slg. 2007 – I, 02107) zu einem vorläufigen Abschluss gebracht. Im Grundsatz schützt demnach die Niederlassungsfreiheit auch die Auslagerung von Funktionen in niedrigbesteuernde Mitgliedsstaaten. Ein Missbrauch ist nur dann anzunehmen, wenn es sich um rein künstliche Gestaltungen handelt, die subjektiv und objektiv zur Steuerumgehung bestimmt sind. Dementsprechend muss eine ausländische Niederlassung oder Tochter am wirtschaftlichen Leben ihres Ansässigkeitsstaates tatsächlich teilnehmen, anzuerkennende wirtschaftliche Tätigkeiten entfalten und wirtschaftliche Substanz aufweisen (s. dazu näher *Meussen,* ET 2007, 13; *Köplin,* BB 2007, 244; *Kraft/Bron,* IStR 2006, 614; *Wassermeyer,* GmbHR 2006, 1065; *Wimpissinger,* SWI 2006, 559; *Vanistendael,* EC Tax Review 2006, 192; *Hahn,* IStR 2007, 667; zu den sich daraus ergebenden Steuerplanungsmöglichkeiten *Waldeus/Sedemund,* IStR 2007, 450). Das BMF hat in einem Schreiben vom 8.1.2007 (BStBl. I 2007, 99) auf die Entscheidung reagiert. Es fordert eine aktive, ständige und nachhaltige Tätigkeit, um die Hinzurechnungsbesteuerung nicht zur Anwendung kommen zu lassen (Tz. 2a). Das geht deutlich über das hinaus, was der EuGH an einer Teilnahme am wirtschaftlichen Leben des Ansässigkeitsstaats versteht. Nach dem EuGH ist es völlig unerheblich, ob die ausländische Gesellschaft aktive oder passive Tätigkeiten ausübt. Ferner dürfen mit Ständigkeit und Nachhaltigkeit keine überspannten Voraussetzungen verbunden werden, mehr als eine gewisse Dauer der Tätigkeit lässt sich nicht fordern. Tz. 2b des Schreibens verlangt ferner, dass am Sitz der Zwischengesellschaft geschäftsleitendes und anderes Personal beschäftigt wird. Das wird als allgemeine Forderung akzeptiert werden können, sicherlich zu weit geht aber Tz. 2c, in der zusätzlich eine Qualifikation des Personals verlangt wird, das die Gesellschaft in die Lage versetzt, die zugeordneten Aufgaben selbständig wahrzunehmen. Sollte solches Personal nicht vorhanden sein, wird sich vielmehr die Frage stellen, ob sich nicht die Geschäftsleitung im Inland befindet. Schließlich müssen die Aktivitäten der Zwischengesellschaft ursächlich für die Einkünfteerzielung sein (Tz. 2d), ihr muss im Rahmen interner Geschäftsbeziehungen wertschöpfende Bedeutung zukommen (Tz. 2e) und sie muss eine angemessene Kapitalausstattung aufweisen (Tz. 2f). Zumindest letzteres lässt sich kaum mit der EuGH-Rechtsprechung vereinbaren (s. dazu auch *Köplin/Sedemund,* BB 2007, 244). Der deutsche Gesetzgeber hat inzwischen den Entwurf einer Neufassung des § 8 Abs. 2 AStG vorgelegt (s. dazu *Goebel/Palm,* IStR 2007, 720; *Schnitger,* IStR 2007, 729).

In der Rs. *Columbus Container Services BVBA & Co.* (U. v. 6.12.2007, Rs. **99c** C-298/05, Slg. 2007-I, 10155) hätte der EuGH Gelegenheit gehabt, diese Rechtsprechung zu verfestigen und weiter zu entwickeln. Der Generalanwalt ging in seinen Schlussanträgen v. 29.3.2007 noch davon aus, dass § 20 Abs. 2 und 3 AStG nicht mit der Niederlassungsfreiheit vereinbart werden kann (s. dazu die Anm. von *Franck,* IStR 2007, 489; zum Entwurf des § 20 Abs. 2 AStG in der Fassung des Jahressteuergesetzes 2008 s. noch *Kaminski/Strunk/Haase,* IStR 2007, 726). Allein die Tatsache, dass eine Personengesellschaft im Ausland hauptsächlich passive Tätigkeiten ausübt, könne den Wechsel von der Freistellungsmethode zur Anrechnungsmethode und die damit verbundene höhere Steuerbelastung nicht rechtfertigen und auch die Bekämpfung des schädlichen Steuerwettbewerbs sei nicht geeignet, die Einschränkung der Freiheit zu rechtfertigen. Der EuGH hingegen hebt allein auf die mutmaßliche Gleichbehandlung von Steuerinländern mit inländischen bzw. ausländischen Einkünften bei Anwendung der Anrechnungsmethode ab. Er übersieht, dass eine Ungleichbehandlung zwischen Steuerinländern stattfindet, je nachdem ob sie aktive oder passive Einkünfte erzielen. Auffallend ist auch, dass der EuGH irrigerweise auf die Vermeidung der Doppelbesteuerung abhebt, die hier nicht im Vordergrund steht, und den primären Missbrauchbekämpfungscharakter des § 20 Abs. 2 und 3 AStG nicht berücksichtigt. Die EU-Kommission hat im Übrigen die Mitgliedsstaaten dazu aufgerufen ihre Missbrauchsregelungen zu überprüfen und diese besser an die Vorgaben des europäischen Rechts anzupassen (a. a. O. oben Rz. 89c). In der verwaltungsrechtlichen und gerichtlichen Praxis der Mitgliedsstaaten lässt sich der Einfluss des Unionsrechts auf die Anwendung der nationalrechtlichen Missbrauchsvorschriften in der Tat nachweisen (s. etwa *Lombardi,* ECTR 2008, 291 zur Rechtsprechung der italienischen Gerichte).

Der Vorschlag einer **Richtlinie über eine Gemeinsame konsolidierte Kör- 99d perschaftsteuer-Bemessungsgrundlage (GKKB)** (SEK(2011)315 und 316) enthält mehrere Missbrauchsvorschriften, die man als Ergebnis der Rechtsprechungsentwicklung und rechtsvergleichender Analysen ansehen kann. Art. 80 GKKB enthält zunächst eine allgemeine Vorschrift zur Verhinderung von Missbrauch, die auf den ausschließlichen Steuervermeidungszweck abhebt. Die Vorschrift stellt aber auch klar, dass der Stpfl. die freie Wahl zwischen ihm zur Verfügung stehenden Gestaltungen hat, auch wenn eine davon steuergünstiger sein sollte (*Lang,* ET 2011, 223). Art. 81 GKKB regelt Beschränkungen des Abzugs von Zinsen im Verhältnis zu Drittstaaten. Danach sind Zinsen nicht abzugsfähig, wenn sie im Staat des Empfängers niedrig besteuert werden. Art. 82 GKKB sieht eine Art der Hinzurechnungsbesteuerung vor. Auch hier ist bei einer Beteiligung von mehr als 50% die niedrige Besteuerung Voraussetzung; ferner muss die Zwischengesellschaft passive Einkünfte erzielen. Die Besteuerung gilt allgemein als niedrig, wenn der anwendbare Steuersatz niedriger als 40% des EU-Durchschnittsatzes ist. Art. 73 GKKB enthält eine Switch-over-Klausel. Danach kommt die Freistellungsmethode nicht zur Anwendung, wenn die in Frage stehenden Einkünfte einer niedrigen Steuerbelastung unterliegen. Schließlich erfasst die Richtlinie mehrere Fälle der Übertragungen von Wirtschaftsgütern, die dazu dienen könnten, die stillen Reserven in niedrigbesteuernde Drittländer zu verschieben (Art. 75, 94 Abs. 5 GKKB).

3. Steuerumgehung im Internationalen Steuerrecht

100 **Literatur:** *Aigner,* SWI 2007, 31; *Arnold,* BIFD 2004, 244; *Arnold/Dibout,* CDFI, Vol. LXXXVIb (2001), 21 und die Nationalberichte dort; *Arnold/van Weeghel,* S. 81; *Becker,* DStJG 4 (1985),; *ders.,* ET 1988, 383 ff.; *Becker/Wurm,* S. 1 ff.; *Bender,* WFR 2011/539; *Bracewell-Milnes,* S. 1 ff.; *Boidman,* Intertax 1989, 369; *de Broe,* S. 1 ff.; *ders., u. a.,* BIT 2011, 375; *Van Brunschot,* S. 50; *Van Busekist,* GmbHR 2006, 132; *Couzin,* ISR 2012, 10; *Freitas de Moraes e Castro,* BIT 2012, 300; *Goyette,* CTJ 2003, 764; *Candu,* S. 187; *De Graaf,* MBB 2007, 76; *ders.,* EC Tax Review 2008, 12; *Grotherr,* IWB F. 3 Gr. 2, 1281 (2006); *Guttentag,* BIFD 1984, 3; *Hundt,* in FS Debatin, S. 153; *Jung,* ET 2011, 230; *Kammeter,* IWB 2013, 720; *Kosters,* APTB 2013, 5; *Kraft,* S. 1 ff.; *ders.,* in Grotherr, Handbuch der Internationalen Steuerplanung, S. 1263; *Lampreave,* BIFD 2013, 49; *Lang,* ÖJT Bd. III/2, Steuerrecht (1999), S. 9; *van der Lans,* TMIJ 2012, 497; *LeGall,* Intertax 1989, 364; *Li/Sandler,* CTJ 1997, 891; *Linn,* IStR 2010, 542; *Loukota,* ÖStZ 1990, 2; *Lüthi,* Intertax 1989, 336; *Lutz,* S. 1 ff.; *Maisto,* in FS Ward, 325; *Matteotti,* ASA Bd. 75 (2007), 767; *Meredith,* CTF 20:1; *Nikolakakis,* in FS Ward, 343; *Oellerich,* IWB 2013, 33; *Patrick,* BIFD 1983, 105; *Prang/Willkommen,* IWB 2012, 337; *Roderburg/Rode,* IStR 2013, 149; *Rosenbloom,* S. 763; *Roser,* GmbHR 2004, 1239; *Rudolf,* S. 1 ff.; *Sasseville,* in FS Loukota, 451; *Schaumburg,* in FS Frotscher (2013), 503; *Schönfeld,* in Baumhoff/Schönfeld, Doppelbesteuerungsabkommen 2012, 137; *Spierts,* MBB 2012, 270; *Tydeman-Yousef,* WFR 2014, 3; *von Uckermann,* S. 1 ff.; *Vitko,* BIT 2013, No. 1; *Ward,* Intertax 1995, 176; *Van Weeghel,* ET 1996, 139; *ders.,* S. 1 ff.; *ders.,* CDFI Vol. 95a (2010), 17 sowie die dort abgedruckten Nationalberichte; *van Weeghel/de Boer,* BIFD 2006, 358; *van Weeghel/Emmerink,* BIT 2013, 428; *Zimmer,* BIFD 2005, 25; TNI Oktober 1990, 1010; s. ferner die Literatur o. Rz. 88.

101 **a) Erscheinungsformen. Innerstaatliches Recht und Abkommensrecht:** Natürlich werden auch Doppelbesteuerungsabkommen, oder genauer: die rechtlichen Möglichkeiten, die sich aus ihnen ergeben, für Zwecke der Steuerplanung genutzt. Vielfach sind Gestaltungen darauf angelegt, den Schutz eines Abkommens zu erlangen, das an sich für den Steuerpflichtigen nicht gilt, weil er nicht in einem Vertragsstaat ansässig ist; hierfür hat sich die Bezeichnung **„Treaty Shopping"** eingebürgert (s. dazu *Schaumburg,* Rz. 16.127; *Kluge,* R 101 ff.; Wassermeyer/*Wassermeyer,* Art. 1 MA Rz. 65; *Matteotti,* ASA 75 (2007), 767). Steuergestaltungen können aber auch darauf gerichtet sein, im Zusammenhang eines Abkommens, dessen Anwendung außer Zweifel steht, die Voraussetzungen einer bestimmten Verteilungsnorm herbeizuführen statt derer einer anderen, z. B. der Verteilungsnorm für Zinsen, die eine Abzugssteuer in Quellenstaat untersagt, statt derer für Dividenden, die eine Quellensteuer gestattet. Solche Strategien ließen sich entsprechend als **„Rule Shopping"** bezeichnen (s. dazu *Schaumburg,* Internationales Steuerrecht, Rz. 16.128; *Kluge,* R 101 und R 110 ff.; Wassermeyer/*Wassermeyer,* Art. 1 MA Rz. 68; *Küsell,* RIW 1998, 217 (218)). In der öffentlichen Diskussion steht derzeit das Treaty Shopping im Vordergrund; auch das Rule Shopping ist aber nicht selten. Beide Gestaltungen sind, wie Steuerplanung überhaupt, grundsätzlich zulässig, aber wie jede Steuergestaltung können sie an Grenzen stoßen, jenseits derer sie nicht mehr annehmbar sind. Der kanadische Tax Court hat hierzu treffenderweise ausgeführt, dass der Wegzug in einen anderen Vertragsstaat und die damit verbundene Geltendmachung der Abkommensrechte der DBA dieses Staates

nicht als Missbrauch angesehen werden kann. Ein Missbrauch ist erst bei Geltendmachung der Abkommensrechte innerhalb des anwendbaren DBA zu prüfen (Tax Court of Canada, MIL (Investments) S. a. v. R., 2006 TCC 460). Das würde allerdings bedeuten, dass das „treaty shopping" niemals einen Missbrauch darstellen könnte. Man wird die Entscheidung so verstehen müssen, dass die Tatsache des Wegzugs allein noch keinen Missbrauch darstellen kann, es müssen vielmehr noch weitere Umstände hinzukommen.

Der Steuerausschuss der OECD hat sich mit solchen Gestaltungen in zwei Be- **102** richten von 1980 und 1987 befasst (s. o. Rz. 88), deren wesentliche Ergebnisse in den MA-Komm. 92, zu Art. 1 Ziff. 7 ff., eingegangen sind. Ausgangspunkt des Steuerausschusses ist dabei, dass DBA nicht die Steuerumgehung oder -hinterziehung erleichtern sollen. Es wird daher grundsätzlich begrüßt, wenn die Vertragsstaaten Missbrauchsklauseln in ihre DBA aufnehmen. Der MA-Komm. liefert einige Anhaltspunkte (ausdrücklich nicht Empfehlungen) dafür, wie solche Klauseln aussehen können. Der MA-Komm. ist allerdings sehr darum bemüht, dass solche Missbrauchsklauseln so eingeschränkt werden, dass sie nicht auch bei „echten wirtschaftlichen Tätigkeiten" zur Anwendung kommen (sog. bona-fide-Klauseln). Während der Steuerausschuss in den genannten Berichten keine Textvorschläge für Missbrauchsklauseln machen wollte, ist neuerdings eine „angemessene Klarstellung" im MA in Aussicht gestellt (s. *OECD,* Harmful Tax Competition, Ziff. 119, 120). Ferner soll im MA-Komm. die Anwendbarkeit nationaler Missbrauchsklauseln bzw. entsprechender Rechtsinstitute klargestellt werden *(OECD,* Harmful Tax Competition, Ziff. 121 ff.). Der MA-Komm. 2003 hat diesen Vorgaben aufgrund eines Berichts des Steuerausschusses mit dem Titel „Restricting the Entitlement to Treaty Benefits" (abgedruckt in Issues in International Taxation, Part I, 2003, 7 ff.) durch einige Einfügungen und Änderungen Rechnung getragen (s. dazu *Martín Jimenez,* BIFD 2004, 17, und unten Rz. 119 ff.).

Wenn aber keine der vorgeschlagenen Spezialvorschriften einschlägig ist, ist nach **103** **allgemeinen** Regeln zu fragen, ob die **inländischen** Vorschriften über „Missbrauch" oder „Substanz gegen Form" auch in Fällen von Doppelbesteuerungsabkommen angewandt werden können. In Kanada stellt das Gesetz bereits klar, dass die allgemeine Missbrauchsklausel (GAAR) auch im Bereich des Abkommensrechts anwendbar sein soll. Aber auch ohne spezielle Rechtsgrundlage haben die **Gerichte** dies meist ohne Zögern getan. So lehnte der *Tax Court* der Vereinigten Staaten im Fall Aiken die im DBA vorgesehene Freistellung von Zinsen ab (Aiken Industries v. CIR, 56 Tax Court 925 (1971): *DBA USA/Honduras;* ähnlich Del Commercial Properties Inc. v. CIR, 251 F. 3d 210 (dazu *Glicklich/Miller* CTJ 2001, 1076); s. andererseits aber auch Northern Indiana Public Service Co. v. CIR, 115 F.3d 506 (7th. Cir. 1997)). Im Fall des Boxweltmeisters Ingemar Johansson weigerte sich der *Court of Appeals of the 5th Circuit* (336 F. 2d 809 [1964]) aus ähnlichen Gründen, das *DBA Schweiz/USA* anzuwenden. Der kanadische Tax Court sieht prinzipiell kein Hindernis, die inländische Vorschrift gegen Missbrauch im Anwendungsbereich eines DBA anzuwenden, da auch diese nach Sinn und Zweck der Vorschriften auszulegen seien *(MIL (Investments)* 2006 TCC 460); allerdings gelte das nur, wenn das in Frage stehende Abkommen hierfür Raum lasse (s. dazu auch *Aigner,* SWI 2007, 31). Im gleichen Sinn haben französische, deutsche, dänische und schweizerische Gerichte entschieden (*Conseil d'État* req. n. 33.831, Dr. Fisc. 1983 comm. 1621, concl. *Schricke: DBA Frankreich/Schweiz;* Conseil d'État req. N. 247.729, „*Société Pléiade*"; BFH BStBl. II 1977, 268 (269); BStBl. II 2003, 869: beide: *DBA Schweiz;* FG Köln, DStRE 2001, 700: *DBA Großbritannien; Østre Landsret* R&R 1995, 28; *SchweizBG* E Bd. 110 Ib 1984, 287: *DBA Niederlande/Schweiz,* ASA 57 (1988/89), 667: *DBA Portugal/Schweiz;* s. zu der erstgenannten Entscheidung: *Ryser,* StRev 1985, 229; *Truog,* Intertax 1985, 190; über eine

Entscheidung des dänischen *Vestre Landsret* berichtet *Kesti,* ET 1989, 19, über eine Entscheidung des norwegischen *Hoyesterett* – mit der bemerkenswerten Überlegung, eine ausschließlich zu Subventionszwecken errichtete Gesellschaft diene nicht der Steuerumgehung und sei daher steuerlich anzuerkennen – s. *Sollund,* ET 1993, 232; zu Österreich s. die Erkenntnisse des VwGH v. 10.12.1997, 93/13/0185, ÖStZB 1998, 568: *DBA Österreich/Niederlande;* v. 26.7.2000, 97/14/0070, ÖStZ 2000, 525: *DBA Österreich/Schweiz;* v. 9.12.2004, 2002/14/0074: *DBA Österreich/Irland;* kritisch dazu *Aigner,* SWI 2007, 32; der österreichische VwGH macht dabei keinen Unterschied, ob ein DBA besteht oder nicht, vgl. etwa Entsch. v. 1.10.2008, 2006/13/0036, SWI 2009, 50 zur Zwischenschaltung einer Gesellschaft auf den Kanalinseln; s. ferner die Entscheidung des finnischen obersten Gerichtshofes KHO/2002/26, 4 ITLR 2002, 1070: *DBA Finnland/Belgien*). Der oberste Gerichtshof Südkoreas hat in einem Fall der Zwischenschaltung einer Gesellschaft, die der Vermeidung der Besteuerung von Gewinnen aus der Veräußerung unbeweglichen Vermögens diente, die innerstaatliche Missbrauchsvorschrift angewandt und die Transaktionen als missbräuchlich eingeordnet, da die Zwischenschaltung offensichtlich allein der Steuervermeidung diente (Entsch. v. 26.4.2012 – La Salle Asia Recovery International LLP and another v. Director of the Jongro District Tax Office, APTB 2013, 55: *DBA Südkorea/Belgien*).

103a Ihnen folgend wenden auch die **Steuerverwaltungsbehörden** die Grundsätze des innerstaatlichen Rechts über „Missbrauch" und „Substanz gegen Form" auf Doppelbesteuerungsabkommen an, so in den USA der *IRS* in Fortführung der Aiken-Entscheidung durch Rev. Rul. 84–152 und 84–153, sodann 1994 durch den Erlass von *proposed „conduit" regulations* auf der Grundlage der sec. 7701 (1) IRC (dazu *Turro,* TNI 1994, 1351; *Fuller,* TNI October 1994, 1391; *Spector/Stearns,* TNI November 1994, 1623; *North,* BIFD 1995, 254), auch durch die Einbeziehung grenzüberschreitender Gestaltungen in die final partnership anti-abuse regulations (s. *Fuller,* TNI January 1995, 395); in Deutschland das Bundesamt für Finanzen für die niederländischen Gewinndurchleitungsgesellschaften („Conduit Companies"; s. *Höppner* in Haarmann, Die beschränkte Steuerpflicht, 1993, 1; *Pöllath,* TPI 1992/7, 6, 12; vgl. auch z.B. FG Köln EFG, 1996, 324: *DBA Niederlande 1959*). Vielen dieser Entscheidungen ist zwar im **Ergebnis** zuzustimmen, **nicht** aber darin, dass sie inländische Regelungen gegen Steuerumgehung ohne weitere Begründung auf **völkerrechtliche Verträge** anwenden. Zutreffend, wenngleich nicht nach völkerrechtlichen Missbrauchsgrundsätzen fragend, hat daher in drei Entscheidungen der *Hoge Raad* die von der Finanzverwaltung verlangte Anwendung innerstaatlicher Missbrauchsgrundsätze auf ein Doppelbesteuerungsabkommen **abgelehnt** (Rolno. 29296, BNB 1994/259: *DBA Niederlande/USA;* Rolno. 28734, BNB 1994/294 concl. *Verburg,* und Rolno. 29531, BNB 1995/150 concl. *van Soest:* beide *DBA Belgien/Niederlande;* dazu *van de Wetering,* WFR 1994, 492, *Hofland/van Raad,* TNI June 1995, 2121; im Bereich des BRK im Verhältnis zu den niederländischen Antillen wendet der Hoge Raad allerdings fraus legis an, s. etwa BNB 1986/127, 1990/45, 1994/252). Die Auffassung des *Hoge Raad* findet auch in der Literatur Unterstützung, vor allem *van Brunschot* hat sich in einem grundlegenden Aufsatz dagegen gewandt, dass allgemeine Missbrauchsklauseln des nationalen Rechts Auswirkungen auf das Abkommensrecht haben könnten (*van Brunschot,* van Dijkbundel, 50; ähnlich *Kraft,* S. 21).

104 Man muss jedenfalls zunächst unterscheiden: auch in Doppelbesteuerungsfällen wird **innerstaatliches** Recht angewandt, aber begrenzt durch die Normen der DBA (s. Rz. 36). Soweit Steuerplaner solche innerstaatlichen Vorschriften missbräuchlich ausnutzen, spricht nichts gegen eine Anwendung des innerstaatlichen Rechts zur Bekämpfung solcher Steuerumgehung. So hat zum Beispiel der *Tax Court* im Fall Aiken ausdrücklich hervorgehoben, dass die honduranische Gesellschaft – eine Tochtergesellschaft – anerkannt werden müsse; er hat ihr auch nicht die Abkommensberechtigung abgesprochen. Er entschied aber, dass im Sinne der einschlägigen Bestimmungen des amerikanischen Einkommensteuerrechts die Zinsen nicht der Tochtergesellschaft zugeflossen seien („received by"), sondern der Muttergesellschaft auf den Bahamas. Mit anderen Worten, das Gericht wandte eine Bestimmung des inländischen Rechts, nicht des DBA, entsprechend der wirtschaftlichen Bedeutung („substance") des Rechtsgeschäfts an. Ebenso hat der *Hoge Raad* in mehreren Entscheidungen zu der die steuerlichen Beziehungen der Niederlande zu den niederländischen Antillen regelnden, in ihrer Funktion einem DBA entsprechenden *Belastingregeling voor het Koninkrijk* missbräuchliche Gestaltungen schon zivilrechtlich nicht anerkannt (Rolno. 23031, BNB 1986/127 i.V.m. Rolno. 25451, BNB 1990/45, beide concl. *van Soest;* Rolno. 28293, BNB 1994/252 concl. *Verburg*). Entsprechend erkannte auch der BFH in einer Reihe von Entscheidungen zwar die Existenz einer Tochtergesellschaft an, er behandelte aber die an sie geleisteten Zahlungen so, als seien sie an die Muttergesellschaft geleistet worden (st. Rspr., s. schon BFH BStBl. II 1975, 553 (555): *DBA Schweiz;* BStBl. II 1984, 605; aus der neueren Rspr. s. zu den maßgebenden Rechtsfragen besonders: BStBl. II 1992, 1026; II 1992, 1029; II 1993, 84; BFH/NV 1993, 416; BStBl. II 1998, 235). Im so genannten Stiftungsurteil hat der BFH (BStBl. II 1998, 163: *DBA Niederlande 1959*/80; vgl. auch FG Hessen EFG 1997, 538) Finanzierungskosten im Ergebnis nicht zum Abzug zugelassen, weil die dazwischengeschobenen niederländischen Gesellschaften keine eigene wirtschaftliche Funktion hatten, und hat die Einkünfte deshalb der Alleingesellschafterin, einer niederländischen Stiftung, direkt zugerechnet. Der BFH führt vor allem das Argument an, die nach inländischen Grundsätzen erfolgte Zurechnung von Einkünften werde durch das DBA nicht beschränkt (ähnlich BFH BStBl. II 1990, 113; BStBl. II 1998, 235; s. auch Wassermeyer/*Wassermeyer,* Art. 1 MA Rz. 49, 58; *Kinzl,* IStR 2007, 561). Ähnlich argumentiert der ÖstVwGH (ÖStZB 1998, 568: *DBA Österreich/Niederlande;* ÖStZ 2000, 525*: DBA Österreich/Schweiz*): Es komme für die Frage, ob Einkünfte einer niederländischen Kapitalgesellschaft oder deren Anteilseigner zuzurechnen seien, auf die österreichischen Zurechnungskriterien an (s. dazu *Loukota,* SWI 1998, 105; *Lang,* SWI 1998, 216; *Hügel/Grabitz,* SWI 1998, 407; zur Behandlung höchstpersönlicher Tätigkeiten ÖstBMF, EAS 3059 v. 23.4.2009, SWI 2009, 267). Anders hat aber der kanadische Court of Appeal entschieden (FCA v. 13.7.2012, „Sommerer", 2012 FCA 207: *DBA Kanada/Österreich*). Innerstaatliche Zurechnungsvorschriften könnten nur dann im Rahmen eines DBA zur Anwendung kommen, wenn ein zulässiger treaty override vorliege; das sei allerdings dann nicht der Fall, wenn der override nicht ausdrücklich gewollt ist.

Jedenfalls bedarf es insoweit eines Vorbehalts. Der internationale Trend, auf die **105**
innerstaatlichen Einkünftezurechnungsvorschriften in ausdrücklicher oder stillschweigender Verbindung mit den allgemeinen Missbrauchsgrundsätzen abzustellen (wie z.B. im Fall *Aiken* (o. Rz. 103)) mit dem Schluss, dass bestimmte Zahlungen einem anderen Steuerpflichtigen zugeflossen sind, als dies nach dem Zivilrecht der Fall ist, muss differenziert betrachtet werden. In diesen Fällen wird damit argumentiert, dass die DBA keine Zurechnungsregeln enthalten und deshalb die innerstaatlichen Regeln zur Anwendung kommen können. Das ist allerdings in dieser Allgemeinheit nicht richtig. Insbesondere der Begriff des Nutzungsberechtigten, der selbst eine Zurechnungsvorschrift darstellt, enthält Limitierungen solcher Zurechnungen. Der relativ enge Begriffsinhalt schließt die Anwendung von innerstaatlichen Zurechnungsregeln für den Regelfall aus. Inwieweit diese Einschränkung verallgemeinert werden kann, hängt allerdings davon ab, ob der Begriff des Nutzungsberechtigten nur bei Dividenden, Zinsen und Lizenzgebühren zur Anwendung kommt, wo er ausdrücklich normiert ist, oder ob er als allgemeiner

Rechtsgedanke auch bei anderen Einkünften wie Mieteinkünften Bedeutung erlangt. Im Übrigen bedarf es trotz der innerstaatlichen Zurechnung zusätzlich der Anwendung einer allgemeinen Missbrauchsklausel, um die zwischengeschaltete Person nicht als Nutzungsberechtigten ansehen zu können. Letztlich kommt es somit doch auf die Frage an, inwieweit allgemeine Missbrauchsgrundsätze des nationalen Rechts auch im Abkommensrecht Anwendung finden können.

106 **b) Lösungsstufen:** Über Anerkennung oder Nichtanerkennung von Steuergestaltungen im Bereich des internationalen Steuerrechts lässt sich demnach nicht durch Anlegung eines einheitlichen Maßstabs entscheiden. Vielmehr ist ein differenzierender, sogar mehrfach differenzierender Zugang geboten. Vier Ebenen sind dabei zu unterscheiden. Die Erste ist die der **Tatsachen,** die nach steuerlichen Bedürfnissen gestaltet werden können und auch gestaltet werden (z.B. jemand verlegt seine Wohnung und verändert dadurch seine Ansässigkeit, für einen Betrieb wird eine feste Einrichtung geschaffen, damit eine Betriebstätte begründet). Auf dieser Tatsachenebene bauen dann drei **Rechtsebenen** auf: die der **zivilrechtlichen** Beziehungen, die gleichfalls aus Steuergründen gestaltet werden können und bei Gestaltungen meist im Vordergrund stehen (z.B. es werden bestimmte Darlehensverträge abgeschlossen, es wird eine Tochtergesellschaft gegründet), die Ebene der innerstaatlichen **steuerrechtlichen** Vorschriften, deren Rechtsfolgen durch Steuergestaltungen herbeigeführt oder abgewandt werden sollen, schließlich die der **Abkommensnormen,** deren Rechtsfolgen ebenfalls durch Gestaltung beeinflusst werden.

111 **Tatsachen** müssen lediglich nach den jeweils einschlägigen Verfahrensvorschriften **festgestellt** werden; ob sie rechtlich erheblich sind, entscheidet sich dann auf den drei Rechtsebenen. Handelt es sich um eine Gestaltung **zivilrechtlicher** Beziehungen – also nicht nur tatsächlicher Verhältnisse –, so ist jeweils als erstes zu prüfen, ob die betreffenden Rechtsgeschäfte zivilrechtlich **gültig** sind (*Conseil d'État* req. n. 20577 und 20578, Dr. Fisc. 1981 comm. 1413; *Huiskamp,* in *Huiskamp/Bracewell-Milnes/Wisselink*, Vol. A, 200). Es kann sein, dass ein Geschäft abgeschlossen wurde, dessen Rechtswirkungen in Wahrheit von den Parteien gar nicht ernstlich gewollt wurden. Nach den Rechtsordnungen der meisten Länder sind solche Geschäfte dann nichtig (z.B. in Deutschland nach § 117 BGB: **„Scheingeschäfte"**); statt ihrer gilt möglicherweise, was die Parteien tatsächlich wollten. In den Fällen internationaler Steuerplanung sind allerdings die Rechtswirkungen von den Beteiligten fast immer ernstlich gewollt, dies gerade wegen ihrer erstrebten steuerlichen Konsequenzen.

112 Ist die Gestaltung tatsächlich vollzogen und zivilrechtlich wirksam, so fragt sich als Nächstes, ob die Gestaltung für die Anwendung des **innerstaatlichen Steuerrechts** des betreffenden Staates, soweit es im Rahmen des Doppelbesteuerungsabkommens anwendbar bleibt, rechtlich **„anzuerkennen"** ist, anders ausgedrückt: ob die steuerrechtlichen Vorschriften auf den Sachverhalt entsprechend seiner rechtlichen Form anzuwenden sind oder nach „Maßgabe seiner Substanz". Da es an dieser Stelle um innerstaatliches Recht geht, bestehen grundsätzlich keine Bedenken, die Frage nach den allgemeinen innerstaatlichen Regeln **des betreffenden Staats,** gegebenenfalls seinem Richterrecht, über Missbrauch und „Substanz gegen Form" im Steuerrecht zu beurteilen. Selbstverständlich gehen aber **Spezialregeln** vor, so in Deutschland dem § 42 AO, soweit dieser einschlägig ist, dem § 50d Abs. 3 EStG (BFH v. 19.12.2007-I R 21/07, DStR 2008, 962; s. dazu auch noch Rz. 123), den außensteuerrechtlichen Regelungen der Hinzurechnungsbesteuerung oder auch § 50c EStG, der Umgehungen der Nichtanrechnungsberechtigung von Steuerausländern verhindern will (s. dazu BFH IStR 2001, 152). Auch Spezialvorschriften des **Abkommensrechts** können die Anwendung des innerstaatlichen Steuerrechts auf bestimmte Gestaltungen untersagen (mit der Einschränkung, dass sie nicht Steuerpflichten begründen können, die ohne das Abkommen nicht bestünden, s. die Grundl. Rz. 63 ff.). Solch eine abkommensrechtliche Spezialregelung ist beispielsweise Art. 9 MA.

Enthält das einschlägige Abkommen solche Spezialbestimmungen, sind deren Voraussetzungen im konkreten Fall aber nicht gegeben, so ist zu fragen, ob die betreffende Vorschrift die Nichtanerkennung von Gestaltungen **abschließend** regeln soll. Bei Vorschriften, die sich auf die Regelung einer Einzelfrage beschränken (z. B. Art. 9 MA oder die Anknüpfung an den Begriff des „Nutzungsberechtigten“ in Art. 10 bis Art. 12 MA, s. Vor Art. 10–12, Rz. 10 ff.), wird man das im Allgemeinen nicht annehmen können. Regelt aber ein Abkommen die Anerkennung von Gestaltungen detailliert und umfassend (so z. B. Art. 22 US-MA und die ihm nachgebildeten Vorschriften über die „Beschränkung von Abkommensvergünstigungen“, s. Rz. 124 ff.), so spricht dies für den Willen der Vertragsparteien, im Interesse rechtlicher Klarheit und Eindeutigkeit das Thema abschließend zu erledigen, eine Nichtanerkennung aus anderen als den im Abkommen vorgesehenen Gründen also nicht zu gestatten (anders aber für das US-MA die US-TE; wie die US-TE wohl auch die OECD, s. MA-Komm. Ziff. 9.6). Darüber hinaus: auch wenn die Voraussetzungen einer **nicht abschließenden** Spezialvorschrift im konkreten Fall nicht gegeben sind, kann dies die Anwendung innerstaatlicher Vorschriften über Missbrauch oder „Substanz gegen Form“ beeinflussen. Es liegt dann ähnlich wie bei der in Deutschland erörterten Frage nach dem Verhältnis der allgemeinen Steuerumgehungsvorschrift (§ 42 AO) zu den Bestimmungen über beherrschte Auslandsgesellschaften (§§ 7 ff. AStG). Der BFH hat dies dahin entschieden, dass § 42 AO im Lichte der §§ 7 ff. AStG **auszulegen** sei: Eine Gestaltung, die das AStG nicht als missbräuchlich ansehe, könne auch nicht i. S. des § 42 AO ein Missbrauch sein (BFH BStBl. II 1992, 1026; s. dazu *Sturm,* StVj 1994, 63; ferner oben Rz. 112). Entsprechend wird man eine Gestaltung, die durch eine Spezialvorschrift des für den Steuerfall maßgebenden Abkommens als nicht missbräuchlich eingestuft wird, i. d. R. auch nicht als Missbrauch i. S. des einschlägigen innerstaatlichen Steuerrechts ansehen können. 113

Sind keine innerstaatlichen oder abkommensrechtlichen Spezialregelungen zu beachten, so können die **allgemeinen** innerstaatlichen Missbrauchsvorschriften auf die Bestimmungen des innerstaatlichen materiellen Steuerrechts des betreffenden Staates angewandt werden. 114

Verändert die Gestaltung aber – darüber hinaus oder allein – Umstände, die für die Anwendung eines **Doppelbesteuerungsabkommens** bedeutsam sind (z. B. des Art. 11 statt des Art. 10 MA), so kann das innerstaatliche Recht für sich allein es nicht rechtfertigen, die Vorschriften des Abkommens, eines völkerrechtlichen Vertrags, nicht oder nur modifiziert anzuwenden (so schon Rz. 89). Auch in einem solchen Fall gehen zunächst die **speziellen Bestimmungen** des Abkommens selber vor. Soweit es um einen im DBA verwendeten Ausdruck geht, der gemäß Art. 3 Abs. 2 MA nach dem innerstaatlichen Recht des Vertragsstaates auszulegen ist, können in diesem Rahmen auch dessen Missbrauchsvorschriften Anwendung finden (*van De Wetering,* WFR 1994, 492, der aber zu weit geht).

Gibt es jedoch keine solchen Spezialvorschriften, so kann der Frage nicht ausgewichen werden, ob, gegebenenfalls unter welchen Voraussetzungen, es zulässig sein kann, wegen eines „Missbrauchs“, des Fehlens eines „vernünftigen Geschäftszwecks“ oder aus ähnlichen Gründen die Bestimmungen eines völkerrechtlichen Vertrags nicht anzuwenden. Der MA-Komm. 1992 bezeichnete es als die Auffassung einer „breiten Mehrheit“ des OECD-Steuerausschusses, dass dies auch ohne ausdrückliche Bestimmung im Abkommen zulässig sei (Ziff. 24 zu Art. 1; dazu kritisch: *Ward,* Abuse; Ziff. 24 wurde 2003 gestrichen; zu dem jetzigen Ansatz s. 115

noch unten 116a); er äußert sich aber nicht dazu, wie jene Mehrheit ihre Ansicht begründet. Im wissenschaftlichen Schrifttum werden zu ihrer Begründung zwei Auffassungen vertreten; sie führen zu teilweise unterschiedlichen rechtlichen Folgerungen.

116 Die eine Auffassung sucht die Frage durch **Auslegung des Abkommens** zu lösen. Wenn beide Vertragsstaaten in ihrem innerstaatlichen Recht Vorschriften haben, nach denen Gestaltungen in bestimmten Fällen steuerlich nicht anerkannt werden, weil man sie als unangemessen betrachtet, spricht vieles dafür, dass sie einander auch im Rahmen eines Doppelbesteuerungsabkommens die Anwendung entsprechender Regeln gestatten wollen (dafür: *Fahrholz,* in Gaddum/Hoffmann u. a., Zinsen im Internationalen Steuerrecht, 1985, S. 51 (53); *Mössner,* RIW 1986, 208 (211); ebenfalls für Auslegung, jedoch in den Folgerungen zurückhaltender: *Lang,* S. 59 f.; *Gassner/Lang,* in Gassner/Lang/Lechner, Entwicklungen, S. 43). Gegen diese Auffassung wird allerdings geltend gemacht, sie sei nicht mit der für völkerrechtliche Verträge gebotenen strengen Auslegung nach der üblichen Bedeutung ihrer Bestimmungen in Einklang zu bringen (*Piltz*, S. 5). Jedoch gebietet das Völkerrecht nicht einfach eine Auslegung der Verträge nach ihrem Wortlaut, sondern zugleich die Beachtung von Treu und Glauben (s. Art. 31 Abs. 1 WÜRV; vgl. dazu auch Schweizer Bundesgericht v. 28.11.2005, 2A. 239/2005 – „*A. Holding APS*"). Ein anderer Gesichtspunkt verdient mehr Gewicht: Die zitierte Auffassung würde dazu führen, dass über die Frage, ob für die Anwendung eines Abkommens die äußere Form eines Rechtsgeschäfts maßgebend ist oder dessen „Substanz", **nach den jeweils unterschiedlichen Regeln der Vertragsstaaten** zu entscheiden wäre. Denn ein stillschweigendes Einverständnis eines Vertragsstaates mit der Beurteilung eines Rechtsgeschäfts nach seiner „Substanz" statt nach seiner Form kann doch wohl allenfalls in dem Maße unterstellt werden, in dem dieser Vertragsstaat **selber** das Rechtsgeschäft nach dessen „Substanz" beurteilen würde. Eine Anwendung von Missbrauchsregeln auf Doppelbesteuerungsabkommen wäre hiernach also möglich, aber auch jeweils **nur** möglich, wenn sie nach den Vorschriften **beider** Vertragsstaaten zulässig wäre (so in der Tat die Auffassung von *Mössner,* a. a. O., S. 211 ff. und von *Wassermeyer*, DStJG 4 (1985), 49 (71), skeptisch jedoch *ders.,* SWI 1995, 140). Dann wären aber von Abkommen zu Abkommen sehr unterschiedliche Maßstäbe anzulegen. Wäre die Rechtsprechung in beiden Vertragsstaaten vergleichsweise offen dafür, allgemeine Umgehungsgrundsätze anzuwenden (so wie etwa in Deutschland oder den USA), so läge die „Missbrauchsschwelle" des betreffenden Abkommens niedrig. Wäre sie so zurückhaltend wie in Großbritannien oder Italien, läge die Schwelle hoch. Für ein Abkommen zwischen den USA und Großbritannien müssten die strengeren britischen Grundsätze maßgebend sein. Dieses Ergebnis würde die in den letzten Jahrzehnten durch die Verwendung von Abkommensmustern erreichte Harmonisierung des Abkommensrechts in einem wichtigen Sektor zugunsten einer Re-Nationalisierung rückgängig machen, ja es würde sie, da innerstaatlich zunehmend neue Anti-Umgehungsgrundsätze eingeführt werden, auf die Dauer wohl in ihr Gegenteil verkehren (insoweit wie hier auch *Piltz,* a. a. O.). Dass dies der Wille von Vertragspartnern sei, die sich andererseits selber eines Abkommensmodells bedienen, ist wenig plausibel. Die Vorstellung, ein Missbrauchsvorbehalt sei jeweils stillschweigend vereinbart, verliert also viel von ihrer Überzeugungskraft, wenn man bedenkt, dass die Verhandelnden i. d. R. nicht nur das individuell auszuhandelnde Abkommen, sondern zugleich auch das internationale Abkommens**system** im Blick haben werden. Über die Konsequenzen, die die hier abgelehnte Auffassung für § 50d Abs. 3 des deutschen EStG haben würde, s. noch u. Rz. 133b.

116a Einen anderen Weg beschreitet der **Kommentar 2003 zum OECD-MA.** Es werden den Staaten zwei verschiedene Möglichkeiten eröffnet. Zum einen könne jeder Abkommensmissbrauch u. U. als Missbrauch des innerstaatlichen Rechts gesehen werden, so dass innerstaatliche Missbrauchsvorschriften ohne weiteres zur Anwendung kommen können (Ziff. 9.2). Zur Begründung wird angeführt, dass sich Missbrauchvorschriften des innerstaatlichen Rechts in der Regel auf die Sachverhaltsfeststellung beziehen und daher – da DBA nicht die Sachverhaltsfeststellung betreffen – von den DBA nicht berührt sind. Zum anderen soll es möglich sein, Abkommensmissbräuche durch die Auslegung des Abkommen selbst zu bekämpfen (Ziff. 9.3). Beide Ansätze seien mit dem Abkommensrecht zu vereinbaren (Ziff. 9.4). Das gründet hauptsächlich auf einer Änderung der Auslegungsmethodik. Durch das MA 2003 wurde in Ziff. 7 zum ursprünglichen Zweck der DBA – der Vermeidung von Doppelbesteuerungen – noch der weitere Zweck der Verhinderung von Steuerumgehung oder -hinterziehung hinzugefügt. Auf diese Weise soll offensichtlich erreicht werden, dass bei der teleologischen Auslegung der Abkommen der Abkommensmissbrauch mitberücksichtigt werden kann um sicher zu stellen, dass Einkünfte zumindest in einem Staat besteuert werden können.

In Ziff. 7.1 wird die Missbrauchsgefahr darin gesehen, dass sich die Steuerpflich- **116b** tigen die Unterschiede der beiden Steuerrechtsordnungen zu Nutze machen. In einem solchen Fall sei es den Vertragsparteien nicht zuzumuten, das DBA anzuwenden, wenn sie ansonsten innerstaatlich als Missbrauch qualifiziert würden. Darin steckt allerdings schon ein Widerspruch, da es innerstaatlich nicht möglich ist, zwei unterschiedliche Rechtsordnungen gegeneinander auszuspielen. In Ziff. 8 wird darüber hinaus die internationale Steuerplanung, die durch die Ausdehnung des Abkommensnetzes erleichtert wird, zum missbräuchlichen Verhalten erklärt, wenn sie sich „künstlicher Rechtskonstruktionen" bedient. Vor der Änderung des OECD-MA Kommentars im Jahr 2003 hatte der Kommentar noch durchgehend empfohlen, entsprechende Anti-Missbrauch-Klauseln in die DBA aufzunehmen. Dagegen geht der Kommentar nunmehr davon aus, dass Missbräuche im Wege der Auslegung bekämpft werden können und ausdrückliche Klauseln nicht mehr nötig sind. Deutlich wird das vor allem an den beiden Beispielen in Ziff. 9 – Basisgesellschaften, Wohnsitzwechsel –, die nunmehr auch ohne ausdrückliche Bestimmungen in den DBA als missbräuchlich angesehen werden können, obwohl sie zweifellos keinerlei Künstlichkeit aufweisen müssen. Es ist auch mit Recht darauf hingewiesen worden, dass mit der Änderung eine gewisse Verlagerung der Darlegungslast auf den Steuerpflichtigen verbunden ist.

Auch wenn der MA-Kommentar in Ziff. 9.5 meint, ein Missbrauch solle nicht **116c** „leichtfertig" angenommen werden, so schießt der MA-Kommentar doch weit über sein Ziel hinaus. Es ist schon äußerst fraglich, ob überhaupt trennscharf zwischen Sachverhaltsfeststellung und Rechtsanwendung getrennt werden kann (s. *Zimmer,* BIFD 2005, 25). Ferner widerspricht das allgemeine Statement zum Zweck der Abkommen in MA-Komm. Ziff. 7 auch der Fußnote zur Überschrift, wo es den Vertragsstaaten freigestellt wird, ob sie einen Hinweis auf die Steuerumgehung in den Abkommenstitel aufnehmen wollen (s. auch den Vorbehalt der Schweiz in MA-Komm. Ziff. 27.9). Ein weiterer Widerspruch ergibt sich aus MA-Komm. Ziff 22.2. Danach soll einerseits eine allgemeine Missbrauchsklausel nicht in Widerspruch zum Abkommensrecht stehen, andererseits müssen aber die Abkommensverpflichtungen beachtet werden. Auch der MA-Komm. geht also davon aus, dass das Abkommensrecht hier die uneingeschränkte Anwendung des nationalen Rechts limitiert. Aber auch wenn man von einer solchen allgemeinen Zweckrichtung ausgeht, handelt es sich lediglich um eine unverbindliche Richtlinie, die ihren Ausdruck und Konkretisierung in den Abkommen selbst finden muss, um bei der Auslegung berücksichtigt werden zu können (a. A. *Arnold,* BIFD 2004, 244 ff., der allerdings auch zugesteht, dass diese Richtlinie für die Rechtsanwendung zu vage ist). Das zentrale Problem ist daher nach wie vor, dass es ohne spezieller Bestimmungen in den DBA eines gemeinsamen Standards des Missbrauchs bedarf. Die OECD sollte sich dieser Aufgabe stellen.

117 Die Auffassung der OECD kann also nicht bedeuten, dass bei der Anwendung von Doppelbesteuerungsabkommen jede Steuergestaltung, wie künstlich sie auch immer sein möge, hinzunehmen sei. Wie hier an anderer Stelle schon ausgeführt wurde (oben Rz. 90 ff.), ist eine künstliche, unangemessene Rechtsgestaltung nicht nach Maßgabe ihrer Form, sondern allein nach ihrer Substanz zu beurteilen. Nach der **Auffassung dieses Kommentars** gilt diese – zunächst – innerstaatliche Regel als ein „allgemeiner Rechtsgrundsatz der zivilisierten Nationen" auch im Verhältnis der Vertragsstaaten eines DBA zueinander (darüber näher o. Grundl. Rz. 165; ähnlich auch *Fischer,* DB 1996, 644 (645); *Kluge,* R 135; zweifelnd Wassermeyer/*Wassermeyer,* Art. 1 MA Rz. 57; *Menhorn,* IStR 2005, 325; ablehnend *Li/Sandler,* CTJ 1997, 891 (951 ff.)). Wenn aber ein Vertragsstaat eine Umgehung des Abkommens durch den anderen Vertragsstaat nicht hinzunehmen braucht, so wäre es sinnwidrig, wenn er diesem Vertragsstaat gegenüber verpflichtet wäre, eine Umgehung durch Privatpersonen hinzunehmen, also dazu, das Abkommen ungeachtet der Umgehung auf Privatpersonen streng formal anzuwenden. Die völkerrechtliche Verpflichtung aus einem Doppelbesteuerungsabkommen gegenüber dem anderen Vertragsstaat steht also unter einem **allgemeinen völkerrechtlichen „Umgehungsvorbehalt".** Er beschränkt die völkerrechtliche Verbindlichkeit des Abkommens, damit aber auch die innerstaatliche, da ein Abkommen nur mit dem Inhalt innerstaatliches Recht wird, mit dem es kraft Völkerrechts gilt (*Fischer-Zernin,* RIW 1987, 362 (364), sieht hier möglicherweise Probleme). Zutreffend hat das SchweizBG die Nichtanwendung des DBA in einem Missbrauchsfall gegenüber dem **Steuerpflichtigen** u. a. damit gerechtfertigt, dass **die Schweiz von ihrem Vertragspartner** nach Treu und Glauben die Anwendung des DBA nicht erwarten dürfte (ASA 57 (1988/89), 667 (672); StR 2006, 217: *DBA Schweiz/Dänemark;* unter Berufung auf Art. 31 Abs. 1 WÜRV; s. dazu auch *Oesterhelt/Winzap,* ST 80 (2006), 775; ähnlich auch ein israelisches Distriktgericht, U. v. 30.12.2007, wiedergegeben in TNS 24.1.2008, das sich allerdings zusätzlich auf den MA-Komm. beruft). Dieser **generell** – also nicht von Abkommen zu Abkommen unterschiedlich – geltende „Missbrauchs-Maßstab" kann freilich nicht abstrakt abgeleitet werden, sondern muss durch eine sorgfältige Analyse der Rechtsprechung (in DBA-Fällen, s. Rz. 102 ff.) und durch Anwendung der ihr zugrundeliegenden Erwägungen auf künftige Fälle entwickelt werden. Sorgfältige rechtsvergleichende Anstrengungen und internationale Diskussion können hier durchaus zu allgemein anerkannten Standards führen, der Skeptizismus von *Ward* (Essays Int. Tax., S. 404 = Intertax 1995, 181: „to reach an international consensus ... would appear to be an impractical utopian hope", und in Fn. 34 „a concept found only in the Begriffshimmel") ist insofern nicht angebracht. Jedenfalls aber sollte es nicht zweifelhaft sein, dass die Anwendung eines DBA gemäß seiner Substanz statt seiner Form die **Ausnahme** bleiben, dass die Schwelle, von der an dies zugelassen werden kann, eher hoch angesetzt werden sollte (*Vogel,* 380 ff.; zustimmend *Beiser,* IStR 1995, 421; ähnlich auch *Matteotti,* ASA 75 (2007), 767 (794); zu der Frage, inwieweit innerstaatliche Missbrauchvorschriften im Rahmen des völkerrechtlichen Missbrauchsgrundsatzes liegen müssen, s. *Vogel,* IStR 2005, 29 mit Verweis auf BVerfG IStR 2005, 31; *Menhorn,* IStR 2005, 325).

118 **c) Rechtsfolgen:** Ist eine Steuergestaltung sowohl nach internem Steuerrecht wie nach Abkommensrecht nicht anzuerkennen, so treten anstelle der mit der Gestaltung angestrebten diejenigen steuerlichen Rechtsfolgen ein, die sich bei einer der Sache nach **angemessenen Rechtsgestaltung** ergeben hätten (in Deutschland entsprechend § 42 AO). Wird eine abhängige Gesellschaft nicht als rechtlich

selbständig anerkannt, so ist zu prüfen, ob die bei der Gesellschaft vorhandenen Einrichtungen die Voraussetzung einer Betriebstätte der Muttergesellschaft erfüllen. Art. 5 Abs. 7 des OECD- und des UN-Musters stehen in einem solchen Fall der Annahme einer Betriebstätte nicht entgegen; sie sollen nur verhindern, dass rechtlich anzuerkennende, also nicht „missbräuchliche" Gesellschaften als Betriebstätten angesehen werden. Ist eine Betriebstätte anzunehmen, so ist ihr nach Art. 7 Abs. 2ff. der Musterabkommen ein Gewinnanteil zuzurechnen; er ist von der Besteuerung im Sitzstaat der Muttergesellschaft freizustellen oder es ist die von der Basisgesellschaft erhobene ausländische Steuer auf die Steuerschuld der Muttergesellschaft anzurechnen. Eine im Quellenstaat erhobene Dividendenabzugsteuer kann dagegen nicht angerechnet werden, weil insoweit als Folge der Anti-Missbrauchs-Grundsätze überhaupt keine Einkünfte der Muttergesellschaft anzuerkennen sein werden).

4. Einzelne Fälle von Vorschriften gegen Steuerumgehung in Doppelbesteuerungsabkommen

Literatur: *Arnold,* BIFD 2004, 244; *Lampe,* S. 1ff.; *Martín Jimenez,* BIFD 2004, 17. **119**

Das OECD-MA selbst enthält – abgesehen von der Verwendung des Begriffs des Nutzungsberechtigten – keine spezifischen Regelungen gegen Missbrauch im Bereich der Doppelbesteuerungsabkommen. Die MA von 1963 und 1977 enthielten noch in der Überschrift den Hinweis auf den Zweck der Abkommen, die Steuerverkürzung („tax evasion") zu vermeiden. Seitdem wird es in der Fußnote zur Überschrift den Vertragsstaaten überlassen, ob sie in der Überschrift entweder auf die Vermeidung der Doppelbesteuerung oder aber auf die Vermeidung der Doppelbesteuerung und die Vermeidung der Steuerverkürzung hinweisen wollen (s. auch MA-Komm. Einl. Ziff. 16). **119a**

Der MA-Komm. macht allerdings Vorschläge, wie Missbräuche in den Abkommen bekämpft werden können. Zunächst wird besonders darauf hingewiesen, dass das Problem der Basisgesellschaften in Niedrigsteuergebieten in manchen Fällen dadurch gelöst werden kann, dass man bei einer sorgfältigen Analyse des Sachverhalts zu dem Schluss kommen wird, dass sich der Ort der tatsächlichen Geschäftsleitung in Wirklichkeit im Ansässigkeitsstaat der Muttergesellschaft befindet mit der Folge, dass die Tochtergesellschaft in diesem Staat unbeschränkt steuerpflichtig und auch abkommensrechtlich dort ansässig ist (MA-Komm. Ziff. 10.1, s. dazu noch unten Rz. 120bf.). **119b**

Die Frage der Basisgesellschaften wird ferner in Zusammenhang mit den Erörterungen zum steuerschädlichen Wettbewerb gebracht. Neben den bereits bestehenden Vorschlägen zur Ausschließung bestimmter Gesellschaften von den Abkommensvorteilen (MA-Komm. Ziff. 20) wird eine weitere Musterregelung vorgegeben, nach der ausländisch beherrschte Gesellschaften von den Abkommensvorteilen ausgeschlossen werden können, wenn die effektive Besteuerung wesentlich niedriger als im Fall von inländisch beherrschten Gesellschaften ist (MA-Komm. Ziff. 21.2). Aus Rechtssicherheitsgründen wird angeregt, entweder die betroffenen Gesellschaftsformen ausdrücklich zu benennen oder das die Vorzugsbesteuerung regelnde Gesetz unter Einschluss späterer ähnlicher Gesetzesregelungen in das Abkommen aufzunehmen (MA-Komm. Ziff. 21 und 21.5). **119c**

Nicht auf die Abkommensberechtigung der Gesellschaft insgesamt, sondern auf die Einkünfte zielt die Regelung in MA-Komm. Ziff. 21.3. Danach sollen niedrig oder nicht besteuerte Einkünfte aus besonders mobilen Aktivitäten wie Bank-, Versicherungs- und Finanzierungsgeschäften, Schifffahrt, e-commerce, Koordinationszentren, anderen Konzerndienstleistungen sowie sämtliche passiven Einkünfte keine Abkommensvergünstigungen genießen, falls neben der Vorzugsbesteuerung **119d**

(Steuerbefreiungen, niedrigere Steuersätze für Steuerausländer, andere spezielle Steuervergünstigungen) wegen eines Bankgeheimnisses oder anderen Vertrauensschutzes ein effektiver Informationsaustausch ausgeschlossen ist. Zusätzlich wird ein allgemeiner Missbrauchsvorbehalt in MA-Komm. Ziff. 21.4 – allerdings beschränkt auf Artikel 10 bis 12 und 21 OECD MA – vorgeschlagen, wonach die einschlägige Abkommensvorschrift nicht zur Anwendung kommt, wenn die zugrundeliegende Transaktion hauptsächlich oder überwiegend zu dem Zweck vorgenommen wurde, die Abkommensvorteile zu erlangen.

119e Im Hinblick auf Durchlaufgesellschaften behält der MA-Komm. 2003 zwar die bisherigen Vorschläge aufrecht (MA-Komm. Ziff. 13ff.), ergänzt diese aber noch durch eine an Art. 22 des US-MA angelehnte limitation-on-benefits-Klausel (MA-Komm. Ziff. 20). Die Unterschiede sind lediglich klarstellender Art. Für weitere Erläuterungen kann daher auf die Kommentierung des Art. 22 US-MA verwiesen werden (unten Rz. 126ff.). Ferner wurde der Kommentar mit einer Konkretisierung der „remittance based taxation" versehen (MA-Komm. Ziff. 26.1; s. dazu Vor Art. 6–22 Rz. 18).

120 **a) Die Nutzungsberechtigung:**

Literatur: *Arnold,* BIT 2012, 323; *Baker,* GITC Review Vol. VI (2007), 15; *Banfi/Mantegazza,* ET 2012, 57; *Bernstein/Summerhill,* TNI Aug. 28, 2006, 737; *Bolderman,* TNI, June 8, 2009, 881; *Booker,* ET 2012, 67; *Brandsma,* WFR 2008/938; *Bundgaard/Winther-Sørensen,* TNI 2008, 587; *Cormac* BIFD 2011, 655; *Elliffe,* BTR 2009, 276; *Eynattan/de Haen/Hostyn,* Intertax 2003, 523; *Freitas de Moraes e Castro,* BIFD 2011, 662; *Gibert/Ouamrane,* ET 2008, 2; *Gooijer,* Intertax 2014, 204; *Gouthiere,* BIT 2011, 217; *Jain,* Effectiveness of the Benefical Ownership Test in Conduit Company Cases (2013), 1ff.; *Kandev,* TNI May 19, 2008, 526; *Kleist,* Intertax 2013, 159; *Labombarda/Bitetti,* BIFD 2012, 49; *Lang,* SWI 2012, 226; *Lang/Pistone u. a.,* Beneficial Ownership: Recent Trends (2013); *Li,* FS Avery Jones, 187; *Munting,* WFR 2008/1343; *ders.,* WFR 2012/1064; *Munter/Huisman,* WFR 2013/219; *Oliver/Libin/van Weeghel/du Toit,* BIT 2000, 310; *Pijl,* Intertax 2003, 353; *Powrie,* CTJ 19:1; *Prokisch,* Uiteindelijk gerechtigde, in Einde Fiscale Emigratie?, Maastrichtse fiscale symposia No. 12 (2003), 49; *Riis/Bjornholm,* ET 2010, 324; *Riis,* ET 2011, 184; *Rocha,* BIT 2012, No. 7; *Rompen,* WFR 2009, 274; *Sharma/Rauniya,* APTB 2013, 91; *du Toit,* S. 1ff.; *ders.,* BIFD 2010, 500; *Tolstrup/Bjørnholm,* BIFD 2011, 503; *Verdoner/Offemanns/Huibregtse,* ET 2010, 419, Part 2, ET 2010, 465; *Wheeler,* WTJ 2011, 39.

OECD-Dokumente: *OECD,* Clarification of the meaning of "beneficial owner" in the OECD Model Tax Convention, Paris 29.4.2011; *OECD,* OECD Model Tax Convention: revised discussion draft on the meaning of "beneficial owner", Paris 19.10.2012.

120a Eine typisierende Sonderregel für einfache Missbrauchsfälle enthalten die Art. 10, 11 und 12 MA. Die Ermäßigung der Besteuerung im Quellenstaat ist nach diesen Bestimmungen davon abhängig, ob der Bezieher der Dividenden, Zinsen oder Lizenzgebühren zugleich **„Nutzungsberechtigter"** ist (so zuerst das MA 1977, s. näher Vor Art. 10–12 Rz. 10ff.). Einer Mittelsperson zwischen Schuldner und Nutzungsberechtigtem werden also die Abkommensvergünstigungen versagt. Dies geschieht in der Erwägung, dass sie möglicherweise nur als „Strohmann" eingeschaltet sein könnte, um die Anwendung des Abkommens künstlich herbeizuführen. Ob solch ein Missbrauch des Abkommens im Einzelfall vorliegt, ist unerheblich (s. für ein Beispiel etwa High Court of India, *„Aditya Birla Nuvo v. DDIT"*, WP No. 730 and 345 of 2010: *DBA Indien/Mauritius*).

120b Der MA-Kommentar 2003 erweitert den Anwendungsbereich des Rechtsbegriffs. Ziff. 10 nennt den Begriff des Nutzungsberechtigten als eine Form der Bekämpfung der Steuerumgehung. Die Ziff. 12, 8 und 4 zu den Artikeln 10, 11 und 12 sollen „klarstellen", dass der Begriff nicht in einem „engen technischen Sinne" verwendet werde, vielmehr „sollte er aus dem Zusammenhang und im Licht des

Sinns und Zwecks des Abkommens einschließlich der Vermeidung der Doppelbesteuerung und der Verhütung der Steuerhinterziehung und -umgehung verstanden werden". Der Kommentar definiert den Begriff nicht, offensichtlich soll aber der ursprüngliche (restriktive) Sinngehalt aufgegeben und der Begriff des Nutzungsberechtigten als unbestimmter Abkommensbegriff in den Dienst der Auslegung zur Vermeidung von Steuerumgehungen gestellt werden. Dabei soll offensichtlich eine wirtschaftliche Betrachtungsweise den Ausschlag geben. Damit werden aber auch Auffassungen, die eher auf die rechtliche Perspektive abstellen, eine Absage erteilt (eine rechtliche Betrachtungsweise wendet der niederländische Hoge Raad an in seinen Entscheidungen v. 21.2.2003, no. 37011, NTFR 2003/353 und no. 37024, NTFR 2003/417 (s. dazu auch *Pijl*, Intertax 2003, 353) und v. 6.4.1994, no. 28638, BNB 1994/217 und v. 21.2.2001, no. 35415, BNB 2001/196 (*Helminen*, ET 2002, 454).

Am 29.4.2011 hat die OECD einen Diskussionsentwurf veröffentlicht (oben Rz. 120), um den weiteren Inhalt des Antimissbrauchscharakters des Begriffs zu klären. Der Entwurf hat zu vielfältigen Reaktionen geführt (zu finden auf der Website der OECD), die in einem weiteren Diskussionsentwurf v. 19.10.2012 (oben Rz. 120) verarbeitet worden sind. Im wesentlichen führen die Erwägungen zu dem Ergebnis, dass der Begriff autonom internationalrechtlich zu interpretieren sei und dass es entscheidend auf die Entscheidungsmacht des Einkünfteempfängers ankommt. Ist dieser vertraglich oder rechtlich so gebunden, dass er die Einkünfte weiterleiten muss, soll er nicht als Nutzungsberechtigter angesehen werden (s. dazu auch Vor Art. 10–12 Rz. 18f.). Das wird sich in der Regel aus den rechtlich relevanten Dokumenten ergeben. Die OECD will aber hinzufügen, dass die Weiterleitungsverpflichtung auch aus den Tatsachen und Umständen des Einzelfalles hergeleitet werden kann. Es ist anzunehmen, dass sich die Finanzverwaltungen darauf stützen werden, so dass die Rechtsunsicherheit nicht beseitigt werden wird. **120c**

Ob der Kommentar der richtige Ort ist, um den abkommensrechtlichen Begriffsinhalt zu ändern, ist zweifelhaft. Jedenfalls sollte die Bedeutungsänderung für Abkommen, die vor 2003 geschlossen worden sind, keine Rolle spielen. Die Frage der Anwendung auf ältere Abkommen hätte in der Entscheidung des UK Court of Appeal in der Rs. „*Indofood*" eigentlich eine Rolle gespielt, ist aber von den Richtern nicht aufgeworfen worden. In diesem Urteil (UK Court of Appeal, *Indofood International Finance* ([2006] EWCA Civ 158; s. dazu noch *McGowan*, TNI June 26, 2006, 1091; *Avery Jones et al.*, BIT 2006, 247; *Sheppard*, TNI Feb. 5, 2007, 406) hat der britische Court of Appeal entschieden, dass die zwischengeschaltete niederländische Gesellschaft nicht als Nutzungsberechtigter angesehen werden könne, da sie die Zinsen nur durchleiten konnte und mit der Tätigkeit auch keinen Gewinn erzielte. Der Begriff des Nutzungsberechtigten bekommt dadurch mehr und mehr den Charakter einer Anti-treaty-shopping-Klausel (so ausdrücklich *Real Madrid F.C. v. Oficina Nacional de Inspeccion* (18.7.2006)). Es kann bezweifelt werden, ob der Begriff dazu benutzt werden sollte, zumal nach der hier vertretenen Auffassung in solchen extremen Fällen, in denen der zwischengeschalteten Gesellschaft keine eigenständige wirtschaftliche Funktion zukommt, auch innerstaatliche Missbrauchsvorschriften zur Anwendung kommen können (so auch *Arnold* in seiner Anmerkung BIT 2010, 308 zu einer Ruling der Indian Authority for Advance Rulings v. 25.2.2010 in Sachen „*KSPG Netherlands Holdings BV v. Director of Income Tax*", Mumbai, AAR no. 181/2009; der Gedanke ist jetzt auch im Diskussionsentwurf der OECD enthalten: auch wenn der Einkünfteempfänger als Nutzungsberechtigter angesehen werden muss, schließt dies die Anwendung allgemeiner Missbrauchsvorschriften nicht aus). Der französische Conseil d'Etat (v. 20.12.2006, no. 283314, Revue de Droit Fiscal 2007, 34: *DBA Großbritannien/Frankreich*; s. dazu *Legendre/Kabbaj*, TNI Apr. 9, 2007, 171; *Vogel*, BIT 2007, 311; *Gibert/* **120d**

Ouamrane, ET 2008, 2 (6 ff.)) hat in einem Fall von dividend stripping entschieden, dass die Übertragung des Rechts an Dividenden von einer amerikanischen Gesellschaft an eine britische Bank nicht dazu führe, dass die Bank auch Nutzungsberechtigte würde. Vielmehr handele es sich um eine bloße schuldrechtliche Vereinbarung, so dass der Bank die Einkünfte wirtschaftlich nicht zugerechnet werden könnten. Die Begründung erscheint etwas gekünstelt. Letztlich ging es darum, ob mit einer solchen Konstruktion die Anrechnung der französischen Körperschaftsteuer erlangt werden kann, die im DBA zwischen Großbritannien und Frankreich vorgesehen war, aber amerikanischen Unternehmen aufgrund des DBA zwischen den USA und Frankreich nicht offen stand. Der Begriff des Nutzungsberechtigten wird dementsprechend missbraucht, um treaty shopping Gestaltungen zu bekämpfen. Das macht aber den Begriff des „Nutzungsberechtigten" völlig unberechenbar.

120e Anders hat der kanadische Court of Appeal in der Rechtssache Prévost Car Inc. ([2008] TCC 231) die zwischengeschaltete niederländische Gesellschaft als Nutzungsberechtigte anerkannt, da der Gründung der Gesellschaft wirtschaftliche Gründe zugrundelagen und die Gesellschaft eigenständig über die Ausschüttung der empfangenen Dividenden entscheiden musste. Allerdings stellt sich die Frage, ob innerstaatliche Missbrauchsvorschriften in diesem Fall nicht zur Anwendung kommen sollten, da die niederländische Gesellschaft weitgehend funktionslos war und die Zwischenschaltung offensichtlich dazu diente die Vorteile eines DBA zu erkaufen (s. dazu *Arnold*, Urteilsanm., BIFD 2009, 175). Diese Rechtsprechung setzt der Tax Court of Canada in der Rechtssache „Velcro Holdings" fort (v. 24.2.2012, 2012 TCC 57). Die in den Niederlanden ansässige Gesellschaft, die die Lizenzen der Velcro-Group hielt, war nach Ansicht des Gerichts Nutzungsberechtigter, da die Gesellschaft rechtlich Eigentümer der Lizenzrechte war, sie über die Geschäftskonten frei verfügen konnte, die Lizenzeinnahmen sich mit anderen Einnahmen vermischten und sie insofern ein Währungsrisiko einging, die verdienten Zinsen der niederländischen Gesellschaft zugutekamen und der auf die niederländischen Antillen weitergeleitete Betrag nicht dem Betrag der Einnahmen entsprach. Dass die Gesellschaft zur Weiterleitung von 90% der Lizenzeinnahmen verpflichtet war, hielt das Gericht nicht für entscheidend. Dies könnte aber nach den vorgesehenen Änderungen des OECD-MA möglicherweise anders zu beurteilen sein.

120f Ähnlich hat das Schweizerische Bundesgericht in einem Entscheid v. 10.1.2011 (StE 2011, A 31.4 Nr. 12) ausgeführt, dass es für die Nutzungsberechtigung an einem „offshore company account" darauf ankomme, inwieweit der Stpfl. durch den formellen Rahmen der Gesellschaft hindurch das Vermögen und die Einkünfte weiterhin wirtschaftlich kontrollieren und darüber verfügen könne. In einem weiteren Entscheid hat das Bundesgericht (v. 7.3.2012, StE 2012, A-6537/2010; s. auch *Lang*, SWI 2012, 226) eine dänische Bank im Rahmen eines „total return swaps" als Nutzungsberechtigte angesehen, da die dänische Bank zwar die Vertragspartner für entgangene Einnahmen zu entschädigen hatte, über die konkreten Dividendeneinkünfte aber frei verfügen konnte. Allerdings geht das Gericht davon aus, dass der Begriff der „Nutzungsberechtigung" zu einer wirtschaftlichen Betrachtungsweise befugt und bei Durchleitungsverpflichtung eine Zurechnung der Dividendeneinnahmen zu den Vertragspartnern möglich wäre.

120g Die dänische Finanzverwaltung sieht eine ausländische Holdinggesellschaft nicht als Nutzungsberechtigte an, wenn eine Durchleitung der Dividendeneinkünfte vorbestimmt ist (s. etwa Skatteradet v. 27.6.2011, SKM2011.441.SR). Dementsprechend ist eine Holding dann als Nutzungsberechtigter anzuerkennen, wenn bei der Holding eigenständige Entscheidungen zum Reinvestment getroffen werden (Landskatteretten v. 16.4.2010, SKM2010.268.LSR) oder Zinseinkünfte nicht weitergeleitet, sondern im Rahmen einer Wandelanleihe in Eigenkapital umgewandelt werden (Landskatteretten v. 17.11.2010, SKM2010.729.LSR). Wenn hingegen die zwischengeschaltete Gesellschaft keinen Geschäftsbetrieb unterhält und lediglich die Anteile besitzt, kann sie abkommensrechtlich nicht als Nutzungsberechtigter gelten (Landskatteretten v. 22.12.2010, SKM 2011.571.SR; s. dazu auch Riis, ET 2011, 184), allerdings kommt möglicherweise die Mutter-Tochter-RL zur Anwendung, da Dänemark insofern den Missbrauchvorbehalt nicht entsprechend umgesetzt hat (Landskatteretten v. 16.12.2011, SKM2012.26.LSR); s. auch die Übersichten bei *Tostrup/Bjørnholm*, BIFD 2011, 503 und *Booker*, ET 2012, 67.

Ob Einkünfte einer Person zugerechnet werden können, hängt damit von der Kontrollmacht hinsichtlich der Wirtschaftsgüter und der Einkünfte ab. Häufig wird man von keiner oder geringer Substanz darauf schließen können, dass die Person letztlich nicht über die wirtschaftliche Kontrolle verfügt. In der Praxis lässt sich darüber hinaus beobachten, dass wirtschaftliche Kontrolle eher verneint wird, wenn die Einkünfte letztendlich in eine Steueroase fließen (so etwa die italienische Commissione tributaria provinciale del Piemonte/Turin v. 19.10.2010, no. 124; ferner das chinesische Anhui Tax Bureau auf der Grundlage der Verwaltungsanweisung Guo Shui Han 2009, No. 601, wiedergegeben in TNS v. 25.2.2011; s. ferner *Shui Zhong Han,* 2013, No. 165 zum Verhältnis mit Hongkong). **120h**

Auch das EU-Recht verwendet den Begriff des Nutzungsberechtigten (s. etwa Art. 1 Abs. 7 Zins- und Lizenzgebühren Richtlinie), definiert ihn aber nicht. Die obigen Ausführungen müssen daher auch für den unionsrechtlichen Begriff gelten. **120i**

Einen neuen Weg beschreitet der durch das Jahressteuergesetz 2013 eingefügte Satz 11 des § 50d Abs. 1 EStG. Die Vorschrift zielt auf Zurechnungskonflikte, die bei unterschiedlicher Qualifikation des Einkünfteerzielenden entstehen. Ein solcher Konflikt kann auch dann entstehen, wenn der Begriff des Nutzungsberechtigten unterschiedlich ausgelegt wird mit der Folge, dass die Einkünfte unterschiedlichen Personen zugerechnet werden. Nach dem Wortlaut der Vorschrift kommt es dann auf die Qualifikation des anderen Vertragsstaates an, in dem die einkunftserzielende Person ansässig ist. **120j**

b) Ort der Geschäftsleitung: Der MA-Komm. spricht in Ziff. 10.1 und 10.2 eine Möglichkeit an, schon bei der Sachverhaltsermittlung der Auslagerung von Geschäftsfunktionen in Steueroasen oder Steuerniedrigländern entgegenzuwirken (häufig sind in der Tat Fragen der missbräuchlichen Einschaltung ausländischer Gesellschaften mit der Frage des Ortes der Geschäftsleitung verknüpft, s. *von Busekist,* GmbHR 2006, 132; zur Nutzung im internationalen Konzern s. auch *Ebert,* IStR 2005, 534). Werden Tochtergesellschaften im Ausland gegründet oder emigrieren Unternehmen durch die Verlagerung des Orts der tatsächlichen Geschäftsleitung, stellt sich die Frage, ob sich nicht aus materieller Sicht der Ort der tatsächlichen Geschäftsleitung weiterhin im Inland befindet. Dabei müssen alle Umstände des Einzelfalls berücksichtigt werden (s. etwa FG Rheinland-Pfalz, DStRE 2003, 1167: *DBA Portugal;* UK Court of Appeal v. 8.7.2010 HMRC v Smallwood & Anor [2010] EWCA Civ 778: *DBA UK/Mauritius;* auch können Beweislastfragen eine größere Rolle spielen: vgl. die Urteile des niederländischen Hoge Raad v. 10.8.2012, nr. 11/04558, BNB 2013/11c m. Anm. *van Weeghel: DBA Niederlande/Schweiz und* v. 30.11.2012, nr. 11/05198, BNB 2013/54 m. Anm. *Boer*). Befindet sich demnach der Ort der Geschäftsleitung im Inland mit der Folge der unbeschränkten Steuerpflicht, entfällt aber andererseits der Vorwurf des Missbrauchs (BFH IStR 2002, 707: *DBA Luxemburg 1958*). Aber auch wenn das nicht der Fall sein sollte, muss noch geprüft werden, ob sich nicht im Staat der Muttergesellschaft ein Ort der Geschäftsleitung befindet, so dass die Basisgesellschaft eine Betriebstätte in diesem Staat hat, der unter Umständen die gesamten oder ein wesentlicher Teil der Gewinne zugerechnet werden kann (MA-Komm. Ziff. 10.2). Leider leidet die Anwendung des Kriteriums **120k**

„Ort der Geschäftsleitung" unter den Unsicherheiten, die mit der Bestimmung des Ortes verbunden sind. Der OECD Bericht „Place of Effective Management as a Tie Breaker Rule" (Paris, 2003) hat gezeigt, dass darüber international weitgehende Differenzen bestehen (vgl. auch *Owen,* BTR 2003, 296).

In den letzten Jahren hat diese Art der Steuerplanung vor allem in den Niederlanden eine größere Rolle gespielt. Typischerweise wird die Geschäftsführung einer niederländischen Kapitalgesellschaft von einem bestimmten Moment an auf den niederländischen Antillen ausgeübt. Da es sich bei den Geschäftsführern häufig um Rechtsanwälte, Steuerberater oder Mitarbeiter von Banken handelt, liegt der Verdacht nahe, dass die eigentlichen Unternehmensentscheidungen weiterhin in den Niederlanden von den dort weiterhin ansässigen Anteilseignern getroffen werden (s. etwa *Hoge Raad* v. 2.6.2006, nr. 41 394, BNB 2006/338c m. Anm. *Ijzerman*). Die niederländische Rspr. stellt zum Teil darauf ab, wann die Beschlüsse zur Verlagerung des Ortes der Geschäftsleitung getroffen worden sind. Geschieht dies vor der Verlagerung wird diese nicht anerkannt und die entsprechenden Einkünfte behandelt als stammten sie aus niederländischen Quellen (s. etwa *Hof Hertogenbosch,* Urt. v. 16.10.2003, Nr. 01/03 322, VN 2004/20.1.6: *DBA Niederlande/Belgien*). Der *Hoge Raad* ist dem allerdings in mehreren Fällen entgegengetreten. Die Verlegung der Geschäftsleitung sei anzuerkennen, wenn sie mit der Rechtswirklichkeit vereinbart werden könne, wenn die Verlagerung der Geschäftsleitung mit anderen Worten nicht zum Schein erfolgte (*Hoge Raad,* nr. 39223, BNB 2007/36c; nr. 39225, BNB 2007/37c; nr. 40452, BNB 2007/39c; nr. 41 324, BNB 2007/40; nr. 42522, BNB 2007/42 m. Anm.: *Van Weeghel* alle DBA Niederlande/Belgien). Einen Fall, in dem die entsprechende Steuerplanung erfolgreich war, hatte auch der britische *High Court (Chancery Division)* zu entscheiden (*Wood and another v. Holden,* Inspector of Taxes, 8 April 2005, [2005] S. T. C. 416 (s. dazu *Vogel,* Tax Treaty News, BIFD 2005, 418; *Garnham,* P. C. B. 2005, 155). Italien hat im Jahr 2006 eine Regelung eingeführt, nach der unter bestimmten Voraussetzungen der Ort der Geschäftsleitung in Italien vermutet wird (vgl. Ziff. 25 zu Art. 4 MA-Komm.; s. dazu näher *Campolo,* ET 2007, 55). Der kanadische Tax Court entschied zu einem „Offshore"-Trust, dass sich der Ort der tatsächlichen Geschäftsleitung zum maßgeblichen Zeitpunkt noch in Kanada befand (Entsch. v. 10.9.2009, „*Garron et. al.*", TNS v. 22.9.2009).

120l **c) Die Zwischenschaltung von Gesellschaften („conduit companies", „base companies"):** Die Zwischenschaltung von Gesellschaften kann in der internationalen Steuerplanung vielfältigen Zwecken dienen. Das treaty shopping, also die Zwischenschaltung einer Person, um damit die Abkommensvorteile in einem Staat zu erreichen, ist lediglich eine der vielfältigen Erscheinungsformen. In allen Fällen stellt sich die Frage, wann eine solche Zwischenschaltung als Missbrauch angesehen werden kann. Die OECD hatte sich in zwei Berichten mit der Frage auseinandergesetzt (s. MA-Komm. Ziff. 11), woraufhin die Vertragsstaaten vermehrt spezielle Klauseln in ihre DBA aufgenommen haben. Die unterschiedlichen Formen solcher Klauseln werden im MA-Komm. in den Ziff. 13 bis 22 behandelt. Ziff. 12 stellt voraus, welche Grundsätze allgemein bei der Vereinbarung von solchen Klauseln beachtet werden sollten. Der MA-Komm. 2003 hat die schon bestehenden Erläuterungen noch ergänzt. So finden sich nun in Ziff. 21, 21.1 und 21.2 Ausführungen zu den Fällen, in denen durch die zwischengeschalteten Personen Steuervorteile eines bestimmten Landes in Anspruch genommen werden sollen, und stellt dies in den Zusammenhang mit dem sogenannten schädlichen Steuerwettbewerb.

120m Natürlich steht es den Vertragspartnern frei, solche Klauseln – Ausschlussklauseln für bestimmte Arten von Gesellschaften, für bestimmte Arten von Einkünften, allgemeine Ausschlussklauseln für Gesellschaften in Niedrigsteuerländern, Aktivitätsklauseln, etc. – in ihre DBA aufzunehmen (selbstverständlich unter europarechtlichem Vorbehalt). Während aber der MA-Komm. 2000 noch eher eine formelle Position einnahm, sieht der MA-Komm. 2003 spezielle Klauseln lediglich noch als nützlich an, sie sollen die Anwendung allgemeiner nationaler Anti-Missbrauch-Klauseln nicht ausschließen (Ziff. 9.6). Außerdem soll auch der Begriff des Nutzungsberechtigten in Art. 10, 11 und (gegebenenfalls) 12 dazu dienen, Durchlaufgesellschaften die Abkommensvorteile zu verweigern (s. Ziff. 12.1 MA-Komm. zu Art. 10, Ziff. 8.1 MA-Komm. zu Art. 11 und Ziff. 4.1 MA-Komm. zu Art. 12; s. dazu noch eingehend bei Vor Art. 10 bis 12 Rz. 16). Auffallend ist, dass neben dem Mangel an einer klaren Definition, was einen Missbrauch darstellen soll, die Tendenz sichtbar wird, unzweifelhafte Fälle der anzuerkennenden internationalen Steuerplanung in den Missbrauchsbegriff einzubeziehen. Dabei verschwimmen die Grenzen und der Steuerpflichtige leidet am Fehlen jeglicher Rechtssicherheit. Es ist daher nach wie vor nötig, einen internationalen Missbrauchsbegriff zu entwickeln, der nicht nur die Interessen der Finanzverwaltungen, sondern auch die der Steuerpflichtigen berücksichtigt. So wird wohl auch die Formulierung des Verhältnismäßigkeitsgrundsatzes des MA-Komm. in Ziff. 22.2 zu verstehen sein: Nur wenn in aller Klarheit nachgewiesen kann, dass ein Missbrauch vorliegt, können die Abkommensvergünstigungen nicht gewährt werden. Es ist daher nötig, die Fälle zu identifizieren, bei denen kein Zweifel an einem Missbrauch besteht.

Ein Missbrauch ist jedenfalls zu bejahen, wenn die zwischengeschalteten Personen keine eigene Wirtschaftstätigkeit aufweisen können (BFH BStBl. II 1992, 1029; BStBl. II 1998, 163; BStBl. II 1998, 235; BStBl. II 1999, 119; BFH/NV 2002, 1202; BStBl. II 2003, 50; FG Nürnberg, EFG 2005, 631; ÖstVwGH v. 9.12.2004, 2002/14/0074: *DBA Österreich/Irland*, IStR 2005, 206 m. Anm. *Schmidt;* so auch das Urteil des Schweiz. Bundesgerichts v. 5.10.2012, 2 C 708/2011, IStR 2013, 243, zu einer personell nicht adäquat besetzten Finanzierungsbetriebsstätte auf den Cayman Islands; der österreichische UFS (U. v. 11.4.2007, RV/0323-S/06) stellt hingegen darauf ab, ob beachtliche wirtschaftliche Gründe vorliegen, so dass die Gesellschaft unter Umständen auch dann anzuerkennen sei, wenn sie überhaupt keine Substanz aufweise; s. dazu auch ÖStBMF, EAS 3100 v. 25.11.2009, SWI 2009, 571: *DBA Österreich/Deutschland*) oder, wie im *Aiken*-Fall, die zwischengeschaltete Person nur als reine Durchlaufstation dient, also kein wirtschaftliches Risiko trägt, was etwa daraus entnommen werden kann, dass der Zwischengesellschaft kein oder nur ein minimaler Gewinn aus der Transaktion verbleibt, also etwa wenn Darlehenssumme und -bedingungen sich entsprechen. Aus diesem Grund hat denn auch der *US Tax Court* im SDI-Fall (*SDI Netherlands B. V. v. CIR,* Urt. v. 2.10.1996, 107 T.C. 161; s. dazu auch *Kramer,* IStR 1998, 557 ff.; *McIntyre,* TNI December 1997, 2031; *Short,* TPI 1997, 18) auf substance-over-form nicht abgestellt, da die niederländische Gesellschaft zahlreiche Lizenzen verwaltete und mit der Lizenzvergabe einen beträchtlichen Gewinn erzielte (anders wohl der Fall in ÖStBMF v. 10.3.1997 (EAS 1035), SWI 1997, 189, in dem die niederländische Gesellschaft „funktionslos" war). **120n**

Eine eigene Wirtschaftstätigkeit ist dann anzunehmen, wenn die zwischengeschaltete Gesellschaft eine eigenständige erwerbswirtschaftliche Funktion hat und dementsprechend ausgestattet ist. Nach Ansicht des BFH soll dies selbst dann gelten, wenn die Einkunftsteile oder Vermögensgegenstände in keinem objektiven Zusammenhang zu der erwerbswirtschaftlichen Funktion der Gesellschaft stünden, es sei denn, die aktive wirtschaftliche Betätigung sei im Verhältnis zur passiven Tätigkeit völlig untergeordnet (BFH BStBl. II 1986, 496) bzw. zwischen der aktiven und passiven Tätigkeit bestehe ein derartiger Zusammenhang, dass beide als Einheit behandelt werden könnten (BFH BStBl. II 1993, 84). Unschädlich ist es auch, **120o** wenn die zwischengeschaltete Gesellschaft einen engen und (zeitlich) eingeschränkten Unternehmensgegenstand aufweist (BFH BStBl. II 2003, 50 – *Delaware: DBA USA 1989*). Ferner kann die Möglichkeit der Erlangung einer Steuervergünstigung im Ausland die Zwischenschaltung einer ausländischen Gesellschaft rechtfertigen (BFH v. 7.9.2005, BB 2005, 2668: *DBA Belgien*). Andererseits hat der österreichische VwGH einer ausländischen Tochtergesellschaft eine eigenständige Funktion aberkannt, die Finanzmittel von der österreichischen Mutter erhielt, diese aber wieder in Österreich investierte (Erk. v. 24.7.2007 – 2007/14/0029: *DBA Österreich/Luxemburg;* s. dazu die Diskussion bei *Brugger,* SWI 2008, 24; die österreichische und deutsche Finanzverwaltung haben sich über die steuerliche Behandlung verständigt, nicht aber über die Frage, wann von Funktionslosigkeit gesprochen werden kann, s. ÖstBMF v. 5.3.2007, EAS 2787, SWI 2007, 148).

120p An einer eigenen Wirtschaftstätigkeit fehlt es vor allem dann, wenn es sich um eine reine Briefkastengesellschaft handelt, d. h. wenn die Gesellschaft nur zum Schein errichtet worden ist oder sie gesellschaftsrechtlich ordnungsgemäß gegründet wurde, aber die Gesellschaft keine sachliche und personelle Ausstattung aufweist (vgl. ÖStVwGH v. 22.3.1995 – 93/13/0076; ÖstBMF, EAS 2892 v. 17.9.2007, SWI 2007, 549: *DBA Österreich/Schweiz; Conseil d'État, req. n. 247.729 – „Société Pléiade": DBA Frankreich/Luxemburg*) oder sie zur wirtschaftlich unangemessenen Umleitung von Geldern dient (ÖStVwGH v. 1.10.2008, 2006/13/0036; v. 26.4.2012, 2009/15/0220). Insoweit stimmt auch der allgemein geltende Missbrauchsgrundsatz, wie er den DBA immanent ist, mit den vom EuGH herausgearbeiteten Missbrauchsgrundsätzen überein. Insoweit gilt es aber zu beachten, dass das Nichtvorhandensein einer sachlichen und personellen Ausstattung der steuerlichen Anerkennung nicht entgegensteht, wenn bestimmte Funktionen wie Geschäftsführung, Buchhaltung, etc. ausgelagert werden. Sogar die vollständige Auslagerung des Kerngeschäfts hat der BFH zumindest für den Bereich der Kapitalanlage für unschädlich angesehen (BStBl. II 2001, 222 und BFH/NV 2000, 824 – *Dublin Docks I & II: DBA Irland*). Allerdings muss die wirtschaftliche Tätigkeit der ausländischen Gesellschaft auf eine gewisse Dauer ausgerichtet sein (BFH BStBl. II 2005, 14 – *Dublin Docks III: DBA Irland;* anders aber der österreichische *Verwaltungsgerichtshof,* Erk. v. 9.12.2004, 2002/14/0074: *DBA Österreich/Irland;* dazu *Lang,* SWI 2005, 67; s. auch IStR 2005, 206 m. Anm. *Schmidt/Theiss* zu einem ähnlich gelagerten Fall; dazu auch *Fischer,* FR 2005, 585 und *Lang,* SWI 2005, 67; Erk. v. 10.8.2005, ÖStZ 2005, 430: *DBA Österreich/Irland;* s. dazu *Loukota,* SWI 2005, 2054). Man wird diese Grundsätze allerdings nicht auch ohne weiteres auf alle Geschäftsfelder übertragen können. Die Frage der notwendigen Substanz hängt vielmehr von der jeweiligen Funktion der Gesellschaft im Einzelfall ab (BMF v. 28.12.2004, BStBl. I 2005, 28; der in Tz. 3 enthaltene Hinweise auf BFH BStBl. II 2002, 819 ist allerdings durch BFH/NV 2005, 1902 obsolet geworden). Jedenfalls wird man verlangen können, dass die zwischengeschaltete Gesellschaft eigene Entscheidungsbefugnisse besitzt. Bei Auslagerung muss die Gesellschaft daher entsprechende angemessene Aufwendungen nachweisen können (vgl. auch die Entscheidungen des Schweizerischen Bundesgerichts v. 9.11.1984 BGE 110 Ib 287; v. 16.8.1996, ASA 66, 406; v. 28.11.2005, StR 2006, 217: *DBA Schweiz/Dänemark*).

120q Eine ausreichend ausgestattete Tochtergesellschaft ist nicht schon allein deshalb funktionslos, weil sie Holdingfunktionen übernimmt. Andererseits kann aber das Halten einer einzigen Beteiligung darauf hindeuten, dass es an wirtschaftlichen Tätigkeiten mangelt. Nach österreichischer Auffassung ist es zulässig in solchen Fällen, die Erstattung der Quellensteuern von der Offenlegung der hinter der Holdinggesellschaft stehenden Personen zu verlangen (s. ÖStBMF, EAS 2996 v. 25.8.2008, SWI 2008, 411 mit Hinweis auf VwGH v. 26.7.2000, 97/14/0070 und die DBA-Entlastungsverordnung, BGBl. III Nr. 92/2005).

Im so genannten Monaco-Urteil wendete der BFH allerdings seine Missbrauchsgrundsätze nicht auf Tochtergesellschaften an, deren Mütter in Deutschland nicht steuerpflichtig sind: BFH BStBl. II 1982, 150 (153). – Zu dieser Rspr. des BFH s. auch: *Selling,* RIW 1991, 235; *Merthan,* RIW 1992, 927; *Kraft,* IStR 1993, 148; *Luttermann,* IStR 1993, 148; *Vogel* in Haarmann, Grenzen der Gestaltung im Internationalen Steuerrecht, S. 79 (82); *Sturm,* StVj 1994, 63. Der BFH hat sich allerdings in seiner Entscheidung vom 29.10.1997 (BStBl. II 1998, 235) von dieser Ansicht ausdrücklich distanziert. Der BFH will die Einkünfte der „zwischengeschalteten" Person dann nicht zurechnen, wenn sie kein „unternehmerisches Risiko" trägt. Kapitalanlagegesellschaften beispielsweise, die eine eigene Geschäftsführung haben, können wie dargelegt auch dann nicht als missbräuchlich angesehen werden, wenn eine Drittgesellschaft mit bestimmten Managementaufgaben beauftragt worden ist. **120r**

d) Niedrigsteuersysteme, Auslagerung von Funktionen und Hinzurechnungsbesteuerung

Literatur: *Asatsuma,* APTB 2007, 363; *ders.,* BIFD 2010, 517; *Baranger/Bouzoraa,* ET 2009, 42; *Bardini,* ET 2010, 375; *Gouthière,* ET 2008, 50; *Hackemann,* IStR 2007, 351; *Hahn,* IStR 2006, 667; *Hoffmann,* IWB F. 3 Gr. 1, 2231 (2007); *Kiekebeld/Merks/Smit,* WFR 2007/129; *Korver Schmidt/Schneider,* IWB 2012, 629, Teil 2: IWB 2012, 682; *Kraft/Bron,* IStR 2006, 614; *Lang,* BIFD 2003, 51; *Maciejeweski,* IStR 2013, 449; *Meussen,* ET 2007, 13; *Möller,* IStR 2010, 166; *Köplin/Sedemund,* BB 2007, 244; *Rust,* S. 1 ff.; *Scarioni/Muni,* Intertax 2010, 527; *Schön,* IStR 2013, Beih. 3; *Waldhoff/Grefrath,* IStR 2013, 477; *Wassermeyer/Schönfeld,* GmbHR 2006, 1065. **120s**

Sonstige Dokumente: *HM Revenue & Customs,* Proposals for controlled foreign companies (CFC) reform: discussion document, January 2010;

Vor allem **Finanzierungs- oder Kapitalanlagegesellschaften,** die im Ausland mit dem Zweck gegründet werden, eine dort für diese Gesellschaften geltende niedrige Besteuerung für Einkünfte aus Vermögensverwaltung und Finanzierungsgeschäften auszunutzen (z. B. Dublin-Dock-Gesellschaften, niederländische Finanzierungsgesellschaften, ungarische Offshore-Gesellschaften, Koordinationszentren, etc.), und die ihre Gewinne unter Nutzung des abkommensrechtlichen Schachtelprivilegs oder einer innerstaatlichen Schachtelbefreiung steuerfrei ins Inland ausschütten, sind mit allgemeinen Missbrauchsvorschriften nicht zu begegnen. Bei diesen Gesellschaften handelt es sich in der Regel nicht um Briefkastenfirmen oder sonstig wirtschaftlich funktionslose Gesellschaften, so dass die Rechtsprechung zu den so genannten Basisgesellschaften nicht herangezogen werden kann. **120t**

Der deutsche und viele ausländische Gesetzgeber versuchen, solche Gesellschaften mit Hilfe der **Hinzurechnungsbesteuerung** zu bekämpfen. Der MA-Komm. 2003 geht davon aus, dass die Hinzurechnungsbesteuerung mit den DBA zu vereinbaren sei (Ziff. 23), solange die Länder sie nicht allein in Fällen anwenden, in denen das Steuerniveau substantiell niedriger ist (Ziff. 26). Allerdings ist der Zusatz in Ziff. 26 weggefallen, dass die Hinzurechnungsbesteuerung nicht zur Anwendung kommen sollte, wenn die Tochtergesellschaft im anderen Staat echte wirtschaftliche Tätigkeiten ausübt und ein missbräuchliches Verhalten nicht zu erkennen war. Die Auffassung der Vereinbarkeit mit DBA steht allerdings in Gegensatz zur Auffassung des *Conseil D'Etat,* der in einer Entscheidung aus 2002 die französische Hinzurechnungsbesteuerung als unvereinbar mit dem DBA Schweiz – Frankreich ansah (Urt. v. 28.6.2002, International Tax Law Reports 2002, 1077; s. dazu *Mbwa-Mbona,* TNI 2002, 143; ebenso der Gerichtshof Lille für die Abkommen mit Belgien und Luxemburg (TNS 20-3-2003); für eine Verletzung des DBA auch der brasilianische Conselho de Contribuintes (TNS 15-2-2007); s. auch die Position **120u** der Schweizerischen Finanzverwaltung in ASA, no. 68, 1999, 146; ferner grundlegend *Sandler,* Tax Treaties and Controlled Foreign Company Legislation, 2. Aufl. 1998; anders aber der britische Court of Appeal, Rs. Bricom Holdings Ltd. v. IRC, (1997) STC 1179: *DBA Großbritannien/Niederlande;* der finnische Verwaltungsgerichtshof, International Tax Law Reports 2002, 1009; *Lang,* BIFD 2003, 51, 53; *Arnold,* BIFD 2004, 244; differenzierend *Wattel/Marres,* ET 2003, 66; der japanische Supreme Court v. 29.10.2009, Case No. 2008 (Gyou Hi) 91, Minshuu, Vol. 63, No. 8, 1881; dazu *Asatsuma,* BIFD 2010, 517; für die Literatur in Deutschland *Blümich/Menck,* Vorbem. zu § 7 AStG, Rz. 24 ff. m. w. N.; *Rust,* Hinzurechnungsbesteuerung, S. 58 ff.). In Reaktion darauf soll nun Ziff. 10.1 des MA-Komm. zu Art. 7 klarstellen, dass die Hinzurechnungsbesteuerung nicht in Widerspruch zu Art. 7 steht (s. auch die Ziff. 37 bis 39 des MA-Komm. zu Art. 10). Die gegebene Begründung, die sich darauf beschränkt auf die allgemeine internationale Akzeptanz der Hinzurechnungsbesteuerung hinzuweisen und formalistisch auf die Tatsache der Besteuerung der Muttergesellschaft abhebt, ist nicht überzeugend und daher auch zu Recht kritisiert worden (*Martín Jimenez,* BIFD 2004, 17 (23 f.); s. auch die Bemerkungen zum Kommentar in Ziff. 27.4 bis 27.9). Auch das Argument, DBA könnten nicht so verstanden werden, dass Vertragsstaaten Missbrauch hinzunehmen hätten (so *Arnold,* BIFD 2004, 244 (253)), kann hier nicht greifen, da die Hinzurechnungsbesteuerung nicht der Bekämpfung von Missbrauch dient, sondern die nationale steuerliche Bemessungsgrundlage sichern will. Für die Anerkennung der Hinzurechnungsbesteuerung bei der Abkommensanwendung wird man (vorbehaltlich des Anwendungsbereichs der Diskriminierungsklauseln des EG-Vertrags) eine ausdrückliche Regelung in den DBA verlangen müssen (s. z. B. Art. 1 Abs. 6 *DBA USA 1989/2006;* s. dazu auch *Schönfeld,* IStR 2007, 274).

120v Die Entscheidung des *EuGH* in der Rechtssache *Cadbury Schweppes* (EuGH v. 12.9.2006, Rs. C-196/04, Slg. 2006-I, 7995; vgl. dazu *Gosch,* BFH-PR 2006, 458; *Hahn,* IStR 2006, 667; *Johnson,* TNI 2006, 521; *Kleinert,* GmbHR 2006, 1055; *Köhler/Eicker,* DStR 2006, 1871; *Körner,* IStR 2006, 675; *Kraft/Bron,* IStR 2006, 614; *Lieber,* FR 2006, 993; *Sedemund,* BB 2006, 2119; *Sheppard,* TNI 2006, 164; *Strunk/Kaminski,* Stbg 2006, 588; *Wassermeyer,* DB 2006, 2050; *Wassermeyer/Schönfeld,* GmbHR 2006, 1065; *Wilke,* PIStB 2006, 244) stellt die Auffassung der OECD weiters in Frage (die Vereinbarkeit mit der Niederlassungsfreiheit war schon vor der Entscheidung angezweifelt worden, s. *Schön,* BTR 2001, 250)). Der EuGH sah in der Hinzurechnung eines Gewinns einer substanzhaltigen Finanzierungsgesellschaft im Ausland einen Verstoß gegen die Niederlassungsfreiheit. Die Hinzurechnung sei nur dann gerechtfertigt, wenn es sich um eine rein künstliche Gestaltung handle, um der inländischen Besteuerung zu entgehen. Eine rein künstliche Gestaltung liege vor allem dann vor, wenn die ausländische Finanzierungsgesellschaft substanzlos sei oder keinen echten wirtschaftlichen Tätigkeiten nachgehe (für weitere Nachweise s. oben Rz. 120d ff.). Die Entscheidung des EuGH beschränkt sich auf den Fall einer in einem Europäischen Mitgliedstaat ansässigen Gesellschaft. Im Verhältnis zu Drittstaaten stellt sich die Frage, ob durch die Hinzurechnung von Gewinnen einer ausländischen Finanzierungsgesellschaft die Kapitalverkehrsfreiheit verletzt ist (s. dazu *Hackemann,* IStR 2007, 351; *Rust,* Hinzurechnungsbesteuerung, S. 176 ff.). Zu § 20 Abs. 2 und 3 AStG s. die Schlussanträge des Generalanwalts v. 29.3.2007 in der Rs. C-298/05 *Columbus Container Service;* dazu *Cloer/Lavrelashvili/Biebl,* SWI 2007, 359; *Wassermeyer,* IStR 2007, 299; *Rainer,* IStR 2007, 299; *Franck,* IStR 2007, 489; nach Ansicht des EuGH verstößt § 20 Abs. 2 und 3 AStG allerdings schon nicht gegen die Niederlassungsfreiheit (Urt. v. 6.12.2007, Rs. C-298/05; s. dazu bereits oben Rz. 99b).

120w Soweit diese Vorschriften nicht eingreifen oder der Hinzurechnungsbetrag aufgrund eines DBA steuerfrei zu stellen ist, stellt sich die Frage, ob daneben auch

§ 42 AO zur Anwendung kommen kann. Das hatte beispielsweise das FG Bad.-Württ. mit Urteil vom 17.7.1997 (EFG 1997, 1442) bejaht. Der BFH hat hingegen in zwei Entscheidungen vom 19.1.2000 (BStBl. II 2001, 222; BFH/NV 2000, 824: beide *DBA Irland 1962;* übereinstimmend FG Hamburg IStR 2002, 313: *DBA Irland 1962;* dazu s. a. *Philipowski,* IStR 2001, 676; ferner BFH BStBl. II 2003, 50: *DBA USA;* BStBl. II 2005, 14: *DBA Irland 1962*) entschieden, dass § 42 AO durch die Hinzurechnungsbesteuerung verdrängt wird (vgl. dazu eingehend Wassermeyer/*Wassermeyer,* Art. 1 MA Rz. 76 ff.; zu der Frage einer Absprache mit der ausl. Finanzverwaltung über eine höhere Besteuerung, durch die die Hinzurechnungsbesteuerung vermieden wird, s. BFH IStR 2006, 638: *DBA Irland 1962;* s. dazu auch *Wilke,* IWB F. 3a Gr. 1, 1099). Zum Verhältnis zwischen § 50c EStG und § 42 AO a. F. s. FG Schl-Hst. IStR 2002, 136 und IStR 2002, 169. Mit Verkündung des StÄndG 2001 v. 20.12.2001 (BStBl. I 2002, 4) ist aber zu beachten, dass § 42 AO durch einen Abs. 2 ergänzt wurde. Danach ist § 42 Abs. 1 AO anwendbar, sofern seine Anwendbarkeit nicht ausdrücklich gesetzlich ausgeschlossen ist (s. dazu allgemein *Rättig,* IStR 2002, 828; zur Frage der Rückwirkung FG Düsseldorf DStRE 2002, 826).

e) Verweigerung der Abkommensberechtigung und Limitation-on-Benefits-Klauseln

Literatur: *Bates/Berman u. a.,* Intertax 2013, 395; *Cooper/Rasmussen,* BIFD 1982, 291; *Calejo Guerra,* ET 2011, 85; *Connery/Poms/Blasdel,* TNI Sept. 6, 2010, 789; *Day,* IRS 2014, 49; *Fleming,* Intertax 2012, 245; *Gutmann,* BIFD 2012, no. 9; *Hofland/Pötgens,* ET 2011, 215; *Kleutgens/Sinewe,* RIW 2006, Beilage 2, 1; *Kofler,* in FS *Loukota,* 213; *Lerner/Lebovitz/Pridjian,* TPIR October 1992, 31; *Loengard Jr.,* in Essays Int. Tax., 275; *Malherbe/Delattre,* ET 1996, 12; *Martín-Jiménez,* EC Tax Rev. 1995, 78; *Mason,* TNI August 14, 2006, 563; *Osterwell,* EC Tax Review 2009, 236; *Panayi,* ET 2004, 83; *Portner,* IWB 8 USA Gr. 2, 663; *Ruchelmann/Imamura,* TPI 1982, 3; *RSM International Tax Committee (R. D. Lorence, Ed.),* The Journal of International Taxation March (1996), S. 124; *Schnittker,* IStR 2012, 720; Selby, CTJ 2009, 86; *Shannon,* Die Doppelbesteuerungsabkommen der USA (1987), S. 162 ff.; *Stevens,* IStR 2011, 335; *Thömmes,* IStR 2007, 577; *van Unnik/Boudestein,* EC Tax Review 1993, 106; *Vega Borrego,* Limitation on Benefits Clauses in Double Taxation Conventions (2005); *Venuti/Manasuev,* TNI Jan. 11, 2008, 181; *Venuti/Connery/Poms/Manasuev,* TNI June 15, 2009, 967; *Vogel/Shannon/Doernberg/van Raad,* Art. 16. Zur LOB Klausel des DBA USA s. noch unten Rz. 127. **121**

aa) Ausschluss bestimmter Gesellschaftsformen: Klauseln, nach denen bestimmte Gesellschaftsformen die Abkommensvorteile nicht geltend machen können, finden sich schon seit langem in den DBA. Der MA-Komm. hatte ursprünglich eine solche **Ausschlussklausel** zur Bekämpfung von Durchlaufgesellschaften oder dem Treaty Shopping vorgeschlagen. Der MA-Komm. von 2003 stellt nunmehr solche Klauseln (auch) in den Zusammenhang mit niedrigbesteuernden Regimen (Ziff. 21 ff.). Dabei werden drei verschiedene Formen unterschieden: **121a**
- vollständiger Ausschluss bestimmter niedrigbesteuerter Unternehmen;
- die Einkünfte oder Ausgaben solcher Unternehmen kommen nicht in den Genuss von Abkommensvergünstigungen;
- Ausschluss dieser Unternehmen von der Anwendung bestimmter Verteilungsnormen.

Ausschlussklauseln machen nur dann Sinn, wenn sich die Zielobjekte genau bestimmen lassen. Da dies nur selten der Fall ist, sind solche Klauseln nur von beschränktem Nutzen. Der MA-Komm. schlägt in Ziff. 21.2 vor, zumindest jene Unternehmen auszuschließen, die in den Genuss eines steuerlichen Vorzugssystems kommen, weil sie ausländisch beherrscht sind. Die in Ziff. 21.3 angesprochene Ausschlussklausel von bestimmten Arten von Einkünften verlangt neben der Niedrigbe- **121b** steuerung noch ferner, dass das Unternehmen im anderen Staat keine wirtschaftliche Substanz aufweist und ein effektiver Informationsaustausch nicht stattfindet.

122 **bb) Die LOB-Klausel im MA-Kommentar:** Der MA-Kommentar enthält seit 2003 in Ziff. 20 eine umfassende Klausel zur **Beschränkung der Abkommensbegünstigung (sog. Limitations-on-Benefits-Klausel, „LOB").** Sie ist weitgehend dem US-MA 1996 nachgebildet. Absatz 1 enthält den Grundsatz, dass trotz der Ansässigkeit des Steuerpflichtigen in einem der Vertragsstaaten die Vorteile des Abkommens nur gewährt werden, wenn er entweder zu den Personen des Absatzes 2 gehört oder die übrigen Voraussetzungen für die Inanspruchnahme der Abkommensvergünstigungen erfüllt. Ohne weiteres abkommensberechtigt sind danach natürliche Personen, anerkannte Regierungseinrichtungen, gemeinnützige und sonstige steuerbefreite Organisationen und Pensionsfonds unter besonderen Voraussetzungen. Andere Personen müssen bestimmte Voraussetzungen erfüllen, die nachstehend schematisch wiedergegeben werden. Im Übrigen kann auf die nachfolgenden Ausführungen zum US-MA 2006 verwiesen werden.

122a **Anwendung der OECD Limitation-On-Benefits-Klausel auf Kapitalgesellschaften bzw. andere als natürliche Personen:**

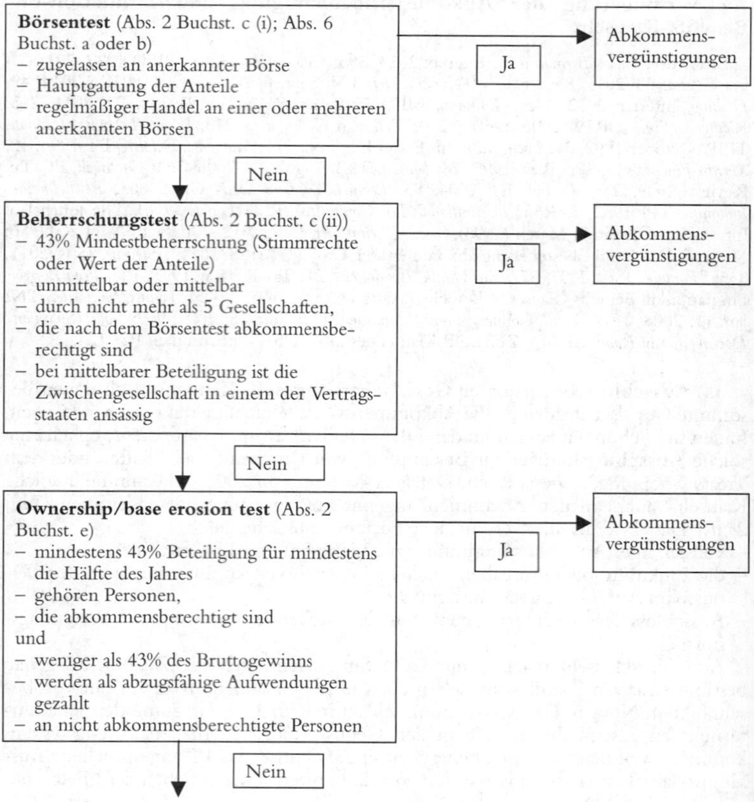

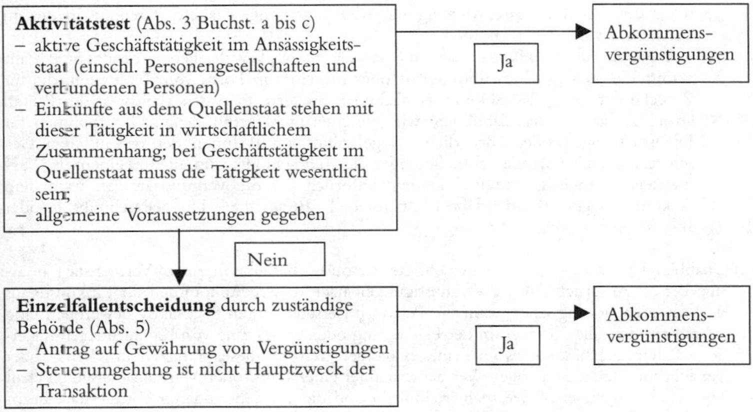

cc) US-MA 2006

123 ***Art. 22 US-MA (November 2006) Einschränkung von Abkommensvergünstigungen***

1. Soweit dieser Artikel nicht anderes vorsieht, hat eine in einem Vertragsstaat ansässige Person nur dann im anderen Vertragsstaat Anspruch auf alle Vergünstigungen nach diesem Abkommen, die in einem Vertragsstaat ansässigen Personen ansonsten gewährt werden, wenn sie eine „berechtigte Person" im Sinne von Absatz 2 ist.

2. Eine in einem Vertragsstaat ansässige Person ist nur dann eine berechtigte Person für ein Steuerjahr, wenn sie

a) eine natürliche Person ist;

b) ein Vertragsstaat oder eine seiner Gebietskörperschaften ist;

c) eine Gesellschaft ist, sofern

aa) ihre Hauptaktiengattungen (und alle Vorzugsaktiengattungen) regelmäßig an einer oder mehreren anerkannten Börsen gehandelt werden, und entweder

A) ihre Hauptaktiengattung hauptsächlich an einer in dem Vertragsstaat, in dem die Gesellschaft ansässig ist, gelegenen Börse gehandelt wird oder

B) der hauptsächliche Ort der Geschäftsleitung und Überwachung der Gesellschaft sich in dem Vertragsstaat befindet, in dem sie ansässig ist; oder

bb) Aktien, die mindestens 50 vom Hundert der gesamten Stimmrechte und des Werts (und mindestens 50 vom Hundert jeder Vorzugsaktiengattung) der Gesellschaft darstellen, unmittelbar oder mittelbar von fünf oder weniger Gesellschaften gehalten werden, die Anspruch auf Vergünstigungen gemäß Doppelbuchstabe aa haben, vorausgesetzt, dass bei mittelbarer Beteiligung jede zwischengeschaltete Gesellschaft in einem der beiden Vertragsstaaten ansässig ist;

d) zu den in Artikel 4 Absatz 4 dieses Abkommens beschriebenen Personen gehört, vorausgesetzt, dass mehr als 50 vom Hundert ihrer Begünstigten, Mitglieder oder Teilnehmer natürliche Personen sind, die in einem der beiden Vertragsstaaten ansässig sind;

e) eine andere als eine natürliche Person ist, sofern

aa) an mindestens der Hälfte der Tage des Steuerjahrs in diesem Vertragsstaat ansässige Personen, die gemäß Buchstabe a, Buchstabe b, Buchstabe c Doppelbuchstabe aa oder Buchstabe d Anspruch auf die Vergünstigungen nach diesem Abkommen haben, unmittelbar oder mittelbar Aktien oder sonstige Beteiligungen an der Person halten, die mindestens 50 vom Hundert der gesamten Stimmrechte und des Werts (und mindestens 50 vom Hundert jeder Vorzugsaktiengattung) der Gesellschaft darstellen, vorausgesetzt, dass bei mittelbarer Beteiligung jeder zwischengeschaltete Beteiligte in diesem Vertragsstaat ansässig ist, und

bb) weniger als 50 vom Hundert des im Staat der Ansässigkeit der Person für das Steuerjahr ermittelten Rohgewinns unmittelbar oder mittelbar in Form von Zahlungen, die für Zwecke der unter das Abkommen fallenden Steuern im Ansässigkeitsstaat der Person abziehbar sind (außer Zahlungen wie zwischen nicht verbundenen Unternehmen für Dienstleistungen oder körperliche Gegenstände im Rahmen der ordentlichen Geschäftstätigkeit), Personen zufließen oder diesen geschuldet sind, die in keinem der Vertragsstaaten ansässig sind und keinen Anspruch auf die Vergünstigungen nach dem Abkommen gemäß Buchstabe a, Buchstabe b, Buchstabe c Doppelbuchstabe aa oder Buchstabe b haben.

3.

a) Unabhängig davon, ob sie eine berechtigte Person ist, hat eine in einem Vertragsstaat ansässige Person Anspruch auf die Vergünstigungen nach diesem Abkommen für Einkünfte aus dem anderen Vertragsstaat, wenn die Person im erstgenannten Staat aktiv gewerblich tätig ist (außer wenn die Tätigkeit in der Platzierung oder Verwaltung von Kapitalanlagen für eigene Rechnung besteht, es sei denn, es handelt sich bei dieser Tätigkeit um Bank- oder Versicherungstätigkeiten oder Wertpapierhandel einer Bank oder Versicherungsgesellschaft oder eines zugelassenen Wertpapierhändlers) und die aus dem anderen Vertragsstaat bezogenen Einkünfte im Zusammenhang mit dieser gewerblichen Tätigkeit erzielt werden oder aus Anlass dieser Tätigkeit anfallen.

b) Bezieht eine in einem Vertragsstaat ansässige Person Einkünfte aus einer in dem anderen Vertragsstaat ausgeübten Geschäftstätigkeit oder bezieht sie aus dem anderen Vertragsstaat stammende Einkünfte von einer verbundenen Person, gelten die Voraussetzungen des Buchstabens a in Bezug auf diese Einkünfte nur dann als erfüllt, wenn die Geschäftstätigkeit, die in dem erstgenannten Vertragsstaat ausgeübt wird, gegenüber der Geschäftstätigkeit, die die im erstgenannten Vertragsstaat ansässige Person oder die verbundene Person im anderen Vertragsstaat ausübt, erheblich ist. Ob eine Geschäftstätigkeit im Sinne dieses Absatzes erheblich ist, entscheidet sich nach sämtlichen Tatsachen und Umständen.

c) Für die Anwendung dieses Absatzes gelten Tätigkeiten von mit einer Person verbundenen Personen als von der Person ausgeübte Tätigkeiten. Eine Person gilt als mit einer anderen Person verbunden, wenn sie zu mindestens 50 vom Hundert an der anderen Person beteiligt ist (oder im Fall einer Gesellschaft Anteile hält, die mindestens 50 vom Hundert der gesamten Stimmrechte und des Werts der Gesellschaft oder der Beteiligung am Eigenkapital der Gesellschaft darstellen) oder eine andere Person unmittelbar oder mittelbar zu mindestens 50 vom Hundert an jeder Person beteiligt ist (oder im Fall einer Gesellschaft Anteile hält, die mindestens 50 vom Hundert der gesamten Stimmrechte und des Werts der Gesellschaft oder der Beteiligung am Eigenkapital der Gesellschaft darstellen). In jedem Fall gilt eine Person als mit einer anderen verbunden, wenn eine Person sämtlichen Tatsachen und Umständen zufolge die andere Person beherrscht oder beide Personen von derselben Person oder denselben Personen beherrscht werden.

4. Wenn eine in einem Vertragsstaat ansässige Person weder eine berechtigte Person im Sinne von Absatz 2 ist noch für Einkünfte Anspruch auf die Vergünstigungen nach Absatz 3 hat, kann die zuständige Behörde des anderen Vertragsstaats gleichwohl die Vergünstigungen aus diesem Abkommen oder die Vergünstigungen für bestimmte Einkünfte gewähren, wenn sie zu dem Ergebnis kommt, dass die Errichtung, der Erwerb oder das Bestehen dieser Person oder die Tätigkeit als solche nicht hauptsächlich dazu diente, Vergünstigungen nach diesem Abkommen zu erlangen.

5. Im Sinne dieses Artikels

a) bedeutet der Ausdruck „anerkannte Börse"

aa) das NASDAQ-System, das der „National Association of Securities Dealers, Inc." gehört, und jede Börse, die bei der Börsenaufsichtsbehörde der Vereinigten Staaten nach dem Börsengesetz der Vereinigten Staaten von 1934 registriert ist;

bb) Börsen von …; und

cc) jede andere Börse, auf die sich die zuständigen Behörden geeinigt haben;

b) bedeutet der Ausdruck „Hauptaktiengattung" die Stammaktien der Gesellschaft, sofern diese Aktiengattung die Mehrheit der Stimmrechte und des Werts der Gesellschaft darstellt. Stellt keine einzelne Stammaktiengattung die Mehrheit der gesamten Stimmrechte und des Gesamtswerts der Gesellschaft dar, so gelten die Gattung oder die Gattungen als Hauptaktiengattung, die insgesamt die Mehrheit der gesamten Stimmrechte und des Gesamtwerts der Gesellschaft darstellen;
c) bedeutet der Ausdruck „Vorzugsaktiengattung" jede Aktiengattung einer in einem der Vertragsstaaten ansässigen Gesellschaft, die dem Anteilseigner durch Dividenden, Einlösung oder anderweitig einen unverhältnismäßig höheren Anteil an den durch besondere Vermögenswerte oder Tätigkeiten der Gesellschaft im anderen Vertragsstaat erzielten Einkünften einräumt;
d) befindet sich der hauptsächliche Ort der Geschäftsleitung und Überwachung einer Gesellschaft nur dann in dem Vertragsstaat, in dem diese ansässig ist, wenn die Mitglieder der Geschäftsführung und leitenden Angestellten in diesem Vertragsstaat für einen größeren Teil der strategie-, finanz- und geschäftspolitischen Entscheidungen bezüglich der Gesellschaft (einschließlich ihrer unmittelbaren oder mittelbaren Tochtergesellschaften) die laufende Verantwortung übernehmen als in jedem anderen Staat und die Mitarbeiter in diesem Vertragsstaat einen größeren Teil der zur Vorbereitung und Herbeiführung dieser Entscheidungen erforderlichen laufenden Tätigkeiten ausüben als in jedem anderen Staat.

Das **US-MA** will die Erschleichung von Abkommensvergünstigungen durch nicht abkommensberechtigte Personen über eine eigens eingefügte Ausnahmevorschrift, **Art. 22,** verhindern. Sie ist nunmehr in beinahe allen US-amerikanischen DBA enthalten (Ausnahmen sind die älteren DBA mit Island und Ungarn, jedoch bemühen sich die USA um die Schließung der Lücke). Allerdings richtet sich die Vorschrift nicht nur gegen Steuerumgehungen und -vermeidungen, sondern bringt eher zum Ausdruck, was in den USA politisch als „appropriate" angesehen wird. Die Akzeptanz der Klausel wird daher folgerichtig von allen Vertragspartnern verlangt. Andererseits wird dadurch der Tatbestand so weit gefasst, dass nicht nur missbräuchliche Gestaltungen verhindert, sondern auch gerechtfertigte Gestaltungen erfasst werden. Die Billigkeitsregelung kann hier helfen, belastet aber den Steuerpflichtigen mit der Rechtsunsicherheit einer Ermessensentscheidung durch die Finanzverwaltung. 124

Die erste Fassung dieser Vorschrift von *1977 (Art. 16 US-MA)* verstand sich als eine Ausnahme zu den Art. 10 bis 12 MA: falls 25 v. H. oder mehr des Kapitals einer Gesellschaft in einem Vertragsstaat in den Händen von Nichtansässigen seien und dieser Vertragsstaat die von der Gesellschaft bezogenen Dividenden, Zinsen oder Lizenzgebühren wesentlich niedriger als der andere Vertragsstaat besteuere, dürfe der andere Vertragsstaat sie seinerseits besteuern; die Vorschrift war also eine **erweiterte subject-to-tax-Klausel.** Zwei Neufassungen des Artikels veröffentlichten die Vereinigten Staaten im *Juni* und im *Dezember 1981.* Beide stimmen darin überein, dass sie über die Fassung von 1977 hinaus nicht natürlichen Personen (persons other than individuals) Abkommensvergünstigungen **generell versagen,** wenn die Person nicht **nachweist,** dass sie doch bestimmte Voraussetzungen erfüllt. Die „Juni-Fassung" schließt darüber hinaus Abkommensvergünstigungen im Quellenstaat generell auch dann aus, wenn die Einkünfte im Wohnsitzstaat erheblich niedriger als im Quellenstaat besteuert werden. Diese Vorschläge gehen außerordentlich weit und erwecken die Vermutung, es handle sich um bewusst überzogene Verhandlungspositionen, mit deren voller Verwirklichung ihre Urheber selber nicht rechnen. Tatsächlich ist dann auch keine der beiden Fassungen von 1981 in einem Abkommen unabgeschwächt verwirklicht worden. 125

Das US-MA von 1996 verfeinerte die Fassungen von 1981, die grundsätzlichen Regelungen blieben aber erhalten (s. dazu die 4. Aufl., Art. 1 Rz. 127). Im neuen Musterabkommen von 2006 wurde die Klausel grundlegend neu strukturiert und 126 verschärft. Man will damit auf die Ausuferung des treaty shopping und die Verlagerung der Geschäftsleitungen von US-Unternehmen reagieren. Die Klausel ist auch Ausdruck der Unsicherheit darüber, ob man via einer teleologischen Auslegung zu nämlichen Ergebnissen kommen könnte, sie versucht also mittels verschiedener objektiver Tatbestandsvoraussetzungen Rechtssicherheit zu schaffen.

127 Das US-MA 2006 enthält die Limitation-on-Benefits-Klausel in Art. 22 Absatz 1 enthält den Grundsatz, dass trotz der Ansässigkeit des Steuerpflichtigen in einem der Vertragsstaaten die Vorteile des Abkommens nur gewährt werden, wenn er entweder zu den Personen des Absatzes 2 gehört oder die Aktivitätsvoraussetzungen des Absatzes 3 erfüllt. Dem liegt der Gedanke zugrunde, dass bei Vorliegen dieser Voraussetzungen angenommen werden kann, dass der Steuerpflichtige entweder wirtschaftliche Gründe für die gewählte Struktur hat oder er ausreichend enge wirtschaftliche Verbindungen mit dem anderen Vertragsstaat aufweist. Die Abkommensvorschrift und die Missbrauchsregelungen des innerstaatlichen Rechts ergänzen sich. Letztere dienen zur Bestimmung des Einkunftsempfängers (des Nutzungsberechtigten), während sodann Art. 22 US-MA die Abkommensberechtigung dieses Einkunftsempfängers regelt. Das *DBA Kanada/USA* enthält eine Klarstellung, dass die Anwendung von allgemeinen Missbrauchsgrundsätzen unberührt bleibt. Diese wurde zwar auf Wunsch Kanadas eingeführt, gilt aber ausdrücklich zweiseitig.

128 Art. 22 Abs. 2 nennt als grundsätzlich abkommensberechtigte Personen natürliche Personen, qualifizierte staatliche Organe (definiert in Art. 3 (i) US-MA), Pensionsfonds (unter der Voraussetzung, dass mehr als 50% der Beteiligten oder Begünstigten in einem der Vertragsstaaten ansässig sind), gemeinnützige Organisationen sowie alle Personen, die aktive Geschäftstätigkeiten im anderen Vertragsstaat ausüben und die damit erzielten Einkünfte mit dieser Geschäftstätigkeit im Zusammenhang stehen (Abs. 3). Ausgeschlossen sind damit zunächst das Tätigen und Managen von Kapitalinvestments. Der Aktivitätsvorbehalt wird aber noch durch ein Substanzerfordernis verschärft. Die aktive Tätigkeit muss im Verhältnis zu den gesamten Tätigkeiten im anderen Vertragsstaat von substantieller Bedeutung sein. Zur Bestimmung des Substanzerfordernisses sind alle Tatsachen und Umstände zu berücksichtigen. Die noch im US-MA 1996 eröffnete Möglichkeit eines safe harbors, wenn bestimmte Voraussetzungen erfüllt waren, ist nunmehr weggefallen.

129 Sind diese Voraussetzungen nicht erfüllt, müssen Gesellschaften weitere Voraussetzungen erfüllen. Unternehmen qualifizieren sich, wenn

(1) ihre Anteile „regularly" an einer **anerkannten Börse** (definiert in Abs. 5 Buchst. a) gehandelt werden. Zusätzlich ist einer der folgenden **substantial presence tests** zu bestehen:

– die principal class der Anteile werden hauptsächlich an einer oder mehreren Börsen im Ansässigkeitsstaat gehandelt **(„publicly-traded corporation test"),** oder
– der primäre Ort der Geschäftsleitung der Gesellschaft muss sich im Ansässigkeitsstaat befinden **(„international headquarter test").**

Der Begriff „regularly" kann am besten mit „geregelt" oder „ordentlich" übersetzt werden. *Wassermeyer* setzt ihn mit dem Begriff „nachhaltig" i. S. des § 15 Abs. 2 EStG gleich (Wassermeyer/*Wassermeyer,* Art. 1 OECD-MA, Rz. 33). Die US-TE verweisen zwar auf die Anwendung des Art. 3 Abs. 2 MA, da der Begriff im Abkommen nicht definiert ist, das amerikanische Verständnis zeigt aber, dass nicht „Nachhaltigkeit", sondern ein Minimum an Dauer und Quantität des Handels gemeint ist. Der substantial presence test ist neu in das US-MA aufgenommen worden. Dabei ist nach Auffassung der TE der primäre Ort der Geschäftsleitung nicht mit dem Ort der tatsächlichen Geschäftsleitung im Sinne des Art. 4 Abs. 3

MA gleichzusetzen. Bei ersterem Begriff geht es ausschließlich um den Ort, wo die täglichen Managemententscheidungen getroffen werden.

(2) Alternativ sind auch von börsennotierten Gesellschaften beherrschte Unternehmen (Tochtergesellschaften) abkommensberechtigt, wenn fünf oder weniger börsennotierte Unternehmen eine Beteiligung von mindestens 50% halten und die Muttergesellschaften die Voraussetzungen von (1) erfüllen. Falls ein Unternehmen die Anteile nur mittelbar hält, muss auch dieses Unternehmen in einem der Vertragsstaaten ansässig sein **(„ownership test“).** Ist demnach die Muttergesellschaft in einem Drittstaat ansässig, ist die Tochtergesellschaft nicht abkommensberechtigt, es sei denn sie erfüllt die Voraussetzungen der Aktivitätsklausel oder ihr wird die Abkommensberechtigung aufgrund von Abs. 4 zuerkannt.

(3) Weiter alternativ sind auch Gesellschaften oder andere Personen qualifiziert, wenn sie zu mindestens 50% wiederum „qualifizierten“ Personen gehören und sie den „base erosion test“ bestehen. Trusts können nach dieser Vorschrift abkommensberechtigt sein, wenn sie ansässige Personen im Sinne des Art. 4 MA sind. Für den Ownership Test ist in diesem Fall auf die Begünstigen abzustellen.

Der **„base erosion test“** stellt auf die **Verwendung der Einkünfte** der Gesellschaft ab und will erreichen, dass reine Durchlaufgesellschaften die Abkommensvorteile nicht geltend machen können. Von einer solchen Durchlaufgesellschaft ist die Rede, wenn 50% oder mehr des Bruttogewinns an nicht abkommensberechtigte Personen gezahlt werden und die Zahlungen im Ansässigkeitsstaat abzugsfähig sind. Ausgenommen sind dem Fremdvergleichsgrundsatz entsprechende Zahlungen für Dienstleistungen und Sachvermögen.

(4) Sind die oben genannte Voraussetzungen in der in Frage stehenden Person nicht gegeben, kann sie nichtsdestoweniger doch im Hinblick auf bestimmte Einkünfte abkommensberechtigt sein, wenn diese aus aktiven Tätigkeiten („trade or business“) stammen (Absatz 3: „connected with or incidental to“). Außerdem muss die aktive Tätigkeit im Verhältnis zu den gesamten Tätigkeiten im anderen Vertragsstaat von wesentlicher Bedeutung („substantial“) sein (zu Einzelheiten s. US-TE zu Art. 22 Absatz 3).

(5) Schließlich können nach Absatz 4 die Abkommensvorteile auch im Wege einer Ermessensentscheidung durch die zuständige Behörde gewährt werden. Bei dieser Entscheidung ist zu berücksichtigen, ob der Steuerpflichtige sich die Abkommensvorteile erschleichen wollte oder ob doch wirtschaftlich anzuerkennende Gründe gegeben sind. Die Entscheidung kann eine umfassende Abkommensberechtigung zuerkennen, sie kann sich aber auch auf bestimmte Einkünfte beschränken (zu den maßgeblichen Erwägungen des IRS in diesem Zusammenhang *Stevens*, IStR 2011, 335; zu einem Anwendungsfall in Australien s. *Australian Tax Office*, Interpretative Decision v. 11.9.2007, ID 2007/177).

In allen neueren DBA der Vereinigten Staaten ist eine dem Art. 16/22 US-MA mehr oder weniger entsprechende Regelung enthalten. Das Bemühen der Vertragspartner der Vereinigten Staaten, eine Anwendung der Vorschrift auf nicht missbräuchlich errichtete Unternehmungen ungeachtet der bei jeder Typisierung unvermeidlichen Verallgemeinerung zu verhindern, hat zu äußerst komplizierten Abkommenstexten geführt, so u.a. in Art. 28 *DBA USA 1989 und 1989/2006* (s. dazu Rz. 141 ff.) und in Art. 28 *DBA Niederlande/USA*. In ihren neueren Abkommen haben die Vereinigten Staaten u.a. zugestanden, dass Abkommensvergünstigungen dann nicht versagt werden, wenn die Gesellschafter nicht nach dem betreffenden DBA, aber nach einem anderen DBA mit den USA gleichartige Vergünstigungen beanspruchen könnten; der Gesellschaft stehen dann „abgeleitete Vergünstigungen“ 130

(**„derivative benefits"**) zu (s. *Mason,* TNI August 14, 2006, 563). Gleichberechtigte Begünstigte sind demnach nach den neueren Abkommen auch Personen, die in einem EU-, EWR- oder NAFTA-Mitgliedstaat ansässig sind, und nach der LOB-Klausel des Abkommens ihres Ansässigkeitsstaats mit den USA abkommensberechtigt wären (zu den Einzelheiten des *DBA USA 1989/2006* s. *Wolff/Eimermann,* IStR 2006, 837, (841)). Damit wird vor allem einer möglichen Europarechtswidrigkeit der LOB-Klausel entgegengewirkt (zur Problematik s. *Becker/Thömmes,* DB 1991, 566; *dies.,* ET 1991, 173; *Clark,* ET 2003, 22; *Craig,* BIFD 2003, 63; *Doyle,* ET 1995, 14; *Hinnekens,* EC Tax Review 1994, 146; *Kofler,* FS Loukota, 2005, 213; *Malherbe/Delattre,* ET 1996, 12; *Osterweil,* EC Tax Review 2009, 236; *Panayi,* BTR 2003, 189; *Schnitger,* IWB F. 11 Gr. 2, 599 (2004); *Schnittker,* IStR 2012, 720 (722f.)).

5. Missbrauchbekämpfung durch innerstaatliches Recht

131 Lange Zeit waren spezifische Missbrauchsklauseln für den Abkommensbereich im innerstaatlichen Recht eher die Ausnahme. Es lässt sich aber in den letzten Jahren beobachten, dass vor allem die Länder, die durch den Steuerwettbewerb in Schwierigkeiten gelangen, versuchen der Aushöhlung ihrer Besteuerungsgrundlage entgegenzuwirken. Dabei werden treaty overrides in der Regel in Kauf genommen, so wie im Fall des § 50d Abs. 9 EStG. Ein weiteres Beispiel ist ein Anti-Treaty-Shopping-Gesetz (HR 3160), dem das US House of Representatives am 27.7.2007 zugestimmt hat. Allerdings kam es insoweit in den USA zu heftigen Diskussionen und die Vorschrift wurde – nachdem sie in den Entwurf eines Small Business and Infrastructure Jobs Tax Act 2010 übernommen worden war – nie rechtswirksam. Stattdessen wurde 2010 eine allgemeine Missbrauchsklausel geschaffen (sec. 7701(o) IRC), die die sog. „economic substance doctrine" kodifiziert. Es ist allerdings nicht ganz deutlich, ob von der Vorschrift auch treaty shopping Fälle umfasst sind (s. *Jackel,* Tax Notes 127 (2010), 289; *McMahon,* Tax Notes 128 (2010), 731).

a) Der schweizerische Missbrauchsbeschluss

132 **Literatur:** *Höhn/David,* S. 242ff., 373ff.; *Kolb,* IWB F. 5 Schweiz Gr. 2, 487 (1999); *Lüthi,* Handbuch, S. 381ff.; *Rivier,* Le Droit Fiscal International, 1983, S. 248ff.; *Ryser,* Introduction, S. 184ff.; *ders.,* StRev. 1993, 465; *Zimmermann,* StRev. 1993, 363; *ders.,* SteuerRevue 1999, 154.

132a Eine Einschränkung der Abkommensberechtigung für bestimmte juristische Personen hat bereits der sog. **„Missbrauchsbeschluss"** des Schweizerischen Bundesrats vom 14.12.1962 (AS 1962, 1622 (zum dazugehörigen Kreisschreiben s. ASA 31 (1962/63), 247), geändert durch Beschluss vom 25.11.1974, AS 1974, 1622) vorgesehen. Der Missbrauchsbeschluss ist 1998 und 2001 umfassend modifiziert worden (s. Kreisschreiben der Eidgenössischen Steuerverwaltung v. 17.12.1998, SteuerRevue 1999, 225). Mit Wirkung zum 1.8.2010 hat die Schweizerische Finanzverwaltung ihre Praxis in einzelnen Punkten wesentlich geändert.

Der Beschluss soll die Ausnutzung schweizerischer Abkommen durch in der Schweiz ansässige, jedoch von nicht in der Schweiz ansässigen Personen beherrschte **Gewinnauffanggesellschaften (sog. Speichergesellschaften) und Gewinndurchlaufgesellschaften** verhindern. Zu diesem Zweck werden solchen ausländisch beherrschten Gesellschaften die in den Doppelbesteuerungsabkommen vorgesehenen Steuerentlastungen für **im Ausland erhobene Quellensteuern** (vornehmlich, aber nicht ausschließlich Zinsen, Dividenden und Lizenzgebühren) versagt, wenn jene Gesellschaften nicht einen vorgeschriebenen Mindestbetrag ihrer Einkünfte an ihre Gesellschafter ausschütten (für einen Beispielsfall s. *Eidgenössi-*

sche Steuerrekurskommission v. 7.4.1998, SteuerRevue 1999, 33) oder wenn sie einen zu hohen Betrag anders als über Gewinnausschüttungen an nichtschweizerische Personen weiterleiten. Soweit die Steuerentlastung nach dem Abkommen durch den ausländischen Vertragsstaat zu gewähren ist, erteilt die Schweiz nicht die dafür erforderlichen Bescheinigungen usw. Eine ausländisch beherrschte Gesellschaft liegt auch dann vor, wenn eine eidgenössische Holding von einer eidgenössischen Personengesellschaft beherrscht wird, an der wiederum ausländische Gesellschafter beteiligt sind. Dass die Personengesellschaft (aus eidgenössischer Sicht) abkommensberechtigt ist, steht dem nicht entgegen (SchweizBG BGE 113 IB 195: DBA *Schweiz/Portugal*). Entsprechende Regeln gelten für Treuhandverhältnisse, Familienstiftungen und Personengesellschaften. Nach der Rspr. des SchweizBG halten sich die Bestimmungen des Missbrauchsbeschlusses im Rahmen der der Schweiz zustehenden Auslegung der von ihr geschlossenen DBA; in den durch den Beschluss umschriebenen Missbrauchsfällen sei eine Entlastung nach Sinn und Zweck der DBA nicht gerechtfertigt (BGE 94 I 659; ASA 57 (1988/89), 667; BGE 113 IB 195). Die Bestimmungen sind in die DBA der Schweiz mit *Belgien, Deutschland* (dazu u. Rz. 138 ff.), *Frankreich, Großbritannien, Italien, Japan, Kolumbien, Marokko, Mexiko, Niederlande, Quatar (E)* und die *USA* übernommen worden. Die Abkommensregelungen verdrängen das innerstaatliche Recht.

Seit langem wird der Missbrauchsbeschluss kritisiert. Insbesondere wird bemängelt, dass die Kriterien einer missbräuchlichen Inanspruchnahme nicht flexibel genug sind und daher auch Sachverhalte erfasst werden, die keine Missbrauchsmerkmale aufweisen. Einen Entlastungsbeweis durch den Steuerpflichtigen sieht der Beschluss nicht vor. Das Kreisschreiben der Eidgenössischen Steuerverwaltung vom 17.12.1998 trägt dieser Kritik teilweise Rechnung. So dürfen nunmehr aktive Gesellschaften (Herstellung und Vertrieb von Gütern, Erbringung von Dienstleistungen durch eigenes Personal, auch reine Holdingsgesellschaften) mehr als 50 v. H. der abkommensbegünstigten Erträge zur Erfüllung von Ansprüchen nicht abkommensberechtigter Personen verwenden, sofern die Aufwendungen sich wirtschaftlich rechtfertigen lassen. Als aktive Gesellschaften werden ohne weitere Prüfung auch Gesellschaften angesehen, deren Aktien überwiegend börsennotiert sind oder deren inländische Muttergesellschaft diese Bedingung erfüllt. Das Kreisschreiben schränkt die bestehenden DBA-Regelungen allerdings nicht ein. **132b**

b) § 50d Abs. 3 EStG

Literatur: *Altrichter-Herzberg,* GmbHR 2007, 579; *Behrens,* AG 2011, 863; *Beußer,* IStR 2007, 316; *Birker,* BB 2012, 1961; *Blumenberg,* in Lüdicke (ed.), Vermeidung der Doppelbesteuerung und ihre Grenzen, S. 155; *Böing,* RIW 2007, 161; *Bron,* DB 2007, 1273; *Brunsbach/Mock,* IStR 2013, 653; *Bünning/Mühle,* BB 2006, 2159; *Dorfmüller,* IStR 2012, 423; *dies.,* StuB 2012, 155; *Dorfmüller/Fischer,* IStR 2011, 857; *Eckl,* ET 2007, 120; *Eicke,* PIStB 2012, 38; *Engers/Dyckmans,* Ubg 2011, 929; *Fischer,* FR 2004, 1068; *Fischer/Dorfmüller,* Ubg 2012, 162; *Flick,* IStR 1994, 223; *Frey/Mückl,* DStR 2011, 2125; *Gebhardt/Moser,* IStR 2012, 607; *Grotherr,* IWB F. 3 Deutschland Gr. 3, 1445 (2006); *Günkel/Lieber,* DB 2006, 2197; *Höppner,* IWB Fach 3 Gruppe 3, 1153 (1996); *Jochum,* IStR 2014, 1; *Käshammer/Schümmer,* IStR 2011, 410; *Kaiser,* IStR 2009, 121; *Kempf/Moesle,* BIFD 2012, 395; *Kessler/Eicke,* IStR 2006, 577; *dies.,* PIStB 2006, 23; *dies.,* Tax Notes International 2006, Vol. 42, 501; *dies.,* IStR 2007, 526; *dies.,* DStR 2007, 781; *dies.,* PIStB 2007, 317; *Klein,* IStR 1999, 286; *Kollruss,* IStR 2007, 870; *Korts,* IStR 2007, 663; *Krabbe,* IStR 1995, 382; *Kraft,* IStR 1994, 370; *Kraft/Gebhardt,* DB 2012, 80; *Kudert/Kaczarepa,* PIStB 2010, 303; *Küsell,* RIW 1998, 217; *Lieber,* IWB F. 3 Deutschland Gr. 3, 1433 (2006); *Lüdicke,* IStR 2012, 81; *ders.,* IStR 2012, 148; *ders.,* IStR 2012, 540; *Micker,* FR 2009, 409; *Maerz/Guter,* IWB 2011, 923; *Mössner,* Besteuerung wirtschaftlicher Aktivitäten von Ausländern, S. 85; *Perwein,* ISR 2014, 231; *Piltz,* IStR 2007, 793; *Plewka/Renger,* GmbHR 2007, 1027; *Reinert,* ISR 2014, 553; *Richter,* BB 2012, 1643; *Ritzer/Stangl,* FR 2006, 757; *Schade,* Die deutsche Anti-Treaty-Shopping-Regelung des § 50 **133**

Abs. 3 EStG (2013); *Schmitger/Gebhardt,* IStR 2013, 202; *Stark/Jasper,* IStR 2013, 169; *Stoscheck/Peter,* IStR 2002, 656; *Terhorst,* IWB 2010, 897; *Wassermeyer,* SWI 1995, 139; *Weiske,* IStR 2007, 314; *Wiese/Süß,* GmbHR 2006, 972; *Wiese,* GmbHR 2012, 376–384; *Winkelmann,* S. 1 ff..

Verwaltungsanweisungen: BMF, Schr. v. 3.4.2007 – S 2411/07/0002, BStBl. I 2007, 446; Schr. v. 10.7.2007 – IV B 1 – S 2411/07/002, IStR 2007, 555 (m. Anm. *Lüdicke*); Schr. v. 24.1.2012 BStBl. I 2012, 171.

133a Nicht gegen einen Missbrauch von Doppelbesteuerungsabkommen durch ansässige, sondern durch ausländische Gesellschaften richtet sich **§ 50d Abs. 3** des deutschen EStG (i. d. F. des Steueränderungsgesetzes 2007). Eine ausländische Gesellschaft hat nach dieser Vorschrift „keinen Anspruch auf Steuerentlastung" (u. a. auf Freistellung nach den Vorschriften eines DBA), **soweit** „Personen an ihr beteiligt sind, denen die Steuerentlastung **nicht zustände,** wenn sie die Einkünfte unmittelbar erzielten (persönliche Entlastungsberechtigung), oder bestimmte Substanzkriterien (sachliche Entlastungsberechtigung) nicht gegeben sind:

– für die Einschaltung der ausländischen Gesellschaft fehlen **wirtschaftliche** oder sonst beachtliche **Gründe und** die ausländische Gesellschaft nimmt nicht mit einem für ihren Geschäftszweck angemessen eingerichteten Geschäftsbetrieb am **allgemeinen wirtschaftlichen Verkehr teil; oder**
die von der ausländischen Gesellschaft erzielten Bruttobeträge stammen aus eigener Wirtschaftstätigkeit; oder
– die Hauptgattung der Aktien der ausländischen Gesellschaft wird wesentlich und regelmäßig an einer anerkannten Börse gehandelt (Börsenklausel).

Die bisher vorgesehene 10%-Grenze, nach der die ausländische Gesellschaft mindestens 10% ihrer gesamten Bruttobeträge aus eigener Wirtschaftstätigkeit erzielen muss, ist durch das Beitreibungsrichtlinie-Umsetzungsgesetz v. 7.12.2011 (BGBl. I 2011, 2592) aufgehoben worden. Die Regelung war von der EU-Kommission als unverhältnismäßig beanstandet worden (18.3.2010, Az. 2007/4435, IP/10/298; s. dazu auch *Behrens,* AG 2011, 863; *Dorfmüller/Fischer,* IStR 2011, 857; *Kraft/Gebhardt,* DB 2012, 80; *Lüdicke,* IStR 2012, 81 und 148; *Maerz/Guter,* IWB 2011, 923, *Wiese,* GmbHR 2012, 17). Die Neufassung trat am 1.1.2012 in Kraft. Das BMF hat mit Schreiben v. 24.1.2012 (BStBl. I 2012, 171; s. auch zur nachträglichen Berichtigung den Hinweis in IStR 2012, 234) zur Anwendung der Neufassung Stellung genommen (s. dazu noch unten Rz. 133e). Der Wegfall der 10%-Grenze führt nunmehr zu einer Aufteilung der Gewährung der Entlastung. Es ist das Verhältnis der eigenwirtschaftlichen Tätigkeit und sonstiger unschädlicher Bruttoerträge zu ihren gesamten Bruttoerträgen zu ermitteln (zu recht kritisch *Birker,* BB 2012, 1961; *Lüdicke,* IStR 2012, 148 (149 f.)).

133b Die Vorschrift übernimmt Kriterien, die der BFH aus der allgemeinen Missbrauchsregel des § 42 AO für die Beurteilung ausländischer Basisgesellschaften deutscher Gesellschafter entwickelt hat (s. Rz. 104) und nun fortführt (BFH BStBl. II 2002, 819: *DBA Niederlande 1959/91;* FG Köln DStRE 2002, 613: *DBA Niederlande 1959/91*); Rechtsfolge ist dort die Zurechnung der Einkünfte beim deutschen Gesellschafter. Dagegen ist Rechtsfolge des § 50d Abs. 3 die Nichtanwendung eines DBA (gegebenenfalls sonstiger Vorschriften); zu Einzelheiten s. *Strunk,* IStR 1997, 170; *Lieber,* IWB F. 3a, Rspr., Gr. 1, 1031; *Jacob/Klein,* IStR 2002, 600 ff.), ohne dass die derzeit bestehenden DBA dies gestatten. Man wird jedoch annehmen dürfen, dass die Vorschrift sich im Rahmen eines allgemeinen völkerrechtlichen Umgehungsvorbehalts hält (s. o. Rz. 117; zu weit geht das FG Köln, a. a. O., mit seiner Auffassung, eine Missbrauchsregelung im nationalen Recht könne immer Anwendung finden, wenn ein DBA keine Sonderregelungen enthalte; zur Frage des treaty override durch § 50d Abs. 3 EStG s. noch *Musil,* FR 2012,

149). Geht man allerdings mit der oben abgelehnten Auffassung davon aus, dass nur ein stillschweigend vereinbarter Vorbehalt des jeweiligen Abkommens in Betracht komme (s. o. Rz. 116), so müsste dieser Vorbehalt im Einzelfall durch Auslegung dargetan werden; das dürfte gelegentlich schwer fallen. Die Vorschrift hält sich wohl auch an den Rahmen, den der EuGH für Missbrauchvorschriften vorgibt, insbesondere ist sie bei restriktiver Auslegung verhältnismäßig (vgl. EuGH v. 12.9.2006, Rs. C-196/04, Slg. 2006-I, 7995 – *Cadbury Schweppes;* v. 6.12.2007, Rs. C-298/05 – *Columbus Container Services;* zweifelnd aber *Kessler/Eicke,* DStR 2007, 781; *Böing,* RIW 2007, 161; *Plewka/Renger,* GmbHR 2007, 1027; *Wassermeyer,* DB 2006, 2045).

In seinem Urteil v. 20.3.2002 (BStBl. II 2002, 819) hatte der *BFH* in der zwischengeschalteten niederländischen Kapitalgesellschaft eine funktionslose Basisgesellschaft gesehen und verweigerte dementsprechend die Ermäßigung des Steuerabzugs auf den Abkommenssteuersatz von 5%, da die Muttergesellschaft wegen ihrer Ansässigkeit in einem Nicht-DBA-Staat Abkommensvorteile nicht geltend hätte machen können, wenn sie unmittelbar an der deutschen Kapitalgesellschaft beteiligt gewesen wäre. In diesem Fall hielt die Holdinggesellschaft nur eine einzige Beteiligung. Die Tätigkeiten der Holdinggesellschaft selbst wurden in dieser Entscheidung nicht berücksichtigt (s. zu dieser Entscheidung u. a. *Jacob/Klein,* IStR 2002, 600; *Lampe,* RIW 2002, 864; *Niedrig,* IStR 2003, 474; *Stoschek,* IStR 2002, 656). **133c**

In seinem Urteil BFH/NV 2005, 1016: *DBA Niederlande 1959/91;* s. auch BFH BStBl. II 2005, 14) hingegen hat der BFH berücksichtigt, dass die Zwischenschaltung von Kapitalgesellschaften wirtschaftlich Sinn machen kann, auch wenn die zwischengeschalteten Gesellschaften an sich funktionslos waren. Hier waren im Rahmen eines wirtschaftlich tätigen Konzerns (Konzernbetrachtung) für jedes Immobilieninvestment als Teil eines umfassenden und dauerhaften Struktur- und Strategiekonzepts eigenständige Gesellschaften gegründet worden. Solche Strukturen beruhen vor allem auf organisatorischen und haftungsrechtlichen Gründen, so dass steuerliche Gründe in der Regel nicht im Vordergrund stehen werden. Ähnlich gelagert war der Sachverhalt, der dem Urteil BFH BStBl. II 2006, 118: *DBA Niederlande 1959/91* zugrundelag. Im Gegensatz zur Entscheidung BStBl. II 2002, 819 hielten die zwischengeschalteten Gesellschaften nicht nur eine einzige Beteiligung, sondern jeweils mehrere. Zudem hatte der Konzern in den Niederlanden den Mittelpunkt seiner wirtschaftlichen europäischen Aktivitäten. Die Niederlande waren daher nicht eigens für die Zwischenschaltung und die Erlangung von Abkommensvorteilen ausgesucht worden. Die Einführung des § 50d Abs. 3 Satz 2 EStG hat auf diese Rechtsprechung reagiert (ökonomisch wie rechtspolitisch verfehlt, da bei internationalen Strukturen häufig nur eine Konzernbetrachtung Sinn macht). Im neuen *DBA Niederlande 2012* wird die Konzernbetrachtung wieder als zulässig angesehen (Prot. Ziff. XV Abs. 4 zu Art. 23). **133d**

Dem Wortlaut des § 50d Abs. 3 EStG entsprechend hat der BFH angenommen, dass der Anspruch auf Steuerbefreiung oder -ermäßigung nur dann ausgeschlossen ist, wenn die Merkmale „keine beachtlichen Gründe" und „keine eigene Wirtschaftstätigkeit" kumulativ vorliegen. Dem ist das BMF in einem Schreiben v. 30.1.2006 (BStBl. I 2006, 166; s. dazu *Lieber,* IWB-3-3–1433 (2006)) entgegengetreten, konnte sich aber mit seiner Auffassung gegenüber der Rspr. nicht durchsetzen (vgl. FG Köln IStR 2006, 425 m. Anm. *Korts;* BFH BStBl. II 2008, 978: beide *DBA Luxemburg 1958;* s. dazu auch Urteilsanmerkung v. *Wagner/Fischer,* FR 2008, 674). Die abweichende Auffassung des BMF fand auch in der Gesetzesbegründung keinen eindeutigen Ausdruck (BFH BStBl. II 2006, 118; FG Köln IStR 2006, 425). **133e**

Die seit dem VZ 2007 bzw. VZ 2012 geltende Fassung des § 50d Abs. 3 EStG (*Bünning/Mühle,* BB 2006, 2159) gießt die Verwaltungsauffassung in Gesetzesform.

Das erste der drei Tatbestandsmerkmale der „wirtschaftlichen oder sonst beachtlichen Gründe" ist nicht neu, sondern fand sich schon in der Vorgängervorschrift des § 50d Abs. 1a EStG geltend ab 1994. Vor 1994 wurde das Tatbestandsmerkmal vom BFH bereits im Rahmen der Prüfung des § 42 AO benützt, um die Rechtsmissbräuchlichkeit einer Zwischenschaltung zu beurteilen. Da es allgemein gültige Abgrenzungskriterien für die wirtschaftlichen oder sonstigen Gründe nicht geben kann, vielmehr jeweils auf die Umstände des Einzelfalls abgestellt werden muss, spielt die Konkretisierung durch die Finanzgerichte eine wesentliche Rolle. Insoweit kann auch auf die Rspr. zu den Basisgesellschaften (s. o. Rz. 89, 119 ff.) zurückgegriffen werden. Als nichtwirtschaftliche Tätigkeiten galten bisher z. B. das Halten von Gesellschaftskapital ohne Ausübung weiterer Tätigkeiten (BFH BStBl. II 1977, 261), das Halten von Wertpapieren unter Ausübung üblicher Verwaltungstätigkeit (BFH BStBl. II 1977, 266; BStBl. II 1977, 263) oder die Wahrnehmung von Gesellschafterrechten bei Tochtergesellschaften ohne Ausübung geschäftsleitender Funktionen (BFH BStBl. II 1977, 265; BStBl. II 1977, 268; BStBl. II 1981, 339; in BFH 29.1.2008 I R 26/06, IStR 2008, 364 m. Anm. *Kessler/Eicke*: *DBA Luxemburg 1958*, war unklar, ob tatsächlich geschäftsleitende Funktionen wahrgenommen wurden). Das BMF-Schr. v. 3.4.2007 (BStBl. I 2007, 446; s. dazu *Korts*, IStR 2007, 663; Ergänzung in BMF-Schr. v. 21.6.2010, BStBl. I 2010, 596 (aufgehoben durch BMF-Schr. v. 24.1.2012, BStBl. I 2012, 171)) schließt einige weitere Gründe wie die Sicherung von Inlandsvermögen in Krisenzeiten, eine künftige Erbregelung oder den Aufbau einer Alterssicherung als unwirtschaftlich aus. *Piltz* (IStR 2007, 793 (797 f.)) tritt dem mit guten Gründen entgegen. Das BMF-Schr. v. 24.1.2012 (BStBl. I 2012, 171; s. dazu *Dorfmüller,* IStR 2012, 423; *Lüdicke,* IStR 2012, 148; eine Übersetzung ins Englische findet sich bei *Ränsch/John,* Intertax 2012, 431) unterscheidet zwischen aktiver und passiver Beteiligungsverwaltung. Passiv und damit schädlich soll es danach sein, wenn geschäftsleitende Funktionen nur ggü. einer einzigen Tochtergesellschaft ausgeübt oder lediglich Anteile ohne Geschäftsleitungsfunktion gehalten werden. Hinsichtlich der eigenwirtschaftlichen Tätigkeiten wird klargestellt, dass auch Bruttoerträge und Zinserträge aus der Kapitalanlage entlastungsberechtigter Gewinne umfasst sind.

Nach § 50d Abs. 3 Satz 1 Nr. 3 EStG muss eine zwischengeschaltete ausländische Gesellschaft einen für ihren Geschäftszweck angemessenen eingerichteten Geschäftsbetrieb unterhalten. Damit wird allein auf die zwischengeschaltete Gesellschaft abgestellt, ohne dass es auf andere anzuerkennende Gründe für die Zwischenschaltung ankäme, sodass in dem Urteilssachverhalt, der der Hilversum II – Entscheidung zugrunde lag, die Rechtsfolgen der Vorschrift eintreten würden.

133f Für die Anwendung des Abs. 3 ist **zu beachten,** dass die Bestimmung eine Steuerentlastung nur versagt, „soweit" ihre Voraussetzungen gegeben sind. Die Entlastungsberechtigung ist also für jeden Gesellschafter gesondert zu prüfen (BMF v. 3.4.2007, DStR 2007, 719, Tz. 4). Ist also ein Teil der Gesellschafter abkommensberechtigt, ein anderer Teil nicht, so kann die Gesellschaft in der Höhe des **Anteils** der abkommensberechtigten Gesellschafter Freistellung oder Anrechnung beanspruchen. Stünde den Gesellschaftern oder einzelnen unter ihnen „die" Steuerentlastung zwar **nicht** aufgrund eines **deutschen DBA,** aber in mindestens gleicher Höhe aufgrund eines **anderen** DBA mit dem Quellenstaat zu, so ist der Gesellschaft nach Sinn und Zweck des Abs. 3 die Steuerentlastung nicht zu versagen; eine andere Auslegung wäre auch völkerrechtlich nicht tragbar, weil in einem solchen Fall kein Missbrauch vorläge.

133g Ist der Beteiligte an der ausländischen Gesellschaft eine im Inland ansässige Person, die die Entlastungen nach einem DBA nicht in Anspruch nehmen könnte, sollte die abkommensrechtliche Entlastung zumindest dann zugestanden werden, wenn die Einkünfte bei direktem Bezug nicht steuerbar oder steuerfrei gewesen wären (vgl. *Krabbe,* IStR 1995, 382; *ders.,* IStR 1998, 77). Der BFH BStBl. II 2002, 819 will neben § 50d Abs. 3 EStG auch § 42 AO anwenden, insbesondere dann, wenn es sich um eine „ungewöhnliche Gestaltung" handelt. Das ist in der Literatur zu Recht kritisiert worden (s. *Füger/Rieger,* IStR 1998, 353 (356); *Höppner,* IWB F. 3a Gr. 1 (1998), 653 (658); *Klein,* FR 1999, 286 f.; vgl. auch *Kluge,* R 142). „ungewöhnlich" sollte nicht mit „unangemessen" gleichgesetzt werden. Der BFH hat in der Folge zwar die parallele Anwendung des § 42 AO nicht ausgeschlossen, aber doch deutlich gemacht, dass § 50d Abs. 3 EStG den tatbestandlichen Rahmen für § 42 AO vorgibt (BFH v. 29.1.2008 I R 26/06 – *Soparfi,* IStR 2008, 364 m. *Anm. Kessler/Eicke: DBA Luxemburg 1958,* schließt hingegen die Anwendung des § 42 AO ganz aus; s. dazu auch *Wagner/Fischer,* Urteilsanmerkung, FR 2008, 674; *Kaiser,* IStR 2009, 121). Nur wenn die tatbestandlich enger gefasste Spezialvorschrift auf die allgemeinere Vorschrift durchschlage, könnten Wertungswidersprüche ausgeschlossen werden (BFH DStRE 2005, 580). Da sich die Rechtsfolge des § 50d Abs. 3 EStG auf die Versagung der Steuerentlastung beschränkt, kann § 42 AO immer noch in den Fällen Anwendung finden, in denen es darum geht, eine Zwischengesellschaft aus anderen Gründen nicht anzuerkennen. Auch spezielle Vorschriften in DBA wie Art. 23 DBA-Schweiz i. d. F. des Änderungsprotokolls 1992 gehen § 50d Abs. 3 EStG als auch § 42 AO vor (BFH 19.12.2007 – I R 21/07, DStR 2008, 962: *DBA Schweiz*).

c) § 50d Abs. 9 EStG: Switch-over-Klausel

Literatur: *Dallwitz/Mattern/Schnitger,* DStR 2007, 1697; *Gebhardt,* IStR 2011, 58; *Gebhardt/Quilitzsch,* IWB 2010, 473; *Graf/Bisle,* IStR 2012, 401; *Grotherr,* IStR 2007, 265; *Heerdt,* IStR 2012, 866; *Kollruss,* BB 2007, 467; *Loose/Hölscher/Althaus,* BB 2006, 2724; *Meretzki,* IStR 2008, 23, *Pohl,* IWB 2012, 656; *Portner,* IStR 2009, 195; *Resch,* ET 2007, 480; *Salzmann,* IWB F. 3 Gr. 3, 1465; *Urbahns,* IStR 2007, 225; *Zacher/Stöcker,* SAM 2007, 86. **134**

Der durch das JStG 2007 eingefügte § 50 Abs. 9 EStG richtet sich gegen die doppelte Nicht- oder Minderbesteuerung von Einkünften, die sich aus der Anwendung der Freistellungsmethode ergeben kann und hat damit die entsprechende Zielrichtung wie die switch-over-Klauseln der DBA (s. dazu unten Rz. 136 ff.; zur Konkurrenz der DBA Vorschriften mit § 50d Abs. 9 EStG s. *Salzmann,* a. a. O. S. 1473). Die Freistellung wird unter bestimmten Voraussetzungen untersagt und nur die Anrechnung der ausländischen Steuern zugelassen (vgl. § 34c Abs. 6 S. 5 EStG n. F.). Die Vorschrift enthält zwei Alternativen. In beiden Fällen kommt die Vorschrift nicht zur Anwendung, wenn der ausländische Staat Einkünfte teilweise nicht besteuert, die Erwägungen des BFH zum DBA Kanada (u. v. 27.8.1997 BStBl. II 1998, 58) müssen insofern entsprechend gelten (s. auch näher *Meretzki,* IStR 2008, 23). Die Vorschrift setzt in beiden Alternativen voraus, dass der Steuerpflichtige unbeschränkt steuerpflichtig i. S. des § 1 Abs. 1 EStG ist, eine fiktive unbeschränkte Steuerpflicht nach § 1 Abs. 3 EStG reicht nicht aus (FG Köln EFG 2008, 593: *DBA Belgien,* mit Hinweis auf die Gesetzesbegründung. **134a**

Die erste Alternative (Nr. 1) setzt Einkünfte eines unbeschränkt Steuerpflichtigen voraus, die nach einem DBA im Inland freizustellen sind und die durch die Anwendung des DBA im anderen Vertragsstaat ebenfalls freigestellt werden oder dort einer ermäßigten Besteuerung unterliegen. Mit „Anwendung des DBA" sind Qualifikations- und Zurechnungskonflikte gemeint wie sie in Ziff. 32.1 ff. MA-Komm. zu Art. 23 angesprochen sind, die amtliche Begründung verweist zur Rechtfertigung der Vorschrift ausdrücklich auf diese Erläuterungen des MA-Komm. (BT-Drucks. 16/2712, Zu Nr. 38). Im BMF-Entwurf Personengesellschaften v. 10.5.2007 wird ausdrücklich davon ausgegangen, dass die Vorschrift der Auslegung **134b** des OECD MK in Ziff. 32.1 bis 32.7 zu Art. 23 MA entspricht (Tz. 4.1.3.3.2). Es stellt sich allerdings die Frage, ob Qualifikationskonflikte aufgrund unterschiedlicher Auslegung der Tatsachen oder aufgrund unterschiedlicher Auslegung der Abkommensbestimmungen von der Vorschrift erfasst werden, da sich der MA-Komm. lediglich auf Qualifikationskonflikte aufgrund von Unterschieden im innerstaatlichen Recht bezieht (s. dazu *Vogel,* IStR 2007, 225 (227 f.), der die Vorschrift deshalb abkommensrechtsfreundlich normerhaltend auslegt; vgl. auch BFH BFH/NV 2008, 1487: *DBA Belgien*; dazu *Portner,* IStR 2009, 195). Für erstere sieht das OECD-MA eine eigenständige Vorschrift in Art 23A Abs. 4 (s. dazu Art. 23 Rz. 243) vor, die aber in den deutschen DBA häufig noch nicht enthalten ist.

134c Die **zweite Alternative** zielt auf abkommensrechtlich freigestellte Einkünfte eines unbeschränkt Steuerpflichtigen, die im anderen Vertragsstaat aus Gründen der dortigen beschränkten Steuerpflicht nicht der Besteuerung unterliegen. Dem Gesetzgeber hält diese Vorschrift für notwendig, da die Nichtbesteuerung im anderen Vertragsstaat bei der Steuerplanung gezielt berücksichtigt werde. *Vogel* (IStR 2007, 225 (228)) wendet dagegen zu Recht ein, dass es gerade der Zweck der Freistellungsmethode ist, die souveräne Besteuerungsentscheidung des anderen Vertragsstaates zu respektieren. Sollten sich die Vertragsstaaten einig sein, könnten sie immer noch eine subject-to-tax-Klausel in ihre DBA aufnehmen (s. aber *Schulz-Trieglaff,* IStR 2012, 577, der die Steuerfreistellung schon bei virtueller Besteuerung im Quellenstaat in Zweifel zieht). Die unmittelbare Anwendung der zweiten Alternative des § 50 Abs. 9 EStG verstoße deshalb gegen Abkommens- und Verfassungsrecht (ähnlich auch *Grotherr* und *Salzmann* a. a. O.; a. A. FG Bremen DStRE 2011, 679; zum treaty override allgemein s. noch Grundl. Rz. 193 ff.).

134d Fraglich ist auch, ob die Vorschrift mit den Diskriminierungsverboten des EG-Vertrags vereinbart werden kann. In der Rs. C-298/05 – *Columbus Container Services* hält der Generalanwalt (Schlussanträge v. 29.3.2007; anders aber der EuGH selbst, Urt. v. 6.12.2007) die Vorschrift des § 20 Abs. 2 und 3 AStG für nicht vereinbar mit der Niederlassungsfreiheit. Allerdings ist § 20 AStG ein Teilstück der Hinzurechnungsbesteuerung, während es § 50 Abs. 9 EStG um die Sicherstellung der Einmalbesteuerung geht. Die Verletzung der Abkommenspflichten muss nicht automatisch eine Verletzung der Diskriminierungsverbote bedeuten. Dennoch missachtet die Vorschrift die Steuerpolitik des anderen Mitgliedsstaats, wenn dieser die in Frage stehenden Einkünfte nicht besteuert, jedenfalls die zweite Alternative der Vorschrift ist also bedenklich (vgl. auch *Cloer/Lavrelashvili/Biebl,* SWI 2007, 359; *Gebhardt/Quilitzsch,* IWB 2010, 473; a. A. auch insoweit FG Bremen DStRE 2011, 679). Der BFH (DStR 2010, 1223) hat ferner Zweifel geäußert, ob die Rückwirkung des § 50d Abs. 9 EStG nicht gegen die Verfassung verstoße.

II. Deutsche DBA

1. Vorbehalt für innerstaatliche Missbrauchsklauseln

135 Die *DBA Albanien 2010, Art. 29; Algerien 2007, Art. 29; Aserbaidschan,* Art. 28; *Belarus,* Prot. Nr. 8 Buchst. a aa; *China 2014 (E),* Art. 29 Abs. 2; *Costa Rica 2014 (E)* Art. 29, Abs. 1; *Dänemark,* Art. 45 Abs. 2 Buchst. a; *Finnland,* Art. 27 Abs. 2 Buchst. a; *Ghana,* Art. 29 Abs. 1; *Großbritannien 2010,* Ziff. 1 der Gemeinsamen Erklärung zum Abkommen; *Irland 2011,* Gemeinsame Erklärung; *Luxemburg 2012,* Art. 27 Abs. 1; *Kanada,* Art. 29 Abs. 6; *Kasachstan,* Art. 28 Abs. 1; *Kirgisistan,* Prot. Nr. 3 Buchst. a aa; *Korea,* Art. 27 Abs. 1 Buchst. a; *Malta,* Art. 27 Abs. 1 Buchst. a; *Oman 2012 (E),* Art. 28 Abs. 1; *Niederlande 2012 (E),* Art. 23 Abs. 1; *Österreich,* Art. 28 Abs. 2; *Philippinen 2013,* Art. 29; *Polen,* Art. 29 Abs. 1 Buchst. a; *Rumänien,* Art. 28 Abs. 1; *Schweden,* Art. 43 Abs. 2 Buchst. a; *Schweiz,* Art. 23 Abs. 1 in der Fassung des RevProt. 2002; *Singapur 2004,* Art. 29; *Slowenien,* Art. 28; *Spanien 2011,* Art. 28 Abs. 1 Buchst. a; *Tadschikistan,* Art. 27; *Tschechien 1997 (E),* Art. 27 Abs. 3, *Usbekistan,* Art. 28 Abs. 1 und *Zypern 2011,* Art. 27 bestimmen, sie seien „nicht so auszulegen als könne nach [ihnen] die Steuerpflicht in einem Vertragsstaat durch den Missbrauch von Gestaltungsmöglichkeiten des Rechts umgangen werden" oder sind ähnlich formuliert. Das ist dahin zu verstehen, dass die Vertragsstaaten ihre **innerstaatlichen** Missbrauchsgrundsätze auch auf die Abkommensvorschriften anwenden können. Das neue *DBA China 2014 (E)* enthält neben dem Vorbehalt für innerstaatliche Missbrauchsklauseln eine eigenständige abkommensrechtliche Missbrauchsklausel (Art. 29 Abs. 1).

Die Gemeinsamen Erklärungen zum *DBA Großbritannien 2010 und Irland 2011* definieren den Begriff „Abkommensmissbrauch": Er liegt „vor, wenn ein Hauptzweck, bestimmte Transaktionen oder Gestaltungen zu verwirklichen, darin besteht, eine günstigere Steuerposition zu erlangen, und diese günstige Behandlung unter den gegebenen Umständen dem Sinn und Zweck der einschlägigen Vorschriften des Abkommens widersprechen würde". Die *DBA Spanien 2011* (Art. 28 Abs. 1 Buchst. b) und d, *DBA Rumänien* (Prot. Nr. 4 zu Art. 28) *und Kirgisistan (Prot. Nr. 3 Buchst. a) bb))* stellen klar, dass zu den umfassten nationalen Rechtsvorschriften auch die §§ 7ff. AStG gehören. Im Verhältnis zu Spanien gilt das auch für die spanischen Hinzurechnungsbesteuerungsvorschriften. Im Verhältnis zu Rumänien wird die Vorschrift allerdings seit dem Beitritt Rumäniens zur EU durch die Diskriminierungsvorschriften des EG-Vertrags überlagert (s. oben Rz. 99af.). **135a**

Das *DBA Niederlande 2012 (E)* (Prot. Nr. XV Abs. 1) nennt ausdrücklich die umfassten deutschen Rechtsvorschriften: § 42 AO, § 50d Abs. 3 EStG sowie der vierte, fünfte und siebte Teil des AStG. Allerdings steht die Anwendung jeweils unter dem Vorbehalt, dass die Vorschriften nicht gegen Unionsrecht verstoßen (Prot. Nr. I Abs. 1). Sollte also beispielsweise der EuGH § 50d Abs. 3 EStG teilweise für nicht anwendbar erklären, kann die unionsrechtswidrige Norm auch im Verhältnis zu den Niederlanden nicht mehr zur Anwendung kommen. Ferner überschreibt Prot. Nr. XV Abs. 4 zu Art. 23 den § 50d Abs. 3 Satz 2 EStG. Die dort ausgeschlossene Konzernbetrachtung ist demnach im Geltungsbereich des Abkommens doch möglich (Gebhardt/Moser, IStR 2012, 607). **135b**

Das *DBA Korea* schränkt die Anwendung wieder ein: die Missbrauchsvorschriften müssen mit den Grundsätzen des Abkommens übereinstimmen. Die Frage nach der Anwendbarkeit der Missbrauchsklauseln bleibt also offen. Damit wird der Nutzen der Bestimmung allerdings zweifelhaft. Art. 28 Abs. 2 des *DBA Österreich,* nennt zusätzlich die Vorschriften zur Abwehr von unfairem Steuerwettbewerb. Beide Begriffe, „missbräuchliche Gestaltung" und „unfairer Steuerwettbewerb" sind in Prot. Nr. 15 definiert, überlagern also den Anwendungsbereich der innerstaatlichen Missbrauchsklauseln. Völlig unklar ist aber, was mit Vorschriften zur Abwehr von unfairem Steuerwettbewerb gemeint sein soll. Sowohl der OECD-Bericht über den steuerschädlichen Wettbewerb wie auch der EU Code of Conduct richten sich nur an die Mitgliedsstaaten, sie entfalten keine direkten Rechtswirkungen gegenüber dem Steuerpflichtigen. Es kann sich somit nur um zukünftig einzuführende Regelungen handeln. *Gassner* (SWI 1999, 290 (293)) hält das wegen mangelnder Bestimmtheit für verfassungswidrig. **135c**

Führt die Anwendung von Missbrauchsklauseln zu Doppelbesteuerungen, so sind nach den *DBA Albanien 2010,* Art. 29; *Algerien 2007,* Art. 29; *Aserbaidschan,* Art. 28 Abs. 2; *Costa Rica 2014 (E),* Art. 29 Abs. 2; *Ghana,* Art. 29 Abs. 1; *Kasachstan,* Art. 28 Abs. 3; *Korea,* Art. 27 Abs. 3; *Luxemburg 2012, Art. 27 Abs. 2; Niederlande 2012 (E), Art. 23 Abs. 2; Österreich,* Art. 28 Abs. 3; *Oman 2012 (E),* Art. 28 Abs. 2; *Polen,* Art. 29 Abs. 2 mit Befristung auf drei Jahre; *Rumänien,* Art. 28 Abs. 2; *Schweiz,* Art. 23 Abs. 2 in der Fassung des RevProt. 2002; *Singapur* **135d**

2004, Art. 29 Abs. 2; *Spanien 2011, Art. 28 Abs. 3; Tadschikistan,* Art. 27 S. 2; *Usbekistan,* Art. 28 Abs. 3 und *Weißrussland,* Prot. Nr. 8 Buchst. b die zuständigen Behörden zur Einleitung eines Verständigungsverfahrens verpflichtet.

2. Subject-to-Tax-Klauseln (Rückfallklauseln)

135e Einige DBA enthalten Vorschriften, nach denen die Freistellung von Einkünften nur gewährt wird, wenn die Einkünfte im anderen Vertragsstaat auch tatsächlich besteuert werden. Diese Vorschriften sind unterschiedlich ausgestaltet, sie können sich nur auf bestimmte Einkünfte beziehen wie etwa in den *DBA Italien* (Prot. Ziff. 16d in Verbindung mit Art. 24 Abs. 3 Buchst. a), *Schweiz* (Art. 15 Abs. 3 S. 2, Abs. 4 S. 2) und *Österreich* (Art. 15 Abs. 4), sie können aber auch ganz allgemein für alle prinzipiell freigestellten Einkünfte gelten. Werden die Einkünfte tatsächlich nicht besteuert, so verbleibt das Besteuerungsrecht bei Deutschland, auch wenn die Besteuerungsbefugnis an sich nach dem Abkommen dem anderen Vertragsstaat zustünde (BFH BStBl. II 2008, 570: *DBA Italien*; s. auch Vor Art. 6-22 Rz. 20f.). Eine etwaige switch-over-Klausel (s. unten Rz. 136ff.) steht nach Auffassung des BFH unabhängig neben diesen subject-to-tax-Klauseln, m. E. stehen switch-over-Klauseln aber gegenüber den subject-to-tax-Klauseln im Verhältnis der Spezialität, da sie nur für Qualifikations- und Zurechnungskonflikte gelten und zudem für den Eintritt der Rechtsfolge – zumindest in manchen Fällen – weitere Voraussetzungen (wie etwa die Erfolglosigkeit eines Verständigungsverfahrens) verlangen.

Allgemeine Rückfallklauseln enthalten die *DBA Bulgarien 2010* (Art. 22 Abs. 1 Buchst. a), *Großbritannien 2010* (Art. 23 Abs. 1 Buchst. a; s. dazu noch unten Rz. 135g), *Irland 2011* (Art. 23 Abs. 2 Buchst. a), *Luxemburg* (Art. 22 Abs. 1 Buchst. a), *Niederlande 2012 (E)* (Art. 22 Abs. 1 Buchst. a), *Spanien* (Art. 22 Abs. 2 Buchst. a) und *Ungarn 2011* (Art. 22 Abs. 1 Buchst. a). Insgesamt lässt sich feststellen, dass die deutsche Abkommenspolitik im Begriff ist, einen Systemwechsel vorzunehmen (s. auch *Holthaus,* IStR 2012, 537). Zwar bleibt die Freistellungsmethode Bestandteil der deutschen DBA, jedoch rückt die Vermeidung sog. weißer Einkünfte in den Vordergrund (*Holthaus,* IStR 2012, 537).

135f Die Einkünfte werden nach den Abkommen „tatsächlich nicht" besteuert, wenn sie entweder nicht steuerpflichtig oder von der Besteuerung ausgenommen sind (so z. B. Ziff. 5 Prot. *Irland 2011*). Die Formulierung „tatsächlich besteuert" kommt somit mit den Worten „effektiv besteuert" so wie sie in Prot. Nr. 16 Buchst. d *DBA Italien* verwendet werden überein. Letzter Formulierung begründet nach Auffassung der oben genannten Entscheidung des BFH eine subject-to-tax-Klausel. Es muss allerdings wie auch in den Fällen der Abkommen mit *Italien* und *Kanada* (Art. 23 Abs. 3, letztmals anwendbar im VZ 2000) nicht zu einer tatsächlichen Erhebung der Steuer kommen, vielmehr genügt es, wenn die Einkünfte in die ausländische Bemessungsgrundlage einfließen (OFD Düsseldorf v. 18.7.2005, IStR 2006, 96; OFD Frankfurt v. 19.7.2006, DStZ 2006, 708; BMF v. 20.6.2013 BStBl. I 2013, 980 Tz. 2.3; dort auch Ausführung zum Nachweis der ausländischen Besteuerung in Tz. 2.4; s. zum BMF-Schreiben auch *Lüdicke,* IStR 2013, 721). Die unten wiedergegebene Denkschrift zum *DBA Großbritannien 2010* (Rz. 135g) lässt sich wohl verallgemeinern und auch auf die hier behandelten DBA anwenden.

135g Das *DBA Großbritannien 1964* enthält eine subject-to-tax-Klausel, die auf Gewinne aus der Veräußerung von Grundstücken begrenzt ist (Art. XVIII Abs. 2 Buchst. a). Danach sind Veräußerungsgewinne von Grundstücken dann freigestellt, wenn eine abstrakte Steuerpflichtigkeit in Großbritannien gegeben ist, eine tatsächliche Besteuerung ist nicht notwendig (BFH v. 19.12.2007 – I R 46/07, BFH/NV 2008, 930; a. A. OFD Düsseldorf v. 18.7.2005, IStR 2006, 96; OFD Ffm v. 19.7.2006, DStZ 2006, 708; s. auch FG Baden-Württemberg v. 11.5.2010 – 6 K

285/06; Rev. I R 46/10). Das neue *DBA Großbritannien 2010* enthält ebenfalls eine subject-to-tax-Klausel (Art. 23 Abs. 1 Buchst. a), die allerdings nunmehr für alle freigestellten Einnahmen gilt. Die neue Fassung stellt klar, dass es darauf ankommt, ob die Einnahmen auch tatsächlich („effectively") in Großbritannien besteuert worden sind. Nach der Regierungsbegründung werden Einnahmen tatsächlich nicht besteuert, wenn sie nicht steuerbar sind, aufgrund einer sachlichen oder persönlichen Steuerbefreiung nicht besteuert wurden oder eine Besteuerung nicht durchgeführt wurde (BT-Drucks. 17/2254, S. 38). Danach sollte es in den Fällen, in denen in Großbritannien eine sog. claw-back Besteuerung erfolgt (Rückgängigmachung der zuvor vorgenommenen Abschreibungen; vgl. FG Düsseldorf v. 28.4.2009 EFG 2009, 1395; BFH I R 49/09; *Schönweiß/Eisenack*, IStR 2009, 733; *Cloer/Martin*, IStR 2010, 792) bei der Freistellung in Deutschland bleiben. Letztlich werden so die stillen Reserven besteuert, auch wenn in einer etwas abweichenden Form (so auch *Bahns/Sommer*, IStR 2011, 201 (207)).

Daneben enthalten einige DBA sog. Einkünfte-Herkunftsbestimmungen **135h** (Art. 24 Abs. 3 *DBA Dänemark*, Ziff. 16 Buchst. d Prot. *DBA Italien*, Art. 23 Abs. 3 *DBA Neuseeland*, Art. 23 Abs. 3 *DBA Norwegen*, Art. 23 Abs. 1 Buchst. b; *DBA Schweden*; Art. 23 Abs. 2 DBA USA 1989, letztmals anwendbar im VZ 2007). Danach gelten Einkünfte nur dann als aus dem anderen Vertragsstaat stammend, wenn sie dort besteuert werden. Der BFH hatte ursprünglich in einem Urteil aus 1992 zum DBA Kanada (BStBl. II 1992, 660) entschieden, dass solche Bestimmungen bedeuten, dass nicht die virtuelle, sondern nur die tatsächliche Doppelbesteuerung vermieden werden soll. Er hat die Frage nach dem Verständnis der Norm als einer sog. „subject-to-tax-Klausel" aber in seinem Urteil vom 27.8.1997 (BStBl. II 1998, 58: DBA Kanada) ausdrücklich offen gelassen. Hingegen hat der BFH 2003 (BStBl. II 2004, 260: DBA Kanada) mit ausdrücklicher Aufgabe der früheren Auffassung entschieden, dass eine derartige Regelung nicht als Subject-to-tax-Klausel zu qualifizieren sei. Sie führe nicht dazu, dass Deutschland als Wohnsitzstaat subsidiär besteuern dürfe. Mit Urteil v. 17.10.2007 ist der BFH (BStBl. II 2008, 953: *DBA Italien*) zu seiner ursprünglichen Auffassung zurückgekehrt, die Klausel sei doch als subject-to-tax-Klausel zu begreifen. Die Finanzverwaltung folgt dieser neuen Rechtsprechung (zu den Anwendungsfragen s. BMF v. 20.6.2013, BStBl. I 2013, 980).

3. Nutzungsberechtigung

Das *DBA Spanien 2011* (Art. 28 Abs. 2) sieht vor, dass die Abkommensvergüns- **135i** tigungen nicht gewährt werden, wenn die in Frage stehende Person nicht der Nutzungsberechtigte der Einkünfte ist. Die Nutzungsberechtigung ist somit nicht nur bei Dividenden, Zinsen und Lizenzgebühren zu prüfen, sondern bei allen grenzüberschreitenden Einkünften.

4. Switch-Over-Klauseln

Literatur: *Haase/Dorn*, IStR 2011, 791; *Petereit*, IStR 2003, 577; *Seibold*, IStR 1998, 649; **136** *Vetter*, IStR 1997, 649.

Auf Grund der so genannten Switch-Over-Klauseln darf insbesondere Deutsch- **136a** land (in manchen Fällen auch der andere Vertragsstaat) in Fällen, in denen ein Qualifikations- oder Zurechnungskonflikt zu einer Doppelfreistellung führt oder in denen die Einkünfte im Quellenstaat lediglich einer niedrigen Besteuerung unterliegen, **von der Freistellungs- zur Anrechnungsmethode übergehen** (s. dazu auch BMF v. 16.4.2010, BStBl. I 2010, 354). Grundsätzlich setzt ein solcher Übergang die Durchführung eines **Verständigungsverfahrens** voraus. Aus Sicht der Fisci handelt es sich hier ebenfalls um „Missbrauchklauseln", allerdings kann hier im Grunde von Missbrauch nicht die Rede sein, vielmehr sollen „unerwünschte Resultate“ der Freistellungsmethode berichtigt werden. Switch-Over-Klauseln sind inzwischen fester Bestandteil der deutschen Abkommenspolitik geworden, soweit die DBA nicht ohnehin als Regelmethode die Anrechnungsmethode vorsehen.

136b Switch-Over-Klauseln enthalten die *DBA Albanien 2010,* Art. 23 Abs. 1 Buchst. e; *Algerien 2007,* Art. 23 Abs. 2 Buchst. e; *Aserbaidschan,* Art. 23 Abs. 1 Buchst. e; *Belarus,* Art. 23 Abs. 1 Buchst. e; *Bulgarien 2010,* Art. 22 Abs. 1 Buchst. e; *China 2014 (E),* Art. 23 Abs. 2 Buchst. e; *Costa Rica 2014 (E),* Art. 23 Abs. 1 Buchst. e; *Dänemark,* Art. 45 Abs. 1; *Estland,* Prot. Nr. 7b; *Georgien,* Art. 23 Abs. 1 Buchst. e; *Ghana,* Art. 24 Abs. 1 Buchst. e; *Großbritannien 2010,* Art. 23 Abs. 1 Buchst. e; *Irland 2011,* Art. 23 Abs. 2 Buchst. e i. V. m. Ziff. 7 Prot.; *Indien,* Prot. Nr. 6c; *Italien,* Prot. Nr. 18; *Kanada,* Prot. Nr. 9; *Kasachstan,* Art. 23 Abs. 2d; *Kirgisistan,* Art. 23 Abs. 1 Buchst. e; *Korea,* Art. 23 Abs. 1e; *Kroatien,* Art. 23 Abs. 1 Buchst. d; *Lettland,* Prot. Nr. 7b; *Litauen,* Prot. Nr. 7b; *Luxemburg 2012,* Art. 22 Abs. 1 Buchst. e; *Mexiko 1993,* Prot. Nr. 12; *Mongolei,* Prot. Nr. 3b; *Namibia,* Prot. Nr. 4b; *Niederlande 2012 (E),* Art. 22 Abs. 1 Buchst. e; *Norwegen,* Prot. Nr. 10; *Österreich,* Art. 28 Abs. 1; *Oman 2012 (E),* Art. 23 Abs. 1 Buchst. e; *Pakistan,* Prot. Nr. 5b; *Polen,* Art. 24 Abs. 3; *Rumänien,* Art. 23 Abs. 1 Buchst. e; *Russland,* Art. 23 Abs. 1e; *Schweden,* Art. 43 Abs. 1; *Singapur 2004;* Art. 24 Abs. 1 Buchst. e; *Slowenien,* Art. 23 Abs. 1 Buchst. e; *Spanien 2011,* Art. 22 Abs. 2 Buchst. e; *Tadschikistan,* Art. 22 Abs. 1 Buchst. e; *Taiwan 2011,* Art. 22 Abs. 1 Buchst. e Doppelbuchst. ii; *Ukraine,* Prot. Nr. 3b; *Venezuela,* Prot. Nr. 5; *VAE 1995 (K),* Prot. Nr. 7; *USA 1989,* Prot. Nr. 21; *USA 1989/2006,* Art. 23 Abs. 4; *Vietnam,* Prot. Nr. 6b. Der Übergang von der Freistellungs- zur Anrechnungsmethode setzt entweder einen Qualifikationskonflikt (Zuordnung zu unterschiedlichen Abkommensbestimmungen; s. dazu Grundl. Rz. 158a) oder einen Zurechnungskonflikt (mit Ausnahme des *DBA USA 1989/2006*) voraus. Ferner muss die Rechtsfolge der unterschiedlichen Qualifizierung oder Zurechnung eine Doppelbesteuerung, eine Nichtbesteuerung oder eine niedrige Besteuerung im Quellenstaat sein. Einige Abkommen erwähnen die Doppelbesteuerung nicht. Das *DBA Norwegen* lässt den Methodenwechsel bei niedrigerer Besteuerung nicht zu.

Die DBA *Irland 2011, Luxemburg 2012, Oman 2012 (E) und Spanien 2011* verlangen zusätzlich eine Nichteinigung im Verständigungsverfahren. Das *DBA Luxemburg 2012* übernimmt für Luxemburg zudem Art. 23A Abs. 4 des OECD-MA (Art. 22 Abs. 2 Buchst. c; s. dazu Art. 23 Rz. 252a).

136c Die Nichtbesteuerung muss die Folge des Qualifikations- bzw. Zurechnungskonflikts sein. Resultiert also die Nichtbesteuerung aus der Anwendung des innerstaatlichen Rechts, sind die Switch-Over-Klauseln nicht anwendbar. Das Tatbestandsmerkmal „zu niedrige Besteuerung“ (manche DBA sprechen von „unangemessen niedrig“ oder „nur ermäßigt“, was aber wohl keine sachliche Abweichung bedeutet, s. *Vetter,* NWB F. 3 Deutschland Gr. 2, 729 (730); *Petereit,* IStR 2003, 577 (581)) ist angesichts der Tatsache, dass ein Grenzsteuersatz nicht angegeben wird, sehr unbestimmt und die Verfassungsmäßigkeit ist daher äußerst zweifelhaft (s. auch GKG/*Grother* Art. 23A/23B OECD-MA, Rz. 168; a. A. *Petereit,* IStR 2003, 577 (581)). Jedenfalls reicht eine niedrige Besteuerung nicht aus, vielmehr muss sie zu niedrig sein, d. h. sie muss im Verhältnis zum anwendbaren deutschen Steuersatz deutlich niedriger ausfallen. Damit werden vor allem die Fälle erfasst sein, in denen im Quellenstaat eine Abzugssteuer aufgrund DBA von 5 oder 10% erhoben wird, während der Wohnsitzstaat wegen seiner abweichenden Qualifizierung die Einkünfte freistellen würde. Die deutsche Abkommenspraxis trägt diesen Schwierigkeiten dadurch Rechnung, dass in neueren Abkommen der Methodenwechsel schon dann zugelassen wird, wenn die Besteuerung im Quellenstaat niedriger ist als ohne den Konflikt *(DBA Albanien 2010, Algerien 2007, Aserbaidschan, China 2014 (E),*

Costa Rica 2014 (E), Georgien, Ghana, Großbritannien 2010; Irland 2011, Luxemburg 2012, Kirgisistan, Kroatien, Oman 2012 (E), Rumänien, Singapur 2004, Slowenien, Spanien 2011 und Tadschikistan).

136d Die *DBA Albanien 2010, Art. 23 Abs. 1 Buchst. e bb; Algerien 2007, Art. 23 Abs. 2 Buchst. e bb; Aserbaidschan,* Art. 23 Abs. 1 Buchst. e bb; *Belarus,* Art. 23 Abs. 1 Buchst. e bb; *China 2014 (E),* Art. 23 Abs. 2 Buchst. e ii; *Costa Rica 2014 (E),* Art. 23 Abs. 1 Buchst. e bb; *Estland,* Prot. Nr. 7 Buchst. b bb; *Georgien,* Art. 23 Abs. 1 Buchst. e bb; *Ghana,* Art. 24 Abs. 1 Buchst. e bb; *Großbritannien 2010,* Art. 23 Abs. 1 Buchst. e bb; *Irland 2011,* Art. 23 Abs. 2 Buchst. e bb; *Luxemburg 2012,* Art. 22 Abs. 1 Buchst. e bb; *Indien,* Prot. Nr. 6 Buchst. c; *Kirgisistan,* Art. 23 Abs. 1 Buchst. e bb; *Lettland,* Prot. Nr. 7 Buchst. b bb; *Litauen,* Prot. Nr. 7 Buchst. b bb; *Mexiko 1993,* Prot. Nr. 12; *Namibia,* Prot. Nr. 4 Buchst. b; *Norwegen,* Prot. Nr. 10; *Oman 2012 (E),* Art. 23 Abs. 1 Buchst. e bb; *Pakistan,* Prot. Nr. 5 Buchst. b; *Philippinen 2013,* Art. 23 Abs. 2 Buchst. e ii; *Polen,* Art. 24 Abs. 3 Buchst. b; *Singapur 2004,* Art. 24 Abs. 1 Buchst. e bb; *Slowenien,* Art. 23 Abs. 1 Buchst e bb; *Spanien 2011,* Art. 22 Abs. 2 Buchst. e ii; *Tadschikistan,* Art. 22 Abs. 2 Buchst e bb; *Ukraine,* Prot. Nr. 3, Buchst. b; *USA 1989,* Prot. Nr. 21; *USA 1989/2006,* Art. 23 Abs. 4 Buchst. c), *Venezuela,* Prot. Nr. 5; *Vereinigte Arabische Emirate 1995 (K),* Prot. Nr. 7, *Vietnam,* Prot. Nr. 6 Buchst. b bb ermächtigen die Vertragsstaaten darüber hinaus, nach **vorheriger Konsultation bzw. diplomatischer Notifizierung** von der Freistellungs- zur Anrechnungsmethode überzugehen, „um die steuerliche Freistellung von Einkünften in beiden Vertragsstaaten oder sonstige Gestaltungen zum Missbrauch dieses Abkommens zu verhindern" (sog. **Notifizierungseinkünfte**). Diese Vorschrift ist schon in den Grundl., Rz. 165, ebenfalls als Missbrauchsabwehrklausel ausgelegt worden.

136e Die Switch-Over-Klauseln der DBA werden in Deutschland nunmehr von § 50d Abs. 9 EStG überlagert. Anders als im Fall der DBA ist nach dieser Vorschrift für den Übergang von der Freistellungs- zur Anrechnungsmethode kein Verständigungsverfahren notwendig. Als speziellere Normen gehen aber die DBA-Regelungen dem innerstaatlichen Recht vor (so auch die Regierungsbegründung zum *DBA Großbritannien* 2010 in BT-Drucks. 17/2254, S. 38; *Haase/Dorn,* IStR 2011, 791 (796 f.)).

5. Maßnahmen gegen die doppelte Nichtbesteuerung

136f Nach Art. 22 Abs. 1 Buchst. a *DBA Luxemburg 2012* und Art. 23 Abs. 1 Buchst. a *DBA Oman 2012 (E)* ist die Freistellungsmethode für Dividendeneinkünfte nur dann anwendbar, wenn die deutsche Kapitalgesellschaft als Dividendenempfänger mindestens mit 10% am Kapital der ausschüttenden Gesellschaft beteiligt ist und die Zahlungen in Luxemburg bzw. Oman nicht abzugsfähig sind. Ähnlich regelt das *DBA Niederlande 2012 (E)* in Art. 22 Abs. 1 Buchst. a, dass die Freistellungsmethode auf Schachteldividenden nur dann zur Anwendung kommt, wenn die Dividenden im anderen Vertragsstaat nicht zum Abzug kamen. Damit sollen hybride Finanzierungsgestaltungen verhindert werden. Sind die Zahlungen abzugsfähig, geht Deutschland von der Freistellung zur Anrechnung über, so dass die Dividendeneinnahmen der Besteuerung in Deutschland unterliegen. Diese Vorschriften haben einen weiten Anwendungsbereich und gehen daher der Regelung des § 8b Abs. 1 S. 3 KStG vor.

6. DBA Schweiz: Übernahme innerstaatlicher Missbrauchsbestimmungen und deren Erweiterung

137 **a)** Art. 23 Abs. 1 in der Fassung des RevProt. 2002 ersetzt den bisherigen Artikel 23 (s. dazu die 4. Auflage, Art. 1 Rz. 138 ff.) durch allgemeinere Vorschriften zum Rechtsmissbrauch. Ähnlich wie einige andere neuere deutsche DBA (s. oben Rz. 135) wird klargestellt, dass beide Staaten berechtigt sind, zur Verhinderung von Abkommensmissbräuchen ihr jeweiliges nationales Recht anzuwenden (s. *Kubaile,* PIStB 2003, 236). Nach der dazugehörigen Nr. 2 des Prot. zum RevProt. 2002 gehören auf deutscher Seite § 42 AO und § 50d Abs. 3 EStG zu den hier gemeinten deutschen Rechtsvorschriften. Damit wird auch dem Urteil des BFH v. 19.12.2007 zu den VZ 2000 und 2001 (DStR 2008, 962) die Wirkung genommen. Der BFH hatte hier entschieden, dass Art. 23 i.d.F. des Änderungsprotokolls 1992 Vorrang ggü. § 50d Abs. 3 EStG und § 42 AO zukam. Für die schweizerische Seite wird klargestellt, dass der schweizerische Missbrauchsbeschluss vom 14.12.1962 auch für die neue Fassung des Abkommens gilt (s. dazu oben Rz. 132ff.).

138 **b)** Gilt eine natürliche Person, die in Deutschland wegen ihres Wohnsitzes oder gewöhnlichen Aufenthalts unbeschränkt steuerpflichtig ist, nach Art. 4 Abs. 2 *DBA Schweiz* im Hinblick auf ihre stärkere Bindung zur Schweiz als in der Schweiz ansässig **(Doppelwohnsitz),** so beschränkt sich nach Art. 4 Abs. 3 *DBA Schweiz* die deutsche Besteuerung nicht auf die Einkünfte, die Deutschland allgemein als Quellenstaat zustehen. Vielmehr kann es in diesem Fall besteuern, **wie wenn es nach dem Abkommen Wohnsitzstaat wäre,** es muss nur auf seine Steuer die schweizerische anrechnen. Entsprechendes gilt für Körperschaften, die in Deutschland unbeschränkt steuerpflichtig sind, die aber nach Art. 4 Abs. 8 *DBA Schweiz* als in der Schweiz ansässig gelten, weil sich der Ort des Mittelpunkts ihrer Geschäftsleitung dort befindet (Art. 4 Abs. 9 *DBA Schweiz*). Im Einzelnen bedeutet das: Einkünfte aus der Schweiz, die Deutschland auch als Wohnsitzstaat freistellen müsste (gemäß Art. 24 Abs. 2 Nr. 1 *DBA Schweiz*), bleiben freigestellt; bei sonstigen schweizerischen Einkünften und dort belegenen Vermögenswerten ist die in der Schweiz erhobene Steuer auf die deutsche Steuer anzurechnen; bei **nichtschweizerischen** Einkünften und Vermögenswerten ist ebenfalls anzurechnen, jedoch nur auf den **Teil** der deutschen Steuer, den Deutschland nach dem DBA für diese Einkünfte **nicht schon als Quellenstaat** erheben dürfte. Für diese dritte Kategorie von Einkünften ist m.a.W. zunächst fiktiv zu ermitteln, welche Steuer sich nach den allgemeinen Regeln des DBA für Deutschland als Quellenstaat ergäbe; dieser Betrag bleibt durch die Anrechnung unberührt (s. BMF, a.a.O. Abschn. 3.3.2. bzw. 3.4). Zum Vorstehenden s. auch *Halfar,* IWB F. 3 Deutschland Gr. 2, 583.

139 **c) Verlegt ein Nichtschweizer** seinen **Wohnsitz** aus Deutschland in die Schweiz, nachdem er mindestens 5 Jahre lang der deutschen unbeschränkten Steuerpflicht unterlegen hatte, so kann Deutschland den Abwanderer im Jahre des Wegzugs und in den folgenden fünf Jahren so besteuern, als bestünde das Abkommen nicht; ausgenommen sind Arbeitnehmer, die in die Schweiz verziehen, um dort für einen fremden Arbeitgeber tätig zu werden, soweit sie mit diesem nicht über ihr Arbeitsverhältnis hinaus noch als Teilhaber oder Aktionär verbunden sind (Art. 4 Abs. 4 *DBA Schweiz*). Die Wirkung dieser befristeten Nichtanwendung des DBA ist, dass die betreffenden Steuerpflichtigen sowohl der deutschen beschränkten als auch der deutschen erweiterten beschränkten Steuerpflicht (i.S. der §§ 2 und 3 AStG) unterworfen werden dürfen. Da in diesem Fall auch solche deutschen Einkünfte und Vermögenswerte von Deutschland besteuert werden dürfen, die nach dem Abkommen der Schweiz als – neuem – Wohnsitzstaat zustehen, ist hier die schweizerische Steuer auf denjenigen Teil der deutschen Steuer anzurechnen, den Deutschland nicht schon auf Grund des Abkommens als Quellenstaat erheben dürfte (s. BMF, a.a.O. Abschn. 2.2 und 4.2.3).

140 **d)** Das DBA ist schließlich auf solche Personen nicht anzuwenden, die in dem Vertragsstaat, in dem sie ansässig sind, nicht mit allen nach dem Steuerrecht dieses

Staates steuerpflichtigen Einkünften aus dem anderen Staat den dort allgemein erhobenen Steuern unterliegen (**Vorzugsbesteuerte, Pauschalbesteuerte;** Art. 4 Abs. 6 Buchst. a *DBA Schweiz*). Dies kann sowohl aus Deutschland nach der Schweiz verzogene als auch aus der Schweiz nach Deutschland verzogene natürliche Personen treffen, wenn sie mit den Einkünften aus dem anderen Staat nicht entsprechend den allgemeinen Regeln des Steuerrechts ihres neuen Wohnsitzstaates besteuert werden. Es können aber auch Personen getroffen werden, die aus einem dritten Staat zugezogen sind oder aus anderen Gründen eine Vorzugsbesteuerung genießen. Für die in der Schweiz ansässigen Vorzugsbesteuerten kann Deutschland sowohl die normale als auch die erweiterte beschränkte Steuerpflicht oder – wenn der Steuerpflichtige nach dem deutschen Steuerrecht (auch) in Deutschland seinen Wohnsitz oder gewöhnlichen Aufenthalt hat – die unbeschränkte Steuerpflicht ungeachtet des DBA geltend machen (s. BMF, a. a. O. 2.1 und 4.2.2). Art. 4 Abs. 6 ist durch Art. I RevProt. 2002 neu gefasst worden, um der Änderung des Art. 23 Rechnung zu tragen. Materiellrechtlich sind damit keine Änderungen verbunden.

7. DBA USA 1989/2006

Literatur: *Burwitz,* NZG 2008, 100; *Dannecker/Werder,* BB 2006, 1716; *Dörfler/Birker,* GmbHR 2006, 869; *Endres/Wolff,* IStR 2006, 721; *Goebel/Glaser/Wangler,* DStZ 2009, 197; Kessler/Eicke, IStR 2007, 159; *Jacob,* IStR 2011, 45; *Kleutgens/Sinewe,* RIW 2006, Beil. 2, 1; *Kreienbaum/Nürnberger,* IStR 2006, 806; *Mason,* TNI Vol. 43, 2006, 563; *Schnitger,* IWB 2006, Gr. 2 F. 8, 1439; *Schönfeld,* IStR 2007, 274; Wagner, PIStB 2011, 99; *Wassermeyer/Schönfeld,* DB 2006, 1970; *Wolff/Eimermann,* IStR 2006, 837. 141

a) Art. 23 Abs. 4 Buchst. b enthält eine allgemeine **Subject-to-Tax-Klausel.** Danach werden Einkünfte in Deutschland dann nicht freigestellt, wenn sie nach übereinstimmender Qualifikation in den USA besteuert werden können, die USA aber nach innerstaatlichem Recht von der Besteuerung keinen Gebrauch machen. Fälle von Steuerverkürzungen sind allerdings nicht erfasst (*Wolff/Eimermann,* IStR 2006, 837 (845)). Zur switch-over-Klausel s. bereits oben Rz. 136 ff. 142

b) Art. 1 Abs. 6 enthält einen **Vorbehalt für die Hinzurechnungsbesteuerung.** Die Vorschrift ist aus dem Prot. Ziff. 1 Buchst. d DBA USA 1989 übernommen worden und erstreckt sich nunmehr auch auf den 5. und 7. Teil des AStG. Damit ist klargestellt, dass der Vorbehalt auch für § 15 und § 20 Abs. 2 AStG gilt. Führt die Anwendung der Hinzurechnungsbesteuerung zu Doppelbesteuerungen, so ist ein Verständigungsverfahren durchzuführen. Zu einem Schiedsverfahren im Sinne des Art. 25 Abs. 5 n. F. kann es wohl nur kommen, wenn sich die Vertragsparteien darauf einigen (vgl. *Schönfeld,* IStR 2007, 274). 143

c) Die Limitation-on-Benefits (LOB)-Klausel (Schranken für die Abkommensvergünstigung). Die in Art. 28 *DBA USA/1989* enthaltene Limitation-on-Benefits Klausel wurde durch das Protokoll v. 1.6.2006 neugefasst und an das US-MA 2006 angepasst. Die Neufassung (und Verschärfung) ist im Zusammenhang mit der Befreiung von Quellensteuer auf Dividenden zu sehen. Diese kann aus amerikanischer Sicht nur gewährt werden, wenn andererseits sichergestellt ist, dass sich nicht im Wege des treaty shoppings unangemessen ausgenutzt wird. Art. 28 begrenzt nur die Gewährung von Abkommensvorteilen im Quellenstaat. Anders als das US-MA 2006 versagt er einer ansässigen Person nicht die Abkommensberechtigung. 144

(1) **Berechtigte Personen** sind natürliche Personen, die Vertragsstaaten oder eine ihrer Gebietskörperschaften, gemeinnützige Organisationen im Sinne des Art. 28 Abs. 2 Buchst. d (Art. 27 *DBA USA 1989,* der eine Steuerbefreiung für 144a

gemeinnützige Organisationen enthielt, wurde gestrichen), Pensionsfonds unter den Voraussetzungen des Art. 28 Abs. 2 Buchst. e), und deutsche Investmentfonds unter den Voraussetzungen des Art. 28 Abs. 6. Für Letztere sowie amerikanische Regulated Investment Companies (RIC) und REITs wird die Ansässigkeit in Prot. Ziff. 2 Buchst b zu Art. 4 klargestellt.

144b (2) **Gesellschaften** sind nur dann berechtigt, die Abkommensvorteile im Quellenstaat geltend zu machen, wenn sie einen der folgenden Tests erfüllen:

- **Börsenhandelstest** (publicly traded test), Art. 28 Abs. 2 Buchst. c, aa) und bb): Berechtigt sind hiernach Gesellschaften, deren Hauptaktiengattung an einer oder mehreren Börsen (Abs. 8 Buchst. a) gehandelt wird, wobei sich entweder die Börse des hauptsächlichen Handels oder sich der primäre Ort der Geschäftsleitung und Überwachung (primary place of management and control, s. Abs. 8 Buchst. d) im Ansässigkeitsstaat der Gesellschaft befinden muss. Ein Börsenhandel allein ist somit nicht mehr ausreichend. Alternativ kann sich auch eine Tochtergesellschaft einer berechtigten Gesellschaft oder mehrerer Gesellschaften qualifizieren.
- **Ownership und Base Erosion Test,** Art. 28 Abs. 2 Buchst. f, aa) und bb): Berechtigt sind hiernach Gesellschaften und andere nicht natürliche Personen (z. B. Trusts; s. zu den Mitgliedern eines Vereins mit gewerblicher Tätigkeit FG Köln EFG 1998, 927), wenn im selben Vertragsstaat ansässige Personen eine Mindestbeteiligung von 50% unmittelbar oder mittelbar halten (mindestens die Hälfte des Steuerjahres). Bei mittelbarer Beteiligung müssen auch die zwischengeschalteten Personen im selben Vertragsstaat ansässig sein. Ferner sind die Personen nur dann berechtigt, wenn 50% oder mehr der (Brutto-)**Einnahmen** zur Begleichung von Verpflichtungen gegenüber nicht ansässigen und nicht abkommensbegünstigten Personen gezahlt werden und diese Zahlungen im Ansässigkeitsstaat abgezogen werden können.

144c (3) **Abgeleitete Abkommensrechte** (derivative benefits-Klausel) haben nach Art. 28 Abs. 3 Buchst. a und b ansässige Gesellschaften, die an sich nicht abkommensbegünstigt sind, sie können aber die Abkommensberechtigung ihrer Gesellschafter (bis zu sieben Personen) geltend machen, wenn deren Anteile nahezu alle (95%) Stimmrechte und deren Wert mindestens 50% aller Vorzugsaktien ausmachen. Darüber hinaus müssen sie den base erosion test bestehen, wobei Zahlungen an gleichberechtigt Begünstigte nicht mitgerechnet werden (für ein Beispiel s. *Wagner,* PIStB 2011, 99). Gleichberechtigte Begünstigte sind gem. Art. 28 Abs. 8 Buchst. e Personen, die in einem EU-, EWR- oder NAFTA-Mitgliedstaat ansässig sind, und nach der LOB-Klausel des Abkommens ihres Ansässigkeitsstaats mit Deutschland oder den USA oder des Art. 28 des DBA Deutschland – USA in entsprechender Anwendung in Ermangelung einer LOB-Klausel abkommensberechtigt wären (zu den Einzelheiten s. *Wolff/Eimermann,* IStR 2006, 837 (841); vgl. auch *Mason,* TNI Vol. 43, 2006, 563). Damit wird vor allem die Europarechtswidrigkeit der LOB-Klausel entgegengewirkt.

144d (4) **Einkünftebezogene Abkommensvergünstigungen** (Art. 28 Abs. 4) genießen Personen, die an sich nicht abkommensbegünstigt sind, aber bestimmte Voraussetzungen des active trade or business tests erfüllen:

- die ansässige Person ist aktiv gewerblich tätig (dazu gehören beispielsweise nicht passive Holdinggesellschaften);
- Einkünfte aus gewerblicher Tätigkeit im anderen Vertragsstaat sind nur dann begünstigt, wenn die gewerbliche Tätigkeit im anderen Vertragsstaat „erheblich" (substantial) ist;
- Tätigkeiten verbundener Personen werden der Person zugerechnet, die die Abkommensvergünstigungen geltend machen will.

(5) **Ermessensentscheidung im Einzelfall (Art. 28 Abs. 7):** Die zuständigen Behörden der Vertragsstaaten sind ermächtigt, Abkommensvorteile auch Personen zu gewähren, denen sie nach den vorgenannten Regeln nicht zustehen würden. Bei der Ermessensentscheidung ist zu berücksichtigen, ob die zugrundeliegende Struktur hauptsächlich aus Gründen des Treaty Shopping gewählt worden ist. Bevor die Vergünstigung versagt wird, muss die andere Vertragsseite konsultiert werden. **144e**

(6) In Art. 28 Abs. 5 enthält das DBA eine weitere Sonderregelung der Versagung von Abkommensvergünstigungen im Quellenstaat, wenn ein Unternehmen Einkünfte aus dem anderen Vertragsstaat bezieht, diese aber einer **Betriebstätte in einem Drittstaat** zuzurechnen sind und die tatsächliche Gesamtbesteuerung im Ansässigkeits- und Betriebstättenstaat weniger als 60% der Steuer beträgt, die im Ansässigkeitsstaat des Unternehmens zu entrichten gewesen wäre, wenn das Unternehmen die Einkünfte ohne die Zwischenschaltung einer Betriebstätte erzielt hätte. Erfasst sind damit vor allem die Fälle, in denen die Freistellungsmethode zur Anwendung kommt (also § 22 Abs. 2 AStG nicht anwendbar ist) und die Betriebstättengewinne einer niedrigen Besteuerung unterliegen. Allerdings enthält Art. 28 Abs. 5 Sätze 2 und 4 wiederum Ausnahmen für Dividenden, Zinsen und Lizenzgebühren, die den Anwendungsbereich der Vorschrift sehr weitgehend einschränken. Zu beachten ist allerdings, dass möglicherweise solche Regelungen die Kapitalverkehrsfreiheit auch im Verhältnis zu Drittländern verletzen (s. EuGH, Rs. C-298/05 – *Columbus Container Services,* Schlussanträge des AG v. 29.3.2007). **144f**

8. LOB-Klauseln in anderen DBA

Das DBA *Irland 2011* enthält in Art. 29 eine Art von Limitations-on-Benefits-Klausel. Während im DBA USA Investmentvermögen ausdrücklich als abkommensberechtigt genannt werden, ist das im DBA Irland 2011 nicht der Fall, ihre Abkommensberechtigung ergibt sich aber aus Ziff. 1 Buchst. b des Protokolls. Danach müssten die Anteilseigner bei Direktinvestments ebenfalls abkommensberechtigt sein (s. dazu noch *Schraufl,* PIStB 2011, 335). **144g**

Ziff. 3 des Protokolls zum *DBA Großbritannien 2010* enthält eine Regelung für den Fall, dass Einkünfte eines deutschen Unternehmens einer Betriebstätte dieses Unternehmens in einem Drittstaat zuzurechnen sind. Liegt die Effektivbesteuerung im Drittstaat unter 60% der Steuer, die in Deutschland zu entrichten wäre, wenn die Einkünfte nicht der Betriebstätte zuzurechnen wären, versagt die Klausel die Abkommensvorteile. Andererseits begrenzt sie aber die britische Quellenbesteuerung auf 15% für den Fall von Dividenden, Zinsen oder Lizenzgebühren. Andere Einkünfte dürfen ohne Abkommenseinschränkungen nach dem innerstaatlichen Recht Großbritanniens besteuert werden. Die Regelung ist nicht anzuwenden auf Lizenzgebühren für immaterielle Wirtschaftsgüter, die von der Betriebstätte selbst geschaffen worden sind, und auf Einkünfte aus einer aktiven gewerblichen Tätigkeit der Betriebstätte. **144h**

Eine noch schärfere, dazu einseitige Einschränkung von Abkommensvorteilen sehen Art. 23 *DBA Kuwait* und Art. 21 DBA *Vereinigte Arabische Emirate 2010* vor. Eine Steuerfreistellung oder -ermäßigung in Deutschland stehen nach diesen Vorschriften allgemein nur den Staaten Kuwait und Vereinigte Arabische Emirate, ihren öffentlichen Einrichtungen sowie von ihnen beherrschten Gesellschaften zu. Andere in Kuwait ansässige Gesellschaften und natürliche Personen können nur bestimmte Abkommensvergünstigungen in Anspruch nehmen. Kuwaitische Gesellschaften überdies nur, wenn sie kuwaitisch beherrscht sind und darüber Nachweise, z.T. „eindeutige Nachweise", erbringen. Das *DBA Kuwait* (Art. 23) begrenzt die Geltendmachung der Abkommensvorteile aus Art. 8 (Seeschifffahrt, Luftfahrt), **144i**

10–13 (Kapitalerträge) und 22 Abs. 4 (anderes Vermögen) auf den Staat Kuwait, seine öffentlichen Einrichtungen, natürliche Personen und von in Kuwait ansässigen Personen beherrschten Unternehmen. Ferner findet sich ein base erosion test, d.h. die Einkünfte des Unternehmens dürfen nicht zur Erfüllung von Verbindlichkeiten gegenüber nicht vorteilsberechtigten Personen verwendet werden. Die jeweiligen Voraussetzungen sind durch amtliche Bestätigungen nachzuweisen. Ferner wird ausdrücklich festgestellt, dass neben dieser Regelung deutsche Missbrauchsvorschriften zur Anwendung kommen können. Schließlich ist für Art. 23 noch ein spezieller Auskunftsverkehr vorgesehen.

Nach Art. 21 Abs. 3 *DBA VAE 2010* stehen die Abkommensvorteile nur dann unbeschränkt zur Verfügung, wenn es sich um den Staat selbst, die Länder, Gebietskörperschaften oder öffentliche Einrichtungen handelt, die die Ansässigkeitsvoraussetzungen erfüllen. Bei Gesellschaften der VAE muss die Gesellschaft den Nachweis erbringen können, dass sie staatlichen Einrichtungen oder in den VAE ansässigen Personen gehört und von diesen beherrscht wird. Ferner muss die Gesellschaft nachweisen, dass sie nicht Vorteile erzielt, die einer nicht in den VAE ansässigen Personen zugutekommen oder mit denen zu mehr als 50% zur Erfüllung von Verbindlichkeiten gegenüber Personen verwendet wird, die die Abkommensvorteile nicht beanspruchen können (base erosion test). Den Begriff „öffentliche Einrichtung" definiert Art. 4 Abs. 2 Buchst. c Satz 2 und Prot. Nr. 1 Buchst c Nr. 1 Buchst. d stülpt auf das alles noch einen Durchgriff („look-through approach"), indem er bestimmt, dass unabhängig von der Zwischenschaltung einer oder mehrerer Gesellschaften Begünstigte des Abkommens „letztlich" nur die Vereinigten Arabischen Emirate, deren öffentliche Einrichtungen und dort ansässige natürliche Personen sein sollen; das Abkommen sei in diesem Sinn auszulegen.

9. Andere Missbrauchsklauseln

145 **a)** Viele deutschen DBA enthalten Aktivitätsvorbehalte, die die Freistellung ausländischer Einkünfte versagen, wenn nur passive Tätigkeiten vorgenommen werden. Zu den Einzelheiten s. bei Art. 23 Rz. 20.

146 **b)** Das *DBA Mexiko 1993* bestimmt in Art. 11 Abs. 9 und in Art. 12 Abs. 7, diese beiden Verteilungsnormen als ganze nicht anzuwenden, wenn ein Kredit bzw. Lizenzgebühren „hauptsächlich zu dem Zweck vereinbart" worden seien, in den Genuss des betreffenden Artikels zu kommen. Ob diese Regelungen in Deutschland noch dem verfassungsrechtlichen Bestimmtheitsgebot genügen, ist zweifelhaft. Die *DBA Ghana* (Art. 29 Abs. 2 für Zinsen und Lizenzgebühren), *Kasachstan* (Art. 28 Abs. 2 für Dividenden und Zinsen), *Korea* (Art. 27 Abs. 2 für Dividenden, Zinsen, Lizenzgebühren und sonstige Einkünfte) und *Usbekistan* (Art. 28 Abs. 2 für Lizenzgebühren) bestimmen für die Steuersatzbegrenzungen bei den genannten Einkünften, dass diese nicht gelten, wenn es der Hauptzweck einer der beteiligten Personen war, die Abkommensvorteile zu nutzen, ohne dass für den betreffenden Geschäftsvorgang ein angemessener wirtschaftlicher Grund bestand. Auch in diesen Fällen ist mit Ausnahme des *DBA Ghana* bei resultierender Doppelbesteuerung ein Verständigungsverfahren durchzuführen (s. oben Rz. 135a).

Ohne den Verweis auf ein Verständigungsverfahren regeln die Art. 10 Abs. 6, 11 Abs. 5, 12 Abs. 5 und 21 Abs. 5 des *DBA Großbritannien 2010*, dass Entlastungen der jeweiligen Vorschrift nicht gewährt werden, wenn der Hauptzweck oder einer der Hauptzwecke einer Transaktion darin bestand, diese Vorteile in Anspruch nehmen zu können („main purpose clause"; auf Wunsch Großbritanniens eingefügt (BT-Drucks. 17/2254, S. 35) (s. dazu *Häuselmann*, Ubg 2010, 347 ff.; *Bahns/Sommer*, IStR 2011, 201 (204)).

147 **c)** Art. 29 Abs. 3 des *DBA Kanada* verweigert Gesellschaften, Trusts oder Personengesellschaften eines Vertragsstaates die Abkommensberechtigung, wenn sie von Nichtansässigen beherrscht werden und die Besteuerung erheblich niedriger ist als im Fall, dass die beherrschenden Personen im selben Vertragsstaat ansässig wären. Nach dem *DBA Malta,* Art. 27 Abs. 2, gilt das Abkommen nicht für Gesellschaften und Personen und den von diesen bezogenen Einkünften, die einem steuerlichen Vorzugsregime unterliegen. Im Prot. Nr. 5 wird der betroffene Personenkreis und die in Frage kommenden Steuervergünstigungen näher umschrieben.

10. Abweichung von der Regelbesteuerung

148 Die *SProt. Liberia* (Nr. 4), *Mauritius 2011* (Nr. 1), *Singapur 1972* (Nr. 2) sowie *Trinidad und Tobago* (Nr. 1 Buchst. b) gewähren für Einkünfte, die einer im Vertragsstaat ansässigen Gesellschaft zufließen, an der jedoch nicht dort ansässige Personen wesentlich beteiligt sind, eine Freistellung in Deutschland nur, soweit die Gesellschaft nachweist, dass sie im Vertragsstaat nach dessen allgemeinen Regeln besteuert wird. Nach dem *SProt. Singapur 1972* gilt dieser Vorbehalt bei einer Beteiligung nichtansässiger Personen in Höhe von mehr als 50 v. H., in den anderen Vertragsstaaten genügt eine Beteiligung von mehr als 25 v. H. Ferner gilt die Einschränkung nur für Einkünfte aus Schifffahrt und Luftfahrt sowie für die Vermögensbesteuerung. Durch diese Vorschriften soll verhindert werden, dass Steuervorteile im anderen Staat von Deutschland respektiert werden müssen, obwohl die Gesellschaft von nicht im Vertragsstaat ansässigen Anteilseignern kontrolliert wird. Das *SProt. Marokko* (Nr. 1) macht die Abkommensvergünstigungen für im Vertragsstaat ansässige Personen sogar generell davon abhängig, dass diese auf Verlangen der Finanzverwaltung eine „übliche steuerliche Behandlung" nachweisen.

Artikel 2. Unter das Abkommen fallende Steuern

Text: OECD-Musterabkommen (OECD-MA)

1. Dieses Abkommen gilt, ohne Rücksicht auf die Art der Erhebung, für Steuern vom Einkommen und vom Vermögen, die für Rechnung eines Vertragsstaats oder seiner Gebietskörperschaften erhoben werden.

2. Als Steuern vom Einkommen und vom Vermögen gelten alle Steuern, die vom Gesamteinkommen, vom Gesamtvermögen oder von Teilen des Einkommens oder des Vermögens erhoben werden, einschließlich der Steuern vom Gewinn aus der Veräußerung beweglichen oder unbeweglichen Vermögens, der Lohnsummensteuern sowie der Steuern vom Vermögenszuwachs.

3. Zu den bestehenden Steuern, für die das Abkommen gilt, gehören insbesondere

a) (in Staat A): ...
b) (in Staat B): ...

4. Das Abkommen gilt auch für alle Steuern gleicher oder im Wesentlichen ähnlicher Art, die nach der Unterzeichnung des Abkommens neben den bestehenden Steuern oder an deren Stelle erhoben werden. Die zuständigen Behörden der Vertragsstaaten teilen einander die in ihren Steuergesetzen eingetretenen bedeutsamen Änderungen mit.

Text: Deutsche Verhandlungsgrundlage (DE-VG)

Artikel 2. Unter das Abkommen fallende Steuern

(1) **Dieses Abkommen gilt, ohne Rücksicht auf die Art der Erhebung, für Steuern vom Einkommen und vom Vermögen, die für Rechnung eines Vertragsstaats, eines seiner Länder oder einer ihrer Gebietskörperschaften erhoben werden.**

(2) **Als Steuern vom Einkommen und vom Vermögen gelten alle Steuern, die vom Gesamteinkommen, vom Gesamtvermögen oder von Teilen des Einkommens oder des Vermögens erhoben werden, einschließlich der Steuern vom Gewinn aus der Veräußerung beweglichen oder unbeweglichen Vermögens, der Lohnsummensteuern sowie der Steuern vom Vermögenszuwachs.**

(3) **Zu den bestehenden Steuern, für die dieses Abkommen gilt, gehören insbesondere**

a) in der Bundesrepublik Deutschland
aa) die Einkommensteuer,
bb) die Körperschaftsteuer,
cc) die Gewerbesteuer und
dd) die Vermögensteuer

einschließlich der hierauf erhobenen Zuschläge (im Folgenden als „deutsche Steuer" bezeichnet);

b) in ***[anderer Vertragsstaat]***

(im Folgenden als „*[anderer Vertragsstaat]* Steuer" bezeichnet).

(4) **Das Abkommen gilt auch für alle Steuern gleicher oder im Wesentlichen ähnlicher Art, die nach der Unterzeichnung des Abkommens neben den bestehenden Steuern oder an deren Stelle erhoben werden. Die zuständigen Behörden der Vertragsstaaten teilen einander, soweit dies für die Anwendung des Abkommens erforderlich ist, die in ihren Steuergesetzen eingetretenen bedeutsamen Änderungen mit.**

Text: US-Musterabkommen (US-MA)

1. Dieses Abkommen gilt, ohne Rücksicht auf die Art der Erhebung, für Steuern vom Einkommen, die für Rechnung eines Vertragsstaats erhoben werden.

2. Als Steuern vom Einkommen gelten alle Steuern, die vom Gesamteinkommen oder von Teilen des Einkommens erhoben werden, einschließlich der Steuern vom Gewinn aus der Veräußerung von Vermögen.

3. Die zur Zeit bestehenden Steuern, für die dieses Abkommen gilt, sind
a) in . . . :
b) in den Vereinigten Staaten: die Bundeseinkommensteuern nach dem Bundessteuergesetz (Internal Revenue Code) (aber ausgenommen die Sozialversicherungsabgaben), und die Bundesabgaben, die Privatstiftungen auferlegt werden.

4. Dieses Abkommen gilt auch für alle Steuern gleicher oder ähnlicher Art, die nach der Unterzeichnung des Abkommens neben den zur Zeit bestehenden Steuern oder an deren Stelle erhoben werden. Die zuständigen Behörden der Vertragsstaaten teilen einander alle Änderungen ihrer Steuergesetze oder anderer Gesetze mit, die sich wesentlich auf ihre Verpflichtungen aus dem Abkommen auswirken.

Inhalt

1 **Literatur:** *Brandstetter,* „Taxes Covered" A Study of Article 2 of the OECD Model Tax Convention (2011); *Eduit,* in Ecker/Ressler, History of Tax Treaties (2011); *Haig,* in Haig, The Federal Income Tax (1921); *Holmes,* The Concept of Income, A Multidisciplinary Analysis (2001); *J. Lang,* Die Bemessungsgrundlage der Einkommensteuer (1988); *Shannon,* Die Doppelbesteuerungsabkommen der USA (1987); *Simons,* Personal Income Taxation: The Definition of Income as a Problem of Fiscal Policy (1950); *Stiglitz,* Economics of the Public Sector (1988); *Sutter,* in Aigner u.a., Erbschaftsteuern und Doppelbesteuerungsabkommen (2002); *Vollrath,* in Joseph/Vollrath, Anwendbarkeit des Internationalen Steuerrechts bei Einführung einer Ausgabensteuer (1991); *Züger,* in Jirousek/Lang, Praxis des internationalen Steuerrechts (2005).

Text: OECD-Kommentar (MA-Kommentar)

*1. **[Ziel]** Dieser Artikel soll die unter das Abkommen fallenden Steuern in einer allgemein gültigen und genauen Weise aufzählen und definieren; er soll die eindeutige Feststellung der unter das Abkommen fallenden Steuern der Vertragsstaaten ermöglichen und den Anwendungsbereich des Abkommens soweit wie möglich ausdehnen, indem er entsprechend dem innerstaatlichen Recht der Vertragsstaaten die von ihren Gebietskörperschaften erhobenen Steuern weitmöglichst einbezieht, damit nicht jede Änderung des innerstaatlichen Rechts der Vertragsstaaten den Abschluss eines neuen Abkommens erfordert; schließlich soll sicher gestellt werden, dass jeder Vertragsstaat über bedeutsame Änderungen des Steuerrechts des anderen Staates unterrichtet wird.*

Absatz 1

*2. **[Anwendungsbereich]** Dieser Absatz bestimmt den Anwendungsbereich des Abkommens, nämlich die Steuern vom Einkommen und vom Vermögen; der allzu ungenaue Ausdruck „direkte Steuern" ist also vermieden worden. Für welchen Hoheitsträger die Steuern erhoben werden, ist unerheblich; es kann dies der Staat selbst sein oder auch eine seiner Gebietskörperschaften (Gliedstaaten, Regionen, Provinzen, Departements, Kantone, Bezirke, „arrondissements", Kreise, Gemeinden oder Gemeindeverbände usw.). Unerheblich ist auch, wie diese Steuern erhoben werden, ob durch Veranlagung oder durch Abzug an der Quelle, ob in Form von Zusatz- oder Zuschlagsteuern („centimes additionnels") usw.*

Absatz 2

*3. **[Definition der Einkommen- und Vermögensteuer]** Dieser Absatz definiert, welche Steuern solche vom Einkommen und vom Vermögen sind. Zu diesen Steuern gehören die Steuern vom Gesamteinkommen oder von Teilen des Einkommens, vom Gesamtvermögen oder von Teilen des Vermögens. Sie umfassen auch die Steuern vom Gewinn aus der Veräußerung beweglichen oder unbeweglichen Vermögens sowie die Steuern vom Vermögenszuwachs. Schließlich umfasst die Definition auch die Steuern vom Gesamtbetrag der von einem Unternehmen gezahlten Löhne oder Gehälter (die Lohnsummensteuer in Deutschland und die „taxe sur les salaires" in Frankreich). Sozialversicherungsbeiträge und andere Abgaben, bei denen ein unmittelbarer Zusammenhang zwischen der Abgabe und den im Einzelnen zu erwartenden Gegenleistungen besteht, gelten nicht als „Lohnsummensteuern".*

*4. **[Nebenabgaben]** Selbstverständlich darf der zur Besteuerung berechtigte Staat – und nur er – die in seinen Gesetzen vorgesehenen Steuern einschließlich der Nebenabgaben wie Zuschläge, Kosten, Zinsen usw. erheben. Es wurde nicht für erforderlich gehalten, dies in dem Artikel ausdrücklich zu sagen, da es selbstverständlich ist, dass für die Erhebung von Nebenabgaben dieselben Bestimmungen gelten wie für die eigentliche Steuer. Die Praxis unter den Mitgliedstaaten ist bei der Behandlung von Zinsen und Strafen unterschiedlich. Einige Staaten behandeln sie niemals als Steuern, die durch Artikel 2 erfasst werden. Andere nehmen den gegenteiligen Standpunkt ein, insbesondere in Fällen, in denen die zusätzliche Abgabe unter Bezug auf den zugrunde liegenden Steuerbetrag berechnet wird. Die Länder können diesen Punkt in ihren zweiseitigen Verhandlungen klären.*

*5. **[Außerordentliche Steuern]** Der Artikel spricht weder von „ordentlichen Steuern" noch von „außerordentlichen Steuern". Grundsätzlich wäre es gerechtfertigt, außerordentliche Steuern in ein Musterabkommen einzubeziehen; die Erfahrung hat jedoch gezeigt, dass solche Steuern in der Regel nur unter ganz besonderen Umständen erhoben werden. Außerdem wäre es schwierig, sie zu definieren. Diese Steuern können aus verschiedenen Gründen außerordentlich sein, so im Hinblick auf ihre Einführung, ihre Erhebungsart, ihre Sätze, ihren Zweck usw. Unter diesen Umständen erscheint es zweckmäßiger, die außerordentlichen Steuern in den Artikel nicht aufzunehmen. Da aber nicht beabsichtigt ist, die außerordentlichen*

Steuern von allen Abkommen auszuschließen, werden auch die ordentlichen Steuern nicht erwähnt. Es bleibt daher den Vertragsstaaten überlassen, entweder den Anwendungsbereich des Abkommens auf ordentliche Steuern zu beschränken oder auf außerordentliche Steuern auszudehnen oder schließlich besondere Bestimmungen vorzusehen.

Absatz 3

6. [Verzeichnis der Steuern] *In diesem Absatz sind die im Zeitpunkt der Unterzeichnung des Abkommens geltenden Steuern aufgezählt. Die Aufzählung ist nicht erschöpfend. Sie dient der Veranschaulichung der vorangehenden Absätze des Artikels. Grundsätzlich soll jedoch ein vollständiges Verzeichnis der Steuern gegeben werden, die in jedem der Staaten im Zeitpunkt der Unterzeichnung erhoben werden und unter das Abkommen fallen.*

6.1 [Alternativvorschrift] *Einige Mitgliedstaaten nehmen die Absätze 1 und 2 nicht in ihre zweiseitigen Abkommen auf. Diese Länder bevorzugen es, einfach die Steuern jedes Landes, auf die das Abkommen Anwendung findet, erschöpfend aufzuzählen und klar zu stellen, dass das Abkommen auch auf nachfolgende Steuern, die den aufgeführten ähnlich sind, Anwendung findet. Länder, die diesem Ansatz zu folgen wünschen, könnten den folgenden Wortlaut verwenden:*

„1. Die Steuern, für die das Abkommen gilt, sind:

a) (in Staat A) ...

b) (in Staat B) ...

2. Das Abkommen gilt auch für alle Steuern gleicher oder im wesentlichen ähnlicher Art, die nach der Unterzeichnung des Abkommens neben den in Absatz 1 aufgeführten Steuern oder an deren Stelle erhoben werden. Die zuständigen Behörden der Vertragsstaaten teilen einander die in ihren Steuergesetzen eingetretenen bedeutsamen Änderungen mit.“

Wie in Ziffer 3 erwähnt, sollten Sozialversicherungsabgaben und ähnliche Abgaben nicht in die Liste der unter das Abkommen fallenden Steuern aufgenommen werden.

Absatz 4

7. [Ähnliche Steuern] *Da die Aufzählung der Steuern in Absatz 3 lediglich der Erläuterung dient, sieht Absatz 4 vor, dass das Abkommen auch für alle Steuern gleicher oder im wesentlichen ähnlicher Art gelten soll, die in einem Vertragsstaat nach der Unterzeichnung des Abkommens neben den dort bestehenden Steuern oder an deren Stelle erhoben werden.*

8. [Änderungsmitteilung] *Jeder Staat verpflichtet sich, dem anderen alle bedeutsamen Änderungen seiner Steuergesetze mitzuteilen, z. B. Einzelheiten über neue oder anstelle bestehender Steuern eingeführte Steuern. Die Mitgliedstaaten werden dazu ermutigt, andere bedeutsame Entwicklungen wie z. B. neue Richtlinien oder Gerichtsentscheidungen ebenfalls mitzuteilen; viele Länder üben diese Praxis bereits. Den Mitgliedstaaten steht es auch frei, die Mitteilungspflicht auf bedeutsame Änderungen anderer Gesetze, die Auswirkungen auf ihre vertraglichen Verpflichtungen nach dem Abkommen haben, auszudehnen. Mitgliedstaaten, die dies möchten, können den letzten Satz des Absatzes durch folgenden ersetzen:*

„Die zuständigen Behörden der Vertragsstaaten teilen einander alle bedeutsamen Änderungen mit, die in ihren Steuergesetzen oder anderen Gesetzen, die ihre Verpflichtungen nach dem Abkommen berühren, eingetreten sind.“

9. *[aufgehoben]*

Bemerkung zum Kommentar

Vorbehalte zum Artikel

10. Kanada, **[ab 22.7.2010: *Chile*]** *und die* ***Vereinigten Staaten*** *machen einen Vorbehalt zu dem Teil von Absatz 1, der bestimmt, dass das Abkommen für Steuern nachgeordneter Gebietskörperschaften gelten soll.*

***11. Australien, Japan** und **Korea** machen einen Vorbehalt zu dem Teil von Absatz 1, der bestimmt, dass das Abkommen für Steuern vom Vermögen gelten soll.*

***12. Griechenland** ist der Auffassung, dass „Lohnsummensteuern" nicht als Steuern vom Einkommen gelten und deshalb nicht unter das Abkommen fallen sollten.*

Text: Stellungnahmen von Nichtmitgliedstaaten zum OECD-MA (OECD-NM)

Positions on the Article

Paragraph 1

*1. Wherever the terms „capital" and „movable property" appear in the Convention, **Belarus** reserves the right to replace these terms, which do not exist in its domestic law, by „property" and „property other than immovable property" respectively.*

***2. Brazil** reserves its position on that part of paragraph 1 which states that the Convention should apply to taxes of political subdivisions or local authorities, as well as on the final part of the paragraph which reads „irrespective of the manner in which they are levied".*

[ab 15.7.2014:]

***2.1 Argentina** and **Colombia** reserve the right not to include in paragraph 1 taxes imposed on behalf of political subdivisions or local authorities.*

3. Since they have no tax on capital, **[bis 14.7.2014:]** ***Brazil** and **Indonesia*** **ab 15.7.2014:]** ***Brazil**, **Indonesia, Malaysia** and **Singapore** resverve the right not to include any reference to such tax in paragraph 1.*

***4. Romania** reserves the right to include taxes imposed on behalf of administrative-territorial units.*

***5. South Africa** reserves its position on that part of paragraph 1 which states that the Convention should apply to taxes of local authorities.*

[ab 15.7.2014:]

***5.1 Georgia** reserves the right to include taxes imposed on behalf of administrative-territorial units and local self-governing authorities.*

***5.2 Colombia** reserves the right to limit the application of the Convention to taxes on capital to the extent that during the fiscal year concerned both Contracting States impose taxes on the same capital or on the same elements of capital.*

Paragraph 2

***6. Brazil** wishes to use, in its conventions, a definition of income tax that is in accordance with its constitutional legislation. Accordingly, it reserves the right not to include paragraph 2 in its conventions.*

***7. Armenia, Latvia, Lithuania, Romania** and **Tunisia** hold the view that „taxes on the total amounts of wages or salaries paid by enterprises" should not be regarded as taxes on income and therefore reserve the right not to include these words in paragraph 2.*

***8. Ukraine** reserves its position on that part of paragraph 2 which states that the Convention shall apply to taxes on capital appreciation.*

A. Allgemeines

Literatur: *Brandstetter,* S. 1 ff.; *Haig,* S. 1 ff.; *ders.,* Aptirc-Bull. 2001, 74; *Holmes,* S. 1 ff.; *Martín Jiménez,* BIT 2005, 432; *J. Lang,* S. 1 ff.; *M. Lang,* „Taxes Covered" – What is a „Tax" according to Article 2 of the OECD Model?, BIT 2005, 216; *Liebermann,* A Foreign Tax un- **2**

der New Proposed Foreign Tax Credit Regulations, BIFD 1980, 323; *Shannon,* S. 1 ff.; *Simons,* S. 1 ff.; *Stiglitz,* S. 1 ff.; *Sutter,* S. 1 ff.; *Vollrath,* S. 48 ff.; *Züger,* S. 723 ff.

2a Art. 2 bestimmt die Steuern, auf die das Abkommen angewandt werden soll (MA-Komm. zu Art. 2 Ziff. 1). Dadurch bestimmt die Vorschrift weite Teile des sachlichen Anwendungsbereichs des Abkommens. Nur Steuern auf Einkommen und Vermögen – diese Begriffe werden in Abs. 2 definiert und durch eine Liste von Steuern in Abs. 3 beispielhaft erläutert – fallen in den Anwendungsbereich des Abkommens. Die Steuern müssen für Rechnung eines Vertragsstaats oder seiner Gebietskörperschaften erhoben werden. Wo dies nicht der Fall ist, sind weder die Verteilungsnorm noch der Methodenartikel anwendbar (*Tenore,* BIT 2012, 27). Durch diese Anforderungen an den Steuergläubiger werden die Regeln zum persönlichen Anwendungsbereich des Abkommens in Art. 1 ergänzt. Im Übrigen gilt das Abkommen nach Abs. 4 S. 1 für alle Steuern gleicher oder im Wesentlichen ähnlicher Art, die nach der Unterzeichnung des Abkommens neben den bestehenden Steuern oder an deren Stelle erhoben werden. Der Anwendungsbereich des Abkommens ist damit nicht statisch, sondern offen für Änderungen des Steuersystems. Diese Offenheit wird in Abs. 4 S. 2 ergänzt durch eine Verpflichtung der Vertragsstaaten zur Mitteilung der in ihren Steuergesetzen eingetretenen bedeutsamen Änderungen.

B. Zu Art. 2 Abs. 1

I. Musterabkommen

1. Übereinstimmungen und Abweichungen

3 Das US-MA bezieht nicht die Vermögensteuern und nicht die Einkommensteuern der Gebietskörperschaften ein.

2. OECD-MA

4 **a) Grundzüge:** Art. 2 bestimmt die Steuern, auf die das Abkommen angewandt werden soll (MA-Komm. zu Art. 2 Ziff. 1). Nach Abs. 1 sind das alle Steuern der Vertragsstaaten und ihrer Gebietskörperschaften vom Einkommen und vom Vermögen, die für Rechnung eines Vertragsstaats oder seiner Gebietskörperschaften erhoben werden.

5 **b) Abgrenzung:** Art. 2 regelt den „sachlichen" im Gegensatz zum „persönlichen Anwendungsbereich" des DBA nach Art. 1 (s. Art. 1 Rz. 4 ff.). Diese übliche Unterscheidung ist allerdings nicht ganz genau: für welche **Steuergläubiger** das DBA („persönlich") gilt, bestimmt sich **nicht** nach Art. 1, sondern erst nach Art. 2. Im Übrigen ist zu beachten, dass bestimmte Vorschriften des Abschnitts VI unbeschadet des Art. 2 Anwendung finden. Im Einzelnen sind dies Art. 24, 26 und 27, die auf Steuern jeder Art und Bezeichnung Anwendung finden, wie Art. 24 Abs. 6, 26 Abs. 1 S. 2 und 27 Abs. 1 S. 2 klarstellen (*Eckert,* S. 115). Art. 30 und 31 bestimmen den zeitlichen Anwendungsbereich.

6 **c) Regelung:** Nach Art. 2 Abs. 1 gelten die Abkommen für

- **Steuern vom Einkommen und Vermögen,**
- ohne Rücksicht auf die Art der Erhebung,
- die für **Rechnung eines Vertragsstaates oder seiner Gebietskörperschaften** erhoben werden.

7 **d) Geltung des Abkommens:** Art. 2 Abs. 1 bestimmt die sachliche Anwendung des Abkommens. Die Verteilungsnormen und der Methodenartikel des

Art. 23 sind auf die Steuern beschränkt, die in Art. 2 genannt werden. Allerdings gibt es im VI. Abschnitt ausdrückliche Ausnahmen für Art. 24, 26 und 27 (s. Rz. 5)

e) Zum Begriff der **Steuern vom Einkommen und vom Vermögen** s. Rz. 31 ff., 37. Dabei kommt es – anders als für die bestehenden Steuern in Abs. 3, bei denen zumindest Gleichartigkeit zu einer der dort genannten Steuern verlangt wird – nicht darauf an, ob sie bereits zur Unterzeichnung des Vertrags erhoben wurden oder nicht. 8

f) Art der Erhebung: Das DBA gilt unabhängig davon, wie die Steuern, auf die es Anwendung findet, erhoben werden. Es umfasst Veranlagungssteuern, aber auch solche, die wie die deutsche Lohn- und Kapitalertragsteuer an der „Quelle" (d. h. vom Schuldner bestimmter Bezüge) einzubehalten sind. Auch Steuern, die als Ergänzungs- oder Zusatzabgaben berechnet werden, sind einbezogen. Zur Kirchensteuer s. Rz. 13. 9

g) Steuergläubiger („für Rechnung eines Vertragsstaates oder einer seiner Gebietskörperschaften"): Die Abkommen gelten für Steuern, die für Rechnung eines Vertragsstaates oder einer seiner Gebietskörperschaften erhoben werden. Es werden m. a. W. nur Steuern durch das Abkommen erfasst, die auf staatlicher oder vom Staate abgeleiteter Abgabenhoheit beruhen und die Gebietskörperschaften zufließen. 10

Der Begriff **Vertragsstaat** wird im MA nicht definiert. Das MA 1963 stellte lediglich unter namentlicher Nennung der beiden vertragsschließenden Staaten fest, dass entweder der eine oder der andere von ihnen gemeint sei (Art. 3 Abs. 1 Buchst. a) MA 1963). Da im Übrigen eine Begriffsbestimmung, i. d. R. auch in den Abkommen fehlt, richtet sich die Auslegung nach dem innerstaatlichen Recht des Anwendestaates (Art. 3 Abs. 2). Indessen wird häufig auch hier eine Definition fehlen. In jedem Fall aber dürfte die Bedeutung klar sein: Vertragsstaat ist einer der Unterzeichnerstaaten, oder, mit Blick auf mögliche Staatennachfolgeproblematiken, eine der Parteien des jeweiligen Abkommens. Vgl. zum geographischen Anwendungsbereich der DBA, insbesondere auch zu deren Geltung für den Festlandsockel, s. näher oben die Erläuterungen zur Überschrift des MA, Rz. 8 ff. für eine Übersicht über die Bestimmungen deutscher DBA s. Anhang zu Art. 3 Rz. 84. 11

Ebensowenig enthält das MA eine Definition des Ausdrucks **Gebietskörperschaften**. Das ist eine sehr freie Übersetzung der Originalfassungen der MA; die englische spricht von „political subdivisions or local authorities", die französische von „subdivisions politiques ou … collectivités locales". Deutlich ist, dass diese Formulierungen bewusst weit gehalten sind: erfasst werden sollen **alle territorialen staatlichen Untergliederungen,** deren Wirkungskreis nicht durch Zwecksetzung begrenzt ist (wie der der akademischen, wirtschaftlichen und sozialen Selbstverwaltungsträger) und **die Steuerertragshoheit besitzen.** Die Beschränkung auf territoriale Untergliederungen ergibt sich nicht nur in der deutschen Fassung, sondern auch aus dem englischen Wortlaut des MA (engl.: „territorial subdivisions or local authorities"; offen hingegen der französische Wortlaut: ses subdivisions politiques ou de ses collectivités locales) sowie vor allem aus der exemplarischen Aufzählung in MA-Komm. Zu Art. 2 Ziff. 2 („Gliedstaaten, Regionen, Provinzen, Departements, Kantone, Bezirke, „arrondissements", Kreise, Gemeinden oder Gemeindeverbände usw.“). 12

Alle **nichtstaatlichen Abgaben** fallen hingegen von vornherein nicht unter die DBA. Die deutschen **Kirchensteuern** beruhen zwar auf abgeleiteter staatlicher Abgabenhoheit (Art. 140 GG i. V. m. Art. 137 Abs. 6 WRV), fließen aber nicht einer Gebietskörperschaft zu und unterliegen deswegen nicht den DBA (RFHE 8, 26; abweichend in der *Schweiz* für die aufgrund kantonaler Gesetzgebung erhobe- 13 nen Steuern für staatlich anerkannte Kirchengemeinden, s. *Locher/Meyer/von Siebenthal/Kolb,* B 2.3; BMF v. 23.2.1987, DStZ/E 1987, 98). Da die deutschen Kirchensteuern jedoch nach einem Vomhundertsatz der Einkommensteuer erhoben werden, wirkt sich eine Ermäßigung der Einkommensteuer aufgrund eines DBA i. d. R. mittelbar auch auf die Kirchensteuern aus.

14 In ähnlicher Weise werden auch **Sozialversicherungs- und Rundfunkabgaben** und Umlagen für Stromeinspeisevergütungen – die zudem regelmäßig keine Steuern sind (vgl. Rz. 30) – nicht erfasst, wenn sie nicht in den allgemeinen Haushalt, sondern an verselbständigte Einheiten geleistet werden.

15 Die Steuern müssen **„für Rechnung" des Steuergläubigers** erhoben werden, also des Vertragsstaats oder seiner Gebietskörperschaften. Steuern, für die die Länder oder Kommunen als Gebietskörperschaften die Steuergesetzgebungshoheit haben, werden als „Subnational Taxes" bezeichnet (*Schnitger,* IStR 2013, 626). Es ist dabei unerheblich, wer die Gesetzgebungskompetenz und die Verwaltungshoheit in Bezug auf die Steuer hat. Umgekehrt kann es nicht ausreichen, wenn das Aufkommen nur irgendwie gearteten öffentlichen Zwecken dient (so wohl aber *Brandstetter,* S. 47 und 101 ff. m. w. N. unter Hinweis auf MA-Komm. zu Art. 2 Ziff. 1, der aber eine andere Konstellation betrifft). Vielmehr kommt es darauf an, wem das Aufkommen zusteht. Abgrenzungsprobleme ergeben sich dann, wenn das von den genannten staatlichen Einheiten erhobene Aufkommen an andere private oder öffentliche Einrichtungen weiterzuleiten ist, die selbst keine der genannten Steuergläubiger sind. Während eine politische oder rechtliche Aufkommensbindung unschädlich ist, liegt im Falle einer gleichsam treuhänderischen Aufkommenserhebung keine Steuer für Rechnung eines Vertragsstaats im Sinne des Art. 2 Abs. 1 MA vor.

3. US-MA

16 Wie erwähnt, bezieht das US-MA in seine Verteilungsnormen nicht die Vermögensteuer ein, die in den USA nicht erhoben wird, und nicht die Steuern der Gebietskörperschaften, insbesondere nicht die der Gliedstaaten der USA. Nach dem Verfassungsrecht der Vereinigten Staaten haben deren Bundesorgane nicht die Befugnis, die Gesetzgebungszuständigkeit der Gliedstaaten durch Verträge zu beschränken. Das US-MA gilt also nicht für Fälle der Doppelbesteuerung, die sich durch die Steuern der Gliedstaaten ergeben; diese erheben eigene Einkommensteuern. Solche Doppelbesteuerung kann nur durch das innerstaatliche Recht der USA und ihrer Vertragsstaaten verhindert oder eingeschränkt werden. Auch für die Gliedstaaten gelten dagegen die Diskriminierungsverbote des Art. 24; s. dessen Abs. 7 im US-MA.

II. Deutsche DBA

17 1. Abkommensübersicht zu Artikel 2 Abs. 1

DBA	MA-Regelung: Das DBA gilt für die Steuern vom Einkommen und vom Vermögen	Artikel	Rz.
Ägypten	≈ MA	2 Abs. 1	
Albanien 2010	≈ MA	2 Abs. 1	
Algerien 2007	≈ MA	2 Abs. 1	
Argentinien	≈ MA	2 Abs. 1	
Armenien	s. UdSSR		
Aserbaidschan	≈ MA	2 Abs. 1	

DBA	MA-Regelung: Das DBA gilt für die Steuern vom Einkommen und vom Vermögen	Artikel	Rz.
Australien	keine Generalklausel, nur Einzelaufzählung	2 Abs. 1	
Bangladesch	≈ MA; nicht Vermögensteuer	2 Abs. 1	19
Belarus	≈ MA	2 Abs. 1	20
Belgien	≈ MA	2 Abs. 1	
Bolivien	≈ MA	2 Abs. 1	
Bosnien-Herzegowina	s. Jugoslawien		
Bulgarien 2010	≈ MA	2 Abs. 1	
China 1985	≈ MA	2 Abs. 1	20
China 2014 (E)	≈ MA	2 Abs. 1	
Costa Rica 2014 (E)	≈ MA	2 Abs. 1	
Dänemark	≈ MA	2 Abs. 1	
Ecuador	≈ MA	2 Abs. 1	20
Elfenbeinküste	≈ MA	2 Abs. 1	
Estland	≈ MA	2 Abs. 1	20
Finnland	≈ MA	2 Abs. 1	
Frankreich	≈ MA	1 Abs. 1	
Georgien	≈ MA	2 Abs. 1	
Georgien (E)	≈ MA	2 Abs. 1	
Ghana	≈ MA	2 Abs. 1	
Griechenland	keine Generalklausel, nur Einzelaufzählung	I Abs. 1	
Großbritannien 1964/70	keine Generalklausel, nur Einzelaufzählung	I Abs. 1	
Großbritannien 2010	≈ MA	2 Abs. 1	
Großbritannien 2014 (E)	≈ MA	2 Abs. 1	
Hongkong	≈ MA	1 Abs. 1	
Indien	≈ MA	2 Abs. 1	
Indonesien	≈ MA	2 Abs. 1	
Iran	≈ MA	2 Abs. 1	
Irland 2011	≈ MA	2 Abs. 1	
Island	≈ MA	2 Abs. 1	
Israel	≈ MA	1 Abs. 1	
Italien	≈ MA	2 Abs. 1	
Jamaika	≈ MA	2 Abs. 1	
Japan	keine Generalklausel, nur Einzelaufzählung	2 Abs. 1	
Jersey 2008	keine Generalklausel, nur Einzelaufzählung	2 Abs. 1	
Jugoslawien	≈ MA	2 Abs. 1	
Kanada	≈ MA	2 Abs. 1	20
Kasachstan	≈ MA	2 Abs. 1	20
Kenia	≈ MA	2 Abs. 1	
Kirgisistan	≈ MA	2 Abs. 1	
Korea	≈ MA	2 Abs. 1	
Kosovo	s. Jugoslawien		
Kroatien	≈ MA	2 Abs. 1	
Kuwait	≈ MA	2 Abs. 1	
Lettland	≈ MA	2 Abs. 1	20
Liberia	≈ MA	2 Abs. 1	
Liechtenstein 2011	≈ MA	2 Abs. 1	
Litauen	≈ MA	2 Abs. 1	20

DBA	MA-Regelung: Das DBA gilt für die Steuern vom Einkommen und vom Vermögen	Artikel	Rz.
Luxemburg 2012	≈ MA	2 Abs. 1	
Malaysia 2010	Generalklausel: nicht Vermögensteuer	2 Abs. 1	19
Malta	≈ MA	2 Abs. 1	
Marokko	≈ MA	2 Abs. 1	
Mauritius 2011	Generalklausel: nicht Vermögensteuer	2 Abs. 1	19
Mazedonien 2006	Generalklausel: nicht Steuern der staatlichen Untergliederungen Mazedoniens	2 Abs. 1	20
Mexiko 2008	≈ MA	2 Abs. 1	
Moldau	s. UdSSR		
Mongolei	≈ MA	2 Abs. 1	
Montenegro	s. Jugoslawien		
Namibia	≈ MA	2 Abs. 1	
Neuseeland	keine Generalklausel, nur Einzelaufzählung	2 Abs. 1	
Niederlande 1959/2004	≈ MA	1 Abs. 1	
Niederlande 2012 (E)	Generalklausel: nicht Vermögensteuer	2 Abs. 1	19
Norwegen 1991	≈ MA	2 Abs. 1	
Norwegen 2013 (E)	Generalklausel: nicht Vermögensteuer	2 Abs. 1	
Oman 2012 (E)	≈ MA	2 Abs. 1	
Österreich	≈ MA	2 Abs. 1	
Pakistan	Generalklausel: nicht Vermögensteuer	2 Abs. 1	19
Philippinen 1989	≈ MA	2 Abs. 1	
Philippinen 2013	≈ MA	2 Abs. 1	
Polen	≈ MA	2 Abs. 1	
Portugal	keine Generalklausel, nur Einzelaufzählung	2 Abs. 1	
Rumänien	≈ MA	2 Abs. 1	
Russische Föderation	≈ MA	2 Abs. 1	20
Sambia	≈ MA	2 Abs. 1	
Schweden	≈ MA	2 Abs. 1	
Schweiz 1971/2010	≈ MA	2 Abs. 1	
Serbien	s. Jugoslawien		
Simbabwe	≈ MA	2 Abs. 1	
Singapur	≈ MA	2 Abs. 1	
Slowakei	s. Tschechoslowakei		
Slowenien	≈ MA	2 Abs. 1	
Spanien 2011	≈ MA	2 Abs. 1	
Sri Lanka	keine Generalklausel, nur Einzelaufzählung	2 Abs. 1	
Südafrika 1973	Generalklausel: nicht Vermögensteuer	2 Abs. 1	19
Südafrika 2008 (E)	≈ MA	2 Abs. 1	
Syrien 2010	Generalklausel: nicht Vermögensteuer	2 Abs. 1	19
Tadschikistan	≈ MA	2 Abs. 1	

DBA	MA-Regelung: Das DBA gilt für die Steuern vom Einkommen und vom Vermögen	Artikel	Rz.
Taiwan 2011	≈ MA; „in einem der Gebiete nach Artikel 3 Absatz 1 Buchstabe a) erhoben" statt „für Rechnung eines Vertragsstaats, eines seiner Länder oder einer ihrer Gebietskörperschaften erhoben"	2 Abs. 1 Prot. Nr. 1	22 Begriff „Vertragsstaat"
Thailand	≈ MA	2 Abs. 1	
Trinidad und Tobago	Generalklausel: nicht Vermögensteuer	2 Abs. 1	19
Tschechien	s. Tschechoslowakei		
Tschechien 1997 (E)	≈ MA	2 Abs. 1	20
Tschechoslowakei	≈ MA	2 Abs. 1	20
Türkei 2011	Generalklausel: nicht Vermögensteuer	2 Abs. 1	19
Tunesien	≈ MA	2 Abs. 1	
Turkmenistan	s. UdSSR		15
UdSSR	≈ MA	2 Abs. 1	20
Ukraine	≈ MA	2 Abs. 1	20
Ungarn 2011	≈ MA	2 Abs. 1	
Uruguay 2010	≈ MA	2 Abs. 1	
USA	Aufzählung: nicht Steuern der Gliedstaaten der USA	2 Abs. 1	20
Usbekistan	≈ MA	2 Abs. 1	20
Venezuela	≈ MA	2 Abs. 1	
Vereinigte Arabische Emirate 2010	Generalklausel: nicht Vermögensteuer	2 Abs. 1	19
Vietnam	≈ MA	2 Abs. 1	
Weißrussland	s. Belarus		
Zypern 2011	≈ MA	2 Abs. 1	

2. Erläuterungen

a) Einige Abkommen enthalten **keine** dem Art. 2 Abs. 1 MA entsprechende **allgemeine Umschreibung** des sachlichen Anwendungsbereichs (s. Übersicht Rz. 17). Es werden lediglich die Steuern aufgezählt, auf die das Abkommen Anwendung finden soll. Überwiegend stimmt jedoch der sachliche Anwendungsbereich dieser DBA mit dem des MA überein, da in den – für die Zukunft nicht abschließenden – Aufzählungen regelmäßig die Steuern vom Einkommen und vom Vermögen sowie die Gewerbesteuer aufgeführt sind (s. u. Rz. 53, 72 ff.). **18**

Von den Abkommen, die ihren sachlichen Anwendungsbereich durch eine Generalklausel umschreiben, gelten die *DBA Bangladesch, Malaysia 2010, Mauritius 2011, Niederlande 2012 (E), Norwegen 2013 (E), Pakistan, Südafrika 1973, Syrien 2010, Türkei 2011, Trinidad und Tobago* sowie *Vereinigte Arabische Emirate 2010* nicht für die Vermögensteuer. In diesen Staaten wird das Vermögen – wie zur Zeit auch in Deutschland – nicht besteuert. Für Deutschland fällt die Anführung der Vermögenssteuer in der dem Art. 2 Abs. 1 MA entsprechenden Vorschrift gegenwärtig ins Leere; sollte eine Vermögensteuer wiedereingeführt werden, würde sie wieder bedeutsam. **19**

b) Der ausdrückliche Hinweis, dass das Abkommen nur für solche Steuern der Gebietskörperschaften gilt, die mit dem Verfassungsrecht und nachgeordnetem **20**

Recht übereinstimmen (so das Abkommen mit *Ecuador*), ist rein deklaratorisch und begründet keine Abweichung vom MA. **Nur** für die Steuern des – anderen – **Vertragsstaates, nicht** auch für die seiner **Untergliederungen** gelten dagegen die *DBA Kanada, Mazedonien 2006 und USA,* ferner die noch fortbestehenden DBA mit den – inzwischen überwiegend ehemaligen – kommunistischen Staaten: *China 1985, Tschechoslowakei* und *UdSSR*. Bedeutsam ist das vor allem für die Einkommensteuern der Gliedstaaten der USA; eine Doppelbesteuerung wird hier nur nach Maßgabe der einschlägigen innerstaatlichen Rechtsvorschriften beider Seiten vermieden. Hinsichtlich der kanadischen Provinzialsteuern vermerkt die Denkschrift zum DBA, es bestehe faktisch Gegenseitigkeit. In den genannten kommunistischen Staaten waren gliedstaatliche Steuern seinerzeit nicht bekannt. Die Fortgeltung der *DBA Tschechoslowakei* und *UdSSR* für die Nachfolgestaaten dieser ehemaligen Vertragsstaaten (s. die Erläuterungen zur Überschrift des MA, Rz. 8 ff.) hat aber zur Folge, dass jene DBA nunmehr für deren Steuern gelten. Die *DBA Belarus, Estland, Kasachstan, Lettland, Litauen, Russische Föderation, Tschechien 1997 (E), Ukraine* und *Usbekistan* gelten auch für die Untergliederungen des Vertragsstaates. Im Falle der Russischen Föderation ergibt sich dies aus Nr. 1 *Prot.* zum *DBA,* der den insoweit unklaren Art. 2 des DBA („ [...] Steuern, die nach dem Steuerrecht jedes der Vertragsstaaten zu entrichten sind") erläutert; ein gleicher Wortlaut findet sich im *DBA Usbekistan,* dort fehlt eine Erläuterung durch das Protokoll. Alle angeführten DBA beziehen auf deutscher Seite auch die Gewerbesteuer ein.

21 **c)** In den deutschen Abkommen wird die Bundesrepublik Deutschland als Vertragsstaat genannt, entweder in der Überschrift und in der Präambel oder in einer dem Art. 3 Abs. 1 Buchst. a) MA 1963 entsprechenden Vorschrift (s. die Übersicht in Art. 3 Rz. 84). Gebietskörperschaften sind in Deutschland die Länder, Gemeinden und Gemeindeverbände (Art. 29, 105 GG). Auf der Seite des Vertragspartners werden in den deutschen Abkommen darüber hinaus Kantone, Staaten, Bezirke, Departements, Provinzen, Provinzialverbände, Gemeindeverbände und örtliche Verwaltungen genannt; es wird damit auf die im anderen Vertragsstaat vorhandenen politischen Untergliederungen Bezug genommen, ohne dass eine sachliche Abweichung gegenüber dem MA beabsichtigt wäre. Bedeutsam ist die Erstreckung auf die Steuern der Gebietskörperschaften in den deutschen Abkommen insbesondere für die Gewerbesteuer (s. hierzu Anhang zu Art. 2 Rz. 72 ff.).

22 Aufgrund der völkerrechtlichen Lage ist das *DBA Taiwan (Taipeh) 2011* zwischen dem Deutschen Institut in Taipeh und der Taipeh-Vertretung in der Bundesrepublik Deutschland mit der Handelskammer geschlossen (s. Grundl. Rz. 58 ff.). Dessen Art. 2 Abs. 1 setzt daher den Ausdruck „in einem der Gebiete nach Artikel 3 Absatz 1 Buchstabe a) erhoben" an die Stelle desjenigen des MA („die für Rechnung eines Vertragsstaats, eines seiner Länder oder einer ihrer Gebietskörperschaften erhoben"). Bei einer rein am Wortlaut orientierten Auslegung würde etwa auch die Kirchensteuer erfasst. Indessen sollte der besonderen diplomatischen Situation als Entstehungskontext Rechnung getragen werden: Die abweichende Formulierung resultiert aus der fehlenden diplomatischen Anerkennung von Taiwan; sie sollte ersichtlich möglichst nahe an derjenigen des OECD-MA sein, ohne diplomatische Probleme mit der Volksrepublik China heraufzubeschwören. Den sprachlichen Differenzen sollte daher kein Gewicht für die Auslegung beigemessen werden.

C. Zu Art. 2 Abs. 2

I. Musterabkommen

1. Übereinstimmungen und Abweichungen

Das US-MA enthält eine entsprechende Vorschrift nur für die Einkommensteuern. 23

2. OECD-MA

a) Grundzüge: Art. 2 Abs. 2 MA umschreibt die im Abs. 1 genannten Steuern vom Einkommen und Vermögen, gibt jedoch keine abschließende Definition. 24

b) Regelung: Art. 2 Abs. 2 definiert den Ausdruck „Steuern vom Einkommen und vom Vermögen" als alle **Steuern**, die 25
- **erhoben werden** vom
- **Gesamteinkommen** oder von **Teilen des Einkommens**
- **Gesamtvermögen** oder von **Teilen des Vermögens**,
einschließlich der Steuern vom Gewinn aus der Veräußerung beweglichen oder unbeweglichen Vermögens, der Lohnsummensteuern sowie der Steuern vom Vermögenszuwachs.

c) Der **Begriff der „Steuer"** wird in den MA nicht definiert. Nach der Auslegungsregel des **Art. 3 Abs. 2 MA** muss daher auf das innerstaatliche Recht des Anwendestaates zurückgegriffen werden, soweit der Zusammenhang des Abkommens nichts anderes erfordert. Zwar sprechen sich einflussreiche Beiträge in der wissenschaftlichen Literatur weitergehend für eine **autonome Auslegung** des Ausdrucks aus (*Lang*, BIT 2005, 216; Wassermeyer/*Wassermeyer*, Art. 2 Rz. 26). Dadurch lasse sich ein möglichst weiter Anwendungsbereich des Abkommens, den auch der MA-Komm. zu Art. 2 Ziff. 1 fordere, sicherstellen. Zudem drohe andernfalls die Vorschrift des Abs. 3, die auf innerstaatliches Recht verweist, redundant zu werden. Diese Argumente überzeugen indes nicht: Die angegebene Kommentarstelle steht im unmittelbaren Kontext der Steuergläubiger und nicht der Definition der Steuer. Auch enthält Abs. 3 lediglich eine nicht abschließende Regelung, so dass Abs. 1 und 2 nicht zwingend redundant würden. Überzeugender erscheint es daher, das innerstaatliche Recht nur insoweit zurückzudrängen, wie sich konkrete Vorgaben aus dem Zusammenhang des Abkommens herleiten lassen. So lässt sich aus dem Ausdruck „erhoben werden" (englisch *„imposed"*, französisch *„établis"*) schließen, dass weder freiwillige noch vertragliche Zahlungen eine Steuer darstellen. Die Ausdrücke „Betrag" in Art. 23B Abs. 1 MA und Art. 27 Abs. 1 MA sowie der Ausdruck „gezahlt" zeigen, dass es sich um Geldleistungen handeln muss. Indem der MA-Komm. zu Art. 2 Ziff. 3 S. 4 Sozialversicherungsbeiträge und andere Abgaben, bei denen ein unmittelbarer Zusammenhang zwischen der Abgabe und den im Einzelnen zu erwartenden Gegenleistungen besteht, von den Lohnsummensteuern ausnimmt, zeigt er ferner, dass eine individuelle Gegenleistung das Vorliegen einer Steuer ausschließt. Jenseits dieser Anforderungen ist das innerstaatliche Recht maßgeblich. 26

Mit diesen Anforderungen ist die **Begriffsbestimmung des deutschen Rechts** vereinbar. Danach sind Steuern Geldleistungen, die keine Gegenleistung für eine besondere Leistung darstellen und von einem öffentlich-rechtlichen Gemeinwesen zur Erzielung von Einnahmen allen auferlegt werden, bei denen der Tatbestand zutrifft, an den das Gesetz die Leistungspflicht knüpft (§ 3 Abs. 1 AO). Danach können auch einmalige Geldabgaben Steuern sein (so ausdrücklich *Prot.* vom 16.6.1959 zum *DBA Niederlande*). Unabhängig von ihrer Einordnung nach 27 innerstaatlichem Recht (vgl. *Nagy,* Intertax 1980, 174, (179)) sind deshalb Steuern auch die Gewinnabgaben der staatlichen Unternehmen in den noch verbliebenen kommunistischen Staaten (zur früheren Rechtslage: s. *Prot.* Nr. 1 zum *DBA Polen, Prot.* Nr. 1 zum *DBA Rumänien 1973;* vgl. BMF v. 8.10.1979, BStBl. I 1979, 602: *DBA Ungarn 1977*). Ebenso sind **rückzahlbare Abgaben** Steuern, wenn deren allgemeine Begriffsmerkmale gegeben sind, sie insbesondere zu Finanzierungszwecken erhoben werden: so etwa der die Ausschüttungsbelastung nach dem (inzwischen geänderten) KStG 1977 übersteigende Teil der deutschen Körperschaftsteuer, der, falls die Gewinne ausgeschüttet wurden, an die Gesellschaft zurückgezahlt wurde. Zur Frage des „Steuer"-Begriffs in den Art. 24, 26 und 27 MA s. *Martín Jiménez,* BIT 2005, 432 (438 ff.).

28 Zu den Steuern i. S. des MA gehören auch die **steuerlichen Nebenleistungen** (MA-Komm. zu Art. 2 Ziff. 4). Dementsprechend entschied das Income Tax Appelate Tribunal Kalkutta, dass ein Zuschlag und eine sogenannte „education cess" Steuern auf das Einkommen darstellen (Income Tax Appelate Kalkata of 20 June 2012, ITA No. 1458/Kol/2011). In Deutschland sind das die Verspätungszuschläge, Zinsen, Säumniszuschläge, Zwangsgelder und Kosten (§ 3 Abs. 4 AO). Keine Steuern sind Geldstrafen und Geldbußen (insoweit ausdrücklich klarstellend *Prot.* Nr. 1c zum *DBA Neuseeland*); diese Geldleistungen dienen nicht der Erzielung von Einnahmen (vgl. Hübschmann/Hepp/Spitaler/*Wernsmann,* § 3 AO Rz. 55; Tipke/Kruse/*Drüen,* § 3 AO Rz. 14). Für sie gelten daher die Abkommen nicht. Die Staatenpraxis ist jedoch uneinheitlich. Teilweise werden Zinsen als untrennbar mit einer Hauptpflicht verbunden – und damit als Steuer – angesehen; Geldbußen sind dagegen nur dann Steuer, wenn sie eine direkte Verbindung zu einer Steuerschuld aufweisen (*Tenore,* BIT 2012, 27).

29 Keine Steuern i. S. der MA sind dagegen nicht durch Gesetz auferlegte (*M. Lang,* BIT 2005, 216 (218)), etwa nur durch sozialen Druck erzwungene Abgaben wie die seit 1996 in Indonesien erhobene „Armutssteuer" (s. *Heij,* Aptirc-Bull. 2001, 74, (75)), ebenso nicht Naturalabgaben oder Dienstleistungen.

30 Ebenfalls keine Steuern sind die **Sozialversicherungsbeiträge** (z. B. zur niederländischen Volksversicherung: *Østre Landsret* TfS 2000 no. 106: *DBA Dänemark/Niederlande;* für die USA vgl. Art. 2 Abs. 3 Buchst. b US-MA). Sie sind Gegenleistungen für den gewährten Sozialversicherungsschutz (MA-Komm. zu Art. 2 Ziff. 3; ebenso ausdrücklich Art. 2 Abs. 2 *DBA Spanien 1966*). Probleme können entstehen, wenn im anderen Vertragsstaat die Sozialversicherungsabgaben als „Steuern" erhoben werden und diese Abgaben dort auch nicht in einem unmittelbaren Gegenseitigkeitsverhältnis zu den Sozialversicherungsleistungen stehen (*Heij,* Aptirc-Bull. 2001, 74 (77); *M. Lang,* 218; *Martín Jiménez,* BIT 2005, 432 (433 ff.)). Auch bei einer Bezeichnung als „Steuern" wird sich aber i. d. R. aus dem Zusammenhang des Abkommens ergeben, dass die Sozialversicherungsabgaben nicht miterfasst werden sollen (so z. B. in Norwegen, obwohl die „Sozialversicherungssteuer" dort als Teil der Einkommensteuer geregelt ist, s. *Skaar,* Intertax 1993, 75 (77)).

31 **d) „erhoben werden vom"**: Die Steuern müssen „erhoben werden vom" Einkommen etc. Dabei sollte **keine Aufspaltung von synthetischen Steuern** erfolgen. Andernfalls würden sich kaum handhabbare Aufteilungs- und Abgrenzungsschwierigkeiten ergeben. Eine Steuer wird daher nur dann auf die genannten Steuergüter erhoben, wenn die **Steuerlast sich hauptsächlich danach bestimmt**. Ist dies nach einer **Gesamtwürdigung** anzunehmen, so wird die Steuer in vollem Umfang erfasst, also auch soweit die Steuerhöhe von anderen Faktoren abhängig ist (ebenso Federal Court of Australia [2008] FCA 1503). Daher sind Erbersatzsteuern für Stiftungen wie § 1 Abs. 1 Nr. 4 ErbStG keine Steuern vom Vermögen, wenn sie in die Erbschaftsteuer integriert sind (a. A. *Züger,* S. 723).

e) Einkommen: Art. 2 Abs. 2 erläutert den Begriff der **Steuern vom Einkommen** durch eine Tautologie: zu ihnen gehören die Steuern „vom Gesamteinkommen oder Teilen des Einkommens“. Daraus wird zumindest klar, dass sowohl umfassende Einkommensteuern als auch Steuern auf besondere Arten von Einkommen erfasst werden. 32

Den Ausdruck Einkommen definiert das MA hierbei nicht. Zwar wird dieser Begriff in der finanzwissenschaftlichen Literatur in seiner weitesten Fassung von der durch *v. Schanz* entwickelten „Reinvermögenszugangstheorie“ umschrieben, die in den Vereinigten Staaten durch *Haig* und *Simons* weiterentwickelt wurde (*v. Schanz,* FinArch. Bd. 13 (1896), S. 1 ff.; *Haig,* S. 7; *Simons,* S. 50). Dem MA mag damit international, bei allen Verschiedenheiten der Einzelausgestaltung, ein **in der Basis einheitliches Verständnis** zugrunde liegen, was „Einkommen“, „income“, „revenu“ usw. ist (so *Vogel,* 5. Aufl., Rz. 22; zum internationalen Verständnis s. auch *Holmes*). Gleichwohl liefert dies noch kein hinreichend präzises Begriffsverständnis. Bisweilen wird daher die Auffassung vertreten, dass sich der Begriff gemäß Art. 3 Abs. 2 MA nach dem innerstaatlichen Recht zu bestimmen habe (vgl. *M. Lang,* BIT 2005, 216). Indessen ergeben sich bindende Vorgaben aus dem Zusammenhang: Art. 2 Abs. 2 MA gilt nicht nur für das Gesamteinkommen, sondern auch für Teile vom Einkommen. Solche werden aber kaum im innerstaatlichen Recht bezeichnet sein. Nähme man eine Definition nach dem innerstaatlichen Recht vor, so wäre die Aufzählung dieser Steuergüter redundant. Daher liegt eine autonome Definition für die Teile vom Einkommen nahe, die sich dann auch auf den Begriff des Einkommens erstrecken müsste, wenn man annimmt, dass die „Teile vom Einkommen“ eine Teilmenge des „Einkommens“ darstellen. 33

Die demnach erforderliche **zumindest teilweise autonome Begriffsbestimmung** (weitergehend für eine vollständig autonome Begriffsbestimmung *Vogel,* 5. Aufl., Rz. 22) hat sich insbesondere an den Verteilungsnormen der Art. 6 bis 22 MA zu orientieren. Demnach ist davon auszugehen, dass dem Ausdruck „Einkommen“ eine weite Bedeutung beizumessen ist und er jedenfalls (Unternehmens-)Gewinne und Veräußerungsgewinne (Art. 7 und 13 MA) sowie Löhne und Gehälter (Art. 15 MA) umfasst. Auf die Form der Zahlung kommt es nicht an (vgl. ähnliche Vergütungen z. B. in Art. 15 MA). Auch Bruttoerträge ohne Berücksichtigung von Erwerbsaufwendungen fallen unter den Begriff des Einkommens (vgl. Art. 10 Abs. 2 MA). Art. 20 MA zeigt, dass sich der Begriff des Einkommens nicht auf das Markteinkommen verengen lässt, sondern dass periodische Unterstützungszahlungen zur Sicherung des Lebensunterhalts unter den Begriff des Einkommens fallen. Unerheblich ist gleichfalls, ob sich die Steuer nach dem „Einkommen“, den „Einnahmen“, dem „Ertrag“ oder nach gröberen, pauschalierenden Maßstäben bemisst, solange nur der Zielsetzung nach das Einkommen in dem vorbezeichneten weiten Sinne oder wesentliche Teile davon erfasst werden sollen. Im Übrigen setzen diese Vorschriften durchgängig, und damit insbesondere auch bei der Erhebung von Quellensteuern, einen Bezieher von Einkünften voraus. 34

Ausgaben sind kein Einkommen; Ausgabensteuern nach *Kaldor* oder nach den „Blueprints for Tax Reform“ der U. S. Treasury von 1984 werden nicht auf das Einkommen erhoben, vgl. auch *Vollrath,* S. 48 ff. Ebensowenig sind **Umsätze** Einkommen, und zwar auch dann nicht, wenn wie bei einer Mehrwertsteuer die bezogenen Eingangsleistungen die Steuer mindern. Entscheidend für die Abgrenzung ist, dass bei der Berechnung grundsätzlich alle zugehörigen Aufwendungen abgezogen werden dürfen (so mit Recht der oberste ungarische Gerichtshof Legfelsőbb Bíróság v. 4.9.2008 Kfv.I.35.103/2008/4: *DBA Ungarn 1977*). 35

Der Begriff des Einkommens ist von **Erbschaften und Schenkungen** zu unterscheiden, bei denen eine Bereicherung durch eine unentgeltliche Zuwendung erfolgt. In einigen Staaten werden letztere als Einkommen behandelt. Zur Abgren- 36 zung zu den Erbschaft- und Nachlasssteuern sowie mögliche Überschneidungen s. *M. Lang,* SWI 2005, 16 (22f.); *Martín Jiménez,* BIT 2005, 432 (437); *Sutter,* S. 43ff., 54ff., 65ff. Die komplexe Problematik wird allerdings entschärft, wenn man sich vor Augen hält, dass es bei der Qualifikation der Steuer nicht auf die einzelnen Einkommensbestandteile ankommt, sondern auf eine Gesamtwürdigung der jeweiligen Steuer (vgl. Rz. 31). Grundsätzlich lassen sich daher synthetische Steuern, die neben klassischen Einkommensbestandteilen wie Gewinnen und Gehältern auch Bereicherungen infolge von unentgeltlichen Zuwendungen erfassen, als Steuern vom Einkommen einordnen. Schwierigkeiten bestehen dann nur noch in solchen Fällen, in denen die Qualifikation der Steuer selbst in Frage steht. Hier sollte dann nicht zuletzt mit Blick auf den systematischen Zusammenhang der Existenz eines eigenständigen OECD-MA auf dem Gebiet der Erbschaftsteuer abgestellt werden. Nach dessen Art. 2 Abs. 2 kennzeichnen sich Schenkungen und Erbschaften dadurch, dass der Vermögenstransfer ganz oder teilweise unentgeltlich erfolgt. Die Unentgeltlichkeit sollte daher die Einordnung als Einkommen hindern. Zur Abgrenzung der Einkommensteuern von Vermögensteuern bei DBA, die die Vermögensteuern nicht einbeziehen, s. *M. Lang,* BIT 2005, 216 (219 f).

37 **f) Vermögen:** Als Steuern vom Vermögen bezeichnet das MA in vergleichbarer Weise „die Steuern vom Gesamtvermögen oder von Teilen des Vermögens". Wie beim Begriff des Einkommens ist auch hier wegen der Einbeziehung von Teilen vom Gesamtvermögen eine zumindest teilweise autonome Begriffsbestimmung erforderlich. Die Verteilungsnorm des Art. 22 MA über die Vermögensbesteuerung macht deutlich, dass auch für die Besteuerung des Vermögens der Doppelbesteuerungsschutz möglichst umfassend sein soll und alle Arten von Abgaben auf Vermögensgegenstände im weitesten Sinne erfasst werden können (s. insbesondere Art. 22 Abs. 4 MA). Dabei sind Steuern, die nur bestimmte Arten von Vermögen betreffen (z.B. Immobiliensteuern), ebenso erfasst (siehe Première Instance de Bruxelles v. 23.11.2011, 2008/16347/A, das entschied, dass eine jährlich auf den Nettoanlageanlagenwert der ausstehenden Aktien einer Anlage erhobene Steuer eine Steuer auf Teile des Vermögens darstellt). Sowohl Bruttovermögen als auch das Reinvermögen nach Abzug von Verbindlichkeiten werden vom Begriff erfasst.

38 Zur **Abgrenzung** des Vermögens vom Einkommen ist zu bedenken, dass es anders als die Flussgröße Einkommen eine **Bestandsgröße** ist. Die Möglichkeit zum Abzug von Schulden, ebenfalls eine Bestandsgröße, deutet auf Vermögen, die Möglichkeit zum Abzug von laufenden Zahlungen als Flussgröße auf Einkommen hin. In ähnlicher Weise lässt sich die Abgrenzung von Erbschaften und Schenkungen vornehmen. Diese setzen einen Vermögensübergang voraus und sind damit anders als das Vermögen eine Flussgröße.

39 **g)** Die MA nennen außerdem beispielhaft, aber unwiderleglich die Steuern vom Gewinn aus der **Veräußerung beweglichen oder unbeweglichen Vermögens**, die nach zutreffenden Entscheidungen des Federal Court of Australia (Federal Court of Australia of 3 February 2009, [2009] FCA 41; Federal Court of Australia of 10 October 2008, [2008] FCA 1503) und des Irish High Court (High Court Commercial of Ireland of 31 July 2007, 20062306 P, 2006 No. 66 COM) einen besonderen Fall einer Steuer vom Einkommen darstellen. Angeführt wird ferner die **Lohnsummensteuer** als Steuer vom Gesamtbetrag der von einem Unternehmen gezahlten Löhne oder Gehälter. Sozialversicherungsbeiträge fallen hierunter auch dann nicht, wenn sie nach der Höhe des gezahlten Lohnes bemessen werden (FWK/*Erhard,* Art. 2 Anm. 112, s. bereits oben Rz. 26). Zur Frage, welche Verteilungsnorm auf eine Lohnsummensteuer anzuwenden ist, bedenkenswerte Erwägungen bei *Züger,* SWI 2000, 164 (168f.). Schließlich sind auch die **Steuern vom Vermögenszuwachs** ausdrücklich aufgeführt. Im Gegensatz zu den Steuern

vom Gewinn aus der Veräußerung beweglichen oder unbeweglichen Vermögens setzen sie keine Realisierung des Gewinns voraus. Sie schließen insbesondere Wegzugsteuern ein. Als Steuern auf fiktives Einkommen stellen sie einen besonderen Fall der Steuern vom Einkommen dar.

h) Steuern vom Einkommen und Vermögen sind selbstverständlich auch solche Abgaben, deren **Bemessungsgrundlage** die Einkommen-, Körperschaft- oder Vermögensteuerschuld ist, d.h. die in Höhe eines **Prozentsatzes** dieser Steuern erhoben werden. So fällt die Ergänzungsabgabe zur deutschen ESt und KSt, die seit 1995 unter der Bezeichnung „Solidaritätszuschlag" wieder erhoben wird, und fiel in gleicher Weise der für 1973 und 1974 erhobene Stabilitätszuschlag in den sachlichen Geltungsbereich auch derjenigen DBA, die diese Abgaben nicht in einem dem Art. 2 Abs. 3 entsprechenden Katalog aufführen (s. gleich lautende Erlasse der obersten Finanzbehörden der Länder v. 29.12.1967, 4.1.1968, 19.1.1968, BStBl. I 1968, 139, 141, 221). Die neueren deutschen Abkommen nennen die Zuschläge zur Einkommen-, Körperschaft-, Vermögen- und Gewerbesteuer meist ausdrücklich in der Art. 2 Abs. 3 MA entsprechenden Aufzählung. 40

II. Deutsche DBA

1. Abkommensübersicht zu Artikel 2 Abs. 2 41

DBA	MA-Regelung: Definition der Steuern vom Einkommen und vom Vermögen	Artikel	Rz.
Ägypten	≈ MA	2 Abs. 2	
Albanien 2010	≈ MA	2 Abs. 2	
Algerien 2007	≈ MA	2 Abs. 2	
Argentinien	≈ MA; ohne Lohnsummensteuer	2 Abs. 2	45
Armenien	s. UdSSR		
Aserbaidschan	≈ MA	2 Abs. 2	
Australien	keine entsprechende Regelung	–	48
Bangladesch	≈ MA; ohne Lohnsummensteuer	2 Abs. 2	44, 45
Belarus	≈ MA	2 Abs. 2	
Belgien	≈ MA	2 Abs. 2	
Bolivien	≈ MA; ohne Lohnsummensteuer	2 Abs. 2	45
Bosnien-Herzegowina	s. Jugoslawien		
Bulgarien 2010	≈ MA	2 Abs. 2	
China 1985	≈ MA; ohne Lohnsummensteuer	2 Abs. 2	45
China 2014 (E)	≈ MA	2 Abs. 2	
Costa Rica 2014 (E)	≈ MA	2 Abs. 2	
Dänemark	≈ MA; ohne Lohnsummensteuer	2 Abs. 1 Buchst. a	45
Ecuador	keine entsprechende Regelung	–	48
Elfenbeinküste	≈ MA ohne Veräußerungsgewinn- und Vermögenszuwachssteuer	2 Abs. 2	45
Estland	≈ MA; ohne Lohnsummensteuer	2 Abs. 2	45
Finnland	≈ MA	2 Abs. 2	
Frankreich	keine entsprechende Regelung	–	46 ff.
Georgien	≈ MA	2 Abs. 2	
Georgien (E)	≈ MA	2 Abs. 2	
Ghana	≈ MA	2 Abs. 2	
Griechenland	keine entsprechende Regelung	–	48

DBA	MA-Regelung: Definition der Steuern vom Einkommen und vom Vermögen	Artikel	Rz.
Großbritannien 1964/70	keine entsprechende Regelung	–	48
Großbritannien 2010	≈ MA	2 Abs. 2	
Großbritannien 2014 (E)	≈ MA	2 Abs. 2	
Hongkong	keine entsprechende Regelung	–	48
Indien	≈ MA; ohne Vermögenszuwachs-steuer	2 Abs. 2	45
Indonesien	≈ MA	2 Abs. 2	
Iran	≈ MA	2 Abs. 2	
Irland 2011	≈ MA	2 Abs. 2	
Island	≈ MA; ohne Lohnsummensteuer	2 Abs. 2	45
Israel	≈ MA	1 Abs. 2	
Italien	≈ MA	2 Abs. 2	
Jamaika	≈ MA; ohne Lohnsummensteuer	2 Abs. 2	45
Japan	keine entsprechende Regelung	–	48
Jersey 2008	keine entsprechende Regelung	2 Abs. 2	
Jugoslawien	≈ MA	2 Abs. 2	
Kanada	≈ MA; ohne Lohnsummensteuer	2 Abs. 2	45
Kasachstan	≈ MA	2 Abs. 2	
Kenia	≈ MA; Verzugszinsen und Strafen sind nicht als Steuern zu behandeln	2 Abs. 2; 3 Abs. 1 Buchst. b	49
Kirgisistan	≈ MA	2 Abs. 2	
Korea	≈ MA	2 Abs. 2	
Kosovo	s. Jugoslawien		
Kroatien	≈ MA	2 Abs. 2	
Kuwait	≈ MA; ohne Lohnsummensteuer	2 Abs. 2	45
Lettland	≈ MA; ohne Lohnsummensteuer	2 Abs. 2	45
Liberia	≈ MA; ohne Lohnsummensteuer	2 Abs. 2	45
Liechtenstein 2011	≈ MA	2 Abs. 2	
Litauen	≈ MA; ohne Lohnsummensteuer	2 Abs. 2	45
Luxemburg 2012	≈ MA	2 Abs. 2	
Malaysia 2010	≈ MA; ohne Lohnsummensteuer und Vermögensteuer	2 Abs. 2	44, 45
Malta	≈ MA; ohne Lohnsummensteuer	2 Abs. 2	45
Marokko	≈ MA	2 Abs. 2	
Mauritius 2011	≈ MA; ohne Vermögensteuer	2 Abs. 2	44
Mazedonien 2006	≈ MA	2 Abs. 2	
Mexiko 2008	≈ MA	2 Abs. 2	
Moldau	s. UdSSR		
Mongolei	≈ MA; ohne Lohnsummensteuer	2 Abs. 2	45
Montenegro	s. Jugoslawien		
Namibia	≈ MA	2 Abs. 2	
Neuseeland	keine entsprechende Regelung; Zinsen sind nicht als Steuern zu behandeln	Prot. Nr. 1	49
Niederlande 1959/2004	keine entsprechende Regelung	–	46 ff.
Niederlande 2012 (E)	≈ MA: ohne Vermögensteuer	2 Abs. 2	44
Norwegen 1991	≈ MA; ohne Lohnsummensteuer	2 Abs. 2	45
Norwegen 2013 (E)	≈ MA; ohne Lohnsummensteuer und Vermögensteuer	2 Abs. 2	44

DBA	MA-Regelung: Definition der Steuern vom Einkommen und vom Vermögen	Artikel	Rz.
Oman 2012 (E)	≈ MA	2 Abs. 2	
Österreich	≈ MA	2 Abs. 2	
Pakistan	≈ MA	2 Abs. 2	44
Philippinen 1983	≈ MA; ohne Lohnsummensteuer	2 Abs. 2	45
Philippinen 2013	≈ MA	2 Abs. 2	
Polen	≈ MA	2 Abs. 2	
Portugal	keine entsprechende Regelung	–	48
Rumänien	≈ MA	2 Abs. 2	
Russische Föderation	≈ MA; ohne Lohnsummensteuer und Vermögenszuwachssteuer	2 Abs. 2	45
Sambia	≈ MA; ohne Lohnsummensteuer	2 Abs. 2	45
Schweden	≈ MA	2 Abs. 1 Buchst. a	
Schweiz 1971/2010	≈ MA; Lotteriegewinnsteuer ausdrücklich ausgenommen	2 Abs. 2	43
Serbien	s. Jugoslawien		
Simbabwe	≈ MA; ohne Lohnsummensteuer	2 Abs. 2	45
Singapur	≈ MA; ohne Lohnsummensteuer	2 Abs. 2	
Slowakei	s. Tschechoslowakei		
Slowenien	≈ MA	2 Abs. 2	
Spanien 2011	≈ MA	2 Abs. 2	
Sri Lanka	keine entsprechende Regelung	–	48
Südafrika 1973	≈ MA; ohne Vermögensteuer	2 Abs. 2	44, 45
Südafrika 2008 (E)	≈ MA	2 Abs. 2	
Syrien 2010	≈ MA; ohne Vermögensteuer	2 Abs. 2	44
Tadschikistan	≈ MA	2 Abs. 2	
Taiwan 2011	≈ MA	2 Abs. 2	
Thailand	≈ MA	2 Abs. 2	
Trinidad und Tobago	≈ MA; ohne Vermögen-, Vermögenszuwachs- und Lohnsummensteuer	2 Abs. 2	44, 45
Tschechien	s. Tschechoslowakei		
Tschechien 1997 (E)	≈ MA	2 Abs. 2	
Tschechoslowakei	≈ MA	2 Abs. 2	
Türkei 2011	≈ MA; ohne Vermögensteuer	2 Abs. 2	44
Tunesien	≈ MA	2 Abs. 2	
Turkmenistan	s. UdSSR		
UdSSR	keine entsprechende Regelung		
Ukraine	≈ MA; ohne Vermögenszuwachssteuer	2 Abs. 2	45
Ungarn 2011	≈ MA	2 Abs. 2	
Uruguay 2010	keine entsprechende Regelung	–	48
USA 1989/2006	keine entsprechende Regelung	–	48
Usbekistan	≈ MA	2 Abs. 2	
Venezuela	≈ MA	2 Abs. 2	
Vereinigte Arabische Emirate 2010	≈ MA; ohne Lohnsummensteuer und Vermögensteuer	2 Abs. 2	44, 45
Vietnam	≈ MA	2 Abs. 2	
Weißrussland	s. Belarus		
Zypern 2011	≈ MA	2 Abs. 2	

2. Erläuterungen

42 **a)** Eine allgemeine Besteuerung des Vermögenszuwachses gibt es in Deutschland derzeit nicht. Die Einbeziehung der Steuern auf den Wertzuwachs in den Geltungsbereich der DBA ist jedoch bedeutsam für die **Wegzugsbesteuerung** gemäß **§ 6 AStG** (vgl. Art. 13 Rz. 284).

43 **b)** Das *DBA Schweiz,* das im Übrigen dem MA entspricht, nimmt die schweizerische Quellensteuer von Lotteriegewinnen aus dem Geltungsbereich des DBA aus (Art. 2 Satz 2 *DBA Schweiz*). Eine Doppelbesteuerung ist davon nicht zu erwarten, da Lotteriegewinne in Deutschland als solche keiner Besteuerung unterliegen.

44 **c)** Die *DBA Bangladesch, Malaysia 2010, Mauritius 2011, Niederlande 2012 (E), Norwegen 2013 (E), Pakistan, Südafrika 2008 (E), Syrien 2010, Trinidad und Tobago, Türkei 2011 sowie Vereinigte Arabische Emirate 2010* entsprechen dem MA, enthalten jedoch, da sie nicht für die Vermögensteuer gelten, auch keine Umschreibung des Vermögensbegriffs (vgl. Rz. 37).

45 **d)** Auch die *DBA Indien, Russische Föderation* und *Ukraine* entsprechen im Wesentlichen dem MA. Abweichend davon nennen diese DBA jedoch nicht die Vermögenszuwachssteuer. Die *DBA Dänemark 1962* und *Norwegen 1958* bestimmten überdies jeweils in Art. 1 Abs. 5 ausdrücklich, dass sie nicht für die einmaligen Steuern vom Einkommen, vom Vermögen und vom Vermögenszuwachs gelten. Ähnlich noch das *DBA Elfenbeinküste,* das die Veräußerungsgewinne und die Vermögenszuwachssteuer nicht nennt (Art. 2 Abs. 2 *DBA Elfenbeinküste*). Zahlreiche, vor allem neuere DBA erwähnen auch die Lohnsummensteuer nicht (s. o. Rz. 39).

46 **e)** Die *DBA Frankreich, Luxemburg 1958* und *Niederlande 1959/2004* enthalten keine dem Art. 2 Abs. 2 MA entsprechende Umschreibung der Steuern vom Einkommen und vom Vermögen. Die Begriffsbestimmung muss hier allein aus Abs. 1 und der Aufzählung der unter das Abkommen fallenden Steuern entsprechend Abs. 3 abgeleitet werden.

47 Die *DBA Luxemburg 1958* und *Niederlande 1959/2004* gelten nicht für die einmaligen Steuern vom Vermögenszuwachs (s. *Prot.* Nr. 2 zum *DBA Luxemburg 1958;* ferner *Prot.* Nr. 1 zum *DBA Niederlande 1959/2004*). Hingegen existieren zu den *DBA Luxemburg 2012* und *Niederlande 2012 (E)* keine Protokolle mit entsprechenden Regelungen. Das *DBA Frankreich* gilt nicht für die einmaligen Vermögensteuern (s. *Prot.* Nr. 1 zum *DBA Frankreich*).

48 **f)** Eine größere Anzahl von DBA verzichtet auf eine Umschreibung der Steuern, für die das jeweilige Abkommen gilt, und **beschränkt** sich auf eine **Aufzählung** (vgl. Übersichten zu Abs. 1 und 2, Rz. 17, 41). Diese Aufzählungen sind nicht abschließend; sie führen regelmäßig die Steuern vom Einkommen und vom Vermögen auf.

49 **g)** Eine Reihe von Abkommen definiert den Begriff „Steuer“ (s. Art. 3, Rz. 87). Das *DBA Kenia* schließt in Art. 3 Abs. 1 Buchst. b Zinsen und Strafen aus dem Begriff der Steuer aus. Ebenso sind gemäß ausdrücklicher Vereinbarung Zinsen keine Steuern im Sinne des *DBA Neuseeland* (*Prot.* Nr. 1c zum *DBA Neuseeland*).

D. Zu Art. 2 Abs. 3

I. Musterabkommen

1. Übereinstimmungen und Abweichungen

Alle MA sehen ein Verzeichnis der Steuern vor, für die das Abkommen gelten soll. 50

2. OECD-MA

Die Aufzählung ist nicht abschließend; Steuern, die in den Vertragsstaaten im Zeitpunkt der Unterzeichnung erhoben werden und die unter die Definition des Abs. 2 fallen, werden vom Abkommen auch dann erfasst, wenn sie nicht in dem Abs. 3 entsprechenden Katalog genannt werden. Etwas anderes gilt dagegen dann, wenn Steuern wie etwa Vermögen- oder Lohnsummensteuern ausdrücklich in die Definition des Abs. 2 nicht übernommen wurden (*M. Lang,* SWI 2005, 16). Umgekehrt kann Abs. 3 die Begriffsbestimmung des Abs. 2 unwiderleglich erweitern. Dies ist der Fall, wenn eine Steuer in die Liste aufgenommen wird, die weder eine Steuer vom Einkommen noch eine Steuer vom Vermögen ist. 51

3. US-MA

Entsprechend seinem Charakter als nationales Abkommensmuster braucht es sich nicht auf einen abstrakten Hinweis auf die Steuern der USA zu beschränken. Es enthält vielmehr eine konkrete Aufzählung der US-Steuern, für die das Abkommen gilt. Hervorzuheben ist, dass die Steuern der Gliedstaaten nicht genannt werden und damit nicht unter den Anwendungsbereich des US-MA fallen (vgl. schon o. Rz. 16). Bemerkenswert ist auch, dass das US-MA eine Verkehrsteuer „excise tax" auf an ausländische Versicherer gezahlte Versicherungsprämien in den Anwendungsbereich des Abkommens einbezieht (mit gewissen Einschränkungen), weil diese Steuer nach amerikanischer Auffassung die Einkommensteuer ersetzen soll. Faktisch hat die Einbeziehung zur Folge, dass diese Steuer von Unternehmungen des anderen Vertragsstaates nur erhoben wird, wenn diese in den USA eine Betriebstätte unterhalten und die Prämieneinnahmen dieser zuzurechnen sind (s. u. zu Art. 5 Rz. 141). 52

II. Deutsche DBA

1. Abkommensübersicht zu Artikel 2 Abs. 3 53

DBA	Deutsche Steuern, für die die DBA gelten										
	Einkommensteuer	Körperschaftsteuer	Erg.-Abg. zur ESt	Erg.-Abg. zur KSt	Notopfer Berlin	Hauszinssteuer	Gebäudesteuer	Grundsteuer	Vermögensteuer	Gewerbesteuer	Artikel
Ägypten	+	+							+	+	2 Abs. 3 Buchst. a
Albanien 2010	+	+	+	+					+	+	2 Abs. 3 Buchst. b
Algerien 2007	+	+	+	+					+	+	2 Abs. 3 Buchst. b
Argentinien	+	+							+	+	2 Abs. 3 Buchst. a Prot. Nr. 1 a

Deutsche Steuern, für die die DBA gelten

DBA	Einkommensteuer	Körperschaftsteuer	Erg.-Abg. zur ESt	Erg.-Abg. zur KSt	Notopfer Berlin	Hauszinssteuer	Gebäudesteuer	Grundsteuer	Vermögensteuer	Gewerbesteuer	Artikel
Armenien s. UdSSR											
Aserbaidschan	+	+	+	+					+	+	2 Abs. 3 Buchst. a
Australien	+	+	+	+					+	+	2 Abs. 1 Buchst. b
Bangladesch	+	+								+	2 Abs. 3 Buchst. a
Belarus	+	+	+	+					+	+	2 Abs. 3 Buchst. a
Belgien	+	+						+	+	+	2 Abs. 3 Nr. 2
Bolivien	+	+							+	+	2 Abs. 3 Buchst. a
Bosnien-Herzegowina s. Jugoslawien											
Bulgarien 2010	+	+	+	+					+	+	2 Abs. 3 Buchst. a
China 1985	+	+							+	+	2 Abs. 3 Buchst. b
China 2014 (E)	+	+	+	+					+	+	2 Abs. 3 Buchst. b
Costa Rica 2014 (E)	+	+	+	+					+	+	2 Abs. 3 Buchst. a
Dänemark*	+	+						+	+	+	2 Abs. 2, Anlage zum DBA
Ecuador	+	+							+	+	2 Abs. 2 Buchst. a
Elfenbeinküste	+	+							+	+	2 Abs. 3 Nr. 2c
Estland	+	+							+	+	2 Abs. 3 Buchst. a
Finnland	+	+						+	+	+	2 Abs. 3 Buchst. b
Frankreich	+	+			+			+	+	+	1 Abs. 2 Nr. 2
Georgien	+	+	+	+					+	+	2 Abs. 3 Buchst. a
Georgien (E)	+	+	+	+					+	+	2 Abs. 3 Buchst. a
Ghana	+	+	+	+					+	+	2 Abs. 3
Griechenland	+	+							+	+	1 Abs. 1 Nr. 1
Großbritannien 1964/70	+	+	+	+					+	+	1 Abs. 1 Buchst. A
Großbritannien 2010	+	+	+	+					+	+	1 Abs. 3 Buchst. a
Großbritannien 2014 (E)	+	+	+	+					+	+	2 Abs. 3 Buchst. a
Hongkong	+	+	+	+					+	+	1 Abs. 2 Buchst. a
Indien	+	+							+	+	2 Abs. 3 Buchst. a
Indonesien	+	+							+	+	2 Abs. 3 Buchst. a
Iran	+	+							+	+	2 Abs. 3 Nr. 1
Irland 2011	+	+	+	+					+	+	2 Abs. 3 Buchst. b
Island	+	+	+	+					+	+	2 Abs. 3 Buchst. a
Israel	+	+	+	+					+	+	1 Abs. 3 Buchst. a
Italien	+	+						+	+	+	2 Abs. 3 Buchst. b
Jamaika	+	+	+	+					+	+	2 Abs. 3 Buchst. a
Japan	+	+							+	+	2 Abs. 1 Nr. 1
Jersey 2008	+	+	+	+						+	2 Abs. 2 Buchst. a
Jugoslawien	+	+							+	+	2 Abs. 3 Buchst. b
Kanada	+	+	+	+					+	+	2 Abs. 3 Buchst. b
Kasachstan	+	+	+	+					+	+	2 Abs. 3 Buchst. b

* Die Artikel 25 bis 28 *DBA Dänemark* beziehen sich auf die Besteuerung von Nachlässen, Erbschaften und Schenkungen.

Deutsche Steuern, für die die DBA gelten

DBA	Einkommensteuer	Körperschaftsteuer	Erg.-Abg. zur ESt	Erg.-Abg. zur KSt	Notopfer Berlin	Hauszinssteuer	Gebäudesteuer	Grundsteuer	Vermögensteuer	Gewerbesteuer	Artikel
Kenia	+	+	+	+					+	+	2 Abs. 3 Buchst. a
Kirgisistan	+	+	+	+					+	+	2 Abs. 3
Korea	+	+	+	+					+	+	2 Abs. 3 Buchst. a
Kosovo s. Jugoslawien											
Kroatien	+	+	+	+					+	+	2 Abs. 3 Buchst. b
Kuwait	+	+							+	+	2 Abs. 3 Buchst. a
Liberia	+	+	+	+				+	+	+	2 Abs. 3 Buchst. a
Liechtenstein 2011	+	+	+	+				+	+	+	2 Abs. 3 Buchst. a
Litauen	+	+							+	+	2 Abs. 3 Buchst. a
Lettland	+	+							+	+	2 Abs. 3 Buchst. a
Luxemburg 2012	+	+	+	+					+	+	2 Abs. 3 Buchst. a
Malaysia 2010	+	+	+	+						+	2 Abs. 3 Buchst. a
Malta	+	+	+	+					+	+	2 Abs. 3 Buchst. a
Marokko	+	+	+	+					+	+	2 Abs. 3 Nr. 1
Mauritius 2011	+	+	+	+						+	2 Abs. 3 Buchst. b
Mazedonien 2006	+	+	+	+					+	+	2 Abs. 3 Buchst. a
Mexiko 2008	+	+	+	+					+	+	2 Abs. 3 Buchst. a
Moldau s. UdSSR											
Mongolei	+	+							+	+	2 Abs. 3 Buchst. a
Montenegro s. Jugoslawien											
Namibia	+	+							+	+	2 Abs. 3 Buchst. a
Neuseeland	+	+							+	+	2 Abs. 1 Buchst. a
Niederlande 1959/2004	+	+			+			+	+	+	1 Abs. 2 Nr. 1
Niederlande 2012 (E)	+	+	+	+						+	2 Abs. 3 Buchst. a
Norwegen 1991	+	+						+	+	+	2 Abs. 3 Buchst. a
Norwegen 2013 (E)	+	+	+	+						+	2 Abs. 3 Buchst. a
Oman 2012 (E)	+	+						+	+		2 Abs. 3 Buchst. a
Österreich	+	+	+	+					+	+	2 Abs. 3 Buchst. a
Pakistan	+	+								+	2 Abs. 3 Buchst. a
Philippinen 1983	+	+							+	+	2 Abs. 3 Buchst. a
Philippinen 2013	+	+	+	+					+	+	2 Abs. 3 Buchst. b
Polen	+	+	+	+						+	2 Abs. 3 Buchst. a
Portugal	+	+	+	+				+	+	+	2 Abs. 1 Buchst. b
Rumänien	+	+	+	+					+	+	2 Abs. 3 Buchst. b
Russische Föderation	+	+	+	+					+	+	2 Abs. 3 Buchst. b
Sambia	+	+	+	+					+	+	2 Abs. 3 Buchst. a
Schweden*	+	+						+	+	+	2 Abs. 2, Anlage zum DBA
Schweiz 1971/2010	+	+	+	+				+	+	+	2 Abs. 3 Nr. 1, 5

* Die Artikel 24 bis 27 *DBA Schweden* beziehen sich auf die Besteuerung von Nachlässen, Erbschaften und Schenkungen.

	Deutsche Steuern, für die die DBA gelten										
DBA	Einkommensteuer	Körperschaftsteuer	Erg.-Abg. zur ESt	Erg.-Abg. zur KSt	Notopfer Berlin	Hauszinssteuer	Gebäudesteuer	Grundsteuer	Vermögensteuer	Gewerbesteuer	Artikel
Serbien s. Jugoslawien											
Simbabwe	+	+							+	+	2 Abs. 3 Buchst. a
Singapur	+	+	+	+					+	+	2 Abs. 3 Buchst. a
Slowakei s. Tschechoslowakei											
Slowenien	+	+	+	+					+	+	2 Abs. 3 Buchst. a
Spanien 2011	+	+	+	+					+	+	2 Abs. 3 Buchst. b
Sri Lanka	+	+							+	+	2 Abs. 1 Buchst. a
Südafrika 1973	+	+								+	2 Abs. 3 Buchst. b
Südafrika 2008 (E)	+	+	+	+					+	+	2 Abs. 3 Buchst. a
Syrien 2010	+	+	+	+						+	2 Abs. 3 Buchst. a
Tadschikistan	+	+	+	+					+	+	2 Abs. 3 Buchst. b
Taiwan 2011	+	+	+	+					+	+	2 Abs. 3 Buchst. a
Thailand	+	+							+	+	2 Abs. 3 Nr. 1
Trinidad und Tobago	+	+	+	+						+	2 Abs. 3 Buchst. a
Tschechien, s. Tschechoslowakei											
Tschechien 1997 (E)	+	+	+	+					+	+	2 Abs. 3 Buchst. b
Tschechoslowakei	+	+		+				+	+	+	2 Abs. 3 Buchst. a
Türkei 2011	+	+	+	+						+	2 Abs. 3 Buchst. b
Turkmenistan s. UdSSR											
Tunesien	+	+	+	+					+	+	2 Abs. 3 Buchst. b
UdSSR	+	+						+	+	+	2 Abs. 1
Ukraine	+	+							+	+	2 Abs. 3 Buchst. a
Ungarn 2011	+	+	+	+				+	+	+	2 Abs. 3 Buchst. a
Uruguay 2010	+	+	+	+					+	+	2 Abs. 3 Buchst. a
USA	+	+							+	+	2 Abs. 1 Buchst. b
Usbekistan	+	+	+	+					+	+	2 Abs. 3 Buchst. a
Venezuela	+	+							+	+	2 Abs. 3 Buchst. a
Vereinigte Arabische Emirate 2010	+	+	+	+						+	2 Abs. 3 Buchst. a
Vietnam	+	+							+	+	2 Abs. 3 Buchst. b
Weißrussland s. Belarus											
Zypern 2011	+	+	+	+					+	+	2 Abs. 3 Buchst. a

2. Erläuterungen

54 Alle deutschen DBA enthalten eine Aufzählung der Steuern, die Gegenstand des jeweiligen Abkommens sind. Diese Aufzählung ist nicht abschließend und kann naturgemäß nur die im Zeitpunkt der Unterzeichnung geltenden Steuern benennen. Letztlich maßgebend ist der jeweils aktuelle Stand der Gesetzgebung im Zeitpunkt der Anwendung des Abkommens.

Von den in den Abkommen genannten deutschen Steuern sind die Gesetze über das Notopfer Berlin, die Hauszinssteuer, die Gebäudesteuer und die Vermögensteuer nicht mehr in Kraft. Sollten derartige Abgaben neu eingeführt werden, so würden sie ohne weiteres unter die Abkommen fallen, in denen sie aufgeführt sind (vgl. hierzu Abs. 4 u. Rz. 56 ff.). Eine Ergänzungsabgabe wird in Deutschland seit dem 1.1.1995 unter der Bezeichnung „Solidaritätszuschlag" wieder erhoben. Werden durch ein Abkommen die Steuern vom Einkommen ermäßigt, so ist diese Ermäßigung zuerst auf die Ergänzungsabgabe zu beziehen (§ 5 SolZG). 55

E. Zu Art. 2 Abs. 4

I. Musterabkommen

1. Übereinstimmungen und Abweichungen

Alle MA sehen eine Einbeziehung von „ähnlichen" Steuern vor, die nach Vertragsschluss von einem Vertragsstaat eingeführt werden. Auch die Verpflichtung zur Mitteilung über die Änderung der Steuergesetze ist übereinstimmend geregelt. 56

2. OECD-MA

Literatur: *Booij,* Intertax 2005, 584; *M. Lang,* SWI 2005, 16; *Markull,* VJSchr. 1930, S. 535. 56a

a) Grundzüge: Art. 2 Abs. 4 S. 1 MA trägt der Tatsache Rechnung, dass der Abkommenstext nur die Steuern ausdrücklich anführen kann, die im Zeitpunkt des Vertragsschlusses bestehen. Um einen umfassenden Abkommensschutz zu gewährleisten, sollen die DBA jedoch auch die **Steuern gleicher oder im Wesentlichen ähnlicher Art** in ihren Anwendungsbereich einschließen, die nach der Unterzeichnung der Abkommen neben den bestehenden Steuern oder an deren Stelle erhoben werden (MA-Komm. zu Art. 2 Ziff. 1). Durch die Ausdehnung des Geltungsbereichs auf ähnliche Steuern ist gewährleistet, dass Änderungen der Steuergesetze nicht zur Unanwendbarkeit der Abkommen führen (MA-Komm. zu Art. 2 Ziff. 7). Dies ist insbesondere dann von Bedeutung, wenn die neue Steuer nicht (oder nicht eindeutig) unter die Definitionen des Abs. 2 subsumiert werden kann oder wenn ein DBA nur eine Aufzählung der Steuern entsprechend Abs. 3, jedoch keine den Abs. 1 und 2 entsprechende allgemeine Umschreibung ihres sachlichen Anwendungsbereichs enthält. 57

Das dynamische Element wird in S. 2 durch eine – allerdings nicht auf derartige Fallkonstellationen beschränkte – Verpflichtung zur Mitteilung von bedeutsamen Änderungen im Steuerrecht ergänzt. 58

b) Regelung: Nach Art. 2 Abs. 4 S. 1 MA gilt das Abkommen auch 59
- für alle **Steuern gleicher oder im Wesentlichen ähnlicher Art,**
- die **nach der Unterzeichnung** des Abkommens neben den bestehenden Steuern oder an deren Stelle erhoben werden.

Die zuständigen Behörden der Vertragsstaaten **teilen** einander die in ihren Steuergesetzen eingetretenen bedeutsamen Änderungen **mit.** 60

c) Gleichartige Steuern: Welche Steuern den in Art. 2 aufgeführten **gleichartig** oder **ähnlich** sind, wird in den DBA **nicht näher bestimmt.** Im innerdeutschen Verfassungsrecht ist die Frage nach der Gleichartigkeit von Steuern seit § 2 des Landessteuergesetzes vom 30.3.1920 erörtert worden, der den Ländern und Gemeinden die Erhebung von mit den Steuern des Reiches „gleichartigen" Steuern verbot (s. umfassend *Markull,* VJSchr. 1930, S. 535). Unter dem Grundgesetz 61 folgt das gleiche Verbot für den Bereich der konkurrierenden Steuergesetzgebung – Art. 105 Abs. 2 GG – aus Art. 72 Abs. 1 GG (BVerfGE 7, 244 (258 f.); *K. Vogel,* StuW 1971, 308; *ders.,* Grundfragen, 3 ff., 39 ff.; *ders./C. Waldhoff,* BK, Vor Art. 104a, Rz. 578 ff.). Seit 1970 verbietet Art. 105 Abs. 2a GG auch im Bereich der ausschließlichen Landesgesetzgebung die Erhebung von Steuern, die mit Bundessteuern „gleichartig" sind (dazu BVerfGE 40, 56 (63 f.); 69, 174 (183)). Im Einzelnen ist hier zwar noch vieles umstritten, doch sind die maßgebenden Gesichtspunkte und ihre möglichen Bewertungen durch eine kontinuierliche Rechtsprechung seit der Weimarer Zeit und eine breite wissenschaftliche Diskussion inzwischen weitgehend klargelegt. Auf die Auslegung des Art. 2 Abs. 4 MA lassen sie sich unmittelbar übertragen. Ausgangspunkt für den Vergleich ist zweckmäßigerweise die formelle Gestaltung der Steuer (*Dorn,* VJSchr. 1927, S. 194). Auf ihre Bezeichnung und auf die Höhe des Steuersatzes kommt es für die Gleichartigkeit ebenso wenig an wie auf den Kreis der steuerpflichtigen Personen (*Markull,* VJSchr. 1930, S. 595). Notwendig ist vielmehr ein Gesamtvergleich der Tatbestandsmerkmale der Steuergesetze (dafür auch der oberste ungarische Gerichtshof Legfelsőbb Bíróság v. 4.9.2008 Kfv.I.35.103/2008/4: *DBA Ungarn 1977*), wobei die zu beurteilende neue Steuer nicht nur mit einer einzelnen älteren zu vergleichen ist (der sie immer teils ähnlich, teils unähnlich sein wird); vielmehr ist **vor der Gesamtheit der historisch gewachsenen Steuertypen** des betreffenden Staates – und gegebenenfalls rechtlich verwandter Staaten – **abzuwägen,** welcher jener herkömmlichen Steuern die zu prüfende neue **am nächsten steht** (*Vogel/Walter,* BK, Art. 105, Rz. 102–106). Ob eine Steuer einer anderen „im Wesentlichen ähnlich" ist, lässt sich also jeweils nur vor dem Hintergrund des steuerlichen Gesamtsystems entscheiden.

62 Ist eine Steuer in diesem Sinne einer im Abkommen ausdrücklich genannten „im Wesentlichen ähnlich", so kommt es nicht darauf an, ob sie zu der bestehenden Steuer als zusätzliche hinzutritt oder ob sie sie ersetzt. In jedem Fall fällt sie unter das DBA, erst recht natürlich eine nur geänderte Steuer, die in ihren wesentlichen Merkmalen dieselbe geblieben ist. So wird z. B. die seit 1993 in Österreich erhobene **Kommunalsteuer** nach der Lohnsumme bemessen wie die zuvor als Unterart der Gewerbesteuer erhobene Lohnsummensteuer. Sie ist daher mit der Gewerbesteuer gleichartig und fällt damit auch unter diejenigen österreichischen DBA, die die Lohnsummensteuer nicht ausdrücklich (wie nach Art. 2 Abs. 2 OECD-MA), wohl aber die Gewerbesteuer einbeziehen (*ÖstVwGH* ÖStZ 2001, 620; ÖStZB 2001, 160; *Firlinger,* SWI 1994, 65; *Züger,* SWI 2000, 164; s. zur Gewerbesteuer noch u. Rz. 72 ff., anders allerdings, wenn die Lohnsummensteuer aus der Definition des Abs. 3 gestrichen wurde (*M. Lang,* SWI 2005, 16). In gleicher Weise fällt eine in einem Vertragsstaat neu eingeführte Vermögensteuer unter den Geltungsbereich des Abkommens, auch wenn die Vermögensteuer zwar nicht in einer den Abs. 1 und 2 OECD- und UN-MA entsprechenden allgemeinen Bestimmung, jedoch in einem dem Abs. 3 entsprechenden Katalog genannt ist, und dies selbst dann, wenn die Vermögensteuer dort lediglich unter den unter das Abkommen fallenden Steuern des **anderen** Vertragsstaates aufgeführt wird (vgl. *Shannon,* Die Doppelbesteuerungsabkommen der USA, 1987, S. 98 ff.). Die Besteuerung von Veräußerungsgewinnen ist regelmäßig in den Einkommensteuergesetzen, gelegentlich aber auch in selbständigen Gesetzen geregelt (s. die Nationalberichte in CDFI LXI b (1976) 129 ff.). Daher wird eine neu eingeführte Steuer auf Veräußerungsgewinne (capital gains) regelmäßig als Einkommensteuer, aber zumindest als dieser gleichartig im Sinne der DBA anzusehen sein; wie hier Irlands High Court, Commercial, Urt. v. 31.7.2007, 2006 No. 66 COM, unter Berufung auf diesen Kommentar; anders aber das *Landsskatteret* (Dänemarks oberstes Finanzgericht), ET 1986, 114: *DBA Dänemark/Frankreich;* anders auch das *Australian Ta-*

xation Office in *Taxation Ruling* TR 2001/12. – Für Beispiele zur Frage der Gleichartigkeit s. ferner *Weizman,* Skat Ud 1993, 262.

Eine Steuer, die eine bisher erhobene Steuer ersetzen soll, ist andererseits nicht zwangsläufig mit dieser gleichartig, sondern nur dann, wenn die ihre Einordnung in das Steuersystem bestimmenden Merkmale im Wesentlichen übereinstimmen. So hat ein dänisches Landesgericht zu Recht entschieden, dass eine u. a. bei der vorzeitigen Ablösung einer Pensionsversicherung in Höhe eines Prozentsatzes der Ablösesumme erhobene Steuer, obwohl sie historisch an die Stelle einer früheren Besteuerung der Ablösungssumme als Einkommen getreten war, doch mit der Einkommensteuer nicht gleichartig sei (*Østre Landsret,* TfS 1992, no. 291: *DBA Dänemark/Frankreich;* s. *Weizman,* ET 1994, 27). Die statt ihrer seit 2000 erhobene Ertragsteuer von Pensionsfonds *(Pensionsafkastbeskatning)* ist dagegen eine Einkommensteuer, auf die Dänemarks DBA anzuwenden sind (*Skatteministeriet* TfS 1999, 799). 63

Enthält das DBA eine dem Art. 2 Abs. 1 des OECD- und UN-MA entsprechende **allgemeine Bezeichnung** der Steuerarten, für die das Abkommen gelten soll („Steuern vom Einkommen" und gegebenenfalls „... vom Vermögen"), so gilt das Abkommen für die unter diese allgemeine Bezeichnung fallenden Steuern auch, wenn sie ausnahmsweise nicht einer der gemäß Art. 2 Abs. 3 aufgeführten Steuern gleichartig oder ähnlich sein sollten. Danach sind beispielsweise die dem MA entsprechenden DBA mit *Frankreich* auf die **französische „Solidaritätssteuer auf Vermögen"** (Impôt de solidarité sur la fortune, Loi de finances pour 1989, art. 26) anzuwenden, da sie der in Art. 2 Abs. 1 der DBA regelmäßig angeführten Steuer vom Vermögen ähnlich ist (übereinstimmend: Dr. Fisc. 1989, 39 (40)). Für Deutschlands *DBA Frankreich* ist dies in einem *ÄndProt.* zum DBA durch Aufnahme der Steuer in den Katalog des Abs. 3 ausdrücklich klargestellt worden. Für die frühere „Steuer auf große Vermögen" hatte die französische Finanzverwaltung die Anwendung der DBA zunächst abgelehnt (Dr. Fisc. 1982, comm. 7370 Ziff. 44), später jedoch anerkannt (*Direction générale des impôts* Dr. Fisc. 1985 comm. 8598 Ziff. 51; BMF v. 21.8.1987, DStZ/E 1987, 284). 64

d) Nachträgliche Erhebung: Die Regelung ist ihrem Wortlaut nach nur anwendbar auf Steuern, die nach Unterzeichnung des Abkommens „erhoben werden". Gemeint ist damit, dass Steuern, die zurzeit der Unterzeichnung bestanden, aus dem Anwendungsbereich des Art. 2 Abs. 4 S. 1 MA herausfallen sollen. Das Wort „erhoben" ist also zu lesen als „eingeführt", wie auch die französische Fassung belegt („La Convention s'applique aussi aux impôts de nature identique ou analogue qui seraient établis après la date de signature de la Convention"). Hingegen kann nicht auf dem Umweg über Abs. 4 S. 1 eine Gleichstellung gleichartiger Steuern erzwungen werden, wenn sie bereits bei Unterzeichnung bestand. Im Übrigen ist die Vorschrift auch auf eine wesentliche Modifikation einer bestehenden Steuer anwendbar, wenn die Modifikation einer Neueinführung einer Steuer gleichsteht oder erstmals eine Ähnlichkeit mit einer der in Abs. 3 genannten Steuern begründet. 65

e) Änderungsmitteilung: Nach Art. 2 Abs. 4 Satz 2 MA teilen sich die zuständigen Behörden der Vertragsstaaten die in den Steuergesetzen – nicht aber in Rechtsprechungs- und Verwaltungspraxis; allerdings „ermutigt" der MA-Komm. (Ziff. 8) die Vertragsstaaten dazu, sich auch derartige Entwicklungen gegenseitig mitzuteilen – eingetretenen bedeutsamen Änderungen mit. Der Zusammenhang zu Art. 2 Abs. 4 S. 1 MA zeigt, dass sowohl Änderungen bestehender als auch die Einführung neuer Steuern von der Regelung erfasst werden sollen. Die Verpflichtung umfasst insbesondere regelmäßig auch treaty overrides. Früheren Fassungen des OECD-MA fehlte die Beschränkung auf „bedeutsame" Änderungen; außer- 66 dem bestand eine Verpflichtung zu jährlichen Mitteilungen. In beiden Punkten hat das OECD-MA die Pflichten der Vertragsstaaten verringert. Auch ist keine besondere Form für die Mitteilungen vorgesehen.

67 Der MA-Komm. lässt nach wie vor erkennen, dass die OECD in Art. 2 Abs. 4 Satz 2 MA die Begründung einer Mitteilungspflicht sieht (Ziff. 8). Nach dem Regelungszweck handelt es sich jedoch um ein bereits aus dem Vertragsschluss folgendes „nobile officium" der Vertragspartner, das auch ohne ausdrückliche Aufnahme in den Vertragstext bestünde. Die Mitteilung dient der Unterrichtung des Vertragspartners über Änderungen im sachlichen Anwendungsbereich des Abkommens. Ihre **Unterlassung** bleibt jedoch **rechtlich folgenlos.** Wird eine Änderung in den Steuergesetzen eines Vertragsstaates nicht mitgeteilt, so fällt die neu geschaffene Steuer, wenn die Voraussetzungen des Art. 2 Abs. 4 Satz 1 MA gegeben sind, dennoch unter das DBA. Auch kann es dem Staat, der die Mitteilung versäumt hat, selbstverständlich nicht verwehrt sein, das geänderte innerstaatliche Recht anzuwenden. Das gilt nicht nur bei ausdrücklichen Änderungen von Gesetzen, sondern erst recht, wenn sich auf Grund von Verwaltungs- oder Gerichtsentscheidungen die Auslegung eines Gesetzes inhaltlich ändert. S. zu allem auch *Booij,* Intertax 2005, 584.

3. US-MA

68 Das US-MA sieht die Änderungsmitteilung nicht nur für Änderungen von Steuergesetzen, sondern auch für andere Gesetzesänderungen vor, die die beiderseitigen vertraglichen Verpflichtungen wesentlich berühren (Ziff. 27 US-TE nennt als Beispiel Bestimmungen über das Bankgeheimnis).

II. Deutsche DBA

1. Abkommensübersicht zu Artikel 2 Abs. 4

MA-Regelung: Geltung für Steuern gleicher oder im Wesentlichen ähnlicher Art. entsprechend:

69

DBA	Artikel	Rz.
Ägypten	2 Abs. 4	
Albanien 2010	2 Abs. 4	
Algerien 2007	2 Abs. 4	
Argentinien	2 Abs. 4, Prot. Nr. 6	71 (Kons.)
Armenien	s. UdSSR	
Aserbaidschan	2 Abs. 4	
Australien	2 Abs. 2	
Bangladesch	2 Abs. 4	
Belarus	2 Abs. 4	
Belgien	2 Abs. 5	70
Bolivien	2 Abs. 4	
Bosnien-Herzegowina	s. Jugoslawien	
Bulgarien 2010	2 Abs. 4	
China 1985	2 Abs. 4	
China 2014 (E)	2 Abs. 4	
Costa Rica 2014 (E)	2 Abs. 4	
Dänemark	2 Abs. 3, 42 Abs. 2 Buchst. a	71 (Kons.)
Ecuador	2 Abs. 3	
Elfenbeinküste	2 Abs. 4, 5	
Estland	2 Abs. 4	

DBA	Artikel	Rz.
Finnland	2 Abs. 4	
Frankreich	1 Abs. 3, 4	
Georgien	2 Abs. 4	
Georgien (E)	2 Abs. 4	
Ghana	2 Abs. 4	
Griechenland	I Abs. 2	
Großbritannien 1964/70	I Abs. 2	
Großbritannien 2010	2 Abs. 4	
Großbritannien 2014 (E)	2 Abs. 4	
Hongkong	1 Abs. 3	
Indien	2 Abs. 4	
Indonesien	2 Abs. 4	
Iran	2 Abs. 2	
Irland 2011	2 Abs. 4	
Island	2 Abs. 4	
Israel	1 Abs. 4, 5	
Italien	2 Abs. 4	
Jamaika	2 Abs. 4	
Japan	2 Abs. 2	
Jersey 2008	2 Abs. 3	
Jugoslawien	2 Abs. 4	
Kanada	2 Abs. 4	
Kasachstan	2 Abs. 4	
Kenia	2 Abs. 4	
Kirgisistan	2 Abs. 4	
Korea	2 Abs. 4	
Kosovo	s. Jugoslawien	
Kroatien	2 Abs. 4	
Kuwait	2 Abs. 4	
Lettland	2 Abs. 4	
Liberia	2 Abs. 4	
Liechtenstein 2011	2 Abs. 4	
Litauen	2 Abs. 4	
Luxemburg 2012	2 Abs. 4	
Malaysia 2010	2 Abs. 4	
Malta	2 Abs. 4	70
Marokko	2 Abs. 4	
Mauritius 2011	2 Abs. 4	
Mazedonien 2006	2 Abs. 4	
Mexiko 2008	2 Abs. 4	
Moldau	s. UdSSR	
Mongolei	2 Abs. 4	
Montenegro	s. Jugoslawien	
Namibia	2 Abs. 4	
Neuseeland	2 Abs. 2	
Niederlande 1959/2004	1 Abs. 3, 4	
Niederlande 2012 (E)	2 Abs. 4	
Norwegen 1991	2 Abs. 4	
Norwegen 2013 (E)	2 Abs. 4	
Oman 2012 (E)	2 Abs. 4	
Österreich	2 Abs. 4	70
Pakistan	2 Abs. 4	
Philippinen 1983	2 Abs. 4	
Philippinen 2013	2 Abs. 4	

DBA	Artikel	Rz.
Polen	2 Abs. 4	
Portugal	2 Abs. 2, Prot. Nr. 1	
Rumänien	2 Abs. 4	
Russische Föderation	2 Abs. 4	
Sambia	2 Abs. 4	
Schweden	2 Abs. 3, 39 Abs. 2 Buchst. a	71 (Kons.)
Schweiz 1971/2010	2 Abs. 4	
Serbien	s. Jugoslawien	
Simbabwe	2 Abs. 4	
Singapur	2 Abs. 4	
Slowakei	s. Tschechoslowakei	
Slowenien	2 Abs. 4	
Spanien 2011	2 Abs. 4	70
Sri Lanka	2 Abs. 2	
Südafrika 1973	2 Abs. 4	
Südafrika 2008 (E)	2 Abs. 4	70
Syrien 2010	2 Abs. 4	
Tadschikistan	2 Abs. 4	
Taiwan 2011	2 Abs. 4	
Thailand	2 Abs. 4	
Trinidad und Tobago	2 Abs. 4	
Tschechien	s. Tschechoslowakei	
Tschechien 1997 (E)	2 Abs. 4	
Tschechoslowakei	2 Abs. 5	
Tunesien	2 Abs. 4	
Türkei 2011	2 Abs. 4	
Turkmenistan	s. UdSSR	
Ukraine	2 Abs. 4	
Ungarn 2011	2 Abs. 4	
Uruguay 2010	2 Abs. 4	
USA	2 Abs. 2	
Usbekistan	2 Abs. 4	
UdSSR	2 Abs. 2, 21	71 (Kons.)
Venezuela	2 Abs. 4	
Vereinigte Arabische Emirate 2010	2 Abs. 4	
Vietnam	2 Abs. 4	
Weißrussland	s. Belarus	
Zypern 2011	2 Abs. 4	

2. Erläuterungen

70 Einige DBA enthalten eine von den MA abweichende Festlegung des Zeitpunktes für die Änderungsmitteilung: „Zu Beginn eines Jahres", „innerhalb angemessener Zeit", „erforderlichenfalls", „bei Anlass". Das Art. 2 Abs. 5 S. 2 *DBA Belgien*; Art. 2 Abs. 4 S. 2 *DBA Österreich* verlangen sogar am Ende des Kalenderjahres eine Mitteilung der im jeweiligen Jahr eingetretenen Änderungen. Diese Festlegungen bleiben in gleicher Weise ohne rechtliche Folgen, wie das auch für die Formulierungen der MA gilt (vgl. Rz. 66 f.). Andere Abkommen (*DBA Malta, DBA Österreich, DBA Spanien 2011, DBA Südafrika 2008 (E)*, jeweils in Art. 2 Abs. 4 S. 2) sehen eine Mitteilungspflicht vor, soweit die Änderungen für die Abkommensanwendung erforderlich sind.

71 In einigen, zumal älteren DBA wird ausdrücklich klargestellt, dass Zweifel darüber, für welche Steuern das jeweilige Abkommen gilt, durch die Behörden unmittelbar geklärt werden können. Nach den *DBA Argentinien, Dänemark, Schweden* *und UdSSR* treten Konsultationen unter den zuständigen Behörden an die Stelle der im MA vorgesehenen Änderungsmitteilung.

F. Anhang zu Art. 2: Die Gewerbesteuer

Literatur: *Brendle/Schaaf,* FR 1975, 589; *Debatin,* DB 1962 Beilage 12; *Felix,* RIW 1956, 120; *ders.,* StuW 1958, 802; *Glättli,* AWD 1960, 5; *Kluge,* FR 1976, 521; *Reuter,* DStR 1974, 67. 72

I. Einbeziehung der deutschen Gewerbesteuer in die DBA

1. Systematische Einordnung

Die MA und mit ihnen die deutschen DBA stellen für den persönlichen Geltungsbereich auf die Person als Steuersubjekt ab. Die Abkommen gelten für Personen, die in einem oder in beiden Vertragsstaaten ansässig sind (Art. 1 Rz. 4). Demgegenüber knüpft die deutsche Gewerbesteuer als Objektsteuer die Steuerpflicht an den Gewerbebetrieb als solchen, wobei der Ansässigkeit wie der Person des Inhabers keine Bedeutung zukommt. Steuergegenstand ist das stehende Gewerbe, soweit es im Inland betrieben wird, d. h. soweit im Inland eine Betriebstätte unterhalten wird. Auch Objektsteuern wie die Gewerbesteuer – und die Grundsteuer – beziehen sich aber, da ein Objekt als solches nicht Träger der Steuerpflicht sein kann, in letzter Konsequenz auf eine Person (*Debatin,* S. 2). Das ist im Gewerbesteuerrecht der Unternehmer. Die Gefahr einer Doppelbesteuerung ist bei der Gewerbesteuer zwar deshalb geringer, weil nur inländische Betriebstätten der Besteuerung unterliegen (§ 2 Abs. 1 GewStG). Für ausländische Unternehmer, die im Inland eine Betriebstätte, hier i. S. des Gewerbesteuerrechts, unterhalten und zugleich in ihrem Sitzstaat mit ihrem Welteinkommen der Besteuerung unterliegen, bedeutet aber auch die Belastung durch die deutsche Gewerbesteuer faktisch eine Doppelbesteuerung. Im Übrigen stellt sich die Frage, ob aus der Steuerschuldnerschaft von Personengesellschaften bei der Gewerbesteuer auf deren Abkommensberechtigung geschlossen werden kann (s. dazu Art. 4 Rz. 76b). 73

Besteuerungsgrundlage der Gewerbesteuer ist der **Gewerbeertrag** (§ 7 GewStG). Er wird auf der Basis der Einkünfte (des Gewinns) aus Gewerbebetrieb i. S. des EStG (§ 2 Abs. 1 Nr. 2, Abs. 2 Nr. 1, § 15; § 8 Abs. 1 KStG verweist auf diese Vorschriften) ermittelt. Die Gewerbesteuer ist insoweit eine Steuer **vom Einkommen**. Ihre besondere Erwähnung in den Aufzählungen hat nur klarstellende Bedeutung (s. o. Rz. 62). Früher bemaß sich die Gewerbesteuer auch nach dem **Gewerbekapital,** so dass sie zugleich auch eine Steuer nach dem Vermögen war, und nach der **Lohnsumme**, die in Art. 2 Abs. 2 MA ausdrücklich als eine Steuer vom Einkommen und vom Vermögen genannt wird (s. dazu bereits Rz. 25, 45). 74

2. Deutsche Abkommenspraxis

Heute gelten alle deutschen DBA auch für die Gewerbesteuer. Sie erstrecken sich auch dann auf die Gewerbesteuer, wenn der andere Vertragsstaat keine ihr gleiche oder ähnliche Steuer erhebt (s. Rz. 62). Die Abkommen erreichen so einen Ausgleich der Gesamtbelastung der Steuerpflichtigen und nicht bloß einen gegenseitigen Verzicht bei einander besonders ähnlichen Steuern (*Debatin,* S. 1). 75

Die noch häufig in den Abkommen zu findende Bestimmung, dass auch die nicht nach dem Gewerbeertrag bzw. Gewerbekapital berechnete deutsche Gewerbesteuer Gegenstand des Abkommens ist, bezog sich auf die frühere Lohnsummensteuer. 76

II. Die Verteilung der Besteuerung

1. Allgemeines

77 Für die Gewerbesteuer gibt es in den Abkommen keine besondere Verteilungsnorm. Ihre Verteilung richtet sich nach den Vorschriften, die für die Steuern vom Einkommen gelten (Art. 6 bis 21 MA). Einige Abkommen stellen das insbesondere für die Einkünfte aus Gewerbebetrieb und aus der Luft- und Schifffahrt ausdrücklich klar *(Frankreich, Griechenland, Großbritannien 1964/70, Israel)*. Werden durch die Verteilungsnormen Einkünfte im Quellenstaat freigestellt, so gilt das zugleich auch stets für die Gewerbesteuer.

2. Inländische Unternehmen

78 Für die Gewerbesteuer inländischer Unternehmen ist die Bedeutung der DBA eher gering. Ihr unterliegen Gewerbebetriebe, die im Inland oder auf einem in einem inländischen Schiffsregister eingetragenen Schiff eine Betriebstätte unterhalten (§ 2 Abs. 1 GewStG). Im Ausland belegene Betriebstätten im Sinne von § 12 AO scheiden aus der Bemessungsgrundlage für die Gewerbesteuer aus (§ 9 Nr. 3 GewStG). Die DBA werden allerdings dann relevant, wenn im Ausland keine Betriebstätte im Sinne von § 12 AO vorliegt, wohl aber eine abkommensrechtliche Betriebstätte. Dann unterliegen deren Gewinne ebenfalls im Inland nicht der Besteuerung, wenn die Freistellungsmethode vereinbart ist. Dies ist etwa bei ausländischen Vertreterbetriebstätten (s. Art. 5 Rz. 124) – die keine Betriebstätten i. S. des § 12 AO sind – der Fall.

79 Gering ist die Bedeutung der DBA auch für die zur Ermittlung des Gewerbeertrags auf der Grundlage des einkommensteuerlichen Gewinns aus Gewerbebetrieb vorgesehenen **Hinzurechnungen,** durch die die objektive Ertragskraft des Gewerbebetriebs erfasst werden soll (§ 8 GewStG). Die DBA stehen ihnen grundsätzlich nicht entgegen (ebenso BFH BStBl. II 2011, 129: *DBA Polen 1972*), auch wenn es sich dabei um Werte handelt, die bei einem in einem anderen Vertragsstaat Ansässigen Einkünfte bzw. Vermögen darstellen, und diese nach den Verteilungsnormen im anderen Vertragsstaat besteuert werden können (z. B.: wenn die im Eigentum eines anderen stehenden Warenvorräte, Kraftfahrzeuge, Maschinen etc. von einem Gewerbebetrieb genutzt werden, so muss nach § 8 Nr. 1 Buchst. d ein Teil des hierfür gezahlten Mietzinses dem Gewinn hinzugerechnet werden, er unterliegt damit der Gewerbesteuer; als Teil des Einkommens des Empfängers wird dieser Mietzins regelmäßig aber auch im anderen Vertragsstaat besteuert werden). Die Hinzurechnung bewirkt keine Doppelbesteuerung im juristischen Sinne, da es insoweit an der Subjektidentität fehlt (vgl. BFH BStBl. III 1956, 6; FG Freiburg EFG 1959, 318 (319); *Kluge,* FR 1976, 529). Darüber hinaus dient § 8 GewStG allein der Durchführung der Besteuerung, die ausschließlich dem innerstaatlichen Recht überlassen bleibt (s. Grundl. Rz. 65). Die Abkommen treffen hierüber keine Regelung, so dass selbst die bei Orientierung an der Objektidentität anzunehmende Doppelbesteuerung (so *Glättli,* AWD 1960, 7) nicht abkommenswidrig wäre. Etwas anderes kann aber nach der zutreffenden Rechtsprechung des BFH BStBl. II 2011, 129: *DBA Polen 1972* für die Hinzurechnung nach § 8 Nr. 5 GewStG gelten. In diesen Fällen stehen die seltenen abkommensrechtlichen **Schachtelprivilegien** (s. Art. 23 Rz. 78 ff.) einer inländischen Belastung mit Gewerbesteuer auch dann entgegen, wenn die Voraussetzungen nach § 9 Nr. 7 GewStG nicht gegeben sind.

80 Gestatten die DBA für Dividenden, Zinsen und Lizenzgebühren eine begrenzte Besteuerung im Quellenstaat und sehen sie eine Anrechnung dieser Quellensteuer

auf die deutschen Steuern vor, so beschränkt die Praxis die Anrechnung auf die Einkommen- und Körperschaftsteuer und bezieht sie nicht auf die Gewerbesteuer. Das gilt auch dann, wenn die ausländische Steuer die Einkommensteuer bzw. Körperschaftsteuer übersteigt (*Debatin,* S. 7). Das ist nach Wortlaut und Zweck nicht gerechtfertigt (zutreffend *Lechner,* SWI 1991, 68 (71 ff.); die früher entgegenstehende Auffassung dieses Kommentars wurde bereits in der 3. Aufl. aufgegeben). Das *DBA Australien* sieht überdies eine Berücksichtigung des übersteigenden Betrages bei der Gewerbesteuer ausdrücklich vor (Nr. 10e *Prot.* zum *DBA Australien*).

3. Ausländische Unternehmen

Umgekehrt kommt eine Gewerbesteuerpflicht ausländischer Unternehmungen im Inland immer erst dann zum Tragen, wenn im Inland eine Betriebstätte nach dem jeweils engeren Begriff (des DBA oder der AO) gegeben ist. Liegt eine Betriebstätte eines ausländischen Unternehmens i. S. des Abkommensrechts vor, die die Voraussetzungen des § 12 AO nicht erfüllt, so kann Deutschland die ihm nach dem Abkommen belassene Besteuerung hinsichtlich der Gewerbesteuer wegen fehlender innerstaatlicher Steuerpflicht nicht wahrnehmen. Für Einzelheiten s. auch GKG/*Grotherr,* Art. 23A und B Rz. 327 f.; *Kluge,* S. 964 ff. **81**

Dürfen im ausländischen Vertragsstaat nach dem einschlägigen DBA die deutschen Betriebstätten der dort ansässigen Unternehmen unter Anrechnung der deutschen Steuer besteuert werden, so wird im Allgemeinen auch die Gewerbesteuer in die Anrechnung mit einbezogen. Die *DBA Australien* und *Jamaika* schließen zwar die Anrechnung der *nicht nach dem Ertrag berechneten* Gewerbesteuer auf die ausländische Steuer ausdrücklich aus; nach dem Fortfall der Gewerbekapitalsteuer und der Lohnsummensteuer hat das jedoch keine praktische Bedeutung mehr. **82**

Abschnitt II. Begriffsbestimmungen

Artikel 3. Allgemeine Begriffsbestimmungen

Text: OECD-Musterabkommen (OECD-MA)

1. Im Sinne dieses Abkommens, wenn der Zusammenhang nichts anderes erfordert,

a) umfasst der Ausdruck „Person" natürliche Personen, Gesellschaften und alle anderen Personenvereinigungen;

b) bedeutet der Ausdruck „Gesellschaft" juristische Personen oder Rechtsträger, die für die Besteuerung wie juristische Personen behandelt werden;

c) bedeutet der Ausdruck „Unternehmen" die Ausübung einer Geschäftstätigkeit;

d) bedeuten die Ausdrücke „Unternehmen eines Vertragsstaats" und „Unternehmen des anderen Vertragsstaats", je nachdem, ein Unternehmen, das von einer in einem Vertragsstaat ansässigen Person betrieben wird, oder ein Unternehmen, das von einer im anderen Vertragsstaat ansässigen Person betrieben wird;

e) bedeutet der Ausdruck „internationaler Verkehr" jede Beförderung mit einem Seeschiff oder Luftfahrzeug, das von einem Unternehmen mit tatsächlicher Geschäftsleitung in einem Vertragsstaat betrieben wird, es sei denn, das Seeschiff oder Luftfahrzeug wird ausschließlich zwischen Orten im anderen Vertragsstaat betrieben;

f) bedeutet der Ausdruck „zuständige Behörde"

i) (in Staat A): ...

ii) (in Staat B): ...

g) bedeutet der Ausdruck „Staatsangehöriger" in Bezug auf einen Vertragsstaat

i) jede natürliche Person, die die Staatsangehörigkeit oder Staatsbürgerschaft dieses Vertragsstaats besitzt;

ii) jede juristische Person, Personengesellschaft und andere Personenvereinigung, die nach dem in diesem Vertragsstaat geltenden Recht errichtet worden ist;

h) schließt der Ausdruck „Geschäftstätigkeit" auch die Ausübung einer freiberuflichen oder sonstigen selbständigen Tätigkeit ein.

2. Bei der Anwendung des Abkommens durch einen Vertragsstaat hat, wenn der Zusammenhang nichts anderes erfordert, jeder im Abkommen nicht definierte Ausdruck jederzeit die Bedeutung, die ihm im Anwendungszeitraum nach dem Recht dieses Staates für die Steuern zukommt, für die das Abkommen gilt, wobei die Bedeutung nach in diesem Staat anzuwendendem Steuerrecht den Vorrang vor einer Bedeutung hat, die der Ausdruck nach anderem Recht dieses Staates hat.

Text: Deutsche Verhandlungsgrundlage (DE-VG)

Artikel 3. Allgemeine Begriffsbestimmungen

(1) **Im Sinne dieses Abkommens, wenn der Zusammenhang nichts anderes erfordert,**

1. bedeuten die Ausdrücke „ein Vertragsstaat" und „der andere Vertragsstaat" je nach dem Zusammenhang die Bundesrepublik Deutschland oder *[anderer Vertragsstaat]* und umfassen, wenn im geographischen Sinn verwendet, das Hoheitsgebiet des betreffenden Vertragsstaats sowie das an das Küstenmeer angrenzende Gebiet des Meeresbodens, seines Untergrunds und der darüber liegenden Wassersäule, in dem der betreffende Vertragsstaat in Übereinstimmung mit dem Völkerrecht und seinen innerstaatlichen Rechtsvorschriften souveräne Rechte und Hoheitsbefugnisse zum Zwecke der Erforschung, Ausbeutung, Erhaltung und Bewirtschaftung der lebenden und nicht lebenden natürlichen Ressourcen oder zur Energieerzeugung aus erneuerbaren Energieträgern ausübt;

2. umfasst der Ausdruck „Person" natürliche Personen, Gesellschaften und alle anderen Personenvereinigungen;

3. bedeutet der Ausdruck „Gesellschaft" juristische Personen oder Rechtsträger, die für die Besteuerung wie juristische Personen behandelt werden;

4. bezieht sich der Ausdruck „Unternehmen" auf die Ausübung einer Geschäftstätigkeit;

5. umfasst der Ausdruck „Geschäftstätigkeit" auch die Ausübung einer freiberuflichen oder sonstigen selbständigen Tätigkeit;

6. bedeuten die Ausdrücke „Unternehmen eines Vertragsstaats" und „Unternehmen des anderen Vertragsstaats", je nachdem, ein Unternehmen, das von einer in einem Vertragsstaat ansässigen Person betrieben wird, oder ein Unternehmen, das von einer im anderen Vertragsstaat ansässigen Person betrieben wird;

7. bedeutet der Ausdruck „internationaler Verkehr" jede Beförderung mit einem Seeschiff oder Luftfahrzeug, das von einem Unternehmen mit tatsächlicher Geschäftsleitung in einem Vertragsstaat betrieben wird, es sei denn, das Seeschiff oder Luftfahrzeug wird ausschließlich zwischen Orten im anderen Vertragsstaat betrieben;

8. bedeutet der Ausdruck „zuständige Behörde"

aa) in der Bundesrepublik Deutschland das Bundesministerium der Finanzen oder die Behörde, auf die es seine Befugnisse delegiert hat;

bb) in *[anderer Vertragsstaat]*

9. bedeutet der Ausdruck „Staatsangehöriger"

aa) in Bezug auf die Bundesrepublik Deutschland alle Deutschen im Sinne des Grundgesetzes für die Bundesrepublik Deutschland sowie alle juristischen Personen, Personengesellschaften und anderen Personenvereinigungen, die ihren Rechtsstatus aus dem in der Bundesrepublik Deutschland geltenden Recht ableiten;

bb) in Bezug auf *[anderer Vertragsstaat]* alle natürlichen Personen, die die *[anderer Vertragsstaat]* Staatsangehörigkeit besitzen, sowie alle juristischen Personen, Personengesellschaften und anderen Personenvereinigungen, die ihren Rechtsstatus aus dem in *[anderer Vertragsstaat]* geltenden Recht ableiten;

(2) Bei der Anwendung des Abkommens durch einen Vertragsstaat hat, wenn der Zusammenhang nichts anderes erfordert, jeder im Abkommen nicht definierte Ausdruck die Bedeutung, die ihm im Anwendungszeitraum nach dem Recht dieses Staates über die Steuern zukommt, für die das Abkommen gilt, wobei die Bedeutung nach dem in diesem Staat anzuwendenden Steuerrecht den Vorrang vor einer Bedeutung hat, die der Ausdruck nach anderem Recht dieses Staates hat.

Text: US-Musterabkommen (US-MA)

1. Im Sinne dieses Abkommens, wenn der Zusammenhang nichts anderes erfordert,

a) umfasst der Ausdruck „Person" natürliche Personen, Vermögensmassen, Treuhandvermögen, Personengesellschaften, Gesellschaften und alle anderen Personenvereinigungen;

b) bedeutet der Ausdruck „Gesellschaft" juristische Personen oder Rechtsträger, die nach dem Recht des Gründungsstaates für Steuerzwecke wie juristische Personen behandelt werden;

c) bedeuten die Ausdrücke „Unternehmen eines Vertragsstaates" und „Unternehmen des anderen Vertragsstaates", je nachdem, ein Unternehmen, das von einer in einem Vertragsstaat ansässigen Person betrieben wird, oder ein Unternehmen, das von einer im anderen Vertragsstaat ansässigen Person betrieben wird; die Ausdrücke schließen auch ein Unternehmen ein, das von einer in einem Vertragsstaat ansässigen Person mittels eines Rechtsträgers betrieben wird, der in diesem Vertragsstaat als steuerlich transparent behandelt wird;

d) bezieht sich der Ausdruck „Unternehmen" auf die Ausübung einer Geschäftstätigkeit;

e) schließt der Ausdruck „Geschäftstätigkeit" auch die Ausübung einer freiberuflichen oder sonstigen selbständigen Tätigkeit ein;

f) bedeutet der Ausdruck „internationaler Verkehr" jede Beförderung mit einem Seeschiff oder Luftfahrzeug, es sei denn, die Beförderung findet nur zwischen Orten in einem Vertragsstaat statt;

g) bedeutet der Ausdruck „zuständige Behörde"
   i) in ..., ...; und
   ii) in den Vereinigten Staaten: den Finanzminister oder einen von ihm Bevollmächtigten;

h) bedeutet der Ausdruck ...;

i) bedeutet der Ausdruck „Vereinigte Staaten" die Vereinigten Staaten von Amerika unter Einschluss ihrer Bundesstaaten und des Distrikts Columbia; der Ausdruck schließt auch Hoheitsgewässer und den Meeresgrund und den Untergrund der Unterseegebiete ein, die an Hoheitsgewässer angrenzen, über die die Vereinigten Staaten in Übereinstimmung mit dem Völkerrecht Hoheitsgewalt ausüben; der Ausdruck schließt jedoch nicht Puerto Rico, die Jungferninseln, Guam und alle anderen Besitzungen oder Territorien der Vereinigten Staaten ein;

j) bedeutet der Begriff „Staatsangehöriger" eines Vertragsstaates:
   i) jede natürliche Person, die die Staatsangehörigkeit oder Staatsbürgerschaft dieses Staates besitzt; und
   ii) jede juristische Person, Personengesellschaft oder Vereinigung, die ihren Status aus dem in diesem Staat gültigen Recht ableitet;

k) bedeutet der Ausdruck „Pensionsfonds" eine in einem Vertragsstaat errichtete Person, die
   i) allgemein von der Einkommensbesteuerung in diesem Staat befreit ist, und
   ii) betrieben wird, um
      A) Pensionen oder Altersbezüge zu verwalten oder zu gewähren oder
      B) Einkünfte zugunsten einer in Buchstabe A beschriebenen Person oder mehrerer solcher Personen zu erzielen.

2. Bei der Anwendung des Abkommens durch einen Vertragsstaat hat, wenn der Zusammenhang nichts anderes erfordert oder sich die zuständigen Behörden nicht gemäß Artikel 25 (Verständigungsverfahren) auf eine einheitliche Bedeutung einigen, jeder im Abkommen nicht definierte Ausdruck die Bedeutung, die ihm im Anwendungszeitraum nach dem Recht dieses Staates für die Steuern zukommt, für die das Abkommen gilt, wobei die Bedeutung nach in diesem Staat anzuwendendem Steuerrecht dieses Staates den Vorrang vor einer Bedeutung hat, die der Ausdruck nach anderem Recht dieses Staates hat.

Inhalt

1 **Literatur:** *Aigner/Züger,* in Gassner/Lang/Lechner, Personengesellschaften im Recht der Doppelbesteuerungsabkommen (2000), S. 47 ff.; *Avella,* in Hofstätter/Plansky, Dual Residence in Tax Treaty Law and EC Law (2009), S. 293 ff.; *Brockway,* in Canadian Tax Foundation, Reports of Proceedings of the 35th Tax Conference 1984, S. 619 ff.; *Engelen,* Interpretation of Tax Treaties under International Law (2006); *Flick,* in G. Felix, Von der Auslegung und Anwendung der Steuergesetze (1958), S. 151 ff.; *Gosch,* in Lüdicke, Vermeidung der Doppelbesteuerung (2013), S. 1; *Heinrich,* in Maistro, The Meaning of „Enterprise", „Business", „Business Profits" under Tax Treaties and EU Tax Law (2011), S. 305; *Höhn,* in Höhn, Handbuch des Internationalen Steuerrechts der Schweiz, 2. Aufl. (1993), S. 54 ff.; *Kerath,* Maßstäbe zur Auslegung und Anwendung von Doppelbesteuerungsabkommen (1995); *Lampert,* Doppelbesteuerungsrecht und Lastengleichheit (2009); *M. Lang* in Gassner/Lang/Lechner, Aktuelle Entwicklungen im Internationalen Steuerrecht – Das neue Musterabkommen der OECD (1994), S. 1135; *ders.,* The Application of the OECD Model Tax Convention to Partnerships. A Critical Analysis of the Report Prepared by the OECD Committee on Fiscal Affairs (2000); *ders.,* in Maistro, The Meaning of „Enterprise", „Business", „Business Profits" under Tax Treaties and EU Tax Law (2011), S. 107; *Lehner,* in Lehner/Thömmes u. a., Europarecht und Internationales Steuerrecht (1994), S. 19 ff.; *Link,* in Maisto (Hrsg.), International and EC Tax Aspects of Groups of Companies (2008), S. 137 ff., 301 ff.; *Makarov,* Allgemeine Lehren des Staatsangehörigkeitsrechts, 2. Aufl., (1962); *Makarov/von Mangoldt,* Deutsches Staatsangehörigkeitsrecht, Loseblattsammlung, Teil 1, Abschnitt 1; *Petersen,* Staatsangehörigkeit im nationalen und internationalen Steuerrecht (2013); *Pott,* Die Kollision unterschiedlicher Formen der Gesellschaftsbesteuerung im internationalen Steuerrecht (1983); *Sassville,* in Maistro, The Meaning of „Enterprise", „Business", „Business Profits" under Tax Treaties and EU Tax Law (2011), S. 41; *van Raad,* Nondiscrimination in International Tax Law (1986); *ders.,* in Maistro, The Meaning of „Enterprise", „Business", „Business Profits" under Tax Treaties and EU Tax Law (2011), S. 61; *Rust,* Maistro, The Meaning of „Enterprise", „Business", „Business Profits" under Tax Treaties and EU Tax Law (2011), S. 85; *Schuch/Bauer,* in Gassner/Lang/Lechner, Personengesellschaften im Recht der Doppelbesteuerungsabkommen (2000), S. 27 ff.; *Sieker,* Der US-Trust (1991); *Tumpel/Aigner,* in Lang/Schuch/Staringer, Die Ansässigkeit im Recht der Doppelbesteuerungsabkommen, S. 33.

Text: OECD-Kommentar (MA-Kommentar)

1. ***[Allgemeine Bestimmungen]*** *Dieser Artikel enthält einige allgemeine Bestimmungen, die für die Auslegung der im Abkommen verwendeten Ausdrücke notwendig sind. Zu beachten ist jedoch, dass auch in anderen Artikeln des Abkommens die Bedeutung einiger wichtiger Ausdrücke erläutert wird. So werden z. B. die Ausdrücke „ansässige Person" und „Betriebsstätte" in Artikel 4 bzw. 5 definiert, während gewisse Ausdrücke, die in den Artikeln über bestimmte Einkunftsarten verwendet werden („unbewegliches Vermögen", „Dividenden" usw.), in diesen Artikeln selbst umschrieben werden. Die Vertragsstaaten können neben den in diesem Artikel enthaltenen Begriffsbestimmungen auch Definitionen der Ausdrücke „ein Vertragsstaat" und „der andere Vertragsstaat" vereinbaren. Außerdem steht es ihnen frei, in die etwaige Definition des Ausdrucks „Vertragsstaaten" auch eine Bezugnahme auf den Festlandsockel aufzunehmen.*

Absatz 1

2. ***[Person]*** *Die in Buchstabe a enthaltene Definition des Ausdrucks „Person" ist nicht erschöpfend, sie ist vielmehr so zu verstehen, dass der Ausdruck „Person" in einem sehr weiten Sinne verwendet wird (vgl. insbesondere in den Artikeln 1 und 4). Die Definition zählt ausdrücklich natürliche Personen, Gesellschaften und andere Personenvereinigungen auf. Aus der Definition des Ausdrucks „Gesellschaft" in Buchstabe b folgt, dass der Ausdruck „Person" auch Rechtsträger umfasst, die für die Besteuerung wie juristische Personen behandelt werden, ohne juristische Person zu sein. So können z. B. Stiftungen unter den Begriff „Person" fallen. Personengesellschaften werden ebenfalls als Personen angesehen, sei es, dass sie unter die Definition der Gesellschaft fallen, sei es, wo dies nicht der Fall ist, dass sie andere Personenvereinigungen darstellen.*

3. ***[Gesellschaft]*** *Der Ausdruck „Gesellschaft" bedeutet in erster Linie alle juristischen Personen. Außerdem bezieht sich der Ausdruck auch auf andere Rechtsträger, die* **[bis 14.7.2014:** *von den Steuergesetzen des Vertragsstaats, in dem sie errichtet worden sind,* **ab 15.7.2014:]** *for the purposes of the tax law of the Contracting State of which it is a resident, wie juristische Personen behandelt werden. Die Definition wurde insbesondere unter Berücksichtigung des Artikels über die Dividenden abgefasst. Bemerkt sei, dass der Ausdruck „Gesellschaft" nur für den erwähnten Artikel, für Artikel 5 Absatz 7 und Artikel 16 Bedeutung hat.*

4. ***[Unternehmen]*** *Die Frage, ob eine Tätigkeit im Rahmen eines Unternehmens ausgeübt wird oder an sich schon ein Unternehmen darstellt, ist stets nach dem innerstaatlichen Recht der Vertragsstaaten beurteilt worden. Dieser Artikel versucht daher nicht, eine erschöpfende Definition des Ausdrucks „Unternehmen" zu geben. Es wird aber bestimmt, dass der Ausdruck „Unternehmen" sich auf die Ausübung einer Geschäftstätigkeit bezieht. Da der Ausdruck „Geschäftstätigkeit" ausdrücklich so definiert ist, dass er auch freiberufliche Dienstleistungen und andere selbständige Tätigkeiten ähnlicher Art umfasst, ist klargestellt, dass freiberufliche Dienstleistungen oder andere selbständige Tätigkeiten ähnlicher Art als Unternehmenstätigkeiten angesehen werden müssen, unabhängig von der Bedeutung, den dieser Ausdruck nach innerstaatlichem Recht hat. Staaten, die diese Klarstellung für unnötig halten, steht es frei, auf die Definition des Ausdrucks „Unternehmen" in ihren zweiseitigen Abkommen zu verzichten.*

5. ***[Internationaler Verkehr]*** *Die Definition des Ausdrucks „internationaler Verkehr" ist auf den Grundsatz des Artikel 8 Absatz 1 abgestellt, wonach das Recht zur Besteuerung der Gewinne aus dem Betrieb von Seeschiffen oder Luftfahrzeugen im internationalen Verkehr wegen der Besonderheiten dieses Geschäfts nur dem Vertragsstaat zusteht, in dem sich der Ort der tatsächlichen Geschäftsleitung befindet. Die Vertragsstaaten können jedoch, wie im Kommentar zu Artikel 8 Absatz 1 erwähnt, in Buchstabe e auf den Wohnsitz (residence)*

Bezug nehmen, um den Artikel in Übereinstimmung mit dem Aufbau der übrigen Artikel zu bringen. In diesem Fall müssten die Worte „von einem Unternehmen mit tatsächlicher Geschäftsleitung in einem Vertragsstaat" durch die Worte „von einem Unternehmen eines Vertragsstaates" oder „von einer in einem Vertragsstaat ansässigen Person" ersetzt werden.

6. [Binnenverkehr; internationaler Verkehr zwischen dritten Staaten] *Hervorzuheben ist, dass die Definition des Ausdrucks „internationaler Verkehr" über die Bedeutung dieses Ausdrucks im allgemeinen Sprachgebrauch hinausgeht. Das ist jedoch beabsichtigt, um es dem Staat des Ortes der tatsächlichen Geschäftsleitung weiterhin zu ermöglichen, sowohl den reinen Binnenverkehr als auch den internationalen Verkehr zwischen dritten Staaten zu besteuern, und um es dem anderen Vertragsstaat zu gestatten, den Verkehr zu besteuern, der sich ausschließlich innerhalb seiner Grenzen abspielt. Dies sei durch folgendes Beispiel veranschaulicht: Ein Unternehmen eines Vertragsstaates oder ein Unternehmen mit dem Ort der tatsächlichen Geschäftsleitung in einem Vertragsstaat verkauft über einen Vertreter im anderen Vertragsstaat Karten für Fahrten, die sich entweder auf den erstgenannten Staat oder auf einen dritten Staat beschränken. Der Artikel gestattet dem anderen Staat nicht, die aus diesen Fahrten erzielten Gewinne zu besteuern. Der andere Staat darf ein solches Unternehmen des erstgenannten Staates nur besteuern, wenn sich dessen Betrieb auf Orte in diesem anderen Staat beschränkt.*

6.1 [Abgrenzung zum Binnenverkehr] *Ein Seeschiff oder Luftfahrzeug wird in Bezug auf eine bestimmte Reise nur zwischen Orten in dem anderen Vertragsstaat betrieben, wenn sowohl der Abfahrtsort als auch der Ankunftsort des Schiffes oder Luftfahrzeugs in diesem anderen Vertragsstaat liegen. Internationaler Verkehr liegt jedoch vor, wenn die Reise des Schiffs oder Luftfahrzeugs zwischen Orten in dem anderen Vertragsstaat Teil einer längeren Reise dieses Schiffes oder Luftfahrzeugs ist, die einen Abfahrts- oder Ankunftsort außerhalb dieses anderen Staates umfasst. Wenn z. B. ein Luftfahrzeug im Rahmen derselben Reise zuerst von einem Ort in einem Vertragsstaat zu einem Ort in dem anderen Vertragsstaat fliegt und dann an einen anderen Bestimmungsort, der ebenfalls in dem anderen Vertragsstaat liegt, weiter fliegt, ist der erste und zweite Teil dieser Reise Teil einer Reise, die als unter den Begriff des internationalen Verkehrs fallend anzusehen ist.*

6.2 [Alternativvorschrift] *Einige Staaten meinen, dass sich der Begriff des internationalen Verkehrs eher auf eine Beförderung im Sinne einer Reise eines Passagiers oder einer Ladung beziehen sollte, so dass jede Beförderung eines Passagiers oder einer Ladung nur zwischen zwei Orten in demselben Vertragsstaat nicht als unter die Definition fallend angesehen werden sollte, selbst wenn diese Beförderung auf einem Schiff oder Luftfahrzeug durchgeführt wird, das in internationalem Verkehr betrieben wird. Vertragsstaaten, die diese Ansicht vertreten, können zweiseitig vereinbaren, die Bezugnahme auf „das Schiff oder Luftfahrzeug" in der Ausnahme, die in der Definition enthalten ist, zu streichen und damit folgende Definition verwenden:*

> *„e) der Ausdruck „internationaler Verkehr" bedeutet jede Beförderung mit einem Seeschiff oder Luftfahrzeug, das von einem Unternehmen mit tatsächlicher Geschäftsleitung in einem Vertragsstaat betrieben wird, es sei denn, die Beförderung findet ausschließlich zwischen Orten in dem anderen Vertragsstaat statt;"*

6.3 [Binnenverkehr mit Auslandsberührung] *Bei Beförderungen durch ein Unternehmen mit tatsächlicher Geschäftsleitung in einem Vertragsstaat liegt „Internationaler Verkehr" nicht vor, wenn das Seeschiff oder Luftfahrzeug nur zwischen zwei Orten in dem anderen Vertragsstaat betrieben wird, selbst wenn die Beförderung teilweise außerhalb dieses Staates stattfindet. So stellt z.B. eine Fahrt, die ohne Aufenthalt in einem ausländischen Hafen in dem anderen Vertragsstaat beginnt und endet, keine Beförderung von Passagieren im internationalen Verkehr dar. Vertragsstaaten, die dies in ihren zweiseitigen Abkommen ausdrücklich klarzustellen wünschen, können zweiseitig vereinbaren, die Definition entsprechend zu ändern.*

7. ***[Zuständige Behörde]*** *Bei der Definition des Ausdrucks „zuständige Behörde" wurde berücksichtigt, dass in verschiedenen Mitgliedstaaten der OECD die Ausführung von Doppelbesteuerungsabkommen nicht in die ausschließliche Zuständigkeit der obersten Steuerbehörden fällt, sondern sie teilweise anderen Behörden vorbehalten oder übertragen ist. Die Definition erlaubt es jedem Vertragsstaat, eine oder mehrere Behörden als zuständig zu bezeichnen.*

8. ***[Staatsangehörigkeit natürlicher Personen]*** *Die Definition des Ausdrucks „Staatsangehörige" sieht für natürliche Personen in Bezug auf den Vertragsstaat lediglich vor, dass dieser Ausdruck alle Personen umfasst, die die Staatsangehörigkeit oder Staatsbürgerschaft dieses Vertragsstaates besitzen. Obwohl der Begriff der Staatsangehörigkeit auch den der Staatsbürgerschaft umfasst, wurde der letzte Ausdruck im Jahre 2002 ebenfalls aufgenommen, weil er in einigen Staaten häufiger verwendet wird. Es wurde nicht für erforderlich gehalten, im Abkommenstext auf die Bedeutung der Begriffe „Staatsangehörigkeit" und „Staatsbürgerschaft" einzugehen; ebensowenig erschien es zwingend notwendig, an dieser Stelle die Bedeutung und die Tragweite dieses Ausdrucks besonders zu erläutern. Offensichtlich kommt es bei der Auslegung des Begriffs „Staatsangehörige eines Vertragsstaats" im Fall natürlicher Personen auf den Sinn an, in dem dieser Begriff gewöhnlich verwendet wird, sowie auf die in jedem Staat geltenden Vorschriften über den Erwerb oder Verlust der Staatsangehörigkeit.*

9. ***[Staatsangehörigkeit juristischer Personen]*** *Hinsichtlich der juristischen Personen, Personengesellschaften und anderen Personenvereinigungen ist Buchstabe g) indessen genauer. Die Bestimmung, dass als „Staatsangehörige" alle juristischen Personen, Personengesellschaften und andere Personenvereinigungen zu betrachten sind, die nach dem in einem Vertragsstaat geltenden Recht errichtet worden sind, beseitigt eine Schwierigkeit, die sich häufig bei der Bestimmung der Staatsangehörigkeit von Gesellschaften ergibt. Manche Staaten stellen nämlich bei der Bestimmung der Staatsangehörigkeit von Gesellschaften weniger auf das für die Gesellschaft geltende Recht ab, als vielmehr auf den Ursprung des Gründungskapitals oder auf die Staatsangehörigkeit der die Gesellschaften beherrschenden natürlichen oder juristischen Personen.*

10. ***[Beziehung zwischen Gesellschaft und Staat]*** *Im übrigen ist die rechtliche Beziehung, die zwischen der Gesellschaft und dem Staat besteht, nach dessen Recht sie errichtet worden ist, in gewisser Hinsicht mit der Staatsangehörigkeit im Falle natürlicher Personen eng verwandt; deshalb erscheint es gerechtfertigt, für die juristischen Personen, Personengesellschaften und anderen Personenvereinigungen auf eine besondere Bestimmung zu verzichten und sowohl für sie als auch für die natürlichen Personen den Ausdruck „Staatsangehörige" zu verwenden.*

10.1 ***[Personengesellschaften]*** *Die gesonderte Erwähnung von Personengesellschaften in Absatz 1 Buchstabe g) stellt keinen Widerspruch zu dem Status einer Personengesellschaft als Person nach Absatz 1 Buchstabe a) dar. Nach dem innerstaatlichen Steuerrecht einiger Staaten ist es möglich, dass ein Gebilde für steuerliche Zwecke Person, nicht aber juristische Person ist. Die ausdrückliche Feststellung ist zur Vermeidung von Verwirrung erforderlich.*

10.2 ***[Geschäftstätigkeit]*** *Das Abkommen enthält keine erschöpfende Definition des Ausdrucks „Geschäftstätigkeit". Nach Absatz 2 sollte er generell die Bedeutung haben, die ihm nach dem innerstaatlichen Recht des Staates zukommt, der das Abkommen anwendet. Buchstabe h bestimmt jedoch ausdrücklich, dass der Ausdruck freiberufliche Dienstleistungen und andere selbständige Tätigkeiten unabhängiger Art einschließt. Diese Bestimmung wurde im Jahr 2000 zum selben Zeitpunkt hinzugefügt, als Artikel 14, der sich mit selbständigen Tätigkeiten befasste, aus dem Abkommen gestrichen wurde. Diese Hinzufügung, die sicher stellt, dass der Ausdruck „Geschäftstätigkeit" auch Tätigkeiten umfasst, die vorher von Artikel 14 abgedeckt wurden, soll verhindern, dass der Ausdruck „Geschäftstätigkeit" einengend so ausgelegt wird, dass er in Staaten, die solche Dienstleistungen und Tätigkeiten nicht als Geschäftstätigkeit ansehen, die Ausübung freiberuflicher Dienstleistungen und anderer selb-*

ständiger Tätigkeiten unabhängiger Art ausschließt. Vertragsstaaten, für die dies nicht zutrifft, sind frei, in ihren zweiseitigen Vereinbarungen auf die Definition zu verzichten.

Absatz 2

11. [Allgemeine Auslegungsregel] *Der Absatz enthält eine allgemeine Auslegungsregel für Ausdrücke, die im Abkommen verwendet, in ihm aber nicht definiert werden. Es fragt sich allerdings, welches Recht bei der Auslegung von im Abkommen nicht definierten Ausdrücken heranzuziehen ist, wobei einerseits zwischen dem Recht zum Zeitpunkt der Unterzeichnung des Abkommens und andererseits dem Recht im Zeitpunkt der Abkommensanwendung (d. h. der Erhebung der Steuer) zu unterscheiden ist. Der Steuerausschuss hat sich für die Auslegung im letzteren Sinn entschieden.*

12. [Grenzen der Auslegungsregel] *Die Regel des Absatzes 2 gilt nach ihrem Wortlaut allerdings nur, wenn der Zusammenhang nicht eine andere Auslegung erfordert. In diesen Zusammenhang gehören insbesondere auch die Absichten der Vertragsparteien bei der Unterzeichnung und die Bedeutung des betreffenden Ausdrucks im Recht des jeweils anderen Vertragsstaates (damit wird auf den Grundsatz der Gegenseitigkeit zurückgegriffen, auf dem das Abkommen beruht). Der Wortlaut des Artikels gibt deshalb den zuständigen Behörden einen gewissen Bewegungsspielraum.*

13. [Ausgewogenheit der Auslegungsregel] *Der Wortlaut des Absatzes 2 schafft somit einen Ausgleich zwischen zwei Forderungen: Einerseits der nach Dauerhaftigkeit der von einem Staat bei der Unterzeichnung des Abkommens übernommenen Verpflichtungen (kein Staat soll ein Abkommen in einer wesentlichen Frage dadurch aushöhlen können, dass er den Inhalt von im Abkommen selbst verwendeten Ausdrücken in seinem nationalen Recht später ändert), andererseits der Forderung, das Abkommen über die Zeit hinweg angemessen und praktikabel anzuwenden (der Rückgriff auf gegenstandslos gewordene Begriffe sollte vermieden werden).*

13.1 [Vorrang des Steuerrechts vor anderem Recht] *Absatz 2 wurde 1995 geändert, um den Text seiner allgemeinen, ständigen Auslegung durch die Mitgliedstaaten anzupassen. Für Absatz 2 ist die Bedeutung eines im Abkommen nicht definierten Ausdrucks anhand der Bedeutung zu bestimmen, die ihm nach jeder einschlägigen Bestimmung des innerstaatlichen Rechts zukommt, gleich ob sie zum Steuerrecht gehört oder nicht. Ist aber ein Ausdruck durch unterschiedliche Gesetze eines Vertragsstaates unterschiedlich definiert, so soll die Bedeutung für die unter das Abkommen fallenden Steuern vor anderen Bedeutungen – selbst solche für andere Steuern – den Vorrang haben. Staaten, die nach Art. 25 – insbesondere Abs. 3 – Verständigungsvereinbarungen zur Auslegung von im Abkommen nicht definierten Ausdrücken treffen können, sollen derartige Vereinbarungen bei der Auslegung solcher Ausdrücke beachten.*

Vorbehalte zum Artikel

14. Italien *und* ***Portugal*** *behalten sich vor, die Definitionen in Absatz 1 Buchstaben c) und h) („Unternehmen" und „Geschäftstätigkeit") nicht zu übernehmen, da sie sich gleichzeitig vorbehalten, einen Artikel über die Besteuerung von selbständigen Arbeiten aufzunehmen.*

15. **[ab 22.7.2010:** ***Chile,*]** ***Mexiko*** *und die* ***Vereinigten Staaten*** *behalten sich vor, den Satzteil „das von einem Unternehmen mit tatsächlicher Geschäftsleitung in einem Vertragsstaat betrieben wird" aus der Definition des Ausdrucks „internationaler Verkehr" in Absatz 1 Buchstabe e) wegzulassen.*

[ab 15.7.2014:]

16. Israel *reserves the right to include a trust within the definition of a "person".*

Text: Stellungnahmen von Nichtmitgliedstaaten zum OECD-MA (OECD-NM)

Positions on the Article

1. With respect to the definition of „company“, ***Albania*** *and* ***Belarus*** *reserve the right to replace the concept of „body corporate“, which does not exist in their domestic law, by „any legal person or any entity which is treated as a separate entity for tax purposes“.*

[bis 14.7.2014:

2. ***Israel*** *reserves the right to include a trust within the definition of a „person“.*]

3. With respect to the definition of „national“, ***Albania, Romania*** *and* ***Russia*** *reserve the right to replace the term „nationality“ by „citizenship“ as the term „nationality“ does not mean „citizenship“ under their law.*

4. ***Bulgaria*** *reserves the right to propose in bilateral negotiations* **[bis 14.7.2014:** *to include a definition of the term „business profits“, which covers both profits of a company and income of an individual, derived from carrying on of a business through a permanent establishment. This inclusion is a consequence of the deletion of Article 14 and results in the possibility of applying Article 7 in conformity with Bulgarian internal legislation as regards income, derived by individuals.* **ab 15.7.2014:]** *the insertion of the word "also" between the words "business" and "includes" in paragraph 1, subparagraph h) of the Article.*

4.1 **[bis 14.7.2014:** ***Brazil*** *reserves* **ab 15.7.2014:]** ***Argentina, Azerbaijan, Brazil, Lithuania*** *and* ***Singapore*** *reserve the right not to include the definitions of „enterprise“ and „business“ in paragraph 1 of Article 3 because it/they reserve(s) the right to include an article concerning the taxation of independent personal services.*

5. With respect to the definition of „international traffic“, ***Bulgaria*** *and* ***Croatia*** *reserve the right to extend the scope of the definition to cover road and railway transportation in bilateral conventions.*

6. ***Serbia*** *reserves the right to extend the scope of the definition of „international traffic“ to cover road transportation in bilateral conventions.*

7. ***Thailand*** *reserves the right to include in the definition of „person“ any entity treated as a taxable unit under the taxation laws in force in either Contracting State.*

8. **[bis 14.7.2014:** ***India*** *reserves* **ab 15.7.2014:]** ***India*** *and* ***South Africa*** *reserve the right to include in the definition of „person“ only those entities which are treated as taxable unit under the taxation laws in force in the respective Contracting States.*

9. ***India*** *reserves the right to include definitions of „tax“ and „fiscal year“.*

10. **[bis 14.7.2014:** ***Hong Kong, China*** *reserves* **ab 15.7.2014:]** ***Colombia*** *and* ***Hong Kong, China*** *reserve the right to omit the phrase „operated by an enterprise that has its place of effective management in a Contracting State“ from the definition of „international traffic“ in subparagraph e) of paragraph 1.*

11. ***Hong Kong, China*** *reserves its position with respect to the definition of „national in subparagraph g) of paragraph 1, because Hong Kong, China is not a sovereign state. Where the term „national“ appears in Articles 4, 19, 24 and 25, Hong Kong, China reserves the right to use alternative provisions based on the concepts of „right of abode“ and „incorporated or constituted in“.*

A. Vor Art. 3 Abs. 1

Erläuterungen

Neben einem Katalog **allgemeiner Definitionen,** die in Abs. 1 gewisserma- **1a**
ßen „vor die Klammer gezogen“ werden, weil sie für mehr als eine Bestimmung

des Abkommens von Bedeutung sind (dazu s. MA-Komm. Ziff. 1), enthält die Vorschrift in Abs. 2 eine **Auslegungsregel** für Abkommensbegriffe, die auch im (innerstaatlichen) Recht der Vertragsstaaten enthalten sind. OECD-, US- und UN-MA sowie die deutsche Verhandlungsgrundlage für DBA stimmen hier weitgehend überein; die Abweichungen sind geringfügig. Weitere Definitionen enthalten die Art. 4, 5 sowie einige Verteilungsnormen wie etwa Art. 6 Abs. 2, Art. 10 Abs. 3, Art. 11 Abs. 2.

2 Der Artikel folgt damit einer Abkommenspraxis, die **von den angloamerikanischen Staaten** entwickelt worden ist (dazu auch Rz. 100). Die Abkommensmuster des Völkerbunds enthielten noch keinen derartigen „Definitionenartikel", sie enthielten auch nicht die Auslegungsregel des Abs. 2. Soweit die Vorkriegsabkommen Definitionenkataloge vorsahen, waren diese ins Schlussprotokoll „ausgelagert". Das erste Abkommen, das, wie jetzt in den MA vorgesehen, einen Definitionskatalog an den Anfang stellt und sinngemäß auch bereits die Auslegungsregel des Abs. 2 enthält, ist das *DBA Großbritannien/USA 1945.* In der Folgezeit übernahm Großbritannien die Vorlage in fast alle seine Abkommen, andere Staaten des Commonwealth folgten, zögernd auch die USA. Man wird hiernach vermuten dürfen, dass die Vorschrift von britischen Juristen entworfen wurde. Der Steuerausschuss der OECD formulierte Art. 3 erst in der letzten Phase seiner Arbeiten am MA 1963, nach seinem vierten Bericht an den Rat von 1961.

3 Beide Absätze stehen unter dem Vorbehalt **„wenn der Zusammenhang nichts anderes erfordert"**. Auch diese Vorbehaltsklausel findet sich bereits im *DBA Großbritannien/USA 1945.* Sie ist bezeichnend für angloamerikanische Gesetzgebungs- und Vertragstechnik. Die – zumindest früher bestehende – vergleichsweise strenge Bindung der englischen Gerichte und Behörden an den Gesetzeswortlaut (dazu s. 5. Aufl., Einl. Rz. 99; jetzt: Grundl. Rz. 96) verlangt als Ausgleich, dass Definitionen, auch wenn sie einerseits genau sein müssen, andererseits doch flexibel gefasst werden. Genau dieselbe Formel wie hier im MA findet sich seit etwa 1890 in zahlreichen englischen Gesetzen (*Avery Jones u. a.,* BTR 1984, 93 Fn. 16; *Avery Jones,* BTR 2011, 653 (659 ff.)). Wie notwendig sie für den englischen Richter ist – aber auch wie eng ihr Anwendungsbereich aufgefasst wird –, zeigt eine Entscheidung des *House of Lords,* in der die Bezugnahme auf die Klausel für notwendig gehalten wird, um ein gesetzgeberisches Redaktionsversehen berichtigen zu können (*Beswick v. Beswick,* W. L. R. 1967 III, S. 932 ff.). Bezeichnend ist ferner das SProt., Nr. 11 Buchst. c zum *DBA Deutschland/Australien,* wo es für hervorhebenswert gehalten wird, dass Wörter im Singular den Plural einschlössen und Wörter im Plural den Singular, *„unless the context ... otherwise requires"* (Hintergrund dürfte dieselbe Rechtstradition Australiens und Englands sein). Die Vorbehaltsklausel in Abs. 1 und Abs. 2 hat mit anderen Worten im angloamerikanischen Recht, aus dem sie herstammt, keine weitergehende Bedeutung als die, dem Richter für die Auslegung einen Spielraum (ein „Ventil") offen zu halten, wie ihn der kontinentale Richter ohnehin schon besitzt. Ihr Aussagegehalt darf daher nicht überschätzt werden.

4 Der „Zusammenhang", der „etwas anderes erfordert", ist insbesondere **relevant für Abs. 2** (weitere Einzelheiten dazu s. Rz. 116a ff.), während seine Bedeutung für **Abs. 1** vergleichsweise gering ist. Ein Beispiel für eine abweichende Auslegung einer Definition des Abs. 1 im Hinblick auf den Zusammenhang – hier: der Definition des Begriffs der „Gesellschaft" – findet sich in BFH, Urt. v. 27.1.1982, I R 5/78, BStBl. II 1982, 374; basierend auf FG Hamburg EFG 1978, 10: *DBA Schweiz;* diese Auslegung wurde durch ein Verständigungsverfahren bestätigt (BMF v. 31.3.1980, IV C 6 – S 1301 – Schz – 71/79). Der BFH nimmt dabei einen solchen „Zusammenhang" (i. S. des Abs. 1) an, wenn eine Auslegung nach der abkommensrechtlichen (autonomen) Definition zu einem „sinnwidrigen Ergebnis" führen würde. Damit ist der Begriff des „Zusammenhangs" auch in Abs. 1 insbe-

sondere nach **teleologischen** Gesichtspunkten zu bestimmen (dazu in Bezug auf Abs. 2 s. Rz. 116b, 116d ff., dort auch zur Grenze der Berücksichtigung teleologischer Gesichtspunkte in Gestalt des Abkommenswortlauts). Darüber hinaus wären auch bei Abs. 1 abkommenssystematische Zwänge zu berücksichtigen (dazu in Bezug auf Abs. 2 s. Rz. 116b, 116c). Soweit ein DBA eine gegenüber einer Definition in Abs. 1 speziellere Definition enthält, ist diese als spezielleres Recht ohnehin vorrangig (so auch SD/*Pohl*, Art. 3 Rz. 9; auch eine Anwendung von Abs. 2 wäre in diesem Fall ausgeschlossen; s. Rz. 101, 107).

Während im Falle des Abs. 2 nicht die vorgesehene Auslegung nach innerstaatlichem Recht erfolgt, sondern eine Auslegung nach dem Abkommenszusammenhang (dazu s. Rz. 98, 116a), ist die **Rechtsfolge** bei Abs. 1 nicht so eindeutig. Erfordert dort der Zusammenhang etwas anderes, d. h. eine von der abkommensrechtlichen Definition abweichende Auslegung eines abkommensrechtlichen Begriffs, kommt sowohl eine andere als die in Abs. 1 vorgesehene abkommensautonome Auslegung als auch eine Auslegung nach innerstaatlichem Recht in Betracht. Jedenfalls bedeutet der etwas anderes erfordernde Zusammenhang in Abs. 1 nicht, dass der Begriff automatisch nach innerstaatlichem Recht auszulegen wäre. Dies wäre nur unter den Voraussetzungen des auch insoweit maßgeblichen Abs. 2 möglich. Folglich müsste der Begriff im innerstaatlichen Recht verwendet werden und der „Zusammenhang" (i. S. des Abs. 2) dürfte nicht etwas anderes, d. h. eine abkommensautonome Auslegung erfordern. Fordert der Zusammenhang (i. S. des Abs. 2) etwas anderes, ist somit nur eine abkommensautonome Auslegung zulässig, die von der durch die in Abs. 1 vorgegebenen abkommensautonomen Definition abweicht (in BFH, Urt. v. 27.1.1982, I R 5/78, BStBl. II 1982, 374 erstreckte der BFH beispielsweise den Begriff der „Gesellschaft" ohne ausdrücklichen Hinweis auf Art. 3 Abs. 2 auf stille Gesellschaften, d. h. auf Gesellschaften nach innerstaatlichem Recht, unabhängig davon, ob sie an juristischen Personen, d. h. Gesellschaften im abkommensrechtlichen Sinne, oder an Personengesellschaften bestehen; dazu s. auch Rz. 34). 5

Denselben Hintergrund (d. h. die Überwindung einer ggf. strengen Bindung der Gerichte und der Behörden an das Gesetz) wie der Zusammenhang, der etwas anderes erfordert, dürfte auch die Verwendung der – **nicht abschließend** zu verstehenden – **Begriffe „umfassen" bzw. „einschließen"** (engl.: *„include"*) in einigen Definitionen des Abs. 1 haben (beispielsweise in Art. 3 Abs. 1 Buchst. a, h MA). 6

Die Definitionen des Abs. 1 gelten – wie Definitionen an anderen Stellen der DBA – selbstverständlich **nur für Abkommenszwecke**. Sie beeinflussen nicht die Auslegung des innerstaatlichen Rechts, auch dort nicht, wo dieses gleichlautende Ausdrücke verwendet (FG München EFG 1985, 246: *DBA Schweiz*). 6a

B. Zu Art. 3 Abs. 1 Buchst. a und b OECD- und US-MA

I. Musterabkommen

Literatur: *Debatin,* AWD 1969, 477; *ders.,* DB 1977 Beil. 13, 1; *ders.,* FR 1979, 493; *Diehl,* FR 1978, 517; *Geraets,* RDAI 1986, 467; IFA (Hrsg.), International Tax Treatment of Common Law Trusts (1988); *Malherbe/Malherbe,* RDAI 1986, 437; *Philipp,* CDFI LVIII b (1973) I 1, und Nationalberichte, II 1; *Pott,* S. 1 ff.; *van Raad,* CDFI LXXIII a (1988) 113 (ferner die im Anschluss abgedruckten Nationalberichte); *Tumpel/Aigner,* S. 33; *K. Vogel,* IStR 1999, 5; *Wassermeyer,* IStR 1998, 489 ff.; ferner die bei Art. 1 Rz. 13 angegebene Literatur. 7

1. Übereinstimmungen und Abweichungen

OECD- und UN-MA sowie die deutsche Verhandlungsgrundlage für DBA (dort Art. 3 Abs. 1 Nr. 1, 2) stimmen vollständig überein. Das US-MA fügt bei 8

Definition der „Person" (Buchst. a) noch Nachlässe und Treuhandvermögen sowie Personengesellschaften hinzu. Das US-MA enthält zusätzlich eine Definition der Pensionsfonds (Art. 3 Abs. 1 Buchst. h).

2. Erläuterungen

9 **a) Grundzüge:** Buchst. a und b des Art. 3 Abs. 1 MA definieren für die Zwecke des Abkommens die Begriffe „Person" und „Gesellschaft" (zur Entstehungsgeschichte s. *Avery Jones,* BTR 2011, 653 (1659 ff.). Die **„Person"** steht im Mittelpunkt aller Abkommensvorschriften: als Abkommensberechtigter, als Zurechnungssubjekt von Einkünften und von Vermögen sowie als Verfahrenssubjekt. Der Ausdruck „Person" wird daher innerhalb des MA vielfältig verwendet: als „ansässige Person", um damit den Personenkreis zu bezeichnen, „für den" das Abkommen „gilt" (Art. 1, 4), aber auch in anderen Zusammenhängen, so in Art. 5 Abs. 5 und 6 (Vertreter als Betriebstätte), Art. 9 (verbundene Unternehmen), Art. 11 Abs. 5 (Definition der Quelle von Zinsen), Art. 11 Abs. 6 und Art. 12 Abs. 4 (angemessene Zinsen und Lizenzgebühren), Art. 17 Abs. 2 (für die Zurechnung von Einkünften). Im Verhältnis zur **„Gesellschaft"** ist **„Person"** der **Oberbegriff.**

10 Der **engere** Begriff **„Gesellschaft"** ist in erster Linie deshalb bedeutsam, weil alle „Gesellschaften" nach Buchst. a „Personen" sind, die Vorschriften über „Personen" also stets (auch) die Gesellschaften erfassen. Daneben verwendet ihn das MA in einer Reihe von Spezialregelungen, insbesondere wo es um gesellschaftliche Gewinne, Beteiligungen und Ausschüttungen geht (Art. 10; zur Relevanz dort insbesondere s. Art. 10 Rz. 188 ff.), aber auch an anderer Stelle (Art. 5 Abs. 7: Tochtergesellschaften als Betriebstätten; Art. 16: Aufsichtsratsvergütungen).

11 **b) „Personen"** sind nach Buchst. a:
- natürliche Personen,
- **„Gesellschaften",** d. h. nach Buchst. b:
  - juristische Personen,
  - Rechtsträger, die für die Besteuerung wie juristische Personen behandelt werden,
- alle anderen Personenvereinigungen.

Nach dem US-MA sind Personen ferner
- Nachlässe (estates),
- Treuhandvermögen (trusts),
- Personengesellschaften (partnerships).

11a **Betriebstätten** i. S. des Art. 5 sind keine Personen i. S. des Buchst. a; sie können damit auch keine ansässige Person i. S. des Art. 4 Abs. 1 und abkommensberechtigte Person i. S. des Art. 1 sein. Person kann jedoch der Rechtsträger sein, der die Betriebstätte unterhält (ggf. als Unternehmen eines Vertragsstaats i. S. des Buchst. d; dazu s. Rz. 42). Zur unionsrechtlich erforderlichen Behandlung von Betriebstätten „wie" eine abkommensberechtigte Person s. Grundl. Rz. 266; Art. 1 Rz. 12; Art. 4 Rz. 75.

12 **„Natürliche Person"** ist der Mensch. Im Kontext von steuerrechtlich relevanten Regelungen wie einem DBA muss es für den Zeitpunkt des Beginns der Personeneigenschaft darauf ankommen, ab wann die Fähigkeit beginnt, Träger von Steuerpflichten und damit auch von Abkommensrechten zu sein, und wann sie endet. Dies richtet sich mangels eigenständiger steuerrechtlicher Regelung regelmäßig nach dem Privatrecht. Maßgebend für die (Steuer-)Rechtsfähigkeit ist jeweils das Recht des Anwendestaates (s. Grundl. Rz. 43; ferner s. Art. 3 Abs. 2 MA). Nach deutschem Privatrecht und damit auch nach deutschem Steuerrecht

beginnt die Rechtsfähigkeit mit der Vollendung der Geburt (§ 1 BGB). Dagegen erlangt nach französischem Recht ein neugeborenes Kind Rechtsfähigkeit nur, wenn es lebensfähig ist (Art. 725 Code Civil). Im angloamerikanischen Common Law scheint die Frage nicht eindeutig entscheidbar zu sein. Eine Bezugnahme auf das Privatrecht schließt das Internationale Privatrecht des Anwendestaates ein. So gilt etwa die Bestimmung des deutschen BGB, die sich auf die Rechtsfähigkeit bezieht, nur für deutsche Staatsangehörige (Art. 7 EGBGB). Ein in Deutschland geborenes Kind, das, wäre es rechtsfähig, z.B. die französische Staatsangehörigkeit erwerben würde, jedoch nicht lebensfähig ist, erlangt gemäß französischem Recht die Rechtsfähigkeit nicht (Art. 725 Code Civil), wird also auch steuerrechtlich nicht „Person". Im umgekehrten Fall könnte dagegen ein deutsches Kind Vermögen erwerben (§ 1 BGB), somit auch steuerpflichtig werden.

Juristische Personen, die zu den **Gesellschaften** i.S. des Buchst. b rechnen, sind soziale Gebilde, denen die Rechtsordnung, d.h. das Privatrecht oder das öffentliche Recht, die Rechtsfähigkeit in grundsätzlich gleichem Umfang wie natürlichen Personen zugesteht, mit Ausnahme der ihrer Natur nach dem Menschen vorbehaltenen, insbesondere der familienrechtlichen Rechtsbeziehungen. Nicht anders als bei natürlichen Personen knüpft das Steuerrecht an diese Rechtsfähigkeit an (Wassermeyer/*Wassermeyer/Schwenke,* Art. 1 Rz. 16 a.E.). Anders als für die „Staatsangehörigkeit" der juristischen Personen (Abs. 1 Buchst. g; dazu s. Rz. 71f.) enthält Buchst. b keine Einschränkung hinsichtlich der Rechtsordnung, nach der die juristische Persönlichkeit erworben wurde. Richtigerweise muss sich die Einordnung eines Rechtsgebildes als „juristische Person" gem. Art. 3 Abs. 2 MA nach dem innerstaatlichen Recht des Anwendestaats richten, da diese Verweisungsnorm auch für Begriffe gilt, die in abkommensrechtlichen Definitionen enthalten ist (s. Rz. 102; Grundl. Rz. 150, 152f.). Die nationalen Rechtsordnungen enthalten regelmäßig Regelungen über die Rechtssubjektivität (zur deutschen Sicht s. Rz. 13a), wobei wegen Art. 3 Abs. 2 MA das Recht des Anwendestaats maßgeblich ist (so auch BFH, Urt. v. 25.5.2011, I R 95/10, BFHE 234, 63, BFH/NV 2011, 1602: *DBA Ungarn 1977*; *Lampert*, Doppelbesteuerungsrecht, S. 95f.; im Ergebnis ebenso bereits BFH, Urt. v. 20.8.2008, I R 39/07, BStBl. II 2009, 234: *DBA USA 1989*; *Kluge,* S. 789f.; Wassermeyer/*Wassermeyer/Kaeser,* Art. 3 OECD-MA Rz. 18; *Wassermeyer,* IStR 1998, 489; 1999, 8f., wenn auch (noch) ohne Bezugnahme auf Art. 3 Abs. 2 MA entsprechende Regelungen; offenlassend BFH, Urt. v. 19.5.2010, I R 191/09, BStBl. II 2011, 156: *DBA Spanien 1966*). 13

Aus **deutscher Sicht** gehören zu den **inländischen juristischen Personen** und damit zu den Gesellschaften i.S. des Buchst. b die Kapitalgesellschaften (AG nach § 1 Abs. 1 S. 1 AktG, GmbH nach § 13 Abs. 1 Hs. 1 GmbHG, KGaA nach § 278 Abs. 1 AktG (FG Hessen, Urt. v. 23.6.2009, 12 K 3439/01, EFG 2010, 1418), SE nach Art. 1 Abs. 3 VO (EG) Nr. 2157/2001 des Rates) einschließlich der jeweiligen Vorgesellschaften (BFH, Urt. v. 14.10.1992, I R 17/92, BStBl. II 1993, 352, wonach eine Vor-GmbH für steuerliche Zwecke wie eine Kapitalgesellschaft behandelt werden soll), Genossenschaften (Erwerbs- und Wirtschaftsgenossenschaft nach § 17 Abs. 1 Hs. 1 GenG, SCE nach VO (EG) Nr. 1435/2003 des Rates), Versicherungsvereine auf Gegenseitigkeit (VVaG; nach § 15 Abs. 1 VAG) und sonstige **juristische Personen des privaten Rechts** (wie beispielsweise eingetragene Vereine nach § 21 BGB) sowie rechtsfähige Stiftungen (§ 80 Abs. 1 BGB). Neben den juristischen Personen des Privatrechts gehören auch **juristische Personen des öffentlichen Rechts** (Körperschaften, Anstalten und Stiftungen des öffentlichen Rechts) zu den juristischen Personen und damit Gesellschaften i.S. des Buchst. b (zu den Vertragsstaaten und ihren Gebietskörperschaften als eine Form von juristischen Personen des öffentlichen Rechts s.Rz. 13d). **Sondervermögen i.S. des § 1 Abs. 10 KAGB** sind als solche keine juristischen Personen; 13a lediglich Verwaltungsgesellschaften i. S. des § 1 Abs. 14 KAGB und Investmentgesellschaften i. S. des § 1 Abs. 11 KAGB können nach den allgemeinen Regeln (s. o.) juristische Personen und damit im abkommensrechtlichen Sinne Gesellschaft und Person sein (zur Frage, ob Sondervermögen Rechtsträger sind, die für die Besteuerung wie juristische Personen behandelt werden, s. Rz. 16).

13b Bei **ausländischen Rechtsgebilden** ist aus **deutscher Sicht** ein Typenvergleich durchzuführen (vgl. SD/*Pohl,* Art. 3 Rz. 18) und unter Einbeziehung der Regeln des deutschen Internationalen Privatrechts (als Teil des deutschen Rechts) zu prüfen, ob diese Rechtsgebilde als solche anzuerkennen sind. Damit ist nicht jede nach dem Recht eines (beliebigen) Staates errichtete juristische Person (so noch *K. Vogel* bis zur 5. Aufl.; ferner *K. Vogel,* IStR 1999, 5 ff.; ÖstBMF v. 3.6.1991, SWI 1991, 207 für eine Liechtensteinische Stiftung), aber auch nicht nur ein nach dem Recht des Ansässigkeitsstaates als juristische Person zu qualifizierendes Rechtsgebilde (so *Frotscher,* Rz. 345) „Gesellschaft" i. S. des Art. 3 Abs. 1 Buchst. b. Ein Rechtsgebilde, das aus deutscher Sicht keine „Person" i. S. des MA ist, ist auch nicht abkommensberechtigt, selbst wenn es im anderen Vertragsstaat „ansässige Person", d. h. „Person"/„Gesellschaft" i. S. des Art. 3 Abs. 1 Buchst. a, b und auf Grund seines Sitzes, des Ortes seiner Geschäftsleitung oder eines anderen ähnlichen Merkmals dort steuerpflichtig ist (Art. 1, 4 Abs. 1 MA). Die zweite Alternative des Buchst. b) (d. h. die Besteuerung wie eine juristische Person) wird durch die hier vertretene Auffassung nicht überflüssig (so noch *K. Vogel* bis zur 5. Aufl.), denn diese ist für Rechtsgebilde relevant, die im Rahmen eines Typenvergleichs zwar nicht mit den juristischen Personen des deutschen Rechts, jedoch mit Rechtsgebilden vergleichbar sind, die neben Kapitalgesellschaften und anderen juristischen Personen der Körperschaftsteuer gem. § 1 Abs. 1 KStG unterliegen.

13c Aus **deutscher Sicht** können zu den **ausländischen juristischen Personen** und damit zu den Gesellschaften i. S. des Buchst. b beispielsweise die US S-Corporation gehören (vgl. *Resch,* ET 2009, 122 (122 f.)). Zu **ausländischen juristischen Personen des öffentlichen Rechts** aus österreichischer Sicht s. *Prillinger,* SWI 2008, 246 (247 ff.).

13d Juristische Personen – also „Gesellschaften" und daher „Personen" – sind auch die **Vertragsstaaten** und deren **Gebietskörperschaften** (ÖstBMF v. 7.7.1992, SWI 1992, 282). Ob die Vertragsstaaten und deren Gebietskörperschaften überhaupt steuerpflichtig sind, entscheidet sich nach dem innerstaatlichen Recht (nach deutschem Recht zu bejahen: RFH RStBl. 1945, 43; für den Iran: BMF-Schreiben vom 9.6.1983, DStZ/E 1983, 203; für das Recht der Vereinigten Staaten: *Levine/Shajnfeld,* Journal of Taxation 1987, 222; zu Quellensteuerbefreiungen für Zinsen, die an staatliche Stellen, Staatsbanken u. dgl. gezahlt werden, s. Art. 11 Rz. 50). Von der angesprochenen Frage der **Rechtsubjektivität** (d. h. dem Verständnis des Begriffs des Vertragsstaats im inkorporationsrechtlichen Sinne; dazu s. Rz. 83) zu unterscheiden ist die Frage der geographischen (territorialen) Ausdehnung der Vertragsstaaten bzw. der Gebietskörperschaften (Begriff des Vertragsstaats im geographischen Sinne; dazu s. Rz. 83, 83c, 84, 85).

13e Sog. **„Teilrechtspersonen"**, denen die Rechtsfähigkeit nur auf einem Teilgebiet der Rechtsordnung eingeräumt ist, sind dagegen keine juristischen Personen i. S. der Vorschrift. Sie sind „Gesellschaften" nur, wenn sie wie juristische Personen besteuert werden (Buchst. b, 2. Alternative) und ggf. „Personen", wenn sie i. S. des Buchst. a „Personenvereinigungen" sind.

14 Nur **für juristische Personen, die ein Unternehmen betrieben,** und für natürliche Personen galt nach einer Entscheidung des niederländischen *Hof Amsterdam* das *DBA USA/Niederlande 1948.* Das Gericht folgerte dies aus der Definition der Ansässigkeit (dazu s. *Ellis,* TNI September 1993, 689). Gleiche Probleme ergeben sich aber auch bei anderen frühen DBA der USA (dazu s. Art. 1 Rz. 28 in der

3. Aufl.). Eine solche Einschränkung gibt es für das aktuelle OECD-MA und darauf aufbauende DBA nicht, so dass die Einordnung als juristische Person im abkommensrechtlichen Sinne keine bestimmte Tätigkeit voraussetzt.

Rechtsträger, die für die Besteuerung wie juristische Personen behandelt werden, gehören neben den juristischen Personen (dazu s. Rz. 13 ff.) zu den **Gesellschaften** i. S. des Buchst. b. Ob ein Rechtsgebilde ein solcher Rechtsträger ist, bestimmt sich nach den allgemeinen Regeln. Maßgeblich ist somit Art. 3 Abs. 2 MA, da das innerstaatliche Recht regelt, welche Rechtsträger für die Besteuerung wie juristische Personen behandelt werden (so auch *Lampert,* Doppelbesteuerungsrecht, S. 95 ff.; zu Deutschland s. Rz. 16). Unter der einschränkenden Voraussetzung des ggf. „anderes erfordernden Zusammenhangs" (dazu s. Rz. 116b ff.) richtet sich die Bestimmung der für die Besteuerung wie juristische Personen behandelten Rechtsträger folglich nach dem innerstaatlichen Recht des Anwendestaats (im Ergebnis wie hier – d. h. im dortigen Zusammenhang das Recht des Quellenstaats als Anwendestaat maßgeblich –, allerdings ohne Bezugnahme auf Art. 3 Abs. 2: Art. 10 Rz. 21; ferner wohl auch BFH BStBl. II 2009, 234 (235): *DBA USA 1989;* BStBl. II 2007, 521 (523): *DBA Tschechoslowakei;* Wassermeyer/*Wassermeyer/Schwenke,* Art. 1 OECD-MA Rz. 21, Art. 3 OECD-MA Rz. 18; die Problematik aufwerfend, jedoch ohne Stellung zu beziehen BFH BStBl. II 2011, 156 (158 f.): *DBA Spanien 1966*). Demgegenüber soll es nach Ziff. 3 S. 2 MA-Komm. zu Art. 3 i. d. F. des Update 2014 auf das Steuerrecht des Vertragsstaats ankommen, in dem der betreffende Rechtsträger ansässig ist. „Ansässigkeitsstaat" des Rechtsträgers kann neben den Vertragsstaaten ggf. auch ein Nichtvertragsstaat sein, der einen Rechtsträger selbst aber nicht wie eine juristische Person behandelt, während das Steuerrecht der Vertragsstaaten eine entsprechende Behandlung vorsieht. Solchen in einem Nichtvertragsstaat ansässigen, nach dem Steuerrecht der Vertragsstaaten aber steuerpflichtigen Rechtsträgern sollte nicht von vornherein die Personeneigenschaft i. S. des Buchst. a, b abgesprochen werden (dies aber wäre die Konsequenz aus der Auffassung des OECD). Nicht erforderlich ist, dass das Steuerrecht des Ansässigkeitsstaats für die Ausschüttungen des Rechtsträgers eine besondere Besteuerung wie etwa üblicherweise für Dividenden vorsieht. Dementsprechend zählt Ziff. 2 des MA-Komm. ausdrücklich auch die Stiftungen zu den Rechtsträgern, die im Sinne des Art. 3 Abs. 1 „Personen" sind. 15

Nach **deutschem Körperschaftsteuerrecht** werden mehrere Rechtsträger wie juristische Personen besteuert, namentlich nicht in das Genossenschaftsregister eingetragene, daher nicht rechtsfähige Erwerbs- und Wirtschaftsgenossenschaften (§ 1 Abs. 1 Nr. 2 KStG), inländische nichtrechtsfähige Vereine, Anstalten, Stiftungen und andere Zweckvermögen (§ 1 Abs. 1 Nr. 5 i. V. m. § 3 KStG), ferner Betriebe gewerblicher Art von juristischen Personen des öffentlichen Rechts (gegenüber der juristischen Person, die ihr Träger ist, werden sie steuerlich als selbständig behandelt: § 1 Abs. 1 Nr. 6 i. V. m. § 4 KStG). Personengesellschaften gehören – jedenfalls aus deutscher Sicht – nicht zu den Rechtsträgern, die für die Besteuerung wie juristische Personen behandelt werden (vgl. BFH, Urt. v. 12.10.2010, I B 176/09, BFH/NV 2011, 255: *DBA Brasilien (K);* Urt. v. 9.12.2010, I R 49/09, BFHE 232, 145; BFH/NV 2011, 698: *DBA Großbritannien 1964/70;* zu Personengesellschaften als „andere Personenvereinigungen" s. Rz. 17). In einigen Rechtsordnungen sind Personengesellschaften dagegen selbständig steuerpflichtig oder können für eine Besteuerung nach Körperschaftsteuerrecht optieren (s. Art. 1 Rz. 19 ff.). Durch die Ausübung der Option werden sie in diesen Fällen zur „Person" i. S. des MA, wenn sie es nicht vorher schon waren, etwa als „Personenvereinigung" (Rz. 17). Inländische Sondervermögen i. S. des § 1 Abs. 10 KAGB gelten nach § 11 Abs. 1 S. 1 i. V. m. § 1 Abs. 2 S. 1 InvStG als Zweckvermögen i. S. des § 1 Abs. 1 Nr. 5 KStG; sie werden somit wie juristische Personen besteuert und 16 können folglich im abkommensrechtlichen Sinne Gesellschaft und damit Person sein (zur Frage der Ansässigkeit s. Art. 4 Rz. 83b ff., 150).

16a Zu den Rechtsträgern, die für die Besteuerung wie juristische Personen behandelt werden, gehören nach angloamerikanischem Recht in der Regel die **Treuhandvermögen *(Trusts),*** wenn sie nicht alle Erträge laufend an die Begünstigten ausschütten, ferner die **Nachlässe *(Estates)*** (zur Rechtsfigur des Trust s. *Berger/Scherl,* TNI September 1998, 991; *Sieker,* S. 1 ff.; *Peiner,* RIW 1983, 593; zur Besteuerung eines Trust nach deutschem Recht FG Köln, EFG 1993, 40; zu dieser Entscheidung *Sieker,* BB 1993, 1257; *Engelmann-Pilger,* BB 1993, 2076; ferner zur Besteuerung *Sieker,* S. 277 ff.; *Pöllath,* IWB 3 Deutschland Gr. 1, 1079; zu seiner Einordnung nach dem OECD-MA *Avery Jones u. a.,* BTR 1989, 41 ff., (65 ff.); *ders.,* ET 1989, 379 ff. (überarbeitete Fassung des Beitrags); zu seiner abkommensrechtlichen Ansässigkeit s. Art. 4 Rz. 74, 99, 104). Die gesonderte Anführung der Nachlässe und Treuhandvermögen im US-MA wäre also zur Annahme der Abkommenspersönlichkeit nicht nötig gewesen. Dass sie neben den Gesellschaften angeführt sind, führt zu der Frage, ob die sonstigen Vorschriften der DBA über Gesellschaften (s. Rz. 10) auf diese Rechtsträger nicht angewendet werden sollten (man darf annehmen, dass dies nicht beabsichtigt war). Zur liechtensteinischen Stiftung als „Gesellschaft" s. ÖstBMF v. 3.6.1991, SWI 1991, 207.

17 Zu den „Personen" gehören nach Buchst. a schließlich **alle anderen Personenvereinigungen.** Die Formulierung ist in den beiden Originaltexten denkbar weit: *„any other body of persons"* (engl.) bzw. *„tous autres groupement des personnes"* (frz.). Die Definition geht bereits auf einige britische Abkommen der Zwischenkriegszeit über die wechselseitige Freistellung von Unternehmensgewinnen zurück; sie definieren „Person" mit *„any body of persons, corporate or not corporate"* (*DBA Großbritannien/Kanada 1935,* Art. 3; *Großbritannien/Griechenland 1936,* Art. 3; *Großbritannien/Südafrika 1939,* Art. 5). Da die juristischen Personen und solche Rechtsträger, die wie juristische Personen besteuert werden, bereits nach Buchst. b unter die „Gesellschaften" fallen, bleiben als „andere Personenvereinigungen" nur Gebilde, die weder rechtsfähig noch selbständig steuerfähig sind. Das könnten nichtrechtsfähige Vereine sein, wo sie nach dem Recht ihres Sitzstaates nicht besteuert werden. Erfasst sind jedoch vor allem **Personengesellschaften** (BMF, Schreiben v. 16.4.2010, IV B 2-S 1300/09/10003, BStBl. I 2010, 354, Tz. 2.1.1; *Locher/Meier/von Siebenthal/Kolb,* B 3.1.2; *Hangarter,* StRev 1986, 279 (284); einschränkend, aber nur für einen sehr speziellen Fall: SchweizBG, ASA 57 (1988/89), 667, s. dazu *te Boekhorst,* ET 1989, 339). Dem steht nicht entgegen, dass „Personengesellschaften" in Art. 3 Abs. 1 Buchst. g (ii) gleichrangig neben „anderen Personenvereinigungen" stehen, da die Erwähnung von Personengesellschaften dort nur klarstellende Bedeutung haben soll (Ziff. 10.1 MA-Komm.; ferner Rz. 65).

18 Die weite Fassung zumindest des französischen Originalwortlauts schließt die Personengesellschaften in jedem Fall ein. Demgegenüber ist allerdings im britischen Einkommensteuerrecht der Ausdruck *„body of persons"* gesetzlich in einer Weise definiert, die Personengesellschaften ausschließt (ICTA 1988, sec. 832 (1)). Diese spezielle Bedeutung hat der Ausdruck jedoch offenbar nicht für die englische Rechtssprache allgemein. So bestimmt, wie erwähnt, das US-MA in Art. 3 Abs. 1 Buchst. a: *„the term ‚person' includes an individual, a corporation,* a partnership*, an estate, a trust and* any other *body of persons"* (Hervorhebungen durch den Verfasser). Diese Formulierung ist z. B. eingegangen in Art. 3 Abs. 1 Buchst. a *DBA Großbritannien/USA* (allerdings führt dies im MA und ebenso in konkreten DBA wegen Art. 4 Abs. 1 Buchst. b nicht zur abkommensrechtlichen Ansässigkeit und Abkommensberechtigung). Zu Recht hat daher der *High Court of Justice* für das Abkommen *Großbritannien/Jersey* angenommen, dass *„body of persons"* im Zusammenhang dieses Abkommens im gewöhnlichen Sinn dieser Worte zu verstehen sei und daher Personengesellschaften einschließe (Padmore v. CIR, 1987 STC 36; bestätigt durch *Court of Appeal, Civil Division,* 62 Tax Cases 352; zustimmend *Avery Jones,* BTR 1987, 88). Auch die Vorgeschichte der Begriffsbestimmung bestätigt die Einbeziehung der Personengesellschaften. Während der MA-Komm. 1963 einer derartigen Auslegung mangels Erwähnung von Personengesellschaften jedenfalls nicht entgegenstand, erscheint nach Ziff. 3 des MA-Komm. 1977 eine Einbeziehung von Personengesellschaften möglich. Nach Ziff. 2 MA-Komm. 2010/14 (wie auch schon in den Vorgängerversionen) sollen Personengesellschaften entweder als „andere Personenvereinigung" oder als „Gesellschaften" Personenqualität haben. *Locher/Meier/von Siebenthal/Kolb,* B 3.1.2, berichten im Übrigen, dass im *DBA Deutschland/Schweiz* die fragliche Formulierung auf Verlangen Deutschlands gerade deshalb weggelassen worden sei, weil sowohl in Deutschland als auch in der Schweiz Personengesellschaften als solche nicht steuerpflichtig seien; also scheint auch die deutsche Finanzverwaltung von der Auffassung auszugehen, dass die Wendung „*body of persons*" die Personengesellschaften mitumfasse (so auch *Manke,* DStJG 4 (1985), S. 195 (200): „ohne Zweifel").

Wie eine Personengesellschaft ist auch die Europäische Wirtschaftliche Interessenvereinigung **(EWIV)** zu behandeln; für Nachweise zu dieser s. Art. 1 Rz. 16. **19**

Zu Fragen, die sich ergeben, wenn **Personengesellschaften** und andere Gebilde in dem einen Vertragsstaat als **„intransparent"** (d.h. selbständig steuerpflichtig), im anderen dagegen als **„transparent"** behandelt werden, s. Art. 1 Rz. 14 ff. **20**

Keine Personenvereinigung und auch sonst keine Person i. S. des Art. 3 Abs. 1 Buchst. a MA ist ein **Konzern** bzw. eine sonstige „Unternehmensgruppe"/„tax group". Person im abkommensrechtlichen Sinne können lediglich die Mitglieder solcher Vereinigungen (insbesondere die Konzerngesellschaften) sein (so auch *Avella,* in Hofstätter/Plansky, Dual Residence, S. 293 (298); *Link,* in Maisto, Groups of Companies, S. 137 (140 f.)). Dies gilt insbesondere auch für i. S. der §§ 14 ff. KStG **organschaftlich** verbundene Rechtsträger (so auch *Link,* in Maisto, Groups of Companies, S. 301 (321)); Person können nach den allgemeinen Regeln nur die Organgesellschaft und ggf. der Organträger sein; zur Frage der Ansässigkeit s. Art. 4 Rz. 82). **21**

II. Deutsche DBA

1. Abkommensübersichten zu Art. 3 Abs. 1 Buchst. a und b

a) Art. 3 Abs. 1 Buchst. a: „Person" **23**

DBA	Natürliche Personen, Gesellschaften	Andere Personenvereinigungen	Artikel	Rz.
Ägypten	≈ MA	alle Personenvereinigungen, die als solche besteuert werden	3 Abs. 1 Buchst. b	29
Albanien 2010	≈MA	≈ MA	3 Abs. 1 Buchst. d	25
Algerien 2007	≈ MA	≈ MA	3 Abs. 1 Buchst. d	25
Argentinien	≈ MA	–	3 Abs. 1 Buchst. b	25
Armenien	s. UdSSR			
Aserbaidschan	≈ MA	≈ MA	3 Abs. 1 Buchst. d	25
Australien	≈ MA	alle anderen Rechtsträger, die als solche der Besteuerung unterliegen	3 Abs. 1 Buchst. d	29

DBA	Natürliche Personen, Gesellschaften	Andere Personenvereinigungen	Artikel	Rz.
Bangladesch	≈ MA	andere Rechtsträger, die als Steuersubjekte behandelt werden	3 Abs. 1 Buchst. c	29
Belarus	≈ MA	–	3 Abs. 1 Buchst. d	25
Belgien	≈ MA	–	3 Abs. 1 Nr. 3	25a
Bolivien	≈ MA	–	3 Abs. 1 Buchst. b	25
Bosnien-Herzegowina	s. Jugoslawien			
Bulgarien 2010	≈ MA	≈ MA	3 Abs. 1 Buchst. d	25
China 1985	≈ MA	≈ MA	3 Abs. 1 Buchst. b	25
China 2014 (E)	≈ MA	≈ MA	3 Abs. 1 Buchst. d	25
Costa Rica 2014 (E)	≈ MA	–	3 Abs. 1 Buchst. b	25; 25b
Dänemark	≈ MA	–	3 Abs. 1 Buchst. d	25
Ecuador	≈ MA	–	3 Abs. 1 Buchst. b	25
Elfenbeinküste	≈ MA	≈ MA	3 Abs. 1 Buchst. b	25
Estland	≈ MA	≈ MA	3 Abs. 1 Buchst. d	25
Finnland	≈ MA	auch Personengesellschaften	3 Abs. 1 Buchst. b	25a
Frankreich	natürliche Personen, juristische Personen	Personenvereinigungen und Vermögensmassen, die als solche der Besteuerung unterliegen	2 Abs. 1 Nr. 3	30
Georgien	≈ MA	≈ MA	3 Abs. 1 Buchst. d	25
Ghana	≈ MA	≈ MA	3 Abs. 1 Buchst. b	25
Griechenland	≈ MA	–	II Abs. 1 Nr. 2	25
Großbritannien 1964/70	natürliche Personen, juristische Personen	alle anderen Rechtsträger, die steuerlich als juristische Personen behandelt werden	II Abs. 1 Buchst. f	25, 28
Großbritannien 2010/14 (E)	≈ MA	≈ MA	3 Abs. 1 Buchst. d	25; 28
Indien	≈ MA	alle anderen Rechtsträger, die im Vertragsstaat als Steuersubjekte behandelt werden	3 Abs. 1 Buchst. d	26; 29
Indonesien	≈ MA	–	3 Abs. 1 Buchst. d	25
Iran	≈ MA	≈ MA	3 Abs. 1 Buchst. d	25
Irland 2011	≈ MA	≈ MA	3 Abs. 1 Buchst. d	25
Island	≈ MA	alle anderen Rechtsträger, die als solche besteuert werden; auch Personengesellschaften	3 Abs. 1 Buchst. d	25a; 29
Israel	≈ MA	–	2 Abs. 1 Nr. 3	25
Italien	≈ MA	≈ MA	3 Abs. 1 Buchst. d	25
Jamaika	≈ MA	alle anderen Personenvereinigungen, die für die Besteuerung als Rechtsträger behandelt werden	3 Abs. 1 Buchst. d	29
Japan	≈ MA	≈ MA	3 Abs. 1 Buchst. e	25; 25a
Jersey 2008	≈ MA	≈ MA	4 Abs. 1 Buchst. e	25

DBA	Natürliche Personen, Gesellschaften	Andere Personenvereinigungen	Artikel	Rz.
Jugoslawien	D: ≈ MA V: natürliche Personen und juristische Personen einschließlich Gesellschaften	–	3 Abs. 1 Buchst. c	25; 27
Kanada	≈ MA	–	3 Abs. 1 Buchst. d	25
Kasachstan	≈ MA	–	3 Abs. 1 Buchst. b	25
Kenia	≈ MA	–	3 Abs. 1 Buchst. c	25
Kirgisistan	≈ MA	≈ MA	3 Abs. 1 Buchst. d	25
Korea	≈ MA	–	3 Abs. 1 Buchst. d	25
Kosovo	s. Jugoslawien			
Kroatien	≈ MA	–	3 Abs. 1 Buchst. b	25
Kuwait	≈ MA	–	3 Abs. 1 Buchst. d	25
Lettland	≈ MA	≈ MA	3 Abs. 1 Buchst. d	25
Liberia	≈ MA	alle anderen Vereinigungen, die für die Besteuerung wie Rechtsträger behandelt werden. Auch nach deutschem Recht errichtete Personengesellschaften	3 Abs. 1 Buchst. c SProt. Nr. 5	25a; 29
Liechtenstein 2011	Natürliche Personen, Gesellschaften, ruhende Nachlässe liechtensteinischen Rechts	≈ MA	3 Abs. 1 Buchst. d	32
Litauen	≈ MA	≈ MA	3 Abs. 1 Buchst. d	25
Luxemburg 2012	≈ MA	≈ MA	3 Abs. 1 Buchst. d	25
Malaysia 2010	≈ MA	≈ MA	3 Abs. 1 Buchst. d	25
Malta	≈ MA	–	3 Abs. 1 Buchst. d	25
Marokko	≈ MA	–	3 Abs. 1 Nr. 4	25
Mauritius 2011	Natürliche Personen, Gesellschaften, Trusts	≈ MA	3 Abs. 1 Buchst. d	32
Mazedonien 2006	≈ MA	≈ MA	3 Abs. 1 Buchst. b	25
Mexiko 2008	≈ MA	≈ MA	3 Abs. 1 Buchst. d	25
Moldau	s. UdSSR			
Mongolei	≈ MA	–	3 Abs. 1 Buchst. c	25
Montenegro	s. Jugoslawien			
Namibia	≈ MA	–	3 Abs. 1 Buchst. b	25
Neuseeland	≈ MA	alle anderen Rechtsträger, die als solche der Besteuerung unterliegen	3 Abs. 1 Buchst. c	29

DBA	Natürliche Personen, Gesellschaften	Andere Personenvereinigungen	Artikel	Rz.
Niederlande 1959/2004	natürliche Personen, juristische Personen	Personenvereinigungen und Vermögensmassen, die als solche der Besteuerung unterliegen sowie die niederländischen „commanditaire vennootschappen op aandelen" (KGaA)	2 Abs. 1 Nr. 1	30
Niederlande 2012 (E)	≈ MA	≈ MA	3 Abs. 1 Buchst. d	25; 30
Norwegen 1991	≈ MA	≈ MA	3 Abs. 1 Buchst. d	25
Norwegen 2013 (E)	≈ MA	≈ MA	3 Abs. 1 Buchst. d	25
Oman 2012 (E)	≈ MA	≈ MA	3 Abs. 1 Buchst. d	25
Österreich	≈ MA	≈ MA	3 Abs. 1 Buchst. d	25
Pakistan	≈ MA	≈ MA	3 Abs. 1 Buchst. d	25
Philippinen 1983	≈ MA	ungeteilte Nachlässe, Treuhandvermögen	3 Abs. 1 Buchst. c	28; 32
Philippinen 2013	≈ MA	ungeteilte Nachlässe, Treuhandvermögen	3 Abs. 1 Buchst. d	28; 32
Polen	≈ MA	≈ MA	3 Abs. 1 Buchst. b	25
Portugal	≈ MA	–	3 Abs. 1 Buchst. d	25; 25a
Rumänien	≈ MA	≈ MA	3 Abs. 1 Buchst. d	25
Russische Föderation	≈ MA	≈ MA	3 Abs. 1 Buchst. b	25
Sambia	≈ MA	–	3 Abs. 1 Buchst. d	25
Schweden	≈ MA	–	3 Abs. 1 Buchst. d	25
Schweiz	≈ MA	–	3 Abs. 1 Buchst. d	25
Serbien	s. Jugoslawien			
Simbabwe	≈ MA	≈ MA V: einschließlich ungeteilter Nachlässe und Treuhandvermögen	3 Abs. 1 Buchst. b Prot. Nr. 1	25; 32
Singapur 2004	≈ MA	≈ MA	3 Abs. 1 Buchst. d	25
Slowakei	s. Tschechoslowakei			
Slowenien	≈ MA	≈ MA	3 Abs. 1 Buchst. b	25
Spanien 2011	≈ MA	≈ MA	3 Abs. 1 Buchst. b	25; 25a
Sri Lanka	≈ MA	–	3 Abs. 1 Buchst. c	25; 28
Südafrika 1973	natürliche Personen, juristische Personen	–	3 Abs. 1 Buchst. e	31
Südafrika 2008 (E)	≈ MA	Personen jeder Art, die für die Besteuerung als Steuersubjekt behandelt werden	3 Abs. 1 Buchst. d	29; 31
Syrien 2010	≈ MA	≈ MA	3 Abs. 1 Buchst. d	25
Tadschikistan	≈ MA	≈ MA	3 Abs. 1 Buchst. b	25
Taiwan 2011	≈ MA	≈ MA	3 Abs. 1 Buchst. b	25
Thailand	≈ MA	–	3 Abs. 1 Buchst. e	25

DBA	Natürliche Personen, Gesellschaften	Andere Personenvereinigungen	Artikel	Rz.
Trinidad und Tobago	≈ MA	≈ MA	3 Abs. 1 Buchst. d	25
Tschechien	s. Tschecho-slowakei			
Tschechien (E)	≈ MA	≈ MA	3 Abs. 1 Buchst. d	25
Tschecho-slowakei	≈ MA	–	3 Abs. 1 Buchst. b	25
Türkei 2011	≈ MA	≈ MA	3 Abs. 1 Buchst. d	25
Tunesien	≈ MA	–	3 Abs. 1 Buchst. b	25
Turkmenistan	s. UdSSR			
UdSSR	≈ MA	einschließlich sonstiger selbständiger Rechtsträger, die für die Besteuerung wie juristische Personen behandelt werden	1 Abs. 2	30
Ukraine	≈ MA	–	3 Abs. 1 Buchst. b	25
Ungarn 2011	≈ MA	≈ MA	3 Abs. 1 Buchst. d	25
Uruguay 2010	≈ MA	≈ MA	3 Abs. 1 Buchst. b	25
USA 1989	≈ MA	keine Beschränkung auf natürliche Personen und Gesellschaften	3 Abs. 1 Buchst. d	33
USA 1989/2006	≈ MA	keine Beschränkung auf natürliche Personen und Gesellschaften	3 Abs. 1 Buchst. d	25; 33
Usbekistan	≈ MA	≈ MA	3 Abs. 1 Buchst. d	25
Venezuela	≈ MA	–	3 Abs. 1 Buchst. d	25
Vereinigte Arabische Emirate 2010	≈ MA	≈ MA	3 Abs. 1 Buchst. b	25
Vietnam	≈ MA	–	3 Abs. 1 Buchst. d	25
Weißrussland	s. Belarus			
Zypern 2011	≈ MA	≈ MA	3 Abs. 1 Buchst. d	

D = Bundesrepublik Deutschland
V = Vertragsstaat

b) Art. 3 Abs. 1 Buchst. b: „Gesellschaft" 24

DBA	Juristische Personen und wie diese *besteuerte* Rechtsträger	Dazu als Klarstellung oder Ergänzung	Artikel	Rz.
Ägypten	≈ MA	–	3 Abs. 1 Buchst. c	
Albanien 2010	Rechtsträger, der für steuerliche Zwecke als juristische Person behandelt wird	–	3 Abs. 1 Buchst. e	
Algerien 2007	≈ MA	–	3 Abs. 1 Buchst. e	
Argentinien	≈ MA	–	3 Abs. 1 Buchst. c	
Armenien	s. UdSSR			

DBA	Juristische Personen und wie diese *besteuerte* Rechtsträger	Dazu als Klarstellung oder Ergänzung	Artikel	Rz.
Aserbaidschan	≈ MA	–	3 Abs. 1 Buchst. e	
Australien	≈ MA	–	3 Abs. 1 Buchst. e	
Bangladesch	≈ MA	–	3 Abs. 1 Buchst. d	
Belarus	≈ MA	–	3 Abs. 1 Buchst. e	
Belgien	≈ MA	OHG, KG und Partenreederei deutschen Rechts	3 Abs. 1 Nr. 4	25a
Bolivien	≈ MA	–	3 Abs. 1 Buchst. c	
Bosnien-Herzegowina	s. Jugoslawien			
Bulgarien 2010	≈ MA	–	3 Abs. 1 Buchst. e	
China 1985	≈ MA	–	3 Abs. 1 Buchst. c	
China 2014 (E)	≈ MA	–	3 Abs. 1 Buchst. e	
Costa Rica 2014 (E)	≈ MA	–	3 Abs. 1 Buchst. c	
Dänemark	≈ MA	–	3 Abs. 1 Buchst. c	
Ecuador	≈ MA	–	3 Abs. 1 Buchst. c	
Elfenbeinküste	≈ MA	–	3 Abs. 1 Buchst. c	
Estland	≈ MA	–	3 Abs. 1 Buchst. e	
Finnland	≈ MA	–	3 Abs. 1 Buchst. c	
Frankreich	–	–	–	30
Georgien	≈ MA	–	3 Abs. 1 Buchst. e	
Ghana	≈ MA	–	3 Abs. 1 Buchst. c	
Griechenland	D: ≈ MA V: nur juristische Personen	–	II Abs. 1 Nr. 3	
Großbritannien 1964/70	≈ MA	–	II Abs. 1 Buchst. g	
Großbritannien 2010/14 (E)	≈ MA		3 Abs. 1 Buchst. e	
Indien	≈ MA	„… oder wie eine Gesellschaft behandelt wird“	3 Abs. 1 Buchst. e	26
Indonesien	≈ MA	–	3 Abs. 1 Buchst. e	
Iran	≈ MA	–	3 Abs. 1 Buchst. e	
Irland 2011	≈ MA	–	3 Abs. 1 Buchst. e	
Island	≈ MA	–	3 Abs. 1 Buchst. e	
Israel	≈ MA	–	2 Abs. 1 Nr. 4	
Italien	≈ MA	–	3 Abs. 1 Buchst. e	
Jamaika	≈ MA	–	3 Abs. 1 Buchst. e	
Japan	≈ MA	–	3 Abs. 1 Buchst. f	
Jersey 2008	≈ MA	–	4 Abs. 1 Buchst. f	
Jugoslawien	D: ≈ MA V: alle der Steuer unterliegenden Personen	– Organisationen der Vereinten Arbeit und andere der Steuer unterliegende juristische Personen	3 Abs. 1 Buchst. d	27
Kanada	≈ MA	–	3 Abs. 1 Buchst. e	
Kasachstan	≈ MA	–	3 Abs. 1 Buchst. c	
Kenia	≈ MA	–	3 Abs. 1 Buchst. d	

DBA	Juristische Personen und wie diese *besteuerte* Rechtsträger	Dazu als Klarstellung oder Ergänzung	Artikel	Rz.
Kirgisistan	≈ MA	–	3 Abs. 1 Buchst. e	
Korea	≈ MA	–	3 Abs. 1 Buchst. e	
Kosovo	s. Jugoslawien			
Kroatien	≈ MA	–	3 Abs. 1 Buchst. c	
Kuwait	≈ MA	–	3 Abs. 1 Buchst. e	
Lettland	≈ MA	–	3 Abs. 1 Buchst. e	
Liberia	≈ MA	–	3 Abs. 1 Buchst. d	25a
Liechtenstein 2011	≈ MA	besondere Vermögenswidmungen oder Vermögensmassen	3 Abs. 1 Buchst. e	32
Litauen	≈ MA	–	3 Abs. 1 Buchst. e	
Luxemburg 2012	≈ MA	–	3 Abs. 1 Buchst. e	
Malaysia 2010	≈ MA	–	3 Abs. 1 Buchst. e	
Malta	≈ MA	–	3 Abs. 1 Buchst. e	
Marokko	≈ MA	–	3 Abs. 1 Nr. 5	
Mauritius 2011	≈ MA	-	3 Abs. 1 Buchst. e	
Mazedonien 2006	≈ MA	-	3 Abs. 1 Buchst. c	
Mexiko 2008	≈ MA	–	3 Abs. 1 Buchst. e	
Moldau	s. UdSSR			
Mongolei	≈ MA	–	3 Abs. 1 Buchst. d	
Montenegro	s. Jugoslawien			
Namibia	≈ MA	–	3 Abs. 1 Buchst. c	
Neuseeland	≈ MA	–	3 Abs. 1 Buchst. d	
Niederlande 1959/2004	–	–	–	30
Niederlande 2012 (E)	≈ MA	≈ MA	3 Abs. 1 Buchst. e	
Norwegen 1991	≈ MA	–	3 Abs. 1 Buchst. e	
Norwegen 2013 (E)	≈ MA	–	3 Abs. 1 Buchst. c	
Oman 2012 (E)	≈ MA	≈ MA	3 Abs. 1 Buchst. e	
Österreich	≈ MA	–	3 Abs. 1 Buchst. e	
Pakistan	≈ MA	–	3 Abs. 1 Buchst. e	
Philippinen 1983	≈ MA	–	3 Abs. 1 Buchst. d	
Philippinen 2013	≈ MA	–	3 Abs. 1 Buchst. e	
Polen	≈ MA		3 Abs. 1 Buchst. c	
Portugal	≈ MA	–	3 Abs. 1 Buchst. e	
Rumänien	≈ MA	–	3 Abs. 1 Buchst. e	
Russische Föderation	≈ MA	–	3 Abs. 1 Buchst. c	
Sambia	≈ MA	–	3 Abs. 1 Buchst. e	
Schweden	≈ MA	–	3 Abs. 1 Buchst. e	
Schweiz	≈ MA	–	3 Abs. 1 Buchst. e	
Serbien	s. Jugoslawien			
Simbabwe	≈ MA	–	3 Abs. 1 Buchst. c	
Singapur 1972	≈ MA	–	3 Abs. 1 Buchst. e	
Singapur 2004	≈ MA	–	3 Abs. 1 Buchst. e	
Slowakei	s. Tschechoslowakei			
Slowenien	≈ MA	–	3 Abs. 1 Buchst. c	
Spanien 2011	≈ MA	–	3 Abs. 1 Buchst. c	

DBA	Juristische Personen und wie diese *besteuerte* Rechtsträger	Dazu als Klarstellung oder Ergänzung	Artikel	Rz.
Sri Lanka	≈ MA	–	3 Abs. 1 Buchst. d	
Südafrika 1973	≈ MA	–	3 Abs. 1 Buchst. f	
Südafrika 2008 (E)	≈ MA	–	3 Abs. 1 Buchst. e	
Syrien 2010	≈ MA		3 Abs. 1 buchst. e	
Tadschikistan	≈ MA	–	3 Abs. 1 Buchst. c	
Taiwan 2011	≈ MA	–	3 Abs. 1 Buchst. c	
Thailand	≈ MA	… und andere Personengruppen, die für die Besteuerung als juristische Personen behandelt werden	3 Abs. 1 Buchst. f	
Trinidad und Tobago	≈ MA	–	3 Abs. 1 Buchst. e	
Tschechien	s. Tschechoslowakei			
Tschechien (E)	≈ MA		3 Abs. 1 Buchst. e	
Tschechoslowakei	≈ MA	–	3 Abs. 1 Buchst. c	
Türkei 2011	≈ MA	–	3 Abs. Buchst. e	
Tunesien	≈ MA	–	3 Abs. 1 Buchst. c	
Turkmenistan	s. UdSSR			
UdSSR	–	–	–	30
Ukraine	≈ MA	–	3 Abs. 1 Buchst. c	
Ungarn 2011	≈ MA	–	3 Abs. 1 Buchst. e	
Uruguay 2010	≈ MA	–	3 Abs. 1 Buchst. c	
USA 1989	≈ MA	–	3 Abs. 1 Buchst. e	
USA 1989/2006	≈ MA	–	3 Abs. 1 Buchst. e	
Usbekistan	≈ MA	–	3 Abs. 1 Buchst. e	
Venezuela	≈ MA	–	3 Abs. 1 Buchst. e	
Vereinigte Arabische Emirate 2010	≈ MA	–	3 Abs. 1 Buchst. c	
Vietnam	≈ MA	–	3 Abs. 1 Buchst. e	
Weißrussland	s. Belarus			
Zypern 2011	≈ MA	–	3 Abs. 1 Buchst. e	

2. Erläuterungen

25 In zahlreichen **älteren DBA** Deutschlands ist der Zusatz „und alle **anderen Personenvereinigungen**" in der Bestimmung des Begriffs der „Person" **nicht enthalten** mit der Folge, dass solche Personenvereinigungen nicht im abkommensrechtlichen Sinne ansässig und damit auch nicht abkommensberechtigt sein können, sofern sie nicht wie eine juristische Person besteuert werden. Dies betrifft etwa die *DBA Argentinien* (Art. 3 Abs. 1 Buchst. b), *Belarus* (Art. 3 Abs. 1 Buchst. d), *Bolivien* (Art. 3 Abs. 1 Buchst. b), *Dänemark* (Art. 3 Abs. 1 Buchst. d), *Ecuador* (Art. 3 Abs. 1 Buchst. b), *Griechenland* (Art. II Abs. 1 Nr. 2; hier sind überdies in Griechenland nur juristische Personen „Gesellschaften" und damit „Personen": Nr. 3), *Indonesien* (Art. 3 Abs. 1 Buchst. d), *Israel* (Art. 2 Abs. 1 Nr. 3), *Jugoslawien* (Art. 3 Abs. 1 Buchst. b), *Kanada* (Art. 3 Abs. 1 Buchst. d), *Kasachstan* (Art. 3 Abs. 1 Buchst. b), *Kenia* (Art. 3 Abs. 1 Buchst. c), *Korea* (Art. 3 Abs. 1 Buchst. d),

Kroatien (Art. 3 Abs. 1 Buchst. c), *Kuwait* (Art. 3 Abs. 1 Buchst. b, Art. 3 Abs. 1 Buchst. d), *Malta* (Art. 3 Abs. 1 Buchst. d), *Marokko* (Art. 3 Abs. 1 Nr. 4), *Mongolei* (Art. 3 Abs. 1 Buchst. c), *Namibia* (Art. 3 Abs. 1 Buchst. b), *Niederlande 1959/2004* (Art. 2 Abs. 1 Nr. 1), *Philippinen 1983* (Art. 3 Abs. 1 Buchst. c), *Portugal* (Art. 3 Abs. 1 Buchst. d), *Sambia* (Art. 3 Abs. 1 Buchst. d), *Schweden* (Art. 3 Abs. 1 Buchst. d), *Schweiz* (Art. 3 Abs. 1 Buchst. d), *Sri Lanka 1979* (Art. 3 Abs. 1 Buchst. c), *Thailand* (Art. 3 Abs. 1 Buchst. e; in Buchst. f werden klarstellend bei den „Gesellschaften" auch die „als solche besteuerten Personengruppen" genannt), *Tschechoslowakei* (Art. 3 Abs. 1 Buchst. b); *Tunesien* (Art. 3 Abs. 1 Buchst. b), *Ukraine* (Art. 3 Abs. 1 Buchst. b), *Venezuela* (Art. 3 Abs. 1 Buchst. d) und *Vietnam* (Art. 3 Abs. 1 Buchst. d), aber auch einige neuere DBA, wie *Costa Rica 2014 (E)*, (Art. 3 Abs. 1 Buchst. b), USA *1989/2006* (Art. 3 Abs. 1 Buchst. d; dazu BFH, Urt. v. 28.4.2010, I R 81/09, BFHE 229, 252; BFH/NV 2010, 1550). Die meisten **neueren DBA** wie auch Art. 3 Abs. 1 Buchst. b der deutschen Verhandlungsgrundlage für DBA erstrecken den Begriff der „Person" dagegen auch auf „andere Personenvereinigungen". Dies betrifft etwa die *DBA Albanien 2010, Algerien 2007, Aserbaidschan, Bulgarien 2010, China 1985, China 2014 (E), Elfenbeinküste, Estland, Georgien, Ghana, Großbritannien 2010, Iran, Irland 2011, Italien, Japan, Jersey 2008, Kirgisistan, Lettland, Litauen, Luxemburg 2012, Malaysia 2010, Mazedonien 2006, Mexiko 2008, Niederlande 2012 (E), Norwegen 1991/2013 (E), Österreich, Pakistan, Philippinen 2013, Polen, Rumänien, Russland, Simbabwe, Singapur 2004, Slowenien, Spanien 2011, Syrien 2010, Tadschikistan, Taiwan 2011, Trinidad und Tobago, Tschechien (E), Türkei 2011, Ungarn 2011, Uruguay 2010, Usbekistan* und *VAE 2010.*

Eine Reihe von Abkommen stellt darüber hinaus in unterschiedlicher Weise klar, dass auch die **Personengesellschaften** „Personen" im abkommensrechtlichen Sinne sind. So rechnet das *DBA Belgien* zu den **„Gesellschaften"** auch die „Offenen Handelsgesellschaften, Kommanditgesellschaften und Partenreedereien des deutschen Rechts" (Art. 3 Abs. 1 Nr. 4). Nicht zu den „Gesellschaften", aber doch zu den **„Personen"** werden die Personengesellschaften in den *DBA Finnland* (Art. 3 Abs. 1 Buchst. b), *Island* (Art. 3 Abs. 1 Buchst. d) und *Liberia* (SProt. Nr. 5) gezählt. Das *DBA Japan* stellt die Abkommenssubjektivität der deutschen offenen Handelsgesellschaften und Kommanditgesellschaften für den **Bereich der Unternehmensgewinne** in Art. 7 Abs. 7 noch ausdrücklich klar; da dieses DBA zugleich, übereinstimmend mit dem MA, zu den „Personen" in Art. 3 Abs. 1 Buchst. e auch die „Personenvereinigungen" zählt, kann, wenn die Definition nicht leerlaufen soll (s. Rz. 17), für andere Personengesellschaften jedoch nichts anderes gelten. Bemerkenswert ist auch die Lösung der *DBA Portugal* und *Spanien 1966*. In beiden Abkommen fehlen in der Definition der „Person" die „anderen Personenvereinigungen" (Art. 3 Abs. 1 Buchst. d bzw. e); gleichzeitig wird aber dem **Gesellschafter** einer Personengesellschaft mit Ort der Geschäftsleitung in einem Vertragsstaat Abkommensschutz auch für den Fall zuerkannt, dass er selber nicht im Vertragsstaat ansässig ist (Art. 4 Abs. 4; dazu s. Art. 4 Rz. 149). Da beide Staaten die Personengesellschaften wie Körperschaften besteuern, hätte die Streichung der Abkommenssubjektivität für „Personenvereinigungen" (Rz. 17) für sich genommen zur Folge, dass zwar deutsche Personengesellschaften in Spanien und Portugal Abkommensschutz genössen, nicht aber in Deutschland als Abkommenssubjekte behandelt würden. Der Abkommensschutz unmittelbar für den Gesellschafter gleicht dies z. T. aus. Für die im Inland ansässigen Gesellschafter bedeutet er praktisch dasselbe wie die Abkommenssubjektivität der Gesellschaft. Das *DBA Spanien 2011* ist insoweit musterkonform. **25a**

Aus der Klarstellung, dass **Einkünfte aus der Beteiligung an einer Personalgesellschaft zu den Unternehmensgewinnen** gehören (s. Art. 7 Abs. 7 *DBA Costa Rica 2014 (E)*, kann kein Rückschluss auf die Personeneigenschaft ge- **25b** zogen werden. Dies richtet sich nach den allgemeinen Regeln (Art. 3 Abs. 1 Buchst. b *DBA Costa Rica 2014 (E),* wonach nur natürliche Personen und Gesellschaften (d. h. juristische Personen) Personen sind).

26 Das *DBA Indien 1959/84* definierte den Begriff „Gesellschaft" zirkulär. Ein „Rechtsträger, der steuerlich als juristische Person **oder wie eine Gesellschaft** behandelt wird". Soll dies nicht sinnlos sein, liegt es am nächsten, hier zu lesen: „gemäß dem inländischen Begriff der Gesellschaft" (das wäre in Deutschland: „wie eine Personengesellschaft"). In diesem Sinne verweist nunmehr das *DBA Indien 1995* auf das **innerstaatliche Steuerrecht** (Art. 3 Abs. 1 Buchst. e; dazu auch Rz. 29).

27 Das *DBA Jugoslawien* definiert die Begriffe der „Person" und der „Gesellschaft" **unterschiedlich,** je nachdem, ob es sich um deutsche oder jugoslawische Rechtsgebilde handelt. Für die deutsche Seite folgt das Abkommen dem MA, bezieht allerdings die „anderen Personenvereinigungen" nicht mit ein. Für die jugoslawische Seite werden Personen als „natürliche und juristische Personen einschließlich Gesellschaften" definiert, Gesellschaften als „Organisationen der Vereinten Arbeit und andere juristische Personen".

28 Von unterschiedlichen Definitionen zu unterscheiden ist der Fall von **Übersetzungsfehlern.** So schienen die *DBA Großbritannien 1964/70* und *Ceylon* (jetzt: *Sri Lanka*) *1962* in den unterschiedlichen Sprachfassungen der DBA zwei voneinander abweichende Definitionen zu enthalten. In der englischsprachigen Fassung ist die Definition offen; nach ihr „umfasst" der Begriff „Person" *„any body of persons, corporate or not corporate"* (Art. 2 Abs. 1 Buchst. f). Die entsprechende deutsche Definition ist abschließend formuliert; sie lautet „Personen jeder Art, natürliche und juristische Personen", schließt also die nichtrechtsfähigen Personenvereinigungen aus. Hier ist offenbar der vereinbarte englische Wortlaut nicht korrekt ins Deutsche übertragen worden; der englische Text entspricht britischer Abkommenstradition und inhaltlich auch dem MA. Nach den Grundsätzen über die Auslegung internationaler Verträge (heute: Art. 33 WÜRV) ist ihm der Vorzug zu geben, weil er Gegenstand und Zweck des Abkommens besser entspricht. Die *DBA Großbritannien 2010/14 (E)* und *Sri Lanka 1979* enthalten in allen Sprachfassungen abschließende Begriffsbestimmungen und sind in Bezug auf die Einbeziehung von „anderen Personenvereinigungen" eindeutig (Großbritannien: ja; Sri Lanka: nein).

29 Teilweise werden als „Personen" statt der Personenvereinigungen „alle **anderen Rechtsträger, die als solche der Besteuerung** unterliegen" (oder: „als Steuersubjekte behandelt werden") genannt. Personengesellschaften stellen in diesen Fällen folglich keine Person im abkommensrechtlichen Sinne dar. Dies betrifft etwa die *DBA Australien* (Art. 3 Abs. 1 Buchst. d), *Bangladesch* (Art. 3 Abs. 1 Buchst. c), *Indien 1995* (Art. 3 Abs. 1 Buchst. d), *Jamaika* (Art. 3 Abs. 1 Buchst. d) und *Neuseeland* (Art. 3 Abs. 1 Buchst. c). Den gleichen Zusatz enthalten auch die *DBA Island* (Art. 3 Abs. 1 Buchst. d) und *Liberia* (Art. 3 Abs. 1 Buchst. c), die jedoch ausdrücklich oder sinngemäß die Personengesellschaften als Personen im abkommensrechtlichen Sinne ansehen (s. Rz. 23, 25a). Ähnlich ist das *DBA Ägypten* (Art. 3 Abs. 1 Buchst. b) formuliert, das, obwohl es „Personenvereinigungen" erwähnt, dies nur auf Vereinigungen bezieht, die als solche besteuerbar sind. Da die selbständig besteuerten Rechtsträger nach allen vorstehenden Abkommen aber bereits „Gesellschaften" und insofern „Personen" sind, ist die Formulierung in diesem Zusammenhang leerlaufend. Dasselbe gilt für das *DBA Südafrika 2008 (E),* das zu den Personen im abkommensrechtlichen Sinne „Personen jeder Art" zählt, „die für die Besteuerung als Steuersubjekt behandelt werden" (Art. 3 Abs. 1 Buchst. d).

30 Sinnvoll ist eine solche Bestimmung des Begriffs der Person in einigen **älteren** Abkommen, die den Begriff der „Gesellschaft" noch nicht definieren und nur **natürliche Personen, juristische Personen sowie die als solche besteuerten**

Rechtsträger zu den „Personen" i. S. des Abkommens zählen: *DBA Frankreich* (Art. 2 Abs. 1 Nr. 3), *Niederlande 1959/2004* (Art. 2 Abs. 1 Nr. 1, zusätzlich einbezogen ist hier die niederländische Entsprechung der deutschen KGaA) und *UdSSR* (Art. 1 Abs. 2). Der Sache nach bedeutet dies dasselbe wie die unter Rz. 29 behandelten Formulierungen. Das *DBA Niederlande 2012 (E)* ist dagegen musterkonform.

Das *DBA Südafrika 1973* übernimmt den Begriff „Gesellschaft" des MA (Art. 3 Abs. 1 Buchst. f), bezeichnet jedoch als **„Personen"** nur natürliche und juristische Personen (Art. 3 Abs. 1 Buchst. e; zum *DBA Südafrika 2008 (E)* s. Rz. 29). Die Definition des Begriffs „Gesellschaft" hat folglich nur Bedeutung für andere Regelungen außerhalb des Art. 3 (dazu s. Rz. 10). 31

Das *DBA Philippinen 1983* führt neben den natürlichen Personen und Gesellschaften, dem US-MA folgend, auch ungeteilte **Nachlässe und Treuhandvermögen** (jedoch nicht *„partnerships"*) auf (Art. 3 Abs. 1 Buchst. c). Das *DBA Liechtenstein 2011* nennt neben den natürlichen Personen, Gesellschaften und Personenvereinigungen auch ruhende Nachlässe liechtensteinischen Rechts (Art. 3 Abs. 1 Buchst. d). Das Prot. Nr. 1 zu *DBA Simbabwe* umfasst auf Seiten Simbabwes auch Nachlässe und Treuhandvermögen (*Trusts*). Das *DBA Mauritius 2011* umfasst zusätzlich **Trusts** (Art. 3 Abs. 1 Buchst. d). Das *DBA Liechtenstein 2011* fasst unter den Ausdruck „Gesellschaft" sowohl „Rechtsträger" als auch **„Vermögenswidmungen und Vermögensmassen,** die für die Besteuerung wie juristische Personen behandelt werden" (Art. 3 Abs. 1 Buchst. e). 32

Das *DBA USA 1989/2006* definiert den Begriff der „Person" **nicht abschließend** wie folgt: „... umfasst der Ausdruck ‚Person' unter anderem natürliche Personen und Gesellschaften" (Art. 3 Abs. 1 Buchst. d [engl.: *„includes, but is not limited to"*]). Der Begriff der „Gesellschaft" [engl.: *„company"*] ist in Übereinstimmung mit den MA in Art. 3 Abs. 1 Buchst. e definiert. Wie die Vorschrift in Art. 1 Abs. 7 (dazu s. Art. 1 Rz. 64ff ff.) zeigt, dürften Personengesellschaften als „Personen" anzusehen sein. Welche sonstigen Gebilde darüber hinaus „Personen" sind, bestimmt hier nach Art. 3 Abs. 2 jeder Staat nach seinem innerstaatlichen Recht. Über die Abkommensberechtigung entscheidet insoweit also der das Abkommen anwendende Staat, nicht etwa der Sitzstaat des Gebildes, so dass es zu einer unterschiedlichen Entscheidung über die Abkommensberechtigung in den beiden Vertragsstaaten kommen kann. Sofern es insoweit zu einer Doppelbesteuerung kommt, ist ggf. eine abkommensautonome Auslegung vorzunehmen (s. Rz. 116e) bzw. – sofern man nicht abkommensautonom auslegen will – eine Bindung des Ansässigkeitsstaats an den Quellenstaat anzunehmen (s. Grundl. Rz. 157 ff.; Art. 23 Rz. 40 ff.). 33

Soweit nach deutschen DBA „Personenvereinigungen" als Personen im abkommensrechtlichen Sinne anzusehen sind, sind zu ihnen auch die **BGB-Gesellschaften** zu rechnen, ferner **Arbeitsgemeinschaften,** auch soweit sie in anderer Rechtsform als der einer BGB-Gesellschaft errichtet sind, sowie vergleichbare Gesellschaftsformen des ausländischen Rechts. Angesichts der außerordentlich weiten Fassung des Wortlauts könnte selbst die **stille Gesellschaft** hier eingeordnet werden; das wäre jedoch deshalb nicht sinnvoll, weil diese Personengesellschaft als reine Innengesellschaft kein eigenes Gesellschaftsvermögen hat (dazu auch s. Rz. 5). 34

C. Zu Art. 3 Abs. 1 Buchst. c und d

I. Musterabkommen

Literatur: *Heinrichs,* in Maisto, Meaning, S. 305 (331 ff.); *Lang,* in Maisto, Meaning, S. 107; *van Raad,* Intertax 1994, 491; *ders.,* in Maisto, Meaning, S. 61; *Raupach,* FS Vogel, S. 1067; *Sasseville,* in Maisto, Meaning, S. 41; *K. Vogel,* FS Raupach, S. 627. 38

1. Übereinstimmung

39 Das UN-MA enthält noch nicht die – weitgehend inhaltslose – Definition des Ausdrucks „Unternehmen". Im Übrigen stimmen die Musterabkommen sowie die deutsche Verhandlungsgrundlage für DBA (dort Art. 3 Abs. 1 Nr. 4, 5) überein; das US-MA enthält zusätzlich eine Klarstellung für die Unternehmen von steuerlich transparenten Einheiten (dazu auch Rz. 44).

2. Erläuterungen

40 **a) „Unternehmen":** Die Definition von „Unternehmen" durch „Geschäftstätigkeit" (engl.: *„business"*, frz.: *„activité ou affaire"*) ist nichtssagend, überdies ein Pleonasmus, denn in Art. 7 MA wird die Tätigkeit des Unternehmens als „Geschäftstätigkeit" bezeichnet. Bereits *van Raad* hatte gezeigt, dass der Ausdruck im MA uneinheitlich verwendet wird und hatte vorgeschlagen, ihn ganz zu streichen. Der Steuerausschuss der OECD meinte aber offenbar, eine Definition sei erforderlich, um – in Verbindung mit der Definition unter Buchst. h (s. Rz. 78 f.) – klarzustellen, dass nach der Streichung des Art. 14 (s. dort) die bislang nach diesem Artikel behandelten Einkünfte nunmehr unter Art. 7 MA fallen. MA-Komm Ziff. 4 hebt aber hervor, dass die Definition nicht erschöpfend sei; im Übrigen sei der Ausdruck „stets nach dem innerstaatlichen Recht der Vertragsstaaten beurteilt worden" (d.h. letztlich nach Art. 3 Abs. 2). In der Vergangenheit hat auch der *Conseil d'État* Art. 3 Abs. 2 auf den Ausdruck angewandt (req. n. 93.187 Dr. Fisc. 1976 comm. 37, concl. *Latournerie;* ebenso *Wassermeyer,* StuW 1990, 404 (406)).

41 Eine Anwendung von Art. 3 Abs. 2 zur Bestimmung des Begriffs des „Unternehmens" ist durch die Existenz der Definition in Buchst. c (eigentlich) ausgeschlossen (dazu auch Rz. 79). Allerdings ist der Begriff der „Geschäftstätigkeit" in Buchst. h nicht abschließend definiert, so dass nach Art. 3 Abs. 2 ergänzend auf das innerstaatliche deutsche Recht zurückgegriffen werden kann, sofern die Voraussetzungen des Art. 3 Abs. 2 erfüllt sind (a. A. *Lang,* SWI 2011, 9 (16)). Der Begriff der „Geschäftstätigkeit" kann aus deutscher Sicht als Tätigkeit i. S. des § 15, 18 EStG verstanden werden, da es auf eine vollständige Identität der Begriffe nicht ankommt (wie hier Wassermeyer/*Wassermeyer/Kaeser,* Art. 3 Rz. 23; a. A. die Kommentierung von *K. Vogel* bis zur 5. Aufl. dieses Kommentars; allgemein zur Frage der Identität von abkommensrechtlichen und innerstaatlichen Begriffen s. Rz. 111b; Grundl. Rz. 152c). Der *High Court of Australia* hat den Begriff „enterprise", weil der Ausdruck in Australien keine eindeutige innerstaatliche Bedeutung haben soll (ebenso in Großbritannien; dazu s. *Avery Jones,* in FS Vogel S. 9 (11)), dagegen als Bestandteil einer *„international tax language"* betrachtet und ihn aus dem Zusammenhang des Abkommens heraus ausgelegt (Thiel v. FCT, 21 ATR 1990, 531: *DBA Australien/Schweiz*). Im zugrunde liegenden Fall ging es darum, ob auch eine einmalige Tätigkeit ein „Unternehmen" sein könne, was der *High Court* bejaht hat.

41a Soweit aus deutscher Sicht eine (ggf. andere) abkommensautonome Definition des Begriffs des Unternehmens i. S. des Buchst. c oder der Geschäftstätigkeit i. S. des Buchst. h erforderlich ist (entweder weil der Zusammenhang i. S. des Art. 3 Abs. 1 MA eine andere abkommensautonome Definition des Begriffs des Unternehmens oder der Zusammenhang i. S. des Art. 3 Abs. 2 eine abkommensautonome Definition des Begriffs der Geschäftstätigkeit erfordert; allgemein dazu s. Rz. 3 ff.), lassen sich für die Begriffsbestimmung aus dem Zusammenhang des Abkommens folgende Merkmale entnehmen:

(1) es muss sich um eine auf Gewinnerzielung gerichtete **Tätigkeit** oder die einer solchen Tätigkeit dienende **Betriebseinheit** (Art. 3 Abs. 1 Buchst. d, e, Art. 7

Abs. 1 und 2, Art. 9), nicht dagegen um die „passive" Nutzung von Vermögenswerten handeln (Abgrenzung zu Art. 10 bis 12 MA; vgl. BFH, v. 4.5.2011, II R 51/09, BFHE 233, 517, IStR 2011, 635: *DBA Schweiz*);

(2) diese Tätigkeit muss **selbständig** ausgeübt werden (Abgrenzung zu Art. 15 MA);

(3) sie darf **nicht land- oder forstwirtschaftlicher** Art sein (Abgrenzung zu Art. 6 MA).

Zu der im Rahmen des MA wichtigsten Verwendung des Begriffs, derjenigen im Zusammenhang des Art. 7, s. Art. 7 Rz. 28 ff.

b) „Unternehmen eines Vertragsstaats": Nach Art. 1 MA sind nur Personen abkommensberechtigt. Für den Abkommensschutz eines Unternehmens kommt es daher auf die Ansässigkeit der **Person** an, die das Unternehmen **betreibt, nicht** auf den **Ort,** an dem das Unternehmen betrieben wird. Die Abkommensdefinition stellt dies klar. Ein von einem in einem Vertragsstaat ansässigen Unternehmer ausschließlich in anderen Staaten betriebenes Unternehmen ist also auch dann ein Unternehmen des Vertragsstaats, wenn in diesem kein Betriebsvermögen vorhanden ist und keine Tätigkeit entfaltet wird (*Debatin,* DB 1978, 2439; *FWK/Erhard,* Art. 3 Anm. 103). Umgekehrt genießt ein in einem Vertragsstaat belegenes Unternehmen keinen Abkommensschutz, wenn der Unternehmer in einem Nicht-Vertragsstaat ansässig ist. Erhält das in einem Vertragsstaat betriebene Unternehmen im Wege der Umwandlung die Rechtsform einer juristischen Person oder eine sonstige Rechtsform, die eine „Personen"-Eigenschaft begründet, und ist es nach Maßgabe dieser neuen Rechtsform in dem Vertragsstaat ansässig i. S. des Art. 4, wird es durch die Umwandlung ein Unternehmen des betreffenden Vertragsstaats. 42

c) Maßgebend ist, **wer das Unternehmen betreibt** (engl.: *„carries on"*; frz.: *„exploite"*). Das MA stellt also nicht auf die formale Rechtsträgerschaft ab, sondern darauf, wer die **tatsächliche Bestimmungsmacht** ausübt. Hierfür ist es nicht erforderlich, dass der Betreffende fortlaufend in die „Tagespolitik" des Unternehmens eingreift und alle im gewöhnlichen Geschäftsverkehr sich ergebenden gewichtigeren Entscheidungen trifft (wie nach deutschem Recht für den Begriff der „Geschäftsleitung" nach § 10 AO; dazu s. BFH BStBl. II 1968, 695 (697)). Das Unternehmen „betreibt" vielmehr, wer dessen Geschäftsleitung **bestellt** und ihr für ihre Tätigkeit **Richtlinien** gibt (sofern er das Unternehmen nicht selber führt). Regelmäßig wird dies auch die Person sein, die das wirtschaftliche Risiko des Unternehmens trägt. 43

Soweit **Personengesellschaften** „Personen" i. S. des Abkommens (dazu insbesondere s. Rz. 17 ff., 25a ff.) und in einem Vertragsstaat i. S. des Art. 4 Abs. 1 „ansässig" sind, ist ein von ihnen betriebenes Unternehmen ein „Unternehmen eines Vertragsstaats". Ziff. 6 des MA-Komm. 1963 empfahl für Gesellschaften, bei denen dies nicht der Fall ist, eine Klarstellung dahingehend, dass in Fällen, in denen nach nationalem Recht nicht die Gesellschaft, sondern deren Gesellschafter besteuert werden, diesen die Beteiligung anteilig zuzurechnen sei. In der neueren Abkommenspraxis wird dies überwiegend nicht mehr für erforderlich gehalten (dazu s. Art. 7 Rz. 36 f., 41, 53); demgemäß hat der MA-Komm. 1977 den Hinweis nicht mehr übernommen, anders allerdings das US-MA (Art. 3 Abs. 1 Buchst. c Hs. 2; dazu auch Rz. 38). Soweit Personengesellschaften trotz abkommensrechtlicher Personeneigenschaft (etwa wegen der Erfassung von „anderen Personenvereinigungen"; dazu s. Rz. 17, 25 ff.) wegen ihrer steuerrechtlichen Transparenz nicht im abkommensrechtlichen Sinne ansässig sein können (dazu s. Art. 4 Rz. 73 f., 76b), „betreiben" die Gesellschafter anteilig das Unternehmen der Personengesellschaft (BMF, Schreiben v. 16.4.2010, IV B 2 – S 1300/09/10003, BStBl. I 2010, 354, Tz. 2.2.2). 44

II. Deutsche DBA

1. Abkommensübersichten zu Art. 3 Abs. 1 Buchst. c und d

a) Art. 3 Abs. 1 Buchst. c: „Unternehmen"

44a Eine dem Art. 3 Abs. 1 Buchst. c entsprechende Definition enthalten – in Übereinstimmung mit der deutschen Verhandlungsgrundalge für DBA – bisher nur die *DBA Bulgarien 2010, Großbritannien 2010, Irland 2011, Jersey 2008, Liechtenstein 2011, Luxemburg 2012, Mauritius 2011, Niederlande 2012 (E)), Spanien 2011, Südafrika 2008 (E), Tadschikistan, Taiwan 2011, Ungarn 2011, Uruguay 2010, VAE 2010* und *Zypern 2011.*

b) Art. 3 Abs. 1 Buchst. d: „Unternehmen eines Vertragsstaats"

45

DBA	Begriff „Unternehmen eines Vertragsstaats"	Artikel	Rz.
Ägypten	≈ MA	3 Abs. 1 Buchst. e	
Albanien 2010	≈ MA	3 Abs. 1 Buchst. f	
Algerien 2007	≈ MA	3 Abs. 1 Buchst. f	
Argentinien	≈ MA	3 Abs. 1 Buchst. d	
Armenien	s. UdSSR		
Aserbaidschan	≈ MA	3 Abs. 1 Buchst. f	
Australien	≈ MA; „gewerbliches Unternehmen"	3 Abs. 1 Buchst. f	50
Bangladesch	≈ MA	3 Abs. 1 Buchst. f	
Belarus	≈ MA	3 Abs. 1 Buchst. f	
Belgien	≈ MA	3 Abs. 1 Nr. 5	
Bolivien	≈ MA	3 Abs. 1 Buchst. e	
Bosnien-Herzegowina	s. Jugoslawien		
Bulgarien 2010	≈ MA	3 Abs. 1 Buchst. h	
China 1985	≈ MA	3 Abs. 1 Buchst. d	
China 2014 (E)	≈ MA	3 Abs. 1 Buchst. f	
Costa Rica 2014 (E)	≈ MA	3 Abs. 1 Buchst. d	
Dänemark	≈ MA	3 Abs. 1 Buchst. g	50
Ecuador	≈ MA	3 Abs. 1 Buchst. e	
Elfenbeinküste	≈ MA	3 Abs. 1 Buchst. d	
Estland	≈ MA	3 Abs. 1 Buchst. f	
Finnland	≈ MA	3 Abs. 1 Buchst. d	
Frankreich	≈ MA; „gewerbliches Unternehmen"	2 Abs. 1 Nr. 6	50
Georgien	≈ MA	3 Abs. 1 Buchst. f	
Ghana	≈ MA	3 Abs. 1 Buchst. d	
Griechenland	≈ MA; „gewerbliches Unternehmen"	II Abs. 1 Nr. 5	50
Großbritannien 1964/70	≈ MA; „gewerbliches Unternehmen"	II Abs. 1 Buchst. j	
Großbritannien 2010/14 (E)	≈ MA	3 Abs. 1 Buchst. h	
Indien	≈ MA	3 Abs. 1 Buchst. g	50
Indonesien	≈ MA	3 Abs. 1 Buchst. f	
Iran	≈ MA	3 Abs. 1 Buchst. f	
Irland 2011	≈ MA	3 Abs. 1 Buchst. h	
Island	≈ MA	3 Abs. 1 Buchst. f	

DBA	Begriff „Unternehmen eines Vertragsstaats"	Artikel	Rz.
Israel	≈ MA	2 Abs. 1 Nr. 6	
Italien	≈ MA	3 Abs. 1 Buchst. f	
Jamaika	≈ MA	3 Abs. 1 Buchst. g	
Japan	≈ MA	3 Abs. 1 Buchst. g	
Jersey 2008	≈ MA	4 Abs. 1 Buchst. i	
Jugoslawien	D: ≈ MA V: eine Organisation der Vereinten Arbeit, eine Organisation oder Gemeinschaft mit Selbstverwaltung, Werktätige, die individuell und selbständig Tätigkeiten ausüben	3 Abs. 1 Buchst. e	50
Kanada	≈ MA	3 Abs. 1 Buchst. f	
Kasachstan	≈ MA	3 Abs. 1 Buchst. f	
Kenia	≈ MA	3 Abs. 1 Buchst. e	
Kirgisistan		3 Abs. 1 Buchst. f	
Korea	≈ MA	3 Abs. 1 Buchst. f	
Kosovo	s. Jugoslawien		
Kroatien	≈ MA	3 Abs. 1 Buchst. d	
Kuwait	≈ MA	3 Abs. 1 Buchst. f	
Lettland	≈ MA	3 Abs. 1 Buchst. f	
Liberia	≈ MA	3 Abs. 1 Buchst. e	
Liechtenstein 2011	≈ MA	3 Abs. 1 Buchst. h	
Litauen	≈ MA	3 Abs. 1 Buchst. f	
Luxemburg 2012	≈ MA	3 Abs. 1 Buchst. h	
Malaysia 2010	≈ MA	3 Abs. 1 Buchst. f	
Malta	≈ MA	3 Abs. 1 Buchst. f	
Marokko	≈ MA	3 Abs. 1 Nr. 6	
Mauritius 2011	≈ MA	3 Abs. 1 Buchst. h	
Mazedonien 2006	≈ MA	3 Abs. 1 Buchst. d	
Mexiko 2008	≈ MA	3 Abs. 1 Buchst. f	
Moldau	s. UdSSR		
Mongolei	≈ MA	3 Abs. 1 Buchst. g	
Montenegro	s. Jugoslawien		
Namibia	≈ MA	3 Abs. 1 Buchst. e	
Neuseeland	≈ MA	3 Abs. 1 Buchst. e	
Niederlande 1959/2004	≈ MA	2 Abs. 1 Nr. 5	50
Niederlande 2012 (E)	≈ MA	3 Abs. 1 Buchst. h	
Norwegen 1991	≈ MA	3 Abs. 1 Buchst. f	
Norwegen 2013 (E)	≈ MA	3 Abs. 1 Buchst. f	
Oman 2012 (E)	≈ MA	3 Abs. 1 Buchst. f	
Österreich	≈ MA	3 Abs. 1 Buchst. f	
Pakistan	≈ MA	3 Abs. 1 Buchst. f	50
Philippinen 1983	≈ MA	3 Abs. 1 Buchst. e	
Philippinen 2013 (E)	≈ MA	3 Abs. 1 Buchst. f	
Polen	≈ MA	3 Abs. 1 Buchst. d	
Portugal	≈ MA	3 Abs. 1 Buchst. f	
Rumänien	≈ MA	3 Abs. 1 Buchst. f	
Russische Föderation	Gewerbliche Tätigkeiten, die von einer im einen bzw. anderen Vertragsstaat ansässigen Person ausgeübt werden.	3 Abs. 1 Buchst. d	

DBA	Begriff „Unternehmen eines Vertragsstaats“	Artikel	Rz.
Sambia	≈ MA	3 Abs. 1 Buchst. g	
Schweden	≈ MA	3 Abs. 1 Buchst. g	50
Schweiz	≈ MA	3 Abs. 1 Buchst. f	
Serbien	s. Jugoslawien		
Simbabwe	≈ MA	3 Abs. 1 Buchst. d	
Singapur 1972	≈ MA	3 Abs. 1 Buchst. f	
Singapur 2004	≈ MA	3 Abs. 1 Buchst. f	
Slowakei	s. Tschechoslowakei		
Slowenien	≈ MA	3 Abs. 1 Buchst. d	
Spanien 2011	≈ MA	3 Abs. 1 Buchst. e	
Sri Lanka	≈ MA	3 Abs. 1 Buchst. e	
Südafrika 1973	≈ MA	3 Abs. 1 Buchst. i	50
Südafrika 2008 (E)	≈ MA	3 Abs. 1 Buchst. g	50
Syrien 2010	≈ MA	3 Abs. 1 Buchst. f	
Tadschikistan	≈ MA	3 Abs. 1 Buchst. f	
Taiwan 2011	≈ MA	3 Abs. 1 Buchst. f	
Thailand	≈ MA	3 Abs. 1 Buchst. g	
Trinidad und Tobago	≈ MA	3 Abs. 1 Buchst. f	
Tschechien	s. Tschechoslowakei		
Tschechien (E)	≈ MA	3 Abs. 1 Buchst. f	
Tschechoslowakei	≈ MA	3 Abs. 1 Buchst. d	
Türkei 2011	≈ MA	3 Abs. 1 Buchst. g	
Tunesien	≈ MA	3 Abs. 1 Buchst. d	
Turkmenistan	s. UdSSR		
UdSSR	–	–	
Ukraine	≈ MA	3 Abs. 1 Buchst. e	
Ungarn 2011	≈ MA	3 Abs. 1 Buchst. h	
Uruguay 2010	≈ MA	3 Abs. 1 Buchst. f	
USA 1989	≈ MA	3 Abs. 1 Buchst. f	
USA 1989/2006	≈ MA	3 Abs. 1 Buchst. f	
Usbekistan	≈ MA	3 Abs. 1 Buchst. f	
Venezuela	≈ MA	3 Abs. 1 Buchst. g	
Vereinigte Arabische Emirate 2010	≈ MA	3 Abs. 1 Buchst. f	
Vietnam	≈ MA	3 Abs. 1 Buchst. f	
Weißrussland	s. Belarus		
Zypern 2011	≈ MA	3 Abs. 1 Buchst. h	

2. Erläuterungen

50 Ältere Abkommen beziehen in die dem Buchst. d entsprechende Definition z. T. – wenn auch ohne inhaltliche Abweichung – den Ausdruck **„gewerblich“** (engl.: „*industrial or commercial*“) ein. Dies betrifft die *DBA Australien* (Art. 3 Abs. 1 Buchst. f), *Dänemark 1962* (Art. 2 Abs. 1 Nr. 3), *Frankreich* (Art. 2 Abs. 1 Nr. 6), *Griechenland* (Art. II Abs. 1 Nr. 5), *Indien 1959/84* (Art. II Abs. 1 Buchst. g), *Niederlande 1959/2004* (Art. 2 Abs. 1 Nr. 5), *Pakistan 1958/70* (Art. II Abs. 1 Buchst. k), *Schweden 1959* (Art. 3 Abs. 2) und *Südafrika 1973* (Art. 3 Abs. 1 Buchst. i). Die *DBA Niederlande 2012 (E)* und *Südafrika 2008 (E)* sind insoweit musterkonform. Das *DBA Jugoslawien* führt die besonderen Organisationsformen selbstverwalteter Unternehmen nach jugoslawischem Recht auf. Hier wird also der **„Unternehmens“-Begriff** zumindest **teilweise definiert.**

D. Zu Art. 3 Abs. 1 Buchst. e

I. Musterabkommen

1. Rechtliche Bedeutung

Die Definition ist in erster Linie bedeutsam für die Besteuerung des laufenden Gewinns der Verkehrsunternehmen gemäß Art. 8. Zur Auslegung dort s. Art. 8 Rz. 20 ff. Da sie aber auch für alle sonstigen Bestimmungen des MA maßgebend ist, die den internationalen Verkehr betreffen (Art. 13 Abs. 3 MA, Art. 15 Abs. 3 MA bzw. Art. 22 Abs. 3 MA), ist sie unter die allgemeinen Definitionen des Art. 3 Abs. 1 aufgenommen worden. 52

2. Übereinstimmungen und Abweichungen

Das US-MA beschränkt die Definition nicht auf Unternehmungen, die ihre tatsächliche Geschäftsleitung in einem Vertragsstaat haben. Das ist folgerichtig, da das US-MA in Art. 8 nicht auf die tatsächliche Geschäftsleitung abstellt, sondern, abweichend von den beiden anderen Modellen, auch bei Unternehmungen des internationalen Verkehrs auf deren Ansässigkeit. Ohnehin ist zweifelhaft, ob die Verbindung eines Unternehmens zu einem Vertragsstaat aufgrund des Orts der tatsächlichen Geschäftsleitung in die Definition des Art. 3 gehört. Das UN-MA stimmt ebenso wie die deutsche Verhandlungsgrundlage für DBA (dort Art. 3 Abs. 1 Nr. 7) mit dem OECD-MA voll überein. 53

II. Deutsche DBA

Abkommensübersicht zu Art. 3 Abs. 1 Buchst. e 54

DBA	Begriff „internationaler Verkehr"	Artikel	Rz.
Ägypten	≈ MA	3 Abs. 1 Buchst. g	
Albanien 2010	≈ MA	3 Abs. 1 Buchst. g	
Algerien 2007	≈ MA	3 Abs. 1 Buchst. g	
Argentinien	≈ MA	3 Abs. 1 Buchst. g	
Armenien	s. UdSSR		
Aserbaidschan	≈ MA; „Unternehmen eines Vertragsstaates"	3 Abs. 1 Buchst. g	
Bangladesch	≈ MA	3 Abs. 1 Buchst. h	
Belarus	≈ MA	3 Abs. 1 Buchst. g	
Bolivien	≈ MA	3 Abs. 1 Buchst. g	
Bosnien-Herzegowina	s. Jugoslawien		
Bulgarien 2010	≈ MA	3 Abs. 1 Buchst. i	
China 1985	„und allgemeine Geschäftsleitung", sonst. MA	3 Abs. 1 Buchst. f	
China 2014 (E)	≈ MA	3 Abs. 1 Buchst. g	
Costa Rica 2014 (E)	≈ MA	3 Abs. 1 Buchst. e	
Dänemark	≈ MA	3 Abs. 1 Buchst. h	
Estland	≈ MA; „Unternehmen eines Vertragsstaates"	3 Abs. 1 Buchst. h	
Finnland	≈ MA	3 Abs. 1 Buchst. e	
Georgien	≈ MA	3 Abs. 1 Buchst. g	
Ghana	≈ MA	3 Abs. 1 Buchst. e	

DBA	Begriff „internationaler Verkehr"	Artikel	Rz.
Großbritannien 1964/70	auch Fahrten oder Flüge zwischen Orten desselben Gebiets im Verlauf einer Reise, die sich über zwei oder mehr Gebiete erstreckt.	II Abs. 1 Buchst. m	
Großbritannien 2010/14 (E)	≈ MA; „Unternehmen eines Vertragsstaates"	3 Abs. 1 Buchst. i	
Indien	≈ MA	3 Abs. 1 Buchst. i	
Indonesien	≈ MA; „Unternehmen eines Vertragsstaates"	3 Abs. 1 Buchst. h	
Irland 2011	≈ MA	3 Abs 1 Buchst.i	
Italien	≈ MA	3 Abs. 1 Buchst. g	
Jamaika	auch Verkehr zwischen Orten desselben Staates im Verlauf einer Reise, die sich über mehrere Staaten erstreckt.	3 Abs. 1 Buchst. j	
Jugoslawien	≈ MA	3 Abs. 1 Buchst. g	
Kanada	≈ MA; „Unternehmen eines Vertragsstaates"	3 Abs. 1 Buchst. i	
Kasachstan	≈ MA	3 Abs. 1 Buchst. f	
Kenia	sinngemäß wie Jamaika	3 Abs. 1 Buchst. h	
Kirgisistan	≈ MA; „Unternehmen eines Vertragsstaates"	3 Abs. 1 Buchst. g	
Korea	≈ MA; „Unternehmen eines Vertragsstaates"	3 Abs. 1 Buchst. g	
Kosovo	s. Jugoslawien		
Kroatien	≈ MA	3 Abs. 1 Buchst. e	
Kuwait	≈ MA	3 Abs. 1 Buchst. h	
Lettland	≈ MA; „Unternehmen eines Vertragsstaates"	3 Abs. 1 Buchst. h	
Liechtenstein 2011	≈ MA	3 Abs. 1 Buchst. i	
Litauen	≈ MA; „Unternehmen eines Vertragsstaates"	3 Abs. 1 Buchst. h	
Luxemburg 2012	≈ MA	3 Abs. 1 Buchst. i	
Malaysia 2010	≈ MA	3 Abs. 1 Buchst. g	
Malta	≈ MA	3 Abs. 1 Buchst. g	
Mauritius 2011	≈ MA	3 Abs. 1 Buchst. i	
Mazedonien 2006	≈ MA	3 Abs. 1 Buchst. e	
Mexiko 2008	≈ MA	3 Abs. 1 Buchst. g	
Moldau	s. UdSSR		
Mongolei	≈ MA	3 Abs. 1 Buchst. i	
Montenegro	s. Jugoslawien		
Namibia	≈ MA	3 Abs. 1 Buchst. g	
Neuseeland	≈ MA	3 Abs. 1 Buchst. g	
Niederlande 2012 (E)	≈ MA	3 Abs. 1 Buchst. i	
Norwegen 1991	≈ MA	3 Abs. 1 Buchst. g	
Norwegen 2013 (E)	≈ MA	3 Abs. 1 Buchst. g	
Oman 2012 (E)	≈ MA; „Unternehmen eines Vertragsstaates"	3 Abs. 1 Buchst. g	
Österreich	≈ MA	3 Abs. 1 Buchst. g	
Pakistan	≈ MA	3 Abs. 1 Buchst. h	
Philippinen 1983	≈ MA; „Unternehmen eines Vertragsstaates"	3 Abs. 1 Buchst. g	

DBA	Begriff „internationaler Verkehr“	Artikel	Rz.
Philippinen 2013	≈ MA; „Unternehmen eines Vertragsstaates“	3 Abs. 1 Buchst. g	
Polen	≈ MA	3 Abs. 1 Buchst. e	
Portugal	≈ MA	3 Abs. 1 Buchst. g	
Rumänien	≈ MA	3 Abs. 1 Buchst. g	
Russische Föderation	≈ MA, „Unternehmen eines Vertragsstaates“	3 Abs. 1 Buchst. e	
Schweden	≈ MA; „Unternehmen eines Vertragsstaates“	3 Abs. 1 Buchst. g	
Serbien	s. Jugoslawien		
Simbabwe	≈ MA; „einschließlich der Beförderung in Containern“		
Singapur 2004	≈ MA	3 Abs. 1 Buchst. g	
Slowenien	≈ MA	3 Abs. 1 Buchst. e	
Spanien 2011	≈ MA; „jede Beförderung mit einem Beförderungsmittel jeder Art“	3 Abs. 1 Buchst. f	
Sri Lanka	≈ MA	3 Abs. 1 Buchst. f	
Südafrika 2008 (E)	≈ MA; „Unternehmen eines Vertragsstaates“	3 Abs. 1 Buchst. i	
Syrien 2010	≈ MA	3 Abs. 1 Buchst. g	
Tadschikistan	≈ MA	3 Abs. 1 Buchst. g	
Taiwan 2011	≈ MA	3 Abs. 1 Buchst. g	
Tschechien	s. Tschechoslowakei		
Tschechien (E)	≈ MA, auch Binnenschiffe und Eisenbahnen	3 Abs. 1 Buchst. g	
Türkei 2011	≈ MA; „Unternehmen eines Vertragsstaates“	3 Abs. 1 Buchst. h	
Turkmenistan	s. UdSSR		
UdSSR	≈ MA	3 Abs. 1 Buchst. b	
Ukraine	≈ MA	3 Abs. 1 Buchst. g	
Ungarn 2011	≈ MA	3 Abs. 1 Buchst. i	
Uruguay 2010	≈ MA	3 Abs. 1 buchst. g	
USA 1989	≈ MA; keine Bezugnahme auf das Unternehmen oder die tatsächliche Geschäftsleitung	3 Abs. 1 Buchst. g	
Usbekistan	≈ MA, „Unternehmen eines Vertragsstaates“	3 Abs. 1 Buchst. g	
Venezuela	≈ MA	3 Abs. 1 Buchst. i	
Vereinigte Arabische Emirate 2010	≈ MA	3 Abs. 1 Buchst. h	
Vietnam	≈ MA	3 Abs. 1 Buchst. h	
Weißrussland	s. Belarus		
Zypern 2011	≈ MA	3 Abs. 1 Buchst. i	

Keine Definition des Begriffs des „Internationalen Verkehrs“ enthalten die DBA *Australien, Belgien, Ecuador, Elfenbeinküste, Frankreich, Griechenland, Iran, Island, Israel, Japan, Jersey 2008, Liberia, Marokko, Niederlande 1959/2004, Sambia, Schweiz, Singapur 1972, Südafrika 1973, Thailand, Trinidad und Tobago, Tschechoslowakei, Tunesien* und *USA 1989/2006.* **54a**

E. Zu Art. 3 Abs. 1 Buchst. f

I. Musterabkommen

55 Während im Allgemeinen der zwischenstaatliche Verkehr Sache der Außenministerien und des ihnen nachgeordneten auswärtigen Dienstes ist und die Fachbehörden nicht ohne besondere Autorisierung zueinander in Kontakt treten dürfen (z. B. sind gerichtliche Rechtshilfeersuchen über das Auswärtige Amt zu leiten), ermächtigt Art. 25 MA besonders bezeichnete (Finanz-)Behörden, in Doppelbesteuerungsfragen miteinander unmittelbar Verhandlungen zu führen. Da diesen auch an anderen Stellen der DBA Aufgaben übertragen werden (z. B. Art. 4 Abs. 2 Buchst. d), werden sie im Definitionenartikel aufgeführt. Die deutsche Verhandlungsgrundlage für DBA benennt ausdrücklich das BMF bzw. die Behörde, auf die das BMF seine Befugnisse delegiert hat (Art. 3 Abs. 1 Nr. 8).

II. Deutsche DBA

Abkommensübersichten zu Art. 3 Abs. 1 Buchst. f

56

DBA	Artikel
Ägypten	3 Abs. 1 Buchst. h
Albanien 2010	3 Abs. 1 Buchst. i
Algerien 2007	3 Abs 1 Buchst. i
Argentinien	3 Abs. 1 Buchst. h
Armenien	s. UdSSR
Aserbaidschan	3 Abs. 1 Buchst. i
Australien	3 Abs. 1 Buchst. j
Bangladesch	3 Abs. 1 Buchst. i
Belarus	3 Abs. 1 Buchst. i
Belgien	3 Abs. 1 Nr. 6
Bolivien	3 Abs. 1 Buchst. h
Bosnien-Herzegowina	s. Jugoslawien
Bulgarien 2010	3 Abs. 1 Buchst. k
China 1985	3 Abs. 1 Buchst. g
China 2014 (E)	3 Abs. 1 Buchst. i
Costa Rica 2014 (E)	3 Abs. 1 Buchst. g
Dänemark	3 Abs. 1 Buchst. k
Ecuador	3 Abs. 1 Buchst. g
Elfenbeinküste	3 Abs. 1 Buchst. f
Estland	3 Abs. 1 Buchst. i
Finnland	3 Abs. 1 Buchst. f
Frankreich	2 Abs. 1 Nr. 8
Georgien	3 Abs. 1 Buchst. i
Ghana	3 Abs. 1 Buchst. g
Griechenland	2 Abs. 1 Nr. 10
Großbritannien 1964/70	2 Abs. 1 Buchst. d
Großbritannien 2010/14 (E)	3 Abs. 1 Buchst. k
Indien	3 Abs. 1 Buchst. j
Indonesien	3 Abs. 1 Buchst. i
Iran	3 Abs. 1 Buchst. h
Irland	3 Abs. 1 Buchst. k
Island	3 Abs. 1 Buchst. j

DBA	Artikel
Israel	2 Abs. 1 Nr. 10
Italien	3 Abs. 1 Buchst. i
Jamaika	3 Abs. 1 Buchst. i
Japan	3 Abs. 1 Buchst. i
Jersey 2008	4 Abs. 1 Buchst. d
Jugoslawien	3 Abs. 1 Buchst. g
Kanada	3 Abs. 1 Buchst. h
Kasachstan	3 Abs. 1 Buchst. h
Kenia	3 Abs. 1 Buchst. g
Kirgisistan	3 Abs. 1 Buchst. i
Korea	3 Abs. 1 Buchst. i
Kosovo	s. Jugoslawien
Kroatien	3 Abs. 1 Buchst. g
Kuwait	3 Abs. 1 Buchst. i
Lettland	3 Abs. 1 Buchst. i
Liberia	3 Abs. 1 Buchst. g
Liechtenstein 2011	3 Abs. 1 Buchst. k
Litauen	3 Abs. 1 Buchst. i
Luxemburg 2012	3 Abs. 1 Buchst. k
Malaysia 2010	3 Abs. 1 Buchst. i
Malta	3 Abs. 1 Buchst. i
Marokko	3 Abs. 1 Nr. 8
Mauritius 2011	3 Abs. 1 Buchst. k
Mazedonien 2006	3 Abs. 1 Buchst. g
Mexiko	3 Abs. 1 Buchst. i
Moldau	s. UdSSR
Mongolei	3 Abs. 1 Buchst. j
Montenegro	s. Jugoslawien
Namibia	3 Abs. 1 Buchst. h
Neuseeland	3 Abs. 1 Buchst. h
Niederlande 1959/2004	2 Abs. 1 Nr. 3
Niederlande 2012 (E)	3 Abs. 1 Buchst. l
Norwegen 1991	3 Abs. 1 Buchst. i
Norwegen 2013 (E)	3 Abs. 1 Buchst. i
Oman 2012 (E)	3 Abs. 1 Buchst. i
Österreich	3 Abs. 1 Buchst. i
Pakistan	3 Abs. 1 Buchst. i
Philippinen 1983	3 Abs. 1 Buchst. h
Philippinen 2013	3 Abs. 1 Buchst. i
Polen	3 Abs. 1 Buchst. f
Portugal	3 Abs. 1 Buchst. i
Rumänien	3 Abs. 1 Buchst. i
Russische Föderation	3 Abs. 1 Buchst. f
Sambia	3 Abs. 1 Buchst. i
Schweden	3 Abs. 1 Buchst. k
Schweiz	3 Abs. 1 Buchst. i
Serbien	s. Jugoslawien
Simbabwe	3 Abs. 1 Buchst. g
Singapur 1972	3 Abs. 1 Buchst. i
Singapur 2004	3 Abs. 1 Buchst. i
Slowakei	s. Tschechoslowakei
Slowenien	3 Abs. 1 Buchst. g
Spanien 2011	3 Abs. 1 Buchst. g
Sri Lanka	3 Abs. 1 Buchst. h

DBA	Artikel
Südafrika 1973	3 Abs. 1 Buchst. l
Südafrika 2008 (E)	3 Abs. 1 Buchst. k
Syrien 2010	3 Abs. 1 Buchst. i
Tadschikistan	3 Abs. 1 Buchst. i
Taiwan 2011	3 Abs. 1 Buchst. h
Thailand	3 Abs. 1 Buchst. i
Trinidad und Tobago	3 Abs. 1 Buchst. h
Tschechien	s. Tschechoslowakei
Tschechien (E)	3 Abs. 1 Buchst. i
Tschechoslowakei	3 Abs. 1 Buchst. e
Türkei 2011	3 Abs. 1 Buchst. j
Tunesien	3 Abs. 1 Buchst. e
Turkmenistan	s. UdSSR
UdSSR	3 Abs. 1 Buchst. c
Ukraine	3 Abs. 1 Buchst. h
Ungarn 2011	3 Abs. 1 Buchst. k
Uruguay 2010	3 Abs. 1 Buchst. i
USA 1989	3 Abs. 1 Buchst. i
USA 1989/2006	3 Abs. 1 Buchst. i
Usbekistan	3 Abs. 1 Buchst. i
Venezuela	3 Abs. 1 Buchst. j
Vereinigte Arabische Emirate 2010	3 Abs. 1 Buchst. i
Vietnam	3 Abs. 1 Buchst. i
Weißrussland	s. Belarus
Zypern 2011	3 Abs. 1 Buchst. k

F. Zu Art. 3 Abs. 1 Buchst. g

I. Musterabkommen

1. Übereinstimmungen und Abweichungen

60 Die MA sowie die deutsche Verhandlungsgrundlage für DBA (dort Art. 3 Abs. 1 Nr. 9) stimmen überein. Nach Letzterer sind deutsche Staatsangehörige alle Deutschen i. S. des GG (dort s. Art. 116 Abs. 1) sowie alle juristischen Personen, Personengesellschaften und andere Personenvereinigungen, die nach dem Recht der Bundesrepublik Deutschland errichtet wurden.

2. Erläuterungen

61 **a) Grundzüge:** Der Vorschrift des Art. 3 Abs. 1 Buchst. g MA kommt eine Doppelfunktion zu. Sie legt zum einen fest, was abkommensrechtlich unter „Staatsangehörigkeit" zu verstehen ist und ist insoweit reine Definitionsvorschrift. Zum anderen konkretisiert sie die in Art. 24 Abs. 1 S. 2 (dazu s. Art. 24 Rz. 40) vorgesehene Erstreckung des Diskriminierungsverbots über den in Art. 1, 3 Abs. 1, 4 Abs. 1 MA geregelten persönlichen Anwendungsbereich des DBA hinaus.

62 **b) Regelung:** Nach Art. 3 Abs. 1 Buchst. g bedeutet der Ausdruck „Staatsangehörige"

- **natürliche Personen,** die die **Staatsangehörigkeit oder Staatsbürgerschaft eines Vertragsstaats** besitzen, sowie
- **juristische Personen, Personengesellschaften** und andere **Personenvereinigungen,** die **nach dem in einem der Vertragsstaaten geltenden Recht errichtet** worden sind.

c) Zum Begriff der **„natürlichen Person“** s. Rz. 12. Das Abkommen nimmt für die Definition der **„Staatsangehörigkeit“** bei natürlichen Personen auf die Vorschriften des nationalen Staatsangehörigkeitsrechts der Vertragsstaaten Bezug. Es folgt damit der allgemeinen Regel: „Die Staatsangehörigkeit ... (ist) nach der Rechtsordnung desjenigen Staates zu beurteilen, um dessen Angehörigkeit es sich handelt“ (*Makarov,* S. 161). Für das Recht der DBA ist es unerheblich, ob der Staatsangehörige eines Vertragsstaats **gleichzeitig noch** die Staatsangehörigkeit eines **Drittstaats** besitzt; auch wenn das der Fall ist, kann er sich doch als Angehöriger des Vertragsstaats auf Art. 24 Abs. 1 berufen. Besitzt ein Doppelstaater die Staatsangehörigkeit **beider Vertragsstaaten,** so wird ihn jeder von beiden vorrangig als seinen Staatsangehörigen betrachten, so dass es zu einer Diskriminierung aus Gründen der Staatsangehörigkeit nicht kommen kann. Das Problem der Bestimmung einer vorrangigen Staatsangehörigkeit bei Doppelstaatern, das im internationalen Privatrecht von Bedeutung ist, bleibt damit für das Doppelbesteuerungsrecht unerheblich. Das MA 2002 hat neben den Ausdruck „Staatsangehörigkeit“ *(„nationality“)* den der **„Staatsbürgerschaft“** *(„citizenship“)* gesetzt. Eine Änderung hat das nicht zur Folge; die beiden Ausdrücke sind gleichbedeutend (Ziff. 8 MA-Komm). 63

d) Nicht natürliche Personen: Nach Art. 3 Abs. 1 Buchst. g (ii) gilt die Staatsangehörigkeitsdefinition für juristische Personen, Personengesellschaften und andere Personenvereinigungen. Zum Begriff der **juristischen Person** s. Rz. 13 ff. **Andere Rechtsträger** sind zwar „Gesellschaften“ i. S. des Art. 3 Abs. 1 Buchst. b MA, wenn sie für die Besteuerung wie juristische Personen behandelt werden; sie sind deshalb aber noch nicht juristische Personen i. S. des Art. 3 Abs. 1 Buchst. g (ii) MA (dazu auch Art. 24 Rz. 39). Sie können aber eine andere Personenvereinigung darstellen. Nicht unter die Aufzählung fallen **Betriebstätten;** sie sind lediglich unselbständige Teile eines Unternehmens. Jedoch kann das die Betriebstätte unterhaltende Unternehmen selber, soweit es die Voraussetzungen des Art. 3 Abs. 1 Buchst. g (ii) MA erfüllt, die Staatsangehörigkeitsdefinition für die Unternehmensgesamtheit – und damit auch für die Betriebstätte – in Anspruch nehmen. 64

Die ausdrücklich erwähnten **Personengesellschaften** sind nach Art. 3 Abs. 1 Buchst. g (ii) ein Unterfall („und andere“) der **Personenvereinigungen.** Ihre Erwähnung neben den „anderen Personenvereinigungen“, zu denen grundsätzlich auch Personengesellschaften gehören (Rz. 17 ff., 15 ff.), hat lediglich klarstellende Bedeutung (dazu insbesondere s. Rz. 17). In der engl. und frz. Originalfassung des OECD-MA, ebenso im UN-MA, heißen die letzteren übereinstimmend „*associations*“ Dieser Begriff wird in anderen Vorschriften der MA nicht verwendet; in Art. 3 Abs. 1 Buchst. a MA heißt es in der engl. Fassung stattdessen „*body of persons*“, in der frz. „*groupements de personnes*“ (zur Begriffsbestimmung s. Rz. 15, 17). Diese beiden Ausdrücke können jedoch nicht unterschiedlich ausgelegt werden; sie sollten als gleichbedeutend verstanden werden (so offenbar auch *van Raad,* Nondiscrimination, S. 83). Zu Recht verwendet daher die amtliche deutsche Übersetzung für beide dasselbe Wort „Personenvereinigungen“. Im Gegensatz zu den juristischen Personen wird den Personengesellschaften und sonstigen Personenvereinigungen für den Bereich der Einkommen- und Körperschaftsteuer nur von einem Teil der Mitgliedstaaten der OECD eine eigene Steuerrechtsfähigkeit zuerkannt. In den übrigen Staaten – wie auch nach dem Recht Deutschlands – sind die Personengesellschaften einkommensteuerlich „transparent“: nicht sie, sondern ihre Gesellschafter sind einkommensteuerpflichtig. Soweit dies der Fall ist, kann die Gesellschaft steuerlich auch nicht diskriminiert werden, sondern nur deren Gesellschafter. Für diese gilt das Verbot der Diskriminierung natürlicher Personen, soweit sie die Staatsangehörigkeit eines Vertragsstaates besitzen (Art. 24 Abs. 1, Art. 3 Abs. 1 Buchst. g (i) MA). 65

66 Die gesonderte Einbeziehung von Personengesellschaften und Personenvereinigungen in den Staatsangehörigkeitsbegriff und damit das Staatsangehörigkeitsdiskriminierungsverbot in Art. 24 Abs. 1 **rechtfertigt** Wassermeyer/*Wassermeyer/Kaeser* Art. 3 Rz. 50 damit, dass über den allgemeinen Schutzrahmen der Vorschrift hinaus auch Steuernachteile untersagt werden, die darauf beruhen, dass der Steuerpflichtige über eine nicht im Inland errichtete Personengesellschaft oder -vereinigung tätig wird. Dem besteuernden Vertragsstaat wäre es danach beispielsweise untersagt, den Abzug von Gesellschaftsverlusten bei der Ermittlung des zu versteuernden Einkommens eines Gesellschafters davon abhängig zu machen, dass die Gesellschaft nach der Rechtsordnung des besteuernden Staates errichtet worden ist. Zwar sind in einem solchen Fall in beiden Vertragsstaaten die Gesellschafter Steuersubjekt, jedoch kann der Schutz der Gesellschafter ungenügend sein, wenn eine Regelung wie im Beispielsfall eine andere oder benachteiligende Besteuerung der Gesellschafter in Abhängigkeit von der „Staatsangehörigkeit" der Gesellschaft vorsieht (a. A. die Kommentierung von *K. Vogel* bis zur 5. Aufl. dieses Kommentars). Die ausdrückliche Einbeziehung der Personengesellschaften in Art. 3 Abs. 1 Buchst. g ist auch bedeutsam in Fällen, in denen die Personengesellschaft als solche einkommensteuerpflichtig ist, in denen eine Abkommensberechtigung der Gesellschaft auf die Gesellschafter „durchschlägt" (dazu s. Art. 1 Rz. 33), und bei **anderen Steuern,** für die die Personengesellschaft häufig auch dann steuerpflichtig ist, wenn dies im Bereich der Einkommen-/Körperschaftsteuer nicht der Fall ist. So ist in Deutschland die Personengesellschaft als solche gewerbesteuerpflichtig. Außerdem sind die Personengesellschaften auch für zahlreiche andere Steuern – wie etwa die Umsatzsteuer – selbständig steuerpflichtig, für die zwar das DBA im Übrigen nicht gilt, wohl aber das Diskriminierungsverbot nach Art. 24 Abs. 6 (dazu s. Art. 24 Rz. 180 ff.).

67 Die **Staatsangehörigkeit der nicht natürlichen Personen** bestimmt sich nach dem Recht des Staates, nach dem sie **errichtet** wurden. Zu Problemen, die sich hieraus ergeben, s. Art. 24 Rz. 54.

II. Deutsche DBA

1. Abkommensübersicht zu Artikel 3 Abs. 1 Buchst. g

71

DBA	MA-Regelung: Für natürliche Personen Verweisung auf Staatsangehörigkeit (in deutschen DBA stets auf das GG), für nicht natürliche Personen auf Errichtungsrecht	Artikel	Rz.
Ägypten	≈ MA	3 Abs. 1 Buchst. g	
Albanien 2010	≈ MA	3 Abs. 1 Buchst. h	
Algerien 2007	≈ MA	3 Abs. 1 Buchst. h	
Argentinien	≈ MA	3 Abs. 1 Buchst. f	
Armenien	s. UdSSR		
Aserbaidschan	≈ MA	3 Abs. 1 Buchst. h	
Australien	keine entsprechende Regelung	–	
Bangladesch	≈ MA	3 Abs. 1 Buchst. g	
Belarus	≈ MA	3 Abs. 1 Buchst. h	
Belgien	keine Geltung für sonstige Personenvereinigungen	24 Abs. 2	75
Bolivien	≈ MA	3 Abs. 1 Buchst. f	
Bosnien-Herzegowina	s. Jugoslawien		
Bulgarien 2010	≈ MA	3 Abs. 1 Buchst. j	

DBA	MA-Regelung: Für natürliche Personen Verweisung auf Staatsangehörigkeit (in deutschen DBA stets auf das GG), für nicht natürliche Personen auf Errichtungsrecht	Artikel	Rz.
China 1985	≈ MA	3 Abs. 1 Buchst. e	72
China 2014 (E)	≈ MA	3 Abs. 1 Buchst. h	
Costa Rica 2014 (E)	≈ MA	3 Abs. 1 Buchst. f	
Dänemark	≈ MA	3 Abs. 1 Buchst. j	
Ecuador	≈ MA	3 Abs. 1 Buchst. f	
Elfenbeinküste	≈ MA	3 Abs. 1 Buchst. e	
Estland	≈ MA	3 Abs. 1 Buchst. g	
Finnland	Staatsangehörigkeit bei natürlichen Personen nicht definiert; bei nicht natürlichen Personen	24 Abs. 2	72; 74
Frankreich	≈ MA	21 Abs. 2	
Georgien	≈ MA	3 Abs. 1 Buchst. h	
Ghana	≈ MA	3 Abs. 1 Buchst. f	
Griechenland	≈ MA	XXI Abs. 2	
Großbritannien 1964/70	≈ MA; zusätzlich unter britischem Schutz stehende Personen	XX Abs. 2	73
Großbritannien 2010/14 (E)	≈ MA; zusätzlich Personen, die nicht die Staatsbürgerschaft eines anderen Landes oder Gebietes des Commonwealth besitzen, sofern sie das Aufenthaltsrecht im Vereinten Königreich besitzen	3 Abs. 1 Buchst. j	73
Indien	≈ MA	3 Abs. 1 Buchst. h	
Indonesien	≈ MA	3 Abs. 1 Buchst. g	
Iran	≈ MA	3 Abs. 1 Buchst. g	
Irland 2011	≈ MA	3 Abs. 1 Buchst. j	
Island	≈ MA	3 Abs. 1 Buchst. i	
Israel	auch für Rechtsträger, die steuerlich als juristische Personen behandelt werden	2 Abs. 1 Nr. 9	75
Italien	≈ MA	3 Abs. 1 Buchst. h	
Jamaika	≈ MA	3 Abs. 1 Buchst. h	
Japan	≈ MA	3 Abs. 1 Buchst. h	
Jersey 2008	–	–	
Jugoslawien	keine entsprechende Regelung	–	
Kanada	≈ MA	3 Abs. 1 Buchst. g	
Kasachstan	≈ MA	3 Abs. 1 Buchst. g	
Kenia	≈ MA	3 Abs. 1 Buchst. f	
Kirgisistan	≈ MA	3 Abs. 1 Buchst. h	
Korea	≈ MA	3 Abs. 1 Buchst. h	
Kosovo	s. Jugoslawien		
Kroatien	≈ MA	3 Abs. 1 Buchst. f	
Kuwait	≈ MA	3 Abs. 1 Buchst. g	
Lettland	≈ MA	3 Abs. 1 Buchst. g	
Liberia	≈ MA	3 Abs. 1 Buchst. f	
Liechtenstein 2011	≈ MA	3 Abs. 1 Buchst. j	
Litauen	≈ MA	3 Abs. 1 Buchst. g	
Luxemburg 2012	≈ MA	3 Abs. 1 Buchst. j	

DBA	MA-Regelung: Für natürliche Personen Verweisung auf Staatsangehörigkeit (in deutschen DBA stets auf das GG), für nicht natürliche Personen auf Errichtungsrecht	Artikel	Rz.
Malaysia 2010	≈ MA	3 Abs. 1 Buchst. h	
Malta	≈ MA	3 Abs. 1 Buchst. h	
Marokko	≈ MA	3 Abs. 1 Nr. 7	
Mauritius 2011	≈ MA	3 Abs. 1 Buchst. j	
Mazedonien 2006	≈ MA	3 Abs. 1 Buchst. f	
Mexiko 2008	≈ MA; Verweis auf Art. 30 der Verfassung der Vereinigten Mexikanischen Staaten	3 Abs. 1 Buchst. h	
Moldau	s. UdSSR		
Mongolei	≈ MA	3 Abs. 1 Buchst. h	
Montenegro	s. Jugoslawien		
Namibia	≈ MA	3 Abs. 1 Buchst. f	
Neuseeland	≈ MA	3 Abs. 1 Buchst. f	
Niederlande 1959/ 2004	nur natürliche und juristische Personen, auch niederländische Untertanen, die in den Niederlanden wohnen	2 Abs. 1 Nr. 4	73; 75
Niederlande 2012 (E)	≈ MA	3 Abs. 1 Buchst. k	73
Norwegen 1991	≈ MA	3 Abs. 1 Buchst. h	
Norwegen 2013 (E)	≈ MA	3 Abs. 1 Buchst. h	
Oman 2012 (E)	≈ MA	3 Abs. 1 Buchst. h	
Österreich	≈ MA	3 Abs. 1 Buchst. h	
Pakistan	≈ MA	3 Abs. 1 Buchst. g	72
Philippinen 1983	≈ MA	3 Abs. 1 Buchst. f	
Philippinen 2013 (E)	≈ MA	3 Abs. 1 Buchst. h	
Polen	keine entsprechende Regelung	–	76
Portugal	≈ MA	3 Abs. 1 Buchst. h	
Rumänien	≈ MA	3 Abs. 1 Buchst. h	
Russische Föderation	keine entsprechende Regelung	–	76
Sambia	≈ MA	3 Abs. 1 Buchst. h	
Schweden	≈ MA	3 Abs. 1 Buchst. j	
Schweiz	≈ MA	3 Abs. 1 Buchst. h	
Serbien	s. Jugoslawien		
Simbabwe	≈ MA	3 Abs. 1 Buchst. e	
Singapur 1972	≈ MA	3 Abs. 1 Buchst. h	
Singapur 2004	≈ MA	3 Abs. 1 Buchst. h	
Slowakei	s. Tschechoslowakei		
Slowenien	≈ MA	3 Abs. 1 Buchst. f	
Spanien 2011	≈ MA	3 Abs. 1 Buchst. h	75
Sri Lanka	≈ MA	3 Abs. 1 Buchst. g	
Südafrika 1973	≈ MA	3 Abs. 1 Buchst. k	
Südafrika 2008 (E)	≈ MA	3 Abs. 1 Buchst. j	
Syrien 2010	≈ MA	3 Abs. 1 Buchst. h	
Tadschikistan	≈ MA	3 Abs. 1 Buchst. h	
Taiwan 2011	-	-	
Thailand	≈ MA	3 Abs. 1 Buchst. h	
Trinidad und Tobago	≈ MA	3 Abs. 1 Buchst. g	
Tschechien	s. Tschechoslowakei		

DBA	MA-Regelung: Für natürliche Personen Verweisung auf Staatsangehörigkeit (in deutschen DBA stets auf das GG), für nicht natürliche Personen auf Errichtungsrecht	Artikel	Rz.
Tschechien (E)	≈ MA	3 Abs. 1 Buchst. h	
Tschechoslowakei	keine entsprechende Regelung	–	
Türkei 2011	≈ MA	3 Abs. 1 Buchst. i	
Tunesien	≈ MA	3 Abs. 1 Buchst. f	
Turkmenistan	s. UdSSR		
UdSSR	keine entsprechende Regelung	–	
Ukraine	≈ MA	3 Abs. 1 Buchst. f	
Ungarn 2011	≈ MA	3 Abs. 1 Buchst. j	
Uruguay 2010	≈ MA	3 Abs. 1 Buchst. h	
USA 1989	≈ MA	3 Abs. 1 Buchst. h	
USA 1989/2006	≈ MA	3 Abs. 1 Buchst. h	
Usbekistan	≈ MA	3 Abs. 1 Buchst. h	
Venezuela	≈ MA	3 Abs. 1 Buchst. h	
Vereinigte Arabische Emirate 2010	≈ MA	3 Abs. 1 Buchst. g	
Vietnam	≈ MA	3 Abs. 1 Buchst. g	
Weißrussland	s. Belarus		
Zypern 2011	≈ MA	3 Abs. 1 Buchst. j	

2. Erläuterungen

a) Die deutschen DBA verweisen in ständiger und durch Art. 3 Abs. 1 Nr. 9 der deutschen Verhandlungsgrundlage für DBA bestätigter Praxis zur Bestimmung der (abkommensrechtlichen) deutschen Staatsangehörigkeit auf den Begriff des **„Deutschen" i. S. des GG,** d. h. seines Art. 116 Abs. 1 (*Petersen*, S. 89). Eine derartige Bezugnahme fehlt lediglich in Art. II Abs. 1 Buchst. f *DBA Pakistan 1958/70* und Art. 3 Abs. 1 Buchst. e *DBA China 1985,* jedoch ist auch in diesen Fällen mit dem Merkmal der Staatsangehörigkeit nach deutschem Recht die umfassendere Zugehörigkeit i. S. des Art. 116 Abs. 1 GG gemeint; zur *DBA Finnland* s. Rz. 74. Nach Art. 116 Abs. 1 GG ist Deutscher „wer die deutsche Staatsangehörigkeit besitzt oder als Flüchtling oder Vertriebener deutscher Volkszugehörigkeit oder als dessen Ehegatte oder Abkömmling in dem Gebiete des Deutschen Reiches nach dem Stande vom 31. Dezember 1937 Aufnahme gefunden hat". Die deutsche Staatsangehörigkeit bestimmt sich nach dem Staatsangehörigkeitsgesetz vom 22.7.1913, RGBl. 583, mit späteren Änderungen. Die Erweiterung des Art. 116 Abs. 1 GG auf Flüchtlinge und Vertriebene trug der besonderen Situation der Nachkriegszeit Rechnung, in der zahlreiche Angehörige deutscher Volksgruppen, besonders in Osteuropa, die die Staatsangehörigkeit ihres Wohnlandes besaßen, durch den Krieg und dessen Folgen aus ihrer Heimat vertrieben worden waren; sie sollte diesen Personen, auch wenn sie nicht die deutsche Staatsangehörigkeit besaßen, den Schutz der deutschen Rechtsordnung zusprechen. Die Vorschrift bleibt auch heute für deutsche Rücksiedler aus Osteuropa bedeutsam. Als Folge der abkommensrechtlichen Verweisung auf Art. 116 Abs. 1 GG fallen unter die Staatsangehörigkeitsdefinition der DBA neben den deutschen Staatsangehörigen i. e. S. auch Personen, die die Voraussetzungen des Art. 116 Abs. 1 2. Halbsatz GG erfüllen. Zu Art. 116 Abs. 1 GG insbesondere s. *Makarov/von Mangoldt,* Teil 1, Abschnitt 1. 72

In ähnlicher Weise dehnte das *DBA Großbritannien 1964/70* den Abkommensschutz für natürliche Personen über die britischen Staatsangehörigen hinaus auf Per- 73 sonen aus, die unter britischem Schutz stehen (Art. XX Abs. 2 *DBA Großbritannien*). Als derartige „British protected persons" kommen in Betracht die Angehörigen der früheren britischen Protektorate, Schutzstaaten, Mandats- und Treuhandgebiete. Das *DBA Großbritannien 2010* gewährt den Abkommensschutz für natürliche Personen über die britischen Staatsangehörigen hinaus den Personen, die nicht Staatsangehörige eines anderen Staates oder Gebietes des Commonwealth sind, sofern sie ein **Aufenthaltsrecht im Vereinigten Königreich** haben. Nach Art. 2 Abs. 1 Nr. 4 *DBA Niederlande 1959/2004* werden den niederländischen Staatsangehörigen **niederländische Untertanen** gleichgestellt, soweit sie in den Niederlanden wohnhaft sind. Die durch Gesetz vom 10.2.1910 begründete Rechtsstellung der niederländischen Untertanenschaft bezog sich auf die Bevölkerung der niederländischen Kolonialgebiete. Sie hat mit der Auflösung des niederländischen Kolonialreichs und der Aufhebung des Gesetzes betreffend die niederländische Untertanenschaft am 14.9.1962 ihre Bedeutung verloren. Folgerichtig ist die beschriebene Ausweitung im *DBA Niederlande 2012 (E)* nicht mehr enthalten.

74 Eine Definition des Staatsangehörigkeitsbegriffs **lediglich für nicht natürliche Personen** enthält das *DBA Finnland 1979*. Die Bestimmung der Staatsangehörigkeit bei natürlichen Personen ist auch bei diesem DBA aus dem nationalen Recht der Vertragsstaaten zu entnehmen, so dass sich eine Veränderung gegenüber der Rechtslage nach den MA nicht ergibt. Für das Recht Deutschlands ist dabei auch in diesem Fall auf Art. 116 Abs. 1 GG abzustellen (dazu s. Rz. 72).

75 **b)** Das *DBA Niederlande 1959/2004* bezieht **nur natürliche und juristische Personen** in den Schutz vor Staatsangehörigkeitsdiskriminierung ein. In ähnlicher Weise beschränkt Art. 24 Abs. 3 *DBA Spanien 1966* den Anwendungsbereich des Diskriminierungsverbots auf natürliche Personen und Gesellschaften, wobei unter dem Gesellschaftsbegriff des Abkommens nur juristische und diesen gleichgestellte Personen zu verstehen sind (Art. 3 Abs. 1 Buchst. f *DBA Spanien 1966*). Die Regelungen im *DBA Niederlande 2012 (E)* und *Spanien 2011* entsprechen dem MA. Nach Art. 24 Abs. 2 Nr. 3, Art. 3 Abs. 1 Nr. 4 *DBA Belgien* gilt das Staatsangehörigkeitsdiskriminierungsverbot des DBA neben den natürlichen nur für juristische und diesen gleichgestellte Personen sowie für OHG, KG und Partenreedereien nach deutschem Recht, nicht aber für sonstige Personenvereinigungen. Eine Einbeziehung der den juristischen Personen gleichgestellten Personen in das Diskriminierungsverbot enthält auch Art. 2 Abs. 1 Nr. 9 *DBA Israel,* der im Übrigen Art. 3 Abs. 1 Buchst. f MA entspricht.

76 **c) Keine Definition** des Staatsangehörigkeitsbegriffs trotz Bestehens eines auf die Staatsangehörigkeit abstellenden Diskriminierungsverbots enthalten die *DBA Polen* und *Russische Föderation 2006*. Die Staatsangehörigkeit bestimmt sich insoweit nach den Vorschriften der nationalen Rechtsordnungen der Vertragsstaaten in Verbindung mit den allgemeinen Regeln des Völkerrechts.

G. Zu Art. 3 Abs. 1 Buchst. h

I. Musterabkommen

Literatur: *Avery Jones u. a.,* BIFD 2003, 237; *Heinrichs,* in Maisto, Meaning, S. 305 (331); *Rust,* in Maisto, Meaning, S. 845.

1. Übereinstimmungen und Abweichungen

77 Die Definition ist durch das MA 2000 eingefügt worden. Sie ist in das US-MA 2006 und in die deutsche Verhandlungsgrundlage für DBA (dort Art. 3 Abs. 1 Nr. 5) übernommen worden, findet sich aber noch nicht im UN-MA.

2. Rechtliche Bedeutung

Das MA 2000 hat **Art. 14,** der die Besteuerung der Einkünfte aus freiberuflicher Tätigkeit und sonstiger selbständiger Arbeit regelte, **gestrichen.** Auf diese Einkünfte soll nunmehr Art. 7 angewendet werden. Sie sollen folglich **Unternehmenseinkünfte** darstellen. Um das klarzustellen und insbesondere um zu verhindern, dass sie als „sonstige Einkünfte" i. S. des Art. 21 behandelt würden, wurde einerseits in Buchst. c der Begriff „Unternehmen" definiert (nicht besonders klar) und andererseits in Buchst. h bestimmt, dass auch die freiberufliche und sonstige selbständige Tätigkeit „Geschäfts-" und damit „Unternehmens"-Tätigkeit darstelle. Die deutsche Übersetzung „Geschäftstätigkeit" für engl. *„business"* bzw. frz. *„activité ou affaire"* ist ungeschickt; sie erweckt zu Unrecht den Eindruck, dass der Ausdruck nur Tätigkeiten erfasse. 78

Der MA-Komm., Ziff. 10.2, hebt hervor, dass die Definition des Buchst. h nicht erschöpfend sei, und verweist unter Rückgriff auf Art. 3 Abs. 2 ergänzend auf das innerstaatliche Recht (dazu auch Rz. 41). Für Deutschland ist aus § 8 Abs. 2 KStG abzuleiten, dass alle Einkünfte der unbeschränkt steuerpflichtigen Kapitalgesellschaften gewerblich und damit „unternehmerisch" sind; ähnlich sind in anderen Staaten Kontinentaleuropas die Einkünfte bestimmter Gesellschaften stets Unternehmenseinkünfte. Dagegen stellen die Steuerrechtsordnungen der Common Law-Staaten wie bei natürlichen Personen allein auf die Art der ausgeübten Tätigkeit ab (s. *Avery Jones u. a.,* BIFD 2003, 237). Die Gerichte haben hier mehrfach entschieden, dass auch einmalige auf Gewinn gerichtete Tätigkeiten unter den Begriff fallen können (*Canadian Supreme Court,* MNR v. Tara, (1972) 28 DLR (3d) 135: *DBA Kanada/Irland; Rhodesian High Court, Appelate Division,* CT v Aktiebolaget Tetra Pak, [1966 (4)] 198: *DBA Großbritannien/Schweden; Supreme Court of South Africa, Appelate Division,* SIR v. Downing, (1975) (4) SA 518: *DBA Südafrika/Schweiz; High Court of Australia,* Thiel v. FCT, 21 ATR 1990, 531: *DBA Australien/Schweiz; New South Wales Supreme Court,* Unisys v. FCT [2002], NSWS C 1115: *DBA Australien/USA*). 79

II. Deutsche DBA

Eine dem Art. 3 Abs. 1 Buchst. h entsprechende Definition enthalten bisher nur die *DBA Bulgarien 2010, Großbritannien 2010/14 (E), Irland 2011, Jersey 2008, Liechtenstein 2011, Mauritius 2011, Niederlande 2012 (E), Spanien 2011, Südafrika 2008 (E), Tadschikistan, Taiwan 2011, Ungarn 2011, Uruguay 2010, DBA VAE 2010* und *Zypern 2011.* 80

Anhang zu Absatz 1

1. Allgemeines

Vor allem in älteren DBA findet sich im Definitionenkatalog des Art. 3 Abs. 1 entsprechenden Vorschriften noch die Erläuterung der Begriffe **„ansässige Person"** (oder des „Wohnsitzes"; dazu s. Art. 4 MA) und **„Betriebstätte"** (dazu s. Art. 5 MA). 83

2. Weitere Begriffe, Vertragsstaat

Darüber hinaus können im Definitionenkatalog der Art. 3 Abs. 1 entsprechenden Vorschriften gegenüber dem OECD-MA **weitere Begriffe** definiert sein. In 83a der deutschen Abkommenspraxis ist dies v. a. eine Definition des Begriffs **„Vertragsstaat“** (Ziff. 1 MA-Komm.; beispielhaft s. Art. 3 Abs. 1 Nr. 1 der deutschen Verhandlungsgrundlage für DBA, der die deutsche Abkommenspraxis nachzeichnet; ferner s. zur Überschrift Rz. 8; für Übersichten zu anderen Begriffen als dem des Vertragsstaats s. Rz. 86 ff.). In Bezug auf den Begriff des „Vertragsstaats“ ist zwischen dem Verständnis im inkorporationsrechtlichen (Rz. 83b) und im geographischen Sinne zu unterscheiden (Rz. 83c).

83b **Vertragsstaat im inkorporationsrechtlichen Sinne** ist die gebietskörperschaftlich verfasste juristische Person, die als Völkerrechtssubjekt Partner des (völkerrechtlichen) Vertrags „DBA“ ist. In Bezug auf die Stellung des Vertragsstaats als Vertragspartei verwenden die Abkommen praktischerweise jedoch nicht den Begriff des „Vertragsstaats“, sondern sie benennen die Vertragsstaaten – etwa in der Überschrift (dazu s. Zur Überschrift Rz. 2, 8) – ausdrücklich mit der vollständigen Bezeichnung des jeweiligen Staats (beispielsweise „Bundesrepublik Deutschland“; dazu etwa s. Überschrift der deutschen Verhandlungsgrundlage für DBA). Die limitierende Wirkung der DBA bei der Ausübung ihres aus der Souveränität der Vertragsstaaten folgenden Besteuerungsrechts, die sich aus der Stellung als Vertragspartner ergibt, ist dabei nicht nur von den Vertragsstaaten selbst zu beachten, sondern auch von ihren territorialen Untergliederungen (aus deutscher Sicht: den (Bundes-)Ländern sowie den Gemeinden). Im anderen Zusammenhang wird der Begriff des Vertragsstaats im inkorporationsrechtlichen Sinne dagegen ausdrücklich verwendet, etwa in Art. 4 Abs. 1 S. 1 Alt. 2 MA. Danach können die Vertragsstaaten und ihre Gebietskörperschaften in Bezug auf eigene Einkünfte ansässige Personen und damit abkommensberechtigt i. S. des Art. 1 MA sein (zur klarstellenden Funktion von Art. 4 Abs. 1 S. 1 Alt. 2 MA s. Art. 4 Rz. 75a; zur Eigenschaft als ansässige Person i. S. des Art. 3 Abs. 1 Buchst. a, b, Art. 4 Abs. 1 Alt. 2 MA in Ermangelung einer entsprechenden Klarstellung s. Rz. 13d; Art. 4 Rz. 4, 71, 72, 75a, 151). In von der Bundesrepublik Deutschland abgeschlossenen Abkommen bedeutet der Begriff des Vertragsstaats im inkorporationsrechtlichen Sinne typischerweise die Bundesrepublik Deutschland (s. Art. 3 Abs. 1 Nr. 1 Alt. 1 der deutschen Verhandlungsgrundlage für DBA). Auch in diesem Zusammenhang sind vom Begriff des Vertragsstaats neben dem Vertragsstaat als solchem auch die territorialen Untergliederungen (aus deutscher Sicht wiederum die (Bundes-)Länder und die Gemeinden) erfasst.

83c Dagegen meint **Vertragsstaat im geographischen Sinne** den räumlichen Geltungsbereich eines Abkommens (dazu s. Zur Überschrift Rz. 2 ff.). Insoweit determiniert der Begriff zum einen das Gebiet, in dem Rechtsanwender – wie insbesondere Gerichte und Verwaltungsbehörden – das Abkommen anzuwenden haben (dazu s. Zur Überschrift Rz. 3), wobei die Grenzen des Grundsatzes der formellen Territorialität zu beachten sind (d.h. keine Vornahme von hoheitlichen Rechtsakten außerhalb des eigenen Staatsgebiets; dazu s. Grundl. Rz. 16). Zum anderen wird das Gebiet abgegrenzt, in dem Sachverhalte für Zwecke der Abkommenswendung verwirklicht werden müssen, wenn es bei der Anwendung (einzelner Bestimmungen) des Abkommens auf die Verwirklichung des Sachverhalts in einem Vertragsstaat ankommt (dazu s. Zur Überschrift Rz. 3, 6 f.; so knüpfen etwa Verteilungsnormen wie Art. 6 Abs. 1 oder Art. 15 Abs. 1 S. 1, 2 an die Belegenheit oder Tätigkeit in einem – im geographischen Sinne verstandenen – Vertragsstaat an). Der Begriff Vertragsstaat im geographischen Sinne bezieht sich auf das Staatsgebiet, jedoch – trotz Extraterritorialitätsfiktion für Botschaften – nicht auf das Gelände der Botschaften der Vertragsstaaten im anderen Vertragsstaat (*Rechtbank vna Eerste Aanleg Gent (Court of First Instance)*, 23.7.2009, AR 03128 483/A) bzw. in Drittstaaten. Bei Küstenstaaten als Vertragsstaaten ist in diesem Zusammenhang besonders regelungsbedürftig, inwieweit über das Staatsgebiet eines Vertragsstaats hinausgehende Teile maritimer Gewässer zum Vertragsstaat im geographischen Sinne gehören. Die deutsche Abkommenspraxis schließt regelmäßig das an das Küstenmeer anschließende Gebiet (den sog. Festlandsockel) ein (s. Art. 3 Abs. 1 Nr. 1 Alt. 2 der deutschen Verhandlungsgrundlage für DBA). In Bezug auf die ausgeübten Aktivitäten bezieht die deutsche Abkommenspraxis insbesondere die Energieerzeugung unter Nutzung erneuerbarer Energieträger ein (Art. 3 Abs. 1 Nr. 1 Alt. 1) der deutschen Verhandlungsgrundlage für DBA; gemeint sein dürften insbesondere sog. Offshore-Windparks; dazu s. *Behrendt/Wischott/Kinger,* BB 2012, 1827 (1829 ff.); zu weiteren Fragestellungen von Offshore-Windparks s. *Waldhoff/Engler,* FR 2012, 254 ff.). Zu Einzelheiten s. Zur Überschrift Rz. 9 ff.

Enthält ein Abkommen **keine selbständige Definition** des Begriffs „Vertragsstaat", ist der Begriff nach den allgemeinen Regeln der Auslegung von Abkommen zu bestimmen (dazu s. Grundl. Rz. 95 ff.). Dabei ist zu differenzieren. Soweit der Begriff im inkorporationsrechtlichen Sinne zu verstehen ist und den Vertragsstaat als Partner des DBA als völkerrechtlichem Vertrag meint, besteht typischerweise kein Auslegungsbedarf, da die Vertragsstaaten – etwa in der Überschrift – genau bezeichnet werden (dazu s. Rz. 83a; Zur Überschrift Rz. 2, 8). Soweit der Begriff des Vertragsstaats in einem DBA als solcher tatsächlich verwendet wird und im inkorporationsrechtlichen Sinne zu verstehen ist (dazu s. Rz. 83c), können sinnvollerweise auch nur die – etwa in der Überschrift bezeichneten (dazu auch Zur Überschrift Rz. 8) – Vertragspartner des DBA gemeint sein. Für die Auslegung des Begriffs des Vertragsstaats im geographischen Sinne wären Art. 3 Abs. 2 MA entsprechende Regelungen anzuwenden (dazu auch Zur Überschrift Rz. 13). Zwar verwendet das innerstaatliche Recht nicht den im geographischen Sinne verstandenen Begriff des Vertragsstaats. Jedoch enthalten die maßgeblichen innerstaatlichen Einzelsteuergesetze regelmäßig Bestimmungen über den räumlichen Anwendungsbereich (z. B. § 1 Abs. 1 S. 1 EStG, § 1 Abs. 1, 3 KStG; dazu s. *Macjejewski/Theilen,* IStR 2013, 846), der – für die Anwendung von Art. 3 Abs. 2 MA genügend (dazu s. Rz. 111b; Grundl. Rz. 152c) – sachlich mit dem Begriffskern des Vertragsstaats im geographischen Sinne übereinstimmt (dazu auch Zur Überschrift Rz. 13, dort auch weitere Einzelheiten). Voraussetzung für die Auslegung nach innerstaatlichem Recht ist, dass der Zusammenhang nicht etwas anderes erfordert (zum Zusammenhang, der etwas anderes erfordert, s. Rz. 116a ff.). Dies wird regelmäßig zu verneinen sein. **83d**

3. Abkommenübersichten zu bestimmten Begriffen

a) Vertragsstaat und geographischer Anwendungsbereich

aa) Bezeichnung der Vertragsstaaten, z. T. auch des geographischen Anwendungsbereichs des DBA:

84

DBA	Artikel
Ägypten	3 Abs. 1 Buchst. A
Albanien 2010	3 Abs. 1 Buchst. a, b
Algerien 2007	3 Abs. 1 Buchst. a, b
Argentinien	3 Abs. 1 Buchst. A
Armenien	s. UdSSR
Aserbaidschan	3 Abs. 1 Buchst. C
Australien	3 Abs. 1 Buchst. a, b
Bangladesch	3 Abs. 1 Buchst. a, b
Belarus	3 Abs. 1 Buchst. c
Belgien	3 Abs. 1 Nr. 1, 2
Bolivien	3 Abs. 1 Buchst. A

DBA	Artikel
Bosnien-Herzegowina	s. Jugoslawien
Bulgarien 2010	3 Abs. 1 Buchst. a, b
China 1985	3 Abs. 1 Buchst. A
China 2014 (E)	3 Abs. 1 Buchst. a, b, c
Costa Rica 2014 (E)	3 Abs. 1 Buchst. a
Dänemark	3 Abs. 1 Buchst. a, b, c
Ecuador	3 Abs. 1 Buchst. A
Elfenbeinküste	3 Abs. 1 Buchst. A
Estland	3 Abs. 1 Buchst. a, b
Finnland	3 Abs. 1 Buchst. A
Frankreich	2 Abs. 1 Nr. 1, 2
Georgien	3 Abs. 1 Buchst. a, b
Ghana	3 Abs. 1 Buchst. A
Großbritannien 1964/70	II Abs. 1 Buchst. a, b, c
Großbritannien 2010/14 (E)	3 Abs. 1 Buchst. b, c
Indien	3 Abs. 1 Buchst. a, b, c
Indonesien	3 Abs. 1 Buchst. a, b, c
Iran	3 Abs. 1 Buchst. a, b, c
Irland 2011	3 Abs. 1 Buchst. b, c
Island	3 Abs. 1 Buchst. a, b, c
Israel	2 Abs. 1 Nr. 1, 2
Italien	3 Abs. 1 Buchst. a, b, c
Jamaika	3 Abs. 1 Buchst. a, b, c
Japan	3 Abs. 1 Buchst. a, b, c
Jersey 2008	4 Abs. 1 Buchst. b, c
Jugoslawien	3 Abs. 1 Buchst. a, b
Kanada	3 Abs. 1 Buchst. A
Kasachstan	3 Abs. 1 Buchst. a, b
Kenia	3 Abs. 1 Buchst. A
Kirgisistan	3 Abs. 1 Buchst. a, c
Korea	3 Abs. 1 Buchst. a, b
Kosovo	s. Jugoslawien
Kroatien	3 Abs. 1 Buchst. A
Kuwait	3 Abs. 1 Buchst. a, b
Lettland	3 Abs. 1 Buchst. a, b
Liberia	3 Abs. 1 Buchst. a, b
Liechtenstein 2011	3 Abs. 1 Buchst. b, c
Litauen	3 Abs. 1 Buchst. a, b
Luxemburg 2012	3 Abs. 1 Buchst. a, b
Malaysia 2010	3 Abs. 1 Buchst. a, b
Malta	3 Abs. 1 Buchst. a, b
Marokko	3 Abs. 1 Nr. 1, 2, 3
Mauritius 2011	3 Abs. 1 Buchst. a, b
Mazedonien 2006	3 Abs. 1 Buchst. a
Mexiko 2008	3 Abs. 1 Buchst. a, b
Moldau	s. UdSSR
Mongolei	3 Abs. 1 Buchst. a, b
Montenegro	s. Jugoslawien
Namibia	3 Abs. 1 Buchst. A
Neuseeland	3 Abs. 1 Buchst. a, b
Niederlande 2012 (E)	3 Abs. 1 Buchst. a, b, c
Norwegen 1991	3 Abs. 1 Buchst. a, b, c
Norwegen 2013 (E)	3 Abs. 1 Buchst. a, b, c
Oman 2012 (E)	3 Abs. 1 Buchst. a, b, c

DBA	Artikel
Österreich	3 Abs. 1 Buchst. a, b
Pakistan	3 Abs. 1 Buchst. a, b, c
Philippinen 1983	3 Abs. 1 Buchst. a, b
Philippinen 2013	3 Abs. 1 Buchst. a, b, c
Polen	3 Abs. 1 Buchst. a
Portugal	3 Abs. 1 Buchst. a, b, c
Rumänien	3 Abs. 1 Buchst. c
Russische Föderation	3 Abs. 1 Buchst. A
Sambia	3 Abs. 1 Buchst. a, b, c
Schweden	3 Abs. 1 Buchst. a, b, c
Schweiz	3 Abs. 1 Buchst. a, b, c
Serbien	s. Jugoslawien
Simbabwe	3 Abs. 1 Buchst. A
Singapur 1972	3 Abs. 1 Buchst. a, b, c
Singapur 2004	3 Abs. 1 Buchst. a, b, c
Slowakei	s. Tschechoslowakei
Slowenien	3 Abs. 1 Buchst. A
Spanien 2011	3 Abs. 1 Buchst. A
Sri Lanka	3 Abs. 1 Buchst. a, b
Südafrika 1973	3 Abs. 1 Buchst. a, b, c
Südafrika 2008 (E)	3 Abs. 1 Buchst. a, b
Syrien 2010	3 Abs. 1 Buchst. a, b
Tadschikistan	3 Abs. 1 Buchst. A
Taiwan 2011	3 Abs. 1 Buchst. A
Thailand	3 Abs. 1 Buchst. a, b, c
Trinidad und Tobago	3 Abs. 1 Buchst. a, b, c
Tschechien (E)	3 Abs. 1 Buchst. b, c
Türkei 2011	3 Abs. 1 Buchst. a, b
Tunesien	3 Abs. 1 Buchst. A
Turkmenistan	s. UdSSR
UdSSR	3 Abs. 1 Buchst. A
Ukraine	3 Abs. 1 Buchst. A
Ungarn 2011	3 Abs. 1 Buchst. a,b
Uruguay 2010	3 Abs. 1 Buchst. A
USA 1989	3 Abs. 1 Buchst. a, b, c
USA 1989/2006	3 Abs. 1 Buchst. a, b, c
Usbekistan	3 Abs. 1 Buchst. a, b
Venezuela	3 Abs. 1 Buchst. a, b, c
Vereinigte Arabische. Emirate 2010	3 Abs. 1 Buchst. A
Vietnam	3 Abs. 1 Buchst. a, b
Weißrussland	s. Belarus
Zypern 2011	3 Abs. 1 Buchst. a, b

bb) Bezeichnung des geographischen Anwendungsbereichs unter Einbeziehung des Festlandsockels (Kontinentalschelfs):

85

DBA	Artikel
Ägypten	3 Abs. 1 Buchst. A
Armenien	s. UdSSR
Aserbaidschan	3 Abs. 1 Buchst. a, b
Australien	3 Abs. 1 Buchst. B
Belarus	3 Abs. 1 Buchst. A
Bosnien-Herzegowina	s. Jugoslawien

DBA	Artikel
China 1985	3 Abs. 1 Buchst. A
China 2014 (E)	3 Abs. 1 Buchst. a, b
Costa Rica 2014 (E)	3 Abs. 1 Buchst. a
Dänemark	3 Abs. 1 Buchst. b, c
Estland	3 Abs. 1 Buchst. a, b
Finnland	3 Abs. 1 Buchst. A
Georgien	3 Abs. 1 Buchst. A
Ghana	3 Abs. 1 Buchst. A
Großbritannien 1964/70	II Abs. 1 Buchst. a, b
Großbritannien 2010/14 (E)	3 Abs. 1 Buchst. b, c
Indien	3 Abs. 1 Buchst. a, b, c
Indonesien	3 Abs. 1 Buchst. a, b
Island	3 Abs. 1 Buchst. a, b
Jamaika	3 Abs. 1 Buchst. a, b
Jugoslawien	3 Abs. 1 Buchst. B
Kanada	3 Abs. 1 Buchst. A
Kasachstan	3 Abs. 1 Buchst. B
Kirgisistan	3 Abs. 1 Buchst. B
Korea	3 Abs. 1 Buchst. a, b
Kosovo	s. Jugoslawien
Kroatien	3 Abs. 1 Buchst. A
Kuwait	3 Abs. 1 Buchst. a, b
Lettland	3 Abs. 1 Buchst. a, b
Liberia	3 Abs. 1 Buchst. a, b
Litauen	3 Abs. 1 Buchst. a, b
Malaysia 2010	3 Abs. 1 Buchst. a, b
Malta	3 Abs. 1 Buchst. a, b
Marokko	3 Abs. 1 Nr. 1, 2
Moldau	s. UdSSR
Mongolei	3 Abs. 1 Buchst. A
Montenegro	s. Jugoslawien
Namibia	3 Abs. 1 Buchst. A
Neuseeland	3 Abs. 1 Buchst. a, b
Niederlande 2012 (E)	3 Abs. 1 Buchst. b, c
Norwegen 1991	3 Abs. 1 Buchst. b, c
Norwegen 2013 (E)	3 Abs. 1 Buchst. b, c
Oman 2012 (E)	3 Abs. 1 Buchst. a, b
Österreich	3 Abs. 1 Buchst. B
Pakistan	3 Abs. 1 Buchst. a, b
Philippinen 2013	3 Abs. 1 Buchst. a, b
Portugal	3 Abs. 1 Buchst. b, c
Rumänien	3 Abs. 1 Buchst. a, b
Russische Föderation	3 Abs. 1 Buchst. A
Sambia	3 Abs. 1 Buchst. a (nur Deutschland)
Schweden	3 Abs. 1 Buchst. a, b
Schweiz	3 Abs. 1 Buchst. a (nur Deutschland)
Serbien	s. Jugoslawien
Singapur 1972	3 Abs. 1 Buchst. a, b
Singapur 2004	3 Abs. 1 Buchst. a, b
Slowenien	3 Abs. 1 Buchst. A
Südafrika 1973	3 Abs. 1 Buchst. a, b
Tadschikistan	3 Abs. 1 Buchst. A
Trinidad und Tobago	3 Abs. 1 Buchst. a, b
Tschechien (E)	3 Abs. 1 Buchst. B

DBA	Artikel
Türkei 2011	3 Abs. 1 Buchst. a, b
Turkmenistan	s. UdSSR
UdSSR	3 Abs. 1 Buchst. A
Ukraine	3 Abs. 1 Buchst. A
Uruguay 2010	3 Abs. 1 Buchst. A
Usbekistan	3 Abs. 1 Buchst. A
Venezuela	3 Abs. 1 Buchst. b, c
Vereinigte Arabische Emirate 2010	3 Abs. 1 Buchst. A
Vietnam	3 Abs. 1 Buchst. a, b
Weißrussland	s. Belarus
Zypern 2011	3 Abs. 1 Buchst. a, b

Weitere Erläuterungen hierzu s. Zur Überschrift des MA Rz. 2 ff.

b) Begriff „Steuerjahr" (hierzu s. Art. 23 Rz. 156):

86

DBA	Artikel
Indien	3 Abs. 1 Buchst. K

c) Begriff „Steuer":
(teils nur i. S. von „Steuern des einen oder des anderen Vertragsstaats", teils mit dem Hinweis, dass Strafen und Zinsen nicht miterfasst sind)

87

DBA	Artikel
Australien	3 Abs. 1 Buchst. g bis i
Griechenland	II Abs. 1 Nr. 1
Großbritannien 1964/70	II Abs. 1 Buchst. E
Indien	3 Abs. 1 Buchst. E
Island	3 Abs. 1 Buchst. H
Japan	3 Abs. 1 Buchst. D
Kenia	3 Abs. 1 Buchst. B
Mauritius 2011	3 Abs. 1 Buchst. l
Mongolei	3 Abs. 1 Buchst. E
Neuseeland	SProt. Nr. 1 Buchst. C
Philippinen 1983	3 Abs. 1 Buchst. B
Südafrika 1973	3 Abs. 1 Buchst. D

d) Begriff „gewerbliche Gewinne" (dazu s. Art. 7 Rz. 51 ff.):

88

DBA	Artikel
Griechenland	II Abs. 1 Nr. 6
Großbritannien 1964/70	II Abs. 1 Buchst. K

e) Begriff „Dividenden" (dazu s. Art. 10 Rz. 184 ff.):

89

DBA	Artikel
Israel	2 Abs. 1 Nr. 8

f) Begriffe „Ruhegehalt" und „Rente" (dazu s. Art. 18 Rz. 15 ff., 82 ff.):

90

DBA	Artikel
Griechenland	II Abs. 1 Nr. 8, 9

g) Begriff „Sitz“:

91

DBA	Artikel
Türkei 2011	3 Abs. 1 Buchst. f

H. Zu Art. 3 Abs. 2

I. Musterabkommen

1. Übereinstimmungen und Abweichungen

97 Die OECD-, UN- und US- MA sowie die deutsche Verhandlungsgrundlage für DBA stimmen weitgehend überein. Art. 3 Abs. 2 des OECD-MA ist 1995 zweimal ergänzt worden, zum einen durch eine Klarstellung über die für die Auslegung maßgebliche Fassung des innerstaatlichen Rechts (dazu s. Rz. 124) und zum anderen durch eine Regel über die Rangordnung verschiedener Bedeutungen eines Ausdrucks im Recht des Anwendestaates (dazu s. Rz. 112 ff.). US- und UN-MA haben diese Ergänzungen übernommen. Anders als die anderen Musterabkommen bzw. die deutsche Verhandlungsgrundlage enthält das US-MA zusätzlich einen Vorbehalt für den Fall, dass sich die zuständigen Behörden der Vertragsstaaten im Verständigungsverfahren auf eine bestimmte (dann autonome) Auslegung einigen. Die zuständigen Behörden sollen also befugt sein, die Bedeutung eines Begriffs in einem internationalen Vertrag zu einem späteren Zeitpunkt verbindlich festzulegen und damit den Rückgriff auf das innerstaatliche Recht zu versperren (dazu für das OECD-MA s. Ziff. 13.1 MA-Komm.). Völkerrechtlich ist das unzweifelhaft möglich. Ob aber eine derartige Festlegung innerstaatlich beachtlich sein kann, ist nach dem jeweiligen innerstaatlichen Recht, insbesondere dem Verfassungsrecht, der Vertragsstaaten, zu bestimmen. Dazu s. Grundl. Rz. 136 ff.; Art. 25 Rz. 170.

2. Erläuterungen

97a **Literatur:** *Avery Jones,* FS Beusch, S. 43 ff.; *ders.,* APTIRC-Bull. 1993, 282; *ders.,* ET 1993, 252; *ders.,* FS Hinnekens, S. 1 ff.; *ders.,* FS Ward, S. 3 ff.; *Avery Jones u. a.,* BTR 1984, 14 ff., 90 ff.; *dies.,* BTR 1996, 212 = ET 1996, 118; *Brockway,* S. 619 ff.; *van der Bruggen,* ET 2003, 142; *Czakert,* IStR 2012, 703; *Debatin,* AWD 1969, 477; *ders.,* FR 1979, 493; *Déry/Ward,* CDFI LXXVIIIa 259; *Diehl,* FR 1978, 517; *Engelen,* S. 1 ff.; *ders./Gunn,* BIT 2012 (www.ibfg.org); *Flick,* S. 151 ff.; *Gloria,* RIW 1986, 970 ff.; *Gröhs/Herbst,* Zeitschrift für Verwaltung 1986, 16; *Kandev,* (2007) 55 Canadian Tax Journal 31 ff.; *Kerath* S. 1 ff.; *Kluge,* RIW 1975, 90; *Knobbe-Keuk,* RIW 1991, 306; *M. Lang,* Introduction, S. 56 ff.; *ders.,* FS Vogel, S. 907 ff., 915 ff.; *Lehner,* FS Frotscher, S. 383; *Leisner-Egensperger,* IStR 2014, 10; *Lenz,* CDFI XLII (1960) 163, 281; *Mössner,* in FS Seidl-Hohenveldern, S. 420 ff.; *van Raad,* Intertax 1992, 671; *ders.,* MBB 1978, 49; *Salomé/Danon,* Intertax 2003, 190; *Shannon,* Intertax 1989, 453 ff.; *Sinclair u. a.,* BIFD 1986, 75 ff.; *K. Vogel,* FS Sibille, S. 957.

98 **a)** Die Vorschrift regelt die Auslegung von abkommensrechtlichen Ausdrücken, die zugleich Ausdrücke des Rechts der Vertragsstaaten sind, somit das **sog. „Qualifikations“-Problem i. e. S.** (dazu auch Grundl. Rz. 96b, 152 ff.; zur Entstehungsgeschichte s. *Avery Jones,* BTR 2011, 653 (661 f.)). Sie betrifft nur diejenigen abkommensrechtlichen Begriffe, die auch im Steuerrecht der Vertragsstaaten verwendet werden (zur Verwendung in diesem Sinne s. Rz. 111b). Für diese Begriffe enthält Art. 3 Abs. 2 MA eine grundlegende Weichenstellung im Hinblick auf die Methode der Auslegung von abkommensrechtlichen Begriffen, wenn die Vorschrift als **Regel** vorschreibt, dass jeder Vertragsstaat sie nach Maßgabe seines eigenen in-

nerstaatlichen Steuerrechts auszulegen hat, d. h. Auslegung nach der sog. „lex fori" (dazu auch Grundl. Rz. 149a). Eine abweichende, d. h. eine abkommensautonome Auslegung („etwas anderes"; dazu s. Rz. 116a; zum Begriff der „abkommensautonomen Auslegung" s. Grundl. Rz. 113a ff.), ist jedoch **ausnahmsweise** vorzunehmen, wenn der „Zusammenhang" des Abkommens sie „erfordert" (zum „Zusammenhang, der etwas anderes erfordert" s. Rz. 116a ff.; Grundl. Rz. 152d). Art. 3 Abs. 2 MA stellt damit eine vom Abkommen selbst vorgesehene **Grenze des Gebots der autonomen Auslegung** dar (vgl. *Lehner*, FS Frotscher, S. 387 (396)). Diese ist wegen der in Art. 3 Abs. 2 MA enthaltenen Bedingungen zugleich eine Bestätigung dieses Gebots, da abkommensrechtliche Begriffe nur dann durch Rückgriff auf das innerstaatliche Recht ausgelegt werden dürfen, wenn diese Bedingungen erfüllt sind (dazu s. Grundl. Rz. 113a ff., insbesondere Rz. 113e; ferner *M. Lang*, in Grotherr, Handbuch, S. 1876).

Diese ausdrückliche Verweisung auf das innerstaatliche Recht hat **praktische Vorteile**, da der innerstaatliche und der abkommensrechtliche Begriff nicht divergieren, sondern dieselbe Bedeutung haben und folglich keine eigenständige abkommensautonome Begriffsbestimmung entwickelt werden muss. Überdies entspricht die Auslegung von abkommensrechtlichen Begriffen durch Rückgriff auf innerstaatliches Recht der **Funktion von DBA,** die darin besteht, die Ausübung von nach innerstaatlichem Recht begründeten Besteuerungsrechten zu beschränken (dazu s. Grundl. Rz. 65 f.). Diese Funktion können DBA am besten erfüllen, wenn abkommensrechtliche Ausdrücke die gleiche Bedeutung haben wie im innerstaatlichen Recht, sofern nicht besondere Umstände (namentlich der in Abs. 2 genannte „Zusammenhang") ausnahmsweise anderes (d.h. eine abkommensautonome Auslegung) erfordern. Verweisungen auf das innerstaatliche Recht können allerdings zur Folge haben, dass die beiden Vertragsstaaten **abkommensrechtliche Begriffe** aufgrund von Unterschieden im maßgeblichen innerstaatlichen Recht **anders verstehen** und deshalb das **Abkommen unterschiedlich anwenden** (s. Rz. 125; Grundl. Rz. 157 ff.). Solche unerwünschten Ergebnisse lassen sich allerdings weitgehend durch eine **sachgerechte Auslegung** der Verweisungsnorm des Art. 3 Abs. 2 MA vermeiden (insbesondere durch eine entsprechende Bestimmung des Begriffs des „Zusammenhangs", der etwas „anderes erfordern" kann; dazu s. Rz. 116a ff.). Das Problem der Doppelfreistellung kann sich daher heute auch in den angloamerikanischen Staaten ergeben. Die Literatur hat versucht, negative Auswirkungen des Art. 3 Abs. 2 durch eine **einschränkende Auslegung** abzuschwächen bzw. zu vermeiden (so etwa *Flick,* S. 163; *Höhn*, S. 54 (76); *M. Lang*, Introduction, S. 57; ähnlich auch BFH BStBl. II 1986, 5, wenn auch ohne Entscheidungserheblichkeit). Ausführlich zu dieser Problematik s. Rz. 118 ff. **99**

Die Verweisung stammt aus der angloamerikanischen Vertragspraxis (dazu s. Rz. 2; ferner speziell zu Art. 3 Abs. 2 *Avery Jones,* FS Ward, S. 3 (4 ff.)) und mag ihre Erklärung im „Absicherungsinteresse" der Vertragsstaaten finden (vgl. *Debatin,* AWD 1969, 480), d. h. ihrem Bestreben, die eigene Souveränität auch im Rahmen einer Abkommensbindung noch, zumindest soweit möglich, zu wahren (*Sibille,* CDFI XLII (1960) 206, 209). Die damaligen Abkommen beruhten auf der Anrechnungsmethode, was eine Doppelfreistellung ausschloss. Inzwischen enthalten jedoch auch Abkommen der angloamerikanischen Staaten Freistellungen (beispielsweise für Zinsen und Lizenzgebühren) oder sie übernehmen entsprechend den Empfehlungen des OECD- und des UN-MA Verteilungsnormen, die dem Quellenstaat die ausschließliche Besteuerungszuständigkeit für bestimmte Einkünfte zuweisen (dazu s. Vor Art. 6 bis 22 Rz. 4 ff.). **100**

Die Formulierung, wonach die Auslegung nach innerstaatlichem Recht vorrangig sein soll, ist nicht zwingend, sie kann in DBA auch umgekehrt sein. So kehrt Deutschlands *DBA Schweden 1992* die Regel des MA **ausnahmsweise** um und **100a** gibt der **autonomen** Abkommensauslegung **Vorrang** vor der Heranziehung des innerstaatlichen Rechts (dazu s. Rz. 129).

101 **b)** Im Vergleich zu den **speziellen** Auslegungsregeln des MA und der einzelnen Abkommen (einschließlich der abkommensautonomen Definitionen, wie etwa in Art. 3 Abs. 1, Art. 4, 5 etc.; dazu s. Rz. 107, 111a) ist Art. 3 Abs. 2 eine weniger spezielle Regel (zu den speziellen Regeln für die Auslegung s. Grundl. Rz. 149 ff.); die spezielleren Regeln gehen deshalb Art. 3 Abs. 2 vor (s. Grundl. Rz. 152). Er steht aber seinerseits zu den **allgemeinen** Auslegungsregeln für DBA im Verhältnis der **Spezialität** (zu diesen s. Grundl. Rz. 101 ff., 113 ff.).

102 Die Spezialität von Art. 3 Abs. 2 MA gegenüber den allgemeinen Regeln führt jedoch nicht generell zur Anwendung von Art. 3 Abs. 2 MA und damit der Heranziehung innerstaatlicher Begriffsbestimmungen für die Auslegung abkommensrechtlicher Ausdrücke. Zu berücksichtigen ist nämlich, dass der **Anwendungsbereich von Art. 3 Abs. 2 MA beschränkt** ist. Die Vorschrift regelt nur die Auslegung von „Ausdrücken", die das Abkommen verwendet (zur Verwendung s. Rz. 111b). Die Regelung gibt somit **keine Rechtfertigung** dafür, **allgemein Rechtsgedanken** des innerstaatlichen Rechts für die Auslegung des Abkommensrechts heranzuziehen oder „Lücken intra legem" (d. h. „intra pactum") durch Heranziehung des innerstaatlichen Rechts zu schließen (so aber eine verbreitete Ansicht; Nachweise bei *K. Vogel/R. Prokisch* CDFI LXXVIII a, 41 f.). Nicht gefolgt werden kann auch der Auffassung, DBA-Ausdrücke i. S. des Art. 3 Abs. 2 könnten als **„Oberbegriffe"** verstanden werden, die auf das verweisen, „was im nationalen Steuerrecht detailliert geregelt wird" (dazu s. *Wassermeyer,* StuW 1990, 404 (420)). So hat der *High Court of Australia* eine Anwendung einer Art. 3 Abs. 2 MA entsprechenden Regelung auf die Ausdrücke „*enterprise*" und „*profits*" abgelehnt, „*because these words have no particular or established meaning under the laws relating to Australian income tax*" (Thiel v. FCT 21 ATR 531 (532 f.); dies kann in anderen Rechtsordnungen jedoch anders sein).

107 Zu den vorrangigen **speziellen Auslegungsregeln** des Abkommens gehören etwa die Definitionen für „ansässige Person[en]" in Art. 4 Abs. 1, „Betriebstätte[n]" in Art. 5 MA, „Dividenden" in Art. 10 Abs. 3, „Zinsen" in Art. 11 Abs. 3 MA, „Lizenzgebühren" in Art. 12 Abs. 2 sowie die in Art. 3 Abs. 1 enthaltenen Definitionen. Soweit **in besonderen Abkommensdefinitionen verwendete Begriffe ihrerseits auslegungsbedürftig** sind (z. B. „Gesellschaft" in Art. 3 Abs. 1 Buchst. a oder die ansässigkeitsbegründenden Merkmale in Art. 4 Abs. 1 S. 1), gilt auch für diese Begriffe Art. 3 Abs. 2 MA, soweit diese nicht wiederum gesondert definiert sind (z. B. „Gesellschaft" in Art. 3 Abs. 1 Buchst. b; allgemein dazu s. Rz. 13; Grundl. Rz. 150a, 152 f.; FG Hamburg, Urt. v. 11.4.2011, 6 K 245/09, ETG 2011, 1957: *DBA China*). Darüber hinaus rechnen zu den gegenüber Art. 3 Abs. 2 MA vorrangigen speziellen Auslegungsregeln auch **Verweisungen auf das Begriffsverständnis eines bestimmten innerstaatlichen Rechts** (wie etwa bei der Steuerpflicht „aufgrund [bestimmter] Merkmale" in Art. 4 Abs. 1, beim „unbeweglichen Vermögen" in Art. 6 Abs. 2, bei „Dividenden" in Art. 10 Abs. 3 MA) und **sonstige spezielle Auslegungsregeln** (allg. zu den speziellen Auslegungsregeln s. Grundl. Rz. 149 ff.). Verweisen die Abkommen nicht nur auf eine Auslegung, sondern gebieten sie unmittelbar die Anwendung innerstaatlichen Rechts – z. B. für Ausmaß und Verfahren der Anrechnung ausländischer Steuern (dazu s. Art. 23 Rz. 136) –, ist nicht Abkommensrecht auszulegen, sondern innerstaatliches Recht. Es versteht sich, dass jeder Staat dies nach seinen eigenen Regeln vornimmt; Art. 3 Abs. 2 ist hier nicht anwendbar.

108 Für die Auslegung von Ausdrücken der DBA ergibt sich danach aus Art. 3 Abs. 2 MA folgendes **Prüfungsschema** (dazu auch Grundl. 149 ff.):

(1) Zunächst sind etwaige **eigenständige Definitionen und Auslegungsregeln** des Abkommens heranzuziehen.

(2) Sind spezielle Regeln nicht einschlägig, ist zu fragen, ob das **Recht des Anwendestaates** (die „lex fori") den Ausdruck in einer bestimmten Bedeutung verwendet. Zum Recht des Anwendestaates gehört bei Mitgliedstaaten der Europäischen Union auch das in ihnen geltende Unionsrecht.

(3) Verwendet das Recht des Anwendestaates den Ausdruck, ist dessen Bedeutung festzustellen und zu fragen, ob der **Zusammenhang** eine andere Auslegung erfordert, d. h. eine abkommensautonome Auslegung vorzunehmen ist.

(4) Ist Frage 2 zu verneinen, gelten die allgemeinen Auslegungsregeln, die zu einer abkommensautonomen Auslegung führen.

c) Regelung: Art. 3 Abs. 2 **110**
- **verweist** (dazu s. gg); Rz. 123 ff.)
- bei der **Anwendung des Abkommens** (dazu s. aa); Rz. 111)
- für **im Abkommen nicht definierte Ausdrücke** (dazu s. bb); Rz. 111a)
- auf **ihre Bedeutung** (dazu s. cc); Rz. 111b)
- im **innerstaatlichen Recht** des Anwendestaates (dazu s. dd); Rz. 111d f.)
- über die **Steuern, für die das Abkommen gilt** (dazu s. ee); Rz. 111f ff.),
- „wenn der **Zusammenhang** nichts anderes **erfordert**" (dazu s. ff); Rz. 116a ff.).

Zur Herstellung von **Einvernehmen über diese Anwendungsvoraussetzungen** von Art. 3 Abs. 2 MA, aber auch über die richtige Auslegung des innerstaatlichen Rechts kann ein Verständigungs- bzw. Konsultationsverfahren durchgeführt werden (s. Grundl. Rz. 158e; Art. 25 Rz. 30, 74). Demgegenüber können aus der Anwendung von divergierendem innerstaatlichem Recht resultierende Schwierigkeiten nicht in einem solchen Verfahren beseitigt werden (s. Art. 25 Rz. 30, 74; zu den materiellrechtlichen Lösungen s. Grundl. Rz. 155 ff.). **110a**

aa) Anwendung des Abkommens: Über die Bedeutung des Begriffs der **„Anwendung"** des Abkommens gibt es Meinungsverschiedenheiten. Nach hier vertretener Auffassung ist „Anwendung" jede Entscheidung einer Finanzbehörde oder eines Gerichts über eine Steuerfrage, für die das Abkommen herangezogen wird oder herangezogen werden müsste. Hiernach ist auch und gerade die Freistellung von Einkünften gemäß dem Abkommen dessen „Anwendung", ebenso die Entscheidung, dass das Abkommen für einen bestimmten Fall nicht maßgebend ist (dazu auch Grundl. Rz. 156 f.; zur Diskussion s. *Avery Jones,* FS Beusch, S. 43.; *ders.,* ET 1993, 253 (254 f.); *ders.,* Interpretation, S. 50; *Pohl,* RIW 2012, 677 (682 f.); übereinstimmend *Locher,* CDFI LXXVIII a, Nationalbericht, S. 589). **111**

bb) Im Abkommen nicht definiert: Der abkommensrechtliche Ausdruck darf nach Art. 3 Abs. 2 MA **im Abkommen** selbst **„nicht definiert"** sein (dazu auch Rz. 101, 107; Grundl. Rz. 152 f.; vorrangige abkommensrechtliche Definitionen enthalten etwa Art. 3 Abs. 1, Art. 4, Art. 5, Art. 10 Abs. 3, Art. 11 Abs. 3, Art. 12 Abs. 2). Damit ist die fehlende abkommensrechtliche Definition gleichsam eine (negative) Voraussetzung für die Anwendung von Art. 3 Abs. 2 MA und damit den Rückgriff auf das innerstaatliche Recht. Auch ohne diese (negative) Voraussetzung wären abkommensrechtliche Definitionen als spezielle Regelung vorrangig vor Art. 3 Abs. 2 MA zu berücksichtigen (dazu s. Rz. 101, 107). Begriffe, die im Abkommen nicht (wie z. B. der Begriff „ständige Wohnstätte" in Art. 4 Abs. 2 Buchst. a) oder ohne eigenen Regelungsanspruch verwendet werden und schon deshalb dort nicht definiert sind, sind keine Abkommensbegriffe i. S. des Art. 3 Abs. 2 (s. Grundl. Rz. 153, 181g; ferner *Lang,* BIT 2013, 105 (108 f.); *Lehner,* FS Frotscher, S. 383 (399), insbesondere zur Zurechnungsproblematik). **111a**

111b **cc) Bedeutung im Recht des Anwendestaats**: Die Anwendung von Art. 3 Abs. 2 MA setzt weiter voraus, dass der abkommensrechtliche Begriff **im innerstaatlichen Recht des Anwendestaats „eine Bedeutung"** hat (d.h. dort „verwendet" wird). Richtigerweise sind von Art. 3 Abs. 2 MA nicht nur exakt **gleichlautende** (d.h. identische) Ausdrücke erfasst, sondern es können auch **gleichbedeutende** Ausdrücke, Synonyme, etc. zu berücksichtigen sein. Eine andere Sicht würde den Anwendungsbereich von Art. 3 Abs. 2 MA angesichts der Unterschiedlichkeit nationaler Rechtsordnungen oder unterschiedlichen Sprachen in den Vertragsstaaten erheblich einschränken. Maßgeblich ist somit eine **sachliche Übereinstimmung** der Begriffe **im Begriffskern** (dazu auch Grundl. Rz. 152b; ferner *Wattel/Marres,* ET 2003, 66 (71)). Aus dem Umstand allein, dass sowohl ein Abkommen und das innerstaatliche Recht einen sachlich oder gar wörtlich übereinstimmenden Begriff enthalten, folgt allerdings noch nicht, dass dieser auch für abkommensrechtliche Zwecke wie im innerstaatlichen Recht zu verstehen ist. Dies ist vielmehr nur möglich, wenn sämtliche Voraussetzungen von Art. 3 Abs. 2 MA erfüllt sind (s. Grundl. Rz. 152e). Für stillschweigende Verweise auf innerstaatliches Recht außerhalb der Regelung des Art. 3 Abs. 2 MA besteht weder Raum noch Bedürfnis (s. Grundl. Rz. 152e).

111c Der Ausdruck muss jedoch im innerstaatlichen Recht **rechtliche Relevanz** haben. Die rechtliche Relevanz ist typischerweise schon dann gegeben, wenn der Begriff in einer gesetzlichen Regelung enthalten ist. Ist dies nicht der Fall (beispielsweise beim Ausdruck „Öl- und Gasvorkommen"; insoweit offenbar a. A. SD/*Pohl,* Art. 3, Rz. 78), kann Art. 3 Abs. 2 mangels „Bedeutung" des Begriffs im innerstaatlichen Recht ohnehin nicht angewendet werden. Dies dürfte auch der Sicht des MA-Komm. zu Art. 3 entsprechen, wenn in Ziff. 13 ausgeführt ist, dass „der Rückgriff auf gegenstandslos gewordene Begriffe vermieden werden" soll.

111d **dd) Recht des Anwendestaats**: Das **„Recht"** des Anwendestaates, auf das Art. 3 Abs. 2 MA verweist, umfasst die gesamte Rechtsordnung des jeweiligen Vertragsstaats einschließlich das Gewohnheitsrecht (dazu s. *Pohl,* RIW 2012, 677 (682)). Dies bedeutet, dass auch **Case Law** umfasst ist, wenn man die engl. Fassung des MA („*law*") für maßgebend erachtet (dafür *Sasseville,* BIFD 1994, 374 (375)). Die frz. Fassung („*droit*") würde eine derartige Auslegung dagegen ausschließen; „Recht" i. S. des Art. 3 Abs. 2 MA wären dann nur Gesetze und diesen nachgeordnete abstrakt-generelle Vorschriften (Verordnungen, etc.). Richtigerweise wird man aber auch Case Law zum „Recht" des Anwendestaates zählen müssen, wenn dieses, wie in Common Law-Staaten üblich, funktional, insbesondere in seiner (andere Gerichte bindenden) Wirkung, Gesetzen gleichsteht.

111e Bei Mitgliedstaaten der Europäischen Union gehört zu deren „Recht" auch das in ihrem Gebiet geltende **Unionsrecht** (Verträge, Verordnungen, Richtlinien; dazu s. Grundl. Rz. 112b, 251 ff.; zu deren Bedeutung für die Auslegung von DBA s. *Lehner,* S. 19 (27 f.); ferner speziell auch zu Art. 3 Abs. 2 MA, jedoch nicht durchweg überzeugend *Avella,* WTJ 2012, 95 (109 ff.)). Für – insbesondere durch Richtlinien – harmonisiertes innerstaatliches Recht ist dies ohnehin selbstverständlich. Falls das europäische Recht den Ausdruck in einer anderen Bedeutung verwendet als das Recht des betreffenden Mitgliedstaats, entspricht es dem Gebot der Entscheidungsharmonie (dazu s. Grundl. Rz. 114 ff.), der unionsrechtlichen Bedeutung vor der innerstaatlichen den Vorrang zu geben. Zur Frage von unionsrechtswidrigem Recht s. Rz. 125c.

111f **ee) Recht für Steuern:** Art. 3 Abs. 2 verweist auf die Bedeutung, die dem betreffenden Ausdruck nach dem **innerstaatlichen Recht** des das Abkommen anwendenden Vertragsstaats **für die Steuern** zukommt, **„für die das Abkommen gilt".** Der Verweis setzt nicht voraus, dass gerade das Recht dieser Steuern den Ausdruck verwendet (dazu auch Grundl. Rz. 152b, 153; wie hier *Sasseville,* BIFD 1994, 374 (375 f.); a. A. die Kommentierung von *K. Vogel* bis zur 5. Aufl. dieses Kommentars; ferner FWK/*Erhard*, Art. 3 Anm. 201). Wird der Ausdruck nur **außerhalb des Steuerrechts**, beispielsweise nur im Zivilrecht oder im Steuerrecht **außerhalb der unter das Abkommen fallenden Steuern** vom Einkommen und Vermögen verwendet (beispielsweise ist in Deutschland der Begriff „Unternehmen" nur im Umsatzsteuerrecht definiert), kann grundsätzlich auch dieser Begriff im Rahmen von Abs. 2 zu berücksichtigen sein (a. A. die Kommentierung von *K. Vogel* bis zur 5. Aufl. dieses Kommentars). Dies folgt jedenfalls aus der **Neufassung** des Art. 3 Abs. 2 von 1995. Sie stellt klar, dass eine Definition in anderen Steuergesetzen oder außerhalb des Steuerrechts nicht maßgebend ist, wenn der Ausdruck zugleich in den Gesetzen für Steuern, für die das Abkommen gilt, verwendet wird (so auch MA-Komm. zu Art. 3, Ziff. 13.1). Die (neugefasste) Regelung des Art. 3 Abs. 2 MA setzt voraus, dass auch eine Begriffsbestimmung außerhalb des Rechts der unter das Abkommen fallenden Steuern zurückgegriffen werden kann. Entscheidend ist jedoch, dass die Definition des Begriffs außerhalb des Steuerrechts bzw. außerhalb des Rechts der unter das Abkommen fallenden Steuern für das Recht der unter das Abkommen fallenden Steuern eine gewisse Relevanz hat bzw. zu sachgerechten Ergebnissen führen kann (dazu auch Grundl. Rz. 152b).

Hat der im Abkommen verwendete Begriff neben der steuerrechtlichen auch eine außersteuerrechtliche Bedeutung, ist zwingend die **steuerrechtliche Bedeutung maßgebend,** wie die Neufassung des Art. 3 Abs. 2 aus dem Jahre 1995 ausdrücklich klarstellt. **111g**

ff) Zusammenhang, der etwas anderes erfordert: Der Verweis in Art. 3 Abs. 2 MA auf innerstaatliches Recht für die Auslegung abkommensrechtlicher Begriffe, die auch im innerstaatlichen (Steuer-)Recht verwendet werden, gilt nur unter der Voraussetzung, dass der **„Zusammenhang nichts anderes erfordert"** (dazu auch Grundl. Rz. 152e). Der Begriff **„anderes"** bezieht sich auf die (Regel-)Rechtsfolge von Art. 3 Abs. 2 MA, die darin besteht, dass ein abkommensrechtlicher Begriff die Bedeutung hat, die ihm nach dem innerstaatlichem Recht des Anwendestaats zukommt (dazu s. Rz. 123 ff.). Mit dem Begriff „anderes" (als eine Auslegung nach dem innerstaatlichem Recht des Anwendestaats) ist folglich in erster Linie eine **abkommmensautonome Auslegung,** d. h. eine Auslegung aus dem Abkommenszusammenhang, gemeint (zur abkommensautonomen Auslegung allgemein s. Grundl. Rz. 113a ff.). Ggf. kann aber auch die Auslegung nach dem innerstaatlichen Recht nicht – wie von Art. 3 Abs. 2 vorgesehen – des Anwendestaats gemeint sein, sondern – für alle Vertragsstaaten verbindlich – eines **bestimmten Vertragsstaats** (für ein Beispiel s. Art. 19 Rz. 38). Der Zusammenhang, der etwas anderes erfordert, ist die zentrale Voraussetzung, die über die Anwendung des Verweises auf das innerstaatliche Recht des Anwendestaats in Art. 3 Abs. 2 MA oder über die ansonsten vorzunehmende abkommensautonome Auslegung bzw. Auslegung nach dem innerstaatlichen Recht eines bestimmten Staates entscheidet. Seine Bestimmung kann ohne ein Vorverständnis oder eine Vorfestlegung zu Gunsten der Auslegung eines abkommensrechtlichen Ausdrucks entweder nach dem innerstaatlichen Recht oder aus dem Abkommenszusammenhang (abkommensautonome Auslegung) i. S. einer landes- bzw. völkerrechtlichen Theorie erfolgen (beachte aber Grundl. Rz. 113 f, wo eine abkommensautonome Auslegung bevorzugt wird; ferner *Lehner*, FS Frotscher, S. 387 (400 f.); zu den Theorien s. Rz. 118, 121; Grundl. Rz. 113 f; ferner ausführlich *Lehner,* FS Frotscher, S. 387 (396 ff.); Wassermeyer/*Wassermeyer/Kaeser*, Art. 3 Rz. 82; SD/*Pohl*, Art. 3 Rz. 74, jeweils m. w. N.). Der Begriff des „Zusammenhangs", der „etwas anderes erfordert", ist mithilfe des allgemeinen juristischen Instrumentariums zur **116a**

Auslegung von Rechtsnormen unter – soweit erforderlich – Berücksichtigung der Besonderheiten der Auslegung von DBA auszulegen (dazu s. Rz. 116b; zu Besonderheiten der Abkommensauslegung s. Grundl. Rz. 101 ff., 113 ff.). Auf die Frage, ob der „Zusammenhang etwas anderes erfordert" i. S. des Art. 3 Abs. 2 MA, kommt es im Ergebnis nicht an, wenn das Verständnis eines abkommensrechtlichen Begriffs nach innerstaatlichem Recht und als Folge abkommensautonomer Auslegung inhaltlich **gleich** ist. In diesem Fall wäre nach der Grundregel in Art. 3 Abs. 2 MA dogmatisch das Begriffsverständnis nach innerstaatlichem Recht heranzuziehen, weil der „Zusammenhang nichts anderes erfordert". Folglich ist es zwar ohne Auswirkung auf das Ergebnis, jedoch dogmatisch unsauber, wenn Rechtsanwender zwar Art. 3 Abs. 2 MA (bzw. die entsprechenden Vorschriften in DBA) zitieren, letztlich aber das – inhaltlich gleiche – abkommensautonome Begriffsverständnis zu Grunde legen (so etwa *Hoge Raad* Rolno. 15412, BNB 1965/206 hinsichtlich der Frage, ob der Gewinn aus der Neubewertung einer zuvor teilweise abgeschriebenen Hypothekenforderung zu den „Einkünften" aus der Forderung i. S. des Art. 4 Abs. 3 *DBA Niederlande 1959* gehört).

116b Der in der Auslegungsregel des Art. 3 Abs. 2 MA enthaltene Begriff des „Zusammenhangs", der „etwas anderes erfordert", ist unbestimmt und deshalb seinerseits **auslegungsbedürftig** (vermutlich ist diese Unbestimmtheit gewollt, da diese nach Ziff. 12 des MA-Komm. zu Art. 3 den „zuständigen Behörden einen gewissen Bewegungsspielraum" gäbe). Seine Auslegung hat weitreichende Bedeutung, da ein zu enges Begriffsverständnis mit der Folge der Auslegung abkommensrechtlicher Ausdrücke durch ggf. divergierende Begriffsbestimmungen aus dem innerstaatlichen Recht der Vertragsstaaten zu Schwierigkeiten führen kann (dazu auch Grundl. Rz. 155; ferner *Lehner*, HStR, § 251 Rz. 52: Art. 3 Abs. 2 MA als „offene Flanke"). Auch wenn bei der Abkommensauslegung die abkommensspezifischen Besonderheiten gebührend zu berücksichtigen sind (s. Rz. 116a; Grundl. Rz. 96, 113i), können bei der Bestimmung des Inhalts des Begriffs des „Zusammenhangs", der „etwas anderes erfordert", als Ausgangpunkt die vier klassischen **Auslegungsmethoden** herangezogen werden (so auch SD/*Pohl*, Art. 3 Rz. 75; allgemein zur Anwendung der klassischen Auslegungsmethoden s. *Gosch*, ISR 2013, 87 (89); noch allgemeiner *Arnold*, BIT 2010, 2 (10 ff.); ferner auch s. Grundl. Rz. 107 ff., 113h). Da der der Wortlaut gerade auslegungsbedürftig und die (insbesondere auch gem. Ziff. 12 MK zu Art. 3 bedeutsame) historische Auslegung mangels entsprechender Materialien häufig nicht ergiebig ist, sind letztlich **abkommenssystematische** (s. Rz. 116c) **und teleologische** (s. Rz. 116d) Erwägungen entscheidend. Dabei darf dem Begriff des „Zusammenhangs", der „etwas anderes erfordert", jedoch keine Bedeutung beigemessen werden, die die Grenzen des Wortlauts überschreitet (s. Rz. 116d; Grundl. Rz. 106 ff.).

116c In **systematischer** Hinsicht kann der (Abkommens-)Zusammenhang beispielsweise etwas anderes erfordern, wenn es um die Auslegung von Begriffen aus Regelungen geht, die darauf gerichtet sind, für **alle Vertragsstaaten eine übereinstimmende Rechtslage** zu schaffen. Dies betrifft etwa Begriffe in den sog. „Tie-Breaker"-Regelungen in Art. 4 Abs. 2, 3 MA (dazu s. Art. 4 Rz. 160 ff., 240 ff.), wenn sie im innerstaatlichen Recht verwendet werden (wie z. B. der Begriff des „gewöhnlichen Aufenthalts" in Art. 4 Abs. 2 Buchst. b; für den Fall der Nichtverwendung s. Rz. 111a). Diese sollen eine doppelte Ansässigkeit beseitigen, die sich aus der Anknüpfung an das innerstaatliche Recht der Vertragsstaaten in Art. 4 Abs. 1 ergeben kann, und sicherstellen, dass für Zwecke des Abkommens nur eine Ansässigkeit besteht (s. Art. 4 Rz. 168, 242 f.). Um dies zu gewährleisten, sind die Begriffe der „Tie-Breaker"-Regelungen abkommensautonom auszulegen (dazu auch Art. 4 Rz. 170, 180, 203, 263). Ferner erfordert der Zusammenhang unter systematischen Gesichtspunkten etwas anderes, wenn das MA für bestimmte Regelungsbereiche, insbesondere die Verteilungsnormen (allgemein zu Verteilungsnormen s. Grundl. Rz. 67, 76 ff.; Vor Art. 6–22 Rz. 1 ff.), eine **besondere Regelung** vorsieht, beispielsweise zur Sicherstellung einer bestimmten Aufteilung der Besteuerungszuständigkeiten, ohne dass diese Regelung zur Vermeidung von Doppel- bzw. Doppelnichtbesteuerungen zwingend erforderlich wäre. Dies betrifft etwa die Auslegung der Begriffe „Mitglied des Aufsichts-/Verwaltungsrats" in Art. 16 oder „Künstler" bzw. „Sportler" in Art. 17 MA. Die von diesen Personen erzielten Einkünfte fielen, je nach Ausgestaltung im Einzelfall, entweder unter die Einkünfte aus unselbständiger Arbeit i. S. des Art. 15 oder Unternehmensgewinne bzw. Einkünfte aus selbständiger Arbeit i. S. des Art. 7, 14 MA (s. Art. 16 Rz. 4; Art. 17 Rz. 9 f.; ferner *Lehner,* FS Frotscher, S. 383 (400)). Zur Sicherstellung der sich aus der Abkommenssystematik ergebenden und deshalb von den Vertragsstaaten gewollten Aufteilung der Besteuerungszuständigkeiten für Einkünfte aus bestimmten (im Beispiel: Gesellschaften überwachenden, künstlerischen, sportlichen) Tätigkeiten erfordert der Zusammenhang hier etwas „anderes" i. S. des Art. 3 Abs. 2 MA mit der Folge, dass diese Begriffe nicht unter Rückgriff auf innerstaatliches Recht, sondern abkommensautonom auszulegen sind (dazu auch Art. 16 Rz. 11, Art. 17 Rz. 21 ff.; ferner s. Grundl. Rz. 152d; *Lehner,* FS Frotscher, S. 397 (404); a. A. in Bezug auf Art. 16 Court of Appeals of Brussels, 20.12.2007, R.2007/9474: *DBA Belgien/Vereinigtes Königreich*). Ein weiteres Beispiel ist die Abgrenzung der Verteilungsnormen bei Sondervergütungen i. S. des Art. 15 Abs. 1 S. 1 Nr. 2 EStG, für die vorrangig Art. 11 gelten sollte, nicht dagegen Art. 7 (vgl. BFH Beschl. v. 11.12.2013, IR 4/13, DStR 2014, 306: *DBA Italien*). Dasselbe gilt, wenn der Verweis auf das innerstaatliche Recht des Anwendestaats einer abkommensrechtlichen Regelung, insbesondere den **Verteilungsnormen ihre Wirkung** nimmt. Dies ist beispielsweise der Fall, wenn von der Qualifikation eines Zahlenden die Besteuerung beim Steuerpflichtigen abhängt (z. B. die Qualifikation als juristische Person des öffentlichen Rechts i. S. der Regelungen über das Kassenstaatsprinzip; dazu s. Art. 19 Rz. 22, 38 ff., insbesondere Rz. 38a). In diesen Fällen kann als Rechtsfolge – abweichend von der Auslegung nach dem Recht des Anwendestaats als vorgesehener Rechtsfolge – die Auslegung nach dem Recht eines bestimmten Vertragsstaats maßgeblich sein (s. Rz. 116a; Art. 19 Rz. 38a). Aber auch bei der **Abgrenzung von sich gegenseitig ausschließenden Verteilungsnormen** (wie den Einkünften aus unselbständiger Arbeit i. S. des Art. 15 einerseits und den Unternehmensgewinnen bzw. Einkünften aus selbständiger Arbeit i. S. des Art. 7, 14 MA andererseits) können systematische Überlegungen einen Rückgriff auf innerstaatliches Recht (etwa zur Bestimmung des Begriffs des Arbeitnehmers) ausschließen (dazu s. *Arnold,* BIT 2011, 3 (3); der Sache nach ebenso s. Art. 15 Rz. 49c ff.; Ziff. 8.8 ff. MA-Komm. zu Art. 15). Schließlich erfordert der Zusammenhang keine abkommensautonome Auslegung, soweit es um Begriffe geht, für die das DBA **keinen Regelungsanspruch** erhebt (dazu auch Grundl. Rz. 152g; ferner *Lehner,* FS Frotscher, S. 387 (401 f.)). Dies betrifft etwa Fragen der Einkünftezurechnung bzw. der Einkünfteermittlung (dazu auch Grundl. Rz. 152g; speziell zur Einkünftezurechnung s. Grundl. Rz. 181 ff.). In diesen Fällen wird regelmäßig aber schon kein „Abkommmenbegriff" vorliegen (s. Rz. 111a).

In **teleologischer** Hinsicht ist – wegen Fehlens eines übergeordneten Gebots **116d**
zur Vermeidung einer Doppelbesteuerung bzw. Doppelnichtbesteuerung (dazu s. Grundl. Rz. 6, 107b) allerdings nur in den Grenzen des Wortlauts des Abkommens (dazu s. Rz. 116b; Grundl. Rz. 106 ff.) – der eigentliche **Zweck von DBA**, d. h. die **Vermeidung von Doppelbesteuerung** sowie ggf. die **Vermeidung von Doppelnichtbesteuerung**, zu berücksichtigen (allgemein zu den Abkommenszwecken s. Grundl. Rz. 6, 73, 106a, 107 ff.). Der „Zusammenhang erfordert" deshalb zunächst dann „etwas anderes" i. S. des Art. 3 Abs. 2 MA, wenn eine Ausle-

gung nach dem innerstaatlichen Recht zu einer Doppelbesteuerung bzw. Doppelnichtbesteuerung führen würde (so beispielsweise auch *Schaumburg*, Tz. 16.57, der jedoch daraus den nicht zwingenden Schluss zieht, dass eine Auslegung abkommensrechtlicher Begriffe nach dem „Sinnzusammenhang" geboten und ein Rückgriff auf innerstaatliches Recht „versperrt" sei; ferner *van der Bruggen*, ET 2003, 142 (148f.)). Durch diese am Abkommenszweck orientierte Bestimmung des Begriffs des „Zusammenhangs", der „etwas anderes erfordert" i.S. des Art. 3 Abs. 2 MA, wird die Grenze seines Wortlauts regelmäßig nicht überschritten. Nach ihr ist es auch nicht notwendig, stets anzunehmen, dass der „Zusammenhang etwas anderes erfordert" (so aber *Schaumburg*, Tz. 16.57), sondern nur dann, wenn im konkreten Einzelfall in Bezug auf ein bestimmtes DBA eine Doppelbesteuerung bzw. Doppelnichtbesteuerung erfolgen würde. Diese Vorgehensweise ermöglicht es einerseits, dem Abkommenszweck Rechnung zu tragen, und andererseits, den Wortlaut des Art. 3 Abs. 2 MA zu respektieren, der von der Auslegung abkommensrechtlicher Begriffe nach dem innerstaatlichen Recht als Regel und von der abkommensautonomen Auslegung als Ausnahme ausgeht. Demgegenüber würde eine weite Auslegung des Begriffs des „Zusammenhangs", der „etwas anderes erfordert", das vorgesehene Regel-Ausnahme-Verhältnis faktisch umkehren mit einem Vorrang der abkommensautonomen Auslegung.

116e Der „Zusammenhang", der „etwas anderes erfordert" i.S. des Art. 3 Abs. 2 MA, ist richtigerweise für jeden einzelnen Ausdruck eines jeden (einzelnen) DBA unter Berücksichtigung des – ggf. Doppelbesteuerungen bzw. Doppelnichtbesteuerungen verursachenden – innerstaatlichen Rechts der jeweiligen Vertragsstaaten zu bestimmen. Vor diesem Hintergrund sind **allgemeingültige Aussagen** in Bezug auf die zutreffende Methode der Auslegung einzelner Ausdrücke des MA oder gar einzelner DBA (d.h. Auslegung nach innerstaatlichem Recht bzw. aus dem Abkommenszusammenhang) unter Berücksichtigung teleologischer Gesichtspunkte nicht oder nur schwer möglich, da es von der Ausgestaltung des innerstaatlichen Rechts der jeweiligen Vertragsstaaten abhängt, ob es zu einer von einem DBA zu vermeidenden oder zu beseitigenden Doppelbesteuerung bzw. ggf. Doppelnichtbesteuerung kommt.

117 Konkret „erfordert der Zusammenhang" unter Berücksichtigung teleologischer Gesichtspunkte insbesondere dann „anderes" als eine Auslegung nach innerstaatlichem Recht, wenn ein solcher Rückgriff auf innerstaatliches Recht zu **keinem eindeutigen Ergebnis** mit der Gefahr von abkommenszweckwidrigen Doppelbesteuerungen bzw. Doppelnichtbesteuerungen führen würde. So wurde im Fall BFH BStBl. II 1969, 579 die Frage, ob Einkünfte eines Nichtselbständigen i.S. des *DBA USA 1954/65* aus den USA „stammten", nicht nach dem deutschen innerstaatlichen Recht entschieden, da das deutsche EStG die zwei im maßgeblichen DBA verwendeten Kriterien der „Ausübung" und „Verwertung" der Tätigkeit enthält. Da – wie im konkreten Fall – die Tätigkeit in den USA verwertet, dort aber nicht ausgeübt worden war, hätte das die Unanwendbarkeit der eigentlich richtigen Verteilungsnorm und damit ggf. die Nichtbeseitigung einer Doppelbesteuerung zur Folge gehabt. Der BFH legte deshalb abkommensautonom aus und hielt das Merkmal der „Ausübung" (in Übereinstimmung mit dem US-amerikanischen Recht und unter Hinweis auf Art. 15 MA) für maßgeblich.

117a Der „Zusammenhang erfordert" auch „etwas anderes" i.S. des Art. 3 Abs. 2 MA, wenn der Rückgriff auf eine innerstaatliche Begriffsbestimmung für die Auslegung abkommensrechtlicher Begriffe zu **keinem sachgerechten Ergebnis** führt, etwa weil der Begriff im innerstaatlichen Recht in einem speziellen Kontext und deshalb mit einer für eine sachgerechte Abkommensanwendung zu engen oder zu weiten Bedeutung verwendet wird (dies könnte für den Begriff der Betriebstätte in § 43b Abs. 2a EStG gelten, wenn ein DBA keine abkommensautonome Definition entsprechend Art. 5 MA enthielte). Folglich verbietet sich eine schematische Übernahme von Begriffsbestimmungen des innerstaatlichen Rechts. Maßgeblich für die Bestimmung des „Zusammenhangs", der „etwas anderes erfordert" i.S. des Art. 3 Abs. 2 MA, ist somit auch der besondere Zusammenhang, in dem ein Ausdruck im innerstaatlichen Recht gebraucht wird.

Die hier vorgeschlagene Auslegung des Begriffs des „anderes erfordernden Zusammenhangs" macht **Bemühungen weitgehend überflüssig**, die die von der Abkommensauslegung nach innerstaatlichem Recht vermeintlich ausgehenden unangemessenen Rechtsfolgen vermeiden sollen. Diese Bemühungen sind durch eine **Betonung der Auslegung des Abkommens aus dem Zusammenhang** gekennzeichnet, um die Verweisung auf das innerstaatliche Recht einzuschränken (so beispielsweise Grundl. Rz. 113 f.; ferner *Gosch*, ISR 2013, 87 (88 f.); für einen Überblick über die verschiedenen Auffassungen s. *Mössner*, FS Seidl-Hohenveldern, S. 420 ff.; ferner *Gloria*, RIW 1986, 970 f., insbes. in Fn. 7; *Kerath*, S. 187 ff.). Mit der hier vertretenen Lösung würde mangels Relevanz auch kaum ein Bedürfnis bestehen, die negativen Konsequenzen einer (divergierenden) Auslegung abkommensrechtlicher Begriffe aufgrund eines Rückgriffs auf das unterschiedliche innerstaatliche Recht durch eine **Bindung des Ansässigkeitsstaats** an die Rechtsauffassung des Quellenstaats zu beseitigen bzw. von vornherein zu vermeiden (zu dieser Bindungswirkung s. Rz. 125 ff.; Grundl. Rz. 155 ff., insbesondere Rz. 157 ff.). **118**

Zunächst ist es **nicht** möglich, dem Art. 3 Abs. 2 einen **systematischen Vorrang der Auslegung aus dem Zusammenhang** vor der Bezugnahme auf das innerstaatliche Recht zu entnehmen (so aber beispielsweise *Debatin*, AWD 1969, 479). In Deutschland hat der BFH in einzelnen Entscheidungen die Ansicht vertreten, ein Rückgriff auf das innerstaatliche Recht sei erst dann zulässig, wenn eine Auslegung aus dem Zusammenhang des Abkommens nicht möglich sei (BFH BStBl. II 1971, 379; II 1986, 4; zur Bedeutung der bloßen Möglichkeit einer abkommensautonomen Auslegung s. Rz. 120; Grundl. Rz. 113e, 113 f). In anderen Entscheidungen wiederum wendet der BFH unter Bezugnahme auf Art. 3 Abs. 2 innerstaatliches Recht gelegentlich sogar an, ohne die Möglichkeit einer Auslegung aus dem Abkommenszusammenhang auch nur zu erörtern (BFHE 149, 440: *DBA Schweiz 1971*; dazu *Wassermeyer*, StuW 1990, 404 (408)). Nach hier vertretener Ansicht sind dabei die Entscheidungen richtig, in denen der BFH keinen automatischen Vorrang der Auslegung abkommensrechtlicher Begriffe aus dem Zusammenhang annimmt und die Frage der richtigen Auslegungsmethode am Maßstab des Art. 3 Abs. 2 MA beantwortet. In der Tat lässt sich schon **aus logischen Gründen** die Frage, ob der Zusammenhang des Abkommens „anderes erfordert" – nämlich anderes als den Rückgriff auf das innerstaatliche Recht des Anwendestaats – **erst** beurteilen, wenn **zuvor** die Bedeutung des Ausdrucks nach innerstaatlichem Recht **festgestellt** worden ist. Demgemäß ließe sich eher – entsprechend der Formulierung von Art. 3 Abs. 2 MA – von einem Vorrang der Auslegung nach innerstaatlichem Recht sprechen (*van Raad*, MBB 1978, 49 (52)). Da aber diese Auslegung ggf. wegen des „Zusammenhangs", der „etwas anderes erfordert" ggf. noch korrigiert werden muss, stehen die beiden Auslegungsvorgänge in Wahrheit in einem Verhältnis der **Wechselbezüglichkeit** (zustimmend zur entsprechenden Aussage von *K. Vogel* bis zur 5. Aufl. dieses Kommentars *Mössner*, FS Seidl-Hohenveldern, S. 426). **119**

Auch die Eigenständigkeit von DBA gegenüber dem innerstaatlichen Recht und eine daraus bisweilen angenommene **„Eigenbegrifflichkeit"** abkommensrechtlicher Ausdrücke (so etwa *Gosch*, ISR 2013, 87 (88); *ders.*, in Lüdicke, S. 1 (4 f.)) begründet keinen generellen Vorrang einer abkommensautonomen Auslegung von abkommensrechtlich nicht definierten Begriffen. Zwar ist richtig, dass DBA und innerstaatliches Recht eigenständige „in sich geschlossene Regelungskreise" sind (dazu s. Grundl. Rz. 113b); diese sind jedoch aufeinander bezogen und stehen **119a** nicht zusammenhangslos nebeneinander. Wegen der limitierenden Funktion von DBA (dazu s. Rz. 99; Grundl. Rz. 65 f.), d. h. wegen der Auswirkung der DBA auf die Ausübung des durch innerstaatliches Recht begründeten Besteuerungsrechts, wäre es vorschnell, die abkommensrechtlichen Ausdrücke von vornherein ohne Bezug zum innerstaatlichen Recht, d. h. abkommensautonom auszulegen. Dies ist vielmehr nur gerechtfertigt, wenn besondere Gründe gegeben sind. Dies ist der Fall, wenn der im Art. 3 Abs. 2 MA erwähnte „Zusammenhang etwas anderes erfordert" (dazu auch Rz. 120a).

119b Der **Zweck** von DBA, namentlich die Vermeidung von Doppelbesteuerungen und ggf. Doppelnichtbesteuerungen, rechtfertigt ebenfalls **keinen generellen Vorrang der abkommensautonomen Auslegung** (so *Schaumburg*, Tz. 16.57; möglicherweise auch *Lang*, Application, S. 55 f.; *ders.*, IStR 2007, 606 (608 f.)). Vielmehr kann der Zielsetzung durch eine entsprechende Auslegung des Begriffs des „Zusammenhangs", der „etwas anderes erfordert", im Einzelfall – unter gleichzeitiger Beachtung des Wortlauts – Rechnung getragen werden (dazu s. Rz. 116d).

120 Mit dem Wortlaut des Art. 3 Abs. 2 MA ist es weiter auch nicht vereinbar, die Verweisung auf das innerstaatliche Recht auf die Fälle zu beschränken, in denen „der Auslegungsmaßstab des Zusammenhangs **ausgeschöpft** ist, der Abkommensinhalt aber immer noch … **unerkennbar** bleibt" (so etwa *Debatin,* AWD 1969, 480; ähnlich *Czakert,* IStR 2012, 703 (705); FWK/*Erhard,* Art. 3 Anm. 182; *Gosch,* ISR 2013, 87 (88); *M. Lang,* Introduction, S. 57, der konsequent folgert, „dass Art. 3 Abs. 2 OECD-MA überhaupt keine selbständige normative Bedeutung" habe; wie hier s. Grundl. Rz. 113e, 113 f, auch mit Nachweisen zur Rechtsprechung). Folge einer solchen Sichtweise wäre, dass eine Auslegung nach innerstaatlichem Recht nur dann erfolgen könnte und müsste, wenn eine abkommensautonome Auslegung überhaupt **nicht möglich** wäre. Dies aber widerspräche dem eindeutigen Wortlaut des Art. 3 Abs. 2 MA, wonach die innerstaatliche Begriffsbestimmung maßgeblich ist, „wenn der Zusammenhang nichts anderes **erfordert**" (engl.: „*requires*"; frz.: „*exige*"), nicht „wenn der Zusammenhang keine andere oder überhaupt keine Auslegung **ergibt/ermöglicht**". Eine abkommensautonome Auslegung i. S. einer vom innerstaatlichen Recht losgelösten Auslegung (dazu s. Grundl. Rz. 96a, 113a ff.) ist immer möglich bzw. muss immer möglich sein. Die Entwicklung einer Begriffsbestimmung zur Auslegung von gesetzlichen Begriffen ohne Rückgriff auf eine andere Rechtsordnung oder ein anderes Regelungswerk ist ein klassisches Merkmal der Rechtsanwendung, da – anders als bei der Auslegung von DBA – häufig keine andere Rechtsordnung bzw. kein anderes Regelungswerk besteht, auf das zur Auslegung bestimmter Begriffe zurückgegriffen werden könnte.

120a Vor diesem Hintergrund führt nicht jede in sich überzeugungskräftige Auslegung aus dem Abkommenszusammenhang zu einer Abweichung von der Regel des Art. 3 Abs. 2 (d. h. Auslegung eines abkommensrechtlichen Begriffs unter Rückgriff auf das innerstaatliche Recht), sondern nur **Gründe besonderen Gewichts** (dazu auch Rz. 119a; zustimmend: *Avery Jones u. a.,* BTR 1984, 90 (108); *Kluge,* S. 680 ff.; abweichend: *M. Lang*, Entwicklungen, S. 11 (35); *Schaumburg,* Tz. 16.57; *Smith,* The Tax Lawyer 1996, 878 ff.). Diese Gründe umschreibt das MA in Art. 3 Abs. 2 mit dem „Zusammenhang", der „anderes erfordert" (dazu auch Rz. 119a). Auch aus dem WÜRV lässt sich Gegenteiliges nicht herleiten. Wer Letzteres vertritt (wie *Gloria*, RIW 1986, 975 f.; *Gröhs/Herbst,* 22 ff.), verkennt den Unterschied zwischen der Auslegung des Art. 3 Abs. 2 (d.h. seiner Voraussetzungen, insbesondere des Begriffs des „Zusammenhangs", der „etwas anderes erfordert"), für die selbstverständlich die Art. 31 ff. WÜRV gelten, und der Auslegung sonstiger DBA-Vorschriften und darin enthaltener Begriffe, für die Art. 3 Abs. 2 als lex specialis gilt.

Lässt sich hiernach die These von einem Vorrang des „Zusammenhangs" nicht halten, so ist doch der **Begriff des „anderes erfordernden Zusammenhangs"** ggf. weit auszulegen, um den abkommenssystematischen und teleologischen Anforderungen Rechnung zu tragen. Insofern versteht sich die hier (in Übereinstimmung mit der Kommentierung von *K. Vogel* bis zur 5. Aufl.; anders jedoch Grundl. Rz. 113f.) vertretene Auslegung nicht als „landesrechtlich" (so *Kluge,* S. 677) oder als „völkerrechtlich", sondern als **vermittelnd** (bestätigend *Mössner,* FS Seidl-Hohenveldern, S. 424; *Schaumburg,* Tz. 16.57 (S. 639, Fn. 3)). Die **Definition des „*context*" in Art. 31 Abs. 2 WÜRV** (dazu s. Grundl. Rz. 105ff.) ist für die Auslegung des Art. 3 Abs. 2 nicht maßgebend, da sich diese auf eine allgemeine Auslegungsregel für völkerrechtliche Verträge nach Art. 31 Abs. 1 WÜRV bezieht. Mit dem Interesse der Vertragsstaaten, möglichst wenig von ihrer **Souveränität** aufzugeben – mag dieses Interesse auch der ursprüngliche Anlass der Klausel gewesen sein (dazu s. Rz. 100) –, lässt sich eine enge Auslegung des Begriffs des „anderes erfordernden Zusammenhangs" – zumindest heute – nicht mehr begründen. Es ist nicht ersichtlich, inwiefern eine Regel, die im Falle einer engen Auslegung zu einer Doppelbesteuerung oder Doppelnichtbesteuerung führen kann, der Souveränität der Vertragsstaaten besonders dienlich sein sollte. Für eine ggf. weite Auslegung spricht demgegenüber zunächst die **Herkunft der Klausel** aus dem britischen Recht, das unter „*context*" – im Sinne der Klausel – selbst die Entstehungs- und Vorgeschichte versteht (*House of Lords,* Beswick v. Beswick, W.L.R. 1967 III 932ff.). Dafür spricht auch die Erwägung, dass durch eine ggf. weite Auslegung die **unangemessenen Ergebnisse**, die sich bei einem Rückgriff auf das Recht des Anwendestaates ergeben können, sich noch am ehesten in Grenzen halten lassen (*K. Vogel,* FS Sibille, S. 957 (962ff.)). Diese Gründe rechtfertigen jedoch nicht einen generellen Vorrang der abkommensautonomen Auslegung. 121

Von der Frage, nach welchen materiellen (inhaltlichen) Kriterien zu bestimmen ist, ob der **„Zusammenhang etwas anderes erfordert"** (dazu s. Rz. 116bff.), ist die Frage zu unterscheiden, aus **welchen Quellen die Anhaltspunkte** für die Prüfung und Anwendung der materiellen Kriterien zu gewinnen sind. Richtigerweise sind – entsprechend den allgemeinen völkerrechtlichen Vorgaben in Art. 31 Abs. 2 WÜRV – vorrangig der Inhalt der Vertragsurkunde und etwaiger Zusatzdokumente heranzuziehen (dazu auch Grundl. Rz. 4a, 109b, 113h), aber auch die einschlägigen Vorschriften beider nationaler Rechtsordnungen (so auch Ziff. 12 MA-Komm. zu Art. 3). Letztere gehören deshalb zum „Zusammenhang", da sie darüber entscheiden, ob es durch den Rückgriff auf innerstaatliches Recht bei der Auslegung abkommensrechtlicher Begriffe zu einer – nach dem Zweck von DBA in den Grenzen ihres Wortlauts zu vermeidenden – Doppelbesteuerung bzw. Doppelnichtbesteuerung kommt. Soweit für das Verständnis von abkommensrechtlichen Begriffen auch die Regelungen in anderen Abkommen der Vertragsstaaten (so z.B. BFH BStBl. II 2004, 767: *DBA Russland*) oder das MA und der MA-Komm. (in Bezug auf das MA dagegen BFH BStBl. II 1973, 531: *DBA Niederlande 1959*) heranzuziehen sind (allgemein dazu s. Grundl. Rz. 123ff., 140ff.), sind diese auch bei der Bestimmung des Zusammenhangs i.S. des Art. 3 Abs. 2 MA zu berücksichtigen (dazu auch Grundl. Rz. 113h). Das MA und der MA-Komm. sind unter OECD-Mitgliedstaaten nach hier vertretener Auffassung über Art. 31 Abs. 1, 4 WÜRV relevant (s. Grundl. Rz. 126ff.), ohne dass man deshalb (wie *van der Bruggen,* ET 2003, 142) auch das WÜRV zum „Zusammenhang" rechnen müsste. 121a

gg) Rechtsfolge: Sind seine Voraussetzungen erfüllt, bestimmt Art. 3 Abs. 2 MA als **Rechtsfolge**, dass abkommensrechtliche Ausdrücke die Bedeutung haben, die ihnen nach dem **innerstaatlichen Recht des Anwendestaats** zukommt. Für die Frage, **welche Einrichtung oder Instanz das maßgebliche Verständnis** des anwendbaren innerstaatlichen Rechts bestimmt (Gerichte, Behörden, Wissen- 123 schaft), gelten, da jeder Vertragsstaat Anwendestaat ist (dazu s. Rz. 111), dieselben Grundsätze wie in Bezug auf das maßgebliche Verständnis des innerstaatlichen Rechts bei rein innerstaatlichen Sachverhalten. Für die Rechtspraxis ist deshalb die Ansicht der Behörden und der Gerichte des Anwendestaates maßgeblich. Schwieriger wäre die Frage zu beantworten, wenn für beide Vertragsstaaten nur das innerstaatliche Recht eines bestimmten Staates gelten würde. Maßgeblich muss auch insoweit das Verständnis der Behörden und Gerichte des Staates sein, dessen innerstaatliches Recht maßgeblich ist.

124 Die Verweisung auf das innerstaatliche Recht bezieht sich auf die Bedeutung des Begriffs, „die ihm im Anwendungszeitraum nach dem Recht dieses Staates [...] zukommt". Maßgebend ist somit das jeweils im betroffenen Veranlagungszeitraum geltende innerstaatliche Recht (**dynamische Verweisung;** dazu s. Grundl. Rz. 185, 189; für andere Verweise auf innerstaatliches Recht s. Rz. 151c; für einen dynamischen Verweis auch Ziff. 11 MA-Komm.; *Lampert,* IStR 2012, 513 (515); *Federal Court of Australia,* 10.10.2008, [2008] FCA 1503, Virgin Holdings SA v. Federal Commissioner of Taxation: *DBA Australien/Schweiz*). Dies ergibt sich seit 1995 auch aus dem – lediglich klarstellenden – Wortlaut von Art. 3 Abs. 2 MA (dazu Ziff. 11 MA-Komm. zu Art. 3; zu aus der klarstellenden Regelung möglicherweise resultierenden Problemen s. *Lang,* SWI 2012, 108 (121)). Im Einzelfall kann die Auslegung des betreffenden DBA jedoch anderes ergeben, beispielsweise dann, wenn eine neu eingeführte Einkommensfiktion zu einem ungerechtfertigten Vorteil für den besteuernden Staat führen würde (vgl. *Hoge Raad,* Rolno. 37651, BNB 2003/379; Rolno. 37670, BNB 2003/381; Rolno. 39385, BNB 2004/314: alle *DBA Niederlande/Belgien*). Dazu, insbesondere auch zu den Ausführungen des MA-Komm., s. Rz. 125c; ferner s. Grundl. Rz. 151c, 184 ff. Eine dynamische Verweisung wäre vor diesem Hintergrund auch anzunehmen, wenn der Wortlaut des Art. 3 Abs. 2 MA (oder entsprechender Regelungen in DBA) nicht so eindeutig wäre (wie etwa bei Art. 6 Abs. 2; dazu s. Art. 6 Rz. 69).

125 Durch den Verweis auf innerstaatliches Recht wird das Gebot der autonomen Auslegung (allgemein dazu s. Grundl. Rz. 113a ff.) und ggf. das Prinzip der Entscheidungsharmonie (allgemein dazu s. Grundl. Rz. 114 ff.) begrenzt (s. Rz. 98). Bei großzügigem Rückgriff auf innerstaatliches Recht unter Missachtung der hier vorgeschlagenen Grundsätze besteht die Gefahr, dass eine Doppelbesteuerung nicht vermieden bzw. beseitigt wird oder eine Doppelnichtbesteuerung eintritt (dazu s. Grundl. Rz. 155; ferner *Wijnen,* BIT 2013, 575 (576 f.)). Um ein solches Ergebnis zu vermeiden, tritt die „International Tax Group" unter der Federführung von *Avery Jones* seit Langem dafür ein, „dass **im Rahmen des Art. 23 A/B MA** der Ansässigkeitsstaat die Qualifikation nach dem Recht des Quellenstaates als **bindend** hinnehmen müsse" (*„it should take the answer for granted"*; s. *Avery Jones u. a.,* BTR 1984, 14 (50); sog. Qualifikationsverkettung/new approach). Diese Auffassung wurde zunächst mit einer spezifischen Auslegung des Wortes „anwenden" (engl.: *„to apply"*; frz.: *„appliquer"*) in Art. 3 Abs. 2 begründet, die aber umstritten blieb. In der Folge haben *Déry* und *Ward* in einem Landesbericht für den IFA-Kongress in Florenz 1993 dasselbe Ergebnis überzeugender begründet (vgl. *Déry/Ward,* CDFI LXXVIIIa, S. 281 ff.). Ihre Begründung ist 1996 von der International Tax Group näher ausgearbeitet worden (vgl. *Avery Jones u. a.,* BTR 1996, 212 = ET 1996, 118) und hat 1999 auch die **Zustimmung des OECD-Steuerausschusses** gefunden (*OECD,* The Application of the Partnership Report, Issues in International Taxation, No. 6, 1999, Ziff. 94 ff.; jetzt: MA-Komm. zu Art. 23 Ziff. 32.2 ff.; dazu – zustimmend – s. Grundl. Rz. 155 ff., insbesondere Rz. 157 ff., Art. 23 Rz. 40 ff., 126; ferner *K. Vogel,* SWI 2000, 103 (111 f.); ferner *Salomé/Danon,* Intertax 2003, 190; kritisch *Aigner/Züger,* S. 47 ff.; *M. Lang,* Partnerships, S. 78 ff.; *ders.,* in FS Vogel, S. 907 ff.; *ders.,* Introduction, S. 59 ff.; Wassermeyer/

Wassermeyer/Schwenke, Art. 1 Rz. 28g, Art. 23 Rz. 46; *Schuch/Bauer,* S. 27 ff.). Die **Rechtsprechung** lehnt eine derartige Qualifikationsverkettung ab, teilweise ohne Auseinandersetzung mit den Grundlagen (etwa im OECD Partnership Report; zur Rechtsprechung beispielsweise s. BFH BStBl. II, 1999, 812; Urt. v. 25.5.2011, I R 95/10, BFHE 234, 63, IStR 2011, 688; Urt. v. 6.6.2012, I R 6, 8/11, I R 6/11, I R 8/11, BStBl. II 2013, 111; Beschl. v. 11.12.2013, I R 4/13, DStR 2014, 306: *DBA Italien;* FG Hamburg, EFG 2007, 101 m. Anm. *Juchanek,* IStR 2007, 654; *Gosch,* ISR 2013, 87 (93 f.)). Die **Finanzverwaltung** folgt dagegen der neuen Auffassung der OECD (BMF v. 28.12.1999, BStBl. I 1999, 1121, Rz. 2, zu atypischen stillen Beteiligungen; BMF v. 16.4.2010, Rz. 4.1.3.3.1/2, zur Anwendung von DBA auf Personengesellschaften; ferner s. BT-Drs. 16/2712, zum JStG 2007, Begründung, II. Besonderer Teil, Zu Art. 1 (Einkommensteuergesetz) Nr. 38 (§ 50d) Buchst. b (Abs. 9 – neu –); dazu *K. Vogel,* IStR 2007, S. 225).

Die Auffassung, wonach der Ansässigkeitsstaat an die Einordnung durch den Quellenstaat gebunden ist (s. Rz. 125), geht davon aus, dass nach der Formulierung der Art. 23 A/B MA der Ansässigkeitsstaat ausländische Einkünfte unbesteuert lassen oder die Steuer des anderen Vertragsstaats anrechnen muss, wenn die Einkünfte **„nach diesem Abkommen im anderen Vertragsstaat besteuert werden [können]“.** Einkünfte können nach dem Abkommen im Nichtansässigkeitsstaat besteuert werden, wenn diesem bei einer Auslegung des Abkommens nach **seinem** innerstaatlichen Recht, wie Art. 3 Abs. 2 sie ihm vorschreibt, deren Besteuerung vorbehalten ist. Der Wortlaut des OECD-MA steht dem nicht entgegen, da die Vermeidungsnormen nicht voraussetzen, dass die Einkünfte auch aus der Sicht des Ansässigkeitsstaats im anderen Vertragsstaat besteuert werden können. Der Ansässigkeitsstaat kann natürlich prüfen, ob der Quellenstaat sein eigenes Recht richtig angewendet hat. Das Abkommen berechtigt den Ansässigkeitsstaat aber nicht und noch weniger verpflichtet es ihn dazu, die Anwendung von Recht des Quellenstaats durch den Quellenstaat durch die Anwendung seines eigenen Rechts zu ersetzen. Hat der Quellenstaat angenommen, dass er aufgrund einer Auslegung des Abkommens durch Rückgriff auf sein innerstaatliches Recht zur Besteuerung nicht berechtigt sei, ist eine Voraussetzung für Art. 23A/B (nämlich das Besteuertwerdenkönnen im Quellenstaat) nicht erfüllt mit der Folge, dass der Ansässigkeitsstaat nicht zur Freistellung verpflichtet ist. Kommt der Quellenstaat zu diesem Ergebnis nicht aufgrund des Rückgriffs auf sein innerstaatliches Recht, sondern aufgrund einer (autonomen) Auslegung des Abkommens, soll nach dem im Jahre 2000 neu in Art. 23 A des MA eingefügten Abs. 4 die Freistellung im Ansässigkeitsstaat entfallen (dazu s. Grundl. Rz. 159 ff., Art. 23 Rz. 243 ff.). 125a

Gegen diese Lösung könnte eingewandt werden, sie mache die **Verweisungen** auf das Recht des Quellenstaats **in Art. 6 Abs. 2 und Art. 10 Abs. 3 MA entbehrlich;** aus jenen ausdrücklichen Verweisungen könnte gefolgert werden, dass in anderen Fällen das Recht des Quellenstaats nicht für den Ansässigkeitsstaat maßgebend sei. Dieser Einwand würde allerdings verkennen, dass in beiden Bestimmungen eine autonome Definition bestimmter abkommensrechtlicher Begriffe gegeben wird, die für Teilbereiche auf innerstaatliches Recht verweist; zwingende weitergehende Folgen aus solchen Verweisen, etwa für das Verständnis von Art. 23A/B MA, können daraus nicht abgeleitet werden. 125b

Die Lösung hat allerdings einen **Nachteil,** der nicht verschwiegen werden darf. Die Bezeichnungen der **Einkunftsarten** in beiden Staaten werden sich teils **überschneiden,** teils nicht. Die Menge der Sachverhalte, die in dem einen Staat unter eine Einkunftsart fallen, im anderen aber nicht – die nach Abzug der „Schnittmenge“ noch verbleibende „Restmenge“ – wird in den beiden Staaten unterschiedlich groß sein. Folgt man der vorstehend dargestellten Ansicht, kann der Staat, dessen „Restmenge“ größer ist, mehr Sachverhalte besteuern; es ergibt sich also ein Un- 125c gleichgewicht (*Raupach,* JbFfSt (1978/79), 354 (356)). Aber dieser Nachteil dürfte geringer wiegen als die Doppelbesteuerung, die sich aus einer Anwendung des Art. 3 Abs. 2 durch beide Staaten ergeben kann. Mangels anderer ähnlich effizienter Lösungen ist dieser Ansatz zwar kein dogmatisch zwingender, jedoch ein pragmatischer und auch akzeptabler Ansatz zur Vermeidung von Doppelbesteuerungen (dazu s. Grundl. Rz. 164ff.). Sollte ein Staat seine „Restmenge" durch eine **Gesetzesänderung treuwidrig** ausweiten, um dadurch zu Lasten des anderen (zur Freistellung bzw. zur Anrechnung verpflichteten) Vertragsstaats mehr Sachverhalte besteuern zu können, könnte der andere Staat die Anerkennung der Gesetzesänderung unter Hinweis darauf verweigern, dass die Auslegung und Anwendung völkerrechtlicher Verträge an Treu und Glauben gebunden ist (im Ergebnis wie hier Ziff. 13 des MA-Komm. zu Art. 3; ferner *Hoge Raad,* Rolno. 37651, BNB 2003/379, Rolno. 37670, BNB 2003/381, Rolno. 39385, BNB 2004/314; Urt. v. 26.11.2010, 09/03219: alle *DBA Niederlande/Belgien*). Dasselbe gilt, wenn die Anwendung des innerstaatlichen Rechts durch den Quellenstaat **höherrangiges Recht, insbesondere Unionsrecht, verletzt** (so auch ÖstBMF, EAS 3201 v. 25.1.2011, SWI 2011, 51; kritisch dazu *Lang,* SWI 2011, 105 (112f.)).

125d Mit der Bindung des Ansässigkeitsstaats an die Auslegung durch den Quellenstaat (dazu s. Rz. 125ff.) ist die „Qualifikations"-Problematik zum großen Teil entschärft. Soweit es sich um Ausdrücke in **Verteilungsnormen mit offener Rechtsfolge** handelt, bei denen eine Doppelbesteuerung durch eine ergänzende Anwendung von Art. 23A/B vermieden bzw. beseitigt werden muss, kann sich aus der Auslegung nach Maßgabe des innerstaatlichen Rechts, keine Doppelbesteuerung mehr ergeben, da nach dieser Auffassung allein die Auslegung nach dem innerstaatlichen Recht des Quellenstaats maßgeblich ist. Möglich bleibt ein Qualifikationskonflikt allerdings bei **Verteilungsnormen mit abschließender** Rechtsfolge (zu solchen Verteilungsnormen s. Grundl. Rz. 81ff.; Vor Art. 6–22 Rz. 4), da in einem solchen Fall eine Anwendung der Vermeidungsnormen des Art. 23A/B und damit eine entsprechende Auslegung nicht möglich ist. Da die Unterscheidung zwischen Verteilungsnormen mit und ohne abschließender Rechtsfolge nur regelungstechnischer Natur ist (dazu s. Vor 6–22 Rz. 1), sollte man überlegen, die Bindung des Ansässigkeitsstaats an die Auslegung des Quellenstaats aus Praktikabilitätsgründen auch auf Verteilungsnormen mit abschließender Rechtsfolge zu übertragen (dazu s. Grundl. Rz. 158e; ferner *Rust,* BIFD 2003, 45 (49)). Qualifikationskonflikte können sich außerdem ergeben, wo **außerhalb der Verteilungsnormen** Ausdrücke des DBA im Recht der Vertragsstaaten unterschiedlich ausgelegt werden. Auch auf diese Qualifikationskonflikte könnte man aus Praktikabilitätsgründen die Lösung mit der Bindung des Ansässigkeitsstaats an die Auslegung durch den Quellenstaat übertragen.

II. Deutsche DBA

1. Abkommensübersicht zu Art. 3 Abs. 2

126 Die *DBA Finnland 1979* und *UdSSR* verweisen **allgemein auf das innerstaatliche Recht**, nicht nur auf das Steuerrecht (Art. 3 Abs. 2; dazu s. Rz. 128). Das *DBA USA 1989/2006* erlaubt den zuständigen Behörden, sich auf die Definition eines Begriffs zu einigen (Art. 3 Abs. 2; dazu s. Rz. 127). Das *DBA Schweden* gibt der **autonomen** Abkommensauslegung den **Vorrang** (Art. 3 Abs. 2; dazu s. Rz. 110a, 129). Alle **übrigen Abkommen stimmen mit dem MA** (ggf. ohne dessen klarstellende Ergänzungen aus dem Jahre 1995; dazu s. Rz. 97) **überein**. Soweit sie in der folgenden Liste nicht aufgeführt sind, findet sich die Vorschrift in **Art. 3 Abs. 2**.

DBA	Artikel	DBA	Artikel
Frankreich	2 Abs. 2	Israel	2 Abs. 3
Griechenland	II Abs. 2		

2. Erläuterungen

Das *DBA USA 1989/2006* folgt der Formulierung der MA, ermächtigt aber in Art. 25 Abs. 3 Buchst. d die zuständigen Behörden, sich über „die gemeinsame Auslegung eines Ausdrucks" zu verständigen, und verweist darauf in Art. 3 Abs. 2. Die Verfassungsmäßigkeit dieser Ermächtigung ist zweifelhaft (s. Art. 25 Rz. 170). **127**

Das *DBA Finnland 1979* verweist abweichend vom MA auf das innerstaatliche Recht **insgesamt,** beschränkt also die Verweisung nicht nur auf das Steuerrecht. Auch das *DBA UdSSR* verweist auf das Steuerrecht nur „insbesondere". **128**

Das *DBA Schweden* kehrt die Regel des MA um (s. Rz. 110a). Das Abkommen ist „durch beide Vertragsstaaten übereinstimmend **aus sich selbst heraus**" auszulegen. Nur wenn der Zusammenhang dies erfordert **und** sich die zuständigen Behörden nicht im Verständigungsverfahren auf eine gemeinsame Auslegung einigen können, ist das Abkommen nach dem Recht des Anwendestaates auszulegen. **129**

Artikel 4. Ansässige Person

Text: OECD-Musterabkommen (OECD-MA)

1. Im Sinne dieses Abkommens bedeutet der Ausdruck „eine in einem Vertragsstaat ansässige Person" eine Person, die nach dem Recht dieses Staates dort auf Grund ihres Wohnsitzes, ihres ständigen Aufenthalts, des Ortes ihrer Geschäftsleitung oder eines anderen ähnlichen Merkmals steuerpflichtig ist, und umfasst auch diesen Staat und seine Gebietskörperschaften. Der Ausdruck umfasst jedoch nicht eine Person, die in diesem Staat nur mit Einkünften aus Quellen in diesem Staat oder mit in diesem Staat gelegenem Vermögen steuerpflichtig ist.

2. Ist eine natürliche Person nach Absatz 1 in beiden Vertragsstaaten ansässig, so wird ihr Status wie folgt bestimmt:

a) Die Person gilt als nur in dem Staat ansässig, in dem sie über eine ständige Wohnstätte verfügt; verfügt sie in beiden Staaten über eine ständige Wohnstätte, so gilt sie als nur in dem Staat ansässig, zu dem sie die engeren persönlichen und wirtschaftlichen Beziehungen hat (Mittelpunkt der Lebensinteressen);

b) kann nicht bestimmt werden, in welchem Staat die Person den Mittelpunkt ihrer Lebensinteressen hat, oder verfügt sie in keinem der Staaten über eine ständige Wohnstätte, so gilt sie als nur in dem Staat ansässig, in dem sie ihren gewöhnlichen Aufenthalt hat;

c) hat die Person ihren gewöhnlichen Aufenthalt in beiden Staaten oder in keinem der Staaten, so gilt sie als nur in dem Staat ansässig, dessen Staatsangehöriger sie ist;

d) ist die Person Staatsangehöriger beider Staaten oder keines der Staaten, so regeln die zuständigen Behörden der Vertragsstaaten die Frage in gegenseitigem Einvernehmen.

3. Ist nach Absatz 1 eine andere als eine natürliche Person in beiden Vertragsstaaten ansässig, so gilt sie als nur in dem Staat ansässig, in dem sich der Ort ihrer tatsächlichen Geschäftsleitung befindet.

Text: Deutsche Verhandlungsgrundlage (DE-VG)

Artikel 4. Ansässige Person

(1) Im Sinne dieses Abkommens bedeutet der Ausdruck „eine in einem Vertragsstaat ansässige Person" eine Person, die nach dem Recht dieses Staates dort auf Grund ihres Wohnsitzes, ihres ständigen Aufenthalts, des Ortes ihrer Geschäftsleitung oder eines anderen ähnlichen Merkmals steuerpflichtig ist, und umfasst auch diesen Staat, seine Länder und ihre Gebietskörperschaften. Der Ausdruck umfasst jedoch nicht eine Person, die in diesem Staat nur mit Einkünften aus Quellen in diesem Staat oder mit in diesem Staat gelegenem Vermögen steuerpflichtig ist.

(2) Ist eine natürliche Person nach Absatz 1 in beiden Vertragsstaaten ansässig, so wird ihr Status wie folgt bestimmt:

a) Die Person gilt als nur in dem Staat ansässig, in dem sie über eine ständige Wohnstätte verfügt; verfügt sie in beiden Staaten über eine ständige Wohn-

stätte, so gilt sie als nur in dem Staat ansässig, zu dem sie die engeren persönlichen und wirtschaftlichen Beziehungen hat (Mittelpunkt der Lebensinteressen);

b) kann nicht bestimmt werden, in welchem Staat die Person den Mittelpunkt ihrer Lebensinteressen hat, oder verfügt sie in keinem der Staaten über eine ständige Wohnstätte, so gilt sie als nur in dem Staat ansässig, in dem sie ihren gewöhnlichen Aufenthalt hat;

c) hat die Person ihren gewöhnlichen Aufenthalt in beiden Staaten oder in keinem der Staaten, so gilt sie als nur in dem Staat ansässig, dessen Staatsangehöriger sie ist;

d) ist die Person Staatsangehöriger beider Staaten oder keines der Staaten, so regeln die zuständigen Behörden der Vertragsstaaten die Frage durch Verständigung.

(3) **Ist nach Absatz 1 eine andere als eine natürliche Person in beiden Vertragsstaaten ansässig, so gilt sie als nur in dem Staat ansässig, in dem sich der Ort ihrer tatsächlichen Geschäftsleitung befindet.**

Text: US-Musterabkommen (US-MA)

1. Im Sinne dieses Abkommens bedeutet der Ausdruck „eine in einem Vertragsstaat ansässige Person" eine Person, die nach dem Recht dieses Staates dort aufgrund ihres Wohnsitzes, ihres ständigen Aufenthalts, ihrer Staatsangehörigkeit, des Ortes ihrer Geschäftsleitung, des Ortes ihrer Gründung oder eines anderen ähnlichen Merkmals steuerpflichtig ist, und umfasst auch diesen Staat und seine Gebietskörperschaften. Der Ausdruck umfasst jedoch nicht eine Person die in diesem Staat nur mit Einkünften aus Quellen in diesem Staat steuerpflichtig ist oder mit Einkünften, die einer in diesem Staat gelegenen Betriebstätte zurechenbar sind.

2. Der Ausdruck „eine in einem Vertragsstaat ansässige Person" umfasst

a) einen in diesem Staat errichteten Pensionsfonds und
b) eine Organisation, die in diesem Staat ausschließlich zu religiösen, gemeinnützigen, wissenschaftlichen, künstlerischen, kulturellen oder erzieherischen Zwecken errichtet und betrieben wird,

selbst wenn deren Einkünfte oder Gewinne nach dem Recht dieses Staats ganz oder zum Teil von der Steuer befreit sein sollten.

3. Ist nach Absatz 1 eine natürliche Person in beiden Vertragsstaaten ansässig, so gilt Folgendes:

a) die Person gilt als nur in dem Staat ansässig, in dem sie über eine ständige Wohnstätte verfügt; verfügt sie in beiden Staaten über eine ständige Wohnstätte, so gilt sie als nur in dem Staat ansässig, zu dem sie die engeren persönlichen Beziehungen hat (Mittelpunkt der Lebensinteressen);
b) kann nicht bestimmt werden, in welchem Staat die Person den Mittelpunkt ihrer Lebensinteressen hat, oder verfügt sie in keinem der Staaten über eine ständige Wohnstätte, so gilt sie als nur in dem Staat ansässig, in dem sie ihren gewöhnlichen Aufenthalt hat;
c) hat die Person ihren gewöhnlichen Aufenthalt in beiden Staaten oder in keinem der Staaten, so gilt sie als nur in dem Staat ansässig, dessen Staatsangehöriger sie ist;
d) ist die Person Staatsangehöriger beider Staaten oder keines der Staaten, so bemühen sich die zuständigen Behörden der Vertragsstaaten, die Frage in gegenseitigem Einvernehmen zu regeln.

4. Ist nach Absatz 1 eine Gesellschaft in beiden Vertragsstaaten ansässig, so gilt sie, wenn sie nach dem Recht eines der Vertragsstaaten oder einer seiner Gebietskörperschaften, nicht aber nach dem Recht des anderen Vertragsstaats oder einer seiner Gebietskörperschaften errichtet oder organisiert ist, als im erstgenannten Staat ansässig. In anderen Fällen doppelter Ansässigkeit von Gesellschaften werden sich die zuständigen Behörden der Vertragsstaaten bemühen zu bestimmen, wie das Abkommen auf eine solche Gesellschaft Anwendung finden soll. Wenn die zuständigen Behörden sich nicht einigen, wird diese Gesellschaft für die Inanspruchnahme der Abkommensvergünstigungen nicht als eine in einem Vertragsstaat ansässige Person behandelt.

5. Ist nach den Absätzen 1 und 2 eine Person, die weder natürliche Person noch Gesellschaft ist, in beiden Vertragsstaaten ansässig, so bemühen sich die zuständigen Behörden der Vertragsstaaten, in gegenseitigem Einvernehmen zu regeln, wie das Abkommen auf eine solche Person Anwendung finden soll.

Inhalt

1 **Literatur:** *Avella,* in Hofstätter/Plansky (Hrsg.), Dual Residence in Tax Treaty Law and EC Law (2009), S. 293 ff.; *Berger/Steck/Lübbehüsen,* InvG/InvStG (2010); *Boccardo,* in Hofstätter/Plansky (Hrsg.), Dual Residence in Tax Treaty Law and EC Law (2009), S. 115 ff.; *Booth,* Residence, Domicile and UK Taxation (1986); *Bron,* Der G-REIT (2007); *Cordewener,* Europäische Grundfreiheiten und nationales Steuerrecht (2002); *Couzin,* Corporate Taxation and International Taxation (2002); *Daurer,* in Maisto (Hrsg.), Residence of Individuals under Tax Treaties and EC Law (2009), S. 241 ff.; *da Silva,* in Schilcher/Weninger (Hrsg.), Fundamental Issues and Practical Problems in Tax Treaty Interpretation (2008), S. 329; *Firlinger,* in Gassner/Lang/Lechner, Die Methoden zur Vermeidung der Doppelbesteuerung (1995), S. 207; *Föhls,* in Lang/Schuch/Staringer (Hrsg.), Die Ansässigkeit im Recht der Doppelbesteuerungsabkommen (2007), S. 177 ff.; *Großmann,* Doppelt ansässige Gesellschaften (1995); *Haslinger,* in Lang/Schuch/Staringer (Hrsg.), Die Ansässigkeit im Recht der Doppelbesteuerungsabkommen (2007), S. 191 ff.; *Hofstätter/Plansky,* Dual Residence in Tax Treaty Law and EC Law (2009); Helios/Wewel/Wiesbrock (Hrsg.), REIT-Gesetz (2008); *Hofstätter/Reichel,* Die Einkommensteuer (Losebl.); *Kroschel,* Die Federal Income Tax der Vereinigten Staaten von Amerika (2000); *Kruse,* Sitzverlegung von Kapitalgesellschaften innerhalb der EG (1997); *Lang,* Die Stiftung im internationalen Ertragsteuerrecht, in Csoklich/Müller (Hrsg.), Die Stiftung als Unternehmer (1990), S. 185; Lang/Schuch/Staringer (Hrsg.), Die Ansässigkeit im Recht der Doppelbesteuerungsabkommen (2007); *Lang,* in Lang/Schuch/Staringer (Hrsg.), Die Ansässigkeit im Recht der Doppelbesteuerungsabkommen (2007), S. 207 ff.; *Link,* in Maisto (Hrsg.), International and EC Tax Aspects of Groups of Companies (2008), S. 137 ff., 301 ff.; *Locher,* in Festgabe zum Schweizerischen Juristentag (1988), S. 365 ff.; *Lytras,* in Hofstätter/Plansky, Dual Residence in Tax Treaty Law and EC Law (2009), S. 415 ff.; *Mäusli,* Die Ansässigkeit von Gesellschaften im internationalen Steuerrecht (1999); *Maisto* (Hrsg.), Residence of Companies under Tax Treaties and EC Law (2009); *ders.*, Residence of Individuals under Tax Treaties and EC Law (2009); *Makarov,* Allgemeine Lehren des Staatsangehörigkeitsrechts, 2. Aufl. (1962); *Makarov/v. Mangoldt,* Deutsches Staatsangehörigkeitsrecht, 3. Aufl. (Stand: August 1998); *Meritxell Galtés,* Revista de la economía social y de la empresa, 2001, Nr. 37, 10 ff.; *Mamut,* in Lang/Schuch/Staringer (Hrsg.), Die Ansässigkeit im Recht der Doppelbesteuerungsabkommen (2007), S. 139 ff.; *Moschetti,* in Tipke/Seer/Hey/Englisch (Hrsg.), FS Lang (2010), S. 1179 ff.; *Nachreiner,* Die Behandlung von Trusts im deutschen Erbschafts- und Schenkungssteuerrecht nach alter und neuer Rechtslage (2001); *Obrist/Pfister,* in Maisto (Hrsg.), Residence of Individuals under Tax Treaties and EC Law (2009), S. 541 ff.; *Pistone,* The Impact of Community Law on Tax Treaties: Issues and Solutions (2002); *Prillinger,* in Lang/Schuch/Staringer (Hrsg.), Die Ansässigkeit im Recht der Doppelbesteuerungsabkommen (2007), S. 121 ff.; *Reimer,* in Lang/Schuch/Staringer (Hrsg.), Die Ansässigkeit im Recht der Doppelbesteuerungsabkommen (2007) S. 15 ff.; *Rust,* in Maisto (Hrsg.), Residence of Individuals under Tax Treaties and EC Law (2010), S. 85 ff., 361 ff.; *Schlager,* in Lang/Schuch/Staringer (Hrsg.), Die Ansässigkeit im Recht der Doppelbesteuerungsabkommen (2007), S. 87 ff.; *Schön,* Die Niederlassungsfreiheit von Kapitalgesellschaften, in FS Lutter (2000), S. 685; *Schuch,* in Lang/Schuch/Staringer (Hrsg.), Die Ansässigkeit im Recht der Doppelbesteuerungsabkommen (2007), S. 109 ff.; *Shannon,* Die Doppelbesteuerungsabkommen der USA (1987); *Staringer,* Besteuerung doppelt ansässiger Kapitalgesellschaften (1999); *Staringer,* in Lang/Schuch/Staringer (Hrsg.), Die Ansässigkeit im Recht der Doppelbesteuerungsabkommen (2007), S. 67 ff.; *Stürzlinger,* in Lang/Schuch/Staringer (Hrsg.), Die Ansässigkeit im Recht der Doppelbesteuerungsabkommen (2007), S. 157 ff.; *Svobodová,* in Hofstätter/Plansky (Hrsg.), Dual Residence in Tax Treaty Law and EC Law (2009), S. 99 ff.; *Tiley/Collison,* UK Tax Guide, 31. Aufl. (2013); *Tumpel/Aigner,* in Lang/Schuch/Staringer (Hrsg.), Die Ansässigkeit im Recht der Doppelbesteuerungsabkommen (2007), S. 33 ff.; *Wagner,* Besteuerung des deutschen REIT (2010).

Text: OECD-Kommentar (MA-Kommentar)

I. Einleitende Bemerkungen

1. [Grundregel] *Der Begriff „eine in einem Vertragsstaat ansässige Person" hat verschiedene Funktionen und ist in drei Fällen von Bedeutung:*
a) zur Abgrenzung des persönlichen Geltungsbereichs eines Abkommens;

b) zur Regelung der Fälle, in denen sich eine Doppelbesteuerung daraus ergibt, dass zwei Wohnsitze vorhanden sind;
c) zur Regelung der Fälle, in denen sich eine Doppelbesteuerung aus der Besteuerung sowohl im Wohnsitzstaat als auch der Besteuerung im Quellen- oder Belegenheitsstaat ergibt.

2. [Vorbemerkung] *Der Artikel bezweckt die Definition des Ausdrucks „eine in einem Vertragsstaat ansässige Person" und die Regelung der Fälle von Doppelwohnsitzen. Zum besseren Verständnis des Artikels werden im Folgenden einige allgemeine Bemerkungen zu den beiden typischen Konfliktfällen, nämlich die Konflikte zwischen zwei Wohnsitzen und zwischen Wohnsitz und Quelle oder Belegenheit, vorangeschickt. In beiden Fällen ergibt sich der Konflikt daraus, dass jeder der beiden Vertragsstaaten oder einer von ihnen auf Grund seines innerstaatlichen Rechts geltend macht, die betreffende Person sei in seinem Gebiet ansässig.*

3. [Innerstaatliches Recht] *Im Allgemeinen sieht das innerstaatliche Recht der verschiedenen Staaten eine umfassende Besteuerung („unbeschränkte Steuerpflicht") vor, die auf den persönlichen Beziehungen des Steuerpflichtigen zu dem betreffenden Staat („Wohnsitzstaat") beruht. Diese Steuerpflicht trifft nicht nur die Personen, die in einem Staat ihren „Wohnsitz" in dem Sinne haben, der dem Begriff „Wohnsitz" gewöhnlich entspricht (Privatrecht). Die unbeschränkte Steuerpflicht erstreckt sich vielmehr auch auf die Personen, die sich in dem Gebiet des Staates ständig, manchmal auch nur während eines gewissen Zeitraums, aufhalten. Nach einigen Rechtsordnungen sind auch diejenigen natürlichen Personen unbeschränkt steuerpflichtig, die an Bord eines Schiffes tätig sind, dessen Heimathafen in dem betreffenden Staat liegt.*

4. [Regelungsbereich] *Die Abkommen zur Vermeidung der Doppelbesteuerung befassen sich im Allgemeinen nicht mit dem innerstaatlichen Recht der Vertragsstaaten über die Voraussetzungen, unter denen eine Person steuerrechtlich als in einem Staat ansässig behandelt wird und infolgedessen dort unbeschränkt steuerpflichtig ist. Die Abkommen legen nicht fest, welchen Grundsätzen die innerstaatlichen Rechtsvorschriften über den „Wohnsitz" entsprechen müssen, damit sich die Vertragsstaaten über das unbeschränkte Besteuerungsrecht eines von ihnen einigen können. In dieser Hinsicht entscheiden die Staaten allein nach ihrem innerstaatlichen Recht.*

5. [Konfliktfälle] *Dies wird besonders deutlich, wenn der Konflikt nicht zwischen zwei Wohnsitzen, sondern zwischen Wohnsitz und Quelle oder Belegenheit besteht. Doch gelten dieselben Erwägungen auch für den Konflikt zwischen zwei Wohnsitzen. Die Besonderheit des letztgenannten Falles besteht lediglich darin, dass durch die Bezugnahme auf den Wohnsitzbegriff, wie er im innerstaatlichen Recht der betreffenden Staaten gilt, keine Lösung des Konflikts erreicht werden kann. Für diese Fälle bedarf es besonderer Bestimmungen in dem Abkommen darüber, welcher der beiden Wohnsitzbegriffe Vorrang hat.*

6. [Beispiel] *Ein Beispiel mag dies verdeutlichen: Eine natürliche Person hat eine ständige Wohnstätte im Staat A, wo die Ehefrau und die Kinder leben. Sie hat sich länger als sechs Monate im Staat B aufgehalten und wird dort nach dem Recht dieses Staates auf Grund der Dauer ihres Aufenthalts als eine dort ansässige Person besteuert. Zwei Staaten beanspruchen also das Recht, die Person als unbeschränkt steuerpflichtig zu behandeln. Dieser Konflikt muss durch das Abkommen gelöst werden.*

7. [Lösung über Absatz 2] *Für diesen Fall gibt Absatz 2 des Artikels dem Anspruch des Staates A den Vorrang. Daraus darf aber nicht geschlossen werden, dass der Artikel eine besondere Bestimmung über den „Wohnsitz" enthält und dass das innerstaatliche Recht des Staates B unberücksichtigt bleibt, weil es mit dieser Bestimmung nicht zu vereinbaren wäre. Wesentlich ist nur, dass in einem solchen Konfliktfall eine Wahl zwischen den beiden Ansprüchen getroffen werden muss, und nur hierfür enthält der Artikel besondere Bestimmungen.*

II. Kommentar über die Abkommensbestimmungen

Absatz 1

8. [Ansässigkeit] *Absatz 1 definiert, was unter dem Ausdruck „eine in einem Vertragsstaat ansässige Person" im Sinne des Abkommens zu verstehen ist. Diese Definition verweist auf den Begriff des Wohnsitzes (residence) des innerstaatlichen Rechtes (vgl. die Vorbemerkungen). Merkmale einer Besteuerung als ansässige Person sind nach der Definition: der Wohnsitz, der ständige Aufenthalt, der Ort der Geschäftsleitung oder ein anderes ähnliches Merkmal. Bei natürlichen Personen will die Definition die verschiedenen Formen der persönlichen Beziehungen zu einem Staat erfassen, die nach dem innerstaatlichen Steuerrecht die Grundlage einer umfassenden Besteuerung (unbeschränkte Steuerpflicht) bilden. Sie bezieht sich auch auf Fälle, in denen eine Person nach dem Steuerrecht eines Staates als in diesem Staat ansässig gilt und somit dort unbeschränkt steuerpflichtig ist (z. B. Diplomaten oder andere Personen im öffentlichen Dienst).*

8.1 [Besteuerung nach dem Territorialitätsprinzip]*Nach dem zweiten Satz des Absatzes 1 gilt jedoch jemand nicht als eine „in einem Vertragsstaat ansässige Person" im Sinne des Abkommens, wenn er, ohne in diesem Staat ständig wohnhaft zu sein, nach dem innerstaatlichen Recht zwar als eine dort ansässige Person gilt, aber seine Besteuerung auf Einkünfte aus Quellen in diesem Staat oder dort gelegene Vermögen beschränkt ist. Diese Situation besteht in einigen Staaten bei natürlichen Personen insbesondere bei ausländischen Diplomaten und Konsularbeamten, die im Hoheitsgebiet dieser Staaten Dienst tun.*

8.2 [Durchlaufgesellschaften, Informationsaustausch] *Ebenso schließt der zweite Satz nach ihrem Wortlaut und Sinn aus der Definition der in einem Vertragsstaat ansässigen Personen ausländisch beherrschte Gesellschaften aus, sofern diese aufgrund von Vergünstigungen, durch die Durchlaufgesellschaften angezogen werden sollen, mit ihren ausländischen Einkünften von der Steuer befreit sind. Sind bestimmte Gesellschaften aus der Definition ausgeschlossen, so steht dies einem Informationsaustausch der Vertragsstaaten über ihre Tätigkeiten natürlich nicht im Wege (vgl. Ziffer 2 des Kommentars zu Artikel 26). Tatsächlich können es Staaten als angemessen ansehen, in spontanen Informationsaustausch über Gesellschaften zu treten, die vom Musterabkommen nicht beabsichtigte Abkommensvorteile anstreben.*

8.3 [Länder mit Besteuerung nach dem Territorialitätsprinzip] *Die Bestimmung birgt allerdings Schwierigkeiten und hat Grenzen zu beachten. So ist eine einengende Auslegung der Vorschrift geboten, weil sie sonst sämtliche in Ländern mit Besteuerung nach dem Territorialitätsprinzip ansässige Personen aus dem Anwendungsbereich des Abkommens ausschließen würde; dies ist aber eindeutig nicht beabsichtigt.*

8.4 [Staat, Gebietskörperschaft] *Die meisten Mitgliedstaaten waren der Auffassung, dass die Regierung eines Staates und dessen Gebietskörperschaften im Sinne des Abkommens in diesem Staat ansässige Personen sind. Vor 1995 sah das Musterabkommen dies nicht ausdrücklich vor; 1995 wurde Artikel 4 geändert, um den Text des Musterabkommens dieser Auslegung anzupassen.*

[ab 22.7.2010:]

8.5 *This raises the issue of the application of paragraph 1 to sovereign wealth funds, which are special purpose investment funds or arrangements created by a State or a political subdivision for macroeconomic purposes. These funds hold, manage or administer assets to achieve financial objectives, and employ a set of investment strategies which include investing in foreign financial assets. They are commonly established out of balance of payments surpluses, official foreign currency operations, the proceeds of privatisations, fiscal surpluses or receipts resulting from commodity exports.*[1] *Whether a sovereign wealth fund qualifies as a „resident of*

---

[1] This definition is drawn from: International Working Group of Sovereign Wealth Funds, Sovereign Wealth Funds – Generally Accepted Principles and Practices – „Santiago Principles", October 2008, Annex 1.

a Contracting State" depends on the facts and circumstances of each case. For example, when a sovereign wealth fund is an integral part of the State, it will likely fall within the scope of the expression „[the] State and any political subdivision or local authority thereof" in Article 4. In other cases, paragraphs 8.6 and 8.7 below will be relevant. States may want to address the issue in the course of bilateral negotiations, particularly in relation to whether a sovereign wealth fund qualifies as a „person" and is „liable to tax" for purposes of the relevant tax treaty (see also paragraphs 6.35 to 6.39 of the Commentary on Article 1).

8.6 [Steuerbefreite Organisationen; Mehrheitsmeinung] *Absatz 1 bezieht sich auf Personen, die in einem Vertragsstaat nach dessen Recht aufgrund verschiedener Kriterien steuerpflichtig sind. In vielen Staaten wird eine Person selbst dann als unbeschränkt steuerpflichtig angesehen, wenn der Vertragsstaat ihr tatsächlich keine Steuer auferlegt. Pensionsfonds, gemeinnützige und andere Organisationen können z. B. von der Besteuerung ausgenommen sein; sie sind aber nur steuerbefreit, wenn sie die in den Steuergesetzen genannten Voraussetzungen für die Steuerbefreiung erfüllen. Sie unterliegen daher den Steuergesetzen eines Vertragsstaats. Außerdem müssen sie Steuern zahlen, wenn sie die aufgestellten Anforderungen nicht erfüllen. Die meisten Länder würden solche Rechtsträger für Zwecke des Abkommens als ansässige Personen ansehen (siehe z. B. Artikel 10 Absatz 1 und Artikel 11 Absatz 5).*

8.7 [Steuerbefreite Organisationen; Mindermeinung] *In einigen Ländern werden diese Rechtsträger jedoch nicht als steuerpflichtig angesehen, wenn sie nach den innerstaatlichen Steuergesetzen von der Besteuerung befreit sind. Diese Länder können solche Rechtsträger für die Zwecke des Abkommens nicht als ansässige Personen ansehen, sofern sie nicht ausdrücklich unter das Abkommen fallen. Vertragsstaaten, die dieser Ansicht sind, steht es frei, diese Frage in ihren bilateralen Verhandlungen anzusprechen.*

8.8 [Personengesellschaften] *Wenn ein Staat eine Personengesellschaft für steuerliche Zwecke negiert und als fiskalisch transparent behandelt, indem er die Gesellschafter mit den anteiligen Einkünften der Personengesellschaft besteuert, ist die Personengesellschaft selbst nicht steuerpflichtig und kann daher nicht als in diesem Staat ansässige Person angesehen werden. Da die Einkünfte der Personengesellschaft nach dem innerstaatlichen Recht dieses Staates durch die Gesellschaft an die Gesellschafter „hindurchfließen", sind die Gesellschafter die Personen, die mit diesen Einkünften steuerpflichtig sind, und daher berufen, die Vorteile der Abkommen, die von ihrem Ansässigkeitsstaat geschlossen worden sind, geltend zu machen. Dies gilt selbst dann, wenn die Einkünfte nach dem innerstaatlichen Recht des Quellenstaats der Personengesellschaft, die als gesonderter Rechtsträger behandelt wird, zugerechnet werden. Staaten, die dem nicht zustimmen können, könnten dieses Ergebnis mit einer Sonderbestimmung erreichen, mit der die sich aus der unterschiedlichen Zurechnung der Einkünfte der Personengesellschaft ergebende Doppelbesteuerung vermieden wird.*

Absatz 2

9. [Doppelwohnsitz] *Dieser Absatz betrifft den Fall, dass nach Absatz 1 eine natürliche Person in beiden Vertragsstaaten ansässig ist.*

10. [Vorrangbestimmung] *Zur Lösung dieses Konflikts sind besondere Regeln erforderlich, die den Beziehungen des Steuerpflichtigen zu dem einen Staat vor denjenigen zu dem anderen Staat den Vorrang geben. Das Merkmal, nach dem der Vorrang entschieden wird, soll so beschaffen sein, dass es von einer Person nur in einem Staat erfüllt werden kann, und es muss zugleich auf eine Beziehung abstellen, die es als natürlich erscheinen lässt, dass das Besteuerungsrecht dem betreffenden Staat zuerkannt wird. Anzuwenden sind diese Regeln auf die tatsächlichen Umstände des Zeitraums, für den die Ansässigkeit die Steuerpflicht begründet; er kann kürzer als der gesamte Besteuerungszeitraum sein. Eine Person sei z. B. während eines Kalenderjahres im Staat A nach dessen Steuerrecht vom 1. Januar bis zum 31. März ansässig gewesen und verziehe dann in den Staat B. Da die Person im Staat B* *länger als 183 Tage ansässig wird, behandelt sie das dortige Steuerrecht für das gesamte Jahr als eine im Staat B ansässige Person. Bei Anwendung der besonderen Regeln auf die Zeit vom 1. Januar bis 31. März war die Person im Staat A ansässig. Deshalb sollten Staat A und Staat B die Person für diese Zeit als eine im Staat A, und vom 1. April bis zum 31. Dezember als eine im Staat B ansässige Person behandeln.*

11. [Ständige Wohnstätte] *Der Artikel gibt demjenigen Vertragsstaat den Vorrang, in dem die natürliche Person über eine ständige Wohnstätte verfügt. Dieses Merkmal wird häufig genügen, um den Konflikt zu lösen, z. B. wenn die natürliche Person in einem Vertragsstaat über eine ständige Wohnstätte verfügt und sich im anderen Vertragsstaat lediglich für eine gewisse Dauer aufgehalten hat.*

12. [Dauernde Nutzung] *Für die Anwendung des Abkommens gilt nach Buchstabe a (bei einem Konflikt zwischen dem Recht der beiden Staaten), dass sich der Wohnsitz (residence) einer natürlichen Person an dem Ort befindet, an dem sie eine Wohnstätte hat; es muss sich um eine ständige Wohnstätte handeln, d. h. die natürliche Person muss sie zur dauernden Nutzung bestimmt und beibehalten haben, im Gegensatz zu einem Aufenthalt an einem bestimmten Ort unter Umständen, die eindeutig erkennen lassen, dass der Aufenthalt von kurzer Dauer sein soll.*

13. [Ständige Verfügbarkeit] *Zum Begriff der ständigen Wohnstätte sei bemerkt, dass jede Form einer Wohnstätte in Betracht kommt (Häuser oder Wohnungen, die der natürlichen Person gehören oder von ihr gemietet sind, oder gemietete möblierte Zimmer). Entscheidend ist, dass es sich um eine ständige Wohnstätte handelt; dies erfordert Vorkehrungen der natürlichen Person dafür, dass ihr die Wohnstätte jederzeit ständig zur Verfügung steht und nicht nur gelegentlich für Aufenthalte, die ihrem Anlass nach notwendigerweise nur von kurzer Dauer sein können (Vergnügungs-, Geschäfts- oder Studienreise, Lehrgänge u. ä.).*

14. [Mittelpunkt der Lebensinteressen] *Verfügt die natürliche Person in beiden Vertragsstaaten über eine ständige Wohnstätte, so gibt Absatz 2 dem Staat den Vorrang, zu dem die natürliche Person die engeren persönlichen und wirtschaftlichen Beziehungen hat, d. h. dem Staat, in dem sich der Mittelpunkt der Lebensinteressen befindet. Lässt sich der Wohnsitz nach dieser Regel nicht bestimmen, so sieht Absatz 2 als Hilfsmerkmale zunächst den gewöhnlichen Aufenthalt und danach die Staatsangehörigkeit vor. Ist eine natürliche Person Staatsangehöriger beider Staaten oder keines der Staaten, so soll die Frage von den betreffenden Staaten in gegenseitigem Einvernehmen nach Artikel 25 geregelt werden.*

15. [Persönliche und wirtschaftliche Beziehungen] *Verfügt die natürliche Person in beiden Vertragsstaaten über eine ständige Wohnstätte, so ist anhand der tatsächlichen Verhältnisse festzustellen, zu welchem der beiden Staaten die Person die engeren persönlichen und wirtschaftlichen Beziehungen hat. Dabei sind ihre familiären und gesellschaftlichen Beziehungen, ihre berufliche, politische, kulturelle und sonstige Tätigkeit, der Ort ihrer Geschäftstätigkeit, der Ort, von wo aus sie ihr Vermögen verwaltet, und ähnliches zu berücksichtigen. Die Umstände sind als Ganzes zu prüfen; Erwägungen, die sich aus dem persönlichen Verhalten der natürlichen Person ergeben, haben selbstverständlich erhöhte Bedeutung. Begründet eine Person, die in einem Staat über eine Wohnstätte verfügt, ohne diese aufzugeben, im anderen Staat eine zweite Wohnstätte, so kann die Tatsache, dass sie die erste Wohnstätte dort beibehält, wo sie bisher stets gelebt und gearbeitet hat und wo sie ihre Familie und ihren Besitz hat, zusammen mit anderen Gesichtspunkten als Zeichen dafür sprechen, dass diese Person den Mittelpunkt ihrer Lebensinteressen im ersten Staat beibehalten hat.*

16. [Gewöhnlicher Aufenthalt] *Buchstabe b sieht ein subsidiäres Kriterium für zwei ganz unterschiedliche Fälle vor, nämlich:*

a) den Fall, dass die natürliche Person in beiden Vertragsstaaten über eine ständige Wohnstätte verfügt und nicht bestimmt werden kann, in welchem Staat sie den Mittelpunkt ihrer Lebensinteressen hat;

b) den Fall, dass die Person in keinem Vertragsstaat über eine ständige Wohnstätte verfügt. Vorrang hat der Vertragsstaat, in dem die Person ihren gewöhnlichen Aufenthalt hat.

17. [Gewöhnlicher Aufenthalt und ständige Wohnstätte] *Im ersten Fall, bei dem die natürliche Person in beiden Staaten über eine ständige Wohnstätte verfügt, gibt für die Beurteilung der Frage, wo die Person den Mittelpunkt ihrer Lebensinteressen hat, die Tatsache, dass sie einen gewöhnlichen Aufenthalt in dem einen, nicht aber in dem anderen Staat hat, den Ausschlag zugunsten des Staates, in dem sie sich häufiger aufhält. Dabei sind nicht nur die Aufenthalte der natürlichen Person in der ständigen Wohnstätte in diesem Staat in Betracht zu ziehen, sondern auch jene an irgendeinem anderen Ort in demselben Staat.*

18. [Gewöhnlicher Aufenthalt ohne ständige Wohnstätte] *Im zweiten Fall handelt es sich um eine natürliche Person, die in keinem der Vertragsstaaten über eine ständige Wohnstätte verfügt, z. B. eine Person, die von Hotel zu Hotel zieht. Auch in diesem Fall sind alle Aufenthalte in einem Staat zu berücksichtigen, ohne dass deren Gründe festgestellt zu werden brauchen.*

19. [Vergleichszeitraum] *Buchstabe b sieht zwar vor, dass in den zwei Fällen, auf die er sich bezieht, der Vorrang dem Vertragsstaat zukommt, in dem die natürliche Person einen gewöhnlichen Aufenthalt hat, er legt aber nicht die Zeitspanne fest, die dem Vergleich zugrunde zu legen ist. Der Vergleich muss einen ausreichend langen Zeitraum erfassen, um feststellen zu können, ob es sich bei dem Aufenthalt in jedem der beiden Staaten um einen gewöhnlichen Aufenthalt handelt, und in welchen zeitlichen Abständen die Aufenthalte stattfinden.*

20. [Staatsangehörigkeit] *Hat die natürliche Person in den beiden Fällen des Buchstabens b einen gewöhnlichen Aufenthalt in beiden Vertragsstaaten oder in keinem der Staaten, so kommt dem Staat der Vorrang zu, dessen Staatsangehöriger sie ist. Ist die natürliche Person in diesen Fällen Staatsangehöriger beider Vertragsstaaten oder keines der Staaten, so verpflichtet Buchstabe d die zuständigen Behörden, die Frage in gegenseitigem Einvernehmen nach Artikel 25 zu regeln.*

Absatz 3

21. [Anwendungsbereich] *Dieser Absatz betrifft Gesellschaften und andere Personenvereinigungen, ohne Rücksicht darauf, ob sie juristische Personen sind oder nicht. In der Praxis wird es selten vorkommen, dass eine Gesellschaft usw. in mehr als einem Staat als eine dort ansässige Person besteuert wird; dies kann aber eintreten, wenn z. B. der eine Staat auf den Ort, an dem die Gesellschaft eingetragen ist, und der andere auf den Ort der tatsächlichen Geschäftsleitung abstellt. Daher müssen auch für Gesellschaften usw. besondere Regeln zur Bestimmung des Vorgangs getroffen werden.*

22. [Keine formale Betrachtung] *Einem lediglich formalen Merkmal wie z. B. der Eintragung, sollte keine Bedeutung zugemessen werden. Deshalb knüpft Absatz 3 an den Ort der tatsächlichen Geschäftsleitung der Gesellschaft an.*

23. [Vorrangbestimmung] *Welches Merkmal für den Vorrang bei anderen als natürlichen Personen entscheidend sein soll, wurde vor allem im Zusammenhang mit der Besteuerung der Einkünfte aus der Seeschifffahrt, Binnenschifffahrt und Luftfahrt geprüft. Eine Reihe von Abkommen zur Vermeidung der Doppelbesteuerung derartiger Einkünfte teilen das Besteuerungsrecht dem Staat zu, in dem sich der „Ort der Geschäftsleitung" des Unternehmens befindet; nach anderen Abkommen ist der „Ort der tatsächlichen Geschäftsleitung" oder der steuerliche Wohnsitz des Unternehmers entscheidend.*

24. [Vorrang des Ortes der tatsächlichen Geschäftsleitung] *Auf Grund dieser Überlegungen wurde für andere als natürliche Personen der „Ort der tatsächlichen Geschäftsleitung" als das entscheidende Merkmal für den Vorrang bestimmt. Der Ort der tatsächlichen Geschäftsleitung ist der Ort, an dem die grundlegenden Leitungs- und kaufmännischen Entscheidungen, die für die Führung der Geschäfte des Rechtsträgers als Ganzes notwendig* *sind, im Wesentlichen getroffen werden. Alle erheblichen Umstände und Tatsachen müssen untersucht werden, um den Ort der tatsächlichen Geschäftsleitung zu bestimmen. Ein Rechtsträger kann gleichzeitig mehrere Orte der Leitung, jedoch nur einen Ort der tatsächlichen Geschäftsleitung haben.*

24.1 [Verständigungsverfahren] *Einige Länder meinen jedoch, dass Fälle doppelter Ansässigkeit von nicht natürlichen Personen verhältnismäßig selten sind und von Fall zu Fall behandelt werden sollten. Einige Länder meinen auch, dass eine solche Einzelfalllösung der beste Weg ist, um die durch die Nutzung neuer Kommunikationstechnologien möglicherweise erwachsenden Schwierigkeiten bei der Bestimmung des Orts der tatsächlichen Geschäftsleitung zu bewältigen. Diesen Ländern steht es frei, die Frage der Ansässigkeit dieser Personen durch die zuständigen Behörden regeln zu lassen. Dies könnte in der Weise geschehen, dass der Absatz durch folgende Vorschrift ersetzt wird:*

> *„Ist nach Absatz 1 eine andere als natürliche Person in beiden Vertragsstaaten ansässig, so werden sich die zuständigen Behörden der Vertragsstaaten bemühen, unter Berücksichtigung des Orts der tatsächlichen Geschäftsleitung, des Orts der Eintragung oder Gründung und anderer erheblicher Gesichtspunkte in gegenseitigem Einvernehmen den Vertragsstaat zu bestimmen, in dem diese Person für Zwecke des Abkommens als ansässig gilt. Fehlt ein solches Einvernehmen, so hat diese Person keinen Anspruch auf die im Abkommen vorgesehenen Steuerermäßigungen und -befreiungen außer in der Höhe oder der Art, wie sie die zuständigen Behörden der Vertragsstaaten vereinbaren.“*

Von den zuständigen Behörden, die diese Vorschrift zur Bestimmung der Ansässigkeit einer juristischen Person für Zwecke des Abkommens anzuwenden haben, wird erwartet, dass sie verschiedene Faktoren berücksichtigen, etwa, wo die Sitzungen ihres Aufsichts- oder Verwaltungsrats oder eines entsprechenden Gremiums gewöhnlich abgehalten werden, wo der Vorstandsvorsitzende oder andere höhere Führungskräfte gewöhnlich ihre Tätigkeiten ausüben, wo die tagtäglichen Führungsentscheidungen für die Person getroffen werden, wo sich die Hauptverwaltung der Person befindet, das Recht welchen Landes den rechtlichen Status der Person bestimmt, wo die Bücher geführt werden, ob die Entscheidung, dass die juristische Person für Zwecke des Abkommens in dem einen und nicht in dem anderen Vertragsstaat ansässig ist, die Gefahr eines Missbrauchs der Abkommensbestimmungen mit sich bringt, und so weiter. Länder, die der Auffassung sind, dass den zuständigen Behörden die Lösung solcher Fälle doppelter Ansässigkeit nicht ohne Angabe der maßgebenden Faktoren überlassen werden sollte, mögen wünschen, die Vorschrift durch Benennung solcher Faktoren und anderer Faktoren, die sie für erheblich halten, zu ergänzen. Da die Anwendung der Vorschrift im Normalfall von der Person nach dem in Artikel 25 Absatz 1 vorgesehenen Verfahren beantragt werden wird, sollte der Antrag innerhalb von drei Jahren nach der ersten Mitteilung der Maßnahme an die betroffene Person, die eine abkommenswidrige Besteuerung zur Folge hat, weil die Person als in beiden Vertragsstaaten ansässig angesehen wird. Da sich die Tatsachen, auf die die Entscheidung gestützt wird, mit der Zeit ändern können, sollten die zuständigen Behörden, die eine Entscheidung nach der Vorschrift treffen, klar stellen, für welchen Zeitraum die Entscheidung gilt.

Bemerkungen zum Kommentar

25. *In Bezug auf die Ziffern 24 und 24.1 vertritt* ***Italien*** *die Auffassung, dass der Ort, an dem die Tätigkeit des Rechtsträgers hauptsächlich und im Wesentlichen ausgeübt wird, ebenfalls zu berücksichtigen ist, wenn der Ort der tatsächlichen Geschäftsleitung ermittelt wird.*

26. Spanien *kann nicht nach Ziffer 10 des Kommentars zu Artikel 4 vorgehen, weil nach seinem innerstaatlichen Recht das Steuerjahr mit dem Kalenderjahr übereinstimmt und es nicht möglich ist, den Besteuerungszeitpunkt mit dem Wohnsitzwechsel des Steuerzahlers enden zu lassen. In diesem Fall ist ein Verständigungsverfahren notwendig, um das Datum festzustellen, von dem ab der Steuerzahler als eine in einem Staat ansässige Person gilt.*

26.1 Mexiko *ist mit dem in Ziffer 8.8 wiedergegebenen Grundsatz nicht einverstanden, dass, wenn die von einer Personengesellschaft geschuldete Steuer auf Grund der persönlichen Merkmale der Gesellschafter festgesetzt wird, diese Gesellschafter bezüglich der Einkünfte, die durch die Gesellschaft „hindurchfließen", Anspruch auf die Vorteile von Steuerabkommen haben, die ihre Ansässigkeitsstaaten geschlossen haben.*

26.3 Frankreich *ist der Auffassung, dass die Definition des Orts der tatsächlichen Geschäftsleitung in Ziffer 24, nach der der Ort der tatsächlichen Geschäftsleitung der Ort ist, an dem die grundlegenden Leitungs- und kaufmännischen Entscheidungen, die für die Führung der Geschäfte des Rechtsträgers im Ganzen notwendig sind, im Wesentlichen getroffen werden, im Allgemeinen dem Ort entsprechen, an dem die Person oder Personengruppe, die die höchsten Funktionen ausüben (z.B. Direktion oder Vorstand) ihre Entscheidungen trifft.*

26.4 Ungarn *ist zu Ziffer 24 der Auffassung, dass bei der Bestimmung des Orts der tatsächlichen Geschäftsleitung nicht nur der Ort berücksichtigt werden sollte, an dem die grundlegenden Leitungs- und kaufmännischen Entscheidungen, die für die Führung der Geschäfte des Rechtsträgers im Ganzen notwendig sind, im Wesentlichen getroffen werden, sondern auch der Ort, an dem der Vorstandsvorsitzende oder andere höhere Führungskräfte gewöhnlich ihre Tätigkeiten ausüben sowie der Ort, an dem gewöhnlich die tagtägliche Geschäftsführung des Unternehmens ausgeübt wird.*

Vorbehalte zum Artikel

27. **[bis 14.7.2014:** ***Kanada*** *behält sich vor, bei Gesellschaften für Absatz 3 als entscheidendes Merkmal den Ort zu verwenden, an dem die Gesellschaft errichtet oder organisiert wurde, und – falls dies nicht gelingt – doppelt ansässigen Gesellschaften die im Abkommen vorgesehenen Vorteile zu versagen.* **ab 15.7.2014:]** *[Deleted]*

28. Japan *und* ***Korea*** *machen einen Vorbehalt zu den Bestimmungen in diesem und in anderen Artikeln des Musterabkommens, die sich unmittelbar oder mittelbar auf den Ort der tatsächlichen Geschäftsleitung beziehen. Anstelle des Ausdrucks „Ort der Geschäftsleitung" wünschen diese Länder den Ausdruck „Hauptsitz" („head of main office") zu verwenden.*

29. Frankreich *stimmt nicht dem allgemeinen Grundsatz zu, nach dem die Gesellschafter für die Einkünfte, die durch eine Personengesellschaft fließen, Anspruch auf die Vorteile der Steuerabkommen haben, die von ihren Ansässigkeitsstaaten geschlossen worden sind, wenn sich die von der Personengesellschaft geschuldete Steuer nach den persönlichen Merkmalen der Gesellschafter richtet. Aus diesem Grunde behält sich Frankreich vor, den Artikel in seinen Steuerabkommen zu ändern, um deutlich zu machen, dass französische Personengesellschaften wegen ihrer rechtlichen und steuerlichen Eigenschaften als in Frankreich ansässige Personen anzusehen sind, und festzulegen, unter welchen Umständen und Voraussetzungen transparente Personengesellschaften aus dem anderen Vertragsstaat oder einem Drittstaat berechtigt sind, in den Genuss der Anerkennung ihres transparenten Charakters durch Frankreich zu kommen.*

30. *Die* ***Türkei*** *behält sich vor, bei der Bestimmung der Ansässigkeit von anderen als natürlichen Personen, die nach Absatz 1 des Artikels in beiden Vertragsstaaten ansässig sind, an den „gesetzlichen Hauptsitz" (legal head office) in gleicher Weise anzuknüpfen wie an den „Ort der tatsächlichen Geschäftsleitung".*

31. *Die* ***Vereinigten Staaten*** *behalten sich vor, für die Ansässigkeit von Gesellschaften an den Ort der Gründung anzuknüpfen, und – falls dies nicht gelingt – Gesellschaften mit doppelter Ansässigkeit die Abkommensvorteile zu versagen.*

32. **[bis 14.7.2014:** ***Deutschland*** *behält sich vor, eine besondere Bestimmung in den Artikel aufzunehmen, nach der eine Personengesellschaft, die nach Absatz 1 nicht eine in einem Vertragsstaat ansässige Person ist, als in dem Vertragsstaat ansässig gilt, in dem der*

Ort der tatsächlichen Geschäftsleitung liegt, jedoch nur soweit die Einkünfte, die aus dem anderen Vertragsstaat bezogen werden, oder das Vermögen, das in diesem anderen Staat gelegen ist, im erstgenannten Staat steuerpflichtig ist. **ab 15.7.2014:]** *[Deleted]*

[ab 15.7.2014:]

33. ***Israel*** *reserves the right to include a separate provision regarding a trust that is a resident of both Contracting States.*

34. ***Estonia*** *reserves the right to include the place of incorporation or similar criterion in paragraph 1.*

Text: Stellungnahmen von Nichtmitgliedstaaten zum OECD-MA (OECD-NM)

Positions on the Article

Paragraph 1

1. **[bis 14.7.2014:** ***Albania, Armenia, Belarus, Estonia, Indonesia, Latvia, Lithuania, Russia, Thailand, Ukraine*** *and* ***Vietnam*** **ab 15.7.2014:]** ***Albania, Armenia, Azerbaijan, Belarus, Bulgaria, Colombia, Indonesia, Latvia, Lithuania, Russia, Thailand, Ukraine*** *and* ***Vietnam*** *reserve the right to include the place of incorporation or a similar criterion (registration for Belarus and Vietnam) in paragraph 1.*

2. The ***United Arab Emirates*** *reserves the right to adopt its own definition of residence in its bilateral conventions and not necessarily follow Article 4.*

2.1 ***Hong Kong, China*** *reserves the right to modify the definition of „resident" in its bilateral agreements because it is not a sovereign state and it taxes on a territorial basis.*

3. ***Brazil*** *reserves the right not to include the second sentence of paragraph 1 in its conventions as the position of diplomatic staff is dealt with under its domestic law.*

[ab 15.7.2014:]

3.1 ***Malaysia*** *and* ***Singapore*** *reserve the right not to include the second sentence of paragraph 1 in their agreements.*

4. ***India*** *and* ***Russia*** *reserve the right to amend the Article in their tax conventions in order to specify that their partnerships must be considered as residents of their respective countries in view of their legal and tax characteristics.*

4.1 ***Gabon, Ivory Coast, Morocco*** *and* ***Tunisia*** *do not agree with the general principle according to which if tax owed by a partnership is determined on the basis of the personal characteristics of the partners, these partners are entitled to the benefits of tax conventions entered into by the States of which they are residents as regards income that „flows through" that partnership. Under their domestic law, a partnership is considered to be liable to tax even though, technically, that tax is collected from the partners or in the case of Morocco from the principal partner; for that reason, Gabon, Ivory Coast, Morocco and Tunisia reserve the right to amend the Article in their tax conventions in order to specify that their partnerships must be considered as residents of their country in view of their legal and tax characteristics.*

Paragraph 3

5. ***Armenia, Bulgaria, Russia, Thailand*** *and* ***Vietnam*** *reserve the right to use the place of incorporation (registration for Vietnam) as the test for paragraph 3.*

6. **[bis 14.7.2014:** *[Deleted]* **ab 15.7.2014:]** ***Azerbaijan*** *reserves the right to use either "registration (incorporation)" or "place of effective management" as the criterion for determining the residence of a person in paragraph 3.*

7. [bis 14.7.2014: ***Israel*** *reserves the right to include a separate provision regarding a trust that is a resident of both Contracting States.* **ab 15.7.2014:]** ***Argentina*** *reserves the right to use a place of incorporation test for determining the residence of a company and, failing that, to deny dual resident companies benefits under the Convention.*

8. **[bis 14.7.2014:** ***India*** *and* ***Kazakhstan*** **ab 15.7.2014:]** ***India, Kazakhstan*** *and* ***Singapore*** *reserve the right to include a provision that will refer to a mutual agreement procedure for determination of the country of residence in case of a dual resident person other than an individual if the State in which its effective place of management is situated cannot be determined.*

8.1 Bulgaria *reserves the right to include a provision that will refer to the State of derivation of the legal status and, in case this State could not be determined, to the mutual agreement procedure, for the determination of the country of residence in the case of a dual resident person other than an individual and a company and, in the absence of such an agreement, it will deny benefits under the Convention to this person.*

[ab 15.7.2014:]

8.2 Colombia *reserves the right to deny benefits under the Convention to dual resident persons other than individuals.*

Positions on the Commentary

Paragraph 2

9. *In the opinion of* ***Vietnam*** *the personal relations and economic relations mentioned in paragraphs 4 and 15 of the Commentary should be separated and one given priority over the other. For Vietnam, economic relations, particularly the criterion of the country where employment is exercised, is more important to determine the country of residence for treaty purposes in the case of a dual resident individual.*

9.1 *In the case of* ***Gabon*** *since the phrase „and economic relations" used in paragraphs 13, 14 and 15 of the Commentary is ambiguous, these two types of relations should be distinguished and one type may have priority over the other. The State in which employment is exercised should therefore prevail over the personal relations for purposes of determining the State of residence of an individual.*

9.2 Kazakhstan *reserves the right to replace subparagraph d) by: „d) if the individual's status cannot be determined by reason of subparagraphs a) to c) of this paragraph, the competent authorities of the Contracting States shall settle the question by mutual agreement."*

9.3 Indonesia *is of the opinion that in considering the dual residence of an individual, economic relations shall have priority over personal relations.*

[ab 15.7.2014:]

9.4 Singapore *reserves the right to replace subparagraph d) by: "d) in any other case, the competent authorities of the Contracting States shall settle the question by mutual agreement."*

Paragraph 3

10. *The interpretation by* **[bis 14.7.2014:** ***Argentina, Armenia, Russia, Ukraine*** *and* ***Vietnam*** **ab 15.7.2014:]** ***Argentina, Armenia, Bulgaria, Russia, Ukraine*** *and* ***Vietnam*** *of the term „place of effective management" is practical day to day management, irrespective of where the overriding control is exercised.*

11. India *does not adhere to the interpretation given in paragraph 24 that the place of effective management is the place where key management and commercial decisions that are necessary for the conduct of the entity's business as a whole are in substance made. It is of the* *view that the place where the main and substantial activity of the entity is carried on is also to be taken into account when determining the place of effective management.*

***12. Brazil** does not adhere to the interpretation given in paragraph 24 of the Commentary since it considers that such definition is an issue to be dealt with by domestic law and domestic court decisions.*

A. Allgemeines

I. Grundzüge

1a **Literatur:** *Bernstein,* BIFD 1998, 159; *Dirkis,* BIFD 2003, 405; *Gammie,* Intertax 1988, 416; *Haase,* Intertax 2013, 652; *Kaminski/Strunk,* IStR 2007, 189; *Lehner,* RIW 1988, 201; *Lüdicke,* IStR 2000, 188; *Metzler/Stieglitz,* SWI 2004, 456; *Runge,* CDFI LXXIIa (1987), 161; *Smit,* ET 2002, 155; *Soler Roch,* ET 2004, 11.

2 **1.** Art. 4 OECD-MA bestimmt den Vertragsstaat, in dem eine Person **ansässig i. S. des Abkommens** ist. Die Vorschrift definiert die Voraussetzungen der Ansässigkeit jedoch nicht eigenständig, sondern verweist auf die Merkmale, die nach dem jeweiligen **innerstaatlichen Recht** der Vertragsstaaten die unbeschränkte Steuerpflicht einer Person begründen (**Abs. 1;** zum Verhältnis der Ansässigkeit zur unbeschränkten Steuerpflicht nach innerstaatlichem Recht s. Rz. 30 ff.). Nach dem OECD-MA, dem UN-MA und der deutschen Verhandlungsgrundlage für DBA sind dies ausschließlich ortsbezogene Merkmale **tatsächlicher** Art. Anders nach dem US-MA, das, entsprechend dem innerstaatlichen Steuerrecht der USA, zusätzlich das **rechtliche Merkmal** der Staatsangehörigkeit und den Ort des **Rechts**akts der Gründung einer Gesellschaft als Anknüpfungsmerkmale benennt.

3 Ist eine Person aufgrund solcher Anknüpfungen des jeweiligen innerstaatlichen Rechts nur in einem Vertragsstaat „ansässig" (unbeschränkt steuerpflichtig), so ist dies zugleich die für die Abkommensanwendung maßgebliche Ansässigkeit. Ist eine Person dagegen nach jeweils innerstaatlichem Recht in beiden Vertragsstaaten ansässig, so bestimmen die **Absätze 2 und 3 autonom** (allgemein zum Gebot der autonomen Auslegung s. Grundl. Rz. 113a ff.), in welchem Staat sie für die Zwecke der Abkommensanwendung – und zwar grundsätzlich nur für diese, nicht für das innerstaatliche Recht (dazu s. Grundl. Rz. 91) – als ansässig **gilt** (in diesem Sinne auch BFH v. 16.12.1998, I R 40/97, BStBl. II 1999, 207 (208); v. 5.6.2007, I R 22/06, BStBl. II 2007, 812; v. 11.11.2009, I R 110/08, BFH/NV 2010, 885; v. 11.12.2013, I R 4/13, BFH/NV 2014, 306 („Ansässigkeitsfiktion")). „Gilt" bezeichnet in diesem Zusammenhang keine Fiktion, sondern eine abkommensrechtliche Rechtsfolge; die Person **ist** für die Frage der Abkommensanwendung nur in dem betreffenden Staat ansässig. Hingegen scheidet eine Anwendung der Absätze 2 und 3 aus, wenn der Steuerpflichtige schon nach Absatz 1 nur in einem Vertragsstaat ansässig ist.

4 Eine in einem Vertragsstaat i. S. des Abkommens **ansässige Person** ist gemäß Art. 4 demnach

- eine Person, die **nach dem innerstaatlichen Recht** eines Vertragsstaats **in diesem Vertragsstaat „ansässig"** (unbeschränkt steuerpflichtig) ist, **ohne** nach dem Recht des anderen Vertragsstaats im **anderen** Vertragsstaat ansässig zu sein (Abs. 1),
- **oder** eine Person, die gemäß Abs. 2 oder Abs. 3 in einem der beiden Vertragsstaaten als ansässig **gilt** (i. S. des DBA ansässig **ist**).

Ferner sind die **Vertragsstaaten sowie ihre Gebietskörperschaften** ansässige Personen i. S. des OECD-MA (dazu s. Rz. 71 f., 75a, 151).

5 **Ältere DBA** enthalten zum Teil **keine Regelung** der abkommensrechtlichen Ansässigkeit. In einem solchen Fall hat der dänische *Ligningsradet* unter Hinweis auf

eine allgemeine Praxis dennoch Art. 4 OECD-MA angewendet (R&R 1996 SM 26: *DBA Dänemark/USA*).

2. Das MA verwendet seit 1977 den Ausdruck **„Wohnsitz“** als Beispiel für eine von mehreren ansässigkeitsbegründenden Anknüpfungen des nationalen Steuerrechts. Im Schrifttum, so auch in diesem Kommentar, können jedoch – anknüpfend an das MA 1963, das die Ansässigkeit in der Überschrift zu Art. 4 als „fiscal domicile“, „domicile fiscal“, in der amtlichen deutschen Fassung als „steuerlichen Wohnsitz“ bezeichnete – weiterhin die Ausdrücke **„Wohnsitz“** für natürliche Personen und **„Sitz“** für nicht natürliche Personen **zur Bezeichnung der abkommensrechtlichen Ansässigkeit** i. S. des Art. 4 verwendet werden. 6

Auch bei nicht natürlichen Personen wird der **Staat,** in dem diese Personen nach Abs. 1 oder nach Abs. 3 abkommensrechtlich ansässig sind, oft als **„Wohnsitzstaat“ bezeichnet,** um einen zusammenfassenden Begriff für natürliche und nicht natürliche Personen zu haben. Handelt es sich jedoch ausschließlich um nicht natürliche Personen, so spricht man besser vom **„Sitzstaat“.** Im Folgenden wird bei zusammenfassenden Aussagen vom **„Ansässigkeitsstaat“** gesprochen.

II. Bedeutung der Ansässigkeit

1. Die Ansässigkeit einer Person in einem oder in beiden Vertragsstaaten begründet ihre **Abkommensberechtigung** (Art. 1), d. h. die Befugnis, Rechte aus dem Abkommen geltend zu machen. Diese Befugnis kann nur ein **Abkommenssubjekt,** d. h. eine Person i. S. des Art. 3, haben (s. Art. 1 Rz. 5). Die Ansässigkeit dient daher der Begründung und Abgrenzung des persönlichen Geltungsbereichs des Abkommens (so auch MA-Komm. Ziff. 1). Zu Beschränkungen durch „limitation on benefits“-Klauseln nach Art. 22 US-MA s. Art. 1 Rz. 126 ff. 11

2. Die **Ansässigkeit des Steuerpflichtigen** in einem der beiden Vertragsstaaten ist eine notwendige **Anwendungs- bzw. Funktionsvoraussetzung für die Verteilungsnormen** der Abkommen (s. Grundl. Rz. 77 f.; ferner *Lang,* in Lang/Schuch/Staringer, Ansässigkeit, S. 225 ff.) und für die Normen zur Vermeidung der Doppelbesteuerung durch den Ansässigkeitsstaat nach Art. 23 A und B OECD-MA. Die Verteilung der Besteuerung (s. Grundl. Rz. 19 ff., 91 ff.) zwischen den Vertragsstaaten knüpft grundsätzlich an die Ansässigkeit der Person an, die Einkünfte aus einem oder beiden Vertragsstaaten bezieht oder die dort belegenes Vermögen besitzt (im UN-MA allerdings in geringerem Ausmaß als nach dem OECD-, dem US-MA und der deutschen Verhandlungsgrundlage für DBA). Die Ansässigkeit entscheidet so über die Rechtsfolgen **„vorrangige“** oder **„nachrangige Besteuerung“** (s. Grundl. Rz. 79 f.). 12

Ist eine Person nach dem jeweiligen innerstaatlichen Steuerrecht in **beiden** Vertragsstaaten ansässig, können die Verteilungsnormen ihre Aufgabe nicht eindeutig erfüllen. Zur Vermeidung einer daraus resultierenden **Doppelbesteuerung** oder **Doppelnichtbesteuerung** bestimmen die Abs. 2 und 3 als **„Tie-Breaker“** in der Gestalt von Rangfolgeregeln für die Zwecke des Abkommens, d. h. insbesondere für die funktionsgerechte Anwendung der Verteilungsnormen, in welchem der beiden Vertragsstaaten die Person als ansässig **gilt** (zum Verständnis des Begriffs „gilt“ s. Rz. 3). 13

3. Darüber hinaus ist auch die **Ansässigkeit des Vergütungsschuldners** bisweilen von Bedeutung für die Anwendbarkeit der Verteilungsnormen. So hängt die Anwendbarkeit des Dividendenartikels von der Ansässigkeit des Dividendenschuldners in einem der beiden Vertragsstaaten ab (s. Art. 10 Rz. 21). Entsprechendes gilt für den Zinsartikel (s. Art. 11 Rz. 101), den Artikel über Aufsichts- 14 rats- und Verwaltungsratsvergütungen (s. Art. 16 Rz. 16) sowie unter Umständen auch für den Lizenzgebührenartikel (s. Art. 12 Rz. 36) und den Artikel über unselbständige Arbeit (s. Art. 15 Rz. 77). Bei diesen Vorschriften dient die Ansässigkeit zur Lokalisierung der Einkommensquelle.

14a **4.** Ferner setzen **weitere Regelungen eines DBA** häufig die Ansässigkeit einer Person voraus, so etwa die Bestimmungen über das Diskriminierungsverbot (s. Art. 24 Rz. 67) oder das Verständigungsverfahren (s. Art. 25 Rz. 25).

15 **5.** Schließlich wird bisweilen **in anderen Rechtsbereichen** – namentlich im Unionsrecht – explizit oder implizit an die Ansässigkeit nach DBA angeknüpft. Dies gilt beispielsweise für die Mutter-Tochter-Richtlinie, die Fusionsrichtlinie und die Zins- und Lizenzrichtlinie (allgemein zu diesen Richtlinien s. Grundl. Rz. 253). Danach werden Gesellschaften von den Vergünstigungen der Richtlinien ausgeschlossen, die nach einem mit einem Drittstaat abgeschlossenen DBA in diesem Drittstaat **ansässig** sind. Hingegen steht eine Doppelansässigkeit in zwei oder mehr EU-Mitgliedstaaten einer Richtlinienberechtigung nicht entgegen (*Gusmeroli,* ET 2005, 39 (41); zum Ganzen *Lytras,* in Hofstätter/Plansky, S. 415 ff.; *Kollruss,* EC Tax Review 2012, 183). Auch ist nach der *Schumacker*-Rechtsprechung des EuGH (dazu näher Rz. 51) in erster Linie der Ansässigkeitsstaat zur Berücksichtigung der persönlichen Verhältnisse des Steuerpflichtigen verpflichtet, der Nichtansässigkeitsstaat hingegen nur in Ausnahmefällen. Die Ansässigkeit des Steuerpflichtigen kann in diesen Fällen bei doppeltem Wohnsitz nach Kriterien bestimmt werden, die denen des Art. 4 OECD-MA entsprechen (vgl. *Lang,* RIW 2005, 336 (339)). Keinen Zusammenhang zum Abkommensrecht hat der Begriff „gewöhnlicher Wohnsitz" oder „Ansässigkeit" i. S. der EG/EU-Verbrauchsteuerrichtlinien (s. dazu EuGH v. 26.4.2007, Rs. C-392/05, Slg. 2007, I-3505 – *Georgios Alevizos;* EuGH v. 28.6.2007, Rs. C-73/06, Slg. 2007, I-5655 – *Planzer;* EuGH v. 6.10.2011, Rs. C-421/10, Slg. 2011, I-9309 – *Stoppelkamp*).

III. Probleme mehrfacher Ansässigkeit

19 **Literatur:** *Avery Jones u. a.,* BTR 1981, 15, 104; *ders.,* BIFD 2005, 20; *Debatin,* AWD 1966, 313; *Dommes/Herdin,* SWI 2004, 450; *Lehner,* RIW 1988, 201; *Staringer,* S. 1 ff.; *ders.,* SWI 1999, 7; *ders.,* SWI 1998, 575.

20 **1.** Wie bereits erwähnt (s. Rz. 13) erfordert die Anwendung der Verteilungsnormen, dass der Steuerpflichtige für Zwecke des Abkommens nur in einem der beiden Vertragsstaaten ansässig ist. Für Fälle, in denen eine Person nach Art. 4 Abs. 1 **in beiden Vertragsstaaten ansässig** ist, enthalten Art. 4 Abs. 2 für natürliche Personen und Art. 4 Abs. 3 für andere als natürliche Personen „Tie-Breaker"-Regelungen in der Gestalt von Rangfolgeregeln (dazu Rz. 160 ff.; 240 ff.). Diese **„Tie-Breaker"-Regelungen** wirken nur zwischen den Vertragsstaaten (s. Rz. 23, 121).

21 **2.** Zum Teil enthalten DBA **keine „Tie-Breaker"-Regelungen.** In einem derartigen Fall, in dem es um einen schweizerischen Staatsangehörigen ging, der jeweils nach innerstaatlichem Recht und damit auch nach Art. 4 Abs. 1 *DBA Schweiz-USA* in der Schweiz und in den USA ansässig war, hat das *SchweizBG* in einer sehr „freien" Auslegung des DBA dem Steuerpflichtigen die Anrechnung seiner Steuern auf US-Zinsen in der Schweiz zugestanden (ASA 60 (1991/92), 436: *DBA Schweiz/USA).* Zu den Sonderregelungen der Grenzgängerbesteuerung s. Art. 15 Anh. I Rz. 143 ff. Noch darüber hinausgehend hat das FG BW in einem Fall, in dem kein Abkommen anwendbar war, § 1 Abs. 1 EStG in einer verfassungskonformen Auslegung i. S. des Art. 4 Abs. 2 OECD-MA interpretiert (EFG

2000, 72 (74)); anders jedoch ausdrücklich der BFH (BFH/NV 2001, 1402; dazu *Frick/Corino,* IStR 2001, 351; s. auch Rz. 91, 169).

Einige wenige DBA, die keine „Tie-Breaker"-Regelungen enthalten, sehen die **Anrechnung** der Steuern des einen Vertragsstaates auf die des anderen Vertragsstaates zur Lösung des Problems der doppelten Ansässigkeit vor. So fehlte im *DBA USA 1954/65* eine „Tie-Breaker"-Regelung; die Bundesrepublik Deutschland rechnete die in den USA gezahlten Steuern an. Im *DBA USA 1989/2006* ist dagegen eine „Tie-Breaker"-Regelung enthalten. Aufgrund der „saving-clause" (Art. 1 Abs. 4, 5 US-MA; s. Art. 1 Rz. 77 ff.) besteht bei Staatsangehörigen der USA das Problem der doppelten unbeschränkten Steuerpflicht jedoch fort. Art. 23 Abs. 5 *DBA USA 1989/2006* löst dies durch eine komplizierte Anrechnungsvorschrift (s. Art. 23 A und B Rz. 184). Zu einer vergleichbaren Regelung des *DBA Irland 1962/2010* s. Rz. 228 und Art. 23 A und B Rz. 186. Das *DBA Irland 2011* enthält in Art. 4 Abs. 2, 3 eine musterkonforme „Tie-Breaker"-Regelung, so dass die Anrechnungsregelung nicht mehr erforderlich ist (s. *Tipp,* IWB 2012, 503 (506)). 22

Im *DBA Schweiz* (Art. 4 Abs. 3) gehört die Anrechnung bei Doppelwohnsitz in den Zusammenhang der besonderen Vorkehrungen gegen den Abkommensmissbrauch; s. Rz. 152 und Art. 1 Rz. 138. Zu dieser Form der „konkurrierenden" bzw. **„überdachenden" Besteuerung** s. ferner FWK/*Wassermeyer* Art. 4 Rz. 5, 58 ff.; Wassermeyer/*Hardt/Hamminger,* Art. 4 DBA Schweiz Rz. 95 ff.; *Bischoff,* BB 2002, 382 (384); *Decker,* PIStB 2003, 273; *Haase,* IStR 2013, 537; *Walter,* IWB F.5, Schweiz, Gr. 2, 633.

3. Von der Ansässigkeit in beiden Vertragsstaaten zu unterscheiden ist der Fall, dass eine Person **in einem Vertragsstaat und in einem Drittstaat ansässig** ist. Nach richtiger Auffassung führt eine zusätzliche Ansässigkeit im Drittstaat nicht zum Ausschluss der Ansässigkeit in einem Vertragsstaat, auch wenn die Person nach Maßgabe der „Tie-Breaker"-Regelungen (s. Rz. 20, 160 ff., 240 ff.) im DBA dieses Vertragsstaats mit dem Drittstaat im Drittstaat ansässig ist und der Vertragsstaat folglich auf die Besteuerung von Einkünften mit Quelle in seinem Territorium beschränkt ist (ausführlich dazu Rz. 121a). 23

4. Von der Ansässigkeit in beiden Vertragsstaaten eines DBA zu unterscheiden ist ferner der Fall, dass eine Person in zwei verschiedenen Staaten nach deren innerstaatlichem Recht ansässig ist und beide Staaten mit einem **dritten** Staat jeweils ein DBA abgeschlossen haben. Nach Art. 1 i. V. m. Art. 4 MA ist die Person dann nach beiden DBA abkommensberechtigt. Für den Fall, dass dieser dritte Staat die USA sind, räumte Rev. Rul. 73–354 dem Steuerpflichtigen das Recht ein **zu wählen,** nach welchem Abkommen er besteuert werden will. Rev. Rul. 2004–76 (dazu *Libin,* TMIJ 2004, 659) will nunmehr zunächst, soweit existent, das Abkommen zwischen den beiden Ansässigkeitsstaaten anwenden. Die USA wenden dann ihr Abkommen mit dem Staat an, in dem der Steuerpflichtige aufgrund der „Tie-Breaker"-Regelung im Abkommen zwischen den Ansässigkeitsstaaten als ansässig gilt (so auch *Kosters,* APTB 2009, 372 (375 f.)). Nach hier vertretener Ansicht sollte jedoch das jeweils günstigere DBA zur Anwendung kommen, denn der Drittstaat – im Beispiel die USA – ist beiden Vertragsstaaten gegenüber zur Anwendung des jeweiligen Abkommens völkerrechtlich und damit auch zur Erfüllung der weitergehenden Vergünstigungen verpflichtet. Ein Ausschluss einer solchen abkommensrechtlichen Verpflichtung lässt sich jedenfalls nicht begründen. 24

5. Nach denselben Grundsätzen zu entscheiden ist der allerdings eher theoretische und nur bei Abweichungen vom Musterabkommen denkbare Fall, dass in einer Dreistaatenkonstellation ein Steuerpflichtiger nach dem innerstaatlichen Recht von 25 drei Staaten **in jedem der drei Staaten ansässig** ist, zwischen allen Staaten bilateral jeweils Doppelbesteuerungsabkommen bestehen, nach den „Tie-Breaker“-Regeln aber jeweils verschiedene Staaten als Ansässigkeitsstaaten anzusehen sind. Ist nach dem Abkommen zwischen Staat A und Staat B von einer Ansässigkeit in Staat B, nach dem Abkommen zwischen Staat B und C von einer Ansässigkeit in Staat C und nach dem Abkommen zwischen Staat A und C von einer Ansässigkeit im Staat A auszugehen, so ist der Steuerpflichtige im Ergebnis aus der Perspektive jedes dieser Staaten als dort nicht ansässig zu behandeln. Obwohl damit in allen Staaten nur eine Besteuerung als Nichtansässigkeits- bzw. Quellenstaat (s. Rz. 30) möglich ist, ist der Steuerpflichtige dennoch nach allen Abkommen abkommensberechtigt.

26 Zu Schwierigkeiten, die sich in Dreieckskonstellationen für **nichtnatürliche Personen** bei der Anwendung des Abs. 3 ergeben können, s. Rz. 273.

IV. Auswirkungen mehrfacher Ansässigkeit auf die Besteuerung nach innerstaatlichem Recht

30 Die abkommensrechtliche Ansässigkeit **i. S. des Abs. 2 und 3** in einem der beiden Vertragsstaaten bewirkt, dass der andere Staat die nach seinem innerstaatlichen Recht bei ihm ansässige Person nur noch in den Grenzen besteuern darf, die das Abkommen der Besteuerung im **Quellenstaat** (für die Vermögensteuer: im Belegenheitsstaat) zieht. Besteht beispielsweise eine Quellensteuerbeschränkung auf Dividenden, dann bewirkt die Festlegung der abkommensrechtlichen Ansässigkeit i. S. des Abs. 2 und Abs. 3 in einem Vertragsstaat, dass der – (nur) nach dem **innerstaatlichen** Recht des **anderen** Vertragsstaats auch **in diesem** „ansässige“ – Steuerpflichtige für die aus diesem Staat stammenden Dividenden nur in beschränkter Höhe besteuert werden darf. Schließt das Abkommen die Quellenbesteuerung aus – z. B. für Lizenzgebühren nach Art. 12 MA –, dann darf der Staat, in dem keine abkommensrechtliche Ansässigkeit besteht, die betreffenden Einkünfte nicht mehr besteuern, obwohl sie aus seinem Gebiet stammen und der Bezieher der Einkünfte nach **innerstaatlichem** Recht in diesem Staat ansässig ist. Der Staat, dem nach Abs. 2 der abkommensrechtliche Wohnsitz bzw. Sitz zugeordnet wird, darf dagegen die Einkünfte und Vermögensteile besteuern, die das Abkommen dem Ansässigkeitsstaat zur Besteuerung überlässt. Die Lage ist abkommensrechtlich die gleiche, wie wenn der Steuerpflichtige nach dem jeweiligen innerstaatlichen Recht allein in diesem Staat ansässig wäre (*Debatin,* AWD 1966, 313 (315)).

31 Der Staat, in dem der Steuerpflichtige nur nach dem innerstaatlichen Recht unbeschränkt steuerpflichtig, nicht aber zugleich nach Abkommensrecht ansässig ist, wird also durch Abs. 2 und Abs. 3 in Verbindung mit den Verteilungsnormen im Verhältnis zu dem anderen Vertragsstaat auf die Besteuerung bestimmter Einkünfte und Vermögensteile – der dem „Quellen-“ bzw. Belegenheitsstaat zugewiesenen – beschränkt. Dies hat aber grundsätzlich **nicht** zur Folge, dass dieser Staat seine innerstaatlichen Vorschriften über die Besteuerung von nichtansässigen, d. h. beschränkt steuerpflichtigen Personen anwenden muss. Da der Steuerpflichtige nur für die Anwendung der Verteilungsnormen des **Abkommens** als im ausländischen Vertragsstaat ansässig „gilt“ i. S. von „ist“ (s. Rz. 3f., 13), bleibt er für die Besteuerung im Staat des nachrangigen abkommensrechtlichen Wohnsitzes grundsätzlich weiterhin den Besteuerungs- und Verfahrensvorschriften unterworfen, die dort für alle anderen Steuerpflichtigen mit Wohnsitz bzw. Sitz in diesem Staat gelten (vgl. BFH, Urt. v. 7.3.2007, I R 17/06, BFH/NV 2007, 1638; FG Köln, Urt. v. 28.9.2011, 5 K 4480/07, EFG 2012, 911; OFD Rheinland, FR 2009, 1021; *Kluge,* Rz. R172; zur Rechtslage in Australien: ATPB 2006, 446; in Dänemark: *Krieg-*

baum, TPIR 1995, 10; in den Niederlanden: *Hof Den Haag,* Rolno. 39/82 M 2, BNB 1985/49; *Munch Pedersen,* R&R 1983, 167; zum Weiterbestehen der Pflicht zur Abgabe einer Steuererklärung nach niederländischem Recht: *van der Stoel,* TNI May 1997, 1727; zur Rechtslage in Österreich: ÖstBMF v. 18.12.2008, SWI 2009, 111; *Staringer,* SWI 1999, 7; ÖstVGH v. 7.4.1961, Erk. Slg. 2410 (F)/1961; v. 30.3.1962, Erk. Slg. 2617 (F)/1962; v. 12.6.1964, Erk. Slg. 3103 (F)/1964; v. 7.7.1967, Erk. Slg. 3645 (F)/1967); zur Anwendung des **deutschen innerstaatlichen Rechts** im Falle der abkommensrechtlichen Ansässigkeit in einem Vertragsstaat s. Rz. 60 ff.). Daneben bleibt die abkommensrechtliche Ansässigkeit in beiden Staaten grundsätzlich bestehen. Nur soweit für die Anwendung des Abkommens, insbesondere im Falle der Verteilungsnormen, die Ansässigkeit nur in einem der beiden Vertragsstaaten erforderlich ist, greift die Fiktion der Abs. 2, 3 ein (vgl. FG Baden-Württemberg, Urt. v. 26.9.2012, EFG 2013, 707, nrkr. (Az. des BFH: I R 19/13).

Allerdings wäre es abkommensrechtlich **zulässig,** dass der Staat des nachrangigen Wohnsitzes die Steuerpflichtigen wie im Ausland Ansässige (d.h. beschränkt Steuerpflichtige) behandelt. Nach **britischem, niederländischem** und **kanadischem** Recht wird eine Gesellschaft, die nach innerstaatlichem Recht im Inland ansässig ist, wie eine im Ausland ansässige Person behandelt, falls sie abkommensrechtlich als nicht ansässige Person anzusehen ist (Großbritannien: FA 1994 Sec. 249 Abs. 1; Niederlande: Art. 16 II TA i.V.m. Art. 8 (1) CITA, Supreme Court, 27.4.1994, No. 28, 500, BNB 1994, 208c; *Southern,* ET 1994, 438; *Huiskes,* ET 1995, 67; Kanada: Income Tax Act Sec. 250 Abs. 5). Nach *Locher,* S. 387 f., gilt Entsprechendes für alle Steuerpflichtigen auch in der **Schweiz** (gegen *Widmer,* ASA 38 (1969/70), 98 (104 f.)). Für **Frankreich** hat ein Verwaltungsgericht entschieden, dass die innerstaatlichen Vorschriften über die Ehegattenbesteuerung, insbesondere deren Zusammenveranlagung, nicht gelten, wenn die Ehegatten ihren abkommensrechtlichen Wohnsitz in verschiedenen Vertragsstaaten haben (*Tribunal administratif de Dijon* req. n. 881010, Dr. Fisc. 1992 comm. 2144: *DBA Frankreich/Spanien*). Für Frankreich kann sich ferner aus dem innerstaatlichen Recht ergeben, dass eine unbeschränkte Steuerpflicht nicht begründet wird, wenn in Frankreich keine abkommensrechtliche Ansässigkeit besteht (vgl. *Conseil d'Etat* req. n. 225159, Dr. Fisc. 2002 comm. 831, concl. *Lecat: DBA Frankreich-Belgien*). Dies sind jedoch Ausnahmen, die vor allem Missbrauch durch **doppelte Ansässigkeit** (s. Rz. 244) verhindern sollen. 32

Wechselt der Steuerpflichtige von einer unbeschränkten Steuerpflicht zu einer beschränkten Steuerpflicht nach dem jeweiligen nationalen Recht und ändert sich damit einhergehend auch die abkommensrechtliche Ansässigkeit, so können Regelungen über eine **erweiterte beschränkte Steuerpflicht** eingreifen (zu Deutschland s. Rz. 63 f.; zur ansässigkeitsbegründenden Wirkung der erweiterten Steuerpflicht s. Rz. 77a). Derartige Regeln des innerstaatlichen Rechts können und müssen ggf. durch entsprechende abkommensrechtliche Regelungen flankiert werden. Speziell zum *DBA Schweiz 1971/2010* s. Rz. 152. Zu einer Bestimmung im *DBA Schweiz/Niederlande,* die eine Besteuerung von Veräußerungsgewinnen in den Niederlanden noch fünf Jahre nach dem Wegzug gestattet, s. *Vollebregt,* WFR 1989, 496; zu einer ähnlichen Bestimmung im *DBA Frankreich/Monaco* s. *Conseil d'Etat* req. n. 57085, Dr. Fisc. 1990 comm. 1687 concl. *Nouraï;* zu entsprechenden Änderungen im Steuerrecht Portugals s. *Santos/Almeida,* TPIR January 2002, 26. Umfassend zur steuerlichen Problematik des Wohnsitzwechsels im Hinblick auf die Wegzugsbesteuerung: CDFI LXXXVIIb (2002); s. auch *Pohl,* IStR 2002, 541; *Pistone,* Impact, S. 187 f.). Zu den europarechtlichen Grenzen der **Wegzugsbesteuerung** s. EuGH v. 11.3.2004, Rs. C-9/02, Slg. 2004-I, 2409 – *de Lasteyrie du Saillant* (s. dazu *Ismer/Reimer/Rust,* EWS 2004, 207); v. 7.9.2006, Rs. C-470/04, 33

Slg. 2006, I-7409 – *N;* v. 29.11.2011, Rs. C-371/10, IStR, 2012, 27 – *National Grid Indus;* v. 6.9.2012, Rs. C-38/10, IStR 2012, 763 – *Kommission/Portugal* sowie EFTA-Gerichtshof, Urt. v. 3.10.2012, E-15/11, IStR 2013, 195 mit Anm. *Dürrschmidt/Wobst;* speziell zur Rechtfertigungsproblematik in Wegzugsfällen s. Grundl. Rz. 266 ff.; zur Frage der zivilrechtlichen Zulässigkeit des Wegzugs von Kapitalgesellschaften s. EuGH v. 27.8.1988, Rs. 81/87, Slg. 1988, 5483 – *Daily Mail;* v. 16.12.2008, Rs. C-210/06, Slg. 2008, I-9641 – *Cartesio;* ferner *van Daele,* ET 2011, 190 (insbesondere 195 ff.).

V. Verhältnis der „Tie-Breaker"-Regelungen zu anderen Abkommensvorschriften

40 **1. Einkünfte aus Drittstaaten:** Bezieht eine Person, die nach Abs. 1 in beiden Vertragsstaaten ansässig ist, Einkünfte aus einem **dritten Staat,** so ergibt sich aus Art. 7, 13 Abs. 5, 14, 15 und 21 i. V. m. Art. 4 Abs. 2 und Abs. 3 für das Verhältnis der beiden Vertragsstaaten zueinander, dass diese Einkünfte **nur** in dem Staat besteuert werden können, in dem die Person ihren **abkommensrechtlichen Wohnsitz bzw. Sitz** hat. Art. 4 Abs. 2 bzw. Abs. 3 entscheiden also darüber, welchem der beiden **Vertragsstaaten** die Besteuerung der Drittstaatseinkünfte zufällt. Im Verhältnis der Vertragsstaaten zum Drittstaat ist zwar der **Drittstaat** Quellenstaat; in ihrem Verhältnis **zueinander** gilt jedoch als „Quellenstaat" der Vertragsstaat, in dem keine abkommensrechtliche Ansässigkeit besteht (s. Rz. 30 f.). Damit wird dem Nichtansässigkeitsstaat die Besteuerung der aus drittstaatlichen Quellen stammenden Einkünfte versagt. Zu Art. 21 Abs. 2 US-MA s. bei Art. 21 Rz. 40.

41 **2. Remittance-Klausel:** Nach einigen Abkommen setzt die Steuerpflicht im Ansässigkeitsstaat und damit die Gewährung von Abkommenserleichterungen im Quellenstaat voraus, dass die Quelleneinkünfte in den Ansässigkeitsstaat überwiesen („remitted") werden (s. Vor Art. 6 bis 22 Rz. 18 f.; zur Bedeutung für die Ansässigkeit s. Rz. 77b). Im Zusammenhang mit Art. 4 Abs. 2 werden diese Regelungen in zwei Fällen besonders bedeutsam. Hat der Steuerpflichtige seinen Wohnsitz bzw. Sitz in beiden Vertragsstaaten nach deren innerstaatlichem Recht, dann beschränkt sich die Besteuerung in dem Staat, in dem der Steuerpflichtige nach Anwendung der „Tie-Breaker"-Regelung **keine abkommensrechtliche Ansässigkeit** hat, auf die dem Quellenstaat gezogenen Grenzen unter zwei Voraussetzungen, die **kumulativ** vorliegen müssen: die abkommensrechtliche Ansässigkeit i. S. des Art. 4 Abs. 2 bzw. Abs. 3 muss im anderen Vertragsstaat gegeben sein; ferner müssen die Quelleneinkünfte in den Vertragsstaat überwiesen werden, in dem die abkommensrechtliche Ansässigkeit besteht (erforderlich beispielsweise nach Art. 24 *DBA Großbritannien 2010,* Art. 29 *DBA Irland 2011*). Werden die Einkünfte nicht in diesen Staat überwiesen, so ist die Besteuerung im Quellenstaat durch das Abkommen nicht beschränkt (EAS 1951 v. 19.11.2001 *DBA Großbritannien/Österreich*); mangels Steuerpflicht für die nicht überwiesenen Einkünfte im anderen Vertragsstaat droht insoweit auch keine Doppelbesteuerung. Etwas anderes gilt allerdings nach der in Art. 1 US-MA vorgesehenen **saving clause,** nach der jedem Vertragsstaat das Recht zugestanden wird, seine Staatsangehörigen, die in seinem Gebiet ansässigen Ausländer und Gesellschaften, die ihren Sitz in seinem Gebiet haben, so zu besteuern, als ob es kein Abkommen gäbe (s. Rz. 111 und Art. 1 Rz. 79 ff.).

42 **3. Verständigungsverfahren:** Ein Antrag auf Einleitung eines Verständigungsverfahrens ist gemäß Art. 25 Abs. 1 Satz 1 MA bei der zuständigen Behörde desjenigen Vertragsstaates zu stellen, in dem die Person **ansässig** ist (dazu s. Art. 25

Rz. 25, 35). Soll eine in beiden Vertragsstaaten ansässige Person nicht gegenüber einer nur in einem Vertragsstaat ansässigen Person bevorzugt werden, dann muss sie den Antrag in dem Vertragsstaat stellen, in dem sie gemäß Art. 4 Abs. 2, 3 als ansässig **gilt.** Eine Wahlmöglichkeit besteht nur dann, wenn das Verständigungsverfahren gemäß Art. 4 Abs. 2 Buchst. d zur Bestimmung der Ansässigkeit durchgeführt werden soll, weil in diesem Fall der Ansässigkeitsstaat erst im Verständigungsverfahren bestimmt werden kann (s. Rz. 209 ff. sowie Art. 25 Rz. 35).

4. Anrechnung statt Ansässigkeitsbestimmung: s. Rz. 22. 43

VI. Unionsrechtliche Vorgaben

Das Unionsrecht hat bislang nur geringen Einfluss auf die Verteilung der Besteuerung zwischen den Mitgliedstaaten (s. Grundl. Rz. 266 ff.). Dies gilt auch für die nach Maßgabe des innerstaatlichen Rechts zu bestimmenden Anknüpfungsmerkmale des Art. 4 Abs. 1 (s. Rz. 90 ff.) und für die (autonome) Bestimmung des vorrangigen Ansässigkeitsstaats i. S. des Art. 4 Abs. 2 (s. Rz. 161 ff.) bzw. Abs. 3 (s. Rz. 241 ff.). Allerdings enthält Art. 13 (früher: 14) des **Protokolls über die Vorrechte und Befreiungen der EU** v. 8.4.1965, ABl. 1967, Nr. 152, S. 13 (Anhang zum sog. EG-Fusionsvertrag), geändert durch Prot. Nr. 1 zum Vertrag von Lissabon v. 13.12.2007, ABl. Nr. C 306, S. 165 für Beamte und sonstige Bedienstete der EU eine ausdrücklich auch für DBA geltende Bestimmung über den steuerlichen Wohnsitz der genannten Personen. Dieser soll weiterhin im ursprünglichen Wohnsitzstaat liegen, auch wenn sich die Personen zur Ausübung einer Amtstätigkeit im Dienst der EU im Hoheitsgebiet eines anderen EU-Mitgliedstaates aufhalten. Diese Regelungen gelten sowohl für das innerstaatliche als auch für das Abkommensrecht; sie sind auch auf Ehegatten und Kinder anwendbar (ausführlicher dazu *Helminen,* BIT 2010, 541 ff.). Zur Geeignetheit einer solchen Fiktion des steuerlichen Wohnsitzes als ansässigkeitsbegründendes Merkmal s. Rz. 111b. 50

Soweit der EuGH in der steuerrechtlichen Unterscheidung nach dem Kriterium des Wohnsitzes in ständiger Rechtsprechung zutreffend eine mittelbare bzw. versteckte Diskriminierung nach der Staatsangehörigkeit sieht (grundlegend EuGH v. 14.2.1995, Rs. C-279/93, Slg. 1995, I-225 – *Schumacker;* ferner v. 6.7.2006, Rs. 346/04, IStR 2006, 524 – *Conijn;* v. 13.2.2013, Rs. C-425/11, Slg. 2006, I-6137 – *Ettwein* (zum Freizügigkeitsabkommen mit der Schweiz); *Thömmes,* DStJG 19 (1996), 81; *Lehner,* DStJG 23 (2000), 263; *Cordewener,* S. 126 ff., 480 ff.; ferner Grundl. Rz. 262a), bezieht sich dies nicht auf die nach Maßgabe des Art. 4 Abs. 1 zu treffende Unterscheidung zwischen dem Ansässigkeitsstaat und dem Quellenstaat, sondern allein auf die **Ausgestaltung** der beschränkten im Vergleich zur unbeschränkten Steuerpflicht nach innerstaatlichem Recht. Dies gilt insbesondere für die Gleichbehandlung von beschränkt und unbeschränkt Steuerpflichtigen bei der Gewährung von existenzsichernden Steuerverschonungen. So wenig die Bestimmung der abkommensrechtlichen Ansässigkeit Einfluss darauf hat, wie der zur vorrangigen oder zur nachrangigen Besteuerung berufene Vertragsstaat die ihm belassene Besteuerungszuständigkeit nach seinem innerstaatlichen Recht ausgestaltet (s. Rz. 30 ff.), so wenig berührt die Ausgestaltung der innerstaatlichen Besteuerung – einschließlich der auf das innerstaatliche Recht einwirkenden Vorgaben des Unionsrechts – die Kriterien zur Bestimmung der abkommensrechtlichen Ansässigkeit i. S. des Art. 4 Abs. 1. 51

Dies gilt auch für die Bestimmung der **vorrangigen** Ansässigkeit nach den „Tie-Breaker"-Regeln des Abs. 2 (s. Rz. 161 ff.), wobei im Hinblick auf die unionsrechtlichen Diskriminierungsverbote nur die Unterscheidung nach der Staatsangehörigkeit (s. Rz. 208 sowie Art. 24 Rz. 16) problematisch sein könnte. 52

53 Weiterhin wird erwogen, dass das Merkmal „Mittelpunkt der Lebensinteressen" in Art. 4 Abs. 2 OECD-MA derartig unbestimmt sei, dass ein Verstoß gegen Art. 14 der **Europäischen Menschenrechtskonvention** in Verbindung mit Art. 1 des Zusatzprotokolls vorliege (*Teissier/Steraczek-Abitan,* Anm. zu *Conseil d'Etat* req. n° 248627, Dr. Fisc. 2005 comm. 403, concl. *Latécoère*).

VII. Abkommensrechtliche Ansässigkeit und deutsches innerstaatliches Recht

60 Hat nach dem **deutschen** Steuerrecht eine **natürliche Person Wohnsitz oder gewöhnlichen Aufenthalt im Inland,** gilt sie jedoch im ausländischen Vertragsstaat gemäß Abs. 2 als ansässig i. S. des einschlägigen Abkommens, so werden Einkünfte und Vermögenswerte dieser Person, die nach dem Abkommen weiterhin der deutschen Besteuerung unterworfen werden dürfen, nach den Grundsätzen der unbeschränkten Steuerpflicht besteuert (BFH BStBl. III 1965, 738; BStBl. II 1975, 708: *DBA Schweiz* und *Niederlande 1959*; ferner Rz. 31).

61 Gestattet das Abkommen nur eine begrenzte deutsche Besteuerung der inländischen Einkünfte einer nach Abs. 2 als **im anderen Vertragsstaat ansässig geltenden** Person, so kann die Besteuerung nach den Grundsätzen der deutschen unbeschränkten Steuerpflicht nur im Rahmen dieser Grenzen vorgenommen werden (s. Rz. 30f.). Dürfen bestimmte Einkünfte und Vermögensteile nach dem Abkommen nur im ausländischen Vertragsstaat besteuert werden, so entfällt zwar die deutsche Besteuerung, jedoch bliebe es möglich, diese Einkünfte und Vermögenswerte bei der Bemessung des Steuersatzes einzubeziehen, der auf die weiterhin der deutschen Besteuerung unterworfenen Einkünfte und Vermögenswerte anzuwenden ist. Enthält das Abkommen einen **Progressionsvorbehalt,** so besteht diese Möglichkeit jedoch nur, soweit der Vorbehalt ausdrücklich auch zugunsten des Quellenstaates eingeräumt ist (dazu Grundl. Rz. 72; Art. 23 A und B Rz. 206ff.).

62 Entsprechendes gilt unter Berücksichtigung des Art. 4 Abs. 3 (dazu s. Rz. 241ff.) auch für **Körperschaften,** die nach dem innerstaatlichen Steuerrecht sowohl in Deutschland als auch im ausländischen Vertragsstaat ansässig sind (BFH BStBl. II 1998, 649: *DBA USA 1954/65*).

63 **Gibt jemand seinen Wohnsitz und gewöhnlichen Aufenthalt im Inland auf,** so unterliegt er weiterhin den Vorschriften über die beschränkte Steuerpflicht. Die Verlegung des Wohnsitzes in den anderen Vertragsstaat kann darüber hinaus unter den Voraussetzungen des § 2 AStG zur **erweiterten beschränkten Steuerpflicht** führen (s. Rz. 33). Auch die erweiterte beschränkte Steuerpflicht begründet jedoch – mangels einer unbeschränkten Steuerpflicht bzw. Steuerpflicht aufgrund eines ansässigkeitsbegründenden Merkmals – keine Ansässigkeit i. S. des Art. 4 DBA (s. Rz. 77a; ferner Wassermeyer/*Wassermeyer/Kaeser,* Art. 4 OECD-MA Rz. 40). Zu DBA-Regelungen zur „erweiterten beschränkten Steuerpflicht" nach dem AStG s. Art. 4 Abs. 4 *DBA Schweiz* s. Rz. 152; Vor Art. 6 bis 22 Rz. 7c; ferner BFH BFH/NV 2004, 765; FG Köln DStRE 2000, 588; *Bischoff,* BB 2002, 382 (385f.); *Walter,* IWB F. 5, Schweiz, Gr. 2, 633.

64 Ein Wohnsitzwechsel mit der Folge, dass während eines Kalenderjahres sowohl unbeschränkte als auch beschränkte Steuerpflicht besteht, führt gemäß § 2 Abs. 7 Satz 3 EStG dazu, dass auch die während der beschränkten Einkommensteuerpflicht erzielten Einkünfte in die Veranlagung einzubeziehen sind. Dies ändert jedoch nichts an der jeweiligen Art der Steuerpflicht (*Mössner,* IStR 1997, 225 (227). Zu den Voraussetzungen für die Ausstellung einer Freistellungsbescheinigung s. OFD Hannover v. 15.12.2006, IStR 2007, 76. Zu den Auswirkungen auf die Ansässigkeit s. Rz. 76a.

B. Zu Art. 4 Abs. 1

I. Musterabkommen

1. Übereinstimmungen und Abweichungen

Gegenüber dem OECD-MA und der gleichlautenden deutschen Verhandlungsgrundlage für DBA enthält Abs. 1 des US-MA Abweichungen, weil es neben den ortsbezogenen Anknüpfungsmerkmalen für die natürliche Person auch auf die Staatsangehörigkeit und für Gesellschaften zusätzlich auf den Ort der Gründung abstellt. Dem entspricht auch das UN-MA. Darüber hinaus begründet Abs. 2 Buchst. a des US-MA die Abkommensberechtigung für in dem jeweiligen Vertragsstaat errichtete Pensionsfonds; Abs. 2 Buchst. b des US-MA begründet die Abkommensberechtigung für steuerbefreite gemeinnützige Unternehmen. Die vormals in Abs. 1 Buchst. c enthaltene Regelung über die Ansässigkeit öffentlich-rechtlicher Körperschaften findet sich nunmehr in Übereinstimmung mit dem OECD-MA in Abs. 1 Satz 1 letzter Halbs. des US-MA. 70

Die im US-MA 1996 noch in Abs. 1 Buchst. d US-MA enthaltene Regelung über die Behandlung von Einkünften von Gesellschaftern steuerrechtlich transparenter Gesellschaften ist wieder entfallen. Regelungen dazu sind jetzt in Art. 1 des US-MA (s. Art. 1 Rz. 35) aufgenommen worden.

2. OECD-MA

a) Abs. 1 Satz 1 begründet die **Ansässigkeit** einer **Person** im Sinne des Abkommens (s. Rz. 72ff.) durch den Verweis auf bestimmte **steuerpflichtbegründende** Merkmale des **innerstaatlichen** Rechts (zur erforderlichen Steuerpflicht s. Rz. 76ff.), namentlich durch die Merkmale 71

- **Wohnsitz** (s. Rz. 91ff.),
- **ständiger Aufenthalt** (s. Rz. 96ff.),
- **Ort der Geschäftsleitung** (s. Rz. 105ff.) oder
- ein **anderes ähnliches Merkmal** (s. Rz. 110ff.).

Auch die **Vertragsstaaten sowie ihre Gebietskörperschaften** sind im jeweiligen Vertragsstaat „ansässig“ i.S. des Abkommens (s. Rz. 4, 72, 75a, 151, auch zur Bedeutung für sog. *sovereign wealth funds*).

b) Zu den Rechtsträgern, die ansässige Personen i.S. des MA sein können, gehören (steuerpflichtige) **Personen im abkommensrechtlichen Sinne** (s. Rz. 72a ff.) sowie (unabhängig von einer Steuerpflicht) die **Vertragsstaaten und ihre Gebietskörperschaften** (s. Rz. 75a ff.; zum Merkmal der Steuerpflicht s. Rz. 76ff.). 72

aa) Zur Bestimmung des Begriffs **„Person“** ist grundsätzlich auf die Definition in Art. 3 Abs. 1 Buchst. a zurückzugreifen (s. Art. 3 Rz. 11ff.). Umfassend dazu *Tumpel/Aigner,* in Lang/Schuch/Staringer, Ansässigkeit, S. 33ff. Allerdings stellen sich in Bezug auf **Personengesellschaften** und **Betriebstätten** zwei Sonderprobleme. 72a

Wird eine **Personengesellschaft,** die Person i.S. des Art. 3 Abs. 1 Buchstabe a MA ist, im Sitzstaat nicht als Steuersubjekt, sondern als steuerrechtlich „transparent“ behandelt, so ist diese Gesellschaft nicht abkommensberechtigt (umstritten, s. Art. 1 Rz. 13ff., insbesondere Rz. 25ff.; zu anderen transparenten Rechtsträgern auch Rz. 83; ferner Ziff. 8.8 der Einleitung des MA-Komm.; die Ansässigkeit und damit die Abkommensberechtigung in diesen Fällen zutreffend ablehnend BMF, Schr. v. 16.4.2010, BStBl. I 2010, 354, Tz. 2.1.1, kritisch dazu aber *Brähler/Mayer,* IStR 2010, 678 (682); wie hier ÖstBMF v. 20.8.2010, SWI 2010, 456; Free State 73

High Court (Südafrika), v. 17.9.2009, A33/2008: *DBA Südafrika-Lesotho; Couzin,* S. 115 ff.: „nur theoretische Steuerpflicht" (S. 130); krit. zur Vereinbarkeit dieser Auffassung mit dem Grundsatz, dass objektive Steuerbefreiungen unschädlich sind (s. Rz. 82 f.) *Lang,* CDFI 89, 21 (39 f.); ebenfalls anders Tax Court of Canada, 8.4.2010, TD Securities (U.S. A.) LLC v. The Queen, 2008–2314(IT)G, 2010 TCC 186, wonach – nach hier vertretener Auffassung unzutreffend – die Besteuerung auf Ebene der Gesellschafter für die Begründung der Ansässigkeit der Gesellschaft genügen soll). Zur Bejahung der Abkommensberechtigung einer inl. GmbH & Co. KG durch den indischen High Court s. *Jacob/Hagena,* IStR 2013, 485. Zur Bedeutung der Gewerbesteuerpflicht von Personengesellschaften nach § 5 Abs. 1 Satz 3 GewStG für die abkommensrechtliche Ansässigkeit s. Rz. 76b.). Unter den in Abs. 1 normierten Voraussetzungen können jedoch die Gesellschafter ansässig und damit abkommensberechtigt sein.

74 Gelegentlich **regeln DBA die Ansässigkeit von Personengesellschaften** auch **ausdrücklich,** obwohl diese nicht – oder zumindest nicht in beiden Vertragsstaaten – Steuersubjekte sind (s. Rz. 149). Aus einer derartigen Vorschrift hat der *Hoge Raad* gefolgert, dass dann auch der Gesellschafter abkommensrechtlich als ansässig zu betrachten sei (Rolno. 29084, BNB 1994/192 concl. *van Soest: DBA Niederlande/Belgien*). Zu Art. 4 Abs. 1 DBA Belgien (s. Rz. 149) bei gleichzeitiger Ansässigkeit des Mitunternehmers s. FG Hamburg v. 8.8.2012, EFG 2012, 2272. Einige ältere Abkommen der USA (darunter Art. 4 Abs. 1 Buchst. b des *DBA USA 1989*) enthalten eine zusätzliche Einschränkung: Erzielt eine Personengesellschaft (Partnership), ein Estate oder ein Trust, Einkünfte, sind diese Personen nur dann in einem Vertragsstaat ansässig (und damit abkommensberechtigt), wenn die Einkünfte im Ansässigkeitsstaat auch tatsächlich der Besteuerung unterliegen (grundlegend zu subject to tax-Klauseln s. Art. 1 Rz. 125; Vor Art. 6–22, Rz. 19 ff.), sei es auf der Ebene Gesellschaft/Estate/Trust, sei es auf der Ebene der Gesellschafter oder der Berechtigten. Weiterhin ist eine US-amerikanische S-Corporation, soweit sie in den USA als „transparent" angesehen wird, in den USA gemäß Art. 4 Abs. 1 Buchst. b) *DBA USA 1989* ansässig, wenn die Einkünfte der Gesellschaft bei ihren in den USA ansässigen Gesellschaftern besteuert werden (BFH, Urt. v. 20.8.2008, I R 39/07, BStBl. II 2009, 234; für die Ansässigkeit auch *Plewka/Renger,* IStR 2007, 446, *dies.,* IStR 2006, 586 m. w. N. jeweils zum *DBA USA 1989,* zur „Nachfolge"-Regelung in Art. 1 Abs. 7 *DBA USA 1989/2006* s. Art. 1 Rz. 64c; gegen die Abkommensberechtigung einer im Ansässigkeitsstaat transparenten Gesellschaft s. Verständigungsvereinbarung zwischen den USA und Neuseeland, IR-2005–15, IRB 2005–15). Dementsprechend ist eine US-amerikanische LLC, die ihr Recht auf Besteuerung als Personengesellschaft ausübt, selber nur insoweit ansässig, als ihre Gesellschafter dort ansässig sind (BFH, Urt. v. 20.8.2008, I R 34/08, BStBl. II 2009, 263). Damit findet in den Fällen einer solchen Sonderregelung das Abkommen nur insoweit Anwendung, wie abkommensberechtigte Personen an der Gesellschaft beteiligt sind (so BFH, Urt. v. 20.8.2008, I R 34/08, BStBl. II 2009, 263 für die LLC und Urt. v. 20.8.2008, I R 39/07, BStBl. II 2009, 234 für die S-Corporation; ferner SenVerwBerlin, Vfg. v. 14.12.2009, EStG-Kartei BE DBA USA Nr. 1001, dort auch zu weiteren steuerlichen Besonderheiten der S-Corporation). Zur neuen Regelung für (subjektive) Qualifikationskonflikte in Prot. Nr. 1 Abs. 2 *DBA Niederlande 2012 (E)* s. Art. 1 Rz. 64l; ferner *Jochum,* IStR 2014, 1. Anstelle der Fiktion der Ansässigkeit bzw. Abkommensberechtigung der Personengesellschaft als solcher gibt es Regelungen, wonach die Personengesellschaft ermächtigt wird, **abkommensrechtliche Vergünstigungen im Namen der Gesellschafter** geltend zu machen (dazu s. Rz. 149). Zu Sonderregelungen für Unternehmen der Seeschifffahrt s. Art. 8 Rz. 28.

Ein ähnliches Problem ergibt sich, wenn man aus der Saint Gobain-Entscheidung des EuGH (EuGH v. 21.9.1999, Rs. C-307/97, Slg. 1999, I-6181; dazu und zu einigen Folgefragen aus niederländischer Sicht *Kemmeren/Peeters,* ECTR 2010, 4 ff.) schließt, dass einer **Betriebstätte** im Betriebstättenstaat zur Vermeidung einer Ungleichbehandlung mit dort unbeschränkt steuerpflichtigen Gesellschaften die Abkommensberechtigung in diesem Staat zusteht (so *Eilers/R. Schmidt,* DStR 1999, 1977 (1979); vgl. auch EuGH v. 21.9.1999, Rs. C-307/97, Slg. 1999, I-6181 – *Saint-Gobain,* Tz. 43 f.). In diesem Fall müsste der Betriebstätte aufgrund ihres Bestehens in einem Mitgliedstaat die Abkommensberechtigung zugesprochen werden, ohne dass eine unbeschränkte Steuerpflicht gegeben ist. Der EuGH stellt in seiner Entscheidung aber nur klar, dass „der Grundsatz der Inländerbehandlung den an (dem Doppelbesteuerungs-)Abkommen beteiligten Mitgliedstaat (verpflichtet), die in diesem Abkommen vorgesehenen Vorteile den Betriebstätten ausländischer Gesellschaften unter den gleichen Voraussetzungen wie inländischen Gesellschaften zu gewähren." (EuGH a. a. O., Tz. 58). Damit ist lediglich entschieden, dass eine Gleichbehandlung in diesem Zusammenhang zu erfolgen hat, jedoch **nicht wie** diese Vorgabe umzusetzen ist. Die Gewährung der abkommensrechtlichen Vorteile für die Betriebstätte kann daher nur durch das nationale Recht erfolgen, ohne damit zugleich die abkommensrechtliche Ansässigkeit der Betriebstätte zu begründen (s. Grundl. Rz. 266). Keinesfalls folgt also aus der Entscheidung des EuGH eine abkommensrechtliche Ansässigkeit oder gar Ansässigkeit bzw. Abkommensberechtigung der Betriebstätte (wie hier und zugleich zum österreichischen Recht: *Jann/Toifl,* SWI 1999, 488 (492); *dies.*, in Gassner/Lang/Lechner, Doppelbesteuerungsabkommen und EU-Recht, S. 45 (52 ff.); ferner *Kostense,* EC Tax Rev. 2000, 220, sowie *Dürrschmidt,* IWB 2012, 818 (824)). Etwas anderes dürfte auch nicht aus der Entscheidung *Lidl Belgium* (EuGH, Urt. v. 15.5.2008, C-414/06, Slg. 2008, I-1057) folgen, in der der EuGH davon ausgeht, dass auch Betriebstätten Personen i. S. des Art. 2 Abs. 1 Nr. 7 *DBA Frankreich* sein können. Insoweit dürfte es sich um eine (möglicherweise unbewusst) fehlerhafte Auslegung des DBA handeln. 75

bb) Neben (steuerpflichtigen) Personen i. S. des Art. 3 Abs. 1 Buchst. a (s. Rz. 72a ff.) sind seit der im Jahre 1995 in den Satz 1 eingefügten und als Klarstellung gedachten Ergänzung auch die **Vertragsstaaten und ihre Gebietskörperschaften** „ansässige Personen" i. S. des Abkommens (MA-Komm. zu Art. 4 Tz. 8.4; ferner zur Problematik MA-Komm. zu Art. 1 Tz. 6.35 ff., insbesondere auch zur Bedeutung der Staatenimmunität; zur deutschen Vertragspraxis s. Rz. 151). Der Begriff des Vertragsstaats ist im inkorporationsrechtlichen, nicht dagegen im geografischen Sinne zu verstehen (s. Art. 3 Rz. 83b f.). Nach dem Wortlaut der Vorschrift müssen diese Körperschaften nicht nach innerstaatlichem Recht steuerpflichtig sein. Damit ist es unschädlich, wenn solche Körperschaften nur einer sachlich auf bestimmte Einkünfte „beschränkten" Steuerpflicht unterliegen, etwa im Rahmen eines Betriebs gewerblicher Art oder eines Steuerabzugs i. S. des § 2 Nr. 2 KStG (allgemein zu den Anforderungen an die Reichweite der Steuerpflicht s. Rz. 76 ff.). Zur Bedeutung der Regelung für Staatsfonds (sog. *sovereign wealth funds*) und den Finanzmarktstabilisierungsfonds (FMS) s. Rz. 83h, 111c. 75a

c) Die Person muss in einem Vertragsstaat aufgrund bestimmter ansässigkeitsbegründender Merkmale (s. Rz. 90 ff.) **steuerpflichtig i. S. des Abs. 1 Satz 1** sein (ausführlich dazu *Dirkis,* in Maisto, Individuals, S. 135 ff.). Die Steuerpflicht darf nicht auf Einkünfte und Vermögen aus diesem Vertragsstaat beschränkt sein (Abs. 1 Satz 2), woraus gefolgert wird, dass es sich um eine unbeschränkte Steuerpflicht i. S. einer Welteinkommensbesteuerung handeln muss (s. Rz. 11 ff. sowie statt vieler GKG/*Wilke,* Art. 4, Rz. 5; Wassermeyer/*Wassermeyer/Kaeser,* Art. 4 Rz. 2; krit. dazu s. Rz. 77). 76

76a **aa)** Die auf diese Weise begründete Ansässigkeit kann auch für einen **Teil des Kalenderjahres bzw. Veranlagungszeitraumes** bestehen. Endet die ansässigkeitsbegründende Steuerpflicht nach innerstaatlichem Recht unterjährig (etwa aufgrund eines Wegzugs der natürlichen oder juristischen Person), so endet auch die abkommensrechtliche Ansässigkeit und damit die Abkommensberechtigung, sofern die Person nicht in den anderen Vertragsstaat zieht. Zieht sie in einen Nichtvertragsstaat, so sind das Abkommen, insbesondere die Verteilungsnormen auf nach dem Wegzug erzielte Einkünfte nicht mehr anwendbar (vgl. MA-Komm. Ziff. 10, 3; für das deutsche Recht s. § 2 Abs. 7 EStG sowie Rz. 64; beachte auch die ausdrückliche Regelung in Art. 4 Abs. 5 *DBA Schweiz 1971/2010*; zu dieser Problematik s. ferner *Court of Appeal* (UK), *Re the Trevor Smallwood Trust Smallwood and another v Revenue and Customs Commissioners,* [2010] EWCA Civ 778: *DBA Mauritius-UK* sowie zu dieser Entscheidung *Cleave,* BIT 2011, 460 ff.). Umgekehrt beginnt die abkommensrechtliche Ansässigkeit erst mit Beginn der ansässigkeitsbegründenden Steuerpflicht nach innerstaatlichem Recht. Dabei kann es infolge einer Verlagerung der ansässigkeitsbegründenden Umstände zu einer Doppelansässigkeit kommen (etwa weil die ansässigkeitsbegründende Steuerpflicht im Zuzugsstaat nicht erst ab dem Zuzug beginnt, sondern für den gesamten Besteuerungszeitraum gilt und damit auch für Zeiten der Ansässigkeit im Wegzugstaat). Diese Doppelansässigkeit ist für abkommensrechtliche Zwecke nach der „Tie-Breaker"-Regelung in Abs. 2, 3 zu lösen (MA-Komm. zu Art. 4, Ziff. 10; ferner *Court of Appeal* (UK), *Re the Trevor Smallwood Trust Smallwood and another v Revenue and Customs Commissioners,* [2010] EWCA Civ 778: *DBA Mauritius-UK*). Im Falle einer missbräuchlichen Verlagerung der ansässigkeitsbegründenden Merkmale in einen anderen Staat kann die dadurch in diesem Staat angestrebte Ansässigkeit nicht anerkannt werden (zu dieser Problematik s. MA-Komm. zu Art. 1, Ziff. 10.1; allgemein zur Missbrauchsverhinderung s. Art. 1, Rz. 88 ff., insbesondere zum sog. Treaty Shopping in Rz. 101). Zu abweichenden Anknüpfungen für die ansässigkeitsbegründende Steuerpflicht s. Rz. 145.

76b **bb)** Nach richtiger Auffassung kommt es grundsätzlich auf eine Steuerpflicht in Bezug auf unter das Abkommen fallende Steuern i. S. des Art. 2 MA an (vgl. *Court of Appeal* (UK), *Re the Trevor Smallwood Trust Smallwood and another v Revenue and Customs Commissioners,* [2010] EWCA Civ 778: *DBA Mauritius-UK*). Damit kann die Ansässigkeit insbesondere durch eine **Einkommen- bzw. Körperschaftsteuer**pflicht begründet werden. Dagegen reicht die bloße Steuerpflicht mit deutscher **Gewerbesteuer** nicht aus (Wassermeyer/*Wassermeyer/Kaeser,* Art. 4, Rz. 25, 46; *Oepen/Münch,* IStR 2009, 55 (58 f.); a. A. *ITAT* v. 30.9.2010, Case Number 3860/Mum/08; High Court of Judicature (Mumbai), Entsch. v. 8.1.2013, Income Tax Appeal No. 2273 of 2010: *DBA Indien;* dazu *Jacob/Hagena,* IStR 2013, 485), selbst wenn die Gewerbesteuer zu den unter ein Abkommen fallenden Steuern gehört (s. Art. 2 Rz. 54 ff.). Der Steuergegenstand der Gewerbesteuer ist auf im Inland betriebene Gewerbebetriebe beschränkt (§ 2 Abs. 1 S. 1 GewStG) und umfasst damit – anders als die Einkommen- und die Körperschaftsteuer – nicht die Einkünfte aus anderen Staaten, jedenfalls aus dem anderen Vertragsstaat, soweit sie nicht dem im Inland betriebenen Gewerbebetrieb zuzurechnen sind (zur erforderlichen Reichweite der Steuerpflicht s. Rz. 76, 77 ff.). Dies hat insbesondere zur Folge, dass Personengesellschaften, die für steuerrechtliche Zwecke als transparent behandelt werden (s. Rz. 73 f., Art. 1 Rz. 25 ff.), nicht wegen einer etwaigen Gewerbesteuerpflicht steuerpflichtig i. S. des Abs. 1 Satz 1 sind. Andernfalls, isoliert in Bezug auf die Gewerbesteuer, wäre bei Personengesellschaften eine abkommensrechtliche Ansässigkeit denkbar (so offensichtlich die Finanzverwaltung in BMF, Schr. v. 16.4.2010, IV B 2 – S 1300/09/10003, BStBl. I 2010, 354, Tz. 2.1.1; ferner *Hruschka,* DStR 2010, 1357 (1358)). Im Ergebnis ist eine auf die Gewerbesteuer beschränkte abkommensrechtliche Ansässigkeit jedoch abzulehnen, weil sie grds. territorial auf Einkünfte eines inländischen Gewebetreibenden beschränkt ist (zur erforderlichen Reichweite des Steuerzugriffs s. Rz. 76, 77 ff.). Etwas anderes ergibt sich auch nicht daraus, dass eine Besteuerung nach dem Territorialitätsprinzip (s. Grundl. Rz. 11 ff.) für die Begründung der Ansässigkeit ausreicht, wenn eine solche Besteuerung die weitest gehende Form der Besteuerung in einem Vertragsstaat ist (s. Rz. 77b, 120). Zur Problematik der abkommensrechtlichen Ansässigkeit als Folge einer **Umsatzsteuer**pflicht im Hinblick auf das Diskriminierungsverbot in Art. 24 Abs. 3, der nach dessen Abs. 6 nicht nur für die in Art. 2 genannten Steuern gilt, s. *Lang,* SWI 2011, 469 ff. (auch zu Rückwirkungen der umsatzsteuerlichen Unternehmereigenschaft von Personengesellschaften auf die abkommensrechtliche Ansässigkeit im Hinblick auf die von Art. 2 erfassten Steuern).

cc) Nach zutreffender Auffassung ist eine ansässigkeitsbegründende **Steuerpflicht** nur im Falle einer **Besteuerung als Inländer im Sinne der unbeschränkten Steuerpflicht** anzuerkennen (s. Rz. 11 ff., 76; zur unbeschränkten Steuerpflicht nach deutschem innerstaatlichen Recht s. *Lehner/Waldhoff,* in KSM, § 1 Rz. A 17, B 1 ff., C 1 ff.). Kennzeichnend dafür ist eine Steuerpflicht mit dem Welteinkommen (*Mössner,* FS Ritter (1997), S. 195 ff.; *Maisto,* ET 1999, 42 (47)). Dass Abs. 1 Satz 1 die Steuerpflicht i. S. der **unbeschränkten** Steuerpflicht, d. h. der jeweils nach dem Recht dieses Staates umfassendsten Besteuerung einer Person versteht (kritisch dazu *Couzin,* S. 151 ff.), wird durch Abs. 1 Satz 2 (s. Rz. 120) bestätigt. Danach gilt eine nach innerstaatlichem Recht in einem Vertragsstaat ansässige Person für Zwecke des Abkommens als dort **nicht** ansässig, wenn sie „in diesem Staat nur mit Einkünften aus Quellen in diesem Staat oder mit in diesem Staat belegenem Vermögen steuerpflichtig ist". Neben der Begründung aus Art. 4 Abs. 1 S. 2 wird die Begrenzung auf Fälle der Inländerbesteuerung zum Teil auch schon aus dem Zweck, Doppelbesteuerungen zu vermeiden, hergeleitet (*Supreme Court of Canada,* The Queen v. Crown Forest Industries limited et al., 95 DTC 5389: *DBA USA/Kanada;* dazu *Ward u. a.,* CTJ 1996, 408; *Bernstein/Young,* WTD 89–3 = Tax Analysts, DOC. 2002–11159 v. 1.5.2002; *Couzin,* S. 131 ff. und 146 ff.). Die unbegrenzte Reichweite des Steuerzugriffs kann allerdings **nicht allein aus dem Wortlaut des Abs. 1 abgeleitet** werden. Vielmehr wird in Satz 1 nur eine in Bezug auf die Reichweite nicht näher spezifizierte Steuerpflicht verlangt (Wassermeyer/*Wassermeyer/Kaeser,* Art. 4, Rz. 2; Haase/*Kroschewski,* Art. 4, Rz. 27; SD/*Pohl,* Art. 4 Rz. 28). Gleichwohl scheint die OECD davon auszugehen, dass es sich bei der nach Abs. 1 erforderlichen Steuerpflicht um eine unbeschränkte Steuerpflicht handelt. Das Fiscal Committee der OEEC (OECD-Vorgängerorganisation) verzichtete bei der Formulierung des Abs. 1 auf den Begriff der unbeschränkten Steuerpflicht, weil nicht alle Staaten eine derart weitreichende Form der Steuerpflicht kennen (*Vann,* in Maisto, Companies, S. 197 (231 ff.)). Der MA-Komm. spricht insoweit von einer „comprehensive taxation (full liability to tax)" und bringt damit die offensichtlich historisch gewollte Auffassung einer umfassenden, nach Möglichkeit unbeschränkten Besteuerung im potentiellen Ansässigkeitsstaat zum Ausdruck. Vor diesem Hintergrund war die Regelung in Abs. 1 Satz 2, wonach sich die Steuerpflicht im (potentiellen) Ansässigkeitsstaat nicht nur auf Quelleneinkünfte aus diesem Staat erstrecken darf, tatsächlich nur klarstellend (dazu Rz. 77a, 120). Zwingend ist eine solche Sichtweise in Bezug auf die Reichweite der Besteuerung allerdings nicht. Im Hinblick auf die Funktion der Ansässigkeit als Voraussetzung für die Anwendung des Abkommens und insbesondere seiner Verteilungsnormen aus Art. 6–22 (dazu s. Rz. 12) wäre es ausreichend, dass im potentiellen Ansässigkeitsstaat neben den in diesem Staat erzielten Einkünften zumindest auch die Einkünfte aus dem anderen Vertragsstaat besteuert werden. Praktische Bedeutung dürfte eine derart einschränkende Sichtweise freilich kaum ha- 77 ben, da das innerstaatliche Recht des potentiellen Ansässigkeitsstaats regelmäßig entweder nur Einkünfte mit Quellen in diesem Staat oder sämtliche (Welt-)Einkünfte aus anderen Staaten der Besteuerung unterwerfen wird, nicht lediglich Einkünfte aus Ansässigkeitsstaat und *bestimmten* anderen Staaten.

77a Nach der überwiegenden und zutreffenden Auffassung, die für die Annahme der abkommensrechtlichen Ansässigkeit eine in der Reichweite unbeschränkte Steuerpflicht verlangt (s. Rz. 76 ff.), genügt eine **beschränkte Steuerpflicht** i. S. des § 1 Abs. 4 EStG und eine **erweiterte beschränkte Steuerpflicht** i. S. des § 2 AStG nicht (zu Letzterem s. SD/*Pohl,* Art. 4 Rz. 48; zur erweiterten beschränkten Steuerpflicht ferner Rz. 33, 63). Unabhängig von der Reichweite der Steuerpflicht würde es in diesen Fällen auch an einem ansässigkeitsbegründenden Merkmal fehlen, auf dem die Steuerpflicht beruht (zu den Merkmalen s. Rz. 90 ff.).

77b Zur Frage der Ansässigkeit bei der Besteuerung nach dem **Territorialitätsprinzip** s. Rz. 120. Eine Besteuerung im potentiellen Ansässigkeitsstaat auf **„remittance base"** (keine Besteuerung sämtlicher, sondern nur der in den Staat überwiesenen Einkünfte; s. Rz. 41, Vor Art. 6–22 Rz. 18 ff.) muss für die Begründung der abkommensrechtlichen Ansässigkeit jedenfalls dann genügen, wenn das jeweilige DBA Sonderregelungen für diese Form der Besteuerung enthält, da diese eine die Abkommensberechtigung begründende Ansässigkeit voraussetzen (so wohl auch BZSt, Merkblatt zur Remittance-Base-Klausel (Überwachungsklausel) in dem DBA mit dem Vereinigten Königreich Großbritannien/Nordirland (Lizenzgebühren und Vergütungen an ausländische Künstler und Sportler), abrufbar unter http://www.bzst.bund.de). Solche Sonderregelungen sind in DBA mit Staaten, deren innerstaatliches Recht entsprechend ausgestaltet ist, regelmäßig enthalten (zu Sonderregelungen s. Vor Art. 6–22, Rz. 18 ff.). **Regelungen** des innerstaatlichen Rechts, die in Abweichung von der Regel einer weitergehenden Besteuerung (typischerweise des Welteinkommens) unter bestimmten Voraussetzungen lediglich die **Besteuerung von inländischen Einkünften vorsehen** (etwa das belgische Special Tax Regime für Expatriates; dazu *Lühn,* PIStB 2008, 292 ff.), stehen der Annahme einer in Bezug auf die Reichweite des Steuerzugriffs ausreichenden ansässigkeitsbegründenden Steuerpflicht entgegen. Zu Neuerungen im DBA Großbritannien s. *Lühn,* IWB 2013, 47. Zur Frage der Ansässigkeit in China auf Basis der chinesischen Ansässigkeitsbestimmungen für ausländische Steuerpflichtige s. *Qiu,* TNI April 2008, 147 ff. Eine **Vorzugsbesteuerung** wie die nach dem Aufwand bemessene Pauschalbesteuerung in der Schweiz ist wegen der (nur unter bestimmten Voraussetzungen) beschränkten Reichweite der Steuerpflicht nicht ansässigkeitsbegründend (insoweit enthält Art. 4 Abs. 6 *DBA Schweiz 1971/2010* lediglich eine Klarstellung; s. Rz. 153). Von der ggf. nur beschränkten Reichweite des Steuerzugriffs, der die Bemessungsgrundlage betrifft, ist grundsätzlich die Anwendung eines besonderen (in der Regel niedrigen) Steuersatzes zu unterscheiden. Gleichwohl kann der gewählte Steuersatz in seiner Wirkung einer Beschränkung der Reichweite der Steuerpflicht gleich oder zumindest nahe kommen (insbesondere bei Erhebung eines Steuersatzes von Null). Aus Gründen der Rechtssicherheit sind in solchen Fällen (ggf. nur klarstellende) Regelungen in DBA oder Protokollen angebracht, wie z. B. in Bezug auf die Mindestertragsteuer für bestimmte Rechtsträger in Liechtenstein (s. Prot. Nr. 2 Buchst. c) *DBA Liechtenstein 2011*).

78 Wegen der nicht ausreichenden Reichweite des Steuerzugriffs begründet die **„Behandlung als unbeschränkt steuerpflichtig"** auf Antrag nach § 1 Abs. 3 EStG (unpräzise auch als „fiktive unbeschränkte Steuerpflicht" oder „unbeschränkte Steuerpflicht" bezeichnet; dazu sogleich) keine Ansässigkeit i. S. des Abs. 1 Satz 1 (dasselbe dürfte für die vergleichbare Regelung in § 1 Abs. 4 ÖstEStG gelten; dazu *Schlager,* in Lang/Schuch/Staringer, Ansässigkeit, S. 87 (99 f.); *Staringer,* in Lang/Schuch/Staringer, Ansässigkeit, S. 67 (71 f.); zur Frage, ob die Steuerpflicht auf einem ansässigkeitsbegründenden Merkmal i. S. des Abs. 1 Satz 1 beruht s. Rz. 111a). Dies gilt unabhängig davon, ob man für die Begründung der Ansässigkeit die Besteuerung mit dem Welteinkommen fordert oder die Besteuerung mit den Einkünften aus den Vertragsstaaten genügen lässt (s. Rz. 77). Die Steuerpflicht im Falle eines Antrags nach § 1 Abs. 3 EStG führt, anders als die **erweiterte unbeschränkte Steuerpflicht** nach § 1 Abs. 2 EStG (s. Rz. 120), nicht zur Steuerpflicht mit dem Welteinkommen. Vielmehr enthält § 1 Abs. 3 EStG eine Sonderform der beschränkten Steuerpflicht (BT-Drucks. 13/1558, 150; BMF IStR 2000, 188; Schmidt/*Heinicke,* EStG § 1 Rz. 70; *Lehner/Waldhoff,* in KSM, § 1 Rz. D 12, 195 ff.: **„besondere beschränkte Steuerpflicht"**). Sie gilt für Personen, die nach ausdrücklicher Voraussetzung der Vorschrift im Inland weder Wohnsitz noch gewöhnlichen Aufenthalt haben (deshalb auch „fiktive unbeschränkte Steuerpflicht"), und auch nur soweit sie inländische Einkünfte i. S. des § 49 EStG beziehen. Damit werden gerade nicht die Einkünfte aus dem anderen Vertragsstaat bzw. das Welteinkommen erfasst. Dieses Ergebnis folgt letztlich auch aus der (klarstellenden) Regelung in **Art. 4 Abs. 1 Satz 2** (dazu s. Rz. 77, 120). Die Reichweite der Steuerpflicht in den Fällen des § 1 Abs. 3 EStG würde auch zu kurz greifen, wenn man für die Begründung der Ansässigkeit die Besteuerung in den Vertragsstaaten ausreichen ließe (d.h. wenn keine Besteuerung des Welteinkommens erforderlich wäre). Mit der Beschränkung der Steuerpflicht auf inländische Einkünfte i. S. des § 49 EStG werden gerade nicht die Einkünfte aus dem anderen Vertragsstaat erfasst. Aber auch eine Ausdehnung der Steuerpflicht auf das Welteinkommen bzw. auf die Einkünfte aus dem anderen Vertragsstaat als Folge eines Antrags nach § 1 Abs. 3 EStG würde für die Begründung der abkommensrechtlichen Ansässigkeit nicht genügen, wenn dadurch notwendigerweise zu berücksichtigende Einkünfte erfasst würden, für die kein persönlicher oder sachlicher Anknüpfungspunkt zur Bundesrepublik Deutschland besteht. Die Voraussetzung der Steuerpflicht in Abs. 1 Satz 1 ist somit keine bloß formelle, sondern eine materielle Voraussetzung der Ansässigkeit (s. *Dürrschmidt,* IStR 2012, 572 (575) zum Antrag auf Behandlung als unbeschränkt steuerpflichtig nach § 2 Abs. 3 ErbStG).

Die **„Behandlung als unbeschränkt steuerpflichtig"** auf Antrag nach § 1 Abs. 3 EStG führt auch nicht zur Ansässigkeit bei Abkommen, die **keine dem Art. 4 Abs. 1 Satz 2 entsprechende Regelung** enthalten (s. Rz. 120; ebenso nunmehr BFH v. 20.9.2006, I R 13/02, BFH/NV 2007, 410: *DBA Frankreich;* BFH v. 2.9.2009, I R 90/08, BStBl. II, 2010, 394: *DBA Belgien*). In diesen Fällen bleibt es zumindest bei einer Steuerpflicht, die durch eines der Merkmale des Abs. 1 Satz 1 begründet sein muss. Außerdem – und dies ist letztlich entscheidend – setzen auch diejenigen Abkommen, die keine dem Art. 4 Abs. 1 Satz 2 entsprechende Regelung enthalten (s. Rz. 120), unter einer nach den territorial definierten Merkmalen des Abs. 1 Satz 1 begründeten Steuerpflicht die **Steuerpflicht mit dem Welteinkommen,** zumindest jedoch die Besteuerung mit sämtlichen in den Vertragsstaaten erzielten Einkünften voraus, weil nur auf diese Weise der Staat bestimmt werden kann, der nicht Quellenstaat i. S. der Verteilungsnormen ist (s. Rz. 30 ff., 76 f., 120). Daran fehlt es bei der „fiktiven unbeschränkten Steuerpflicht" nach § 1 Abs. 3 EStG, die wegen ihrer Beschränkung auf inländische Einkünfte nur eine Sonderform der beschränkten Steuerpflicht ist. 79

Ebenso wenig begründet die „Behandlung als unbeschränkt steuerpflichtig" auf Antrag nach § 1 Abs. 3 EStG deshalb eine abkommensrechtliche Ansässigkeit nach denjenigen **Abkommen, die ganz auf die Aufzählung bestimmter Merkmale verzichten** und allein an die unbeschränkte Steuerpflicht nach innerstaatlichem Recht anknüpfen (s. Rz. 79). Die Auffassung der deutschen Finanzverwaltung, wonach Art. 4 Abs. 1 *DBA Schweiz* mit der Anknüpfung der Ansässigkeit an die unbeschränkte Steuerpflicht nicht die „fiktive unbeschränkte Steuerpflicht" i. S. 80

des § 1 Abs. 3 EStG umfasst (BMF Schr. v. 25.1.2000 IV b 3 – S 1301 SCHZ – 1/00, IStR 2000, 188 mit Anm. *Lüdicke*), ist deshalb jedenfalls im Ergebnis richtig (*Lehner/Waldhoff,* in KSM, § 1 Rz. D 200ff.; Rev. Prot. Art. I zu Art. 4 *DBA Schweiz* v. 12.3.2002; Ansässigkeit dagegen unter der Voraussetzung einer Antragstellung i. S. des § 1 Abs. 3 EStG bejahend: Wassermeyer/*Wassermeyer/Kaeser,* Art. 4 OECD-MA Rz. 42; ohne diese Voraussetzung: *Lüdicke,* IStR 2000, 188).

81 Nach alledem bezieht sich die Behandlung als unbeschränkt einkommensteuerpflichtig i. S. des § 1 Abs. 3 EStG nicht auf die für die Funktion des Art. 4 allein entscheidende **Reichweite** des Steuerzugriffs auf das Welteinkommen, sondern lediglich auf die von Art. 4 grundsätzlich nicht berührte **Ausgestaltung** der Besteuerung nach innerstaatlichem Recht (s. Rz. 30, 60ff.). Die Behandlung als unbeschränkt steuerpflichtig auf Antrag nach § 1 Abs. 3 EStG begründet deshalb, anders als die erweiterte unbeschränkte Steuerpflicht nach § 1 Abs. 2 EStG (s. Rz. 78, 120), **keine Ansässigkeit** i. S. des Art. 4 Abs. 1 und deshalb auch **keine Abkommensberechtigung** (allg. zur Abkommensberechtigung s. Rz. 11 sowie Art. 1 Rz. 2ff.). Dies gilt entsprechend für die dem § 1a Abs. 1 EStG unterfallenden Personen.

82 **dd)** Demgegenüber kommt es für die Ansässigkeit **nicht darauf an, ob und wie die Person besteuert** wird. Dies ergibt sich aus der Auslegung der Vorschrift aus dem Zusammenhang (s. Grundl. Rz. 113ff.), vor allem aus ihrer Funktion als eine der Anwendungsvoraussetzungen der Verteilungsnormen (s. Rz. 12). Die Verteilungsnorm erfordert als Anwendungsvoraussetzung **nicht,** dass die Person **tatsächlich** (unbeschränkt) besteuert wird; sie setzt nur voraus, dass die Person zumindest zu einem der beiden Vertragsstaaten – dem „Ansässigkeitsstaat" – diejenige Beziehung aufweist, die zu ihrer unbeschränkten Besteuerung führen **kann** (zum Verbot der virtuellen Doppelbesteuerung s. Grundl. Rz. 69ff.; Supreme Court of India v. 7.10.2003 – Mauritius Based FIIs 2003 (263) – (Ind.) ITR-706-sc: *DBA Indien/Mauritius* (mit ausführlicher Begründung); dazu *Khan/Baxi,* TPIR 2003, 14; Hoge Raad, Entsch. v. 16.1.2009, Case Number 43.128: *DBA Griechenland/Niederlande* (anders aber wohl bei Steuerbefreiungen, Nachweise dazu s. Rz. 83); wie hier auch *Schaumburg,* Rz. 12.9; *Lang,* in Csoklich/Müller, S. 185 (197f.); *de Graaf/Pötgens,* Intertax 2011, 169 (172ff.)). Dieses Ergebnis entspricht der allgemein anerkannten statusbegründenden Funktion der unbeschränkten Steuerpflicht für Zwecke des innerstaatlichen Rechts, wonach bei Vorliegen ihrer Voraussetzungen die sonstigen Folgen der unbeschränkten Steuerpflicht auch eintreten, wenn tatsächlich – aus welchem Grund auch immer – keine Besteuerung erfolgt (allgemein zur statusbegründenden Funktion der unbeschränkten Steuerpflicht s. *Lehner/Waldhoff,* in KSM, § 1, Rz. A17). Einen Grenzfall stellt es dar, wenn Staaten – wie beispielsweise die Vereinigten Arabischen Emirate – überhaupt keine relevante Steuer (dazu s. Rz. 76b) erheben. Bisweilen wird auch für einen solchen Fall davon ausgegangen, dass eine Person, die die ansässigkeitsbegründenden Merkmale in diesem Staat erfüllt, dort ansässig und damit abkommensberechtigt sein kann (so etwa ITAT, Entsch. v. 30.9.2010, No. 3734/Mum/2008: *DBA Indien-Vereinigte Arabische Emirate*). Es ist anzunehmen, dass dies dem Willen der Vertragsstaaten entspricht, denn andernfalls könnten nur solche Personen ansässig und damit abkommensberechtigt sein, die im anderen Vertragsstaat einer Besteuerung unterliegen. Zur Klarstellung sollten für solche Konstellationen Sonderregelungen vereinbart werden (dazu s. Rz. 145f.). Damit gilt die Verteilungsnorm als Schranke auch dann, wenn der Ansässigkeitsstaat **nicht besteuert** (**Verbot der virtuellen Doppelbesteuerung;** s. Grundl. Rz. 69ff.). **Ob** der Ansässigkeitsstaat von seiner Besteuerungsbefugnis tatsächlich Gebrauch macht und damit die virtuelle zur aktuellen Beschränkung wird, ist im Rahmen der Anwendungsvoraussetzung der Verteilungsnorm ebenso wenig entscheidend wie die Frage, **wie** er von seiner Besteuerungsbefugnis Gebrauch macht. Eine Person kann daher auch dann in einem Staat ansässig sein, wenn dort einzelne Sachverhalte aus der Besteuerung ausgenommen sind, keine besteuerungsfähigen Einkünfte vorliegen oder wenn die zu entrichtende Steuer tatsächlich nicht erhoben wird (so auch Wassermeyer/*Wassermeyer/Kaeser,* Art. 4 OECD-MA Rz. 25; GKG/*Wilke* Art. 4 OECD-MA Rz. 6). Dies gilt selbst dann, wenn eine Gesellschaft aufgrund **gesellschaftsrechtlicher Vorgaben** regelmäßig kein steuerpflichtiges Einkommen in ihrem Ansässigkeitsstaat erwirtschaften kann (Supreme Court of India v. 7.10.2003 – Mauritius Based FIIs 2003 (263) – (Ind.) ITR-706-sc) oder wenn das Einkommen einer Körperschaft (Organgesellschaft) im Rahmen einer körperschaftsteuerlichen **Organschaft** i. S. der §§ 14 ff. KStG einem anderen Rechtsträger (Organträger) zugerechnet wird (*Schnitger/Berliner,* IStR 2011, 753 (755 f.); allgemein zu „tax groups" *Avella,* in Hofstätter/Plansky, S. 293 (298); zweifelnd *Link,* in Maisto, Groups, S. 137 (141 f.), 301 (321 f.). Auch der Organträger kann ansässig i. S. der Abkommen sein, jedoch kann er abkommensrechtliche Vorteile – vorbehaltlich gesetzlicher Regelungen wie § 15 Satz 2 KStG – grundsätzlich nur im Hinblick auf seine eigenen Einkünfte geltend machen, nicht in Bezug auf Einkünfte der Organgesellschaft. Mangels Personeneigenschaft (s. Art. 3 Rz. 20) stellt sich die Frage der ansässigkeitsbegründenden Steuerpflicht in Bezug auf Konzerne und sonstige „Unternehmensgruppen"/„tax groups" bzw. organschaftlich verbundene Rechtsträger nicht.

Die Frage der Ansässigkeit kann zweifelhaft sein, wenn eine Person nach innerstaatlichem Recht zwar grundsätzlich im erforderlichen Umfang steuerpflichtig, aber unter bestimmten Voraussetzungen **vollständig von der direkten Besteuerung freigestellt** ist. Die Berücksichtigung der Funktion der Ansässigkeit als Anwendungsvoraussetzung der Verteilungsnormen muss jedoch auch in diesem Fall dazu führen, die Ansässigkeit zu bejahen (ebenso FG München EFG 2004, 478: *DBA Italien* und *DBA Spanien 1966*; AAR, Decision v. 30.4.2008, No. 744 of 2007; a. A. wohl *Hoge Raad,* Entsch. v. 4.12.2009, 07/10383: *DBA Niederlande-USA* in Bezug auf steuerbefreite Vereine niederländischen Rechts; ferner *Pijl,* IWB 2012, 551 (552)). Damit kommt auch in Bezug auf die abkommensrechtliche Ansässigkeit von persönlich steuerbefreiten Rechtsträgern, die jeweils als Person im abkommensrechtlichen Sinne zu qualifizieren sind (s. Art. 3 Abs. 1 Buchst. a MA sowie die Kommentierung Art. 3 Rz. 7 ff.), die statusbegründende Funktion der unbeschränkten Steuerpflicht (s. Rz. 82) zum Tragen, wenn der Rechtsträger grundsätzlich Steuersubjekt ist, obwohl er unter bestimmten Voraussetzungen persönlich steuerbefreit ist (s. *Dürrschmidt,* IWB 2012, 818 (822) speziell in Bezug auf nach dem Recht vor Inkrafttreten des AIFM-StAnpG steuerbefreite Investmentfonds). Der MA-Komm. zu Art. 4 Ziff. 8.6/8.7 lässt auch eine andere als die hier vertretene Sichtweise zu. Eine abkommensrechtliche Ansässigkeit kommt jedoch von vornherein **nicht** in Betracht, wenn ein Rechtsträger für steuerrechtliche Zwecke als **transparent** behandelt wird, d. h. die Besteuerung der Einkünfte des Rechtsträgers auf Ebene der „dahinterstehenden" Gesellschafter, Anteilseigner, etc. erfolgt (so zutreffend BFH, Urt. v. 6.6.2012, I R 52/11, BFHE 237, 356; übereinstimmend *Dürrschmidt,* IWB 2012, 818 (819 f.) sowie *Böing,* GmbH-Stb 2012, 333; *Eilers/Schulz,* ISR 2012, 56; *Jakob/Link,* IStR 2012, 949; *Kröner/Köth,* BB 2013, 2007; *Staiger/Köth,* BB 2012, 2915; ferner FG Rheinland-Pfalz, Urt. v. 15.6.2011, 1 K 2422/08, EFG 2011, 1828: jeweils zum *DBA Frankreich* in Bezug auf einen in Frankreich steuerbefreiten Investmentfonds in der Rechtsform einer S. A.-SICAV; a. A. FG Nds., v. 29.3.2007, 6 K 514/03, EFG 2007, 1223: *DBA Frankreich,* dazu *Geurts/Jacob,* IStR 2007, 737). Im Falle transparenter Rechtsträger kommt eine Ansässigkeit der „dahinter stehenden" Gesellschafter, Anteilseigner, Anleger, etc. in Betracht (speziell zu Personengesellschaften s. Rz. 73; Art. 1 Rz. 25 ff.). 83

83a Damit können nach § 5 Abs. 1 Nr. 9 KStG steuerbefreite **gemeinnützige Körperschaften** (FG München EFG 2004, 478: *DBA Italien* und *DBA Spanien 1966*; Administrative Court of Appeal (France), v. 6.12.2007, Minister of Finance v. Fondation Stichting Unilever Pensionenfonds Progress, Case-Nr. 06–3370: *DBA Frankreich-Niederlande*) und in vielen Rechtsordnungen steuerbefreite **Pensionsfonds** (aus deutscher Sicht s. § 5 Abs. 1 Nr. 3 KStG; dazu auch Art. 1 Rz. 6d, 53 f.) unter den weiteren Voraussetzungen des Abs. 1 im abkommensrechtlichen Sinne ansässig sein (s. *Dürrschmidt,* IWB 2012, 818 (824)).

83b Nach richtiger Auffassung muss dies auch für (deutsche und ausländische) **Investmentfonds** gelten, die grundsätzlich steuerpflichtig, jedoch (beispielsweise nach § 11 Abs. 1 Satz 2, 3, 5 InvStG) **persönlich steuerbefreit** sind. Die abkommensrechtliche Ansässigkeit setzt auch bei Investmentfonds die Behandlung als intransparent voraus, d. h. die Einkünfte des Investmentfonds müssen – vorbehaltlich einer Steuerbefreiung – grundsätzlich auf Ebene des Investmentfonds besteuert werden (zutreffend BFH, Urt. v. 6.6.2012, I R 52/11, BFHE 237, 356, IStR 2012, 772, dazu ebenso *Dürrschmidt,* IWB 2012, 818 (820 ff.), auch zur Verallgemeinerungsfähigkeit der Entscheidung; FG Rheinland-Pfalz, Urt. v. 15.6.2011, 1 K 2422/08, EFG 2011, 1828: jeweils zum *DBA Frankreich* in Bezug auf einen in Frankreich steuerbefreiten Investmentfonds in der Rechtsform einer S. A.-SICAV; a. A. FG Nds., v. 29.3.2007, 6 K 514/03, EFG 2007, 1223: *DBA Frankreich,* dazu *Geurts/Jacob,* IStR 2007, 737; wie hier offenbar auch die Finanzverwaltung im BMF-Schreiben v. 2.12.2013, BStBl. I, 2013, 1506, in dem die Anwendung des DBA-Schachtelprivilegs in einem konkreten Fall aus anderen Gründen abgelehnt wird; zur Problematik s. auch Art. 1 Rz. 6d, 51, 54 ff., 72, dort auch zu den Alternativvorschlägen für die steuerrechtliche Behandlung von Investmentfonds im MA-Komm. in Ziff. 6.17 ff., 6.21 ff., 6.26 f., 6.28 ff. zu Art. 1; zu verschiedenen Ausgestaltungen von Investmentfonds und deren steuerrechtliche Konsequenzen s. *Couzin,* S. 123 ff.; aus irischer Sicht *Sheehan,* DFI 2011, 274 (275 f.); aus luxemburgischer Sicht *Schaffner/Wantz,* ET 2011, 2 (7 ff.); aus niederländischer Sicht *Dikmans,* ET 2009, 295 (298); aus schwedischer Sicht *Kleist,* Intertax 2008, 262 ff.; aus österreichischer Sicht *Ortner/Strobach,* FS Rödler, S. 691 (700)). Die **Fiktion** eines deutschen Investmentfonds in Gestalt eines Sondervermögens als Zweckvermögen i. S. des § 1 Abs. 1 Nr. 5 KStG nach § 11 Abs. 1 Satz 1 InvStG dürfte unschädlich sein (dazu und zum Folgenden s. *Dürrschmidt,* IWB 2012, 818 (821), wenn auch noch zur Rechtslage vor Inkrafttreten des AIFM-StAnpG). Zwar genügt eine auf einer Fiktion beruhende Steuerpflicht grundsätzlich nicht für die Begründung der abkommensrechtlichen Ansässigkeit (s. Rz. 111b), jedoch würden die Einkünfte eines deutschen Investmentfonds in Form eines Sondervermögens unabhängig von der Fiktion auf der Ebene des Rechtsträgers besteuert, dem das (Fonds-)Sondervermögen und damit erzielte Einkünfte zugerechnet werden (§ 1 Abs. 1 Nr. 1 KStG). Durch die Fiktion wird nur eine nach allgemeinen Regeln erforderliche gesonderte und einheitliche Feststellung der vom Fonds erzielten Einkünfte vermieden und sichergestellt, dass die Steuerbefreiung nach § 11 Abs. 1 Satz 2 InvStG nur das Sondervermögen erfasst, nicht auch das übrige Vermögen dieser Gesellschaft. Aus dem dem InvStG konzeptionell zu Grunde liegenden **Transparenzprinzip** (s. beispielsweise Blümich/*Hammer,* § 11 InvStG, Rz. 1) dürfte sich nichts anderes ergeben (vgl. *Dürrschmidt,* IWB 2012, 818 (821), wenn auch noch zur Rechtslage vor Inkrafttreten des AIFM-StAnpG). Es ist bewusst nicht vollständig verwirklicht und gilt nur, wenn es von speziellen investmentsteuerrechtlichen Regelungen explizit angeordnet wird (allgemein dazu BFH, Urt. v. 11.10.2000, I R 99/96, BStBl. II 2001, 22; *Patzner/Kempf,* InvStG, Einl., Rz. 10).

83c Die hier vertretene Auffassung dürfte auch der **Auffassung der OECD** in Ziff. 29 des OECD-Berichts über Collective Investment Vehicles (CIV) sowie des MA-

Komm. in Ziff. 6.12 zu Art. 1 entsprechen, wonach ein Investmentfonds im abkommensrechtlichen Sinne ansässig sein kann, wenn eine persönliche Steuerbefreiung in einem Staat für die Begründung der abkommensrechtlichen Ansässigkeit grundsätzlich unschädlich ist und die Steuerbefreiung nur unter bestimmten Voraussetzungen bezüglich Zweck und Aktivitäten gewährt wird (dazu und zum Folgenden *Dürrschmidt,* IWB 2012, 2012, 818 (822), wenn auch noch zur Rechtslage vor Inkrafttreten des AIFM-StAnpG). In Bezug auf deutsche Investmentfonds wird die persönliche Steuerfreiheit nur unter derart bestimmten Voraussetzungen gewährt, weil das InvStG und damit auch die Steuerbefreiung nur anwendbar ist, wenn die Anforderungen des KAGB (früher: des InvG) sowie weitere Voraussetzungen aus § 1 Abs. 1b Satz 2 InvStG erfüllt sind (s. § 1 Abs. 1, 1b InvStG i. V. m. dem KAGB (früher: dem InvG); so wohl auch *Englisch,* in Berger/Steck/Lübbehüsen, InvG/InvStG, 2010, § 11 InvStG, Rz. 84 a. E.; a. A. *Haase,* Intertax 2011, 337 (341); *Kirchmayr,* IStR 2011, 673 (675)). Zur Problematik s. auch *Schuch,* in Lang/Schuch/Staringer, S. 109 ff.; *Prillinger,* in Lang/Schuch/Staringer, S. 121 ff.

Die abkommensrechtliche Ansässigkeit eines Investmentfonds kann trotz der Regelung in § 4 Abs. 1, 2 InvStG für einen **effektiven Abkommensschutz** erforderlich sein, obwohl danach Erträge aus Investmentvermögen auf Anlegerebene insoweit steuerfrei sind, als sie aufgrund eines DBA freigestellt sind, bzw. eine ausländische Steuer aufgrund einer abkommensrechtlichen Anrechnungsverpflichtung auf die deutsche Steuer anzurechnen ist (dazu und zum Folgenden *Dürrschmidt,* IWB 2012, 818 (822 f.)). Die Vorschrift erfasst nicht alle Konstellationen (vgl. Littmann/Bitz/Pust/*Ramackers,* ESt, § 4 InvStG, Rz. 1, 5 ff.). Ferner spricht ihre Existenz nicht gegen die Möglichkeit einer abkommensrechtlichen Ansässigkeit. Sie dient der Umsetzung des investmentsteuerrechtlichen Transparenzprinzips (vgl. *Lübbehüsen,* in Berger/Steck/Lübbehüsen, InvG/InvStG, § 4 InvStG, Rz. 6) und ist erforderlich, um nicht die abkommensrechtliche Abgrenzung der Besteuerungszuständigkeiten durch eine Besteuerung auf Ebene der Anleger wegen der Zuordnung der Fondseinkünfte zu den steuerbaren Einkunftsarten nach § 2 Abs. 1 InvStG auszuhebeln. Darüber hinaus verlangt aber auch die Funktion der Ansässigkeit als Anwendungsvoraussetzung von Verteilungsnormen, einen zwischengeschalteten steuerbefreiten Rechtsträger zur Erreichung des Zwecks abkommensrechtlicher Regelungen als ansässig ansehen zu können (vgl. *Dürrschmidt,* IWB 2012, 818 (820), auch zum Folgenden). Deutlich wird dies etwa beim abkommensrechtlichen Schachtelprivileg, das der Vermeidung einer internationalen wirtschaftlichen Doppelbesteuerung dient (zum internationalen Schachtelprivileg s. Art. 23, Rz. 87; GKG/*Grotherr,* Art. 23, Rz. 81 ff.; zum Begriff der wirtschaftlichen Doppelbesteuerung s. Grundl. Rz. 9). Eine solche wirtschaftliche Doppelbesteuerung kann auch eintreten, wenn mit der abkommensrechtlichen Ansässigkeit des zahlenden Rechtsträgers eine Voraussetzung für die Anwendung des internationalen Schachtelprivilegs auf Ausschüttungen eines zwischengeschalteten steuerbefreiten Rechtsträgers nicht erfüllt ist. **83d**

Wie ein steuerbefreiter Investmentfonds (s. Rz. 836 ff.) muss auch eine nach § 16 Abs. 1 Satz 1, 2 REITG von der Körperschaft- und Gewerbesteuer befreite **REIT-AG** sowie ein steuerbefreiter ausländischer REIT ansässig sein können (dazu und zum Folgenden s. *Dürrschmidt,* IWB 2012, 818 (823); s. ferner Art. 1 Rz. 51, 55l ff.). Als AG mit Sitz und Geschäftsleitung im Inland (vgl. § 1 Abs. 1, § 9 REITG) ist sie nach § 1 Abs. 1 Nr. 1 KStG unbeschränkt steuerpflichtig. Die persönliche Steuerbefreiung nach § 16 Abs. 1 Satz 1, 2 REITG wird nur unter bestimmten Voraussetzungen gewährt (gesellschafts- und kapitalmarktrechtliche Voraussetzungen nach §§ 8–15 REITG, unbeschränkte Steuerpflicht der REIT-AG und Nichtansässigkeit aufgrund eines DBA in einem anderen Staat; zu den bei der letzten Voraussetzung in Bezug genommenen „Tie-Breaker"-Regelungen für dop- **83e** peltansässige Gesellschaften s. Rz. 240 ff.). Wie hier im Ergebnis auch *Bron,* 2007, S. 220 ff.; *Helios,* in Helios/Wewel/Wiesbrock, § 16, Rz. 27; *Jacob,* AG 2008, 583 (586); *Wagner,* 2010, S. 114 ff., jeweils zu REITs; ferner Rz. 150; Art. 1 Rz. 52, 55c; Art. 6 Rz. 21, 24; a. A. *Reimer,* IStR 2011, 677 (679)). Auch der Gesetzgeber geht offenbar von der Unschädlichkeit der Steuerbefreiung einer REIT-AG im Hinblick auf die abkommensrechtliche Ansässigkeit aus, wenn er etwa in § 9 REITG, nach dem eine REIT-AG Sitz und Geschäftsleitung im Inland haben muss, ohne Differenzierung zwischen steuerpflichtigen und steuerbefreiten REIT-AGs auf die Bedeutung des Sitzes für deren abkommensrechtliche Ansässigkeit verweist (BR-Drs. 779/06, S. 31). Ferner unterscheidet er durch die gleichzeitig zu erfüllenden Voraussetzungen der unbeschränkten Steuerpflicht (bei evtl. bestehender Steuerbefreiung) und die Nichtansässigkeit nach einem DBA in einem anderen Staat erkennbar die unbeschränkte Steuerpflicht der Gesellschaft einschließlich einer möglichen Steuerbefreiung nach innerstaatlichem Recht von der Problematik der abkommensrechtlichen Ansässigkeit. Schließlich setzen auch die Regelungen in § 16 Abs. 2 Satz 3, § 19 Abs. 6 REITG die Abkommensberechtigung und damit die abkommensrechtliche Ansässigkeit einer REIT-AG bzw. ausländischer REITs voraus.

83f Wenn man davon ausginge, dass ein unter bestimmten Voraussetzungen steuerbefreiter Rechtsträger nicht abkommensberechtigt ist, könnten die **EU-Grundfreiheiten** von einem Mitgliedstaat verlangen, ausländischen (ggf. auch steuerbefreiten) Rechtsträgern diejenigen Vorteile zu gewähren, die sie vergleichbaren inländischen (nicht) steuerbefreiten Rechtsträgern gewähren (so EuGH, Urt. v. 18.6.2009, C-303/07, Slg. 2009, I-5145 – *Aberdeen;* dazu Grundl. Rz. 269 ff.; ferner *Dürrschmidt,* IWB 2012, 818 (824), auch zum Folgenden, sowie *Ortner/Strobach,* FS Rödler, S. 691 (708 ff.), insbesondere aus österreichischer Sicht; zur Frage, ob nach innerstaatlichem Recht eine Steuerbefreiung nur inländischen Investmentfonds vorbehalten sein darf s. z. B. EuGH Urt. v. 10.5.2012, C-338/11, IStR 2012, 432 – *Santander;* v. 10.4.2014, C-190/12, IStR 2014, 334 – *DFA*). Wie bei Betriebstätten (s. Rz. 75) würde durch unionsrechtliche Vorgaben auch bei persönlich steuerbefreiten Rechtsträgern nicht die abkommensrechtliche Ansässigkeit begründet. Vielmehr wären die ausländischen Rechtsträger hinsichtlich der Rechtsfolge gleichzustellen und damit ggf. „wie" (nicht „als") eine ansässige Person zu behandeln.

83g Bisweilen gibt es **ausdrückliche Regelungen,** wonach steuerbefreite Körperschaften wie gemeinnützige Körperschaften, Pensionsfonds oder Investmentfonds als ansässig gelten (z. B. Art. 4 Abs. 2 US-MA (gemeinnützige Körperschaften, Pensionsfonds); Prot. Nr. 2 Buchst. b zu *DBA USA 1989/2006* (Investmentfonds)). Ferner gibt es Vorschriften, etwa limitation-on-benefits-Klauseln (s. auch Grundl. Rz. 269a; Art. 1 Rz. 122 ff., insbesondere zu Art. 28 *DBA USA 1989/2006*), die die Abkommensberechtigung und damit die Ansässigkeit bestimmter steuerbefreiter Rechtsträger voraussetzen (z. B. Art. 28 Abs. 6 *DBA USA 1989/2006*; Art. 25b Abs. 4 *DBA Frankreich;* Prot. Nr. 1 Buchst. b) zu *DBA Irland 2011,* speziell zu dieser Klausel s. *Geurts,* IStR 2011, 573 ff.). Allgemein zu dieser Problematik aus niederländischer Sicht s. *Pijl,* IWB 2012, 551 (551 f.), und zu den Sonderregelungen Rz. 150, Art. 1 Rz. 72. Aus der Existenz solcher Sonderregelungen in einzelnen DBA kann jedoch nicht im Umkehrschluss abgeleitet werden, dass steuerbefreite Personen nicht ansässig i. S. eines DBA sind, wenn in diesem DBA eine solche Regelung fehlt; vielmehr handelt es sich bei den Sonderregelungen lediglich um klarstellende Regelungen (so auch z. B. Tax Court of Canada, Entsch. v. 8.4.2010, 2008–2314(IT)G, mit Nachweisen zur kanadischen und US-amerikanischen Praxis; a. A. offenbar *Hoge Raad,* Urt. v. 4.12.2009, Case Number 07/10383).

Rechtlich selbständige **Staatsfonds** *(sovereign wealth funds),* durch die Staaten beispielsweise ihre Gewinne aus Rohstoffexporten investieren, sind in ihren Heimatstaaten regelmäßig subjektiv steuerbefreit. Auf Basis der hier vertretenen Auffassung zu subjektiven Steuerbefreiungen (s. Rz. 83) wäre dies für die Bestimmung der Ansässigkeit unschädlich (dazu auch Art. 1 Rz. 55; ferner MA-Komm. zu Art. 4 Ziff. 8.5 i. V. m. 8.6 f. sowie MA-Komm. zu Art. 1, Ziff. 6.36). Soweit ein Staatsfonds rechtlich unselbständiger Teil eines Vertragsstaats oder seiner Gebietskörperschaften ist, kommt es von vornherein nicht darauf an, ob eine Steuerpflicht besteht, weil die Vertragsstaaten und ihre Gebietskörperschaften per se ansässig i. S. des MA sind (MA-Komm. Ziff. 8.5; zur Problematik aus der Sicht Kanadas s. *Kandev,* BIT 2010, 649 (656 f.) und aus US-Sicht *Reardon,* TNI August 2008, S. 507 (512); allgemein zur Ansässigkeit der Vertragsstaaten und ihrer Gebietskörperschaften s. Rz. 71, 75a). Nach § 14 Abs. 2 S. 3 FMStFG gilt der (steuerbefreite) **Finanzmarktstabilisierungsfonds** (FMS) für DBA-Zwecke als in Deutschland ansässige Person, die der deutschen Besteuerung unterliegt (s. Rz. 75a, 111c). Durch diese Fiktion soll der FMS Zugang zu Quellensteuerentlastungen erhalten (BT-Drs. 16/10600, 10). Auf Basis der hier vertretenen Auffassung zu subjektiven Steuerbefreiungen handelt es sich bei der Ansässigkeitsfiktion lediglich um eine klarstellende Regelung (so auch *Berg,* IStR 2009, 156 (157)). Im Übrigen kann die Bundesrepublik Deutschland in Bezug auf Einkünfte des FMS auch selber ansässige Person sein, wenn ein DBA auch die Vertragsstaaten erfasst (s. Rz. 71), weil der FMS Sondervermögen des Bundes ist (s. § 2 Abs. 2 FMStFG; vgl. *Korn,* DStR 2008, 2248 (2249)). **83h**

ee) In Bezug auf die Ansässigkeit und damit die Abkommensberechtigung einer **Stiftung** bzw. eines **Trust** ist aus deutscher Sicht zunächst zu prüfen, ob diesen Rechtsträgern Einkünfte zuzurechnen sind. In diesem Fall ist nach allgemeinen Regelungen zu bestimmen, ob eine abkommensrechtliche Ansässigkeit besteht (BFH BStBl. II 1993, 388; 1994, 727). Zur Abkommensberechtigung und der vorgelagerten Problematik der ansässigkeitsbegründenden Steuerpflicht bei Stiftungen und Trusts s. Art. 1 Rz. 55e ff.; ferner *Avery Jones,* BTR 1989, 41 ff., 65 ff.; *Boidman/Kandev,* TNI July 2009, 299 ff.; *dies.,* TNI January 2010, 216; *Brown,* APTB 2013, 309; *Cleave,* BTR 2011, 705; *da Conceaio,* BIT 201, online; *Jung,* DFI 2008, 143 ff.; *ders.,* TNI June 2008, 763 ff.; *Mazansky,* BIT 2013, 150. **83i**

ff) Nur wenige DBA enthalten **keine ausdrückliche Anknüpfung an das innerstaatliche Recht** (vgl. Art. 1 Abs. 2 *DBA Frankreich/Belgien;* Art. 2 Abs. 4 *DBA Frankreich/Dänemark;* Art. 2 Abs. 1 *DBA Frankreich/Togo*). Die sich daraus ergebende Frage, ob eine Ansässigkeit i. S. des DBA im Rahmen dieser Abkommen auch bei fehlender innerstaatlicher unbeschränkter Steuerpflicht denkbar ist, hat der *Conseil d'Etat* offengelassen (*Conseil d'Etat* req. n. 161481, Dr. Fisc. 1998 comm. 827, concl. *Goulard: DBA Frankreich/Marokko;* eine innerstaatliche Steuerpflicht fordernd, ohne die Frage zu diskutieren *CAA Paris* req. n. 96–1177, Dr. Fisc. 1999 comm. 86; *Conseil d'Etat* req. n. 188273, Dr. Fisc. 2000 comm. 818) Aus einer dem Art. 4 Abs. 2 OECD-MA entsprechenden Regelung ergibt sich jedoch auch in diesen Fällen die Notwendigkeit der Anknüpfung an die innerstaatliche Steuerpflicht. **84**

Weitergehend wird in wenigen anderen DBA ganz auf eine Aufzählung bestimmter Merkmale verzichtet (z. B. Art. 4 Abs. 1 *DBA Schweiz*). In diesen Fällen reicht – unabhängig von der Frage nach einer Ortsbezogenheit des Anknüpfungsmerkmales – allein das Vorliegen einer unbeschränkten Steuerpflicht nach innerstaatlichem Recht grundsätzlich aus. Das gilt jedoch dann nicht, wenn mit dieser unbeschränkten Steuerpflicht keine Steuerpflicht mit dem Welteinkommen begründet wird (s. Rz. 11 ff.; Rev. Prot. Art. I zu Art. 4 *DBA Schweiz* v. 12.3.2002; *Bischoff,* BB 2002, 382 (384 ff.)). **85**

87 **gg) Ob** die Umstände vorliegen, die im anderen Vertragsstaat nach dessen Recht Ansässigkeit begründen, muss **jeder Staat selbständig prüfen** (und gegebenenfalls mit der zuständigen Behörde des anderen Vertragsstaats im Verständigungsverfahren erörtern, s. Art. 25).

87a Eine Bindungswirkung einer vom anderen Vertragsstaat ausgestellten **Ansässigkeitsbescheinigung** besteht ebenso wenig (BFH, Urt. v. 28.6.2005, I R 114/04, BStBl. II 2005, 835) wie die Vorlage einer solchen Ansässigkeitsbescheinigung nach dem Abkommensrecht zwingende Voraussetzung für die Inanspruchnahme von Abkommensvorteilen ist (so zu Recht UFS Graz, v. 15.1.2008, RV/0527-G/06; dazu *Schuchter/Toifl,* SWI 2008, 291 (291 ff.); ferner *M. Lang,* CDFI 89, 21 (41)). Allerdings wird ein solches Erfordernis durch einige **Sonderregeln in Abkommen** (z.B. Art. 46 Abs. 4 *DBA Dänemark;* Art. 25b Abs. 2 *DBA Frankreich;* Art. 29 Abs. 2 *DBA Italien;* Art. 28 Abs. 4 *DBA Norwegen 1991;* Art. 27 Abs. 3 *DBA Österreich;* Art. 44 Abs. 3 *DBA Schweden;* Art. 28 Abs. 4 *DBA Schweiz;* Art. 29 Abs. 4 *DBA USA 1989;* Art. 22 Abs. 3 *DBA Frankreich/Monaco,* dazu *Olléon,* Dr. Fisc. 2007, 33) und in Normen des innerstaatlichen Rechts (§ 50d Abs. 4 EStG) statuiert (*Hahn,* CDFI 89, 325 (336); *Helminen,* BIT 2007, 23 (38)). Ein unzulässiger Treaty Override (s. Grundl. Rz. 193 ff.) dürfte darin nicht liegen. Erst recht bindet eine Ansässigkeitsbescheinigung nicht bei der Frage, ob eine Ansässigkeit aufgrund der **„Tie-Breaker"-Regeln** nach Abs. 2 (s. Rz. 161 ff.) und Abs. 3 (s. Rz. 241 ff.) in einem der Vertragsstaaten gegeben ist (so zu Recht etwa ÖstBMF v. 11.11.2002 (EAS 2155), SWI 2003, 2). Zur Funktion der Bescheinigung s. auch *Weninger,* SWI 2007, 243.

88 Eine Ansässigkeitsbescheinigung (s. etwa OFD Frankfurt a.M. v. 12.4.2012, IStR 2012, 775; OFD Rheinland v. 13.5.2013, IStR 2013, 546) kann jedoch ein starkes **Indiz** für die Ansässigkeit in dem Staat sein, dessen Behörden die Bescheinigung ausgestellt haben (zur Indizwirkung einer zypriotischen Ansässigkeitsbescheinigung für die österreichische Steuerverwaltung s. EAS 1664 v. 29.5.2000, ÖStZ 2000, 496 (offen gelassen in ÖstBMF, SWI 2013, 2) und einer schweizerischen Bescheinigung für die niederländische Steuerverwaltung *Hoge Raad,* Entsch. v. 3.12.2010, 09/01401; in diesem Sinn auch UFSW v. 13.1.2010, RV/3650 – W/09). In den USA hat der *Court of Appeals (5th. cir.)* im Fall Johansson eine Wohnsitzbescheinigung schweizerischer Behörden zu Recht nicht als ausreichenden Beleg für eine Abkommensberechtigung Johanssons angesehen (336 F. 2d 809 (1964)). Der *Conseil d'Etat* hat sich dagegen damit zufriedengegeben, dass eine Steuerpflichtige mit Wohnsitz in Liechtenstein und einer Wohnung in Paris in Deutschland tatsächlich unbeschränkt besteuert wurde (req. n. 28 177, Dr. Fisc. 1983 comm. 1216, concl. *Bissara: DBA Deutschland/Frankreich;* dazu *Hahn,* RIW 1983, 623). Das ÖstBMF hält eine Bestätigung der Ansässigkeit in Frankreich durch die französischen Abgabebehörden ebenfalls für ein gewichtiges Indiz (EAS 660 v. 26.6.1995), SWI 1995, 323). Ein solches Indiz sind auch die Ansässigkeitsbescheinigungen für Gesellschaften, sofern die Verwaltung sie erteilt. In den Niederlanden werden solche Bescheinigungen selbst Organgesellschaften erteilt, da sie „im Prinzip" unbeschränkt steuerpflichtig sind (vgl. TNS 1997, 122). Insbesondere bei Steueroasen prüft die Verwaltung aber über die Ansässigkeitsbescheinigung hinaus häufig, ob die Gesellschaft auch wirtschaftliche Aktivitäten entfaltet (zu einer Madeira Holding: ÖstBMF v. 26.5.1997 (EAS 1072), SWI 1997, 332; allg. zum Problem der Ansässigkeit und des treaty shopping: *Mäusli,* S. 226; *Großmann,* S. 99 ff. und Art. 1 Rz. 100). Zur Vermutung der Richtigkeit von umsatzsteuerlichen Ansässigkeitsbescheinigungen s. BFH BStBl. II, 2004, 630.

88a Wird eine Person **tatsächlich** im anderen Vertragsstaat **wie ein Ansässiger besteuert,** so ist dies allerdings ein starkes **Indiz** dafür, dass die rechtlichen Voraussetzungen für eine nach Abs. 1 erforderliche und ansässigkeitsbegründende Besteuerung vorliegen (so auch Wassermeyer/*Wassermeyer/Kaeser,* Art. 4 OECD-MA Rz. 26). Ebenso kann eine frühere Überprüfung der Ansässigkeit durch die inländische Verwaltung ein Indiz sein, vgl. ÖstBMF v. 1.12.1997 (EAS 1180), SWI 1998, 57.

Zur **Erteilung von Ansässigkeitsbescheinigungen** durch deutsche Finanz- **88b** behörden s. OFD FFM, Verf. v. 8.1.2014, S 0270 A – 7 – St 23 i. V. m. OFD FFM v. 20.12.2010, S 1301 A – 86 – St 58 gültig bis 10.11.2013; ersetzt durch OFD FFM, Verf. v. 11.11.2013, S 1301 A 86 – St 513; zu den inhaltlichen Anforderungen einer Ansässigkeitsbescheinigung aus österreichischer Sicht ÖstBMF v. 28.10.2009, SWI 2009, 526 und zur Erteilung an gemeinnützige Vereine bei Verwicklung in laufendes Strafverfahren s. ÖstBMF v. 21.6.2010, SWI 2010, 423.

Regelmäßig wird es Sache des Steuerpflichtigen sein, die Tatsachen **darzule-** **88c** **gen,** aus denen sich eine abkommensrechtliche Ansässigkeit im anderen Vertragsstaat ergibt (so ÖstVwGH ÖstZB 1994, 355: *DBA Österreich/Schweiz; Hof Leeuwarden* Nr. 249/91, BNB 1994, 224, durch den *Hoge Raad* nicht beanstandet).

hh) Ansässigkeitsbegründend kann nur eine Steuerpflicht in dem Sinne sein, **89** dass die Person eine **Steuer schuldet.** Es genügt **nicht,** dass die Person **irgendwelchen steuerrechtlichen Pflichten** unterliegt. Folglich genügt die Pflicht zur Einbehaltung einer Abzugsteuer, die ein Dritter schuldet, nicht, ebenso wenig eine Haftungsschuld (insoweit kann jeweils nur der Steuerschuldner ansässig sein).

d) Die Beispiele des Abs. 1 für **ansässigkeitsbegründende Merkmale** – Wohn- **90** sitz, ständiger Aufenthalt, Ort der Geschäftsleitung – sind nach dem jeweiligen innerstaatlichen Recht und damit **nicht autonom** (s. Grundl. Rz. 96 ff., 113a ff., 149 ff.) auszulegen (so auch GKG/*Wilke* Art. 4 Rz. 8; *Kluge,* Rz. 171; Wassermeyer/*Wassermeyer/Kaeser* Art. 4 Rz. 31; allgemein zur autonomen Auslegung und zur Auslegung nach innerstaatlichem Recht s. Grundl. Rz. 113a ff.; Art. 3 Rz. 97 ff.). Dies folgt aus dem auch insoweit maßgebenden Art. 3 Abs. 2 MA (s. Grundl. Rz. 150a ff., 152 ff.; Art. 3 Rz. 107). Der Zusammenhang i. S. des Art. 3 Abs. 2 erfordert hier gerade keine „andere", d. h. autonome Begriffsbestimmung der ansässigkeitsbegründenden Merkmale. Auch erscheint wegen des deutlichen Bezugs zur Steuerpflicht nach innerstaatlichem Recht allein ein Verständnis nach innerstaatlichem Recht zwingend. Aus der Anknüpfung des Abkommens an die ansässigkeitbegründenden Merkmale des jeweiligen innerstaatlichen Rechts der Vertragsstaaten folgt also, dass diese Begriffe, selbst wenn sie im innerstaatlichen Recht beider Vertragsstaaten wortgleich verwendet werden, dort grundsätzlich eine je **eigene Bedeutung** haben können. Die übereinstimmende, wenn auch in der Reihenfolge anders angeordnete Verwendung der Begriffe „residence" und „domicile" in der englischen und in der französischen Fassung des OECD-MA ändert daran nichts, weil sich die Bedeutung dieser Begriffe im innerstaatlichen Recht dieser beiden Staaten voneinander unterscheidet.

aa) Wohnsitz: Einen Wohnsitz nach deutschem innerstaatlichem Recht hat **91** jemand gemäß § 8 AO dort, wo er eine Wohnung unter Umständen inne hat, die darauf schließen lassen, dass er die Wohnung beibehalten und nutzen wird (übereinstimmend das österreichische Recht in § 26 Abs. 1 BAO). Die Voraussetzungen sind nach ständiger Rechtsprechung des RFH und des BFH ausschließlich nach **tatsächlichen** und **wirtschaftlichen** Gesichtspunkten zu beurteilen (BFH BStBl. II 1968, 818 (819); 1970, 153 (154); BFH/NV 1987, 301; 1995, 967; 2002, 311; in diesem Sinne auch BFH BStBl. II 1989, 182 (183); II 1997, 447; II 1996, 2; BFH v. 10.4.2013, I R 50/12, BFH/NV 2013, 1909; BFH v. 8.8.2013, VI R 45/12, BFH/NV 2014, 83; BFH v. 19.9.2013, III B 53/13, BFH/NV 2014, 38; FG Sachsen EFG 2000, 191; FG Bremen EFG 2000, 79; FG München v. 19.6.2013, 5 V 1314/13, ZEV 2014, 120; s. zu dieser Rspr. *Hollatz,* NWB 2002,

Fach 2, 7985; zum Begriff des „Wohnsitzes" und des „gewöhnlichen Aufenthaltes" vgl. auch *Lehner/Waldhoff,* in KSM, § 1 Rz. A 219, B 66, B 166). Ein Wohnsitz setzt neben zum dauerhaften Wohnen geeigneten Räumlichkeiten voraus, dass der Steuerpflichtige die Wohnung in dem Sinne innehat, dass er tatsächlich über sie verfügen kann und sie regelmäßig – wenn auch in größeren Zeitabständen – „als eigene" benutzt (BFH BStBl. II 1999, 207; BFH/NV 2007, 1893; BFH v. 10.4.2013, I R 50/12, BFH/NV 2013, 1909; FG München v. 19.6.2013, 5 V 1314/13, ZEV 2014, 120). Eine Mindestzahl von Tagen, in denen sich der Steuerpflichtige dort aufhält, ist nicht erforderlich (BFH BStBl. II 1997, 447 (448); FG Köln EFG 2002, 1198; BFH v. 28.1.2004, I R 56/02, BFH/NV 2004, 917; FG Hessen, v. 13.12.2010, 3 K 1060/09, EFG 2011, 1133). Gelegentliche Aufenthalte zu Besuchs- oder Urlaubszwecken reichen jedoch nicht aus (FG München, v. 22.2.2006, 10 K 1615/04, juris-Dok: STRE200671086; BFH v. 23.11.2000, VI R 107/99, BStBl. II, 2001, 294; BFH v. 10.4.2013, I R 50/12, BFH/NV 2013, 1909); ebensowenig reicht ein ausschließlich geschäftlich motiviertes Aufsuchen der Wohnung (BFH/NV 2007, 1893). Die Rechtsprechung ist sehr kasuistisch (vgl. etwa Tipke/Kruse/*Kruse,* § 8 AO Rz. 6 ff. m. w. N.).

92 Nicht notwendig für das Vorliegen eines Wohnsitzes ist, dass sich dort auch der Mittelpunkt der Lebensinteressen (s. Rz. 190) befindet (BFH BStBl. II 1997, 447; BFH, BFH/NV 2001, 1402; BFH/NV 2004, 917; BFH BStBl. II 2006, 374; FG Köln EFG 2006, 1490; FG München v. 9.2.2012, 5 K 1854/10 juris; zu streng in den Anforderungen FG Hamburg v. 16.6.2011, 6 K 153/09, DStRE 2012, 1059).

93 Auch **nach österreichischer Rspr.** bedarf es für das Bestehen eines Wohnsitzes nur der tatsächlichen Verfügungsgewalt über bestimmte Räumlichkeiten, die nach der Verkehrsauffassung zum Wohnen geeignet sind, also ohne wesentliche Änderung jederzeit zum Wohnen benutzt werden können und ihrem Inhaber nach Größe und Ausstattung ein den persönlichen Verhältnissen des Steuerpflichtigen entsprechendes Heim bieten (ÖstVwGH, ÖStZB 1992, 322: *DBA Österreich 1954/92;* UFSW v. 22.1.2010, RV/3049–W/09: *DBA Österreich-Rumänien 2006; Ostendorf/Lechner,* DB 1996, 799; *Rolfs,* IWB F. 5, Österreich, Gr. 2, 405, 414 ff.; rechtsvergleichend zur deutschen, schweizerischen und österreichischen Rechtslage *Tanzer,* in FS *Loukota,* S. 521). Eine jederzeitige tatsächliche Verfügungsmöglichkeit liegt nicht vor, wenn dem Steuerpflichtigen von einer anderen Person eine Wohnung mehrfach, auch über einen längeren Zeitraum zur Verfügung gestellt wird, sofern die Wohnung ansonsten der Verfügung dieser anderen Person unterliegt (ÖstVwGH, ÖStZB 1996, 524). Gegen die Annahme eines Wohnsitzes spricht es, wenn es sich bei den Räumlichkeiten nicht um bestimmte, sondern wechselnde Räumlichkeiten handelt (ÖstVwGH, ÖStZB 1996, 531; EAS 2927 v. 25.1.2008, SWI 2008, 169). Wo der Steuerpflichtige geschäftlich tätig ist und ob er im Inland eine gewerbliche Betriebstätte hat, ist für die Wohnsitzfrage und somit für den Umfang der Steuerpflicht bedeutungslos (ÖstVwGH, ÖStZB 1991, 532 zum internen österreichischen Recht).

94 In **Frankreich** wird nach Art. 4 B-1 CGI ein **domicile fiscal,** das nach Art. 4 A CGI zur Welteinkommensbesteuerung führt, durch ein persönliches („foyer, lieu du séjour principal"), durch ein berufliches („activité professionnelle") oder durch ein wirtschaftliches Kriterium („centre des intérêts économiques") begründet. Die Ausdrücke „foyer" und „lieu du séjour principal" sind denen des „Wohnsitzes" bzw. des „ständigen Aufenthalts" annähernd vergleichbar (im Einzelnen siehe: *Kerlan,* RDAI 1987, 9; *Rivier,* StRev 1985, 534; *Conseil d'Etat* req. n. 27685, Dr. Fisc. 1984 comm. 926: *DBA Frankreich/Spanien;* req. n. 43383, Dr. Fisc. 1986 comm. 775, concl. *Latournerie;* req. n. 43149, Dr. Fisc. 1987 comm. 1845: *DBA Frankreich/Spanien;* req. n. 45 176, Dr. Fisc. 1988 comm. 745: *DBA Frankreich/Laos;* req. n. 48 131, Dr. Fisc. 1988 comm. 1977: *DBA Frankreich/Belgien; Tribunal suprême de* *la Principauté de Monaco,* Dr. Fisc. 1988 comm. 1457: *DBA Frankreich/Monaco; CAA Paris* req. n. 94–1491, Dr. Fisc. 1996 comm. 332: *DBA Frankreich/Elfenbeinküste; TA Versailles* req. n. 87–2476–88–1966, Dr. Fisc. 1995 comm. 1042: *DBA Frankreich/Neu-Kaledonien*). Zur Rechtsprechung des Conseil d'Etat im Hinblick auf das Kriterium des „séjour principal" als gegenüber dem „foyer" subsidiäres Kriterium vgl. *Conseil d'Etat* v. 3.11.1995, RJF 12/95, No 1332; req. n. 224459, Dr. Fisc. 2003 comm. 121: *DBA Frankreich/Schweiz; CAA Marseille* req. n. 99–1934, Dr. Fisc. 2002 comm. 826; *Huc,* ET 1996, 147; *Juilhard,* BIFD 1996, 141; Art. 4 B-2 CGI regelt die Ansässigkeit im Ausland tätiger Staatsbeamter. Zur Rechtsprechung des *Conseil d'Etat* zum Verhältnis von Art. 4 B-1 und Art. 4 B-2 CGI vgl. *Conseil d'Etat* req. n. 199230, Dr. Fisc. 2000 comm. 1043; zur Frage der Ansässigkeit bei Beauftragung eines Kommissionärs oder Vertreters: *CAA Paris,* Dr. Fisc. 1997 comm. 569: *DBA Frankreich/Schweiz*. In einer weiteren Entscheidung hat der *Conseil d'Etat* das französische nationale Recht im Licht eines Doppelbesteuerungsabkommens interpretiert: obwohl die Voraussetzungen des Art. 4 B CGI vorlagen, hat er einem Steuerpflichtigen die einem Ansässigen nach nationalem Recht zustehenden Abzüge verweigert, weil dieser aufgrund des *DBA Frankreich/Belgien* in Frankreich nicht mit seinem Welteinkommen besteuert werden konnte (s. TNS 2002, 685).

Zur eingeschränkten Bedeutung des „domicile" nach britischem Recht s. Rz. 99. 95

bb) Ständiger Aufenthalt: Dem Begriff **„ständiger Aufenthalt"** entspricht 96
nach deutschem innerstaatlichem Recht der **„gewöhnliche Aufenthalt"** i. S. des § 9 AO (übereinstimmend das österreichische Recht in § 26 Abs. 2 BAO); die geringfügige sprachliche Abweichung ist unerheblich (s. Grundl. Rz. 152c; Art. 3 Rz. 111b). Nach deutschem Recht kann ein Steuerpflichtiger mehrere Wohnsitze, aber nur einen gewöhnlichen Aufenthalt haben (BFH, BStBl. II 1984, 11; III 1966, 522; BFH v. 27.4.2005, I R 112/04, BFH/NV 2005, 1756; BFH v. 22.6.2011, I R 26/10, BFH/NV 2011, 2001; BFH v. 10.4.2013, I R 50/12, BFH/NV 2013, 1909; Tipke/Kruse/*Kruse* § 9 AO Rz. 3; ebenso für Österreich *Reichel/Fuchs,* in Hofstätter/Reichel, § 1 Rz. 11). Eine Bindung an einen bestimmten Ort im Inland ist hierfür nicht erforderlich, weil es auf die Beziehung des Steuerpflichtigen zum Inland insgesamt ankommt; ein häufiger Wechsel der tatsächlichen Inlandsunterkunft berührt daher den gewöhnlichen Aufenthalt nicht (Hübschmann/Hepp/Spitaler/*Hellwig* § 9 AO Anm. 25; BFH, HFR 1965, 80 (81)). Auch für die Annahme eines gewöhnlichen Aufenthalts kommt es auf die äußeren Umstände an (*Hellwig,* a. a. O. § 9 AO Anm. 15; *Kruse,* a. a. O. § 9 AO Rz. 2). Ein zeitlich zusammenhängender Aufenthalt von mehr als 6 Monaten Dauer – nicht unbedingt 6 Monaten in einem Veranlagungszeitraum! – begründet stets gewöhnlichen Aufenthalt (§ 9 Satz 2 AO), wenn nicht der Aufenthalt ausschließlich bestimmten privaten Zwecken dient (Satz 3). Kurzfristige Unterbrechungen des Aufenthaltes bleiben unberücksichtigt, doch dürfen andererseits mehrere kurze Aufenthalte nicht ohne weiteres zusammengezählt werden (BFH v. 22.6.2011, I R 26/10, BFH/NV 2011, 2001). Ein Unternehmer mit Wohnsitz in Dänemark hat seinen gewöhnlichen Aufenthalt nicht in Deutschland, wenn er nach Geschäftsschluss regelmäßig von seinem Betrieb in Deutschland zu seiner Familienwohnung in Dänemark zurückkehrt (BFH BStBl. II 1985, 331: *DBA Dänemark;* 1984, 11: *DBA Belgien;* in diesem Sinne auch ÖstBMF v. 16.1.1992, SWI 1992, 38; *Toifl,* SWI 1996, 431). Dagegen hatte das ÖstBMF einen gewöhnlichen Aufenthalt in Österreich in einem Fall angenommen, in dem sich der Geschäftsführer einer österreichischen GmbH nur jeweils einen Tag wöchentlich in Österreich aufhielt (ÖstBMF v. 29.5.1992, SWI 1992, 205; hiergegen: *Sauer,* SWI 1993, 94). Das ÖstBMF geht aufgrund der dem § 9 S. 2 AO insoweit entsprechenden Regelung des § 26 Abs. 2 S. 2 BAO, die als allgemeiner Anhaltspunkt für die Frage eines vorübergehenden Aufenthaltes

verstanden wird, davon aus, dass bei einer mehr als 6 Monate dauernden Abwesenheit kein gewöhnlicher Aufenthalt in Österreich mehr vorliegt (EAS 1681 v. 10.7.2000, ÖStZ 2000, 606).

99 Im **britischen** Recht besteht die grundsätzliche Unterscheidung zwischen „resident" und „non-resident" persons (vgl. Inland Revenue, Residents and non-residents-liability to tax in the United Kingdom, IR 20; *Booth,* S. 13 ff.; *Tiley/Collison,* UK Tax Guide, 33:01). Eine gesetzliche Definition von „residence" existiert nicht. Maßgeblich ist daher „case law", also Gerichtsentscheidungen. Die englische Rechtsprechung betrachtet die Bestimmung von „residence" als eine Tatsachen- und nicht als eine Rechtsfrage (*Tiley/Collison,* UK Tax Guide, 33:02). Der Inland Revenue hat seine auf dem case law basierenden Vorstellungen in dem bereits zitierten IR 20 niedergelegt (vgl. zum Ganzen etwa *Tiley/Collison,* UK Tax Guide, 33:01 ff.). Abweichungen davon, z. B. eine Besteuerung von Auslandseinkünften auf „remittance-base" (s. Rz. 41; Einzelheiten bei *Avery Jones,* ET 1981, 172; *Booth,* S. 23 ff.; *Hutton,* Simon's Tax Briefing, Heft 7, 2000), ergeben sich allerdings in Abhängigkeit von den weiteren Kategorien der „ordinary residence" bzw. des „domicile" (zu den Begriffen s. *Tiley/Collison,* UK Tax Guide, 33:13 ff.; *Roxburgh,* ET 2007, 362, 484). Demgegenüber wird „residence" von Körperschaften sowohl durch die Ausübung von „management and control" (*Tiley/Collison,* UK Tax Guide, 33:24; *Gammie,* Intertax 1988, 416 (421)) als auch durch Errichtung in Großbritannien (*Tiley/Collison,* UK Tax Guide, 33:24) begründet (zur Ansässigkeit von Gesellschaften für steuerliche Zwecke s. De Beers Consolidated Mines Ltd. v. Howe, 5 Tax Cases 198, 212 (1906); FG Köln EFG 2003, 902 (903); sowie ausführlich *Theisen/Wenz,* RIW 1994, 397; *Sheridan,* BTR 1990, 78; *Couzin,* S. 26 ff.; *Metzler/Haslinger,* SWI 2004, 456). Danach ist eine in Großbritannien errichtete Gesellschaft „resident" in Großbritannien, unabhängig davon, wo sich der Ort ihrer tatsächlichen Geschäftsleitung befindet. Allerdings wird eine Gesellschaft, die nach den dargestellten Regelungen im Inland ansässig ist, dennoch als nicht ansässig behandelt, falls sie abkommensrechtlich als in einem anderen Staat ansässig gilt (s. Rz. 32 und *Southern,* ET 1994, 438; allgemein s. *Tiley/Collison,* UK Tax Guide, 33:24 ff.). Der Sitz eines Trust (s. Art. 3 Rz. 15) richtet sich nach dem Wohnsitz der Trustees (vgl. IRC v. Dawson, 1988 STC 684; *Moore,* ET 1987, 327). Das Vorliegen von „residence" als ortsbezogene Anknüpfung begründet – unabhängig von den anderen Kategorien – Ansässigkeit i. S. des MA.

100 In den **USA** hat sich der Unterschied zwischen „domicile" und „residence" verflüchtigt. Steuerpflichtig mit ihrem Welteinkommen sind – neben allen Staatsangehörigen – die **„resident aliens".** Der Begriff „resident" ist in IRC Sec. 7701 Buchst. b definiert. Die Vorschrift bestimmt, dass eine ausländische Person für ein Kalenderjahr als ein in den USA **ansässiger Ausländer („resident alien")** behandelt wird, wenn sie eine der drei folgenden Voraussetzungen erfüllt:

- sie sich im Einklang mit den Einwanderungsgesetzen rechtmäßig ständig in den Vereinigten Staaten aufhält (IRC Sec. 7701 (b) (1) (A) (i) „green card test") oder
- sie im maßgeblichen Jahr mindestens 31 Tage und – nach einer bestimmten Berechnungsmethode errechnet – innerhalb der letzten 3 Jahre mindestens 183 Tage in den Vereinigten Staaten anwesend ist (IRC Sec. 7701 (b) (1) (A) (i), (ii), Sec. 7701 (b) (3) „substantial presence test"). Eine Ausnahme besteht für den Fall, dass der Steuerpflichtige im maßgeblichen Jahr weniger als 183 Tage in den Vereinigten Staaten anwesend war, in einem anderen Staat ein „tax home" und zu diesem Staat eine „closer connection" nachweisen kann (vgl. Sec. 7701 (b) (3) (B) „closer connection test", rechtsvergleichend *di Mola,* TNI April 1999, 1653). Weitere Ausnahmen finden sich für Lehrer, Studenten und ausländische Beamte (Sec. 7701 (b) (5), oder

– sie sich im Jahr vor der Ansässigkeit nach dem „substantial presence test" bereits mindestens 31 Tage in den USA aufhält (Sec. 7701 (b) (4) sog. „first-year-selection").

Die Begriffsbestimmungen der Sec. 7701 Buchst. b werden erläutert durch die **Richtlinien** des US-Finanzministeriums (US-Regs. 301.7701 [b]). Für einen Überblick s. *Schnittker/Syfert,* RIW 2001, 518 (521 f.; zu Sonderproblemen s. *Bissell,* TMIJ 2012, 34); zu Abzugsmöglichkeiten des „foreign earned income" vgl. Sec. 911 (d) (1) (A) und (B) IRC und *Revenue Rulings* 91–58, IRB 1991–44, 4; zum Verhältnis der Sec. 7701 (b), der Sec. 911 und der Reg. 1871–2 (b) vgl. JTax 1992, 34. Zu Änderungen der zu erklärenden Angaben doppelt ansässiger Steuerpflichtiger vgl. Treas. Reg. § 301 6114–1 (b) (8); sowie IBFD, TNS 1997, 478; JIT 1998, 6; im Hinblick auf das *DBA Deutschland/USA* vgl. Prot. 2 zu Art. 4 Abs. 1 v. 29.8.1989. **101**

Für **Gesellschaften** verwendet der IRC nicht den Ausdruck „residence", sondern unterscheidet zwischen „domestic" und „foreign corporations"; nach Sec. 7701 (a) (4) ist eine Gesellschaft „domestic", wenn sie in den USA oder nach deren Recht gegründet wurde (s. noch Rz. 112). Über eine Sonderbestimmung im *DBA USA 1989* s. noch Rz. 150.

Zu den Regeln nach **australischem** Recht vgl. *Dirkis,* BIFD 2003, 405; zum **israelischen** Recht s. *Herman/Wolfson/Friedmann,* TNI August 2002, 888; zum **kanadischen** Recht s. *Couzin,* S. 181 ff.; zum **norwegischen** Recht s. *Hveding/Backer-Grøhndahl,* BIFD 2002, 427. Zur Ansässigkeit natürlicher Personen aus **rechtsvergleichender** Sicht *Meritxell Galtés,* Revista de la economía social y de la empresa, 2001, Nr. 37, 10 ff.

cc) Ort Geschäftsleitung

Literatur: *Avery Jones,* BTR 2008, 556 ff.; *ders.,* BIT 2009, 183; *Bizioli,* ET 2008, 527 ff.; *Felix,* DStR 1963, 421; *Hinnekens,* Intertax 2003, 314; *Moschetti,* FS Lang, S. 1167 ff. **104**

Den **Ort der Geschäftsleitung** definiert § 10 AO als den des **Mittelpunkts der geschäftlichen Oberleitung** (dazu Rz. 260 ff.). Der Begriff ist, anders als der des Ortes der tatsächlichen Geschäftsleitung in Abs. 3 (s. Rz. 240 ff., 263) nicht autonom, sondern **nach innerstaatlichem Recht auszulegen** (s. Rz. 90). Auch der Ort der Geschäftsleitung ist nach äußeren, tatsächlichen Merkmalen zu bestimmen. Maßgeblich ist hierfür der Ort, an dem die zentralen Entscheidungen des Tagesgeschäfts getroffen werden. Eine feste Geschäftseinrichtung ist dafür nicht erforderlich. Ebenso wenig muss sich der Ort der Geschäftsleitung im Laufe des Wirtschaftsjahres an ein und demselben Ort befinden (BFH BStBl. II 1999, 437, zu den Einzelheiten s. Rz. 266). Der Ort der Geschäftsleitung unterscheidet sich durch die Anknüpfung an **tatsächliche Merkmale** vom Ort des satzungsmäßigen **Sitzes** einer Körperschaft (einschließlich einer SE; dazu *Soler Roch,* ET 2004, 11), Personenvereinigung oder Vermögensmasse, also dem Ort, der durch Gesetz, Gesellschaftsvertrag, Satzung, Stiftungsgeschäft oder dergleichen als solcher bestimmt ist (§ 11 AO). So auch im **dänischen** Recht, vgl. *Kriegbaum,* TNI September 1996, 1043 und TNS 1995, 374; TNS 1996, 256; zum **israelischen** Recht s. *Lubell,* Tax-Analysts, DOC. 2002–10346; *Harris,* TNS 2002, 243; zum niederländischen Recht s. *Burgers,* Intertax 2007, 378; *Maoij,* BIT 2012, 637. Zum Mittelpunkt der geschäftlichen Oberleitung einer Partenreederei (OHG) mit zahlreichen nicht zur Geschäftsführung berufenen Gesellschaftern s. BFH BStBl. II 1998, 86. Ändert sich aufgrund einer Betriebsprüfung die Auffassung der Verwaltung über den Ort der Geschäftsleitung und wird die Gesellschaft nunmehr als im Inland unbeschränkt steuerpflichtig angesehen, dann kommt für die endgültig festgesetzte und entrichtete ausländische Steuer ein Abzug nach § 34c Abs. 3 Var. 3 EStG in Betracht (s. FG BW EFG 1997, 984 und BFH BStBl. II 1998, 471). **105**

106 Der Ort der Geschäftsleitung in den USA und eine beschränkte Steuerpflicht einer nicht amerikanischen Gesellschaft reicht nach kanadischem Recht nicht aus, um eine abkommensrechtliche Ansässigkeit in den USA zu begründen (*Supreme Court of Canada,* The Queen v. Crown Forest Industries et al., 95 DTC 5389, hierzu: *Ward u. a.,* A resident of a contracting state for tax treaty purposes, CTJ 1996, 408; *Arnold,* TNI July 1995, 188); allgemein zum Begriff „residence" nach **kanadischer** Rechtsprechung *Halpern,* CTJ 1993, 129; *Bernstein,* BIFD 1998, 159 und nach **irischem** Recht vgl. *Haccius/Brennan,* ET 1995, 38 und *Schwindhelm/Stein,* FR 1998, 85 (89); zum schweizerischen Recht vgl. *Arnold/Meier/Spinnler,* ASA 70 (2001/02), 1 (5 ff.); zur Ansässigkeit von Gesellschaften in **Panama** *Cortés,* TNI July 2011, 259 ff. und in **Portugal** *Cunningham,* ET 1995, 85 ff. Zur Ansässigkeit juristischer Personen in **Spanien** *Rosembuj,* Revista de la economía social y de la empresa, 2001, Nr. 37, 90 ff.; zum Ort der Geschäftsleitung aus Sicht des Vereinigten Königreichs First-tier Tribunal, 11.8.2009, Laerstate BV v. Commissioners for Her Majesty's Revenue and Customs, dazu *Hughes,* ET 2010, 115; aus **rechtsvergleichender** Sicht *Infiesta Sander,* Revista de la economía social y de la empresa, 2001, Nr. 37, 22 ff. Zur Rechtslage in **Brasilien** und in **Japan** vgl. *Messineo,* BIFD 1996, 459.

107 In Bezug auf den Ort der Geschäftsleitung entsteht eine Tendenz, Missbrauchsfällen entgegenzuwirken, vgl. MA-Komm. zu Art. 1 Ziff. 10.1, wonach der Ort der Geschäftsleitung einer Tochtergesellschaft in Fällen problematischer Vorzugsbesteuerung nicht in dem von ihr beanspruchten Sitzstaat, sondern in dem Staat anzunehmen ist, in dem sich der Ort der Geschäftsleitung der Muttergesellschaft befindet. In diesem Zusammenhang ist auch auf die neuen italienischen Regelungen hinzuweisen, wonach für ausländische Gesellschaften eine Ansässigkeit in Italien vermutet wird, wenn sie einen beherrschenden Einfluss auf bestimmte in Italien ansässige Gesellschaften haben oder wenn sie durch einen in Italien Ansässigen kontrolliert werden (vgl. dazu näher *Campolo,* ET 2007, 55).

110 **dd)** Der Begriff **anderes ähnliches Merkmal** macht deutlich, dass die aufgezählten steuerpflichtbegründenden Merkmale des innerstaatlichen Rechts **nur Regelbeispiele** sind. Unter einem anderen ähnlichen Merkmal ist jede **ortsbezogene** Anknüpfung zu verstehen, die die unbeschränkte Steuerpflicht begründet (s. Rz. 77 f.; s. a. *Shannon,* S. 209; *Vogel/Shannon/Doernberg,* Art. 4, 142). Darunter fällt auch der **Sitz** i. S. des § 11 AO, der im deutschen Recht als alternativer Anknüpfungspunkt bei fehlender Geschäftsleitung im Inland dient (§ 1 Abs. 1 KStG; vgl. *Runge,* CDFI LXXII a (1987), 161 (165); *Lehner,* RIW 1988, 201; kritisch zur Ansässigkeit kraft statuarischen Sitzes *Staringer,* S. 144 ff.). Sitz und Ort der Geschäftsleitung fallen in der Regel zusammen (Hübschmann/Hepp/Spitaler/*Spanner,* § 11 AO Rz. 5). Die Ortsbezogenheit folgt daraus, dass der Sitz typischerweise mittels einer Adresse angegeben wird (dies wird deutlich im englischen Begriff des „registered office"). Dadurch unterscheidet sich die Anknüpfung von der Anknüpfung an das Gesellschaftsstatut (dazu s. 112). Hinsichtlich der doppelt ansässigen Gesellschaften s. Rz. 241 ff. Zur Ansässigkeit aufgrund der Anknüpfung an persönliche Interessen in Frankreich vgl. *CAA Paris* req. n. 89 1322, Dr. Fisc. 1991 comm. 865, concl. *Sichler: DBA Frankreich/Großbritannien.*

111 **Kein** „anderes ähnliches Merkmal" – weil keine ortsbezogene Anknüpfung, sondern rein rechtlicher Natur – ist die nach dem Recht u. a. der Vereinigten Staaten neben (und vor) der „residence" zur unbeschränkten Steuerpflicht führende **Staatsangehörigkeit** (s. zu Abs. 2 Rz. 208 f.). Abs. 1 des US-MA bezieht allerdings die Staatsangehörigkeit als „criterion of a similar nature" zusätzlich ein. Es erweitert dadurch die Abkommensberechtigung auch auf Personen, die in einem Drittstaat ansässig sind (s. Rz. 130). Im Übrigen haben sich die USA jedoch vorbehalten, ihre Staatsangehörigen und „residents" ohne Rücksicht auf bestehende DBA zu besteuern

(MA-Komm. zu Art. 1 Ziff. 11). Diese „saving clause" (dazu s. Art. 1 Rz. 79 ff.) nehmen die USA jeweils auch in ihre Abkommen auf (vgl. *Shannon,* S. 207).

Ebenfalls **kein** „anderes ähnliches Merkmal" ist der **Antrag** eines beschränkt Steuerpflichtigen **auf Behandlung als unbeschränkt steuerpflichtig** nach § 1 Abs. 3 S. 1 EStG (oder § 2 Abs. 3 S. 1 ErbStG für erbschaftsteuerliche Zwecke; dazu bereits Rz. 79), da ein solcher Antrag – wie die Staatsangehörigkeit (s. Rz. 111) – rechtlicher Natur und nicht ortsbezogen ist (so wohl BFH v. 20.9.2006 – I R 13/02, IStR 2007, 148; v. 2.9.2009 – I R 90/08, BStBl. II 2010, 394; ferner *Dürrschmidt,* IStR 2012, 572 (575 f.) zum Antrag nach § 2 Abs. 3 S. 1 ErbStG). Dies gilt trotz der **besonderen faktischen Verbindungen** des ausländischen Steuerpflichtigen zum Inland aufgrund der bei Überschreiten der 90%-Grenze des § 1 Abs. 3 EStG gegebenen Prädominanz inländischer Einkünfte. Denn Art. 4 Abs. 1 Satz 1 („auf Grund"; engl.: „by reason of"; frz.: „en raison de") setzt **personenbezogene territoriale Verbindungen** im Sinne der ansässigkeitsbegründenden Tatbestandsmerkmale (Wohnsitz, ständiger Aufenthalt, etc.) als Voraussetzung für die Begründung der (unbeschränkten) Steuerpflicht voraus (so auch Federal Court of Canada, Robert M. O. Morris and Neville Leroy Smith Trustees of the RCI Trust v. MNR, 2009 FC 434 unter Berufung auf die 3. Aufl. dieses Kommentars). Diese Verbindungen stellt § 1 Abs. 3 EStG aber nicht her (*Lehner/Waldhoff,* in KSM, § 1 Rz. D 200; ferner BFH v. 20.9.2006 – I R 13/02, IStR 2007, 148; v. 2.9.2009 – I R 90/08, BStBl. II 2010, 394; i. Erg. auch GKG/*Wilke,* Art. 4 OECD-MA Rz. 20; Wassermeyer/*Wassermeyer/Kaeser,* Art. 4 OECD-MA Rz. 42; für die Rechtslage in Österreich ebenso *Schlager,* in Lang/Schuch/Staringer, Ansässigkeit, S. 87 (100)). Wegen der fehlenden personenbezogenen territorialen Verbindungen würde dasselbe gelten, wenn der Antrag – wie bei § 2 Abs. 3 S. 1 ErbStG und anders als bei § 1 Abs. 3 S. 1 EStG – zu einer in der Reichweite unbeschränkten Steuerpflicht (zu diesem Erfordernis s. Rz. 76 ff., auch zur Frage der Rechtfertigung des unbeschränkten Steuerzugriffs) führen würde (ebenso *Dürrschmidt,* IStR 2012, 572 (576)) in Bezug auf den entsprechenden Antrag nach § 2 Abs. 3 ErbStG). Umgekehrt führt ein entsprechender Antrag nicht zum Ausschluss der Anwendung von abkommensrechtlichen Vergünstigungen, wenn ein DBA aus anderen Gründen (etwa aufgrund eines Wohnsitzes im anderen Vertragstaat) anwendbar ist (s. *Dürrschmidt,* IStR 2012, 572 (574, Fn. 24); *Lüdicke/Schulz,* IStR 2012, 417 (420): „nicht die Rechtswirkung eines *treaty override*"); ferner: Gerechtshof s'Hertogenbosch, Entsch. v. 16.3.2012, 11/00482: *DBA Deutschland-Niederlande 1959/2004*). Nicht ansässigkeitsbegründend ist auch ein Antrag auf Behandlung als Steuerpflichtiger, etwa im Rahmen der US-amerikanischen check-the-box-Regelung (s. auch Rz. 74), wenn die als Folge des Antrags entstehende (unbeschränkte) Steuerpflicht nicht auf ortsbezogenen Merkmalen beruht bzw. der Antrag – was man ggf. genügen lassen könnte – nicht nur bei der Erfüllung solcher Merkmale gestellt werden darf (z. B. Sitz oder Ort der tatsächlichen Geschäftsleitung des Rechtsträgers im Inland; insoweit undifferenziert *Mensching,* IStR 2008, 687 (688), der jeden Antrag im Rahmen der check-the-box-Regelung für die Begründung der Ansässigkeit genügen lassen will). 111a

Auch die **bloße Anordnung der unbeschränkten Steuerpflicht** nach innerstaatlichem Recht (z. B. in Gestalt einer Fiktion oder aufgrund einer unwiderleglichen Vermutung; dazu sogleich) stellt als solche kein „anderes ähnliches Merkmal" dar, wobei es insoweit nicht auf die Reichweite des Steuerzugriffs ankommt. Entscheidend ist vielmehr, dass die Steuerpflicht auf einer Anknüpfung beruht, die als „ortsbezogenes" Merkmal zu qualifizieren ist. Vor diesem Hintergrund reicht die „Behandlung als unbeschränkt steuerpflichtig" nach § 1 Abs. 3 EStG nicht aus (so wohl BFH v. 20.9.2006 – I R 13/02, IStR 2007, 148; v. 2.9.2009 – I R 90/08, BStBl. II 2010, 394 jeweils zu § 1 Abs. 3 EStG; ebenso *Dürrschmidt,* IStR 2012, 111b

572 (576) zu § 2 Abs. 3 ErbStG, sowie *ders.*, IWB 2012, 818 (821) in Bezug auf die Fiktion von Investmentfonds in Gestalt von Sondervermögen als Zweckvermögen i. S. des § 1 Abs. 1 Nr. 5 KStG nach § 11 Abs. 1 Satz 1 InvStG). Genau genommen dürfte damit auch keine ansässigkeitsbegründende Steuerpflicht im Fall eines nach § 1 Abs. 2 EStG erweitert unbeschränkt Steuerpflichtigen angenommen werden, weil diese auf der Staatsangehörigkeit und weiteren Umständen wie einem Dienstverhältnis zu einer inländischen juristischen Person des öffentlichen Rechts beruht und diese Umstände allesamt primär rechtliche und nicht ortsbezogene Merkmale darstellen. In Bezug auf Diplomaten ist aber insoweit eine Ausnahme anerkannt (s. Rz. 120 sowie Art. 28 Rz. 17; zu Recht kritisch zur Behandlung von Diplomaten *Rust,* in Maisto, Individuals, S. 361 (379 ff.)).

111c Auch die (einseitige) **Fiktion der abkommensrechtlichen Ansässigkeit** im innerstaatlichen Recht eines Vertragsstaats unabhängig von den Tatbestandsvoraussetzungen des Abs. 1 ist als solche nicht ansässigkeitsbegründend. Damit führt die Fiktion des Wohnsitzes von EU-Bediensteten einschließlich der abkommensrechtlichen Ansässigkeit in deren Herkunftsland (s. dazu Rz. 50) nach hier vertretener Auffassung nicht zur abkommensrechtlichen Ansässigkeit. Dasselbe gilt für den FMS-Fonds (s. dazu Rz. 75a, 83h).

112 **Kein** „anderes ähnliches Merkmal" ist auch das Recht, nach dem eine juristische Person errichtet ist (**„Gründungsstatut"**, „law of incorporation"; vgl. hierzu: IRC Sec. 11 (a), (d) i. V. m. IRC Sec. 7701 (a) (3) (5); zum US-MA s. Rz. 131; ferner aus kanadischer Sicht *Boidman/Kandev,* BIT 2009, 363 (364 f.)). Die Zugehörigkeit, die dieses Merkmal begründet, ist eher der Staatsangehörigkeit vergleichbar (s. bei Art. 24 Rz. 54). So auch *van Raad/de Hosson,* WFR 1980, 757 (767 f.); *Shannon,* a. a. O.; *Vogel/Shannon/Doernberg* Art. 4, 143; *Großmann,* S. 74 ff.; a. A.: *Faber,* WFR 1985, 491 (495). Doch haben die Niederlande dieses Kriterium ab Anfang 1995 als Merkmal der Ansässigkeit eingeführt, um im Falle einer Sitzverlegung die Besteuerung von stillen Reserven sicherzustellen (s. Rz. 243; *Huiskes,* ET 1995, 67; *Spaans,* TNI May 1994, 1255). Zu beachten ist, dass sich das Gründungsstatut für eine juristische Person grundsätzlich nicht ändert, wenn der (Satzungs-)Sitz nicht verlegt wird, sondern ausschließlich die Hauptverwaltung (Geschäftsleitung). In Bezug auf die abkommenrechtliche Ansässigkeit ändert sich dadurch nichts, weil der (Satzungs)Sitz nach hier vertretener Ansicht ansässigkeitsbegründend sein kann (s. Rz. 110). Zu besonderen ansässigkeitsbegründenden, das Gründungsstatut betreffenden Merkmalen bei Kapitalgesellschaften in der deutschen Abkommenspraxis s. Rz. 148.

113 Auch die **international privatrechtliche Anerkennung im Tätigkeitsstaat** ist **für sich allein** kein ansässigkeitsbegründendes „anderes ähnliches Merkmal" (nur darum geht es in der *Centros*-Entscheidung (EuGH v. 9.3.1999, Rs. C-212/97, Slg. 1999-I,1459, dazu *Schön,* FS Lutter, S. 685 (694 ff.)), in der *Überseering*-Entscheidung (EuGH v. 5.11.2002, Rs. C-208/00, Slg. 2002-I, 9919, dazu *Großerichter,* DStR 2003, 159) und in der *Inspire Art*-Entscheidung (EuGH v. 30.9.2003, Rs. C-167/01, Slg. 2003-I, 10155, dazu *Rau,* DStR 2006, 1892) sowie in der Entscheidung des BGH, Urt. v. 29.1.2003, VIII ZR 155/02, BGHZ 153, 353, aber auch in der die Anerkennung verneinenden Entscheidung v. 27.10.2008, II ZR 158/06, BGHZ 178, 192 (sog. Trabrennbahnentscheidung)). Entscheidend für den Begriff **anderes ähnliches Merkmal** ist vielmehr die Anknüpfung der unbeschränkten Steuerpflicht an ortsbezogene Merkmale sachlicher bzw. tatsächlicher Natur.

120 **e)** Nach der **Einschränkung in Abs. 1 Satz 2** (dazu *Schlager,* in Lang/Schuch/Staringer, Ansässigkeit, S. 87 ff.), die im MA 1963 noch nicht enthalten war, und die erst durch das MA 1977 zur Klarstellung eingefügt wurde, umfasst der Ausdruck „in einem Vertragsstaat ansässige Person" nicht eine Person, die in diesem Staat nur mit Einkünften aus Quellen in diesem Staat oder mit in diesem Staat gelegenem Vermögen steuerpflichtig ist. Sie bezieht sich zunächst auf den – selbstverständlichen – Fall, dass eine Person in einem Vertragsstaat nur beschränkt steuerpflichtig ist, weil sie dort **keinen** Wohnsitz nach innerstaatlichem Recht hat (im Übrigen bestünde dann auch keine Steuerpflicht aufgrund eines der in Abs. 1 Satz 1 genannten ansässigkeitsbegründenden Merkmale; zu diesen s. Rz. 90ff.). Die Einschränkung betrifft ferner die Möglichkeit, dass eine in einem Staat nicht ansässige Person im Rahmen ihrer dem Quellenstaat zugewiesenen Besteuerung als unbeschränkt steuerpflichtig behandelt werden kann, wie dies nach Maßgabe der „Behandlung als unbeschränkt steuerpflichtig" auf Antrag nach § 1 Abs. 3 EStG möglich ist (s. Rz. 78ff.; dort auch zur Anwendung von Satz 2 bei völkerrechtswidriger Besteuerung im Falle eines in der Reichweite unbeschränkten Steuerzugriffs). Gemeint sind aber auch natürliche Personen, die nach dem innerstaatlichen Recht eines Staates **zwar dort unbeschränkt steuerpflichtig** sind, deren **Besteuerung** aber auf Einkünfte aus Quellen in diesem Staat oder dort belegenes Vermögen **beschränkt** ist (MA-Komm. zu Art. 4 Abs. 1 Ziff. 8.1). Ziff. 8.1 des MA-Komm. zu Art. 4 weist darauf hin, dass diese Situation in einigen Staaten bei natürlichen Personen bestehe (insbesondere ausländischen Diplomaten und Konsularbeamten), die im Hoheitsgebiet dieser Staaten Dienst tun. Daraus wird gefolgert, dass diese Personen, sofern sie deren **Entsendestaat** (entsprechend der deutschen erweiterten unbeschränkten Steuerpflicht des § 1 Abs. 2 EStG) weiterhin als unbeschränkt steuerpflichtig betrachtet, dort, nicht aber in ihrem zeitweiligen Ansässigkeitsstaat, abkommensberechtigt sind (FinMin Nds DB 1967, 1199; kritisch zu dieser Handhabung *Rust,* S. 361 (379) mit dem berechtigten Hinweis auf die fehlende Ortsbezogenheit der Staatsangehörigkeit und des Beschäftigungsverhältnisses mit der Bundesrepublik Deutschland; der Kritik zustimmend *Dürrschmidt,* IStR 2012, 572 (576)). Im **Empfangsstaat** unterliegen diese Personen dagegen aufgrund der Völkergewohnheitsrecht kodifizierenden (dazu Art. 28 Rz. 5) Regelung des Art. 49 WÜK bzw. Art. 34 WÜD nur der beschränkten Steuerpflicht, wenn sie dort nicht ausnahmsweise „ständig ansässig" sind (BFH/NV 1997, 664; vgl. auch GKG/*Wilke,* Art. 4 OECD-MA Rz. 22ff., 30). Näheres zur Besteuerung der Diplomaten und Konsularbeamten, ihrer Familienangehörigen sowie des Personals der diplomatischen und konsularischen Vertretungen s. bei Art. 28. Ferner könnten nach dem MA-Komm. zu Art. 4 Ziff. 8.2 sog. **Durchlaufgesellschaften (Basisgesellschaften)** unter den Satz 2 fallen, wenn diese ausländisch beherrscht sind und aufgrund spezieller Regelungen für solche Gesellschaften in Bezug auf ihre nicht inländischen Einkünfte steuerbefreit sind (aus deutscher Sicht – zumindest derzeit – nicht relevant).

Ziff. 8.3 des MA-Komm. zu Art. 4 verlangt, dass Satz 2 nach seinem Sinn und Zweck ausgelegt wird. Diese Aussage wird dahingehend präzisiert, dass sich Satz 2 nicht auf Personen bezieht, die in bestimmten Staaten auch bei Wohnsitz im Inland nach dem **Territorialitätsprinzip** besteuert werden (s. Grundl. Rz. 11f.; zu Panama als ein Beispiel *Cortés,* TNI July 2011, 259 (260)). Vor diesem Hintergrund muss es für die Begründung der Ansässigkeit ausreichen, wenn die Person im potentiellen Ansässigkeitsstaat – unabhängig von einer tatsächlichen Besteuerung – der in diesem Staat weitestgehenden Form der Steuerpflicht unterliegt (zur Problematik etwaiger Steuerbefreiungen s. Rz. 82ff.).

Satz 2 betrifft auch **nicht** den Staat, der **erst durch das DBA** darauf beschränkt wird, als Quellenstaat nur inländische Einkünfte zu besteuern (Wassermeyer/*Wassermeyer/Kaeser,* Art. 4 OECD-MA Rz. 4). Dies gilt selbstverständlich im **Verhältnis der Vertragsstaaten** zueinander (zutreffend *Lüdicke,* S. 739f.). Eine solche Beschränkung „erst durch das DBA" besteht, wenn die Person nach innerstaatlichem Recht beider Vertragsstaaten unbeschränkt steuerpflichtig und damit typischerweise im abkommensrechtlichen Sinne (doppelt-)ansässig ist. Aus 121 der Anwendung der „Tie-Breaker"-Regelungen des jeweiligen DBA ergibt sich in einem solchen Fall regelmäßig die abkommensrechtliche Ansässigkeit in einem Vertragsstaat („Ansässigkeitsstaat") mit der Folge, dass der andere Staat abkommensrechtlich auf die Besteuerung der Einkünfte mit Quelle in diesem Staat beschränkt ist. Würde man hier von vornherein die Ansässigkeit im „Quellenstaat" ablehnen, könnte es nicht zu einer Doppelansässigkeit kommen, die nach Maßgabe der genau für solche Konstellationen vorgesehenen „Tie-Breaker"-Regelungen in Abs. 2, 3 (dazu s. Rz. 160 ff., 240 ff.) zu beseitigen ist. Daher kann die mit der Bestimmung des anderen Vertragsstaats als Ansässigkeitsstaat einhergehende Beschränkung des Steuerzugriffs durch das DBA nicht zur Versagung der abkommensrechtlichen Ansässigkeit führen.

121a Nach richtiger Auffassung muss dies auch für den Fall gelten, dass die Person **in einem Vertragsstaat und in einem Drittstaat ansässig** ist (s. auch Rz. 20, 23). In einer solchen Konstellation könnte die Person nach Maßgabe der „Tie-Breaker"-Regelungen des Abkommens zwischen diesem Vertragsstaat und dem Drittstaat im Drittstaat ansässig sein. Dies hätte zur Folge, dass der Vertragsstaat im Verhältnis zum Drittstaat regelmäßig nur die Einkünfte besteuern darf, die ihre Quelle im Vertragsstaat haben. Nach Ziff. 8.2 des MA-Komm. zu Art. 4 soll die Person deswegen nicht mehr einer für die Begründung der abkommensrechtlichen Ansässigkeit ausreichenden Besteuerung unterliegen (ebenso das niederländische Finanzministerium, TNI December 1989, 643; im Ergebnis ebenso *Hoge Raad,* V-N 2001/15.11 v. 28.2.2001). Diese Auffassung ist in Übereinstimmung mit dem überwiegenden Teil der Literatur abzulehnen (vgl. beispielsweise *Baker,* S. 133 f.; *Bellingwout,* WFR 2001, 538; *Betten,* ET 1989, 371; *Boccardo,* in Hofstätter/Plansky, S. 115 (128); *Damen,* BIFD 2001, 290; *de Kort,* Intertax 2001, 402; *Dommes/Herdin,* SWI 2004, 450; *Großmann,* S. 86 ff.; *Staringer,* S. 149 ff.; *Smit,* ET 2002, 155; *van den Berg/van der Gulik,* TNI May 2009, 417 ff. (420 zur Praxis in den Niederlanden); *Svobodová,* in Hofstätter/Plansky, S. 99 (111); *van Dael,* ET 2011, 190 (194 f.); *van Gennep,* ET 1991, 141; *van Raad,* ET 1990, 27; *ders.,* ET 1993, 298; *ders.,* BIT, 2009, 187; *van Raad/Bender/Douma,* WFR 2001, 527; unkritisch dagegen *Kosters,* APTB 2009, 372 (375 f.)). Nach herkömmlichem Verständnis kann ein DBA als völkerrechtlicher Vertrag grundsätzlich nicht auf das Verhältnis der Vertragsstaaten zu Drittstaaten einwirken (Art. 34 WÜRV). Auch die Verhinderung von sog. *Treaty Shopping* (dazu s. Art. 1 Rz. 101) aufgrund der Begründung einer doppelten Ansässigkeit und damit einer Abkommensberechtigung in Bezug auf das gegenüber dem DBA zwischen dem einen Vertragsstaat und dem Drittstaat ggf. vorteilhaftere DBA zwischen den Vertragsstaaten rechtfertigt diese Handhabung nicht, weil sie nicht lediglich missbräuchliche Gestaltungen erfasst (vgl. *van Raad,* BIT 2009, 187 (189)). Diese Auffassung lässt sich auch nicht – wie in einer deutsch-österreichischen Verständigungsvereinbarung zum *DBA Österreich* – damit begründen, dass die Bestimmung über die Ansässigkeit „so auszulegen ist, dass eine ‚Keinmalbesteuerung' nicht erfolgen kann" (Prot. v. 7.6.1991, SWI 1991, 197). Eine allgemeine Regel, nach der die Anwendung des Abkommens nicht zu einer Doppelnichtbesteuerung führen darf, existiert nicht (vgl. Grundl. Rz. 6, 69 ff.; mit derselben Schlussfolgerung auch s. *Lang/Schuch/Staringer,* Art. 1 Rz. 39; i. Erg. ebenso Wassermeyer/*Wassermeyer/Kaeser,* Art. 4 OECD-MA Rz. 22, 45; FWK/*Wassermeyer,* Art. 4 Rz. 14). Vor diesem materiellrechtlichen Hintergrund ist eine Bescheinigung über die Ansässigkeit in einem Vertragsstaat in Drittstaatskonstellationen auch dann zu erteilen, wenn der Steuerpflichtige nach der „Tie-Breaker"-Regelung nur im anderen Vertragsstaat ansässig ist (so auch *Kollruss/Braukmüller/Janssen/Sonntag,* RIW 2011, 848 (850 Fn. 11, 852 f.)).

122 Ebenso bezieht sich Satz 2 nicht auf Fälle, in denen nur die Berücksichtigung ausländischer **Verluste** ausgeschlossen ist. Zur Berücksichtigung der Verluste im

Ansässigkeitsstaat bei Anwendung der Freistellungsmethode s. Art. 23 Rz. 45 ff.; zur europarechtlichen Problematik s. Grundl. Rz. 268 ff.

3. US-MA

Gegenüber dem OECD-MA 130

- erweitert das US-MA die ansässigkeitsbegründenden Merkmale auf solche, die nach innerstaatlichem Steuerrecht die unbeschränkte Steuerpflicht begründen,
- enthält es eine Sonderbestimmung für die Abkommensberechtigung von Personengesellschaften und gemeinnützigen Organisationen.

Für natürliche Personen erweitert Abs. 1 Satz 1 des US-MA die Verweisung auf Regelungen des innerstaatlichen Rechts, indem die ortsbezogenen Anknüpfungsmerkmale des Abs. 1 Satz 1 OECD-MA (s. Rz. 71 ff.) durch das **rechtliche** Merkmal der Staatsangehörigkeit ergänzt werden. Dies hat zur Folge, dass für alle Staatsangehörigen der USA, die aufgrund eines ortsbezogenen Merkmals i. S. des Abs. 2 in einem anderen Vertragsstaat ansässig sind, die abkommensrechtliche Ansässigkeit nach Art. 4 Abs. 2 bestimmt werden muss. Darüber hinaus führt die Abkommensberechtigung aufgrund der Staatsangehörigkeit dazu, dass alle in Drittstaaten ansässigen US-Staatsangehörigen als in den USA ansässig gelten. Die Verwendung der „saving clause" (s. dazu Art. 1 Rz. 79 ff.) in der amerikanischen Abkommenspraxis relativiert die Bedeutung dieser erweiterten Abkommensberechtigung allerdings beträchtlich. Zur Auswirkung der Rückgriffsmöglichkeit auf die Staatsangehörigkeit im Zusammenhang mit der Besteuerung von Diplomaten und Konsularbeamten (s. Art. 28) s. *Shannon,* Intertax 1988, 204 (208).

Für Gesellschaften enthält Abs. 1 des US-MA den Begriff des „Orts der Gründung", der durch einen bloßen Rechtsakt begründet werden kann und der neben die Anknüpfung an den „place of management" (Ort der Geschäftsleitung) nach dem OECD-MA tritt. Der Grund für diese Erweiterung ist, dass der Ort der Geschäftsleitung nach amerikanischem Steuerrecht kein ausreichendes Anknüpfungsmerkmal für die unbeschränkte Steuerpflicht ist. Art. 4 Abs. 2 Buchst. a und b des US-MA betreffen die Ansässigkeit von Pensionsfonds und von steuerbefreiten Unternehmen (s. zu Abs. 1 OECD-MA Rz. 83 ff.). 131

Das US-MA 1996 enthielt in Art. 4 Abs. 1 Buchst. d eine zusätzliche Einschränkung für die Abkommensberechtigung steuerlich transparenter Einheiten.

II. Deutsche DBA

1. Abkommensübersicht zu Artikel 4 Abs. 1

140

DBA	MA-Regelung: Verweisungen auf die innerstaatlichen Voraussetzungen der Besteuerung als Ansässige („unbeschränkte Steuerpflicht") – Tabelle ohne Berücksichtigung der klarstellenden Einbeziehung staatlicher Körperschaften (s. Rz. 71)	Artikel	Rz.
Ägypten	≈ MA	4 Abs. 1	141
Albanien 2010	≈ MA, bes. Regelung für Personengesellschaften in Abs. 4	4 Abs. 1, 4	141; 149
Algerien 2007	≈ MA, anderes ortsbezogenes Merkmal, bes. Regelung für Personengesellschaften in Abs. 4	4 Abs. 1, 4	141; 143; 149

DBA	MA-Regelung: Verweisungen auf die innerstaatlichen Voraussetzungen der Besteuerung als Ansässige („unbeschränkte Steuerpflicht") – Tabelle ohne Berücksichtigung der klarstellenden Einbeziehung staatlicher Körperschaften (s. Rz. 71)	Artikel	Rz.
Argentinien	≈ MA, ohne Ausschluss der Quelleneinkünfte	4 Abs. 1	142
Armenien	s. UdSSR		
Aserbaidschan	≈ MA, anderes ortsbezogenes Merkmal	4 Abs. 1	141; 143; 149
Australien	eigenständige Regelung	4 Abs. 1	145
Bangladesch	≈ MA	4 Abs. 1	141
Belarus	≈ MA, anderes ortsbezogenes Merkmal	4 Abs. 1	143; 148
Belgien	≈ MA, eigenständige Regelung für Personengesellschaften	4 Abs. 1	96; 142; 149
Bolivien	kein ausdrücklicher Verweis auf das innerstaatliche Recht, andere ortsbezogene Merkmale, ohne Ausschluss der Quelleneinkünfte	4 Abs. 1	143
Bosnien-Herzegowina	s. Jugoslawien		
Bulgarien 2010	≈ MA, anderes ortsbezogenes Merkmal	4 Abs. 1	143
China 1985	≈ MA, anderes ortsbezogenes Merkmal, ohne Ausschluss der Quelleneinkünfte	4 Abs. 1	142;143
China 2014 (E)	≈ MA, anderes ortsbezogenes Merkmal	4 Abs. 1	143; 148
Costa Rica 2014 (E)	≈ MA	4 Abs. 1	
Dänemark	≈ MA; Sonderbestimmung für Nachlass-, Erbschaft- und Schenkungssteuern	4 Abs. 1 Buchst. a	96; 141
Ecuador	≈ MA, andere ortsbezogene Merkmale, ohne Ausschluss der Quelleneinkünfte	4 Abs. 1	142; 143
Elfenbeinküste	≈ MA	4 Abs. 1	141
Estland	≈ MA, anderes ortsbezogenes Merkmal	4 Abs. 1	141 f.; 148
Finnland	≈ MA, Sonderregelung für (Personen-)Gesellschaften, ohne Ausschluss der Quelleneinkünfte	4 Abs. 1, 4, 5	149
Frankreich	≈ MA, ohne Ausschluss der Quelleneinkünfte	2 Abs. 1 Nr. 4 a	142; 143
Georgien	≈ MA	4 Abs. 1	141
Ghana	≈ MA	4 Abs. 1	141
Griechenland	≈ MA, ohne Ausschluss der Quelleneinkünfte	II Abs. 1 Nr. 4 a	142
Großbritannien 1964/70	≈ MA, ohne Nennung ortsbezogener Merkmale, ohne Ausschluss der Quelleneinkünfte	II Abs. 1 Buchst. h (i)	145

DBA	MA-Regelung: Verweisungen auf die innerstaatlichen Voraussetzungen der Besteuerung als Ansässige („unbeschränkte Steuerpflicht") – Tabelle ohne Berücksichtigung der klarstellenden Einbeziehung staatlicher Körperschaften (s. Rz. 71)	Artikel	Rz.
Großbritannien 2010	≈ MA; anderes ortsbezogenes Merkmal; Sonderregelung für Seeschifffahrt	4 Abs. 1, 4	141; 143
Indien	≈ MA	4 Abs. 1	141
Indonesien	≈ MA	4 Abs. 1	141
Iran	≈ MA, ohne Ausschluss der Quelleneinkünfte	4 Abs. 1	142
Irland 2011	≈ MA	4 Abs. 1	141
Island	≈ MA, ohne Ausschluss der Quelleneinkünfte, bes. Regelung für Personengesellschaften	4 Abs. 1, 4	142; 143; 149
Israel	≈ MA, ohne Nennung ortsbezogener Merkmale, ohne Ausschluss der Quelleneinkünfte	2 Abs. 1 Nr. 5 Buchst. A	142; 145
Italien	≈ MA	4 Abs. 1	141; 149
Jamaika	≈ MA, ohne Ausschluss der Quelleneinkünfte	4 Abs. 1	142
Japan	≈ MA, anderes ortsbezogenes Merkmal, ohne Ausschluss der Quelleneinkünfte	4 Abs. 1	142 f.
Jersey 2008	≈ MA	5 Abs. 1	141
Jugoslawien	≈ MA, ohne Ausschluss der Quelleneinkünfte	4 Abs. 1	142
Kanada	≈ MA	4 Abs. 1	141
Kasachstan	≈ MA, anderes ortsbezogenes Merkmal	4 Abs. 1	141; 143; 148
Kenia	≈ MA, ohne Ausschluss der Quelleneinkünfte	4 Abs. 1	142
Kirgisistan	≈ MA	4 Abs. 1	141
Korea	≈ MA, anderes ortsbezogenes Merkmal	4 Abs. 1	143; 148
Kosovo	s. Jugoslawien		
Kroatien	≈ MA	4 Abs. 1	141
Kuwait	eigenständige Regelung	4 Abs. 1	141; 145; 148
Lettland	≈ MA, anderes ortsbezogenes Merkmal	4 Abs. 1	141; 143; 148
Liberia	≈ MA, ohne Ausschluss der Quelleneinkünfte	4 Abs. 1	142
Liechtenstein 2011	≈ MA, anderes ortsbezogenes Merkmal; Sonderreglungen bzgl. des InvestmentG, OGAW, UCITSG, IUG, und der liecht. Mindestertragssteuer	4 Abs. 1; Prot. Nr. 2	141; 143
Litauen	≈ MA, anderes ortsbezogenes Merkmal	4 Abs. 1	141; 143; 148
Luxemburg 2012	≈ MA; anderes ortsbezogenes Merkmal	4 Abs. 1	141

DBA	MA-Regelung: Verweisungen auf die innerstaatlichen Voraussetzungen der Besteuerung als Ansässige („unbeschränkte Steuerpflicht") – Tabelle ohne Berücksichtigung der klarstellenden Einbeziehung staatlicher Körperschaften (s. Rz. 71)	Artikel	Rz.
Malaysia 2010	≈ MA, ohne Ausschluss der Quelleneinkünfte; Ausdruck „Körperschaften des öffentlichen Rechts"	4 Abs. 1; Prot. Nr. 2	142
Malta	≈ MA	4 Abs. 1	141
Marokko	≈ MA, ohne Ausschluss der Quelleneinkünfte	4 Abs. 1	142
Mauritius 2011	≈ MA, in Bezug auf Mauritius eigenständige Regelung	4 Abs. 1	145
Mazedonien 2006	≈ MA; zusätzlich Länder	4 Abs. 1	141
Mexiko 2008	≈ MA; Begriff „Ort der tatsächlichen Geschäftsleitung"	4 Abs. 1; Prot. Nr. 2	141
Moldau	s. UdSSR		
Mongolei	≈ MA	4 Abs. 1	141
Montenegro	s. Jugoslawien		
Namibia	≈ MA	4 Abs. 1	141
Neuseeland	≈ MA	4 Abs. 1	141
Niederlande 1959/2004	kein Verweis auf das innerstaatliche Recht, Anknüpfungsmerkmale im DBA definiert	3 Abs. 1, 2	146; 148
Niederlande 2012 (E)	≈ MA, anderes ortsbezogenes Merkmal; Sonderregelung für grenzüberschreitendes Gewerbegebiet; Sonderreglung für Körperschaftssteuer	4 Abs. 1, 4; Prot. Nr. II	141; 143
Norwegen 1991	≈ MA	4 Abs. 1	141
Norwegen 2013 (E)	≈ MA; „oder mit in diesem Staat gelegenem Vermögen"	4 Abs. 1	141
Österreich	≈ MA	4 Abs. 1	141; 148
Oman 2012 (E)	eigenständige Regelung	4 Abs. 1	145; 149
Pakistan	≈ MA	4 Abs. 1	141; 148
Philippinen 1983	≈ MA, ohne Ausschluss der Quelleneinkünfte	4 Abs. 1	
Philippinen 2013	≈ MA, ohne Ausschluss der Quelleneinkünfte	4 Abs. 1	142
Polen	≈ MA	4 Abs. 1	141
Portugal	≈ MA, bes. Regelung für Personengesellschafter	4 Abs. 1, 4	149
Rumänien	≈ MA	4 Abs. 1	141
Russische Föderation	≈ MA, anderes ortsbezogenes Merkmal	4 Abs. 1	143, 148
Sambia	≈ MA, ohne Ausschluss der Quelleneinkünfte	4 Abs. 1	142
Schweden	≈ MA, Sonderbestimmung für Nachlass-, Erbschaft- und Schenkungsteuern	4 Abs. 1a)	141

DBA	MA-Regelung: Verweisungen auf die innerstaatlichen Voraussetzungen der Besteuerung als Ansässige („unbeschränkte Steuerpflicht") – Tabelle ohne Berücksichtigung der klarstellenden Einbeziehung staatlicher Körperschaften (s. Rz. 71)	Artikel	Rz.
Schweiz	≈ MA, ohne Nennung ortsbezogener Merkmale, Quelleneinkünfte, Klarstellungsregelungen	4 Abs. 1, 5–7	22; 63; 71 ff.; 85
Serbien	s. Jugoslawien		
Simbabwe	≈ MA, ohne Ausschluss der Quelleneinkünfte	4 Abs. 1	142
Singapur 1972	≈ MA, ohne Ausschluss der Quelleneinkünfte	4 Abs. 1	142
Singapur 2004	≈ MA	4 Abs. 1	141
Slowakei	s. Tschechoslowakei		
Slowenien	≈ MA, Sonderregelung für Personengesellschaften	4 Abs. 1, 4	141; 149
Spanien 2011	≈ MA, Sonderregelung gemäß Art. 93 des spanischen EStG für natürliche Personen	4 Abs. 1; Prot. Nr. II	141
Sri Lanka	≈ MA, ohne Ausschluss der Quelleneinkünfte	4 Abs. 1	142
Südafrika 1973	eigenständige Regelung	3 Abs. 1g) aa) und bb)	145; 149
Südafrika 2008 (E)	≈ MA	4 Abs. 1	141
Syrien 2010	≈ MA, bes. Regelung für Personengesellschaften	4 Abs. 1, Nr. 2 Prot.	141, 149
Tadschikistan	≈ MA	4 Abs. 1	141
Taiwan 2011	≈ MA; Verweis auf Art. 2 Abs. 3 Buchst. b, anderes ortsbezogenes Merkmal, Sonderregelung für Personengesellschaften	4 Abs. 1, 5	141; 142; 143; 149
Thailand	≈ MA, andere ortsbezogene Merkmale, ohne Ausschluss der Quelleneinkünfte	4 Abs. 1	142 f.
Trinidad und Tobago	≈ MA, ohne Ausschluss der Quelleneinkünfte	4 Abs. 1	142
Tschechien 1997 (E)	≈ MA	4 Abs. 1	141
Tschechien	s. Tschechoslowakei		
Tschechoslowakei	≈ MA, ohne Ausschluss der Quelleneinkünfte	4 Abs. 1	142
Türkei 2011	≈ MA, anderes ortsbezogenes Merkmal	4 Abs. 1	141; 143
Tunesien	≈ MA, ohne Ausschluss der Quelleneinkünfte	4 Abs. 1	142
Turkmenistan	s. UdSSR		
UdSSR	≈ MA, anderes ortsbezogenes Merkmal, ohne Ausschluss der Quelleneinkünfte	1 Abs. 3	142 f.
Ukraine	≈ MA	4 Abs. 1	141
Ungarn 2011	≈ MA, anderes ortsbezogenes Merkmal; Begriff „Ort der tatsächlichen Geschäftsleitung"	4 Abs. 1; Prot. Nr. 1	141; 143

DBA	MA-Regelung: Verweisungen auf die innerstaatlichen Voraussetzungen der Besteuerung als Ansässige („unbeschränkte Steuerpflicht“) – Tabelle ohne Berücksichtigung der klarstellenden Einbeziehung staatlicher Körperschaften (s. Rz. 71)	Artikel	Rz.
Uruguay 2010	≈ MA, ohne Ausschluss der Quelleneinkünfte, Sonderregelung für Personengesellschaften	4 Abs. 1, 4	141; 142f., 149
USA 1989	≈ MA, anderes ortsbezogenes Merkmal, Sonderregelung für Personengesellschaften, Trust, Nachlässe	4 Abs. 1; Prot. Nr. 2	143; 147; 149
USA 1989/2006	≈ MA, andere ortsbezogene Merkmale	4 Abs. 1; Prot. Nr. 2	143; 147; 149
Usbekistan	≈ MA	4 Abs. 1	141
Venezuela	≈ MA	4 Abs. 1	141
Vereinigte Arabische Emirate 2010	eigenständige Regelung	4 Abs. 1, 2	141; 145; 148
Vietnam	≈ MA, ohne Ausschluss der Quelleneinkünfte	4 Abs. 1	142
Weißrussland	s. Belarus		
Zypern 2011	≈ MA; Begriff „Ort der tatsächlichen Geschäftsleitung“; zusätzlich Länder	4 Abs. 1; Prot. Nr. 1	141; 142

2. Erläuterungen

141 **a)** Einige deutsche DBA (*Albanien 2010, Georgien, Ghana, Irland 2011, Kirgisistan, Kroatien, Luxemburg 2012, Mexico 2008, Polen, Rumänien, Singapur 2004, Slowenien, Südafrika 2008 (E), Tadschikistan* und *Tschechien* (E), Zypern *2011*) **stimmen wörtlich** – mit Ausnahme des bisweilen aufgenommenen klarstellenden Hinweises auf die (Bundes-)Länder im zweiten Halbsatz – mit der Regelung des Art. 4 Abs. 1 überein. Die 1995 angefügte Ergänzung des Abs. 1 Satz 1 Halbs. 2 wurde von den *DBA Algerien 2007, Aserbaidschan, Estland, Großbritannien 2010, Kanada, Kasachstan, Lettland, Liechtenstein 2011, Litauen, Mazedonien 2006, Niederlande 2012 (E), Spanien 2011, Türkei 2011* und *Österreich 2000, Ungarn 2011* und *Uruguay 2010* – wenn auch zum Teil nicht in wörtlicher Übereinstimmung – übernommen. Eine inhaltlich ähnliche Regelung enthalten auch die *DBA Kuwait und Taiwan 2011.* Weitere Verträge regeln die Ansässigkeit in **Übereinstimmung** mit Art. 4 Abs. 1 MA ohne diese Ergänzung: die *DBA Ägypten, Bangladesch, Dänemark, Elfenbeinküste, Indien, Indonesien, Italien, Jersey 2008, Malta, Mongolei, Namibia, Neuseeland, Norwegen 1991, Pakistan, Schweden* (mit zusätzlichen Bestimmungen für Zwecke der Nachlass-, Erbschaft- und Schenkungsteuern), *Ukraine, Usbekistan* und *Venezuela,* jeweils Art. 4. In den *DBA Bangladesch, Jersey 2008, Pakistan Syrien 2010 und Türkei 2011* fehlt die Passage „oder in diesem Staat gelegenen Vermögen“; im Übrigen stimmen aber auch sie mit den MA überein.

142 Übereinstimmend mit Abs. 1 MA 1963, d. h. ohne den Satz 2 des MA 1977 und mit den in Rz. 120ff. beschriebenen Folgen: *DBA Argentinien, Belgien* (mit Sonderregelung für Gesellschaften, s. Rz. 149), *China* (soweit in Art. 4 Abs. 1 *DBA China* vom Ort der „allgemeinen Geschäftsleitung“ die Rede ist, bedeutet dies keine inhaltliche Abweichung gegenüber dem OECD-MA; vgl. *Manke,* DStZ

1985, 263 (267); differenzierend: *Zhaodang/Cheung,* TPIR 2013, 12), *Ecuador, Finnland* (mit Sonderregelung für Gesellschaften), *Frankreich, Griechenland, Iran, Island, Israel, Jamaika, Japan, Jugoslawien, Kenia, Liberia, Malaysia 2010, Marokko, Philippinen 1983; Philippinen 2013, Sambia, Simbabwe, Singapur 1972, Sri Lanka, Thailand, Trinidad und Tobago, Tschechoslowakei, Türkei 1985, Tunesien, UdSSR* und *Vietnam;* meist in Art. 4 Abs. 1 (s. Rz. 140). Das *DBA Taiwan 2011* enthält eine dem Satz 2 des MA entsprechende Regelung in Abs. 2.

Inhaltlich übereinstimmend ebenfalls: *DBA Kenia* Art. 4 Abs. 1.

b) Mit Abs. 1 Satz 1 inhaltlich übereinstimmende Regelungen enthalten die nachstehend aufgeführten Abkommen, in denen jedoch die ortsbezogenen Anknüpfungsmerkmale z. T. abweichend formuliert sind. Soweit darin der ausdrückliche Hinweis auf das innerstaatliche Recht zur Bestimmung der Ansässigkeit fehlt *(DBA Bolivien),* ergibt sich dies aus dem Vorhandensein einer Regelung für Doppelwohnsitzfälle in Abs. 2, die bei autonomer Auslegung der Ansässigkeitsmerkmale des Abs. 1 überflüssig wäre (s. Rz. 84). Das *DBA Niederlande 2012* ergänzt die ortsbezogenen Anknüpfungsmerkmale nur zur Klarstellung um den Ort der Gründung. Gemäß Art. 2 Abs. 4 NL-KStG ist jede Körperschaft, die gegründet worden ist, körperschaftsteuerpflichtig (s. *Böing/Prang,* BB 2012, 2211; *Perdelwitz/Offermanns,* BIT 2013, 115; *Spierts/Stevens,* IWB 2012, 322; zu weiteren Besonderheiten des niederl. Rechts s. *Mooij,* BIT 2012, 637). 143

Art. 4 Abs. 1 *DBA Algerien 2007*	Wohnsitz, ständiger Aufenthalt, *Sitz der Gesellschaft,* Ort der Geschäftsleitung, anderes ähnliches Merkmal
Art. 4 Abs. 1 *DBA Aserbaidschan*	Wohnsitz, ständiger Aufenthalt, *Ort der Registrierung,* Ort der Geschäftsleitung, anderes ähnliches Merkmal
Art. 4 Abs. 1 *DBA Belarus*	Wohnsitz, ständiger Aufenthalt, *Ort der Gründung,* Ort der Geschäftsleitung, anderes ähnliches Merkmal
Art. 4 Abs. 1 *DBA Bolivien*	Wohnsitz, ständiger Aufenthalt, *gewöhnlicher Aufenthalt,* Ort der Geschäftsleitung, *Sitz,* (anderes ähnliches Merkmal *fehlt*)
Art. 4 Abs. 1 *DBA Bulgarien 2010*	Wohnsitz, ständiger Aufenthalt, *Ort der Gründung,* Ort der Geschäftsleitung, anderes ähnliches Merkmal
Art. 4 Abs. 1 *DBA China 1985*	Wohnsitz, ständiger Aufenthalt, *gewöhnlicher* Aufenthalt, Ort der *allgemeinen* Geschäftsleitung, anderes ähnliches Merkmal
Art. 4 Abs. 1 *DBA China 2014 (E)*	Wohnsitz, ständiger Aufenthalt, *Ort der Gründung,* Ort der tatsächlichen Geschäftsleitung, anderes ähnliches Merkmal
Art. 4 Abs. 1 *DBA Ecuador*	Wohnsitz, ständiger Aufenthalt, *gewöhnlicher Aufenthalt,* Ort der Geschäftsleitung, *Sitz,* anderes ähnliches Merkmal
Art. 4 Abs. 1 *DBA Estland*	Wohnsitz, ständiger Aufenthalt, Ort der Geschäftsleitung, *Ort der Registrierung,* anderes ähnliches Merkmal
Art. 4 Abs. 1 *DBA Finnland*	= Abs. 1 Satz 1 MA; *Sonderregelung für Gesellschaften* und *Nachlass-Ansässigkeit*
Art. 2 Abs. 1 Nr. 4a *DBA Frankreich*	Wohnsitz, *Aufenthalt,* Ort der Geschäftsleitung, anderes ähnliches Merkmal

Art. 4 Abs. 1 *DBA Großbritannien 2010*	Wohnsitz, ständiger Aufenthalt, Ort der Geschäftsleitung, *Ort der Gründung,* anderes ähnliches Merkmal
Art. 4 Abs. 1 *DBA Island*	= Abs. 1 Satz 1 MA; *Sonderregelung für Personengesellschaften*
Art. 4 Abs. 1 *DBA Japan*	Wohnsitz, ständiger Aufenthalt, *Sitz,* Ort der Geschäftsleitung, anderes ähnliches Merkmal
Art. 4 Abs. 1 *DBA Kasachstan*	Wohnsitz, ständiger Aufenthalt, Ort der Geschäftsleitung, *Ort der Gründung,* anderes ähnliches Merkmal
Art. 4 Abs. 1 *DBA Korea*	Wohnsitz, ständiger Aufenthalt, *Ort der Hauptverwaltung,* anderes ähnliches Merkmal
Art. 4 Abs. 1 *DBA Lettland*	Wohnsitz, ständiger Aufenthalt, Ort der Geschäftsleitung, *Ort der Registrierung,* anderes ähnliches Merkmal
Art. 4 Abs. 1 *DBA Liechtenstein 2011*	Wohnsitz, ständiger Aufenthalt, Ort der Geschäftsleitung, *Ort der Gründung oder Errichtung,* anderes ähnliches Merkmal
Art. 4 Abs. 1 *DBA Litauen*	Wohnsitz, ständiger Aufenthalt, Ort der Geschäftsleitung, *Ort der Registrierung,* anderes ähnliches Merkmal
Art. 4 Abs. 1 *DBA Niederlande 2012*	Wohnsitz, ständiger Aufenthalt, Ort der Geschäftsleitung, *Ort der Gründung,* anderes ähnliches Merkmal
Art. 4 Abs. 1 *DBA Philippinen 2013*	Wohnsitz, ständiger Aufenthalt, Ort der Geschäftsleitung, *Ort der Geschäftsleitung,* anderes ähnliches Merkmal
Art. 4 Abs. 1 *DBA Russische Föderation*	Wohnsitz, ständiger Aufenthalt, *Ort der Gründung als juristische Person durch Registrierung,* Ort der Geschäftsleitung, anderes ähnliches Kriterium
Art. 4 Abs. 1 *DBA Spanien 2011*	= Abs. 1 Satz 1 MA; *Sonderregelung für Personengesellschaften*
Art. 4 Abs. 1 *DBA Taiwan 2011*	Wohnsitz, ständiger Aufenthalt, *Ort der Gründung,* Ort der Geschäftsleitung, anderes ähnliches Merkmal
Art. 4 Abs. 1 *DBA Thailand*	Wohnsitz, ständiger Aufenthalt, *Eintrag, Errichtung, Sitz,* Ort der Geschäftsleitung, anderes ähnliches Merkmal
Art. 4 Abs. 1 *DBA Türkei 2011*	Wohnsitz, ständiger Aufenthalt, *Sitz,* Ort der Geschäftsleitung, anderes ähnliches Merkmal
Art. 1 Abs. 3 *DBA UdSSR*	Wohnsitz, *gewöhnlicher* Aufenthalt, *Ort der tatsächlichen Geschäftsleitung, Gründung*
Art. 4 Abs. 1 *DBA Ungarn 2011*	Wohnsitz, ständiger Aufenthalt, Ort der Geschäftsleitung, *Ort der Gründung,* anderes ähnliches Merkmal
Art. 4 Abs. 1 *DBA USA 1989*	Wohnsitz, ständiger Aufenthalt, Ort der Geschäftsleitung, *Ort der Gründung,* anderes ähnliches Merkmal, Sonderregelung für Personengesellschaften, Trusts und Nachlässe
Art. 4 Abs. 1 *DBA USA 1989/2006*	Wohnsitz, ständiger Aufenthalt, *Ort der Gründung,* Ort der Geschäftsleitung, anderes ähnliches Merkmal

Die **inhaltliche** Übereinstimmung mit dem MA (mit Ausnahme der ergänzenden Sonderregelung für die Vertragsstaaten und ihre Gebietskörperschaften; s. Rz. 144) ergibt sich aus der Ortsbezogenheit der vom Wortlaut abweichenden Merkmale. Diese werden vom MA durch den Begriff „anderes ähnliches Merkmal" erfasst. Einer dem **MA entsprechenden Auslegung** stehen deshalb keine Hindernisse entgegen.

c) Einige Abkommen regeln die Ansässigkeit natürlicher Personen **gesondert für jeden der beiden Vertragsstaaten** unter Verwendung positiver Begriffsmerkmale, ergänzt durch das negative Erfordernis der Nichtansässigkeit im anderen Vertragsstaat, jedoch ohne eine dem Abs. 2 MA entsprechende Regelung für Doppelwohnsitzfälle. Zur entsprechenden Regelung im *DBA Irland 1962/2010* (Art. II Abs. 1 Buchst. d (ii)) s. 5. Aufl., Rz. 144. Art. 4 *DBA Irland 2011* entspricht Art. 4 MA und enthält folglich keine besondere Regelung mehr. Eine gespaltene Regelung enthält auch Art. 4 Abs. 1 *DBA Vereinigte Arabische Emirate 2010*, wonach eine Person zur Begründung der Ansässigkeit in der Bundesrepublik Deutschland hier steuerpflichtig sein muss, während für die Begründung der Ansässigkeit in den Vereinigten Arabischen Emiraten ein Wohnsitz in den Emiraten oder die Staatsangehörigkeit eines Emirats genügt (zum Grund s. Rz. 145; ferner s. Rz. 82). 144

d) Eine für jeden Vertragsstaat **gesonderte Bestimmung der Ansässigkeit,** jedoch nicht durch positive Begriffsmerkmale, sondern unter Verweisung auf die Anknüpfungskriterien des **innerstaatlichen Rechts,** enthält das *DBA Australien,* Art. 4 Abs. 1: Abs. 1 Buchst. a verlangt für die Ansässigkeit in Australien Ansässigkeit i.S. der australischen Steuergesetze, Abs. 1 Buchst. b für die Ansässigkeit in Deutschland die deutsche unbeschränkte Steuerpflicht. Zwei Ausnahmen – (i) und (ii) – beziehen sich auf die Einwohner der in Art. 3 Abs. 1 Buchst. a genannten besonders gestellten Territorien (zu Einzelheiten zur jeweiligen steuerlichen Regelung s. Wassermeyer/*Rosenthal,* DBA Australien, Art. 4 Rz. 54). Ähnlich bestimmen auch die *DBA Großbritannien 1964/70, Israel* und *Südafrika 1973* die Ansässigkeit für jeden Vertragsstaat als **Ansässigkeit im Sinne seiner innerstaatlichen Steuergesetze,** wobei die Begriffsbestimmungen für Deutschland durch einen Klammerzusatz auf die Voraussetzungen der unbeschränkten Steuerpflicht verweisen (*DBA Großbritannien 1964/70* Art. 2 Abs. 1 Buchst. h, i; *Israel* Art. 2 Abs. 1 Nr. 5 Buchst. a; *Südafrika 1973* Art. 3 Abs. 1 Buchst. g, aa mit Sonderregelung für Gesellschaften). Das neue *DBA Großbritannien 2010* regelt die Ansässigkeit entsprechend dem MA unter Nennung eines weiteren ortsbezogenen Merkmals (Ort der Gründung; s. a. die Tabelle in Rz. 143). Art. 4 Abs. 1 *DBA Südafrika 2008 (E)* entspricht dem MA. Eine **einheitliche** Bestimmung der Ansässigkeit nach der unbeschränkten Steuerpflicht i. S. des jeweiligen innerstaatlichen Rechts enthält Art. 4 Abs. 1 *DBA Schweiz.* Auch die Abkommen mit *Kuwait* und den *Vereinigten Arabischen Emiraten 2010* (jeweils Art. 4 Abs. 1 Buchst. a) verweisen für die Ansässigkeit in Deutschland auf die unbeschränkte Steuerpflicht. Die Ansässigkeit in *Kuwait* (Art. 4 Abs. 1 Buchst. b) richtet sich für natürliche Personen nach dem Wohnsitz und der Staatsangehörigkeit und für Gesellschaften nach der Errichtung und dem Ort der tatsächlichen Geschäftsleitung, ohne dass es einer Steuerpflicht bedarf, da diese Staaten keine relevanten Steuern erheben. Art. 4 Abs. 1 Buchst. a *DBA Mauritius 2011* verlangt für die Ansässigkeit in Mauritius bei natürlichen Personen einen Wohnsitz in Mauritius und deren Steuerpflicht nach mauritischem Recht. Gesellschaften werden dann als in Mauritius ansässig angesehen, wenn sie der mauritischen Steuer unterliegen und entweder ihren Sitz oder ihre tatsächliche Geschäftsleitung in Mauritius haben. Die Regelung in Art. 4 Abs. 1 Buchst. b *DBA Mauritius 2011* für Deutschland entspricht Art. 4 Abs. 1 des MA. Das Abkommen mit *Bulgarien 2010* bestimmt die Ansässigkeit in Deutschland nach Maßgabe einer 145 dem Art. 4 Abs. 1 Satz 1 MA entsprechenden Vorschrift; für die Ansässigkeit in Bulgarien reicht die Steuerpflicht in Bulgarien ohne ständigen Aufenthalt in einem Drittstaat.

146 **e)** Eine für beide Vertragsstaaten einheitliche **autonome** (s. Grundl. Rz. 158 ff.) **Definition der Ansässigkeit,** die vom MA stark abweicht, sehen die *DBA Luxemburg 1958/2009,* Art. 3 Abs. 1, und *Niederlande 1959/2004,* Art. 3 Abs. 1 vor. Danach hat eine natürliche Person ihren Wohnsitz i. S. des Abkommens „in dem Vertragsstaat, in dem sie eine Wohnung hat, unter Umständen, die darauf schließen lassen, dass sie die Wohnung beibehalten und benutzen wird". Diese Begriffsbestimmung entspricht fast wörtlich der Wohnsitzdefinition des § 8 AO (s. Rz. 91). Dennoch wird man **nicht** davon ausgehen können, dass Luxemburg und die Niederlande an die **Auslegung** der deutschen Wohnsitzdefinition gebunden sind. Aus der Regelung für Doppelwohnsitzfälle jeweils in Abs. 3 ist vielmehr zu entnehmen, dass jeder der beiden Vertragsstaaten berechtigt ist, die Begriffsbestimmung des Abs. 1 nach seinem innerstaatlichen Recht (entsprechend Art. 3 Abs. 2 MA) auszulegen.

147 **f)** Bisweilen knüpfen die DBA auch an die **Staatsangehörigkeit** an, so insbesondere DBA der USA (s. Art. 4 Abs. 1 Satz 1 US-MA). Das *DBA USA 1989/2006* enthält aber keine solche Anknüpfung. Allerdings behandelt die Bundesrepublik Deutschland nach dem Prot. Nr. 2 Buchst. b) zum *DBA USA 1989/2006* einen US-Staatsangehörigen bzw. den Inhaber einer sog. green card als in den Vereinigten Staaten ansässig, wenn er dort einen längeren Aufenthalt nimmt („substantial presence") oder dort eine ständige Wohnstätte oder seinen gewöhnlichen Aufenthalt hat. Unter diesen Voraussetzungen wäre ein Steuerpflichtiger auch nach den allgemeinen Grundsätzen ansässig (Wassermeyer/*Wolff,* Art. 4 USA Rz. 19). Nach innerstaatlichem Recht genügen bereits die US-Staatsangehörigkeit und – unter weiteren Voraussetzungen – die Inhaberschaft einer sog. green card für die Begründung der Ansässigkeit (s. Rz. 100). Die im Protokoll verwendeten Begriffe der ständigen Wohnstätte und des gewöhnlichen Aufenthalts entsprechen den Begriffsbestimmungen in Art. 4 Abs. 2 *DBA USA 1989/2006* (vgl. Wassermeyer/*Wolff,* Art. 4 USA Rz. 19).

148 **g) Besondere Ansässigkeitsbestimmungen für Körperschaften:** Zahlreiche DBA enthalten neben den vom MA verwendeten ansässigkeitsbegründenden Merkmalen zusätzliche Merkmale wie die **Gründung** (*DBA Belarus (Weißrussland), Bulgarien 2010, China 2014 (E), Großbritannien 2010, Kasachstan, Liechtenstein 2011, Niederlande 2012 (E), Russland, UdSSR, Ungarn 2010, USA 1989/2006*), den **Ort der Registrierung** *(DBA Aserbaidschan, Estland, Lettland, Litauen, Rußland),* den **Sitz** *(DBA Japan, Thailand),* den **Ort der Hauptverwaltung** *(DBA Korea),* den **Ort der Errichtung** *(DBA Liechtenstein 2011, Thailand)* oder den **Ort der Eintragung** *(DBA Thailand).* Mit Ausnahme des Sitzes stellen die genannten ansässigkeitsbegründenden Merkmale als rechtliche Merkmale kein „anderes ähnliches Merkmal" i. S. der allgemeinen Definition der Ansässigkeit dar, so dass die Aufnahme dieser Merkmale für die Begründung der Ansässigkeit konstitutiv ist (s. Rz. 110, 112). Die Art. 3 Abs. 5 *DBA Niederlande 1959/2004* und Art. 3 Abs. 5 *DBA Luxemburg 1958/2009* bestimmen die Ansässigkeit nach dem **Ort der Leitung,** wobei diese Abkommen für den Fall, dass die Leitung in keinem der beiden Vertragsstaaten liegt, auf den **Sitz** abstellen (die Begriffsbestimmungen der Ansässigkeit in den Art. 4 *DBA Niederlande 2012 (E)* und *Luxemburg 2012* entsprechen dem OECD-MA). Art. 4 Abs. 1 Buchst. b der Abkommen mit *Kuwait* und den *Vereinigten Arabischen Emiraten 2010* knüpfen die Ansässigkeit im jeweils anderen Vertragsstaat an den **Ort der Errichtung** oder den **Ort der tatsächlichen Geschäftsleitung,** ohne dass dadurch eine Steuerpflicht nach dem innerstaatlichen

Recht begründet sein muss; für die Ansässigkeit in Deutschland gilt eine Art. 4 Abs. 1 Satz 1 OECD-MA entsprechende Regelung: es wird auf die unbeschränkte Steuerpflicht nach deutschem Recht verwiesen. Das *DBA Niederlande 1959/1973/2004* bzw. *2012 (E)* enthält eine Sonderregelung für juristische Personen mit Ort der Leitung in einem **grenzüberschreitenden Gewerbegebiet** (Art. 3 Abs. 5a *DBA Niederlande 1959/2004* bzw. Art. 4 Abs. 4 *DBA Niederlande 2012 (E)* in Verbindung mit der zugehörigen Anlage; s. auch *Kollruss,* BB 2013, 3102). Nach Prot. Nr. II zum *DBA Niederlande 2012 (E)* gilt eine nicht natürliche Person als in den Niederlanden steuerpflichtig, wenn sie **für Zwecke der** niederländischen **Körperschaftsteuer** in den Niederlanden **ansässig** ist und die von dieser Person erzielten Einkünfte nach dem Steuerrecht der Niederlande wie Einkünfte dieser Person und nicht wie Einkünfte der Begünstigten, Gesellschafter oder Teilhaber der Person behandelt werden. Sinn dieser Regelung kann nur die Klarstellung sein, dass eine ansässigkeitsbegründende Steuerpflicht auch in Fällen einer Steuerbefreiung besteht (zur erforderlichen Steuerpflicht s. Rz. 76 ff.; allgemein zur Regelung im *DBA Niederlande 2012 (E)* s. *Perdelwitz/Offermanns,* BIT 2013, 115 f.; *Pijl,* IWB 2012, 551 (552 ff.); *Spierts/Stevens,* IWB 2012, 322). Dieses Ergebnis würde nach hier vertretener Auffassung auch aus den allgemeinen Grundsätzen folgen (s. Rz. 83 ff.). Nach dem Wortlaut der Bestimmung wird lediglich die Steuerpflicht nach innerstaatlichem Recht fingiert. Für die Begründung der abkommensrechtlichen Ansässigkeit ist es daher erforderlich, dass die Steuerpflicht nach innerstaatlichem Recht aufgrund eines ansässigkeitsbegründenden Merkmals i.S. des Abs. 1 Satz 1 (s. Rz. 90 ff.) besteht. Eine weitere Besonderheit enthält Prot. Nr. VII Abs. 1 *DBA Niederlande 2012 (E),* wonach der Ort der tatsächlichen Geschäftsleitung der **Fluggesellschaft** KLM fingiert wird (zum Hintergrund dieser Regelung s. *Pijl,* IWB 2012, 551 (555 ff.)).

h) Besondere Ansässigkeitsbestimmungen für Personengesellschaften (dazu auch Rz. 74; ferner BMF-Schreiben v. 16.4.2010; BStBl. I 2010, 354, Anlage; zu ihrer Abkommenssubjektivität s. Art. 1 Rz. 13 ff., Art. 3 Rz. 17 ff., 25a ff.; und zu weiteren Sonderregelungen für Personengesellschaften s. Art. 1 Rz. 61 ff.; ausführlich dazu auch *Weggenmann/Rödl,* FS Reiß, S. 697 ff.; *Wassermeyer/Richter/Schnittker,* PersG im IStR, Rz. 2.12; zur Abkommensberechtigung s. a.E.): Nach Art. 4 Abs. 4 *DBA Kroatien,* Art. 4 Abs. 5 des *DBA Taiwan 2011* (s. *Hensel,* IWB 2012, 432 (433)) sowie Ziff. 4 des Prot. zum *DBA Aserbaidschan* gilt eine Personengesellschaft in dem Vertragsstaat als ansässig, in dem sich der **Ort ihrer tatsächlichen Geschäftsleitung** befindet; ebenso Art. 4 Abs. 4 *DBA Philippinen 2013 (E)* mit der Beschränkung auf Gesellschaften mit Sitz in Deutschland. Dasselbe gilt nach Ziff. 5 des Prot. zum *DBA Liberia,* allerdings mit der Einschränkung auf die Anwendung der Verteilungsnormen. Nach Art. 4 Abs. 1 *DBA Belgien* begründet der Ort der tatsächlichen Geschäftsleitung die Ansässigkeit für Handelsgesellschaften, Kommanditgesellschaften und Partenreedereien des in Deutschland geltenden Rechts sowie für Gesellschaften des belgischen Rechts – ausgenommen Aktiengesellschaften und Kommanditgesellschaften auf Aktien –, die sich dafür entschieden haben, dass ihre Gewinne der Einkommensteuer unterworfen werden. Nach der Rechtsprechung betrifft diese Ansässigkeitsfiktion jedoch nur die von der Personengesellschaft erzielten Einkünfte, nicht die der Gesellschafter (BFH, Beschl. v. 13.11.2013, I R 67/12, BStBl. II 2014, 172). Auch Art. 4 Abs. 4 *DBA Albanien 2010, Algerien 2007, Island, Polen, Slowenien, Tadschikistan, Uruguay 2010* und die Nr. 2 des Prot. zum *DBA Syrien 2010* knüpfen die Ansässigkeit der Personengesellschaft an den Ort der tatsächlichen Geschäftsleitung, eingeschränkt durch eine **subject-to-tax-Klausel.** Nach Art. 4 Abs. 4 *DBA Finnland* sind Personengesellschaften in dem Staat ansässig, nach dessen Recht sie **errichtet** worden sind; bei 149 doppelter Ansässigkeit entscheidet der Ort der tatsächlichen Geschäftsleitung (s. Rz. 259 ff.). Gemäß Art. 3 Abs. 1 Buchst. g Doppelbuchst. dd *DBA Südafrika 1973* sind Personengesellschaften und andere Personenvereinigungen, die nach dem für sie maßgebenden innerstaatlichen Recht keine juristische Personen sind, in Südafrika ansässig, wenn sie dort **gegründet** worden sind oder ihre **Geschäftsleitung** in Südafrika haben (Abs. 1 Buchst. g Doppelbuchst. aa); bei doppelter Ansässigkeit entscheidet der **Ort der tatsächlichen Geschäftsleitung** über den Vorrang. Eine ausdrückliche Ansässigkeitsbestimmung für Personengesellschaften fehlt im *DBA Südafrika 2008 (E)*. Nach dem *DBA Italien* Prot. Nr. 2 gilt eine Personengesellschaft als in einem Vertragsstaat ansässig, wenn sie nach dem Recht dieses Staats gegründet ist oder sich dort der **Hauptgegenstand ihrer Tätigkeit** befindet (zu den Sonderregelungen im *DBA Italien 1989* s. *Jacob,* SAM 2010, 42 ff.). Nach richtiger Auffassung des BFH gilt diese Fiktion nur für das Verhältnis zwischen dem Sitzstaat der Personengesellschaft und dem Quellen-/Belegenheitsstaat in Bezug auf die Anwendung von Verteilungsnormen; die Wohnsitzstaatbesteuerung des Gesellschafters bleibt hiervon unberührt (BFH BStBl II 2008, 953; zur Problematik s. Art. 1 Rz. 64d). Die Art. 4 Abs. 4 *DBA Portugal* und *Spanien 1966* behandeln den **Gesellschafter** einer Personengesellschaft für die Besteuerung der Einkünfte, die er von der Gesellschaft bezieht oder des Vermögens, das er durch die Gesellschaft besitzt, als in dem Vertragsstaat ansässig, in dem sich der **Ort der tatsächlichen Geschäftsleitung** befindet (zum *DBA Spanien 1966* s. *Schick,* IWB 2011, 93 (94 f.), der in der dieser Regelung nicht nur eine Ansässigkeitsfiktion sieht, sondern – zu weitgehend – eine die anderen Verteilungsnormen und die Vermeidungsnormen ausschließende Verteilungsnorm; im *DBA Spanien 2011* ist eine solche Regelung nicht mehr enthalten). Art. 4 Abs. 4 *DBA Portugal* nimmt von dieser Regel die Ausschüttungen der Gesellschaft aus. Die drei letztgenannten Vorschriften gestatten dem anderen Vertragsstaat jedoch die Besteuerung, falls der Gesellschafter im Staat der tatsächlichen Geschäftsleitung nicht besteuert wird (subject-to-tax-Klausel). Art. 4 Abs. 1 Buchst. b des *DBA USA 1989* beschränkt die Abkommenssubjektivität von Personengesellschaften, Treuhandvermögen und Nachlässen in Übereinstimmung mit dem US-MA (dort Art. 1 Abs. 6). Die Regelung ist im *DBA USA 1989/2006* nicht mehr enthalten, stattdessen findet sich eine Regelung für hybride Gesellschaften in Art. 1 Abs. 7 (s. Art. 1 Rz. 64c; ferner *Bahns/Keuthen,* IStR 2010, 750 ff.). Zu Sonderregelungen für Unternehmen der Seeschifffahrt s. Art. 8 Rz. 28. Anstelle der Fiktion der Ansässigkeit bzw. Abkommensberechtigung der Personengesellschaft als solcher gibt es Regelungen, wonach die Personengesellschaft **ermächtigt** wird, **abkommensrechtliche Vergünstigungen im Namen der Gesellschafter geltend zu machen** (beispielsweise Prot. Nr. XIX Abs. 1 Buchst. a) zum *DBA Niederlande 2012 (E)*). Zweifelhaft ist, ob eine Ansässigkeitsfiktion auch zur **Abkommensberechtigung** nach Art. 1 führt, wenn Personengesellschaften nach der maßgeblichen Definition des Begriffs der Person (s. Art. 3 Abs. 1 Buchst. a) MA) keine Person im abkommensrechtlichen Sinne sind (dazu *Weggenmann/Rödl,* FS Reiß, S. 697 (705 f.) mit dem Beispiel *DBA Kroatien*).

150 **i)** Einige DBA enthalten Sonderregelungen für **Investmentvermögen, REITs, Trusts,** etc. (s. Art. 1 Rz. 72 ff.). So bestimmt Prot. Nr. 2 Buchst. b) zum *DBA USA 1989/2006*, dass deutsche **Investmentvermögen,** auf die das (aufsichtsrechtliche) Investmentgesetz (jetzt: Kapitalanlagegesetzbuch, das im vorliegenden Zusammenhang als Nachfolgegesetz zum Investmentgesetz maßgeblich sein muss) anzuwenden ist, als in der Bundesrepublik Deutschland ansässig gelten, während eine Regulated Investment Company **(RIC)** und ein Real Estate Investment Trust **(REIT),** die dem US-amerikanischen Recht unterliegen, als in den USA ansässig gelten (s. Rz. 83g, Art. 1 Rz. 72). Auch das *DBA Liechtenstein 2011* enthält eine Ansässigkeitsfiktion für dem Investmentgesetz (jetzt: Kapitalanlagegesetzbuch) unterliegende deutsche Investmentfonds und bestimmte liechtensteinische Fonds (Prot Nr. 2 Buchst. a). Nach Art. 25b Abs. 4 *DBA Frankreich,* Prot. Nr. 1 Buchst. b zu *DBA Irland 2011* und Prot. Nr. 1 *DBA Luxemburg 2012* (dazu *Jacob,* IStR 2012, 749 (750 ff.); *ders./Hagena,* BIT 2012, 530; *Lauermann,* RdF 2013, 51 ff.). Nach Art. 27 Abs. 5 der deutschen Verhandlungsgrundlage für DBA wird zwar die Ansässigkeit der von diesen Bestimmungen erfassten Investmentfonds nicht fingiert; vielmehr gehen die Regelungen von der abkommensrechtlichen Ansässigkeit dieser Investmentfonds aufgrund der allgemeinen Regelungen aus. Sie begrenzen etwaige abkommensrechtliche Vergünstigungen in Bezug auf Dividenden und Zinsen auf der Fondseingangsseite auf den Umfang, in dem in einem Vertragsstaat ansässige Personen beteiligt sind (anders das Prot. Nr. 1 Buchst. c des *DBA Irland 2011* für Common Contractual Funds; dazu sogleich). Die Regelungen haben somit die Wirkung einer sog. Limitation-on-Benefits-Klausel (LoB; gl. A. FG Rheinland-Pfalz, EFG 2011, 1828: *DBA Frankreich; Geurts/Jacob,* IStR 2007, 737 (739); *Zinkeisen/Walter,* IStR 2007, 583 (585); allgemein zu LoB-Klauseln Grundl. Rz. 269a; Art. 1 Rz. 122 ff., 144 (insbesondere zu Art. 28 *DBA USA 1989/2006*); zu Missbrauchsaspekten *Eberhardt,* IStR 2013, 377 ff.). Im Falle des *DBA Irland 2011* werden die Vergünstigungen in voller Höhe gewährt, wenn ansässige Personen in einem Umfang von mindestens 95 % beteiligt sind. Ferner gibt es ausdrücklich als solche bezeichnete LoB-Klauseln, die eine Abkommensberechtigung und damit die Ansässigkeit des Investmentfonds voraussetzen (z. B. Art. 28 Abs. 6 *DBA USA 1989/2006*). Das *DBA Spanien 2011* enthält in Prot. Nr. I eine Ermächtigung für die zuständigen Behörden, im gegenseitigen Einvernehmen (d.h. im Rahmen eines Verständigungsverfahrens i. S. des Art. 25 *DBA Spanien 2011*) die Anspruchsvoraussetzungen für die abkommensrechtlichen Vergünstigungen festzulegen, wenn Investmentfonds aufgrund der allgemeinen Ansässigkeitsdefinition des Art. 4 *DBA Spanien 2011* nicht als ansässig gelten können. Prot. Nr. XIX zum *DBA Niederlande 2012 (E)* enthält eine selbstverständliche Regelung, wenn bei transparenten Fonds die Anleger die abkommensrechtlichen Vergünstigungen geltend machen dürfen (s. Rz. 83). In einzelnen Rechtsordnungen enthält auch **das innerstaatliche Recht** Regelungen über die Ansässigkeit bzw. Abkommensberechtigung bestimmter Investmentvermögen (zum italienischen Recht in Bezug auf ausländische Investmentvermögen s. *Banfi/Mantegazza,* ET 2011, 285 (292)).

j) Neuere DBA enthalten entsprechend dem MA und der deutschen Verhandlungsgrundlage für DBA regelmäßig eine Regelung, wonach auch die **Vertragsstaaten und ihre Gebietskörperschaften** ansässige Personen i. S. der Abkommen sind (s. Rz. 75a). Entsprechende Regelungen finden sich insbesondere in den in jüngerer Vergangenheit abgeschlossenen *DBA Albanien 2010, Algerien 2007, Bulgarien 2010, Großbritannien 2010, Irland 2011, Liechtenstein 2011, Luxemburg 2012, Mauritius 2011, Mazedonien 2006, Mexiko 2008, Niederlande 2012 (E), Philippinen 2013, Spanien 2010, Südafrika 2008 (E), Syrien 2010, Taiwan 2011, Türkei 2011, Ungarn 2011, Uruguay 2010, Vereinigte Arabische Emirate 2010* und *Zypern 2011.* Im Falle der Bundesrepublik Deutschland rechnen zu den Gebietskörperschaften insbesondere die Bundesländer und die Gemeinden (BayLfSt, Vfg. v. 27.1.2009, S 1301.1.1–18/5 St32/St33, ESt-Karte BY DBA Frankreich Karte 6.1: *DBA Frankreich*), aber auch Landkreise und Gemeindeverbände, im Falle der Schweiz etwa die Kantone (Wassermeyer/*Wassermeyer/Kaeser,* Art. 4, Rz. 22). Nach dem Wortlaut der Regelung kommt es auf eine bestimmte Reichweite der Steuerpflicht nach dem innerstaatlichen Recht nicht an (s. Rz. 75a). Danach wäre 151 eine auf sachlich abgegrenzte Einkünfte beschränkte Steuerpflicht unschädlich. Zur Bedeutung der Regelung für Staatsfonds (sog. *sovereign wealth funds*) und den Finanzmarktstabilisierungsfonds (FMS) s. Rz. 75a, 83h, 111c. Fehlt – wie insbesondere in den älteren DBA – eine entsprechende Klausel, scheint die deutsche Finanzverwaltung jedenfalls dann von einer abkommensrechtlichen Ansässigkeit der Vertragsstaaten und seiner Gebietskörperschaften auszugehen, wenn auch der andere Vertragsstaat die Ansässigkeit annimmt (so etwa die entsprechende Verständigungsvereinbarung mit Frankreich BMF, BStBl I 2009, 37). Die Annahme der Ansässigkeit der Vertragsstaaten und ihrer Gebietskörperschaften ohne ausdrückliche Regelung soll auch der Auffassung der meisten anderen Staaten entsprechen (vgl. Tz. 8.4 MA-Komm. zu Art. 4; ferner *Prillinger,* SWI 2009, 246 (252)). Eine ausdrückliche Regelung wäre jedenfalls aus Gründen der Rechtsklarheit wünschenswert, da die Vertragsstaaten und ihre Gebietskörperschaften nach den allgemeinen Regeln zur Begründung der Ansässigkeit, insbesondere wegen der häufig nicht nur räumlich, sondern insbesondere auch sachlich beschränkten Reichweite der Steuerpflicht nicht ansässig wären.

152 **k)** Das *DBA Schweiz 1971/2010* sieht in den Bestimmungen über die Ansässigkeit Mechanismen zur **Missbrauchsabwehr** vor, die die Ausnutzung des Steuergefälles zwischen Deutschland und der Schweiz durch Wegzug oder doppelte Ansässigkeit erschweren sollen (für einen Überblick über diese Regelungen s. *Decker,* PIStB 2003, 273 (273); *Vetter/Schreiber,* IWB 2010, 245 ff.). Zu nennen ist hier zunächst die sog. **überdachende Besteuerung** (s. Rz. 22 und Art. 1 Rz. 138). Durch die überdachende Besteuerung in Art. 4 Abs. 3 *DBA Schweiz 1971/2010* sollen Steuervorteile aufgrund eines Doppelwohnsitzes vermieden werden (BFH, Urt. v. 11.11.2009, I R 110/08, BFH/NV 2010, 885, auch zur Vermeidung einer Doppelbesteuerung; zum Tatbestandsmerkmal „ständige Wohnstätte" s. BFH, Urt. v. 5.7.2007, I R 22/06, BStBl. II 2007, 812; FG Hamburg v. 20.10.2011, 3 V 41/11, EFG 2012, 846; s. zur Abgrenzung BFH v. 10.1.2012, I R 49/11, BFH/NV 2012, 922; *Milatz/Weist,* IWB 2011, 408). Der Missbrauchsverhinderung dient ferner auch die **„Abwandererregelung"** in Art. 4 Abs. 4 zur abkommensrechtlichen Absicherung der erweiterten beschränkten Steuerpflicht i. S. des § 2 AStG (s. Rz. 63, Art. 1 Rz. 139, Vor Art. 6–22, Rz. 28). Die „Abwandererregelung" in Abs. 4 ist nach dessen Satz 4 nicht anwendbar, wenn der Wegzug in der Absicht erfolgt, in der Schweiz eine „echte unselbständige Tätigkeit" aufzunehmen. In diesen Fällen soll eine Steuerflucht nicht zu vermuten sein (BFH, Urt. v. 2.9.2009, I R 111/08, BStBl. II 2010, 387). Die Aufnahme einer selbständigen Tätigkeit muss nicht das alleinige Motiv sein, es können weitere Motive (z. B. Heirat) hinzutreten (BFH, Urt. v. 2.9.2009, I R 111/08, BStBl. II 2010, 387). Ein späterer Wegfall der Absicht soll unschädlich sein (BFH, Urt. v. 2.9.2009, I R 111/08, BStBl. II 2010, 387). Auch kann der Umzug in die Schweiz erst nach Aufnahme der Tätigkeit erfolgen (BFH, Urt. v. 19.10.2010, I R 109/09, BStBl. II 2011, 443; dazu auch die zu Grunde liegende Entscheidung des FG Baden-Württemberg, Urt. v. 24.9.2009, 3 K 3034/07, EFG 2010, 624 mit m. w. N.). Es soll nicht erforderlich sein, dass der Umzug wegen einer *erstmaligen* Aufnahme einer unselbständigen Tätigkeit erfolgt (BFH, Urt. v. 19.10.2010, I R 109/09, BStBl. II 2011, 443; insoweit abweichend von FG Baden-Württemberg, Urt. v. 4.12.2007, 12 K 19/04, EFG 2008, 592). Damit wäre auch die sukzessive Verlagerung der Vermögensinteressen in die Schweiz unschädlich (a.A. FG Baden-Württemberg, Urt. 4.12.2007, 12 K 19/04, EFG 2008, 592). Im Zeitpunkt des Umzugs müssen weder der konkrete Arbeitgeber noch der konkrete Arbeitsplatz feststehen (BFH, Urt. v. 10.1.2012, I R 49/11, BFH/NV 2012, 922). Zur Frage, inwieweit aus Billigkeitsgründen eine Nichtanwendung der Abwandererregelung erfolgen kann s. BFH,

Urt. v. 27.7.2011, I R 44/10, BFH/NV 2011, 2005; zur Beweislast und zum Begriff der „echten unselbständigen Arbeit" s. FG Baden-Württemberg, Urt. v. 22.1.2008, 11 K 245/05, EFG 2008, 1360, sowie zur tatrichterlichen Würdigung BFH, Urt. v. 10.1.2012, I R 49/11, BFH/NV 2012, 922; ferner FG Baden-Württemberg, Urt. v. 24.5.2011, 11 K 2375/09, EFG 2011, 1891. Zu den Maßnahmen gegen Missbrauch gehört schließlich auch die Nichtansässigkeitsfiktion in Art. 4 Abs. 6, wonach eine natürliche Person, die nicht mit allen nach dem Steuerrecht ihres vermeintlichen Ansässigkeitsstaates allgemein steuerpflichtigen Einkünften aus dem anderen Vertragsstaat den allgemein erhobenen Steuern unterliegt, für die Zwecke des Abkommens nicht im erstgenannten Staat als ansässig gilt. Es handelt sich dabei um den Fall einer **Vorzugsbesteuerung,** wie sie sich in der Schweiz für Ausländer etwa in Form der Besteuerung nach dem Vielfachen des Mietwerts ihrer schweizerischen Wohnung findet (dazu s. Rz. 22 und Art. 1 Rz. 138; ferner FWK/*Wassermeyer* Art. 4 Rz. 168; *Bron/Seidel,* IStR 2009, 312 (313)). Die Regelung gilt für Steuern aller Ebenen (Bundes-, Kantons- und Gemeindeebene; vgl. *Bron/Seidel,* IStR 2009, 312 (313)). Auch Prot. Nr. 2 Buchst. c zum *DBA Liechtenstein* schließt eine abkommensrechtliche Ansässigkeit aus, wenn eine Person einer Vorzugsbesteuerung in Gestalt der liechtensteinischen Mindestertragsteuer unterliegt.

l) Eine spezielle Regelung zu **zeitlichen Aspekten** enthält Art. 4 Abs. 5 *DBA Schweiz 1971/2010.* Danach gilt eine Person im Falle einer während eines Jahres nur zeitweisen unbeschränkten Steuerpflicht aufgrund eines Wohnsitzwechsels nur für den Zeitraum der unbeschränkten Steuerpflicht als ansässig. Eine Einschränkung des Progressionsvorbehalts geht damit nicht einher (FG Baden-Württemberg, EFG 2012, 327). **153**

C. Zu Art. 4 Abs. 2

I. Musterabkommen

1. Übereinstimmungen und Abweichungen

Die Musterabkommen der OECD und der UN sowie die deutsche Verhandlungsgrundlage für DBA stimmen in ihren Absätzen 2 (jedenfalls inhaltlich) vollständig überein, das US-MA in Art. 4 Abs. 3 mit den erstgenannten MA weitgehend. Zur Klarstellung sei lediglich angemerkt, dass der Ausdruck „national" in den Abs. 2 Buchst. c des UN-MA und Abs. 3 Buchst. c des US-MA gleichbedeutend mit dem Ausdruck „citizen(ship)" in den Absätzen 1 verwendet wird. Art. 4 Abs. 3 Buchst. d US-MA sieht, wie bei Art. 25 Abs. 2 OECD-MA und US-MA nur ein „endeavor", also ein Bemühen, vor. Eine Verpflichtung zur Einigung, wie dies nach Art. 4 Abs. 2 Buchst. d OECD-MA vorgesehen ist (s. Rz. 210), besteht nicht. **160**

2. OECD-MA

a) Grundzüge: Ist eine **natürliche Person** nach dem innerstaatlichen Recht der Vertragsstaaten – und somit nach Abs. 1 – in beiden Vertragsstaaten ansässig (s. Rz. 3), so bestimmt Abs. 2 die **abkommensrechtliche Ansässigkeit** nach einer Rangfolge von **Anknüpfungsmerkmalen:** **161**

Rangfolge bei der Ansässigkeitsbestimmung

	Absatz 2	Anknüpfungsmerkmal	abkommensrechtlicher Wohnsitz in:
162	Buchst. a	– **ständige Wohnstätte** in einem Vertragsstaat	diesem Staat
		– ständige Wohnstätte in beiden Vertragsstaaten und **Mittelpunkt der Lebensinteressen** in einem Vertragsstaat	dem Staat, in dem der Mittelpunkt der Lebensinteressen liegt
163	Buchst. b	– wie vor, jedoch Mittelpunkt der Lebensinteressen nicht bestimmbar oder	dem Staat, in dem die Person ihren gewöhnlichen Aufenthalt hat
		– ständige Wohnstätte in keinem der beiden Vertragsstaaten	ebenso
164	Buchst. c	– **gewöhnlicher Aufenthalt** in beiden Vertragsstaaten oder	dem Staat, dessen Staatsangehörigkeit die Person besitzt
		– gewöhnlicher Aufenthalt in keinem der beiden Vertragsstaaten	ebenso
165	Buchst. d	– **Staatsangehörigkeit** in beiden Vertragsstaaten	dem Staat, auf den sich die zuständigen Behörden **einvernehmlich geeinigt** haben
		– Staatsangehörigkeit in keinem der beiden Vertragsstaaten	ebenso

168 **b) Funktion des Abs. 2:** Besteht nur **ein** Wohnsitz nach dem innerstaatlichen Recht **eines** Vertragsstaates, so ist dies zugleich der für die Abkommensanwendung maßgebende Wohnsitz (s. Rz. 12f.). Zur Anwendung des **Abs. 2** kommt es **nur,** wenn dieselbe natürliche Person nach Abs. 1 in **beiden** Vertragsstaaten ansässig ist. Für diesen Fall schafft Abs. 2 – als **„Tie-Breaker"-Regel** (Rangfolgeregel) – die Voraussetzungen einer eindeutigen Wohnsitzzuordnung. Auf mehrere Personen, die in unterschiedlichen Vertragsstaaten ansässig sind, ist die „Tie-Breaker"-Regel nicht anwendbar, auch nicht zur Lösung von Zurechnungskonflikten (so zu zutreffend *Lang,* IStR 2010, 114 (117); allgemein zu Zurechnungskonflikten s. Grundl. Rz. 181 ff.). Während die Ansässigkeit nach Abs. 1 die Abkommensberechtigung **begründet** (s. Rz. 11), konkretisiert Abs. 2 die **Rechtsfolgen** der Abkommensberechtigung: er bestimmt, welcher der beiden Vertragsstaaten die nach seinem innerstaatlichen Recht in seinem Gebiet ansässige natürliche Person als **Ansässigkeitsstaat** und welcher der beiden sie als **Quellenstaat** besteuern darf (s. Rz. 30 ff.; 60 ff.; so auch FWK/*Wassermeyer,* Art. 4 Rz. 21; *Winther-Sørensen,* Skat Ud. 1994, 165 (166)). Ist eine natürliche Person in einem Vertragsstaat deshalb unbeschränkt steuerpflichtig, weil das innerstaatliche Steuerrecht einen inländischen Wohnsitz oder gewöhnlichen Aufenthalt (so früher in Deutschland § 14 Abs. 3 StAnpG von 1934 für Inhaber und leitende Angestellte eines inländischen Unternehmens, der von Luxemburg in das eigene innerstaatliche Recht übernommen wurde, Titre I, Art. 2 Abs. 1 Code Fiscal) oder gar die unbeschränkte Steuerpflicht selbst **fingiert** (z. B. § 1 Abs. 3 EStG), so besteht in diesem Staat nach hier vertretener Auffassung schon überhaupt keine Ansässigkeit i. S. des Abs. 1 (s. Rz. 111b), so dass die vermeintliche, auf der Fiktion beruhende „Ansässigkeit" nicht zu einer durch eine Tie-Breaker-Regelung aufzulösenden Doppelansässigkeit führt. Sofern man dies anders sieht, entscheidet Abs. 2 den sich daraus ergebenden Konflikt **zugunsten der tatsächlichen Anknüpfung,** wenn die Person ihren tatsächlichen Wohnsitz oder gewöhnlichen Aufenthalt im anderen Vertragsstaat hat. Dieselben

Folgen treten ein, wenn man entgegen der hier vertretenen Auffassung (s. Rz. 111) als „ähnliches Merkmal“ i. S. des Abs. 1 auch andere als ortsbezogene Merkmale ansieht (z. B. die Staatsangehörigkeit): Konflikte werden zugunsten der ortsbezogenen Anknüpfung gelöst **(„Wohnsitz vor Staatsangehörigkeit“)**. Der betreffende Staat hat jedoch die Möglichkeit, sich eine an die Staatsangehörigkeit anknüpfende Besteuerung ausdrücklich vorzubehalten (so stets die USA, s. Rz. 111). Die hier für die Fiktion der unbeschränkten Steuerpflicht dargestellten Grundsätze gelten auch für die Fiktion der abkommensrechtlichen Ansässigkeit im oder außerhalb des innerstaatlichen Rechts (wie z. B. die Fiktion für den FMS-Fonds (s. Rz. 83h) oder für EU-Bedienstete (dazu s. Rz. 50)).

Obwohl die Anwendung des Abs. 2 die **abkommensrechtliche Ansässigkeit** voraussetzt, hat das FG BW in einem Fall von mehreren Wohnsitzen im In- und Ausland, in dem überhaupt kein Doppelbesteuerungsabkommen Anwendung fand, die Wertung des Art. 4 Abs. 2 OECD-MA zur Bestimmung des Wohnsitzes nach innerstaatlichem Recht herangezogen (EFG 2000, 72 (74)); dagegen aber der BFH BFH/NV 2001, 1402; dazu *Frick/Corino,* IStR 2001, 351; ferner Rz. 21 und 79. **169**

Art. 4 **Abs. 2** gilt – anders als Art. 4 Abs. 1 – **nur für natürliche Personen.** Der Begriff wird durch das MA nicht definiert, sondern vorausgesetzt (Art. 3 Abs. 1 Buchst. a; s. Art. 3 Rz. 12). Abs. 2 und 3 verlangen eine ortsbezogene Anknüpfung, die **unabhängig vom innerstaatlichen Recht autonom** zu bestimmen ist (zustimmend FG Berlin IStR 2002, 845 (846); allgemein zur autonomen Auslegung s. Grundl. Rz. 96, 113a ff.). Dies ist für Begriffe, die im innerstaatlichen Recht nicht verwendet werden, eine Selbstverständlichkeit (z. B. Mittelpunkt der Lebensinteressen). Für Begriffe, die im innerstaatlichen Recht verwendet werden (z. B. gewöhnlicher Aufenthalt), ergibt sich dies aus Art. 3 Abs. 2, der den Rückgriff auf das Begriffsverständnis des innerstaatlichen Rechts unter die im vorliegenden Zusammenhang regelmäßig gerade nicht erfüllte Bedingung stellt, dass der Zusammenhang keine abkommensautonome Auslegung erfordert (s. Art. 3 Rz. 116c; Grundl. Rz. 152e). Die von der Tie-Breaker-Regelung intendierte Auflösung von Doppelansässigkeiten erfordert schon allein deshalb eine abkommensautonome Auslegung, weil Doppelansässigkeiten häufig auf unterschiedlichen Anknüpfungen an das innerstaatliche Recht beruhen (s. Art. 3 Rz. 97 ff.; zur Begründung s. Rz. 2 f., 168 sowie Grundl. Rz. 158 ff.; ferner *Avery Jones u. a.,* BTR 1981, 15 (19 m. w. N.); *Lederer,* RIW 1981, 463 (465); unentschieden *Maisto,* ET 1999, 42 (47 f.); für eine autonome Auslegung im Hinblick auf den Begriff der ständigen Wohnstätte BFH BStBl. II 1999, 207 (208): *DBA Schweiz;* BStBl. II 1986, 133: *DBA Spanien 2011*; eine nur scheinbare Ausnahme macht insoweit das Merkmal der Staatsangehörigkeit, s. Rz. 111, 208; unter Einbeziehung europarechtlicher Aspekte *Cerioni,* BIT 2012, 647). Die Auflösung von Doppelansässigkeiten kann somit nur erreicht werden, wenn die Kriterien **den tatsächlichen Anknüpfungsmöglichkeiten** Rechnung tragen, die für natürliche und nichtnatürliche Personen verschieden sind. **170**

Abs. 2 bestimmt die Ansässigkeit nur für **Zwecke der Abkommensanwendung** (s. Rz. 31). Die Person **gilt** i. S. von **ist** (s. Rz. 3) in dem Staat als ansässig, der nach der Stufenfolge der Buchst. a bis d bestimmt wird. Soweit FWK/*Wassermeyer* (Art. 4 Rz. 24) aus dem Wort „gilt“ eine „Fiktion“ ableitet, die sich „nur auf die Ansässigkeit in einem der beiden Vertragsstaaten bezieht“, kann dies nicht anders verstanden werden (s. Rz. 3): Abs. 2 setzt voraus, dass die Person in **beiden** Vertragsstaaten ansässig ist (s. Rz. 3, 161) und bestimmt nur den **Vorrang** des Staates, dem die Person stärker verbunden ist (ähnlich BFH BStBl. II 1986, 133 (135 f.); ausdrücklich zustimmend: BStBl. II 1999, 207 (208)). Abs. 2 begründet nicht eine nach innerstaatlichem Recht nicht bestehende (fiktive) Ansässigkeit, sondern knüpft die Ansässigkeit nach Abkommensrecht nur an **zusätzliche Kriterien.** **171**

Abs. 2 kann somit auch **nicht** mit den **Kollisionsnormen** des Internationalen Privatrechts (s. Grundl. Rz. 42 ff.) verglichen werden: er bestimmt nicht, welche der beiden innerstaatlichen Rechtsordnungen zur Anwendung kommt, sondern er ergänzt bzw. modifiziert die für den Wohnsitz konstitutiven Merkmale des innerstaatlichen Rechts für die Zwecke der Abkommensanwendung durch **autonome** Begriffe.

172 Die für die Bestimmung des abkommensrechtlichen Wohnsitzes nach Art. 4 Abs. 2 MA maßgebenden Kriterien müssen grundsätzlich während desjenigen **Zeitabschnitts** gegeben sein, **um dessen Besteuerung es sich handelt** (Steuerjahr oder kürzerer Abschnitt, s. MA-Komm. Ziff. 10; in diesem Sinne auch ÖstBMF v. 11.2.1999 (EAS 1401), SWI 1999, 147). Dies gilt z.B. für die Frage, wo der „Mittelpunkt der Lebensinteressen" liegt, so mit Recht *Avery Jones u. a.,* BTR 1981, 104 (110); s. auch BFH BStBl. III 1964, 462. Soweit es jedoch darauf ankommt, wo der Steuerpflichtige sich „normalerweise" aufhält, kann die Berücksichtigung eines darüber hinausreichenden Zeitabschnitts geboten sein (s. Rz. 204). Behandelt ein Staat die aus einem anderen Staat während des Kalenderjahres zuziehende Person **rückwirkend** ab dem Beginn des Kalenderjahres als nach seinem innerstaatlichen Recht ansässige Person, dann ist die abkommensrechtliche Ansässigkeit für die Zeit vom Beginn des Kalenderjahres bis zum Wegzug aus dem anderen Staat nur dann nach den Kriterien des Abs. 2 zu bestimmen, wenn im **Zuzugsstaat** die Voraussetzungen für eine abkommensrechtliche Ansässigkeit nach Abs. 1 bereits vor dem Wegzug aus dem anderen Staat gegeben waren. Für die Bundesrepublik Deutschland als Zuzugsstaat stellt sich dieses „Rückwirkungsproblem" allerdings nicht, weil § 2 Abs. 7 EStG die Möglichkeit eines Wechsels zwischen unbeschränkter und beschränkter Steuerpflicht während eines Kalenderjahres implizit voraussetzt. Deutlich in diesem Sinne insbesondere Art. 4 Abs. 5 *DBA Schweiz;* Prot. zu Art. 4 *DBA Italien 1989.*

173 Die **abkommensrechtliche Ansässigkeit** ist nach der **Rangfolge** der in Buchst. a bis d aufgezählten Anknüpfungsmerkmale zu bestimmen (vgl. *Conseil d'Etat* req. n. 28 831, Dr. Fisc. 1983 comm. 1568, concl. *Bissara: DBA Frankreich/USA* = BIFD 1983, 355). Neben der allgemeinen Regel für die Auslegung aus dem Zusammenhang (s. Rz. 170) ist hier der **engere Zusammenhang** der Anknüpfungsmerkmale des Abs. 2 zu berücksichtigen: die Merkmale des Abs. 2 bestimmen eine **Anwendungsvoraussetzung** des Abkommens (s. Rz. 11 f.); sie stehen in einer **Stufenfolge** ortsbezogener Kriterien (Zusammenhang mit Abs. 1); sie setzen die Möglichkeit der Besteuerung als ansässige Person in beiden Vertragsstaaten nach Abs. 1 voraus (s. Rz. 3, 76); die Merkmale ständige Wohnstätte, gewöhnlicher Aufenthalt und Staatsangehörigkeit (dazu Rz. 180 ff., 202 ff., 208 f.) können in einem, in beiden oder in keinem Vertragsstaat gegeben sein; der Mittelpunkt der Lebensinteressen kann sich jedoch nur in einem der Vertragsstaaten oder in einem Drittstaat befinden (der Forderung des MA-Komm. Ziff. 10 Satz 2, das Merkmal, nach dem der Vorrang entschieden werde, müsse so beschaffen sein, dass es von einer Person nur in einem Staat erfüllt werden könne, entspricht das MA also selber nicht). Diesem System **widerspricht** es allerdings ganz und gar, wenn ein Abkommen, wie es u. a. in Art. 4 Abs. 2 *DBA Frankreich/Schweiz,* Art. 2 Abs. 4 *DBA Frankreich/Dänemark* und Art. 2 Abs. 1 *DBA Frankreich/Kamerun* der Fall ist, die Begriffe „domicile", „foyer permanent d'habitation" und „centre des interêts vitaux" einander **gleichsetzt.**

174 **In abkommenspolitischer Hinsicht** ist die „Tie-Breaker"-Regelung des Art. 4 Abs. 2 nicht unproblematisch, weil sie an stark individualisierte und zugleich stark wertende Merkmale anknüpft. Daraus resultiert Rechtsunsicherheit, die in einem Zeitalter großer internationaler Mobilität, vor allem aber auch in einem zusammenwachsenden Wirtschaftsraum Europa beachtliche Relevanz gewinnt. Wün-

schenswert sind deshalb einfache, leicht verifizierbare und zugleich nicht allzu leicht gestaltbare Kriterien für die eindeutige Bestimmung der abkommensrechtlichen Ansässigkeit.

c) Verfügung über eine ständige Wohnstätte: Aus der Verwendung des Begriffs „Wohnsitz" in Art. 4 Abs. 1 (s. Rz. 91) und des Begriffs **„ständige Wohnstätte"** in Abs. 2 folgt, dass beide Begriffe – trotz gemeinsamer Merkmale – inhaltlich nicht völlig übereinstimmen (FG Köln, EFG 2006, 1490: *DBA Polen;* BFH v. 5.7.2007, I R 22/06, BStBl. II 2007, 812: *DBA Schweiz 1971;* FG Hamburg v. 11.9.2012, 2 K 23/12, juris: *DBA Frankreich;* FG Hamburg v. 12.6.2008, 5 K 81/06, EFG 2008, 1558: *DBA Tschechien*). Der Begriff „ständige Wohnstätte" ist als „spezifisch abkommensrechtlicher Begriff" autonom auszulegen (BFH BStBl. II 1999, 207; FG Köln, EFG 2006, 1490; zur autonomen Auslegung s. Grundl. Rz. 113a ff.). Dies folgt letztlich aus Art. 3 Abs. 2. Unerheblich ist insoweit, dass der abkommensrechtliche und der innerstaatliche Begriff nicht identisch sind (s. Grundl. Rz. 152c; Art. 3 Rz. 111b). Allerdings erfordert der Abkommenszusammenhang eine autonome Auslegung (s. Rz. 170); ausführlich zum Begriff der ständigen Wohnstätte *Mamut,* in Lang/Schuch/Staringer, Ansässigkeit, S. 139 ff.; *Pohl,* IWB 2013, 237). Die „ständige Wohnstätte" ist ein qualifizierter Wohnsitz (BFH BStBl. II 1986, 133: *DBA Spanien;* BFH BStBl. II 1999, 207 (208); BFH, Urt. v. 5.7.2007, I R 22/06, BStBl. II 2007, 812; FG Köln EFG 1997, 725: jeweils *DBA Schweiz;* EFG 2006, 1490: *DBA Polen;* FG BW v. 27.9.2012, 3 K 994/09, juris: *DBA Schweiz 1992;* FG BW, DStRE 2006, 1394; Wassermeyer/*Wassermeyer/Kaeser,* Art. 4 OECD-MA Rz. 33; *Schaumburg,* Rz. 16.197). 180

Die deutsche Fassung verwendet mit dem Begriff der **Wohnstätte** ein **objektives** Merkmal, während die beiden Originalfassungen des MA – engl.: „permanent home available to him", frz.: „où elle dispose d'un foyer d'habitation permanent" – mit den Worten „home" und „foyer d'habitation" eine zusätzliche **subjektive** Komponente enthalten. **Wohnstätte, home und foyer d'habitation** sind in objektiver Hinsicht alle Räumlichkeiten, die nach Art und Einrichtung zum Wohnen geeignet sind (BFH v. 5.7.2007, I R 22/06, BStBl. II 2007, 812: *DBA Schweiz 1971*) Darunter fallen insbesondere **Häuser oder Wohnungen,** die der natürlichen Person gehören oder von ihr gemietet sind, auch gemietete möblierte Zimmer (MA-Komm. Ziff. 13; *Kergall/Teitgen,* RDAI 1987, 25 (28 ff.)). Die Ausdrücke „home" und „foyer d'habitation" enthalten anders als der objektiv feststellbare Begriff der „Wohnstätte" darüber hinaus zusätzlich ein Element **persönlicher Bindung an die Wohngelegenheit,** das in der deutschen Sprachfassung allenfalls in den Begriff **„ständig"** hineingelesen werden kann (vgl. Wassermeyer/*Wassermeyer/Kaeser,* Art. 4 OECD-MA Rz. 55; *Avery Jones u. a.,* BTR 1981, 15 (23 m. w. N.); *Booth,* S. 23 ff.; *Conseil d'Etat* req. n. 48 131, Dr. Fisc. 1988 comm. 1977, concl. *Fouquet: DBA Frankreich/Belgien;* req. n. 224 459, Dr. Fisc. 2003 comm. 121: *DBA Frankreich/Schweiz;* BFH/NV 2006, 583: *DBA Belgien;* BFH BStBl. II 2007, 812: *DBA Schweiz*). Dieser Auslegung von „ständiger Wohnstätte" i. S. von „home" und „foyer d'habitation" ist zu folgen, weil sie dem Zweck des Abs. 2 entspricht, auf eine intensive Bindung an einen der beiden Vertragsstaaten abzustellen. Nicht schädlich ist es, dass diese Auslegung zu einer Überschneidung zwischen den Begriffen „Wohnstätte" = „home" = „foyer d'habitation" mit den Begriffen „Mittelpunkt der Lebensinteressen" = „centre of vital interests" = „centre des intérêts vitaux" führen kann (s. Rz. 190). Nicht erforderlich ist, dass die Wohnung nach Größe und Ausstattung ein den Lebensverhältnissen des Steuerpflichtigen entsprechendes Heim bietet (BFH BStBl. II 1999, 207: *DBA Schweiz;* anders noch BFH BStBl. II 1986, 133: *DBA Spanien 1966*). Dies entspricht dem MA-Komm. Ziff. 13. 180a

181 Eine Wohnstätte ist nach Auffassung der Rechtsprechung nur **„ständig"**, wenn Art und Intensität der Nutzung sie im Rahmen einer wertenden Betrachtung als eine nicht nur hin und wieder aufgesuchte, sondern in den allgemeinen Lebensrhythmus einbezogene Anlaufstelle des Steuerpflichtigen erscheinen lässt (BFH, Urt. v. 5.7.2007, I R 22/06, BStBl. II 2007, 812: *DBA Schweiz 1971*). Ein ständiges Bewohnen ist danach ebenso wenig erforderlich wie ein Mindestmaß an Nutzung; auch muss sich dort nicht der Mittelpunkt der Lebensinteressen befinden (zu diesem nachgeordneten Unterscheidungsmerkmal s. Rz. 190 ff.). Das ständige Bereithalten zur Nutzung und die nur gelegentliche tatsächliche Nutzung reicht anders als beim „Wohnsitz" i. S. des § 8 AO dagegen nicht aus (BFH, Urt. v. 24.1.2001, I R 100/99, BFH/NV 2001, 1402; v. 5.7.2007, I R 22/06, BStBl. II 2007, 812: *DBA Schweiz 1971*). Das FG Hamburg (Beschl. v. 20.10.2011, 3 V 41/11, EFG 2012, 846: *DBA Schweiz*) verlangt „eine langfristige Rechtsposition für die ständige Benutzung eines Zimmers". Das erscheint zu weitgehend (s. FG BW v. 26.9.2012, 2 K 776/11 (Rev. I R 19/13)). Indes begründen gelegentliche Aufenthalte, die ihrem Anlass nach von kurzer Dauer sind (Vergnügungs-, Geschäfts- oder Studienreisen, Lehrgänge u. ä.), keine ständige Wohnstätte (vgl. MA-Komm. Ziff. 12 f., sowie Verhandlungsprotokoll zu Art. 4 *DBA Schweiz* vom 18.6.1971 Anlage 2a, BStBl. I 1975, 479 (491)). Das **zeitliche** Element „ständig" bezieht sich nicht auf die tatsächliche Verfügungsmacht über die Wohnstätte, sondern auf deren **Verwendung als Wohnung** (BFH/NV 2006, 583: *DBA Belgien;* Wassermeyer/*Wassermeyer,* Art. 4 OECD-MA Rz. 59; differenzierend FG BW v. 25.10.2006, 3 V 23/05, juris: *DBA Schweiz 1971;* FG BW, EFG 2006, 1490: *DBA Polen*); „ständig" ist in einem objektiven Sinn als Gegensatz zu „befristet" zu verstehen (*Avery Jones u. a.,* BTR 1981, 15 (25 m. w. N.); *Booth,* S. 48 ff.; in diesem Sinne auch der MA-Komm. Ziff. 12). Eine Befristung wird häufig bei einem Aufenthalt zu bestimmten Zwecken, die nach dem MA-Komm. Ziff. 13 Satz 2 keine ständige Wohnstätte begründen, gegeben sein. Insoweit stellt sich die Frage, ab welchem Zeitraum eine ständige Wohnstätte anzunehmen ist. Wassermeyer/*Wassermeyer/Kaeser,* Art. 4 OECD-MA Rz. 59 verweist auf Art. 5 Abs. 3 OECD-MA. Das FG Köln (RIW 1983, 383 (384): *DBA Spanien 1966*) hat in einem Fall das Vorliegen einer ständigen Wohnstätte mit Hinweis darauf verneint, dass der Aufenthalt von vornherein längstens auf zwölf Monate befristet war. Der *Conseil d'Etat* hat das Vorliegen einer „ständigen Wohnstätte" in einem Fall verneint, in dem dem Steuerpflichtigen ein Haus leihweise „für einen Teil des Jahres" zur Verfügung gestellt worden war (*Conseil d'Etat* req. n. 59667–61300, Dr. Fisc. 1989 comm. 1289, concl. *Martin*). Das dänische *Landsskatteret* hat ein Sommerhaus deswegen nicht als ständige Wohnstätte angesehen, weil es nicht zur ganzjährigen Benutzung zugelassen und weder ungewöhnlich teuer noch groß war (Skat Ud. 1990, 101: *DBA Dänemark/Großbritannien*). Dagegen soll nach Auffassung der niederländischen Rechtsprechung ein Wohnwagen eine ständige Wohnstätte darstellen können, da er dem Steuerpflichtigen dauerhaft zur Verfügung steht (Rechtbank Breda, Entsch. v. 6.7.2009, BJ1952: *DBA Niederlande 1959/2004*). Neben der Frage einer Befristung stellt sich im Falle einer nicht befristeten Nutzung der Wohnstätte die Frage nach dem Erfordernis einer Mindestnutzungsdauer derselben (dagegen Wassermeyer/*Wassermeyer/Kaeser,* Art. 4 OECD-MA Rz. 59). Nicht erforderlich ist, dass es sich um das „ständige Heim" des Steuerpflichtigen handelt (BFH BStBl. II 1999, 207: *DBA Schweiz;* FG Berlin IStR 2002, 845 (846): *DBA Spanien 1966;* anders aber FG Köln RIW 1983, 383: *DBA Spanien 1966*). Der **„gewöhnliche Aufenthalt"** gibt nach Abs. 2 Buchst. b erst dann den Ausschlag, wenn der Steuerpflichtige eine „Wohnstätte" in **beiden** Vertragsstaaten – oder in **keinem von beiden** Vertragsstaaten – hat. Erforderlich ist allerdings, dass die Wohnstätte mit einer gewissen Regelmäßigkeit bewohnt, d. h. tatsächlich genutzt wird (BFH

BStBl. II 1999, 207; BStBl. II 2007, 812, wonach eine wertende Betrachtung geboten ist, die darauf abstellt, ob die Intensität der Nutzung bei obj. Betrachtung auf eine Einbindung der Wohnung in das übliche Leben der Steuerpflichtigen hindeutet, jeweils zum *DBA Schweiz;* dazu Verhandlungsprotokoll BStBl. I 1975, 504; *Jahn,* PIStB 2007, 305. Zweifelhaft ist, ob Ferienwohnungen dem Begriff der „ständigen Wohnstätte“ unterfallen (dagegen generell FWK/*Wassermeyer,* Art. 4 Rz. 35). Dies ist rechtlich regelmäßig allerdings erst dann erheblich, wenn die Ferienwohnung einen nach Abs. 1 ansässigkeitsbegründenden Wohnsitz nach innerstaatlichem Recht darstellt. Dies ist jedoch grundsätzlich nicht der Fall (vgl. BFH BStBl. II 1968, 439; Tipke/Kruse/*Kruse* § 8 AO Rz. 8).

Die natürliche Person **verfügt** über die ständige Wohnstätte („... available to **182**
him“; „... dispose d'un foyer ...“), wenn sie die Möglichkeit hat, jederzeit (rechtmäßig) die Räumlichkeiten als Wohnstätte zu nutzen und sie tatsächlich nutzt (FG Hamburg, Urt. v. 12.6.2008, 5 K 81/06, EFG 2008, 1558: *DBA Tschechoslowakei*). Dabei muss es sich um eine langfristige Rechtsposition handeln. Diese Voraussetzungen soll nicht gegeben sein, wenn eine natürliche Person mit Unterbrechungen in einem Hotelzimmer übernachtet, ohne in der Zwischenzeit persönliche Dinge zurückzulassen (FG Hamburg, v. 20.10.2011, 3 V 41/11, DStRE 2012, 1062: *DBA Schweiz*). Erforderlich sind Vorkehrungen dafür, dass ihr die Wohnstätte jederzeit ständig zur Verfügung steht (MA-Komm. Ziff. 13). Mit dem Begriff „verfügen“, der im Sinne von „innehaben“ die **tatsächliche Verfügungsmacht** voraussetzt (RFH RStBl. 1934, 341; BFH BStBl. II 1986, 133: *DBA Spanien 1966;* BStBl. II 1999, 207 (208): *DBA Schweiz 1971*), werden das Hausrecht und das Recht, über die Nutzung der ständigen Wohnstätte wie ein Eigentümer oder Mieter bestimmen zu können, umschrieben (vgl. FWK/*Wassermeyer,* Art. 4 Rz. 36; ähnlich *Avery Jones u. a.,* BTR 1981, 15 (27); ihnen folgend *Lederer,* RIW 1981, 463 (467) unter Bezug auf die Rechtsprechung des BFH zum Tatbestandsmerkmal des „Innehabens“ i. S. des § 8 AO). Zu der über diese tatsächlichen Merkmale hinausgehenden Voraussetzung der Aufenthaltsbewilligung s. EAS 1955 v. 26.11.2001: *DBA Liechtenstein/Österreich.*

d) Verfügt die Person in **beiden** Staaten über eine ständige Wohnstätte, so gilt **190**
sie nach Abs. 2 Buchst. a als in dem Staat ansässig, zu dem sie die **engeren persönlichen und wirtschaftlichen Beziehungen** hat **(Mittelpunkt der Lebensinteressen);** engl.: „... State, with which his personal and economic relations are closest (centre of vital interests)“, franz.: „... état ... avec lequel ses liens personnels et économiques sont les plus étroits (centre des intérêts vitaux)“. Der Begriff des Mittelpunkts der Lebensinteressen kann nicht unter Rückgriff auf das innerstaatliche Recht definiert werden, da er zum einen im innerstaatlichen Recht nicht verwendet wird und zum anderen das MA eine eigenständige Definition enthält. Ausführlich zum Begriff des Mittelpunkts der Lebensinteressen *Stürzlinger,* in Lang/Schuch/Staringer, Ansässigkeit, S. 157 ff.; aus italienischer Sicht *Gusmeroli,* ET 2009, 50 ff. Die „engeren persönlichen und wirtschaftlichen Beziehungen“ sind unselbständige Merkmale zur Bestimmung des abkommensrechtlichen Wohnsitzes (vgl. auch: *Conseil d'Etat* req. n. 27 685, Dr. Fisc. 1984 comm. 926: *DBA Frankreich/Spanien*). Sie **setzen voraus,** dass die Person in **beiden** Staaten über eine **ständige Wohnstätte** verfügt (nicht möglich nach dem innerstaatlichen Recht Österreichs, vgl. ÖstVwGH ÖStZ 1984, 457) und konkretisieren das Element der besonderen persönlichen Bindung an die Wohnstätte (s. Rz. 180, 194, 203). Dass eine ständige Wohnstätte in beiden Vertragsstaaten gegeben sein muss, ist nach dem Wortlaut des Abs. 2 Buchst. a eindeutig. Dies bestätigt nunmehr auch der *Conseil d'Etat* (req. n. 76564, Dr. Fisc. 1992 comm. 1710: *DBA Frankreich/Spanien;* CAA Paris req. n. 95–2155, Dr. Fisc. 1997 comm. 1152: *DBA Frankreich/Kanada;* s.

auch FG BW v. 25.10.2006, 3 V 23/05: *DBA Schweiz,* juris). Der MA-Komm. gibt insoweit allerdings Zweifel auf; dort werden Folgerungen für die Bestimmung des Mittelpunkts der Lebensinteressen daraus gezogen, dass eine Wohnstätte **beibehalten** wurde (MA-Komm. Ziff. 15). Auch *Wassermeyer* (in FWK, Art. 4 Rz. 45) meint, obwohl die Formulierung des von ihm erläuterten Art. 4 Abs. 2 Buchst. a *DBA Schweiz 1971/2010* mit dem MA übereinstimmt, dass der Mittelpunkt der Lebensinteressen in einem Staat liegen könne, in dem **keine** ständige Wohnstätte bestehe. Das widerspricht ebenso dem Wortlaut der Vorschrift wie ihrer Funktion, zur eindeutigen Bestimmung der abkommensrechtlichen Ansässigkeit zu führen. Für die hier vertretene Auffassung: *Avery Jones u. a.,* BTR 1981, 15 (104); *Höhn/David,* S. 131; FG München EFG 1963, 103; vgl. auch FG Hamburg v. 20.10.2011: *DBA Schweiz,* EFG 2012, 846.

191 Der Mittelpunkt der Lebensinteressen ist nach **objektiven** Kriterien zu bestimmen (vgl. *Conseil d'Etat* req. n. 31 935, Dr. Fisc. 1987 comm. 1225, concl. *Racine*). Zum **maßgebenden Zeitabschnitt** s. Rz. 172. Auslegungsschwierigkeiten ergeben sich bei der **inhaltlichen Bestimmung der Begriffe „persönliche und wirtschaftliche Beziehungen"** (s. Rz. 192 ff.) sowie bei deren **Gewichtung** zueinander bzw. aus der Frage, ob und inwieweit persönliche und wirtschaftliche Beziehungen **kumulativ** vorliegen müssen (s. Rz. 195 ff.).

192 **Persönliche Beziehungen** umfassen die gesamte private Lebensführung des Steuerpflichtigen (vgl. FWK/*Wassermeyer,* zu Art. 4 *DBA Schweiz* Rz. 40). Dazu gehören familiäre und gesellschaftliche, politische und kulturelle Beziehungen (BFH BStBl. II 1991, 562 (563): *DBA Großbritannien 1964/70; Conseil d'Etat* req. n. 51500, Dr. Fisc. 1988 comm. 2359: *DBA Frankreich/Tunesien;* req. n. 58873, Dr. Fisc. 1989 comm. 1151, concl. *Laprade* zum innerstaatlichen französischen Recht; *Hof Amsterdam* TI October 1984, 27; vgl. MA-Komm. Ziff. 15, ohne zwischen persönlichen und wirtschaftlichen Beziehungen zu differenzieren), aber auch Beziehungen zu einer Sache oder Sachgesamtheit (Privatsammlung, Reitstall), die Mitgliedschaft in Vereinen und anderes soziales Engagement (*Tax Court of Canada,* Boston v. Canada 1997 T. C. J. No. 1025) und die Ausübung eines Hobbys (FWK/*Wassermeyer,* Art. 4 Rz. 40; *Conseil d'Etat* req. n. 28831, Dr. Fisc. 1983 comm. 1568, concl. *Bissara: DBA Frankreich/USA;* für den Vorsitz in einem Verein; so auch der ÖstVwGH ÖStZB 1991, 530: *DBA Österreich 1954/92*) sowie der Wohnort des Lebensgefährten und der Ort der Praxis des häufig konsultierten Hausarztes (FG BW v. 25.10.2006, 3 V 23/05: *DBA Schweiz,* juris). Der Annahme von persönlichen Beziehungen zu einem Staat steht es hingegen nicht entgegen, wenn die betreffende natürliche Person die Sprache des Staates nicht spricht und sich daher nahezu ausschließlich im Kreis von Menschen bewegt, die dieselbe Staatsangehörigkeit haben und dieselbe Sprache sprechen wie sie (zutr. FG RhPf 1 K 2475/03, DStRE 2004, 881 (884)).

193 Diese Grundlinien in der Rechtsprechung internationaler Gerichte bestätigt der *Conseil d'Etat* in einer Entscheidung, in der er darauf abstellt, dass der Steuerpflichtige in einem Vertragsstaat zwei Hausdiener dauerhaft beschäftigte, vier Pkw angemeldet hatte und dort von seinen Kindern und Enkelkindern besucht wurde, im anderen Vertragsstaat dagegen nur einige Ersparnisse und ein Apartment besaß (*Conseil d'Etat* req. n. 75436, Dr. Fisc. 1990 comm. 2194, concl. *Arrighi de Casanova: DBA Frankreich/Schweiz*). In einem ähnlichen Fall wurde ein Steuerpflichtiger aufgrund persönlicher Beziehungen für Abkommenszwecke als in der Schweiz ansässig angesehen, weil er dort ein Fahrzeug angemeldet hatte, ihm in der Schweiz ein Führerschein ausgestellt worden war und er das Französische Konsulat von seiner Anwesenheit unterrichtet hatte (*Conseil d'Etat* req. n. 55943, Dr. Fisc. 1993 comm. 1166, concl. *Fouquet: DBA Frankreich/Schweiz*).

Auch die Absicht des Steuerpflichtigen, seinen Lebensabend an einem bestimmten Ort zu verbringen, kann als persönliche Beziehung gewertet werden (BFH BStBl. II 1971, 758: *DBA Schweiz 1971*). Die Absicht muss sich in **äußeren Umständen** manifestieren, die **nachprüfbar** sind. Selbst wenn ein DBA auf die Absicht *(bedoeling),* an einem Ort dauernd zu bleiben, abstellt, muss die Verwirklichung dieser Absicht doch anhand objektiver Kriterien beurteilt werden (*Hoge Raad* Rolno. 24142, BNB 1990/101: *DBA Niederlande/Schweiz*). So lässt sich die Absicht eines Steuerpflichtigen, eine von zwei Wohnstätten zur ständigen Wohnstätte werden zu lassen, unter anderem daran erkennen, dass er im fraglichen Staat einen Personalausweis besitzt und in Wahllisten eingetragen ist (*Conseil d'Etat* req. n. 68975, Dr. Fisc. 1993 comm. 387: *DBA Frankreich/Elfenbeinküste*).

Unter diesen Kriterien zur Bestimmung des Ortes, zu dem die engeren persönlichen Beziehungen bestehen, haben die familiären Beziehungen in der Regel die größte Bedeutung (zutr. Wassermeyer/*Wassermeyer/Kaeser,* Art. 4 OECD-MA Rz. 69), wenngleich es sich nicht um ein allein entscheidendes Kriterium handelt. So besteht nach Ansicht des ÖstVwGH (vgl. ÖstZB 1992, 322) die stärkste persönliche Beziehung im Regelfall zu dem Ort, an dem jemand regelmäßig mit seiner Familie lebt. Allerdings konnte der *CAA Paris* in einem Fall, in dem die Familie in Frankreich, der Steuerpflichtige jedoch den Großteil des Jahres in der Elfenbeinküste lebte, nicht feststellen, zu welchem Staat die engeren persönlichen Beziehungen bestanden. Entscheidend war deshalb die Dauer des Aufenthaltes (*CAA Paris* req. n. 94–1491, Dr. fisc. 1996 comm. 332). Der *Tax Court of Canada* hat in einem Fall den Mittelpunkt der Lebensinteressen in Malaysia angenommen, obwohl die Familie des Steuerpflichtigen in Kanada lebte (Boston v. Canada 1997 T.C.J. No. 1025).

Von diesen Merkmalen des (Typus-)Begriffs „persönliche Beziehungen" zu unterscheiden sind **Indizien oder Zeichen,** die lediglich auf das Vorliegen derartiger Beziehungen hindeuten. Daher kommt es für die Bestimmung der persönlichen Beziehungen nicht primär auf die Dauer des Aufenthalts in den beiden ständigen Wohnstätten an. Auch die räumlichen Verhältnisse sind an sich nicht entscheidend, sodass es für den Begriff der persönlichen Beziehungen keine Rolle spielt, wo die natürliche Person über die größeren Räumlichkeiten verfügt. Dasselbe gilt schließlich auch, wenn der Steuerpflichtige in der Vergangenheit zu einem der beiden Orte die stärkeren Beziehungen hatte. Zutreffend geht der MA-Komm. Ziff. 15 für die Bestimmung des Mittelpunktes der Lebensinteressen davon aus, dass eine Person, die in einem Staat eine Wohnstätte gründet, ohne ihre im anderen Staat bestehende Wohnstätte aufzugeben, ihre engeren persönlichen Beziehungen zum ersten Staat behalten kann. Diese Auffassung kann auf die Größe der Räumlichkeiten und auf die Dauer des Aufenthalts übertragen werden: Bei diesen Umständen handelt es sich – entgegen dem FG BW v. 25.10.2006, 3 V 23/05: *DBA Schweiz,* juris, das diesen Indizien dieselbe Bedeutung zumessen will wie den in Rz. 192 genannten Faktoren – um widerlegbare Anhaltspunkte für eine enge persönliche Beziehung zu einem Ort.

Wirtschaftliche Beziehungen bestehen vornehmlich zu örtlich gebundenen **Tätigkeiten** oder **Einnahmequellen** (BFH BStBl. II 1991, 562 (563): *DBA Großbritannien;* FWK/*Wassermeyer,* Art. 4 Rz. 42; *Conseil d'Etat* req. n. 57320, Dr. Fisc. 1987 comm. 2074: *DBA Frankreich/Algerien;* RJF 1988 comm. 1179: *DBA Frankreich/Marokko; CAA de Paris* req. n. 93–237, Dr. Fisc. 1995 comm. 331, concl. Gipoulou: *DBA Frankreich/Neu-Kaledonien;* req. n. 95–1501, Dr. Fisc. 1997 comm. 1314: *DBA Frankreich/Italien*). Ein Ausdruck besonderer Bindung an eine Wohngelegenheit (s. Rz. 180, 203) ist es, wenn die Wohnstätte überwiegend der Verwirklichung oder Aufrechterhaltung wirtschaftlicher Beziehungen dient. Dies wird in der Regel diejenige Wohnstätte sein, von der aus die Person ihrer täglichen 194

Arbeit nachgeht und von der aus sie ihr Vermögen oder ihre Einkünfte verwaltet. Dies gilt jedoch nicht, wenn bei Fortbestehen der engeren persönlichen Beziehungen zum Heimatstaat bereits bei Beginn der Berufstätigkeit im anderen Vertragsstaat eine Rückkehr in den Heimatstaat beabsichtigt war (FG Düsseldorf, EFG 2006, 970: *DBA USA 1989*). Nach Auffassung des Département des Financières Neuchâtel (vgl. Ent. v. 27.6.1989, StE 1990 A 31.3 Nr. 2: *DBA Schweiz/Italien*) liegt der Mittelpunkt der Lebensinteressen in der Schweiz, wenn sich dort der gesamte Immobilienbesitz befindet und verwaltet wird und der Beruf dort vor dem Ruhestand ausgeübt wurde. Verteilt sich die Tätigkeit auf beide Wohnstätten, so ist es gerechtfertigt, denjenigen Wohnstättenstaat als abkommensrechtlichen Ansässigkeitsstaat anzusehen, in dem das Vermögen belegen ist oder aus dessen Quellen die Einkünfte stammen (zum Begriff der Einkunftsquellen vgl. FWK/*Wassermeyer,* Art. 4 Rz. 42). Allein aufgrund einer ständigen Wohnstätte in einem Vertragsstaat, von der aus der Steuerpflichtige seiner Berufstätigkeit in diesem Vertragsstaat nachgeht, kann allerdings nicht auf einen durch engere wirtschaftliche Beziehungen begründeten Mittelpunkt der Lebensinteressen geschlossen werden, wenn sich der wesentliche Teil seines Vermögens im anderen Vertragsstaat befindet, in dem darüber hinaus auch persönliche Beziehungen bestehen (FG BW: *DBA Schweiz* v. 25.10.2006, 3 V 23/05, juris: *DBA Schweiz*). Soweit *Wassermeyer* besonders auf den persönlichen Einsatz abstellt, den der Steuerpflichtige erbringt, um die jeweiligen Einkünfte zu erzielen, berücksichtigt er nicht genügend die Unselbständigkeit der Abgrenzungsmerkmale gegenüber der Anknüpfung an die Wohnstätte (FWK/*Wassermeyer,* Art. 4 Rz. 43). Ihm ist dagegen zuzustimmen, wenn er bei gespaltenen Einkunftsquellen prüft, inwieweit die Einkunftsquelle einen Aufenthalt des Steuerpflichtigen in dem einen oder anderen Staat notwendig macht (FWK/*Wassermeyer,* Art. 4 Rz. 44; vgl. *Conseil d'Etat* req. n. 57320, Dr. Fisc. 1987 comm. 2074: *DBA Frankreich/Algerien*). Daneben wird insbesondere in Frankreich bisweilen aus der Existenz eines oder mehrerer Bankkonten, auf dem Zahlungen aus dem Ausland eingehen, auf eine wirtschaftliche Beziehung zu dem Staat geschlossen, in dem die Konten unterhalten werden (etwa *CAA de Lyon,* N° 00LY02214, *Towhidian*).

195 Persönliche und wirtschaftliche Beziehungen müssen **nicht kumulativ** vorliegen; sie bilden nur differenzierte Prüfungskriterien für die Bestimmung des Begriffs „Mittelpunkt der Lebensinteressen". Bestehen die engeren **persönlichen** Beziehungen zu einem Vertragsstaat, die engeren **wirtschaftlichen** dagegen zum anderen, so kommt es nach **Ansicht des BFH** darauf an, „welcher der beiden Orte für den Steuerpflichtigen der bedeutungsvollere ist" (BFH BStBl. II 1991, 562 (563); BStBl. II 1971, 758 (759): *DBA Großbritannien 1964/70* und *Schweiz 1931*; ferner BFH, Urt. v. 28.11.2007, I B 79/07, juris: *DBA Portugal;* zur ergänzenden Bedeutung zeitlicher Aspekte: BFH/NV 2008, 226: *DBA Ungarn;* FG Bremen EFG 1999, 1234: *DBA Polen 1972/79;* FG Düsseldorf v. 22.1.1999 – 3 K 21/95: *DBA Frankreich;* FG BW v. 26.3.1998 – 2 K 328/96: *DBA Schweiz; Schaumburg,* Rz. 16.198). Überwiegen die persönlichen Interessen des Steuerpflichtigen in einem Vertragsstaat, die wirtschaftlichen Interessen im anderen Vertragsstaat, so liege der Mittelpunkt der gesamten **persönlichen** und **wirtschaftlichen** Interessen im erstgenannten Vertragsstaat (BFH a.a.O.; vgl. auch FG Berlin IStR 2002, 845 (847): *DBA Spanien 1966*; ÖstVwGH, Urt. v. 20.2.2008, 2005/15/135: *DBA Österreich-Schweiz*). In der Beurteilung kann auch die sich abzeichnende zukünftige Entwicklung berücksichtigt werden (BFH BStBl. II 1991, 562 (563); BStBl. II 1971, 758 (759): *DBA Großbritannien 1964/70* und *Schweiz 1931;* GKG/*Wilke,* Art. 4 OECD-MA Rz. 51). Nach **österreichischer Rechtsprechung** (vgl. ÖstVwGH ÖStZB 1991, 530: *DBA Österreich 1954/92*) ist für die Bestimmung des Mittelpunktes der Lebensinteressen das Gesamtbild der persönlichen und wirtschaftlichen Verhältnisse entscheidend. Im Zweifel wird den persönlichen Beziehungen der Vorrang gegeben (ÖstVwGH ÖStZB 2001, 16; v. 20.2.2008, 2005/15/0135: *DBA Österreich-Schweiz;* s. auch UFSW v. 25.7.2011, RV/0849 – W/08: *DBA Österreich-Russland;* v. 25.7.2013, SWI 2014, 37: *DBA Österreich-Irland*). Neben dem Vorsitz in einem örtlichen Verein sei die Ansässigkeit der Familie maßgebend, bei der der Steuerpflichtige, ein Universitätsprofessor, sich in der vorlesungsfreien Zeit und während eines Forschungssemesters aufhielt (vgl. ÖstVwGH ÖStZB 1992, 322: *DBA Österreich 1954/92,* s. auch Rz. 192). Liegt der Schwerpunkt der Tätigkeit eines Steuerpflichtigen im anderen Vertragsstaat und lebt er dort in einer eheähnlichen Lebensgemeinschaft, so habe er dort den Mittelpunkt seiner Lebensinteressen (ÖstVwGH ÖStZB 1991, 484: *DBA Österreich/Polen;* s. auch UFSW v. 13.12.2013, RV/3061 – W/11: *DBA Österreich-Bulgarien*).

Das Abstellen auf den Ort, an dem die Interessen (nach der Mustervorschrift: die „Beziehungen") überwiegen, entspricht dem einheitlichen Begriff „Mittelpunkt der Lebensinteressen", aus dem der Anspruch nach einer **zusammenfassenden Wertung** abgeleitet werden kann (zur Auslegung des Klammerzusatzes vgl. BFH BStBl. II 1986, 133: *DBA Spanien 1966;* v. 28.11.2007, I B 79/07, juris: *DBA Portugal; VG Zürich* StRev 1987, 370 zum innerstaatlichen Recht der Schweiz; *Avery Jones u. a.,* BTR 1981, 104). Bestehen zu einem Vertragsstaat die deutlich engeren persönlichen Beziehungen und außerdem noch ins Gewicht fallende wirtschaftliche Beziehungen und zu dem anderen Vertragsstaat nur gegenwartsbezogene wirtschaftliche Beziehungen, die sich voraussichtlich in der Zukunft vermindern werden, so liegt der Mittelpunkt der Lebensinteressen in dem erstgenannten Vertragsstaat (BFH BStBl. II 1991, 562: *DBA Großbritannien 1964/70;* v. 27.3.2007, 3 V 23/05, BFH/NV 2007, 1656: *DBA Schweiz 1971/2002*). Unter sich verändernden Lebensverhältnissen können persönliche Umstände die zunächst maßgebenden wirtschaftlichen Umstände zur Bestimmung der Ansässigkeit ersetzen (*CAA de Lyon* req. n. 89804, Dr. Fisc. 1991 comm. 887: *DBA Frankreich/Iran* und *Frankreich/USA*). Der *CAA de Lyon* (vgl. req. n. 891922, Dr. Fisc. 1991 comm. 2338: *DBA Frankreich/Schweiz*) hat familiäre Beziehungen als das entscheidende Kriterium bei gleichwertigen wirtschaftlichen Beziehungen zu zwei Vertragsstaaten herangezogen. **196**

Obwohl die Kommentierung zu Art. 4 MA keinen eindeutigen Vorrang der persönlichen gegenüber den geschäftlichen Beziehungen postuliert, weil die Umstände „als Ganzes zu prüfen" seien, sollen „Erwägungen, die sich aus dem persönlichen Verhalten der natürlichen Person ergeben, ... selbstverständlich erhöhte Bedeutung" haben (MA-Komm. Ziff. 15). Daraus ist geschlossen worden, dass den **persönlichen** Beziehungen der **Vorrang** gegenüber den wirtschaftlichen Beziehungen zukomme (vgl. auch *Avery Jones u. a.,* BTR 1981, 104), wenn beide Merkmale gleichwertig sind. Indes ist **zweifelhaft,** ob diese Auslegung angesichts des als einheitlich zu verstehenden Begriffs „Mittelpunkt der Lebensinteressen" zutreffend sein kann. **Ebenso wenig** ist es mit Wortlaut und Sinn des MA in Einklang zu bringen, den **wirtschaftlichen** Interessen den Vorrang zu geben, wie dies *Tixier* und *Lamulle* aus der Rspr. des *Conseil d'Etat* ableiten (in einer Anmerkung zu *CAA de Lyon* req. n. 90183, Dr. Fisc. 1993 comm. 2284: *DBA Frankreich/Niederlande*). In der genannten Entscheidung wurde der Mittelpunkt der Lebensinteressen einer Steuerpflichtigen in Frankreich angenommen mit der Begründung, dass sie dort den größten Teil ihrer Einkünfte bezog, dort Immobilien besaß und eine Firma leitete, deren Hauptaktionärin sie war, obwohl sie in den Niederlanden Mitglied in einem Club von Geschäftsfrauen und ihr Ehemann nur in den Niederlanden ansässig war. **197**

Allgemein **gilt nach dem MA Folgendes:** Liegt der Schwerpunkt der wirtschaftlichen Interessen in dem einen Vertragsstaat, der Schwerpunkt der persön- **198** lichen in dem anderen und sind beide tatsächlich gleichgewichtig, „so gibt es eben nicht den einen Mittelpunkt der Lebensinteressen" und das in der Rangfolge nächste der Kriterien ist heranzuziehen (zutreffend *Philipp/Pollack,* Z 4 Nrn. 17/18; ebenso FG Berlin IStR 2002, 845: *DBA Spanien 1966;* SKK/*Kaminski,* Art. 4 OECD-MA Rz. 49; offengelassen BFH BStBl. II 1991, 562: *DBA Großbritannien 1964/70;* nicht ganz zweifelsfrei daher FG Köln EFG 2006, 1490; vom BFH, BFH/NV 2007, 1893 lediglich zu den Voraussetzungen der Wohnsitzbegründung (s. Rz. 91) bestätigt); zutreffende Kritik bei *Kaminski/Strunk,* IStR 2007, 189 (191)). Der *Hof Amsterdam* hat für ein regelmäßig in eigenen Häusern in zwei Vertragsstaaten zusammenlebendes Ehepaar aus den konkreten Umständen des Sachverhalts abgeleitet, dass der Mittelpunkt der Lebensinteressen des Ehemannes sich in einem Vertragsstaat und der der Ehefrau im anderen Vertragsstaat befindet (vgl. Rolno 3310/87, BNB 1991/1968: *DBA Niederlande 1959*).

199 Ein Vorrang zugunsten der wirtschaftlichen Interessen ist allerdings dort berechtigt, wo französische DBA auf den Mittelpunkt der beruflichen Aktivitäten („centre des activités professionnelles") abstellen (vgl. *Conseil d'Etat* req. n. 82792, Dr. Fisc. 1992 comm. 1888, concl. *Hagelsteen: DBA Frankreich/Algerien* und *CAA de Bordeaux* req. n. 91–233, Dr. Fisc. 1993 comm. 1589: *DBA Frankreich/Marokko,* m. w. N.; Dr. Fisc. 1993 comm. 1165: *DBA Frankreich/Griechenland*) oder ausdrücklich auf den Mittelpunkt der wirtschaftlichen Interessen („centre des intérêts économiques"); vgl. *Conseil d'Etat* req. n. 88293, Dr. Fisc. 1993 comm. 1092: *DBA Frankreich/Saudi-Arabien; CAA de Paris* req. n. 891960, Dr. Fisc. 1991 comm. 72: *DBA Frankreich/Griechenland,* mit Anmerkung von *Tixier/Lamulle*).

Anders ist die Situation allerdings, wenn wie in einigen DBA, der Begriff des Mittelpunktes der Lebensinteressen allein unter Rückgriff auf die persönlichen Beziehungen definiert wird (vgl. Art. 4 Abs. 2 *DBA Frankreich/Schweiz;* Art. 2 Abs. 4 *DBA Frankreich/Dänemark*). Der *Cour de Cassation* hat im Hinblick auf das *DBA Frankreich/Schweiz* akzeptiert, dass das entscheidende Gericht berufliche Aspekte nicht einbezogen hat (Cass. com., req. n. 92–16524, Dr. Fisc. 1995 comm. 726).

202 **e)** Über die Ansässigkeit einer Person i. S. des Abkommens entscheidet ihr **gewöhnlicher Aufenthalt** („habitual abode"; „où elle séjourne de façon habituelle"),

- wenn sie in beiden Vertragsstaaten über eine ständige Wohnstätte verfügt **und nicht** bestimmt werden kann, in welchem Staat sie den Mittelpunkt ihrer Lebensinteressen hat (Abs. 2 Buchst. b erster Halbsatz) oder
- wenn sie in **keinem** Vertragsstaat über eine ständige Wohnstätte verfügt (Abs. 2 Buchst. b zweiter Halbsatz).

Abweichend ist nach dem *DBA Frankreich/Libanon* für den Fall, dass kein Mittelpunkt der Lebensinteressen festgelegt werden kann, die längere Aufenthaltsdauer während eines Steuerjahres in einem Land entscheidend (*CAA de Paris* req. n. 891330, Dr. Fisc. 1991 comm. 1189: *DBA Frankreich/Libanon,* mit einer Besprechung weiterer höchst- und obergerichtlicher Entscheidungen von *Tixier* und *Lamulle*). Umfassend dazu *Föhls,* in Lang/Schuch/Staringer, Ansässigkeit, S. 177 ff.

203 Auch der Begriff des **gewöhnlichen Aufenthalts** ist autonom, d. h. aus dem Abkommen auszulegen (*Schaumburg,* Rz. 16.199; Wassermeyer/*Wassermeyer/Kaeser,* Art. 4 OECD-MA Rz. 74; zustimmend FG Berlin IStR 2002, 845 (847): *DBA Spanien;* FG BW, Urt. v. 11.3.2009, 4 K 251/09, EFG 2009, 904: *DBA Brasilien (K);* FG Köln, Urt. v. 2.3.2010, 15 K 4135/05, EFG 2010, 921: *DBA Schweiz;* FG Hamburg, Urt. v. 16.6.2011, 6 K 153/09, DStRE 2012, 1059: *DBA Liberia* zur Auslegung des Begriffs „abode"; offen gelassen jedoch von BFH, Urt. v. 22.6.2011, I R 26/10, BFH/NV 2011, 2001; a. A. GKG/*Wilke,* Art. 4 OECD-MA Rz. 53).

Wassermeyer (in FWK, Art. 4 Rz. 50), der in Ermangelung einer Abkommensdefinition über Art. 3 Abs. 2 des DBA auf das innerstaatliche Recht zurückgreifen will, berücksichtigt nicht, dass der **Zusammenhang** des Art. 4 eine **autonome** Auslegung der Merkmale des Abs. 2 verlangt, so insbesondere die Notwendigkeit, die jeweils in der Stufenfolge des Abs. 2 vorausgehenden Merkmale zu beachten (s. Rz. 170). Darüber hinaus verbietet sich die Auslegung des Begriffs „gewöhnlicher Aufenthalt" nach innerstaatlichem Recht auch schon aus der Tatsache, dass Art. 4 MA einen gewöhnlichen Aufenthalt in **beiden** Vertragsstaaten (Abs. 2 Buchst. c) kennt, nicht dagegen das innerstaatliche Recht (s. Rz. 96). Für die Auslegung des Begriffs ist entscheidend, dass der gewöhnliche Aufenthalt die Ansässigkeit in zwei ganz **unterschiedlichen** Fällen bestimmt: einerseits bei **sehr intensiver** örtlicher Bindung des Steuerpflichtigen an **beide** Vertragsstaaten (ständige Wohnstätte in beiden Vertragsstaaten, wobei nur der Mittelpunkt der Lebensinteressen nicht bestimmt werden kann), andererseits, wenn sich die örtlichen Bindungen in **keinem** der Vertragsstaaten in Form einer ständigen Wohnstätte verdichtet haben.

Bei gleichzeitiger ständiger Wohnstätte in beiden Vertragsstaaten ist die 204
Frage nach dem gewöhnlichen Aufenthalt erst dann zu stellen, wenn der Mittelpunkt der Lebensinteressen nicht bestimmt werden kann (MA-Komm. Ziff. 16; FG BW, Urt. v. 11.3.2009, 4 K 251/09, EFG 2009, 904: *DBA Brasilien (K); Conseil d'Etat* req. n. 27685, Dr. Fisc. 1984 comm. 926: *DBA Frankreich/Spanien;* req. n. 27391, Dr. Fisc. 1984 comm. 489, concl. *Bissara: DBA Frankreich/Italien;* req. n. 5924, Dr. Fisc. 1986 comm. 1315, concl. *Guilleschmidt: DBA Frankreich/Libanon;* req. n. 57320 et 66206, Dr. Fisc. 1987 comm. 2074: *DBA Frankreich/Algerien*). Für die Auslegung des Begriffs „ständige Wohnstätte" ist hieraus bereits in Rz. 180f. gefolgert worden, dass der Aufenthalt in der Wohnung unter bestimmten Umständen keine oder doch nur geringe Bedeutung haben kann. Für die Auslegung des Begriffs „gewöhnlicher Aufenthalt" ergibt sich aus seiner Funktion, den – anders nicht zu bestimmenden – Mittelpunkt der Lebensinteressen zu konkretisieren, dass ein Aufenthalt in dem Maße „gewöhnlich" ist, in dem er der Verwirklichung der persönlichen und wirtschaftlichen Beziehungen dient. Diesem Verständnis entspricht die Empfehlung des Kommentars, nicht nur die Aufenthalte in der ständigen Wohnstätte in Betracht zu ziehen, sondern auch jene an irgendeinem Ort in demselben Staat (MA-Komm. Ziff. 17 a. E.). Entscheidend sollte aber entgegen der Meinung des MA-Komm. nicht lediglich sein, in welchem Staat sich die Person „häufiger aufhält" (MA-Komm. a. a. O.). Vielmehr ist festzustellen, wo der Steuerpflichtige **normalerweise** lebt. Hierfür muss der Vergleich einen ausreichend langen Zeitraum erfassen; auf die Zeitdauer der Aufenthalte innerhalb fester Grenzen – beispielsweise des Steuerjahrs – darf hier nicht allein abgestellt werden (*Avery Jones u. a.,* BTR 1981, 104 (116): „what is meant is whether living in each state is normal"; vgl. auch: MA-Komm. Ziff. 19; anders Tax Court of Canada, *Yoon v. The Queen,* 2005 TCC 366 und *Allchin v. The Queen,* 2005 TCC 476, wo jeweils auf die Anzahl der Aufenthaltstage in den beiden Vertragsstaaten im Streitjahr abgestellt wurde). Das Berufungsgericht Lüttich hat in einem Fall die Tatsache einer ordnungsgemäßen Ummeldung als Anhaltspunkt für den Aufenthaltsort des Steuerpflichtigen angesehen (WFR 1996, 1394). Das FG Berlin, IStR 2002, 845 (847): *DBA Spanien 1966* stellt darauf ab, in welchem Staat der Steuerpflichtige „überwiegend" lebt; vgl. auch Wassermeyer/*Wassermeyer/Kaeser,* Art. 4 OECD-MA Rz. 74ff.

Verfügt die Person **in keinem der Vertragsstaaten über eine ständige** 205
Wohnstätte, so fehlt es an **positiven** Voraussetzungen i. S. des Abs. 2, die für die Auslegung aus dem Zusammenhang herangezogen werden könnten. Übereinstimmend mit der Kommentierung des OECD-Steuerausschusses sind in diesem Fall **alle** Aufenthalte in einem Staat zu berücksichtigen, ohne dass deren Gründe fest-

gestellt werden müssten (MA-Komm. Ziff. 18). Es genügen hier – abweichend vom Begriff des gewöhnlichen Aufenthalts nach § 9 AO – auch bloße Erholungs- und ähnliche Aufenthalte, um einen gewöhnlichen Aufenthalt zu begründen. Die unter Rz. 204 aufgeführten Kriterien sind insoweit auch zur Bestimmung des gewöhnlichen Aufenthalts heranzuziehen (vgl. MA-Komm. a. a. O.). Anderes kann allerdings ausdrücklich bestimmt sein, so z. B. in Art. 2 Abs. 3 Satz 2 *DBA Niederlande/Schweiz,* wo es heißt: „Einen dauernden Aufenthalt im Sinne dieser Bestimmung hat jemand da, wo er sich unter Umständen aufhält, die auf die Absicht schließen lassen, dort nicht nur vorübergehend zu verweilen." Hier reicht, wenn diese Voraussetzungen nicht gegeben sind, der nur tatsächliche Aufenthalt zur Bestimmung des „dauernden Aufenthalts" („regular residence") nicht aus (so mit Recht *Hoge Raad* Rolno. 24142 WFR 1988, 1133).

206 In beiden Fällen bedarf es für die Begründung des gewöhnlichen Aufenthalts eines **zeitlichen Moments** (zutreffend Wassermeyer/*Wassermeyer/Kaeser,* Art. 4 OECD-MA Rz. 76). Erst wenn der Aufenthalt eine gewisse Dauer überschreitet oder wenn er nach der objektiv feststellbaren Absicht der betreffenden natürlichen Person eine bestimmte Dauer haben soll, kann man von einem „gewöhnlichen Aufenthalt" sprechen. Indes geben der Text des OECD-MA und der MA-Komm. keine klaren Vorgaben für eine Mindestdauer des Aufenthalts. Insbesondere erscheint es nicht zwingend, die zeitlichen Kriterien für das Vorliegen einer ständigen Wohnstätte und die des MA-Komm. Ziff. 13 zu übertragen, wonach Vergnügungs-, Geschäfts- oder Studienreisen für die Annahme einer ständigen Wohnstätte nicht ausreichen. Denn es kommt auch dann auf den gewöhnlichen Aufenthalt an, wenn die betreffende natürliche Person in beiden Vertragsstaaten über keine ständige Wohnstätte verfügt. Ferner könnte in manchen Fällen eine allzu kurze zeitliche Beschränkung dazu führen, dass allein aus diesem Grund eine Entscheidung auf der Grundlage des gewöhnlichen Aufenthalts nicht möglich ist und, wenn auch die Staatsangehörigkeit nicht weiterhilft, die Lösung im rechtlich nur gering determinierten Verständigungsverfahren (s. Art. 25 Rz. 20 ff.) nach Buchst. d gesucht werden muss (s. Rz. 209 f.). Dementsprechend scheidet die Begründung eines gewöhnlichen Aufenthalts nur dann aus, wenn von vorneherein eine sehr kurze Aufenthaltsdauer angestrebt wurde, tatsächlich auch nur ein sehr kurzer Aufenthalt gegeben war und mehrere Aufenthalte nicht sachlich zusammenhängen.

207 Die Auslegung beider Alternativen des Abs. 2 Buchst. b muss im Blick behalten werden; sie wird dadurch erschwert, dass ein gewöhnlicher Aufenthalt i. S. des Abkommens in **beiden** Vertragsstaaten gegeben sein kann.

208 **f)** Hat der Steuerpflichtige seinen gewöhnlichen Aufenthalt in beiden Vertragsstaaten oder in keinem von beiden, so gilt er in dem Staat als ansässig, dessen **Staatsangehöriger** er ist. Die Staatsangehörigkeit erscheint als Merkmal, das nicht autonom auszulegen ist bzw. autonom ausgelegt werden kann (vgl. *Avery Jones u. a.,* BTR 1981, 15 (20): „Which by its nature is an internal law concept only"). Mit der Anknüpfung an die Staatsangehörigkeit bezieht sich das MA zwar auf ein **Rechtsverhältnis** zu einem Vertragsstaat. **Welche** Rechtsverhältnisse gemeint sind, bestimmt dagegen das Abkommensrecht autonom (zustimmend Wassermeyer/*Wassermeyer/Kaeser,* Art. 4 OECD-MA Rz. 81). Folgerichtig gibt das MA in Art. 3 Abs. 1 Buchst. g eine eigene Begriffsbestimmung, wonach der Ausdruck Staatsangehörige

- **natürliche Personen** erfasst, die die Staatsangehörigkeit eines Vertragsstaats besitzen, und
- **juristische Personen, Personengesellschaften und andere Personenvereinigungen,** die nach dem in einem Vertragsstaat geltenden Recht errichtet worden sind.

Hingegen kann allein das innerstaatliche Recht bestimmen, ob dieses Rechtsverhältnis zum Vertragsstaat gegeben ist: Wie für die juristischen Personen die Frage, ob sie nach dem Recht eines Vertragsstaats errichtet worden sind, bestimmt sich für die natürlichen Personen, ob sie die Staatsangehörigkeit eines Staates besitzen, **jeweils allein nach dem innerstaatlichen Recht dieses Staates** (BVerfGE 37, 217 (218); *Makarov/v. Mangoldt,* Einl. I Rz. 5; *Makarov,* S. 161). Vgl. zur Bestimmung der Ansässigkeit nach dem Kriterium der Staatsangehörigkeit *Conseil d'Etat* req. n. 69853, Dr. Fisc. 1990 comm. 1121, concl. *Fouquet: DBA Deutschland/Frankreich;* besprochen von *Bouzoraa,* ET 1990, 300; req. n. 85894, Dr. Fisc. 1993 comm. 1293: *DBA Frankreich/Tunesien;* req. n. 116355, Dr. Fisc. 1994 comm. 291: *DBA Frankreich/Elfenbeinküste; CAA de Lyon* req. n. 92940, Dr. fisc. 1994 comm. 1284: *DBA Frankreich/Belgien; CAA de Paris* req. n. 95–2155, Dr. Fisc. 1997 comm. 1152: *DBA Frankreich/Kanada.*

g) Ist die natürliche Person Staatsangehöriger beider oder keines der beiden Vertragsstaaten, so regeln die zuständigen Behörden der Vertragsstaaten die Frage, in welchem der beiden sie „ansässig" i.S. des Abkommens ist (s. Rz. 3), im **gegenseitigen Einvernehmen.** Das besondere Verständigungsverfahren zur Bestimmung der Ansässigkeit nach Abs. 2 Buchst. d darf – wenn nicht ausnahmsweise das jeweilige Abkommen, wie das *DBA Brasilien/Japan* vgl. *Messineo,* BIFD 1996, 459, keine vorrangigen Merkmale nennt – erst nach Ausschöpfung der vorausgehenden Kriterien durchgeführt werden (vgl. *Conseil d'Etat* req. n. 28831, Dr. Fisc. 1983 comm. 1568, concl. *Bissara: DBA Frankreich/USA*). Bestehen Schwierigkeiten bei der Auslegung der in Buchst. a bis c genannten Merkmale, so kommt ein normales Verständigungsverfahren nach Art. 25 OECD-MA in Betracht. Rechtspolitisch unbefriedigend ist, dass der Steuerpflichtige lediglich ein subjektives Recht auf eine ermessensfehlerfreie Entscheidung über die Einleitung des Verständigungsverfahrens hat (s. Art. 25 Rz. 90). **209**

Nur wenn die Kriterien nach Abs. 2 Buchst. a bis c keine Lösung ermöglichen, ist das besondere Verständigungsverfahren nach Abs. 2 Buchst. d durchzuführen. Freilich wird man der fehlenden Lösungsmöglichkeit im Wege der Analogie den Fall gleichzustellen haben, dass ein Verständigungsverfahren nach Art. 25 Abs. 1 und 2 OECD-MA nicht eingeleitet wird oder aber nicht, und zwar auch nicht durch ein nachfolgendes Schiedsverfahren (s. Art. 25 Rz. 221ff.), gelöst werden kann. Ergebnis des besonderen Verständigungsverfahrens nach Buchst. d ist – entgegen dem insoweit unklaren Wortlaut – nicht die Bestimmung der Staatsangehörigkeit sondern die der Ansässigkeit i.S. des Abkommens. Für die Herbeiführung des Einvernehmens gelten die Verfahrensvorschriften des Art. 25 MA, die jedoch dadurch in einem wichtigen Punkt modifiziert werden, dass Art. 4 Abs. 2 Buchst. d eine **Verpflichtung zur Einigung** begründet (so auch FWK/*Wassermeyer,* Art. 4 Rz. 57: „regeln ... in gegenseitigem Einvernehmen"). Daher besteht – ähnlich wie bei obligatorischen Schiedsverfahren (dazu Art. 25 Rz. 90 und 208) – zunächst eine **unbedingte** Verpflichtung zur **Einleitung** des Verständigungsverfahrens. Für die Entscheidung können **andere** Kriterien herangezogen werden als die in Abs. 2 Buchst. a bis c OECD-MA genannten. Anders als im Rahmen des gewöhnlichen Verständigungsverfahrens ist die Entscheidung deshalb streng genommen keine rein an rechtlichen Kriterien orientierte, weil es insoweit keine strikten rechtlichen Vorgaben gibt. Das mag unbefriedigend erscheinen, ist aber unvermeidbar, weil es für die Abkommensanwendung zwingend erforderlich ist, den Ansässigkeitsstaat zu bestimmen (s. Rz. 11ff.). Manche Abkommen ermächtigen darüber hinausgehend auch dazu, die Anwendung der Abkommen auf die betroffene Person zu regeln (s. etwa Art. 4 Abs. 5 US-MA; vgl. *Couzin,* S. 175). **210**

211 Die in Abs. 2 Buchst. a bis c aufgeführten Merkmale gelten also **nicht abschließend.** Die Verpflichtung, sich über weitere Kriterien zu einigen, ist allerdings, wenn im betreffenden DBA kein obligatorisches Schiedsverfahren vorgesehen ist, **nicht erzwingbar.** Mangels anderweitiger Anhaltspunkte zur Bestimmung der Ansässigkeit nach Abkommensrecht sind die beteiligten Staaten darüber hinaus auch verpflichtet, ihr jeweiliges **innerstaatliches** Recht so **auszulegen,** dass Ansässigkeitskollisionen vermieden werden. Art. 4 Abs. 2 Buchst. d ermächtigt sie jedoch nicht zu Vereinbarungen, die im Widerspruch zum materiellen Abkommensrecht oder zu Vorschriften des innerstaatlichen Rechts stehen (s. Art. 25 Rz. 72 ff.).

II. Deutsche DBA

1. Abkommensübersicht zu Artikel 4 Abs. 2

220

DBA	MA-Regelung: „tie-breaker" für natürliche Personen	Artikel	Rz.
Ägypten	≈ MA	4 Abs. 2	
Albanien 2010	≈ MA	4 Abs. 2	
Algerien 2007	≈ MA	4 Abs. 2	
Argentinien	≈ MA	4 Abs. 2	
Armenien	s. UdSSR		
Aserbaidschan	≈ MA	4 Abs. 2	
Australien	Eigenständige Regelung	4 Abs. 2	225
Bangladesch	≈ MA	4 Abs. 2	
Belarus	≈ MA	4 Abs. 2	
Belgien	≈ MA, aber Abweichung bzgl. spezieller Berufsgruppen	4 Abs. 2	223
Bolivien	≈ MA, ohne Anknüpfung an die Staatsangehörigkeit	4 Abs. 2	224
Bosnien-Herzegowina	s. Jugoslawien		
Bulgarien 2010	≈ MA	4 Abs. 2	
China 1985	≈ MA	4 Abs. 2	
China 2014 (E)	≈ MA	4 Abs. 2	
Costa Rica 2014 (E)	≈ MA	4 Abs. 2	
Dänemark	≈ MA	4 Abs. 2	
Ecuador	≈ MA	4 Abs. 2	
Elfenbeinküste	≈ MA	4 Abs. 2	
Estland	≈ MA	4 Abs. 2	
Finnland	≈ MA	4 Abs. 2	
Frankreich	≈ MA	2 Abs. 1; Prot. Nr. 4 b	
Georgien	≈ MA, Sonderregelung zum Verständigungsverfahren	4 Abs. 2	229
Ghana	≈ MA	4 Abs. 2	
Griechenland	≈ MA	II Abs. 1; Prot. Nr. 4 b	
Großbritannien 1964/70	≈ MA	II Abs. 1 Buchst. h (ii)	223
Großbritannien 2010	≈ MA	4 Abs. 2	
Indien	≈ MA	4 Abs. 2	
Indonesien	≈ MA, ohne Anknüpfung an die Staatsangehörigkeit	4 Abs. 2	223 f.
Iran	≈ MA	4 Abs. 2	

DBA	MA-Regelung: „tie-breaker" für natürliche Personen	Artikel	Rz.
Irland 2011	≈ MA	4 Abs. 2	228
Island	≈ MA	4 Abs. 2	
Israel	≈ MA, ohne Anknüpfung an die Staatsangehörigkeit	2 Abs. 1; Prot. Nr. 5 b	223 f.
Italien	≈ MA	4 Abs. 2	172
Jamaika	≈ MA	4 Abs. 2	
Japan	eigenständige Regelung (nur Einvernehmen)	4 Abs. 2	226
Jersey 2008	≈ MA; ohne Anknüpfung an die Staatsangehörigkeit	5 Abs. 2	224
Jugoslawien	≈ MA, ohne Anknüpfung an die Staatsangehörigkeit	4 Abs. 2	224
Kanada	≈ MA	4 Abs. 2	
Kasachstan	≈ MA	4 Abs. 2	
Kenia	≈ MA	4 Abs. 2	
Kirgisistan	≈ MA	4 Abs. 2	
Korea	≈ MA	4 Abs. 2	
Kosovo	s. Jugoslawien		
Kroatien	≈ MA	4 Abs. 2	
Kuwait	≈ MA	4 Abs. 3	
Lettland	≈ MA	4 Abs. 2	
Liberia	≈ MA	4 Abs. 2	
Liechtenstein 2011	≈ MA	4 Abs. 2	
Litauen	≈ MA	4 Abs. 2	
Luxemburg 2012	≈ MA	4 Abs. 2	
Malaysia 2010	≈ MA	4 Abs. 2	
Malta	≈ MA	4 Abs. 2	
Marokko	≈ MA	4 Abs. 2	
Mauritius 2011	≈ MA	4 Abs. 2	
Mazedonien 2006	≈ MA	4 Abs. 2	
Mexiko	≈ MA	4 Abs. 2	
Moldau	s. UdSSR		
Mongolei	≈ MA	4 Abs. 2	
Montenegro	s. Jugoslawien		
Namibia	≈ MA	4 Abs. 2	
Neuseeland	≈ MA	4 Abs. 2	
Niederlande 1959/2004	eigenständige Regelung (Mittelpunkt der Lebensinteressen, Einvernehmen)	3 Abs. 2, 3	146; 223; 227
Niederlande 2012 (E)	≈ MA	4 Abs. 2	
Norwegen 1991	≈ MA	4 Abs. 2	
Norwegen 2013 (E)	≈ MA		
Österreich	≈ MA	4 Abs. 2	
Oman 2012 (E)	≈ MA	4 Abs. 2	
Pakistan	≈ MA	4 Abs. 2	
Philippinen 1983	≈ MA	4 Abs. 2	
Philippinen 2013	≈ MA	4 Abs. 2	
Polen	≈ MA	4 Abs. 2	
Portugal	≈ MA	4 Abs. 2	
Rumänien	≈ MA	4 Abs. 2	
Russische Föderation	≈ MA	4 Abs. 2	
Sambia	≈ MA	4 Abs. 2	
Schweden	≈ MA	4 Abs. 2	

DBA	MA-Regelung: „tie-breaker" für natürliche Personen	Artikel	Rz.
Schweiz	≈ MA, Ausnahme- und Klarstellungsregelungen	4 Abs. 2, 3–4, 6	22; 172, 181 ff.
Serbien	s. Jugoslawien		
Simbabwe	≈ MA	4 Abs. 2	
Singapur 2004	≈ MA	4 Abs. 2	
Slowakei	s. Tschechoslowakei		
Slowenien	≈ MA	4 Abs. 2	
Spanien 2011	≈ MA	4 Abs. 2	
Sri Lanka	≈ MA	4 Abs. 2	
Südafrika 1973	≈ MA	3 Abs. 1 Buchst. g, cc	
Südafrika 2008 (E)	≈ MA	4 Abs. 2	
Syrien 2010	≈ MA	4 Abs. 2	
Tadschikistan	≈ MA	4 Abs. 2	
Taiwan 2011	≈ MA; ohne Bezugnahme auf Staatsangehörigkeit	4 Abs. 3	
Thailand	≈ MA	4 Abs. 2	
Trinidad und Tobago	≈ MA	4 Abs. 2	
Tschechien 1997 (E)	≈ MA	4 Abs. 2	
Tschechien	s. Tschechoslowakei		
Tschechoslowakei	≈ MA, ohne Anknüpfung an die Staatsangehörigkeit, ohne besonderes Verständigungsverfahren	4 Abs. 2	225
Türkei 2011	≈ MA	4 Abs. 2	
Tunesien	≈ MA	4 Abs. 2	
Turkmenistan	s. UdSSR		
UdSSR	≈ MA, ohne Anknüpfung an die Staatsangehörigkeit, allgemeines Verständigungsverfahren	1 Abs. 4	223; 225
Ukraine	≈ MA	4 Abs. 2	
Ungarn 2011	≈ MA	4 Abs. 2	
Uruguay 2010	≈ MA	4 Abs. 2	
USA 1989	≈ MA	4 Abs. 2	
USA 1989/2006	≈ MA	4 Abs. 2	
Usbekistan	≈ MA	4 Abs. 2	
Venezuela	≈ MA	4 Abs. 2	
Vereinigte Arabische Emirate 2010	≈ MA	4 Abs. 3	
Vietnam	≈ MA	4 Abs. 2	.
Weißrussland	s. Belarus		
Zypern 2011	≈ MA	4 Abs. 2	

2. Erläuterungen

221 **a)** Zum Verhältnis des Abkommensbegriffs „habitual abode" = „séjour habituel" (s. Rz. 202 ff.). Zu dem sehr ähnlichen, aber doch nicht ganz gleichbedeutenden **Begriff „gewöhnlicher Aufenthalt"** im innerstaatlichen deutschen Recht (s. Rz. 96) ist Folgendes zu beachten:

222 Hat der Steuerpflichtige eine ständige Wohnstätte i. S. des Abkommens in beiden Vertragsstaaten und damit begriffsnotwendig jeweils einen Wohnsitz i. S. des innerstaatlichen deutschen Rechts (weil der Begriff der ständigen Wohnstätte enger als der des Wohnsitzes ist), dann kann es bei der Anwendung des Abkommens in

der Bundesrepublik Deutschland nicht zu Abgrenzungsproblemen zwischen zwei unterschiedlichen Begriffen des gewöhnlichen Aufenthalts kommen, weil der gewöhnliche Aufenthalt nach innerstaatlichem deutschen Recht bei inländischem Wohnsitz grundsätzlich nicht in Frage steht. Hat dagegen der Steuerpflichtige in keinem der beiden Vertragsstaaten eine ständige Wohnstätte, so ergeben sich Abgrenzungsprobleme nur für den Fall, dass die unbeschränkte Steuerpflicht auf gewöhnlichem Aufenthalt nach innerstaatlichem Recht beruht, etwa bei Aufgabe des innerstaatlichen Wohnsitzes. Von einem gewöhnlichen Aufenthalt i. S. des Abkommens kann in dieser Variante auf deutscher Seite somit nur gesprochen werden, wenn die Merkmale des gewöhnlichen Aufenthalts nach innerstaatlichem Recht gegeben sind, weil sonst keine Kollision droht.

b) Art. 4 Abs. 2 *DBA Belgien* stimmt mit Art. 4 MA überein, enthält jedoch darüber hinaus in Nr. 5 Buchst. a und b eine Zusatzregelung, nach der **Bordpersonal** auf Beförderungsmitteln im internationalen Verkehr, wenn es seine ständige Wohnstätte an Bord dieser Verkehrsmittel hat, als am Ort der Geschäftsleitung des Beförderungsunternehmens ansässig gilt; Schiffsführer, deren einzige Wohnstätte sich an Bord eines von ihnen betriebenen Binnenschiffs (s. Art. 8 Rz. 12, 59 ff.) befindet, als in dem Staat, dessen **Staatsangehörigkeit** sie besitzen (dazu s. Art. 8 Abs. 3, Art. 15 Abs. 3 MA und die Erläuterungen u. zu Art. 8 Rz. 61 sowie zu Art. 15 Rz. 102 ff.; ferner Art. 3 Abs. 4 *DBA Luxemburg 1958/73/2009* und *Niederlande 1959/2004,* sowie Art. II Abs. 1h (i) (ii) aa *DBA Großbritannien 1964/70,* dazu u Rz. 296 und 297). Auch Art. 3 Abs. 2b *DBA Indonesien 1977* entspricht Art. 4 Abs. 2, verzichtet jedoch auf das Kriterium der Staatsangehörigkeit zur Bestimmung des abkommensrechtlichen Wohnsitzes. Eine vergleichbare Regelung enthalten die *DBA Israel,* Art. 2 Abs. 1 Nr. 5b, *Singapur 1972,* Art. 4 Abs. 2c, sowie *UdSSR,* Art. 1 Abs. 4c. Die Art 4 Abs. 2 der *DBA Luxemburg 2012* und *Niederlande 2012 (E)* entsprechen Art. 4 Abs. 2 des MA.. 223

c) Sonderfälle: Mit der Regelung des Art. 4 Abs. 2 übereinstimmend, allerdings **ohne** auf dritter Stufe **an die Staatsangehörigkeit anzuknüpfen,** regeln die *DBA Bolivien, Indonesien, Israel, Jersey 2008, Jugoslawien* und *Singapur 1972* jeweils ebenfalls in Art. 4 Abs. 2 die Fälle der Doppelansässigkeit. Kann die Doppelansässigkeit nicht unter Anknüpfung an den gewöhnlichen Aufenthalt gelöst werden, ist unter Geltung dieser Abkommen von den zuständigen Behörden ein Verständigungsverfahren einzuleiten. 224

Grundsätzlich mit dem MA übereinstimmende Regelungen, jedoch **ohne Anknüpfung an die Staatsangehörigkeit** und **ohne besonderes Verständigungsverfahren** zur Bestimmung der Ansässigkeit nach dem Vorbild des Art. 4 Abs. 2 Buchst. d MA, enthält Art. 4 Abs. 2 *DBA Tschechoslowakei.* Ohne Anknüpfung an die Staatsangehörigkeit und ohne besonderes Verständigungsverfahren regeln das *DBA Australien* und *UdSSR* die Fälle der Doppelansässigkeit. Das *DBA UdSSR* verweist jedoch auf die Möglichkeit des allgemeinen Verständigungsverfahrens. Das *DBA Australien* enthält darüber hinaus noch eine andere Reihenfolge der Anknüpfungsmerkmale. In allen diesen Fällen bleibt, auch wenn darauf nicht ausdrücklich verwiesen wird, die **allgemeine** Möglichkeit des Verständigungsverfahrens. Zwar sehen die entsprechenden Vorschriften (Art. 23 *DBA Australien* sowie Art. 25 *DBA Tschechoslowakei,* Art. 22 *DBA UdSSR*) nach ihrem Wortlaut das Verständigungsverfahren für in einem Vertragsstaat **ansässige** Personen vor. Dies darf jedoch **nicht** so verstanden werden, als ob hierfür die Ansässigkeit in einem **bestimmten** Vertragsstaat feststehen müsse; es genügt, wenn die Person in mindestens einem der beiden Vertragsstaaten ansässig ist. Das Verständigungsverfahren kann daher, auch ohne dass es in den Bestimmungen über die Ansässigkeit ausdrücklich erwähnt worden ist, zur Bestimmung der abkommensrechtlichen Ansäs- 225 sigkeit durchgeführt werden. Im Unterschied zur Regelung des MA besteht jedoch keine Verpflichtung zur Einigung (s. Rz. 210).

226 Art. 4 Abs. 2 *DBA Japan* sieht zur Bestimmung der Ansässigkeit in Doppelwohnsitzfällen allein das behördliche Einvernehmen vor. Die weitgehende Übereinstimmung des japanischen Abkommens mit dem MA 1963 legt es jedoch nahe, der Bestimmung des abkommensrechtlichen Wohnsitzes im Rahmen des Verständigungsverfahrens auch hier die Kriterien des MA in dessen Stufenfolge zugrunde zu legen (zur Auslegung unter Heranziehung des Mustertextes s. Grundl. Rz. 123 ff.). Mittlerweile haben sich die deutschen und die japanischen Finanzbehörden im Rahmen einer Verständigungsvereinbarung geeinigt, für den Fall einer über ein Jahr hinausgehenden Arbeitsabwesenheit von Japan nicht mehr von einer Ansässigkeit in Japan auszugehen (BMF IV B 4 – S 1304 Japan – 6/02 v. 9.7.2002; dem folgend FG Düsseldorf, 14 K 503/03 E v. 10.7.2003).

227 **d)** Nach den Art. 3 Abs. 2 *DBA Luxemburg 1958/2009* und *Niederlande 1959/2004* gilt unter der Voraussetzung, dass die Person in **keinem** der beiden Staaten das autonom definierte Wohnsitzerfordernis erfüllt (s. Rz. 146), sie jedoch in einem der beiden Staaten ihren gewöhnlichen Aufenthalt hat, der **gewöhnliche Aufenthalt** als Wohnsitz i. S. des Abkommens (die Umschreibung des gewöhnlichen Aufenthalts entspricht der des § 8 Abs. 1 AO fast wörtlich (s. Rz. 146 f.); für einen Beispielsfall BFH, BStBl. II 1975, 708 (709): *DBA Niederlande 1959/2004*). In Fällen **doppelten** Wohnsitzes entscheiden nach Art. 3 Abs. 3 und 4 *DBA Luxemburg 1958/2009* und *Niederlande 1959/2004* die „stärkeren persönlichen und wirtschaftlichen Beziehungen (Mittelpunkt der Lebensinteressen)", sodann die Verständigung über den Wohnsitzvorrang. Art. 3 Abs. 4 *DBA Luxemburg 1958/73/2009* und *Niederlande 1959/2004* bestimmen den Wohnsitz natürlicher Personen, die sich gewöhnlich an Bord eines zu einem Unternehmen gehörenden **Schiffes** aufhalten, nach dem Ort der Leitung des Unternehmens (s. Rz. 260 f.). Die Art 4 Abs. 2 *DBA Luxemburg 2012 (E)* und *Niederlande 2012 (E)* entsprechen Art. 4 Abs. 2 des MA.

228 **e) Keine Regelung** zur Bestimmung der Ansässigkeit in Fällen von doppeltem Wohnsitz normiert das *DBA Irland 1962/2010.* Eine Sonderregelung für den Fall der Doppelansässigkeit enthält Art. XXII Abs. 2 Buchst. b, der eine Anrechnung irischer Steuern in der Bundesrepublik Deutschland vorsieht (dazu s. Art. 23 Rz. 176, 186). Darüber hinaus bleibt eine Doppelbesteuerung bestehen. Es bleibt jedoch auch hier die Möglichkeit des Verständigungsverfahrens; insoweit gilt Entsprechendes wie oben zu c). Das *DBA Irland 2011* enthält in Art. 4 Abs. 2 eine musterkonforme „Tie-Breaker"-Regelung, so dass eine entsprechende Anwendungsregelung nicht mehr erforderlich ist.

229 **f)** Zum **Verständigungsverfahren** als letztem „Tie-Breaker" enthält Art. 4 Abs. 2 Buchst. d) *DBA Georgien* eine Besonderheit: Solange im Verständigungsverfahren keine Einigung erzielt worden ist, kann die Person keine Rechte aus dem Abkommen geltend machen.

D. Zu Art. 4 Abs. 3

I. Musterabkommen

1. Übereinstimmungen und Abweichungen

240 Die Absätze 3 des OECD-MA, des UN-MA und der deutschen Verhandlungsgrundlage für DBA stimmen wörtlich überein. Abs. 4 des US-MA entscheidet Fälle der doppelten Ansässigkeit von juristischen Personen zugunsten des Vertragsstaates, nach dessen Recht die juristische Person gegründet wurde. Abs. 5 US-MA sieht für nicht natürliche Personen, die keine juristischen Personen sind, ein Verständigungsverfahren vor, um den Ansässigkeitsstaat zu bestimmen.

2. OECD-MA

a) Grundzüge: Ist eine **andere als eine natürliche Person** nach dem innerstaatlichen Recht beider Vertragsstaaten – und somit nach Abs. 1 – in beiden Vertragsstaaten ansässig, so bestimmt Abs. 3 die **abkommensrechtliche** Ansässigkeit durch Anknüpfung an den **Ort der tatsächlichen Geschäftsleitung.** Zu diesem und weiteren Aspekten der Doppelansässigkeit (einschließlich zivilrechtlicher Aspekte) s. *Elser/Dürrschmidt,* IStR 2010, 79 ff.; *Piltz,* FS Lang, S. 23 ff.; zur Bedeutung der „Tie-Breaker"-Regelung bei der Anwendung von § 20 Abs. 2 AStG s. *Kollruss,* IStR 2008, 316 ff.; *ders./Buße/Braukmann,* IStR 2011, 13 ff. 241

b) Funktion des Abs. 3: Besteht nur **eine** Ansässigkeit nach dem innerstaatlichen Recht **eines** Vertragsstaats, so ist diese zugleich für die Abkommensanwendung maßgebend (s. Rz. 3). Zur Anwendung des **Abs. 3** kommt es **nur,** wenn dieselbe nicht natürliche Person nach Abs. 1 in **beiden** Vertragsstaaten ansässig ist; für diesen Fall schafft Abs. 3 die Voraussetzungen einer eindeutigen Zuordnung. Insoweit gilt Entsprechendes wie zu Abs. 2 (s. Rz. 161). Eine nicht natürliche Person ist z. B. dann in beiden Vertragsstaaten ansässig, wenn sie in einem Vertragsstaat aufgrund ihrer Eintragung, im anderen Staat dagegen wegen des dort befindlichen Ortes der Geschäftsleitung unbeschränkt steuerpflichtig ist (vgl. MA-Komm. zu Art. 4 MA Ziff. 21). In Deutschland stellt beispielsweise § 1 Abs. 1 KStG alternativ auf die inländische Geschäftsleitung (zur Bedeutung des Begriffs nach innerstaatlichem Recht s. Rz. 105 f.) und auf den inländischen Sitz als Anknüpfung für die unbeschränkte Körperschaftsteuerpflicht ab. 242

Abs. 3 bestimmt, wie Abs. 2, die Ansässigkeit nur für **Zwecke der Abkommensanwendung** (s. Rz. 3, 76). Die Person **gilt** als in dem Staat ansässig, in dem sie den Ort ihrer tatsächlichen Geschäftsleitung hat (zum Begriff „gilt" s. Rz. 3, 31). Die innerstaatliche unbeschränkte Steuerpflicht bleibt somit auch dann bestehen, wenn die nicht natürliche Person ihren **abkommensrechtlichen** Sitz nach Abs. 3 im **anderen** Vertragsstaat hat (s. Rz. 31). Dies hat beispielsweise zur Folge, dass stille Reserven nicht nach den Regeln besteuert werden dürfen, die in manchen Staaten für Fälle der Verlegung der Geschäftsleitung oder des Sitzes ins Ausland gelten (etwa nach § 12 Abs. 3 i. V. m. § 11 KStG), wenn entweder Sitz oder Geschäftsleitung im Inland und damit die unbeschränkte Steuerpflicht nach innerstaatlichem Recht bestehen bleibt, auch wenn sich der abkommensrechtliche Ansässigkeitsstaat nach Maßgabe der „Tie-Breaker"-Regelung im anderen Vertragsstaat befindet; zu einer Sonderregelung nach Art. 4 Abs. 1 u. 3 *DBA Indien* s. *Hölscher,* IStR 2013, 747. Ebenso wenig lässt die Verlegung des Ortes der Geschäftsleitung die innerstaatliche, österreichische Mindestkörperschaftsbesteuerung erlöschen, wenn dort der Sitz der Gesellschaft verbleibt (ÖstBMF v. 1.12.1997 (EAS 1185), SWI 1998, 134). Diese Folgen treten nur dann ein, wenn der Sitz und/oder Ort der Geschäftsleitung i. S. des **innerstaatlichen Rechts** in das Ausland verlegt werden (zu Ausnahmen in anderen Rechtsordnungen: *Baranowski,* IWB F. 3, Deutschland, Gr. 4, 331; zu den Folgen der überdachenden Besteuerung (s. Rz. 22) s. *Haase,* IStR 2013, 537 (s. aber Rz. 32)). Art. 4 Abs. 3 schließt es daher auch nicht aus, dass eine Gesellschaft, die in beiden Vertragsstaaten nach deren Recht ansässig ist, in beiden Staaten **Vorteile** in Anspruch nimmt, die das innerstaatliche Recht nur unbeschränkt Steuerpflichtigen zugesteht (zu den unterschiedlichen Fallkonstellationen s. *Schnitger,* IStR 2013, 82; zur Hinzurechnungsbesteuerung bei doppelt ansässigen Hinzurechnungsadressaten s. *Schönfeld/Hoene,* IStR 243

2013, 349). Dies schließt auch die Abkommensberechtigung in beiden Vertragsstaaten mit ein. Die nach Abs. 3 festgestellte abkommensrechtliche Ansässigkeit ändert nichts an der unbeschränkten Steuerpflicht einer Gesellschaft (im Sitzstaat) nach nationalem Recht und der sich daraus ergebenden Abkommensberechtigung der Gesellschaft in diesem Staat (*Staringer,* S. 149 ff.; Wassermeyer/*Wassermeyer/Kaeser,* Art. 4 OECD-MA Rz. 91). Eine Ausnahme hiervon liegt aber dann vor, wenn das inländische Recht die Vorteile nicht alleine an die Ansässigkeit der Gesellschaft, sondern an ein darüber hinausgehendes Merkmal knüpft. So nach österreichischem Recht das Merkmal der „inländischen Gesellschaft" als Voraussetzung für den Anspruch auf die Beteiligungsertragsbefreiung (ÖstBMF SWI 1997, 15; EAS 1326, SWI 1998, 505; dazu *Staringer,* SWI 1998, 575). Zu Nachteilen bei inländischem Ort der Geschäftsleitung und ausländischem Sitz für die Anrechnung von ausländischen Steuern nach § 34c EStG s. BFH BStBl. II 1998, 471.

244 **Doppelt ansässige Gesellschaften** (dual resident companies) wurden vielfach für Zwecke der **Steuerplanung** eigens konstruiert. So wurden z. B. Gesellschaften nach dem Recht eines Gliedstaats der USA errichtet, „management and control" über die Gesellschaften aber in Großbritannien geführt, um Finanzierungskosten innerhalb eines Konzerns sowohl in Großbritannien über den „group relief" gegen die Gewinne der britischen Konzerngesellschaften zu verrechnen wie in den USA über den „consolidated return" gegen die der amerikanischen Konzerngesellschaften, sie also zweifach anzusetzen (dazu *Großmann,* S. 1 ff.). Durch DBA werden solche Konstruktionen prinzipiell weder ermöglicht noch verhindert. Vielmehr kommt es allein auf das innerstaatliche Recht der beteiligten Staaten an, insbesondere darauf, ob Körperschaften in einem Staat ihre tatsächliche Geschäftsleitung haben können, nach dessen Recht sie nicht auch errichtet (und i. d. R. in ein öffentliches Register eingetragen) sind. Auch in Großbritannien und den USA ist inzwischen die Möglichkeit doppelter Verlustverrechnung durch Sondervorschriften weitgehend unterbunden worden (s. *Großmann; van Raad,* ET 1988, 241; *ders.,* ET 1993, 298; *Haase,* INF 2003, 107; *Seibold,* IStR 2003, 45; *Theisen/Wenz,* RIW 1994, 397, 400 ff.; weitere Nachw. in der 4. Aufl. Rz. 106). Zu den britischen Vorschriften, die eine Ausnutzung doppelter Ansässigkeit verhindern sollen, s. *Southern,* ET 1994, 438 und *Großmann,* S. 58 ff., 140 ff. Zur Anwendung des Schachtelprivilegs nach § 10 ÖstKStG *Rosenberger,* SWI 2001, 473; *Staringer,* SWI 1998, 575; *Lang,* SWI 2000, 126; ÖStBMF, EAS 1326, SWI 1998, 505. Zur Abkommensberechtigung doppelt ansässiger ausländischer Gesellschaften und zu den damit verbundenen gesellschaftsrechtlichen Fragen s. bereits Art. 1 Rz. 20; zum umgekehrten Fall s. *Elser/Dürrschmidt,* IStR 2010, 79 ff.

245 Die Feststellung des Orts der tatsächlichen Geschäftsleitung ist bei Anwendung der allgemeinen Begriffsbestimmung (dazu s. Rz. 264 ff.) oftmals nicht leicht und/oder nicht eindeutig möglich. Dies gilt zumal bei Verwendung moderner Kommunikationsmittel (zu Letzterem s. Rz. 267). Mitunter gibt es nicht nur einen Ort der tatsächlichen Geschäftsleitung, sondern sogar mehrere (*Arnold,* BIT 2009, 178; a. A. Ziff. 24 MA-Komm.). Aus diesem Grund schlägt Ziff. 24.1 MA-Komm. eine Alternativregelung zu Abs. 3 vor, wonach bei Doppelansässigkeit einer Gesellschaft immer ein **Verständigungsverfahren** betrieben werden soll, in dem die zuständigen Behörden der Vertragsstaaten die Ansässigkeit der Gesellschaft für Zwecke des Abkommens bestimmen (zu diesem Alternativvorschlag s. *van den Berg/van der Gulik,* TNI May 2009, 417 ff., auch aus niederländischer Sicht; zu seiner Entstehungsgeschichte s. Rz. 280). Im Verständigungsverfahren sollen der Ort der tatsächlichen Geschäftsleitung, der häufig gerade nicht einfach bestimmt werden kann, der Ort der Gründung der Gesellschaft und „alle anderen erheblichen Umstände" als materielle Kriterien berücksichtigt werden. Diese Kriterien werden im MA-Komm. durch eine nicht abschließende Aufzählung von (weiteren) Kriterien

präzisiert, die teilweise schon in der (Alternativ-)Regelung selbst enthalten sind (wie etwa der Ort der Sitzungen des kollegialen Geschäftsführungsorgans, der Tätigkeitsort der Mitglieder der Geschäftsführung, der Ort der Ausübung des Tagesgeschäfts, der Ort des Hauptverwaltungssitzes, der Aufbewahrungsort der Buchführungsunterlagen oder das Gründungsrecht). Das Verständigungsverfahren soll nach Maßgabe der allgemeinen Regelungen in Art. 25 MA durchgeführt werden (Ziff. 24.1 MA-Komm.). Die Verständigungsvereinbarung soll von vornherein nur für einen in der Verständigungsvereinbarung festzulegenden Zeitraum gelten, da sich die für die Bestimmung der abkommenrechtlichen Ansässigkeit maßgeblichen Umstände im Laufe der Zeit ändern können (Ziff. 24.1 MA-Komm.). Eine Pflicht zur Einigung über die Ansässigkeit soll – anders als bei Abs. 2 Buchst. d – nicht bestehen (so auch *Arnold,* BIT 2009, 178; zur Einigungspflicht bei Abs. 2 Buchst. d s. Rz. 210). Wird im Verständigungsverfahren keine Einigung erzielt, gelten für die Gesellschaft nur diejenigen abkommensrechtlichen Vergünstigungen, auf die sich die zuständigen Behörden im Verständigungsverfahren geeinigt haben.

Mitunter wird in der Vertragspraxis (z.B. *DBA USA 1989/2006*) für Zwecke **246** der Inanspruchnahme von abkommensrechtlichen Vergünstigungen die Nichtansässigkeit fingiert **(fiktive Nichtansässigkeit).** Dies führt letztlich zu demselben Ergebnis, weil die Gesellschaft dann nicht abkommensberechtigt i. S. des Art. 1 ist und deshalb keine Abkommensvorteile beanspruchen kann (so etwa im *DBA Deutschland/USA 1989/2006, Japan/USA;* modifizierend *DBA Irland/Kanada,* wonach entsprechend dem OECD-Alternativvorschlag nur solche Abkommensvorteile beansprucht werden können, auf die sich die zuständigen Behörden im Rahmen des Verständigungsverfahrens geeinigt haben; s. auch Rz. 291, sowie *Großmann,* S. 69, 100ff.). Die Nichtansässigkeitsfiktion gilt „nur für Zwecke der Inanspruchnahme der Vergünstigungen nach diesem Abkommen" (für ein Beispiel s. Art. 4 Abs. 3 *DBA USA 1989/2006*). Dies bedeutet, dass die Nichtansässigkeitsfiktion nur für die Besteuerung der betroffenen Gesellschaft maßgeblich ist, nicht dagegen für die Anwendung abkommensrechtlicher Regelungen, die für die Besteuerung anderer Rechtsträger relevant sind (z.B. für Arbeitnehmer der Gesellschaft oder ihre Gesellschafter). Folglich können in Bezug auf andere Rechtsträger im Falle einer Doppelansässigkeit der Gesellschaft solche Regelungen nicht angewendet werden, die die Ansässigkeit der Gesellschaft in nur einem Vertragsstaat voraussetzen und die Doppelansässigkeit nicht mithilfe der „Tie-Breaker"-Regel aufgelöst werden kann (BFH, Urt. v. 5.6.2007, I R 1/06, BStBl II 2007, 810; zur Problematik im Zusammenhang mit Art. 15 Abs. 2 (b) MA: *Pötgens,* ET 2002, 214 (220ff.)).

c) Abs. 3 gilt nur für **„andere als natürliche Personen".** Für den Begriff der **255** „Person" kann auf Art. 3 Abs. 1 Buchst. a (s. dort Rz. 11ff.; sowie Rz. 72ff.), für den der „natürlichen Person" auch auf die Ausführungen zu Abs. 2 (s. Rz. 170ff.) verwiesen werden. „Andere als natürliche Personen" sind hiernach **Gesellschaften** und **andere Personenvereinigungen,** ohne Rücksicht darauf, ob sie juristische Personen sind oder nicht (MA-Komm. zu Art. 4 Ziff. 21).

Kein Fall des Abs. 3 liegt vor, wenn in einem Vertragsstaat die Personengesell- **256** schaft als solche, im anderen dagegen jeder Gesellschafter gesondert besteuert wird (s. dazu Art. 1 Rz. 14ff.). Abs. 3 setzt die Abkommensberechtigung des Steuersubjekts – nach Art. 1 i. V.m. Art. 3 Abs. 1 Buchst. a **und Art. 4 Abs. 1** (s. Rz. 11) – in beiden Vertragsstaaten voraus.

d) Ort der tatsächlichen Geschäftsleitung:

Literatur: *Burgers,* Intertax 2007, 378; *Burgstaller/Haslinger,* Intertax 2004, 376; *Confédération Fiscale Européenne,* ET 2003, 473. **259**

260 Die maßgebliche abkommensrechtliche Anknüpfung („Tie-Breaker") für andere als natürliche Personen, die nach jeweils innerstaatlichem Recht in beiden Vertragsstaaten ansässig sind, ist der **Ort der tatsächlichen Geschäftsleitung** (zur Entwicklung des Kriteriums s. *Moschetti,* FS Lang, S. 1167 ff.; *Shalhav,* Intertax 2004, 460).

261 **aa) Abgrenzung:** Das MA verwendet mehrfach den Begriff **„Ort der Geschäftsleitung"** und ähnliche Ausdrücke. Art. 4 Abs. 1 nennt ihn als Regelbeispiel für eine ortsbezogene Anknüpfung des innerstaatlichen Rechts. Nach Art. 9 Abs. 1 begründet u. a. die unmittelbare oder mittelbare Beteiligung derselben Person an der „Geschäftsleitung" eines Unternehmens eine Befugnis des Sitzstaates, die Gewinne des Unternehmens nach „arm's-length"-Grundsätzen zu berichtigen (s. Art. 9 Rz. 34, 37, 41). Art. 5 Abs. 2 Buchst. a führt den „Ort der Leitung" als Beispiel einer Betriebstätte an (dazu s. Art. 5 Rz. 39); hier können auch Zentralen gemeint sein, von denen aus nur bestimmte Teile des Unternehmens geleitet werden.

262 Nach Art. 8 Abs. 1 und 2 MA können Gewinne aus dem Betrieb von Seeschiffen oder Luftfahrzeugen im internationalen Verkehr und Gewinne aus dem Betrieb von Binnenschiffen nur in dem Vertragsstaat besteuert werden, in dem sich der Ort der „tatsächlichen Geschäftsleitung" des Unternehmens befindet (s. BFH BStBl. II 1994, 218; II 1995, 405; II 1997, 432; II 1998, 86; BFH/NV 2000, 300; BFH IStR 2002, 164; BFH/NV 2002, 478; s. auch Art. 8 Rz. 26). Gleiches gilt nach Art. 15 Abs. 3 sowie nach Art. 22 Abs. 3 für die Besteuerung von Gewinnen aus der Veräußerung der entsprechenden Schiffe und Luftfahrzeuge sowie für deren Vermögensbesteuerung (s. Art. 15 Rz. 110 und Art. 22 Rz. 69).

263 Anders als der Begriff „Ort der Geschäftsleitung" in Abs. 1, der auf das innerstaatliche Recht Bezug nimmt (s. Rz. 105 ff.), ist der Begriff **„Ort der tatsächlichen Geschäftsleitung"** („siège de direction effective"; „place of effective management") in Abs. 3 **autonom** (s. Rz. 105; Grundl. Rz. 96 ff., 113a ff., 149 ff.) auszulegen (vgl. *Desai,* TNI February 1994, 434: *DBA Indien/Griechenland,* unter Bezugnahme auf ein Urteil des *Kalkutta High Court; Burgstaller/Haslinger,* Intertax 2004, 376 (379 ff.)). Das hat u. a. zur Folge, dass Schwierigkeiten bei der Ermittlung des Ortes der tatsächlichen Geschäftsleitung nicht dadurch umgangen werden dürfen, dass auf den **satzungsmäßigen Sitz** abgestellt wird, auch wenn dieser innerstaatlich steuerliche Ansässigkeit begründet; zur Abgrenzung vom „Scheinsitz" und vom Ort der Geschäftsleitung s. BFH BStBl. II 2002, 662.

264 **bb) Begriff:** Ziff. 24 **MA-Komm.** definiert den „Ort der tatsächlichen Geschäftsleitung" als den „Ort, an dem die grundlegenden Leitungs- und kaufmännischen Entscheidungen … im Wesentlichen getroffen werden". Dies ist im Allgemeinen dort, wo der Vorstand und vergleichbare Personen ihre Entscheidungen treffen (s. Rz. 291 zu inhaltlich vergleichbaren abkommensrechtlichen Begriffsbestimmungen in der deutschen Vertragspraxis).

265 Dem abkommensrechtlichen Begriff „Ort der tatsächlichen Geschäftsleitung" sehr ähnlich ist der Begriff „Ort der Geschäftsleitung" in § 10 AO (Geschäftsleitung ist der Mittelpunkt der geschäftlichen Oberleitung, s. Rz. 105), zumal dieser Mittelpunkt von der deutschen Rechtsprechung nach **tatsächlichen** Verhältnissen bestimmt wird (s. Rz. 266). Zwar besteht ein gewisses Spannungsverhältnis zwischen dem Erfordernis einer autonomen Auslegung des Begriffs und der Annahme einer Ähnlichkeit zu den Regeln des innerstaatlichen Rechts (vgl. *Hinnekens,* Intertax 2003, 314 (315); *Avery Jones,* BIFD 2005, 20 (21); zur historischen Entwicklung: *ders.,* BTR 2011, 653 (663 f.). Jedoch kann unterschieden werden zwischen dem Ort der tatsächlichen Geschäftsleitung als dem Ort der alltäglichen Entscheidungen einerseits und andererseits dem Zentrum von Management und Kontrolle (central management and control; zum Leitfall *De Beers* s. *Metzler/Haslinger,* SWI

2004, 456 sowie oben Rz. 99 m. w. N.) als dem Ort, an dem die endgültigen weitreichenden strategischen Entscheidungen getroffen werden. Für deutsche Kapitalgesellschaften mit einem Aufsichtsrat (AG und zum Teil auch GmbH) bestimmt sich der Ort der tatsächlichen Geschäftsleitung daher regelmäßig nach dem Ort, an dem der Vorstand seine Entscheidungen trifft, nicht nach dem Ort, an dem der Aufsichtsrat zusammenkommt (tendenziell ebenso SKK/*Kaminski,* Art. 4 OECD-MA Rz. 62; a. A. *Owen,* BTR 2003, 296 (304)). Diese Unterscheidung liegt dem MA-Komm. Ziff. 24 seit dem Update 2000 zugrunde. Daher ist das Konzept des Ortes der tatsächlichen Geschäftsleitung dem des Ortes der Geschäftsleitung nach innerstaatlichem Recht verwandt (*Burgstaller/Haslinger,* Intertax 2004, 376; vgl. auch *Avery Jones,* BIFD 2005, 20; a. A. *Owen,* BTR 2003, 296, der von einer Identität der Kriterien „Ort der tatsächlichen Geschäftsleitung nach Abs. 3 und dem Konzept des „central management and control“ nach Common Law ausgeht). Zu unterscheiden ist jedoch zwischen dem Ort der **tatsächlichen** Geschäftsleitung und einer bloß betriebstättenbegründenden **Stätte der Leitung** i. S. des § 12 AO bzw. einem **Ort der Leitung** i. S. des Art. 5 Abs. 2 Buchst. a OECD-MA (s. Rz. 272; Art. 5 Rz. 39). Das innerstaatliche Konzept kann jedenfalls – mit der insoweit gebotenen Vorsicht – zur Auslegung des Abkommensbegriffs herangezogen werden, soweit die Abkommen keine abweichende Formulierung enthalten. Eingehend hierzu: *Großmann,* S. 152 ff., wie hier auch für das österreichische Recht: *Lang/Schuch/Staringer,* Rz. 40; *Staringer,* S. 148 f. Insbesondere ist dabei zu berücksichtigen, dass – entsprechend dem in Rz. 96 und 202 f. für den gewöhnlichen Aufenthalt Ausgeführten – nach der Rechtsprechung des BFH, BStBl. II 1999, 437 (a. A. *Frotscher,* Rz. 99 m. w. N.) eine Gesellschaft zwar mindestens einen, durchaus aber auch mehrere Orte der Geschäftsleitung haben kann. Hingegen kann eine Gesellschaft oder andere Personenvereinigung immer nur einen Ort der **tatsächlichen** Geschäftsleitung im Sinne des Abs. 3 haben (ebenso MA-Komm. Ziff. 24, S. 4).

Der Ort der Geschäftsleitung nach § 10 AO befindet sich nach dieser Recht- **266** sprechung dort, wo der für die Geschäftsleitung maßgebende Wille tatsächlich gebildet wird (RFH RStBl. 1936, 804 (805); BFH HFR 1965, 136 (137); BStBl. II 1968, 695 (697); II 1970, 759 (760); II 1972, 68; II 1976, 401 (403); II 1977, 857; II 1995, 175; II 1998, 86, II 1999, 437; BFH/NV 1998, 434; BFH BStBl. II 2002, 662; BFH/NV 2004, 83; BFH v. 22.8.2012, I B 86/11, I B 87/11, BFH/NV 2013, 6; FG München v. 9.11.2004, 7 K 5113/01, nicht veröffentlicht: *DBA Portugal;* FG Bremen v. 13.5.2004, 1 K 224/03, nicht veröffentlicht: *DBA Schweiz* (im Nachgang zu BFH BStBl. II 2003, 875); Hübschmann/Hepp/Spitaler/*Birk,* zu § 10 AO Rz. 14; Frotscher/Schwarz/*Schwarz* § 10 AO Rz. 4 f.; *Frotscher,* § 3 Rz. 11; *Schaumburg,* Rz. 6.3 ff.; *Kessler/Müller,* IStR 2003, 361; *Kühn/Kutter/Hofmann.* § 10 AO Rz. 3; Tipke/Kruse/*Kruse* § 10 AO Rz. 1; *Seibold,* IStR 2003, 45 (49 f.); entsprechend zum niederländischen Recht: *Hof Arnhem* Rolno. 737/1981, BNB 1985/36; *Hof Amsterdam* Rolno. 23242, BNB 1986/42; *Hof den Haag* Rolno. 101/82, BNB 1984/279; zur neueren niederländischen Rspr. s. *Burgers,* Intertax 2007, 378; zur Beweislast: *Hoge Raad* Rolno. 23877, BNB 1987/306, Rolno. 24252, BNB 1988/181, und Rolno. 24983, BNB 1989/142. Zur Abgrenzung im Verhältnis zwischen Mutter- und Tochtergesellschaften s. Gerechtshof s'Hertogenbosch v. 5.11.2010, No. 09/00678; dazu *Mooij,* BTI 2012, 637; zur dänischen Verwaltungsauffassung s. *Lignisradet,* TNS 1996, 142 und TNS 1996, 256; zum Ort der tatsächlichen Geschäftsleitung aus italienischer Sicht *Tamburini,* TNI March 2008, 105 ff. und aus der Sicht des Vereinigten Königreichs First-tier Tribunal, v. 11.8.2009, Laerstate BV v. Commissioners for Her Majesty's Revenue and Customs, dazu *Hughes,* ET 2010, 115). Entscheidend ist dabei **nicht** der Ort, an dem geschäftsleitende Anordnungen **wirksam,** sondern der, an dem sie **gegeben** werden. Nach ständiger Rechtsprechung liegt bei einer Gesellschaft der Mittelpunkt der geschäftlichen Oberleitung regelmäßig an dem Ort, an dem die zur Vertretung der Gesellschaft befugte Person die ihr obliegende geschäftsführende Tätigkeit entfaltet (vgl. BFH BStBl. II 1995, 176; II 1998, 86; II 1999, 437; BFH v. 19.3.2002, I R 15/02, BFH/NV 2002, 1411; FG Bremen v. 13.5.2004, 1 K 224/03, nicht veröffentlicht: *DBA Schweiz 1971/2002;* FG München v. 16.3.2010, 6 K 241/07, juris: *DBA Spanien;* ferner *Hey,* TPI Sept. 1991, 34). Zu Recht hat der BFH sich von einem entgegenstehenden Beschluss des GrS (BFH GrS BStBl II 1972, 68) gelöst und einen Geschäftsführer einer kanadischen Ltd. mit Sitz in Kanada für den größeren Teil seiner im Inland ausgeübten Tätigkeit der deutschen Besteuerung unterworfen (BFH BStBl. II 1995, 95; vgl. im Nachgang: BVerfG StEd 1997, 734; kritisch hierzu: *Neyer,* IStR 1997, 33). Ein Ort, von dem aus die Geschäftsleitung lediglich überwacht wird, ist nicht ausreichend. Liegen kaufmännische und technische Leitung an verschiedenen Orten, so entscheidet der Ort der **kaufmännischen** Leitung (RFH RStBl. 1936, 779 (780); BFH/NV 2004, 83). Lässt sich der Ort der tatsächlichen Geschäftsleitung nach diesen Kriterien nicht ermitteln, so wird regelmäßig der **Wohnsitz** des **leitenden Geschäftsführers** die Ansässigkeit bestimmen (vgl. *Birk,* a.a.O., Anm. 33 m.w.N.); Doppelwohnsitzfälle sind dann nach der Stufenfolge des Art. 4 Abs. 2 zu entscheiden (s. Rz. 168, 173ff.). Da Abs. 3 bei doppelter Anknüpfung nach innerstaatlichem Recht eine eindeutige Zuordnung ermöglichen soll, kann als Mittelpunkt der geschäftlichen Oberleitung i.S. dieser Vorschrift **nur ein einziger Ort** in Betracht kommen (BFH BStBl. III 1966, 207); dies gilt auch bei dezentralisierter Leitung des Unternehmens (FG Kassel EFG 1959, 346 (347); vgl. dazu: *Birk,* a.a.O., Anm. 41 m.w.N.; *Felix,* DStR 1963, 421; *Schröder,* StBp 1980, 97).

267 Allerdings wird die Bestimmung dieses Ortes **durch moderne technische Kommunikationsmöglichkeiten erschwert** (dazu schon Rz. 245). Werden geschäftsleitende Anordnungen durch Telefon-, Video- oder Internetkonferenzen beschlossen, liegt kein eindeutiger Ort vor, an dem die Geschäftsleitung ihren maßgeblichen Willen bildet. Und auch wenn sich die Geschäftsleitung regelmäßig persönlich trifft, sind Fälle denkbar, in denen diese Treffen aufgrund der Erfordernisse weltweit operierender Unternehmen an wechselnden Orten stattfinden. Auch dann ist der Ort der tatsächlichen Geschäftsleitung nicht eindeutig. Und schließlich können Handels- und Dienstleistungsunternehmen, insbesondere aber Softwareunternehmen gänzlich auf einen zentralen Leitungs- und Produktionsstandort verzichten. Bei solchen „virtuellen" Unternehmen kann der Ort der Geschäftsleitung dann auch nicht über den Ort bestimmt werden, an dem die überwiegende Zahl der geschäftsleitenden Entscheidungen getroffen wird (zu diesen Problemen s. *Avery Jones,* BIFD 2005, 20 (23f.)). Wegen der sich aus dieser Entwicklung ergebenden Schwierigkeiten schlägt der MA-Komm. zu Art. 4 Tz. 24.1 alternativ zu Abs. 3 des MA eine Regelung vor, nach der die Ansässigkeit stets in einem Verständigungsverfahren zu bestimmen sein soll (dazu s. Rz. 245, auch zu den im Rahmen des Verständigungsverfahrens zu berücksichtigenden Kriterien; zur Entstehungsgeschichte dieses Alternativvorschlags s. Rz. 280). Sofern eine solche Regelung nicht vorhanden ist, könnte man auf den Ort abstellen, an dem die Mehrheit der Geschäftsführer ihren Wohnsitz hat, und im Sinne der Ziff. 24 des OECD-Kommentars im Einzelfall alle erheblichen Umstände und Tatsachen berücksichtigen.

268 Nach deutschem innerstaatlichen Recht hat der **beherrschende Gesellschafter** nur dann die geschäftliche Oberleitung, wenn er „in den gewöhnlichen Geschäftsverkehr hineinreden kann und hineinredet, wenn er sich dauernd über die einzelnen Geschäfte auf dem Laufenden halten lässt und die Abwicklung der laufenden Geschäfte durch seine Entscheidung maßgebend beeinflusst" (BFH

BStBl. II 1998, 86; II 1995, 175; II 1970, 759; II 1968, 695; RFH RStBl. 1940, 706 (707); FG Düsseldorf EFG 1984, 535: *DBA Kanada 1956;* FG Hessen EFG 1998, 518; dazu: *Felix,* DStR 1963, 421; *Schröder,* StBp 1980, 97). Soweit die Verbundenheit rechtlich selbständiger Unternehmen gemäß **Art. 9 Abs. 1** durch die unmittelbare oder mittelbare Beteiligung an der **Geschäftsleitung** begründet wird, ist stets zu prüfen, wo sich der Ort der **tatsächlichen** Geschäftsleitung befindet: Art. 9 findet dann **keine** Anwendung, wenn die Beteiligung eines Unternehmens an der Geschäftsleitung des anderen Unternehmens zu dem Ergebnis führt, dass beide Unternehmen solche **desselben** Vertragsstaates sind.

Praktisch relevant sind insbesondere die Fälle einer in einem Vertragsstaat A gegründeten 100-prozentigen (oder anderweitig beherrschten) Tochtergesellschaft einer im anderen Vertragsstaat B ansässigen Muttergesellschaft, bei denen der Vorstand der Tochtergesellschaft zwar mehrmals im Jahr im Staat B zusammenkommt, jedoch mehrheitlich aus hochrangigen Angestellten der Muttergesellschaft besteht und die wesentlichen Verträge zwischen der Mutter- und der Tochtergesellschaft von ersterer erarbeitet und dem im Staat B tätigen Vorstandsvorsitzenden der Tochtergesellschaft zur Unterschrift zugeleitet werden (zur Diskussion eines solchen Falles vgl. *Avery Jones,* BIFD 2005, 20 (22f.)). Aus dem Blickwinkel der Staaten des Case-Law kommt es darauf an, wo die Entscheidungen tatsächlich getroffen werden, sodass sich der Ort der tatsächlichen Geschäftsleitung durchaus am Ort der Muttergesellschaft befinden kann (in diesem Sinne auch Special Commissioners, *R v Holden,* 2004 S. T. C. (S. D. C.) 416; dazu *Avery Jones,* BIFD 2005, 20 (22); *Owen,* BTR 2005, 186; die Entscheidung wurde allerdings durch den High Court, 2005 S. T.C 789 (Ch. D) aufgehoben; dazu *Owen,* BTR 2005, 390). Nach einem stärker in der kontinentaleuropäischen Tradition stehenden Verständnis des Abs. 3 – das auch diesem Kommentar zugrunde liegt, s. Rz. 265f. – kommt es auf den Ort an, an dem die Sitzungen des Vorstands stattfinden und an dem die täglichen Entscheidungen getroffen werden.

Im Falle der **Organschaft** kann der Ort der tatsächlichen Geschäftsleitung bei der **Organträgerin** liegen, wenn sie nach den tatsächlichen Verhältnissen alle für die Geschäftsführung nötigen Maßnahmen von einiger Wichtigkeit selber bestimmt (BFH HFR 1965, 170 (171) unter Hinweis auf RFH RStBl. 1935, 1366; BFH BStBl. II 1999, 306 (307f.)). Diese Anforderungen werden in der Entscheidung des BFH BStBl. II 1970, 759 (760) verschärft: „Die Bejahung der Geschäftsleitung durch den Alleingesellschafter und Organträger setzt voraus, dass dieser den laufenden Geschäftsgang nicht nur beobachtet, kontrolliert und fallweise beeinflusst, sondern ständig in die Tagespolitik der Gesellschaft eingegriffen und dauernd die im gewöhnlichen Geschäftsverkehr erforderlichen Entscheidungen von einigem Gewicht selbst getroffen hat" (Anschluss an BFH BStBl. II 1968, 695 (697); weiterführend mit Beispielen: *Schröder,* StBp 1980, 97 (98f.); aus österreichischer Sicht eingehend hierzu: *Staringer,* S. 341ff.). Zur Frage der Abkommensberechtigung einer Betriebstätte als Organträgerin nach der Saint Gobain-Entscheidung des EuGH s. Rz. 75. Zu einer niederländisch-irischen Organschaft: *ter Wisch/van Stoel,* TNI June 1995, 1868; s. auch *de Louw,* ET 1996, 409. **269**

Bei einer **Ein-Mann-Gesellschaft** kommt es auf den Ort an, an dem der Gesellschafter-Geschäftsführer seine Entscheidungen trifft. Eine Änderung der Ansässigkeit des Gesellschafter-Geschäftsführers führt dann grundsätzlich auch zu einer Änderung der Ansässigkeit der Gesellschaft (*Avery Jones,* BIFD 2005, 20 (24)). **270**

Die Zurechnung der ansässigkeitsbegründenden Geschäftsleitungstätigkeit in Bezug auf **Basisgesellschaften** zum beherrschenden Gesellschafter (s. Anh. zu Art. 1 Rz. 89) setzt nach der Rechtsprechung voraus, dass die Gesellschafter im Inland die tatsächliche Geschäftsleitung völlig an sich ziehen. Dass lediglich ein gesellschaftlicher Einfluss auf den im Ausland befindlichen Geschäftsführer ausgeübt wird, genügt da- **271** für nicht (BFH BStBl. II 1976, 401 (403); II 1968, 695 (697); II 1985, 2; *Schröder,* StBp 1980, 97).

272 Der Ort der Leitung kann eine **Betriebstätte** i. S. des Abkommensrechts sein (s. Rz. 265; Art. 5 Rz. 39) und damit eine Besteuerung durch den Betriebstättenstaat begründen. Wird jedoch an dem betreffenden Ort die **tatsächliche** Geschäftsleitung des **Gesamtunternehmens** im vorstehenden Sinn ausgeübt und ist infolgedessen das Unternehmen dort nach Art. 4 Abs. 1 oder 3 MA „ansässig", so ist der Ort der Leitung nicht mehr nur als Betriebstätte, sondern als „Stammhaus" anzusehen.

273 Besondere Schwierigkeiten können im Rahmen von **Dreiecksfällen** auftreten. Seinem Wortlaut nach gewährleistet Abs. 3 nicht, dass der Ort der tatsächlichen Geschäftsleitung in einem der beiden Vertragsstaaten liegt. Vielmehr ist es möglich, dass eine Gesellschaft oder andere Personenvereinigung zwar nach Abs. 1 in beiden Vertragsstaaten ansässig ist, dass sich der Ort der Geschäftsleitung aber in einem Drittstaat befindet. Wendet man das Abkommen wörtlich an, so ist die Gesellschaft oder andere Personenvereinigung dann in keinem der beiden Vertragsstaaten ansässig i. S. des Art. 4 Abs. 3 (zweifelnd *Avery Jones,* BIFD 2004, 20 (23)). Dieses Ergebnis ist jedoch mit der Funktion der „Tie-Breaker"-Regelung des Abs. 3, die Ansässigkeit in einem der beiden Vertragsstaaten zu bestimmen, nicht vereinbar. Daher wird man in dieser Situation den Tatbestand anders verstehen müssen: die Person gilt nur dann als im Staat des Ortes der tatsächlichen Geschäftsleitung ansässig, wenn dieser Ort sich in einem der beiden Vertragsstaaten befindet. Ist dies nicht der Fall, so kommt nur ein Verständigungsverfahren nach Art. 25 Abs. 3 MA in Betracht (s. Art. 25 Rz. 151 ff.), wobei die Entscheidungskriterien für ein solches Verfahren allerdings unklar sind (zu Recht *Burgstaller/Haslinger,* Intertax 2004, 376 (382)).

274 **e) Vorbehalte und Abweichungen:** In Ziff. 26 des MA-Komm. behält sich Kanada das Recht vor, bei Gesellschaften als entscheidendes Merkmal auf den Ort abzustellen, an dem die Gesellschaft errichtet oder organisiert wurde. Mexiko und die USA behalten sich nach Ziff. 31 des MA-Komm. das Recht vor, den Ort der Gründung als entscheidendes Merkmal zu verwenden. Die Entscheidung Crown Forest Industries Limited v. The Queen, 1992 DTC, 6305, des kanadischen *Federal Court, Trial Division,* nach der eine Gesellschaft aufgrund ihres Ortes der Geschäftsleitung in den USA ansässig sein sollte, obwohl sie in den USA keiner Besteuerung des Welteinkommens unterlag, hat der kanadische *Supreme Court* aufgehoben (s. Rz. 106). Daneben stellen manche DBA auf den Ort der Gründung oder sowohl auf den Ort der tatsächlichen Geschäftsleitung als auch den Ort der Gründung ab, vgl. *Dirkis,* BIFD 2003, 405 (410).

280 **f)** In **abkommenspolitischer Hinsicht** erscheinen – wie auch bei Abs. 2 (s. Rz. 174) – die Kriterien zur Bewältigung einer doppelten Ansässigkeit nach Abs. 3 des MA unbefriedigend (s. auch *Haslinger,* SWI 2004, 245). Die Geschäftsleitung ist wegen der zunehmenden Mobilität des Managements und aufgrund der modernen dezentralen Entscheidungsprozesse immer schwieriger zu lokalisieren (dazu s. Rz. 245, 267; ferner etwa *Kessler/Müller,* IStR 2003, 361; *Seibold,* IStR 2003, 45). Auch bereiten Dreiecksfälle (s. Rz. 273) Probleme, sodass die Ansässigkeit in einem der beiden Vertragsstaaten nach der „Tie-Breaker"-Regelung nicht, zumindest nicht eindeutig bestimmbar ist (*Burgstaller/Haslinger,* Intertax 2004, 376 (382)). Insbesondere vor dem Hintergrund der Probleme von „virtuellen Unternehmen" (dazu Rz. 245, 267) hat die Technical Advisory Group der OECD im Februar 2001 ein erstes Diskussionspapier vorgelegt (s. dazu *Jirousek,* ÖStZ 2001, 296). Im Sinne der Ziff. 22 des OECD-Kommentars soll dabei darauf verzichtet werden, in Zweifelsfragen auf den Ort der Gründung der Gesellschaft abzustellen. Denn auch die Gründung und Registrierung einer Gesellschaft kann online und

ohne weitere Bindung an einen Ort erfolgen und ist damit als Kriterium willkürlich. Weitergehend hat die Technical Advisory Group der OECD im Mai 2003 einen zweiten Diskussionsentwurf vorgelegt (dazu *Avery Jones,* BIT 2005, 20; *Bendlinger,* SWI 2004, 167; *Confédération Fiscale Européenne,* ET 2003, 473; *Hinnekens,* Intertax 2003, 314; *van Weeghel,* FS Vanistendael, S. 961 ff.). Dieser erörtert verschiedene Möglichkeiten, die Schwächen des Konzepts des Ortes der tatsächlichen Geschäftsleitung durch Änderungen des MA und des MA-Komm. zu beheben. Der Entwurf schlägt als erste Möglichkeit vor, den Ort der tatsächlichen Geschäftsleitung durch Ergänzungen des Kommentars zu präzisieren. Alternativ wird erwogen, wie bei Abs. 2 auch bei Abs. 3 einen vierstufigen Test einzuführen (für einen alternativen dreistufigen Test *Pinto,* ATPB 2005, 14): Kann nicht festgestellt werden, in welchem der Vertragsstaaten sich der Ort der tatsächlichen Geschäftsleitung befindet, oder befindet er sich in einem Drittstaat, so soll zunächst ein anderes Kriterium entscheiden (zur Diskussion gestellt werden die engere wirtschaftliche Bindung, das Schwergewicht der Unternehmensaktivitäten oder der Ort, an dem die „senior executive decisions" gefällt werden). Kann auch dieses Kriterium keine Lösung herbeiführen, soll es auf den Vertragsstaat ankommen, nach dessen Recht die Gesellschaft gegründet wurde. Als letzte Möglichkeit wird wieder ein Verständigungsverfahren vorgeschlagen. Kritisch zu diesen Vorschlägen *Burgers,* Intertax 2007, 378 (382). Mit dem Update 2010 wurde in den MA-Komm. der Vorschlag für eine alternative Regelung in Abs. 3 aufgenommen, wonach die zuständigen Behörden im Falle einer Doppelansässigkeit von nicht natürlichen Personen die Ansässigkeit stets im Rahmen eines Verständigungsverfahrens bestimmen sollen (dazu Rz. 245, 267).

3. US-MA

Die Absätze 4 und 5 des US-MA tragen den Besonderheiten des innerstaatlichen Rechts der Vereinigten Staaten über die Ansässigkeit von Gesellschaften Rechnung. Abs. 4 gilt für Gesellschaften, Abs. 5 hingegen für Personen, die weder natürliche Personen noch Gesellschaften sind. **285**

Abs. 4 bestimmt die abkommensrechtliche Ansässigkeit der Gesellschaft nach dem innerstaatlichen Recht des Staates, in dem sie errichtet wurde. Der Begriff „place of incorporation" bezeichnet das, was Abs. 4 umschreibt (vgl. *d'Avino,* CDFI LXXIIa (1987), 299 (306); *Shannon,* Doppelbesteuerungsabkommen, S. 115; *Vogel/Shannon/Doernberg,* Art. 4 Rz. 164 ff.). **286**

In allen anderen Fällen von doppelt ansässigen Gesellschaften kommt es zu einem Verständigungsverfahren, das jedoch, anders als das nach Art. 4 Abs. 2 Buchst. d OECD-MA, s. Rz. 209) keinem Einigungszwang unterliegt, da Art. 4 Abs. 4 S. 2 lediglich von einem „endeavor", also einem Bemühen spricht. Kann im Verständigungsverfahren keine Einigung erzielt werden, so gilt die Gesellschaft als in keinem der beiden Vertragsstaaten ansässig, vgl. Art. 4 Abs. 4 S. 3 US-MA. Die Gesellschaft kann dann die von der Ansässigkeit abhängenden Vorteile nicht in Anspruch nehmen. Sie kann aber das Diskriminierungsverbot des Art. 24 Abs. 1 US-MA geltend machen (so auch Technical Explanations zu Art. 4 Abs. 4 US-MA). Ebenso kann eine Ansässigkeit in den USA angenommen werden, wo es nur um die Bestimmung einer Quelle geht (s. Rz. 14). Dementsprechend kann ein im anderen Vertragsstaat ansässiger Gesellschafter einer doppelt ansässigen Gesellschaft die ermäßigte Quellensteuer aufgrund des DBA beanspruchen, da es sich um seinen Abkommensvorteil handelt und nicht um den der Gesellschaft (Technical Explanations zu Art. 4 Abs. 4 US-MA; ebenso BFH BStBl. II 2004, 1043: *DBA USA 1989*). **287**

Wenn eine Person, die weder natürliche Person noch Gesellschaft ist, nach Art. 4 Abs. 1 in beiden Vertragsstaaten ansässig ist (Nachlässe und Treuhandvermögen), muss ihre abkommensrechtliche Ansässigkeit im Verständigungsverfahren bestimmt wer- **288** den. Dies sieht nunmehr Abs. 5 ausdrücklich vor, wie zuvor z. B. bereits Art. 4 Abs. 4 *DBA USA/Niederlande* und Art. 4 Abs. 3 *DBA Kanada/Niederlande,* vgl. *Albert,* WFR 1995, 546 (547). Der Grund dieser Regelung ist, dass es im Steuerrecht der Vereinigten Staaten keine einheitliche Anknüpfung für die Steuerpflicht der Personengesellschaften, Nachlässe und Treuhandvermögen gibt, sodass die Zuordnung hier von Fall zu Fall vorgenommen werden muss (vgl. *Shannon,* a. a. O., S. 112 ff.; *Vogel/Shannon/Doernberg/van Raad,* Art. 4 Rz. 146 ff.). Insoweit müsste ein Verständigungsverfahren erfolgreich durchgeführt werden, um eine Anwendung des Abkommens zu ermöglichen. Der Wortlaut des Abs. 5 spricht jedoch in Übereinstimmung mit dem des Art. 25 Abs. 2 OECD-MA und US-MA nur von „endeavor", also einem „Bemühen". Eine Verpflichtung zur Einigung besteht daher nicht.

II. Deutsche DBA

1. Abkommensübersicht zu Artikel 4 Abs. 3

290

DBA	MA-Regelung: Bestimmung für andere als natürliche Personen	Artikel	Rz.
Ägypten	≈ MA	4 Abs. 3	
Albanien 2010	≈ MA	4 Abs. 3	
Algerien 2007	≈ MA	4 Abs. 3	
Argentinien	≈ MA	4 Abs. 3	
Armenien	s. UdSSR		
Aserbaidschan	≈ MA	4 Abs. 3	
Australien	≈ MA	4 Abs. 3	
Bangladesch	≈ MA	4 Abs. 3	
Belarus	≈ MA	4 Abs. 3	
Belgien	≈ MA, „Gesellschaft", ergänzende Regelung in Abs. 4 für Unternehmen der See- und Binnenschifffahrt	4 Abs. 3	298; 304
Bolivien	≈ MA	4 Abs. 3	
Bosnien-Herzegowina	s. Jugoslawien		
Bulgarien 2010	eigenständige Regelung	Nr. 1 Prot.	291
China 1985	≈ MA	4 Abs. 3	300
China 2014 (E)	≈ MA	4 Abs. 3	
Costa Rica 2014 (E)	≈ MA	4 Abs. 3	
Dänemark	≈ MA	4 Abs. 3	
Ecuador	≈ MA	4 Abs. 3	299
Elfenbeinküste	≈ MA	4 Abs. 3	
Estland	eigenständige Regelung	4 Abs. 3	291; 292
Finnland	≈ MA, Ergänzung in Abs. 4 2. Halbs. bzgl. Personengesellschaften	4 Abs. 3	
Frankreich	≈ MA, aber Ergänzung in Satz 2 bzgl. Personengesellschaften	2 Abs. 1 Nr. 4c Satz 1; Prot.	291; 292; 303
Georgien	≈ MA	4 Abs. 3	
Ghana	≈ MA	4 Abs. 3	
Griechenland	≈ MA, „Gesellschaft", aber Ergänzung in Satz 2 bzgl. Personengesellschaften	II Abs. 1 Nr. 4 (c)	305
Großbritannien 1964/70	≈ MA, aber Ergänzung in Satz 2 bzgl. Personengesellschaften	II Abs. 1 Nr. h (iii) Satz 1	296; 303

DBA	MA-Regelung: Bestimmung für andere als natürliche Personen	Artikel	Rz.
Großbritannien 2010	≈ MA, aber Ergänzung in Abs. 4 bzgl. Unternehmen der Seeschifffahrt	4 Abs. 3	298
Indien	≈ MA	4 Abs. 3	
Indonesien	≈ MA	4 Abs. 3	
Iran	≈ MA	4 Abs. 3	
Irland 2011	≈ MA	4 Abs. 3	
Island	≈ MA	4 Abs. 3	306
Israel	≈ MA, „ Gesellschaft", aber Ergänzung in Satz 2 bzgl. Personengesellschaften	2 Abs. 1 Nr. 5c Satz 1	303; 304 f.
Italien	≈ MA	4 Abs. 3	302
Jamaika	≈ MA	4 Abs. 3	
Japan	keine entsprechende Regelung	–	291
Jersey 2008	keine entsprechende Regelung	–	
Jugoslawien	≈ MA	4 Abs. 3	
Kanada	eigenständige Regelung	4 Abs. 3	291; 292
Kasachstan	≈ MA	4 Abs. 3	
Kenia	≈ MA	4 Abs. 3	
Kirgisistan	≈ MA	4 Abs. 3	
Korea	≈ MA	4 Abs. 3	296
Kosovo	s. Jugoslawien		
Kroatien	≈ MA	4 Abs. 3	
Kuwait	keine entsprechende Regelung	–	295
Lettland	eigenständige Regelung	4 Abs. 3	291; 292
Liberia	eigenständige Regelung	4 Abs. 3	291
Liechtenstein 2011	≈ MA	4 Abs. 3	
Litauen	eigenständige Regelung	4 Abs. 3	291; 292
Luxemburg 2012	≈ MA	4 Abs. 3	
Malaysia 2010	≈ MA	4 Abs. 3	296
Malta	≈ MA, „Gesellschaft"	4 Abs. 3	304
Marokko	≈ MA	4 Abs. 3	
Mauritius 2011	≈ MA	4 Abs. 3	
Mazedonien 2006	≈ MA, „Gesellschaft"	4 Abs. 3	304
Mexiko 2008	eigenständige Regelung	4 Abs. 3, Nr. 2 Prot.	291
Moldau	s. UdSSR		
Mongolei	≈ MA	4 Abs. 3	
Montenegro	s. Jugoslawien		
Namibia	≈ MA	4 Abs. 3	304
Neuseeland	eigenständige Regelung	4 Abs. 3	291
Niederlande 1959/2004	eigenständige Regelung	3 Abs. 5, 5a, 6	297 f.; 302
Niederlande 2012 (E)	≈ MA, aber Ergänzung in Abs. 4 für Unternehmen in grenzüberschreitendem Gewerbegebiet	4 Abs. 3	299
Norwegen 1991	≈ MA	4 Abs. 3	
Norwegen 2013 (E)	≈ MA	4 Abs. 3	
Österreich	≈ MA	4 Abs. 3	

DBA	MA-Regelung: Bestimmung für andere als natürliche Personen	Artikel	Rz.
Oman 2012 (E)	≈ MA	4 Abs. 3	
Pakistan	≈ MA	4 Abs. 3	
Philippinen 1983	≈ MA	4 Abs. 3	
Philippinen 2013	≈ MA	4 Abs. 3	
Polen	≈ MA	4 Abs. 3	
Portugal	≈ MA	4 Abs. 3	306
Rumänien	≈ MA, „Gesellschaft"	4 Abs. 3	304
Russische Föderation	≈ MA	4 Abs. 3	
Sambia	≈ MA	4 Abs. 3	304
Schweden	≈ MA	4 Abs. 3	
Schweiz	eigenständige Regelung	4 Abs. 8, 9, 10	301; 304
Serbien	s. Jugoslawien		
Simbabwe	≈ MA	4 Abs. 3	
Singapur 1972	≈ MA	4 Abs. 3	
Singapur 2004	≈ MA	4 Abs. 3	
Slowakei	s. Tschechoslowakei		
Slowenien	≈ MA	4 Abs. 3	
Spanien 2011	≈ MA	4 Abs. 3	
Sri Lanka	≈ MA	4 Abs. 3	
Südafrika 1973	≈ MA, aber Ergänzung in Satz 2 bzgl. Personengesellschaften	3 Abs. 1 Buchst. g dd	302; 303
Südafrika 2008 (E)	≈ MA, „Person mit Ausnahme einer natürlichen Person	4 Abs. 3	307
Syrien 2010	≈ MA	4 Abs. 3	
Tadschikistan	≈ MA	4 Abs. 3	
Taiwan 2011	≈ MA	4 Abs. 4	
Thailand	eigenständige Regelung	4 Abs. 3	291
Trinidad und Tobago	≈ MA	4 Abs. 3	
Tschechien 1997 (E)	≈ MA	4 Abs. 3	
Tschechien	s. Tschechoslowakei		
Türkei 2011	eigenständige Regelung	4 Abs. 3, Nr. 1 Prot.	291
Tunesien	≈ MA	4 Abs. 3	
Turkmenistan	s. UdSSR		
UdSSR	≈ MA	1 Abs. 5	
Ukraine	≈ MA	4 Abs. 3	304
Ungarn 2011	≈ MA	4 Abs. 3	
Uruguay 2010	≈ MA	4 Abs. 3	
USA 1989	eigenständige Regelung	4 Abs. 3	292; 293
USA 1989/2006	eigenständige Regelung	4 Abs. 3	
Usbekistan	≈ MA	4 Abs. 3	
Venezuela	≈ MA	4 Abs. 3	304
Vereinigte Arabische Emirate 2010	keine entsprechende Regelung	–	295
Vietnam	≈ MA	4 Abs. 3	
Weißrussland	s. Belarus		
Zypern 2011	≈ MA	4 Abs. 3	

2. Erläuterungen

291 **a) Nur ein Verständigungsverfahren** zur Bestimmung der vorrangigen Ansässigkeit sehen die Art. 4 Abs. 3 *DBA Estland,* Art. 4 Abs. 2 *DBA Japan,* Art. 4

Abs. 3 *DBA Kanada,* Art. 4 Abs. 3 *DBA Lettland,* Art. 4 Abs. 3 *DBA Liberia,* Art. 4 Abs. 3 *DBA Litauen,* Art. 4 Abs. 3 *DBA Mexiko 2008,* Art. 4 Abs. 3 *DBA Neuseeland,* Art. 4 Abs. 3 *DBA Thailand,* Art. 4 Abs. 3 *DBA Türkei 1985/2011* und *Art. 4 Abs. 3 DBA USA 1989/2006* sowie Nr. 1 des Protokolls zum *DBA Bulgarien 2010* vor. Kriterien für das Verständigungsverfahren gibt Art. 4 Abs. 3 *DBA Neuseeland* vor, wenn es die „Berücksichtigung des Ortes der tatsächlichen Geschäftsleitung, des Ortes, an dem die Person eingetragen oder auf andere Weise errichtet ist, oder sonstiger maßgebender Faktoren" verlangt. Mangels anderer Anhaltspunkte im Abkommen ist dabei entsprechend der Regel des MA Abs. 2 anhand ortsbezogener Merkmale zu entscheiden, in welchem der beiden Vertragsstaaten die Gesellschaft als ansässig gilt (FG Köln EFG 1996, 1228: *DBA USA 1954/65*). Dies wird im Verhältnis zweier Staaten, die den Sitz auch nach innerstaatlichem Recht anhand tatsächlicher, ortsbezogener Merkmale bestimmen, eher möglich sein, als beim Zusammentreffen von ortsbezogenen Anknüpfungen und solchen, die allein auf rechtliche Kriterien abstellen. Letzteres gilt insbesondere für die Sitzbestimmung nach dem „place of incorporation" gemäß IRC Sec. 11 (a), (d) i. V. m. IRC Sec. 7701 (a) (3), (5) (s. Rz. 112; Art. 3 Rz. 51). Nach Nr. 1 Prot. zum *DBA Bulgarien 2010* soll der „Ort der tatsächlichen Geschäftsleitung" im Rahmen des Verständigungsverfahrens das vorrangige Merkmal sein; dieser Ort wird dort definiert als Ort „an dem die grundlegenden unternehmerischen und kaufmännischen Entscheidungen, die für die Führung der Geschäfte des Rechtsträgers notwendig sind, im Wesentlichen getroffen werden" (entsprecht im Wesentlichen der allgemeinen Definition des Ortes der Geschäftsleitung; s. Rz. 264). Unklar ist, ob die nach dem Wortlaut auch für Art. 4 des *DBA Mexiko 2008* geltende Definition des Begriffs des „Ortes der tatsächlichen Geschäftsleitung" in Nr. 2 Prot. ein materielles Kriterium im Rahmen des in Abs. 3 vorgesehenen Verständigungsverfahrens darstellen soll, denn der Begriff des „Ortes der *tatsächlichen* Geschäftsleitung" kommt weder in der allgemeinen Definition der Ansässigkeit in Abs. 1 noch in Abs. 3 des Art. 4 vor. Sachgerecht wäre dieses Kriterium allemal, da es nicht zuletzt wegen seiner Verwendung im OECD-MA allgemein anerkannt ist (dazu s. Rz. 260 ff.; allgemein zur Bedeutung des OECD-MA bei der Auslegung von DBA s. Grundl. Rz. 124 ff.).

Die *DBA USA 1989/2006, Estland, Kanada, Lettland, Litauen* und *Mexiko 2008* verweisen ausdrücklich auf die Möglichkeit eines Verständigungsverfahrens (s. Rz. 291, ferner 243). Kann auf diesem Wege keine Einigung erzielt werden, so gilt die „Person" für die Zuerkennung von Abkommensvorteilen in keinem der beiden Vertragsstaaten als ansässig. Dies gilt grundsätzlich auch dann, wenn kein Verständigungsversuch unternommen wurde. Insoweit offengelassen BFH BStBl. II 2007, 810: *DBA USA 1989.* **292**

Der „Person" wird also im Ergebnis die Wirkung der Abkommensberechtigung (Art. 1 MA) versagt; offenbar soll dadurch auf die Gesellschafter Druck ausgeübt werden, von sich aus die Voraussetzungen einer doppelten Ansässigkeit zu vermeiden. Doch bleibt dies einstweilen eine leere Drohung, wenn etwa wie im Falle des *DBA USA 1989* die „Person" das Recht behält, Steueranrechnung nach dem **innerstaatlichen** Recht der beiden Vertragsstaaten (Sec. 901 IRC, § 34c EStG) zu verlangen (Nr. 1 Buchst. c des Prot. *USA 1989*). Erst wenn das innerstaatliche Recht die Anrechnung bei doppelt ansässigen Gesellschaften einschränken sollte, könnte die Sanktion wirksam werden. Zwar ist der ausdrückliche Hinweis auf die Anrechnung nach innerstaatlichem Recht nicht mehr im Protokoll zum *DBA USA 1989/2006* enthalten. Das ändert allerdings an der Rechtslage nichts, da der Aussage im Protokoll ohnehin nur deklaratorische Wirkung zukam. **293**

Ein Verständigungsverfahren ist nach der allgemeinen Regelung über Verständigungsverfahren (s. Art. 25 MA) bei doppeltansässigen Gesellschaften auch durchzu- **294**

führen, wenn die DBA wie Art. II *DBA Irland 1962/2010* (in *DBA Irland 2011* musterkonforme Regelung; dazu s. Rz. 240ff.), Art. 4 *DBA Japan* **keine** dem Art. 4 Abs. 3 MA **entsprechende Bestimmung** enthalten. Allerdings besteht – anders als in den zuvor genannten Fällen – keine Verpflichtung der zuständigen Behörden, sich im Rahmen des Verständigungsverfahrens zu einigen (s. Art. 25 Rz. 89).

295 **b)** Auch in den *DBA Kuwait* und *Vereinigte Arabische Emirate 2010* **fehlt eine dem Art. 4 Abs. 3 MA entsprechende Vorschrift;** hier wird jedoch eine Doppelansässigkeit durch die Art der gewählten Anknüpfungskriterien vermieden (s. Rz. 145).

296 **c)** Vom Ort der tatsächlichen Geschäftsleitung **abweichende Kriterien der vorrangigen Ansässigkeit:** Art. 4 Abs. 3 des mittlerweile durch ein dem MA entsprechendes DBA abgelösten *DBA Malaysia 2010* stellte auf den Ort der „Geschäftsleitung und Kontrolle" („management and control") ab. Damit kam es auf das in Großbritannien zunächst für die Anknüpfung nach innerstaatlichem Recht entwickelte Kriterium für „residence", das auch in zahlreiche ältere britische Abkommen – nicht jedoch in das *DBA Großbritannien/Deutschland 1964/70* – übernommen wurde, an. Im Steuerausschuss der OECD haben die Vertreter Großbritanniens vorgetragen, der Begriff stimme mit dem des „effective management" i. S. des MA überein (MA-Komm. zu Art. 4 Ziff. 23). Das ist jedoch nicht richtig: schon deshalb nicht, weil nach britischem Recht „management and control" – und somit residence – einer Gesellschaft zugleich in mehreren Staaten gegeben sein können (Swedish Central Railway Co. Ltd. v. Thompson, 1925 Tax Cases 342, 370 und ff.) und schon die Tätigkeit einer Minderheit von Vorstandsmitgliedern in dem betreffenden Staat hierfür ausreicht (Union Corporation Ltd. v. IRC, 34 Tax Cases 207, 219, 276 (1935); vgl. *Jeffcote,* CDFI LXXII a (1987) 503 (508)). Zu Unrecht meint daher *Wittchen,* dass die Wendung „place of management and control" mit der Formulierung „place of effective management" des MA gleichgesetzt werden könne (Wassermeyer/*Wittchen,* Art. 4 DBA Malaysia Rz. 30f.). Der Begriff ist vielmehr weiter; ist keine eindeutige Entscheidung möglich, so muss die Lösung im Verständigungsverfahren nach Art. 25 gefunden werden.

297 Art. 3 Abs. 5 *DBA Luxemburg 1958/2009* sowie Art. 3 Abs. 5 *DBA Niederlande 1959/2004* stellen auf den **Ort der Leitung** ab; befindet sich dieser in keinem der beiden Vertragsstaaten, so ist der **Ort des Sitzes** maßgebend. Die Abkommen definieren den Ort der Leitung als „Ort, an dem sich der Mittelpunkt der geschäftlichen Oberleitung befindet" (so auch Art. 2 Abs. 1 Nr. 5 *DBA Frankreich*). Dies ist in der Sprache des MA der Ort der tatsächlichen Geschäftsleitung (s. Rz. 105f., 260ff.). Art. 4 Abs. 3 *DBA Luxemburg 2012* entspricht dem MA; zum *DBA Niederlande 2012 (E)* s. Rz. 299.

298 Befindet sich bei **Schifffahrtsunternehmen** der Ort der Leitung an Bord eines Schiffes, so gilt der Heimathafen des Schiffes als Ort der Leitung i. S. der Abkommen mit *Großbritannien 2010, Luxemburg 1958/2009* und den *Niederlanden 1959/2004* (s. bei Art. 8 Rz. 59ff.). Eine ähnliche Regelung enthält Art. 4 Abs. 4 *DBA Belgien* für Unternehmen der See- oder Binnenschifffahrt: hier kommt es für die vorrangige Ansässigkeit auf den Ort an, an dem der „einzige oder hauptsächliche Unternehmer ansässig ist". Die *DBA Luxemburg 2012* und *DBA Niederlande 2012 (E)* weisen insoweit keine Besonderheiten auf.

299 Art. 4 Abs. 3 *DBA Spanien 1966* stellt übereinstimmend mit dem MA auf den **Ort der tatsächlichen Geschäftsleitung** ab; kann dieser nicht bestimmt werden, so gilt die Gesellschaft als in dem Staat ansässig, in dem sie **errichtet** worden ist. Das Abkommen definiert den Ort der tatsächlichen Geschäftsleitung eines Unternehmens in Art. 3 Abs. 1 Buchst. h als den Ort, an dem sich der **Mittelpunkt der allgemeinen Geschäftsleitung** befindet. Befindet sich dieser an Bord des

Schiffes eines Schifffahrtsunternehmens, so entscheidet der **Heimathafen** des Schiffes über die vorrangige Ansässigkeit. Ist ein solcher nicht vorhanden, kommt es auf die Ansässigkeit der das Schiff betreibenden Person an. Der Entwurf zum neuen *DBA Spanien 2011* sieht keine dementsprechende Regelung mehr vor. Art. 4 Abs. 3 des *DBA Ecuador* stimmt mit dem MA überein, stellt aber zusätzlich – alternativ – auf den Ort der Verwaltung ab. Auch Art. 4 Abs. 3 *DBA Niederlande 2012 (E)* stimmt mit dem MA überein.

Art. 4 Abs. 3 *DBA China* spricht ohne inhaltliche Abweichung zum OECD-MA vom Ort der „allgemeinen" Geschäftsleitung (dazu *Zhaodong/Cheung,* TPIR 2013, 12). **300**

Art. 4 *DBA Schweiz* enthält in den Abs. 8 bis 10 eine Sonderregelung für die doppelte Ansässigkeit von **Gesellschaften** (s. dazu Art. 1 Rz. 138). Zu Vorrangregeln in Sondervorschriften über die Ansässigkeit von **Personengesellschaften** s. Rz. 149. **301**

d) Abweichungen vom Begriff „andere als eine natürliche Person": **302**
„Juristische Person": *DBA Jamaika* Art. 4 Abs. 3; *Luxemburg 1958/2009* Art. 3 Abs. 5; *Niederlande 1959/2004* Art. 3 Abs. 5.

Juristische Person, ... Personengesellschaften und andere Personenvereinigungen, die nach den für sie maßgebenden innerstaatlichen Gesetzen keine juristische Person sind": *DBA Frankreich* Art. 2 Abs. 1 Nr. 4c; *Großbritannien 1964/70* Art. II Abs. 1h (i) (iii); *Südafrika* Art. 3 Abs. 1g Doppelbuchst. dd (Art. 4 Abs. 3 *DBA Südafrika 2008 (E)* ist dagegen musterkonform („Person, mit Ausnahme einer natürlichen Person")). **303**

„Gesellschaft": *DBA Belgien* Art. 4 Abs. 1; *Israel* Art. 2 Abs. 1 Nr. 5c Satz 1; *Malta* Art. 4 Abs. 3; *Mazedonien 2006* Art. 4 Abs. 3; *Mexiko* Art. 4 Abs. 3; *Namibia* Art. 4 Abs. 3; *Rumänien* Art. 4 Abs. 3; *Sambia* Art. 4 Abs. 3; *Schweiz 2010* Art. 4 Abs. 8; dazu *Haase,* IStR 2013, 537; *Ukraine Art. 4 Abs. 3; Venezuela* Art. 4 Abs. 3. **304**

„Gesellschaft, ... Personengesellschaften und andere Personenvereinigungen, die nach den für sie maßgebenden innerstaatlichen Gesetzen keine juristischen Personen sind": *DBA Griechenland* Art. II Abs. 1 Nr. 4c; „Personengesellschaften und andere Personenvereinigungen, die keine Gesellschaften im Sinne des Absatzes 1 Nr. 4 sind": *DBA Israel* Art. 2 Abs. 1 Nr. 5c Satz 2. **305**

„Gesellschaft", „Gesellschafter einer Personengesellschaft": *DBA Spanien 1966* Art. 4 Abs. 3, 4 (Art. 4 Abs. 3 *DBA Spanien 2011* entspricht dem MA); „Gesellschafter einer Personengesellschaft": *DBA Portugal* Art. 4 Abs. 4; *DBA Island* Art. 4 Abs. 4. **306**

Artikel 5. Betriebstätte

Text: OECD-Musterabkommen (OECD-MA)

1. Im Sinne dieses Abkommens bedeutet der Ausdruck „Betriebstätte" eine feste Geschäftseinrichtung, durch die die Geschäftstätigkeit eines Unternehmens ganz oder teilweise ausgeübt wird.

2. Der Ausdruck „Betriebstätte" umfasst insbesondere:
a) einen Ort der Leitung,
b) eine Zweigniederlassung,
c) eine Geschäftsstelle,
d) eine Fabrikationsstätte,
e) eine Werkstätte und
f) ein Bergwerk, ein Öl- oder Gasvorkommen, einen Steinbruch oder eine andere Stätte der Ausbeutung von Bodenschätzen.

3. Eine Bauausführung oder Montage ist nur dann eine Betriebstätte, wenn ihre Dauer zwölf Monate überschreitet.

4. Ungeachtet der vorstehenden Bestimmungen dieses Artikels gelten nicht als Betriebstätten:
a) Einrichtungen, die ausschließlich zur Lagerung, Ausstellung oder Auslieferung von Gütern oder Waren des Unternehmens benutzt werden;
b) Bestände von Gütern oder Waren des Unternehmens, die ausschließlich zur Lagerung, Ausstellung oder Auslieferung unterhalten werden;
c) Bestände von Gütern oder Waren des Unternehmens, die ausschließlich zu dem Zweck unterhalten werden, durch ein anderes Unternehmen bearbeitet oder verarbeitet zu werden;
d) eine feste Geschäftseinrichtung, die ausschließlich zu dem Zweck unterhalten wird, für das Unternehmen Güter oder Waren einzukaufen oder Informationen zu beschaffen;
e) eine feste Geschäftseinrichtung, die ausschließlich zu dem Zweck unterhalten wird, für das Unternehmen andere Tätigkeiten auszuüben, die vorbereitender Art sind oder eine Hilfstätigkeit darstellen;
f) eine feste Geschäftseinrichtung, die ausschließlich zu dem Zweck unterhalten wird, mehrere der unter den Buchstaben a bis e genannten Tätigkeiten auszuüben, vorausgesetzt, dass die sich daraus ergebende Gesamttätigkeit der festen Geschäftseinrichtung vorbereitender Art ist oder eine Hilfstätigkeit darstellt.

5. Ist eine Person – mit Ausnahme eines unabhängigen Vertreters im Sinne des Absatzes 6 – für ein Unternehmen tätig und besitzt sie in einem Vertragsstaat die Vollmacht, im Namen des Unternehmens Verträge abzuschließen, und übt sie die Vollmacht dort gewöhnlich aus, so wird das Unternehmen ungeachtet der Absätze 1 und 2 so behandelt, als habe es in diesem Staat für alle von der Person für das Unternehmen ausgeübten Tätigkeiten eine Betriebstätte, es sei denn, diese Tätigkeiten beschränken sich auf die in Absatz 4 genannten Tätigkeiten, die, würden sie durch eine feste Geschäftseinrichtung ausgeübt, diese Einrichtung nach dem genannten Absatz nicht zu einer Betriebstätte machten.

6. Ein Unternehmen wird nicht schon deshalb so behandelt, als habe es eine Betriebstätte in einem Vertragsstaat, weil es dort seine Geschäftstätigkeit

durch einen Makler, Kommissionär oder einen anderen unabhängigen Vertreter ausübt, sofern diese Personen im Rahmen ihrer ordentlichen Geschäftstätigkeit handeln.

7. Allein dadurch, dass eine in einem Vertragsstaat ansässige Gesellschaft eine Gesellschaft beherrscht oder von einer Gesellschaft beherrscht wird, die im anderen Vertragsstaat ansässig ist oder dort (entweder durch eine Betriebstätte oder auf andere Weise) ihre Geschäftstätigkeit ausübt, wird keine der beiden Gesellschaften zur Betriebstätte der anderen.

Text: Deutsche Verhandlungsgrundlage (DE-VG)

Artikel 5. Betriebsstätte

(1) **Im Sinne dieses Abkommens bedeutet der Ausdruck „Betriebsstätte" eine feste Geschäftseinrichtung, durch die die Geschäftstätigkeit eines Unternehmens ganz oder teilweise ausgeübt wird.**

(2) **Der Ausdruck „Betriebsstätte" umfasst insbesondere:**

a) einen Ort der Leitung,
b) eine Zweigniederlassung,
c) eine Geschäftsstelle,
d) eine Fabrikationsstätte,
e) eine Werkstätte und
f) ein Bergwerk, ein Öl- oder Gasvorkommen, einen Steinbruch oder eine andere Stätte der Ausbeutung natürlicher Ressourcen.

(3) **Eine Bauausführung oder Montage ist nur dann eine Betriebsstätte, wenn ihre Dauer zwölf Monate überschreitet.**

(4) **Ungeachtet der vorstehenden Bestimmungen dieses Artikels gelten nicht als Betriebsstätten:**

a) Einrichtungen, die ausschließlich zur Lagerung, Ausstellung oder Auslieferung von Gütern oder Waren des Unternehmens benutzt werden;
b) Bestände von Gütern oder Waren des Unternehmens, die ausschließlich zur Lagerung, Ausstellung oder Auslieferung unterhalten werden;
c) Bestände von Gütern oder Waren des Unternehmens, die ausschließlich zu dem Zweck unterhalten werden, durch ein anderes Unternehmen bearbeitet oder verarbeitet zu werden;
d) eine feste Geschäftseinrichtung, die ausschließlich zu dem Zweck unterhalten wird, für das Unternehmen Güter oder Waren einzukaufen oder Informationen zu beschaffen;
e) eine feste Geschäftseinrichtung, die ausschließlich zu dem Zweck unterhalten wird, für das Unternehmen andere Tätigkeiten auszuüben, die vorbereitender Art sind oder eine Hilfstätigkeit darstellen;
f) eine feste Geschäftseinrichtung, die ausschließlich zu dem Zweck unterhalten wird, mehrere der unter den Buchstaben a bis e genannten Tätigkeiten auszuüben, vorausgesetzt, dass die sich daraus ergebende Gesamttätigkeit der festen Geschäftseinrichtung vorbereitender Art ist oder eine Hilfstätigkeit darstellt.

(5) **Ist eine Person – mit Ausnahme eines unabhängigen Vertreters im Sinne des Absatzes 6 – für ein Unternehmen tätig und besitzt sie in einem Vertragsstaat die Vollmacht, im Namen des Unternehmens Verträge abzuschließen, und übt sie die Vollmacht dort gewöhnlich aus, so wird das Unternehmen ungeachtet der Absätze 1 und 2 so behandelt, als habe es in diesem Staat für**

alle von der Person für das Unternehmen ausgeübten Tätigkeiten eine Betriebsstätte, es sei denn, diese Tätigkeiten beschränken sich auf die in Absatz 4 genannten Tätigkeiten, die, würden sie durch eine feste Geschäftseinrichtung ausgeübt, diese Einrichtung nach dem genannten Absatz nicht zu einer Betriebsstätte machten.

(6) **Ein Unternehmen wird nicht schon deshalb so behandelt, als habe es eine Betriebsstätte in einem Vertragsstaat, weil es dort seine Geschäftstätigkeit durch einen Makler, Kommissionär oder einen anderen unabhängigen Vertreter ausübt, sofern diese Personen im Rahmen ihrer ordentlichen Geschäftstätigkeit handeln.**

(7) **Allein dadurch, dass eine in einem Vertragsstaat ansässige Gesellschaft eine Gesellschaft beherrscht oder von einer Gesellschaft beherrscht wird, die im anderen Vertragsstaat ansässig ist oder dort (entweder durch eine Betriebsstätte oder auf andere Weise) ihre Geschäftstätigkeit ausübt, wird keine der beiden Gesellschaften zur Betriebsstätte der anderen.**

Text: US-Musterabkommen (US-MA)

1. Im Sinne dieses Abkommens bedeutet der Ausdruck „Betriebstätte" eine feste Geschäftseinrichtung, durch die die Tätigkeit eines Unternehmens ganz oder teilweise ausgeübt wird.

2. Der Ausdruck „Betriebstätte" umfasst insbesondere:
a) einen Ort der Leitung,
b) eine Zweigniederlassung,
c) eine Geschäftsstelle,
d) eine Fabrikationsstätte,
e) eine Werkstätte und
f) ein Bergwerk, ein Öl- oder Gasvorkommen, einen Steinbruch oder eine andere Stätte der Ausbeutung von Bodenschätzen.

3. Eine Bauausführung oder Montage eine Fördereinrichtung oder ein Bohrturm oder ein Schiff, das für die Erkundung von Bodenschätzen genutzt wird, ist nur dann eine Betriebstätte, wenn der Bestand der Einrichtung oder die Dauer der Erkundungstätigkeit zwölf Monate überschreitet.

4. Ungeachtet der vorstehenden Bestimmungen dieses Artikels gelten nicht als Betriebstätten:
a) Einrichtungen, die ausschließlich zur Lagerung, Ausstellung oder Auslieferung von Gütern oder Waren des Unternehmens benutzt werden;
b) Bestände von Gütern oder Waren des Unternehmens, die ausschließlich zur Lagerung, Ausstellung oder Auslieferung unterhalten werden;
c) Bestände von Gütern oder Waren des Unternehmens, die ausschließlich zu dem Zweck unterhalten werden, durch ein anderes Unternehmen bearbeitet oder verarbeitet zu werden;
d) eine feste Geschäftseinrichtung, die ausschließlich zu dem Zweck unterhalten wird, für das Unternehmen Güter oder Waren einzukaufen oder Informationen zu beschaffen;
e) eine feste Geschäftseinrichtung, die ausschließlich zu dem Zweck unterhalten wird, für das Unternehmen andere Tätigkeiten auszuüben, die vorbereitender Art sind oder eine Hilfstätigkeit darstellen;
f) eine feste Geschäftseinrichtung, die ausschließlich zu dem Zweck unterhalten wird, mehrere der unter den Buchstaben a) bis e) genannten Tätigkeiten auszuüben, vorausgesetzt, dass die sich daraus ergebende Gesamttätigkeit der festen Geschäftseinrichtung vorbereitender Art ist oder eine Hilfstätigkeit darstellt .

5. Ist eine Person mit Ausnahme eines unabhängigen Vertreters im Sinne des Absatzes 6 für ein Unternehmen tätig und besitzt sie in einem Vertragsstaat die Vollmacht, im Namen des Unternehmens verbindliche Verträge abzuschließen, und übt sie die Vollmacht dort gewöhnlich aus, so wird das Unternehmen ungeachtet der Absätze 1 und 2 so behandelt, als habe es

in diesem Staat für alle von der Person für das Unternehmen ausgeübten Tätigkeiten eine Betriebstätte, es sei denn, diese Tätigkeiten beschränken sich auf die in Absatz 4 genannten Tätigkeiten, die, würden sie durch eine feste Geschäftseinrichtung ausgeübt, diese Einrichtung nach dem genannten Absatz nicht zu einer Betriebstätte machen.

6. Ein Unternehmen wird nicht schon deshalb so behandelt, als habe es eine Betriebstätte in einem Vertragsstaat, weil es dort seine Tätigkeit durch einen Makler, Kommissionär oder einen unabhängigen Vertreter ausübt, sofern diese Personen im Rahmen ihrer ordentlichen Geschäftstätigkeit als ein abhängiger Vertreter handeln.

7. Dass eine in einem Vertragsstaat ansässige Gesellschaft eine Gesellschaft beherrscht oder von einer Gesellschaft beherrscht wird, die im anderen Vertragsstaat ansässig ist oder dort (entweder durch eine Betriebstätte oder auf andere Weise) ihre Geschäftstätigkeit ausübt, bleibt bei der Entscheidung der Frage, ob eine der beiden Gesellschaften eine Betriebstätte in diesem anderen Staat hat, unberücksichtigt.

Inhalt

1 **Literatur:** *Bendlinger,* Die Betriebsstätte in der Praxis des internationalen Steuerrechts, 2. Aufl. (2013); *ders.,* Betriebsstättenbesteuerung – Montagen und Anlagenerrichtung im Ausland (2009); *Heinrich,* in Lang/Schuch/Staringer, Die Ansässigkeit im Recht der Doppelbesteuerungsabkommen, S. 207; *Helling,* Die Vertreterbetriebsstätte im Internationalen Steuerrecht (2009); *Labermeier,* Die Ertragsbesteuerung des Electronic Commerce im Rahmen der beschränkten Steuerpflicht: eine Betrachtung aus Sicht der §§ 49ff. EStG und des OECD-Musterabkommens (2001); *Mathur/Sonntag,* Principles of international taxation: model double taxation conventions with an analysis of India's tax treaties and spezial regard to the international construction industry (2006); *Mathur/Görl/Sonntag,* Principles of Model Tax Conventions and International Taxation (2013); *Niehaves,* Die Vertreterbetriebsstätte – Konzeption und Einkünftezuordnung (2010); *Ott,* Die Vertreterbetriebsstätte (2009); *Peter,* Fortentwicklung des Betriebsstättenprinzips (2002); *Reimer/Schmid/Orell,* Permanent Establishments, 3. Aufl. (2014); *Skaar,* Permanent establishment (1991); *Wichmann,* in Lüdicke, Wo steht das deutsche Internationale Steuerrecht? (2009), S. 103.

Für weitere Literaturhinweise s. zu Art. 7 Rz. 1.

Text: OECD-Kommentar (MA-Kommentar)

*1. **[Regelungszweck]** Der Begriff der Betriebstätte dient in erster Linie dem Zweck festzulegen, wann ein Vertragsstaat berechtigt ist, die Gewinne eines Unternehmens des anderen Vertragsstaats zu besteuern. Nach Artikel 7 kann ein Vertragsstaat die Gewinne eines Unternehmens des anderen Vertragsstaats nur dann besteuern, wenn das Unternehmen seine Tätigkeit im anderen Vertragsstaat durch eine dort gelegene Betriebstätte ausübt.*

*1.1 **Einbeziehung selbstständiger Tätigkeiten.** Vor 2000 wurden Einkünfte aus einem freien Beruf und aus sonstiger selbstständiger Tätigkeit in einem gesonderten Artikel behandelt, nämlich in Artikel 14. Dieser Artikel ähnelte dem Artikel über Unternehmensgewinne, verwendete aber den Begriff der festen Einrichtung anstelle desjenigen der Betriebstätte, da man ursprünglich gedacht hatte, letzteren gewerblichen Tätigkeiten vorzubehalten. Die Streichung des Artikel 14 spiegelt die Tatsache wider, dass keine Unterschiede beabsichtigt waren zwischen dem in Artikel 7 verwendeten Begriff der Betriebstätte und dem in Artikel 14 verwendeten Begriff der festen Einrichtung oder der Art der Gewinnermittlung und Steuerberechnung, je nachdem, ob Artikel 7 oder Artikel 14 anwendbar war. Die Streichung des Artikels 14 bedeutete daher, dass nunmehr die Definition der Betriebstätte auf das, was vorher eine feste Einrichtung war, anwendbar wurde.*

Absatz 1

*2. **[Allgemeine Definition]** Absatz 1 enthält eine allgemeine Definition des Ausdrucks „Betriebstätte", die die wesentlichen Merkmale einer Betriebstätte im Sinne des Abkommens hervorhebt, nämlich eine bestimmte Belegenheit (situs), eine „feste Geschäftseinrichtung". Der Absatz definiert den Ausdruck „Betriebstätte" als eine feste Geschäftseinrichtung, durch die die Tätigkeit des Unternehmens ganz oder teilweise ausgeübt wird. Die Definition verlangt also das Vorliegen der folgenden Merkmale:*

- *das Bestehen einer „Geschäftseinrichtung", d.h. einer Einrichtung wie Räumlichkeiten oder in gewissen Fällen maschineller Anlagen oder Ausrüstungen;*
- *die Geschäftseinrichtung muss „fest" sein, d.h. sie muss sich an einem bestimmten Ort für eine gewisse Dauer befinden;*
- *das Unternehmen muss seine Tätigkeit durch diese feste Geschäftseinrichtung ausüben.*

Dies bedeutet im Allgemeinen, dass Personen, die von dem Unternehmen irgendwie abhängig sind (Personal), dessen Geschäfte in dem Staat tätigen, in dem die feste Einrichtung liegt.

*3. **[Produktiver Charakter]** Man könnte vielleicht geltend machen, dass es zweckmäßig gewesen wäre, in die allgemeine Definition auch das andere Merkmal der Betriebstätte aufzunehmen, dem gelegentlich eine gewisse Bedeutung beigemessen wurde, nämlich dass die Betriebstätte einen produktiven Charakter haben, d.h. zum Gewinn des Unternehmens bei-*

tragen muss. Dieser Gesichtspunkt ist in die vorliegende Definition nicht aufgenommen worden. Es darf als sicher angenommen werden, dass in einem gut geführten Geschäftsunternehmen jeder Teil des Unternehmens zur Produktivität des gesamten Unternehmens beiträgt. Daraus folgt aber nicht, dass einer bestimmten Betriebstätte, weil sie im allgemeinen Rahmen des gesamten Unternehmens einen „produktiven Charakter" hat, unbedingt ein Teil des Gewinns zur Besteuerung in einem bestimmten Gebiet zugerechnet werden kann (vgl. Kommentar zu Absatz 4).

4. [Geschäftseinrichtung] *Der Ausdruck „Geschäftseinrichtung" umfasst Räumlichkeiten, Einrichtungen und Anlagen, die der Ausübung der Tätigkeit des Unternehmens dienen, auch wenn dies nicht ausschließlich geschieht. Eine Geschäftseinrichtung kann auch vorliegen, wenn für die Ausübung der Tätigkeit des Unternehmens keine Räumlichkeiten zur Verfügung stehen oder erforderlich sind, aber das Unternehmen doch über einen gewissen Platz verfügt. Unerheblich ist, ob die Räumlichkeiten, Einrichtungen oder Anlagen dem Unternehmen gehören, von ihm gemietet sind oder ihm sonstwie zur Verfügung stehen. Eine Geschäftseinrichtung kann also z. B. ein Marktstand oder eine bestimmte ständig benutzte Fläche in einem Zolllager sein (z. B. zur Lagerung zollpflichtiger Waren). Die Geschäftseinrichtung kann sich auch in den Geschäftsräumlichkeiten eines anderen Unternehmens befinden. Dies kann z. B. der Fall sein, wenn ein ausländisches Unternehmen über bestimmte Räumlichkeiten oder Teile davon ständig verfügen kann, die einem anderen Unternehmen gehören.*

4.1 [Verfügungsmacht] *Wie oben bemerkt, genügt zur Begründung einer Betriebstätte allein der Umstand, dass ein Unternehmen über eine bestimmte Geschäftseinrichtung verfügt, die es für Geschäftstätigkeiten nutzt. Ein förmliches rechtliches Nutzungsrecht wird daher nicht vorausgesetzt. So könnte z. B. eine Betriebstätte bestehen, wenn ein Unternehmen einen bestimmten Ort, wo es seine Geschäftstätigkeiten ausübt, widerrechtlich besetzt.*

4.2 [Beispiel 1] *Obwohl zur Begründung einer Betriebstätte kein förmliches Nutzungsrecht vorausgesetzt wird, bedeutet die bloße Anwesenheit eines Unternehmens an einer bestimmten Stelle nicht notwendigerweise, dass diese dem Unternehmen zur Verfügung steht. Dieser Grundsatz wird durch die folgenden Beispiele erläutert, in denen Vertreter eines Unternehmens sich in den Räumlichkeiten eines anderen Unternehmens aufhalten. Das erste Beispiel betrifft einen Handelsvertreter, der regelmäßig einen größeren Kunden aufsucht, um Aufträge hereinzuholen und zu diesem Zweck mit dem Einkaufsleiter in dessen Büro zusammentrifft. In diesem Fall stehen die Räumlichkeiten des Kunden dem Unternehmen, für das der Handelsvertreter arbeitet, nicht zur Verfügung und stellen daher keine feste Geschäftseinrichtung dar, durch die das Unternehmen seine Tätigkeit ausübt (je nach den Umständen könnte jedoch Absatz 5 zur Anwendung kommen und eine Betriebstätte fingieren).*

4.3 [Beispiel 2] *Das zweite Beispiel betrifft einen Angestellten einer Gesellschaft, die die Erlaubnis hat, für lange Zeit ein Büro in der Hauptverwaltung einer anderen Gesellschaft (z. B. einer neu erworbenen Tochtergesellschaft) zu nutzen, um sicher zu stellen, dass die letztere ihre Verpflichtungen nach den Verträgen mit der ersteren erfüllt. In diesem Fall übt der Angestellte mit der Geschäftstätigkeit der ersteren Gesellschaft verbundene Tätigkeiten aus, und das ihm zur Verfügung stehende Büro in der Hauptverwaltung der anderen Gesellschaft stellt eine feste Geschäftseinrichtung seines Arbeitgebers dar, sofern die übrigen Voraussetzungen des Absatzes 1 erfüllt sind, vorausgesetzt, dass ihm das Büro für einen hinreichenden Zeitraum zur Verfügung steht, um eine feste Einrichtung zu sein (s. Ziffern 6 bis 6.3), und dass die Tätigkeiten, die dort ausgeübt werden, über die in Absatz 4 des Artikels genannten Tätigkeiten hinausgehen.*

4.4 [Beispiel 3] *Das dritte Beispiel ist das eines Straßentransportunternehmens, das die Anlieferungsrampe am Lagerhaus eines Kunden für eine Reihe von Jahren jeden Tag nutzt, um Güter, die der Kunde gekauft hat, zu liefern. In diesem Fall würde die Anwesenheit des Straßentransportunternehmens an der Anlieferungsrampe so begrenzt sein, dass der Ort nicht als dem Unternehmen zur Verfügung stehend angesehen werden könnte und keine Betriebstätte dieses Unternehmens darstellte.*

4.5 [Beispiel 4] *Das vierte Beispiel ist das eines Anstreichers, der zwei Jahre lang wöchentlich drei Tage in dem großen Bürokomplex seines Hauptkunden zubringt. In diesem Fall begründet die Anwesenheit des Anstreichers in dem Bürokomplex, wo er die wichtigsten Funktionen seiner Geschäftstätigkeit (d. h. Anstreichen) ausübt, eine Betriebstätte dieses Anstreichers.*

4.6 [„durch die"] *Den Worten „durch die" muss eine weite Bedeutung beigemessen werden, so dass sie auf jede Sachlage anzuwenden ist, in der Geschäftstätigkeiten an einem bestimmten Ort, der dem Unternehmen zu diesem Zweck zur Verfügung steht, ausgeübt werden. So würde z. B. ein Unternehmen, das den Auftrag hat, eine Straße zu pflastern, so angesehen, als übe es seine Tätigkeit „durch" den Ort aus, wo diese Tätigkeit stattfindet.*

5. [Fest] *Nach der Definition muss es sich um eine „feste" Geschäftseinrichtung handeln. Im Allgemeinen muss also eine Verbindung zwischen der Geschäftseinrichtung und einen bestimmten Punkt der Erdoberfläche bestehen. Nicht entscheidend ist, wie lang ein Unternehmen eines Vertragsstaats im anderen Vertragsstaat tätig ist, wenn es seine Tätigkeit nicht an einem bestimmten Ort ausübt, was aber nicht bedeutet, dass die Gegenstände, die die Geschäftseinrichtung darstellen, mit dem Boden, auf dem sie stehen, tatsächlich fest verbunden sein müssen. Es genügt, dass die Gegenstände der Einrichtung an einer bestimmten Stelle verbleiben (vgl. jedoch Ziffer 20).*

5.1 [Wirtschaftliche und geographische Einheit] *Wird die Geschäftstätigkeit des Unternehmens nach ihrer Art so ausgeübt, dass sie sich oft zwischen benachbarten Örtlichkeiten bewegt, so können sich Schwierigkeiten bei der Feststellung ergeben, ob eine einzige Geschäftseinrichtung besteht (wenn zwei Geschäftseinrichtungen genutzt werden und die anderen Voraussetzungen des Artikels 5 erfüllt sind, wird das Unternehmen naturgemäß zwei Betriebsstätten haben). Wie unten in den Ziffern 18 und 20 anerkannt wird, liegt im Allgemeinen eine einzige Betriebstätte vor, wenn nach der Art der Geschäftstätigkeit ein bestimmter Bereich, innerhalb dessen sich die Tätigkeiten bewegen, in Bezug auf diese Geschäftstätigkeit als ein wirtschaftlich und geographisch einheitliches Ganzes beurteilt werden kann.*

5.2 [Beispiele] *Dieser Grundsatz soll an Hand von Beispielen verdeutlicht werden. Ein Bergwerk stellt eindeutig eine einzige Geschäftseinrichtung dar, obwohl sich in einem möglicherweise großen Bergwerk Geschäftstätigkeiten von einem Ort zum anderen bewegen; denn in Bezug auf die Bergbautätigkeit stellt es wirtschaftlich und geographisch ein einheitliches Ganzes dar. In ähnlicher Weise kann ein „Bürohotel", in dem ein Beratungsunternehmen regelmäßig verschiedene Büros mietet, als eine einzige Geschäftseinrichtung dieses Beratungsunternehmens angesehen werden; in diesem Fall bildet das Gebäude ein geographisches Ganzes und das Hotel ist eine einzige Geschäftseinrichtung des Beratungsunternehmens. Aus dem selben Grund stellt eine Fußgängerstraße, ein Marktplatz oder ein Messegelände, wo ein Händler regelmäßig an unterschiedlichen Stellen seinen Stand errichtet, eine einzige Geschäftseinrichtung dieses Händlers dar.*

5.3 [Fehlen der wirtschaftlichen Einheit] *Im Gegensatz dazu sollte bei fehlender wirtschaftlicher Einheit der Umstand, dass Tätigkeiten innerhalb eines begrenzten geographischen Raums ausgeübt werden, nicht dazu führen, dass er als einzige Geschäftseinrichtung angesehen wird. Arbeitet z. B. ein Anstreicher nacheinander aufgrund nicht miteinander verbundener Verträge mit nicht miteinander verbundenen Kunden in einem großen Gebäudekomplex, so dass nicht davon die Rede sein kann, es handle sich um ein einziges Projekt des Anstreichers der Büroräume, so sollte das Gebäude für den Zweck dieser Arbeiten nicht als einzige Geschäftseinrichtung angesehen werden. In dem abweichenden Beispiel eines Anstreichers, der aufgrund eines einzigen Vertrags für einen einzigen Kunden im ganzen Gebäude arbeitet, stellt dieses für diesen Anstreicher ein einziges Projekt dar; das Gebäude als Ganzes kann dann für die Zwecke dieser Arbeiten als einzige Geschäftseinrichtung angesehen werden, da es in diesem Fall wirtschaftlich und geographisch ein einheitliches Ganzes bildet.*

__5.4 [Fehlen der geographischen Einheit]__ Umgekehrt kann bei einem Gebiet, in dem die Tätigkeiten als Teil eines einzigen Projekts als wirtschaftliches Ganzes ausgeübt werden, der geographische Zusammenhang fehlen, so dass es nicht als einzige Geschäftseinrichtung angesehen werden kann. Arbeitet z. B. ein Berater in verschiedenen Zweigstellen einer Bank an verschiedenen Orten im Rahmen eines einzigen Projekts der Personalschulung, so sollte jede Zweigstelle getrennt betrachtet werden. Wenn der Berater aber innerhalb derselben Zweigstelle von Büro zu Büro wechselt, sollte es so angesehen werden, als ob er in derselben Geschäftseinrichtung bliebe. Bei der einzelnen Zweigstelle ist der geographische Zusammenhang gegeben; dieser fehlt aber, wenn sich der Berater von Zweigstelle zu Zweigstelle begibt.

__5.5__ Clearly, a permanent establishment may only be considered to be situated in a Contracting State if the relevant place of business is situated in the territory of that State. The question of whether a satellite in geostationary orbit could constitute a permanent establishment for the satellite operator relates in part to how far the territory of a State extends into space. No member country would agree that the location of these satellites can be part of the territory of a Contracting State under the applicable rules of international law and could therefore be considered to be a permanent establishment situated therein. Also, the particular area over which a satellite's signals may be received (the satellite's „footprint") cannot be considered to be at the disposal of the operator of the satellite so as to make that area a place of business of the satellite's operator.

__6. [Ständigkeit]__ Daraus, dass die Geschäftseinrichtung fest sein muss, folgt auch, dass eine Betriebstätte nur dann anzunehmen ist, wenn die Geschäftseinrichtung einen gewissen Grad von Ständigkeit hat, d. h. wenn sie nicht nur von vorübergehendem Charakter ist. Selbst wenn sie in der Praxis nur für sehr kurze Zeit besteht, kann eine Geschäftseinrichtung eine Betriebstätte darstellen, falls die Geschäftstätigkeit ihrer Art nach nur kurzfristig ist. Es ist manchmal schwer zu entscheiden, wann dies der Fall ist. Obwohl die Praxis der Mitgliedstaaten, was Zeiterfordernisse angeht, nicht einheitlich war, hat die Erfahrung gezeigt, dass Betriebstätten normalerweise nicht angenommen worden sind, wenn eine Geschäftstätigkeit in einem Land durch eine Geschäftseinrichtung ausgeübt worden war, die weniger als sechs Monate unterhalten wurde. Umgekehrt zeigt die Praxis, dass eine Betriebstätte in vielen Fällen angenommen worden ist, wenn eine Geschäftseinrichtung für längere Zeit als sechs Monate unterhalten wurde. Eine Ausnahme betrifft wiederkehrende Tätigkeiten; in solchen Fällen muss jede Zeitspanne, über die die Einrichtung genutzt wird, in Verbindung mit der Zahl der Nutzungen (die sich über eine Reihe von Jahren erstrecken kann) in Betracht gezogen werden. Eine andere Ausnahme betrifft Geschäftstätigkeiten, die ausschließlich im Quellenstaat ausgeübt werden; in diesem Fall mag die Geschäftstätigkeit ihrer Art nach nur von kurzer Dauer sein; da sie aber vollständig in diesem Land ausgeübt wird, ist die Verbindung mit diesem Land größer. Zur Erleichterung der Anwendung werden die Länder bei der Erörterung von Meinungsverschiedenheiten über die Frage, ob eine bestimmte Geschäftseinrichtung, die nur für kurze Zeit besteht, eine Betriebstätte darstellt, diese Praktiken in Betracht ziehen wollen.

__6.1 [Unterbrechungen]__ Wie in den Ziffern 11 und 19 erwähnt, führen vorübergehende Unterbrechungen von Tätigkeiten nicht zur Beendigung der Betriebstätte. Ebenso sollte eine bestimmte Geschäftseinrichtung nicht nur als solche von rein vorübergehender Natur angesehen werden, wenn sie nur für sehr kurze Zeiträume genutzt wird, dies aber regelmäßig über längere Zeit geschieht, wie in Nummer 6 erörtert.

__6.2 [Missbräuchliche Gestaltung]__ Es mag auch Fälle geben, in denen eine bestimmte Geschäftseinrichtung für sehr kurze Zeiträume von einer Reihe ähnlicher Betriebe derselben oder verbundener Personen genutzt wird, um zu vermeiden, dass die Geschäftseinrichtung als von jedem einzelnen Betrieb für mehr als nur vorübergehende Zwecke genutzt angesehen wird. Die Bemerkungen der Ziffer 18 zu Gestaltungen, die darauf gerichtet sind, die Frist von zwölf Monaten nach Absatz 3 zu missbrauchen, gelten auch für solche Fälle.

6.3 [Planungsänderungen] *Eine Geschäftseinrichtung, die anfangs nur für einen vorübergehenden Zweck vorgesehen war, dann aber so lange beibehalten wird, dass sie nicht mehr als vorübergehend angesehen werden kann, wird zur festen Geschäftseinrichtung und damit – rückwirkend – zur Betriebstätte. Eine Geschäftseinrichtung kann auch dann von Anfang an eine Betriebstätte darstellen, obwohl sie praktisch nur sehr kurze Zeit bestand, wenn sie aufgrund besonderer Umstände (Tod des Steuerpflichtigen, Fehlinvestition) vorzeitig aufgegeben wurde.*

7. [Tätigkeitsausübung] *Damit eine Geschäftseinrichtung zur Betriebstätte wird, muss das Unternehmen, das sie verwendet, seine Tätigkeit ganz oder teilweise durch sie ausüben. Wie in Ziffer 3 ausgeführt, braucht die Tätigkeit keinen produktiven Charakter zu haben. Ferner braucht die Tätigkeit nicht in dem Sinn ständig zu sein, dass sie nicht unterbrochen werden dürfte; sie muss jedoch regelmäßig ausgeübt werden.*

8. [Vermietung und Verpachtung] *Werden körperliche Gegenstände wie Anlagen, gewerbliche, kaufmännische oder wissenschaftliche (GKW) Ausrüstungen, Gebäude oder immaterielle Güter wie Patente, Verfahren und dergleichen durch eine feste Geschäftseinrichtung, die ein Unternehmen eines Vertragsstaats im anderen Staat unterhält, an Dritte vermietet oder verpachtet, so bewirkt diese Tätigkeit im Allgemeinen, dass die Geschäftseinrichtung zur Betriebstätte wird. Dies gilt auch, wenn mittels einer festen Geschäftseinrichtung Kredite vergeben werden. Vermietet oder verpachtet ein Unternehmen eines Staates Anlagen, GKW-Ausrüstungen, Gebäude oder immaterielle Güter an ein Unternehmen des anderen Staates, ohne für diese Tätigkeit eine Geschäftseinrichtung im anderen Staat zu unterhalten, so stellen die vermieteten oder verpachteten Anlagen und GKW-Ausrüstungen als solche keine Betriebstätte des Vermieters dar, sofern der Vertrag auf die bloße Vermietung und Verpachtung begrenzt ist. Dies gilt z. B. auch dann noch, wenn der Vermieter nach Errichtung der vermieteten Anlage Personal zu deren Bedienung zur Verfügung stellt, sofern sich dessen Aufgabenbereich auf die Bedienung und Unterhaltung der Anlage unter der Leitung, Verantwortlichkeit und Aufsicht des Mieters beschränkt. Hat das Personal umfassendere Befugnisse wie z. B. Mitsprache bei der Entscheidung über die mit Hilfe der Anlage durchgeführten Arbeiten oder betreibt, bedient, überwacht und unterhält es die Ausrüstung unter der Verantwortlichkeit oder Kontrolle des Vermieters, so kann die Tätigkeit des Vermieters über den Rahmen der bloßen Vermietung von GKW-Ausrüstungen hinausgehen und zur Unternehmertätigkeit werden. In diesem Fall kann das Vorliegen einer Betriebstätte angenommen werden, wenn das Merkmal der Ständigkeit erfüllt ist. Steht diese Tätigkeit mit den in Absatz 3 erwähnten Tätigkeiten in Zusammenhang oder gleicht sie ihnen, so gilt die Frist von zwölf Monaten. Andere Fälle sind je nach den Umständen zu beurteilen.*

9. [Container-Leasing] *Die Vermietung und Verpachtung von Containern ist ein Sonderfall der Vermietung und Verpachtung von gewerblichen oder kaufmännischen Ausrüstungen, der allerdings besondere Züge aufweist. Die Frage, unter welchen Umständen ein mit der Vermietung oder Verpachtung von Containern befasstes Unternehmen eine Betriebstätte in einem anderen Staat hat, wird eingehender in einem Bericht „Die Besteuerung von Einkünften aus dem Container-Leasing“ behandelt*.*

9.1 *Another example where an enterprise cannot be considered to carry on its business wholly or partly through a place of business is that of a telecommunications operator of a Contracting State who enters into a „roaming“ agreement with a foreign operator in order to allow its users to connect to the foreign operator's telecommunications network. Under such an agreement, a user who is outside the geographical coverage of that user's home network can automatically make and receive voice calls, send and receive data or access other services through the use of the foreign network. The foreign network operator then bills the operator of*

---

* Veröffentlicht mit zwei anderen Berichten in „Trends in International Taxation“, OECD, Paris, 1985.

that user's home network for that use. Under a typical roaming agreement, the home network operator merely transfers calls to the foreign operator's network and does not operate or have physical access to that network. For these reasons, any place where the foreign network is located cannot be considered to be at the disposal of the home network operator and cannot, therefore, constitute a permanent establishment of that operator.

***10. [Keine persönliche Ausübung]** Die Tätigkeit eines Unternehmens wird hauptsächlich vom Unternehmer selbst oder von Personen ausgeübt, die in einem Abhängigkeitsverhältnis zum Unternehmen stehen (Personal). Das Personal umfasst Arbeitnehmer und andere Personen, die vom Unternehmen Weisungen erhalten (z. B. abhängige Vertreter). Der Umfang der Vollmachten, die diesem Personal gegenüber Dritten zustehen, ist ohne Bedeutung. Unerheblich ist, ob der abhängige Vertreter ermächtigt ist, Verträge abzuschließen, wenn er im Rahmen einer festen Geschäftseinrichtung tätig ist (vgl. Ziffer 35). Eine Betriebstätte kann aber auch dann vorliegen, wenn die Tätigkeit des Unternehmens hauptsächlich durch automatisch arbeitende Maschinen geleistet wird und die Aufgabe des Personals lediglich darin besteht, die Maschinen aufzustellen, zu bedienen, zu überwachen oder instand zuhalten. Ob Spiel- und Verkaufsautomaten und dergleichen, die ein Unternehmen eines Staates im anderen Staat aufgestellt hat, eine Betriebstätte begründen, hängt also davon ab, ob das Unternehmen eine über das erstmalige Aufstellen der Automaten hinausgehende Geschäftstätigkeit ausübt. Eine Betriebstätte liegt nicht vor, wenn das Unternehmen die Automaten lediglich aufstellt und sie dann an andere Unternehmen vermietet. Eine Betriebstätte kann jedoch gegeben sein, wenn das Unternehmen, das die Automaten aufgestellt hat, diese auf eigene Rechnung auch betreibt und unterhält. Dies gilt auch, wenn die Automaten durch einen vom Unternehmen abhängigen Vertreter betrieben und instandgehalten werden.*

***11. [Beginn und Ende]** Eine Betriebstätte entsteht, sobald das Unternehmen beginnt, seine Tätigkeit durch eine feste Geschäftseinrichtung auszuüben. Dies ist der Fall, sobald das Unternehmen in der Geschäftseinrichtung die Tätigkeit vorbereitet, für die die Einrichtung auf die Dauer bestimmt ist. Die Zeit, während der die feste Geschäftseinrichtung selbst vom Unternehmen errichtet wird, bleibt unberücksichtigt, wenn sich diese Tätigkeit wesentlich von derjenigen unterscheidet, der die Geschäftseinrichtung auf die Dauer dienen soll. Die Betriebstätte hört auf zu bestehen mit der Aufgabe der Verfügungsmacht über die feste Geschäftseinrichtung oder mit der Einstellung jeder durch sie ausgeübten Tätigkeit, d. h. wenn alle Handlungen im Zusammenhang mit der früheren Tätigkeit der Betriebstätte eingestellt werden (Geschäftsabwicklung, Instandhaltung und Instandsetzung der Anlage). Eine vorübergehende Unterbrechung des Betriebs gilt jedoch nicht als Stilllegung. Wird die feste Geschäftseinrichtung an ein anderes Unternehmen verpachtet, so dient sie in der Regel nur der Ausübung der Tätigkeit dieses Unternehmens, nicht aber derjenigen des Verpächters; im Allgemeinen hört dann die Betriebstätte des Verpächters auf zu bestehen, es sei denn, dass er eine eigene Geschäftstätigkeit weiterhin durch die feste Geschäftseinrichtung ausübt.*

Absatz 2

***12. [Allgemeines]** Dieser Absatz enthält eine keineswegs erschöpfende Aufzählung von Beispielen, in denen jeweils in der Regel (prima facie) eine Betriebstätte anzunehmen ist. Da diese Beispiele in Verbindung mit der allgemeinen Definition des Absatzes 1 gesehen werden müssen, ist davon auszugehen, dass die Vertragsstaaten die angeführten Ausdrücke „einen Ort der Leitung", „eine Zweigniederlassung", „eine Geschäftsstelle" usw. in der Weise auslegen, dass diese Geschäftseinrichtungen nur dann Betriebstätten begründen, wenn sie die Voraussetzungen des Absatzes 1 erfüllen.*

***13. [Ort der Leitung]** „Ein Ort der Leitung" wurde gesondert angeführt, weil es sich dabei nicht unbedingt um eine „Geschäftsstelle" handeln muss. Enthält jedoch das Recht der Vertragsstaaten keinen vom Geschäftsstellenbegriff unabhängigen Begriff des Ortes der Leitung, so können sie den Ausdruck „Ort der Leitung" in ihren zweiseitigen Abkommen weglassen.*

14. [Bergwerke u. ä.] Buchstabe f sieht vor, dass Bergwerke, Öl- oder Gasvorkommen, Steinbrüche oder andere Stätten der Ausbeutung von Bodenschätzen Betriebstätten sind. Der Ausdruck „eine andere Stätte der Ausbeutung von Bodenschätzen" ist weit auszulegen. Er umfasst z. B. alle Stätten der Ausbeutung von Kohlenwasserstoffvorkommen, und zwar sowohl auf dem Festland als auch auf See.

15. [Bodenexploration] Buchstabe f bezieht sich auf die Ausbeutung von Bodenschätzen, erwähnt aber nicht die Erforschung dieser Vorkommen, sei es auf dem Festland oder auf See. Sofern die Einkünfte aus dieser Tätigkeit als Unternehmensgewinne gelten, ist die Frage, ob die Tätigkeit durch eine Betriebstätte ausgeübt wird, nach Absatz 1 zu beurteilen. Da es jedoch nicht möglich war, bei den Einkünften aus der Erforschungstätigkeit über die grundsätzlichen Fragen der Zuteilung der Besteuerungsrechte und der Qualifikation Einigung zu erzielen, können die Vertragsstaaten die Aufnahme besonderer Bestimmungen vereinbaren. Sie können sich z. B. darauf einigen, ein Unternehmen eines Vertragsstaats hinsichtlich der Erforschung von Bodenschätzen an einer Stelle oder im Gebiet des anderen Vertragsstaats so zu behandeln,

a) als habe es keine Betriebstätte in diesem anderen Staat; oder
b) als übe es diese Tätigkeit durch eine Betriebstätte im anderen Staat aus; oder
c) als übe es diese Tätigkeit durch eine Betriebstätte im anderen Staat aus, wenn die Dauer der Tätigkeit eine bestimmte Zeit überschreitet.

Die Vertragsstaaten können überdies vereinbaren, für die Einkünfte aus diesen Tätigkeiten irgendeine andere Regelung zu treffen.

Absatz 3

16. [Grundregel] Dieser Absatz bestimmt ausdrücklich, dass eine Bauausführung oder Montage nur dann eine Betriebstätte ist, wenn ihre Dauer zwölf Monate überschreitet. Bauausführungen und Montagen, die diese Voraussetzungen nicht erfüllen, sind für sich allein keine Betriebstätten, auch wenn zu der Bauausführung oder Montage noch eine Einrichtung wie z. B. eine Geschäftsstelle oder eine Werkstätte im Sinn des Absatzes 2 gehört, die mit der Bau- oder Montagetätigkeit zusammenhängt. Wird eine solche Geschäftsstelle oder Werkstätte für eine Reihe von Bauprojekten genutzt und gehen die dort ausgeübten Tätigkeiten über die in Absatz 4 genannten hinaus, wird sie jedoch als Betriebsstätte anzusehen sein, wenn die übrigen Voraussetzungen des Artikels erfüllt sind, selbst wenn keines der Projekte eine Bauausführung oder Montage darstellt, deren Dauer zwölf Monate überschreitet. In diesem Fall ist die Geschäftsstelle oder Werkstätte von diesen Bauausführungen oder Projekten, von denen keine eine Betriebstätte darstellt, zu unterscheiden, und es ist wichtig sicher zu stellen, **[bis 21.7.2010:** *dass nur die Gewinne, die den von der Geschäftsstelle oder Werkstätte ausgeübten Funktionen und von ihnen übernommenen Risiken ordnungsgemäß zurechenbar sind, der Betriebstätte zugerechnet werden.* **ab 22.7.2010:]** *that only the profits properly attributable to the functions performed through that office or workshop, taking into account the assets used and the and risks assumend through that office or workshop, are attributed to the permanent establishment. Dies kann Gewinne einschließen, die den in Bezug auf die verschiedenen Bauausführungen ausgeübten Funktionen* **[bis 21.7.2010:** *und insoweit übernommenen Risiken***]** *zurechenbar sind; dies gilt aber nur, soweit diese Funktionen* **[bis 21.7.2010:** *und Risiken***]** *der Geschäftsstelle ordnungsgemäß zurechenbar sind.*

17. [Planung und Überwachung] Der Ausdruck „Bauausführung oder Montage" bezieht sich nicht nur auf die Erstellung von Bauwerken, sondern auch auf den Bau von Straßen, Brücken und Kanälen, die Renovierung von Gebäuden, Brücken, Straßen oder Kanälen (sofern sie über die bloße Unterhaltung oder den bloßen Neuanstrich hinausgeht), das Legen von Rohrleitungen sowie Erd- und Baggerarbeiten. Außerdem ist der Ausdruck „Montage" nicht beschränkt auf eine Montage, die mit einem Bauprojekt zusammenhängt; er schließt auch die Montage einer neuen Ausrüstung wie z. B. einer komplexen Maschine in einem bestehenden Gebäude oder im Freien ein. Planungstätigkeiten und die Überwachung der Bautätigkeit auf der Baustelle fallen unter Absatz 3. Staaten, die den Text des Absatzes abändern wollen, um dieses Ergebnis ausdrücklich sicher zu stellen, können dies in ihren zweiseitigen Abkommen tun.

18. [Zwölfmonatsregel] *Die Zwölfmonatsregel gilt für jede einzelne Bauausführung oder Montage. Bei Berechnung der Dauer einer Bauausführung oder Montage bleibt die Zeit unberücksichtigt, die der Unternehmer vorher für andere Bauausführungen oder Montagen aufgewendet hat, wenn diese mit der ersteren in keiner Weise zusammenhängen. Bauausführungen sind auch dann als Einheit anzusehen, wenn sie zwar auf verschiedenen Verträgen beruhen, aber wirtschaftlich und geographisch ein zusammenhängendes Ganzes bilden. Unter dieser Voraussetzung bilden Bauausführungen eine Einheit, auch wenn die Aufträge von verschiedenen Personen erteilt worden sind (z. B. für die Erstellung von Reihenhäusern).*

Die Zwölfmonatsgrenze hat zu Missbräuchen geführt; so wurden Fälle festgestellt, in denen Unternehmen (hauptsächlich Unternehmer oder Subunternehmer, die auf dem Festlandsockel arbeiteten oder im Zusammenhang mit der Erforschung und der Ausbeutung des Festlandsockels tätig waren) ihre Verträge in mehrere Teile aufteilten, von denen jeder einen Zeitraum von weniger als zwölf Monaten abdeckte und jeweils einer anderen Gesellschaft zugewiesen war, die jedoch zum selben Konzern gehörte. Abgesehen davon, dass solche Missbräuche nach Maßgabe des Einzelfalles unter die von Gesetzgebung und Rechtsprechung entwickelten Grundsätze gegen Missbräuche fallen können, bleibt es den betroffenen Staaten unbenommen, in zweiseitigen Verhandlungen entsprechende Lösungen zu vereinbaren.

19. [Bauunterbrechungen] *Eine Bauausführung besteht von dem Zeitpunkt an, an dem das Unternehmen mit den Arbeiten – einschließlich aller vorbereitenden Arbeiten – in dem Staat beginnt, in dem das Bauwerk errichtet werden soll, also z. B. mit der Einrichtung eines Bauplanungsbüros. Im Allgemeinen bleibt die Bauausführung so lange bestehen, bis die Arbeit abgeschlossen oder endgültig eingestellt wird. Eine Bauausführung gilt nicht als beendet, wenn die Arbeiten vorübergehend unterbrochen worden sind. Jahreszeitlich bedingte oder andere vorübergehende Unterbrechungen sind bei der Ermittlung der Berechnung der Dauer einer Bauausführung einzubeziehen. Zu den jahreszeitlich bedingten Unterbrechungen zählen solche infolge schlechten Wetters. Vorübergehende Unterbrechungen können z. B. durch Materialmangel oder Störungen des Arbeitsfriedens verursacht sein. Beginnt z. B. ein Unternehmer am 1. Mai mit Straßenbauarbeiten, stellt er die Arbeiten am 1. November wegen ungünstiger Witterung oder Materialmangels ein, nimmt er sie am 1. Februar des folgenden Jahres wieder auf und wird die Straße am 1. Juni fertiggestellt, so ist diese Bauausführung als Betriebsstätte anzusehen, da zwischen dem Beginn der Arbeiten (1. Mai) und dem endgültigen Abschluss (1. Juni des folgenden Jahres) 13 Monate vergangen sind. Wird der Auftrag von einem Unternehmen, das die Erstellung einer Gesamtanlage übernommen hat (Generalunternehmer), teilweise an andere Unternehmen (Subunternehmer) vergeben, so werden die Zeiten, in der die Subunternehmer auf der Baustelle arbeiten, dem Generalunternehmer zugerechnet. In diesem Fall sollte die Baustelle während der Zeit, die ein Subunternehmer dort zubringt, als dem Generalunternehmer zur Verfügung stehend angesehen werden, da der Generalunternehmer die Gesamtverantwortung für die Baustelle hat und diese dem Generalunternehmer zur Verfügung gestellt wird, um die Bautätigkeit auszuführen. Ein Subunternehmer hat auch eine Betriebstätte in der Baustelle, wenn seine Tätigkeit dort zwölf Monate überschreitet.*

19.1 Personengesellschaften. *Im Fall fiskalisch transparenter Personengesellschaften ist der 12-Monats-Test auf der Ebene der Personengesellschaft vorzunehmen, soweit ihre eigenen Tätigkeiten betroffen sind. Überschreitet die Zeitspanne, die die Gesellschafter oder Arbeitnehmer der Personengesellschaft auf der Stelle zubringen, 12 Monate, wird das Unternehmen, das die Personengesellschaft betreibt, so angesehen, als habe es eine Betriebsstätte. Jeder Gesellschafter wird folglich unabhängig von der Zeitspanne, die er selbst auf der Stelle zugebracht hat, für die Zwecke der Besteuerung seines Anteils am Unternehmensgewinn, den die Personengesellschaft erzielt, so angesehen, als ob er eine Betriebstätte unterhalte.*

20. [Fortschreitende Baustelle] *Die Besonderheit einer Bauausführung oder Montage kann dazu führen, dass der Unternehmer seine Baustelle entsprechend dem Arbeitsfortgang ständig oder zumindest in gewissen Zeitabständen verlegen muss. Dies ist z. B. beim Straßen- oder Kanalbau, beim Ausbaggern von Wasserstraßen oder beim Verlegen von Rohrleitungen der Fall. Werden Teile einer umfangreichen Konstruktion wie z. B. einer Seebohrinsel an verschiedenen Orten innerhalb eines Landes verbracht, so ist dies ebenfalls Teil eines einzigen Projekts. Dabei ist es unerheblich, dass die Bauarbeitskräfte nicht zwölf Monate lang an einer bestimmten Stelle bleiben. Die an den einzelnen Stellen ausgeführten Arbeiten sind Teil eines einheitlichen Vorhabens, das eine Betriebstätte ist, wenn es in seiner Gesamtheit die Dauer von zwölf Monaten überschreitet.*

Absatz 4

21. [Grundsatz] *Dieser Absatz zählt einige Tätigkeiten auf, die als Ausnahme von der allgemeinen Definition des Absatzes 1 behandelt werden und die auch dann keine Betriebstätten begründen, wenn die Tätigkeit durch eine feste Geschäftseinrichtung ausgeübt wird. Diesen Tätigkeiten ist gemeinsam, dass es sich im Allgemeinen um solche vorbereitender Art oder um Hilfstätigkeiten handelt. Ausdrücklich festgelegt ist dies für die Ausnahme unter Buchstabe e, mit der im Grunde der Geltungsbereich der Definition des Absatzes 1 allgemein eingeschränkt wird. Auch Buchstabe f sieht vor, dass mehrere der unter den Buchstaben a bis e genannten Tätigkeiten, die in derselben festen Geschäftseinrichtung ausgeübt werden, nicht als Betriebstätte gelten, vorausgesetzt, dass die sich daraus ergebende Gesamttätigkeit der festen Geschäftseinrichtung vorbereitender Art ist oder eine Hilfstätigkeit darstellt. Absatz 4 soll also verhindern, dass ein Unternehmen eines Staates im anderen Staat besteuert wird, wenn es dort nur Tätigkeiten vorbereitender Art oder Hilfstätigkeiten ausübt.*

22. [Zusammenfassung] *Buchstabe a bezieht sich nur auf den Fall, dass ein Unternehmen die Befugnis zur Benutzung von Einrichtungen zur Lagerung, Ausstellung oder Auslieferung eigener Güter oder Waren erworben hat. Buchstabe b bezieht sich auf den eigentlichen Bestand an Gütern oder Waren und bestimmt, dass dieser nicht als Betriebstätte gilt, wenn er zur Lagerung, Ausstellung oder Auslieferung unterhalten wird. Buchstabe c betrifft den Fall, dass Bestände von Gütern oder Waren eines Unternehmens durch ein anderes Unternehmen im Namen oder für Rechnung des erstgenannten Unternehmens bearbeitet oder verarbeitet werden. Durch die Erwähnung der Beschaffung von Informationen in Buchstabe d sollen vor allem Zeitungskorrespondenten erfasst werden, die bloß einen verlängerten Arm des Hauptunternehmens darstellen; diese Ausnahme ist nichts anderes als eine Erweiterung des Prinzips „des bloßen Einkaufs".*

23. [Hilfstätigkeiten] *Buchstabe e sieht vor, dass eine feste Geschäftseinrichtung, durch die das Unternehmen lediglich eine Tätigkeit ausübt, die für das Unternehmen vorbereitender Art ist oder eine Hilfstätigkeit darstellt, nicht als Betriebstätte gilt. Der Wortlaut dieser Bestimmung macht eine erschöpfende Aufzählung von Ausnahmen überflüssig. Außerdem enthält dieser Buchstabe eine generelle Ausnahme zu der allgemeinen Definition des Absatzes 1 und gibt in Verbindung mit dem genannten Absatz eine genauere Abgrenzung der Merkmale des Betriebstättenbegriffs. Diese Ausnahme schränkt die Bedeutung dieser Definition weitgehend ein und schließt aus deren ziemlich umfassendem Geltungsbereich eine Reihe gewerblicher Tätigkeiten aus, die nicht als Betriebstätten zu behandeln sind, obwohl sie durch eine feste Geschäftseinrichtung ausgeübt werden. Anzuerkennen ist zwar, dass derartige Geschäftseinrichtungen sehr wohl zur Produktivität des Unternehmens beitragen können, jedoch sind die Dienste, die sie leisten, so weit von der tatsächlichen Gewinnerzielung entfernt, dass es schwierig ist, der betreffenden festen Geschäftseinrichtung irgendeinen Gewinn zuzurechnen. Als Beispiele seien feste Geschäftseinrichtungen genannt, die ausschließlich zu dem Zweck unterhalten werden, Werbung zu betreiben, Informationen zu erteilen, wissenschaftliche Forschung zu betreiben oder Auskünfte über die Verwertung eines Patents oder eines technischen*

Verfahrens (know-how) zu erteilen, wenn diese Tätigkeiten vorbereitender Art sind oder Hilfstätigkeiten darstellen.

24. [Abgrenzung] *Oft ist es schwierig, zwischen Tätigkeiten, die vorbereitender Art sind oder Hilfstätigkeiten darstellen, und anderen Tätigkeiten zu unterscheiden. Entscheidend ist, ob die Tätigkeit der festen Geschäftseinrichtung an sich einen wesentlichen und maßgeblichen Teil der Tätigkeit des Gesamtunternehmens ausmacht. Jeder Fall ist unter Berücksichtigung der jeweiligen Umstände gesondert zu beurteilen. Jedenfalls wird durch eine feste Geschäftseinrichtung, deren allgemeiner Zweck mit dem des Gesamtunternehmens übereinstimmt, nicht eine Tätigkeit vorbereitender Art oder Hilfstätigkeit ausgeübt. Besteht z. B. der Geschäftszweck eines Unternehmens in der Erteilung von Auskünften über die Verwertung eines Patents oder eines technischen Verfahrens (know-how), so kann sich eine feste Geschäftseinrichtung dieses Unternehmens, durch die diese Tätigkeit ausgeübt wird, nicht auf Buchstabe e berufen. Eine feste Geschäftseinrichtung, deren Aufgabe es ist, ein Unternehmen oder auch nur einen Teil des Unternehmens oder eine Unternehmensgruppe zu leiten, kann nicht als Einrichtung gelten, durch die eine Tätigkeit vorbereitender Art oder eine Hilfstätigkeit ausgeübt wird, da diese leitende Tätigkeit auf einem höheren Niveau steht. Wenn international verzweigte Unternehmen ein „Management-Büro" in Staaten errichten, in denen sie Tochtergesellschaften, Betriebstätten, Vertreter oder Lizenznehmer haben, und dieses Büro für die Überwachung und Koordinierung der Tätigkeiten aller Abteilungen des Unternehmens innerhalb des betreffenden Gebietes zuständig ist, wird in der Regel eine Betriebstätte anzunehmen sein, da das „Management-Büro" als Geschäftsstelle im Sinne des Absatzes 2 anzusehen ist. Hat ein großes international tätiges Unternehmen alle Leitungsaufgaben seinen regionalen Management-Büros übertragen, so dass die Tätigkeit des Hauptsitzes des Unternehmens auf die allgemeine Überwachung beschränkt bleibt (sog. polizentrische Unternehmen), so sind sogar die regionalen Management-Büros als „Ort der Leitung" im Sinne des Absatzes 2 Buchstabe a anzusehen. Die Leitung eines Unternehmens ist selbst dann wesentlicher Teil der Geschäftstätigkeit des Unternehmens, wenn sie sich nur auf ein Teilgebiet des Unternehmensbereichs erstreckt, so dass sie keinesfalls als eine Tätigkeit vorbereitender Art oder als Hilfstätigkeit im Sinne des Absatzes 4 Buchstabe e angesehen werden kann.*

25. [Kundendienstorganisationen] *Eine Betriebstätte kann auch bestehen, wenn ein Unternehmen eine feste Geschäftseinrichtung für die Auslieferung von Maschinenersatzteilen an Kunden unterhält und er zusätzlich die Maschinen instand hält oder- setzt, da dies über die in Absatz 4 Buchstabe a erwähnte bloße Auslieferung hinausgeht. Da diese Kundendienstorganisationen einen wesentlichen und maßgeblichen Teil der Leistungen eines Unternehmens gegenüber seinen Kunden erbringen, ist ihre Tätigkeit keine bloße Hilfstätigkeit mehr. Buchstabe e ist nur anzuwenden, wenn die Tätigkeit der festen Geschäftseinrichtung auf eine vorbereitende Tätigkeit oder Hilfstätigkeit beschränkt ist. Dies ist nicht der Fall, wenn z. B. die feste Geschäftseinrichtung nicht nur Auskünfte erteilt, sondern auch Pläne usw. liefert, die besonders auf die Bedürfnisse eines bestimmten Kunden zugeschnitten sind. Dies trifft auch nicht zu, wenn sich eine Forschungseinrichtung selbst mit der Produktion befasst.*

26. [Eigentätigkeit] *Im Übrigen stellt Buchstabe e klar, dass die Tätigkeiten der festen Geschäftseinrichtung für das Unternehmen ausgeübt sein müssen. Eine feste Geschäftseinrichtung, die nicht nur für ihr Unternehmen, sondern auch unmittelbar für andere Unternehmen Leistungen erbringt, z. B. für andere Gesellschaften eines Konzerns, dem die Gesellschaft angehört, fällt nicht unter Buchstabe e.*

26.1 [Kabel, Rohrleitungen] *Ein anderes Beispiel ist das von Einrichtungen wie Kabeln oder Rohrleitungen, die das Gebiet eines Landes durchqueren. Abgesehen davon, dass Einkünfte, die von dem Eigentümer oder Betreiber solcher Einrichtungen aus der Nutzung durch andere Unternehmen erzielt werden, unter Artikel 6 fallen, wenn sie unbewegliches Vermögen im Sinne des Art. 6 Abs. 2 darstellen, stellt sich die Frage, ob Absatz 4 auf sie anwendbar ist. Wenn diese Einrichtungen genutzt werden, um Güter zu befördern, die an-*

deren Unternehmen gehören, wird für den Eigentümer oder Betreiber dieser Einrichtungen Buchst. a, der auf die Lieferung von Gütern oder Waren beschränkt ist, die dem Unternehmen gehören, das die Einrichtung nutzt, nicht anwendbar sein. Buchst. e wird in Bezug auf dieses Unternehmen ebenfalls nicht anwendbar sein, da das Kabel oder die Rohrleitung nicht allein für Zwecke des Unternehmens genutzt wird und ihre Nutzung in Anbetracht der Art der Geschäftstätigkeit dieses Unternehmens nicht vorbereitender Art ist oder eine Hilfstätigkeit darstellt. Anders liegt es aber, wenn ein Unternehmen ein Kabel oder eine Rohrleitung, die das Gebiet eines Landes durchquert, nur zum Zweck der Beförderung eigener Güter betreibt und die Beförderung Teil einer anderen Geschäftstätigkeit dieses Unternehmens ist, wie im Fall eines Ölraffinerieunternehmens, das eine Rohrleitung, die das Gebiet eines Landes durchquert, nur zur Beförderung seines eigenen Öls zu einer in einem anderen Land liegenden Raffinerie betreibt. In einem solchen Fall würde Buchst. a anwendbar sein. **[ab 22.7.2010:]** *An additional question is whether the cable or pipeline could also constitute a permanent establishment for the customer of the operator of the cable or pipeline, i.e. the enterprise whose data, power or property is transmitted or transported from one place to another. In such a case, the enterprise is merely obtaining transmission or transportation services provided by the operator of the cable or pipeline and does not have the cable or pipeline at its disposal. As a consequence, the cable or pipeline cannot be considered to be a permanent establishment of that enterprise.*

*27. **[„Geschäftsverdichtung"]** Wie in Ziffer 21 bereits erwähnt, dient Absatz 4 dazu, Ausnahmen zu der allgemeinen Begriffsbestimmung des Absatzes 1 für solche feste Geschäftseinrichtungen vorzusehen, die vorbereitende Tätigkeiten oder Hilfstätigkeiten ausüben. Übt eine feste Geschäftseinrichtung mehrere der unter Absatz 4 Buchstabe a bis e genannten Tätigkeiten aus, so bedeutet dies nach Absatz 4 Buchstabe f nicht schon für sich allein, dass eine Betriebstätte vorliegt. Solange die Gesamttätigkeit der festen Geschäftseinrichtung nur vorbereitender Art ist oder eine Hilfstätigkeit darstellt, ist nicht ohne weiteres eine Betriebstätte anzunehmen. Die Zusammenfassung mehrerer Tätigkeiten darf deshalb nicht schematisch, sondern muss unter Berücksichtigung der besonderen Umstände des Falles beurteilt werden. Der Begriff „vorbereitender Art oder Hilfstätigkeit" ist in der gleichen Weise auszulegen wie der gleiche Begriff des Buchstaben e (vgl. Ziffern 24 und 25). Staaten, die eine Kombination der in den Buchstaben a) bis e) erwähnten Tätigkeiten ohne Rücksicht ob das Kriterium des vorbereitenden oder Hilfscharakters einer solchen Kombination erfüllt ist, zulassen wollen, können dies tun, indem sie die Wörter „vorausgesetzt" bis „darstellt" in Buchstabe f löschen.*

*27.1 **[Mehrere feste Geschäftseinrichtungen]** Buchstabe f ist ohne Bedeutung, wenn ein Unternehmen mehrere feste Geschäftseinrichtungen im Sinne der Buchstaben a bis e unterhält, die voneinander räumlich und organisatorisch getrennt sind, da in einem solchen Fall für die Frage, ob eine Betriebstätte gegeben ist, jede Geschäftseinrichtung gesondert zu betrachten ist. Geschäftseinrichtungen sind nicht organisatorisch getrennt, wenn sie sich ergänzende Funktionen in einem Vertragsstaat ausüben wie z. B. Annahme und Lagerung von Gütern in einer Geschäftseinrichtung, Vertrieb dieser Güter durch eine andere usw. Ein Unternehmen kann nicht eine einheitliche Geschäftstätigkeit in mehrere kleine Tätigkeiten aufspalten, um geltend zu machen, dass jede nur vorbereitender Art ist oder eine Hilfstätigkeit darstellt.*

*28. **[Vertreter]** Die in Absatz 4 angeführten festen Geschäftseinrichtungen gelten so lange nicht als Betriebstätten, als sich ihre Tätigkeit auf die Funktionen beschränkt, die die Voraussetzung dafür sind, dass diese festen Geschäftseinrichtungen keine Betriebstätten sind. Dies ist selbst dann der Fall, wenn die zur Eröffnung und zum Betrieb des Geschäfts erforderlichen Verträge von den Personen geschlossen werden, denen die Leitung der Geschäftseinrichtung übertragen ist. Angestellte von Geschäftseinrichtungen im Sinne des Absatzes 4, die zum Abschluss solcher Verträge befugt sind, dürfen nicht als Vertreter im Sinne des Absatzes 5 angesehen werden. Ein Beispiel wäre ein Forschungsinstitut, dessen Leiter Vollmacht besitzt, die zur Erhaltung des Instituts erforderlichen Verträge zu schließen, und der die*

Vollmacht im Rahmen der Aufgaben des Instituts ausübt. Eine Betriebstätte besteht jedoch, wenn die feste Geschäftseinrichtung eine oder mehrere der in Absatz 4 angeführten Tätigkeiten nicht nur für das Unternehmen ausübt, zu dem sie gehört, sondern auch für andere Unternehmen. Wirbt z. B. ein von einem Unternehmen unterhaltenes Werbebüro auch für andere Unternehmen, so gilt es als Betriebstätte des Unternehmens, das es unterhält.

***29. [Veräußerung beweglichen Vermögens]** Gilt eine feste Geschäftseinrichtung nach Absatz 4 nicht als Betriebstätte, so findet diese Ausnahmebestimmung auch auf die Veräußerung beweglichen Vermögens Anwendung, das Betriebsvermögen der Geschäftseinrichtung in dem Zeitpunkt ist, in dem das Unternehmen seine Tätigkeit in dieser Einrichtung einstellt (vgl. Ziffer 11 und Artikel 13 Absatz 2). Da z. B. die Ausstellung von Waren unter die Ausnahmeregelung fällt, erfasst diese auch den Verkauf von Waren am Ende einer Messe oder Tagung. Die Ausnahmeregelung gilt selbstverständlich nicht für Verkäufe von Waren, die auf der Messe oder Tagung nicht ausgestellt waren.*

***30. [„Gemischte" Geschäftseinrichtung]** Eine feste Geschäftseinrichtung, die gleichzeitig für Tätigkeiten im Sinne der Ausnahmeregelung (Absatz 4) und für solche verwendet wird, die nicht darunter fallen, gilt als eine einzige Betriebstätte und kann für beide Arten von Tätigkeiten besteuert werden. Dies wäre z. B. der Fall, wenn eine für die Auslieferung von Gütern unterhaltene Einrichtung sich auch mit dem Verkauf befasst.*

Absatz 5

***31. [Grundsatz]** Als allgemein anerkannter Grundsatz gilt, dass ein Unternehmen so behandelt werden soll, als habe es eine Betriebstätte in einem Staat, in dem eine Person unter gewissen Voraussetzungen für das Unternehmen tätig ist, auch wenn das Unternehmen in diesem Staat keine feste Geschäftseinrichtung im Sinne der Absätze 1 und 2 hat. Mit dieser Regelung soll diesem Staat das Besteuerungsrecht in derartigen Fällen zuerkannt werden. Daher bestimmt Absatz 5 die Voraussetzungen, unter denen ein Unternehmen so behandelt wird, als habe es bezüglich der Tätigkeit der für das Unternehmen handelnden Personen eine Betriebstätte. Der Absatz wurde im Musterabkommen von 1977 neu gefasst, um die Zielsetzung der entsprechenden Bestimmung des Musterabkommens von 1963 klarer zum Ausdruck zu bringen, ohne jedoch ihren Gehalt abgesehen von einer Erweiterung des Katalogs der ausgenommenen Tätigkeiten der Person dem Grundsatz nach zu ändern.*

***32. [Abhängigkeitserfordernis]** Personen, deren Tätigkeit für das Unternehmen eine Betriebstätte begründen kann, sind die sogenannten abhängigen Vertreter, d. h. Personen – ob Angestellte oder nicht –, die keine unabhängigen Vertreter im Sinne des Absatzes 6 sind. Dabei kann es sich um natürliche Personen und Gesellschaften handeln; sie brauchen in dem Staat, in dem sie für das Unternehmen tätig werden, weder ansässig zu sein noch eine Geschäftseinrichtung zu unterhalten. Eine Bestimmung, wonach jede unabhängige Person, die ein Unternehmen in einem Staat hat, eine Betriebstätte für das Unternehmen begründet, hätte nicht im Interesse der internationalen Wirtschaftsbeziehungen gelegen. Die Regelung soll vielmehr nur für solche Personen gelten, die aufgrund des Umfangs ihrer Vollmacht oder der Art ihrer Tätigkeit bewirken, dass das Unternehmen in besonderer Weise am Wirtschaftsverkehr des betreffenden Staates teilnimmt. Deshalb geht Absatz 5 davon aus, dass nur Personen, die die Vollmacht zum Abschluss von Verträgen besitzen, eine Betriebstätte für das betreffende Unternehmen begründen können. In diesem Fall reicht die Vollmacht aus, um eine hinreichende Teilnahme des Unternehmens am Wirtschaftsverkehr des betreffenden Staates zu bewirken. Die Verwendung des Ausdrucks „Betriebstätte" in diesem Zusammenhang setzt selbstverständlich voraus, dass die Person diese Vollmacht wiederholt und nicht nur gelegentlich ausübt.*

***32.1 [Abschlussvollmacht]** Ferner soll der Ausdruck „Vollmacht, im Namen des Unternehmens Verträge abzuschließen" die Anwendung des Absatzes nicht auf Vertreter beschränken, die dem Wortlaut nach Verträge im Namen des Unternehmens abschließen; der Absatz ist ebenso auf einen Vertreter anzuwenden, der Verträge mit rechtsverbindlicher Wir-*

kung für das Unternehmen abschließt, auch wenn diese Verträge tatsächlich nicht im Namen des Unternehmens abgeschlossen werden. Fehlende aktive Teilnahme des Unternehmens an den Geschäftsvorfällen kann auf die Erteilung der Vollmacht an einen Vertreter hindeuten. Ein Vertreter kann z. B. als Inhaber einer Vollmacht, Verträge abzuschließen, angesehen werden, wenn er Aufträge hereinholt (ohne sie formell abzuschließen) und sie unmittelbar einem Lagerhaus zuleitet, von dem die Güter geliefert werden und wo das ausländische Unternehmen den Geschäftsvorfall routinemäßig billigt.

33. [Abschlussvollmacht] *Die Abschlussvollmacht muss Verträge über Tätigkeiten betreffen, die die eigentliche Unternehmenstätigkeit darstellen. Nicht erheblich wäre es z. B., wenn die Person Vollmacht hat, für das Unternehmen Mitarbeiter einzustellen, die sie bei ihrer Tätigkeit für das Unternehmen unterstützen sollen, oder wenn die Person bevollmächtigt ist, im Namen des Unternehmens ähnliche Verträge abzuschließen, die nur den internen Geschäftsbetrieb betreffen. Außerdem muss die Vollmacht im anderen Staat gewöhnlich ausgeübt werden; ob dies der Fall ist, muss aufgrund der jeweiligen wirtschaftlichen Gegebenheiten beurteilt werden. Ist eine Person bevollmächtigt, alle Einzelheiten eines Vertrags verbindlich für das Unternehmen auszuhandeln, kann davon ausgegangen werden, dass sie die Vollmacht „in diesem Staat" ausübt, auch wenn der Vertrag von einer anderen Person in dem Staat unterzeichnet wird, in dem sich das Unternehmen befindet. Da nach Absatz 4 eine feste Geschäftseinrichtung, die ausschließlich für die in dem genannten Absatz aufgeführten Zwecke unterhalten wird, nicht als Betriebstätte gilt, begründet auch eine Person, deren Tätigkeit auf diese Zwecke beschränkt ist, keine Betriebstätte.*

33.1 [Gewöhnlich] *Die Voraussetzung, dass ein Vertreter „gewöhnlich" Verträge abschließen muss, gibt das dem Artikel 5 zugrunde liegende Prinzip wieder, dass die Präsenz, die ein Unternehmen in einem Vertragstaat aufrechterhält, mehr als nur vorübergehend sein sollte, wenn das Unternehmen so angesehen werden soll, als unterhielt es eine Betriebsstätte und sei damit in steuerpflichtiger Weise in diesem Staat präsent. Ausmaß und die Häufigkeit der Tätigkeit, die erforderlich sind, um zu folgern, dass der Vertreter die Vertragsvollmacht „gewöhnlich ausübt", wird von der Art der Verträge und der Geschäftstätigkeit des Geschäftsherrn abhängen. Es ist nicht möglich, einen genauen Häufigkeitstest festzulegen. Jedoch dürften die Faktoren, die in Ziffer 6 in Betracht gezogen werden, bei dieser Entscheidung von Bedeutung sein.*

34. [Betriebstättenumfang] *Sind die Voraussetzungen des Absatzes 5 erfüllt, so besteht eine Betriebstätte des Unternehmens in dem Ausmaß, in dem die Person für das Unternehmen tätig wird, d. h. nicht nur insoweit, als die Person die Abschlussvollmacht im Namen des Unternehmens ausübt.*

35. [Subsidiarität der Vertreter-Betriebstätte] *Nach Absatz 5 können nur die Personen eine Betriebstätte begründen, die die besonderen Voraussetzungen erfüllen; alle anderen Personen sind ausgeschlossen. Zu beachten ist jedoch, dass Absatz 5 zur Frage, ob ein Unternehmen in einem Staat eine Betriebstätte hat, lediglich einen Ersatztatbestand enthält. Wird dargelegt, dass das Unternehmen eine Betriebstätte im Sinne der Absätze 1 und 2 (vorbehaltlich des Absatzes 4) hat, so erübrigt sich der Nachweis, dass deren Geschäftsführer unter Absatz 5 fiele.*

Absatz 6

36. [Grundsatz] *Übt ein Unternehmen eines Vertragsstaats seine Tätigkeit durch einen Makler, Kommissionär oder einen anderen unabhängigen Vertreter aus, so kann es in dem anderen Vertragsstaat hinsichtlich dieser Tätigkeit nicht besteuert werden, wenn der Vertreter im Rahmen seiner ordentlichen Geschäftstätigkeit handelt (vgl. Ziffer 32). Obwohl es sich von selbst versteht, dass ein solcher Vertreter, der ein gesondertes Unternehmen darstellt, keine Betriebstätte des ausländischen Unternehmens begründen kann, wurde Absatz 6 im Interesse der Klarheit in den Artikel aufgenommen.*

37. [Klarstellungsfunktion] *Eine Person fällt nur dann unter Absatz 6, d.h. sie begründet für das Unternehmen, für das sie tätig ist, keine Betriebstätte, wenn sie*
a) von dem Unternehmen sowohl rechtlich als auch wirtschaftlich unabhängig ist und
b) bei der Tätigkeit für das Unternehmen im Rahmen ihrer ordentlichen Geschäftstätigkeit handelt.

38. [Unabhängigkeit] *Ob eine Person von dem vertretenen Unternehmen unabhängig ist, hängt vom Ausmaß der Verpflichtungen gegenüber dem Unternehmen ab. Unterliegen die geschäftlichen Tätigkeiten für das Unternehmen eingehenden Anweisungen oder einer umfassenden Aufsicht durch das Unternehmen, so kann diese Person nicht als von dem Unternehmen unabhängig gelten. Ein weiteres wichtiges Merkmal ist, ob das Unternehmerrisiko von der Person oder von dem vertretenen Unternehmen zu tragen ist.*

38.1 [Rechtliche Abhängigkeit] *In Bezug auf das Merkmal der rechtlichen Abhängigkeit sollte beachtet werden, dass die Kontrolle, die eine Muttergesellschaft in ihrer Eigenschaft als Gesellschafterin über ihre Tochtergesellschaft ausübt, für die Frage der Abhängigkeit der Tochtergesellschaft oder in sonstiger Hinsicht für deren Eigenschaft als Vertreterin der Muttergesellschaft unerheblich ist. Dies stimmt mit der Regelung in Artikel 5 Absatz 7 überein. Wie Ziffer 41 des Kommentars erkennen lässt, kann die Tochtergesellschaft aber nach denselben Merkmalen, die auf nicht verbundene Gesellschaften Anwendung finden, als abhängige Vertreterin ihrer Muttergesellschaft anzusehen sein.*

38.2 [Maßgebende Gesichtspunkte] *Die folgenden Gesichtspunkte sollten bei der Entscheidung, ob ein Vertreter als unabhängig angesehen werden kann, beachtet werden.*

38.3 [Kontrolle] *Ein unabhängiger Vertreter wird typischerweise seinem Geschäftsherrn für die Ergebnisse seiner Arbeit verantwortlich sein, aber keiner wesentlichen Kontrolle hinsichtlich der Art, wie die Arbeit ausgeübt wird, unterliegen. Hinsichtlich der Durchführung der Arbeit wird er keinen ins Einzelne gehenden Weisungen des Geschäftsherrn unterworfen sein. Der Umstand, dass sich der Geschäftsherr auf die besonderen Fähigkeiten und Kenntnisse des Vertreters verlässt, deutet auf Unabhängigkeit hin.*

38.4 [Begrenzungen der Vollmacht] *Begrenzungen des Ausmaßes der Geschäftstätigkeit, die der Vertreter ausüben darf, berühren eindeutig den Geltungsbereich der Vollmacht. Solche Begrenzungen sind jedoch für die Abhängigkeit unerheblich. Diese bestimmt sich danach, in welchem Maße der Vertreter im Rahmen der ihm vertraglich eingeräumten Vollmacht bei der Durchführung der Geschäftstätigkeit für den Geschäftsherrn frei ist.*

38.5 [Auskunftserteilung] *Es kann Teil der Vertragsabwicklung sein, dass ein Vertreter dem Geschäftsherrn im Zusammenhang mit der Geschäftstätigkeit nach dem Vertrag umfangreiche Auskünfte erteilt. Dies ist für sich kein ausreichendes Kriterium für die Abhängigkeit des Vertreters, es sei denn, dass die Auskünfte bei der Einholung der Zustimmung des Geschäftsherrn für die Art und Weise, wie die Geschäftstätigkeit durchgeführt werden soll, erteilt werden. Die Auskunftserteilung, die einfach nur dazu bestimmt ist, die reibungslose Durchführung des Vertrags und dauerhafte gute Beziehungen zu dem Geschäftsherrn sicher zu stellen, ist kein Zeichen von Abhängigkeit.*

38.6 [Zahl der Geschäftsherren] *Ein anderes Merkmal, das bei der Beurteilung der Unabhängigkeit zu berücksichtigen ist, ist die Zahl der Geschäftsherren, die der Vertreter vertritt. Unabhängigkeit ist weniger wahrscheinlich, wenn die Tätigkeiten des Vertreters während des Bestehens des Gewerbes oder für lange Zeit ausschließlich oder fast ausschließlich nur für ein Unternehmen ausgeübt werden. Jedoch ist dieser Umstand allein nicht entscheidend. Alle Umstände des Falles müssen berücksichtigt werden, um zu entscheiden, ob die Tätigkeiten des Vertreters ein von ihm betriebenes eigenständiges Gewerbe darstellt, in dem er Risiken trägt und durch Gebrauch seiner unternehmerischen Fähigkeiten und Kenntnisse Ertrag erzielt. Wird ein Vertreter im Rahmen seiner ordentlichen Geschäftstätigkeit für eine Reihe von Geschäftsherren tätig und ist keiner von diesen in Bezug auf die Geschäftstätig-*

keit des Vertreters vorherrschend, kann rechtliche Abhängigkeit bestehen, wenn die Geschäftsherren einvernehmlich handeln, um die Handlungen des Vertreters im Rahmen seiner für sie ausgeübten Geschäftstätigkeit zu kontrollieren.

38.7 [Ordentliche Geschäftstätigkeit] *Übt eine Person anstelle des Unternehmens eine Tätigkeit aus, die wirtschaftlich in den Tätigkeitsbereich des Unternehmens, nicht mehr aber in den des eigenen Geschäftsbetriebs fällt, so kann nicht unterstellt werden, die Person handele im Rahmen ihrer ordentlichen Geschäftstätigkeit. Wenn daher z. B. ein Kommissionär nicht nur Güter oder Waren des Unternehmens im eigenen Namen verkauft, sondern sich auch gewöhnlich für dieses Unternehmen als ständiger Vertreter mit Vollmacht zum Abschluss von Verträgen betätigt, so gilt er hinsichtlich dieser besonderen Tätigkeit als Betriebstätte, da er damit außerhalb des Rahmens seiner ordentlichen Geschäftstätigkeit (nämlich derjenigen eines Kommissionärs) handelt, es sei denn, seine Tätigkeit beschränkt sich auf die am Schluss von Absatz 5 erwähnten Tätigkeiten.*

38.8 [Vergleichsmaßstab für ordentliche Geschäftstätigkeit] *Bei der Entscheidung der Frage, ob bestimmte Tätigkeiten in den Rahmen der ordentlichen Geschäftstätigkeit eines Vertreters fallen, pflegt man die Geschäftstätigkeit zu untersuchen, die üblicherweise im Rahmen der Geschäftstätigkeit des Vertreters als Makler, Kommissionär oder anderer unabhängiger Vertreter ausgeübt werden, nicht aber die anderen Geschäftstätigkeiten, die dieser Vertreter ausübt. Obwohl sich der Vergleich normalerweise auf Tätigkeiten beziehen sollte, die für die Geschäftstätigkeit des Vertreters üblich sind, können unter bestimmten Umständen daneben oder statt dessen ergänzende Merkmale herangezogen werden, z. B. wenn die Tätigkeiten des Vertreters kein übliches Gewerbe betreffen.*

39. [Versicherungsgesellschaften] *Aufgrund der Definition des Ausdrucks „Betriebstätte" kann eine Versicherungsgesellschaft eines Staates im anderen Staat mit ihrem Versicherungsgeschäft besteuert werden, wenn sie eine feste Geschäftseinrichtung im Sinne des Absatzes 1 hat oder wenn sie ihre Tätigkeit durch eine Person im Sinne des Absatzes 5 ausübt. Da die Vertretungen ausländischer Versicherungsgesellschaften manchmal keine der beiden Voraussetzungen erfüllen, so wäre es möglich, dass diese Gesellschaften in einem Staat Geschäfte größeren Umfangs tätigen, ohne dort mit dem durch diese Geschäftstätigkeit entstandenen Gewinn besteuert zu werden. Um dies zu verhindern, enthalten verschiedene Abkommen der Mitgliedstaaten der OECD eine Bestimmung, wonach Versicherungsgesellschaften eines Staates so behandelt werden, als hätten sie eine Betriebstätte im anderen Staat, wenn sie dort durch einen in diesem Staat unterhaltenen Vertreter – der nicht ohnedies bereits aufgrund des Absatzes 5 eine Betriebstätte begründet – Prämien einziehen oder in diesem Gebiet gelegene Risiken versichern. Ob eine derartige Bestimmung in ein Abkommen aufgenommen werden soll, hängt von der tatsächlichen und rechtlichen Situation in den betreffenden Vertragsstaaten ab. Deshalb wird eine solche Bestimmung häufig nicht in Betracht kommen. Aus diesem Grund schien es auch nicht angebracht, eine entsprechende Bestimmung in das Musterabkommen aufzunehmen.*

Absatz 7

40. [Grundsatz] *Das Bestehen einer Tochtergesellschaft führt, wie allgemein anerkannt, für sich allein nicht dazu, die Tochtergesellschaft als Betriebstätte ihrer Muttergesellschaft zu behandeln. Dies ergibt sich aus dem Grundsatz, dass eine Tochtergesellschaft steuerrechtlich ein selbstständiger Rechtsträger ist. Selbst der Umstand, dass die Geschäftstätigkeit der Tochtergesellschaft von der Muttergesellschaft gelenkt wird, macht die Tochtergesellschaft nicht zur Betriebstätte der Muttergesellschaft.*

41. [Betriebsstätte bei einer Tochtergesellschaft] *Eine Muttergesellschaft kann aber unter den Voraussetzungen der Absätze 1 oder 5 eine Betriebsstätte in einem Staat haben, in dem eine Tochtergesellschaft eine Geschäftseinrichtung unterhält. Daher stellt eine Fläche oder Räumlichkeit, die der Tochtergesellschaft gehört, aber der Muttergesellschaft zur Verfügung steht (s. Ziffern 4, 5 und 6) und eine feste Geschäftseinrichtung ist, durch die die Mut-*

tergesellschaft ihre eigene Geschäftstätigkeit ausübt, vorbehaltlich der Absätze 3 und 4 nach Absatz 1 eine Betriebsstätte der Muttergesellschaft dar (s. z. B. das Beispiel in Ziffer 4.3). Ebenso wird eine Muttergesellschaft nach Absatz 5 so behandelt, als habe sie eine Betriebsstätte in einem Staat in Bezug auf Tätigkeiten, die ihre Tochtergesellschaft für sie unternimmt, wenn die Tochtergesellschaft in diesem Staat eine Vollmacht besitzt und gewöhnlich ausübt, im Namen der Muttergesellschaft Verträge abzuschließen (s. Ziffern 32, 33 und 34), sofern diese Tätigkeiten nicht auf solche iSd. Abs. 4 beschränkt sind oder die Tochtergesellschaft nicht im Rahmen ihrer ordentlichen Geschäftstätigkeit als unabhängige Vertreterin iSd. Absatzes 6 handelt.

41.1 [Betriebsstätte bei einer anderen Konzerngesellschaft] *Dieselben Grundsätze gelten für jede andere Gesellschaft, die Teil einer multinationalen Gruppe ist, so dass diese Gesellschaft eine Betriebsstätte in einem Staat haben kann, wo Räumlichkeiten, die einer anderen Gesellschaft der Gruppe gehören, zu ihrer Verfügung stehen (s. Ziffern 4, 5 und 6) und sie diese nutzt, oder erstere Gesellschaft nach Absatz 5 so behandelt wird, als habe sie eine Betriebsstätte (s. Ziffern 32, 33 und 34). Die Entscheidung, ob unter den Voraussetzungen der Absätze 1 oder 5 eine Betriebsstätte besteht, muss aber für jede Gesellschaft der Gruppe getrennt getroffen werden. Daher ist das Bestehen einer Betriebsstätte einer Gesellschaft der Gruppe in einem Staat für die Frage, ob eine andere Gesellschaft der Gruppe dort selbst eine Betriebsstätte hat, nicht erheblich.*

42. [Dienstleistungen im Konzern] *Zwar können Räumlichkeiten einer zu einer multinationalen Gruppe gehörenden Gesellschaft einer anderen Gesellschaft der Gruppe zur Verfügung gestellt werden und unter den übrigen Voraussetzungen des Artikels eine Betriebsstätte dieser anderen Gesellschaft begründen, wenn deren Geschäftstätigkeit durch diese Einrichtung ausgeübt wird; dieser Fall muss aber von dem häufigen Fall unterschieden werden, in dem eine Gesellschaft, die Mitglied einer multinationalen Gruppe ist, einer anderen Gesellschaft der Gruppe als Teil ihrer eigenen Geschäftstätigkeit Dienstleistungen (z. B. Managementdienste) mit eigenem Personal in Räumlichkeiten erbringt, die nicht der anderen Gesellschaft gehören. In diesem Fall steht die Geschäftseinrichtung, in der die Dienstleistungen erbracht werden, der letzteren Gesellschaft nicht zur Verfügung, und es ist nicht die Tätigkeit dieser Gesellschaft, die durch diese Geschäftseinrichtung ausgeübt wird. Diese Geschäftseinrichtung kann daher nicht als Betriebsstätte der Gesellschaft, der die Dienstleistungen erbracht werden, angesehen werden. Der Umstand, dass die eigenen Tätigkeiten einer Gesellschaft an einem gegebenen Ort für die Geschäftstätigkeit einer anderen Gesellschaft einen wirtschaftlichen Nutzen hat, bedeutet in der Tat nicht, dass die andere Gesellschaft dort eine Geschäftstätigkeit ausübt. Eine Gesellschaft, die nur von einer anderen Gesellschaft in einem anderen Land hergestellte Teile einkauft oder Dienste einer solchen anderen Gesellschaft in Anspruch nimmt, begründet eindeutig hierdurch keine Betriebsstätte, auch wenn sie aus der Herstellung der Teile oder der Erbringung der Dienste Nutzen zieht.*

Elektronischer Geschäftsverkehr

42.1 [Zahlreiche Zweifelsfragen] *Es ist erörtert worden, ob der bloße Gebrauch von Computeranlagen im elektronischen Geschäftsverkehr in einem Land eine feste Geschäftseinrichtung darstellen könnte. Dies wirft in Bezug auf die Bestimmungen des Artikels eine Reihe von Fragen auf.*

42.2 [Unterscheidung zwischen Server und Website] *Da ein Ort, an dem von einem Unternehmen automatische Anlagen betrieben werden, eine Betriebstätte in dem Land darstellen kann, in dem er liegt (siehe unten), muss zwischen Computeranlagen, die an einem Ort aufgestellt werden können, so dass sie unter bestimmten Voraussetzungen eine Betriebstätte begründen, und den Daten und der Software, die mit der Anlage genutzt werden oder dort gespeichert werden, unterschieden werden. Eine Internet-Website, die eine Kombination aus Software und elektronischen Daten ist, stellt als solche keinen körperlichen Gegenstand* *dar. Es gibt daher keinen Ort, der eine Betriebstätte bilden könnte, da Einrichtungen wie Räumlichkeiten oder – in bestimmten Fällen – Maschinen oder Ausrüstungen (s. oben Ziffer 2) fehlen, soweit die Software und die Daten, die die Website ausmachen, betroffen sind. Auf der anderen Seite ist der Server, auf dem die Website gespeichert und durch den sie zugänglich ist, ein Ausrüstungsgegenstand, der sich an einem physischen Ort befindet, und dieser Ort kann eine Betriebstätte des Unternehmens darstellen, das den Server betreibt.*

42.3 [Beteiligte Unternehmen] *Die Unterscheidung zwischen einer Website und dem Server, auf dem die Website gespeichert ist und genutzt wird, ist wichtig, weil das Unternehmen, das den Server betreibt, von dem Unternehmen, das seine Geschäftstätigkeit durch die Website ausübt, verschieden sein kann. Es ist z. B. üblich, dass eine Website, durch die ein Unternehmen seine Geschäftstätigkeit ausübt, auf dem Server eines Internet-Dienstleistungsunternehmen (Internet Service Provider – ISP) untergebracht ist. Obwohl die Gebühren, die dem ISP nach derartigen Vereinbarungen gezahlt werden, auf der Größe des Speicherplatzes, der zur Speicherung der Software und der Daten genutzt wird, beruhen können, führen diese Verträge typischerweise nicht dazu, dass der Server und sein Standort dem Unternehmen zur Verfügung stehen (s. oben Ziffer 4), selbst wenn das Unternehmen in der Lage ist zu bestimmen, dass seine Website auf einem bestimmten Server an einem bestimmten Standort untergebracht werden soll. In einem solchen Fall hat das Unternehmen keine physische Präsenz an diesem Standort, da die Website kein körperlicher Gegenstand ist. In solchen Fällen kann das Unternehmen nicht so angesehen werden, als habe es aufgrund dieser Unterbringungsvereinbarung eine Betriebstätte begründet. Wenn aber das Unternehmen, das seine Geschäftstätigkeit durch eine Website ausübt, den Server zu seiner Verfügung hat, z. B. ihm gehört der Server (oder er ist gemietet) und es betreibt den Server, auf dem die Website gespeichert ist und genutzt wird, kann der Ort, wo sich der Server befindet, eine feste Geschäftseinrichtung des Unternehmens darstellen, sofern die übrigen Voraussetzungen des Artikels erfüllt sind.*

42.4 [Feste Geschäftseinrichtung] *Eine Computerausrüstung an einem bestimmten Standort kann nur dann eine Betriebstätte darstellen, wenn sie die Voraussetzung „fest" erfüllt. Im Fall eines Servers ist nicht von Bedeutung, ob es möglich ist, ihn an einen anderen Ort zu verlagern, sondern ob er tatsächlich verlagert wird. Um eine Betriebstätte zu bilden, muss der Server hinreichend lange Zeit an einem bestimmten Ort stehen, um fest im Sinne des Absatzes 1 zu sein.*

42.5 [Ausübung einer Geschäftstätigkeit durch den Server] *Eine andere Frage ist, ob man sagen kann, dass die Geschäftstätigkeit eines Unternehmens ganz oder teilweise an einem Ort ausgeübt wird, an dem das Unternehmen einen Ausrüstungsgegenstand wie einen Server zu seiner Verfügung hat. Ob die Geschäftstätigkeit ganz oder teilweise durch einen solchen Ausrüstungsgegenstand ausgeübt wird, muss von Fall zu Fall geprüft werden. Dabei kommt es darauf an, ob man sagen kann, dass das Unternehmen wegen dieses Ausrüstungsgegenstandes Anlagen zu seiner Verfügung hat, durch die geschäftliche Funktionen des Unternehmens ausgeübt werden.*

42.6 [Anwesenheit von Personal] *Betreibt ein Unternehmen eine Computeranlage an einem bestimmten Ort, so kann eine Betriebstätte bestehen, obwohl an diesem Ort kein Personal für den Betrieb der Anlage erforderlich ist. Die Anwesenheit von Personal ist nicht erforderlich, um zum Ergebnis zu kommen, dass ein Unternehmen seine Geschäftstätigkeit ganz oder teilweise an einem Ort ausübt, wenn tatsächlich kein Personal gebraucht wird, um Geschäftstätigkeiten an diesem Ort auszuüben. Dieses Ergebnis gilt für den elektronischen Geschäftsverkehr in gleichem Maße wie für andere Tätigkeiten, bei denen Anlagen automatisch betrieben werden, z. B. automatische Pumpanlagen, die bei der Ausbeutung von Rohstoffen genutzt werden.*

42.7 [Vorbereitende oder Hilfstätigkeiten] *Eine andere Frage bezieht sich darauf, dass keine Betriebstätte angenommen werden kann, wenn der elektronische Geschäftsverkehr, der* *durch eine Computeranlage an einem bestimmten Ort in einem bestimmten Land stattfindet, auf vorbereitende oder Hilfstätigkeiten im Sinne des Absatzes 4 beschränkt ist. Ob bestimmte Tätigkeiten, die an einem solchen Ort ausgeübt werden, unter Absatz 4 fallen, muss von Fall zu Fall unter Berücksichtigung der verschiedenen Funktionen geprüft werden, die das Unternehmen durch die Anlage ausübt. Beispiele von Tätigkeiten, die im Allgemeinen als vorbereitende oder Hilfstätigkeiten angesehen werden, sind:*

- *Herstellung einer Kommunikationsverbindung zwischen Lieferanten und Kunden – einer Telefonleitung vergleichbar –;*
- *Werbung für Güter oder Dienstleistungen;*
- *Übertragung von Informationen durch einen Spiegelserver aus Gründen der Sicherheit und Effektivität;*
- *Erhebung von Marktdaten für das Unternehmen;*
- *Erteilung von Auskünften.*

42.8 [Bedeutung der Funktionen] *Stellen diese Funktionen in sich jedoch einen wesentlichen und bedeutsamen Teil der Geschäftstätigkeit des Unternehmens im Ganzen dar oder werden andere Kernfunktionen des Unternehmens durch die Computeranlage ausgeübt, gehen sie über die unter Absatz 4 fallenden Tätigkeiten hinaus, und, wenn die Anlage eine feste Geschäftseinrichtung des Unternehmens darstellt (wie oben in den Ziffern 42.2 bis 42.6 erörtert), liegt eine Betriebstätte vor.*

42.9 [Kernfunktionen] *Was für ein bestimmtes Unternehmen Kernfunktionen sind, hängt eindeutig von der Art der Geschäftstätigkeit ab, die von dem Unternehmen ausgeübt wird. Einige ISP's betreiben z. B. einen Server, um dort Websites oder andere Anwendungen für andere Unternehmen aufzunehmen. Für diese ISP's stellt der Betrieb ihrer Server, um Dienstleistungen an ihre Kunden zu erbringen, einen wesentlichen Teil ihrer Geschäftstätigkeit dar und kann nicht als vorbereitende oder Hilfstätigkeit angesehen werden. Ein anderes Beispiel ist das eines Unternehmens (manchmal als „E-tailer“ bezeichnet), das das Geschäft des Produktverkaufs über das Internet betreibt. In diesem Fall steht das Unternehmen nicht in dem Geschäft, Server zu betreiben, und allein der Umstand, dass es dies an einem gegebenen Ort tun könnte, genügt nicht um zu folgern, dass die an diesem Ort ausgeübten Tätigkeiten mehr als nur vorbereitende oder Hilfstätigkeiten sind. In diesem Fall muss die Art der an diesem Ort ausgeübten Tätigkeiten im Licht der Art der Geschäftstätigkeit des Unternehmens geprüft werden. Wenn diese Tätigkeiten nur vorbereitende oder Hilfstätigkeiten für das Geschäft des Produktverkaufs über das Internet sind (z. B. der Ort wird nur zum Betrieb eines Servers mit einer Website genutzt, die, was oft der Fall ist, ausschließlich der Werbung, der Anzeige eines Produktkatalogs oder der Erteilung von Auskünften an potenzielle Kunden dient), wird Absatz 4 anzuwenden sein und der Ort wird keine Betriebstätte darstellen. Wenn aber an dem Ort die typischen Funktionen, die mit dem Verkauf von Produkten verbunden sind, ausgeübt werden (z. B. der Abschluss des Vertrags mit dem Kunden, die Bearbeitung des Zahlungsvorgangs und die Lieferung der Produkte erfolgen automatisch durch die dort befindliche Anlage), können diese Tätigkeiten nicht nur als vorbereitende oder Hilfstätigkeiten angesehen werden.*

42.10 [Abhängiger Vertreter] *Eine letzte Frage geht dahin, ob Absatz 5 anwendbar sein kann, so dass ein ISP als Betriebstätte gilt. Wie bereits angemerkt, ist es für ISP's üblich, die Dienstleistung, Websites anderer Unternehmen auf ihrem Server aufzunehmen, zu erbringen. Es stellt sich dann die Frage, ob Absatz 5 anwendbar sein kann, so dass solche ISP's als Betriebstätten der Unternehmen gelten, die elektronischen Geschäftsverkehr durch Websites auf Servern, die den ISP's gehören und von diesen betrieben werden, durchführen. Obwohl dies unter sehr ungewöhnlichen Umständen der Fall sein könnte, wird Absatz 5 normalerweise keine Anwendung finden, weil die ISP's nicht Vertreter der Unternehmen sind, denen die Website gehört; denn sie besitzen keine Vollmacht, Verträge im Namen dieser Unternehmen abzuschließen oder sind unabhängige Vertreter, die im Rahmen ihrer ordentlichen Geschäftstätigkeit handeln, wie durch den Umstand belegt wird, dass sie Websites* *vieler unterschiedlicher Unternehmen aufnehmen. Da die Website, durch die ein Unternehmen seine Geschäftstätigkeit ausführt, selbst keine Person im Sinne von Artikel 3 ist, kann Absatz 5 auch nicht mit dem Ergebnis Anwendung finden, eine Betriebstätte zu fingieren, weil die Website Vertreterin des Unternehmens für Zwecke dieses Absatzes wäre.*

Die Besteuerung von Dienstleistungen

42.11 [Grundsatz: Betriebsstättenprinzip] *Zusammen bewirken die Artikel 5 und 7, dass Gewinne aus Dienstleistungen, die im Gebiet eines Vertragsstaats von einem Unternehmen des anderen Vertragsstaats erbracht werden, in dem erstgenannten Staat nicht besteuert werden können, wenn sie nicht einer dort gelegenen Betriebsstätte zuzurechnen sind (sofern sie nicht unter andere Artikel des Abkommens fallen, die eine solche Besteuerung erlauben). Dieses Ergebnis, wonach die Gewinne nur in dem anderen Staat besteuert werden können, wird durch verschiedene politische und verwaltungstechnische Erwägungen gerechtfertigt. Es entspricht dem Grundsatz des Artikels 7, wonach ein Unternehmen eines Staats, solange es keine Betriebsstätte in einem anderen Staat begründet, nicht so angesehen werden sollte, als nähme es am wirtschaftlichen Leben dieses Staats in einem solchen Umfang teil, dass es in die Steuerzuständigkeit des anderen Staats fiele. Außerdem sollten Dienstleistungen, abgesehen von wenigen Ausnahmen für einige Arten (z.B. die unter die Artikel 8 und 17 fallenden), generell genau so behandelt werden wie andere Geschäftstätigkeiten. Daher sollte für alle Geschäftstätigkeiten einschließlich Dienstleistungen dieselbe Betriebsstättenschwelle für die Besteuerung gelten.*

42.12 [Praktische Erwägungen] *Eine der oben genannten verwaltungstechnischen Erwägungen ist die Ausweitung der Fälle, in denen die Quellenbesteuerung von Gewinnen aus Dienstleistungen, die in dem Gebiet eines Vertragsstaats von einem Unternehmen des anderen Vertragsstaats erbracht werden, zugelassen würde, die Vollzugs- und Verwaltungslasten von Unternehmen und Steuerverwaltungen erschwerte. Dies wäre im Hinblick auf Dienstleistungen an private Verbraucher besonders problematisch, die der Steuerverwaltung des Quellenstaats zum Zweck der Geltendmachung einer Betriebsausgabe nicht offenbart werden müssten. Da die Regeln, die typischerweise für diesen Zweck entwickelt worden sind, auf die Zeit des Aufenthalts in einem Staat abstellen, müssten sowohl die Steuerverwaltungen als auch die Unternehmen die Zeit berechnen, die das Personal von Dienstleistungsunternehmen in einem Land verbracht hat. Diese Unternehmen laufen Gefahr, unter nicht erwarteten Umständen eine Betriebsstätte zu begründen, wenn sie im Voraus nicht bestimmen können, wie lange sich das Personal in einem bestimmten Land aufhält (z.B. wenn sich die Anwesenheit infolge von unvorhergesehenen Umständen oder auf Wunsch des Kunden verlängert). Solche Fälle verursachen besondere Probleme für die Erfüllung der steuerlichen Pflichten, da sie von einem Unternehmen verlangen, einer Reihe von verwaltungstechnischen Anforderungen, die mit einer Betriebsstätte verbunden sind, nachträglich nachzukommen. Dies bezieht sich auf die Führung von Büchern und Aufzeichnungen, die Besteuerung der Arbeitnehmer (z.B. die Notwendigkeit, in einem anderen Land einen Quellensteuerabzug vorzunehmen) sowie andere nicht auf die Einkommensteuer bezogene Anforderungen.*

42.13 [Erwägungen im Hinblick auf die Gewinnermittlung] *Auch würde die Quellenbesteuerung von Gewinnen aus Dienstleistungen, die im Gebiet eines Vertragsstaats von einem Unternehmen des anderen Vertragsstaats, das in dem erstgenannten Staat keine feste Geschäftseinrichtung unterhält, erbracht werden, Schwierigkeiten bei der Ermittlung der steuerpflichtigen Gewinne und der Einziehung der entsprechenden Steuer mit sich bringen. In den meisten Fällen verfügte das Unternehmen nicht über die Bücher und Aufzeichnungen sowie die Wirtschaftsgüter, die typischerweise mit einer Betriebsstätte verbunden sind, und es wäre kein abhängiger Vertreter vorhanden, der Auskunfts- und Zahlungsverpflichtungen erfüllen könnte. Nach dem innerstaatlichen Recht eines Staates werden Dienstleistungen, die in seinem Gebiet erbracht werden, zwar häufig besteuert; dies ist aber nicht notwendigerweise die beste Vertragspolitik.*

42.14 [Befürworter einer stärkeren Quellenbesteuerung] *Einige Staaten zögern jedoch, den Grundsatz der ausschließlichen Wohnsitzbesteuerung von Dienstleistungen, die keiner Betriebsstätte in ihrem Gebiet zuzurechnen sind, aber dort erbracht werden, zu übernehmen. Diese Staaten befürworten Änderungen des Artikels, um dem Quellenstaat Besteuerungsrechte für Gewinne aus solchen Dienstleistungen unter bestimmten Umständen vorzubehalten. Staaten, die der Auffassung sind, dass zusätzliche Quellenbesteuerungsrechte für Dienstleistungen, die in ihrem Gebiet erbracht werden, nach einem Abkommen eingeräumt werden sollten, stützen ihre Auffassung auf verschiedene Argumente.*

42.15 [Gründe für stärkere Quellenbesteuerung] *Diese Staaten können der Ansicht sein, dass Gewinne aus Dienstleistungen, die in einem bestimmten Staat erbracht werden, in diesem Staat aufgrund der allgemein anerkannten Grundsätze über die Bestimmung der Quelle von Unternehmensgewinnen in einem bestimmten Hoheitsgebiet steuerpflichtig sein sollten. Sie vertreten die Auffassung, dass der Staat, in dem die Dienstleistungen erbracht werden, allein unter dem Blickwinkel der rein politischen Frage des Ursprungs der Gewinne ein Besteuerungsrecht haben sollte, auch wenn die Dienstleistungen keiner Betriebsstätte im Sinne des Artikels 5 zuzurechnen sind. Sie weisen darauf hin, dass das innerstaatliche Recht vieler Länder die Besteuerung von Dienstleistungen, die in diesen Ländern erbracht werden, selbst bei Fehlen einer Betriebsstätte vorsieht (auch wenn Dienstleistungen, die über sehr kurze Zeiträume erbracht werden, in der Praxis nicht immer besteuert werden).*

42.16 [Forts.: Gründe für stärkere Quellenbesteuerung] *Diese Staaten sind beunruhigt darüber, dass einige Dienstleistungsunternehmen in ihrem Gebiet in wesentlichem Umfang Geschäftstätigkeiten ausüben, ohne dort eine Betriebsstätte zu benötigen, und meinen daher, dass diese zusätzlichen Besteuerungsrechte angemessen sind.*

42.17 [Forts.: Gründe für stärkere Quellenbesteuerung] *Diese Staaten sind ferner der Auffassung, dass, selbst wenn die Besteuerung der nicht einer Betriebsstätte zuzurechnenden Gewinne von Unternehmen, die von nicht ansässigen Personen betrieben werden, gewisse Vollzugs- und Verwaltungsprobleme aufwirft, diese Probleme es nicht rechtfertigen, die Gewinne aus allen Dienstleistungen, die von solchen Unternehmen in ihrem Gebiet erbracht werden, von der Besteuerung auszunehmen. Die Vertreter dieser Ansicht werden sich auf Verfahren berufen, die bereits in einigen Staaten bestehen, um die Besteuerung von Dienstleistungen, die in diesen Staaten erbracht werden, aber keiner Betriebsstätte zuzurechnen sind, sicher zu stellen (diese Verfahren beruhen auf Meldepflichten und möglicherweise Steuerabzugspflichten ansässiger Zahlungsschuldner bei Zahlungen an nicht ansässige Personen für Dienstleistungen, die in diesen Staaten erbracht werden).*

42.18 [Tätigkeit außerhalb des Quellenstaats] *Zu beachten ist jedoch, dass sich alle Mitgliedsstaaten darin einig sind, dass ein Staat für Einkünfte aus Dienstleistungen, die von einer nicht ansässigen Person außerhalb dieses Staates erbracht werden, kein Quellenbesteuerungsrecht haben sollte. Nach den Doppelbesteuerungsabkommen sind Gewinne aus dem Verkauf von Gütern, die von einer in einem Land ansässigen Person nur eingeführt und weder von einer in dem Land gelegenen Betriebsstätte hergestellt noch über diese vertrieben werden, dort nicht steuerpflichtig. Dieselben Grundsätze sollten im Fall von Dienstleistungen gelten. Allein die Tatsache, dass der Schuldner des Entgelts für die Dienstleistungen in einem Staat ansässig ist, oder das Entgelt von einer dort gelegenen Betriebsstätte getragen wird, oder dass das Ergebnis der Dienstleistungen innerhalb des Staates genutzt wird, stellt keine hinreichende Verbindung dar, die die Zuteilung des Rechts zur Besteuerung der Einkünfte an diesen Staat rechtfertigte.*

42.19 [Besteuerungsgrundlage] *Eine andere Grundsatzfrage, über die allgemeines Einverständnis besteht, betrifft die Ermittlung der Besteuerungsgrundlage. Im Fall von selbständigen Dienstleistungen (vorbehaltlich möglicher Ausnahmen wie Artikel 17) sollten nur die Gewinne aus den Dienstleistungen besteuert werden. Daher scheinen Vorschriften, die manchmal in zweiseitige Abkommen aufgenommen werden und einem Staat erlauben, den*

Bruttobetrag der Entgelte für bestimmte Dienstleistungen zu besteuern, wenn der Schuldner dort ansässig ist, kein geeigneter Weg zu sein, Dienstleistungen zu besteuern. Erstens haben diese Vorschriften die Wirkung, einem Staat die Besteuerung von Geschäftstätigkeiten zu erlauben, die nicht dort ausgeübt werden, weil sie nicht auf Dienstleistungen beschränkt sind, die in dem Quellenstaat erbracht werden. Zweitens erlauben diese Regeln, die Bruttozahlungen für Dienstleistungen statt der daraus erzielten Gewinne zu besteuern.

42.20 [Kurzfristige Tätigkeit] *Die Mitgliedsstaaten sind sich auch darüber einig, dass es aus Gründen des Vollzugs und aus anderen Gründen angebracht ist, einem Staat unter bestimmten Umständen zu versagen, die Gewinne aus Dienstleistungen, die in seinem Gebiet erbracht werden, zu besteuern (z.B. wenn diese Dienste während einer sehr kurzen Zeitspanne geleistet werden).*

42.21 [Gründe für eine Alternativvorschrift] *Der Ausschuss war daher der Ansicht, dass es wichtig ist, die Umstände zu umschreiben, unter denen Staaten, die nicht mit der Schlussfolgerung in Ziffer 42.11 einverstanden sind, vorsehen können, wenn sie dies wünschen, dass Gewinne aus Dienstleistungen, die in dem Gebiet eines Vertragsstaats von einem Unternehmen des anderen Vertragsstaats erbracht werden, in dem erstgenannten Staat besteuert werden können, selbst wenn sich dort keine Betriebsstätte im Sinne des Artikels 5 befindet, denen die Gewinne zuzurechnen sind.*

42.22 [Ausschluss der Quellenbesteuerung nach der Alternativvorschrift] *Selbstverständlich sollte sich diese Besteuerung nicht auf Dienstleistungen erstrecken, die außerhalb des Gebiets eines Staats erbracht werden, und Besteuerungsgrundlage sollten nur die Gewinne aus den Dienstleistungen, nicht aber die Entgeltszahlungen sein. Auch sollte eine Mindestaufenthaltsdauer erreicht sein, bevor die Besteuerung zugelassen wird.*

42.23 [Muster einer Alternativvorschrift] *Das folgende Beispiel einer Vorschrift entspricht diesen Anforderungen. Den Staaten steht es frei, zweiseitig die Aufnahme einer solchen Vorschrift in ihre Steuerabkommen zu vereinbaren.*

„Wenn ein Unternehmen eines Vertragsstaats in dem anderen Vertragsstaat

a) durch eine natürliche Person, die sich in dem anderen Staat insgesamt länger als 183 Tage innerhalb eines Zeitraums von zwölf Monaten aufhält, Dienstleistungen erbringt und mehr als 50 vom Hundert der Bruttoeinnahmen, die aktiven Geschäftstätigkeiten des Unternehmens während des Aufenthalts zuzurechnen sind, aus den Dienstleistungen dieser Person in dem anderen Staat bezogen werden, oder

b) insgesamt an mehr als 183 Tagen innerhalb eines Zeitraums von zwölf Monaten Dienstleistungen erbringt und die Dienstleistungen für dasselbe Projekt oder zusammenhängende Projekte durch eine natürliche Person oder mehrere natürliche Personen erbracht werden, die sich in dem anderen Staat aufhalten und diese Dienstleistungen dort erbringen,

gelten ungeachtet der Absätze 1, 2 und 3 die Tätigkeiten, die beim Erbringen der Dienstleistungen in dem anderen Staat ausgeübt werden, als durch eine dort gelegene Betriebsstätte des Unternehmens ausgeübt, es sei denn, diese Tätigkeiten beschränken sich auf die in Absatz 4 genannten Tätigkeiten, die, würden sie durch eine feste Geschäftseinrichtung ausgeübt, diese Einrichtung nach dem genannten Absatz nicht zu einer Betriebsstätte machten. Für Zwecke dieses Absatzes werden Dienstleistungen, die von einer Person für ein Unternehmen erbracht werden, als nicht von einem anderen Unternehmen durch diese Person erbracht angesehen, es sei denn, das andere Unternehmen überwacht, leitet oder kontrolliert die Art und Weise, wie diese Dienstleistungen von der natürlichen Person erbracht werden."

42.24 [Erweiterung der Betriebsstättendefinition] *Diese Alternativvorschrift stellt eine Ausdehnung der Betriebsstättendefinition dar und erlaubt die Besteuerung von Einkünften aus Dienstleistungen, die von Unternehmen nicht ansässiger Personen erzielt werden; dies geschieht aber im Einklang mit den in Ziffer 42.22 beschriebenen Grundsätzen. In den fol-*

genden Nummern werden verschiedene Gesichtspunkte der Alternativvorschrift erörtert; selbstverständlich sind diese Nummern nicht relevant für Abkommen, die keine solche Bestimmung enthalten, und erlauben daher nicht, auf die Existenz einer Betriebsstätte zu schließen, nur weil die Voraussetzungen dieser Vorschrift erfüllt sind.

42.25 [Fiktion] *Die Vorschrift hat die Wirkung, eine Betriebsstätte zu fingieren, wo eine solche nach der Definition in Absatz 1 und nach den Beispielen in Absatz 2 nicht bestünde. Sie ist daher ungeachtet dieser Absätze anzuwenden. Wie im Fall des Absatzes 5 stellt die Vorschrift eine ergänzende Regelung dar, nach der anzunehmen ist, dass ein Unternehmen in einem Staat eine Betriebsstätte hat. Sie könnte z.B. anwendbar sein, wenn ein Berater Dienstleistungen über einen längeren Zeitraum an verschiedenen Orten eines Landes erbringt, ohne dass dadurch die Voraussetzungen des Absatzes 1 für eine oder mehrere Betriebsstätten erfüllt sind. Wenn dargetan werden kann, dass das Unternehmen eine Betriebsstätte im Sinne der Absätze 1 und 2 hat (vorbehaltlich des Absatzes 4), braucht man die Vorschrift nicht anzuwenden, um zur Annahme einer Betriebsstätte zu kommen. Da die Vorschrift lediglich eine Betriebsstätte begründet, wenn ansonsten keine bestehen würde, stellt sie keine alternative Definition des Betriebsstättenbegriffs dar und kann eindeutig nicht die Reichweite der Definition des Absatzes 1 und der Beispiele in Absatz 2 einschränken.*

42.26 [Verhältnis zu Absatz 3] *Die Vorschrift gilt auch ungeachtet des Absatzes 3. Daher kann ein Unternehmen so angesehen werden, als hätte es eine Betriebsstätte, weil es in einem Land über die in der Vorschrift genannten Zeiträume Dienstleistungen erbringt, selbst wenn diese Dienstleistungen nach Absatz 3 keine Betriebsstätte begründen. Das folgende Beispiel macht dies deutlich. Eine in einem Vertragsstaat ansässige und selbständig tätige natürliche Person erbringt in dem anderen Vertragsstaat Dienstleistungen und hält sich dort länger als 183 Tage innerhalb eines Zeitraums von 12 Monaten auf. Die Dienstleistungen werden jedoch über jeweils gleich lange Zeiträume an einem Ort erbracht, der keine Bauausführung oder Montage ist (und die Dienstleistungen hängen nicht mit einer Bauausführung oder Montage zusammen) sowie an zwei voneinander unabhängigen Bauausführungen oder Montagen, von denen jede die in Absatz 3 vorgesehene Dauer nicht überschreitet. Obwohl die beiden Bauausführungen oder Montagen nach Absatz 3 nicht als Betriebsstätten gelten, würde das Unternehmen, das von dieser Person betrieben wird, nach dem vorgeschlagenen Absatz so angesehen, als hätte es eine Betriebsstätte (da die Person selbständig tätig ist, muss angenommen werden, dass die Schwelle von 50 vH der Bruttoeinnahmen für das Unternehmen überschritten ist).*

42.27 [Verhältnis bei einzigem Projekt] *Ein anderes Beispiel ist das eines großen Bauunternehmens, das in einem Land ein einziges Bauprojekt durchführt. Wird das Projekt an einem Ort durchgeführt, so sollte die Vorschrift keine nennenswerte Auswirkung haben, solange der Zeitraum, der für die Begründung einer Betriebsstätte erforderlich ist, sich nicht wesentlich von dem Zeitraum unterscheidet, der für die Anwendung der Vorschrift vorausgesetzt wird. Staaten, die die Alternativvorschrift verwenden wollen, können daher in Betracht ziehen, in dieser Vorschrift und in Absatz 3 auf die gleichen Zeiträume abzustellen. Falls in der Alternativvorschrift auf einen kürzeren Zeitraum abgestellt wird, wird dies in der Praxis den Anwendungsbereich des Absatzes 3 einschränken.*

42.28 [Verhältnis bei mehreren Projekten] *Die Lage kann jedoch anders als im vorstehenden Beispiel sein, wenn das Projekt oder verbundene Projekte in verschiedenen Teilen des Landes durchgeführt werden. Ist die Dauer jeder Baustelle, wo das Projekt durchgeführt wird, zu kurz, so dass keine von ihnen eine Betriebsstätte darstellt (s. jedoch Art. 5 Ziffer. 20 MK), wird gleichwohl eine Betriebsstätte fingiert, sofern die Voraussetzungen der Alternativvorschrift erfüllt sind. Dieses Ergebnis entspricht dem Zweck der Vorschrift, der darin besteht, ausländische Unternehmen der Quellenbesteuerung zu unterwerfen, wenn sie sich in einem Land über einen hinreichend langen Zeitraum aufhalten, ungeachtet der Tatsache, dass ihr Aufenthalt an einem bestimmten Ort des Landes nicht lange genug dauert, um diesen Ort zu einer festen Geschäftseinrichtung des Unternehmens zu machen. Einige*

Staaten können jedoch der Auffassung sein, dass Absatz 3 der Alternativvorschrift vorgehen sollte; sie werden die Vorschrift dann entsprechend abändern wollen.

42.29 [Geltung nur für Dienstleistungen] *Der vorgeschlagene Absatz gilt nur für Dienstleistungen. Andere Arten von Tätigkeiten, die keine Dienstleistungen sind, stehen daher außerhalb seines Anwendungsbereichs. Der Absatz würde daher z.B. nicht gelten für ein ausländisches Unternehmen, das in den Territorialgewässern eines Staates Fischerei betreibt und Einkünfte aus dem Verkauf seiner Fänge erzielt (in einigen Abkommen fallen Tätigkeiten wie Fischfang oder Ölförderung jedoch unter besondere Vorschriften).*

42.30 [Geltung nur für Dienstleistungen an Dritte] *Die Vorschrift gilt für Dienstleistungen, die von einem Unternehmen erbracht werden. Daher müssen die Dienstleistungen von dem Unternehmen Dritten gegenüber erbracht werden. Die Vorschrift könnte eindeutig nicht die Wirkung haben, eine Betriebsstätte eines Unternehmens zu fingieren, nur weil dieses Unternehmen Empfängerin von Dienstleistungen ist. Beispielsweise könnte ein Arbeitnehmer gegenüber seinem Arbeitgeber Dienste erbringen, ohne dass der Arbeitgeber seinerseits Dienstleistungen erbringt (z.B. ein Arbeitnehmer, der Fertigungsleistungen gegenüber einem Unternehmen erbringt, das Fertigprodukte vertreibt). Ein weiteres Beispiel wäre dasjenige von Arbeitnehmern eines Unternehmens, die in einem Lande Dienstleistungen gegenüber einem verbundenen Unternehmen nach dessen genauen Anweisungen und unter dessen enger Aufsicht erbringen. Angenommen, dass die Dienste nicht zugunsten eines Dritten geleistet werden, erbringt das letztere Unternehmen in diesem Fall selbst keine Dienstleistung, auf die die Vorschrift anwendbar wäre.*

42.31 [Maßgeblichkeit des Aufenthalts] *Die Vorschrift findet auch nur Anwendung auf Dienstleistungen, die von einem ausländischen Unternehmen in einem Staat erbracht werden. Darauf, ob die Dienste einer in dem Staat ansässigen Person geleistet werden, kommt es nicht an. Entscheidend ist, ob die Dienste in dem Staat durch eine dort anwesende Person geleistet werden.*

42.32 [Natürliche Personen] *Die Alternativvorschrift bestimmt nicht, dass die Dienste „durch Arbeitnehmer oder anderes von dem Unternehmen verpflichtetes Personal" geleistet werden müssen, eine Wortwahl, die man manchmal in zweiseitigen Abkommen findet. Sie sieht nur vor, dass die Dienste von dem Unternehmen geleistet werden. Nach der Erläuterung in Nr. 10 wird die Geschäftstätigkeit eines Unternehmens (diese schließt in dem Zusammenhang auch Dienstleistungen ein, die in einem Vertragsstaat erbracht werden)* „hauptsächlich von dem Unternehmer selbst oder von Personen ausgeübt, die in einem Abhängigkeitsverhältnis zu dem Unternehmen stehen (Personal). Das Personal umfasst Arbeitnehmer und andere Personen, die von dem Unternehmen Weisungen erhalten (z.B. abhängige Vertreter)." *Für die Zwecke der Alternativvorschrift sind daher vorbehaltlich der Ausnahme, die sich aus dem letzten Satz der Vorschrift ergibt (s. Ziffer 42.43), die in Ziffer 10 genannten Personen diejenigen, durch die ein Unternehmen Dienstleistungen erbringt.*

42.33 [Zwei Tatbestände] *Die Alternativvorschrift hat zwei verschiedene Tatbestände. Buchstabe a stellt in ähnlicher Weise wie Artikel 15 Absatz 2 Buchstabe a auf die Dauer des Aufenthalts der natürlichen Person ab, durch die ein Unternehmen den größten Teil ihrer Bruttoeinnahmen erzielt. Buchstabe b stellt auf die Dauer der Tätigkeiten der natürlichen Personen ab, durch die die Dienste geleistet werden.*

42.34 [Buchstabe a: Einzelunternehmen und Gesellschaften] *Buchstabe a behandelt in erster Linie den Fall eines Unternehmens, das durch eine einzige natürliche Person betrieben wird. Unter ihn fällt aber generell der Fall eines Unternehmens, das während der maßgebenden Zeitspanne oder Zeitspannen den größten Teil seiner Bruttoeinnahmen durch Dienstleistungen einer natürlichen Person erzielt. Dieser weite Geltungsbereich ist notwendig, um eine unterschiedliche Behandlung z.B. eines Falles, in dem Dienste von einem Einzel-*

unternehmer geleistet werden, und eines Falles, in dem ähnliche Dienste von einer Gesellschaft erbracht werden, deren sämtliche Anteile dem einzigen Arbeitnehmer dieser Gesellschaft gehören, zu vermeiden.

42.35 [Buchstabe a: Fallgestaltungen] *Der Buchstabe kann bei verschiedenen Fallgestaltungen anwendbar sein, bei denen ein Unternehmen Dienstleistungen durch eine natürliche Person erbringt, was der Fall ist, wenn die Dienste durch ein Einzelunternehmen, durch den Gesellschafter einer Personengesellschaft, durch den Arbeitnehmer einer Kapitalgesellschaft usw. geleistet werden. Die Hauptvoraussetzungen sind, dass*
- *die natürliche Person, durch die die Dienste geleistet werden, sich in einem Staat insgesamt länger als 183 Tage innerhalb eines Zeitraums von 12 Monaten aufhält, und*
- *mehr als 50 vom Hundert der Bruttoeinnahmen, die aktiven Geschäftstätigkeiten des Unternehmens während dieses Zeitraums oder dieser Zeiträume zuzurechnen sind, aus den Dienstleistungen dieser Person in dem anderen Staat bezogen werden.*

42.36 [Buchstabe a: Anwesenheitstage] *Die erste Voraussetzung bezieht sich auf die Anwesenheitstage der natürlichen Person. Da die Formulierung mit derjenigen in Artikel 15 Absatz 2 Buchstabe a übereinstimmt, sind die Grundsätze für die Berechnung der Anwesenheitstage für Zwecke dieses Buchstabens auch auf die Berechnung der Anwesenheitstage für die Zwecke des vorgeschlagenen Absatzes anwendbar.*

42.37 [Buchstabe a: 50 vH-Grenze] *Für die Zwecke der zweiten Voraussetzung, nach der mehr als 50 vom Hundert der Bruttoeinnahmen, die aktiven Geschäftstätigkeiten des Unternehmens während der maßgebenden Zeitspanne oder Zeitspannen zuzurechnen sind, aus den Dienstleistungen der natürlichen Person in dem anderen Staat bezogen werden müssen, sind unter Einnahmen, die aktiven Geschäftstätigkeiten des Unternehmens zuzurechnen sind, die Beträge zu verstehen, die das Unternehmen für seine aktiven Geschäftstätigkeiten in Rechnung gestellt hat oder stellen sollte, unabhängig davon, wann die Rechnung tatsächlich erteilt wird oder wann die Einkünfte nach innerstaatlichem Recht für steuerliche Zwecke zu berücksichtigen sind. Diese aktiven Geschäftstätigkeiten sind nicht auf Tätigkeiten beschränkt, die sich auf Dienstleistungen beziehen. Nicht zu den Einnahmen, die „aktiven Geschäftstätigkeiten" zuzurechnen sind, gehören eindeutig Erträge aus passiven Vermögensanlagen wie z.B. Zinsen und Dividenden aus der Anlage von Überschüssen. Um ein Unternehmen zu umschreiben, das den größten Teil seiner Einkünfte aus Dienstleistungen durch eine natürliche Person in seinem Gebiet erzielt, mögen manche Staaten aber andere Kriterien vorziehen wie z.B. „durch die Dienstleistungen werden 50 vom Hundert der Unternehmensgewinne während dieses Zeitraums oder dieser Zeiträume erzielt" oder „die Dienstleistungen stellen den bedeutendsten Teil der Geschäftstätigkeiten des Unternehmens dar".*

42.38 [Buchstabe a: Beispiele] *Die folgenden Beispiele verdeutlichen die Anwendung des Buchstabens a (vorausgesetzt, dass die Alternativvorschrift in ein Abkommen zwischen den Staaten W und Q aufgenommen worden ist):*

Beispiel 1:

W, die im Staat W ansässig ist, ist Beraterin und übt ihre Geschäftstätigkeiten im eigenen Namen aus (d.h. es handelt sich um ein Einzelunternehmen). Zwischen dem 2. Februar 00 und dem 1. Februar 01 hält sie sich für einen Zeitraum oder Zeiträume von 190 Tagen im Staat Q auf, und während dieser Zeit stammen all ihre Geschäftseinkünfte aus Dienstleistungen, die sie im Staat Q erbringt. Da Buchstabe a bei dieser Fallgestaltung anzuwenden ist, gelten diese Dienstleistungen als durch eine im Staat Q gelegene Betriebsstätte erbracht.

Beispiel 2:

X, der im Staat W ansässig ist, ist einer von zwei Anteilseignern und Arbeitnehmern von XCO, einer im Staat W ansässigen Gesellschaft, die Ingenieurleistungen erbringt. Zwischen dem 20. Dezember 00 und dem 19. Dezember 01 hält sich X im Staat Q für einen Zeitraum oder Zeiträume von 190 Tagen auf, und während dieser Zeit werden 70 vH aller Einnahmen von XCO, die aktiven Geschäftstätigkeiten zuzurechnen sind, aus den Dienstleistungen erzielt, die X im Staat Q erbringt. Da Buchstabe a bei dieser Fallgestaltung Anwendung findet, gelten diese Dienstleistungen als durch eine im Staat Q gelegene Betriebsstätte von XCO erbracht.

Beispiel 3:

X und Y, die beide im Staat W ansässig sind, sind die beiden Gesellschafter von X & Y, einer im Staat W errichteten Personengesellschaft, die juristische Dienstleistungen erbringt. Für steuerliche Zwecke behandelt Staat W Personengesellschaften als transparente Gebilde. Zwischen dem 15. Juli 00 und dem 14. Juli 01 hält sich Y für einen Zeitraum oder Zeiträume von 240 Tagen im Staat Q auf und während dieser Zeit stammen 55 vH aller Gebühren, die aktiven Geschäftstätigkeiten von X & Y zuzurechnen sind, aus den Dienstleistungen, die Y im Staat Q erbringt. Bei dieser Fallgestaltung findet Buchstabe a Anwendung, und für die Zwecke der Besteuerung von X und Y gelten die von Y erbrachten Dienstleistungen als durch eine im Staat Q gelegene Betriebsstätte erbracht.

Beispiel 4:

Z, der im Staat W ansässig ist, ist einer von 10 Arbeitnehmern von ACO, einer im Staat W ansässigen Gesellschaft, die Buchführungsleistungen erbringt. Zwischen dem 10. April 00 und dem 9. April 01 hält sich Z für einen Zeitraum oder Zeiträume von 190 Tagen im Staat Q auf und während dieser Zeit stammen 12 vH der Einnahmen, die aktiven Geschäftstätigkeiten von ACO zuzurechnen sind, aus den Dienstleistungen, die Z im Staat Q erbringt. Bei dieser Fallgestaltung findet Buchstabe a keine Anwendung und nach der Alternativvorschrift wird keine Betriebsstätte von ACO im Staat Q fingiert, sofern nicht Buchstabe b auf ACO anzuwenden ist.

42.39 [Buchstabe b: Projektbezogenheit] *Buchstabe b behandelt den Fall eines Unternehmens, das in einem Vertragsstaat Dienstleistungen in Bezug auf ein bestimmtes Projekt (oder verbundene Projekte) erbringt und dies durch eine oder mehrere natürliche Personen über einen beträchtlichen Zeitraum tut. Der Zeitraum oder die Zeiträume, die in dem Buchstaben genannt sind, beziehen sich auf das Unternehmen und nicht auf die natürlichen Personen. Es ist daher nicht erforderlich, dass dieselbe natürliche Person oder dieselben natürlichen Personen die Dienstleistungen erbringen und sich während dieser Zeiträume in dem Staat aufhalten. Solange das Unternehmen an einem bestimmten Tag seine Dienste durch mindestens eine natürliche Person erbringt, die die Dienste in dem Staat leistet und sich dort aufhält, wird dieser Tag in den Zeitraum oder die Zeiträume im Sinne des Buchstabens eingerechnet. Dieser Tag wird jedoch eindeutig als nur ein Tag gezählt, gleichgültig, wie viele Personen diese Dienstleistungen an diesem Tag für das Unternehmen erbringen.*

42.40 [Buchstabe b: dasselbe Projekt] *Die Worte „ein Unternehmen … Dienstleistungen für dasselbe Projekt … erbringt" sind aus der Perspektive des Unternehmens, das die Dienstleistungen erbringt, auszulegen. Folglich kann ein Unternehmen gegenüber demselben Kunden zwei unterschiedliche Dienstleistungsprojekte haben (z.B. Steuerberatung und Ausbildung in einem nicht mit Steuern zusammenhängenden Bereich). Obwohl diese Dienstleistungen sich auf ein Projekt des Kunden beziehen können, sind diese Dienstleistungen nicht als für dasselbe Projekt erbracht anzusehen.*

42.41 [Buchstabe b: verbundene Projekte] *Die Worte „verbundene Projekte" sollen Fälle erfassen, in denen die Dienstleistungen im Rahmen von verschiedenen Projekten, die von einem Unternehmen ausgeführt werden, erbracht werden, die Projekte aber eine wirtschaftliche Einheit bilden (s. Ziffern 5.3 und 5.4). Ob Projekte verbunden sind, hängt von den Umständen des jeweiligen Falles ab. Zu den Faktoren, die im Allgemeinen dabei erheblich sind, gehören die Fragen:*

- *ob die Projekte Gegenstand eines einzigen Rahmenvertrags sind;*
- *ob in dem Fall, dass die Projekte Gegenstand verschiedener Verträge sind, diese verschiedenen Verträge mit derselben Person oder mit verbundenen Personen geschlossen worden sind und ob der Abschluss der zusätzlichen Verträge vernünftigerweise erwartet werden konnte, als der erste Vertrag geschlossen wurde;*
- *ob die Art der Tätigkeit bei den verschiedenen Projekten dieselbe ist;*
- *ob dieselben natürlichen Personen die Dienstleistungen für die verschiedenen Projekte erbringen.*

42.42 [Buchstabe b: maßgeblicher Zeitraum] *Buchstabe b setzt voraus, dass das Unternehmen während der maßgeblichen Zeiträume die Dienstleistungen durch natürliche Personen erbringt, die die Dienste in dem anderen Staat ausüben. Zu diesem Zweck bedeutet ein Zeitraum, in dem natürliche Personen Dienste leisten, einen Zeitraum, in dem diese Dienste tatsächlich geleistet werden, was normalerweise den Arbeitstagen dieser Personen entspricht. Ein Unternehmen, das sich verpflichtet, Personal für den Fall zur Verfügung zu halten, dass ein Kunde die Dienste dieses Personals benötigt, und dem Kunden Bereitschaftsgebühren für das Vorhalten dieses Personals berechnet, erbringt Dienstleistungen durch die betreffenden Personen, selbst wenn diese während der Arbeitstage, an denen sie zur Verfügung bleiben, untätig sind.*

42.43 [Satz 2] *Wie in Ziffer. 42.32 erwähnt, sind für die Zwecke der Alternativvorschrift die in Nr. 10 genannten natürlichen Personen diejenigen, durch die ein Unternehmen Dienstleistungen erbringt. Leistet jedoch eine natürliche Person die Dienste für Rechnung eines Unternehmens, so stellt die Ausnahme des Satzes 2 klar, dass die von der Person geleisteten Dienste bei einem anderen Unternehmen nur berücksichtigt werden, wenn die Arbeit der Person unter der Aufsicht, Leitung oder Kontrolle des anderen Unternehmens ausgeübt wird. Wenn z.B. eine Gesellschaft, die vereinbart hat, Dritten Dienste zu leisten, diese Dienste durch Arbeitnehmer eines anderen Unternehmens erbringt (z.B. eines Unternehmens, das ausgelagerte Dienstleistungen erbringt), werden daher die Dienste, die durch diese Arbeitnehmer erbracht werden, für die Zwecke der Anwendung des Buchstabens b für die Gesellschaft, die den Dienstleistungsvertrag mit Dritten geschlossen hat, nicht berücksichtigt. Dies gilt unabhängig davon, ob es sich bei dem Unternehmen, das den Vertrag geschlossen hat, um ein verbundenes oder nicht verbundenes Unternehmen handelt.*

42.44 [Buchstabe b: Beispiele] *Die folgenden Beispiele veranschaulichen die Anwendung des Buchstabens b (vorausgesetzt, dass die Alternativvorschrift in ein Abkommen zwischen den Staaten W und Q aufgenommen worden ist).*

Beispiel 1:

X, eine im Staat W ansässige Gesellschaft, hat mit der Gesellschaft Y vereinbart, an verschiedenen Orten im Staat Q, wo Y Explorationsrechte besitzt, geologische Vermessungen durchzuführen. Zwischen dem 15. Mai 00 und dem 14. Mai 01 werden diese Vermessungen an über 185 Arbeitstagen von Arbeitnehmern von X durchgeführt sowie von selbständig tätigen natürlichen Personen, an die X einen Teil der Arbeit weiter vergeben hat, die aber unter der Leitung, Aufsicht oder Kontrolle von X arbeiten. Da Buchstabe b unter diesen Umständen Anwendung findet, gelten die Dienste als durch eine im Staat Q gelegene Betriebsstätte von X erbracht.

Beispiel 2:

Y, der im Staat D ansässig ist, ist einer von zwei Anteilseignern und Arbeitnehmern von WYCO, einer im Staat W ansässigen Gesellschaft, die Schulungen durchführt. Zwischen dem 10. Juni 00 und dem 9. Juni 01 leistet Y im Staat Q Dienste aufgrund eines Vertrages, den WYCO mit einer im Staat Q ansässigen Gesellschaft über die Schulung von Arbeitnehmern dieser Gesellschaft geschlossen hat. Diese Dienste werden über einen Zeitraum von 185 Arbeitstagen im Staat Q erbracht. In der Zeit der Anwesenheit von Y im Staat Q betragen die Einnahmen aus diesen Dienstleistungen 40 vH der Einnahmen von WYCO aus deren aktiven Geschäftstätigkeiten. Während Buchstabe a unter diesen Umständen keine Anwendung findet, ist Buchstabe b anzuwenden, und die Dienstleistungen gelten als durch eine im Staat Q gelegene Betriebsstätte von WYCO erbracht.

Beispiel 3:

Gesellschaft ZCO, die im Staat W ansässig ist, hat die technische Unterstützung, die sie ihren Kunden telefonisch leistet, an die im Staat Q ansässige Gesellschaft OCO ausgelagert. OCO betreibt ein Callcenter für eine Reihe von Gesellschaften, die ZCO ähnlich sind. Da die Arbeitnehmer von OCO nicht unter der Aufsicht, Leitung oder Kontrolle von ZCO stehen, kann ZCO für Zwecke des Buchstabens b nicht so angesehen werden, als erbringe sie durch diese Arbeitnehmer Dienste im Staat Q. Außerdem beruhen die von den Arbeitnehmern von OCO gegenüber verschiedenen Kunden von ZCO erbrachten Dienstleistungen, obwohl sie ähnlich sind, auf verschiedenen Verträgen, die ZCO mit nicht miteinander verbundenen Kunden geschlossen hat. Diese Dienstleistungen können daher nicht als für dasselbe Projekt oder verbundene Projekte geleistet angesehen werden.

42.45 [Missbräuche] *Die Schwellen von 183 Tagen in der Alternativvorschrift können zu Missbräuchen führen, wie sie in Nr. 18 beschrieben sind. Wie in dieser Nr. bemerkt, können gesetzliche oder von der Rechtsprechung entwickelte Missbrauchsregeln solche Missbräuche unterbinden. Einige Staaten ziehen es aber möglicherweise vor, das Problem durch eine besondere in den Artikel aufzunehmende Vorschrift zu regeln. Diese könnte wie folgt lauten:*

„Wenn ein Unternehmen eines Vertragsstaats, das in dem anderen Vertragsstaat Dienstleistungen erbringt, während eines Zeitraums mit einem anderen Unternehmen verbunden ist, das im Wesentlichen ähnliche Dienstleistungen in dem anderen Staat für dasselbe Projekt oder verbundene Projekte durch eine natürliche Person oder mehrere natürliche Personen erbringt, die sich während dieses Zeitraums dort aufhalten und die Dienstleistungen ausführen, wird das erstgenannte Unternehmen für die Zwecke des Absatzes (x) während dieses Zeitraums so angesehen, als erbringe es in dem anderen Staat für dasselbe Projekt oder verbundene Projekte Dienstleistungen durch diese Personen. Für die Zwecke des vorstehenden Satzes ist ein Unternehmen mit einem anderen Unternehmen verbunden, wenn eines von ihnen unmittelbar oder mittelbar von dem anderen kontrolliert wird oder wenn beide unmittelbar oder mittelbar von denselben Personen kontrolliert werden, unabhängig davon, ob diese Personen in einem Vertragsstaat ansässig sind."

42.46 [Geltungsbereich der Fiktion] *Nach der Alternativvorschrift gelten die Tätigkeiten, die durch natürliche Personen im Sinne der Buchstaben a oder b ausgeübt werden und durch die die Dienstleistungen des Unternehmens während des in den Buchstaben genannten Zeitraums oder der dort genannten Zeiträume erbracht werden, als mittels einer Betriebsstätte des Unternehmens in dem anderen Staat erbracht. Die Betriebsstättenfiktion gilt daher für alle Bestimmungen des Abkommens (z.B. auch für Artikel 11 Absatz 5 und Artikel 15 Absatz 2), und die Gewinne, die aus den in dem anderen Staat bei der Leistung der Dienste ausgeübten Tätigkeiten erzielt werden, sind der Betriebsstätte zuzurechnen und unterliegen nach Artikel 7 in dem anderen Staat der Besteuerung.*

42.47 [Gewinn als Besteuerungsgrundlage] *Indem fingiert wird, dass die Tätigkeiten, die bei der Leistung der Dienste ausgeübt werden, mittels einer Betriebsstätte ausgeübt werden, die das Unternehmen in einem Vertragsstaat hat, erlaubt die Vorschrift die Anwendung des Artikels 7 und daher die Besteuerung der Gewinne, die diesen Tätigkeiten zuzurechnen sind, durch diesen Staat. Es ist wichtig sicher zu stellen, dass in der Regel nur die Gewinne aus den Tätigkeiten, die bei der Leistung der Dienste ausgeübt werden, besteuert werden. Obwohl es Ausnahmen geben mag, wäre es jedoch schädlich für den internationalen Handel, wenn die Zahlungen für diese Dienstleistungen besteuert würden, ohne dass die unmittelbaren oder mittelbaren Ausgaben, die mit den Dienstleistungen zusammenhängen, berücksichtigt würden.*

42.48 [Tätigkeiten vorbereitender Art] *Die Alternativvorschrift findet keine Anwendung, wenn sich die geleisteten Dienste auf die in Artikel 5 Absatz 4 genannten beschränken, die, würden sie durch eine feste Geschäftseinrichtung geleistet, diese feste Geschäftseinrichtung nach diesem Absatz nicht zu einer Betriebsstätte machten. Da sich diese Vorschrift auf Dienstleistungen bezieht, die von dem Unternehmen erbracht werden, nicht aber auf Dienstleistungen, die dem Unternehmen gegenüber erbracht werden, werden die meisten Bestimmungen des Absatzes 4 nicht einschlägig sein. Es kann jedoch sein, dass die geleisteten Dienste ausschließlich vorbereitender Art sind oder eine Hilfstätigkeit darstellen (z.B. Erteilung von Informationen an potenzielle Kunden, wenn es sich nur um eine Vorbereitungstätigkeit für die normalen Geschäftstätigkeiten des Unternehmens handelt; s. Ziffer 23); in diesem Fall ist es folgerichtig, dass die Leistung dieser Dienste keine Betriebsstätte begründet.*

Bemerkungen zum Kommentar

43. **[bis 21.7.2010:** ***Italien*** *schließt sich der durch Ziffer 12 gegebenen Auslegung betreffend die Aufzählung der Beispiele in Absatz 2 nicht an. Nach italienischer Auffassung ist bei diesen Beispielen stets von vornherein eine Betriebstätte anzunehmen.***]**

43. **[ab 22.7.2010:]** *Concerning paragraph 26.1,* ***Germany*** *reserves its position on whether and under which circumstances the acquisition of a right of disposal over the transport capacity of pipelines or the capacity of technical installations, lines and cables for the transmission of electrical power or communications (including the distribution of radio and television programs) owned by an unrelated third party could result in disposal over the pipeline, cable or line as a fixed place of business.*

44. Tschechien *und* ***die Slowakei*** *möchten der Ziffer 25 ihre Auffassung hinzufügen, dass, wenn ein Unternehmen in einem Land ein Büro wie z. B. ein Repräsentationsbüro eröffnet hat und die Angestellten, die in diesem Büro arbeiten, wesentlich an Vertragsverhandlungen über die Einfuhr von Erzeugnissen oder Dienstleistungen in dieses Land beteiligt sind, das Büro in den meisten Fällen nicht unter Absatz 4 fällt. Eine wesentliche Beteiligung an den Verhandlungen liegt vor, wenn die wesentlichen Teile des Vertrags – z. B. Art, Qualität und Menge der Güter sowie die Zeit und Bedingungen der Lieferung – durch das Büro bestimmt werden. Diese Tätigkeiten stellen einen gesonderten und unerlässlichen Teil der Geschäftstätigkeiten des ausländischen Unternehmens dar und sind nicht lediglich Hilfs- oder vorbereitende Tätigkeiten.*

45. *In Bezug auf Ziffer 38 glaubt* ***Mexiko,*** *dass bei der Entscheidung der Frage, ob ein Vertreter für Zwecke des Absatzes 6 unabhängig ist, auch der Grundsatz des Fremdverhaltens in Betracht gezogen werden sollte, und möchte erforderlichenfalls den Wortlaut seiner Abkommen ergänzen, um klar zu stellen, dass der Absatz so ausgelegt werden sollte.*

45.1 **[ab 15.7.2014:]** ***Germany,*** *as regards sentence 3 of paragraph 17, takes the view that business activities limited to on-site planning and supervision over a construction project can only constitute a permanent establishment if they meet the requirements specified in paragraph 1 of Article 5.*

45.2 Italien und Portugal *halten es für wesentlich zu beachten, dass die nationalen Systeme unabhängig von der Bedeutung, die dem Satz 3 der Nummer 1.1 beigelegt wird, durch den neuen Wortlaut des Musters, dh. durch die Streichung des Artikels 14, unberührt bleiben, soweit die Methode der Steuerberechnung betroffen ist.*

45.3 Tschechien *hat zu dem Bericht „Probleme des Artikels 5 des OECD Musterabkommens" eine Reihe von Erläuterungen und Vorbehalte zum Ausdruck gebracht. Sie widerspricht insbesondere der Auslegung in den Ziffern 5.2 (erster Teil) und 5.4 (erster Teil). In Übereinstimmung mit seiner Politik könnten in diesen Beispielen auch Betriebstätten angenommen werden, wenn die Dienstleistungen über einen wesentlichen Zeitraum auf ihrem Gebiet erbracht werden.*

45.4 *In Bezug auf Ziffer 17 vertritt* ***Tschechien*** *eine engere Auslegung des Ausdrucks „Montage" und beschränkt ihn daher auf Montagen, die mit einer Bauausführung verbunden sind. Außerdem befürwortet Tschechien eine Auslegung, nach der Überwachungstätigkeiten nur dann automatisch unter Artikel 5 Abs. 3 fallen, wenn sie von dem Bauunternehmer ausgeübt werden. Andernfalls fallen sie nur darunter, wenn sie in dieser Sondervorschrift ausdrücklich genannt werden. Im Fall einer Montage, die nicht mit einer Bauausführung verbunden ist, und im Fall einer überwachenden Tätigkeit, die nicht von dem Bauunternehmer ausgeübt wird, finden mangels einer ausdrücklichen Regelung in Artikel 5 Abs. 3 die Grundsätze zur Besteuerung von Einkünften aus anderen Dienstleistungen Anwendung.*

45.5 *In Bezug auf die Ziffern 42.1 bis 42.10 vertritt das* ***Vereinigte Königreich*** *die Auffassung, dass ein Server, der von einem „E-Tailer" entweder allein oder zusammen mit Websites genutzt wird, als solcher keine Betriebstätte darstellt.*

45.6 **[bis 21.7.2010: *Portugal*** *hat zu dem Bericht „Klarstellung des Betriebsstättenbegriffs bei elektronischem Geschäftsverkehr" eine Reihe von Vorbehalten gemacht.* Griechenland *und* Spanien *haben Zweifel, ob es tunlich ist, die Ziffern 42.1 bis 42.10 zu jenem Zeitpunkt in den Kommentar aufzunehmen. Da die OECD die Probleme des elektronischen Geschäftsverkehrs weiterhin untersucht, werden diese Staaten die genannten Nummern nicht notwendigerweise beachten, solange die OECD nicht zu einem abschließenden Ergebnis gelangt ist.***]**

45.6 **[ab 22.7.2010:]** ***Chile*** *and* ***Greece*** *do not adhere to all the interpretations in paragraphs 42.1 to 42.10.*

45.7 Deutschland *stimmt der Auslegung im „Anstreicherfall in Ziffer 4.5 nicht zu. Es hält sie für unvereinbar mit dem im ersten Satz der Ziffer 4.2 niedergelegten Grundsatz, so dass nach Abs. 1 keine Betriebsstätte angenommen werden kann. In Bezug auf das in Ziffer 5.4 beschriebene Beispiel würde Deutschland es für erforderlich halten, dass der Berater außer seiner bloßen Anwesenheit während der Schulung Verfügungsmacht über die genutzten Büroräume hat.*

45.8 Deutschland *behält sich seine Auffassung zu Umfang und Grenzen der Anwendung der in den Sätzen 2 sowie 5 bis 7 der Ziffer 6 enthaltenen Leitlinien vor. Es ist der Ansicht, dass der zur Annahme einer festen Geschäftseinrichtung erforderliche Grad der Ständigkeit eine gewisse Mindestzeit der Anwesenheit in dem betreffenden Jahr voraussetzt, unabhängig von der wiederkehrenden oder anderen Natur einer Tätigkeit. Deutschland ist insbesondere nicht damit einverstanden, dass das in Satz 6 beschriebene Kriterium der wirtschaftlichen Verbindung eine Ausnahme von den Erfordernissen der notwendigen Anwesenheit und Dauer rechtfertigt.*

45.9 Deutschland *misst hinsichtlich der Ziffer 33.1 (mit Bezug auf die Ziffern 32 und 6) dem Erfordernis der Mindestdauer der Vertretung des Unternehmens nach Artikel 5 Abs. 5 MA eine erhöhte Bedeutung bei, wenn der Vertreter im Quellenstaat weder ansässig ist noch dort eine feste Einrichtung hat. Deutschland vertritt daher in diesen Fällen eine besonders enge Auffassung zur Anwendung der in Ziffer 6 genannten Faktoren.*

45.10 Italien *wünscht hinsichtlich der Ziffern 33, 41, 41.1 und 42 klarzustellen, dass seine Rechtsprechung bei der Auslegung von Fällen, die unter die genannten Nummern fallen, nicht unbeachtet bleiben darf.*

45.11 Portugal *behält sich vor, den in den Ziffern 42.1 bis 42.10 zu Ausdruck gebrachten Auffassungen nicht zu folgen.*

Vorbehalte zum Kommentar:

46. **[bis 21.7.2010:]** ***Australien*** *behält sich vor, ein Unternehmen so zu behandeln, als habe es in einem Staat eine Betriebsstätte, wenn es in dem Staat Tätigkeiten ausübt, die sich auf Bodenschätze beziehen, oder mit einem gewissen Grad von Nachhaltigkeit beträchtliche Ausrüstungsgegenstände nutzt, oder wenn eine in diesem Staat für das Unternehmen tätige Person dort Güter herstellt oder bearbeitet, die dem Unternehmen gehören.*

47. Australien, Griechenland, Korea, Neuseeland, Portugal *und die* ***Türkei*** *machen einen Vorbehalt zu Absatz 3; sie sind der Auffassung, dass jede Bauausführung oder Montage, deren Dauer sechs Monate überschreitet, als Betriebsstätte gelten sollte.*

48. *Die* ***Vereinigten Staaten*** *behalten sich vor, den Tätigkeiten, die unter die 12-Monats-Schwelle in Absatz 3 fallen, die Worte „eine Bohrinsel oder ein Schiff, die zur Erforschung von Bodenschätzen genutzt werden" hinzuzufügen.*

49. Spanien *macht zu Absatz 3 einen Vorbehalt, um in der Lage zu sein, ein Unternehmen zu besteuern, auch wenn die Dauer der Bauausführung oder Montage 12 Monate nicht überschreitet, sofern die Tätigkeit dieses Unternehmens in Spanien einen gewissen Grad von Beständigkeit im Sinne der Absätze 1 und 2 aufweist. Ferner behält sich Spanien vor,* *es als Betriebstätte eines Unternehmens in Spanien anzusehen, wenn das Unternehmen in Spanien Überwachungstätigkeiten von mehr als 12 Monaten im Zusammenhang mit einer Bauausführung oder Montage ausübt, deren Dauer ebenfalls 12 Monate überschreitet.*

***50.* Griechenland** *behält sich vor, es als Betriebstätte eines Unternehmens in Griechenland anzusehen, wenn das Unternehmen im Zusammenhang mit einer Bauausführung oder Montage Planungs-, Überwachungs- oder Beratungstätigkeiten ausübt, die sechs Monate überschreiten, wenn von dem Unternehmen zur Erforschung oder Ausbeutung von Bodenschätzen für mehr als drei Monate wissenschaftliche Ausrüstungen oder Maschinen in Griechenland benutzt werden, oder wenn das Unternehmen in demselben Zeitraum (d. h. Kalenderjahr) mehr als eine gesonderte Ausführung von jeweils weniger als sechs Monaten durchführt.*

***51.* Griechenland** *behält sich vor, den Artikel 5 Absatz 2 in der Fassung des Musterabkommens von 1963 aufzunehmen.*

52. *Im Hinblick auf die besonderen Probleme, die bei der Anwendung der Bestimmungen des Musterabkommens auf die Erforschung und Ausbeutung von Kohlenwasserstoffen auf der See und damit verbundene Tätigkeiten entstehen, behalten sich* **Dänemark, Großbritannien, Irland, Kanada** *und* **Norwegen** *das Recht vor, in einem besonderen Artikel Regelungen für derartige Tätigkeiten aufzunehmen.*

***53.* Norwegen** *behält sich vor, verbundene Überwachungs- und Beratungstätigkeiten in Absatz 3 des Artikels aufzunehmen.*

54.* Portugal** *behält sich vor, es als Betriebsstätte eines Unternehmens in Portugal anzusehen, wenn das Unternehmen im Zusammenhang mit einer sechs Monate überschreitenden Bauausführung oder Montage Planungs-, Überwachungs- oder Beratungstätigkeiten, Hilfsarbeiten oder andere Tätigkeiten ausübt, wenn die Dauer dieser Tätigkeiten oder Arbeiten* ***ebenfalls sechs Monate überschreitet.

55. *Die* **Türkei** *behält sich vor, es als Betriebsstätte einer Person in der Türkei anzusehen, wenn die Person eine freiberufliche Tätigkeit oder eine sonstige selbstständige Tätigkeit einschließlich Planung, Überwachung und Beratung mit einem gewissen Maß an Nachhaltigkeit entweder unmittelbar oder durch Arbeitnehmer eines anderen Unternehmens ausübt.*

***56.* Neuseeland** *behält sich vor, Bestimmungen einzufügen, nach denen eine Betriebsstätte anzunehmen ist, wenn ein Unternehmen während eines Zeitraums von mehr als 6 Monaten Tätigkeiten ausübt, die sich auf die Erforschung oder Ausbeutung von Bodenschätzen beziehen, oder beträchtliche Ausrüstungsgegenstände nutzt oder vermietet.*

***57.* Griechenland** *behält sich vor, besondere Regelungen über die Tätigkeit auf hoher See aufzunehmen.*

***58.* Mexiko** *und die* **Slowakei** *machen einen Vorbehalt zu Absatz 3 und sind der Auffassung, dass jede Bauausführung oder Montage, deren Dauer sechs Monate übersteigt, als Betriebstätte gelten sollte.*

***59.* Mexiko** *und die* **Slowakei** *behalten sich vor, ein Unternehmen zu besteuern, das für mehr als sechs Monate Überwachungstätigkeiten im Zusammenhang mit einer Bauausführung oder Montage durchführt.*

***60.* Tschechien** *und die* **Slowakei** *stimmen dem Erfordernis der festen Geschäftseinrichtung in Absatz 1 zu, behalten sich aber vor, bei zweiseitigen Verhandlungen besondere Bestimmungen vorzuschlagen, durch die die Anwendung dieses Grundsatzes auf die Ausübung von Dienstleistungen über eine erhebliche Zeitdauer klargestellt wird.*

***61.* Polen** *behält sich vor, „construction or installation project" (Montage) durch „construction, assembly, or installation project" (Montage) zu ersetzen.*

***62.* Korea** *behält sich seine Auffassung vor, um ein Unternehmen besteuern zu können, das für länger als sechs Monate Überwachungstätigkeiten im Zusammenhang mit einer Bauausführung oder Montage ausübt, deren Dauer 6 Monate überschreitet.*

*63. **Kanada** behält sich vor, in Absatz 2 Buchstabe f die Worte „der Ausbeutung von Bodenschätzen“ durch die Worte, „die sich auf die Erforschung oder Ausbeutung von Bodenschätzen bezieht,“ zu ersetzen.*

*64. **Mexiko** behält sich vor, natürliche Personen, die freiberufliche oder sonstige selbstständige Tätigkeiten ausüben, zu besteuern, wenn sie sich für einen Zeitraum oder Zeiträume von insgesamt mehr als 183 Tagen innerhalb eines Zeitraums von 12 Monaten in Mexiko aufhalten.*

*65. **Mexiko** behält sich vor, Buchstabe f des Absatzes 4 auszuschließen, um in Betracht zu ziehen, dass eine Betriebstätte bestehen könnte, wenn eine feste Einrichtung zu dem Zweck unterhalten wird, mehrere unter den Buchstaben a bis e des Absatzes 4 genannte Tätigkeiten auszuüben.*]

[ab 22.7.2010:]

Paragraph 1

*46. **Australia** reserves the right to treat an enterprise as having a permanent establishment in a State if it carries on activities relating to natural resources or operates substantial equipment in that State with a certain degree of continuity, or a person – acting in that State on behalf of the enterprise – manufactures or processes in that State goods or merchandise belonging to the enterprise.*

*47. Considering the special problems in applying the provisions of the Model Convention to offshore hydrocarbon exploration and exploitation and related activities, **Canada, Denmark, Ireland, Norway** and the **United Kingdom** reserve the right to insert in a special article provisions related to such activities.*

*48. **Chile** reserves the right to deem an enterprise to have a permanent establishment in certain circumstances where services are provided.*

*49. The **Czech Republic** and the **Slovak Republic,** whilst agreeing with the „fixed place of business“ requirement of paragraph 1, reserve the right to propose in bilateral negotiations specific provisions clarifying the application of this principle to arrangements for the performance of services over a substantial period of time.*

*50. **Greece** reserves the right to treat an enterprise as having a permanent establishment in Greece if the enterprise carries on planning, supervisory or consultancy activities in connection with a building site or construction or installation project lasting more than six months, if scientific equipment or machinery is used in Greece for more than three months by the enterprise in the exploration or extraction of natural resources or if the enterprise carries out more than one separate project, each one lasting less than six months, in the same period of time (i.e. within a calendar year).*

*51. **Greece** reserves the right to insert special provisions relating to offshore activities.*

52. **[bis 14.7.2014:** ***Mexico*** *reserves* **ab 15.7.2014:]** ***Estonia*** *and* ***Mexico*** *reserve the right to tax individuals performing professional services or other activities of an independent character if they are present in* **[bis 14.7.2014:** ***Mexico*** **ab 15.7.2014:]** *these States for a period or periods exceeding in the aggregate 183 days in any twelve month period.*

*53. **New Zealand** reserves the right to insert provisions that deem a permanent establishment to exist if, for more than six months, an enterprise conducts activities relating to the exploration or exploitation of natural resources or uses or leases substantial equipment.*

*54. **Turkey** reserves the right to treat a person as having a permanent establishment in Turkey if the person performs professional services and other activities of independent character, including planning, supervisory or consultancy activities, with a certain degree of continuity either directly or through the employees of a separate enterprise.*

Paragraph 2

55. **[bis 14.7.2014:** ***Chile*** *and* ***Canada*** **ab 15.7.2014:]** ***Canada, Chile*** *and* ***Israel*** *reserve the right in subparagraph 2f) to replace the words „of extraction" with the words „relating to the exploration for or the exploitation".*

56. Greece *reserves the right to include paragraph 2 of Article 5 as it was drafted in the 1963 Draft Convention.*

Paragraph 3

57. Australia, Chile, Greece, Korea, New Zealand, Portugal *and* ***Turkey*** *reserve their positions on paragraph 3, and consider that any building site or construction or installation project which lasts more than six months should be regarded as a permanent establishment.*

58. Australia *reserves the right to treat an enterprise as having a permanent establishment in a State if it carries on in that State supervisory or consultancy activities for more than 183 days in any twelve month period in connection with a building site or construction or installation project in that State.*

59. Korea *reserves its position so as to be able to tax an enterprise which carries on supervisory activities for more than six months in connection with a building site or construction or installation project lasting more than six months.*

60. Slovenia *reserves the right to include connected supervisory or consultancy activities in paragraph 3 of the Article.*

61. Mexico *and the* ***Slovak Republic*** *reserve the right to tax an enterprise that carries on supervisory activities for more than six months in connection with a building site or a construction, assembly, or installation project.*

62. Mexico *and the* ***Slovak Republic*** *reserve their position on paragraph 3 and consider that any building site or construction, assembly, or installation project that lasts more than six months should be regarded as a permanent establishment.*

63. Poland *and* ***Slovenia*** *reserves the right to replace „construction or installation project" with „construction, assembly, or installation project".*

64. Portugal *reserves the right to treat an enterprise as having a permanent establishment in Portugal if the enterprise carries on an activity consisting of planning, supervising, consulting, any auxiliary work or any other activity in connection with a building site or construction or installation project lasting more than six months, if such activities or work also last more than six months.*

65. *The* ***United States*** *reserves the right to add „a drilling rig or ship used for the exploration of natural resources" to the activities covered by the twelve month threshold test in paragraph 3.*

Paragraph 4

66. Chile *reserves the right to amend paragraph 4 by eliminating subparagraph f) and replacing subparagraph e) with the corresponding text of the 1963 Draft Model Tax Convention.*

67. Mexico *reserves the right to exclude subparagraph f) of paragraph 4 of the Article to consider that a permanent establishment could exist where a fixed place of business is maintained for any combination of activities mentioned in subparagraphs a) to e) of paragraph 4.*

Paragraph 6

68. **[bis 14.7.2014:** ***Slovenia*** *reserves* **ab 15.7.2014:]** ***Estonia*** *and* ***Slovenia*** *reserve the right to amend paragraph 6 to make clear that an agent whose activities are conducted wholly or almost wholly on behalf of a single enterprise will not be considered an agent of an independent status.*

Text: Stellungnahmen von Nichtmitgliedstaaten zum OECD-MA (OECD-NM)

Positions on the Article

1. *Considering the special problems in applying the provisions of the Model Convention to activities carried on offshore in a Contracting State in connection with the exploration or exploitation of the sea bed, its subsoil and their natural resources,* **[bis 14.7.2014:** ***Latvia*** *and* ***Lithuania*** *reserve* **ab 15.7.2014:]** ***Latvia*** *reserves the right to insert in a special Article provisions relating to such activities.*

Paragraph 2

2. *In paragraph 2, in addition to „the extraction of" natural resources,* ***Argentina, Brazil, Gabon, Ivory Coast, Morocco,*** *the* ***Philippines, Russia, Thailand, Tunisia*** *and the* ***United Arab Emirate*** *reserve the right to refer to the „exploration for" such resources.*

2.1. Indonesia *reserves the right to add to paragraph 2 the exploration and exploitation of natural resources and a drilling rig or working ship used for exploration and exploitation of natural resources.*

[ab 15.7.2014:

2.2 Colombia *reserves the right to replace the words „of extraction" with the words „relating to the exploration for or the exploitation" in subparagraph 2f).***]**

3. India *and* ***Indonesia*** *reserve the right to add to paragraph 2 additional subparagraphs that would cover a sales outlet and a farm; plantation or other place where agricultural, forestry, plantation or related activities are carried on.*

4. India, Indonesia, Thailand *and* ***Vietnam*** *reserve the right to add to paragraph 2 an additional subparagraph that would cover a warehouse in relation to a person supplying storage facilities for others.*

5. Armenia *and* ***Ukraine*** *reserve the right to add to paragraph 2 an additional subparagraph that would cover an installation, or structure for the exploration for natural resources and a warehouse or other structure used for the sale of goods.*

6. Gabon *and* ***Vietnam*** *reserve the right to add to paragraph 2 an additional subparagraph that would cover an installation structure or equipment used for the exploration for natural resources.*

6.1 Argentina, Gabon *and* ***Ivory Coast*** *reserve the right to add to paragraph 2 an additional subparagraph that would cover places where fishing activities take place.*

6.2 Kazakhstan *reserves the right to add to paragraph 2 an additional subparagraph that would cover a pit, an installation and a structure for the exploration for natural resources.*

[ab 15.7.2014:]

6.3 Azerbaijan *reserves the right to add to paragraph 2 an additional subparagraph covering an installation, structure or vessel used for the exploration of natural resources.*

Paragraph 3

7. Argentina *reserves its position on paragraph 3 and considers that any building site or construction, assembly, or installation project that lasts more than three months should be regarded as a permanent establishment.*

8. **[bis 14.7.2014:** ***Armenia, Brazil, Thailand*** *and* ***Vietnam*** **ab 15.7.2014:]** ***Armenia, Brazil, Colombia, Georgia, Thailand*** *and* ***Vietnam*** *reserve their position on paragraph 3 as they consider that any building site or construction, assembly or installation project which lasts more than six months should be regarded as a permanent establishment.*

9. **[bis 14.7.2014:** ***Albania,*** *the* ***Democratic Republic of the Congo, Lithuania*** *and* ***Hong Kong, China*** **ab 15.7.2014:]** ***Albania,*** *the* ***Democratic Republic of the Congo*** *and* ***Hong Kong, China*** *reserve their position on paragraph 3 and consider that any building site, construction, assembly or installation project or a supervisory or consultancy activity connected therewith constitutes a permanent establishment if such site, project or activity lasts for a period of more than six months.*

9.1 Serbia *reserves the right to treat any building site, construction, assembly or installation project or a supervisory or consultancy activity connected therewith as constituting a permanent establishment only if such site, project or activity lasts for a period of more than twelve months.*

10. Bulgaria, Gabon, Ivory Coast, Malaysia, Morocco, *the* ***People's Republic of China, South Africa*** *and* ***Tunisia*** *reserve their right to negotiate the period of time after which building site or construction, assembly, or installation project should be regarded as a permanent establishment under paragraph 3.*

11. **[bis 14.7.2014:** ***Argentina, Malaysia****, the* ***People's Republic of China, South Africa, Thailand*** *and* ***Vietnam*** **ab 15.7.2014:]** ***Argentina, Malaysia, the People's Republic of China, Singapore, South Africa, Thailand*** *and* ***Vietnam*** *reserve the right to treat an enterprise as having a permanent establishment if the enterprise carries on supervisory activities in connection with a building site or a construction, assembly, or installation project that constitute a permanent establishment under paragraph 3 (in the case of Malaysia, the period for this permanent establishment is negotiated separately).*

11.1 India *and* ***Indonesia*** *reserve the right to replace „construction or installation project" with „construction, installation or assembly project or supervisory activities in connection therewith" and reserve the right to negotiate the period of time for which these should last to be regarded as a permanent establishment.*

12. Argentina *reserves the right to treat an enterprise as having a permanent establishment if the enterprise furnishes services, including consultancy services, through employees or other personnel engaged by the enterprise for such purpose, but only where activities of that nature continue* **[bis 14.7.2014:** *(for the same or a connected project)* **ab 15.7.2014:]** *within the country for a period or periods aggregating more than three months in any twelve month period commencing or ending in the fiscal year concerned.*

13. Gabon, India, Indonesia, Ivory Coast, Morocco *and* ***Tunisia*** *reserve the right to treat an enterprise as having a permanent establishment if the enterprise furnishes services, including consultancy services through employees or other personnel engaged by the enterprise for such purpose but only where such activities continue for the same project or a connected project for a period or periods aggregating more than a period to be negotiated.*

[ab 15.7.2014:]

13.1 ***Singapore*** *reserves the right to treat an enterprise as having a permanent establishment if the enterprise furnishes services through employees or other personnel engaged by the enterprise for such purpose but only where the employees or other personnel are present in the State for the same project or a connected project for a period or periods aggregating more than a period to be negotiated.*

14. **[bis 14.7.2014:** ***Albania, Armenia, Lithuania, Serbia, South Africa, Thailand, Vietnam*** *and* ***Hong Kong, China*** **ab 15.7.2014:]** ***Albania, Armenia, Azerbaijan, Lithuania, Serbia, South Africa, Thailand, Vietnam*** *and* ***Hong Kong, China*** *reserve the right to treat an enterprise as having a permanent establishment if the enterprise furnishes services, including consultancy services, through employees or other personnel engaged by the enterprise for such purpose, but only where activities of that nature continue (for the same or a connected project [other than in the case of Armenia]), within the country for a period or periods aggregating more than six months within any twelve month period.*

14.1 *The **Democratic Republic of the Congo, Gabon, Ivory Coast, Latvia, Morocco, South Africa** and **Tunisia** reserve the right to deem any person performing professional services or other activities of an independent character to have a permanent establishment if that person is present in the State for a period or periods exceeding in the aggregate 183 days in any twelve month period.*

14.2 **[bis 14.7.2014:** ***Bulgaria*** *and* ***Estonia*** *reserve the right to deem an individual performing professional services or other services of an independent character to have a permanent establishment for the purposes of the Convention if they are present in the other State for a period or periods exceeding in the aggregate 183 days in any twelve month period.* **ab 15.7.2014:]** ***Lithuania*** *reserves the right to insert special provisions regarding a permanent establishment relating to activities carried on in a Contracting State in connection with the exploration or exploitation of natural resources.*

14.3 **[bis 14.7.2014:** ***Bulgaria*** *reserves the right to treat an enterprise as having a permanent establishment if the enterprise furnishes services, including consultancy services, through employees or other personnel engaged by the enterprise for such purpose, where activities of that nature continue (for the same or a connected project) within the country for aperiod or periods aggregating more than six months within any twelve month period.* **ab 15.7.2014:]** ***Argentina*** *reserves the right to treat an enterprise as having a permanent establishment if the enterprise carries on activities in that State related to the exploitation or extraction of natural resources, including fishing activities, without a fixed place of business during a period exceeding three months in any twelve month period commencing or ending in the fiscal year concerned.*

14.4 **[bis 14.7.2014:** ***Bulgaria*** *and* ***Indonesia*** *reserve* **ab 15.7.2014:]** ***Indonesia*** *reserves the right to insert a provision that deems a permanent establishment to exist if, for more than a negotiated period, an installation, drilling rig or ship is used for the exploration of natural resources.*

14.5 Indonesia, *the* ***United Arab Emirates*** *and* ***Vietnam*** *reserve the right to tax income derived from activities relating to exploration and exploitation of natural resources.*

14.6 South Africa *reserves the right to insert a provision that deems a permanent establishment to exist if, for more than six months, an enterprise conducts activities relating to the exploration or exploitation of natural resources.*

14.7 Israel *reserves the right to insert a provision according to which an installation, drilling rig or ship used for activities connected with the exploration of natural resources shall be treated as constituting a permanent establishment in a Contracting State if those activities last in aggregate more than 365 days in that State in any two year period.*

[ab 15.7.2014:]

14.8 Colombia *reserves the right to deem an enterprise to have a permanent establishment whenever it carries on activities in the other Contracting State in connection with the exploration for or the exploitation of natural resources, as well as in certain circumstances where services are performed.*

Paragraph 4

15. **[bis 14.7.2014:** ***Albania, Argentina, Armenia, Gabon, India, Indonesia, Ivory Coast, Malaysia, Morocco, Russia, Thailand, Tunisia, Ukraine*** *and* ***Vietnam*** **ab 15.7.2014:]** ***Albania, Argentina, Armenia, Azerbaijan, Gabon, India, Indonesia, Ivory Coast, Malaysia, Morocco, Russia, Thailand, Tunisia, Ukraine*** *and* ***Vietnam*** *reserve their position on paragraph 4 as they consider that the term „delivery" should be deleted from subparagraphs a) and b).*

16. Albania, Argentina *and* ***Thailand*** *reserve their position on subparagraph 4f).*

[ab 15.7.2014:]

16.1 Colombia *reserves the right to provide that the activities mentioned in subparagraphs a) to d) are subject to the requirement that, on a case-by-case basis, they have a preparatory or auxiliary character.*

16.2 *The* ***Democratic Republik of the Congo*** *reserves its position on subparagraphs 4 d), e) and f).*

Paragraph 5

17. **[bis 14.7.2014:** ***Albania, Armenia, Gabon, India, Indonesia, Ivory Coast, Morocco, Russia, Thailand, Tunisia, Ukraine*** *and* ***Vietnam*** **ab 15.7.2014:]** ***Albania, Argentina, Armenia, Azerbaijan, Gabon, India, Indonesia, Ivory Coast, Morocco, Russia, Thailand, Tunisia, Ukraine*** *and* ***Vietnam*** *reserve the right to treat an enterprise as having a permanent establishment if a person acting on behalf of the enterprise habitually maintains a stock of goods or merchandise in a Contracting State from which the person regularly delivers goods or merchandise on behalf of the enterprise.*

17.1 India, Malaysia *and* ***Thailand*** *reserve the right to treat an enterprise of a Contracting State as having a permanent establishment in the other Contracting State if a person habitually secures orders in the other Contracting State wholly or almost wholly for the enterprise.*

17.2 Indonesia *reserves the right to treat an enterprise as having a permanent establishment if a person acting on behalf of the enterprise, other than an independent agent, manufactures or processes for the enterprise goods or merchandise belonging to the enterprise.*

Paragraph 6

18. **[bis 14.7.2014:** ***Albania, Gabon, Estonia, Ivory Coast, Lithuania, Morocco, Serbia, Thailand, Tunisia*** *and* ***Vietnam*** **ab 15.7.2014:]** ***Albania, Argentina, Azerbaijan, Gabon, Ivory Coast, Lithuania, Morocco, Serbia, Thailand, Tunisia*** *and* ***Vietnam*** *reserve the right to make clear that an agent whose activities are conducted wholly or almost wholly on behalf of a single enterprise will not be considered an agent of an independent status.*

19. **[bis 14.7.2014:** ***Gabon, India, Indonesia, Ivory Coast, Morocco, Russia, Thailand, Tunisia*** *and* ***Vietnam*** **ab 15.7.2014:]** ***Colombia, Gabon, India, Indonesia, Ivory Coast, Morocco, Russia, Thailand, Tunisia*** *and* ***Vietnam*** *reserve the right to provide that an insurance enterprise of a Contracting State shall, except with respect to reinsurance (other than in the case of India) be deemed to have a permanent establishment in the other Contracting State if it collects premiums in the territory of that other state or insures risks situated therein through a person other than an agent of an independent status to whom paragraph 6 applies.*

19.1 India *reserves the right to make it clear that an agent whose activities are conducted wholly or almost wholly on behalf of a single enterprise will not be considered an agent of an independent status.*

Positions on the Commentary

20. **[bis 14.7.2014:** ***India, Morroco*** *and* ***Vietnam*** **ab 15.7.2014:]** ***Argentina, India, Morocco*** *and* ***Vietnam*** *do not agree with the words "The twelve month test applies to each individual site or project" found in paragraph 18 of the Commentary. They consider that a series of consecutive short term sites or projects operated by a contractor would give rise to the existence of a permanent establishment in the country concerned.*

21. **[bis 14.7.2014:** ***Bulgaria*** *and* ***Serbia*** **ab 15.7.2014:]** ***Bulgaria, Serbia*** *and* ***Singapore*** *would add to paragraph 33 of the Commentary on Article 5 their views that a person, who is authorised to negotiate the essential elements of the contract, and not necessarily* *all the elements and details of the contract, on behalf of a foreign resident can be said to exercise the authority to conclude contracts.*

22. ***Bulgaria*** *does not adhere to the interpretation, given in paragraph 17 of the Commentary on Article 5, and is of the opinion* **[bis 14.7.2014:** *that on-site planning and supervision of the erection of a building,* **ab 15.7.2014:]** *that supervision of a building site or a construction project, where carried on by another person, are not covered by paragraph 3 of the Article, if not expressly provided for.*

23. ***Brazil*** *does not agree with the interpretation provided in paragraphs 42.1 to 42.10 on electronic commerce, especially in view of the principle of taxation at the source of payments in its legislation.*

24. ***India*** *deems as essential to take into consideration that irrespective of the meaning given to the third sentence of paragraph 1.1 – as far as the method for computing taxes is concerned, national systems are not affected by the new wording of the model i.e. by the elimination of Article 14.*

25. **[bis 14.7.2014:** ***India*** *and* ***Malaysia*** **ab 15.7.2014:]** ***Azerbaijan, India*** *and* ***Malaysia*** *do not agree with the interpretation given in paragraph 5.3 (first part of the paragraph) and 5.4 (first part of the paragraph); they are of the view that these examples could also be regarded as constituting permanent establishments.*

[ab 15.7.2014:

25.1 Argentina *does not agree with the interpretation given in paragraph 5.3.*

25.2 Singapore *does not agree with the interpretation given in paragraph 5.4 (first part of the paragraph) and is of the view that the example could constitute a permanent establishment.]*

26. ***India*** *does not agree with the interpretation given in paragraph 8; it is of the view that tangible or intangible properties by themselves may constitute a permanent establishment of the lessor in certain circumstances.*

[ab 15.7.2014:]

26.1 Argentina *does not agree with the interpretation given in paragraph 8; it is of the view that the letting or leasing of tangible or intangible property by themselves may constitute a permanent establishment of the lessor in certain circumstances, particularly where the lessor supplies personnel after installation to operate the equipment.*

27. ***India*** *does not agree with the interpretation given in paragraph 10; it is of the view that ICS equipment may constitute a permanent establishment of the lessor in certain circumstances.*

28. ***India*** *does not adhere to the interpretation given in paragraphs 12 and 42.25 concerning the list of examples of paragraph 2 of the Article; it is of the view that the examples can always be regarded as constituting a priori permanent establishments.*

29. ***India*** *does not agree with the interpretation given in paragraph 23; it would not include scientific research in the list of examples of activities indicative of preparatory or auxiliary nature.*

30. ***India*** *does not agree with the interpretation given in paragraph 25; it is of the view that when an enterprise has established an office (such as a commercial representation office) in a country, and the employees working at that office are substantially involved in the negotiation of contracts for the import of products or services into that country, the office will in most cases not fall within paragraph 4 of Article 5. Substantial involvement in the negotiations exists when the essential parts of the contract – the type, quality, and amount of goods, for example, and the time and terms of delivery are determined by the office. These activities form a separate and indispensable part of the business activities of the foreign enterprise, and are not simply activities of an auxiliary or preparatory character.*

31. **[bis 14.7.2014:** ***India*** *does* **ab 15.7.2014:]** ***Argentina*** *and* ***India*** *do not agree with the interpretation given in paragraph 33;* **[bis 14.7.2014:** *it is* **ab 15.7.2014:]** *they are of the view that the mere fact that a person has attended or participated in negotiations in a State between an enterprise and a client, can in certain circumstances, be sufficient, by itself, to conclude that the person has exercised in that State an authority to conclude contracts in the name of the enterprise.* **[bis 14.7.2014:** *India is* **ab 15.7.2014:]** ***Argentina*** *and* ***India*** *are also of the view that a person, who is authorised to negotiate the essential elements of the contract, and not necessarily all the elements and details of the contract, on behalf of a foreign resident, can be said to exercise the authority to conclude contracts.*

32. India *does not agree with the interpretation given in paragraph 42; it is of the view that where a company (enterprise) resident of a State is a member of a multinational group and is engaged in manufacture or providing services for and on behalf of another company (enterprise) of the same group which is resident of the other State, then the first company may constitute a permanent establishment of the latter if other requirements of Article 5 are satisfied.*

33. India *does not agree with the interpretation given in paragraph 42.2; it is of the view that website may constitute a permanent establishment in certain circumstances.*

34. India *does not agree with the interpretation given in paragraph 42.3; it is of the view that, depending on the facts, an enterprise can be considered to have acquired a place of business by virtue of hosting its website on a particular server at a particular location.*

[ab 15.7.2014:]

34.1 Argentina *does not agree with the statement given in paragraph 42.13, that the taxation by a State of profits from services performed in its territory does not necessarily represent optimal tax treaty policy.*

35. India *does not agree with the interpretation given in paragraphs 42.14 and 42.15 that a service permanent establishment will be created only if services are performed in the source State. It is of the view that furnishing of services is sufficient for creation of a service permanent establishment.*

36. India *does not agree with the interpretation given in paragraphs 42.18 and 42.46, it is of the view that taxation rights may exist in a state even when services are furnished by the non-residents from outside that State. It is also of the view that the taxation principle applicable to the profits from sale of goods may not apply to the income from furnishing of services.*

37. India *does not agree with the interpretation given in paragraph 42.19 that only the profits derived from services should be taxed and the provisions that are included in bilateral Conventions which allow a State to tax the gross amount of the fees paid for certain services is not an appropriate way of taxing services.*

38. India *does not agree with the conclusions given in paragraph 42.22 that taxation should not extend to services performed outside the territory of a State; that taxation should apply only to the profits from these services rather than to the payments for them, and that there should be a minimum level of presence in a State before such taxation is allowed.*

[ab 15.7.2014:]

38.1 Argentina *does not fully agree with the interpretation given in paragraphs 42.18, 42.19 and 42.22.*

39. India *does not agree with the interpretation given in paragraph 42.31; it is of the view that for furnishing services in a State, physical presence of an individual is not essential.*

40. India *does not agree with the interpretation given in paragraphs 42.40 and 42.43.*

41. India *does not agree with the interpretation given in example 3 of paragraph 42.44 concerning the taxability of ZCO.*

*42. **Brazil** does not agree with the interpretation provided for in paragraphs 42.11 to 42.48 of the Commentary on the taxation of services, especially in view of the principle of taxation at source of payments in its legislation.*

*43. **India** does not agree with the interpretation in paragraph 5.5 of the Commentary on Article 5 according to which a satellite's footprint in the space of a source country cannot be treated as a permanent establishment. India is of the view that in such a case, the source state not only contributes its customer base but also provides infrastructure for reception of the satellite telecast or telecommunication process. India is also of the view that a satellite's footprint falls both in the international and national space. The footprint has a fixed location, has a value and can be used for commercial purposes. Accordingly, it can be treated as a fixed place of business in the space in the jurisdiction of a source country.*

*44. **India** does not agree with the interpretation in paragraph 9.1 of the Commentary on Article 5 as it considers that a roaming call is a composite process which requires a composite use of various pieces of equipment located in the source and residence countries and the distinction proposed in paragraph 9.1 was neither intended by the wording of Article 5 nor logical.*

*45. **India** does not agree with the interpretation in the last two sentences of paragraph 26.1. of the Commentary on Article 5 according to which even undersea cables and pipelines lying in the territorial jurisdiction of a source country cannot by considered as permanent establishment of an enterprise.*

[ab 15.7.2014:]

*46. Regarding paragraph 38, **Colombia** believes that the arm's length principle should also be considered in determining whether or not an agent is of an independent status for purposes of paragraph 6 of the Article and wishes, when necessary, to add wording to its conventions to clarify that this is how the paragraph should be interpreted.*

A. Allgemeines

1a **Literatur** (für ältere Literatur s. Vorauflagen): *Angus,* TMIJ 2013, 259; *Autunes Rubin,* BIT 2012, 1; *Barret,* BIT 2011, 13; *Bayer,* SWI 2011, 539; *Bendlinger,* Betriebsstätte, 2. Aufl. (2013); *ders.,* IStR 2009, 521; *ders.,* ÖStZ 2012, 561; *Blumers/Weng,* DStR 2012, 551; *Böing/Prang,* BB 2012, 2211; *Brugger/Plansky,* Permanent Establishments in International and EU Tax Law (2011); *de Goede/Kaur/Kosters/Perdelwitz,* BIT 2012, 313; *de Goedel/Vlasceanu,* BIT 2013, 466; *Ditz,* IStR 2010, 553; *ders.,* in Baumhoff/Schönfeld, Doppelbesteuerungsabkommen, – Nationale und internationale Entwicklungen, S. 109; *Ditz/Quilitzsch,* FR 2012, 493; *dies.,* Intertax 2012, 556; *Durand/Mandelbaum,* TNI 2011, 667; *Eckl,* IStR 2009, 510; *Endres/Freiling,* PIStB 2011, 134; *Engel/Hilbert,* IWB 2012, 316; *Gaillinger,* IWB F. 10 International Gr. 2, 2033 ff.; *Gouthiere,* BIT 2011, 188; *Görl,* StbJb 2004/2005, 81; *Grotherr/Endert,* in FS Frotscher (2013) S. 157; *Heinrich,* in Lang/Schuch/Staringer, Die Ansässigkeit im Recht der Doppelbesteuerungsabkommen, S. 207; *Hilbert/Engel,* Intertax 2012, 462; *Jahn,* PIStB 2009,238; *Kahle/Ziegler,* DStZ 2009, 834 ff.; *Lühn,* BB 2009, 700; *Mathur/Görl/Sonntag,* Principles of Model Tax Conventions and International Taxation (2013); *Müller-Gatermann,* FR 2012, 1032; *Munoz,* TNI 2010, 371; *Pijl,* BIT 2013, 3; *ders.,* BIT 2013, 62; *Reimer,* IStR 2009, 378; *Reimer/Schmid/Orell,* Permanent Establishments (2014); *Reiser/Cortez,* IStR 2013, 6; *Ronge,* IStR 2013, 266; *Sasseville/Skaar,* CDFI 2009, 17; *Schaffner,* How Fixed Is a Permanent Establishment? (2013); *Schoueri/Günther,* BIT 2011, 69; *Sheppard,* TNI January 2010, 18; *ders.,* Narrowing Permanent Establishment, TNI 2011, 266; *van Raad,* FS Avery Jones, S. 125 ff.; *Wichmann,* S. 103 ff.

Speziell zu e-Business: *Asatsuma,* APTB 2009, 76; *Delgado Garcia/Cuello,* ET 2013, 17; *Ditz,* IStR 2002, 210; *Duke,* J. Transnat'l L. & Pol'y 275 (2000); *Findeis/Eickmann;* DStZ 2008, 139; *Gonzales-Benediksen/Carbajo,* TNI July 2008, 183; *Heinsen/Voss,* Intertax 2012, 584; *Ho/Mak/Wong,* J. B. L. 2004, MAR, 247; *Kaminski/Strunk,* IWB, Deutschland Gr. 2 S. 1037; *Labermeier,* S. 1 ff.; *Lüthi,* FS Ryser , S. 121; *ders.,* FS Avery Jones, 109; *Mathur/Görl/Sonntag,* S. 267 ff.; *Peter,* S. 1 ff.; *Pinkernell,* Ubg 2012, 331; *ders.,* Ubg 2014, 73; *Schwarz,* FR 2003, 280; *Sprague,* TMIJ 2013, 48; *Stenico,* SWI 2003, 79; *Tappe,* IStR 2011, 870.

EU-Dokumente: EU Kommission, Taxation Papers, European Tax Survey, Working paper no. 3, http://europa. eu.int/comm/taxation_customs/taxation/taxation.htm.

I. Bedeutung des Betriebstättenbegriffs

Nach allen MA ist das Bestehen einer Betriebstätte die entscheidende Voraussetzung für die Besteuerung von Einkünften aus einer Unternehmenstätigkeit und des Vermögens, das einer solchen Tätigkeit dient. Nach Art. 7 der MA kann ein Vertragsstaat Gewinne eines Unternehmens des anderen Vertragsstaats nur besteuern, soweit das Unternehmen seine Tätigkeit durch eine auf dem Gebiet des Vertragsstaats belegene Betriebstätte ausübt. Die Regelung soll bewirken, dass eine unternehmerische Tätigkeit erst dann von einem ausländischen Staat besteuert werden darf, wenn sie zu einer intensiven geschäftlichen Bindung an diesen Staat geführt hat; nur lockere wirtschaftliche Beziehungen zum Ausland bleiben dagegen dem Ansässigkeitsstaat des Unternehmens zur Besteuerung überlassen (BFH BStBl. II 1999, 694: *DBA Schweiz 1971*). Eine Betriebstätte ist allerdings nur insoweit Voraussetzung der Besteuerung, als es sich um Einkünfte aus der **Tätigkeit eines Unternehmens** und die dieser Tätigkeit zugrunde liegenden Vermögenswerte handelt. Für Einkünfte und Vermögen anderer Art gelten die jeweils für diese einschlägigen Verteilungsnormen (zur sog. „Attraktivkraft" der Betriebstätte s. Art. 7 Rz. 42). 2

Die OECD hat im MA 2000 den Art. 14 über die Einkünfte aus selbstständiger Tätigkeit ersatzlos gestrichen (s. Art. 14 Rz. 1). Die deutsche „Verhandlungsgrundlage für Doppelbesteuerungsabkommen im Bereich der Steuern vom Einkommen und Vermögen" ist dem gefolgt. Zwischen dem Begriff der Betriebstätte i. S. des Art. 5 und dem der festen Einrichtung gem. Art. 14 soll kein Unterschied bestehen (MA-Komm. Ziff. 1.1; zur Frage der freiberuflichen Vertreterbetriebstätte s. zu Art. 14 Rz. 27 und 29). Die Betriebstätte wird damit auch zur Voraussetzung für die Besteuerung der Einkünfte aus selbstständiger Arbeit. Allerdings fehlt bisher lediglich in den *DBA Tadschikistan* und *DBA UdSSR* sowie im neugefassten *DBA USA* vom 4.6.2008 eine dem Art. 14 entsprechende Vorschrift. In allen anderen deutschen DBA ist nach wie vor eine gesonderte Regelung über die selbstständige Arbeit enthalten (s. Art. 14).

Während die nationalen außensteuerrechtlichen Vorschriften die Voraussetzung für die Besteuerung von Einkünften aus einer Unternehmenstätigkeit häufig sehr weit fassen, um so die eigene Besteuerung möglichst weit auszudehnen, ist der Betriebstättenbegriff des zwischenstaatlichen Steuerrechts grundsätzlich enger. Die Besteuerung im Quellenstaat wird dadurch stark eingeschränkt zugunsten der Besteuerung im Sitzstaat des Unternehmens (dem „Ansässigkeitsstaat"). Dies dient der Vereinfachung der Besteuerung und entspricht insoweit dem Interesse an einer Liberalisierung des zwischenstaatlichen Wirtschaftsverkehrs. Tatsächlich führte die ständig zunehmende Verflechtung der Wirtschaftsbeziehungen in der Abkommenspraxis, insbesondere der Industriestaaten, zu einer immer enger werdenden Betriebstättendefinition. Eine befriedigende Verteilung des Finanzaufkommens unter den Staaten hat eine derartige Entwicklung jedoch nur dann zur Folge, wenn zwischen den beteiligten Staaten ein einigermaßen ausgeglichener Wirtschaftsaustausch besteht. Sind die Investitions- und Handelsbeziehungen nicht ausgeglichen, so wird durch eine zu enge Betriebstättendefinition einseitig der Ansässigkeitsstaat des Unternehmens bevorzugt. Gleichzeitig können wirtschaftliche Anreize des Quellenstaats entwertet und dadurch seine allgemeine Wirtschaftspolitik unterlaufen werden (vgl. *Arnold/Sasseville/Zolt,* BIFD 2003, 187). Um solche Ergebnisse zu vermeiden, wurde im UN-MA und, diesem folgend, in vielen DBA mit Entwicklungsländern ein weiter gefasster Betriebstättenbegriff formuliert. Auf der anderen 3

Seite muss freilich auch berücksichtigt werden, dass eine allzu starke Ausweitung des Betriebstättenbegriffs grundsätzlich zu erhöhten administrativen Kosten führt und die Unternehmen der Industriestaaten von bestimmten Auslandstätigkeiten abschrecken könnte (*Müller-Gatermann,* FR 2012, 1034; zu den Compliance Costs im Binnenmarkt vgl. EU Kommission, Taxation Papers, European Tax Survey, Working paper no. 3, abrufbar unter: http://ec.europa.eu/index_de.htm). Ein weiter Betriebsstättenbegriff erhöht zudem das Risiko einer Doppelbesteuerung, da sich die Besteuerungsrechte der Vertragsstaaten auch auf Abkommensebene potentiell öfter überschneiden.

4 Zur geschichtlichen Entwicklung allgemein: s. *Skaar,* S. 65 ff.; kürzer *Huston/Williams,* S. 3 ff. sowie *Kroppen,* IWB F. 10 Gr. 2 S. 1866. Die Tendenz, den Betriebstättenbegriff im Interesse des Wirtschaftsverkehrs einzuschränken, scheint ihren Höhepunkt und wohl auch Abschluss im OECD-MA 1992 gefunden zu haben (s. zuletzt *Wotschofsky,* RIW 2005, 230). Die OECD selbst beginnt vor dem Hintergrund neuer Formen geschäftlicher Aktivitäten und insbesondere des zunehmen den elektronischen Handels ihre bisherige Betriebstättenauslegung aufzuweichen (*Bendlinger/Görl/Paaßen/Remberg,* IStR 2004, 145; *Lehner/Reimer,* IStR 2005, 542 (547 f.); relativierend *Sheppard,* TNI 2011, 266; näheres zu Internet-Aktivitäten s. Rz. 29 f.). Ihre damit verfolgte Absicht, eine angemessene Verteilung des Fiskalaufkommens zwischen Wohnsitz- und Quellenstaat sicherzustellen, ist löblich. Systematisch verfehlt erscheint jedoch der Weg, dies über bloße, aber das Betriebstättenprinzip verlassende Neukommentierungen ohne Änderung des Wortlauts des Art. 5 erreichen zu wollen (grds. zur abkommensrechtlichen Anknüpfung für die Besteuerung von Unternehmensgewinnen: *Arnold,* BIFD 2003, 476; *Rädler,* Intertax 2004, 365; *Lehner/Reimer,* IStR 2005, 542; s. auch *Sheppard,* TNI January 2010, 18). Auch das MA-Komm. Update 2014 hat in dieser Hinsicht keine Fortschritte gebracht. Eine materielle Anpassung des Betriebsstättenbegriffs ist allenfalls im September 2015 zu erwarten, wenn zu diesem Zeitpunkt der BEPS Action Plan ausgearbeitet sein wird (OECD (2013), Action Plan on Base Erosion and Profit Shifting, S. 19, 24 f.; deutsche Arbeitsübersetzung des BMF abrufbar unter www.bundesfinanzministerium.de/Content/DE/Downloads/Abt_7/2013-07-22-Aktionsplan-D.html; *Bendlinger,* SWI 2014, 138). Zu wünschen ist, dass sich die OECD bis dahin zu einer Änderung nicht nur des MA-Komm., sondern auch des Art. 5 selbst durchringen könnte (*de Goede/Kaur/Kosters/Perdelwitz,* BIT 2012, 313).

Der Betriebstättenbegriff des UN-MA erweitert die Besteuerungsbefugnisse des Quellenstaates, für einige Bereiche wird ganz vom Erfordernis einer Betriebstätte abgesehen. Das UN-MA folgt damit der Interessenlage der Entwicklungsländer bzw. kapitalimportierender Staaten (zur Kritik: *Ritter,* DStZ/A 1979, 420). Im Gegensatz zum OECD-MA haben die UN ihren erweiterten Betriebstättenbegriff nicht nur im UN-Komm., sondern im Art. 5 UN-MA selbst formuliert. Insbesondere wird die Dienstleistungsbetriebstätte unmittelbar in der Vorschrift geregelt, s. Rz. 70a, 73.

II. Aufbau der Vorschrift

5 **1.** Abs. 1 enthält eine **allgemeine Definition:** Eine Betriebstätte ist eine feste Geschäftseinrichtung, durch die die Tätigkeit eines Unternehmens ganz oder teilweise ausgeübt wird.

Abs. 2 veranschaulicht den Begriff der festen Geschäftseinrichtung durch einen **Katalog von betriebstättenbegründenden Einrichtungen.**

Abs. 3 konkretisiert den Betriebstättenbegriff für **Bauausführungen und Montagen.** Diese begründen eine Betriebstätte nur dann, wenn sie eine festgelegte Dauer überschreiten. Das UN-MA dehnt diese Regelung auf bestimmte Dienstleistungen aus.

Abs. 4 nimmt durch einen **Ausnahmenkatalog** eine Reihe von festen Geschäftseinrichtungen aus dem Betriebstättenbegriff heraus.

Abs. 5 bestimmt, dass ein **abhängiger Vertreter** eines Unternehmens für dieses eine Betriebstätte begründet, wenn er eine Vollmacht zum Abschluss von Verträgen hat und diese Vollmacht auch ausübt.

Abs. 6 stellt klar, dass die Tätigkeit eines **unabhängigen Vertreters** grundsätzlich keine Betriebstätte für das von ihm vertretene Unternehmen begründet, soweit er im Rahmen seiner ordentlichen Geschäftstätigkeit handelt.

Abs. 7 trifft eine Regelung für **verbundene Unternehmen:** Allein aufgrund des Beherrschungsverhältnisses wird eine Gesellschaft nicht zur Betriebstätte der anderen.

2. Prüfung der Voraussetzungen; Reihenfolge: Bei der Prüfung, ob eine Betriebstätte vorliegt, sind zweckmäßigerweise die Abs. 1 bis 4 zuerst zu untersuchen. Liegt eine Geschäftseinrichtung i. S. dieser Bestimmungen vor, kommt die Anwendung der Abs. 5 und 6 nicht mehr in Betracht. Ist andererseits eine Betriebstätte nach Abs. 3 und 4 zu verneinen, weil bei einer Bauausführung oder Montage die vorgesehene Dauer nicht erreicht wird oder eine in Abs. 4 vorgesehene Ausnahme vorliegt, kann auch ein abhängiges Vertretungsverhältnis i. S. des Abs. 5 nicht zu Annahme einer Betriebstätte führen. Nur wenn nach den Abs. 1 und 2 in Ermangelung einer Geschäftseinrichtung keine Betriebstätte vorliegt, sind die Abs. 5 und 6 heranzuziehen, ist also die Betriebstätteneigenschaft unter dem Gesichtspunkt der Vertretertätigkeit zu prüfen (vgl. auch Rz. 122 ff.; Wassermeyer/*Wassermeyer,* Art. 5 Rz. 5, 192 f.). Allein daraus, dass der Vertreter als Betriebstätte fingiert wird, folgt jedoch noch kein Rangverhältnis zu den Abs. 1 bis 4. 6

3. Die Betriebstättendefinition des Art. 5 ist **maßgebend für den gesamten Bereich des Abkommens.** Das gilt für Art. 11 Abs. 5 OECD- und US-MA auch insoweit, als dort für die Frage, ob Zinsen aus einem Vertragsstaat stammen, auch die Betriebstätten von Unternehmen anderer Staaten, mit denen kein (oder ein anderes) DBA besteht, einbezogen werden. Eine ähnliche Regelung findet sich in verschiedenen DBA für die Lizenzgebühren. Auch in Art. 15 Abs. 2 Buchst. c MA kann sich der Betriebstättenbegriff auf Unternehmen dritter Staaten (als Arbeitgeber) beziehen. 7

III. Auslegung

Der Begriff der Betriebstätte ist im Abkommen definiert, bei seiner Auslegung darf deshalb **grundsätzlich nicht auf innerstaatliches Recht zurückgegriffen werden** (vgl. Art. 3 Abs. 2 MA). Selbst wenn die Definitionen in beiden Rechtsbereichen wörtlich übereinstimmen, kann das innerstaatliche Recht zur Bestimmung der Abkommensbegriffe nichts beitragen (a. A. *Grützner,* Doppelbesteuerungsabkommen, 1978, S. 134; *Durand/Mandelbaum,* TNI 2011, 670; zu unterschiedlichen Interpretationen des Begriffs in verschiedenen Staaten vgl. *Sasseville/Skaar,* CDFI 2009, 17 ff.). Nur soweit die im Abkommen zur Definition des Betriebstättenbegriffs verwandten (Hilfs-)Begriffe ihrerseits aus den Abkommen heraus nicht erklärt werden können, kann für die Auslegung dieser Hilfsbegriffe unter Beachtung der Grundsätze des Art. 3 Abs. 2 MA (s. dort Rz. 98 ff.) auf innerstaatliches Recht zurückgegriffen werden. Im Übrigen ist für die Auslegung des Betriebstättenbegriffs im Rahmen der allgemeinen Auslegungsregeln für DBA (s. Grundl. Rz. 95 ff.) insbesondere der teleologische (genauer: praxeologische) Gesichtspunkt heranzu- 8 ziehen. Unter diesem Aspekt hat schon der RFH die Betriebstätteneigenschaft für ein Warenlager verneint, wenn die Ware nur zum Zweck der Verarbeitung und nachherigen Versendung gelagert wird (RFH RStBl. 1935, 1399 (1401): *DBA Schweiz 1931*). Der Praktikabilität kommt für die Auslegung hier besondere Bedeutung zu. So beruht der Ausnahmenkatalog des Abs. 4 MA zu einem wesentlichen Teil auf der Erwägung, dass den dort angeführten Einrichtungen, die nur einer vorbereitenden oder unterstützenden Tätigkeit dienen, ein angemessener Anteil am Gewinn nur sehr schwer zuzurechnen ist (MA-Komm. Ziff. 23). Verbleiben bei der Auslegung nach diesen Kriterien noch Zweifel, so ist als ultima ratio die Möglichkeit der **Ertrags- und Aufwendungszuordnung** heranzuziehen. Soweit sie nicht oder nur unter großen Schwierigkeiten möglich ist, kann dies in solchen Grenzfällen gegen die Annahme einer Betriebstätte sprechen. Bei der Diskussion der Betriebstätteneigenschaft von Internet-Servern ist dieser Gedanke m. E. bisher nicht ausreichend beachtet worden (s. Rz. 30).

B. Zu Art. 5 Abs. 1

I. Musterabkommen

1. Übereinstimmung

9 Art. 5 Abs. 1 lautet in allen MA wörtlich gleich.

2. Erläuterungen

10 **a) Grundzüge:** Abs. 1 enthält die **allgemeine Definition des Betriebstättenbegriffs.**

Der **Begriff „Betriebstätte“** setzt voraus
- **das Vorhandensein eines Unternehmens,**
- **dessen Tätigwerden,**
- **eine Geschäftseinrichtung,** und zwar
- **eine feste,**
- **durch die die Tätigkeit ausgeübt wird.**

11 **b) Unternehmen:** Zum Begriff vgl. Art. 3 Rz. 40ff. Land- und forstwirtschaftliche Betriebe fallen unter Art. 6, freiberufliche z. T. unter Art. 17. Sie sind keine „Unternehmen“ und begründen somit grundsätzlich keine Betriebstätten (BFH BStBl. II 2012, 457; kritisch *Engel/Hilbert,* IWB 2012, 316). Im Rahmen der Anwendung anderer Abkommensvorschriften, wie z. B. Art. 11 Abs. 4 und 5 oder Art. 15 Abs. 2 Buchst. c, sollen derartige Betriebe durchaus eine Betriebstätte begründen können unabhängig davon, ob ihre Einkünfte unter Art. 6 fallen (s. OECD Discussion Draft, Interpretation and Application of Art. 5 (Permanent Establishment) of the OECD Model Tax Convention, 12.10.2011 to 10.2.2012 (*Bendlinger,* SWI 2011, 532)). Unbewegliches Vermögen eines land- und forstwirtschaftlichen Betriebes soll allerdings zu einer Betriebstätte gehören können, s. FG Hamburg EFG 2007, 96. Vgl. zum land- und forstwirtschaftlichen Betrieb Art. 6 Rz. 43, 52.

Soweit Freiberufler bisher unter die Regelung des Art. 14 fielen, gelten jetzt ebenfalls die Vorschriften der Art. 5 und 7 OECD MA (s. Art. 14 Rz. 11; MA-Komm. Art. 5 Ziff. 1.1).

12 **c) Feste Geschäftseinrichtung:** Eine Besteuerung der Gewinne eines Unternehmens im anderen Vertragsstaat ist nur vorgesehen, wenn sich dort die Tätigkeit des Unternehmens in gewissen Formen **verfestigt** hat. Erforderlich ist die physische Präsenz des Unternehmens; lediglich Geschäftsbeziehungen zu Unterneh-

men oder sonstigen Kunden im Vertragsstaat reichen nicht aus. Klarstellend für sog. „Roaming-Verträge“ zwischen Telekommunikationsunternehmen jetzt MA-Komm. Ziff. 5.5. Dies wird schon durch die verwendeten Begriffe, freilich unterschiedlich, zum Ausdruck gebracht: Im englischen „permanent establishment“ liegt der Schwerpunkt auf dem Element der **Ständigkeit** (permanent), im französischen „établissement stable“ auf der Verbundenheit mit dem **Ort** der Tätigkeit (stable).

Der deutsche Ausdruck „Betriebstätte“ hat demgegenüber nur wenig eigenen Aussagegehalt. Erst in der Definition als „feste Geschäftseinrichtung“ werden die Gesichtspunkte der MA-Originalsprachen berücksichtigt. Inhaltlich ist jedoch die Definition des Art. 5 MA stark durch das deutsche Recht beeinflusst worden (sie ist allerdings enger, vor allem durch die Ausnahmen im Abs. 4).

Geschäftseinrichtung ist die Gesamtheit der dem Betrieb dienenden **Sachen** 13
(körperlichen Gegenstände), in Grenzfällen genügt eine einzelne Sache (vgl. RFH RStBl. 1935, 840 (841): *DBA Schweiz 1931; Dorn,* StuW 1926, 97 (107). Rechte, etwa Beteiligungen an Körperschaften, Forderungen (auch Konten) oder Immaterialgüterrechte (Patente, Software usw.) begründen keine Betriebstätte (s. *Skaar,* S. 121 ff.). Die englische Fassung verwendet „place of business“. Dabei muss jedoch „place“, obwohl dieser Ausdruck normalerweise räumlich verstanden wird, hier im Lichte der Tatsache gelesen werden, dass er „establishment“ definieren soll. Der Ausdruck umfasst sowohl Räumlichkeiten wie andere Sachen, die der Tätigkeit des Unternehmens **dienen,** wobei die **Sachgesamtheit** „dienen“ muss, nicht unbedingt ihre einzelnen Bestandteile. Besondere Vorrichtungen für die Ausübung der Tätigkeit sind nicht erforderlich; auch ein leerer Raum, in dem die Tätigkeit des Unternehmens ausgeübt wird, kann Betriebstätte sein. Ebenso das angemietete Arbeitszimmer eines Freiberuflers (Gerechtshof's Hertogenbosch v. 7.5.2010, BM 7478). Darüber hinaus sind die Anforderungen an das „Dienen“ umso geringer, je mehr sich die eigentliche Geschäftstätigkeit außerhalb der Geschäftseinrichtung vollzieht. Bei einem Handelsreisenden kommt deshalb auch die Wohnung in Betracht (s. BFH BFH/NV 1988, 119; ÖstBMF SWI 2013, 286).

Die Geschäftseinrichtung muss **fest** sein. Ausreichend ist die Beziehung zu ei- 14
nem bestimmten Punkt der Erdoberfläche, wobei als unschädlich angesehen werden kann, wenn innerhalb eines Gebäudes eine Verkaufsfläche verschoben wird (*Zech,* IStR 2013, 18 für sog. Shop-in-Shop-Systeme). Die Einrichtung braucht nicht zum Bestandteil (etwa) des Grundstücks zu werden. Bei schwimmenden Einrichtungen auf See fehlt regelmäßig eine solche Beziehung (BFH BStBl. II 1974, 361: *DBA Dänemark*); ebenso bei Satelliten in einer geostationären Umlaufbahn (MA-Komm. Ziff. 5.5; *Barret,* BIT 2011, 16). Das gilt auch für den Liegeplatz eines Schiffes, jedenfalls dann, wenn das Schiff nicht ständig festgemacht ist (ÖstBMF SWI 1992, 356; a. A. für Boote, von denen aus Ausflüge auf Flüssen organisiert wurden: *Conseil d'État* req. n. 94137, Dr. Fisc. 1993 comm. 1589: *DBA Frankreich/Großbritannien*). Ständig mit dem Ufer fest verbundene Schiffe (Museums-, Restaurantschiffe) sind dagegen als „fest“ i. S. von Art. 5 Abs. 1 anzusehen (ebenso *Williams/Huston,* S. 22; s. a. *Skaar,* S. 373). Bohrinseln, die fest mit dem Meeresboden verbunden sind, haben ebenfalls einen ausreichenden Bezug zur Erdoberfläche, nicht dagegen schwimmende Bohrinseln, deren Standort jeweils nach wenigen Monaten verlegt wird (*Hof's-Gravenhage* Rolnr. 4287/87-M-1, BNB 1992/51: *DBA Niederlande/Großbritannien*).

Auf eine **gegenläufige** Tendenz für sehr spezifische Fälle hat allerdings *Skaar* 15
aufmerksam gemacht. Sie kommt zum Ausdruck in einer Reihe von Verwaltungsentscheidungen und Aussprüchen von Untergerichten, vornehmlich aus dem Bereich der Öl- und Gasförderung auf dem Kontinentalschelf und vor allem aus Skandinavien (aber auch aus den USA, Kanada und Großbritannien). Diese Ent-

scheidungen lassen eine Beziehung zu einem **geographischen Gebiet** – statt eines festen Punktes – genügen (ebenso *Schaffner,* S. 291 f.), wenn entweder eine Tätigkeit über längere Zeit hinweg an derselben Stelle regelmäßig wiederholt oder aufgrund eines einheitlichen Auftrags für denselben Auftraggeber ausgeführt wird oder wenn sie eine besonders **umfangreiche Ausrüstung** verlangt, wie z. B. Bohrinseln (*Skaar,* S. 125 ff., 151 f.). So wird für ein Bohrschiff eine feste Verbindung zur Erdoberfläche nicht als zwingend angesehen, jedoch eine Präsenz von weniger als 6 Monaten nicht als ausreichend zur Betriebstättenbegründung erachtet, *Rechtsbank Breda* v. 25.5.2009, AWB 09/563: *DBA Niederlande/Indonesien, DBA Niederlande/Malaysia.* Es leuchtet ein, dass es wenig sinnvoll ist, Steuerfolgen davon abhängig zu machen, ob eine Bohrinsel schwimmt oder fest verankert ist. Um dies zu vermeiden, können aber die Abkommen angepasst werden, wie es oft auch geschieht. Mit dem Wortlaut des Art. 5 MA sind jene Entscheidungen dagegen nicht in Einklang zu bringen (s. hierzu Rz. 19 und 20 sowie *Reimer/Schmid/Orell,* Rz. 51 ff.).

16 **d) Verfügungsmacht:** Die feste Geschäftseinrichtung muss sich in einer nicht nur vorübergehenden **Verfügungsgewalt** des Unternehmens befinden. Erforderlich ist die tatsächliche, physische Nutzung (MA-Komm. Ziff. 4.1 ff.; *Caridi,* ET 2003, 8 ff.; Wassermeyer/*Wassermeyer,* Art. 5 Rz. 42a). Steht die Geschäftseinrichtung zwar im Eigentum des Unternehmens, verfügt über sie aber ein anderer für eigene Zwecke (also nicht für das Unternehmen), liegt keine Betriebstätte des Unternehmens vor (*Kumpf/Roth,* DB 2000, 1439). Es genügt, wenn der Unternehmer die Verfügungsmacht durch Angestellte wahrnehmen kann; darf er selber in den Betriebstättenstaat nicht einreisen, so schließt dies die Existenz einer Betriebstätte nicht aus (BGH IStR 1995, 81: *DBA Schweiz*). Entscheidend ist, dass er in der Lage ist, seinen unternehmerischen Tätigkeiten „operativ" nachzugehen und er somit über die Geschäftseinrichtung verfügen kann (BFHE 234, 339: *DBA Großbritannien; Blumers/Weng,* DStR 2012, 551 ff.). Die Rspr. stellt auf die wirtschaftlichen Gegebenheiten ab, wobei die Verfügungsmacht auch auf einem Mietvertrag oder auf einer unentgeltlichen Überlassung beruhen kann (BFH BStBl. II 1993, 462: *DBA Großbritannien;* ÖstBMF v. 21.7.1997 (EAS 1112), SWI 1997, 427). Wird ein Betrieb in Räumen ausgeübt, die ein leitender Angestellter unter seinem Namen gemietet hat, so ist eine Betriebstätte anzunehmen (RFH RStBl. 1937, 67, 70: *DBA Schweiz 1931;* BFH BStBl. II 1974, 327, 328: *DBA USA 1954/65;* ÖstBMF SWI 1992, 268; SWI 1994, 39: beide *DBA Österreich/Deutschland*). Im gleichen Sinn der MA-Komm. Ziff. 4: es sei unerheblich, ob die Räumlichkeiten, Einrichtungen oder Anlagen dem Unternehmen gehören, von ihm gemietet sind oder ihm sonstwie zur Verfügung stehen. Auf die Rechtmäßigkeit der Verfügungsgewalt kommt es nicht an; illegal besetzte Räume können eine Betriebstätte begründen (MA-Komm. Ziff. 4.1). Ähnlich auch schon das FG Münster: Eine rechtliche Absicherung der Verfügungsgewalt etwa durch Eigentum, Miet- oder Pachtvertrag sei nicht erforderlich. Für die Verfügungsgewalt genüge die tatsächliche Möglichkeit der Verfügung; sie brauche nicht weiter zu reichen, als es für den Vollzug der Betriebstättenfunktion geboten sei. Schon das regelmäßige Unterhalten eines Marktstandes an immer gleicher Stelle auf einem Wochenmarkt sei daher eine feste Einrichtung. Ausreichend für die Annahme der Verfügungsgewalt sei hier die Tatsache, dass das bloß faktische Innehaben des Standplatzes durch die anderen Markthändler respektiert werde (FG Münster EFG 1966, 501, 502: *DBA Niederlande 1959;* vgl. auch RFH RStBl. 1928, 127; RStBl. 1939, 1095; RStBl. 1942, 469; BFH BStBl. II 1991, 97). Ebenso für die Benutzung von Straßen und Schienenwegen *van Raad,* S. 127 ff.

17 Keine ausreichende Verfügungsmacht liegt vor, wenn ein Auftraggeber einem Unternehmen lediglich die Benutzung von Räumlichkeiten zur Abwicklung eines Planungs- oder Überwachungsauftrags zur Verfügung stellt (FG Hessen EFG 1973,

496 (497)) oder für die Ausführung bestimmter Arbeiten (so für einen selbstständigen Ausbeiner, der von Fall zu Fall in einer niederländischen Fleischwarenfabrik tätig wurde: FG RhPf. EFG 1985, 593; für einen selbstständigen Kopfschlächter: FG Düsseldorf EFG 1993, 42: beide *DBA Niederlande 1959;* zur Gestellung von Produktionsanlagen zur Lohnveredelung, s. *Lühn,* IWB F. 3 Deutschland Gr. 2, 1391, 1396; vgl. OECD, Revised Proposals concerning the Interpretation and Application of Art. 5 (Permanent Establishment), 19th October 2012 to 31st January 2013, Ziff. 4.2). Auch reicht das bloße Recht, die Räume eines Vertreters zur gelegentlichen Kontrolle seiner Tätigkeit zu betreten, für die Annahme einer Verfügungsgewalt nicht aus (ebenso die deutsche Rechtsauffassung zum innerstaatlichen Betriebstättenbegriff: BFH BStBl. III 1962, 227 (228); weitere Beispiele s. MA-Komm. Ziff. 4.2ff.; zu Ziff. 4.5 s.u. Rz. 22). Bei reiner Nutzung von Kabel- oder Pipelinekapazitäten ist eine Verfügungsmacht des Nutzers nicht anzunehmen. Er erhält lediglich Übertragungs- bzw. Transportleistungen und begründet keine Betriebstätte, MA-Komm. Ziff. 26.1. Zur Entwicklung des Begriffs der Verfügungsmacht *Reiser/Cortez,* IStR 2013, 6ff.

Eine **alleinige** Verfügungsgewalt des Unternehmens ist nicht erforderlich, es 18
können mehrere allein oder gemeinsam die Verfügungsmacht haben. Die feste Geschäftseinrichtung kann in diesem Fall für jeden der Beteiligten eine Betriebstätte sein. Allerdings sei allein das bloße Tätigwerden in den gemeinsam genutzten Räumen nicht betriebstättenbegründend, sie müssten dem Unternehmen (hier: selbständig Tätigen) auch ständig – auch während seiner Abwesenheit – zur Verfügung stehen (FG Baden-Württemberg, EFG 2008: zu Art. 14 *DBA Schweiz; Lühn,* BB 2009, 703; *Jahn,* PIStB 2009, 238f.). Ist die feste Geschäftseinrichtung während der Abwesenheit des Unternehmens einem anderen zuzurechnen, liegt keine Betriebstätte vor (FG München v. 22.7.2008, 6 V 554/08: *DBA Spanien 1966*). Auch ist, falls eine Gesellschaft Herstellungsanlagen an eine andere, sei es auch die Tochtergesellschaft, verpachtet, die Betriebstätte der Betriebsgesellschaft nicht per se auch eine Betriebstätte der Besitzgesellschaft (BFH BStBl. II 1983, 77: *DBA Belgien*). Verfügt eine **Personengesellschaft** über eine feste Geschäftseinrichtung, durch die sie unternehmerisch tätig wird, und behandelt sie das Recht des Staates, in dem die Einrichtung belegen ist, als steuerlich „transparent", so begründet sie durch die Verfügung über die Einrichtung eine Betriebstätte für jeden ihrer Gesellschafter (st. Rspr., so schon das kanadische *Tax Appeal Board,* No. 630 v. MNR, 1959 DTC, 300; der *U. S. Tax Court,* Johnston v. C. I. R. 24 Tax Court 920 (1955), und Unger v. Comm. 58 TCM 1157 (1990); der *Court of Appeals for the 9th Circuit,* Donroy Ltd. v. U. S. A., 301 F 2d., 200 (1962); die *Cour administrative d'appel de Paris* req. no. 91–193, Dr. Fisc. 1994 comm. 2052 concl. *Gipoulon: DBA Frankreich/Schweiz;* für eine Kommanditgesellschaft der *Hoge Raad,* Rolno. 27785, BNB 1993/227; ebenso für eine Arbeitsgemeinschaft („samenwerkingsverband') Rolno. 29638, BNB 1994/169: *DBA Niederlande/Frankreich;* ÖstBMF, SWI 1995, 446; zuletzt BFH v. 23.10.2011, I R 52/10, BFH/NV 2011, 1354, s. ferner *Bendlinger,* Betriebsstätte, S. 313; *Skaar,* S. 163ff., 565; *Firlinger,* S. 22ff.; sowie zur steuerlichen Behandlung einer in den USA für die Körperschaftsbesteuerung optierenden Limited Partnership in Österreich ÖstBMF v. 31.10.1997 (EAS 1151), ÖStZ 1998, 84). Dies gilt jedoch nicht, wenn die Gesellschaft sich nicht unternehmerisch betätigt (FG BW RIW 1993, 525; ebenso für Beteiligungsverwaltung die *Cour administrative d'appel de Bordeaux* req. no. 98–558, Dr. Fisc. 2002 comm. 169 concl. Sté Hallminster Ltd: *DBA Frankreich/Großbritannien*). Außerdem kommt es stets auf das Vorhandensein einer „festen Einrichtung" an; allein der **Wohnsitz** eines unbeschränkt haftenden Gesellschafters (general partner), der unternehmerisch tätig wird, begründet noch **keine** Betriebstätte (irrig *Huston/Williams,* S. 80; s. hierzu Art. 7 Rz. 36ff.).

19 **e) Ausübung der Tätigkeit:** Das Unternehmen muss durch die feste Geschäftseinrichtung im anderen Staat seine **Tätigkeit** ausüben. Aus dem Ausdruck „fest" ergibt sich für diese Tätigkeit das Erfordernis der **Dauer.** Die Geschäftseinrichtung darf dem Unternehmen nicht nur vorübergehend, sondern sie muss ihm mit einer gewissen Beständigkeit zu dienen bestimmt sein. Ob dieses Erfordernis der Anlage auf Dauer gegeben ist, beurteilt sich unter Beachtung branchentypischer Gegebenheiten (*Lorking,* BIFD 1998, 273) nach den Gesamtumständen des Einzelfalles (was nach kanadischer Praxis bis zur Berücksichtigung des Klimas und Wetters führen kann, s. *Skaar,* S. 220, 226). Übt das Unternehmen seine Tätigkeit regelmäßig in der Geschäftseinrichtung aus, so ist ungeachtet der Fristbestimmung des Abs. 3 eine Betriebstätte anzunehmen. Die 12-Monats-Frist des Abs. 3 ist nur für Bauausführungen und Montagen maßgebend (ebenso *Skaar,* S. 216; ÖstVwGH v. 21.5.1997, ÖStZB 1998, 15ff.: *DBA Österreich/Schweiz*). Das gilt für alle Einrichtungen, die einer Bauausführung oder Montage dienen, z.B. für Containerunterkünfte (BFH BFH/NV 2001, 1317: *DBA Ungarn 1977;* ebenso Wassermeyer/*Wassermeyer,* Art. 5 Rz. 37a). Die Bestimmung kann nicht dahin ausgelegt werden, dass Geschäftseinrichtungen allgemein nur dann als „ständig" anzusehen seien, wenn sie mindestens 12 Monate bestanden haben. Aus ihr ist im Gegenteil zu folgern, dass, wo nicht eine Bauausführung oder Montage vorliegt, eine Einrichtung auch dann „fest" im Sinne der erforderlichen zeitlichen Dauer sein kann, wenn sie für **weniger** als 12 Monate geplant ist und die durch sie ausgeübte Geschäftstätigkeit ihrer Art nach kurzfristig ist. Dann sollen auch Tätigkeiten von weniger als 6 Monaten „fest" sein können (MA-Komm. Ziff. 6; ITAT Nos. 269 und 1754/Del/2007 v. 29.8.2008: *DBA Indien/Niederlande; Caridi,* ET 2003, 16). Die Frist des Abs. 3 ist jedoch als Orientierungswert für die Mindestdauer ein praktikabler Ansatz (FG Köln EFG 2002, 765: *DBA China; Görl,* StbJb 2004/2005, 81 (87f.)) Die Praxis in den OECD-Mitgliedstaaten nimmt bisher bei einer Dauer von weniger als sechs Monaten keine feste Einrichtung an (MA-Komm. Ziff. 6). Dieser Handhabung ist auch für Geschäftstätigkeiten zuzustimmen, die *ihrer Art* nach kurzfristig sind. Solche Aktivitäten begründen keine Betriebstätten, da die entsprechenden Einrichtungen aufgrund ihrer Natur, nämlich der Kurzfristigkeit, nicht als „fest" angesehen werden können. Das sollte auch dann gelten, wenn das Unternehmen ausschließlich, aber kurzfristig in dem anderen Staat tätig ist (*Ronge,* IStR 2013, 268f.). Anders der MA-Komm. Ziff. 6, bekräftigt durch das Beispiel in Ziff. 6.2, OECD, Revised Proposals concerning the Interpretation and Application of Article 5 (Permanent Establishment) 19th October 2012 to 31st January 2013: Das einmalige Betreiben eines Restaurants über einen Zeitraum von 4 Monaten begründet eine Betriebstätte, wenn es sich um die einzigen Geschäftsaktivitäten handelt und auch für die Zukunft keine weiteren geplant sind. Keine feste Einrichtung soll vorliegen, wenn der Unternehmer im Sitzstaat noch andere Restaurants betreibt (kritisch *Ditz,* S. 123ff.). Für die Beurteilung der zeitlichen Intensität kann es m.E. nicht darauf ankommen, ob zusätzlich im Sitzstaat oder in Drittstaaten Geschäftsaktivitäten ausgeübt werden oder nicht (*Arnold,* BIT 2008, 229; a.A. *Reimer/Schmid/Orell,* Rz. 89). Auf Grund ihrer kurzen Dauer erreichen solche Aktivitäten nicht die vom Betriebstättenbegriff geforderte Mindestintensität der geschäftlichen Bindung an den Tätigkeitsstaat (vgl. Rz. 2). Darüber hinaus ist bei einer Mindestdauer von 6 Monaten gewährleistet, dass der Quellenstaat sein Besteuerungsrecht auch tatsächlich ausüben kann und somit eine doppelte Nichtbesteuerung vermieden wird, UFS GZ RV/0606-S/02 v. 24.10.2003; *Bendlinger,* S. 61f. (zur Diskussion des OECD Discussion Drafts s. *Angus,* TMIJ 2013, 260ff.).

Bei mehr als 12 Monaten ist das Erfordernis der Dauer aber jedenfalls gegeben (Wassermeyer/*Wassermeyer,* Art. 5 Rz. 37a). In diesem Fall liegt auch bei Durchführung lediglich eines einzigen Auftrags eine Betriebstätte vor (ÖstVwGH v.

21.5.1997, ÖStZB 1998, 17: *DBA Österreich/Schweiz,* der im konkreten Fall 6 Monate als ausreichend ansah). Das Vorliegen allein einer lang andauernden Tätigkeit ohne Verfügungsmacht über eine Einrichtung begründet jedoch keine Betriebstätte (*Boidman,* BIFD 2000, 342). Es müssen zusätzliche Umstände hinzutreten, die auf eine örtliche Verfestigung der Tätigkeit schließen lassen (*BFH* BStBl. II 2008, 922; *Korff,* IStR 2009, 234 ff.). Wird der Ort der Tätigkeit häufig gewechselt, so führt auch eine längere Tätigkeit in einem Vertragsstaat ebenfalls nicht zur Entstehung einer Betriebstätte (so für 60 Tage aufgeteilt auf 50 Aufenthalte in verschiedenen Büros und an zwei verschiedenen Orten das norwegische *Høyesterett* Rt. 1994, 752 (761 ff.): *DBA Norwegen/Großbritannien*). Entscheidend ist dabei der **Plan,** unter dem die Einrichtung errichtet wird (*Fresch/Strunk* in SKK, Art. 5 OECD-MA Rz. 53 f.). So ist eine für unbefristete Aktivitäten vorgesehene Geschäftseinrichtung auch dann als auf Dauer eingerichtet anzusehen, wenn sie nach kurzer Zeit aufgrund neu hinzugetretener Umstände (z. B. mangelnde Rentabilität, behördliche Verfügung) wieder aufgegeben wird (MA-Komm. Ziff. 6.3; GKG/*Günkel* Art. 5 Rz. 79; für die Niederlande *Pijl,* BIFD 2002, 556 m. w. N.; a. A. *Reimer/Schmid/Orell,* Rz. 65 f.).

Handelsvertreter, die auf verschiedenen Messen tätig werden (FG München EFG 1993, 707), sowie Wanderzirkusunternehmen, Eisbühnen und ähnliche Unternehmen, die ihre Tätigkeit im Umherziehen ausüben, gründen dagegen an den Orten, an denen sie jeweils nur für kurze Zeit Vorstellungen geben, keine Betriebstätte. Dies gilt auch für Tanz- und Musikgruppen (*IRS* Letter Rulings 77–31–013, 79–24–025; s. a. verschiedene Letter Rulings in TN April 1984, 40; zur schwankenden älteren Praxis des *IRS* s. ferner *Huston/Williams,* S. 13;). Ebenso führt auch der wiederholte Einsatz eines Rennpferdes im Inland, sofern es sich jeweils um unterschiedliche Rennbahnen handelt, noch nicht zur Entstehung einer Betriebstätte; die hiervon abweichende Rechtsauffassung des *IRS* in Rev. Rul. 60–249, 1960–2 Cum. Bull. 264 dürfte durch die zitierten neueren Letter Rulings überholt sein (immerhin werden diese Rulings noch diskutiert bei *Huston/Williams,* S. 41 ff.). Abweichend hat der *Tax Court of Canada* eine Betriebstätte angenommen in einem Fall, in dem ein Händler nur jeweils einmal im Jahr für zwei Wochen, freilich seit 15 Jahren, von einem Anhänger und einem zusammenklappbaren Verkaufsstand aus auf einer Ausstellung Waren verkauft hatte; dabei hatte er zweimal Anhänger und Stand zwischen den Ausstellungen, nach seinen Angaben zu deren Reparatur, in Kanada belassen (Fowler v. M. N. R., 1990 DTC, 1834: *DBA Kanada/USA;* dazu *Boidman,* TMIJ 1991, 38 sowie MA-Komm. Ziff. 6). Der Entscheidung kann schon deshalb nicht gefolgt werden, weil hier keine feste Beziehung zu einem Teil der Erdoberfläche gegeben war. 20

Unterbrechungen der Tätigkeit, die im Rahmen des normalen Geschäftsablaufs des Unternehmens liegen (Saisongeschäfte, Urlaub), sind für die Beurteilung der Ständigkeit unschädlich, wenn die Tätigkeit am gleichen Ort fortgesetzt wird (MA-Komm. Ziff. 11). Das soll auch dann für wiederkehrende Unterbrechungen gelten, wenn die Gesamtdauer der einzelnen Tätigkeiten sich über einen längeren Zeitraum erstreckt (MA-Komm. Ziff. 6.1). Nach dieser Auffassung wäre die Durchführung eines über mehrere Jahre laufenden Wartungsvertrages betriebstättenbegründend, selbst wenn die Wartungsarbeiten lediglich an jeweils zwanzig Tagen pro Quartal erfolgen (Beispiel aus der Eröffnungssitzung des OECD Global Forum, 9th Annual International Tax Meeting on Tax Treaties, Paris 2004). Selbst ein jährlich für drei Monate über einen Zeitraum von voraussichtlich fünf Jahren in einer abgelegenen Region ausgeführte Bohraktivität wäre eine Betriebstätte (so jetzt Ziff. 6.1 OECD, Revised Proposals concerning the Interpretation and Application of Article 5 (Permanent Establishment), 19th October 2012 to 31st January 2013; a. A. BFH BStBl. II 2004, 396 zum innerstaatlichen Recht). Deutschland hat sich in 21 einer Bemerkung zum MA-Komm. gegen diese Qualifizierung ausgesprochen und fordert für die Annahme der Ständigkeit eine Mindestpräsenz innerhalb des betreffenden Jahres (MA-Komm. Ziff. 45.8; *Wichmann,* IStR 2012, 713). Dem ist schon aus Praktikabilitätsgründen zuzustimmen (a.A. *Fresch/Strunk* in SKK, Art. 5 OECD-MA Rz. 61).

22 Die Tätigkeit des Unternehmens muss sich **in** der festen Einrichtung vollziehen oder **von ihr aus** oder **durch sie** ausgeübt werden, d.h. die Geschäftseinrichtung selber darf nicht vom Unternehmen produziert, gehandelt, ver- oder bearbeitet werden. Allerdings will die OECD den Ausdruck „Tätigkeit durch die Geschäftseinrichtung" in einem sehr weiten Sinn verstanden wissen (MA-Komm. Ziff. 4.6). Auch viele OECD-Staaten unterscheiden nicht zwischen dem Objekt der Tätigkeit und der Einrichtung, die der Tätigkeit dient (*Sasseville/Skaar,* CDFI Vol. 94a, 25) Damit kann jede Tätigkeit mit einem festen Bezug zu einem geografischen Ort zur Begründung einer Betriebstätte führen. So soll die Tätigkeit eines Anstreichers, der über einen Zeitraum von zwei Jahren wöchentlich an drei Tagen ein Gebäude ausmalt, eine Betriebstätte in diesem Gebäude begründen (MA-Komm. Ziff. 4.5). Diese Auslegung geht über den Wortlaut des Art. 5 Abs. 1 MA hinaus und steht im Widerspruch zu MA-Komm. Ziff. 4.2. Betriebstätte wäre nicht mehr die Einrichtung, durch die die Unternehmenstätigkeit ausgeübt wird, sondern der Ort der Tätigkeit (*Wichmann,* S. 108; *Eckl,* IStR 2009, 511; *Bürkle/Ullmann,* DStR 2013, 948). Faktisch wird das Erfordernis der festen Einrichtung aufgegeben (*Bendlinger,* SWI 2006, 358, 361; *ders.,* IStR 2009, 522; *Görl,* StbJb 2004/2005, 81 (84); *Becker/Bohn,* DB 2013, 1197). Im Ergebnis käme das der Einführung der sog. „Dienstleistungsbetriebstätte" gleich, ohne den Wortlaut des Art. 5 zu ändern (*Görl,* StbJb 2004/2005, S. 81 (85); ähnlich *Munoz,* TNI 2010, 377; s. hierzu und den MA-Komm.-Regelungen zur sog. „Dienstleistungsbetriebstätte" u. Rz. 70a, 73). Deutschland hat folgerichtig in einer Bemerkung zum MA-Komm. dieser Auslegung ausdrücklich nicht zugestimmt (MA-Komm. Ziff. 45.7).

Wird eine Geschäftseinrichtung einem anderen Unternehmen zur Benutzung überlassen, so vollzieht sich darin grundsätzlich keine Tätigkeit des überlassenden Unternehmens, es sei denn, das andere Unternehmen handelt auf Rechnung und Gefahr des überlassenden Unternehmens (FG BW EFG 1992, 653: *DBA Schweiz*).

23 **Die Vermietung oder Verpachtung** im Ausland gelegener Grundstücke macht deshalb diese noch nicht zu einer Geschäftseinrichtung, in der die Unternehmenstätigkeit ausgeübt wird, somit nicht zu einer Betriebstätte des inländischen Verpächters (BFH BStBl. III 1959, 133 (134): *DBA USA 1954;* BStBl. II 1979, 18 (19f.); *Baker,* Einl. Rz. 1, m.w.N.; für die Vermietung von Antennenanlagen s. ÖstBMF SWI 1994, 3: *DBA Österreich/Deutschland;* von Geldspielautomaten s. ÖstBMF v. 4.1.1999 (EAS 1396), SWI 1999, 172). Anders das *DBA Schweden/Belgien,* nach dem zur Veräußerung bestimmtes Grundvermögen als Betriebstätte behandelt werden kann (s. Schwed. *Riksskatteverk,* bestätigt durch den *Regeringsrätt,* RÅ 1991 not 228: *DBA Schweden/Belgien*). Ebenso ist ein vermietetes **Baugerüst** keine Betriebstätte des Vermieters. Hat der Vermieter aber auch das Aufstellen sowie Um- und Abbau des Baugerüsts übernommen, handelt es sich um eine Montage i.S. des Abs. 3 (ÖstBMF v. 10.6.1994, SWI 1994, 244).

23a Die **Überlassung von Arbeitnehmern** begründet im Tätigkeitsstaat der Arbeitnehmer keine Betriebsstätte für das überlassende Unternehmen (*Bendlinger/Görl/Paaßen/Remberg,* IStR 2004, 145 (147); ÖstBMF v. 16.12.2005 (EAS 2682), SWI 2006, 54; für eine Darstellung der Rechtslage in einer Reihe von Ländern s. APTB 2007, 155ff.). Dessen Tätigkeit erschöpft sich in der Auswahl und Zurverfügungstellung der Arbeitskräfte. Die findet regelmäßig am Sitz des überlassenden Unternehmens statt. Es hat deshalb keine Präsenz im Tätigkeitsstaat der überlassenen Arbeitskräfte. Die Tätigkeit der überlassenen Arbeitskräfte ist dem aufnehmenden Unternehmen zuzurechnen, da sie auf dessen Gefahr erfolgt. Die Arbeitskräfte arbeiten unter Weisung und Aufsicht des aufnehmenden Unternehmens (ITAT No. 671/Mum/2007 v. 23.2.2010: *DBA Indien/USA;* a.A. *AAR* No. 661/2005, ITR 2006 für einen Fall, bei dem das überlassene Personal in der aufnehmenden Gesellschaft für diese Schlüsselfunktionen wahrnahm; s. auch *Butani/Rastogi,* APTB 2007, 436 (438); s. Rz. 169).

f) Auf die **Art der Tätigkeit,** der die Betriebstätte dient, kommt es nicht an. 24
Insbesondere muss es sich bei der Betriebstätte nicht um eine Zweigniederlassung in dem Sinn handeln, dass in ihr gleichartige Geschäfte wie in der Hauptniederlassung abgewickelt werden. Die Geschäftseinrichtung braucht auch nicht unmittelbar zum Gewinn des Unternehmens beizutragen (MA-Komm. Ziff. 3). Die Tätigkeit muss lediglich dem Gesamtzweck des Unternehmens dienen. Es muss sich jedoch um eine „Tätigkeit" handeln. So wird das bloße Transportieren von Öl oder ähnlichen Stoffen durch eine Pipeline oder ähnliche Röhrensysteme ebenso wie das Leiten von Elektrizität durch Kabel nicht als Tätigkeit anzusehen sein, also keine Betriebstätte begründen (BFH BStBl. II 1978, 111 (112) m. w. N.; Dänisches FinMin v. 23.11.1993, TNI 1994, 505 unter Berufung auf den OECD-Komm.; *Lampe,* ET 1998, 70). Diesen notwendigen Bezug zu einer Unternehmenstätigkeit übersieht die abweichende Auffassung in der deutschen Rechtsprechung (BFH BStBl II 1997, 12; FG Düsseldorf EFG 1992, 717; ebenso ÖstBMF v. 2.7.2002 (EAS 2090), SWI 2002, 405 für eine Kabeltrasse). Sie ist deshalb abzulehnen (vgl. *Wassermeyer,* IStR 1997, 149; Wassermeyer/*Wassermeyer,* Art. 5 Rz. 33; *Günkel,* IWB F. 3a Gr. 1, 589; GKG/*Günkel,* Art. 5 Rz. 54; *Portner,* IStR 1998, 553; *Riemenschneider,* IStR 2002, 561). Anders jedoch bei vollautomatischen Pumpstationen und ähnlichen Einrichtungen (s. u. Rz. 28; zur Abgrenzung gegenüber Vorbereitungs- und Hilfstätigkeiten s. Rz. 84 ff.).

Dagegen braucht es sich **nicht** um **„aktive" Geschäftstätigkeiten** i. S. des § 8 25
AStG, der sec. 553 I. R. C. und vieler DBA (s. Art. 23 Rz. 74 ff.) zu handeln. Der MA-Komm. zu Art. 5 Ziff. 8 erwähnt, dass auch die Vermietung von Einrichtungen, Ausrüstungen oder Grundvermögen zur Begründung einer Betriebstätte führen kann. Einrichtungen, die ausschließlich Aufgaben der Vermögensverwaltung durchführen, sind demgemäß Betriebstätten. Eine Betriebstätte liegt auch dann vor, wenn ein in einem Vertragsstaat ansässiger Steuerpflichtiger eine Geschäftseinrichtung im Ausland hat, deren unternehmerische Tätigkeit ausschließlich in der Vermietung von unbeweglichem oder beweglichem Vermögen besteht. Ebenso kann die Verpachtung bzw. Vermietung immaterieller Wirtschaftsgüter wie Patente u. Ä. durch eine feste Einrichtung an Dritte eine Betriebstätte begründen, wenn dies im Rahmen eines gewerblichen Unternehmens geschieht.

Nach Streichung des Art. 14 über die Einkünfte aus selbstständiger Tätigkeit (s. Rz. 2) trifft das auch auf entsprechende freiberufliche Tätigkeiten zu.

Nicht (mehr) verlangt wird auch, dass die Geschäftseinrichtung einen sog. 26
„produktiven Charakter" besitzen muss, d. h. zum Gewinn des Unternehmens beitragen muss (anders noch die Musterentwürfe von Mexiko und London, s. Grundl. Rz. 33). Die MA gehen davon aus, dass in einem gut geführten Unternehmen jeder Teil an der Produktivität des Gesamtunternehmens beteiligt ist (MA-Komm. Ziff. 3). Daher können auch Geschäftseinrichtungen, die nur oder überwiegend Ausgaben verursachen, Betriebstätten sein (RFH RStBl. 1935, 1516 (1517)). Offen bleibt, ob einer solchen Betriebstätte ein Gewinn zugerechnet werden kann (dazu s. bei Art. 7 Rz. 70 ff.). Zumindest kann aber das Vermögen einer solchen Betriebstätte nach Art. 22 Abs. 2 der Vermögensbesteuerung unterworfen werden.

Immerhin muss es sich bei der Tätigkeit, die im Rahmen der Einrichtung ausge- 27
übt wird, um eine **Unternehmens**tätigkeit handeln. Die Einrichtung muss den

Charakter einer „Geschäfts“einrichtung haben. **Soziale** Einrichtungen wie Erholungsheime und Wohnheime für die Belegschaft sind daher auch nach der Definition der MA **keine** Betriebstätten (FG München EFG 1968, 55 (56): *DBA Italien 1925,* sowie BFH BStBl. III 1959, 349; III 1961, 52; III 1963, 156 (157)).

28 Die Unternehmenstätigkeit muss nicht notwendig von Personen ausgeführt werden (MA-Komm. Ziff. 42.6; BFH BStBl. II 1997, 12; BFH BFH/NV 1998, 19; *Reimer/Schmid/Orell,* Rz. 32; a. A. Wassermeyer/*Wassermeyer,* Art. 5 Rz. 10b). Verkaufs- und ähnliche **Automaten** können Betriebstätten sein, wenn das Unternehmen eine Geschäftstätigkeit entfaltet, die über die Aufstellung der Automaten hinausgeht (ÖstBMF v. 7.7.1997 (EAS 1100), SWI 1997, 464 für Treibstoff-Kreditkartenautomaten; High Court Delhi v. 25.2.2009, ITA 851–856/2008 u. ITA 859, 860/2008: *DBA Indien/USA*). Entscheidend ist, ob Personal für die konkrete Geschäftstätigkeit vor Ort – z. B. für Wartungsarbeiten – erforderlich ist. Auch vollautomatische Pumpstationen und ähnliche Einrichtungen können daher als Betriebstätten angesehen werden, wenn zumindest zeitweilig Personen am Ort der Einrichtung präsent sind.

29 **g) Internet-Aktivitäten:** Die OECD hat folgende Grundsätze zur Frage entwickelt, ob ein Internet-Server eine Betriebstätte begründet (MA-Komm. Ziff. 42.1 ff.): Es ist zwischen Hard- und Software zu unterscheiden. Software kann von vornherein keine feste Geschäftseinrichtung sein, da sie ein immaterielles Wirtschaftsgut darstellt. Eine Website kann deshalb keine Betriebstätte begründen; es fehlt an der weiterhin erforderlichen physischen Anknüpfung (MA-Komm. Ziff. 42.2; zur Website als „virtueller Betriebstätte“ *Sprague,* TMIJ 2013, 48 ff.). Hardware, also der Server, auf dem die Website gespeichert ist, verfügt über einen physischen Standort und kann deshalb grundsätzlich eine feste Geschäftseinrichtung begründen. Das gilt dann, wenn das Unternehmen, das seine Tätigkeit mit Hilfe einer Website ausübt, über einen eigenen Server verfügt, auf dem die Website gespeichert wird, und diesen selbst betreibt (*Pinkernell,* Ubg 2012, 337; zu Cloud Computing *Heinsen/Voss,* Intertax 2012, 588 ff.). In diesem Fall liegt eine Betriebstätte vor, wenn die weiteren Voraussetzungen des Art. 5 erfüllt sind (MA-Komm. Ziff. 42.3): Der Server muss „fest“ i. S. von Abs. 1 sein. Dieses Tatbestandsmerkmal liegt vor, wenn der Standort des Servers während eines ausreichenden Zeitraums nicht verändert wird (MA-Komm. Ziff. 42.4; Rz. 12 ff.). Des Weiteren muss die Tätigkeit des Unternehmens durch den Server ausgeübt werden. Hierbei stellt die OECD einzelfallbezogen darauf ab, ob durch die Computerausrüstung Geschäftsfunktionen wahrgenommen werden (MA-Komm. Ziff. 42.5). Es kommt dabei nicht darauf an, ob für den Betrieb der Computerausrüstung Personal des Unternehmens erforderlich ist (MA-Komm. Ziff. 42.6; Rz. 28; kritisch Wassermeyer/*Wassermeyer,* Art. 5 Rz. 33a). Schließlich sind die Betriebstättenausnahmen des Abs. 4 zu prüfen. Die Betriebstätteneigenschaft eines Servers wird spätestens daran regelmäßig scheitern (*Wiater/Bosch,* IStR 1998, 760; ÖstBMF SWI 2007, 244). Die Funktion des Servers ist selbst in den Fällen des Vertriebs von digitalisierten Produkten auf die eines bloßen Mediums beschränkt, vergleichbar einem Telefon, Fax oder allenfalls einem Auslieferungslager (*Pinkernell/Ditz,* FR 2001, 1197; a. A. für Online-Geschäfte *Watrin,* IStR 2001, 429; *Findeis/Eickmann,* DStZ 2008, 139, 144). Das scheint das FG Schleswig-Holstein in seinem ausdrücklich auf den neuen MA-Komm. gestützten Urteil zu verkennen (FG Schleswig-Holstein EFG 2001, 1535: *DBA Schweiz* mit Anm. *Herlinghaus;* kritisch *Hahn,* SWI 2002, 17). Sind diese Hilfstätigkeiten Hauptzweck des Unternehmens, fehlt es typischerweise an der Verfügungsmacht über die Software-Inhalte. Deshalb dürfte auch ein Internet Service Provider (ISP) regelmäßig mit den vermieteten Server-Kapazitäten keine Betriebstätte begründen (*Delgado Garcia/Cuello,* ET 2013, 21;

a. A. *Tappe,* IStR 2011, 870, 873). Er qualifiziert auch nicht als Abschlussvertreter gem. Abs. 5 (MA-Komm. Ziff. 42.10).

Mit ihrer weiten Auslegung des Betriebstättenbegriffs trägt die OECD nur vordergründig den technischen Entwicklungen Rechnung (*Kessler/Peter,* IStR 2001, 240), in der Sache begibt sie sich auf den Weg zum Verlassen des Betriebstättenprinzips. Nach dessen Grundgedanken sollen nur intensive geschäftliche Bindungen an einen Staat dessen Besteuerungsrecht legitimieren (s. Rz. 2). Ein Server erreicht diese geforderte Intensität der Teilnahme an der Wirtschaft seines Standortstaates nicht. Die Existenz eines Computerlaufwerkes ohne nennenswerte Anforderungen an die örtliche Infrastruktur und ohne zwingende, sondern allenfalls zufällige Außenwirkung am Standort rechtfertigt deshalb keine Besteuerung des Serverbetriebs durch den Standortstaat (*Steimel,* IStR 2000, 495). Das bloße Unterhalten eines Internet-Servers begründet daher noch keine Betriebstätte (OFD Karlsruhe v. 11.11.1998, IStR 1999, 439; ebenso *Großbritannien* in einer Bemerkung zum MA-Komm., MA-Komm. Ziff. 45.5; zur Diskussion s. die in Rz. 1a genannte Literatur, insbesondere *Kessler/Peter,* DB 2000, 1545; *Portner,* InstFst Nr. 390 (2001); *Fresch/Strunk,* in SKK, Art. 5 OECD-MA Art. 5 Rz. 130 ff.; Wassermeyer/*Wassermeyer,* Art. 5 Rz. 33a; *Buchanan,* TNI August 2002, 1097; *Masui,* APTB 2007, 3 (6); *Gonzales-Bendiksen/Cabajo,* TNI July 2008, 183; *Lüthi,* FS Avery Jones, S. 109 ff.). *Skaar,* Intertax 2000, 188 und *Asatsuma,* APTB 2009, 76, 79, stellen das Betriebstättenkonzept für Electronic Commerce grundsätzlich in Frage. Auch im Rahmen des BEPS-Projects wird überprüft, ob für den Electronic Commerce neue Besteuerungskonzepte notwendig sind (*Pinkernell,* Ubg 2014, 79).

Bei den Erwägungen zur Betriebstätteneigenschaft von Internet-Servern hat die OECD einen für die Praxis wichtigen Aspekt vernachlässigt: Die erkennbaren Schwierigkeiten bei der Zurechnung eines Gewinns auf eine „Server-Betriebstätte" (Art. 7 Rz. 93). Da eine Ertrags- und Aufwendungszuordnung nur unter großen Schwierigkeiten möglich sein dürfte, bietet sich als pragmatische Lösung an, den Server als Betriebstättenausnahme in den Katalog des Abs. 4 aufzunehmen (Rz. 85). Das Ergebnis wäre sachgerecht (vgl. *Portner,* InstFSt Nr. 390, 61) und würde ansonsten mögliche unerwünschte Doppelbesteuerungen oder Besteuerungslücken erst gar nicht entstehen lassen. **30**

h) Entstehung und Ende der Betriebstätte: Die Betriebstätte entsteht, wenn das Unternehmen beginnt, seine Tätigkeit durch die feste Geschäftseinrichtung auszuüben. Dies ist der Fall, sobald es in der Geschäftseinrichtung die Tätigkeit vorbereitet, für die die Einrichtung auf die Dauer bestimmt ist. Die Zeit, während derer die Geschäftseinrichtung als solche von dem Unternehmen errichtet wird, bleibt dabei unberücksichtigt (MA-Komm. Ziff. 11). Eine Betriebstätte ist erst dann existent, wenn alle Voraussetzungen der Betriebstättendefinition erfüllt sind. Dazu gehört auch, dass die Einrichtung die Tätigkeit aufgenommen hat, für die sie bestimmt ist. Vorbereitungs- und Nebentätigkeiten gehören jedoch bereits zu dieser Betriebstättentätigkeit (*Schieber,* Auslandsbetriebstätten, S. 8; *Andersen,* ET 1996, 419 ff.). **31**

Für die Bestimmung des Zeitpunktes, in dem die Betriebstätte erlischt, sind dieselben Grundsätze maßgebend wie für ihr Entstehen. Wird die Geschäftstätigkeit des Unternehmens auf Dauer eingestellt, so endet auch die Betriebstätte. Gleiches gilt, wenn die Geschäftstätigkeit nicht mehr von der festen Geschäftseinrichtung aus oder durch sie ausgeübt wird oder wenn die Geschäftseinrichtung an einen Dritten übertragen wird, ferner wenn sie vermietet oder verpachtet wird, vorausgesetzt, das Unternehmen beschränkt sich in diesem Fall auf die Verpachtung und übt nicht eine darüber hinausgehende Geschäftstätigkeit aus (MA-Komm. Ziff. 8 und 10; BFH BStBl. III 1965, 324 (325)). Über nachträgliche Einkünfte, auch solche einer bereits aufgegebenen Betriebstätte, s. aber Vor Art. 6 bis 22 Rz. 8 f. **32**

II. Deutsche DBA

1. Abkommensübersicht zu Artikel 5 Abs. 1

33

Definition entsprechend MA		
DBA	Artikel	Rz.
Ägypten	5 Abs. 1	
Albanien 2010	5 Abs. 1	
Algerien 2007	5 Abs. 1	
Argentinien	5 Abs. 1	
Aserbaidschan	5 Abs. 1	
Australien	5 Abs. 1	
Bangladesch	5 Abs. 1	
Belarus	5 Abs. 1	
Belgien	5 Abs. 1	
Belgien (E)	5 Abs. 1	
Bosnien-Herzegowina	s. Jugoslawien	
Bulgarien 2010	5 Abs. 1	
China 1985	5 Abs. 1	
China 2014 (E)	5 Abs. 1	
Costa Rica 2014 (E)	5 Abs. 1	
Dänemark	5 Abs. 1	
Elfenbeinküste	5 Abs. 1	
Estland	5 Abs. 1	
Finnland	5 Abs. 1	
Frankreich	2 Abs. 1 Nr. 7 S. 1	
Georgien	5 Abs. 1	
Georgien (E)	5 Abs. 1	
Ghana	5 Abs. 1	
Griechenland	II Abs. 1 Nr. 7 Buchst. a	
Großbritannien 1964/70	II Abs. 1 Buchst. l (i)	
Großbritannien 2010	5 Abs. 1	
Großbritannien 2014 (E)	5 Abs. 1	
Indien	5 Abs. 1	
Indonesien	5 Abs. 1	
Iran	5 Abs. 1	
Irland 2011	5 Abs. 1	
Island	5 Abs. 1	
Israel	2 Abs. 1 Nr. 7 Buchst. a	
Jamaika	5 Abs. 1	
Japan	5 Abs. 1	
Jugoslawien	5 Abs. 1	
Kanada	5 Abs. 1	
Kenia	5 Abs. 1	
Kirgisistan	5 Abs. 1	
Korea	5 Abs. 1	
Kosovo	s. Jugoslawien	
Kroatien	5 Abs. 1	
Kuwait	5 Abs. 1	
Lettland	5 Abs. 1	
Liberia	5 Abs. 1	
Liechtenstein 2011	5 Abs. 1	
Litauen	5 Abs. 1	
Luxemburg 2012	5 Abs. 1	

Definition entsprechend MA

DBA	Artikel	Rz.
Malaysia	5 Abs. 1	
Malta	5 Abs. 1	
Marokko	5 Abs. 1	
Mauritius 2011	5 Abs. 1	
Mazedonien 2006	5 Abs. 1	
Mexiko 2008	5 Abs. 1	
Mongolei	5 Abs. 1	
Montenegro	s. Jugoslawien	
Namibia	5 Abs. 1	
Neuseeland	5 Abs. 1	
Niederlande 1959/2004	2 Abs. 1 Nr. 2; Art. 3 3. Zusatzprotokoll	35a
Niederlande 2012 (E)	5 Abs. 1	
Norwegen 1991	5 Abs. 1	
Norwegen 2013 (E)	5 Abs. 1	
Oman 2012 (E)	5 Abs. 1	
Österreich	5 Abs. 1	
Pakistan	5 Abs. 1	
Philippinen 1983	5 Abs. 1	
Philippinen 2013	5 Abs. 1	
Polen	5 Abs. 1	
Portugal	5 Abs. 1	
Rumänien	5 Abs. 1	
Russische Föderation	5 Abs. 1	
Sambia	5 Abs. 1	
Schweden	5 Abs. 1	
Schweiz	5 Abs. 1	
Serbien	s. Jugoslawien	
Simbabwe	5 Abs. 1	
Singapur	5 Abs. 1	
Slowakei	s. Tschechoslowakei	
Slowenien	5 Abs. 1	
Spanien 2011	5 Abs. 1	
Sri Lanka	5 Abs. 1	
Südafrika 1973	3 Abs. 1 Buchst. j, aa	
Südafrika 2008 (E)	5 Abs. 1	
Syrien 2010	5 Abs. 1	
Tadschikistan	5 Abs. 1	
Taiwan 2011	5 Abs. 1	
Thailand	5 Abs. 1	
Trinidad und Tobago	5 Abs. 1	
Tschechien	s. Tschechoslowakei	
Tschechoslowakei	5 Abs. 1	
Türkei 2011	5 Abs. 1	
Tunesien	5 Abs. 1	
Ukraine	5 Abs. 1	
Ungarn 2011	5 Abs. 1	
Uruguay 2010	5 Abs. 1	
Usbekistan	5 Abs. 1	
Venezuela	5 Abs. 1	
Vereinigte Arabische Emirate 2010	5 Abs. 1	

Definition entsprechend MA

DBA	Artikel	Rz.
Vietnam	5 Abs. 1	
Weißrussland	s. Belarus	
Zypern 2011	5 Abs. 1	

Definition abweichend vom MA

DBA	Allgemeine Betriebstättendefinition	Artikel	Rz.
Armenien	s. UdSSR		
Bolivien	besonders erwähnt, dass die Geschäftseinrichtung der Erzielung von Einkommen dienen muss	5 Abs. 1	35
Ecuador	„feste Geschäftseinrichtung, **in** der die Tätigkeit ... ausgeübt wird"	5 Abs. 1	34
Italien	„feste Geschäftseinrichtung, **in** der die Tätigkeit ... ausgeübt wird"	5 Abs. 1	34
Kasachstan	s. UdSSR		
Moldau	s. UdSSR		
Turkmenistan	s. UdSSR		
UdSSR	„Geschäftstätigkeit"	4 Abs. 1; Prot. Nr. 1	34
USA 1989/2006	≈ MA; Sonderbestimmung für Konzerte, Theater und sonstige künstlerische Veranstaltungen	5 Abs. 1; Prot. Nr. 3	35

2. Erläuterungen

34 Einige DBA definieren die Betriebstätte als eine Geschäftseinrichtung, „in der" (statt: „durch die") die Unternehmenstätigkeit ausgeübt wird (*DBA Ecuador* und *Italien,* jeweils Art. 5 Abs. 1; s. Rz. 22). Sachlich bedeutet das keinen Unterschied im Verhältnis zur MA-Definition. Auch die Formulierung im *DBA UdSSR* „... jede feste Einrichtung, durch die ... ihre Geschäftstätigkeit ... ausübt", entspricht sachlich dem MA. Allerdings ist der Betriebstättenbegriff des *DBA UdSSR* auch für die Einkünfte aus selbstständiger Tätigkeit maßgebend (s. Prot. Nr. 1 zum *DBA UdSSR*). Es hat insoweit die Entwicklung im MA gewissermaßen vorweggenommen (s. Rz. 11 und Art. 14 Rz. 1).

35 Das *DBA Bolivien* verlangt in Art. 5 Abs. 1, dass die Geschäftseinrichtung der Unternehmenstätigkeit **und der Erzielung von Einkommen** dient. Das schließt in Übereinstimmung mit den Musterabkommen von *Mexiko 2008* und *London* (Rz. 26) nicht-produktive Einrichtungen aus dem Begriff der Betriebstätte aus.

Das *DBA USA 1989/2006* bestimmt für Personen, die **Konzerte, Theater oder sonstige künstlerische Veranstaltungen** aufführen, jedoch nicht unter Art. 17 fallen, dass diese nicht als Inhaber einer Betriebstätte oder festen Einrichtung angesehen werden, falls ihre Aufenthaltsdauer im betreffenden Kalenderjahr insgesamt **183 Tage** nicht übersteigt (*Prot.* Nr. 3 zum *DBA USA 1989/2006).* Hier wird also auch außerhalb des Art. 5 Abs. 3 das Vorliegen einer Betriebstätte von einer konkreten Mindestdauer des Aufenthalts abhängig gemacht. Andererseits führt ein Aufenthalt von **mehr** als 183 Tagen nach der Vorschrift **noch nicht** ohne weiteres zur Annahme einer Betriebstätte; es müssen vielmehr auch alle sonstigen Voraussetzungen des Betriebstättenbegriffs gegeben sein. Insbesondere muss eine Geschäftseinrichtung vorliegen (dazu Rz. 13ff.).

Das *DBA Niederlande 1959/2004* definiert die Betriebstätte MA-konform. Eine Sonderregelung gilt für das grenzüberschreitende Gewerbegebiet Avantis zwischen Aachen und Heerlen. Sie durchbricht für dort befindliche Betriebstätten das Betriebstättenprinzip und besteuert deren Aktivitäten wie ein Direktgeschäft (vgl. *Kollruss,* RIW 2006, 678). Diese Regelung ist in *DBA Niederlande 2012* nicht mehr vorhanden. **35a**

C. Zu Art. 5 Abs 2

I. Musterabkommen

1. Übereinstimmung

Beide MA stimmen in ihrer Aufzählung der Betriebstättenbeispiele überein. **36**

2. Erläuterungen

a) Grundzüge: Abs. 2 konkretisiert den allgemeinen Betriebstättenbegriff. Die Beispiele verdeutlichen die Definition des Abs. 1, machen aber seine Anwendung nicht entbehrlich. Es handelt sich um Regelbeispiele, die im Licht des Abs. 1 zu sehen sind. D.h.: eine Geschäftseinrichtung i.S. des Abs. 2 begründet nur dann eine Betriebstätte, wenn sie die Voraussetzungen der allgemeinen Betriebstättendefinition des Abs. 1 erfüllt; das ist nicht von vornherein anzunehmen (MA-Komm. Ziff. 12; RFH RStBl. 1935, 840 (841): *DBA Schweiz 1931;* FWK Art. 5 Anm. 28; *Debatin/Walter* zu Art. II Rz. 28; *van Raad,* S. 501; *Heinrich,* S. 224; ebenso für das *DBA Österreich: Lang,* S. 363; a.A. Wassermeyer/*Wassermeyer,* Art. 5 Rz. 61). Insbesondere ist in jedem Einzelfall das Begriffsmerkmal der Einrichtung auf Dauer (Rz. 19) noch besonders zu prüfen, da es in den Beispielen nicht von vornherein mitgegeben ist. Keine Betriebstätte ist z.B. eine nur für kurze Zeit unterhaltene Geschäftsstelle auf einer Messe oder Ausstellung. **37**

Die Aufzählung ist nach der Einleitung des Abs. 2 nur **beispielhaft** („insbesondere"), nicht abschließend. Sie enthält lediglich diejenigen Einrichtungen, die prima facie als Betriebstätten anerkannt werden (MA-Komm. Ziff. 12; UN-Komm. zu Art. 5 Ziff. 2). **38**

b) Ort der Leitung ist der Ort, an dem das Unternehmen oder ein Teil des Unternehmens geleitet wird. Wird ein Unternehmen von mehreren Orten aus geführt, etwa bei getrennter kaufmännischer und technischer Leitung, können mehrere Orte der Leitung vorhanden sein (*Debatin/Walter* zu Art. II Rz. 29; *Dirksen,* DBA Niederlande/Schweiz 1970, Rz. 37). Zur Ausübung des Gewerbebetriebs am Ort der Leitung reicht es aus, wenn geringfügige Anlagen und Einrichtungen diesem Gewerbebetrieb dienen (RFH RStBl. 1937, 67 (70): *DBA Schweiz 1931;* RFH RStBl. 1939, 788: *DBA Schweiz 1931*). Andererseits sind zur Begründung einer Betriebstätte solche zumindest geringfügigen Anlagen und Einrichtungen auch erforderlich. Allein die Ausübung von Geschäftsaktivitäten oder die tatsächliche Verwaltung begründen keine Betriebstätte, solange in diesem Fall keine unternehmenseigene Einrichtung besteht. Zum Beispiel ist das Büro des deutschen Steuerberaters eines niederländischen Unternehmens für dieses kein Ort der Leitung, selbst wenn über das Büro 95% der Geschäftsaktivitäten in Deutschland und die tatsächlich Verwaltung durchgeführt werden. Der niederländische Unternehmer hat keine feste Geschäftseinrichtung in Deutschland (*Hoge Raad* Rolno. 17776, BNB 1976/33: *DBA Niederlande/Deutschland*). In einem Fall einer schweizerischen Briefkastengesellschaft ohne feststellbare Geschäftstätigkeit in der Schweiz hat allerdings der *Hoge Raad* die Führung der Geschäfte des Unternehmens in den Niederlanden für die Annahme einer Betriebstätte ausreichen lassen. Dieser wurden die **39**

gesamten Gewinne der Gesellschaft, die als Einkaufstelle eines Schwesterunternehmens fungierte, zugerechnet (*Hoge Raad* Rolno. 24983, BNB 1989/142; entsprechend zu einem ähnlichen Fall: *Hof Amsterdam* Rolno. 2259/87, BNB 1991/256: beide *DBA Niederlande/Schweiz*).

40 Die am Ort der Leitung gefällten **Entscheidungen** müssen für das Unternehmen insgesamt **von Bedeutung** sein. Obwohl der englische Ausdruck „management" eine breitere Auslegung zuließe, stellt die französische Fassung „siège de direction" außer Zweifel, dass nur leitende Tätigkeiten gemeint sind (so im Ergebnis auch *Huston/Williams,* S. 17 ff.). Sitzungen eines Aufsichtsgremiums oder Gesellschafterversammlungen begründen noch keine Betriebstätte *(Conseil d'État* req. n. 44902, Dr. Fisc. 1985 comm. 2192: *DBA Frankreich/Algerien*). Die Durchführung von reinen Gesellschafteraufgaben führt niemals zu einem Ort der Leitung (Wassermeyer/*Wassermeyer,* Art. 5 Rz. 68). Wird jedoch eine Schweizer Domizilgesellschaft ausschließlich von dem in einem anderen Staat wohnhaften Alleingesellschafter geleitet, so kann sogar dessen Wohnung der „Ort der Leitung" sein (*Hof s'Gravenhage* Rolno. 101/82, BNB 1984, 279: *DBA Niederlande/Schweiz*). Dass eine „Stätte der Geschäftsleitung" im Sinne des innerstaatlichen deutschen Betriebstättenbegriffs (§ 12 AO) in der Wohnung des Steuerpflichtigen bestehen könne, hält auch der BFH für möglich (für einen in den Niederlanden ansässigen Händler, der Waren ausschließlich auf deutschen Wochenmärkten verkaufte; s. BFH BStBl. II 1994, 148, nicht zum DBA). Auch in einem vom Vertragspartner bereitgestellten Baucontainer kann der Ort der Geschäftsleitung eines Subunternehmers im Bauleistungsgewerbe sein (BFH BStBl. II 1999, 437). Nicht erforderlich ist, dass sich in der Geschäftseinrichtung die Leitung des Unternehmens ganz oder zu einem wesentlichen Teil vollzieht, wie dies für den Ort der geschäftlichen Oberleitung (§ 10 AO), der tatsächlichen Geschäftsleitung (Art. 4 Abs. 3 MA), erforderlich ist (SProt. *DBA Schweiz 1931,* Abs. 2 zu Art. 3). Ausreichend kann die Führung eines einzelnen Geschäftsgebietes sein (*Supreme Court of Cassation Rome,* TNS 2002, 301). Am Ort der geschäftlichen Oberleitung werden **alle** zur Abwicklung des gewöhnlichen Geschäftsverkehrs notwendigen Entscheidungen getroffen. Ort der Entscheidung ist, wo der maßgebende Wille der Geschäftsleitung gebildet, das **ausschlaggebende Wort** gesprochen wird (RFH RStBl. 1936, 804 (805); RFH RStBl. 1938, 949). Der Ort der Leitung gemäß Art. 5 ist somit der weitere Begriff; am Ort der geschäftlichen Oberleitung wird immer auch ein Ort der Leitung gegeben sein.

41 **Kontroll- und Koordinierungsstellen** begründen regelmäßig eine Betriebstätte der Konzernspitze in der Form eines Ortes der Leitung (BMF vom 12. 7. 72 – F/IV C 1 – S 1301 – USA 50/72; *de Goede/Vlasceanu,* BIT 2013, 466; a. A. Wassermeyer/*Wassermeyer,* Art. 5 Rz. 70, der allerdings eine feste Geschäftseinrichtung i. S. v. Art. 5 Abs. 1 annimmt). Sie üben eine im Rahmen des Gesamtunternehmens wesentliche Aufgabe aus, deren Zweck über eine Vorbereitung hinausgeht. Nur wenn die Tätigkeit der Kontroll- und Koordinierungsstelle auf eine Beschaffung von Informationen für das Unternehmen beschränkt ist, liegt eine Hilfstätigkeit vor (BMF v. 24.8.1984, RIW 1984, 751; *H. Becker,* DB 1984, 1847; *ders.,* Intertax 1989, 430; s. a. *Kuiper,* ET 1985, 159; *Gouthiere,* BIT 2011, 190; sowie zur Koordinierung im Spartenkonzern: *Raupach,* IStR 1993, 194 (198); vgl. Rz. 93).

Ausführlich zum Ort der Leitung als Betriebstätte s. *Heinrich,* S. 207 ff.

42 **c) Die Zweigniederlassung** ist eine rechtlich unselbstständige Untergliederung eines Unternehmens, die mit einer gewissen wirtschaftlichen und geschäftlichen Selbstständigkeit Unternehmensgeschäfte, nicht nur vorbereitende oder Hilfstätigkeiten, ausführt (statt aller: *Brunner,* S. 43). Sie weist eine eigene Organisation und Buchführung auf und könnte ohne durchgreifende Neuorganisation als selbstständiges Unternehmen weiterbestehen. Das Steuerrecht hat hier den handels-

rechtlichen Begriff der Zweigniederlassung (branch, succursale) übernommen (*Mersmann,* S. 49). Das schweizerische Bundesgericht hält deshalb eine Zweigniederlassung auch i. S. des Steuerrechts nur für gegeben, wenn auch die formellen Voraussetzungen des Handelsrechts erfüllt sind, insbesondere die Niederlassung in das Handelsregister eingetragen ist (*SchweizBG* ET 1978, 100: *DBA Schweiz/Spanien*). Demgegenüber verlangt die deutsche Rechtsprechung die Registereintragung grundsätzlich nicht (BFH BStBl. III 1964, 275 (277); FG BW EFG 1970, 414 (415): *DBA Schweiz* 1931). Dem ist zu folgen: Das SchweizBG berücksichtigt zu wenig, dass eine Eintragung in ein Handelsregister nur zum Teil vorgeschrieben ist: ähnlich wie in Deutschland und in der Schweiz zwar beispielsweise in Spanien, aber keineswegs generell. Nur wenn beide beteiligten Staaten den formellen Begriff der Zweigniederlassung kennen, kann jedoch für die Frage, ob eine Betriebstätte vorliegt, auf die Registereintragung abgestellt werden (vgl. BFH BStBl. II 1981, 560 (561). Ist das nicht der Fall, lässt sich der Begriff nur materiell bestimmen.

d) Geschäftsstellen sind Büros oder andere Verwaltungseinrichtungen, in denen unternehmensbezogene Tätigkeiten ausgeführt werden. Sie bedürfen weder einer besonderen Selbstständigkeit noch einer internen Organisation. Sie entsprechen den *Kontoren* i. S. des früheren innerdeutschen Rechts (vgl. RFH RStBl. 1930, 54 (55): Planungs- und Informationsbüro; RFH RStBl. 1935, 1516 (1517); BFH BStBl. II 1971, 776 (778) und der Geschäftsstelle des § 12 Abs. 2 Nr. 3 AO (FG München DStRE 1998, 800). Auch Verkaufsförderungsbüros, die der Unterstützung der Vertreter dienen, sind regelmäßig Geschäftsstellen i. S. der MA (*Ludwig,* Nationalbericht, CDFI LII (1967) 501, 511). Viele dieser Büros werden aber lediglich Hilfseinrichtungen i. S. von Abs. 4 MA sein. Die Frage, welche Mindesteinrichtung ein „office“ erfordert, erörtern *Huston/Williams,* S. 15 f. 43

e) In **Fabrikations-** und **Werkstätten** werden Erzeugnisse hergestellt oder vorhandene bearbeitet. Wie für alle anderen in Abs. 2 aufgeführten Regelbeispiele gilt auch für sie, dass sie eine Betriebstätte nur begründen, wenn die allgemeinen Voraussetzungen des Abs. 1 gegeben sind (*Baehren,* S. 116). S. zur Diskussion der beiden Begriffe auch *Huston/Williams,* S. 29 f. 44

f) Bergwerke, Öl- oder Gasvorkommen, Steinbrüche oder andere Stätten der Ausbeutung von Bodenschätzen begründen eine Betriebstätte ebenfalls nur unter den Voraussetzungen des allgemeinen Betriebstättenbegriffs. Der Ausdruck „eine andere Stätte der Ausbeutung von Bodenschätzen“ ist weit auszulegen (MA-Komm. Ziff. 14; s. a. *Huston/Williams,* S. 67 ff.). Er bezieht sich sowohl auf feste als auch auf flüssige oder gasförmige Stoffe, die zur gewerblichen Nutzung abgebaut werden. Erfasst werden alle Formen der Ausbeutung auf dem Festland und auf See (*Hillert,* FR 1974, 266), nicht jedoch die Fischerei (Wassermeyer/*Wassermeyer,* Art. 5 Rz. 82). Vom Wortsinn des Begriffs „Bodenschatz“ nicht eingeschlossen ist die Wind- oder Sonnenenergie. Anlagen zu ihrer Gewinnung werden aber stets eine Betriebstätte nach Abs. 1 begründen (*Weber/Hammler/Kleinschmidt,* BB 2012, 1838; s. zur deutschen Abkommenspraxis Rz. 53). Eine Exploration von Lagerstätten ist noch keine Ausbeutung (*Hof s'Gravenhage* Rolno. 4287/87-M-1, BNB 1992/51: *DBA Niederlande/Großbritannien;* zur Exploration s. u. Rz. 69). 45

II. Deutsche DBA

1. Abkommensübersicht zu Artikel 5 Abs. 2

46

DBA	MA-Regelung: Aufzählung betriebstättenbegründender Einrichtungen	Artikel	Rz.
Ägypten	≈ MA, dazu: ständige Verkaufsausstellungen, Farmen oder Plantagen	5 Abs. 2	50 f.
Albanien 2010	≈ MA, Stätte der Ausbeutung natürlicher Ressourcen	5 Abs. 2	53
Algerien 2007	≈ MA, Stätte der Ausbeutung natürlicher Ressourcen	5 Abs. 2	53
Argentinien	≈ MA	5 Abs. 1 Buchst. a–f	
Armenien	s. UdSSR		
Aserbaidschan	≈ MA, Stätte der Ausbeutung natürlicher Ressourcen	5 Abs. 2	53
Australien	≈ MA, dazu: land-, weide- oder forstwirtschaftlich genutzte Flächen	5 Abs. 2 Buchst. a–g	50
Bangladesch	≈ MA, dazu: ein Lagerhaus, wenn eine Person Dritten Lagerungsmöglichkeiten bietet	5 Abs. 2	52
Belarus	≈ MA	5 Abs. 2	
Belgien	≈ MA	5 Abs. 2 Nr. 1–6	
Belgien (E)	≈ MA	5 Abs. 2	
Bolivien	≈ MA, dazu: Verwaltungsbüros, Ort der Verwaltung, Vertretungen, Industrie- und Montagewerkstätten, land- und viehwirtschaftliche Betriebe	5 Abs. 2 Buchst. a–d	47 ff.
Bosnien-Herzegowina	s. Jugoslawien		
Bulgarien 2010	≈ MA, Stätte der Ausbeutung natürlicher Ressourcen	5 Abs. 2	53
China 1985	≈ MA	5 Abs. 2	
China 2014 (E)	≈ MA, Stätte der Gewinnung natürlicher Ressourcen	5 Abs. 2	53
Costa Rica 2014 (E)	≈ MA, Stätte der Ausbeutung natürlicher Ressourcen	5 Abs. 2	53
Dänemark	≈ MA	5 Abs. 2	
Ecuador	≈ MA, ohne Geschäftsstellen, Werkstätten, Öl- oder Gasvorkommen; dazu: Verwaltungsbüros, Ort der Verwaltung, Vertretungen, Industrie- und Montagewerkstätten	5 Abs. 2	47 ff.
Elfenbeinküste	≈ MA, dazu: Geschäftseinrichtungen, die der Beschaffung von Information oder der Werbung dienen	5 Abs. 2	
Estland	≈ MA	5 Abs. 2	
Finnland	≈ MA	5 Abs. 2 Buchst. a–f	

DBA	MA-Regelung: Aufzählung betriebstättenbegründender Einrichtungen	Artikel	Rz.
Frankreich	≈ MA	2 Abs. 1 Nr. 7a, aa–ff	
Georgien	≈ MA, Stätte der Ausbeutung natürlicher Ressourcen	5 Abs. 2	53
Georgien (E)	≈ MA, Stätte der Ausbeutung natürlicher Ressourcen	5 Abs. 2	53
Ghana	≈ MA, Stätte der Ausbeutung natürlicher Ressourcen	5 Abs. 2	53
Griechenland	≈ MA	II Abs. 1 Nr. 7 b	
Großbritannien 1964/70	≈ MA	II Abs. 1 Buchst. b (ii) aa–ff	
Großbritannien 2010	≈ MA, Stätte der Ausbeutung natürlicher Ressourcen	5 Abs. 2	53
Großbritannien 2014 (E)	≈ MA, Stätte der Ausbeutung natürlicher Ressourcen	5 Abs. 2	53
Indien	≈ MA, dazu: Einrichtungen zur Erforschung und Ausbeutung von Bodenschätzen; Lager und Verkaufsstätten; land-, forst- und plantagenwirtschaftliche Betriebe	5 Abs. 2	50 ff.
Indonesien	≈ MA	5 Abs. 2	
Iran	≈ MA, dazu: Verkaufsstätten	5 Abs. 2 Buchst. a–g	51
Irland 2011	≈ MA, Stätte der Ausbeutung natürlicher Ressourcen	5 Abs. 2	53
Island	≈ MA, ohne Öl- oder Gasvorkommen	5 Abs. 2 Buchst. a–f	
Israel	≈ MA	2 Abs. 1 Nr. 7b, aa–ff	
Italien	≈ MA	5 Abs. 2 Buchst. a–f	
Jamaika	≈ MA, dazu: Ladengeschäfte und andere Verkaufseinrichtungen	5 Abs. 2 Buchst. a–g	51
Japan	≈ MA	5 Abs. 2 Buchst. a–f	
Jugoslawien	≈ MA	5 Abs. 2	
Kanada	≈ MA, Nutzung von Einrichtungen, Bohrinseln oder Schiffen, die der Erforschung oder Ausbeutung von Naturschätzen dienen, wenn die Dauer drei Monate überschreitet	5 Abs. 2, 4	53, 53a
Kasachstan	s. UdSSR		
Kenia	≈ MA, ohne Gasvorkommen; dazu: Farmen und Plantagen	5 Abs. 2 Buchst. a–g	50
Kirgisistan	≈ MA, Stätte der Ausbeutung natürlicher Ressourcen	5 Abs. 2	53
Korea	≈ MA, Stätte der Ausbeutung natürlicher Ressourcen	5 Abs. 2	53
Kosovo	s. Jugoslawien		

DBA	MA-Regelung: Aufzählung betriebstättenbegründender Einrichtungen	Artikel	Rz.
Kroatien	≈ MA	5 Abs. 2	
Kuwait	≈ MA	5 Abs. 2	
Lettland	≈ MA	5 Abs. 2	
Liberia	≈ MA	5 Abs. 2 Buchst. a–f	
Liechtenstein 2011	≈ MA	5 Abs. 2	37 ff.
Litauen	≈ MA	5 Abs. 2	
Luxemburg 2012	≈ MA, Stätte der Ausbeutung natürlicher Ressourcen	5 Abs. 2	
Malaysia 2010	≈ MA, Stätte der Ausbeutung natürlicher Ressourcen	5 Abs. 2	50
Malta	≈ MA, Stätte der Ausbeutung natürlicher Ressourcen einschließlich einer vor der Küste gelegenen Bohranlage	5 Abs. 2	53
Marokko	≈ MA, dazu: Verkaufsstätten	5 Abs. 2	51
Mauritius 2011	≈ MA, Stätte der Ausbeutung natürlicher Ressourcen	5 Abs. 2	53
Mazedonien 2006	≈ MA, Stätte der Ausbeutung natürlicher Ressourcen	5 Abs. 2	53
Mexiko 2008	≈ MA, Stätte der Ausbeutung natürlicher Ressourcen	5 Abs. 2	53
Moldau	s. UdSSR		
Mongolei	≈ MA	5 Abs. 2	
Montenegro	s. Jugoslawien		
Namibia	≈ MA	5 Abs. 2	
Neuseeland	≈ MA	5 Abs. 2	
Niederlande 1959/2004	≈ MA	2 Abs. 1 Nr. 2a, aa-ff	
Niederlande 2012 (E)	≈ MA, Stätte der Ausbeutung natürlicher Ressourcen	5 Abs. 2	53, 83a
Norwegen 1991	≈ MA	5 Abs. 2	
Norwegen 2013 (E)	≈ MA	5 Abs. 2	
Oman 2012 (E)	≈ MA, Stätte der Ausbeutung natürlicher Ressourcen	5 Abs. 2	53
Österreich	≈ MA	5 Abs. 2	
Pakistan	≈ MA, ohne Öl- oder Gasvorkommen; dazu: Lager und ständige Verkaufsausstellungen	5 Abs. 2 Buchst. a–h	51 f.
Philippinen 1983	≈ MA, klarstellende Bestimmung über Lagerhäuser; ohne Öl- oder Gasvorkommen	5 Abs. 2 Buchst. a–g	52
Philippinen 2013	≈ MA, klarstellende Bestimmung über Lagerhäuser; ohne Öl- oder Gasvorkommen	5 Abs. 2 Buchst. a–g	52
Polen	≈ MA, Stätte der Ausbeutung natürlicher Ressourcen	5 Abs. 2	53
Portugal	≈ MA	5 Abs. 2	
Rumänien	≈ MA, Stätte der Ausbeutung natürlicher Ressourcen	5 Abs. 2	53
Russische Föderation	≈ MA	5 Abs. 2	

DBA	MA-Regelung: Aufzählung betriebstättenbegründender Einrichtungen	Artikel	Rz.
Sambia	≈ MA, ohne Gasvorkommen	5 Abs. 2 Buchst. a–f	
Schweden	≈ MA	5 Abs. 2	
Schweiz	≈ MA	5 Abs. 2 Buchst. a–f	
Serbien	s. Jugoslawien		
Simbabwe	≈ MA, dazu: Einrichtungen oder Bauwerke zur Erforschung oder Ausbeutung von Bodenschätzen	5 Abs. 2	53
Singapur	≈ MA, Stätte der Ausbeutung natürlicher Ressourcen und Plantagen	5 Abs. 2	53
Slowakei	s. Tschechoslowakei		
Slowenien	≈ MA	5 Abs. 2	
Spanien 2011	≈ MA, Stätte der Ausbeutung natürlicher Ressourcen	5 Abs. 2	53
Sri Lanka	≈ MA, dazu: Einrichtungen oder Bauwerke zur Erforschung von Bodenschätzen, wenn die Dauer der Einrichtung oder des Bauwerks 183 Tage überschreitet; landwirtschaftliche Betriebe und Plantagen	5 Abs. 2 Buchst. a–h	50, 53a
Südafrika 1973	≈ MA	3 Abs. 1 Buchst. j, bb	
Südafrika 2008 (E)	≈ MA, Stätte der Ausbeutung und Gewinnung natürlicher Ressourcen	5 Abs. 2	53
Syrien 2010	≈ MA, Stätte der Ausbeutung natürlicher Ressourcen	5 Abs. 2	53
Tadschikistan	≈ MA, Stätte der Ausbeutung natürlicher Ressourcen	5 Abs. 2	53
Taiwan 2011	≈ MA, Stätte der Ausbeutung natürlicher Ressourcen	5 Abs. 2	53
Thailand	≈ MA	5 Abs. 1 Buchst. a–f	
Trinidad und Tobago	≈ MA, dazu: Ladengeschäfte und Lagerhäuser	5 Abs. 2 Buchst. a–h	51 f.
Tschechien	s. Tschechoslowakei		
Tschechoslowakei	≈ MA	5 Abs. 2 Buchst. a–f	
Tunesien	≈ MA	5 Abs. 2 Buchst. a–f	
Türkei 2011	≈ MA, Stätte der Ausbeutung natürlicher Ressourcen	5 Abs. 2	53
Turkmenistan	s. UdSSR		
UdSSR	keine Aufzählung		
Ukraine	≈ MA, Stätten der Erforschung oder Ausbeutung von Bodenschätzen	5 Abs. 2	53
Ungarn 2011	≈ MA, Stätte der Ausbeutung natürlicher Ressourcen	5 Abs. 2	53

DBA	MA-Regelung: Aufzählung betriebstättenbegründender Einrichtungen	Artikel	Rz.
Uruguay 2010	≈ MA, Stätte der Ausbeutung natürlicher Ressourcen	5 Abs. 2	53
USA 1989/2006	≈ MA	5 Abs. 2	
Usbekistan	≈ MA	5 Abs. 2	
Venezuela	≈ MA	5 Abs. 2	
Vereinigte Arabische Emirate 2010	≈ MA, ohne Buchst. f	5 Abs. 2	
Vietnam	≈ MA	5 Abs. 2	
Weißrussland	s. Belarus		
Zypern 2011	≈ MA, Stätte der Ausbeutung natürlicher Ressourcen	5 Abs. 2	53

2. Erläuterungen

Zusätzlich werden in deutschen Abkommen als Beispiele für Betriebstätten aufgeführt:

47 **a) Verwaltungsbüros und Orte der Verwaltung** (*DBA Bolivien* und *Ecuador*): Diese Einrichtungen entsprechen den Geschäftsstellen i. S. von Art. 5 Abs. 2 Buchst. c MA.

48 **b) Vertretungen** (*DBA Bolivien* und *Ecuador*): Sie begründen auch nach diesen beiden Abkommen nur dann eine Betriebstätte, wenn die Voraussetzungen des Art. 5 Abs. 5 MA erfüllt sind (vgl. Art. 5 Abs. 5 *DBA Bolivien* und *Ecuador*). Damit führen insbesondere Verbindungs- und Repräsentationsbüros auch nach diesen DBA nicht zu einer Betriebstätte.

49 **c) Industrie- und Montagewerkstätten** (*DBA Bolivien* und *Ecuador*) dienen der industriellen Fertigung, wobei in Industriewerkstätten sowohl End- als auch Teilfertigung stattfinden kann, während in Montagewerkstätten aus vorgefertigten Elementen End- oder Zwischenprodukte zusammengefügt werden.

50 **d) Farmen und Plantagen bzw. land- und viehwirtschaftliche Flächen oder Betriebe** (*DBA Ägypten, Australien, Bolivien, Indien, Kenia* und *Sri Lanka*). Einen sachlichen Unterschied zwischen landwirtschaftlichen und viehwirtschaftlichen Flächen einerseits, Betrieben, Farmen und Plantagen andererseits gibt es nicht. Durch die Formulierung wird lediglich der unterschiedlichen Form der landwirtschaftlichen Tätigkeit im jeweiligen Partnerstaat Rechnung getragen. Die Einbeziehung entspricht der Systematik der **Musterabkommen von Mexiko und London** (s. Grundl. Rz. 33), in denen sich der Betriebstättenbegriff auch auf landwirtschaftliche Unternehmen bezog. Systematisch folgerichtig ist sie nur dann, wenn die Einkünfte aus der Bewirtschaftung landwirtschaftlicher Flächen unter die Unternehmensgewinne (Art. 7), nicht, wie in der Regel, unter die Einkünfte aus unbeweglichem Vermögen (Art. 6) fallen. Das *DBA Kenia* ist insoweit in sich widersprüchlich (vgl. zu Art. 6 Rz. 52).

51 **e) Verkaufsstätten bzw. Ladengeschäfte oder andere Verkaufseinrichtungen sowie Verkaufsausstellungen** (*DBA Ägypten, Indien, Iran, Jamaika, Pakistan, Marokko, Mauritius 1978, Trinidad* und *Tobago*). Dies sind Einrichtungen, die im Gegensatz zu den Zweigniederlassungen i. S. des Buchstaben b nicht nur rechtlich unselbstständig, sondern auch in wirtschaftlicher und geschäftlicher Hinsicht völlig in die Organisation des Unternehmens eingebunden sind (vgl. auch *Debatin/Walter* zu Art. II Rz. 43).

f) Lagerhäuser (*DBA Bangladesch, Indien, Mauritius, Pakistan, Philippinen, Trinidad* und *Tobago*) sind Geschäftseinrichtungen, die **Dritten** zur Lagerung ihrer Waren zur Verfügung gestellt werden (so ausdrücklich *DBA Bangladesch, Philippinen;* vgl. auch MA-Komm. 1963 Ziff. 9). Sie begründen für den **Lagerhalter** eine Betriebstätte. 52

g) Einrichtungen zur Ausbeutung von natürlichen Ressourcen: Alle neueren deutschen DBA *(DBA Albanien 2010, Algerien, 2007 Aserbaidschan, Bulgarien 2010, China 2014 (E), Georgien, Georgien (E), Ghana, Großbritannien 2010, Großbritannien 2014 (E), Irland 2011, Kirgisistan, Korea, Malta, Mauritius 2011, Mazedonien 2006, Mexiko 2008, Niederlande 2012 (E), Polen, Rumänien, Singapur, Spanien 2011, Südafrika 2008 (E), Syrien 2010, Tadschikistan, Taiwan 2011, Türkei 2011, Ungarn 2011, Uruguay 2010* und *Zypern 2011)* führen den Begriff „natürliche Ressourcen" ein. Er entspricht dem Wortlaut der deutschen „Verhandlungsgrundlage für Doppelbesteuerungsabkommen im Bereich der Steuern vom Einkommen und Vermögen (s. Rz. 2) und kommt sowohl dem englischen als auch dem französischen Originalwortlaut des MA („natural resources" bzw. „ressources naturelles") näher als die bisherige Übersetzung mit „Bodenschätze", umfasst er doch alle natürlichen Hilfsmittel und Hilfsquellen (Der Große Duden, Bd. 5 Fremdwörterbuch, Stichwort „Ressource"). Auch der im *DBA Kanada* eingeführte Terminus „Naturschätze" wird dem weiten Charakter des Originaltextes besser gerecht. Es wird durch die Verwendung des Begriffs „natürliche Ressource" klargestellt, dass die Ausbeutung jeglicher Art von Naturschätzen zur Begründung einer Betriebstätte führen kann. Dazu gehören insbesondere die Nutzung von Wind- und Sonnenenergie (*Gaillinger,* IWB F. 10 International Gr. 2 S. 2033, 2039). 53

h) Einrichtungen oder Bauwerke zum Aufsuchen und zur Ausbeutung von Bodenschätzen (*DBA Bulgarien 2010, Indien, Malta, Polen, Simbabwe, Sri Lanka* und *Ukraine*): Vgl. hierzu eingehend Rz. 69. Infolge der ausdrücklichen Anführung im Katalog des Art. 5 Abs. 2 begründen nach den genannten DBA die Einrichtungen zum Aufsuchen von Bodenschätzen auch dann eine Betriebstätte, wenn das Explorationsunternehmen die gesuchten Bodenschätze nicht selbst ausbeuten will (s. Rz. 69). Bei der Beurteilung der Betriebstätteneigenschaft wird jedoch das Element der Dauer besonders zu beachten sein (s. Rz. 19). Das *DBA Sri Lanka* bestimmt, dass Einrichtungen oder Bauwerke zur Erforschung von Bodenschätzen nur dann eine Betriebstätte begründen, wenn die Dauer der Anlage 183 Tage überschreitet. Nach dem *DBA Bulgarien 2010* sind hierzu neun Monate erforderlich. In den *DBA Indien, Simbabwe* und *Ukraine* ist keine solche Frist genannt; hier sind die allgemeinen Grundsätze heranzuziehen (zum *DBA Indien: Sonntag/Mathur,* Art. 5 Rz. 16). 53a

Das *DBA Kanada* regelt Explorationsaktivitäten durch eine Fiktion: Nach einem eigenen Abs. 4 gilt die Nutzung von Einrichtungen, Bohrinseln oder Schiffen, die der Erforschung oder Ausbeutung von **Naturschätzen** dienen, als Betriebstätte, wenn sie in einem Zwölfmonatszeitraum länger als drei Monate eingesetzt werden.

D. Zu Art. 5 Abs. 3

Literatur (für ältere Literatur s. Vorauflage): *Arnold,* BIT 2011, 59; *Avi-Yonah/Tittle,* BIFD 2007, 224; *Bayer,* SWI 2011, 539; *Becker/Bohn,* DB 2013, 1195; *Bendlinger,* SWI 2004, 463; *ders.,* SWI 2005, 109; *ders.,* SWI 2007, 151; *ders.,* Betriebsstättenbesteuerung, S. 1 ff.; *ders.,* SWI 2011, 251; *Brown,* APTB 2012, 4; *Bürkle/Ullmann,* DStR 2013, 944; *Demme,* IWB 2012, 912; *dies.,* IStR 2013, 559; *Dunahoo/Sprague,* BIT 2009,191; *Eckl,* IStR 2009, 510; *Eilers/Maier,* Ubg 2010, 683; *Gordon/Peressada/Hester,* JIT 2009, 32; *Govind,* BIT 2012, 1; *Jirousek,* ÖStZ 2009, 195; *Kaeser,* IStR 2012, 674; *Lewicki,* BIFD 2012, 39; *Loose,* Stbg 2007, 54

127; *Maier,* SteuK 2011, 295; *Mathur/Görl/Sonntag,* S. 253ff.; *Panayi,* ET 2007, 452; *Pijl,* BIT 2013, 331; *Rautenstrauch/Binger,* Ubg 2009, 619; *Reimer,* IStR 2009, 378; *Reiser/Glöggler/Mödinger,* Ubg 2011, 344; *Remberg,* IStR 2006, 545; *Roer,* IWB F. 3 Gr. 1, 309 (Nationalbericht Deutschland); *Rosenberger/Vitali/Ziehr,* IStR 2010 Beihefter 1; *Seitz,* BIT 2013, 450; *Sheppard,* TNI 2012, 53; *Skaar,* S. 394ff.; *Sonntag,* IWB F. 3 Gr. 1, 1293 (Nationalbericht Deutschland); *Storck,* S. 173; *Susanti,* ET 2008, 186; *van Raad,* BIFD 1999, 323; *Valta,* ISR 2013, 186; *E. Weber,* IWB F. 10 International Gr. 2, 369. *Yang,* APTB 2010, 247.

OECD-Dokumente: OECD, The Tax Treaty Treatment of Services: Proposed Commentary Changes, Public Discussion Draft, 8.12.2006, www.oecd.org/dataoecd/2/20/37811491.pdf.

Für weitere Literatur s. Rz. 1, 1a.

I. Musterabkommen

1. Übereinstimmungen und Abweichungen

55 Während nach dem OECD- und US-MA Bauausführungen und Montagen erst bei einer Dauer von mehr als 12 Monaten eine Betriebstätte begründen, lässt das UN-MA 6 Monate ausreichen. Es regelt zudem, abweichend von den beiden anderen MA, die beaufsichtigenden Tätigkeiten ausdrücklich und bezieht in Abs. 3 Buchst. b unter den dort bestimmten Voraussetzungen auch Dienstleistungen in den Betriebstättenbegriff ein. Zur Dienstleistungsbetriebstätte s. Rz. 70a, 73. Das US-MA enthält eine ausdrückliche Regelung für Explorationsaktivitäten.

2. OECD-MA und US-MA

56 **a) Grundzüge:** Das OECD-MA 1963 führte die **Bauausführungen und Montagen** noch im Katalog der Beispiele für Geschäftseinrichtungen auf, die grundsätzlich als Betriebstätten anzusehen sind (Art. 5 Abs. 2 Buchst. g MA 1963). Die späteren MA widmen ihnen aus systematischen Gründen einen eigenen Absatz. Da Bauausführungen und Montagen so gut wie nie ständige Geschäftseinrichtungen sind, hätte aus dem Verbleib im Katalog des Abs. 2 der nicht zutreffende Schluss gezogen werden können, dass die dort angeführten Geschäftseinrichtungen nicht den Bedingungen des Abs. 1 zu genügen hätten, sondern stets Betriebstätten seien. Die Neufassung macht durch die Einfügung des Wortes „nur" deutlicher, dass Bauausführungen und Montagen, die eine kürzere Zeit als zwölf Monate bestehen, keine Betriebstätten sind (*E. Weber,* IWB F. 10 International Gr. 2, 369 (378); *Smit,* ET 1999, 140; *Geurts/te Kaat,* IWB F. 5 Niederlande Gr. 2, 293; ITAT v. 29.5.2009, Nos. 2530/Del/2006, Nos. 265, 4692, 264, 2874/Del/2007, Nos. 105, 1407/Del/2008: *DBA Indien/Korea*).

57 Speziell zu den steuerlichen Aspekten des internationalen **Großanlagenbaus:** *Sonntag,* IWB F. 3 Deutschland Gr. 1, 1293; *ders.,* Intertax 1992, 609; *Bendlinger,* Betriebsstättenbesteuerung, S. 98ff.; *Bendlinger/Remberg/Kuckhoff,* IStR 2002, 40; *Mathur/Görl/Sonntag,* S. 253ff.

58 **b) Begriff der Bauausführung und Montage:** Der **Begriff Bauausführung** umfasst Hoch- und Tiefbauten, Kanalisationen, Erd- und Baggerarbeiten sowie den Bau von Straßen und Kanälen und das Verlegen von Pipelines, auch wenn dies mit einem Ortswechsel der jeweiligen Baustelle verbunden ist („Fortschreitende Baustelle", MA-Komm. Ziff. 17, 20). Er bezeichnet nicht nur die Bautätigkeit im engeren Sinne, sondern alle zur Fertigstellung des Bauwerks erforderlichen Arbeiten einschließlich der sog. bauausführenden Montagen (*Roer,* IWB F. 3 Deutschland, Gr. 1, 309 (314); *Storck,* S. 173; ÖstBMF v. 6.11.2000 (EAS 1750), SWI 2000, 549). Abbruch- oder Abräumarbeiten fallen ebenfalls unter den Begriff der Bauausführung. Ein sachlicher Zusammenhang mit nachfolgenden Hoch- oder

Tiefbauten ist einerseits nicht erforderlich (*Mersmann,* S. 51), qualifiziert aber andererseits die Abbrucharbeiten nicht zu Hilfs- oder Vorbereitungstätigkeit i. S. von Abs. 4, wenn die nachfolgenden Bauausführungen vom selben Unternehmen durchgeführt werden (*Seitz,* BIT 2013, 452). Unter einer **Montage** ist das Zusammenfügen oder der Umbau von vorgefertigten Einzelteilen zu verstehen, wie z. B. die Aufstellung von Stahlgerüsten oder Produktionseinrichtungen (BFH BStBl. II 1979, 527 (528); BFH IStR 1993, 330, zum Betriebstättenbegriff des innerdeutschen Rechts). Auch die Endmontage von beweglichen Gütern (z. B. Flugzeugen) fällt darunter (MA-Komm. Ziff. 17). Bei kleineren beweglichen Gütern wie etwa Kraftfahrzeugen wird allerdings eine Montage, die die Mindestfrist überschreitet, regelmäßig schon die Voraussetzungen des Abs. 1 (und evtl. die des Abs. 2 Buchst. d) erfüllen. Sicherungsdienste stehen in keinem unmittelbaren Zusammenhang mit einer Bauausführung und begründen deshalb keine Betriebstätte (ÖstBMF v. 26.5.2010 (EAS 3155), SWI 2010, 265).

Auch Instandhaltungs- und Reparaturausführungen sind Montagen (*Skaar,* S. 394 ff. mit Nachweisen aus der Rspr.). Der BFH hat stets geschwankt, wie *Skaar* zeigt; verneinend jetzt BFH HFR 1990, 665. **Materiallieferungen** an eine Bau- oder Montagestelle sind selber keine Bauausführungen oder Montagen; sie können diesen auch nicht zugerechnet werden (ÖstBMF SWI 1990, 344: *DBA Österreich/Türkei;* s. a. *Sonntag,* IWB F. 3 Deutschland Gr. 1, 1299 f.; *ders.,* Intertax 1992, 614 f.). 59

Für Bauausführungen und Montagen gilt ebenso wie für die feste Einrichtung gem. Abs. 1, dass sie nur für das Unternehmen eine Betriebstätte begründen, das die Bauausführung bzw. Montage als ihren Unternehmenszweck durchführt. Der Bauherr, in dessen Eigentum das entstehende Bauwerk steht, begründet eine Betriebstätte daher erst durch das Betreiben der fertig gestellten Anlage, nicht durch die Aktivitäten des von ihm beauftragten Bauunternehmers (*Dänischer Verwaltungsgerichtshof,* TNS 1996, 355: *Nordisches DBA*). 60

Umstritten ist, ob im Rahmen des OECD- und US-MA die **bloße Bauplanung bzw. -überwachung** eine Bauausführung ist (zur Diskussion s. *Skaar,* S. 405; *Huston/Williams,* S. 57 ff.). Nach MA-Komm. Ziff. 17 fallen Planungs- und Überwachungstätigkeiten nur dann unter den Begriff der Bauausführung, wenn sie vom Bauunternehmer selber als Teilleistung ausgeführt werden (das übersieht ÖstBMF SWI 1992, 288: *DBA Österreich/Korea;* zutreffend BMF v. 24.12.1999, BStBl. I 1999, 1076 Tz. 4.3.2; ÖstBMF SWI 1994, 6: *DBA Österreich;* ÖstBMF v. 8.2.2001 (EAS 1796), SWI 2001, 137; vgl. auch Rz. 68). Die reine Bauplanung bzw. -überwachung werde nicht erfasst. Ein nur planendes oder überwachendes Unternehmen könne allenfalls nach der allgemeinen Vorschrift des Abs. 1 eine Betriebstätte begründen, wobei die feste Einrichtung regelmäßig nicht als ständig werde angesehen werden können (*Biebl/Krickl,* SWI 2004, 591). Das gilt auch für einen **Generalunternehmer,** der ausschließlich Koordinierungsaufgaben ausführt (BMF v. 24.12.1999, BStBl. I 1999, 1076 Tz. 4.3.2). Demgegenüber begründet nach einer in der Literatur vertretenen Meinung eine Bauüberwachung oder -planung dann eine Betriebstätte, wenn sie durch eine Einrichtung über einen Zeitraum von mehr als 12 Monaten ausgeübt wird (*Kolck,* S. 80; *Storck,* S. 175; *Reiser/Glöggler/Mödinger,* Ubg 2011, 347 für die „verantwortliche Montageüberwachung"). Die sog. „geistige Montage" sei nicht anders zu beurteilen als die handwerkliche Tätigkeit. Beide seien in gleichem Maße erforderlich, um ein Bauwerk zu errichten (*Kolck,* S. 88). Dem ist nicht zu folgen (wie hier zutreffend *Schieber,* Betriebstättenbegründung, S. 524 f.; *Münch,* RIW 1995, 930). An dieser Auffassung vermag auch die seit 2003 geltende OECD-Kommentierung nichts zu ändern, wonach Bauplanung und -überwachung als Bauausführung i. S. von Abs. 3 zu qualifizieren ist (MA-Komm. Ziff. 17). Mit dieser „Klarstellung" hat die 61

OECD in Wahrheit den Anwendungsbereich des Abs. 3 inhaltlich erweitert. Sie kann daher nur für solche DBA gelten, die nach 2003 verhandelt und abgeschlossen worden sind, eine Anwendung auf davor bereits bestehende Abkommen scheidet aus (Grundl. Rz. 127, 129; *Demme,* IStR 2013, 560 ff.; anders das der dynamischen Auslegung folgende ÖstBMF v. 5.7.2009 (EAS 3073): *DBA Österreich/Japan*). Bezeichnenderweise stellt es die OECD den Staaten frei, eine entsprechende Formulierung in ihre Abkommen aufzunehmen (MA-Komm. Ziff. 17). Hilfreicher wäre es gewesen, wenn die OECD selbst ihre neue Auffassung durch eine entsprechende Änderung des MA-Textes zum Ausdruck gebracht hätte. Deutschland folgt der inhaltlichen Erweiterung des Betriebstättenbegriffs nicht. Es hat in einem Vorbehalt zum MA-Komm. klar zum Ausdruck gebracht, dass reine Bauplanung und Überwachung nur dann eine Betriebstätte begründen, wenn sie die Voraussetzungen des Art. 5 Abs. 1 erfüllen (MA-Komm. Ziff. 45.1 Update 2014). Unklar ist das UN-MA; es spricht von einer mit der Bauausführung „zusammenhängenden überwachenden Tätigkeit" („supervisory activities in connection therewith"; vgl. hierzu näher u. Rz. 72). Für die nach 2003 abgeschlossenen DBA gilt, – wie für solche, die die Bauüberwachung ausdrücklich einbeziehen, vgl. Rz. 74 – dass für die Fristberechnung die reinen Überwachungstätigkeiten maßgebend sind unabhängig von der Dauer des Gesamtprojekts (ITAT v. 7.1.2009, Nos. 5004, 5084/Mum/2003, No. 2276/Mum/2004: *BA Indien/Deutschland*).

62 Durch die ausdrückliche Einbeziehung der Bauausführungen und Montagen in den Betriebstättenbegriff wird der **Begriff erweitert** (*Debatin,* RIW/AWD 1978, 374 (378); vgl. auch RFH RStBl. 1941, 90 und RStBl. 1941, 249 zum Betriebstättenbegriff des StAnpG). Die fraglichen Tätigkeiten sind ihrer Natur nach zeitlich begrenzt, so dass an sich für die Annahme einer Betriebstätte die Voraussetzung fehlen würde (RFH RStBl. 1934, 315: *DBA Österreich* und *UdSSR; Bendlinger,* Betriebsstättenbesteuerung, S. 61; a. M. *Schieber,* Betriebstättenbegründung, S. 526: Bauausführungen seien „‚natürlicher Bestandteil' des allgemeinen Betriebstättenbegriffs"). Durch Bau- und Montagestellen von längerer Dauer, meist verbunden mit dem Einsatz eines nicht geringen sachlichen Apparats, nimmt ein Unternehmer jedoch in nicht unerheblichem Maße am Wirtschaftsleben des betreffenden Staates teil. Es ist daher gerechtfertigt, Geschäftseinrichtungen dieser Art als Betriebstätten zu fingieren (*Bendlinger/Görl/Schon,* Intertax 2006, 180).

63 **c)** Das Element der Dauer wird regelmäßig durch eine **Fristbestimmung** ersetzt. Nach OECD- und US-MA beträgt die Mindestfrist, von der an eine Bauausführung oder Montage eine Betriebstätte begründet, mehr als zwölf Monate. Wird diese Frist überschritten, so liegt eine Betriebstätte nicht erst nach deren Ablauf, sondern von Anfang an vor. Entscheidend ist die tatsächliche Fristüberschreitung. Planwidrige Verzögerungen aufgrund geologischer, witterungsbedingter oder anderer Schwierigkeiten hemmen den Fristlauf nicht (ÖstBMF SWI 1992, 356: *DBA Österreich/Schweiz;* ÖstBMF v. 27.1.1997 (EAS 1008), IStR 1998, 408; zu Fristunterbrechungen s. Rz. 67). Für den Fristlauf ist es unerheblich, ob die fragliche Tätigkeit auf ein oder mehrere Kalenderjahre bzw. Veranlagungszeiträume entfällt; auch bei Verteilung auf mehrere Jahre ist eine Betriebstätte gegeben (ITAT v. 7.1.2009, Nos. 5004, 5084/Mum/2003, 2276/Mum/2004: *DBA Indien/Deutschland;* zur Fristberechnung bei Anwendung eines DBA auf das Gebiet der neuen Bundesländer s. FinMin Sachsen-Anhalt v. 12.2.1992, StEd 1992, 157). Wird die Frist durch eine Personengesellschaft erfüllt, die im Tätigkeitsstaat als steuerlich „transparent" behandelt wird, so begründet sie eine Betriebstätte für jeden ihrer Gesellschafter (MA-Komm. Ziff. 19.1; s. Rz. 18). Das gilt für alle steuerlichen Mitunternehmerschaften wie Arbeitsgemeinschaften (ARGE) und Konsortien. Zur Einordnung des Begriffs „Joint Venture" als Form der Zusammenarbeit, die einen wirtschaftlichen Zweck verfolgt, s. *Bendlinger,* Betriebsstätte, S. 137. Ein projektbe-

zogenes Konsortium ist allerdings keine Mitunternehmerschaft, das Vorliegen einer Betriebstätte ist für jeden Konsorten separat zu prüfen (*Bendlinger,* Betriebsstättenbesteuerung, S. 81; a. A. ÖstBMF v. 27.10.2010 (EAS 3180), SWI 2010, 588 für eine Einzweck-ARGE).

Die Frist beginnt, sobald das Unternehmen an Ort und Stelle unternehmerische Tätigkeiten ausführt, die im Zusammenhang mit der Bauausführung oder Montage stehen. „Ort und Stelle" muss dabei nicht identisch sein mit dem Platz, an dem die Bauausführung durchzuführen ist, so sind z. B. technische Büros häufig an anderen Orten eingerichtet. Vorbereitungs- bzw. Nebenarbeiten hängen dann bereits mit den Bauausführungen zusammen, wenn sie dem Betrieb der Baustelle unmittelbar dienen (ebenso BMF v. 24.12.1999, BStBl. I 1999, 1076 Tz. 4.3.1; ÖstBMF SWI 1993, 19: *DBA Österreich/UdSSR;* für Planungsleistungen *Plikat,* IWB 2010, 924 ff.; a. A. *Krawitz/Hick,* RIW 2000, 527). Dieser frühe Beginn der Frist wird der technisch-wirtschaftlichen Natur des Begriffs der Bauausführungen am besten gerecht und vermeidet die praktischen Schwierigkeiten, die bei der Abgrenzung der Nebenarbeiten von sog. „eigentlichen Bauarbeiten" auftreten würden (MA-Komm. Ziff. 19; *Schieber,* Auslandsbetriebstätten, S. 61; a. A. *Meyer-Marsilius/Hangarter,* Art. 5, 4 II 2g sowie *Schulze-Brachmann* II KV: der Fristlauf beginne erst mit den eigentlichen Bau- und Montagearbeiten, nicht schon mit der Errichtung von Baubuden, Baukantinen, Baukränen und mit dem Beginn anderer Vorarbeiten). Erforderlich für den Beginn des Fristlaufs sind tatsächliche Arbeiten zur Bauausführung. Dazu gehört noch nicht die Anlieferung der zu montierenden Gegenstände am Montageort (BFH BFH/NV 1999, 1669). Rechtsakte wie Vertragsschluss, Registrierung u. Ä. sind noch keine Bauausführung und führen nicht zum Beginn des Fristlaufs (ÖstBMF SWI 1994, 4: *DBA Österreich/Ungarn*). 64

Die Frist endet nach den gleichen Grundsätzen, nach denen sie beginnt. Somit ist bei der Montage einer Anlage auch der Probelauf zur Funktionsüberprüfung noch in die Frist mit einzubeziehen. Der Probelauf einschließlich erforderlicher Nachbesserungsarbeiten ist notwendiger Bestandteil der Herstellung einer betriebsbereiten Anlage und gehört somit zur Montage (ÖstBMF v. 4.5.1998 (EAS 1295), SWI 1998, 299: *DBA Österreich/Frankreich*). Aufräumarbeiten auf der Baustelle wie z. B. der Abbau von Kränen oder anderem Gerät nach Fertigstellung einer betriebsbereiten Anlage sind keine Herstellung der Anlage und deshalb nicht in den Fristlauf einzubeziehen (*Bendlinger,* S. 114 f.; a. A. *Reimer/Schmid/Orell,* Rz. 225). Bei Kundendienstleistungen ist zu differenzieren, ob ein hinreichender sachlicher Zusammenhang mit der Montage bzw. Bauausführung besteht oder ob es sich um eine nachträgliche Hilfstätigkeit zu einer bereits vollständig abgeschlossenen Montage handelt. Als Abgrenzungskriterium kann hierbei die Abnahme herangezogen werden (BFH BStBl. II 1999, 694: *DBA Schweiz 1971; Bendlinger,* Betriebsstätte, S. 115). Sie erfolgt regelmäßig nach Fertigstellung eines mangelfreien Bauwerks bzw. einer mangelfreien, d. h. vertragskonformen Anlage. Reparaturen oder Instandsetzungsarbeiten, die nach der Abnahme ausgeführt werden, stehen in keinem sachlichen Zusammenhang mit der ursprünglichen Bauausführung oder Montage mehr und sind daher bei der Fristberechnung nicht zu berücksichtigen (a. A. wohl für unmittelbar nach Abnahme durchzuführende Garantieleistungen *Gordon/Peressada/Hester,* JIT 2009, 37). Ob sie eine Betriebstätte begründen, ist getrennt von den vor der Abnahme liegenden Arbeiten zu beurteilen (*Bendlinger,* Betriebsstätte, S. 118). 65

Der Fristlauf endet auch, wenn wegen Insolvenz des Auftraggebers die Bauausführungen oder Montagen vorübergehend eingestellt werden, um neue Investoren zu finden bzw. eine Neuausschreibung des Projekt erfolgt mit dem Risiko, dass der Auftrag an ein anderes Unternehmen vergeben wird (*Reimer/Schmid/Orell,* Rz. 229).

66 **d) Verschiedene Bauausführungen** in einem Land sind bei der Fristberechnung grundsätzlich getrennt zu betrachten und nur dann **zusammenzuzählen,** wenn sie sachlich zusammengehören, d. h. an einem Ort und für denselben Auftraggeber durchgeführt werden (*Cour d'Appel Anvers,* ET 1983, 387: *DBA Belgien/Niederlande:* für Baukonsortien s. *Lewicki,* BIFD 2012, 39 ff.; *Seitz,* BIT 2013, 458). Es muss ein wirtschaftlicher und geografischer Zusammenhang bestehen (BMF BStBl. I 2002, 1385; *Bendlinger,* SWI 2004, 463, 469). Das gilt grundsätzlich auch bei der Arbeitsvergabe in Baulosen. Eine Verständigungsvereinbarung zwischen Belgien, Deutschland und den Niederlanden will den Grundsatz auch gelten lassen, wenn die Arbeiten an verschiedenen Orten ausgeführt werden, sofern sie Teil eines umfassenderen Vorhabens sind (s. *Dierckx,* ET 1989, 264; ebenso MA-Komm. Ziff. 5.2; sowie der ÖstBMF für verschiedene Baulose einer Pipeline, ÖstBMF SWI 2002, 15). Folgerichtig hat die *Cour d'Appel Bruxelles* eine Betriebstätte für einen Unterauftragnehmer bejaht, der für zwei verschiedene Kunden seines Hauptauftraggebers tätig war (*Cour d'Appel Bruxelles,* TNS 1995, 445). Andererseits hat die spanische *Audiencia Nacional* eine Zusammenrechnung abgelehnt in einem Fall, in dem über zwei Montagen am gleichen Ort **zwei verschiedene Verträge,** zeitlich getrennt voneinander, geschlossen worden waren und zwischen der Beendigung der ersten und dem Beginn der zweiten Montage etwa zweieinhalb Wochen lagen (Impuestos 1993-II, 64: *DBA Deutschland/Spanien;* dazu *García Prats,* ET 1995, 30). Ebenso das ITAT Mumbai für den Fall von wirtschaftlich und geographisch zusammenhängenden Verträgen mit einem Auftraggeber, da die Verträge weder unlösbar verbunden noch voneinander abhängig waren und auch nicht als Einheit gesehen werden konnten (ITAT v. 5.4.2010, No. 1532/Mum/05: *DBA Indien/Mauritius*). Die zwischen den einzelnen Arbeitsphasen liegenden Zeiten sind grundsätzlich mit zu zählen (*Bendlinger,* Betriebsstätte, S. 113). Anders die Österreichische Finanzverwaltung, die unter Hinweis auf deutsch-österreichische Verständigungsgespräche die arbeitsfreien Zwischenzeiten nicht berücksichtigt, und zwar unabhängig davon, ob die Auftragserteilung in getrennten Abschnitten bzw. Baulosen in einem oder in mehreren Verträgen erfolgt ist (ÖstBMF v. 22.5.2009 (EAS 3063), SWI 2009, 322). Auch im Verhältnis zu Österreich werden aufgrund eines längerfristigen Basisvertrages abschnittsweise erbrachte Bauleistungen zusammengerechnet, lediglich die arbeitsfreien Zwischenzeiten bleiben für die Fristberechnung außer Betracht (ÖstBMF v. 17.2.2010 (EAS 3133), SWI 2010, 144). Bauarbeiten für **verschiedene Auftraggeber** setzen auch dann jeweils **neue** Fristen in Lauf, wenn sie am gleichen Ort ausgeführt werden (ebenso Wassermeyer/*Wassermeyer,* Art. 5 Rz. 135; differenzierend *Krawitz/Hick,* RIW 2002, 530). Anders, wenn die Bauausführungen als wirtschaftliche Einheit zu sehen sind und die formale Aufspaltung rechtsmissbräuchlich erfolgte (MA-Komm. Ziff. 18). Für die Fristberechnung ist grundsätzlich auf die einzelne Bauausführung oder Montage abzustellen *(Cour d'Appel Anvers,* ET 1985, 224 (225): *DBA Belgien/Niederlande).* Ob in einem bestimmten Vertragsstaat eine Betriebstätte besteht, ist für jede in diesem Staat ausgeführte Unternehmenstätigkeit, also auch für jede dort befindliche Geschäftseinrichtung, gesondert zu beurteilen (*Hoge Raad* Rolno. 16305, BNB 1970/71: *DBA Deutschland/Niederlande*). Einheitlich zu beurteilen sind einzelne Bauausführungen und Montagen nur dann, wenn zwischen ihnen neben der wirtschaftlichen auch eine geografische Einheit besteht (MA-Komm. Ziff. 18; BStBl. II 1999, 694: *DBA Schweiz;* BFH BStBl. II 2002, 846: *DBA Ungarn 1977;* BFH BStBl. II 2004, 932: *DBA Luxemburg*). Das BMF nimmt eine geografische Einheit an, wenn die räumliche Entfernung der Bauausführungen 50 km Luftlinie nicht überschreitet (BMF v. 24.12.1999, BStBl. I 1999, 1076 Tz. 4.3.5). Wie das vom Erlass angeführte Beispiel zeigt, führt die willkürlich festgelegte Entfernung zu willkürlichen Ergebnissen und ist abzulehnen (ebenso *Bendlinger/Remberg/Kuckhoff,*

IStR 2002, 43; *Jacobs,* IStR 2002, 509). Vielmehr ist auf die Gesamtumstände des Einzelfalles abzustellen unter Berücksichtigung der Funktion der einzelnen Tätigkeiten (BFH BStBl. II 2004, 932; *Krawitz/Hick,* RIW 2002, 531; *Kahle/Ziegler,* DStZ 2009,843; *Gordon/Peressada/Hester,* JIT 2009, 38). Die Einrichtung von Baumärkten an verschiedenen, nahe beieinander liegenden Orten steht regelmäßig in keiner geografischen Beziehung zueinander (a. A. BMF v. 24.12.1999, 1076 Tz. 4.3.5). Der Ort der einzelnen Geschäftstätigkeit kann dabei durchaus beweglich sein, wie etwa bei fortschreitenden Straßenbauarbeiten. Wären alle in einem Staat unterhaltenen Baustellen als eine einheitliche Betriebstätte zu betrachten, so käme dies in der Wirkung dem Attraktionsprinzip (s. Art. 7 Rz. 42) gleich. Außerdem würde es den Grundsatz verletzen, dass mehrere gewerbliche Aktivitäten eines Unternehmens, die jeweils für sich keine Betriebstätten sind, auch zusammengefasst keine Betriebstätte begründen (MA Art. 5 Abs. 4 Buchst. f, u. Rz. 95).

Wird eine Bauausführung in Teilabschnitte aufgeteilt und jeder Abschnitt an verschiedene rechtlich selbstständige Unternehmen vergeben, so findet eine Zusammenrechnung der einzelnen Aktivitäten auch dann nicht statt, wenn die Unternehmen zum selben Konzern gehören (GKG/*Günkel,* Art. 5 Rz. 155; a. A. *Reimer/Schmid/Orell,* Rz. 210 f. für den Fall, dass die Unternehmen unter gemeinsamer Kontrolle stehen). Etwas anderes könnte allenfalls dann gelten, wenn die Aufsplittung als rechtsmissbräuchlich anzusehen ist.

e) Arbeitsunterbrechungen: Unterbrechungen, die im normalen Arbeitsablauf liegen, sind in die Berechnung der Frist mit einzubeziehen (MA-Komm. Ziff. 19). Dabei kann es sich sowohl um personenbezogene Unterbrechungen, z. B. arbeitsfreie Wochenenden und Urlaubszeiten, wie um fertigungstechnische handeln, z. B. Trocknungsfristen (*Storck,* S. 184), aber auch Reparaturen (ITAT v. 10.9.2010, Nos. 389, 4752, 4753/Del/2005: *DBA Indien/USA*), Schlechtwetter, Materialmangel oder Streiks. Längerdauernde Unterbrechungen führen zu einer Hemmung des Fristlaufs, wenn die Fortsetzung der Arbeiten in einem funktionalen Zusammenhang mit den vor der Unterbrechung erbrachten Leistungen steht (s. *Schieber,* S. 268; *Pijl,* BIT 2013, 334; a. A. *Skaar,* S. 390). Die bloße Auswechslung der Person des Auftraggebers unterbricht den Funktionszusammenhang nicht. Ob eine Unterbrechung längerfristig ist, hängt von ihrem Verhältnis zur vorgesehenen Gesamtdauer des Vorhabens ab (a. A. *Schieber,* der unter Heranziehung von innerstaatlichem deutschen Recht eine länger als vierzehn Tage dauernde Unterbrechung immer als fristhemmend behandeln will, *Schieber,* Montage-Betriebstätten, S. 271). 67

f) Bau- und Montageaufsicht: In die **Berechnung der Frist** sind bei einem einheitlichen Bauauftrag auch die Zeiten mit einzubeziehen, in denen der Unternehmer nicht selber tätig ist, sondern die Bauarbeiten durch Subunternehmer ausführen lässt und deren Tätigkeit nur überwacht und kontrolliert (BFH BStBl. III 1963, 71 (72) für einen Fall, in dem der **Generalunternehmer** auch Teile des Baus selber ausführte; *Schieber,* Betriebstättenbegründung, S. 522 f.; a. A. *Münch,* RIW 1995, 930). Die Arbeitszeiten des Subunternehmers sind dem Generalunternehmer für die Fristbestimmung zuzurechnen, im Übrigen ist aber **für beide getrennt zu prüfen, ob eine Betriebstätte vorliegt** (MA-Komm. Ziff. 19; *van Raad,* BIFD 1999, 323; AAR v. 11.9.2009, No. 790/2008, besprochen von *Arnold,* BIT 2009, 565; vgl. Rz. 61). Die Betriebstätte des Subunternehmers kann hierbei nicht gleichzeitig Betriebstätte des Generalunternehmers sein (ÖstBMF v. 17.2.2010 (EAS 3129), SWI 2010, 192). Die Aufsicht, auch über die Errichtung einer Großanlage, begründet m. a. W. eine Betriebstätte jeweils nur, wenn die allgemeinen Voraussetzungen des Betriebstättenbegriffs erfüllt sind (*High Court of Andrah Pradesh* Income Tax Reports 1983, 146: *DBA Deutschland/Indien;* Deputy CIT vs. CIT, 68

Alcatel (1993) 47 ITD 275, zitiert nach TNI March 1994, 854 (855): *DBA Indien/ Frankreich*). Es kann ein Generalunternehmer ohne eigene physische Präsenz im Quellenstaat keine Betriebstätte begründen (*Bendlinger/Görl/Paaßen/Remberg,* IStR 2004, 145 (156); *Eckl,* IStR 2009, 512; vgl. auch *Wichmann,* S. 110f.; a. A. der norwegische Supreme Court, s. *Bendlinger,* SWI 2011, 255). Werden Komponenten einer zu erstellenden Anlage durch einen Subkontraktor gefertigt, so stellt die Überwachung dieser Komponentenfertigung durch den Hauptauftragnehmer **(Fertigungsüberwachung)** jedenfalls dann keine betriebstättenbegründende Tätigkeit dar, wenn die Komponentenfertigung nicht am Ort der späteren oder zeitgleichen Baustelle erfolgt (SKK/*Fresch/Strunk,* Art. 5 OECD-MA Rz. 95; *Bendlinger/Görl/Paaßen/Remberg,* IStR 2004, 145 (147ff.); *Bendlinger,* SWI 2005, 109 (113f.)).

Demgegenüber nimmt das ÖstBMF eine Betriebstätte des Generalunternehmers auch dann an, wenn dieser den gesamten Auftrag subkontrahiert **(Totaldelegation)** und selber auf der Baustelle außer bei der Endabnahme nicht tätig wird (ÖstBMF SWI 1992, 19: *DBA Österreich/UdSSR;* SWI 1993, 37: *DBA Österreich/Deutschland;* differenzierend *Skaar,* S. 405ff.). Ebenso die OECD in ihrem Vorschlag zur Neufassung der Kommentierung zu Art. 5 Ziff. 19, s. OECD, Revised Proposals concerning the Interpretation and Application of Article 5 (Permanent Establishment), 19. October 2012 to 31. January 2013 (hierzu: *Bendlinger,* SWI 2011, 536; *Angus,* TMIJ 2013, 266ff.; *Sheppard,* TNI 2012, 535; *Wichmann,* IStR 2012, 712f.). Zu Recht lehnt das BMF eine Betriebsstättenbegründung bei Totaldelegation ab, vgl. Betriebsstätten-Verwaltungsgrundsätze v. 24.12.1999, IV B 4 – S 1300 – 111/99, BStBl. I 1999, 1076 i. d. F. des BMF-Schreibens v. 25.8.2009, IV B 5 – S 1341/07/10004; Tz. 4.3.2. Eine Betriebstätte ohne physische Präsenz des Unternehmens im Quellenstaat ist abzulehnen (*Görl,* StbJb 2004/2005, S. 81 (88); *Bendlinger,* SWI 2006, 358 (360)).

69 **g) Exploration:** Die für die internationale Wirtschaftsentwicklung immer bedeutender werdenden **Explorationstätigkeiten** werden im OECD-MA nicht ausdrücklich geregelt. Der MA-Komm. überlässt entsprechende Vereinbarungen den Abkommenspartnern und zeigt lediglich mögliche Lösungen auf (MA-Komm. Ziff. 15). In den deutschen DBA finden sich bislang nur vereinzelt derartige Sondervereinbarungen (s. Rz. 53, 53a). Man mag sie für entbehrlich halten, weil sich die Frage der Besteuerung von Explorationen schon nach den allgemeinen Regeln des Art. 5 lösen lässt. Entscheidend ist, ob eine feste Geschäftseinrichtung besteht, durch die die Exploration ausgeübt wird (*Brown,* APTB 2012, 5f.). Wichtig ist hier besonders das Element der Dauer. Liegen hiernach die Voraussetzungen einer Betriebstätte i. S. des Abs. 1 vor, bleibt allerdings noch der Ausnahmenkatalog des Art. 5 Abs. 4 zu berücksichtigen. Das kann zu ungereimten Ergebnissen führen. Handelt es sich z. B. bei dem die Exploration durchführenden Unternehmen um ein Bergbauunternehmen, das bei erfolgreicher Exploration die Bodenschätze ausschließlich selber ausbeuten will, so ist die Exploration bloß vorbereitende Tätigkeit gemäß Art. 5 Abs. 4 Buchst. e; eine Betriebstätte liegt dann nicht vor (vgl. Rz. 92f.). Wird dagegen für andere exploriert, so ist die Exploration keine vorbereitende oder Hilfstätigkeit, sondern selbstständiger und Hauptunternehmenszweck. Nur im zweiten Fall kann der Staat, in dem die Exploration vorgenommen wird, nach Art. 7 das Unternehmen besteuern (Wassermeyer/*Wassermeyer,* Art. 5 Rz. 85). Den Staaten, die über entsprechende Bodenschätze verfügen, wird dieser Unterschied nicht einleuchten. Ins entgegengesetzte Extrem fallen DBA, nach denen jede Explorationstätigkeit unabhängig von deren Zeitdauer eine Betriebstätte begründet, so z. B. Art. 31a *DBA Großbritannien/Norwegen.* Hier ergab sich, wie das norwegische *Høyesterett* zutreffend vorausgesetzt hat, eine Betriebstätte bereits bei

einer Tätigkeit eines unterseeischen Fahrzeugs auf dem norwegischen Kontinentalschelf von nicht mehr als 12 Tagen (Rt. 1994, 132: *DBA Großbritannien/Norwegen*). Der Begriff der Betriebstätte verliert in solchen Vereinbarungen seinen Sinn, das Betriebstättenprinzip ist in ihnen praktisch aufgegeben.

Das US-MA regelt die Explorationsaktivitäten, indem es in Art. 5 Abs. 3 bestimmt, dass Einrichtungen und Bohranlagen oder -schiffe, die zur Exploration von Bodenschätzen eingesetzt werden, nach einer Frist von 12 Monaten eine Betriebstätte begründen. Damit führt jede Explorationstätigkeit nach Fristablauf zu einer Betriebstätte, unabhängig davon, ob die gefundenen Bodenschätze anschließend von dem explorierenden Unternehmen selber oder von Dritten ausgebeutet werden. Die Anwendung des Art. 5 Abs. 4 Buchst. e US-MA auf Explorationsaktivitäten ist ausgeschlossen. Nach Auffassung des *IRS* handelt es sich bei der Regelung des US-MA lediglich um eine Klarstellung, da derartige Tätigkeiten materiell bereits unter den Montagebegriff zu subsumieren seien (s. *IRS* GCM 39373, veröffentlicht in Taxes Int'l 1985, 49ff.; insgesamt zu den Explorationsaktivitäten *Estes,* TMIJ 1984, 243; *ders.,* TMIJ 1993, 64; *Susanti,* ET 2008, 186ff.). 70

h) „Dienstleistungsbetriebstätte": Der MA-Komm. Ziff. 42.11ff. erläutert die Auffassung der OECD zur steuerlichen Behandlung von Dienstleistungen – ohne den Begriff der Dienstleistung zu definieren (*Ditz/Quilitzsch,* FR 2012, 494; *Grotherr/Endert,* S. 162; ausführlich *Kaeser,* IStR 2012, 676) – und stellt den Vertragspartnern alternative Regelungen als Option zur Aufnahme in die konkreten DBA zur Verfügung (s. *Jirousek,* ÖStZ 2009, 195ff.; *Ditz,* S. 116ff.). Der Vorschlag eröffnet eine Besteuerung von Dienstleistungen im Quellenstaat auf Grund bloßer Präsenz ohne Begründung einer festen Einrichtung. Insoweit entspricht es dem Ansatz im UN-MA (s. Rz. 73), orientiert sich jedoch ansonsten nicht am UN-MA (*Rosenberger/Vitali/Ziehr,* IStR 2010 Beih. 1, 9; zur geplanten OECD Neukommentierung s. *Ditz,* S. 119ff.; *Bürkle/Ullmann,* DStR 2013, 949). Zu den Unterschieden zum UN-MA vgl. Rz. 73 (im Einzelnen: *Govind,* BIT 2012, 3). 70a

Durch folgende Formulierung fingiert die OECD die Betriebstätte (eigene Übersetzung, Originaltext s. MA-Komm. Ziff. 42.23):

„Ungeachtet der vorstehenden Bestimmungen der Absätze 1, 2 und 3 gelten im anderen Vertragsstaat erbrachte Dienstleistungen als Betriebstätte, wenn sie

a) durch eine natürliche Person erbracht werden, die sich in dem anderen Vertragsstaat während eines Zeitraums oder Zeiträumen von insgesamt mehr als 183 Tagen innerhalb eines Zeitraums von 12 Monaten aufhält und mehr als 50% der dem Unternehmen in diesem Zeitraum oder diesen Zeiträumen aus aktiver Geschäftstätigkeit zuzurechnenden Bruttoeinnahmen aus den Dienstleistungen stammen, die die natürliche Person im anderen Vertragsstaat erbracht hat, oder
b) während eines Zeitraums oder Zeiträumen von insgesamt mehr als 183 Tagen innerhalb eines Zeitraums von 12 Monaten erbracht werden und diese Dienstleistungen für dasselbe Projekt oder für miteinander verbundene Projekte durch eine oder mehrere Personen erbracht werden, die sich in dem anderen Staat aufhalten und dort solche Leistungen erbringen".

Beschränken sich diese Leistungen auf Hilfstätigkeiten i.S. von Abs. 4, so begründen sie auch nach der Alternativvorschrift keine Betriebstätte. Dienstleistungen, die eine natürliche Person im Namen eines Unternehmens erbringt, sind nicht als Dienstleistungen eines anderen Unternehmens anzusehen, es sei denn, dieses Unternehmen überwacht, leitet oder kontrolliert die Art und Weise, in der diese Leistungen durch die natürliche Person erbracht werden, MA-Komm. Ziff. 42.23. Damit soll klar gestellt werden, dass die Arbeitnehmerentsendung dann keine Dienstleistungsbetriebstätte begründet, wenn der Arbeitnehmer nicht für das entsendende Unternehmen tätig wird (*Rautenstrauch/*

Binger, Ubg 2009, 624). Zur gegenläufigen Tendenz in China vgl. *Yang,* APTB 2010, 252.

Die Regelung in Buchst. a setzt die Schwelle für eine Besteuerung von Dienstleistungen im Quellenstaat auch im Vergleich zum UN-MA nochmals herab. Es fällt nicht nur das Erfordernis einer festen Einrichtung weg, sondern es wird zudem die Möglichkeit für den Quellenstaat eröffnet, kurzfristige, d.h., weniger als 183 Tage dauernde Aktivitäten zu besteuern. Das ist der Fall, wenn mehr als 50% der Bruttoeinnahmen aus dort erbrachten Dienstleistungen stammen. Die dann für kurzfristige Leistungen eintretende Besteuerung im Quellenstaat kann insbesondere für kleinere Unternehmen – auf die Buchst. a primär Anwendung finden soll (MA-Komm. Ziff. 42.34; *Wichmann,* S. 109f.) – zu relativ hohen administrativen Belastungen führen, aber auch für die lokale Steuerverwaltung praktische Schwierigkeiten bei der Durchsetzung des Steueranspruchs aufwerfen (Wassermeyer/*Wassermeyer,* Art. 5 Rz. 10a). Zu weiteren Umsetzungsproblemen s. *Rosenberger/Vitali/Ziehr,* IStR 2010 Beihefter 1, 14ff.

Die OECD-Regelung der Dienstleistungsbetriebstätte weist weitere Unstimmigkeiten auf. Der Wortlaut in Buchst. a stellt auf Dienstleistungen durch *eine* Person ab im Gegensatz zu Buchst. b, der von einer *oder mehreren* Personen spricht. Es ist kaum zu rechtfertigen, dass durch Tätigkeit mehrerer Personen der Tatbestand des Buchst. a ausgehebelt werden kann. Vielmehr sollte die Regelung des Buchst. a auch für Dienstleistungserbringung durch mehrere Personen gelten (*Rosenberger/Vitali/Ziehr,* IStR 2010 Beihefter 1, 10). Möglicherweise liegt hier ein Redaktionsversehen vor.

Ebenfalls nicht konsistent ist die Berechnung des jeweiligen Zeitelements. Buchst. a stellt auf die bloße Anwesenheit im Tätigkeitsstaat ab, während gem. Buchst. b die Zeit der Leistungserbringung maßgeblich ist und damit ein engerer Betriebstättenbegriff postuliert wird (hierzu sowie zur Kritik insgesamt s. *Rosenberger/Vitali/Ziehr,* IStR 2010 Beihefter 1, 11).

Nicht nur diese Widersprüchlichkeiten, sondern vor allem auch die Tatsache, dass die Dienstleistungsbetriebstätte lediglich im MA-Komm. und nicht im MA geregelt wird, legen den Schluss nahe, dass die jetzige Regelung der Dienstleistungsbetriebstätte durch die OECD ein wohl eher mühsam herbeigeführter Kompromiss ist. Er scheint der zwischen OECD-Mitgliedstaaten und Nichtmitgliedern erreichbare Minimalkonsens zu sein (vgl. *Dunahoo/Sprague,* BIT 2009, 193). *Pijl* spricht sogar von Schadensbegrenzung („form of damage control", *Pijl,* ET 2008, 476). Zu den grundsätzlichen Wertungsinkonsistenzen zwischen der Stammdefinition des Abs. 1 und den Dienstleistungsbetriebstätten s. auch *Reimer,* IStR 2009, 380.

Die deutsche Verhandlungsgrundlage für Doppelbesteuerungsabkommen hat die OECD-Regelung für eine Dienstleistungsbetriebstätte nicht übernommen. Das BMF vereinbart jedoch immer öfter eine entsprechende Klausel (s. Rz. 74; *Valta,* IStR 2013, 187).

Die von der OECD angestrebte Ausdehnung der Besteuerung von Dienstleistungen im Quellenstaat ist m.E. systemkonform nur erreichbar, wenn der Betriebstättenbegriff nicht länger durch Auslegung über den möglichen Wortsinn hinaus ad absurdum geführt wird. Ein möglicher Weg könnte sein, die im MA-Komm. vorgegebenen, tätigkeitsbezogenen Anknüpfungskriterien für die Besteuerung aller Arten von Dienstleistungen in einer eigenen Abkommensvorschrift zu formulieren (grds. ebenso *Arnold,* BIT 2011, 66f.) und insbesondere vom Merkmal der festen Einrichtung klar abzukoppeln. Der z.Zt. vakante Art. 14 könnte hierfür der geeignete Ort sein. Anders *Arnold,* der eine weitere Ausdehnung des Betriebstättenbegriffs befürwortet, vgl. *Arnold,* BIT 2011, 67.

Mit der Einführung einer separaten Vorschrift über die Besteuerung von Dienstleistungen sind allerdings die damit verbundenen systematischen und administrativen Probleme (s. *Rosenberger/Vitali/Ziehr,* IStR 2010 Beihefter 1, 12 ff.) noch nicht gelöst. Hierzu s. auch *Boef,* TPIR 2009, 18, der in der Einführung einer Quellenabzugsteuer auf Dienstleistungen eine praktikable Lösung sieht.

3. UN-MA

a) Grundzüge: Nach Art. 5 Abs. 3 UN-MA begründet eine Bauausführung oder Montage eine Betriebstätte, wenn ihre Dauer 6 Monate überschreitet. Mit der zusätzlichen Einfügung der „assembly projects" – wie im Übrigen auch schon im OECD-MA 1963 – wird klargestellt, dass die Vorschrift auch den Zusammenbau von beweglichen Gütern umfasst (vgl. Rz. 58). **71**

b) Bau- und Montageüberwachung: Überwachungstätigkeiten begründen nach dem UN-MA eine Betriebstätte, wenn sie in Verbindung mit Bauausführungen stehen und die Sechs-Monats-Frist überschreiten. Wegen des „in connection therewith" führen Überwachungstätigkeiten nur dann zu einer Betriebstätte, wenn sie sich auf Projekte beziehen, die ihrerseits die Kriterien für eine Betriebstättenbegründung erfüllen. Keine Betriebstätte ist somit die Überwachung einer Bauausführung oder Montage, die ihrerseits weniger als 6 Monate dauert. Auch die Überwachung eines in einem Drittstaat gelegenen Bauprojekts vom Vertragsstaat aus führt nicht zu einer Betriebstätte, da die Überwachung nicht in Verbindung mit einer Bauausführung im Vertragsstaat steht. **72**

c) Dienstleistungen: Nach Art. 5 Abs. 3 Buchst. b UN-MA führen Dienstleistungen, einschließlich Beratungsleistungen, durch Angestellte oder anderes Personal eines Unternehmens zu einer Betriebstätte im Tätigkeitsstaat, wenn diese Tätigkeiten dort für das gleiche oder ein damit zusammenhängendes Projekt länger als **183 Tage** (bisher: 6 Monate) innerhalb eines beliebigen 12-Monatszeitraums dauern. Damit gibt das UN-MA für die Betriebstättenbegründung die Voraussetzung der festen örtlichen Einrichtung auf: Bereits die Erbringung von Dienstleistungen als solche führt zur Besteuerung des Unternehmens im Quellenstaat, ohne dass dieses dort über eine feste örtliche Einrichtung verfügen muss. Mit dem Übergang von der bisher geltenden 6-Monatsfrist auf die 183-Tage-Regel hat das UN-MA klargestellt, dass es für Dienstleistungen genau wie für die unselbständige Arbeit ausschließlich auf die Tätigkeitsdauer ankommen soll (UN-Komm. zu Art. 5 Ziff. 9; s. auch *Bayer,* SWI 2011, 539 f.). Von Bedeutung ist diese Ausweitung der Besteuerung durch den Quellenstaat insbesondere für Personalgestellung und für technische und sonstige Beratungs- und Dienstleistungen. Beides führt nach dem UN-MA – anders als nach OECD- und US-MA – bei entsprechender Dauer zur Besteuerung durch den Staat, der die Leistung empfängt. Im UN-Komm. selbst kommt zum Ausdruck, wenn auch nur als Auffassung eines Kommissionsmitglieds, dass diese Ausdehnung der Besteuerungsmöglichkeiten zugunsten des Quellenstaates zu unerwünschten Auswirkungen auf den internationalen Handel und Technologietransfer führen kann (s. UN-Komm. alte Fassung zu Art. 5 S. 65), nämlich zu einer Vermeidung oder zumindest Verteuerung des internationalen Waren- und Know-how-Austausches (s. auch *Bendlinger/Görl/Paaßen/Remberg,* IStR 2004, 145, 148). **73**

II. Deutsche DBA

1. Abkommensübersicht zu Artikel 5 Abs. 3

74

DBA	MA-Regelung: Betriebstätte bei Bauausführungen oder Montagen von:	Artikel	Rz.
Ägypten	mehr als 6 Monaten, ausdrücklich bei Aufsichtstätigkeit	5 Abs. 3	80
Albanien 2010	mehr als 9 Monaten innerhalb eines Zeitraums von zwölf Monaten, ausdrücklich bei Aufsichtstätigkeit	5 Abs. 3	76; 80
Algerien 2007	mehr als 6 Monaten	5 Abs. 3	77
Argentinien	mehr als 6 Monaten	5 Abs. 2 Buchst. g	77
Armenien	s. UdSSR		
Aserbaidschan	mehr als 12 Monaten, ausdrücklich bei Aufsichtstätigkeit	5 Abs. 3	80
Australien	mehr als 6 Monaten, ausdrücklich bei Aufsichtstätigkeit	5 Abs. 2 Buchst. h; SProt. Nr. 1	77; 80
Bangladesch	mehr als 183 Tagen	5 Abs. 3	78
Belarus	mehr als 12 Monaten	5 Abs. 3	
Belgien Belgien (E)	mehr als 9 Monaten; Verlängerung auf 12 Monate, falls Belgien mit einem Nachbarstaat eine 12-Monats-Frist vereinbaren sollte	5 Abs. 2 Nr. 7; SProt. Nr. 2	76
Bolivien	mehr als 6 Monaten	5 Abs. 2 Buchst. e	77
Bosnien-Herzegowina	s. Jugoslawien		
Bulgarien 2010	mehr als 9 Monaten, Sonderregelung für Ressourcenexploration	5 Abs. 3 Buchst. a, b	76; 53a
China 1985	mehr als 6 Monaten, ausdrücklich bei Aufsichtstätigkeit; mehr als 6 Monaten innerhalb eines Zwölfmonatszeitraums bei Dienstleistungen	5 Abs. 3	77; 80 f. 81
China 2014 (E)	mehr als 12 Monaten, ausdrücklich bei Aufsichtstätigkeit; mehr als 183 Tagen innerhalb eines Zwölfmonatszeitraums bei Dienstleistungen	5 Abs. 3	80
Costa Rica 2014 (E)	mehr als 6 Monaten	5 Abs. 3	77
Dänemark	mehr als 12 Monaten	5 Abs. 3	
Ecuador	mehr als 12 Monaten	5 Abs. 2 Buchst. e	
Elfenbeinküste	mehr als 6 Monaten	5 Abs. 3	77
Estland	mehr als 9 Monaten, ausdrücklich bei Aufsichtstätigkeit	5 Abs. 3	76; 80
Finnland	mehr als 12 Monaten	5 Abs. 2 Buchst. g	
Frankreich	mehr als 12 Monaten	2 Abs. 1 Nr. 7a, gg	

DBA	MA-Regelung: Betriebstätte bei Bauausführungen oder Montagen von:	Artikel	Rz.
Georgien	mehr als 6 Monaten	5 Abs. 3	77
Georgien (E)	mehr als 6 Monaten	5 Abs. 3	77
Ghana	mehr als 9 Monaten	5 Abs. 3	76
Griechenland	mehr als 12 Monaten	II Abs. 1 Nr. 7 b	
Großbritannien 1964/70	mehr als 12 Monaten	II Abs. 1 Buchst. 1 (ii), (gg)	
Großbritannien 2010	mehr als 12 Monaten	5 Abs. 3	
Großbritannien 2014 (E)	mehr als 12 Monaten	5 Abs. 3	
Indien	mehr als 6 Monaten, ausdrücklich bei Aufsichtstätigkeit	5 Abs. 2 Buchst. i	77; 80
Indonesien	mehr als 6 Monaten	5 Abs. 3	
Iran	mehr als 6 Monaten	5 Abs. 2 Buchst. h	77
Irland	mehr als 12 Monaten	5 Abs. 3	
Island	mehr als 12 Monaten	5 Abs. 2 Buchst. g	
Israel	mehr als 12 Monaten	2 Abs. 1 Nr. 7b, gg	
Italien	mehr als 12 Monaten	5 Abs. 2 Buchst. g	
Jamaika	mehr als 6 Monaten	5 Abs. 2 Buchst. h	77
Japan	mehr als 12 Monaten	5 Abs. 2 Buchst. g	
Jugoslawien	mehr als 12 Monaten	5 Abs. 3	
Kanada	mehr als 12 Monaten, Sonderregelung für Bodenexploration	5 Abs. 3, 4	53 a
Kasachstan	s. UdSSR		
Kenia	mehr als 6 Monaten, ausdrücklich bei Aufsichtstätigkeit	5 Abs. 2 Buchst. h; Prot. Nr. 1	77; 80
Kirgisistan	mehr als 12 Monaten, ausdrücklich bei Aufsichtstätigkeit	5 Abs. 3	80
Korea	mehr als 12 Monaten, ausdrücklich bei Aufsichtstätigkeit	5 Abs. 3	80
Kosovo	s. Jugoslawien		
Kroatien	mehr als 12 Monaten	5 Abs. 3	
Kuwait	mehr als 9 Monaten	5 Abs. 3	76
Lettland	mehr als 9 Monaten, ausdrücklich bei Aufsichtstätigkeit	5 Abs. 3	76; 80
Liberia	mehr als 6 Monaten; mehr als 6 Monaten innerhalb eines Zwölfmonatszeitraums bei Dienstleistungen	5 Abs. 2 Buchst. g, 7	77; 81
Liechtenstein 2011	mehr als 12 Monaten	5 Abs. 3	
Litauen	mehr als 9 Monaten, ausdrücklich bei Aufsichtstätigkeit	5 Abs. 3	76; 80
Luxemburg 2012	mehr als 12 Monate	5 Abs. 3	

DBA	MA-Regelung: Betriebstätte bei Bauausführungen oder Montagen von:	Artikel	Rz.
Malaysia 2010	mehr als 9 Monaten, mehr als 6 Monaten bei Aufsichtstätigkeit	5 Abs 3, 5	76; 80
Malta	mehr als 9 Monaten	5 Abs. 3	76
Marokko	mehr als 12 Monaten	5 Abs. 1 Nr. 8	77
Mauritius 2011	mehr als12 Monaten, ausdrücklich bei Aufsichtstätigkeit, Sonderregelung für Bodenexploration	5 Abs. 3 Buchst. a und b	80; 53 a
Mazedonien 2006	mehr als 12 Monaten	5 Abs. 3	
Mexiko 2008	mehr als 6 Monaten	5 Abs. 3	77
Moldau	s. UdSSR		
Mongolei	mehr als 6 Monaten	5 Abs. 3	77
Montenegro	s. Jugoslawien		
Namibia	mehr als 6 Monaten	5 Abs. 3	77
Neuseeland	mehr als 12 Monaten	5 Abs. 3	
Niederlande 1959/2004	mehr als 12 Monaten	2 Abs. 1 Nr. 2a, gg	
Niederlande 2012 (E)	mehr als 12 Monaten, ausdrückliche Regelung für Offshore-Aktivitäten	5Abs. 3–6; Prot. Nr. III, IV	83a
Norwegen 1991	mehr als 12 Monaten, ausdrücklich bei Aufsichtstätigkeit und Beratung	5 Abs. 3; Prot. Nr. 1	82
Norwegen 2013 (E)	mehr als 12 Monaten, ausdrücklich bei Aufsichtstätigkeit und Beratung	5 Abs. 3; Prot. Nr. 1	82
Oman 2012 (E)	mehr als 9 Monate	5 Abs. 3	
Österreich	mehr als 12 Monaten	5 Abs. 3	
Pakistan	mehr als 6 Monaten	5 Abs. 2 Buchst. i	77
Philippinen 1983	mehr als 6 Monaten, ausdrücklich bei Aufsichtstätigkeit; mehr als 6 Monaten innerhalb eines Zwölfmonatszeitraums bei Dienstleistungen	5 Abs. 2 Buchst. h; Prot. Nr. 2	77; 80 f. 81
Philippinen 2013	mehr als 6 Monaten, ausdrücklich bei Aufsichtstätigkeit; mehr als 6 Monaten innerhalb eines Zwölfmonatszeitraums bei Dienstleistungen	5 Abs. 2 Buchst. h; Prot. Nr. 2	77; 80 f. 81
Polen	mehr als 12 Monaten	5 Abs. 3	
Portugal	mehr als 6 Monaten	5 Abs. 3	77
Rumänien	mehr als 12 Monaten	5 Abs. 3	
Russische Föderation	mehr als 12 Monaten	5 Abs. 3	
Sambia	mehr als 9 Monaten, ausdrücklich bei Aufsichtstätigkeit	5 Abs. 2 Buchst. g; Prot. Nr. 1	76; 80
Schweden	mehr als 12 Monaten	5 Abs. 3	
Schweiz	mehr als 12 Monaten	5 Abs. 2 Buchst. g	
Serbien	s. Jugoslawien		

DBA	MA-Regelung: Betriebstätte bei Bauausführungen oder Montagen von:	Artikel	Rz.
Simbabwe	mehr als 6 Monaten	5 Abs. 3	77
Singapur	mehr als 6 Monaten	5 Abs. 3	77
Slowakei	s. Tschechoslowakei		
Slowenien	mehr als 12 Monaten	5 Abs. 3	
Spanien 2011	mehr als 12 Monaten	5 Abs. 3	
Sri Lanka	mehr als 183 Tagen	5 Abs. 2 Buchst. i	78
Südafrika 1973	mehr als 12 Monaten	5 Abs. 2 Buchst. g	
Südafrika 2008 (E)	mehr als 12 Monaten, ausdrücklich bei Aufsichtstätigkeit; mehr als 183 Tagen innerhalb eines Zwölfmonatszeitraums bei freiberuflicher oder sonstiger selbständiger Tätigkeit natürlicher Personen	5 Abs. 3 Buchst. a und b	
Syrien 2010	mehr als 9 Monaten	5 Abs. 3	76
Tadschikistan	mehr als 12 Monaten	5 Abs. 3	
Taiwan 2011	mehr als 6 Monaten; mehr als 6 Monaten innerhalb eines Zwölfmonatszeitraums bei Dienstleistungen	5 Abs. 3	77; 81
Thailand	bei Montagen: mehr als 6 Monaten; sonst: mehr als 3 Monaten	5 Abs. 3	79
Trinidad und Tobago	mehr als 6 Monaten	5 Abs. 2 Buchst. i	77
Tschechien	s. Tschechoslowakei		
Tschechoslowakei	mehr als 12 Monaten	5 Abs. 2 Buchst. g	
Tunesien	mehr als 6 Monaten, ausdrücklich bei Aufsichtstätigkeit; zusätzlich, wenn die Kosten der Montage oder Aufsichtstätigkeit 10 v. H. des Preises der Maschinen übersteigen	5 Abs. 2 Buchst. g	80; 83
Türkei 2011	mehr als 6 Monaten, ausdrücklich bei Aufsichtstätigkeit; mehr als 6 Monaten innerhalb eines Zwölfmonatszeitraums bei Dienstleistungen	5 Abs. 3 Buchst. a und b	77; 80; 81
Turkmenistan	s. UdSSR		
UdSSR	mehr als 12 Monaten	5 Abs. 3	
Ukraine	mehr als 12 Monaten	5 Abs. 3	
Ungarn 2011	mehr als 12 Monaten	5 Abs. 3	
Uruguay 2010	mehr als 9 Monaten	5 Abs. 3	79
USA 1989/2006	mehr als 12 Monaten, mehr als 183 Tagen für vortragende Künstler und Entertainer	5 Abs. 3 Prot. Nr. 3	
Usbekistan	mehr als 12 Monaten	5 Abs. 3	
Venezuela	mehr als 12 Monaten	5 Abs. 3	

DBA	MA-Regelung: Betriebstätte bei Bauausführungen oder Montagen von:	Artikel	Rz.
Vereinigte Arabische Emirate 2010	mehr al 12 Monaten	5 Abs. 3	
Vietnam	mehr als 6 Monaten	5 Abs. 3	77
Weißrussland	s. Belarus	5 Abs. 3	
Zypern 2011	mehr als12 Monaten, ausdrücklich bei Aufsichtstätigkeit	5 Abs. 3	80

2. Erläuterungen

76 **a)** Nach den *DBA Albanien 2010, Belgien, Bulgarien 2010, Ghana, Estland, Kuwait, Lettland, Litauen, Malaysia 2010, Malta, Sambia, Syrien 2010* und *Uruguay 2010* beträgt die Mindestdauer einer Bauausführung oder Montage **neun Monate.** Nach dem SProt. Nr. 2 zum *DBA Belgien* verlängert sich diese Frist auf zwölf Monate, falls nach einem von Belgien mit einem Nachbarstaat geschlossenen DBA durch Bauausführungen oder Montagen nach zwölf Monaten eine Betriebstätte begründet wird.

77 **b)** Vor allem in den DBA mit **Entwicklungsländern** ist eine **Sechs-Monats-Frist** wie im UN-MA vorgesehen, vgl. oben Abkommensübersicht Rz. 74.

78 **c)** Die *DBA Bangladesch* und *Sri Lanka* enthalten eine **183-Tage-Regelung.** Danach begründet eine Bauausführung oder Montage eine Betriebstätte, wenn ihre Dauer 183 Tage überschreitet.

79 **d)** Nach dem *DBA Thailand* begründen der Einbau und die Montage von Betriebseinrichtungen und Maschinen einschließlich der zum Einbau notwendigen baulichen Nebenarbeiten nach **sechs Monaten** eine Betriebstätte, während in allen anderen Fällen von Bauausführungen oder Montagen eine **Drei-Monats-Frist** ausreicht. Für Deutschland ergibt sich hier, dass es nach dem Abkommen eine Bauausführung von mehr als drei Monaten besteuern dürfte, das innerstaatliche Recht dies aber nicht ausschöpft (§ 49 Abs. 1 Nr. 2 EStG in Verbindung mit § 12 Nr. 8 AO).

80 **e)** Grundsätzlich geht die deutsche Vertragspraxis mit dem MA-Komm. Ziff. 17 davon aus, dass nur vom Bauunternehmer selber ausgeführte Planungs- und Überwachungstätigkeiten unter den Begriff der Bauausführung fallen (zur Diskussion s. Rz. 61). Die *DBA Ägypten, Albanien 2010, Aserbaidschan, Australien, China, Estland, Indien, Kenia, Kirgisistan, Korea, Lettland, Litauen, Mauritius 2011, Philippinen, Sambia, Südafrika 2008 (E), Tunesien, Türkei 2011* und *Zypern 2011* beziehen jedoch in den Betriebstättenbegriff ausdrücklich die mit einer Bauausführung oder Montage in Zusammenhang stehende **überwachende Tätigkeit** ein. Man könnte daran denken, dass hier nur die Einbeziehung der Überwachung von Subunternehmern in die **Fristberechnung** geregelt werden soll (s. o. Rz. 68). Die Abkommen (die sich in ihrem Wortlaut z. T. unterscheiden) sind jedoch so zu verstehen, dass ein Unternehmen, wenn es in einem Staat für die Dauer von mehr als 6 Monaten eine Bauausführung oder Montage eines anderen Unternehmens überwacht, behandelt werden soll, als habe es in diesem Staat eine Betriebstätte (*Rawal/Bagri,* Intertax 2009, 698FF;). Es handelt sich hierbei um eine Fiktion, da nur die Überwachungstätigkeit in diesem Staat, nicht aber die allgemeinen Voraussetzungen einer Betriebstätte gegeben zu sein brauchen. Vgl. hierzu auch die Regelung im UN-MA, o. Rz. 72.

f) Die *DBA China, Liberia, Philippinen, Taiwan 2011* und *Türkei 2011* enthalten eine dem Art. 5 Abs. 3 Buchst. b UN-MA (bis 2011 geltende Version) entsprechende Regelung: Danach führt auch das Erbringen von **Dienstleistungen** einschließlich Leistungen auf dem Gebiet der Beratung durch Angestellte oder anderes Personal eines Unternehmens zu einer Betriebstätte dieses Unternehmens im anderen Vertragsstaat, wenn die Tätigkeiten dort für das gleiche oder ein damit zusammenhängendes Projekt länger als insgesamt 6 Monate (*China (E)* 183 Tage; zur Dienstleistungsbetriebstätte nach dem *DBA China: Demme,* IWB 2012, 915; *Hasbargen/Preising,* IStR 2012, 146f.) innerhalb eines beliebigen Zwölf-Monats-Zeitraums dauern (vgl. Rz. 73). Die neuere deutsche Vertragspraxis geht dahin, in solchen Fällen nicht eine Betriebstätte zu fingieren, sondern die Entgelte für technische Dienstleistungen den Lizenzgebühren gleichzustellen, d. h. dem Quellenstaat unabhängig von der Dauer der Dienstleistungen eine Abzugsteuer, jedoch in begrenzter Höhe, zuzugestehen (s. Übersicht in Art. 12 Rz. 79; s. dazu *Krause,* IWB F. 3 Deutschland, Gr. 21, 987, 525). 81

Hinzuweisen ist auf die unterschiedliche Berechnung der 6-Monatsfrist: Deutschland rechnet taggenau, während China einen pauschalen Ansatz verfolgt, d. h., jeder angefangene Monat zählt bereits als voller Monat (*Eilers/Maier,* Ubg 2010, 683; *Maier,* SteuK 2011, 296). Das neue *DBA China (E)* wird diese Problematik in Zukunft erheblich entschärfen, indem es für die Berechnung der Frist ausdrücklich auf 183 Tage abstellt (vgl. *Wangl/Shou/Schreiber,* IWB 2014, 505).

Nach dem *Prot. Norwegen,* Nr. 1, gilt die Zwölf-Monats-Frist des Art. 5 Abs. 3 *DBA Norwegen* auch für beaufsichtigende und beratende Tätigkeiten, die durch eine mit der Bauausführung oder Montage in Zusammenhang stehende feste Geschäftseinrichtung ausgeübt werden. Hier werden die sog. „geistige" und die technische Montage tatsächlich einander gleichgestellt. Die Aufsicht oder Beratung begründet eine Betriebstätte unter den allgemeinen Voraussetzungen des Art. 5 Abs. 1. Lediglich das Element der Dauer wird – wie bei der technischen Montage – durch die Zwölfmonatsfrist ersetzt (vgl. Rz. 61, 63). 82

g) Das *DBA Tunesien* nimmt alternativ zur Sechs-Monats-Frist eine Betriebstätte an, wenn die **Kosten** der Montage oder Aufsicht 10% des Preises der Maschinen und Ausrüstungen übersteigen, die im Zusammenhang mit der Baustelle geliefert werden. Eine gleichlautende Regelung findet sich bereits in den **Leitlinien der Vereinten Nationen** (UN Guidelines S. 18). Sie verlässt das Betriebstättenkonzept, da sie nicht mehr auf eine feste Einrichtung oder die Dauer der Tätigkeit im Betriebstättenstaat abstellt, sondern allein auf das Preisvolumen der gelieferten Güter (vgl. *Ritter,* DStZ/A 1979, 419). Auch diese Besteuerungsmöglichkeit kann im Rahmen des deutschen Steuerrechts nicht wahrgenommen werden. 83

Das *DBA Niederlande 2012* nimmt eine sog. Offshore-Klausel in die Betriebstättendefinition auf: Es fingiert Tätigkeiten vor der Küste als Betriebstätten, wenn diese mindestens 30 Tage innerhalb eines Zeitraums von 12 Monaten im anderen Staat ausgeübt werden. Für die Fristberechnung werden die Tätigkeiten verbundener Unternehmen zusammengezählt. Neben den allgemeinen Betriebstättenausnahmen (s. Rz. 84 ff.) zählen nicht zu den Tätigkeiten vor der Küste das Schleppen oder Ankerziehen durch Schiffe, die hauptsächlich für diesen Zweck vorgesehen sind, und alle anderen von diesen Schiffen durchgeführten Tätigkeiten sowie die Beförderung von Vorräten oder Personal durch Schiffe oder Luftfahrzeuge im internationalen Verkehr, Art. 5 Abs. 5 (*Böing/Prang,* BB 2012, 2213; zur Offshore-Klausel grundsätzlich Art. 6 Rz. 44). Zur Offshore-Klausel im *DBA Kanada* s. Rz. 53a. 83a

E. Zu Art. 5 Abs. 4

I. Musterabkommen

1. Übereinstimmungen und Abweichungen

84 Alle MA enthalten einen weitgehend übereinstimmenden Katalog von Betriebstättenausnahmen. Nach dem UN-MA sind allerdings Einrichtungen und Bestände zur Auslieferung von Gütern und Waren nicht ausgenommen. Das US-MA betrachtet jede Kombination der Ausnahmetatbestände als Ausnahme ohne jede Einschränkung.

2. OECD-MA

85 **a) Grundzüge:** Die in dem Katalog der **Betriebstättenausnahmen** aufgeführten Geschäftseinrichtungen und Sachgesamtheiten sind auch dann keine Betriebstätten, wenn sie sämtliche Voraussetzungen des Abs. 1 erfüllen. Durchweg werden durch diese Ausnahmen bestimmte **vorbereitende und unterstützende Tätigkeiten** aus der Betriebstättenbesteuerung ausgenommen. Dies geschieht, weil eine Besteuerung durch den Staat, in dem solche Tätigkeiten ausgeübt werden, weniger eindeutig zu legitimieren ist als bei den unmittelbar gewinnbringenden Unternehmenstätigkeiten, zugleich aber auch, weil die Bestimmung des auf solche Hilfstätigkeiten entfallenden Anteils am Unternehmensgewinn besonders schwierig und problematisch ist. Durch die Freistellung der Einkaufsstellen, Auslieferungslager und anderer Hilfseinrichtungen soll darüber hinaus auch der zwischenstaatliche Wirtschaftsverkehr erleichtert werden (*Lower Court of Gent,* TNS 2005, 230: *DBA Belgien/Schweiz*). *Skaar,* S. 288 ff., weist zutreffend darauf hin, dass die Ausnahme nicht gerechtfertigt ist, wenn die „unterstützende" Einrichtung groß ist und einen ins Gewicht fallenden Anteil des Unternehmensertrags erwirtschaftet. Nach dem Wortlaut des MA fallen aber auch solche Einrichtungen unter die Ausnahmen des Abs. 4 (abweichend *Skaar,* S. 290 (325)).

86 Abs. 4 OECD-MA 1977 unterscheidet sich von Abs. 3 OECD-MA 1963 durch die einleitenden Worte: „Ungeachtet der vorstehenden Bestimmungen dieses Artikels gelten nicht als Betriebstätten." Dies verdeutlicht, dass Abs. 4 als lex specialis dem allgemeinen Betriebstättenbegriff des Abs. 1 und den Regelbeispielen des Abs. 2 vorgeht. Nach dem MA 1963 ließ insbesondere Buchst. e des Art. 5 Abs. 3 in dieser Hinsicht Zweifel entstehen: er bestimmte, dass alle die festen Geschäftseinrichtungen nicht als Betriebstätten anzusehen waren, die ausschließlich zu dem Zweck unterhalten wurden, für das Unternehmen zu werben, Informationen zu erteilen, wissenschaftliche Forschung zu betreiben oder „ähnliche" vorbereitende oder Hilfstätigkeiten auszuüben. **Unklar** war bei dieser Fassung, ob Hilfstätigkeiten nur dann keine Betriebstätte begründeten, wenn sie den beispielhaft angeführten Tätigkeiten ihrem Charakter nach **ähnlich** waren. Demgegenüber **stellte das MA 1977 klar,** dass **alle** festen Geschäftseinrichtungen, auch wenn in ihnen andere als die in den Buchstaben a bis d des Abs. 4 angeführten Tätigkeiten ausgeübt werden, **keine Betriebstätten** sind, sofern die betreffenden Tätigkeiten **vorbereitend oder Hilfstätigkeiten** sind und die Geschäftseinrichtung ausschließlich für diese Tätigkeiten unterhalten wird (Buchst. e). Klargestellt wird m. a. W., dass der Ausnahmekatalog nicht abschließend sein, sondern den gesamten vielfältigen Bereich der wirtschaftlichen Hilfsfunktionen umfassen soll (zutreffend ÖstBMF für die Mitbenutzung von Großrechenanlagen, SWI 1994, 180: *Österreichs* DBA mit *CSSR, Bulgarien, Polen* und *Rumänien;* a. A. *Grützner,* Doppelbesteuerungsabkommen, 1978, 136). Eine weitere klarstellende Regelung hat das

MA für den Fall gebracht, dass eine feste Geschäftseinrichtung nicht nur einer einzeln bestimmten begünstigten Tätigkeit, sondern mehreren von ihnen dient (Buchst. f, s. Rz. 95). Werden neben den Hilfstätigkeiten auch betriebstättenbegründende Tätigkeiten ausgeübt, wenngleich im geringeren Umfang, so liegt insgesamt eine Betriebstätte vor (so für einen Einkaufsvertreter, der gelegentlich auch Verkäufe vornahm, die *Cour administrative d'appel de Nancy* req. n. 89 1323, Dr. Fisc. 1991 comm. 1563: *DBA Frankreich/Belgien* mit Anmerkung *Tixier;* Wassermeyer/*Wassermeyer,* Art. 5 Rz. 153). Das *DBA Syrien 2010,* Prot. Nr. 3 zu Art. 5 stellt klar, dass der Ausnahmekatalog nicht gilt, wenn das Unternehmen Verkaufstätigkeiten über eine feste Geschäftseinrichtung ausübt, die eigens zur Ausstellung oder Lagerung genutzt wird.

Der Ausnahmekatalog umfasst im Einzelnen:

b) Einrichtungen, die ausschließlich zur Lagerung, Ausstellung oder Auslieferung von Gütern oder Waren des Unternehmens benutzt werden. 87
Es muss sich um Güter oder Waren des Unternehmens handeln, d.h. das Unternehmen, das die Einrichtung benutzt, muss (wirtschaftlicher) Eigentümer der eingelagerten Waren und Güter sein oder doch jedenfalls eine eigentümerähnliche Stellung haben, wie beispielsweise ein Kommissionär über die eingelagerten Waren die Verfügungsmacht hat (*Kolck,* S. 190). Güter oder Waren i.S. der Bestimmung sind alle körperlichen, d.h. lagerfähigen Wirtschaftsgüter des Anlage- und Umlaufvermögens. Der MA-Komm. 2014 sieht eine entsprechende Klarstellung vor (MA-Komm. 2014, Rz. 22; *Ditz/Quilitzsch,* FR 2012, 498). Mit umfasst werden Tätigkeiten, die begriffsnotwendig mit der Lagerung, Ausstellung und Auslieferung der Güter und Waren verbunden sind, z.B. das Verpacken oder Versenden. Werden dagegen aus der Einrichtung heraus Verträge über die eingelagerten Güter oder Waren geschlossen, so wird das regelmäßig zu einer Niederlassung i.S. des Abs. 2 Buchst. b oder c führen (ÖstBMF, SWI 1994, 155: *DBA Österreich/Schweiz*). Lagerhalter, die gewerbsmäßig Lagerraum an Dritte vermieten, fallen dagegen nicht unter die Ausnahmeregelung (BFH v. 23.7.2003, I R 62/02: *DBA Jugoslawien;* ÖstBMF v. 21.12.2005 (EAS 2689), SWI 2006, 106). Ebenso nicht darunter fallen Lager, von denen aus Ersatzteile an Kunden verkauft und/oder Reparaturen ausgeführt werden (MA-Komm. Ziff. 25); reine Ersatzteillager für Wartungsarbeiten dagegen sehr wohl (ÖstBMF v. 26.6.2006 (EAS 2749), SWI 2006, 350), ebenso Konsignationslager (ITAT v. 21.5.2010, No. 3254/Mum/06: *DBA Indien/Großbritannien*). Die Ausstellung von Waren nacheinander an verschiedenen Orten begründet schon deshalb keine Betriebstätte, weil es an einer „festen" Einrichtung (s. Rz. 14, 19) fehlt. Anders allerdings vor langer Zeit der *IRS* in Rev. Rul. 56–165, 1956–1, Cum. Bull. 849; diese Auffassung ist aber durch die heutige Fassung sowohl des OECD- wie des US-MA eindeutig überholt.

c) Bestände von Gütern oder Waren des Unternehmens, die ausschließlich zur Lagerung, Ausstellung oder Auslieferung unterhalten werden. Bei genauer Auslegung erfüllen sie schon den allgemeinen Betriebstättenbegriff des Abs. 1 nicht (*Kolck,* S. 190). Der Bestand dient nicht der Unternehmenstätigkeit, sondern ist nur der Gegenstand, mit dem der Unternehmer handelt, den er ver- oder bearbeitet (s. Rz. 22). Die Vorschrift stellt dies nur klar. Werden betriebstättenbegründende Einrichtungen aufgegeben oder verkauft, dann behält ein verbleibender Warenbestand die Betriebstätteneigenschaft (*Dänisches Landessteuergericht,* TNS 1995, 302: *DBA Dänemark/Spanien*). 88

d) Bestände von Gütern oder Waren des Unternehmens, die ausschließlich zu dem Zweck unterhalten werden, durch ein anderes Unternehmen bearbeitet oder verarbeitet zu werden. Gemeint sind Bestände, die **bei** einem anderen Unternehmen gelagert werden, um dort be- oder verarbeitet zu werden. 89

Da die Räume des anderen Unternehmens keine Betriebstätte des einlagernden Unternehmens sind und der Bestand als solcher ebenfalls keine Betriebstätte ist, hat auch diese Vorschrift nur deklaratorischen Charakter. Die Rechtsprechung des RFH, nach der eine Betriebstätte begründet wurde, wenn über eine längere Zeit mehr Vorräte eingelagert wurden als zur Verarbeitung und nachherigen Versendung erforderlich waren, steht dieser Feststellung nicht entgegen (RFH RStBl. 1935, 1399 (1401): *DBA Schweiz 1931*). Die zitierte Entscheidung ist zum *DBA Schweiz 1931* ergangen, in dem der Katalog der betriebstättenbegründenden Einrichtungen, abweichend jetzt vom MA, ausdrücklich noch die Warenlager enthielt.

90 **Bearbeiten** ist die Veränderung der Beschaffenheit einer Sache, **verarbeiten** ist Umgestaltung des Roh- oder Zwischenerzeugnisses zu einer neuen Sache (FWB § 8 Anm. 23, 24).

91 **e) Eine feste Geschäftseinrichtung, die ausschließlich zu dem Zweck unterhalten wird, für das Unternehmen Güter oder Waren einzukaufen oder Informationen zu beschaffen.** Die Regelung über Güter- und Wareneinkäufe soll den internationalen Wirtschaftsverkehr erleichtern. Sie steht im Zusammenhang mit Art. 7 Abs. 5 MA, nach dem einer Betriebstätte aufgrund des bloßen Einkaufs von Gütern oder Waren für ein Unternehmen kein Gewinn zugerechnet werden darf. Wird eine feste Geschäftseinrichtung ausschließlich durch Einkäufe tätig, so ist sie keine Betriebstätte. Reparaturannahmestellen dienen nicht lediglich dem Einkauf, sondern dem Abschluss eines Vertrages über Gerätereparaturen und begründen deshalb bei Vorliegen der übrigen Voraussetzungen des Abs. 1 eine Betriebstätte (ÖstBMF v. 25.7.2000 (EAS 1696), SWI 2000, 478). Der zweite Halbsatz der Regelung betrifft Zeitungskorrespondenten, die in einem von ihrer Zeitung zur Verfügung gestellten Büro arbeiten (MA-Komm. Ziff. 22). Die Nachrichtenbeschaffung wird dadurch dem Einkaufen von Waren systematisch gleichgestellt. Solange die Informationen durch das Unternehmen nur erworben werden, liegt keine Betriebstätte vor. Auf die Form der erworbenen Information – mündlich, schriftlich, elektronisch – kommt es nicht an (*Reimer/Schmid/Orell,* Rz. 263). Wo die Information in einer festen Geschäftseinrichtung „verarbeitet" wird – i. S. einer Auswertung oder Redaktion –, entsteht dagegen eine Betriebstätte des Unternehmens. Redaktionen von Zeitungen fallen somit nicht unter den Ausnahmekatalog (BFH BStBl. II 1985, 417: *DBA Griechenland, Großbritannien, Frankreich, USA 1954/65;* OFD Frankfurt RIW 1998, 500; a. A. *Debatin/Walter* zu Art. II Rz. 63), ebenso nicht die Außenstellen von Nachrichtenbüros. Ihre Tätigkeit beschränkt sich zwar auf die Beschaffung von Nachrichten; sie ist jedoch Haupttätigkeit dieser Unternehmen.

92 **f) Eine feste Geschäftseinrichtung, die ausschließlich zu dem Zweck unterhalten wird, für das Unternehmen andere Tätigkeiten auszuüben, die vorbereitender Art sind oder eine Hilfstätigkeit darstellen.** Hier sind zwei Tatbestandserfordernisse auseinanderzuhalten:

- **der Charakter der Tätigkeit** der Geschäftseinrichtung: sie muss vorbereitend oder eine Hilfstätigkeit sein;
- **die Zielsetzung dieser Tätigkeit:** sie darf lediglich zugunsten des Unternehmens erfolgen, zu dem die Geschäftseinrichtung gehört, darf sich also **nicht** unmittelbar auch an **Dritte** wenden.

93 Die Tätigkeit muss **vorbereitender Art** oder eine **Hilfstätigkeit** sein. Als Beispiele führen das MA 1963 im Text selbst und das MA 1977 in der Kommentierung zu Abs. 4 feste Geschäftseinrichtungen an, die ausschließlich zu dem Zweck unterhalten werden, für das Unternehmen zu werben, Informationen zu erteilen oder wissenschaftliche Forschung zu betreiben. Solche Geschäftseinrichtungen kön-

nen zwar zur Gewinnerzielung eines Unternehmens beitragen. Sie gehen ihr jedoch so weit voraus, dass eine zutreffende Gewinnzurechnung mit großen Schwierigkeiten verbunden wäre (s. Rz. 8; MA-Komm. Ziff. 23). Das gilt generell für alle unterstützenden Tätigkeiten, selbst wenn diese für die Vertragserfüllung notwendig sind (*Delhi High Court* v. 13.2.2009, WP(C) No. 14869/2004: *DBA Indien/Vereinigte Arabische Emirate*). Die Herstellung von für eine Produktion notwendigen Vorprodukten stellt jedoch keine vorbereitende Tätigkeit mehr dar (ITAT v. 24.12.2009, Nos. 1868–1871/Del/2005: *DBA Indien/USA*). Verkaufsaktivitäten einer produzierenden Gesellschaft haben in keinem Fall Hilfscharakter. Ebenso die Aktivitäten einer Geräteausgabestelle für die Vermietung von Ausrüstungen (ÖstBMF v. 7.4.1998 (EAS 1234), SWI 1998, 203). Finden sie in einer festen Einrichtung statt, begründet dies eine Betriebstätte auch dann, wenn die Vertragsabschlüsse jeweils vom Stammhaus gebilligt werden müssen (so zutreffend der dänische *Ligningsråd* Skat Ud. 1991, 52: *DBA Dänemark/Deutschland*). Für die Frage, **ob** eine bestimmte Tätigkeit eine vorbereitende oder Hilfstätigkeit ist, ist vom jeweiligen Einzelfall auszugehen und der **Gesamttätigkeit** des Unternehmens Rechnung zu tragen (SKK/*Fresch/Strunk,* Art. 5 OECD-MA Rz. 107). Vor diesem Hintergrund ist zu fragen, ob die in Rede stehende Tätigkeit in dem Sinne vorbereitend oder eine Hilfstätigkeit ist, dass sie im Hinblick auf die sonstige Arbeit des Unternehmens ohne oder nur von ganz untergeordneter Bedeutung ist (*Skaar,* S. 280, 288; SAT Guoshuifa (2006) 35, TNS 2006, 166). Ob es für das Unternehmen „normal und notwendig" – „ordinary and necessary" – ist, eine Tätigkeit selber vorzunehmen (so *van Raad,* S. 502), führt zu keiner schärferen Abgrenzung, zumal sich die Fertigungstiefen in der Industrie immer weiter verringern. Auf den Umfang der eingesetzten Mittel kommt es nicht an. So ist ein „Repräsentationskontor" ohne eine Vollmacht zum Abschluss von Verträgen auch dann keine Betriebstätte, wenn es sechs Angestellte beschäftigt (zutreffend das dänische *Landsskatteret* LSR 1991–4–122, R & R 1991, SM 201). Ausführlich zu Repräsentationsbüros: *Baranowski,* IWB F. 3 Deutschland Gr. 2, 619. S. ferner u. Rz. 97.

Solche Hilfstätigkeiten begründen aber **nur dann** keine Betriebstätte, wenn sie **für das Unternehmen selbst** ausgeübt werden. Werden sie als entgeltliche Dienstleistungen **für andere** wahrgenommen, so werden sie **Haupt**gegenstand des Unternehmens und die entsprechenden Einrichtungen können eine Betriebstätte begründen (MA-Komm. Ziff. 26.1 für Kabel und Rohrleitungen; ÖstBMF, SWI 1994, 147: *DBA Österreich/UdSSR;* vgl. auch Wassermeyer/*Wassermeyer,* Art. 5 Rz. 178f.). Im Einzelfall kann eine Tätigkeit bestimmter Art im Rahmen eines Unternehmens nur Hilfstätigkeit sein, während sie bei einem anderen den alleinigen Gegenstand seiner gewerblichen Tätigkeit bildet, wie z.B. Forschung und Werbung. Wird ein grundsätzlich nur für das eigene Unternehmen vorbereitend tätiges Labor oder eine Werbeabteilung in bestimmten Fällen unmittelbar auch für Dritte tätig, so liegt insoweit keine Hilfstätigkeit mehr vor. Das Labor oder die Werbeabteilung unterliegt dann insgesamt der Betriebstättenbesteuerung. Nach den Regeln des Art. 7 Abs. 2ff. ist dieser Betriebstätte dann gegebenenfalls auch für diejenige Tätigkeit, die sie im Interesse des Gesamtunternehmens ausübt, ein Gewinnanteil zuzurechnen, der in gleicher Weise wie der aus Geschäften mit Dritten erzielte Gewinn der Besteuerung durch den Betriebstättenstaat unterliegt. Das gilt auch dann, wenn neben der Hilfstätigkeit eine Leistung an Dritte zwangsläufig anfällt. Deshalb begründet eine zu Forschungszwecken errichtete Windenergieanlage eine Betriebstätte, wenn sie den im Rahmen der Forschung anfallenden Strom an ein Energieversorgungsunternehmen verkauft (a. A. FG Hessen EFG 1995, 904; BFH BStBl. II 1992, 427). Schädlich ist jedoch **nicht** schon die **einmalige** Geschäftsentfaltung nach außen, sondern nur eine Tätigkeit, die auf Dauer angelegt ist. Eine Tätigkeit **für andere** Unternehmen liegt **auch dann** vor, wenn selbst- **94** ständige oder konzernverbundene Unternehmen **gemeinsam** eine entsprechende Einrichtung betreiben (vgl. *Conseil d'État* req. n. 37.410, Dr. Fisc. 1984 comm. 145).

S. Art. 6 und Art. 22: Forschungsanlagen können vom Belegenheitsstaat aufgrund der Bestimmungen über das unbewegliche Vermögen mit dem Mietwert bzw. dem Wert des unbeweglichen Vermögens besteuert werden.

95 **g) Zusammentreffen mehrerer Ausnahmen: Keine Betriebstätte begründet eine feste Geschäftseinrichtung, die ausschließlich zu dem Zweck unterhalten wird, mehrere der unter den Buchstaben a bis e genannten Tätigkeiten auszuüben, vorausgesetzt, dass die sich daraus ergebende Gesamttätigkeit der festen Geschäftseinrichtung vorbereitender Art ist oder eine Hilfstätigkeit darstellt.** Für das MA 1963 war umstritten, ob bei einer Häufung von Ausnahmefällen i. S. des Abs. 3 die eintretende **„Geschäftsverdichtung"** zur Annahme einer Betriebstätte führen könne. Nach dem Wortlaut des Abs. 3 MA 1963 sind nur solche Geschäftseinrichtungen keine Betriebstätte, die **ausschließlich** einem der dort aufgeführten Zwecke dienen, wobei die Wortfassung den Eindruck erweckt, als dürften hierfür in einer Geschäftseinrichtung nur jeweils in demselben Unterabsatz angeführte Zwecke zusammengefasst und im Übrigen lediglich noch in einer Geschäftseinrichtung i. S. des Buchst. a Bestände i. S. des Buchst. b gehalten werden. Die Steuerverwaltungen haben indes die Vorschrift – u. E. zu Recht – über diesen Wortlaut des MA 1963 hinaus vielfach großzügiger gehandhabt. Das MA 1977 hat dann die Streitfrage entschieden: Auch wenn mehrere Ausnahmetatbestände zusammenfallen, wird die Betriebstätteneigenschaft verneint, solange die ausgeübte Tätigkeit **insgesamt** Vorbereitungs- oder Hilfstätigkeit bleibt (*Endres/Freiling,* PIStB 2011, 140). Ob hiernach Ausnahmesachverhalte zusammengefasst werden können, ist nach Maßgabe der Gründe zu beurteilen, die zur Aufstellung des Ausnahmekatalogs geführt haben. Die ausgenommenen Einrichtungen sind dadurch gekennzeichnet, dass sich in ihnen nur ein unvollständiger Teil der Unternehmenstätigkeit vollzieht, eine Tätigkeit, die nur deshalb wirtschaftlich sinnvoll ist, weil sie durch die Tätigkeit anderer Teile des Unternehmens ergänzt wird (vgl. Rz. 86).

96 Hiernach führt die Zusammenfassung von Vorbereitungs- oder Hilfstätigkeiten so lange nicht zur Begründung einer Betriebstätte, wie dadurch nicht ein Gebilde entsteht, das auch losgelöst vom zugehörigen Unternehmen wirtschaftlich lebensfähig wäre. Dieser Fall kann durchaus entstehen: Die Zusammenfassung von „Null-Werten" braucht hier nicht zwangsläufig ebenfalls zu einem „Null-Wert" zu führen. Auch durch eine nur organisatorische Verknüpfung loser Stützpunkte kann sich ein neues wirtschaftliches Gebilde ergeben, das geeignet ist, eine in sich abgeschlossene wirtschaftliche Funktion zu erfüllen. Man kann diese Wirkung als „Kumulierungseffekt" bezeichnen. In einem derartigen Fall kann dann die „Gesamteinrichtung" **nicht mehr** als einer Vorbereitungs- oder Hilfstätigkeit dienend angesehen werden (MA-Komm. Ziff. 27.1). Die Fälle, in denen mehrere Hilfstätigkeiten i. S. des Abs. 4 zusammengefasst werden, dürfen daher nicht schematisch, sondern sie müssen individuell unter Würdigung des wirtschaftlichen, aus der Verknüpfung sich ergebenden Sachverhalts beurteilt werden. Für eine weitgehende Einbeziehung der Kumulierungssachverhalte in die Regelung des Abs. 4 spricht aber der Umstand, dass der Unternehmer die einzelnen Tätigkeiten auch organisatorisch und räumlich getrennt an verschiedenen Orten abwickeln kann (FWK Art. 5 Anm. 54). Allerdings darf diesem Gesichtspunkt bei der Beurteilung des tatsächlich gegebenen Kumulierungssachverhaltes nicht allzu große Bedeutung beigemessen werden (vgl. *Ludwig,* S. 50; a. A. *Hoge Raad* Rolno. 17812, BNB 1976/121: *DBA Niederlande 1959*).

97 Nachstehend einige **Beispiele** von Kumulierungssachverhalten, die die obigen Ausführungen verdeutlichen sollen:

Die Zusammenfassung von Tätigkeiten, die innerhalb **desselben** Unterabsatzes aufgeführt sind, führt nicht zu einer Betriebstätte. So verändert die mehrfache Bearbeitung oder Verarbeitung durch das Unternehmen – wenn dieses z. B. Stoff sowohl färbt als auch plissiert – nicht den wirtschaftlichen Gehalt der Einrichtung. Bei einer Zusammenfassung von Tätigkeiten aus **verschiedenen** Unterabsätzen kann sich dagegen eine Betriebstätte ergeben. Wenn z. B. eine Geschäftseinrichtung Waren einkauft, sie lagert, sie ausstellt und ausliefert, so ergibt sich daraus ein geschlossener Kreis von Einzelbehandlungen, der insgesamt zur Annahme einer Betriebstätte führen kann. Es handelt sich allerdings auch hier noch um einen Grenzfall. Ist das Unternehmen ein Handelsunternehmen, so wird man eher geneigt sein, die geschilderte Geschäftseinrichtung als Betriebstätte anzusehen – weil sich dann nur noch der rein formelle Verkaufsakt nicht innerhalb der Geschäftseinrichtung vollzieht – als bei Unternehmen anderer Art. Eine Einrichtung zur Qualitätskontrolle im Rahmen von Einkaufsaktivitäten bleibt Hilfs- und vorbereitende Tätigkeit (*Lower Court of Gent,* TNS 2005, 230: *DBA Belgien*/Schweiz). Dient eine Geschäftseinrichtung der Werbung und umfasst sie daneben auch ein Warenlager, so liegt keine Betriebstätte vor, solange die Lagerung und die gelagerten Bestände nur dazu dienen, Interessenten über die Produktion des Unternehmens zu unterrichten. Sie behält damit ihren Hilfscharakter. Geht dagegen der Warenbestand über das hierfür Erforderliche hinaus und liefert die Geschäftseinrichtung die Waren auch unmittelbar an Kunden aus, die diese bei der Hauptniederlassung erworben haben, so kann eine Betriebstätte vorliegen, wenn sich die Hauptniederlassung auf den reinen Verkauf beschränkt. Ebenso entsteht eine Betriebstätte, wenn das Lager verwendet wird, um Waren eines anderen Unternehmens aufzunehmen. Dagegen begründet ein Verbindungsbüro („liaison office"), das neben der Werbung für das Stammhaus für dieses Informationen beschafft, noch keine Betriebstätte (zutreffend das indische *Income Tax Appelate Tribunal,* IAC v. Mitsui & Co. Ltd. (1991) 391 TD 59 (Delhi): *DBA Indien/Japan,* zitiert nach TNI March 1992, 644 (645). Auch ein langfristig tätiges Liaison-Office begründet keine Betriebstätte (ITAT v. 30.10.2007, No. 1252/Kol/2006: *DBA Indien/Japan*). Anders jedoch, wenn das Liaison-Office Preise festlegt und Verträge im Namen des Unternehmens schließt ((ITAT v. 30.4.2009, Nos. 1101–1106/Bang/2008: *DBA Indien/Korea*). Allgemein zu Verbindungsbüros: *Bendlinger,* SWI 1991, 347.

Vorbereitungstätigkeiten, die zu einem Direktgeschäft hinzutreten, begründen keine Betriebstätte (ITAT No. 317, 747/Mum/2007:*DBA Indien/Deutschland*).

3. UN-MA

a) Das UN-MA hat in den Katalog der Betriebstättenausnahmen nicht aufgenommen die Einrichtungen, die ausschließlich zur Auslieferung von Gütern und Waren benutzt werden, sowie die Bestände von Gütern und Waren, die zur Auslieferung unterhalten werden. Diese Einrichtungen sind damit nach den allgemeinen Regeln zu beurteilen. Für die sog. Auslieferungslager wird die Betriebstätteneigenschaft regelmäßig zu bejahen sein (s. UN-Komm. zu Art. 5 Ziff. 4, S. 67). Zur Beurteilung der Bestände, die als solche keine Betriebstätte begründen, vgl. Rz. 89. **98**

b) Art. 5 UN-MA regelt nunmehr die Häufung von Ausnahmefällen in gleicher Weise wie Art. 5 Abs. 4 OECD-MA. Art. 5 Abs. 4 Buchst. f UN-MA stellt klar, dass eine „Geschäftsverdichtung" durch die Zusammenfassung von Vorbereitungs- und Hilfstätigkeiten so lange nicht zur Betriebstätte führt, solange die Tätigkeit insgesamt vorbereitenden oder Hilfscharakter behält (vgl. insoweit Rz. 95). **99**

4. US-MA

100 Der Negativkatalog des US-MA stimmt mit dem des OECD-MA wörtlich überein. Das US-MA 2006 passt in Art. 5 Abs. 4 Buchst. f die Vorschrift dem OECD-MA dahingehend an, dass auch bei einer Kumulierung von Ausnahmefällen i. S. von Art. 5 Abs. 4 Buchst. a bis e des MA eine Betriebstätte nur dann verneint wird, wenn die ausgeübten Tätigkeiten **insgesamt** vorbereitenden oder Hilfscharakter behalten (s. *Joint Committee on Taxation,* Comparison of the United States Model Income Tax Convention of September 20, 1996 with the United States Model Income Tax Convention of November 15, 2006 (JCX-27–07), May 8, 2007, www.house.gov/jct; *Avi-Yonah/Tittle,* BIFD 2007, 224).

II. Deutsche DBA

1. Abkommensübersicht zu Artikel 5 Abs. 4

101

DBA	MA-Regelung: Betriebstättenausnahmen	Artikel	Rz.
Ägypten	≈ MA	5 Abs. 4	
Albanien 2010	≈ MA	5 Abs. 4	
Algerien 2007	≈ MA	5 Abs. 4	
Argentinien	≈ MA, zusätzlich Sonderregelung für die Landwirtschaft	5 Abs. 3, 7	104
Armenien	s. UdSSR		
Aserbaidschan	≈ MA	5 Abs. 4	
Australien	≈ MA, keine Regelung über das Zusammentreffen von ausgenommenen Tätigkeiten	5 Abs. 3	107
Bangladesch	≈ MA, keine Regelung über das Zusammentreffen von ausgenommenen Tätigkeiten	5 Abs. 4	107
Belarus	≈ MA	5 Abs. 4	
Belgien	≈ MA, keine Regelung über das Zusammentreffen von ausgenommenen Tätigkeiten	5 Abs. 3	107
Belgien (E)	≈ MA, keine Regelung über das Zusammentreffen von ausgenommenen Tätigkeiten	5 Abs. 3	107
Bolivien	≈ MA, keine Regelung über das Zusammentreffen von ausgenommenen Tätigkeiten	5 Abs. 4	107
Bosnien-Herzegowina	s. Jugoslawien		
Bulgarien 2010	≈ MA	5 Abs. 4	
China 1985	≈ MA	5 Abs. 4	
China 2014 (E)	≈ MA	5 Abs. 4	
Costa Rica 2014 (E)	≈ MA	5 Abs. 4	
Dänemark	≈ MA	5 Abs. 4	
Ecuador	≈ MA	5 Abs. 4	
Elfenbeinküste	≈ MA, keine Regelung über das Zusammentreffen von ausgenommenen Tätigkeiten	5 Abs. 4	107
Estland	≈ MA	5 Abs. 4	

DBA	MA-Regelung: Betriebstättenausnahmen	Artikel	Rz.
Finnland	≈ MA, keine Regelung über das Zusammentreffen von ausgenommenen Tätigkeiten	5 Abs. 3	107
Frankreich	≈ MA, keine Regelung über das Zusammentreffen von ausgenommenen Tätigkeiten	2 Abs. 1 Nr. 7 b	107
Georgien	≈ MA	5 Abs. 4	
Georgien (E)	≈ MA	5 Abs. 4	
Ghana	≈ MA	5 Abs. 4	
Griechenland	≈ MA, keine Regelung über das Zusammentreffen von ausgenommenen Tätigkeiten	II Abs. 1 Nr. 7 c	107
Großbritannien 1964/70	≈ MA, keine Regelung über das Zusammentreffen von ausgenommenen Tätigkeiten	II Abs. 1 Buchst. 1, ii	107
Großbritannien 2010	≈ MA	5 Abs. 4	
Großbritannien 2014 (E)	≈ MA	5 Abs. 4	
Indien	≈ MA	5 Abs. 4	
Indonesien	≈ MA, ohne Einrichtungen und Bestände, die zur Auslieferung von Gütern und Waren dienen	5 Abs. 4	102
Iran	≈ MA, keine Regelung über das Zusammentreffen von ausgenommenen Tätigkeiten	5 Abs. 3	107
Irland 2011	≈ MA	5 Abs. 4	
Island	≈ MA, keine Regelung über das Zusammentreffen von ausgenommenen Tätigkeiten	5 Abs. 3	107
Israel	≈ MA, keine Regelung über das Zusammentreffen von ausgenommenen Tätigkeiten	2 Abs. 1 Nr. 7 c	107
Italien	≈ MA, keine Regelung über das Zusammentreffen von ausgenommenen Tätigkeiten	5 Abs. 4	107
Jamaika	≈ MA, keine Regelung über das Zusammentreffen von ausgenommenen Tätigkeiten	5 Abs. 3	107
Japan	≈ MA, keine Regelung über das Zusammentreffen von ausgenommenen Tätigkeiten	5 Abs. 3	107
Jugoslawien	≈ MA	5 Abs. 4	
Kanada	≈ MA	5 Abs. 5	
Kasacastan	s. UdSSR		
Kenia	≈ MA, keine Regelung über das Zusammentreffen von ausgenommenen Tätigkeiten	5 Abs. 3	107
Kirgisistan	≈ MA	5 Abs. 4	
Korea	≈ MA	5 Abs. 4	
Kosovo	s. Jugoslawien		
Kroatien	≈ MA	5 Abs. 4	
Kuwait	≈ MA	5 Abs. 4	
Lettland	≈ MA	5 Abs. 4	

DBA	MA-Regelung: Betriebstättenausnahmen	Artikel	Rz.
Liberia	≈ MA, keine Regelung über das Zusammentreffen von ausgenommenen Tätigkeiten	5 Abs. 3	107
Liechtenstein	≈ MA	5 Abs. 4	
Litauen	≈ MA	5 Abs. 4	
Luxemburg 2012	≈ MA	5 Abs. 4	
Malaysia 2010	≈ MA	5 Abs. 4	
Malta	≈ MA	5 Abs. 4	
Marokko	≈ MA, keine Regelung über das Zusammentreffen von ausgenommenen Tätigkeiten	5 Abs. 3	107
Mauritius 2011	≈ MA	5 Abs. 4	
Mazedonien 2006	≈ MA	5 Abs. 4	
Mexiko 2008	≈ MA	5 Abs. 4	
Moldau	s. UdSSR		
Mongolei	≈ MA, dazu: Verkauf von Ausstellungsstücken	5 Abs. 4	103
Montenegro	s. Jugoslawien		
Namibia	≈ MA	5 Abs. 4	
Neuseeland	≈ MA	5 Abs. 4	
Niederlande 1959/2004	≈ MA, keine Regelung über das Zusammentreffen von ausgenommenen Tätigkeiten	2 Abs. 1 Nr. 2b	107
Niederlande 2012 (E)	≈ MA	5 Abs. 7	
Norwegen 1991	≈ MA	5 Abs. 4	
Norwegen 2013 (E)	≈ MA	5 Abs. 4	
Oman 2012 (E)	≈ MA	5 Abs. 4	
Österreich	≈ MA	5 Abs. 4	
Pakistan	≈ MA, ohne Einrichtung zur Auslieferung von Waren	5 Abs. 3	102
Philippinen 1983	≈ MA	5 Abs. 3	
Philippinen 2013	≈ MA	5 Abs. 3	
Polen	≈ MA	5 Abs. 4	
Portugal	≈ MA	5 Abs. 4	
Rumänien	≈ MA, dazu: Verkauf von Ausstellungsstücken	5 Abs. 4	103
Russische Föderation	s. UdSSR		
Sambia	≈ MA, keine Regelung über das Zusammentreffen von ausgenommenen Tätigkeiten	5 Abs. 3	107
Schweden	≈ MA	5 Abs. 4	
Schweiz	≈ MA, keine Regelung über das Zusammentreffen von ausgenommenen Tätigkeiten	5 Abs. 3	107
Serbien	s. Jugoslawien		
Simbabwe	≈ MA	5 Abs. 4	
Singapur	≈ MA	5 Abs. 4	
Slowakei	s. Tschechoslowakei		
Slowenien	≈ MA	5 Abs. 4	
Spanien 2011	≈ MA	5 Abs. 4	
Sri Lanka	≈ MA, keine Regelung über das Zusammentreffen von ausgenommenen Tätigkeiten	5 Abs. 3	107

DBA	MA-Regelung: Betriebstättenausnahmen	Artikel	Rz.
Südafrika 1973	≈ MA, keine Regelung über das Zusammentreffen von ausgenommenen Tätigkeiten	3 Abs. 1 buchst. j, cc	107
Südafrika 2008 (E)	≈ MA	5 Abs. 4	
Syrien 2010	≈ MA	5 Abs. 4, Prot. Nr. 3	
Tadschikistan	≈ MA	5 Abs. 4	
Taiwan 2011	≈ MA	5 Abs. 4	
Thailand	≈ MA, keine Regelung über das Zusammentreffen von ausgenommenen Tätigkeiten	5 Abs. 4	107
Trinidad und Tobago	≈ MA, keine Regelung über das Zusammentreffen von ausgenommenen Tätigkeiten	5 Abs. 3	107
Tschechien	s. Tschechoslowakei		
Tschechoslowakei	≈ MA, keine Regelung über das Zusammentreffen von ausgenommenen Tätigkeiten	5 Abs. 3	107
Tunesien	≈ MA, keine Regelung über das Zusammentreffen von ausgenommenen Tätigkeiten	5 Abs. 3	107
Türkei 2011	≈ MA	5 Abs. 4	
Turkmenistan	s. UdSSR		
UdSSR	≈ MA, zusätzlich die bloße Aufsicht über die Durchführung von Bau- und Montagearbeiten	4 Abs. 3	106
Ukraine	≈ MA	5 Abs. 4	
Ungarn 2011	≈ MA	5 Abs. 4	
Uruguay 2010	≈ MA	5 Abs. 4	
USA 1989/2006	≈ MA	5 Abs. 4	
Usbekistan	≈ MA	5 Abs. 4	
Venezuela	≈ MA	5 Abs. 4	
Vereinigte Arabische Emirate 2010	≈ MA	5 Abs. 4	
Vietnam	≈ MA	5 Abs. 4	
Weißrussland	s. Belarus		
Zypern 2011	≈ MA	5 Abs. 4	

2. Erläuterungen

a) Die *DBA Indonesien* und *Pakistan* folgen dem UN-MA darin, dass sie Einrichtungen und Bestände, die zur **Auslieferung** von Gütern und Waren unterhalten werden, nicht in den Katalog der Ausnahmen einbeziehen (s. insoweit oben Rz. 98). 102

b) Die *DBA Mongolei* und *Rumänien* stellen klar, dass unter die Betriebstättenausnahme nicht nur die Bestände von Waren zur Ausstellung fallen, sondern auch ein Verkauf der ausgestellten Waren im Anschluss an eine Ausstellung. Hier dürfte aufgrund der von vornherein zeitlich begrenzten Ausstellungsdauer bereits die Betriebstättendefinition des Abs. 1 nicht erfüllt sein. 103

c) Das *DBA Argentinien* enthält eine **Sonderregelung für den Bereich der Landwirtschaft.** Nach Art. 5 Abs. 7 *DBA Argentinien* begründet eine feste Ein- 104 richtung für den Einkauf von Erzeugnissen der Landwirtschaft oder Viehzucht in Abweichung von der dem MA entsprechenden Grundregel eine Betriebstätte, wenn die vereinbarten Preise nicht den arm's-length-Grundsätzen entsprechen. Im Gegensatz zum alten *DBA Argentinien* vom 13.7.1966 fallen jedoch die Gewinne der Einkaufsstelle nur insoweit unter die Betriebstättenbesteuerung, als sie den Drittvergleichspreis übersteigen (vgl. zu Art. 7 Rz. 70ff.).

106 **d)** Das im Übrigen dem MA entsprechende *DBA UdSSR* schließt ausdrücklich aus, dass durch die **Aufsichtstätigkeit** bei der Durchführung von Bau- und Montagearbeiten eine Betriebstätte begründet werden kann (Art. 4 Abs. 3 Buchst. a *DBA UdSSR*).

107 **e)** Viele ältere deutsche DBA, aber auch noch das *DBA Italien,* folgen dem OECD-MA 1963 darin, dass sie keine Regel über das **Zusammentreffen von ausgenommenen Tätigkeiten** enthalten. Von diesen älteren deutschen DBA regelte lediglich das *DBA USA 1954/65* diesen Fall. Nach Art. II Abs. 1 Buchst. c Unterbuchst. cc begründen auch mehrere der aufgezählten Ausnahmetatbestände in ihrer Gesamtheit keine Betriebstätte. Obwohl nicht ausdrücklich verlangt wird, dass sich die Tätigkeit der Geschäftseinrichtung auf die begünstigten Hilfs- und Vorbereitungstätigkeiten beschränken muss, ist doch die Vorschrift so zu verstehen; sie entspricht damit dem Art. 5 Abs. 4 Unterbuchst. f des MA 1977 (*Debatin/Walter* zu Art. II Rz. 58; vgl. für Werbe-, Kontakt- und Informationsbüros eines deutschen Unternehmens *IRS,* Rev. Rul. 70–418, 1970–2 Cum. Bull. 274: *DBA USA 1954/65*). Das geltende *DBA USA* entspricht wörtlich den MA (s. Rz. 100).

F. Zu Art. 5 Abs. 5

109 **Literatur** (für ältere Literatur s. Vorauflage): *Bendlinger,* ÖStZ 2010, 140; *Correño/Rodriguez,* ITPJ 2012, 257; *Ditz,* S. 163; *Dunahoo,* FS Avery Jones, S. 95; *Fichardt,* CDFI 2009, 645; *Görl,* in GD Krüger (2006), S. 113; *Gouthiere,* ET 2010, 350; *Hack,* ÖStZ 2008, 229; *Helling,* S. 1ff.; *Kuppens/Oosterhoff,* ITPJ 2006, 183; *Lahusen,* S. 1ff.; *Le Gall,* FS Avery Jones, S. 79; *Micker,* IWB 2013, 589; *Mitterlehner,* SWI 2013, 492; *Niehaves,* S. 1ff.; *Ott,* S. 1ff.; *Parada,* TNI 2013, 59; *Petruzzi/Greinecker,* SWI 2012, 260; *Rasch,* IStR 2011, 6; *Rasch/Dotterweich,* ISR 2014, 65; *Roberts,* ET 2008, 107; *Sheppard,* TNI 2013, 10; *Wassermeyer,* in FS Schaumburg, S. 971; *Wassermeyer,* SWI 2010, 505; *Welbers/Schulz,* Ubg 2012, 317.
Für weitere Literatur s. Rz. 1, 1a.

I. Musterabkommen

1. Übereinstimmungen und Abweichungen

110 OECD-MA und US-MA stimmen in ihrem Art. 5 Abs. 5 wörtlich überein. Das UN-MA weicht in seiner Formulierung hiervon ab und ergänzt die Vorschrift durch eine Regelung über den Vertreter, der über ein Auslieferungslager verfügt. Darüber hinaus enthält das UN-MA in Art. 5 Abs. 6 eine Sonderregelung für Versicherungen.

2. OECD-MA und US-MA

111 **a) Grundzüge:** Ein Unternehmen wird behandelt, **als habe es eine Betriebstätte** (= das Vorliegen einer Betriebstätte wird **fingiert**), wenn:
- **eine Person, die nicht unabhängiger Vertreter i. S. von Abs. 6 ist,**
- **im Vertragsstaat für ein Unternehmen des anderen Vertragsstaats tätig ist,**

– **sie eine Vollmacht hat, Verträge abzuschließen, die das vertretene Unternehmen binden**
– **und sie die Vollmacht gewöhnlich ausübt.**

Als **negative Voraussetzung** kommt hinzu, dass die Person **nicht** ausschließlich **Vorbereitungs-** und **Hilfstätigkeiten** i. S. von Abs. 4 vornimmt.

Der Begriff „Person" umfasst natürliche Personen, Gesellschaften, d. h. juristische Personen und sonstige Rechtsträger, die für die Besteuerung wie juristische Personen behandelt werden, sowie alle anderen Personenvereinigungen (Art. 3 Abs. 1 Buchst. a und b, s. dort Rz. 13 ff.). Auch steuerrechtlich selbstständige Tochtergesellschaften sind hiernach „Personen" und können daher Vertreter ihres Mutterunternehmens sein (vgl. Rz. 168). Personengesellschaften sind „Personenvereinigungen" und daher ebenfalls „Personen" i. S. des Art. 3 Abs. 1 Buchst. a (s. Art. 3 Rz. 17). Wo ein DBA die Personenvereinigungen nicht einbezieht, wird man die für sie handelnden Gesellschafter als die Vertreter i. S. des Abs. 5 ansehen können. **112**

b) Vertreter mit Abschlussvollmacht: Die Terminologie des Abs. 5 stammt aus dem kontinentaleuropäischen Recht („civil law"); ihre **englische** Fassung ist für Leser aus dem Common Law-Bereich **missverständlich** (*Avery Jones / Ward u. a.*, BTR 1993, 341; *Roberts,* Intertax 1993, 396; *ders.*, ET 2008, 107 ff.; *Persico,* Intertax 2000, 66). Eine Auslegung der Vorschrift aus ihrem Zusammenhang heraus (Art. 3 Abs. 2 MA) muss dazu führen, der **französischen** Fassung des Abs. 5 bei der Auslegung **Vorrang** zu geben (so völlig überzeugend *Avery Jones / Ward u. a.*, a. a. O.). **113**

Tätig „für ein Unternehmen" („pour le compte d'une entreprise") bringt daher zum Ausdruck, dass die Person i. S. des Abs. 5 **nicht der Unternehmer selber sein kann** (so auch BFH BStBl. II 1991, 395; *Huston / Williams,* S. 81). Das gilt auch für die zur Geschäftsführung befugten **Gesellschafter einer Personengesellschaft.** Die Tätigkeit eines geschäftsführenden Gesellschafters führt also nicht zur Annahme einer Betriebstätte, solange ihm für diese Tätigkeit nicht auch eine feste Einrichtung zur Verfügung steht. Denn mag auch seine Rechtsstellung unter den Common Law-Begriff der „agency" fallen (so *Williams / Huston,* S. 28), ist er doch kein Vertreter im Sinne des hier für die Auslegung maßgebenden kontinentaleuropäischen Rechts. **114**

Entsprechend ist die Tätigkeit des **Geschäftsführers einer Kapitalgesellschaft** zu beurteilen: Er begründet eine Betriebstätte für die Gesellschaft, deren Organ er ist, nur unter den Voraussetzungen der Abs. 1 und 2 (FG RhPf., EFG 1998, 576: *DBA Rumänien 1973;* a. A. FG München DStRE 1998, 177: *DBA Portugal;* DStRE 1998, 800: *DBA Ungarn; Ott,* S. 34). Als Organ handelt er nicht für seine Gesellschaft, sondern sein Handeln wird dem der Gesellschaft gleichgestellt. Für ihn gilt insoweit dasselbe wie für den Unternehmer: Er kann weder sein eigener Vertreter sein noch sich zu einem solchen bestellen. Damit unterscheidet sich der Geschäftsführer in seiner Funktion deutlich von einem Angestellten der Kapitalgesellschaft (a. A. Wassermeyer/*Wassermeyer,* Art. 5 Rz. 201b; *FW,* Entscheidungsanmerkung zu BFH v. 16.12.1998, IStR 1998, 405). „Vertritt" ein Geschäftsführer die Kapitalgesellschaft, deren Organ er ist, „nachhaltig" (s. Rz. 120) in einem anderen Staat, so wird er dadurch nicht zur Vertreterbetriebstätte, wohl wird er aber eine Betriebstätte der durch ihn handelnden Gesellschaft in der Form des Ortes der Leitung gem. Abs. 2 Buchst. a begründen, wenn das Tatbestandsmerkmal der Dauer gegeben ist (vgl. BFH BStBl. II 1999, 437). **115**

Die für das Unternehmen tätige Person darf **nicht ein „unabhängiger Vertreter" i. S. des Abs. 6** sein (*Le Gall,* S. 80 ff.; zur Kritik an der Negativabgrenzung s. *Helling,* S. 188 f.). Das ist sie – erstens – dann nicht, wenn sie von dem ver- **116** tretenen Unternehmen **abhängig** ist. Gemeint sind Personen, die an die geschäftlichen Anweisungen des Unternehmens gebunden sind und auch persönlich zu diesem in einem Abhängigkeitsverhältnis stehen. Bei Angestellten des Unternehmens ist das selbstverständlich der Fall, ebenso bei geleasten Arbeitnehmern (ÖstBMF v. 5.7.2009 (EAS 3080), SWI 2009, 402), bei selbstständigen Gewerbetreibenden grundsätzlich nicht (Wassermeyer/*Wassermeyer,* Art. 5 Rz. 203; Näheres s. Rz. 145 ff.). Ein Vertreter ist aber – zweitens – auch dann kein „unabhängiger Vertreter im Sinne des Absatzes 6", wenn er außerhalb seines ordentlichen Geschäftsbereichs tätig wird (s. Rz. 150; die Unterscheidung zwischen abhängig und unabhängig hält für irrelevant *Lahusen,* S. 223 ff.). Auch ein unabhängiger Vertreter kann also durch eine **außerordentliche Tätigkeit** die Fiktion einer Betriebstätte für das Unternehmen begründen (s. Rz. 152).

117 Der Vertreter muss **bevollmächtigt** sein, für das von ihm vertretene Unternehmen **Verträge zu schließen.** Das ist der Fall, wenn das vertretene Unternehmen durch seine Erklärung **unmittelbar** gebunden wird, selbst wenn die Verträge nicht im Namen des Unternehmens abgeschlossen werden (FG Berlin EFG 1970, 327: *DBA Niederlande 1959;* vgl. auch *Hof Amsterdam* Rolnr. 1106/76, BNB 1979/190; *Avery Jones/Ward u. a.,* S. 352 f. resp. 161 ff.; *Pleijsier,* Intertax 1997, 247; *Cacciapuoti,* ET 2007, 168 (173); diese Auffassung wird jetzt auch durch den MA-Komm. Ziff. 32.1 bekräftigt; zur Problematik des Vertragsschlusses als Betriebstättenkriterium s. *Dunahoo,* S. 101 ff.). Etwas anderes gilt, wenn der Vertreter ausdrücklich im eigenen Namen auftritt, wie das beim Kommissionär der Fall ist. Der Kommissionär hat regelmäßig keine Abschlussvollmacht, denn ein Vertragsschluss durch ihn löst keine unmittelbare Rechtsbeziehung zwischen dem anderen Vertragspartner und dem Kommittenten aus (*Conseil d'État* v. 31.3.2010, no. 304715; hierzu *Ott,* S. 50 ff.; *Gouthiere,* ET 2010, 353 f.; *Wassermeyer,* S. 978; *Rasch,* IStR 2011, 11; *U. Andresen,* ITPJ 2010, 365 ff.; *Parada,* TNI 2013, 59 ff.). Anders ist die Rechtslage nach Common Law, wo eine Bindung des Kommittenten auch dann eintritt, wenn der Vertragspartner des Kommissionärs das Kommissionärsverhältnis nicht kennt (s. *Fichardt,* CDFI 2009, 656). Ähnlich norwegische Gerichte erster und zweiter Instanz (Skatteklagenemda for Skatt Ost; Borgarting Lagmannsrett v. 2.3.2011, LB-2011–32855, s. *Andresen/Furuseth,* ITPJ 2010, 438; *Bendlinger,* SWI 2012, 101 ff.): Ein Kommissionär habe Abschlussvollmacht, da er den Kommittenten wirtschaftlich binde und dieser die Verträge auch ausnahmslos erfüllt habe (ebenso ÖstBMF v. 14.12.2005, EAS 268; *Hack,* ÖStZ 2008,232; vgl. auch *Sheppard,* TNI 2011, 267 f.). Die Entscheidung des norwegischen Gerichts zweiter Instanz wurde vom Supreme Court unter Bezugnahme auf die oben zitierte Entscheidung des Conseil d'Etat aufgehoben (Noregs Hogsterett v. 2.12.2011, HR-2011–2245-A). Dieser scheinbare Auslegungskonflikt ist auf der Grundlage der im Verhältnis zu Common Law-Staaten vorrangigen französisch-sprachigen Version des MA zu lösen, s. Rz. 113. Auch dort ist ein Auftreten des Vertreters im Namen des Unternehmens – … „de conclure des contrats au nom de l'entreprise …" – erforderlich. Der eindeutige Wortlaut der Vorschrift führt zu dem Ergebnis, das auch für den Bereich des Common Law der Kommissionär keine Vertreterbetriebstätte i. S. des MA für das vertretene Unternehmen begründet (*Ditz,* S. 127; *Niehaves,* S. 83 f.; *Sprague,* TMIJ 2011, 426; *Staringer,* SWI 2010, 407 ff.; *Welbers/Schulz,* Ubg 2012, 321 ff.; *Petruzzi/Greinecker,* SWI 2012, 260; a. A. *Rasch/Dotterweich,* ISR 2014, 72; zur Entstehung des Wortlauts s. *Vann,* BTR 2010, 551 ff.; *Avery Jones,* BTR 2011, 664; ausführlich zur historischen Entwicklung *Pijl,* BIT 2013, 3 ff. und *ders.,* BIT 2013, 62 ff.; zum Stand der Diskussion in der OECD s. *Angus,* TMIJ 2013, 269 ff.).

118 Ob eine **Abschlussvollmacht** i. S. des Abkommensrechts vorliegt, ist nicht allein nach Zivilrecht, sondern unter Einbeziehung des **tatsächlichen Verhaltens**

der Vertragspartner zu beurteilen (*Sheppard,* TNI 2013, 11 f.). Eine rein zivilrechtliche Betrachtung würde die Möglichkeit geben, die Betriebstättenbesteuerung auch bei intensiver Geschäftstätigkeit des Vertreters dadurch zu verhindern, dass er zwar die Vertragsverhandlungen bis zur Abschlussreife führt, der fertig formulierte Vertrag aber der Form halber von der Unternehmensleitung im anderen Vertragsstaat unterschrieben wird. Bei einer derartigen formalen Aufspaltung von kaufmännisch-wirtschaftlicher Verantwortung einerseits und rechtlicher Befugnis andererseits nehmen *Strobl/Kellmann* eine Steuerumgehung an (s. Art. 1 Rz. 90 ff.), so dass ungeachtet der formalen Ausgestaltung eine Betriebstätte gegeben sei (*Strobl/Kellmann,* AWD 1969, 405, 408). Nach hier vertretener Auffassung handelt es sich nur um einen – erfolglosen – Umgehungsversuch, da der Vertreter tatsächlich Abschlussvollmacht, zwar nicht im Sinne des Zivilrechts, aber doch des Abkommensrechtes, besitzt. Maßgebend für Art. 5 Abs. 5 ist m. a. W. die **Substanz** der Ermächtigung, nicht deren Form (*Avery Jones/Ward,* S. 353 resp. 162). Entsprechende Klarstellungen finden sich bereits in manchen DBA (vgl. z. B. *DBA Aserbaidschan* Prot. Nr. 3) und jetzt auch im MA-Komm. Ziff. 32.1 S. 2 und 3.

Eine Duldungsvollmacht ist folgerichtig Abschlussvollmacht i. S. des Abs. 5 (MA-Komm. Ziff. 32.1). Selbstverständlich muss das Vorliegen dieser Voraussetzungen im Einzelfall jeweils nachgewiesen werden (*Conseil d'État* n. 37.379, Dr. Fisc. 1984 comm. 1947). Die Vollmacht kann auch auf Teile der Geschäftstätigkeit des Unternehmens beschränkt sein. In diesem Fall rechnen zur Tätigkeit der Betriebstätte nur die vom Vertreter abgeschlossenen Geschäfte; die Direktgeschäfte des Unternehmens werden von der Betriebstättenbesteuerung nicht erfasst. Der Verkauf von Blumen durch einen Auslieferungsfahrer begründet deshalb nur insoweit eine Vertreterbetriebstätte, als er während der Auslieferungstour neue Abschlüsse tätigt. Die bloße Auslieferung der bereits beim Unternehmen bestellten Ware ist der Vertreterbetriebstätte nicht zuzurechnen (Verständigungsverfahren mit den Niederlanden, BMF v. 11.10.2002, BStBl. I 2002, 957 sowie § 6 RV v. 20.12.2010, BGBl. I 2010, 2183). Der Abschluss von nur den internen Geschäftsbetrieb betreffenden Verträgen wie Arbeitsverträge oder Kaufverträge über Arbeitsmittel ist nicht relevant (MA-Komm. Ziff. 33).

Ob das Verhalten der Beteiligten derart den Schluss auf eine Abschlussvollmacht **119**
gestattet, ist unter Berücksichtigung der **wirtschaftlichen Verhältnisse** zu beurteilen. Gibt es beachtenswerte Gründe, aus denen sich das vertretene Unternehmen die Vertragsannahme selber vorbehält –, so etwa bei größeren Aufträgen –, kann der Vertreter nicht als Abschlussvertreter behandelt werden (Wassermeyer/*Wassermeyer,* Art. 5 Rz. 204). Das gilt erst recht, wenn bereits bei Kleinigkeiten mit dem Unternehmen Rücksprache zu halten ist (FG Nürnberg, DStRE 2012, 1063: *DBA Schweiz*). Bei Bevollmächtigung lediglich zur Auftragsakquisition ist das Vorliegen solcher Gründe zu prüfen (a. A. ÖstBMF v. 17.8.1995, SWI 1995, 402, der bei Auftragsakquisition „in der Regel" eine Vertreterbetriebstätte bejahen will). Zu weit geht der spanische Oberste Gerichtshof, der einen Auftragsfertiger, der sich um die Geschäftsabwicklung nach dem Vertragsschluss zwischen Auftraggeber und Endkunden kümmert, als Betriebstätte des Auftraggebers behandelt (*Tribunal Supremo* v. 12.1.2012, STS 201/2012, No. 1626/2008: *DBA Spanien/Schweiz*). Der Gerichtshof begründet diese Auffassung damit, dass sich aus der Gesamtwürdigung von Auftragsfertigung und Verkaufspromotion eine für die Betriebstättenannahme hinreichende Aktivität des vertretenen Unternehmens auf dem lokalen Markt ergebe. Diese Aktivitäten des vollmachtlosen Vertreters begründen jedoch eine Betriebstätte weder nach Abs. 1 noch nach Abs. 5, die Kumulierung der nicht betriebstättenbegründenden Sachverhalte führt nicht zur Betriebstätte (vgl. *Welbers/Schulz,* Ubg 2012, 324 f.). Werden dagegen formularmäßig abgeschlossene Massenverträge von der Geschäftsleitung ohne erkennbare eigene Prüfung lediglich

unterzeichnet, so ist davon auszugehen, dass die tatsächliche Entscheidung beim Vertreter liegt, dieser also Abschlussvollmacht besitzt. Erst recht gilt dies, wenn der Vertreter zwar an die vom Stammhaus vorgegebenen Lieferbedingungen und sonstigen allgemeinen Richtlinien gebunden ist, er aber im Rahmen dieser Richtlinien die Verträge aufgrund eigener Entscheidung schließt (ÖstBMF SWI 1992, 355: *DBA Österreich/Deutschland;* IStR 1996, 542: *DBA Österreich/Deutschland; Cour administrative d'appel de Lyon* req. n. 92.133, 49, Dr. Fisc. 1993 comm. 2360: *DBA Frankreich/Schweiz*). Dass der Vertreter ermächtigt ist, die **Vertragsbedingungen auszuhandeln,** ist also *nicht* erforderlich (*Corte die Cassazione* v. 9.4.2010, No. 8488: *DBA Italien/Schweiz;* anders aber nach älteren DBA, s. darüber *Skaar,* S. 494 ff., und Rz. 132).

120 **c) Nachhaltige Tätigkeit:** Das Bestehen einer Abschlussvollmacht allein schafft noch keine Teilnahme am Wirtschaftsleben, die eine Besteuerung rechtfertigen würde (*Görl,* GD *Krüger* S. 113, 118 f.). Die Vollmacht muss im anderen Staat auch ausgeübt werden (French Administrative Supreme Court v. 1.6.2005, in TNS v. 14.6.2005). Das bedeutet, es müssen Verträge rechtsverbindlich geschlossen werden (*Mitterlehner,* SWI 2013, 496; *Pijl,* BIT 2013, 97). Zusätzlich erforderlich ist auch hier, dass die Tätigkeit eine **gewisse Dauer** besitzt, also nachhaltig ausgeübt wird (SKK/*Fresch/Strunk,* Art. 5 OECD-MA Rz. 117). Die MA verlangen daher, dass die Abschlussvollmacht **„gewöhnlich"** ausgeübt werde. Ein einmaliger Vertragsabschluss reicht dafür nicht aus, auch dann nicht, wenn der Vertreter für das Unternehmen dauerhaft tätig ist (unklar insoweit: *Cour administrative d'appel de Nancy* req. n. 89.1323, 43, Dr. Fisc. 1991 comm. 1563 mit krit. Anmerkung *Tixier: DBA Frankreich/Belgien*). Die Vollmacht muss wiederholt und nicht nur gelegentlich ausgeübt werden (*Höhn/David,* S. 180; s. a. *Athanas* in Höhn, Handbuch, 206, 219). Ausreichend ist freilich die Abschlusshäufigkeit, wie sie für die konkrete Geschäftstätigkeit normal ist (MA-Komm. Ziff. 33.1). Im Zweifelsfall ist die Nachhaltigkeit der Vollmachtsausübung nach denselben Kriterien zu beurteilen wie sie auch für den allgemeinen Betriebstättenbegriff des Abs. 1 gelten (s. Rz. 18; ebenso Wassermeyer/*Wassermeyer,* Art. 5 Rz. 202). Deshalb hat der *Supreme Court* von New South Wales bei einem einzigen Vertragsabschluss innerhalb von zwei Jahren keine gewöhnliche Ausübung der Vollmacht angenommen, obwohl die betreffende Unternehmenstätigkeit keine intensivere Aktivität innerhalb dieses Zeitraums erforderte (Unisys Corporation v. Federal Commissioner of Taxation (2002) NSWSC 1115). Maßgebend ist auch hier, ob die Tätigkeit von vornherein für längere Zeit geplant ist oder ob sie nur vorübergehend ausgeübt werden soll (a. A. *Ott,* S. 64 ff.; *Lahusen,* S. 160 f.). Nicht „gewöhnlich ausgeübt" war eine Vollmacht nach Meinung des norwegischen *Høyesterett* in einem Fall, in dem der Vertreter lediglich einen Vertrag dreimal hintereinander verlängert hatte (Rt. 1994, 752, 765: *DBA Norwegen/Großbritannien*).

121 Nicht erforderlich ist es, dass der Vertreter sich in dem betreffenden Vertragsstaat fortdauernd aufhält oder gar seinen Wohnsitz dort nimmt (MA-Komm. Ziff. 32; *Williams/Huston,* S. 22; *Wilke,* PIS 2001, 23; a. A. *Lahusen,* S. 228 ff.), insbesondere ist keine feste Geschäftseinrichtung erforderlich (*Wassermeyer,* SWI 2010, 509). Es genügt und ist aber auch erforderlich, dass er dort nachhaltig durch Vertragsabschlüsse tätig wird (ÖstBMF v. 9.12.1996 (EAS 990), SWI 1997, 119: *DBA Österreich/USA*). Zutreffend stellt Deutschland in einer Bemerkung zum MA-Komm. fest, dass dem Erfordernis der Mindestdauer der Vertretung eine erhöhte Bedeutung zukommt, wenn der Vertreter im Quellenstaat weder ansässig ist noch dort eine feste Einrichtung hat (MA-Komm. Ziff. 45.9). Ein nur vorübergehender Aufenthalt kann deshalb keine Vertreterbetriebstätte begründen. Einen nur vorübergehenden Aufenthalt hat der BFH angenommen, wenn die für das Unternehmen tä-

tige Person jeweils nur für zwei bis fünf Tage einreist und sich hier maximal sechzig Tage im Jahr aufhält (BFH BStBl. II 2006, 220: *DBA Portugal*). Ebenso ist es nicht erforderlich, dass die nachhaltige Tätigkeit für das Unternehmen von ein und derselben Person ausgeübt wird. Es reicht aus, dass das Unternehmen die **Vertreterstelle** auf Dauer angelegt hat (*Niehaves,* S. 89). Der jeweilige Stelleninhaber (= Vertreter) kann durchaus wechseln, ohne dass die Betriebstätteneigenschaft entfällt, solange die betriebliche Funktion der Stelleninhaber identisch bleibt (RFH RStBl. 1927, 112 (113) zu § 1 Abs. 2 KStG i. d. F. vom 20.3.1923; *Storck,* S. 201; *Pijl/Willeme,* BIFD 1998, 12; *Williams*/Huston, a. a. O.; a. A. *Lüdicke,* IStR 2003, 165).

d) Reihenfolge der Prüfung: Ob eine Betriebstätte durch einen Vertreter begründet wird, ist zweckmäßigerweise erst nach den Abs. 1 bis 4 zu prüfen. Abs. 5 ist ein subsidiärer Ersatztatbestand, der eine Betriebstätte fingiert, ohne dass es einer festen Einrichtung bedarf (*Bendlinger,* ÖStZ 2010, 141). Ist nach diesen Vorschriften eine Betriebstätte gegeben, so kommt es nicht mehr darauf an, ob die in ihr tätigen Personen abhängig oder unabhängig sind und ob und welche Vertragsabschlussvollmachten sie haben. In jedem Fall wird ihre Tätigkeit der Betriebstätte zugerechnet. Ein Unternehmen kann somit eine Betriebstätte dadurch begründen, dass es durch einen von ihm abhängigen Vertreter ohne Vertragsabschlussvollmacht über eine feste Einrichtung (Büro) verfügen kann. Allerdings müssen hierfür die allgemeinen Voraussetzungen einer Betriebstätte nach Abs. 1 bis 4 gegeben sein; insbesondere muss das Unternehmen – und nicht nur der Vertreter – über die Räume **Verfügungsmacht** haben (s. Rz. 16 ff.). Demgemäß reicht zur Begründung einer Betriebstätte nicht schon die Wohnung des Vertreters aus, es sei denn, das Unternehmen habe für seine Zwecke die ständige Verfügungsmacht über dessen Räume (MA-Komm. Ziff. 4; BFH BStBl. II 1974, 327: *DBA USA 1954/65*). Mithin bleibt hier entscheidend, ob die allgemeinen Voraussetzungen einer Betriebstätte erfüllt sind. Das gilt auch in den Fällen, in denen einer Person **ohne Abschlussvollmacht** von dem vertretenen Unternehmen unmittelbar Einrichtungen für ihre Tätigkeit zur Verfügung gestellt werden (a. A.: *Flick,* 452, der in diesen Fällen eine Betriebstätte dann annehmen will, wenn die Einrichtungen des Unternehmens gegenüber der Person des Vertreters die Überhand gewinnen). Solange durch diese Einrichtungen eine Tätigkeit **des Vertreters** ausgeübt wird und nicht eine Tätigkeit, die dem vertretenen Unternehmen zuzurechnen ist, kann dem nicht gefolgt werden. Liegt andererseits eine feste Geschäftseinrichtung i. S. des Abs. 1 vor und wird durch diese Geschäftseinrichtung eine Tätigkeit des Unternehmens ausgeübt, so ist eine Betriebstätte unabhängig davon gegeben, ob die entfaltete Tätigkeit geringfügig oder bedeutsam ist. 122

Vorbereitungs- und Hilfstätigkeiten i. S. des Abs. 4 schließen die Annahme einer Betriebstätte nicht nur aus, wenn sie im Rahmen einer Geschäftseinrichtung erfolgen, sondern auch wenn sie von einem Vertreter ausgeübt werden. Beschränkt sich die Tätigkeit des Vertreters auf Geschäfte i. S. des Abs. 4, so liegt keine Betriebstätte vor, unabhängig davon, ob er Abschlussvollmacht besitzt oder nicht (MA-Komm. Ziff. 28, 33). Eine Teilnahme an Vertragsverhandlungen wird deshalb erst dann zum betriebstättenrelevanten Faktor, wenn die Aktivitäten über Hilfstätigkeiten i. S. des Abs. 4 hinausgehen (MA-Komm. Ziff. 33). Missverständlich war insoweit noch das MA 1963, wo ausdrücklich nur der Abschlussvertreter mit Einkaufstätigkeit als Ausnahmefall genannt war. Wenn aber eine eigene Tätigkeit des Unternehmens i. S. des Art. 5 Abs. 3 MA 1963 keine Betriebstätte begründet, kann auch ein Vertreter, der sich auf den Abschluss von Verträgen über entsprechende Tätigkeiten beschränkt, nicht als Betriebstätte behandelt werden (vgl. MA-Komm. Ziff. 18; ÖstBMF v. 21.4.1997 (EAS 1047), SWI 1997, 234; a. A. *Conseil* 123 *d'État* req. n. 37.410, Dr. Fisc. 1984 comm. 145, concl. *Bissara: DBA Frankreich/Schweiz;* ebenso FWK/*zu Ortenburg,* Art. 5 Anm. 82). Entscheidend ist hierbei der Umfang der **tatsächlichen Tätigkeit** des Vertreters, auch wenn die ihm erteilte Vollmacht eine größere Reichweite hat (Abs. 5 MA spricht von „Tätigkeiten, die sich auf die in Abs. 4 genannten beschränken"). Die bloße Möglichkeit, über den Rahmen des Abs. 4 hinausgehende Geschäfte abzuschließen, ist nicht von Bedeutung, solange von dieser Möglichkeit kein Gebrauch gemacht wird.

124 Im Gegensatz zur Betriebstätte i. S. des Abs. 1 bis 4 ist die Vertreterbetriebstätte **nicht ortsbezogen** (Wassermeyer/*Wassermeyer,* Art. 5 Rz. 205). Eine Betriebstätte durch einen Vertreter kann auch auf einem in einem inländischen Schiffsregister eingetragenen und unter deutscher Flagge fahrenden Seeschiff auf hoher See begründet werden. Hier ist zwar das Schiff keine Betriebstätte, da es keine unmittelbare Beziehung zu einem bestimmten Teil der Erdoberfläche hat, doch kann z. B. der Restaurantchef oder der Verkäufer in einem Kiosk eine Betriebstätte sein, wenn er zum Abschluss von Geschäften für ein Unternehmen bevollmächtigt ist (BFH BStBl. II 1974, 361: *DBA Dänemark 1962;* zustimmend *Williams/Huston,* S. 22).

3. UN-MA

125 **a) Bestellvertreter mit Auslieferungslager:** Das UN-MA wählt in Art. 5 Abs. 5 Buchst. a eine von OECD- und US-MA in der Reihenfolge der Kriterien abweichende Formulierung. In ihrem materiellen Gehalt stimmt die Regelung jedoch mit den beiden anderen MA überein. In konsequenter Fortführung des Art. 5 Abs. 4 UN-MA, durch den ein Auslieferungslager – abweichend vom OECD- und US-MA – nicht zu den Betriebstättenausnahmen gezählt wird, bestimmt jedoch das UN-MA in Art. 5 Abs. 5 Buchst. b, dass ein Vertreter, der über ein **Auslieferungslager** verfügt, eine Betriebstätte selbst dann begründet, wenn er **keine Abschlussvollmacht** besitzt. Damit wird schon die bloße Auslieferung von Waren durch einen Vertreter als Betriebstätte behandelt, selbst wenn der Vertreter beim Abschluss des zugrundeliegenden Kaufvertrages nicht mitgewirkt hat (s. aber Rz. 132).

126 Diese Rechtsfolge kann jedoch **vermieden** werden, wenn das Auslieferungslager nicht durch den Vertreter, sondern unabhängig von ihm geführt wird (*Huston/Williams,* S. 97). Ob es auch möglich ist, die Anwendung entsprechender DBA-Klauseln durch eine Vereinbarung zu vermeiden, nach der der Vertreter die Rechte an der Ware im Augenblick des Vertragsschlusses erwirbt und sie im eigenen Namen weiter überträgt (dafür *Huston/Williams,* a. a. O., unter Berufung auf Revenue Rulings der USA), ist zweifelhaft. Maßgebend dürfte auch hier die **Substanz** des Rechtsgeschäfts und nicht dessen Form sein (s. Rz. 118).

127 **b) Versicherungen:** In einem zusätzlichen Absatz erweitert das UN-MA den Betriebstättenbegriff dahingehend, dass Versicherungsunternehmen in dem anderen Vertragsstaat eine Betriebstätte begründen, wenn sie dort Prämien einziehen oder dort belegene Risiken versichern und sich hierzu einer Person bedienen, die nicht unabhängiger Vertreter i. S. des folgenden Absatzes ist (Art. 5 Abs. 6 UN-MA). Ausgenommen werden lediglich Rückversicherungsgeschäfte. Das UN-MA will damit die für das internationale Versicherungsgeschäft häufigen Fälle erfassen, in denen sich das Versicherungsunternehmen eines abhängigen Vertreters bedient, der über keine Abschlussvollmacht verfügt. Die hieraus resultierenden Gewinne sollen im Quellenstaat besteuert werden, vorausgesetzt, der abhängige Angestellte oder Repräsentant, der die Prämien einzieht bzw. die Risiken versichert, ist hierfür im Quellenstaat **tätig geworden** (UN-Komm. zu Art. 5 Ziff. 27, 28; dies kommt zum Ausdruck in der Verwendung der Worte „collects" und „insures", die **Tätig-**

keiten bezeichnen). Ausreichend ist, dass der Vertreter sich beim Abschluss des Versicherungsgeschäfts bzw. bei Einziehung der Prämien im anderen Vertragsstaat aufhält bzw. aufgehalten hat. Es ist nicht erforderlich, dass er dort **ansässig** i. S. von Art. 4 ist (vgl. im Übrigen zum Begriff des „nicht unabhängigen Vertreters" Rz. 116 und Rz. 145).

Durch diese Anknüpfung der Besteuerung an die Belegenheit des versicherten Risikos wird für den Bereich der Versicherungen das Betriebstättenprinzip praktisch aufgegeben. Der Steuerausschuss der OECD hat davon Abstand genommen, eine entsprechende Bestimmung in sein MA aufzunehmen. Der MA-Komm. Ziff. 39 stellt es jedoch den Mitgliedstaaten frei, eine derartige Regelung zu vereinbaren. Ohne eine derartige Vereinbarung begründen Versicherungsunternehmen auch bei umfangreicher wirtschaftlicher Tätigkeit eine Betriebstätte nur unter den allgemeinen Voraussetzungen des Art. 5 (so auch *Hof Amsterdam* TPI 1993/6, 16: DBA *Niederlande/Großbritannien*). 128

II. Deutsche DBA

1. Abkommensübersicht zu Artikel 5 Abs. 5

129

DBA	MA-Regelung: Betriebstätte durch abhängigen Vertreter mit gewöhnlich ausgeübter Abschlussvollmacht	Artikel	Rz.
Ägypten	≈ MA, Sonderregelung für Versicherungen	5 Abs. 5, 6	140
Albanien 2010	≈ MA	5 Abs. 5	
Algerien 2007	≈ MA	5 Abs. 5	
Argentinien	≈ MA, Sonderregelung für Versicherungen	5 Abs. 4 S. 1, 2	139; 140
Armenien	s. UdSSR		
Aserbaidschan	≈ MA, Sonderregelung für Versicherungen; Klarstellung für Verhandlungen	5 Abs. 5, 6 Prot. Nr. 3	118; 140
Australien	≈ MA, bei Herstellungs-, Be- und Verarbeitungstätigkeit	5 Abs. 4	134
Bangladesch	≈ MA, zusätzlich bei Verfügung über Warenlager, bei ausschließlicher oder fast ausschließlicher Einholung von Aufträgen für das Unternehmen oder für verbundene Unternehmen	5 Abs. 5	132; 135
Belarus	≈ MA	5 Abs. 5	
Belgien	≈ MA, Sonderregelung für Versicherungen	5 Abs. 4	140; 142
Belgien (E)	≈ MA, Sonderregelung für Versicherungen	5 Abs. 4	140; 142
Bolivien	≈ MA	5 Abs. 3	
Bosnien-Herzegowina	s. Jugoslawien		
Bulgarien 2010	≈ MA	5 Abs. 5	
China 1985	≈ MA	5 Abs. 5	
China 2014 (E)	≈ MA	5 Abs. 5	
Costa Rica 2014 (E)	≈ MA	5 Abs. 5	
Dänemark	≈ MA	5 Abs. 5	
Ecuador	≈ MA	5 Abs. 3	

DBA	MA-Regelung: Betriebstätte durch abhängigen Vertreter mit gewöhnlich ausgeübter Abschlussvollmacht	Artikel	Rz.
Elfenbeinküste	≈ MA, zusätzlich bei Verfügung über Warenbestände; Sonderregelung für Versicherungen	5 Abs. 5, 6	132; 140
Finnland	≈ MA	5 Abs. 4	
Frankreich	≈ MA, Sonderregelung für Versicherungen	2 Abs. 1 Nr. 7c, d	140; 142
Georgien	≈ MA	5 Abs. 5	
Georgien (E)	≈ MA	5 Abs. 5	
Ghana	≈ MA	5 Abs. 5	
Griechenland	≈ MA	II Abs. 1 Nr. 7 d	
Großbritannien 1964/70	≈ MA	II Abs. 1 Buchst. 1, IV	
Großbritannien 2010	≈ MA	5 Abs. 5	
Großbritannien 2014 (E)	≈ MA	5 Abs. 5	
Indien	≈ MA, zusätzlich bei Verfügung über Warenlager, hierfür Vollmacht nicht erforderlich; bei ausschließlicher oder fast ausschließlicher Einholung von Aufträgen für das Unternehmen oder ein verbundenes Unternehmen	5 Abs. 5	132
Indonesien	≈ MA, zusätzlich bei Verfügung über Warenlager; Sonderregelung für Versicherungen; Sonderregelung für Repräsentanten ausländischer Unternehmen gemäß indonesischem Recht	5 Abs. 5; 8 Abs. 6; Prot. Nr. 1	138; 140
Iran	≈ MA	5 Abs. 4	
Irland 2011	≈ MA	5 Abs. 5	
Island	≈ MA	5 Abs. 4	
Israel	≈ MA	II Abs. 1 Nr. 7 d	
Italien	≈ MA	5 Abs. 4	
Jamaika	≈ MA, zusätzlich bei Verfügung über Warenlager, hierfür Vollmacht erforderlich; Sonderregelung für Versicherungen	5 Abs. 4 Buchst. b	132; 140
Japan	≈ MA	5 Abs. 4	
Jugoslawien	≈ MA	5 Abs. 4	
Kanada	≈ MA	5 Abs. 6	
Kasachstan	s. UdSSR		
Kenia	≈ MA, zusätzlich bei Verfügung über Warenlager; hierfür Vollmacht erforderlich; Sonderregelung für Versicherungen	5 Abs. 4, 5	132; 140
Kirgisistan	≈ MA	5 Abs. 5	
Korea	≈ MA	5 Abs. 5	
Kosovo	s. Jugoslawien		
Kroatien	≈ MA	5 Abs. 5	
Kuwait	≈ MA	5 Abs. 5	
Lettland	≈ MA	5 Abs. 5	

DBA	MA-Regelung: Betriebstätte durch abhängigen Vertreter mit gewöhnlich ausgeübter Abschlussvollmacht	Artikel	Rz.
Liberia	≈ MA, zusätzlich bei Verfügung über Warenlager, hierfür Vollmacht erforderlich	5 Abs. 4	132
Liechtenstein 2011	≈ MA	5 Abs. 5	
Litauen	≈ MA	5 Abs. 5	
Luxemburg 2012	≈ MA	5 Abs. 5	
Malaysia 2010	≈ MA, zusätzlich vollmachtloser Vertreter mit Waren- oder Güterbestände, von denen er regelmäßig Aufträge im Namen des Unternehmens abwickelt	5 Abs. 6	132
Malta	≈ MA	5 Abs. 5	
Marokko	≈ MA	5 Abs. 4	
Mauritius 2011	≈ MA	5 Abs. 5	
Mazedonien 2006	≈ MA	5 Abs. 5	
Mexiko 2008	≈ MA, Sonderregelung für Versicherungen	5 Abs. 5, 6	140
Moldau	s. UdSSR		
Mongolei	≈ MA	5 Abs. 5	
Montenegro	s. Jugoslawien		
Namibia	≈ MA	5 Abs. 5	
Neuseeland	≈ MA	5 Abs. 5	
Niederlande 1959/2004	≈ MA	2 Abs. 1 Nr. 2c	
Niederlande 2012 (E)	≈ MA	5 Abs. 8	
Norwegen 1991	≈ MA	5 Abs. 5	
Norwegen 2013 (E)	≈ MA	5 Abs. 5	
Oman 2012 (E)	≈ MA, zusätzlich bei Unterhaltung von Beständen von Gütern und Waren; hierfür Vollmacht nicht erforderlich	5 Abs. 5	132
Österreich	≈ MA	5 Abs. 5; Prot. Nr. 2	133
Pakistan	≈ MA, zusätzlich bei Verfügung über Warenlager	5 Abs. 4	132
Philippinen 1983	≈ MA, zusätzlich bei Verfügung über Warenlager; Sonderregelung für Versicherungen	5 Abs. 4, 5	132; 140
Philippinen 2013	≈ MA, zusätzlich bei Verfügung über Warenlager; Sonderregelung für Versicherungen	5 Abs. 4, 5	132; 140
Polen	≈ MA	5 Abs. 5	
Portugal	≈ MA	5 Abs. 5	
Rumänien	≈ MA, Sonderregelung für Versicherungen	5 Abs. 5, 6	140
Russische Föderation	≈ MA	5 Abs. 5	
Sambia	≈ MA	5 Abs. 4	
Schweden	≈ MA	5 Abs. 5	
Schweiz	≈ MA	5 Abs. 4	
Serbien	s. Jugoslawien		
Simbabwe	≈ MA	5 Abs. 5	
Singapur	≈ MA	5 Abs. 5	

DBA	MA-Regelung: Betriebstätte durch abhängigen Vertreter mit gewöhnlich ausgeübter Abschlussvollmacht	Artikel	Rz.
Slowakei	s. Tschechoslowakei		
Slowenien	≈ MA	5 Abs. 5	
Spanien 2011	≈ MA	5 Abs. 5	
Sri Lanka	≈ MA	5 Abs. 4	
Südafrika 1973	≈ MA	3 Abs. 1 Buchst. j, dd	
Südafrika 2008 (E)	≈ MA	5 Abs. 5	
Syrien 2010	≈ MA	5 Abs. 5	
Tadschikistan	≈ MA	5 Abs. 5	
Taiwan 2011	≈ MA	5 Abs. 5	111 ff.
Thailand	≈ MA, zusätzlich bei Verfügung über Warenlager, bei ausschließlicher oder fast ausschließlicher Auftragseinholung für das Unternehmen oder ein verbundenes Unternehmen	5 Abs. 5; Briefwechsel v. 10.7.1967, Nr. 1	132; 135 ff.
Trinidad und Tobago	≈ MA, zusätzlich bei Verfügung über Warenlager, hierfür Vollmacht erforderlich	5 Abs. 4	132
Tschechien	s. Tschechoslowakei		
Tschechoslowakei	≈ MA	5 Abs. 4	
Tunesien	≈ MA, Sonderregelung für Versicherungen	5 Abs. 4, 5	140
Türkei 2011	≈ MA	5 Abs. 5	
Turkmenistan	s. UdSSR		
UdSSR	≈ MA	4 Abs. 4	
Ukraine	≈ MA, zusätzlich bei Verfügungen über Warenlager	5 Abs. 5	132
Ungarn 2011	≈ MA	5 Abs. 5	
Uruguay 2010	≈ MA	5 Abs. 5	
USA 1989/2006	≈ MA	5 Abs. 5	141
Usbekistan	≈ MA, Sonderregelung für Versicherungen	5 Abs. 5; 5 Abs. 6	127
Venezuela	≈ MA	5 Abs. 5	
Vereinigte Arabische Emirate 2010	≈ MA	5 Abs. 5	
Vietnam	≈ MA	5 Abs. 5	
Weißrussland	s. Belarus		
Zypern 2011	≈ MA	5 Abs. 5	

2. Erläuterungen

130 **a)** Einige deutsche DBA folgen in ihrem Wortlaut noch dem OECD-MA 1963, das als Ausnahmefall ausdrücklich nur den Abschlussvertreter mit Einkaufstätigkeit nannte. Sachlich ist hierin jedoch keine Abweichung zum OECD-MA oder US-MA zu sehen (s. Rz. 123).

131 **b)** Das geltende *DBA USA 1989/2006* hat den Wortlaut des MA voll übernommen.

132 **c)** Einige DBA mit Entwicklungsländern (s. Übersicht Rz. 129) bestimmen, dass Vertreter, die über ein Warenlager (*DBA Bangladesch, Elfenbeinküste, Malaysia*

2010, Indien, Oman 2012 (E), Philippinen 1983, Philippinen 2013 und *Ukraine:* Bestand von Gütern oder Waren) verfügen, von dem aus sie regelmäßig Bestellungen für das Unternehmen ausführen, als Betriebstätten gelten: **„Bestellvertreter mit Auslieferungslager"** (insoweit übereinstimmend mit dem UN-MA, Art. 5 Abs. 5 Buchst. b, vgl. die Erläuterungen Rz. 125). Andere neuere DBA mit Entwicklungsländern schränken die Vorschrift dahingehend ein, dass sie auch für diese Vertreter ausdrücklich eine Vollmacht zur Ausführung der Bestellung verlangen (*DBA Jamaika, Kenia, Liberia, Singapur, Trinidad* und *Tobago*). Aber auch die zuvor genannten DBA, die in Abs. 5 dem UN-MA entsprechen, führen im Gegensatz zu diesem in Abs. 4 das Auslieferungslager im Katalog der Betriebstättenausnahmen auf. Deshalb kann nach diesen Abkommen nicht schon die bloße Auslieferung von Waren durch einen Vertreter zu einer Betriebstätte führen. Der „Bestellvertreter mit Auslieferungslager" muss vielmehr in den Verkaufsvorgang in einer Stellung eingeschaltet sein, die der des Abschlussvertreters zumindest nahekommt. Dies gilt also für diejenigen Abkommen, die keine Vollmacht zur Ausführung von Bestellungen verlangen, ebenso wie für die, die eine solche fordern. Unklar ist somit, wo zwischen der Auslieferung, die keine Betriebstätte begründet, und dem Vertragsschluss aufgrund einer Abschlussvollmacht noch eine Grenze gezogen werden sollte. Möglicherweise ist an den Fall gedacht, dass der Vertreter den Vertrag zur Abschlussreife führt und lediglich die Unterschrift im Stammhaus geleistet wird; in diesem Fall ist aber nach hier vertretener Auffassung der Substanz nach eine Abschlussvollmacht gegeben (s. Rz. 118 f.). Es spricht deswegen viel für die Annahme, dass diese Variante in Wahrheit nur klarstellenden Charakter besitzt, dass m. a. W. nach den genannten deutschen Abkommen – und anders als nach dem UN-MA – auch der „Bestellvertreter mit Auslieferungslager" ein echter **Abschlussbevollmächtigter** ist. Anders nur die *DBA Indien, Malaysia 2010* und *Oman 2012 (E)* die ausdrücklich keine Abschlussvollmacht für den Vertreter mit Auslieferungslager verlangen. Da diese DBA im Widerspruch hierzu die Lager ebenfalls im Katalog der Betriebstättenausnahmen nennen, bleibt die Bedeutung der Erweiterung unklar.

d) Prot. Nr. 2 zum *DBA Österreich* legt fest, dass ein verbundenes Unternehmen nicht zur Betriebstätte eines anderen verbundenen Unternehmens wird, wenn die jeweiligen Funktionen durch **angemessene Verrechnungspreise** abgegolten werden. Das gilt sowohl für voneinander abhängige als auch unabhängige Unternehmen. In keinem Fall begründet ein verbundenes Unternehmen eine Vertreterbetriebstätte eines anderen verbundenen Unternehmens, wenn ihre Geschäftsbeziehungen fremdvergleichskonform sind (s. Rz. 168). **133**

e) Nach dem *DBA Australien* begründen **Herstellungs-, Be- und Verarbeitungstätigkeiten eines Vertreters** für das vertretene Unternehmen eine Betriebstätte. Es handelt sich um den Fall, dass eine in dem einen Vertragsstaat ansässige Person durch ein wirtschaftlich verbundenes Unternehmen des anderen Staates nach der Art eines Lohnauftrages Gegenstände herstellen, bearbeiten oder verarbeiten lässt. Die Regelung setzt voraus, dass sich der Auftraggeber der Betriebseinrichtungen des Unternehmens so bedient, als gehörten sie ihm. In den meisten Fällen dieser Art dürften von vornherein Betriebstätten nach der allgemeinen Definition angenommen werden können. **134**

f) Nach den *DBA Bangladesch, Indien* und *Thailand* begründet ein Vertreter eine Betriebstätte sowohl unter den im MA aufgeführten Voraussetzungen als auch dann, wenn er über ein Auslieferungslager verfügt wie nach den oben Rz. 132 behandelten DBA. Darüber hinaus ist nach diesen Abkommen eine Betriebstätte auch dann gegeben, wenn der Vertreter gewöhnlich **Aufträge** ausschließlich oder fast ausschließlich für das Unternehmen selbst oder für das Unternehmen und an- **135**

dere Unternehmen, die es beherrscht oder von denen es beherrscht wird, **einholt – „abhängiger ausschließlicher Vertreter“.** Das bedeutet eine wesentliche Ausdehnung des Betriebstättenbegriffs, da hier die Angestellten eines ausländischen Unternehmens oder Personen, die für ein bestimmtes Unternehmen oder eine Unternehmensgruppe tätig sind, als Betriebstätten gelten, wenn sie lediglich Aufträge für dieses Unternehmen oder die Unternehmensgruppe einholen. Vorausgesetzt ist allerdings, dass Aufträge für das Unternehmen nicht nur vereinzelt, sondern mit einer gewissen Regelmäßigkeit vermittelt werden.

136 Für das *DBA Thailand* definiert der Notenwechsel, der Bestandteil des Abkommens ist, den Ausdruck **„ausschließliche“** oder **„fast ausschließliche Tätigkeit“.** Sie soll gegeben sein, wenn Tätigkeiten der Person für Dritte von so untergeordneter Bedeutung sind, dass praktisch davon ausgegangen werden kann, dass die Person nur für das vertretene Unternehmen tätig ist.

137 Die durch diese Bestimmungen vorgenommene **Aushöhlung des Betriebstättenbegriffs** führt dazu, dass praktisch jede Geschäftsbeziehung, die über ein einfaches Versendungsgeschäft hinausgeht, zu einer Betriebstätte führen kann. Der Ausdruck Betriebstätte hat damit seinen ursprünglichen Inhalt völlig verloren. Zu begrüßen ist, dass die internationale Vertragspraxis zumindest bisher dieser für die grenzüberschreitenden Geschäftsbeziehungen verhängnisvollen Entwicklung nicht gefolgt ist.

138 **g)** Eine mit den MA übereinstimmende Regelung enthält das *DBA Indonesien.* Auch hier führen einzelne Tätigkeiten in Indonesien noch nicht zu einer Betriebstätte, solange diese Tätigkeiten von nur gelegentlichem Charakter sind und einzelne, in sich abgeschlossene Geschäfte umfassen (*Jap/Hintzen,* AWD/RIW 1976, 701 (704). Hierzu sieht Prot. Nr. 1 vor, dass ein Vertreter eines deutschen Unternehmens, der als **„Repräsentant einer ausländischen Handelsgesellschaft“** gemäß indonesischem Recht tätig ist, keine Betriebstätte begründet, soweit sich seine Tätigkeit innerhalb der von diesen Rechtsvorschriften gezogenen Grenzen hält.

139 **h)** Das *DBA Argentinien* enthält eine Sonderregelung, nach der ein Abschlussvertreter, dessen Verträge lediglich den Einkauf von Gütern und Waren für das Unternehmen zum Gegenstand haben, eine Betriebstätte begründet, wenn es sich um den Einkauf von Erzeugnissen der Landwirtschaft und Viehzucht handelt, soweit die vereinbarten Preise nicht dem arm's-length-Preis entsprechen (Art. 5 Abs. 7 *DBA Argentinien;* vgl. Rz. 104).

140 **i) Sonderregelungen** für **Versicherungen** entsprechend dem UN-MA enthalten die *DBA Ägypten, Aserbaidschan, Argentinien, Elfenbeinküste, Frankreich, Indonesien, Jamaika, Kenia, Mexiko, Philippinen 1983, Rumänien* und *Tunesien.* Nach ihnen begründen Versicherungsunternehmen in dem anderen Vertragsstaat nicht nur dann eine Betriebstätte, wenn sie in diesem die Prämien über einen abhängigen Vertreter einziehen, sondern bereits dann, wenn sie ein in diesem Staat gelegenes Risiko versichern. Diese Regelung gilt nach den meisten DBA auch für Rückversicherungsunternehmen. Nur die *DBA Ägypten, Aserbaidschan, Indonesien, Jamaika, Kenia, Mexiko* und *Rumänien* folgen auch insoweit dem UN-MA und schließen die Anwendung der Vorschrift auf Rückversicherungsunternehmen aus (zur Regelung des UN-MA im Einzelnen s. Rz. 127).

141 Das *DBA USA 1989/2006* gilt, entsprechend dem US-MA, auch für die „Federal Excise Tax“ auf Versicherungsprämien, die nach sec. 4371 ff. IRC von ausländischen Versicherungsunternehmen erhoben wird, wenn diese Risiken in den USA versichern. Weder das US-MA noch das *DBA USA* enthalten jedoch eine dem UN-MA vergleichbare Ausnahme vom Betriebstättenprinzip. Die Steuer wird daher von abkommensberechtigten Personen nur erhoben, wenn diese eine Betriebstätte in den USA unterhalten und die Prämieneinnahmen der Betriebstätte zufließen (s. *Vogel/Shannon/Doernberg/van Raad,* Art. 2 Par. 2, A 1a; *Rienstra,* BIFD 1992, 545).

Nach den *DBA Belgien* und *DBA Belgien (E)* wird allein durch die Versicherung im anderen Staat gelegener Risiken keine Betriebstätte begründet. Art. 5 Abs. 5 Satz 2 des DBA bestimmt jedoch, dass ein unabhängiger Versicherungsvertreter mit Abschlussvollmacht einem abhängigen Vertreter gleichgestellt wird, auch dann, wenn er im Rahmen seiner eigenen Geschäftstätigkeit handelt. Demgegenüber schließt der Notenwechsel vom 21.7.1959 zum *DBA Frankreich* die Anwendung der Sonderbestimmung des Art. 2 Abs. 1 Nr. 7 Buchst. d *DBA Frankreich* für die Versicherungsvertreter aus, wenn der Vertreter (im Rahmen des Prämieneinzugs) lediglich Verwaltungstätigkeit ausübt oder sich unabhängig von dieser Tätigkeit wie ein Makler oder ähnliche Personen im Rahmen seines eigenen Geschäftes für das Versicherungsunternehmen betätigt. **142**

G. Zu Art. 5 Abs. 6

I. Musterabkommen

1. Übereinstimmungen und Abweichungen

Alle MA stimmen in ihrer grundsätzlichen Regelung über den unabhängigen Vertreter überein. Das UN-MA stellt zusätzlich fest, dass ein Vertreter nicht mehr als unabhängig i. S. der Vorschrift angesehen werden kann, wenn er seine Tätigkeiten ausschließlich oder fast ausschließlich für ein Unternehmen ausübt und die zugrunde liegende Vereinbarung nicht der zwischen voneinander unabhängigen Unternehmen (Fremdvergleich) entspricht. **143**

2. OECD-MA und US-MA

a) Grundzüge: Ein Unternehmen wird nach allen MA **nicht** so behandelt, als habe es eine Betriebstätte (= das Vorliegen der Betriebstätte wird **nicht fingiert**), wenn **144**

- es seine Tätigkeit im anderen Vertragsstaat **durch einen** Makler, Kommissionär oder einen anderen **unabhängigen Vertreter** ausübt

  und
- sich dessen konkrete Tätigkeit für das Unternehmen **im Rahmen seiner ordentlichen Geschäftstätigkeit hält.**

Ist eine der beiden Voraussetzungen nicht erfüllt, so ist der Sachverhalt nach Abs. 5 zu beurteilen. An sich ist die Regelung selbstverständlich: Ein Unternehmer, der im Rahmen seines eigenen Gewerbebetriebs tätig ist, begründet dadurch keine Betriebstätte eines anderen, auch dann nicht, wenn er die Interessen eines anderen wahrnimmt. Abs. 6 stellt dies lediglich klar (MA-Komm. Ziff. 36, auf den sich auch der UN-Komm. bezieht). Darüber hinaus ist die Erwähnung der Makler und Kommissionäre nach kontinentaleuropäischem Recht **überflüssig,** diese würden ohnehin nicht unter Abs. 5 fallen, weil sie **keine Abschlussvollmacht** (s. Rz. 117) besitzen. Für den Bereich des Common Law, jedenfalls für Großbritannien, war die Klarstellung jedoch angebracht; s. dazu *Avery Jones/Ward u. a.,* S. 354 ff. bzw. 163 ff.

b) Unabhängigkeit: Ob eine Person von dem durch sie vertretenen Unternehmen **unabhängig** ist, bestimmt sich nach ihren Verpflichtungen gegenüber dem Unternehmen (MA-Komm. Ziff. 38). Abhängigkeit kann sowohl in sachlicher wie in persönlicher Hinsicht bestehen. **Sachlich** abhängig ist ein Vertreter, wenn er an **Weisungen** des Unternehmens gebunden ist. Allein diese sachliche **145**

Abhängigkeit kann aber noch nicht zur Anwendung des Abs. 5 führen, weil andernfalls für den unabhängigen Vertreter i. S. des Abs. 6 kein Raum bliebe. Sachlich abhängig, d. h. im Innenverhältnis weisungsgebunden, ist auch der Makler, Kommissionär oder Handelsvertreter. Sie sind jedoch selbstständige Gewerbetreibende und daher von dem von ihnen vertretenen Unternehmen grundsätzlich persönlich unabhängig. Abhängiger Vertreter i. S. des Abs. 5 ist demgegenüber nur, wer nicht nur weisungsgebunden, sondern von dem von ihm vertretenen Unternehmen auch **persönlich abhängig** ist (zutreffend ÖstVwGH ÖStZB 1994, 395 (396): *DBA Österreich/Schweiz*). Das ist der Fall, wenn die Weisungsgebundenheit nicht nur mit Bezug auf konkrete Geschäfte besteht, sondern **umfassend** ist, wie insbesondere das arbeitsrechtliche Direktionsrecht. Personen, die zu dem vertretenen Unternehmen in einem Arbeitsverhältnis stehen (auch die sog. leitenden Angestellten), sind also stets abhängige Vertreter und fallen somit unter Abs. 5. Werden dagegen Personen aufgrund anderer Rechtsbeziehungen für ein Unternehmen tätig, so sind sie grundsätzlich als unabhängige Vertreter anzusehen, solange sie nicht juristisch oder wirtschaftlich von dem vertretenen Unternehmen persönlich abhängig sind, d. h. solange keine dem Arbeitsverhältnis vergleichbare umfassende Arbeitspflicht vorliegt und der Vertreter als selbstständiger Kaufmann unter eigener Firma und Verantwortung auftritt. Entscheidend ist hiernach die persönliche Selbstständigkeit gegenüber dem vertretenen Unternehmen (BFH BStBl. II 1975, 626 (627): *DBA Niederlande 1959;* zu den vom *IRS* entwickelten Kriterien s. *Madole,* S. 288). Ein Arbeitsverhältnis zu einer Tochtergesellschaft des vertretenen Unternehmens begründet keine Abhängigkeit (anders ohne ausreichende Begründung der philippinische *Court of Tax Appeals,* s. TNI September 1994, 806: *DBA Philippinen/USA*).

146 Zu den **„anderen unabhängigen Vertretern"** gehören in Deutschland insbesondere der Handelsvertreter gemäß den §§ 84 ff. HGB, der Handelsvertreter nach österreichischem Recht (ÖstBMF v. 10.7.1997 (EAS 1103), SWI 1997, 436) und in den USA der custodian (*Schürmann/Reinhardt,* AWD 1974, 605; Art. II Abs. 1 Buchst. c *DBA USA 1954/65*). Unabhängiger Vertreter ist z. B. auch ein selbstständiger Unternehmensberater, der als sog. „freelancer" für ein ausländisches Consultant-Unternehmen in Deutschland tätig ist (NdsFG RIW 1991, 1055: *DBA Schweiz*). Für Lloyd's in London handelnde Versicherungsvertreter sind nach Auffassung der *U. S. Treasury* nicht unabhängig (Report to Congress on the Taxation of Income Earned by Members of Insurance and Reinsurance Syndicates, Daily Treasury Documents v. 24.2.1989). Für die Niederlande hat der *Hoge Raad* entschieden, dass ein Schiffsmakler *(cargadoor)* regelmäßig unabhängiger Vertreter sei (Rolno. 24 881 WFR 1988, 791: *DBA Niederlande/Singapur*). Nicht erforderlich ist, dass die Abhängigkeit eines Vertreters nach außen erkennbar ist. Es kommt nur auf das Innenverhältnis an (Wassermeyer/*Wassermeyer,* Art. 5 Rz. 225).

147 Nach Art. 5 Abs. 6 muss Unabhängigkeit im vorstehenden Sinne sowohl rechtlich wie wirtschaftlich gegeben sein. Für die Beurteilung der **wirtschaftlichen Unabhängigkeit** gegenüber dem vertretenen Unternehmen kommt es auf die Ausgestaltung der Geschäftsbeziehung im Einzelnen, besonders in wirtschaftlicher Hinsicht, an. So kann fraglich sein, ob persönliche Unabhängigkeit im vorstehend beschriebenen Sinn noch gegeben ist, wenn ein an sich rechtlich selbstständiger Vertreter allein für einen einzigen Auftraggeber tätig und damit wirtschaftlich auf ihn angewiesen ist (s. hierzu auch Rz. 154). Grundsätzlich ist davon auszugehen, dass die Tätigkeit für einen einzigen Auftraggeber noch keine Abhängigkeit begründet (MA-Komm. Ziff. 38.6; ÖstBMF v. 27.5.1998 (EAS 1271), SWI 1998, 347; *Ruchelman,* TMIJ 1996, 803; *Swanick/Mudrick/Bouwman,* TNI January 1997, 137). Nicht selten wird ein derartiger Vertreter den Weisungen des Auftraggebers wenngleich nicht rechtlich, so doch faktisch im gleichen Umfang wie ein Arbeitnehmer unterworfen und daher als abhängig anzusehen sein (MA-Komm. Ziff. 38.6). Ebenso, wenn er kein Unternehmerrisiko trägt (Gerechtshof s'Grafenhage v. 15.7.2008, LIN: BE9357: *DBA Niederlande/Großbritannien; Antunes Rubim,* BIT 2012, 6). Anders kann der Fall zu beurteilen sein, wenn der Vertreter, wie dies i. d. R. bei ausländischen Tochtergesellschaften der Fall ist, eine eigene umfassende Wirtschaftstätigkeit entfaltet. Hier wird man Abhängigkeit nur in Ausnahmefällen annehmen können (zustimmend BFH BStBl. II 1995, 238 (240): *DBA Großbritannien 1964/70; US Tax Court* Taisei vs. Commissioner 104 TC 27 (1995): *DBA USA/Japan;* a. A. ÖstBMF v. 21.10.1996 (EAS 958), IStR 1997, 501). Für Tochtergesellschaften ist dabei zu beachten, dass für die Frage der Unabhängigkeit i. S. des Art. 5 Abs. 7 MA ihre gesellschaftsrechtliche Abhängigkeit von der Obergesellschaft – freilich nur diese! – **außer Betracht bleibt** (s. Rz. 165; MA-Komm. Ziff. 38.1; a. A. ÖstBMF 21.7.1997 (EAS 1105), SWI 1997, 406). Abhängigkeit der Tochtergesellschaft ist anzunehmen, wenn sie kein Unternehmerrisiko trägt und ihre Vergütung durch die Obergesellschaft nicht fremdvergleichskonform ist (*Correño/Rodriguez,* ITPJ 2012, 257 ff.). Im Umkehrschluss kann als Indiz für eine Unabhängigkeit der Tochtergesellschaft von der Muttergesellschaft der Ansatz von fremdvergleichskonformen Verrechnungspreisen herangezogen werden (s. Rz. 133; *Schmitt/Hennes,* TPIR 2003, 21).

Ist ein Vertreter im vorgenannten Sinn abhängig, so kommt es ungeachtet seiner privatrechtlichen Stellung als selbstständiger Gewerbetreibender nicht mehr darauf an, ob sich seine Tätigkeit für das vertretene Unternehmen im Rahmen seiner ordentlichen Geschäftstätigkeit bewegt. Ob er eine Betriebstätte für das vertretene Unternehmen begründet, ist nach Art. 5 Abs. 5 MA zu prüfen (a. A. für den Kommissionär: *Sieker,* S. 8). 148

Ist der Vertreter dagegen unabhängig, so kommt es nicht darauf an, ob er eine Vollmacht besitzt, den Auftraggeber vertraglich zu binden. Die Gleichsetzung der „anderen unabhängigen Vertreter" mit Maklern und Kommissionären bedeutet **nicht** etwa, dass zu jenen „anderen" nur gehört, wer, wie Makler und Kommissionäre nach kontinentaleuropäischem Recht, **keine** Abschlussvollmacht besitzt (überzeugend *Avery Jones/Ward u. a.,* S. 375 ff. bzw. 176 f.). Wie im Anschluss an diese Autoren bereits o. Rz. 144 ausgeführt, erklärt sich die Einfügung der Makler und Kommissionäre aus der Rücksichtnahme auf das Common Law. 149

c) Ordentliche Geschäftstätigkeit: Ein unabhängiger Vertreter begründet nur dann keine Betriebstätte, wenn und soweit sich seine Aktivitäten **im Rahmen seiner ordentlichen Geschäftstätigkeit** bewegen. Der Rahmen der ordentlichen Geschäftstätigkeit kann nicht nach einem abstrakten, von den jeweiligen Gepflogenheiten des Geschäftszweigs losgelösten Berufsbild bestimmt werden. Ob sich eine Tätigkeit im Rahmen der ordentlichen Geschäftstätigkeit hält, entscheidet sich danach, was nach Lage des Einzelfalls als verkehrsüblich anzusehen ist (BFH BStBl. II 1975, 626 (628): *DBA Niederlande 1959;* FG München DStRE 2000, 808: *DBA Ungarn 1977*). Entscheidend ist, ob die ausgeübte Tätigkeit nach der Verkehrsanschauung außerhalb des Berufsbildes und des Geschäftszweiges des unabhängigen Vertreters liegt (BFH BStBl. II 1995, 238: *DBA Großbritannien*). Für einen Generalagenten im Transportversicherungsgeschäft hat der BFH a. a. O. eine nach außen unbeschränkte Vollmacht zum Abschluss von Versicherungsverträgen noch als verkehrsüblich angesehen. Dagegen kommt es nicht ohne weiteres darauf an, wie der Vertreter selber in anderen Fällen seine Geschäftsbeziehungen gestaltet. Dies kann von Zufälligkeiten abhängig sein, die dem Einfluss des vertretenen Unternehmens entzogen sind (BFH a. a. O.). Nimmt ein Unternehmen eine unabhängige Vertretertätigkeit neben seiner bisherigen andersartigen Tätigkeit (z. B. der Warenproduktion) neu auf, so kommt es nicht darauf an, ob die Tätigkeit in der 150 bisherigen Branche des Unternehmens, sondern ob sie bei unabhängigen Vertretern wie Kommissionären und Maklern branchenüblich ist (BFH BStBl. II 1995, 238: *DBA Großbritannien*), und zwar auch dann, wenn es sich um eine Nebentätigkeit handelt (ÖstVwGH ÖStZB 1994, 395: *DBA Österreich/Schweiz*). Zu eng ist danach eine Entscheidung des australischen *Administrative Appeals Tribunal:* Ein Aktienhändler („share dealer"), dessen Kundschaft weitgehend aus institutionellen Anlegern bestand, war ausnahmsweise für einen privaten Investor tätig geworden; das Gericht sah dies nicht mehr als im Rahmen seiner ordentlichen Geschäftstätigkeit liegend an (*Australian Administrative Appeals Tribunal* 26 ATR 1056 (1993): *DBA Australien/Deutschland;* zur Kritik *Burns,* TNI July 1993, 234). Der MA-Komm. stellt den Maßstab eines abstrakten Berufsbildes in den Vordergrund, lässt aber einzelfallbezogene Umstände für die Beurteilung der Verkehrsüblichkeit zu (MA-Komm. Ziff. 38.8, 38.9; *Pijl,* BIFD 2002, 561). Damit steht es der Verkehrsüblichkeit nach wie vor nicht entgegen, wenn eine Tätigkeit nicht von allen, sondern nur von einzelnen kapital- und innovationsstarken branchengleichen Unternehmen ausgeübt wird (BFH BStBl. II 1984, 94: *DBA USA 1954/65;* die Entscheidung betrifft die Vermietung von Container-Chassis durch einen Schiffs- und Luftfahrtmakler als unabhängigen Vertreter eines in den USA ansässigen Unternehmens zur Zeit der Einführung des Container-Verkehrs). Ausgangspunkt bei der Prüfung muss in jedem Fall der vom Zivilrecht vorgegebene Tätigkeitsbereich bzw. Geschäftsgegenstand des Vertreters sein (BFH BStBl. III 1965, 690 (691); *Prinz,* FR 1996, 479). Als zusätzliches Indiz für ein Handeln im Rahmen der ordentlichen Geschäftstätigkeit kann die Vereinbarung eines für die konkrete Tätigkeit üblichen, einem „Fremdvergleich" standhaltenden Entgelts sein (Wassermeyer/*Wassermeyer,* Art. 5 Rz. 231 f.).

151 Die vorstehenden Grundsätze gelten auch, wenn ein unabhängiger Vertreter für das von ihm vertretene Unternehmen ein **Warenlager** unterhält. Das Unterhalten eines Kommissionslagers beim Kommissionär begründet noch keine Betriebstätte des Kommittenten am Niederlassungsort des Kommissionärs, da die Verwaltung eines Kommissionslagers im Rahmen seines Gewerbebetriebes liegt (RFH RStBl. 1942, 714 (715): *DBA Schweiz 1931;* ebenso eine Verständigungsvereinbarung mit Österreich für den österreichischen Handelsvertreter mit Auslieferungslager, mitgeteilt durch ÖstBMF v. 9.2.1996, SWI 1996, 147).

152 Geht der unabhängige Vertreter über den Rahmen seiner ordentlichen Geschäftstätigkeit hinaus, so ist seine Tätigkeit insoweit nach Abs. 5 zu beurteilen (kritisch SKK/*Fresch/Strunk,* Art. 5 OECD-MA Rz. 123; *Lahusen,* S. 225 f.). Sie begründet also eine Betriebstätte des vertretenen Unternehmens nur dann, wenn der Vertreter auch für diese **außerordentlichen Geschäfte** rechtlich oder tatsächlich eine Abschlussvollmacht besitzt. Sie begründet keine Betriebstätte, wenn es sich nur um Vorbereitungs- oder Hilfstätigkeiten i. S. des Abs. 4 handelt (Abs. 5 a. E.; MA-Komm. Ziff. 38; a. A. wohl *Lokouta,* SWI 1996, 101).

153 **d) Gewinnaufspaltung:** Die rechtlich selbstständigen Vertreter begründen **nur** hinsichtlich derjenigen Tätigkeiten eine Betriebstätte, hinsichtlich derer sie rechtlich oder wirtschaftlich von dem vertretenen Unternehmen umfassend abhängig sind oder mit denen sie den Rahmen ihrer ordentlichen Geschäftstätigkeit überschreiten. Deutlich wird dies bei der Feststellung des Betriebsergebnisses. Soweit der Vertreter unabhängig und im Rahmen seiner ordentlichen Geschäftstätigkeit tätig wird, ist der erzielte Gewinn dem Betriebstättenergebnis des vertretenen Unternehmens **nicht zuzurechnen.** Bei der Gewinnermittlung muss somit die Eigentätigkeit des Vertreters außer Ansatz bleiben (*Storck,* S. 216). Zu berücksichtigen ist stets auch, dass der Vertreter, ob abhängig oder unabhängig, Anspruch auf eine angemessene Vergütung für seine Leistung hat. Liegt also eine Betriebstätte des vertretenen Unternehmens vor, so mindert doch diese Vergütung den der Betriebstätte zuzurechnenden Gewinn.

3. UN-MA

Über die dem OECD- und US-MA entsprechende Regelung des unabhängigen Vertreters hinaus bestimmt das UN-MA in Art. 5 Abs. 7 Satz 2, dass ein Vertreter, dessen Tätigkeiten ganz oder fast ganz einem einzigen Unternehmen gewidmet sind, nicht als unabhängiger Vertreter i. S. der Vorschrift betrachtet werden kann, wenn sein Vertragsverhältnis zum Prinzipal nicht dem Fremdvergleichsgrundsatz entspricht. Die Vorschrift macht klar, dass auch das UN-MA den Begriff der Unabhängigkeit nach wirtschaftlichen Kriterien bemisst. Sie erweitert aber auch den Betriebstättenbegriff insoweit, als sie für den „ausschließlichen Vertreter" vermutet, dass er abhängig ist, wenn er mit dem vertretenen Unternehmen nicht „at arm's length" verkehrt (UN-Komm. Ziff. 33). Ob er für das von ihm vertretene Unternehmen eine Betriebstätte begründet, beurteilt sich in diesem Fall nach Art. 5 Abs. 5 UN-MA. Eine Tätigkeit für **ein** Unternehmen i. S. der Vorschrift ist nach dem alten UN-Komm. gegeben, wenn der Vertreter für mehrere Unternehmen aktiv wird, die alle derselben Gruppe von verbundenen Unternehmen angehören (s. UN-Komm. bis 2011 zu Art. 5 Ziff. 7, S. 73). Diese Auslegung ist im neuen UN-Komm. nicht mehr zu finden, dürfte aber gleichwohl weiterhin gelten. **154**

II. Deutsche DBA

1. Abkommensübersicht zu Artikel 5 Abs. 6

155

DBA	MA-Regelung: grds. keine Betriebstätte durch unabhängigen Vertreter	Artikel	Rz.
Ägypten	≈ MA	5 Abs. 7	
Albanien 2010	≈ MA	5 Abs. 6	
Algerien 2007	≈ MA	5 Abs. 6	
Argentinien	≈ MA	5 Abs. 5	
Armenien	s. UdSSR		
Aserbaidschan	≈ MA	5 Abs. 7	
Australien	≈ MA	5 Abs. 5	
Bangladesch	≈ MA, jedoch Betriebstätte bei ausschließlicher oder fast ausschließlicher Einholung von Aufträgen für das Unternehmen oder verbundene Unternehmen	5 Abs. 6	160
Belarus	≈ MA	5 Abs. 6	
Belgien	≈ MA, Sonderregelung für Versicherungsvertreter	5 Abs. 5	163
Belgien (E)	≈ MA, Sonderregelung für Versicherungsvertreter	5 Abs. 6	163
Bolivien	≈ MA	5 Abs. 5	
Bosnien-Herzegowina	s. Jugoslawien		
Bulgarien 2010	≈ MA	5 Abs. 6	
China 1985	≈ MA	5 Abs. 6	
China 2014 (E)	≈ MA	5 Abs. 6	
Costa Rica 2014 (E)	≈ MA	5 Abs. 6	

DBA	MA-Regelung: grds. keine Betriebstätte durch unabhängigen Vertreter	Artikel	Rz.
Dänemark	≈ MA	5 Abs. 6	168 ff.
Ecuador	≈ MA, unbeschadet der steuerlichen Verpflichtungen des unabhängigen Vertreters	5 Abs. 6	157
Elfenbeinküste	≈ MA	5 Abs. 7	
Estland	≈ MA, Einordnung als abhängiger Vertreter, wenn vollständig oder fast vollständig für ein Unternehmen tätig und die Bedingungen nicht „at arm's length"	5 Abs. 6	162
Finnland	≈ MA	5 Abs. 5	
Frankreich	≈ MA	2 Abs. 1 Nr. 7 e	
Georgien	≈ MA	5 Abs. 6	
Georgien (E)	≈ MA	5 Abs. 6	
Ghana	≈ MA	5 Abs. 6	
Griechenland	≈ MA	II Abs. 1 Nr. 7 e	
Großbritannien 1964/70	≈ MA	II Abs. 1 Buchst. 1, v	
Großbritannien 2010	≈ MA	5 Abs. 6	
Großbritannien 2014 (E)	≈ MA	5 Abs. 6	
Indien	≈ MA, jedoch Betriebstätte, wenn Vereinbarung nicht „at arm's length"	5 Abs. 6	161
Indonesien	≈ MA, jedoch Betriebstätte, wenn ausschließlich oder fast ausschließlich für ein Unternehmen tätig	5 Abs. 7	160
Iran	≈ MA	5 Abs. 5	
Irland 2011	≈ MA	5 Abs. 6	
Island	≈ MA	5 Abs. 5	
Israel	≈ MA	2 Abs. 1 Nr. 7 e	
Italien	≈ MA	5 Abs. 5	
Jamaika	≈ MA	5 Abs. 5	
Japan	≈ MA	5 Abs. 5	
Jugoslawien	≈ MA	5 Abs. 6	
Kanada	≈ MA	5 Abs. 7	
Kasachstan	s. UdSSR		
Kenia	≈ MA	5 Abs. 5	
Kirgisistan	≈ MA	5 Abs. 6	
Korea	≈ MA	5 Abs. 6	
Kosovo	s. Jugoslawien		
Kroatien	≈ MA	5 Abs. 6	
Kuwait	≈ MA, Abhängigkeit, wenn vollständig oder fast vollständig für ein Unternehmen tätig	5 Abs. 6	160
Lettland	≈ MA, Einordnung als abhängiger Vertreter, wenn vollständig oder fast vollständig für ein Unternehmen tätig und die Bedingungen nicht „at arm's length"	5 Abs. 6	162

DBA	MA-Regelung: grds. keine Betriebstätte durch unabhängigen Vertreter	Artikel	Rz.
Liberia	≈ MA	5 Abs. 5	
Liechtenstein 2011	≈ MA	5 Abs. 6	
Litauen	≈ MA, Einordnung als abhängiger Vertreter, wenn vollständig oder fast vollständig für ein Unternehmen tätig und die Bedingungen nicht „at arm's length"	5 Abs. 6	162
Luxemburg 2012	≈ MA	5 Abs. 6	
Malaysia 2010	≈ MA	5 Abs. 7	
Malta	≈ MA	5 Abs. 6	
Marokko	≈ MA	5 Abs. 5	
Mauritius 2011	≈ MA	5 Abs. 6	
Mazedonien 2006	≈ MA	5 Abs. 6	
Mexiko 2008	≈ MA	5 Abs. 7	
Moldau	s. UdSSR		
Mongolei	≈ MA	5 Abs. 6	
Montenegro	s. Jugoslawien		
Namibia	≈ MA	5 Abs. 6	
Neuseeland	≈ MA	5 Abs. 6	
Niederlande 1959/2004	≈ MA	2 Abs. 1 Nr. 2d	
Niederlande 2012 (E)	≈ MA	5 Abs. 9	
Norwegen 1991	≈ MA	5 Abs. 6	
Norwegen 2013 (E)	≈ MA	5 Abs. 6	
Oman 2012 (E)	≈ MA; zusätzlich Vertreter sofern dieser im Rahmen der ordentlichen Geschäftstätigkeit ist und dieser nicht gebunden ist	5 Abs. 6	
Österreich	≈ MA	5 Abs. 6	
Pakistan	≈ MA, jedoch Betriebstätte, wenn ausschließlich oder fast ausschließlich für ein Unternehmen tätig; Sonderregelung für Versicherungsvertreter	5 Abs. 5, 6	160
Philippinen 1983	≈ MA	5 Abs. 6	
Philippinen 2013	≈ MA	5 Abs. 6	
Polen	≈ MA	5 Abs. 6	
Portugal	≈ MA	5 Abs. 6	
Rumänien	≈ MA	5 Abs. 7	
Russische Föderation	≈ MA	5 Abs. 6	
Sambia	≈ MA	5 Abs. 5	
Schweden	≈ MA	5 Abs. 6	
Schweiz	≈ MA	5 Abs. 5	
Serbien	s. Jugoslawien		
Simbabwe	≈ MA	5 Abs. 6	
Singapur	≈ MA	5 Abs. 6	
Slowakei	s. Tschechoslowakei		
Slowenien	≈ MA	5 Abs. 6	
Spanien 2011	≈ MA	5 Abs. 6	
Sri Lanka	≈ MA	5 Abs. 5	
Südafrika 1973	≈ MA	3 Abs. 1	

DBA	MA-Regelung: grds. keine Betriebstätte durch unabhängigen Vertreter	Artikel	Rz.
		Buchst. j, ee	
Südafrika 2008 (E)	≈ MA	5 Abs. 6	
Syrien 2010	≈ MA	5 Abs. 6	
Tadschikistan	≈ MA	5 Abs. 6	
Taiwan 2011	≈ MA	5 Abs. 6	
Thailand	≈ MA, jedoch Betriebstätte, wenn Aufträge ausschließlich oder fast ausschließlich für ein Unternehmen oder für ein von diesem beherrschtes Unternehmen eingeholt werden	5 Abs. 6	160
Trinidad und Tobago	≈ MA	5 Abs. 5	
Tschechien	s. Tschechoslowakei		
Tschechoslowakei	≈ MA	5 Abs. 5	
Tunesien	≈ MA	5 Abs. 4	
Türkei 2011	≈ MA	5 Abs. 6	
Turkmenistan	s. UdSSR		
UdSSR	≈ MA	4 Abs. 5	
Ukraine	≈ MA	5 Abs. 6	
Ungarn 2011	≈ MA	5 Abs. 6	
Uruguay 2010	≈ MA	5 Abs. 6	
USA 1989/2006	≈ MA	5 Abs. 6	
Usbekistan	≈ MA	5 Abs. 7	
Venezuela	≈ MA	5 Abs. 6	
Vereinigte Arabische Emirate 2010	≈ MA	5 Abs. 6	
Vietnam	≈ MA	5 Abs. 6	
Weißrussland	s. Belarus		
Zypern 2011	≈ MA	5 Abs. 6	

2. Erläuterungen

156 **a) Wortabweichung ohne sachliche Änderung:** In einer Reihe von DBA, die zwischen 1958 und 1964 abgeschlossen wurden, ist von „Geschäftsbeziehungen" die Rede, die ein Unternehmen durch einen Makler unterhält, während die MA von „Tätigkeiten" sprechen. Dieser Unterschied geht auf die deutsche Fassung der Betriebstättendefinition aufgrund des Berichts des *OECD-Steuerausschusses* von 1958 zurück. Eine Bedeutungsänderung ist darin nicht zu sehen, zumal die englische Fassung dieses Berichts („it carries on business") mit der der MA voll übereinstimmt.

157 **b)** Nach Art. 5 Abs. 6 *DBA Ecuador* gilt die Regelung des Abs. 6 unbeschadet der steuerlichen Verpflichtungen des unabhängigen Vertreters. Damit wird lediglich klargestellt, dass der Vertreter mit seiner Eigentätigkeit den Steuergesetzen des betreffenden Staates unterliegt (s. Rz. 153).

160 **c)** Die *DBA Thailand, Kuwait, Indonesien* und *Pakistan* folgen dem UN-MA darin, dass ein unabhängiger Vertreter eine Betriebstätte begründet, wenn er **ausschließlich** oder **fast ausschließlich** für das Unternehmen eine Tätigkeit ausübt – **„unabhängiger ausschließlicher Vertreter".** Die *DBA Bangladesch, Thailand* und *Pakistan* enthalten dieselbe Regel, sie dehnen sie darüber hinaus auf alle durch das betreffende Unternehmen beherrschte oder dieses beherrschende Unternehmen aus.

d) Das *DBA Indien* führt als Kriterium für die wirtschaftliche Unabhängigkeit des Vertreters den Grundsatz des Fremdvergleichs in die Betriebstättendefinition ein. Danach begründet ein formal unabhängiger Vertreter eine Betriebstätte, wenn hinsichtlich der kaufmännischen und finanziellen Beziehungen zu dem vertretenen Unternehmen Bedingungen vereinbart sind, die von denen abweichen, die normalerweise unabhängige Vertreter miteinander vereinbaren würden. Für diesen Fall wird unwiderleglich vermutet, dass der Vertreter abhängig ist, selbst wenn er für mehrere Unternehmen bzw. Unternehmensgruppen tätig wird (*Mathur/Görl/Sonntag,* Vol. 2, Art. 5 Rz. 16). 161

e) Nach den DBA mit den baltischen Staaten *Estland, Lettland* und *Litauen* gilt ein unabhängiger ausschließlicher Vertreter dann nicht als unabhängig, wenn die Bedingungen zwischen dem Vertreter und dem Unternehmen von denen abweichen, die unabhängige Personen miteinander vereinbaren würden. Das Vorliegen einer Vertreterbetriebstätte ist in diesem Fall nach der Regelung in Abs. 5 über den abhängigen Vertreter zu entscheiden. 162

f) Die *DBA Belgien* und *DBA Belgien (E)* schließen die Anwendbarkeit der im Übrigen dem MA entsprechenden Regelung über die unabhängigen Vertreter auf **Versicherungsvertreter** mit Abschlussvollmacht aus. Auf sie findet die Regelung über die abhängigen Vertreter Anwendung (vgl. Rz. 142). 163

H. Zu Art. 5 Abs. 7

I. Musterabkommen

1. Übereinstimmung

Alle Musterabkommen enthalten eine in ihrem Wortlaut übereinstimmende „Anti-Organ-Klausel". Der UN-Komm. hat ausdrücklich den MA-Komm. übernommen (UN-Komm. zu Art. 5 Ziff. 34, 35). 164

2. Erläuterungen

a) Anti-Organ-Klausel: Wie bereits die Entwürfe von *Mexiko* und *London* enthalten auch die MA die so genannte **„Anti-Organ-Klausel".** Durch sie wird klargestellt, dass ein Beherrschungsverhältnis zwischen Mutter- und Tochtergesellschaft als solches nicht dazu führt, dass die beherrschte Tochtergesellschaft zur Betriebstätte der beherrschenden Gesellschaft wird. Es wird m. a. W. die zivilrechtliche Selbstständigkeit einer Gesellschaft auch steuerrechtlich (abkommensrechtlich) anerkannt. Ihre Stellung als Steuersubjekt wird durch die gesellschaftsrechtliche Abhängigkeit nicht verändert (*Schoueri/Günther,* BIT 2011, 69). Folgerichtig ist innerhalb eines Konzerns die Frage nach der Begründung einer Betriebstätte für jede Gesellschaft der Gruppe getrennt zu beantworten. Auf die Situation der jeweils anderen Konzernmitglieder kommt es nicht an (MA-Komm. Ziff. 41.1; *Reimer/Schmid/Orell,* Rz. 354 ff. unter Berücksichtigung verschiedener Formen von Konzernbesteuerung). 165

Auch die **beherrschende Gesellschaft** ist keine Betriebstätte der beherrschten Gesellschaft. 166

Abs. 7 ist im Übrigen **weit auszulegen** und auch auf Unternehmen anzuwenden, die nicht von „Gesellschaften" i. S. des Art. 3 Abs. 1 Buchst. b MA betrieben werden. Ein rechtlich selbstständiges Unternehmen, dessen Alleingesellschafter ein Einzelkaufmann im anderen Vertragsstaat ist, begründet somit auch keine Betriebstätte dieses Einzelkaufmanns. Die Vorschrift richtet sich gegen Rechtsauffassungen 167 wie die vom RFH entwickelte **„Filialtheorie"** (RFH RStBl. 1930, 148, 150f.: „Shell-Urteil"; RFH RStBl. 1930, 757, 758: „Citroën-Urteil"; vgl. auch ASARCO v. Idaho State Tax Commission, 102 S.Ct. 3103 (1982), F.W. Woolworth v. Taxation and Revenue Department of New Mexico, 102 S.Ct. 3128 (1982)). Auf DBA wurde diese Rechtsprechung in Deutschland schon vor 1945 nicht angewandt (vgl. *H. Vogel,* CDFI XXXIV (1957) 243; BFH BStBl. II 1995, 238; s.a. *Richtlinien* BStBl. I 1957, 154, 209: *DBA USA 1954;* sowie *Conseil d'État* req. n. 44.902, Dr. Fisc. 1985 comm. 2192, concl. Racine: *DBA Frankreich/Algerien*).

168 **b) Tochtergesellschaft als Vertreter:** Die Tochtergesellschaft kann jedoch **aufgrund besonderer** – außerhalb des gesellschaftsrechtlichen Beherrschungsverhältnisses liegender – **Beziehungen** zur Mutter im Einzelfall Betriebstätte sein. Die MA stellen dies durch die Worte „Allein dadurch" klar. Verfügt die Muttergesellschaft über im Eigentum der Tochtergesellschaft stehende Einrichtungen i.S. von Abs. 1 oder wird die Tochtergesellschaft zum Abschlussvertreter der Muttergesellschaft gem. Abs. 5, so kann das zur Begründung einer Betriebstätte führen (MA-Komm. Ziff. 41, 41.1). Für den Fall der Arbeitnehmerüberlassung an eine Tochtergesellschaft nimmt die chinesische Finanzverwaltung eine Betriebstätte der Muttergesellschaft an, wenn diese die Risiken der Mitarbeiter der Tochtergesellschaft trägt, die überlassenen Mitarbeiter auswählt und ihre Anzahl bestimmt, deren Gehälter übernimmt und die Muttergesellschaft für die Arbeitnehmerüberlassung eine Vergütung erhält, s. *Pellone,* ITPJ 2011, 144.

Keine Betriebstätte der Muttergesellschaft liegt vor, wenn sie aus Einrichtungen oder Aktivitäten der Tochtergesellschaft lediglich einen wirtschaftlichen Nutzen zieht, wie das z.B. bei Nutzungsüberlassung von Wirtschaftsgütern oder Dienstleistungserbringung durch die Tochtergesellschaft der Fall ist (MA-Komm. Ziff. 42). Es handelt sich hierbei um eigene Unternehmenstätigkeiten der Tochtergesellschaft, die der Muttergesellschaft nicht zugerechnet werden können. Auch die Umwandlung einer Betriebstätte in eine Tochtergesellschaft führt daher als solche noch nicht zur Betriebstätteneigenschaft der Tochtergesellschaft (*Kuppens/Oosterhoff,* ITPJ 2006, 183; a.A. wohl die italienische *Corte di Cassazione,* Diritto e Pratica Tributaria, Parte Seconda, 547 (1989): *DBA Italien/Frankreich,* sowie in der Philip Morris Entscheidung *(DBA Italien),* grundsätzlich hierzu *Muizelaar,* 18 Emory Int'l L.Rev. 211; zur Einbringung von Betriebstätten s. *Widmann,* S. 88). Die steuerrechtliche Selbstständigkeit der Tochtergesellschaft bleibt hier gewahrt. Sie ist Betriebstätte der Muttergesellschaft lediglich insoweit, wie sie die Tatbestandsvoraussetzung des Abs. 1 bzw. des Vertreters gemäß Abs. 5 und 6 MA erfüllt (s. *Ditz,* IStR 2010, 553ff.). Der MA-Komm. Ziff. 41 erwähnt dies ausdrücklich nur für den Fall des abhängigen Vertreters gemäß Abs. 5. Eine Tochtergesellschaft kann jedoch wie jede andere nicht verbundene Gesellschaft auch als unabhängiger Vertreter gemäß Abs. 6 eine Betriebstätte der Muttergesellschaft nach den dort genannten Voraussetzungen begründen. Die Tochtergesellschaft kann z.B. als Vertreterin der Muttergesellschaft Verträge aufgrund einer Vollmacht abschließen, die über den Rahmen ihrer ordentlichen Geschäftstätigkeit hinausgehen (ÖstBMF v. 28.2.1997 (EAS 1028), SWI 1997, 416; ÖstBMF SWI 1992, 39: *DBA Österreich/USA; Schürmann/Reinhardt,* AWD 1974, 603; zur abweichenden Verständigung zwischen Deutschland und Österreich s. Rz. 173a).

169 Die zivilrechtliche Selbstständigkeit der Tochtergesellschaft bleibt steuerlich auch maßgebend, wenn sie Aufträge ganz oder teilweise an verbundene Unternehmen subkontrahiert oder sie sich die zur Vertragsdurchführung erforderlichen Mittel bei verbundenen Unternehmen beschafft. Letzteres gilt insbesondere für die Arbeitnehmerüberlassung. Stellt die Muttergesellschaft der Tochter Personal gegen Entgelt zur Verfügung, so sind die Tätigkeiten dieser „Leiharbeitskräfte" der Tochter

zuzurechnen und begründen keine Betriebstätte der überlassenden Muttergesellschaft (*Huiskens/Jansen,* ET 1997, 387; *Trenkwalder,* SWI 1996, 503; *Bendlinger/Remberg/Kuckhoff,* IStR 2002, 42; abweichende Praxis in Russland schildert *Nibbe,* TNI December 1996, 2191; s. auch Rz. 23a). Etwas anderes gilt hier ebenso wie im Falle der Subkontrakte, wenn die Muttergesellschaft das wirtschaftliche Risiko der Vertragserfüllung gegenüber dem Hauptauftraggeber (mit)übernimmt und dadurch Mutter- und Tochtergesellschaft eine faktische Gesellschaft bilden. Diese führt dann zu einer Betriebstätte für ihre Gesellschafter, wenn ihre Tätigkeit nach den allgemeinen Vorschriften betriebstättenbegründend ist (s. Rz. 18; vgl. insgesamt hierzu *Skaar,* S. 539 ff.).

Ähnlich der indische Income Tax Appelate Tribunal in einem Fall, in dem Mit- **169a**
arbeiter der Tochtergesellschaft sowohl für diese als auch für die Muttergesellschaft in einer Art und Weise tätig wurden, die die rechtliche Selbstständigkeit der beiden Gesellschaften in den Hintergrund treten ließ (ITAT Delhi Bench „A" (Special Bench) v. 22.6.2005; *Vogel,* BIFD 2006, 94, 95).

Liegt ein derartiges Vertretungsverhältnis vor, so unterliegt die Muttergesellschaft **170**
der Betriebstättenbesteuerung mit dem Gewinn, den sie aus den in ihrem Namen durch die Tochtergesellschaft abgeschlossenen Verträgen zieht. Die Tochtergesellschaft bleibt davon unabhängig mit ihren eigenen Einkünften steuerpflichtig. Zu ihnen gehört insbesondere auch die von der Muttergesellschaft gezahlte Vertreterprovision (*Debatin,* DStZ/A 1966, 215).

Die Regelung unterscheidet nicht zwischen Beherrschungssubjekt und -objekt. **171**
Nicht nur die beherrschte Gesellschaft kann Vertreterin und damit Betriebstätte der beherrschenden Gesellschaft sein, sondern umgekehrt auch die beherrschende Gesellschaft Vertreterin der beherrschten (so im Fall *Hoge Raad* Rolno. 24 983 WFR 1989, 196: *DBA Niederlande/Schweiz*). Auch eine Schwestergesellschaft kann unter dem Gesichtspunkt der Vertretung eine Betriebstätte begründen (MA-Komm. 1977 Ziff. 42, der insoweit vom UN-Komm. übernommen worden ist; MA-Komm. Ziff. 41.1).

II. Deutsche DBA

1. Abkommensübersicht zu Artikel 5 Abs. 7

MA-Regelung: Tochtergesellschaft begründet als solche keine Betriebstätte der Muttergesellschaft

172

DBA	Artikel	Rz.
Ägypten	5 Abs. 8	
Albanien 2010	5 Abs. 7	
Algerien 2007	5 Abs. 7	
Argentinien	5 Abs. 6	
Armenien	s. UdSSR	
Aserbaidschan	5 Abs. 8	
Australien	5 Abs. 6	
Bangladesch	5 Abs. 7	
Belarus	5 Abs. 7	
Belgien	5 Abs. 6	176
Belgien (E)	5 Abs. 6	176
Bolivien	5 Abs. 6	
Bosnien-Herzegowina	s. Jugoslawien	
Bulgarien 2010	5 Abs. 7	
China 1985	5 Abs. 7	

DBA	Artikel	Rz.
China 2014 (E)	5 Abs. 7	
Costa Rica 2014 (E)	5 Abs. 7	
Dänemark	5 Abs. 7	
Ecuador	5 Abs. 6	
Elfenbeinküste	5 Abs. 8	
Estland	5 Abs. 7	
Finnland	5 Abs. 6	
Frankreich	2 Abs. 1 Nr. 7 f	
Georgien	5 Abs. 7	
Georgien (E)	5 Abs. 7	
Ghana	5 Abs. 7	
Griechenland	II Abs. 1 Nr. 7 f	
Großbritannien 1964/70	II Abs. 1 Buchst. 1, vi	
Großbritannien 2010	5 Abs. 7	
Großbritannien 2014 (E)	5 Abs. 7	
Indien	5 Abs. 7	
Indonesien	5 Abs. 8	
Iran	5 Abs. 6	
Irland 2011	5 Abs. 7	
Island	5 Abs. 6	
Israel	2 Abs. 1 Nr. 7 f	
Italien	5 Abs. 7	
Jamaika	5 Abs. 7	
Japan	5 Abs. 6	
Jugoslawien	5 Abs. 7	
Kanada	5 Abs. 8	
Kasachstan	s. UdSSR	
Kenia	5 Abs. 7	
Kirgisistan	5 Abs. 7	
Korea	5 Abs. 7	
Kosovo	s. Jugoslawien	
Kroatien	5 Abs. 7	
Kuwait	5 Abs. 7	
Lettland	5 Abs. 7	
Liberia	5 Abs. 6	
Liechtenstein 2011	5 Abs. 7	
Litauen	5 Abs. 7	
Luxemburg 2012	5 Abs. 7	
Malaysia 2010	5 Abs. 8	
Malta	5 Abs. 7	
Marokko	5 Abs. 6	
Mauritius 2011	5 Abs. 7	
Mazedonien 2006	5 Abs. 7	
Mexiko 2008	5 Abs. 8	
Moldau	s. UdSSR	
Mongolei	5 Abs. 7	
Montenegro	s. Jugoslawien	
Namibia	5 Abs. 7	
Neuseeland	5 Abs. 7	
Niederlande 1959/2004	2 Abs. 1 Nr. 2e	
Niederlande 2012 (E)	5 Abs. 10	
Norwegen 1991	5 Abs. 7	
Norwegen 2013 (E)	5 Abs. 7	
Oman 2012 (E)	5 Abs. 7	

DBA	Artikel	Rz.
Österreich	5 Abs. 7; Prot. Ziff. 2	173a
Pakistan	5 Abs. 7	
Philippinen 1983	5 Abs. 7	
Philippinen 2013	5 Abs. 7	
Polen	5 Abs. 7	
Portugal	5 Abs. 7	
Rumänien	5 Abs. 8	
Russische Föderation	5 Abs. 7	
Sambia	5 Abs. 6	
Schweden	5 Abs. 7	
Schweiz	5 Abs. 6	
Serbien	s. Jugoslawien	
Simbabwe	5 Abs. 7	
Singapur	5 Abs. 7	
Slowakei	s. Tschechoslowakei	
Slowenien	5 Abs. 7	
Spanien 2011	5 Abs. 7	
Sri Lanka	5 Abs. 6	
Südafrika 1973	3 Abs. 1 Buchst. j, ff	
Südafrika 2008 (E)	5 Abs. 7	
Syrien 2010	5 Abs. 7	
Tadschikistan	5 Abs. 7	
Taiwan 2011	5 Abs. 7	
Thailand	5 Abs. 7	
Trinidad und Tobago	5 Abs. 6	
Tschechien	s. Tschechoslowakei	
Tschechoslowakei	5 Abs. 6	
Tunesien	5 Abs. 7	
Türkei 2011	5 Abs. 7	
Turkmenistan	s. UdSSR	
UdSSR	4 Abs. 6	
Ukraine	5 Abs. 7	
Ungarn 2011	5 Abs. 7	
Uruguay 2010	5 Abs. 7	
USA	5 Abs. 7	
Usbekistan	5 Abs. 8	
Venezuela	5 Abs. 7	
Vereinigte Arabische Emirate 2010	5 Abs. 7	
Vietnam	5 Abs. 7	
Weißrussland	s. Belarus	
Zypern 2011	5 Abs. 7	

2. Erläuterungen

a) Dass eine **beherrschte Gesellschaft** nicht durch die Beherrschung zu einer Betriebstätte der beherrschenden Gesellschaft wird, ist in sämtlichen deutschen Abkommen (frühere Ausnahme im *DBA Italien 1925 und Bulgarien 1987*) vorgesehen. Das *DBA UdSSR* spricht ausdrücklich nur das Beherrschungsverhältnis zwischen juristischen Personen an. Eine Einschränkung gegenüber dem MA ist damit jedoch nicht gewollt (s. Denkschrift zu Art. 4). **173**

b) In Prot. Nr. 2 zum *DBA Österreich* ist vereinbart, dass verbundene Unternehmen nicht zur Vertreterbetriebstätte eines anderen verbundenen Unternehmens **173a**

werden, wenn die jeweiligen – ohne dieses Einverständnis sonst zur Vertreterbetriebstätte führenden – Funktionen durch den Ansatz angemessener Verrechnungspreise einschließlich eines diesem verbleibenden Gewinns abgegolten werden.

174 **c)** Für das *DBA Bulgarien 1987* blieb mangels einer entgegenstehenden Regelung im DBA die rechtliche Selbstständigkeit der Gesellschaft entscheidend. Das Fehlen der Anti-Organ-Klausel ändert m. a. W. die Rechtslage nicht. Das neue *DBA Bulgarien 2010* enthält eine dem Abs. 7 entsprechende Regelung.

175 Der Grundgedanke des Abs. 7 ist auch schon in einigen anderen deutschen Vorkriegsabkommen enthalten. Bereits in Ziff. 3 des SProt. zum *DBA Schweiz 1931* (i. V. mit dem Verhandlungsprotokoll vom 15.7.1931, BStBl. I 1954, 33, zu Nr. 3) war vereinbart, dass der Besitz von Aktien, Genossenschaftsanteilen und GmbH-Anteilen für den Besitzer keine Betriebstätte begründe, auch wenn damit ein Einfluss auf die Leitung des Unternehmens verbunden sei (BFH BStBl. II 1971, 721 (722): *DBA Schweiz 1931; W. Friedrich,* StuW 1959 Sp. 15). In den deutschen Nachkriegs-DBA findet sich eine vergleichbare Bestimmung erstmals in Art. II Abs. 1 Buchst. c *DBA USA 1954.*

176 **d)** Die *DBA Belgien* und *DBA Belgien (E)* stellen ausdrücklich klar, dass die Vorschrift auch für Unternehmen gilt, die keine Gesellschaften sind (s. Rz. 167). Sie präzisieren die Regelung noch durch den Zusatz, dass auch die Beherrschung eines Unternehmens, das in dem anderen Staat seine Tätigkeit durch eine Betriebstätte – oder in anderer Weise – ausübt, nicht zu einer Betriebstätte des beherrschenden Unternehmens führt.

Abschnitt III. Besteuerung des Einkommens und des Vermögens

Vor Artikel 6 bis 22

Inhalt

Literatur: *Baranowski*, Besteuerung von Auslandsbeziehungen (2000); *Chen*, in Schilcher/Weninger, Fundamental Issues and Practical Problems in Tax Treaty Interpretation (2008), S. 371; *Lenger*, in Hohenwarter/Metzler, Taxation of Employment Income in International Tax Law (2009), S. 205. 1

Verwaltungsanweisungen: BZSt, Merkblatt zur Remittance-Base-Klausel (Überweisungsklausel) (abrufbar unter www.bzst.de)

I. Verteilungsnormen der MA

1. Tatbestand

Die Abschnitte III und IV des OECD- und des UN-MA („Besteuerung des Einkommens": Art. 6 bis 21; „Besteuerung des Vermögens": Art. 22) enthalten die sog. **Verteilungsnormen**. In der deutschen Verhandlungsgrundlage für DBA (DE-VG) sowie im US-MA, die beide nicht in Abschnitte unterteilt sind, finden sich die Verteilungsnormen in den Art. 6 bis 21 bzw. 22. Zum Begriff der Verteilungsnorm s. Grundl. Rz. 67; für weitere Einzelheiten zu den Verteilungsnormen 1a

s. Grundl. Rz. 76ff., 81ff. Die Verteilungsnormen der MA und der geltenden DBA entsprechen dem in Grundl. Rz. 76ff. entwickelten theoretischen Schema einer „vollständigen“ Verteilungsnorm nur teilweise. Bestimmte zu einer „vollständigen“ Verteilungsnorm gehörende Teilregelungen sind in den MA und den geltenden DBA aus regelungstechnischen Gründen verselbstständigt (Art. 1 bis 5, Art. 23A/B; dazu auch Ziff. 2 MA-Komm. zu Art. 19). Verblieben ist den Verteilungsnormen der MA aber ein wesentlicher Teil der Regelung des **Tatbestands** (ohne die allgemeinen Anwendungsvoraussetzungen der Art. 1 und 2 und ohne die allgemeinen Begriffsbestimmungen der Art. 3 bis 5) sowie der **Rechtsfolge** (teilweise ohne eine Regelung der Methode zur Vermeidung bzw. Beseitigung der Doppelbesteuerung aus Art. 23A/B). Sie teilen die Einkünfte und Vermögenswerte nach **Einkunftsarten** und **Arten von Vermögenswerten** auf (dazu s. Grundl. Rz. 81) und **weisen** diese jeweils einem der Vertragsstaaten zur – allerdings nicht immer ausschließlichen – Besteuerung **zu** (zur Bedeutung der sog. **Vermeidungsnormen** in Art. 23A/B für die Vermeidung bzw. Beseitigung von Doppelbesteuerungen s. Rz. 6; Grundl. Rz. 83; Art. 23 Rz. 2ff.). Die **Reihenfolge** der Verteilungsnormen ist nicht systematisch gegliedert, vielmehr ist sie historisch gewachsen (s. Grundl. Rz. 84, dort auch zu den unterschiedlichen **Gruppen von Verteilungsnormen** und zum **Konkurrenzverhältnis**).

2 Ihren Tatbestand (in der oben verwendeten Terminologie (s. Grundl. Rz. 78): ihren „Metatatbestand“; im Gegensatz zum Steuertatbestand des innerstaatlichen Rechts, der durch die Verteilungsnorm begrenzt werden soll: dem „Objekttatbestand“) bestimmen die Art. 6 bis 22 durch Umschreibung jeweils eines Kreises von **Einkünften** oder **Vermögenswerten.** Diese Umschreibungen ähneln den Einkunftsarten, wie sie sich im innerstaatlichen Recht mancher Staaten finden, so beispielsweise in Deutschland (§§ 2, 13ff. EStG) oder in Großbritannien (Sections 15 bis 20 des Income and Corporation Taxes Act 1988). Derartige Einteilungen sind von Staat zu Staat unterschiedlich. Außerdem gibt es auch Staaten – wie etwa die Vereinigten Staaten –, die überhaupt nicht nach Einkunftsarten unterscheiden, sondern von einer einheitlichen und zusammenfassenden Definition des Einkommens ausgehen (Sec. 61 IRC). Die Verwendung des Ausdrucks „Einkünfte“ in der deutschen Übersetzung einiger Artikel des MA lässt allerdings keine Rückschlüsse auf die Einkünfteabgrenzung zu, da die beiden Originalsprachen des MA die Unterscheidung zwischen „Einkommen“ (engl.: *„income“*, frz.: *„des revenus“*) und „Einkünften“ nicht kennen. Die Bezeichnung der Einkunfts- und Vermögensarten in den DBA darf daher **auf keinen Fall** mit denen des innerstaatlichen Rechts **gleichgesetzt** werden (dazu auch Grundl. Rz. 81). Häufig entsprechen sich die Bezeichnungen überhaupt nicht; so gibt es z.B. im deutschen EStG nicht die Einkunftsart der „Lizenzgebühren“ wie in Art. 12 (für das britische Recht s. *Avery Jones,* FS Vogel, S. 889ff.). Etwaige Übereinstimmungen bestehen ggf. nur oberflächlich und sind daher zufällig. Die abkommensrechtlichen „Einkunftsarten“ unterscheiden sich von denen des innerstaatlichen Rechts vor allem in ihrer **Funktion**. Die Aufgliederung nach Einkunfts- und Vermögensarten im innerstaatlichen Recht dient der Tatbestandsbestimmtheit des Steuerrechts und nimmt deswegen Lücken in der Erfassung der besteuerungswürdigen Sachverhalte bewusst in Kauf (s. aber Rz. 3). Dagegen sollen die Art. 6 bis 22 alle Einkünfte und Vermögenswerte erfassen, deren Besteuerung das innerstaatliche Recht der Vertragstaaten vorsieht, um Doppelbesteuerungen entsprechend dem vorrangigen, jedoch nur im Rahmen des Abkommenswortlauts zu verwirklichenden Zweck von DBA (dazu s. Grundl. Rz. 6, 73, 106a, 107ff.) – ggf. im Zusammenspiel mit Vermeidungsnormen entsprechend Art. 23A/B (dazu s. Rz. 6; Grundl. Rz. 83) – zu vermeiden bzw. beseitigen. Trotz der Unterschiede zwischen den abkommensrechtlichen Einkunftsarten und den Einkunftsarten des innerstaatlichen Rechts bestehen auf Ab-

kommensebene keine Lücken, die Doppelbesteuerungen ermöglichen, da jedenfalls die „Auffang-"Verteilungsnorm des Art. 21 (Sonstige Einkünfte; dazu s. Art. 21 Rz. 3) greift und Doppelbesteuerungen vermeidet bzw. beseitigt.

2. Isolierende Betrachtungsweise

Zur weitestgehend lückenlosen Abgrenzung und Anwendung der Einkunftsarten des deutschen **innerstaatlichen** Rechts hat die deutsche Rechtsprechung und diese kodifizierend der deutsche Gesetzgeber in § 49 Abs. 2 EStG eine besondere Doktrin, die sog. **„isolierende Betrachtungsweise"**, entwickelt, wonach Einkünfte einer bestimmten Einkunftsart unter bestimmten Voraussetzungen in eine andere Einkunftsart umqualifiziert werden (RFH RStBl. 1929, 193 (194); BFH BStBl. III 1959, 133 (134); II 1970, 428 (430); II 1971, 200; II 1974, 511; II 1983, 213; II 1983, 367; II 1997, 657; BFH/NV 2000, 1283; entsprechend für Österreich ÖstVGH ÖStZB 1990, 362; ferner *Bilsdorfer,* RIW 1983, 850; *Birkholz,* BB 1972, 172; *Crezelius,* DB 1984, 530 (537); *ders.,* StVJ 1992, 322; *Debatin,* DB 1962, 178; *Söffing,* DStZ/A 1974, 245; *Ebling,* IWB F. 3 Deutschland Gr. 1, 798; *Flick,* DB 1961, 1595; *K. Vogel,* FS v. Wallis, 397). Die Lehre von der isolierenden Betrachtungsweise kann **nicht auf die Abgrenzung** der abkommensrechtlichen Einkunftsarten und damit **der Verteilungsnormen** eines DBA **übertragen werden** (BFH BStBl. II 1972, 948: *DBA Italien 1925*). In Bezug auf die Verteilungsnormen besteht auch kein Bedürfnis für eine isolierende Betrachtungsweise. Während die isolierende Betrachtungsweise im innerstaatlichen Recht für die vollständige Erfassung besteuerungswürdiger inländischer Einkünfte i. S. des § 49 Abs. 1 EStG von nach § 1 Abs. 4 EStG beschränkt Steuerpflichtigen erforderlich ist, ist wegen der „Auffang-"Verteilungsnorm in Art. 21 MA (dazu s. Art. 21 Rz. 3) auf Ebene eines DBA zur Erreichung der abkommensrechtlichen Zielsetzung, namentlich der Vermeidung bzw. Beseitigung von Doppelbesteuerungen (dazu s. Grundl. Rz. 6, 73, 106a, 107 ff.), eine isolierende Betrachtungsweise nicht notwendig. Darüber hinaus haben die DBA eigene Abgrenzungsregeln (insbesondere s. Art. 6 Abs. 2, Art. 7 Abs. 4, Art. 10 Abs. 4, Art. 11 Abs. 4, Art. 12 Abs. 3 OECD-MA und die entsprechenden Bestimmungen der anderen MA sowie der deutschen Verhandlungsgrundlage für DBA). Die „isolierende Betrachtungsweise" ist deshalb nur bedeutsam für die Frage, inwieweit das innerstaatliche deutsche Steuerrecht von einer ihm durch das DBA belassenen Besteuerungszuständigkeit Gebrauch macht. 3

3. Rechtsfolge

Ihre **Rechtsfolge** regeln die Verteilungsnormen der MA nur zum Teil selbst (dazu auch Grundl. Rz. 82). Zum Verständnis ist ein bestimmter **Sprachgebrauch** zu beachten. Verwenden die MA die Wortfolge **„können nur** in ... besteuert werden" (in Österreich: „dürfen nur"), soll dies besagen, dass die Einkünfte oder Vermögenswerte im anderen Vertragsstaat **freigestellt** werden (Ziff. 6 des MA-Komm. zu Art. 23); die Verteilungsnorm regelt hier ihre Rechtsfolge selber (sog. **Verteilungsnorm mit abschließender Rechtsfolge**; dazu auch Grundl. Rz. 82). Der Vertragsstaat, dem die Besteuerungszuständigkeit belassen wird, ist in diesen Fällen regelmäßig der Ansässigkeitsstaat des Steuerpflichtigen; freizustellen ist also im Nichtansässigkeitsstaat. Ausnahmen, in denen durch Verwendung der Formel „können nur in ..." die vorrangige Besteuerungszuständigkeit dem Nichtansässigkeitsstaat als Quellenstaat zugewiesen wird, also der Ansässigkeitsstaat schon unmittelbar auf Grund der Verteilungsnorm freizustellen hat, kennen das OECD-MA und auch die anderen MA sowie die deutsche Verhandlungsgrundlage für DBA wegen der Anknüpfung an den Ort der tatsächlichen Geschäftsleitung bei 4 den Gewinnen aus dem Betrieb von Seeschiffen und Luftfahrzeugen im internationalen Verkehr und aus dem Betrieb von Binnenschiffen, aus der Veräußerung entsprechender Schiffe und Luftfahrzeuge und ihres beweglichen Zubehörs sowie bei deren Vermögensbesteuerung (Art. 8 Abs. 1, 2, Art. 13 Abs. 3, Art. 22 Abs. 3 OECD-MA), ferner wegen der Anknüpfung an den öffentlich-rechtlichen Dienstherrn bei Vergütungen und Ruhegehältern im öffentlichen Dienst (Art. 19 Abs. 1 Buchst. a, Abs. 2 Buchst. a).

5 Beim **US-MA** ist in Bezug auf die Freistellung von Einkünften durch den Ansässigkeitsstaat zugunsten des Quellenstaats die sog. **„Saving Clause“** (Art. 1 Abs. 4; dazu s. Art. 1 Rz. 77 ff.) zu beachten. Die Verwendung der Wortfolge **„können nur“** führt daher nach diesem MA bei privatrechtlichen Altersbezügen i. S. des Art. 17 Abs. 1 Buchst. a nicht zu einer Freistellung im Ansässigkeits- oder Staatsangehörigkeitsstaat, weil die Klausel den Vertragsstaaten die Besteuerung ihrer Staatsangehörigen und Ansässigen ungeachtet der Verteilungsnormen des DBA vorbehält und das MA für Bezüge nach Art. 17 Abs. 1 Buchst. a keine Ausnahme von der „Saving Clause“ vorsieht. Auf im Ansässigkeitsstaat steuerbefreite privatrechtliche Renten (Art. 17 Abs. 1 Buchst. b), Sozialversicherungsbezüge (Art. 17 Abs. 2), Leibrenten (Art. 17 Abs. 3), Unterhalt für den geschiedenen oder getrennt lebenden Ehegatten (Art. 17 Abs. 4) und für Kinder (Art. 17 Abs. 5) sowie Zahlungen von Pensionsfonds (Art. 18 Abs. 1, 4) ist dagegen die „Saving Clause“ wegen Art. 1 Abs. 5 lit. a US-MA nicht anzuwenden. Somit gibt es auch nach dem US-MA Fälle, in denen Einkünfte im Ansässigkeitsstaat schon auf Grund einer Verteilungsnorm freizustellen sind.

6 Verwenden die MA dagegen die Wortfolge „**können in** ... besteuert werden“ (in Österreich: „dürfen in ...“) **ohne „nur“** – dies bezieht sich in allen Fällen ausnahmslos auf den Quellenstaat –, bleibt die Rechtsfolge im Ansässigkeitsstaat offen (sog. **Verteilungsnorm mit offener Rechtsfolge**; dazu auch Grundl. Rz. 82). Dem Quellenstaat wird das Recht zur Ausübung seines innerstaatlich begründeten Besteuerungsrechts belassen, ggf. aber der Höhe nach begrenzt (so Art. 10 in allen MA, Art. 11 OECD- und UN-MA, Art. 12 UN-MA); ob jedoch im Ansässigkeitsstaat **freizustellen** oder ob dort die Steuer des Quellenstaats **anzurechnen** ist, ergibt sich für diese Verteilungsnormen erst aus Art. 23A/B OECD-MA bzw. entsprechenden Vermeidungsnormen (dazu auch Grundl. Rz. 83; MA-Komm. zu Art. 23 Ziff. 7). In einem Fall, in dem die dem Art. 23 entsprechende Vorschrift keine Regelung für Einkünfte aus unbeweglichem Vermögen enthielt, hat die französische *Cour de Cassation* ungeachtet der Wortfolge „können in ...“ in der maßgebenden Verteilungsnorm – ohne „nur“ – dem Quellenstaat die ausschließliche Besteuerungszuständigkeit dieser Einkünfte zugesprochen (no. 90–10522 Dr. Fisc. 1992 comm. 1618: *DBA Frankreich/Schweiz*). Angesichts des gefestigten internationalen Sprachgebrauchs ist dies höchst problematisch. Wie *Bouzoraa,* ET 1992, 413 einleuchtend ausführt, wäre dasselbe Ergebnis besser erreicht worden, wenn man die Nichterwähnung in der dem Art. 23A/B MA entsprechenden Vorschrift im Sinne eines Freistellungsgebots für den Ansässigkeitsstaat ausgelegt hätte. Richtig dagegen Australiens *Federal Tax Court* in Chong v. FCT, 44 ATR 295: *DBA Australien/Malaysia;* da die maßgebende Verteilungsnorm „*shall*“ ohne „*only*“ gebrauchte, durfte auch der Ansässigkeitsstaat die strittigen Einkünfte besteuern.

7 Es ist demnach wie folgt zu unterscheiden. **Verteilungsnormen mit abschließender** Rechtsfolge (**„können nur“** bzw. „dürfen nur“) führen **stets** zur **Freistellung,** solche **mit offener** Rechtsfolge („**können**“ bzw. „dürfen“ **ohne „nur“**) führen zur Anwendung des Art. 23A/B und, je nachdem, zur Freistellung oder Anrechnung. Durch die Wendung „können ... besteuert werden“ wird einem Vertragsstaat (typischerweise dem Quellenstaat) die Besteuerungszuständigkeit belassen. Durch die Hinzufügung von „nur“ wird dem anderen Vertragsstaat (typi-

scherweise dem Ansässigkeitsstaat) die Besteuerungszuständigkeit entzogen. In allen Fällen der Freistellung ist nach den MA eine etwaige Freistellung grundsätzlich unabhängig davon, ob der Quellen- oder der Ansässigkeitsstaat die betreffenden Einkünfte oder Vermögenswerte auch tatsächlich besteuert (sog. **Verbot der virtuellen Doppelbesteuerung**; dazu s. Rz. 20a; Grundl. Rz. 8, 69 ff., 158b; ferner MA-Komm. zu Art. 23 Ziff. 34). Einen **Progressionsvorbehalt** für die Freistellung kraft Verteilungsnorm – die Verteilungsnormen mit abschließender Rechtsfolge – sieht erst das OECD-MA 1977 vor (dazu s. Art. 23 Rz. 214, 232). Dementsprechend können nach richtiger Auffassung Einkünfte, die im Ansässigkeitsstaat bereits aufgrund einer Verteilungsnorm freizustellen sind, in diesem Staat im Rahmen des Progressionsvorbehalts (dazu s. Art. 23 Rz. 44, 204 ff.) berücksichtigt werden. Für die deutsche innerstaatliche Regelung des Progressionsvorbehalts in § 32b Abs. 1 S. 1 Nr. 3 EStG ist richtigerweise anerkannt, dass der Progressionsvorbehalt auch im Falle einer Freistellung aufgrund von Verteilungsnormen mit abschließender Rechtsfolge anzuwenden ist (BFH, Beschl. v. 10.12.2008, I B 60/08, BFH/NV 2009, 769: *DBA USA 1989*, in Bezug auf die Regelung des Kassenstaatsprinzips im Falle von Vergütungen für dem Vertragsstaat oder seinen Gebietskörperschaften geleistete Dienste; dazu auch Art. 19 Rz. 16).

4. Deutsche DBA

Die deutsche Abkommenspraxis kennt **Verteilungsnormen mit und ohne abschließender Rechtsfolge** (s. Art. 6–21 der deutschen Verhandlungsgrundlage für DBA, die die deutsche Abkommenspraxis widerspiegeln). Die Verteilungsnormen ohne abschließende Rechtsfolge werden durch Vermeidungsnormen ergänzt (s. Art. 22 der deutschen Verhandlungsgrundlage für DBA). Demgegenüber sahen die deutschen Abkommen aus der Zeit vor dem Zweiten Weltkrieg nur die Freistellung durch Verteilungsnormen vor (so noch das *DBA Italien 1925*). Die *DBA USA 1954, Großbritannien 1954* und *Österreich 1954* enthielten erstmals je eine gesonderte Vorschrift über die Rechtsfolge im Ansässigkeitsstaat (jetzt: Art. 23A/B MA). 7a

Die gegenwärtige Abkommenspraxis folgt in der Formulierung durchweg dem OECD-MA und regelt in der dem Art. 23A/B MA entsprechenden Vorschrift (d.h. der **Vermeidungsnorm**) die **Rechtsfolge im Ansässigkeitsstaat, nicht** jedoch die **Rechtsfolge im Quellenstaat**. Letztere wird ausschließlich in den Verteilungsnormen geregelt. Art. 20 Abs. 1 Satz 2 *DBA Südafrika 1973* stellt klar, dass die abschließende Rechtsfolge bestimmter Verteilungsnormen von den Vermeidungsnormen nicht berührt wird. In verschiedenen älteren DBA (*Norwegen 1958, Niederlande 1959/2004, Schweden 1959* und *Dänemark 1962*) ist demgegenüber jeweils ausdrücklich vorgesehen, dass der Quellenstaat nicht besteuern darf, wenn der Ansässigkeitsstaat („Wohnsitzstaat") „nach den vorangehenden Verteilungsnormen das Besteuerungsrecht hat" (s. Art. 19/20 Abs. 1). Hintergrund dieser Regelung dürfte sein, dass die fraglichen Verteilungsnormen in jenen Abkommen ihre Rechtsfolge nicht ausdrücklich schon selber als abschließend gekennzeichnet hatten (s. Rz. 7). Die Entwürfe für neue DBA mit den betroffenen Staaten sind insoweit musterkonform. 7b

Einzelne deutsche DBA enthalten Sondervorschriften, die die **„erweiterte beschränkte Steuerpflicht"** i. S. des § 2 AStG abkommensrechtlich absichern, die für deutsche Staatsangehörige unter bestimmten Voraussetzungen nach der Aufgabe des Wohnsitzes in Deutschland für die Dauer von zehn Jahren besteht. Entgegen den allgemeinen Regeln der Verteilungsnormen kann die Bundesrepublik Deutschland in diesen Fällen die aus Deutschland stammenden Einkünfte besteuern; sie muss allerdings die Steuer des anderen Vertragsstaates anrechnen. Entspre- 7c chende Regelungen enthalten etwa die *DBA Schweiz* (Art. 4 Abs. 4; dazu s. Art. 1 Rz. 139) und *DBA Italien* (Prot. Nr. 17). Einen ähnlichen Hintergrund hat Art. 1 Abs. 4 Buchst. a *DBA USA 1989/2006* (sog. *Saving Clause*), der die **Besteuerung der Staatsangehörigen der Vertragsstaaten** sicherstellen soll, was tatsächlich nur für die Besteuerung der US-Staatsangehörigen relevant ist (allgemein dazu s. Art. 1 Rz. 77 ff.).

II. Maßgebender Zeitpunkt

7d **Literatur**: *M. Lang*, SWI 1999, 282; *Sasseville*, FS Avery Jones, S. 37 (53 ff.); *Wassermeyer*, IStR 2010, 461.

8 Besondere Probleme bei der Anwendung der Verteilungsnormen ergeben sich, wenn Einkünfte zu einem Zeitpunkt zufließen, zu dem sie bei periodengerechter Zuordnung (d.h. wirtschaftlich) nicht gehören (wie etwa **Vorauseinkünfte, nachträgliche Einkünfte;** zur Problematik von Zeitzonen im Hinblick auf die Abkommensanwendung, *Schnitger/Herbst*, IStR 2013, 649 (652 f.)). Richtigerweise kann es nicht darauf ankommen, ob die Voraussetzungen der Verteilungsnorm im Zeitpunkt des Zuflusses schon oder noch gegeben sind, vielmehr ist auf den Zeitpunkt abzustellen, zu dem die **Tatbestandsmerkmale verwirklicht** worden sind, die den zu beurteilenden Steueranspruch begründet haben (*M. Lang*, SWI 1999, 282 ff.; *K. Vogel*, BIT 2008, 48 (49); a. A. Wassermeyer/*Wassermeyer*, Vor Art. 6–22 OECD-MA, Rz. 17, 46; wie hier speziell zu Art. 15 Ziff. 2.2, 12.1 MA-Komm. zu Art. 15). Dagegen kommt es bei der Frage der Abkommensberechtigung bzw. Ansässigkeit auf die Erfüllung der Voraussetzungen im Zeitpunkt der Anwendung des Abkommens und damit auf den Zeitpunkt der Besteuerung nach innerstaatlichem Recht an (so auch *Sasseville*, FS Avery Jones, S. 37 (48 ff.); Wassermeyer/*Wassermeyer*, Vor Art. 6–22 Rz. 16; speziell zur Ansässigkeit auch s. Art. 4 Rz. 76a).

8a Folglich dürfen beispielsweise nachträgliche **Einkünfte aus Gewerbebetrieb** einer inländischen **Betriebstätte** nach Art. 7 Abs. 1 S. 1, 2, Art. 13 Abs. 2 MA vom Betriebstättenstaat besteuert werden (so auch BFH, Urt. v. 17.7.2008, I R 77/06, BStBl. II 2009, 464: *DBA Österreich*; Urt. v. 28.10.2010 – I R 28/08, BFH/NV 2010, 432, IStR 2010, 103: *DBA Luxemburg 1958*; ebenso *Hoge Raad* Rolno. 23 560, BNB 1987/131; *Dürrschmidt*, StuW 2010, 137 (142), jeweils in Bezug auf aufgedeckte stille Reserven nach Überführung von Wirtschaftsgütern ins Ausland, die im Zeitpunkt der Überführung in den Wirtschaftsgütern ruhten; dazu auch Rz. 8b). Diese Sicht für abkommensrechtliche Zwecke gilt auch für die vorgelagerte Frage der Zuordnung von Einkünften zu einer Betriebstätte nach innerstaatlichem Recht im Rahmen der beschränkten Steuerpflicht i. S. des § 1 Abs. 4 i. V. m. § 49 Abs. 1 Nr. 2 Buchst. a EStG (so bereits RFH RStBl. 1932, 513; ferner BFH BStBl. III 1964, 551 (552); Urt. v. 28.10.2010 – I R 28/08, BFH/NV 2010, 432, IStR 2010, 103: *DBA Luxemburg 1958*; a. A. Wassermeyer/*Wassermeyer*, Vor Art. 6–22 OECD-MA, Rz. 17, 46). Es ist dabei unerheblich, wenn die Betriebstätte, durch die der Steuertatbestand verwirklicht wurde, im Zeitpunkt des Zuflusses nicht mehr besteht (dazu s. BFH, Urt. v. 28.10.2010 – I R 28/08, BFH/NV 2010, 432, IStR 2010, 103: *DBA Luxemburg 1958*; *Baranowski*, S. 94; *Feuerbaum*, RIW 1982, 97 (100 ff.); *Ritter*, JbFfSt 1976/77, 288 (308); a. A. Wassermeyer/*Wassermeyer*, Vor Art. 6–22 OECD-MA, Rz. 17, 46).

8b Die hier angesprochene Problematik ist insbesondere von Bedeutung bei der sog. **Entstrickung**, die im Falle des Ausschlusses oder der Beschränkung des Besteuerungsrechts des Betriebstättenstaats bei „Überführung" von Wirtschaftsgütern in das Ausland in Bezug auf die stillen Reserven eintreten soll, die im Zeitpunkt der Überführung in den Wirtschaftsgütern ruhen (§ 4 Abs. 1 S. 3, 4, § 16 Abs. 3a

EStG, § 12 Abs. 1 S. 1, 2 KStG, § 6 Abs. 1 AStG siehe im UmwStG). Richtigerweise wird durch die Überführung eines Wirtschaftsguts das Besteuerungsrecht des Betriebstättenstaats in Bezug auf stille Reserven, die im Zeitpunkt der Überführung in den Wirtschaftsgütern ruhen, nicht ausgeschlossen oder beschränkt. Vielmehr kann es sowohl nach innerstaatlichem als auch nach Art. 7 Abs. 1 S. 1, 2, Art. 13 Abs. 2 MA im (späteren) Zeitpunkt der Realisierung der stillen Reserven vom Betriebstättenstaat ausgeübt werden (wie hier beispielsweise BFH, Urt. v. 17.7.2008, I R 77/06, BStBl. II 2009, 464: *DBA Österreich*; Urt. v. 28.10.2010 – I R 28/08, BFH/NV 2010, 432, IStR 2010, 103: *DBA Luxemburg 1958*; ausführlich dazu s. *Dürrschmidt*, StuW 2010, 137 (141 ff.)). Für diese Zuordnung der (nachträglichen) Einkünfte zu einer Betriebstätte ist es unerheblich, wenn der Realisationsakt, insbesondere die Veräußerung der Wirtschaftsgüter, als ein maßgeblicher steuerbegründender Umstand erst nach der Überführung des Wirtschaftsguts erfolgt. Darin liegt insbesondere kein Verstoß gegen das sog. Realisationsprinzip (dazu s. Tipke/Lang/*Hennrichs*, § 9 Rz. 88f.), da die Zuordnung von Einkünften zur (ursprünglichen) Betriebstätte lediglich die zwischenstaatliche Aufteilung des Besteuerungssubstrats betrifft, nicht jedoch eine (realisationsunabhängige) Besteuerung der in den Wirtschaftsgütern ruhenden stillen Reserven auslöst. Dieselben Grundsätze sollten auch für eine an die Ansässigkeit anknüpfende Aufteilung der Besteuerungszuständigkeiten im Rahmen der Besteuerung von Veräußerungsgewinnen nach Art. 13 Abs. 5 MA gelten, etwa im Falle einer klassischen Wegzugsbesteuerung i. S. des § 6 Abs. 1 AStG (offenbar a. A. BFH, Urt. v. 17.7.2008, I R 77/06, BStBl. II 2009, 464: *DBA Österreich*; ferner Art. 13 Rz. 205). Das **deutsche innerstaatliche Recht** sieht trotz der dargestellten Rechtslage Entstrickungstatbestände vor (beispielsweise in § 4 Abs. 1 S. 3, 4, § 16 Abs. 3a EStG, § 12 Abs. 1 S. 1, 2 KStG, § 6 Abs. 1 AStG sowie im UmwStG).

Die obigen Aussagen gelten nicht nur für Einkünfte aus Gewerbebetrieb, sondern auch für Voraus- bzw. nachträgliche **Einkünfte aus selbständiger Arbeit**. Folglich unterliegen sie im Rahmen der beschränkten Steuerpflicht i. S. des § 1 Abs. 4 i. V. m. § 49 Abs. 1 Nr. 3 EStG der Besteuerung (BFH, Urt. v. 28.10.2009, I R 99/08, BStBl. II 2011, 1019). Der „Betriebstättenstaat" bleibt darüber hinaus auch abkommensrechtlich zur Ausübung seines innerstaatlich begründeten Besteuerungsrechts berechtigt (so auch BFH BStBl. II 1979, 64 (66): *DBA Schweiz 1971;* Urt. v. 28.10.2009, I R 99/08, BStBl. II 2011, 1019: *DBA Belgien*). **8c**

Der Zeitpunkt der Erfüllung der Tatbestandsmerkmale anstatt des Zuflusses gilt darüber hinaus für **alle anderen Einkünfte**. Er ist beispielsweise auch maßgeblich für nachträgliche Einkünfte aus einer Lizenzvereinbarung (BFH BStBl. II 1990, 377: *DBA Italien 1925*), eine Jubiläumszuwendung an einen Arbeitnehmer, der seine Tätigkeit z. T. im Ausland erbracht hatte (BFH BStBl. II 1992, 660: *DBA Kanada 1981*), die Fiktion des Zuflusses einer Dividende nach § 44 Abs. 2 S. 2 EStG für Zwecke der Kapitalertragsteuer anstelle des tatsächlichen späteren Zuflusses (BFH BStBl. II 1998, 672: *DBA Schweiz 1971/92*, wonach für die Bestimmung des Zuflusszeitpunktes als Zeitpunkt der Tatbestandsverwirklichung nach Art. 3 Abs. 2 MA das innerstaatliche Recht und damit auch die Zuflussfiktion in § 44 Abs. 2 S. 2 EStG maßgeblich sein soll; die Entscheidung kann trotz ihres Bezugs auf eine Übergangsregelung – dazu auch Art. 30/31 Rz. 19 – verallgemeinert werden), eine Abfindung an einen Arbeitnehmer aus Anlass der Beendigung seiner aktiven, im Ausland verbrachten Berufstätigkeit (ÖstBMF SWI 1994, 75: *DBA Österreich/Schweiz*) sowie durch einen Trust erzielte, jedoch erst zu einem späteren Zeitpunkt an den Begünstigten ausgeschüttete Kapitalgewinne (IRS LTR 93.14031: *DBA USA/Großbritannien*). **8d**

Auch für Aufwendungen **(Vorausaufwendungen, nachträgliche Aufwendungen)** sowie generell für negative Einkünfte ist der Zeitpunkt der Erfüllung der **8e**

Tatbestandsmerkmale der Verteilungsnorm maßgeblich, nicht jedoch der Zeitpunkt des Abflusses (a. A., allerdings ohne Auseinandersetzung mit der Rechtsprechung zu nachträglichen Einkünften und ohne Begründung BFH BStBl. II 1970, 56 (58) betreffend Werbungskosten; Wassermeyer/*Wassermeyer,* Vor Art. 6–22 OECD-MA, Rz. 17, 46). Dies gilt beispielsweise für Umzugskosten zur Aufnahme einer Erwerbstätigkeit im Ausland (BFH/NV 2007, 346, *DBA Australien*), jedoch nicht, wenn die angestrebten Einkünfte nicht der deutschen Besteuerung unterliegen.

10 Handelt es sich um Einkünfte aus einer Tätigkeit oder einer Nutzung von Vermögenswerten, die sich **über einen längeren Zeitraum** erstreckt, und sind die Voraussetzungen für die Anwendung des Abkommens bzw. einer Verteilungsnorm **nur für einen Teil dieses Zeitraums** gegeben, ist die Besteuerungszuständigkeit für die Einkünfte im Verhältnis dieses Zeitraums zum Gesamtzeitraum **aufzuteilen** (vgl. *M. Lang*, SWI 1999, 282 ff.). Für stille Reserven, die in Wirtschaftsgütern ruhen, die in das Ausland „überführt" wurden, bedeutet dies, dass die vor der Überführung entstandenen stillen Reserven vom bisherigen, die danach entstandenen vom jetzigen „Betriebstättenstaat" besteuert werden dürfen.

11 Für eine **Vermögensteuer** ist im Rahmen der Anwendung von Verteilungsnormen, die Art. 22 MA entsprechen, auf die Verhältnisse an dem nach dem jeweiligen inländischen Recht maßgebenden Stichtag abzustellen. In Deutschland war dies der Beginn des Kalenderjahres (§ 5 VStG).

12 Nach BFH HFR 1993, 18: *DBA Schweiz 1971/89* fließt der erstattungsfähige Teil der schweizerischen **Verrechnungssteuer** dem Steuerpflichtigen bereits zur Zeit der Einbehaltung der Steuer zu (ähnlich Schweizerisches Bundesverwaltungsgericht, Urt. 23.3.2010, A-2744/2008: *DBA Schweiz 1971/2002*, das auf den Fälligkeitszeitpunkt der Dividende abstellt).

III. Vermeidung der Doppelfreistellung und des Abkommensmissbrauchs

15 **Verwaltungsanweisungen:** BMF, Schreiben v. 20.6.2013, IV B 2-S 1300/09/10 006, 2013/0 539 717, BStBl. I 2013, 980.

1. Freistellung oder Steuerermäßigung nur bei effektiver Doppelbesteuerung

16 **a) Allgemeines.** Soweit Abkommen eine **Freistellung** vorsehen – ggf. auch in Verteilungsnormen mit abschließender Rechtsfolge (dazu s. Rz. 4, 6 f.) –, kann dies dazu führen, dass bestimmte Einkünfte oder Vermögenswerte **nicht oder** nur **niedrig** besteuert werden, wenn der andere Staat die ihm abkommensrechtlich vorbehaltene Besteuerungszuständigkeit nach seinem innerstaatlichen Recht nicht in Anspruch nimmt oder nur eine niedrige Besteuerung vornimmt (s. Grundl. Rz. 73). Die Abkommenspraxis hat verschiedene Techniken entwickelt, die eine derartige Doppelfreistellung oder -ermäßigung verhindern sollen. Hier kann nur ein kurzer Überblick gegeben werden (für Beispiele aus der deutschen Abkommenspraxis s. Rz. 17a, 18a, 19a ff., 20a f.). Wenn eine Doppelbesteuerung durch **Anrechnung** der ausländischen Steuer im Ansässigkeitsstaat beseitigt wird, besteht aus der Sicht des Ansässigkeitsstaats keine Gefahr einer Nicht- bzw. Niedrigbesteuerung. OECD und EU schlagen diesbezüglich Regelungen im DBA vor (vgl. OECD Action Plan on Base Erosion and Profit Shifting, S. 18 f. („Action 6") und EU-Kommission, Aktionsplan zur Verstärkung der Bekämpfung von Steuerbetrug und Steuerhinterziehung, COM (2012) 722 final, S. 7).

17 **b) Territorial begrenzte Besteuerung. aa) Musterabkommen:** In Staaten, die dem „Territorial- bzw. Quellenprinzip" folgen (s. Grundl. Rz. 11 ff., 91 ff.),

bleiben **ausländische** Einkünfte oder Vermögenswerte allgemein oder unter bestimmten Voraussetzungen steuerfrei. Eine Freistellung oder Steuerermäßigung im **Quellenstaat** wird deshalb gelegentlich davon abhängig gemacht, dass der **Ansässigkeitsstaat** die Einkünfte oder Vermögenswerte nicht nach dem Territorialprinzip unbesteuert lässt.

bb) Deutsche Abkommen: Die *SProt. Kenia* und *Sambia* (jeweils Nr. 2) machen die vom Quellenstaat zu gewährende Steuererleichterung, außer für bestimmte Zinsen, davon abhängig, dass der Ansässigkeitsstaat die betreffenden Einkünfte wegen ihrer **ausländischen Herkunft** nicht unbesteuert lässt, ähnlich das *Prot. Namibia* (Nr. 1). Die genannten Staaten besteuern – von bestimmten Ausnahmen abgesehen – nur die inländischen Einkünfte der in ihrem Staatsgebiet „ansässigen" Personen. Die entsprechenden Vorschriften bewirken also, dass die Einkünfte dieser Personen, soweit sie aus deutschen Quellen stammen, der deutschen Steuerpflicht unterworfen bleiben. Da umgekehrt das deutsche Steuerrecht im Inland „ansässige" Personen einer unbeschränkten Steuerpflicht unterwirft, ist die Einschränkung durch solche Vorschriften aus deutscher Sicht für Einkünfte aus den ausländischen Vertragsstaaten nicht von Bedeutung. 17a

Literatur: *Kammter,* IDW 2013, 720; *Lühr,* IDW 2013, 47. 17b

c) Remittance-Base-Klausel (Überweisungsklausel). aa) Musterabkommen: Nach britischem Vorbild werden in manchen Staaten nach dem jeweiligen innerstaatlichen Recht ausländische Einkünfte und Vermögenswerte im Ansässigkeitsstaat erst und nur besteuert, wenn sie vom Ausland dorthin überwiesen worden sind. Diese Regelung galt in Großbritannien ursprünglich für das gesamte „*overseas income*" von Personen, die im Inland ansässig waren, jedoch nicht dort ihr „*domicile*" hatten (Sec. 100 Sch. D Cases IV, V ITA 1842); sie gilt heute nur noch für bestimmte Auslandseinkünfte (Chapter A1 Part 14 of ITA 2007; zur Besteuerung nach dem *Remittance-base*-Prinzip s. *Levedag,* IWB 2012, 774 (780 ff.); *Roxburgh,* ET 2008, 46; *Vetter/Schreiber,* IWB 2010, 245 (526 ff.); zur sog. „*remittance basis charge*" s. *Cerioni,* BIT 2008, 551 ff., auch zu ihrer abkommensrechtlichen Behandlung). Ihre Abschaffung wird gelegentlich erwogen. 18

Abkommen mit Staaten, die eine Besteuerung nach dem *Remittance-base*-Prinzip kennen, sehen oftmals vor, dass der Quellenstaat Freistellung oder Steuerermäßigungen nur gewährt, soweit die Einkünfte in den Ansässigkeitsstaat überwiesen – und somit dort steuerpflichtig – sind (sog. **Remittance-base-Klauseln** oder **Überweisungsklauseln**; dazu auch Art. 4 Rz. 41, 77b). Für die Anwendung von Remittance-base-Klauseln kommt es bei der Bestimmung des Staats, „aus dem die Einkünfte" i. S. solcher Klauseln „stammen", nicht darauf an, wo in Bezug auf die Einkünfte die Wertschöpfung erfolgte (d.h. wo sie entstanden sind), sondern lediglich auf den monetären Zahlungsvorgang (vgl. BFH, Urt. v. 22.2.2006, I R 14/05, BStBl. II 2006, 743: *DBA Singapur 1972*; BMF, Schreiben v. 20.6.2013, BStBl. II 2013, 980, Tz. 3). Die Überweisung ist vom Steuerpflichtigen im Rahmen der erweiterten Mitwirkungspflichten nach § 90 Abs. 2 AO bei Auslandssachverhalten nachzuweisen (BMF, Schreiben v. 20.6.2013, BStBl. II 2013, 980, Tz. 3 i. V. m. Tz. 2.4). Eine tatsächliche Besteuerung der überwiesenen Einkünfte im Ansässigkeitsstaat ist für die Freistellung im Quellenstaat nicht erforderlich, da es sich bei den Remittance-base-Klauseln – vorbehaltlich einer besonderen Ausgestaltung – nicht um Subject-to-tax-Klauseln handelt (so auch *Portner,* IStR 2010, 837 (839); zum *DBA Großbritannien 2010* auch s. Rz. 19e). Die für die Anwendung der Remittance-base-Klausel erforderliche Nichtbesteuerung muss ihren Grund somit gerade in der Nichtüberweisung haben. Hat die Nichtbesteuerung einen anderen Grund, darf eine Remittance-base-Klausel nicht angewendet und damit eine Freistellung nicht versagt werden. Zu einer Entscheidung des schwedischen *Regerings-* 18a *rätt* betreffend die Bedeutung der Remittance-base-Klausel im *DBA Großbritannien/Schweden* s. Rz. 19e; zu einer Remittance-base-Klausel im *DBA Großbritannien/Dänemark* s. *Andersen,* Skat Ud. 1994, 330; *Qviste,* Skat Ud. 1993, 344; *Qviste,* Skat Ud. 1994, 58; *Weizman,* TNI April 1994, 1110; *Wiberg/Pedersen,* Skat Ud. 1993, 361.

18b **bb) Deutsche DBA**: Die *DBA Ghana* (Art. 23), *Großbritannien 2010* (Art. 24; dazu auch Rz. 19e; ferner BZSt, Merkblatt zur Remittance-base-Klausel (Überweisungsklausel)), *Irland 2011* (Art. 29), *Israel* (Art. 2 Abs. 2), *Jamaika* (Art. 3 Abs. 3), *Malaysia 2010* (SProt. Nr. 3), *Singapur 2004* (Art. 22) und *Trinidad und Tobago* (*SProt.* Nr. 1 Buchst. a) bestimmen, dass Abkommenserleichterungen, insbesondere eine Freistellung, auf Einkünfte aus einem Vertragsstaat nur in Höhe des überwiesenen Betrages *(„remittance")* angewendet werden, wenn sie im anderen Vertragsstaat nach dessen innerstaatlichem Recht nur in dieser Höhe steuerpflichtig sind. Der betreffende Vertragsstaat kann bei Bestehen einer entsprechenden Sonderregelung die von ihm zu gewährende Steuerbefreiung oder Steuerermäßigung auf den in den anderen Staat transferierten Betrag beschränken. Dabei handelt es sich häufig um Abkommenserleichterungen im Quellenstaat. Zwingend ist dies allerdings nicht, vielmehr kommen auch Abkommenserleichterungen im Ansässigkeitsstaat in Betracht (wie etwa die Steuerfreistellung von Vergütungen für im anderen Vertragsstaat ausgeübte unselbständige Arbeit i. S. des Art. 15 Abs. 1 MA entsprechenden Regelungen; dazu vgl. BFH BStBl. II 2006, 743: *DBA Singapur 1972*). Dagegen gilt nach den *DBA Israel* und *Jamaika* die Remittance-base-Klausel nur für Einkünfte, die im Quellenstaat nicht (wegen einer Steuerbefreiung: *„exemption")* oder nur ermäßigt *(„relieved")* besteuert werden können. Nach den *DBA Irland 1962* bzw. *Irland 2011* galt bzw. gilt die Sonderregelung nur für Steuerbefreiungen. Unklar ist in diesem Punkt das *DBA Trinidad und Tobago.* Es enthält in seiner deutschen Fassung den Begriff „befreit", in seiner englischen den Begriff *„relieved",* was die Steuerermäßigung einschließt. Nach den Grundsätzen des Art. 33 Abs. 4 WÜRV (dazu s. Grundl. Rz. 105, 111) ist hier der englischen Fassung der Vorzug zu geben, weil es dem Zweck der Remittance-base-Klausel besser entspricht, auch die ermäßigt besteuerten Einkünfte einzubeziehen. Das *DBA Trinidad und Tobago* beschränkt die geschilderte Regelung nach seinem Wortlaut auf Freistellungen und Steuerermäßigungen durch Verteilungsnormen. Eine auf anderen Gründen beruhende Nichtbesteuerung führt deshalb nicht zur Anwendung der Überweisungsklausel, vielmehr ist dann die Freistellung ungeachtet der Remittance-base-Besteuerung im anderen Staat zu gewähren (unrichtig daher BFH BStBl. II 2001, 195: *DBA Zypern 1974,* das eine dem *DBA Trinidad und Tobago* vergleichbare Regelung enthielt). Das *DBA Malaysia 2010* (SProt. Nr. 3) bestimmt, dass im Falle späterer Überweisung des Betrags die Steuerentlastung nachzuholen ist. Dabei dürfte es sich um eine klarstellende Regelung handeln, so dass auch bei DBA ohne entsprechende Regelung so zu verfahren ist.

d) Subject-to-tax-Klausel (Besteuerungsvorbehalt) angewandt auf den Quellenstaat

19 **Literatur:** *Chen,* S. 371; *Kahlenberg/Mair,* PIStB 2014, 10; *Kammeter,* IWB 2013, 720; *Lenger,* S. 205.

19a **aa) Musterabkommen**: Vereinzelt machen DBA die vom Nichtansässigkeitsstaat als Quellenstaat zu gewährende Steuerbefreiung oder Steuerermäßigung für **bestimmte** Einkünfte davon abhängig, dass die betreffenden Einkünfte im Ansässigkeitsstaat **tatsächlich** besteuert werden (sog. **Besteuerungsvorbehalt** bzw. **Subject-to-tax-Klausel** als abkommensrechtliche Regelung zur Vermeidung von Doppelnichtbesteuerungen; allgemein dazu auch Art. 1 Rz. 135e ff., 142; zur Problematik unilateraler Subject-to-tax-Klauseln, wie etwa § 50d Abs. 9 EStG, s. Art. 1 Rz. 134ff.; ferner zur Problematik des Treaty Override s. Grundl. Rz. 196). Der MA-Komm. erwähnt die Methode, überlässt die Entscheidung über die Vereinbarung einer solchen Klausel jedoch den Vertragsstaaten (MA-Komm. zu Art. 1 Ziff. 17f., MA-Komm. Ziff. 35 zu Art. 23 A). Entsprechende Klauseln können sich auf einzelne oder auf die gesamten Einkünfte aus dem Quellenstaat beziehen. Erforderlich ist jeweils **nur,** dass der Steuerpflichtige und die jeweilige Einkunftsart im Ansässigkeitsstaat **grundsätzlich** der Besteuerung unterliegen, **nicht** dagegen, dass es im Einzelfall zu einer Steuer**zahlungs**pflicht kommt (BMF, Schreiben v. 20.6.2013, BStBl. II 2013, 980, Tz. 2.3, mit ausführlichem Überblick; ferner *Apitz,* StBp 2008, 74 (78); *Meretzki,* ISR 2014, 42; ferner s. Rz. 20a). Die Befreiung oder Ermäßigung ist in diesen Fällen somit auch zu gewähren, wenn, etwa infolge von Verlusten, eine Steuer nicht anfällt, dagegen nicht, wenn der Steuerpflichtige, etwa als gemeinnützig, von der Steuer persönlich befreit ist (FG Köln RIW 1987, 640: *DBA Großbritannien 1964/70,* zu einer gemeinnützigen Einrichtung; ferner zu steuerbefreiten Körperschaften s. Rz. 19c). Die Besteuerung im Ansässigkeitsstaat muss vom Steuerpflichtigen im Rahmen seiner erhöhten Mitwirkungspflicht nach § 90 Abs. 2 AO bei Auslandssachverhalten nachgewiesen werden (zu Einzelheiten s. BMF, Schreiben v. 20.6.2013, BStBl. II 2013, 980, Tz. 2.4). Sind die Voraussetzungen der Subject-to-tax-Klausel erfüllt, greift die abkommensrechtliche Freistellungsverpflichtung nicht und der Quellenstaat kann die Einkünfte in die Bemessungsgrundlage einbeziehen (zu Einzelheiten s. BMF, Schreiben v. 20.6.2013, BStBl. II 2013, 980, Tz. 2.5, auch zu negativen ausländischen Einkünften).

Für **natürliche Personen**, die **in Deutschland „ansässig"** sind, hat eine Sub- **19b**
ject-to-tax-Klausel zugunsten eines ausländischen, grundsätzlich zur Freistellung verpflichteten Quellenstaats normalerweise keine Bedeutung. Diese Personen unterliegen auch mit ihren ausländischen Einkünften der deutschen Steuerpflicht (Welteinkommensprinzip im Rahmen der unbeschränkten Steuerpflicht nach § 1 Abs. 1, § 2 Abs. 1 EStG). Anderes kann jedoch in Fällen einer Doppelansässigkeit gelten, wenn entsprechend der „Tie-Breaker"-Regelung des Art. 4 Abs. 2 MA die ausländische Ansässigkeit abkommensrechtlich maßgebend ist und der andere Vertragsstaat Einkünfte aus Deutschland nach seinem innerstaatlichen Recht nicht besteuert, Deutschland als „Quellenstaat" jedoch abkommensrechtlich zur Freistellung dieser Einkünfte verpflichtet wäre. In diesem Fall müsste Deutschland die Einkünfte trotz eigentlich bestehender Freistellungsverpflichtung nicht freistellen. Eine Subject-to-tax-Klausel kann aber für eine (nur) im **anderen Vertragsstaat ansässige Person** von Bedeutung sein, wenn sie in Deutschland als Quellenstaat abkommensrechtlich freizustellende Einkünfte bezieht, die im Ansässigkeitsstaat nach dessen innerstaatlichem Recht nicht besteuert werden.

Eine Subject-to-tax-Klausel ist für **in Deutschland ansässige Körperschaf- 19c**
ten wegen des im Rahmen der unbeschränkten Steuerpflicht geltenden Welteinkommensprinzips nach § 1 Abs. 1, 2 KStG nur von Bedeutung, wenn sie persönlich steuerbefreit sind (z.B. nach § 5 Abs. 1 KStG). Für den **umgekehrten Fall** gelten die Ausführungen zu natürlichen Personen entsprechend (s. Rz. 19b).

bb) Deutsche DBA: In der **deutschen Abkommenspraxis** kommen auf den **19d**
Quellenstaat angewandte Subject-to-tax-Klauseln nur selten vor. Beispiele für **umfassende Subject-to-tax-Klauseln** finden sich etwa in Art. 22 Abs. 1 S. 2 *DBA Portugal* und Prot. Nr. 1 zu *DBA Namibia* (zu begrenzten Klauseln im *DBA Südafrika 1973* und *DBA Italien 1989* s. Rz. 19e). Dementsprechend enthält auch die deutsche Verhandlungsgrundlage für DBA keine solche Subject-to-tax-Klausel (s. *Schönfeld/Ditz/Häck,* in SD, Anh. 4, Rz. 175).

Nach Art. 24 *DBA Großbritannien 2010* gelten abkommensrechtliche Steuerver- **19e**
günstigungen nicht für solche Einkünfte, die aufgrund des **Remittance-base-**

Prinzips im anderen Vertragsstaat nicht der Besteuerung unterliegen, weil sie nicht dorthin überwiesen werden (dazu auch Rz. 18b). Die abkommensrechtliche Freistellung darf nur versagt werden, wenn die entsprechenden Einkünfte gerade wegen der Nichtüberweisung im anderen Vertragsstaat nicht besteuert werden (s. Rz. 18a). Dagegen darf die Freistellung nicht versagt werden, wenn sie im anderen Staat ungeachtet einer Überweisung, somit aus einem anderen Grund nicht besteuert werden. Die Überweisungsklausel im *DBA Großbritannien 2010* enthält vor diesem Hintergrund **keine Subject-to-tax-Klausel** (so auch *Büttgen/Kaiser/Raible,* BB 2011, 862 (865); *Häuselmann,* Ubg 2010, 347 (349); *Levedag,* IWB 2012, 774 (781); *Portner,* IStR 2010, 837 (837 f.)). Nach dem Wortlaut der Remittance-base-Klausel in Art. II Abs. 2 *DBA Großbritannien 1964/70* war dies anders (so FG Nürnberg, Urt. v. 14.12.2006, 1 K 1134/2008, EFG 2011, 1250; entgegen BMF, Schreiben v. 14.9.2006, IV B 6-S 1300-367/06, BStBl. I S. 532). Zu einer – verglichen mit dem *DBA Großbritannien 1964/70* – gleichlautenden Bestimmung des *DBA Großbritannien/Schweden 1960* hat der schwedische *Regeringsrätt* jedoch entschieden, dass die Remittance-base-Klausel nicht für die Besteuerung von Kapitalgewinnen gelte. Diese seien im Quellenstaat freizustellen unabhängig davon, ob sie im Ansässigkeitsstaat besteuert würden. Das Gericht stützt seine Folgerung auf die Wortfolge *„income from a source"*. Diese schlössen zwar nach schwedischem Sprachgebrauch Kapitalgewinne ein, nicht aber nach britischem, und die Formulierung sei deutlich vom britischen Recht her beeinflusst (RÅ 1987 ref. 162; zustimmend *Avery Jones/Oliver,* BTR 1988, 437; kritisch dazu *Sundgren,* BTR 1990, 286; zur vorangehenden Diskussion *Sundgren,* Skattenytt 1985, 188; *Malmgård,* Skattenytt 1988, 513).

19f Die *DBA Singapur 2004* (Art. 15 Abs. 2 Buchst. d) und *DBA Südafrika 1973* (Art. 7 Abs. 2 Buchst. b, Art. 8 Abs. 2, Art. 9 Abs. 1, Art. 12 Abs. 1, Art. 13 Abs. 1, Art. 16, Art. 19 *DBA Südafrika 1973*) machen Steuererleichterungen im Quellenstaat für **bestimmte Einkünfte** davon abhängig, dass die betreffenden Einkünfte **im Ansässigkeitsstaat der Besteuerung unterliegen**, das *DBA Italien 1989* trifft die gleiche Regelung wie das *DBA Südafrika 1973* auch für Einkünfte von Personengesellschaften und aus Vermögen (*SProt.* Nr. 2).

e) Subject-to-tax-Klausel (Besteuerungsvorbehalt) angewandt auf den Ansässigkeitsstaat, auch „Rückfallklausel"

20 **Literatur:** *Chen,* S. 371; *Gebhardt/Reppel,* IStR 2013, 760; *Grotherr,* FS Djanani, S. 263; *Holthaus,* IStR 2012, 537; *Kahlenberg/Mair,* PIStB 2014, 10; *Kammeter,* IWB 2013, 720; *Lüdicke,* IStR 2013, Beihefter Heft 10, S. 26 (37 ff.), *ders.,* IStR 2013, 721; *Lenger,* S. 205; *Pohl,* IWB 2013, 669; *Schaumburg,* FS Frotscher, S. 503 (508 ff.); *Schönfeld,* IStR 2013, 757; *Schulze-Trieglaff,* IStR 2012, 577; *Schütz,* SteuK 2013, 470.

20a **aa) Musterabkommen:** Während in den unter b bis d (Rz. 17 ff.) angeführten Fällen trotz abkommensrechtlicher Freistellung im **Quellenstaat** regelmäßig die Besteuerung in diesem Staat wieder möglich ist (zur Besonderheit bei sog. Remittance-base-Klauseln s. Rz. 18 f.), wenn der Ansässigkeitsstaat die aus dem Quellenstaat stammenden Einkünfte oder die dort belegenen Vermögenswerte ganz oder teilweise nicht oder nur niedrig besteuert, gibt es auch Bestimmungen, nach denen die Besteuerung durch den **Ansässigkeitsstaat** wieder möglich ist, wenn der Quellenstaat eine ihm nach einem DBA zustehende Besteuerungszuständigkeit nicht in Anspruch nimmt (sog. **Besteuerungsvorbehalt** oder **Subject-to-tax-Klausel** als abkommensrechtliche Regelung zur Vermeidung von Doppelnichtbesteuerungen; allgemein dazu auch Art. 1 Rz. 135e ff., 142). Eine **ungeschriebene Regel**, wonach die Freistellung im Ansässigkeitsstaat von einer (nachweislichen) Besteuerung im Quellenstaat abhängig wäre, gibt es **nicht** (so auch UFS Graz, Entsch. v. 15.1.2008, RV/0527-G/06; allgemein zum sog. **Verbot der vir-**

tuellen Doppelbesteuerung s. Grundl. Rz. 8, 69 ff., 158b). Eine allgemeine und umfassende Regelung dieses Inhalts enthält das multilaterale *Nordische Übereinkommen* der skandinavischen Staaten (dazu Grundl. Rz. 40a) in Art. 26 Abs. 2. Für auf den Ansässigkeitsstaat angewandte Subject-to-tax-Klauseln ist auch die Bezeichnung „Rückfallklausel" gebräuchlich. Der Ausdruck „Rückfallklausel" wird inzwischen z. T. allgemein als Synonym für „Subject-to-tax-Klausel" verstanden, also nicht nur als deren Unterfall, der auf die Besteuerung im Ansässigkeitsstaat beschränkt ist (so wohl bereits *Grotherr,* IWB F. 3 Deutschland Gr. 2, 773; neuerdings: *Frotscher,* Rz. 224, 226; *Kluge,* S. 715; Wassermeyer/*Wassermeyer,* Vor Art. 1, Rz. 4). Entsprechende Klauseln können sich auf einzelne oder auf die gesamten Einkünfte aus dem Quellenstaat beziehen. Auch bei Subject-to-tax-Klauseln, die auf den Ansässigkeitsstaat angewandt werden, ist es nicht erforderlich, dass eine Steuer**zahlungs**pflicht besteht (BMF, Schreiben v. 20.6.2013, BStBl. II 2013, 980, Tz. 2.3, mit ausführlichem Überblick; ferner *Apitz,* StBp 2008, 74 (78); *Cloer/Martin,* IStR 2010, 792 (795); *Meretzki*, ISR 2014, 42). In der deutschen Verhandlungsgrundlage für DBA wird dies ausdrücklich klargestellt, wenn es für die Annahme einer „tatsächlichen" Besteuerung (lediglich) auf die Einbeziehung in die Bemessungsgrundlage ankommen soll (Ziff. 5 Prot. zur DE-VG). Die Besteuerung im Ansässigkeitsstaat muss vom Steuerpflichtigen im Rahmen seiner erhöhten Mitwirkungspflicht nach § 90 Abs. 2 AO bei Auslandssachverhalten nachgewiesen werden (zu Einzelheiten s. BMF, Schreiben v. 20.6.2013, BStBl. II 2013, 980, Tz. 2.4). Sind die Voraussetzungen der Subject-to-tax-Klausel erfüllt, greift die abkommensrechtliche Freistellungsverpflichtung nicht und der Ansässigkeitsstaat kann die Einkünfte nach Maßgabe seines innerstaatlichen Rechts in die Bemessungsgrundlage einbeziehen (zu Einzelheiten s. BMF, Schreiben v. 20.6.2013, BStBl. II 2013, 980, Tz. 2.5, auch zu negativen ausländischen Einkünften).

Subject-to-tax-Klauseln sind von der Regelung des **Art. 23 A Abs. 4 MA** **20b**
2000 zu **unterscheiden**, nach der eine im DBA vorgesehene Freistellung von Einkünften oder Vermögenswerten den Ansässigkeitsstaat nicht bindet, wenn der Quellenstaat sie nicht besteuert, weil er das Abkommen anders auslegt als der Ansässigkeitsstaat (sog. Umschaltklausel oder Switch-over-Klausel; dazu s. Grundl. Rz. 159 ff.; Art. 23 Rz. 243 ff.). Subject-to-tax-Klauseln betreffen dagegen den Fall, dass die Nichtbesteuerung ihre Ursache im innerstaatlichen Recht des abkommensrechtlich zur Besteuerung berechtigten (Quellen-)Vertragsstaats hat.

Die Besteuerung durch den Ansässigkeitsstaat im Falle der Anwendung von **20c**
Rückfallklauseln setzt voraus, dass im „Ansässigkeitsstaat" (auch) **nach innerstaatlichem Recht ein Besteuerungsrecht** besteht. Aus **deutscher Sicht** ist dies wegen der Besteuerung des Welteinkommens im Falle unbeschränkter Steuerpflicht von **natürlichen Personen** und **Körperschaften** normalerweise unproblematisch, wenn Deutschland der Ansässigkeitsstaat ist (s. § 1 Abs. 1, § 2 Abs. 1 EStG, § 1 Abs. 1, 2 KStG). Ist Deutschland dagegen der Quellenstaat, können Subject-to-tax-Klauseln im Hinblick auf eine Freistellungsverpflichtung des Ansässigkeitsstaats greifen, wenn bestimmte Einkünfte, die nach dem Abkommen von Deutschland als Quellenstaat besteuert werden können, nach dem innerstaatlichen Recht nicht besteuert werden. In Frankreich stellt die sog. Stopgap-Gesetzgebung sicher, dass nach innerstaatlichem Recht eine Besteuerung möglich ist, wenn ein Abkommen Frankreich die Besteuerungszuständigkeit für bestimmte Einkünfte zuweist (dazu s. *Martin*, BIT 2011, 205 (206)); dies gilt vermutlich auch, wenn Subject-to-tax-Klauseln anzuwenden sind.

bb) Deutsche DBA: In der **deutschen Abkommenspraxis** werden in neue- **20d**
ren DBA regelmäßig allgemeine Subject-to-tax-Klauseln vereinbart (vgl. *Schönfeld/Häck*, in SD, Art. 23A/B Rz. 70; zu Besonderheiten bei älteren DBA s. Rz. 20e). Dementsprechend sieht auch die deutsche Verhandlungsgrundlage für DBA eine

allgemeine Subject-to-tax-Klausel vor (Art. 22 Abs. 1 Buchst. e DE-VG). Konkrete Beispiele sind die *DBA Bulgarien 2010* (Art. 22 Abs. 1 Buchst. a), *Costa Rica 2014 (E)* Art. 23 Abs. 1 Buchst. e Doppelbuchst. aa), *Großbritannien 2010* (Art. 23 Abs. 1 Buchst. a), *Luxemburg 2012* (Art. 22 Abs. 1 Buchst. a), *Niederlande 2012 (E),* (Art. 22 Abs. 1 Buchst. a), *Spanien 2011* (Art. 22 Abs. 2 Buchst. a), *Ungarn 2011* (Art. 22 Abs. 1 Buchst. a), *DBA USA 1989/2006* (Art. 23 Abs. 4 Buchst. b Halbs. 2).

20e Ältere DBA enthalten dagegen nur selten Subject-to-tax-Klauseln. Diese sind regelmäßig auf bestimmte Einkünfte beschränkt. Eine solche Klausel enthält das *DBA Großbritannien 1964/70*, namentlich für die Einkünfte aus der Veräußerung von in Großbritannien belegenem unbeweglichen Vermögen eines in Deutschland Ansässigen (Art. XVIII Abs. 2 Buchst. a *DBA Großbritannien 1964/70*; dazu *Cloer/Martin*, IStR 2010, 792 (795); demgegenüber findet sich im *DBA Großbritannien 2010* eine allgemeine Subject-to-tax-Klausel; s. Rz. 20d). *SProt. Belgien* Nr. 13 B 2 enthält eine beschränkte Subject-to-tax-Klausel für die Einkünfte der in Belgien ansässigen Gesellschafter einer deutschen OHG, KG oder Partenreederei. Das *DBA Schweiz 1971/92* sieht in Art. 15 Abs. 4 S. 2 für Geschäftsführergehälter im Rahmen der Einkünfte aus unselbständiger Arbeit eine Subject-to-tax-Klausel vor, wobei die den „Rückfall" des Besteuerungsrechts auslösende Nichtbesteuerung nicht auf dem Gesetz beruhen muss, sondern auch aufgrund anderer Gründe bestehen kann (beispielsweise aufgrund eines öffentlich-rechtlichen Vertrags oder aus rein tatsächlichen Gründen; a. A. FG München, Urt. v. 23.9.2010, 11 K 1169/08, EFG 2011, 418 m. w. N.; im Revisionsverfahren war diese Frage nicht relevant). Art. 15 Abs. 4 *DBA Österreich 2000/10* enthält keine klassische, auf Einkünfte aus unselbständiger Arbeit beschränkte Subject-to-tax-Klausel, sondern Einkünfte-Herkunftsbestimmungen (dazu s. Rz. 20f).

20f Eine Reihe deutscher Abkommen, zunächst mit Staaten des angloamerikanischen Rechtskreises, enthält Bestimmungen, die definieren, wann Gewinne oder Einkünfte aus „**Quellen** innerhalb des anderen Vertragsstaats **stammen**" (sog. **Einkünfte-Herkunftsbestimmungen**). Dies soll der Fall sein, wenn sie „in diesem anderen Staat in Übereinstimmung mit diesem Abkommen besteuert worden sind" (so zuerst Art. 23 Abs. 3 *DBA Neuseeland;* ähnlich, in chronologischer Reihenfolge: Art. 23 Abs. 3 letzter Satz *DBA USA 1989/2006;* Nr. 16 Buchst. d des *Prot. DBA Italien 1989;* Art. 23 Abs. 3 *DBA Norwegen 1991* (in *DBA Norwegen 2013 (E)* nicht mehr enthalten); Art. 23 Abs. 1 letzter Satz *DBA Schweden;* Art. 24 Abs. 3 *DBA Dänemark* (dazu BMF Schreiben v. 15.8.2012, BStBl. II 2012, 864); ferner speziell für Einkünfte aus unselbständiger Arbeit: Art. 15 Abs. 4 *DBA Österreich* 2000/10). Die deutsche Finanzverwaltung sieht in solchen Definitionen seit jeher **Subject-to-tax-Klauseln**, die die Freistellung in Deutschland davon abhängig machen, dass der andere Vertragsstaat eine Besteuerung tatsächlich vorgenommen hat; sie hat für sie die Bezeichnung **„Rückfallklauseln"** erfunden (BMF, Schreiben v. 20.6.2013, BStBl. II 2013, 980, Tz. 2.2.1, 2.2.2; Schreiben v. 16.4.2010, BStBl. II 2010, BStBl. I 2010, 354, Tz. 4.1.1.2.3; ebenso bereits OFD München, Erl. v. 1.8.1995, S 1300 – 95 St 425, StEd. 1995, 6 f.). Der BFH hat sich dieser Auffassung zunächst angeschlossen (BStBl. II 1992, 660: *DBA Kanada 1981;* BStBl. II 1997, 117: *DBA USA 1989*), dann hat er die Frage offen gelassen (BStBl. II 1998, 58) und später zutreffend verneint (BStBl. II 2004, 260: *DBA Kanada 1981*; das *DBA Kanada 2001* enthält keine entsprechende Bestimmung mehr). Der Auffassung der Finanzverwaltung kann nur für das ***DBA Italien 1989*** **gefolgt** werden, da in Ziff. 16 Buchst. d des Protokolls die Wortfolge „besteuert worden sind" um das Adverb „effektiv" *(„effetivamente")* ergänzt ist. Folglich hat der BFH zutreffend die Besteuerungszuständigkeit Deutschlands als Ansässigkeitsstaat bejaht, wenn der Quellenstaat Einkünfte nach seinem innerstaatlichen Recht tatsächlich nicht besteuert, weil dann ein konstitutives Merkmal für die Freistellungsverpflichtung (die „effektive Besteuerung") fehlt (BFH, Urt. v. 17.10.2007, I R 96/06, BFHE 219, 534, BStBl. II 2008, 953; wegen der Unterschiede im Wortlaut der *DBA Italien 1989* und *Kanada 1981* handelt es sich dabei jedoch nicht zwingend um eine Änderung der Rechtsprechung gegenüber BStBl. II 2004, 260; die Entscheidung deshalb unrichtigerweise auf das *DBA Dänemark* ausdehnend FG Schleswig-Holstein, Urt. v. 8.4.2010, 3 V 250/09, EFG 2010, 1518). Die anderslautende Einschätzung des BFH in der Entscheidung zum *DBA Italien 1989*, die von der Finanzverwaltung geteilt wird (BMF, Schreiben v. 20.6.2013, BStBl. II 2013, 980, Tz. 2.2.1), ist als obiter dictum zu verstehen und deshalb nur eingeschränkt verbindlich (zur Frage des Vertrauensschutzes in die geänderte Rechtsprechung nach Maßgabe des § 176 AO s. BMF, Schreiben v. 20.6.2013, BStBl. II 2013, 980, Tz. 2.2.2). Eine „effektive" Besteuerung ist im vorliegenden Zusammenhang nicht gegeben, wenn der andere Staat auf die jeweiligen Einkünfte keine Steuer erhebt; auf den Grund für die Nichtbesteuerung kommt es nicht an (eine Steuerzahlungspflicht ist jedoch nicht erforderlich; dazu s. Rz. 19a; ferner BMF, Schreiben v. 20.6.2013, BStBl. II 2013, 980, Tz. 2.2.1, sowie *Apitz,* StBp 2008, 74 (78)). In Bezug auf die anderen DBA (als das *DBA Italien 1989*) führt die Auffassung der Finanzverwaltung zu Widersprüchen (*K. Vogel,* IStR 1997, Beihefter zu Heft 24) und unhaltbaren Ergebnissen (*Jacob,* DStZ 1992, 669 (672); *Hey,* RIW 1997, 82). Sie widerspricht dem Wortlaut des Abkommens und fußt auf einer unrichtigen Vorstellung von der Bedeutung des „Quellen"-Begriffs in Recht und Abkommenspraxis der jeweiligen Vertragsstaaten (dazu *K. Vogel,* IStR 1997, Beihefter zu Heft 24; ferner Art. 23 Rz. 65f.). Die Auffassung ist daher – mit Ausnahme des *DBA Italien 1989* – **abzulehnen**. Zu einem widerspruchsfreien Ergebnis gelangt man, wenn man die „Quellen"-Definition als ergänzend, nicht als ausschließend versteht („stammen auch", nicht „stammen nur"; so *Hey,* RIW 1997, 82; *Jacob,* DStZ 1992, 669 (672); ferner *Wassermeyer,* IStR 1996, 172; *ders.,* FS Vogel, S. 987 (997); Wassermeyer/*Wolff,* DBA USA Art. 1 Rz. 13; wohl auch *Lampe,* ET 1999, 183; IWB F. 3 Deutschland, Gr. 2, 773) oder, was auf dasselbe hinausläuft, wenn man „besteuert worden sind" unter Berücksichtigung der in gleicher Weise verbindlichen Sprachfassung des anderen Vertragsstaats als „besteuert werden können" liest (so *K. Vogel,* IStR 1997, Beihefter zu Heft 24). Eine vermittelnde Ansicht vertreten *Grotherr,* IWB F. 3 Deutschland Gr. 2, 217 und *Mutén,* FS Vogel, S. 999. Beide wollen die Besteuerung in Deutschland immerhin dann wieder ermöglichen, wenn das inländische deutsche Recht die betreffenden Einkünfte als inländische definiert. Der Ausdruck „Rückfallklausel" wird im vorliegenden Zusammenhang und inzwischen z. T. auch allgemein (dazu s. Rz. 20f) als Synonym für „Subject-to-tax-Klausel" und Einkünfte-Herkunftsbestimmungen verstanden. Ungeachtet dieser grundsätzlichen Fragestellung ist nur im Einzelfall zu prüfen, ob eine tatsächliche Besteuerung i. S. einer Einbeziehung der Einkünfte in die Besteuerungsgrundlage erfolgt (vgl. BMF Schreiben v. 15.8.2012, BStBl. II 2012, 864: *DBA Dänemark*).

f) Switch-Over-Klausel (Umschaltklausel): Den Subject-to-tax-Klauseln, **20g**
die eine Freistellungsverpflichtung beseitigen, stehen Klauseln gegenüber, die unter bestimmten Voraussetzungen einen Wechsel von der Freistellungs- zur Anrechnungsmethode erlauben (sog. **Umschaltklauseln** bzw. **Switch-Over-Klauseln**; dazu auch Grundl. Rz. 158d, 160a, 164, 165, 181h; Art. 1 Rz. 134ff., 136ff.; BMF, Schreiben v. 20.6.2013, BStBl. II 2013, 980, Tz. 4). Switch-Over-Klauseln spielen insbesondere dann eine Rolle, wenn bestimmte oder alle Einkünfte im anderen Vertragsstaat nur niedrig besteuert werden. Die bloße Aufhebung der Freistellungsverpflichtung – wie bei einer Subject-to-tax-Klausel – würde in diesem

Zusammenhang zu einer nicht zu beseitigenden Doppelbesteuerung führen. Das „umschalten" auf die Anrechnungsmethode erlaubt dagegen die Beseitigung einer Doppelbesteuerung. Soweit ein Umschalten auf die Anrechnungsmethode auch im Falle einer Nichtbesteuerung im anderen Vertragsstaat erfolgen soll, handelt es sich bei der Klausel in Wahrheit um eine Subject-to-tax-Klausel. Mangels ausländischer Steuer ist ein Umschalten auf die Anrechnungsmethode zur Vermeidung einer Doppelbesteuerung nicht erforderlich. Da Umschaltklauseln in bestehende DBA aufgrund des aufwändig zu durchlaufenden Verfahrens nur schwer integriert werden können, sieht das innerstaatliche Recht bisweilen unilaterale Umschaltklauseln vor, die ggf. einen Treaty Override darstellen (z.B. § 20 Abs. 2 AStG; allgemein zur Problematik des Treaty Override s. Grundl. Rz. 193 ff.).

2. Sonstige Vermeidung von Abkommensmissbrauch

21 Während die vorstehend beschriebenen Regelungen durch die Gestaltung ihrer **Rechtsfolge** den Anreiz zum Abkommensmissbrauch von vornherein nehmen wollen, sehen Bestimmungen anderer DBA in bestimmten typisierten Fällen oder generalklauselartig in allen Fällen des Abkommensmissbrauchs eine **Einschränkung der Abkommensberechtigung** oder einzelner Vergünstigungen vor. Diese Regeln sind bei der Abkommensberechtigung behandelt (s. Art. 1 Rz. 119 ff., 137 ff.).

Artikel 6. Einkünfte aus unbeweglichem Vermögen

Text: OECD-Musterabkommen (OECD-MA)

1. Einkünfte, die eine in einem Vertragsstaat ansässige Person aus unbeweglichem Vermögen (einschließlich der Einkünfte aus land- und forstwirtschaftlichen Betrieben) bezieht, das im anderen Vertragsstaat liegt, können im anderen Staat besteuert werden.

2. Der Ausdruck „unbewegliches Vermögen" hat die Bedeutung, die ihm nach dem Recht des Vertragsstaats zukommt, in dem das Vermögen liegt. Der Ausdruck umfasst in jedem Fall das Zubehör zum unbeweglichen Vermögen, das lebende und tote Inventar land- und forstwirtschaftlicher Betriebe, die Rechte, für die die Vorschriften des Privatrechts über Grundstücke gelten, Nutzungsrechte an unbeweglichem Vermögen sowie Rechte auf veränderliche oder feste Vergütungen für die Ausbeutung oder das Recht auf Ausbeutung von Mineralvorkommen, Quellen und anderen Bodenschätzen; Schiffe und Luftfahrzeuge gelten nicht als unbewegliches Vermögen.

3. Absatz 1 gilt für die Einkünfte aus der unmittelbaren Nutzung, der Vermietung oder Verpachtung sowie jeder anderen Art der Nutzung unbeweglichen Vermögens.

4. Die Absätze 1 und 3 gelten auch für Einkünfte aus unbeweglichem Vermögen eines Unternehmens.

Text: Deutsche Verhandlungsgrundlage (DE-VG)

Artikel 6. Einkünfte aus unbeweglichem Vermögen

(1) **Einkünfte, die eine in einem Vertragsstaat ansässige Person aus unbeweglichem Vermögen (einschließlich der Einkünfte aus Land- und Forstwirtschaft) bezieht, das im anderen Vertragsstaat liegt, können im anderen Staat besteuert werden.**

(2) **Der Ausdruck „unbewegliches Vermögen" hat die Bedeutung, die ihm nach dem Recht des Vertragsstaats zukommt, in dem das Vermögen liegt. Der Ausdruck umfasst in jedem Fall das Zubehör zum unbeweglichen Vermögen, das lebende und tote Inventar land- und forstwirtschaftlicher Betriebe, die Rechte, für die die Vorschriften des Privatrechts über Grundstücke gelten, Nutzungsrechte an unbeweglichem Vermögen sowie Rechte auf veränderliche oder feste Vergütungen für die Ausbeutung oder das Recht auf Ausbeutung von Mineralvorkommen, Quellen und anderen natürlichen Ressourcen. Schiffe und Luftfahrzeuge gelten nicht als unbewegliches Vermögen.**

(3) **Absatz 1 gilt für Einkünfte aus der unmittelbaren Nutzung, der Vermietung oder Verpachtung sowie jeder anderen Art der Nutzung unbeweglichen Vermögens.**

(4) **Die Absätze 1 und 3 gelten auch für Einkünfte aus unbeweglichem Vermögen eines Unternehmens.**

Text: US-Musterabkommen (US-MA)

Einkünfte aus Grundvermögen (unbeweglichem Vermögen)

1. Einkünfte, die eine in einem Vertragsstaat ansässige Person aus Grundvermögen einschließlich der Einkünfte aus land- und forstwirtschaftlichen Betrieben bezieht, das im anderen Vertragsstaat liegt, können im anderen Staat besteuert werden.

2. Der Ausdruck „Grundvermögen" hat die Bedeutung, die ihm nach dem Recht des Vertragsstaates zukommt, in dem das Vermögen liegt. Der Ausdruck umfasst in jedem Fall das Zubehör zum Grundvermögen (einschließlich des lebenden und toten Inventars land- und forstwirtschaftlicher Betriebe), die Rechte, für die die allgemeinen rechtlichen Vorschriften über Grundstücke gelten, Nutzungsrechte an Grundvermögen sowie Rechte auf veränderliche oder feste Vergütungen für die Ausbeutung oder das Recht auf Ausbeutung von Mineralvorkommen, Quellen und anderen Bodenschätzen. Schiffe und Luftfahrzeuge gelten nicht als unbewegliches Vermögen.

3. Absatz 1 gilt für Einkünfte aus der unmittelbaren Nutzung, der Vermietung oder Verpachtung sowie jeder anderen Art der Nutzung von Grundvermögen.

4. Die Absätze 1 und 3 gelten auch für Einkünfte aus Grundvermögen eines Unternehmens.

5. Eine in einem Vertragsstaat ansässige Person, die im anderen Vertragsstaat mit Einkünften aus dort belegenem Grundvermögen steuerpflichtig ist, kann für ein Steuerjahr wählen, dass die Steuer auf diese Einkünfte auf Nettobasis berechnet wird, als ob sie Unternehmensgewinne wären, die einer Betriebstätte in diesem anderen Vertragsstaat zuzurechnen sind. Eine derartige Wahl ist für das Steuerjahr der Wahl und für alle nachfolgenden Steuerjahre bindend, es sei denn, die zuständige Behörde des Vertragsstaates, in dem das Grundvermögen belegen ist, ist damit einverstanden, die Wahl zu beenden.

Inhalt

Literatur: *Benecke,* in Urtz/Züger, Personengesellschaften im Internationalen Steuerrecht (2001); *Dezcallar/Enseñat/Korth/Strehl/Strehl,* Grundstückserwerb und Besteuerung von Nicht-Residenten in Spanien (2002); *Parsche/Haug/Marcelo u. a.,* Internationaler Vergleich der 1

Systeme zur Besteuerung der Land- und Forstwirtschaft (2001); *Reimer,* in Lang/Pistone/Schuch/Staringer, Source versus Residence (2008); *Schimmele,* Nutzungsüberlassung versus Vermögensveräußerung (1997); *Schöllhorn,* Die deutsche Besteuerung von Auslandsimmobilien, 5. Aufl. (2001).

Verwaltungsanweisungen: IRS, Passive Activity and At-Risk-Rules, Publication 925/2001, p. 2; abrufbar unter http://www.irs.gov.

OECD-Dokumente: *OECD,* Tax Treaty Issues Related to Emission Permits and Credits (Revised Discussion Draft v. 19.10.2012), Internet: http://www.oecd.org/ctp/taxtreaties/Emissionspermitsandcredits.pdf (18.7.2013).

Text: OECD-Kommentar (MA-Kommentar)

1. ***[Grundsatz]*** *Absatz 1 überlässt das Besteuerungsrecht für Einkünfte aus unbeweglichem Vermögen dem Quellenstaat, d. h. dem Staat, in dem das Vermögen liegt, aus dem die Einkünfte bezogen werden. Dies ist darauf zurückzuführen, dass stets zwischen der Quelle der Einkünfte und dem Quellenstaat eine enge wirtschaftliche Verbindung besteht. Obwohl die Einkünfte aus land- und forstwirtschaftlichen Betrieben in Artikel 6 einbezogen sind, steht es den Vertragsstaaten frei, diese Einkünfte in ihren zweiseitigen Abkommen nach Artikel 7 zu behandeln. Artikel 6 behandelt nur die Einkünfte, die eine in einem Vertragsstaat ansässige Person aus unbeweglichem Vermögen bezieht, das im anderen Vertragsstaat liegt. Er gilt deshalb nicht für Einkünfte aus unbeweglichem Vermögen, dass in dem Vertragsstaat liegt, in dem der Empfänger der Einkünfte nach Artikel 4 ansässig ist, oder das in einem dritten Staat liegt; für diese Einkünfte gilt Artikel 21 Absatz 1.*

2. ***[Begriff des unbeweglichen Vermögens]*** *Absatz 2, der zur Bestimmung des Begriffs „unbewegliches Vermögen" auf das Recht des Staates verweist, in dem das Vermögen liegt, wird Schwierigkeiten bezüglich der Frage, ob ein Vermögenswert oder ein Recht als unbewegliches Vermögen zu gelten hat, beseitigen helfen. Der Absatz führt aber ausdrücklich die Vermögenswerte und Rechte an, die stets als unbewegliches Vermögen zu behandeln sind. Tatsächlich werden derartige Vermögenswerte und Rechte nach dem Recht oder den Besteuerungsregeln der meisten Mitgliedstaaten der OECD bereits als unbewegliches Vermögen behandelt. Dagegen bestimmt der Absatz, dass Schiffe und Luftfahrzeuge nie als unbewegliches Vermögen gelten. Für Einkünfte aus Forderungen, die durch unbewegliches Vermögen gesichert sind, wurde keine besondere Bestimmung geschaffen, da diese Frage durch Artikel 11 geregelt ist.*

[ab 15.7.2014:]

2.1 The phrase "including income from agriculture or forestry" in paragraph 1 extends the scope of Article 6 to include not only income derived from immovable property as defined in paragraph 2 but also income from activities that constitute agriculture or forestry. Income from agriculture and forestry includes not only the income that an enterprise engaged in agriculture or forestry derives from selling its agricultural and forestry production but also income that is an integral part of the carrying on of agriculture or forestry activities – for instance, income derived from the acquisition or trading of emissions permits (the nature of these permits is explained in paragraph 75.1 of the Commentary on Article 7) where such acquisition or trading is an integral part of the carrying on of agriculture or forestry activities, e.g. where the permits are acquired for the purpose of carrying on these activities or where permits acquired for that purpose are subsequently traded when it is realised that they will not be needed.

3. ***[Art der Nutzung]*** *Nach Absatz 3 gilt die allgemeine Regel ohne Rücksicht auf die Art der Nutzung des unbeweglichen Vermögens. Absatz 4 stellt ferner klar, dass die Absätze 1 und 3 auch für Einkünfte aus unbeweglichem Vermögen gewerblicher und sonstiger Unternehmen gelten. Einkünfte in der Form von Ausschüttungen von Real Estade Investment Trusts (REITs) werfen jedoch besondere Probleme auf, die in Artikel 10 Ziffer 67.1 bis 67.7 des Kommentars erörtert werden.*

4. ***[Vorrangiges Besteuerungsrecht des Quellenstaates]*** *Bemerkt sei, dass das Besteuerungsrecht des Quellenstaates dem Besteuerungsrecht des anderen Staates vorgeht und dies auch dann gilt, wenn im Rahmen eines Unternehmens die Einkünfte nur mittelbar aus unbeweglichem Vermögen herrühren. Dies schließt nicht aus, dass Einkünfte aus unbeweglichem Vermögen, die durch eine Betriebstätte bezogen werden, als Einkünfte eines gewerblichen Unternehmens behandelt werden; es stellt aber sicher, dass Einkünfte aus unbeweglichem Vermögen auch dann in dem Staat besteuert werden, in dem das Vermögen liegt, wenn das Vermögen nicht zu einer dort gelegenen Betriebstätte gehört. Im Übrigen greift der Artikel dem innerstaatlichen Recht in der Frage, wie die Einkünfte aus unbeweglichem Vermögen zu besteuern sind, nicht vor.*

Vorbehalte zum Artikel

5. ***Finnland*** *behält sich vor, Einkünfte von Aktionären finnischer Gesellschaften aus der unmittelbaren Nutzung, Vermietung oder irgendeiner anderen Art der Verwertung von Rechten an in Finnland gelegenem und von der Gesellschaft gehaltenem unbeweglichen Vermögen zu besteuern, wenn sich das Recht aus dem Eigentum an Aktien oder sonstigen Gesellschaftsanteilen ergibt.*

6. ***Frankreich*** *möchte die Möglichkeit behalten, die Bestimmungen seines innerstaatlichen Rechts anzuwenden, nach denen Einkünfte aus Aktien oder anderen Rechten wie Einkünfte aus unbeweglichem Vermögen besteuert werden.*

7. ***Spanien*** *behält sich vor, Einkünfte aus dem Nutzungsrecht an in Spanien gelegenem unbeweglichen Vermögen zu besteuern, wenn sich dieses Recht aus Anteilen oder sonstigen Rechten an der Gesellschaft, der das Vermögen gehört, ableitet.*

8. ***Kanada*** *behält sich vor, in Absatz 3 eine Bezugnahme auf Gewinne aus der Veräußerung von unbeweglichem Vermögen aufzunehmen.*

9. ***Neuseeland*** *behält sich vor, Fischereirechte und Rechte in Bezug auf alle natürlichen Ressourcen unter diesen Artikel einzuordnen.*

10. Die ***Vereinigten Staaten*** *behalten sich vor, einen Absatz an Artikel 6 anzufügen, nach dem eine in einem Vertragsstaat ansässige Person eine Besteuerung der Einkünfte aus unbeweglichem Vermögen in dem anderen Vertragsstaat auf Nettobasis beantragen kann.*

11. ***Australien*** *behält sich vor, Rechte, die sich auf Naturschätze jeder Art beziehen, in den Artikel aufzunehmen.*

12. ***Mexiko*** *behält sich vor, ein Recht als unbewegliches Vermögen zu behandeln, das den Gebrauch oder die Nutzung von Grundvermögen erlaubt, das in einem Vertragsstaat belegen ist, wenn sich der Gebrauch oder die Nutzung auf das Time-sharing bezieht; denn nach seinem innerstaatlichen Recht wird ein solches Recht als unbewegliches Vermögen angesehen.*

[ab 15.7.2014:]

13. ***Estonia*** *reserves the right to include in the definition of the term "immovable property" any right of claim in respect of immovable property because such right of claim may not be included in its domestic law meaning of the term.*

14. ***Israel*** *reserves the right to include in paragraph 2 "any option or similar right to acquire immovable property".*

Text: Stellungnahmen von Nichtmitgliedstaaten zum OECD-MA (OECD-NM)

Positions on the Article

Paragraph 1

1. ***India*** *and* ***Indonesia*** *wish to address the issue of the inclusion of the words "including income from agriculture or forestry" through bilateral negotiations.*

Paragraph 2

2. Given the meaning of the term "immovable property" under its domestic law, ***Belarus*** *reserves the right to omit the second sentence of this paragraph.*

2.1 ***Latvia*** *and* ***Lithuania*** *reserve the right to include in the definition of the term "immovable property" any option or similar right to acquire immovable property.*

2.2 **[bis 14.7.2014:** ***Estonia*** *reserves the right to include in the definition of the term "immovable property" any right of claim in respect of immovable property because such right of claim may not be included in its domestic law's meaning of the term.* **ab 15.7.2014:]** ***Colombia*** *reserves the right to include rights relating to all natural resources under this Article.* ***Colombia*** *also reserves the right to amend the definition of "immovable property" to include expressly other property.*

3. ***Lithuania*** *reserves the right to modify the second sentence of the definition of the term "immovable property" to make clear that the sentence does not apply for domestic law purposes.*

3.1 ***Morocco*** *wishes to retain the possibility of applying the provisions in its dometic laws relative to the taxation of income from shares or rights, which are treated therein as income from immovable property.*

Paragraph 3

4. ***Latvia*** *and* ***Lithuania*** *reserve the right to include in paragraph 3 a reference to income from the alienation of immovable property.*

5. ***Latvia*** *and* ***Lithuania*** *also reserve the right to tax income of shareholders in resident companies from the direct use, letting, or use in any other form of the right to enjoyment of immovable property situated in their country and held by the company, where such right is based on the ownership of shares or other corporate rights in the company.*

A. Zu Art. 6 Abs. 1

I. Musterabkommen

1. Übereinstimmungen und Abweichungen

2 Textlich und inhaltlich stimmen Art. 6 Abs. 1 OECD-MA und die Parallelvorschriften in der DE-VG dem UN-MA und dem US-MA nahezu vollständig überein. Während Art. 6 Abs. 1 OECD-MA den Ausdruck „immovable property" enthält, verwendet das US-MA allerdings den Ausdruck „real property", setzte bis 2006 aber in Klammern „immovable property" hinzu. Zutreffend geht die US-Regierung nach wie vor davon aus, dass zwischen beiden Bezeichnungen keine inhaltliche Abweichung besteht (s. Rz. 48). In einem zusätzlichen Abs. 5 enthält das US-MA eine Sondervorschrift, nach der der Steuerpflichtige wählen kann, ob er auf Brutto- oder auf Nettobasis besteuert wird (s. Rz. 49f.). Ziff. 2 des UN-MA-Komm. bringt sogar eine antragsunabhängige Präferenz für eine Nettobesteuerung zum Ausdruck (s. Rz. 15a).

2. OECD-MA

2a **Literatur:** *Arnold,* BIFD 2006, 5; *Avery Jones u. a.,* BTR 2006, 695; *Benecke,* S. 213ff.; *Boidman,* TMIJ 1981, 20; *Debatin,* DB 1988, 1285; *Dezcallar Enseñat/Korth/Strehl/Strehl,* S. 1ff.; *Erichsen,* DB 1979, 515; *Gimmy,* IWB F. 5 Spanien Gr. 2, 105; *Grützner,* IWB F. 3 Deutschland Gr. 2, 491; *Günkel,* StbJb 1998/99, 143; *Hudson,* TNI June 2001, 3027; *Mössner,* IWB Gesetze F. 5 Spanien Gr. 2, 53; *R. Müller/J. Borggräfe,* DB Beil. 18/1996, 1; *dies.,* IStR 1998, 23; *Papotti/Saccardo,* BIFD 2002, 516; *Parsche/Haug/Marcelo u. a.,* S. 1ff.; *Peters,* IWB F. 8 Kanada Gr. 3, 39;

Reimer, S. 1 ff.; *Riederer,* IWB F. 5 Schweiz Gr. 2, 237; *Rust,* BIFD 2002, 15; *Schimmele,* S. 1 ff.; *Schöllhorn,* S. 1 ff.; *Schuch/Toifl,* SWI 1996, 15 ff.; *Sigurdardóttir,* ET 2002, 165; *B. Strehl/A. Strehl,* PIStB 2001, 189; *Tischbirek,* in Grotherr, Handbuch der internationalen Steuerplanung, S. 1187 ff.; *K. Vogel,* FS Kruse, S. 579; *Wienands,* PIStB 2000, 63.

OECD-Dokumente: *OECD,* Tax Treaty Issues Related to Emission Permits and Credits (Revised Discussion Draft v. 19.10.2012).

a) Grundzüge: Einkünfte aus unbeweglichem Vermögen im anderen Vertragsstaat darf der **Belegenheitsstaat** als **Quellenstaat** gemäß seinem innerstaatlichen Recht besteuern, ohne durch das Abkommen darin beschränkt zu sein. Dem liegt die finanzwissenschaftliche Erwägung zugrunde, dass zwischen dem unbeweglichen Vermögen als Einkunftsquelle und dem Staat, in dem es belegen ist, eine besonders enge wirtschaftliche Verbindung besteht (MA-Komm. Ziff. 1) und dass hier die staatswirtschaftliche Zugehörigkeit offenkundig ist (*Bühring,* BB 1954, 482 (483)). Dieser Erwägung verleiht das OECD-MA Rechtsqualität (zur Historie *Avery Jones u. a.,* BTR 2006, 695 (733 f.); ähnlich die Rspr. des SchweizBG zum interkantonalen Doppelbesteuerungsverbot: BG v. 19.2.1875, BGE I 1, 13 – *Regina Montium;* aus späterer Zeit BGE 119, 46 (48); 116, 127 (130); 111, 120 (123); ebenso Beschl. v. 27.1.2000, 2P.126/1998/sch m. w. N.). 3

Die Besteuerung im Wohnsitzstaat lässt Art. 6 offen (Verteilungsnorm mit offener Rechtsfolge; s. Vor Art. 6 bis 22 Rz. 4 ff.); ob die Einkünfte dort freizustellen sind oder die Steuer des Quellenstaats angerechnet wird, bestimmt sich deshalb nach Art. 23 A oder B OECD-MA (s. Art. 23 Rz. 3 ff.; zur deutschen Praxis s. Art. 23 Rz. 56 ff.). 4

Insbesondere wird die Verlustberücksichtigung durch den Wohnsitzstaat an sich weder durch Art. 6 Abs. 1 noch durch Art. 23 beschränkt (s. Rz. 172 sowie Art. 23 Rz. 52 ff.). Häufig ergibt sich aber aus innerstaatlichem Recht eine Beschränkung der Verlustberücksichtigung (für Deutschland insbes. aus § 2a Abs. 1 Satz 1 Nrn. 1 und 6 Buchst. a EStG; hierzu zuletzt BFH, Urt. v. 12.1.2011 – I R 35/10, BFHE 232, 432 = IStR 2011, 395; *Unkelbach-Tomczak,* SAM 2010, 13). 5

b) Abgrenzung zu anderen Verteilungsnormen: Soweit sein Tatbestand reicht, hat Art. 6 Vorrang vor allen anderen Verteilungsnormen. Berührungspunkte gibt es dabei insbesondere zu folgenden Einkunftsarten: 6

aa) Unternehmensgewinne (Art. 7) und Gewinne aus selbständiger Arbeit (Art. 14 a. F.): Art. 6 gilt grundsätzlich auch für Einkünfte aus **unbeweglichem Betriebsvermögen,** das der Ausübung eines Gewerbes oder einer anderen selbständigen Tätigkeit dient (Art. 6 Abs. 4; s. allgemein Rz. 201; speziell zu land- und forstwirtschaftlichen Betrieben Rz. 35 ff.).

bb) Seeschifffahrt, Binnenschifffahrt und Luftfahrt (Art. 8): Art. 6 erfasst grundsätzlich keine Einkünfte aus Betrieb oder Überlassung von **Schiffen** und **Luftfahrzeugen,** da diese nach Abs. 2 Satz 2 a. E. nicht zum unbeweglichen Vermögen i. S. des MA gehören (s. Rz. 113 ff.; teilweise abweichend: *Arnold,* BIFD 2006, 5 (10 f.); zur Zuordnung der Binnenschiffe Rz. 127 ff.). 7

cc) Dividenden (Art. 10): Ausschüttungen grundstücksverwaltender, landwirtschaftlicher oder forstwirtschaftlicher Kapitalgesellschaften sind für den Anteilseigner Dividenden i. S. des Art. 10 (Abschirmwirkung der Kapitalgesellschaft; s. Rz. 23; zu Abweichungen in deutschen DBA s. Rz. 55). Umstritten ist, ob eine Nutzung von Immobilien der Gesellschaft durch den Anteilseigner, zu der dieser gesellschaftsrechtlich berechtigt ist, unter Art. 6 (der dann wegen Abs. 4 eine Sperrwirkung entfaltet: s. Rz. 202), unter Art. 10 (vgl. Art. 10 Rz. 203) oder unter Art. 21 fällt (näher u. Rz. 98 ff.). 8

dd) Zinsen (Art. 11): Für **Zinsen** aus grundpfandrechtlich gesicherten Forderungen stellt das OECD-MA nicht mehr auf das haftende Grundstück ab. Ihre 9

Besteuerung richtet sich nach den Regeln über Zinseinkünfte (MA-Komm. Ziff. 2 Satz 5; BFH BStBl. II 1982, 566; s. Rz. 177 sowie Art. 11 Rz. 59a; zu Abweichungen in einigen älteren deutschen DBA s. Rz. 129). Gleiches muss für Zinsen gelten, die in Zusammenhang mit der Nutzung unbeweglichen Vermögens (z. B. durch Anlage von Mietüberschüssen) erzielt wurden (BFH BStBl. II 2011, 482; s. Rz. 84, 91, 103 ff.).

10 **ee) Lizenzgebühren (Art. 12):** Entgelte, die für das Recht zur Nutzung und zur Ausbeutung unbeweglichen Vermögens gezahlt werden („mineral royalties", landwirtschaftliche Miet- und Pachtzinsen), fallen regelmäßig unter Art. 6, nicht unter Art. 12 (s. Art. 12 Rz. 10 sowie Ziff. 19 MA-Komm. zu Art. 12). Bis 1992 fielen dagegen Einkünfte aus der Vermietung gewerblicher Ausrüstungen unter Art. 12 Abs. 2 OECD-MA; dies war insbesondere für Schiffe und Luftfahrzeuge relevant (s. Rz. 115). Zur abkommensrechtlichen Behandlung des Immobilienleasing s. Rz. 142.

11 **ff) Gewinne aus der Veräußerung von Vermögen (Art. 13):** Die Abgrenzung des Art. 6 gegen Art. 13 Abs. 1 und Abs. 4 hat wegen Ergebnisgleichheit nur geringe praktische Bedeutung. Im Verhältnis zu **Art. 13 Abs. 1** kommt es darauf an, ob der Steuerpflichtige wirtschaftlicher Inhaber des unbeweglichen Vermögens bleibt, das als Einkunftsquelle dient (dann Art. 6), oder ob er die Einkunftsquelle als solche dauerhaft vollständig oder teilweise auf einen anderen überträgt (dann Art. 13 Abs. 1; hierzu näher Rz. 140 ff.). Einkünfte aus befristeten Eigentumsübertragungen, die letztlich nur der Ausbeutung von Bodenschätzen durch den Zwischeneigentümer dienen, werden allerdings von Art. 6 erfasst (s. Rz. 137). Steuerbare Wertveränderungen fallen teils unter Art. 6, teils unter Art. 13 (näher Rz. 188 f.).

11a Im Verhältnis zu **Art. 13 Abs. 4** ist zusätzlich fraglich, ob Gesellschaftsanteile als solche überhaupt die Voraussetzungen des Art. 6 Abs. 2 erfüllen; das ist nur ausnahmsweise zu bejahen (s. Rz. 22 ff., 98 ff.).

11b Keine Berührungspunkte weist Art. 6 (außer bei Qualifikationskonflikten) zu **Art. 13 Abs. 2, 3 und 5** auf.

11c **gg) Andere Einkünfte (Art. 21):** Art. 21 hat nur Auffangcharakter, erlangt aber Bedeutung, wenn das unbewegliche Vermögen im Ansässigkeitsstaat des Steuerpflichtigen oder in einem Drittstaat belegen ist (s. Rz. 32 f.; *Rust* BIFD 2002, 15; *Arnold,* BIFD 2006, 5 (12)).

12 **hh) Vermögensbesteuerung (Art. 22):** Gegen Art. 22 Abs. 1 ist Art. 6 nach dem Typ der erhobenen Steuer abzugrenzen. Dabei fällt eine Steuer auf das ruhende Vermögen auch dann unter Art. 22, wenn die Steuerbemessung an den Sollertrag anknüpft. Dagegen ist der Anwendungsbereich von Art. 6 auch dann eröffnet, wenn eine insgesamt als Einkommensteuer ausgestaltete Steuer in Randbereichen (wie etwa der Nutzungswertbesteuerung, s. Rz. 157 ff.) unabhängig von einem tatsächlichen Zufluss erhoben wird (als Sollertragsteuer oder sog. „imputed income tax"). Die Abgrenzung zu Art. 22 ist aber praktisch bedeutungslos, da sich die Bestimmung des Begriffs „unbewegliches Vermögen" in Art. 22 Abs. 1 ohnehin nach Art. 6 Abs. 2 richtet und die Rechtsfolgen identisch sind.

13 **c) Regelung:** Nach Art. 6 Abs. 1 darf, wenn
– eine **in einem Vertragsstaat ansässige Person**
– Einkünfte **aus unbeweglichem Vermögen** (einschließlich der Einkünfte aus land- und forstwirtschaftlichen Betrieben) bezieht,
– das **im anderen Vertragsstaat** liegt,
der **Belegenheitsstaat** diese Einkünfte besteuern.

14 **d) Einkünfte: aa) Begriff:** „Einkünfte" ist der Inbegriff aller Mehrungen und Minderungen, Zu- oder Abflüsse vermögenswerter Vorteile, die nach innerstaatlichem Recht des Anwendestaates steuerbar sind. Im Grundsatz erfüllen auch nega-

tive Einkünfte (Verluste) den Tatbestand des Art. 6 (s. aber Rz. 5). Unerheblich ist, ob es sich um wiederkehrende oder einmalige Zahlungen handelt. Zum inneren Konnex von Einkünften und Vermögensgegenstand s. Rz. 146 ff.; zur Behandlung von Nebeneinkünften s. Rz. 41, 193 f.; zur Einkunftsqualität des Nutzungswertes s. Rz. 157 ff.

bb) Einkunftsermittlung: Art. 6 OECD-MA regelt nur die Verteilung der Besteuerung. Er sagt nichts darüber aus, wie die Einkünfte aus unbeweglichem Vermögen ermittelt und besteuert werden. Insbesondere fehlen dem Art. 6 OECD-MA Bestimmungen über die **Bewertung** und den **Abzug von Betriebsausgaben und Werbungskosten** (zu Art. 6 Abs. 5 US-MA u. Rz. 49 f.; zu einer entsprechenden Klausel des alten *DBA USA 1954/65* s. die 4. Aufl., Rz. 60). Soweit nicht Art. 9 eingreift oder eine Analogie zu Art. 7 Abs. 2–6 in Betracht kommt (hierzu s. Rz. 208), bleiben deshalb die innerstaatlichen Vorschriften des besteuernden Staates (als Objekttatbestand; s. Grundl. Rz. 79) uneingeschränkt anwendbar (s. z. B. *Hoge Raad* Rolno. 27.343, BNB 1992/45: *DBA Niederlande/Frankreich* zur Anrechnung von Zinsen aus einem Kontokorrentverhältnis; zu Deutschland vgl. u. Rz. 57 ff.). Regelmäßig teilen die mit den Einnahmen aus unbeweglichem Vermögen verbundenen Aufwendungen das Schicksal der Einnahmen (ÖstBMF, EAS 892 v. 12.6.1996, LJ Bd. 3, S. 62 f.: *DBA Österreich/Spanien* zur Anwendung des negativen Progressionsvorbehalts bei Überschuss inländischer Finanzierungs- und Verwaltungskosten über Einnahmen aus ausländischen Ferienimmobilien; EAS 950 v. 10.10.1996, IStR 1996, 603 = LJ Bd. 3, S. 63 f.: *DBA Deutschland/Österreich 1954/92* zur Behandlung des in Deutschland entstandenen Finanzierungsaufwandes offener deutscher Immobilienfonds mit Grundbesitz in Österreich; EAS 1945 v. 5.11.2001, SWI 2002, 176: *DBA Italien/Österreich* zur Wirkung der Anrechnung im Sitzstaat bei Bruttobesteuerung im Belegenheitsstaat). 15

Demgegenüber bringt Ziff. 2 **UN-MA-Komm.** eine Präferenz zugunsten einer Besteuerung auf Nettobasis zum Ausdruck („should"). Diese Klausel bindet die Staaten nicht schon kraft ihrer Mitgliedschaft in den Vereinten Nationen. Wo die beiden Vertragsstaaten ihren Abkommensverhandlungen aber erkennbar den Text des UN-MA zugrunde gelegt haben, kommt eine Auslegung des Ausdrucks „Einkünfte" in Art. 6 im Lichte dieser Kommentarklausel in Betracht (Art. 31 Abs. 1 i. V. m. Abs. 32 WÜRV). Der UN-MA-Komm. lässt allerdings alternativ auch eine Bruttobesteuerung mit ermäßigtem Quellensteuersatz zu. 15a

e) Leistender: Ob die Einkünfte einen Absender haben, wer dies ggf. ist und wo er ansässig ist, bleibt für die Anwendung von Art. 6 unerheblich. Abzustellen ist allein auf die Einkunftserzielung durch den Empfänger. Daher kommt Art. 6 auch in Dreiecksfällen zur Anwendung (Beispiel: ein Dritter leistet für den Mieter an den Steuerpflichtigen). Zu Einkünften aus der Veräußerung einer Mietforderung s. Rz. 139 ff. und Art. 13 Abs. 5; zu einem Sonderfall auch unten Rz. 184. 16

f) Empfänger: aa) Wer als Empfänger der Einkünfte anzusehen ist, bestimmt sich nach dem Objekttatbestand (vgl. Grundl. Rz. 79), d. h. nach dem innerstaatlichen Recht des Anwendestaates (Wassermeyer/*Wassermeyer,* Art. 6 OECD-MA Rz. 19). 17

Problematisch ist die subjektive Einkunftszurechnung insbesondere bei der **Zwischenschaltung von Treuhändern.** Die meisten Staaten kennen Regelungen, wonach Einkünfte bei Treuhandverhältnissen – abweichend vom Zivilrecht – unmittelbar dem **Treugeber** zugerechnet werden (so z. B. § 39 Abs. 2 Nr. 1 S. 2 AO). In diesem Fall erzielt der Treugeber Einkünfte aus unbeweglichem Vermögen. Auf die Frage, ob der Treuhänder wegen seiner Rechtsform, seiner Eigenschaft als Sondervermögen o. Ä. als transparent angesehen wird, kommt es dann 17a von vornherein nicht an. Relevanz gewinnt diese Frage vor allem für geschlossene Immobilienfonds, wenn diese (ausnahmsweise) als „Gesellschaft" i. S. des Art. 3 Abs. 1 Buchst. b verfasst sind, aber nur als Treuhänder für die hinter ihnen stehenden Investoren auftreten (vgl. BMF v. 22.10.1981, in LMvS, B 6.2 Nr. 6; Wassermeyer/*Wassermeyer,* Art. 6 OECD-MA Rz. 39).

18 **bb)** Das Abkommen verlangt nur, dass der Empfänger der Einkünfte eine „Person" i. S. des Art. 3 Abs. 1 Buchst. a ist (s. Art. 3 Rz. 8 ff.), die in einem Vertragsstaat ansässig ist (s. Art. 4 Rz. 2). Art. 6 setzt nicht voraus, dass der Empfänger Eigentümer des Vermögensgegenstandes ist. So erfasst Art. 6 auch Einkünfte, die der Steuerpflichtige als Untervermieter einer Wohnung oder als Pächter landwirtschaftlicher Flächen erzielt (vgl. FG München EFG 1996, 594, aus anderen Gründen aufgehoben durch BFH BStBl. II 1997, 539; ÖstBMF, EAS 154 v. 14.8.1992, LJ Bd. 2, 50 f.; und EAS 161 v. 22.9.1992, LJ Bd. 2, 51 f.; die Untervermietungsklausel im Memorandum zu Art. 6 des *DBA Österreich/USA* hat daher lediglich deklaratorische Bedeutung: GJLL/*Lang,* Art. 6 Rz. 9). Ausreichend ist eine wirtschaftliche Nutzungsgewalt des Steuerpflichtigen über das unbewegliche Vermögen (dazu näher Rz. 135 ff.). Selbst die bloße Anmaßung eines Nutzungsrechts kann genügen (Wassermeyer/*Wassermeyer,* Art. 6 OECD-MA Rz. 18).

19 **cc)** Ob der Empfänger aber zumindest Subjekt der „Nutzung" i. S. des Abs. 3 sein muss, ist unklar. In der Literatur wird diese Frage teilweise bejaht. Der Tatbestand des Art. 6 sei daher nicht erfüllt, wenn z. B. der Eigentümer das mit einem sog. **Ertragsnießbrauch** belastete unbewegliche Vermögen einem Dritten vermietet, der dafür Miete an den Nießbrauchsberechtigten entrichtet. Subjekt der Nutzung sei hier nicht der Nießbrauchsberechtigte, sondern der Eigentümer; wo dieser aber (nach Maßgabe der innerstaatlichen Einkünftezurechnung) gar keine Einkünfte erziele, könne sich im Ergebnis keiner der beiden Beteiligten auf Art. 6 berufen (Wassermeyer/*Wassermeyer,* Art. 6 OECD-MA Rz. 19 m. w. N.).

20 Dieses Postulat einer Identität von Nutzendem (Abs. 3) und Einkunftsbezieher (Abs. 1) findet aber weder im OECD-MA noch im MA-Komm. eine Stütze. Im Gegenteil: Nach seiner Stellung (Abkoppelung von Abs. 1) und Formulierung rechtfertigt Abs. 3 eher die Annahme, dass die „Nutzung" ein Attribut der Einkünfte, nicht der Person ist. Der in Ziff. 1 MA-Komm. normativ abgesicherte Gedanke, die vorrangige Besteuerung im Belegenheitsstaat folge aus der besonderen territorialen Radizierung unbeweglichen Vermögens, spricht ebenfalls für das alleinige Abstellen auf die Einkunftsquelle. Daher muss die in Abs. 1 genannte „Person" nicht zugleich Subjekt der Nutzung i. S. des Abs. 3 sein (vgl. Rz. 174).

21 **dd)** Auch eine **juristische Person** kann Einkünfte aus unbeweglichem Vermögen beziehen, wenn sie „Person" i. S. des Art. 3 Abs. 1 Buchst. a (evtl. i. V. m. Buchst. b) ist.

Beispiele: als Gesellschaft i. S. des Art. 3 Abs. 1 Buchst. b verfasster Immobilienfonds (sofern er nicht als transparent anzusehen ist; vgl. Rz. 27 ff. sowie Art. 1 Rz. 54 ff. m. w. N.); REIT-AG und jede andere Immobilien-Aktiengesellschaft; grundstücksverwaltende GmbH; Grundstücksstiftung; land- und forstwirtschaftliche Genossenschaft; Grundstückstrust (vgl. Art. 3 Rz. 11, aber auch Art. 1 Rz. 52, 54); Fideikommiss (RG v. 26.5.1905, RGZ 61, 28). In diesem Fall gilt Art. 6 Abs. 1 jedenfalls für die Besteuerung der Gesellschaft als solcher.

22 Ob Art. 6 Abs. 1 zugleich für die **Besteuerung der Gesellschafter** gilt, hängt davon ab, ob deren Gesellschaftsanteile zum „unbeweglichen Vermögen" gehören. Nach Art. 6 Abs. 2 Satz 1 wäre hierfür an sich ebenfalls das innerstaatliche Recht maßgebend (vgl. BFH v. 24.10.1984, I R 228/81: *DBA Irland 1962*).

23 Der Anwendungsbereich der Verweisungsnorm findet aber seine systematische Grenze in speziellen Regelungen des MA. Gerade in diesem Punkt lässt sich mittlerweile ein Wandel in der internationalen Rechtsauffassung dahingehend feststel-

len, dass die von den Gesellschaftern bezogenen offenen oder verdeckten **Gewinnausschüttungen in Geld** abkommensautonom als Dividenden i. S. des Art. 10 Abs. 3 OECD-MA zu qualifizieren sind (arg. Vorbehalt Frankreichs, MA-Komm. Ziff. 6; Ziff. 3 UN-MA-Komm. 2011; vgl. ÖstBMF, EAS 530 v. 22.11.1994, LJ Bd. 2 S. 59f.; und EAS 950 v. 10.10.1996, IStR 1996, 603 = LJ Bd. 3 S. 63f.; *Loukota,* SWI 1999, 153f.; BFH BStBl. II 2000, 424: *DBA USA 1954/65;* Wassermeyer/*Wassermeyer,* Art. 6 OECD-MA Rz. 22, 39). Für diese Auffassung sprechen die andernfalls auftretenden Schwierigkeiten bei der Bestimmung des Belegenheitsstaates (s. Rz. 31), v. a. aber der allgemeine Grundsatz, dass juristischen Personen abkommensrechtlich eine Abschirmwirkung zukommt (vgl. insbes. Art. 10 Abs. 5). Zur Gewährung von Immobilien-Nutzungsrechten an die Gesellschafter s. Rz. 98 ff.

Ausschüttungen eines nicht transparenten **Real Estate Investment Trust (REIT)** oder einer Immobilienkapitalgesellschaft (z. B. der **deutschen REIT-AG** i. S. des REITG v. 30.3.2007, BGBl. I 2007, 914) sind daher auf der Ebene des Anteilseigners nicht als Einkünfte aus unbeweglichem Vermögen i. S. von Art. 6 OECD-MA, sondern als Dividenden i. S. des Art. 10 Abs. 3 OECD-MA anzusehen (Ziff. 67.5 f. MA-Komm. zu Art. 10 OECD-MA; s. Art. 10 Rz. 132). Das gilt grundsätzlich unabhängig davon, ob der Gewinn der ausschüttenden Körperschaft vorbelastet ist oder ob die Körperschaft in den Genuss einer persönlichen Steuerbefreiung kommt (wie im Fall des § 16 Abs. 1 REITG). In ihren Dividendenartikeln (oder den zugehörigen Protokollklauseln) gestatten aber zahlreiche neuere DBA eine unbeschränkte Besteuerung der von einem REIT ausgeschütteten Dividenden im Belegenheitsstaat (s. Art. 10 Rz. 132; s. auch *Reimer,* IStR 2011, 677 (678 f.); *Vermeulen,* ET 2011, 159). 24

Weitere Sonderregelungen finden sich – entsprechend dem einschlägigen Vorbehalt Frankreichs (MA-Komm. Ziff. 6) – in einigen französischen DBA, z. B. in Art. 5 Abs. 2 Buchst. b *DBA Frankreich/Großbritannien* (zum innerstaatlichen Hintergrund *Hellio/Kenk,* IWB Fach 5 Gr. 2 S. 1477 = IWB 2007, 531). Insgesamt weisen die international anzutreffenden abkommensrechtlichen Regelungen zu den laufenden Einkünften aus unbeweglichem Vermögen hier aber eine geringere Streubreite auf als im Bereich der Veräußerungsgewinne (Art. 13 der MA), bei denen namentlich die DBA der USA häufig die Veräußerung von Beteiligungen an Grundstücksgesellschaften der direkten Grundstücksveräußerung gleichstellen (Art. 13 Abs. 2 Buchst. b US-MA; s. Art. 13 Rz. 147 f.). 25

Wenn grundstücksverwaltende Kapitalgesellschaften ihren Gesellschaftern dagegen einen direkten **Anspruch auf Nutzung des unbeweglichen Vermö-gens** einräumen, können sich auch die Gesellschafter auf Art. 6 berufen (str.; s. Rz. 98 ff.). 26

ee) Ist der Empfänger der Einkünfte eine **Personengesellschaft** (Beispiele: als KG verfasster **geschlossener Immobilienfonds;** landwirtschaftliche GbR; grundstücksverwaltende GmbH & Co. KG) oder ein **Sondervermögen** (Beispiel: **offener Immobilienfonds** i. S. von § 2 Abs. 1 und 2 InvG), stellen sich die damit verbundenen allgemeinen Probleme (vgl. Art. 1 Rz. 13 ff.): Soweit die Personengesellschaft bzw. das Sondervermögen abkommensrechtlich als ansässige Gesellschaft i. S. des Art. 3 Abs. 1 Buchst. b i. V. m. Art. 4 und mithin als intransparent behandelt wird, gelten die o. g. Regeln (Rz. 21 ff.). 27

Soweit die Gesellschaft/das Sondervermögen dagegen als transparent behandelt wird und der Anwendestaat die Einkünfte anteilig den einzelnen Gesellschaftern (Mitunternehmern) bzw. Anlegern als eigene Einkünfte zurechnet, muss er darin Einkünfte dieser Gesellschafter/Anleger aus unbeweglichem Vermögen i. S. des Art. 6 Abs. 1 OECD-MA sehen (zuletzt BFH BFHE 234, 63 = DStR 2011, 1553 (gewerblich geprägte ungarische Personengesellschaft); vgl. Wassermeyer/*Wasser meyer* Art. 6 OECD-MA Rz. 39; *Benecke,* S. 217 f.); Art. 10 greift nicht ein. 27a

27b **g)** Der **Begriff des unbeweglichen Vermögens** ist Gegenstand des Abs. 2 (s. Rz. 64ff.).

28 **h) Belegenheit im anderen Vertragsstaat:** Anders als das MA 1963 greift Art. 6 i. d. F. seit 1977 nur noch ein, wenn das unbewegliche Vermögen im anderen Vertragsstaat liegt. „Anderer Vertragsstaat" ist der Staat, der nicht Ansässigkeitsstaat (Art. 4) des Steuerpflichtigen ist. Das Staatsgebiet im abkommensrechtlichen Sinne wird durch Art. 29 OECD-MA oder einen speziellen Passus im Definitionsartikel (vgl. MA-Komm. zu Art. 3 Ziff. 1 a. E.; Art. 3 Abs. 1 Buchst. f US-MA; zu den deutschen DBA s. Art. 3 Rz. 84f.), hilfsweise durch allgemeines Völkerrecht und innerstaatliches Recht bestimmt. Es umfasst regelmäßig das Küstenmeer, die Dreimeilenzone, den Festlandsockel sowie die Zollausschlussgebiete (Einzelheiten: Überschrift und Präambel Rz. 88ff.; Art. 29 Rz. 10ff.; zur Ausbeutung von Meeresgrund und -untergrund außerdem unten Rz. 44ff.).

29 **aa) Ermittlung des Ortes der Belegenheit bei einem Grundstück:** Der Ort der Belegenheit eines Grundstückes lässt sich in der Regel ohne Schwierigkeiten feststellen. Wenn für grenzüberschreitende Ländereien keine Spezialregelung getroffen wurde (vgl. Rz. 54), ist das Gebiet entlang der Staatsgrenze in einzelne Grundstücke aufzuteilen (Wassermeyer/*Wassermeyer,* Art. 6 OECD-MA Rz. 42; vgl. ÖstBMF, EAS 1012 v. 10.2.1997, SWI 1997, 160). Bei Grundstücken, die in Kondominien liegen (Art. 29 Rz. 13), kann die Doppelbesteuerung nur durch ein Verständigungsverfahren (Art. 25 Abs. 3 Satz 2) vermieden oder beseitigt werden.

30 Bei Einkünften aus der Übertragung des Rechtes zur Ausbeutung von Bodenschätzen ist entscheidend, für welches Gebiet die Nutzungsrechte übertragen werden. Ob sich dort tatsächlich Bodenschätze befinden, ist irrelevant (vgl. Art. 6 Abs. 2 (ii) *DBA Australien/USA:* „where the natural resources are situated or sought").

31 **bb) Ermittlung des Ortes der Belegenheit in anderen Fällen:** Soweit das unbewegliche Vermögen nach Abs. 2 aus Vermögensgegenständen besteht, die kein Grundstück sind, kommt es nicht – deskriptiv – auf ihren tatsächlichen Standort an. Hier ist vielmehr – normativ – auf die Belegenheit des Grundstückes abzustellen, mit dem diese anderen Vermögensgegenstände rechtlich oder wirtschaftlich verbunden sind oder auf das sie sich beziehen. Dies gilt insbesondere für Zubehör und Inventar, und zwar auch dann, wenn sie sich vorübergehend an einem anderen Ort befinden als das Grundstück, zu dem sie gehören. Nichts anderes gilt für Rechte (für ein spanisches Vorkaufsrecht allerdings offen gelassen von BFH BStBl. II 1982, 768 (770)). Wenn einzelne DBA – abweichend vom OECD-MA (s. Rz. 25f.) – Anteile an Grundstücksgesellschaften zum „unbewegliches Vermögen" zählen, kommt es ebenfalls auf die Belegenheit der von der Gesellschaft genutzten Grundstücke an, nicht auf den Sitz der Gesellschaft, den Staat ihrer Gründung, die Ansässigkeit des Gesellschafters oder den Ort des Wertpapierdepots.

32 **cc) Unbewegliches Vermögen im Ansässigkeitsstaat:** Einkünfte aus unbeweglichem Vermögen im **Ansässigkeitsstaat** fallen nicht unter Art. 6, sondern unter Art. 21 Abs. 1. Dies gilt auch dann, wenn das Grundstück zu einem Unternehmen gehört und über eine Betriebstätte (vgl. Ziff. 8 MA-Komm. zu Art. 5) im anderen Vertragsstaat gehalten wird: Denn das Betriebstättenprinzip (Art. 7 Abs. 1 Satz 2) kommt wegen Art. 7 Abs. 4 hier nicht zur Anwendung, weil diese Einkünfte die Tatbestandsvoraussetzungen des Art. 6 Abs. 2 erfüllen und damit ihrer Art nach zu Art. 6 gehören. Das muss für Art. 7 Abs. 4 („behandelt werden", engl.: „dealt with separately", frz.: „traités séparément") genügen (s. Art. 7 Rz. 167ff.; *Rust,* BIFD 2002, 15 (17); mit anderer Begründung i. E. ebenso *Papotti/Saccardo,* BIFD 2002, 516ff.); die Vorschrift setzt nicht voraus, dass sämtliche Anwendungsvoraussetzungen einer anderen Verteilungsnorm (hier: des Relativsatzes

in Art. 6 Abs. 1 – „das im anderen Vertragsstaat liegt") erfüllt sind. Diese Auslegung des Art. 7 Abs. 4 entspricht auch dem Anliegen des Art. 21 Abs. 2, der gerade nicht verlangt, dass das unbewegliche Vermögen im anderen Vertragsstaat liegt (Art. 21 Abs. 2 verweist nur auf Art. 6 Abs. 2; hierzu s. auch Art. 21 Rz. 43). Damit sind diese Einkünfte vom Betriebstättenvorbehalt des Art. 21 Abs. 2 ausgenommen. Sie werden daher ausschließlich im Wohnsitzstaat besteuert, nicht im Betriebstättenstaat (MA-Komm. Ziff. 1 a. E.).

dd) Unbewegliches Vermögen in einem Drittstaat: Auf Einkünfte aus unbeweglichem Vermögen, das in einem Drittstaat liegt, findet Art. 6 ebenfalls keine Anwendung. Im bilateralen Verhältnis der beiden Vertragsstaaten zueinander ist wiederum der Wohnsitzstaat wegen Art. 21 Abs. 1 zur ausschließlichen Besteuerung berufen (s. Art. 21 Rz. 43). Aus den o. g. Gründen (Rz. 32) gilt das auch dann, wenn das Grundstück über eine Betriebstätte im anderen Vertragsstaat gehalten wird. Im Verhältnis zu einem Drittstaat kann sich allerdings aus einem zwischen dem Wohnsitzstaat und diesem Drittstaat abgeschlossenen DBA eine vorrangige Besteuerung durch den Drittstaat (als Belegenheitsstaat, Art. 6) ergeben. 33

i) Zusammenhang zwischen Vermögensgegenstand und Einkünften: Art. 6 Abs. 1 verlangt, dass die Einkünfte „aus" dem unbeweglichen Vermögen bezogen werden. Der MA-Komm. (Ziff. 1 Satz 1) illustriert dieses Erfordernis, indem er von „property producing […] income" (frz.: „le bien […] qui produit ce revenu") spricht. Abs. 3 stellt klar, dass der geforderte Zusammenhang von Vermögensgegenstand und Einkünften durch eine Einkunftserzielungshandlung (die „Nutzung") hergestellt wird. Wann Einkünfte als Einkünfte „aus" unbeweglichem Vermögen anzusehen sind, hängt also davon ab, ob die ihnen zugrunde liegende Einkunftserzielungshandlung die Voraussetzungen des Abs. 3 erfüllt (s. Rz. 131 ff.). 34

j) Land- und Forstwirtschaft: Gerade auch beim Betrieb der Land- und Forstwirtschaft steht die Nutzung von Grund und Boden als Lebensraum und Nahrungsquelle für Tiere und Pflanzen („Urproduktion") im Vordergrund. Die Anwendbarkeit von Art. 6 wird seit dem MA 1977 durch einen Klammerzusatz klargestellt, ohne dass darin eine sachliche Änderung gegenüber dem MA 1963 zu sehen wäre (BFH/NV 1992, 104; Einzelheiten s. 3. Aufl., Rz. 10). Die **Abgrenzung** zwischen land- und forstwirtschaftlichen Betrieben einerseits und **Unternehmen** i. S. des Art. 7 andererseits folgt primär der inneren Systematik des OECD-MA und den Vorgaben des MA-Komm. Danach zeichnen sich Land- und Forstwirtschaft durch ihren Bodenbezug aus. Solange und soweit die Nutzung der natürlichen Kräfte des Bodens im Vordergrund steht, verdrängt Art. 6 den Art. 7 (s. Rz. 199 ff.). Nur soweit eine abkommensautonome Auslegung des Begriffs (vgl. Grundl. Rz. 96 ff.) nicht möglich ist, kommt es auf das innerstaatliche Recht des Belegenheitsstaates an (s. Rz. 66). 35

aa) Landwirtschaft umfasst dem Grunde nach (zu Nebenbetrieben Rz. 41) den Ackerbau i. e. S., also primär den Anbau von Lebensmittelpflanzen wie Getreide, Obst, Wein, Gemüse, Pilzen, Kräutern und Gewürzen. Zur Landwirtschaft gehört aber auch jede sonstige bodenbezogene Pflanzenzucht, die nicht Forstwirtschaft ist, also etwa die Zucht von Rasen und Blumen. Die Benutzung von Abdeckungen oder Gewächshäusern ist unschädlich, solange der natürliche Bodenbezug überwiegt. Daher sind auch Samenzuchtbetriebe bei wertender Betrachtung i. d. R. noch „Landwirtschaft" i. S. des Art. 6 Abs. 1. Die **Viehzucht** ist nur insoweit Teil der Landwirtschaft, als die Tiere auf die natürlichen Ressourcen des Bodens zurückgreifen; im Übrigen fällt sie (als gewerbliche Viehzucht) unter Art. 7. 36

bb) Forstwirtschaft ist die Bodennutzung durch Bäume und andere Gehölze zur Gewinnung von Nutzholz (Bau- und Konstruktionsholz, Brennholz, Holz zur Papierherstellung etc.). Sie umfasst Baumschulen und andere Einrichtungen zur 37

Pflege oder zum Erhalt des Waldes. Eine Einbeziehung der **Jagdwirtschaft** in den Begriff der Forstwirtschaft gebietet das MA nicht; sie kann sich aber aus innerstaatlichem Recht des Belegenheitsstaates ergeben (s. Rz. 66).

38 **cc)** Umstritten ist die abkommensrechtliche Zuordnung der **Imkerei** und der **Vogelzucht.** Während Wassermeyer (Wassermeyer/*Wassermeyer*, Art. 6 OECD-MA, Rz. 16a) für die Maßgeblichkeit des innerstaatlichen Rechts des Anwendestaates (Art. 3 Abs. 2 OECD-MA) plädiert, kommt es nach hier vertretener Ansicht allenfalls auf das innerstaatliche Recht des Belegenheitsstaates an (s. Rz. 66), dies aber auch nur dann, wenn keine abkommensautonome Auslegung möglich ist. Gerade hier bietet sich diese Möglichkeit aber. Erstens lässt bereits der Wortlaut des Art. 6 Abs. 1 – namentlich im französischen Original („exploitations agricoles") – das Erfordernis eines Bodenbezugs der Einkünfte aus land- und forstwirtschaftlichen Betrieben erkennen; auch die Verwendung des Merkmals „aus [...] Vermögen" spricht dafür, dass das tendenziell ubiquitäre Sammeln der Bienen nicht ausreicht. Zweitens verlangt Art. 6 Abs. 3 eine (hier: unmittelbare) Nutzung des unbeweglichen Vermögens; dadurch sind ebenfalls Rückschlüsse auf den Bodenbezug möglich. Drittens zeigt auch die gesonderte Erwähnung der Forstwirtschaft in Abs. 1 und Abs. 2 Satz 2, wie eng der Begriff der Landwirtschaft auszulegen ist. Die Imkerei und die Vogelzucht weisen diesen engen Bezug zum Boden i. e. S. aber gerade nicht auf. Daher gehören sie nicht zur „Landwirtschaft" i. S. des Art. 6 Abs. 1 und 2, sondern zu den Unternehmensgewinnen i. S. des Art. 7 (s. Art. 7 Rz. 31 f.). Für die Abkommensauslegung ist also unerheblich, ob das innerstaatliche Recht diese Aktivitäten (wie etwa in Deutschland: §§ 13 Abs. 1 Nr. 2 EStG, 62 Abs. 1 BewG) der Land- und Forstwirtschaft i. e. S. gleichstellt.

39 **dd)** Aus demselben Grund ist auch die **Fischerei** keine Land- oder Forstwirtschaft. Andernfalls wäre der entsprechende Vorbehalt Neuseelands in Ziff. 9 MA-Komm. überflüssig. Einkünfte aus der Fischerei fallen daher grundsätzlich unter Art. 7 (zur Überlassung von Fischereirechten vgl. aber u. Rz. 89). Einzelne DBA können allerdings vom OECD-MA abweichen und die Einkünfte aus Hochseefischerei der Verteilungsnorm über unbewegliches Vermögen (vgl. Art. 6 Abs. 2 Satz 3 *DBA Russland/Zypern 1998;* zu den deutschen DBA s. Rz. 53, 125a) oder der dem Art. 8 OECD-MA entsprechenden Klausel unterwerfen (vgl. Ziff. 13 MA-Komm. zu Art. 8).

40 **ee)** Art. 6 gilt auch für **Nebenerwerbslandwirte.** Ob auch die **Verpachtung eines land- oder forstwirtschaftlichen Betriebes** ihrerseits Land- bzw. Forstwirtschaft ist, kann abkommensrechtlich dahinstehen, da Art. 6 Abs. 3 Einkünfte aus mittelbarer Nutzung (Rz. 180) nicht anders behandelt als solche aus unmittelbarer Nutzung (Rz. 162). Zu den Voraussetzungen für die Annahme eines landwirtschaftlichen Betriebs beim Erwerb einer Plantage vgl. FG Düsseldorf EFG 1973, 377 (378); FG Hessen EFG 1976, 179 (180).

41 **ff) Nebenbetriebe** (wie insbesondere die dem land- und forstwirtschaftlichen Betrieb angegliederten Be- oder Verarbeitungsbetriebe, Handelsbetriebe, Speisewirtschaften, Schlachtereien, Kraftwerke oder Produktionsstätten für Biogas) fallen – anders als nach deutschem innerstaatlichen Recht (vgl. § 13 Abs. 2 Nr. 1 EStG) und einzelnen deutschen DBA (s. Rz. 52) nicht in den Anwendungsbereich des Art. 6. Daher kann für die nach innerstaatlichem Recht einheitlich ermittelten Einkünfte abkommensrechtlich eine Aufteilung erforderlich werden (vgl. Rz. 147 ff.).

41a Ob ein eigenständig zu beurteilender Nebenbetrieb vorliegt oder die Einrichtung noch Teil des land- und forstwirtschaftlichen Betriebes ist, richtet sich nach den allgemeinen Regeln zur Attraktivkraft des Hauptbetriebes (s. Rz. 193 f.). Maßgeblich ist dabei vor allem, ob es zu einer mehr als untergeordneten zusätzlichen Wertschöpfung kommt (das ÖstBMF nimmt einen eigenständigen Nebenbetrieb an, wenn die Wertschöpfung mehr als 20% beträgt: EAS 1012 v. 10.2.1997, SWI 1997, 160 zum *DBA Österreich/Ungarn*). Ein weiteres Kriterium ist, ob sich das Umlaufvermögen auf Produkte aus dem (Haupt-)Betrieb beschränkt oder ob auch betriebsfremde Gegenstände einbezogen (an- und verkauft, verarbeitet, transportiert) werden. Daneben ist der Grad an räumlicher, organisatorischer und personeller Eigenständigkeit bedeutsam. Indizwirkung kommt schließlich der Frage zu, ob der Steuerpflichtige nach den ordnungsrechtlichen Vorschriften des Belegenheitsstaates für die Verkaufseinrichtung eine gesonderte gewerberechtliche Anzeige erstatten muss oder sogar einer über den Betrieb der Land- und Forstwirtschaft hinausgehenden behördlichen Genehmigung bedarf.

gg) Die **Einkommensermittlung** richtet sich nach dem innerstaatlichen Recht des Belegenheitsstaates (s. rechtsvergleichend *Parsche/Haug/Marcelo u. a.*, S. 6ff.); insofern ergeben sich für land- und forstwirtschaftliche Betriebe grundsätzlich keine Abweichungen von anderen Einkünften aus unbeweglichem Vermögen (s. Rz. 15). Allerdings können die Gewinnabgrenzungsregelungen des Art. 7 Abs. 2–6 eingreifen, wenn der land- und forstwirtschaftliche Betrieb eine Betriebstätte bildet oder einer anderweitig begründeten Betriebstätte zuzuordnen ist (s. Rz. 43a, 208). 42

hh) Sonderregelungen: Gleichbehandlung mit Unternehmensgewinnen: Eine Reihe von Staaten behandelt die Einkünfte aus dem Betrieb eines Gewerbes und aus dem Betrieb der Land- und Forstwirtschaft in ihrem internen Steuerrecht gleich. Der MA-Komm. (Ziff. 1) stellt es den Vertragsstaaten deshalb ausdrücklich frei, bei Abschluss eines DBA die Einkünfte aus Land- und Forstwirtschaft wie Unternehmensgewinne zu behandeln. Dies muss aber im Wortlaut des Abkommens seinen Niederschlag finden (vgl. näher Rz. 52). 43

ii) Unternehmensqualität? Im Rahmen der Gewinnermittlung (Anwendbarkeit von Art. 7 Abs. 2–6) und der Anwendbarkeit des Verbots der Diskriminierung von Betriebstätten (Art. 24 Abs. 3 Satz 1) stellt sich die Frage, ob ein reiner land- und/oder forstwirtschaftlicher Betrieb ein **„Unternehmen"** ist und eine **„Betriebstätte"** i.S. des Art. 5 Abs. 1 begründen kann. Die Antwort hängt vor allem davon ab, wie man den Begriff versteht. Wären die Fälle des Art. 6 generell aus dem Unternehmensbegriff auszuklammern (vgl. Art. 3 Rz. 41a, Art. 5 Rz. 11, Art. 24 Rz. 98), käme die Annahme land- oder forstwirtschaftlicher Betriebstätten nicht in Betracht. Aus dem Wortlaut des OECD-MA ergibt sich dies nicht zwingend. Die Formulierung des Art. 6 Abs. 4 stellt klar, dass auch „Unternehmen" Einkünfte aus unbeweglichem Vermögen beziehen können (s. Rz. 200ff.). Auch die Begriffsbestimmung in Art. 3 Abs. 1 Buchst. c n.F. ist offen (vgl. Ziff. 4 MA-Komm. zu Art. 3). Mit der häufigen Einbeziehung land- und forstwirtschaftlicher Einrichtungen in die Betriebstättendefinition (vgl. für Deutschland Rz. 52 und Art. 5 Rz. 50) spricht schließlich auch die internationale Abkommenspraxis dafür, dass land- und forstwirtschaftliche Betriebe durchaus als „Unternehmen" angesehen werden können (s. Rz. 204). 43a

k) Ausbeutung von Bodenschätzen auf See: Einige neuere DBA beziehen den Meeresgrund und -untergrund für die Zwecke des Art. 6 ausdrücklich in die Bestimmung des Territoriums des Belegenheitsstaates ein (so z.B. Art. 6 Abs. 2 Satz 3 *DBA Litauen/USA;* Art. 6 Abs. 6 *DBA Niederlande/USA*). Diese Klauseln reichen aber nur so weit, wie Meeresgrund und -untergrund ohnehin zum Festlandsockel gehören; damit kommt ihnen nur deklaratorische Bedeutung zu (so zutr. die Technical Explanation der USA zu Art. 6 *DBA Niederlande/USA*). 44

Demgegenüber enthalten die DBA bedeutender Küstenstaaten eine von Art. 6 OECD-MA losgelöste Verteilungsnorm zur Besteuerung von Einkünften in Zusammenhang mit der Erkundung oder Ausbeutung von Bodenschätzen des Mee- 45 resgrundes und -untergrundes. Einige europäische Staaten haben einschlägige Vorbehalte zum OECD-MA erklärt, die meist bei der Betriebstättendefinition (Art. 5 OECD-MA) angesiedelt sind. Zu ihnen gehören *Dänemark* (MA-Komm. zu Art. 5 Ziff. 52; zu Art. 13 Ziff. 43), *Griechenland* (MA-Komm. zu Art. 5 Ziff. 57), *Großbritannien* (MA-Komm. zu Art. 5 Ziff. 52; zu Art. 13 Ziff. 43), *Irland* (MA-Komm. zu Art. 5 Ziff. 52), *Lettland* (OECD-NM zu Art. 5 OECD-MA, Ziff. 1; zu Art. 13 Ziff. 3), *Litauen* (OECD-NM zu Art. 5 OECD-MA, Ziff. 1; zu Art. 13 Ziff. 3) und *Norwegen/1991* (MA-Komm. zu Art. 5 Ziff. 52; zu Art. 13 Ziff. 43). Dieselbe Tendenz weist – obwohl entsprechende Vorbehalte fehlen – die Abkommenspraxis *Argentiniens, Australiens, Maltas,* der *Niederlande, Schwedens* und der *USA* auf. Daneben enthält Art. 20 des *Nordischen Übereinkommens* (s. Grundl. Rz. 39; vgl. MA-Komm. Einl. Ziff. 38) eine entsprechende Klausel. Zu den deutschen DBA mit *Dänemark, Litauen* und *Norwegen* s. Rz. 56.

46 Bei diesen Verteilungsnormen handelt es sich um Querschnittsnormen, die verschiedene Typen von Einkünften erfassen. Sie weisen Bezüge zu Art. 6, 7, 8, 13 und 15 auf. Für die Besteuerung von Unternehmensgewinnen fingieren sie die Existenz einer Betriebstätte im Belegenheitsstaat. Tatbestandlich sind diese Regelungen teils weiter, teils enger als Art. 6 OECD-MA: Erweiterungen ergeben sich insofern, als neben der Ausbeutung (Exploitation) auch die Erkundung (Exploration), andere Arbeiten am unbeweglichen Vermögen, Transportdienste und sogar nichtselbständige Arbeit in einem fremden Rechtskreis erfasst werden. Dagegen bedeutet die Bindung an eine Mindestfrist bei isolierter Betrachtung eine Verschärfung gegenüber dem Grundsatz des Art. 6 OECD-MA. Regelmäßig gelten diese besonderen Verteilungsnormen aber unbeschadet („notwithstanding“) der vorangegangenen Verteilungsnormen (also insbesondere der Art. 6, 7, 8, 13 und 15 OECD-MA). Daher kommt im Falle einer Fristunterschreitung die subsidiäre Anwendung des Art. 6 in Betracht.

47 Ergänzende Regelungen können sich schließlich aus besonderen völkerrechtlichen Verträgen über die Erdölförderung ergeben (z. B. aus dem Steuerkodex zum australisch-indonesischen Timorgraben-Vertrag v. 11.12.1989; hierzu *K. Vogel,* FS *Kruse,* S. 579 ff.).

3. US-MA

48 **a) „Real property“:** Entsprechend der Terminologie des amerikanischen innerstaatlichen Rechts verwendet das US-MA statt „income from immovable property“ den Ausdruck **„income from real property“.** Sachlich werden damit aber exakt dieselben Einkünfte erfasst wie in den entsprechenden Vorschriften der anderen MA. Das bestätigten bis 2006 Klammerzusätze in der Überschrift zu Art. 6 US-MA und in dessen Abs. 1, die „real property“ mit „immovable property“ gleichsetzten. Es gibt keine Hinweise darauf, dass die sprachliche Abkoppelung des US-MA vom OECD-MA etwas an der Bedeutungsidentität beider Ausdrücke ändern sollte (vgl. *Joint Committee on Taxation,* Comparison of the United States Model Income Tax Convention of September 20, 1996 with the United States Model Income Tax Convention of November 15, 2006 (8.5.2007, Az. JCX-27–07), S. 7, und die neuen US-TE zu Abs. 2; zur begrifflichen Parallelität bis 2006 siehe die US-TE 1996 zu Abs. 2; ebenso Abs. 2 TE zu Art. 6 *DBA USA/ Deutschland;* R&L § 48.01(2)(a); *Davies,* Ziff. 11.03). Im Gegenteil: Durch die Aufnahme der Art. 6 Abs. 2 Sätze 2 und 3 in das US-MA 2006 (s. Rz. 62) ist es in der Sache zu einer vollständigen Konvergenz des US-MA mit dem OECD-MA gekommen.

49 **b) Besteuerung auf Nettobasis:** Art. 6 Abs. 5 US-MA sieht vor, dass bei Einkünften aus unbeweglichem Vermögen für eine Nettobesteuerung optiert werden kann. Dadurch lässt sich insbesondere die 30%ige Brutto-Quellensteuer auf die laufenden Roherträge vermeiden, der natürliche Personen mit passiven Immobilieneinkünften in den USA unterliegen können (s. aber Rz. 50). Nach Ausübung des Wahlrechts werden die Einkünfte aus unbeweglichem Vermögen in den USA wie Betriebstättengewinne besteuert, sodass ein Aufwandsabzug möglich ist. Veräußerungsgewinne unterliegen dann aber auch der „capital gains tax". Daher ist die **Wahl** der Besteuerung auf **Netto-Basis** solange bindend, bis die zuständigen Behörden **beider** Vertragsstaaten einem Änderungsantrag zustimmen. Den Änderungsantrag muss der Steuerpflichtige in seinem Wohnsitzstaat stellen (vgl. auch die 4. Aufl., Rz. 60).

Die praktische Bedeutung von Art. 6 Abs. 5 US-MA ist aber marginal, weil das **50**
innerstaatliche Recht der USA seit 1966 ohnehin ein entsprechendes Wahlrecht vorsieht (vgl. IRC sec. 871 (d) für natürliche Personen, sec. 882 (d) für Körperschaften). Die meisten neueren DBA der USA enthalten deshalb keine entsprechende Klausel mehr (vgl. R&L § 48.01(3)(b)). Das gilt insbesondere dann, wenn das innerstaatliche Recht auch des anderen Vertragsstaates das objektive Nettoprinzip auf Einkünfte aus unbeweglichem Vermögen anwendet (vgl. etwa Abs. 4 der TE zu Art. 6 *DBA USA/Deutschland* und § 50 Abs. 1 EStG). Für die Steuerplanung können allerdings Klauseln in einzelnen DBA von Bedeutung sein, nach denen der Steuerpflichtige die Rückkehr zur Bruttobesteuerung jederzeit durch einseitige Erklärung verlangen kann (so noch Art. 15 *DBA Trinidad und Tobago/USA*).

II. Deutsche DBA

1. Abkommensübersicht zu Artikel 6 Abs. 1

MA-Regelung: Besteuerung der Einkünfte aus unbeweglichem Vermögen im Belegenheitsstaat

51

DBA	MA-Regelung: Besteuerung im Belegenheitsstaat	Artikel	Rz.
Ägypten	≈ MA	6 Abs. 1	
Albanien 2010	≈ MA	6 Abs. 1	
Algerien 2007	≈ MA	6 Abs. 1	
Argentinien	≈ MA, aber ohne Einbeziehung der Land- und Forstwirtschaft	6 Abs. 1	
Armenien	s. UdSSR		
Aserbaidschan	≈ MA	6 Abs. 1	
Australien	eigenständige Regelung, Einbeziehung von Bergwerken, Steinbrüchen und Bodenschätzen	Art. 6; SProt. Nr. 2, Nr. 10 Buchst. d (i)	52
Bangladesch	≈ MA; zusätzlich Fischereiwirtschaft	6 Abs. 1	53
Belarus	≈ MA	6 Abs. 1	
Belgien	≈ MA; Sonderregelung für das *complement de précompte immobilier* (Ergänzungsvorsteuer), ohne Einbeziehung der Land- und Forstwirtschaft	6 Abs. 1; Ziff. 3 SProt.	
Bolivien	≈ MA; „Einkünfte jeder Art", aber ohne Einbeziehung der Land- und Forstwirtschaft	6 Abs. 1	
Bosnien-Herzegowina	s. Jugoslawien		
Bulgarien 2010	≈ MA	6 Abs. 1	

DBA	MA-Regelung: Besteuerung im Belegenheitsstaat	Artikel	Rz.
China 1985/2014 (E)	≈ MA	6 Abs. 1	
Costa Rica 2014 (E)	≈ MA	6 Abs. 1	
Dänemark	≈ MA; besondere Verteilungsnorm für Offshore-Aktivitäten	6 Abs. 1; 23	56
DE-VG	≈ MA	6 Abs. 1	
Ecuador	≈ MA; „Einkünfte jeder Art", aber ohne Einbeziehung der Land- und Forstwirtschaft	6 Abs. 1	52; 197
Elfenbeinküste	≈ MA	6 Abs. 1	
Estland	≈ MA; Sonderregelung für Anteilseigner grundstücksverwaltender Gesellschaften, wenn dem Anteilseigner ein Grundstücksnutzungsrecht zusteht	6 Abs. 1, 4	55
Finnland	≈ MA; Sonderregelung für Anteilseigner grundstücksverwaltender Gesellschaften, wenn dem Anteilseigner ein Grundstücksnutzungsrecht zusteht	6 Abs. 1, 4	55
Frankreich	≈ MA	3 Abs. 1	
Georgien	≈ MA	6 Abs. 1	
Ghana	≈ MA	6 Abs. 1	
Griechenland	≈ MA, aber ohne Einbeziehung der Land- und Forstwirtschaft	XIII Abs. 1	
Großbritannien 1964/70	≈ MA	XII Abs. 1	
Großbritannien 2010	≈ MA	6 Abs. 1	
Indien	≈ MA, aber ohne Einbeziehung der Land- und Forstwirtschaft	6 Abs. 1	
Indonesien	≈ MA	6 Abs. 1	
Iran	≈ MA, aber ohne Einbeziehung der Land- und Forstwirtschaft	6 Abs. 1	
Irland 2011	≈ MA	6 Abs. 1	
Island	≈ MA, aber ohne Einbeziehung der Land- und Forstwirtschaft	6 Abs. 1	
Israel	≈ MA, aber ohne Einbeziehung der Land- und Forstwirtschaft	3 Abs. 1	
Italien	≈ MA; Sonderregelung zur ital. Bemessungsgrundlage bei dt. Grundvermögen	6 Abs. 1, Prot. Nr. 4	58
Jamaika	≈ MA, aber ohne Einbeziehung der Land- und Forstwirtschaft	6 Abs. 1	
Japan	≈ MA, aber ohne Einbeziehung der Land- und Forstwirtschaft	6 Abs. 1	
Jersey	keine entsprechende Regelung	–	
Jugoslawien	≈ MA	6 Abs. 1	
Kanada	≈ MA, aber ohne Einbeziehung der Land- und Forstwirtschaft	6 Abs. 1	
Kasachstan	≈ MA	6 Abs. 1	
Kenia	≈ MA, aber ohne Einbeziehung der Land- und Forstwirtschaft	6 Abs. 1	52
Kirgisistan	≈ MA	6 Abs. 1	
Korea	≈ MA	6 Abs. 1	

DBA	MA-Regelung: Besteuerung im Belegenheitsstaat	Artikel	Rz.
Kosovo	s. Jugoslawien		
Kroatien	≈ MA	6 Abs. 1	
Kuwait	≈ MA	6 Abs. 1	
Lettland	≈ MA; Sonderregelung für Anteilseigner grundstücksverwaltender Gesellschaften, wenn dem Anteilseigner ein Grundstücksnutzungsrecht zusteht	6 Abs. 1, 4	55
Liberia	≈ MA; Erweiterung des Anwendungsbereichs auf Verkaufsagenten	6 Abs. 1; Prot. Nr. 3	56
Liechtenstein 2011	≈ MA	6 Abs. 1	
Litauen	≈ MA; Sonderregelung für Anteilseigner grundstücksverwaltender Gesellschaften, wenn dem Anteilseigner ein Grundstücksnutzungsrecht zusteht; besondere Verteilungsnorm für Offshore-Aktivitäten	6 Abs. 1, 4; 20A	55 f.
Luxemburg 2012	≈ MA	6 Abs. 1	
Malaysia 2010	≈ MA	6 Abs. 1	
Malta	≈ MA	6 Abs. 1	
Marokko	≈ MA, aber ohne Einbeziehung der Land- und Forstwirtschaft	6 Abs. 1	
Mauritius 2011	≈ MA	6 Abs. 1	
Mazedonien 2006	≈ MA	6 Abs. 1	
Mexiko 2008	≈ MA	6 Abs. 1	
Moldau	s. UdSSR		
Mongolei	≈ MA	6 Abs. 1	
Montenegro	s. Jugoslawien		
Namibia	≈ MA	6 Abs. 1	
Neuseeland	≈ MA	6 Abs. 1	
Niederlande 1959/2004	eigenständige Regelung; erfasst auch land- und forstwirtschaftliche Nebenbetriebe; Einbeziehung von Veräußerungsgewinnen	4 Abs. 1–2	52; 54; 58
Niederlande 2012 (E)	≈ MA	6 Abs. 1	
Norwegen 1991/2013 (E)	≈ MA; besondere Verteilungsnorm für Offshore-Aktivitäten	6 Abs. 1; 20	56
Oman 2012 (E)	≈ MA	6 Abs. 1	
Österreich	≈ MA	6 Abs. 1	
Pakistan	≈ MA, aber ohne Einbeziehung der Land- und Forstwirtschaft	IX Abs. 1	52; 129
Philippinen 1983	≈ MA aber ohne Einbeziehung der Land- und Forstwirtschaft	6 Abs. 1	52
Philippinen 2013	≈ MA aber ohne Einbeziehung der Land- und Forstwirtschaft	6 Abs. 1	52
Polen	≈ MA	6 Abs. 1	
Portugal	≈ MA	6 Abs. 1	
Rumänien	≈ MA	6 Abs. 1	
Russische Föderation	≈ MA	6 Abs. 1	
Sambia	≈ MA, aber ohne Einbeziehung der Land- und Forstwirtschaft	6 Abs. 1	
Schweden	≈ MA	6 Abs. 1	

DBA	MA-Regelung: Besteuerung im Belegenheitsstaat	Artikel	Rz.
Schweiz	≈ MA, aber ohne Einbeziehung der Land- und Forstwirtschaft	6 Abs. 1	57; 59
Serbien	s. Jugoslawien		
Simbabwe	≈ MA	6 Abs. 1	
Singapur 1972	≈ MA 1963, aber ohne Einbeziehung der Land- und Forstwirtschaft	6 Abs. 1	52
Singapur 2004	≈ MA	6 Abs. 1	
Slowakei	s. Tschechoslowakei		
Slowenien	≈ MA	6 Abs. 1	
Spanien 2011	≈ MA	6 Abs. 1	
Sri Lanka	≈ MA, aber ohne Einbeziehung der Land- und Forstwirtschaft	6 Abs. 1	52
Südafrika 1973	≈ MA 1963	10 Abs. 1	
Südafrika 2008 (E)	≈ MA	6 Abs. 1	
Syrien 2010	≈ MA	6 Abs. 1	
Tadschikistan	≈ MA	6 Abs. 1	
Taiwan 2011	≈ MA	6 Abs. 1	
Thailand	≈ MA, aber ohne Einbeziehung der Land- und Forstwirtschaft	6 Abs. 1	
Trinidad und Tobago	≈ MA, aber ohne Einbeziehung der Land- und Forstwirtschaft	6 Abs. 1	
Tschechien	s. Tschechoslowakei		
Tschechien 1997 (E)	≈ MA	6 Abs. 1	
Tschechoslowakei	≈ MA	6 Abs. 1	
Türkei 2011	≈ MA; zusätzlich Fischzucht und -aufzucht	6 Abs. 1 i. V. m. Abs. 2 S. 2	53
Tunesien	≈ MA	6 Abs. 1	
Turkmenistan	s. UdSSR		
UdSSR	≈ MA	10 Abs. 1 S. 1	
Ukraine	≈ MA	6 Abs. 1	
Ungarn	≈ MA	6 Abs. 1	
Uruguay	≈ MA	6 Abs. 1	
USA 1989	≈ MA	6 Abs. 1	
USA 1989/2006	≈ MA	6 Abs. 1	
Usbekistan	≈ MA	6 Abs. 1	
Venezuela	≈ MA	6 Abs. 1	
Vereinigte Arabische Emirate 2010	≈ MA	6 Abs. 1	
Vietnam	≈ MA	6 Abs. 1	
Weißrussland	s. Belarus		
Zypern 2011	≈ MA	6 Abs. 1	

2. Erläuterungen

52 **a) Land- und Forstwirtschaft:** Viele ältere DBA folgen noch dem OECD-MA 1963. Das bedeutet zunächst, dass ihr Wortlaut noch keine Beschränkung auf unbewegliches Vermögen „im anderen Vertragsstaat" enthält (s. Rz. 28 ff.). Vor allem aber fehlt der Klammerzusatz zur Land- und Forstwirtschaft. Nach dem oben (Rz. 35 ff.) Gesagten liegt darin jedenfalls dann kein sachlicher Unterschied zum MA in seinen späteren Fassungen, wenn zumindest die Aufzählung des Abs. 2

Satz 2 (2. Alt.) das Inventar land- und forstwirtschaftlicher Betriebe einbezieht (vgl. Rz. 85 ff.). In diesem Fall hängt die Anwendbarkeit insbesondere nicht davon ab, ob die Betriebstättendefinition dem Art. 5 OECD-MA entspricht oder – abweichend hiervon – ausdrücklich auf die Land- und Forstwirtschaft Bezug nimmt (so im *DBA Kenia*); diese Regelungen können aber für die Gewinnabgrenzung (s. Rz. 208) und die Anwendung von Art. 24 Abs. 3 (s. Rz. 43a) von Bedeutung sein.

Etwas anderes gilt für diejenigen – zumeist älteren – DBA, die auch in Abs. 2 keinen Hinweis auf die Land- und Forstwirtschaft enthalten *(DBA Australien, Ecuador, Pakistan, Philippinen 1983* und *2013 (E)* sowie *Singapur 1972).* Eine umfassende Anwendung des Art. 6 kommt hier nicht in Betracht. Damit fallen jedenfalls Einkünfte aus dem Einsatz derjenigen Vermögensgegenstände, die unter dem OECD-MA nur kraft ausdrücklicher Erwähnung in Abs. 2 Satz 2 in den Anwendungsbereich des Art. 6 einbezogen sind (Beispiel: Zinseinkünfte; vgl. Rz. 86), unter Art. 7, 10, 11 oder 12. Für den Kern land- und forstwirtschaftlicher Einkünfte ist dagegen zu differenzieren: Wenn die dem Art. 5 entsprechende Vorschrift land- und forstwirtschaftlichen Betrieben ausdrücklich eine betriebstättenbegründende Wirkung beimisst (vgl. zu diesen Klauseln Art. 5 Rz. 50) und eine dem Art. 6 Abs. 4 OECD-MA entsprechende Klausel fehlt (vgl. Rz. 43a), fallen sogar sämtliche Einkünfte aus Land- und Forstwirtschaft unter Art. 7, 10, 11 oder 12. Gleiches gilt für das noch 1979 abgeschlossene *DBA Sri Lanka.* Wenn die Betriebstättendefinition dagegen dem MA entspricht und eine dem Art. 6 Abs. 4 entsprechende Vorschrift auch Unternehmensgewinne in den Anwendungsbereich der Verteilungsnorm einbezieht (s. Rz. 199 ff.), bleibt diese auf diejenigen Einkünfte anwendbar, die einen direkten Bodenbezug aufweisen (Beispiel: Erlöse aus dem Verkauf von Holz, Obst und Getreide; Einnahmen aus der Verpachtung von Feldern und Wäldern).

Das *DBA Niederlande 1959/2004* erstreckt die Einbeziehung der Einkünfte aus Land- und Forstwirtschaft auf Einkünfte aus Nebenbetrieben (vgl. Rz. 41).

Das *DBA Bangladesch* schließt auch **fischereiwirtschaftliche Betriebe** in den 53
Klammerzusatz in Abs. 1 ein. Es weicht damit von der Regel des OECD-MA ab, nach der Einkünfte aus diesen Betrieben keine Einkünfte aus unbeweglichem Vermögen sind (s. Rz. 39; vgl. auch Rz. 125a, 162a). Es bleibt aber bei dem Erfordernis der Belegenheit in einem Vertragsstaat (s. Rz. 28); die Hochseefischereien werden daher auch hier nicht von Art. 6 erfasst. Unter dem *DBA Türkei 2011* fallen Einkünfte aus der betrieblichen Fischzucht und -aufzucht unter Art. 6. Dies ergibt sich aus einem Klammerzusatz in Art. 6 Abs. 2 Satz 2 (Rz. 125a).

b) Zur **Abgrenzung in- und ausländischer Betriebsteile** landwirtschaftli- 54
cher Unternehmen im Verhältnis zu den *Niederlanden* s. FinMin NRW v. 6.6.1977, Stb 1977, 194 (= Beck'sche Textausgabe, DBA Niederlande, Nr. 4.1; BFH v. 17.12.1997, I R 95/96, BStBl. II 1998, 260; Wassermeyer/*Wassermeyer,* Art. 6 OECD-MA Rz. 42; vgl. allgemein o. Rz. 28 ff.).

c) Beteiligung an Gesellschaften: Die *DBA Estland, Finnland, Lettland* und 55
Litauen beziehen die Vorteile, die dem Gesellschafter einer Grundstücksgesellschaft aus einem **gesellschaftsrechtlich begründeten Recht zur Nutzung** des zum Gesellschaftsvermögens gehörenden unbeweglichen Vermögens zukommen, in den Anwendungsbereich des Art. 6 ein (hierzu näher Rz. 98 ff., 196).

d) Bodenschätze: Das *DBA Liberia* dehnt das Belegenheitsprinzip auf die Ge- 56
winne eines **Verkaufsagenten** aus, der mit einem Unternehmen eines Vertragsstaats i. S. v. Art. 9 MA verbunden ist. Bezieht das Unternehmen Einkünfte aus der Ausbeutung von Bodenschätzen und erzielt der Agent aus seiner Tätigkeit im Zusammenhang mit dem Verkauf dieser Bodenschätze einen Gewinn, so darf der Teil

dieses Gewinns, der das auf dem freien Markt übliche Entgelt übersteigt, in dem Staat besteuert werden, in dem sich die Bodenschätze befinden. Der Agent trägt die Beweislast für die Einhaltung der arm's-length-Regel (s. *Saß,* AWD 1973, 524 (528)).

Noch weiter gehen die DBA mit *Dänemark* (Art. 23), *Litauen* (Art. 20 A) und *Norwegen* (Art. 20), die besondere Verteilungsnormen für Einkünfte aus sog. **Offshore-Aktivitäten** enthalten (vgl. Rz. 45 f.).

57 **e)** Die **Ermittlung der Einkünfte,** insbesondere die Entscheidung über die Zulässigkeit des Abzugs von Betriebsausgaben und ggf. ihre Bemessung, ist grundsätzlich Sache des innerstaatlichen Rechts (s. Rz. 15). Zu Verständigungsvereinbarungen zwischen Deutschland und der *Schweiz* über die Ermittlung des Nutzungswertes der Wohnung in einem vom deutschen Eigentümer selbst genutzten schweizerischen Einfamilienhaus s. 3. Aufl., Rz. 19a; vgl. auch u. Rz. 157 ff.

58 Nr. 4 des *Prot. Italien* sieht für in Deutschland belegenes unbewegliches Vermögen eine Übernahme der deutschen Bemessungsgrundlage durch Italien vor, soweit sich nicht nach italienischem Recht eine niedrigere Steuer ergibt. Ähnliches galt für die Übernahme des nach niederländischem Recht berechneten Nutzungswertes für die deutsche Besteuerung von Grenzgängern aus den Niederlanden (FinMin NRW v. 24.10.1980, DB 1980, 2211).

59 Von besonderer Bedeutung sind dabei die Regelungen über den **Schuldzinsenabzug.** Für Deutschland ist § 50 Abs. 1 Satz 1 EStG zu beachten. In der Schweiz ist nur ein pro-rata-Abzug nach dem Verhältnis des unbeweglichen Vermögens zum Gesamtvermögen möglich. Diese unterschiedliche Berücksichtigung der Schuldzinsen in den Vertragsstaaten kann eine Doppelbesteuerung oder Doppelfreistellung zur Folge haben, verstößt jedoch nicht gegen das jeweilige DBA (SchweizBGE 62 (1936), 91: *DBA Schweiz 1931*). Eine Lösung kann allenfalls im Verständigungswege gefunden werden. Nachdem eine frühere Vereinbarung im Verhältnis zur Schweiz außer Anwendung getreten ist, sind hier zurzeit die innerstaatlichen Vorschriften beider Länder wieder uneingeschränkt anzuwenden (s. *Hangarter* in Meyer-Marsilius/Hangarter, Art. 6 S. 12).

61 **f) Rechtsfolge:** Dem Belegenheitsstaat ist die vorrangige Besteuerung zugewiesen. Wenn **Deutschland** der Wohnsitzstaat ist, kommt es überwiegend zur Freistellung unter Progressionsvorbehalt.

B. Zu Art. 6 Abs. 2

I. Musterabkommen

1. Übereinstimmungen und Abweichungen

62 Alle MA verweisen zur Bestimmung des Begriffs „unbewegliches Vermögen" auf das innerstaatliche Recht des Belegenheitsstaates (näher Rz. 65 ff.). Sie enthalten zusätzlich eine Aufzählung von Positivbeispielen unbeweglichen Vermögens (s. Rz. 75 ff.) und schließen Schiffe und Luftfahrzeuge aus dem Anwendungsbereich des Art. 6 aus (s. Rz. 113 ff.). Das gilt inzwischen insbesondere auch wieder für das US-MA, das 1996 gestrafft worden war und vorübergehend lediglich die dem Art. 6 Abs. 2 Satz 1 OECD-MA entsprechende Verweisung auf das innerstaatliche Recht enthielt. In der US-amerikanischen Vertragspraxis hat sich diese Verkürzung aber nicht durchsetzen lassen; sie hat nur im *DBA USA/Luxemburg 1996* und im *DBA USA/Irland 1997* Niederschlag gefunden. 2006 haben daher auch die USA die Liste von Positiv- und Negativbeispielen wieder in ihr MA aufgenommen. Damit entspricht das US-MA heute wieder dem OECD-MA.

Außerhalb der MA gehen immer mehr Staaten dazu über, die Definition wegen ihrer Bedeutung auch für die Art. 2 Abs. 2, 13 Abs. 1, 13 Abs. 4 und 22 Abs. 1 vor die Klammer zu ziehen und in die dem Art. 3 Abs. 1 OECD-MA entsprechende Vorschrift zu integrieren (zu den deutschen DBA s. Rz. 120; abweichend dagegen die US-Vertragspraxis: s. Art. 13 Rz. 55 und Rz. 147 f.). 63

2. Erläuterungen

a) Grundzüge: Grundsätzlich ist für die Bestimmung des Begriffs „unbewegliches Vermögen" die **Qualifikation des Belegenheitsstaates** maßgeblich: der Ausdruck „unbewegliches Vermögen" soll für die Abkommensanwendung jeweils die Bedeutung haben, die ihm nach dem Recht des Staates zukommt, in dem das Vermögen liegt (Satz 1; s. Rz. 65 ff.). Dieser Grundsatz wird aber durch **Elemente einer abkommensautonomen Begriffsbestimmung** (vgl. Grundl. Rz. 96 ff.) eingerahmt und begrenzt: Der Klammerzusatz in Art. 6 Abs. 1 bezieht land- und forstwirtschaftliche Betriebe ein (s. Rz. 35 ff.); und Abs. 2 Satz 2 OECD-MA zählt in einem Katalog Vermögenswerte auf, die in jedem Fall unter den Begriff „unbewegliches Vermögen" fallen (Halbs. 1; s. Rz. 75 ff.) oder nicht fallen (Halbs. 2; s. Rz. 113 ff.). Diese Einzelregelungen sind historisch meist älter als die Definition des Satzes 1 (s. m. w. N. *Avery Jones u. a.,* BTR 2006, 695 (734 mit Fn. 245)). 64

b) Regelung des Abs. 2 Satz 1: aa) Vermögensbegriff: Die Aufzählung der einzelnen Positionen in Satz 2 lässt erkennen, dass „Vermögen" (engl. „property") i. S. des Art. 6 der einzelne Vermögensgegenstand (frz. „bien immobilier"), nicht der Inbegriff aller Vermögensgegenstände (i. S. v. engl. „wealth") ist. Im Hinblick auf den Zuschnitt des Vermögensgegenstandsbegriffes verdeutlicht Satz 2, dass bestimmte Gegenstände, die – isoliert betrachtet – nicht unbeweglich sind, kraft ihres wirtschaftlichen Zusammenhanges zu einem Grundstück mit diesem zu einem einheitlichen Vermögensgegenstand verbunden werden können. Zur (normativ zu entscheidenden) Frage, wie eng dieser wirtschaftliche Zusammenhang sein muss, s. Rz. 78 ff., 85 ff. 65

bb) Gegenstand des Verweises: Während Abs. 1 den Ausdruck „Einkünfte aus unbeweglichem Vermögen" mit einem Klammerzusatz zu land- und forstwirtschaftlichen Betrieben versieht (o. Rz. 35 ff.), belässt es Abs. 2 Satz 1 bei dem Grundbegriff „unbewegliches Vermögen". Das ist konsequent, weil ein „Betrieb" mehr ist als die Summe einzelner Vermögensgegenstände: der Begriff umfasst auch Handlungselemente (*OECD*, Tax Treaty Issues Related to Emission Permits and Credits (Revised Discussion Draft v. 19.10.2012), Ziff. 40 und 58, dort auch Entwurf einer neuen Ziff. 2.1 MA-Komm.) und ist insofern inkommensurabel zu dem Ausdruck „unbewegliches Vermögen" in Abs. 2. Dass Art. 6 auf eine Definition der **Land- und Forstwirtschaft** verzichtet, lässt deshalb nicht den Schluss zu, dass Abs. 2 für die Auslegung dieses Ausdrucks ohne Bedeutung sei. Kraft ausdrücklicher Einbeziehung („einschließlich", o. Rz. 35) teilt der Ausdruck „land- und forstwirtschaftlicher Betrieb" vielmehr das Schicksal des Begriffs „unbewegliches Vermögen". Damit ist er auch Gegenstand der Verweisung in Abs. 2 Satz 1 (aber auch der abkommensautonomen Festlegungen des Abs. 2 Satz 2; zur ausdrücklichen Erwähnung des Inventars land- und forstwirtschaftlicher Betriebe in Abs. 2 Satz 2 s. Rz. 85 ff.). Ein Rückgriff auf Art. 3 Abs. 2 kommt daher nicht in Betracht (a. A. Wassermeyer/*Wassermeyer,* Art. 6 OECD-MA Rz. 16). Die Verweisung ist analog auf die **in Satz 2 genannten Vermögensgegenstände** anzuwenden (s. Rz. 75 ff.). 66

cc) Normen, auf die verwiesen wird: „Recht" ist in Abs. 2 Satz 1 die gesamte innerstaatliche Rechtsordnung, nicht nur das Steuerrecht. Wird der Begriff jedoch außerhalb des Steuerrechts (z. B. im nichtsteuerlichen Bilanzrecht, im Zivil- 67 recht, im öffentlichen Baurecht) des Belegenheitsstaates anders als in dessen Steuerrecht verstanden, so hat die steuerliche, unter mehreren steuerlichen die ertragsteuerliche (bei Anwendung der Art. 6 Abs. 1, 2 Abs. 2 oder 13 Abs. 1) bzw. die vermögensteuerliche (bei Anwendung des Art. 22 Abs. 1) Bedeutung den Vorrang (vgl. BFH v. 24.10.1984, I R 228/81: *DBA Irland 1962*). Dies ergibt sich systematisch aus dem direkten Vergleich zu Satz 2, 3. Alt. („des Privatrechts"), teleologisch aus dem Gedanken der größeren Sachnähe (vgl. auch Art. 3 Abs. 2 Halbs. 2, s. Art. 3 Rz. 100 ff.).

68 Zum „Recht" gehören nicht nur Gesetze im materiellen Sinne, sondern auch deren Konkretisierung durch gefestigte **Rechtsprechung** und **Verwaltungspraxis** und die innerstaatlichen „Meta-Regeln" zur Rechtsanwendung, insbesondere zu Auslegung und Rechtsfortbildung. Nur so lässt sich die einheitliche Abkommensanwendung in beiden Staaten und die von Satz 1 angestrebte Passgenauigkeit erreichen. Sinn und Zweck des Abkommens sprechen daher dafür, dass der Wohnsitzstaat in einem umfassenden Sinne an die Qualifikation des Quellenstaates gebunden ist (vgl. aber Art. 3 Rz. 112, wonach es wegen der Verwendung des Ausdrucks „droit" **nur** zur Bindung an **Normen** kommen soll; a. A. auch Wassermeyer/*Wassermeyer,* Art. 6 OECD-MA Rz. 32; s. ferner Grundl. Rz. 156 ff.).

69 Wie Art. 3 Abs. 2 (s. Art. 3 Rz. 124) begründet auch Art. 6 Abs. 2 Satz 1 eine **dynamische Verweisung** (s. zur Begründung Grundl. Rz. 151c, 184 ff.). Das Recht des Belegenheitsstaates ist mit dem Inhalt heranzuziehen, den es in dem Zeitpunkt hat, auf den es angewendet wird; das ist i. d. R. der Zeitpunkt der Einkunftserzielung. Darin liegt eine Abweichung vom Grundsatz materieller Gegenseitigkeit (vgl. MA-Komm. Einl. Ziff. 31). Es ist nicht sichergestellt, dass Zahlungen, die von Staat A in Staat B fließen, abkommensrechtlich genauso behandelt werden wie im spiegelverkehrten Fall (Zahlungen aus B fließen nach A). Zudem könnte der Belegenheitsstaat durch eine Änderung seines innerstaatlichen Rechts die synallagmatische Balance des DBA nachträglich aus dem Lot bringen. Dabei handelt es sich aber um ein generelles Problem des Abkommensrechts, das sich ähnlich auch unter Geltung des Art. 3 Abs. 2 ergeben kann. Im Falle des Art. 6 Abs. 2 ist die Asymmetrie allerdings noch gravierender, wenn ein DBA (wie einige australische DBA, vgl. Art. 5 Abs. 2 *DBA Australien/Frankreich;* Art. 7 Abs. 2 *DBA Australien/Irland*) für jeden Belegenheitsstaat eine eigene Regelung bereithält.

70 Einer übermäßigen Ausdehnung der innerstaatlichen Begriffsbestimmung durch den Belegenheitsstaat setzt der völkerrechtliche bona-fides-Gedanke (Art. 26 WÜRV; s. Grundl. Rz. 188 ff.) Grenzen; notfalls kann ihr der Quellenstaat durch eine Kündigung des Abkommens begegnen (s. Art. 30/31 Rz. 32).

71 Welcher Staat **Belegenheitsstaat** ist, bestimmt sich – wie in Abs. 1 – auch insoweit nach der Lage eines Grundstückes, als zum unbeweglichen Vermögen Gegenstände gehören, die für sich genommen kein Grundstück sind (s. Rz. 31). Daran ändert auch die sprachliche Fokussierung in den Originaltexten (engl. „in question", frz. „considérés") nichts; dieser Formulierung kommt kein eigenständiger Bedeutungsgehalt zu. Für land- und forstwirtschaftliches Betriebsvermögen, für das Abs. 2 Satz 1 ebenfalls gilt (s. Rz. 66), kann es zwischen verschiedenen Grundstücken zu einer Aufteilung kommen. Entfällt die Nutzung beweglicher Wirtschaftsgüter land- und forstwirtschaftlicher Betriebe auf mehr als einen Staat, sind die diesen Wirtschaftsgütern separat zuzuordnenden Einkünfte nach den konkreten Nutzungsanteilen auf die beiden Vertragstaaten aufzuteilen. Wo eine solche Einzelaufteilung nicht mit vertretbarem Aufwand möglich ist, kann für die gesamten Einkünfte aus Land- und Forstwirtschaft eine einheitliche Quote zugrundegelegt werden.

72 **Synonyme Ausdrücke:** Wenn das innerstaatliche Recht die Ausdrücke „immovable property" oder „biens immobiliers" nicht wörtlich verwendet, sondern einen funktional gleichen Ausdruck (wie „real property"; vgl. Rz. 48), so verweist Art. 6 Abs. 2 Satz 1 auf diesen. Das Gleiche gilt bei Verwendung einer semantisch nahen Übersetzung. Aus den oben (Rz. 66) genannten Gründen verweist Abs. 2 Satz 1 **zusätzlich** auf die innerstaatlichen Vorschriften über land- und forstwirtschaftliches Vermögen. Insoweit sind die innerstaatlichen Rechtsbegriffe heranzuziehen, die den Ausdrücken „agriculture or forestry" oder „exploitations agricoles ou forestières" am ehesten entsprechen (vgl. hierzu *Debatin,* BB 1988, 1285; *Parsche/Haug/Marcelo u. a.,* S. 32ff.).

dd) Einzelne Länder. In **Deutschland** verweist Art. 6 Abs. 2 Satz 1 für das Ertragsteuerrecht auf die Ausdrücke „unbewegliches Vermögen" in § 21 Abs. 1 Satz 1 Nr. 1 EStG (dazu näher Wassermeyer/*Wassermeyer,* Art. 6 OECD-MA Rz. 33ff.) sowie „Landwirtschaft" und „Forstwirtschaft" in § 13 Abs. 1 Nr. 1 Satz 1 EStG. Der gleichrangigen Nebeneinanderstellung der vier Tatbestände des § 21 Abs. 1 Satz 1 EStG lässt sich entnehmen, dass Deutschland Sachinbegriffe (Nr. 2; vgl. Wassermeyer/*Wassermeyer,* Art. 6 OECD-MA Rz. 33) oder bestimmte Rechte (Nrn. 3 und 4) innerstaatlich jedenfalls nicht durchgehend zum „unbeweglichen Vermögen" (Nr. 1) zählt. Für das Vermögensteuerrecht waren (im Falle des Art. 22 Abs. 1 i. V. m. Art. 6 Abs. 2 OECD-MA) die Ausdrücke „Grundvermögen" in § 68 BewG und „land- und forstwirtschaftliches Vermögen" in §§ 33, 34 BewG maßgebend. Für **Frankreich** ist primär die Aufzählung in Art. 14 CGI maßgebend (vgl. *Cartou,* S. 136); daneben bietet Art. 1655ter LGI weitere Anhaltspunkte (vgl. DPGF Bd. 1, Divisions par impôt, INT no. 99). Für **Kanada** ist die abkommenskonkretisierende Begriffsbestimmung in sec. 5 des Income Tax Conventions Interpretation Act [ITCIA] (1984) heranzuziehen. Sie bezieht Erkundungs- und Ausbeutungsrechte für in Kanada belegene Bodenschätze sowie darauf bezogene Forderungen ein. Auf der Ebene der direkten Bundessteuer verwendet das Steuerrecht der **Schweiz** den Begriff des unbeweglichen Vermögens in Art. 21 Abs. 1 DBG. Die Vorschrift erfasst alle Einkünfte aus Vermietung, Verpachtung, Nutznießung oder sonstiger Nutzung als Erträge aus unbeweglichem Vermögen (Buchst. a). Der Tatbestand umfasst Einkünfte aus der Belastung von Vermögen, nicht aber jene aus einer Berechtigung an einem Vermögen (SchweizBG v. 9.2.2000, 2A. 415/1998/bol). Der Besteuerung unterliegt außerdem der Mietwert von Liegenschaften oder Liegenschaftsteilen, die dem Steuerpflichtigen aufgrund von Eigentum oder eines unentgeltlichen Nutzungsrechts für den Eigengebrauch zur Verfügung stehen (Buchst. b). Steuerbar sind ferner Einkünfte aus Leibrenten und andere wiederkehrende Einkünfte aus Wohnrecht, Nutznießung oder Verpfründung. In der Rechtsprechung zum Verbot der interkantonalen Doppelbesteuerung (Art. 46 Abs. 2 aBV = Art. 127 Abs. 3 nBV), das eine noch größere Sachnähe zum DBA-Recht aufweist, ist der Begriff des „Grundvermögens" gebräuchlich. Seine Bestimmung richtet sich primär nach dem zivilrechtlichen Grundeigentum (SchweizBG v. 27.1.2000, 2P.126/1998/sch; *Höhn,* Interkantonales Steuerrecht, 3. Aufl. 1993, § 9 Ziff. 6), umfasst aber auch das Stockwerkeigentum (Art. 655 Abs. 2 Ziff. 4 i. V. m. Art. 712a Abs. 1 ZGB; vgl. SchweizBGE 95, 26 (29ff.)), die Bestandteile (Art. 642 ZGB) und die Zugehör (Art. 644f. ZGB; vgl. SchweizBG v. 27.1.2000, 2P.126/1998/sch). Für **Spanien** ist mangels einer eigenständigen steuerrechtlichen Definition die Bestimmung des Begriffs „bienes inmuebles" durch Art. 334 Codigo Civil heranzuziehen. Auch in *Südafrika 2008 (E)* kommt es auf die zivilrechtliche Begriffsbildung an (ausführlich *Holmes/Roeleveld/West,* BIT 2011, 227 (230)). Für die **USA** stellen die Treas. Regs. in § 1 897–1(b) eine Bestimmung des Begriffs „real property" bereit. Im Recht des **Vereinigten Königreichs** gehören offenbar Einrichtungsgegenstände (*fixtures*) zum unbeweglichen Vermögen (BFH BStBl. II 2011, 482: *DBA Großbritannien 1964/70*). 73

75 **c) Regelung des Abs. 2 Satz 2 Halbs. 1 (Positivkatalog): aa) Auslegungsmethode:** Ob auch die fünf Merkmale des Positivkatalogs in Satz 2 – analog zu Satz 1 – unter Rückgriff auf das innerstaatliche Recht des Belegenheitsstaates auszulegen sind, ist umstritten (dafür *K. Vogel,* 3. Aufl. des Kommentars, Rz. 23; GKG/*Ellsel,* Rz. 213; ebenso zum *DBA Schweiz* FWK/*Kempermann,* Art. 6 Rz. 43; dagegen Wassermeyer/*Wassermeyer,* Art. 6 OECD-MA Rz. 53, der eine abkommensautonome Auslegung nach der „gewöhnlichen Bedeutung" i. S. des Art. 31 Abs. 1 WÜRV und sekundär über Art. 3 Abs. 2 OECD-MA den Rückgriff auf innerstaatliches Recht des Anwendestaates favorisiert; in diesem Sinne auch BFH BStBl. II 1982, 566: *DBA Frankreich*).

76 Fest steht zunächst, dass die Funktion des Satzes 2 gerade darin besteht, die Wertungen des innerstaatlichen Rechts partiell zu überspielen. Relevant wird Satz 2 nur, soweit der Belegenheitsstaat den Begriff „unbewegliches Vermögen" zumindest steuerrechtlich in einer Weise versteht, die Elemente des Satzes 2 ausschließt. Das bedeutet aber nicht, dass genau diese Merkmale nicht an anderer Stelle im innerstaatlichen Recht des Belegenheitsstaates (oder sogar als Negativmerkmale zum „unbeweglichen Vermögen"; vgl. § 68 Abs. 2 BewG) von Bedeutung sein können oder sogar müssen (Rz. 120). Damit kann Satz 2 auch bei einer Auslegung nach innerstaatlichem Recht des Belegenheitsstaates durchaus einen Erkenntnisgewinn gegenüber Satz 1 erbringen. *Wassermeyer* ist zuzugeben, dass es des Rückgriffs auf innerstaatliches Recht für Satz 2 nicht bedarf, wenn und soweit eine abkommensautonome Auslegung (dazu Rz. 78 ff.) hinreichende Klarheit schafft. Fast alle Merkmale des Satzes 2 sind aber unbestimmte, aber in hohem Maße normativ vorgeprägte Rechtsbegriffe. Regelmäßig lässt sich aus diesem Grund keine außerrechtliche „gewöhnliche Bedeutung" ermitteln. Für diese Fälle gebietet Art. 31 Abs. 1 WÜRV die Orientierung an Zusammenhang und Zweck der Norm und damit einen methodischen Gleichlauf von Satz 2 und Satz 1. Der ansonsten notwendige Rückgriff auf das innerstaatliche Recht des Anwendestaates (Art. 3 Abs. 2 MA) würde dem Entstehen von Qualifikationskonflikten Vorschub leisten, die Art. 6 Abs. 2 Satz 1 gerade verhindern will.

77 Auch Ziff. 2 Satz 3 MA-Komm. spricht nicht gegen die von der h. M. vorgeschlagene Auslegungsanalogie, da er keine Regelungswirkung beansprucht, sondern nur ein obiter dictum zur rechtstatsächlichen Bedeutung von Abs. 2 Satz 2 MA ist („tatsächlich"; engl. „in fact"; frz. „en fait"). In Zweifelsfällen sollte daher auch für die Merkmale des Satzes 2 das innerstaatliche Recht des Belegenheitsstaates (die lex rei sitae) maßgeblich bleiben. Dabei kommt dem spezifisch steuerrechtlichen Begriffsverständnis auch hier ein Vorrang gegenüber dem nichtsteuerrechtlichen zu (s. Rz. 67). Etwas anderes gilt nur, wenn ausdrücklich (wie in der 3. Alt.; s. Rz. 88) auf nichtsteuerliche Normen verwiesen wird.

Abkommensautonom lassen sich nach der Systematik des Art. 6 Abs. 2 und der bisherigen internationalen Vertragspraxis immerhin folgende Aussagen treffen:

78 **bb) Das Zubehör zum unbeweglichen Vermögen:** Zum unbeweglichen Vermögen gehört zunächst das Zubehör (engl. „property accessory", frz. „les accessoire"; schweiz. „die Zugehör") zum unbeweglichen Vermögen. Diese Formulierung des MA begründet einen logischen Zirkel, weil die Rechtsfolge („... ist unbewegliches Vermögen") zugleich im Tatbestand vorkommt. Der Zirkel lässt sich durchbrechen, indem man das „unbewegliche Vermögen" im Sinne der Zubehördefinition auf die Gegenstände verengt, die nach Satz 1 und den anderen Tatbestandsalternativen des Abs. 2 „unbewegliches Vermögen" sind.

79 Das Zubehör umfasst in erster Linie die **Sachen,** die mit dem Grundstück fest und dauerhaft verbunden sind. Zu ihnen gehören Gebäude (vgl. Rz. 121), deren feste Einbauten und alle Sachen, die nach deutschem Recht als „wesentliche Bestandteile" eines Grundstücks i. S. des §§ 93, 94 BGB anzusehen sind, z. B. Kabel

und Rohrleitungen (vgl. Ziff. 26.1 MA-Komm. 2003 zu Art. 1), nicht dagegen bloße Aufbauten.

Bei einer geringeren mechanischen oder natürlichen Verankerung im Boden kann es sich allerdings dann um Zubehör handeln, wenn ein dauerhafter Nutzungs- und Funktionszusammenhang zu dem Grundstück besteht (so bei typischerweise fest installierten Maschinen: ÖstVwGH v. 19.6.1968, Zl. 1561/67; ÖstBMF, EAS 432 v. 25.4.1994, SWI 1994, 181 = LJ Bd. 2, 59). Im common law knüpft die Rechtsprechung darüber hinaus maßgeblich an subjektive Elemente an; in Zweifelsfällen spreche eine Vermutung für die wirtschaftliche Verbindung einer Sache mit dem Grundstück und damit für die Zubehöreigenschaft (*High Court of Madras,* Carborandum Universal Ltd. v. CIT, [1984] 146 (ind.) ITR 1 m. w. N.). 80

Unerheblich ist, ob diese Sachen im Falle ihrer Loslösung beweglich wären und daher nach innerstaatlichem Bilanzrecht als selbständige bewegliche Wirtschaftsgüter anzusehen sind (missverständlich insoweit ÖstBMF, EAS 694 v. 17.8.1995, LJ Bd. 3, S. 60 f.). 81

Ob auch bewegliche **Einrichtungsgegenstände** wie das nicht fest eingebaute Mobiliar eines gemieteten Gebäudes „Zubehör" sind, ist unklar (dafür *K. Vogel,* 3. Aufl. dieses Kommentars, Rz. 25; BFH BStBl. II 2011, 482: *DBA Großbritannien 1964/70* (Geschäftseinrichtungen einer Gewerbeimmobilie); ebenso die schweizerische Verwaltungsauffassung; vgl. *Bébiel,* Abkommen zwischen der Schweizerischen Eidgenossenschaft und der Republik Österreich zur Vermeidung der Doppelbesteuerung, S. 107; dagegen *Hof Arnhem,* Rolno. 1855/86 BNB 1989/305; *Loukota,* FJ 1975, 88 Bsp. 6; ÖstBMF, EAS 1909 v. 6.8.2001, SWI 2001, 411 (Hochregallager); und Wassermeyer/*Wassermeyer,* Art. 6 OECD-MA Rz. 56). Die separate Nennung des Inventars land- und forstwirtschaftlicher Betriebe (s. Rz. 85 ff.) lässt den Umkehrschluss zu, dass zumindest das vertretbare Mobiliar vermieteter Wohnungen nicht unter Satz 2 fällt. Falls der Belegenheitsstaat dieses Mobiliar innerstaatlich nicht dem unbeweglichen Vermögen zuschlägt (Satz 1), sind daher insoweit Art. 7 oder Art. 21 anzuwenden; in DBA, die noch dem OECD-MA 1977 folgen, kann für „Ausrüstungsgegenstände" aber auch Art. 12 eingreifen (vgl. Art. 12 Rz. 53 ff.; *Loukota,* FJ 1975, 88 Bsp. 6). Einrichtungsgegenstände, die nach Alter oder Aussehen eine über ihre bloße Funktion und den eigenen wirtschaftlichen Wert hinausgehende wirtschaftliche oder ideelle Beziehung zu einem Gebäude aufweisen, sind dagegen Zubehör (Beispiel: Originalmobiliar eines historischen Gebäudes). 82

Nichtkörperliche Gegenstände sind kein „Zubehör". Der Wortlaut des OECD-MA ist zwar in den Originalsprachen unklar: Im common law kann der Ausdruck „property accessory" durchaus auch Gegenstände des „intangible property" umfassen. Das französische „les accessoires" kann auch „Nebenforderung" bedeuten (C. civ., Art. 1692, 2016); allerdings ist im Zusammenhang mit unbeweglichem Vermögen der engere Begriff „accessoires réputés immeubles" gebräuchlicher (C. civ., Art. 2118, 2204), der nur körperliche Gegenstände bezeichnet. Entscheidend ist aber, dass die weiteren Alternativen des Art. 6 Abs. 2 Satz 2 bestimmte nichtkörperliche Gegenstände (insbesondere **Tiere** und **Rechte**) gesondert behandeln; das schließt ihre Einbeziehung in den Zubehörbegriff aus (zutr. Wassermeyer/*Wassermeyer,* Art. 6 OECD-MA Rz. 54). 83

Für die Behandlung stehengelassener Miet-, Pacht- oder Erbbauzinsen als Teil des unbeweglichen Vermögens (mit der Folge, dass die Ertragsbesteuerung anfallender Kapitalzinsen und über Art. 22 auch die Vermögensbesteuerung der Forderung dem Belegenheitsstaat zugewiesen werden: BMF, Verständigungsvereinbarung mit der Republik Österreich v. 1.6.1994), bietet daher der Ausdruck „Zubehör" keine Stütze. Richtigerweise sind insoweit Art. 11 bzw. Art. 22 Abs. 4 anzuwenden (vgl. ÖstBMF, EAS 316 v. 20.10.1993, LJ Bd. 2, S. 58; und EAS 331 84

v. 4.11.1993, LJ Bd. 2, S. 58f.; Wassermeyer/*Wassermeyer,* Art. 6 OECD-MA Rz. 62; BFH BStBl. II 1994, 220: *DBA Italien 1925;* für Anteile am Guthaben eines Erneuerungsfonds bei Stockwerkseigentümergemeinschaften ebenso SchweizBG v. 27.1.2000, 2P.126/1998/sch zum interkantonalen Doppelbesteuerungsverbot; abweichend dagegen ÖstBMF, EAS 2083 v. 22.7.2002, SWI 2002, 406 m.w.N.). Bei land- oder forstwirtschaftlichen Betrieben können solche Forderungen allerdings zum „Inventar" gehören (s. Rz. 86, ferner Rz. 91, 103ff.).

84a Auch grundstücksbezogene, aber selbständig bewertbare und möglicherweise auch selbständig handelbare subjektive öffentliche Rechte wie z.B. Emissionsrechte sind kein Zubehör (vgl. *OECD,* Tax Treaty Issues Related to Emission Permits and Credits (Revised Discussion Draft v. 19.10.2012), Ziff. 38; differenziert dagg. *Ismer,* IStR 2013, 60 (607)).

85 **cc) Das lebende und tote Inventar land- und forstwirtschaftlicher Betriebe:** Für Sachen hat die Klausel nur deklaratorische Bedeutung, soweit es sich schon um Zubehör (s. Rz. 78ff.) handelt (vgl. Wassermeyer/*Wassermeyer,* Art. 6 OECD-MA Rz. 16). Sie ist konstitutiv für bewegliches Arbeitsgerät (Werkzeuge, Fahrzeuge, Transportbehälter, mobile Bewässerungseinrichtungen), Dünger und ähnliches (totes Inventar). Zum lebenden Inventar gehören Tiere, Pflanzen und organische Produkte wie Setzlinge und Saatgut.

86 Der Begriff „Inventar" umfasst aber nicht nur Sachen (körperliche Gegenstände). Nach dem Abkommenszusammenhang ist dieses Merkmal vielmehr weit auszulegen. Die Auslegung des Inventarbegriffes muss insbesondere gewährleisten, dass die Sperrwirkung des Art. 6 gegenüber Art. 7 (s. Rz. 200ff.) und das Fehlen eines Betriebstättenvorbehalts für die Land- und Forstwirtschaft nicht zu Wertungswidersprüchen im Verhältnis des Art. 6 zu Art. 7 Abs. 1 führt. Daher muss das „tote Inventar" auch nichtkörperliche Gegenstände wie Wertpapiere, Kontokorrentforderungen und ähnliche Wirtschaftsgüter in betriebsüblicher Menge und Höhe umfassen, wenn diese Wirtschaftsgüter im Betriebsvermögen gehalten werden und dem land- und forstwirtschaftlichen Betrieb zu dienen bestimmt sind (a.A. FG Nürnberg v. 17.12.1980, V 55/77, EFG 1981, 331 für das *DBA Österreich 1954,* das allerdings auch keine Einbeziehung des Inventars land- und forstwirtschaftlicher Betriebe anordnete; für einen generellen Vorrang der Art. 10–12 Wassermeyer/*Wassermeyer,* Art. 6 OECD-MA Rz. 57).

87 Zur Auslegung des Merkmals „Inventar" ist ein **Rückgriff auf innerstaatliches Recht** (in Deutschland etwa auf die Definitionen der §§ 33 BewG, 98 BGB) nur möglich, soweit er gegenüber dem abkommensautonom bestimmten Begriffsumfang zu keiner Verengung führt (vgl. Wassermeyer/*Wassermeyer,* Art. 6 OECD-MA Rz. 57; s. auch o. Rz. 75ff.).

88 **dd) Die Rechte, für die die Vorschriften des Privatrechts über Grundstücke gelten:** In seiner dritten Alternative erfasst Art. 6 Abs. 2 Satz 2 diejenigen dinglichen Rechte, die sich speziell auf Grundstücke (engl. „landed property", frz. „propriété foncière") beziehen können. Maßgeblich ist das Recht des Belegenheitsstaates (die lex rei sitae; vgl. Rz. 76f.). Dabei kommt es primär auf die Zivilrechtsordnung an (vgl. frz. „droit privé"; ebenso die vom BMF veröffentlichte deutsche Übersetzung des MA). Der englische Ausdruck „general law" deutet allerdings an, dass auch ein Rückgriff auf andere Teilrechtsordnungen wie etwa das öffentliche Baurecht denkbar ist.

89 Als „Rechte" kommen primär das Eigentum einschließlich des Sicherungseigentums (s. Rz. 175ff.), des Miteigentums (SchweizBGE v. 11.5.2001, 2A. 421/2000/bol), des Teileigentums, des Wohnungs- und Stockwerkseigentums, weiter das Erbbaurecht (Wassermeyer/*Wassermeyer,* Art. 6 OECD-MA Rz. 64; GKG/*Ellsel,* Art. 6 OECD-MA Rz. 225), das Erbpachtrecht, Wohnungserbbau- und Teilerbbaurechte i.S. des deutschen WEG, Teilzeitwohnrechte (zu einer Besonderheit im *DBA Großbritannien/Spanien* vgl. Rz. 153), Nießbrauch und nießbrauchsähnliche dingliche Rechte (dazu näher Rz. 95; vgl. auch Rz. 19, 174), Mineralgewinnungsrechte (GKG/*Ellsel,* Art. 6 OECD-MA Rz. 226 ff.; Wassermeyer/*Wassermeyer,* Art. 6 OECD-MA Rz. 66), das Bergwerkseigentum (Wassermeyer/*Wassermeyer,* Art. 6 OECD-MA Rz. 69; GKG/*Ellsel,* Art. 6 OECD-MA Rz. 230) und andere subjektive Bergrechte, ferner Wasser-, Jagd- und Fischereirechte (Wassermeyer/*Wassermeyer,* Art. 6 OECD-MA Rz. 67; hier ist aber genau zu prüfen, ob eine „Nutzung" i. S. des Abs. 3 vorliegt; vgl. Rz. 162), sowie Gerechtigkeiten und Gefälle (Wassermeyer/*Wassermeyer,* Art. 6 OECD-MA Rz. 60, 68; GKG/*Ellsel,* Art. 6 OECD-MA Rz. 231) in Betracht.

Auch **Grundpfandrechte** sind regelmäßig beschränkte dingliche Rechte mit Grundstücksbezug. Es gibt daher keinen Grund, sie aus dem Katalog des Abs. 2 Satz 2 auszuschließen (s. Rz. 176 ff.; vgl. aber Rz. 145). Ob Zinsen aus grundpfandrechtlich gesicherten Forderungen im Ergebnis Einkünfte „aus" den Grundpfandrechten sind und mithin dem Regime des Art. 6 Abs. 1 unterliegen, bestimmt sich nach Abs. 3 (s. Rz. 177). 90

Davon zu trennen ist die Frage, ob Mietzinsforderungen und alle weiteren Geldforderungen, die sich aus der Überlassung der genannten beschränkten dinglichen Rechte ergeben, ihrerseits zu den „Rechten, für die die Vorschriften des Privatrechts über Grundstücke gelten" gehören und mithin selber „unbewegliches Vermögen" sind. In Ermangelung einer zivilrechtlichen Gleichstellung ist diese Frage regelmäßig zu verneinen, sodass diese Forderungen nicht unter Art. 22 Abs. 1 und Einkünfte „aus der zweiten Reihe" (Kapitalzinsen auf diese Forderungen, Gewinne aus Factoring etc.) nicht unter Art. 6 fallen (problematisch daher eine deutsch-österreichische Verständigungsvereinbarung zu Zinserträgen aus Deckungswerten für eine Abfertigungsrückstellung; nach dieser Verständigungsvereinbarung soll ein ursächlicher Zusammenhang mit der Nutzung unbeweglichen Vermögens genügen: ÖstBMF v. 10.7.2000, SWI 2000, 389; vgl. ferner Rz. 105). 91

Dingliche Vorkaufsrechte sind ebenfalls „unbewegliches Vermögen" i. S. des Abs. 2 Satz 2, sobald sie wirksam zustande gekommen sind (abgelehnt für ein spanisches Grundstückskaufoptionsrecht vor Eintragung in das spanische Eigentümerregister: BFH BStBl. II 1982, 768 (770): *DBA Spanien 1966*). Die entsprechende Stellungnahmen *Lettlands* und *Litauens* (Ziff. 2.1 OECD-NM zu Art. 6) haben insoweit deklaratorischen, für schuldrechtliche Vorkaufsrechte dagegen konstitutiven Charakter. Von Bedeutung ist die Einbeziehung der Vorkaufsrechte für die Anwendung der Art. 13 Abs. 1 und 22 Abs. 1. Eine prinzipale Anwendung des Art. 6 Abs. 1 wird dagegen regelmäßig daran scheitern, dass keine „Nutzung" i. S. des Abs. 3 vorliegt (s. Rz. 179). 92

ee) Nutzungsrechte an unbeweglichem Vermögen: Die vierte Tatbestandsalternative des Satzes 2 ist aus verschiedenen Gründen problematisch. Erstens ist ihre Formulierung rekursiv (die Rechtsfolge „... ist unbewegliches Vermögen" kommt zugleich im Tatbestand vor); diese logische Unebenheit lässt sich aber ebenso auflösen wie im Rahmen des Merkmals „Zubehör" (s. Rz. 78). 93

Zweitens ergeben sich in dieser Tatbestandsalternative sprachliche und logische Interferenzen mit Abs. 3. Das tritt in der deutschen Übersetzung besonders offen zutage (der in Abs. 2 verwendete Ausdruck „Nutzung" wiederholt sich in Abs. 3); es gilt aber sinngemäß auch für die englische Originalfassung („usufruct" in Abs. 2, „use" in Abs. 3). Demgegenüber spricht die französische Originalfassung in Abs. 2 von „usufruit", in Abs. 3 von „exploitation". Diese Schwierigkeiten lassen sich aber lösen: Die unmittelbare Nutzung eines Nutzungsrechts am unbeweglichen Vermögen ist ohnehin nichts anderes als eine unmittelbare Nutzung dieses unbeweglichen Vermögens. Die Regelung des Abs. 2 Satz 2 4. Alt. hat aber im Hinblick auf die mittelbare Nutzung i. S. des Abs. 3 (dazu Rz. 173 ff.) ihren guten Sinn. 94

95 In der Sache ist „Nutzung" in Abs. 2 Satz 2 4. Alt. nicht gleichzusetzen mit dem Ausdruck „Nutzung" in Abs. 3. Die hier verwendeten Wörter „usufruct" bzw. „usufruit" gehen auf den römischen „usus fructus" zurück (vgl. D. 7, 1, 1). Dieser Begriff umfasst nebeneinander das Recht zum Gebrauch (das ius utendi) und das Recht zur Fruchtziehung (das ius fruendi), also im Kern das **Eigentum** und diejenigen Splitter des Eigentums **(beschränkte dingliche Rechte),** die sich durch Ausübung nicht verbrauchen. Hierzu gehören der **Nießbrauch** sowie – als dessen Minus – **Dienstbarkeiten** (beschränkter Gebrauch) und **Reallasten** (beschränkte Fruchtziehung; zu diesen Einbeziehungen vgl. auch Wassermeyer/*Wassermeyer,* Art. 6 OECD-MA Rz. 71 ff.), nicht dagegen **dingliche Vorkaufsrechte** (s. dafür Rz. 92) und **Grundpfandrechte** (s. Rz. 90 f.).

96 Wenn die „Nutzungsrechte an unbeweglichem Vermögen" ausschließlich dingliche (absolute) Rechte beträfen, ginge dieser Tatbestand allerdings vollständig in der 3. Alt. („Rechte, für die die Vorschriften des Privatrechts über Grundstücke gelten", o. Rz. 88 ff.) auf. Das spricht dafür, dass die 4. Alt. neben den genannten dinglichen Rechten auch persönliche (relative) Rechte erfasst. Gemessen am Wortlaut der Tatbestandsmerkmale „usufruct" bzw. „usufruit" liegt darin zwar eine erweiternde Auslegung, die auch nicht auf Abs. 3 gestützt werden kann (s. Rz. 95). Ohne eine solche erweiternde Auslegung würde aber der Umstand missachtet, dass relative Rechte dem Steuerpflichtigen wirtschaftlich die gleiche Stellung verschaffen können, die er auch als Inhaber des dinglichen Rechts hätte. Dieser wirtschaftlichen Äquivalenz muss die Anwendung des Abkommens Rechnung tragen. Deshalb ist die Einbeziehung nichtdinglicher Rechte in den Tatbestand der 4. Alt. systematisch geboten und teleologisch gerechtfertigt. Danach gilt im Einzelnen Folgendes:

97 **Obligationen:** Aus dem Bereich des Schuldrechts erfassen die „Nutzungsrechte an unbeweglichem Vermögen" jedes obligatorische Recht zum Besitz an anderweitigem (s. Rz. 93) unbeweglichem Vermögen, z. B. Rechte aus einem Miet- oder Pachtvertrag (i. Erg. zutr. daher BFH BStBl. II 1982, 566 zu Art. 3 Abs. 3 *DBA Frankreich*). Gleiches muss für rein schuldrechtlich begründete Rechte auf Fruchtziehung gelten, sofern die Früchte aus dem Ertrag eines bestimmten Grundstücks stammen.

98 **Gesellschaftsrechtlich begründete Nutzungsrechte:** Weiterhin lässt diese Auslegung es zu, dass ein gesellschaftsrechtlich begründeter Anspruch eines Gesellschafters gegen die Gesellschaft auf Gebrauch unbeweglichen Vermögens der Gesellschaft als „Nutzungsrecht an unbeweglichem Vermögen" angesehen wird.

98a Allerdings sind die OECD-Staaten mehrheitlich der Ansicht, dass Einkünfte aus der Ausübung derartiger gesellschaftsrechtlich begründeter Nutzungsrechte jedenfalls im Ergebnis nicht unter Art. 6, sondern – wie Gewinnausschüttungen in Geld (vgl. speziell zu Grundstücksgesellschaften Rz. 23) – unter **Art. 10 Abs. 3** (wenn die Nutzungen nach dem innerstaatlichen Recht des Sitzstaates der Gesellschaft wie Dividenden behandelt werden; s. BFH BStBl. II 1993, 399; BFH/NV 1994, 318, BStBl. II 2013, 1024; *B. Strehl/A. Strehl,* PIStB 2001, 189 (194); *Piltz,* DStR 2014, 684; vgl. Art. 10 Rz. 202) oder subsidiär unter **Art. 21 Abs. 1** fallen. Diese Rechtsauffassung hat sich auch im Steuerausschuss der Vereinten Nationen durchgesetzt (Ziff. 4 UN-MA-Komm. 2011). Sie dürfte dadurch motiviert sein, dass die Einräumung des Nutzungsanspruches nach dem Recht der meisten Staaten als Sachdividende oder vGA behandelt wird und damit innerstaatlich den für Dividenden geltenden Regeln unterliegt. Gegen diese Rechtsauffassung zu Art. 6 OECD-MA haben Finnland (Ziff. 5) und Spanien (Ziff. 7) 1992 Vorbehalte erklärt.

99 **Kritik:** Im Rahmen der Grundentscheidung für eine erweiternde Auslegung des Tatbestandsmerkmals „usufruct"/„usufruit" (Rz. 96) ist entscheidend, ob die wirtschaftliche Stellung des Steuerpflichtigen der des Inhabers eines beschränkten dinglichen Rechts i. S. der Rz. 89 ff. entspricht. Wenn dies für gewöhnliche

Schuldverträge bejaht wird, muss es erst recht für gesellschaftsvertraglich begründete Nutzungsansprüche gelten. Denn diese Ansprüche stehen nicht zur Disposition des Schuldners (der Gesellschaft); der Schuldner kann sich ihrer insbesondere nicht durch Kündigung entledigen. Das gibt ihnen eine größere Festigkeit als miet- oder pachtvertraglichen Nutzungsrechten. Der Verweis auf innerstaatliches Recht (Art. 6 Abs. 2 Satz 1) ist unbeachtlich, da Satz 2 gerade abkommensautonome Regelungen bereitstellt. Zudem beseitigt die Anwendung des Art. 6 die allein steuerlich motivierte Flucht in die Grundstückskapitalgesellschaft; sie trägt damit zu einer rechtsformneutralen Besteuerung von Immobilieninvestitionen bei. Es liegt auch eine Nutzung durch den Steuerpflichtigen i. S. des Abs. 3 (hier in Form der unmittelbaren Nutzung) vor (s. Rz. 154 ff.). Daher spricht vieles dafür, dass die Vorbehalte Finnlands und Spaniens überflüssig sind, weil sie jedenfalls in der Sache nichts anderes als die zutreffende Auslegung des OECD-MA zum Ausdruck bringen. Mithin kommt Art. 6 zur Anwendung und entfaltet wegen Abs. 4 eine Sperrwirkung gegenüber Art. 10 (s. Rz. 202).

Auf dieser Linie liegt auch die traditionelle Rechtsprechung des BFH (Urt. v. 24.10.1984, I R 228/81, juris-Dok.-Nr. STRE855.001460: *DBA Irland 1962*). Ebenso hat der schwedische *Regeringsrätt* die Mitgliedschaft in einer Wohnungsgenossenschaft, aus der sich das Recht zur Benutzung einer Wohnung ergab (ein „bostadsrätt"), als unbewegliches Vermögen betrachtet, weil dieses Recht im konkreten Fall mit einem Nießbrauch vergleichbar war (RÅ 1989 ref. 37; dazu *Kesti,* ET 1990, 167). Auch die französische Rechtsprechung wendet nicht Art. 10, sondern Art. 6 an (s. *Gest,* Dr. Fisc. 1991, 1713). **99a**

Eindeutig ist die Rechtslage jedenfalls dort, wo schon heute einzelne DBA ausdrücklich klarstellen, dass Einkünfte aus gesellschaftsrechtlich begründeten Nutzungsrechten in den Anwendungsbereich des Art. 6 fallen (für die deutschen DBA s. Rz. 196; ebenso z. B. Art. 6 Abs. 5 *DBA Frankreich/USA*). **100**

ff) Rechte auf veränderliche oder feste Vergütungen für die Ausbeutung oder das Recht auf Ausbeutung von Mineralvorkommen, Quellen und anderen Bodenschätzen: Die fünfte Tatbestandsalternative des Abs. 2 Satz 2 erweitert den Kreis des unbeweglichen Vermögens auf bestimmte **Vergütungsansprüche.** Durch diese sperrige, aber präzise Formulierung wird also ein vermögenswertes Recht (Forderung) erfasst, das der Steuerpflichtige als **Gegenleistung** dafür erhält, dass er einem anderen das Recht auf Ausbeutung zur Nutzung überlässt. Insofern ist der Vergütungsanspruch das wirtschaftliche Surrogat für verlorene Bodenschätze. **101**

(1) Abgrenzung. Demgegenüber ist die **Hauptleistung** (das Recht auf Ausbeutung) vom Wortlaut dieser Tatbestandsalternative streng genommen **nicht erfasst** (da die fünfte Tatbestandsalternative hinter „für die Ausbeutung" noch nicht enden kann, begründen die nachfolgenden Wörter „das Recht auf Ausbeutung" keine eigenständige sechste Tatbestandsalternative, sondern ersetzen lediglich das Wort „Ausbeutung", sodass zu lesen ist: „... Vergütungen für das Recht auf Ausbeutung von ..."). Allerdings fällt die Hauptleistung erst recht unter Art. 6 Abs. 2 Satz 2 (s. Ziff. 19 MA-Komm. zu Art. 12); sedes materiae sind insofern aber die dritte (bei dinglichen Ausbeutungsrechten; s. Rz. 88 ff.) oder vierte (bei obligatorischen Ausbeutungsrechten; s. Rz. 93 ff.) Tatbestandsalternative. Nach ihnen richtet sich damit insbesondere die Ertragsbesteuerung der sog. **„mineral royalties"** als solcher. Zur Frage, unter welchen Voraussetzungen die Ausbeutung von Bodenschätzen eine „Nutzung" i. S. des Abs. 3 bildet, s. Rz. 166 ff. **102**

(2) Systematische Bedeutung: An sich gilt in Satz 2 der Grundsatz, dass zwar die durch die Erfüllung der Vergütungsansprüche eingetretene Vermögensmehrung unter Art. 6 Abs. 1 fällt, die Vergütungsansprüche ihrerseits aber – vorbehaltlich abweichender innerstaatlicher Regelungen i. S. des Abs. 2 Satz 1 – kein unbewegliches Vermögen i. S. des Abs. 2 Satz 2 sind, sodass Erträge aus der Nutzung **103**

(Abs. 3) solcher Ansprüche (Beispiel: Einkünfte aus Kapitalzinsen auf stehengelassene Vergütungsansprüche; Vergütungen für die Sicherungsabtretung oder Verpfändung der Forderung als Sicherheit für eine fremde Schuld) an sich nicht dem Regime des Art. 6 unterlegen hätten (s. Rz. 84, 91). Von diesem Grundsatz begründet die 5. Tatbestandsalternative eine Ausnahme. Sie hebt die Gegenleistung (Vergütungsansprüche) auf die Ebene der Hauptleistung (Recht auf Ausbeutung).

104 Bedeutsam ist diese Regelung vor allem für die Funktion des Art. 6 Abs. 2 im Rahmen der **Vermögensbesteuerung** (Art. 22): Sie verschiebt den Zeitpunkt der vermögensteuerlichen Entstrickung der Bodenschätze beim (wirtschaftlichen) Eigentümer des Grundstücks (oder bei demjenigen, der ohne Eigentümer zu sein eine Konzession zur Ausbeutung der Bodenschätze besitzt und diese entgeltlich einem Dritten zur Nutzung überlässt) vom Zeitpunkt des Abbaus auf den Zeitpunkt, zu dem sein Vergütungsanspruch erlischt, verlängert also das Recht des Belegenheitsstaates zu einer konstanten Vermögensbesteuerung (a. A. Wassermeyer/*Wassermeyer,* Art. 6 OECD-MA Rz. 78 a. E.).

105 Für die **Ertragsteuern** ist dagegen zweifelhaft, ob Einkünfte aus der Nutzung des Vergütungsanspruches (darauf entfallende Kapitalzinsen etc.; s. Rz. 91) im Ergebnis wirklich unter Art. 6 Abs. 1 fallen sollen. Der Wortlaut verlangt es zwar, wirtschaftlich unterscheidet sich diese Forderung aber nicht von anderen Geldforderungen. Sie ist selbständig verkehrsfähig, kann also an einen Dritten abgetreten werden und darf jedenfalls für diesen Fall ertragsteuerlich nicht anders zu behandeln sein als eine gewöhnliche Forderung, deren (Zins-)Erträge regelmäßig unter Art. 11 Abs. 1 und 2 bzw. (wegen Art. 11 Abs. 3) unter Art. 7 Abs. 1 fallen. Zumindest wäre also eine Einschränkung des Tatbestandes durch Einführung eines Unmittelbarkeitskriteriums erforderlich (in diese Richtung BFH BStBl. II 2011, 482: *DBA Großbritannien 1964/70*). Dadurch ergeben sich aber unnötige Abgrenzungsprobleme. Außerdem müsste in diesem Fall das Merkmal „Forderungen jeder Art" in Art. 11 Abs. 3 Satz 1 einschränkend ausgelegt werden. Dazu besteht aber kein Anlass: Wenn schon grundpfandrechtlich gesicherte Forderungen (die immerhin durch die Sicherungsabrede mit dem unbeweglichen Vermögen verbunden bleiben) unter Art. 11 fallen (MA-Komm. Ziff. 2 Satz 5; s. Rz. 177), muss dies erst recht für Forderungen gelten, die nicht grundpfandrechtlich gesichert sind und nicht mehr als einen historischen Bezug zum unbeweglichen Vermögen aufweisen. Daher spricht alles dafür, der fünften Tatbestandsalternative jede Bedeutung für das Ertragsteuerrecht (also für die durch Art. 6 Abs. 1 i. V. m. Art. 23 ausgelösten Rechtsfolgen) abzusprechen (so i. Erg. auch BFH BStBl. II 2011, 482: *DBA Großbritannien 1964/70*; Wassermeyer/*Wassermeyer,* Art. 6 OECD-MA Rz. 78).

106 **(3) Vergütungsanspruch:** Bei dem Vergütungsanspruch handelt es sich regelmäßig um eine Geldforderung. Wortlaut und Sinn des MA erfassen aber auch sonstige geldwerte Forderungen. Die Vergütung kann veränderlich (insbesondere: risikoabhängig, erfolgsabhängig, inflationsabhängig o. ä.) oder fest sein. Unerheblich ist auch, ob es sich um eine Einmalzahlung (sog. lump sum payment) oder wiederkehrende Leistungen handelt. Soweit eine Forderung Zinsanteile enthält, kommt allerdings eine Aufteilung in Betracht (vgl. Rz. 147 ff.).

107 **(4) Ausbeutung** ist die Ablösung des Gegenstandes (der Bodenschätze; s. Rz. 109 ff.) von dem Grundstück. Eine Ausbeutung liegt begrifflich auch dann vor, wenn es zu einer vollständigen Entleerung des Grundstücks im Hinblick auf diesen Gegenstand kommt. Die Erkundung (Exploration) ist grundsätzlich nicht Teil der Ausbeutung (vgl. Rz. 163 ff.).

Als selbständiges Tatbestandsmerkmal (neben dem nachfolgenden „Recht auf Ausbeutung") hat die „Ausbeutung" allerdings wenig Bedeutung. Ein vertraglicher Vergütungsanspruch besteht ohnehin nur dann, wenn der Schuldner dafür ein Recht auf Ausbeutung erhält. Etwas anderes kann – abhängig vom Zivilrecht des

Belegenheitsstaates – für gesetzliche Vergütungsansprüche gelten (Beispiel: die Bodenschätze wurden unberechtigt ausgebeutet, nunmehr ist aber eine Vindikation des ursprünglich Berechtigten oder ein Anspruch auf Rückübereignung an ihn ausgeschlossen).

(5) Das **Recht auf Ausbeutung** kann ein dingliches Recht oder ein rein obligatorisches Recht sein; nach hier vertretener Auffassung kann es auch gesellschaftsrechtlich begründet sein (s. Rz. 98 ff.). **108**

Ein Recht auf Ausbeutung liegt auch dann vor, wenn es die vollständige Entleerung des Grundstücks im Hinblick auf den jeweiligen Bodenschatz zum Inhalt hat (s. Rz. 107). Aus Abs. 3 ergeben sich keine Einschränkungen. Denn anders als bei den in der 3. und 4. Tatbestandsalternative genannten Rechten muss hier gerade nicht das Ausbeutungsrecht „genutzt" werden (s. Rz. 102); die Voraussetzungen des Abs. 3 finden wegen des klaren Wortlauts des Abs. 2 Satz 2 5. Alt. allenfalls auf den Vergütungsanspruch Anwendung (nach hier vertretener Auffassung ist aber auch das zu verneinen, weil Abs. 3 nur für das Ertragsteuerrecht gilt, während die 5. Alt. ausschließlich die Vermögensbesteuerung betrifft: s. Rz. 104 f.).

(6) Bodenschätze (engl. „natural resources", frz. „ressources naturelles") sind alle homogenen organischen und anorganischen Bestandteile des Bodens, die nicht Hinterlassenschaften menschlicher Zivilisation sind (vgl. Wassermeyer/*Wassermeyer,* Art. 6 OECD-MA Rz. 79; FWK/*Kempermann,* Art. 6 Rz. 52). Hierzu zählen im Einzelnen: **109**

(7) Mineralvorkommen. Bei Mineralvorkommen (engl. „mineral deposits", frz. „gisements minéraux") handelt es sich um natürliche Ablagerungen anorganischer Stoffe aller Aggregatszustände. Hierzu zählen Metalle, Edelsteine, Halbedelsteine und andere Steine wie z. B. Marmor, Kies und Meteoriten, ferner Lava, Sand, Ton, Salze, Quarze, Erz, Steinkohle, Mineralöl, Schwefel und Schwefelverbindungen, aber auch Wasseransammlungen aller Art. Auch Oberflächenwasser (Flüsse, Seen, Meer) sind daher Mineralvorkommen. Durch die Einbeziehung von Flüssigkeiten kommt es zu Überschneidungen zum nachfolgenden Merkmal der **110**

(8) Quellen (engl. und frz. „sources"). Dieses Merkmal bezeichnet Stätten, an denen Flüssigkeiten aus dem Boden an die Oberfläche treten. **111**

(9) Andere Bodenschätze sind primär organische Stoffe, namentlich nichtmineralische fossile Brennstoffe wie pflanzliches Erdöl, Braunkohle und Torf, aber auch Fossilien. **112**

d) Regelung des Abs. 2 Satz 2 Halbs. 2 (Negativkatalog): Schiffe und Luftfahrzeuge gelten nach Art. 6 Abs. 2 Satz 2 Halbs. 2 ausdrücklich nicht als unbewegliches Vermögen. Die Auslegung der Ausdrücke **„Schiffe"** („ships" und „boats", „navires" und „bateaux") und **„Luftfahrzeuge"** („aircraft", „aéronefs") ergibt sich i. S. des Art. 3 Abs. 2 aus dem Abkommenszusammenhang: Sie folgt dem Verständnis des Art. 8 Abs. 1, 2 und 4 (s. Art. 8 Rz. 12 f.; zur Einbeziehung der Binnenschiffe unten Rz. 127 ff.). Vor allem für Rechtsordnungen, die Schiffe oder Luftfahrzeuge als unbewegliches Vermögen behandeln, kommt dieser Bestimmung zweifache Bedeutung zu: **113**

aa) Vorrang des Art. 8: Die Vorschrift über die Gewinne aus dem **Betrieb** von Schiffen oder Luftfahrzeugen (Art. 8) ist lex specialis zu Art. 6; insofern ist Art. 6 Abs. 2 Satz 2 Halbs. 2 nur deklaratorisch. Dem „Betrieb" stellt der MA-Komm. (Art. 8 Ziff. 5) die Vercharterung vollständig ausgerüsteter Schiffe und Flugzeuge gleich (Einzelheiten s. Art. 8 Rz. 17). **114**

bb) Entgeltliche Gebrauchsüberlassung: Art. 6 ist aber auch unanwendbar, soweit Einkünfte aus Schiffen und Flugzeugen **nicht** unter Art. 8 fallen; insofern wirkt Art. 6 Abs. 2 Satz 2 Halbs. 2 konstitutiv. Für die Seeschiffe betrifft dies insbesondere die sog. bare-boat-Charter (s. Art. 8 Rz. 17). Ihre Besteuerung folgte **115**

früher den Regeln des Art. 12 („Einkünfte aus der Vermietung von gewerblichen Ausrüstungen"; vgl. 2. Aufl., Art. 8 Rz. 32). Heute greift Art. 7 ein, wenn die Überlassung nach ihrem äußeren Erscheinungsbild ein „Unternehmen" („business") i.S. des Art. 7 Abs. 1 begründet (vgl. aber MA-Komm. zu Art. 7 Ziff. 51); ansonsten kommt es nach Art. 21 Abs. 1 zur ausschließlichen Besteuerung im Wohnsitzstaat.

116 **cc) Nebeneinkünfte:** Die Einkünfte aus sonstigem unbeweglichem Vermögen wie Grundstücken und Ähnlichem unterliegen auch dann gemäß Art. 6 der Besteuerung im Belegenheitsstaat, wenn sie zu einem Unternehmen gehören, das Schifffahrt oder Luftfahrt betreibt. Insofern entfaltet Art. 8 keine stärkere Attraktivkraft als Art. 7. Einkünfte aus der Nutzung von beweglichen Transportbehältern (Beispiel: Container) fallen dagegen stets unter Art. 8, nicht unter Art. 6. Einige DBA (z.B. Art. 6 Abs. 2 *DBA Spanien/USA*) stellen dies ausdrücklich klar.

117 **e) Abweichungen in der internationalen Vertragspraxis:** Selbst unter OECD-Mitgliedstaaten fehlt gelegentlich eine dem Art. 6 Abs. 2 Satz 2 entsprechende Vorschrift (so Art. 6 *DBA Irland/USA 1997;* zu den deutschen DBA s. Rz. 119ff.). In diesen Fällen kommt es an Stelle der Positivbeispiele des Abs. 2 Satz 2 Halbs. 1 allein auf das innerstaatliche Recht des Belegenheitsstaates an. Einzelne französische DBA schließen zusätzlich Anteile an Grundstücksgesellschaften in die Positivliste des Abs. 2 Satz 2 Halbs. 1 ein. Dies entspricht dem einschlägigen Vorbehalt Frankreichs (MA-Komm. Ziff. 6).

118 Der Wegfall des Halbs. 2 (Ausschluss von Schiffen und Luftfahrzeugen) hat nur auf Binnenschiffe und auf die Gebrauchsüberlassung von Seeschiffen Auswirkungen; für die unmittelbare Nutzung (den Betrieb) von Seeschiffen verdrängt Art. 8 als lex specialis den Art. 6 ohnehin (s. Rz. 114f.). Einzelne DBA erweitern den Negativkatalog des Abs. 2 Satz 2 Halbs. 2 um Straßenfahrzeuge (z.B. Art. 6 Abs. 2 Satz 2 *DBA Russland/Zypern 1998*).

II. Deutsche DBA

1. Abkommensübersicht zu Artikel 6 Abs. 2

119

DBA	MA-Regelung: Definition des Begriffs „unbewegliches Vermögen" durch Verweisung auf Recht des Belegenheitsstaates und Aufzählung von Vermögensgegenständen	Artikel	Rz.
Ägypten	≈ MA; Belegenheitsprinzip für grundpfandrechtlich gesicherte Forderungen	6 Abs. 2	129
Albanien 2010	≈ MA	6 Abs. 2	126
Algerien 2007	≈ MA	6 Abs. 2	126
Argentinien	≈ MA	6 Abs. 2	126
Armenien	s. UdSSR		
Aserbaidschan	≈ MA	6 Abs. 2	126
Australien	keine Abkommensdefinition	–	128
Bangladesch	≈ MA, zusätzlich Inventar fischereiwirtschaftlicher Betriebe	6 Abs. 2	53; 125a
Belarus	abkommensautonome Begriffsbestimmung, die durch das innerstaatliche Recht nur eingeschränkt werden kann	6 Abs. 2	120f.

DBA	MA-Regelung: Definition des Begriffs „unbewegliches Vermögen" durch Verweisung auf Recht des Belegenheitsstaates und Aufzählung von Vermögensgegenständen	Artikel	Rz.
Belgien	≈ MA	6 Abs. 2	
Bolivien	≈ MA	6 Abs. 2	
Bosnien-Herzegowina	s. Jugoslawien		
Bulgarien 2010	≈ MA	6 Abs. 2	126
China 1985/2014 (E)	≈ MA	6 Abs. 2	
Costa Rica 2014 (E)	≈ MA, aber verkürzt	6 Abs. 2	122
Dänemark	≈ MA, aber in den Definitionsartikel integriert	3 Abs. 1 Buchst. f	120; 126
DE-VG	≈ MA	6 Abs. 2	
Ecuador	≈ MA; aber ohne Positivkatalog	6 Abs. 2	121
Elfenbeinküste	≈ MA	6 Abs. 2	
Estland	≈ MA; auch Optionen oder ähnliche Rechte auf den Erwerb unbeweglichen Vermögens	6 Abs. 2	145; 179
Finnland	≈ MA	6 Abs. 2	
Frankreich	≈ MA	3 Abs. 2, 3	
Georgien	≈ MA	6 Abs. 2	126
Ghana	≈ MA	6 Abs. 2	126
Griechenland	≈ MA	XIII Abs. 2	
Großbritannien 1964/70	≈ MA	XII Abs. 2	
Großbritannien 2010	≈ MA	6 Abs. 2	
Indien	≈ MA, aber in den Definitionsartikel integriert	3 Abs. 1 Buchst. f	120
Indonesien	≈ MA	6 Abs. 2	
Iran	≈ MA	6 Abs. 2	
Irland 2011	≈ MA	6 Abs. 2	
Island	≈ MA	6 Abs. 2	
Israel	≈ MA; Sonderregelung für Gesellschaftsanteile	3 Abs. 2	124
Italien	≈ MA	6 Abs. 2	
Jamaika	≈ MA	6 Abs. 2	
Japan	≈ MA	6 Abs. 2	
Jersey	keine entsprechende Regelung	–	
Jugoslawien	≈ MA; aber ohne Positivkatalog	6 Abs. 2	121
Kanada	≈ MA; auch bestimmte Beteiligungen sowie Anwartschaftsrechte/Optionen auf den Erwerb unbeweglichen Vermögens	6 Abs. 2; Ziff. 2 SProt.	124a
Kasachstan	≈ MA	6 Abs. 2	
Kenia	≈ MA	6 Abs. 2	
Kirgisistan	≈ MA	6 Abs. 2	126
Korea	≈ MA	6 Abs. 2	126
Kosovo	s. Jugoslawien		
Kroatien	≈ MA	6 Abs. 2	
Kuwait	≈ MA	6 Abs. 2	
Lettland	≈ MA; auch Optionen oder ähnliche Rechte auf den Erwerb unbeweglichen Vermögens	6 Abs. 2	

DBA	MA-Regelung: Definition des Begriffs „unbewegliches Vermögen“ durch Verweisung auf Recht des Belegenheitsstaates und Aufzählung von Vermögensgegenständen	Artikel	Rz.
Liberia	≈ MA; verkürzte Aufzählung; Sonderregelung für Verkaufsagenten	6 Abs. 2, Ziff. 3 SProt.	122
Liechtenstein 2011	≈ MA	6 Abs. 2	
Litauen	≈ MA; auch Optionen oder ähnliche Rechte auf den Erwerb unbeweglichen Vermögens	6 Abs. 2	
Luxemburg 2012	≈ MA	6 Abs. 2	
Malaysia 2010	≈ MA	6 Abs. 2	
Malta	≈ MA; auch sonstiges Betriebsvermögen land- und forstwirtschaftlicher Betriebe	6 Abs. 2	123; 126
Marokko	≈ MA	6 Abs. 2	
Mauritius 2011	≈ MA	6 Abs. 2	
Mazedonien 2006	≈ MA	6 Abs. 2	
Mexiko 2008	≈ MA	6 Abs. 2	
Moldau	s. UdSSR		
Mongolei	≈ MA, aber in den Definitionsartikel integriert	3 Abs. 1 Buchst. f	120; 126
Montenegro	s. Jugoslawien		
Namibia	≈ MA, aber in den Definitionsartikel integriert	3 Abs. 1 Buchst. d	120
Neuseeland	≈ MA	6 Abs. 2	
Niederlande 1959/2004	eigenständige Regelung unter Einschluss von Zubehör und land- und forstwirtschaftlichen Nebenbetrieben; Verweisung auf innerstaatliches Recht für grundstücksgleiche Rechte	4 Abs. 1–2; SProt. Nr. 4	
Niederlande 2012 (E)	≈ MA	6 Abs. 2	
Norwegen 1991/2013 (E)	≈ MA	6 Abs. 2	
Oman 2012 (E)	≈ MA; ausdrückliche Erwähnung der Fischzucht; Ausschluss von Schiffen und Luftfahrzeugen	6 Abs. 2	
Österreich	≈ MA	6 Abs. 2	
Pakistan	≈ MA	6 Abs. 2	129
Philippinen 1983	≈ MA	6 Abs. 2	122
Philippinen 2013	≈ MA	6 Abs. 2	122
Polen	≈ MA	6 Abs. 2	126
Portugal	≈ MA	6 Abs. 2	
Rumänien	≈ MA	6 Abs. 2	
Russische Föderation	≈ MA	6 Abs. 2	125
Sambia	≈ MA	6 Abs. 2	
Schweden	≈ MA, aber in den Definitionsartikel integriert; zusätzlich Gebäude	3 Abs. 1 Buchst. h	120 f.
Schweiz	≈ MA	6 Abs. 2	
Serbien	s. Jugoslawien		
Simbabwe	≈ MA	6 Abs. 2	
Singapur 1972	≈ MA; verkürzte Aufzählung	6 Abs. 2	122
Singapur 2004	≈ MA	6 Abs. 2	126

DBA	MA-Regelung: Definition des Begriffs „unbewegliches Vermögen" durch Verweisung auf Recht des Belegenheitsstaates und Aufzählung von Vermögensgegenständen	Artikel	Rz.
Slowakei	s. Tschechoslowakei		
Slowenien	≈ MA	6 Abs. 2	126
Spanien 2011	≈ MA	6 Abs. 2	
Sri Lanka	≈ MA; aber ohne Positivkatalog	6 Abs. 2	121
Südafrika 1973	≈ MA	10 Abs. 2	
Südafrika 2008 (E)	≈ MA	6 Abs. 2	
Syrien 2010	≈ MA	6 Abs. 2	
Tadschikistan	≈ MA	6 Abs. 2	126
Taiwan 2011	≈ MA	6 Abs. 2	
Thailand	≈ MA	6 Abs. 2	
Trinidad und Tobago	≈ MA	6 Abs. 2	
Tschechien	s. Tschechoslowakei		
Tschechien 1997 (E)	≈ MA	6 Abs. 2	
Tschechoslowakei	≈ MA	6 Abs. 2	
Türkei 2011	≈ MA, Einbeziehung von Betrieben zur Zucht und Aufzucht von Fischen	6 Abs. 2	53; 125a
Tunesien	≈ MA	6 Abs. 2	
Turkmenistan	s. UdSSR		
UdSSR	≈ MA; aber ohne Positivkatalog	10 Abs. 1 S. 2; 10 Abs. 2	121
Ukraine	≈ MA, aber in den Definitionsartikel integriert	3 Abs. 1 Buchst. d	120
Ungarn 2011	≈ MA	6 Abs. 2	
Uruguay 2010	≈ MA	6 Abs. 2	
USA 1989	≈ MA	6 Abs. 2	
USA 1989/2006	≈ MA	6 Abs. 2	
Usbekistan	≈ MA	6 Abs. 2	
Venezuela	≈ MA, aber in den Definitionsartikel integriert	3 Abs. 1 Buchst. f	120; 126
Vereinigte Arabische Emirate 2010	≈ MA	6 Abs. 2	
Vietnam	≈ MA	6 Abs. 2	
Weißrussland	s. Belarus		
Zypern 2011	≈ MA	6 Abs. 2	

2. Erläuterungen

a) Die **jüngere deutsche Abkommenspraxis** (*DBA Dänemark, Indien, Mongolei, Namibia, Schweden, Ukraine* und *Venezuela*) lässt die Tendenz erkennen, die Definition des Begriffs „unbewegliches Vermögen" vor die Klammer zu ziehen: statt in der Verteilungsnorm (Art. 6) findet sich die Begriffsbestimmung in den genannten DBA bereits in der dem Art. 3 OECD-MA entsprechenden Vorschrift (vgl. Rz. 63). Wegen der Bedeutung des Begriffs auch für Normen außerhalb des Art. 6 liegt darin eine technisch sinnvolle Abweichung vom OECD-MA. Inhaltlich bleibt sie ohne Bedeutung. **120**

Das *DBA Belarus* enthält im Grundsatz die abkommensautonome Regelung, dass „unbewegliches Vermögen" Grundstücke und Gebäude sind; trotz der Bemerkung von *Belarus* in Ziff. 2 OECD-NM wird sie um eine dem Abs. 2 Satz 2 OECD-MA entsprechende Klausel ergänzt. Wegen der besonderen Weite des weißrussischen innerstaatlichen Verständnisses von „unbeweglichem Vermögen" kommt den innerstaatlichen Begriffsbestimmungen hier aber – abweichend von Abs. 2 Satz 1 OECD-MA – keine erweiternde, sondern nur begrenzende Wirkung zu: Art. 6 Abs. 2 Satz 3 *DBA Belarus* ordnet an, dass Satz 2 nur gilt, wenn das innerstaatliche Recht des Anwendestaates entsprechende Regelungen kennt.

121 **b)** Eine Reihe von DBA definiert den Begriff des unbeweglichen Vermögens wie das MA durch Verweisung auf das Recht des Belegenheitsstaates; zu **Abweichungen** kommt es jedoch **bei den Positivbeispielen** i. S. v. Art. 6 Abs. 2 Satz 2 MA:

aa) Die *DBA Ecuador, Jugoslawien, Sri Lanka* und *UdSSR* nennen **keine Positivbeispiele.** Sie bestimmen lediglich, dass Schiffe und Luftfahrzeuge nicht als unbewegliches Vermögen gelten.

bb) Die *DBA Belarus* und *Schweden* ergänzen die Aufzählung um **„Gebäude".** Darin liegt eine Klarstellung, wegen der Einbeziehung von Gebäuden in den insoweit abkommensautonom bestimmbaren Zubehörbegriff (s. Rz. 79) aber keine inhaltliche Abweichung.

122 **cc)** Die *DBA Costa Rica* 2014 (E) und *Singapur 1972* führen das **Zubehör** sowie – ebenso wie die *DBA Liberia* und *Philippinen* – das **lebende und tote Inventar land- und forstwirtschaftlicher Betriebe** nicht unter den Positivbeispielen auf. Der sachliche Gehalt der Definition wird dadurch gegenüber dem MA **nicht verändert,** sofern Einkünfte aus land- und forstwirtschaftlichen Betrieben in Abs. 1 eigens genannt sind. Andernfalls gehören nur wesentliche Bestandteile (§§ 93f. BGB) und Zubehör (§ 97 BGB) zum unbeweglichen Vermögen. Barmittel, Wertpapiere und ähnliche Vermögensgegenstände werden dagegen nicht erfasst (FG Nürnberg EFG 1981, 331 (332): *DBA Österreich 1954*).

123 **dd)** Das *DBA Malta* führt neben dem Zubehör und dem lebenden und toten Inventar auch das **sonstige Betriebsvermögen land- und forstwirtschaftlicher Betriebe** auf. Dogmatisch liegt darin eine Ergänzung der allgemeinen Definitionsmerkmale des OECD-MA. Danach sind z. B. Dividenden, Zinsen und Lizenzgebühren dem Art. 6 *DBA Malta* auch dann noch zuzuordnen, wenn sie das für solche Betriebe übliche Maß (vgl. Rz. 86) überschreiten. Dadurch erhält die Frage nach der Abgrenzung eines (Haupt-)Betriebes zu von diesem unabhängigen (Neben-)Betrieben noch größere Bedeutung als unter dem OECD-MA (vgl. bereits Rz. 41). Ob ein Betrieb oder zwei Betriebe vorliegen, ist durch abkommensautonome Auslegung zu bestimmen (zu möglichen Kriterien vgl. FG Nds. HFR 2001, 974ff.). Was zum Betriebsvermögen gehört, richtet sich dagegen – entsprechend dem allgemeinen Gedanken des Art. 6 Abs. 2 Satz 1 OECD-MA – nach dem innerstaatlichen Recht des Belegenheitsstaates.

124 **ee)** Das *DBA Israel* (Art. 3 Abs. 2 Satz 3) erweitert den Katalog der Beispiele unbeweglichen Vermögens um **Anteile an Grundstücksverwaltungsgesellschaften,** die nicht börsennotiert sind: Besteht das Vermögen solcher Gesellschaften ausschließlich aus unbeweglichem Vermögen im Ansässigkeitsstaat der Gesellschaft sowie aus Zubehör zu diesem Vermögen oder aus Vermögensgegenständen, die für die normale Verwaltung, Instandsetzung und Unterhaltung des unbeweglichen Vermögens erforderlich sind, so kann der Belegenheitsstaat die Gewinnausschüttungen besteuern, die ein Gesellschafter bezieht. Diese Regelung ist lex specialis zur Vorschrift des Art. 12 *DBA Israel* über die Dividendenbesteuerung. Entsprechendes gilt für die Vermögensbesteuerung.

124a **ff)** Das *DBA Kanada* (Ziff. 2 SProt.) stellt klar, dass auch **Beteiligungen** an Mineralvorkommen, Quellen und anderen Bodenschätzen unbewegliches Vermögen sind.

125 **gg)** Statt auf die Vorschriften des Privatrechts verweist Art. 6 Abs. 2 Satz 2 *DBA Russische Föderation* auf die **Vorschriften des „Rechts für Grund und Boden".**

Diese Regelung beruht auf der Eigenständigkeit des Bodenrechts in Russland (vgl. *Koslow,* IWB DBA Fach 5, Russische Föderation, Gr. 2, 75 (79)).

hh) Während das *DBA Türkei 1985* die Aufzählung um „**Fischgewässer** jeder Art" ergänzt hatte, nimmt das *DBA Türkei 2011* nur noch in einem Klammerzusatz auf die **Zucht und Aufzucht von Fischen** Bezug. Der Sache nach bezieht er sich nicht allein auf das betriebliche Inventar, sondern ergänzt den Ausdruck „land- und forstwirtschaftliche Betriebe" auch mit Blick auf Abs. 1. Er hat damit konstitutiven Charakter (s. Rz. 39, 53, 162a). Entsprechendes gilt für das *DBA Bangladesch,* das die Aufzählung des Abs. 2 – entsprechend der Erweiterung seines Abs. 1 (s. Rz. 53) – um das Inventar fischereiwirtschaftlicher Betriebe ergänzt. **125a**

ii) Viele ältere deutsche DBA, aber auch die rein deutschsprachigen DBA mit *Liechtenstein 2011, Österreich* und der *Schweiz,* ferner die neuen DBA mit der *Türkei 2011* und *Ungarn 2011* verwenden in Übereinstimmung mit der alten amtlichen Übersetzung des OECD-MA ins Deutsche für das englische Definitionsmerkmal „natural resources" – wie auch in der Bestimmung des Ausdrucks „Vertragsstaat" im Definitionsartikel (vgl. Art. 3 Rz. 84) – den Ausdruck **„Bodenschätze"**. Sie bekräftigen damit den engen Bodenbezug, den Art. 6 verlangt. In den 1990er Jahren fand dann vorübergehend der Ausdruck „**Naturschätze"** Verwendung *(DBA Argentinien, Dänemark, Mongolei* und *Venezuela).* Die meisten seit 2000 abgeschlossenen DBA sprechen in enger Anlehnung an die Originalfassungen des OECD-MA von **„natürlichen Ressourcen"** *(DBA Albanien 2010, Algerien 2007, Aserbaidschan, Bulgarien 2010, Georgien, Ghana, Großbritannien 2010, Irland 2011, Kirgisistan, Korea, Malta, Mauritius 2011, Mexiko 2008, Polen, Singapur 2004, Slowenien, Spanien 2011, Südafrika 2008 (E), Syrien 2010* und *Tadschikistan).* In der Sache bestehen aber keine Differenzen. Das ergibt sich insbesondere daraus, dass die englisch- und französischsprachigen Fassungen durchgehend die dem OECD-MA entsprechenden Formulierungen verwenden; wegen Art. 33 (3) WÜRV (s. Grundl. Rz. 111) spricht eine Vermutung für die Bedeutungsidentität der deutschsprachigen und der fremdsprachigen Fassungen. **126**

c) Die **Negativkataloge** der meisten deutschen DBA führen „Schiffe und Luftfahrzeuge" auf, differenzieren in Art. 6 also nicht – wie das OECD-MA in den Originalsprachen – zwischen „ships"/„navires" (Seeschiffen) und „boats"/„bateaux" (Binnenschiffen). Die dem Art. 8 OECD-MA entsprechenden Verteilungsnormen der deutschen DBA, die fast durchgehend „Seeschiffe" betreffen, zeigen aber, dass der deutschsprachige Oberbegriff „Schiffe" in Art. 6 Abs. 2 **See- und Binnenschiffe** umfasst. **127**

Unklar ist die Rechtslage, wenn neben der deutschen eine gleichrangige englisch- oder französischsprachige Fassung existiert, die (wie z. B. im *DBA Großbritannien 2010*) in beiden Artikeln gleichlautend nur „ships"/„navires" und nicht auch „boats"/„bateaux" nennt: Diese Ausdrücke bezeichnen ausschließlich Seeschiffe. Angesichts des klaren Wortlauts und der Existenz sog. Küstenmotorschiffe ist insbesondere kein Umkehrschluss zu der Verwendung des Zusatzerfordernisses „in international traffic" in Art. 8 möglich, der eine Einbeziehung der Binnenschiffe in den Anwendungsbereich des Art. 6 auch in diesen Sprachfassungen geböte. Daher kommt Art. 33 Abs. 4 WÜRV zur Anwendung. **127a**

Eine symmetrische Lösung kann am ehesten in einer Maßgeblichkeit der Sprachfassung liegen, die die Sprache des jeweiligen Flaggen- bzw. Registerstaats ist. Art. 6 Abs. 2 Satz 2 will der Sache nach die Maßgeblichkeit des jeweiligen Aufenthaltsstaats ausschließen. Er stellt aber kein eigenes methodologisches Rüstzeug bereit. Methodologisch liegt daher der Ansatz des Art. 6 Abs. 2 Satz 1 OECD-MA näher als ein Rückgriff auf das Recht des jeweiligen Anwendestaates über Art. 3 Abs. 2 OECD-MA. Belegenheitsstaat im normativen Sinne ist für alle Schiffe – auch die Binnen- **127b** schiffe – der Staat, dessen Flagge das Schiff führt und in dem das Schiff in ein Schiffsregister eingetragen ist. Wenn dieser Staat in seiner Sprache (z.B. englisch, französisch) nur Seeschiffe, nicht auch Binnenschiffe aus dem Anwendungsbereich des Art. 6 ausnimmt und Binnenschiffe nach seinem innerstaatlichen Recht als unbewegliches Vermögen behandelt, muss der Ansässigkeitsstaat dem selbst dann folgen, wenn seine Sprachfassung (z.B. die deutsche) alle Schiffe, mithin auch Binnenschiffe aus dem Anwendungsbereich von Art. 6 ausschließt.

127c Wo dagegen eine englisch- oder französischsprachige Fassung für den Fall von Auslegungszweifeln gegenüber den anderen authentischen Sprachfassungen maßgeblich sein soll (vgl. Art. 33 Abs. 1 Halbs. 2 WÜRV), findet Art. 6 Abs. 2 Satz 1 ohnehin unmittelbar Anwendung. Es bleibt dann in jedem Fall bei der Maßgeblichkeit des jeweiligen Flaggen- bzw. Registerstaats.

128 **d)** Eine Reihe von Abkommen enthält **keine Abkommensdefinition** des unbeweglichen Vermögens (s. Übersicht Rz. 119). Der in einigen früheren DBA (vgl. 3. Aufl., Rz. 29) verwendete Ausdruck „Liegenschaft" ist mit dem des unbeweglichen Vermögens gleichzusetzen. Wenn ein dem Art. 6 Abs. 2 Satz 1 OECD-MA entsprechender Verweis auf das innerstaatliche Recht des Belegenheitsstaates fehlt, ist für die Begriffsbestimmung dann nach der allgemeinen Auslegungsregel des Art. 3 Abs. 2 MA auf das innerstaatliche Recht des jeweiligen Anwendestaates zurückzugreifen (FG Köln, EFG 1998, 1581; rkr.). Obwohl danach in ein Register eingetragene Schiffe aus deutscher Sicht zum unbeweglichen Vermögen zählen (RFH RStBl. 1941, 250), geht für die Einkünfte aus ihrem Betrieb die Spezialnorm in dem jeweiligen DBA (Art. 8 MA) vor.

129 **e)** Abweichend vom MA-Komm. (Ziff. 2 a.E.; s. dazu Rz. 177) gehören nach der (sprachlich missglückten) Vorschrift des Art. 6 Abs. 2 Satz 2 *DBA Ägypten* und nach Art. IX Abs. 2 *DBA Pakistan* auch Zinsen aus **grundpfandrechtlich gesicherten Forderungen** zu den Einkünften aus unbeweglichem Vermögen; sie dürfen vom Belegenheitsstaat besteuert werden. Ähnliche Regelungen galten früher auch im Verhältnis zu einigen europäischen Staaten (s. 3. Aufl., Rz. 31; zu dem im Ergebnis diametral entgegengesetzten Art. 11 Abs. 2 *DBA Österreich 1954* s. ÖstBMF, EAS 1984 v. 29.1.2002, SWI 2002, 194 = ÖStZ 2002, 282 Nr. 473). Eine bloß mittelbare Besicherung (z.B. durch Sicherungszession einer ihrerseits dinglich gesicherten Forderung; vgl. BFH BStBl. II 1999, 514 und BFH BStBl. II 2001, 822, beide zum *DBA Niederlande 1959/80;* ferner *R. Müller/J. Borggräfe,* DB Beil. 18/1996, 3ff.; *dies.,* IStR 1998, 23) genügt den Anforderungen der *DBA Ägypten* und *Pakistan* nicht (s. Art. 11 Rz. 83; ebenso zum DBA *Griechenland/Österreich* ÖstBMF, EAS 1173 v. 1.12.1997, SWI 1998, 54f.m.w.N., hierzu *Schuch/Toifl,* SWI 1996, 15ff.). Ob die Sicherheit werthaltig sein muss, hat der BFH offengelassen (BFH BStBl. II 2001, 822; für die Verwendung eines Fremdvergleichsmaßstabes ÖstBMF, EAS 640 v. 29.5.1995, SWI 1995, 251 = LJ Bd. 3, S. 60: *DBA Österreich/Griechenland*). Die Verteilungsnorm kann zeitlich schon vor Eintragung des Grundpfandrechts eingreifen, wenn es später zur Eintragung kommt (ÖstBMF a.a.O.).

C. Zu Art. 6 Abs. 3

I. Musterabkommen

1. Übereinstimmungen und Abweichungen

130 Die Musterabkommen und die DE-VG stimmen in ihrem Art. 6 Abs. 3 wörtlich überein. Das UN-MA hat aber von Anfang an (1980) ein „auch" (also) ergänzt, das in keiner Fassung des OECD-MA eine Parallele findet. Die Verfasser des UN-MA-Komm. waren und sind sich dieser textlichen Abweichung offenbar nicht bewusst (Ziff. 1 UN-MA-Komm.). Auch sie halten das Merkmal „Nutzung" für abschließend und betonen lediglich die – ohnehin durch den Auffangtatbestand des Abs. 3 a. E. zum Ausdruck gebrachte – Offenheit für alle Nutzungsformen (Ziff. 8 UN-MA-Komm.). Auch systematisch lässt der Abgleich des Art. 6 UN-MA mit den Art. 7, 8 und 17 UN-MA einerseits und Art. 13 Abs. 1 UN-MA andererseits weder Raum für eine Einbeziehung der bloßen Verwendung des unbeweglichen Vermögens als eines untergeordneten Produktionsfaktors im Rahmen einer anderweitigen Einkunftserzielung (zu dieser Abgrenzung Rz. 146 ff.) noch für die Einbeziehung von Erträgen aus der (sc. finalen) Verwertung unbeweglichen Vermögens (dazu Rz. 140 ff.). Das „auch" in Art. 6 Abs. 3 UN-MA erscheint insofern als redaktionelle Ungenauigkeit.

2. Erläuterungen

a) Grundzüge: Art. 6 Abs. 3 ist aber auch im OECD-MA unklar formuliert (zutr. Kritik bei Wassermeyer/*Wassermeyer,* Art. 6 OECD-MA Rz. 91). Im Kern ordnet die Vorschrift an, dass Abs. 1 für Einkünfte aus **jeder Art der Nutzung unbeweglichen Vermögens** gilt. Der Zentralbegriff „Nutzung" beschreibt und begrenzt den Kreis der Einkunftserzielungshandlungen, die die Rechtsfolgen des Abs. 1 (Besteuerung im Belegenheitsstaat) auslösen. Dieser Kernaussage stellen die MA die „unmittelbare Nutzung" (gemeint ist die Nutzung durch aktiven Gebrauch; s. Rz. 154 ff.) und die „Vermietung und Verpachtung" (Nutzung durch Gebrauchsüberlassung; s. Rz. 173 ff.) als Regelbeispiele voran. Dadurch wird der Begriff „Nutzung" weder erweitert noch beschränkt; er gewinnt aber eine innere Struktur. Die Aufzählung ist allerdings nicht abschließend (s. Rz. 185 ff.). 131

In der Gesamtsystematik des Art. 6 ist das Erfordernis einer „Nutzung" kein eigenständiges Merkmal, das neben die Elemente des Grundtatbestandes in Art. 6 Abs. 1 tritt (überflüssig daher die besondere Erwähnung des Abs. 3 in Abs. 4). Vielmehr konkretisiert Abs. 3 (ebenso wie auch Abs. 2) lediglich die Tatbestandsmerkmale des Abs. 1, indem er die Anforderungen an den Zusammenhang zwischen Einkunftsquelle und Einkünften präzisiert: Nur dann, wenn eine „Nutzung" vorliegt, sind die Einkünfte auch Einkünfte „aus" unbeweglichem Vermögen (s. Rz. 34). 132

b) Auslegungsmethode: Die Merkmale des Abs. 3 sind abkommensautonom auszulegen. Das ergibt sich vor allem aus der besonderen Funktion des Abs. 3 im Rahmen des Art. 6: Er definiert allein die Einkunftserzielungshandlungen (s. Rz. 34, 131). Damit überlässt er die Festsetzung der an die Einkunftsquelle zu stellenden Anforderungen den Regelungen der Absätze 1 und 2, die Festsetzung der an den Begriff „Einkünfte" zu stellenden Anforderungen hingegen dem innerstaatlichen Recht des Anwendestaates (s. Rz. 14 f.). Damit sind insbesondere die in Abs. 3 genannten Begriffe „Vermietung und Verpachtung" nur auf die in ihnen enthaltenen verhaltensbezogenen Elemente hin zu untersuchen. Gerade in diesem Punkt erfordert der Abkommenszusammenhang aber ein eigenständiges Begriffsverständnis (s. Rz. 173 ff.), sodass für den Rückgriff auf innerstaatliches Recht (sei es – analog zu Abs. 2 Satz 1 – auf das Recht des Belegenheitsstaates, sei es – über Art. 3 Abs. 2 – auf das des Anwendestaates: so *K. Vogel,* 3. Aufl. dieses Kommentars, Rz. 36; ihm folgend Wassermeyer/*Wassermeyer,* Art. 6 OECD-MA Rz. 92 f.; GKG/*Ellsel,* Art. 6 OECD-MA Rz. 273) letztlich kein Raum bleibt. 133

c) Subjekt der Nutzung ist regelmäßig die in Abs. 1 genannte Person (der Bezieher der Einkünfte). Diese Identität ist aber keine Tatbestandsvoraussetzung. 134

Daher können die Einkünfte auch dann noch Einkünfte „aus" unbeweglichem Vermögen i. S. des Abs. 1 und 3 sein, wenn das unbewegliche Vermögen von einem Dritten genutzt wird (s. Rz. 19 f.).

135 **d) Begriff der Nutzung:** Nutzung ist die zeitlich begrenzte Bewirtschaftung des Vermögensgegenstandes. Bewirtschaftung ist sein Einsatz als Einkunftsquelle.

aa) Stellung des Nutzenden: Nutzender ist regelmäßig der Steuerpflichtige; nur ausnahmsweise ein Dritter (s. Rz. 19 f.). Der Einsatz des Vermögens setzt weder das Eigentum noch eine andere dingliche oder obligatorische Rechtsbeziehung des Nutzenden zu dem Vermögensgegenstand voraus. Vielmehr kommt es allein auf die wirtschaftliche Nutzungsmöglichkeit an.

136 Darin einen Zusammenhang mit dem Begriff der Nutzungsberechtigung **(beneficial ownership)** i. S. des Art. 10–12 zu sehen (Wassermeyer/*Wassermeyer,* Art. 6 OECD-MA Rz. 18), ist aber problematisch. Die beneficial ownership hat eine andere Funktion. Sie dient dazu, Zweifel bei der persönlichen Zurechnung gegebener Einkünfte durch deren exklusive Zuordnung zu einem einzigen Steuerpflichtigen zu beseitigen (vgl. Vor Art. 10–12 Rz. 11). Demgegenüber verzichtet Art. 6 aus gutem Grund auf eine entsprechende Engführung: Denn wegen der Einbeziehung der mittelbaren Nutzung (s. näher Rz. 173 ff.) kann sogar eine Kette unterschiedlicher Personen ein und dasselbe unbewegliche Vermögen gleichzeitig „nutzen" (der Eigentümer durch Vermietung, der Mieter durch Untervermietung, der Untermieter durch unmittelbare Nutzung; sie alle erzielen je für sich Einkünfte aus unbeweglichem Vermögen).

Daher kann ein Steuerpflichtiger auch dann Einkünfte i. S. des Art. 6 beziehen, wenn er das zivilrechtliche Eigentum einem Treuhänder oder Sicherungsnehmer überträgt (s. Rz. 17a).

137 Gleiches gilt, wenn der Steuerpflichtige das Grundstück einem anderen vorübergehend zur Ausbeutung von Bodenschätzen oder zur biologischen Bewirtschaftung übereignet, sofern von vornherein absehbar ist, dass das Eigentum nach Abschluss dieser Nutzung an den Steuerpflichtigen zurückfällt oder zurückübertragen wird. Die Differenz zwischen Verkaufspreis und abgezinstem Rückkaufpreis ist wirtschaftlich ein Nutzungsentgelt, das unter Art. 6 fällt; die Besteuerung des Zinsanteils richtet sich dagegen nach Art. 11 (Rz. 105).

138 Nicht ausreichend ist demgegenüber das bloße **Tätigwerden am unbeweglichen Vermögen,** wenn es sich als Aktivität in der wirtschaftlichen Sphäre eines anderen darstellt. Keine Einkünfte aus unbeweglichem Vermögen erzielen daher z. B. ein selbständiger Baggerführer, der im Auftrag des Grundstücksinhabers Kies zu Tage fördert, ohne ihn zu verwerten (vgl. Rz. 166 ff.), oder ein Wohnungsmakler, der Mieter und Vermieter zusammenbringt.

139 **bb) Abgrenzung.** Die Nutzung als ein in der Zeit ausgedehnter Umgang mit dem Vermögensgegenstand ist einerseits gegen seine Veräußerung als einer einmaligen, finalen Verfügung (Rz. 140 ff.) und anderseits gegen seine bloße Verwendung als untergeordneter Produktionsfaktor im Rahmen einer anderweitigen Einkunftserzielung abzugrenzen (Rz. 146 ff.).

140 **(1) Veräußerung.** Keine Nutzung i. S. des Art. 6 Abs. 3, sondern eine Veräußerung (Art. 13 Abs. 1; vgl. o. Rz. 11) liegt vor, wenn der Steuerpflichtige das unbewegliche Vermögen, das als Einkunftsquelle dient, ohne zeitliche Begrenzung (Rz. 141 ff.) vollständig oder teilweise (Rz. 144) auf einen anderen überträgt. Diese Abgrenzung ergibt sich aus dem Abkommen selber; ein Rückgriff auf innerstaatliches Recht ist nicht erforderlich (a. A. *Arnold,* BIFD 2006, 5 (11)). Von praktischer Bedeutung ist die Abgrenzung zu Art. 13 allerdings nur, wenn einzelne DBA diese Verteilungsnorm mit anderen Rechtsfolgen ausstatten als die dem Art. 6 entsprechende Vorschrift.

Eine **zeitliche Begrenzung** besteht immer schon dann, wenn die Übertragung nicht für immer erfolgt. Daher fällt auch das Entgelt für die Bestellung eines Erbbaurechts (Erbbauzins i. S. des § 9 ErbbauVO oder Einmalzahlung; vgl. Rz. 89) unter Art. 6 (vgl. BFH BStBl. III 1963, 564). 141

Gleiches gilt, wenn die Übertragung der Nutzungsmöglichkeit zeitlich durch den Ablauf der eigenen Verfügungsgewalt des Steuerpflichtigen über das unbewegliche Vermögen begrenzt ist. Wenn sich daher der Steuerpflichtige als Pächter eines Grundstücks bereiterklärt, vorzeitig auf sein Recht zum Besitz zu verzichten, und dafür vom Eigentümer eine einmalige **Abstandszahlung** erhält, bezieht die Abstandszahlung ihre wirtschaftliche Berechtigung noch durch die „Nutzung" durch den Pächter: Denn wirtschaftlich ist diese Abstandszahlung nichts anderes als die Marge, die der Pächter durch eine (fiktive) Rückverpachtung an den Eigentümer für die Restlaufzeit des Pachtvertrages erzielt (zutr. daher BFH BStBl. II 1982, 566 und Wassermeyer/*Wassermeyer,* Art. 6 OECD-MA Rz. 71).

Bei **Leasingverträgen** besteht bei einer zivilrechtlichen ex-ante-Betrachtung stets die Möglichkeit einer zeitlichen Begrenzung. Hier ist maßgeblich darauf abzustellen, welcher Vertragspartner über ihren Eintritt zu entscheiden hat: Ist dem Leasingnehmer eine Kaufoption (Vorkaufsrecht) eingeräumt (was gerade beim **Immobilienleasing,** aber auch den meisten anderen Formen des **Finanzierungsleasing** regelmäßig der Fall ist), so spricht eine schwache Vermutung gegen das Vorliegen einer zeitlichen Begrenzung, also für die Annahme eines Überganges der Verfügungsmacht auf den Leasingnehmer. Treten keine besonderen Umstände hinzu, fallen die Einkünfte des Leasinggebers daher unter Art. 11 und Art. 13. Hängt dagegen die Fortsetzung des Leasingvertrages nach Ablauf der Grundmietzeit von beiden Parteien ab oder hat der Leasinggeber ein Andienungsrecht, so liegt die wirtschaftliche Verfügungsgewalt regelmäßig noch beim Leasinggeber. In diesem Fall spricht eine starke Vermutung für das Vorliegen einer zeitlichen Begrenzung und damit für die Anwendung von Art. 6. 142

Weitere Gesichtspunkte sind die Verwendbarkeit der Sache für den Leasinggeber und Dritte (dann tendenziell Art. 6), die Dauer der Grundmietzeit im Verhältnis zur möglichen Nutzungsdauer (kurze Frist spricht für die Annahme einer Nutzung i. S. des Art. 6, lange Frist für die Annahme eines Substanzverbrauchs durch den Leasingnehmer und damit für eine Veräußerung i. S. des Art. 13), die vertraglichen Gefahrtragungsregeln und eine an den Vertragsbedingungen und den äußeren Umständen orientierte wirtschaftliche Prognoseentscheidung darüber, ob die Kaufoption bzw. das Andienungsrecht voraussichtlich ausgeübt werden (dann tendenziell Art. 13).

Die abkommensrechtliche Behandlung der Anschaffung von unbeweglichem Vermögen durch den Steuerpflichtigen und dessen anschließende entgeltliche Überlassung an den Veräußerer **(sale and lease back)** unterliegt keinen weiteren Besonderheiten. Auch hier ist entscheidend, ob der Steuerpflichtige als Inhaber der wirtschaftlichen Verfügungsmacht über den Vermögensgegenstand anzusehen ist (dann „nutzt" (Abs. 3) er ihn mittelbar; s. Rz. 173 ff.) oder ob der Gegenstand weiterhin dem Veräußerer zuzurechnen ist (dann übernimmt der Steuerpflichtige lediglich die Finanzierung eines fremden Aufwandes, ohne dass die Hereinnahme des Vermögensgegenstandes als Kreditsicherheit bereits eine Nutzung i. S. des Abs. 3 wäre (s. Rz. 177); Art. 6 scheidet daher aus). 143

Eine **vollständige** Übertragung liegt vor, wenn der Steuerpflichtige das Eigentum am Grundstück abgibt. Eine **partielle** Übertragung können die Übertragung des Eigentums an einem abgrenzbaren Teil des Grundstücks, aber auch die Übertragung eines beschränkten dinglichen Rechts sein. Daher fällt das Entgelt für die zeitlich unbegrenzte Einräumung einer Grunddienstbarkeit unter Art. 13 (a. A. Wassermeyer/*Wassermeyer,* Art. 6 OECD-MA Rz. 91). Dagegen lassen der Abbau und die anschließende Veräußerung von geologischen oder biologischen Früchten 144 des Grundstücks (Bodenschätze, pflanzliche und tierische Produkte) die Inhaberschaft am unbeweglichen Vermögen als Einkunftsquelle unberührt; Einkünfte hieraus werden daher von Art. 6 erfasst (zur Problematik im dt. innerstaatlichen Recht *Schimmele,* S. 103 ff., 122 ff.).

145 Der Veräußerung steht im Falle der nur **einmalig ausübbaren grundstücksbezogenen Rechte** (insbesondere der Grundpfandrechte und der dinglichen Vorkaufsrechte) der **Verbrauch** des Rechts durch Ausübung gleich. Auch hierin liegt keine „Nutzung" i. S. des Abs. 3, sodass Art. 6 nicht eingreift. Denkbar bleibt aber u. U. eine Überlassung dieser Rechte zur Nutzung durch einen Dritten (s. Rz. 175 ff.).

146 **(2) Bloße Verwendung:** Anderseits ist die „Nutzung" des unbeweglichen Vermögens als Einkunftsquelle gegen seine bloße Verwendung im Rahmen einer anderweitigen Einkunftserzielung abzugrenzen. Anders als bei der Abgrenzung gegen die Veräußerung (Rz. 140 ff.) ist hier allerdings keine trennscharfe Definition möglich. Für die Frage, wie eng der Zusammenhang zwischen eingesetztem Vermögensgegenstand und erzielten Einkünften (der sog. „wirtschaftliche Veranlassungszusammenhang": FG Nds. EFG 1996, 1229) sein muss, lässt sich dem OECD-MA aber immerhin Folgendes entnehmen:

147 **(a) Aufteilbarkeit der Einkünfte:** Wegen Abs. 4 scheitert die Anwendung des Art. 6 nicht schon daran, dass der Vermögensgegenstand rechtlich und wirtschaftlich in ein Unternehmen (Art. 7) des Steuerpflichtigen eingegliedert ist und mithin auch Zusammenhänge zu Unternehmenseinkünften aufweist. Vielmehr kommt es im **Regelfall** zu einer Aufteilung der Gesamteinkünfte des Steuerpflichtigen und zur Anwendung unterschiedlicher Verteilungsnormen auf die einzelnen Einkunftsteile (Realkonkurrenz; speziell zur Land- und Forstwirtschaft vgl. Rz. 41). Prinzipiell besteht diese Möglichkeit auch im Verhältnis des Art. 6 zu anderen Verteilungsnormen, insbesondere zu Art. 11 (Rz. 9, 84, 137) und Art. 12 (vgl. zur Aufteilung als einem allgemeinen Rechtsgedanken des Abkommensrechts MA-Komm. zu Art. 12 Ziff. 11).

148 Wenn eine Verteilungsnorm allerdings aus tatsächlichen (wirtschaftlichen) Gründen so sehr in den Vordergrund tritt, dass die Abspaltung der an sich unter eine andere Verteilungsnorm fallenden Einkünfte zur Bedeutungslosigkeit verkommt, kann aus Vereinfachungsgründen von einer Attraktivkraft der Hauptverteilungsnorm ausgegangen werden. Dies gilt in beide Richtungen:

149 Wenn der Steuerpflichtige im Rahmen einer unmittelbaren Nutzung (unten Rz. 154 ff.) unbeweglichen Vermögens geringwertige Nebenleistungen erbringt, können die dafür vereinnahmten Vergütungen der Nutzungshandlung i. S. des Abs. 3 zugeschlagen werden (vgl. Rz. 41 f.). Wenn umgekehrt die Bodennutzung wirtschaftlich an den Rand gedrängt wird und der auf sie entfallende Anteil kaum noch ins Gewicht fällt, entfällt die „Nutzung" i. S. des Abs. 3. In diesem Fall einer bloßen Verwendung des unbeweglichen Vermögens tritt Art. 6 hinter die in der Hauptsache einschlägige Verteilungsnorm zurück.

150 So fallen z. B. Einkünfte aus dem aktiven Betrieb eines Hotels einheitlich unter Art. 7, da der auf die bloße Miete des Raumes entfallende Anteil der von den Gästen entrichteten Vergütung im Vergleich zu dem Vergütungsanteil, der auf personalintensive Organisations- und Betreuungsleistungen entfällt, stark in den Hintergrund tritt (Wassermeyer/*Wassermeyer,* Art. 6 OECD-MA Rz. 21).

151 Insgesamt bleibt die Attraktivkraft aber die Ausnahme. Wo immer sich z. B. im Fall der unmittelbaren Nutzung (s. Rz. 154 ff.) die Weiterverarbeitung der Früchte des Bodens sachlich, organisatorisch, personell oder wirtschaftlich verselbständigt, sich auf externe Zutaten stützt oder industrialisierten Charakter annimmt und damit das typische Erscheinungsbild der Bodennutzung überschreitet, ohne dass umgekehrt die wirtschaftliche Bedeutung der Bodennutzung unter eine – letztlich nur durch Dezision festzusetzende (vgl. *Arnold,* BIFD 2006, 5 (10)) – Erheblichkeitsschwelle absinkt, kommt es wegen Art. 6 Abs. 4 zur Aufteilung der Einkünfte.

(b) Kausalität: Die Anwendung von Art. 6 setzt aber in jedem Fall voraus, dass Existenz und Nutzung des unbeweglichen Vermögens für diese (tatsächlichen oder intendierten) positiven Einkunftsteile ursächlich sind (vgl. BFH BStBl. II 1986, 479 (481); FG Nds., EFG 1996, 1229). Dies ergibt sich aus dem Erfordernis „aus" (Abs. 1 und 3). Erzielt der Steuerpflichtige seine Einkünfte demgegenüber nur bei Gelegenheit der Nutzung unbeweglichen Vermögens, scheidet Art. 6 aus. **152**

cc) Dauer der Nutzung: Wie lange die Nutzung dauert, ist unter der Geltung der MA irrelevant. Abweichend davon sehen drei spanische DBA vor, dass Einkünfte aus der Nutzung von „time-share rights" (insbesondere Zeitwohnrechten) nicht unter Art. 6 fallen sollen, wenn das unbewegliche Vermögen im Belegenheitsstaat dem Steuerpflichtigen nicht länger als vier Wochen (Art. 6 Abs. 3 *DBA Großbritannien/Spanien;* Ziff. 2 *Prot. DBA Irland/Spanien*) bzw. einen Monat (Ziff. 1 *Prot. DBA Belgien/Spanien*) im Kalenderjahr zur Verfügung steht. Mexiko nimmt Einkünfte aus der Nutzung derartiger Rechte auch ohne jede zeitliche Begrenzung aus dem Anwendungsbereich von Art. 6 aus (s. den einschlägigen, allerdings missverständlich formulierten Vorbehalt Mexikos: MA-Komm. Ziff. 12). **153**

e) Unmittelbarkeit: Die Nutzung ist „unmittelbar", wenn der Steuerpflichtige (oder ein Rechtssubjekt, dessen Handeln dem Steuerpflichtigen als eigenes zugerechnet wird; vgl. Rz. 17, 24, 27) den Vermögensgegenstand zumindest vorübergehend als seinen **persönlichen Lebensraum** nutzt (Gebrauch), ihn zu diesem Zweck vorhält oder ihn **eigenhändig,** durch Verrichtungsgehilfen oder Maschinen und **auf eigene Rechnung** bewirtschaftet und sich auf diese Weise seine Sachfrüchte oder seine Sachausbeute verschafft (Fruchtziehung). **154**

Das Unmittelbarkeitserfordernis betrifft also nicht die Frage, ob der Steuerpflichtige Eigentümer des Grundstücks ist (so aber *Loukota,* Internationale Steuerfälle (1989), S. 153, der die Nutzung durch den Steuerpflichtigen als Grundstückseigentümer als „unmittelbar", die Nutzung durch einen Nichteigentümer als „mittelbar" ansieht), sondern grenzt die **aktive** Nutzung durch den Steuerpflichtigen gegen die passive Nutzung im Wege einer entgeltlichen Nutzungsüberlassung an andere („mittelbare Nutzung"; s. Rz. 173 ff.) und gegen sonstige Formen der Nutzung (s. Rz. 185 ff.) ab (zutr. Wassermeyer/*Wassermeyer,* Art. 6 OECD-MA Rz. 91; vgl. auch BFH BStBl. II 2011, 482: DBA *Großbritannien 1964/70;* irreführend dagegen BFH BStBl. II 2013, 1024: DBA *Spanien 1966*). **155**

Abkommensrechtlich ist bis heute ungeklärt, inwieweit die unmittelbare Nutzung neben dem privaten (Rz. 157 ff.) auch den betrieblichen Vermögenseinsatz erfasst (Rz. 161 ff.).

aa) Gegenstand der unmittelbaren Nutzung können grundsätzlich alle Vermögensgegenstände i. S. des Abs. 2, also Sachen und Rechte sein (vgl. aber Rz. 162 a. E.). **156**

bb) Unmittelbare private Nutzung: Bewohnt der Steuerpflichtige das unbewegliche Vermögen oder hält es zu Erholungszwecken, so liegt eine private Nutzung vor. Sie fällt abkommensrechtlich unter Art. 6 Abs. 3. Ob sie (als sog. „imputed income") steuerbar ist, bestimmt sich nach innerstaatlichem Recht des Anwendestaates. **157**

In **Belgien** unterliegt der Nutzungswert von unbebauten und bebauten Grundstücken und von Wohnungen der Einkommensteuer, die nach einem indexgebundenen Kataster-Ertragswert bemessen wird. Außerdem wird der sog. „onroerende voorheffing" („précompte immobilier") erhoben, der im Falle selbstgenutzten Wohneigentums auf die Einkommensteuer angerechnet wird. In **Deutschland** sind die Regelungen über die Steuerbarkeit privat genutzten Wohneigentums **158**

(§§ 21 Abs. 2, 21a EStG a. F.) seit dem VZ 1987 entfallen. **Frankreich** unterwirft beschränkt Steuerpflichtige einer Nutzungswertbesteuerung (Art. 164 C CGI; für unbeschränkt Steuerpflichtige gilt die Befreiung des Art. 15-II CGI), die in ihrer derzeitigen Ausgestaltung allerdings gegen Unionsrecht verstoßen dürfte (vgl. *Berlin/Chaulin,* EC Tax Rev. 1999, 81 f. m. w. N.). **Griechenland** kannte früher eine Nutzungswertbesteuerung für Wohnflächen von mehr als 150 qm (bei Alleinstehenden); sie ist aber zum 1.1.2003 abgeschafft worden. Auch in **Großbritannien** ist der Wert des Wohnens im eigenen Haus nicht steuerbar. **Italien** besteuert dagegen den Nutzungswert von Immobilien. Bemessungsgrundlage ist der katastermäßig erfasste Wert der Immobilie (vgl. Rz. 58). Auch die **Niederlande** erheben eine schedulenartige Einkommensteuer (Box 1) auf selbstgenutztes Wohneigentum; Bemessungsgrundlage ist der amtlich festgestellte gemeine Wert der Immobilie (vgl. Rz. 58). **Österreich** kennt keine Nutzungswertbesteuerung, während das **Schweizerische** Bundesgericht die Gesetzgeber in Bund und Kantonen aus Gleichheitsgründen zur Besteuerung des Nutzungswerts („Eigenmietwerts") verpflichtet hat (BGE 123 II 9; auf Bundesebene umgesetzt durch Art. 21 S. 1 lit. b DBG). **Schweden** hatte im Fastighetstaxeringslag (1979: 1152) eine Besteuerung des Nutzungswertes von Immobilien angeordnet, die aber inzwischen wieder abgeschafft worden ist. In **Spanien** ist der Wert des Wohnens in der selbstgenutzten Hauptwohnung steuerfrei; im Übrigen wird eine Nutzungswertbesteuerung erhoben. Die Steuer bemisst sich nach dem Katasterwert der Wohnung (Art. 71, Ley-40/1998 v. 9.12.1998 (IRPF)). Die **USA** erheben jedenfalls auf Bundesebene (nur für diese gelten die DBA der USA; s. US-TE zu Art. 2 Abs. 1 US-MA) keine Einkommensteuer auf den Nutzungswert des Wohnens im eigenen Haus; die property taxes fallen nicht in den Anwendungsbereich der DBA.

159 Die **Berechnung des Nutzungswertes** der eigengenutzten Wohnung folgt ebenfalls grundsätzlich den Regeln des innerstaatlichen Rechts; es wird aber teilweise von zwischenstaatlichen Vereinbarungen überlagert (s. Rz. 57 ff.).

160 Eine unmittelbare private Nutzung liegt nach hier vertretener Auffassung auch dann vor, wenn der Steuerpflichtige – ohne Eigentümer zu sein – kraft seiner Stellung als Gesellschafter einer Grundstücksgesellschaft zur Nutzung berechtigt ist, denn die **Ausübung eines gesellschaftsrechtlich begründeten Nutzungsrechts** (das zum „unbeweglichen Vermögen" i. S. des Abs. 2 gehört; s. Rz. 98 f.) ist eine Form der aktiven Nutzung. Dem steht insbesondere der Gedanke der Abschirmwirkung juristischer Personen (s. Rz. 23) nicht entgegen: Dem Gesellschafter wird hier gerade keine fremde Nutzung zugerechnet; vielmehr verwirklicht er selber den Tatbestand einer unmittelbaren Nutzung i. S. des Abs. 3.

161 **cc) Unmittelbare betriebliche Nutzung?** Die Frage, ob auch Einkünfte aus der aktiven betrieblichen Nutzung unbeweglichen Vermögens unter Art. 6 fallen, ist dagegen differenziert zu beantworten. Nach dem Leitbild der in Abs. 1 ausdrücklich genannten Land- und Forstwirtschaft (Rz. 35 ff.) zeichnet sich diese Nutzungsart typisierend dadurch aus, dass der Steuerpflichtige das unbewegliche Vermögen ausbeutet. Entscheidend ist der Bodenbezug. Im Einzelnen gilt Folgendes:

162 **(1) Land- und Forstwirtschaft:** Aus dem Klammerzusatz in Abs. 1 ergibt sich, dass die unmittelbare betriebliche Nutzung land- und forstwirtschaftlicher Vermögensgegenstände unter Art. 6 fällt. Zum Begriff der Landwirtschaft s. Rz. 36, zur Forstwirtschaft s. Rz. 37. Auf die Frage, ob die Anwendbarkeit des Art. 6 aus der allgemeinen Regel in Abs. 3 folgt oder ob der Betrieb einer Land- oder Forstwirtschaft keine „Nutzung unbeweglichen Vermögens" i. S. des Abs. 3, der Klammerzusatz in Abs. 1 also insoweit konstitutiv ist, kommt es an dieser Stelle nicht an (vgl. aber Rz. 166).

162a Die **Fischerei,** die **Imkerei** und die **Vogelzucht** sind keine unmittelbare Nutzung der natürlichen Kräfte des Bodens. Auch wenn sie auf der Überlassung von

Rechten beruhen, die „unbewegliches Vermögen" i. S. des Abs. 2 sind (s. Rz. 89), greift Art. 6 mangels einer „Nutzung" (Abs. 3) nicht ein (s. Rz. 38f., 53, 125a).

(2) Erforschung von Bodenschätzen: Wer auf (eigenem oder fremdem) Grund Probebohrungen oder -grabungen durchführt, um Bodenschätze (zum Begriff Rz. 109ff.) zu suchen und zu orten (sog. Exploration), und dafür eine Vergütung bezieht, arbeitet zwar auf und in dem unbeweglichen Vermögen. Ob darin aber eine „Nutzung" (i. S. des frz. exploitation) liegt, ist bislang nicht geklärt. Auch der Steuerausschuss der OECD hat sich nicht dazu entschließen können, die entsprechenden Einkünfte dem Art. 6 zuzuordnen (vgl. Ziff. 15 MA-Komm. zu Art. 5). Richtigerweise ist zu differenzieren: **163**

Für sich genommen begründet eine Exploration keine Einkünfte aus unbeweglichem Vermögen i. S. des Art. 6 OECD-MA. Denn hier steht die Wissensbeschaffung im Vordergrund. Die Vergütung wird primär für eine Tätigkeit entrichtet; eventuelle Bodenproben sind nicht um ihrer selbst willen entnommen worden und bleiben für sich genommen wirtschaftlich bedeutungslos. Darin liegt der entscheidende Unterschied zur „exploitation" i. S. des Abs. 3 (s. Rz. 166ff.). Einkünfte für reine Erforschungseingriffe fallen daher unter Art. 7. Dieses Ergebnis kann sich in einzelnen DBA auch aus der Betriebstättendefinition ergeben: Eine Aufnahme von Explorationstätigkeiten in den Katalog des Art. 5 (Beispiel: Art. 5 Abs. 3 US-MA; vgl. insgesamt Art. 5 Rz. 45, 69f.; speziell zu den deutschen DBA Art. 5 Rz. 53) spricht dafür, dass die Vertragsstaaten nicht davon ausgingen, dass diese Einkünfte ohnehin nach Art. 6 im Belegenheitsstaat besteuert werden können. **164**

Allerdings kann eine spätere Ausbeutung von Bodenschätzen durch denselben Steuerpflichtigen, wenn sie unter Art. 6 fällt (s. Rz. 166ff.), Attraktivkraft entfalten und zu einer Umqualifizierung der Einkünfte aus vorangegangenen Erforschungseingriffen führen (s. Rz. 193ff.). **165**

(3) Ausbeutung von Bodenschätzen: Die aktive Ausbeutung von Bodenschätzen (zum Begriff s. Rz. 109ff.) ist dagegen eine unter Abs. 3 fallende Nutzung, wenn sie auf eigene Rechnung des Steuerpflichtigen erfolgt (zum bloßen Tätigwerden im fremden Rechtskreis o. Rz. 138). Das ergibt sich vor allem aus dem Wortlaut des Art. 6 Abs. 3. Die Tatbestandsalternative der „unmittelbaren Nutzung" („exploitation directe") lässt keine Beschränkung auf die unmittelbare Privatnutzung (o. Rz. 157ff.) und die Ausbeutung des Bodens durch Land- und Forstwirtschaft (o. Rz. 35ff., 162) erkennen (a. A. *K. Vogel,* 3. Aufl. dieses Kommentars, Rz. 25 a. E.). **166**

Ebenso ist unerheblich, ob der Ausbeutende Eigentümer oder nur ein sonstiger Berechtigter ist (s. Rz. 18; Wassermeyer/*Wassermeyer,* Art. 6 OECD-MA Rz. 77; a. A. FWK/*Kempermann,* Art. 6 Rz. 55).

Die offenen Formulierungen des Abs. 3, aber auch des Abs. 4 (keine Beschränkung auf andere Nutzungsarten) stehen auch nicht in Widerspruch zum Abkommenszusammenhang. Zwar macht das Betriebstätten-Regelbeispiel in Art. 5 Abs. 2 Buchst. f deutlich, dass die aktive Ausbeutung von Bodenschätzen auch Gegenstand eines Unternehmens sein kann. Das könnte den Schluss nahelegen, dass Einkünfte aus der aktiven Ausbeutung von Bodenschätzen statt unter Art. 6 Abs. 1, 3 unter Art. 7 Abs. 1 fallen. Die Bedeutung von Art. 5 Abs. 2 Buchst. f liegt aber im Bereich der zwischenstaatlichen Gewinnabgrenzung (s. Rz. 208); insofern spricht seine Existenz nicht gegen die Anwendung des Art. 6. Für die Anwendung von Art. 6 spricht positiv, dass die Nutzung von Vergütungsansprüchen, die sich aus der aktiven Ausbeutung von Bodenschätzen ergeben, wegen Abs. 2 Satz 2 5. Alt. unter Art. 6 fällt. Diese Rechtsfolge muss erst recht für die Besteuerung der Vergütungsansprüche selber gelten. **167**

Außerdem wäre es mit Sinn und Zweck des Belegenheitsprinzips (s. Rz. 3) nicht zu vereinbaren, die starke wirtschaftliche Zugehörigkeit, die Einkünfte aus der **168** unmittelbaren Verwertung von Früchten oder Bestandteilen des Bodens aufweisen, für Einkünfte aus land- und forstwirtschaftlicher Bodennutzung anzuerkennen, für Einkünfte aus der toten Natur dagegen nicht. Eine Ungleichbehandlung beider Fälle ergibt sich insbesondere auch nicht aus der ausdrücklichen Erwähnung der Land- und Forstwirtschaft in Abs. 1, da diese nach hier vertretener Auffassung nur deklaratorischen Charakter hat (Rz. 35).

169 **(4) Windenergie-** und **Solaranlagen** sind zwar unbewegliches Vermögen i. S. des Abs. 2 Satz 2, ihr Betrieb ist aber keine Nutzung i. S. des Abs. 3, da die natürlichen Ressourcen des Bodens hier keine Rolle spielen. Gleiches gilt auch für **Wasserkraftwerke,** da Wasser – ähnlich wie Wind – als ubiquitäres Gut keinen hinreichenden Bodenbezug aufweist. Demgegenüber ist die Verwertung von **Erdwärme** weitgehend ortsfest; sie ist daher als „Nutzung" i. S. des Abs. 3 anzusehen.

170 **(5)** Das kommerzielle Zur-Schau-Stellen **archäologischer Ausgrabungen,** Freilichtmuseen und anderer Bau- und Bodendenkmäler fällt dagegen nicht unter das Tatbestandsmerkmal der unmittelbaren Nutzung (Art. 6 Abs. 3). Zwar besteht ein hinreichender Bodenbezug; es fehlt aber an der für diese Nutzungsart typischen verbrauchenden Ausbeutung des Bodens. Je nach Lage der Dinge kommt hier aber eine mittelbare Nutzung in Betracht (s. Rz. 173 ff.).

171 **(6) Besteuerung des betrieblichen Nutzungswertes:** Im Hinblick auf betrieblich genutztes Vermögen unterliegt ein bloßer Nutzungsvorteil – soweit ersichtlich – in keinem Staat einer der unter das Abkommen fallenden Steuern (Art. 2). Da betriebliche Gewinne ohnehin umfassend („en bloc") besteuert werden, besteht innerstaatlich i. d. R. kein Bedürfnis nach einer gedanklichen Ausgliederung bestimmter unbeweglicher Vermögensgegenstände in ein separates Betriebsvermögen. Daher liegen i. d. R. auch keine „Einkünfte" i. S. des Abkommensrechts vor (s. Rz. 14). Das Merkmal der „unmittelbaren Nutzung" i. S. des Art. 6 Abs. 3 ist aber erfüllt; insofern gilt nichts anderes als für die Nutzungswertbesteuerung im privaten Bereich (o. Rz. 157 ff.).

172 Das Abkommensrecht beantwortet nicht die Frage, ob der Wohnsitzstaat **Aufwendungen** zum Abzug zulassen darf oder sogar zulassen muss, die einem Steuerpflichtigen im Zusammenhang mit im anderen Vertragsstaat belegenen unbeweglichen Vermögen entstehen, das betrieblich unmittelbar genutzt wird. Abkommensrechtlich ist die Verlustberücksichtigung weder geboten noch verboten (s. Rz. 5). Vielfach wird der Wohnsitzstaat nach seinem innerstaatlichen Recht – wie etwa Deutschland nach § 3c Abs. 1 EStG – den Betriebsausgabenabzug versagen, wenn die korrespondierenden positiven Einkünfte qua DBA freizustellen sind. Dagegen ist an sich nichts einzuwenden. Wenn der Wohnsitzstaat aber den Nutzungswert von vorneherein nicht als steuerbar ansieht (sodass aus seiner Sicht Art. 6 i. V. m. Art. 23 mangels „Einkünften" leer laufen) und er den abstrakten Nutzen, den das Unternehmen aus dem unbeweglichen Vermögen zieht, daher erst im Rahmen des Gesamtergebnisses erfasst (o. Rz. 171), darf er folgerichtig auch die grundstücksbezogenen Aufwendungen nicht als separate „Einkünfte" i. S. des Abs. 1 und 3 betrachten und ihre Berücksichtigung auf den Belegenheitsstaat abdrängen, sondern muss sie – bona fide – weiterhin zum Abzug zulassen (vgl. zu einem Unternehmer, der seine Arbeitnehmer kostenlos in einem von sich angemieteten Ferienhaus im Ausland wohnen lässt, BFH BStBl. II 1997, 539).

173 **f) Nutzungsüberlassung: aa) Begriff:** Als Gegenbegriffe zur „unmittelbaren Nutzung" (Eigennutzung) verwendet das OECD-MA die Ausdrücke „letting" (engl.) bzw. „location ou affermage" (frz.). Sie sind im deutschen Text mit „Vermietung und Verpachtung" übersetzt und erfassen die entgeltliche Überlassung des unbeweglichen Vermögens zum Gebrauch durch einen anderen. Sie sind teils enger, teils weiter als die Ausdrücke „Vermietung und Verpachtung" in § 21 EStG (Einzelheiten: Wassermeyer/*Wassermeyer,* Art. 6 OECD-MA Rz. 11).

bb) Subjekt: Regelmäßig ist derjenige, der das unbewegliche Vermögen nutzt (Abs. 3), zugleich der Bezieher der Einkünfte (Abs. 1). Diese Identität ist aber nach hier vertretener Ansicht keine Tatbestandsvoraussetzung (s. Rz. 19f.), sodass auch Dreiecksfälle keine besonderen Schwierigkeiten aufwerfen. **174**

Daher gilt für den **Ertragsnießbrauch** Folgendes: Wenn das innerstaatliche Recht des Anwendestaates den das Grundstück verwaltenden Eigentümer als Subjekt der Einkunftserzielung ansieht, kann er sich ohnehin unproblematisch auf Art. 6 berufen. Wenn dagegen der Nießbrauchsberechtigte besteuert wird, so gilt Art. 6 für ihn – und zwar selbst dann, wenn man davon ausgeht, dass nicht er, sondern der Eigentümer das Grundstück „nutzt" (a. A. Wassermeyer/*Wassermeyer,* Art. 6 OECD-MA Rz. 19).

cc) Gegenstand der Nutzungsüberlassung ist das unbewegliche Vermögen i. S. des Abs. 2. Bei einer reinen Besitzüberlassung ergeben sich dabei keine besonderen Schwierigkeiten. Dagegen liegt eine Nutzungsüberlassung bei beschränkten dinglichen Rechten, die nur einmal ausgeübt werden können und sich durch die Ausübung verbrauchen, nur in Ausnahmefällen vor. **175**

Grundpfandrechte: Erzielt ein Grundstückseigentümer Einkünfte dadurch, dass er mit seinem Grundstück entgeltlich Sicherheit für die Schuld eines anderen leistet, so sind ein Grundpfandrecht oder das Sicherungseigentum am Grundstück Gegenstand einer Nutzungsüberlassung. Da Grundpfandrecht und Sicherungseigentum nach Abs. 2 zum unbeweglichen Vermögen gehören (s. Rz. 89f.), fallen die aus dieser Nutzungsüberlassung erzielten Einkünfte für den **am Darlehensvertrag nicht beteiligten Sicherungsgeber** unter Art. 6 MA. **176**

Ist der Grundstückseigentümer dagegen zugleich Darlehensnehmer, leistet er Sicherheit für eine eigene Verbindlichkeit. Die (bedingte) Verwertung des Grundstücks durch den **Darlehensgeber** im Wege der Zwangsvollstreckung geht in die Vermögenssubstanz und ist daher keine „Nutzung". Zinsen aus grundpfandrechtlich gesicherten Forderungen unterliegen mithin beim Darlehensgeber nicht dem Regime des Art. 6 Abs. 1 (MA-Komm. Ziff. 2 Satz 5; s. BFH BStBl. II 1982, 566 und Art. 11 Rz. 59a). Einige DBA stellen dies ausdrücklich klar (z. B. Art. 11 Abs. 2 Satz 1 *DBA Norwegen 1991;* Art. 6 Abs. 1 *DBA Rumänien/USA 1973;* Art. 15 Abs. 1 Satz 2 *DBA USA/Zypern 1984*). Abweichungen finden sich demgegenüber in einigen älteren DBA (s. Rz. 129) insbesondere in der ägyptischen Vertragspraxis (Art. 6 Abs. 2 *DBA Ägypten/Deutschland;* Art. 7 Abs. 1 *DBA Ägypten/Österreich;* Art. 7 Abs. 1 Satz 2 *DBA Ägypten/USA,* s. R&L § 48.04(2); zu Österreich vgl. *Schuch/Toifl,* SWI 1996, 15ff.). **177**

Beim **Darlehensnehmer** liegt aus diesem Grunde auch keine Nutzungsüberlassung, sondern eine Eigennutzung (unmittelbare Nutzung) vor. Der Wert dieser Eigennutzung lässt sich zwar berechnen (Differenz zwischen Zinssatz für ungesicherte und für gesicherte Kredite); der Einsatz eigener Kreditsicherheiten begründet aber innerstaatlich wohl nirgends steuerbare Einkünfte des Darlehensnehmers. Damit greift Art. 6 im Ergebnis auch bei ihm nicht ein. **178**

Andere beschränkte dingliche Rechte, die ebenfalls – wie die Grundpfandrechte – durch einmalige Ausübung verbraucht sind (Beispiel: **dingliche Vorkaufsrechte;** s. Rz. 92), unterliegen ähnlichen Regeln. Auch hier scheidet eine Nutzungsüberlassung in rein zweiseitigen Sachverhalten aus. Denkbar (in der Praxis allerdings selten) ist nur eine schuldrechtlich begründete Überlassung des beschränkten dinglichen Rechts in Dreieckskonstellationen. Ist hier die Überlassung zeitlich befristet, so handelt es sich um eine Nutzungsüberlassung i. S. des Abs. 3. **179**

Überlassung heterogener Vermögenswerte: Vermietet oder verpachtet ein Steuerpflichtiger einen Sachinbegriff oder den Inbegriff bestimmter Sachen und anderer Vermögenswerte (Beispiel: einen Betrieb), die nicht durchgehend zum unbeweglichen Vermögen i. S. des Abs. 2 gehören, so kommt es im Regelfall zur **180**

Aufteilung (s. Rz. 147 ff.). Art. 6 gilt für den Teil des Entgelts, der auf die Überlassung der in Abs. 3 genannten Vermögensgegenstände entfällt. Dabei kommt es – wie immer – nicht auf die Einkunftsqualifikation nach innerstaatlichem Recht an; Art. 6 ist auch dann maßgeblich, wenn die Pacht innerstaatlich insgesamt zu den Einkünften aus Gewerbebetrieb gehört (BFH BStBl. II 1978, 494). Das Entgelt, das auf die Überlassung der nicht von Art. 6 Abs. 2 erfassten Vermögensgegenstände entfällt, unterliegt abkommensrechtlich den Regelungen des Art. 7 oder des Art. 21. Soweit Art. 7 Anwendung findet, stellt sich die Frage nach der Betriebstätteneigenschaft der Pachtsache (vgl. Wassermeyer/*Wassermeyer,* Art. 6 OECD-MA Rz. 21), die nach Art. 5 zu beantworten ist (vgl. MA-Komm. zu Art. 5 Ziff. 8; s. Art. 5 Rz. 18, 23). Wegen Abs. 2 Satz 2 2. Alt. (s. Rz. 85 ff.) scheidet Art. 7 bei der Verpachtung land- und forstwirtschaftlicher Betriebe regelmäßig aus.

181 **dd) Vertragspartner:** Wem die Nutzungsmöglichkeit überlassen wird, ist für Art. 6 irrelevant. Daher erfasst Abs. 3 auch die entgeltliche **Überlassung** von unbeweglichem Vermögen **durch einen Gesellschafter an die Gesellschaft.** Dies gilt gleichermaßen für Personengesellschaften (in Deutschland: **Sonderbetriebsvermögen I;** s. Wassermeyer/*Wassermeyer,* Art. 6 OECD-MA Rz. 19a) und Kapitalgesellschaften; auf die Höhe der Beteiligung des Gesellschafters an der Gesellschaft kommt es nicht an (BFH BStBl. II 1994, 91). Dagegen löst die Einlage unbeweglichen Vermögens in die Gesellschaft als Eigenkapital beim Gesellschafter keine Einkünfte aus unbeweglichem Vermögen aus. Davon bleibt unberührt, dass die Gewinne einer Personengesellschaft, die als transparent betrachtet wird und das unbewegliche Vermögen ihrerseits i. S. des Abs. 3 „nutzt", dem Gesellschafter als eigene zugerechnet werden können (s. Rz. 27).

182 **ee) Mindestdauer:** Aus dem OECD-MA ergibt sich keine Mindestdauer, unterhalb derer eine Nutzungsüberlassung nicht als Vermietung oder Verpachtung anzusehen ist. Insofern ist ein DBA über Art. 3 Abs. 2 aber offen für abweichende innerstaatliche Regelungen des Anwendestaates.

So sehen beispielsweise die **USA** eine Vermietung nur dann als „rental activity" an, wenn die durchschnittliche Mietzeit pro Mieter mehr als 7 Tage beträgt (vgl. IRS, Passive Activity and At-Risk-Rules, Publication 925/2001, p. 2).

183 **ff) Sonderfälle:** Auch **Abfindungen** für den Verzicht auf Rechte aus langfristigen Pachtverträgen über im Ausland gelegene Grundstücke gehören zu den Einkünften aus der Nutzung unbeweglichen Vermögens (BFH BStBl. II 1982, 566 (567): *DBA Frankreich;* vgl. Rz. 141). Da das unbewegliche Vermögen nicht zum Eigentum des Steuerpflichtigen gehören muss (Rz. 18), fallen auch Einkünfte aus **Untervermietung** oder **Unterverpachtung** unter Art. 6.

184 Für **typengemischte Verträge,** die neben Elementen von Miete/Pacht auch Leistungspflichten umfassen, die für sich genommen unter eine andere Verteilungsnorm fallen, ist das Entgelt grundsätzlich aufzuteilen (s. Rz. 147 ff.). Dies gilt beispielsweise für die entgeltliche Überlassung einer Ferienwohnung, wenn der Vermieter auch die Endreinigung schuldet, oder für die Verbindung einer Vermietung mit einem umfassenden Gebäude-Management. Art. 6 kommt hier nur insoweit zur Anwendung, als die Vergütung auf die Vermietung i. e. S. entfällt. Nur wenn eine Pflicht wirtschaftlich (d. h. für die Bemessung der Vergütung) nicht oder nur unwesentlich ins Gewicht fällt, kann eine Aufteilung unterbleiben (Rz. 148).

Eine Aufteilung zwischen Art. 13 Abs. 1 und Art. 6 Abs. 1 kommt für den Fall in Betracht, dass der Erwerber eines Grundstücks zugleich offene Miet-, Pacht- oder Erbbauzinsforderungen des Veräußerers gegen Dritte übernimmt. Soweit der Kaufpreis auf diese Forderungen entfällt, überlagert der ursprüngliche wirtschaftliche Entstehungsgrund der Forderung (Nutzung durch den Veräußerer) das Entgelt für ihre Abtretung an den Erwerber des Grundstücks. Daher unterliegt der auf den Forderungsverkauf entfallende Anteil des Gesamtentgelts beim Veräußerer dem

Regime des Art. 6, nicht des Art. 13 (vgl. für Deutschland Wassermeyer/*Wassermeyer,* Art. 6 OECD-MA Rz. 41).

Einkünfte aus **Leasing** unbeweglichen Vermögens können beim Leasinggeber unter Art. 6 fallen, wenn die wirtschaftliche Verfügungsmacht (noch) bei ihm und nicht beim Leasingnehmer liegt (näher s. Rz. 142f.).

g) Andere Arten der Nutzung: Seinem Wortlaut nach erfasst Abs. 3 schließlich auch jede andere Art der Nutzung. Dieser letzte Teil des Abs. 3 hat die Funktion, auch diejenigen Nutzungsüberlassungen zu erfassen, die nicht „Vermietung oder Verpachtung" sind (hierzu o. Rz. 173). Ob ihm (und gleich lautenden Klauseln, die in der älteren Vertragspraxis bereits in die Regelung des Abs. 1 integriert wurden; zu den deutschen DBA s. Rz. 51) darüber hinaus eine weitere Bedeutung zukommt, ist zweifelhaft. **185**

Jedenfalls ist die „Art" (engl. „form", frz. „forme") der Nutzung etwas anderes als ihr Gegenstand. Der Gegenstand der Nutzung wird abschließend in Abs. 2 bestimmt. Art. 6 Abs. 3 liefert deshalb keine taugliche Begründung für die (richtige, s. Rz. 97) Auffassung, dass auch obligatorische Nutzungsrechte unter den Begriff des unbeweglichen Vermögens fallen (problematisch daher BFH BStBl. II 1982, 566; GKG/*Ellsel,* Art. 6 OECD-MA Rz. 241).

aa) Die **Substanzausbeute** fällt – sofern sie überhaupt „Nutzung" und nicht „Verbrauch" ist – in den Anwendungsbereich des Tatbestandes „unmittelbare Nutzung". **186**

bb) Die **entgeltliche Bestellung belastender Rechte** ist Nutzungsüberlassung (s. Rz. 175ff.), wenn die Lebensdauer des Rechtes zeitlich begrenzt ist. Dagegen liegt in der finalen (zeitlich unbegrenzten) Bestellung eines belastenden Rechts dessen Veräußerung; sie fällt unter Art. 13. **187**

cc) Wertveränderungen des unbeweglichen Vermögens sind für sich genommen ebenfalls keine Nutzung (Wassermeyer/*Wassermeyer,* Art. 6 OECD-MA Rz. 18). Das schließt nicht aus, dass sie im Rahmen einer anderweitig begründeten Nutzung einkunftserhöhend oder einkunftsmindernd berücksichtigt werden können, wenn und soweit ein Veranlassungszusammenhang besteht und das innerstaatliche Recht des Anwendestaates sie daher den Einkünften aus unbeweglichem Vermögen zuordnet. So ist insbesondere die **Abnutzung** schon begrifflich eine Form der Nutzung. Aus ihr resultierende Wertminderungen fallen daher unter Art. 6 soweit sie nach dem innerstaatlichen Recht des Anwendestaates der laufenden Besteuerung unterliegen (AfA, AfaA). **188**

Entsprechend erfasst Art. 6 auch Wertminderungen, die sich aus der **Ausbeutung** des Bodens ergeben und nach innerstaatlichem Recht des Anwendestaates laufend abziehbar sind. Berücksichtigt der Anwendestaat diese nutzungsbedingten Wertveränderungen nicht im Rahmen der laufenden Einkünfte, sondern erst im Realisationszeitpunkt, greift abkommensrechtlich Art. 13 ein. **189**

Für alle **nicht nutzungsbedingten Wertveränderungen** gilt (abkommensautonom): Werden sie nach innerstaatlichem Recht des Anwendestaates laufend berücksichtigt, fallen sie unter Art. 7; bei Berücksichtigung im Realisationszeitpunkt gilt wiederum Art. 13 (vgl. Wassermeyer/*Wassermeyer,* Art. 6 OECD-MA Rz. 21).

dd) Nutzung durch Unterlassen? Abkommensrechtlich ist bislang nicht geklärt, ob der Steuerpflichtige das unbewegliche Vermögen auch dann noch „nutzt", wenn er es stillgelegt hat, es also auf Dauer unbewirtschaftet lässt und nur noch auf Wertsteigerungen in der Substanz hofft (Beispiele: Brachland, Urwald, leerstehend gelassene Wohnung). Die Frage stellt sich insbesondere dann, wenn das Recht mindestens eines Vertragstaates in diesen Fällen eine Nutzungswertbesteuerung vorsieht (s. Rz. 157ff.); sie kann aber auch für landwirtschaftliche Flächenstilllegungsprämien bedeutsam werden. **190**

191 Der französische Originaltext des Abs. 3 („exploitation") spricht hier gegen die Anwendung des Art. 6. Folgt man dem, könnte sich die Vermeidung oder Beseitigung der Doppelbesteuerung nur nach Art. 21 richten; der Belegenheitsstaat wäre zur Freistellung verpflichtet. Demgegenüber schließt der englische Originaltext des Art. 6 Abs. 3 („use") eine Einbeziehung der Nutzung durch Unterlassen zumindest nicht aus. Mit Art. 22 Abs. 1 spricht der Abkommenszusammenhang eindeutig für die Möglichkeit einer Nutzung durch Unterlassen; nur so lässt sich ein Auseinanderklaffen von Vermögens- und Ertragsbesteuerung vermeiden. Dieses Ergebnis trägt auch dem Sinn und Zweck von Art. 6 Abs. 1 und aller anderen Vorschriften des OECD-MA, in denen sich das Belegenheitsprinzip niederschlägt (auch dem MA-Komm., Einleitung Ziff. 21; vgl. auch Rz. 168), am ehesten Rechnung. Art. 6 findet daher Anwendung.

192 **ee)** Für **vorübergehende Unterbrechungen** in der aktiven Bewirtschaftung unbeweglichen Vermögens gilt dies erst recht. Einkünfte eines Landwirts für einen vorübergehend brachliegenden Acker werden daher weiterhin von Art. 6 erfasst.

193 **h) Attraktivkraft?** Wenn eine der vorgenannten Nutzungsarten vorliegt, steht fest, dass der Steuerpflichtige Einkünfte aus unbeweglichem Vermögen bezieht. Diese Einkünfte können – in sehr beschränktem Umfange – auch auf **Nebeneinkünfte** abfärben. Dabei sind zwei Kategorien zu unterscheiden:

193a **(1)** Unproblematisch unterliegen der Attraktivkraft diejenigen Nebeneinkünfte, die ihre wirtschaftliche Ursache weder unmittelbar in der Nutzung des unbeweglichen Vermögens noch in einer anderen werbenden Tätigkeit (dazu s. Rz. 194) haben, sondern die primär auf wirtschaftliche Rahmenbedingungen zurückzuführen und daher auch keiner anderen Einkunftsquelle i. S. des Art. 7 und 8 und 10–20 eindeutig zuzuordnen sind. Dies gilt z. B. für **Verwaltungsaufwendungen,** die dem Steuerpflichtigen im Rahmen der Nutzung des unbeweglichen Vermögens entstehen. Ebenso gehören etwa **Gewinne aus Wechselkursschwankungen,** die ein Steuerpflichtiger dadurch erzielt, dass er seine Vermietungs- und Verpachtungstätigkeit in der Währung des Belegenheitsstaates bilanziert und das Geschäftsergebnis für die Zwecke der Besteuerung im Wohnsitzstaat in dessen Währung umrechnet, zu den Einkünften aus unbeweglichem Vermögen i. S. des Art. 6 (FG Nds. EFG 1996, 1229, rkr.; BFH/NV 1997, 408 (409)).

193b **(2)** Eine zweite Fallgruppe besteht aus Nebeneinkünften, die ohne den land- oder forstwirtschaftlichen Betrieb nicht entstanden wären und sich schon ihrer Entstehung nach als dessen **integraler Bestandteil** („integral part") darstellen. In diese Gruppe fallen z. B. Gewinne aus dem Verkauf der zuvor dem Betrieb zugeteilten und/oder durch den Betrieb genutzten **Emissionsrechte:** *OECD*, Tax Treaty Issues Related to Emission Permits and Credits (Revised Discussion Draft v. 19.10.2012), Ziff. 42 f. und 58 (dort auch Entwurf einer neuen Ziff. 2.1 MA-Komm. zu Art. 6).

194 **(3)** Der Attraktivkraft unterliegen aber auch diejenigen Nebeneinkünfte, die an sich unter den Tatbestand einer anderen Verteilungsnorm fallen, aber wirtschaftlich von so geringem Gewicht sind, dass ihre Abspaltung von den Einkünften aus unbeweglichem Vermögen künstlich wirken und den Belastungserfolg und die zwischenstaatliche Aufteilung des Steueraufkommens nicht nennenswert verändern würde. Wenn der Steuerpflichtige z. B. die aus dem Boden gewonnenen Güter (landwirtschaftliche Produkte, Mineralien, Erdwärme etc.) zunächst reinigt, mit einfachen Mitteln umformt und lagert, steht die Nutzung des unbeweglichen Vermögens noch so sehr im Vordergrund, dass der auf die nachbereitende Tätigkeit entfallende Anteil der Einkünfte den Einkünften aus der Nutzung des unbeweglichen Vermögens zugeschlagen werden kann. Im Regelfall kommt es aber zu einer Einkunftsaufteilung und einer abkommensrechtlichen Realkonkurrenz (s. Rz. 147 ff., speziell zur Land- und Forstwirtschaft Rz. 41).

II. Deutsche DBA

1. Abkommensübersicht zu Artikel 6 Abs. 3

MA-Regelung: Art. 6 gilt für Einkünfte aus jeder Art der Nutzung unbeweglichen Vermögens 195

DBA	Artikel	Rz.
Ägypten	6 Abs. 3	
Albanien 2010	6 Abs. 3	
Algerien 2007	6 Abs. 3	
Argentinien	6 Abs. 3	
Armenien	s. UdSSR	
Aserbaidschan	6 Abs. 3	
Australien	SProt. Nr. 2	197
Bangladesch	6 Abs. 3	
Belarus	6 Abs. 3	
Belgien	6 Abs. 3	
Bolivien	6 Abs. 3	
Bosnien-Herzegowina	s. Jugoslawien	
Bulgarien 2010	6 Abs. 3	
China 1985/2014 (E)	6 Abs. 3	
Costa Rica 2014 (E)	6 Abs. 3	
Dänemark	6 Abs. 2	
DE-VG	6 Abs. 3	
Ecuador	keine entsprechende Regelung	197
Elfenbeinküste	6 Abs. 3	
Estland	6 Abs. 3	196
Finnland	6 Abs. 3	196
Frankreich	3 Abs. 4 zusätzl. Verweis auf Veräußerungsgewinne	
Georgien	6 Abs. 3	
Ghana	6 Abs. 3	
Griechenland	XIII Abs. 3 zusätzl. Verweis auf Veräußerungsgewinne	
Großbritannien 1964/70	XII Abs. 3	
Großbritannien 2010	6 Abs. 3	
Indien	6 Abs. 2	
Indonesien	6 Abs. 3	
Iran	6 Abs. 3	
Irland 2011	6 Abs. 3	
Island	6 Abs. 3	
Israel	3 Abs. 3 S. 1 zusätzl. Verweis auf Veräußerungsgewinne	
Italien	6 Abs. 3	
Jamaika	6 Abs. 3	
Japan	6 Abs. 3	
Jersey	keine entsprechende Regelung	
Jugoslawien	6 Abs. 3	
Kanada	6 Abs. 3	
Kasachstan	6 Abs. 3	
Kenia	6 Abs. 3	
Kirgisistan	6 Abs. 3	
Korea	6 Abs. 3	

DBA	Artikel	Rz.
Kosovo	s. Jugoslawien	
Kroatien	6 Abs. 3	
Kuwait	6 Abs. 3	
Lettland	6 Abs. 3	196
Liberia	6 Abs. 3	
Liechtenstein 2011	6 Abs. 3	
Litauen	6 Abs. 3	196
Luxemburg 2012	6 Abs. 3	
Malaysia 2010	6 Abs. 3	
Malta	6 Abs. 3	
Marokko	6 Abs. 3	
Mauritius 2011	6 Abs. 3	
Mazedonien 2006	6 Abs. 3	
Mexiko 2008	6 Abs. 3	
Moldau	s. UdSSR	
Mongolei	6 Abs. 2	
Montenegro	s. Jugoslawien	
Namibia	6 Abs. 2	
Neuseeland	6 Abs. 3	
Niederlande 1959/2004	4 Abs. 2	
Niederlande 2012 (E)	6 Abs. 3	
Norwegen 1991/2013 (E)	6 Abs. 3	
Oman 2012 (E)	6 Abs. 3	
Österreich	6 Abs. 3	
Pakistan	6 Abs. 3	
Philippinen 1983	6 Abs. 3	
Philippinen 2013	6 Abs. 3	
Polen	6 Abs. 3	
Portugal	6 Abs. 3	
Rumänien	6 Abs. 3	
Russische Föderation	6 Abs. 3	
Sambia	6 Abs. 3	
Schweden	6 Abs. 2	
Schweiz	6 Abs. 3	
Serbien	s. Jugoslawien	
Simbabwe	6 Abs. 3	
Singapur 1972	6 Abs. 3	
Singapur 2004	6 Abs. 3	
Slowakei	s. Tschechoslowakei	
Slowenien	6 Abs. 3	
Spanien 2011	6 Abs. 3 und 4	196
Sri Lanka	6 Abs. 3	
Südafrika 1973	10 Abs. 3	
Südafrika 2008 (E)	6 Abs. 3	
Syrien 2010	6 Abs. 3	
Tadschikistan	6 Abs. 3	
Taiwan 2011	6 Abs. 3	
Thailand	6 Abs. 3	
Trinidad und Tobago	6 Abs. 3	
Tschechien	s. Tschechoslowakei	
Tschechien 1997 (E)	6 Abs. 3	
Tschechoslowakei	6 Abs. 3	
Türkei 2011	6 Abs. 3	
Tunesien	6 Abs. 3	

DBA	Artikel	Rz.
Turkmenistan	s. UdSSR	
UdSSR	10 Abs. 3	
Ukraine	6 Abs. 2	
Ungarn 2011	6 Abs. 3	
Uruguay 2010	6 Abs. 3	
USA 1989	6 Abs. 3	
USA 1989/2006	6 Abs. 3	
Usbekistan	6 Abs. 3	
Venezuela	6 Abs. 2	
Vereinigte Arabische Emirate 2010	6 Abs. 3	
Vietnam	6 Abs. 3	
Weißrussland	s. Belarus	
Zypern 2011	6 Abs. 3	

2. Erläuterungen

a) Sonderregelung für Aktien: Nach den *DBA Estland, Finnland, Lettland, Litauen* und *Spanien 2011* gilt das Belegenheitsprinzip auch für Einkünfte von Aktionären und ähnlichen Anteilseignern aus der Nutzung unbeweglichen Vermögens der Gesellschaft, wenn sich das Nutzungsrecht aus dem Eigentum an den Aktien oder sonstigen Gesellschaftsanteilen ergibt (vgl. Rz. 98 ff.). Diese Regelung betrifft v. a. Timesharing-Gestaltungen bei Ferienimmobilien und soll verhindern, dass sich die vorrangige Besteuerung im Belegenheitsstaat durch Zwischenschaltung einer Kapitalgesellschaft umgehen lässt (Wassermeyer/*Siegers,* Art. 6 DBA Estland, Rz. 13). Nach dem *DBA Finnland* darf der Staat, in dem das unbewegliche Vermögen liegt, diese Einkünfte jedoch nur insoweit besteuern, als sie nicht bei der Gesellschaft steuerpflichtig sind oder als Gewinnausschüttung der Gesellschaft bezogen werden (Art. 6 Abs. 4 *DBA Finnland*). Für die Ausschüttungen der Immobilien-Gesellschaften bleibt es daher auch bei der Besteuerung nach Art. 10. **196**

b) Das *DBA Ecuador* enthält **keine** dem Art. 6 Abs. 3 MA **entsprechende Klarstellung.** Der Geltungsbereich seines Art. 6 weicht gleichwohl nicht vom OECD-MA ab; sedes materiae für die Anforderungen an die innere Verbindung von Einkunftsquelle und steuerbarer Vermögensmehrung (d. h. für die verhaltensbezogenen Tatbestandsmerkmale) ist hier das Tatbestandsmerkmal „aus" in Art. 6 Abs. 1 *DBA Ecuador.* Auch das 1972 abgeschlossene *DBA Australien* enthält keine dem Art. 6 Abs. 3 MA entsprechende Vorschrift. In Ziff. 2 SProt. wird lediglich exemplarisch („auch") die Verpachtung von Grund und Boden genannt. Eine Einengung gegenüber dem OECD-MA ist darin nicht zu sehen. Daher gilt das oben Gesagte entsprechend. **197**

D. Zu Art. 6 Abs. 4

I. Musterabkommen

1. Übereinstimmungen und Abweichungen

Im Unterschied zu den Musterabkommen aus der Zeit vor Gründung von OEEC/OECD, die teilweise dem Betriebstättenprinzip Vorrang vor dem Belegenheitsprinzip eingeräumt hatten (dazu m. w. N. *Avery Jones u. a.,* BTR 2006, 695 **198**

(735 f. mit Fn. 253)), ordnen Art. 6 Abs. 4 OECD-MA und Art. 6 Abs. 4 US-MA seit jeher übereinstimmend an, dass auch für die Einkünfte aus unbeweglichem Vermögen eines Unternehmens das Belegenheitsprinzip des Abs. 1 gilt.

Infolge der Streichung des Art. 14 sind die bislang in Art. 6 Abs. 4 OECD-MA enthaltenen Worte „und für Einkünfte aus unbeweglichem Vermögen, das der Ausübung einer selbständigen Arbeit dient" m. W. v. 29.4.2000 (OECD-MA) bzw. 15.11.2006 (US-MA) entfallen. Zuvor war es 1977 zu einer Änderung dieser Passage des OECD-MA gekommen; das OECD-MA 1963 enthielt statt des Ausdrucks „selbständige Arbeit" die engere Formulierung „freier Beruf" (vgl. Art. 14 Rz. 12 ff.).

2. Erläuterungen

199 **a) Grundzüge:** Abs. 4 stellt klar, dass auch für die Einkünfte aus unbeweglichem Vermögen eines Unternehmens das Belegenheitsprinzip des Abs. 1 gilt. Soweit die Rechtsfolgen des Art. 6 reichen, gehen sie den anderen unternehmensbezogenen Verteilungsnormen vor. Das Belegenheitsprinzip setzt sich damit insbesondere auch gegenüber dem Betriebstättenprinzip durch (vgl. z. B. *Conseil d'État* req. n. 37.379 Dr. Fisc. 1984, comm. 1947). Aber auch unabhängig davon, ob das betreffende Grundstück zu einem Betriebsvermögen oder Betriebstättenvermögen gehört oder ob überhaupt eine Betriebstätte (oder eine feste Einrichtung nach Art. 14 a. F.) besteht, muss im Verhältnis der Vertragsstaaten zueinander der Wohnsitzstaat die vorrangige Besteuerung stets dem **anderen Vertragsstaat** überlassen, wenn das Grundstück dort liegt (vgl. bereits MA-Komm. Einleitung Ziff. 21; MA-Komm. zu Art. 6, Ziff. 4; R&L § 48.01(3)(c); *Cour Administrative d'Appel de Marseille* (3e ch.), 26.10.1998, req. n. 98–195, Rev. Dr. Fisc. 1999, 1131 f.: *DBA Frankreich/Schweiz 1966/69*).

200 **b) Anwendungsbereich des Artikel 6:** Absatz 4 verändert den Tatbestand des Art. 6 nicht. Die Bedeutung der Vorschrift liegt vielmehr in der Bestimmung des Anwendungsbereichs von Art. 6. Dabei regelt Abs. 4 das Verhältnis des Art. 6 zu den Verteilungsnormen, die die Unternehmenseinkünfte betreffen – also zu den Art. 7, 8, 10 Abs. 4, 11 Abs. 4 und 12 Abs. 3.

Fest steht zunächst, dass Art. 6 Abs. 4 positiv (nicht konstitutiv; s. Rz. 201) die Geltung des Art. 6 anordnet. Unklar ist, ob dies die Anwendung der genannten Verteilungsnormen, die tatbestandlich ebenfalls einschlägig sind, ausschließt **(Exklusivverhältnis),** ob die anderen Verteilungsnormen fortgelten und durch Art. 6 als lex specialis lediglich eine andere Rechtsfolge erfahren **(Art. 6 als Rechtsfolgenverweisung),** oder ob Art. 6 und die anderen Verteilungsnormen unverbunden nebeneinander stehen, sodass die Vertragsstaaten einer Doppelverpflichtung aus mehreren Verteilungsnormen unterliegen **(Idealkonkurrenz).** Der Text des Art. 6 Abs. 4 lässt – ebenso wie Art. 7 Abs. 4 – alle drei Varianten zu. Der MA-Komm. (Ziff. 4 Satz 2) geht offenbar vom Gedanken der Idealkonkurrenz aus. Dem folgt ein Teil der deutschsprachigen Literatur, während an anderer Stelle unscharf von einem „Vorrang" oder „Vorgehen" des Art. 6 oder seiner Rechtsfolgen die Rede ist (Wassermeyer/*Piltz,* Art. 7 Rz. 85; *Günkel,* StbJb 1998/99, S. 143 (149); *Ege,* FS *Haas* (1996), S. 101 (105); *Arnold,* BIFD 2006, 5 (6)). Der BFH vertritt demgegenüber – jedenfalls für Art. 7 Abs. 7 a. F. – die Auffassung, es bestehe ein Exklusivverhältnis (BFH BStBl. II 1997, 313: *DBA Schweiz;* vgl. Art. 7 Rz. 168; ebenso Wassermeyer/*Wassermeyer,* Art. 6 Rz. 102). Richtigerweise ist davon auszugehen, dass dem Art. 6 Abs. 4 nur eine eng begrenzte Bedeutung zukommt:

201 **aa)** Im **Verhältnis zu Art. 7** hätte es des Art. 6 Abs. 4 schon wegen Art. 7 Abs. 4 nicht bedurft. Hier wiederholt Art. 6 Abs. 4 nur, was Art. 7 Abs. 4 ohnehin anordnet; insofern hat Art. 6 Abs. 4 **nur deklaratorische Bedeutung** (zutr. *Arnold,* BIFD 2006, 5 (6 mit Fn. 7); a. A. *Papotti/Saccardo,* BIFD 2002, 516). In der

Sache ist die Anwendung von Art. 7 deshalb insoweit ausgeschlossen, als die Rechtsfolgen des Art. 6 reichen. Bedeutung hat diese Sperrwirkung insbesondere für Abkommensklauseln, die die Einkünfte aus unbeweglichem Vermögen anders behandeln als die Unternehmensgewinne. So stellen z.B. einige deutsche DBA die Freistellung (≈ Art. 23A Abs. 1 OECD-MA) bei Unternehmensgewinnen unter einen Aktivitätsvorbehalt, die Einkünfte aus unbeweglichem Vermögen dagegen nicht. In diesen Fällen setzt sich der „starke" Art. 6 mit der nach Art. 23A Abs. 1 unbedingten Pflicht des Ansässigkeitsstaats zur Freistellung durch; der Aktivitätsvorbehalt greift nicht ein (*Lieber,* in Schönfeld/Ditz, DBA (2013), Art. 6 Rz. 12). Im Übrigen (und damit insbesondere im Hinblick auf die von Art. 6 vollständig offengelassenen Fragen der Gewinnermittlung für den Fall, dass die Einkünfte aus unbeweglichem Vermögen einer Betriebstätte des Steuerpflichtigen zuzuordnen sind) bleibt Art. 7 dagegen anwendbar (s. Rz. 208).

bb) Für das **Verhältnis zu Art. 8** s. Rz. 113ff.

cc) Im **Verhältnis zu den anderen Verteilungsnormen für Unternehmenseinkünfte** (Art. 10 Abs. 4, Art. 11 Abs. 4 und Art. 12 Abs. 3) gilt Entsprechendes wie für das Verhältnis zu Art. 7. Auch hier ist Art. 6 anwendbar. Anders als im Falle des Art. 7 Abs. 4 fehlt hier allerdings die ausdrückliche Anordnung einer Sperrwirkung. Gleichwohl gilt sie auch hier. Denn wenn zwei tatbestandlich einschlägige Verteilungsnormen in der Weise nebeneinander gelten könnten, dass es zu einer Doppelverpflichtung käme und sich im Ergebnis die je strengere Rechtsfolge durchsetzte (Idealkonkurrenz von Verteilungsnormen), träten leicht Besteuerungslücken auf. Daher ist davon auszugehen, dass stets nur eine Verteilungsnorm anwendbar ist. Die dem Art. 7 Abs. 4 von der Rechtsprechung (s. Rz. 200) beigemessene Ausschlusswirkung kommt mithin auch dem Art. 6 Abs. 4 zu. Soweit die Rechtsfolgen des Art. 6 reichen, können die anderen genannten Verteilungsnormen nicht zum Zuge kommen. Der MA-Komm. (Ziff. 4 Satz 2 1. Halbs.) steht dieser Auslegung nicht entgegen, da er allein die Frage der Gewinnermittlung betrifft (s. Rz. 208). 202

Praktisch bedeutsam ist die Sperrwirkung des Art. 6 Abs. 4 vor allem im Verhältnis zu Art. 10 Abs. 4 (s. o. Rz. 23, 55, 98ff.), während sich zu Art. 11 Abs. 4 (s. o. Rz. 91, 103ff., 177) und Art. 12 Abs. 3 (s. o. Rz. 10) kaum noch Überschneidungen ergeben dürften.

c) Die einzelnen Merkmale des Abs. 4: Nach Art. 6 Abs. 4 gelten die Absätze 1 und 3 auch für Einkünfte aus unbeweglichem Vermögen eines Unternehmens. Der Verweis des Abs. 4 auf Abs. 3 ist überflüssig, aber unschädlich (der Nutzungsbegriff in Abs. 3 ist nichts anderes als die notwendige Konkretisierung des Merkmals „aus" in den Abs. 1 und 4; s. Rz. 132). 203

Für das Merkmal **„unbewegliches Vermögen"** in Abs. 4 gilt die Begriffsbestimmung des Abs. 2. Das ergibt sich – auch ohne ausdrückliche Verweisung – aus der Wortlautidentität und aus der systematischen Stellung des Abs. 2. Auch aus diesem Grund kommt dem Abs. 4 im Hinblick auf den Tatbestand der Verteilungsnorm keine konstitutive Wirkung zu.

Als **„Unternehmen"** (enterprise, entreprise) wird im Sprachgebrauch der MA jede organisatorische Einheit verstanden, mit der eine selbständig tätige Person wirtschaftliche Zwecke verfolgt (vgl. Art. 3 Abs. 1 Buchst. c und h; s. dort Rz. 40f. und 79; Art. 7 Rz. 28ff.; kritisch *van Raad,* Intertax 1994, 491; s. neuerdings *Avery Jones,* BIFD 2006, 476; *ders. et al.,* BTR 2006, 695). Die Formulierung von Art. 6 Abs. 1 i. V. m. Abs. 4 spricht dafür, auch **land- oder forstwirtschaftliche Betriebe** als „Unternehmen" anzusehen (s. Rz. 43a). Im Falle einer **Betriebsaufspaltung** erfasst Art. 6 die Einkünfte, die der Träger des Besitzunternehmens aus der Überlassung unbeweglichen Vermögens an das Betriebsunternehmen erzielt (*Günkel,* StbJb 1998/99, S. 143 (144f., 151)). 204

205 **d) Unmittelbar aus unbeweglichem Vermögen stammende Einkünfte:** Art. 6 Abs. 4 will vor allem sicherstellen, dass Einkünfte aus unbeweglichem Vermögen **auch dann im Belegenheitsstaat** besteuert werden, wenn das Vermögen nicht zu einer dort gelegenen Betriebstätte gehört. Der Belegenheitsstaat darf unbewegliches Betriebsvermögen also auch dann besteuern, wenn er die Gewinne des Unternehmens **nach Art. 7 MA nicht** besteuern dürfte. Ob und wie der Belegenheitsstaat von der Besteuerungsbefugnis Gebrauch macht, hängt von seinem innerstaatlichen Recht ab.

206 **e) Mittelbar aus unbeweglichem Vermögen stammende Einkünfte:** Im MA-Komm. findet sich die Auffassung, der Vorrang des Belegenheitsprinzips gelte auch dann, wenn die Einkünfte nur mittelbar aus dem unbeweglichen Vermögen herrühren (Ziff. 4 Satz 1a. E.). Darin liegt weder eine Abgrenzung gegen das Merkmal „unmittelbar" in Art. 6 Abs. 3 (hierzu s. Rz. 154 ff., zur Mittelbarkeit i. S. des Abs. 3 Rz. 173 ff.), noch eine tatbestandliche Erweiterung von Art. 6. Gemeint ist vielmehr die Vermittlung durch eine **Betriebstätte:** Art. 6 erfasst auch diejenigen Einkünfte, die der Steuerpflichtige aus der Nutzung unbeweglichen Vermögens bezieht, das einer Betriebstätte im anderen Vertragstaat zugeordnet ist. Voraussetzung ist aber, dass der Betriebstättenstaat zugleich der Belegenheitsstaat ist.

207 Liegt das unbewegliche Vermögen dagegen im Wohnsitzstaat oder in einem Drittstaat, gilt **Art. 21 Abs. 1** (s. Rz. 32 f.).

208 **f) Ermittlung der Unternehmenseinkünfte:** Die Ausschlusswirkung des Art. 6 reicht aber nur so weit wie seine Rechtsfolgen. Im Übrigen können Art. 7 ff. weiterhin Anwendung finden. Dies wird durch den MA-Komm. (Ziff. 4 Satz 2 Halbs. 1) klargestellt. Damit kommt für die **Gewinnabgrenzung zwischen in- und ausländischen Betriebsteilen** ein Rückgriff auf die Grundsätze in Betracht, die nach den allgemeinen Regeln des Art. 7 Abs. 2 und 3 für die Gewinnabgrenzung zwischen Stammhaus und Betriebstätte gelten (str.; wie hier i. Erg. ÖstBMF, EAS 1012 v. 10.2.1997, SWI 1997, 160; de lege ferenda auch *Arnold,* BIFD 2006, 5 (17); abweichend dagegen die 3. Aufl., Rz. 47; und *Papotti/Saccardo,* BIFD 2002, 516 (519)). Dieser Rückgriff setzt voraus, dass das unbewegliche Vermögen i. S. des Art. 6 Abs. 2 nach Maßgabe von Art. 5 eine Betriebstätte begründet oder dass es über eine anderweitig begründete Betriebstätte gehalten wird. Liegt diese Voraussetzung nicht vor, bleibt es bei dem Grundsatz (Rz. 15), dass sich die Einkunftsermittlung ausschließlich nach innerstaatlichem Recht richtet (MA-Komm. Ziff. 4 a. E.).

209 **g) Land- und Forstwirtschaft:** Art. 6 gilt auch für diejenigen Einkünfte aus einem land- oder forstwirtschaftlichen Betrieb, die keinen unmittelbaren Bodenbezug aufweisen, aber betriebsüblich sind (s. Rz. 86). Den Regelungen des Art. 7 Abs. 2 und 3 kommt hier aber für die Gewinnabgrenzung zwischen in- und ausländischen Betriebsteilen besondere Bedeutung zu. (Nur) aus diesem Grunde ist auch die in einzelnen DBA anzutreffende Einbeziehung dieser Betriebsteile in Art. 5 Abs. 2 gerechtfertigt (zu den deutschen DBA s. Art. 5 Rz. 50). Daraus folgt vor allem, dass eine von diesen Grundsätzen abweichende pauschale Gewinnermittlung, wie sie nach innerstaatlichem Recht gerade für land- und forstwirtschaftliche Einkünfte oftmals vorgesehen ist, abkommensrechtlich ausscheiden muss.

210 **h) Fehlen einer entsprechenden Regelung:** Wo in der internationalen Abkommenspraxis dem Art. 6 Abs. 4 entsprechende Vorschriften fehlen (z. B. im *DBA Großbritannien/USA 1975;* zu den deutschen DBA s. Rz. 213), gilt im Ergebnis nichts anderes. Auch hier setzt sich Art. 6 gegenüber den anderen Verteilungsnormen durch. Im Verhältnis zu Art. 7 folgt dies aus Art. 7 Abs. 4; im Übrigen ergibt es sich aus der größeren Sachnähe und Detailgenauigkeit der Regelungen des Art. 6 (insbesondere des Abs. 2). Außerdem würde die Heraus-

nahme grundstücksbezogener Unternehmenseinkünfte aus dem Anwendungsbereich des Art. 6 auch gegen das dem Art. 6 zugrundeliegende finanzwissenschaftliche (und mit Rechtsqualität ausgestattete; s. Rz. 3) Belegenheitsprinzip verstoßen: Denn die wirtschaftliche Zugehörigkeit grundstücksbezogener Einkünfte zum Belegenheitsstaat wird dadurch, dass das Grundstück zum Betriebsvermögen eines im anderen Vertragsstaat ansässigen Unternehmens gehört, weder abgeschwächt noch gar ausgeschlossen. Daher ist die Auffassung des *Conseil d'État* abzulehnen, nach der es beim Betriebstättenprinzip bleiben solle, wenn ein DBA keine dem Art. 6 Abs. 4 MA entsprechende Vorschrift enthält (req. n. 63.266, Dr. Fisc. 1992 comm. 1892, concl. *Arrighi de Casanova: DBA Frankreich/Italien*).

II. Deutsche DBA

1. Abkommensübersicht zu Artikel 6 Abs. 4

211

DBA	MA-Regelung: Vorrang des Belegenheitsprinzips vor Art. 7 MA	Artikel	Rz.
Ägypten	≈ MA, zusätzl. Verweis auf selbstständige Arbeit	6 Abs. 4	
Albanien 2010	≈ MA, zusätzl. Verweis auf selbstständige Arbeit	6 Abs. 4	
Algerien 2007	≈ MA, zusätzl. Verweis auf selbstständige Arbeit	6 Abs. 4	
Argentinien	≈ MA, zusätzl. Verweis auf selbstständige Arbeit	6 Abs. 4	214
Armenien	s. UdSSR		
Aserbaidschan	≈ MA, zusätzl. Verweis auf selbstständige Arbeit	6 Abs. 4	
Australien	keine entsprechende Regelung	–	213
Bangladesch	≈ MA, zusätzl. Verweis auf selbstständige Arbeit	6 Abs. 4	214
Belarus	≈ MA, zusätzl. Verweis auf selbstständige Arbeit	6 Abs. 4	
Belgien	≈ MA, zusätzl. Verweis auf selbstständige Arbeit	6 Abs. 4	
Bolivien	≈ MA, zusätzl. Verweis auf selbstständige Arbeit	6 Abs. 4	
Bosnien-Herzegowina	s. Jugoslawien		
Bulgarien 2010	≈ MA	6 Abs. 4	
China 1985/2014 (E)	≈ MA, zusätzl. Verweis auf selbstständige Arbeit	6 Abs. 4	
Costa Rica 2014 (E)	≈ MA, zusätzl. Verweis auf selbstständige Arbeit	6 Abs. 4	
Dänemark	≈ MA, zusätzl. Verweis auf selbstständige Arbeit	6 Abs. 3	
DE-VG	≈ MA	6 Abs. 4	
Ecuador	keine entsprechende Regelung	–	213
Elfenbeinküste	≈ MA, zusätzl. Verweis auf selbstständige Arbeit	6 Abs. 4	
Estland	≈ MA, zusätzl. Verweis auf selbstständige Arbeit		
Finnland	≈ MA, zusätzl. Verweis auf selbstständige Arbeit	6 Abs. 5 Satz 1	

DBA	MA-Regelung: Vorrang des Belegenheitsprinzips vor Art. 7 MA	Artikel	Rz.
Frankreich	≈ MA, zusätzl. Verweis auf selbstständige Arbeit	3 Abs. 5	
Georgien	≈ MA, zusätzl. Verweis auf selbstständige Arbeit	6 Abs. 4	
Ghana	≈ MA, zusätzl. Verweis auf selbstständige Arbeit	6 Abs. 4	
Griechenland	≈ MA, zusätzl. Verweis auf Ausschluss von land- und forstwirtschaftlichen Unternehmen und auf selbstständige Arbeit	XIII Abs. 4	
Großbritannien 1964/1970	≈ MA 1963	XII Abs. 4	214
Großbritannien 2010	≈ MA	6 Abs. 4	
Indien	≈ MA, zusätzl. Verweis auf selbstständige Arbeit	6 Abs. 3	
Indonesien	≈ MA, zusätzl. Verweis auf selbstständige Arbeit	6 Abs. 4	
Iran	≈ MA, zusätzl. Verweis auf selbstständige Arbeit	6 Abs. 4	214
Irland 2011	≈ MA	6 Abs. 4	
Island	≈ MA, zusätzl. Verweis auf selbstständige Arbeit	6 Abs. 4	214
Israel	≈ MA, zusätzl. Verweis auf Ausschluss von land- und forstwirtschaftlichen Unternehmen und auf selbstständige Arbeit	3 Abs. 4	
Italien	≈ MA, zusätzl. Verweis auf selbstständige Arbeit	6 Abs. 4	
Jamaika	≈ MA, zusätzl. Verweis auf selbstständige Arbeit	6 Abs. 4	
Japan	≈ MA, zusätzl. Verweis auf selbstständige Arbeit	6 Abs. 4	
Jersey	keine entsprechende Regel	–	
Jugoslawien	≈ MA, zusätzl. Verweis auf selbstständige Arbeit	6 Abs. 4	
Kanada	≈ MA, zusätzl. Verweis auf selbstständige Arbeit	6 Abs. 4	
Kasachstan	≈ MA, zusätzl. Verweis auf selbstständige Arbeit	6 Abs. 4	
Kenia	≈ MA, zusätzl. Verweis auf selbstständige Arbeit	6 Abs. 4	
Kirgisistan	≈ MA, zusätzl. Verweis auf selbstständige Arbeit	6 Abs. 4	
Korea	≈ MA, zusätzl. Verweis auf selbstständige Arbeit	6 Abs. 4	
Kosovo	s. Jugoslawien		
Kroatien	≈ MA, zusätzl. Verweis auf selbstständige Arbeit	6 Abs. 4	
Kuwait	≈ MA, zusätzl. Verweis auf selbstständige Arbeit	6 Abs. 4	
Lettland	≈ MA, zusätzl. Verweis auf selbstständige Arbeit	6 Abs. 5	

DBA	MA-Regelung: Vorrang des Belegenheitsprinzips vor Art. 7 MA	Artikel	Rz.
Liberia	≈ MA, zusätzl. Verweis auf selbstständige Arbeit	6 Abs. 4	
Liechtenstein 2011	≈ MA	6 Abs. 4	
Litauen	≈ MA, zusätzl. Verweis auf selbstständige Arbeit	6 Abs. 5	
Luxemburg 2012	≈ MA	6 Abs. 4	
Malaysia 2010	≈ MA, zusätzl. Verweis auf selbstständige Arbeit	6 Abs. 4	
Malta	≈ MA, zusätzl. Verweis auf selbstständige Arbeit	6 Abs. 4	
Marokko	≈ MA, zusätzl. Verweis auf selbstständige Arbeit	6 Abs. 4	
Mauritius 2011	≈ MA	6 Abs. 4	
Mazedonien 2006	≈ MA, zusätzl. Verweis auf selbstständige Arbeit	6 Abs. 4	
Mexiko 2008	≈ MA, zusätzl. Verweis auf selbstständige Arbeit	6 Abs. 4	
Moldau	s. UdSSR		
Mongolei	≈ MA, zusätzl. Verweis auf selbstständige Arbeit	6 Abs. 3	
Montenegro	s. Jugoslawien		
Namibia	≈ MA, zusätzl. Verweis auf selbstständige Arbeit	6 Abs. 3	
Neuseeland	≈ MA, zusätzl. Verweis auf selbstständige Arbeit	6 Abs. 4	
Niederlande 1959/2004	Vorrang ausdrücklich nur für unbewegliches Betriebsvermögen eines gewerblichen Unternehmens	4 Abs. 4	212a f.
Niederlande 2012 (E)	≈ MA	6 Abs. 4	
Norwegen 1991/2013 (E)	≈ MA, zusätzl. Verweis auf selbstständige Arbeit	6 Abs. 4	
Oman 2012 (E)	≈ MA, zusätzl. Verweis auf selbstständige Arbeit	6 Abs. 4	
Österreich	≈ MA, zusätzl. Verweis auf selbstständige Arbeit	6 Abs. 4	
Pakistan	≈ MA, zusätzl. Verweis auf selbstständige Arbeit	6 Abs. 4	
Philippinen 1983	≈ MA, zusätzl. Verweis auf selbstständige Arbeit	6 Abs. 4	
Philippinen 2013	≈ MA, zusätzl. Verweis auf selbstständige Arbeit	6 Abs. 4	
Polen	≈ MA, zusätzl. Verweis auf selbstständige Arbeit	6 Abs. 4	
Portugal	≈ MA, zusätzl. Verweis auf selbstständige Arbeit	6 Abs. 4	
Rumänien	≈ MA, zusätzl. Verweis auf selbstständige Arbeit	6 Abs. 4	
Russische Föderation	≈ MA, zusätzl. Verweis auf selbstständige Arbeit	6 Abs. 4	
Sambia	≈ MA, zusätzl. Verweis auf selbstständige Arbeit	6 Abs. 4	

DBA	MA-Regelung: Vorrang des Belegenheitsprinzips vor Art. 7 MA	Artikel	Rz.
Schweden	≈ MA, zusätzl. Verweis auf selbstständige Arbeit	6 Abs. 3	
Schweiz	≈ MA, zusätzl. Verweis auf selbstständige Arbeit	6 Abs. 4	
Serbien	s. Jugoslawien		
Simbabwe	≈ MA, zusätzl. Verweis auf selbstständige Arbeit	6 Abs. 4	
Singapur 1972	≈ MA, zusätzl. Verweis auf selbstständige Arbeit	6 Abs. 4	
Singapur 2004	≈ MA, zusätzl. Verweis auf selbstständige Arbeit	6 Abs. 4	
Slowakei	s. Tschechoslowakei		
Slowenien	≈ MA, zusätzl. Verweis auf selbstständige Arbeit	6 Abs. 4	
Spanien 2011	≈ MA; unter Einbeziehung des Abs. 4	6 Abs. 5	
Sri Lanka	≈ MA, zusätzl. Verweis auf selbstständige Arbeit	6 Abs. 4	
Südafrika 1973	≈ MA, zusätzl. Verweis auf selbstständige Arbeit	10 Abs. 4	
Südafrika 2008 (E)	≈ MA	6 Abs. 4	
Syrien 2010	≈ MA zusätzl. Verweis auf selbstständige Arbeit	6 Abs. 4	
Tadschikistan	≈ MA	6 Abs. 4	212a f.
Taiwan 2011	≈ MA	6 Abs. 4	
Thailand	≈ MA	6 Abs. 4	212a f.
Trinidad und Tobago	≈ MA, zusätzl. Verweis auf selbstständige Arbeit	6 Abs. 4	
Tschechien	s. Tschechoslowakei		
Tschechien 1997 (E)	≈ MA, zusätzl. Verweis auf selbstständige Arbeit	6 Abs. 4	
Tschechoslowakei	≈ MA, zusätzl. Verweis auf selbstständige Arbeit	6 Abs. 4	
Türkei 2011	≈ MA, zusätzl. Verweis auf selbstständige Arbeit	6 Abs. 4	
Tunesien	≈ MA, zusätzl. Verweis auf selbstständige Arbeit	6 Abs. 4	
Turkmenistan	s. UdSSR		
UdSSR	keine entsprechende Regelung	–	213
Ukraine	≈ MA, zusätzl. Verweis auf selbstständige Arbeit	6 Abs. 3	
Ungarn 2011	≈ MA	6 Abs. 4	
Uruguay 2010	≈ MA	6 Abs. 4	
USA 1989	≈ MA, zusätzl. Verweis auf selbstständige Arbeit	6 Abs. 4	
USA 1989/2006	≈ MA, zusätzl. Verweis auf selbstständige Arbeit	6 Abs. 4	
Usbekistan	≈ MA, zusätzl. Verweis auf selbstständige Arbeit	6 Abs. 4	
Venezuela	≈ MA, zusätzl. Verweis auf selbstständige Arbeit	6 Abs. 3	

DBA	MA-Regelung: Vorrang des Belegenheitsprinzips vor Art. 7 MA	Artikel	Rz.
Vereinigte Arabische Emirate 2010	≈ MA	6 Abs. 4	
Vietnam	≈ MA, zusätzl. Verweis auf selbstständige Arbeit	6 Abs. 4	
Weißrussland	s. Belarus		
Zypern 2011	≈ MA	6 Abs. 4	

2. Erläuterungen

a) Einbeziehung der selbständigen Arbeit: Viele deutsche DBA (auch zahlreiche seit 2000 abgeschlossene) enthalten noch eine dem Art. 14 OECD-MA a. F. entsprechende Verteilungsnorm. In diesen DBA folgt auch die Formulierung des Art. 6 Abs. 4 weiterhin dem OECD-MA i. d. F. vor dem 29.4.2000 und stellt in Abs. 4 die Einkünfte aus selbständiger Arbeit (Art. 14 a. F.) den Unternehmensgewinnen gleich. Da das OECD-MA n. F. aber die Einkünfte aus selbständiger Arbeit vollständig in den in Art. 6 Abs. 4 MA genannten Unternehmensgewinnen aufgehen lässt, unterscheidet sich die Reichweite der Verteilungsnorm für unbewegliches Vermögen in den deutschen DBA der Sache nach nicht von Art. 6 OECD-MA n. F. **212**

Anders waren bzw. sind allerdings die (sämtlich vor 2000 abgeschlossenen) *DBA Luxemburg 1973, Niederlande 1959* und *Thailand* sowie das neue *DBA Tadschikistan* formuliert. Ihrem Wortlaut nach statuieren sie den Vorrang des Belegenheitsprinzips nur für den Fall gewerblicher Unternehmen, nicht jedoch bei selbständiger Arbeit, obwohl auch sie eine dem Art. 14 OECD-MA a. F. entsprechende Verteilungsnorm enthalten. **212a**

In der Sache kommt man aber bei Anwendung dieser DBA nicht zu anderen Ergebnissen als unter dem OECD-MA. Die Bindung des Vermögensgegenstandes an den Belegenheitsstaat ist in jedem Fall der stärkere Anknüpfungspunkt für die Besteuerung (s. Rz. 210). Daher hat auch nach diesen Abkommen das Belegenheitsprinzip für die Einkünfte aus dem unbeweglichen Vermögen, das der Ausübung einer selbständigen Arbeit dient, den Vorrang. Speziell im Fall des *DBA Tadschikistan* liegt möglicherweise ein reines Redaktionsversehen vor. **212b**

b) Die *DBA Australien, Ecuador* und *UdSSR* enthalten **keine** dem Art. 6 Abs. 4 MA **entsprechende Vorschrift.** Dennoch gilt auch für diese DBA der Vorrang des Belegenheitsprinzips bei den Einkünften aus unbeweglichem Vermögen gewerblicher Unternehmen sowie für die Einkünfte aus unbeweglichem Vermögen, das der Ausübung einer selbständigen Arbeit dient. Für Unternehmen i. S. des Art. 7 folgt dies schon aus der dem (heutigen) Art. 7 Abs. 4 MA entsprechenden Regelung, die in allen diesen DBA enthalten ist. Für die Einkünfte aus unbeweglichem Vermögen, das der Ausübung einer selbständigen Arbeit dient, ergibt sich der Vorrang des Belegenheitsprinzips aus den o. a. (Rz. 210, 212) Erwägungen (vgl. auch BFH BStBl. II 1972, 948: *DBA Italien 1925*). **213**

c) Einige ältere DBA (z. B. die *DBA Argentinien, Bangladesch, Iran, Island*) verwenden statt des Ausdrucks „selbständige Arbeit" (so das OECD-MA bis 2000) noch den aus dem OECD-MA 1963 stammenden engeren Ausdruck **„freier Beruf"** (s. Art. 14 Rz. 12 ff.). Da das MA 1963 eine Besteuerung durch den Staat der festen Einrichtung in seinem Art. 14 auch bereits für „sonstige selbständige Tätigkeit" vorsah, ist nicht anzunehmen, dass der Anwendungsbereich des Art. 6 Abs. 4 enger sein sollte. **214**

Artikel 7. Unternehmensgewinne

Text: OECD-Musterabkommen 2010 (OECD-MA 2010)

1. Profits of an enterprise of a Contracting State shall be taxable only in that State unless the enterprise carries on business in the other Contracting State through a permanent establishment situated therein. If the enterprise carries on business as aforesaid, the profits that are attributable to the permanent establishment in accordance with the provisions of paragraph 2 may be taxed in that other State.

2. For the purposes of this Article and Article [23A] [23B], the profits that are attributable in each Contracting State to the permanent establishment referred to in paragraph 1 are the profits it might be expected to make, in particular in its dealings with other parts of the enterprise, if it were a separate and independent enterprise engaged in the same or similar activities under the same or similar conditions, taking into account the functions performed, assets used and risks assumed by the enterprise through the permanent establishment and through the other parts of the enterprise.

3. Where, in accordance with paragraph 2, a Contracting State adjusts the profits that are attributable to a permanent establishment of an enterprise of one of the Contracting States and taxes accordingly profits of the enterprise that have been charged to tax in the other State, the other State shall, to the extent necessary to eliminate double taxation on these profits, make an appropriate adjustment to the amount of the tax charged on those profits. In determining such adjustment, the competent authorities of the Contracting States shall if necessary consult each other.

4. Where profits include items of income which are dealt with separately in other Articles of this Convention, then the provisions of those Articles shall not be affected by the provisions of this Article.

Text: OECD-Musterabkommen 2008 (OECD-MA 2008)

1. Gewinne eines Unternehmens eines Vertragsstaates können nur in diesem Staat besteuert werden, es sei denn, das Unternehmen übt seine Geschäftstätigkeit im anderen Vertragsstaat durch eine dort gelegene Betriebstätte aus. Übt das Unternehmen seine Geschäftstätigkeit auf diese Weise aus, so können die Gewinne des Unternehmens im anderen Staat besteuert werden, jedoch nur insoweit, als sie dieser Betriebstätte zugerechnet werden können.

2. Übt ein Unternehmen eines Vertragsstaates seine Geschäftstätigkeit im anderen Vertragsstaat durch eine dort gelegene Betriebstätte aus, so werden vorbehaltlich des Absatzes 3 in jedem Vertragsstaat dieser Betriebstätte die Gewinne zugerechnet, die sie hätte erzielen können, wenn sie eine gleiche oder ähnliche Tätigkeit unter gleichen oder ähnlichen Bedingungen als selbständiges Unternehmen ausgeübt hätte und im Verkehr mit dem Unternehmen, dessen Betriebstätte sie ist, völlig unabhängig gewesen wäre.

3. Bei der Ermittlung der Gewinne einer Betriebstätte werden die für diese Betriebstätte entstandenen Aufwendungen, einschließlich der Geschäftsführungs- und allgemeinen Verwaltungskosten, zum Abzug zugelassen, gleichgültig, ob sie in dem Staat, in dem die Betriebstätte liegt, oder anderswo entstanden sind.

4. Soweit es in einem Vertragsstaat üblich ist, die einer Betriebstätte zuzurechnenden Gewinne durch Aufteilung der Gesamtgewinne des Unternehmens auf seine einzelnen Teile zu ermitteln, schließt Absatz 2 nicht aus, dass dieser Vertragsstaat die zu besteuernden Gewinne nach der üblichen Aufteilung ermittelt; die gewählte Gewinnaufteilung muss jedoch derart sein, dass das Ergebnis mit den Grundsätzen dieses Artikels übereinstimmt.

5. Auf Grund des bloßen Einkaufs von Gütern oder Waren für das Unternehmen wird einer Betriebstätte kein Gewinn zugerechnet.

6. Bei der Anwendung der vorstehenden Absätze sind die der Betriebstätte zuzurechnenden Gewinne jedes Jahr auf dieselbe Art zu ermitteln, es sei denn, dass ausreichende Gründe dafür bestehen, anders zu verfahren.

7. Gehören zu den Gewinnen Einkünfte, die in anderen Artikeln dieses Abkommens behandelt werden, so werden die Bestimmungen jener Artikel durch die Bestimmungen dieses Artikels nicht berührt.

Text: Deutsche Verhandlungsgrundlage (DE-VG)

Artikel 7. Unternehmensgewinne

(1) **Gewinne eines Unternehmens eines Vertragsstaats können nur in diesem Staat besteuert werden, es sei denn, das Unternehmen übt seine Geschäftstätigkeit im anderen Vertragsstaat durch eine dort gelegene Betriebsstätte aus. Übt das Unternehmen seine Geschäftstätigkeit auf diese Weise aus, so können die Gewinne, die der Betriebsstätte in Übereinstimmung mit Absatz 2 zugerechnet werden können, im anderen Staat besteuert werden.**

(2) **Im Sinne dieses Artikels und des Artikels 22, handelt es sich bei den Gewinnen, die in jedem Vertragsstaat einer in Absatz 1 genannten Betriebsstätte zugerechnet werden können, um die Gewinne, die die Betriebsstätte, insbesondere in ihren wirtschaftlichen Beziehungen mit anderen Teilen des Unternehmens, voraussichtlich erzielen würde, wenn sie ein selbstständiges und unabhängiges Unternehmen wäre, das die gleichen oder ähnliche Tätigkeiten unter den gleichen oder ähnlichen Bedingungen ausübt, unter Berücksichtigung der von dem Unternehmen durch die Betriebsstätte und durch die anderen Teile des Unternehmens ausgeübten Funktionen, genutzten Vermögenswerte und übernommenen Risiken.**

(3) **Wenn in Übereinstimmung mit Absatz 2 ein Vertragsstaat die Gewinne, die der Betriebsstätte eines Unternehmens eines Vertragsstaats zugerechnet werden können, berichtigt und dementsprechend Gewinne des Unternehmens besteuert, die bereits im anderen Staat besteuert wurden, wird der andere Vertragsstaat, soweit zur Beseitigung einer Doppelbesteuerung erforderlich, eine entsprechende Änderung vornehmen, wenn er der Berichtigung des erstgenannten Staats zustimmt; stimmt der andere Vertragsstaat nicht zu, werden sich die Vertragsstaaten bemühen, eine sich daraus ergebende Doppelbesteuerung durch Verständigung zu beseitigen.**

(4) **Gehören zu den Gewinnen Einkünfte, die in anderen Artikeln dieses Abkommens gesondert behandelt werden, so werden die Bestimmungen jener Artikel durch die Bestimmungen dieses Artikels nicht berührt.**

Text: US-Musterabkommen (US-MA)

1. Gewinne eines Unternehmens eines Vertragsstaates können nur in diesem Staat besteuert werden, es sei denn, das Unternehmen übt seine Tätigkeit im anderen Vertragsstaat durch eine dort gelegene Betriebstätte aus. Übt das Unternehmen seine Tätigkeit auf diese Weise aus, so können die Gewinne des Unternehmens im anderen Staat besteuert werden, jedoch nur insoweit, als sie dieser Betriebstätte zugerechnet werden können.

2. Übt ein Unternehmen eines Vertragsstaates seine Tätigkeit im anderen Vertragsstaat durch eine dort gelegene Betriebstätte aus, so werden vorbehaltlich des Absatzes 3 in jedem Vertragsstaat dieser Betriebstätte die Unternehmensgewinne zugerechnet, die sie hätte erzielen können, wenn sie eine gleiche oder ähnliche Tätigkeit unter gleichen oder ähnlichen Bedingungen als selbstständiges Unternehmen ausgeübt hätte. Der der Betriebstätte zuzurechnende Gewinn umfasst nur den Gewinn, den die Betriebstätte mit den von ihr genutzten Wirtschaftsgütern, den von ihr übernommenen Risiken und den von ihr ausgeübten Tätigkeiten erwirtschaftet.

3. Bei der Ermittlung der Gewinne einer Betriebstätte werden die für diese Betriebstätte entstandenen Aufwendungen, einschließlich der Geschäftsführungs- und allgemeinen Verwaltungskosten, zum Abzug zugelassen, gleichgültig, ob sie in dem Staat, in dem die Betriebstätte liegt, oder anderswo entstanden sind.*

4. Auf Grund des bloßen Einkaufs von Gütern oder Waren für das Unternehmen wird einer Betriebstätte kein Unternehmensgewinn zugerechnet.

5. Bei der Anwendung der vorstehenden Absätze sind die der Betriebstätte zuzurechnenden Gewinne jedes Jahr nach derselben Buchführungsmethode zu ermitteln, es sei denn, dass ausreichende Gründe dafür bestehen, anders zu verfahren.

6. Gehören zu den Gewinnen Einkünfte, die in anderen Artikeln dieses Abkommens behandelt werden, so werden die Bestimmungen jener Artikel durch die Bestimmungen dieses Artikels nicht berührt.

7. Bei der Anwendung dieses Artikels, des Artikels 10 Absatz 6 (Dividenden), des Artikels 11 Absatz 4 (Zinsen), des Artikels 12 Absatz 3 (Lizenzgebühren), des Artikels 13 Absatz 3 (Veräußerungsgewinne), und des Artikels 21 Absatz 2 (Andere Einkünfte) können Einkünfte oder Gewinne, die einer Betriebstätte während ihres Bestehens zuzurechnen sind, auch dann in dem Vertragsstaat besteuert werden, in dem die Betriebstätte gelegen ist, wenn die Zahlungen aufgeschoben werden, bis die Betriebstätte aufgehört hat zu bestehen.

---

* Das Protokoll oder eine Note sollte folgenden Text enthalten:
Die einer Betriebsstätte zuzurechnenden Gewinne umfassen nur die Gewinne, die mit dem von der Betriebsstätte genutzten Wirtschaftsgütern, den von ihr übernommenen Risiken und den von ihr ausgeübten Tätigkeiten erwirtschaftet werden. Zur Ermittlung der einer Betriebsstätte zuzurechnenden Gewinne sind die OECD-Verrechnungspreisrichtlinien unter Berücksichtigung der unterschiedlichen wirtschaftlichen und rechtlichen Gegebenheiten eines Einheitsunternehmens anzuwenden. Daher kann zur Ermittlung der Gewinne einer Betriebsstätte jede der dort zur Berechnung eines fremdvergleichskonformen Ergebnisses als geeignet beschriebenen Methoden angewendet werden, sofern die Anwendung dieser Methoden gemäß den Richtlinien erfolgt. Insbesondere wird die Betriebsstätte bei der Ermittlung der ihr zuzurechnenden Gewinne so behandelt, als verfüge sie über denselben Kapitalbetrag, den sie zur Aufrechterhaltung ihrer Tätigkeit benötigen würde, wenn sie eine gleiche oder ähnliche Tätigkeit als selbstständiges Unternehmen ausüben würde. Bei Finanzinstituten, bei denen es sich um Versicherungsgesellschaften handelt, kann ein Vertragsstaat den einer Betriebsstätte zuzurechnenden Kapitalbetrag durch Aufteilung des gesamten Eigenkapitals des Instituts auf seine einzelnen Geschäftsstellen auf der Grundlage des ihnen jeweils zuzurechnenden Anteils an den risikogewichteten Vermögenswerten des Finanzinstituts ermitteln. Im Falle eines Versicherungsunternehmens werden einer Betriebsstätte nicht nur die Prämien, die durch die Betriebsstätte erwirtschaftet werden, zugerechnet, sondern auch der Teil des gesamten Investmenteinkommens der Versicherungsgesellschaft aus Reserven und Überschüssen, der die von der Betriebsstätte übernommenen Risiken trägt.

Inhalt

Literatur: *Bähr,* Gewinnermittlung ausländischer Zweigbetriebe (1971); *Baranowski,* Besteuerung von Auslandsbeziehungen (1978); *Bellstedt,* Die Besteuerung international verflochtener Gesellschaften, 3. Aufl. (1973); *Bogenschütz,* in Herzig, Steuerorientierte Umstrukturierung von Unternehmen (1997); *Böhmer,* Die deutsche Besteuerung grenzüberschreitender Unternehmensverträge (1991); *Burgers,* Taxation and Supervision of Branches of International Banks (1991); *Eisele,* Grenzüberschreitende Funktionsverlagerung (2003); *Engl,* in Schaumburg/Piltz, Internationales Umwandlungssteuerrecht (1997); *Gassner/Lang/Lechner,* Die Betriebstätte im Recht der Doppelbesteuerungsabkommen (1998); *Hemmelrath,* Die Ermittlung des Betriebstättengewinns im internationalen Steuerrecht (1982); *Herzig,* in Schaumburg/Piltz, Internationales Umwandlungssteuerrecht (1997); *Höhn/David,* Doppelbesteuerungsrecht (1973); *Kiss,* Abuse of Rights, EPIL Bd. 7 (1984); *Knobbe-Keuk,* Bilanz- und Unternehmenssteuerrecht (1993); *Kumpf,* Besteuerung inländischer Betriebstätten von Steuerausländern (1982); *Lang,* Der Betriebstättengewinn im Internationalen Steuerrecht aus der Sicht des Gesetzmäßigkeitsprinzips, in Steuerfinanzreform und Verfassungsrecht (1991); *Lechner,* in Gassner/Lang/Lechner, Die Betriebstätte im Recht der Doppelbesteuerungsabkommen (1998), S. 179; *Lüdicke,* in Piltz/Schaumburg, Unternehmensfinanzierung im Internationalen Steuerrecht, Forum der Internationalen Besteuerung Bd. 9 (1995); *ders.,* Zurechnung von Wirtschaftsgütern im Internationalen Steuerrecht (2000); *Menzel,* in Raupach, Verrechnungspreissysteme multinationaler Unternehmen (1999); *Piltz,* Die Personengesellschaften im internationalen Steuerrecht (1981); *ders.,* in Piltz/Schaumburg, Internationale Betriebstättenbesteuerung (2001), S. 125; *Piltz/Schaumburg,* Internationale Betriebstättenbesteuerung (2001); *Plansky,* Gewinnzurechnung zu Betriebstätten im Recht der Doppelbesteuerungsabkommen (2010); *v. Raad,* Beweeglijkheid in het internationaal belastingrecht (1987); *Reimer,* Der Ort des Unterlassens, (2004); *Rödder,* in Schaumburg/Piltz, Internationales Umwandlungssteuerrecht (1997); *Roth,* in Grotherr, Handbuch der internationalen Steuerplanung (2000), S. 75; *ders.,* in Lüdicke, Zurechnung von Wirtschaftsgütern im Internationalen Steuerrecht (2000), S. 87; *Sauer,* in Gassner/Lang/Lechner, Aktuelle Entwicklungen im Internationalen Steuerrecht (1994), S. 177; *Schaumburg,* in Lüdicke, Zurechnung von Wirtschaftsgütern im Internationalen Steuerrecht (2000), S. 53; *Schieber,* Die Besteuerung von Auslandsbetriebstätten (1979); *Schön,* in Lüdicke, Die Besteuerung von Unternehmen im Wandel (2007), S. 71; *Storck,* Ausländische Betriebsstätten (1980); *Strunk,* in Mössner u. a., Steuerrecht international tätiger Unternehmen, 4. Aufl. (2012); *Selent,* Ausländische Personengesellschaften im Ertrag- und Vermögensteuerrecht (1982); *Spitaler,* Doppelbesteuerungsproblem (1936); *Täske,* Grenzüberschreitende Einbringungen von Betriebstätten in Kapitalgesellschaften, in Herzig, Steuerorientierte Umstrukturierung von Unternehmen (1997); *Thiel,* in Schaumburg/Piltz, Internationales Umwandlungssteuerrecht (1997), S. 28; *Thömmes,* Die Umsetzung der EG-Fusionsrichtlinie und der EG-Mutter-Tochter-Richtlinie in den EG-Mitgliedsstaaten (1995); *Verdross/Simma,* Universelles Völkerrecht (1984), S. 461, 1029; *Wassermeyer,* in Schaumburg/Piltz, Internationales Umwandlungssteuerrecht (1997), S. 118; *ders.,* in Piltz/Schaumburg, Internationale Betriebstätten (2001), S. 25; *Wassermeyer/Andresen/Ditz,* Betriebstätten-Handbuch (2006); *Widmayer,* Risikomanagement mit Derivaten im Internationalen Steuerrecht (2002). 1

OECD-Dokumente: *OECD,* Issues in International Taxation, Nr. 5, Model Tax Convention: Attribution of Income to Permanent Establishments (1994); *dies.,* Issues related to Article 14 of the Model Tax Convention (2008); *dies.,* Discussion Draft on a new Article 7 (Business Profits)of the OECD Model Tax Convention (2008); *dies.,* Report on the Attribution of Profits to Permanent Establishments (2008); *dies.,* 2010 Report on the Attribution of Profits to Permanent Establishments (2010).

Sonstige Dokumente: *League of Nations,* Taxation of Foreign and National Enterprises. Vol. I bis V (1932/33), Doc. C. 73 und Doc. C. 425 mit 425a bis c (Vol. IV: *Caroll,* Methods of Allocating Taxable Income; Vol. V: *Jones,* Allocation Accounting for the Taxable Income of Industrial Enterprises).

Text: OECD-Kommentar (MA-Kommentar 2008)[1]

Vorbemerkungen

*1. **[Grundsatz: Betriebstättenbesteuerung]** Dieser Artikel stellt in mancher Hinsicht eine Fortsetzung und Ergänzung des Artikels 5 (Begriff der Betriebstätte) dar. Das Betriebstättenmerkmal dient in zwischenstaatlichen Doppelbesteuerungsabkommen allgemein der Feststellung, ob bestimmte Einkünfte in dem Staat, in dem sie entstanden sind, besteuert werden dürfen; doch bietet dieser Begriff für sich allein noch keine vollständige Lösung des Problems der Doppelbesteuerung gewerblicher Gewinne. Um eine solche Doppelbesteuerung zu vermeiden, ist es erforderlich, neben der Definition der Betriebstätte eine Reihe von Regeln aufzustellen, nach denen die Gewinne, die der Betriebstätte zuzurechnen sind, zu ermitteln sind. Dies will, etwas anders ausgedrückt, Folgendes besagen: Übt ein Unternehmen eines Vertragsstaates im anderen Vertragsstaat eine gewerbliche Tätigkeit aus, so müssen sich die Behörden des zweiten Staates zwei Fragen stellen, bevor sie die Gewinne des Unternehmens besteuern. Zunächst müssen sie prüfen, ob das Unternehmen eine Betriebstätte in ihrem Staat hat. Ist dies der Fall, dann müssen sie sich außerdem fragen, welche der gegebenenfalls erzielten Gewinne von der Betriebstätte zu versteuern sind. Die für die Beantwortung der zweiten Frage erforderlichen Regeln sind in Artikel 7 enthalten. Regeln für die Ermittlung der Gewinne eines Unternehmens eines Vertragsstaates, das mit einem verbundenen Unternehmen des anderen Vertragsstaates Geschäftsbeziehungen unterhält, werden in Artikel 9 behandelt.*

*2. **[Vorgeschichte]** Artikel 7 und 9 gehen nicht sehr ins Einzelne und waren nicht etwas vollkommen Neues, als sie von der OECD angenommen wurden. Das Problem, nach welchen Merkmalen einer Betriebstätte Gewinne zuzurechnen sind und wie Gewinne aus Geschäften zwischen verbundenen Unternehmen aufgeteilt werden sollen, stellte sich bereits in vielen Doppelbesteuerungsabkommen und in verschiedenen vom Völkerbund entwickelten Musterabkommen, bevor sich die OECD zuerst mit ihnen befasste, und die gefundenen Lösungen entsprachen im Allgemeinen einem einheitlichen Schema.*

*3. **[Schema der Betriebstättengewinnbesteuerung]** Die wesentlichen Grundsätze, auf denen das einheitliche Schema beruht, sind anerkanntermaßen wohlbegründet, und, als die OECD dieses Problem zuerst untersuchte, hielt man es für ausreichend, diese Grundsätze mit einigen kleinen Ergänzungen und Änderungen, die in erster Linie der Verdeutlichung dienen sollten, zu übernehmen. Die beiden Artikel enthalten eine Reihe von Grundsätzen. Wie wegen der Art der Probleme nicht anders zu erwarten, enthalten sie aber keine eingehenden Regeln für die Behandlung sämtlicher Probleme, die sich ergeben können, wenn ein Unternehmen eines Staates in einem anderen Staat Gewinne erzielt. In der heutigen Zeit wickelt sich die Geschäftstätigkeit unter vielfältigen Formen ab, und es wäre völlig ausgeschlossen, für alle möglicherweise auftauchenden Fragen innerhalb des begrenzten Rahmens eines Artikels eines Doppelbesteuerungsabkommens eine erschöpfende Regelung anzubieten.*

---

[1] In der Fassung der Änderungen vom 17. Juli 2008.

4. ***[Abweichende Auslegungen]*** *Es ist aber zuzugeben, dass beträchtliche Abweichungen in der Auslegung der allgemeinen Grundsätze des Artikels 7 und der Bestimmungen früherer Abkommen und Musterabkommen, auf denen der Wortlaut des Artikels 7 beruht, aufgetreten sind. Das Fehlen einer einheitlichen Auslegung des Artikels 7 kann zu Doppelbesteuerungen und doppelten Nichtbesteuerungen führen. Deshalb ist es für die Steuerverwaltungen wichtig, sich auf beiderseits annehmbare Methoden zu einigen, nach denen solche Probleme – gegebenenfalls mit Hilfe des in Artikel 25 vorgesehenen Verständigungsverfahrens – gelöst werden können.*

5. ***[Frühere Arbeiten des Steuerausschusses der OECD]*** *Über die Jahre hat der Steuerausschuss der OECD beträchtliche Zeit und Mühe darauf verwandt, eine einheitlichere Auslegung und Anwendung der Regeln des Artikels zu erreichen. Kleinere Änderungen des Wortlauts des Artikels und eine Reihe von Änderungen des Kommentars wurden vorgenommen, als das Musterabkommen 1977 verabschiedet wurde. Ein Bericht, der das Problem speziell für Banken ansprach, wurde im Jahre 1984 veröffentlicht.*[1] *In der Erkenntnis, dass die Ermittlung der Gewinne, die einer Betriebstätte zuzurechnen sind, zu Zweifeln Anlass geben konnte, begann der Ausschuss im Jahr 1987 die Problematik zu überprüfen, was im Jahr 1993 zur Annahme des Berichts „Zurechnung von Einkommen zu Betriebstätten“*[2] *und zu entsprechenden Änderungen des Kommentars führte.*

6. ***[Bericht des Steuerausschusses der OECD aus dem Jahr 2008]*** *Trotz dieser Arbeiten unterscheiden sich bei der Zurechnung von Gewinnen zu Betriebstätten die Praktiken von OECD-Staaten und Nicht-OECD-Staaten und die Auslegung des Artikels 7 durch diese nach wie vor beträchtlich. Der Ausschuss erkannte die Notwendigkeit an, den Steuerpflichtigen mehr Sicherheit zu geben: In seinem Bericht „Verrechnungspreisrichtlinien für multinationale Unternehmen und Steuerverwaltungen“, der im Jahre 1995 angenommen wurde, wies er darauf hin, dass die weiteren Arbeiten die Anwendung des Grundsatzes des Fremdverhaltens auf Betriebstätten zum Gegenstand hätten. Diese Arbeiten führten im Jahre 2008 zu einem Bericht mit dem Titel „Zurechnung von Gewinnen zu Betriebstätten“. Der Ansatz, der in diesem Bericht entwickelt wurde, beschränkte sich nicht auf die ursprüngliche Absicht oder die historische Anwendung und Auslegung des Artikels 7. Vielmehr lag der Schwerpunkt auf der Ausarbeitung der besten Lösung für die Zurechnung von Gewinnen zu Betriebstätten nach Artikel 7 unter den gegebenen modernen multinationalen Geschäfts- und Handelspraktiken.*

7. ***[Verhältnis des Kommentars zu dem Bericht aus dem Jahr 2008]*** *Die Lösung, die in dem Bericht vorgestellt wird, bezieht sich auf die Zurechnung von Gewinnen zu Betriebstätten im Allgemeinen (Teil I des Berichts) und die Gewinnzurechnung zu Betriebstätten von Unternehmen des Finanzsektors, wo Geschäftstätigkeiten durch Betriebstätten weit verbreitet sind im Besonderen (Teil II der Berichts, der Betriebstätten von Banken behandelt, Teil III, der Betriebstätten von Unternehmen mit globaler Geschäftstätigkeit behandelt, und Teil IV, der Betriebstätten von Versicherungsunternehmen behandelt). Der Ausschuss ist der Auffassung, dass die Anleitung, die der Bericht enthält, einen besseren als den bisher verfügbaren Lösungsansatz für die Zurechnung von Gewinn zu Betriebstätten bietet. Er erkennt jedoch an, dass es Abweichungen zwischen einigen der Schlussfolgerungen des Berichts und der bisherigen Auslegung des Artikels im Kommentar gibt. Aus diesem Grunde ist der Kommentar geändert worden, um eine Reihe von Schlussfolgerungen des Berichts in ihn aufzunehmen, die nicht seiner bisherigen Fassung widersprechen, welche spezifische Lösungen für einige Bereiche vorsah und erheblichen Handlungsspielraum in anderen zuließ. Der*

---

[1] „The Taxation of Multinational Banking Enterprises“, veröffentlicht in *„Transfer Pricing and Multinational Enterprices – Three Taxation Issues“*, OECD, Paris 1984.

[2] Attribution of Income to Permanent Establishments, Issues in International Taxation No. 5 OECD, Paris 1994, abgedruckt in Bd. II S. R(13)-1 der amtlichen Loseblatt-Ausgabe des OECD-MA.

Bericht gibt daher international anerkannte Prinzipien wieder und enthält, soweit er nicht dem Kommentar widerspricht, Leitlinien für die Anwendung des in dem Artikel verankerten Grundsatzes des Fremdverhaltens.

8. [Streichung des Art. 14] *Vor dem Jahr 2000 wurden Einkünfte aus einem freien Beruf oder aus sonstiger selbständiger Tätigkeit in einem gesonderten Artikel, nämlich Artikel 14, behandelt. Dessen Vorschriften ähnelten denjenigen des Artikel 7, er verwendete aber den Begriff der festen Einrichtung statt des Begriffs der Betriebstätte, da ursprünglich daran gedacht war, letzteren auf gewerbliche Tätigkeiten zu beschränken. Es war aber nicht immer klar, welche Tätigkeiten unter Artikel 14 und welche unter Artikel 7 fielen. Die Streichung des Artikel 14 im Jahr 2000 spiegelt die Tatsache wider, dass keine beabsichtigten Unterschiede zwischen dem in Artikel 7 verwendeten Begriff der Betriebstätte und dem in Artikel 14 verwendeten Begriff der festen Einrichtung und der Gewinnermittlung und Steuerberechnung nach Artikel 7 und Art. 14 bestanden. Aus der Streichung des Artikel 14 folgt, dass Einkünfte aus einem freien Beruf oder aus sonstiger selbständiger Tätigkeit nunmehr in Artikel 7 als Unternehmensgewinne behandelt werden. Bekräftigt wurde dies durch die Einfügung einer Definition des Ausdrucks „Unternehmen", nach der dieser ausdrücklich freie Berufe oder andere selbständige Tätigkeiten umfasst.*

Kommentar zu den Bestimmungen des Artikels

Zu Absatz 1

9. [Betriebstättenprinzip] *Dieser Absatz behandelt zwei Fragen. Zunächst bestätigt er den für die Doppelbesteuerungsabkommen allgemein anerkannten Grundsatz, dass ein Unternehmen eines Staates im anderen Staat nicht besteuert werden darf, es sei denn, dass es im anderen Staat eine Tätigkeit durch eine dort gelegene Betriebstätte ausübt. Die Vorzüge dieses Grundsatzes brauchen nicht hervorgehoben zu werden. Im zwischenstaatlichen Steuerrecht hat sich die Auffassung durchgesetzt – und diese Feststellung mag genügen –, dass ein Unternehmen eines Staates eigentlich erst dann so sehr am Wirtschaftsleben des anderen Staates teilnimmt, um dessen Steuerhoheit unterstellt zu werden, wenn es dort eine Betriebstätte errichtet.*

10. [Kein Attraktionsprinzip] *Der zweite Grundsatz, der in Satz 2 des Absatzes zum Ausdruck kommt, besagt, dass sich das Besteuerungsrecht des Staates, in dem sich die Betriebstätte befindet, nicht auf Gewinne des Unternehmen aus diesem Staat erstreckt, die nicht der Betriebstätte zuzurechnen sind. In diesem Punkt bestanden historisch unterschiedliche Auffassungen. Einige wenige Länder wollten nämlich früher den Grundsatz der allgemeinen Anziehungskraft der Betriebstätte anwenden, demzufolge Einkünfte wie andere betriebliche Einkünfte, Dividenden, Zinsen und Lizenzgebühren, die aus ihrem Gebiet stammten, ihrer vollen Besteuerung unterlagen, wenn der Empfänger dort eine Betriebstätte unterhielt, selbst wenn diese Einkünfte nicht der Betriebstätte zuzurechnen waren. Wenn auch einige zweiseitige Abkommen eine Missbrauchsklausel enthalten, die auf einem eingeschränkten Konzept der Anziehungskraft der Betriebstätte fußt und sich nur auf Gewinne erstreckt, die aus Tätigkeiten bezogen werden, die den Tätigkeiten der Betriebstätte ähnlich sind, wird der zuvor beschriebene allgemeine Grundsatz der Anziehungskraft der Betriebstätte nun verworfen. Der Grundsatz, der jetzt allgemein in den Doppelbesteuerungsabkommen anerkannt wird, beruht darauf, dass die Steuerbehörden eines Staates bei der Besteuerung der Gewinne, die ein ausländisches Unternehmen in diesem Staat erzielt, die verschiedenen Quellen der Gewinne jeweils für sich betrachten und, vorbehaltlich der Anwendung anderer Abkommensartikel, dem Betriebstättentest unterwerfen sollten. Diese Lösung erlaubt eine einfachere und wirksamere Besteuerung und Erfüllung der steuerlichen Pflichten und entspricht besser der üblichen Geschäftsabwicklung. Das moderne Wirtschaftsleben ist sehr vielgestaltig. Es gibt sehr viele Gesellschaften, die sich mit den verschiedenartigsten Geschäften befassen und in vielen Ländern eine ausgedehnte gewerbliche Tätigkeit entfalten. Eine Ge-*

sellschaft kann eine Betriebstätte in einem anderen Staat errichten, in der sie Produktionstätigkeiten ausübt, während ein anderer Teil derselben Gesellschaft andere Produkte in dem anderen Staat durch unabhängige Vertreter vertreibt. Die Gesellschaft kann sehr gute geschäftliche Gründe dafür haben. Diese können sich z. B. aus der historischen Geschäftsstruktur ergeben oder auf kaufmännischen Zweckmäßigkeitsüberlegungen beruhen. Wenn ein Land, in dem sich die Betriebstätte befindet, versuchen wollte, so weit zu gehen, den Gewinn jedes durch unabhängige Vertreter abgewickelten Geschäfts mit dem Ziel, ihn dem Gewinn der Betriebstätte hinzuzurechnen, zu ermitteln und zu besteuern, würde ein solches Vorgehen die gewöhnlichen Geschäftstätigkeiten erheblich behindern und entspräche nicht den Zielen des Abkommens.

11. [Keine Beschränkung auf den Gesamtgewinn des Unternehmens] *Indem Absatz 1 Satz 2 sich auf den Teil der Gewinne des Unternehmens bezieht, der der Betriebstätte zuzurechnen ist, verweist er unmittelbar auf Absatz 2, der die Leitlinie für die Ermittlung der Gewinne, die der Betriebstätte zuzurechnen sind, enthält. Da Absatz 2 Teil des Zusammenhangs ist, in dem Absatz 1 Satz 2 zu lesen ist, sollte dieser Satz nicht in einer dem Absatz 2 widersprechenden Weise ausgelegt werden. D. h. er sollte nicht so ausgelegt werden, als beschränke er den Betrag der Gewinne, der der Betriebstätte zugerechnet werden kann, auf den Betrag der Gewinne des Unternehmens als Ganzen. Während Absatz 1 vorsieht, dass ein Vertragsstaat die Gewinne eines Unternehmens des anderen Vertragsstaats nur insoweit besteuern darf, als sie einer im Gebiet des ersten Staats gelegenen Betriebstätte zugerechnet werden können, bestimmt Absatz 2 also die Bedeutung der Worte „Gewinne, die der Betriebstätte zugerechnet werden können“. Mit anderen Worten: Die Regelung des Absatzes 2 kann dazu führen, dass der Betriebstätte Gewinne zugerechnet werden, obwohl das Unternehmen als Ganzes niemals Gewinne gemacht hat. Umgekehrt kann die Regelung dazu führen, dass der Betriebstätte keine Gewinne zugerechnet werden, obwohl das Unternehmen als Ganzes Gewinne erzielt hat.*

12. [Geltung für beide Vertragsstaaten] *Der Vertragsstaat des Unternehmens hat jedoch eindeutig ein Interesse daran, dass die Regelung von dem Staat, in dem die Betriebstätte liegt, korrekt angewendet wird. Da die Regelung für beide Staaten gilt, muss der Staat des Unternehmens gemäß Artikel 23 die doppelte Besteuerung der Gewinne, die der Betriebstätte zuzurechnen sind, vermeiden. Mit anderen Worten: Wenn der Staat, in dem die Betriebstätte liegt, versucht, Gewinne zu besteuern, die nach Artikel 7 nicht der Betriebstätte zuzurechnen sind, kann dies zu einer doppelten Besteuerung von Gewinnen führen, die richtigerweise nur im Staat des Unternehmens besteuert werden sollten.*

13. [Verhältnis zu Zugriffsbesteuerungen] *Der Zweck des Absatzes 1 besteht darin, das Recht eines Vertragsstaates zu beschränken, Gewinne von Unternehmen des anderen Vertragsstaates zu besteuern. Der Absatz beschränkt aber nicht das Recht eines Vertragsstaates, in seinem Gebiet ansässige Personen nach Vorschriften seines innerstaatlichen Steuerrechts über beherrschte ausländische Gesellschaften zu besteuern, selbst wenn die Steuer bei diesen Personen unter Bezugnahme auf den Teil der Gewinne eines in dem anderen Vertragsstaat ansässigen Unternehmens berechnet wird, der ihrer Beteiligung an diesem Unternehmen entspricht. Die so erhobene Steuer vermindert nicht die Gewinne des Unternehmens des anderen Staats und kann daher nicht als auf diese Gewinne erhoben angesehen werden (s. auch Ziffer 23 des Kommentars zu Artikel 1 und Ziffern 37 bis 39 des Kommentars zu Artikel 10).*

Zu Absatz 2

14. [Fremdvergleich] *Dieser Absatz enthält die Grundregel für die Gewinnzurechnung bei Betriebstätten. In ihm kommt die Auffassung zum Ausdruck, dass einer Betriebstätte diejenigen Gewinne zuzurechnen sind, die diese Betriebstätte erzielt hätte, wenn sie statt mit anderen Unternehmensteilen mit einem völlig fremden Unternehmen zu den Bedingungen und Preisen des freien Marktes in Geschäftsbeziehungen gestanden hätte. Das entspricht dem*

Grundsatz des Fremdvergleichs („arm's length principle"), der im Kommentar zu Artikel 9 erörtert wird. Die so ermittelten Gewinne wären in der Regel die gleichen Gewinne, die bei Anwendung der Grundsätze einer ordnungsmäßigen kaufmännischen Buchführung zu erwarten sind.

15. [Unterschiedlicher Betrag in den Vertragsstaaten] *Der Absatz verlangt, dass dieser Grundsatz in beiden Vertragsstaaten angewendet wird. Dies besagt aber eindeutig nicht, dass der Betrag, mit dem das Unternehmen im Quellenstaat für einen bestimmten Zeitraum besteuert wird, genau dem Einkommensbetrag entsprechen muss, für den der andere Staat nach den Artikeln 23A oder 23B eine Entlastung zu gewähren hat. Unterschiede im innerstaatlichen Recht der beiden Staaten in Fragen wie z. B. den Abschreibungssätzen, dem Zeitpunkt der Realisierung von Einkünften und den Beschränkungen der Abziehbarkeit bestimmter Ausgaben, die mit Absatz 3 dieses Artikels in Einklang stehen, werden regelmäßig zu einem unterschiedlichen Betrag des steuerbaren Einkommens in den beiden Staaten führen.*

16. [Ausgangspunkt: Gesonderte Buchführung] *In den meisten Fällen werden die Geschäftsbücher der Betriebstätte – die in der Regel schon deshalb vorliegen, weil ein gut geführtes Unternehmen im Allgemeinen über die Rentabilität seiner verschiedenen Zweigniederlassungen unterrichtet sein möchte – zur Ermittlung des dieser Betriebstätte richtigerweise zuzurechnenden Gewinns herangezogen werden. In Ausnahmefällen kann eine gesonderte Buchführung fehlen (vgl. Ziffern 51 bis 55). Liegen aber solche Bücher vor, so werden diese selbstverständlich den Ausgangspunkt für Berichtigungen bilden, die erforderlich sind, um die Höhe der der Betriebstätte richtigerweise nach Absatz 2 zuzurechnenden Gewinne zu ermitteln. Hervorgehoben sei, dass diese Regel es nicht rechtfertigt, ohne ausreichende Grundlage mutmaßliche Gewinne festzusetzen; man muss vielmehr stets von den tatsächlichen Gegebenheiten ausgehen, die sich aus den Geschäftsbüchern der Betriebstätte ergeben, und dann die auf Grund dieser Gegebenheiten ermittelten Gewinne erforderlichenfalls berichtigen. Wie unten in Ziffer 19 hervorgehoben und in Ziffer 39 des Teils I des Berichts „Zurechnung von Gewinnen zu Betriebstätten" erläutert, müssen die Bücher und Aufzeichnungen jedoch bestimmte Anforderungen erfüllen, damit sie als die tatsächlichen Gegebenheiten widerspiegelnd angesehen werden können.*

17. [Transaktionen mit anderen Unternehmen und anderen Teilen des Unternehmens] *Um zu entscheiden, ob eine solche Berichtigung nach Absatz 2 erforderlich ist, wird es nötig sein, die Gewinne zu ermitteln, die erzielt worden wären, wenn die Betriebstätte eine gleiche oder ähnliche Tätigkeit unter gleichen oder ähnlichen Bedingungen als selbständiges Unternehmen ausgeübt hätte und im Verkehr mit dem Unternehmen, dessen Betriebstätte sie ist, völlig unabhängig gewesen wäre. Die Abschnitte D-2 und D-3 des Teils I des Berichts „Zurechnung von Gewinnen zu Betriebstätten" beschreiben die gebotene Vorgehensweise, die aus zwei Schritten besteht. Sie erlaubt die Berechnung der Gewinne, die allen durch die Betriebstätte ausgeübten Tätigkeiten zuzurechnen sind, und zwar sowohl bei Geschäften mit nicht verbundenen und verbundenen Unternehmen als auch (in dem oben beschriebenen zweiten Schritt) entsprechend der Regelung in Absatz 2 bei Transaktionen mit anderen Teilen des Unternehmens (Überführung von Kapital oder Wirtschaftsgütern oder interne Dienstleistungen – s. z. B. Ziffer 31 und 32).*

18. [Vorgehen in zwei Schritten] *Der erste Schritt erfordert die Identifizierung der durch die Betriebstätte ausgeübten Tätigkeiten. Dies sollte mittels einer funktionalen und tatsächlichen Analyse geschehen (die Anleitung in den „Verrechnungspreisrichtlinien für multinationale Unternehmen und Steuerverwaltungen"[1] werden für diesen Zwecke relevant sein). Bei diesem Schritt werden die wirtschaftlich bedeutsamen Tätigkeiten und Verantwort-*

---

[1] Die ursprüngliche Fassung des Berichts wurde vom Rat der OECD am 27. Juni 1995 gebilligt. Veröffentlicht als Loseblatt-Ausgabe mit dem Titel „Transfer Guidelines for Multinational Enterprises and Tax Administrations", OECD, Paris 1995.

lichkeiten der Betriebstätte ermittelt. Die Analyse sollte, soweit dies erheblich ist, die Tätigkeiten und Verantwortlichkeiten der Betriebstätte im Zusammenhang mit den Tätigkeiten und Verantwortlichkeiten des Unternehmens als Ganzen betrachten, insbesondere der Teile des Unternehmens, die Transaktionen mit der Betriebstätte durchführen. Beim zweiten Schritt wird unter entsprechender Anwendung der Grundsätze, die zur Anwendung des Grundsatzes des Fremdverhaltens zwischen verbundenen Unternehmen entwickelt worden sind (diese Grundsätze sind in den „Verrechnungspreisrichtlinien für multinationale Unternehmen und Steuerverwaltungen" niedergelegt) die Vergütung für jede Transaktion unter Bezugnahme auf die von dem Unternehmen durch die Betriebstätte oder durch die anderen Teile des Unternehmens ausgeübten Funktionen, genutzten Wirtschaftsgüter und übernommenen Risiken ermittelt.

19. [Beweiskraft spiegelbildlich geführter Bücher] *Es kann sich die Frage stellen, wieweit der Buchführung zu folgen ist, wenn ihr Vereinbarungen zwischen dem Hauptsitz des Unternehmens und seinen Betriebstätten (oder zwischen den Betriebstätten) zugrunde gelegt wurden. Solche internen Vereinbarungen sind sicher nicht als rechtsverbindliche Verträge zu qualifizieren. Soweit aber die Geschäftsbücher von Hauptsitz und Betriebstätte auf der Grundlage solcher Vereinbarungen spiegelbildlich geführt werden und diese Vereinbarungen die von den jeweiligen Unternehmensteilen ausgeübten Funktionen richtig wiedergeben, könnten diese Geschäftsbücher von den Steuerbehörden akzeptiert werden. Geschäftsbücher können aber nur dann als spiegelbildlich geführt angesehen werden, wenn die Wertansätze von Geschäftsvorfällen oder die Methoden der Zurechnung von Gewinnen oder Aufwendungen in den Büchern der Betriebstätte genau den Wertansätzen oder Methoden in den Büchern des Hauptsitzes entsprechen, und zwar in der nationalen Währung oder der Funktionswährung, in der das Unternehmen seine Geschäfte aufzeichnet. Wie in Ziffer 15 erläutert wird, müssen Bücher und Aufzeichnungen bestimmte Anforderungen erfüllen, damit sie als die wahren Verhältnisse widerspiegelnd angesehen werden können. Wurden den Geschäftsbüchern z. B. interne Vereinbarungen zugrunde gelegt, die rein künstliche Gestaltungen statt der tatsächlichen wirtschaftlichen Funktionen der einzelnen Unternehmensteile widerspiegeln, so sollten diese Vereinbarungen einfach nicht beachtet und die Bücher entsprechend berichtigt werden. Ein solcher Fall läge z. B. vor, wenn eine im Verkauf tätige Betriebstätte nach solchen Vereinbarungen als Geschäftsherr behandelt würde (der alle Risiken zu tragen und den gesamten Gewinn aus den Verkäufen zu beanspruchen hätte), während die betreffende Betriebstätte tatsächlich nur Zwischenhändler oder Agent war (der nur ein begrenztes Risiko zu tragen und einen beschränkten Teil des anfallenden Gewinns zu beanspruchen hat). Entsprechendes gälte, wenn umgekehrt dem wirklichen Geschäftsherrn die Rolle eines Zwischenhändlers oder Agenten zugewiesen worden wäre.*

20. [Verminderung des Streitpotenzials durch zeitnahe Aufzeichnungen] *Zusammenfassend lässt sich sagen, dass Geschäftsbücher und zeitnahe Aufzeichnungen, die die genannten Anforderungen erfüllen, ein nützlicher Ausgangspunkt für die Zwecke der Gewinnzurechnung zu einer Betriebstätte sind. Den Steuerpflichtigen wird geraten, solche Aufzeichnungen zu erstellen, da dies das Potenzial für Streitigkeiten wesentlich vermindern kann. Abschn. D-2 (vi) b) des Teils I des Berichts „Zurechnung von Gewinnen zu Betriebstätten" erörtert die Voraussetzungen, unter denen die Steuerverwaltungen solchen Aufzeichnungen folgen.*

21. [Steuerentstrickung] *Ein steuerpflichtiger Gewinn kann entstehen, wenn ein Wirtschaftsgut (Teil des Warenbestands oder nicht), das zum Betriebsvermögen einer in dem Gebiet eines Staates gelegenen Betriebstätte gehört, in eine in einem anderen Staat gelegene Betriebstätte oder den dortigen Hauptsitz desselben Unternehmens überführt wird. Artikel 7 gestattet ersterem Staat, die Gewinne zu besteuern, die bei einer solchen Überführung als entstanden gelten. Diese Gewinne sind in der unten dargelegten Weise zu ermitteln. Bei solchen – dauernden oder vorübergehenden – Überführungen fragt es sich, zu welchem Zeitpunkt steuerpflichtige Gewinne realisiert werden. Hat das Wirtschaftsgut einen bedeutenden*

Marktwert und wird es voraussichtlich in der der Überführung folgenden Jahresbilanz der übernehmenden Betriebstätte oder eines anderen übernehmenden Unternehmensteils ausgewiesen, so braucht aus der Sicht des Gesamtunternehmens ein steuerpflichtiger Gewinn nicht unbedingt schon im Jahr der betreffenden Überführung realisiert zu werden. Gleichwohl kann die bloße Tatsache, dass das Wirtschaftsgut aus dem Bereich einer Steuerhoheit ausscheidet, die Besteuerung der in diesem Wirtschaftsgut enthaltenen stillen Reserven auslösen, da es von dem innerstaatlichen Steuerrecht jedes einzelnen Staates abhängt, wann eine Gewinnrealisierung anzunehmen ist.

22. [Auseinanderfallen des Realisationszeitpunktes in den beiden Vertragsstaaten] *Besteuern die Staaten, in denen Betriebstätten tätig sind, Gewinne aus internen Überführungen schon im Überführungszeitpunkt, obwohl diese Gewinne tatsächlich erst in einem Folgejahr realisiert werden, so fallen notwendigerweise der Zeitpunkt der Steuerzahlung im Ausland und der Zeitpunkt auseinander, in dem die Steuer im Staat des Hauptsitzes berücksichtigt werden kann. Diese zeitliche Verschiebung stellt ein ernstes Problem dar, vor allem wenn eine Betriebstätte Anlagevermögen oder – im Fall der Liquidation – ihr gesamtes betriebliches Vermögen auf einen anderen Teil des Unternehmens überführt, zu dem sie gehört. In solchen Fällen ist es Sache des Staates des Hauptsitzes, mit dem Betriebstättenstaat eine auf den Einzelfall zugeschnittene zweiseitige Lösung zu suchen, falls eine ernste Überbesteuerung droht.*

23. [Besondere Probleme bei Bauausführungen oder Montagen] *Artikel 5 Absatz 3 trifft eine Sonderregelung für eine feste Geschäftseinrichtung in Form einer Bauausführung oder Montage. Eine solche feste Geschäftseinrichtung ist nur dann eine Betriebstätte, wenn ihre Dauer 12 Monate überschreitet. Erfahrungsgemäß bereiten derartige Betriebstätten besondere Probleme bei der Zurechnung von Einkünften nach Artikel 7.*

24. [Lieferungen und Leistungen anderer Unternehmensteile] *Diese Probleme entstehen hauptsächlich, wenn andere Teile des Unternehmens oder ein verbundenes Unternehmen im Zusammenhang mit der Bauausführung oder Montage Wirtschaftsgüter zur Verfügung stellen oder Dienstleistungen erbringen. Obwohl diese Probleme bei jeder Betriebstätte entstehen können, sind sie bei Bauausführungen oder Montagen besonders ausgeprägt. Unter diesen Umständen ist es notwendig, genau auf den allgemeinen Grundsatz zu achten, dass Einkünfte nur dann einer Betriebstätte zuzurechnen sind, wenn sie sich aus Tätigkeiten ergeben, die von dem Unternehmen durch die Betriebstätte ausgeübt werden.*

25. [Gewinnzurechnung bei Lieferungen und Leistungen anderer Unternehmensteile] *Wenn z. B. Wirtschaftsgüter von anderen Teilen des Unternehmens geliefert werden, ergeben sich die Gewinne aus dieser Lieferung nicht aus der Tätigkeit, die von der Betriebstätte ausgeübt wird, und können ihr nicht zugerechnet werden. Ebenso ergeben sich Gewinne aus Dienstleistungen (wie Planen, Entwerfen, Zeichnen von Plänen oder technische Beratung) von Unternehmensteilen, die außerhalb des Betriebstättenstaats tätig werden, nicht aus der Tätigkeit, die von der Betriebstätte ausgeübt wird, und können ihr nicht zugerechnet werden.*

26. [Abhängiger Vertreter] *Wenn ein Unternehmen eines Vertragsstaates nach Artikel 5 Absatz 5 wegen der Tätigkeiten eines so genannten abhängigen Vertreters (s. Artikel 5 Ziffer 32 des MK) so behandelt wird, als habe es eine Betriebstätte in dem anderen Vertragsstatt, finden für die Gewinnzurechnung zu der fiktiven Betriebstätte dieselben Grundsätze Anwendung, die für die Zurechnung von Gewinnen zu anderen Arten von Betriebstätten gelten. Als erster Schritt werden die Tätigkeiten, die der abhängige Vertreter für das Unternehmen ausübt, durch eine funktionale und tatsächliche Analyse identifiziert, die die Funktionen ermittelt, die der abhängige Vertreter sowohl für eigene Rechnung als auch für das Unternehmen wahrnimmt. Der abhängige Vertreter und das Unternehmen, für das er tätig ist, sind zwei verschiedene potenzielle Steuerpflichtige. Einerseits wird der abhängige Vertreter seine eigenen Einkünfte oder Gewinne aus den Tätigkeiten erzielen, die er auf eigene*

Rechnung für das Unternehmen ausübt, und, wenn der Vertreter selbst in einem der beiden Vertragsstaaten ansässig ist, sind die Vorschriften des Abkommens für die Besteuerung dieser Einkünfte oder Gewinne anzuwenden (einschließlich Artikel 9, wenn er mit dem Unternehmen, für das er tätig ist, verbunden ist). Andererseits werden der fiktiven Betriebstätte des Unternehmens die Wirtschaftsgüter und Risiken zugerechnet, die sich auf die Funktionen beziehen, die der abhängige Vertreter für das Unternehmen wahrnimmt (d.h. die Tätigkeiten, die der abhängige Vertreter für das Unternehmen ausübt), einschließlich eines den Wirtschaftsgütern und Risiken entsprechenden ausreichenden Kapitals. Der fiktiven Betriebstätte werden dann Gewinne auf der Grundlage dieser Wirtschaftsgüter und Risiken sowie dieses Kapitals zugerechnet. Diese Gewinne schließen nicht die Einkünfte oder Gewinne ein, die dem abhängigen Vertreter richtigerweise selbst zuzurechnen sind, und sind von diesen getrennt zu halten (s. Abschn. D-5 des Teils I des Berichts „Zurechnung von Gewinnen zu Betriebstätten“).

Zu Absatz 3

27. [Zuordnung von Aufwendungen] *Dieser Absatz stellt klar, wie die allgemeine Regel des Absatzes 2 auf die Aufwendungen einer Betriebstätte anzuwenden ist. Der Absatz anerkennt ausdrücklich, dass bei der Ermittlung der Gewinne einer Betriebstätte die für diese Betriebstätte entstandenen Aufwendungen, wo immer sie angefallen sind, abgezogen werden können. Selbstverständlich wird es in einigen Fällen erforderlich sein, die Höhe der zu berücksichtigenden Aufwendungen nach den üblichen Methoden zu ermitteln. So kann es beispielsweise angemessen sein, die beim Hauptsitz des Unternehmens angefallenen allgemeinen Verwaltungskosten zu dem Teil zu berücksichtigen, der dem Verhältnis des Umsatzes (oder etwa des Rohgewinns) der Betriebstätte zu dem des Gesamtunternehmens entspricht. Im Übrigen ist der wirklich für die Betriebstätte aufgewendete Betrag zu berücksichtigen. Der bei der Betriebstätte vorzunehmende Abzug für Aufwendungen des Unternehmens, die der Betriebstätte zuzurechnen sind, hängt nicht davon ab, ob die Betriebstätte diese Aufwendungen tatsächlich ersetzt.*

28. [Verhältnis zwischen den Absätzen 2 und 3] *Es wird öfters vorgebracht, die Notwendigkeit, die Absätze 2 und 3 in Übereinstimmung zu bringen, führe zu praktischen Schwierigkeiten: Während nach Absatz 2 im Normalfall zwischen Betriebstätte und Hauptsitz dem Fremdvergleich entsprechende Preise zu verrechnen seien, die dem überführenden Teil Gewinne wie bei Geschäftsbeziehungen mit einem unabhängigen Unternehmen belassen, fordere der Wortlaut des Absatzes 3, dass sich bei dem für die Zwecke der Betriebstätte entstandenen Aufwand der Abzug nach den tatsächlichen Kosten, im Normalfall ohne Aufschlag eines Gewinnelements bemisst.*

29. [Keine Divergenz zwischen den Absätzen 2 und 3] *Tatsächlich gibt es keine grundsätzliche Divergenz zwischen den beiden Absätzen, mag auch die Anwendung des Absatzes 3 praktische Schwierigkeiten bereiten, und zwar vor allem im Hinblick auf den Grundsatz des selbständigen und unabhängigen Unternehmens und den Grundsatz des Fremdvergleichs, die beide dem Absatz 2 zugrunde liegen. Absatz 3 sagt aus, dass bei der Ermittlung der Gewinne einer Betriebstätte gewisse Aufwendungen zum Abzug zugelassen sind, während Absatz 2 vorsieht, dass die in Übereinstimmung mit Absatz 3 ermittelten Gewinne denen entsprechen müssen, die ein selbständiges und unabhängiges Unternehmen bei gleicher oder ähnlicher Tätigkeit unter gleichen oder ähnlichen Bedingungen erzielt hätte. Während also Absatz 3 eine Regel für die Ermittlung der Gewinne einer Betriebstätte enthält, verlangt Absatz 2, dass die so ermittelten Gewinne den Gewinnen entsprechen, die ein selbständiges und unabhängiges Unternehmen erzielt hätte.*

30. [Zurechenbarkeit und Abziehbarkeit von Aufwendungen] *Ferner bestimmt Absatz 3 nur, welche Aufwendungen der Betriebstätte für Zwecke der Ermittlung der Gewinne der Betriebstätte zugerechnet werden sollten. Er behandelt nicht die Frage, ob diese so zugerechneten Aufwendungen bei der Ermittlung des steuerpflichtigen Gewinns der Betriebstätte* *abziehbar sind; denn die Voraussetzungen für die Abziehbarkeit von Aufwendungen richten sich, vorbehaltlich der Diskriminierungsverbote nach Artikel 24 (insbesondere der Absätze 3 und 4), nach innerstaatlichem Recht.*

31. [Zuordnung von Kostenelementen] *Wendet man diese Grundsätze auf die praktische Ermittlung der Gewinne einer Betriebstätte an, so kann fraglich sein, ob ein bestimmtes im Unternehmen entstandenes Kostenelement in Wahrheit als für die Betriebstätte entstandene Aufwendung anzusehen ist, wenn man den Grundsatz des selbständigen und unabhängigen Unternehmens des Absatzes 2 im Auge behält. Gewiss würden unabhängige Unternehmen bei Geschäftsbeziehungen miteinander Gewinne zu erzielen suchen und bei der Überführung von Gütern oder bei der Erbringung von Dienstleistungen Marktpreise verrechnen; es gibt aber auch Situationen, in denen man nicht davon ausgehen kann, dass ein bestimmtes Wirtschaftsgut oder eine Dienstleistung von einem unabhängigen Unternehmen hätte bezogen werden können, oder in denen unabhängige Unternehmen sich auf eine Kostenteilung für eine Tätigkeit geeinigt hätten, die sie gemeinschaftlich zu ihrem beiderseitigen Vorteil ausüben. Unter diesen besonderen Umständen wird es angemessen sein, die damit zusammenhängenden Kostenelemente als für die Betriebstätte entstandene Aufwendungen anzusehen. Es entsteht dann die Schwierigkeit, solche Situationen von Fällen zu unterscheiden, in denen die für das Unternehmen entstandenen Kostenelemente nicht als für die Betriebstätte entstandene Aufwendungen anzusehen sind, sondern in denen nach dem Grundsatz des selbständigen und unabhängigen Unternehmens eine Überführung der betreffenden Güter und eine Erbringung der Dienstleistungen zwischen dem Hauptsitz und der Betriebstätte anzunehmen ist, wobei der Preis einen Gewinnaufschlag zu enthalten hätte. Es ist dann zu fragen, ob die (zeitweise oder dauernde) Überführung ihrer Art nach Vorgängen entspricht, die das Unternehmen im normalen Gang seiner Geschäftsführung einem Dritten zum Fremdpreis verrechnen würde, d. h. in dem es üblicherweise im Verkaufspreis einen angemessenen Gewinn einschließt.*

32. [Vorgänge im normalen Gang der Geschäftsführung] *Diese Frage wird dann zu bejahen sein, wenn die Aufwendungen von Beginn an in Ausübung einer Funktion gemacht wurden, die den Vertrieb eines bestimmten Gutes oder die Erbringung einer Dienstleitung und die Erzielung eines Gewinns durch die Betriebstätte unmittelbar zum Ziel hatte. Die Frage wird dagegen zu verneinen sein, wenn nach den gesamten Umständen des Einzelfalles die Aufwendungen von Beginn an in Ausübung einer Funktion gemacht wurden, welche im wesentlichen die Senkung der Gesamtkosten des Unternehmens oder die Umsatzsteigerung durch allgemeine Maßnahmen zum Ziel hatte.*[1]

33. [Überführung von Gütern] *Werden Güter (gleich ob Fertigprodukte, Rohmaterialien oder Halbfertigfabrikate) zum Weiterverkauf geliefert, so wird im Allgemeinen die Anwendung des Absatzes 2 angemessen und dem liefernden Unternehmensteil ein nach den Grundsätzen des Fremdvergleichs zu bemessender Gewinn zuzurechnen sein. Aber selbst hier sind Ausnahmen möglich. Ein Beispiel dafür wäre der Fall, dass Güter nicht zum Wiederverkauf, sondern zum vorübergehenden Gebrauch im Handel zur Verfügung gestellt werden; hier kann es angemessen sein, dass die das Wirtschaftsgut gemeinsam nutzenden Unternehmensteile nur ihren Anteil an den Kosten für die betreffenden Wirtschaftsgüter tragen, im Fall von Maschinen also den auf sie entfallenden Teil der Abschreibungen. Dabei ist zu beachten, dass der bloße Einkauf von Gütern oder Waren keine Betriebstätte begründet (Artikel 5 Absatz 4 Buchst. d), so dass eine Zurechnung von Gewinnen hier nicht in Frage kommt.*

34. [Immaterielle Wirtschaftsgüter] *Bei den immateriellen Wirtschaftsgütern lassen sich die Regeln für Beziehungen zwischen nahestehenden Unternehmen (z. B. für die Zah-*

---

[1] Die Überführung von Wirtschaftsgütern des Finanzbereichs, wie sie vor allem bei Banken oder anderen Finanzinstituten vorkommen, wirft besondere Fragen auf, die in den Teilen II und III des Berichts „Gewinnzurechnung zu Betriebstätten" behandelt werden.

lung von Lizenzgebühren oder Umlageverträge) nicht auf die Beziehungen zwischen den Teilen desselben Unternehmens anwenden. Tatsächlich wird es äußerst schwierig sein, einen Betriebsteil allein hinsichtlich der immateriellen Wirtschaftsgüter als „Berechtigten" anzusehen und geltend zu machen, dieser Teil solle von den anderen Teilen wie ein unabhängiges Unternehmen Lizenzgebühren erhalten. Da nur ein Rechtsträger vorliegt, lässt sich auch die rechtliche Stellung des Berechtigten nicht einem einzelnen Unternehmensteil zuweisen; auch praktisch fiele es oft schwer, den Aufwand für die Entwicklung ausschließlich einem Teil des Unternehmens zuzuweisen. Deshalb lassen sich die Entwicklungskosten immaterieller Wirtschaftsgüter eher so ansehen, als seien sie allen diese Rechte nutzenden Unternehmensteilen zuzurechnen und als seien diese Kosten für alle dafür in Frage kommenden Unternehmensteile entstanden. In solchen Fällen sollten die tatsächlichen Kosten für die Erstellung oder Anschaffung dieser immateriellen Wirtschaftsgüter sowie die Kosten, die in der Folge in Bezug auf sie aufgewendet werden, ohne jeden Gewinn- oder Lizenzaufschlag zwischen den Unternehmensteilen aufgeteilt werden. Hierbei müssen die Steuerbehörden im Auge behalten, dass nachteilige Folgen von Forschung und Entwicklung (z. B. die Produkthaftung oder die Haftung für Umweltschäden) ihrerseits einzelnen Unternehmensteilen zuzurechnen sind, also gegebenenfalls ausgleichende Belastungen auslösen.

35. [Allgemeine Dienstleistungen] *Vor allem im Bereich der Dienstleistungen kann die Entscheidung darüber schwierig sein, ob im Einzelfall eine Leistung zwischen den einzelnen Teilen des einheitlichen Unternehmens zu den tatsächlichen oder zu den um einen Gewinnzuschlag erhöhten Kosten zugunsten des die Leistung erbringenden Unternehmensteils zu verrechnen ist. Es kann sein, dass das Erbringen solcher Dienstleistungen ganz oder teilweise Gegenstand der Unternehmenstätigkeit ist und dass es für ihre Erbringung standardisierte Entgelte gibt. In diesem Fall wird gewöhnlich eine Verrechnung zu dem auch einem Fremden berechneten Entgelt angemessen sein.*

36. [Spezifische Dienstleistungen] *Besteht die Haupttätigkeit der Betriebstätte darin, ihrem Unternehmen spezifische Dienstleistungen zu erbringen, liegt in diesen Leistungen ein realer Vorteil für das Unternehmen und stellen die Kosten dafür einen bedeutsamen Teil des Unternehmensaufwandes dar, so kann der Betriebstättenstaat verlangen, dass die Kosten um einen Gewinnaufschlag erhöht werden. Der Betriebstättenstaat sollte dann starre Lösungen möglichst meiden und den Wert dieser Leistungen nach den Gesamtumständen des einzelnen Falles ermitteln.*

37. [Allgemeine Verwaltungskosten] *Viel häufiger ist jedoch das Erbringen von Dienstleistungen als Teil des allgemeinen Managements des Unternehmens als Ganzem, wie z. B. bei einem gemeinsamen Schulungssystem für Arbeitnehmer aller Unternehmensteile. In einem solchen Fall wäre es normalerweise angemessen, die Kosten für das Erbringen der Dienstleistung als Teil der allgemeinen Verwaltungskosten des Unternehmens als Ganzem zu behandeln; sie sollten auf der Grundlage der tatsächlichen Ausgaben und ohne Gewinnaufschlag auf die einzelnen Unternehmensteile umgelegt werden, und zwar in dem Maße, in dem sie für die einzelnen Unternehmensteile entstanden sind.*

38. [Geschäftsführung] *Die Behandlung von Dienstleistungen, die im Rahmen der allgemeinen Geschäftsführung des Unternehmens erbracht werden, wirft die Frage auf, ob ein Teil des Gesamtgewinns eines Unternehmens der Geschäftsführung zuzurechnen ist. Man denke an eine Gesellschaft mit Hauptsitz in einem Staat, die ihre gesamte gewerbliche Tätigkeit durch eine in einem anderen Staat gelegene Betriebstätte ausübt. Im extremen Fall ließe sich sehr wohl denken, dass lediglich die Vorstandssitzungen am Hauptsitz stattfinden und dass alle anderen als die formalrechtlichen Tätigkeiten der Gesellschaft in der Betriebstätte ausgeübt werden. In einem solchen Fall lässt sich sicherlich die Auffassung begründen, dass zumindest ein Teil des Gewinns des Gesamtunternehmens der Geschäftsführung und den geschäftlichen Fähigkeiten des Vorstands zuzuschreiben ist und dass deshalb ein Teil des Gewinns des Unternehmens dem Staat zuzurechnen ist, in dem sich der Hauptsitz befindet. Wäre die Gesellschaft von einem Unternehmen geleitet worden, das sich mit der Geschäfts-*

führung fremder Gesellschaften befasst, so hätte dieses Unternehmen zweifellos eine Vergütung für seine Leistungen berechnet, wobei diese Vergütung lediglich in einem prozentualen Anteil am Gewinn des Unternehmens hätte bestehen können. Obwohl dies theoretisch richtig sein mag, sprechen auch hier praktische Gesichtspunkte sehr gegen eine solche Regelung. Im geschilderten Fall könnten die Kosten der Geschäftsführung nach Absatz 3 selbstverständlich vom Gewinn der Betriebstätte abgezogen werden; im Ganzen gesehen erscheint es aber unbegründet, weiter zu gehen und einen angenommenen Betrag als „Gewinn aus der Geschäftsführung" zu berücksichtigen. In Fällen, die dem oben erwähnten extremen Fall ähnlich sind, sollte daher bei Ermittlung des steuerpflichtigen Gewinns der Betriebstätte kein fiktiver Gewinn aus der Geschäftsführung berücksichtigt werden.

39. [Behandlung im Betriebstättenstaat] *Natürlich könnten Staaten, in denen es bisher üblich war, dem Hauptsitz einen Teil des Gesamtgewinns des Unternehmens aus der Geschäftsführung zuzurechnen, weiterhin so verfahren wollen. Der Artikel schließt dies nicht aus. Aus Ziffer 38 ergibt sich aber, dass ein Staat, in dem sich eine Betriebstätte befindet, keinesfalls verpflichtet ist, bei Ermittlung des dieser Betriebstätte zuzurechnenden Gewinns einen Betrag abzuziehen, der einen dem Hauptsitz zurechenbaren Anteil am Gewinn aus der Geschäftsführung darstellen soll.*

40. [Vermeidung der Doppelbesteuerung] *Falls der Staat, in dem sich der Hauptsitz eines Unternehmens befindet, diesem Hauptsitz einen gewissen Vomhundertsatz des Gewinns des Unternehmens für die Geschäftsführung zurechnet, während der Staat, in dem sich die Betriebstätte befindet, dies nicht tut, kann es vorkommen, dass die Summe der in beiden Staaten besteuerten Beträge höher ist, als sie sein sollte. In solchen Fällen sollte der Staat, in dem sich der Hauptsitz des Unternehmens befindet, von sich aus veranlassen, dass bei der Berechnung der Steuer die Anpassungen vorgenommen werden, die zur Vermeidung jeglicher Doppelbesteuerung notwendig sind.*

41. [Zinsen] *Die Behandlung von Zinsverrechnungen wirft besondere Fragen auf. Zunächst kann es um Beträge gehen, die das Stammhaus seiner Betriebstätte unter der Bezeichnung „Zinsen" für interne „Darlehen" berechnet. Es besteht allgemein Übereinstimmung, dass solche internen „Zinsen" außer für Finanzunternehmen wie Banken nicht anerkannt werden müssen. Dies ergibt sich daraus, dass*

- *vom rechtlichen Standpunkt aus die Überlassung von Kapital gegen die Zahlung von Zinsen und unter der Verpflichtung zur vollen und fristgerechten Rückzahlung in der Tat ein formales Rechtsgeschäft ist, das mit der wahren Rechtsnatur der Betriebstätte unvereinbar ist;*
- *vom wirtschaftlichen Standpunkt aus solche internen Schulden und Forderungen sich als nicht vorhanden erweisen können. Ist nämlich ein Unternehmen allein oder überwiegend mit Eigenkapital finanziert, so kann es nicht zulässig sein, tatsächlich nicht gezahlte Zinsen abzuziehen. Spiegelbildliche Belastungen und Gutschriften können zugegebenermaßen den Gesamtgewinn des Unternehmens nicht verfälschen, wohl aber Teilergebnisse willkürlich verändern.*

42. [Verbot des Abzugs für interne Schuldverpflichtungen] *Aus diesen Gründen sollte das Verbot von Abzügen für interne Schuldverpflichtungen allgemein weiter gelten. Dies gilt vorbehaltlich der besonderen unten zu behandelnden Lage der Banken.*

43. [Vom Hauptsitz eingegangene Schulden] *Eine andere Frage ist jedoch die Abziehbarkeit von Zinsen auf Schuldverpflichtungen, die das Unternehmen tatsächlich eingegangen ist. Diese Schulden können sich zum Teil oder ganz auf die Tätigkeit der Betriebstätte beziehen; sie dienen entweder dem Stammhaus oder der Betriebstätte oder beiden. Das Problem, das sich bei diesen Schulden ergibt, besteht darin, den Teil der Zinsen, der bei der Ermittlung der der Betriebstätte zuzurechnenden Gewinne abziehbar sein sollte, zu ermitteln.*

44. *[Direkte oder indirekte Zuordnung des Zinsaufwandes]* *Die vor 1994 in diesem Kommentar befürwortete Lösung, den tatsächlichen Aufwand für Fremdkapital direkt und indirekt zuzuordnen, hat sich nicht als praktikabel erwiesen, zumal sie kaum einheitlich angewendet werden konnte. Auf praktische Schwierigkeiten stößt dabei bekanntlich auch die indirekte Zuordnung des gesamten Zinsaufwandes oder des Teils, der nach gewissen direkten Zurechnungen verbleibt. Bekannt ist auch, dass die direkte Zurechnung des gesamten Zinsaufwandes die Finanzierungskosten der Betriebstätte u. U. nicht zutreffend wiedergibt, weil der Steuerpflichtige es in der Hand hat, wo er Darlehen bucht, und dass Berichtigungen notwendig sein können, die die tatsächlichen wirtschaftlichen Verhältnisse berücksichtigen, insbesondere den Umstand, dass von einem unabhängigen Unternehmen erwartet wird, in gewisser Höhe über „freies" Kapital zu verfügen.*

45. *[Angemessene Kapitalstruktur]* *Nach Auffassung der Mehrheit der Mitgliedstaaten sollte folglich eine praktikable Lösung gesucht werden, die nach den organisatorischen Gegebenheiten und den ausgeübten Funktionen zu einer angemessenen Kapitalstruktur führt. Diese angemessene Kapitalstruktur wird die Tatsache berücksichtigen, dass die Betriebstätte, um ihre Tätigkeiten ausüben zu können, ein bestimmtes Maß an Kapital braucht, das aus „freiem" Kapital und zu verzinsenden Schulden besteht. Das Ziel besteht daher darin, der Betriebstätte nach der Zuteilung eines angemessenen Betrags an freiem Kapital einen dem Grundsatz des Fremdverhaltens entsprechenden Zinsbetrag als Deckung für ihre Funktionen, Wirtschaftsgüter und Risiken zuzurechnen. Nach dem Grundsatz des Fremdverhaltens sollte die Betriebstätte genügend Kapital haben, das die Funktionen, die die Betriebstätte ausübt, die Wirtschaftsgüter, die sie nutzt, und die Risiken, die sie übernimmt, trägt. Im Finanzsektor sieht das Aufsichtsrecht ein aufsichtrechtliches Mindestkapital als Polster für den Fall vor, dass die dem Geschäft innewohnenden Risiken zu einem finanziellen Verlust führen. In anderen Sektoren stellt das Kapital ein ähnliches Polster gegen solche Verlustrisiken dar.*

46. *[Verschiedene Lösungsansätze]* *Wie in Abschn. D-2 (v) b) von Teil I des Berichts „Zurechnung von Gewinnen zu Betriebstätten" erläutert, gibt es für die Zurechnung von „freiem" Kapital verschiedene akzeptable Lösungsansätze, die geeignet sind, zu einem dem Grundsatz des Fremdverhaltens entsprechenden Ergebnis zu führen. Jeder Lösungsansatz hat seine Stärken und Schwächen, die je nach den Umständen des Falles mehr oder weniger bedeutsam werden. Die verschiedenen Methoden haben verschiedene Ausgangspunkte zur Bestimmung des Betrags von „freiem" Kapital, das einer Betriebstätte zuzurechnen ist. Sie betonen entweder mehr die tatsächliche Struktur des Unternehmens, dessen Teil die Betriebstätte ist, oder – alternativ – die Kapitalstruktur vergleichbarer unabhängiger Unternehmen. Der Schlüssel für die Zuteilung von „freiem" Kapital liegt darin,*

- *zu erkennen, dass bei jedem Lösungsansatz Stärken und Schwächen bestehen und wann sie wahrscheinlich auftreten;*
- *anzuerkennen, dass es keinen bestimmten Fremdbetrag an „freiem Kapital" gibt, sondern eine Bandbreite von potenziellen Kapitalzuteilungen, innerhalb derer es möglich ist, einen Betrag von „freiem" Kapital zu finden, der den oben erläuterten Grundsätzen entspricht.*

47. *[Doppelbesteuerungsprobleme]* *Es ist aber anerkannt, dass das Bestehen verschiedener akzeptabler Lösungsansätze für die Zuteilung „freien" Kapitals, die geeignet sind, zu einem dem Grundsatz des Fremdverhaltens entsprechenden Ergebnis zu führen, Doppelbesteuerungsprobleme auslösen kann. Die Hauptsorge, die besonders für Finanzinstitutionen akut ist, geht dahin, dass die Regeln des innerstaatlichen Rechts des Staates, in dem die Betriebstätte liegt, und des Staates des Unternehmens verschiedene Lösungsansätze für die Zuteilung eines dem Grundsatz des Fremdverhaltens entsprechenden Betrags des „freien" Kapitals fordern. Der Betrag der Gewinne, der vom Staat der Betriebstätte berechnet wird, kann höher sein als der Betrag der Gewinne, der vom Staat des Unternehmens für Zwecke der Vermeidung der Doppelbesteuerung berechnet wird.*

48. [Maßgeblichkeit des Lösungsansatzes des Betriebstättenstaats] *In Anbetracht der Bedeutung dieser Frage hat der Ausschuss nach einer praktischen Lösung gesucht. Die Mitgliedstaaten der OECD sind deshalb übereingekommen, für Zwecke der Ermittlung des Zinsabzugsbetrags, der bei der Berechnung der Doppelbesteuerungsentlastung angesetzt wird, die Zurechnung des Kapitals zu akzeptieren, die sich aus dem Lösungsansatz des Staates der Betriebstätte ergibt, wenn die beiden folgenden Bedingungen erfüllt sind. Zum einen muss sich der Unterschied in der Kapitalzuteilung aus unterschiedlichen Entscheidungen des nationalen Rechts zur Methode der Kapitalzuteilung ergeben. Zum anderen muss Übereinstimmung darin bestehen, dass der Staat, in dem die Betriebstätte liegt, einen zugelassenen Lösungsansatz für die Zuteilung des Kapitals angewendet hat, und auch Übereinstimmung darin, dass dieser Lösungsansatz ein Ergebnis hervorbringt, das mit dem Grundsatz des Fremdverhaltens in dem besonderen Fall vereinbar ist. Die Mitgliedstaaten der OECD sind der Auffassung, dass sie dieses Ergebnis nach ihrem innerstaatlichen Recht, durch Auslegung der Artikel 7 und 23 oder im Rahmen eines Verständigungsverfahrens nach Artikel 25 erreichen können, insbesondere durch die nach diesem Artikel gegebene Möglichkeit, Fragen der Anwendung und Auslegung ihrer Steuerabkommen zu lösen.*

49. [Kredite zwischen verschiedenen Teilen eines geld- und kreditwirtschaftlichen Unternehmens] *Wie bereits erwähnt, gilt jedoch etwas Besonderes bei internen Zinsbelastungen für Kredite zwischen verschiedenen Teilen eines geld- oder kreditwirtschaftlichen Unternehmens (z. B. einer Bank), weil die Gewährung und Entgegennahme von Krediten in engem Zusammenhang mit der gewöhnlichen Geschäftstätigkeit dieser Unternehmen steht. Dieses Problem und andere Probleme, die die Anwendung des Artikels 7 auf Betriebstätten von Banken und Unternehmen mit globaler Geschäftstätigkeit betreffen, werden in den Teilen II und III des Berichts „Zurechnung von Gewinnen zu Betriebstätten" erörtert.*

50. [Versicherungsbetriebstätten] *Die Zuordnung von Kapitalanlagen zu einer Betriebstätte, die Versicherungsgeschäfte ausführt, wirft ebenfalls besondere Fragen auf. Diese werden in Teil IV des Berichts erörtert.*

51. [Andere Gewinnermittlungsmethoden] *Gewöhnlich kann für jeden Teil eines Unternehmens eine ausreichende Buchführung vorgelegt oder erstellt werden, so dass die Gewinne und Aufwendungen nach den erforderlichen Berichtigungen mit ziemlicher Genauigkeit einem bestimmten Teil des Unternehmens zugerechnet werden können. Diese Zurechnungsmethode ist stets dort vorzuziehen, wo sie praktisch möglich ist. Es gibt aber auch Fälle, wo dies nicht möglich ist; die Absätze 2 und 3 sind nicht so auszulegen, als seien andere Methoden unzulässig, die erlauben, den Gewinn einer Betriebstätte nach dem Grundsatz des „selbständigen Unternehmens" zu ermitteln. So können z. B. die Gewinne von Versicherungsunternehmen sehr befriedigend durch besondere Berechnungsmethoden ermittelt werden, wie durch Anwendung angemessener Koeffizienten auf die von den Versicherungsnehmern in dem betreffenden Staat gezahlten Bruttoprämien. Außerdem ist es möglich, dass bei einem noch verhältnismäßig kleinen Unternehmen, das beiderseits einer Staatsgrenze tätig ist, eigene Bücher für die Betriebstätte weder vorgelegt noch erstellt werden können. Es mag auch Fälle geben, wo die Geschäfte der Betriebstätte so eng mit denen des Hauptsitzes verflochten sind, dass es nicht möglich ist, sie durch eine Betriebstättenbuchführung auseinander zu halten. Soweit es in diesen Fällen bisher üblich war, die Gewinne, die eine Betriebstätte als selbständiges Unternehmen erzielt hätte, mittels geeigneter Maßstäbe zu schätzen, ist es vertretbar, diese Methode beizubehalten, obwohl eine derartige Schätzung nicht zu so genauen Ergebnissen führt wie geeignete Geschäftsbücher. Aber selbst wenn dies bisher nicht üblich war, kann es ausnahmsweise erforderlich sein, aus praktischen Gründen die Gewinne, die die Betriebstätte als selbständiges Unternehmen erzielt hätte, auf Grund anderer Methoden zu schätzen.*

Absatz 4

52. [Zulässigkeit indirekter Betriebstättengewinnermittlung] *In einigen Fällen war es bisher üblich, den einer Betriebstätte zuzurechnenden Gewinn nicht auf Grund einer gesonderten Buchführung oder durch Schätzung des Gewinns zu ermitteln, den die Betriebstätte als selbständiges Unternehmen erzielt hätte, sondern einfach durch Aufteilung des Gesamtgewinns des Unternehmens nach Maßgabe verschiedener Schlüssel. Dieses Verfahren weicht von dem des Absatzes 2 ab, da es nicht auf die Zurechnung des Gewinns nach dem Grundsatz des selbständigen Unternehmens, sondern auf eine Aufteilung des Gesamtgewinns abstellt; es kann auch zu einem Ergebnis führen, das sich betragsmäßig von dem unterscheidet, zu dem eine Berechnung nach dem Grundsatz der gesonderten Buchführung führen würde. Absatz 4 stellt klar, dass ein Vertragsstaat dieses Verfahren auch weiterhin anwenden darf, wenn es in diesem Staat bisher üblich war, obwohl der auf diese Weise ermittelte Betrag mitunter etwas von dem Betrag abweicht, der sich bei gesonderter Buchführung ergeben würde, sofern berechtigterweise unterstellt werden kann, dass das Ergebnis den Grundsätzen des Artikels entspricht. Betont sei jedoch, dass die Ermittlung der Gewinne, die einer Betriebstätte zuzurechnen sind, in der Regel auf Grund ihrer Buchführung vorzunehmen ist, wenn diese die tatsächlichen Verhältnisse wiedergibt. Eine auf der Aufteilung des Gesamtgewinns beruhende Methode wird im Allgemeinen nicht so befriedigend sein wie ein Verfahren, das ausschließlich auf die Tätigkeit der Betriebstätte abstellt; sie sollte nur dann ausnahmsweise angewendet werden, wenn sie bisher üblich war und in dem betreffenden Staat sowohl den Steuerbehörden als auch den Steuerpflichtigen genügt. Absatz 4 kann entfallen, wenn keiner der beiden Staaten eine solche Methode verwendet. Legen die Vertragsstaaten jedoch Wert auf die Möglichkeit, ein bisher nicht übliches Verfahren anzuwenden, so ist der Absatz bei den zweiseitigen Verhandlungen entsprechend zu verändern.*

53. [Verfahren indirekter Betriebstättengewinnermittlung] *Es würde zu weit führen, im Rahmen dieses Kommentars eine eingehende Darstellung der zahlreichen, für bestimmte Gebiete entwickelten Methoden der Aufteilung des Gesamtgewinns zu versuchen. Diese Methoden werden in Abhandlungen über internationales Steuerrecht ausführlich behandelt. Es erscheint aber angebracht, einige der Hauptarten kurz darzustellen und eine allgemeine Anleitung für ihre Anwendung zu geben.*

54. [Aufteilungsschlüssel] *Das Wesen der Methode der Aufteilung des Gesamtgewinns besteht darin, dass ein bestimmter Teil des Gewinns des ganzen Unternehmens einem Teil dieses Unternehmens in der Annahme zugerechnet wird, dass alle Teile des Unternehmens entsprechend dem angewendeten Schlüssel zur Rentabilität des Ganzen beigetragen haben. Die einzelnen Methoden unterscheiden sich meistens nur durch den Schlüssel, nach dem der entsprechende Anteil am Gesamtgewinn bestimmt wird. Die allgemein angewendeten Schlüssel lassen sich in drei Hauptgruppen einteilen, je nach dem, ob sie auf die Einnahmen des Unternehmens, seine Aufwendungen oder sein Vermögen abstellen. Die erste Gruppe umfasst die auf Umsatz oder Provision, die zweite Gruppe die auf Löhnen beruhenden Zurechnungsmethoden, während zur dritten Gruppe Methoden gehören, nach denen der den einzelnen Zweigniederlassungen oder anderen Teilen des Unternehmens zugewiesene Teil des gesamten Betriebsvermögens des Unternehmens maßgebend ist. Selbstverständlich lässt sich nicht ohne weiteres sagen, dass irgendeine dieser Methoden an sich genauer ist als die anderen; ob eine bestimmte Methode zweckmäßig ist, hängt von den Fällen ab, auf die sie angewendet wird. Bei einigen Unternehmen, wie z. B. Dienstleistungsbetrieben oder Markenartikelherstellern mit hoher Gewinnspanne, hängt der Reingewinn weitgehend vom Umsatz ab. Bei Versicherungsunternehmen kann es zweckmäßig sein, den Gesamtgewinn nach Maßgabe der Prämien, die die Versicherungsnehmer in jedem der betreffenden Staaten bezahlt haben, aufzuteilen. Bei rohstoff- oder lohnintensiven Herstellungsunternehmen wird ein enger Zusammenhang zwischen Gewinn und Aufwendungen bestehen. Bei Banken und Finanzierungsinstituten kann der Anteil am gesamten Betriebskapital den besten Schlüssel abgeben.*

Festgestellt sei, dass jede Methode der Aufteilung des Gesamtgewinns darauf abzielen muss, einen steuerlichen Gewinn zu ermitteln, der dem Betrag möglichst nahekommt, welcher sich auf Grund einer gesonderten Buchführung ergeben hätte; es wäre nicht angebracht, irgendwelche eingehenden Richtlinien zu geben als den Hinweis, dass es Aufgabe der Steuerbehörde ist, zusammen mit den Behörden anderer beteiligter Staaten die Methode anzuwenden, die unter Berücksichtigung aller bekannten Tatsachen am besten zu diesem Ziel führt.

55. [Ermittlung des Unternehmensgewinns] *Bei Anwendung einer Methode, nach der ein Anteil am Gesamtgewinn eines Unternehmens einem Teil dieses Unternehmens zugerechnet wird, ergibt sich die Frage, wie der Gesamtgewinn des Unternehmens zu ermitteln ist. Diese Frage wird je nach dem Recht des einzelnen Staates unterschiedlich beantwortet. Sie lässt sich nicht durch Aufstellung einer verbindlichen Regel lösen. Man wird sich kaum einigen können, die aufzuteilenden Gewinne nach dem Recht eines bestimmten Staates zu ermitteln; jedem beteiligten Staat muss das Recht zugestanden werden, die Gewinne nach seinen eigenen Rechtsvorschriften zu ermitteln.*

Zu Absatz 5

56. [Einkaufsstelle] *In Absatz 5 des Artikels 5 werden einige Tätigkeiten genannt, die auch dann keine Betriebstätte begründen, wenn sie in einer festen Geschäftseinrichtung ausgeübt werden. Im Hinblick auf die Regeln über die einer Betriebstätte zuzurechnenden Gewinne ist die wichtigste der dort angeführten Tätigkeiten diejenige einer Einkaufsstelle.*

57. [Gewinn aus dem Wareneinkauf] *Absatz 5 befasst sich nicht mit einer ausschließlich dem Einkauf dienenden Einrichtung; eine derartige Einrichtung ist keine Betriebstätte, so dass die Anwendung der Gewinnzurechnungsvorschriften dieses Artikels nicht in Frage kommt. Der Absatz bezieht sich vielmehr auf eine Betriebstätte, die neben sonstiger gewerblicher Tätigkeit auch Einkäufe für den Hauptsitz tätigt. Für diesen Fall sieht der Absatz vor, dass der Gewinn der Betriebstätte nicht um einen Betrag als fiktiver Gewinn aus dem Wareneinkauf erhöht werden darf. Deshalb sind auch die Aufwendungen, die sich aus der Einkaufstätigkeit ergeben, bei der Ermittlung des steuerpflichtigen Gewinns der Betriebstätte auszuscheiden.*

Zu Absatz 6

58. [Gleichmäßigkeit der steuerlichen Behandlung] *Dieser Absatz soll klarstellen, dass von der einmal angewendeten Zurechnungsmethode nicht lediglich deshalb abgegangen werden darf, weil eine andere Methode in einem bestimmten Jahr zu günstigeren Ergebnissen führt. Die Doppelbesteuerungsabkommen bezwecken unter anderem, den Unternehmen eines Vertragsstaates eine gewisse Sicherheit hinsichtlich der steuerlichen Behandlung ihrer im anderen Vertragsstaat gelegenen Betriebstätten und der im Heimatstaat gelegenen Teile des Unternehmens, die mit der Betriebstätte in Geschäftsbeziehungen stehen, zu geben; deshalb stellt Absatz 6 eine gleichmäßige steuerliche Behandlung sicher.*

Zu Absatz 7

59. [Bedeutung des Ausdrucks „Gewinn"] *Wenn es auch nicht für notwendig erachtet wurde, den Ausdruck „Gewinne" im Musterabkommen zu definieren, so ist diesem Ausdruck doch in diesem und in anderen Artikeln des Abkommens eine möglichst weite Bedeutung beizumessen, und zwar so, dass er alle Einkünfte aus dem Betrieb eines Unternehmens einschließt. Diese weite Bedeutung entspricht dem Sinn, in dem dieser Ausdruck im Steuerrecht der meisten Mitgliedstaaten der OECD verwendet wird.*

60. [Verhältnis zu anderen Artikeln] *Diese Auslegung des Ausdrucks „Gewinn" kann bei der Anwendung des Abkommens allerdings zu gewissen Unsicherheiten führen. Gehören zum Gewinn eines Unternehmens auch Einkünfte, die in anderen Artikeln des Abkommens behandelt werden, z. B. Dividenden, so stellt sich die Frage, ob für die Besteuerung dieser Gewinne die Artikel über Dividenden usw. oder die Bestimmungen des vorliegenden Artikels maßgebend sind.*

61. ***[Ausdrücklicher Vorrang]*** *Führt sowohl der vorliegende Artikel wie auch der besondere Artikel zur gleichen steuerlichen Behandlung, so kommt dieser Frage wenig praktische Bedeutung zu. Außerdem enthalten einige der besonderen Artikel ausdrückliche Regelungen, die einem Artikel den Vorrang einräumen (vgl. Artikel 6 Absatz 4, Artikel 10 Absatz 4, Artikel 11 Absatz 4 und Artikel 12 Absatz 3 sowie Artikel 21 Absatz 2).*

62. ***[Auslegungsregel]*** *Wünschenswert erschien es jedoch, den Anwendungsbereich des vorliegenden Artikels gegenüber den anderen Artikeln, die besonders umschriebene Einkünfte betreffen, durch eine Auslegungsregel abzugrenzen. Entsprechend der in den geltenden zweiseitigen Abkommen allgemein befolgten Praxis gibt Absatz 7 den besonderen Artikeln über die Dividenden, Zinsen usw. zunächst den Vorrang. Der vorliegende Artikel gilt daher für die Einkünfte aus einer Geschäftstätigkeit, die nicht zu dem in einem besonderen Artikel behandelten Einkunftsarten gehören, und außerdem für Dividenden, Zinsen usw., die gemäß Artikel 10 Absatz 4, Artikel 11 Absatz 4, Artikel 12 Absatz 3 und Artikel 21 Absatz 2 unter den vorliegenden Artikel fallen (vgl. Artikel 12 Ziffer 12 bis 18 MK, die die Grundsätze darstellen, nach denen sich im besonderen Fall der Programme für Daten verarbeitende Anlagen entscheidet, ob Entgelte als Gewinne aus einer Geschäftstätigkeit im Sinne des Artikels 7 oder als Veräußerungsgewinne im Sinne des Artikels 13 oder als Lizenzgebühren im Sinne des Artikels 12 anzusehen sind). Vorbehaltlich der Bestimmungen des Abkommens können die unter die besonderen Artikel fallenden Einkünfte je nach dem Steuerrecht der Vertragsstaaten entweder gesondert oder als Bestandteil der Gewinne aus einer Geschäftstätigkeit besteuert werden.*

63. ***[Bilaterale Vereinbarungen]*** *Die Vertragsstaaten sind frei, zum Gewinnbegriff zweiseitig besondere Erläuterungen oder Definitionen zu vereinbaren, um diesen Begriff z. B. gegenüber dem Begriff der Dividenden abzugrenzen. Dies kann besonders dann zweckmäßig sein, wenn bei den Abkommensverhandlungen von den in den besonderen Artikeln über Dividenden, Zinsen und Lizenzgebühren enthaltenen Definitionen abgewichen wird. Dies mag auch gelten, wenn die Vertragsstaaten hervorheben wollen, dass der Gewinnbegriff entsprechend dem innerstaatlichen Steuerrecht eines oder beider Staaten auch besondere Einkünfte umfassen soll, wie z. B. Gewinne aus der Veräußerung oder Verpachtung eines Unternehmens oder des einem Unternehmen dienenden beweglichen Vermögens. Dabei wird auch zu prüfen sein, ob zusätzliche Regeln für die Zurechnung solcher besonderen Gewinne aufzunehmen sind.*

64. ***[Zahlungen für gewerbliche usw. Ausrüstungen]*** *Festzuhalten ist auch Folgendes: Nach Artikel 12 Absatz 2 der Musterabkommen von 1963 und 1977 umfasste die Definition des Ausdrucks „Lizenzgebühren" zwar Zahlungen „für die Benutzung oder das Recht auf Benutzung gewerblicher, kaufmännischer oder wissenschaftlicher Ausrüstungen"; der Hinweis auf diese Einkünfte wurde jedoch später aus der Definition gestrichen, um sicherzustellen, dass Einkünfte aus der Vermietung oder Verpachtung gewerblicher, kaufmännischer und wissenschaftlicher Einrichtungen (einschließlich der Einkünfte aus der Vermietung oder Verpachtung von Containern) unter die Vorschriften des Artikels 7 und nicht mehr unter die des Artikels 12 fallen; dies erschien dem Steuerausschuss angesichts der Natur dieser Einkünfte angemessen.*

Bemerkungen zum Kommentar

65. Unabhängig von der Bedeutung, die in Ziffer 8 Satz 3 eingeräumt wird, halten es ***Italien*** *und* ***Portugal*** *für wichtig zu beachten, dass die nationalen Systeme in Bezug auf die Methode der Steuerberechnung durch den neuen Wortlaut des Musters, d. h. durch die Streichung des Artikels 14, nicht berührt werden.*

66. ***Belgien*** *kann die in Ziffer 13 vertretenen Ansichten nicht teilen. Belgien ist der Meinung, dass die Anwendung der Gesetzgebung über beherrschte ausländische Gesellschaften Artikel 7 Absatz 1 widerspricht. Dies gilt insbesondere, wenn ein Staat eine in seinem*

Gebiet ansässige Person mit Einkünften besteuert, die von einem ausländischen Rechtsträger erzielt und dieser Person auf Grund einer Fiktion entsprechend ihrer Beteiligung am Kapital der ausländischen Körperschaft zugerechnet werden. Wenn dieser Staat dies tut, erhöht er die Bemessungsgrundlage, indem er Einkünfte darin einschließt, die nicht von der ansässigen Person, sondern von einem ausländischen Rechtsträger erzielt werden, der nach Absatz 1 in diesem Staat nicht der Besteuerung unterliegt. Dieser Staat missachtet daher die Rechtspersönlichkeit des ausländischen Rechtsträgers und verstößt gegen Artikel 7 Absatz 1.

67. Luxemburg *teilt nicht die Auslegung in Ziffer 13, die besagt, dass Artikel 7 Absatz 1 das Recht eines Vertragsstaats nicht einschränkt, die in seinem Gebiet ansässigen Personen nach Vorschriften seines innerstaatlichen Steuerrechts über beherrschte ausländische Gesellschaften zu besteuern; denn diese Auslegung stellt das Grundprinzip des Absatz 1 in Frage.*

68. Irland *weist bezüglich der Ziffer 13 auf seine allgemeine Bemerkung in Artikel 1 Ziffer 27.5 MK hin.*

69. *In Bezug auf Ziffer 45 bemerkt* **Griechenland**, *dass das griechische innerstaatliche Steuerrecht keine Regeln oder Methoden für die Zuteilung „freien" Kapitals an Betriebstätten vorsieht. In Bezug auf von einem Unternehmen aufgenommene Darlehen, die sich ganz oder z. T. auf die Tätigkeiten der Betriebstätte beziehen, erlaubt Griechenland den Abzug des Teils der Zinsen, der dem Darlehensbetrag entspricht, den das Stammhaus aufgenommen und tatsächlich an die Betriebstätte weitergeleitet hat.*

70. Portugal *behält sich vor, der in Artikel 7 Ziffer 45 MK zum Ausdruck kommenden Auffassung nicht zu folgen, außer wenn besondere innerstaatliche Bestimmungen eine bestimmte Höhe „freien" Kapitals für Betriebstätten vorsehen.*

71. Schweden *möchte in Bezug auf Ziffer 46 klarstellen, dass es nicht der Meinung ist, die verschiedenen Lösungen zur Zuteilung „freien" Kapitals, die Ziffer 46 als „akzeptabel" bezeichnet, führten notwendigerweise zu einem dem Grundsatz des Fremdverhaltens entsprechenden Ergebnis. Schweden würde daher, wenn es die Tatsachen und Umstände des Einzelfalles prüft, um zu entscheiden, ob der Betrag des Zinsabzugs, der sich aus der Anwendung dieser Lösungen ergibt, dem Grundsatz des Fremdverhaltens entspricht, in vielen Fällen nicht der Ansicht sein, dass die Lösung des anderen Staates dem Grundsatz des Fremdverhaltens entspricht. Schweden glaubt daher, dass es oft zu Doppelbesteuerungen kommt, was die Anwendung des Verständigungsverfahrens erforderlich macht.*

72. Portugal *behält sich vor, der in Artikel 7 Ziffer 48 MK beschriebenen „symmetrischen" Lösung nicht zu folgen, soweit das innerstaatliche portugiesische Recht keine Regeln oder Methoden für die Zuteilung „freien" Kapitals an Betriebstätten vorsieht. Bei der Vermeidung der Doppelbesteuerung nach Artikel 23 ermittelt Portugal als Ansässigkeitsstaat den Betrag des Gewinns, der einer Betriebstätte zuzurechnen ist, nach seinem innerstaatlichen Recht.*

73. Deutschland, Japan *und* ***die Vereinigten Staaten*** *möchten, auch wenn sie mit der in Ziffer 48 beschriebenen praktischen Lösung einverstanden sind, verdeutlichen, wie das Einvernehmen herbeigeführt werden wird. Deutschland, Japan und die Vereinigten Staaten können nicht automatisch für alle Zwecke alle Berechnungen des Staates, in dem sich die Betriebstätte befindet, anerkennen. In Fällen, die Deutschland und Japan betreffen, muss die zweite in Ziffer 48 beschriebene Bedingung über ein Verständigungsverfahren nach Artikel 25 erfüllt werden. Ein Steuerpflichtiger, der einen erweiterten Höchstbetrag der Steueranrechnung erlangen will, muss dies im Falle Japans und der Vereinigten Staaten durch ein Verständigungsverfahren tun, in dem er der zuständigen Behörde Japans bzw. der Vereinigten Staaten nachzuweisen hat, dass die Doppelbesteuerung der Betriebstättengewinne, die sich aus den unterschiedlichen innerstaatlichen Regelungen über die Zuteilung von Kapital ergibt, durch die Anwendung der innerstaatlichen Mechanismen wie der Nutzung von Anrechnungshöchstbeträgen, die durch andere Transaktionen entstanden sind, nicht beseitigt wird.*

*74. In Bezug auf die Ziffern 6 und 7 bemerkt **Neuseeland**, dass es mit dem in Teil I des Berichts „Zurechnung von Gewinnen zu Betriebstätten" wiedergegebenen generellen Ansatz zur Zurechnung von Gewinne zu Betriebstätten nicht einverstanden ist.*

Vorbehalte zum Artikel

*75. **Australien** und **Neuseeland** behalten sich vor, eine Vorschrift einzufügen, die es ihnen erlaubt, ihre nationalen Regelungen zur Besteuerung von Einkünften aus Versicherungsgeschäften jeder Art anzuwenden.*

*76. **Australien** und **Neuseeland** behalten sich eine Bestimmung vor, die ihr Recht zur Besteuerung eines Anteils an Unternehmensgewinnen klarstellt, deren Nutzungsberechtigter in einem Vertragsstaat ansässig ist, falls diese Gewinne von dem Treuhänder (Trustee) eines Erbschafts-Trusts (ausgenommen gewisse Einheitstrusts, die steuerlich in Australien oder Neuseeland als Gesellschaften behandelt werden) aus der Ausübung einer Unternehmenstätigkeit in Australien oder Neuseeland durch eine Betriebstätte erzielt werden.*

*77. **Korea** und **Portugal** behalten sich vor, Personen, die eine freiberufliche oder sonstige selbstständige Tätigkeit ausüben, zu besteuern, wenn sie sich insgesamt länger als 183 Tage innerhalb eines beliebigen Zeitraums von 12 Monaten in ihrem Gebiet aufhalten, selbst wenn ihnen für die Ausübung der freiberuflichen oder sonstigen selbstständigen Tätigkeit keine Betriebstätte (oder feste Einrichtung) zur Verfügung steht.*

*78. **Italien** und **Portugal** behalten sich vor, Personen, die eine freiberufliche oder sonstige selbstständige Tätigkeit ausüben, nach einem gesonderten Artikel zu besteuern, der Artikel 14 vor seiner Streichung im Jahr 2000 entspricht.*

*79. Die **Vereinigten Staaten** behalten sich vor, Artikel 7 in der Weise zu ändern, dass bei der Anwendung der Absätze 1 und 2 Einkünfte oder Gewinne, die einer Betriebstätte während ihres Bestehens zuzurechnen sind, in dem Vertragsstaat besteuert werden können, in dem die Betriebstätte gelegen ist, selbst wenn die Zahlungen aufgeschoben sind, bis die Betriebstätte nicht mehr besteht. Die Vereinigten Staaten möchten auch darauf hinweisen, dass sie sich die Anwendung dieser Regel auch im Rahmen der Artikel 11, 12, 13 und 21 vorbehalten.*

*80. Die **Türkei** behält sich das Recht vor, Einkünfte aus der Vermietung oder Verpachtung von Containern in allen Fällen einem Steuerabzug an der Quelle zu unterwerfen. Sind die Artikel 5 und 7 anzuwenden, so möchte die* Türkei *eine Betriebstätte bei einfachen Depots, bei von Agenten unterhaltenen Depots und bei operationellen Niederlassungen annehmen.*

*81. **Norwegen** und die **Vereinigten Staaten** behalten sich das Recht vor, Einkünfte aus der Benutzung, der Instandhaltung oder der Vermietung von Containern, die im internationalen Verkehr benutzt werden, gemäß Artikel 8 nach denselben Regeln zu besteuern wie die Gewinne aus Schifffahrt und Luftfahrt.*

*82. **Australien** und **Portugal** behalten sich vor, in zweiseitigen Verhandlungen eine Bestimmung vorzuschlagen, wonach dann, wenn die der zuständigen Behörde eines Vertragsstaates zur Verfügung stehenden Informationen nicht ausreichen, um die der Betriebstätte eines Unternehmens zuzurechnenden Gewinne zu bestimmen, für diesen Zweck bei diesem Unternehmen die Bestimmungen des Steuerrechts dieses Staates mit der Maßgabe angewendet werden können, dass diese Bestimmungen insoweit in Übereinstimmung mit den Grundsätzen dieses Artikels angewendet werden, als die der zuständigen Behörde zur Verfügung stehenden Informationen dies gestatten.*

*83. **Mexiko** behält sich vor, im Betriebstättenstaat Unternehmensgewinne aus dem Verkauf von Gütern und Waren zu besteuern, die unmittelbar von dem im anderen Vertragsstaat gelegenen Hauptsitz aus getätigt werden, falls diese Güter und Waren von gleicher oder ähnlicher Art sind wie diejenigen, die durch die Betriebstätte verkauft werden. Die Regierung* *von Mexiko wird diese Bestimmung lediglich gegen Missbräuche und nicht im Sinne eines allgemeinen Grundsatzes der Attraktionskraft der Betriebstätte anwenden; so wird die Bestimmung nicht anzuwenden sein, wenn das Unternehmen nachweist, dass die Verkäufe aus anderen Gründen als zur Erlangung eines Abkommensvorteils getätigt wurden.*

Text: Stellungnahmen von Nichtmitgliedstaaten zum OECD-MA 2008 (OECD-NM)

[The following is the text of the non-OECD economies' positions on Article 7 and its Commentary as it read before 22 July 2010. That previous version of the positions on Article 7 and its Commentary is provided for historical reference as it will continue to be relevant for the application and interpretation of bilateral tax conventions that use the previous version of the Article.]

Positions on the Article

1. ***Argentina*** *and* ***Chile*** *reserve the right to include a special provision in the Convention that will permit them to apply their domestic law in relation to the taxation of the profits of an insurance and re-insurance enterprise.*

2. ***Malaysia, Thailand*** *and* ***Ukraine*** *reserve the right to add a provision to the effect that, if the information available to the competent authority of a Contracting State is inadequate to determine the profits to be attributed to the permanent establishment of an enterprise, the competent authority may apply to that enterprise the provisions of the taxation law of that State, subject to the qualification that such law will be applied, so far as the information available to the competent authority permits, in accordance with the principles of this Article.*

2.1 ***Albania, Argentina, Brazil, Chile, Croatia, Gabon, India, Ivory Coast, Malaysia, Morocco, the People's Republic of China, Russia, Serbia, Tunisia*** *and* ***Vietnam*** *reserve the right to maintain in their conventions a specific article dealing with the taxation of "independent personal services". Accordingly, reservation is also made with respect to all the corresponding modifications in the Articles and the Commentaries, which have been modified as a result of the elimination of Article 14.*

2.2 ***Bulgaria*** *reserves the right to propose in bilateral negotiations the replacement, in this Article, of the term "profits" with the term "business profits", provided that it is defined in Article 3.*

2.3 ***Tunisia*** *reserves the right to propose in bilateral negotiations to add a criterion for the taxation in the Source State of the independent personal services, under the former Article 14, based on the amount (to be established through bilateral negotiations) of the remuneration paid.*

Paragraphs 1 and 2

3. ***Argentina, Morocco*** *and* ***Thailand*** *reserve the right to tax in the State where the permanent establishment is situated business profits derived from the sale of goods or merchandise which are the same as or of a similar kind to the ones sold through a permanent establishment situated in that State or from other business activities carried on in that State of the same or similar kind as those effected through that permanent establishment. They will apply this rule only as a safeguard against abuse and not as a general "force of attraction principle". Thus, the rule will not apply when the enterprise proves that the sales or activities have been carried out for reasons other than obtaining a benefit under the Convention.*

4. ***Albania*** *and* ***Vietnam*** *reserve the right to tax in the State where the permanent establishment is situated business profits derived from the sale of goods or merchandise which are the same as or of a similar kind to the ones sold through a permanent establishment situated* *in that State or from other business activities carried on in that State of the same or similar kind as those effected through that permanent establishment.*

4.1 ***Morocco*** *and the* ***Philippines*** *reserve the right to adopt a length of stay and fixed base criteria in determining whether an individual rendering personal services is taxable.*

4.2 ***Chile*** *and* ***India*** *reserve the right to amend Article 7 to provide that, in applying paragraphs 1 and 2 of the Article, any income or gain attributable to a permanent establishment during its existence may be taxable by the Contracting State in which the permanent establishment exists even if the payments are deferred until after the permanent establishment has ceased to exist. Furthermore, India also reserves the right to apply such a rule under Articles 11, 12, 13 and 21.*

Paragraph 3

5. With respect to paragraph 3, ***Argentina*** *reserves the right to provide that a Contracting State shall not be obliged to allow the deduction of expenses incurred abroad which are not reasonably attributable to the activity carried on by the permanent establishment, taking into account the general principles contained in domestic legislation concerning executive and administrative expenses for assistance services.*

6. ***Brazil*** *reserves its position on the words "whether in the State in which the permanent establishment is situated or elsewhere" found in paragraph 3.*

7. ***Armenia, India, Lithuania*** *and* ***Slovenia*** *reserve the right to add to paragraph 3a clarification that expenses to be allowed as deductions by a Contracting State shall include only expenses that are deductible under the domestic laws of that State.*

7.1 ***Latvia*** *and* ***Estonia*** *reserve the right to add to paragraph 3a clarification that expenses to be allowed as deductions by a Contracting State shall include only expenses that would be deductible if the permanent establishment were a separate enterprise of that Contracting State.*

8. ***Ukraine*** *and* ***Vietnam*** *reserve the right to add to paragraph 3a clarification to the effect that the paragraph refers to actual expenses incurred by the enterprise (other than interest in the case of a banking enterprise).*

Paragraph 4

9. ***Brazil*** *reserves the right not to adopt paragraph 4.*

Paragraph 5

10. ***Vietnam*** *reserves the right not to adopt paragraph 5.*

Paragraph 6

11. ***Brazil*** *reserves the right not to adopt paragraph 6.*

Positions on the Commentary

12. ***India*** *does not agree with the interpretation given in paragraph 25.*

13. As regards paragraphs 41–50 of the Commentary on Article 7, ***Chile*** *does not adhere to the specific methods provided as the rules on the amount of profit attributable to a permanent establishment; these must be established in and follow domestic law (including foreign exchange legislation).*

Text: OECD-Kommentar (MA-Kommentar 2010)[1]

I. Preliminary remarks

1. *This Article allocates taxing rights with respect to the business profits of an enterprise of a Contracting State to the extent that these profits are not subject to different rules under other Articles of the Convention. It incorporates the basic principle that unless an enterprise of a Contracting State has a permanent establishment situated in the other State, the business profits of that enterprise may not be taxed by that other State unless these profits fall into special categories of income for which other Articles of the Convention give taxing rights to that other State.*

2. *Article 5, which includes the definition of the concept of permanent establishment, is therefore relevant to the determination of whether the business profits of an enterprise of a Contracting State may be taxed in the other State. That Article, however, does not itself allocate taxing rights: when an enterprise of a Contracting State carries on business in the other Contracting State through a permanent establishment situated therein, it is necessary to determine what, if any, are the profits that the other State may tax. Article 7 provides the answer to that question by determining that the other State may tax the profits that are attributable to the permanent establishment.*

3. *The principles underlying Article 7, and in particular paragraph 2 of the Article, have a long history. When the OECD first examined what criteria should be used in attributing profits to a permanent establishment, this question had previously been addressed in a large number of tax conventions and in various models developed by the League of Nations. The separate entity and arm's length principles, on which paragraph 2 is based, had already been incorporated in these conventions and models and the OECD considered that it was sufficient to restate these principles with some slight amendments and modifications for the main purpose of clarification.*

4. *Practical experience has shown, however, that there was considerable variation in the interpretation of these general principles and of other provisions of earlier versions of Article 7. This lack of a common interpretation created problems of double taxation and non-taxation. Over the years, the Committee on Fiscal Affairs spent considerable time and effort trying to ensure a more consistent interpretation and application of the rules of the Article. Minor changes to the wording of the Article and a number of changes to the Commentary were made when the 1977 Model Tax Convention was adopted. A report that addressed that question in the specific case of banks was published in 1984*[2]*. In 1987, noting that the determination of profits attributable to a permanent establishment could give rise to some uncertainty, the Committee undertook a review of the question which led to the adoption, in 1993, of the report entitled "Attribution of Income to Permanent Establishments"*[3] *and to subsequent changes to the Commentary.*

5. *Despite that work, the practices of OECD and non-OECD countries regarding the attribution of profits to permanent establishments and these countries' interpretation of Article 7 continued to vary considerably. The Committee acknowledged the need to provide more certainty to taxpayers: in its report Transfer Pricing Guidelines for Multinational Enterprises*

---

[1] OECD (2010), Model Tax Convention on Income and on Capital: Condensed Version 2010, OECD Publishing.

[2] "The Taxation of Multinational Banking Enterprises", in *Transfer Pricing and Multinational Enterprises: Three Taxation Issues*, OECD, Paris, 1984.

[3] *Attribution of Income to Permanent Establishments*, Issues in International Taxation No. 5, OECD, Paris, 1994; reproduced in Volume II of the loose-leaf version of the OECD Model Tax Convention at page R(13)-1.

and Tax Administrations[1] *(the "OECD Transfer Pricing Guidelines"), it indicated that further work would address the application of the arm's length principle to permanent establishments. That work resulted, in 2008, in a report entitled Attribution of Profits to Permanent Establishments*[2] *(the "2008 Report").*

6. *The approach developed in the 2008 Report was not constrained by either the original intent or by the historical practice and interpretation of Article 7. Instead, the focus was on formulating the most preferable approach to attributing profits to a permanent establishment under Article 7 given modern-day multinational operations and trade. When it approved the 2008 Report, the Committee considered that the guidance included therein represented a better approach to attributing profits to permanent establishments than had previously been available. It also recognised, however, that there were differences between some of the conclusions of the 2008 Report and the interpretation of Article 7 previously given in this Commentary.*

7. *In order to provide maximum certainty on how profits should be attributed to permanent establishments, the Committee therefore decided that the 2008 Report's full conclusions should be reflected in a new version of Article 7, together with accompanying Commentary, to be used in the negotiation of future treaties and the amendment of existing treaties. In addition, in order to provide improved certainty for the interpretation of treaties that had already been concluded on the basis of the previous wording of Article 7, the Committee decided that a revised Commentary for that previous version of the Article should also be prepared, to take into account those aspects of the report that did not conflict with the Commentary as it read before the adoption of the 2008 Report.*

8. *The new version of the Article, which now appears in the Model Tax Convention, was adopted in 2010. At the same time, the Committee adopted a revised version of the 2008 Report in order to ensure that the conclusions of that report could be read harmoniously with the new wording and modified numbering of this new version of the Article. Whilst the conclusions and interpretations included in the revised report that was thus adopted in 2010*[3] *(hereinafter referred to as "the Report") are identical to those of the 2008 Report, that revised version takes account of the drafting of the Article as it now reads (the Annex to this Commentary includes, for historical reference, the text of the previous wording of Article 7 and that revised Commentary, as they read before the adoption of the current version of the Article).*

9. *The current version of the Article therefore reflects the approach developed in the Report and must be interpreted in light of the guidance contained in it. The Report deals with the attribution of profits both to permanent establishments in general (Part I of the Report) and, in particular, to permanent establishments of businesses operating in the financial sector, where trading through a permanent establishment is widespread (Part II of the Report, which deals with permanent establishments of banks, Part III, which deals with permanent establishments of enterprises carrying on global trading and Part IV, which deals with permanent establishments of enterprises carrying on insurance activities).*

II. Commentary on the provisions of the Article

Paragraph 1

10. *Paragraph 1 incorporates the rules for the allocation of taxing rights on the business profits of enterprises of each Contracting State. First, it states that unless an enterprise of a*

[1] The original version of that report was approved by the Council of the OECD on 27 June 1995 and was updated a number of times since then. Published by the OECD as *OECD Transfer Pricing Guidelines for Multinational Enterprises and Tax Administrations.*

[2] Available at http://www.oecd.org/dataoecd/20/36/41031455.pdf.

[3] Attribution of Profits to Permanent Establishments, OECD, Paris, 2010.

Contracting State has a permanent establishment situated in the other State, the business profits of that enterprise may not be taxed by that other State. Second, it provides that if such an enterprise carries on business in the other State through a permanent establishment situated therein, the profits that are attributable to the permanent establishment, as determined in accordance with paragraph 2, may be taxed by that other State. As explained below, however, paragraph 4 restricts the application of these rules by providing that Article 7 does not affect the application of other Articles of the Convention that provide special rules for certain categories of profits (e.g. those derived from the operation of ships and aircraft in international traffic) or for certain categories of income that may also constitute business profits (e.g. income derived by an enterprise in respect of personal activities of an entertainer or sportsman).

11. *The first principle underlying paragraph 1, i.e. that the profits of an enterprise of one Contracting State shall not be taxed in the other State unless the enterprise carries on business in that other State through a permanent establishment situated therein, has a long history and reflects the international consensus that, as a general rule, until an enterprise of one State has a permanent establishment in another State, it should not properly be regarded as participating in the economic life of that other State to such an extent that the other State should have taxing rights on its profits.*

12. *The second principle, which is reflected in the second sentence of the paragraph, is that the right to tax of the State where the permanent establishment is situated does not extend to profits that the enterprise may derive from that State but that are not attributable to the permanent establishment. This is a question on which there have historically been differences of view, a few countries having some time ago pursued a principle of general "force of attraction" according to which income such as other business profits, dividends, interest and royalties arising from sources in their territory was fully taxable by them if the beneficiary had a permanent establishment therein even though such income was clearly not attributable to that permanent establishment. Whilst some bilateral tax conventions include a limited anti-avoidance rule based on a restricted force of attraction approach that only applies to business profits derived from activities similar to those carried on by a permanent establishment, the general force of attraction approach described above has now been rejected in international tax treaty practice. The principle that is now generally accepted in double taxation conventions is based on the view that in taxing the profits that a foreign enterprise derives from a particular country, the tax authorities of that country should look at the separate sources of profit that the enterprise derives from their country and should apply to each the permanent establishment test, subject to the possible application of other Articles of the Convention. This solution allows simpler and more efficient tax administration and compliance, and is more closely adapted to the way in which business is commonly carried on. The organisation of modern business is highly complex. There are a considerable number of companies each of which is engaged in a wide diversity of activities and is carrying on business extensively in many countries. A company may set up a permanent establishment in another country through which it carries on manufacturing activities whilst a different part of the same company sells different goods in that other country through independent agents. That company may have perfectly valid commercial reasons for doing so: these may be based, for example, on the historical pattern of its business or on commercial convenience. If the country in which the permanent establishment is situated wished to go so far as to try to determine, and tax, the profit element of each of the transactions carried on through independent agents, with a view to aggregating that profit with the profits of the permanent establishment, that approach would interfere seriously with ordinary commercial activities and would be contrary to the aims of the Convention.*

13. *As indicated in the second sentence of paragraph 1, the profits that are attributable to the permanent establishment are determined in accordance with the provisions of paragraph 2, which provides the meaning of the phrase "profits that are attributable to the permanent establishment" found in paragraph 1. Since paragraph 1 grants taxing rights to the State in* *which the permanent establishment is situated only with respect to the profits that are attributable to that permanent establishment, the paragraph therefore prevents that State, subject to the application of other Articles of the Convention, from taxing the enterprise of the other Contracting State on profits that are not attributable to the permanent establishment.*

14. *The purpose of paragraph 1 is to limit the right of one Contracting State to tax the business profits of enterprises of the other Contracting State. The paragraph does not limit the right of a Contracting State to tax its own residents under controlled foreign companies provisions found in its domestic law even though such tax imposed on these residents may be computed by reference to the part of the profits of an enterprise that is resident of the other Contracting State that is attributable to these residents' participation in that enterprise. Tax so levied by a State on its own residents does not reduce the profits of the enterprise of the other State and may not, therefore, be said to have been levied on such profits (see also paragraph 23 of the Commentary on Article 1 and paragraphs 37 to 39 of the Commentary on Article 10).*

Paragraph 2

15. *Paragraph 2 provides the basic rule for the determination of the profits that are attributable to a permanent establishment. According to the paragraph, these profits are the profits that the permanent establishment might be expected to make if it were a separate and independent enterprise engaged in the same or similar activities under the same or similar conditions, taking into account the functions performed, assets used and risks assumed through the permanent establishment and through other parts of the enterprise. In addition, the paragraph clarifies that this rule applies with respect to the dealings between the permanent establishment and the other parts of the enterprise.*

16. *The basic approach incorporated in the paragraph for the purposes of determining what are the profits that are attributable to the permanent establishment is therefore to require the determination of the profits under the fiction that the permanent establishment is a separate enterprise and that such an enterprise is independent from the rest of the enterprise of which it is a part as well as from any other person. The second part of that fiction corresponds to the arm's length principle which is also applicable, under the provisions of Article 9, for the purpose of adjusting the profits of associated enterprises (see paragraph 1 of the Commentary on Article 9).*

17. *Paragraph 2 does not seek to allocate the overall profits of the whole enterprise to the permanent establishment and its other parts but, instead, requires that the profits attributable to a permanent establishment be determined as if it were a separate enterprise. Profits may therefore be attributed to a permanent establishment even though the enterprise as a whole has never made profits. Conversely, paragraph 2 may result in no profits being attributed to a permanent establishment even though the enterprise as a whole has made profits.*

18. *Clearly, however, where an enterprise of a Contracting State has a permanent establishment in the other Contracting State, the first State has an interest in the directive of paragraph 2 being correctly applied by the State where the permanent establishment is located. Since that directive applies to both Contracting States, the State of the enterprise must, in accordance with either Article 23A or 23B, eliminate double taxation on the profits properly attributable to the permanent establishment (see paragraph 27 below). In other words, if the State where the permanent establishment is located attempts to tax profits that are not attributable to the permanent establishment under Article 7, this may result in double taxation of profits that should properly be taxed only in the State of the enterprise.*

19. *As indicated in paragraphs 8 and 9 above, Article 7, as currently worded, reflects the approach developed in the Report adopted by the Committee on Fiscal Affairs in 2010. The Report dealt primarily with the application of the separate and independent enterprise fiction that underlies paragraph 2 and the main purpose of the changes made to that paragraph following the adoption of the Report was to ensure that the determination of the profits at-*

tributable to a permanent establishment followed the approach put forward in that Report. The Report therefore provides a detailed guide as to how the profits attributable to a permanent establishment should be determined under the provisions of paragraph 2.

20. *As explained in the Report, the attribution of profits to a permanent establishment under paragraph 2 will follow from the calculation of the profits (or losses) from all its activities, including transactions with independent enterprises, transactions with associated enterprises (with direct application of the OECD Transfer Pricing Guidelines) and dealings with other parts of the enterprise. This analysis involves two steps which are described below. The order of the listing of items within each of these two steps is not meant to be prescriptive, as the various items may be interrelated (e.g. risk is initially attributed to a permanent establishment as it performs the significant people functions relevant to the assumption of that risk but the recognition and characterisation of a subsequent dealing between the permanent establishment and another part of the enterprise that manages the risk may lead to a transfer of the risk and supporting capital to the other part of the enterprise).*

21. *Under the first step, a functional and factual analysis is undertaken which will lead to:*

- *the attribution to the permanent establishment, as appropriate, of the rights and obligations arising out of transactions between the enterprise of which the permanent establishment is a part and separate enterprises;*
- *the identification of significant people functions relevant to the attribution of economic ownership of assets, and the attribution of economic ownership of assets to the permanent establishment;*
- *the identification of significant people functions relevant to the assumption of risks, and the attribution of risks to the permanent establishment;*
- *the identification of other functions of the permanent establishment;*
- *the recognition and determination of the nature of those dealings between the permanent establishment and other parts of the same enterprise that can appropriately be recognised, having passed the threshold test referred to in paragraph 26; and*
- *the attribution of capital based on the assets and risks attributed to the permanent establishment.*

22. *Under the second step, any transactions with associated enterprises attributed to the permanent establishment are priced in accordance with the guidance of the OECD Transfer Pricing Guidelines and these Guidelines are applied by analogy to dealings between the permanent establishment and the other parts of the enterprise of which it is a part. The process involves the pricing on an arm's length basis of these recognised dealings through:*

- *the determination of comparability between the dealings and uncontrolled transactions, established by applying the Guidelines' comparability factors directly (characteristics of property or services, economic circumstances and business strategies) or by analogy (functional analysis, contractual terms) in light of the particular factual circumstances of the permanent establishment; and*
- *the application by analogy of one of the Guidelines' methods to arrive at an arm's length compensation for the dealings between the permanent establishment and the other parts of the enterprise, taking into account the functions performed by and the assets and risks attributed to the permanent establishment and the other parts of the enterprise.*

23. *Each of these operations is discussed in greater detail in the Report, in particular as regards the attribution of profits to permanent establishments of businesses operating in the financial sector, where trading through a permanent establishment is widespread (see Part II of the Report, which deals with permanent establishments of banks; Part III, which deals with permanent establishments of enterprises carrying on global trading, and Part IV, which deals with permanent establishments of enterprises carrying on insurance activities).*

24. *Paragraph 2 refers specifically to the dealings between the permanent establishment and other parts of the enterprise of which the permanent establishment is a part in order to* *emphasise that the separate and independent enterprise fiction of the paragraph requires that these dealings be treated the same way as similar transactions taking place between independent enterprises. That specific reference to dealings between the permanent establishment and other parts of the enterprise does not, however, restrict the scope of the paragraph. Where a transaction that takes place between the enterprise and an associated enterprise affects directly the determination of the profits attributable to the permanent establishment (e.g. the acquisition by the permanent establishment from an associated enterprise of goods that will be sold through the permanent establishment), paragraph 2 also requires that, for the purpose of computing the profits attributable to the permanent establishment, the conditions of the transaction be adjusted, if necessary, to reflect the conditions of a similar transaction between independent enterprises. Assume, for instance, that the permanent establishment situated in State S of an enterprise of State R acquires property from an associated enterprise of State T. If the price provided for in the contract between the two associated enterprises exceeds what would have been agreed to between independent enterprises, paragraph 2 of Article 7 of the treaty between State R and State S will authorise State S to adjust the profits attributable to the permanent establishment to reflect what a separate and independent enterprise would have paid for that property. In such a case, State R will also be able to adjust the profits of the enterprise of State R under paragraph 1 of Article 9 of the treaty between State R and State T, which will trigger the application of the corresponding adjustment mechanism of paragraph 2 of Article 9 of that treaty.*

25. *Dealings between the permanent establishment and other parts of the enterprise of which it is a part have no legal consequences for the enterprise as a whole. This implies a need for greater scrutiny of these dealings than of transactions between two associated enterprises. This also implies a greater scrutiny of documentation (in the inevitable absence, for example, of legally binding contracts) that might otherwise exist.*

26. *It is generally not intended that more burdensome documentation requirements be imposed in connection with such dealings than apply to transactions between associated enterprises. Moreover, as in the case of transfer pricing documentation referred to in the OECD Transfer Pricing Guidelines, the requirements should not be applied in such a way as to impose on taxpayers costs and burdens disproportionate to the circumstances. Nevertheless, considering the uniqueness of the nature of a dealing, countries would wish to require taxpayers to demonstrate clearly that it would be appropriate to recognise the dealing. Thus, for example, an accounting record and contemporaneous documentation showing a dealing that transfers economically significant risks, responsibilities and benefits would be a useful starting point for the purposes of attributing profits. Taxpayers are encouraged to prepare such documentation, as it may reduce substantially the potential for controversies regarding application of the approach. Tax administrations would give effect to such documentation, notwithstanding its lack of legal effect, to the extent that:*

- *the documentation is consistent with the economic substance of the activities taking place within the enterprise as revealed by the functional and factual analysis;*
- *the arrangements documented in relation to the dealing, viewed in their entirety, do not differ from those which would have been adopted by comparable independent enterprises behaving in a commercially rational manner, or if they do, the structure as presented in the taxpayer's documentation does not practically impede the tax administration from determining an appropriate transfer price; and*
- *the dealing presented in the taxpayer's documentation does not violate the principles of the approach put forward in the Report by, for example, purporting to transfer risks in a way that segregates them from functions.*

27. *The opening words of paragraph 2 and the phrase "in each Contracting State" indicate that paragraph 2 applies not only for the purposes of determining the profits that the Contracting State in which the permanent establishment is situated may tax in accordance with the last sentence of paragraph 1 but also for the application of Articles 23 A and 23 B* *by the other Contracting State. Where an enterprise of one State carries on business through a permanent establishment situated in the other State, the first-mentioned State must either exempt the profits that are attributable to the permanent establishment (Article 23 A) or give a credit for the tax levied by the other State on these profits (Article 23 B). Under both these Articles, that State must therefore determine the profits attributable to the permanent establishment in order to provide relief from double taxation and is required to follow the provisions of paragraph 2 for that purpose.*

28. *The separate and independent enterprise fiction that is mandated by paragraph 2 is restricted to the determination of the profits that are attributable to a permanent establishment. It does not extend to create notional income for the enterprise which a Contracting State could tax as such under its domestic law by arguing that such income is covered by another Article of the Convention which, in accordance with paragraph 4 of Article 7, allows taxation of that income notwithstanding paragraph 1 of Article 7. Assume, for example, that the circumstances of a particular case justify considering that the economic ownership of a building used by the permanent establishment should be attributed to the head office (see paragraph 75 of Part I of the Report). In such a case, paragraph 2 could require the deduction of a notional rent in determining the profits of the permanent establishment. That fiction, however, could not be interpreted as creating income from immovable property for the purposes of Article 6. Indeed, the fiction mandated by paragraph 2 does not change the nature of the income derived by the enterprise; it merely applies to determine the profits attributable to the permanent establishment for the purposes of Articles 7, 23A and 23B. Similarly, the fact that, under paragraph 2, a notional interest charge could be deducted in determining the profits attributable to a permanent establishment does not mean that any interest has been paid to the enterprise of which the permanent establishment is a part for the purposes of paragraphs 1 and 2 of Article 11. The separate and independent enterprise fiction does not extend to Article 11 and, for the purposes of that Article, one part of an enterprise cannot be considered to have made an interest payment to another part of the same enterprise. Clearly, however, if interest paid by an enterprise to a different person is paid on indebtedness incurred in connection with a permanent establishment of the enterprise and is borne by that permanent establishment, this real interest payment may, under paragraph 2 of Article 11, be taxed by the State in which the permanent establishment is located. Also, where a transfer of assets between a permanent establishment and the rest of the enterprise is treated as a dealing for the purposes of paragraph 2 of Article 7, Article 13 does not prevent States from taxing profits or gains from such a dealing as long as such taxation is in accordance with Article 7 (see paragraphs 4, 8 and 10 of the Commentary on Article 13).*

29. *Some States consider that, as a matter of policy, the separate and independent enterprise fiction that is mandated by paragraph 2 should not be restricted to the application of Articles 7, 23A and 23B but should also extend to the interpretation and application of other Articles of the Convention, so as to ensure that permanent establishments are, as far as possible, treated in the same way as subsidiaries. These States may therefore consider that notional charges for dealings which, pursuant to paragraph 2, are deducted in computing the profits of a permanent establishment should be treated, for the purposes of other Articles of the Convention, in the same way as payments that would be made by a subsidiary to its parent company. These States may therefore wish to include in their tax treaties provisions according to which charges for internal dealings should be recognised for the purposes of Articles 6 and 11 (it should be noted, however, that tax will be levied in accordance with such provisions only to the extent provided for under domestic law). Alternatively, these States may wish to provide that no internal dealings will be recognised in circumstances where an equivalent transaction between two separate enterprises would give rise to income covered by Article 6 or 11 (in that case, however, it will be important to ensure that an appropriate share of the expenses related to what would otherwise have been recognised as a dealing be attributed to the relevant part of the enterprise). States considering these alternatives should, however, take* *account of the fact that, due to special considerations applicable to internal interest charges between different parts of a financial enterprise (e.g. a bank), dealings resulting in such charges have long been recognised, even before the adoption of the present version of the Article.*

30. *Paragraph 2 determines the profits that are attributable to a permanent establishment for the purposes of the rule in paragraph 1 that allocates taxing rights on these profits. Once the profits that are attributable to a permanent establishment have been determined in accordance with paragraph 2 of Article 7, it is for the domestic law of each Contracting State to determine whether and how such profits should be taxed as long as there is conformity with the requirements of paragraph 2 and the other provisions of the Convention. Paragraph 2 does not deal with the issue of whether expenses are deductible when computing the taxable income of the enterprise in either Contracting State. The conditions for the deductibility of expenses are a matter to be determined by domestic law, subject to the provisions of the Convention and, in particular, paragraph 3 of Article 24 (see paragraphs 33 and 34 below).*

31. *Thus, for example, whilst domestic law rules that would ignore the recognition of dealings that should be recognised for the purposes of determining the profits attributable to a permanent establishment under paragraph 2 or that would deny the deduction of expenses not incurred exclusively for the benefit of the permanent establishment would clearly be in violation of paragraph 2, rules that prevent the deduction of certain categories of expenses (e.g. entertainment expenses) or that provide when a particular expense should be deducted are not affected by paragraph 2. In making that distinction, however, some difficult questions may arise as in the case of domestic law restrictions based on when an expense or element of income is actually paid. Since, for instance, an internal dealing will not involve an actual transfer or payment between two different persons, the application of such domestic law restrictions should generally take into account the nature of the dealing and, therefore, treat the relevant transfer or payment as if it had been made between two different persons.*

32. *Variations between the domestic laws of the two States concerning matters such as depreciation rates, the timing of the recognition of income and restrictions on the deductibility of certain expenses will normally result in a different amount of taxable income in each State even though, for the purposes of the Convention, the amount of profits attributable to the permanent establishment, will have been computed on the basis of paragraph 2 in both States (see also paragraphs 39–43 of the Commentary on Articles 23A and 23B). Thus, even though paragraph 2 applies equally to the Contracting State in which the permanent establishment is situated (for the purposes of paragraph 1) and to the other Contracting State (for the purposes of Articles 23A or 23B), it is likely that the amount of taxable income on which an enterprise of a Contracting State will be taxed in the State where the enterprise has a permanent establishment will, for a given taxable period, be different from the amount of taxable income with respect to which the first State will have to provide relief pursuant to Articles 23A or 23B. Also, to the extent that the difference results from domestic law variations concerning the types of expenses that are deductible, as opposed to timing differences in the recognition of these expenses, the difference will be permanent.*

33. *In taxing the profits attributable to a permanent establishment situated on its territory, a Contracting State will, however, have to take account of the provisions of paragraph 3 of Article 24. That paragraph requires, among other things, that expenses be deductible under the same conditions whether they are incurred for the purposes of a permanent establishment situated in a Contracting State or for the purposes of an enterprise of that State. As stated in paragraph 40 of the Commentary on Article 24:*

> *Permanent establishments must be accorded the same right as resident enterprises to deduct the trading expenses that are, in general, authorised by the taxation law to be deducted from taxable profits. Such deductions should be allowed without any restrictions other than those also imposed on resident enterprises.*

34. *The requirement imposed by paragraph 3 of Article 24 is the same regardless of how expenses incurred by an enterprise for the benefit of a permanent establishment are taken into account for the purposes of paragraph 2 of Article 7. In some cases, it will not be appropriate to consider that a dealing has taken place between different parts of the enterprise. In such cases, expenses incurred by an enterprise for the purposes of the activities performed by the permanent establishment will be directly deducted in determining the profits of the permanent establishment (e.g. the salary of a local construction worker hired and paid locally to work exclusively on a construction site that constitutes a permanent establishment of a foreign enterprise). In other cases, expenses incurred by the enterprise will be attributed to functions performed by other parts of the enterprise wholly or partly for the benefit of the permanent establishment and an appropriate charge will be deducted in determining the profits attributable to the permanent establishment (e.g. overhead expenses related to administrative functions performed by the head office for the benefit of the permanent establishment). In both cases, paragraph 3 of Article 24 will require that, as regards the permanent establishment, the expenses be deductible under the same conditions as those applicable to an enterprise of that State. Thus, any expense incurred by the enterprise directly or indirectly for the benefit of the permanent establishment must not, for tax purposes, be treated less favourably than a similar expense incurred by an enterprise of that State. That rule will apply regardless of whether or not, for the purposes of paragraph 2 of this Article 7, the expense is directly attributed to the permanent establishment (first example) or is attributed to another part of the enterprise but reflected in a notional charge to the permanent establishment (second example).*

35. *Paragraph 3 of Article 5 sets forth a special rule for a fixed place of business that is a building site or a construction or installation project. Such a fixed place of business is a permanent establishment only if it lasts more than twelve months. Experience has shown that these types of permanent establishments can give rise to special problems in attributing* **[bis 14.7.2014:** *income* **ab 15.7.2014:]** *profits to them under Article 7.*

36. *These problems arise chiefly where goods are provided, or services performed, by the other parts of the enterprise or a related party in connection with the building site or construction or installation project. Whilst these problems can arise with any permanent establishment, they are particularly acute for building sites and construction or installation projects. In these circumstances, it is necessary to pay close attention to the general principle that* **[bis 14.7.2014:** *income is* **ab 15.7.2014:]** *profits are attributable to a permanent establishment only* **[bis 14.7.2014:** *when it results from* **ab 15.7.2014:]** *with respect to activities carried on by the enterprise through that permanent establishment.*

37. *For example, where such goods are supplied by the other parts of the enterprise, the profits arising from that supply do not result from the activities carried on through the permanent establishment and are not attributable to it. Similarly, profits resulting from the provision of services (such as planning, designing, drawing blueprints, or rendering technical advice) by the parts of the enterprise operating outside the State where the permanent establishment is located do not result from the activities carried on through the permanent establishment and are not attributable to it.*

38. *Article 7, as it read before 2010, included the following paragraph 3:*

In determining the profits of a permanent establishment, there shall be allowed as deductions expenses which are incurred for the purposes of the permanent establishment, including executive and general administrative expenses so incurred, whether in the State in which the permanent establishment is situated or elsewhere.

Whilst that paragraph was originally intended to clarify that paragraph 2 required expenses incurred directly or indirectly for the benefit of a permanent establishment to be taken into account in determining the profits of the permanent establishment even if these expenses had been incurred outside the State in which the permanent establishment was located, it had sometimes been read as limiting the deduction of expenses that indirectly benefited the permanent establishment to the actual amount of the expenses.

39. *This was especially the case of general and administrative expenses, which were expressly mentioned in that paragraph. Under the previous version of paragraph 2, as interpreted in the Commentary, this was generally not a problem since a share of the general and administrative expenses of the enterprise could usually only be allocated to a permanent establishment on a cost-basis.*

40. *As now worded, however, paragraph 2 requires the recognition and arm's length pricing of the dealings through which one part of the enterprise performs functions for the benefit of the permanent establishment (e.g. through the provision of assistance in day-to-day management). The deduction of an arm's length charge for these dealings, as opposed to a deduction limited to the amount of the expenses, is required by paragraph 2. The previous paragraph 3 has therefore been deleted to prevent it from being misconstrued as limiting the deduction to the amount of the expenses themselves. That deletion does not affect the requirement, under paragraph 2, that in determining the profits attributable to a permanent establishment, all relevant expenses of the enterprise, wherever incurred, be taken into account. Depending on the circumstances, this will be done through the deduction of all or part of the expenses or through the deduction of an arm's length charge in the case of a dealing between the permanent establishment and another part of the enterprise.*

41. *Article 7, as it read before 2010, also included a provision that allowed the attribution of profits to a permanent establishment to be done on the basis of an apportionment of the total profits of the enterprise to its various parts. That method, however, was only to be applied to the extent that its application had been customary in a Contracting State and that the result was in accordance with the principles of Article 7. For the Committee, methods other than an apportionment of total profits of an enterprise can be applied even in the most difficult cases. The Committee therefore decided to delete that provision because its application had become very exceptional and because of concerns that it was extremely difficult to ensure that the result of its application would be in accordance with the arm's length principle.*

42. *At the same time, the Committee also decided to eliminate another provision that was found in the previous version of the Article and according to which the profits to be attributed to the permanent establishment were to be "determined by the same method year by year unless there is good and sufficient reason to the contrary." That provision, which was intended to ensure continuous and consistent treatment, was appropriate as long as it was accepted that the profits attributable to a permanent establishment could be determined through direct or indirect methods or even on the basis of an apportionment of the total profits of the enterprise to its various parts. The new approach developed by the Committee, however, does not allow for the application of such fundamentally different methods and therefore avoids the need for such a provision.*

43. *A final provision that was deleted from the Article at the same time provided that "[n]o profits shall be attributed to a permanent establishment by reason of the mere purchase by that permanent establishment of goods or merchandise for the enterprise." Subparagraph 4 d) of Article 5 recognises that where an enterprise of a Contracting State maintains in the other State a fixed place of business exclusively for the purpose of purchasing goods for itself, its activity at that location should not be considered to have reached a level that justifies taxation in that other State. Where, however, subparagraph 4 d) is not applicable because other activities are carried on by the enterprise through that place of business, which therefore constitutes a permanent establishment, it is appropriate to attribute profits to all the functions performed at that location. Indeed, if the purchasing activities were performed by an independent enterprise, the purchaser would be remunerated on an arm's length basis for its services. Also, since a tax exemption restricted to purchasing activities undertaken for the enterprise would require that expenses incurred for the purposes of performing these activities be excluded in* *determining the profits of the permanent establishment, such an exemption would raise administrative problems. The Committee therefore considered that a provision according to which no profits should be attributed to a permanent establishment by reason of the mere purchase of goods or merchandise for the enterprise was not consistent with the arm's length principle and should not be included in the Article.*

Paragraph 3

44. *The combination of Articles 7 (which restricts the taxing rights of the State in which the permanent establishment is situated) and 23A and 23B (which oblige the other State to provide relief from double taxation) ensures that there is no unrelieved double taxation of the profits that are properly attributable to the permanent establishment. This result may require that the two States resolve differences based on different interpretations of paragraph 2 and it is important that mechanisms be available to resolve all such differences to the extent necessary to eliminate double taxation.*

45. *As already indicated, the need for the two Contracting States to reach a common understanding as regards the application of paragraph 2 in order to eliminate risks of double taxation has led the Committee to develop detailed guidance on the interpretation of that paragraph. This guidance is reflected in the Report, which draws on the principles of the OECD Transfer Pricing Guidelines.*

46. *Risks of double taxation will usually be avoided because the taxpayer will determine the profits attributable to the permanent establishment in the same manner in each Contracting State and in accordance with paragraph 2 as interpreted by the Report, which will ensure the same result for the purposes of Articles 7 and 23A or 23B (see, however, paragraph 66). Insofar as each State agrees that the taxpayer has done so, it should refrain from adjusting the profits in order to reach a different result under paragraph 2. This is illustrated in the following example.*

47. *Example. A manufacturing plant located in State R of an enterprise of State R has transferred goods for sale to a permanent establishment of the enterprise situated in State S. For the purpose of determining the profits attributable to the permanent establishment under paragraph 2, the Report provides that a dealing must be recognised and a notional arm's length price must be determined for that dealing. The enterprise's documentation, which is consistent with the functional and factual analysis and which has been used by the taxpayer as the basis for the computation of its taxable income in each State, shows that a dealing in the nature of a sale of the goods by the plant in State R to the permanent establishment in State S has occurred and that a notional arm's length price of 100 has been used to determine the profits attributable to the permanent establishment. Both States agree that the recognition of the dealing and the price used by the taxpayer are in conformity with the principles of the Report and of the OECD Transfer Pricing Guidelines. In this case, both States should refrain from adjusting the profits on the basis that a different arm's length price should have been used; as long as there is agreement that the taxpayer has conformed with paragraph 2, the tax administrations of both States cannot substitute their judgment for that of the taxpayer as to what are the arm's length conditions. In this example, the fact that the same arm's length price has been used in both States and that both States will recognise that price for the purposes of the application of the Convention will ensure that any double taxation related to that dealing will be eliminated under Article 23A or 23B.*

49. *For example, as explained in paragraphs 105–171 of Part I of the Report, paragraph 2 permits different approaches for determining, on the basis of the attribution of "free" capital to a permanent establishment, the interest expense attributable to that permanent establishment. The Committee recognised that this could create problems, in particular for financial institutions. It concluded that in this and other cases where the two Contracting States have interpreted paragraph 2 differently and it is not possible to conclude that either* *interpretation is not in accordance with paragraph 2, it is important to ensure that any double taxation that would otherwise result from that difference will be eliminated.*

50. *Paragraph 3 will ensure that this result is achieved. It is important to note, however, that the cases where it will be necessary to have recourse to that paragraph are fairly limited.*

51. *First, as explained in paragraph 46 above, where the taxpayer has determined the profits attributable to the permanent establishment in the same manner in each Contracting State and both States agree that the taxpayer has done so in accordance with paragraph 2 as interpreted by the Report, no adjustments should be made to the profits in order to reach a different result under paragraph 2.*

52. *Second, paragraph 3 is not intended to limit in any way the remedies already available to ensure that each Contracting State conforms with its obligations under Articles 7 and 23A or 23B. For example, if the determination, by a Contracting State, of the profits attributable to a permanent establishment situated in that State is not in conformity with paragraph 2, the taxpayer will be able to use the available domestic legal remedies and the mutual agreement procedure provided for by Article 25 to address the fact that the taxpayer has not been taxed by that State in accordance with the Convention. Similarly, these remedies will also be available if the other State does not, for the purposes of Article 23A or 23B, determine the profits attributable to the permanent establishment in conformity with paragraph 2 and therefore does not comply with the provisions of this Article.*

53 *Where, however, the taxpayer has not determined the profits attributable to the permanent establishment in conformity with paragraph 2, each State is entitled to make an adjustment in order to ensure conformity with that paragraph. Where one State makes an adjustment in conformity with paragraph 2, that paragraph certainly permits the other State to make a reciprocal adjustment so as to avoid any double taxation through the combined application of paragraph 2 and of Article 23A or 23B (see paragraph 65 below). It may be, however, that the domestic law of that other State (e.g. the State where the permanent establishment is located) may not allow it to make such a change or that State may have no incentive to do it on its own if the effect is to reduce the amount of profits that was previously taxable in that State. It may also be that, as indicated above, the two Contracting States will adopt different interpretations of paragraph 2 and it is not possible to conclude that either interpretation is not in accordance with paragraph 2.*

54. *Such concerns are addressed by paragraph 3. The following example illustrates the application of that paragraph.*

55. *Example. A manufacturing plant located in State R of an enterprise of State R has transferred goods for sale to a permanent establishment of the enterprise situated in State S. For the purpose of determining the profits attributable to the permanent establishment under paragraph 2, a dealing must be recognised and a notional arm's length price must be determined for that dealing. The enterprise's documentation, which is consistent with the functional and factual analysis and which has been used by the taxpayer as the basis for the computation of its taxable income in each State, shows that a dealing in the nature of a sale of the goods by the plant in State R to the permanent establishment in State S has occurred and that a notional price of 90 has been used to determine the profits attributable to the permanent establishment. State S accepts the amount used by the taxpayer but State R considers that the amount is below what is required by its domestic law and the arm's length principle of paragraph 2. It considers that the appropriate arm's length price that should have been used is 110 and adjusts the amount of tax payable in State R accordingly after reducing the amount of the exemption (Article 23A) or the credit (Article 23B) claimed by the taxpayer with respect to the profits attributable to the permanent establishment. In that situation, since the price of the same dealing will have been determined as 90 in State S and 110 in State R, profits of 20 may be subject to double taxation. Paragraph 3 will address that situation by requiring State S, to the extent that there is indeed double taxation and that the* *adjustment made by State R is in conformity with paragraph 2, to provide a corresponding adjustment to the tax payable in State S on the profits that are taxed in both States.*

56. *If State S, however, does not agree that the adjustment by State R was warranted by paragraph 2, it will not consider that it has to make the adjustment. In such a case, the issue of whether State S should make the adjustment under paragraph 3 (if the adjustment by State R is justified under paragraph 2) or whether State R should refrain from making the initial adjustment (if it is not justified under paragraph 2) will be solved under a mutual agreement procedure pursuant to paragraph 1 of Article 25 using, if necessary, the arbitration provision of paragraph 5 of Article 25 (since it involves the question of whether the actions of one or both of the Contracting States have resulted or will result for the taxpayer in taxation not in accordance with the Convention). Through that procedure, the two States will be able to agree on the same arm's length price, which may be one of the prices put forward by the taxpayer and the two States or a different one.*

57. *As shown by the example in paragraph 55, paragraph 3 addresses the concern that the Convention might not provide adequate protection against double taxation in some situations where the two Contracting States adopt different interpretations of paragraph 2 of Article 7 and each State could be considered to be taxing "in accordance with" the Convention. Paragraph 3 ensures that relief of double taxation will be provided in such a case, which is consistent with the overall objectives of the Convention.*

58. *Paragraph 3 shares the main features of paragraph 2 of Article 9. First, it applies to each State with respect to an adjustment made by the other State. It therefore applies reciprocally whether the initial adjustment has been made by the State where the permanent establishment is situated or by the other State. Also, it does not apply unless there is an adjustment by one of the States.*

59. *As is the case for paragraph 2 of Article 9, a corresponding adjustment is not automatically to be made under paragraph 3 simply because the profits attributed to the permanent establishment have been adjusted by one of the Contracting States. The corresponding adjustment is required only if the other State considers that the adjusted profits conform with paragraph 2. In other words, paragraph 3 may not be invoked and should not be applied where the profits attributable to the permanent establishment are adjusted to a level that is different from what they would have been if they had been correctly computed in accordance with the principles of paragraph 2. Regardless of which State makes the initial adjustment, the other State is obliged to make an appropriate corresponding adjustment only if it considers that the adjusted profits correctly reflect what the profits would have been if the permanent establishment's dealings had been transactions at arm's length. The other State is therefore committed to make such a corresponding adjustment only if it considers that the initial adjustment is justified both in principle and as regards the amount.*

60. *Paragraph 3 does not specify the method by which a corresponding adjustment is to be made. Where the initial adjustment is made by the State in which the permanent establishment is situated, the adjustment provided for by paragraph 3 could be granted in the other State through the adjustment of the amount of income that must be exempted under Article 23A or of the credit that must be granted under Article 23B. Where the initial adjustment is made by that other State, the adjustment provided for by paragraph 3 could be made by the State in which the permanent establishment is situated by re-opening the assessment of the enterprise of the other State in order to reduce the taxable income by an appropriate amount.*

61. *The issue of so-called "secondary adjustments", which is discussed in paragraph 8 of the Commentary on Article 9, does not arise in the case of an adjustment under paragraph 3. As indicated in paragraph 28 above, the determination of the profits attributable to a permanent establishment is only relevant for the purposes of Articles 7 and 23A and 23B and does not affect the application of other Articles of the Convention.*

62. Like paragraph 2 of Article 9, paragraph 3 leaves open the question whether there should be a period of time after the expiration of which a State would not be obliged to make an appropriate adjustment to the profits attributable to a permanent establishment following an upward revision of these profits in the other State. Some States consider that the commitment should be open-ended – in other words, that however many years the State making the initial adjustment has gone back, the enterprise should in equity be assured of an appropriate adjustment in the other State. Other States consider that an open-ended commitment of this sort is unreasonable as a matter of practical administration. This problem has not been dealt with in the text of either paragraph 2 of Article 9 or paragraph 3 but Contracting States are left free in bilateral conventions to include, if they wish, provisions dealing with the length of time during which a State should be obliged to make an appropriate adjustment (see on this point paragraphs 39, 40 and 41 of the Commentary on Article 25).

63. There may be cases where the initial adjustment made by one State will not immediately require a corresponding adjustment to the amount of tax charged on profits in the other State (e.g., where the initial adjustment by one State of the profits attributable to the permanent establishment will affect the determination of the amount of a loss attributable to the rest of the enterprise in the other State). The competent authorities may, in accordance with the second sentence of paragraph 3, determine the future impact that the initial adjustment will have on the tax that will be payable in the other State before that tax is actually levied; in fact, in order to avoid the problem described in the preceding paragraph, competent authorities may wish to use the mutual agreement procedure at the earliest opportunity in order to determine to what extent a corresponding adjustment may be required in the other State at a later stage.

64. If there is a dispute between the parties concerned over the amount and character of the appropriate adjustment, the mutual agreement procedure provided for under Article 25 should be implemented, as is the case for an adjustment under paragraph 2 of Article 9. Indeed, as shown in the example in paragraph 55 above, if one of the two Contracting States adjusts the profits attributable to a permanent establishment without the other State granting a corresponding adjustment to the extent needed to avoid double taxation, the taxpayer will be able to use the mutual agreement procedure of paragraph 1 of Article 25, and if necessary the arbitration provision of paragraph 5 of Article 25, to require the competent authorities to agree that either the initial adjustment by one State or the failure by the other State to make a corresponding adjustment is not in accordance with the provisions of the Convention (the arbitration provision of paragraph 5 of Article 25 will play a critical role in cases where the competent authorities would otherwise be unable to agree as it will ensure that the issues that prevent an agreement are resolved through arbitration).

65. Paragraph 3 only applies to the extent necessary to eliminate the double taxation of profits that result from the adjustment. Assume, for instance, that the State where the permanent establishment is situated adjusts the profits that the taxpayer attributed to the permanent establishment to reflect the fact that the price of a dealing between the permanent establishment and the rest of the enterprise did not conform with the arm's length principle. Assume that the other State also agrees that the price used by the taxpayer was not at arm's length. In that case, the combined application of paragraph 2 and of Article 23A or 23B will require that other State to attribute to the permanent establishment, for the purposes of providing relief of double taxation, adjusted profits that would reflect an arm's length price. In such a case, paragraph 3 will only be relevant to the extent that States adopt different interpretations of what the correct arm's length price should be.

66. Paragraph 3 only applies with respect to differences in the determination of the profits attributed to a permanent establishment that result in the same part of the profits being attributed to different parts of the enterprise in conformity with the Article. As already explained (see paragraphs 30 and 31 above), Article 7 does not deal with the computation of taxable income but, instead, with the attribution of profits for the purpose of the allocation of taxing rights between the two Contracting States. The Article therefore only serves to allocate revenues and expenses for the purposes of allocating taxing rights and does not prejudge the issue of which revenues are taxable and which expenses are deductible, which is a matter of domestic law as long as there is conformity with paragraph 2. Where the profits attributed to the permanent establishment are the same in each State, the amount that will be included in the taxable income on which tax will be levied in each State for a given taxable period may be different given differences in domestic law rules, e.g. for the recognition of income and the deduction of expenses. Since these different domestic law rules only apply to the profits attributed to each State, they do not, by themselves, result in double taxation for the purposes of paragraph 3.

67. *Also, paragraph 3 does not apply to affect the computation of the exemption or credit under Article 23 A or 23 B except for the purposes of providing what would otherwise be unavailable double taxation relief for the tax paid to the Contracting State in which the permanent establishment is situated on the profits that have been attributed to the permanent establishment in that State. This paragraph will therefore not apply where these profits have been fully exempted by the other State or where the tax paid in the first-mentioned State has been fully credited against the other State's tax under the domestic law of that other State and in accordance with Article 23 A or 23 B.*

68. *Some States may prefer that the cases covered by paragraph 3 be resolved through the mutual agreement procedure (a failure to do so triggering the application of the arbitration provision of paragraph 5 of Article 25) if a State does not unilaterally agree to make a corresponding adjustment, without any deference being given to the adjusting State's preferred position as to the arm's length price or method. These States would therefore prefer a provision that would always give the possibility for a State to negotiate with the adjusting State over the arm's length price or method to be applied. States that share that view may prefer to use the following alternative version of paragraph 3:*

Where, in accordance with paragraph 2, a Contracting State adjusts the profits that are attributable to a permanent establishment of an enterprise of one of the Contracting States and taxes accordingly profits of the enterprise that have been charged to tax in the other State, the other Contracting State shall, to the extent necessary to eliminate double taxation **[ab 15.7.2014:]** *on these profits, make an appropriate adjustment if it agrees with the adjustment made by the first-mentioned State; if the other Contracting State does not so agree, the Contracting States shall eliminate any double taxation resulting therefrom by mutual agreement.*

69. *This alternative version is intended to ensure that the State being asked to give a corresponding adjustment would always be able to require that to be done through the mutual agreement procedure. This version differs significantly from paragraph 3 in that it does not create a legal obligation on that State to agree to give a corresponding adjustment, even where it considers the adjustment made by the other State to have been made in accordance with paragraph 2. The provision would always give the possibility for a State to negotiate with the other State over what is the most appropriate arm's length price or method. Where the State in question does not unilaterally agree to make the corresponding adjustment, this version of paragraph 3 would ensure that the taxpayer has the right to access the mutual agreement procedure to have the case resolved. Moreover, where the mutual agreement procedure is triggered in such a case, the provision imposes a reciprocal legal obligation on the Contracting States to eliminate the double taxation by mutual agreement even though it does not provide a substantive standard to govern which State has the obligation to compromise its position to achieve that mutual agreement. If the two Contracting States do not reach an agreement to eliminate the double taxation, they will both be in violation of their treaty obligation. The obligation to eliminate such cases of double taxation by mutual agreement is therefore stronger than the standard of paragraph 2 of Article 25, which merely requires the competent authorities to "endeavour" to resolve a case by mutual agreement.*

70. *If Contracting States agree bilaterally to replace paragraph 3 by the alternative above, the comments made in paragraphs 66 and 67 as regards paragraph 3 will also apply with respect to that provision.*

Paragraph 4

71. *Although it has not been found necessary in the Convention to define the term "profits", it should nevertheless be understood that the term when used in this Article and elsewhere in the Convention has a broad meaning including all income derived in carrying on an enterprise. Such a broad meaning corresponds to the use of the term made in the tax laws of most OECD Member countries.*

72. *Absent paragraph 4, this interpretation of the term "profits" could have given rise to some uncertainty as to the application of the Convention. If the profits of an enterprise include categories of income which are dealt with separately in other Articles of the Convention, e.g. dividends, the question would have arisen as to which Article should apply to these categories of income, e.g. in the case of dividends, this Article or Article 10.*

73. *To the extent that the application of this Article and of the relevant other Article would result in the same tax treatment, there is little practical significance to this question. Also, other Articles of the Convention deal specifically with this question with respect to some types of income (e.g. paragraph 4 of Article 6, paragraph 4 of Articles 10 and 11, paragraph 3 of Article 12, paragraphs 1 and 2 of Article 17 and paragraph 2 of Article 21).*

74. *The question, however, could arise with respect to other types of income and it has therefore been decided to include a rule of interpretation that ensures that Articles applicable to specific categories of income will have priority over Article 7. It follows from this rule that Article 7 will be applicable to business profits which do not belong to categories of income covered by these other Articles, and, in addition, to income which under paragraph 4 of Articles 10 and 11, paragraph 3 of Article 12 and paragraph 2 of Article 21, fall within Article 7. This rule does not, however, govern the manner in which the income will be classified for the purposes of domestic law; thus, if a Contracting State may tax an item of income pursuant to other Articles of this Convention, that State may, for its own domestic tax purposes characterise such income as it wishes (i.e. as business profits or as a specific category of income) provided that the tax treatment of that item of income is in accordance with the provisions of the Convention. It should also be noted that where an enterprise of a Contracting State derives income from immovable property through a permanent establishment situated in the other State, that other State may not tax that income if it is derived from immovable property situated in the first-mentioned State or in a third State (see paragraph 4 of the Commentary on Article 21 and paragraphs 9 and 10 of the Commentary on Articles 23A and 23B).*

75. *It is open to Contracting States to agree bilaterally upon special explanations or definitions concerning the term "profits" with a view to clarifying the distinction between this term and e.g. the concept of dividends. It may in particular be found appropriate to do so where in a convention under negotiation a deviation has been made from the definitions in the Articles on dividends, interest and royalties.*

[ab 15.7.2014:]

75.1 Emissions trading programmes have been implemented in a number of countries as part of an international strategy for addressing global warming. Under such programmes, emissions permits may be required in order to perform certain economic activities that generate greenhouse gases and credits issued with respect to emission-reduction or emissions removal projects in other countries may be recognised. Given the multinational character of certain emissions trading programmes (such as the European Union Emissions Trading System), these programmes present specific issues under the Model Tax Convention, most notably the treatment of income from the issuance and trading of emissions permits and credits. These *issues are examined in the Committee's report "Tax treaty issues related to emissions permits/credits". As explained in that report, income derived from the issuance or trading of emissions permits and credits is generally covered by Article 7 and Article 13. Under certain circumstances, however, such income may be covered by Articles 6, 8 or 21 (see paragraph 2.1 of the Commentary on Article 6 and paragraph 14.1 of the Commentary on Article 8).*

***76.** Finally, it should be noted that two categories of profits that were previously covered by other Articles of the Convention are now covered by Article 7. First, whilst the definition of "royalties" in paragraph 2 of Article 12 of the 1963 Draft Convention and 1977 Model Convention included payments "for the use of, or the right to use, industrial, commercial, or scientific equipment", the reference to these payments was subsequently deleted from that definition in order to ensure that income from the leasing of industrial, commercial or scientific equipment, including the income from the leasing of containers, falls under the provisions of Article 7 or Article 8 (see paragraph 9 of the Commentary on that Article), as the case may be, rather than under those of Article 12, a result that the Committee on Fiscal Affairs considers appropriate given the nature of such income.*

***77.** Second, before 2000, income from professional services and other activities of an independent character was dealt with under a separate Article, i.e. Article 14. The provisions of that Article were similar to those applicable to business profits but Article 14 used the concept of fixed base rather than that of permanent establishment since it had originally been thought that the latter concept should be reserved to commercial and industrial activities. However, it was not always clear which activities fell within Article 14 as opposed to Article 7. The elimination of Article 14 in 2000 reflected the fact that there were no intended differences between the concepts of permanent establishment, as used in Article 7, and fixed base, as used in Article 14, or between how profits were computed and tax was calculated according to which of Article 7 or 14 applied. The effect of the deletion of Article 14 is that income derived from professional services or other activities of an independent character is now dealt with under Article 7 as business profits. This was confirmed by the addition, in Article 3, of a definition of the term "business" which expressly provides that this term includes professional services or other activities of an independent character.*

Observations on the Commentary

***78. Italy** and **Portugal** deem as essential to take into consideration that – irrespective of the meaning given to the fourth sentence of paragraph 77 – as far as the method for computing taxes is concerned, national systems are not affected by the new wording of the model, i.e. by the elimination of Article 14.*

***79. Belgium** cannot share the views expressed in paragraph 14 of the Commentary. Belgium considers that the application of controlled foreign companies legislation is contrary to the provisions of paragraph 1 of Article 7. This is especially the case where a Contracting State taxes one of its residents on income derived by a foreign entity by using a fiction attributing to that resident, in proportion to his participation in the capital of the foreign entity, the income derived by that entity. By doing so, that State increases the tax base of its resident by including in it income which has not been derived by that resident but by a foreign entity which is not taxable in that State in accordance with paragraph 1 of Article 7. That Contracting State thus disregards the legal personality of the foreign entity and acts contrary to paragraph 1 of Article 7.*

***80. Luxembourg** does not share the interpretation in paragraph 14 which provides that paragraph 1 of Article 7 does not restrict a Contracting State's right to tax its own residents under controlled foreign companies provisions found in its domestic law as this interpretation challenges the fundamental principle contained in paragraph 1 of Article 7.*

81. With reference to paragraph 14, ***Ireland*** *notes its general observation in paragraph 27.5 of the Commentary on Article 1.*

82. Sweden *wishes to clarify that it does not consider that the different approaches for attributing "free" capital that are included in the Report on Attribution of Profits to Permanent Establishments will necessarily lead to a result in accordance with the arm's length principle. Consequently, Sweden would, when looking at the facts and circumstances of each case, in many cases not consider that the amount of interest deduction resulting from the application of these approaches conforms to the arm's length principle. When the different views on attributing "free" capital will lead to double taxation, the mutual agreement procedure provided for in Article 25 will have to be used.*

83 With reference to paragraphs 27 and 65, the ***United States*** *wishes to clarify how it will relieve double taxation arising due to the application of paragraph 2 of Article 7. Where a taxpayer can demonstrate to the competent authority of the United States that such double taxation has been left unrelieved after the application of mechanisms under the United States' domestic law such as the utilisation of foreign tax credit limitation created by other transactions, the United States will relieve such additional double taxation.*

84. Turkey *does not share the views expressed in paragraph 28 of the Commentary on Article 7.*

Reservations on the Article

85. Australia *reserves the right to include a provision that will permit its domestic law to apply in relation to the taxation of profits from any form of insurance.*

86. Australia *reserves the right to include a provision clarifying its right to tax a share of business profits to which a resident of the other Contracting State is beneficially entitled where those profits are derived by a trustee of a trust estate (other than certain unit trusts that are treated as companies for Australian tax purposes) from the carrying on of a business in Australia through a permanent establishment.*

87. Korea *and* ***Portugal*** *reserve the right to tax persons performing professional services or other activities of an independent character if they are present on their territory for a period or periods exceeding in the aggregate 183 days in any twelve month period, even if they do not have a permanent establishment (or a fixed base) available to them for the purpose of performing such services or activities.*

88. Italy **[bis 14.7.2014:** *and* ***Portugal*** **ab 15.7.2014:]** *,* ***Portugal*** *and* ***Turkey*** *reserve the right to tax persons performing independent personal services under a separate article which corresponds to Article 14 as it stood before its elimination in 2000.* **[ab 15.7.2014:]** *In the case of* ***Turkey,*** *the question of whether persons other than individuals should be included in that article shall be determined by bilateral negotiations.*

89. The United States *reserves the right to amend Article 7 to provide that, in applying paragraphs 1 and 2 of the Article, any income or gain attributable to a permanent establishment during its existence may be taxable by the Contracting State in which the permanent establishment exists even if the payments are deferred until after the permanent establishment has ceased to exist. The United States also wishes to note that it reserves the right to apply such a rule, as well, under Articles 11, 12, 13 and 21.*

90. Turkey *reserves the right to subject income from the leasing of containers to a withholding tax at source in all cases. In case of the application of Articles 5 and 7 to such income, Turkey would like to apply the permanent establishment rule to the simple depot, depot-agency and operational branch cases.*

91. Norway *and the* ***United States*** *reserve the right to treat income from the use, maintenance or rental of containers used in international traffic under Article 8 in the same manner as income from shipping and air transport.*

92. ***Australia*** *and* ***Portugal*** *reserve the right to propose in bilateral negotiations a provision to the effect that, if the information available to the competent authority of a Contracting State is inadequate to determine the profits to be attributed to the permanent establishment of an enterprise, the competent authority may apply to that enterprise for that purpose the provisions of the taxation law of that State, subject to the qualification that such law will be applied, so far as the information available to the competent authority permits, in accordance with the principles of this Article.*

93. ***Mexico*** *reserves the right to tax in the State where the permanent establishment is situated business profits derived from the sale of goods or merchandise carried out directly by its home office situated in the other Contracting State, provided that those goods and merchandise are of the same or similar kind as the ones sold through that permanent establishment. The Government of Mexico will apply this rule only as a safeguard against abuse and not as a general "force of attraction" principle; thus, the rule will not apply when the enterprise proves that the sales have been carried out for reasons other than obtaining a benefit under the Convention.*

94. The ***Czech Republic*** *reserves the right to add to paragraph 3 a provision limiting the potential corresponding adjustments to bona fide cases.*

95. ***New Zealand*** *reserves the right to use the previous version of Article 7 taking into account its observation and reservations on that version (i.e. the version included in the Model Tax Convention immediately before the 2010 update of the Model Tax Convention) because it does not agree with the approach reflected in Part I of the 2010 Report on the Attribution of Profits to Permanent Establishments. It does not, therefore, endorse the changes to the Commentary on the Article made through that update.*

96. ***Chile, Greece, Mexico*** **[ab 15.7.2014:** *the* ***Slovak Republic*****]** *and* ***Turkey*** *reserve the right to use the previous version of Article 7, i.e. the version that was included in the Model Tax Convention immediately before the 2010 update of the Model Tax Convention. They do not, therefore, endorse the changes to the Commentary on the Article made through that update.*

97. ***Portugal*** *reserves its right to continue to adopt in its conventions the text of the Article as it read before 2010 until its domestic law is adapted in order to apply the new approach.*

98. ***Slovenia*** *reserves the right to specify that a potential adjustment will be made under paragraph 3 only if it is considered justified.*

Text: Stellungnahmen von Nichtmitgliedstaaten zum OECD-MA 2010 (OECD-NM)

Positions on the Article

1. ***Argentina,*** **[ab 15.7.2014:** ***Azerbaijan,*****]** ***Brasil,*** **[ab 15.7.2014:** ***Bulgaria,*****]** ***Indonesia, Latvia, Malaysia, Romania,*** **[ab 15.7.2014:** ***Russia,*****]** ***Serbia,*** **[ab 15.7.2014:** ***Singapore,*****]** ***South Africa, Thailand*** *and* ***Hong Kong, China*** *reserve the right to use the previous version of Article 7, i.e. the version that was included in the Model Tax Convention immediately before the 2010 Update, subject to their positions on that previous version (see annex below).*

1.1 ***India*** *reserves the right to use the previous version of Article 7, i.e. the version that was included in the Model Tax Convention immediately before the 2010 update, subject to its positions on that previous version (see annex below). It does not agree with the approach to the attribution of profits to permanent establishments in general that is reflected in the revised Article, in its Commentary and in the consequential changes to the Commentary on other Articles (i.e. paragraph 21 of the Commentary on Article 8, paragraphs 32.1 and 32.2 of the Commentary on Article 10, paragraphs 25.1 and 25.2 of the Commentary on Article 11, paragraphs 21.1 and 21.2 of the Commentary on Article 12, paragraphs 27.1* *and 27.2 of the Commentary on Article 13, paragraph 7.2 of the Commentary on Article 15, paragraphs 5.1 and 5.2 of the Commentary on Article 21, paragraphs 3.1 and 3.2 of the Commentary on Article 22 and subparagraph 40 a) of the Commentary on Article 24).*

***1.2 Argentina** and **Indonesia** reserve the right to include a special provision in the Convention that will permit them to apply their domestic law in relation to the taxation of the profits of an insurance and re-insurance enterprise* **[ab 15.7.2014:]**, *even in the absence of a permanent establishment.*

***1.3** Whilst the **People's Republic of China** understands and respects the separate and independent enterprise principle underlying the new version of Article 7, due to its tax administration capacity it reserves the right to adopt the previous version of the Article and, in some cases, to resort to simpler methods for calculating the profits attributable to a permanent establishment.*

[ab 15.7.2014:]

***1.4 Colombia** reserves the right to use the previous version of Article 7, i.e. the version that was included in the Model Tax Convention immediately before the 2010 Update, and to disregard the changes to the Commentary on the Article made through that update.*

***2. Malaysia, Thailand** and **Ukraine** reserve the right to add a provision to the effect that, if the information available to the competent authority of a Contracting State is inadequate to determine the profits to be attributed to the permanent establishment of an enterprise, the competent authority may apply to that enterprise the provisions of the taxation law of that State subject to the qualification that such law will be applied, so far as the information available to the competent authority permits, in accordance with the principles of this Article.*

2.1 Albania, Argentina, **[ab 15.7.2014: *Azerbaijan,*]** ***Brazil, Croatia, Gabon, Indonesia, Ivory Coast,*** **[ab 15.7.2014: *Lithuania,*]** ***Malaysia, Morocco,*** *the* ***People's Republic of China, Russia, Serbia,*** **[ab 15.7.2014: *Singapore,*]** ***Thailand, Tunisia*** *and* ***Vietnam*** *reserve the right to maintain in their conventions a specific article dealing with the taxation of "independent personal services". Accordingly, reservation is also made with respect to all the corresponding modifications in the Articles and the Commentaries, which have been modified as a result of the elimination of Article 14.*

[bis 14.7.2014:

2.2 Bulgaria** reserves the right to propose in bilateral negotiations the replacement in this Article, of the term "profits" with the term "business profits", provided that it is defined in Article 3.]**

***2.3 Tunisia** reserves the right to propose in bilateral negotiations to add a criterion for the taxation in the Source State of the independent personal services, under the former Article 14, based on the amount (to be established through bilateral negotiations) of the remuneration paid.*

***3. Argentina, Morocco** and **Thailand** reserve the right to tax in the State where the permanent establishment is situated business profits derived from the sale of goods or merchandise which are the same as or of a similar kind to the ones sold through a permanent establishment situated in that State or from other business activities carried on in that State of the same or similar kind as those effected through that permanent establishment. They will apply this rule only as a safeguard against abuse and not as a general "force of attraction principle". Thus, the rule will not apply when the enterprise proves that the sales or activities have been carried out for reasons other than obtaining a benefit under the Convention.*

***3.1 Indonesia** reserves the right to tax, in the State where the permanent establishment is situated, business profits derived from the sale of goods or merchandise which are the same as or of a similar kind to the ones sold through that permanent establishment or from other business activities carried on in that State of the same or similar kind as those carried on through that permanent establishment.*

4. ***Albania*** *and* ***Vietnam*** *reserve the right to tax in the State where the permanent establishment is situated business profits derived from the sale of goods or merchandise which are the same as or of a similar kind to the ones sold through a permanent establishment situated in that State or from other business activities carried on in that State of the same or similar kind as those effected through that permanent establishment.*

4.1 ***Morocco*** *and the* ***Philippines*** *reserve the right to adopt a length of stay and fixed base criteria in determining whether an individual rendering personal services is taxable.*

4.2 ***The United Arab Emirates*** *reserves the right to include a special provision in its conventions that will permit its domestic law to apply to all activities that are related to the exploration, extraction or exploitation of natural resources, including petroleum activities as well as rendering services in connection with these activities, when these activities are carried out on its territory.*

5. ***Argentina*** *reserves the right to provide that a Contracting State shall not be obliged to allow the deduction of expenses incurred abroad which are not reasonably attributable to the activity carried on by the permanent establishment, taking into account the general principles contained in its domestic legislation concerning executive and administrative expenses for assistance services.*

[ab 15.7.2014:]

6. ***Azerbaijan*** *and* ***Singapore*** *reserve the right to add a paragraph to clarify that expenses that will be allowed as deductions by a Contracting State shall include only expenses that would be deductible if the permanent establishment were a separate enterprise of that Contracting State.*

7. ***Armenia, Lithuania*** *and* ***Serbia*** *reserve the right to add to paragraph 2a clarification that expenses to be allowed as deductions by a Contracting State shall include only expenses that are deductible under the domestic laws of that State.*

8. ***Serbia*** *reserves the right to specify that a potential adjustment will be made only if it is considered justified.*

[ab 15.7.2014:]

9. ***Colombia*** *reserves the right to amend Article 7 to provide that, in applying paragraphs 1 and 2 of the Article, profits attributable to a permanent establishment during its existence may be taxable by the Contracting State in which the permanent establishment exists even if the payments are deferred until after the permanent establishment has ceased to exist.*

10. [Deleted]

11. [Deleted]

Position on the Commentary

12. ***Argentina, Brazil,*** **[ab 15.7.2014: *Bulgaria,*]** ***Indonesia, Latvia, Malaysia, Romania,*** **[ab 15.7.2014: *Russia,*]** ***Serbia,*** **[ab 15.7.2014: *Singapore,*]** ***South Africa, Thailand*** *and* ***Hong Kong, China*** *will interpret Article 7 as it read before the 2010 Update in line with the relevant Commentary as it stood prior to that update.*

[ab 15.7.2014:]

13. ***Argentina*** *considers that the "separate entity approach" and the arm's length principle should be applied symmetrically to dealings between the permanent establishment and the head office of the enterprise – both to determine the correct attribution of profits (deduction of expenses) to the permanent establishment and the taxation of profits of the head office from those dealings, according to the fiction that the permanent establishment is a separate enterprise and that such an enterprise is independent from the rest of the enterprise of which it is a part.*

14. ***India*** *disagrees with the last sentence of paragraph 75.1 to the extent that income from issuance and trading of emission permits and credits will not be covered by Article 8 even under circumstances stated in paragraph 14.1 of the commentary on Article 8.*

A. Allgemeines

I. Musterabkommen

1. Bedeutung der Vorschrift

Wie in allen Staaten nach innerstaatlichem Steuerrecht sind die Unternehmensgewinne die wichtigste Einkunftsart auch des DBA-Rechts. Der bei weitem größte Teil der Einkünfte aus internationaler Wirtschaftstätigkeit fällt unter diese Einkunftsart. Ihr Anwendungsbereich ist nur dadurch etwas eingeschränkt, dass für bestimmte Unternehmenseinkünfte spezielle Verteilungsnormen gelten; von ihnen ist die wichtigste die des Art. 10 für Beteiligungserträge (Dividenden). Der abkommensrechtliche Begriff **„Unternehmen“** darf überdies mit Begriffen des innerstaatlichen Rechts, etwa dem deutschen Begriff **„Gewerbebetrieb“, nicht vorbehaltlos gleichgesetzt** werden; s. dazu noch näher Rz. 28 ff. 2

2. „Betriebstättenprinzip“

Art. 7 **OECD-MA** und **US-MA** 1996 und 2006 belassen die Besteuerung der Unternehmensgewinne dem **Ansässigkeitsstaat** des Unternehmens, sofern nicht das Unternehmen im anderen Vertragsstaat eine **Betriebstätte** unterhält und die Gewinne der Betriebstätte zuzuordnen sind. Er schließt es also aus, ein Unternehmen des anderen Vertragsstaats, wie das interne Steuerrecht mancher Staaten, insbesondere der Common Law-Staaten es vorsieht, schon dann zu besteuern, wenn die Verträge, auf denen die Unternehmensgewinne beruhen, im Inland geschlossen werden, wenn die Leistung des Unternehmens im Inland erbracht wird (dabei stellt die von der amerikanischen Rechtsprechung entwickelte „title passage rule“ sehr formal auf den Vorgang des Rechtsübergangs ab, seit 1986 durch sec. 865 IRC etwas eingeschränkt) oder wenn der Geschäftspartner seinen Wohnsitz im Inland hat (so aber für Dividenden und Zinsen die Art. 10 und 11 OECD-MA, für Lizenzgebühren vielfach die Abkommenspraxis). Dieses „Betriebstättenprinzip“ des Art. 7 – genauer müsste man von einem **„Ansässigkeits- und Betriebstättenprinzip“** sprechen – geht bereits auf die ältesten deutschen DBA zurück. Die Praxis der anderen kontinentaleuropäischen, dann auch der angelsächsischen Staaten, hat das Prinzip übernommen; die OECD-MA 1963, 1977, 2000, 2003, 2005, 2008 und 2010 sind ihr gefolgt. Die US-MA 1996 und 2006 weichen zwar in einigen Formulierungen vom Wortlaut des OECD-MA ab, hinsichtlich des Betriebstättenprinzips ergeben sich daraus jedoch keine materiellen Auswirkungen. 3

Zum Verstoß des Art. 209 B des französischen Code Général des Impôts gegen das Betriebstättenprinzip vgl. die Urteile der *Cour administrative d'appel Paris* vom 30.1.2001, Revue de Droit Fiscal 2001, 449; des *Tribunal administratif Poitiers* vom 25.2.1999, Revue de Droit Fiscal 1999, 940; sowie des *Tribunal administratif Strasbourg* vom 12.12.1996, Dr. Fisc. 1997, 168; s. hierzu auch *Douvier/Bouzoraa,* BIFD 1997, 103. 4

Die **Entwicklungsländer,** unter ihnen vornehmlich die lateinamerikanischen, haben geltend gemacht, das Betriebstättenprinzip begünstige einseitig die Industriestaaten, und haben stattdessen eine Besteuerung nach dem „Quellenprinzip“ verlangt; auf dieser Basis beruht u. a. das Abkommensmodell der Andenpaktstaaten (s. dazu Grundl. Rz. 39a), für einen Vergleich mit dem OECD-Modell s. *Soares da Silva,* TNI April 2005, 55 ff. Die Kritik ist berechtigt. Erzielt ein Unternehmen Gewinne, z. B. aus Warenlieferungen, so beruhen diese Gewinne nicht nur auf der Produktion der Waren im Sitzstaat, sondern auch auf der Möglichkeit, diese Waren im Empfängerstaat abzusetzen. Sind die Warenströme zwischen beiden Staaten ausgeglichen – oder genauer gesagt: die Gewinne aus den Warenströmen –, so ist 5 das Prinzip, nach dem die Besteuerung der Gewinne verteilt wird, relativ unerheblich; das Betriebstättenprinzip empfiehlt sich dann, weil es praktikabel ist. Sind sie aber nicht ausgeglichen, so ist das Verlangen des Empfängerstaates berechtigt, an der Besteuerung der Entgelte aus Warenlieferungen – ähnlich wie bei Zinsen und Lizenzgebühren – beteiligt zu werden. Entsprechendes gilt für andere Unternehmensleistungen. Das (legitime) Interesse der Steuerpflichtigen geht nur dahin, nicht doppelt besteuert zu werden. **Problematisch** ist daher aus ihrer Sicht nicht die Besteuerung im Quellenstaat als solche (wenn der Ansässigkeitsstaat den Doppelbesteuerungsausgleich gewährt), sondern die Tatsache, dass diese Quellenbesteuerung vielfach eine **Bruttobesteuerung** ist. Zu dieser Problematik s. bei Art. 11 Rz. 4, Art. 12 Rz. 30; sie ist bislang auch für Zinsen und Lizenzgebühren nicht befriedigend gelöst. Kritisch zur Anwendung des Betriebstättenprinzips innerhalb eines **gemeinsamen Marktes** äußert sich *Mattausch,* IWB, 239 ff. (= F. 2, Musterabkommen und Musterverträge, 409 ff.).

6 Das **UN-MA** kommt der Kritik am Quellenprinzip dadurch entgegen, dass es den Betriebstättenbegriff erweitert und eine – beschränkte – „Attraktivkraft" der Betriebstätte (zu diesem Begriff s. Rz. 42) propagiert, ferner dadurch, dass es in Art. 21 Abs. 3 für die nicht durch das Abkommen ausdrücklich geregelten Einkünfte eine Besteuerung im Quellenstaat – nicht, wie nach dem Art. 21 OECD-MA, im Ansässigkeitsstaat – zulässt. Das ist freilich nur eine Konzession, nicht eine systematische Lösung.

3. Abgrenzung

7 Art. 7 gehört systematisch mit Art. 8 und Art. 9 zusammen. Alle drei Vorschriften betreffen Unternehmensgewinne: Art. 7 enthält die Grundvorschrift und regelt die Ermittlung des Betriebstättengewinns; Art. 8 betrifft den Sonderfall der Gewinne aus Schiff- und Luftfahrt; Art. 9 gestattet und begrenzt die Korrektur von Gewinnverlagerungen zwischen verbundenen Unternehmen. Art. 7 gilt also nicht für Geschäftsbeziehungen zwischen der Betriebstätte und rechtlich selbständigen Unternehmen, die mit dem die Betriebstätte unterhaltenden Unternehmen „verbunden" i. S. des Art. 9 sind. Insoweit war der 1992 weggefallene Vorbehalt der USA zu Art. 7 OECD-MA (MA-Komm. 1977, Ziff. 40, vgl. zum Wortlaut die 2. Auflage, Art. 7 Rz. 55) im Ausgangspunkt zutreffend. Systematisch verfehlt war aber die dort ausgedrückte Absicht, durch eine Abweichung vom MA auch diese Frage im Rahmen des Art. 7 zu regeln. Ergänzt und vervollständigt wird Art. 7 durch die Betriebstättendefinition des Art. 5.

8 Art. 8 geht Art. 7 als **Spezialvorschrift** vor; s. näher dort Rz. 8. Gehören zu den Unternehmensgewinnen Einkünfte, für die die Voraussetzungen anderer Verteilungsnormen gegeben sind – z. B. Einkünfte aus unbeweglichem Vermögen (Art. 6), Dividenden, Zinsen und Lizenzgebühren (Art. 10 bis 12) –, so gehen dem Art. 7 auch insoweit, anders als nach internem deutschem Steuerrecht (§§ 20 Abs. 3, 21 Abs. 3 EStG), die speziellen Vorschriften vor; s. dazu Rz. 167 f. Dies gilt jedoch nicht für Dividenden, Zinsen und Lizenzgebühren, die nicht direkt dem Stammhaus des Unternehmens in dessen Ansässigkeitsstaat, sondern einer Betriebstätte im anderen Vertragsstaat zufließen (Art. 10 Abs. 4, Art. 11 Abs. 4, Art. 12 Abs. 3; sog. „Betriebstättenvorbehalt", s. Vor Art. 10 bis 12 Rz. 30 ff.). Abweichend geht nach französischer Auffassung Art. 7 der Verteilungsnorm des Art. 6 (Belegenheitsprinzip bei Einkünften aus unbeweglichem Vermögen) immer dann vor, wenn im betroffenen DBA keine ausdrückliche gegenteilige Regelung getroffen wurde (*Conseil d'État* req. no. 63 266, Dr. Fisc. 1992 Comm. 1892, concl. Arrighi de Casanova: *DBA Frankreich/Italien;* s. hierzu Art. 6 Rz. 210).

9 Seit Änderung des Art. 12 Absatz 2 durch das OECD-MA 1992 werden grenzüberschreitende Leasingaktivitäten, also die „Benutzung oder die Gewährung des

Rechts auf Benutzung von gewerblichen, kaufmännischen oder wissenschaftlichen Ausrüstungen", nicht mehr von der Spezialregelung des Artikel 12 OECD-MA erfasst (s. Art. 12 Rz. 53 ff.). Somit fallen die Einkünfte aus derartigen Tätigkeiten nunmehr allein in den Anwendungsbereich des Art. 7, sofern nicht Leasing unbeweglichen Vermögens im Sinne des Art. 6 (s. Art. 6 Rz. 142) oder eine Veräußerung vorliegt. Zu beachten ist dabei, dass nach dem jeweils maßgebenden innerstaatlichen Steuerrecht eine Veräußerung auch dann vorliegen kann (bzw. zu fingieren ist), wenn der Leasingnehmer durch das Leasinggeschäft eine Rechtsstellung erlangt, die der eines Eigentümers vergleichbar ist, und sich so für steuerliche Zwecke die Zurechnung des Leasinggegenstands ändert. Kommt es zu solch einer Änderung der Zurechnung, so fällt ein sich möglicherweise ergebender Veräußerungsgewinn unter die Verteilungsnorm des Art. 13 (Veräußerungsgewinne), während der Zinsanteil der Leasinggebühren in den Anwendungsbereich des Art. 11 fiele (zutreffend *Sauer,* in *Gassner/Lang/Lechner,* S. 177).

Einen umstrittenen Fall der Abgrenzung zwischen Einkünften aus Gewerbebetrieb und Einkünften aus selbständiger Arbeit betrafen die Vergütungen, die ein in Österreich ansässiger Berufssportler für die Teilnahme an sportlichen Veranstaltungen in Deutschland erhält. In Deutschland und Österreich ergingen hierzu mehrere divergierende Verwaltungsanweisungen (vgl. die Nachweise in FG Köln, EFG 1999, 707), wobei sich die deutsche Finanzverwaltung zuletzt auf den Standpunkt stellte, dass sich aus der „Künstlerklausel" des Art. 8 Abs. 2 Satz 2 *DBA Österreich 1954/92* ergebe, dass die Vertragsstaaten die Einkünfte von Berufssportlern systematisch dem Anwendungsbereich des Art. 8 *DBA Österreich 1954/92,* also den Einkünften aus selbständiger Tätigkeit, zuordnen wollten. Somit stünde das Besteuerungsrecht stets dem Tätigkeitsstaat zu, vgl. BMF v. 15.3.1996, BStBl. I 1996, 161. Mit Urteil vom 11.10.2000 (IStR 2001, 182) hat der BFH entschieden, dass die Vergütungen als Einkünfte aus einem gewerblichen Unternehmen nur dann im Tätigkeitsstaat besteuert werden dürfen, wenn sie einer in diesem Staat bestehenden Betriebstätte des Berufssportlers zuzuordnen sind. Bemerkenswerterweise stützt er sein Ergebnis, nämlich das Besteuerungsrecht des Ansässigkeitsstaats, aber nicht auf einen Umkehrschluss aus Art. 4 Abs. 1 („gewerbliche Einkünfte"), sondern auf Art. 13 Abs. 1 *DBA Österreich 1954/92* („sonstige Einkünfte"). Vgl. zum Ganzen auch *Klein,* IStR 1996, 361 und Art. 17 Rz. 74. 10

4. Neuerungen durch das „Update 2000"

a) Streichung des Art. 14 OECD-MA: In dem OECD-MA gibt es seit der Fassung OECD-MA 2000 keinen eigenständigen Artikel mehr, der die Einkünfte aus selbständiger Arbeit regelt. In Übereinstimmung mit dem OECD-MA gibt es auch im US-MA 2006 keinen eigenständigen Artikel für Einkünfte aus selbständiger Arbeit mehr. Die durch den OECD-Steuerausschuss am 29. April 2000 beschlossene Anpassung („Update 2000") des OECD-MA sowie des MA-Kommentars hatte als wesentliche Änderung die Streichung des bisherigen Art. 14 OECD-MA und dessen Aufgehen in Art. 7 OECD-MA zum Inhalt. Die Entscheidung beruhte auf einem Bericht des OECD-Steuerausschusses zu Art. 14 (OECD, Issues related to Article 14 of the Model Tax Convention, Paris 2000). Art. 14, der für Einkünfte aus selbständiger Tätigkeit das Besteuerungsrecht grundsätzlich dem Ansässigkeitsstaat zuwies, soweit nicht die Einkünfte einer „festen Einrichtung" im Gebiet eines anderen Staates zuzurechnen waren, entsprach nach dem Bericht des OECD-Steuerausschusses in materieller Hinsicht dem Art. 7: Aufgrund des rein terminologischen Unterschieds in der Anknüpfung an das Vorliegen einer „Betriebstätte" bei Art. 7 bzw. einer „festen Geschäftseinrichtung" bei Art. 14 sei die Streichung des Art. 14 und die Einbeziehung der Einkünfte aus selbständiger Tätigkeit in Art. 7 gerechtfertigt. Dies wird auch in der Ziff. 1.1 des MA-Komm. 11

2008 zu Art. 5 und in Ziff. 8 zu Art. 7 des MA-Komm. 2008 bestätigt, wonach „keine beabsichtigten Unterschiede" zwischen dem Konzept der Betriebstätte und dem der festen Einrichtung bestanden. Der MA-Komm. 2008 zu Art. 7 Ziff. 8 weist darauf hin, dass nicht immer klar war, welche Aktivitäten in den Bereich des Art. 7 und welche in den des Art. 14 fallen; durch die Streichung des Art. 14 soll die Rechtsanwendung künftig also einfacher werden. *Menck,* IWB F. 10, International, Gr. 2, 1469 ff. sieht hingegen durchaus materielle Änderungen durch die Streichung des Art. 14 und verweist hierzu auf einen vorbereitenden Bericht des OECD-Steuerausschusses.

12 Rechtstechnisch umgesetzt wurde die Einbeziehung des Art. 14 in Art. 7 durch die Aufnahme neuer Definitionen in Art. 3. So bezieht sich der Ausdruck „Unternehmen" nach Art. 3 Abs. 1 Buchst. c) n. F. auf die „Ausübung einer Geschäftstätigkeit" (entsprechend wurde in Art. 7 der deutschen Übersetzung des OECD-MA der Begriff „Tätigkeit" durch „Geschäftstätigkeit" ersetzt, während die englische Fassung nach wie vor von „business" spricht.). Der Begriff „Geschäftstätigkeit" schließt gemäß Art. 3 Abs. 1 Buchst. h) n. F. nun auch die „Ausübung einer freiberuflichen oder sonstigen selbständigen Tätigkeit" ein (vgl. Wassermeyer/*Wassermeyer,* Art. 7 OECD-MA, Rz. 6).

13 **b) Konsequenzen der Streichung des Art. 14 OECD-MA:** Die meisten bestehenden deutschen DBA (s. Rz. 14) enthalten noch den bisherigen Art. 14. Für diese DBA bleiben die „Betriebstätte" einerseits und die „feste Einrichtung" andererseits zwar formale Anknüpfungspunkte, die auch weiterhin einer selbständigen Interpretation bedürfen. Im Hinblick auf die nun auch im MA-Kommentar betonte Identität zwischen beiden Begriffen sollte die Auslegung wie bisher schon weitestgehend einheitlich erfolgen. Die Heranziehung der Betriebstättengrundsätze gemäß Art. 5 OECD-MA und § 12 AO zur Interpretation der „festen Einrichtung" i. S. des Art. 14 muss allerdings dort ihre Grenzen finden, wo sich der „Geschäftsbetrieb" und die „freiberufliche oder sonstige selbständige Tätigkeit" in ihrem Wesen unterscheiden, s. Art. 14 Rz. 5, 21 ff. Auch nach ständiger Rechtsprechung des BFH entsprechen sich die beiden Begriffe. Gemäß dem Urteil vom 11.4.1990 (BFH/NV 1991, 143) handelt es sich bei der festen Einrichtung gewissermaßen um die Betriebstätte des Freiberuflers (vgl. auch GKG/*Wilke,* Art. 14 OECD-MA Rz. 45 m. w. N.). *Krabbe,* IStR 2000, 196 (197) weist darauf hin, dass nach dem OECD-Bericht zu Art. 14 (s. Rz. 11) der materiell-rechtliche Gleichlauf von Art. 7 und Art. 14 auch für die Besteuerung internationaler Anwaltssozietäten gilt. Damit sei auch die im deutschen Schrifttum mehrfach erörterte Streitfrage, ob die Tätigkeit eines Gesellschafters in einer festen Einrichtung der Sozietät im anderen Vertragsstaat auch anderen, nur im Ansässigkeitsstaat tätigen Gesellschaftern zugerechnet werden kann, geklärt. Im Einzelnen zur Frage der Besteuerung internationaler Anwaltssozietäten s. Art. 14 Rz. 30 ff.

14 Obgleich die Übernahme der Änderung des OECD-Musterabkommens in die deutsche Abkommenspraxis zunächst nur zögerlich erfolgte, wurde zuletzt doch in einem Großteil der jüngeren DBA auf Art. 14 verzichtet (s. *DBA Bulgarien 2010, Großbritannien 2010, Irland 2011, Jersey 2008, Liechtenstein 2011, Luxemburg 2012, Mauritius 2011, Niederlande 2012 (E), Spanien 2011, Südafrika 2008 (E), Tadschikistan, Taiwan 2011, Ungarn 2011, Uruguay 2010, USA 1989/2006, Vereinigte Arabische Emirate 2010, Zypern 2011*). Nicht enthalten ist der Artikel zudem im *DBA UdSSR.*

5. Neuerungen aufgrund des „Authorized OECD Approach"

14a **a) Grundzüge:** Art. 7 OECD-MA und die dazugehörige Kommentierung wurden 2010 auf Basis der im Betriebstättenbericht 2008 konsolidierten Ergebnisse der Untersuchungen der OECD zur Reichweite der Selbstständigkeitsfiktion grundlegend revidiert (s. Rz. 182 ff.). Der durch die Neukommentierung für Zwecke der Auslegung in Bezug genommene Betriebstättenbericht wurde dabei 2010 ebenfalls angepasst, um ihn strukturell an die Neufassung des Abkommenstextes anzugleichen. Da die in 2010 vorgenommenen Änderungen auf einer Neufassung des Artikels beruhen, haben sie für Altabkommen auf Grundlage von Art. 7 OECD-MA a. F. keine Relevanz (s. auch Ziff. 35 MA-Komm., Grundl. 127 ff.). Allerdings hat der deutsche Gesetzgeber nunmehr angeordnet, dass die Gewinnabgrenzung grundsätzlich nach Maßgabe der in § 1 Abs. 5 AStG übernommenen AOA-Grundsätze zu erfolgen habe, soweit der Steuerpflichtige nicht geltend macht, dass ein den Regelungen dieser Vorschrift widersprechendes DBA anzuwenden ist, vgl. § 1 Abs. 5 Satz 8 AStG. Dabei hat der Steuerpflichtige auch nachzuweisen, dass der andere Staat sein Besteuerungsrecht entsprechend dem Abkommen ausübt und deshalb die Anwendung der AOA-Grundsätze zu einer Doppelbesteuerung führen würde. Die Regelung ist systematisch wie völkerrechtlich fragwürdig (vgl. *Hemmelrath/Kepper,* IStR 2013, 37 (41); *Gebhardt,* BB 2012, 2353 ff.; *Schnitger,* IStR 2012, 633 (641 f.)). Der Überarbeitung des Musterabkommens ging darüber hinaus eine Änderung der Kommentierung unter Beibehaltung des Abkommenstextes im Jahr 2008 voraus, durch welche die gewonnenen Erkenntnisse (soweit möglich) auch für Altabkommen fruchtbar gemacht werden sollen (s. im Einzelnen Rz. 87a ff.). Ergänzend soll auch den Ausführungen im Betriebstättenbericht 2008 gefolgt werden, soweit diese nicht mit der Kommentierung in Konflikt geraten (s. Ziff. 7 MA-Komm. 2008).

b) Hintergrund: Seit der Änderung des MA-Komm. von 1994 wurde innerhalb der OECD eine „Working Hypothesis" entwickelt, um angesichts der unterschiedlichen Auffassungen in den verschiedenen Ländern zum Prinzip der eingeschränkten Selbständigkeit (s. Rz. 82 ff.) eine einheitliche Position zu erlangen. Insbesondere die Entwicklung des Global Trading und des Electronic Commerce hat die Notwendigkeit der Erarbeitung eines einheitlichen Standpunktes hinsichtlich der Auslegung und der praktischen Anwendung des Art. 7 deutlich gemacht. Ziel der „Working Hypothesis" war die Untersuchung, inwieweit die Betriebstätte als „selbständiges Unternehmen" im Sinne des Art. 7 Abs. 2 gewertet werden kann und inwieweit die 1995 zu Art. 9 ergangenen OECD-Verrechnungspreisrichtlinien in Übereinstimmung mit dem arm's length-Prinzip des Art. 7 analog auf die Zuordnung von Gewinnen zu einer Betriebstätte angewendet werden können. Um dieses Ziel zu erreichen, wurde die Untersuchung sowohl im Hinblick auf Betriebstätten im Allgemeinen als auch für Banken, Global Trading und Versicherungen im Besonderen durchgeführt. Erste Entwürfe wurden bereits 2001 zur Diskussion gestellt, 2004 erklärte die OECD die „Working Hypothesis" zum „Authorized OECD Approach". Nach weiteren Ergänzungen und Überarbeitungen wurde schließlich mit dem Betriebstättenbericht 2008 das konsolidierte Ergebnis der Untersuchung vorgelegt. Auf Basis des sog. „Functionally Separate Entity Approach" wird die Selbständigkeit der Betriebstätte darin nunmehr sehr weit verstanden. Interne Leistungsbeziehungen (d.h. auch Miete und Lizenzverträge) werden grundsätzlich anerkannt und generell nach dem Fremdvergleich unter analoger Anwendung der OECD-Verrechnungspreisrichtlinien abgerechnet (zu Einzelheiten s. Rz. 87 f.). Die Implementierung des Ansatzes erfolgte in einem zweistufigen Verfahren (s. Rz. 14a). **14b**

c) Dynamische Abkommensauslegung: Insbesondere der erste Schritt der Implementierung, die Änderung des Musterkommentars in 2008 unter Beibehaltung des Abkommenstextes, erscheint problematisch (vgl. dazu *Hemmelrath/Kepper,* IStR 2013, 37 (38 ff.)). Das Vorgehen begründet sich ersichtlich auf der Annahme, dass durch Modifikationen des Musterkommentars Veränderungen in der Abkom- **14c**

menspraxis schneller und unkomplizierter zu bewirken seien als durch Änderungen des Musterabkommens, die erst durch Revisionen der nationalen DBA-Netzwerke Geltung erlangen (vgl. generell zu dieser Praxis *Lang*, IStR 2007, 606 (606); *ders.*, IStR 2001, 536 (536); *ders.*, IWB 1996, 923 (923); *Waldhoff*, StJB 2005/2006, 161 (162); *Vogel*, BIFD 2000, 612 (615)). Die Wirksamkeit eines solchen Vorgehens setzt einen dynamischen Ansatz bei der Heranziehung des MA-Komm. zur Abkommensauslegung voraus.

14d Der MA-Komm. wird von der OECD als nicht verbindliche Empfehlung i. S. des Art. 5 lit. b OECD-Konvention erlassen. Obgleich Doppelbesteuerungsabkommen ihn in der Regel nicht direkt in Bezug nehmen (zu den Ausnahmen s. Grundl. Rz. 124b), wird ihm für die Auslegung von auf dem MA basierenden Abkommen regelmäßig die Bedeutung eines Auslegungsmittels i. S. des Art. 31, 32 WVRK beigemessen. Die genaue Einordnung im Rahmen dieser Artikel ist dabei Gegenstand fortdauernder Kontroverse (vgl. aus jüngerer Zeit *Lang/Brugger*, Australian Tax Forum 2008, 95; *Engelen*, BIT 2006, 105; *Ward* BIT 2006, 97). Soweit angenommen werden kann, dass bei Verwendung des Musterabkommens als Blaupause für Vertragsverhandlungen den Abkommensartikeln die im Musterkommentar vorgesehene Bedeutung beigemessen werden soll, erscheint es vertretbar, die Kommentierung als „gewöhnliche Bedeutung" i. S. des Art. 31 Abs. 1 WVRK oder aber „besondere Bedeutung" i. S. des Art. 31 Abs. 4 WVRK im fachspezifischen Zusammenhang zu verstehen (so auch *Avery-Jones*, BIFD 2002, 102 f. und – wenn auch einschränkend – Grundl. Rz. 126 ff. m. w. N.; *Vogel*, BIT 2000, 612 (614 f.); abweichend auf Art. 32 WVRK abstellend *Mössner*, FS Seidl-Hohenveldern, 403 (412)). In beiden Fällen wäre der Musterkommentar verbindlich als Auslegungsmittel heranzuziehen.

14e Damit ist allerdings noch keine Aussage darüber getroffen, welche Fassung des Kommentars zu verwenden ist. Die OECD selbst spricht sich für eine dynamische Auslegung (d.h. auf Basis der jeweils aktuellen Fassung des Kommentars) aus, deren Grenze indes bei Änderungen a contrario zur Vorfassung erreicht sein soll (MA-Komm., Ziff. 33 ff.). Auch im Hinblick auf den AOA wird im MA-Komm. 2008 ausdrücklich darauf hingewiesen, dass eine Änderung der Kommentierung nur insoweit erfolge, wie dies nicht in Widerstreit mit der Auslegung auf Basis der bisherigen Kommentierung stehe (Ziff. 7). Die Formulierung der OECD-Auffassung kann dabei für sich jedoch keine verbindliche Klärung der Streitfrage bewirken, da nicht der Kommentar selbst, sondern ausschließlich die vertragsschließenden Staaten über seine Bedeutung zu befinden haben (vgl. *M. Lang*, IStR 2007, 606; *ders.*, IStR 2001, 536 f.). Soweit diese nicht ausdrücklich eine entsprechende Klausel in ihre DBA aufnehmen (vgl. z. B. Ziff. 16 Protokoll *DBA Österreich* 2000 sowie Art. II des entsprechenden Revisionsprotokolls 2010; ähnlich Ziff. 3 Protokoll *DBA Ungarn 2011* für Art. 5 und 7), ist – unabhängig von der innerstaatlichen Zulässigkeit eines solchen Vorgehens – jedoch regelmäßig nicht davon auszugehen, dass ein genereller Automatismus gewollt ist. Der „gewöhnlichen" oder „besonderen Bedeutung" der Abkommensbegriffe entspricht das Verständnis der Parteien zum Zeitpunkt des Vertragsschlusses, da ausschließlich dieses bestimmenden Einfluss auf die Formulierung des DBA haben kann (vgl. mit vielen weiteren Nachweisen Grundl. Rz. 127; *Vogel*, BIT 2000, 612 (615)). Änderungen des Kommentars stellen auch keine „spätere Übereinkunft" oder „spätere Übung" i. S. des Art. 31 Abs. 3 WVRK dar, da sie weder vertraglichen Charakter haben noch als solche eine Übung in Hinblick auf das konkrete DBA begründen, wenngleich sich durch das Verhalten der Vertragsparteien in der Folge eine solche einstellen mag (vgl. *Waldhoff*, StJB 2005/2006, 161 (165); *Avery-Jones*, BIFD 2002, 102 (103); *M. Lang*, IStR 2001, 536 (537)). Zudem stößt der Versuch einer derartigen Einführung neuer Begriffsverständnisse an die durch das Prinzip der Gewaltenteilung gezogene verfassungsrechtliche Grenze, da es regelmäßig am erforderlichen gesetzlichen Transformationsakt mangeln dürfte (vgl. Wassermeyer/ *Wassermeyer*, Vor Art. 1 OECD-MA Rz. 63). Maßgeblich bleibt daher der zum Zeitpunkt des Vertragsschlusses geltende Kommentar (abweichend *Jirousek*, SWI 1998, 112 (116f.); *Loukota*, SWI 1997, 339 (342)). Obwohl der BFH zeitweise zu einer dynamischen Auslegung tendierte (vgl. BFH BStBl. II 1997, 679 (680): *DBA Großbritannien 1964/70*; BStBl. II 2002, 410 (411): *DBA Österreich und Niederlande*; sowie die Besprechung dieser Urteile bei *Schnittger*, IStR 2002, 407 ff.), hat er sich nunmehr ebenfalls ausdrücklich im Sinne des statischen Ansatzes ausgesprochen (BFHE 234, 63 (69): *DBA Ungarn 2011*; BFH BStBl. II 2012, 106 (109): *DBA Großbritannien 1964/70*; BStBl. 2011, 488 (490): *DBA Schweiz 1971/2002*; BStBl. 2011, 156 (161): *DBA Spanien 2011*).

Sofern gleichwohl spätere, lediglich „klarstellende" Änderungen des MA-Komm. **14f** für auf Altabkommen anwendbar gehalten werden, ist dem zuzugeben, dass die Heranziehung rein formaler Anpassungen oder Ergänzungen bereits deswegen unbedenklich ist, als es sich im Hinblick auf die inhaltliche Identität mit der Vorfassung schon um keine dynamische Auslegung handelt (so wohl auch Wassermeyer/ *Wassermeyer*, Vor Art. 1 OECD-MA Rz. 60; *M. Lang*, IStR 2001, 536 (538); *ders.*, IStR 2007, 606 (607)). Soweit bestehende Streitfragen jedoch seitens des Kommentars entschieden oder bis dahin unbehandelte Probleme geklärt werden, sind diese Änderungen nicht klarstellend, sondern füllen bestehende Lücken im Wege einer eindeutigen Stellungnahme (*Hemmelrath/Kepper*, IStR 2013, 37 (40); ähnlich *Lampert*, IStR 2012). Auch wenn diese mit dem Text des Musterabkommens in Einklang stehen mögen, verändern sie doch die Grundlagen der Entscheidungsfindung und können daher nicht als Auslegungsmittel i. S. des WVRK herangezogen werden. Insofern verbleibt, wie generell bei späteren inhaltlichen Änderungen der Kommentierung, nur die Möglichkeit einer Berücksichtigung als bloße Meinungsäußerung (vergleichbar mit solchen im Schrifttum). Zu den Auswirkungen der hier vertretenen Auffassung hinsichtlich der Kommentaränderung 2008 im Einzelnen siehe Rz. 87a ff.

B. Zu Art. 7 Abs. 1 OECD-MA 2008, UN- und US-MA

I. Musterabkommen

1. Übereinstimmungen und Abweichungen

Die Musterabkommen stimmen weithin überein. Das US-MA 1996 wich von den **15** beiden anderen Modellen in der Formulierung noch dadurch ab, dass es statt von „Gewinnen" (profits) von „business profits" eines Unternehmens sprach. Gemäß Art. 7 Abs. 7 US-MA in der Fassung von 1996 umfasst diese „business profits" auch Einkünfte eines Unternehmens aus der Erbringung von Dienstleistungen (s. Rz. 47). Mit der Neufassung des US-MA in 2006 ist dieser Artikel gestrichen worden. Jedoch wurde die Regelung inhaltlich durch eine Ausdehnung des Begriffs „Unternehmenseinkünfte" auf sämtliche Einkünfte eines Unternehmens (s. Art. 3 Abs. 1 lit. d US-MA 2006) beibehalten. Das UN-MA gewährt dem Betriebstättenstaat eine gegenüber dem OECD-MA und dem US-MA erweiterte Vorrangbesteuerung: Der Betriebstättenstaat darf hiernach nicht nur diejenigen Gewinne besteuern, die der Betriebstätte zuzuordnen sind, sondern auch Gewinne aus Direktgeschäften des Stammhauses oder einer Betriebstätte in einem Drittstaat, wenn sie von gleicher oder ähnlicher Art sind wie die von der Betriebstätte ausgeführten (eingeschränktes **„Attraktions-"** oder **„Attraktivitätsprinzip"**, hierzu näher Rz. 65). Die deutsche Verhandlungsgrundlage folgt dem MA 2010 (s. hierzu Rz. 182).

2. OECD-MA 2008

16 **a) Grundzüge:** Gewinne eines Unternehmens, das eine in einem Vertragsstaat ansässige Person betreibt, besteuert grundsätzlich allein deren **Ansässigkeitsstaat,** und zwar auch dann, wenn die Gewinne durch eine Tätigkeit im anderen Vertragsstaat erwirtschaftet wurden („können nur", s. Vor Art. 6 bis 22 Rz. 4ff.). Er besteuert sie gemäß seinem innerstaatlichen Recht, ohne durch das Abkommen darin beschränkt zu sein (vgl. BFH BStBl. II 2000, 399 m. w. N.: Zurechnung der Einkünfte, Einkunftsermittlung und die inländische Steuerpflicht gehören grundsätzlich nicht zum Regelungsgegenstand der DBA). Nur wenn das Unternehmen seine Tätigkeit im anderen Vertragsstaat durch eine dort gelegene **Betriebstätte** ausübt, besteuert die der Betriebstätte zuzurechnenden Gewinne vorrangig der **Betriebstättenstaat als Quellenstaat.** Die Besteuerung dieser Einkünfte im Ansässigkeitsstaat lässt Art. 7 offen („können", s. Vor Art. 6 bis 22 Rz. 6); ob sie dort freizustellen sind oder die Steuer des Quellenstaats angerechnet wird, bestimmt sich nach Art. 23A oder B, s. dort Rz. 3ff.). Gewinne, die der Betriebstätte nicht zuzurechnen sind, besteuert der Betriebstättenstaat auch dann nicht, wenn sie auf Geschäften in seinem Gebiet beruhen (Ablehnung des **„Attraktions-" oder „Attraktivitätsprinzips"**).

17 Art. 7 Abs. 1 wird ergänzt durch Art. 24 Abs. 3 MA, der den Vertragsstaaten verbietet, Betriebstätten von Unternehmen des anderen Vertragsstaats gegenüber gleichartigen eigenen Unternehmen steuerlich **schlechter zu stellen** (s. Art. 24 Rz. 94). Während Art. 7 als Verteilungsnorm die Besteuerung durch die Vertragsstaaten gegeneinander abgrenzt – in Abs. 1 dem Grunde, in Abs. 2ff. der Höhe nach –, er aber im Übrigen das interne Steuerrecht unberührt lässt, nimmt Art. 24 Abs. 3 Einfluss auf dessen **inhaltliche Gestaltung,** wenn auch nur durch Begründung einer Gleichstellungspflicht. Wenn z.B. der Betriebstättenstaat zusätzlich zur Besteuerung des Betriebstättengewinns eine Quellensteuer auf Gewinnüberweisungen der Betriebstätte an das Stammhaus erhebt (**„branch profits tax",** z.B. nach sec. 884 IRC in den USA; ähnlich in Brasilien, Indonesien und Kanada), so hält er sich damit zwar im Rahmen des Art. 7 Abs. 1, da auch insoweit Gewinne des Unternehmens besteuert werden (mit Hinweis auf die Trennung zwischen Gewinnerzielung und Gewinnüberweisung im OECD-Partnership-Report 1999 insoweit a. A. ÖstBMF v. 12.6.2000, EAS 1673, SWI 2000, 297); die Höhe der insgesamt der Betriebstätte auferlegten Steuer ist aber höher als die Steuer der inländischen Unternehmungen und daher nach Art. 24 Abs. 3 MA unzulässig, sofern das betreffende Abkommen sie nicht ausdrücklich zulässt. Auch im *DBA Großbritannien-Kasachstan* fehlt eine derartige Vorschrift, die die Erhebung der „branch profits tax" durch Kasachstan ausdrücklich zulässt. Zu den sich daraus ergebenden Schwierigkeiten vgl. *Harrison,* BIFD 1996, 373ff., 426f. (s. dazu noch Rz. 68, Art. 10 Rz. 261, 270 und Art. 24 Rz. 107).

18 **b) Abgrenzung:** s. Rz. 7.

19 **c) Regelung:** Betreibt
- eine **in einem Vertragsstaat ansässige** Person
- ein **Unternehmen**
- und erzielt sie **Gewinne,**

so darf nach Art. 7 Abs. 1 grundsätzlich nur der **Ansässigkeitsstaat die Gewinne besteuern;**

jedoch
- wenn das Unternehmen seine Geschäftstätigkeit im anderen Vertragsstaat durch eine dort gelegene **Betriebstätte** ausübt,
- soweit die Gewinne der Betriebstätte **zuzurechnen** sind,

vorrangig vor dem Ansässigkeitsstaat der **Staat der Betriebstätte.**

Art. 7 spricht vom „Unternehmen eines Vertragsstaats". Nach Art. 3 Abs. 1 Buchst. d) MA ist darunter ein Unternehmen zu verstehen, das von einer in einem Vertragsstaat ansässigen Person betrieben wird; s. dazu Art. 3 Rz. 40 ff. In die Formulierung der vorigen Rz. wurde dies bereits eingesetzt. Zum Begriff der in einem Vertragsstaat ansässigen Person s. Art. 3 Rz. 11 ff., Art. 4 Rz. 4. Vgl. hierzu auch Wassermeyer/*Wassermeyer,* Art. 7 OECD-MA Rz. 21 ff. Der Begriff „Unternehmen" bezieht sich nach dem neu eingefügten Art. 3 Abs. 1 Buchst. c) MA auf die „Ausübung einer Geschäftstätigkeit". Der Begriff „Geschäftstätigkeit" wiederum schließt nach Art. 3 Abs. 1 Buchst. h) MA n. F. auch die Ausübung einer freiberuflichen oder sonstigen selbständigen Tätigkeit ein, dazu s. bei Art. 3 Rz. 79. Den Begriff der Betriebstätte definiert Art. 5 MA. Zur Frage, welche Gewinne der Betriebstätte zuzurechnen sind, s. Rz. 69 ff. 20

d) „Unternehmensgewinne": Was Gewinne sind und wie sie berechnet werden, bestimmt sich nach dem innerstaatlichen Recht des jeweiligen Vertragsstaats; siehe dazu auch Wassermeyer/*Piltz,* Art. 7 OECD-MA Rz. 73 und Wassermeyer/*Wassermeyer,* Art. 7 OECD-MA, Rz. 159; s. dazu die Grundl. Rz. 101 ff. und 152g. Allerdings kann es sein, dass bestimmte Vorschriften des inländischen Rechts auf die ausländische Betriebstätte keine Anwendung finden, so in Deutschland § 5 EStG (es gilt dann § 4 Abs. 1, BFH BStBl. II 1990, 57: *DBA Schweiz;* BStBl. II 1992, 94; BFH/NV 1993, 156: jeweils *DBA Österreich 1954/92*). Gewinne in ausländischer Währung müssen in inländische Währung umgerechnet werden (s. hierzu Rz. 23). Da die Gewinnermittlungsvorschriften von Vertragsstaat zu Vertragsstaat sehr unterschiedlich sein können, kann sich im Extremfall für den gleichen Sachverhalt nach den Vorschriften des einen Vertragsstaats ein Gewinn, nach denen des anderen ein Verlust ergeben. Zur Berücksichtigung ausländischer Verluste im Inland s. näher bei Art. 23 A und B Rz. 52 ff., 127. Für den Bereich der EU wird eine Harmonisierung angestrebt. 1988 hat die EG-Kommission einen Vorentwurf einer Richtlinie über die Harmonisierung der steuerlichen Gewinnermittlungsvorschriften publiziert (dazu *Kreile,* DB 1988, Beil. 18, 1), ihn 1989 jedoch wieder zurückgezogen. 1991 hat sie einen Vorschlag einer Richtlinie über den Abzug von Verlusten ausländischer Betriebstätten und Tochtergesellschaften vorgelegt (ABl. EG Nr. C 53 S. 30 vom 28.2.1991; s. hierzu auch *Saß,* BB 1991, 1161). S. zum Richtlinienentwurf für eine Common Consolidated Corporate Tax Base Rz. 111a. 21

Mit Vorlagebeschluss vom 9.9.1998 bat der I. Senat des BFH den Großen Senat um Prüfung der Vorlagepflicht an den EuGH hinsichtlich bilanzsteuerrechtlicher Fragen der Gewinnermittlung, BStBl. II 1999, 129. Die Vorlage wurde jedoch zurückgenommen durch BFH-Beschluss I R 6/96 vom 8.11.2000, vgl. hierzu auch *Wassermeyer,* DB 2001, 1053 (1056 f.). Seit Anfang 2005 müssen alle börsennotierten Unternehmen ihre Konzernabschlüsse nach IFRS aufstellen. Darüber hinaus haben auch nicht börsennotierte Unternehmen die Möglichkeit, ihren Konzernabschluss nach IFRS aufzustellen. Die Anwendbarkeit der IFRS zur Ermittlung der Steuerbemessungsgrundlage befindet sich derzeit in der Diskussion (*Spengel,* IStR 2003, 29, 67). Allgemein zur Harmonisierung internationaler Gewinnermittlungsvorschriften s. *Biener,* DStR 1997, 345; *Kahle,* StuW 1997, 323; *Bippus,* DStZ 1998, 637; *Dziadkowski,* FR 1998, 865; *Herzig,* Wpg 2000, 104. 22

Soweit das für das Stammhaus maßgebende innerstaatliche Recht dieses verpflichtet, die Ergebnisse der Betriebstätte in seine Buchführung zu übernehmen, stellt sich die Frage, zu welchem Wechselkurs die Geschäftsvorfälle der Betriebstätte **umzurechnen** sind. Nach deutschem Handels- und Steuerrecht sind hierbei insbesondere die **Grundsätze ordnungsmäßiger Buchführung (GoB)** zu beachten. Schwierig kann insbesondere die nach diesen gebotene Einhaltung des Anschaffungskosten-, des Imparitäts- und des Realisationsprinzips sein. **Abgelehnt** 23 wird daher grundsätzlich die simple Umrechnung des in ausländischer Währung ermittelten Gewinns mit dem am **Bilanzstichtag** gültigen Wechselkurs (**Stichtagsverfahren**, BFH BStBl. II 1990, 57 (59): *DBA Schweiz 1971*). Nach Auffassung des BFH ist prinzipiell jeder einzelne Geschäftsvorfall nach dem für ihn maßgebenden Wechselkurs umzurechnen. Für die Umrechnung von im Wesentlichen gleichmäßig über das Jahr verteilten Einnahmen kann aus Vereinfachungsgründen auch der Jahresdurchschnittskurs verwendet werden. Dies gilt nicht für Abschreibungen, da diese von den historischen Anschaffungs- oder Herstellungskosten, umgerechnet zu den entsprechenden historischen Kursen, bemessen werden.

24 Aus deutscher Verwaltungssicht wurde zur Frage der Umrechnung des Betriebstättenergebnisses in Tz. 2.8 der Betriebstätten-Verwaltungsgrundsätze (BMF v. 24.12.1999 BStBl. I 1999, 1076) Stellung genommen. Detailliert wird dort die Umrechnung eines in ausländischer Währung ermittelten ausländischen Betriebstättenergebnisses in DM bzw. EUR dargestellt. Bei Gewinnermittlung durch Betriebsvermögensvergleich gemäß § 4 Abs. 1 i. V. m. § 5 EStG ist jeder einzelne Geschäftsvorfall grundsätzlich mit dem maßgebenden Tageskurs umzurechnen (sog. **Zeitbezugsmethode,** vgl. Tz. 2.8.1 der Betriebstätten-Verwaltungsgrundsätze mit Hinweis auf die zugrunde liegende BFH-Rechtsprechung). Weitere Einzelregelungen enthalten die Verwaltungsgrundsätze u. a. zur Umrechnung von Anschaffungs- und Herstellungskosten, zu Verbindlichkeiten und Rückstellungen sowie zur Frage von Währungsschwankungen des Dotationskapitals ausländischer Betriebstätten.

25 Mit Urteil vom 16.2.1996 hatte der BFH zu Währungsverlusten beim Dotationskapital einer belgischen Betriebstätte entschieden, dass diese in Deutschland steuerlich nicht zu berücksichtigen sind (BStBl. II 1997, 128, vgl. hierzu Anm. *Malinski,* IStR 1996, 437). Dies kann zu einer doppelten Nichtabzugsfähigkeit dieser Aufwendungen führen (vgl. hierzu auch *Weibrecht,* IStR 2006, 548 ff.). Diese Rechtsprechung ist aus europarechtlicher Sicht nicht haltbar (s. das Urteil des EuGH v. 28.2.2008, Rs. C-293/06, Slg. 2008, I-1129 – *Deutsche Shell*; hierzu die Anmerkung von *Ditz/Schönfeld*, DB 2008, 1458). Am selben Tag entschied der BFH, dass Währungsverluste, die auf dem Gewinnvortragskonto einer US-amerikanischen Betriebstätte entstanden waren, in Deutschland nicht abzugsfähig sind (BStBl. II 1997, 588). Zum Ganzen s. a. Niedersächsisches FG, EFG 1996, 1229. Anders hingegen das BFH-Urteil vom 31.5.1995 (BStBl. II 1995, 683 = IStR 1995, 438 mit Anm. *Wassermeyer* sowie IWB Fach 3a, Rechtsprechung, Gr. 1, 461 mit Anm. *Baranowski*), wonach Währungsgewinne aus Zinszahlungen einer atypisch stillen Gesellschaft an ihren inländischen Gesellschafter bei diesem steuerlich zu berücksichtigen sind. Bei den Zinszahlungen handelte es sich allerdings nicht um Unternehmensgewinne i. S. des *DBA USA 1954/65*.

26 In den USA sind, wenn die ausländische Betriebstätte sich als „qualified business unit“ (sec. 989 (a) IRC) darstellt und sie ihre Bücher in lokaler Währung als ihrer „functional currency“ führt, nach sec. 987 IRC ihre Gewinne und Verluste insgesamt, nicht die jeweiligen Einzeltransaktionen umzurechnen; s. näher *Woywode,* RIW 1991, 695.

27 Die Anwendung des **Stichtagsverfahrens** führt dann nicht zu Verstößen gegen die Grundsätze ordnungsmäßiger Bilanzierung, wenn sich die Betriebstätte in einem Land befindet, dessen Währung nur unwesentlich schwankende oder sogar feste Wechselkurse gegenüber der Währung des Stammhauses aufweist (s. auch Tz. 2.8.1 der Betriebstätten-Verwaltungsgrundsätze (BStBl. I 1999, 1076)). Allgemein zu Fragen der Währungsumrechnung siehe *Mujkanovic/Hehn,* Wpg 1996, 605; *Lachnit/Ammann,* Wpg 1998, 751. Zu den Auswirkungen der Europäischen Währungsunion: *Schmitz,* DB 1997, 1480; *Hulle/Broichhagen,* IWB F. 11, Europäische Gemeinschaft, Gr. 3, 159; *Grotherr,* IWB F. 11, Europäische Gemeinschaft, Gr. 3, 199; *Meyer/Gehring,* BBK 1998, Fach 15, 1075; *Hörtig/Stein,* DB 1998, 1293; *Otte,* INF 1999, 193.

28 Die Definition des Begriffs „Unternehmen" findet sich in Art. 3 Abs. 1 Buchst. c). Erstmals definiert worden ist dieser Begriff im OECD-MA 2000. Die vorherigen OECD-MA kannten keine derartige Definition. Der Ausdruck „Unternehmen" bezieht sich hiernach auf die „Ausübung einer Geschäftstätigkeit". Bemerkenswert ist der relativ weit gefasste Wortlaut der englischen Fassung: „the term enterprise applies to the carrying on of **any** business". Der MA-Kommentar zu Art. 3 n. F. geht davon aus, dass der Begriff „Unternehmen" stets nach dem innerstaatlichen Recht beurteilt wurde und dass auch die Neufassung des Musterabkommens die Ausdrücke Unternehmen sowie Geschäftstätigkeit nicht erschöpfend definiert.

29 Der Conseil d'Etat hat in einem Urteil von 1975 mit Hinweis auf Art. 3 Abs. 2 entschieden, dass der Begriff „Unternehmen" nach dem jeweiligen Recht des Anwendestaates auszulegen sei (*Conseil d'État* req. n. 93 187 Dr. Fisc. 1976 comm. 733, concl. *Latournerie: DBA Frankreich/Kanada;* übereinstimmend *Piltz,* Die Personengesellschaften im internationalen Steuerrecht, S. 150; *Wassermeyer,* StuW 1990, 404 (406)). Demgegenüber hat der *High Court of Australia* den Begriff **aus dem Zusammenhang des Abkommens** ausgelegt, da er im australischen Recht keine festgelegte Bedeutung habe (Thiel v. FCT, ATR 1990, 531: *DBA Australien/Schweiz*). Die Entscheidung belegt, dass eine autonome Auslegung möglich ist. Sie ist auch **geboten,** sofern nicht ausnahmsweise das Abkommen selbst eine ausdrückliche Definition enthält oder sich auf feststehende Begriffe des innerstaatlichen (Steuer-)Rechts (s. Art. 3 Rz. 102 ff.) der Vertragsstaaten bezieht. Der **Abkommenszusammenhang** erfordert hier unter Umständen eine Auslegung, die vom nationalen Recht **abweicht** (s. Grundl. Rz. 152e).

30 Was der englische Sprachgebrauch mit „trade and industry", der französische mit „activités industrielles ou commerciales", der deutsche mit „Gewerbe" bezeichnet, umschreibt der Sache nach einen in seiner Herkunft **gemeineuropäischen Begriff,** der über die Abkommensmodelle seit den Zeiten des Völkerbunds auch in die DBA außereuropäischer Staaten übernommen wurde (so auch *Penã/v. Staden,* Intertax 2000, 372 (379 ff.) zu brasilianischen DBAs und Dienstleistungen; anders *Wassermeyer,* StuW 1990, 404): eine selbständige, auf Erwerb gerichtete Tätigkeit; s. auch Wassermeyer/*Wassermeyer,* Art. 7 OECD-MA Rz. 15 ff. Im **Zentrum** dieses Begriffs stehen herkömmlich der **Handel** einschließlich des Geldwesens sowie **Handwerk** und **Industrie;** hinzugetreten sind in neuerer Zeit die **Dienstleistungsgewerbe.** Es handelt sich jedoch um einen **Typusbegriff,** der seiner Natur nach, als Ergebnis einer wertorientierten Beschreibung empirischer Grundlagen, an seinen „Rändern" **unscharf** ist und insoweit der Ausgestaltung und Konkretisierung bedarf (zur Trennung zwischen Begriff und Typusbegriff s. *Drüen,* StuW 1997, 261 (264 ff.)). Die nationalen Steuergesetze knüpfen an diesen Begriff an, haben die Ausgestaltung jedoch unterschiedlich vorgenommen und z. T. aus pragmatischen Gründen bestimmte Tätigkeiten ausgespart, für die dies internrechtlich sinnvoll ist, abkommensrechtlich aber zu nicht sachgerechten Ergebnissen führen würde.

31 Unterhält z. B. eine Großimkerei einen Teil ihrer Bienenstände auf dem Gebiet eines Nachbarstaates, so entspräche es dem Grundgedanken des Art. 7 (aber auch des Art. 6 und des Art. 14 i. d. F. des MA 1992), diesem Staat die Besteuerung der durch die Bienenstände erzielten Gewinne zu belassen. Wäre der Begriff „Unternehmen" mit dem innerstaatlichen deutschen Begriff des „Gewerbebetriebs" gleichzusetzen, so wäre Art. 7 jedoch unanwendbar, da § 13 EStG die Imkerei nicht dem Gewerbe, sondern der Land- und Forstwirtschaft zurechnet. Andererseits ist auch Art. 6 Abs. 3 nicht einschlägig, da der Betrieb einer Imkerei keine Nutzung unbeweglichen Vermögens ist (s. Art. 6 Rz. 38). Ähnliches würde für bestimmte Formen der Viehzucht, für die Binnenfischerei (s. Art. 6 Rz. 39 und für land- und forstwirtschaftliche Nebenbetriebe (s. Art. 6 Rz. 41 f.) gelten. Die Be-

steuerung wäre in all diesen Fällen nach Art. 21 dem Ansässigkeitsstaat überlassen, obwohl die Einkünfte durchaus in dem Sinne, in dem dies Art. 7 voraussetzt, aufgrund einer **wirtschaftlich verfestigten** Beziehung zum anderen Staat erzielt worden sind.

32 Sieht man das Abkommen in seinem Zusammenhang, ergibt sich ein autonomes System der Erwerbstätigkeiten. Das OECD-MA 2003 kennt neben anderen Anknüpfungen (Art. 6 in der Variante der „mittelbaren Nutzung“, Art. 10 bis 12 usw.) **drei Grundformen der Erwerbstätigkeit:** zwei Fälle selbständiger Tätigkeit (Art. 6 in der Variante der „unmittelbaren Nutzung“, Art. 7), daneben die unselbständige Tätigkeit nach Art. 15 und 18. Frühere Fassungen des OECD-MA, bis zum OECD-MA 2000, kannten daneben noch die selbständige Tätigkeit als vierte Grundform der Erwerbstätigkeit (Art. 14). Die sonstigen im MA angeführten Tätigkeitsformen sind **Ausprägungen dieser Grundtypen,** die zu ihnen in einem Verhältnis der **Spezialität** stehen: so Art. 8 zu Art. 7, Art. 16 und 17 zu Art. 14 und 15, Art. 19 zu Art. 15 und 18. Dieses System der Erwerbstätigkeiten ist als **abschließend** zu verstehen (s. Grundl. Rz. 84). Das innerstaatliche Recht kann die Merkmale **konkretisieren,** also bestimmen, was „Erwerbstätigkeit“, was „selbständig“ ist, ob ein „nachhaltiges“ Tätigwerden erforderlich ist (so nach § 1 GewStDV), was für die Beteiligung eines Mitunternehmers gilt (s. Rz. 36); es kann in Grenzfällen die Zuordnung zu einer Tätigkeitsform bestimmen. Dagegen kann das innerstaatliche Recht **nicht bewirken,** dass eine bestimmte Tätigkeit (wie im Beispiel die Imkerei) aus diesem System der Erwerbstätigkeiten **herausfällt** (so grundsätzlich auch: *v. Raad,* Nondiscrimination in International Tax Law (1986), S. 134).

33 **„Unternehmens“-Tätigkeit i. S. des Art. 7 des MA 2003 ist daher eine selbständige Erwerbstätigkeit, die nicht Nutzung unbeweglichen Vermögens i. S. des Art. 6 Abs. 3 (nach den früheren MA auch nicht selbständige Arbeit i. S. des Art. 14) ist.** Zu diesen korrespondierenden Begriffen s. bei Art. 6 Rz. 130 ff. und bei Art. 14 Rz. 12 ff.

Die Einbeziehung der bisher in Art. 14 geregelten selbständigen Arbeit in Art. 7 durch das MA 2000 stellt nach dem Vorgesagten keine Veränderung des Unternehmensbegriffs des Art. 7 dar, da danach lediglich die bisher als eigenständig behandelte Ausprägung der selbständigen Tätigkeit nicht mehr gegen die sonstige Unternehmenstätigkeit abzugrenzen ist. Zu den „Unternehmens“-Gewinnen gehören auch Bezüge auf Grund eines vertraglichen Wettbewerbsverbots, also auf Grund eines **Unterlassens,** wenn die zu unterlassende Tätigkeit im vorstehenden Sinne „Unternehmens“-Tätigkeit wäre (LTR 84–01–041: *DBA USA/Italien*). Über die schwierige Frage, an welchem Ort ein Unterlassen „ausgeübt“ wird, s. die deutsche Rechtsprechung zu Wettbewerbsverboten bei unselbständiger Arbeit, Art. 15 Rz. 35 ff. sowie *Reimer,* S. 239 ff.) Nach der Entscheidung des *High Court of Australia* im Falle Thiel v. FCT (21 ATR 531) kann auch ein **einmaliges** Geschäft „Unternehmens“-Tätigkeit sein (s. dazu auch *T. Ferrers,* Intertax 1991, 184). Dagegen soll nach einer Entscheidung des niederländischen *Hof Amsterdam,* die der *Hoge Raad* bestätigt hat, eine Holdinggesellschaft, die lediglich Dividenden bezieht und sonst keiner Tätigkeit nachgeht, kein „Unternehmen“ betreiben; das ist zweifelhaft und mag allenfalls für das spezielle Abkommen, um das es ging, zutreffen (*Hoge Raad* Rolno. 29 475 BNB 1995/173: *DBA Niederlande/USA 1948;* dazu *Albert,* WFR 1995, 546). Zur Frage, ob eine Vorgründungsgesellschaft niederländischen Rechts ein „Unternehmen“ i. S. des Art. 7 betreibt und wie die von ihr erzielten Gewinne abkommensrechtlich zu behandeln sind, s. *Laninga,* WFR 1993, 679.

35 **e)** Übt eine Person **mehrere Erwerbstätigkeiten** aus, die je für sich unter verschiedene Verteilungsnormen fallen, so gilt für jede Tätigkeit die für sie einschlägige Verteilungsnorm. Dabei bleibt es auch, wenn die Tätigkeiten miteinander verbunden

werden, auch wenn ihr Gewicht unterschiedlich ist, soweit und solange die verschiedenen Tätigkeiten gegeneinander **abgrenzbar** sind. Ist eine Abgrenzung nicht möglich, so entscheiden die Merkmale der überwiegenden Tätigkeit. **Land- und forstwirtschaftliche Nebenbetriebe** i. S. des § 13 Abs. 2 Nr. 1 EStG sind ihrem Wesen nach von der land- und forstwirtschaftlichen Haupttätigkeit abgrenzbar; sie **sind daher „Unternehmen"** i. S. des Art. 7. Vgl. hierzu Wassermeyer/ *Wassermeyer,* Art. 7 OECD-MA Rz. 44–48. Gleiches gilt für Personengesellschaften, die nur zum Teil gewerbliche Einkünfte haben, wenn für sie der § 15 Abs. 3 Nr. 1 EStG gilt (sog. Infektionstheorie). Dies führt, anders als im nationalen Recht, jedoch nicht dazu, dass Personengesellschaften keine anderen Einkünfte im Sinne des DBA haben können (vgl. hierzu auch Wassermeyer/ *Wassermeyer,* Art. 7 Rz. 53).

f) Zu den Unternehmensgewinnen i. S. des Art. 7 gehört unter bestimmten Voraussetzungen auch der **Gewinnanteil eines Gesellschafters einer Personengesellschaft** und gleichartiger Gebilde. Zu dieser Thematik hat die Finanzverwaltung am 16.4.2010 ein Schreiben zur Anwendung der DBA auf Personengesellschaften erlassen (s. BStBl. I 2010, 354). Zu prüfen ist danach zunächst, ob das Abkommen auf den Gesellschafter überhaupt anwendbar, ob er **abkommensberechtigt** ist. Ist er in einem der Vertragsstaaten ansässig, so ergibt sich seine Abkommensberechtigung unmittelbar aus Art. 1 i. V. m. Art. 3 und Art. 4; ist er es nicht, so kann sich eine Abkommensberechtigung in bestimmten Fällen aus der der Gesellschaft ergeben (s. Art. 1 Rz. 31 ff.). Weitere Voraussetzung ist, dass nicht eine andere, spezielle Verteilungsnorm einschlägig ist; s. z. B. für Zinsen, die die Gesellschaft ihrem Gesellschafter zahlt, Art. 1 Rz. 39 ff. S. zum Problem der Sondervergütungen auch Rz. 58 und 172 ff. 36

Sind beide Voraussetzungen gegeben, so bestimmt sich die Frage, ob der Gewinnanteil des Gesellschafters abkommensrechtlich als „Unternehmensgewinn" i. S. des Art. 7 zu beurteilen ist, nach dem innerstaatlichen Recht des das Abkommen anwendenden Staates. Siehe auch Wassermeyer/*Piltz,* Art. 7 OECD-MA Rz. 73; Wassermeyer/*Wassermeyer,* Art. 7 OECD-MA Rz. 16a; Wassermeyer/*Wolf,* Art. 7 DBA-USA, Rz. 113; FG Hamburg EFG 2007, 193: *DBA USA 1989.* 37

Besteuert dieser Staat die Gesellschaft als selbständiges Steuersubjekt (als steuerlich „intransparent"), so ist der Gewinnanteil des Gesellschafters auch abkommensrechtlich nur ein Teil des Gesellschaftsgewinns. Behandelt er dagegen die Gesellschaft als steuerlich „transparent", d. h. rechnet er – wie nach deutschem, britischem und US-amerikanischem Recht und nach zahlreichen anderen Rechtsordnungen – den Gewinnanteil dem Gesellschafter zu, so ist „Unternehmen" i. S. des Art. 7 **der Anteil des Gesellschafters am Unternehmen der Gesellschaft** (s. z. B. *US Court of Appeals for the Circuit,* Unger v. Commissioner, 936 F. 2d, 1316: *DBA USA/Kanada; Harris/Wirtz,* TMIJ 1991, 345; *Reavey/Elliot,* TNI 1991, 1295; s. bereits Art. 5 Rz. 18). Dieser Anteil erstreckt sich **auch** auf **ausländische Betriebstätten** der Gesellschaft (vgl. Wassermeyer/*Piltz,* Art. 7 OECD-MA Rz. 68, 105; BFH BFH/NV 2003, 964; FG Münster EFG 2006, 1911 (nicht rkr.): *DBA Niederlande 1959/2004*) unabhängig davon, ob der Gesellschafter an der Errichtung und Tätigkeit der Betriebstätte beteiligt war oder ist (BFH III BStBl. 1964, 165: *DBA USA 1954;* Risoluzione dir. II. DD., 24.6.1986, n. 12/643, Rassegna Tributaria 1987, 333; ÖstBMF v. 29.5.1992, SWI 1992, 198: *DBA Österreich/USA; Cour administratif d'appel de Paris,* req. no. 89 187, Dr. fisc. 1991 comm. 1588, concl. *Bernault: DBA Frankreich/Belgien* und *Frankreich/Elfenbeinküste;* Wassermeyer/*Wassermeyer,* Art. 7 OECD-MA Rz. 16a; *Debatin,* DB 1978, 2437 (2440); *Piltz,* Personengesellschaft, S. 152 ff.; *Selent,* 188 (308); *Haas,* BB 1985, 541; *Hangarter,* StRev. 1986, 279 (285); *Malherbe/Malherbe,* RDAI 1986, 437 (461); *LeGall,* RDAI 1988, 213 (220 ff.); *Gálffy,* SWI 1993, 390: jeweils m. Nachw.; *Tumpel,* in Gassner/

Lang/Lechner, Betriebstätte, S. 145 ff.; Wassermeyer/*Schauhoff,* Art. 5 DBA Niederlande Rz. 18). Der niederländische *Hoge Raad* hat dasselbe Ergebnis aus einer DBA-Vorschrift abgeleitet, die die Ansässigkeit von Personengesellschaften regelte, und es damit begründet, dass diese Vorschrift sonst sinnlos wäre (Rolno. 29 084 BNB 1994/1992 concl. *van Soest: DBA Niederlande/Belgien*). Dieses Arguments hätte es aber nicht bedurft, denn auch ohne eine solche Vorschrift ist der Gewinnanteil des Gesellschafters, wie international anerkannt, nach der dem Art. 7 MA entsprechenden Vorschrift zu besteuern (zur Regelung in den Betriebstätten-Verwaltungsgrundsätzen des BMF v. 24.12.1999 vgl. Rz. 57).

38 Über die Gewinnermittlung für den Anteil an der ausländischen Betriebstätte nach deutschem Recht s. BFH BStBl. II 1990, 57: *DBA Schweiz.* Vgl. auch Wassermeyer/*Piltz,* Art. 7 OECD-MA Rz. 137. Zur Anwendung des § 15a EStG in diesem Zusammenhang s. *Grützner,* IWB F. 3, Deutschland, Gr. 3, 1059. Hierzu auch Wassermeyer/*Piltz,* Art. 7 OECD-MA, Rz. 140. Zum Anteil des Gesellschafters am Unternehmen der Gesellschaft zählt nach deutschem Recht auch Sonderbetriebsvermögen, wie z. B. die Beteiligung an einer Komplementär-GmbH einer inländischen GmbH & Co. KG (BFH BStBl. II 1992, 937: *DBA Schweiz;* kritisch dazu *Bellstedt,* DB 1993, 137; zustimmend *Baranowski,* KFR Fach 11 § 49 1/93, 29). S. zum Problem der Sondervergütungen auch Rz. 58 und 172 ff.

39 Für die Behandlung einer Europäischen Wirtschaftlichen Interessenvereinigung **(EWIV)** ist nach deutschem Steuerrecht darauf abzustellen, ob diese lediglich unterstützende Hilfstätigkeiten für ihre Mitglieder erbringt oder ihre Leistungen mit Gewinnerzielungsabsicht am Markt anbietet. Nur im letzteren Fall fällt die EWIV unter Art. 7. Ihre steuerliche Behandlung entspricht dann der anderer Personengesellschaften (s. auch BMF v. 15.11.1988 (IV C 5-S-1316–67/88); *Busl,* DStZ 1992, 773; *Blouet,* ET 1991, 3 ff.; *Knobbe-Keuk,* EWS 1992, 1; *dies.,* Bilanz- und Unternehmenssteuerrecht, S. 396 ff.; *Knoll/Schüppen,* WIB 1994, 936).

40 Gestattet das Steuerrecht eines Staates juristischen Personen, für eine Besteuerung nach den Grundsätzen für Personengesellschaften **zu optieren,** so gilt, wenn die Gesellschaft von dem Optionsrecht Gebrauch macht, für ihre Gesellschafter auch abkommensrechtlich nichts anderes als für die Gesellschafter von Personengesellschaften (*Conseil d'État* req. n. 73 518 Dr. fisc. 1969 comm. 515, concl. *Lavandes: DBA Frankreich/Schweiz;* s. auch *de Waal,* Dr. fisc. 1993, 1339, zu den Konsequenzen der Beteiligung französischer Kapitalgesellschaften an britischen oder US-amerikanischen limited partnerships; zur US-amerikanischen S-Corporation vgl. aber OFD Berlin v. 21.1.2003, FR 2003, 217).

41 Aus den vorstehenden Ausführungen ergibt sich: Behandelt das Steuerrecht eines Staates *S* die Personengesellschaften als transparent, d. h. rechnet es die Gewinne der Gesellschaft den Gesellschaftern zu, und unterhält eine in diesem Staat ansässige Personengesellschaft eine Betriebstätte in einem anderen Staat, so wird der Anteil des einzelnen Gesellschafters am Gewinn der Betriebstätte so behandelt, als ob er seinerseits dort eine Betriebstätte unterhielte (vgl. dazu auch *Buciek,* FS *Flick,* S. 647 ff.; BMF v. 10.5.2007 (E), Tz. 2.2.3). Nach Art. 7 Abs. 1 Satz 2 i. V. m. Art. 23A oder B MA wird sein Gewinnanteil im Ansässigkeitsstaat **freigestellt** oder es wird ihm **Anrechnung** für die von ihm gezahlten Steuern des Betriebstättenstaates gewährt (über die besonderen Probleme, die sich ergeben, wenn dieser die Gesellschaft nicht als transparent behandelt, s. bei Art. 1 Rz. 14 ff.). Sind andererseits in *S* zwar Gesellschafter ansässig, die Gesellschaft aber im anderen Vertragsstaat, und unterhält die Gesellschaft auch keine Betriebstätte in *S,* so ergibt sich aus Art. 7 Abs. 1 Satz 1, dass die Gewinnanteile der Gesellschafter in deren **Ansässigkeitsstaat freigestellt** werden müssen („können nur", eine Verteilungsnorm mit abschließender Rechtsfolge, s. Vor Art. 6 bis 22 Rz. 4). So entschied zutreffend der *High Court of Justice* im Padmore-Fall (*High Court of Justice, Chancery Division,* Padmore v. I. R. C., 1987 STC 36, bestätigt durch *Court of Appeal, Civil Division,* 62 Tax Cases 352). Für einen Staat, der in seinen Abkommen die Freistellungsmethode zugrunde legt, ist das Ergebnis nicht überraschend. Der britischen Steuerverwaltung erschien es aber als so wenig akzeptabel, dass sie alsbald daran ging, es durch eine Änderung der Gesetze und der bestehenden DBA wieder auszuräumen.

g) Kein Attraktionsprinzip: Art. 7 Abs. 1 Satz 2 belässt dem Betriebstättenstaat die Besteuerung der Unternehmensgewinne „nur insoweit, als sie [der] Betriebstätte zugerechnet werden können". Das MA entscheidet sich damit **gegen** die sog. **„Attraktivkraft der Betriebstätte",** d. h. gegen das Prinzip, bei Vorliegen einer Betriebstätte dem Betriebstättenstaat **sämtliche** Einkünfte des Unternehmens aus Quellen innerhalb dieses Staates zur Besteuerung zu überlassen, unabhängig davon, ob diese Einkünfte mit der Betriebstätte in einem wirtschaftlichen Zusammenhang stehen. Eine derartige „Attraktivkraft" war z. B. – entsprechend dem damaligen internen Recht der USA – im *DBA USA 1954* vorgesehen (Art. III Abs. 1 Satz 2). Demgegenüber belässt Art. 7 Abs. 1 Satz 2 MA dem Betriebstättenstaat **nur** die der Betriebstätte wirtschaftlich **zuzurechnenden** Gewinne, d. h. diejenigen, die auf die Aktivität der Betriebstätte zurückzuführen sind, die wirtschaftlich durch die Tätigkeit der Betriebstätte verursacht wurden (vgl. auch MA-Komm. 2008 zu Art. 7 Ziff. 10 und Tz. 2.2. und 2.4 des BMF v. 24.12.1999, BStBl. I 1999, 1076). Für die Besteuerung der Gewinne, die ein Unternehmen im Betriebstättenstaat erwirtschaftet hat, ist somit jeweils **zu unterscheiden,** ob der Gewinn aus der Tätigkeit der **Betriebstätte** herrührt oder vom **Stammhaus** bzw. einer anderen Teileinheit des Unternehmens ohne Zwischenschaltung der Betriebstätte erzielt worden ist (so auch für Montagebetriebstätten: BFH BStBl. II 1999, 94). Nur wenn ein Zusammenhang mit der Betriebstätte vorliegt, steht dem Betriebstättenstaat die Besteuerung zu. Umgekehrt können **Verluste** aus Direktgeschäften **nicht** gegen die Gewinne einer Betriebstätte **verrechnet** werden. Da ein DBA die Steuerpflicht nicht erhöhen darf, erheben die USA allerdings gegebenenfalls nur die **niedrigere** Steuer, die sich für Betriebstättengeschäfte und Direktgeschäfte zusammengenommen **ohne Berücksichtigung des DBA** ergeben würde (es ist selbstverständlich, dass der Steuerpflichtige dann aber **nicht nur** die **negativen** Direktgeschäfte gegen das positive Betriebstättenergebnis verrechnen kann: *Rev. Rul.* 84–17, 1984–1 Cum. Bull. 308). Nach jener ruling hat in solchen Fällen der Steuerpflichtige das Recht, eine Besteuerung ohne Berücksichtigung des DBA zu „wählen" (to elect); das ist allerdings problematisch (s. Art. 1 Rz. 75). 42

Die Abgrenzung der Besteuerung nach der wirtschaftlichen Zugehörigkeit der Gewinne hat gegenüber dem Grundsatz der Attraktivkraft den **Vorzug,** dass die Besteuerung von der individuellen Organisationsstruktur des Unternehmens ausgeht und sie die unternehmerische Dispositionsfreiheit nicht durch typisierende Gewinnzuordnungsfiktionen beschränkt. Der OECD-Steuerausschuss erkennt zwar, dass solche weitgehende unternehmerische Dispositionsfreiheit auch die Gefahr des **Missbrauchs** mit sich bringt. Er meint jedoch, diese Gefahr trete hinter dem Vorzug zurück, dass internationale Geschäftsbeziehungen auch für steuerliche Zwecke nach den kaufmännischen Erfordernissen gestaltet werden könnten (MA-Komm. 2008 zu Art. 7 Ziff. 10). 43

h) Zu den Gewinnen der Betriebstätte zählt auch ein aus der Auflösung oder Veräußerung der Betriebstätte resultierender Gewinn. Durch die **EG-Fusionsrichtlinie** (ABl. EG v. 20.8.1990, Nr. L 225, 1 und ABl. EU v. 17.2.2005, Nr. L 58, 19, nunmehr RL 2009/133/EG, ABl. EU v. 25.11.2009, Nr. L 310, 34) und deren Umsetzung in nationales Recht der Mitgliedstaaten besteht im Bereich der Europäischen Union nunmehr die Möglichkeit, ausländische Betriebstätten steuerneutral auf eine andere Gesellschaft gegen Gewährung von Gesellschaftsrechten an 44 der übernehmenden Gesellschaft zu übertragen. Beide Gesellschaften, übernehmende wie übertragende, müssen in der EU ansässige Kapitalgesellschaften sein. Durch das zweite Gesetz zur Änderung des Umwandlungsgesetzes vom 19.4.2007 wurde nun auch auf nationaler Ebene eine zivilrechtliche Grundlage für grenzüberschreitende Umwandlungsvorgänge geschaffen (§§ 122a ff. UmwG n.F., BGBl. I 2007, 542). Dies erweitert auch den Anwendungsbereich des neu gefassten Umwandlungssteuergesetzes (12.12.2006), dessen Anwendungsbereich nun auch steuerneutrale grenzüberschreitende Umwandlungen bzw. umwandlungsähnliche Vorgänge nach ausländischem Recht erfasst. Für die Realisierung der stillen Reserven bei grenzüberschreitenden Umwandlungen, von denen Betriebstätten betroffen sind, bedeutet dies, dass zukünftig unter bestimmten Voraussetzungen eine steuerneutrale Übertragung von Betriebsvermögen zu Buchwerten (auf Antrag) möglich ist. Die herrschende Meinung geht davon aus, dass durch den Text der Richtlinie auch eine steuerneutrale „Umwandlung" einer im EU-Ausland belegenen Betriebstätte in eine Tochtergesellschaft ermöglicht wird (s. *Knobbe-Keuk,* DB 1991, 298; *Thömmes,* IWB F. 11, Europäische Gemeinschaft, Gr. 2, 39; *Larking,* ET 1992, 304). Diese Auffassung wird bestätigt durch Art. 10 Abs. 1 der Fusionsrichtlinie. Weiter ist es nunmehr möglich, einen inländischen Betrieb oder Teilbetrieb in die inländische Betriebstätte einer EU-ansässigen Kapitalgesellschaft gegen Gewährung von Gesellschaftsrechten an der übernehmenden Gesellschaft steuerneutral einzubringen. In der alten Fassung des Umwandlungssteuergesetzes hatte der deutsche Gesetzgeber die Bestimmungen der EU-Fusionsrichtlinie über die Einbringung von Betriebstätten durch § 23 Abs. 1 bis 3 UmwStG 1995 (vormals § 20 Abs. 8 UmwStG) in innerstaatliches Recht umgesetzt, vgl. hierzu auch Tz. 21.01 bis 23.09 des Umwandlungssteuererlasses (BMF v. 25.3.1998, BStBl. I 1998, 268). Zur EG-Fusionsrichtlinie s.a. *Saß,* DB 1993, 1892; *Thömmes/Tomsett,* EC Tax Rev. 1992, 228; *Herzig/Förster,* DB 1992, 911; *Förster/Dautzenberg,* DB 1993, 645; *Thömmes,* o. Rz 1. Allgemein zu Umwandlungsvorgängen mit Auslandsbezug bzw. grenzüberschreitenden Umwandlungen: *Dötsch,* BB 1998, 1029; *Klingberg/v. Lishaut,* FR 1999, 1209; *Großfeld,* AG 1996, 302; *Schaumburg,* GmbHR 1996, 501 (586); *Kallmeyer,* AG 1998, 88; *Wassermeyer,* in Schaumburg/Piltz, S. 118; *Engl,* in Schaumburg/Piltz, S. 75; *Bogenschütz,* in *Herzig,* S. 209; *Herzig,* in Schaumburg/Piltz, S. 127; *Rödder,* in Schaumburg/ Piltz, S. 47; *Täske,* in *Herzig,* S. 233; *Thiel,* in Schaumburg/Piltz, S. 28, *Blumers/Kinzl,* BB 2005, 971 ff.

45 **i) Maßgebender Zeitpunkt:** Die Betriebstätte muss zu dem Zeitpunkt bestanden haben, in dem die **ausschlaggebenden Ursachen** für die Entstehung des Gewinns gesetzt worden sind. Ist dies der Fall, so steht dem Betriebstättenstaat die Besteuerung auch dann zu, wenn der Gewinn erst nach Auflösung der Betriebstätte anfällt (s. Vor Art. 6 bis 22 Rz. 8; über eine ausdrückliche Klarstellung in den *DBA USA 1989 und 1989/2006, Kanada* und *Mexiko* s. Rz. 143). Andererseits ist es möglich, dass ein Teil des Gewinns vor Errichtung der Betriebstätte anfällt. Dies kann insbesondere bei Bauvorhaben vorkommen, wenn Dienstleistungen erbracht und Pläne angefertigt werden, bevor diejenigen Arbeiten an der Baustelle aufgenommen werden, durch die eine Betriebstätte erst begründet wird. In derartigen Fällen dürfen im Betriebstättenstaat nur die Gewinne besteuert werden, die **nach** der Errichtung der Betriebstätte anfallen (zum nationalen Gewerbesteuerrecht vgl. FG Köln EFG 1995, 1110 zu vorbereitenden Betriebsausgaben). Sämtliche bis zur Begründung der Betriebstätte durch diese verursachten Einkünfte können mangels Betriebstätte nur vom Sitzstaat des Stammhauses besteuert werden. Von den Verfassern des UN-MA wurde diese Problematik im Hinblick auf die so genannten **„turnkey jobs"** (Herstellung „schlüsselfertiger" Anlagen) erörtert. In Anbetracht der Komplexität des Problems entschieden sie sich jedoch nicht dafür, eine be-

stimmte Regelung zu empfehlen, sondern das Problem gegebenenfalls bilateralen Verhandlungen zu überlassen, s. Ziff. 9 UN-Komm. zu Art. 7. Frankreich und Marokko haben sich über diese Fragen 1983 in einem Verständigungsverfahren dahingehend geeinigt, dass die verschiedenen im Rahmen eines „turnkey job" („contrat clé en mains") gewährten Einzelleistungen nach den je verschiedenen für sie geltenden Verteilungsnormen zu beurteilen seien (Briefwechsel vom 5./14.12.1983, Dr. Fisc. I.D. 7904, 1984, 5512). Zu den grundsätzlichen steuerlichen Aspekten der „turnkey"-Projekte s. auch *Sonntag,* IWB F. 3, Deutschland, Gr. 1, 1291 (1293); über einschlägige Regelungen in deutschen DBA s.Rz. 98. Zur Frage des maßgebenden Zeitpunkts aus österreichischer Sicht vgl. *Schuch,* in Gassner/Lang/Lechner, Betriebstätte, S. 197ff.; allgemein zum Zeitbezug bei der Anwendung von DBA: *Wassermeyer,* IStR 1997, 395; *Lang,* FS Flick, S. 895. Zur Auffassung des norwegischen Hoyesterett s.Rt. 1994, 132; Rt. 1995, 455 (hierzu *Skaar,* TNI September 1994, 713; 1995, 1847). Die deutsche Finanzverwaltung weicht von vorgenannten Grundsätzen ab und stellt in den Betriebstätten-Verwaltungsgrundsätzen (BStBl. I 1999, 1076, Tz. 2.9.) für vorangehende Einkünfte ausschließlich auf den (Veranlassungs-)Zusammenhang mit der Betriebstätte – unabhängig von dem Entstehen einer Betriebstätte – ab. Andererseits soll es bei nachträglichen Einkünften auf den Bestand der Betriebstätte ankommen (vgl. hierzu *Filtz/Schaumburg,* Internationale Betriebstättenbesteuerung, S. 72ff.).

3. UN-MA

Eine gegenüber dem OECD-MA erweiterte Vorrangbesteuerung räumt das UN-MA dem Betriebstättenstaat ein. Es rechnet der Betriebstätte Gewinne nicht allein nach dem Grundsatz der wirtschaftlichen Zugehörigkeit zu, sondern darüber hinaus auch Gewinne aus **Direktgeschäften** des Stammhauses im Betriebstättenstaat oder aus Geschäften einer in einem Drittstaat belegenen Betriebstätte, die von **gleicher oder ähnlicher Art** wie die von der Betriebstätte ausgeführten sind. Direktgeschäfte des Unternehmens, deren Gewinne der Betriebstätte zugerechnet werden, sind gemäß Art. 7 Abs. 1 Satz 2 Buchst. b und c UN-MA Verkäufe im Betriebstättenstaat von gleichartigen oder ähnlichen Gütern oder Waren, wie die von der Betriebstätte verkauften, sowie andere gewerbliche Tätigkeiten im Betriebstättenstaat von gleicher oder ähnlicher Art wie die von der Betriebstätte ausgeführten. Da der Betriebstätte somit nicht alle Gewinne des Unternehmens aus Quellen im Betriebstättenstaat zugerechnet werden, spricht man von einer **eingeschränkten Attraktivkraft** der Betriebstätte. Eine dem UN-MA vergleichbare Regelung enthielt bereits Art. III Abs. 1 Satz 2 *DBA USA 1954/65;* s.Rz. 65. **46**

4. US-MA

Statt von „Gewinnen eines Unternehmens" spricht das US-MA 1996 von „Unternehmensgewinnen" (business profits). Der Begriff „gewerbliche Gewinne" wird in Art. 7 Abs. 7 US-MA 1996 (vgl. nunmehr Art. 3 Abs. 1 lit. d) und e) US-MA 2006) definiert als Gewinne aus jeglicher Art gewerblicher Tätigkeit, einschließlich der Vermietung beweglicher Wirtschaftsgüter und der Erbringung von Dienstleistungen durch Unternehmen. Im US-MA 1996 hatte Art. 14 eine eigenständige Bedeutung, nämlich für Einkünfte natürlicher Personen aus der Erbringung von Dienstleistungen. Im US-MA 2006 ist der Artikel 14 jedoch weggefallen. Nach Art. 7 Abs. 1 der US-TE zu Art. 7 US-MA 2006 umfasst der Begriff des gewerblichen Gewinns auch Einkünfte aus Finanzinstrumenten. Art. 7 Abs. 8 US-MA 1996 und Art. 7 Abs. 7 US-MA 2006 stellen hinsichtlich des maßgebenden Zeitpunkts (s. Rz. 45) klar, dass der Gewinn auch dann der Betriebstätte zuzuordnen ist, wenn Zahlungen erst nach Beendigung der Betriebstätte erfolgen. **47**

48

II. Deutsche DBA

1. Abkommensübersicht zu Artikel 7 Abs. 1

DBA	Einkunftsart (MA-Regelung: Gewinne eines Unternehmens")	Grundsatz: Besteuerung im Wohnsitzstaat	Besteuerung der Betriebstätte im Betriebstättenstaat	Beteiligungen an (Personen-) Gesellschaften	Attraktionsprinzip	Artikel	Rz.
Ägypten	≈ MA 2008	ja	ja	nicht geregelt	nein	7 Abs. 1	
Albanien 2010	≈ MA 2008	ja	ja	nicht geregelt	nein	7 Abs. 1	
Algerien 2007	≈ MA 2008 für Vergütungen für technische Dienstleistungen gilt Art. 7	ja	ja	ja, einschließlich Sondervergütungen	nein	7 Abs. 1, 7; Prot. Nr. 1 c	61; 67
Argentinien	≈ MA 2008	ja	ja	nicht geregelt	nein	7 Abs. 1	66
Armenien	s. UdSSR						
Aserbaidschan	≈ MA 2008; für Vergütungen für technische Dienstleistungen gilt Art. 7 oder Art. 14	ja	ja	nicht geregelt	nein	7 Abs. 1; Prot. Nr. 4 c	67
Australien	≈ MA 2008	ja	ja	nicht geregelt	nein	7 Abs. 1	
Bangladesch	≈ MA 2008	ja	ja	nicht geregelt	nein	7 Abs. 1	
Belarus	≈ MA 2008; für Vergütungen für technische Dienstleistungen gilt Art. 7 oder Art. 14	ja	ja	ja, einschließlich Sondervergütungen	nein	7 Abs. 1, 7; Prot. Nr. 3 c	61; 67
Belgien	≈ MA 2008	ja	ja	nicht geregelt	nein	7 Abs. 1	
Bolivien	≈ MA 2008	ja	ja	nicht geregelt	nein	7 Abs. 1; Prot. Nr. 2, 3, 6	67 f.
Bosnien-Herzegowina	s. Jugoslawien						
Bulgarien 2010	≈ MA 2008; für Vergütungen für technische Dienstleistungen gilt Art. 7	ja	ja	nicht geregelt	nein	7 Abs. 1; Prot. Nr. 3 c	67
China 1985	≈ MA 2008	ja	ja	nicht geregelt	nein	7 Abs. 1	
Dänemark	≈ MA 2008	ja	ja	nicht geregelt	nein	7 Abs. 1	
Ecuador	≈ MA 2008	ja	ja	nicht geregelt	nein	7 Abs. 1	
Elfenbeinküste	≈ MA 2008	ja	ja	ja	nein	7 Abs. 1, 5	59

DBA	Einkunftsart (MA-Regelung: Gewinne eines Unternehmens“)	Grundsatz: Besteuerung im Wohnsitzstaat	Besteuerung der Betriebstätte im Betriebstättenstaat	Beteiligungen an (Personen-) Gesellschaften	Attraktions-prinzip	Artikel	Rz.
Estland	≈ MA 2008; Sonderregelung für im Versicherungsgeschäft tätige Personen	ja	ja	nicht geregelt	nein	7 Abs. 1, 7	
Finnland	≈ MA 2008	ja	ja	nicht geregelt	nein	7 Abs. 1	
Frankreich	≈ MA 2008; Einkünfte aus jeder Art der Nutzung eines gewerblichen Unternehmens einschließlich Veräußerungs-gewinnen	ja	ja	ja: BGB-Gesell-schaft, OHG, KG, société de fait, asso-ciation en partici-pation, société civile	nein	4 Abs. 1, 3, 4	49 f.; 59
Georgien	≈ MA 2008; für Vergütungen für technische Dienstleistungen gilt Art. 7 oder Art. 14	ja	ja	nicht geregelt	nein	7 Abs. 1; Prot. Nr. 2 c	66; 67
Ghana	≈ MA 2008	ja	ja	ja, einschließlich Sondervergütungen	nein	7 Abs. 1, 7	61; 66
Griechenland	gewerbliche Gewinne eines Unternehmens	ja	ja	nicht geregelt	nein	III Abs. 1	49 f.
Großbritannien 1964/70	Gewerbliche Gewinne eines Unternehmens	ja	ja	ja	nein	III Abs. 1, 2	59
Großbritannien 2010	≈ MA 2008	ja	ja	nicht geregelt	nein	7 Abs. 1	
Großbritannien 2014	≈ MA 2010	ja	ja	nicht geregelt	nein	7 Abs. 1	252
Indien	≈ MA 2008	ja	ja	nicht geregelt	nein	7 Abs. 1; Prot. Nr. 1 c	66; 67
Indonesien	≈ MA 2008	ja	ja	nicht geregelt	nein	7 Abs. 1; Prot. Nr. 2c	66
Iran	≈ MA 2008	ja	ja	nicht geregelt	nein	7 Abs. 1	
Irland 2011	≈ MA 2008	ja	ja	nicht geregelt	nein	7 Abs. 1	
Island	≈ MA 2008	ja	ja	nicht geregelt	nein	7 Abs. 1	
Israel	≈ MA 2008	ja	ja	ja	nein	4 Abs. 1, 2	59
Italien	≈ MA 2008	ja	ja	nicht geregelt	nein	7 Abs. 1	
Jamaika	≈ MA 2008	ja	ja	nein	nein	7 Abs. 1	

DBA	Einkunftsart (MA-Regelung: Gewinne eines Unternehmens")	Grundsatz: Besteuerung im Wohnsitzstaat	Besteuerung der Betriebstätte im Betriebstättenstaat	Beteiligungen an (Personen-) Gesellschaften	Attraktions-prinzip	Artikel	Rz.
Japan	≈ MA 2008	nicht geregelt	ja	OHG und KG werden wie juristische Personen behandelt	nein	7 Abs. 1, 7	49; 62f
Jersey 2008	keine Regelung	–	–	–	–	–	
Jugoslawien	≈ MA 2008	ja	ja	nicht geregelt	nein	7 Abs. 1 Nr. 8	
Kanada	≈ MA 2008	ja	ja	nicht geregelt	nein	7 Abs. 1	
Kasachstan	≈ MA 2008; für Vergütungen für technische Dienstleistungen gilt Art. 7 oder Art. 14	ja	ja	ja, einschließlich Sondervergütungen	nein	7 Abs. 1, 6; Prot. Nr. 1 c	61; 67
Kenia	≈ MA 2008	ja	ja	nicht geregelt	nein	7 Abs. 1	
Kirgisistan	≈ MA 2008; für Vergütungen für technische Dienstleistungen gilt Art. 7 oder Art. 14	ja	ja	nicht geregelt	nein	7 Abs. 1; Prot. Nr. 4 c	66; 67
Korea	≈ MA 2008	ja	ja	nicht geregelt	nein	7 Abs. 1	
Kosovo	s. Jugoslawien						
Kroatien	≈ MA 2008	ja	ja	nicht geregelt	nein	7 Abs. 1	66
Kuwait	≈ MA 2008	ja	ja	nicht geregelt	nein	7 Abs. 1	
Lettland	≈ MA 2008	ja	ja	nicht geregelt	nein	7 Abs. 1	
Liberia	≈ MA 2008	ja	ja	nicht geregelt	nein	7 Abs. 1	
Liechtenstein 2011	≈ MA 2010	ja	ja	ja, einschließlich Sondervergütungen	nein	7 Abs. 1, 4	252; 61
Litauen	≈ MA 2008	ja	ja	nicht geregelt	nein	7 Abs. 1	
Luxemburg 2012	≈ MA 2010	ja	ja	nicht geregelt	nein	7 Abs. 1	252
Malaysia 2010	≈ MA 2008	ja	ja	nicht geregelt	nein	7 Abs. 1	
Malta	≈ MA 2008	ja	ja	nicht geregelt	nein	7 Abs. 1; Prot. Nr. 1 c	
Marokko	≈ MA 2008	ja	ja	nicht geregelt	nein	7 Abs. 1	
Mauritius 2011	≈ MA 2008, für Vergütungen aus technischen Dienstleistungen gilt Art. 7	ja	ja	ja, einschließlich Sondervergütungen	nein	7 Abs. 1, 7; Prot. Nr. 4 c)	

DBA	Einkunftsart (MA-Regelung: Gewinne eines Unternehmens")	Grundsatz: Besteuerung im Wohnsitzstaat	Besteuerung der Betriebstätte im Betriebstättenstaat	Beteiligungen an (Personen-) Gesellschaften	Attraktionsprinzip	Artikel	Rz.
Mazedonien 2006	≈ MA 2008, für Vergütungen aus technischen Dienstleistungen gilt Art. 7 oder 14	ja	ja	nicht geregelt	nein	7 Abs. 1; Prot. Nr. 2 c)	
Montenegro	s. Jugoslawien						
Mexiko 2008	≈ MA 2008; für Vergütungen für technische Dienstleistungen gilt Art. 7	ja	ja	nicht geregelt	nein	7 Abs. 1; Prot. Nr. 3 c	66 f.
Moldau	s. UdSSR						
Mongolei	≈ MA 2008	ja	ja	nicht geregelt	nein	7 Abs. 1	67
Namibia	≈ MA 2008	ja	ja	nicht geregelt	nein	7 Abs. 1; Prot. Nr. 1, 2	67
Neuseeland	≈ MA 2008	ja	ja	nicht geregelt	nein	7 Abs. 1	
Niederlande 1959/2004	Einkünfte aus jeder Art der Nutzung eines gewerblichen Unternehmens einschließlich Veräußerungsgewinne; keine Betriebstätte im Fall eines grenzüberschreitenden Gewerbegebiets	nicht geregelt	ja	ja	nein	5 Abs. 1, 3, 4, 5	49 f.; 52 a; 59
Niederlande 2012 (E)	≈ MA 2010; keine Betriebstätte im Fall eines grenzüberschreitenden Gewerbegebiets	ja	ja	nicht geregelt	nein	7 Abs. 1, 4, 5	252, 52 a
Norwegen 1991	≈ MA 2008	ja	ja	nicht geregelt	nein	7 Abs. 1	
Norwegen 2013 (E)	≈ MA 2010	ja	ja	nicht geregelt	nein	7 Abs. 1	252
Oman (E)	≈ MA 2008	ja	ja	ja, einschließlich Sondervergütungen	nein	7 Abs. 1, 7; Prot. Nr. 3, 4	
Österreich	≈ MA 2008	ja	ja	ja, einschließlich Sondervergütungen	nein	7 Abs. 1, 7; Prot. Nr. 3	
Pakistan	≈ MA 2008	ja	ja	nicht geregelt	nein	7 Abs. 1; Prot. Nr. 1, 2	66 f.
Philippinen 1983	≈ MA 2008	ja	ja	nicht geregelt	nein	7 Abs. 1; Prot. Nr. 3	66

DBA	Einkunftsart (MA-Regelung: Gewinne eines Unternehmens")	Grundsatz: Besteuerung im Wohnsitzstaat	Besteuerung der Betriebstätte im Betriebstättenstaat	Beteiligungen an (Personen-) Gesellschaften	Attraktionsprinzip	Artikel	Rz.
Philippinen 2013	≈ MA 2008; für Vergütungen für (nicht nur ergänzende) technische Dienstleistungen gilt Art. 7 oder Art. 14	ja	ja	nicht geregelt	nein	7 Abs. 1; Prot. Nr. 2	67
Polen	≈ MA 2008	ja	ja	nicht geregelt	nein	7 Abs. 1	
Portugal	≈ MA 2008	ja	ja	nicht geregelt	nein	7 Abs. 1	
Rumänien	≈ MA 2008; für Vergütungen für technische Dienstleistungen, die kein Transfer von Know-how im Sinne des Art. 12 sind, gilt Art. 7 oder Art. 14	ja	ja	nicht geregelt	nein	7 Abs. 1; Prot. Nr. 1 c	67
Russische Föderation	≈ MA 2008	ja	ja	nicht geregelt	nein	7 Abs. 1	
Sambia	≈ MA 2008	ja	ja	nicht geregelt	nein	7 Abs. 1	
Schweden	≈ MA 2008	ja	ja	nicht geregelt	nein	7 Abs. 1	61
Schweiz	≈ MA 2008	ja	ja	ja, einschließlich Sondervergütungen	nein	7 Abs. 1, 7	52; 61
Serbien	s. Jugoslawien						
Simbabwe	≈ MA 2008	ja	ja	nicht geregelt	nein	7 Abs. 1	
Singapur 1972	≈ MA 2008	ja	ja	nicht geregelt	nein	7 Abs. 1	
Singapur 2004	≈ MA 2008; für Vergütungen für technische Dienstleistungen gilt Art. 7 oder Art. 14	ja	ja	ja, einschließlich Sondervergütungen	nein	7 Abs. 1, 7; Prot. Nr. 2 b	
Slowakei	s. Tschechoslowakei						
Slowenien	≈ MA 2008; für Vergütungen für technische Dienstleistungen gilt Art. 7 oder Art. 14	ja	ja	nicht geregelt	nein	7 Abs. 1, Prot. Nr. 1 c	67
Spanien 2011	≈ MA 2008	ja	ja	nicht geregelt	nein	7 Abs. 1	
Sri Lanka	≈ MA 2008	ja	ja	nicht geregelt	nein	7 Abs. 1	
Südafrika 1973	gewerbliche Gewinne eines Unternehmens	ja	ja	nicht geregelt	nein	4 Abs. 1	50
Südafrika 2008 (E)	≈ MA 2008	ja	ja	nicht geregelt	nein	7 Abs. 1	

DBA	Einkunftsart (MA-Regelung: Gewinne eines Unternehmens“)	Grundsatz: Besteuerung im Wohnsitzstaat	Besteuerung der Betriebstätte im Betriebstättenstaat	Beteiligungen an (Personen-) Gesellschaften	Attraktionsprinzip	Artikel	Rz.
Syrien 2010	≈ MA 2008; für Vergütungen für technische Dienstleistungen gilt Art. 7	ja	ja	ja, einschließlich Sondervergütungen	nein	7 Abs. 1; Prot. Nr. 4 c, d	61; 67
Tadschikistan	≈ MA 2008; für Vergütungen für technische Dienstleistungen gilt Art. 7 oder Art. 14	ja	ja	ja, einschließlich Sondervergütungen	nein	7 Abs. 1,7; Prot. Nr. 1 c	66 f.
Taiwan 2011	≈ MA 2008	ja	ja	nicht geregelt	nein	7 Ans. 1	
Thailand	≈ MA 2008	ja	ja	nicht geregelt	nein	7 Abs. 1	
Trinidad und Tobago	≈ MA 2008, ausschließlich Dividenden, Zinsen, Lizenzgebühren, Mieten oder Zahlungen für die Erbringung fachlicher und technischer Leistungen	ja	ja	nicht geregelt	nein	7 Abs. 1, 7	63
Tschechien	s. Tschechoslowakei						
Tschechoslowakei	≈ MA 2008	ja	ja	nicht geregelt	nein	7 Abs. 1	
Türkei 2011	≈ MA 2008; für Vergütungen für technische Dienstleistungen gilt Art. 7 oder Art. 14	ja	ja	ja, einschließlich Sondervergütungen	nein	7 Abs. 1; Prot. Nr. 2a, b	61, 67
Tunesien	≈ MA 2008	ja	ja	ja: Tunesien: faktische Gesellschaft (société de fait) und stille Gesellschaft (association en participation); D: Personengesellschaft	nein	7 Abs. 1, 6	59
Turkmenistan	s. UdSSR						
UdSSR	Einkünfte aus Geschäftstätigkeit (gewerbliche Einkünfte und Einkünfte aus selbständiger Tätigkeit)	nicht geregelt	ja	nicht geregelt	nein	5 Abs. 1	64

DBA	Einkunftsart (MA-Regelung: Gewinne eines Unternehmens")	Grundsatz: Besteuerung im Wohnsitzstaat	Besteuerung der Betriebstätte im Betriebstättenstaat	Beteiligungen an (Personen-) Gesellschaften	Attraktionsprinzip	Artikel	Rz.
Ukraine	≈ MA 2008, für Vergütungen für technische Dienstleistungen gilt Art. 7 oder Art. 14	ja	ja	nicht geregelt	nein	7 Abs. 1; Prot. Nr. 2 d	
Ungarn 2011	≈ MA 2008	ja	ja	nicht geregelt	nein	7 Abs. 1;, Prot. Nr. 1 c	61; 67
Uruguay 2010	≈ MA 2008; für Vergütungen für technische Dienstleistungen gilt Art. 7	ja	ja	ja, einschließlich Sondervergütungen	nein	7 Abs. 1, 7; Prot. Nr. 1 c	61; 67
USA 1989	gewerbliche Gewinne eines Unternehmens	ja	ja	nicht geregelt	nein	7 Abs. 1	65
USA 1989/2006	gewerbliche Gewinne eines Unternehmens	ja	ja	nicht geregelt	nein	7 Abs. 1	65
Usbekistan	≈ MA 2008	ja	ja	ja, einschließlich Sondervergütungen	nein	7 Abs. 1, 7; Prot. Nr. 1 c	61
Venezuela	≈ MA 2008	ja	ja	nicht geregelt	nein	7 Abs. 1; Prot. Nr. 1 c	67
Vereinigte Arabische Emirate 2010	≈ MA 2008; für Vergütungen für Dienstleistungen, einschließlich Beratungsleistungen, gilt Art. 7	ja	ja	nicht geregelt	nein	7 Abs. 1; Prot. Nr. 2 c)	67
Vietnam	≈ MA 2008	ja	ja	nicht geregelt	nein	7 Abs. 1	
Weißrussland	s. Belarus						
Zypern 2011	≈ MA 2008	ja	ja	ja, einschließlich Sondervergütungen	nein	7 Abs. 1; Prot. Nr. 2	61

2. Erläuterungen

a) Nur Besteuerung der Betriebstätte: Eine Reihe älterer Abkommen beschränkt sich darauf, die Besteuerung der Betriebstättengewinne im Betriebstättenstaat zu regeln. Die Besteuerung des Stammhauses ist in diesen DBA in der Art. 7 entsprechenden Vorschrift nicht geregelt; gegebenenfalls gilt eine Auffangnorm entsprechend Art. 21 (s. dazu die Übersicht Rz. 48). 49

b) Einkünfte aus Gewerbebetrieb: Anders als das MA und alle neueren deutschen DBA verwenden einige deutsche Abkommen noch nicht die Formulierung „Gewinne eines Unternehmens". Abkommen der Nachkriegszeit sprechen von „Einkünften aus gewerblichen Unternehmen", „gewerblichen Gewinnen eines Unternehmens" o. Ä. Die Abkommen verwenden m. a. W. in ihrer deutschen Fassung den auf das innerstaatliche Recht verweisenden Begriff der „Einkünfte aus Gewerbebetrieb" (*DBA Griechenland*: Art. III Abs. 1; *Irland 1962/2010*: Art. III Abs. 2; *Südafrika 1973*: Art. 4 Abs. 1). 50

Hier ist der Begriff auf deutscher Seite entsprechend dem innerstaatlichen deutschen Steuerrecht auszulegen (s. Art. 3 Abs. 2 MA). Eine erweiternde Auslegung i. S. des in Rz. 28 ff. entwickelten Begriffs der „Unternehmensgewinne" ist bei einer derart eindeutigen Abkommensfassung nicht möglich. Wie der Begriff auf Seiten des Vertragspartners zu verstehen ist, ist nach den Grundsätzen seines innerstaatlichen Rechts zu prüfen, sofern das Abkommen in der Sprache des Vertragspartners ebenfalls einen Ausdruck des innerstaatlichen Rechts verwendet. – Eine Reihe der vorgenannten Abkommen, dazu das *DBA Frankreich,* heben hervor, dass zu den gewerblichen Einkünften i. S. des Abkommens neben durch unmittelbare Verwaltung und Nutzung des Unternehmens erzielten Einkünften auch Einkünfte aus der Vermietung, Verpachtung und jeder anderen Art von Nutzung des Unternehmens gehören sowie Einkünfte aus der anteiligen oder vollständigen Veräußerung des Gewerbebetriebs (*DBA Frankreich:* Art. 4 Abs. 4; *Luxemburg 1958:* Art. 5 Abs. 3; *Niederlande 1959/2004:* Art. 5 Abs. 3). 51

Nebeneinander werden die Begriffe „Unternehmensgewinne" und „Einkünfte" in Art. 7 *DBA Schweiz* (Abs. 1 und Abs. 7) verwendet. Das *DBA Russische Föderation* spricht in der Überschrift des Art. 7 von „Gewinnen aus gewerblicher Tätigkeit", im Text selbst jedoch von „Gewinnen eines Unternehmens". 52

Der Entwurf zum *DBA Niederlande 2012* (wie auch schon das Revisionsprotokoll zum *DBA Niederlande 1959/2004*) verzichtet unter bestimmten Voraussetzungen auf das Betriebstättenprinzip. In Art. 7 Abs. 4 und 5 des Entwurfs ist definiert, dass Betriebstätten innerhalb grenzüberschreitender Gewerbegebiete dem vollen Besteuerungsrecht des Staates unterliegen, in dem das Unternehmen ansässig ist, sofern es in Deutschland oder den Niederlanden ansässig ist (vgl. bereits Art. 3 Abs. 4, 5 Revisionsprotokoll *DBA Niederlande 2004;* zu Problemstellungen bei der Gewerbesteuer vgl. *Kollruss,* RIW 2006, 678 ff.). 52a

c) Während in der 4. Auflage noch auf eine Rechtsunsicherheit bezüglich der Frage, ob die im Zusammenhang mit dem OECD-MA in den Rz. 36 und 37 für Personengesellschaften entwickelten Grundsätze auch für die atypisch stille Gesellschaft des deutschen Rechts gelten, hingewiesen wurde, wird diese Frage jetzt wieder von der herrschenden Meinung bejaht. Die Rechtsunsicherheit wurde hervorgerufen durch die in den BFH-Urteilen vom 31.5.1995 (IStR 1995, 438 mit Anm. *Baranowski*) und vom 23.10.1996 (IStR 1997, 271 mit Anm. *Wassermeyer* sowie IWB F. 3a, Rechtsprechung, Gr. 1, S. 645 mit Anm. *Baranowski*) geäußerten Zweifel an der herrschenden Meinung. Diese wurde noch vergrößert durch die von *Wassermeyer* (IStR 1995, 49) und *Piltz* (in Piltz/Schaumburg, S. 125) vertretene Ansicht, dass die Forderung des atypisch stillen Gesellschafters gegen das im anderen Vertragsstaat belegene Beteiligungsunternehmen wegen ihres rein schuld- 53 rechtlichen Charakters nicht geeignet sei, eine Betriebstätte im Sinne des DBA zu begründen. Entsprechend sei der Gewinnanteil des atypisch Stillen entweder dem Zins- oder dem Dividendenartikel (Art. 10, 11 OECD-MA) zuzuordnen mit der Folge, dass der Gewinnanteil eines inländischen stillen Gesellschafters im Inland – unter Anrechnung einer ggf. einbehaltenen Quellensteuer – besteuert wird. Dies sollte gemäß *Wassermeyer* nur dann nicht gelten, wenn die Gewinnanteile nach dem jeweiligen DBA ausdrücklich als Unternehmensgewinne zu behandeln sind. Von dieser Auffassung ist *Piltz,* in Wassermeyer, Art. 7 Rz. 99 wieder abgerückt. Seiner Ansicht nach kann eine atypisch stille Gesellschaft keine Zinsgewinne generieren, da der Mitgesellschafter seinen Gewinn und nicht seine Forderung auf den Gewinn versteuern muss, vgl. hierzu aber auch die neue BFH-Rechtsprechung (Rz. 58). Ebenfalls dieser Auffassung ist die Finanzverwaltung (BMF BStBl. I 2010, 354, Tz. 2.2.1.2).

54 Mit dieser Auffassung überein stimmt der BFH in seinem Urteil vom 21.7.1999 zum *DBA Schweiz 1971* (BStBl. II 1999, 812 = FR 1999, 1361 mit Anm. *Lieber* und IWB F. 3a, Rechtsprechung, Gr. 1, 895 mit Anm. *Baranowski*). In diesem Urteil subsumiert der BFH die atypisch stille Beteiligung an einer Schweizer Kapitalgesellschaft unter Art. 7 *DBA Schweiz* mit der Folge, dass für die hieraus erzielten Gewinnanteile kein deutsches Besteuerungsrecht besteht.

55 In einem im Nachgang zu diesem Urteil veröffentlichten BMF-Schreiben vom 28.12.1999 (BStBl. I 1999, 1121) schließt sich die Finanzverwaltung der Ansicht des BFH zwar grundsätzlich an. Für Outbound-Fälle, also bei Beteiligung eines Steuerinländers an einem ausländischen Unternehmen, soll dies jedoch nur gelten, wenn der andere Vertragsstaat die Einkünfte ebenfalls als Gewinneinkünfte qualifiziert. Diese Regelung ist in das Gesetz übernommen worden unter § 50d Abs. 9 Satz 1 Nr. 1 EStG (vgl. auch BMF BStBl. I 2010, 354 Tz. 4.1.3.3.2). Ebenfalls wird die Freistellung nicht gewährt, wenn der Tätigkeitsstaat die Gewinne deswegen nicht besteuert, weil der Abkommensberechtigte in diesem Staat nicht unbeschränkt steuerpflichtig ist (vgl. § 50d Abs. 9 Satz 1 Nr. 2 EStG). Beurteilt der andere Staat hingegen die Einkünfte abweichend als Zinsen, Dividenden oder andere Einkünfte, so soll Deutschland das Besteuerungsrecht zustehen, wobei lediglich die im anderen Staat erhobene (Quellen-) Steuer angerechnet wird. Das BMF-Schreiben stellt weiter klar, dass, soweit sich aus dem o. g. BFH-Urteil eine andere Auffassung ergeben sollte, dieses nicht über den Einzelfall hinaus anzuwenden sei. Vgl. zum Ganzen auch *Herzig,* IStR 2000, 482; *Günkel/Lieber,* IWB F. 3, Deutschland, Gr. 2, 871; *dies.,* IWB F. 10, International, Gr. 2, 1393; *Schnieder,* IStR 1999, 392; *Krabbe,* IStR 1999, 591; *Pyszka,* IStR 1999, 577; *Suchanek,* FR 2003, 605 ff.; *Tiefel,* IWB F. 3, Deutschland, Gr. 2, 795; *R. Müller,* IStR 1996, 266; *Schmidt,* IStR 1996, 213.

56 Diese Grundsätze gelten dagegen **nicht** für die **typisch stille Gesellschaft,** sofern sich nicht aus einzelnen DBA etwas Anderes ergibt (dazu Rz. 60). Die Bezüge des typisch stillen Gesellschafters sind in den deutschen Abkommen regelmäßig den Dividenden gleichgestellt (s. zu Art. 10 Rz. 165, 210). Soweit das nicht der Fall ist, sind sie Zinsen i. S. des Art. 11 MA (s. dort Rz. 63a f.). So auch BMF v. 28.12.1999, BStBl. I 1999, 1121.

57 Nach Auffassung der deutschen Finanzverwaltung erzielt auch eine ausschließlich vermögensverwaltende Personengesellschaft Unternehmensgewinne i. S. des Art. 7, sofern sie gewerblich geprägt i. S. des § 15 Abs. 3 Nr. 2 EStG ist (BMF v. 24.9.1999, FR 2000, 298 zur Beteiligung an einer ungarischen vermögensverwaltenden GmbH & Co. KG; BMF v. 24.12.1999, BStBl. I 1999, 1076, Tz. 1.1.5.1; BMF BStBl. I 2010, 354 mit Bezugnahme auf die weiter unten erläuterte Entscheidung des BFH). Diese Auffassung ist nach der gebotenen abkommensautonomen Auslegung abzulehnen, da die Vermögensverwaltung dem Typusbegriff Unternehmen nicht zugeordnet werden kann (so auch *Hemmelrath,* IStR 1995, 570 und im Ergebnis Wassermeyer/*Wassermeyer,* Art. 7, Rz. 16a, 49, 85; SKK/*Strunk/Kaminski*, Art. 7 OECD-MA, Rz. 30). Die innerstaatliche Regelung über die gewerbliche Prägung wäre nur dann abkommensrechtlich bedeutsam, wenn das Abkommen selbst auf sie verweisen würde (Art. 3 Abs. 2) oder sich aus den Gesamtumständen ein entsprechender Bezug zum innerstaatlichen Recht ableiten ließe (etwa bei Regeln zur gewerblichen Prägung im innerstaatlichen Recht beider Vertragsstaaten). Aufgrund eines Urteils des BFH (BFH/NV 2007, 1232) war diese Rechtsauffassung jedoch unsicher. In diesem Fall urteilt der BFH, dass ausschließlich vermögensverwaltende liechtensteiner GmbH & Co. KG mit Grundbesitz in Deutschland gewerblich geprägt seien. Im Urteil v. 28.4.2010 entschied der BFH allerdings, dass die gewerbliche Prägung i. S. des § 15 Abs. 3 Nr. 2 EStG nicht auf das Abkommensrecht durchschlägt (BFHE 229, 252; bestätigend BFH BStBl. II 2011, 156; 2011, 482; BFHE 234, 63; 234, 339; s. hierzu auch *Hruschka,* DStR 2010, 1357; *Dorfmüller,* StuB 2010, 632; *Letzgus,* Ubg 2010, 513; *Wittkowski/Loose,* DB 2010, 2411). Das BMF scheint sich dieser Auffassung nunmehr anschließen zu wollen, s. den Entwurf eines BMF-Schreibens v. 5.11.2013, IV B 5 – S 1300/09/10003, Tz. 2.2.1 und 2.3.1 (vgl. dazu *Luckhaupt,* StuB 2014, 150; *Sonnleitner/Winkelhog,* BB 2014, 473). Zu den Folgen dieser Rechtsprechung für die Überführung von Wirtschaftsgütern vor dem 29.6.2013 in das Berichtsvermögen einer Personalgesellschaft sowie hinsichtlich der entsprechenden laufenden Einkünfte vgl. § 50i EStG.

Sondervergütungen der Gesellschaft an ihre Gesellschafter werden nach deut- **58**
schem Steuerrecht gemäß § 15 Abs. 1 Satz 1 Nr. 2 EStG als Teil des Unternehmensgewinns der Gesellschafter behandelt. Wird die Gesellschaft im Sitzstaat als transparent behandelt, sind abkommensrechtlich zwischen Gesellschaft und Gesellschafter jedoch die Abgrenzungsregeln des Art. 7 Abs. 2 ff. zu beachten. Ist die Gesellschaft im Sitzstaat intransparent, ist die für die jeweilige Sondervergütung nach dem DBA einschlägige Verteilungsnorm anzuwenden, d. h. z. B. für Zinsen Art. 11 MA, für Gehälter Art. 15 MA (s. bereits Art. 1 Rz. 37 ff.). So im Ergebnis auch die deutsche Finanzverwaltung für die Sondervergütungen einer intransparenten tschechischen/slowakischen Kommanditgesellschaft (K. S.) (BMF v. 13.1.1997, IStR 1997, 120) sowie einer intransparenten tunesischen Personengesellschaft (BMF v. 25.8.1997, BStBl. I 1997, 796). Zu Besteuerungswirkungen aufgrund unterschiedlicher Qualifikation der Personengesellschaft in beiden DBA-Staaten s. Art. 1 Rz. 25 ff. Allgemein will die deutsche Finanzverwaltung nach den Betriebstätten-Verwaltungsgrundsätzen (BMF v. 24.12.1999, BStBl. I 1999, 1076, Tz. 1.2.3.; BMF BStBl. I 2010, 354, Tz. 5.1) nun Sondervergütungen stets als Unternehmensgewinne i. S. des Art. 7 behandeln, allerdings ausländische Betriebstättengewinne nur dann nach dem Methodenartikel freistellen, wenn der andere Vertragsstaat ebenfalls von Unternehmensgewinnen ausgeht (s. Rz. 167); vgl. § 50 Abs. 9 EStG. Neben einer dadurch verhinderten doppelten Freistellung kann es aufgrund von unterschiedlicher Qualifizierung von Sonderbetriebsausgaben zu einem doppelten Verlustabzug kommen. Zu diesen „Double-Dip-Modellen“ vgl. *A. Müller,* IStR 2005, 181 ff. Der Gesetzgeber hat bereits mit dem JStG 2009 versucht, die von der Finanzverwaltung vertretene Auffassung in § 50d Abs. 10 EStG festzuschreiben. Danach sollten Sondervergütungen ausschließlich als Unternehmensgewinne zu qualifizieren sein, soweit das DBA keine abweichende Regelung enthält. Mit Urteil vom 8.9.2010 hat der BFH die Norm im Ergebnis leerlaufen lassen (BFHE 231, 84). § 50d Abs. 10 EStG a. F. könne allenfalls eine (rechtliche) Umqualifizierung als Unternehmensgewinn bewirken, jedoch nicht eine abkommensrechtliche Zuordnung zur Betriebstätte i. S. des Art. 7 Abs. 1 Satz 2, Abs. 2 OECD-MA (s. hierzu *Häck*, IStR 2011, 71; *Goebel/Eilinghoff/Schmidt*, DStZ 2011, 74; sowie bereits *Lohbeck/Wagner*, DB 2009, 423; kritisch *Mitschke*, FR 2011, 182).

S. allerdings aus jüngster Zeit auch BFHE 242, 107 (vgl. dazu die Anmerkung von *Hagemann/Kahlenberg/Kudert,* Ubg 2014, 80). Der Gesetzgeber hat die Regelung 2013 durch das AmtshilfeRLUmsG neugefasst. Die Vergütung des Gesellschafters ist nunmehr der Betriebstätte zuzuordnen, welcher der Aufwand für die Vergütung zugrunde liegende Leistung zugerechnet wird. Der BFH hegt allerdings wegen des enthaltenen treaty overrides Zweifel an der Verfassungsmäßigkeit von § 50d Abs. 10 EStG i. d. F. des JStG 2009 und i. d. F. des AmtshilfeRLUmsG, s. die Vorlage an das BVerfG BFH IStR 2014, 219 und die Anm. von *Hagemann/Kahlenberg,* IStR 2014, 233. Zum *DBA USA 1954/65* FinMin NRW vom 1.12.1986, S. 1301 – USA 60 – V C 1 sowie BFH BStBl. II 1991, 444 (446) und BFH IStR 2000, 149 ff. mit Anm. *Buciek,* der darauf hinweist, dass das *DBA USA 1954/65* diese Einkünfte überhaupt aus dem Bereich der „Unternehmensgewinne" herausnimmt, während die meisten anderen DBA – ebenso wie das MA – sie dem Grunde nach in dieser Kategorie belassen und Art. 7 lediglich gegenüber den speziellen Verteilungsnormen zurücktreten lassen. Der BFH (BFH, BStBl. II 2002, 848: *DBA Schweiz*) hat die Einheitsbetrachtung der Unternehmensgewinne zunächst in Frage gestellt (vgl. *Strunk/Kaminski,* IStR 2003, 181 ff.). In diesem Urteil entschied der BFH über die Frage, ob Dividendeneinkünfte, in diesem Fall Sonderbetriebseinnahmen einer Schweizer Personengesellschaft, bei ihren deutschen Anteilseignern als Dividendeneinkünfte oder als Unternehmensgewinne zu qualifizieren seien. Der BFH entschied, dass es sich um Dividendeneinkünfte handelt und somit trotz Zugehörigkeit zu einer aktiven Betriebstätte um passive Einkünfte. Zu einer Einordnung dieser BFH-Rechtsprechung in die europäischen Grundfreiheiten vgl. *Kinzl,* IStR 2005, 693 ff.; *Wassermeyer,* IStR 2006, 273 ff. Vgl. zur Frage der Einheitsbetrachtung allerdings nunmehr BFHE 234, 339. Zur steuerlichen Behandlung von Sondervergütungen siehe auch *Kluge,* S. 101. Vgl. auch *Pyszka,* IStR 1998, 745 zu FG Köln EFG 1998, 817. Zu verfahrensrechtlichen Fragen bei der Beteiligung mehrerer in Deutschland ansässiger Personen an ausländischen Personengesellschaften siehe OFD Nürnberg v. 19.11.1990, DStR 1991, 648, sowie *Grützner,* IStR 1994, 65.

59 **d)** Eine Anzahl älterer Abkommen betont ausdrücklich, dass das Betriebstättenprinzip auch für den Anteil an den gewerblichen Gewinnen eines Unternehmens gelten soll, der auf einen im anderen Vertragsstaat ansässigen Partner entfällt (*DBA Elfenbeinküste:* Art. 7 Abs. 5; *Frankreich:* Art. 4 Abs. 3; *Israel:* Art. 4 Abs. 2; *Luxemburg 1958:* Art. 5 Abs. 1). Art. 7 Abs. 6 *DBA Tunesien* erstreckt dies auch auf die Beteiligung eines Gesellschafters am Gewinn eines Unternehmens, das in Tunesien in Form einer faktischen Gesellschaft (société de fait) oder einer stillen Gesellschaft (association en participation) errichtet worden ist, während die Regelung auf deutscher Seite über die Personengesellschaft hinaus nicht ausgedehnt wird. Nr. 11 des *SProt. Luxemburg* und Nr. 3 des *SProt. Österreich* stellen klar, dass ein stiller Gesellschafter wie ein Unternehmer behandelt wird, „wenn mit seiner Einlage eine Beteiligung am Vermögen des Unternehmens verbunden ist" **(= atypisch stille Gesellschaft).** Hierzu auch Wassermeyer/*Piltz,* Art. 7 OECD-MA, Rz. 99 und *Kluge,* S. 76. Nach niederländischer Rechtsprechung kann auch die wie eine typisch stille Beteiligung ausgeprägte Gesellschafterstellung bei einer *Commanditaire Vennootschap* zur Zurechnung einer Betriebstätte führen (*Hoge Raad* Rolno. 27786, BNB 1993, 227, concl. *Verburg: DBA Niederlande/Schweden;* s. auch *Betten,* ET 1993, 312). Zur Anwendung des *DBA Frankreich* auf deutsche „Arbeitsgemeinschaften" und französische „groupements d'intérêt économique" s. BMF v. 19.7.1974, BStBl. I 1974, 510. Zur Behandlung von Kommanditisten einer tschechischen bzw. slowakischen Kommanditgesellschaft *(komanditni spolecnost)* s. FinMin Hessen v. 4.10.1994, IStR 1994, 549.

Nach dem *DBA Italien 1925* (Art. 5 Abs. 3) sind den Gewerbebetrieben alle **„Beteiligungen an einem gesellschaftlichen Unternehmen“** gleichgestellt, sofern die Beteiligung nicht in Wertpapieren verbrieft ist. Diese Wendung aus der Abkommenspraxis der Vorkriegszeit schließt nach der Rechtsprechung **GmbH-Anteile** ein (BFH BStBl. III 1960, 441 (442); II 1972, 591 (592); II 1977, 820: alle *DBA Schweiz 1931*). Ob sie auch die **typisch stille Gesellschaft** mitumfasst, war vorübergehend streitig. Der VI. Senat des BFH hatte dies zunächst verneint, der III. Senat die Frage dagegen mit ausführlicher historischer Begründung **bejaht.** Dem haben sich der I. und auch der VI. Senat des BFH angeschlossen (BFH BStBl. III 1965, 258: *DBA Schweiz 1931;* III 1966, 483 (484f.): *DBA Schweden 1928*; II 1969, 325 (326f.); II 1971, 379 (380ff.): beide *DBA Schweiz 1931*). Gemäß einer Verständigung zwischen den deutschen und den ungarischen Finanzbehörden zu Nummer 4 Buchst. a des Protokolls zu Art. 23 Abs. 1 Buchst. a Satz 1 *DBA Ungarn 1977* werden Beteiligungen an ungarischen, mit der deutschen KG und GmbH & Co. KG vergleichbaren Gesellschaften und daraus erzielte Einkünfte wie Beteiligungen an entsprechenden deutschen Gesellschaften von der Besteuerung in Deutschland freigestellt (Vereinbarung vom 29.4.1993, BStBl. I 1993, 342; s. hierzu auch die Verfügung der OFD Frankfurt a.M. v. 26.5.1993 RIW 1993, 605). **60**

Die *DBA Algerien 2007, Belarus, Ghana, Kasachstan, Liechtenstein 2011, Österreich, Schweiz, Singapur 2004, Syrien 2010, Tadschikistan, Türkei 2011, Ungarn 2011, Uruguay 2010, Usbekistan und Zypern 2011* erstrecken die Anwendung des Art. 7, abweichend von der vorstehend zur Auslegung des MA vertretenen Rechtsauffassung, auch auf **(Sonder-)Vergütungen,** die ein Gesellschafter einer Personengesellschaft von der Gesellschaft für seine Tätigkeit im Dienst der Gesellschaft, für die Gewährung von Darlehen oder für die Überlassung von Wirtschaftsgütern bezieht, wenn diese Vergütungen nach dem Steuerrecht des Vertragsstaates, in dem die Betriebstätte gelegen ist, den Einkünften des Gesellschafters aus dieser Betriebstätte zugerechnet werden (Art. 7 Abs. 7). Mit anderen Worten: Für die Anwendung jener Verträge werden diese Vergütungen als Unternehmensgewinne behandelt, auch wenn sie sonst als Einkünfte aus selbständiger Arbeit, als Zinsen usw. zu betrachten wären. Das ist eindeutig auf § 15 Abs. 1 Nr. 2 EStG zugeschnitten (bestätigt durch BFH BStBl. II 1991, 211: *DBA Schweiz* für Zinszahlungen an den schweizerischen Gesellschafter einer deutschen KGaA). Das *DBA Tschechien* spricht allgemeiner von den „Einkünften eines Gesellschafters aus der Beteiligung an einer Personengesellschaft und anderen Zahlungen, die der Gesellschafter von der Personengesellschaft erhält.“ Bei der Anwendung dürfte sich jedoch gegenüber den vorgenannten DBA, die die einzelnen Sondervergütungen benennen, kein Unterschied ergeben. **61**

Umgekehrt sieht Art. 7 Abs. 7 *DBA Japan* vor, dass eine nach dem in Deutschland geltenden Recht errichtete OHG oder KG mit Sitz in Deutschland wie eine in Deutschland ansässige juristische Person behandelt wird. Diese Vorschrift ist vor allem für die **Abkommensberechtigung** der Gesellschaft bedeutsam; sie bewirkt ferner, dass die Gewinne der Gesellschaft aus Betriebstätten in **dritten Staaten** von der japanischen Besteuerung auch insoweit freigestellt werden, als an der Gesellschaft in Japan ansässige Personen beteiligt sind (Deutschland dürfte diese Gewinne besteuern, tut das jedoch nach seinem innerstaatlichen Steuerrecht nicht). Für die Anwendung des Art. 7, d.h. für die Besteuerung der Gesellschafter mit ihrem Anteil als „Unternehmer“ i.S. des Art. 7 führt sie dagegen, da das innerstaatliche Steuerrecht (§ 15 Abs. 1 Nr. 2 EStG) unberührt bleibt, zu keinen anderen Ergebnissen als die Anwendung des MA. **62**

e) Art. 7 Abs. 7 *DBA Trinidad und Tobago* nimmt Dividenden, Zinsen, Lizenzgebühren, Mieten sowie Zahlungen eines Unternehmens an ein anderes Unternehmen für die Erbringung fachlicher und technischer Leistungen ausdrücklich aus **63**

dem Gewinnbegriff aus. Da die Vorschrift gleichzeitig den Betriebstättenvorbehalt (s. Vor Art. 10 bis 12 Rz. 30ff.) betont, entspricht sie voll der Regelung des Art. 7 Abs. 7 (s. Rz. 167) und hat somit nur klarstellende Bedeutung.

64 **f)** Art. 5 Abs. 1 *DBA UdSSR* fasst entsprechend dem OECD-MA 2003 die Unternehmensgewinne mit den Einkünften aus selbständiger Tätigkeit zu **„Einkünften aus Geschäftstätigkeit"** zusammen. Die früher im MA übliche gesonderte Regelung dieser Einkunftsarten (über die praktischen Unterschiede s. bei Art. 14 Rz. 45) ist aus ideologischen Gründen nicht übernommen worden. Seit der Streichung des Art. 14 MA stimmt also Art. 5 Abs. 1 *DBA UdSSR* voll mit Art. 7 Abs. 1 MA überein.

65 **g) Eingeschränktes Attraktionsprinzip:** Als einziges der von Deutschland abgeschlossenen DBA übernahm das *DBA USA 1954/65,* das hinsichtlich der Verteilung des Rechts zur Besteuerung von Unternehmensgewinnen wie die übrigen deutschen Abkommen dem Betriebstättenprinzip folgte, **nicht** die im OECD-MA vorgesehene Gewinnzuordnung zur Betriebstätte nach der **wirtschaftlichen Zugehörigkeit** (Rz. 42). Das *DBA USA 1954* sah im Gegenteil uneingeschränkt das Attraktionsprinzip vor, d.h. wenn eine Betriebstätte bestand, wurde dem Betriebstättenstaat die Besteuerung sämtlicher Einkünfte des Unternehmens aus Quellen innerhalb dieses Staats überlassen. Im *DBA USA 1965* wurde diese **Attraktionskraft** der Betriebstätte **abgeschwächt.** Art. III Abs. 1 Satz 2 wies dem Betriebstättenstaat neben den der Betriebstätte zuzurechnenden Gewinnen nur Gewinne aus solchen Direktgeschäften des Unternehmens zu, die **von gleicher Art** waren wie die Geschäfte der Betriebstätte (s. bereits Rz. 42). Das *DBA USA 1989* und das *DBA USA 1989/2006* haben wie das US-MA das Attraktionsprinzip nunmehr vollkommen aufgegeben; sein Art. 7 Abs. 1 stimmt mit dem des OECD-MA inhaltlich voll überein.

66 **Kein Attraktionsprinzip,** auch kein eingeschränktes, ergibt sich aus acht neueren Vorschriften, die sich mit Direktgeschäften des Stammhauses befassen. Nach Nr. 3 *Prot. Philippinen* darf der Betriebstättenstaat Gewinne aus Direktgeschäften von gleicher oder ähnlicher Art wie die der Betriebstätte besteuern, „wenn nachgewiesen ist, dass diese Transaktionen zur Vermeidung der Besteuerung durch den Vertragsstaat durchgeführt wurden, in dem die Betriebstätte belegen ist". Nr. 2 Buchst. c *Prot. Indonesien* enthält dieselbe Regelung (mit der Ergänzung, dass der Nachweis auch durch Fotokopien oder Tonbandaufnahmen geführt werden könne), schränkt sie aber ein auf Geschäfte, an denen die Betriebstätte in irgendeiner Weise beteiligt gewesen ist, wobei die Unterzeichnung des Vertrags durch die Betriebstätte allerdings ausreicht. Ähnliche Regelungen enthalten auch Nr. 1c *Prot. Indien* und Nr. 1 *Prot. Pakistan.* Nach Nr. 2 *Prot. Türkei 1985* dürfen Direktgeschäfte besteuert werden, „soweit die Verkäufe und die sonstige Tätigkeit von der Betriebstätte bewirkt worden sind". Nr. 3a *Prot. Mexiko 2008* gestattet die Zurechnung von Gewinnen aus Direktgeschäften zu der Betriebstätte, wenn nachgewiesen wird, dass die Betriebstätte in irgendeiner Weise an diesen Direktgeschäften beteiligt war. Nach Nr. 1a *Prot. Rumänien,* sowie u.a. nach den Protokollen zu den *DBA Aserbaidschan, Georgien, Ghana, Kirgisistan, Kroatien* und *Tadschikistan* können Gewinne aus dem Güter- und Warenverkauf im Betriebstättenstaat nur besteuert werden, soweit sie der tatsächlichen Verkaufstätigkeit der Betriebstätte zurechenbar sind. Die Vorschriften stellen **somit** nur **klar,** welche Gewinne der Betriebstätte, als von ihr bewirkt, zuzurechnen sind. Sie **verdeutlichen das allgemeine Prinzip,** sehen keine Ausnahme vor.

67 **h)** Für **Bauausführungen und Montagen** sah die deutsche Abkommenspraxis eine Zeit lang in den Protokollen vor, dass Direktgeschäfte nicht der Bau- oder Montagebetriebstätte zuzurechnen sind, vgl. Abkommensübersicht zu Art. 7 Rz. 96. Die

Protokolle stellen außerdem klar, dass Einkünfte, die durch im Zusammenhang mit einer im anderen Vertragsstaat belegenen Betriebstätte erbrachte Planungs-, Projektierungs- und Konstruktionsleistungen erzielt werden, nicht der Betriebstätte zuzurechnen sind, sofern sie von einer im ersten Vertragsstaat ansässigen Person im selben Vertragsstaat ausgeübt werden. Hiervon betroffen sind vor allem beratende Ingenieure, Architekten etc. Von diesen Regelungen hat Deutschland in vielen neu abgeschlossenen DBA wieder Abstand genommen. Während das Prot. zum *DBA Polen* beide Regelungen beinhaltet, beinhaltet das Prot. zum DBA mit *Belarus* zwar noch die Regelung für Bauausführungen und Montagen (vgl. *Prot.* Nr. 3b), aber nicht mehr die Regelung, dass bestimmte Einkünfte, die in Zusammenhang mit Planungs-, Projektierungs- und Konstruktionsleistungen erzielt werden, nicht der Betriebstätte zuzurechnen sind. In den neueren DBA sind diese Regelungen nicht mehr enthalten. Im Gegenteil ist in den Protokollen zu den *DBA Algerien 2007, Aserbaidschan, Belarus, Bulgarien 2010, Georgien, Kasachstan, Kirgisistan, Mexiko 2008, Philippinen 2013, Rumänien, Singapur 2004, Slowenien, Syrien 2010, Tadschikistan, Türkei 2011, Ungarn 2011, Uruguay 2010* und *Vereinigte Arabische Emirate 2010*, ausdrücklich erwähnt, dass diese Art von Einkünften unter Art. 7 und, falls vorhanden, auch unter Art. 14 fallen. Das *DBA Rumänien* schränkt diese Regelung ein, indem es ausdrücklich erwähnt, dass die Übertragung von Know-how unter Art. 12 fällt. Nach dem *DBA Philippinen 2013 (E)* soll zumindest bei Verträgen, deren eindeutiger Hauptzweck die Erteilung von Informationen über gewerbliche, kaufmännische oder wissenschaftliche Erfahrungen ist und bei denen der Erbringung technischer Dienstleistungen nur ergänzende oder weitgehend unbedeutende Funktion zukommt, Art. 12 Anwendung finden. Zudem verfügen u. a. diese DBA, jedoch nicht das *DBA Belarus,* über eine zusätzliche Regelung, die ausdrücklich besagt, dass der Betriebstätte Einnahmen aus Verträgen nur insoweit zugerechnet werden können, wie sie auch von der Betriebstätte erbracht worden sind.

i) Soweit in *Bolivien* die Unternehmensgewinnsteuer (impuesto sobre las utilida- **68**
des de las empresas) nicht eingreift, erfüllt die Funktion einer Einkommensteuer die Zusatzsteuer zur Mehrwertsteuer (régimen complementario al impuesto al valor agregado), der u. a. Gewinnüberweisungen an den Unternehmer unterliegen, gleich ob dieser in Bolivien ansässig ist oder nicht. Nach Nr. 3 *Prot. Bolivien* darf diese Steuer von Gewinnabführungen einer bolivianischen Betriebstätte an einen deutschen Unternehmer nicht mehr als 15% betragen. Hierbei geht es also **nicht** um eine **zusätzlich** zur Besteuerung der Betriebstätte erhobene *branch profits tax* (zu dieser s. Rz. 17), sondern um die reguläre Besteuerung der Betriebstätte gemäß Art. 7 Abs. 1 Satz 2. Art. 7 Abs. 2 und 3 laufen allerdings leer.

C. Zu Art. 7 Abs. 2 OECD-MA 2008, UN- und US-MA

I. Musterabkommen

1. Übereinstimmungen und Abweichungen

Die o. g. Musterabkommen stimmen weitgehend überein. Auch das **EG-** **69**
Gewinnberichtigungsabkommen („Schiedsabkommen", s. Art. 25 Rz. 6 und 300 ff.) enthält in Art. 4 Nr. 2 eine mit dem OECD-MA wörtlich übereinstimmende Regelung (s. Rz. 95). Das US-MA 1996 weicht vom Wortlaut der beiden anderen MA dadurch ab, dass es in seinem Abs. 2 Satz 1 von Unternehmensgewinnen („business profits", s. Rz. 47) spricht und der Betriebstätte diejenigen Gewinne zuordnet, die sie als selbständiges und unabhängiges Unternehmen hätte erzielen können (hierzu näher Rz. 94). S. zu dem in das MA 2006 eingefügten

Protokollvorschlag ebenfalls Rz. 94. Die deutsche Verhandlungsgrundlage folgt den OECD-MA 2010 (s. hierzu Rz. 182ff.).

2. OECD-MA 2008

70 **a) Grundzüge:** Nach Art. 7 Abs. 1 darf der Betriebstättenstaat die Gewinne des Unternehmens nur soweit besteuern, wie sie der Betriebstätte **zugerechnet** werden können. **Welche** Gewinne der Betriebstätte zugerechnet werden können, bestimmt das MA in den Absätzen 2 bis 6 des Art. 7. Nur innerhalb der dort gezogenen Grenzen nimmt der jeweilige Vertragsstaat die Gewinnermittlung nach den Regeln seines innerstaatlichen Rechts vor (vgl. auch Tz. 2.1 des BMF v. 24.12.1999, BStBl. I 1999, 1076, und *Tax Court of Canada,* „Cudd Pressure Control Inc. v. The Queen", TNS 1995, 258). Art. 7 Abs. 2 enthält nur die Grundregel für die Gewinnabgrenzung; für Einzelheiten s. Abs. 3 und 4 (Rz. 100ff.). **Entscheidender Maßstab** für die Begrenzung ist nach Abs. 2 der **Fremdvergleich** (auch **„Drittvergleich"**, sog. Prinzip des **„dealing at arm's length"**). Eine Gewinnzurechnung nach anderen, etwa pauschalierenden Maßstäben, die den Erfordernissen des Fremdvergleichs nicht Rechnung tragen, ist unzulässig (*House of Lords,* Ostime v. Australian Mutual Provident Soc., 38 Tax Cases 492 (1959)). Zu Besonderheiten bei der Gewinnzurechnung bei einer Vertreterbetriebstätte vgl. *Griemla,* IStR 2005, 857; *Sieker,* BB 1996, 981; *Eisele,* S. 341ff.

71 Art. 7 Abs. 2 und die folgenden Absätze **binden sowohl den Betriebstättenwie den Ansässigkeitsstaat.** Hierin unterscheiden sich diese Vorschriften von dem überwiegend beobachteten Prinzip, dass die Verteilungsnormen des MA abschließend nur die Besteuerung in den Quellenstaaten regeln; lediglich zum Teil enthalten sie Vorschriften auch über die Besteuerung im Ansässigkeitsstaat (insbesondere die Verteilungsnormen mit abschließender Rechtsfolge, s. Vor Art. 6 bis 22 Rz. 4f.). Der Wortlaut des Art. 7 Abs. 2 ist in dieser Frage aber unmissverständlich: „Übt ein Unternehmen **eines** Vertragsstaates seine Tätigkeit **im anderen** Vertragsstaat durch eine dort gelegene Betriebstätte aus, so werden … **in jedem Vertragsstaat** …" (entsprechend in den beiden Originalfassungen: „in each Contracting State", „dans chaque État contractant"). Hätte die Regel nur für den Betriebstättenstaat gelten sollen, so hätte es nach dem Sprachgebrauch des MA statt „in jedem Vertragsstaat" heißen müssen „so werden … in dem erstgenannten Staat" (s. Art. 9 Abs. 2, Art. 15 Abs. 2, Art. 20, Art. 23 A und B; dagegen heißt es „eines jeden Vertragsstaats" in Art. 11 Abs. 6 und Art. 12 Abs. 4). Es ist auch sinnvoll, dass die Abgrenzungsregel für beide Vertragsstaaten gilt. Trotz unterschiedlicher Gewinnermittlungsvorschriften kann auf diese Weise eine doppelte steuerliche Erfassung der gleichen Einkommensbestandteile in beiden Vertragsstaaten am ehesten verhindert werden. Das schweizerische Recht bezeichnet die hier behandelte Frage als „Steuerausscheidung".

72 **b) Regelung:** Nach Art. 7 Abs. 2 sind einer Betriebstätte diejenigen Gewinne zuzurechnen, die sie

- **hätte erzielen können,** wenn sie
- **eine gleiche oder ähnliche Tätigkeit**
- **unter gleichen oder ähnlichen Bedingungen**
- **als selbständiges Unternehmen** ausgeübt hätte und im Verkehr mit dem Unternehmen, dessen Betriebstätte sie ist,
- **völlig unabhängig** gewesen wäre.

Umstritten ist in der Literatur vor allem, in welchem Umfang nach dieser Regel eine Selbständigkeit der Betriebstätte zu fingieren ist, und welche Folgerungen sich hieraus für die Wahl der Methode zur Bestimmung des Betriebstättengewinns ergeben (s. Rz. 77ff. und Rz. 100ff.).

c) Gewinne, die die Betriebstätte hätte erzielen können: Die Bestimmung des Betriebstättengewinns der Höhe nach ist nach Art. 7 Abs. 2 am Fremdvergleich auszurichten. Der Betriebstätte sind diejenigen Gewinne zuzurechnen, die sie „hätte erzielen können", wenn sie unter den näher genannten Voraussetzungen als unabhängiges Unternehmen tätig geworden wäre. Diese Gewinne können nur hypothetisch und daher allenfalls annähernd bestimmt werden, denn ein fremdes Vergleichsunternehmen, auf das sämtliche Voraussetzungen in vollem Umfang zutreffen, gibt es nicht; die Unterschiede können nur größer oder geringer sein. Aus der hypothetischen Gleichsetzung mit einem fremden selbständigen Unternehmen ergibt sich immerhin zweierlei: einmal, dass der Betriebstätte solche **Tätigkeiten** (Leistungen) zugerechnet werden können, die auch ein fremdes Unternehmen ausüben könnte und würde; zum anderen, dass der Betriebstätte, soweit ihr bestimmte Leistungen zuzurechnen sind, entsprechend auch ein anteiliger **Gewinn** zuzuweisen ist, wie ihn ein fremder Dritter unter vergleichbaren Voraussetzungen erzielt haben könnte. Wird der Gewinn einer Betriebstätte mit Hilfe der sog. „direkten Methode" ermittelt (s. dazu Rz. 101), so bedeutet dies, dass der Betriebstätte die ihr zuzurechnenden Leistungen unter den Voraussetzungen des Art. 7 Abs. 2 MA grundsätzlich zu **Fremdvergleichspreisen** zu vergüten sind. 73

d) Gleiche oder ähnliche Tätigkeit: Art. 7 Abs. 2 MA rechnet der Betriebstätte nur diejenigen Gewinne zu, die sie hätte erzielen können, wenn sie als selbständiges Unternehmen „eine gleiche oder ähnliche Tätigkeit" ausgeübt hätte. Abgestellt wird auf die Tätigkeit der Betriebstätte; dies sind in erster Linie die Lieferungen und Leistungen des regelmäßigen Geschäftsverkehrs, gleichgültig, ob sie an unabhängige Abnehmer gehen oder an einen anderen Zweig des Unternehmens, dessen Teil die Betriebstätte ist. Aber auch abrechnungstechnisch abgrenzbare Nebenleistungen würde ein fremdes Unternehmen im Allgemeinen nicht unentgeltlich erbringen. Derartige Nebentätigkeiten einer Betriebstätte führen daher ebenfalls zur Zurechnung eines Gewinnanteils. 74

„Tätigkeit" der Betriebstätte ist vom Wortsinn her – ebenso im englischen und französischen Originaltext: „activities" und „activités" – **aktives** („positives") Tun. Soweit die Betriebstätte – bzw. das Unternehmen mit Einschluss der Betriebstätte – auf Grund eines entgeltlichen Vertrags mit einem **fremden** Unternehmen ein **Unterlassen** „leistet" (z.B. auf Grund einer Wettbewerbsvereinbarung), ist dies einer Tätigkeit gleichzusetzen. Im Verhältnis zum **Stammhaus** kann dagegen ein Unterlassen **nicht** zu einer Gewinnzurechnung führen, insbesondere nicht mit der Begründung, ein fremdes Unternehmen an Stelle der Betriebstätte wäre mit großer Wahrscheinlichkeit in entsprechender Weise tätig geworden. (Zur Anwendung der Geschäftschancenlehre im Verhältnis Stammhaus – Betriebstätte s. *Buciek,* in Piltz/Schaumburg, S. 61; *Eisele,* S. 191 ff., 224 ff.). Solche Annahmen wären i.d.R. auch höchst unsicher: Es mag sein, dass das fremde Unternehmen auf einen Wettbewerb mit dem Stammhaus nur gegen angemessenes Entgelt verzichtet hätte; es ist aber ebenso gut auch denkbar, dass es aus freier unternehmerischer Entscheidung es vorgezogen hätte, einen Wettbewerb nicht zu versuchen, seine Kräfte auf einem anderen Markt einzusetzen. Art. 7 Abs. 2 MA macht daher die Gewinnzurechnung bei einer Betriebstätte von der von dieser **tatsächlich ausgeübten Tätigkeit** abhängig; er schreibt der internationalen Unternehmung nicht vor, in welcher Weise sie die betrieblichen Funktionen auf ihre verschiedenen Untereinheiten verteilen soll (s. *Hemmelrath,* Ermittlung des Betriebstättengewinns, S. 146 f.). 75

e) Gleiche oder ähnliche Bedingungen: Die Tätigkeit der Betriebstätte kann nach Art. 7 Abs. 2 mit derjenigen eines fremden Unternehmens für die Bestimmung des der Betriebstätte zuzuweisenden Gewinns nur unter der Voraussetzung verglichen werden, dass sie „unter gleichen oder ähnlichen Bedingungen" erbracht 76 wurde. Z. B. kann eine reine Vertriebsbetriebstätte nicht mit einem Produktionsunternehmen verglichen werden, das seine Erzeugnisse auch selber weiterveräußert. Besonders bedeutsam ist die Frage der „gleichen oder ähnlichen Bedingungen" für Leistungen einer Betriebstätte an einen anderen Zweig des Unternehmens, deren Nutzen dem **Gesamtunternehmen** und damit **anteilig auch der leistenden Betriebstätte selber** zugutekommt. Hier handelt es sich um typische Leistungsbeziehungen zwischen den verschiedenen Teileinheiten eines internationalen Einzelunternehmens oder auch Konzerns, die mit ähnlichen Leistungen im Verhältnis zwischen fremden Unternehmen **nicht vergleichbar** sind. Eine Gewinnzuweisung kann in diesen Fällen daran scheitern, dass ein – auch hypothetischer – Fremdvergleich nach der Art der Leistung nicht möglich ist. Zur Gewinn- und Verlustaufteilung zwischen Stammhaus und Betriebstätte bei Bauausführungen und Montageleistungen vgl. Tz. 4.3.6 der Betriebstätten-Verwaltungsgrundsätze, BMF v. 24.12.1999, BStBl. I 1999, 1076.

77 **f) Selbständiges Unternehmen – völlig unabhängig:** Die Vorschrift, dass der Betriebstätte diejenigen Gewinne zuzurechnen seien, die sie hätte erzielen können, wenn sie „als selbständiges Unternehmen" tätig geworden und im Verkehr mit dem Stammhaus „völlig unabhängig" gewesen wäre, hat insbesondere in Deutschland und den Niederlanden zu lebhaften Meinungsverschiedenheiten über die Reichweite dieser Selbständigkeitsfiktion geführt.

78 **aa) Im Fachschrifttum** stehen sich im Wesentlichen **zwei Auffassungen** gegenüber:

Nach der einen Auffassung wird nur eine **absolute (hypothetische) Selbständigkeit** der Betriebstätte dem Fremdvergleichs-Grundsatz des Art. 7 Abs. 2 gerecht. Die Betriebstätte sei für die Gewinnabgrenzung nicht anders als eine rechtlich selbständige Tochtergesellschaft zu behandeln; die Unterschiede der Organisation und der rechtlichen Ausgestaltung der Beziehungen beider zum Stammbetrieb seien für die Gewinnabgrenzung unbeachtlich. Demgemäß seien vertragliche Vereinbarungen zwischen der Betriebstätte und dem Stammhaus, obwohl zivilrechtlich als solche nicht existent, steuerlich wie Verträge zwischen völlig fremden Unternehmen zu betrachten – oder: der „Nutzen" aus der unternehmerischen Tätigkeit sei entsprechend der Aufteilung der „Funktionen" wie zwischen unabhängigen Unternehmen aufzuteilen – mit der Konsequenz, dass zwischen der Betriebstätte und dem Stammhaus vereinbarte Darlehenszinsen, Lizenzgebühren, Mieten, Provisionen für Dienstleistungen und ähnliche Vergütungen in gleichem Maß steuerlich anzuerkennen seien wie im Verhältnis zu fremden Dritten. Für diese Auffassung s. insbesondere: FWK/*Buciek,* Art. 7, Rz. 504; *Jacobs,* S. 621 ff.; GKG/*Kroppen,* Art. 7, Rz. 108; *Bähr,* 84; *Bellstedt,* S. 234 ff.; *Kluge,* StuW 1975, 304; Institut der Wirtschaftsprüfer, Intertax 1988, 427; *Becker,* EStZ 1971, 100; *ders.,* DB 1989, 10 ff.; *ders.,* DB 1990, 392; im Ergebnis ähnlich *Beiser,* IStR 1992, 7; dazu *Becker,* IWB F. 2, Vorschau und Standpunkte, 623; für Nachweise niederländischer Autoren siehe *van Raad,* Beweeglijkheid in het internationaal belastingrecht, 1987, S. 6 n. 5; für Vorschläge zu einer entsprechenden Änderung des OECD-MA s. *van Raad,* Intertax 1991, 497. Der Fiktion der uneingeschränkten Selbständigkeit wird in der Literatur teilweise eine unterschiedliche Reichweite beigemessen. Während unter Bezug auf die uneingeschränkte Selbständigkeitsfiktion überwiegend der generelle Ansatz eines Gewinnaufschlags bei der Erfolgsabgrenzung gefordert wird (vgl. dazu GKG/*Kroppen,* Art. 7 Rz. 100 ff.), wird teilweise darüber hinausgehend bei Innentransaktionen eine sofortige **Erfolgsrealisation** verlangt (s. *Sieker,* DB 1996, 110, 113). Art. 7 Abs. 2 lässt sich jedoch kein Erfordernis einer Erfolgsrealisation entnehmen (s. Rz. 90 ff.).

Demgegenüber halten andere Autoren nach Art. 7 Abs. 2 nur eine **eingeschränkte (hypothetische) Selbständigkeit** der Betriebstätte für geboten. Sie vertreten die Ansicht, Art. 7 Abs. 2 verlange nicht eine umfassende Fiktion der Selbständigkeit; auch bei der Gewinnabgrenzung könne nicht daran vorübergegangen werden, dass Betriebstätten immer nur ein Teil des Gesamtunternehmens seien und deshalb nicht uneingeschränkt wie selbständige Unternehmen behandelt werden könnten. Der Fremdvergleich bei der Betriebstätte müsse dort enden, wo Betriebstätte und Stammhaus als Teile ein und desselben Unternehmens eben nicht wie Dritte miteinander verkehren könnten. Dies habe insbesondere zur Folge, dass zwischen Betriebstätten eines Unternehmens nicht Kauf-, Miet-, Pacht-, Darlehens-, Lizenz- und sonstige Verträge fingiert werden dürften, die es zivilrechtlich nun einmal nicht gebe. Für diese Auffassung s. insbesondere *Ritter,* 300 ff.; ähnlich auch *Neubauer,* S. 314 ff.; *Weber,* S. 202; *Storck,* S. 298 f.; *Debatin,* DB 1989, 1692 ff. u. 1739 ff.; *Bierlaagh,* Intertax 1992, 156; *Kleineidam,* IStR 1993, 349 ff., 395 ff. In den Niederlanden hat der *Hoge Raad* zeitweise, wenngleich nicht durchgängig, eine ähnliche Ansicht vertreten; zu dieser Rechtsprechung siehe *van Raad,* a. a. O., 8 ff., und *Bierlaagh,* a. a. O. 79

bb) Die **deutsche Finanzverwaltung** folgt hinsichtlich des MA 2008 der Theorie der **eingeschränkten** Selbständigkeit der Betriebstätte, jedoch **nur zum Teil.** Zur Verrechnung von Darlehenszinsen sowie Miet-, Pacht- oder Lizenzgebühren vertritt sie die Auffassung, Verträge zwischen Hauptbetrieb und Betriebstätte könnten infolge der rechtlichen und tatsächlichen Unselbständigkeit der Betriebstätte nicht anerkannt werden. Dies gelte jedoch nicht für Gegenstände der ordentlichen Geschäftstätigkeit (BMF v. 24.12.1999, BStBl. I 1999, 1076, Tz. 2.2.). Folglich könne auch eine Verrechnung entsprechender Entgelte nicht anerkannt werden, es sei denn, es handelte sich um Beträge, die nachweislich von einem Unternehmensteil für einen anderen **gegenüber unternehmensfremden Dritten verauslagt** seien (s. Abschnitt 9 der Richtlinien zum *DBA USA 1954/65,* BStBl. I 1957, 154). Bei **der Überführung von Wirtschaftsgütern** sowohl des Anlage- als auch des Umlaufvermögens aus einem inländischen Unternehmensteil in die in einem DBA-Staat gelegene ausländische Betriebstätte bzw. aus der inländischen Betriebstätte in das ausländische Stammhaus wird im Zeitpunkt der Überführung eine steuerwirksame **Realisierung** der im Buchansatz des betreffenden Wirtschaftsguts enthaltenen stillen Reserven angenommen (sog. **„Entstrickung“;** BMF a. a. O., Tz. 2.6.2., 2.6.3.; *Kergall,* CDFI LXXI a, 37, 42 f.; s. zur gesetzlichen Neuregelung auch Rz. 121 f.). Ausgehend von der fiktiven Selbständigkeit der Betriebstätte sei eine Abrechnung zu marktgerechten Preisen geboten. Die Behandlung der Betriebstätte „wie ein fremdes, unabhängiges Unternehmen“ könne hier zwar dazu führen, dass die inländische Betriebstätte Gewinne erziele, die vom Gesamtunternehmen noch nicht realisiert worden seien. Dies sei jedoch eine Folge der Betriebstättenbesteuerung, wie sie im innerstaatlichen Recht und den DBA angeordnet sei. Darüber hinaus sollen nach Auffassung der deutschen Verwaltung die „Grundsätze für die Prüfung der Einkunftsabgrenzung bei international verbundenen Unternehmen“ (s. Art. 9) auf Betriebstätten analog anzuwenden sein; ebenso könne Unterkapitalisierung im Sinne des § 8a KStG vorliegen (siehe BMF-Schreiben v. 15.1.1988, DB 1988, 370). Zur Einkunftsabgrenzung anhand konkreter Beispielsfälle aus der Sicht der deutschen Finanzverwaltung s. *Kramer,* TNI August 1990, 812. Schwierigkeiten können im europäischen Recht auftreten, wenn die DBA mit den europäischen Grundfreiheiten zusammentreffen. Wie *Lang* (IStR 2006, 550) ausführt, können die europäischen Grundfreiheiten dazu führen, dass im Falle der Wertminderung eines zuvor in eine andere europäische Betriebstätte eines DBA-Staates überführten Wirtschaftsguts die durch die Wertminderung eingetretenen Verluste in beiden Staaten abzugsfähig sind. 80

81 Die deutsche **Rechtsprechung** stimmte ursprünglich mit der Auffassung der Finanzverwaltung von der eingeschränkten Selbstständigkeit der Betriebstätte weithin überein. Über „Lizenzgebühren", die die Betriebstätte an das Stammhaus zahlt, s. bereits RFH RStBl. 1938, 46. Zur Verrechnung von Darlehenszinsen zwischen einem ausländischen Unternehmen und dessen inländischer Betriebstätte hat der BFH ausgeführt, „die Fiktion verzinslicher Darlehen anstelle der Zuweisung von weiterem Dotationskapital" sei abzulehnen, weil sie „in besonders starkem Maße Möglichkeiten einer willkürlichen Gestaltung" gebe (BFH BStBl. III 1966, 24 (27): *DBA Schweiz 1931*). Übereinstimmend hat der BFH noch 1993 entschieden, zwischen Stammhaus und Betriebstätte komme weder der Ansatz von echten noch von fiktiven Forderungen in Frage. Vielmehr stehe es im Ermessen des ausländischen Unternehmers, inwieweit er seine inländische Betriebstätte mit Dotationskapital ausstatte (BFH BStBl. II 1993, 63 (66): *DBA Japan*). Hinsichtlich der **Überführung von Wirtschaftsgütern** hat die deutsche Rechtsprechung bislang überwiegend nur zum Anlagevermögen Stellung genommen; sie hat insoweit jedoch ebenfalls für den Fall der Überführung in eine ausländische Betriebstätte, deren Gewinn aufgrund eines DBA von der deutschen Besteuerung freizustellen ist, eine Realisierung der im bisherigen Buchansatz enthaltenen stillen Reserven verlangt (BFH BStBl. II 1970, 175 (176 f.); BStBl. II 1972, 760 (761): beide *DBA Österreich;* s. zur nunmehr eingeführten gesetzlichen Regelung Rz. 121 f.).

82 Eine Grundsatzentscheidung des BFH von 1988 hat für die künftige Rechtsprechung jedoch **neue Ausgangspunkte** geschaffen. Die Entscheidung spricht sich klar für das Prinzip der **eingeschränkten Selbständigkeit** der Betriebstätte aus. Ihr Gewinn sei nach den gleichen Regeln zu bestimmen, die auch für selbständige Gewerbebetriebe gelten, d. h. nach deutschem Recht durch Feststellung des Betriebsergebnisses auf der Grundlage einer Bilanz (§ 5 Abs. 1 EStG). Dabei seien alle Aufwendungen als Betriebsausgaben abziehbar, die durch die Tätigkeit der Betriebstätte veranlasst seien. Ob diese Aufwendungen im Inland oder im Ausland angefallen seien, ob die Betriebstätte sie getragen habe oder das Stammhaus, sei beides unerheblich. Bei der Zuordnung sei jedoch **zu berücksichtigen,** dass die Betriebstätte nur **unselbständiger Teil** des Gesamtunternehmens sei. Kosten seien daher erst dann zu berücksichtigen, wenn sie sich „für das **Gesamtunternehmen** aufwandsmäßig auswirken" (BFH BStBl. II 1989, 140: *DBA Kanada*). Die Finanzverwaltung hat auf das BFH-Urteil durch ein BMF-Schreiben v. 12.2.1990 (BStBl. I 1990, 72) reagiert. Nach diesem durfte bei unbeschränkter Steuerpflicht der Unterschiedsbetrag zwischen dem Marktpreis und dem Buchwert eines Wirtschaftsgutes im Zeitpunkt seiner Überführung in eine Betriebstätte in einem DBA-Staat gesondert festgehalten und durch einen passiven, gegebenenfalls auch aktiven Ausgleichsposten steuerlich neutralisiert werden. Erst beim Ausscheiden des Wirtschaftsguts aus der ausländischen Betriebstätte, bei abnutzbaren Anlagegütern schon vorher gemäß der Restnutzungsdauer, war der Ausgleichsposten erfolgswirksam aufzulösen. In den Betriebstätten-Verwaltungsgrundsätzen (BMF v. 24.12.1999, BStBl. I 1999, 1076) hielt die Finanzverwaltung weiter an der Realisierung stiller Reserven durch Entstrickung fest (BMF a. a. O., Tz. 2.6.2.) und übernahm leicht modifiziert die durch das BMF-Schreiben v. 12.2.1990 (a. a. O.) geschaffene Möglichkeit, aus Billigkeitsgründen die Besteuerung durch Bildung eines Ausgleichspostens im Fall der unbeschränkten Steuerpflicht aufzuschieben (BMF a. a. O., Tz. 2.6.2.; näher Rz. 121 f.).

83 Die Rechtsprechung in **anderen Staaten** folgt dem Prinzip der eingeschränkten Selbständigkeit in unterschiedlichem Maße: In den **Niederlanden** hat der *Hoge Raad* (BNB 1990/36: *DBA Niederlande/Großbritannien*) entschieden, dass ein Währungsverlust aus Lieferverbindlichkeiten der niederländischen Betriebstätte gegenüber dem ausländischen Stammhaus steuerlich berücksichtigt werden darf, da

es sich bei den zugrunde liegenden Lieferungen um unmittelbar mit dem Kerngeschäft der Betriebstätte zusammenhängende Aktivitäten handele und auf der Grundlage der Selbständigkeitsfiktion ein Fremdvergleich möglich sei (s. auch *de Soeten,* WFR 1990, 1403; *Burgers,* WFR 1990, 1410; *van Brunschot,* Anmerkung zu *Hoge Raad* v. 10.3.1993, BNB 1991/204; *Kunst,* MBB 1993, 15). In einer weiteren Entscheidung urteilte der *Hoge Raad* (BNB 1991/204: *DBA Niederlande/Türkei*), dass eine ursprünglich im Zusammenhang mit einer ausländischen Betriebstätte erworbene Forderung auch nach Auflösung der Betriebstätte als ausländisches Betriebsvermögen gelte, realisierte Wertänderungen somit von der niederländischen Besteuerung freizustellen seien (kritisch hierzu *Bierlaagh,* Intertax 1992, 156 (159)). Einen weiteren Schritt zu einer Verstärkung der Selbständigkeit der Betriebstätte im niederländischen internationalen Steuerrecht geht der *Hoge Raad* mit seinem Urteil v. 10.3.1993 (BNB 1993/209: *DBA Niederlande/USA,* Anm. von *van Brunschot,* dazu auch *van den Bruinhorst,* ET 1994, 124). Nach diesem Urteil ist ein Währungsgewinn, der sich bei der in US-Dollar erfolgenden Ermittlung des Gewinns der US-amerikanischen Betriebstätte eines niederländischen Unternehmens ergibt, auch dann bei der Ermittlung der in den Niederlanden freizustellenden ausländischen Einkünfte zu berücksichtigen, wenn er (nach Umrechnung in Gulden) für das Gesamtunternehmen keinen Gewinn darstellt. Entscheidend ist für den *Hoge Raad,* dass der in den Niederlanden freizustellende ausländische Gewinn im anderen Vertragsstaat tatsächlich besteuert werden könnte und, bei Anwendung niederländischer Gewinnermittlungsvorschriften, auch würde, s. auch *Hoge Raad* BNB 1994/190, concl. *van Soest: DBA Niederlande/Belgien* und *Stalman,* TPIR September 1997, 17.

In **Frankreich** hat der *Conseil d'Etat* (Dr. Fisc. 1992, comm. 1895; Zusammen- **84** fassung bei *van Waardenburg,* ET 1993, 99: *DBA Frankreich/Deutschland*) entschieden, dass Warenlieferungen eines deutschen Produktionsunternehmens an sein französisches Vertriebsbüro zu Marktpreisen zu verrechnen seien. Das **dänische** *Højesteret* hat in einer Entscheidung von 1992 die Abzugsfähigkeit von Zinsen, die eine dänische Betriebstätte an das ausländische Stammhaus gezahlt hatte, unter Berufung auf den MA-Komm. verneint (berichtet von *Winther-Sørensen,* ET 1993, 217; *Weizman,* TNI June 1993, 1481: *DBA Dänemark/USA*).

Der *Tax Court of Canada* hat 1995 in „Cudd Pressure Control Inc. v. The **85** Queen" (1995 DTC 559) den Abzug fiktiver Mietkosten für Ausrüstungsgegenstände bei der kanadischen Betriebstätte einer US-Gesellschaft nicht zugelassen. Die Betriebstätte hätte nach Ansicht des Gerichts als unabhängiges Unternehmen die Gegenstände vielmehr zum Marktpreis erworben, sodass lediglich Abschreibungen über die Nutzungsdauer anerkannt wurden. Hierzu vgl. *Ward,* Canadian Tax Journal 2000, 559; *v. Raad,* Intertax 2000, 162; *Roxan,* Intertax 1997, 367.

Der **MA-Komm.** zum Art. 7 Abs. 2 MA wurde 1994 neu gefasst. Danach findet **86** der *arm's-length*-Grundsatz (Art. 9) grundsätzlich auch auf das Verhältnis der Betriebstätte zum Stammhaus Anwendung. Dennoch erkennt der Kommentar 1994 nur eine **eingeschränkte** Selbständigkeit der Betriebstätte an. Für zulässig hält er eine unternehmensinterne Verrechnung von Leistungen zwar dann, wenn diese den jeweiligen Funktionen der Unternehmensteile im Rahmen des Gesamtunternehmens entsprechen und sie sich symmetrisch und in gleicher Währung in den Büchern der Betriebstätte und des Stammhauses niederschlagen (MA-Komm. 1994 zu Art. 7 Ziff. 12.1). Diese funktionsbezogene Sicht findet jedoch ihre Grenze bei der Frage, ob eine interne Abrechnung wie zwischen fremden Dritten (mit Gewinnaufschlag) stattfinden darf. Nach der Auffassung des MA-Komm. 1994 (Ziff. 17.1 bis 17.7) kommt es darauf an, ob der durch eine abgerechnete Leistung oder Lieferung zu erzielende Nutzen **abgrenzbar** der Betriebstätte (bzw. dem Stammhaus) zugute kommt oder ob es sich um einen Aufwand im Interesse des Gesamtunternehmens handelt, dessen Nutzen sich nicht eindeutig abgrenzen lässt. Im ersten Fall sei eine Abrechnung wie zwischen fremden Dritten geboten, im letzteren dagegen sei zu Selbstkosten abzurechnen, da Dritte solche Leistungen nicht anbieten könnten und so kein Fremdvergleich möglich sei. Demnach seien Lieferungen und Leistungen zwischen Stammhaus und Betriebstätte, die unmittelbar einer anschließenden Lieferung oder Dienstleistung an Dritte dienten, zu Marktpreisen, d. h. mit Gewinnaufschlag anzusetzen. Erbringe das Stammhaus jedoch Leistungen, die Ausfluss seiner Stellung als Zentrale des Unternehmens seien und diesem als Ganzem nutzen sollten (z. B. einheitliche Ausbildung, allgemeine Verwaltung), so seien die Kosten solcher Leistungen ohne Gewinnaufschlag auf die betroffenen Unternehmensteile zu verteilen. Fiktive Lizenz- und Darlehensverträge zwischen Stammhaus und Betriebstätte und die darauf beruhenden Belastungen sind nach Ziff. 17.4 und 18 MA-Komm. 1994 nicht zu berücksichtigen (zu Sonderregelungen bei Banken s. Rz. 116 f.).

87 Die trotz der Neufassung des Kommentars 1994 fortbestehenden Unterschiede bei der Auslegung der Abkommensnorm (s. *Kobetsky,* BIT 2006, 411) führten zur Entwicklung des „Authorized OECD Approach" (s. Rz. 14a f.). Der AOA folgt dem „Functionally Separate Entity Approach", die Betriebstätte wird also als rechtlich (weitgehend) selbständiges Unternehmen fingiert, dem auf Basis einer Funktionsanalyse unter entsprechender Anwendung der Verrechnungspreisrichtlinien Wirtschaftsgüter, Risiken und Kapital zuzuordnen sind. Maßgeblich für diese Zuordnung sollen dabei insbesondere die durch die Mitarbeiter des Einheitsunternehmens ausgeübten wesentlichen Personalfunktionen („significant people functions") sowie die Art und Weise ihrer Ausübung sein (s. Ziff. 91 Betriebstättenbericht 2008, Teil I). Aufbauend auf den so gefundenen Ergebnissen werden interne Leistungsbeziehungen (sog. „dealings") grundsätzlich anerkannt und unter Heranziehung der Verrechnungspreisrichtlinien fremdvergleichskonform, d. h. wie unter selbständigen Unternehmen, abgerechnet (s. Ziff. 210 Betriebstättenbericht 2008, Teil I). Da solche Innentransaktionen indes rechtlich inexistent sind, erfordert ihre Berücksichtigung einen zugrunde liegenden tatsächlichen und (insbesondere auch in der Dokumentation) erkennbaren wirtschaftlichen Vorgang (s. Ziff. 212 ff. Betriebstättenbericht 2008, Teil I). Weitere Einschränkungen ergeben sich für die Anerkennung interner Finanzierungsgeschäfte (s. Rz. 215). Der Betriebstättengewinn setzt sich demnach aus den der Betriebstätte zuzuordnenden Außentransaktionen mit (verbundenen und unverbundenen) Unternehmen sowie den anzuerkennenden internen Leistungsbeziehungen (unter Berücksichtigung angemessener Gewinnaufschläge) zusammen. Zu den damit einhergehenden Problemen der Implementierung des AOA im innerstaatlichen Recht s. Rz. 219. Zur Bewertung des AOA im Allgemeinen s. Rz. 203.

87a In einem ersten Schritt zur Implementierung des AOA wurde der MA-Komm. 2008 einer Revision unterzogen, welche allerdings nicht zu einer vollständigen Umsetzung des neuen OECD-Ansatzes führte, sondern sich auf Veränderungen beschränkt, die nach Ansicht der OECD nicht in Widerstreit mit der bisherigen Kommentarauffassung geraten (Ziff. 7 MA-Komm. 2008). Ziff. 17 und 18 MA-Komm. 2008 verweisen dabei auf die im Betriebstättenbericht 2008 erläuterte zweistufige Methodik zur Gewinnzurechnung (s. Rz. 87), wobei der Betriebstättenbericht seinerseits jedoch nur herangezogen werden soll, soweit er nicht in Konflikt mit der Kommentierung steht (Ziff. 7 MA-Komm. 2008). Damit wird im Grundsatz die im Bericht enthaltene Vorgehensweise zur Zuordnung von Wirtschaftsgütern, Risiken und Kapital auf Basis der an die Verrechnungspreisrichtlinien angelehnten Funktionsanalyse für anwendbar erklärt, wobei insbesondere im Hinblick auf die Zuweisung und Bemessung des Dotationskapitals der Betriebstätte neue Aussagen auch direkt in den Kommentar aufgenommen wurden (Ziff. 44 ff. MA-Komm. 2008; s. ausführlicher hierzu auch Rz. 116a). Für die Bewertung von

Innentransaktionen sollen zwar ebenfalls die Verrechnungspreisrichtlinien herangezogen werden, interne Leistungsbeziehungen werden aber weiterhin nur in dem bereits im MA-Komm. 1994 vorgesehenen Rahmen mit Gewinnaufschlag verrechnet (s. Rz. 86; im MA-Komm. 2008 nunmehr Ziff. 31–37 sowie für interne Zinsverrechnungen Ziff. 41 f.). Allerdings wird, entgegen der aufgrund des Zusammenhangs zwischen Art. 7 Abs. 2 und Abs. 1 angezeigten Auslegung (s. Rz. 90 ff.), eine quantitative Begrenzung der Gewinnzurechnung auf die Gewinne des Gesamtunternehmens nunmehr ausdrücklich abgelehnt (Ziff. 11 MA-Komm. 2008), weshalb es möglich sein soll, der Betriebstätte einen Gewinn auch im Falle eines Gesamtunternehmensverlusts zuzuweisen (s. *Bennet*, ET 2008, 467 (370); *Förster*, IStR 2007, 398 (399); für eine Beispielsrechnung *Plansky*, S. 219).

Erstmals enthält der Kommentar auch Angaben zur Behandlung der Vertreter-Betriebstätte, für die sich die Gewinnzurechnung nunmehr ebenfalls an den Maßgaben des AOA orientieren soll (s. Ziff. 26 MA-Komm. 2008). Damit wird insbesondere der Nullsummentheorie, aber auch anderen Ansätzen der Gewinnabgrenzung in diesem Bereich Vorschub geleistet (vgl. ausführlich zur Gewinnzurechung bei Vertreter-Betriebstätten nach dem AOA *Niehaves*, IStR 2011, 373; *Griemla*, IStR 2005, 857; *Plansky*, S. 229 ff.). Weitere Ergänzungen betreffen Bau- und Montagebetriebstätten (s. Ziff. 23 ff. MA-Komm. 2008). **87b**

Neue Vorgaben enthält der Kommentar auch für die Betriebstättendokumentation, indem er auf Ziff. 39 und 210 ff. des ersten Teils des Betriebstättenberichts verweist (Ziff. 16, 19 und 20 MA-Komm. 2008). Sie soll von der Finanzverwaltung dann anzuerkennen sein, wenn sie die wirtschaftliche Substanz der aufgezeichneten Aktivitäten (ermittelt durch die Funktionsanalyse) zutreffend reflektiert, die dokumentierten Vereinbarungen fremdvergleichskonform sind (oder bei Abweichen zumindest eine problemlose Anpassung seitens der Finanzverwaltung ermöglichen) und die Grundsätze des AOA nicht verletzen (s. Ziff. 39 und 181 Betriebstättenbericht 2008, Teil I). Diese Anforderungen sollen in Übereinstimmung mit den Ziff. 1.48–1.54 und 1.64–1.69 der Verrechnungspreisrichtlinien verstanden werden, die daher im Wege der Analogie heranzuziehen sind. Zwar entsprach es bereits dem MA-Komm. 1994, dass die Dokumentation für ihre Anerkennung in Übereinstimmung mit den ausgeübten Funktionen und in gegenseitiger Entsprechung zwischen Stammhaus und Betriebstätte aufzubereiten ist (s. Ziff. 12.1 MA-Komm. 1994), doch werden durch die vorgenommenen Änderungen am Kommentar die Anforderungen (mag dies von der OECD auch nicht intendiert sein) im Ergebnis verschärft (so auch *Plansky*, S. 224 f.; a. A. wohl *Förster*, IStR 2007, 398 (399)). **87c**

Da die in den Rz. 87a–87c dargestellten Änderungen und Ergänzungen der OECD nach der hier vertretenen Auffassung nicht in Einklang mit allgemeinen Auslegungsgrundsätzen stehen, sind sie auf Altabkommen nicht anwendbar. Für diese verbleibt es bei der Maßgeblichkeit des zum Vertragsschluss geltenden Kommentars (s. Rz. 14c ff.). **87d**

Zur Frage **der Überführung von Wirtschaftsgütern** führt der MA-Komm. 2008 in Ziff. 21 und 22 lediglich aus, dass bei einer endgültigen oder zeitweiligen Verlagerung von Wirtschaftsgütern des Anlage- oder Umlaufvermögens aus dem Staat der Betriebstätte in den des Stammhauses oder umgekehrt oder zu einer Betriebstätte in einem dritten Staat der Staat, aus dem heraus das Wirtschaftsgut verlagert werde, häufig aufgrund seines innerstaatlichen Rechts eine Aufdeckung der stillen Reserven fordere und diese besteuere. Eine solche „Entstrickungsbesteuerung" könne besonders dann zu Problemen führen, wenn ein Gewinn aus einer Veräußerung der betreffenden Wirtschaftsgüter von dem Gesamtunternehmen erst in späteren Jahren realisiert werde. In besonders schwierigen Fällen hält der MA-Komm. es für die Aufgabe des Sitzstaates des Stammhauses, im Einvernehmen mit **88** dem Betriebstättenstaat eine Einzelfalllösung zu suchen, s. auch Rz. 101 f.; *Kolb/Lüthi,* IWB F. 10, International, Gr. 2, 1059; kritisch: *Romyn,* Intertax 1994, 470.

89 **cc) Für** eine Interpretation des Art. 7 Abs. 2 im Sinne einer nur **eingeschränkten Selbständigkeit** spricht die **historische Entwicklung** der Abkommensmuster. Der Gedanke des Fremdvergleichs als Kriterium für die Ermittlung des Betriebstättengewinns geht zurück auf die im Auftrag des Völkerbunds 1932/33 von *Carroll* und *Jones* durchgeführten Untersuchungen („League of Nations": Taxation of Foreign and National Enterprises, vol. I bis V, 1932 und 1933, Doc. C. 73 und Doc. C. 425 und 425a bis c). In ihren Untersuchungen kommen *Carroll* und *Jones* übereinstimmend zu dem Ergebnis, die Betriebstätte eines internationalen Unternehmens solle soweit als möglich als unabhängige Einheit behandelt werden; demgemäß seien Warenlieferungen zwischen Betriebstätte und Stammhaus zum Marktpreis abzurechnen („sale between independents criterion": *Carroll,* a. a. O., vol. IV, 177 ff., 192 f.; *Jones,* a. a. O., vol. V, 11). Andererseits müsse die Betriebstätte aber dabei vor einer Besteuerung von Gewinnen geschützt werden, die noch nicht realisiert seien, möglicherweise vom Gesamtunternehmen gar nicht realisiert werden könnten (*Carroll,* a. a. O., vol. IV, 184; *Jones,* a. a. O., vol. V, 9 ff.). „It is therefore recommended that international enterprises be allowed to eliminate unrealised profits in branch inventories from the profits shown by the books of the branch from which the goods in question were shipped" (*Jones,* a. a. O., vol. V, 11). Der Steuerausschuss des Völkerbunds machte sich diese Untersuchungsergebnisse und Vorschläge zu eigen und legte sie seinem Musterabkommen über die Zuordnung gewerblicher Gewinne auf die beteiligten steuerberechtigten Staaten zugrunde (Völkerbund-Dokument C. 399. M. 204. 1933. II. A. [F./Fiscal. 76.], S. 1 und 2). Dieses Musterabkommen von 1933, das 1935 nur geringfügig revidiert wurde, enthielt als Kernaussage bereits den Grundsatz des Fremdvergleichs, und zwar in einer bis hin zum MA 1977 nur noch geringfügig veränderten Formulierung (Völkerbund-Dokument C. 399. M. 124. 1935. II. A. [F./Fiscal. 76.] bzw. Völkerbund-Dokument C. 252. M. 124. 1935. II. A. [F./Fiscal. 83.], jeweils Art. 3 Abs. 1 Satz 1). In den Abkommensentwürfen von Mexiko und London (s. die Grundl. Rz. 33) wurde ihr jeweils noch der Satz vorangestellt: „If an enterprise has a permanent establishment in each of the Contracting States each State shall tax (London: only) that part of the income which is produced in its territory".

90 **dd)** Dass auch nach den MA **nur Gewinne** besteuert werden sollen, die das Unternehmen **tatsächlich erzielt** hat, wird deutlich, wenn man Art. 7 Abs. 2 in Verbindung mit Abs. 1 sieht. Nach Abs. 1 Satz 2 können, wenn das Unternehmen seine Tätigkeit im anderen Vertragsstaat durch eine dort gelegene Betriebstätte ausübt, **„die Gewinne des Unternehmens"** im Betriebstättenstaat besteuert werden. Diese Formulierung belässt dem Betriebstättenstaat die Besteuerung nicht nur dem Grunde nach, sie enthält **auch eine quantitative Aussage:** der Betriebstätte können nur solche Gewinne zugerechnet werden, die **gleichzeitig Gewinne des Unternehmens** sind. Diese Auffassung wird jedoch von der OECD nicht mehr uneingeschränkt geteilt (s. Rz. 87 ff.).

91 Diese Einsicht führt zu der Folgerung, dass einer Betriebstätte Gewinne aus Innenumsätzen grundsätzlich nur zugerechnet werden können, wenn diese Umsätze auch **für das Gesamtunternehmen erfolgswirksam** werden (entsprechend für Kosten: BFH BStBl. II 1989, 140). Das ist grundsätzlich zu bejahen für Lieferungen und Leistungen, die zur regelmäßigen Geschäftstätigkeit des Unternehmens (seinen typischen „Außenumsätzen") gehören. Für Nebenleistungen einer Betriebstätte kann es zweifelhaft sein (s. dazu Rz. 129). Sollen zwei Teileinheiten eines Unternehmens, wie es Art. 7 Abs. 2 MA fordert, wie selbständige Unternehmen behandelt werden, so ist davon auszugehen, dass ein fremder Dritter eine Leistung nur dann beanspruchen und für die Leistung nur dann ein Entgelt entrichten wür-

de, wenn sie für ihn von Nutzen ist. Mit anderen Worten: eine unternehmensinterne Lieferung oder Leistung ist der Betriebstätte, die die Lieferung oder Leistung empfängt, nur dann als Vorteil zuzurechnen, wenn ihr und damit dem gesamten Unternehmen aus der Leistung ein abgrenzbarer Nutzen erwächst. Nur wenn dies der Fall ist, kann andererseits auch der leistenden Betriebstätte ein entsprechender Ertrag zugewiesen werden (vgl. auch *Becker,* DB 1990, 392 zur These vom Funktionsnutzen). Aus Gründen der Praktikabilität ist es ferner in beiden Richtungen erforderlich, dass sich der Vorteil **gesondert** ermitteln lässt (zutreffend *van Raad,* Rz. 78). Welche **Folgerungen** sich im Einzelnen daraus ergeben, wird zusammenfassend **unten bei Abs. 3 und 4** behandelt (s. Rz. 100 ff.).

Soll der einzelnen Betriebstätte, wie aus Art. 7 Abs. 1 zu folgern ist, ein Teil des 92
Unternehmensgewinns zugerechnet werden, so bedeutet dies auch, dass der Betriebstätte grundsätzlich ein Gewinnanteil **erst dann** zugewiesen werden kann, wenn dieser sich für das Gesamtunternehmen **realisiert** hat. Unternehmensinterne Lieferungen und Leistungen dürfen daher **nicht** zu einem **vorzeitigen** Erfolgsausweis führen. Oberste Leitlinie für die Gewinnaufteilung gemäß Art. 7 MA ist somit der Grundsatz, dass den verschiedenen Betriebstätten eines internationalen Einheitsunternehmens ausschließlich der „Gewinn des Unternehmens" zuzuteilen ist. Nur innerhalb dieses von Art. 7 Abs. 1 MA gesteckten Rahmens kann das Fremdvergleichs-Prinzip des Art. 7 Abs. 2 zur Anwendung kommen. Die Zielsetzung dieses Prinzips besteht in einer verursachungsgerechten, also einer dem individuellen Beitrag der einzelnen Teileinheit zur Realisierung des Unternehmenserfolgs entsprechenden Zuordnung des Gewinns eines internationalen Unternehmens auf dessen verschiedene Betriebstätten. Art. 7 Abs. 2 legt der Gewinnaufteilung auf das Stammhaus und die Betriebstätten hiernach **kein** absolutes, **uneingeschränktes arm's-length-Prinzip** zugrunde. Zum „dealing at arm's length-Grundsatz" vgl. Wassermeyer/*Wassermeyer,* Art. 7 OECD-MA Rz. 320. Die Gewinnzuweisung nach Art. 7 Abs. 2 kann sich vielmehr nur insoweit am Fremdvergleich ausrichten, als dies mit der **rechtlichen Einheit** des Unternehmens vereinbar ist (*Hemmelrath,* 141 (145)). Zum abkommensrechtlichen arm's length-Prinzip des Art. 7 Abs. 2 und zum deutschen innerstaatlichen Recht vgl. auch *Wassermeyer,* „Dealing-at-arm's-length Prinzip", in *Piltz/Schaumburg,* Internationale Betriebstättenbesteuerung, S. 25 ff.).

g) E-Commerce-Transaktionen: Die von der OECD entwickelte „working 93
hypothesis" sollte auch im Hinblick auf die Interpretation und Anwendbarkeit des Art. 7 auf eine Betriebstätte, die Electronic-Commerce-Aktivitäten betreibt, untersucht werden. Hierzu wurde ebenfalls ein Diskussionsentwurf der entsprechenden OECD-Arbeitsgruppe („Attribution of Profit to a Permanent Establishment involved in Electronic Commerce Transactions") als „erster Versuch" veröffentlicht und Kommentaren durch die Öffentlichkeit zugänglich gemacht. Der Entwurf stellte ausdrücklich klar, dass er sich nur auf so genannte „e-tailing"-Aktivitäten, also den Handel über das Internet mittels einer Website, die sich auf dem in einer ausländischen Betriebstätte belegenen Server befindet, im Verhältnis zum Endverbraucher beschränkt. Die Prinzipien des Entwurfs seien zwar auch auf andere Formen des Internethandels, wie z.B. B2B-Modelle oder Auktionsplattformen, anwendbar, müssten jedoch an die jeweilige besondere Situation angepasst werden. Insgesamt unterscheidet der Entwurf vier denkbare Situationen, wobei der Umfang des Gewinns, der der Betriebstätte zuzuordnen ist, einerseits von den übernommenen Funktionen und Risiken der Betriebstätte abhängt und andererseits davon, welcher Unternehmensteil die immateriellen Wirtschaftsgüter „besitzt" oder geschaffen hat, die die Betriebstätte nutzt. Dementsprechend soll einer nur aus Servern bestehenden Betriebstätte, die Routinefunktionen ausübt und hierbei immaterielle Wirt-

schaftsgüter anderer Unternehmensteile nutzt, kein wesentlicher Teil des Gewinns zugerechnet werden können. Dieser Grundsatz wurde nunmehr auch in den Betriebstättenbericht 2008 übernommen (s. Ziff. 95 Betriebstättenbericht 2008, Teil I). Anders kann sich dies bei Betriebstätten verhalten, bei denen Personal Online-Dienstleistungen erbringt und der Server gewartet wird bzw. sogar die benötigte Hard- und Software in der Betriebstätte selbst entwickelt wird.

Zur Besteuerung internationaler E-Commerce-Aktivitäten vgl. auch *Strunk/Kaminski,* IStR 2001, 161; *Schwarz,* FR 2003, 280; *Kessler,* IStR 2000, 98; *Lau/Halkyard,* APTB 2003, 2; *Doernberg,* TN December 2000, 1625; *Steimel,* IStR 2000, 490; *Hinnekens,* Intertax 1998, 192; *Dittmar/Selling,* Intertax 1998, 88; *Portner,* TPIR April 1998, 19; *dies.,* IStR 1998, 549; *Owens,* TNI June 1997, 1833; *Strunk,* IStR 1997, 257; *Dunahoo/Carlisle Jr.,* TNI February 1997, 693.

Zur steuerlichen Behandlung von Software allgemein vgl. *Hughes/Payne,* BTR 2000, 5; *Lüdemann,* FR 2000, 83; *Wolf,* SWI 1997, 349; *Sprague,* TNI December 1996, 2037; *Sprague/Whatley/Weismann,* APTB 1995, 158.

3. UN-MA

93a Die UN lehnt den von der OECD entwickelten AOA ausdrücklich ab (s. Ziff. 1 UN-Komm. 2011 zu Art. 7). Daher verweist der UN-Komm. 2011 zu Art. 7 grundsätzlich nicht auf den MA-Komm. 2010, sondern auf die Kommentierung 2008. Soweit mit letzterer allerdings Ergebnisse des Betriebstättenberichts 2008 implementiert werden (zur Umsetzung des Betriebstättenberichts s. Rz. 87a ff.), nimmt der UN-Komm. den MA-Komm. 2005 in Bezug. Dies betrifft insbesondere auch die durch die OECD vorgenommene Verschärfung der Dokumentationserfordernisse (s. Ziff. 15 UN-Komm. 2011 zu Art. 7; s. zum MA-Komm. bereits Rz. 87c). Gleichwohl vertritt auch die UN die Auffassung, dass der einer Betriebstätte zurechenbare Gewinn nicht durch das Gesamtergebnis des Einheitsunternehmens limitiert wird (s. Ziff. 8 UN-Komm. 2011 zu Art. 7; vgl. zum MA-Komm. insofern bereits Rz. 87a und 90 ff.)

4. US-MA

94 Die US-MA 1996 und 2006 enthalten mehrere Abweichungen vom Wortlaut des OECD- und des UN-MA: Das US-MA 1996 spricht von **gewerblichen** Gewinnen (**business** profits) statt nur von Gewinnen (hierzu s. Rz. 47). Über die Regelungen des OECD- und des UN-MA hinaus sieht Art. 7 Abs. 2 US-MA 1996 ferner vor, dass der Betriebstätte Gewinne nur insoweit zuzuordnen sind, als diese aus der Nutzung von Wirtschaftsgütern oder aus Tätigkeiten der Betriebstätte erwachsen sind. Hierdurch stellt das US-MA 1996 jedoch lediglich klar, dass der Betriebstätte keine Attraktivkraft zukommt; es weicht damit inhaltlich nicht vom OECD-MA ab (s. auch Rz. 15, 42). Sowohl nach US-MA 1996 als auch 2006 sind der Betriebstätte diejenigen Gewinne zuzurechnen, die sie als selbständiges und **unabhängiges** („distinct and independent") Unternehmen hätte erzielen können. Die entsprechende Regelung des OECD- und des UN-MA spricht von einem „selbständigen und **getrennten**" („distinct and separate") Unternehmen; sie fügt das Erfordernis der Unabhängigkeit in einer Formulierung hinzu, die sich auf die **Tätigkeit** des Unternehmens bezieht. Demgegenüber verlangen die US-MA, dass das Unternehmen **als solches** (mit dem die Betriebstätte zu vergleichen ist), **nicht nur** seine **Tätigkeit,** unabhängig sein soll. Der Grund für diesen unterschiedlichen Wortlaut, der auf den ersten Blick wie Haarspalterei anmutet, erschließt sich aus dem bis 1992 von den USA zu Art. 7 OECD-MA angemeldeten Vorbehalt (Ziff. 40 MA-Komm. 1977, abgedruckt in der 2. Aufl., Art. 7 Rz. 55): die USA wollten einen Ansatz von arm's-length-Werten nicht lediglich innerhalb des einzelnen Unternehmens sicherstellen, sondern auch im Verhältnis zu anderen Personen, mit denen das Unternehmen möglicherweise verbunden sein könnte. Für das Verhältnis zu solchen „Dritten" gilt jedoch Art. 9, der als lex specialis weder Raum noch Bedürfnis für eine zusätzliche Regelung im Rahmen des Art. 7 MA lässt. Da andererseits ein „unabhängiges Unternehmen" stets auch ein „getrenntes" ist, das Merkmal „unabhängig" also „getrennt" einschließt, führt die Formulierung der US-MA zu keinem anderen Ergebnis als die etwas umständlichere des OECD- und UN-MA.

Nach dem Protokollvorschlag zu Art. 7 im US-MA 2006 richtet sich die Gewinnzuordnung zudem nach dem eingesetzten Kapital, den übernommenen Risiken und ausgeübten Tätigkeiten unter entsprechender Anwendung der OECD-Verrechnungspreisrichtlinien. Dies entspricht einer Annäherung an die Grundsätze des von der OECD vertretenen AOA (s. Rz. 87 ff.; zur Änderung des US-MA *Avi-Yonah/Tittle*, BIT 2007, 224).

5. EG-Schiedsabkommen

Das EG-Schiedsabkommen (zu diesem s. Art. 25 Rz. 6) enthält in Art. 4 Nr. 2 eine mit Art. 7 Abs. 2 OECD-MA wörtlich übereinstimmende Vorschrift. Soweit ältere DBA-Regelungen unter den Vertragsstaaten von Art. 7 Abs. 2 MA abweichen, geht ihnen Art. 4 Nr. 2 als die jüngere vertragliche Regelung vor. Nachdem das Gewinnberichtigungsabkommen nach einer fünfjährigen Laufzeit am 1.1.2000 außer Kraft getreten und nicht anwendbar war, ist es rückwirkend zum 1.1.2000 wieder gültig (s. Art. 25 Rz. 300). Den Abs. 3 und 4 des Art. 7 MA entsprechende Bestimmungen enthält das Gewinnberichtigungsabkommen nicht. Man wird aber Art. 4 Nr. 2 dahin auslegen müssen, dass er jene Regelungen stillschweigend mitumfasst. 95

II. Deutsche DBA

1. Abkommensübersicht zu Artikel 7 Abs. 2

96

Fast alle deutschen DBA enthalten eine dem Art. 7 Abs. 2 entsprechende Regelung; nicht gelistete DBA entsprechen dem MA 2008

DBA	Ausnahmen und Abweichungen	Artikel	Rz.
Albanien 2010	≈ MA 2008; klarstellende Bestimmung zu Bauausführungen und Montagen	Prot. Nr. 1 Buchst. b	98
Algerien 2007	≈ MA 2008; klarstellende Bestimmung zu Bauausführungen und Montagen	Prot. Nr. 1 Buchstab. b	98
Belarus	≈ MA 2008; klarstellende Bestimmung zu Bauausführungen und Montagen	Prot. Nr. 3 Buchst. b	98
Bolivien	≈ MA 2008; klarstellende Bestimmung zu Bauausführungen und Montagen	Prot. Nr. 2 Buchst. a, b	98
Bulgarien 2010	≈ MA 2008; klarstellende Bestimmung zu Bauausführungen und Montagen	Prot. Nr. 3 Buchst. b	98
China	≈ MA 2008; klarstellende Bestimmung zu Bauausführungen und Montagen	Prot. Nr. 1 Buchst. a, b	98

Fast alle deutschen DBA enthalten eine dem Art. 7 Abs. 2 entsprechende Regelung; nicht gelistete DBA entsprechen dem MA 2008			
DBA	Ausnahmen und Abweichungen	Artikel	Rz.
Estland	≈ MA 2008; klarstellende Bestimmung zu Bauausführungen und Montagen	Prot. Nr. 3 Buchst. a, b	98
Großbritannien 2014 (E)	≈ MA 2010		252
Indien	≈ MA 2008; klarstellende Bestimmung zu Bauausführungen und Montagen	Prot. Nr. 1 Buchst. a, b	98
Indonesien	≈ MA 2008; klarstellende Bestimmung zu Bauausführungen und Montagen	Prot. Nr. 2 Buchst. a, b	98
Italien	≈ MA 2008; klarstellende Bestimmung zu Bauausführungen und Montagen	Prot. Nr. 5 Buchst. a, b	98
Jersey 2008	keine Regelung	–	
Kuwait	≈ MA 2008; klarstellende Bestimmung zu Bauausführungen und Montagen	Prot. Nr. 2 Buchst. a, b	98
Lettland	≈ MA 2008; klarstellende Bestimmung zu Bauausführungen und Montagen	Prot. Nr. 3 Buchst. a, b	98
Liechtenstein 2011	≈ MA 2010		252
Litauen	≈ MA 2008; klarstellende Bestimmung zu Bauausführungen und Montagen	Prot. Nr. 3 Buchst. a, b	98
Luxemburg 2012	≈ MA 2010		252
Malaysia 2010	≈ MA; klarstellende Bestimmung zu Bauausführungen und Montagen	Prot. Nr. 4 Buchst. b	98
Mauritius 2011	≈ MA 2008; klarstellende Bestimmung zu Bauausführungen und Montagen	Prot. Nr. 4 Buchst. b	
Mazedonien 2006	≈ MA 2008; klarstellende Bestimmung zu Bauausführungen und Montagen	Prot. Nr. 2 Buchst. b	
Mexiko 2008	≈ MA 2008; klarstellende Bestimmung zu Bauausführungen und Montagen	Prot. Nr. 3 Buchst. b,	98
Mongolei	≈ MA 2008; klarstellende Bestimmung zu Bauausführungen und Montagen	Prot. Nr. 1 Buchst. a, b	98
Namibia	≈ MA 2008; klarstellende Bestimmung zu Bauausführungen und Montagen	Prot. Nr. 2 Buchst. a, b	98
Neuseeland	≈ MA 2008; klarstellende Bestimmung zu Bauausführungen und Montagen	Prot. Nr. 3	98
Niederlande 2012 (E)	≈ MA 2010		252
Norwegen 2013 (E)	≈ MA 2010		252

Fast alle deutschen DBA enthalten eine dem Art. 7 Abs. 2 entsprechende Regelung; nicht gelistete DBA entsprechen dem MA 2008

DBA	Ausnahmen und Abweichungen	Artikel	Rz.
Pakistan	≈ MA 2008; klarstellende Bestimmung zu Bauausführungen und Montagen	Prot. Nr. 2 Buchst. a, b	98
Polen	≈ MA 2008; klarstellende Bestimmung zu Bauausführungen und Montagen	Prot. Nr. 1 Buchst. a, b	98
Russische Föderation	≈ MA 2008; klarstellende Bestimmung zu Bauausführungen und Montagen	Prot. Nr. 2 Buchst. a, b	98
Simbabwe	≈ MA 2008; klarstellende Bestimmung zu Bauausführungen und Montagen	Prot. Nr. 2 Buchst. a, b	98
Südafrika 2008 (E)	≈ MA 2008; klarstellende Bestimmung zu Bauausführungen und Montagen	Prot. Nr. 1 Buchst. b	98
Syrien 2010	≈ MA 2008; klarstellende Bestimmung zu Bauausführungen und Montagen	Prot. Nr. 4 Buchst. b	98
Taiwan 2011	≈ MA 2008; klarstellende Bestimmung zu Bauausführungen und Montagen	Prot. Nr. 2 Buchst. b	
UdSSR	≈ MA 2008; klarstellende Bestimmung zu Bauausführungen und Montagen	Prot. Nr. 2b, c	98
Ungarn 2011	≈ MA 2008; klarstellende Bestimmung zu Bauausführungen und Montagen	Prot. Nr. 2c	98
Uruguay 2010	≈ MA 2008; klarstellende Bestimmung zu Bauausführungen und Montagen	Prot. Nr. 1 Buchst. b	
Venezuela	≈ MA 2008; klarstellende Bestimmung zu Bauausführungen und Montagen	Prot. Nr. 1 Buchst. a, b	98
Vereinigte Arabische Emirate 2010	≈ MA 2008; klarstellende Bestimmung zu Bauausführungen und Montagen	Prot. Nr. 2 Buchst. b	98
Vietnam	≈ MA 2008; klarstellende Bestimmung zu Bauausführungen und Montagen	Prot. Nr. 2 Buchst. a, b	98
Weißrussland	s. Belarus		

2. Erläuterungen

a) Nachdem das *DBA Italien 1925* durch ein neues Abkommen ersetzt wurde, enthalten nunmehr alle geltenden deutschen DBA eine der arm's-length-Regel des Art. 7 Abs. 2 MA entsprechende Klausel. Im Schlussprotokoll zum *DBA Italien 1925* war ein besonderes Abkommen vorgesehen, durch das der Gewinn eines Unternehmens zwischen den Betriebstätten in beiden Staaten „in billiger Weise" aufgeteilt werden sollte; dieses Zusatzabkommen kam jedoch nicht zustande *(SProt.* Nr. 6 *DBA Italien 1925).* Mit Urteil vom 18.9.1996 (DStZ 1997, 495) entschied der BFH, dass im Hinblick auf Art. 3 Abs. 3 *DBA Italien* 1925 (der vor- 97 sieht, dass jedem der Vertragsstaaten die Steuern von dem Teil der Einkünfte zustehen, der durch die Tätigkeit der in seinem Gebiet befindlichen Betriebstätten erzielt wird) das arm's length-Prinzip auch ohne ausdrückliche Erwähnung im Abkommen anwendbar ist.

98 **b)** Die *Prot.* zu den unter Rz. 96 genannten DBA sehen übereinstimmend ausdrücklich vor, dass einer Bauausführung oder Montage nur die aus dieser Tätigkeit unmittelbar herrührenden Einkünfte zugerechnet werden dürfen, nicht der Wert gelieferter Maschinen und Anlagen, ebenso nicht Einkünfte aus Planungs-, Projektierungs-, Konstruktions- oder Forschungsarbeiten und technischen Dienstleistungen, die im Sitzstaat des Unternehmens erbracht werden (s. auch Rz. 67). Teils sind die Regelungen im Wortlaut etwas ausführlicher, im Wesentlichen aber gleichsinnig. Diese Vorschriften **stellen nur klar,** was sich aus der allgemeinen Regelung der Gewinnzuordnung in Art. 7 Abs. 2 – mit Art. 3 und 4 – ohnehin schon ergibt: dass der Betriebstätte nur Gewinne aus den **von ihr ausgeübten** Tätigkeiten zugerechnet werden dürfen.

D. Zu Art. 7 Abs. 3 und 4 OECD-MA 2008 und UN-MA und zu Art. 7 Abs. 3 US-MA

I. Musterabkommen

1. Übereinstimmungen und Abweichungen

99 Alle drei Musterabkommen gestatten in Art. 7 Abs. 3 dem steuerpflichtigen Unternehmen übereinstimmend, für die Betriebstätte entstandene Aufwendungen einschließlich der Geschäftsführungs- und allgemeinen Verwaltungskosten vom Gewinn der Betriebstätte abzuziehen, unabhängig davon, in welchem Staat die Aufwendungen entstanden sind. Das UN-MA schränkt diese nach dem OECD-MA generell geltende Regel jedoch durch die Zusatzbestimmung ein, dass Lizenzgebühren und ähnliche Zahlungen für die Nutzung von Patenten oder anderen Rechten, ferner Entgelte für bestimmte Dienstleistungen und Geschäftsführungstätigkeiten sowie, mit Ausnahme von Banken, Zinsen dann nicht berücksichtigt werden sollen, wenn sie der Betriebstätte vom Stammhaus oder dem Stammhaus von der Betriebstätte belastet werden. Das US-MA entspricht dem Wortlaut des OECD-MA. In der Fassung von 1996 präzisierte es, dass bei der Ermittlung des Betriebstättengewinns ein **angemessener Anteil** der für das gesamte Unternehmen oder für den Unternehmensteil, dem die Betriebstätte zugehört, entstandenen Aufwendungen abgezogen werden darf. Über die Geschäftsführungs- und allgemeinen Verwaltungskosten hinaus nannte das US-MA 1996 in diesem Zusammenhang noch Forschungs- und Entwicklungskosten sowie Zinsen.

Das OECD- und das UN-MA lassen in einem wörtlich übereinstimmenden Abs. 4 auch die **„indirekte Methode"** zur Ermittlung des Betriebstättengewinns zu, soweit diese in einem Vertragsstaat üblich ist. Das US-MA enthält keine entsprechende Vorschrift. Die deutsche Verhandlungsgrundlage folgt dem OECD-MA 2010 (s. hierzu Rz. 182ff.). Art. 7 Abs. 3 und 4 OECD-MA 2008 entsprechende Vorschriften finden sich daher nicht.

2. OECD-MA 2008

100 **a) Grundzüge:** Den in Art. 7 Abs. 2 aufgestellten Grundsatz für die Gewinnaufteilung (Fremdvergleich, sog. arm's-length-Prinzip) ergänzt Abs. 3 durch die Regelung einer **Einzelfrage.** Weitere Einzelfragen erörtert der MA-Komm.; s.

dazu Rz. 113 ff. Als Methoden der Gewinnabgrenzung nennen Verwaltungspraxis, Rechtsprechung und Literatur nebeneinander die **„direkte Methode" („separate accounting")**, die den Betriebstättengewinn aufgrund einer eigenständigen Betriebstättenbuchführung wie bei einem selbständigen Unternehmen ermittelt, und die **„indirekte Methode" („fractional apportionment")**, die vom Gesamtgewinn des Unternehmens ausgeht und diesen nach bestimmten Schlüsseln auf das Stammhaus und die Betriebstätten verteilt (wie bei der unitary taxation in den Einzelstaaten der USA nach dem „Uniform Division of Income for Tax Purposes Act" *(UDITPA)* oder nach deutschem Recht bei der Gewerbesteuerzerlegung: §§ 28 ff. GewStG, s. auch BGH, Beschl. v. 13.10.1994, 5 StR 134/94, IStR 1995, 81 sowie dem Richtlinienentwurf für eine Common Consolidated Corporate Tax Base (CCCTB) auf Ebene der EU (s. KOM(2011) 121/4–2011/0058 (CNS), s. auch Rz. 111a). Art. 7 Abs. 4 setzt voraus, dass die „direkte Methode" die Regel sein solle; er gestattet unter bestimmten Voraussetzungen auch die Anwendung der „indirekten Methode" (vgl. MA-Komm. 2008 Ziff. 52).

b) Die „direkte Methode" als „Normalmethode": Dem Grundsatz der Selbständigkeit der Betriebstätte – auch einer nur eingeschränkten Selbständigkeit – entspricht am ehesten eine Gewinnermittlung aufgrund einer eigenständigen Buchführung der Betriebstätte (MA-Komm. zu Art. 7 Ziff. 16). Liegt keine Buchführung vor, so ist der Gewinn zu schätzen, der sich aufgrund einer eigenen Buchführung der Betriebstätte ergeben hätte (*Debatin,* DB 1962, 973; ebenso das indische Income Tax Appellate Tribunal zum *DBA Indien/Italien,* IBFD Tax News Service v. 5.12.2002). Der „direkten Methode" wird in der Praxis und Literatur überwiegend der Vorzug gegeben (für einen Überblick statt aller: *Bähr,* S. 60 ff.; *Baranowski,* S. 113; *Bellstedt,* S. 229 ff.; *Bopp,* DStZ/A 1974, 95; Wassermeyer/*Wassermeyer,* Art. 7 OECD-MA Rz. 189; *Grützner,* Doppelbesteuerungsabkommen (1978), S. 147; SKK/*Strunk/Kaminski,* Art. 7 OECD-MA Rz. 83; *Jacobs,* S. 582 f.; HHR/*Kraft,* § 49 EStG Rz. 60; *Korn/Debatin,* Syst. IV, Rz. 94 ff.; *Neubauer,* JbFfSt 1976/77, 313; *Storck,* S. 363 ff.; a. A. *Feuerbaum,* DB 1968, 1503; *Philipp,* DStZ/A 1974, 19; *Schieber,* EStZ 1972, 47; *Schröder,* StBp 1978, 177; *Becker,* Intertax 1989, 12; *ders.,* DB 1989, 10; krit.: *Halfar,* IWB F. 3, Deutschland, Gr. 1, 1393; zur Anwendung der direkten Methode bei der Ermittlung des Vermögens für Zwecke der Vermögensteuer: BFH BFH/NV 1994, 69; zur Ermittlung des Gewinns der deutschen Betriebstätte einer englischen Fluggesellschaft: FG Berlin IStR 2000, 688 mit Anm. *Hensel,* der auf die Risiken bei Anwendung der indirekten Methode hinweist. Gegen diese Entscheidung war beim BFH eine Revision anhängig, Az.: I R 64/00. Allerdings geschieht dies oft mit der Einschränkung, ein **„Dogmenstreit"** über die Methode müsse **vermieden** werden. Dem ist einzuräumen, dass allzu detaillierte Gewinnzuordnungsregeln den vielseitigen Anforderungen der Praxis sicherlich nicht gerecht werden könnten. Andererseits ist es zu vage, wenn es gelegentlich heißt, im Einzelfall sei diejenige Methode zu wählen, die „mit größerer Wahrscheinlichkeit zu einem richtigen Ergebnis führe" (*Debatin,* DStZ/A 1966, 212 unter Bezugnahme auf RFH RStBl. 1935, 840; ähnlich *Schieber,* EStZ 1972, 53). Diese Auffassung übersieht, dass, soweit die beiden Methoden zu **unterschiedlichen** Ergebnissen führen, die entscheidende Frage gerade ist, **welches** von beiden Ergebnissen „das richtige" ist. Auch in Tz. 2.3 der Betriebstätten-Verwaltungsgrundsätze (BMF v. 24.12.1999, BStBl. I 1999, 1076) wird die direkte Methode als „Normalmethode" bezeichnet. Einzelheiten zu dieser Methode sind in Tz. 2.3.1 geregelt. 101

Der einer Betriebstätte zuzurechnende Gewinn soll ihrem **Anteil an der Leistung des Unternehmens** gerecht werden. Das ist eher durch eine detaillierte, jede einzelne Lieferung und Leistung erfassende zwischenbetriebliche Abrechnung 102 zu erreichen als durch Zerlegung eines bereits saldierten Gesamtgewinns mit Hilfe eines mehr oder weniger pauschalen Schlüssels. Zwar steht eine derartige Abrechnung vor der Schwierigkeit, dass die Lieferungen und Leistungen **zwischen den Teileinheiten** des Unternehmens zu fingierten – weil in der Realität nicht existierenden – Entgelten abgerechnet werden müssen. Diese Schwachstellen einer selbständigen Abrechnung treten jedoch offen zutage und bleiben überprüfbar.

103 Angesichts der nur **eingeschränkten Selbständigkeit** der Betriebstätte (s. Rz. 78 ff.) steht allerdings die direkte Gewinnermittlungsmethode vor einem dreifachen Problem. Sie muss (nach der hier vertretenen Auffassung, s. Rz. 90 ff.) erstens sicherstellen, dass Gewinne nur aufgrund solcher Lieferungen und Leistungen ausgewiesen werden, die auch für das **Gesamtunternehmen erfolgswirksam** werden. Sie muss zweitens für eine **periodengerechte** Zuordnung dieser Gewinne sorgen. Und sie kann drittens das Ziel, in der Summe von Stammhaus und Betriebstätten nicht mehr Gewinn zur Versteuerung zu bringen, als das Unternehmen im Ganzen erzielt hat, nur dann voll erreichen, wenn sie die Möglichkeit hat, **Verluste** eines Teilunternehmens gegen die Gewinne der anderen **zu verrechnen.** Den ersten beiden Anforderungen kann die direkte Methode gerecht werden (s. Rz. 113 ff.); die dritte, der unternehmensinterne Verlustausgleich, bleibt vorerst ein rechtspolitisches Desiderat (hierzu ausführlich: *Hemmelrath,* S. 176 ff.).

104 **c) Zulässigkeit der „indirekten Methode" als Ausnahme:** Gegenüber der „direkten Methode" scheint die indirekte den Vorzug zu haben, dass sie schon vom Ansatz her die Besteuerung auf den durch das Unternehmen insgesamt erzielten Gewinn – den „Gewinn des Unternehmens" i. S. des Art. 7 Abs. 1 MA – begrenzt. Dieser scheinbare Vorteil wird jedoch dadurch relativiert, dass sowohl der Staat des Stammhauses wie die Betriebstättenstaaten den Gewinn des Unternehmens nach ihrem jeweiligen **innerstaatlichen Steuerrecht** ermitteln (RFH RStBl. 1938, 863; MA-Komm. 2008 Ziff. 55); die in den einzelnen beteiligten Staaten errechneten Teilgewinne addieren sich daher nicht zu einem geschlossenen Ganzen. Außerdem ist die Feststellung des Unternehmensgesamtgewinns für die Betriebstättenstaaten oft sehr kompliziert; sie setzt umfassende Rechnungslegungspflichten voraus, die wiederum in jedem beteiligten Staat nach dessen innerstaatlichem Recht zu erfüllen wären und deshalb ein in vielen Staaten tätiges Unternehmen in kaum zumutbarer Weise belasten würden.

105 Außerdem ist die Bestimmung eines adäquaten **Schlüssels** für die Aufteilung des Gesamtgewinns auf die einzelnen Teileinheiten des internationalen Unternehmens **schwierig, wenn nicht unmöglich** (siehe dazu *Storck,* S. 295 und Wassermeyer/*Wassermeyer,* Art. 7 OECD-MA Rz. 191). Die Verwendung von „typischen Betriebsfaktoren" (so *Höhn/David,* S. 304 f.), wie z. B. Umsatz, Lohnsumme oder Kapital, die in der Literatur immer wieder als mögliche Zerlegungsmaßstäbe zur Sprache kommen und in den Vereinigten Staaten bei der unitary taxation auch tatsächlich verwendet werden, kann dem Ziel einer verursachungsgerechten Gewinnzuordnung allenfalls in Ausnahmefällen gerecht werden (nämlich bei Unternehmen mit relativ homogener Struktur und homogenen Leistungen, wie z. B. Banken oder Versicherungen, s. Rz. 134, 144; z. B. für Bankniederlassungen: SchweizBG, Steuer Revue 1992, 85: *DBA Schweiz/Frankreich;* für Versicherungen: ÖstBMF v. 10.2.1992 SWI 1992, 99: *DBA Österreich/Schweiz; Hoge Raad* Rolno. 27 758, BNB 1994, 166, concl. *Verburg,* Anmerkung *van den Boer: DBA Niederlande/Schweiz,* für Blumenhändler: BMF v. 11.10.2002, BStBl. I 2002, 957). Auch gemäß Tz. 2.3.2 der Betriebstätten-Verwaltungsgrundsätze vom 24.12.1999 (BStBl. I 1999, 1076) kommen Umsätze etc. als Schlüssel nur bei Funktionsgleichheit und gleicher innerer Struktur in Betracht. Denn die Gewinnaufteilung mit Hilfe solcher Betriebsfaktoren ist nur dann sinnvoll, wenn der Gewinn der einzelnen Teileinheiten von dem jeweiligen Zerlegungsmaßstab abhängig ist; sie trägt außerdem dem Einfluss sonstiger gewinnbildender Faktoren nicht Rechnung. In der wirtschaftlichen Praxis wird jedoch der Gewinn eines Unternehmens weder ausschließlich von einer einzigen Determinante bestimmt noch besteht gar eine – für alle Teileinheiten identische – lineare Abhängigkeit (so auch *Bähr,* S. 1, 152). Gehören Unternehmensteile nicht einem einheitlichen Wirtschaftsgebiet an (etwa verschiedenen Staaten der USA), sondern werden sie in Staaten mit sehr unterschiedlichen wirtschaftlichen Gegebenheiten tätig, so wird die Verwendung abstrakter Formeln zusätzlich problematisch. Diese Einwände greifen dem Grundsatz nach auch gegenüber den in der deutschen Literatur in der Vergangenheit entwickelten komplexeren Zerlegungsmaßstäben durch, wie z. B. dem von *Feuerbaum* und *Schieber* für Bauausführungen und Montagen entwickelten Risikoschlüssel (*Feuerbaum,* DB 1968, 1501 und 1548; *Schieber,* EStZ 1972, 3 und 47 (58 ff.)) sowie der von *Schröder* vorgeschlagenen Aufteilung des Ergebnisses eines Montageauftrags im Verhältnis zu den in einzelnen Teileinheiten angefallenen gewinnauslösenden Kosten (*Schröder,* StBp 1978, 169).

Zwei jüngere Entscheidungen von US-Gerichten beschäftigen sich mit der Zulässigkeit indirekter Methoden zur Gewinnermittlung: die North West Life Assurance – Entscheidung des US Tax Court (The North West Life Assurance v. Commissioner, No. 4694–94 107 T. C. No. 19, 12/12/96; s. hierzu *Flick,* IStR 1997, 335) und die „NatWest" – Entscheidung des US Court of Federal Claims (National Westminster Bank PLC v. United States, 44 Fed. Cl. 120, 1999; s. hierzu *Harwell/Kane,* BTR 2000, 44; *Katz,* TN January 2000, 403). In der ersten Entscheidung, die zum *DBA USA/Kanada* erging, befand das Gericht, dass die Erhöhung des Gewinns der US-amerikanischen Betriebstätte einer kanadischen Versicherungsgesellschaft in Anwendung der Sec. 842 (b) IRC gegen Art. 7 Abs. 2 des auf dem OECD-MA basierenden *DBA USA/Kanada* verstößt. Sec. 842 (b) IRC sieht eine Gewinnerhöhung vor, wenn der sich aus der Buchhaltung der Betriebstätte ergebende tatsächliche Gewinn geringer ist als ein nach dieser Vorschrift ermittelter, branchenspezifischer Minimumgewinn. Die Ermittlung dieses Minimumgewinns erfolgt anhand von Vergleichszahlen amerikanischer Versicherungsunternehmen. 106

Die NatWest-Entscheidung betrifft die Ermittlung des abzugsfähigen Zinsaufwands einer US-Betriebstätte der englischen National Westminster Bank. Das Gericht stellte unter Berufung auf Rz. 19 des OECD-MA-Kommentars 1994 zu Art. 7 zunächst fest, dass Zinszahlungen zwischen verschiedenen Teilen einer Bank grundsätzlich anzuerkennen sind. Die Höhe der abzugsfähigen Aufwendungen müsste dann anhand einer „Selbständigkeitsfiktion" der Betriebstätte gem. Art. 7 Abs. 2 ermittelt werden. Die Treasury Regulation § 1882–5, nach der nicht die tatsächlichen Zinsen, sondern ein global ermittelter Anteil zu berücksichtigen ist, widerspricht nach Ansicht des Gerichts Art. 7 Abs. 2. Das Gericht hält somit indirekte Methoden zur Ermittlung des abzugsfähigen Zinsaufwands einer Bankbetriebstätte für unzulässig. Dies bestätigt der *US Court of Federal Claims* in der NatWest II Entscheidung (National Westminster Bank PLC. v. United States 58 Fed. Claim 492) vom 14.11.2003, hierzu *Baker,* Bulletin – Tax Treaty Monitor 2004, 205. In dieser Entscheidung präzisiert das Gericht, dass die Betriebstätten der Bank in den USA wie unabhängige Unternehmen zu behandeln seien. S. zuletzt auch NatWest IV (Westminster Bank PLC v. United States, 512 F.3d 1347 (Fed. Cir. 2008); dazu *Chip,* TMIJ 2008, 321). Änderungen in der Gewinnermittlung darf es nur aufgrund des Artikels 7 geben oder aufgrund von Verträgen, die nicht dem Fremdvergleich entsprechen 107

Haltung der US-Finanzverwaltung: Die USA haben in den Treasury Department's Technical Explanations zu verschiedenen DBA (darunter diejenigen mit den 108

Niederlanden und Frankreich) ihre langjährige Auffassung niedergelegt, dass die den Art. 7 Abs. 2 und Abs. 3 entsprechenden Vorschriften nicht der Anwendung der Treas. Reg. § 1882–5 entgegenstehen. Eine jüngere Entscheidung des Tax Court (Compaq Computer Corp. v. Commissioner, 113 T.C. No. 25) vom 18.11.1999 lässt jedoch darauf schließen, dass diesen Stellungnahmen von Gerichtsseite nur wenig Gewicht eingeräumt wird. Nr. 6 des Protokolls zu Art. 7 Abs. 3 des *DBA USA 1989* sieht vor, dass die zuständigen Behörden hinsichtlich der in Art. 7 Abs. 3 erwähnten Aufwendungen gemeinsame Verfahren vereinbaren können, die von den im innerstaatlichen Recht vorgesehenen Verfahren abweichen. Für die US-Finanzverwaltung bedeutet dies, dass mangels ausdrücklich vereinbarten Verfahrens jeder Staat sein eigenes Recht, einschließlich der Treas. Reg., anwenden darf. Diese Regelung sieht das *DBA USA 1989/2006* nicht mehr vor, vgl. *Prot.* Nr. 4–6.

109 In jüngster Zeit ist die Diskussion über die Zulässigkeit, gegebenenfalls Vorzugswürdigkeit der „indirekten" Methode der Betriebstättengewinnermittlung („Formelmethode") gegenüber der „direkten" durch die Entwicklungen auf den internationalen Finanzmärkten wieder neu entfacht worden. Dabei geht es um das Phänomen des **Global Trading,** eines kontinuierlichen Handels mit Wertpapieren und derivativen Finanzinstrumenten rund um die Uhr an verschiedenen Stellen der Erde durch ein und dieselbe Person (eine Bank oder einen Makler). Dabei kann der Händler das Portfolio, aus dem verkauft und für das gekauft wird, an eine eigene Zweigstelle „weitergeben" („trading off the book") oder sich ausländischer Makler (auch Tochtergesellschaften) bedienen. Die Ermittlung eines Betriebstättengewinns nach der „direkten Methode" wird bei derartigen Sachverhalten zu Recht als problematisch angesehen (siehe *Plambeck,* TN August 1990 (Bd. 48), 1143; *de Hosson,* Intertax 1990, 2). In den USA wurden für derartige Fälle Vereinbarungen mit dem *IRS* („Advance Pricing Agreements") über eine Aufteilung nach „indirekter Methode" geschlossen, die sich u. a. auf den internen Gewinnverteilungsschlüssel der Unternehmen für Zwecke der Bonusermittlung stützten (siehe Notice 94–40 I. R. B. 1994–17; dazu *Kopp/Pross,* RIW 1994, 488; englische Übersetzung in Intertax 1994, 365). Die Neufassung 2000 des MA-Kommentars zu Abs. 3 geht auf die Problematik des Global Trading nicht ein; es wäre wünschenswert, hier zu einer international abgestimmten Position zu gelangen. Die OECD hat im Februar 1997 einen Diskussionsentwurf zum Global Trading (The Taxation of Global Trading of Financial Instruments) vorgelegt, der auch für diese Fälle am Nachrang der indirekten Methode festhält (vgl. Ziff. 109, 119 des Diskussionsentwurfs). Zu der Thematik s. a. *Samuels/Brown,* TLR 1990, 527; *Wagner,* StBp 1991, 154; *Portner,* IStR 1995, 251; *Häuselmann,* RIW 1997, 857; *ders.,* RIW 1998, 391; *Selling,* IStR 1998, 417; *Menzel,* in *Raupach,* Verrechnungspreissysteme, S. 175 ff. Die deutsche Finanzverwaltung bezieht in den Betriebstätten-Verwaltungsgrundsätzen (BMF v. 24.12.1999, BStBl. I 1999, 1076) zu diesem Thema keine Stellung. Der Diskussionsentwurf der OECD ist immer wieder überarbeitet worden, die Ergebnisse dieser Überlegungen sind nunmehr im dritten Teil des Betriebstättenberichts 2008 enthalten. Die indirekte Methode darf nur verwendet werden, wenn die Anwendung transaktionsbezogener Methoden nicht möglich ist. Es dürfen auch beim Global Trading nur die Methoden verwendet werden, die in Kapitel III der OECD-Verrechnungspreisrichtlinien erwähnt werden. Das bedeutet, jede Gewinnaufteilung durch Formelaufspaltung, die den gesamten Konzerngewinn umfasst, ist verboten (zur Version von 2003 auch *Bakker,* ITPJ November/December 2004, 255).

110 Ungeachtet dieses Sonderfalls gestattet Abs. 4 derzeit die Gewinnaufteilung nach indirekter Methode zu Recht nur als **Ausnahme** unter der doppelten Voraussetzung,

– dass die Methode in dem betreffenden Vertragsstaat **üblich** ist und
– dass das Ergebnis der Gewinnaufteilung **„mit den Grundsätzen dieses Artikels übereinstimmt“.**

Üblich ist die Verwendung der indirekten Gewinnermittlungsmethode insbesondere in der Schweiz als Methode der **interkantonalen** Gewinnaufteilung zwischen den verschiedenen Betriebstätten eines Unternehmens. Die Aufnahme von Art. 7 Abs. 4 in das OECD-MA wird daher auch in erster Linie schweizerischen Bemühungen zugeschrieben. Nach einem Kreisschreiben der Eidgenössischen Steuerverwaltung vom 1.6.1960 (ASA 28 (1959/60), 496) sollen allerdings die Einkünfte von Betriebstätten **ausländischer** Unternehmen „objektmäßig“, d. h. nach der „direkten Methode“ ermittelt werden. Dieses Kreisschreiben ist jedoch für die Steuerbehörden nicht verbindlich (SchweizBG ASA 60 (1991/92), 610). Im Übrigen sah auch bereits das Völkerbundsmuster von 1933/35 (s. Rz. 89) die Möglichkeit der Gewinnermittlung nach indirekter Methode vor. Auch zur Abgrenzung unter den einzelstaatlichen Einkommensteuern der USA wird z. T., wie erwähnt, die indirekte Methode verwendet und ihre Ausdehnung mindestens auf die NAFTA-Staaten (dafür *McDaniel,* Intertax 1994, 105), wenn nicht weltweit, wird dort immer wieder erwogen. **111**

Ebenfalls erwogen wird die Aufteilung der Unternehmensgewinne auf die einzelnen Staaten durch die indirekte Methode auf Ebene der EU. Die EU veröffentlichte eine Studie „Towards an Internal Market without tax obstacles (EU-Komm. v. 23.10.2001, 582). Ziel ist es, die steuerlichen Hemmnisse im EU-Binnenmarkt zu beseitigen. Von den verschiedenen Vorschlägen wird die Common Consolidated Corporate Tax Base (CCCTB) weiter verfolgt, für die seit 2011 ein Richtlinienentwurf vorliegt (s. KOM(2011) 121/4–2011/0058 (CNS); s. hierzu *Herzig/Kuhr,* StuW 2011, 305; *Kemmeren,* EC Tax Review 2011, 208; *Vascega/*van Thiel, ET 2011, 374; *Mas,* Intertax 2010, 394). Ein Konzern würde danach nur eine Bilanz für die steuerliche Gewinnermittlung aufstellen. Ausländische Betriebstätten innerhalb der EU sowie zur Gruppe gehörige Unternehmen würden konsolidiert. Daraufhin würde die steuerliche Bemessungsgrundlage nach den Faktoren Vermögen, Arbeit und Umsatz auf die einzelnen Mitgliedstaaten aufgeteilt. Die Anwendung der CCCTB soll für die einzelnen Unternehmen optional sein (EU-Komm. v. 2.5.2007, Nr. 223). Ansonsten soll für sie weiterhin das bestehende Recht gelten. Mit diesen Plänen verfolgt die EU einen anderen Ansatz als die OECD, die für Zwecke der Gewinnabgrenzung verstärkt die direkte Methode anwenden möchte und Betriebstätten quasi als unabhängige Unternehmen betrachtet (s. Rz. 87). **111a**

Dass das „Ergebnis“ der Gewinnaufteilung nach indirekter Methode „mit den Grundsätzen“ des Art. 7 übereinstimmen müsse, bedeutet, dass jeweils das **konkrete Verteilungsergebnis** soweit möglich an demjenigen zu messen, jedenfalls aber auszurichten ist, das sich bei Anwendung der direkten Methode ergäbe. Zwar verlangt der MA-Komm. lediglich, dass die „Methode der Aufteilung“ – der gewählte Schlüssel – **darauf abzielen** müsse, „einen steuerlichen Gewinn zu ermitteln, der dem Betrag möglichst nahe kommt, welcher sich aufgrund einer gesonderten Buchführung ergeben hätte“ (MA-Komm. 2008 zu Art. 7 Ziff. 54). Doch geht es **nicht** nur um die **Eignung** und **Auswahl** des Aufteilungsschlüssels; das „Ergebnis“ soll mit den Grundsätzen des Art. 7 übereinstimmen (so auch im englischen und französischen Originaltext: „result“, „résultat“). Zutreffend leitet daher das SchweizBG aus Art. 7 Abs. 4 MA ab, dass, sollte das Ergebnis der „indirekten“ Gewinnermittlung höher als nach „direkter“ („objektmäßiger“) Methode ausfallen, es auf die Höhe des nach „direkter“ Methode sich ergebenden Gewinns „reduziert“ werden müsse (SchweizBG ASA 60 (1991/92), 610 (619): *DBA Schweiz/Frankreich*). Dies ist auch deshalb geboten, weil, wenn der eine Vertragsstaat die „indirekte“ Gewinnermittlungsmethode, der andere die „direkte“ anwendet, dabei **112** doch **nicht mehr** als der durch das Unternehmen **insgesamt** erzielte Gewinn verteilt werden darf. Abs. 4 bestätigt insoweit die in Rz. 90 ff. entwickelte Auslegung des Abs. 2.

113 **d) Einzelne Rechnungsposten bei direkter Methode:** Keine Schwierigkeit macht die Verrechnung der Außenumsätze des Unternehmens; sie sind jeweils bei derjenigen Betriebstätte zu verbuchen, die den Umsatz ausgeführt hat. Eine Verständigungsvereinbarung zwischen Großbritannien und Pakistan hebt zutreffend hervor, dass es auf die Rolle der Betriebstätte bei der Abwicklung ankommt, nicht dagegen darauf, ob der Vertrag mit der Betriebstätte abgeschlossen wurde (s. ET 1987, 34). Erträge und Aufwendungen, die durch die Betriebstätte veranlasst sind, sind einzubeziehen, sofern die ausschlaggebenden Ursachen für ihre Entstehung während des Bestehens der Betriebstätte gesetzt worden sind (allgemein zum maßgebenden Zeitpunkt s. Rz. 45 und Vor Art. 6 bis 22 Rz. 8 ff.).

114 Näher zu erörtern sind hier dagegen die unternehmensinterne Zuordnung von Wirtschaftsgütern sowie die **unternehmensinternen** Lieferungen und Leistungen. Bei ihnen stellt sich jeweils **zunächst** die Frage, **ob** sie zu verrechnen sind, gegebenenfalls dann, zu welchem **Preis** und zu welchem **Zeitpunkt.**

115 **aa) Zuordnung von Wirtschaftsgütern:** Nach der direkten Methode sind Wirtschaftsgüter zwischen Stammhaus und Betriebstätte aufzuteilen, damit eine sachgerechte Zuordnung von vermögensbezogenen Erträgen und Aufwendungen erfolgen kann (*Hemmelrath,* S. 207 ff.). Entsprechend der Ertragszuordnung ist dabei auf die Funktion des jeweiligen Wirtschaftsgutes abzustellen (s. Rz. 86; so auch der BFH für die Vermögensbesteuerung nach Art. 22, BStBl. II 1993, 63). Grundsätzlich kann der Unternehmer die Funktionen von Stammhaus und Betriebstätte und damit die Zuordnung der Wirtschaftsgüter frei bestimmen (zur Funktionsverlagerung zwischen Stammhaus und Betriebstätte vgl. *Eisele,* S. 190 ff.). Das „arm's length Prinzip" kann daher eine am Fremdvergleich orientierte Zuordnung von Wirtschaftsgütern nur dort bewirken, wo eine eindeutige Funktionszuweisung durch den Unternehmer nicht festgestellt werden kann (*Hemmelrath,* S. 213 ff.). Ist ein Wirtschaftsgut funktional sowohl dem Stammhaus als auch der Betriebstätte zuzuordnen, ist eine anteilige Zuordnung des Vermögens selbst und nicht nur eine entsprechende Aufteilung der vermögensbezogenen Erträge und Aufwendungen geboten (ebenso FWK/*Buciek,* Art. 7 Rz. 376; kritisch Wassermeyer/*Wassermeyer,* Art. 7 OECD-MA Rz. 241; a. A. aber die deutsche Finanzverwaltung in den Betriebstätten-Verwaltungsgrundsätzen v. 24.12.1999, Tz. 2.4; *Schaumburg,* Zurechnung, S. 66 f., 80; m. w. N.; *Roth,* Zurechnung, S. 93). Diese Grundsätze entsprechen auch der von der OECD im Betriebstättenbericht 2008 vertretenen Auffassung, nach der die Zuordnung „wirtschaftlichen Eigentums" anhand der wesentlichen Personalfunktionen vorzunehmen ist, wobei sowohl für materielle wie immaterielle Wirtschaftsgüter eine anteilige Zuordnung anerkannt wird (Ziff. 101 und 114 Betriebstättenbericht 2008, Teil I). Bei materiellen Wirtschaftsgütern soll dabei aus Vereinfachungsgründen der Ort der Nutzung entscheidend sein, soweit die Umstände im Einzelfall nicht eine andere Zuordnung (z. B. im Rahmen eines fiktiven Miet- oder Pachtverhältnisses) erfordern (Ziff. 101 ff. Betriebstättenbericht 2008, Teil I; vgl. zudem *Kosch,* IStR 2010, 42 (43)).

116 **bb) Ausstattung mit Kapital:** Für das notwendige Eigenkapital der Betriebstätte (sog. Dotationskapital) kann das Stammhaus unstreitig keine Verzinsung verlangen (BFH BStBl. III 1966, 24 (27): *DBA Schweiz 1931*). Umstritten ist dagegen, ob zwischen Unternehmensteilen Zinsen zu vergüten sind, wenn sie einander „Darlehen" gewähren, die über die gebotene Ausstattung mit Dotationskapital hinausgehen (dafür: *Bähr,* S. 119 ff.; *Bellstedt,* S. 235 f.; *Becker,* EStZ 1971, 102; *ders.,* DB 1989, 10; *ders.,* DB 1990, 392; *ders.,* IWB F. 2, Vorschau und Standpunkte,

623). Dass diese „Darlehen“ zivilrechtlich nicht existieren, wäre kein ausreichender Grund, die Zinsverrechnung zu versagen; auch sonst geht ja das Steuerrecht häufig von anderen Wertungen als das Zivilrecht aus. Das Problem würde umgangen, wenn die Schulden des Unternehmens – und dementsprechend die zu zahlenden Zinsen – zwischen Stammhaus und Betriebstätte im gleichen Verhältnis wie das Aktivvermögen aufzuteilen wären (so die Praxis in den USA, s. Rz. 131; in Deutschland ebenso FG Freiburg EFG 1963, 28 und die Finanzverwaltung in den Betriebstätten-Verwaltungsgrundsätzen bei Funktionsgleichheit von Stammhaus und Betriebstätte, BMF v. 24.12.1999, BStBl. I 1999, 1076, Tz. 2.5.1., sog. **„Kapitalspiegeltheorie“;** aber abgelehnt durch BFH BStBl. II 1993, 63; ebenso zuvor bereits BStBl. II 1986, 785). Diese Ansicht steht im Widerspruch zur Selbständigkeit der Betriebstätte, die im Zusammenhang des Gesamtunternehmens ganz andere Aufgaben haben kann als das Stammhaus und daher u. U. auch ganz anders zu finanzieren ist (BFH a. a. O.). Grundsätzlich ist es Sache des Unternehmers, zu bestimmen, ob er Betriebstätten mit Eigenkapital oder mit Fremdmitteln finanziert. Er muss dementsprechend auch entscheiden können, ob die Zinsen dem Stammhaus oder der Betriebstätte zuzuordnen sind (zutreffend *Beiser,* IStR 1992, 7). Zur Zuordnung von Zinsaufwendungen bei Banken s. *Burgers,* Supervision of Branches, S. 159 ff., *Lüdicke,* Besteuerungsfragen, S. 48 f., dort auch zum Dotationskapital, sowie *Kobetsky,* Bulletin – Tax Treaty Monitor 2005, 48; aus österreichischer Sicht ÖstBMF SWI 1993, 106; aus US-Sicht *Connors/Blanco/Epstein,* Jtax 1992, 368). Zum steuerlichen Dotationskapital der Betriebstätte s. auch BFH BStBl. II 1993, 63; *Lechner,* Das Dotationskapital von Betriebstätten, in Gassner/ Lang/Lechner, Betriebstätte, S. 179 ff.; für Banken: *Neyer,* IStR 1994, 6; zur Mindestkapitalausstattung der deutschen Betriebstätte eines italienischen Versicherungsunternehmens: BFH BFHE 181, 419 = BFH/NV 1997, 140. Ein am 29.11.1996 (BStBl. I 1997, 136) ergangenes BMF-Schreiben zum Dotationskapital von inländischen Betriebstätten ausländischer Kreditinstitute wurde zwischenzeitlich gem. Tz. 6.3 des BMF-Schreibens vom 24.12.1999 (BStBl. I 1999, 1076) aufgehoben. Die Betriebstätten-Verwaltungsgrundsätze vom 24.12.1999 nehmen in Tz. 2.5. ausführlich zum Dotationskapital allgemein und in den Tz. 4.1.3. und 4.2.2. bis 4.2.4. zum Dotationskapital von Bank- und Versicherungsbetriebstätten Stellung. Zur Zuordnung von Zinsen und ähnlichen Vergütungen vgl. Tz. 3.3, ein neu ergangenes BMF-Schreiben vom 29.9.2004 (BStBl. I 2004, 917) löst das BMF-Schreiben vom 24.12.1999 ab. Für die Übergangszeit zwischen dem Gültigkeitsende des vorherigen BMF-Schreibens zum 31.12.2000 und der Veröffentlichung des BMF-Schreibens vom 29.9.2004 vgl. Tz. 5.2. Zur neuen Berechnung des Dotationskapitals vgl. Tz. 2 und 3.

Mit Überarbeitung des MA-Komm. wurden 2008 Ausführungen zum Dotationskapital in die Kommentierung aufgenommen. **116a** Demnach ist eine Bestimmung des „freien Kapitals“ für Betriebstätten von Nichtbankunternehmen auf Basis der Kapitalaufteilungsmethode und der Fremdvergleichsmethode (im Betriebstättenbericht als „thin capitalisation approach“ bezeichnet) zulässig; eine Präferenz für eine dieser Vorgehensweisen wird dabei nicht ausgesprochen (Ziff. 46 MA-Komm. 2008 mit Verweis auf Ziff. 136 ff. Betriebstättenbericht 2008). Nach der Kapitalaufteilungsmethode ist der Betriebstätte ein den Risiken und Wirtschaftsgütern entsprechender Anteil am tatsächlichen Gesamtkapital des Einheitsunternehmens zuzuweisen (Ziff. 155 Betriebstättenbericht 2008, Teil I). Da Nichtbankunternehmen in der Regel aber keine Risikobewertung vornehmen, wird für diese auch eine Kapitalzuweisung nur anhand der anteiligen Wirtschaftsgüter für zulässig erachtet (Ziff. 143 Betriebstättenbericht 2008, Teil I). Nach der Fremdvergleichsmethode hingegen ist der Betriebstätte ein Betrag als Dotationskapital zuzuweisen, mit dem auch ein unabhängiges und selbständiges Unternehmen unter vergleichbaren Bedingungen und bei Ausführung vergleichbarer Aktivitäten im Betriebstättenstaat operieren würde (Ziff. 163 Betriebstättenbericht 2008, Teil I). Für den Bankensektor und Global Trading s. Ziff. 49 MA-Komm. 2008 und Betriebstättenbericht 2008, Teil II und III; hinsichtlich der bei Versicherungsunternehmen bestehenden Besonderheiten s. Ziff. 50 MA-Komm. 2008 und Betriebstättenbericht 2008, Teil IV. Zur Vermeidung von Doppelbesteuerungen, die durch Verwendung ungleicher Methoden entstehen könnten, soll der Ansässigkeitsstaat an die Kapitalzuordnung des Betriebstättenstaats gebunden sein, wenn die unterschiedliche Methodenwahl sich aus innerstaatlichem Recht ergibt sowie Einvernehmen darüber besteht, dass der vom Betriebstättenstaat verwendete Ansatz mit dem AOA in Einklang steht und dabei im Einzelfall ein fremdvergleichskonformes Ergebnis erzielt wurde (Ziff. 48 MA-Komm. 2008; siehe auch *Bennet* ET 2008, 467 (471); *Plansky*, S. 238; siehe allerdings den deutschen Vorbehalt in Ziff. 73 MA-Komm. 2008). Zur Anwendung dieser Grundsätze auf Altabkommen s. Rz. 14c ff.

117 Nach der Auffassung dieses Kommentars kommt es darauf an, ob aufgrund der Gewährung des „Darlehens" dem „kreditierenden" Unternehmensteil ein **abgrenzbarer Anteil am Außenerfolg des Unternehmens** zugerechnet werden kann. Regelmäßig ist das nicht der Fall; anders nur bei Unternehmen, die Geldgeschäfte betreiben, wenn der „kreditnehmende" Unternehmensteil das gewährte Geldkapital seinerseits entgeltlich weiterreicht. Ist das der Fall, so ist es sachgerecht, den „kreditierenden" Unternehmensteil am Zinserlös zu beteiligen. Im Normalfall sind dagegen lediglich die entstandenen **Aufwendungen** zu verrechnen (Art. 7 Abs. 3 MA), etwa wenn der „kreditierende" Unternehmensteil seinerseits das Kapital als Darlehen aufgenommen hat; ein **Ertrag** – eine „Provision" o. dgl. – steht ihm dagegen **nicht** zu (BFH BStBl. III 1966, 24 (27): *DBA Schweiz 1931*). Dies ist auch (unverändert durch das Update 2008) die Auffassung des MA-Komm. (zu Art. 7 Ziff. 41 bis 42): unternehmensinterne Forderungen und Verbindlichkeiten seien grundsätzlich nicht anzuerkennen; somit seien entsprechende Zinsbelastungen steuerlich nicht zu berücksichtigen. Nur für Banken müsse eine Ausnahme gelten (Ziff. 42 und 49). Zur Frage der Aufteilung der an Außenstehende gezahlten Zinsen zwischen Stammhaus und Betriebstätte behält der MA-Komm. 2008 in Ziff. 44f. die seit 1994 bestehenden Ausführungen bei (Hinweise auf die Schwächen sowohl der direkten als auch der indirekten Aufteilungsmethode), ergänzt aber Ausführungen zum Dotationskapital (s. Rz. 116a), das die Höhe der bei der Betriebstätte abzugsfähigen Außenzinsen beschränkt. Zur Anwendung dieser Grundsätze auf Altabkommen s. Rz. 14c ff.

118 Wird ein zwischen Unternehmensteilen gewährtes „Darlehen" **uneinbringlich,** so kann dies nicht dem „kreditgebenden" Unternehmensteil als Verlust zugerechnet werden, wie dies zwischen rechtlich selbständigen Unternehmungen möglich wäre (*Conseil d'Etat* req. n. 40368, Dr. Fisc. 1985 comm. 434, concl. *Bissara*); insbesondere kann der „kreditgebende" Unternehmensteil nicht eine Abschreibung oder Wertberichtigung auf seine „Forderung" ansetzen (*Conseil d'Etat* req. n. 49054, Dr. Fisc. 1988 comm. 1919, 1920 mit Anm. von *Tixier* und *Lamulle*). Das schließt nicht aus, dass der zugrundeliegende Verlust des „kreditnehmenden" Unternehmensteils bei der Besteuerung des **Gesamtunternehmens** in dessen Sitzstaat berücksichtigt wird; bei Geltung der Anrechnungsmethode ist das stets der Fall, weil zunächst das Welteinkommen ermittelt wird, bei Freistellung kann der Verlust nach dem innerstaatlichen Recht des Sitzstaats berücksichtigt werden (s. Art. 23 Rz. 52ff.). – Zu **Rückstellungen** im Verhältnis von Stammhaus und Betriebstätte s. *van Beelen,* WFR 1984, 1593. Zur Behandlung von Währungsverlusten im Verhältnis Betriebstätte/Stammhaus s. auch *Hoge Raad* und *Højesteret,* Rz. 83f.; aus US-Sicht *Fischl/Bedell,* TM 1992, 192. Zu Währungsverlusten bei Darlehensgewährung eines deutschen Gesellschafters an ausländische Personengesellschaften s. BFH DB 1993, 1853: *DBA Frankreich.* Zum Einsatz derivativer Finanzinstrumente und zu Absicherungsmaßnahmen s. *Widmayer,* S. 155 ff.

Entsprechendes gilt, wenn ein Teil eines Unternehmens – Stammhaus oder Betriebstätte – dem anderen die Nutzung von materiellen oder immateriellen Anlagegütern einräumt. Auch hier gibt es nur eine Erstattung der Kosten, dagegen **keine** Verrechnung von **„Mieten“, „Pacht“** oder **„Lizenzgebühren“** (MA-Komm. 2008, Ziff. 33 und 34; RFH RStBl. 1938, 46). Die im OECD Betriebstättenbericht 2008 vertretene weitgehende Anerkennung solch interner Leistungsbeziehungen (s. Rz. 87) erlangt nur für Abkommen auf Grundlage des MA 2010 Bedeutung (s. Rz. 207 ff). 119

Eine abweichende Behandlung könnte gerechtfertigt sein, wenn ein Unternehmensteil **speziell dafür eingerichtet** ist, den anderen Teilen des Unternehmens die Nutzung von Anlagegütern zu gewähren: so etwa bei einer Betriebstätte, die den Fuhrpark des Unternehmens bereithält. Würde man auch in einem so gestalteten Fall auf einem abgrenzbaren Anteil am Außenerfolg des Unternehmens bestehen, so wäre der Betriebstätte überhaupt kein Gewinn zuzuweisen, obwohl sie doch unzweideutig zum Gesamterfolg des Unternehmens mit beiträgt. Einer **spezialisierten Dienstleistungsbetriebstätte** dürften daher, abweichend von der Regel, Nutzungsentgelte zu verrechnen sein; etwa auch für eine Betriebstätte, die im Rahmen des Gesamtunternehmens als Forschungszentrale dient oder (falls derartiges vorkommen sollte) die Funktion der Hausbank erfüllt. Ähnlich auch die deutsche Finanzverwaltung, die eine Aufteilung nach Fremdvergleichsgrundsätzen vornimmt, sofern die Leistung Gegenstand der ordentlichen Geschäftstätigkeit ist und auf Grundlage der Funktionsaufteilung zwischen Stammhaus und Betriebstätte eine sachgerechte Einkommensabgrenzung dokumentiert (Betriebstätten-Verwaltungsgrundsätze, BMF v. 24.12.1999, BStBl. I 1999, 1076, Tz. 2.2.). 120

cc) Übertragung von Wirtschaftsgütern („Entstrickung“): Zu einem eigenständigen Thema hat sich in Deutschland und in begrenztem Umfang in einigen anderen Ländern die Frage entwickelt, welche Rechtsfolgen die Überführung von Wirtschaftsgütern des inländischen Stammhauses in dessen ausländische Betriebstätte nach **innerstaatlichem** Steuerrecht auslöst, speziell hinsichtlich der stillen Reserven, die „in“ diesen Wirtschaftsgütern „enthalten sind“. Die deutsche Finanzverwaltung ging lange Zeit davon aus, dass eine Besteuerung der in dem Wirtschaftsgut „enthaltenen“ stillen Reserven abkommensrechtlich nach der Überführung nicht mehr zulässig sei, wenn mit dem anderen Staat ein DBA bestehe, das die Betriebstättengewinne freistelle. Um die Versteuerung der stillen Reserven im Zeitpunkt der Überführung des Wirtschaftsguts zu erreichen, konstruierte sie den Vorgang **als Entnahme** aus dem Betriebsvermögen (§ 4 Abs. 1 EStG), die mit dem **Teilwert** zu bewerten sei (§ 6 Abs. 1 Nr. 4 EStG). Der BFH ist dem im Rahmen der von ihm begründeten sog. „finalen Entnahmetheorie“ gefolgt, soweit ein DBA bestand, das die Freistellung der Betriebstättengewinne vorsah. Eine noch weiter gehende Auffassung des Bundesministers der Finanzen, dass **allgemein** die Verlagerung von Wirtschaftsgütern in eine ausländische Betriebstätte, auch ohne Bestehen eines DBA, zu einer **„Gewinnverwirklichung durch Steuerentstrickung“** führe, übernahm er jedoch nicht (BFH BStBl. II 1970, 175 (176); s. a. BStBl. II 1972, 760 (761): beide *DBA Österreich;* und BStBl. II 1972, 948: *DBA Italien 1925;* vgl. auch Wassermeyer/*Wassermeyer,* Art. 7 OECD-MA Rz. 243; s. nunmehr auch Rz. 126a; für einen Überblick über die Entwicklung der „Entstrickungstheorie“: *Vogel,* StuW 1974, 193 (196); *Pach-Hanssenheimb,* Die Verstrickung von Wirtschaftsgütern in die deutsche Steuerhoheit (1991), S. 84 ff.). Diese Rechtsprechung ist, obwohl sie nicht der sehr weitgehenden Auffassung des Bundesministers der Finanzen folgte, auf nachdrückliche Kritik gestoßen (*Kohlenbach,* DB 1972, 360; *Meilicke/Hohlfeld,* BB 1972, 505; *Tipke,* StuW 1972, 264; *Halfar,* FR 121

1985, 281; *Pach-Hanssenheimb,* a. a. O.; Wassermeyer/*Wassermeyer,* Art. 7 OECD-MA Rz. 246).

122 Die Finanzverwaltung wandte sich im Ergebnis bei unbeschränkter Steuerpflicht von der „Entstrickungstheorie" ab. Es wurde erkannt, dass sie einerseits zu einer **zu frühen** Besteuerung der stillen Reserven führt – nämlich vor deren Realisierung (*Vogel,* a. a. O. 197 f.) –, andererseits zu einer **zu niedrigen** Besteuerung – nämlich zu deren Bewertung mit dem Teilwert – (*Neubauer,* JbFfSt 1976/77, 312 (319); *Uelner,* in IDW, Bericht über die Fachtagung 1980, 131 (142 ff.)). Eine Entnahme liege schon deshalb nicht vor, weil das Wirtschaftsgut im Betriebsvermögen verbleibe; dass der deutsche Steueranspruch möglicherweise gefährdet werde, reiche ohne gesetzliche Grundlage für eine Versteuerung der stillen Reserven nicht aus (*Uelner,* a. a. O., 143 f.). In Wahrheit handele es sich **nicht** um eine Frage des **innerstaatlichen** Rechts, sondern um eine **Gewinnabgrenzung nach Abkommensrecht,** die nach den Grundsätzen des Art. 7 Abs. 2 MA vorzunehmen sei. Entsprechend dem Verursachungsprinzip seien die stillen Reserven auch nach Verbringung des Wirtschaftsguts ins Ausland in dem Staat zu versteuern, in dem sie entstanden seien, jedoch periodengerecht erst im Zeitpunkt ihrer Realisierung.

123 *Neubauer* hat vorgeschlagen, das Wirtschaftsgut **im Zeitpunkt seiner Verbringung** ins Ausland **zu bewerten** und den Unterschied zwischen Buchwert und erzielbarem Verkaufspreis **verteilt auf die Restnutzungsdauer des Wirtschaftsguts zu besteuern:** praktisch könne das derart geschehen, dass die Betriebstätte jährlich mit einem Teil des Wertunterschieds belastet werde, oder auch durch sofortige Aktivierung des Wertunterschieds in Verbindung mit der Bildung eines passiven Ausgleichspostens, der dann in gleichen Jahresbeträgen schrittweise aufgelöst werde (*Neubauer,* JbFfSt 1976/77, 312 (319); zustimmend: *Storck,* S. 315 f.; *Uelner,* a. a. O., 144 f.).

124 Dem folgte weitgehend das BMF-Schreiben v. 12.2.1990, BStBl. I 1990, 72 (aufgehoben durch Tz. 6.3 des BMF-Schreibens v. 24.12.1999, BStBl. I 1999, 1076); der Steuerpflichtige konnte einen Ausgleichsposten bilden, aber auch die sofortige Versteuerung wählen. Der zurückgezogene Vorentwurf einer EG-Richtlinie zur Harmonisierung der steuerlichen Gewinnermittlung (s. Rz. 22) hatte die Lösung übernommen; s. *Pach-Hanssenheimb,* DB 1989, 1581. Zu den Konsequenzen des BMF-Schreibens s. *Halfar,* IWB F. 3, Deutschland, Gr. 1, 1263; *Kramer,* StuW 1991, 151; *Pach-Hanssenheimb,* BB 1992, 2115.

125 In einem weiteren BMF-Schreiben v. 3 6.1992 (DB 1992, 1655 ersetzt durch die inhaltsgleiche Tz. 2.6.3 des BMF-Schreibens v. 24.12.1999, BStBl. I 1999, 1076) präzisierte die deutsche Finanzverwaltung ihre Auffassung dahin, dass im Fall der beschränkten Steuerpflicht die Überführung von Wirtschaftsgütern aus der deutschen **Betriebstätte** eines **ausländischen Unternehmens** weiterhin zur sofortigen Aufdeckung stiller Reserven führe, da bei einer solchen Überführung Deutschland endgültig seinen Steueranspruch verliere. (Zum Verhältnis dieser Regelung zu den in vielen deutschen DBA enthaltenen Diskriminierungsverboten *Prokisch/Rodi,* TNI 1992, 239; kritisch: *Kramer,* StuW 1993, 149; *Lüdicke,* Besteuerungsfragen, S. 44 ff.).

126 Die deutsche Finanzverwaltung hat den Inhalt der vorgenannten BMF-Schreiben weitgehend in die Betriebstätten-Verwaltungsgrundsätze übernommen (BMF v. 24.12.1999, BStBl. I 1999, 1076, Tz. 2.6.). Ein beim inländischen Stammhaus gebildeter Ausgleichsposten war danach bei Ausscheiden des Wirtschaftsgutes aus der ausländischen Betriebstätte, jedoch spätestens nach 10 Jahren, erfolgswirksam aufzulösen. Bei abnutzbaren Wirtschaftsgütern war der Ausgleichsposten bereits vorher gemäß der Restnutzungsdauer zeitanteilig aufzulösen. Die ausländische Betriebstätte hatte korrespondierend einen Ausgleichsposten zu bilden bzw. aufzulösen. Daneben hatte der Steuerpflichtige ein Wahlrecht auf sofortige Gewinnver-

wirklichung. Dieses konnte für jedes Wirtschaftsjahr und jede Betriebstätte sowie für Anlage- und Umlaufvermögen jeweils getrennt ausgeübt werden, a. a. O., Tz. 2.6.1.d). Vgl. hierzu auch *Kramer,* IStR 2000, 449 und *Kumpf/Roth,* DB 2000, 2192. Die von der Finanzverwaltung (Tz. 2.6.3. der Betriebstätten-Verwaltungsgrundsätze, a. a. O.) und teilweise im Schrifttum (vgl. Wassermeyer/*Wassermeyer,* Art. 7 OECD-MA Rz. 261) geforderte sofortige Realisation bei Überführung von Wirtschaftsgütern aus der inländischen Betriebstätte ins ausländische Stammhaus war nicht überzeugend. Die Überführung selbst stellte keine Entnahme i. S. des § 6 Abs. 1 Nr. 4 EStG dar; zudem bestanden aufgrund der Diskriminierungsverbote nach Art. 24 MA und (im Verhältnis zu anderen EU-Staaten) Art. 43 EGV erhebliche Bedenken (vgl. *Weber/Werra,* in FS *Ritter,* S. 285 (297); *Roth,* in *Grotherr,* HdB der internationalen Steuerplanung, S. 77 (78); *Jacobs,* S. 615; *Buciek,* DStZ 2003, 139, 146; s. auch Rz. 126b). Auch der Tatbestand des § 6 Abs. 5 Satz 1 EStG, der den Ansatz des Teilwerts verlangt, wenn ein Wirtschaftsgut von einem Betriebsvermögen in ein anderes Betriebsvermögen desselben Steuerpflichtigen überführt wird und eine Besteuerung der stillen Reserven nicht sichergestellt ist, ist nach h. M. nicht erfüllt, da Stammhaus und Betriebstätte nicht verschiedene Betriebsvermögen darstellen (vgl. *Buciek,* in *Piltz/Schaumburg,* 48 f., 60; a. A. *Cattelaens,* DB 1999, 1083). Mangels Realisationstatbestand lehnte ein Teil des Schrifttums die Anknüpfung an die Wertminderung bzw. den Untergang des Wirtschaftsguts insgesamt ab (vgl. *Kramer,* StuW 1991, 151, GKG/*Kroppen,* Art. 7 OECD-MA Rz. 156 f.; *Becker,* in FS *Debatin,* S. 25 (32)).

Mit Urteil vom 17.7.2008 hat der BFH die „finale Entnahmetheorie" nunmehr ausdrücklich verworfen (BFH BStBl. II 2009, 464; ebenfalls aufgegeben wurde konsequenterweise die Theorie der finalen Betriebsaufgabe, s. BFH BStBl. II 2011, 1019). Nach der Rechtsprechung ist für die damalige Rechtslage eine Gewinnrealisierung daher nur bei tatsächlichem Außenumsatz anzunehmen. Zwar führte der Gesetzgeber 2006 mit dem SEStEG (Gesetz über steuerliche Begleitmaßnahmen zur Einführung der Europäischen Gesellschaft und zur Änderung weiterer steuerrechtlicher Vorschriften, BGBl. I 2006, 2782) mit § 4 Abs. 1 S. 3 EStG und § 12 Abs. 1 KStG Entstrickungsvorschriften ein, die bei Ausschluss oder Beschränkung des deutschen Besteuerungsrechts hinsichtlich des Gewinns aus der Veräußerung oder Nutzung eines Wirtschaftsguts eine Entnahme zum gemeinen Wert fingieren, wobei die Besteuerung bei Anlagevermögen durch Bildung eines Ausgleichspostens auf 5 Jahre gestreckt werden kann, vgl. § 4g EStG (s. die korrespondierende Änderung der Betriebstätten-Verwaltungsgrundsätze mit BMF-Schreiben v. 25.8.2009, BStBl. I 2009, 888). Diese Entstrickungstatbestände liefen jedoch in weiten Teilen leer, da das deutsche Besteuerungsrecht durch die bloße Überführung von Wirtschaftsgütern regelmäßig nicht ausgeschlossen oder beschränkt wird (s. nur *Roth,* StbJb 2010/2011, 167 (179); *Schönfeld,* IStR 2010, 133; *Ditz,* IStR 2009, 115; *Roser,* DStR 2008, 2389; *Wassermeyer,* IStR 2008, 176; *ders.* DB 2006, 2420; a. A. *G. Förster,* DB 2007, 72; *Mitschke,* DB 2009, 1376). 2010 wurden die Vorschriften daher durch eine gesetzliche Auslegungsregelung dahingehend ergänzt, dass eine Beschränkung oder ein Ausschluss des Gewinns aus der Veräußerung eines Wirtschaftsguts bereits bei Verbringung in eine ausländische Betriebstätte anzunehmen ist, § 4 Abs. 1 S. 4 EStG, 12 Abs. 1 S. 2 KStG (kritisch *Lendewig/Jaschke,* StuB 2011, 90; insbesondere zur Problematik der Rückwirkung dieser Regelungen s. *Musil,* FR 2011, 545; *Mitschke,* FR 2011, 706; *Micker,* IWB 2011, 714). 126a

Die Europarechtskonformität der Entstrickungsvorschriften ist fraglich. Im Ende 2011 erschienenen Urteil zur Wegzugsbesteuerung von Kapitalgesellschaften (EuGH v. 29.11.2011, Rs. C-371/10 Slg. 2011, I-12273 – *National Grid Indus BV*) hält der EuGH die Besteuerung stiller Reserven zwar in Abweichung von den bei 126b natürlichen Personen aufgestellten Grundsätzen (EuGH v. 11.3.2004, Rs. C-9/02, Slg. 2004, I-2409 – *Hughes de Lasteyrie du Saillant;* EuGH v. 7.9.2006, Rs. C-470/04, Slg. 2006, I-7409 – *N*) bei Verlagerungen von Vermögenswerten aus der inländischen Steuerhoheit grundsätzlich auch dann für zulässig, wenn nach Wegzug eintretende Wertminderungen nicht berücksichtigt werden (vgl. auf dieser Entscheidung aufbauend auch EuGH v. 6.9.2012, Rs. C-38/10 IStR 2012, 763; EuGH v. 25.4.2013 Rs. C-64/11, IStR 2013, 343 (red. Leitsatz mit Anm. *Mitschke*)). Die Besteuerung soll jedoch bis zur tatsächlichen Veräußerung der Vermögenswerte nach Wahl des Steuerpflichtigen aufzuschieben sein (wobei indes Zinsen und Sicherheiten verlangt werden können, s. Tz. 73 und 74 des Urteils). Diesen Vorgaben werden die deutschen Entstrickungsvorschriften auch unter Berücksichtigung von § 4g EStG nicht gerecht (s. zur Diskussion *Kessler/Philipp*, DStR 2012, 267; *Beutel/Rehberg*, IStR 2012, 94; *Ruiner*, IStR 2012, 49; *Mitschke*, IStR 2012, 6; *Körner*, IStR 2012, 1; *Hruschka*, DStR 2011, 2343; *Wassermeyer*, IStR 2011, 813). Vgl. allerdings auch die Entscheidung des EuGH zur Entrichtung der Steuer in jährlichen Teilbeträgen i. R. v. § 21 UmwStG 1995 v. 23.1.2014, C-164/12; IStR 2014, 106.

127 Über die Diskussion der entsprechenden Fragen außerhalb Deutschlands s. *Kergall,* CDFI LXXI a (1986) 59 ff. und die dort folgenden Nationalberichte. Zur gleichen Thematik aus dänischer Sicht vgl. EuGH v. 18.7.2013, Rs. 261/11, Besprechung bei *Sydow,* IStR 2013, 663; *Winther-Sørensen,* Skat Ud. 1993, 389; aus US-Sicht: *Menner,* FR 1993, 797. Ein Vergleich der Behandlung in Deutschland, Österreich und der Schweiz findet sich bei *Altheim/Bertl/Spori,* SWI 1993, 381; *dies.,* SWI 1994, 29 (mit Fallbeispielen). Die *DBA USA 1989* und *USA 1989/2006* suchen das Problem durch eine Spezialregelung zu lösen, s. Rz. 143. Der MA-Komm. 1994 (Ziff. 15.2 bis 15.4) wies auf Besonderheiten bei der Übertragung von Forderungen gegenüber Dritten zwischen Stammhaus und Betriebstätte hin. Demnach werden häufig, insbesondere von Banken, Forderungen, die nicht mehr voll werthaltig sind, vom Stammhaus auf eine ausländische Betriebstätte oder umgekehrt übertragen, um den steuerlichen Gewinn des Unternehmens im betroffenen Veranlagungszeitraum möglichst niedrig erscheinen zu lassen. Sofern derartige Übertragungen lediglich aus steuerlichen Motiven vorgenommen werden, sind sie nach Auffassung des MA-Komm. 1994 nicht anzuerkennen; dem ist zu folgen.

128 **dd) Warenlieferungen:** Erhält ein Unternehmensteil (Stammhaus oder Betriebstätte) von dem anderen Warenlieferungen, also Güter des Umlaufvermögens, wie sie auch auf dem Markt umgesetzt werden – Rohprodukte, Halbfabrikate, Fertigwaren –, so sind diese nach Art. 7 Abs. 2 zu verrechnen, wie wenn beide Unternehmensteile rechtlich selbständig wären (diesen Grundsatz bestätigend, eine Verständigungsvereinbarung zwischen *Frankreich* und *Mauretanien* Dr. Fisc. 1994, ID 11 185). Lässt sich ein Marktwert nicht ermitteln, so gilt Entsprechendes wie für rechtlich selbständige, jedoch verbundene Unternehmen (s. zu Art. 9 Rz. 52 ff.). Zu damit einhergehenden Gewinnrealisierungen s. bereits Rz. 126 ff.

129 **ee) Dienstleistungen:** Die unternehmensinternen Dienstleistungen lassen sich mit *Felix* unterteilen in „Assistenz-", „Management-" und „Kontrollleistungen" (*Felix*, StuW 1964, 19). Assistenzleistungen sind Tätigkeiten, die auch von einem unabhängigen Dritten hätten ausgeführt werden können, z. B. eine Rechts- und Steuerberatung; sie sollen nach *Felix* zum Marktpreis verrechnet werden. U. E. ist dem nach den hier zuvor dargelegten Grundsätzen nur dann zu folgen, wenn es sich um Leistungen handelt, die das Unternehmen auch als „Außenumsätze" **am Markt erbringt,** die insoweit also den Warenlieferungen, s. Rz. 128, vergleichbar sind, ferner wenn es sich um eine **spezialisierte Dienstleistungsbetriebstätte** handelt oder wenn der Assistenzleistung ein **abgrenzbarer Anteil am Außenerfolg** des Unternehmens (Rz. 115 ff.) zugerechnet werden kann. Soweit keine der

drei Voraussetzungen gegeben ist, kommt nur eine Verrechnung der **Aufwendungen** nach Art. 7 Abs. 3 in Betracht. Übereinstimmend auch der MA-Komm. 2008 zu Art. 7 Ziff. 35f. Auch bei der Übernahme von Managementaufgaben sind nur die **Aufwendungen** zu verrechnen (MA-Komm. zu Art. 7 Ziff. 37 und 38f.; *Felix*, a.a.O.; weiter gehend *Bähr*, S. 1, 134ff.; wohl auch *Storck*, S. 1, 310ff.). Nach der Rechtsprechung des BFH sind solche Kosten der Betriebstätte zuzurechnen, „wenn und soweit die Aufwendungen durch eine spezielle Leistung der Hauptniederlassung an die Zweigniederlassung ausgelöst sind oder wenn und soweit die den Kosten zugrundeliegende Leistung der Hauptniederlassung im Gesamtunternehmensinteresse liegt und damit auch der Zweigniederlassung zugutekommt" (BFH BStBl. II 1989, 140). Der BFH bejaht in dieser Entscheidung sogar eine Zurechnung von **Kontrollkosten,** weil die Kontrolle, anders als zwischen selbständigen Unternehmungen, im Interesse des Gesamtunternehmens und damit auch der Betriebstätte liege (für eine Zurechnung von Kontrollkosten anscheinend auch der *Conseil d'Etat* req. n. 28383, RJF 1983, 5; zu Italien vgl. *Greggi*, TNI February 2003, 583). Während die Staaten, in denen die Betriebstätte belegen ist, häufig einen Abzug von Verwaltungskosten ganz ablehnen, verlangen die Staaten, in denen das Stammhaus ansässig ist, häufig noch den Ansatz eines Gewinnaufschlags (Deutschland: BMF-Schreiben v. 24.12.1999, BStBl. I 1999, 1076, Tz. 4.4.4., zuvor in BMF-Schreiben v. 24.8.1984, BStBl. I 1984, 458, aufgehoben durch Tz. 6.3 der Betriebstätten-Verwaltungsgrundsätze. Zur Aufwands-/Ertragsaufteilung vgl. Tz. 2.7; zur Aufteilung des Betriebsvermögens und der Einkünfte bei Dienstleistungen vgl. Tz. 3.1; bei Werbung und Markterschließung vgl. Tz. 3.2; bei Geschäftsführungsaufwendungen, allgemeinen Verwaltungsaufwendungen und ähnlichem Aufwand vgl. Tz. 3.4; zu Kontroll- und Koordinierungsstellen vgl. Tz. 4.4 der Betriebstätten-Verwaltungsgrundsätze BMF v. 24.12.1999, BStBl. I 1999, 1076). Zur Kostenzuordnung von Kontroll- und Koordinierungsstellen vgl. auch Wassermeyer/*Wassermeyer,* Art. 7 OECD-MA Rz. 241a. Zur Zuordnung von Geschäftsführungs- und allgemeinen Verwaltungskosten zwischen Stammhaus und Betriebstätte vgl. auch *Haarmann,* IStR 2000, 504. Beides ist nach den vorstehenden Grundsätzen nicht zu rechtfertigen. Großzügig verfährt dagegen der *Hoge Raad:* bei Gewinnen aus einer Beteiligung hatte der *Hof Amsterdam* einen Abzug von – geschätzten – 20% für nicht in Rechnung gestellte Kosten und für zugunsten der nachgeordneten Gesellschaft unterlassene Geschäfte zugelassen; der *Hoge Raad* hat dies gebilligt (Rolno. 29638, BNB 1994/169).

3. UN-MA

Das UN-MA sieht vor, dass, mit Ausnahme von Kostenerstattungen, die Erhe- **130**
bung von Lizenzgebühren und ähnlichen Zahlungen als Gegenleistung für die Nutzung von Patenten oder anderen Rechten, von Entgelten für bestimmte Dienstleistungen oder Geschäftsführungstätigkeiten oder, außer bei Kreditinstituten, von Zinsen für überlassene Geldmittel im Verhältnis zwischen Stammhaus und Betriebstätte beiderseits nicht zulässig ist. Die vorgesehenen Ausnahmen – Kostenerstattungen und zwischen Teileinheiten eines Kreditinstituts auch Zinsen –, lassen erkennen, dass Art. 7 Abs. 3 UN-MA grundsätzlich dasselbe Ziel verfolgt wie die Gewinnzuordnungsregeln des Art. 7 Abs. 3 OECD-MA, nämlich den tatsächlichen Gesamtgewinn sachgerecht aufzuteilen. Über Art. 7 Abs. 3 OECD-MA hinaus schließt allerdings das UN-MA den Abzug von Entgelten für die Nutzung von Rechten, für Dienstleistungen und für das Bereitstellen von Kapital generell aus, d.h. auch dann, wenn es sich bei den unternehmensinternen Leistungen um solche handelt, die das Unternehmen auch als „Außenumsätze" am Markt erbringt, wenn es sich bei der leistenden Teileinheit um eine spezialisierte Dienstleistungsbetrieb-

stätte handelt oder wenn der betreffenden Leistung der Betriebstätte ein abgrenzbarer Anteil am Außenerfolg des Unternehmens zugerechnet werden kann. In diesen Fällen führt somit das UN-MA in Einzelfragen zu einem anderen Ergebnis als nach der hier vertretenen Auslegung das OECD-MA. Unbestritten ist jedoch, dass Zinsen, Lizenzgebühren etc., die das Stammhaus für die Betriebstätte übernimmt und dieser in Rechnung stellt, von der Betriebstätte abgezogen werden dürfen (s. Ziff. 16 UN-Komm. 2011 zu Art. 7). Auch nach dem UN-Komm. 2011 bedarf es hierfür der vorhergehenden Zurechnung eines adäquaten Dotationskapitals (s. Ziff. 18 a.E. UN-Komm. 2011 zu Art. 7).

4. US-MA

131 Bei der Bezeichnung der Aufwendungen, die bei der Ermittlung des Betriebstättengewinns in Abzug gebracht werden dürfen, weicht das US-MA 1996 insoweit vom OECD- und vom UN-MA ab, als es von einer **angemessenen Zurechnung** von Geschäftsführungs- und allgemeinen Verwaltungskosten spricht und darüber hinaus **Forschungs-** und **Entwicklungskosten, Zinsen** und **andere** für das Gesamtunternehmen oder denjenigen Unternehmensteil, dem die Betriebstätte angehört, entstandene **Aufwendungen** (expenses) ausdrücklich nennt. Jedoch bleibt der Oberbegriff „expenses“, sodass nur im Verhältnis zu Dritten tatsächlich entstandene Aufwendungen auf die verschiedenen Teileinheiten des Unternehmens verteilt werden dürfen. Auch dass der Betriebstätte nur ein angemessener Anteil der Geschäftsführungs- und allgemeinen Verwaltungskosten zugerechnet werden darf, gilt der Sache nach ebenfalls im Rahmen des OECD-MA. In der Formulierung des US-MA ist daher nur eine Präzisierung der auch nach den beiden anderen Musterabkommen geltenden Regel zu sehen. Das US-MA 2006 weicht nicht mehr vom OECD-MA ab. Insoweit wird die hier vertretene Auffassung, dass es sich nur um eine Präzisierung handelte, bestätigt.

Eine Art. 7 Abs. 4 OECD- und UN-MA entsprechende Vorschrift, die unter bestimmten Voraussetzungen auch die **„indirekte Methode“** der Ermittlung des Betriebstättengewinns für zulässig erklärt, enthält das US-MA nicht. Dies dürfte seine Ursache darin haben, dass die indirekte Gewinnermittlungsmethode zwar von einzelnen US-Bundesstaaten der Gewinnabgrenzung für Zwecke der einzelstaatlichen Steuern zugrundegelegt wird, sie jedoch dem US-Bundeseinkommensteuerrecht fremd ist. Die USA sind im Übrigen der Auffassung, dass der dem Art. 7 Abs. 3 entsprechende Art. 7 Abs. 3 *DBA USA 1989* und *USA 1989/2006* die Vereinigten Staaten nicht hindert, bestimmte Aufwendungen der Betriebstätte (z.B. Zinsen) nach einem auf die Einnahmen des Gesamtunternehmens abstellenden Globalverfahren zu verteilen (US Reg. § 1882.5 (1980); s. näher *Vogel/Shannon/Doernberg/van Raad,* Art. 7 (3) A 1; ferner *Bose,* Intertax 1985, 175; *Rosenbloom,* Wayne Law Review 1984, 1023; für die Zeit ab 1.1.1987: Temporary Regulations vom 22.8.1988, I.R.B. 1988–46, 7, s.Rz. 113ff.). Dies bedeutet, dass bei der Ermittlung des Betriebstättengewinns – nach direkter Methode – nicht die tatsächlichen Zinsen abgezogen werden, sondern ein global ermittelter Anteil, dass m.a.W. hinsichtlich dieser Aufwendungen wie bei der indirekten Gewinnermittlung verfahren wird (*Rev. Rul.* 85–7, 1985–1 Cum. Bull. 188: *DBA USA/Japan; Burgers,* S. 303ff.).

II. Deutsche DBA

1. Abkommensübersicht zu Artikel 7 Abs. 3 und 4

133

DBA	MA-Regelung: Aufwandszuordnung entsprechend wirtschaftlicher Zugehörigkeit; Zulässigkeit indirekter Gewinnermittlung	Artikel	Rz.
Ägypten	≈ MA 2008	7 Abs. 3, 4	138
Albanien 2010	≈ MA 2008	7 Abs. 3, 4	
Algerien 2007	≈ MA 2008; ausdrücklich untersagt: Abzug von unternehmensinternen Lizenzgebühren, Provisionen für besondere Dienstleistungen oder für geschäftsleitende Tätigkeit und von Zinsen (außer bei Banken)	7 Abs. 3, 4	
Argentinien	≈ MA 2008	7 Abs. 3, 4	
Armenien	s. UdSSR		
Aserbaidschan	≈ MA 2008	7 Abs. 3, 4	
Australien	≈ MA 2008	7 Abs. 2; Prot. Nr. 4 a	
Bangladesch	≈ MA 2008	7 Abs. 3, 4	
Belarus	≈ MA 2008; Unternehmensinterne Vergütungen für „abhängige persönliche Dienstleistungen“ sowie Zinsen sind vollumfänglich abzugsfähig (Letztere in den Grenzen des Fremdvergleichs)	7 Abs. 3, 4; SProt. Nr. 3a, d, 4	138
Belgien	Aufwandszuordnung ≈ MA 2008; hilfsweise Ansatz der mittels Fremdvergleichs ermittelten üblichen Gewinne; für Versicherungsunternehmen indirekte Methode zulässig	7 Abs. 3, 4; SProt. Nr. 4	142; 144
Bolivien	≈ MA 2008	7 Abs. 3, 4	
Bosnien-Herzegowina	s. Jugoslawien		
Bulgarien 2010	≈ MA 2008	7 Abs. 3, 4	142
China 1985	≈ MA 2008; ausdrücklich untersagt: Abzug von unternehmensinternen Lizenzgebühren, Provisionen für besondere Dienstleistungen oder für geschäftsleitende Tätigkeit und von Zinsen (außer bei Banken)	7 Abs. 3, 4; Prot. Nr. 1 c	138
Dänemark	≈ MA 2008	7 Abs. 3, 4	
Ecuador	≈ MA 2008; ohne Klausel betr. geographische Aufwandsentstehung, aber Zusammenhang der Aufwendungen mit der Betriebstätte ist nachzuweisen; indirekte Methode nicht erwähnt	7 Abs. 3	138; 142
Elfenbeinküste	Unkostenumlage im Verhältnis der Betriebstättenumsätze oder in anderer geeigneter Weise; indirekte Methode ≈ MA 2008	7 Abs. 3, 4	140

DBA	MA-Regelung: Aufwandszuordnung entsprechend wirtschaftlicher Zugehörigkeit; Zulässigkeit indirekter Gewinnermittlung	Artikel	Rz.
Estland	≈ MA 2008; indirekte Methode nur zulässig, wenn Gewinnermittlung nach direkter Methode „in besonders gelagerten Fällen unmöglich oder mit unzumutbaren Schwierigkeiten verbunden"	7 Abs. 3, 4	141
Finnland	≈ MA 2008	7 Abs. 3, 4	
Frankreich	≈ MA 2008; Grundsatz: Gewinnermittlung nach der direkten Methode; indirekte Methode „in besonderen Fällen" zulässig; Sonderregelung für Versicherungsunternehmen; gegebenenfalls Verständigung der zuständigen Behörden der Vertragsstaaten	4 Abs. 6, 8	134
Georgien	≈ MA 2008	7 Abs. 3, 4	
Ghana	≈ MA 2008; ausdrücklich untersagt: Abzug von unternehmensinternen Lizenzgebühren, Provisionen für besondere Dienstleistungen oder für geschäftsleitende Tätigkeit und von Zinsen (außer bei Banken)	7 Abs. 3, 4	
Griechenland	Aufwandszuordnung ≈ MA 2008, ohne Klausel betr. geographische Aufwandsentstehung; indirekte Methode nicht erwähnt	III Abs. 3	142
Großbritannien 1964/70	Keine Regelung	-	142
Großbritannien 2010	≈ MA 2008	7 Abs. 3, 4	
Großbritannien 2014 (E)	≈ MA 2010; weder Zulässigkeit der individuellen Methode noch Regelung zur Aufwandszuordnung		252
Indien	≈ MA 2008; Aufwandsabzug gemäß innerstaatlichem Recht des Betriebstättenstaates; ausdrücklich untersagt: Abzug von unternehmensinternen Lizenzgebühren, Provisionen für besondere Dienstleistungen oder Geschäftsleitung und von Zinsen (außer bei Banken); Diskriminierungsverbot; Aufteilung durch indirekte Methode und Schätzung zulässig „bei unzumutbaren Schwierigkeiten" oder soweit Anwendung direkter Methode „in besonders gelagerten Fällen unmöglich"	7 Abs. 3, 4; Prot. Nr. 1d, e	137 f.; 141
Indonesien	Aufwandszuordnung ≈ MA 2008; hilfsweise Ansatz der mittels , Fremdvergleichs ermittelten üblichen Gewinne	7 Abs. 3, 4	144

DBA	MA-Regelung: Aufwandszuordnung entsprechend wirtschaftlicher Zugehörigkeit; Zulässigkeit indirekter Gewinnermittlung	Artikel	Rz.
Iran	Aufwandszuordnung ≈ MA 2008; indirekte Methode nicht erwähnt	7 Abs. 3	142
Irland 2011	≈ MA 2008	7 Abs. 3, 4	
Island	≈ MA 2008	7 Abs. 3, 4	
Israel	≈ MA 2008	4 Abs. 4, 5	
Italien	≈ MA 2008	7 Abs. 3, 4	
Jamaika	≈ MA 2008; nochmalige Betonung des Fremdvergleichsgrundsatzes sowie vernünftiger Betrachtungsweise betr. Aufwandszuordnung	7 Abs. 3, 4	138
Japan	≈ MA 2008	7 Abs. 3, 4	
Jersey 2008	keine Regelung		
Jugoslawien	≈ MA 2008	7 Abs. 3, 4	
Kanada	≈ MA 2008	7 Abs. 3, 4	
Kasachstan	Aufwandszuordnung ≈ MA 2008; Gewinnermittlung nach der indirekten Methode unzulässig;	7 Abs. 3	
Kenia	≈ MA 2008	7 Abs. 3, 4	
Kirgisistan	≈ MA 2008; ausdrücklich untersagt: Abzug von unternehmensinternen Lizenzgebühren, Provisionen für besondere Dienstleistungen oder für geschäftsleitende Tätigkeit und von Zinsen (außer bei Banken)	7 Abs. 3, 4; Prot. Nr. 4 d	
Korea	≈ MA 2008	7 Abs. 3, 4	
Kosovo	s. Jugoslawien		
Kroatien	≈ MA 2008	7 Abs. 3, 4	
Kuwait	≈ MA 2008; Aufwandszuordnung unabhängig von Begrenzungen durch innerstaatliches Recht, soweit dies der „internationalen Praxis" entspricht	7 Abs. 3, 4	137
Lettland	≈ MA 2008; indirekte Methode nur zulässig, wenn Gewinnermittlung nach direkter Methode „in besonders gelagerten Fällen unmöglich oder mit unzumutbaren Schwierigkeiten verbunden"	7 Abs. 3, 4	141
Liberia	≈ MA 2008	7 Abs. 3, 4	
Liechtenstein 2011	≈ MA 2010; weder Zulässigkeit der indirekten Methode noch Regelung zur Aufwandszuordnung		252
Litauen	≈ MA 2008; indirekte Methode nur zulässig, wenn Gewinnermittlung nach direkter Methode „in besonders gelagerten Fällen unmöglich oder mit unzumutbaren Schwierigkeiten verbunden"	7 Abs. 3, 4	141
Luxemburg 2012	≈ MA 2010: Weder Zulässigkeit der indirekten Methode noch Regelung zur Aufwandszuordnung		252

DBA	MA-Regelung: Aufwandszuordnung entsprechend wirtschaftlicher Zugehörigkeit; Zulässigkeit indirekter Gewinnermittlung	Artikel	Rz.
Malaysia 2010	Aufwandszuordnung ≈ MA 2008; indirekte Methode nicht erwähnt; stattdessen Veranlagung im Wege der Schätzung	7 Abs. 3	142
Malta	≈ MA 2008; Gewinnermittlung durch indirekte Methode unzulässig	7 Abs. 3, 4; SProt. Nr. 1a, b	
Marokko	Aufwandszuordnung ≈ MA 2008, für „… Aufwendungen, einschließlich der Ausgaben und allgemeinen Kosten für die zugunsten der Betriebstätte erbrachten Dienstleistungen"; indirekte Methode nicht erwähnt	7 Abs. 3	139; 142
Mauritius 2011	≈ MA 2008	7 Abs. 3, 4	
Mazedonien 2006	≈ MA 2008	7 Abs. 3, 4	
Mexiko 2008	≈ MA 2008	7 Abs. 3, 4;	
Moldau	s. UdSSR		
Mongolei	≈ MA 2008; indirekte Methode nur zulässig, wenn Gewinnermittlung nach direkter Methode „in besonders gelagerten Fällen unmöglich" oder „unzumutbar schwierig"	7 Abs. 3, 4	141
Montenegro	s. Jugoslawien		
Namibia	≈ MA 2008; indirekte Methode nur zulässig, wenn Gewinnermittlung nach direkter Methode „in besonders gelagerten Fällen unmöglich" oder „unzumutbar schwierig"; ausdrücklich untersagt: Abzug von unternehmensinternen Lizenzgebühren, Provisionen für spezifische Leistungen oder für Geschäftsführung und von Zinsen (außer bei Banken)	7 Abs. 3, 4; Prot. Nr. 2d	138; 141
Neuseeland	≈ MA 2008	7 Abs. 3, 4	
Niederlande 1959/2004	≈ MA 2008; Grundsatz: Gewinnermittlung nach der direkten Methode; Vermeidung künstlicher Gewinnverlagerungen, insbesondere durch Verbot der Vereinbarung unternehmensinterner Zinsen und Lizenzgebühren; indirekte Methode „in besonderen Fällen" zulässig; wenn erforderlich, sollen sich zuständige Behörden möglichst frühzeitig verständigen	SProt. Nr. 6, 7	135
Niederlande 2012 (E)	≈ MA 2010: Weder Zulässigkeit der indirekten Methode noch Regelung zur Aufwandszuordnung		252
Norwegen 1991	≈ MA 2008	7 Abs. 3, 4;	

DBA	MA-Regelung: Aufwandszuordnung entsprechend wirtschaftlicher Zugehörigkeit; Zulässigkeit indirekter Gewinnermittlung	Artikel	Rz.
Norwegen 2013 (E)	≈ MA 2010: Weder Zulässigkeit der indirekten Methode noch Regelung zur Aufwandszuordnung	7 Abs. 3, 4	252
Oman 2012 (E)	≈ MA 2008; Wortlaut: „... für die Geschäftstätigkeit der Betriebstätte..."	7 Abs. 3, 4;	
Österreich	≈ MA 2008	7 Abs. 3, 4	
Pakistan	≈ MA 2008; ausdrücklich untersagt: Abzug von unternehmensinternen Lizenzgebühren, Provisionen für besondere Dienst- oder Verwaltungsleistungen und von Zinsen (außer bei Banken)	7 Abs. 3, 4; SProt. Nr. 3	138
Philippinen 1983	≈ MA 2008; ausdrücklich untersagt: Abzug von unternehmensinternen Lizenzgebühren, Provisionen für besondere Dienstleistungen oder für geschäftsleitende Tätigkeit und von Zinsen (außer bei Banken)	7 Abs. 2, 3; SProt. Nr. 3	138
Philippinen 2013	≈ MA 2008; ausdrücklich untersagt: Abzug von unternehmensinternen Lizenzgebühren, Provisionen für besondere Dienstleistungen oder für geschäftsleitende Tätigkeit und von Zinsen (außer bei Banken)	7 Abs. 2, 3; SProt. Nr. 2	138
Polen	≈ MA 2008	7 Abs. 3, 4	
Portugal	≈ MA 2008	7 Abs. 3, 4	
Rumänien	≈ MA 2008	7 Abs. 3, 4	
Russische Föderation	≈ MA 2008; Abzugsfähigkeit von Zinsen und Kosten der Werbung, die an Dritte bezahlt werden	7 Abs. 3, 4; SProt. Nr. 3	
Sambia	≈ MA 2008	7 Abs. 3, 4	
Schweden	≈ MA 2008	7 Abs. 3, 4	
Serbien	s. Jugoslawien		
Schweiz	≈ MA 2008	7 Abs. 3, 4	
Simbabwe	≈ MA 2008	7 Abs. 3, 4	
Singapur 1972	Aufwandszuordnung ≈ MA 2008; indirekte Methode nicht erwähnt	7 Abs. 3	142
Singapur 2004	≈ MA 2008	7 Abs. 3, 4	
Slowakei	s. Tschechoslowakei		
Slowenien	≈ MA 2008	7 Abs. 3, 4	
Spanien 2011	Aufwandszuordnung ≈ MA 2008; indirekte Methode nicht erwähnt	7 Abs. 3	
Sri Lanka	≈ MA 2008; nochmalige Betonung des Fremdvergleichsgrundsatzes betr. Aufwandszuordnung	7 Abs. 3, 4	138
Südafrika 1973	Aufwandszuordnung ≈ MA 2008; indirekte Methode nicht erwähnt	4 Abs. 4	142
Südafrika 2008 (E)	≈ MA 2008	7 Abs. 3, 4	
Syrien 2010	≈ MA 2008	7 Abs. 3, 4	
Tadschikistan	≈ MA 2008	7 Abs. 3, 4	

DBA	MA-Regelung: Aufwandszuordnung entsprechend wirtschaftlicher Zugehörigkeit; Zulässigkeit indirekter Gewinnermittlung	Artikel	Rz.
Taiwan 2011	≈ MA 2008	7 Abs. 3, 4	
Thailand	Aufwandszuordnung ≈ MA 2008; indirekte Methode nicht erwähnt	7 Abs. 3	142
Trinidad und Tobago	≈ MA 2008	7 Abs. 3, 4	
Tschechien	s. Tschechoslowakei		
Tschechoslowakei	≈ MA 2008	7 Abs. 3, 4	
Türkei 2011	Aufwandszuordnung ≈ MA 2008; indirekte Methode nicht erwähnt	7 Abs. 3	
Tunesien	≈ MA 2008	7 Abs. 3, 4	
Turkmenistan	s. UdSSR		
UdSSR	Aufwandszuordnung ≈ MA 2008; indirekte Methode nicht erwähnt	5 Abs. 2	142
Ukraine	Aufwandszuordnung ≈ MA 2008; indirekte Methode nicht zulässig	7 Abs. 3, 4; SProt. Nr. 1a, b	
Ungarn 2011	≈ MA 2008; Bestimmung unabhängig von Begrenzungen des innerstaatlichen Rechts anwendbar, soweit dies der „internationalen Praxis" entspricht	7 Abs. 3, 4; Prot. Nr. 2 b	137
Uruguay 2010	≈ MA 2008	7 Abs. 3, 4	
USA 1989	≈ MA 2008; indirekte Methode nicht erwähnt; Sondervorschriften über nachträgliche Betriebstättengewinne einschließlich „Entstrickung"; Ermächtigung der zuständigen Behörden zur Kostenabgrenzung	7 Abs. 3; Prot. Nr. 4–6	142; 143
USA 1989/2006	≈ MA 2008; indirekte Methode nicht erwähnt; jede in den OECD-Verrechnungspreisrichtlinien genannte Methode zum Fremdvergleich ist zugelassen; Sondervorschriften über nachträgliche Betriebstättengewinne einschließlich „Entstrickung"; Ermächtigung der zuständigen Behörden zur Kostenabgrenzung	7 Abs. 3; Prot. Nr. 4–6	142; 143 182 ff.
Usbekistan	Aufwandszuordnung ≈ MA 2008; ausdrücklich untersagt: Abzug von unternehmensinternen Lizenzgebühren, Vergütungen für besondere Dienstleistungen oder Managementleistungen und Zinsen	7 Abs. 3, 4; SProt. Nr. 1d, 2	
Venezuela	≈ MA 2008; Grundsatz: Gewinnermittlung nach der direkten Methode; indirekte Methode nur zulässig in besonders gelagerten Fällen, in denen direkte Methode unmöglich oder mit unzumutbaren Schwierigkeiten verbunden wäre	7 Abs. 3, 4	141

DBA	MA-Regelung: Aufwandszuordnung entsprechend wirtschaftlicher Zugehörigkeit; Zulässigkeit indirekter Gewinnermittlung	Artikel	Rz.
Vereinigte Arabische Emirate 2010	≈ MA 2008	7 Abs. 3, 4	
Vietnam	Aufwandszuordnung ≈ MA 2008; hilfsweise Ansatz der mittels Fremdvergleichs ermittelten üblichen Gewinne	7 Abs. 3, 4; SProt. Nr. 2 c	
Weißrussland	s. Belarus		
Zypern 2011	≈ MA 2008	7 Abs. 3, 4	

2. Erläuterungen

a) Das *DBA Frankreich* bestimmt, bei der Ermittlung des Betriebstättengewinns sei „grundsätzlich vom Bilanzergebnis der Betriebstätte auszugehen" (Art. 4 Abs. 6 Satz 1). **„In besonderen Fällen"** gestattet Art. 4 Abs. 6 Satz 3 auch eine Gewinnzuordnung durch Aufteilung des Unternehmensgesamtgewinns, also nach indirekter Methode. Eine Sonderregelung trifft das *DBA Frankreich* für Versicherungsunternehmen: nach Art. 4 Abs. 6 Satz 3 Halbs. 2 ist bei **Versicherungsunternehmen** der Anwendung der indirekten Methode das Verhältnis der Prämieneinnahmen der Betriebstätte zu denen des gesamten Unternehmens zugrunde zu legen. 134

b) Ausdrücklicher Ausschluss künstlicher Gewinnverlagerung: Auch das *DBA Niederlande 1959/2004* hebt den Vorrang der direkten Methode hervor (*Niederlande 1959/2004: SProt.* Nr. 6 u. 7). Entsprechend Art. 7 Abs. 3 MA bestimmt es, dass bei der Ermittlung des Betriebstättengewinns alle der Betriebstätte zurechenbaren Ausgaben einschließlich eines Anteils an den allgemeinen Verwaltungskosten des Unternehmens zu berücksichtigen seien. Ausdrücklich betont wird weiter, bei der Ermittlung des Betriebstättengewinns seien künstliche Gewinnverlagerungen auszuschließen; insbesondere sei die Vereinbarung von **Zinsen oder Lizenzgebühren** zwischen Betriebstätten desselben Unternehmens **unbeachtlich. „In besonderen Fällen"** könne bei der Ermittlung der Betriebstätteneinkünfte der Gesamtgewinn des Unternehmens aufgeteilt, m. a. W. die indirekte Methode verwendet werden. Das *DBA Niederlande 1959/2004* verlangt für solche Fälle, dass sich die zuständigen Behörden der Vertragsstaaten zu einem möglichst frühen Zeitpunkt verständigen. 135

c) Verweisung auf innerstaatliches Recht: Das *DBA Indien* sieht vor, dass bei der Ermittlung der Gewinne einer Betriebstätte die „für die **Tätigkeit** dieser Betriebstätte" entstandenen Aufwendungen, einschließlich der Geschäftsführungs- und Verwaltungskosten, **„gemäß den innerstaatlichen Rechtsvorschriften** des Vertragsstaats, in dem die Betriebstätte gelegen ist", zum Abzug zugelassen werden. Das Abstellen auf die Tätigkeit der Betriebstätte für die Zuordnung von Aufwendungen bedeutet kein Abweichen von der Zuordnungsregel des OECD-MA, sondern nur eine Klarstellung, da die Tätigkeit der Betriebstätte auch im Rahmen des Art. 7 Abs. 2 OECD-MA die ausschlaggebende Ursache für die Höhe des der Betriebstätte zuzurechnenden Gewinns (und damit mittelbar auch der Aufwendungen) ist. Und auch der Zusatz, dass die abzugsfähigen Aufwendungen nach den innerstaatlichen Rechtsvorschriften des Betriebstättenstaats zu bestimmen sind, hat nur klarstellende Bedeutung, da der der Besteuerung unterliegende Betriebstättengewinn auch ohne einen solchen ausdrücklichen Hinweis jeweils nach den natio- 137 nalen Vorschriften des Betriebstättenstaats zu ermitteln ist (s. hierzu näher Rz. 21). **Abweichend** sehen allerdings Art. 7 Abs. 3 Satz 2 der *DBA Kuwait* und *Ungarn 2011* vor, dass Aufwendungen **unabhängig** von Begrenzungen des **innerstaatlichen Rechts** abgezogen werden dürfen, vorausgesetzt, sie entsprechen der „internationalen Praxis".

138 **d) Regelung für Aufwandsabzug:** Die *DBA Jamaika* und *Sri Lanka* übernehmen die Vorschrift des Art. 7 Abs. 3 MA, stellen jedoch zusätzlich klar, dass bei der Gewinnermittlung der Betriebstätte nur der Abzug solcher Aufwendungen zulässig ist, die auch ein unabhängiges Unternehmen abziehen könnte, ähnlich das *DBA Ägypten.* Das *DBA Ecuador* verlangt, dass der Zusammenhang der Aufwendungen mit der Betriebstätte nachzuweisen ist. Beides ist selbstverständlich. Weiter gehen die *DBA China* (*Prot.* Nr. 1c), *Indien* (*Prot.* Nr. 1e), *Namibia* (*Prot.* Nr. 2d), *Pakistan* (*Prot.* Nr. 3), *Philippinen 1983 und Philippinen 2013* (*jew. Prot.* Nr. 3), *Türkei 1985* (*Prot.* Nr. 4) und *Usbekistan* (*Prot.* Nr. 1d): übereinstimmend mit dem UN-MA (s. Rz. 130) verbieten sie den Abzug von unternehmensinternen Lizenzgebühren, Provisionen für besondere Dienstleistungen oder für geschäftsleitende Tätigkeit und von unternehmensinternen Zinsen (außer bei Banken) **ausdrücklich** und **generell,** ohne wie die oben in Rz. 135 wiedergegebenen Regelungen darauf abzustellen, ob der Aufwandsansatz „künstlich" ist. Das *DBA Belarus* lässt hingegen in *Prot.* Nr. 3d den Abzug von Aufwendungen im Zusammenhang mit Gehältern und anderen Vergütungen für „abhängige persönliche Dienste", die von der Betriebstätte tatsächlich gezahlt wurden, ausdrücklich zu. Dass Lizenzgebühren usw., die das Stammhaus im Interesse der Betriebstätte **an einen Dritten gezahlt** hat, ungeachtet der vorstehend genannten Bestimmungen den Gewinn der Betriebstätte mindern dürfen, wurde bereits zum UN-MA ausgeführt (s. Rz. 130). Die *DBA Kasachstan* und *Belarus* stellen nun ausdrücklich klar, dass Zinsen, die die Betriebstätte an Dritte zahlt, bei deren Gewinnermittlung – soweit sie dem Fremdvergleich standhalten – voll abzugsfähig sind. Weiter gehend bezieht das *DBA Russische Föderation* unter derselben Voraussetzung neben Zinsen auch Aufwendungen für Werbung, die an Dritte bezahlt werden, in die Abzugsfähigkeit mit ein (*Prot.* Nr. 3). Dabei hängt die Abzugsfähigkeit nicht davon ab, ob die Zinsen an eine Bank oder an eine andere Person gezahlt werden und welche Laufzeit das Darlehen hat (*DBA Kasachstan: Prot.* Nr. 2; *DBA Belarus: Prot.* Nr. 4). Das *DBA Indien* sieht im *Prot.* Nr. 1 Buchst. d ein Diskriminierungsverbot vor. Demnach dürfen die Abzüge für die Aufwendungen des Hauptsitzes in keinem Fall niedriger sein als die nach dem indischen Income Tax Act zum Zeitpunkt des Inkrafttretens des Abkommens zulässigen Abzüge (hierzu s. Art. 24 Rz. 128).

139 **e)** Abweichend vom MA spricht Art. 7 Abs. 3 *DBA Marokko* nicht von den Geschäftsführungs- und allgemeinen Verwaltungskosten, sondern von **„Ausgaben und allgemeinen Kosten** für die zugunsten der Betriebstätte erbrachten Dienstleistungen". Diese Wendung umfasst auch die Geschäftsführungs- und allgemeinen Verwaltungskosten, ist jedoch weiter gefasst. Da der Grundsatz des Fremdvergleichs nach Art. 7 Abs. 2 MA ohnehin für die Abrechnung unternehmensinterner Dienstleistungen gilt, hat sie dennoch nur die Bedeutung einer Klarstellung.

140 **f)** Das *DBA Elfenbeinküste* enthält keine allgemeine Regel über die im Betriebstättenstaat zu berücksichtigenden Aufwendungen; es bestimmt jedoch in Art. 7 Abs. 3, dass die allgemeinen Kosten des Unternehmens „auf die Ergebnisse der verschiedenen Betriebstätten im Verhältnis des Umsatzes jeder Betriebstätte oder in anderer geeigneter Weise anteilig" umzulegen seien. Das DBA schreibt damit ausdrücklich **ein Element indirekter Gewinnermittlung** vor. Dies bedeutet jedoch kein grundsätzliches Abweichen von den Gewinnzuordnungsvorschriften des

MA; erst recht ist daraus nicht etwa ein Vorrang der indirekten Gewinnermittlungsmethode abzuleiten. Auch bei prinzipiell direkter Ermittlung des Betriebstättengewinns lässt sich eine Schlüsselung der Geschäftsführungs- und allgemeinen Verwaltungskosten oft nicht vermeiden, da die Verursachung dieser Kosten sich nicht exakt nachweisen lässt. Ein **möglicher** Zerlegungsschlüssel ist das im *DBA Elfenbeinküste* beispielhaft aufgeführte Verhältnis der **Umsatzzahlen.**

g) Nur bei besonderer Schwierigkeit: Die *DBA Estland, Indien, Lettland, Litauen Mongolei, Namibia* und *Venezuela* bestimmen, dass nur bei „übermäßigen" bzw. „unzumutbaren Schwierigkeiten" oder gar bei Unmöglichkeit der Anwendung der „direkten" Methode die „indirekte" Methode zulässig ist. Die *DBA Estland, Indien, Lettland, Litauen,* und *Venezuela* fügen hinzu: „in besonders gelagerten Fällen" (alle DBA: Art. 7 Abs. 4). Das *DBA Indien* gestattet daneben unter den gleichen Voraussetzungen alternativ zur indirekten Methode auch eine angemessene Schätzung. **141**

h) Keine Regelung der indirekten Methode: Die *DBA Brasilien (K), Ecuador* und *Griechenland* lassen zwar wie Art. 7 Abs. 3 MA die für die Betriebstätte entstandenen Aufwendungen bei der Gewinnermittlung zum Abzug zu, jedoch ohne den Zusatz „gleichgültig, ob sie in dem Staat, in dem die Betriebstätte liegt, oder anderswo entstanden sind". Da dieser Zusatz lediglich eine Klarstellung ist, bedeutet das materiell keine Abweichung (so wohl auch Wassermeyer/*Krabbe,* Art. III DBA Griechenland Rz. 44). Nicht eigens erwähnt wird in den vorgenannten Abkommen ferner die Zulässigkeit der indirekten Methode zur Ermittlung des Betriebstättengewinns; ebenso in den *DBA Belgien 1967, Iran, Irland 1962/2010, Kasachstan, Marokko, Singapur 1972, Spanien 2011, Südafrika 1973, Thailand, Türkei 2011, UdSSR.* Da jedoch die indirekte Methode auch nach dem MA nur in den Grenzen des Fremdvergleichs zulässig ist und alle genannten Abkommen die Gewinnermittlung durch Fremdvergleich vorsehen, wird die indirekte Methode durch die mangelnde Erwähnung im DBA nicht ausgeschlossen (BFH BStBl. II 1972, 374: *DBA Großbritannien 1964;* SchweizBG, ASA 43 (1974/75), 319: *DBA Schweiz/USA*). Im *DBA Ecuador* ist ferner vorgesehen, dass der Zusammenhang der Aufwendungen mit der Betriebstätte nachzuweisen ist. Die *DBA Kasachstan und Malta* betonen, dass die Gewinne der Betriebstätte nicht auf der Grundlage des vom Unternehmen erzielten Gesamtbetrages (bei Verkaufs- oder Geschäftstätigkeit der Betriebstätte) bzw. des Gesamtvertragspreises (bei Verträgen insbesondere über Entwürfe, Lieferungen etc.) ermittelt werden dürfen (beide: *SProt.* Nr. 1a, b). Das *DBA USA 1989* sieht in Übereinstimmung mit dem US-MA die indirekte Methode nicht vor. *Prot.* Nr. 6 *DBA USA 1989* gestattet jedoch Vereinbarungen der zuständigen Behörden über eine vom nationalen Recht abweichende Zuordnung von Kosten (s. auch zur Verteilung von Kosten, besonders Zinsen, nach US-amerikanischem Recht in einem Verfahren, das der indirekten Methode sehr ähnlich ist, Rz. 107). *Prot.* Nr. 4 *DBA USA 1989/2006* schränkt die Möglichkeit einer abweichenden Zuordnung von Kosten ein. Diese Möglichkeit ist nur noch bei Banken und Versicherungsunternehmen gegeben, wohingegen für sonstige Betriebstätten die OECD-Verrechnungspreisrichtlinien gelten. **142**

i) Nachträgliche Betriebstätteneinkünfte: Das Protokoll zum *DBA USA 1989* und zum *DBA USA 1989/2006* enthält ferner zwei Vorschriften über **nachträgliche Betriebstätteneinkünfte.** Es wird einerseits klargestellt, dass aus der Tätigkeit einer Betriebstätte erwachsene Einnahmen oder Ausgaben dem Art. 7 auch nach der Aufgabe der Betriebstätte bzw. der Einstellung ihrer Tätigkeit unterliegen (*Prot.* Nr. 4 *DBA USA 1989* und *DBA USA 1989/2006* Nr. 5); das entspricht allgemeinen Regeln (s. Rz. 45 und Vor Art. 6 bis 22 Rz. 8). Darüber hinaus wird versucht, das **„Entstrickungs"**-Problem (s. Rz. 121 f.) zu lösen. *Prot.* **143**

Nr. 5 *DBA USA 1989* und *Prot.* Nr. 6 *DBA USA 1989/2006* stellen klar, dass Gewinne aus der Realisierung stiller Reserven auch noch nach dem Ausscheiden des betreffenden Wirtschaftsguts aus dem Betriebstättenvermögen besteuert werden können, freilich nur in der Höhe, in der sie während der Zugehörigkeit zu diesem Vermögen entstanden sind. Die Vorschrift beschränkt diese Möglichkeit jedoch auf eine Frist von zehn Jahren seit dem Ausscheiden aus der Betriebstätte. Außerdem gilt sie ausdrücklich nur für Veräußerungsgewinne; es liegt allerdings nahe, sie auf andere Realisierungsfälle zu übertragen. Das *DBA Kanada* spricht von der Tätigkeit eines Unternehmens, das dieses im anderen Vertragsstaat durch eine dort gelegene Betriebstätte ausübt oder „ausgeübt hat".

144 j) Das *DBA Belgien* sieht zusätzlich zur Regelung des MA in Art. 7 Abs. 4 die Möglichkeit vor, bei Fehlen einer ordnungsgemäßen Buchführung die Steuer im Betriebstättenstaat **durch Schätzung** in der Weise festzusetzen, dass entsprechend dem Recht dieses Staates von den üblichen Gewinnen ausgegangen wird, die ein ähnliches Unternehmen des Betriebstättenstaates bei einer gleichen oder ähnlichen Tätigkeit unter gleichen oder ähnlichen Bedingungen erzielen würde. Es handelt sich hier um eine Schätzung auf der Basis der direkten Gewinnermittlungsmethode. Sie ist nach Maßgabe der Verfahrensvorschriften des innerstaatlichen Rechts (hier: § 162 Abs. 2 AO, Art. 248 § 1 Abs. 1 belg. CIR) auch dort zulässig, wo die Abkommen dies nicht ausdrücklich sagen; sie muss sich freilich gemäß Art. 7 Abs. 2 MA am Fremdvergleich orientieren. Art. 7 Abs. 4 *DBA Belgien* gibt den Unternehmen darüber hinaus die Gewissheit, dass eine Schätzung nur unter den dort angeführten Voraussetzungen vorgenommen werden darf. Eine Gewinnermittlung nach direkter Methode schließt die Vorschrift nicht aus. Eine Vorschrift gleichen Inhalts enthalten auch Art. 7 Abs. 4 *DBA Indonesien* sowie *SProt.* Nr. 2c zum *DBA Vietnam;* für ihre Auslegung gilt Entsprechendes. Das *DBA Malaysia 2010* ermöglicht die Schätzung anstelle der indirekten Methode (Art. 7 Abs. 4). Für **Versicherungsunternehmen** sieht Ziff. 4 des *SProt. Belgien* vor, dass bei Fehlen einer ordnungsmäßigen Buchführung und anderer Beweisunterlagen die zuständigen Behörden der beiden Vertragsstaaten sich auf eine Aufteilung des Unternehmensgewinns nach gemeinsam festzulegenden Merkmalen, hier also ausdrücklich mit Hilfe der indirekten Methode, verständigen können.

E. Zu Art. 7 Abs. 5 OECD-MA 2008 und zu Art. 7 Abs. 4 US-MA

I. Musterabkommen

1. Übereinstimmungen und Abweichungen

146 Das US-MA enthält in Art. 7 Abs. 4 wörtlich dieselbe Regelung wie das OECD-MA in Art. 7 Abs. 5. Im UN-MA ist eine entsprechende Regelung nicht vorgesehen; diesbezügliche Vereinbarungen werden ausdrücklich den jeweiligen Abkommensverhandlungen vorbehalten. Die deutsche Verhandlungsgrundlage folgt dem OECD-MA 2010 (s. hierzu Rz. 182 ff.). Eine entsprechende Regelung findet sich daher nicht.

2. OECD-MA 2008 und US-MA

147 **a) Anwendungsbereich:** Art. 7 Abs. 5 OECD-MA (US-MA: Abs. 4) ist in engem Zusammenhang mit der Definition des Betriebstättenbegriffs zu sehen. Nach Art. 5 Abs. 4 Buchst. d gilt eine feste Geschäftseinrichtung nicht als Betrieb-

stätte, wenn sie ausschließlich zu dem Zweck unterhalten wird, für das Unternehmen Güter oder Waren einzukaufen (s. o. Art. 5 Rz. 91). In diesem Fall scheidet die Anwendung des Art. 7 von vornherein aus (vgl. MA-Komm. zu Art. 7 Ziff. 30). Art. 7 Abs. 5 greift nur ein, wenn eine Betriebstätte gegeben ist und diese neben ihrer sonstigen gewerblichen Tätigkeit auch Einkäufe für das Unternehmen vornimmt. In diesem Fall darf der Betriebstättenstaat der Betriebstätte weder einen Einkaufsgewinn noch einen Gewinn aus anderen Hilfs- oder Vorbereitungstätigkeiten zurechnen. Er darf auch nicht den Gewinn aus der Veräußerung des beweglichen Betriebstättenvermögens und dieses Vermögen selber besteuern, soweit es der Einkaufstätigkeit zuzurechnen ist (Art. 13 Abs. 2, Art. 22 Abs. 2).

b) Abgrenzung: Die Bestimmung ist auf den Anwendungsbereich des Art. 7 begrenzt. Vorgänge, die nach Art. 7 Abs. 7 nicht zu den unter Art. 7 fallenden Einkünften führen – z. B. Gewinne aus der Bewirtschaftung von unbeweglichem Vermögen – fallen nicht unter den Anwendungsbereich. **148**

c) Regelung: Der Betriebstätte wird insoweit **kein Gewinn zugerechnet,** als es sich um **149**
- **bloßen Einkauf für das Unternehmen**
- **von Gütern und Waren** handelt.

d) Bloßer Einkauf für das Unternehmen ist gegeben, wenn die Betriebstätte ausschließlich für den **eigenen** Bedarf des Unternehmens einkauft, d. h. für sich selbst oder eine **andere** Betriebstätte (auch das **Stammhaus**) des Unternehmens. Einkäufe in unmittelbarem Zusammenhang mit Verkaufsgeschäften und Einkäufe für Dritte werden durch Art. 7 Abs. 5 OECD-MA und Art. 7 Abs. 4 US-MA nicht berührt. Einnahmen, die sich aus ihnen ergeben, erhöhen den Betriebstättengewinn (vgl. Wassermeyer/*Wassermeyer,* Art. 7 OECD-MA Rz. 348). **150**

e) Gegenstand des Einkaufsgeschäfts müssen **Güter und Waren** sein. Gemeint ist Handelsware im klassischen Sinn, also Sachen, die normalerweise als Gegenstände des Handels gelten. Geld scheidet als Gegenstand eines Einkaufsgeschäfts aus. Soweit es Wertmesser und Zahlungsmittel für Güter und Waren ist, steht es außerhalb dieser Begriffe. Beispielsweise ist die Hereinnahme von Geld zu Finanzierungszwecken für eine Bankbetriebstätte kein „bloßer Einkauf" i. S. des Art. 7 Abs. 5 OECD-MA und des Art. 7 Abs. 4 US-MA. **151**

f) Folge der Einkaufstätigkeit ist, dass der Betriebstätte insoweit kein Gewinn zugerechnet wird. Es ist deshalb eine **Gewinnaufspaltung** notwendig, die den Gewinn aus der Einkaufstätigkeit einschließlich der dafür angefallenen Aufwendungen aus dem Betriebstättenergebnis ausscheidet. Das ist nur möglich, wenn in der Buchführung der Betriebstätte eine sachliche und organisatorische Abgrenzung der Einkaufstätigkeit von der sonstigen Betriebstättentätigkeit klar zum Ausdruck kommt (vgl. Abschnitt 8 der Richtlinien zum *DBA USA 1954,* BStBl. I 1957, 154 (156)). Mit der Herausnahme des Einkaufsgewinns erschöpft sich die Bedeutung des Absatzes. Anders als Art. 5 Abs. 4 Buchst. d MA hat die Bestimmung keine Bedeutung, wenn die Betriebstätte (einschließlich eingekaufter Gegenstände) insgesamt veräußert wird oder es um die Vermögensbesteuerung geht. Die Anwendung der Bestimmung kommt im Übrigen nicht in Betracht, wenn der Betriebstättengewinn nach der indirekten Methode ermittelt wird. **152**

Zu den Rechtsfolgen des Art. 7 Abs. 5 OECD-MA vgl. auch Wassermeyer/*Wassermeyer,* Art. 7 OECD-MA Rz. 376.

Die konsequente Verwirklichung des Grundsatzes, dass der Gewinn eines internationalen Unternehmens dessen verschiedenen Betriebstätten entsprechend deren individuellem Beitrag zum Unternehmenserfolg zuzuordnen ist, erfordert an sich eine Berücksichtigung sämtlicher zur Unternehmensleistung beitragender Fakto- **153** ren, also z. B. neben Produktion und Vertrieb auch des Einkaufs. Auch der Einkauf trägt wesentlich zum Unternehmenserfolg bei. Die Bestimmung des Art. 7 Abs. 5 OECD-MA (Art. 7 Abs. 4 US-MA) lässt sich somit weder systematisch noch betriebswirtschaftlich begründen. Gegenüber der generell geltenden Regel, dass Erträge verursachungsgerecht zuzuordnen sind, enthält sie einen Systembruch, dessen Ursache in der wirtschaftspolitischen Zielsetzung der Exportförderung zu suchen sein dürfte. Mit dem Grundsatz des Fremdvergleichs steht die Regelung aber nicht in Einklang (*Bähr,* S. 103 f.; *Storck,* S. 311; *Hemmelrath,* S. 237 ff.).

II. Deutsche DBA

1. Abkommensübersicht zu Artikel 7 Abs. 5

154

DBA	MA-Regelung: Keine Gewinnzurechnung für bloßen Einkauf	Artikel	Rz.
Ägypten	≈ MA 2008	7 Abs. 5	
Albanien 2010	≈ MA 2008	7 Abs. 5	
Algerien 2007	≈ MA 2008	7 Abs. 5	
Argentinien	≈ MA 2008; Sonderregelung für Landwirtschaft	7 Abs. 5	155
Armenien	s. UdSSR		
Aserbaidschan	≈ MA 2008	7 Abs. 5	
Australien	≈ MA 2008	7 Abs. 4	
Bangladesch	≈ MA 2008	7 Abs. 5	
Belarus	≈ MA 2008	7 Abs. 5	
Belgien	≈ MA 2008	7 Abs. 5	
Bolivien	MA 2008	7 Abs. 5	
Bosnien-Herzegowina	s. Jugoslawien		
Bulgarien 2010	≈ MA 2008	7 Abs. 5	
China	≈ MA 2008	7 Abs. 5	
Dänemark	≈ MA 2008	7 Abs. 5	
Ecuador	≈ MA 2008	7 Abs. 4	
Elfenbeinküste	keine Regelung	–	157
Estland	≈ MA 2008	7 Abs. 5	
Finnland	≈ MA 2008	7 Abs. 5	
Frankreich	≈ MA 2008	4 Abs. 5	
Georgien	≈ MA 2008	7 Abs. 5	
Ghana	≈ MA 2008	7 Abs. 5	
Griechenland	≈ MA 2008	II Abs. 4	
Großbritannien 1964/70	≈ MA 2008	III Abs. 4	
Großbritannien 2010	≈ MA 2008	7 Abs. 5	
Großbritannien 2014 (E)	nicht enthalten	–	251
Indien	≈ MA 2008	7 Abs. 5	
Indonesien	≈ MA 2008	7 Abs. 5	
Iran	≈ MA 2008	7 Abs. 4	
Irland 2011	≈ MA 2008	7 Abs. 5	
Island	≈ MA 2008	7 Abs. 5	
Israel	≈ MA 2008	4 Abs. 6	
Italien	≈ MA 2008	7 Abs. 5	
Jamaika	≈ MA 2008	7 Abs. 5	
Japan	≈ MA 2008	7 Abs. 5	
Jersey 2008	keine Regelung	–	157
Jugoslawien	≈ MA 2008	7 Abs. 5	
Kanada	≈ MA 2008	7 Abs. 5	

DBA	MA-Regelung: Keine Gewinnzurechnung für bloßen Einkauf	Artikel	Rz.
Kasachstan	≈ MA 2008	7 Abs. 4	
Kenia	≈ MA 2008	7 Abs. 5	
Kirgisistan	≈ MA 2008	7 Abs. 5	
Korea	≈ MA 2008	7 Abs. 5	
Kosovo	s. Jugoslawien		
Kroatien	≈ MA 2008	7 Abs. 5	
Kuwait	≈ MA 2008	7 Abs. 5	
Lettland	≈ MA 2008	7 Abs. 5	
Liberia	≈ MA 2008	7 Abs. 5	
Liechtenstein 2011	Nicht enthalten	–	251
Litauen	≈ MA 2008	7 Abs. 5	
Luxemburg 2012	Nicht enthalten	–	251
Malaysia 2010	≈ MA 2008	7 Abs. 5	
Malta	≈ MA 2008	7 Abs. 5	
Marokko	keine Regelung (Einkaufsstelle als Betriebstättenausnahme)	–	157
Mauritius 2011	≈ MA 2008	7 Abs. 5	
Mazedonien 2006	≈ MA 2008	7 Abs. 5	
Mexiko 2008	≈ MA 2008	7 Abs. 5	
Moldau	s. UdSSR		
Mongolei	≈ MA 2008	7 Abs. 5	
Montenegro	s. Jugoslawien		
Namibia	≈ MA 2008	7 Abs. 5	
Neuseeland	≈ MA 2008	7 Abs. 5	
Niederlande 1959/2004	keine Regelung (Einkaufsstelle als Betriebstättenausnahme)	–	157
Niederlande 2012 (E)	Nicht enthalten	–	251
Norwegen 1991	≈ MA 2008	7 Abs. 5	
Norwegen 2013 (E)	Nicht enthalten	–	251
Oman 2012 (E)	≈ MA 2008	7 Abs. 5	
Österreich	≈ MA 2008	7 Abs. 5	
Pakistan	≈ MA 2008	7 Abs. 5	
Philippinen 1983	≈ MA 2008	7 Abs. 4	
Philippinen 2013	≈ MA 2008	7 Abs. 5	
Polen	≈ MA 2008	7 Abs. 5	
Portugal	≈ MA 2008	7 Abs. 5	
Rumänien	≈ MA 2008	7 Abs. 5	
Russische Föderation	≈ MA 2008	7 Abs. 5	
Sambia	≈ MA 2008	7 Abs. 5	
Schweden	≈ MA 2008	7 Abs. 5	
Schweiz	MA 2008	7 Abs. 5	
Serbien	s. Jugoslawien		
Simbabwe	≈ MA 2008	7 Abs. 5	
Singapur 2004	≈ MA 2008	7 Abs. 5	
Slowakei	s. Tschechoslowakei		
Slowenien	≈ MA 2008	7 Abs. 5	
Spanien 2011	≈ MA 2008	7 Abs. 4	
Sri Lanka	≈ MA 2008	7 Abs. 5	
Südafrika 1973	≈ MA 2008	4 Abs. 3	
Südafrika 2008 (E)	≈ MA 2008	7 Abs. 5	
Syrien 2010	≈ MA 2008	7 Abs. 5	
Tadschikistan	≈ MA 2008	7 Abs. 5	
Taiwan 2011	≈ MA 2008	7 Abs. 5	

DBA	MA-Regelung: Keine Gewinnzurechnung für bloßen Einkauf	Artikel	Rz.
Thailand	≈ MA 2008	7 Abs. 4	
Trinidad und Tobago	≈ MA 2008	7 Abs. 5	
Tschechien	s. Tschechoslowakei		
Tschechoslowakei	≈ MA 2008	7 Abs. 5	
Türkei 2011	≈ MA 2008	7 Abs. 4	
Tunesien	keine Regelung (Einkaufsstelle als Betriebstättenausnahme)	–	157
Turkmenistan	s. UdSSR		
UdSSR	≈ MA 2008	5 Abs. 3	
Ukraine	≈ MA 2008	7 Abs. 5	
Ungarn 2011	≈ MA 2008	7 Abs. 5	
Uruguay 2010	≈ MA 2008	7 Abs. 5	
USA 1989	≈ MA 2008	7 Abs. 4	
USA 1989/2006	≈ MA 2008	7 Abs. 4	
Usbekistan	≈ MA 2008	7 Abs. 5	
Venezuela	≈ MA 2008	7 Abs. 5	
Vereinigte Arabische Emirate 2010	≈ MA 2008	7 Abs. 5	
Vietnam	≈ MA 2008	7 Abs. 5	
Weißrussland	s. Belarus		
Zypern 2011	≈ MA 2008	7 Abs. 5	

2. Erläuterungen

155 **a)** Das *DBA Argentinien* folgt grundsätzlich der Regelung der MA, bestimmt jedoch für den Bereich der Landwirtschaft zusätzlich, dass der Einkauf von Erzeugnissen der Landwirtschaft und Viehzucht zu einer Gewinnzurechnung bei der Betriebstätte führen kann (Art. 7 Abs. 5 in Verbindung mit Art. 5 Abs. 7 *DBA Argentinien*).

157 **b)** Die *DBA Elfenbeinküste, Jersey 2008, Marokko, Niederlande 1959/2004* und *Tunesien* treffen **keine ausdrückliche Regelung** über die Gewinnzurechnung für bloßen Einkauf. Nach diesen Abkommen ist der Betriebstättengewinn unter Einschluss des Gewinns aus einer Einkaufstätigkeit zu ermitteln und im Betriebstättenstaat zu versteuern. Eine Gewinnaufspaltung findet nicht statt. Zu beachten ist, dass eine bloße Einkaufsstelle keine Betriebstätte begründet und auf diese keine Gewinnzurechnung erfolgen kann (vgl. Art. 5 Rz. 85 ff.).

F. Zu Art. 7 Abs. 6 OECD-MA 2008 und zu Art. 7 Abs. 5 UN- und US-MA

I. Musterabkommen

1. Übereinstimmungen und Abweichungen

158 Die Formulierungen des OECD-MA (Art. 7 Abs. 6) und des UN-MA (dort Art. 7 Abs. 5) stimmen wörtlich überein. Das US-MA 1996 (ebenfalls Art. 7 Abs. 5) weicht von diesen Formulierungen insoweit ab, als es, wie bereits in den vorangegangenen Absätzen, von **Unternehmensgewinnen** (business profits) anstelle nur von Gewinnen spricht (hierzu Rz. 47). Die deutsche Verhandlungsgrundlage folgt dem OECD-MA 2010 (s. hierzu Rz. 182 ff.). Eine entsprechende Regelung findet sich daher nicht.

2. Erläuterungen

a) Art. 7 Abs. 6 OECD-MA (UN-MA und US-MA: Abs. 5) soll **Gleichmäßigkeit der Gewinnzurechnung** bewirken. Die einer Betriebstätte zuzurechnenden Gewinne sind jedes Jahr auf dieselbe Art zu ermitteln. Von einer einmal gewählten und beobachteten Methode dürfen weder die Unternehmen noch die staatlichen Finanzbehörden ohne Anlass abweichen. Unzulässig ist es vor allem, die Zurechnungsmethode deshalb zu wechseln, weil dadurch für einen bestimmten Veranlagungszeitraum günstigere Ergebnisse erzielt werden. Die gleichmäßige Ermittlung des Betriebstättengewinns soll den Unternehmen Sicherheit über ihre steuerliche Belastung geben und so ihre gewerbliche Tätigkeit kalkulierbar machen (MA-Komm. 2008 Ziff. 58). Die gleichbleibende Behandlung dient aber auch dem Interesse der Betriebstättenstaaten an der Voraussehbarkeit ihres Steueraufkommens (vgl. Wassermeyer/*Straka,* Art. 7 DBA Belgien Rz. 56). Siehe auch Wassermeyer/*Wassermeyer,* Art. 7 OECD-MA Rz. 381. 159

Der Absatz gilt **nur** für die **Methode der Gewinnzurechnung** als solche. Er verbietet also lediglich einen unbegründeten Wechsel von der direkten zur indirekten Gewinnermittlungsmethode und umgekehrt. Er verlangt nicht, dass innerhalb der einzelnen Methode unverändert stets nach denselben Grundsätzen verfahren werde. Diese etwas eingeschränkte Bedeutung des Absatzes ergibt sich sowohl aus der englischen wie aus der französischen Originalfassung des OECD-MA. Beide sprechen übereinstimmend von der (Gewinn-)„Ermittlung" nach „derselben Methode" („shall be determined by the same method", „sont déterminés ... selon la même méthode") und nehmen damit Bezug auf Abs. 4, zweiter Halbsatz des Artikels, wo der Ausdruck „Methode" (der Gewinnzurechnung) im Zusammenhang mit der indirekten Gewinnermittlung verwendet wird. Inwieweit innerhalb der jeweilig angewandten Methode ein Spielraum für die Gewinnermittlung besteht, hängt davon ab, welcher Spielraum einem unabhängigen Unternehmen nach dem innerstaatlichen Recht des Betriebstättenstaates gewährt wird. 160

b) Ein **Wechsel der Gewinnzurechnungsmethode** ist möglich, wenn es für ein Abweichen **ausreichende Gründe** gibt. Es kann einem Staat nicht verboten sein, eine bisher gehandhabte Praxis aufzugeben und eine andere Methode der Zurechnung zu wählen, wenn er dies für zweckmäßig hält und er auch in Zukunft nach der neuen Methode verfahren will. Auch wenn er sich von der neuen Methode ein höheres Steueraufkommen verspricht, ist dies ein zulässiger Zweck. Umgekehrt kann auch das Unternehmen im Rahmen der ihm durch das Recht des Betriebstättenstaates eingeräumten Wahlmöglichkeiten die jeweils steuerlich günstigste Gewinnzurechnungsmethode wählen. **Verboten** ist es lediglich, die Methode der Gewinnermittlung **für jeden Veranlagungszeitraum neu** davon abhängig zu machen, welche Lösung die günstigste ist. Ein solch willkürlicher Wechsel der Gewinnzurechnung von Seiten des Betriebstättenstaates würde bereits gegen das völkerrechtliche Verbot des Rechtsmissbrauchs verstoßen (s. zum Rechtsmissbrauchverbot als einem das Völkergewohnheitsrecht ergänzenden allgemeinen Rechtsgrundsatz: *Verdross/Simma,* S. 461 u. 1029; *Kiss,* in EPIL 1 ff.). Vgl. auch Wassermeyer/*Wassermeyer,* Art. 7 OECD-MA Rz. 382. Dem Art. 7 Abs. 6 OECD-MA (= Art. 7 Abs. 5 UN- und US-MA) kommt deswegen nur klarstellende Bedeutung zu (vgl. MA-Komm. 2008 Ziff. 58). 161

Gerechtfertigt ist eine Änderung der Gewinnermittlungsmethode insbesondere immer dann, wenn zu vermuten ist, dass die **bisher** angewandte Methode **nicht mehr zu einem zutreffenden Geschäftsergebnis** führt. Wurde bisher der Gewinn nach der direkten Methode ermittelt, so dürfte ein Übergang auf die indirekte Methode so gut wie nie in Betracht kommen. Ist der Gewinn aber bisher nach 162 der indirekten Methode ermittelt worden, so kann die Steuerverwaltung des Betriebstättenstaates dann einen Übergang auf die direkte Methode verlangen, wenn die Gewinnaufteilungsfaktoren wegen einer geänderten wirtschaftlichen Tätigkeit der Betriebstätte oder des Unternehmens insgesamt nicht mehr zu einer sachgerechten Bemessung des Gewinns der Betriebstätte führen oder wenn der errechnete Betriebstättengewinn deshalb als zu niedrig anzusehen ist, weil die Betriebsteile des Unternehmens in anderen Staaten wegen anderer wirtschaftlicher Bedingungen stets insgesamt mit einem geringeren Geschäftsergebnis abschließen, als es die Betriebstätte allein erzielen würde. Im Jahr des Übergangs von einer zu einer anderen Gewinnermittlungsmethode müssen selbstverständlich einzelne Anpassungen vorgenommen werden, wie dies auch innerstaatlich beim Wechsel von Gewinnermittlungsmethoden geboten ist.

II. Deutsche DBA

1. Abkommensübersicht zu Artikel 7 Abs. 6

163

MA 2008, *mutatis mutandis*

DBA	Artikel	Rz.
Ägypten	7 Abs. 6	
Albanien 2010	7 Abs. 6	
Algerien 2007	7 Abs. 6	
Argentinien	7 Abs. 6	
Aserbaidschan	7 Abs. 6	
Bangladesch	7 Abs. 6	
Belarus	7 Abs. 6	
Belgien	7 Abs. 6	
Bolivien	7 Abs. 6	
Bosnien-Herzegowina	s. Jugoslawien	
Bulgarien 2010	7 Abs. 6	
China 1985	7 Abs. 6	
Dänemark	7 Abs. 6	
Ecuador	7 Abs. 5	
Estland	7 Abs. 6	
Finnland	7 Abs. 6	
Georgien	7 Abs. 6	
Ghana	7 Abs. 6	
Großbritannien 2010	7 Abs. 6	
Indien	7 Abs. 6	
Indonesien	7 Abs. 6	
Irland 2011	7 Abs. 6	
Island	7 Abs. 6	
Israel	4 Abs. 7	
Italien	7 Abs. 6	
Jamaika	7 Abs. 6	
Japan	7 Abs. 6	
Jugoslawien	7 Abs. 6	
Kanada	7 Abs. 6	
Kasachstan	7 Abs. 5	
Kirgisistan	7 Abs. 6	
Korea	7 Abs. 6	
Kosovo	s. Jugoslawien	
Kenia	7 Abs. 6	
Kroatien	7 Abs. 6	

MA 2008, *mutatis mutandis*		
DBA	Artikel	Rz.
Kuwait	7 Abs. 6	
Lettland	7 Abs. 6	
Liberia	7 Abs. 6	
Litauen	7 Abs. 6	
Malaysia 2010	7 Abs. 6	
Malta	7 Abs. 6	
Mauritius 2011	7 Abs. 6	
Mazedonien 2006	7 Abs. 6	
Mexiko 2008	7 Abs. 6	
Mongolei	7 Abs. 6	
Montenegro	s. Jugoslawien	
Namibia	7 Abs. 6	
Neuseeland	7 Abs. 6	
Norwegen 1991	7 Abs. 6	
Oman 2012 (E)	7 Abs. 6	
Österreich	7 Abs. 6	
Pakistan	7 Abs. 6	
Philippinen 1983	7 Abs. 5	
Philippinen 2013	7 Abs. 6	
Polen	7 Abs. 6	
Portugal	7 Abs. 6	
Rumänien	7 Abs. 6	
Russische Föderation	7 Abs. 6	
Sambia	7 Abs. 6	
Schweden	7 Abs. 6	
Schweiz	7 Abs. 6	
Serbien	s. Jugoslawien	
Simbabwe	7 Abs. 6	
Singapur 2004	7 Abs. 6	
Slowakei	s. Tschechoslowakei	
Slowenien	7 Abs. 6	
Spanien 2011	7 Abs. 5	
Sri Lanka	7 Abs. 6	
Südafrika 2008 (E)	7 Abs. 6	
Syrien 2010	7 Abs. 6	
Tadschikistan	7 Abs. 6	
Taiwan 2011	7 Abs. 6	
Trinidad und Tobago	7 Abs. 6	
Tschechien	s. Tschechoslowakei	
Tschechoslowakei	7 Abs. 6	
Tunesien	7 Abs. 6	
Ukraine	7 Abs. 6	
Ungarn 2011	7 Abs. 6	
Uruguay 2010	7 Abs. 6	
USA 1989	7 Abs. 5	
USA 1989/2006	7 Abs. 5	
Usbekistan	7 Abs. 6	
Venezuela	7 Abs. 6	
Vereinigte Arabische Emirate 2010	7 Abs. 6	
Vietnam	7 Abs. 6	
Weißrussland	s. Belarus	
Zypern 2011	7 Abs. 6	

164 **Keine Regelung enthalten** folgende DBA mit (s. Rz. 165): *Australien, Elfenbeinküste, Frankreich, Griechenland, Großbritannien 1964/70, Iran, Irland, Jersey 2008 (mangels Regelung für Unternehmensgewinne), Luxemburg 1958/2009, Marokko, Niederlande 1959/ 2004, Singapur 1972, Südafrika 1973, Thailand, Türkei 2011 UdSSR.* Die *DBA Großbritannien 2014 (E), Liechtenstein 2011, Luxemburg 2012, Niederlande 2012 (E)* und *Norwegen 2013 (E)* folgen dem MA 2010, welches keine entsprechende Regelung mehr enthält; das *DBA Südafrika 2008 (E)* enthält dagegen eine solche Regelung.

2. Erläuterungen

165 Insbesondere die älteren deutschen DBA enthalten keine dem Art. 7 Abs. 6 OECD-MA entsprechende Regelung (s. Übersicht Rz. 164). Auch für sie gelten aber die Grundsätze des Abs. 6 über die Kontinuität der Gewinnzurechnungsmethode. Ein willkürlicher Wechsel der Zurechnungsart verstieße gegen das völkerrechtliche Verbot des Rechtsmissbrauchs (s. Rz. 161).

G. Zu Art. 7 Abs. 7 OECD-MA 2008 und zu Art. 7 Abs. 6 UN- und US-MA

I. Musterabkommen

1. Übereinstimmungen und Abweichungen

166 Das UN-MA und die US-MA 1996 und 2006 enthalten jeweils in Art. 7 Abs. 6 eine wörtlich mit Art. 7 Abs. 7 OECD-MA übereinstimmende Vorschrift. Wie in den vorangegangenen Absätzen von Art. 7 weicht das US-MA 1996 auch hier von der Formulierung des OECD- und des UN-MA insoweit ab, als es von „**gewerblichen** Gewinnen" (business profits) anstelle nur von Gewinnen spricht (hierzu Rz. 47). Die deutsche Verhandlungsgrundlage enthält (entsprechend dem OECD-MA 2010) eine inhaltlich mit Art. 7 Abs. 7 OECD-MA 2008 übereinstimmende Vorschrift in Art. 7 Abs. 4.

2. Erläuterungen

167 Art. 7 gilt nach Abs. 7 nicht für Einkünfte, die in anderen Artikeln des Abkommens behandelt sind. Zwar umfasst der Unternehmensgewinn im Sinne des Art. 7 alle Einkünfte aus dem Betrieb eines Unternehmens, Abs. 7 räumt jedoch den speziellen Verteilungsnormen des DBA selbst dann den Vorrang ein, wenn die Zinsen, Lizenzgebühren etc. in einer ausländischen Betriebstätte erzielt werden. Lediglich, wenn der diesen Einkünften zugrunde liegende Vermögenswert tatsächlich zur ausländischen Betriebstätte gehört, erfolgt gem. Art. 10 Abs. 4, Art. 11 Abs. 4 etc. eine Rückverweisung auf Art. 7 (vgl. hierzu auch BFH BStBl. II 1996, 563 und BStBl. II 1998, 296). BFH BStBl. II 1998, 296 zum *DBA USA 1954/65* weist darauf hin, dass eine Rückverweisung nur in Betracht kommt, wenn auch „begrifflich" eine Betriebstätte vorliegt. Dies sei nicht der Fall, wenn keine „aktive gewerbliche Tätigkeit" ausgeübt wird, sondern lediglich Zinseinkünfte, Einkünfte aus unbeweglichem Vermögen oder Veräußerungsgewinne erzielt werden.

168 In einem Urteil zu Art. 7 Abs. 8 *DBA Schweiz 1971* (entspricht Art. 7 Abs. 7 OECD-MA) entschied der BFH am 23.10.1996 (BStBl. II 1997, 313 = IStR 1997, 271 mit Anm. *Wassermeyer* und IWB F. 3a, Rechtsprechung, Gr. 1, 645 mit

Anm. *Baranowski*), dass Einkünfte, die im Rahmen einer unternehmerischen Tätigkeit anfallen, abkommensrechtlich aber unter eine andere Einkunftskategorie zu subsumieren sind, grundsätzlich keine Gewinne im Sinne des Art. 7 *DBA Schweiz* sind. Zu dieser Auffassung s. auch *Kleineidam,* IStR 2004, 1, wenngleich mit einer anderen Begründung. *Baranowski* ist darin zuzustimmen, dass die Aussage des BFH in dieser Form zu weitgehend ist. Einkünfte, die im Rahmen einer unternehmerischen Tätigkeit anfallen, bleiben auch dann Gewinne im Sinne des Art. 7, wenn sie unter eine speziellere Verteilungsnorm zu subsumieren sind. Wie sich auch aus Ziff. 62 des MA-Kommentars 2008 ergibt, gilt Art. 7 daher für alle gewerblichen Einkünfte, die nicht zu den in einem besonderen Artikel behandelten Einkunftsarten gehören, und außerdem für Zinsen, Dividenden usw., die gem. Art. 10 Abs. 4, Art. 11 Abs. 4, Art. 12 Abs. 3 und Art. 21 Abs. 2 unter Art. 7 fallen (vgl. hierzu auch *Wagner,* IWB F. 3, Deutschland, Gr. 2, 1067 ff.).

Mit Rücksicht auf das abkommensrechtliche System der Erwerbstätigkeiten (s. Rz. 32) und den abkommensrechtlichen Vorrang des Belegenheitsprinzips vor dem Betriebstättenprinzip (Art. 6 Abs. 4) ergibt sich, dass Einkünfte im Sinne des Abs. 7 in anderen Verteilungsnormen **„behandelt"** sind, wenn sie „im Rahmen einer anderen Verteilungsnorm **der Einkunftsart nach** behandelt" werden (*Rust*, BIFD 2002, 15). **169**

Das Prinzip der Subsidiarität der Unternehmensgewinne greift deshalb z. B. auch für Zinsen aus Drittstaaten oder für Einkünfte aus unbeweglichem, im Sitzstaat des Steuerpflichtigen oder in einem Drittstaat belegenen Vermögen ein, obwohl die tatbestandliche Voraussetzung der speziellen Verteilungsnormen – Einkünfte aus dem anderen Vertragsstaat, Art. 11 Abs. 1 bzw. Einkünfte aus dem im anderen Vertragsstaat belegenen unbeweglichen Vermögen, Art. 6 Abs. 1 (s. Art. 6 Rz. 32 f.) – nicht gegeben sind. Sind die Einkünfte einer ausländischen Betriebstätte zuzuordnen, kommt in solchen Fällen der erweiterte Betriebstättenvorbehalt des Art. 21 Abs. 2 zur Anwendung, sofern Einkünfte aus beweglichem Vermögen betroffen sind und wird für Einkünfte aus unbeweglichem Vermögen dem abkommensrechtlichen Vorrang des Belegenheitsprinzips Geltung verschafft. Wäre dagegen „behandelt" im Sinne des Abs. 7 als „unter den Tatbestand einer anderen Verteilungsnorm fallend" zu verstehen, würde für Einkünfte aus unbeweglichem, im Sitzstaat oder in einem Drittstaat belegenen Vermögen, die einer Betriebstätte zuzurechnen sind, das Belegenheitsprinzip hinter das Betriebstättenprinzip des Abs. 2 zurücktreten. Für Drittstaateneinkünfte aus beweglichem Vermögen, die einer Betriebstätte zuzurechnen sind, kommt in jedem Fall das Betriebstättenprinzip zur Anwendung, entweder bereits nach Art. 7 Abs. 2 oder über Art. 21 Abs. 2. **170**

Dieses Verständnis von „behandelt" im Rahmen des Abs. 7 unterscheidet sich von der Bedeutung, die demselben Begriff in Art. 21 Abs. 1 zukommt, wo „behandelt" als „unter den Tatbestand einer Verteilungsnorm fallend" zu verstehen ist (s. Art. 21 Rz. 11 f.). Die sich aus der Systematik des Abkommens ergebende unterschiedliche Bedeutung sollte auch sprachlich, durch eine entsprechende Anpassung des Wortlauts des Musterabkommens, zum Ausdruck gebracht werden. **171**

Auch für Sondervergütungen, die von Personengesellschaften an ihre Gesellschafter gezahlt werden und die nach innerstaatlichem Recht (§ 15 Abs. 1 Nr. 2 EStG) als Unternehmensgewinne behandelt werden, gilt abkommensrechtlich der Vorrang der speziellen Verteilungsnormen, s. Rz. 58. **172**

Anders allerdings die Auffassung der deutschen Finanzverwaltung: Gemäß Tz. 1.2.3 der Betriebstätten-Verwaltungsgrundsätze vom 24.12.1999 (BMF BStBl. I 1999, 1076) sind Sondervergütungen sowohl eines inländischen Gesellschafters einer ausländischen Personengesellschaft als auch eines ausländischen Gesellschafters einer inländischen Personengesellschaft grundsätzlich als Unternehmensgewinne im Sinne des Art. 7 zu behandeln (s. auch § 50d Abs. 10 EStG). Im zweiten Falle **173** werden die Sondervergütungen also in Deutschland voll als Unternehmensgewinne besteuert. Für den ersten Fall behält sich die Finanzverwaltung jedoch vor, die Sondervergütungen unter die speziellen Verteilungsnormen des DBA zu subsumieren, sofern dies auch der Ansässigkeitsstaat der ausländischen Personengesellschaft tut. Dies hat zur Folge, dass Deutschland die Sondervergütung als Ansässigkeitsstaat des Gesellschafters – ggf. unter Anrechnung einer im anderen Staat erhobenen Quellensteuer – besteuern darf. Nur, wenn auch der andere Staat die Sondervergütung als Unternehmensgewinn gem. Art. 7 behandelt, verzichtet Deutschland auf eine Besteuerung (s. auch § 50d Abs. 9 EStG).

174 Faktisch führt diese Ansicht dazu, dass Art. 7 Abs. 7 in Fällen, in denen die Sondervergütung durch eine inländische Gesellschaft gezahlt wird, nicht angewendet wird. In den Fällen, in denen die Sondervergütung von einer ausländischen Gesellschaft gezahlt wird, hängt die Anwendung des Art. 7 Abs. 7 in Deutschland von seiner Anwendung im Ansässigkeitsstaat der ausländischen Gesellschaft ab. Vgl. dazu die ablehnende Rechtsprechung des BFH, Rz. 58.

175 Fraglich ist, ob zu den „Einkünften, die in anderen Artikeln dieses Abkommens behandelt werden" im Sinne des Art. 7 Abs. 7 auch die „anderen Einkünfte" gemäß Art. 21 gehören. Dies wird teilweise verneint mit dem Hinweis, bei Art. 21 handle es sich um einen nur subsidiär anwendbaren Auffangtatbestand (vgl. FWK/*Buciek*, Art. 7 Rz. 803). Dagegen spricht jedoch, dass Art. 21 Abs. 2 entsprechend den anderen speziellen Verteilungsnormen eine Rückverweisklausel auf Art. 7 enthält und demnach Art. 7 dieser Vorschrift nur unter den dort geregelten Voraussetzungen vorgehen soll. Dementsprechend hat auch der BFH mit Urteil vom 30.8.1995 (BFHE 179, 48 = IWB F. 3a, Rechtsprechung, Gr. 1, 513 mit Anm. *Baranowski* und IStR 1996, 81 mit Anm. *Wassermeyer*) entschieden, dass Zinsen und Lizenzgebühren aus einem Drittstaat unter Art. 21 zu subsumieren sind, soweit die ihnen zugrunde liegenden Vermögenswerte nicht tatsächlich zu der Betriebstätte gehören.

177 Eine abkommensrechtlich vereinbarte Besteuerung im Quellenstaat bleibt im Rahmen dieser Einkunftsarten auch dann zulässig, wenn die Einkünfte einem Unternehmen in dem anderen Vertragsstaat zufließen und dessen sonstige Gewinne im Quellenstaat in Ermangelung einer Betriebstätte nicht besteuert werden. Zur Regelung der Dividenden, Zinsen, Lizenzgebühren etc., die einer Betriebstätte im Quellenstaat zufließen, s. Vor Art. 10 bis 12 Rz. 30 ff.

178 Nach einem internen Bericht an den OECD-Steuerausschuss vom 1. Februar 2001 („Tax Treaty Characterisation issues arising from E-Commerce") können grundsätzlich alle Zahlungen im Zusammenhang mit typischen E-Commerce-Transaktionen in den Anwendungsbereich des Art. 7 fallen, soweit nicht gem. Art. 7 Abs. 7 ein anderer vorrangiger Artikel Anwendung findet. Die wichtigste Abgrenzung in diesem Bereich ist laut dem genannten Bericht diejenige zwischen Unternehmensgewinnen gem. Art. 7 und Lizenzgebühren gem. Art. 12. Vgl. zur Qualifikation von Einkünften aus dem Online-Vertrieb von Standardsoftware *Kessler,* IStR 2000, 98.

II. Deutsche DBA

1. Abkommensübersicht zu Artikel 7 Abs. 7

179

DBA	MA-Regelung: Vorrang der besonderen Einkunftsarten	Artikel	Rz.
Ägypten	≈ MA 2008	7 Abs. 7	
Albanien 2010	≈ MA 2008	7 Abs. 7	
Algerien 2007	≈ MA 2008	7 Abs. 8	

DBA	MA-Regelung: Vorrang der besonderen Einkunftsarten	Artikel	Rz.
Argentinien	≈ MA 2008	7 Abs. 8	
Armenien	s. UdSSR		
Aserbaidschan	≈ MA 2008	7 Abs. 7	
Australien	≈ MA 2008	7 Abs. 4	
Bangladesch	≈ MA 2008	7 Abs. 7	
Belarus	≈ MA 2008	7 Abs. 8	
Belgien	≈ MA 2008	7 Abs. 7	
Bolivien	≈ MA 2008	7 Abs. 7	
Bosnien-Herzegowina	s. Jugoslawien		
Bulgarien 2010	≈ MA 2008	7 Abs. 7	
China 1985	≈ MA 2008	7 Abs. 7	
Dänemark	≈ MA 2008	7 Abs. 7	
Ecuador	≈ MA 2008	7 Abs. 6	
Elfenbeinküste	≈ MA 2008	7 Abs. 6	
Estland	≈ MA 2008	7 Abs. 8	
Finnland	≈ MA 2008	7 Abs. 7	
Frankreich	Vorrang nur für Einkünfte aus unbeweglichem Vermögen und Dividenden	4 Abs. 9	180
Georgien	≈ MA 2008	7 Abs. 7	
Ghana	≈ MA 2008	7 Abs. 8	
Griechenland	≈ MA 2008	III Abs. 5	
Großbritannien 2010	≈ MA 2008	7 Abs. 7	
Großbritannien 2014 (E)	≈ MA 2010	7 Abs. 4	
Indien	≈ MA 2008	7 Abs. 7	
Indonesien	≈ MA 2008	7 Abs. 7	
Iran	≈ MA 2008	7 Abs. 5	
Irland 2011	≈ MA 2008	7 Abs. 7	176 ff.
Island	≈ MA 2008	7 Abs. 7	
Israel	≈ MA 2008	4 Abs. 8	
Italien	≈ MA 2008	7 Abs. 7	
Jamaika	≈ MA 2008	7 Abs. 8	
Japan	≈ MA 2008	7 Abs. 8	
Jersey 2008	Keine Regelung		181
Jugoslawien	≈ MA 2008	7 Abs. 7	
Kanada	≈ MA 2008	7 Abs. 7	
Kasachstan	≈ MA 2008	7 Abs. 7	
Kenia	≈ MA 2008	7 Abs. 7	
Kirgisistan	≈ MA 2008	7 Abs. 7	
Korea	≈ MA 2008	7 Abs. 7	
Kosovo	s. Jugoslawien		
Kroatien	≈ MA 2008	7 Abs. 7	
Kuwait	≈ MA 2008	7 Abs. 7	
Lettland	≈ MA 2008	7 Abs. 7	
Liberia	≈ MA 2008	7 Abs. 7	
Liechtenstein 2011	≈ MA 2010	7 Abs. 5	
Litauen	≈ MA 2008	7 Abs. 7	
Luxemburg 2012	≈ MA 2010	7 Abs. 4	
Malaysia 2010	≈ MA 2008	7 Abs. 7	
Malta	≈ MA 2008	7 Abs. 7	
Marokko	≈ MA 2008	7 Abs. 7	
Mauritius 2011	≈ MA 2008	7 Abs. 8	

DBA	MA-Regelung: Vorrang der besonderen Einkunftsarten	Artikel	Rz.
Mazedonien 2006	≈ MA 2008	7 Abs. 7	
Mexiko 2008	≈ MA 2008	7 Abs. 7	
Moldau	s. UdSSR		
Mongolei	≈ MA 2008	7 Abs. 7	
Montenegro	s. Jugoslawien		
Namibia	≈ MA 2008	7 Abs. 7	
Neuseeland	≈ MA 2008	7 Abs. 7	
Niederlande 1959/2004	Keine Regelung		181
Niederlande 2012 (E)	≈ MA 2010	7 Abs. 6	
Norwegen 1991	≈ MA 2008	7 Abs. 7	
Norwegen 2013 (E)	≈ MA 2010	7 Abs. 4	
Oman 2012 (E)	≈ MA 2008	7 Abs. 8	
Österreich	≈ MA 2008	7 Abs. 8	
Pakistan	≈ MA 2008	7 Abs. 7	
Philippinen 1983	≈ MA 2008	7 Abs. 6	
Philippinen 2013	≈ MA 2008	7 Abs. 7	
Polen	≈ MA 2008	7 Abs. 7	
Portugal	≈ MA 2008	7 Abs. 7	
Rumänien	≈ MA 2008	7 Abs. 7	
Russische Föderation	≈ MA 2008	7 Abs. 7	
Sambia	≈ MA 2008	7 Abs. 7	
Schweden	≈ MA 2008	7 Abs. 7	
Schweiz	≈ MA 2008	7 Abs. 8	
Serbien	s. Jugoslawien		
Simbabwe	≈ MA 2008	7 Abs. 7	
Singapur 2004	≈ MA 2008	7 Abs. 8	
Slowakei	s. Tschechoslowakei		
Slowenien	≈ MA 2008	7 Abs. 7	
Spanien 2011	≈ MA 2008	7 Abs. 6	
Sri Lanka	≈ MA 2008	7 Abs. 7	
Südafrika 1973	≈ MA 2008	7 Abs. 7	
Südafrika 2008 (E)	≈ MA 2008	7 Abs. 7	
Syrien 2010	≈ MA 2008	7 Abs. 7	
Tadschikistan	≈ MA 2008	7 Abs. 8	
Taiwan 2011	≈ MA 2008	7 Abs. 7	
Thailand	≈ MA 2008	7 Abs. 5	
Trinidad und Tobago	≈ MA 2008	7 Abs. 7	
Tschechien	s. Tschechoslowakei		
Tschechoslowakei	≈ MA 2008	7 Abs. 7	
Türkei 2011	≈ MA 2008	7 Abs. 5	
Tunesien	≈ MA 2008	7 Abs. 7	
Turkmenistan	s. UdSSR		
UdSSR	≈ MA 2008	5 Abs. 4	
Ukraine	≈ MA 2008	7 Abs. 7	
Ungarn 2011	≈ MA 2008	7 Abs. 7	
Uruguay 2010	≈ MA 2008	7 Abs. 8	
USA 1989	≈ MA 2008	7 Abs. 6	
USA 1989/2006	≈ MA 2008	7 Abs. 6	
Usbekistan	≈ MA 2008	7 Abs. 8	
Venezuela	≈ MA 2008	7 Abs. 7	
Vereinigte Arabische Emirate 2010	≈ MA 2008	7 Abs. 7	

DBA	MA-Regelung: Vorrang der besonderen Einkunftsarten	Artikel	Rz.
Vietnam	≈ MA 2008	7 Abs. 7	
Weißrussland	s. Belarus		
Zypern 2011	≈ MA 2008	7 Abs. 7	

2. Erläuterungen

a) Das *DBA Frankreich* sieht einen **ausdrücklichen Vorrang nur für Dividenden** und Einkünfte aus unbeweglichem Vermögen vor. In ihrem sachlichen Gehalt entsprechen diese Abkommen dem MA, da für die anderen Einkunftsarten dem Quellenstaat keine Besteuerung eingeräumt wird. 180

b) Die *DBA Irland 1962/2010, Jersey 2008* und *Niederlande 1959/2004* enthalten keine Regelung über die Abgrenzung der „gewerblichen Einkünfte" von anderen Einkunftsarten. Lediglich der Bereich der gewerblichen Einkünfte wird abgesteckt (vgl. DBA *Irland 1962/2010,* Art. II Abs. 1 Buchst. f; *Niederlande 1959/2004,* Art. 5 Abs. 3). Für das Verhältnis der speziellen Verteilungsnormen zur Vorschrift über die Gewerbegewinne gilt in der Sache aber nichts anderes als nach den MA. 181

H. Zum OECD-MA 2010 und der VG

I. Musterabkommen

1. Übereinstimmungen und Abweichungen

Die deutsche Verhandlungsgrundlage folgt im Wesentlichen dem MA 2010. Abweichungen zum MA bestehen allerdings bei der Verpflichtung zur korrespondierenden Korrektur nach Art. 7 Abs. 3 VG. Hier wurde der im MA-Komm. 2010 vorgesehene Alternativwortlaut zu Art. 7 Abs. 3 OECD-MA 2010 zu Grunde gelegt, nach dem die Verpflichtung zur korrespondierenden Anpassung von der Zustimmung zur Primäranpassung abhängig gemacht wird (s. hierzu Rz. 229). Anders als nach dem Konzept des MA-Komm. 2010 sind die Vertragsstaaten im Rahmen des im Falle verweigerter Zustimmung einzuleitenden Verständigungsverfahrens allerdings nicht zur Herstellung einer einvernehmlichen Lösung verpflichtet, sondern haben sich lediglich um eine solche zu „bemühen". Das US-MA 2006 weist mit dem zu Art. 7 vorgeschlagenen Protokoll ebenfalls auf eine Selbständigkeit der Betriebstätte hin, die eine Anwendung der OECD-Verrechnungspreisrichtlinien erlaubt, entspricht also einer weitgehenden Annäherung an die Haltung der OECD (s. dazu bereits Rz. 94). Dem UN-MA liegt auch in der Fassung nach dem Update 2011 eine solch umfassende Selbstständigkeitsfiktion ausdrücklich nicht zugrunde (s. Ziff. 1 UN-Komm. 2011). 182

2. Erläuterungen

a) Allgemeines: Am 22.7.2010 verabschiedete die OECD die revidierte Fassung von Art. 7 OECD-MA und der dazugehörigen Kommentierung. Zeitgleich wurde der Betriebstättenbericht aktualisiert und in einer Neufassung veröffentlicht, die jedoch die Ergebnisse des Berichts 2008 nicht in Frage stellt, sondern lediglich an die neue Abkommensnorm anpasst (s. Ziff. 7 und 8 Betriebstättenbericht 2010, Vorwort). Der Betriebstättenbericht 2010 ist neben dem MA-Komm. 2010 als 183

Auslegungshilfe heranzuziehen (s. Ziff. 19 MA-Komm. 2010). Während die Grundsätze des AOA mit der Änderung des Musterkommentars 2008 nur bruchstückhaft umgesetzt werden konnten (s. Rz. 87a), wird auf Basis des neuen Musterabkommens eine vollständige Implementierung erreicht, die allerdings erst durch Neuabschlüsse und Revisionen bestehender DBA unter Verwendung des neuen Wortlauts in die Abkommenspraxis eingeführt werden muss.

184 Art. 7 OECD-MA 2010 liegt der „Functionally Separate Entity Approach" zugrunde, die Betriebstätte wird also als weitgehend selbständiges und unabhängiges Unternehmen fingiert, das mit anderen Teilen des internationalen Einheitsunternehmens (fiktive) Leistungsbeziehungen unterhalten kann, die mit Fremdvergleichswerten auf Basis der Verrechnungspreisrichtlinien zu bewerten sind (s. bereits Rz. 87). Da die indirekte Methode in diese Konzeption nicht einzupassen war, ist sie in der Neufassung von Art. 7 OECD-MA 2010 nicht mehr enthalten. Die vorigen Absätze 4 (indirekte Methode) und 6 (Fortführung der gewählten Zurechnungsmethode) wurden daher ebenso gestrichen wie die gleichfalls in Konflikt mit dem AOA stehenden Absätze 3 (Abzug von Aufwendungen) und 5 (keine Gewinnzurechnung durch bloßen Einkauf). Ergänzt wurde eine Gegenberichtigungsvorschrift, die sich an den von Art. 9 Abs. 2 bekannten Mechanismus anlehnt (Art. 7 Abs. 3 OECD-MA 2010). Die Regelung des Art 7 Abs. 7 wurde beibehalten und findet sich nun in Absatz 4.

190 **b) Zu Absatz 1:** Während Art. 7 Abs. 1 Satz 1 OECD-MA 2010 der Vorfassung entspricht, wurde Satz 2 teilweise geändert. Insbesondere bezieht sich dieser nun nicht mehr auf die „Gewinne des Unternehmens", sondern auf solche Gewinne, die der Betriebstätte nach Art. 7 Abs. 2 OECD-MA 2010 zuzuordnen sind. Damit wird die bisher bestehende quantitative Beschränkung der Gewinnzuweisung auf den Gesamtgewinn des Einheitsunternehmens aufgehoben, der Betriebstätte kann ein Gewinn also auch dann zuzuweisen sein, wenn das Gesamtunternehmen einen solchen nicht erwirtschaftet hat oder gar Verluste ausweisen muss (s. *Bennet/Russo*, ITPJ 2009, 73 (74f.); *Bobbet/Avery Jones*, BIT 2010, 20 (25); *Kußmaul/Ruiner/Derlaber*, Ubg 2011, 837 (840); *Nouel*, BIT 2011, 5 (6); zu Abs. 2 klarstellend Ziff. 17 MA-Komm. 2010). Im Übrigen ergeben sich keine wesentlichen Abweichungen zur Vorfassung (s. daher die Erläuterungen zum MA 2008 unter Rz. 16ff.).

196 **c) Zu Absatz 2:** Art. 7 Abs. 2 OECD-MA wurde weitgehenden Änderungen unterzogen. Dabei wurde in Satz 1 zunächst der Anwendungsbereich der in Art. 7 OECD-MA 2010 enthaltenen Grundsätze beschränkt auf Art. 7 OECD-MA 2010 einerseits und die Methodenartikel andererseits, wodurch insbesondere verhindert werden soll, dass die nunmehr sehr weitreichende Selbstständigkeitsfiktion der Betriebstätte (s. dazu Rz. 201) auch auf andere Verteilungsnormen angewendet wird (s. Ziff. 28 MA-Komm. 2010). Wäre die Betriebstätte auch für Zwecke außerhalb der ausdrücklich in Art. 7 OECD-MA 2010 genannten DBA-Artikel in vergleichbarer Weise als ein selbständiges Unternehmen zu behandeln, könnten die nach dieser Fiktion anzuerkennenden internen Leistungsbeziehungen zu einem Quellenbesteuerungsrecht führen, was grundsätzlich vermieden werden soll (s. *Bobbet/Avery Jones*, BIT 2010, 20 (25); *Plansky*, S. 254). Dieses Vorgehen widerspricht den Interessen typischer Betriebstättenstaaten, die nunmehr einerseits interne Zahlungen fremdvergleichskonform zum Abzug zulassen müssen, andererseits aber die insbesondere für Zinsen und Lizenzzahlungen üblicherweise anfallende Quellensteuer nicht erheben können (kritisch auch *Black* JIT 2010, 53; *Nouel*, BIT 2011, 5 (12)). Sofern eine Ausdehnung der Selbstständigkeitsfiktion auf andere Verteilungsnormen von den vertragsschließenden Staaten gewollt ist, ist dies abweichend im DBA zu vereinbaren (s. Ziff. 29 MA-Komm. 2010).

Der Verweis auf Art. 23A und 23B OECD-MA 2010 ist dahingegen nicht dergestalt zu verstehen, dass der Ansässigkeitsstaat die Doppelbesteuerung in Höhe genau des Betrages beseitigen muss, der im Betriebstättenstaat besteuert wird (so auch *van Wanrooij*, Intertax 2009, 298 (301)). Obgleich Art. 7 Abs. 2 OECD-MA 2010 ausweislich seines Wortlauts weiterhin auf beide Vertragsstaaten Anwendung findet („in jedem Vertragsstaat"), bedeutet dies nicht, dass auch der Gewinn in beiden Staaten in gleicher Weise zu berechnen ist. Ziff. 30 ff. des MA-Komm. 2010 stellen insofern klar, dass die Gewinnermittlung (in Abgrenzung zur Gewinnzuordnung) Sache des innerstaatlichen Rechts bleibt und daher nicht in den Anwendungsbereich der Abkommensnorm fällt (s. auch *Plansky*, S. 120 ff.). Die Frage, ob und wann ein Gewinn steuerpflichtig ist, kann also durchaus unterschiedlich beantwortet werden, was die Wahrscheinlichkeit einer Übereinstimmung der Beträge gering erscheinen lässt. Da das Musterabkommen die Gewinnermittlung nicht berührt, müssen für die Besteuerung etwaiger Gewinnelemente aus internen Leistungsbeziehungen zudem innerstaatliche Realisationstatbestände bestehen, die Höhe und Zeitpunkt des Besteuerung definieren (s. Rz. 219). Auch insofern gilt die Beschränkung des Anwendungsbereichs auf die Gewinnzuordnung. 197

aa) Selbstständigkeitsfiktion (1. Schritt): Während dem Musterabkommen bislang eine nur eingeschränkte Selbstständigkeitsfiktion zugrunde lag, wird die Betriebstätte in Art. 7 OECD-MA 2010 einem rechtlich selbständigen Unternehmen nunmehr weitaus stärker angenähert. Im englischen Originalwortlaut wird dies bereits durch die Substitution der die Fiktion beschreibenden Attribute „distinct and separate" durch „separate and independent" zum Ausdruck gebracht (s. *Plansky*, S. 255). Zwar setzt das Merkmal „independent" ein auch getrenntes Unternehmen voraus, sodass sich durch die Löschung der ausdrücklichen Beschreibung „distinct" (soweit die Erwähnung dieser Eigenschaft nicht ohnehin schon als Redundanz im Hinblick auf das Merkmal „separate" betrachtet wurde) keine Änderung ergibt (s. dazu auch die Ausführungen zum US-MA in Rz. 94). Die Unabhängigkeit bezieht sich nunmehr aber ausdrücklich auf das Unternehmen als solches und nicht mehr wie im bisherigen Wortlaut („dealing wholly independently") auf die Unternehmenstätigkeit. Dies entspricht dem im AOA formulierten Ansatz, die Betriebstätte in einem ersten Schritt (vor der Bewertung der geschäftlichen Beziehungen) als selbständiges Unternehmen zu fingieren und bereits auf dieser Ebene die Verrechnungspreisrichtlinien im Rahmen einer Funktionsanalyse entsprechend heranzuziehen (s. bereits Rz. 87). Die Funktionsanalyse und die auf ihrer Grundlage vorzunehmende Zuordnung von Wirtschaftsgütern und Risiken werden zudem nunmehr ausdrücklich in Bezug genommen. Unerwähnt bleibt im Abkommenstext allerdings die nach dem AOA ebenfalls erforderliche Zuweisung eines ausreichenden Dotationskapitals, das nur im MA-Komm. Erwähnung findet (s. Ziff. 21 und 49 MA-Komm. 2010; kritisch zur dieser Auslassung *Plansky*, S. 256; s. zur Zuweisung des Dotationskapitals bereits Rz. 116a). 201

Art. 7 OECD-MA 2010 macht weiterhin deutlich, dass die Selbständigkeit nunmehr auch so weit zu verstehen ist, dass Innentransaktionen grundsätzlich anzuerkennen und fremdvergleichskonform zwischen den Unternehmensteilen zu verrechnen sind („in particular in its dealings with other parts of the enterprise"). Die zu Art. 7 OECD-MA a. F. vertretene bloß eingeschränkte Selbständigkeit kann damit für Abkommen auf Basis der Neufassung nicht aufrechterhalten werden. Gleichwohl führt der verfolgte Ansatz lediglich zu einer weitreichenden, nicht aber „uneingeschränkten" Selbständigkeit der Betriebstätte. So soll die Betriebstätte insbesondere die Kreditwürdigkeit des Gesamtunternehmens teilen, eine freie Zuordnung von Dotationskapital nicht anerkannt werden, (s. Rz. 116a) und ein Quellensteuereinbehalt nicht geltend gemacht werden können (s. Rz. 196). 202

203 Der Ansatz des OECD-MA 2010 ist nicht frei von Widersprüchen. Während einerseits der Versuch unternommen wird, die Struktur des Einheitsunternehmens und die Verteilung von Funktionen, Wirtschaftsgütern, Risiken und Kapital entgegen der nicht nur rechtlichen, sondern auch wirtschaftlichen Realität (s. Haase/*Niehaves*, Art. 7 OECD-MA Rz. 173) nach den bei selbständigen Unternehmen vorzufindenden Gegebenheiten zu bemessen, wird eine solche Gleichstellung zugleich in wesentlichen Belangen versagt (s. Rz. 202; kritisch auch *Kroppen*, FS Herzig, S. 1071 (1085 ff.); *Malherbe/Daenen*, BIT 2010, 359; *Plansky*, S. 208). Als Unsicherheitsfaktor bei der Fiktion der selbstständigen Betriebstätte dürfte sich zudem die Identifizierung und Zuordnung der wesentlichen Personalfunktionen herausstellen, da die arbeitsvertraglichen Grundlagen mit dem Gesamtunternehmen bestehen und insbesondere Entscheidungsträger regelmäßig nicht exklusiv nur für einen Unternehmensteil tätig werden (s. ebenfalls kritisch *Osterhoff*, ITPJ 2008, 68; *Kroppen*, FS Herzig, S. 1071 (1089)). In vielen Fällen steht zudem eine Gewinnverlagerung vom Betriebstättenstaat in den Stammhausstaat zu befürchten (s. Rz. 196). Neuseeland, Chile, Griechenland, Mexiko, die Türkei und Portugal haben bereits zum Ausdruck gebracht, dem OECD-MA 2010 nicht folgen zu wollen (s. Ziff. 95–97 MA-Komm. 2010). Auch die UN hat den AOA nicht in das Update 2011 übernommen (s. Rz. 182 und Ziff. 1 UN-Komm. 2011). Der Ansatz der OECD steht auch mit den auf der europäischen Ebene erkennbaren Tendenzen zur Einheitsbetrachtung internationaler Konzerne nicht in Einklang, wie insbesondere durch den von der Kommission vorgelegten Vorschlag einer Richtlinie zur konsolidierten Körperschaftsteuerbemessungsgrundlage offenbar wird (s. bereits Rz. 111a; so auch *Schön*, in Lüdicke, Besteuerung, S. 71 (82); Haase/*Niehaves*, Art. 7 OECD-MA Rz. 182). Zu den entstehenden verfassungs- und europarechtlichen Bedenken s. Rz. 219 sowie bereits Rz. 126b.

206 **bb) Zurechenbarer Gewinn (2. Schritt):** Der Betriebstättengewinn errechnet sich unter Art. 7 Abs. 2 OECD-MA 2010 aus den Transaktionen der Betriebstätte mit selbständigen verbundenen und unverbundenen Unternehmen einerseits und den internen Leistungsbeziehungen der Betriebstätte zu anderen Unternehmensteilen unter Anwendung der Verrechnungspreisrichtlinien andererseits (s. auch Haase/*Niehaves*, Art. 7 OECD-MA Rz. 167). Bei Geschäftsbeziehungen der Betriebstätte zu verbundenen Unternehmen ist dabei für die Gewinnabgrenzung innerhalb des Einheitsunternehmens ein Verrechnungspreis auf Basis von Art. 7 Abs. 2 OECD-MA festzusetzen, während zwischen den verbundenen Unternehmen selbst ein Verrechnungspreis auf Grundlage von Art. 9 Abs. 2 OECD-MA zu bestimmen ist (s. dazu das Beispiel in Ziff. 24 MA-Komm. 2010).

207 Innentransaktionen („*dealings*") zwischen Betriebstätte und anderen Unternehmensteilen sind dann anzuerkennen, wenn ihnen ein reales und identifizierbares Ereignis zugrunde liegt (s. Ziff. 177 Betriebstättenbericht 2010, Teil I). Für die Bewertung dieser internen Leistungsbeziehungen können sowohl die Standardmethoden (Preisvergleichsmethode, Wiederverkaufspreismethode, Kostenaufschlagsmethode) sowie die transaktionsbezogene Nettomargenmethode und die geschäftsfallbezogene Gewinnaufteilungsmethode Anwendung finden (s. Ziff. 183 ff. Betriebstättenbericht 2010, Teil I; vgl. außerdem *Kroppen*, FS Herzig, S. 1071 (1082)). Für die Ermittlung von Referenzwerten sind bei unabhängigen Unternehmen nach den Verrechnungspreisrichtlinien im Rahmen der Vergleichbarkeitsanalyse die Merkmale des übertragenen Gegenstands oder der Leistung, die ausgeübten Funktionen, die Vertragsbedingungen, die wirtschaftlichen Gesamtumstände sowie die Unternehmensstrategie maßgeblich (s. Ziff. 1.36 ff. Verrechnungspreisrichtlinien 2010). Nach Ziff. 22 MA-Komm. 2010 sollen diese Grundsätze analog auch für die Bewertung der Innentransaktionen zwischen Betriebstätte und anderen Unternehmensteilen herangezogen werden, wobei indes aufgrund der rechtlichen Un-

selbständigkeit der einzelnen Unternehmensteile „Verträge" als solche nicht bestehen können. Insofern ist daher auf die Betriebstättenbuchführung, Dokumentation und das tatsächliche Verhalten der Unternehmensteile zurückzugreifen (s. Ziff. 179 Betriebstättenbericht 2010, Teil I). Gewinnrealisierungen aufgrund interner Transaktionen setzen das Bestehen innerstaatlicher Rechtsgrundlagen voraus. Durch das AmtshilfeRLUmsG hat der deutsche Gesetzgeber daher § 1 AStG um Vorschriften zur Anwendung des Fremdvergleichs in Betriebstättenkonstellationen ergänzt (s. dazu Rz. 219).

(1) Materielle Wirtschaftsgüter: Materielle Wirtschaftsgüter sind aus Verein- **209** fachungsgründen nach dem Nutzungsort den verschiedenen Teilen des Einheitsunternehmens zuzuordnen (s. dazu bereits Rz. 115). Ein Wechsel dieses Nutzungsortes kann daher eine Innentransaktion auslösen, die als Übertragung des wirtschaftlichen Eigentums infolge eines fiktiven Kaufgeschäfts zu vergüten ist. Beim veräußernden Unternehmensteil kann es daher zur gewinnrealisierenden Entstrickung kommen, während der fremdvergleichskonforme Preis beim aufnehmenden Unternehmensteil als Ausgabe abzugsfähig ist bzw. die Grundlage etwaiger Abschreibungen bildet (s. Ziff. 195 Betriebstättenbericht 2010, Teil I; vgl. außerdem *Förster*, IWB 2007, F. 10 Gr. 2, 1929 (1930); *Kroppen*, FS Herzig, S. 1071 (1082)). Anderseits kann eine Änderung des Nutzungsortes abhängig von den Umständen des Einzelfalls lediglich als fiktive Miete oder Leasing zu verrechnen sein (s. Ziff. 199 Betriebstättenbericht 2010). Die Gewinnrealisierung setzt auch insoweit das Bestehen innerstaatlicher Rechtsvorschriften voraus (s. dazu ebenfalls Rz. 219). Zu den Besonderheiten bei Umlagevereinbarungen (cost contribution arrangements) s. Ziff. 197–198 Betriebstättenbericht 2010, Teil I.

(2) Immaterielle Wirtschaftsgüter: Bei immateriellen Wirtschaftsgütern ist **211** im Hinblick auf die Bemessung der Vergütung der Betriebstätte sowie insbesondere die Zuordnung der R&D-Kosten bei erstmaliger Schaffung des Wirtschaftsguts dahingehend zu unterscheiden, ob dieses der Betriebstätte als wirtschaftliches Eigentum zustehen soll, sie auf Basis einer Auftragsforschung für das Stammhaus tätig wird oder eine Umlagevereinbarung anzunehmen ist (s. Ziff. 200 ff. Betriebstättenbericht 2010, Teil I; zur bei immateriellen Wirtschaftsgütern besonders relevanten Umlagevereinbarung Ziff. 211 ff. Betriebstättenbericht 2010, Teil I und *Kroppen*, FS Herzig, S. 1071 (1082)). Die (spätere) unternehmensinterne Nutzungsüberlassung immaterieller Wirtschaftsgüter kann die Gestalt eines (ganzen oder teilweisen) Verkaufs einerseits oder aber einer Lizensierung andererseits annehmen (s. Ziff. 206 ff. Betriebstättenbericht 2010, Teil I).

(3) Dienstleistungen: Bei internen Dienstleistungen ist nunmehr unter analoger **213** Anwendung der Kapitel 7 und 8 der Verrechnungspreisrichtlinien grundsätzlich ebenfalls eine Abrechnung mit Fremdvergleichswerten vorzunehmen, wobei jedoch auch insoweit Umlagevereinbarungen anerkannt werden können (s. zu weiteren Ausnahmen und Besonderheiten Ziff. 216 ff. Betriebstättenbericht 2010, Teil I).

(4) Darlehen: Soweit das Dotationskapital überschritten wird (s. dazu bereits **215** Rz. 116a), kann externer Zinsaufwand den verschiedenen Teilen des Einheitsunternehmens durch Anwendung der Rückverfolgungsmethode („tracing approach"), nach welcher der Weg der aufgenommenen Finanzmittel innerhalb des Unternehmens bis zur Quelle nachgezeichnet wird, oder der Fungibilitätsmethode („fungibility approach"), die eine anteilige Zurechnung des Finanzierungsaufwands vorsieht, zugeordnet werden (s. Ziff. 154 Betriebstättenbericht 2010, Teil I; s. das Beispiel bei *Pijl*, BIT 2011, 294 (301 f.)). Die Anerkennung interner Finanzierungstransaktionen mit Gewinnaufschlag anstelle einer bloßen Verteilung des externen Finanzierungsaufwands auch außerhalb des Finanzsektors setzt voraus, dass einzelne Unternehmensteile erkennbar und tatsächlich „treasury functions" für andere Teile des Einheitsunternehmens wahrnehmen (s. Ziff. 159 Betriebstättenbericht 2010, Teil I; vgl. außerdem ausführlich *Hoogterp*, ITPJ 2009, 396; *Bobbet/Avery Jones*, BIT 2010, 20 (23 ff.); *Pijl*, BIT 2011, 294 (302)). Insofern kommt insbesondere der Betriebstättendokumentation große Bedeutung zu. Ein „treasury dealing" kann einerseits als bloße Dienstleistung in Form einer Durch- oder Weiterleitung der Finanzmittel vorgenommen werden, was zwar keinen Anlass für eine Zinsverrechnung, wohl aber für eine Vergütung der Dienstleistung geben kann, andererseits kann dem „Darlehensgeber" aber auch das wirtschaftliche Eigentum (und damit das Risiko) an den Mitteln zuzurechnen sein, sodass eine fremdvergleichskonforme Vergütung in Form fiktiver Zinsen angebracht erscheint, für deren Bemessung jedoch zu beachten ist, dass der Betriebstätte stets dieselbe Kreditwürdigkeit wie dem Gesamtunternehmen zukommen soll (s. Ziff. 159 Betriebstättenbericht 2010, Teil I).

217 **(5) Dokumentation:** Zu den Anforderungen an die Betriebstättendokumentation s. bereits Rz. 87c.

219 **(6) Ausübung der Besteuerungsrechte:** Die Ausübung der nach DBA zugewiesenen Besteuerungsrechte bleibt Sache des nationalen Rechts (s. Rz. 197). Den Abkommen kommt insoweit nur eine Abgrenzungs- und Zuordnungsfunktion zu. Gewinnrealisierungen bei Innentransaktionen erfordern daher das Bestehen innerstaatlicher Rechtsgrundlagen, die Höhe und Zeitpunkt der Besteuerung festlegen. Das deutsche Recht enthielt bislang nur fragmentarisch Vorschriften, die eine Ausschöpfung der nach dem OECD-MA 2010 möglichen Besteuerungsbefugnisse erlaubt. Es griffen lediglich die zur Überführung und Nutzungsüberlassung von Wirtschaftsgütern bestehenden Entstrickungsvorschriften (s. dazu bereits Rz. 121 ff.; kritisch auch *Kußmaul/Ruiner/Derlaber,* Ubg, 2011, 837; *Roth,* SbJb 2011, 167 (177); *Wassermeyer,* IStR 2004, 733; *Förster/Naumann/Rosenberg,* IStR 2005, 617; *Dehnen/Bacht,* BITFD2005, 445). Mit dem AmtshilfeRLUmsG hat der deutsche Gesetzgeber durch Erweiterung von § 1 AStG eine Rechtsvorschrift geschaffen, die den Fremdvergleichsgrundsatz nach Maßgabe des MA 2010 im deutschen Recht zur Anwendung bringen soll (vgl. hierzu Wassermeyer/*Kaeser,* Art. 7 OECD-MA Rz. 690 ff.; *Ditz/Quilitzsch,* IStR 2013, 1917 ff.; *Hemmelrath/Kepper,* IStR 2013, 37 (41)). Nach § 1 Abs. 5 AStG soll dafür eine Gewinnkorrektur entsprechend § 1 Abs. 1, 3 und 4 AStG erfolgen, wenn die Bedingungen zwischen Stammhaus und Betriebstätte von jenen abweichen, die fremde Dritte vereinbart hätten, und „dadurch die inländischen Einkünfte eines beschränkt Steuerpflichtigen gemindert oder die ausländischen Einkünfte eines unbeschränkt Steuerpflichtigen erhöht werden." Diese einseitige Ausrichtung zu Lasten des Steuerpflichtigen erscheint mehr als fragwürdig (s. Wassermeyer/*Kaeser*, Art. 7 OECD-MA Rz. 690 ff.; *Schnitger*, IStR 2012, 633 (634)). Die gewinnrealisierende Verrechnung interner Transaktionen ohne entsprechenden Außenumsatz begegnet vor dem Hintergrund des Leistungsfähigkeitsprinzips im Übrigen auch verfassungsrechtlichen Bedenken (s. *Schaumburg,* ISR 2013, 197 ff.; *Hemmelrath/Kepper*, IStR 2013, 37 (41 f.); *Haase/Niehaves,* Art. 7 OECD-MA Rz. 181; *Wassermeyer/Andresen/Ditz,* S. 143; grundsätzlich zweifelnd auch *Baker/Collier,* CDFI XCIb (2006), 21 (56 f.)). Zu den auftretenden Fragestellungen des Europarechts im Hinblick auf Gewinnrealisierungen bei Innentransaktionen s. bereits Rz. 126b und weitergehend *Kofler/van Thiel* ET 2011, 327. Zum angeordneten treaty override s. Rz. 14a.

226 **d) Zu Absatz 3:** Art. 7 Abs. 3 OECD-MA 2010 enthält eine an Art. 9 Abs. 2 OECD-MA 2010 (s. dazu Art. 9 Rz. 158 ff.) angelehnte Gegenberichtigungsvorschrift, die darauf abzielt, Doppelbesteuerungen zu vermeiden, die aus dem Ansatz unterschiedlicher Verrechnungspreise resultieren. Dem Fremdvergleichsgrundsatz entspricht auch bei fiktiven Innentransaktionen regelmäßig nicht nur ein einzelner Wert, sondern eine Bandbreite geeigneter Preise. Zur Vermeidung einer Doppelbesteuerung aufgrund einer Anpassung der durch den Steuerpflichtigen zugrunde

gelegenen Werte durch einen Vertragsstaat, die sich innerhalb des durch Art. 7 Abs. 2 OECD-MA 2010 abgesteckten Rahmens bewegt, verpflichtet Art. 7 Abs. 3 OECD-MA 2010 den nicht korrigierenden Vertragsstaat daher zu einer korrespondierenden Angleichung.

Der in 2008 veröffentlichte Diskussionsentwurf zur Änderung von Art. 7 **227**
OECD-MA sah noch eine auf divergierende Methoden zur Bestimmung des Dotationskapitals beschränkte Vorschrift vor, nach der der Ansässigkeitsstaat unter bestimmten Bedingungen an die Berechnung des Dotationskapitals durch den Betriebstättenstaat gebunden sein sollte (s. Discussion draft on a new Article 7 (Business Profits) of the OECD Model Tax Convention v. 7 Juli 2008; hierzu *van Wanrooij*, Intertax 2009, 298 (304 ff.); *Bennet/Russo*, ITPJ 2009, 73; *Kahle/Mödinger*, IStR 2011, 821 (825); ähnlich auch bereits der MA-Komm. 2008 für Altabkommen, s. Rz. 116a). Der jetzigen Regelung vergleichbare Korrekturvorschriften waren lediglich als Alternativen im Kommentarentwurf vorgesehen (s. Diskussionsentwurf a. a. O., Ziff. 53 und 67 des Kommentarentwurfs). Aufgrund der Kritik am nur eingeschränkten Anwendungsbereich der im MA-Entwurf enthaltenen Vorschrift wurde diese letztlich nicht übernommen (s. *Sprague*, TMIJ 2010, 166 (168).

Voraussetzung der Verpflichtung zur korrespondierenden Korrektur nach Art. 7 **228**
Abs. 3 OECD-MA 2010 ist, dass eine primäre Anpassung der Verrechnungspreise in Übereinstimmung mit Art. 7 Abs. 2 OECD-MA erfolgt und daher tatsächlich eine Doppelbesteuerung droht (s. *Nouel*, BIT 2011, 5 (12); *Plansky*, S. 263; *Kahle/Mödinger*, IStR 2011, 821). Soweit beide Vertragsstaaten darin übereinstimmen, dass der Steuerpflichtige für Zwecke der Gewinnabgrenzung einen Verrechnungspreis zugrunde gelegt hat, der mit dem Fremdvergleichsgrundsatz des Art. 7 Abs. 2 OECD-MA 2010 übereinstimmt, haben sie jedoch beide von einer primären Anpassung abzusehen, so dass eine Doppelbesteuerung bereits durch reguläre Anwendung des Methodenartikels vermieden werden kann (s. Ziff. 46–51 MA-Komm. 2010). Wird eine zulässige primäre Anpassung dem Grunde oder der Höhe nach vom nicht korrigierenden Vertragsstaat als nicht fremdvergleichskonform erachtet, muss dieser keine entsprechende Korrektur vornehmen (s. Ziff. 59 MA-Komm. 2010). In diesem Fall bleibt nur das Verständigungsverfahren nach Art. 25 Abs. 1 OECD-MA 2010 und gegebenenfalls das Schiedsverfahren nach Art. 25 Abs. 5 OECD-MA 2010 (s. Ziff. 64 MA-Komm. 2010).

Die Regelung kann dann zu unbefriedigenden Ergebnissen führen, wenn beide **229**
Vertragsstaaten den vom Steuerpflichtigen angesetzten Verrechnungspreis als nicht fremdvergleichskonform erachten. Da sich (unter den in Rz. 228 genannten Voraussetzungen) nach dem Standardwortlaut des Art. 7 Abs. 3 OECD-MA 2010 in diesem Fall eine Verpflichtung zur entsprechenden Anpassung an den vom zuerst korrigierenden Staat verwendeten Wert ergibt, wird in dieser Situation der Anreiz gesetzt, durch eine möglichst schnelle Reaktion einen für den korrigierenden Vertragsstaat möglichst günstigen und für den anderen Vertragsstaat verbindlichen Verrechnungspreis zu erzielen (s. *Kahle/Mödinger*, IStR 2011, 821 (824); *Malherbe/Daenen*, BIT 2010, 359 (365); *Plansky*, S. 266). Zur Lösung des Problems hält der MA-Komm. 2010 in Ziff. 68 einen Alternativwortlaut bereit, nach dem eine Verpflichtung zur korrespondierenden Anpassung nicht automatisch entsteht, sondern der nicht korrigierende Vertragsstaat dem Verrechnungspreis der Erstanpassung zunächst zustimmen muss. Sofern er seine Zustimmung nicht einseitig erteilt, ist ein Verständigungsverfahren einzuleiten, in dessen Rahmen beide Staaten (in Abweichung zum regulären Verfahren nach Art. 25 Abs. 1 und 2) verpflichtet sind, eine einvernehmliche Lösung zu erreichen (s. die Erläuterung in Ziff. 69 MA-Komm. 2010). Zur Umsetzung im Rahmen der deutschen Verhandlungsgrundlage s. Rz. 182.

230 Eine Bindung des Ansässigkeitsstaats an die Zuordnung des Dotationskapitals durch den Betriebstättenstaat nach dem Vorbild des MA-Komm. 2008 (s. oben Rz. 116a) ist nicht mehr vorgesehen. Soweit aufgrund einer unterschiedlichen Methodenwahl Doppelbesteuerungen entstehen, sind diese gleichfalls unter Anwendung von Art. 7 Abs. 3 OECD-MA zu beseitigen (kritisch, aber i. Erg. ebenso *Kahle/Mödinger,* IStR 2011, 821 (825 ff.); s. auch Ziff. 49 MA-Komm. 2010). Ziff. 66 MA-Komm. 2010 stellt klar, dass das Verfahren nach Art. 7 Abs. 3 OECD-MA 2010 indes nicht zur Beseitigung von Doppelbesteuerungen aufgrund unterschiedlicher Gewinnermittlung greift. Diese bleibt Sache des innerstaatlichen Rechts (s. Rz. 197). Nach diesem bestimmen sich auch Art und Weise der Vornahme und zeitliche Grenzen der Korrektur (s. Ziff. 60 ff. MA-Komm. 2010).

245 **e) Zu Absatz 4:** Art. 7 Abs. 4 OECD-MA 2010 entspricht wortgleich Art. 7 Abs. 7 OECD-MA a. F.. Siehe daher die Ausführungen unter Rz. 166 ff.

II. Deutsche DBA

252 Die Neufassung wurde in die bereits unterzeichneten *DBA Großbritannien 2014 (E), Liechtenstein 2011, Niederlande 2012 (E), Norwegen 2013 (E)* und *Luxemburg 2012* übernommen (s. zum *DBA Liechtenstein 2011 Niehaves/Beil,* DStR 2012, 209). Auch das *DBA USA 1989/2006* setzt die Grundsätze des AOA bereits in weiten Teilen um (s. dazu *Dehnen,* BIT 2008, 265). Allen deutschen DBA liegt dabei der im MA-Komm. 2010 in Ziff. 68 vorgeschlagene Alternativwortlaut zu Art. 7 Abs. 3 OECD-MA 2010 zu Grunde (s. hierzu Rz. 229). Die *DBA Norwegen 2013 (E)* und *Großbritannien 2014 (E)* enthalten allerdings die in Rz. 182 angesprochene Einschränkung, nach der die Vertragsstaaten im Falle der verweigerten Zustimmung zur Primäranpassung nur verpflichtet sind, sich um die Beseitigung der Doppelbesteuerung im Wege gegenseitigen Einvernehmens zu „bemühen".

Artikel 8. Seeschifffahrt, Binnenschifffahrt und Luftfahrt

Text: OECD-Musterabkommen (OECD-MA)

1. Gewinne aus dem Betrieb von Seeschiffen oder Luftfahrzeugen im internationalen Verkehr können nur in dem Vertragsstaat besteuert werden, in dem sich der Ort der tatsächlichen Geschäftsleitung des Unternehmens befindet.

2. Gewinne aus dem Betrieb von Schiffen, die der Binnenschifffahrt dienen, können nur in dem Vertragsstaat besteuert werden, in dem sich der Ort der tatsächlichen Geschäftsleitung des Unternehmens befindet.

3. Befindet sich der Ort der tatsächlichen Geschäftsleitung eines Unternehmens der See- oder Binnenschifffahrt an Bord eines Schiffes, so gilt er als in dem Vertragsstaat gelegen, in dem der Heimathafen des Schiffes liegt, oder, wenn kein Heimathafen vorhanden ist, in dem Vertragsstaat, in dem die Person ansässig ist, die das Schiff betreibt.

4. Absatz 1 gilt auch für Gewinne aus der Beteiligung an einem Pool, einer Betriebsgemeinschaft oder einer internationalen Betriebsstelle.

Text: Deutsche Verhandlungsgrundlage (DE-VG)

Artikel 8. Seeschifffahrt, Binnenschifffahrt und Luftfahrt

(1) **Gewinne aus dem Betrieb von Seeschiffen oder Luftfahrzeugen im internationalen Verkehr können nur in dem Vertragsstaat besteuert werden, in dem sich der Ort der tatsächlichen Geschäftsleitung des Unternehmens befindet.**

(2) **Gewinne aus dem Betrieb von Schiffen, die der Binnenschifffahrt dienen, können nur in dem Vertragsstaat besteuert werden, in dem sich der Ort der tatsächlichen Geschäftsleitung des Unternehmens befindet.**

(3) **Für Zwecke dieses Artikels umfassen Gewinne aus dem Betrieb von Seeschiffen, Luftfahrzeugen und Binnenschiffen auch die Einkünfte aus**

1. der gelegentlichen Vercharterung von leeren Seeschiffen, Luftfahrzeugen und Binnenschiffen, sowie

2. der Nutzung oder Vermietung von Containern (einschließlich Trailern und zugehöriger Ausstattung, die dem Transport der Container dienen),

wenn diese Einkünfte den Gewinnen aus dem Betrieb von Seeschiffen, Binnenschiffen oder Luftfahrzeugen zugerechnet werden können.

(4) **Befindet sich der Ort der tatsächlichen Geschäftsleitung eines Unternehmens der See- oder Binnenschifffahrt an Bord eines Schiffes, so gilt er als in dem Vertragsstaat gelegen, in dem der Heimathafen des Schiffes liegt, oder, wenn kein Heimathafen vorhanden ist, in dem Vertragsstaat, in dem die Person ansässig ist, die das Schiff betreibt.**

(5) **Absatz 1 gilt auch für Gewinne aus der Beteiligung an einem Pool, einer Betriebsgemeinschaft oder einer internationalen Betriebsstelle.**

Text: US-Musterabkommen (US-MA)

Seeschifffahrt und Luftfahrt

1. Gewinne eines Unternehmens eines Vertragsstaats aus dem Betrieb von Seeschiffen oder Luftfahrzeugen im internationalen Verkehr können nur in diesem Staat besteuert werden.

2. Für Zwecke dieses Artikels umfassen Gewinne aus dem Betrieb von Seeschiffen oder Luftfahrzeugen auch, aber nicht nur

a) Gewinne aus der nach Zeit oder Route abgerechneten Vermietung von Seeschiffen oder Luftfahrzeugen mit Ausrüstung und Besatzung,
b) Gewinne aus der Vermietung von Seeschiffen oder Luftfahrzeugen ohne Ausrüstung und Besatzung, wenn sie Nebeneinkünfte aus dem Betrieb von Seeschiffen oder Luftfahrzeugen im internationalen Verkehr sind, und
c) Gewinne aus der Vermietung von Seeschiffen oder Luftfahrzeugen ohne Ausrüstung und Besatzung, wenn diese Seeschiffe oder Luftfahrzeuge von dem Mieter im internationalen Verkehr betrieben werden.

Gewinne eines Unternehmens aus der Beförderung von Vermögensgegenständen oder Passagieren innerhalb eines Vertragsstaates werden als Gewinne aus dem Betrieb von Seeschiffen oder Luftfahrzeugen im internationalen Verkehr behandelt, wenn diese Beförderung als Teil des internationalen Verkehrs erfolgt.

3. Gewinne eines Unternehmens eines Vertragsstaats aus der Benutzung, Unterhaltung oder Vermietung von Containern (einschließlich Trailerschiffen, Leichtern und ähnlichem Gerät für die Beförderung von Containern) können nur in diesem Staat besteuert werden, soweit diese Container nicht ausschließlich zwischen Orten im anderen Vertragsstaat benutzt werden.

4. Die Absätze 1 und 3 gelten auch für Gewinne aus der Beteiligung an einem Pool, einer Betriebsgemeinschaft oder einer internationalen Betriebsstelle.

Inhalt

Literatur: *P. Els*, SA Tax Revolution 1992, 26; *Núñez-Müller,* Die Staatsangehörigkeit von Handelsschiffen im Völkerrecht (1994); *Rinck,* Interessengemeinschaften und Kartelle im Luftverkehr, in Festschrift für *Otto Riese* (1964); *S. Patrick*, Law and Policy in International Business (1978); *Schaps/Abraham,* Seehandelsrecht, 1. Teil (1978); *Shannon*, Die Doppelbesteuerungsabkommen der USA (1987). 1

Text: OECD-Kommentar (MA-Kommentar)

Absatz 1

*1. **[Grundsatz]** Absatz 1 über die Gewinne aus dem Betrieb von Seeschiffen oder Luftfahrzeugen im internationalen Verkehr soll sicherstellen, dass diese Gewinne nur in einem Staat besteuert werden. Die Bestimmung basiert auf dem Grundsatz, das Besteuerungsrecht dem Vertragsstaat zu überlassen, in dem sich der Ort der tatsächlichen Geschäftsleitung des Unternehmens befindet. Der Ausdruck „internationaler Verkehr" ist in Artikel 3 Absatz 1 Buchstabe e definiert.*

*2. **[Alternative: Wohnsitzprinzip]** Der Vertragsstaat, in dem sich der Ort der tatsächlichen Geschäftsleitung befindet, braucht nicht immer der Staat zu sein, in dem das Unternehmen ansässig ist, das die Schiffe oder Luftfahrzeuge betreibt; einige Staaten teilen deshalb das ausschließliche Besteuerungsrecht dem Wohnsitzstaat zu. Diese Staaten können die vorliegende Bestimmung ersetzen durch:*

„Gewinne eines Unternehmens eines Vertragsstaats aus dem Betrieb von Seeschiffen oder Luftfahrzeugen im internationalen Verkehr können nur in diesem Staat besteuert werden."

*3. **[Alternative: Subsidiäre Wohnsitzbesteuerung]** Andere Staaten ziehen es dagegen vor, das Merkmal des Wohnsitzes mit dem des Ortes der tatsächlichen Geschäftsleitung zu verbinden, indem sie das grundsätzliche Besteuerungsrecht dem Staat zuteilen, in dem sich der Ort der tatsächlichen Geschäftsleitung befindet, während der Wohnsitzstaat die Doppelbesteuerung nach Artikel 23 beseitigt, wenn der erstere Staat den Gesamtgewinn des Unternehmens besteuern kann; kann der Staat, in dem sich der Ort der tatsächlichen Geschäftsleitung befindet, nicht den Gesamtgewinn besteuern, so wird das grundsätzliche Besteuerungsrecht dem Wohnsitzstaat zugeteilt. Die Staaten, die nach diesem Grundsatz verfahren wollen, können die vorliegende Bestimmung ersetzen durch:*

„Gewinne eines Unternehmens eines Vertragsstaats aus dem Betrieb von Seeschiffen oder Luftfahrzeugen, ausgenommen die Gewinne aus der Beförderung mit Schiffen oder Luftfahrzeugen, die ausschließlich zwischen Orten im anderen Vertragsstaat betrieben werden, können nur im erstgenannten Staat besteuert werden. Befindet sich jedoch der Ort der tatsächlichen Geschäftsleitung des Unternehmens im anderen Staat und besteuert dieser andere Staat den Gesamtgewinn des Unternehmens aus dem Betrieb von Seeschiffen oder Luftfahrzeugen, so können die Gewinne aus dem Betrieb von Seeschiffen oder Luftfahrzeugen, ausgenommen die Gewinne aus der Beförderung mit Seeschiffen oder Luftfahrzeugen, die ausschließlich zwischen Orten im erstgenannten Staat betrieben werden, in diesem anderen Staat besteuert werden."

*4. **[Gewinne im Zusammenhang mit Beförderungsleistungen]** In Betracht kommen in erster Linie die Gewinne, die das Unternehmen unmittelbar aus der Beförderung von Personen oder Gütern mit eigenen, gecharterten oder ihm sonst zur Verfügung stehenden Schiffen oder Luftfahrzeugen, die es im internationalen Verkehr betreibt, erzielt. Da sich die internationale Beförderung fortentwickelt hat, üben Schifffahrt- und Luftfahrtunternehmen immer eine breite Palette von Tätigkeiten aus, um die Beförderung im internationalen Verkehr zu ermöglichen, zu erleichtern oder zu unterstützen. Der Absatz erstreckt sich auch auf Gewinne aus Tätigkeiten, die unmittelbar mit den Beförderungsleistungen verbunden sind, sowie auf Gewinne aus Tätigkeiten, die nicht unmittelbar mit dem Betrieb von Schiffen und Luftfahrzeugen des Unternehmens im internationalen Verkehr verbunden sind, aber diesem untergeordnet sind.*

*4.1 **[Unmittelbarer Zusammenhang]** Tätigkeiten, die in erster Linie mit der Beförderung von Personen oder Gütern in Schiffen oder Luftfahrzeugen in Zusammenhang stehen, die das Unternehmen im internationalen Verkehr betreibt, sollten als unmittelbar mit dieser Beförderung verbunden angesehen werden.*

*4.2 **[Mittelbarer Zusammenhang]** Tätigkeiten, die das Unternehmen für seinen eigenen Betrieb von Schiffen oder Luftfahrzeugen im internationalen Verkehr nicht auszuüben braucht, die aber geringfügig dazu beitragen und so eng damit verbunden sind, dass sie nicht als eigenständige Geschäftstätigkeiten oder Einkunftsquellen des Unternehmens angesehen werden sollten, sollten als Tätigkeiten behandelt werden, die dem Betrieb von Schiffen oder Luftfahrzeugen im internationalen Verkehr untergeordnet sind.*

*4.3 **[Anwendung Grundsätze]** Im Licht dieser Grundsätze erörtern die folgenden Ziffern, inwieweit Absatz 1 auf einige besondere Arten von Tätigkeiten anzuwenden ist, die von einem Unternehmen, das Schifffahrt oder Luftfahrt im internationalen Verkehr betreibt, ausgeübt werden können.*

*5. **[Gewinne aus Vercharterung]** Gewinne aus der Vercharterung eines vollständig ausgerüsteten und bemannten Schiffes oder Luftfahrzeugs sind wie Gewinne aus der Beförderung von Personen oder Gütern zu behandeln. Andernfalls würde ein großer Teil der Beförderungen zu Schiff und in der Luft nicht unter die Vorschrift fallen. Für Gewinne aus der Vercharterung eines leeren Schiffes oder Luftfahrzeugs gilt hingegen Artikel 7 und nicht Artikel 8, außer es handelt sich um eine untergeordnete Tätigkeit eines Unternehmens, das Seeschiffe oder Luftfahrzeuge im internationalen Verkehr betreibt.*

6. ***[Gemeinsame Codes, Slot-Chartering, Bustransporte]*** *Gewinne eines Unternehmens aus der Beförderung von Personen oder Gütern, die nicht durch Schiffe oder Luftfahrzeuge im internationalen Verkehr erfolgt, fallen unter die Vorschrift, soweit die Beförderung unmittelbar mit dem Betrieb von Schiffen oder Luftfahrzeugen im internationalen Verkehr durch das Unternehmen verbunden oder eine untergeordnete Tätigkeit ist. Ein Beispiel dafür wäre das eines die internationale Beförderung betreibenden Unternehmens, das die internationale Beförderung einiger seiner Passagiere oder Güter durch Schiffe oder Luftfahrzeuge anderer Unternehmen durchführen lässt, z. B. bei Vereinbarungen über gemeinsame Codes (code-sharing) oder bei Slot-Charterungen oder um einen früheren Transporttermin zu nutzen. Ein anderes Beispiel wäre das einer Fluggesellschaft, die eine Buslinie zwischen einer Stadt und deren Flughafen hauptsächlich zu dem Zweck betreibt, die Passagiere ihrer internationale Flüge zum oder vom Flughafen zu befördern.*

7. ***[Inlandsbeförderungen]*** *Ein weiteres Beispiel wäre das eines die Beförderung von Personen oder Gütern im internationalen Verkehr betreibenden Unternehmens, das es übernimmt, diese Personen oder Güter im Wege einer Inlandsbeförderung durch andere Unternehmen in dem Land, in dem die Beförderung beginnt, abholen oder im Bestimmungsland weiter befördern oder ausliefern zu lassen. In einem solchen Fall fallen Gewinne aus der Bereitstellung der Beförderung durch andere Unternehmen unter den Absatz, obwohl die Gewinne der anderen Unternehmen, die die Inlandsbeförderung durchführen, nicht darunter fallen.*

8. ***[Fahrkartenverkauf]*** *Ein Unternehmen wird häufig in einer Geschäftseinrichtung, die es hauptsächlich für den Verkauf von Fahrkarten für Beförderungen in von ihm im internationalen Verkehr betriebenen Schiffen oder Luftfahrzeugen unterhält, Fahrkarten für andere Beförderungsunternehmen verkaufen. Solche Fahrkartenverkäufe für andere Unternehmen werden entweder mit Reisen an Bord von Schiffen oder Luftfahrzeugen, die das Unternehmen betreibt, unmittelbar verbunden sein (z. B. Verkauf einer von einem anderen Unternehmen ausgestellten Fahrkarte für den inländischen Teil einer internationalen Beförderung, die von dem Unternehmen durchgeführt wird) oder seinen eigenen Verkäufen dienen. Gewinne des erstgenannten Unternehmens aus dem Verkauf solcher Fahrkarten fallen daher unter den Absatz.*

8.1 [Werbung] *Werbung, die ein Unternehmen in Magazinen, die an Bord von ihm betriebener Schiffe oder Luftfahrzeuge angeboten werden, oder in seinen Geschäftseinrichtungen (z. B. Fahrkartenbüros) für andere Unternehmen durchführt, ist dem Betrieb dieser Schiffe oder Luftfahrzeuge untergeordnet. Die aus solcher Werbung erzielten Gewinne fallen daher unter den Absatz.*

9. ***[Verwendung von Containern]*** *Container werden bei internationaler Beförderung intensiv verwendet. Sie werden oft auch für Binnentransporte verwendet. Gewinne eines die internationale Beförderung betreibenden Unternehmens aus der Vermietung von Containern sind gewöhnlich unmittelbar mit dem Betrieb von Schiffen oder Luftfahrzeugen im internationalen Verkehr verbunden oder ihm untergeordnet und fallen in diesen Fällen unter den Absatz. Dasselbe gilt für Gewinne eines solchen Unternehmens aus der kurzfristigen Lagerung dieser Container (z. B. wenn ein Unternehmen einem Kunden die Aufbewahrung eines beladenen Containers in einem Lagerhaus bis zur Auslieferung in Rechnung stellt) oder aus der Erhebung von Gebühren für die verspätete Rückgabe von Containern.*

10. [Leistungen durch Bodenpersonal] *Ein Unternehmen, das zum Zweck des Betriebs seiner Schiffe oder Luftfahrzeuge im internationalen Verkehr Wirtschaftsgüter oder Personal im Ausland unterhält, kann Gewinne aus der Lieferung von Gütern oder Leistung von Diensten an andere Beförderungsunternehmen in diesem Land erzielen. Dies könnte z. B. Lieferungen oder Leistungen durch Ingenieure, Boden-, Wartungs- und Frachtumschlagspersonal, Verpflegungskräfte und Kundendienstpersonal einschließen. Wenn das Unternehmen solche Lieferungen oder Leistungen an andere Unternehmen erbringt und diese*

Tätigkeiten mit dem Betrieb seiner Schiffe oder Luftfahrzeuge im internationalen Verkehr unmittelbar verbunden sind oder ihm untergeordnet sind, fallen die Gewinne aus derartigen Lieferungen oder Leistungen an andere Unternehmen unter den Absatz.

10.1 [Technische Pools] *Unternehmen, die die internationale Beförderung betreiben, können z. B. Poolvereinbarungen treffen, um Kosten für die Unterhaltung von Einrichtungen, die für den Betrieb ihrer Schiffe oder Luftfahrzeuge in anderen Ländern benötigt werden, zu senken. Wenn eine Fluggesellschaft es z. B. auf Grund eines Vertrages im Rahmen des Technischen Pools Internationaler Fluggesellschaften (International Airlines Technical Pool) übernimmt, Ersatzteile oder Wartungsdienste für andere Fluggesellschaften, die an bestimmten Orten landen, bereitzustellen (was es ihr erlaubt, solche Leistungen an anderen Orten zu nutzen), sind Tätigkeiten, die entsprechend dieser Vereinbarung ausgeübt werden, dem Betrieb von Luftfahrzeugen im internationalen Verkehr untergeordnet.*

11. *[gestrichen]*

12. [Betrieb einer Werft] *Der Absatz findet keine Anwendung auf eine Schiffswerft, die in einem Land von einem Schifffahrtsunternehmen mit Ort der Geschäftsleitung in einem anderen Land betrieben wird.*

13. *[umnummeriert in 17.1]*

14. [Einkünfte aus Kapitalvermögen] *Auf Einkünfte aus Kapitalvermögen (z. B. Einkünfte aus Aktien, Obligationen, Anteilen und Forderungen), die ein Unternehmen der See- oder Binnenschifffahrt oder ein Luftfahrtunternehmen bezieht, ist jeweils die Regelung anzuwenden, die allgemein für Einkünfte dieser Art gilt, außer wenn die Kapitalanlage, die die Einkünfte hervorbringt, integraler Bestandteil des Betriebs von Schiffen oder Luftfahrzeugen im internationalen Verkehr in dem Vertragsstaat ist, so dass sie als unmittelbar mit diesem Betrieb verbunden angesehen werden kann. So wäre der Absatz anwendbar auf Zinseinkünfte aus Geldmitteln, die für den Betrieb in einem Staat erforderlich sind, oder aus Anleihen, die nach den gesetzlichen Bestimmungen für die Geschäftstätigkeit als Sicherheit zu hinterlegen sind. In diesen Fällen ist die Anlage für den Betrieb von Schiffen oder Luftfahrzeugen an diesem Ort notwendig. Der Absatz wäre aber nicht auf Zinseinkünfte anwendbar, die aus der Abwicklung des Cash-Flow oder aus anderen Finanzaktivitäten für Betriebsstätten des Unternehmens, denen die Einkünfte nicht zuzurechnen sind, oder für verbundene Unternehmen, unabhängig davon, ob diese in dem Vertragsstaat ansässig sind oder nicht, oder für das Stammhaus erzielt werden (Zentralisierung von Finanz- und Anlagetätigkeiten). Er wäre auch nicht auf Zinseinkünfte anwendbar, die durch die kurzfristige Anlage von Gewinnen aus der örtlichen Geschäftstätigkeit entstehen, soweit die Mittel für diese Geschäftstätigkeit nicht erforderlich sind.*

[ab 15.7.2014:]

14.1 *Enterprises engaged in the operation of ships or aircraft in international traffic may be required to acquire and use emissions permits and credits for that purpose (the nature of these permits and credits is explained in paragraph 75.1 of the Commentary on Article 7). Paragraph 1 applies to income derived by such enterprises with respect to such permits and credits where such income is an integral part of carrying on the business of operating ships or aircraft in international traffic, e. g. where permits are acquired for the purpose of operating ships or aircraft or where permits acquired for that purpose are subsequently traded when it is realised that they will not be needed.*

Absatz 2

15. *Die in den vorstehenden Ziffern 2 und 3 dargelegte Regelung bezüglich des Besteuerungsrechts des Wohnsitzstaats gilt auch für diesen Absatz des Artikels.*

16. [Binnenschifffahrt] *Dieser Absatz sieht vor, dass die Regelung, die für die Seeschifffahrt und die Luftfahrt im internationalen Verkehr besteht, auch auf die Beförderung auf Flüssen, Kanälen und Seen anzuwenden ist. Die Bestimmung gilt nicht nur für die Beförde-*

rung auf Binnenwasserstraßen im grenzüberschreitenden Verkehr zwischen mehreren Ländern, sondern auch für die Beförderung auf Binnenwasserstraßen durch ein Unternehmen eines Landes innerhalb eines anderen Landes.

16.1 [Mit der Binnenschifffahrt verbundene Gewinne] *Die Ziffern 4 bis* **[bis 14.7.2014:** *14* **ab 15.7.2014:]** *14.1 enthalten Leitlinien in Bezug auf Gewinne, die als aus dem Betrieb von Schiffen oder Luftfahrzeugen im internationalen Verkehr stammend angesehen werden können. Diese Grundsätze und die in den genannten Ziff. aufgeführten Beispiele sind mit den notwendigen Anpassungen auch für die Entscheidung anzuwenden, welche Gewinne als solche aus dem Betrieb von Schiffen, die der Binnenschifffahrt dienen, angesehen werden können.*

17. [Sonderregelungen] *Die Bestimmung schließt nicht aus, dass besondere Steuerfragen, die sich vor allem zwischen benachbarten Ländern im Zusammenhang mit der Beförderung auf Binnenwasserstraßen ergeben können, durch zweiseitige Abkommen gesondert geregelt werden.*

17.1 [Fischfang, Baggerarbeiten, Schleppdienste] *Durch zweiseitige Vereinbarungen kann bestimmt werden, dass Gewinne aus dem Betrieb von Schiffen, die für den Fischfang, für Baggerarbeiten oder für den Schleppdienst auf hoher See eingesetzt sind, als Einkünfte behandelt werden, die unter diesen Artikel fallen.*

Unternehmen, die sich nicht ausschließlich mit der Seeschifffahrt, der Binnenschifffahrt oder der Luftfahrt befassen

18. [Anwendung des Art. 8] *Aus dem Wortlaut der Absätze 1 und 2 ergibt sich, dass Unternehmen, die sich nicht ausschließlich mit der Seeschifffahrt, der Binnenschifffahrt oder der Luftfahrt befassen, trotzdem mit den Gewinnen, die sie aus dem Betrieb eigener Schiffe oder Luftfahrzeuge beziehen, unter die Bestimmung dieser Absätze fallen.*

19. [Ausländische Betriebstätten] *Unterhält ein solches Unternehmen im Ausland Betriebstätten, die ausschließlich dem Betrieb seiner Schiffe oder Luftfahrzeuge dienen, besteht kein Anlass, diese Betriebstätten anders zu behandeln als Betriebstätten von Unternehmen, die sich ausschließlich mit der Seeschifffahrt, der Binnenschifffahrt oder Luftfahrt befassen.*

20. [Ausländische Betriebsstätte auch zu anderen Zwecken] *Die Anwendung der Absätze 1 und 2 bereitet auch keine Schwierigkeiten, wenn das betreffende Unternehmen in einem anderen Staat eine Betriebstätte hat, die sich nicht ausschließlich mit der Seeschifffahrt, der Binnenschifffahrt oder der Luftfahrt befasst. Wenn das Unternehmen seine Waren mit eigenen Schiffen zu seiner ausländischen Betriebstätte befördert, ist anzunehmen,* **[bis 21.7.2010:** *dass die Gewinne, die das Unternehmen durch die Beförderung der Waren mit eigenen Transportmitteln erzielt, weder ganz noch teilweise der Betriebstätte zuzurechnen sind.* **ab 22.7.2010:]** *that none of the profit obtained by the enterprise through acting as its own carrier can properly be taxed in the State where the permanent establishment is situated. Dies trifft auch dann zu, wenn die Betriebstätte Einrichtungen für den Betrieb von Schiffen oder Luftfahrzeugen unterhält (z. B. Verladekais) oder ihr sonstige Kosten im Zusammenhang mit der Beförderung von Waren des Unternehmens entstehen (z. B. Personalkosten).* **[bis 21.7.2010:** *In diesem Fall wären die Aufwendungen der Betriebstätte für den Betrieb der Schiffe oder Luftfahrzeuge nicht ihr, sondern dem Unternehmen selbst zuzurechnen, da die Betriebstätte aus der Beförderung keine Gewinne erzielt.* **ab 22.7.2010:]** *In this case, even though certain functions related to the operation of ships and aircraft in international traffic may be performed by the permanent establishment, the profits attributable to these functions are taxable exclusively in the State where the place of effective management of the enterprise is situated. Any expenses, or part thereof, incurred in performing such functions must be deducted in computing that part of the profit that is not taxable in the State where the per-*

manent establishment is located and will not, therefore, reduce the part of the profits attributable to the permanent establishment which may be taxed in that State pursuant to Article 7.

21. ***[Schiffe oder Luftfahrzeuge als Betriebsstättenvermögen]*** *Soweit Seeschiffe oder Luftfahrzeuge im internationalen Verkehr betrieben werden, wird die Anwendung des Artikels auf die daraus erwachsenden Gewinne nicht durch den Umstand berührt, dass die Seeschiffe oder Luftfahrzeuge durch eine Betriebsstätte betrieben werden, die nicht den Ort der tatsächlichen Geschäftsleitung des ganzen Unternehmens darstellt* **[bis 21.7.2010:** *(z. B. Seeschiffe oder Luftfahrzeuge, die durch die Betriebsstätte in Dienst gestellt werden oder in der Bilanz der Betriebsstätte ausgewiesen sind).* **ab 22.7.2010:]***; thus, even if such profits could be attributed to the permanent establishment under Article 7, they will only be taxable in the State in which the place of effective management of the enterprise is situated (a result that is confirmed by paragraph 4 of Article 7).*

Absatz 3

22. ***[Ort der Geschäftsleitung an Bord]*** *Dieser Absatz behandelt den besonderen Fall, dass sich der Ort der tatsächlichen Geschäftsleitung des Unternehmens an Bord eines Schiffes befindet. In diesem Fall wird die Steuer nur in dem Staat erhoben, in dem der Heimathafen des Schiffes liegt. Kann der Heimathafen nicht festgestellt werden, so wird die Steuer nur in dem Vertragsstaat erhoben, in dem die Person, die das Schiff betreibt, ansässig ist.*

Absatz 4

23. ***[Internationale Zusammenarbeit]*** *Die Seeschifffahrt und Luftfahrt kennt verschiedene Formen der internationalen Zusammenarbeit. Diese wird durch Pool-Verträge und ähnliche Vereinbarungen geregelt, die bestimmte Grundsätze über die Aufteilung der Einnahmen (oder Gewinne) aus der Betriebsgemeinschaft enthalten.*

24. *Um die steuerrechtliche Situation eines an einem Pool, einer Betriebsgemeinschaft oder einer internationalen Betriebsstelle Beteiligten klarzustellen, und um etwaigen Schwierigkeiten zu begegnen, können die Vertragsstaaten bilateral Folgendes hinzufügen, wenn sie dies für erforderlich halten:*

„jedoch nur für den Teil dieser Gewinne, der jedem Beteiligten im Verhältnis zu seinem Anteil am gemeinschaftlichen Betrieb zuzurechnen ist.“

25. *[gestrichen]*

Bemerkungen zum Kommentar

26. *[gestrichen]*

27. *[gestrichen]*

28. **Griechenland** *und* **Portugal** *behalten sich ihre Auffassung vor, soweit die Anwendung des Artikels auf Gewinne aus Tätigkeiten, die dem Betrieb von Schiffen oder Luftfahrzeugen untergeordnet sind, betroffen sind (s. Ziffern 4 bis 10.1).*

29. **Griechenland, Deutschland** *und die* **Türkei** *behalten sich ihre Auffassung bezüglich der Anwendung des Artikels auf Einkünfte aus der Beförderung von Passagieren oder Gütern im Binnenland und aus Containerleistungen vor (vgl. Ziffern 4, 6, 7 und 9).*

30. **Griechenland** *wird auf Zahlungen für die Vercharterung eines leeren Schiffes oder Luftfahrzeugs Artikel 12 anwenden.*

Vorbehalte zum Artikel

30.1 *[gestrichen]*

31. **Kanada, Ungarn, Mexiko** *und* **Neuseeland** *behalten sich vor, Gewinne aus der Beförderung von Personen und Gütern, die in einem bestimmten Land an Bord genommen* *und an einem anderen Ort in diesem Land wieder abgesetzt werden, wie Gewinne aus Binnentransporten zu besteuern.* ***Neuseeland*** *behält sich ferner vor, Gewinne aus der Küstenschifffahrt und der Tätigkeit auf dem Festlandsockel als Gewinne aus dem Binnentransport zu besteuern.*

32 Belgien, Kanada, Griechenland, Großbritannien, *die* ***Türkei*** *und die* ***Vereinigten Staaten*** *behalten sich vor, bei zweiseitigen Abkommen in den Geltungsbereich des Artikels die Binnentransporte nicht einzubeziehen (Abs. 2).*

33 Dänemark, Norwegen *und* ***Schweden*** *behalten sich vor, in den Artikel besondere Bestimmungen zur Besteuerung von Gewinnen des Luftfahrtkonsortiums Scandinavian Airlines System (SAS) einzufügen.*

34 *[gestrichen]*

35 Griechenland *behält wegen seiner besonderen Lage auf dem Gebiet der Seeschifffahrt die Entscheidungsfreiheit hinsichtlich der Abkommensbestimmungen über die Gewinne aus dem Betrieb von Seeschiffen im internationalen Verkehr.*

36 Mexiko *behält sich vor, die Gewährung von Unterkunft an der Quelle zu besteuern.*

37 *[gestrichen]*

38 Australien *behält sich vor, Gewinne aus der Beförderung von Passagieren oder Fracht, die an einem Ort in Australien zum Entladen an einem anderen in Australien an Bord genommen werden, zu besteuern.* **[bis 22.7.2010:** *Australien behält sich auch vor, Gewinne aus anderen Tätigkeiten an der Küste oder auf dem Festlandsockel zu besteuern.***]**

39 *Die* ***Vereinigten Staaten*** *behalten sich vor, in den Geltungsbereich des Absatzes 1 Einkünfte aus der Vermietung von bemannten oder unbemannten Seeschiffen und Luftfahrzeugen einzubeziehen, wenn entweder die Seeschiffe oder Luftfahrzeuge durch den Mieter im internationalen Verkehr betrieben werden oder die Mieteinkünfte den Gewinnen aus dem Betrieb von Seeschiffen im internationalen Verkehr zuzurechnen sind. Die Vereinigten Staaten behalten sich auch vor, Einkünfte aus dem Gebrauch, der Unterhaltung und der Vermietung von Containern, die im internationalen Verkehr genutzt werden, in den Geltungsbereich des Absatzes einzubeziehen.*

40 *Die* ***Slowakei*** *behält sich vor, Gewinne aus der Vermietung von Schiffen, Luftfahrzeugen oder Containern nach Artikel 12 zu besteuern.*

41 Irland *behält sich vor, Einkünfte aus der Vermietung von unbemannten Schiffen oder Luftfahrzeugen in den Geltungsbereich des Artikels einzubeziehen, wenn entweder die Schiffe oder Luftfahrzeuge von dem Mieter im internationalen Verkehr betrieben werden oder die Mieteinkünfte Nebeneinkünfte der Gewinne aus dem Betrieb von Schiffen oder Luftfahrzeugen im internationalen Verkehr sind.*

42 **[bis 14.7.2014:** *Die* ***Türkei*** *behält sich vor, bei der Besteuerung des Gewinns aus internationalen Transporten in Ausnahmefällen das Betriebsstättenprinzip anzuwenden. Sie* **ab 15.7.2014:]** *Die* ***Türkei*** *behält sich* **[bis 14.7.2014:** *ebenfalls***]** *vor, den Geltungsbereich des Artikels auf den Straßentransport auszudehnen und die Definition des internationalen Verkehrs in Artikel 3 entsprechend zu ändern.*

[ab 22.7.2010:]

43 Chile **[ab 15.7.2014:** *,* ***Estonia*****]** *and* ***Slovenia*** *reserve the right not to extend the scope of the Article to cover inland waterways transportation in bilateral conventions and to make corresponding modifications to paragraph 3 of Articles 13, 15 and 22.*

Text: Stellungnahmen von Nichtmitgliedstaaten zum OECD-MA (OECD-NM)

Positions on the Article

1. ***Armenia, Latvia*** *and* ***Lithuania*** *reserve the right in exceptional cases to apply the permanent establishment rule in relation to profits derived from the operation of ships in international traffic.*

Paragraph 1

2. The ***Philippines*** *reserves the right to provide for taxation of the profits from shipping and air transport in accordance with domestic law.*

2.1 ***Indonesia*** *reserves the right to allow the State of source to tax profits from the operation of ships in international traffic provided that the shipping activities arising from such operation in that State are more than casual and subject to certain limits.*

3. ***Albania*** **[ab 15.7.2014: ,** ***Argentina*****]** *and* ***Bulgaria*** *reserve the right to tax profits from the carriage of passengers or cargo taken on board at one place in a respective country for discharge at another place in the same country.*

4. ***South Africa*** *reserves the right to include in paragraph 1 profits from the leasing of containers.*

[ab 15.7.2014:]

4.1 ***Azerbaijan*** *reserves the right to include a provision which provides for taxation of the profits from the leasing of containers in the same way as the profits from international transportation when such profits are supplementary or incidental to international transportation.*

5. ***Thailand*** *reserves the right to provide for taxation of the profits from shipping in accordance with domestic law.*

5.1 ***India*** *reserves the right to apply Article 12 and not Article 8 to profits from leasing ships or aircraft on a barecharter basis.*

6. **[bis 14.7.2014:** ***Bulgaria,*****]** ***Latvia, South Africa*** *and* ***Ukraine*** *reserve the right to include a provision that will ensure that profits from the leasing of ships or aircraft on a bare boat basis and, in the case of* **[bis 14.7.2014:** *Bulgaria,***]** *Latvia and Ukraine, from the leasing of containers, will be treated in the same way as income covered by paragraph 1 when such profits are incidental to international transportation.*

6.1 ***Bulgaria, Croatia, Russia*** *and* ***South Africa*** *reserve the right to extend the scope of the Article to cover international road and railway transportation in bilateral conventions.*

6.2 ***Morocco*** *reserves the right to provide for taxation of profits derived by an enterprise engaged in international transport from the lease of containers which is supplementary or incidental to its international operation of ships or aircraft fall within the scope of this Article.*

6.3 ***Serbia*** *reserves the right, in the course of negotiations, to propose that the leasing of containers, even if directly connected or ancillary, be regarded as an activity separate from international shipping or aircraft operations, and consequently be excluded from the scope of the Article.*

6.4 ***Serbia*** *reserves the right to extend the scope of the Article to cover international road transportation in bilateral conventions.*

6.5 ***Vietnam*** *reserves the right to provide that the taxing right with respect to income derived from international transportation shall be shared 50/50.*

6.6 ***The United Arab Emirates*** *reserves the right to include in its bilateral conventions a provision to confirm that income from selling tickets on behalf of other enterprises, income* *derived from selling technical services to third parties, income from bank deposits and other investments, such as bonds, shares and other debentures, are covered by Article 8 provided that this income is incidental to the operation of air transport enterprises operating in international traffic.*

Paragraph 2

7. ***Albania, Argentina,*** **[ab 15.7.2014:** ***Azerbaijan,*****]** ***Brazil,*** **[bis 14.7.2014:** ***Estonia,*** **ab 15.7.2014:** ***Colombia,*****]** ***Gabon,*** **[ab 15.7.2014:** ***Georgia,*****]** ***India, Latvia, Malaysia, Morocco,*** *the* ***People's Republic of China, South Africa*** *and* ***Hong Kong, China*** *reserve the right not to extend the scope of the Article to cover inland waterways transportation in bilateral conventions and are free to make corresponding modifications to paragraph 3 of Articles 13, 15 and 22.*

Positions on the Commentary

8. ***Vietnam*** *disagrees with the interpretation presented in paragraph 5 of the Commentary.*

9. ***Vietnam*** *disagrees with the interpretation presented in paragraph 10 of the Commentary in relation to the incidental leasing of containers.*

10. ***Brazil, India*** *and* ***Malaysia*** *reserve their position on the application of this Article to income from ancillary activities (see paragraphs 4 to 10.1).*

[ab 15.7.2014:

11. ***Singapore*** *reserves its position on the application of this Article to income from ancillary activities. It takes the view that Article 8 does not cover any ancillary activities that are not expressly mentioned in Singapore's tax conventions.*

12. ***India*** *does not agree with the view that income derived by an enterprise from trading of emission permits and credits in the example given in paragraph 14.1 would be covered by Article 8.*]

A. Zu Art. 8 Abs. 1 und 2

I. Musterabkommen

1. Übereinstimmungen und Abweichungen

Das UN-MA stellt den Vertragsparteien zwei Regelungen für die Einkünfte aus Schifffahrt und Luftfahrt zur Auswahl. Art. 8 Abs. 1 und 2 in der Alternative A des UN-MA stimmen wörtlich mit dem OECD-MA überein. Die Alternative B stimmt mit dem OECD-MA nur hinsichtlich der Luftfahrt und Binnenschifffahrt überein. Die Besteuerung von Seeschiffen im internationalen Verkehr gestattet sie auch dem anderen Vertragsstaat (s. Rz. 29 f.). 2

Anders als OECD- und UN-MA räumt Art. 8 US-MA dem Ansässigkeitsstaat des Unternehmens die Vorrangbesteuerung ein. Darüber hinaus enthält er besondere Regelungen für die Vermietung von Seeschiffen, Flugzeugen und Containern (s. Rz. 32 f.). S. zur deutschen Verhandlungsgrundlage Rz. 34a.

2. OECD-MA und UN-MA, Alternative A

Literatur: *Baranowski*, INF 1982, 136; *Caren*, EPIL 11, 1989, 289; *P. Els*, SA Tax Revolution 1992, 26; *Hund*, BIFD 1982, 111; *Jap/Hintzen*, AWD 1974, 611; *dies.*, AWD 1973, 144, (150); *Karyadi*, TNI March 2004, 823; *Kranz*, DStR 2000, 1215; *Núñez-Müller*, S. 73 ff.; *Outterson/Cheung*, TNI May 1991, 587; *Rinck*, FS Riese, S. 97; *S. Patrick*, S. 653; *Rubbens/Sterens*, IStR 2000, 1; *Russo*, ET 2005, 560; *Schaps/Abraham*, S. 1 ff.; *Suraez*, BIT 2010, 45; *Weber*, IWB F. 5 Gr.2 S. 137; *Wingert/Eckert*, IWB F. 10 Gr. 2 S. 35.

3 **a) Grundzüge:** Gewinne aus Seeschifffahrt, Luftfahrt und Binnenschifffahrt besteuert allein **der Staat der tatsächlichen Geschäftsleitung** des Unternehmens als Quellenstaat. Er besteuert diese Einkünfte gemäß seinem innerstaatlichen Recht, ohne durch das Abkommen darin beschränkt zu sein. Eine Besteuerung im Staat, in dem die Tätigkeit ausgeübt wurde, im Betriebstättenstaat, aber auch im Ansässigkeitsstaat des Unternehmens ist ausgeschlossen („können nur", s. Vor Art. 6 bis 22 Rz. 6ff.). Abweichend von der Regel der MA wird durch Art. 8 also die Rechtsfolge im Ansässigkeitsstaat bereits abschließend geregelt; Art. 23 ist unanwendbar (s. Art. 23 Rz. 3). Die Ausweitung der Grundsätze des Art. 8 auf die Beförderung mittels Schienen- und Straßenverkehr wurde aktuell auf einem Kongress der International Fiscal Association diskutiert (vgl. *Suarez*, BIT 2010, 45 (46)).

4 Die MA tragen mit dieser Regelung dem typischen Erscheinungsbild der internationalen Schifffahrt und Luftfahrt Rechnung: der Betrieb erstreckt sich über eine Vielzahl von Staaten, in denen zudem für die Geschäftstätigkeit häufig Betriebstätten begründet werden. Da auf einer einzigen Reise oft mehrere ausländische Staaten nacheinander angelaufen bzw. angeflogen werden, würde bei einer Besteuerung nach dem **Betriebstättenprinzip** die **Schwierigkeit** auftreten, den einzelnen Betriebstätten ihren Gewinnanteil an der Beförderungstätigkeit des Unternehmens zuzurechnen (*Hund,* BIFD 1982, 111 (113)). Weitere Folge der Gewinnaufteilung auf die Betriebstätten wäre eine Zersplitterung der Besteuerung. Um diese Nachteile des Betriebstättenprinzips zu vermeiden, knüpfen OECD- und UN-MA für die Besteuerung der Gewinne aus der Seeschifffahrt, Luftfahrt und Binnenschifffahrt ausschließlich an den Ort der tatsächlichen Geschäftsleitung an und stellen die Gewinne in dem Staat, in dem die Tätigkeit ausgeübt wurde, auch dann von der Besteuerung frei, wenn das Unternehmen dort über eine Betriebsstätte verfügt.

5 Der andererseits durch Art. 8 OECD-MA dem Staat der **tatsächlichen Geschäftsleitung** eingeräumte Vorrang gegenüber dem Ansässigkeitsstaat beruht auf der Überlegung, dass **sonst** gegebenenfalls auch ein Staat allein steuerberechtigt sein könnte, in dem sich **nur der rechtliche Sitz** eines Unternehmens befindet, obwohl sich die wirtschaftliche Tätigkeit des Schifffahrt- oder Luftfahrtunternehmens einschließlich seiner Leitung ganz außerhalb dieses Staates vollzieht (so nach der Regelung des US-MA, Rz. 32). Für deutsche Gesellschaften begründet zwar die tatsächliche Geschäftsleitung im Inland deren unbeschränkte Steuerpflicht (§ 1 Abs. 1 KStG i. V. m. § 10 AO) und damit ihre Ansässigkeit i. S. des Art. 4 Abs. 1 mit Vorrang gegenüber dem Staat des nur rechtlichen Sitzes nach Art. 4 Abs. 3. Das Recht vieler anderer Staaten kennt jedoch die Inländerbesteuerung aufgrund der tatsächlichen Geschäftsleitung nicht. Die Anknüpfung an den Ort der tatsächlichen Geschäftsleitung in Art. 8 OECD-MA verhindert insoweit, dass eine in einem Staat ansässige Person mit steuerlicher Wirkung in einem anderen Staat eine Gesellschaft errichtet und dieser ihren Schifffahrt- oder Luftfahrtbetrieb überträgt, ohne dass die Gesellschaft tatsächlich eine wirtschaftliche Tätigkeit entfaltet. Allerdings hat die OECD nunmehr einen Diskussionsentwurf veröffentlicht, in dem entsprechend der überwiegenden Praxis der Mitgliedstaaten erwogen wird, die bisher nur als Alternative im MA-Komm. vorgesehene Anknüpfung an die Ansässigkeit anstelle der tatsächlichen Geschäftsleitung im Abkommensartikel zu verankern (s. Discussion Draft on Proposed Changes to the OECD Model Tax Convention Dealing with the Operation of Ships and Aircraft in International Traffic v. 15.11.2013).

6 Nicht unberücksichtigt bleiben darf dabei allerdings, dass der Staat der tatsächlichen Geschäftsleitung die Gewinne des Unternehmens nur in dem Maß besteuern kann, in dem sein innerstaatliches Steuerrecht dies vorsieht. Fallen tatsächliche

Geschäftsleitung und Ansässigkeit auseinander – liegt m. a. W. die tatsächliche Geschäftsleitung in einem Staat, in dem das Unternehmen nur mit seinen inländischen Einkünften steuerpflichtig ist (was auch bei natürlichen Personen und Personengesellschaften der Fall sein kann, s. Rz. 26, 28) –, so kann Art. 8 dazu führen, dass die Gewinne, die das Unternehmen in seinem Ansässigkeitsstaat erzielt, dort nach Art. 8 nicht besteuert werden können, im Staat der tatsächlichen Geschäftsleitung aber ebenfalls nicht, soweit dessen innerstaatliches Steuerrecht das nicht vorsieht. Anders nur, wenn die Freistellung im Ansässigkeitsstaat abweichend von Art. 8 davon abhängig gemacht ist, dass der Staat der tatsächlichen Geschäftsleitung effektiv auch besteuert („subject-to-tax-Klausel" u. ä., vgl. Rz. 39 und allgemein Vor Art. 6 bis 22 Rz. 19 ff.).

Art. 3 Abs. 1 Buchst. e OECD-MA und Art. 3 Abs. 1 Buchst. d UN-MA enthalten eine **Definition** des Begriffes **„internationaler Verkehr"**, die nicht nur für Art. 8, sondern auch für Art. 13 Abs. 3, Art. 15 Abs. 3 und Art. 22 Abs. 3 OECD-MA gilt (s. Rz. 20). 7

b) Abgrenzung: Art. 8 geht dem für alle anderen Unternehmenseinkünfte geltenden Art. 7 als **Spezialvorschrift** vor. Der Vorrang des Art. 8 geht jedoch nur so weit, wie es sich um Gewinne aus dem Betrieb eines Seeschiffs oder Luftfahrzeugs im internationalen Verkehr oder eines Binnenschiffs handelt (s. Rz. 12 ff.). Einkünfte, die zwar aus Schifffahrt oder Luftfahrt stammen, jedoch nicht aus deren Betrieb im internationalen Verkehr, sind, wenn es sich um Unternehmensgewinne handelt, nach Art. 7 zu besteuern. Art. 8 gilt ferner nur dann, wenn sich der Ort der tatsächlichen Geschäftsleitung in einem Vertragsstaat befindet; befindet er sich in einem dritten Staat, so gilt im Verhältnis der Vertragsstaaten zueinander das Betriebstättenprinzip des Art. 7. In einem Fall, in dem das DBA auf die Eintragung im **Register** des anderen Vertragsstaats abstellte, das Flugzeug aber nicht dort, sondern in den USA im Luftschiffsregister eingetragen war, hat der IRS ebenfalls die dem Art. 7 entsprechende Vorschrift des Abkommens angewandt (LTR 95–13–008: *DBA USA/Irland*). 8

Befindet sich der Ort der tatsächlichen Geschäftsleitung in einem Vertragsstaat, ist jedoch das Unternehmen in **keinem** der beiden Vertragsstaaten **ansässig,** so findet gleichfalls Art. 8 keine Anwendung, weil die allgemeine Voraussetzung des Art. 1 für die Anwendung des Abkommens – Ansässigkeit in einem der Vertragsstaaten – nicht gegeben ist. In diesem Fall können beide Vertragsstaaten den Gewinn gemäß ihrem innerstaatlichen Recht besteuern und dabei sowohl an den Ort der Geschäftsleitung wie an das Vorhandensein einer Betriebstätte oder auch nur daran anknüpfen, dass das Unternehmen im Inland Fahrgäste oder Fracht aufnimmt. 9

Für das Verhältnis zu anderen Einkunftsarten und den für sie geltenden Verteilungsnormen gilt Art. 7 Abs. 7 entsprechend (s. zu Art. 7 Rz. 7 ff.). Die Besteuerung von Dividenden- und Zinseinkünften eines Unternehmens der Schifffahrt oder Luftfahrt richtet sich daher nach den speziellen Vorschriften der Art. 10 und 11 OECD-MA. Die Besteuerung der Ausschüttungen eines derartigen Unternehmens richtet sich nach Art. 10 MA (s. a. MA-Komm. Ziff. 14), s. aber auch Rz. 14. Auch die Einkünfte aus der Vermietung unbeweglichen und beweglichen Vermögens sind keine unter Art. 8 fallende Einkünfte, ebenso nicht Gewinne aus dessen Veräußerung (*IRS,* Rev. Rul. 90–37, zu einem Verwaltungsabkommen *USA/Argentinien,* das eine dem Art. 8 vergleichbare Regelung traf, s. Cum. Bull. 1990–1, 141). Zu Gewinnen aus der Veräußerung von Schiffen und Luftfahrzeugen siehe auch Art. 13 Rz. 102. Sind die Dividenden oder Zinsen einer ausländischen Betriebstätte des Schifffahrt- bzw. Luftfahrtunternehmens zuzurechnen, richtet sich ihre Besteuerung nach Art. 7 (s. Art. 7 Rz. 7; Vor Art. 10 bis 12 Rz. 30 ff.). 10

Parallelregelungen zu Art. 8 enthalten die Art. 13 Abs. 3 für Veräußerungsgewinne, Art. 15 Abs. 3 für Vergütungen aus nichtselbstständiger Tätigkeit und Art. 22 Abs. 3 für die Vermögensteuer (vgl. Art. 15 Rz. 102 ff.; Art. 22 Rz. 64 ff.).

11 **c) Regelung:** Bezieht

- eine **in einem Vertragsstaat ansässige Person**
- Gewinne aus dem **Betrieb von Seeschiffen und Luftfahrzeugen**
- im **internationalen Verkehr**
- oder Gewinne aus dem **Betrieb von Schiffen, die der Binnenschifffahrt dienen,**

so darf nach Art. 8 nur der Staat diese Gewinne besteuern, in dem sich der **Ort der tatsächlichen Geschäftsleitung** des Unternehmens befindet.
Zum Begriff des Unternehmens s. Art. 7 Rz. 28 ff.

12 **d) Betrieb von Seeschiffen und Luftfahrzeugen:** Der Ausdruck ist in den Abkommen nicht definiert. Seine Auslegung ist daher nach dem innerstaatlichen Recht vorzunehmen, sofern das innerstaatliche Einkommen- oder Vermögensteuerrecht den Begriff in einer spezifischen Bedeutung verwendet und nicht gewichtige Gründe für eine abweichende Auslegung sprechen (s. zu Art. 3 Rz. 110 ff.). Ein gewichtiger Grund, selbst bei entgegenstehendem innerstaatlichen Recht, ist hier der Zweck der Vorschrift, da sie vor allem aus Praktikabilitätsgründen eingeführt wurde (s. Rz. 4). Diese Auslegung nach dem Zweck setzt bereits bei den Begriffen Schiff und Luftfahrzeug ein. Zu den **Schiffen** gehören hiernach alle auf und unter dem Wasser sich bewegenden oder bewegten **Transportmittel** (a. A. Wassermeyer/*Wassermeyer,* Art. 8 OECD-MA Rz. 16, 31, der jedes schwimmende Fahrzeug ohne Rücksicht auf den Verwendungszweck erfassen will und die nicht Transportzwecken dienenden Fahrzeuge erst über den Begriff des internationalen Verkehrs ausscheidet), also auch Unterseeboote und Tragflügelboote (vgl. BFH BStBl. III 1955, 358 (359)). Es ist nicht erforderlich, dass sie über einen eigenen Antrieb verfügen. Selbstschwimmende Kunststoffbehälter für den Transport von Flüssigkeiten sind deshalb Schiffe i. S. der Vorschrift, auch wenn sie von Schleppschiffen gezogen werden. Einkünfte aus Wasserfahrzeugen auf hoher See, die von vornherein nicht als Transportmittel im internationalen Verkehr gedacht sind, wie Schwimmbagger, Fischfangschiffe – sofern sie nicht ausnahmsweise zum Transport benutzt werden – und Hochseeschlepper und Schwimmdocks und schwimmende Meerwasserentsalzungsanlagen können von den Vertragsparteien in den Regelungsbereich des Art. 8 einbezogen werden (s. MA-Komm. zu Art. 8 Ziff. 17.1). Für die Unterscheidung von Seeschiffen und Binnenschiffen ist mangels einer anderen Bestimmung das Recht des Anwenderstaats heranzuziehen. Z. B. kommt es nach deutschem Recht darauf an, ob das Schiff in das Seeschiffs- oder Binnenschiffsregister eingetragen ist (Schiffsrechtegesetz v. 15.11.1940, RGBl. I 1940, 1499). Weiterhin ist erforderlich, dass das Schiff seiner Zweckbestimmung gemäß auch tatsächlich zur Seeschifffahrt verwendet wird (BFH BStBl. II 1972, 45).

13 **Luftfahrzeuge** sind alle im Wasser oder auf dem Festland startenden und landenden Fahrzeuge, die sich im Luftraum fortbewegen. Auf die Flughöhe kommt es nicht an; auch Raumflugkörper können dazu gehören, sofern sie Transporte ausführen (etwa der „space shuttle"). Luftkissenboote (Hovercrafts) schweben zwar ebenfalls über dem Boden bzw. Wasser, sie werden jedoch von der Verkehrsauffassung als Schiffe betrachtet.

14 Als **Betrieb** von Seeschiffen oder Luftfahrzeugen erfasst Art. 8 neben der unter diesen Begriff typischerweise fallenden Beförderung von Personen und Gütern alle Tätigkeiten, die mit einer solchen Beförderungsleistung im Zusammenhang stehen. Das sind in erster Linie die mit der Beförderung verbundenen **Vorbereitungs- und Hilfstätigkeiten:** etwa die Tätigkeit von Agenturen, die Schiffs- oder Flug-

karten für das Unternehmen oder für fremde Unternehmen verkaufen. Gewinne aus der Tätigkeit solcher – rechtlich unselbstständiger – Agenturen eines Schifffahrt- oder Luftfahrtunternehmens sind also gemeinsam mit deren sonstigen Gewinnen am Ort der Geschäftsleitung zu besteuern (vgl. BMF BStBl. I 1999, 1076 Tz. 4.5.3). Art. 8 Abs. 1 OECD-MA setzt allerdings den tatsächlichen Einsatz von Schiffen und Luftfahrzeugen für die Anwendung des Art. 8 Abs. 1 OECD-MA voraus (BFH BStBl. II 2003, 875). Verkauft dagegen ein von einem Schifffahrt- bzw. Luftfahrtunternehmen rechtlich unabhängiges Reisebüro Fahrkarten, so ist das Vermittlungsentgelt nach Art. 7 OECD-MA zu besteuern. Das gilt auch, wenn das Reisebüro von einer Tochtergesellschaft des Schifffahrt- oder Luftfahrtunternehmens betrieben wird. Der Betrieb einer Gleitschirmschule mit dem Zweck, Flugschüler auszubilden und die Prüfung vorzubereiten und abzunehmen, ist ebenso kein Betrieb eines Verkehrsmittels der Luftfahrt, sondern einer Fahrschule (ÖStVwGH v. 19.3.2008, Geschäftszahl: 2005/15/0072 *DBA Österreich/Deutschland*). Allein die Vermittlertätigkeit zwischen Schifffahrtsunternehmen ist desgleichen keine unter Art. 8 fallende (ITAT v. 26.6.2008 Nr. 2331 (MUM) aus 2005: *DBA Indien/Singapur*), ebenso wenig das alleinige Leisten von Ingenieurs- und Bodenabfertigungsdiensten für Dritt-Fluggesellschaften (ITAT v. 30.10.2009 Nr. 3198/DEL/2009: *DBA Indien/Großbritannien*).

Als weitere Beispiele für Vorbereitungs- und Hilfstätigkeiten nennt der MA-Komm. noch den Betrieb von Zubringerautobussen zwischen einer Stadt und dem Flughafen sowie die Reklame und Werbung für andere (s. a. MA-Komm. Ziff. 6, S. 1). Der Betrieb des Lagers selbst dagegen gehört grundsätzlich nicht zu den Vorbereitungs- und Hilfstätigkeiten, sondern ist eine eigenständige gewerbliche Tätigkeit. Dient jedoch das Lager ausschließlich der Zwischenlagerung von Waren und Gütern, bevor sie mit dem Schiff oder Flugzeug befördert werden bzw. bevor sie nach der Beförderung an die Empfänger ausgeliefert werden und sind die Lagerkosten nicht gesondert ausgewiesen, sondern in den Kosten für die Fracht enthalten, so steht die Lagerhaltung in einem so engen Zusammenhang mit der Beförderungsleistung, dass sie wie diese zu behandeln ist. Einkünfte aus dem internationalen Transport mit Hilfe von Feederschiffen anderer Schifffahrtsunternehmen, die als Zulieferer Fracht zu den Seeschiffen transportieren, fallen dann unter Art. 8, wenn deren Höhe im Vergleich zu den Einkünften aus dem Haupttransport mit dem Seeschiff nur ein geringes Gewicht einnimmt (ITAT v. 27.10.2008 Nr. 8471/Mum/2004 u. 245/Mum/2005: *DBA Indien/Südafrika*; vgl. ITAT v. 28.11.2008 Nr. 5824/Mum/2006 u. 6076/Mum/2006: *DBA Indien/Frankreich*, dessen Sachverhalt jedoch insofern nicht feststand, als tatsächlich an die eigenen Schiffe des Steuerbelasteten zugeliefert worden sei). **Zinsen** aus einem Bankkonto, auf dem die Entgelte für die Personen- und Güterbeförderung vorübergehend eingezahlt werden, gehören selbstverständlich zum Betrieb des Schifffahrt- oder Luftfahrtunternehmens (*Income Tax Court,* South African Tax Cases 53 (1990) 342, zitiert nach *P. Els,* SA Tax Rev. 1992, 26, zu einem nicht näher bezeichneten See- und Lufttransportabkommen; s. in diesem Sinne auch *US Rev. Rul.* 70–263, 1970–1 Cum. Bull. 170, allerdings nur zum innerstaatlichen Recht; und Art. 8 Abs. 3 des *DBA Indien,* s. Rz. 51). **15**

Die gleichen Grundsätze gelten für den gesonderten Betrieb eines **Hotels.** Er fällt nur dann unter Art. 8, wenn das Hotel ausschließlich solche Gäste beherbergt, die in unmittelbarem Zusammenhang mit dem Hotelaufenthalt von dem Unternehmen befördert wurden oder werden und deren Hotelkosten im Preis der Schiffs- oder Flugkarte enthalten sind (*Wingert/Eckert,* IWB F. 10 Gr. 2 S. 35). Aus der Streichung von Ziff. 11 des MA-Komm. zu Art. 8 ergeben sich keine materiellen Änderungen (vgl. *Russo,* ET 2005, 560). Ein durch den Hotel- oder Gaststättenbetrieb unterhaltener Party-Service steht in keinem Fall mehr mit dem Betrieb **16** von Schiffen oder Luftfahrzeugen in Zusammenhang. Zutreffend hat auch die *Cour administrative d'appel de Nancy* den Betrieb eines Hotels, eines Restaurants und eines „Duty-free shop" am Landeplatz einer Hovercraft-Linie als nicht im Zusammenhang mit dem Schiffsverkehr stehend angesehen (req. n. 89–529 und 89–531, Dr. Fisc. 1993, 410: *DBA Frankreich/Großbritannien*). Auch Gaststättenbetriebe, Verkaufsgeschäfte u. Ä. **an Bord** eines Schiffes fallen nur dann unter den Regelungsbereich des Artikels, wenn das Schifffahrtsunternehmen selbst die Einrichtung betreibt. Werden solche Einrichtungen fremden Unternehmen überlassen, ist für deren Gewinn aus dem Betrieb der Einrichtung Art. 7 anzuwenden (vgl. Art. 5 Rz. 124, Art. 7 Rz. 33 ff.). Dagegen gehört die an das Schifffahrtsunternehmen für die Überlassung gezahlte Miete bzw. Pacht zu den Gewinnen aus dem Betrieb des Schiffes.

17 Als Betrieb von Schiffen und Luftfahrzeugen gilt auch die **Vercharterung** von vollständig ausgerüsteten und bemannten Schiffen oder Luftfahrzeugen (MA-Komm. zu Art. 8 Ziff. 5). Ein Betrieb liegt dagegen nicht mehr vor, wenn die Fahrzeuge leer verchartert werden. Die Einkünfte aus dieser sog. **Bare-boat-Charter** werden als Unternehmenseinkünfte grundsätzlich von Art. 7 erfasst (MA-Komm. Ziff. 5); soweit DBA in Übereinstimmung mit der **bis 1992** geltenden Fassung des OECD-MA und mit dem UN-MA „Einkünfte aus der Vermietung von gewerblichen Ausrüstungen" in der Definition des Art. 12 Abs. 2 aufführen, sind die Erträge aus Bare-Boat-Charter **Lizenzgebühren** (s. die 2. Auflage, Rz. 32). Allein die Tatsache, dass der Charterer die Handelslizenz erhält und Fahrtanweisungen gibt sowie bestimmt, welche Fracht transportiert wird, führt nicht zur Charakterisierung als Bare-boat-Charter (vgl. Federal Court of Appeal v. 21.9.2007 Nr. A-217-06: *DBA Kanada/Großbritannien*). Um Schwierigkeiten bei der Gewinnermittlung zu vermeiden, wird man jedoch gelegentliche Einkünfte eines im internationalen Verkehr tätigen Unternehmens aus Bare-boat-Charter noch unter Art. 8 einbeziehen dürfen (MA-Komm. zu Art. 8 Ziff. 5 Satz 3). In der deutschen Verhandlungsgrundlage wird dies nunmehr ausdrücklich klargestellt, vgl. Rz. 34a. Wann eine Vercharterung nicht mehr als gelegentlich zu bezeichnen ist, hängt von der Häufigkeit und von ihrer wirtschaftlichen Bedeutung für das Unternehmen ab. Betreibt ein Unternehmen eine größere Flotte von Schiffen, von denen hin und wieder das eine oder andere ohne Mannschaft verchartert wird, so können auch länger andauernde Vercharterungen noch gelegentlich sein, während eine Reederei, die ihr einziges Schiff ohne Besatzung für eine längere Zeit verchartert, Unternehmenseinkünfte i. S. von Art. 7 bezieht.

18 Die Einkünfte aus dem **Betrieb des gecharterten Schiffes oder Flugzeugs** fallen für das charternde Unternehmen in jedem Fall unter Art. 8, da es unerheblich ist, ob der Betrieb mit eigenen, gemieteten oder gecharterten Fahrzeugen durchgeführt wird. Etwas anderes gilt nur, wenn ein leer gechartertes Schiff weiterverchartert wird. Die Bare-boat-Charter bleibt auch bei Zwischenvercharterung Unternehmenstätigkeit i. S. des Art. 7 bzw. nach der früheren Fassung des OECD-MA Vermietung von gewerblichen Ausrüstungen gemäß Art. 12 Abs. 2 OECD-MA. Der Verkauf eines Schiffes fällt jedoch nicht unter Art. 8 (BFH BStBl. III 1966, 93; Wassermeyer/*Wassermeyer,* Art. 8 OECD-MA Rz. 37). Bedient sich das Luftfahrtunternehmen neben dem Betrieb eigener oder gecharterter Flugzeuge aufgrund Zeitdruckes zur Beförderung verderblicher Ware einer anderen Airline, zählen die Einkünfte aus diesen internationalen Transporten nicht zu Einkünften aus Art. 8 (ITAT v. 29.1.2009 Nr. 4452, 4453 u. 9482/Mum/2004: *DBA Indien/USA*).

19 Die Einkünfte aus der Vermietung und Gestellung von **Containern** in Ergänzung des internationalen Betriebs von Schiffen oder Flugzeugen fallen nach dem MA-Komm. in vollem Umfang unter Art. 8. Die alleinige Vermietung von Containern, ohne selbst im internationalen Schiff- oder Luftfahrtbetrieb tätig zu sein, fällt dagegen nicht unter Art. 8 (ITAT v. 2.7.2010 Nr. 2727/Mum/2006: *DBA Indien/Niederlande*). Einer Änderung des MA-Komm. in 2005 zufolge fällt unter Art. 8 nicht mehr nur die Beförderung von Containern bis zum endgültigen Empfänger; auch die Beförderung von Passagieren und Fracht fällt unter Art. 8, sofern sie durch die Gesellschaft erbracht wird, die auch die internationale Beförderung übernommen hat. Zudem sind auch Ticketverkäufe mit eingeschlossen. Alle diese Leistungen sind dem MA-Komm. 2005 zufolge Betrieb von Seeschiffen oder Luftfahrzeugen im internationalen Verkehr (s. a. MA-Komm. Ziff. 4, 6, 7, 8, 9). Deutschland hat hierzu eine Bemerkung angefügt, wonach es sich seine Auffassung bezüglich der Anwendung des Artikels auf Einkünfte aus Containerleistungen, Passagieren und Fracht vorbehält (s. MA-Komm. Art. 8 Ziff. 29; zu Begriff und Rechtsnatur der „Bemerkungen" s. Grundl. Rz. 36). Danach gehören zum Betrieb von Schiffen und Flugzeugen im internationalen Verkehr das Umladen der Container vom Spezialfahrgestell oder vom Eisenbahnwaggon in das Schiff oder Flugzeug, der Transport mit dem Schiff oder Flugzeug und das Entladen der Container am Bestimmungsort auf Spezialfahrgestelle oder Eisenbahnwaggons (vgl. FinMin Hessen, HdbAStR, C 5 Rz. 15), wohingegen nach einer Verständigungsvereinbarung zwischen BMF und US-Finanzministerium die Gestellung von Containern und Spezialfahrgestellen zur Beförderung in den Abgangsseehafenplatz und während des Überseetransports sowie vom Eingangsseehafenplatz zum Inlandsempfänger nur dann als Nebenleistung unter Art. 8 fallen soll, wenn kein besonderes Entgelt berechnet wird (s. U.S. Rev. Rul. 74-92, 1974-1 Cum. Bull. 373). Ziff. 4.5.3 der Betriebsstätten-Verwaltungsgrundsätze (BMF v. 24.12.1999, BStBl. I 1999, 1076) unterstellt allerdings zumindest die gelegentliche Vermietung von Containern Art. 8. Zur deutschen Verhandlungsgrundlage s. Rz. 34a. Der Landtransport ist nur insoweit Nebenleistung, als es sich um reine Zubringerdienste handelt (s. Rz. 15). Dadurch sollen für die Landtransportbetriebe ausländischer Schifffahrt- und Luftfahrtunternehmen und für die ansässigen Unternehmen gleiche steuerliche Wettbewerbsbedingungen geschaffen werden (vgl. zum Containerverkehr insgesamt FinMin Nds v. 7.3.1969, AWD 1969, 289; *U. S. Rev. Rul.* 74–92, 1974–1 Cum. Bull. 373). Auch nach Auffassung der niederländischen Finanzverwaltung gehört der Transport der Container vom und zum Seehafen nur dann zum „Betrieb des Seeschiffs", wenn für ihn kein besonderes Entgelt berechnet wird. Der Betrieb von Seeschiffen umfasst zwar die Vermietung von Containern, aber nicht die Unterhaltung sowie die Reparatur von Containern nebst zugehöriger Spezialfahrgestelle in eigenen Werkstätten (*Resolutie Staatssecretaris van Financiën* v. 13.3.1991, BNB 1991/174).

e) Der Begriff **„Internationaler Verkehr"** ist in Art. 3 Abs. 1 Buchst. e des OECD-MA definiert: Wenn der Zusammenhang nichts anderes erfordert, ist internationaler Verkehr „jede Beförderung mit einem Seeschiff oder Luftfahrzeug, das von einem Unternehmen mit tatsächlicher Geschäftsleitung in einem Vertragsstaat betrieben wird, es sei denn, das Seeschiff oder Luftfahrzeug wird ausschließlich zwischen Orten im anderen Vertragsstaat betrieben" (vgl. auch BMF BStBl. I 1999, 1076; eine Anpassung von Art. 3 Abs. 1 Buchst. e ist von der OECD vorgesehen, falls die Pläne zur Änderung von Art. 8 umgesetzt werden sollten, vgl. bereits Rz. 5). Ausreichend ist, dass der Betrieb der Seeschiffe und Luftfahrzeuge – sei es auch nur aufgrund der Einbeziehung von Hilfstätigkeiten – grenzüberschreitend ist, die Beförderung als solche kann sich auch auf den Staat der Geschäftsleitung oder einen dritten Staat beschränken. Werden z. B. Hilfstätigkeiten wie der Kartenverkauf durch eine Agentur im anderen Vertragsstaat ausgeübt und gelten die Karten nur für Fahrten im Staat der Geschäftsleitung oder in einem dritten Staat, so liegt ein internationaler Verkehr vor; die Besteuerung der Gewinne aus dem Kartenverkauf erfolgt nach Art. 8. Nur wenn die Agentur ausschließlich Karten für Fahrten in ihrem 20

Sitzstaat verkauft, greift das Betriebstättenprinzip ein. Durch diese Abgrenzung der Definition wird sichergestellt, dass beide Staaten den reinen Binnenverkehr besteuern können und der Staat der Geschäftsleitung außerdem noch den internationalen Verkehr zwischen dritten Staaten (s. MA-Komm. Art. 3 Ziff. 6–6.3). Bei grenzüberschreitenden Beförderungen kommt es nicht auf die Zahl der Orte an, die während einer Reise berührt werden (*Wetzel* in *Meyer-Marsilius/Hangarter,* Art. 8 Abschn. II). Insbesondere ist es nicht erforderlich, dass nach jedem Start eine Grenze überschritten wird. Auch wenn verschiedene Orte eines Staates nacheinander angelaufen bzw. angeflogen werden, bleibt die Beförderung internationaler Verkehr, es sei denn, das Fahrzeug verbleibt endgültig in diesem Land.

21 Werden im Anschluss an eine internationale Beförderungsleistung die Güter unmittelbar zum Empfänger im anderen Vertragsstaat befördert, so gilt nach dem MA-Komm. dieser Binnentransport ebenfalls noch als internationaler Verkehr. Der MA-Komm. 2005 dehnt diese Regelung auch auf die Beförderung von Passagieren und damit verbundene Nebenleistungen wie Ticketverkäufe aus, sofern diese Leistungen durch das international tätige Unternehmen durchgeführt werden (MA-Komm. Art. 8 Ziff. 6, 7, 8). Zu diesen Punkten hat sich Deutschland in einer Bemerkung zum Kommentar eine abweichende Auffassung vorbehalten (MA-Komm. Art. 8 Ziff. 29). Aus den gleichen Gründen wie beim Containerverkehr ist der Gütertransport vom Schiff bzw. Flugzeug zum Empfänger nach deutschem Recht nur dann internationaler Verkehr, wenn es sich um reinen Zubringerdienst handelt (s. MA-Komm. Art. 8 Ziff. 7 f.).

22 Betreibt ein Unternehmen Seeschifffahrt oder Luftfahrt im internationalen Verkehr und auch im Inlandsverkehr, so richtet sich die Besteuerung nur insoweit nach Art. 8, als der Betrieb im internationalen Verkehr erfolgt. Im Übrigen gilt das Betriebstättenprinzip Wassermeyer/*Scherer,* Art. 8 *DBA Schweiz* Rz. 10 ff. Eine Agentur, die sowohl Fahrkarten für Fahrten im Staat der Geschäftsleitung des Unternehmens als auch für Fahrten in ihrem Ansässigkeitsstaat verkauft, muss deshalb ihren Gewinn aufteilen. Einkünfte aus Beförderungsleistungen, die kein „internationaler" Verkehr sind, z. B. bloße Küstenschifffahrt, fallen nicht unter Art. 8; sie sind grundsätzlich gemäß Art. 7 der MA nach dem Betriebstättenprinzip zu beurteilen. Über die Aufteilung der Gewinne (im konkreten Fall freilich nicht auf Grund eines DBA, sondern auf Grund innerstaatlichen deutschen Rechts) s. FG Hamburg RIW 1988, 155.

23 „Beförderung" i. S. des Art. 3 Abs. 1 Buchst. e OECD-MA ist auch der Betrieb eines **Schleppschiffes** (BFH BStBl. II 1990, 783 zum innerdeutschen Recht).

24 **f)** Die Gewinne aus dem **Betrieb von Schiffen, die der Binnenschifffahrt dienen,** auf Flüssen, Kanälen und Seen dürfen ebenfalls nur im Staat der tatsächlichen Geschäftsleitung besteuert werden. Die Regelung entspricht der, die für Seeschifffahrt und Luftfahrt gilt. Da die Vorschrift jedoch nur von wenigen Staaten gewünscht ist, erwägt die OECD allerdings nunmehr ihre Entfernung aus dem Abkommensartikel (s. Discussion Draft on Proposed Changes to the OECD Model Tax Convention Dealing with the Operation of Ships and Aircraft in International Traffic v. 15.11.2013). Zur aktuellen Regelung kann auf die vorstehenden Ausführungen verwiesen werden. Insbesondere gehören zum Betrieb eines Schiffes, das der Binnenschifffahrt dient, neben der eigentlichen Beförderungstätigkeit auch die hiermit im Zusammenhang stehenden Vorbereitungs- und Hilfstätigkeiten (s. Rz. 14). Dieser Grundsatz gilt auch für die Schleppschifffahrt; dabei ist es für den Schlepper ebenso wie für das Schiff gleichgültig, ob sie dem Binnenschiffer gehören oder von ihm gemietet sind.

25 Im Gegensatz zur Regelung für die Seeschiffe und Luftfahrzeuge bezieht sich die Vorschrift über die Binnenschifffahrt nicht nur auf den grenzüberschreitenden

Verkehr auf Binnengewässern, sondern auch auf Beförderungen innerhalb eines Staates durch ein Unternehmen des anderen Staates (MA-Komm. Art. 8 Ziff. 16). Der Staat der Geschäftsleitung hat m. a. W. das Recht zur uneingeschränkten Besteuerung der Gewinne aus dem Betrieb von Binnenschiffen auch dann, wenn diese **ausschließlich zwischen Orten des anderen Vertragsstaats** verkehren. Erst recht gilt die Regelung für den grenzüberschreitenden Verkehr von Binnenschiffen. Art. 8 Abs. 2 umfasst weiterhin nicht den nationalen Luftverkehr. Dieser fällt unter die Vorschriften des Art. 7 OECD-MA (Wassermeyer/*Wassermeyer,* Art. 8 OECD-MA Rz. 51).

g) Der Begriff **„Ort der tatsächlichen Geschäftsleitung"** in Art. 8 entspricht dem des Art. 4 Abs. 3; s. dazu Art. 4 Rz. 260 sowie Art. 5 Rz. 39 (ebenso FWK/*Erhard,* Art. 8 Rz. 51 ff.). In beiden Vorschriften ist der Ort der geschäftlichen Oberleitung gemeint (vgl. Art. 4 Rz. 105 ff. und 260). Zu beachten ist jedoch der verschiedene Bezug, in dem der Begriff jeweils steht. In Art. 4 Abs. 3 bezieht sich der Ausdruck auf juristische Personen, in Art. 8 auf **Unternehmen.** Träger des Unternehmens können sowohl natürliche wie juristische Personen, für den Bereich des Art. 8 darüber hinaus auch Personengesellschaften sein (s. Rz. 28). Bei natürlichen Personen wird der Ort der tatsächlichen Geschäftsleitung regelmäßig mit ihrem Wohnsitz identisch sein. Fallen Wohnsitz und Ort der tatsächlichen Geschäftsleitung auseinander, so kann es – auch bei Personengesellschaften und Körperschaften – zur Doppel-Nichtbesteuerung kommen (s. Rz. 5). Bei gemischt tätigen Unternehmen ist der Teilbereich des Gesamtunternehmens maßgebend, der die Schifffahrt oder Luftfahrt betreibt (s. Rz. 27). In einem Unternehmensverband, der neben anderen gewerblichen Aktivitäten einen eigenen Unternehmensbereich Schifffahrt oder Luftfahrt unterhält, kann sich deshalb der Ort der tatsächlichen Geschäftsleitung des Gesamtunternehmens in dem einen, der Ort der tatsächlichen Geschäftsleitung des Unternehmensbereichs Schifffahrt oder Luftfahrt in dem anderen Staat befinden. Ort der tatsächlichen Geschäftsleitung i. S. von Art. 8 ist somit immer der Mittelpunkt der allgemeinen Geschäftsleitung eines Unternehmens **oder Teilunternehmens,** das Schifffahrt oder Luftfahrt betreibt. Dies gilt auch, wenn ein nur der Schifffahrt oder Luftfahrt gewidmetes Unternehmen **Betriebstätten** unterhält, von denen aus Schiffe oder Luftfahrzeuge, klar abgegrenzt vom Stammunternehmen, selbstständig in Dienst gestellt, geleitet und bilanziert werden. Das Betriebstättenprinzip modifiziert dann die Anwendung des Art. 8 mit der Folge, dass Ort der tatsächlichen Geschäftsleitung für die von der Betriebstätte aus geleiteten Schiffe oder Luftfahrzeuge der **Ort der Betriebstätte** ist, die von den Schiffen oder Luftfahrzeugen erzielten Gewinne also im Betriebstättenstaat zu versteuern sind (s. MA-Komm. zu Art. 8 Ziff. 21). 26

h) Gemischt tätige Unternehmen: Betreibt ein Unternehmen neben der Seeschifffahrt, Binnenschifffahrt oder Luftfahrt noch andere gewerbliche Tätigkeiten, so ist Art. 8 nur hinsichtlich der Gewinne aus der Seeschifffahrt, Binnenschifffahrt und Luftfahrt anzuwenden (*Baranowski,* INF 1982, 136; *Weber,* IWB F. 5 Gr. 2 S. 137). Zwar bezieht sich der MA-Komm. zu Art. 8 Ziff. 18 diesbezüglich nur auf „eigene" Seeschiffe und Luftfahrzeuge, damit sind jedoch nicht die zivilrechtlichen Eigentumsverhältnisse gemeint, sondern die Betreibereigenschaft des Unternehmens (Wassermeyer/*Wassermeyer,* Art. 8 OECD-MA Rz. 22). Für die anderen gewerblichen Einkünfte gilt das Betriebstättenprinzip. Bei der Abgrenzung ist allein entscheidend, wie sich die Unternehmenstätigkeit im Quellenstaat darstellt. Besteht die Tätigkeit einer ausländischen Betriebstätte, die nicht Ort der Leitung ist, ausschließlich im Betreiben eines Schiffes oder Luftfahrzeuges, so ist diese Betriebstätte wie der Teil eines Unternehmens zu behandeln, das nur Schifffahrt oder Luftfahrt betreibt. Ob das Unternehmen an seinem Sitz, am Ort der 27

Geschäftsleitung oder in dritten Staaten noch andere gewerbliche Aktivitäten entfaltet, beeinflusst nicht die Freistellung im Quellenstaat. Befasst sich umgekehrt die Betriebstätte ausschließlich mit von der Schifffahrt und Luftfahrt klar zu trennenden Tätigkeiten, wie z. B. dem Betrieb einer Werft, so ist ausschließlich das Betriebstättenprinzip anzuwenden, auch wenn das Unternehmen in anderen Staaten Schifffahrt oder Luftfahrt betreibt (s. MA-Komm. Art. 8 Ziff. 12, 19). Betreibt eine Betriebstätte neben Schiffen und Luftfahrzeugen auch andere gewerbliche Aktivitäten, so richtet sich die Besteuerung der Einkünfte aus dem Betrieb der Schiffe und Luftfahrzeuge nach Art. 8, die der gewerblichen Einkünfte nach Art. 7 (vgl. Rz. 26).

28 **i)** Wird ein Schifffahrt- oder Luftfahrtunternehmen von einer **Personengesellschaft** oder in einem ähnlichen Gesellschaftsverhältnis (z. B. deutsche **Partenreederei**) betrieben, steht die alleinige Besteuerung ebenfalls nur dem Vertragsstaat des Ortes der tatsächlichen Geschäftsleitung zu. Dies gilt auch, wenn ein Investor eine Beteiligung an z. B. einer Schifffahrts-KG hält (vgl. EAS 2233 v. 20.2.2003, SWI 2003, 156; Wassermeyer/*Wassermeyer,* Art. 8 OECD-MA Rz. 23). Bei einer Personengesellschaft liegt der den Ort der Geschäftsleitung festlegende Mittelpunkt der Geschäftsleitung i. S. v. § 10 AO an dem Ort, an dem die zur Vertretung befugten Personen die ihnen obliegende Geschäftsführertätigkeit entfalten (BFH BStBl. II 1998, 86, BFH NV 2000, 300, Urteil v. 25.8.1999, VIII R 76/95; Wassermeyer/*Wassermeyer,* Art. 8 OECD-MA Rz. 12). Der Mittelpunkt der geschäftlichen Oberleitung einer Partenreederei befindet sich bei Bestellung eines Korrespondentreeders (§§ 492 ff. HGB) in dessen Geschäftsräumen, sofern die Mitreeder nicht ständig in die laufenden Reedereigeschäfte eingreifen. Für eine GmbH & Co. KG ist ausschlaggebend, wo der Geschäftsführer der Komplementär-GmbH die maßgebenden Entscheidungen für die KG trifft. Dem wird grundsätzlich ein „Manager" gleichgestellt, auf den im Wesentlichen die typischen Aufgaben eines Korrespondentreeders i. S. von § 493 Abs. 2 HGB übertragen wurden (BFH, a. a. O.).

Ist die Personengesellschaft nicht Steuersubjekt im Sinne des internen Steuerrechts des Staates der Geschäftsleitung, so können sich für die Gesellschafter unterschiedliche Steuerfolgen ergeben. Hat z. B. eine Personengesellschaft, an der ein in Deutschland und ein im ausländischen Vertragsstaat ansässiger Gesellschafter beteiligt sind, den Ort der tatsächlichen Geschäftsleitung in Deutschland, so unterliegt der deutsche Gesellschafter aufgrund seiner unbeschränkten Steuerpflicht hinsichtlich aller aus dem Inland oder dem Ausland stammenden Einkünfte des Unternehmens (anteilig) der deutschen Besteuerung. Der im ausländischen Vertragsstaat ansässige Gesellschafter unterliegt aber wegen seiner beschränkten Steuerpflicht nur insoweit der deutschen Besteuerung, als dies in § 49 EStG vorgesehen ist, im Allgemeinen also nur mit seinen anteiligen Einkünften aus deutschen Betriebstätten des Unternehmens sowie aus Beförderungsleistungen zwischen inländischen Häfen oder von inländischen zu ausländischen Häfen, wenn das Schiff oder Luftfahrzeug einer ausländischen Betriebsstätte zuzurechnen ist (§ 49 Abs. 1 Nr. 2 Buchst. b) EStG). Befindet sich die ausländische Betriebsstätte in einem Drittstaat, der mit dem Ansässigkeitsstaat des ausländischen Gesellschafters ein DBA abgeschlossen hat, so ist im Verhältnis zwischen diesem Drittstaat und dem Ansässigkeitsstaat Art. 7 und nicht Art. 8 anzuwenden, da in diesem Verhältnis der Ort der Geschäftsleitung nicht in einem Vertragsstaat liegt und damit kein internationaler Verkehr i. S. des Art. 3 Abs. 1 Buchst. e) vorliegt. In diesem Fall kann es somit zu Überschneidungen bei der Zuweisung des Besteuerungsrechts zwischen Deutschland und dem Drittstaat kommen. Anders dann, wenn die Personengesellschaft als solche abkommensberechtigt ist (s. dazu Art. 1 Rz. 14 ff.; vgl. für weitere Bsp. auch SKK/*Wegner/Piorreck*, Art. 8 OECD-MA Rz. 40).

Der Anteil des ausländischen Gesellschafters an den sonstigen Einkünften der Gesellschaft bleibt nach Art. 8 auch in seinem Ansässigkeitsstaat unversteuert (s. Rz. 5). Ist der ausländische Gesellschafter der deutschen Personengesellschaft in einem Drittstaat ansässig, mit dem Deutschland kein DBA hat, so erweitert sich dadurch zwar der Umfang der deutschen Besteuerung nicht, aber der Ansässigkeitsstaat des ausländischen Gesellschafters wird wegen dessen unbeschränkter Steuerpflicht in der Regel dessen anteilige Einkünfte aus der Gesellschaft (darunter auch die aus Deutschland stammenden) insgesamt besteuern.

3. UN-MA, Alternative B

a) Für die Vorrangbesteuerung der Einkünfte aus **Luftfahrt** und **Binnenschifffahrt** folgt Art. 8 Abs. 1 u. 3 der Alternative B wörtlich dem OECD-MA. Insoweit wird auf die Ausführungen Rz. 3 ff. verwiesen. 29

b) Gewinne aus dem Betrieb von Seeschiffen besteuert nach Art. 8 Abs. 2 UN-MA, Alternative B, nur dann allein der Staat der tatsächlichen Geschäftsleitung des Unternehmens, wenn die Schifffahrtsaktivitäten im anderen Vertragsstaat nur gelegentlich ausgeübt werden. Bei einem nicht nur gelegentlichen Betrieb von Schiffen im anderen Vertragsstaat ist auch dieser steuerberechtigt. Hierbei liegt ein nicht nur gelegentlicher Betrieb vor, wenn die Fahrt des Schiffes in den anderen Vertragsstaat nach einem festen Fahrplan erfolgt, aber auch dann, wenn lediglich von Fall zu Fall, jedoch auf Grund vorheriger Disposition, Fracht im anderen Staat übernommen oder gelöscht wird. Damit ist praktisch jede auf Grund fester Vereinbarung abgewickelte Fracht- oder Passagierschifffahrt als nicht nur gelegentlich anzusehen und im anderen Vertragsstaat der Besteuerung zu unterwerfen. Auch das einmalige Anlaufen eines Hafens kann in einem solchen Fall ausreichend sein. Allenfalls die Trampschifffahrt ist lediglich „gelegentlicher" Betrieb von Seeschiffen im anderen Staat, und dies auch nur in den Fällen, in denen derselbe Staat nicht mehrfach angelaufen wird (vgl. hierzu auch UN-Komm., Art. 8 S. 102). 30

Das Problem der Gewinnzuordnung wird auch vom UN-MA nicht gelöst und weitgehend den bilateralen Verhandlungen der Vertragsparteien überlassen. Sie soll jedenfalls auf der Basis des nach den Vorschriften des Ansässigkeitsstaates ermittelten Nettogewinns erfolgen. Die Festlegung eines geeigneten Verteilungsschlüssels bleibt wiederum den Abkommensverhandlungen vorbehalten, wobei eine Aufteilung nach den Beträgen der jeweils berechneten Fracht naheliegt (s. UN-Komm. a. a. O.). Darüber hinaus soll den allgemeinen Geschäftsführungs- und Kapitalkosten im Ansässigkeitsstaat des Unternehmens dadurch Rechnung getragen werden, dass die ermittelte Steuer um einen im DBA vereinbarten Prozentsatz gemindert wird. 31

4. US-MA

a) Art. 8 Abs. 1 US-MA 1996 und 2006 knüpfen die Vorrangbesteuerung an den Sitz des Unternehmens. Der Ansässigkeitsstaat besteuert die Einkünfte aus Seeschifffahrt und Luftfahrt nach seinem innerstaatlichen Recht, ohne durch das Abkommen darin beschränkt zu sein. Eine Besteuerung im anderen Vertragsstaat ist ausgeschlossen („shall be taxable only"). Wird das Unternehmen von einer Gesellschaft betrieben, so ist Sitz des Unternehmens der Sitz der Gesellschaft (vgl. hierzu näher Art. 4 Rz. 255, s. a. Rz. 26). Auf den Ort der Geschäftsleitung kommt es nicht an. Für einen Überblick über das innerstaatliche Recht der Besteuerung der Seeschifffahrt in den USA, insbesondere über die Steuererklärungspflichten ausländischer Schifffahrtsunternehmen nach Revenue Procedure 91–12, s. *Outterson/Cheung,* TNI May 1991, 587. 32

Keine Regelung enthalten die US-MA 1996 und 2006 für die Binnenschifffahrt. Für sie gelten die allgemeinen Bestimmungen des Art. 7 über die Unternehmensgewinne.

33 **b)** Für die Einkünfte aus der Vermietung von Seeschiffen und Luftfahrzeugen im internationalen Verkehr stellen Art. 8 Abs. 2 US-MA 1996 und 2006 klar, dass es sich hierbei um Einkünfte aus deren Betrieb i. S. von Art. 8 Abs. 1 handelt. Anders als OECD- und UN-MA umfassen Art. 8 US-MA 1996 und 2006 auch die sog. Bare-boat-Charter (s. *Patrick,* Law and Policy in International Business (1978), 653).

34 **c)** Die Besteuerung der Einkünfte aus der Benutzung, Unterhaltung oder Vermietung von Containern im internationalen Verkehr regeln Art. 8 Abs. 3 US-MA 1996 und 2006 nach den gleichen Grundsätzen wie Abs. 1 die der Einkünfte aus Seeschifffahrt und Luftfahrt, d. h. auch diese Einkünfte besteuert ausschließlich der Ansässigkeitsstaat des Unternehmens. Das gilt auch für reine Containergesellschaften, die selbst keine Schifffahrt oder Luftfahrt betreiben (s. a. *Shannon,* Die Doppel-esteuerungsabkommen der USA (1987) 133 f.).

5. Deutsche Verhandlungsgrundlage

34a Die deutsche Verhandlungsgrundlage folgt in den Abs. 1, 2, 4 und 5 dem Text des OECD-MA. Art. 8 Abs. 3 VG unterstellt darüber hinaus ausdrücklich auch Einkünfte aus der gelegentlichen Vercharterung von leeren Seeschiffen, Luftfahrzeugen und Binnenschiffen (Buchst. a) sowie die Nutzung oder Vermietung von Containern (Buchst. b) der Abkommensnorm, wenn diese Einkünfte den Gewinnen aus dem Betrieb der Schiffe oder Luftfahrzeuge zugerechnet werden können. Entsprechende Klauseln finden sich bereits in mehreren deutschen Abkommen (s. Rz. 55). Die in Art. 8 Abs. 3 Buchst. a VG angesprochene Bare-Boat-Charter würde bei nur gelegentlicher Vercharterung allerdings auch ohne eine solche Regelung Art. 8 unterfallen (vgl. Rz. 17). Der Vorschrift kommt insoweit nur klarstellende Bedeutung zu. Auch Art. 8 Abs. 3 Buchst. b VG stellt im Wesentlichen klar, was bereits nach Abs. 1 gilt. Da allerdings auch die Vermietung von Containern ausdrücklich angesprochen wird, erscheint die seitens des BMF in der Verständigungsvereinbarung mit den USA vertretene Auffassung, die Containervermietung könne nur dann als Nebenleistung charakterisiert werden, wenn sie ohne besondere Gegenleistung erfolge (s. Rz. 19), nicht entsprechend heranziehbar.

II. Deutsche DBA

1. Abkommensübersichten zu Artikel 8 Abs. 1 und 2

35

DBA	≈ MA-Regelung: Besteuerung der Gewinne aus Seeschifffahrt, Luftfahrt oder Binnenschifffahrt am Ort der tatsächlichen Geschäftsleitung	Artikel	Rz.
Albanien 2010	≈ MA, ohne Binnenschifffahrt	8 Abs. 1	53
Algerien 2007	≈ MA, ohne Binnenschifffahrt	8 Abs. 1	53
Ägypten	≈ MA, ohne Binnenschifffahrt	8 Abs. 1	53
Argentinien	≈ MA, ohne Binnenschifffahrt	8 Abs. 1	53
Armenien	s. UdSSR		
Aserbaidschan	Wohnsitzprinzip, ohne Binnenschifffahrt, entsprechende Regelung für die Vermietung von Containern	8 Abs. 1	41; 53; 55

DBA	≈ MA-Regelung: Besteuerung der Gewinne aus Seeschifffahrt, Luftfahrt oder Binnenschifffahrt am Ort der tatsächlichen Geschäftsleitung	Artikel	Rz.
Australien	Wohnsitzprinzip mit Einschränkungen, ohne Binnenschifffahrt	8 Abs. 1, 2, 4–6	41; 44; 53
Bangladesch	≈ MA, für Seeschiffe jedoch zehnjährige Übergangsregelung, ohne Binnenschifffahrt	8 Abs. 1, 2	50; 53
Belarus	≈ MA, einschließlich Vermietung von Containern	8 Abs. 1, 2	55
Belgien	≈ MA, gilt auch für Eisenbahnunternehmen	8 Abs. 1, 2	56
Bolivien	≈ MA, ohne Binnenschifffahrt	8 Abs. 1	53
Bosnien-Herzegowina	s. Jugoslawien		
Bulgarien 2010	Wohnsitzprinzip, einschließlich Nutzung oder Vermietung von Containern	8 Abs. 1–3	41; 55
China 1985	≈ MA, ohne Binnenschifffahrt	8 Abs. 1	53
China 2014 (E)	≈ MA, ohne Binnenschifffahrt, einschließlich Nutzung, Wartung oder Vermietung von Containern	8 Abs. 1, 2	53, 55
Costa Rica 2014 (E)	≈ MA ohne Binnenschifffahrt, einschließlich Nutzung oder Vermietung von Containern	8 Abs. 1, 2	53, 55
Dänemark	≈ MA, einschließlich Vermietung von Containern	8 Abs. 1, 2	55
Ecuador	≈ MA (zusätzlich Ort der Leitung), ohne Binnenschifffahrt	8 Abs. 1	53
Elfenbeinküste	≈ MA, ohne Binnenschifffahrt	8 Abs. 1	53
Estland	Wohnsitzprinzip ohne Binnenschifffahrt	8 Abs. 1, 2	41
Finnland	≈ MA, ohne Binnenschifffahrt	8 Abs. 1	53
Frankreich	≈ MA	6 Abs. 1, 2	
Georgien	≈ MA, ohne Binnenschifffahrt	8 Abs. 1	53
Ghana	≈ MA, ohne Binnenschifffahrt, einschließlich Vermietung von Containern	8 Abs. 1	53; 55
Griechenland	≈ MA, für griechische Schifffahrtsunternehmen Besteuerung am Ort des Registerhafens; ohne Binnenschifffahrt	V Abs. 1–3	40; 53
Großbritannien 1964/70	≈ MA, ohne Binnenschifffahrt	V Abs. 1	53
Großbritannien 2010	Wohnsitzprinzip, ohne Binnenschifffahrt, einschließlich Nutzung, Wartung oder Vermietung von Containern	8 Abs. 1, 2	41; 53; 55
Großbritannien 2014 (E)	Wohnsitzprinzip ohne Binnenschifffahrt, einschließlich Nutzung, Wartung oder Vermietung von Containern	8 Abs. 1, 2	43, 53, 55
Indien	≈ MA, ohne Binnenschifffahrt; einschließlich Vermietung von Containern	8 Abs. 1; Prot. Nr. 2	15; 51; 53; 55

DBA	≈ MA-Regelung: Besteuerung der Gewinne aus Seeschifffahrt, Luftfahrt oder Binnenschifffahrt am Ort der tatsächlichen Geschäftsleitung	Artikel	Rz.
Indonesien	Wohnsitzprinzip, ohne Binnenschifffahrt	8 Abs. 1	41; 53
Iran	≈ MA, ohne Binnenschifffahrt	8 Abs. 1	53
Irland 2011	≈ MA, einschließlich Nutzung oder Vermietung von Containern	8 Abs. 1–3	55
Island	≈ MA, ohne Binnenschifffahrt	8 Abs. 1	53
Israel	≈ MA, ohne Binnenschifffahrt	6 Abs. 1	53
Italien	≈ MA, ohne Binnenschifffahrt, einschließlich Vermietung von Containern	8 Abs. 1 Prot. Nr. 7	53; 55
Jamaika	≈ MA, ohne Binnenschifffahrt	8 Abs. 1	53
Japan	Wohnsitzprinzip, ohne Binnenschifffahrt, entsprechende Regelung für Container	8 Abs. 1, 2	41; 47; 53; 55
Jugoslawien	≈ MA	9 Abs. 1	53
Kanada	Wohnsitzprinzip, ohne Binnenschifffahrt; einschließlich Vermietung von Containern	8 Abs. 1, 2	41; 53; 55
Kasachstan	≈ MA, ohne Binnenschifffahrt, einschließlich Nutzung, Unterhaltung oder Vermietung von Containern	8 Abs. 1, 2	53
Kenia	Wohnsitzprinzip, ohne Binnenschifffahrt	8 Abs. 1	41; 53
Kirgisistan	Wohnsitzprinzip, ohne Binnenschifffahrt	8 Abs. 1	41; 53
Korea	Wohnsitzprinzip, ohne Binnenschifffahrt; einschließlich Unterhaltung oder Vermietung von Containern	8 Abs. 1, 2	41; 55
Kosovo	s. Jugoslawien		
Kroatien	≈ MA, einschließlich Vermietung von Containern	8 Abs. 1, 2	55
Kuwait	≈ MA, ohne Binnenschifffahrt	8 Abs. 1, 2	53
Lettland	Wohnsitzprinzip, ohne Binnenschifffahrt	8 Abs. 1	41; 53
Liberia	Wohnsitzprinzip, Sonderregelung für Personengesellschaften, ohne Binnenschifffahrt	8 Abs. 1; Prot. Nr. 4, 5	41; 53
Liechtenstein 2011	≈ MA, einschließlich Nutzung oder Vermietung von Containern	8 Abs. 1–3	55
Litauen	Wohnsitzprinzip, ohne Binnenschifffahrt	8 Abs. 1	41; 53
Luxemburg 2012	≈ MA, einschließlich Nutzung oder Vermietung von Containern	8 Abs. 1–3	55

DBA	≈ MA-Regelung: Besteuerung der Gewinne aus Seeschifffahrt, Luftfahrt oder Binnenschifffahrt am Ort der tatsächlichen Geschäftsleitung	Artikel	Rz.
Malaysia 2010	≈ MA, ohne Binnenschifffahrt, einschließlich Nutzung oder Vermietung von Containern	8 Abs. 1,2	53; 55
Malta	≈ MA, ohne Binnenschifffahrt; einschließlich Vermietung von Containern	8 Abs. 1, 2	53; 55
Marokko	≈ MA, ohne Binnenschifffahrt	8 Abs. 1; Prot. Nr. 1	53
Mauritius 2011	≈ MA, ohne Binnenschifffahrt, einschließlich Nutzung oder Vermietung von Containern	8 Abs. 1, 2	53; 55
Mazedonien 2006	≈ MA, ohne Binnenschifffahrt, einschließlich Nutzung oder Vermietung von Containern	8 Abs. 1, 2	53; 55
Mexiko 2008	≈ MA, ohne Binnenschifffahrt, einschließlich Nutzung oder Vermietung von Containern	8 Abs. 1, 2	53; 55
Moldau	s. UdSSR		
Mongolei	≈ MA, ohne Binnenschifffahrt	8 Abs. 1	53
Montenegro	s. Jugoslawien		
Namibia	≈ MA, ohne Binnenschifffahrt	8 Abs. 1	53
Neuseeland	≈ MA, ohne Binnenschifffahrt	8 Abs. 1	53
Niederlande 1959/2004	≈ MA (Ort der Leitung), subsidiäre Wohnsitzbesteuerung	7 Abs. 1, 2	39
Niederlande 2012 (E)	≈ MA, einschließlich Nutzung oder Vermietung von Containern	8 Abs. 1–3	55
Norwegen 1991	≈ MA, ohne Binnenschifffahrt, einschließlich Vermietung von Containern	8 Abs. 1, 2	53; 55
Norwegen 2013 (E)	≈ MA, ohne Binnenschifffahrt, einschließlich Vermietung von Containern	8 Abs. 1, 2	53; 55
Oman 2012 (E)	≈ MA, ohne Binnenschifffahrt, einschließlich Nutzung oder Vermietung von Containern	8 Abs. 1, 2	53, 55
Österreich	≈ MA	8 Abs. 1, 2	
Pakistan	≈ MA, ohne Binnenschifffahrt	8 Abs. 1	53
Philippinen 1983	Wohnsitzprinzip, beschränkte Besteuerung im Quellenstaat mit Meistbegünstigungsklausel	8 Abs. 1, 2	41; 46
Philippinen 2013	Wohnsitzprinzip, beschränkte Besteuerung im Quellenstaat mit Meistbegünstigungsklausel	8 Abs. 1, 2	41; 46
Polen	≈ MA, einschließlich Vermietung von Containern	8 Abs. 1, 2	55
Portugal	≈ MA, ohne Binnenschifffahrt	8 Abs. 1	53
Rumänien	≈ MA, einschließlich Vermietung von Containern	8 Abs. 1, 2	55

DBA	≈ MA-Regelung: Besteuerung der Gewinne aus Seeschifffahrt, Luftfahrt oder Binnenschifffahrt am Ort der tatsächlichen Geschäftsleitung	Artikel	Rz.
Russische Föderation	Wohnsitzprinzip, einschließlich Nutzung, Unterhaltung oder Vermietung von Containern	8 Abs. 1, 2	
Sambia	≈ MA, ohne Binnenschifffahrt	8	53
Schweden	Wohnsitzprinzip, ohne Binnenschifffahrt, entsprechende Regelung für Container	8 Abs. 1, 2,	41; 47; 53; 55
Schweiz	≈ MA, Sonderregelung für Personengesellschaften	8 Abs. 1, 2, 4, 5	38
Serbien	s. Jugoslawien		
Simbabwe	≈ MA, ohne Binnenschifffahrt	8 Abs. 1, 3	53
Singapur 1972	Wohnsitzprinzip, ohne Binnenschifffahrt, entsprechende Regelung für die Vermietung von Containern	8 Abs. 1; Prot. Nr. 2	41; 45; 53 f.; 55
Singapur 2004	Wohnsitzprinzip, ohne Binnenschifffahrt, entsprechende Regelung für die Vermietung von Containern	8 Abs. 1; Prot. Nr. 2	41; 45; 53 f.; 55
Slowakei	s. Tschechoslowakei		
Slowenien	≈ MA, ohne Binnenschifffahrt	8 Abs. 1	53
Spanien 2011	≈ MA, einschließlich Nutzung oder Vermietung von Containern	8 Abs. 1–3	55
Sri Lanka	≈ MA, zusätzlich Besteuerung im Quellenstaat beschränkt auf 50% des Steuertarifs; ohne Binnenschifffahrt	8 Abs. 2	49
Südafrika 1973	≈ MA, ohne Binnenschifffahrt	6 Abs. 1	53
Südafrika 2008 (E)	Wohnsitzprinzip, ohne Binnenschifffahrt, einschließlich Nutzung oder Vermietung von Containern	8 Abs. 1, 2	41; 53; 55
Syrien 2010	≈ MA, ohne Binnenschifffahrt, einschließlich Nutzung oder Vermietung von Containern	8 Abs. 1, 2	53; 55
Tadschikistan	≈ MA	8 Abs. 1, 2	
Taiwan 2011	Wohnsitzprinzip, ohne Binnenschifffahrt, einschließlich Nutzung oder Vermietung von Containern	8 Abs. 1, 2	41; 53; 55
Thailand	Schifffahrt: Besteuerung im Quellenstaat beschränkt auf 50% des Steuertarifs Luftfahrt: Wohnsitzprinzip	8 Abs. 1	41; 48
Trinidad und Tobago	≈ MA, ohne Binnenschifffahrt	8 Abs. 1	53
Tschechien	s. Tschechoslowakei		
Tschechoslowakei	≈ MA	8 Abs. 1, 2	
Türkei	Wohnsitzprinzip, ohne Binnenschifffahrt	8 Abs. 1	41; 53
Tunesien	≈ MA, ohne Binnenschifffahrt	8 Abs. 1	53
Turkmenistan	s. UdSSR		
Ukraine	≈ MA, ohne Binnenschifffahrt, einschließlich Vermietung von Containern, gilt auch für gecharterte/gemietete Fahrzeuge	8 Abs. 1, 2	53, 55

DBA	≈ MA-Regelung: Besteuerung der Gewinne aus Seeschifffahrt, Luftfahrt oder Binnenschifffahrt am Ort der tatsächlichen Geschäftsleitung	Artikel	Rz.
Ungarn 2011	≈ MA	8 Abs. 1, 2	
Uruguay 2010	≈ MA, ohne Binnenschifffahrt, einschließlich Vermietung von Containern	8 Abs. 1, 2	53
USA 1989/2006	Wohnsitzprinzip, ohne Binnenschifffahrt, entsprechende Regelung für Container	8 Abs. 1, 2	41; 47; 55
Usbekistan	Wohnsitzprinzip, ohne Binnenschifffahrt	8 Abs. 1, 2	41
UdSSR	≈ MA	6 Abs. 1	
Venezuela	≈ MA, ohne Binnenschifffahrt	8 Abs. 1	61
Vereinigte Arabische Emirate 2010	≈ MA, ohne Binnenschifffahrt, einschließlich Vermietung von Containern, Verkauf von Fahrscheinen, Wartungsleistungen und Kapitalerträgen, die zum Betrieb gehören	8 Abs. 1, 2	53; 55; 57
Vietnam	≈ MA	8 Abs. 1	
Zypern 2011	≈ MA, einschließlich Nutzung oder Vermietung von Containern	8 Abs. 1–3	53; 55

Vertragliche Regelungen außerhalb von DBA:

Land	Geltung	Datum, Fundstelle
Bosnien-Herzegowina	s. Jugoslawien	
Brasilien	Freistellung; Wohnsitzprinzip (natürliche Personen); Ort der Leitung (Gesellschaften)	17.8.1950, BGBl. II 1951, 11
Chile	≈ MA (Ort der Leitung), ohne Binnenschifffahrt	2.2.1951, BGBl. II 1952, 325
China	≈ MA (Ort der tatsächlichen Geschäftsführung), ohne Binnenschifffahrt und Luftfahrt	31.10.1975, BGBl. II 1976, 1521
Hongkong	Wohnsitzprinzip, nur für die Luftfahrt	8.5.1997, BGBl. II 1998, 2064
Hongkong	Wohnsitzprinzip, ohne Binnenschifffahrt	13.1.2003, BGBl. II 2004, 34
Insel Man	Wohnsitzprinzip, ohne Binnenschifffahrt und Luftfahrt	2.3.2009, BGBl. II 2010, 968
Jemen	Wohnsitzprinzip, nur für die Luftfahrt	2.3.2005, BGBl. I 2007, 230
Jugoslawien	≈ MA (Ort der Leitung), nur für Binnenschifffahrt	26.6.1954, BGBl. II 1959, 735
Kolumbien	Wohnsitzprinzip, ohne Binnenschifffahrt	10.9.1965, BGBl. II 1967, 762
Paraguay	Freistellung, nur für die Luftfahrt	27.1.1983, BGBl. II 1984, 644
Saudi-Arabien	Freistellung, nur für die Luftfahrt	8.11.2007, BGBl. II 2008, 782
Venezuela	Wohnsitzprinzip; ohne Binnenschifffahrt	23.11.1987, BGBl. II 1989, 374

Freistellung gemäß § 49 Abs. 4 EStG:

Land	Geltung	Datum, Fundstelle	Rz.
Äthiopien	nur für Luftfahrtunternehmen	26.3.1962 BStBl. I 1962, 536	52
Afghanistan	nur für Luftfahrtunternehmen	1.7.1964 BStBl. I 1964, 411	52
Bangladesch	nur für Luftfahrtunternehmen	22.5.1996 BStBl. I 1996, 643	52
Brunei-Darussalam	nur für Luftfahrtunternehmen	30.12.1993[1] BStBl. I 1994, 6	52
Chile	nur für Luftfahrtunternehmen	21.6.1977 BStBl. I 1977, 350	52
China	nur für Luftfahrtunternehmen	9.6.1980 BStBl. I 1980, 284	52
Ghana	für Schifffahrt- und Luftfahrt-unternehmen	18.6.1985 BStBl. I 1985, 222	52
Irak	für Schifffahrt- und Luftfahrt-unternehmen	25.9.1971 BStBl. I 1971[2], 490	52
Jordanien	nur für Luftfahrtunternehmen	26.3.1976 BStBl. I 1976, 278	52
Katar	nur für Luftfahrtunternehmen	27.12.2005 BStBl. I 2006, 3	52
Libanon	für Schifffahrt- und Luftfahrt-unternehmen	4.4.1959 BStBl. I 1959, 198	52
Litauen	nur für Luftfahrtunternehmen	14.8.1995 BStBl. I 1995, 416	52
Papua-Neuguinea	für Schifffahrt- und Luftfahrt-unternehmen	6.3.1989 BStBl. I 1989, 115	52
Seychellen	nur für Luftfahrtunternehmen	9.6.1998 BStBl. I 1998, 582	52
Sudan	nur für Luftfahrtunternehmen	21.7.1983 BStBl. I 1983, 370	52
Syrien	für Schifffahrt- und Luftfahrt-unternehmen	11.7.1974 BStBl. I 1974, 510	52
Taiwan	nur für Schifffahrtunternehmen	3.10.1988 BStBl. I 1988, 423	52
Zaire	für Schifffahrt- und Luftfahrt-unternehmen	3.4.1990 BStBl. I 1990, 178	52

2. Erläuterungen

36 **a) Deutsches innerstaatliches Recht:** Beziehen in Deutschland ansässige Steuerpflichtige Einkünfte aus dem Betrieb von **Handelsschiffen** mit Geschäftsleitung im Inland im internationalen Verkehr, so können sie nach § 5a EStG den darauf entfallenden Gewinn auf Antrag nach der Tonnage ermitteln (eine Besteuerung nach der Tonnage wird auch in anderen Ländern durchgeführt, vgl. SKK/*Wegner/Piorreck*, Art. 8 OECD-MA Rz. 34), sofern die Bereederung im Inland erfolgt (vgl. BMF v.

[1] Verlängert bis zum 31.12.2010, BStBl. I 1995, 679.
[2] Nur faktische Gegenseitigkeit, keine förmliche Freistellung.

24.6.1999, BStBl. I 1999, 669 geändert durch BMF v. 25.5.2000, BStBl. I 2000, 809; BMF v. 12.6.2002, BStBl. I, 614; Wassermeyer/*Wassermeyer* Art. 8 OECD-MA Rz. 14; *Kranz,* DStR 2000, 1215; *Rubbens/Sterens,* IStR 2000, 1). Dies ist natürlich nur dann von Bedeutung, wenn das DBA die Einkünfte in Deutschland nicht freistellt, mit anderen Worten: wenn das Unternehmen seine tatsächliche Geschäftsleitung in Deutschland hat, das DBA die Besteuerung abweichend vom MA an die Ansässigkeit knüpft (s. Rz. 41 ff.) oder wenn es ausnahmsweise statt der Freistellung in Deutschland die Anrechnung vorsieht. Wann Einkünfte aus dem Betrieb von Handelsschiffen aus einem anderen Staat „stammen", regelt § 34d Nr. 2 Buchst. c EStG (Wassermeyer/*Wassermeyer,* Art. 8 OECD-MA Rz. 45).

Ausländische Luftfahrtunternehmen und Seeschifffahrtbetriebe sind als gewerbliche Unternehmen beschränkt steuerpflichtig (§ 49 Abs. 1 Nr. 2 lit. a EStG), sofern im Inland eine Betriebstätte unterhalten wird oder ein ständiger Vertreter bestellt wird. Darüber hinaus unterliegen nach § 49 Abs. 1 Nr. 2 lit. b EStG die Einkünfte aus dem Betrieb von Seeschiffen oder Luftfahrzeugen aus Beförderung zwischen inländischen und von inländischen zu ausländischen Häfen der beschränkten Steuerpflicht. In diesem Fall sind die Einkünfte nach § 49 Abs. 3 EStG pauschal mit 5 v. H. der für diese Beförderungsleistungen vereinbarten Entgelte anzusetzen. In Verlustfällen ist jedoch diese Regelung nicht mit dem Diskriminierungsverbot nach Art. 24 Abs. 3 zu vereinbaren (BFHE 186, 89; Wassermeyer/*Wassermeyer,* Art. 8 OECD-MA Rz. 12). Auch wenn ein ausländisches Unternehmen keine Seeschiffe oder Luftfahrzeuge unterhält, unterliegt es gemäß § 49 Abs. 1 Nr. 2 lit. c EStG bei ergebnismäßiger Beteiligung an einem solchen inländischen Unternehmen der beschränkten Steuerpflicht.

Zur Besteuerung der Einkünfte nichtansässiger Schifffahrt- und Luftfahrtunternehmen aus **innerstaatlichem** Verkehr s. BMF v. 18.5.1993, IStR 1993, 377 sowie FinMin Nds. v. 28.6.1993 RIW 1993, 695. 37

b) Personengesellschaften: Das dem OECD-MA grundsätzlich entsprechende *DBA Schweiz* trifft in Art. 8 Abs. 5 eine besondere Regelung für Schifffahrt- und Luftfahrtunternehmen, die in Form einer Personengesellschaft betrieben werden. Der Begriff „Personengesellschaft" bestimmt sich in Ermangelung einer abkommensrechtlichen Definition nach innerdeutschem Recht (Art. 3 Abs. 2 *DBA Schweiz*). Somit fällt auch die atypisch stille Gesellschaft in den Anwendungsbereich des Art. 8 Abs. 5 *DBA Schweiz* (BFH BStBl. II 1997, 313). Befindet sich der Ort der tatsächlichen Geschäftsleitung in einem Vertragsstaat und ist einer der Teilhaber in dem anderen Vertragsstaat ansässig, dann wird dem Ansässigkeitsstaat des Teilhabers die Besteuerung seiner Einkünfte aus der Beteiligung an der Personengesellschaft belassen (s. *Wetzel* in Meyer-Marsilius/Hangarter, Art. 8 Abschn. IV). Damit wird vermieden, dass bei Gesellschaftern von Personengesellschaften, die in dem einen Vertragsstaat ansässig und an einem Unternehmen mit Geschäftsleitung in dem anderen Vertragsstaat beteiligt sind, die oben in Rz. 5, 28 dargelegte Besteuerungslücke eintritt (s. a. FWK/*Erhard,* Art. 8 Rz. 111). Eine Doppelbesteuerung wird durch den Methodenartikel mittels Steueranrechnung vermieden (Art. 8 Abs. 5 i. V. m. Art. 24 *DBA Schweiz*). 38

c) Subsidiäre Wohnsitzbesteuerung: Die *DBA Luxemburg 1958/2009* und *Niederlande 1959/2004* weisen die Besteuerung subsidiär dem Ansässigkeitsstaat zu, soweit der Staat der Geschäftsleitung von seiner Befugnis zur Besteuerung keinen Gebrauch macht. Auch diese Regelung hat den Zweck, die oben in Rz. 5, 28 dargelegte Besteuerungslücke zu vermeiden. 39

d) Das *DBA Griechenland* regelt die Gewinne der Luftfahrtunternehmen und der deutschen Schifffahrtunternehmen wie das MA. Gewinne einer in Griechenland ansässigen Person aus dem Betrieb von Seeschiffen im internationalen Verkehr 40 werden ausschließlich in Griechenland besteuert, wenn der Registerhafen in Griechenland liegt. Ist ein Seeschiff eines griechischen Unternehmens außerhalb Griechenlands registriert, entfällt die ausschließliche Besteuerung der Einkünfte aus dem Seeschiff in Griechenland. Diese Einkünfte sind vielmehr als gewerbliche Einkünfte entsprechend dem allgemein für Unternehmen geltenden Betriebstättenprinzip zu behandeln. Deutschland darf hiernach die Einkünfte aus einer diesen Schiffen dienenden deutschen Betriebstätte besteuern. Auch Griechenland darf dies, muss jedoch die deutsche Steuer auf die griechische anrechnen (Art. XVII *DBA Griechenland*), soweit es nach seinem innerstaatlichen Recht von der Besteuerungsmöglichkeit Gebrauch macht.

41 **e) Wohnsitzbesteuerung:** Eine Reihe von Abkommen (s. Übersicht Rz. 35) erreicht die ungeteilte Freistellung der Gewinne aus Schifffahrt und Luftfahrt in dem Staat, in dem das Unternehmen tätig wird, dadurch, dass sie die ausschließliche Besteuerung dem Ansässigkeitsstaat des Unternehmens überlassen (d. h. dem Staat, in dem der Unternehmer ansässig i. S. des Art. 4 ist). Eine derartige, von Art. 8 abweichende Verteilung lässt auch der OECD-Komm. ausdrücklich zu (MA-Komm. zu Art. 8 Ziff. 2; zu den Plänen der OECD auch den Abkommenstext dahingehend zu ändern vgl. bereits Rz. 5). Anknüpfungspunkt ist somit nicht – wie nach dem OECD-MA – der Ort der tatsächlichen Geschäftsleitung, sondern der Ort, an dem das Unternehmen ansässig ist (wie nach Art. 8 Abs. 1 US-MA, s. hierzu Rz. 32 u. allg. Art. 4). Damit können sich Gestaltungsmöglichkeiten ergeben (vgl. hierzu ausführlich *F. Karyadi,* TN März 2004, 823). Zu beachten sind folgende Besonderheiten:

44 Das *DBA Australien* sieht in Art. 8 Abs. 2 vor, dass Gewinne aus dem Betrieb eines Seeschiffes oder Luftfahrzeugs im Staat der Tätigkeit insoweit nicht steuerbefreit sind, als nur Orte innerhalb dieses Staates berührt werden. Ein derartiger Binnenbetrieb i. S. des Abkommens liegt schon dann vor, wenn nacheinander zwei Orte innerhalb eines Hoheitsgebiets angelaufen oder angeflogen werden, auch wenn im weiteren Verlauf der Reise die Staatsgrenze überschritten wird oder sie zuvor überschritten wurde. Zumindest bis zur Unabhängigkeit des Territoriums Papua und des Treuhandgebiets Neuguinea (16.9.1975) galt dies – abweichend von den sonstigen Regeln des DBA, die auf Papua und Neuguinea nicht anwendbar waren – auch für Beförderungen zwischen Australien und einem dieser Gebiete (Art. 8 Abs. 4 *DBA Australien*). Die nach Abs. 2 bei innergebietlichen Beförderungen vorgesehene Besteuerung durch den Staat der Tätigkeit wird durch Abs. 5 auf 5% des Beförderungsentgelts begrenzt (s. *Jap/Hintzen,* AWD 1974, 611; ähnlich wie nach § 49 Abs. 3 EStG, s. Rz. 36). Die Steuer wird im anderen Vertragsstaat angerechnet (Art. 22 Abs. 1 Nr. 2 Buchst. b ii *DBA Australien*). Die Beschränkung auf 5% des Beförderungsentgelts entfällt nach Abs. 6, wenn das Unternehmen entweder seinen Hauptgeschäftssitz im Quellenstaat hat oder wenn dessen Gewinne aus der Beförderung von Passagieren, Vieh, Postgut, Gütern und Waren stammen. Dann gilt das Betriebstättenprinzip, d. h. der Quellenstaat darf nur besteuern, wenn in seinem Gebiet eine Betriebstätte liegt.

45 Da in Korea für den internationalen Verkehr und in Singapur für die Schifffahrt Steuervergünstigungen gewährt werden (Sec. 13 A Singapur Tax Ordinance), sind hier für die Einkünfte aus Schifffahrt und – in Korea – Luftfahrt die Sonderregelungen der beiden DBA für **ausländisch beherrschte Gesellschaften** zu beachten (*DBA Korea* und *Singapur 1972,* jeweils SProt. Nr. 2; s. dazu bereits oben Art. 1 Rz. 150). Gesellschaften, die in einem dieser beiden Staaten ansässig sind und an denen in Deutschland oder in Drittstaaten ansässige Personen zu mehr als 25% *(Korea)* bzw. 50% *(Singapur 1972)* beteiligt sind, werden nach diesen Vorschriften von der Besteuerung in Deutschland nur freigestellt, wenn sie nachweisen, dass

die im Ansässigkeitsstaat auf diese Einkünfte gezahlte Steuer der normalen Steuer ohne Anwendung von Steuervergünstigungen entspricht (s. eingehend zum *DBA Singapur: Jap/Hintzen,* AWD 1973, 144 (150)).

Die *DBA Philippinen 1983* und *2013 (E)* sehen neben der Besteuerung im Ansässigkeitsstaat auch eine Besteuerung im Quellenstaat vor. Die Steuer des Quellenstaats ist jedoch der Höhe nach beschränkt. Die Regelung verbindet einen Höchststeuersatz und eine Meistbegünstigungsklausel: die Steuer darf einerseits 1½% der Bruttoeinnahmen im Quellenstaat nicht übersteigen, andererseits auch nicht den niedrigsten philippinischen Steuersatz auf Gewinne, die ein Unternehmen eines dritten Staates erzielt, siehe hierzu auch *Kluge,* S. 110. **46**

Die *DBA Japan, Schweden, USA (1989) und USA 1989/2006* stellen ausdrücklich klar, dass das Wohnsitzprinzip auch für die Vorrangbesteuerung des Containerverkehrs gilt (s. hierzu noch näher Rz. 55). **47**

f) Behandlung als gewerbliches Unternehmen: Das *DBA Thailand* folgt für Luftfahrtunternehmen im internationalen Verkehr dem Wohnsitzprinzip (s. Rz. 41). Für die Besteuerung von Gewinnen aus dem Betrieb von **Seeschiffen** im internationalen Verkehr sind dagegen nach ausdrücklicher Bestimmung die allgemein für **gewerbliche Unternehmen** geltenden Regeln entsprechend Art. 7 OECD-MA anzuwenden. Gewinne eines Unternehmens aus der Seeschifffahrt können im anderen Staat also nur besteuert werden, wenn das Unternehmen dort über eine Betriebstätte verfügt. Die nach den innerstaatlichen Vorschriften des Betriebstättenstaates zu ermittelnde Steuerschuld der Betriebstätte wird nach Art. 8 Abs. 2 des Abkommens um 50% ermäßigt. Der Ansässigkeitsstaat rechnet diese Steuer an (Art. 22 Abs. 2 Buchst. b Nr. 1, Abs. 3 Buchst. b Nr. 1 *DBA Thailand*). **48**

g) Das *DBA Sri Lanka* folgt im Grundsatz der Regelung der MA. Die Besteuerung der Gewinne aus dem Betrieb von Seeschiffen im internationalen Verkehr im anderen Vertragsstaat, soweit sie in diesem betrieben werden, bleibt entsprechend den Anknüpfungsgrundsätzen dessen innerstaatlichen Steuerrechts jedoch aufrechterhalten; sie darf allerdings 50% der nach dem innerstaatlichen Recht dieses Staates vorgesehenen Steuersätze **nicht übersteigen** (Art. 8 Abs. 2 *DBA Sri Lanka*). Hiernach sind folgende Konstellationen denkbar: **(1.)** Ist der eine Vertragsstaat Ansässigkeitsstaat und befindet sich im anderen die tatsächliche Geschäftsleitung, so stellt der Ansässigkeitsstaat die Einkünfte aus der Seeschifffahrt unter Progressionsvorbehalt frei. **(2.)** Befindet sich die tatsächliche Geschäftsleitung im Ansässigkeitsstaat, wird die Schifffahrt aber ganz oder teilweise im anderen Vertragsstaat betrieben, so besteuert dieser Staat die Einkünfte mit der Hälfte des üblichen Steuersatzes; der Ansässigkeitsstaat stellt nach Art. 23 Abs. 1 Buchst. a, Abs. 2 Buchst. a *DBA Sri Lanka* die Einkünfte aus dem anderen Vertragsstaat nicht nur zur Hälfte, sondern in voller Höhe frei, da nach dem eindeutigen Wortlaut des Art. 8 Abs. 2 DBA *Sri Lanka* der Ansässigkeitsstaat die Gewinne aus dem Betrieb von Seeschiffen im internationalen Verkehr besteuern darf. **(3.)** Befindet sich die tatsächliche Geschäftsleitung im Nicht-Ansässigkeitsstaat, wird aber die Schifffahrt ganz oder teilweise im Ansässigkeitsstaat betrieben, so besteuert der Staat der tatsächlichen Geschäftsleitung voll, der Ansässigkeitsstaat in Höhe von 50% seiner üblichen Steuersätze. Die Doppelbesteuerung wird in diesem Fall durch das DBA also nur zur Hälfte beseitigt. In Deutschland kann die Doppelbesteuerung durch § 34c Abs. 6 Satz 3 EStG vermieden werden. **49**

h) Das *DBA Indien* regelt die Besteuerung von Gewinnen aus dem Betrieb von Seeschiffen und Luftfahrzeugen im internationalen Verkehr entsprechend dem OECD-MA. Das DBA trifft jedoch keine Regelung hinsichtlich der Binnenschifffahrt, da keine Wirtschaftsbeziehungen bestehen, die Binnenschifffahrt zum Gegenstand haben (Wassermeyer/*Strauß,* Art. 8 *DBA Indien* Rz. 1). Klarstellend sieht Art. 8 **51**

Abs. 3 *DBA Indien* vor, dass auch Zinsen auf Kapital, das im Zusammenhang mit dem Betrieb von Seeschiffen und Luftfahrzeugen im internationalen Verkehr steht, als Gewinne i. S. des Art. 8 gelten. Art. 11 ist insoweit unanwendbar (vgl. Rz. 14).

52 **i)** Nach § 49 Abs. 4 des deutschen EStG werden die Gewinne beschränkt steuerpflichtiger Schifffahrt- oder Luftfahrtunternehmen aufgrund sog. **Gegenseitigkeitsfeststellungen** von der inländischen Besteuerung freigestellt. Voraussetzung ist, dass der ausländische Staat, in dem sich die Geschäftsleitung des Unternehmens befindet, für Gewinne der deutschen Schifffahrt- und Luftfahrtunternehmen eine entsprechende Befreiung gewährt, seit 1971 zusätzlich, dass der Bundesminister für Verkehr die Steuerbefreiung verkehrspolitisch für unbedenklich erklärt. Durch die Unbedenklichkeitserklärung soll eine schifffahrtspolitisch unerwünschte Freistellung der Schiffe unter sogenannten „billigen Flaggen" vermieden werden. Die Gegenseitigkeit wird durch Austausch von Verbalnoten zwischen beiden Staaten festgestellt. Da die Rechtsgrundlage für die Freistellung dieser Einkünfte bereits im EStG gegeben ist, ist für die innerstaatliche Anwendung der Gegenseitigkeitserklärung ein Vertragsgesetz i. S. des Art. 59 Abs. 2 GG nicht erforderlich (s. BMF v. 6.10.1977 – IV C 6 – S 1302). Zu beachten ist, dass die bestehenden Gegenseitigkeitsfeststellungen zum Teil nur für die Luftfahrt gelten (s. Übersicht Rz. 35 sowie BMF v. 17.1.2007, BStBl. I, 101).

53 **j)** Die meisten deutschen DBA enthalten **keine** ausdrückliche Regelung für die **Binnenschifffahrt** (s. Übersicht Rz. 35). In der Regel bestehen mit den betreffenden Staaten keine Wirtschaftsbeziehungen, die eine Binnenschifffahrt zum Gegenstand haben. Für den Fall, dass ein deutsches Unternehmen in einem solchen Vertragsstaat Binnenschifffahrt betreibt oder umgekehrt, findet auf die erwirtschafteten Gewinne die Vorschrift über Unternehmensgewinne Anwendung.

54 **k)** Die *DBA Korea* und *Singapur 1972* schränken die Vorschrift über die Besteuerung der Einkünfte aus Seeschifffahrt und Luftfahrt (*Singapur 1972:* nur Seeschifffahrt) für in diesen Staaten ansässige Gesellschaften ein, wenn deren Kapital zu mehr als 25% *(DBA Korea)* oder 50% *(DBA Singapur 1972)* unmittelbar oder mittelbar Personen gehört, die nicht im Ansässigkeitsstaat der Gesellschaft ansässig sind. Greift diese Einschränkung nicht ein, so werden die Gesellschaften von der Besteuerung in Deutschland jedoch nur befreit, wenn sie nachweisen, dass sie an ihrem Ansässigkeitsstaat mit den Gewinnen aus dem Betrieb des Schiffes oder Luftfahrzeuges einer normalen Besteuerung unterlagen und keine Steuervergünstigung gewährt wurde. Für *Korea* und *Singapur 1972* s. bereits Rz. 45; zum Charakter der Vorschrift als Instrument gegen Steuervermeidung und zu den ähnlich lautenden Bestimmungen in den *DBA Liberia, Malta, Mauritius 1978* und *Marokko* s. Art. 1 Rz. 150.

55 **l)** Eine Reihe von DBA bezieht in die Einkünfte aus Seeschifffahrt auch solche aus der **Vermietung von Containern** ein oder regelt diese in einer Sondervorschrift in gleicher Weise wie die Einkünfte aus Seeschifffahrt (*DBA Bulgarien 2010,* Art. 8 Abs. 3; *China 2014 (E),* Art. 8 Abs. 2; *Costa Rica 2014 (E),* Art. 8 Abs. 2; *Dänemark,* Art. 8 Abs. 1 Satz 2; *Großbritannien 2010* und *2014 (E),* Art. 8 Abs. 2; *Indien,* Prot. Nr. 2; *Italien,* Prot. Nr. 6; *Irland 2011,* Art. 8 Abs. 3; *Japan,* Art. 8 Abs. 3; *Liechtenstein 2011,* Art. 8 Abs. 3; *Luxemburg 2012,* Art. 8 Abs. 3; *Malaysia 2010,* Art. 8 Abs. 2; *Mauritius 2011*; *Mexiko 2008,* Art. 8 Abs. 2; *Niederlande 2012 (E),* Art. 8 Abs. 3; *Norwegen 1991* und *2013 (E),* Art. 8 Abs. 3; *Oman 2012 (E)* Art. 8 Abs. 2; *Schweden,* Art. 8 Abs. 2; *Spanien 2011,* Art. 8 Abs. 3; *Südafrika 2008 (E),* Art. 8 Abs. 2; *Syrien 2010,* Art. 8 Abs. 2; *Taiwan 2011,* Art. 8 Abs. 2; *Ukraine,* Art. 8 Abs. 2; *USA 1989,* Art. 8 Abs. 2; *USA 1989/2006,* Art. 8 Abs. 2; *Vereinigte Arabische Emirate 2010,* Art. 8 Abs. 4; *Zypern 2011,* Art. 8 Abs. 3). Eine vergleich-

bare Regelung findet sich nunmehr auch in der deutschen Verhandlungsgrundlage, s. Rz. 34a. Je nach Formulierung der DBA kann es dabei unerheblich sein, ob diese nur aus Nebenleistungstätigkeiten stammen (*DBA Hongkong,* Art. 8 Abs. 5c). Dabei wird z. T. auch die Benutzung und Unterhaltung von Containern besonders erwähnt, teils werden auch Trailerschiffe, Leichter und ähnliches Gerät für die Beförderung von Containern einbezogen *(DBA Aserbaidschan, Belarus, Dänemark, Ghana, Indien, Kroatien, Polen, Rumänien, Singapur 2004, Ukraine, USA 1989, USA 1989/2006).* Über die Anwendung des OECD-MA auf Container außerhalb solcher Klauseln s. Rz. 19.

Das *DBA Belgien* erstreckt den Tatbestand seiner ansonsten dem Art. 8 OECD-MA entsprechenden Vorschrift auch auf **Eisenbahnen.** Eisenbahnunternehmen, die in dem anderen Vertragsstaat tätig sind, werden danach am Ort der tatsächlichen Geschäftsleitung besteuert. 56

Der Art. 8 Abs. 2 Buchstabe c *DBA Vereinigte Arabische Emirate 2010* erweitert den Anwendungsbereich auf den Verkauf von Fahrscheinen für andere Beförderungsunternehmen, wenn die Verkäufe unmittelbar mit Reisen an Bord von seitens des Unternehmens betriebenen Schiffen oder Luftfahrzeugen verbunden sind, ausgenommen Binnenbeförderung von Personen und Fracht. Überdies erstreckt sich die Regelung laut Buchstabe des gleichen Absatzes auch auf Wartungsleistungen für andere Beförderungsunternehmen und in Buchstabe e auf die Kapitalrträge aus Aktien, Anteilen oder Krediten, die zum Betrieb von Schiffen und Luftfahrzeugen im internationalen Verkehr gehören. 57

B. Zu Art. 8 Abs. 3

I. Musterabkommen

1. Übereinstimmungen und Abweichungen

OECD- und UN-MA stimmen wörtlich überein. Auf Grund des systematisch anderen Ansatzes für die Vorrangbesteuerung (s. Rz. 32) ist eine entsprechende Bestimmung im US-MA nicht erforderlich und daher auch nicht vorgesehen. Nach den Plänen der OECD zur Überarbeitung von Art. 8 (s. Rz. 5), würde die Vorschrift ebenfalls überflüssig. Sofern es zur Umsetzung des unter Rz. 5 genannten Diskussionsentwurfs kommt, soll sie daher gestrichen werden. 58

2. Erläuterungen

a) Grundzüge: Speziell für die Schifffahrt trifft Art. 8 Abs. 3 eine Regelung für den Sonderfall, dass sich der Ort der tatsächlichen Geschäftsleitung an Bord des Schiffes befindet. In diesem Fall gilt der Ort der tatsächlichen Geschäftsleitung als in dem Vertragsstaat gelegen, in dem sich der **Heimathafen** des Schiffes befindet. Die Vorschrift gilt ausdrücklich auch für Binnenschiffe. Ebenso wie der Vorbehalt der Besteuerung zugunsten des Staates der tatsächlichen Geschäftsleitung kann auch ein entsprechender Vorbehalt zugunsten des Staates, in dem sich der Heimathafen befindet, zu Besteuerungslücken führen, wenn der Unternehmer in dem Staat des Heimathafens nicht einer die ausländischen Einkünfte mitumfassenden Steuerpflicht unterliegt (s. Rz. 5). Anders als die Absätze 1 und 2 beschränkt sich Absatz 3 auf „Unternehmen der See- oder Binnenschifffahrt". Daraus ließe sich folgern, dass unter diesen Absatz nur Unternehmen fallen, bei denen die See- und Binnenschifffahrt mindestens ein selbstständiger Teilbetrieb und nicht ein unselbstständiger Zweig des Betriebes ist (so bilden z. B. Kähne, die ein Kohlenhändler im Wesentöichen dazu verwendet, die gehandelten Kohlen auf dem Wasserweg her- 59 zuschaffen, keinen Binnenschifffahrtsbetrieb: RFH RStBl. 1931, 630 (631); bestätigt durch nicht veröffentlichtes BFH-Urteil vom 14.4.1953). Praktisch ist es jedoch kaum denkbar, dass ein Unternehmen, dessen tatsächliche Geschäftsleitung sich an Bord eines Schiffes befindet, in der Hauptsache ein anderes Gewerbe als eben die Schifffahrt betreibt. Der Unterschied zu Abs. 1 und 2 dürfte darum nur ein rein sprachlicher sein.

60 **b) Heimathafen:** Die Regelung knüpft an Grundsätze des Völkerrechts an. Nach ihnen besitzt ein Schiff unter der Flagge eines Staates die Staatsangehörigkeit dieses Staates (vgl. *O'Connel,* Int. Law, Vol. II, 2. Aufl. (1970), 604 ff.; *American Law Institute,* Restatement of the Law Third, The Foreign Relations Law of the United States, § 501; BFH BStBl. II 1974, 361; *Caren,* Ships, Nationality and Status, in EPIL 11, 1989, 289; *Núñez-Müller,* Die Staatsangehörigkeit von Handelsschiffen im Völkerrecht, (1994), S. 73 ff.). Folgerichtig ordnen die MA den Ort der Geschäftsleitung an Bord eines Schiffes dem Heimathafen des Schiffes zu. Dabei wird allerdings der völkerrechtliche Grundsatz den Bedürfnissen des internationalen Steuerrechts angepasst: die MA beziehen sich nicht auf das Flaggenrecht, sondern auf den Heimathafen; Abs. 3 gilt ferner nicht nur für See-, sondern auch für Binnenschiffe. Heimathafen ist der Hafen, von dem aus die Schifffahrt tatsächlich betrieben wird. Nach deutschem Recht ist ein registerpflichtiges Schiff grundsätzlich in das Schiffsregister seines Heimathafens oder Heimatortes einzutragen (§ 4 SchiffsRegO); der Heimathafen ist deshalb regelmäßig identisch mit dem Registerhafen (*Schaps/Abraham,* S. 94). Die Regelung des Art. 8 Abs. 3 kann jedoch auch dann angewendet werden, wenn das Schiff nicht in ein Register eingetragen ist; in Deutschland gilt das für Seeschiffe, die nach § 1 Flaggenrechtsgesetz die deutsche Flagge führen müssen und deren Rumpflänge zwischen den äußersten Punkten des Vorstevens und des Hinterstevens 15 m übersteigt (§§ 3, 10 SchiffRegO). Ob und inwieweit das innerstaatliche Recht von der Besteuerungsbefugnis Gebrauch macht, bestimmt sich in Deutschland für die Einkommensteuer nach §§ 1, 49 EStG. Für die Gewerbesteuer knüpft § 6 GewStDV ebenfalls an den Heimathafen an. Nach niederländischem Recht gilt nicht der formelle, sondern der materielle Heimathafenbegriff, d. h. der Heimathafen ist in dem Land gelegen, welches die engsten Beziehungen zu dem Schiff hat. Dabei kann bei nicht regelmäßigem Anfahren eines Hafens der Ort ausschlaggebend sein, wo die Wartungsarbeiten durchgeführt werden (Hoge Raad v. 25.3.2011, BNB 2011/178c: *DBA Niederlande/Deutschland*).

61 **c) Fehlender Heimathafen:** Hat ein Schiff keinen Heimathafen, wie es vor allem im Bereich der Trampschifffahrt vorkommt, so wird der Ort der Geschäftsleitung als in dem Staat gelegen fingiert, in dem der Betreiber des Schiffes ansässig ist. Nach Art. 4 kommt es somit darauf an, in welchem Staat der Betreiber auf Grund seines Wohnsitzes, seines ständigen Aufenthalts oder eines ähnlichen Merkmals steuerpflichtig ist. Hat der Betreiber seinen ausschließlichen Wohnsitz auf einem Schiff – was Abs. 3 nicht zwangsläufig voraussetzt –, so wird i. d. R. das Recht des Flaggenstaates ihn auf Grund dieses Wohnsitzes als steuerpflichtig in Anspruch nehmen. Ein Schiff ohne Flagge wäre völkerrechtlich rechtlos. Neben einer Ansässigkeit nach dem Recht des Flaggenstaates kommt eine Ansässigkeit auf Grund der Staatsangehörigkeit des Betreibers in Betracht (s. Art. 4 Rz. 111, 208). Im Kollisionsfalle gilt Art. 4 Abs. 2, 3 OECD-MA, s. Art. 4 Rz. 241 ff.

II. Deutsche DBA

1. Abkommensübersicht zu Artikel 8 Abs. 3

62

DBA	MA-Regelung: Heimathafen bzw. Ansässigkeitsstaat des Unternehmens bei Ort der tatsächlichen Geschäftsleitung an Bord eines Schiffes	Artikel	Rz.
Ägypten	≈ MA	8 Abs. 2	
Albanien 2010	≈ MA	8 Abs. 2	
Algerien 2007	≈ MA	8 Abs. 2	
Argentinien	≈ MA	8 Abs. 3	
Armenien	s. UdSSR		
Aserbaidschan	≈ MA	8 Abs. 3	
Australien	keine entsprechende Regelung	–	65
Bangladesch	keine entsprechende Regelung	–	65
Belarus	≈ MA	8 Abs. 4	
Belgien	Ort der tatsächlichen Geschäftsleitung im Ansässigkeitsstaat des Unternehmens	4 Abs. 4	64
Bolivien	≈ MA	8 Abs. 3	
Bosnien-Herzegowina	s. Jugoslawien		
Bulgarien 2010	keine entsprechende Regelung		65
Chile	keine entsprechende Regelung	–	65
China 1985	≈ MA	8 Abs. 2	
China 2014 (E)	keine entsprechende Regelung	–	65
Costa Rica 2014 (E)	keine entsprechende Regelung	–	65
Dänemark	≈ MA	8 Abs. 3	
Ecuador	keine entsprechende Regelung	–	65
Elfenbeinküste	keine entsprechende Regelung	–	65
Estland	keine entsprechende Regelung	–	65
Finnland	≈ MA	8 Abs. 2	
Frankreich	≈ MA	6 Abs. 3	
Georgien	≈ MA	8 Abs. 2	
Ghana	≈ MA	8 Abs. 3	
Griechenland	keine entsprechende Regelung	–	65
Großbritannien 1964/70	keine entsprechende Regelung	–	65
Großbritannien 2010	keine entsprechende Regelung	–	65
Großbritannien 2014 (E)	keine entsprechende Regelung	–	65
Indien	≈ MA	8 Abs. 2	
Indonesien	keine entsprechende Regelung	–	65
Iran	≈ MA	8 Abs. 2	
Irland 2011	≈ MA	8 Abs. 4	
Island	≈ MA	8 Abs. 3	
Israel	≈ MA	6 Abs. 2	
Italien	≈ MA	8 Abs. 2	
Jamaika	≈ MA	8 Abs. 3	
Japan	keine entsprechende Regelung	–	65
Jugoslawien	≈ MA	9 Abs. 3	

DBA	MA-Regelung: Heimathafen bzw. Ansässigkeitsstaat des Unternehmens bei Ort der tatsächlichen Geschäftsleitung an Bord eines Schiffes	Artikel	Rz.
Kanada	keine entsprechende Regelung	–	65
Kasachstan	≈ MA	8 Abs. 3	
Kenia	keine entsprechende Regelung	–	65
Kirgisistan	keine entsprechende Regelung	–	65
Kolumbien	keine entsprechende Regelung	–	65
Korea	keine entsprechende Regelung	–	65
Kosovo	s. Jugoslawien		
Kroatien	≈ MA	8 Abs. 4	
Kuwait	≈ MA	8 Abs. 2	
Lettland	keine entsprechende Regelung	–	65
Liberia	keine entsprechende Regelung	–	65
Liechtenstein 2011	≈ MA	8 Abs. 4	
Litauen	keine entsprechende Regelung	–	65
Luxemburg 2012	≈ MA	8 Abs. 4	
Malaysia 2010	keine entsprechende Regelung	–	65
Malta	≈ MA	8 Abs. 3	
Marokko	keine Regelung für fehlenden Heimathafen	8 Abs. 3	63
Mauritius 2011	≈ MA	8 Abs. 3	
Mazedonien 2006	≈ MA	8 Abs. 3	
Mexiko	≈ MA	8 Abs. 3	
Moldau	s. UdSSR		
Mongolei	≈ MA	8 Abs. 2	
Montenegro	s. Jugoslawien		
Namibia	≈ MA	8 Abs. 2	
Neuseeland	≈ MA	8 Abs. 2	
Niederlande 1959/2004	keine Regelung für fehlenden Heimathafen	3 Abs. 6	63
Niederlande 2012 (E)	Ansässigkeitsstaat des Betreibers, Sonderregelung für doppelte Ansässigkeit	8 Abs. 4	
Norwegen 1991	keine entsprechende Regelung	–	65
Norwegen 2013 (E)	keine entsprechende Regelung	–	65
Oman 2012 (E)	keine entsprechende Regelung	–	65
Österreich	≈ MA	8 Abs. 4	
Pakistan	keine entsprechende Regelung	–	65
Philippinen 1983	keine entsprechende Regelung	–	65
Philippinen 2013	keine entsprechende Regelung	–	65
Polen	≈ MA	8 Abs. 3	
Portugal	≈ MA	8 Abs. 2	
Rumänien	≈ MA	8 Abs. 4	
Russische Föderation	keine entsprechende Regelung	–	65
Sambia	keine entsprechende Regelung	–	65
Schweden	keine entsprechende Regelung	–	65
Schweiz	≈ MA	8 Abs. 3	
Serbien	s. Jugoslawien		
Simbabwe	≈ MA	8 Abs. 2	
Singapur 2004	keine entsprechende Regelung	–	65
Slowakei	s. Tschechoslowakei		
Slowenien	≈ MA	8 Abs. 2	

DBA	MA-Regelung: Heimathafen bzw. Ansässigkeitsstaat des Unternehmens bei Ort der tatsächlichen Geschäftsleitung an Bord eines Schiffes	Artikel	Rz.
Spanien	≈ MA	8 Abs. 4	
Sri Lanka	≈ MA	8 Abs. 4	
Südafrika 1973	keine entsprechende Regelung	–	65
Südafrika 2008 (E)	keine entsprechende Regelung	–	65
Syrien 2010	≈ MA	8 Abs. 3	
Tadschikistan	≈ MA	8 Abs. 4	
Taiwan 2011	keine entsprechende Regelung	–	65
Thailand	keine entsprechende Regelung	–	65
Trinidad und Tobago	keine entsprechende Regelung	–	65
Tschechien	s. Tschechoslowakei		
Tschechoslowakei	≈ MA	8 Abs. 3	
Türkei 2011	keine entsprechende Regelung	–	65
Tunesien	≈ MA	8 Abs. 2	
Turkmenistan	s. UdSSR		
Ukraine	≈ MA	8 Abs. 4	
Ungarn 2011	≈ MA	8 Abs. 4	
Uruguay 2010	≈ MA	8 Abs. 3	
USA 1989/2006	keine entsprechende Regelung	–	65
Usbekistan	keine entsprechende Regelung	–	65
UdSSR	≈ MA	6 Abs. 2	
Venezuela	≈ MA	8 Abs. 2	
Vereinigte Arabische Emirate 2010	≈ MA	8 Abs. 3	
Vietnam	keine entsprechende Regelung	–	65
Zypern 2011	≈ MA	8 Abs. 4	

2. Erläuterungen

a) Fiktion des Ortes der Geschäftsleitung: Die *DBA Luxemburg 1958, Marokko* und *Niederlande* enthalten eine den MA entsprechende Fiktion des Ortes der Geschäftsleitung im Heimathafen des Schiffes, wenn sich die Geschäftsleitung an Bord befindet (Art. 3 Abs. 6 *DBA Luxemburg 1958,* Art. 8 Abs. 3 *DBA Marokko,* Art. 3 Abs. 4 *DBA Niederlande 1959/2004*). Sie treffen jedoch keine Regelung für den Fall, dass ein Heimathafen nicht vorhanden ist (Das *DBA Luxemburg 2012* enthält hingegen eine solche Regelung). Hat ein Schiff keinen Heimathafen, so ist in keinem der Vertragsstaaten ein Ort der Leitung vorhanden. Es greift dann Art. 7 OECD-MA ein mit der Folge, dass, da ein Schiff keine Betriebstätte sein kann (s. Art. 5 Rz. 14), maßgebend am Ende auch hier die Ansässigkeit des Schiffsunternehmens ist (s. dazu Rz. 61). 63

b) Fiktion des Heimathafens: Das *DBA Belgien* vermeidet das Problem des fehlenden Heimathafens dadurch, dass es für den Fall der Geschäftsleitung an Bord eines Schiffes diesen als im Ansässigkeitsstaat des einzigen oder hauptsächlichen Unternehmers liegend fingiert (Art. 4 Abs. 4 *DBA Belgien*). Hat der Unternehmer seinen Wohnsitz an Bord des Schiffes, gilt auch hier das zu Rz. 61 Ausgeführte. 64

c) Wohnsitzbesteuerung: Für die DBA, die von vornherein die Vorrangbesteuerung an den Sitz des Unternehmens anknüpfen, erübrigt sich eine Regelung des Falles, dass der Ort der tatsächlichen Geschäftsleitung an Bord eines Schiffes liegt. Aber auch in einer Reihe von Abkommen, die für die Besteuerung auf den Ort der Geschäftsleitung abstellen, fehlt eine entsprechende Regelung (s. Übersicht 65

Rz. 62). Aus den völkerrechtlichen Grundsätzen für die Rechtszuständigkeit der Schiffe folgt, dass nach diesen Abkommen die Geschäftsleitung an Bord des Schiffes als Geschäftsleitung im Flaggenstaat anzusehen ist.

65a **d) Doppelansässigkeit des Betreibers:** Das *DBA Niederlande 2012 (E)* knüpft die Besteuerung an den Ansässigkeitsstaat des Betreibers und sieht eine Sonderregelung für Fälle einer doppelten Ansässigkeit vor.

C. Zu Art. 8 Abs. 4

I. Musterabkommen

1. Übereinstimmungen und Abweichungen

66 Die Grundsätze der Regelung stimmen in allen Musterabkommen überein. Das US-MA stellt durch eine Verweisung auf Art. 8 Abs. 3 zusätzlich klar, dass Abs. 4 auch für Gewinne aus dem Betrieb von Containern gilt (hierzu näher bereits Rz. 19).

2. Erläuterungen

67 **a) Grundzüge:** Die Regelung der Besteuerung von Gewinnen aus dem Betrieb von Schiffen oder Luftfahrzeugen nach Abs. 1 gilt auch für Gewinne aus der Beteiligung des Unternehmens an einem Pool, einer Betriebsgemeinschaft oder einer internationalen Betriebsstelle. Die Gewinne aus solchen Beteiligungen dürfen somit nur am Ort der tatsächlichen Geschäftsleitung des Unternehmens, das an dem Pool, der Beteiligungsgemeinschaft oder der internationalen Betriebsstelle beteiligt ist, besteuert werden.

68 **b)** Die Regelung ist neu in das OECD-MA 1977 aufgenommen und von dort in das UN-MA übernommen worden. Freilich galten nach dem OECD-MA 1963 für Kooperationen die Absätze 1 und 2 unmittelbar, also auch für solche im Bereich der Binnenschifffahrt (s. MA-Komm. 1963 zu Art. 8 Ziff. 10). Demgegenüber gilt der jetzige Art. 8 Abs. 4 der MA ausdrücklich nur für Gewinne aus einer internationalen Zusammenarbeit beim Betrieb von Seeschiffen und von Luftfahrzeugen.

69 **c)** Die Begriffe „Pool“, „Betriebsgemeinschaft“ und „internationale Betriebsstelle“ werden im Abkommen nicht definiert. Die Ausdrücke gehen auf das Abkommen über die internationale Zivilluftfahrt vom 7.12.1944 (BGBl. II 1956, 411; UNTS Vol. 84, 389) zurück. Dort kennzeichnen sie die verschiedenen Formen der internationalen Zusammenarbeit der Luftfahrtunternehmen, die sich sowohl auf technischem als auch auf wirtschaftlichem Gebiet vollziehen kann. Die Skala reicht von der Poolung der Ersatzteilversorgung auf Flughäfen über den umschichtigen Betrieb bestimmter Flugstrecken bis zur Fusion der Unternehmen (vgl. *Rinck,* S. 97; der Aufsatz behandelt die kartellrechtlichen Aspekte). Erfasst werden alle Formen der Zusammenarbeit, die Aufzählung ist deshalb nur beispielhaft und **nicht abschließend.** Abweichende Bezeichnungen (Betriebszusammenschluss, Betriebsgesellschaft, gemeinsame Betriebsorganisation, internationale Betriebskörperschaft, internationales Schiffs- und Luftfahrtunternehmen) oder die Nichterwähnung der internationalen Betriebsstelle bedeuten deshalb keine sachliche Abweichung vom OECD-MA. Die Besteuerung am Ort der Geschäftsleitung des Unternehmens erfasst selbstverständlich nur den Teil der durch den Zusammenschluss erzielten Gewinne, der dem Unternehmen im Verhältnis zu seinem Anteil am gemeinschaftlichen Betrieb zuzurechnen ist (s. MA-Komm. zu Art. 8 Ziff. 24).

II. Deutsche DBA

1. Abkommensübersicht zu Artikel 8 Abs. 4

70

DBA	MA-Regelung: Ausdehnung der Regelung auf verschiedene Formen der Zusammenarbeit von Unternehmen	Artikel	Rz.
Ägypten	≈ MA	8 Abs. 3	
Albanien 2010	≈ MA	8 Abs. 3	
Algerien 2007	≈ MA	8 Abs. 3	
Argentinien	≈ MA	8 Abs. 2	
Armenien	s. UdSSR		
Aserbaidschan	≈ MA	8 Abs. 4	
Australien	≈ MA	8 Abs. 3	
Bangladesch	≈ MA	8 Abs. 3	
Belarus	≈ MA	8 Abs. 5	
Belgien	keine entsprechende Regelung	–	73
Bolivien	≈ MA	8 Abs. 2	
Bosnien-Herzegowina	s. Jugoslawien		
Bulgarien 2010	≈ MA	8 Abs. 4	
Chile	keine entsprechende Regelung	–	73
China 1985	≈ MA	8 Abs. 3	
China 2014 (E)	≈ MA	8 Abs. 4	
Costa Rica 2014 (E)	≈ MA	8 Abs. 4	
Dänemark	≈ MA; Sonderregelung für „Scandinavian Airlines System“	8 Abs. 4, 5	73
Ecuador	≈ MA	8 Abs. 2	
Elfenbeinküste	gilt nur für den elfenbeinischen Beteiligten der multinationalen Gesellschaft „Air-Afrique“	8 Abs. 2	72
Estland	≈ MA	8 Abs. 2	
Finnland	≈ MA	8 Abs. 3	
Frankreich	keine entsprechende Regelung	–	73
Georgien	≈ MA	8 Abs. 3	
Ghana	≈ MA	8 Abs. 4	
Griechenland	≈ MA	V Abs. 4	
Großbritannien 1964/70	keine entsprechende Regelung	–	73
Großbritannien 2010	≈ MA, einschränkend nur für den Anteil entsprechend Beteiligung	8 Abs. 3	
Großbritannien 2014 (E)	≈ MA, einschränkend nur für den Anteil entsprechend Beteiligung	8 Abs. 3	
Indien	≈ MA	8 Abs. 4	
Indonesien	≈ MA	8 Abs. 2	73
Iran	keine entsprechende Regelung	–	73
Irland 2011	≈ MA	8 Abs. 5	
Island	≈ MA	8 Abs. 2	
Israel	keine entsprechende Regelung	–	73
Italien	≈ MA	8 Abs. 3	
Jamaika	≈ MA	8 Abs. 2	
Japan	≈ MA	8 Abs. 2	
Jugoslawien	≈ MA	9 Abs. 4	
Kanada	≈ MA	8 Abs. 4	
Kasachstan	≈ MA	8 Abs. 4	

DBA	MA-Regelung: Ausdehnung der Regelung auf verschiedene Formen der Zusammenarbeit von Unternehmen	Artikel	Rz.
Kenia	≈ MA	8 Abs. 2	
Kirgisistan	≈ MA	8 Abs. 2	
Kolumbien	≈ MA	I Abs. 3	
Korea	≈ MA	8 Abs. 3	
Kosovo	s. Jugoslawien		
Kroatien	≈ MA	8 Abs. 5	
Kuwait	≈ MA	8 Abs. 3	
Lettland	≈ MA	8 Abs. 2	
Liberia	≈ MA	8 Abs. 2	
Liechtenstein 2011	≈ MA	8 Abs. 5	
Litauen	≈ MA	8 Abs. 2	
Luxemburg 2012	≈ MA	8 Abs. 5	
Malaysia 2010	≈ MA	8 Abs. 3	
Malta	≈ MA	8 Abs. 4	
Marokko	≈ MA	8 Abs. 2	
Mauritius 2011	≈ MA	8 Abs. 4	
Mazedonien 2006	≈ MA	8 Abs. 4	
Mexiko 2008	≈ MA	8 Abs. 4	
Moldau	s. UdSSR		
Mongolei	≈ MA	8 Abs. 3	
Namibia	≈ MA	8 Abs. 3	
Neuseeland	≈ MA	8 Abs. 3	
Niederlande 1959/2004	≈ MA	Prot. Nr. 12	
Niederlande 2012 (E)	≈ MA	8 Abs. 5	
Norwegen 1991	≈ MA; Sonderregelung für „Scandinavian Airlines System"	8 Abs. 2, 4	71
Norwegen 2013 (E)	≈ MA; Sonderregelung für „Scandinavian Airlines System"	8 Abs. 2, 4	71
Oman 2012 (E)	≈ MA	8 Abs. 4	
Österreich	≈ MA	8 Abs. 4	
Pakistan	≈ MA	8 Abs. 2	
Philippinen 1983	≈ MA	8 Abs. 3	
Philippinen 2013	≈ MA	8 Abs. 4	
Polen 1972/79	≈ MA	8 Abs. 4	
Portugal	≈ MA	8 Abs. 3	
Rumänien 2001	≈ MA	8 Abs. 5	
Russische Föderation	keine entsprechende Regelung	–	73
Sambia	keine entsprechende Regelung	–	73
Schweden	≈ MA; Sonderregelung für „Scandinavian Airlines System"	8 Abs. 3, 42 Abs. 1	71
Schweiz	≈ MA	8 Abs. 4 Buchst. c	
Serbien	s. Jugoslawien		
Simbabwe	≈ MA	8 Abs. 3	
Singapur 2004	≈ MA	8 Abs. 4	
Slowakei	s. Tschechoslowakei		
Slowenien	keine entsprechende Regelung	–	73
Spanien 2011	≈ MA	8 Abs. 5	
Sri Lanka	≈ MA	8 Abs. 3	
Südafrika 1973	≈ MA	6 Abs. 2	
Südafrika 2008 (E)	≈ MA	8 Abs. 3	

DBA	MA-Regelung: Ausdehnung der Regelung auf verschiedene Formen der Zusammenarbeit von Unternehmen	Artikel	Rz.
Syrien 2010	≈ MA	8 Abs. 4	
Tadschikistan	≈ MA	8 Abs. 5	
Taiwan 2011	≈ MA, einschränkend nur für den Anteil entsprechend Beteiligung	8 Abs. 3	
Thailand	≈ MA	8 Abs. 3	
Trinidad und Tobago	≈ MA	8 Abs. 2	
Tschechien	s. Tschechoslowakei		
Tschechoslowakei	≈ MA	8 Abs. 4	
Türkei 2011	≈ MA	8 Abs. 2	
Tunesien	≈ MA	8 Abs. 3	
Turkmenistan	s. UdSSR		
Ukraine	≈ MA	8 Abs. 4	
Ungarn 2011	≈ MA	8 Abs. 5	
Uruguay 2010	≈ MA	8 Abs. 4	
USA 1989/2006	≈ MA	8 Abs. 3	
Usbekistan	≈ MA	8 Abs. 3	
UdSSR	≈ MA	6 Abs. 3	
Venezuela	≈ MA	8 Abs. 3	
Vereinigte Arabische Emirate 2010	≈ MA	8 Abs. 4	
Vietnam	≈ MA	8 Abs. 2	
Zypern 2011	≈ MA	8 Abs. 5	

Die **„Gegenseitigkeitserklärungen"** beziehen sich mit Ausnahmen im Verhältnis zu Bulgarien, Chile, Jugoslawien, UdSSR sowie Zaire auch auf Formen internationaler Zusammenarbeit.

2. Erläuterungen

a) Art. 8 Abs. 4 *DBA Dänemark,* Art. 8 Abs. 3 *DBA Norwegen* und Art. 8 Abs. 2 *DBA Schweden* folgen dem Wortlaut der MA. Ergänzend hierzu bestimmen Art. 8 Abs. 5 *DBA Dänemark,* Art. 8 Abs. 4 *DBA Norwegen* und Art. 42 Abs. 1 *DBA Schweden,* dass Art. 8 ebenfalls für die Gewinne des schwedisch-dänisch-norwegischen Luftfahrtkonsortiums „Scandinavian Airlines System" gilt, soweit sie auf den im jeweiligen Vertragsstaat ansässigen Teilhaber des Konsortiums entfallen. Nach Art. 42 Abs. 2 *DBA Schweden* gilt die Regelung auch für Deutschland oder die Lufthansa AG, falls diese in Zukunft einem entsprechenden Konsortium beitreten sollten. 71

b) Nach dem *DBA Elfenbeinküste* gilt die den MA entsprechende Regelung lediglich für den Teil der Gewinne, der auf den elfenbeinischen Beteiligten der multinationalen Gesellschaft Air-Afrique entfällt. Für alle anderen Unternehmen sind die Gewinne aus der Beteiligung an einem Pool, einer Betriebsgemeinschaft oder einer internationalen Betriebsstelle entweder als Dividenden nach Art. 10 oder als Unternehmensgewinne gemäß Art. 7 des DBA zu behandeln (vgl. Art. 7 Abs. 5 *DBA Elfenbeinküste*). 72

c) Für alle Abkommen, die **keine entsprechende Regelung** enthalten, sind die Gewinne aus der Beteiligung an einem Pool, einer Betriebsgemeinschaft oder einer internationalen Betriebsstelle wie nach Art. 8 Abs. 4 als Gewinne aus dem Betrieb von Seeschiffen oder Luftfahrzeugen im internationalen Verkehr am Ort der tatsächlichen Geschäftsleitung des Unternehmens zu besteuern (MA-Komm. 73

1963 zu Art. 8 Ziff. 10). Die Beteiligung an der internationalen Zusammenarbeit steht mit dem Betrieb von Seeschiffen oder Luftfahrzeugen in einem so engen wirtschaftlichen Zusammenhang, dass die Gewinne daraus schon nach den allgemeinen Grundsätzen wie die Gewinne aus dem Betrieb der Schiffe oder Luftfahrzeuge zu behandeln sind. Art. 8 Abs. 4 OECD-MA stellt dies nur klar. Hinsichtlich Art. 6 Abs. 1 *DBA Frankreich*, der Art. 8 Abs. 1 entspricht, stellt eine Verständigung zwischen dem Bundesfinanzministerium und dem französischen Wirtschafts- und Finanzministerium klar, dass bezüglich Luftfahrtunternehmen eine dem Art. 8 Abs. 4 deckungsgleiche Auffassung besteht (VV DEU BMF 2007-11-05 IV B 6-S 1301_FRA/0, BStBl. I 2007, 782).

Artikel 9. Verbundene Unternehmen

Text: OECD-Musterabkommen (OECD-MA)

1. Wenn

a) ein Unternehmen eines Vertragsstaats unmittelbar oder mittelbar an der Geschäftsleitung, der Kontrolle oder dem Kapital eines Unternehmens des anderen Vertragsstaats beteiligt ist, oder

b) dieselben Personen unmittelbar oder mittelbar an der Geschäftsleitung, der Kontrolle oder dem Kapital eines Unternehmens eines Vertragsstaats und eines Unternehmens des anderen Vertragsstaats beteiligt sind

und in diesen Fällen die beiden Unternehmen in ihren kaufmännischen oder finanziellen Beziehungen an vereinbarte oder auferlegte Bedingungen gebunden sind, die von denen abweichen, die unabhängige Unternehmen miteinander vereinbaren würden, so dürfen die Gewinne, die eines der Unternehmen ohne diese Bedingungen erzielt hätte, wegen dieser Bedingungen aber nicht erzielt hat, den Gewinnen dieses Unternehmens zugerechnet und entsprechend besteuert werden.

2. Werden in einem Vertragsstaat den Gewinnen eines Unternehmens dieses Staates Gewinne zugerechnet – und entsprechend besteuert –, mit denen ein Unternehmen des anderen Vertragsstaats in diesem Staat besteuert worden ist, und handelt es sich bei den zugerechneten Gewinnen um solche, die das Unternehmen des erstgenannten Staates erzielt hätte, wenn die zwischen den beiden Unternehmen vereinbarten Bedingungen die gleichen gewesen wären, die unabhängige Unternehmen miteinander vereinbaren würden, so nimmt der andere Staat eine entsprechende Änderung der dort von diesen Gewinnen erhobenen Steuer vor. Bei dieser Änderung sind die übrigen Bestimmungen dieses Abkommens zu berücksichtigen; erforderlichenfalls werden die zuständigen Behörden der Vertragsstaaten einander konsultieren.

Text: Deutsche Verhandlungsgrundlage (DE-VG)

Artikel 9. Verbundene Unternehmen

(1) Wenn

1. ein Unternehmen eines Vertragsstaats unmittelbar oder mittelbar an der Geschäftsleitung, der Kontrolle oder dem Kapital eines Unternehmens des anderen Vertragsstaats beteiligt ist oder
2. dieselben Personen unmittelbar oder mittelbar an der Geschäftsleitung, der Kontrolle oder dem Kapital eines Unternehmens eines Vertragsstaats und eines Unternehmens des anderen Vertragsstaats beteiligt sind

und in diesen Fällen die beiden Unternehmen in ihren kaufmännischen oder finanziellen Beziehungen an vereinbarte oder auferlegte Bedingungen gebunden sind, die von denen abweichen, die unabhängige Unternehmen miteinander vereinbaren würden, dürfen die Gewinne, die eines der Unternehmen ohne diese Bedingungen erzielt hätte, wegen dieser Bedingungen aber nicht erzielt hat, den Gewinnen dieses Unternehmens zugerechnet und entsprechend besteuert werden.

(2) Werden in einem Vertragsstaat den Gewinnen eines Unternehmens dieses Staates Gewinne zugerechnet – und entsprechend besteuert –, mit denen ein Unternehmen des anderen Vertragsstaats in diesem anderen Staat besteuert worden ist, und handelt es sich bei den zugerechneten Gewinnen um solche, die das Unternehmen des erstgenannten Staates erzielt hätte, wenn die zwischen den beiden Unternehmen vereinbarten Bedingungen die gleichen gewesen wären, die unabhängige Unternehmen miteinander vereinbaren würden, so nimmt der andere Staat eine entsprechende Änderung der dort von diesen Gewinnen erhobenen Steuer vor. Bei dieser Änderung sind die übrigen Bestimmungen dieses Abkommens zu berücksichtigen; erforderlichenfalls werden die zuständigen Behörden der Vertragsstaaten einander konsultieren.

Text: US-Musterabkommen (US-MA)

1. Wenn
a) ein Unternehmen eines Vertragsstaats unmittelbar oder mittelbar an der Geschäftsleitung, der Kontrolle oder dem Kapital eines Unternehmens des anderen Vertragsstaats beteiligt ist oder
b) dieselben Personen unmittelbar oder mittelbar an der Geschäftsleitung, der Kontrolle oder dem Kapital eines Unternehmens eines Vertragsstaats und eines Unternehmens des anderen Vertragsstaats beteiligt sind

und in diesen Fällen die beiden Unternehmen in ihren kaufmännischen oder finanziellen Beziehungen an vereinbarte oder auferlegte Bedingungen gebunden sind, die von denen abweichen, die unabhängige Unternehmen miteinander vereinbaren würden, so dürfen die Gewinne, die eines der Unternehmen ohne diese Bedingungen erzielt hätte, wegen dieser Bedingungen aber nicht erzielt hat, den Gewinnen dieses Unternehmens zugerechnet und entsprechend besteuert werden.

2. Werden in einem Vertragsstaat den Gewinnen eines Unternehmens dieses Staates Gewinne zugerechnet – und entsprechend besteuert –, mit denen ein Unternehmen des anderen Vertragsstaats in diesem Staat besteuert worden ist, und der andere Vertragsstaat stimmt zu, dass es sich bei den zugerechneten Gewinnen um solche handelt, die das Unternehmen des erstgenannten Staates erzielt hätte, wenn die zwischen den beiden Unternehmen vereinbarten Bedingungen die gleichen gewesen wären, die unabhängige Unternehmen miteinander vereinbaren würden, so nimmt der andere Staat eine entsprechende Änderung der dort von diesen Gewinnen erhobenen Steuer vor. Bei dieser Änderung sind die übrigen Bestimmungen dieses Abkommens zu berücksichtigen; erforderlichenfalls werden die zuständigen Behörden der Vertragsstaaten einander konsultieren.

Inhalt

Literatur: *Baranowski,* Besteuerung von Auslandsbeziehungen, 2. Aufl. (1996); *Bauschatz,* Verdeckte Gewinnausschüttung und Fremdvergleich im Steuerrecht der GmbH (2001); *Bellstedt,* Die Besteuerung international verflochtener Gesellschaften, 3. Aufl. (1973); *Kaminski,* Verrechnungspreisbestimmung bei fehlendem Fremdvergleichspreis (2001); *Kroppen,* Handbuch Internationale Verrechnungspreise, 14. El. (Losebl.); *Kuebart,* Verrechnungspreise im internationalen Lizenzgeschäft (1995); *Kuckhoff/Schreiber,* Verrechnungspreise in der Betriebs- 1 prüfung (1997); *Lang,* Die neuen Verrechnungspreisrichtlinien der OECD (1996); *Lehner,* Möglichkeiten zur Verbesserung des Verständigungsverfahrens auf der Grundlage des EWG-Vertrages (1982); *Möller,* Verrechnungspreis und Zollwert (2004); *Nientimp,* Steuerliche Gewinnabgrenzung in internationalen Konzernen (2003); *Oestreicher,* Konzern-Gewinnabgrenzung (2000); *Rasch,* Konzernverrechnungspreise im nationalen, bilateralen und europäischen Steuerrecht (2001); *Raupach,* Verrechnungspreissysteme multinationaler Unternehmen in betriebswirtschaftlicher, gesellschafts- und steuerrechtlicher Sicht (1999); *Raupach/Pohl/Ditz/Spatscheck,* Praxis des Internationalen Steuerrechts (2012); *Strobl,* Die Gewinnabgrenzung bei international verflochtenen Unternehmen in der Europäischen Gemeinschaft (1975); *Wassermeyer/Baumhoff,* Verrechnungspreise international verbundener Unternehmen (2012); *Wittendorff,* Transfer Pricing and the Arm's Length Principle in International Tax Law (2010).

EU-Dokumente: *EU,* Entschließung des Rates und der im Rat vereinigten Vertreter der Regierungen der Mitgliederstaaten vom 27.6.2006 zu einem Verhaltenskodex zur Verrechnungspreisdokumentation für verbundene Unternehmen in der Europäischen Union (EU TPD), ABl. 2006/C176/01, S. 1 ff.; Übereinkommen über die Beseitigung der Doppelbesteuerung im Falle von Gewinnberichtigungen zwischen verbundenen Unternehmen (90/436/EWG), sog. Schiedskonvention (EUSK), ABl. Nr. L 225 vom 20.8.1990; Überarbeiteter Verhaltenskodex zur wirksamen Durchführung des Übereinkommens über die Beseitigung der Doppelbesteuerung im Falle von Gewinnberichtigungen zwischen verbundenen Unternehmen, ABl. Nr. C 322 vom 30.12.2009; Mitteilung der Kommission an den Rat, das europäische Parlament und den europäischen Wirtschafts- und Sozialausschuss über die Tätigkeit des gemeinsamen EU-Verrechnungspreisforums im Zeitraum April 2009 bis Juni 2010 und damit zusammenhängenden Vorschlägen: 1. Leitlinien für konzerninterne Dienstleistungen mit geringer Wertschöpfung und 2. Mögliche Konzepte für EU-externe Dreieckskonstellationen, KOM(2011) 16 endgültig, vom 25.1.2011; European Commission Company Taxation in the Internal Market, Commission Staff Working Paper, COM (2001), 582 final (Commission WP); Ein Binnenmarkt ohne steuerliche Hindernisse, KOM (2003) 726 endgültig; Bericht über die Tätigkeit des Gemeinsamen EU-Verrechnungspreisforums im Bereich der Dokumentationspflichten (KOM (2005) 543 final).

Verwaltungsanweisungen/Verordnungen: *BMF*-Schreiben vom 23.2.1983, Grundsätze für die Prüfung der Einkunftsabgrenzung bei international verbundenen Unternehmen (Verwaltungsgrundsätze 1983), BStBl. I 1983, 218 („VerwGrS"); *BMF*-Schreiben vom 12.4.2005, Grundsätze für die Prüfung der Einkunftsabgrenzung zwischen nahe stehenden Personen mit grenzüberschreitenden Geschäftsbeziehungen in Bezug auf Ermittlungs- und Mitwirkungspflichten sowie auf Verständigungs- und EU-Schiedsverfahren (Verwaltungsgrundsätze – Verfahren), BStBl. I 2005, 570; *BMF*-Schreiben vom 13.7.2006, Merkblatt zum internationalen Verständigungs- und Schiedsverfahren auf dem Gebiet der Steuern vom Einkommen und vom Vermögen, BStBl. I 2006, 461; *BMF*-Schreiben vom 5.10.2006, Merkblatt für bilaterale oder multilaterale Vorabverständigungsverfahren auf der Grundlage der Doppelbesteuerungsabkommen zur Erteilung verbindlicher Vorabzusagen über Verrechnungspreise zwischen international verbundenen Unternehmen (sog. „Advance Pricing Agreements" – APAs), BStBl. I 2006, 594; *BMF*-Schreiben vom 13.10.2010, Grundsätze für die Prüfung der Einkunftsabgrenzung zwischen nahe stehenden Personen in Fällen von grenzüberschreitenden Funktionsverlagerungen (Verwaltungsgrundsätze – Funktionsverlagerung), BStBl. I 2010, 774; *BMF*-Schreiben vom 29.3.2011, Anwendung des § 1 AStG auf Fälle von Teilwertabschreibungen und anderen Wertminderungen auf Darlehen an verbundene ausländische Unternehmen, BStBl. I 2011, 277; Gewinnabgrenzungsaufzeichnungsverordnung (GAufzV) vom 13.11.2003, BStBl. I 2003, 739 i.d.F. vom 14.8.2007; Verordnung zur Anwendung des Fremdvergleichsgrundsatzes nach § 1 Abs. 1 des AStG in Fällen grenzüberschreitender Funktionsverlagerungen (FVerlV) vom 12.8.2008, BGBl. I 2008, 1680.

OECD-Dokumente: *OECD,* Transfer Pricing and Multinational Enterprises (1979); *OECD,* Transfer Pricing and Multinational Enterprises, Three Taxation Issues (1984); *OECD,* OECD Intercompany Transfer Pricing Regulations under U.S. Sec. 482 Temporary and Proposed Regulations (1993); *OECD,* Tax Aspects of Transfer Pricing within Multinational Enterprises: The United States Proposed Regulations, BIFD 1993; *OECD,* Transfer Pricing Guidelines For Multinational Enterprises and Tax Administrations, Paris 1995; zuletzt aktualisiert am 22.7.2010 (OECD-Richtlinie); *OECD*, Employee Stock Option Plans: Impact on Transfer Pricing vom 30.9.2004; OECD, Action Plan on Base Erosion and Profit Shifting vom 19.7.1013 (OECD Action Plan on BEPS); *OECD*, Revised Discussion Draft on Transfer

Pricing Aspects of Intangibles vom 30.7.2013 (OECD Discussion Draft Intangibles); *OECD*, White Paper on Transfer Pricing Documentation vom 30.7.2013.

UN-Dokumente: *United Nations*, Practical Manual on Transfer Pricing for Developing Countries, New York 2013 (UN Transfer Pricing Manual).

Text: OECD-Kommentar (MA-Kommentar)

*1. **[Grundsatz]** Dieser Artikel befasst sich mit Gewinnberichtigungen, die für steuerliche Zwecke vorgenommen werden, wenn Transaktionen zwischen verbundenen Unternehmen (Mutter- und Tochtergesellschaften sowie Gesellschaften unter gemeinsamer Kontrolle) nicht unter den Bedingungen des freien Marktes („Arm's-length"-Prinzip) abgewickelt worden sind. Der Ausschuss hat beträchtliche Zeit und Mühe darauf verwendet (und tut dies weiterhin), die Bedingungen für die Anwendung dieses Artikels, seine Folgen und die verschiedenen Methoden zu prüfen, die angewendet werden dürfen, um Gewinne zu berichtigen, wenn die Transaktionen nicht unter den Bedingungen des freien Marktes abgewickelt worden sind. Seine Schlussfolgerungen sind in dem Bericht mit dem Titel „Verrechnungspreisrichtlinien für multinationale Unternehmen und Steuerverwaltungen"[1] niedergelegt, der periodisch aktualisiert wird, um den Arbeitsfortschritt des Ausschusses auf diesem Gebiet widerzuspiegeln. Der Bericht enthält international abgestimmte Grundsätze und gibt Richtlinien für die Anwendung des Grundsatzes des Fremdverhaltens („Arm's-length"-Grundsatz), der in dem Artikel verbindlich festgelegt ist.*

Absatz 1

*2. **[Verbundene Unternehmen]** Dieser Absatz sieht vor, dass die Steuerbehörden eines Vertragsstaats zur Berechnung der Steuerschulden verbundener Unternehmen die Bücher der Unternehmen berichtigen dürfen, wenn diese wegen der besonderen Beziehungen zwischen den Unternehmen die tatsächlich in diesem Staat entstandenen steuerlichen Gewinne nicht ausweisen. Es ist offensichtlich angemessen, dass eine Berichtigung unter diesen Umständen gerechtfertigt ist. Dieser Absatz ist nur anzuwenden, wenn zwischen den beiden Unternehmen besondere Bedingungen vereinbart oder aufgelegt worden sind. Eine Berichtigung der Bücher verbundener Unternehmen ist aber nicht zulässig, wenn die Geschäfte zwischen diesen Unternehmen unter den Bedingungen des freien Marktes („Arm's-length"-Prinzip) abgewickelt worden sind.*

*3. **[Wechselwirkung zu den innerstaatlichen Regelungen über die Unterkapitalisierung]** Wie im Bericht des Steuerausschusses über die Unterkapitalisierung[2] erörtert wurde, besteht zwischen den Abkommen und den innerstaatlichen Regelungen über die Unterkapitalisierung eine Wechselwirkung, die für den Anwendungsbereich des Artikels von Bedeutung ist. Der Ausschuss ist der Auffassung, dass*

a) der Artikel der Anwendung innerstaatlicher Regelungen über die Unterkapitalisierung nicht entgegensteht, soweit sie im Ergebnis dazu führen, die Gewinne des Darlehensnehmers denen anzugleichen, die unter den im freien Markt vereinbarten Bedingungen angefallen wären;

b) der Artikel nicht nur bei der Entscheidung der Frage zu beachten ist, ob der in einem Darlehensvertrag vereinbarte Zinssatz den im freien Markt vereinbarten Bedingungen entspricht, sondern auch bei der Entscheidung der Frage, ob ein prima facie als Darlehen aus-

---

[1] Die ursprüngliche Fassung dieses Berichts wurde vom Rat der OECD am 27.6.1995 gebilligt; veröffentlicht in Loseblattform als *„Transfer Pricing Guidelines for Multinational Enterprises and Tax Administrations"* [Verrechnungspreisrichtlinien für multinationale Unternehmen und Steuerverwaltungen], OECD, Paris 1995.

[2] Angenommen vom Rat der OECD am 26.11.1986; abgedruckt in Band II S. R(4)-1 der [amtlichen] Loseblatt-Ausgabe des OECD-Musterabkommens.

gestaltetes Rechtsverhältnis als Darlehen oder als eine Zahlung anderer Art, insbesondere als Zuführung zum Gesellschaftskapital, anzusehen ist;

c) die Anwendung der Regelungen über die Unterkapitalisierung in der Regel den Gewinn des betroffenen ansässigen Unternehmens nicht über den Betrag hinaus erhöhen sollte, der unter den Bedingungen des freien Marktes anfiele („arm's length profit"), und dass diesem Grundsatz bei der Anwendung bestehender Abkommen zu folgen ist.

4. [Verhältnis zu innerstaatlichem Recht] *Es stellt sich die Frage, ob verfahrensrechtliche Sonderregelungen, die manche Länder für die Behandlung von Geschäftsbeziehungen zwischen verbundenen Unternehmen erlassen haben, mit dem Abkommen vereinbar sind. So kann gefragt werden, ob die gelegentlich in innerstaatlichen Rechten vorgesehenen Beweislastumkehrungen oder Rechtsvermutungen jeder Art mit dem Grundsatz des Fremdvergleichs zu vereinbaren sind. Eine Anzahl von Ländern legt den Artikel so aus, dass er unter Verhältnissen, die von den im Artikel vorgesehenen abweichen, Gewinnberichtigungen nach Maßgabe des innerstaatlichen Rechts keinesfalls ausschließt und dass der Artikel den Maßstab des Fremdvergleichs auf die Vertragsebene heben soll. Ferner sind fast alle Mitgliedsländer der Auffassung, dass über die üblichen Informationspflichten hinausgehende, strengere Informationspflichten oder sogar die Umkehr der Beweislast keine Ungleichbehandlung im Sinne des Artikels 24 darstellt. Die Anwendung des innerstaatlichen Rechts kann aber in gewissen Fällen zu Gewinnberichtigungen führen, die den Grundsätzen des Artikels nicht entsprechen. Der Artikel gibt den Vertragsstaaten die Möglichkeit, solchen Situationen durch Gegenberichtigungen (s. unten) zu begegnen und sie im Wege von Verständigungsverfahren zu behandeln.*

Absatz 2

5. [Wirtschaftliche Doppelbesteuerung] *Die Berichtigung der Bücher bei Geschäften zwischen verbundenen Unternehmen in dem in Absatz 1 behandelten Fall kann insoweit zur wirtschaftlichen Doppelbesteuerung (Besteuerung derselben Einkünfte bei verschiedenen Personen) führen, als ein Unternehmen des Staates A, dessen Gewinne erhöht wurden, mit einem Gewinnbetrag steuerpflichtig wird, der bereits bei dem mit ihm verbundenen Unternehmen in Staat B besteuert worden ist. Absatz 2 sieht vor, dass in diesen Fällen der Staat B eine entsprechende Berichtigung vornimmt, um die Doppelbesteuerung zu vermeiden.*

6. [Voraussetzung für die Gegenberichtigung] *Bemerkt sei jedoch, dass in Staat B nicht auf jeden Fall eine Berichtigung vorzunehmen ist, nur weil die Gewinne in Staat A erhöht worden sind; die Berichtigung ist nur dann vorzunehmen, wenn Staat B der Auffassung ist, dass der berichtigte Gewinnbetrag wirklich dem Gewinn entspricht, der bei Geschäftsbeziehungen unter den Bedingungen des freien Marktes erzielt worden wäre. Der Absatz kann mit anderen Worten nicht angerufen werden, wenn die Gewinne eines verbundenen Unternehmens über den Betrag hinaus erhöht werden, den sie unter den im freien Markt vereinbarten Bedingungen erreicht hätten. Staat B muss daher die Gewinne des verbundenen Unternehmens nur berichtigen, wenn er die in Staat A vorgenommene Berichtigung sowohl dem Grunde als auch der Höhe nach für gerechtfertigt ansieht.*

7. [Berichtigungsmethode] *Die Methode, nach der die Berichtigung vorzunehmen ist, wird in dem Absatz nicht bestimmt. Die Mitgliedstaaten der OECD wenden in diesen Fällen unterschiedliche Methoden zur Entlastung an, weshalb es den Vertragsstaaten freigestellt ist, sich zweiseitig auf besondere Regelungen zur Aufnahme in den Artikel zu einigen. So werden manche Staaten in dem Fall, dass die Gewinne des Unternehmens X im Staat A auf den Betrag erhöht wurden, den sie unter den Bedingungen des freien Marktes erreicht hätten, die Berichtigung vornehmen, indem sie die Veranlagung des verbundenen Unternehmens Y im Staat B, die die doppelt besteuerten Gewinne enthält, berichtigen, um den steuerpflichtigen Gewinn entsprechend herabzusetzen. Andere Staaten werden für die Zwecke des Artikels 23 den doppelt besteuerten Gewinn des Unternehmens Y im Staat B so behandeln, als könnte er im Staat A besteuert werden. Demgemäß hat das Unternehmen des*

Staates B nach Artikel 23 in diesem Staat Anspruch auf Entlastung für die vom verbundenen Unternehmen in Staat A gezahlte Steuer.

8. [Sekundäre Berichtigung] *Der Absatz behandelt die sogenannten „sekundären Berichtigungen" nicht. Angenommen sei, im Staat A wurden die steuerpflichtigen Gewinne des Unternehmens X gemäß Absatz 1 des Artikels erhöht und auch im Staat B sind die Gewinne des Unternehmens Y berichtigt worden. Damit würde aber noch nicht derselbe Zustand hergestellt sein, der sich bei Geschäften unter den Bedingungen des freien Marktes ergeben hätte, weil sich die Beträge, die den Gewinn darstellen, der Gegenstand der Berichtigung war, tatsächlich beim Unternehmen Y, nicht aber beim Unternehmen X befinden. Hierzu lässt sich die Auffassung vertreten, dass das Unternehmen X, wären die Preise unter den Bedingungen des freien Marktes ausgehandelt worden, die Gewinne nachträglich auf das Unternehmen Y hätte übertragen wollen und dass es dies z. B. in Form einer Dividende oder Lizenzgebühr (wenn das Unternehmen Y die Muttergesellschaft des Unternehmens X wäre) oder auch in Form eines Darlehens (wenn das Unternehmen X die Muttergesellschaft des Unternehmens Y wäre) getan hätte; daraus können sich je nach Art der Einkünfte und den Bestimmungen des darauf anzuwendenden Artikels andere steuerliche Folgen (z.B. Erhebung einer Quellensteuer) ergeben.*

9. [Innerstaatliches Recht] *Diese sekundären Berichtigungen, die vorzunehmen sind, um denselben Zustand herbeizuführen wie bei Geschäften unter den Bedingungen des freien Marktes, hängen von den Umständen des Falles ab. Absatz 2 schließt derartige sekundäre Berichtigungen nicht aus, wenn sie nach dem innerstaatlichen Recht der Vertragsstaaten zulässig sind.*

10. [Formvorschriften] *Der Absatz lässt es außerdem offen, ob eine Frist vorgesehen werden sollte, nach deren Ablauf der Staat B nicht mehr verpflichtet ist, die Gewinne des Unternehmens Y entsprechend einer Erhöhung der Gewinne des Unternehmens X im Staat A zu berichtigen. Einige Staaten sind der Ansicht, dass die Verpflichtung des Staates B zeitlich nicht begrenzt sein sollte; mit anderen Worten: Wie weit auch immer der Staat A bei der Berichtigung der Veranlagungen zeitlich zurückgeht, das Unternehmen Y muss billigerweise die Gewissheit haben, dass Staat B eine angemessene Berichtigung vornimmt. Andere Staaten erachten eine derartige unbefristete Verpflichtung aus verwaltungsmäßigen Gründen als unangebracht. Daher ist diese Frage im Text des Artikels nicht behandelt; die Vertragsstaaten können jedoch in ihre zweiseitigen Abkommen Bestimmungen aufnehmen, die die Verpflichtung des Staates B zur Vornahme einer entsprechenden Berichtigung zeitlich begrenzen (vgl. hierzu Ziffern 28, 29 und 30 des Kommentars zu Artikel 25).*

11. [Konsultationen] *Können sich die Beteiligten nicht über Höhe und Art der angemessenen Berichtigung einigen, so sollte das in Artikel 25 vorgesehene Verständigungsverfahren eingeleitet werden; der Kommentar zu dem genannten Artikel enthält zahlreiche Ausführungen zu Gewinnberichtigungen zwischen verbundenen Unternehmen (insbesondere als Folge einer Berichtigung von Verrechnungspreisen) auf der Grundlage des vorstehenden Artikels und zu den dann nach seinem Absatz 2 vorzunehmenden Gegenberichtigungen (vgl. insbesondere Ziffern 10, 11, 12, 33, 34, 40 und 41 des Kommentars zu Artikel 25).*

Bemerkungen zum Kommentar

12. *[geändert und zur Ziffer 18 gemacht am 31.3.1994].*

13. *[gestrichen]*

14. *[gestrichen]*

15. *Die **Vereinigten Staaten** bemerken, dass Fällen der Unterkapitalisierung auch in anderer Weise entgegengetreten werden kann als durch Umqualifizierung einer Schuld in Gesellschaftskapital und von Zinsen in Dividenden. So können in bestimmten Fällen die Qualifizierung der Mittelzuführung (als Schuld) und der Zahlung (als Zinsen) unverändert* *bleiben; der besteuernde Staat schiebt aber den Zinsabzug hinaus, der sonst bei der Ermittlung des Nettoeinkommens des Darlehensnehmers zu gewähren wäre.*

Vorbehalte zum Artikel

16. *Die* ***Tschechische Republik*** **[bis 14.7.2014:** *und* ***Ungarn*** *behalten sich vor,* **ab 15.7.2014:]** *reserves the right Absatz 2 in ihre Abkommen nicht aufzunehmen. Sie* **[bis 14.7.2014:** *sind* **ab 15.7.2014:]** *is aber bereit, im Laufe von Verhandlungen diesen Absatz anzunehmen und gleichzeitig einen dritten Absatz hinzuzufügen, durch den die mögliche Gegenberichtigung auf Fälle guten Glaubens beschränkt wird.*

[bis 14.7.2014:

17. Deutschland *behält sich vor, Absatz 2 nicht in seine Abkommen aufzunehmen; auf Grund seines langjährigen und unveränderten Verständnisses, dass der andere Vertragsstaat nur verpflichtet ist, eine Berichtigung vorzunehmen, soweit er einseitig oder in einem Verständigungsverfahren der Gewinnberichtigung des erstgenannten Staates zustimmt, ist Deutschland aber bereit, den Absatz in Verhandlungen zu akzeptieren.* **ab 15.7.2014:]** *[gestrichen]*

17.1 Italien *behält sich vor, in seine Abkommen eine Bestimmung aufzunehmen, nach der es Berichtigungen nach Absatz 2 nur entsprechend dem Verfahren vornehmen wird, das in dem jeweiligen Abkommen in dem Artikel über das Verständigungsverfahren vorgesehen ist.*

18. Australien *behält sich vor, eine Bestimmung vorzuschlagen, wonach dann, wenn die der zuständigen Behörde eines Vertragsstaats zur Verfügung stehenden Informationen nicht ausreichen, um die einem Unternehmen zuzurechnenden Gewinne zu bestimmen, für diesen Zweck bei diesem Unternehmen die Bestimmungen des Steuerrechts dieses Staates mit der Maßgabe angewendet werden können, dass diese Bestimmungen in Übereinstimmung mit den Grundsätzen dieses Artikels angewendet werden, soweit die der zuständigen Behörde zur Verfügung stehenden Informationen dies gestatten.*

[ab 22.7.2010:]

19. **[bis 14.7.2014:** ***Slovenia*** *reserves* **ab 15.7.2014:]** ***Hungary*** *and* ***Slovenia*** *reserve the right to specify in paragraph 2 that a correlative adjustment will be made only if* **[bis 14.7.2014:** *it* **ab 15.7.2014:]** *they consider that the primary adjustment is justified.*

Text: Stellungnahmen von Nichtmitgliedstaaten zum OECD-MA (OECD-NM)

Positions on the Article

1. Brazil, **[bis 14.7.2014:** ***Russia,*]** ***Thailand*** *and* ***Vietnam*** *reserve the right not to insert paragraph 2 in their conventions.*

2. Bulgaria, Lithuania, Russia *and* ***South Africa*** *reserve the right to replace "shall" by "may" in the first sentence of paragraph 2 in their conventions.*

3. **[ab 15.7.2014:** ***Azerbaijan,*]** ***Malaysia*** *and* ***Serbia*** *reserve the right to specify in paragraph 2 that a correlative adjustment will be made if the adjustment is considered to be justified.*

4. Ivory Coast, Morocco *and* ***Tunisia*** *reserve the right not to insert paragraph 2 in their conventions unless the commitment to make an adjustment does not apply in the case of fraud, wilful default or neglect. In such a case Tunisia reserves the right to limit the adjustment to periods not covered by its internal statute of limitation.*

[bis 14.7.2014:

5. ***Israel*** *reserves its right to insert a provision according to which any appropriate adjustment to the amount of the tax charged therein on those profits shall be implemented notwithstanding any time limits or other procedural limitations in the domestic law of the Contracting States, except such limitations as apply to claims made in pursuance of such an agreement.* **ab 15.7.2014:]** ***Russia*** *reserves the right not to insert paragraph 2 in its conventions but is prepared in the course of negotiations to accept this paragraph based on the understanding that the other Contracting State is only obliged to make an adjustment to the amount of tax to the extent that it agrees, unilaterally or in a mutual agreement procedure, with the adjustment of profits by the first-mentioned State.*

[ab 15.7.2014:]

6. ***Argentina*** *reserves its right to insert a provision according to which any appropriate adjustment to the amount of the tax charged therein on those profits shall be implemented only within the time limits, or other procedural limitations, provided for in its domestic laws, and that the commitment to make an adjustment does not apply in the case of fraud, wilful default or neglect.*

A. Zu Art. 9 Abs. 1

I. Musterabkommen

1. Übereinstimmungen und Abweichungen

Im Wortlaut des Abs. 1 stimmt das UN- und US-MA mit dem OECD-MA inhaltlich überein. Eine gleichlautende Vorschrift enthält auch die EU-Schiedskonvention in Art. 4 Nr. 1 (s. Rz. 144). 2

2. OECD-MA

a) Grundzüge: Gewinne, die ein Unternehmen eines Vertragsstaats erzielt, besteuert grundsätzlich nur der Vertragsstaat, in dem das Unternehmen seinen Sitz hat (Art. 7 Abs. 1). Er ermittelt die Gewinne nach den allgemeinen Regeln seines innerstaatlichen Rechts. Art. 9 Abs. 1 gestattet es ihm, Gewinne eines inländischen Unternehmens, das mit einem ausländischen Unternehmen **verbunden** ist, abweichend von diesen allgemeinen Regeln zu **berichtigen,** soweit der Unternehmensgewinn durch Bedingungen beeinträchtigt wurde, die zwischen **unabhängigen** Unternehmen nicht vereinbart worden wären. Art. 9 gestattet derartige Berichtigungen jedoch **nur** nach den Grundsätzen des **Dritt- oder Fremdvergleichs** (sog. „dealing-at-arm's-length-Prinzip"). Ob der Vertragsstaat von dieser abkommensrechtlichen Befugnis Gebrauch machen kann, bestimmt sich nach seinem innerstaatlichen Recht: also danach, ob dieses Vorschriften enthält, die es gestatten, bei der Gewinnermittlung fremdvergleichswidrige Preise zwischen verbundenen Unternehmen fiktiv durch fremdvergleichskonforme zu ersetzen. Art. 9 schafft seinerseits **keine Rechtsgrundlage** für solche Berichtigungen. Seine Wirkung besteht nur darin, das innerstaatliche Recht zu beschränken, soweit dieses Gewinnberichtigungen zwischen verbundenen Unternehmen vorsieht, die über den nach den Grundsätzen des Drittvergleichs zulässigen Umfang hinausgehen (s. Rz. 18 ff.). 3

b) Geschichtliche Entwicklung

Literatur: *Carroll,* in League of Nations, Taxation of Foreign and National Enterprises, Vol. IV, Genf 1933, Doc. C 425 (b), M. 217 (b), 1933 II. A., S. 120; *Langbein,* TN February 1985, 625; *Pöllath/Rädler,* DB 1980 Beil. Nr. 8, 20; *Wittendorff,* BIT 2009, 107. 4

5 Die ersten Völkerbundsentwürfe von 1927 (s. Grundl. Rz. 34) betrachteten die Tochtergesellschaften noch als Betriebstätten der Muttergesellschaft; sie bedurften daher keiner dem Art. 9 entsprechenden Vorschrift. Erst als durch die Vorläufer des heutigen Art. 5 Abs. 7 die Tochtergesellschaften aus dem Betriebstättenbegriff herausgenommen wurden, musste für Sachverhalte, auf die Art. 7 keine Anwendung fand, der Grundsatz des Drittvergleichs in einer gesonderten Vorschrift normiert werden. Eine mit Art. 9 Abs. 1 inhaltlich fast übereinstimmende Regelung findet sich bereits in Art. 6 des in den Jahren 1935 und 1936 entwickelten Völkerbundmusters für einen Vertrag über die zwischenstaatliche steuerliche Aufteilung des Einkommens und des Vermögens von Gewerbebetrieben. Dieser Artikel wurde unverändert in die Musterabkommen von Mexiko (1943) und London (1946) jeweils als Art. VII übernommen. In allen Fassungen beschränkt sich die damalige Regelung jedoch auf den Gewinnanteil, der von einem inländischen Unternehmen auf eines im anderen Vertragsstaat verlagert wurde; die Parallele zur Regelung der Besteuerung inländischer Betriebstätten in ihrem Verhältnis zum Stammhaus im anderen Vertragsstaat, mit dem sich das Vertragsmuster des Völkerbundes von 1935/36 in erster Linie befasste, wird dadurch deutlich. Demgegenüber gilt nunmehr Art. 9 Abs. 1 nach seinem Wortlaut auch für Gewinnverlagerungen auf in einem Drittstaat ansässige Unternehmen.

6 **c) Verhältnis zu den Verteilungsnormen:** Sowohl nach Art. 7 als auch nach Art. 9 soll der Unternehmensgewinn in dem Staat besteuert werden, in dem er **wirtschaftlich entstanden** ist. Dies kann nach Art. 7 der Ansässigkeitsstaat des Unternehmens oder der Betriebstättenstaat sein; nach Art. 9 soll es der Ansässigkeitsstaat des Unternehmens sein, dessen Gewinn verkürzt wurde. Art. 7 i. V. m. Art. 23 dient der Vermeidung der Doppelbesteuerung **desselben** Steuerpflichtigen im Ansässigkeitsstaat und im Quellenstaat. Art. 9 unterscheidet sich von Art. 7 und den anderen Verteilungsnormen des Abkommens dadurch, dass er das Verhältnis **zweier** Ansässigkeitsstaaten und die Besteuerung rechtlich selbständiger Steuerpflichtiger jeweils in ihrem Ansässigkeitsstaat regelt. In der Sache besteht jedoch mit den typischen Verteilungsnormen insofern ein enger Zusammenhang, als Art. 9 die Frage betrifft, ob ein Gewinnanteil, der im ausländischen Vertragsstaat besteuert wurde (oder dort möglicherweise besteuert wird), gleichwohl einem inländischen Unternehmen zugerechnet und bei diesem besteuert werden darf. Art. 9 soll also eine **wirtschaftliche Doppelbesteuerung** (s. Grundl. Rz. 9) verhindern.

7 **d) Abgrenzung:** Art. 11 Abs. 6 und Art. 12 Abs. 4 beschränken die Verteilungsnormen für Zinsen (Art. 11) und Lizenzgebühren (Art. 12) jeweils auf denjenigen Betrag, der nicht aufgrund **besonderer Beziehungen** zwischen Schuldner und Nutzungsberechtigtem oder zwischen beiden und einem Dritten überhöht ist (Art. 11 Abs. 6, Art. 12 Abs. 4). Beide Vorschriften sind **Spezialregelungen,** die dem Art. 9 vorgehen. Der Begriff „besondere Beziehungen" ist weiter als die Merkmale, die nach Art. 9 Abs. 1 eine Unternehmensverbindung begründen (s. Rz. 41 f.; Wassermeyer/*Wassermeyer,* Art. 9 OECD-MA Rz. 45; Haase/*Becker*, AStG/DBA, Art. 9 OECD-MA Rz. 5). Beide Vorschriften gelten jedoch nur für **überhöhte** Zinsen oder Lizenzgebühren; die Berichtigung eines zu niedrigen Zinses oder einer zu niedrigen Lizenzgebühr ist daher nur unter der Voraussetzung des Art. 9 zulässig (s. Art. 11 Rz. 121; Art. 12 Rz. 100 f.; zustimmend FWK/*Baumhoff,* Art. 9 Rz. 17). Vor der Prüfung, welcher Zinssatz für konzerninterne Kredite angemessen ist, muss in jedem Fall geklärt werden, ob es sich tatsächlich um eine Kreditvergabe **oder** um eine Kapital**einlage** handelt. (vgl. Rz. 28a zu den Thin Capitalisation Regelungen und zur Zinsschranke).

8 Das **Gleichbehandlungsgebot** des Art. 24 gilt auch für verbundene Unternehmen. Art. 24 Abs. 4 gewährleistet die Gleichbehandlung der Abzugsfähigkeit

von Zinsen, Lizenzgebühren und anderen Entgelten, die an Personen im anderen Vertragsstaat gezahlt werden, mit entsprechenden Zahlungen an Personen im Ansässigkeitsstaat des Unternehmens. Dasselbe gilt für die Abzugsfähigkeit von Schulden bei der Ermittlung des Vermögens. Der Einleitungssatz des Abs. 4: „Sofern nicht Art. 9 Abs. 1 … anzuwenden ist …" bezieht sich nur auf den **Anwendungsbereich** des Art. 9: wie schon dargestellt (s. Rz. 3, 19), ist Rechtsgrundlage der Berichtigung ebenso wie der Abzugsfähigkeit des Entgelts allein das innerstaatliche Recht. Art. 24 Abs. 5 verbietet die Ungleichbehandlung (ungleiche Besteuerung oder die damit zusammenhängende Belastung) eines von einem Unternehmen des anderen Vertragsstaates beherrschten Inlandsunternehmens gegenüber einem inländisch beherrschten. Gewinnberichtigungen bei Unternehmen, die durch ein Unternehmen des anderen Vertragsstaats beherrscht werden, sind also doppelt begrenzt: erstens durch den Maßstab des Drittvergleichs nach Art. 9 und zweitens innerhalb dieser Grenze durch etwaige engere Berichtigungsvorschriften gegenüber inländisch beherrschten Unternehmen.

Im innerstaatlichen Recht Deutschlands könnte der Vertrag über die Arbeitsweise der Europäischen Union (AEUV) den **Wirkungsbereich des § 1 AStG einschränken**. Tatbestandsvoraussetzung des § 1 AStG ist u. a. eine „Geschäftsbeziehung zum Ausland". Die Vorschrift soll als Auffangvorschrift die inländische Besteuerung sicherstellen, falls andere Vorschriften des innerstaatlichen Rechts keine Anwendung finden. Auf einen reinen Inlandssachverhalt ist § 1 AStG nicht anwendbar. Damit führt die Vorschrift bei einer grenzüberschreitenden Geschäftsbeziehung durch die Hinzurechnung der Einkünfte beim inländischen Steuerpflichtigen gegenüber einem Inlandssachverhalt zu einer höheren Besteuerung und könnte daher gegen das im AEUV eingeräumte Recht der freien Niederlassung sowie das Recht des freien Waren-, Dienstleistungs- und Kapitalverkehrs verstoßen (vgl. BFH BStBl. II 2002, 720; BFH/NV 2001, 1169; *Dautzenberg/Gocksch*, BB 2000, 904; *Eigelshoven*, IWB F. 3, Deutschland, Gr. 1, 1761; *Herlinghaus*, FR 2001, 242; *Köplin/Sedemund*, IStR 2000, 305; *Kroppen/Rehfeld*, IWB F. 11a, Rechtsprechung, 617; *Scheuerle*, IStR 2002, 801 f.; FWBS/*Wassermeyer*, § 1 AStG Rz. 816.1). Auch das innerstaatliche Recht anderer europäischer Länder greift teilweise nur, soweit das Einkommen des inländischen Unternehmens durch Transaktionen zu ausländischen Gesellschaften gemindert wurde (vgl. *Eigelshoven*, IWB F. 3, Deutschland, Gr. 1, 1764; für Italien: *Commissione Tributaria Provinciale Milano* vom 28.10. 1997, Sezione I, Sent. N. 577/1/97; für Schweden: EuGH v. 21.11.2002, Rs. C-436/00; *Riksskatteverk*, IStR 2003, 23). Andere Staaten wie Großbritannien und Portugal haben in den letzten Jahren die Anwendung des Fremdvergleichs auf innerstaatliche Sachverhalte ausgeweitet, um europarechtlichen Bedenken Rechnung zu tragen. 9

Der **EuGH** hat in dem **Fall SGI** vom 21.1.2010 bestätigt, dass die Vorschrift des belgischen Rechts grundsätzlich geeignet ist, die Niederlassungsfreiheit zu beschränken (EuGH v. 21.10.2010, Rs. C-311/08, dazu u. a. *Englisch*, IStR 2010, 139; *Becker/Sydow*, IStR 2010, 195). Allerdings sah der EuGH einen Rechtfertigungsgrund in einer „Gesamtbetrachtung … der Notwendigkeit der Wahrung einer ausgewogenen Verteilung der Steuerbefugnisse zwischen den Mitgliedstaaten und der Notwendigkeit der Verhinderung einer Steuerumgehung" (Rz. 69). Er hält in seinem Urteil fest, dass die belgische Regelung verhältnismäßig sei, sofern sichergestellt sei, dass die Aufrechnung auf den Teil beschränkt ist, welcher über ein fremd- oder marktübliches Entgelt hinaus geht. Zudem müsse es dem Steuerpflichtigen gestattet werden, eine wirtschaftliche Veranlassung nachzuweisen (Rz. 71 f., vgl. zu diesem Aspekt des Urteils *Scheipers/Linn*, IStR 2010, 469 (473 f.)). 9a

Das **Verständigungsverfahren** nach Art. 25 kann eine Gewinnberichtigung zum Gegenstand haben. Art. 25 enthält keine materiell-rechtliche Ermächtigung 10 zur Vornahme einer Berichtigung oder zur Änderung des nach innerstaatlichem Recht ermittelten Berichtigungsbetrags (s. Art. 25 Rz. 72ff.).

11 **e) Innerstaatliche und europäische Gewinnberichtigungsvorschriften:** Das **innerstaatliche** Recht der meisten Staaten sieht die Möglichkeit von Gewinnberichtigungen zwischen verbundenen Unternehmen oder einander nahestehenden Personen bei im Einzelnen unterschiedlichen Voraussetzungen vor: für das Recht der Bundesrepublik Deutschland sind dies im Wesentlichen § 1 AStG, die Grundsätze über verdeckte Gewinnausschüttungen, (verdeckte) Einlagen und Entnahmen; für die USA: Sec. 482 IRC und die zur Ausführung dieser Vorschrift erlassenen Regulations; für China: Art. 47 Enterprise Income Tax Law; für Frankreich: Art. 57 CGI; für Großbritannien: Schedule 28 AA ICTA; für Indien: Sec. 92C Para. 3 Income Tax Act; für Italien: Sec. 110 § 7 Testo Unico delle Imposte sui Redditi; für Japan: Art. 66–4 STML; für die Niederlande: Art. 8b Vennootschapsbelasting für Russland: Art. 105.3–105.25 Nalogovogo Kodeksa Rossiyskou Federaziy (s. Literaturhinweise Rz. 124).

12 Eine Berichtigungsvorschrift für den Bereich des Zollrechts enthält nach der Kündigung der Brüsseler Zollwert-Konvention von 1950 durch die EU seit dem 1.1.1994 der **Zollkodex** der EU in Art. 29 Abs. 1 i. V. m. Art. 141 ff. der Zollkodex-Durchführungsverordnung. Maßgebend ist hiernach der „Transaktionspreis", d. h. der für die Waren bei einem Verkauf zur Ausfuhr in das Zollgebiet der Gemeinschaft tatsächlich gezahlte oder zu zahlende Preis, gegebenenfalls nach Berichtigungen entsprechend Art. 32 und 33 Zollkodex. Gem. Art. 29 Abs. 2 darf die Verbundenheit von Käufer und Verkäufer grundsätzlich nicht den Preis beeinflussen. Auch im Zollkodex wird daher im Ergebnis auf einen Drittvergleich abgestellt (vgl. zu weiteren Einzelheiten *Stobbe,* ZfZ 1994, 322; *Witte,* Zollkodex, Art. 29 Rz. 72ff.). Die OECD fordert in Tz. 1.78 ihrer Richtlinien eine verstärkte Zusammenarbeit zwischen Steuer- und Zollverwaltungen. Eine übereinstimmende Behandlung ist allerdings bisher nicht gewährleistet (vgl. BFH BStBl. III 1967, 495; EuGH v. 24.4.1980, Rs. C-65/79, Slg. 1980, 1345 – *René Chatain;* ausführlich dazu *Hölscher,* IStR 1999, 347; in Spanien hat das oberste Gericht allerdings einer einheitlichen Behandlung zugestimmt: *Recurso de Casación* vom 30.11.2009 – 3582/2003; Australien: *Edwards/Hine/O'Halloran,* TMTP 2003, 819; USA: *Pike,* TMTP 2005, 1013; sowie *Ross Glove Co.,* Tax Court 1973, 569; s. a. *Dallas Ceramic Co. v. U. S.,* 598 F. 2d 1382 (5th Cir. 1979)); dazu *Boidman,* TMIJ 1987, 461; zu den Auswirkungen von Verrechnungspreisanpassungen auf Zölle in der EU s. *Idsinga/Kalshoven/Herksen,* ITPJ 2005, 199; zu dem Verhältnis steuerlicher Verrechnungspreis und Zollwert vgl. ausführlich *An/Gambardella/Ritchie,* TMTP Report 2010, S. 1033; *Smith/Chandler,* TMTP Report 2010, S. 600; *Masorsky/Schoppe/ Stumpf,* BB 2013, 279; *Möller,* IWB F 11, Europäische Union, Gr. 2, 907; *ders.,* ZfZ 2007, 253; *ders.,* AW-Prax 2009, 6; *ders.,* IWB 2013, 139; *Möller,* S. 237).

18 **f) Verhältnis der Abkommensvorschriften zum innerstaatlichen Recht:** Auch für die Art. 9 MA entsprechenden Abkommensvorschriften gilt, dass die DBA kein innerstaatliches Recht begründen, sondern es nur beschränken (s. Grundl. Rz. 68). Daraus folgt zunächst, dass Art. 9 für sich allein keine selbständige Rechtsgrundlage für eine Erhöhung der Einkünfte sein kann (BFH BStBl. II 1980, 531; BStBl. II 1981, 517: *DBA Frankreich; Conseil d'État* req. n. 34.430 und 36.880, Dr. Fisc. 1984 comm. 1946, concl. *Latournerie:* zu Frankreichs *DBA* mit *Belgien, Deutschland, Italien* und der *Schweiz;* übereinstimmend GKG/*Becker,* Art. 9 OECD-MA Rz. 66; FWK/*Baumhoff,* Art. 9 Rz. 15; *Rasch,* S. 184ff. m. w. N.; *Schaumburg,* Tz. 16.292 m. w. N.; Blümich/*Pohl,* § 1 AStG, Rz. 11).

19 Als Rechtsgrundlagen für Gewinnberichtigungen zwischen verbundenen Unternehmen kommen somit nur die Vorschriften des **innerstaatlichen Rechts** in

Betracht. Daraus ergeben sich zwei Folgerungen: fehlen innerstaatliche Berichtigungsvorschriften, so gibt es keine Möglichkeit zur Gewinnberichtigung; gibt es innerstaatliche Berichtigungsvorschriften, so stellt sich die Frage, welche Auswirkungen die dem Art. 9 entsprechenden DBA-Normen auf dieses innerstaatliche Recht haben.

Die herrschende Literaturauffassung geht davon aus, dass Art. 9 gegenüber einer weitergehenden Besteuerung nach nationalen Rechtsvorschriften Sperrwirkung entfaltet (GKG/*Becker,* Art. 9 OECD-MA Rz. 85 f.; *Jacobs,* S. 758 f.; FWK/*Baumhoff,* Art. 9 Rz. 7; *Schaumburg,* Tz. 16.292 jew. m. w. N.). Die Gewinnberichtigungsklauseln der Abkommen erhalten nur dann einen Sinn, wenn man ihnen die gleiche Bedeutung beilegt wie den DBA-Normen allgemein, nämlich das innerstaatliche Recht zu **beschränken.** Dass der Unternehmensgewinn nur in dem Staat besteuert wird, in dem er wirtschaftlich entstanden ist (s. Rz. 6), wird nur dann gewährleistet, wenn **beide** Abkommenspartner unter den Voraussetzungen des Art. 9 an einen **verbindlichen Berichtigungsmaßstab** gebunden sind. 20

Das Verhältnis zwischen Art. 9 und dem innerstaatlichen Recht ist insbesondere vor dem Hintergrund des § 1 AStG und der BFH-Rechtsprechung zu formalen Anforderungen im Rahmen des Fremdvergleichs relevant. Der deutsche Gesetzgeber hat den Fremdvergleichsgrundsatz im Rahmen des § 1 AStG umfassend konkretisiert und teils eine sehr weitreichende und international teilweise unbekannte Interpretation vorgenommen. Dies betrifft insbesondere: 21

- die Konkretisierung des Fremdvergleichsmaßstabs durch den **hypothetischen Fremdvergleich** (§ 1 Abs. 1 S. 3, Abs. 3 S. 5 AStG) (vgl. dazu Rz. 22 ff.), mit dem die gesetzliche Fiktion einhergeht, fremde Dritte würden alle Umstände ihrer Geschäftsbeziehung kennen;
- der Gesetzgeber will den Steuerpflichtigen bei der Anwendung des hypothetischen Fremdvergleichs verpflichten, einen bestimmten Punkt (den Punkt mit der höchsten Wahrscheinlichkeit) innerhalb einer Bandbreite als fremdüblichen Preis festzusetzen. Im Umkehrschluss soll eine Korrektur der Einkünfte möglich sein, auch wenn ein anderer angemessener Verrechnungspreis vom Steuerpflichtigen bestimmt wurde (vgl. § 1 Abs. 3 S. 7 AStG) (vgl. dazu Rz. 116a).
- die Möglichkeit, nicht nur die Preise anzupassen, sondern auch die von dem Steuerpflichtigen zugrunde gelegten Bedingungen (vgl. § 1 Abs. 1 S. 1, Abs. 3 S. 11 AStG) (vgl. dazu Rz. 50 ff.),
- im Fall einer Funktionsverlagerung geht der Gesetzgeber davon aus, dass fremde Dritte Kaufpreisanpassungen vornehmen würden, falls die tatsächliche spätere Gewinnentwicklung von der Gewinnentwicklung abweicht, die der Verrechnungspreisbestimmung zugrunde lag (sog. **commensurate with income standard,** § 1 Abs. 3 S. 11 AStG, vgl. Rz. 52).

Schließlich hat der BFH im Rahmen seiner Rechtsprechung zur verdeckten Gewinnausschüttung formale Anforderungen entwickelt, die Doppelbesteuerungskonflikte hervorrufen können (vgl. Rz. 27).

aa) Hypothetischer Fremdvergleich: Gem. § 1 Abs. 1 S. 3 AStG ist davon auszugehen, dass die voneinander unabhängigen Dritten (1) alle wesentlichen Umstände der Geschäftsbeziehung kennen und (2) nach den Grundsätzen ordentlicher und gewissenhafter Geschäftsleiter handeln. Der Maßstab soll insbesondere dann Anwendung finden, wenn keine eingeschränkt vergleichbaren Drittdaten vorhanden sind (sog. **hypothetischer Fremdvergleich,** vgl. § 1 Abs. 3 S. 5 AStG). 22

Zu (1): Der Gesetzgeber geht davon aus, dass sich Marktpreise unter **vollständiger Information** bilden (§ 1 Abs. 1 S. 3 AStG; sog. Hellseher-Klausel). § 1 Abs. 3 S. 6 AStG sieht insbesondere vor, dass bei einem Verkauf von immateriellen Wirtschaftsgütern die Gewinnerwartungen des Käufers und Verkäufers der Preisbildung zugrunde gelegt werden sollen. Diese sind aber in der Regel den Vertrags- 23 parteien auf Märkten nicht bekannt, insbesondere wird der Käufer in der Regel keine detaillierten Auskünfte geben, die dem Verkäufer Einblick gewähren, welchen Preis der Käufer maximal bereit ist zu bezahlen. Allgemein gilt, dass Marktpreise sich im Regelfall nicht unter vollständiger Information bilden. **Informationsasymmetrien** sind Märkten immanent. Die gesetzliche Fiktion kann daher zu Preisen führen, die gerade nicht auf Märkten zu beobachten sind, weil Marktteilnehmer auf Basis von Intransparenzen zu einer Preiseinigung kommen müssen. Die OECD-Richtlinie und andere nationale Vorschriften sehen keine entsprechenden Regelungen vor. Die Vorschrift kann damit im Ergebnis zu einer Besteuerung führen, die dem Fremdvergleich widerspricht (*Nientimp* in Mössner/Fuhrmann, § 1 AStG Rz. 80; *Pohl* in Blümich, § 1 AStG, Rz. 40; FWBS/*Wassermeyer*/*Baumhoff*/*Greinert*, § 1 AStG V 9; *Klapdor*, StuW 2008, 83; *Wulf*, DB 2007, 2280 f., *Kroppen*/*Nientimp*, IWB F. 3, Deutschland, Gr. 1, 2356; *Kroppen*/*Rasch*/*Eigelshoven*, IWB F. 3, Deutschland, Gr. 1, 2227).

24 Zu (2): § 1 AStG etabliert den Maßstab des **ordentlichen und gewissenhaften Geschäftsleiters**, den die BFH-Rechtsprechung als Hilfsmaßstab zur Konkretisierung einer gesellschaftsrechtlichen Veranlassung entwickelt hat (s. erstmals BFH BStBl. III 1967, 626). Bei Anwendung des Maßstabs des ordentlichen und gewissenhaften Geschäftsleiters hatte der BFH zunächst nur die Frage erörtert, ob dieser bei einer einseitigen Betrachtung ein bestimmtes Geschäft abgeschlossen hätte (vgl. z. B. für Vertriebsgesellschaft bei Dauerverlusten, BFH BStBl. II 1993, 457). Ob der andere Vertragspartner sich auf das Geschäft eingelassen hätte, war zunächst nicht entscheidend. Diese einseitige Betrachtungsweise wurde als Unterschied zum Fremdvergleichsmaßstab des Art. 9 MA aufgefasst, da Marktpreise durch eine Angebots- und Nachfragekomponente determiniert sind, also letztlich nur durch zwei an einer Transaktion beteiligte Geschäftsleiter bestimmt werden können. Die herrschende Literaturmeinung gelangte für die innerstaatliche Rechtsnorm zu der Auffassung, dass es nicht ausreichen kann, lediglich einen Geschäftsleiter zu betrachten, sondern dass der Maßstab nur über **zwei sich gegenüberstehende Geschäftsleiter** sinnvoll angewendet werden kann (*Baumhoff*, FS Flick, S. 640; *Flick*, JbFfSt. 1981/82, 135; *Rasch*, S. 73 ff.; *Wassermeyer*, DB 1994, 1107; *Weber-Grellet*, DStZ 1998, 362; a. A. *Frotscher*, GmbHR 1998, 27; *Hoffmann*, DStR 1997, 1751). Eine Bestimmung eines Fremd- bzw. Marktpreises kann naturgemäß nur durch Rekurs von zwei an einem Preisbildungsprozess beteiligten Personen bzw. von zwei ordentlichen und gewissenhaften Geschäftsleitern erfolgen (*Baumhoff*, in Mössner, Anm. C 308a; *Nientimp*, S. 123 f.). Der BFH hat inzwischen die sog. **Theorie des doppelten ordentlichen und gewissenhaften Geschäftsleiters** auch für den Regelungsbereich der verdeckten Gewinnausschüttung übernommen (s. BFH BStBl. II 1996, 204; BStBl. II 1996, 383; einschränkend BStBl. II 1998, 689). Auch § 1 Abs. 1 S. 3 AStG spricht von mehreren Geschäftsleitern, sodass auch der Gesetzgeber sich dieser Auffassung angeschlossen hat. Die herrschende Literaturauffassung geht in diesem Fall von einer Übereinstimmung des Fremdvergleichsmaßstabs mit dem Maßstab des ordentlichen und gewissenhaften Geschäftsleiters aus (*Borstell*, in Vögele, C 58 ff.; FWK/*Baumhoff*, Art. 9 Rz. 95; Wassermeyer/*Wassermeyer*, Art. 9 OECD-MA Rz. 126). Sollte dies der Fall sein, ist allerdings fraglich, warum der Gesetzgeber im Rahmen von § 1 AStG nicht auf fremde Dritte abstellt, sondern auf ordentliche und gewissenhafte Geschäftsleiter. Eine mögliche Erklärung ist, dass die Finanzverwaltung in der Praxis häufig eine Einkunftskorrektur unter Bezugnahme der abstrakten Denkfigur des ordentlichen und gewissenhaften Geschäftsleiters begründet und dem ordentlichen und gewissenhaften Geschäftsleiter ein bestimmtes Handeln unterstellt, ohne aber einen empirischen Nachweis für die Richtigkeit ihrer These zu unterbreiten. Einkunftskorrekturen, die auf Basis einer abstrakten Denkfigur begründet würden, wären allerdings abkommensrechtlich unzulässig.

Im Rahmen des hypothetischen Fremdvergleich gem. § 1 Abs. 3 S. 5 AStG geht der Gesetzgeber davon aus, dass es Sachverhalte – insbesondere im Zusammenhang mit Funktionsverlagerungen bzw. mit der Übertragung oder Überlassung von immateriellen Wirtschaftsgütern – gibt, für die keine vergleichbaren Geschäftsvorfälle vorhanden sind. Insoweit wäre ein Drittvergleich anhand von empirisch nachvollziehbaren Daten nicht möglich (Begründung zur Änderung von § 1 AStG durch das Unternehmensteuerreformgesetz 2008 – Bundestag Drucksache 16/4841, Zu Artikel 7 (§ 1 AStG), zu Satz 11). In diesen Fällen soll der **hypothetische Fremdvergleich** zur Anwendung kommen (vgl. Rz. 60). Im Umkehrschluss folgt daraus, dass eine Bestimmung von Verrechnungspreisen ohne jeden Marktbezug möglich sein soll. Dabei sollen der Maximalpreis des Käufers und der Mindestpreis des Verkäufers anhand der Gewinnerwartungen bestimmt werden (Bestimmung eines Einigungsbereichs). Soweit kein anderer Wert glaubhaft gemacht werden kann, soll der Mittelwert der Besteuerung zugrunde gelegt werden. **24a**

Auch wenn die OECD in ihrem Diskussionspapier zu Verrechnungspreisen bei immateriellen Wirtschaftsgütern dem hypothetischen Fremdvergleich folgt, wird deutlich, dass über eine risikoadäquate Verzinsung empirisch nachvollziehbare Marktwerte in die Bestimmung angemessener Verrechnungspreise Eingang finden (vgl. Tz. 171 ff. OECD Discussion Draft Intangibles; Tz. 2.5.3. *Verwaltungsgrundsätze – Funktionsverlagerung*). Risikoadäquate Zinsen werden in der Praxis aus risikolosen Staatsanleihen und einer Marktrisikoprämie abgeleitet. Außer im Falle eines direkten Preisvergleichs beinhaltet damit jede Verrechnungspreismethode gewisse hypothetische Elemente (*Wassermeyer,* DB 2007, 536). **25**

Eine Ermittlung **ohne jeden Marktbezug** wäre im Ergebnis abzulehnen, da die Bestimmung nicht objektivierbar bzw. damit willkürlich wäre. Der Fall eines Fehlens von Drittdaten wird nicht von der OECD behandelt. Nach der OECD-Richtlinie bilden empirisch nachvollziehbare Preise, Brutto- oder Nettomargen oder Gewinnaufteilungsschlüssel, wie sie von fremden Dritten vereinbart wurden, die Grundlage für die Bestimmung von Verrechnungspreisen. Im Fall von der Bewertung von immateriellen Wirtschaftsgütern auf Basis von Plandaten sind zumindest fremdübliche Verzinsungsansprüche zu ermitteln. Der ordentliche und gewissenhafte Geschäftsleiter hat – trotz Bestrebungen der deutschen Finanzverwaltung bei der Erstellung der OECD-Richtlinie in dem Jahr 1995 und in ihrer Aktualisierung im Jahr 2010 – keinen Eingang in die OECD-Richtlinie gefunden. Die OECD erwähnt diesen Maßstab nur im Rahmen der Erfüllung von Dokumentationspflichten; er wird aber nicht bei der materiellen Bestimmung des Verrechnungspreises erwähnt (vgl. Tz. 5.4, 5.6, 5.11, 5.28 der OECD-Richtlinie). **26**

bb) Formale Kriterien: Der BFH wendet den **Fremdvergleich im innerstaatlichen Bereich** nicht nur an um einen Verrechnungspreis der Höhe nach zu bestimmen, sondern erweitert diesen um **weitere (formelle) Kriterien.** So soll im Fall der verdeckten Gewinnausschüttung nach ständiger BFH-Rechtsprechung selbst ein der Höhe nach angemessener Verrechnungspreis angepasst werden, wenn zwischen einer Kapitalgesellschaft und ihrem beherrschenden Gesellschafter **zivilrechtlich wirksame, klare und im Vorhinein abgeschlossene Vereinbarungen** fehlen (vgl. z. B. BFH BStBl. II 1989, 673; BStBl. II 1990, 795; BStBl. II 1992, 975; BStBl. II 1994, 952; BStBl. II 1997, 138). Formelle Anforderungen an die Vereinbarungen werden allerdings nicht durch Art. 9 MA gedeckt. Nach dem Wortlaut des Art. 9 MA ist eine Erstberichtigung nur zulässig, wenn die Bedingungen von denen abweichen, die unabhängige Unternehmen vereinbart hätten. Aus dem Abkommenstext wird zunächst nicht eindeutig ersichtlich, ob hierbei auch formelle Anforderungen entscheidend sind. Die Antwort lässt sich aber aus dem Abkommenszusammenhang erschließen. Würde es nämlich auf Vereinbarungen im Vorhinein zwingend ankommen, würde sich jede Erstberichtigung nach **27**

Art. 9 MA verbieten, denn eine Anpassung der Preise wäre nicht von den verbundenen Unternehmen im Vorhinein vereinbart worden. Eine Berichtigung verbietet sich aber auch aus Gründen der internationalen Courtoisie, denn es wäre kaum ein Staat zu einer Gegenberichtigung bereit, wenn ein für sich angemessener Verrechnungspreis aus formellen Gründen zu seinen Lasten angepasst werden sollte. Der **BFH** hat in seinem **Urteil vom 11.10.1012** die Sperrwirkung des Art. 9 gegenüber den innerstaatlichen Formerfordernissen im Falles des DBA Niederlande bejaht (vgl. BFH/NV 2013, 324, so auch FG Köln EFG 2008, 161; offengelassen BFH BStBl. II 2006, 565). Die deutsche Finanzverwaltung sieht dagegen formale Kriterien nicht von Art. 9 umfasst (vgl. Tz. 1.4.1 VerwGrS 1983; Tz. 6.1.1. VerwGrS-Verfahren), die Betriebsprüfer werden allerdings aufgefordert, im Falle eines möglichen Verständigungsverfahrens im BP-Bericht darzustellen, inwieweit die vom Steuerpflichtigen vorgenommene Vergütung der Leistungen der Höhe nach dem Fremdvergleich entspricht (vgl. Tz. 6.2.1. VerwGrS-Verfahren). Durch die Formulierung wird deutlich, dass die deutsche Finanzverwaltung offensichtlich Zweifel hat, eine Einkunftskorrektur, die mit innerstaatlichen Formerfordernissen begründet wird, im Rahmen eines Verständigungsverfahrens durchzusetzen. Die Auffassung der deutschen Finanzverwaltung steht auch im Widerspruch zur herrschenden Literaturauffassung (vgl. GKG/*Becker,* Art. 9 OECD-MA Rz. 116ff.; Haase/*Becker*, AStG/DBA, Art. 9 OECD-MA Rz. 10; *Eigelshoven/Nientimp,* DB 2003, 2309; Frotscher/Maas/*Frotscher,* Anhang zu § 8 KStG Rz. 31a, 173; Gosch/*Gosch,* § 8 Rz. 188 ff.; *Kuckhoff/Schreiber,* Anm. 34; Mössner/Fuhrmann/ *Nientimp,* § 1 AStG Rz. 22; *Schaumburg,* Tz. 16.291, 18.87; *Baumhoff/Greinert*, IStR 2008, 353; *Mank/Nientimp*, DB 2007, 2164; *Wittendorff*, BIFD 2009, 107; für Italien: Commissione Iributaria Provinciale Roma vom 4.2.1998 (Sezione XXXIV, Doc. N. 342/34 98); einschränkend: Wassermeyer/*Wassermeyer,* Art. 9 OECD-MA Rz. 128). Auch Tz. 7.18 OECD-Richtlinie betont, dass das Fehlen von Vertragsvereinbarungen nicht zu einer steuerlichen Versagung der Verrechnung führen darf. Entscheidend ist, ob Dienstleistungen erbracht wurden.

28 Zudem soll es im innerstaatlichen Anwendungsbereich des Fremdvergleichs auch auf die **Üblichkeit** (BFH BStBl. II 1993, 455; BFH/NV 1995, 548; BStBl. II 1997, 578) bzw. auf die **Ernsthaftigkeit** (BFH BStBl. II 1996, 383) einer Vereinbarung ankommen. Die Üblichkeit und die Ernsthaftigkeit einer Vereinbarung ist allerdings im Rahmen von Art. 9 unbeachtlich, es sei denn, der wirtschaftliche Gehalt einer Transaktion stimmt nicht mit den schuldrechtlichen Verpflichtungen überein („substance over form“, s. Rz. 51). Hat ein Leistungsaustausch stattgefunden, so ist im Rahmen des Art. 9 lediglich die Frage nach der **Höhe** des fremdüblichen Entgelts zu beantworten.

28a **cc) Regelungen zur Gesellschafterfremdfinanzierung bzw. Zinsschranke:** Eine Vielzahl von Staaten haben im nationalen Recht Regelungen zur Unterkapitalisierung aufgenommen, die den Zinsabzug beschränken, soweit Gewinne durch hohe Fremdfinanzierungen gemindert werden. Fraglich ist, ob Art. 9 gegenüber den innerstaatlichen Regelungen Sperrwirkung entfaltet. Vorschläge über die Abgrenzung zwischen Kapitaleinlagen und Krediten enthielt bereits der Bericht des OECD-Steuerausschusses über „Transfer Pricing and Multinational Enterprises“ aus dem Jahre 1979 (Ziff. 183ff.). Der OECD-Bericht zur „Thin Capitalisation“ vom 26.11.1986 ist u.a. bestrebt, das innerstaatliche Recht der OECD-Mitgliedstaaten hinsichtlich einer Unterkapitalisierung und verdeckten Eigenkapitals in Übereinstimmung zu bringen. Auf diesem Bericht beruht die 1992 in den MA-Komm. aufgenommene Ziff. 3 (vgl. *Geerten,* BIFD 1997, 565). Demnach ist es grundsätzlich zulässig, dass ein Darlehen in Eigenkapital umqualifiziert und der Zinsabzug beschränkt wird. Sollte allerdings die Darlehensgewährung dem Grunde nach fremdüblich sein, entfaltet Art. 9 gegenüber den innerstaatlichen Regelungen zur Gesellschafterfremdfinanzierung eine Sperrwirkung. Auch der überarbeitete EU-Verhaltenskodex fordert, dass Art. 9 Abs. 1 bzw. der gleichlautende Art. 4 Nr. 1 der EU-Schiedskonvention auf die Frage der Fremdüblichkeit einer Darlehensgewährung anwendbar ist (vgl. Tz. 1.2 EU-Verhaltenskodex zum Schiedsverfahren vom 30.12.2009). Allerdings haben hier eine Reihe von Staaten Vorbehalte angemeldet; die Staaten sehen in ihren gesetzlichen Regelungen Missbrauchsvorschriften, die nicht durch Art. 9 OECD-MA begrenzt werden. Deutschland hat keinen Vorbehalt geltend gemacht. Bei gewinnunabhängigen Darlehen hat der Gesetzgeber im Rahmen des § 8a KStG a. F. grundsätzlich ein Fremdvergleich zugelassen. Unklar ist, ob bei gewinnabhängigen Darlehen i. S. des § 8a Abs. 1 KStG a. F. und in Fällen des § 8a Abs. 6 KStG a. F. Art. 9 Sperrwirkung entfaltet, falls die Darlehen dem Grunde nach fremdüblich sind. Die herrschende Auffassung geht zu Recht von einer umfassenden Sperrwirkung des Art. 9 gegenüber § 8a KStG a. F. aus (*Kröner* in Ernst & Young, KStG, § 8a Rz. 28). Dies kann auch aus dem abkommensrechtlichen Diskriminierungsverbot des Art. 24 Abs. 5 OECD-MA gefolgert werden (vgl. BFH/NV 2011, 154; *Gero von Glasenapp*, BB 2011, 168; Haase/*Pannwitz*, AStG/DBA, Art. 24 OECD-MA Rz. 7; SKK/*Hageböke*, Art. 24 OECD-MA Rz. 108.1; Gosch/*Gosch*, § 8a Rz. 29; Art. 24 OECD-MA Rz. 165a).

Strittig ist, ob Art. 9 gegenüber den Regelungen zur **Zinsschranke** gem. § 4h EStG eine Schrankenwirkung entfaltet. Die deutsche Finanzverwaltung sieht die Norm nicht durch Art. 9 beschränkt, da es sich bei der Norm um eine allgemeine Abzugsbeschränkung handelt. Die Regelung findet gleichermaßen auf konzerninterne und -externe Darlehensbeziehungen Anwendung. Allerdings räumt auch der Gesetzgeber ein, dass die Regelung verhindern soll, „dass Konzerne mittels grenzüberschreitender konzerninterner Fremdkapitalfinanzierung in Deutschland erwirtschaftete Erträge ins Ausland transferieren" (BT-Drs. 16/4841, S. 31). Die herrschende Auffassung in der Literatur geht zutreffend davon aus, dass die Regelungen der Zinsschranke durch Art. 9 beschränkt werden, falls die Darlehensgewährung dem Grunde nach fremdüblich ist (vgl. *Hick*, in H/H/R, § 4h, Anm. 6; *Homburg*, FR 2007, 725; *Förster,* in Gosch, KStG, Exkurs § 4h EStG Rz. 38; a. A. *Peters/Haverkamp*, BB 2011, 1306 f.). Die Zinsschranke unterläuft die Aufteilung des Besteuerungssubstrats und führt im Ergebnis zu einer wirtschaftlichen Doppelbesteuerung, die Art. 9 zuwiderläuft. 28b

g) Rechtliche Qualität der OECD-Richtlinie: Die OECD hat in einer Richtlinie die Auslegung des Fremdvergleichsgrundsatzes konkretisiert (vgl. *Eigelshoven/Ebering,* in Kroppen, Vorb. O Anm. 1 ff.; *Baumhoff/Sieker*, IStR 1995, 517; *Borstell,* in Vögele, B 41 ff.; *Vetter,* in Lang, Rz. 1; *Menck*, StBp 1996, 25; *Mogle*, TMTP 1995, 249; *Runge*, IStR 1995, 505; *Werra*, IStR 1995, 511; zum Update der OECD-Richtlinien 2010: *Förster*, IStR 2011, 20; *Luckhaupt,* DB 2010, 2016). Die Richtlinien sind vom OECD-Rat am 13.7.1995 verabschiedet worden und werden ständig aktualisiert bzw. erweitert. Die Richtlinien stellen eine Revision und Zusammenfassung vorangegangener Berichte des Fiskalausschusses der OECD dar (s. OECD-Richtlinie, Tz. 13 f.). Die OECD hat zunächst im Jahr 1995 die ersten fünf Kapitel veröffentlicht. Im Jahr 1996 folgte das Kapitel zu immateriellen Wirtschaftsgütern und Dienstleistungen. Im Jahr 1997 wurden die Richtlinien um das Kapitel VIII, Kostenverteilungsverträge, ergänzt (vgl. zu der OECD-Richtlinie *Becker,* in Kroppen, O 8.1 ff.; *Borstell,* in Vögele/Borstell/Engler, B 126). Im Jahr 2010 wurden Kapitel I bis III komplett überarbeitet, dabei wurden die gewinnorientierten Methoden gegenüber der OECD-Richtlinie aus dem Jahr 1995 deutlich gestärkt. Im Jahr 2010 wurden die Richtlinien um ein Kapitel zum Thema Business Restructuring ergänzt (vgl. zum Kapitel Business Restructuring *Verlinden/Dykes*, TMTP Report 2010, 521; *Kroppen/Nientimp*, IStR 2011, 650; *Rasch*, IWB 29

F. 10, International, Gr. 2, 610; *Freundenberg/Ludwig*, BB 2011, 215). In 2013 wurden die Ausführungen zu den Safe-Harbour Regelungen im IV Kapitel aktualisiert (vgl. dazu *Reichl/von Bredow*, DB 2013, 1514). Die OECD will in den nächsten Jahren insbesondere das Kapitel zu immateriellen Wirtschaftsgütern überarbeiten und hat am 6.6.2012 und 30.7.2013 entsprechende Diskussionspapiere veröffentlicht (vgl. OECD, Discussion Draft Intangibles; zur Vorversion: *Eigelshoven/Ebering/Schmidtke*, IWB F. 10, International, Gr. 2, 487; *Shapiro/Henshall/Sierra*, TNI 2012, 1245). Ebenso soll das Kapitel V zur Dokumentation von Verrechnungspreisen überarbeitet werden (vgl. *OECD*, White Paper on Transfer Pricing Documentation vom 30.7.2013; vgl. dazu *Dawid/Metzner/Schwerdt*, IWB 2013, 671).

30 Die OECD-Richtlinie ist vor dem Hintergrund der innerstaatlichen gesetzlichen Regeln über Gewinnberichtigungen (s. Rz. 11) und der diese innerstaatlichen Grundsätze modifizierenden Abkommensvorschriften zu sehen. Sie enthalten Konkretisierungen des „dealing-at-arm's-length"-Prinzips, welches sowohl in den Abkommensvorschriften als auch im innerstaatlichen Recht nur in der Form unbestimmter Rechts- bzw. Gesetzesbegriffe formuliert ist. Die OECD-Richtlinie ist Gegenstand einer Empfehlung des Rates der OECD und hat daher gegenüber den Mitgliedstaaten eine – wenn auch nur begrenzte – Verbindlichkeit (s. näher Grundl. Rz. 126; *Ault,* Intertax 1994, 144; *Eigelshoven/Ebering,* in Kroppen, Vorb. O Anm. 2 ff.; *Vögele/Raab,* in Vögele, B 9 ff.; *Rasch,* S. 199 f.; *Vetter,* in Lang, Rz. 13 ff.; *Werra,* IStR 1995, 458; a. A. *Höppner,* StBp 1981, 57). Sie haben für die Auslegung des MA das gleiche Gewicht wie der MA-Komm. (s. Grundl. Rz. 126; *Wittendorff,* 246). So haben beispielsweise der BFH (BFH BStBl. II 2001, 140; BFH/NV 2002, 134; BStBl. II 2004, 171), die italienische *Commissione Tributaria Roma* (Urteil vom 14.4.1983, No. 7895), der norwegische Høyesterett (Urteil vom 11.10.2001), das *Tribunal administratif de Lyon* (req. n. 86–9508, Dr. fisc. 1991 comm. 619; vgl. *Guillerm-Kirk,* TNI January 1992, 20) und der österreichische VwGH (Urteil vom 13.9.2006, 2002/13/0190) die OECD-Richtlinie zur Auslegung des Fremdvergleichsgrundsatzes herangezogen. Allerdings betonen eine Vielzahl von Staaten, dass ihre gesetzlichen Bestimmungen in Übereinstimmung mit der OECD-Richtlinie seien. In Deutschland stellt der Gesetzgeber klar, dass die Erweiterung des § 1 AStG in Übereinstimmung mit der OECD-Richtlinie sei (vgl. Begründung zur Änderung von § 1 AStG durch das UntStReformG 2008, BT-Drs. 16/4841, zu Artikel 7 (§ 1 des AStG)). Großbritannien sieht im Rahmen seiner gesetzlichen Grundlage vor, dass der Fremdvergleichsmaßstab so weit wie möglich in Übereinstimmung mit Art. 9 MA und der OECD-Richtlinie, die vor dem 1.5.1998 veröffentlicht wurde, ausgelegt werden muss (vgl. Sec. 2(2) Schedule 28AA ICTA). Weitere Richtlinien der OECD können durch einen Erlass des Finanzministeriums für verbindlich erklärt werden. Einige Länder beziehen sich im Rahmen ihrer innerstaatlichen Richtlinien auf die OECD-Richtlinie (s. für Australien: Sec. 1.13 f. TR 97/20; Kanada: Sec. 4, 47 Information Circular 87–2R, zu der Aktualisierung der OECD-RL TPM 14 vom 31.10.2012; Niederlande: Vorwort zu IFZ 2001/295 M; für Österreich vgl. *Loukota,* SWI 1997, 339).

31 **h) Berichtigungsvoraussetzungen: Art. 9 Abs. 1** gestattet Gewinnberichtigungen nach den Grundsätzen des innerstaatlichen Rechts, wenn
- ein Unternehmen des einen Vertragsstaats und ein Unternehmen des anderen Vertragsstaats **verbundene Unternehmen** sind,
- die Unternehmen in ihren **kaufmännischen** oder **finanziellen** Beziehungen an vereinbarte oder auferlegte **Bedingungen** gebunden sind, die von denen abweichen, die **unabhängige Unternehmen miteinander vereinbaren würden,**
- eines der beiden Unternehmen **ohne diese Bedingungen (höhere) Gewinne erzielt hätte.**

Sind diese Voraussetzungen gegeben, so **dürfen** die von dem Unternehmen wegen der besonderen Bedingungen nicht erzielten Gewinne den Gewinnen dieses Unternehmens **zugerechnet und entsprechend besteuert werden.**

Der englische Text des Art. 9 Abs. 1 MA 1992 stimmt vollständig mit Art. 9 MA 1963 und MA 1972 überein. Der französische und der deutsche Text wurden in sprachlicher Hinsicht geringfügig verbessert. Seither ist der Text des Art. 9 unverändert geblieben. 32

aa) Verbundene Unternehmen: Bei dem Unternehmen des einen Vertragsstaats und dem Unternehmen des anderen Vertragsstaats handelt es sich um **verbundene Unternehmen,** wenn 33

- ein Unternehmen **unmittelbar oder mittelbar an der Geschäftsleitung, der Kontrolle oder dem Kapital** des anderen Unternehmens **beteiligt ist** (Abs. 1 Buchst. a) oder wenn
- **dieselben Personen unmittelbar oder mittelbar an der Geschäftsleitung, der Kontrolle oder dem Kapital** beider Unternehmen beteiligt sind (Abs. 1 Buchst. b).

Art. 9 regelt **nur** Gewinnberichtigungen zwischen **Unternehmen.** „Unternehmen eines Vertragsstaats" ist nach Art. 3 Abs. 1 Buchst. d MA „ein Unternehmen, das von einer in einem Vertragsstaat ansässigen Person betrieben wird" (s. zu Art. 3 Rz. 40 ff.; zum Begriff „Unternehmen" s. Art. 7 Rz. 28 ff.; zum Begriff „Person" s. Art. 3 Rz. 13 ff.; zur Ansässigkeit i. S. des Abkommens s. Art. 4 Rz. 2). Das Unternehmen bezieht sich dabei auf die Ausübung einer Geschäftstätigkeit (vgl. Art. 3 Abs. 1 Buchst. d), die auch eine freiberufliche oder sonstige selbständige Tätigkeit umfassen kann (vgl. Art. 3 Abs. 1 Buchst. h). An der Voraussetzung, dass Unternehmen aus beiden Vertragsstaaten an der kaufmännischen oder finanziellen Beziehung beteiligt sein müssen, fehlt es, wenn der Ort der **tatsächlichen Geschäftsleitung** des ausländischen Unternehmens im Inland liegt (s. Art. 4 Rz. 260 ff.). Demgegenüber können im Rahmen der zweiten Tatbestandsalternative des Art. 9 (Buchst. b) auch Personen, die selber kein Unternehmen betreiben oder die in keinem, demselben oder zugleich in beiden Vertragsstaaten ansässig sind, eine Verbundenheit i. S. des Art. 9 zwischen zwei Unternehmen begründen, z. B. dadurch, dass sie die Unternehmen einheitlich leiten. Auf die Rechtsform, in der das Unternehmen betrieben wird, kommt es nicht an. Art. 9 ist jedoch nicht anzuwenden, wenn ein oder beide Partner der kaufmännischen oder finanziellen Beziehung **kein Unternehmen** betreiben oder wenn diese Einkünfte bei ihnen nicht Unternehmenseinkünfte sind (GKG/*Becker,* Art. 9 OECD-MA Rz. 96 ff.). 34

Zu den Unternehmensgewinnen gehören allerdings, wie sich aus Art. 7 Abs. 4 MA ergibt, auch diejenigen Einkünfte im Rahmen des Unternehmens, „die in anderen Artikeln des Abkommens behandelt werden", so insbesondere Dividenden, Zinsen oder Lizenzgebühren (Art. 10 bis 12), wenn die zugrunde liegenden Rechte zum unternehmerischen Betriebsvermögen gehören. Für diese Einkünfte gelten zwar besondere Verteilungsnormen; sie „gehören" aber „zu den Gewinnen" (Art. 7 Abs. 4) und können daher, soweit nicht Sondervorschriften vorgehen (s. Rz. 7), nur unter den Voraussetzungen des Art. 9 berichtigt werden (zustimmend FWK/*Baumhoff,* Art. 9 OECD-MA Rz. 26). Für Einkünfte außerhalb eines Unternehmens bestimmt sich dagegen die Berichtigungsmöglichkeit allein nach der jeweiligen Verteilungsnorm. Der Grundsatz des Drittvergleichs nach Art. 9 kann hier allenfalls zu deren Auslegung mit herangezogen werden. 35

Im Verhältnis zwischen Betriebstätte und Stammhaus gilt nicht Art. 9, sondern die Vorschrift des Art. 7 (s. Art. 7 Rz. 100 ff.). Dies gilt auch für die Beteiligung eines inländischen Einzelunternehmers, einer Personen- oder einer sonstigen Gesellschaft an einer ausländischen Personengesellschaft, sofern der Anteil an der ausländischen Personengesellschaft, wie in der Regel, dem inländischen Beteiligten als 36

Betriebstätte zugerechnet wird (Näheres bei Art. 7), ebenso umgekehrt bei einer Beteiligung an einer inländischen Personengesellschaft. Ein von einer Personengesellschaft betriebenes Unternehmen ist also auch dann, wenn die Personengesellschaft „Person" i. S. des Art. 3 ist (s. Art. 3 Rz. 11 ff.), nicht ohne weiteres „Unternehmen eines Vertragsstaats" in dem **besonderen Sinn** des Art. 9. Es ist dies nur dann, wenn die Personengesellschaft selbständiges Steuersubjekt und auch der das Abkommen anwendende Staat an diese Einordnung gebunden ist (so auch GKG/*Kroppen,* Art. 7 OECD-MA Rz. 48 ff.; a. A. *Fischer-Zernin,* RiW 1991, 495; *Jacobs,* 1013 f.; Wassermeyer/*Wassermeyer,* Art. 7 OECD-MA Rz. 66 f.) der Art. 9 auch auf verbundene Personengesellschaften anwenden will).

37 Die **unmittelbare oder mittelbare Beteiligung an der Geschäftsleitung,** der **Kontrolle** oder dem **Kapital** des Unternehmens erfasst nur Fälle **gesellschaftsrechtlicher Verflechtungen oder Einflussnahmen** (Ziff. 1 MA-Komm.: „Mutter- und Tochtergesellschaften sowie Gesellschaften unter gemeinsamer Kontrolle"). In dem Bericht der *OECD* für Verrechnungspreise zwischen multinationalen Unternehmen aus dem Jahr 1979 (s. Rz. 1) findet sich unter Ziff. 7 der Hinweis, dass es nicht notwendig scheine, „Ausdrücke wie ‚verbundene Unternehmen' oder ‚unter gemeinsamer Kontrolle' zu definieren". Vielmehr werde davon ausgegangen, dass eine breite Grundlage gemeinsamer Auffassungen über ihre Bedeutung bestehe (a. a. O.). Das MA definiert allerdings nicht die in Art. 9 verwendeten Begriffe. Da die Begriffe nicht aus dem Abkommenszusammenhang auszulegen sind, richtet sich die Auslegung nach dem Recht des Anwendestaates (*Rotondaro,* ITPJ 2000, 3). Ob eine Beteiligung an Geschäftsleitung, Kontrolle oder Kapital eines Unternehmens besteht, ist daher alleine eine Frage des innerstaatlichen Rechts. Dies kann dann zu Schwierigkeiten führen, wenn nach dem innerstaatlichen Recht der Vertragsstaaten gegensätzliche Auffassungen zu der Frage bestehen, ob eine Beteiligung i. S. des Abkommens vorliegt (vgl. *Rotondaro,* ITPJ 2000, 4; *Becker,* IWB F. 10, International, Gr. 2, 1710).

38 Der eindeutige Wortlaut des Art. 9 rechtfertigt keine Ausweitung der Anwendung auf sonstige Beziehungen. Die Vereinbarung „besonderer", für den Geschäftspartner günstiger Bedingungen rechtfertigt daher keine Gewinnberichtigung, wenn keine gesellschaftsrechtliche Verbundenheit im Sinne des Abkommens festgestellt werden kann (*Conseil d'État* req. n. 55. 543, Dr. Fisc. 1988 comm. 2325: *DBA Frankreich/Schweiz*). Abweichend setzt die Anwendung der Verteilungsnormen für **Zinsen** (Art. 11) und **Lizenzgebühren** (Art. 12) voraus, dass zwischen dem Schuldner und dem Nutzungsberechtigten oder zwischen beiden und einem Dritten keine **besonderen Beziehungen** bestanden haben, die zu einer überhöhten Zins- oder Lizenzgebührenzahlung geführt haben (s. zu Art. 11 Rz. 119; zu Art. 12 Rz. 100 f.). Diese besonderen Beziehungen umfassen neben Abhängigkeitsverhältnissen, die den in Art. 9 behandelten gleichen, auch „verwandtschaftliche Beziehungen und ganz allgemein jede Interessengemeinschaft", die neben dem Rechtsverhältnis, aufgrund dessen die Zinsen oder Lizenzgebühren bezahlt werden, besteht (zu Art. 11 Ziff. 34 MA-Komm.; zu Art. 12 Ziff. 24 MA-Komm.). Für Art. 9 ergibt sich daraus im Umkehrschluss, dass verwandtschaftliche Beziehungen und sonstige „Interessengemeinschaften" für sich allein **keine** Verbundenheit i. S. des Art. 9 begründen können (GKG/*Becker,* Art. 9 OECD-MA Rz. 90 ff.; FWK/*Baumhoff,* Art. 9 Rz. 38; *Becker,* IWB F. 10, International, Gr. 2, 1706). Dies ergibt sich auch aus Art. 7. Demnach dürfen Gewinne eines Unternehmens nur im Ansässigkeitsstaat besteuert werden. Ausnahmen sind nur im Rahmen von Art. 5 (Betriebstätten) und Art. 9 (verbundene Unternehmen) zulässig. Gleiches gilt für die Praxis einiger süd- und mittelamerikanischer Staaten, wenn diese eine Gewinnanpassung schon dann rechtfertigen wollen, wenn kaufmännische oder finanzielle Beziehungen zu einem Unternehmen in einem **niedrig besteuerten Gebiet**

bestehen (so z. B. in Argentinien, Brasilien, Mexiko und Venezuela, vgl. *Mank/ Dagnese,* IStR 2006, 713). Gemäß Art. 57 des portugiesischen Körperschaftsteuergesetzes soll eine Anpassung möglich sein, wenn ein Unternehmen stark von den immateriellen Wirtschaftsgütern, Rohstoffen oder Dienstleistungen eines anderen Unternehmens abhängig ist (vgl. *Eigelshoven/Schnell,* IWB F. 5, Portugal, Gr. 2, 59). In *Russland* können auch Transaktionen mit unverbundenen Unternehmen Gegenstand einer Verrechnungspreiskorrektur sein, wenn es sich um Rohöl- oder Gaslieferungen handelt (*Kuzmina/Rösch,* IWB 2011, 637). Auch diese Vorschrift dürfte kaum in Übereinstimmung mit Art. 9 sein, weil das Unternehmen keine gesellschaftsrechtliche Einflussnahme bzw. keine Kontrolle i. S. des MA ausüben kann (*Santos/Almeida,* TPITP 2/2002, 21).

Wassermeyer sieht dagegen das innerstaatliche Recht nicht durch Art. 9 MA eingeschränkt, da das Abkommen nach **seinem Wortlaut keine Einschränkung** der Gewinnanpassung für unverbundene Unternehmen vorsieht (Wassermeyer/ *Wassermeyer,* Art. 9 OECD-MA Rz. 79, s. a. Rz. 128, 146). In der Tat hat das Abkommen keine negative Abgrenzung vorgenommen. Dies lässt allerdings nicht den Schluss zu, dass das Abkommen nur gegenüber verbundenen Unternehmen seine Schutzwirkung entfalten will. Durch Art. 9 sollen Hindernisse im grenzüberschreitenden Waren- und Dienstleistungsverkehr beseitigt werden, die durch eine etwaige Doppelbesteuerung entstehen können (s. Tz. 4 Vorwort der OECD-Richtlinie). Der Schutz des Art. 9 kann sich aber nicht nur auf verbundene Unternehmen beschränken, sondern muss erst recht für Transaktionen zwischen unverbundenen Unternehmen wirken. Dies stellt Tz. 7 des Zusatzprotokolls zum *DBA USA 1989/2006* klar. 39

Soweit innerstaatliche Berichtigungsvorschriften an das Vorliegen einer Beteiligung an der Geschäftsleitung, Kontrolle oder an dem Kapital anknüpfen, ist die Berichtigung nach Art. 9 gestattet, **jedoch nur** unter der Voraussetzung, dass die Verflechtung für die Auferlegung oder Vereinbarung der besonderen Bedingungen **ursächlich** war (s. Rz. 53), darüber hinaus nur nach den Maßstäben des Drittvergleiches („dealing-at-arm's-length-Prinzip", s. Rz. 3, 59 ff.). Allein die gesellschaftsrechtliche Verbundenheit von Unternehmen rechtfertigt die Gewinnberichtigung also nicht. 40

Für die unmittelbare oder mittelbare Beteiligung an der Geschäftsleitung, der Kontrolle oder dem Kapital sieht Art. 9 **weder Mindest- noch Höchstgrenzen** vor. Grundsätzlich können daher auch die kaufmännischen und finanziellen Beziehungen zu einer **Joint Venture Gesellschaft** eine Einkunftskorrektur begründen. Zu beachten ist aber, dass zwischen den Gesellschaftern ein Interessengegensatz bestehen kann, der entsprechend auch auf die Gesellschaftsebene abstrahlt und im Rahmen der Gesamtwürdigung zu berücksichtigen ist. So hat auch der **BFH** in einem Fall einer 50%-igen Beteiligung einen Interessengegensatz zwischen den Gesellschaftern anerkannt, der bei der Beurteilung der Fremdüblichkeit Eingang finden soll (BFH/NV 2003, 1542; so wohl auch *Vögele/Witt,* in Vögele, G 33). Demnach muss überprüft werden, warum ein Gesellschafter dem anderen Gesellschafter durch zu niedrige Preise erhöhte Gewinne überlassen soll bzw. bei überhöhten Preisen, warum der andere Gesellschafter dies akzeptieren sollte. Betreibt die Joint Venture Gesellschaft beispielsweise eine Produktion, die ihre Waren ausschließlich an die Gesellschafter veräußert, könnte ein Interessengegensatz fehlen, wenn die Gesellschaft Waren lediglich zu Kosten an die Gesellschafter liefert. Die Gesellschafter könnten im vorliegenden Fall bereit sein, auf Dividenden zu verzichten, weil diese einen korrespondierenden Vorteil durch eine verbilligte Warenlieferung erlangen. Zudem könnte ein Gesellschafter auf Gewinne verzichten, wenn korrespondierend steuerliche oder zollrechtliche Vorteile entstehen. Diese Vorteile müssten allerdings höher sein als der dem Joint Venture Partner zu überlas- 41 sende Gewinn. Auch die **OECD** will Joint Venture Vereinbarungen als Fremdvergleichsdaten für eine angemessene Gewinnaufteilung heranziehen und stützt damit die These, dass Joint Venture Vereinbarungen faktisch durch ein Interessengegensatz geprägt sind (vgl. Tz. 2.13 OECD-Richtlinie). Bei einer nur geringen Beteiligungsquote wird man regelmäßig von einem bestehenden Interessengegensatz ausgehen müssen, der im Rahmen des Fremdvergleichs entsprechend zu würdigen ist (vgl. auch 3.26 OECD-Richtlinie). Die **chinesische Finanzverwaltung** scheint ebenfalls von einem Interessengegensatz auszugehen; ihre Ausführungen sind aber widersprüchlich, da Leistungen vom ausländischen Anteilseigner hinsichtlich ihrer Fremdüblichkeit überprüft werden sollen (vgl. Tz. 10.2.3.7. *UN Transfer Pricing Manual*).

Unmittelbare Beteiligung i. S. des Abs. 1 Buchst. a ist gegeben, wenn beide Unternehmen ohne Zwischenschaltung Dritter verbunden sind (Beispiel: Mutter- und Tochtergesellschaft). Bei der **mittelbaren** Beteiligung bedienen sich dagegen die beteiligten Unternehmen eines oder mehrerer Dritter, um die Verbindung zu bewirken. Eine mittelbare Beteiligung kann jeweils unterschiedlich durch die Merkmale Beteiligung an der Geschäftsleitung, der Kontrolle oder dem Kapital vermittelt werden. Eine mittelbare Beteiligung ist demnach auch dann gegeben, wenn ein Unternehmen an dem Kapital eines anderen Unternehmens unmittelbar beteiligt ist und dieses dann wiederum an der Geschäftsleitung oder der Kontrolle bei einem dritten Unternehmen beteiligt ist.

42 In den Fällen des Abs. 1 Buchst. b beruht die Verbindung der Unternehmen auf der Beteiligung **derselben Person** (oder Personen) an beiden Unternehmen. Betreibt die an beiden Unternehmen unmittelbar oder mittelbar beteiligte Person selber ein Unternehmen, so bestehen zwischen der Person und jedem der beiden Unternehmen Verbindungen i. S. des Abs. 1 Buchst. a. Zwei nach Buchst. b verbundene Unternehmen können dann zugleich mittelbar i. S. des Buchst. a verbunden sein, nämlich dann, wenn das innerstaatliche Recht im Rahmen des ihm durch Art. 9 eingeräumten Spielraums, die Begriffe „Geschäftsleitung, Kontrolle und Kapital" zu bestimmen, die Beteiligung der Person an den beiden Unternehmen als eine mittelbare Beteiligung der beiden Unternehmen aneinander behandelt. Maßgebend ist das Recht des Anwendestaates (s. ausführlich *Rotondaro,* ITPJ 2000, 171; s. Art. 3 Rz. 98 ff.). Eigene Bedeutung über den Rahmen der Alternative a hinaus erhält Buchst. b aber vor allem dann, wenn die an beiden Unternehmen beteiligte Person in **keinem** der beiden Vertragsstaaten ansässig ist.

48 **bb) Kaufmännische und finanzielle Beziehungen:** Weitere Voraussetzung für die Anwendung des Art. 9 MA ist das Vorliegen von kaufmännischen und finanziellen Beziehungen. Kaufmännische oder finanzielle Beziehungen („commercial or financial relations"; „relations commerciales ou financières") bestehen zwischen den Unternehmen, wenn sie sich als Teilnehmer im allgemeinen Geschäftsverkehr gegenüberstehen. Die **kaufmännischen Beziehungen** umfassen den gesamten Lieferungs- und Leistungsverkehr zwischen verbundenen Unternehmen. Sie umfassen aber nicht die gesellschaftsrechtlichen Beziehungen, da diese eben nicht kaufmännisch oder gewerblich („commercial"; „commerciales") veranlasst sind. Die **finanziellen Beziehungen** erweitern den Anwendungsbereich allerdings auch auf Beziehungen, die im gesellschaftsrechtlichen Innenverhältnis begründet sind. Der Begriff der kaufmännischen Beziehungen ist inhaltlich übereinstimmend mit dem Begriff der „Geschäftsbeziehungen" des § 1 AStG auszulegen.

49 Gegenstand des Art. 9 ist nicht eine einzelne kaufmännische oder finanzielle Beziehung. Durch Verwendung des Plurals stellt das MA nach seinem Wortlaut auf die **Gesamtheit** der kaufmännischen und finanziellen Beziehungen ab, die zwischen zwei verbundenen Unternehmen bestehen. Daraus folgt, dass eine Gewinnkorrektur nur dann erfolgen darf, wenn der Gewinn insgesamt durch fremdver-

gleichswidrige Preise gemindert wurde (vgl. auch Tz. 112, 127 f.). Soweit eine kaufmännische oder finanzielle Beziehung auf Basis von fremdvergleichswidrigen Preisen abgewickelt wurde und den Gewinn eines Unternehmens entsprechend gemindert hat, greift eine Gewinnkorrektur nach dem MA nicht, wenn der Gewinn sich durch andere Transaktionen entsprechend erhöht hat. In diesem Fall fehlt es an einer Gewinnminderung.

cc) Vereinbarte oder auferlegte Bedingungen: Unter vereinbarten Bedingungen sind solche zu verstehen, die im gegenseitigen Einvernehmen zwischen den Parteien vereinbart werden. Durch das Begriffspaar „vereinbarte oder auferlegte" Bedingungen („conditions are made or imposed"; „conditions convenues ou imposées") wird deutlich, dass es im Rahmen des Art. 9 MA nicht darauf ankommt, ob auf die Bedingungen eine **gesellschaftsrechtliche Einflussnahme** ausgeübt wurde. Entscheidend ist alleine, ob die Bedingungen bzw. die vereinbarten oder auferlegten Preise dem **Fremdvergleichsgrundsatz** gerecht werden. Abkommensrechtlich ist es daher unbeachtlich, wenn eine Partei ihren gesellschaftsrechtlichen Einfluss – etwa über einen Beherrschungsvertrag oder über ein „Diktat" der Preise – tatsächlich ausübt. 50

Der Begriff **„Bedingungen"** ist zweischichtig. Grundsätzlich muss unterschieden werden zwischen den Preisvereinbarungen der verbundenen Unternehmen und den schuldrechtlichen Verpflichtungen, auf denen die Preisvereinbarungen basieren. Nach dem ursprünglichen Verständnis des Art. 9 sollten nur die vereinbarten oder auferlegten Bedingungen bzw. Preise – nicht aber die diesen zugrunde liegenden kaufmännischen und finanziellen Beziehungen – einem Fremdvergleich zugänglich sein (s. GKG/*Becker,* Art. 9 OECD-MA Rz. 104). Die kaufmännischen und finanziellen Beziehungen bzw. die **tatsächlich abgewickelten Geschäfte** bilden die **Grundlage** für die Überprüfung der Verrechnungspreise (s. Tz. 1.64 f. OECD-Richtlinie). Eine Umqualifizierung ist nach der OECD-Richtlinie nur geboten, wenn der wirtschaftliche Gehalt einer Transaktion nicht mit den schuldrechtlichen Verpflichtungen übereinstimmt (**„substance over form";** a. a. O.). Dies ist zutreffend (s. auch Sec. 1.482–1(f)(2)(ii) US-Regs.; für Australien: Sec. 2.72 TR 97/20; für Kanada: Sec. 43 ff. Information Circular 87–2R). Allerdings wird der „substance over form"-Gedanke von der OECD zunehmend aufgeweicht (s. Rz. 52b) 51

Zum Zweiten soll nach der OECD-Richtlinie von der **tatsächlichen Gestaltung abgesehen** werden, wenn ein fremder Dritter sich auf diese Vereinbarungen üblicherweise nicht eingelassen hätte und wenn die gewählte Gestaltung der Steuerverwaltung im Ergebnis die Möglichkeit nimmt, einen angemessenen Verrechnungspreis zu bestimmen (s. Tz. 1.65 OECD-Richtlinie). Als Beispiel nennt die OECD den Fall des Verkaufs aller *zukünftigen* Ergebnisse aus der Entwicklung von immateriellen Wirtschaftsgütern gegen ein Einmalentgelt (vgl. Tz. 1.65 OECD-Richtlinie). Das erste Kriterium stellt auf die **Üblichkeit** der gewählten Gestaltung ab. Zunächst erscheint allerdings fraglich, ob und wie eine Üblichkeit überhaupt festgestellt werden kann. Zudem kann das Steuerrecht die unternehmerische Dispositionsfreiheit bei verbundenen Unternehmen nicht gegenüber unverbundenen Unternehmen einschränken. Das Abweichen von einer statistischen Mehrheit kann gerade für den Erfolg eines Unternehmens entscheidend sein (s. gegen die Üblichkeit bei der Anwendung des Fremdvergleichs: *Becker,* IWB F. 3, Deutschland, Gr. 1, 1342; *Dötsch,* BB 1994, 330; *Kroppen,* in Kroppen, W 97; *Niehues,* DB 1996, 2449; s. auch Rz. 28). Die OECD will daher nur dann eine Umqualifizierung der unüblichen Geschäftsgestaltung in eine übliche vornehmen, wenn durch die Gestaltung der vertraglichen Beziehungen der Finanzverwaltung die Möglichkeit einer angemessenen Preisbestimmung genommen wird (s. Tz. 1.65 OECD-Richtlinie). Das Beispiel macht deutlich, dass die OECD nur Extremfälle vor Augen hat, da der 52

Verkauf gegen ein Einmalentgelt von zukünftigen Erfolgen einer Entwicklung zwischen fremden Dritten undenkbar ist.

52a Die OECD hält zudem **Preisgleitklauseln** auch nur dann für zulässig, wenn zu erwarten ist, dass auch fremde Dritte entsprechende Klauseln vereinbart hätten (s. Tz. 6.34 OECD-Richtlinie, zustimmend die Niederlande, vgl. Tz. 5 IFZ 2001/295 M mit Verweis auf *Hooge Raad* vom 17.8.1998 (Nr. 32–997), BNB 1998/385). Die Vorschrift soll offensichtlich den „**commensurate with income standard**" in Sec. 482 IRC legitimieren, wonach der Verkaufspreis eines immateriellen Wirtschaftsgutes nur dann anerkannt werden soll, wenn die prognostizierten Erträge sich im Rahmen einer Bandbreite der später tatsächlich realisierten Ergebnisse bewegen (vgl. zum sog. „commensurate with income standard": Sec. 1.482–4(f)(2) US-Regs.; *King,* TNI April 1994, 1001; *Levy/Wright/Nelson/Kasdan,* TMTP Special Report, Nr. 17 (1995), 15). Eine entsprechende Vorschrift beinhaltet auch § 1 Abs. 3 S. 11 AStG. Sind immaterielle Wirtschaftsgüter und Vorteile Gegenstand einer Geschäftsbeziehung und weicht die tatsächliche spätere Gewinnentwicklung erheblich von der Gewinnentwicklung ab, die der Verrechnungspreisbestimmung zugrunde lag, soll der Steuerpflichtige eine entsprechende **Preisanpassungsregelung** bei der Vereinbarung der Vergütung treffen. Der Steuerpflichtige kann die gesetzliche Vermutung, dass fremde Dritte entsprechende Vereinbarungen getroffen hätten, widerlegen. Dies würde allerdings dazu führen, dass die Vermutung letztlich immer ins Leere läuft, da die Vereinbarung von Preisanpassungsklauseln äußerst unüblich ist (vgl. hierzu näher *Kroppen/Rasch/Eigelshoven,* IWB F. 3, Deutschland, Gr. 1, 2221; *Wassermeyer,* DB 2007, 539; zu umfassenden empirischen Belegen: *Ebering*, IStR 2011, 418). Die OECD will ihre Richtlinien bei schwer zu bewertenden immateriellen Wirtschaftsgütern grundsätzlich überarbeiten, da die Staatengemeinschaft befürchtet, dass durch die rechtsmissbräuchliche Bewertung von immateriellen Wirtschaftsgütern, Gewinne in Niedrigsteuerländer verlagert werden (vgl. vor Tz. 199 OECD Discussion Draft Intangibles; OECD Action Plan on BEPS, 20).

52b Die OECD hat im Jahr 2010 im Rahmen des Kapitel IX zu Business Restructuring unter Berufung des „substance over form"-Gedankens die Zulässigkeit der Umqualifizierung von vertraglichen Gestaltungen wesentlich erweitert (vgl. insbesondere Tz. 9.10 OECD-Richtlinie, zu der Rechtfertigung: Tz. 9.170 OECD-Richtlinie). Die von den verbundenen Unternehmen abgeschlossenen schuldrechtlichen Vertragsbeziehungen sind demnach lediglich „Ausgangspunkt" einer Überprüfung, ob diese mit dem Fremdvergleichsgrundsatz im Einklang stehen (vgl. Tz. 9.11, 9.161 OECD-Richtlinie). Der Steuerpflichtige soll nachweisen, dass die Partei, die die Risiken trägt, die **personellen Ressourcen** zur Risikokontrolle bzw. die **finanziellen Ressourcen** zur Tragung der Risiken hat (vgl. Tz. 9.20 OECD-Richtlinie; so auch Sec. 1.482-1(d) US-Regs.). Die Verträge sind grundsätzlich zu respektieren, wenn dargestellt werden kann, dass fremde Dritte Risiken entsprechend aufgeteilt hatten (vgl. Tz. 9.18, 9.33 OECD-Richtlinie). Unklar bleibt allerdings, ob nur Drittverträge einer entsprechenden Risikoaufteilung dargestellt werden müssen oder ob auch eine vergleichbare Substanz gegeben sein muss. Zudem ist fraglich, wer den Nachweis zu führen hat.

52c Kann ein solcher Drittnachweis nicht geführt werden, soll eine Analyse durchgeführt werden, ob die Partei, die die vertraglichen Risiken trägt, auch diese entsprechend kontrollieren kann. Dabei ist fraglich, welches **Maß an Kontrolle** notwendig ist. Gem. Tz. 9.24 OECD-Richtlinie muss das Unternehmen die Fähigkeit haben, das Resultat der von externen (ggf. konzerninternen) Leistungsanbietern erbrachten Leistungen zu beurteilen. Die OECD nennt das Beispiel eines Investors, der einen Fondsmanager mit der Verwaltung seines Vermögens beauftragt. Der Fondsmanager trägt kein Investitionsrisiko, kontrolliert aber die Risiken im Tagesgeschäft. Aus dem Beispiel leitet die OECD ab, dass es für die Kontrolle ausreichend ist, wenn ein Investor den Fondsmanager auswählt, der Investor die Investitionsstrategie vorgibt und der Fondsmanager Bericht erstattet (vgl. Tz. 9.25 OECD-Richtlinie). Im Fall der Auftragsforschung sind die Anforderungen der OECD allerdings weiter. Demnach soll der Auftraggeber die „maßgeblichen Entscheidungen" hinsichtlich der Forschung und Entwicklung treffen. Diese seien z. B. „Entscheidungen, den besagten Forscher zu beauftragen (oder den Vertrag mit ihm zu kündigen), die Entscheidung über die Art der wahrzunehmenden Forschungsaktivitäten und die mit ihnen verfolgten Ziele sowie die Entscheidung über das Budget, über das der Auftragsforscher verfügen kann." Zudem sei eine *regelmäßige* Berichterstattung erforderlich. Der Prinzipal soll auch in der Lage sein, das Ergebnis der Forschung zu beurteilen (vgl. Tz. 9.26 OECD-Richtlinie).

Das neue Konzept der OECD weist eine Vielzahl von Problemen auf (vgl. auch **52d**
Eigelshoven/Ebering/Schmidtke, IWB F. 10, International, Gr. 2, 465):

- **Dezentrale Entscheidungen:** Konzerne treffen häufig Entscheidungen und kontrollieren Risiken dezentral. Es können eine Vielzahl von Konzernunternehmen an der Risikokontrolle beteiligt sein. Demnach müssten immaterielle Wirtschaftsgüter aufgeteilt werden; unklar wäre, wie dies zu erfolgen hätte.
- **Diversität von wesentlichen immateriellen Wirtschaftsgütern:** Sind mehrere immaterielle Wirtschaftsgüter für den Geschäftserfolg entscheidend, soll entsprechend dem Diskussionspapier der OECD zu den immateriellen Wirtschaftsgütern die Kontrolle über jedes einzelne immaterielle Wirtschaftsgut untersucht werden. Werden verschiedene immaterielle Wirtschaftsgüter von mehreren an einer Transaktion beteiligten Konzernunternehmen kontrolliert, so darf keine Zentralisierung der immateriellen Wirtschaftsgüter erfolgen (vgl. Tz. 74 ff., explizit Beispiel Tz. 266 ff. OECD Discussion Draft Intangibles).
- **Fehlende Substanz bei Konzernoberleitung:** Die OECD macht in ihrem Diskussionspapier zu immateriellen Wirtschaftsgütern deutlich, dass gegebenenfalls selbst eine Muttergesellschaft mit ihrer Konzernspitze und ihrer ultimativen Entscheidungsgewalt nicht über ausreichend Substanz verfügen kann (vgl. Tz. 266 ff. OECD Discussion Draft Intangibles).
- **Rechtsfolgen:** Unklarheiten bestehen auch bei den Rechtsfolgen. Verfügt eine Gesellschaft aus steuerlicher Sicht über keine ausreichende Substanz, ist die Rechtsfolge unklar. Beispielsweise ergeben sich Fragen, welches Konzernunternehmen immaterielle Wirtschaftsgüter aktiviert und bei welcher Gesellschaft Rückstellungen für Risiken zu bilden sind, die im Zusammenhang mit den immateriellen Wirtschaftsgütern stehen.

Die Ausführen der OECD müssen als Umkehr von dem bisherigen Grundsatz der **vertraglichen Dispositionsfreiheit** verstanden werden. Wenn auch Deutschland diese weitgehende Interpretation verfolgen will, müsste aber das innerstaatliche Recht entsprechend angepasst werden. Der BFH hat bisher deutlich gemacht, dass der Steuerpflichtige seine vertraglichen Beziehungen frei bestimmen kann (vgl. BFH BStBl. II 1976, 226). Eine Umqualifizierung nach § 39 Abs. 2 AO, der in Deutschland, den „substance over form"-Gedanken gesetzlich verankert, würde die weitreichenden Vorstellungen der OECD nicht decken (vgl. *Rouenhoff*, IStR 2012, 22). Auch dürfte eine Umqualifizierung auf Basis des § 1 AStG nicht möglich sein.

Die Beteiligung an der Geschäftsleitung, der Kontrolle oder dem Kapital muss **53**
für die vereinbarten oder auferlegten Bedingungen **ursächlich** sein. Das Erfordernis kommt im Wortlaut des Art. 9 Abs. 1 zwar nur andeutungsweise zum Ausdruck („und in diesen Fällen"; „and in either case"; „et que dans l'un et l'autre cas"), aber nur die Ursächlichkeit der Beteiligung für die von der Regel abweichenden Bedingungen rechtfertigt es, die Beteiligung zum Anlass einer Berichtigung zu machen. Übereinstimmend auch der MA-Komm. Ziff. 2 („**wegen** der besonderen Beziehungen"). Regelmäßig wird die Ursächlichkeit bei Vorliegen einer gesell-

schaftsrechtlichen Verbundenheit und zugleich vom „arm's-length"-Preis abweichender Bedingungen zu vermuten sein (s. etwa *Conseil d'État* req. n. 49.847, Dr. Fisc. 1989 comm. 1000). Abkommensrechtlich ist eine solche Vermutung zulässig, wenn das nationale Verfahrensrecht sie gestattet. Die vereinbarten oder auferlegten Bedingungen sind mit denen **zu vergleichen,** die **unabhängige** Unternehmen miteinander vereinbaren würden.

59 **dd) Fremdvergleich:** Beide Unternehmen müssen

– in ihren kaufmännischen oder finanziellen Beziehungen an vereinbarte oder auferlegte Bedingungen gebunden sein,
– die von denen abweichen, die **unabhängige Unternehmen miteinander vereinbaren würden.**

60 **(1) Begriff:** Vergleichsmaßstab für die konzerninternen Bedingungen bzw. Preise sind solche, die unabhängige Unternehmen vereinbart hätten. Der in Art. 9 MA festgeschriebene Maßstab wird daher auch als **Fremdvergleichsgrundsatz** („dealing at arm's length principle") bezeichnet. Der Fremdvergleichspreis wird dabei aus empirisch nachvollziehbaren Preisen oder Margen ermittelt, die zwischen unverbundenen Unternehmen realisiert werden. Die Verrechnungspreise zu anderen verbundenen Unternehmen sind für die Bestimmung des Fremdvergleichspreises grundsätzlich irrelevant (vgl. Commissione Tributana di I grado Genova vom 10.2.1992 – Sezzione VII, Sent. N 547/92). Nach der OECD-Richtlinie können aus Transaktionen mit anderen verbundenen Unternehmen lediglich Hinweise für weitere Ermittlungen zur Angemessenheit der Verrechnungspreise gewonnen werden (vgl. Tz. 2.10 OECD-Richtlinie).

Ein fremdüblicher Preis kann – abgesehen von der Preisvergleichsmethode – immer nur retrograd, z.B. über die Bestimmung einer angemessenen Rohgewinnmarge, ermittelt werden. Sofern Unterschiede zwischen der konzerninternen Transaktion und der Transaktion zwischen unabhängigen Unternehmen bestehen, die einen Einfluss auf die Höhe des Marktpreises haben, sind diese entsprechend anzupassen (s. Rz. 97). Wird der Verrechnungspreis anhand von empirisch nachvollziehbaren Vergleichsdaten ermittelt, kann von einem **tatsächlichen Fremdvergleich** gesprochen werden. Dieser ist abzugrenzen vom sog. **hypothetischen Fremdvergleich.** Hier soll der Fremdvergleichspreis durch Bezugnahme auf die Denkfigur des ordentlichen und gewissenhaften Geschäftsleiters ermittelt werden. Ein Fremdvergleichspreis, der ohne jeden Marktbezug auskommt, ist aber nicht denkbar und ist daher abzulehnen (vgl. Rz. 22f.). Auf jeden Fall ist der hypothetische Fremdvergleich aufgrund der mangelnden Objektivierung stets gegenüber dem tatsächlichen Fremdvergleich nachrangig (vgl. § 1 Abs. 3 S. 5 AStG; *Baumhoff,* in Mössner, Anm. C 296; *Kroppen,* in Kroppen, W 97; *Schaumburg,* Tz. 16.304; differenzierend: *Raupach/Pohl/Ditz/Spatscheck,* S. 190ff.; Wassermeyer/*Wassermeyer,* Art. 9 OECD-MA Rz. 125).

61 Dem Fremdvergleichsmaßstab sind allerdings **Grenzen** gesetzt und er wird daher wiederholt kritisiert. So lassen sich aufgrund von **fehlenden Informationen** häufig keine Marktpreise ermitteln, die zu einer verlässlichen Anwendung des Fremdvergleichsmaßstabes führen können (vgl. *Kaminski,* Rz. 124; *Maisto,* CDFI. Vol. LXXVIIa (1992), 141). Die OECD verweist in diesem Zusammenhang darauf, dass die Bestimmung angemessener Verrechnungspreise **keine exakte Wissenschaft** sein könne (s. Tz. 1.13 OECD-Richtlinie). Oft werden auch konzerninterne Lieferungen oder Leistungen **nicht auf Märkten gehandelt,** bzw. die Tatsache, dass Unternehmen Lieferungen oder Leistungen nicht über den Markt, sondern innerhalb einer Unternehmensgruppe austauschen (z.B. aus Gründen der Geheimhaltung), führt zu nicht vergleichbaren Situationen. Dabei stellt sich insbesondere die Frage, welcher Unternehmenseinheit **Synergieeffekte** zuzurechnen sind, die durch die Konzernverbindung entstehen (s. Tz. 1.10 OECD-Richtlinie; *Higin-*

botham/Levey, Intertax 1998, 235). Die Frage der Zurechnung von Synergieeffekten stellt sich beispielsweise bei **Einkaufsgesellschaften,** die Waren zentral für einen Konzern beschaffen. Beziehen die Gruppengesellschaften zu Preisen, die sie auch als Einzelunternehmen hätten erzielen können, so wäre der Fremdvergleichsgrundsatz erfüllt. Die Synergien aus dem Einkauf könnten bei strenger Auslegung des Fremdvergleichsgrundsatzes demnach voll bei der Einkaufsgesellschaft entstehen. Die OECD geht allerdings davon aus, dass fremde Dritte zumindest einen Teil der Synergien im Einkauf realisieren würden und nur ein Teil der Synergien bei der Einkaufsgesellschaft anzusiedeln sind (vgl. Tz. 9.154 ff. OECD-Richtlinie). In einem Diskussionspapier schlägt die OECD vor, dass Synergien zwischen den einkaufenden Konzerneinheiten entsprechend ihrem Einkaufsvolumen aufzuteilen ist (vgl. Tz. 23 OECD Discussion Draft Intangibles). Synergieeffekte, die durch den **Rückhalt im Konzern** ausgelöst werden, sollen bei der Gesellschaft verbleiben, die den Nutzen erzielt. Erhält eine Tochtergesellschaft vergünstigte Darlehen von einem fremden Dritten, weil sie Tochtergesellschaft eines Konzerns ist, soll eine Verrechnung einer **Garantiegebühr** unterbleiben (vgl. Tz. 24 ff. OECD Discussion Draft Intangibles). Erhält die Tochter durch eine explizite Bürgschaft einen weiteren Vorteil, der über den bloßen Rückhalt im Konzern hinausgeht, ist eine Bürgschaftsprovision zu verrechnen (vgl. Tz. 7.13 OECD-Richtlinie; Tz. 27 OECD Discussion Draft Intangibles; so auch *Tax Court of Canada* vom 4.12.2009, General Electric Capital Canada Inc. vs. The Queen, 2009 TCC 563; vgl. zu dem Urteil auch *Brinkmann,* IStR 2010. 501; *Ditz/Schneider,* DB 2011, 779; *Hülshorst/Kouzmina/Nolden,* IWB 2010, 42).

Trotz seiner Schwächen ist der Fremdvergleichsmaßstab allerdings der bisher 62
einzige Maßstab, auf den sich die internationale Staatengemeinschaft einigen konnte. Dieser gewährt insofern ein hohes Maß an rechtlicher Sicherheit. Andere Ansätze, wie z. B. eine **globale Gewinnaufteilung,** konnten sich aus vielfältigen Gründen nicht durchsetzen (s. Tz. 1.16 ff. OECD-Richtlinie; *Kogels,* BIFD 1983, 65; *Langbein,* TN February 1986, 625; *Weiner,* TNI December 1996, 2113; zur unitary taxation vgl. 3. Aufl. Art. 9 Rz. 17a). Innerhalb der Europäischen Union werden andere steuerliche Konzepte diskutiert (s. z. B. *Lodin/Gammie,* ET 1999, 288; *Nientimp,* S. 193 ff.; *Oestreicher,* StuW 2002, 342). In ihrem Bericht vom 24.11.2003 („Ein Binnenmarkt ohne steuerliche Hindernisse", KOM (2003) 726 endg.) hat die Europäische Kommission diesbezüglich ausgeführt, dass neben kurzfristigen Maßnahmen, wie beispielsweise der möglichen Vereinheitlichung der Dokumentationsanforderungen der EU-Staaten und der Verbesserung der EU-Schiedskonvention, auch langfristige Lösungen für die grenzüberschreitende Unternehmenstätigkeit in der EU erarbeitet werden müssen. Für einen umfassenden Lösungsansatz wurde die Schaffung einer konsolidierten Bemessungsgrundlage vorgeschlagen (vgl. COM (2001) 582; COM (2003) 726 endg., 403 ff.; dazu *Thömmes/Rasch/Koch,* ITPJ 2006, 117). Dieser Vorschlag wurde nach zehnjähriger Vorarbeit durch den im März 2011 von der Europäischen Kommission vorgelegten Richtlinienentwurf für eine gemeinsame konsolidierte Körperschaftsteuer-Bemessungsgrundlage (GKKB) konkretisiert (vgl. COM (2011) 121/4; dazu *Förster/Krauß,* IStR 2011, 607; *Herzig/Kuhr,* DB 2011, 2053). Dieser Lösungsansatz ist allerdings bisher an dem fehlenden Willen Mitgliedstaaten gescheitert, Souveränitätsrechte abzugeben (vgl. *Brocke/Rottenmoser,* IWB F. 11, Europäische Gemeinschaft, Gr. 2, 620).

(2) Entwicklung im innerstaatlichen Recht: Die **Vereinigten Staaten** ha- 63
ben 1968 als erstes Land den Fremdvergleich ausführlich in ihren Regulations zu Sec. 482 IRC kommentiert. Die **internationale Entwicklung** bei der Bestimmung angemessener Verrechnungspreise wurde durch das 1988 vom *IRS* herausgegebene „White Paper" eingeleitet (Discussion Draft, s. Rz. 1). Dieses erörterte im Wesentlichen die Anwendung der Sec. 482 IRC nach der Steuerreform von 1986.

Es erwog und prüfte neue Methoden zur Bewertung der Übertragung immaterieller Wirtschaftsgüter sowie Fragen der Betriebsprüfung durch den *IRS.* Es bestätigte grundsätzlich das „arm's-length-Prinzip", interpretierte es allerdings teilweise neuartig. Ferner befasste sich das „White Paper" mit Fehlerquellen bei der Heranziehung von Vergleichspreisen. Über die durch das „White Paper" ausgelöste reichhaltige Literatur s. 2. Aufl., Art. 9 Rz. 33. Anfang 1992 wurden von dem IRS „Proposed Regulations" veröffentlicht (s. hierzu *Becker,* DB 1992, 543), denen Anfang 1993 ein dreiteiliges Richtlinienpaket, bestehend aus „Temporary" und „Proposed Regulations", folgte. Zum 1.7.1994 wurden dann mit einigen Änderungen die „Temporary Regulations" als „Final Regulations" in Kraft gesetzt (zu den Änderungen zwischen „Proposed" and „Final Regulations" s. *Flick/Zwergel,* IStR 1994, 409).

64 Zu den „Proposed Regulations" des IRS hat die OECD im Januar 1993 in einem „Task Force Report" Stellung genommen (*OECD,* Tax Aspects, s. Rz. 1). Darin wurde besonders kritisiert, dass die „Proposed Regulations" die generelle Anwendung des „arm's-length"-Grundsatzes in Frage stellten, was zu einem erhöhten Risiko einer wirtschaftlichen Doppelbesteuerung führen könne. Diesem Report folgte im April 1993 ein weiterer Bericht unter Berücksichtigung der „Temporary Regulations" (*OECD,* OECD Intercompany Transfer Pricing Regulations, s. Rz. 1). Im Rahmen der Überarbeitung der Verrechnungspreisrichtlinie von 1979 und der folgenden Berichte hat die OECD schließlich am 13.7.1995 überarbeitete Leitlinien verabschiedet, wobei die Abschnitte über Dienstleistungen, immaterielle Wirtschaftsgüter, Kostenverteilungsverträge und zu Business Restructuring erst in den Folgejahren ergänzt wurden.

65 Durch die Entwicklungen haben eine Vielzahl von Finanzverwaltungen ihre Vorstellungen zur Bestimmung angemessener Verrechnungspreise konkretisiert. Die weit überwiegende Mehrzahl der Staaten haben neue oder überarbeitete gesetzliche Vorschriften oder Richtlinien erlassen (s. Literaturhinweise bei Rz. 124). Die Staaten haben sich in den Richtlinien weitgehend an die Arbeiten des Fiskalausschusses der OECD angelehnt.

71 **(3) Verrechnungspreismethoden:** Die Bestimmung eines angemessenen Verrechnungspreises soll durch die Anwendung von Verrechnungspreismethoden erfolgen. International werden fünf Methoden akzeptiert. Dies sind die Preisvergleichs-, die Wiederverkaufspreis- sowie die Kostenaufschlagsmethode (sog. **Standardmethoden**) und die Gewinnaufteilungsmethode sowie die geschäftsvorfallbezogene Nettomargenmethode. Die Ermittlung des angemessenen Verrechnungspreises basiert dabei stets auf zwischen fremden Dritten erzielten Preisen, Brutto- oder Nettomargen bzw. auf fremdüblichen Gewinnaufteilungsschlüsseln. Von diesen Werten soll dann auf einen angemessenen konzerninternen Verrechnungspreis zurückgerechnet werden.

72 **Preisvergleichsmethode** („comparable uncontrolled price method"): Vergleichsmaßstab für die Angemessenheitsprüfung ist der zwischen unabhängigen Dritten vereinbarte Preis (s. Tz. 2.13 OECD-Richtlinie; Tz. 2.2.2. VerwGrS; Sec. 1.482–3(b) US-Regs.). Die Anwendung dieser Methode in der Form der **„direkten"** Preisvergleichsmethode setzt voraus, dass die konkrete Geschäftsbeziehung zwischen verbundenen mit der zwischen unverbundenen Unternehmen in allen wesentlichen Einzelheiten übereinstimmt. Lässt sich die direkte Preisvergleichsmethode mangels gleichartiger Geschäfte nicht anwenden, so können ungleichartige Geschäfte (z. B. Preise bei unterschiedlichen Zahlungsbedingungen) herangezogen werden, wenn der Einfluss der abweichenden Faktoren eliminiert werden kann (sog. **„indirekte"** Preisvergleichsmethode).

73 Im Wege des sog. **„äußeren"** Preisvergleichs werden Marktpreise zum Vergleich herangezogen, die anhand von Börsennotierungen oder branchenüblichen

Abschlüssen ermittelt werden können (s. BFH BStBl. II 1993, 801 für Dienstleistungen im Bereich der Steuerberatung). Insbesondere für die Bestimmung von Zinsen und Lizenz- oder Franchisegebühren spielt die Preisvergleichsmethode in der Praxis eine große Rolle, da Fremddaten durch öffentlich zugängliche Datenbanken ermittelt werden können. Allerdings scheidet der äußere Preisvergleich in anderen Fällen häufig aus, da die Transaktionen nicht vergleichbar sind und Unterschiede, die sich auf die Höhe des Preises auswirken, nicht quantifiziert werden können. In der Form des sog. **„inneren"** Preisvergleichs bedient sich die Methode eines Vergleichs von Preisen, die dasselbe Unternehmen mit dem verbundenen Unternehmen auf der einen und mit fremden Dritten auf der anderen Seite vereinbart hat. Ferner können Preise herangezogen werden, die eine nahestehende Person mit Fremden vereinbart hat. So können beispielsweise auch die von einer Mutter- oder Schwestergesellschaft mit Dritten vereinbarten Preise als Fremdvergleichsmaßstab dienen.

Die **Wiederverkaufspreismethode** („resale price method"): Diese Methode kann in der Regel nur angewendet werden, wenn die Lieferung, die von einem verbundenen Unternehmen an ein anderes Unternehmen erbracht wird, an einen fremden (unabhängigen) Dritten weitergeleitet wurde. Der angemessene Verrechnungspreis zwischen den verbundenen Unternehmen wird hier auf der Basis des Preises ermittelt, den der Fremde als drittes Glied der Leistungskette dem weiterverkaufenden verbundenen Unternehmen als zweitem Glied der Leistungskette gezahlt hat. Zur Ermittlung des „arm's-length"-Einkaufs- bzw. Verrechnungspreises des weiterverkaufenden verbundenen Unternehmens wird der von dem fremden Dritten gezahlte Preis um marktübliche Abschläge berichtigt, die der Funktion und dem Risiko des zwischengeschalteten Wiederverkäufers entsprechen (s. Tz. 2.21 OECD-Richtlinie; Tz. 2.2.3. VerwGrS; Sec. 1.482–3(c) US-Regs.). Vorzugsweise wird diese Methode bei **Vertriebsgesellschaften** angewendet (vgl. z. B. BFH/NV 2002, 138; BFH BStBl. II 2004, 176; BFH/NV 2005, 1721; *Sundstrand Corp. v. Comr.,* 96 T. C. 226 (1991); *Perkin-Elmer Corp. v. Comr.,* 66 TCM 634 (1993)). **74**

Die Schwierigkeit der Wiederverkaufspreismethode liegt vor allem in der Frage, welche Abschläge für das wiederverkaufende Unternehmen marktüblich sind. Dem zwischengeschalteten Unternehmen soll derjenige Rohgewinn, den es als unabhängiges Unternehmen in gleicher Situation unter den jeweiligen Marktgegebenheiten hätte erzielen können, zugewiesen werden. Diese Marge kann insbesondere durch Vergleich mit Bruttomargen bei Transaktionen zwischen unverbundenen Gesellschaften bestimmt werden **(„transaktionsbezogene Wiederverkaufspreismethode").** Die OECD weist aber darauf hin, dass ein Vergleich von Bruttomargen eine sehr enge Vergleichbarkeit der ausgeübten Funktionen und Risiken voraussetzt. Soweit Bruttomargen durch externe Drittdaten ermittelt werden sollen, sind detaillierte Informationen zu den ausgeübten Funktionen häufig nicht vorhanden bzw. Anpassungsrechnungen sind nicht möglich (vgl. Tz. 2.28, 2.62 OECD-Richtlinie). **75**

Alternativ wird die Wiederverkaufspreismethode auch mit gewinnorientierten Methoden bzw. mit der Kostenaufschlagsmethode kombiniert (s. Tz. 2.56 OECD-Richtlinie; Tz. 2.4.2. VerwGrS). Die angemessene Rohgewinnmarge wird dabei durch die Vertriebskosten zuzüglich eines angemessenen Nettogewinns ermittelt **(„gewinn- oder modifizierte Wiederverkaufspreismethode").** Die Vertriebskosten können über eine Plan- oder Normalkostenrechnung ermittelt werden. Da die Rohgewinnmarge als ein prozentualer Anteil des Umsatzes ermittelt wird, müssen zudem die Umsätze geschätzt werden. Soweit die angemessene Rohgewinnmarge auf Basis von Istkosten und -erlösen ermittelt wird, steht die Methode einer transaktionsbezogenen Nettomargenmethode nahe, da der Vertriebsgesellschaft letztendlich ein Gewinn garantiert wird (s. FWBS/*Baumhoff,* § 1 AStG **76**

Rz. 431; zur Kritik daran s. Rz. 84). Der BFH verfolgt diesen gewinnorientierten Ansatz, da dem ordentlichen und gewissenhaften Geschäftsleiter ein angemessener Gewinn aus dem Vertrieb eines Produktes verbleiben soll (BFH BStBl. II 1993, 457; BFH BStBl. II 2004, 177; ähnlich auch BFH/NV 2002, 138; kritisch dazu: *Sieker,* BB 1993, 2424).

77 Die **Kostenaufschlagsmethode** („cost plus method"): Der angemessene Verrechnungspreis wird hier auf der Grundlage der Kosten des Herstellers oder des Leistenden ermittelt; seine Kosten werden um einen branchenüblichen Kostenaufschlag erhöht (s. Tz. 2.39 OECD-Richtlinie; Tz. 2.2.4. VerwGrS, Sec. 1.482–3(d) US-Regs.). Diese Methode findet vor allem bei der Lieferung von **Halbfertigerzeugnissen** und bei **Dienstleistungen** Anwendung, für die keine Marktpreise festgestellt werden können.

78 Die Anwendung der Kostenaufschlagsmethode setzt die Wahl einer Kostenbasis und die Bestimmung eines angemessenen Kostenaufschlagssatzes voraus. Als **Kostenbasis** können die Beträge angesetzt werden, die nach Kalkulationsmethoden ermittelt werden, die der Liefernde oder Leistende auch bei seiner Preispolitik gegenüber Fremden zugrunde legt oder – falls keine Lieferungen oder Leistungen zu unverbundenen Unternehmen durchgeführt werden – die betriebswirtschaftlichen Grundsätzen entsprechen (s. Tz. 2.2.4. VerwGrS). Daher können nach den deutschen Verwaltungsgrundsätzen grundsätzlich Plan-, Normal- oder Istkosten sowie Voll- oder Teilkosten als Kostenbasis verwendet werden (s. *Vögele/Raab,* in Vögele, D 182 ff.). Die Kosten können auf Basis von Anschaffungs- oder Herstellungskosten (pagatorische Kosten) oder ggf. auch auf Basis von Grenz- oder Wiederbeschaffungskosten bestimmt werden. In der Regel wird die Kostenaufschlagsmethode auf Basis von Plan- oder Istvollkosten festgesetzt. Zur Dokumentation der Angemessenheit der Verrechnungspreise werden oft Istkosten verwendet.

78a National und international ungeklärt ist die Frage, ob bei Vorliegen eines **Aktienoptionsplans** die mit diesem Aktienoptionsplan zusammenhängenden Kosten direkt oder indirekt – z.B. im Rahmen einer Dienstleistungsverrechnung – verrechnet werden müssen. Von der **OECD** wurde eine Studie veröffentlicht, die jedoch zu keiner abschließenden Aussage kommt. Basierend auf der Prämisse, dass Aktienoptionen ein Teil der Vergütung von Arbeitnehmern sind, wird von der OECD hinsichtlich der Berücksichtigung der entsprechenden Kosten nicht auf die Abzugsfähigkeit dieser Kosten abgestellt. Nach Auffassung der OECD sollten die Kosten eines Aktienoptionsplans im internationalen Gebrauch unabhängig von nationalen Rechnungslegungsvorschriften Bestandteil der Kostenbasis der Transaktionen sein (vgl. Tz. 161 ff. OECD, Employee Stock Option Plans: Impact on Transfer Pricing vom 3.9.2004). In der **amerikanischen Rechtsprechung** konnte das Unternehmen Xilinx vor Gericht nachweisen, dass zwischen fremden Dritten solche Kosten keine Berücksichtigung fanden, wodurch auch in der Folge sowohl durch den US Tax Court sowie auch den US Court of Appeals zu Gunsten von Xilinx eine Nichtberücksichtigung dieser Kosten akzeptiert wurde (dies galt allerdings für den Fall einer Kostenumlage; vgl. US Tax Court, Xilinx Inc. v. Commissioner, 30.8.2005, 125 T.C. No. 4; US Court of Appeals for the Ninth Circuit, Xilinx Inc. v. Commissioner, Case No. 06–74246, 27.5.2009, 13.1.2010 und 22.3.2010; , *Beuchert,* IStR 2006, 609; *Ditz/Schneider,* DB 2001, 779). In Deutschland entschied der **BFH** bisher lediglich in einem Urteil vom 25.8.2010, dass die Einräumung unentgeltlich gewährter Bezugsrechte (u. a. an Arbeitnehmer verbundener Unternehmen) durch eine bedingte Kapitalerhöhung nicht zu einem gewinnwirksamen Personalaufwand führt (vgl. BFH BStBl. II 2011, 215). Aus dem Urteil kann aber keine Schlussfolgerung zur Frage der Verrechenbarkeit im Konzern abgeleitet werden. Die **deutsche Finanzverwaltung** nähert sich der Thematik ebenfalls lediglich indirekt über die Fälle der Kostenumlage (Zugrundelegung tatsächlicher direkter und indirekter Aufwendungen nach nationalen Rechnungslegungsvorschriften des Leistungserbringers; s. Tz. 2.1 VGr-Umlageverträge) sowie Arbeitnehmerentsendungen (ausdrückliche Nennung von Aktienoptionen als Aufwand; s. Tz. 2.3 VGr-Arbeitnehmerentsendung) und sieht in beiden Fällen eine Einbeziehung entsprechender (Lohn-)Aufwendungen im wirtschaftlichen Zusammenhang mit der Transaktion in die Kostenbasis vor. Für eine Verrechnung spricht, dass auch ein fremder Dritter eine Kostenverrechnung vornehmen würde, insbesondere dann, wenn der Nutzen aus den Optionsplänen bei der empfangenden Gesellschaft liegt.

Nach der OECD-Richtlinie sollte die Kostenaufschlagsmethode als **Bruttomargenmethode** verstanden werden, d. h. die Kostenbasis bilden in der Regel die direkten und indirekten Fertigungskosten. Davon abzugrenzen seien die „betrieblichen Aufwendungen des Gesamtunternehmens" (vgl. Tz. 2.48 OECD-Richtlinie). Die **US-Regulations** gehen ebenfalls von einer Bruttospanne bzw. von Teilkosten als Kostenbasis aus. Dies wird dadurch deutlich, dass die US-Regulations von „gross profit markup" bzw. von Bruttomargen sprechen (Sec. 1.482–3(d)(1) US-Regs.; ähnlich auch **Kanada:** Sec. 81 Information Circular 87–2R und die **Niederlande:** Tz. 2.3. IFZ 2001/295 M). In der Praxis wird die Methode aber häufig als Nettomargenmethode verstanden, d. h. der fremdübliche Gewinnaufschlag wird auf Basis der Vollkosten bestimmt. Die OECD betont, dass dieses Vorgehen auch fremdüblich ist, es handelt sich dann aber systematisch um eine Nettomargenmethode (vgl. Tz. 2.48 OECD-Richtlinie). Die Diskussion ist weitgehend akademischer Natur, da mittlerweile die Nettomargenmethode von den meisten Staaten als gleichrangig zu den Standardmethoden angesehen wird. 79

Des Weiteren muss ein angemessener **Kostenaufschlag** bestimmt werden. Der Kostenaufschlagssatz kann entweder durch einen **inneren** (i. d. R. aus internen Unternehmensdaten) oder **äußeren Vergleich** (etwa durch Datenbankanalyse von vergleichbaren Unternehmen) ermittelt werden (vgl. Tz. 2.40 OECD-Richtlinie, *Cools,* ITPJ 1999, 167; *Vögele/Raab,* in Vögele, D 233 ff.; *Vögele/Crüger,* IStR 2000, 516). Im Rahmen von konzerninternen sog. „Low value adding Dienstleistungen" bestätigt das gemeinsame EU-Verrechnungspreisforum die Beobachtung, dass angemessene Gewinnaufschläge häufig im Bereich von 3%-10% liegen, andere Gewinnaufschläge können aber im Einzelfall ebenfalls sachgerecht sein (vgl. Tz. 65 in Anlage 1 Leitlinien zu konzerninternen Dienstleistungen mit geringer Wertschöpfung zu der Mitteilung der Kommission an den Rat, das europäische Parlament und den europäischen Wirtschafts- und Sozialausschuss über die Tätigkeit des gemeinsamen EU-Verrechnungspreisforums im Zeitraum April 2009 bis Juni 2010 und damit zusammenhängende Vorschläge: 1. Leitlinien für konzerninterne Dienstleistungen mit geringer Wertschöpfung und 2. Mögliche Konzepte für EU-externe Dreieckskonstellationen, KOM(2011) 16). 80

Die Höhe des Kostenaufschlags ist insbesondere von der Kostenbasis abhängig. Verwendet der Steuerpflichtige als Kostenbasis Teilkosten, muss der Aufschlagssatz dem Leistungserbringer in der Regel ermöglichen, seine Vollkosten sowie einen angemessenen Gewinn zu erwirtschaften (zu den Ausnahmen vgl. FWBS/*Baumhoff,* § 1 AStG Rz. 515; *Kroppen,* in Kroppen, W 54 m. w. N.). 80a

Strittig ist teilweise, ob durchlaufende Posten mit einem Gewinn beaufschlagt werden. So wird von Seiten der deutschen Finanzverwaltung teilweise angeführt, dass Kosten von verbundenen Unternehmen als **durchlaufende Posten** behandelt werden müssen, da eine doppelte Beaufschlagung von **konzerninternen Kosten** generell vermieden werden muss. Eine generelle Aussage, dass konzerninterne Kosten nicht beaufschlagt werden sollen, ist aber nicht zulässig (so auch Tz. 2.93 OECD-Richtlinie). Entsprechendes soll auch für Materialkosten von **Auftragsfertigern** gelten, da diese – bei einer wirtschaftlichen Betrachtungsweise – die Materialkosten nur durchleiten würden (vgl. Tz. 4.1.3. VerwGrS – Funktionsverlage- 80b rung). Die **chinesische Finanzverwaltung** argumentiert diametral gegensätzlich. Sie will, dass bei der Anwendung der Kostenaufschlagsmethode bei einem Lohnfertiger, die Materialkosten des Auftraggebers der Kostenbasis des Lohnfertigers hinzugerechnet werden (vgl. Tz. 10.3.5.9. UN Transfer Pricing Manual). Die OECD weist zu Recht darauf hin, dass die Frage der Behandlung von durchlaufenden Posten eine besondere Bedeutung bei der Vergleichbarkeitsanalyse hat. Sollen die durchlaufenden Posten bei dem konzerninternen Unternehmen außer Acht bleiben, so ist zu analysieren, welche Kostenaufschläge unverbunden Unternehmen ohne Berücksichtigung der durchlaufenden Posten erwirtschaftet haben (vgl. Tz. 2.44, 7.36 OECD-Richtlinie). Nur so kann der Fremdvergleich sachgerecht geführt werden. International ist in der Praxis häufig ein Vergleich auf Basis der Vollkosten üblich (so auch Tz. 2.93 OECD-Richtlinie; FWBS/*Baumhoff*, § 1 AStG Rz. 506). Die Aussonderung von Materialkosten bei Auftragsfertigern stößt zudem auch auf praktische Probleme, da bei einem externen Fremdvergleich die Ermittlung von Materialkosten häufig nicht möglich ist. Im Zweifel kann die Kostenaufschlagsmethode auch durch alternative Gewinnkennziffern verprobt werden. Im Fall eines Lohnfertigers kann beispielsweise die **Kapitalrendite** zur Verprobung sachgerecht sein (vgl. Tz. 2.97 OECD-Richtlinie).

81 Neben den drei vorgenannten Standardmethoden können auch **gewinnorientierte Methoden** angewendet werden. In der Praxis werden in den meisten Fällen diese Methoden herangezogen, da die Anforderungen an die Vergleichbarkeit im Rahmen der Standardmethoden häufig nicht oder nur unzureichend erfüllt werden können (vgl. Tz. 2.103 OECD-Richtlinie, Sec. 1.482–5, 1.482–6 US-Regs.; für Australien: Sec. 3.52 ff. TR 97/20; für Kanada: Sec. 90 ff. Information Circular 87–2R; für Niederlande: Tz. 2.4.f IFZ 2001/295 M). Aus diesem Grund hat die OECD in ihren Richtlinien den Vorrang der Standmethoden gegenüber den gewinnorientierten Methoden aufgegeben (vgl. Rz. 96). Es kann zwischen der **Gewinnaufteilungs**- und der Gewinnvergleichsmethode bzw. der **geschäftsfallbezogenen Nettomargenmethode** unterschieden werden.

81a Die **geschäftsfallbezogene Nettomargenmethode** stellt auf den Vergleich von Nettorenditen aus vergleichbaren Transaktionen zwischen zwei unverbundenen Unternehmen ab. Die Nettorendite entspricht in der Regel dem Betriebsergebnis, d. h. es wird auf den Jahresüberschuss vor Steuern und Finanzergebnis abgestellt (vgl. Tz. 2.80 OECD-Richtlinie; Tz. 2.4.5. VerwGrS; Sec. 1482–5(d)(4) US-Regs.; für die Niederlande: Tz. 2.5. IFZ 2001/295 M; *Kuckhoff/Schreiber,* 66). Zudem sind außerordentliche Aufwendungen und Erträge auszusondern (vgl. Tz. 2.80 OECD-Richtlinie). Anstatt der geschäftsfallbezogenen Nettomargenmethode verwenden die USA die sog. **Gewinnvergleichsmethode** (CPM). Der Unterschied zwischen den beiden Methoden liegt zunächst in der **Aggregationsebene** der Transaktionen (s. auch Rz. 108 ff.). Während die US-Finanzverwaltung in der Regel auf die Gewinne eines Unternehmens oder eines Unternehmensteils aus den Transaktionen mit verbundenen Gesellschaften abstellt, betrachtet die OECD primär den **einzelnen Geschäftsvorfall** (s. Sec. 1.482–5(b)(1); 1.482–5(c)(3)(iii) US-Regs.; Tz. 2.58 OECD-Richtlinie). Zudem will die OECD primär einen betriebsinternen Vergleich von Nettorenditen anwenden, während nach den US-Regulations Renditen von unverbundenen Unternehmen ermittelt werden sollen (s. Tz. 2.58 OECD-Richtlinie; Sec. 1.482–5(c)(2)(i) US-Regs.; ausführlich zu den Unterschieden s. *Culbertson,* TNI August 1995, 370; *Taly,* TNI January 1996, 351; *Wright/Nelson/Kasdan,* ET 1995, 306). Allerdings weist die OECD mittlerweile darauf hin, dass die Nettomargenmethode in der Praxis häufig auf unternehmensweiten Daten basiert (vgl. Tz. 2.103 OECD-Richtlinie). Insofern ist von einer weitgehenden Deckungsgleichheit auszugehen. Die deutsche Finanzverwaltung lehnt die Gewinnvergleichsmethode (CPM) dagegen grundsätzlich ab (vgl.

Tz. 3. 4. 10.3d) VerwGrS-Verfahren; hierzu kritisch: *Eigelshoven/Nientimp,* DB 2005, 1186; *Schreiber,* StbG 2003, 485). Eine generelle Ablehnung ist allerdings unzulässig, die OECD stellt explizit klar, dass auch die Comparable Profit Method anzuerkennen ist, wenn diese in Übereinstimmung mit den Grundsätzen der OECD-Richtlinie angewendet wird (vgl. Tz. 2.56 OECD-Richtlinie).

Die Nettomargenmethode wird auf das Unternehmen angewendet, das die vergleichsweise einfacheren Strukturen aufweist bzw. über keine wertvollen immateriellen Wirtschaftsgüter verfügt (s. Tz. 2.59, 3.18f. OECD-Richtlinie; Sec. 1.482–5(b)(2)(i) US-Regs.). Auf Unternehmen, die über maßgebliche immaterielle Wirtschaftsgüter verfügen (sog. Entrepreneurunternehmen) ist die Methode regelmäßig unanwendbar, weil die Höhe der Nettomarge entscheidend von dem Wert der immateriellen Wirtschaftsgüter abhängt (vgl. Tz. 3. 4. 10.2b) VerwGrS-Verfahren). Insofern wären die Margen nicht vergleichbar. Die deutsche Finanzverwaltung will zudem die Nettomargenmethode nicht auf sog. **Mittelunternehmen** anwenden (vgl. Tz. 3. 4. 10.2c) VerwGrS-Verfahren). Die Definition des Mittelunternehmens ist aber unklar. Der Steuerpflichtige soll bei diesem Unternehmenstyp Plandaten verwenden, allerdings fordert auch hier die Finanzverwaltung, dass die zu planenden Gewinne so weit wie möglich durch fremdübliche Gewinnaufschläge oder eine marktübliche Kapitalverzinsung zu belegen sind. Letztlich kommt also auch die deutsche Finanzverwaltung nicht umhin, Nettomargen für einen Fremdvergleich zu verwenden (hierzu ausführlich *Eigelshoven/Nientimp,* DB 2005, 1184; *Schreiber,* in Kroppen, Verf. 203, 231). 82

Bei der Anwendung der Nettomargenmethode wird ein Vergleich der Nettorenditen in der Weise vorgenommen, dass für jedes Vergleichsunternehmen eine den Gewinn prägende Kennzahl („profit level indicator") ermittelt wird. Für Vertriebsgesellschaften werden häufig **Umsatzrenditen** angewendet (vgl. Tz. 2.90 OECD-Richtlinie). Für Produktionsunternehmen oder Dienstleistungsunternehmen kann es zweckmäßig sein das Betriebsergebnis ins Verhältnis zu den Vollkosten (Net Cost Plus) zu setzen (vgl. Tz. 2.87 OECD-Richtlinie). Für kapitalintensive Unternehmen können Kapitalrenditen als Vergleichsgröße herangezogen werden (vgl. Tz. 2.86 OECD-Richtlinie; zur Verwendung von Eigenkapitalrenditen: *Scholz,* IStR 2004, 209). In den USA ist auch die sog. **Berry Ratio** gebräuchlich. Die Berry Ratio setzt den Rohgewinn in das Verhältnis zu den Vertriebs- und Verwaltungskosten (s. Sec. 1.482–5(b)(4)(ii)(B) US-Regs.; s. erstmals *E. I. DuPont de Nemours & Co. v. U. S.,* 608 F. 2d 445 (Ct. Cl. 1979), certiorari denied, 445 U.S. 962 (1980); Tz. 2.100ff. OECD-Richtlinie; zur Auswahl einer Gewinnkennzahl s. *Clark,* TMTP 1997, 807; *Vögele/Raab,* in Vögele, D 260 ff, D 279 f.). 82a

Die Nettomargenmethode wurde in der Vergangenheit häufig kritisiert. Es wurde angeführt, dass ein von der Regel abweichender Gewinn bei einer Gesellschaft auf **vielfältigen Ursachen** beruhen kann (z.B. Management-Effizienz, lokale Marktursachen); sie lasse keineswegs zwingend auf nicht marktgerechte Bedingungen bei der Vereinbarung der Verrechnungspreise schließen. Darüber hinaus würden fremde Dritte nicht Gewinne, sondern stets Preise vereinbaren. Die Anwendung der Gewinnvergleichsmethode würde im Ergebnis zu einer **Sollgewinnbesteuerung** führen, insbesondere dann, wenn auf den Nettogewinn des gesamten Unternehmens abgestellt würde (kritisch zur Gewinnvergleichsmethode: BMF-Pressemitteilung v. 13.7.1995, IStR 1995, 384; *Baumhoff/Sieker,* IStR 1995, 517; *ICC,* Intertax 1995, 47; *Naumann,* IStR 2013, 616; *Runge,* IStR 1995, 508; Wassermeyer/*Sieker,* Art. 9 OECD-MA Rz. 260f.; *Werra,* IStR 1995, 464). 83

Die Kritik an der Nettomargenmethode ist berechtigt; eine Ablehnung der Nettomargenmethode greift allerdings zu kurz und ist mittlerweile als überholt anzusehen. Ein angemessener Preis kann häufig nicht ermittelt werden, weil eine Vielzahl von Faktoren einen erheblichen Einfluss auf Preise und Bruttomargen haben. Bei- 84 spielsweise haben Unterschiede in den ausgeübten Funktionen einen geringeren Einfluss auf Nettorenditen als auf Bruttomargen, da Funktionsunterschiede oft höhere betriebliche Aufwendungen bedingen, die wiederum eine erhöhte Bruttomarge erforderlich machen (s. Tz. 2.62 OECD-Richtlinie). In der Literatur wird zu Recht angemerkt, dass Informationsdefizite auch bei der Anwendung der Nettomargenmethode bestehen (*Borstell/Prick,* IStR 1999, 306; Wassermeyer/*Sieker,* Art. 9 OECD-MA Rz. 260; a. A. *Hamaekers,* ITPJ 2001, 35, der darauf hinweist, dass teilweise nur Nettorenditen verfügbar sind). Dem ist sicherlich zuzustimmen; allerdings muss der mögliche Einfluss fehlender Informationen bei der Anwendung der Standardmethoden und der geschäftsfallbezogenen Nettomargenmethode **gegeneinander gewichtet** werden. Dies kann – muss aber nicht – zum Ausschluss der Nettomargenmethode führen.

85 Die transaktionsbezogene Nettomargenmethode kann grundsätzlich vom Steuerpflichtigen angewendet werden, insbesondere dann, wenn die Standardmethoden zu **keinem zuverlässigen Ergebnis** führen. Die Nettomargenmethode muss jedoch sehr behutsam angewendet werden. Im Rahmen eines externen Margenvergleichs dürfen z. B. keine **Branchendurchschnitte** verwendet werden (vgl. Tz. 1.35 OECD-Richtlinie; Tz. 3.4.12.6b); 3.4.12.4. VerwGrS-Verfahren), sondern die Margen müssen auf Basis einer **Funktions- und Risikoanalyse** und anhand von Daten unverbundener Unternehmen (externer Vergleich) oder aus internen Daten ermittelt werden (vgl. Tz. 1.35 OECD-Richtlinie). Die Anwendung der Methode darf nicht, wie im Fall des BFH vom 17.2.1993 (BStBl. II 1993, 457), dazu führen, dass ein Unternehmen letztendlich eine **Gewinngarantie** erhält (s. hierzu *Becker,* IWB F. 3, Deutschland, Gr. 1, 1339; *Sieker,* BB 1993, 2424). Dies widerspricht dem Grundgedanken des Fremdvergleichs bzw. des Art. 9.

86 In der Praxis wird die Nettomargenmethode am häufigsten angewendet. Die OECD hat daher ihre Richtlinien im Bezug auf die Nettomargenmethode entsprechend erweitert (vgl. ab Tz. 2.77 OECD-Richtlinie). Zur Ermittlung von Nettomargen werden in der Regel Unternehmensdatenbanken eingesetzt, die einen Vergleich der Nettomargen von unabhängigen Unternehmen erlauben. Bei der Anwendung der Nettomargenmethode stellen sich Fragen der Vergleichbarkeit, auch wenn deren Bedeutung gegenüber anderen Methoden herabgesetzt ist, da Unterschiede in den **Funktionen und Risiken** einen geringeren Einfluss auf die Nettomarge haben als beispielsweise auf die Bruttomarge (vgl. Tz. 2.62 OECD-Richtlinie; Sec. 1.482–5(c)(2)(ii) US-Regs.). Bei der Anwendung stellt sich auch die Frage, welche Märkte vergleichbar sind bzw. in welchen Ländern die Vergleichsunternehmen ansässig sein sollten. In der Regel sollten möglichst Vergleichsunternehmen in dem gleichen Land verwendet werden. Da die Kapitalkosten sich innerhalb von Westeuropa allerdings angeglichen haben, ist ein Vergleich von Nettomargen von unabhängigen Unternehmen in Europa in der Regel möglich (vgl. *Meenan/Dawid/Hülshorst,* TMTP Special Report vom 14.4.2004, 1; Entschließung des Rates der EU vom 27.6.2006, ABl. der EU 2006/C176/01, S. 6; a. A. *Oestreicher/Duensing,* IStR 2005, 135; offen Tz. 1.58 OECD-Richtlinie). Zum zweiten können Unterschiede in den eingesetzten Wirtschaftsgütern unterschiedliche Margen zur Folge haben. Hier werden aber oft Anpassungsrechnungen eine Vergleichbarkeit ermöglichen und werden beispielsweise von der US-Finanzverwaltung gefordert (vgl. Tz. 1.482–5(c)(ii)(4) US-Regs.). Unternehmen mit erhöhten Lagerbeständen oder Forderungen aus Lieferungen und Leistungen bzw. mit geringeren Verbindlichkeiten aus Lieferungen und Leistungen haben daher tendenziell erhöhte Kapitalkosten und müssen erhöhte Absatzpreise oder niedrigere Bezugspreise am Markt durchsetzen, um den Unterschieden bei den Kapitalkosten gerecht zu werden (vgl. 3.49, Anhang zu Kapitel III OECD-Richtlinie; *Dorner/Dawid,* IWB F. 10, International, Gr. 2, 1563).

Die **Gewinnaufteilungsmethode** („profit split method") soll insbesondere dann angewendet werden, wenn zwei oder mehrere an der Transaktion beteiligte Parteien **wesentliche immaterielle Wirtschaftsgüter** in den Wertschöpfungsprozess einbringen oder wenn die Transaktion hochintegriert ist. Die Gewinnaufteilungsmethode geht davon aus, dass der gesamte Gewinn oder Verlust aus einer Transaktion zwischen den an der Transaktion beteiligten Parteien – in Anlehnung an den Fremdvergleich – aufzuteilen ist. Es kann zwischen der Beitragsanalyse („contribution analysis"), der vergleichenden Gewinnaufteilungsmethode („comparable profit split") sowie der Restgewinnanalyse („residual profit split") unterschieden werden. 87

Bei der **Beitragsanalyse** soll der Netto- oder Bruttogewinn einer Transaktion zwischen den verbundenen Unternehmen nach Maßgabe des jeweiligen Wertes der ausgeübten Funktionen – unter Berücksichtigung des Kapitaleinsatzes und der wahrgenommenen Risiken – aufgeteilt werden (vgl. Tz. 2.119 OECD-Richtlinie). Auf welche Weise ein Bezug zu Fremddaten hergestellt werden kann, bleibt allerdings bei der Beitragsanalyse unklar. Deutlicher ist diesbezüglich die **vergleichende Gewinnaufteilungsmethode** nach Sec. 1.482–6(c)(2) US-Regs., die ähnlich wie die Beitragsanalyse ausgestaltet ist. Die US-Finanzverwaltung will anhand von externen Marktdaten die Gewinnaufteilung nachvollziehen und diese Gewinnaufteilungsformel dann auf das konzerninterne Geschäft übertragen (*Dawid,* in Kroppen, O 2.108; *Diessner/Raab,* in Vögele, ab D 311; *Wahl/Preisser,* IStR 2008, 51; *Baumhoff,* in Mössner, Anm. C 504). Die wohl gebräuchlichste Gewinnaufteilungsmethode stellt die **Restgewinnanalyse** dar (vgl. Tz. 2.121 OECD-Richtlinie; Sec. 1.482–6(c)(3) US-Regs.; vgl. a. *Eli Lilly & Co. v. Comr.,* 84 T. C. 996 (1985), affirmed in part, reversed in part and remanded, 856 F. 2d 855 (7th Cir. 1988)). Hier erfolgt die Gewinnaufteilung in einem **zweistufigen Verfahren:** Zunächst sollen die an der Transaktion beteiligten Parteien einen üblichen Gewinn für die Funktionen und Risiken bzw. für das eingesetzte Kapital erhalten, für die im Markt übliche Vergütungen festgestellt werden können. Der verbleibende Gewinn ist den immateriellen Wirtschaftsgütern zuzuordnen. Dieser Gewinnanteil soll dann in einem zweiten Schritt im Verhältnis der Werte der immateriellen Wirtschaftsgüter, die zur Durchführung der Transaktion notwendig sind, aufgeteilt werden (vgl. zur Gewinnaufteilungsmethode: *Diessner/Raab,* in Vögele, D 311 ff.; *Higinbotham,* TMTP Special Report, Nr. 24 (1996), 1; *Dawid/Dworaczek,* in Kroppen, O 3.5). Häufig ist es allerdings schwierig, den Wert der immateriellen Wirtschaftsgüter zu ermitteln. Hier wird daher häufig auf die laufenden oder kapitalisierten Kosten, die für die Erstellung der immateriellen Wirtschaftsgüter notwendig waren, abgestellt (vgl. Sec. 1.482–6(c)(3)(iii) US-Regs.; Annexe II und III zu Kapitel II OECD-Richtlinie). 88

(4) Anwendung und Auswahl der Methoden: Die Verrechnungspreismethoden können zur **Festsetzung** oder zur **Verprobung** der konzerninternen Preise angewendet werden (vgl. Tz. 2.1 OECD-Richtlinie). Art. 9 MA verlangt nicht vom Steuerpflichtigen, dass er eine bestimmte Methode im Rahmen der **Festsetzung** der Verrechnungspreise anwenden muss (vgl. Tz. 2.3, 2.9 f. OECD-Richtlinie). Die Bedingungen bzw. Preise können vereinbart oder auferlegt werden (vgl. Rz. 50 f.). Dies ist insbesondere dann entscheidend, wenn sich der Steuerpflichtige bei der Preissetzung von keiner der vorgenannten Methoden leiten lässt, z. B. Preise „aushandelt" (vgl. Tz. 1.5 OECD-Richtlinie; *Hamaekers,* ITPJ 1997, 2), sich an betriebswirtschaftlichen Überlegungen ausrichtet (vgl. *Durst,* TMTP 2002, 909; *Plasschaert,* ITPJ 1997, 197) oder Preise historisch gewachsen sind, ohne dass diese formell durch einen Fremdvergleich verifiziert wurden. Stellt der Steuerpflichtige im Rahmen der **Verprobung** mit den in Rz. 71 ff. dargestellten Verrechnungspreismethoden fest, dass die Preise dem Fremdvergleichspreis entsprechen, ist dieser 94

Preis fremdüblich und eine Einkunftskorrektur wäre durch Art. 9 MA nicht zu rechtfertigen. Stellt der Steuerpflichtige fest, dass seine Preise fremdunüblich waren, kann dieser die Preise auch **nach Vertragsabschluss** ändern, sodass die Gewinne des Unternehmens nicht durch die unzutreffenden Preise gemindert wurden. In diesem Fall würde eine Korrektur ebenfalls nach Art. 9 MA ausscheiden, da die Tatbestandsvoraussetzung der Gewinnminderung nicht vorliegt (vgl. Rz. 49, 112, 127 f.). Grundlage für die Verprobung der Verrechnungspreise sind die vertraglichen Bedingungen (insbesondere die Risikoabgrenzung) im **Zeitpunkt des Vertragsabschlusses.** Im Rahmen der Verprobung dürfen zudem nur Informationen verwendet werden, die im Zeitpunkt des Vertragsabschlusses auch einem fremden Dritten zugänglich gewesen wären. Soweit eine nachträgliche Anpassung der Preise erfolgt, das innerstaatliche Recht aber eine Anpassung nicht zulässt, entfaltet Art. 9 MA eine Sperrwirkung. Dies gilt beispielsweise für das deutsche Recht, da ein beherrschender Gesellschafter einen unangemessenen Preis nach ständiger BFH-Rechtsprechung nicht nachträglich anpassen darf (vgl. BFH BStBl. II 1989, 673; BStBl. II 1990, 454; BStBl. II 1994, 479). Eine nachträgliche Anpassung ist nach der BFH-Rechtsprechung nur zulässig, wenn die Korrektur der Preise klar und eindeutig im Vorhinein vereinbart wurde (so explizit auch für die Niederlande: Tz. 1.3 IFZ 2001/295 M). Der BFH hat allerdings deutlich gemacht, dass Art. 9 MA gegenüber dem innerstaatlichen Recht Sperrwirkung entfaltet (vgl. BFH/NV 2013, 324; s. auch Rz. 27).

95 Die Finanzbehörde hat die Angemessenheit der Verrechnungspreise anhand von Verrechnungspreismethoden zu überprüfen. Soweit der Steuerpflichtige zur Festsetzung seiner Preise eine Verrechnungspreismethode anwendet oder seine Preise regelmäßig mit einer bestimmten Methode verprobt, sollte die Finanzverwaltung sich an dieser Methode ausrichten (vgl. Tz. 1.64 OECD-Richtlinie). Einige Staaten sehen zudem **Dokumentationspflichten** vor bzw. verlagern die **Beweislast** für die Angemessenheit der Verrechnungspreise zum Steuerpflichtigen (vgl. Rz. 131 ff.), sodass dieser in der Regel seine Verrechnungspreise mit einer Verrechnungspreismethode festsetzen oder verproben muss.

96 Der Steuerpflichtige ist im Allgemeinen nicht verpflichtet, die Verrechnungspreise mit **mehr als einer Methode** zu bestimmen (Tz. 2.8, 2.11 OECD-Richtlinie; § 2 Abs. 2 S. 3 GAufzV; Tz. 3.4. 10.1. VerwGrS-Verfahren). Der Steuerpflichtige sollte die Methode wählen, die zum verlässlichsten Ergebnis führt. Die Wahl wird maßgeblich durch die zur Verfügung stehenden Informationen beeinflusst (vgl. Tz. 2.2. OECD-Richtlinie). Dagegen soll der Steuerpflichtige in den USA nach der sog. **„best method rule"** alle zulässigen Verrechnungspreismethoden evaluieren (vgl. zu der Anwendung: *Amerkhail,* TMTP 1995, 181; *Guerard,* TMTP Special Report, Nr. 18 (1995), 1; *Rozek,* TNI 1996, 1191).

96a Grundsätzlich besteht keine **Rangfolge zwischen den Verrechnungspreismethoden** (vgl. Tz. 2.2. OECD-Richtlinie). In den OECD-Richtlinie 1995 ging die OECD noch davon aus, dass die gewinnorientierten Methoden nur als „last resort" bzw. nur in Ausnahmefällen verwendet werden sollen (vgl. Tz. 3.50 OECD-Richtlinie 1995). Die **transaktionsbezogenen Methoden** werden aber weiterhin bevorzugt, allerdings nur dann, wenn diese Methoden genauso verlässlich angewendet werden können wie gewinnorientierte Methoden (vgl. Tz. 2.3 OECD-Richtlinie). In Deutschland sieht § 1 Abs. 3 S. 1 AStG vor, dass transaktionsbezogene Methoden einen **Vorrang** genießen, wenn uneingeschränkt vergleichbaren Drittdaten vorhanden sind. Liegen nur eingeschränkt vergleichbare Drittdaten vor, sind alle Methoden gleichermaßen einschlägig (vgl. § 1 Abs. 3 S. 2 AStG). Als dritte Möglichkeit sieht der Gesetzgeber in Deutschland zudem den Fall, dass keine Drittdaten vorhanden sind. In diesem Fall soll der sogenannte **hypothetische Fremdvergleich** Anwendung finden (vgl. § 1 Abs. 3 S. 5 AStG).

Dieser Fall findet bei der OECD keine Erwähnung und wird daher in der Literatur zu Recht kritisiert (vgl. *Eigelshoven/ Ebering,* in Kroppen, O 1.68, Rz. 392). Die **Preisvergleichsmethode** wird generell bevorzugt, da hier ein Fremdvergleichspreis unmittelbar vorliegt, während bei den anderen Methoden ein angemessener Verrechnungspreis erst durch Rückrechnung ermittelt werden kann (vgl. Tz. 2.3 OECD-Richtlinie; Tz. 3.2.3.2., 4.2.1., 5.2.3., 6.4.1. VerwGrS; Sec. 1482–3(b)(2)(ii)(A) US-Regs.; für Kanada: Sec. 53 Information Circular 87–2R; Wassermeyer/ *Sieker,* Art. 9 OECD-MA Rz. 233; FWBS/*Wassermeyer,* § 1 AStG, Rz. 396; eine Übersicht über einzelne Länder gibt *Cauwenbergh,* ITPJ 1997, 139).

(5) Price Setting vs. Outcome Approach. Steuerpflichtige können im 97 Rahmen ihrer Dokumentationspflichten darstellen, dass die Preise unter Berücksichtigung der verfügbaren Informationen im *Zeitpunkt der Preisfestsetzung* angemessen festgesetzt wurden (sog. Price Setting Approach, vgl. Tz. 3.69 OECD-Richtlinie). Der **Price Setting Approach** versucht das Verhalten von fremden Dritten nachzubilden. Die deutsche Finanzverwaltung will diese Methodik insbesondere bei sogenannten Mittelunternehmen anwenden (vgl. Tz. 3.4.12.6 VerwGrS-Verfahren; vgl. dazu näher *Schreiber,* in Kroppen, Verf. 229). Demnach soll der Steuerpflichtige auf Basis von innerbetrieblichen Plandaten und vorsichtigen Gewinnprognosen Preise festsetzen. Die TNMM, die in der Staatenpraxis im Regelfall Anwendung findet, wird für solche Unternehmen generell abgelehnt (vgl. Tz. 3.4.10.2. VerwGrS-Verfahren, kritisch *Eigelshoven/Nientimp,* DB 2005, 1184). Unter dem **Outcome Approach** können Steuerpflichtige darstellen, dass die vereinbarten oder auferlegten Preise sich innerhalb der Bandbreite von fremdüblichen Preisen befinden (vgl. Tz. 3.70 OECD-Richtlinie). Da in der Regel ein fremdüblicher Preisfestsetzungsmechanismus nur schwer von Konzernunternehmen nachgebildet werden kann, wenden Steuerpflichtige in der Regel den Outcome Approach an. Beide Ansätze sind von den Finanzverwaltungen zu akzeptieren. Die OECD weist allerdings darauf hin, dass die beiden Ansätze zu unterschiedlichen Ergebnissen führen können. In diesem Fall sieht die OECD nur die Möglichkeit etwaige Meinungsverschiedenheiten im Rahmen von Verständigungsverfahren zu lösen. Die Wortwahl der OECD-Richtlinie ist ungewöhnlich und weist auf erhebliche Meinungsverschiedenheiten zwischen den OECD-Staaten hin, da in der Regel Formulierungen gefunden werden konnten, die den Sichtweisen aller OECD-Staaten gerecht wird. Die OECD hat am 6.6.2012 die Öffentlichkeit um Kommentare zu Erfahrungen in der Anwendung der beiden Konzepte gebeten (vgl. OECD, Draft on Timing Issues Relating to Transfer Pricing vom 6.6.2012; kritisch zum Outcome Approach: *Naumann,* IStR 2013, 616).

(6) Vergleichbarkeitsanalyse: Der freie Marktpreis – also der zwischen unver- 97a bundenen Unternehmen vereinbarte Preis – ist Maßstab des Fremdvergleichsgrundsatzes. Bei der Anwendung der Verrechnungspreismethoden muss daher in der Regel ein Bezug zu einer Transaktion zwischen unverbundenen Unternehmen hergestellt werden. Es sind daher insbesondere Preise, Brutto- oder Nettomargen einer Transaktion zwischen konzernverbundenen Unternehmen mit den Preisen, Brutto- oder Nettomargen einer Transaktion zwischen unverbundenen Unternehmen zu vergleichen. Ein Vergleich ist aber nur dann zulässig, wenn **alle wirtschaftlich relevanten Gegebenheiten** hinreichend vergleichbar sind (Tz. 1.33, 3.47 OECD-Richtlinie; s. a. Tz. 2.1.7. VerwGrS). Ob und inwieweit Transaktionen vergleichbar sind, ist Gegenstand der **Vergleichbarkeitsanalyse.** Im Rahmen dieser Analyse müssen in einem ersten Schritt alle Unterschiede zwischen einer Transaktion innerhalb eines Konzerns und einer Transaktion zwischen unverbundenen Unternehmen identifiziert werden. In einem zweiten Schritt muss dann dargelegt werden, ob die identifizierten Unterschiede einen Einfluss auf den Vergleichspreis haben können; falls dies der Fall ist, müssen die Unterschiede quantifiziert werden.

98 Inwieweit sich eine Transaktion für Vergleichszwecke eignet, ist auch vor dem Hintergrund der **anzuwendenden Verrechnungspreismethode** zu beurteilen. So haben beispielsweise Produktunterschiede einen erheblichen Einfluss auf die Preisvergleichsmethode, sie spielen aber bei der Kostenaufschlagsmethode oder bei der Wiederverkaufspreismethode eine nur untergeordnete Rolle (vgl. Tz. 2.25 f. OECD-Richtlinie). Dies betonen auch die US-Richtlinien, da die Wahl der Methoden vor allem von der Zuverlässigkeit der zugrunde liegenden Daten abhängig sein soll (s. auch Sec. 1.482–1(c)(2)(ii) US-Regs.).

99 Im Rahmen der Vergleichbarkeitsanalyse sind vor allem die Merkmale der Wirtschaftsgüter und Dienstleistungen (vgl. Tz. 1.39 OECD-Richtlinie), Funktionen, Risiken (vgl. Tz. 1.42 ff. OECD-Richtlinie), Vertragsbedingungen (vgl. Tz. 1.52. ff. OECD-Richtlinie), wirtschaftlichen Rahmenbedingungen (vgl. Tz. 1.55 OECD-Richtlinie), Geschäftsstrategien (vgl. Tz. 1.59 OECD-Richtlinie) und Unterschiede in der Bilanzierung (vgl. Sec. 2.67 ff. TR 97/20) zu untersuchen (vgl. auch Tz. 2.1.3., 3.1.1., 3.1.2. VerwGrS; 1.482–1(d)(3) US-Regs.). Die Aufteilung der **Funktionen und Risiken** der an der Transaktion beteiligten Parteien werden mittels einer so genannten Funktions- und Risikoanalyse untersucht. Preise, Brutto- und Nettomargen sind in der Regel nur dann vergleichbar, wenn die Funktionen und die Risiken vergleichbar sind. Bei der **Funktionsanalyse** sind die von den beteiligten Parteien ausgeübten Funktionen zu analysieren. Es sind dabei nicht nur die allgemeinen betrieblichen Funktionen wie Einkauf, Forschung und Entwicklung, Produktion und Verkauf zu untersuchen, sondern alle im Zusammenhang mit der Transaktion ausgeübten Aktivitäten (z. B. Transport, Versicherung, Kundenservice). Im Rahmen der **Risikoanalyse** sollten beispielsweise allgemeine Geschäftsrisiken, Lagerhaltungsrisiken, Forderungsausfallrisiken, Währungsrisiken, Preisrisiken, Garantierisiken, Auslastungsrisiken oder etwa die Risiken im Zusammenhang mit einer erfolgreichen Forschung und Entwicklung untersucht werden.

100 Auch sind die **Vertragsbedingungen,** insbesondere die Zahlungs- und Lieferbedingungen, der Einfluss von Rabatten (vgl. *Conseil d'État* req. n. 60.805, Dr. Fisc. 1989 comm. 240; US Steel Corp v. Comr. 617 F. 2d, 942 (2d Cir. 1980), rev'g 36 TCM 586 (1977)), die Vertragsdauer sowie der Zeitpunkt des schuldrechtlichen Verpflichtungsgeschäftes zu analysieren. Des Weiteren sollten die **wirtschaftlichen Rahmenbedingungen** von Transaktionen vergleichbar sein. Die Managementeffizienz, Kosten- oder Kapitalstrukturen, die Marktsituation (Monopol, Oligopol, Polypol), Standortkosten, Marktstrategien sowie die Handelsstufe können einen erheblichen Einfluss auf die Preisbildung auf Märkten haben. Zudem muss auch das Volumen vergleichbar sein (BFH/NV 2002, 136; BFH BStBl. II 1981, 492; *US Steel Corp. v. Comr.,* 617 F. 2d 942 (2d Cir. 1980), rev'g 36 TCM 586 (1977)).

101 Auch **staatliche Subventionen,** Preiskontrollen, Devisenbestimmungen, Wechselkurse, Ein- und Ausfuhrbestimmungen, bei Mitgliedstaaten der Europäischen Union die Vorschriften des EG-Vertrages und sekundäres Gemeinschaftsrecht in Form von Verordnungen und Entscheidungen und zahlreiche andere Vorschriften dieser Art können sich auf die Bestimmung des Entgelts auswirken. So hat der *US Court of Appeals for the 6th Circuit* 1992 zutreffend entschieden, dass es dem *IRS* nicht gestattet sei, einem Steuerzahler Einkünfte zuzuordnen, wenn der Bezug dieser Einkünfte aus Gründen des ausländischen Rechts verhindert wird (vgl. Procter & Gamble v. Comr., T.C. 1990, 323, affirmed 961 F. 2d 1255; zu gesetzlichen Weiterveräußerungsbeschränkungen s. Exxon Corp. et al. v. Comr, TCM 1966, 1707; TCM 1993, 616, und Besprechungen in TNI January 1994, 28 und 298 ff., TN January 1994, 70; ausführlich *McCawley,* TMIJ 1994, 207).

102 Wichtig ist darüber hinaus, inwieweit **geographische Märkte** vergleichbar sind. Durch den Wegfall der Handelsbarrieren innerhalb der Europäischen Union und mit Einführung einer einheitlichen Währung wird dabei insbesondere dem Vergleich von Preisen und Margen innerhalb von Europa eine besondere Bedeutung zukommen. Durch den liberalisierten Kapitalmarkt und durch den freien Dienstleistungs- und Warenverkehr sowie durch die erhöhte Transparenz nach der Einführung des Euro gleichen sich in der Tendenz auch Nettomargen für Routineunternehmen und können für einen Vergleich sachgerecht sein (vgl. Tz. 3.35 OECD-Richtlinie; Entschließung des Rates der EU vom 27.6.2006, ABl. EU Nr. C 176/01, 6; *Meenan/Dawid/Hülshorst,* TMTP Special Report vom 14.4.2004, 1). Demnach ist es in Deutschland üblich, für die Bestimmung angemessener Nettomargen auf **pan-europäische Vergleichsunternehmen** abzustellen. Einige Staaten fordern aber weiterhin die Verwendung von lokalen Vergleichsunternehmen, wie z.B. Italien, Frankreich und Großbritannien. In Asien verwenden Steuerpflichtige zur Dokumentation ihrer Verrechnungspreise häufig pan-asiatische Vergleichsunternehmen. Auch hier fordern einige Staaten lokale Vergleichsdaten (insbesondere in **Indien, Japan und Korea;** vgl. für Indien: *Ruh/Beyer,* IWB F. 6, Indien, Gr. 2, 101), andere Staaten bevorzugen lokale Vergleichsdaten, lehnen aber Vergleichsdaten aus einer Region oder aus mehreren Ländern nicht kategorisch ab (z.B. **China, Indonesien, Malaysia, Philippinen, Thailand, Vietnam;** vgl. für China: *Ma/Heggmair,* IWB 2010, 548). In **Kanada, Mexiko** und **USA** werden in der Regel Vergleichsunternehmen aus Nordamerika für die Anwendung der TNMM herangezogen (vgl. für Kanada und USA: *Vögele/Crüger/Witt/Sedlmayr/Fügemann,* in Vögele, H 55; *Zschiegner,* IWB F. 8, USA, Gr. 2, 1065; *Zschiegner,* IWB F. 8, USA, Gr. 2, 1269; *Wahl/Preisser,* IStR 2008, 51).

(7) Transaktionsbezug der Methoden: Gegenstand des Fremdvergleichs ist 108
jede einzelne kaufmännische oder finanzielle Beziehung bzw. jede einzelne Transaktion (vgl. Tz. 3.9 OECD-RL; Tz. 2.1.2., 2.1.4. VerwGrS). Allerdings können bei der Anwendung der Verrechnungspreismethode oder bei Überprüfung der Verrechnungspreise auch Transaktionen **zusammengefasst bewertet** werden. Dies ist insbesondere dann möglich, wenn die Transaktionen in einem **engen wirtschaftlichen Zusammenhang** stehen (z.B. bei Lieferung eines Produktes bei gleichzeitiger Lizenzierung des mit dem Produkt verbundenen Markennamens), in **enger zeitlicher Reihenfolge** stattfinden (z.B. bei langfristigen Verträgen) oder auch unter fremden Dritten zusammengefasst bewertet werden. So können z.B. Transaktionen nicht einzeln beurteilt werden, wenn ein fremder Dritter im Rahmen einer **Produktpalettenbetrachtung** einen niedrigeren Preis bei der Lieferung eines Produktes oder bei der Erbringung einer Leistung hinnimmt, weil dieser einen entsprechend höheren Preis bei der Lieferung eines anderen Produktes bzw. bei der Erbringung anderer Dienstleistungen erlangen kann (vgl. im Einzelnen: Tz. 3.9ff. OECD-Richtlinie; Tz. 3.4.13. VerwGrS-Verfahren; Sec. 1.482–1(f)(2)(i) US-Regs.; für die Niederlande: *Hooge Raad* vom 28.6.2002 V-N 2002/34.9; für Kanada: *Supreme Court of Canada* vom 18.10.2012, Canada *v.* GlaxoSmithKline Inc., 2012 S CC 52, vgl. dazu *Mank/Bollermann,* IWB 2012, 897; zur Produktpalettenbetrachtung: *Baumhoff,* IStR 1994, 593; *Jacobs,* S. 630 f.; Wassermeyer/*Sieker,* Art. 9 OECD-MA Rz. 149ff.; *Kroppen/Rasch,* IWB F. 3, Deutschland, Gr. 1, 2101; *Lenz/Fischer/Schmidt,* BB 2005, 1255; *Wehnert,* IStR 2005, 752). Die zusammengefasste Bewertung muss sicherstellen, dass eine Einzelbewertung insgesamt zum gleichen Ergebnis führt.

Umgekehrt kann es auch **sachgerecht** sein, eine Transaktion zur Ermittlung 109
eines angemessenen Preises in zwei oder mehrere Komponenten zu **zerlegen,** z.B. wenn ein Produkt verkauft wird und der Hersteller auch die Kosten der Wartung übernimmt (vgl. Tz. 3.11 OECD-Richtlinie). Der Steuerpflichtige ist grundsätzlich in der Entscheidung frei, ob er Transaktionen einzeln oder zusammengefasst bewertet (einschränkend Tz. 3.4.13. VerwGrS-Verfahren). Besteht kein wirtschaft-

licher oder zeitlicher Zusammenhang zwischen mehreren Transaktionen, können Vor- und Nachteile aus diesen Transaktionen im Rahmen eines **Vorteilsausgleichs** ausgeglichen werden (vgl. Rz. 110).

110 **(8) Vorteilsausgleich:** Nach den deutschen Verwaltungsgrundsätzen ist ein Vorteilsausgleich nur zu gewähren, wenn die Geschäfte in einem **inneren Zusammenhang** stehen, der den Schluss zulässt, dass die Geschäfte auch unter Fremdbedingungen von dem Steuerpflichtigen mit denselben Personen abgeschlossen worden wären (Tz. 2.3.2. VerwGrS). Die Vor- und Nachteile müssen bei den einzelnen Geschäften mit der Sorgfalt eines ordentlichen Geschäftsleiters **quantifiziert** werden können (a. a. O.). Es muss weiterhin glaubhaft gemacht werden, dass der **Vorteilsausgleich vereinbart** war bzw. der Vorteil zur Geschäftsgrundlage des nachteiligen Geschäfts gehörte (a. a. O.). Sind die Nachteile nicht während eines Wirtschaftsjahres, in dem sie sich ausgewirkt haben, ausgeglichen worden, so soll ein Ausgleich nur zulässig sein, wenn spätestens bis zum Ende dieses Wirtschaftsjahres bestimmt ist, wann und durch welche Vorteile die Nachteile ausgeglichen werden. Die Nachteile müssen innerhalb der drei folgenden Wirtschaftsjahre ausgeglichen sein, es sei denn, der Steuerpflichtige hat die den Vorteil einbringende Leistung bereits aktiviert (Tz. 2.3.3. VerwGrS).

111 Die Voraussetzungen für einen Vorteilsausgleich sind nach den Verwaltungsgrundsätzen im Allgemeinen enger als nach der OECD-Richtlinie. Insbesondere ist es gemäß der OECD-Richtlinie nicht notwendig, dass ein **innerer Zusammenhang** zwischen den beiden Geschäften besteht (vgl. *Wassermeyer,* Art. 9 OECD-MA Rz. 354). Die OECD-Richtlinie stimmt aber insofern mit den deutschen Verwaltungsgrundsätzen überein, als dass eine im **Vorhinein getroffene Vereinbarung** zum Vorteilsausgleich vorliegen muss; ein **unbeabsichtigter oder zufälliger Vorteilsausgleich** ist daher unbeachtlich. Dagegen will die US-Finanzverwaltung auch einen unbeabsichtigten Vorteilsausgleich zulassen (vgl. Sec. 1.482–1(g)(4) US-Regs., so auch Australien vgl. Sec. 2.118 TR 97/20, allerdings nur nach Einleitung eines Verständigungsverfahrens).

112 Die **formellen Anforderungen** werden allerdings insofern relativiert, als dass der Steuerpflichtige oder der zur Gegenberichtigung aufgerufene Staat bei einer drohenden Erstberichtigung andere unangemessene (kaufmännische oder finanzielle) Beziehungen geltend machen kann, die zu Ungunsten des Steuerpflichtigen abgewickelt wurden. Eine Erstberichtigung ist nur dann zulässig, wenn die Gesamtheit aller Transaktionen zu einer **Gewinnminderung** in dem Vertragsstaat geführt hat, der eine Erstberichtigung vornehmen will (vgl. Rz. 49, 127 f.). Soweit allerdings ein Vorteilsausgleich nicht greift, obliegt dem zur Gegenberichtigung aufgeforderten Vertragsstaat die **Beweislast** für die Unangemessenheit der anderen Transaktion.

113 Die Zulässigkeit eines Vorteilsausgleichs **zwischen mehreren Gesellschaften eines Konzerns** ist umstritten. Die OECD lässt diese Frage offen (vgl. Näheres *Baumhoff/Sieker,* IStR 1995, 522).

114 **(9) Preisbandbreite:** In der Regel führt die Anwendung der Verrechnungspreismethoden nicht zu einem angemessenen Preis, sondern zu einer **Bandbreite von angemessenen Preisen.** Der Steuerpflichtige kann jeden Preis innerhalb dieser Bandbreite wählen (vgl. *Eigelshoven/Ebering,* in Kroppen, O 1.45 Anm. 207; FWBS/*Baumhoff,* § 1 AStG Rz. 151; *Schaumburg,* Tz. 18.113.; a. A. *Runge,* IStR 1995, 508; nach Tz. 2.1.9., Beispiel 1 VerwGrS darf der Preis nicht willkürlich am unteren oder oberen Bereich der Bandbreite festgesetzt werden). In Westreco Inc. v. Comr. (TCM 1992, 849) hat der US Tax Court eine Gewinnkorrektur erstmals am Maßstab eines Transferpreisrahmens vorgenommen (vgl. *Smith/Goldstein,* CTJ 1992, 1418; *Fink,* Intertax 1993, 46). Auch der schwedische *Regeringsrätt* (RÅ 1991 ref. 107) hat einen angemessenen Transferpreisrahmen ausreichen lassen, ohne diesen genau festzulegen (vgl. *van der Rest,* ET 1992, 60).

Eine Bandbreite von angemessenen Preisen ist aufgrund von **Bewertungsunsicherheiten** bei der Ermittlung angemessener Verrechnungspreise gerechtfertigt. In diesem Zusammenhang weist die OECD darauf hin, dass die Verrechnungspreisbestimmung keine **exakte Wissenschaft** ist (vgl. Tz. 3.55 OECD-Richtlinie; für Kanada vgl. Sec. 34 Information Circular 87–2R; vgl. *Rasch,* S. 140 ff. m. w. N.). Zudem ist zu beachten, dass eine Preisbandbreite auch Märkten immanent ist. Aufgrund von **Intransparenzen** ist daher auch bei den meisten Transaktionen zwischen fremden Dritten von einer Preisbandbreite auszugehen. 115

Sind vergleichbare Fremdvergleichsdaten vorhanden, bilden nach den deutschen und US-amerikanischen Vorstellungen alle ermittelten Werte eine Bandbreite (vgl. § 1 Abs. 3 S. 1 AStG; Sec. 1.482–(e)(2)(i) US-Regs.). Sind nur eingeschränkt vergleichbare Werte zu ermitteln, soll die Bandbreite verengt werden (§ 1 Abs. 3 S. 3 AStG). International wird häufig das Konzept einer sogenannten **interquartilen Bandbreite** angewendet. Demnach sollen die 25% höchsten und niedrigsten Vergleichspreise (oder Vergleichsmargen) aus der Betrachtung ausgeschlossen werden (vgl. Tz. 3.57 OECD-RL; Sec. 1.482–1(e)(2)(iii) US-Regs.; Tz. 3.4.12.5. VerwGrS-Verfahren; für die Niederlande: Tz. 1.2 IFZ 2001/295 M; *Kuckhoff/Schreiber,* Anm. 166; ablehnend Kanada, vgl. Sec. 34 Information Circular 87–2R; *Diessner,* in Vögele, T 13; *Levy/Wright/Nelson/Kasdan,* TMTP Special Report, Nr. 17 (1995), 10; s. zu den Vorschriften der einzelnen Länder: *Betten/Rotondaro,* ITPJ 1998, 174). Eine Bandbreite angemessener Preise scheidet dann aus, wenn auch fremde Dritte keine Bandbreite, sondern nur einen bestimmten Preis vereinbaren. Dies ist insbesondere bei börsennotierten Preisen der Fall.

Soweit eine Preisbandbreite gegeben ist und der vereinbarte Preis **außerhalb der Bandbreite** liegt, kann eine Erstberichtigung nach der OECD-Richtlinie auf einen mittleren Wert der Bandbreite vorgenommen werden (z. B. Median, Durchschnitt oder gewichteter Durchschnitt) (vgl. Tz. 3.62 OECD-Richtlinie). **Deutschland** und die **USA** wollen eine Anpassung auf den Median vornehmen (vgl. § 1 Abs. 3 S. 4 AStG; Sec. 1.482–1(e)(3) US-Regs.; dies gilt i. d. R. auch in den Niederlanden, vgl. Tz. 1.2 IFZ 2001/295 M). Es erscheint aber fraglich, ob eine Anpassung auf den Median im Rahmen eines Verständigungsverfahrens gegenüber dem Staat, der eine Gegenberichtigung durchführen soll, durchsetzbar ist. In der Staatenpraxis erfolgte im Rahmen von Verständigungsverfahren häufig eine Anpassung an den Bandbreitenrand, so dass eine Einkunftskorrektur möglichst gering ausfiel (allerdings auf Basis der alten OECD-Richtlinie, die noch keine Vorgaben enthielten). Erfolgt eine Anpassung auf eine Bandbreite von Nettomargen, sprechen häufig auch gewichtige Argumente für eine möglichst geringe Anpassung, da häufig Gründe für besonders hohe oder niedrige Gewinne vorliegen. Dies sollte entsprechend bei einer Erstkorrektur nach Art. 9 berücksichtigt werden. 116

Einige Staaten versuchen, die Anwendung von Bandbreiten einzuschränken. In Deutschland soll der Steuerpflichtige im Rahmen des hypothetischen Fremdvergleichs verpflichtet werden, einen bestimmten Punkt (Wert mit der höchsten Wahrscheinlichkeit bzw. **der Mittelwert** aus einem Einigungsbereich) zu wählen (vgl. § 1 Abs. 3 S. 7 AStG; vgl. *Pohl,* in Blümich, § 1 AStG, Rz. 124; *Kraft,* in Kraft, § 1 AStG; Rz. 338 f.). In **Indien** soll der Steuerpflichtige mindestens das arithmetische Mittel erreichen (vgl. Sec. 92C(2) ITA; *Brem/Tucha*, IStR 2006, 391; *Schnickel/Schein*, IStR 2001, 597; *Andresen*, IWB F. 6, Indien, Gr. 2, 87). Der Versuch der Einengung von Bandbreiten wird von der OECD allerdings nicht gestützt. 116a

(10) Mehrjahresanalyse: Grundsätzlich ist bei der Bestimmung des angemessenen Verrechnungspreises der **Zeitpunkt des Verpflichtungsgeschäftes** zu Grunde zu legen (BFH/NV 2001, 866). Bei der Beurteilung der Angemessenheit der Verrechnungspreise kann es allerdings zweckmäßig sein, einen Vergleich auf 117 einen längeren Zeitraum zu beziehen, um konjunkturelle Einflüsse, Produktlebenszyklen, Risiken, besondere Kosteneinflüsse und Geschäftsstrategien angemessen zu berücksichtigen (vgl. Tz. 3.75 ff. OECD-Richtlinie; Tz. 3.4.12.9. VerwGrS-Verfahren; Sec. 1.482–1(f)(2)(iii) US-Regs.). In den USA ist häufig ein Betrachtungszeitraum von **drei Jahren** üblich (vgl. Sec. 1.482–1(f)(2)(iii)(E), 1.482–5(b)(4) US-Regs.). Die australischen Finanzbehörden schlagen einen Betrachtungszeitraum von **fünf Jahren** vor (Sec. 2.98 TR 97/20). Der Steuerpflichtige kann allerdings auch einen längeren Betrachtungszeitraum wählen, insbesondere dann, wenn langfristige Effekte, z. B. Währungsschwankungen analysiert werden sollen (vgl. z. B. *Silva,* TMTP 1995, 416, hier wurde der Einfluss von Währungsschwankungen auf die Gewinne von Vertriebsgesellschaften über einen Zeitraum von 10 Jahren analysiert). In den Niederlanden soll der Betrachtungszeitraum insbesondere vom Produktlebenszyklus abhängen (vgl. Tz. 1.3 IFZ 2001/295 M). Einige Staaten lehnen allerdings faktisch eine Mehrjahresbetrachtung ab. In **Indien, Italien** und **Korea** sollen Steuerpflichtige im Rahmen der Anwendung der TNMM darstellen, dass die Nettomarge in jedem Jahr sich innerhalb der Bandbreite von fremdüblichen Margen befinden (vgl. für Indien: *Ruh/Beyer,* IWB F. 6, Indien, Gr. 2, 101).

118 Daten aus Transaktionen, die aus **Zeiträumen nach der zu analysierenden Transaktion** stammen, dürfen zur Überprüfung der Verrechnungspreise in der Regel nicht verwendet werden, da dem Steuerpflichtigen diese Daten im Zeitpunkt der Preisbestimmung naturgemäß nicht zur Verfügung stehen (vgl. BFH BStBl. II 2001, 866; *Baranowski,* Rz. 737; GKG/*Becker,* Art. 9 OECD-MA Rz. 150). Die Mehrjahresanalyse darf auch das **Prinzip der Abschnittsbesteuerung** nicht unterlaufen. Unangemessene Verrechnungspreise, die in der Vergangenheit zu Verlusten geführt haben, dürfen daher nicht indirekt über eine Mehrjahresanalyse in einer späteren Periode angepasst werden.

124 **Literatur:**

Allgemeines: *Bauer,* DB 2008, 152; *Curtis/Swenson/Sanders/Mellor/De Pina/Hahn/White,* TMTPR 2008, 780; *Engler,* IStR 2009, 685; *Naumann/Sydow/Becker/Mitschke,* IStR 2009, 665; *Wassermeyer,* IStR 2010, 324.

Bewertung: *Bittner/Jann,* IWB 2010, 449; *Crüger/Köhler,* RiW 2008, 378; *Crüger/Riedl,* BB Special 1 (zu BB 5/2010), 9; **Einzelne Branchen:** *Casley/Rafiq/Dennis,* TMTPR 2008, 812; *Chip/Safranek,* The Insurance Tax Review 1998, 621; *Hülshorst/Rettinger,* DB 2006, 2032; *Raupach,* S. 1 ff.; *Schlossmacher,* Intertax 1999, 30; *Wündisch,* S. 1 ff.;

Dienstleistungen/Cost Sharing: *Carreno/Canta,* ITPJ 2003, 169; *Clark/Mimo,* STMTP 2004, 1027; *Freytag,* IStR 2009, 832; *Korff,* IStR 2008, 44; *Kroppen/Rasch,* IWB F ‚Nr. 4, 145; *Rasch/Fischer,* IWB F. 8, USA, Gr. 2, 1533; *Rasch/Fischer,* IWB 2009, 150.

Dokumentation: *Bauer,* Zusammenfassung von Geschäftsvorfällen bei der Verrechnungspreisplanung und -dokumentation, DB 2008, 152; *Baumhoff/Ditz/Greinert,* DStR 2004, 157; *Beudeker/Janssen,* ITPJ 2006, 235; *Braun/Hof,* IStR 2005, 69; *Dawid/Metzner/Schwerdt,* IWB 2013, 671; *Eigelshoven/Kratzer,* IStR 2004, 30; *Eigelshoven/Nientimp,* DB 2005, 1184; *Fischer/Looks/im Schlaa,* BB 2010, 157; *Joecks/Kaminski,* IStR 2004, 65; *Kroppen/Rasch,* IWB F. 3, Deutschland, Gr. 1, 1977; *dies.,* IWB F. 3, Deutschland, Gr. 1, 2091; *dies.,* IWB F. 3, Deutschland, Gr. 1, 2113; *Lenz/Fischer/Schmidt,* BB 2005, 1255; *Schnorberger,* DB 2003, 1241; *ders.,* DB 2009, 2010; *Schreiber,* IWB F. 3, Deutschland, Gr. 1, 2105; *Seer,* IWB F. 11, Europäische Gemeinschaft, Gr. 2, 243; *Vögele,* DB 2005, 1079; *Vögele/Brem,* IStR 2004, 48; *Wassermeyer,* DB 2003, 1535; *Wehnert,* IStR 2005, 714 (Teil II) 749; *Wehnert/Stalber,* IStR 2004, 466; *Wellens,* IStR 2004, 655.

Finanzierung: *Ammelung,* IStR 2003, 250; *Burgers/Bierlaagh,* BIFD 1998, 81; *Crüger/Köhler,* RiW 2008, 378; *Dahnke,* IStR 1997, 490; *Dujsic/Billing,* ITPJ 2004, 247; *Hülshorst,* TMTP 2005, 698; *Nientimp/Langkau,* IWB 2011, 351; *Rosenblum,* TMTP 2002, 602; *Schaus/Köhler/John,* RiW 2009, 533; *van der Breggen,* ITPJ 2006, 295.

Fremdvergleich: *Baumhoff,* IStR 1994, 593; *ders.,* in FS Fischer (1999), S. 487; *ders.,* IStR 2003, 1; *Bauschatz,* S. 1 ff.; *Betten/Rotondaro,* ITPJ 1998, 174; *Bernhardt/van der Ham/Kluge,* IStR 2008, 844; *Bittner/Jann,* IWB 2010, 449; *Borstell/Prick,* IStR 1999, 304; *Brinkmann,* IStR 2010, 501; *Cheng,* TMTP 1994, 77; *Curtis/Swenson/Sanders/Mellor/De Pina/Hahn/White,*

TMTPR 2008, 780; *Ebering,* IStR 2011, 418; *Engler,* IStR 2009, 685; *Greil,* IStR 2009, 567; *Hülshorst/Kouzmina/Nolden,* BB 2009, 2358; *Luckhaupt,* IStR 2010, 899; *Kaminski,* S. 1 ff.; *Kroppen/Eigelshoven,* IWB F. 3, Deutschland, Gr. 1, 1587; *Maisto,* CDFI. Vol. LXXVII a (1992), 141 und Nationalberichte, 271; *Owens,* ITPJ 2005, 99; *Peter/Spohn/Hogg,* IStR 2008, 864; *Plasschaert,* ITPJ 1997, 198; *Scholz/Ackermann/Schmitt,* IWB F. 3, Deutschland, Gr. 1, 1779; *Silva,* TMTP 1995, 416.

Funktionsverlagerung: *Atkinson/Morris,* TPITP 10/2009, 9; *Bakker/Cottani,* ITPJ 2008, 272; *Baumhoff/Ditz/Greinert,* IStR 2008, 1945; *Baumhoff/Ditz/Greinert,* DStR 2010, 1309; *Bernhardt/van der Ham/Kluge,* IStR 2008, 1; *Blumers,* DStR 2010, 17; *Borstell,* IStR 2009, 329; *Borstell/Schäperclaus,* IStR 2008, 275; *Brüninghaus/Bodenmüller,* DStR 2009, 1285; *Crassweller,* TPITP 11/2008, 21; *Crüger/Heggmair/Boehlke,* IStR 2010, 86; *Crüger/Wintzer,* GmbHR 2008, 306; *Dali-Al/Langlois,* TMTPR 2008, 543; *Ditz,* IStR 2011, 125; *Ditz/Just,* DB 2009, 141; *Eigelshoven/Nientimp,* Ubg 2010, 233; *Eigelshoven/Mank,* IWB F. 10, International, Gr. 2, 2021; *Freudenberg/Ludwig,* BB 2010, 1268; *Freudenberg/Peters,* BB 2008, 1424; *Frischmuth,* StuB 2010, 91; *ders.,* IWB 2010, 432; *ders.,* IWB 2011, 48; *Frotscher,* FR 2008, 49; *Greil,* DIWB F. 3, Deutschland, Gr. 1, 2365; *Greil,* IStR 2010, 479; *Greinert,* DB 2009, 755; *Greinert/Reichl,* DB 2011, 1182; *Hollenbach,* IStR 2003, 605; *IDW,* Stellungnahme zum Entwurf eines BMF-Schreibens Verwaltungsgrundsätze – Funktionsverlagerung vom 25.9.2009; *Ihli,* Intertax 2008, 346; *Isensee,* IStR 1999, 527; *Jahndorf,* FR 2008, 101; *Käbisch,* IStR 2001, 325; *Kaminski,* in FS Fischer, S. 665; *Kroppen,* IWB F. 3, Deutschland, Gr. 2, 745; *Kroppen/Nientimp,* IWB F. 3, Deutschland, Gr. 1, 2355; *Kroppen/Rasch,* IWB F. 3, Deutschland, Gr. 1, 2339; *dies.,* IWB 2010, 316; *dies.,* IWB 2010, 824; *Kuckhoff/Schreiber,* IStR 1999, 321 (353); *Lenz/Rautenstrauch,* DB 2010, 696; *Looks/Freudenberg,* BB 2009, 2514; *Nientimp/Roeder,* IWB 2010, 78; *Oestreicher/Hundeshagen,* DB 2008, 1637, 1693; *Oestreicher/Wilcke,* DB 2010, 1713; *dies.,* Ubg 2010, 225; *Pohl,* IStR 2009, 680; *Puls,* IStR 2010, 89; *Reichl,* IStR 2009, 680; *Richter/Welling,* FR 2008, 71; *Roser,* FR 1996, 577; *Vögele,* DStR 2010, 418; *Wassermeyer,* FR 2008, 67; *Wehnert/Sano,* IStR 2010, 53; *Welling/Tiemann,* FR 2008, 68; *Wolter/Pitzal,* IStR 2008, 793; *Zech,* IStR 2009, 418.

Immaterielle Wirtschaftsgüter/Lizenzierung: *Barbera,* TMTP 2003, 71; *Barbera/Hatch,* TMTP 2004, 40; *Böcker,* StBp 1991, 73; *Boos/Rehkugler,* IStR 2002, 536, 603; IStR 2005, 464; *Frischmuth,* IWB F. 3, Deutschland, Gr. 1, 2419; *Greinert,* Ubg 2010, 101; *Gross,* BB 1998, 1321; *Kuebart,* S. 1 ff.; *van Herksen,* TMTP 2008, 3; *McInnes,* TMTP 2005, 173; *Mogle,* TMTP Special Report, Nr. 25 (1997); *Nestler,* BB 2008, 2002; *Portner,* in Schaumburg, Internationale Verrechnungspreise zwischen Kapitalgesellschaften (1994), S. 78; *Verlinden/Boone/Smits,* TMTP 2003, 1102; *Verlinden/Smits/Lieben,* TPITP 7/2006, 23.

Personalentsendung: *BMF*-Schreiben v. 9.11.2001, Schreiben betr. Grundsätze für die Prüfung der Einkunftsabgrenzung zwischen international verbundenen Unternehmen in Fällen der Arbeitnehmerentsendung, BStBl. I 2001, 796; *Görl,* IStR 2002, 443; *Green/Glover/Veliotis,* ITR 5/2002, 26; *Kroppen/Rasch/Roeder,* IWB F. 3, Deutschland, Gr. 1, 1821; *Kuckhoff/Schreiber,* IWB F. 3, Deutschland, Gr. 1, 1857; *Neyer,* BB 2006, 917; *Vögele/Crüger/Schmitt,* DB 2002, 1185; *Wehnert/Dworaczek,* TMTP 2002, 863.

Pharmaindustrie: *Andresen,* ZIStR 2004, 355; *Monsellato,* TPITP 5/2004, 9; *Rozek/Korenko,* ITPJ 2003, 211; *Wündisch,* ITPJ 2003, 203.

Stock options: *Ballentine/Barbera/Boatman,* TMTP 2003, 170; *Naumann/Förster,* IWB F. 10, International, Gr. 2, 1173; *McClure,* TMTP 2000, 372.

Umlageverträge: *BMF*-Schreiben v. 30.12.1999, Schreiben betr. Grundsätze für die Prüfung der Einkunftsabgrenzung durch Umlageverträge zwischen international verbundenen Unternehmen, BStBl. I 1999, 1122; *Baumhoff,* IStR 2000, 693 (731); *Becker,* IWB F. 3, Deutschland, Gr. 2, 879; *Christensen/Hymes/Tomar,* TMTP 2002, 555; *Dahnke,* IStR 1997, 48; *Ditz,* DB 2004, 1949; *Fischer/Looks/Reese,* IStR 2008, 254; *Kroppen/Roeder,* TMTP 2000, 1000; *dies.,* ET 2000, 381; *Kuckhoff/Schreiber,* IStR 2000, 346 (373); *dies.,* IStR 1998, 1; *Oestreicher,* IStR 2000, 759; *Vögele/Freytag,* IStR 2000, 249; *Vögele/Scholz,* IStR 2000, 557; *Wellens/Schwemin,* DB 2013, 80.

Verrechnungspreismethoden: *Clark,* TMTP 1997, 807; *Culbertson,* TNI August 1995, 370; *Dawid/Dorner,* IWB F. 10, International, Gr. 2, 1549; *Dorner/Dawid,* IWB F. 10, International, Gr. 2, 1563; *Gommers/Reyneveld/Lund,* ITPJ 2008, 126; *Gommers/Reyneveld/Lund,* ITPJ 2008, 219; *Haugen,* TMTP 2005, 224; *Higinbotham,* TMTP Special Report, Nr. 24 (1996); *Maier-Frischmuth,* IWB F. 3, Deutschland, Gr. 1, 1989; *Kolb,* IWB F. 3, Deutschland, Gr. 1, 2391; *Kurzewitz,* IWB 2010, 95; *Kußmaul/Ruiner,* IStR 2010, 497; *Meenan/Dawid/Hülshorst,* TMTP Special Report vom 14.4.2004, 1; *Oestreicher/Duensing,* IStR 2005, 134;

Oestreicher/Vormoor, IStR 2004, 95; *Rasch/Schmidtke,* IStR 2009, 92; *Rozek,* TNI April 1996, 1191; *Schmidtke/Weigert,* IWB 2010, 292; *Schnorberger,* IStR 1999, 523; *Scholz,* IStR 2004, 209 *Taly,* TNI January 1996, 351; *Tropin,* TMTP 2006, 904; *Vögele/Crüger,* IStR 2000, 516; *Wahl/Preisser,* IStR 2008, 51.

Internationale Länderberichte:

OECD: *Förster,* IStR 2009, 720; *Rasch/Feistle,* IWB 2009, 982; *Wellens,* IStR 2010, 153.
EU: *Naumann/Sydow/Becker/Mitschke,* IStR 2009, 665; *Oestreicher u. a.,* StatutsRecht 2008, 302; *Thömmes,* IWB 2010, 107.

125 **ee) Gewinnberichtigung:** Eine Gewinnberichtigung darf **nur** vorgenommen werden, wenn die aufgrund der Einflussnahme vereinbarten oder auferlegten Bedingungen bei einem der beiden Unternehmen eine **Gewinnminderung** zur Folge haben, d. h. wenn das betreffende Unternehmen ohne die erwähnten Bedingungen einen höheren Gewinn erzielt hätte. Das bedeutet:

- Die Abweichung vom Fremdvergleichspreis muss auf vereinbarte oder auferlegte Bedingungen **zurückzuführen** sein;
- das **aufgrund der Bedingungen** vereinbarte Entgelt muss bei einem der beiden Unternehmen eine **Gewinnminderung** bewirkt haben;
- die Gewinnminderung wäre nicht eingetreten, wenn die besonderen Bedingungen **nicht** vereinbart worden wären.

Der Ausdruck „Gewinn" ist weit auszulegen und umfasst auch Verluste (so explizit Art. 1 Abs. 3 EU-Schiedskonvention; Wassermeyer/*Wassermeyer,* Art. 9 OECD-MA Rz. 71, 80; Haase/*Becker,* AStG/DBA, Art. 9 OECD-MA Rz. 5). Demnach darf ein Staat auch dann eine Erstkorrektur vornehmen, wenn dadurch lediglich die Verluste verringert werden.

126 Aus den beiden zuletzt genannten Voraussetzungen ergibt sich, dass die vom Fremdvergleich abweichenden Bedingungen zu einer **Gewinnminderung** bei dem Staat führen müssen, der eine Erstberichtigung vornehmen möchte. Maßgebend sind dessen Gewinnermittlungsvorschriften. Korrigiert der Steuerpflichtige während des Jahres die unangemessenen Verrechnungspreise, ist dies abkommensrechtlich unbedenklich (vgl. für Deutschland: Rz. 22, 94; in den Niederlande soll dies allerdings nur gelten, wenn eine nachträgliche Korrektur der Preise im Vorhinein schriftlich vereinbart wurde Tz. 1.3 IFZ 2001/295 M). Tritt eine Gewinnminderung zeitlich nach der Transaktion ein, so kann eine Gewinnkorrektur nach Art. 9 MA erst dann erfolgen, wenn sich der unangemessene Preis in einer Einkommensminderung auswirkt. Soweit der Tatbestand einer Gewinnminderung vorliegt, ist der andere Vertragsstaat allerdings nicht an eine zeitgleiche Gewinnkorrektur gebunden. Die Korrektur richtet sich wiederum nach dem innerstaatlichen Recht des zur Gegenberichtigung aufgeforderten Staates. Des Weiteren richtet sich die steuerliche Behandlung der Anpassung nach dem innerstaatlichen Recht.

127 Aus dem Abkommenstext wird ersichtlich, dass eine Erstberichtigung nach Art. 9 Abs. 1 nur zulässig sein soll, wenn durch fremdvergleichswidrige Preise der **Gewinn durch die Gesamtheit der kaufmännischen oder finanziellen Beziehungen gemindert** wurde. Die Abweichung von angemessenen Bedingungen bewirkt **keine** Gewinnminderung, wenn dem gewährten Vorteil ein Nachteil gegenübersteht, der den Vorteil ausgleicht, und umgekehrt. Vorteilhafte und nachteilige Geschäfte sind also – auch wenn sie zufällig oder nicht im Vorhinein vereinbart wurden – **zu saldieren** (GKG/*Becker,* Art. 9 OECD-MA Rz. 101 ff.; *Schaumburg,* Tz. 16.313). Die strengen Anforderungen des Vorteilsausgleichs (s. Rz. 110) sind bei der Prüfung, ob eine Gewinnminderung i. S. des Art. 9 vorliegt, daher nicht relevant (s. Rz. 112).

128 Davon unberührt bleibt die Frage, ob ein einzelnes Geschäft in Übereinstimmung mit dem Fremdvergleichsgrundsatz abgeschlossen wurde. Der Fremdvergleichsgrundsatz des Art. 9 bezieht sich auf eine einzelne Transaktion zwischen den

verbundenen Unternehmen (vgl. Rz. 108). Die Bedingungen bzw. der vereinbarte Preis eines einzelnen Geschäfts ist auch dann angemessen, wenn der Steuerpflichtige einen Vorteilsausgleich geltend machen kann.

ff) Zurechnung und Besteuerung: Sind die Voraussetzungen zu aa) bis ee) gegeben, so dürfen **die nicht erzielten Gewinne** den Gewinnen des Unternehmens **zugerechnet und entsprechend besteuert werden.** Hat sich also der Gewinn des verbundenen Unternehmens aufgrund einer „arm's-length"-widrigen Transaktion nach Maßgabe der unter Rz. 59 ff. geschilderten Prüfungskriterien verringert, so darf dem Unternehmen derjenige Gewinn zugerechnet und bei ihm besteuert werden, den es unter Zugrundelegung des „arm's-length"-Preises unter Beachtung der Grundsätze über den Vorteilsausgleich erzielt hätte. Mit der Formulierung **„dürfen"** bringen die MA zum Ausdruck, dass die dem Art. 9 entsprechenden Abkommensvorschriften keine selbständigen Rechtsgrundlagen für Gewinnberichtigungen zwischen verbundenen Unternehmen bilden (vgl. Rz. 19 f.). Die Formulierung **„dürfen"** bringt gleichzeitig auch zum Ausdruck, dass die innerstaatlichen Rechtsvorschriften über Gewinnberichtigungen **nur** innerhalb der durch das einschlägige Abkommen gemäß Art. 9 der Gewinnberichtigung gezogenen Grenzen anwendbar bleiben, sie in ihren Tatbestandsvoraussetzungen und Rechtsfolgen also durch das Abkommen modifiziert werden (vgl. Rz. 19 f.). 129

Einige Staaten sehen keinen Anwendungsfall von Art. 9, wenn der **Steuerpflichtige** die Notwendigkeit einer Einkunftskorrektur erkennt und seine **Steuererklärung ändert** (sog. „selbst initiierte Einkunftskorrektur"). Für eine Anwendung des Art. 9 MA ist nicht entscheidend, ob die Doppelbesteuerung durch den Steuerpflichtigen ausgelöst wurde oder ob die Doppelbesteuerung durch die Finanzverwaltung veranlasst wurde. Entscheidend ist nur dass die Einkunftskorrektur entsprechend das Einkommen in einem Staat erhöht hat und dass ein Staat von seinem Besteuerungsrecht nach Art. 9 Gebrauch gemacht hat. 129a

Wie die Gewinnzurechnung vorzunehmen und anschließend der Berichtigungsbetrag bzw. der um den Berichtigungsbetrag erhöhte Gewinn zu besteuern ist, regelt Art. 9 nicht. Dies bleibt dem jeweiligen **innerstaatlichen Recht** überlassen. Inwieweit der nach den innerstaatlichen Regeln berichtigte Gewinn in dem berichtigenden Staat zu besteuern ist, richtet sich nach den einschlägigen Verteilungsnormen des **Abkommensrechts.** Für Unternehmensgewinne, die als Dividenden, Zinsen oder Lizenzgebühren zu qualifizieren sind, gelten hier also wieder die für diese Einkunftsarten einschlägigen Vorschriften. Nur soweit keine speziellen Verteilungsnormen anwendbar sind oder in den Fällen des sog. „Betriebstättenvorbehalts" nach Art. 10 Abs. 4, Art. 11 Abs. 4, Art. 12 Abs. 3 MA (s. Vor Art. 10 bis 12 Rz. 30 ff.), ist Art. 7 maßgebend. 130

i) Verfahrensrechtliche Aspekte. aa) Mitwirkungs- und Dokumentationspflichten: Art. 9 Abs. 1 beinhaltet keine verfahrensrechtlichen Vorschriften. Es gelten insoweit die nationalen Bestimmungen. Gem. Tz. 80 OECD-MA MK zu Art. 24 stehen etwaige erhöhte Mitwirkungspflichten des Steuerpflichtigen zur Bestimmung angemessener Verrechnungspreise nicht im Widerspruch zu dem Diskriminierungsverbot des Art. 24 (s. a. Art. 24 OECD-MA Rz. 45, 59, 162; Wassermeyer/*Wassermeyer,* Art. 24 OECD-MA Rz. 20, 98; GKG/*Fischer-Zernin,* Art. 24 OECD-MA Rz. 5). Die Mitwirkungspflichten ergeben sich in Deutschland insbesondere aus § 90 AO. Demnach soll der Steuerpflichtige die Art und den Inhalt seiner Geschäftsbeziehungen zu verbundenen Unternehmen, einschließlich der wirtschaftlichen und rechtlichen Grundlagen für eine den Grundsatz des Fremdvergleichs beachtende Vereinbarung, darlegen. Nähere Einzelheiten regelt die Gewinnabgrenzungsaufzeichnungsverordnung und das dazu ergangene BMF-Schreiben v. 12.4.2005 (BStBl. I 2005, 570; vgl. zu der GAufzV: *Baumhoff/Ditz/Greinert,* DStR 131

2004, 157; *Eigelshoven/Kratzer,* IStR 2004, 30; *Schmidt/Ertle/Fölmli,* FR 2003, 1228; *Vögele/Brem,* IStR 2004, 48; vgl. zu dem BMF-Schreiben *Braun/Hof,* IStR 2005, 69; *Eigelshoven/Nientimp,* DB 2005, 1184; *Kroppen/Rasch,* IWB F. 3, Deutschland, Gr. 1, 2091; *dies.,* IWB F. 3, Deutschland, Gr. 1, 2113; *Schreiber,* in Kroppen, Verf. 1–337).

132 Die OECD-Richtlinie erörtert im V. Kapitel, welche Nachweise vom Steuerpflichtigen erbracht werden sollten (vgl. hierzu ausführlich *Rasch,* in Kroppen, O 5.1 ff.). Die OECD beabsichtigt, ihre Richtlinien in 2014 zu überarbeiten; dabei soll die Transparenz weiter erhöht werden (*OECD,* White Paper on Transfer Pricing Documentation vom 30.7.2013; vgl. dazu *Dawid/Metzner/Schwerdt,* IWB 2013, 671). Die **Europäische Union** hat 2006 einen **Verhaltenskodex** veröffentlicht (vgl. Verhaltenskodex EU-Verrechnungspreisdokumentation für verbundene Unternehmen in der Europäischen Union – EUTPD, Entschließung des Rates der EU vom 27.6.2006, ABl. EU Nr. C 176/01, 1 ff.). Der Kodex soll es den Unternehmen ermöglichen, einen standardisierten Ansatz zu verfolgen. Die Dokumentation soll demnach zwei Teile enthalten: Das sog. **Masterfile** enthält einheitliche, standardisierte Informationen, die für alle in der EU ansässigen Konzerngesellschaften relevant sind. Der zweite Teil soll das Masterfile um landesspezifische Informationen erweitern (vgl. Tz. 1–9 Verhaltenskodex). Die Mitgliedstaaten können allerdings weitere Informationen nach ihren nationalen Vorschriften anfordern (vgl. Tz. 18 Verhaltenskodex). Die Mitgliedstaaten werden aufgefordert, fremdsprachige Aufzeichnungen zu akzeptieren, wenn vom Steuerpflichtigen eine Sprache verwendet wird, die in allen Mitgliedstaaten verstanden wird (vgl. Tz. 23 Verhaltenskodex). Da die Dokumentation häufig auf Englisch erstellt wird, dürfte diese Vorschrift eine erhebliche Erleichterung für die Unternehmen darstellen (für Deutschland siehe auch Tz. 3.2.5. VerwGrS-Verfahren). Die EU erkennt auch an, dass für den Fremdvergleich gesamteuropäische Vergleichsdaten herangezogen werden können (vgl. Tz. 25 Verhaltenskodex). Insbesondere für den Vergleich von Nettomargen sind paneuropäische Daten häufig eine verlässliche Quelle (vgl. zu den Grundlagen für die EU: *Meenan/Dawid/Hülshorst,* TMTP Special Report vom 14.4.2004, 1).

132a Eine Vielzahl von Ländern hat umfangreiche **Dokumentationsvorschriften** für die Bestimmung angemessener Verrechnungspreise erlassen, so z. B. **Australien** (*Anderson,* ITPJ 1998, 180), China (*Ma/Heggmair,* IWB F. 6, China, Gr. 2, 548; *Stember/Plieschke,* IWB 2011, 677), **Dänemark** (*Eigelshoven/Pfeiffer,* IWB F. 5, Dänemark, Gr. 2, 157), Frankreich (*Schwerdt/Zentgraf,* IWB 2011, 157), **Großbritannien** (*Mills,* ITR 02/2003, 37; *Phillips/McKeran,* TPITP 5/2004, 6), **Indien** (*Brem/Tucha,* IStR 2006, 391), **Italien** (*Scheibe/Schwerdt,* IWB 2010, 861), **Kanada** (*Turner,* ITPJ 1998, 142), **Polen** (*Kroppen/Eigelshoven,* IWB F. 5, Polen, Gr. 2, 101), **Portugal** (*Eigelshoven/Schnell,* IWB F. 5, Portugal, Gr. 2, 87), **Tschechien** (*Vorlicková/Hycnarová,* IWB F. 5, Tschechien, Gr. 2, 443), **Ungarn** (*Eigelshoven/Pfeiffer,* IWB F. 5, Ungarn, Gr. 2, 105), die **USA** (vgl. *Becker,* in GS Knobbe-Keuk, S. 564). Kommt der Steuerpflichtige seinen Dokumentationspflichten nicht nach und entsprechen die Verrechnungspreise nicht dem Fremdvergleichsgrundsatz, sehen die meisten Staaten Bußgelder vor, erweitern die Schätzungsbefugnisse oder sehen eine Beweislastumkehr bzw. eine Reduzierung des Beweismaßes vor.

133 **bb) Beweislast:** Art. 9 MA beinhaltet keinen direkten Hinweis zur Beweislastverteilung zwischen dem Steuerpflichtigen und der Finanzbehörde. Die Beweislastregeln richten sich daher nach den nationalen Bestimmungen der Vertragsstaaten. Die Beweislastregeln sind international sehr unterschiedlich ausgestaltet (vgl. Tz. 4.11 OECD-Richtlinie; eine Übersicht über einzelne Länder gibt *Becker,* in Kroppen, O 4.11 Anm. 5 f.). In Deutschland trägt die Finanzbehörde die Beweislast (objektive Feststellungslast) für Tatsachen, die einen Steueranspruch begründen, der Steuerpflichtige hingegen für Tatsachen, die zu einer Steuerbefreiung oder -ermäßigung führen (BFH BStBl. II 1971, 220; BStBl. II 1976, 562). Für verdeckte Gewinnausschüttungen und für den Regelungsbereich des § 1 AStG trägt grundsätzlich das Finanzamt die objektive Beweislast (BFH BStBl. III 1967, 626; BStBl. II 1974, 430; BStBl. II 1977, 568; BFH/NV 1995, 548). Kommt der Steuerpflichtige allerdings seinen Dokumentationspflichten nach § 90 Abs. 3 AO nicht nach, wird gem. § 162 Abs. 3 S. 1 AO widerlegbar vermutet, dass seine Einkünfte höher als die von ihm erklärten Einkünfte sind. Die zuletzt genannte Vorschrift beinhaltet somit eine Beweislastregel (vgl. *Seer,* in Tipke/Kruse, § 162 AO Rz. 66; *Rätke,* in Klein, § 90 AO Rz. 12; *Moebus,* BB 2003, 1413). Soweit im innerstaatlichen Recht die Beweislast auf Seiten des Steuerpflichtigen liegt, wird diese jedoch im internationalen Kontext relativiert. Nach Ziff. 6 des MA-Kommentars soll der Staat, der die Erstberichtigung vornimmt, dem zur Gegenberichtigung aufgeforderten Staat Nachweise für die Unangemessenheit der vereinbarten Preise erbringen (vgl. Ziff. 6 MA-Komm.; Tz. 17 des Vorworts, Tz. 4.17 OECD-Richtlinie; *Runge,* IStR 1995, 509; auch Tz. 6.4. EU Verhaltenskodex zum Schiedsverfahren sieht vor, dass der Staat in dem die Erstkorrektur vorgenommen wird ein Positionspapier mit einer vollständigen Begründung der Steuerfestsetzung zu erstellen hat).

cc) Schätzung der Besteuerungsgrundlagen: Grundsätzlich sind Schätzungen auch im Rahmen des Art. 9 MA zulässig. Die Schätzungen müssen allerdings stets unter Zugrundelegung des Fremdvergleichsgrundsatzes bestimmt werden (s. a. Rz. 152). Im innerstaatlichen Recht ist eine Schätzung nach § 162 AO nur zulässig, wenn der Steuerpflichtige seinen **Mitwirkungspflichten** nicht nachkommt. Wird der Steuerpflichtige seinen Mitwirkungspflichten gerecht und ist das Finanzamt trotzdem davon überzeugt, dass die Verrechnungspreise unangemessen sind, so ist der fremdübliche Preis zu bestimmen (vgl. *Kroppen/Eigelshoven/Roeder,* IWB F. 3, Deutschland, Gr. 2, 939; *Kroppen/Eigelshoven,* IWB F. 8, Deutschland, Gr. 1, 1748; *Strunk/Kaminski,* IWB F. 8, Deutschland, Gr. 1, 1758, a. A. *Vögele/Bader,* IStR 2002, 356; *Rüsken,* in Klein, § 162 AO Rz. 20 ff.; *Cöster,* in Pahlke/Koenig, § 162 AO Rz. 72 ff.; *Seer,* in Tipke/Kruse, § 162 AO Rz. 66 ff.). **134**

dd) Advance Pricing Agreements: dazu näher Art. 25 Rz. 316 ff. **136**

3. EU-Schiedskonvention

Die EU-Schiedskonvention (s. Art. 25 Rz. 304 ff.) enthält in Art. 4 Nr. 1 eine mit Art. 9 Abs. 1 MA wörtlich übereinstimmende Vorschrift. **144**

4. UN Transfer Pricing Manual

Die UN hat in 2013 das sog. **UN Transfer Pricing Manual** veröffentlicht. Das Manual wurde zuvor vom UN Commitee of Experts on International Tax Cooperation im Oktober 2012 verabschiedet. Das Manual soll insbesondere den Bedürfnissen von Entwicklungs- und Schwellenländern bei der Anwendung des Fremdvergleichsgrundsatzes Rechnung tragen. Der Adressatenkreis umfasst aber auch den Steuerpflichtigen. Das UN Transfer Pricing Manual soll konsistent mit der OECD-Richtlinie sein, inhaltlich bestehen keine wesentlichen Unterschiede (vgl. *Eigelshoven/Ebering,* IStR 2014, 16). Im 10. Kapitel geben allerdings **Brasilien**, **China**, **Indien** und **Südafrika** Hinweise zu ihrer Interpretation des Fremdvergleichsgrundsatzes. Die Länderdarstellungen offenbaren erhebliche Unterschiede in der Anwendung des Fremdvergleichsgrundsatzes gegenüber der Anwendung der OECD-Staaten. Hauptstreitpunkt ist die Bedeutung von immateriellen Wirtschaftsgütern und die Berücksichtigung von lokalen Marktvorteilen (vgl. *Eigelshoven/Ebering,* IStR 2014, 16; *Lennard,* APTB 2013, 32; *Wittendorff,* TNI 2012, 569). Das UN Transfer Pricing Manual hat entgegen der OECD-Richtlinie (Rz. 29 ff.) keine völkerrechtliche Verbindlichkeit. **144a**

145

II. Deutsche DBA

1. Abkommensübersicht

DBA	MA-Regelung: Unmittelbare oder mittelbare Beteiligung eines Unternehmers/derselben Person	Rz.	MA-Regelung: Beteiligung an Geschäftsleitung, Kontrolle oder Kapital des/der Unternehmen	Rz.	MA-Regelung: Bindung in ihren kaufmännischen oder finanziellen Beziehungen	Rz.	MA-Regelung: Gewinnberichtigung und Zurechnung nach dem „arm's-length"-Prinzip	Art. 9 Abs. 2 MA: Gegenberichtigung	Rz.
Ägypten	Art. 9 Abs. 1, Buchst. a, b		≈ MA		≈ MA		≈ MA	–	152
Albanien 2010	Art. 9 Abs. 1 Buchst. a, b		≈ MA		≈ MA		≈ MA	≈ MA	
Algerien 2007	Art. 9 Abs. 1 Buchst. a, b		≈ MA		≈ MA		≈ MA	≈ MA	
Argentinien	Art. 9 Buchst. a, b		≈ MA		≈ MA		≈ MA	–	
Armenien	s. UdSSR								
Aserbaidschan	Art. 9 Abs. 1 Buchst. a, b		≈ MA		≈ MA		≈ MA	≈ MA	
Australien	Art. 9 Buchst. a, b		≈ MA		≈ MA	150	≈ MA	–	152; 185
Bangladesch	Art. 9 Buchst. a, b		≈ MA		≈ MA		≈ MA	–	
Belarus	Art. 9 Abs. 1 Buchst. a, b		≈ MA		≈ MA		≈ MA	≈ MA	
Belgien	Art. 9		. . . oder Finanzierung	148	≈ MA		≈ MA	–	
Bolivien	Art. 9 Buchst. a, b		≈ MA		≈ MA		≈ MA	–	
Bosnien und Herzegowina	s. Jugoslawien								
Bulgarien 2010	Art. 9 Abs. 1 Buchst. a, b		≈ MA		≈ MA		≈ MA	≈ MA	

DBA	MA-Regelung: Unmittelbare oder mittelbare Beteiligung eines Unternehmers/derselben Person	Rz.	MA-Regelung: Beteiligung an Geschäftsleitung, Kontrolle oder Kapital des/der Unternehmen	Rz.	MA-Regelung: Bindung in ihren kaufmännischen oder finanziellen Beziehungen	Rz.	MA-Regelung: Gewinnberichtigung und Zurechnung nach dem „arm's-length"-Prinzip	Art. 9 Abs. 2 MA: Gegenberichtigung	Rz.
China 1985	Art. 9 Buchst. a, b		≈ MA		≈ MA		≈ MA	–	
Costa Rica 2014 (E)	Art. 9 Abs. 1 Buchst. a, b		≈ MA		≈ MA		≈ MA	≈ MA	
Dänemark	Art. 9 Abs. 1 Buchst. a, b		≈ MA		≈ MA		≈ MA	≈ MA	
Ecuador	Art. 9 Buchst. a, b		≈ MA		≈ MA		≈ MA	–	
Elfenbeinküste	Art. 9 Nr. 1, 2		≈ MA		≈ MA		≈ MA	–	
Estland	Art. 9 Buchst. a, b		≈ MA		≈ MA		≈ MA	–	
Finnland	Art. 9 Buchst. a, b		≈ MA		≈ MA		≈ MA	–	
Frankreich	Art. 5		Geschäftsführung oder finanzieller Aufbau	148	≈ MA		≈ MA	–	
Georgien	Art. 9 Abs. 1 Buchst. a, b		≈ MA		≈ MA		≈ MA	≈ MA	
Ghana	Art. 9 Abs. 1 Buchst. a, b		≈ MA		≈ MA		≈ MA	≈ MA	
Griechenland	Art. IV Buchst. a, b		≈ MA		≈ MA		≈ MA	–	
Großbritannien 1964/70	Art. IV Buchst. a, b	146	Geschäftsführung	148	≈ MA		≈ MA	–	
Großbritannien 2010	Art. 9 Abs. 1 Buchst. a, b		≈ MA		≈ MA		≈ MA	≈ MA	

DBA	MA-Regelung: Unmittelbare oder mittelbare Beteiligung eines Unternehmers/derselben Person	Rz.	MA-Regelung: Beteiligung an Geschäftsleitung, Kontrolle oder Kapital des/der Unternehmen	Rz.	MA-Regelung: Bindung in ihren kaufmännischen oder finanziellen Beziehungen	Rz.	MA-Regelung: Gewinnberichtigung und Zurechnung nach dem „arm's-length"-Prinzip	Art. 9 Abs. 2 MA: Gegenberichtigung	Rz.
Indien	Art. 9 Buchst. a, b		≈ MA		≈ MA		≈ MA	–	
Indonesien	Art. 9 Buchst. a, b		≈ MA		≈ MA		≈ MA	–	
Iran	Art. 9 Buchst. a, b		≈ MA		≈ MA		≈ MA	–	
Irland 2011	Art. 9 Abs. 1 Buchst. a, b		≈ MA		≈ MA		≈ MA	≈ MA	
Island	Art. 9 Buchst. a, b		≈ MA		≈ MA		≈ MA	–	
Israel	Art. 5 Abs. 1 Buchst. a, b		Geschäftsführung	148	≈ MA		≈ MA	–	
Italien	Art. 9 Buchst. a, b		≈ MA		≈ MA		≈ MA	–	181
Jamaika	Art. 9 Buchst. a, b		≈ MA		≈ MA		≈ MA	–	
Japan	Art. 9 Buchst. a, b		≈ MA		≈ MA		≈ MA	–	
Jersey 2008	Art. 8 Abs. 1, Buchst. a, b		≈ MA		≈ MA		≈ MA	≈ MA, allerdings besteht verminderte Pflicht zur Gegenberichtigung; Notifikationspflicht	182
Jugoslawien	Art. 10 Buchst. a, b		≈ MA		≈ MA		≈ MA	–	
Kanada	Art. 9 Buchst. a, b		≈ MA		≈ MA		≈ MA	–	
Kasachstan	Art. 9 Abs. 1 Buchst. a, b		≈ MA		≈ MA		≈ MA	≈ MA	
Kenia	Art. 9 Buchst. a, b		≈ MA		≈ MA		≈ MA	–	
Kirgisistan	Art. 9 Abs. 1 Buchst. a, b		≈ MA		≈ MA		≈ MA	≈ MA	

DBA	MA-Regelung: Unmittelbare oder mittelbare Beteiligung eines Unternehmers/derselben Person	Rz.	MA-Regelung: Beteiligung an Geschäftsleitung, Kontrolle oder Kapital des/der Unternehmen	Rz.	MA-Regelung: Bindung in ihren kaufmännischen oder finanziellen Beziehungen	Rz.	MA-Regelung: Gewinnberichtigung und Zurechnung nach dem „arm's-length"-Prinzip	Art. 9 Abs. 2 MA: Gegenberichtigung	Rz.
Korea	Art. 9 Abs. 1 Buchst. a, b		≈ MA		≈ MA		≈ MA	≈ MA	
Kosovo	s. Jugoslawien								
Kroatien	Art. 9 Abs. 1 Buchst. a, b		≈ MA		≈ MA		≈ MA	≈ MA	
Kuwait	Art. 9 Buchst. a, b		≈ MA		≈ MA		≈ MA	–	
Lettland	Art. 9 Buchst. a, b		≈ MA		≈ MA		≈ MA	–	
Liberia	Art. 9 Buchst. a, b		≈ MA		≈ MA		≈ MA	–	
Liechtenstein 2011	Art. 9 Abs. 1 Buchst. a, b		≈ MA		≈ MA		≈ MA	≈ MA	
Litauen	Art. 9 Buchst. a, b		≈ MA		≈ MA		≈ MA	–	
Luxemburg 2012	Art. 9 Abs. 1 Buchst. a, b		≈ MA		≈ MA		≈ MA	≈ MA	
Malaysia 2010	Art. 9 Abs. 1 Buchst. a, b		≈ MA		≈ MA		≈ MA	≈ MA	182
Malta	Art. 9 Abs. 1 Buchst. a, b		≈ MA		≈ MA		≈ MA	≈ MA	
Marokko	Art. 9 Nr. 1, 2		… oder Finanzierung	148	≈ MA		≈ MA	–	
Mauritius 2011	Art. 9 Abs. 1 Buchst. a, b		≈ MA		≈ MA		≈ MA	≈ MA	
Mazedonien 2006	Art. 9 Abs. 1 Buchst. a, b		≈ MA		≈ MA		≈ MA	≈ MA	
Mexiko 2008	Art. 9 Abs. 1 Buchst. a, b		≈ MA		≈ MA		≈ MA	≈ MA, unter Einbeziehung des Verfahrens gemäß Art. 25 Abs. 2	182

DBA	MA-Regelung: Unmittelbare oder mittelbare Beteiligung eines Unternehmers/derselben Person	Rz.	MA-Regelung: Beteiligung an Geschäftsleitung, Kontrolle oder Kapital des/der Unternehmen	Rz.	MA-Regelung: Bindung in ihren kaufmännischen oder finanziellen Beziehungen	Rz.	MA-Regelung: Gewinnberichtigung und Zurechnung nach dem „arm's-length"-Prinzip	Art. 9 Abs. 2 MA: Gegenberichtigung	Rz.
Moldau	s. UdSSR								
Mongolei	Art. 9 Buchst. a, b				≈ MA		≈ MA	–	
Montenegro	s. Jugoslawien								
Namibia	Art. 9 Buchst. a, b		≈ MA		≈ MA		≈ MA	–	
Neuseeland	Art. 9 Buchst. a, b		≈ MA		≈ MA		≈ MA	–	
Niederlande 1959/2004	Art. 6 Abs. 1, 2: „vermöge der Beteiligung"		Geschäftsführung oder finanzieller Aufbau (Abs. 1), Vermögen (Abs. 2)		≈ MA		Statt Gewinne „Einkünfte"	–	151
Niederlande 2012 (E)	Art. 9 Abs. 1 Buchst. a. b		≈ MA		≈ MA		≈ MA	≈ MA	
Norwegen 1991	Art. 9 Buchst. a, b		≈ MA		≈ MA		≈ MA	–	
Norwegen 2013 (E)	Art. 9 Abs. 1 Buchst. a, b		≈ MA		≈ MA		≈ MA	≈ MA	
Oman 2012 (E)	Art. 9 Abs. 1 Buchst. a, b		≈ MA		≈ MA		≈ MA	≈ MA	
Österreich	Art. 9 Abs. 1 Buchst. a, b		≈ MA		≈ MA		≈ MA	≈ MA	
Pakistan	Art. 9 Buchst. a, b		≈ MA		≈ MA		≈ MA	–	
Philippinen 1983	Art. 9 Buchst. a, b		≈ MA		≈ MA		≈ MA	–	
Philippinen 2013	Art. 9 Buchst. a, b		≈ MA		≈ MA		≈ MA	–	
Polen	Art. 9 Abs. 1 Buchst. a, b		≈ MA		≈ MA		≈ MA	≈ MA	
Portugal	Art. 9 Buchst. a, b		≈ MA		≈ MA		≈ MA	–	

DBA	MA-Regelung: Unmittelbare oder mittelbare Beteiligung eines Unternehmers/derselben Person	Rz.	MA-Regelung: Beteiligung an Geschäftsleitung, Kontrolle oder Kapital des/der Unternehmen	Rz.	MA-Regelung: Bindung in ihren kaufmännischen oder finanziellen Beziehungen	Rz.	MA-Regelung: Gewinnberichtigung und Zurechnung nach dem „arm's-length"-Prinzip	Art. 9 Abs. 2 MA: Gegenberichtigung	Rz.
Rumänien	Art. 9 Abs. 1 Buchst. a, b		≈ MA		≈ MA		≈ MA	≈ MA	
Russische Föderation	Art. 9 Buchst. a, b		≈ MA		≈ MA		≈ MA	–	
Sambia	Art. 9 Buchst. a, b		≈ MA		≈ MA		≈ MA	–	
Schweden	Art. 9 Abs. 1 Buchst. a, b		≈ MA		≈ MA		≈ MA	≈ MA	182
Schweiz	Art. 9 Buchst. a, b		≈ MA		≈ MA		≈ MA	–	159; 185
Serbien	s. Jugoslawien								
Simbabwe	Art. 9 Buchst. a, b		≈ MA		≈ MA		≈ MA	–	
Singapur 2004	Art. 9 Abs. 1 Buchst. a, b		≈ MA		≈ MA		≈ MA	≈ MA	
Slowakei	s. Tschechoslowakei							–	
Slowenien	Art. 9 Abs. 1 Buchst. a, b		≈ MA		≈ MA		≈ MA	≈ MA	
Spanien 2011	Art. 9 Abs. 1 Buchst. a, b		≈ MA		≈ MA		≈ MA	≈ MA	
Sri Lanka	Art. 9 Buchst. a, b		≈ MA		≈ MA		≈ MA	–	
Südafrika 1973	Art. 5 Buchst. a, b		≈ MA		≈ MA		≈ MA	–	
Südafrika 2008 (E)	Art. 9 Abs. 1 Buchst. a, b		≈ MA		≈ MA		≈ MA	≈ MA	
Syrien 2010	Art. 9 Abs. 1 Buchst. a, b		≈ MA		≈ MA		≈ MA	≈ MA	
Tadschikistan	Art. 9 Abs. 1 Buchst. a, b		≈ MA		≈ MA		≈ MA	≈ MA	
Taiwan 2011	Art. 9 Abs. 1 Buchst. a, b		≈ MA		≈ MA		≈ MA	≈ MA	

DBA	MA-Regelung: Unmittelbare oder mittelbare Beteiligung eines Unternehmers/derselben Person	Rz.	MA-Regelung: Beteiligung an Geschäftsleitung, Kontrolle oder Kapital des/der Unternehmen	Rz.	MA-Regelung: Bindung in ihren kaufmännischen oder finanziellen Beziehungen	Rz.	MA-Regelung: Gewinnberichtigung und Zurechnung nach dem „arm's-length"-Prinzip	Art. 9 Abs. 2 MA: Gegenberichtigung	Rz.
Thailand	Art. 9 Buchst. a, b		≈ MA		≈ MA		≈ MA	–	
Trinidad und Tobago	Art. 9 Buchst. a, b		≈ MA		≈ MA		≈ MA	–	
Tschechien	s. Tschechoslowakei								
Tschechoslowakei	Art. 9 Abs. 1 Buchst. a, b		≈ MA		≈ MA		≈ MA	≈ MA	182
Türkei 2011	Art. 9 Abs. 1 Buchst. a, b		≈ MA		≈ MA		≈ MA	≈ MA	
Tunesien	Art. 9 Abs. 1 Buchst. a, b		≈ MA		≈ MA		≈ MA	≈ MA	182
Turkmenistan	s. UdSSR								
UdSSR	–		–		–		–	–	183
Ukraine	Art. 9 Buchst. a, b		≈ MA		≈ MA		≈ MA	–	
Ungarn 2011	Art. 9 Abs. 1 Buchst. a, b		≈ MA		≈ MA		≈ MA	≈ MA	
Uruguay 2010	Art. 9 Abs. 1 Buchst. a, b		≈ MA		≈ MA		≈ MA	≈ MA	
USA 1989/2006	Art. 9 Abs. 1 Buchst. a, b	146	≈ MA		≈ MA		≈ MA	…, und stimmt der andere Vertragsstaat zu, dass es sich bei den zugerechneten Gewinnen um solche handelt, die …	182; 184; 185

DBA	MA-Regelung: Unmittelbare oder mittelbare Beteiligung eines Unternehmers/derselben Person	Rz.	MA-Regelung: Beteiligung an Geschäftsleitung, Kontrolle oder Kapital des/der Unternehmen	Rz.	MA-Regelung: Bindung in ihren kaufmännischen oder finanziellen Beziehungen	Rz.	MA-Regelung: Gewinnberichtigung und Zurechnung nach dem „arm's-length"-Prinzip	Art. 9 Abs. 2 MA: Gegenberichtigung	Rz.
Usbekistan	Art. 9 Abs. 1 Buchst. a, b		≈ MA		≈ MA		≈ MA	≈ MA	
Venezuela	Art. 9 Buchst. a, b		≈ MA		≈ MA		≈ MA	–	
Vereinigte Arabische Emirate 2010	Art. 9 Abs. 1 Buchst. a, b		≈ MA		≈ MA		≈ MA	≈ MA	
Vietnam	Art. 9 Buchst. a, b		≈ MA		≈ MA		≈ MA	–	
Weißrussland	s. Belarus								
Zypern 2011	Art. 9 Abs. 1 Buchst. a, b		≈ MA		≈ MA		≈ MA	≈ MA	

2. Erläuterungen

146 **a) Berichtigungssubjekte:** Im Allgemeinen stimmen die deutschen DBA mit Art. 9 MA darin überein, dass sie Gewinnberichtigungen nur zwischen verbundenen Unternehmen zulassen (vgl. Rz. 33ff.). Eine Ausnahme bildet Art. IV *DBA Großbritannien 1964/70:* Hier wird von der Person gesprochen, die ein Unternehmen betreibt. Ansonsten wird der Unternehmensbegriff durch eine dem Art. 3 Abs. 1 Buchst. d entsprechende Verweisung auf das innerstaatliche Recht definiert. Nach Meinung der deutschen Finanzverwaltung bleiben „die Abgrenzungsregelungen des nationalen deutschen Steuerrechts (insbes. § 1 AStG) [...] auch in den Fällen der Interessenverflechtung anwendbar, die in den Abgrenzungsklauseln der DBA nicht genannt sind" (Tz. 1.2.1. VerwGrS; vgl. dazu bereits Rz. 19). Diese Auffassung könnte dahingehend verstanden werden, dass eine Verbundenheit i. S. des Art. 9 entgegen den Ausführungen zu Rz. 38f. auch bei nur **verwandtschaftlichen Beziehungen** oder bei **Interessengleichheit** gegeben sein könnte. Gegen diese Auffassung sprechen jedoch der Wortlaut des Art. 9 sowie der nicht zu übersehende Gegensatz zu Art. 11 und Art. 12 MA. Eine Ausnahme bilden insofern das *DBA USA 1989* bzw. das *DBA USA 1989/2006* bzw. das *DBA USA 2008.* Im Prot. Abs. 7 zu Art. 9 wird den Vertragsstaaten eine Erstberichtigung auch dann gestattet, wenn die Beteiligungsvoraussetzungen des Art. 9 Abs. 1 (Beteiligung an der Geschäftsleitung, der Kontrolle oder dem Kapital) nicht erfüllt sind. In Deutschland kann damit eine Gewinnkorrektur nach § 1 Abs. 2 Nr. 3 AStG erfolgen. Ähnlich wie nach der deutschen Vorschrift ist in den USA eine Korrektur nach Sec. 482 IRC zulässig, wenn durch gewerbliche oder vertragliche Beziehungen Einfluss auf die Preisgestaltung genommen werden kann (vgl. Treasury Explanation zu Art. 9 *DBA USA 1989* bzw. Art. 9 *DBA USA 1989/2006*). Eine Anpassung ist aber nur dann zulässig, wenn die Gewinnkorrektur in Übereinstimmung mit dem Fremdvergleichsgrundsatz vorgenommen wird.

148 **b) Gegenstand der Beteiligung:** Die Beteiligung an der Geschäftsleitung, der Kontrolle oder dem Kapital des anderen Unternehmens (Art. 9 Abs. 1 MA) wird in der Abkommenspraxis sehr unterschiedlich umschrieben. Entgegen dem MA wird in Art. 9 *DBA Belgien* und in Art. 9 *DBA Marokko* nicht auf eine Beteiligung am „Kapital" sondern auf eine Beteiligung an der „Finanzierung" eines Unternehmens abgestellt. In den *DBA Frankreich, Großbritannien 1970* und *Israel* wird anstatt des Ausdrucks „Geschäftsleitung" der Ausdruck „Geschäftsführung" verwendet. Im *DBA Frankreich* wird zudem in Art. 5 auf eine Beteiligung „am finanziellen Aufbau" des Unternehmens abgestellt. Abweichungen zur Formulierung des MA werden dadurch jedoch nicht zum Ausdruck gebracht, zumal Beteiligungsformen nach Art. 9 Abs. 1 MA nicht kumulativ gegeben zu sein brauchen.

150 **c) Bindung an vereinbarte oder auferlegte Bedingungen:** Art. 9 *DBA Australien* verlangt nur das „Bestehen" von Bedingungen. Auch hier handelt es sich nur um eine Abweichung in der Formulierung.

151 **d) Gewinnberichtigung und entsprechende Besteuerung:** Trotz unterschiedlicher Umschreibungen des „arm's-length"-Prinzips bedienen sich alle geltenden DBA dieses von der Mustervorschrift vorgegebenen Berichtigungsmaßstabes. Das DBA *Niederlande 1959/2004* sieht allerdings, ohne inhaltliche Abweichung von der Mustervorschrift, die Berichtigung der „Einkünfte" vor.

152 Grundsätzlich kann der Fremdvergleichspreis auch über eine **Schätzung** ermittelt werden, soweit die Finanzbehörden die Besteuerungsgrundlagen nicht ermitteln oder berechnen können (s. Rz. 134f.). Der andere Vertragsstaat muss allerdings nur dann eine Gegenberichtigung vornehmen, wenn er die Schätzung für sachgerecht hält. Art. 9 Abs. 2 *DBA Ägypten* stellt dementsprechend klar, dass eine

Gewinnberichtigung als Ergebnis einer Ermessensentscheidung oder einer Schätzung erlaubt ist, falls die für die Ermittlung des Verrechnungspreises erforderlichen Unterlagen nicht ausreichen. Dabei seien die Grundsätze des Abs. 1 bzw. des Fremdvergleichsgrundsatzes zu beachten. Auch das Prot. Abs. 5 im *DBA Australien* sieht vor, dass Gewinne auf Basis von Rechtsvorschriften eines Staates über die Feststellung der Steuerpflicht von Unternehmen anwendbar bleiben (z. B. Schätzung), soweit die innerstaatlichen Vorschriften in Übereinstimmung mit den Grundsätzen des Art. 9 angewendet werden (vgl. auch den Vorbehalt Australiens in Ziff. 18 MA-Komm.).

B. Zu Art. 9 Abs. 2

I. Musterabkommen

1. Übereinstimmungen und Abweichungen

Das UN-MA und US-MA stimmt mit dem OECD-MA im Wortlaut des Abs. 2 überein. Das UN-MA ist um einen Abs. 3 erweitert. Das UN-MA sieht vor, dass das Unternehmen nicht in den Genuss des Abs. 2 kommt, wenn im Rahmen eines Verwaltungs- oder Gerichtsverfahrens festgestellt wird, dass ein beteiligtes Unternehmen Gegenstand von Strafen aufgrund von Betrug, grober Fahrlässigkeit oder Vorsatz ist. Der UN Kommentar zu Art. 9 stellt klar, dass einige Staaten diese Sanktion als zu weitreichend ansehen und dass solche Sanktionsvorschriften wahrscheinlich nur in Ausnahmefällen angewendet werden. Die Vorschrift solle daher üblicherweise nicht Anwendung finden. Auch Art. 8 Abs. 1 EU-Schiedskonvention sieht Beschränkungen im Rechtsschutz des Steuerpflichtigen vor, wenn ein empfindlich zu bestrafender Verstoß gegen steuerliche Vorschriften vorliegt. 158

2. Erläuterungen

a) **Grundzüge:** Art. 9 Abs. 2 dient der **Beseitigung** einer sog. **wirtschaftlichen Doppelbesteuerung,** hier: einer Besteuerung desselben Steuergutes bei verschiedenen Steuersubjekten, die wirtschaftlich eine Einheit bilden (zu Ziff. 5 MA-Komm.; zu den Begriffen s. o. die Grundl. Rz. 4). Werden infolge fremdunüblicher Bedingungen i. S. des Art. 9 Abs. 1 die Gewinne eines verbundenen Unternehmens in einem der beiden Vertragsstaaten verkürzt, hat dies zur Folge, dass sich die Gewinne des verbundenen Unternehmens im anderen Vertragsstaat entsprechend erhöhen. Berichtigt nun der erste Vertragsstaat die Gewinne des in seinem Gebiet ansässigen Unternehmens und besteuert er den erhöhten Gewinn **(„Erstberichtigung")**, so wird der betreffende Gewinnanteil in beiden Vertragsstaaten, wenn auch bei verschiedenen Steuerpflichtigen, besteuert. Zur Vermeidung dieser wirtschaftlichen Doppelbesteuerung sieht Art. 9 Abs. 2 vor, dass die Gewinnerhöhung in einem Vertragsstaat durch eine entsprechende Änderung der im anderen Vertragsstaat erhobenen Steuern **(„Gegenberichtigung")** auszugleichen ist. Fehlt im Doppelbesteuerungsabkommen eine dem Art. 9 Abs. 2 nachgebildete Vorschrift, geht die Mehrzahl der Staaten – wenn auch mit gewissen Einschränkungen – davon aus, dass eine Gegenberichtigung auch über das Verständigungsverfahren vorgenommen werden kann (s. MA-Komm. zu Art. 25 Ziff. 10, 11; Tz. 1.2.4. VerwGrS). Rechtsgrundlage für eine Gegenberichtigung kann dann allerdings nur Art. 9 Abs. 1 sein, weil Art. 25 lediglich den verfahrensrechtlichen Rahmen setzt, mithin keine abkommensrechtliche Grundlage für eine Gewinnkorrektur darstellt (vgl. Art. 25 Rz. 2). Wäre eine Gegenberichtigung auch über Art. 9 Abs. 1 möglich, so wäre allerdings der Regelungsgehalt von Abs. 2 fraglich 159

(GKG/*Becker,* Art. 9 OECD-MA Rz. 222) bzw. Abs. 2 hätte nur klarstellenden Charakter (*Lahodny-Karner,* in Gassner/Lang/Lechner, S. 95 f.). Aus Abs. 2 kann daher nur eine erhöhte Rechtspflicht des zur Gegenberichtigung verpflichteten Staates folgen. Zudem können durch Abs. 2 verfahrensrechtliche Vorschriften im innerstaatlichen Recht eines Vertragsstaates eingeschränkt sein.

160 **b) Abgrenzung:** Art. 9 Abs. 2 bildet die **einzige** Abkommensvorschrift, deren Ziel die Beseitigung einer wirtschaftlichen Doppelbesteuerung ist. Die Regelung ist **abschließend,** soweit nicht das innerstaatliche Recht ergänzende Möglichkeiten zur Beseitigung dieser Doppelbesteuerung vorsieht. Die Art. 23 A bzw. 23 B dienen der Vermeidung einer Doppelbesteuerung bei **Identität des Abgabensubjekts** und können im Rahmen des Art. 9 Abs. 2 **nicht** ergänzend herangezogen werden. Darüber hinaus finden die Art. 23 A und 23 B nur auf Verteilungsnormen mit offener Rechtsfolge Anwendung (s. hierzu Vor Art. 6 bis 22 Rz. 7), während Art. 9 im Zusammenhang mit Art. 7 Abs. 1 Satz 1 – einer Verteilungsnorm mit abschließender Rechtsfolge – steht (vgl. dazu Rz. 6 f., 20).

161 Unter Art. 9 Abs. 2 fällt jedoch nicht jede wirtschaftliche Doppelbesteuerung verbundener Unternehmen. So kann eine wirtschaftliche Doppelbesteuerung durch eine **unterschiedliche Qualifikation** oder durch **unterschiedliche nationale Einkunftsermittlungsvorschriften nicht vermieden werden.** Dies ist beispielsweise dann der Fall, wenn Lizenzgebühren eine wirtschaftliche Doppelbesteuerung nach sich ziehen, wenn die Lizenzgebühr vom Staat der zahlenden Tochtergesellschaft nicht als solche anerkannt und demzufolge nicht als gewinnmindernde Betriebsausgabe zugelassen wird, während der Staat der Muttergesellschaft diese Lizenzgebühr nach Maßgabe des Art. 12 Abs. 1 besteuert. Dieser Qualifikationskonflikt ist im Rahmen der Auslegung des Art. 12 – und nicht im Rahmen des Art. 9 – zwischen den Vertragsstaaten aufzulösen (vgl. *Lahodny-Karner,* in Gassner/Lang/Lechner, S. 97; *Schaumburg,* Tz. 16.315; Wassermeyer/*Wassermeyer,* Art. 9 OECD-MA Rz. 373). Selbst wenn beide Staaten eine bestimmte Zahlung einheitlich als Zinsen oder Lizenzgebühren qualifizieren, bedeutet dies nicht, dass damit diese Zahlung bei dem leistenden Unternehmen abzugsfähig wäre. Ob dies der Fall ist, richtet sich, von Art. 24 Abs. 4 abgesehen, ausschließlich nach dem nationalen Steuerrecht des Ansässigkeitsstaates des leistenden Unternehmens. Die wirtschaftliche Doppelbesteuerung ist hier **nicht** die unmittelbare Folge einer auf dem Drittvergleich nach Art. 9 Abs. 1 beruhenden Erstberichtigung; vielmehr entsteht die Doppelbesteuerung nur infolge der unterschiedlichen Regelungen zur Berechnung der Einkünfte in den beiden Vertragsstaaten.

162 **c) Regelung:** Hat

– ein Vertragsstaat den Gewinnen des in seinem Gebiet ansässigen Unternehmens in **Übereinstimmung mit dem Fremdvergleichsmaßstab des Abs. 1** Gewinne **zugerechnet** und entsprechend besteuert, mit denen
– **ein Unternehmen des anderen Vertragsstaats** in diesem anderen Vertragsstaat **besteuert worden ist,**

so nimmt nach Art. 9 Abs. 2 Satz 1 der andere Staat eine **entsprechende Änderung der von ihm auf diese Gewinne erhobenen Steuer vor („Gegenberichtigung").** Nach Abs. 2 Satz 2 sind bei der Änderung **die übrigen Bestimmungen des Abkommens zu beachten.** Die beteiligten Finanzverwaltungen sollen einander, soweit erforderlich, konsultieren.

163 **d) Anknüpfungspunkt:** Die Gewinnzurechnung **und** entsprechende Besteuerung nach Art. 9 Abs. 1 ist **Anknüpfungspunkt** und grundsätzlich auch **Maßstab** für den Umfang der Gegenberichtigung nach Abs. 2. Die Formulierung Gewinnzurechnung **„und"** entsprechende Besteuerung bringt zum Ausdruck, dass eine wirtschaftliche Doppelbesteuerung tatsächlich eingetreten sein muss (so auch *La-*

hodny-Karner, in Gassner/Lang/Lechner, S. 112). Für die Einleitung eines Verständigungsverfahrens nach Art. 9 Abs. 2 i. V. m. Art. 25 reicht es allerdings bereits aus, wenn eine abkommenswidrige Besteuerung droht (vgl. Art. 25 Ziff. 12 MA-Komm.). Als **Anknüpfungspunkt** für die Gegenberichtigung kommt **nur** eine Gewinnberichtigung zwischen verbundenen Unternehmen i. S. des Abs. 1 in Betracht. Dies ergibt sich aus der Wiederholung der Unabhängigkeitsfiktion des Abs. 1 in Abs. 2. Die Gewinnberichtigung bildet den **Maßstab für den Umfang der Gegenberichtigung,** wenn mehrere Voraussetzungen kumulativ vorliegen: der zu Lasten eines verbundenen Unternehmens i. S. des Abs. 1 berichtigte Gewinn muss bereits bei dem anderen verbundenen Unternehmen im anderen Vertragsstaat besteuert worden sein; der Berichtigungsbetrag muss nach den Grundsätzen des Fremdvergleichs („arm's-length"-Prinzip), wie oben zu Abs. 1 dargestellt (Rz. 59 ff.), ermittelt worden sein; Regeln über den Vorteilsausgleich (Rz. 110 f.) müssen hierbei berücksichtigt worden sein (*Schaumburg,* Tz. 16.316; Wassermeyer/*Wassermeyer,* Art. 9 OECD-MA Rz. 357; offengelassen: GKG/*Becker,* Art. 9 OECD-MA Rz. 265).

164 **„Besteuert"** worden sind die dem verbundenen Unternehmen zugerechneten Gewinne auch dann, wenn die Gewinnberichtigung zwar nicht zu einer unmittelbaren Steuerzahlungspflicht geführt hat, aber zu Maßnahmen, die sich in künftigen Steuerpflichten auswirken werden oder noch auswirken können. Dies gilt beispielsweise dann, wenn die Gewinnkorrektur nur die **Verlustvorträge** des Unternehmens verringern (s. GKG/*Becker,* Art. 9 OECD-MA Rz. 249; *Jacob,* ET 1985, 311; *Lahodny-Karner,* in Gassner/Lang/Lechner, S. 114 f.; Wassermeyer/*Wassermeyer,* Art. 9 OECD-MA Rz. 366). Entsprechendes gilt, wenn ein Vertragsstaat die Gewinne keiner Besteuerung unterworfen hat, beispielsweise aufgrund einer speziellen **Steuerfreistellung** für einzelne Unternehmen oder weil ein Staat Unternehmensgewinne generell nicht besteuert.

164a Fraglich ist, ob Abs. 2 auch auf **Dreieckskonstellationen** anwendbar ist. Liefert beispielsweise eine ausländische Betriebsstätte im Staat A eines Unternehmens mit Ansässigkeit im Staat B verbilligt Waren an ein Unternehmen im Staat C so ist fraglich, ob Art. 9 einschlägig ist. Das DBA zwischen Staat A und C wäre im vorliegenden Fall nicht anwendbar, da das Unternehmen in Staat B ansässig ist und die Betriebsstätte in Staat A keine abkommensberechtigte Person i. S. des Art. 3 Abs. 1 Nr. d) MA ist. Einschlägig könnte daher nur das DBA zwischen B und C sein. Allerdings ist fraglich, ob die Gewinne des Staates B durch fremdunübliche Bedingungen gemindert wurden. Nach der hier vertretenen Auffassung unterliegen aufgrund des Welteinkommensprinzips die Einkünfte der Betriebsstätte im Staat A der Besteuerung im Staat B. Für die Frage der Anwendbarkeit des Art. 9 ist es daher unerheblich, ob Staat B im Rahmen der Anwendung seines Doppelbesteuerungsabkommens mit dem Staat A auf sein Besteuerungsrecht verzichtet hat. Der Staat C wäre daher verpflichtet, auf Basis des Art. 9 des DBAs zwischen Staat B und C eine Gegenkorrektur vorzunehmen. Der Staat A hätte aufgrund des Art. 7 des DBAs zwischen A und B das Recht auf eine Gewinnerhöhung, da die Gewinne aus der Warenlieferung der Betriebsstätte im Staat A zuzuordnen ist (a. A. Wassermeyer/*Wassermeyer,* Art. 9 OECD-MA Rz. 369, der Art. 9 für nicht anwendbar hält).

164b **e) Einigung der Vertragsstaaten als Voraussetzung:** Während der nach Abs. 1 berichtigende Vertragsstaat eine in seinem innerstaatlichen Recht begründete Maßnahme zu Lasten des bei ihm ansässigen Unternehmens durchführt, damit also ohne Übereinstimmung mit dem anderen Vertragsstaat handeln kann, setzt die Gegenberichtigung gemäß Abs. 2 voraus, dass zwischen beiden Vertragsstaaten **Einigkeit** sowohl über die **Qualifikation** des Leistungsentgelts (z. B. als Lizenzgebühr, Dividende, Zins etc.) als auch über dessen angemessene Höhe besteht (GKG/*Becker,* Art. 9 OECD-MA Rz. 224; *Lahodny-Karner,* in Gassner/Lang/Lechner, S. 111, 115; *Schaumburg,* Tz. 16.317). Die Einigung über den Grund der Erstberichtigung setzt voraus, dass beide Vertragsstaaten übereinstimmend einen Sachverhalt annehmen, der die Gewinnberichtigung rechtfertigt. Dagegen ist nicht erforderlich, dass der zur Gegenberichtigung aufgerufene Vertragsstaat die Subsumtion des Sachverhalts unter eine der innerstaatlichen Rechtsgrundlagen des erstberichtigenden Vertragsstaates nachvollzieht. Es kommt allein darauf an, dass die Gewinnberichtigung – ihre Berechtigung nach innerstaatlichem Recht unterstellt – nach der Meinung **beider** Vertragsstaaten in Übereinstimmung mit Art. 9 Abs. 1 durchgeführt wurde. Danach muss die Einigung alle in Rz. 31 ff. angeführten Punkte umfassen. In diesem Zusammenhang ist insbesondere darauf zu achten, dass die übereinstimmende **Qualifikation** des Leistungsentgelts eine wichtige Voraussetzung für die Vergleichbarkeit von Erst- und Gegenberichtigung bildet. Die Einigung über die Höhe des Berichtigungsbetrags setzt voraus, dass beide Staaten bei der Bestimmung des angemessenen, d. h. des unter unabhängigen Dritten üblichen Leistungsentgelts zu gleichen Ergebnissen kommen. Dazu gehört auch eine übereinstimmende Anwendung der Grundsätze über den Vorteilsausgleich (vgl. Rz. 110 f., 163). Im Ergebnis muss aber nur eine betragsmäßig einheitliche Behandlung sichergestellt werden. Die Vertragsstaaten können beispielsweise auch dann betragsmäßig zu einer Einigung kommen, wenn beide Staaten unterschiedliche Verrechnungspreismethoden anwenden oder wenn der eine Staat von einer Zahlung einer Lizenz ausgeht, während der andere Staat von einem Dienstleistungsentgelt ausgeht. Allerdings sollten auch sekundäre Berichtigungen bei einer Gegenkorrektur – soweit möglich – in das Verständigungsverfahren einbezogen werden.

165 Für die **Herbeiführung der Einigung** sieht Abs. 2 Satz 2 vor, dass sich die **zuständigen Behörden** der Vertragsstaaten erforderlichenfalls **konsultieren.** Die Vorschrift verweist ausdrücklich auf die Möglichkeit der Durchführung eines Verständigungsverfahrens nach Maßgabe des Art. 25 MA. Bereits vor der Aufnahme des Abs. 2 in das Musterabkommen aus dem Jahre 1977 ging die überwiegende Meinung davon aus, dass das Verfahren auch zur Beseitigung einer wirtschaftlichen Doppelbesteuerung durchgeführt werden könne (vgl. *Bellstedt,* S. 223). Dies bestätigen Ziff. 11 und 12 des MA-Komm. zu Art. 25. Demnach kann ein Verständigungsverfahren auch ohne eine dem Art. 9 Abs. 2 nachgebildete Vorschrift eingeleitet werden. Das Verständigungsverfahren ist jedoch **nicht Rechtsgrundlage** für die Beseitigung einer wirtschaftlichen Doppelbesteuerung, sondern nur ein **Verfahren** zur Herbeiführung einer Einigung, die auf der Grundlage des materiellen Abkommens- oder innerstaatlichen Rechts zu finden ist (s. a. Art. 25 Rz. 72 f.; ferner *OECD,* Transfer Pricing, Corresponding Adjustment and the Mutual Agreement Procedure (1982)). Der Wortlaut „erforderlichenfalls" macht deutlich, dass zur Herbeiführung der Einigung die Vertragsstaaten ein Verständigungsverfahren durchführen können. Die Doppelbesteuerung kann aber auch dadurch vermieden werden, dass der zur Gegenberichtigung aufgerufene Staat durch entsprechende Maßnahmen eine abkommenswidrige Besteuerung vermeidet. Erfolgt eine Zustimmung kann ein Verständigungsverfahren vermieden werden (Wassermeyer/*Wassermeyer,* Art. 9 OECD-MA Rz. 380; so auch explizit Art 5 EU-Schiedskonvention, Tz. 10 BMF-Merkblatt v. 13.7.2006).

166 **f) Rechtsgrundlagen der Einigung:** Die Einigung der Vertragsstaaten über den Grund und die Höhe der Erstberichtigung nach Abs. 1 ist **Voraussetzung** für die Verpflichtung zur Gegenberichtigung gemäß Abs. 2. Aus der Vorschrift selber kann jedoch keine Verpflichtung zur Verwirklichung dieser Voraussetzung abgelei-

tet werden. Dies ergibt sich bereits aus dem Hinweis auf das Konsultationsverfahren in Abs. 2. Selbst wenn man dem Wortlaut „werden ... einander konsultieren" eine Verpflichtung zur Einleitung des Verständigungsverfahrens entnehmen wollte, so gibt es in diesem Verfahren doch **keinen** Einigungs**zwang** (vgl. Tz. 4.35 OECD-Richtlinie; s. a. Art. 25 Rz. 89).

Rechtliche Bindungen der Vertragsstaaten im Verfahren der Einigung nach Art. 9 Abs. 2 ergeben sich jedoch aus Art. 7 Abs. 1 i. V. m. Art. 9 Abs. 1. Nach Art. 7 Abs. 1 Halbs. 1 dürfen die Gewinne eines Unternehmens eines Vertragsstaats nur in diesem Vertragsstaat besteuert werden. Daraus folgt, dass es dem Ansässigkeitsstaat des Unternehmens überlassen bleibt, **wie** er diesen Gewinn besteuert. Die Verteilungsfolge des Art. 7 Abs. 1 kann jedoch nur dann eintreten, wenn Klarheit darüber besteht, **welche** Gewinne zu den Gewinnen eines Unternehmens eines Vertragsstaats gehören. Art. 9 Abs. 1 konkretisiert die Verteilungsnorm des Art. 7 Abs. 1 deswegen dadurch, dass er Kriterien für die **Zuordnung** von Unternehmensgewinnen gibt. Damit bestimmt er Grenzen dessen, **was** nach innerstaatlichem Recht als Unternehmensgewinn besteuert werden darf. Gegenstand der Einigung i. S. des Abs. 2 kann demgemäß nur noch die Feststellung sein, ob der erstberichtigende Vertragsstaat die Grenzen des Art. 7 Abs. 1 Halbs. 1 i. V. m. Art. 9 Abs. 1 eingehalten hat, m. a. W. ob er sich darauf beschränkt hat, den Gewinn zu besteuern, den ihm Art. 7 Abs. 1 Halbs. 1 zur Besteuerung zuweist. Art. 9 Abs. 1 enthält allerdings für die Gewinnberichtigung nur einen **quantitativen Maßstab:** Er normiert die Kriterien für die Ermittlung des (der Höhe nach) angemessenen Verrechnungspreises; daher kann auch die von **Abs. 2** für die Gegenberichtigung vorausgesetzte Einigung nur auf die quantitative Bestimmung des Berichtigungsbetrags gerichtet sein. 167

g) Verfahrensrechtliche Grundlagen der Einigung: Die in Art. 9 Abs. 2 vorgesehene Konsultation eröffnet den Behörden der beteiligten Finanzverwaltungen das Verständigungsverfahren nach Art. 25 (vgl. bereits Rz. 10). Dieses Verfahren bildet den Rahmen für die erforderliche Einigung. Soweit Art. 9 Abs. 2 ausdrücklich bestimmt, dass eine „Änderung der von diesen Gewinnen erhobenen Steuer" vorzunehmen ist, rechtfertigt diese völkerrechtliche Bestimmung eine Durchbrechung der Bestandskraft des Berichtigungsbescheides auch dann, wenn die Voraussetzungen des innerstaatlichen Rechts für eine solche Durchbrechung nicht vorliegen (vgl. zur Begründung: *Lehner,* S. 105 ff.). Nach deutschem Recht kann der Steuerbescheid nach § 175a AO geändert werden. Die Festsetzungsfrist endet insofern nicht vor Ablauf eines Jahres nach Wirksamwerden der Verständigungsvereinbarung oder des Schiedsspruchs. Die Verständigungsvereinbarung kann auch ungeachtet eines finanzgerichtlichen Urteils umgesetzt werden (BFH BStBl. III 1967, 496; GKG/*Becker,* Art. 9 OECD-MA Rz. 289 f.; Wassermeyer/*Wassermeyer,* Art. 9 OECD-MA Rz. 400; kritisch Art. 25 Rz. 104 ff.; ferner *Lehner,* S. 104 f.). 173

Zur EU-Schiedskonvention s. Rz. 180 und Art. 25 Rz. 300 ff. 174

h) Durchführung der Gegenberichtigung: Eine Gegenberichtigung wird notwendig, wenn das Ergebnis der Erstberichtigung bestehen bleibt. Geschieht dies nur deshalb, weil der erstberichtigende Vertragsstaat **entgegen** der Auffassung des anderen Vertragsstaats an seiner Maßnahme **festhält,** so wird der letztere die Gegenberichtigung verweigern; die wirtschaftliche Doppelbesteuerung bleibt dann bestehen. Kommen **beide** Vertragsstaaten übereinstimmend zu dem Ergebnis, dass die Erstberichtigung von einem **unangemessenen** Drittpreis als Vergleichsmaßstab ausgegangen ist, dann nimmt der **erstberichtigende Vertragsstaat** eine Korrektur des Berichtigungsbetrags vor, während der zur Gegenberichtigung aufgerufene Vertragsstaat eine Entlastung in Höhe des korrigierten Berichtigungsbetrags gewährt; in diesem Fall wird die wirtschaftliche Doppelbesteuerung durch das Zu- 175 sammenwirken **beider** Vertragsstaaten beseitigt. Gelangen beide zu der übereinstimmenden Auffassung, dass die Erstberichtigung auch dem **Grunde** nach **nicht** gerechtfertigt war, dann ist diese vom erstberichtigenden Vertragsstaat rückgängig zu machen. Damit wird die wirtschaftliche Doppelbesteuerung ohne eine Maßnahme nach Abs. 2 beseitigt. Nur wenn **beide** Vertragsstaaten übereinstimmend zu dem Ergebnis gelangen, dass die Erstberichtigung sowohl dem Grunde wie der Höhe nach **gerechtfertigt** war, ist der andere Vertragsstaat zur Gegenberichtigung **verpflichtet** (so auch *Lahodny-Karner,* in Gassner/Lang/Lechner, S. 115; *Schaumburg,* Tz. 16.319).

176 Für die **Gegenberichtigung** sieht Abs. 2 **keine bestimmte Methode** vor. Die Vereinbarung entsprechender Regelungen soll den Vertragsstaaten überlassen werden (Ziff. 7 MA-Komm.). Der MA-Komm. nennt jedoch zwei Möglichkeiten: **die Veranlagung** des Unternehmens zu ändern und dadurch den steuerpflichtigen Gewinn herabzusetzen (vgl. Rz. 177) oder die – hier nur wirtschaftliche – Doppelbesteuerung in **entsprechender Anwendung des Art. 23** zu beseitigen (vgl. Rz. 178).

177 Die Änderung der Veranlagung hat den Vorteil, dass sie eine spiegelbildliche Maßnahme zur Erstberichtigung ist und dass Steuerniveauunterschiede in beiden Staaten ohne Einfluss bleiben. Diese Methode ist in den OECD-Mitgliedstaaten die üblichere (vgl. Tz. 4.34 OECD-Richtlinie). Eine Änderung der Veranlagung erfolgt häufig im Rahmen einer **außerbilanziellen Korrektur,** also der Annahme einer **verdeckten Gewinnausschüttung**, **verdeckten Einlage** oder einer **Korrektur nach § 1 AStG.** Problematisch ist eine Gegenkorrektur bei Fehlen einer innerstaatlichen Korrekturnorm. Dies ist beispielsweise dann der Fall, wenn eine deutsche Tochtergesellschaft ein zinsloses Darlehen erhält. Eine verdeckte Einlage liegt nicht vor, da der Nutzungsvorteil nicht einlagefähig ist, eine Einkunftskorrektur nach § 1 AStG ist nicht möglich, da die Norm nur dann einschlägig ist, wenn die Einkünfte aufgrund von fremdunüblichen Bedingungen vermindert wurden. Davon unberührt bleibt aber die Verpflichtung der deutschen Finanzverwaltung, auf Basis von Art. 9 MA das Einkommen entsprechend herabzusetzen. Alternativ kann auch die Korrekturen der Einkünfte über die Einbuchtung einer **Forderung** im Staat der Erstberichtigung und einer **Verbindlichkeit** im Staat der Gegenberichtigung erfolgen.

177a Eine Befreiung oder Anrechnung nach dem Muster des Art. 23 A oder Art. 23 B wäre nur bei **entsprechender** Anwendung dieser Vorschriften denkbar (vgl. dazu bereits Rz. 160; GKG/*Becker,* Art. 9 OECD-MA Rz. 218). Beide Vorschriften setzen Subjektidentität voraus; darüber hinaus umfassen sie nur Fälle, in denen die Einkünfte „... nach diesem Abkommen" im anderen Vertragsstaat besteuert werden können (vgl. Art. 23 A Abs. 1; Art. 23 B Abs. 1). Gerade dies ist aber bei Gewinnen eines Unternehmens eines Vertragsstaats, die gemäß Art. 7 Abs. 1 Satz 1 **nur** in diesem Staat besteuert werden können, nicht der Fall. Bei der **Methode der „indirekten Steueranrechnung"** wird auf das Erfordernis der Subjektidentität im Anrechnungsverfahren verzichtet. Bei der Anwendung dieser Methode wird die wirtschaftliche Doppelbesteuerung dadurch vermieden, dass der begünstigte Vertragsstaat die erhöhte Steuer anrechnet, die bei dem verbundenen Unternehmen im anderen Vertragsstaat angefallen ist (vgl. *Strobl,* S. 315; *Debatin,* CDFI. Vol. LIVaI (1969), I 15 f.). Auf den ersten Blick scheint diese Methode im Zusammenhang mit der auf die rechtliche Selbständigkeit der verbundenen Unternehmen abstellenden Gewinnberichtigungsvorschrift systemfremd, weil sie einen über die rechtliche Trennung der Unternehmen hinweggreifenden Steuerausgleich darstellt. Sie wird jedoch dem Wortlaut des Art. 9 Abs. 2 „... Änderung der ... erhobenen **Steuer**" insofern besser gerecht als die Veranlagungsänderung, weil sie unmittelbar an die effektive Besteuerung anknüpft. Diese Methode verlangt jedoch unter der

Geltung einer den MA-Vorschriften entsprechenden Bestimmung, dass die „indirekte Anrechnung" unter den **Vorbehalt** der Einigung über Grund und Höhe des Leistungsentgelts gestellt wird. Eine „automatische Beseitigung der wirtschaftlichen Doppelbesteuerung" würde mithin **nicht** die Folge der „indirekten Steueranrechnung" sein (vgl. *Strobl,* S. 316).

i) Die sekundäre Berichtigung: Von der Gegenberichtigung gemäß Abs. 2 unterscheidet der MA-Komm. Ziff. 8, die „sekundäre Berichtigung" (vgl. *Becker,* in Kroppen, O 4.67 ff.; IFA, Adjustments, Vol. 19 b (1996) Rz. 1). Sie ist in Art. 9 nicht geregelt, aber **wenn** eine sekundäre Berichtigung vorgenommen wird, ist eine Finanzverwaltung dabei durch die Formulierung des Abs. 2 Satz 2 („bei dieser Änderung sind die übrigen Bestimmungen des Abkommens zu berücksichtigen") hinsichtlich der Art und Weise ihrer Durchführung an das materielle Abkommensrecht gebunden. **178**

Im Wege der **Erstberichtigung** (i. S. v. Art. 9 Abs. 1) wird erreicht, dass der zugunsten eines Unternehmens verlagerte Gewinnanteil bei demjenigen Unternehmen besteuert wird, dem er nach dem „arm's-length"-Prinzip zuzurechnen ist. Die **Gegenberichtigung** bewirkt eine spiegelbildliche Entlastung des anderen Unternehmens von derjenigen Steuer, mit der es nur als Folge der „arm's-length"-widrigen Transaktion belastet wurde. Beide Maßnahmen beschränken sich auf die **fiktive Zuordnung des Gewinns, ohne dass zwingend der tatsächlich gewährte Vorteil rückgängig zu machen ist.** Die Beträge, die der Besteuerung als berichtigter Gewinn zugrunde gelegt wurden, befinden sich also in der Regel nach wie vor bei dem Unternehmen desjenigen Vertragsstaats, der die Gegenberichtigung vorgenommen hat. Die **sekundäre Gewinnberichtigung** verfolgt das Ziel, diese Beträge abkommenskonform zu besteuern (vgl. Tz. 4.67 OECD-Richtlinie). Gilt der verlagerte Gewinn als verdeckte Gewinnausschüttung, also als „Dividende" i. S. des DBA, so darf der Vertragsstaat, der die Erstberichtigung nach Abs. 1 vorgenommen hat, neben der Körperschaftsteuer auf den für diese Ausschüttung verwendeten Gewinn auch eine Dividendensteuer erheben. Der andere Vertragsstaat darf diese Dividenden unter Anrechnung der Dividendensteuer auch seiner Besteuerung unterwerfen, es sei denn, er hat entsprechend dem DBA ein Schachtelprivileg zu gewähren (vgl. Tz. 4.69 OECD-Richtlinie). Die OECD impliziert allerdings, dass Quellensteuern auf Dividenden möglichst vermieden werden sollen. Ausgenommen werden allerdings Fälle bei denen der Steuerpflichtige vorsätzlich gehandelt hat, um Quellensteuern zu umgehen (vgl. Tz. 4.72 OECD-Richtlinie). Gegen eine Anrechnung von Quellensteuern im Fall von verdeckten Gewinnausschüttungen spricht sich z. B. Australien aus (vgl. Tz. 57 und 178 TR 95/D 31). Gewichtige Gründe **gegen** eine sekundäre Berichtigung führt *Kaneko* (BIFD 1995, 490) an. **179**

Für eine sekundäre Gewinnberichtigung besteht kein Raum, wenn das Unternehmen, bei dem sich der Vorteil tatsächlich befindet, diesen an das der Erstberichtigung unterworfene Unternehmen zurückführt (z. B. durch **Einbuchung einer Forderung**). Zur Berücksichtigung von Aufwand bei einer sekundären Berichtigung (im konkreten Fall nach Erstberichtigung wegen einer verdeckten Gewinnausschüttung), s. BFH BStBl. II 1989, 510: *DBA Schweiz 1971.*

Die OECD weist darauf hin, dass aus einer **außerbilanziellen Korrektur** aufgrund von unangemessenen Verrechnungspreisen zwischen **Schwestergesellschaften** auch Folgewirkungen bei der gemeinsamen Muttergesellschaft entstehen können. In Deutschland löst eine Einkunftskorrektur aufgrund von unangemessenen Verrechnungspreisen bei einer Tochtergesellschaft eine verdeckte Gewinnausschüttung über die Kette an die gemeinsame Muttergesellschaft aus. Die Mutter leistet dann verdeckte Einlagen an die andere an der Transaktion beteiligten **179a**

Schwestergesellschaft (vgl. Tz. 4.71 OECD-Richtlinie). Das Beispiel macht deutlich, dass Folgewirkungen bei Gesellschaften in Ländern erwachsen, die nicht an der Transaktion beteiligt sind. Die OECD weist in Tz. 4.72 OECD-Richtlinie darauf hin, dass Staaten aufgefordert werden den Einfluss von Sekundärberichtigungen zu begrenzen. Vor diesem Hintergrund sind die Regelungen des **§ 8b Abs. 5 KStG** problematisch, da der deutsche Gesetzgeber bei Empfang einer verdeckten Gewinnausschüttung von nicht abzugsfähigen Betriebsausgaben in Höhe von 5% ausgeht. Nimmt der Staat der Tochtergesellschaft keine Einkunftskorrektur vor, geht § 8b Abs. 1 S. 1–3 KStG zudem davon aus, dass die empfangene Dividende voll steuerpflichtig ist. Dies soll gem. § 8b Abs. 1 S. 3 KStG selbst dann gelten, wenn die Dividende nach einem DBA steuerfrei ist. Demnach kann es zu Doppelbesteuerungen kommen, selbst wenn Deutschland selber nicht Teil einer Transaktion ist. Die Wirkungsweise der Regelung wird in der Literatur daher zu Recht kritisiert (vgl. *Rengers,* in Blümich, § 8b KStG Rz. 165, 168; *Gosch,* in Gosch, KStG, § 8b Rz. 149g f.; *Köhler*, DStR 2000, 613; *Gosch*, IStR 2008, 413; *Hageböke*, IStR 2009, 473). Sie steht auch in deutlichem Widerspruch zu dem Apell der OECD, Folgewirkungen aus Erstkorrekturen zu beschränken (vgl. Tz. 4.72 OECD-Richtlinie).

179b Einige Staaten wenden auch das Konzept einer **verdeckten Darlehensgewährung** an. Der Staat, der die Erstberechtigung vornimmt, geht also davon aus, dass in Höhe des fremdunüblichen Entgelts das Unternehmen gegenüber dem Unternehmen im anderen Staat ein Darlehen gewährt hat. Einige Staaten gehen weiterhin davon aus, dass dieses Darlehen dann entsprechend verzinst werden muss. Die Annahme macht bei einer wirtschaftlichen Betrachtung allerdings nur dann Sinn, wenn man davon ausgeht, dass das Unternehmen den vermeintlich erhöhten Gewinn verzinslich reinvestiert hätte und eine Gewinnausschüttung zugunsten des Gesellschafters nicht vorgenommen worden wäre. Die OECD sieht die Annahme von verdeckten Darlehen skeptisch, da die Annahme eines Darlehens mit einem einhergehenden Verzinsung zu weiteren Folgeproblemen führt, die wiederum Gegenstand von Art. 9 MA wären (vgl. Tz. 4.68, 4.72 OECD-Richtlinie).

3. EU-Schiedskonvention

180 Art. 12 der EU-Schiedskonvention (s. Rz. 144 und Art. 25 Rz. 304) **verpflichtet** die zuständigen Behörden der Vertragsstaaten, die durch eine Gewinnberichtigung bewirkte Doppelbesteuerung zu beseitigen. Da eine Gewinnberichtigung keine Doppelbesteuerung im Rechtssinn herbeiführt, kann damit nur die bewirkte **wirtschaftliche** Doppelbesteuerung gemeint sein. Beseitigt ist die Doppelbesteuerung nach Art. 14 des Abkommens dann, wenn entweder die Gewinne nur noch in einem Staat zur Besteuerung herangezogen werden oder wenn der eine der beiden Staaten die auf sie entfallende Steuer des anderen Staats auf seine Steuer anrechnet (vgl. GKG/*Menck,* Art. 25 OECD-MA Anhang, Art. 14 Rz. 7). Können sich die Behörden nicht einigen, so sind sie verpflichtet, sich an die Stellungnahme des nach den Vorschriften des Abkommens bestellten beratenden Ausschusses zu halten. Die Regelung geht damit über Art. 9 Abs. 2 MA hinaus.

II. Deutsche DBA

1. Abkommensübersicht (s. Rz. 145)

2. Erläuterungen

181 **a) Überblick:** Ein Großteil der neueren DBAs beinhalten eine dem Art. 9 Abs. 2 MA nachgebildete Vorschrift. Die reduzierte Anzahl von Abkommen mit einer

dem Absatz 2 des MA entsprechenden Norm geht auf den Vorbehalt Deutschlands gegenüber der Vorschrift zurück. Diesen hat Deutschland allerdings mittlerweile aufgegeben. Insofern besteht für diese Länder eine abgeschwächte Verpflichtung, Art. 9 Abs. 2 in ihre Doppelbesteuerungsabkommen aufzunehmen (vgl. Grundl. Rz. 126). Das *DBA Italien* enthält im Protokoll in Abs. 7 zu Art. 9 eine dem Art. 9 Abs. 2 MA nachgebildete Vorschrift.

Art. 9 Abs. 2 *DBA Mexiko 2008*, Art. 9 Abs. 2 *DBA Tschechoslowakei* und Art. 9 Abs. 2 *DBA Tunesien,* Art. 9 Abs. 2 weichen im Wortlaut vom MA ab; die Abkommensvorschriften stimmen aber inhaltlich mit dem MA überein. Das *DBA Schweden* stellt klar, dass eine Gegenberichtigung nur erfolgen soll, soweit diese notwendig ist, um „eine doppelte Belastung der Gewinne zu vermeiden". Das DBA *Malaysia, DBA USA 1989, DBA USA 1989/2006, DBA USA 2008* stellt klar, dass eine Gegenberichtigung nur erfolgen soll, wenn der zur Gegenberichtigung aufgerufene Staat die Erstberichtigung für gerechtfertigt hält. Das DBA *Jersey 2008* beinhaltet keine dem Art. 9 Abs. 2 MA nachgebildete Vorschrift. Es besteht lediglich eine Verpflichtung, das Unternehmen rechtzeitig über eine Maßnahme, die zu einer Doppelbesteuerung führen kann, zu informieren. Das Unternehmen soll dann das andere Unternehmen und dieses die zuständige Behörde in seinem Land über Gewinnkorrektur informieren. Allerdings besteht weiterhin die Verpflichtung zur Einleitung eines Verständigungsverfahrens. Art. 9 Abs. 4 DBA *Jersey 2008* sieht nur dann keine Verpflichtung zur Einleitung eines Verständigungsverfahrens vor, wenn das Unternehmen die Dokumentations- und/oder Informationspflichten der Vertragspartei, welche die Gewinnberichtigung durchführt, nicht vor dem Zeitpunkt der Steuerfestsetzung, die Gegenstand der Berichtigung ist, erfüllt hat. **182**

Soweit die Abkommen keine dem Art. 9 Abs. 1 und 2 MA entsprechende Gewinnberichtigungsvorschrift enthalten *(z.B. DBA UdSSR),* bleibt die Gewinnberichtigung nach innerstaatlichem Recht unbeschränkt zulässig. Die deutsche Finanzverwaltung ist allerdings bereit, auch beim Fehlen entsprechender Vorschriften Verständigungsverfahren einzuleiten (vgl. Tz. 1.2.1. Merkblatt zum Verständigungs- und Schiedsverfahren; BMF v. 13.7.2006, BStBl. I 2006, 461). **183**

Das *DBA USA 1989* bzw. *DBA USA 1989/2006 und DBA USA 2006* schließen in Prot. Nr. 1 Buchst. b die Geltung der *saving clause* (s. dazu Art. 1 Rz. 79) für Art. 9 Abs. 2 ausdrücklich aus. **184**

b) Gegenberichtigung. Der zur Gegenberichtigung aufgeforderte Vertragsstaat muss diese nur vornehmen, soweit dieser die Erstberichtigung für sachgerecht hält. Insofern hat die Formulierung im *USA 1989* bzw. *USA 1989/2006 und USA 2006* nur klarstellende Bedeutung. *Australien* hat in seinen DBA mit Deutschland, Schweiz und Italien keine dem Art. 9 Abs. 2 nachgebildete Vorschrift aufgenommen. Die australische Finanzverwaltung geht daher von einer verminderten Verpflichtung aus, eine Gegenberichtigung zuzulassen. Art. 25 MA ist nach Auffassung der australischen Finanzverwaltung unanwendbar, eine Vermeidung der Doppelbesteuerung komme allenfalls über Art. 26 MA in Betracht (vgl. Tz. 2.2 f. TR 2000/16). **185**

c) Konsultationsverfahren. Alle Abkommen, die eine dem Art. 9 Abs. 2 entsprechende Vorschrift beinhalten (s. Rz. 181), sehen die Möglichkeit vor, ein **Konsultationsverfahren** zu eröffnen. Fehlt eine dem Abs. 2 nachgebildete Vorschrift, kann allerdings über das Verständigungsverfahren nach Art. 25 eine Einigung zur Gegenberichtigung erreicht werden. Einige DBA sehen in Art. 25 explizit die Möglichkeit vor, im Rahmen des Verständigungsverfahrens eine Einigung über die Gewinnzurechnung nach Art. 9 zu erreichen (vgl. Art. 25 Rz. 168). Zudem kann innerhalb der Europäischen Union alternativ ein Verständigungsverfahren nach der EU-Schiedskonvention eingeleitet werden (vgl. Rz. 180; Art. 25 Rz. 300 ff.). **186**

Vor Artikel 10 bis 12

Inhalt

Text: Deutsche Verhandlungsgrundlage (DE-VG)

Artikel 27. Verfahrensregeln für die Quellenbesteuerung

(1) **Werden in einem Vertragsstaat die Steuern von Dividenden, Zinsen, Lizenzgebühren oder sonstigen von einer im anderen Vertragsstaat ansässigen Person bezogenen Einkünften im Abzugsweg erhoben, so wird das Recht des erstgenannten Staates zur Vornahme des Steuerabzugs zu dem nach seinem innerstaatlichen Recht vorgesehenen Satz durch dieses Abkommen nicht berührt.**

(2) **Die im Abzugswege erhobene Steuer ist auf Antrag des Steuerpflichtigen zu erstatten, wenn und soweit sie durch dieses Abkommen ermäßigt wird oder entfällt. Die Frist für den Antrag auf Erstattung der Abzugsteuer beträgt vier Jahre nach Ablauf des Kalenderjahres, in dem die Dividenden, Zinsen, Lizenzgebühren oder sonstigen Einkünfte bezogen worden sind.**

(3) **Ungeachtet des Absatzes 1 wird jeder Vertragsstaat Verfahren dafür schaffen, dass Dividenden, Zinsen, Lizenzgebühren oder sonstige Einkünfte, die nach diesem Abkommen im Quellenstaat keiner oder nur einer ermäßigten Steuer unterliegen, ohne oder nur mit dem Steuerabzug erfolgen können, der im jeweiligen Artikel vorgesehen ist.**

(4) **Der Vertragsstaat, aus dem die Einkünfte stammen, kann vom Steuerpflichtigen die Vorlage einer Bescheinigung der zuständigen Behörde des anderen Vertragsstaats über seine Ansässigkeit in diesem anderen Staat verlangen.**

(5) **Einem deutschen Investmentvermögen oder einem *[anderer Vertragsstaat]* Investmentvermögen werden die Vergünstigungen nach diesem Abkommen für aus dem anderen Vertragsstaat stammende Einkünfte wie folgt gewährt:**

a) in dem Umfang, in dem die Anteile oder anderen Eigentumsrechte an dem Investmentvermögen Personen gehören, die in diesem Vertragsstaat oder einem anderen Staat ansässig sind und die, hätten sie die Einkünfte unmittelbar bezogen, Anspruch auf die gleichen Vergünstigungen nach diesem Abkommen hätten oder nach einem Abkommen, das der Vertragsstaat, aus dem die Einkünfte stammen, mit dem Staat, in dem die Person ansässig ist, abgeschlossen hat, oder

b) in vollem Umfang, wenn mindestens 90 Prozent der Anteile oder anderen Eigentumsrechte an dem Investmentvermögen Personen gehören, die in diesem Vertragsstaat oder einem anderen Staat ansässig sind und die, hätten sie die Einkünfte unmittelbar bezogen, Anspruch auf die gleichen Vergünstigungen nach diesem Abkommen hätten oder nach einem Abkommen, das der Vertragsstaat, aus dem die Einkünfte stammen, mit dem Staat, in dem die Person ansässig ist, abgeschlossen hat, oder

c) in vollem Umfang, wenn mindestens 75 Prozent der Anteile oder anderen Eigentumsrechte an dem Investmentvermögen Personen gehören, die in diesem Vertragsstaat ansässig sind und die, hätten sie die Einkünfte unmittelbar bezogen, Anspruch auf die gleichen Vergünstigungen nach diesem Abkommen hätten.

(6) **Die zuständigen Behörden können die Durchführung dieses Artikels durch Verständigung regeln.**

I. Allgemeines

1 In ihren Art. 10 bis 12 regeln OECD-, US- und UN-MA die Besteuerung von Erträgen aus der Einräumung der Nutzung bestimmter Wirtschaftsgüter, insbesondere aus der Anlage von Kapital, unternehmerischer ebenso wie privater: Dividenden (Art. 10), Zinsen (Art. 11), Lizenzgebühren (Art. 12). Für Dividenden sehen sie übereinstimmend eine **Steueraufteilung** vor: die Besteuerung im Quellenstaat wird der Höhe nach begrenzt, der Ansässigkeitsstaat des Empfängers rechnet dann die Steuer des Quellenstaats an, und zwar auch, wenn das Abkommen sonst der Freistellungsmethode folgt (Art. 23 A Abs. 2 OECD- und UN-MA). OECD- und UN-MA sehen diese Lösung auch für Zinsen vor, das UN-MA darüber hinaus für Lizenzgebühren; dagegen sind nach dem OECD-MA Lizenzgebühren, nach dem US-MA auch Zinsen der ausschließlichen Besteuerung im Ansässigkeitsstaat vorbehalten.

2 **Besteuerung von Dividenden, Zinsen und Lizenzgebühren nach den einzelnen Modellen**

	OECD-MA	UN-MA	US-MA
Dividenden	Steueraufteilung	Steueraufteilung	Steueraufteilung
Zinsen	Steueraufteilung	Steueraufteilung	Ansässigkeitsstaat
Lizenzgebühren	Ansässigkeitsstaat	Steueraufteilung	Ansässigkeitsstaat

3 In dem Konflikt zwischen **Quellen- und Ansässigkeitsstaatsbesteuerung** ist die Steueraufteilung eine besondere Art von **Kompromiss.** Alle anderen Einkunftsarten werden jeweils durch die MA nur **einem** Vertragsstaat zur ausschließlichen oder vorrangigen Besteuerung nach den vollen Sätzen seines innerstaatlichen Rechts zugewiesen; eine Verteilung auf der Ebene des Steuerbetrags kennen die MA und durchweg auch die Abkommenspraxis außerhalb der hier behandelten Einkunftsarten nicht. Die Aufteilung der Höhe nach ermöglicht es, sowohl den Ansprüchen des Ansässigkeitsstaats gerecht zu werden, der auf die Herkunft der investierten Kapitalien bzw. der zur Nutzung eingeräumten Wirtschaftsgüter aus seinem Volksvermögen verweisen wird, wie denen des Quellenstaats, der seine Infrastruktur, seine Arbeitskräfte usw. zur Verfügung stellt und diesbezüglich häufig auch einen Betriebsausgabenabzug zulässt. Dieser Interessengegensatz war naturgemäß zwischen typischen Kapitalgläubigerländern (insbesondere den OECD-Staaten) und typischen Kapitalschuldnerländern (insbesondere den Entwicklungsländern) besonders ausgeprägt. Die Entwicklungsländer können es sich oft schon aus fiskalischen Gründen nicht leisten, auf die Besteuerung der von Nichtansässigen empfangenen Dividenden, Zinsen und Lizenzgebühren zu verzichten. Abweichend von allen drei Modellen sieht demzufolge das **Andenpakt-Modell** (s. dazu die Grundl. Rz. 39a) die **ausschließliche** Besteuerung aller drei Einkunftsarten im **Quellenstaat** vor. Das **UN-Modell** geht nicht so weit, lässt jedoch die **Höchstsätze** für die Besteuerung im Quellenstaat **offen.** Allerdings spielt der Kapitalimport für die Industriestaaten eine zunehmend wichtige Rolle. Die Steuerfreiheit von Zinserträgen für ausländische Investoren bietet zusätzliche Anreize. Diese wird auch häufig (vgl. für Deutschland § 49 Abs. 1 Nr. 5) für zahlreiche Zinserträge bereits nach nationalem Recht sowie nach den jeweiligen DBA in Abweichung vom OECD-MA für Steuerausländer gewährt. Nach nationalem Recht gehen inzwischen einige OECD-Staaten noch weiter und weiten steuerliche Privilegien auf Ansässige nach ihrem nationalen Recht aus. Die Innovation Base (Niederlande) bzw. Talent Base (Großbritannien) aber auch die Abgeltungssteuer (Deutschland) sind Beispiele hierfür. Zu den möglichen Maßnahmen, die seitens der OECD und der EU in Frage kommen, um eine Nicht- oder Niedrigbesteuerung von Einkünften aus Lizenzgebühren zu verhindern, siehe *Ditz/Pinkernell/Quilitzsch,* IStR 2014, 45 ff.

4 Auch durch das UN-MA konnte aber der am schwersten wiegende **Nachteil** der Steueraufteilungs-Konzeption der MA nicht beseitigt werden: durch die Anrechnung der Steuer des Quellenstaates im Ansässigkeitsstaat werden **Steuervorteile,** die der Quellenstaat den Investoren gewährt, **aufgesogen** (s. Art. 23 A und B MA Rz. 7). Die Steueraufteilung nimmt, anders ausgedrückt, den Kapitalimportstaaten die Möglichkeit, durch die Gestaltung ihrer Steuern auf Dividenden, Zinsen und Lizenzgebühren **Wirtschaftspolitik zu betreiben** und Kapital bzw. Know-how anzuziehen. Um diesen Nachteil auszugleichen, hatten sich die europäischen Staaten in ihren Abkommen mit Entwicklungsländern zeitweise bereiterklärt, unter bestimmten Voraussetzungen für nicht erhobene Steuern eine **fiktive**

Anrechnung zu gewähren (sog. „tax sparing" und „matching credits", s. u. zu Art. 23 Rz. 190 ff.). Die USA haben dies immer verweigert (*Martin,* TMIJ 1998, 444); unter ihrem Einfluss hat vor einigen Jahren auch die OECD zur Methode des tax sparing kritisch Stellung genommen (OECD, Tax Sparing, A Reconsideration, 1998; *Owens/Fensby,* Intertax 1998, 274; *Martin,* a. a. O., 452). Das Problem würde sich von vornherein nicht ergeben, wenn man nach einem Vorschlag von *Georg v. Schanz* bereits aus dem Jahre 1892 die Steueraufteilung nicht dem Betrag nach, sondern **auf der Ebene der Bemessungsgrundlage** vornehmen würde, so dass beispielsweise von Zinsen drei Viertel ihres Betrags – oder einen anderen Anteil – der Quellenstaat nach Maßgabe seiner Steuergesetze besteuern dürfte, den Rest der Ansässigkeitsstaat nach Maßgabe der seinen (*Schanz,* FinArch 9 II [1892] 1, 11 ff.). Hierfür bedürfte es keiner übereinstimmenden Bemessungsgrundlage, sondern jeder der beiden Staaten könnte die seines innerstaatlichen Rechts zugrunde legen. Die Praxis hat diesen Vorschlag zu ihrem Schaden nur in einem Ausnahmefall (*DBA USA/Frankreich* von 1939, Art. 15; nunmehr überholt, da das aktuelle *DBA USA/Frankreich* einen Quellensteuersatz i. H. v. 0% vorsieht) zur Kenntnis genommen.

Die MA bauen die Art. 10 bis 12 in vielem parallel auf. Dadurch ergeben sich gemeinsame Auslegungsfragen. Um nicht zu häufig verweisen zu müssen, werden die „kleineren" dieser Fragen bei den einzelnen Artikeln behandelt und Wiederholungen dabei in Kauf genommen. Drei gemeinsame Fragen sollen hier aber vorweg behandelt werden: der Begriff des Nutzungsberechtigten, der sog. „Betriebstättenvorbehalt" und das Verfahren bei der Reduzierung der Quellensteuer. 5

II. Der Nutzungsberechtigte

Literatur: *Bernstein/Summerhill,* TNI 2009, 1985 ff.; *Bundgaard/Winther-Sörensen,* TNI 2008, 587 ff.; *Collier,* BTR 2011, 684 ff.; *Fibbe,* BIT 2010, 138 ff.; *Hamacher,* IStR 2002, 227, 259; *Jain,* Effectiveness of the Beneficial Ownership Test in Conduit Company Cases, 2013; *Jiménez,* WTJ 2010, 35 ff.; *Korde,* TRIP 6/2013, 4 ff.; *Lang/Pistone u. a. (Hrsg.),* Beneficial Ownership: Recent Trends, 2013; *Oliver u. a.,* BIFD 54 (2000), 310 ff.; *Pamperl,* SWI 2013, 403 ff.; *Pijl,* BIFD 54 (2000), 256 ff.; *Rowland,* BTR 1997, 178 ff.; *da Silva,* Intertax 2011, 195 ff.; *du Toit,* Beneficial Ownership of Royalties in Bilateral Tax Treaties (1999); *ders.,* BIT 2010, 500 ff.; *Verdoner/Offermanns/ Huibregtse,* ET 2010, 419 ff. (part 1), ET 2010, 465 ff. (part 2); *Walser u. a.,* IFA (ed.), IFA Congress Seminar Series, Vol. 23a, 15 ff.; *Wheeler,* BIFD 59 (2005), 477 ff.; *dies.,* CDFI 92b (2007), 15 ff., und Landesberichte, 59 ff. 10

OECD-Dokumente: Clarification of the Meaning of "Beneficial Owner" in the OECD Model Tax Convention, Discussion Draft 29.4.2011 („Diskussionsentwurf 2011"); OECD Model Tax Convention: Revised proposals concerning the meaning of "beneficial owner" in articles 10, 11 and 12, Discussion Draft 19.10.2012 („Diskussionsentwurf 2012"); beide unter http://www.oecd.org/ctp/treaties/Beneficialownership.pdf; Committee on Fiscal Affairs, The Granting of Treaty Benefits with Respect to Income of Collective Investment Vehicles, v. 23.4.2010 ("CIV Report")

1. Übereinstimmungen und Abweichungen unter den MA

Nach den Art. 10 bis 12 der MA sollen die Abkommensvergünstigungen – die Reduzierung der Quellensteuer auf Dividenden, z. T. auf Zinsen und auf Lizenzgebühren, gegebenenfalls auch die Freistellung von Zinsen und Lizenzgebühren im Quellenstaat – nur gewährt werden, wenn der an den genannten Leistungen **Nutzungsberechtigte** im anderen Vertragsstaat **ansässig** ist. Bis 1995 hieß es: wenn **„der Empfänger** (der Dividenden und Zinsen; Art. 12 OECD-MA: „diese Person") **der Nutzungsberechtigte ist".** 11

2. Regelung

12 **a) Zweck der Regelung.** Eingeführt wurde diese Einschränkung – oder Klarstellung? – durch das OECD-MA 1977, nachdem sie bilateral zuerst im Prot. 1966 zum damaligen *DBA USA/Großbritannien* verwendet worden war. Ihr **Zweck** ist es, zur **Verhinderung** des Abkommens**missbrauchs** beizutragen (siehe hierzu o. Anh. zu Art. 1 Rz. 100 ff. (120) und Vor Art. 6 bis 22 Rz. 16 ff.). Die Möglichkeit, dass nicht abkommensberechtigte Personen sich die Vorteile eines DBA durch Mittelspersonen verschaffen (sog. **„treaty shopping",** s. o. Anh. zu Art. 1 Rz. 101), sollte unterbunden, zumindest begrenzt werden. Der OECD-Steuerausschuss hatte zunächst erwogen, die Abkommensvergünstigungen davon abhängig zu machen, ob die Erträge im Ansässigkeitsstaat steuerpflichtig seien („subject-to-tax-Klausel", s. o. Vor Art. 6 bis 22 Rz. 19 f., 20 f.). Diese Lösung wäre aber mit verschiedenen Abgrenzungsfragen und Folgeproblemen verbunden gewesen, so dass man sich für die jetzige Formulierung entschied. Die Auslegung des Begriffs „Nutzungsberechtigter" in den DBA gehört, insbesondere seit der Ergänzung des MA-Komm. im Jahr 2003 (dazu Rz. 15 f.) **zu den am intensivsten diskutierten Streitfragen** des internationalen Steuerrechts (s. z. B. *Danon*, BIT 2011, 437; *Smith/Reece*, BNA 2011, 4; *Arnold*, BIT 2011, 555: „hot topic"). Weltweit haben sich zahlreiche Gerichtsentscheidungen (für eine Übersicht über die internationale Judikatur s. *Jiménez,* WTJ 2010, 35, 36 ff.) und eine kaum mehr überschaubare Literatur (s. Rz. 10 sowie die zahlreichen Nachweise bei *Jiménez*, a. a. O., 35 Fn. 1 *et passim*) damit auseinandergesetzt.

13 **b) Herkunft und Gebrauch des Ausdrucks.** Der Ausdruck „Nutzungsberechtigter" („beneficial owner") **entstammt dem anglo-amerikanischen Rechtskreis**; er ist dort vor allem im Privatrecht, aber auch im Steuerrecht ein geläufiger Begriff und bezeichnet Rechtsstellungen, die im deutschen Recht am ehesten mit der eines Treugebers vergleichbar sind. Da der Begriff in den einzelnen innerstaatlichen Rechtsordnungen jeweils auf *case law* beruht, sind seine **Voraussetzungen** nicht in allen Einzelheiten eindeutig zu bestimmen; sie sind auch von Staat zu Staat, teilweise sogar innerhalb einer Jurisdiktion von Norm zu Norm, in gewissem Umfang **verschieden** (*du Toit*, BIT 2010, 500, 502 m. w. N.). Als **gemeinsamer Nenner** ist jedoch festgestellt worden, dass eine Nutzungsberechtigung nur dann **ausgeschlossen** sei, wenn der Empfänger einer Zahlung **rechtlich zu ihrer Weiterleitung verpflichtet** sei, nicht jedoch, wenn eine solche Weiterleitung lediglich faktisch stattfinde (*du Toit*, Beneficial Ownership, S. 227). Außerhalb des anglo-amerikanischen Rechtskreises war der Ausdruck „Nutzungsberechtigter" bis zu seiner Aufnahme in das OECD-MA 1977 nicht allgemein gebräuchlich gewesen. Eine dem Ausdruck nahe stehende Formulierung findet sich zuerst im *Kreisschreiben der Eidgenössischen Steuerverwaltung* betreffend Maßnahmen gegen die ungerechtfertigte Inanspruchnahme von Doppelbesteuerungsabkommen vom 31.12.1962, ASA 31 (1962/63), 247, dort allerdings bezogen auf das „uneingeschränkte Nutzungsrecht an den Vermögenswerten, die die in Rede stehenden Erträge abwerfen" (Vorbem. und Abschnitt I). Auch die französische Formulierung „bénéficiaire effectif" und deren Übersetzungen in andere romanische Sprachen finden sich im Recht der betreffenden Staaten nur ganz gelegentlich und haben dort keine festgelegten Bedeutungen (zu Gebräuchlichkeit und Bedeutung des Ausdrucks „Nutzungsberechtigter" in den Rechtssystemen der einzelnen Länder s. *Verdoner et al.*, ET 2010, 419 (part 1), 465 (part 2). Das EG-Recht hat die Ausdrücke „beneficial owner" und „bénéficiaire effectif" mittlerweile übernommen; sie werden hier teils ebenfalls mit „Nutzungsberechtigter", teils mit „wirtschaftlicher Eigentümer" übersetzt (s. einerseits Richtlinie 2003/49/EG des Rates vom

3. Juni 2003 über eine gemeinsame Steuerregelung für Zahlungen von Zinsen und Lizenzgebühren zwischen verbundenen Unternehmen verschiedener Mitgliedstaaten, Art. 1 Abs. 4, und öfter, andererseits Richtlinie 2003/48/EG des Rates vom 3. Juni 2003 im Bereich der Besteuerung von Zinserträgen, Art. 2; Letztere definiert „wirtschaftlicher Eigentümer" als „jede natürliche Person, die eine Zinszahlung vereinnahmt oder zu deren Gunsten eine Zinszahlung erfolgt ...").

Der **deutsche Gesetzgeber** hat den Begriff des Nutzungsberechtigten bei der **Umsetzung der Zins- und Lizenzgebühren-Richtlinie in § 50g EStG** in das Einkommensteuergesetz **übernommen**. Der Gläubiger der Zinsen oder Lizenzgebühren „muss der Nutzungsberechtigte sein" (§ 50g Abs. 3 Nr. 1 Satz 1 EStG). Die Vorschrift legaldefiniert den Begriff „Nutzungsberechtiger" jedoch ausschließlich für verbundene Unternehmen bestimmter Rechtsformen, die in verschiedenen Mitgliedsstaaten der EU ansässig sind, sowie für Betriebstätten solcher Unternehmen. Der **Anwendungsbereich** der Definitionen ist insoweit ausdrücklich sachlich (auf Zinsen und Lizenzgebühren) und hinsichtlich des Adressatenkreises **beschränkt**. Ein verbundenes EU-Unternehmen ist danach Nutzungsberechtigter, „wenn es die Einkünfte im Sinne von § 2 Abs. 1 EStG erzielt" (Satz 2 lit. a). Diese Begriffsbestimmung bezieht sich damit auf den **Regelungszusammenhang des deutschen Steuerrechts**, das maßgeblich von der **wirtschaftlichen Betrachtungsweise (§ 39 AO)** bestimmt wird. 14

c) MA: Autonome Auslegung. Für die MA scheidet eine Auslegung des Begriffs „beneficial owner" nach dem Recht des Anwendestaates gemäß Art. 3 Abs. 2 MA folglich schon deswegen aus, weil die nationalen Steuerrechtsordnungen außerhalb des angloamerikanischen Rechtskreises die Begriffe „beneficial owner", „bénéficiaire effectif", „Nutzungsberechtigter" usw. in präziser Umschreibung entweder **überhaupt nicht kennen** oder aber erst neuerdings mit dem Begriffsinhalt von Spezialdefinitionen (wie in § 50g Abs. 3 Nr. 1 EStG) versehen haben, deren Anwendungsbereich erheblich enger ist als derjenige der auszulegenden DBA-Bestimmung. Schon daraus ergibt sich zwingend, dass „der Zusammenhang ... **anderes erfordert**". Für die Auslegung des MA und der auf ihm beruhenden DBA kann deshalb „beneficial owner" nur als ein **abkommensrechtlicher** Begriff verstanden werden, der (abkommens-)**autonom** auszulegen ist (übereinstimmend z. B. *Helminen,* ET 2002, 454 (456); *Danon*, BIT 2011, 437, 438 m. w. N.; *du Toit,* Beneficial Ownership, S. 20; *ders.*, BIT 2010, 500, 501). Auch eine autonome Auslegung des Ausdrucks „Nutzungsberechtigter", wie sie hier für das MA und die ihm folgenden DBA vertreten wird, geht davon aus, dass die **Verteilungsnormen der DBA grundsätzlich keine Aussagen** darüber treffen, **welcher Person** die in Frage stehenden Einkünfte **zuzurechnen** sind, sondern dass die Verteilungsnormen insoweit an **innerstaatliches Recht** anknüpfen (statt vieler *Lehner,* FS Frotscher (2013) S. 383 ff. bei Fn. 81). Die der Anwendung von Abkommensrecht vorgelagerte Zurechnung nach innerstaatlichem Recht wird jedoch **durch Abkommensrecht modifiziert**, wenn und soweit dies nach dem „Zusammenhang" im Sinne von Art. 3 Abs. 2 MA, nämlich für eine zutreffende Abgrenzung der Besteuerungszuständigkeiten, erforderlich ist. Soweit zur Erfüllung dieser Funktion dem Begriff „Nutzungsberechtigter" ein **eigenständiger abkommensrechtlicher Regelungsbereich** zukommt, erfordert der Zusammenhang im Sinne von Art. 3 Abs. 2 MA ihn **autonom** auszulegen (*Lehner*, a. a. O.). Nach *du Toit* (Beneficial Ownership, S. 194 ff.; BIT 2010, a. a. O.) erfordert die autonome Auslegung gemäß Art. 31 WÜRV eine starke Berücksichtigung angloamerikanischen Rechts, da der Ausdruck „beneficial owner" dort seit langem eine „gewöhnliche Bedeutung" habe. *Jiménez* (WTJ 2010, 35, 55, m. w. N.) und einige andere Autoren verstehen den Begriff „Nutzungsberechtigter" dagegen als Zurechnungsregel nach dem Recht des Ansässigkeitsstaats. Dies war auch die Position 15 der *US-TE 1996*; die nunmehr abweichende Auffassung der *US-Treasury*, „Beneficial Owner" von Einkünften sei, wem sie vom jeweiligen Quellenstaat zugerechnet würden (*US-TE* zu Art. 10 para. 2; 11, para. 1; 12 para. 1.), die schon früher einmal galt und damals im Prot. Nr. 10 zum *DBA USA 1989* auch im Verhältnis zu Deutschland umgesetzt wurde (im *DBA USA 1989/2006* jedoch nicht mehr erscheint), wurde auch von der amerikanischen Literatur abgelehnt (*Cooper*, TNI October 1996, 1319; *Bennet/Morrison*, TNI February 1997, 507; s. dazu auch *Jiménez*, WTJ 2010, 35, 56 Fn. 94). Geteilt wird sie allerdings, wenn auch ohne nähere Diskussion oder Begründung, vom BFH (BFHE 242, 195 Tz. 23: *DBA USA 1989/2006;* BStBl. II 2009, 236: *DBA USA 1989;* zustimmend Wassermeyer/*Wolff*, DBA USA, Art. 10 Rz. 61 f.; zu Recht kritisch *Jacob/Klein,* IStR 2014, 121, 124).

16 Der MA-Komm. sagte zunächst zur Erläuterung des Begriffs nur, die Abkommensvorteile sollten nicht gewährt werden, wenn der Empfänger ein zwischen Gläubiger und Schuldner eingeschalteter Dritter – „intermediary", „intermédiaire" –, wie z. B. ein Vertreter oder sonstiger Beauftragter – „agent or nominee", „agent ou autre mandataire" – sei (MA-Komm. ab 1977 zu Art. 10 Ziff. 12, Art. 11 Ziff. 8, Art. 12 Ziff. 4). Der OECD-Bericht über Gewinndurchlaufgesellschaften ergänzte, der Begriff könne auch auf andere Fälle angewandt werden, in denen eine Person eine „ähnliche Funktion" wie ein Beauftragter oder Vertreter habe, so auch auf Durchlaufgesellschaften (*OECD,* Double Taxation Conventions and the Use of Conduit Companies, 1986, Ziff. 14 lit. b), obwohl für diese an sich andere Grundsätze gelten (*Wheeler,* 482 ff.; o. Art. 1 Rz. 104 ff.). Über die angeführten Beispiele führt dies indes nicht hinaus. Der **MA-Komm. 2003** fügte hinzu, der Ausdruck werde nicht in einem engen technischen Sinn (laut MA-Komm. 2014 (Ziff. 12.1 zu Art. 10, Ziff. 9.1 zu Art. 11 und Ziff. 4 zu Art. 12) ist hier seine Bedeutung im – innerstaatlichen – „Trust"-Recht vieler Common Law-Staaten gemeint) gebraucht; er müsse aus seinem Zusammenhang und im Lichte von Gegenstand und Zweck des Abkommens verstanden werden. Mit ihnen wäre es unvereinbar, einem Vertreter oder sonstigen Beauftragten Abkommensvergünstigungen zu gewähren: diese unterlägen keiner möglichen Doppelbesteuerung und sie würden in ihrem Ansässigkeitsstaat nicht als Bezieher der Dividenden, Zinsen oder Lizenzgebühren besteuert. Entsprechendes müsse für andere Personen gelten, wenn sie lediglich als Durchlauf („conduit") für Dritte tätig würden, denen die Einkünfte tatsächlich zuflössen (MA-Komm. 2003 zu Art. 10 Ziff. 12, 12.1, zu Art. 11 Ziff. 8, 8.1, zu Art. 12 Ziff. 4, 4.1). Die Ergänzungen durch den MA-Komm. 2003, insbesondere die Gegensatzbildung „formal"/ „praktisch" in Ziff. 12.1 a. E. zu Art. 10, wurden in der Literatur als bedeutsame Abkehr von der Auslegung des Begriffs „Nutzungsberechtigter" nach rein rechtlichen Gesichtspunkten hin zu einer mehr faktisch-wirtschaftlichen Betrachtungsweise aufgefasst (s. etwa *du Toit*, BIT 2010, 500, 504). Inzwischen zeichnet sich in den Diskussionsentwürfen 2011 und 2012 und dem aus ihnen hervorgegangenen MA-Komm. 2014 eine Rückkehr der *OECD* zu strikt rechtlichen Auslegungskriterien ab (s. Rz. 19).

17 **d) Wirtschaftliche oder rein rechtliche Betrachtungsweise?** In der lebhaften Diskussion, die über die Auslegung des Begriffs „Nutzungsberechtigter" in den DBA weltweit geführt wird, haben sich im wesentlichen zwei Haupttendenzen herausgebildet, denen sich die zahlreichen Meinungsäußerungen – mit vielen Differenzierungen und Varianten im Einzelnen – jeweils zuordnen lassen. Die international wohl noch vorherrschende Richtung, welche aktuell insbesondere in dem englischen (Zivilrechts-) Fall *Indofood (High Court, Chancery Division,* Indofood International Finance Ltd. v. JPMorgan Chase Bank NA, [2006] DTZ 192; 8 ITLR 653 (2006); s. dazu insbes. d*u Toit*, BIT 2010, 500, 505 f.; *Jiménez* WTJ

2010, 35, 42 ff.) zum Ausdruck gekommen ist, zieht eine **wirtschaftliche Betrachtungsweise** („economic substance test"; „practical matter test"; *Danon*, BIT 2011, 437, 439: „economic control") zur Bestimmung des Nutzungsberechtigten heran; danach kann dem Empfänger einer Dividenden-/Zins-/Lizenzgebühren-Zahlung die Qualifikation als Nutzungsberechtigter auch dann zu verweigern sein, wenn er in seiner Entscheidung über die Verwendung der Zahlung rechtlich nicht gebunden ist, es aber **faktisch** – etwa aufgrund ökonomischen Drucks, gleichgerichteter Interessen oder stillschweigenden Einverständnisses – zu einer bestimmten Verwendung kommt (s. auch *Schweizer. Bundesverwaltungsgericht*, U. v. 7.3.2012 – A 6537/ 2010, E. 3.4.1 und 6.2.1, unter Berufung auf die Vorauflage dieses Kommentars, s. dazu aber auch die Kritik von *Jiménez,* WTJ 2010, 35, 54 Fn. 86). An der Nutzungsberechtigung des Zahlungsempfängers kann es nach dieser Auffassung auch dann fehlen, wenn dieser eine **substanzschwache Gesellschaft** ist (s. z. B. *Indofood,* a. a. O.). In diesem Verständnis nähert sich der Begriff „Nutzungsberechtigter" einer **allgemeinen Antimissbrauchsklausel** (dafür etwa *Gouthiere,* BIT 2011, 217, 218, 220 f.); diese Sichtweise wird teilweise aber auch von Vertretern der wirtschaftlichen Betrachtungsweise im Übrigen abgelehnt (z. B. vom *Schweizer. Bundesverwaltungsgericht,* a. a. O., E. 4.3 und 7.1).

18 Die Gegenauffassung, die ihre Sichtweise und Argumente in den kanadischen Urteilen zum Fall *Prévost* (*Tax Court of Canada,* Prévost Car Inc. v. The Queen, [2008] TCJ 231 (TCC); bestätigt durch *Federal Court of Appeal*, The Queen v. Prévost Car Inc. [2009] FCA 57; s. dazu inbes. *du Toit*, BIT 2010, 500, 506 ff.; *Jiménez*, WTJ 2010, 35, 47 ff., *Bernstein/Summerhill*, TNI 2009, 985 ff.; ebenso *Tax Court of Canada,* Velcro Canada Inc. v. The Queen, [2012] TCC 57, rkr.) wiederfindet, nimmt die Bestimmung des Begriffs „Nutzungsberechtigter" **ausschließlich nach rechtlichen Kriterien** vor, welche die **Intensität der Eigentümerstellung** in Bezug auf die in Frage stehenden Erträge erfassen („ownership attributes": „use and enjoyment", „risk and control"; s. insbes. *du Toit*, BIT 2010, 500, 501). Auf die wirtschaftliche Position des Zahlungsempfängers wie auch auf dessen Substanzstärke (bzw.- schwäche) soll es nicht ankommen; hierfür wird auf die **daneben mögliche Anwendung von allgemeinen und spezifischen Antimissbrauchsklauseln** (dazu s. o. Art. 1 Rz. 100 ff.; zur Abgrenzung s. *Schweizer. Bundesverwaltungsgericht,* Urt. v. 7.3.2012 – A 6537/2010, E. 3.4.3) verwiesen. Ausschlaggebend ist nach dem Wortlaut der MA die **Rechtsstellung in Bezug auf die Erträge selber;** auf diejenige hinsichtlich des Stammrechts, die davon abweichen kann, kommt es nicht an (h. M.; **a. A.** *Kaeser/Wassermeyer*, in Wassermeyer, Art. 10 MA Rz. 68 (62); Wassermeyer/*Wassermeyer*, Art. 11 MA Rz. 57, Art. 12 MA Rz. 33). Die MA verlangen nicht, dass der Nutzungsberechtigte auch Inhaber des Stammrechts sein müsse (s. MA-Komm. 2014, Ziff. 12.4 a. E. zu Art. 10, Ziff. 10.2 a. E. zu Art. 11, Ziff. 4.3 a. E. zu Art. 12; anders insoweit das *DBA Australien*); auch der Nießbraucher ist daher Nutzungsberechtigter i. S. der MA. Dies gilt auch für einen Treuhänder, wenn er über entsprechende Entscheidungsbefugnisse verfügt (zustimmend *J. Killius,* Intertax 1989, 340 (342)).

19 **e) Verpflichtung zur Weiterzahlung.** Die Bindung, die eine Nutzungsberechtigung ausschließt, muss nach insbesondere in der OECD sich immer stärker durchsetzender Auffassung (s. MA-Komm. 2014, Ziff. 12.4 zu Art. 10, Ziff. 10.2 zu Art. 11, Ziff. 4.3 zu Art. 12) eine **vertragliche oder gesetzliche** („contractual or legal"), jedenfalls eine **rechtliche** sein; eine lediglich tatsächliche Bindung, die bei natürlichen Personen ohnehin kaum nachweisbar wäre, genügt – anders als nach wohl noch h. M. (s. Rz. 17) – nicht. Die Bindung muss sich **auf die erhaltene Zahlung** (Dividende, Zins- oder Lizenzgebühr) **als solche** beziehen („be dependent on", nicht lediglich „related to", wie es noch im *OECD*-Diskussions-

entwurf 2012 hieß) und den unmittelbaren Empfänger rechtlich dazu verpflichten, **diese Zahlung** an eine andere Person weiterzureichen. Wird die erhaltene Zahlung lediglich dazu verwendet, um eine anderweitige, von ihr **unabhängige Verpflichtung**, welche den Empfänger etwa als Darlehensschuldner, Beteiligten an einer Finanztransaktion oder als ausschüttenden Pensions- oder Investmentfonds (Beispiele aus MA-Komm. 2014, a. a. O.) treffen mag, zu erfüllen, tangiert dies die Nutzungsberechtigung des Empfängers nicht. **„Nutzungsberechtigter" ist demnach, wer das Recht hat, in den Genuss der Dividende, Zinsen oder Lizenzgebühren zu gelangen bzw. über ihre Verwendung zu entscheiden, ohne rechtlich dazu verpflichtet zu sein, die empfangene Zahlung an eine andere Person weiterzureichen** (MA-Komm. 2014, a. a. O.). Diese weite Definition des Nutzungsberechtigten schließt alle wertende Elemente bezüglich der Qualität und des Umfangs der Eigentümerrechte des Zahlungsempfängers im Übrigen aus und setzt sich damit in bewussten Gegensatz zu Versuchen, den Begriff durch Einführung wirtschaftlicher Kriterien („wirtschaftlicher Eigentümer" o. ä.) zum Ansatzpunkt für eine umfassende allgemeine DBA-Antimissbrauchsklausel zu machen (anders noch *Bernstein*, TNA July 2011, 49, 53 zum OECD-Diskussionsentwurf 2011). Indem sie sich darauf beschränkt, nur ein enges Segment aus dem denkbaren Formenkreis des *treaty shopping* zu erfassen, bringt sie den Vorzug mit sich, insoweit klare und praxistaugliche Lösungen zu bieten; zugleich stellt sie sicher, dass außerhalb dieses Segments alle allgemeinen und speziellen Antimissbrauchsklauseln anwendbar bleiben, ohne dass Konkurrenzprobleme entstehen (vgl. MA-Komm. 2014, Ziff. 12.5 zu Art. 10, Ziff. 10.3 zu Art. 11, Ziff. 4.4 zu Art. 12; zum Diskussionsentwurf 2011 s. *Smith/Reece*, BNA 06/11, 4 ff. (aus dänischer Sicht); kritisch *Danon*, BIT 2011, 437 ff.). Nur mit der Anwendung solcher Antimissbrauchsklauseln (s. dazu Art. 1 Rz. 100 ff.) können somit nach wie vor Fälle gelöst werden, in denen es zwar keine rechtliche Verpflichtung zur Weiterleitung, wohl aber ein rechtlich nicht greifbares, an den Zahlungsempfang geknüpftes, regelmäßiges faktisches Verhalten („policy") gibt, das darauf schließen lässt, dass die Entscheidungsfreiheit der Geschäftsführung der Zwischenholding o. ä. entweder immer in einer bestimmten Art und Weise ausgeübt wird oder niemals wirklich bestanden hat (*Smith/Reece*, a. a. O., 8). Nach dem Verständnis des MA-Komm. 2014 und auch bereits der vorangegangenen OECD-Diskussionsentwürfe ist der Begriff „Nutzungsberechtigter" als **Anspruchsvoraussetzung für die Quellensteuerreduzierung** aufgrund der DBA konzipiert und nicht dazu gedacht, die Funktion einer allgemeinen Antimissbrauchsklausel zu erfüllen.

20 **f) Ansässigkeit des Nutzungsberechtigten.** Die Steuererleichterung im Quellenstaat (Begrenzung der Steuerhöhe oder Freistellung) hängt davon ab, ob der **Nutzungsberechtigte,** nicht der formale Empfänger der Zahlung, im anderen Vertragsstaat ansässig ist. Der von 1977 bis 1995 geltende Wortlaut der Art. 10, 11 und 12 erweckte den Eindruck, als sei, wenn der formal Berechtigte nicht nutzungsberechtigt ist, „Empfänger" einer Zahlung nur der formal Berechtigte, nicht auch der Nutzungsberechtigte, als sei also die Abkommensvergünstigung selbst dann zu versagen, wenn **auch der Nutzungsberechtigte im Empfängerstaat ansässig** ist. Das stand aber mit dem MA-Komm. nicht in Einklang und hätte z. T. zu unangemessenen Ergebnissen geführt (näher dazu die 4. Aufl.). Dass das **Gegenteil** geboten war, zeigte sich insbesondere, wenn nur der Nutzungsberechtigte im anderen Vertragsstaat, der formal Berechtigte dagegen in einem dritten Staat ansässig war. Wäre in einem solchen Fall der Nutzungsberechtigte nicht „Empfänger" i. S. der Art. 10 bis 12 MA gewesen (d. h. die Person, an die Dividenden etc. „gezahlt" werden), so wären die drei Artikel nicht anwendbar gewesen; einschlägig

gewesen wäre vielmehr Art. 21, d.h. nur der Ansässigkeitsstaat des Nutzungsberechtigten hätte die Bezüge besteuern dürfen. Die Begriffe „zahlt“ und „Empfänger‘ waren deshalb weit auszulegen: Wurde an einen formal Berechtigten, jedoch **zugunsten** des Nutzungsberechtigten, geleistet, so war dies **stets „Zahlung“ auch an den Nutzungsberechtigten; auch dieser ist „Empfänger“.** Die Neufassung durch das **MA 1995** stellt seither für die drei Artikel übereinstimmend klar, dass es auf die Ansässigkeit – und damit auf die Abkommensberechtigung – **des Nutzungsberechtigten** ankommt. Seit dem **Update 2014** bringt das OECD-MA diese Regelung über ihre bereits jetzt eindeutige Klarstellung in Ziff. 12.2 MA-Komm. zu Art. 10 hinaus **auch im Text der Art. 10 Abs. 2 und 11 Abs. 2 MA** selber noch unmissverständlicher zum Ausdruck, indem, statt durch die Formulierung „diese“ Dividenden bzw. Zinsen auf den gesamten Relativsatz in Abs 1 und damit auch auf die Ansässigkeit des Zahlungsempfängers in einem Vertragsstaat Bezug zu nehmen, nur noch die Ansässigkeit der die Dividenden zahlenden Gesellschaft einerseits und diejenige des Nutzungsberechtigten andererseits angesprochen wird.

g) Sonderfälle Banken, Investmentfonds. Kreditinstitute, die für einen Kunden Dividenden, Zinsen oder Lizenzgebühren einziehen, treten normalerweise nicht als Rechtsträger des Titels auf, sind also nicht einmal formal Berechtigte, daher auch nicht „Empfänger“ i.S. der Art. 10 bis 12. (Die Bank bezieht ja auch keinen „Arbeitslohn“, wenn Gehälter auf Kundenkonten überwiesen werden.) Über die Geltendmachung der Abkommensberechtigung der Kunden s. Rz. 56. Frankreichs *Conseil d'État* hat selbst eine britische Bank, der eine amerikanische Gesellschaft den Nießbrauch an Dividendencoupons übertragen hatte (offenbar weil das DBA mit Großbritannien eine Erstattung des avoir fiscal vorsah, das mit den USA dagegen nicht), nicht als Nutzungsberechtigte angesehen, weil vertraglich das Dividendenrisiko bei der amerikanischen Gesellschaft verblieb: Dr. fisc. 2007 comm. 87 concl. *Séners*. 21

Dagegen können Investmentfonds unter bestimmten Voraussetzungen „Nutzungsberechtigte“ erhaltener Zins- oder Dividendenzahlungen sein (MA-Komm. zu Art. 1 Ziff. 6.14, eingefügt 2010). Unter „Investmentfonds“ versteht der MA-Komm. ausschließlich (Ziff. 6.8) Publikumsfonds, die nach dem Grundsatz der Risikomischung investieren und in dem Staat ihrer Errichtung zum Zwecke des Anlegerschutzes einer Regulierung unterliegen, auch Dachfonds einschließlich Master Funds in Master/Feeder-Strukturen, nicht jedoch Private Equity-Fonds, Hedge-Fonds, Trusts oder andere Rechtsgebilde, die nicht unter die obige Definition fallen (*OECD*, CIV Report, para. 4). Zur Anerkennung als „Nutzungsberechtigter“ einer Zins- oder Dividendenzahlung muss der Publikumsfonds sich zunächst und vor allem als „ansässige Person“ im Sinne von Art. 4 Abs. 1, 3 i.V.m. Art. 3 Abs. 1 lit. a MA qualifizieren (MA-Komm. zu Art. 1 MA Ziff. 6.9 (eingefügt 2010); *OECD*, CIV Report, para. 22–30, 35; *da Silva*, Intertax 2011, 195, 201 f.). Ist diese Voraussetzung gegeben, ist der Publikumsfonds in Bezug auf ihm zugeflossene Zins- oder Dividendenerträge nutzungsberechtigt, wenn die Manager des Fonds bei der Verwaltung der Wirtschaftsgüter, welche die Erträge abwerfen, Entscheidungsfreiheit haben (MA-Komm. zu Art. 1 MA Ziff. 6.14 (eingefügt 2010); *OECD*, CIV Report para. 31 ff.; *da Silva*, a.a.O.; *Fibbe*, BIT 2010, 138, 143). Eine Diskrepanz zu der allgemeinen Regel, nach der es für eine schädliche Bindung auf die Erträge selber ankommt und nicht auf die ihnen zugrundeliegenden Wirtschaftsgüter (s. Rz. 19) entsteht hier nur scheinbar, weil sich die Ausschüttungsverpflichtung eines Publikumsfonds (soweit eine solche in dessen Statuten vorgesehen ist) nicht unmittelbar auf die empfangene Zins- oder Dividendenzahlung selber bezieht (MA-Komm. 2014, Ziff. 12.4 zu Art. 10, Ziff. 10.2 22 zu Art. 11, Ziff. 4.3 zu Art. 12), sondern auf eine von ihr unabhängige Saldogröße „Gewinn", in die noch zahlreiche andere Faktoren eingehen.

3. Deutsche DBA

26 Das Erfordernis der „Nutzungsberechtigung" ist in den vor dem MA 1977 abgeschlossenen DBA naturgemäß nicht vorgesehen, ebenso noch nicht in den zeitlich späteren *DBA Ecuador, Finnland, Kenia, Philippinen 1983, Tschechoslowakei, Türkei, Uruguay 1987* und *UdSSR*. Das *DBA Jugoslawien* übernimmt es beim Betriebstättenvorbehalt (Rz. 30 ff.). Die neueren DBA folgen jetzt ausnahmslos dem MA 1977. Die *DBA Mauritius 2011* (Art. 22 Abs. 2 Buchst. a) und *Spanien 2011* (Art. 28 Abs. 2) verwenden das Konzept der Nutzungsberechtigung über den im MA vorgesehenen Anwendungsbereich bei den Quellensteuerbegrenzungen der Art. 10–12 hinaus bei jeweils für das gesamte DBA geltenden Regelungen nach Art einer Limitation-on-benefits-Klausel (s. dazu Art. 1 Rz. 121 ff.). Im *DBA Irland 2011* (Prot. Nr. 1 Buchs. b), in dem einige der in Ziff. 6.8 ff. MA-Komm. zu Art. 1 neuerdings angestellten Erwägungen zur Abkommensberechtigung von Investmentvermögen (s. dazu Art. 1 Rz. 55 ff.) bereits umgesetzt worden sind, wird – ebenfalls über den Bereich der Art. 10–12 hinaus – das Investmentvermögen selber unter bestimmten Voraussetzungen ausdrücklich als Nutzungsberechtigter der von ihm bezogenen Einkünfte behandelt (entsprechend Ziff. 6.14 MA-Komm. zu Art. 1), soweit „die Nutzungsrechte an dem Investmentvermögen von gleichberechtigten Begünstigten gehalten werden" (in Anlehnung an MA-Komm. zu Art. 1 Ziff. 6.21 ff.).

27 Vier **deutsche DBA** definieren darüber hinaus den Begriff des „Nutzungsberechtigten", jedoch **nicht einheitlich**. Nach Nr. 9 des *Prot. Italien* und Nr. 4 des *Prot. Norwegen 1991* ist der Empfänger von Dividenden, Zinsen und Lizenzgebühren Nutzungsberechtigter, „wenn ihm das diesen Zahlungen zugrunde liegende Recht zusteht und ihm die Einkünfte hieraus nach dem Steuerrecht beider Staaten zuzurechnen sind". Eine abweichende Zurechnung nach dem nationalen Recht auch nur eines der beiden Staaten führt hier zur Aberkennung der Quellensteuerbegrenzung nach dem DBA (*Kinzl,* CDFI vol. 92b (2007), 267, 271; zu Erscheinungsformen und abkommensrechtlichen Folgen derartiger Zurechnungskonflikte s. *Wheeler,* CDFI vol. 92b (2007), 17, 56 f.). Nach Art. 43 Abs. 3 des *DBA Schweden* „gilt eine in einem Vertragsstaat ansässige Person als Nutzungsberechtigter von Dividenden, Zinsen und Lizenzgebühren, wenn sie nach der Gesetzgebung dieses Staates dieser Person steuerlich zuzurechnen sind. Diese Person ist jedoch nicht Nutzungsberechtigter, wenn nach dem Recht des anderen Staates diese Einkünfte steuerlich anderen Personen zuzurechnen sind, denen die Nutzung für diese Einkünfte zusteht und die nicht in dem erstgenannten Staat ansässig sind." Nach Nr. 10 des *Prot. USA 1989* (nicht mehr jedoch nach dem *Prot. USA 2006*) galt „der im anderen Vertragsstaat ansässige Bezieher von Dividenden, Zinsen und Lizenzgebühren als Nutzungsberechtigter (...), wenn der Bezieher die Person ist, der die Einkünfte nach dem Recht des erstgenannten Staates [des Quellenstaats] steuerlich zuzurechnen sind". Das *DBA Australien* kennt zwar den Begriff des Nutzungsberechtigten noch nicht, *Prot. Nr.* 7 definiert aber als Zahlungsempfänger i. S. der Art. 10–12 „eine in einem Vertragsstaat ansässige Person (...), wenn für sie eine in der Bundesrepublik Deutschland ansässige Person wirtschaftlich bezugsberechtigt (beneficially entitled) ist", andererseits eine in Australien ansässige bezugsberechtigte Person, „die wirtschaftlicher Eigentümer der den gezahlten Dividenden, Zinsen und Lizenzgebühren zugrunde liegenden Vermögenswerte ist". In allen übrigen deutschen DBA fehlt eine Definition des Nutzungsberechtigten. In der Sache bedeutet dies indes keinen wesentlichen Unterschied, auch nicht für alle

älteren DBA. Wo der Begriff des „Nutzungsberechtigten" noch nicht eingeführt ist, werden die Grundsätze über die **Abkommensumgehung** (s. Art. 1 Rz. 100 ff.) i. d. R. zu denselben Ergebnissen führen (BFH BStBl. II 1986, 496 (497): *DBA Schweiz 1931/59*). Der Begriff des „Nutzungsberechtigten" bewirkt m. a. W. nur die **Klarstellung einer Rechtslage,** die auch unter den älteren DBA so schon bestanden haben – und weiter bestehen – dürfte (anders aber offenbar der kanadische *Tax Review Board,* Macmillan Bloedel Ltd. v. MNR, 1979 DTC, 297, entgegen der Auffassung der kanadischen Finanzverwaltung; dahingestellt in *Schweizer. Bundesverwaltungsgericht,* Urt. v. 7.3.2012 – A 6537/2010, E. 3.3.2, mit umfangreichen Nachweisen zur internationalen Diskussion).

III. Betriebstättenvorbehalt (Zu Art. 10 Abs. 4, Art. 11 Abs. 4 [US: Abs. 3], Art. 12 Abs. 3 der MA)

(Übersichten s. dort)

1. Allgemeines

a) Grundzüge. Die Verteilungsnormen für Dividenden, Zinsen und Lizenzgebühren (Art. 10 bis 12 MA) gehen den Vorschriften über Unternehmensgewinne (Art. 7) und Einkünfte aus selbständiger Arbeit (Art. 14 a. F.) grundsätzlich auch dann vor, wenn die zugrunde liegenden Beteiligungen, Forderungen oder nutzbaren Wirtschaftsgüter zum Betriebsvermögen eines Unternehmens oder eines Selbständigen gehören (s. Art. 7 Abs. 4 Rz. 245 sowie Art. 7 Abs. 7 MA 2008 und dazu dort Rz. 167 ff.). Hiervon sehen Art. 10 Abs. 4, Art. 11 Abs. 4 (US: Abs. 3) und Art. 12 Abs. 3 (UN: Abs. 4) jedoch eine Ausnahme – oder besser: die Wiederherstellung der Regel – für den Fall vor, dass die Beteiligungen usw. zu einer Betriebstätte des Unternehmens im Quellenstaat bzw. zu einer festen Einrichtung des Selbständigen dort gehören (Wassermeyer/*Wassermeyer,* Art. 5 Rz. 2). 30

Der Betriebstättenvorbehalt ergänzt die Vorschriften des Art. 7 Abs. 2 und 3 (Art. 7 Abs. 2 bis 6 MA 2008) und entwickelt sie folgerichtig fort: Wenn der Betriebstätte die Gewinne zuzurechnen sind, die sie als selbständiges Unternehmen erzielt hätte, dann müssen darin auch die Erträge aus den von ihr gehaltenen Beteiligungen, Forderungen und lizenzfähigen Gütern einbezogen werden. Auf die **feste Einrichtung** eines Selbständigen nach dem früheren, erst 2000 gestrichenen Art. 14 MA, dem die meisten derzeit geltenden DBA noch folgen, lassen sich die Regeln des Art. 7 zwar nicht schematisch übertragen (s. Art. 7 Rz. 13, Art. 14 Rz. 6, 21 ff.), aber auch in ihrem Fall ist eine Zurechnung von Einkünften erforderlich. Für den – im Verhältnis zur unternehmerischen Tätigkeit selteneren – Fall, dass ertragbringende Rechte im Rahmen einer festen Einrichtung gehalten werden können die aus diesen Rechten fließenden Erträge nicht sinnvoll anders behandelt werden als entsprechende Erträge einer Betriebstätte (zutreffend FinMin Nds, DB 1995, 1588). 31

b) Tatsächliche Bedeutung. Als praktische Folge ergibt sich aus dem Betriebstättenvorbehalt vor allem, dass der **Quellenstaat** in einem solchen Fall **nicht den Bruttobetrag** der Dividenden, Zinsen und Lizenzgebühren besteuern darf, **sondern den Nettobetrag** der Unternehmensgewinne bzw. der Einkünfte des Selbständigen, soweit sie der Betriebstätte oder festen Einrichtung zuzurechnen sind. Diesen Nettobetrag darf er freilich ohne Begrenzung der Höhe nach besteuern, solange er dabei den Steuersatz für inländische Unternehmen nicht überschreitet (Folgerung aus der Gleichstellung der Betriebstätte mit inländischen Unternehmen gemäß Art. 24 Abs. 3, s. dort Rz. 93 ff.). Je nach den Umständen des Falles, insbesondere je nach der Höhe der mit der Einkunftserzielung verbundenen Kosten, 32 kann die eine oder andere Regelung für den Steuerpflichtigen günstiger sein. Auch der Ansässigkeitsstaat hat den Betriebstättenvorbehalt zu beachten; folgt er der Freistellungsmethode, muss er also die der Betriebstätte zuzurechnenden Dividenden usw. freistellen. Verwendet er die Anrechnungsmethode, sind beide Regelungen im Prinzip gleichwertig, aber doch nur in den Grenzen des Anrechnungshöchstbetrags (s. bei Art. 23 Rz. 145 ff.). Die Auffassung *Wassermeyers,* der Betriebstättenvorbehalt gelte nicht für den Ansässigkeitsstaat, so dass es dort stets bei der Anrechnung nach Art. 23 A Abs. 2, 23 B Abs. 1 MA bleibe (Diskussionsbemerkung in *Lüdicke* (Hrsg.), Besteuerungspraxis bei grenzüberschreitender Tätigkeit, Forum der Internationalen Besteuerung 25, 208 ff.), ist gekünstelt und wird zu Recht allgemein abgelehnt (*Lüdicke* ebd.; *M. Lang,* SWI 2003, 312 ff.; *ders.,* Betriebstättenvorbehalt und Ansässigkeitsstaat, FS Arndt Raupach (2006), S. 601 ff.; *Strunk/Kaminski,* IStR 2003, 181, 185 f.; *Wagner,* IWB Deutschland Gr. 2 S. 1067; offengelassen vom *BFH* BStBl. II 2002, 848). Mit Urteil vom 24.8.2011 ist der BFH nunmehr der überwiegenden Meinung gefolgt und hat die Anwendung des Betriebstättenvorbehalts im Ansässigkeitsstaat bestätigt (*BFH* v. 24.8.2011, I R 46/10, IStR 2011, 925 ff. *DBA Großbritannien 1964* m. Anm. *Wassermeyer; Ditz/Liebchen,* IStR 2012, 449 ff.).

32a Die Bedeutung des Betriebstättenvorbehalts liegt vor allem bei **Dividenden und Lizenzgebühren**, sehr viel **weniger** dagegen bei **Zinsen**. Zinserträge von Betriebstätten kommen in der Hauptsache bei inländischen Niederlassungen von ausländischen Banken und Versicherungsunternehmen vor, jedoch kaum bei Unternehmungen anderer Art. Möglicherweise rührt dies daher, dass nach den DBA der Industriestaaten dem Quellenstaat von Zinsen i. d. R. entweder keine oder nur eine recht geringe Besteuerung zusteht. Eine Einbringung von verzinslichen Vermögenswerten in eine Betriebstätte führt daher im Rahmen der Betriebstättenbesteuerung, soweit nicht hohe Refinanzierungskosten als Betriebsausgaben absetzbar sind, i. d. R. zu einer wesentlichen Erhöhung der Steuerbelastung der Zinsen. Man wird das nur dann in Kauf nehmen, wenn die Einbringung unumgänglich ist. Selbst die Möglichkeit, einen Betriebstättenverlust gegen die Zinsen aufzurechnen, ist nicht interessant, wenn ein solcher Verlust mit den Gewinnen früherer oder späterer Jahre ausgeglichen werden kann. Die Tatsache, dass bei Anwendung der Freistellungsmethode die Zinsen im Rahmen der Betriebstättenbesteuerung von der Steuer des Ansässigkeitsstaats ausgenommen werden, wird kaum einen Unternehmer dazu bewegen, verzinsliche Vermögenswerte in eine Betriebstätte einzubringen. In den Vereinigten Staaten mag die geringere Bedeutung des Betriebstättenvorbehalts bei Zinsen auch mit der amerikanischen Rechtsauffassung zusammenhängen, dass Geld fungibel sei und dass Zinsen daher nicht eindeutig zuzuordnen seien (so für Zins**ausgaben** US-Reg. § 1882.5 (1980); s. Art. 7 Rz. 108, 131).

33 **c) Abgrenzung.** Für Geschäftseinrichtungen i. S. des Art. 5 Abs. 1 MA, die nach Art. 5 Abs. 4 oder 5 **keine Betriebstätten** sind, gilt der Betriebstättenvorbehalt nicht; die Art. 10 bis 12 bleiben also anwendbar. Unternehmen der internationalen **Schifffahrt** oder **Luftfahrt** oder der **Binnenschifffahrt** i. S. des Art. 8 MA unterhalten dagegen Betriebstätten, auch wenn für ihre Besteuerung nach Art. 8 nicht das Betriebstättenprinzip gilt und sie vielmehr am Ort der Geschäftsleitung, nach dem US-MA im Ansässigkeitsstaat des Unternehmens besteuert werden (s. Art. 8 Rz. 2 ff.). Soweit derartige Unternehmungen daher Einkünfte aus Kapitalvermögen oder Lizenzgebühren haben, bleibt der Betriebstättenvorbehalt bestehen; diese Einkünfte sind nach Art. 7 zu besteuern (s. MA-Komm. zu Art. 8 Ziff. 14 und oben bei Art. 8 Rz. 8). Handelt es sich allerdings nicht um besondere Kapitalanlagen, sondern um **Zinsen,** die sich aus dem **laufenden Geschäftsbetrieb** des Beförderungsunternehmens ergeben, so wäre eine von der Regel des Art. 8 abweichende Besteuerung im Betriebstättenstaat unangemessen; derartige Zinsen sind als

Nebenerträge der Beförderungsleistungen i. S. des Art. 8 anzusehen (s. Art. 8 Rz. 15 f.). Ebenso jetzt die OECD für Einkünfte aus dem Handel mit Emmissionsrechten (emissions permits and credits) in MA-Komm. Ziff. 14.1 Update 2014. Der Betriebstättenvorbehalt findet schließlich auch keine Anwendung auf land- und forstwirtschaftliche Betriebe, soweit sich deren Besteuerung nicht nach Art. 7, sondern nach Art. 6 MA bestimmt: hier handelt es sich nicht um eine „Geschäftstätigkeit" (s. auch *BFH* BStBl. II 2012, 417; *Engel/Hilbert,* IWB 2012, 316 ff.). Eine Änderung dieser Auffassung könnte sich aus dem allerdings nicht in das Update 2014 aufgenommenen Vorschlag der OECD ergeben. Er sieht vor, dass ein landwirtschaftlicher Betrieb sehr wohl eine Betriebsstätte sein kann unabhängig davon, welche Verteilungsvorschrift konkret anzuwenden ist (OECD, Revised Proposal concerning the Interpretation and Application of Art. 5 (Permanent Establishment), 19th October 2012 to 31st January 2013, Ziff. 3.1). Konsequenz könnte die Anwendung des Betriebstättenvorbehalts auf solche Betriebe sein (s. *Bendlinger,* Die Betriebsstätte in der Praxis des internationalen Steuerrechts, 2. Aufl. (2013), S. 198).

d) Regelung. Bezieht 34
- der **Nutzungsberechtigte,** der in dem einen Vertragsstaat ansässig ist,
- Dividenden, Zinsen und/oder Lizenzgebühren **aus dem anderen Vertragsstaat,**
- übt er dort zugleich eine **Geschäftstätigkeit** durch eine **Betriebstätte** aus (zur freiberuflichen oder sonstigen selbständigen Arbeit s. die folgende Rz.)
- und stehen die Dividenden, Zinsen und/oder Lizenzgebühren der **Betriebstätte** zu,

so **gelten** für die Besteuerung dieser Einkünfte **nicht die Art. 10 bis 12, sondern** es gilt für sie **Art. 7 MA.**

Zum Begriff Nutzungsberechtigter s. o. Rz. 13 ff., zur Ansässigkeit Art. 4, zur 35
Herkunft der Zinsen aus dem anderen Vertragsstaat Art. 11 Rz. 98 ff. Unter „Geschäftstätigkeit" („activité industrielle ou commerciale", „business") ist eine Unternehmenstätigkeit i. S. des Art. 7 zu verstehen, s. dazu dort Rz. 28 ff. und zu Art. 3 Rz. 41; seit der Streichung des Art. 14 aus dem MA im Jahre 2000 schließt der Begriff auch freiberufliche und sonstige selbständige Tätigkeiten ein (Art. 3 Abs. 1 Buchst. h MA). Zum Begriff Betriebstätte s. Art. 5 MA.

e) Drittstaatsdividenden. Der Betriebstättenvorbehalt betrifft nur Dividenden, 36
Zinsen und Lizenzgebühren, die **aus dem anderen Vertragsstaat** stammen, nicht also aus Drittstaaten. Das bedeutet aber nicht, dass solche Drittstaatsdividenden (usw.) nicht ebenfalls als Teil des Betriebstättengewinns gemäß Art. 7 (bzw. gemäß Art. 14) besteuert werden könnten; sie werden über Art. 21 Abs. 2 MA in den Betriebstättengewinn einbezogen, s. Art. 21 Rz. 45 und *Rust,* BIFD 2002, 15; *Haase,* BB 2010, 673,675; a. A. Wassermeyer/*Wassermeyer,* Art. 12 MA Rz. 67; *FWWK,* Art. 11 Anm. 56).

f) „Ausübung" einer Tätigkeit. Der Nutzungsberechtigte muss im Quellen- 37
staat eine gewerbliche Tätigkeit **ausüben;** für Vermögensverwaltung s. *Kramer,* IStR 2013, 285. Dieses Erfordernis hat das OECD-MA 1977 dem Wortlaut hinzugefügt, während das OECD-MA 1963 nur verlangte, dass der Empfänger im Quellenstaat eine Betriebstätte **habe.** Die jetzige Formulierung bedeutet indes keine sachliche Änderung, sondern nur eine Anpassung des Wortlauts des Betriebstättenvorbehalts an den des Art. 7, bisher auch des Art. 14.

„Ausgeübt" wird eine gewerbliche Tätigkeit durch den Gesellschafter einer **Per-** 38
sonengesellschaft im anderen Vertragsstaat auch dann, wenn nicht er selber, sondern für die Gesellschaft ein anderer im Rahmen der Betriebstätte tätig wird. Der Betriebstättenvorbehalt gilt also generell auch für Dividenden, Zinsen und Lizenz-

gebühren, die von Personengesellschaften bezogen werden (BFH BStBl. III 1964, 165: *DBA USA 1954*).

39 **g) Zugehörigkeit zum Betriebstättengewinn. aa) Stammrecht.** Für die Zugehörigkeit zum Betriebstättengewinn kommt es nach dem **OECD-** und dem **UN-MA** auf das **Stammrecht** an, **für das** die Dividenden, Zinsen oder Lizenzgebühren gezahlt werden. Ein einheitlicher Betrag ist gegebenenfalls danach aufzuteilen, inwieweit das zugrunde liegende Stammrecht zur Betriebstätte gehört oder nicht, so etwa bei Zinsen aus Warenkrediten danach, ob sie aus kreditierten Lieferungen der betreffenden und einer anderen Betriebstätte oder des Stammhauses stammen. Derartige Zinsen müssen Gegenleistung gerade **für** die betreffende Kapitalüberlassung sein. In zeitlicher Hinsicht bedeutet das, dass – wenn der Betriebstättengewinn, wie regelmäßig, durch Bilanzierung ermittelt wird – die Forderung im Zeitpunkt der Erfassung der Zinsen zur Betriebstätte gehören muss, also je nach den Berechnungsmethoden bei Aktivierung des Zinsanspruchs am Ende des Wirtschaftsjahrs oder bei der Erzielung des Ertrags während des Wirtschaftsjahres (a. A. *FWWK,* Art. 11 Anm. 66: stets bei Zufluss; auf den Zufluss kommt es jedoch u. E. nur für die Besteuerung nach Art. 11 an, nicht dagegen für die gerade aus Art. 11 ausgenommene Besteuerung im Falle des Betriebstättenvorbehalts). Nachträglich zufließende Zinsen gehören demnach ebenso zum Betriebstättengewinn wie vorausbezahlte Zinsen (gleicher Ansicht *FWWK,* a. a. O.); s. dazu auch o. Vor Art. 6 bis 22 Rz. 8.

40 **bb) Tatsächliche Zugehörigkeit.** Das Stammrecht muss zu der Betriebstätte **tatsächlich gehören.** Nach dem MA-Komm. zu Art. 10 Ziff. 30, Art. 11 Ziff. 22, Art. 12 Ziff. 15 muss es „Teil des Betriebsvermögens der Betriebstätte" sein oder „auf andere Weise tatsächlich zu dieser Betriebstätte gehören"; zugleich wird hervorgehoben, dass damit die sog. „Attraktivkraft der Betriebstätte" (s. hierzu bei Art. 7 Rz. 16, 42) abgelehnt werde. Zum Begriff des tatsächlichen Gehörens vgl. Nr. 3 des Memorandums vom 18.10.1965 zum Prot. 1965 *DBA USA 1954,* DStR 1966, 556 (558); FinMin NW v. 3.6.1966 (koord.), BStBl. II 1966, 143, Abschn. 11 Abs. 4. Diese Materialien sind auch für andere DBA als das *DBA USA 1954/65* anwendbar. Auf die Zugehörigkeit zum Vermögen der Betriebstätte stellt auch BFH BStBl. II 1995, 683 (685) ab; die Kritik an dieser Entscheidung oben zu Art. 1, Rz. 43 f. bezieht sich nicht hierauf. S. ferner *M. Bock,* AWD 1970, 25 (171). „Tatsächlich" ist, wie der englische und französische Text zeigen („effectively connected with", „s'y rattache effectivement"), nicht als Gegensatz zu „rechtlich" zu verstehen, sondern im Sinne von „wirklich". Demnach ist zu untersuchen, ob die Forderung ihrer Substanz und nicht nur ihrer Form nach zur Betriebstätte gehört. *FWWK* verstehen darunter eine „so enge Beziehung", dass die Forderung die „wirtschaftliche Kraft der Betriebstätte stärkt" (a. a. O. Anm. 60). Zutreffend ist daran die Hervorkehrung der Enge der Beziehung und der wirtschaftlichen Betrachtung, nicht so sehr das Erfordernis der Stärkung der Betriebstätte. Die Kriterien für die Zugehörigkeit zum Betriebsvermögen der Betriebstätte können keine anderen sein als im Rahmen des Art. 22 Abs. 2 MA (s. dort Rz. 35 ff.); die Beteiligungen, Forderungen usw. müssen daher der Betriebstätte **dienen.**

41 Wie ein Wirtschaftsgut **„auf andere Weise"** als durch Zugehörigkeit zum Betriebsvermögen zur Betriebstätte tatsächlich gehören kann (so der MA-Komm. a. a. O.), ist nicht auf den ersten Blick einleuchtend. Nach Meinung des BFH ist dies der Fall, „wenn die Beteiligung in einem **funktionalen Zusammenhang** zu einer in der Betriebstätte ausgeübten aktiven Tätigkeit steht und sich deshalb die Beteiligungserträge bei funktionaler Betrachtungsweise als Nebenerträge der aktiven Betriebstättentätigkeit darstellen" (BFH BStBl. II 1992, 937, 939; II 1996, 563;

HFR 2001, 1053f.: alle *DBA Schweiz;* BVH-NV 2004/771: *DBA Luxemburg 1958;* so auch jetzt BSt-VwG Tz. 2.4 mit weiteren Kriterien). Im erstgenannten Fall war der Steuerpflichtige an einer deutschen GmbH & Co. KG als Kommanditist und zugleich als Alleingesellschafter der Komplementär-GmbH beteiligt. Die Beteiligung als Kommanditist begründete für ihn eine Betriebstätte in Deutschland (s. o Art. 5 Rz. 18, Art. 7 Rz. 36); die Beteiligung an der GmbH betrachtete der BFH a. a. O. als tatsächlich der Betriebstätte zugehörig, weil die GmbH die Geschäfte der Kommanditgesellschaft führte und ihre Tätigkeit sich hierauf beschränkte. In der Tat bestand hier ein „funktionaler Zusammenhang". Ob man aber nicht eher umgekehrt die Kommanditbeteiligung als dem Betriebsvermögen der GmbH zugehörig hätte betrachten sollen, bleibt zweifelhaft. Steht die Freistellung der Betriebstätte unter einem **Aktivitätsvorbehalt** (s. Art. 23 Rz. 74ff.), so stehen in funktionalem Zusammenhang mit ihr nur Zinsen und Lizenzgebühren, die **Nebenerträge** ihrer „aktiven" Tätigkeit sind (BFH BStBl. II 1996, 565).

Als weiteres Beispiel für eine Zugehörigkeit „auf andere Weise" wäre möglicherweise an eine Kaufpreisforderung zu denken, wenn wegen der räumlichen Nähe zwischen Betriebstätte und Schuldner die Betriebstätte für die Forderung gegenüber dem Schuldner „zuständig" wird. Z. B.: Ein deutsches Stammhaus liefert an Abnehmer in Südamerika; nach Ablauf des Zahlungsziels droht die Forderung Not leidend zu werden; das Stammhaus „überträgt" die Forderung auf die Betriebstätte, die sie dem Schuldner gegenüber außergerichtlich und gerichtlich geltend macht und schließlich deren Sicherung zugunsten der Betriebstätte, eine verzinsliche Stundung o. Ä. vereinbart. In diesem Fall könnte man daran denken, dass die Forderung von der „Übertragung" an tatsächlich zur Betriebstätte gehörte, ohne Bestandteil ihres Betriebsvermögens zu sein. Doch könnte auch lediglich eine Inkasso-Dienstleistung der Betriebstätte gegenüber dem Stammhaus vorliegen, die dann an der Zugehörigkeit der Forderung zum Stammhaus nichts ändern würde. Um etwas ganz anderes geht es dagegen, wenn ein Unternehmen seiner Betriebstätte ein Darlehen gewährt; mit dem Betriebstättenvorbehalt hat dies nichts zu tun (zutreffend BFH BStBl. II 1991, 444). 42

cc) UN-MA. Nach dem UN-MA greift der Betriebstättenvorbehalt auch dann ein, wenn das Stammrecht zu Geschäftstätigkeiten i. S. des Art. 7 Abs. 1 Buchst. c des UN-MA tatsächlich gehört, d. h. zu solchen Geschäftstätigkeiten, die im Quellenstaat ausgeführt werden und von einer gleichen oder ähnlichen Art sind wie die der Betriebstätte. Die vom UN-MA vorgesehene eingeschränkte Attraktivkraft der Betriebsstätte wirkt somit auch für den Betriebstättenvorbehalt (zu dieser Alternative s. o. Art. 7 Rz. 46). Da die Gewinne aus solchen Geschäftstätigkeiten nach dem UN-MA allein im Betriebstättenstaat besteuert werden dürfen, ist es folgerichtig, den Betriebstättenvorbehalt der Art. 10 bis 12 UN-MA entsprechend auszudehnen. „Geschäftstätigkeiten" heißt im englischen Original des UN-MA „business activities"; zu diesem Begriff „business" s. o. Art. 3 Rz. 41 und Art. 7 Rz. 28ff., nach dem System der MA gehören darunter nicht reine Kapitalanlagen. Der erweiterte Betriebstättenvorbehalt des UN-MA greift also zwar dann ein, wenn sowohl die Geschäftstätigkeit der Betriebstätte wie die im Betriebstättenstaat durch das Stammhaus ausgeübte Geschäftstätigkeit darin besteht, Beteiligungen zu verwalten (oder mit ihnen zu handeln), Darlehen zu gewähren und/oder Lizenzen zu vergeben, nicht dagegen, wenn es sich auf Seiten des Stammhauses oder auch der Betriebstätte nur um Kapitalanlagen, etwa durch Aktienerwerb oder Bankguthaben, handelt. 43

dd) US-MA. Für die Zugehörigkeit der Dividenden usw. zur Betriebstätte stellte das US-MA bis 2006 nicht darauf ab, ob das Stammrecht mit ihr „effectively connected" war, sondern darauf, ob die betreffenden **Erträge** der Betriebstätte zuzuordnen waren („are attributable"). Es trug damit der Tatsache Rechnung, dass 44

„effectively connected" im Steuerrecht der Vereinigten Staaten ein technischer Begriff ist, der in IRC sec. 864 (c) ausführlich definiert wird (s. dazu *Dale,* TLR 1987, 689), während „attributable" dort zwar ebenfalls verwendet, jedoch nicht definiert ist (s. z. B. IRC sec. 864 (c) (4) (C)). Bei Verwendung von „effectively connected" könnte sich jetzt die Frage ergeben, ob der Begriff auf Seiten der USA nach Art. 3 Abs. 2 MA entsprechend dem amerikanischen Steuerrecht ausgelegt werden müsste; die Verwendung von „attributable" vermied dieses Problem. Die *Technical Explanation* zum US-MA 2006 verwendet aber weiterhin „attributable", wo das neue MA „effectively connected" sagt (Art. 11 paragraph 4, Art. 12 paragraph 3), behandelt also die beiden Ausdrücke als gleichbedeutend. Eine Anwendung des Art. 3 Abs. 2 scheidet damit aus.

2. Deutsche DBA

48 **Fast alle** geltenden deutschen Abkommen enthalten den Betriebstättenvorbehalt (s. die Übersichten zu Art. 10 Abs. 4, Art. 11 Abs. 4 und Art. 12 Abs. 3 MA), teilweise noch angelehnt an das OECD-MA 1963, also ohne den Ausdruck „Nutzungsberechtigter" zu verwenden und ohne die feste Einrichtung eines Selbständigen der Betriebstätte ausdrücklich gleichzustellen, in neuerer Zeit jedoch in Übereinstimmung mit der seit 1977 geltenden Fassung des OECD-MA. Von den neueren Abkommen folgen bisher nur das *DBA Tadschikistan* und das *DBA USA 1989/2006* der Fassung des MA 2000, das den Art. 14 und folgerichtig auch die feste Einrichtung im Betriebstättenvorbehalt gestrichen hat. Die älteren Abkommen *Luxemburg 1958/2009, Niederlande 1959/2004* und *Schweden* sprechen statt von der Zugehörigkeit des Stammrechts von der Erzielung der Einkünfte durch die Betriebstätte; das *DBA Frankreich* übernimmt aus der MA-Kommentierung die „Zugehörigkeit der Forderung zum Betriebstättenvermögen", lässt also die ohnehin problematische Zugehörigkeit „in anderer Weise" fort. Das *DBA Irland 1964* (anders jetzt das *DBA Irland 2011*) verweist nicht ausdrücklich auf Art. 7 oder die diesem entsprechende Vorschrift. Hier handelt es sich, wie oben schon dargelegt, nur um Unterschiede in der Formulierung, nicht auch in der Sache. Zum *DBA Schweiz* hat der BFH zutreffend entschieden, dass, obwohl der Betriebstättenvorbehalt des Art. 12 Abs. 3 die feste Einrichtung eines Selbständigen nicht ausdrücklich erwähnt, doch der (bisherige) Art. 14 zumindest auf Lizenzgebühren anzuwenden ist, die einer festen Einrichtung aus einem Drittstaat zufließen (BFH/NV 1993, 27). Demgegenüber vertritt das ÖstBMF die Ansicht, dass, wenn der Betriebstättenvorbehalt die feste Einrichtung nicht ausdrücklich nenne, er für diese nicht gelte: Erlass v. 31.1.1992, SWI 1992, 77: *DBA Österreich 1954/92.*

49 Nach dem *DBA Thailand* gilt der Betriebstättenvorbehalt für Dividenden und Zinsen nur, wenn diese im Betriebstättenstaat auch **tatsächlich besteuert** werden. Für Lizenzgebühren ist eine entsprechende Einschränkung nicht vorgesehen.

50 Eine **Vermutung** der Zugehörigkeit von Lizenzgebühren zu einer Betriebstätte bestand nach dem inzwischen erneuerten *DBA Pakistan 1958/70,* falls der Empfänger der Lizenzgebühren eine Betriebstätte in dem Staat unterhielt, aus dem die Lizenzgebühren stammten. Der Empfänger konnte jedoch das Gegenteil nachweisen.

51 Nach dem früheren *DBA USA 1954/65* entfiel die Freistellung von Zinsen und Lizenzgebühren im Quellenstaat nicht nur, wenn die Forderung bzw. der zur Nutzung überlassene Vermögenswert tatsächlich zu einer in diesem Staat befindlichen Betriebstätte gehörte, sondern – über die „eingeschränkte Attraktivkraft" der Betriebstätte des Art. III Abs. 1 (s. Art. 7 Rz. 42, 46, 65) – auch dann, wenn die Zinsen oder Lizenzgebühren zwar aus **Direktgeschäften** des heimischen Unternehmens stammen, diese aber **von der gleichen Art** sind wie die Betriebstätten-

tätigkeit (vgl. auch *H. Becker,* AWD 1968, 145). Das entspricht in gewissem Umfang dem (erst später erarbeiteten) UN-MA (s. Rz. 43). Das heutige *DBA USA 1989/2006* stellt darauf ab, ob die Beteiligung usw. „Teil des Betriebsvermögens" (und nichts sonst) der Betriebstätte ist.

IV. Verfahrensregelungen

Literatur: *Baumhoff/Pelzer,* IStR 1992, 65; *Eckert,* RIW 1992, 386; *Schalast,* FR 1990, 212.

1. Quellenabzug: Systeme

Die Steuern auf Dividenden, Zinsen und Lizenzgebühren werden häufig, insbe- 55
sondere von Nichtansässigen, im Wege des **Quellenabzugs** erhoben, d. h. der Schuldner der Erträge wird verpflichtet, die Steuer einzubehalten und an das Finanzamt abzuführen (so in Deutschland nach den §§ 43 ff., 50a EStG, 73a ff. EStDV). Soweit Abkommen derartige Steuern der Höhe nach begrenzen oder gar die betreffenden Einkünfte ganz freistellen, kann dies in **zweierlei Weise** verwirklicht werden: Es kann bereits dem Schuldner der Erträge gestattet sein, einen entsprechend **geringeren** Steuerbetrag einzubehalten (hierfür ist häufig im Ansässigkeitsstaat des Schuldners eine Bescheinigung oder ein Antrag auf einem amtlichen Formblatt erforderlich), oder die Steuer wird zunächst gemäß dem innerstaatlichen Recht erhoben, dann aber der überschießende Betrag dem Abkommensberechtigten aufgrund eines Antrages **erstattet.** Die Anträge zur Erstattung der einbehaltenen Steuer bzw. zur Freistellung vom Quellensteuerabzug sind in Deutschland und in vielen anderen Staaten auf amtlich vorgeschriebenem Vordruck zu stellen. Das Bundeszentralamt für Steuern stellt auf seiner Webseite einige Antragsformulare ausländischer Staaten für Steuerinländer sowie eigene Antragsformulare für Steuerausländer zur Verfügung. Beschränkt steuerpflichtige Gläubiger von Kapitalerträgen i. S. v. § 43 Abs. 1 S. 1 Nr. 1a EStG können für nach dem 31. Dezember 2011 zufließende Kapitalerträge gem. § 50d Abs. 1 S. 2, 3 EStG in der Fassung des OGAW IV-Umsetzungsgesetzes vom 22.6.2011 eine Kapitalertragsteuererstattung nur gegen Vorlage einer Bescheinigung im Sinne des § 45a Absatz 2 EStG beim BZSt beantragen (für Ausschüttungen vor dem 1.1.2012 ist das BMF-Schreiben vom 29.3.2011 zu Leerverkäufen zu beachten, abrufbar auf der Webseite des BZSt).

2. Einbehalten und Rückerstatten

Das System des **„Einbehaltens und Rückerstattens"** wird u. a. in Deutschland 56
angewandt. Nach deutschem Recht ist die Quellensteuer grundsätzlich und ungeachtet eines DBA durch den Schuldner der Kapitalerträge bzw. der Vergütung **zunächst in voller Höhe** einzubehalten und abzuführen – die Kapitalertragsteuer i. S. v. § 43a EStG an das für ihn zuständige Betriebstättenfinanzamt und die Abzugssteuer nach § 50a EStG an das Bundeszentralamt für Steuern (§ 50a Abs. 5 S. 3 EStG). Der Unterschied zwischen dem einbehaltenen und dem Abkommenssatz wird dem Steuerpflichtigen erst auf besonderen Antrag durch das Bundeszentralamt für Steuern erstattet (§ 50d Abs. 1 EStG). Soweit der inländische Schuldner die Steuer einzubehalten hat, haftet er auch für sie, d. h. er kann seinerseits in Anspruch genommen werden (§§ 44 Abs. 5, 50a Abs. 5 S. 4 EStG; s. dazu BFH BStBl. II 1993, 407). Steuerschuldner bleibt aber der Gläubiger der Kapitalerträge bzw. der Vergütung, so dass auch dieser durch Steuerbescheid in Anspruch genommen werden kann (vgl. §§ 44 Abs. 5 S. 2, 50a Abs. 5 S. 5 EStG). Die Erstattung der einbehaltenen Steuer ganz oder zum Teil erfolgt nach § 50d Abs. 1 EStG. Das Erstattungsverfahren ist antragsabhängig (vgl. § 50d Abs. 1 S. 3 EStG). Die

Frist für die Antragstellung beträgt vier Jahre (vgl. § 50d Abs. 1 S. 9 EStG insoweit jetzt inhaltsgleich Art. 27 Abs. 2 S. 2 DE-VG). Sie beginnt mit dem Ablauf des Kalenderjahres, in dem die Kapitalerträge dem Gläubiger zugeflossen sind. Durch die Regelung in § 50d Abs. 1 S. 10 EStG wird jedoch sichergestellt, dass die Antragsfrist nicht vor Ablauf von sechs Monaten nach dem Zeitpunkt der Entrichtung der Steuer endet (eine solche besondere Fristenregelung findet sich aber nicht in Art. 27 DE-VG). Für die Erstattung zuständig ist das Bundeszentralamt für Steuern (§ 50d Abs. 1 S. 3 EStG, § 5 Abs. 1 Nr. 2 FVG). Bei § 50d Abs. 1 EStG handelt es sich um eine Verfahrensvorschrift, die nicht nur die Erstattung von Kapitalertrag- bzw. Abzugssteuern aufgrund eines DBA regelt, sondern auch aufgrund von § 43b EStG (Umsetzung EU-Mutter-Tochter-Richtlinie), § 50g EStG (Umsetzung der EU-Zins- und Lizenzgebühren-Richtlinie) sowie von § 44a Abs. 9 EStG. Der Erstattungsberechtigte muss im Einzelfall prüfen, welche Vorschrift für ihn günstiger ist. So wird die Erstattung aufgrund von § 43b EStG bei Vorliegen der Voraussetzungen regelmäßig günstiger sein als nach einem DBA. Da das Bundeszentralamt für Steuern keine Günstigerprüfung durchführt, ist auf dem Antragsformular anzugeben, ob eine Erstattung aufgrund des DBA gewünscht wird. Die Vorschrift gilt gem. § 3 Abs. 1 Nr. 5 SolzG auch für den Solidaritätszuschlag. Hat das Bundeszentralamt für Steuern die Steuer einmal erstattet, so kann diese nur durch Aufhebung des der Erstattung zugrundeliegenden Bescheides zurückgefordert werden (BFH BStBl. II 1988, 521). In den Fällen der §§ 43b, 50a, 50g EStG darf der Schuldner vom Steuereinbehalt ganz oder teilweise absehen, wenn das Bundeszentralamt für Steuern auf Antrag eine **Freistellungsbescheinigung** erteilt hat (§ 50d Abs. 2 EStG; das Stellen des Antrages allein reicht also nicht aus). Diese Bescheinigung kann nur der beschränkt Steuerpflichtige, nicht auch dessen inländischer Schuldner, beantragen. Dem Schuldner muss die Bescheinigung aber vorliegen, bevor er vom Steuerabzug absehen darf (§ 50d Abs. 2 S. 5 EStG). In der Praxis erhält er eine doppelte Ausfertigung vom Bundeszentralamt für Steuern. In Fällen von geringer steuerlicher Bedeutung (= das Besteuerungsrecht wird eindeutig aufgrund des DBA dem ausländischen Wohnsitzstaat des Gläubigers zugewiesen) kann auch das Bundeszentralamt für Steuern den inländischen Schuldner allgemein dazu ermächtigen, vom Steuereinbehalt abzusehen; es kann ihn dann verpflichten, die gezahlten Vergütungen und bestimmte Angaben über deren Empfänger mitzuteilen (sog. **„Kontrollmeldeverfahren"**; § 50d Abs. 5 EStG, s. dazu das Merkblatt auf der Webseite des Bundeszentralamtes für Steuern sowie BMF v. 18.12.2002, BStBl. I 2002, 1386). Die Feststellung der Steuerfreiheit in einem früheren Verständigungsverfahren entbindet nicht von der Notwendigkeit, eine Freistellungsbescheinigung einzuholen (vgl. auch FG Nds, DStRE 1997, 110). Nach der Entscheidung des EuGH zu Streubesitzdividenden bzw. zur Auswertung der Steuerfreiheit nach § 86 KStG auf EV-ausländische Dividendenempfänger vom 20.10.2011 (C-284/09) kann die nachträgliche Erstattung einbehaltener und abgeführter Kapitalertragsteuer auf eine analoge Anwendung von § 50d Abs. 1 EStG gestützt werden (BFH-Urteile vom 11.1.2012, I R 25/10; I R 30/10). Nach Auffassung von Rechtsprechung und Verwaltung war zunächst das zuständige Finanzamt für das Erstattungsbegehren zuständig (vgl. BMF-Schreiben vom 23.5.2012). Nunmehr ist das Erstattungsverfahren in § 32 Abs. 5 KStG geregelt. Zuständig für die Erstattung ist das Bundeszentralamt für Steuern (vgl. § 5 Abs. 1 Nr. 39 FVG). Der Inhalt des Erstattungsantrags ist in § 32 Abs. 5 KStG genau geregelt. Die Regelung ist zusammen mit der Neuregelung der Streubesitzdividendenbesteuerung in § 8 Abs. 5 KStG eingeführt worden und betrifft nur noch Streubesitzdividenden, die bis einschließlich 28.2.2013 gezahlt wurden. Der Antrag nach § 32 Abs. 5 KStG dürfte für dieses Dividenden häufig günstiger als der Antrag auf Erstattung aufgrund eines DBA sein.

3. Datenträgerverfahren

Seit 1. Januar 2002 besteht die Möglichkeit, Anträge auf Erstattung deutscher Kapitalertragsteuer auf maschinell verwertbaren **Datenträgern** zu stellen (sog. Datenträgerverfahren, § 50d Abs. 1 S. 7 EStG). Das Verfahren gilt nur für Dividendenzuflüsse an im Ausland ansässige Aktionäre und nicht für die Entlastung von Kapitalertragsteuer für andere Arten von Kapitalerträgen (z. B. Zinsen). Eine Verfahrensbeschreibung befindet sich auf der Webseite des Bundeszentralamtes für Steuern. 57

4. Vereinbarkeit mit den DBA

Es sollte beachtet werden, dass sowohl das „Einbehaltungs- und Rückerstattungs"-System, also die Verpflichtung des Schuldners (des Zahlungspflichtigen), zunächst den vollen Betrag einzubehalten, wie das Erfordernis, eine Bewilligung oder Bescheinigung schon vor Auszahlung des Betrags an den Steuerpflichtigen vorzulegen, **zum Wortlaut** der DBA häufig **in Widerspruch** stehen. Sagt das DBA nur, dass der Quellensteuersatz ermäßigt werde, so bedeutet das seinem Wortlaut nach, dass der Schuldner (der Zahlungspflichtige) **von vornherein** nur den ermäßigten Betrag der Steuer einzubehalten hat; diese Bestimmung würde nach allgemeinen Grundsätzen als lex specialis den innerstaatlichen Vorschriften über den Quellensteuerabzug und dessen Formalien vorgehen (s. Grundl. Rz. 64 ff.). Ist allerdings, wie im OECD-MA für Dividenden und Zinsen (Art. 10 Abs. 2, Art. 11 Abs. 2), im UN-MA auch für Lizenzgebühren (Art. 12 Abs. 2, jeweils im letzten Satz), ausdrücklich bestimmt, dass die Vertragsstaaten das Verfahren der Quellensteuererhebung im gegenseitigen Einvernehmen regeln können, so lässt sich gegen die vorläufige Einbehaltung der vollen Steuer nichts einwenden (MA-Komm. Art. 10 Rz. 19 und Art. 1 Rz. 26.2, s. auch Art. 23 Rz. 38). So hat auch der BFH in einer älteren Entscheidung festgestellt, dass der Steuerabzug nach dem MA-Kommentar für Kapitalerträge i. S. v. Art. 10 und 11 zulässig ist (BStBl. II 1987, 171: *DBA Frankreich)*. 58

Manche DBA enthalten auch noch detailliertere Regelungen. Eine Erhebung der Quellensteuer in voller Höhe mit anschließender Erstattung sehen u. a. ausdrücklich vor: Art. 27 *DBA Aserbaidschan,* Art. 27 *DBA Belarus,* Art. 46 *DBA Dänemark,* Art. 25 B *DBA Frankreich* i. d. F. des ÄndProt. 1989, Art. 28 *DBA Ghana,* Art. 29 *DBA Italien* i. V. m. Prot. Nr. 21, Art. 27 *DBA Kasachstan* i. V. m. Prot. Nr. 4, Nr. 2 *Prot.* zum *DBA Kirgisistan,* Nr. 23 SProt. zum *DBA Luxemburg 1958/73,* Art. 28 *DBA Norwegen,* Art. 27 *DBA Österreich* i. V. m. Prot. Nr. 14, Art. 28 *DBA Polen* Art. 44 *DBA Schweden,* Art. 28 *DBA Schweiz* (Ausnahme für Lizenzen), Art. 29 *DBA USA 1989/2006* (ohne solche Ausnahme) sowie Art. 27 *DBA Usbekistan.* Für den Antrag auf Erstattung ist jeweils eine Frist von drei bzw. vier Jahren gesetzt. Zur Berechnung der Frist s. BFH BStBl. II 1994, 318: *DBA Schweiz 1971.* S. ferner Prot. Nr. 12 *DBA Kanada,* Art. 25 Abs. 4 i. V. m. Prot. Nr. 7 *Russische Föderation,* Art. 25 Abs. 4 *DBA Vietnam.* Art. 27 Abs. 1 DE-VG sieht vor, dass das Recht zur Vornahme des Steuerabzugs nach dem nationalen Recht des Quellenstaates durch das DBA nicht beeinträchtigt wird. Der Artikel sieht Regelungen zum Erstattungsverfahren in Abs. 2 vor. Abs. 3 verpflichtet die Vertragsstaaten, Regelungen für ein Freistellungsverfahren zu treffen. Die Frist zur Antragstellung im Erstattungsverfahren beträgt gem. Art. 27 Abs. 2 S. 2 DE-VG vier Jahre nach Ablauf des Kalenderjahres, in dem die Einkünfte bezogen worden sind. 59

Wo solche Einschränkungen im Abkommen aber nicht vorgesehen waren, haben die Gerichte die Verpflichtung des Schuldners (des Zahlungspflichtigen) zur Einbehaltung der vollen Quellensteuer bzw. zur Vorlage von Bescheinigungen usw. für **mit dem Abkommen unvereinbar** erklärt (BFH BStBl. II 1987, 171 f. zu 60 den *DBA Frankreich* und *Großbritannien 1964;* II 1987, 253 zum *DBA USA 1954/65;* II 1989, 99 zum *DBA Schweiz 1980*). Allerdings ist hierzu zu bemerken, dass die ausländischen Vertragsstaaten solche Verfahren bisher, soweit bekannt, noch nie beanstandet haben. Da für die Auslegung eines völkerrechtlichen Vertrags nach Art. 31 Abs. 3 Buchst. b WÜRV auch die **Praxis** der Vertragsstaaten **nach Vertragsschluss** heranzuziehen ist, dürfte **völkerrechtlich** gegen die vorstehend erörterten Verfahren regelmäßig nichts einzuwenden sein. Der BFH weist aber a. a. O. zu Recht darauf hin, dass diese – nachträgliche – Praxis nicht Inhalt des Gesetzgebungsverfahrens gewesen ist, in dem der Vertrag für innerstaatlich verbindlich erklärt worden ist, und dass sie daher **innerstaatlich** die rechtliche Bedeutung eines DBA **nicht ändern kann.** Es bedarf daher, wenn die Praxis der Vertragsstaaten nach Vertragsschluss innerstaatlich beachtlich werden soll, hierfür einer besonderen innerstaatlichen Rechtsgrundlage.

61 Solch eine Rechtsgrundlage ist für die deutschen DBA mit Wirkung vom 1.1.1989 in § 50d EStG geschaffen worden. Für die zurückliegenden Jahre blieb es dagegen nach deutschem Recht bedeutsam, ob die DBA eine Rechtsgrundlage für das „Einbehaltungs- und Rückerstattungs"-Verfahren bzw. für das Erfordernis einer Bescheinigung enthielten. Die Vereinbarkeit des § 50d EStG mit dem Abkommensrecht wurde vereinzelt bezweifelt (*Schalast,* FR 1990, 212; *Eckert,* RIW 1992, 386), überwiegend jedoch bejaht (FG München EFG 1992, 276; EFG 1993, 522; FG Nds RIW 1994, 440; FG Hessen EFG 1994, 210; *Baumhoff/Pelzer,* IStR 1992, 65). Nach dem Beschluss des BFH vom 1.12.1993, BFH/NV 1994, 549 ist die Frage geklärt. Nach Auffassung des BFH schränkt § 50d EStG die sich aus dem DBA ergebende Steuerbefreiung nicht ein, er regelt lediglich das innerstaatliche Verfahren zur Durchsetzung der Steuerbefreiung (BFH, a. a. O., 550; bestätigt durch BFH BStBl. II 1998, 113). International wird die Vornahme des Steuerabzugs trotz Einschränkung des Quellensteuerrechts durch das DBA nicht erkennbar kritisiert. Viele Vertragspartner sehen ein ähnliches Verfahren in ihrem nationalen Recht vor. So dies der Fall ist, ist es deutsche Verwaltungspraxis, vor Durchführung eines Verständigungsverfahrens wegen abkommenswidrigen Quellensteuereinbehalts zunächst ein erfolgloses Antragsverfahren auf Erstattung der Quellensteuer zu verlangen.

5. Deutsche Verwaltungspraxis

62 Die Vorschrift des § 50d Abs. 3 EStG enthält eine nationale „Anti-Treaty Shopping Rule". Sie soll die Inanspruchnahme von DBA-Vorteilen (und Vorteilen nach §§ 43b und 50g EStG) durch nichtberechtigte Personen verhindern. Die Vorschrift schränkt den Anspruch einer ausländischen Gesellschaft nach §§ 43b, 50g EStG oder nach einem Abkommen zur Vermeidung der Doppelbesteuerung (DBA) auf Befreiung oder Ermäßigung von Kapitalertrag- oder Abzugssteuern nach § 50a EStG ein, soweit Personen an der Gesellschaft beteiligt sind, denen die Steuerentlastung nicht zustände, wenn sie die Einkünfte unmittelbar erzielten (persönliche Entlastungsberechtigung), und – soweit die Funktionsvoraussetzungen des § 50d Abs. 3 Satz 1 EStG (sachliche Entlastungsberechtigung) nicht vorliegen (schädliche Erträge), siehe zu § 50d Abs. 3 EStG das BMF-Schreiben vom 24.1.2012, BStBl. I 2012, 99. Ob § 50d Abs. 3 EStG ein „Treaty Override" enthält, wird unterschiedlich beurteilt (ablehnend *Blümich,* § 50d, Rz. 67; bejahend *Kirchhof,* § 50d, Rz. 25), dürfte aber wegen des eindeutigen Regelungszwecks der Vorschrift zu bejahen sein. Damit schließt sich die Vorschrift jedoch auch in einigen Fällen aus: § 50d Abs. 3 EStG kommt nicht zur Anwendung, soweit das einschlägige DBA selbst speziellere Missbrauchsregelungen enthält (vgl. BFH BStBl. II 2008, 619 zum Verhältnis von Art. 23 *DBA Schweiz* in der Fassung bis Ende 2003 sowie

§ 50d Abs. 1a EStG a. F.). § 50d Abs. 3 EStG soll auch bei Erstattung von Kapitalertragsteuern aufgrund der Entscheidung des EuGH zu Streubesitzdividenden gelten (vgl. BMF-Schreiben vom 23.5.2012, veröffentlicht auf der Webseite des BZSt).

Zur Abzugsteuer bei künstlerischen, sportlichen, artistischen oder ähnlichen Darbietungen nach § 50a Abs. 4 EStG nimmt das BMF-Schreiben vom 25.11.2010 (BS-Bl. I 2010, 1350) Stellung. Weitere Einzelheiten ergeben sich auch aus dem Merkblatt des BMF zur Entlastung von deutscher Abzugsteuer gem. § 50a Abs. 4 EStG vom 7.5.2002 (BStBl I 2002, 521). Ergänzend hierzu hat das Bundeszentralamt für Steuern verschiedene Merkblätter zum Antrag auf Erteilung einer Freistellungsbescheinigung und/oder Erstattung von deutscher Abzugssteuer zu Lizenzgebühren und ähnlichen Vergütungen, Vergütungen an ausländische Künstler und Sportler sowie Vergütungen von Aufsichtsrats- und Verwaltungsratsmitgliedern herausgegeben, welche auf der Webseite des BZSt abgerufen werden können. Auf der Webseite des BZSt befindet sich außerdem ein Merkblatt zur Anwendung der sog. Remittance-Base-Klausel im *DBA Großbritannien 2010* bei Lizenzgebühren und Vergütungen an ausländische Künstler und Sportler sowie bei Kapitalerträgen. Seit Jahresbeginn 2014 wird das Steuerabzugsverfahren nach § 50a EStG durch das Bundeszentralamt für Steuern durchgeführt. Die Zuständigkeit bezieht sich auf Vergütungen i. S. v. § 50a Abs. 1 EStG, die einem beschränkt Steuerpflichtigen nach dem 31.12.2013 zugeflossen sind. Ein Formular über den Steuerabzug bei Vergütungen an beschränkt Steuerpflichtige für 2014 (wird jährlich aktualisiert) befindet sich auf der Webseite des Bundeszentralamtes für Steuern ebenso wie ein Merkblatt für die Anmeldung des Steuerabzuges. 63

Artikel 10. Dividenden

Text: OECD-Musterabkommen (OECD-MA)

1. Dividenden, die eine in einem Vertragsstaat ansässige Gesellschaft an eine im anderen Vertragsstaat ansässige Person zahlt, können im anderen Staat besteuert werden.

2. [bis 14.7.2014: Diese Dividenden] Dividends paid by a company which is a resident of a Contracting State [ab 15.7.2014:] können jedoch auch in [bis 14.7.2014: dem Vertragsstaat, in dem die die Dividenden zahlende Gesellschaft ansässig ist, ab 15.7.2014:] that state nach dem Recht dieses Staates besteuert werden; die Steuer darf aber, wenn der Nutzungsberechtigte der Dividenden eine in dem anderen Vertragsstaat ansässige Person ist, nicht übersteigen:

a) 5 vom Hundert des Bruttobetrages der Dividenden, wenn der Nutzungsberechtigte eine Gesellschaft (jedoch keine Personengesellschaft) ist, die unmittelbar über mindestens 25 vom Hundert des Kapitals der die Dividenden zahlenden Gesellschaft verfügt;

b) 15 vom Hundert des Bruttobetrages der Dividenden in allen anderen Fällen.

Die zuständigen Behörden der Vertragsstaaten regeln in gegenseitigem Einvernehmen, wie diese Begrenzungsbestimmungen durchzuführen sind. Dieser Absatz berührt nicht die Besteuerung der Gesellschaft in Bezug auf die Gewinne, aus denen die Dividenden gezahlt werden.

3. Der in diesem Artikel verwendete Ausdruck „Dividenden" bedeutet Einkünfte aus Aktien, Genussaktien[1] oder Genussscheinen, Kuxen, Gründeranteilen oder anderen Rechten – ausgenommen Forderungen – mit Gewinnbeteiligung sowie aus sonstigen Gesellschaftsanteilen stammende Einkünfte, die nach dem Recht des Staates, in dem die ausschüttende Gesellschaft ansässig ist, den Einkünften aus Aktien steuerlich gleichgestellt sind.

4. Die Absätze 1 und 2 sind nicht anzuwenden, wenn der in einem Vertragsstaat ansässige Nutzungsberechtigte im anderen Vertragsstaat, in dem die die Dividenden zahlende Gesellschaft ansässig ist, eine Geschäftstätigkeit durch eine dort gelegene Betriebstätte ausübt und die Beteiligung, für die die Dividenden gezahlt werden, tatsächlich zu dieser Betriebstätte gehört. In diesem Fall ist Artikel 7 anzuwenden.

5. Bezieht eine in einem Vertragsstaat ansässige Gesellschaft Gewinne oder Einkünfte aus dem anderen Vertragsstaat, so darf dieser andere Staat weder die von der Gesellschaft gezahlten Dividenden besteuern, es sei denn, dass diese Dividenden an eine im anderen Staat ansässige Person gezahlt werden oder dass die Beteiligung, für die die Dividenden gezahlt werden, tatsächlich zu einer im anderen Staat gelegenen Betriebstätte gehört, noch Gewinne der Gesellschaft einer Steuer für nichtausgeschüttete Gewinne unterwerfen, selbst wenn die gezahlten Dividenden oder die nichtausgeschütteten Gewinne ganz oder teilweise aus im anderen Staat erzielten Gewinnen oder Einkünften bestehen.

---

[1] In Deutschland statt „Genussaktien" das Wort „Genussrechten".

Text: Deutsche Verhandlungsgrundlage (DE-VG)

Artikel 10. Dividenden

(1) **Dividenden, die eine in einem Vertragsstaat ansässige Gesellschaft an eine im anderen Vertragsstaat ansässige Person zahlt, können im anderen Staat besteuert werden.**

(2) **Diese Dividenden können jedoch auch in dem Vertragsstaat, in dem die die Dividenden zahlende Gesellschaft ansässig ist, nach dem Recht dieses Staates besteuert werden; die Steuer darf aber, wenn der Nutzungsberechtigte der Dividenden eine im anderen Vertragsstaat ansässige Person ist, nicht übersteigen:**

1.[1] **5 Prozent des Bruttobetrags der Dividenden, wenn der Nutzungsberechtigte eine Gesellschaft (jedoch keine Personengesellschaft) ist, die unmittelbar über mindestens 10 Prozent des Kapitals der die Dividenden zahlenden Gesellschaft verfügt;**

2. 15 Prozent des Bruttobetrags der Dividenden in allen anderen Fällen.

Im Fall von Dividenden, die von einer deutschen Immobilien-Aktiengesellschaft mit börsennotierten Anteilen, einem deutschen Investmentvermögen oder einem ***[anderer Vertragsstaat]*** **gezahlt werden, ist nur Nummer 2 anzuwenden. Dieser Absatz berührt nicht die Besteuerung der Gesellschaft in Bezug auf die Gewinne, aus denen die Dividenden gezahlt werden.**

(3) **Der in diesem Artikel verwendete Ausdruck „Dividenden" bedeutet Einkünfte aus Gesellschaftsanteilen, Genussrechten oder Genussscheinen, Gründeranteilen oder sonstige Einkünfte, die nach dem Recht des Staates, in dem die ausschüttende Gesellschaft ansässig ist, den Einkünften aus Gesellschaftsanteilen steuerlich gleichgestellt sind, sowie Ausschüttungen auf Anteilscheine an einem Investmentvermögen.**

(4) **Die Absätze 1 und 2 sind nicht anzuwenden, wenn der in einem Vertragsstaat ansässige Nutzungsberechtigte der Dividenden im anderen Vertragsstaat, in dem die die Dividenden zahlende Gesellschaft ansässig ist, eine Geschäftstätigkeit durch eine dort gelegene Betriebsstätte ausübt und die Beteiligung, für die die Dividenden gezahlt werden, tatsächlich zu dieser Betriebsstätte gehört. In diesem Fall ist Artikel 7 anzuwenden.**

(5) **Bezieht eine in einem Vertragsstaat ansässige Gesellschaft Gewinne oder Einkünfte aus dem anderen Vertragsstaat, so darf dieser andere Staat weder die von der Gesellschaft gezahlten Dividenden besteuern – es sei denn, dass diese Dividenden an eine im anderen Staat ansässige Person gezahlt werden oder dass die Beteiligung, für die die Dividenden gezahlt werden, tatsächlich zu einer im anderen Staat gelegenen Betriebsstätte gehört – noch die nicht ausgeschütteten Gewinne der Gesellschaft einer Steuer auf nicht ausgeschüttete Gewinne unterwerfen, selbst wenn die gezahlten Dividenden oder die nicht ausgeschütteten Gewinne ganz oder teilweise aus im anderen Staat erzielten Gewinnen oder Einkünften bestehen.**

---

[1] Je nach den Verhältnissen im Einzelfall kommt zusätzlich ein Nullsatz in Betracht.

Text: Ziffer 1 und 2 Protokoll zu DE-VG

1. Zu den Artikeln 10 und 11:

Ungeachtet der Artikel 10 und 11 können Dividenden und Zinsen in dem Vertragsstaat, aus dem sie stammen, nach dem Recht dieses Staates besteuert werden, wenn sie

a) auf Rechten oder Forderungen mit Gewinnbeteiligung, einschließlich der Einkünfte eines stillen Gesellschafters aus seiner Beteiligung als stiller Gesellschafter oder der Einkünfte aus partiarischen Darlehen oder Gewinnobligationen im Sinne des Steuerrechts der Bundesrepublik Deutschland, beruhen und

b) bei der Ermittlung der Gewinne des Schuldners der Dividenden oder Zinsen abzugsfähig sind.

2. Zu Artikel 10 Absatz 2 und Artikel 27

Der Ausdruck „Investmentvermögen" bedeutet

a) in Bezug auf die Bundesrepublik Deutschland einen Investmentfonds oder eine Investmentaktiengesellschaft, auf die die Vorschriften des Investmentgesetzes anzuwenden sind;

b) in Bezug auf .... *[anderer Vertragsstaat]*

Text: US-Musterabkommen (US-MA)

1. Dividenden, die eine in einem Vertragsstaat ansässige Gesellschaft an eine im anderen Vertragsstaat ansässige Person zahlt, können im anderen Vertragsstaat besteuert werden.

2. Diese Dividenden können jedoch auch in dem Vertragsstaat, in dem die die Dividenden zahlende Gesellschaft ansässig ist, nach dem Recht dieses Staates besteuert werden; die Steuer darf aber, wenn ein Ansässiger des anderen Vertragstaates der Nutzungsberechtigte der Dividenden ist, soweit nichts anderes vorgesehen ist, nicht übersteigen:

a) 5 vom Hundert des Bruttobetrags der Dividenden, wenn der Nutzungsberechtigte eine Gesellschaft ist, die unmittelbar über mindestens 10 vom Hundert der stimmberechtigten Anteile der die Dividenden zahlenden Gesellschaft verfügt;

b) 15 vom Hundert des Bruttobetrags der Dividenden in allen anderen Fällen.

Dieser Absatz berührt nicht die Besteuerung der Gesellschaft in Bezug auf die Gewinne, aus denen die Dividenden gezahlt werden.

3. Ungeachtet des Absatzes 2 können Dividenden nicht in dem Vertragsstaat besteuert werden, in dem die die Dividenden zahlende Gesellschaft ansässig ist, wenn

a) der Nutzungsberechtigte der Dividenden ein Pensionsfonds ist, der in dem anderen Vertragsstaat ansässig ist, und

b) diese Dividenden nicht aus einer Geschäftstätigkeit erzielt werden, die von dem Pensionsfonds oder durch ein verbundenes Unternehmen ausgeübt wird.

4. a) Absatz 2 Buchstabe a findet keine Anwendung auf Dividenden, die von einer in den Vereinigten Staaten ansässigen Person in der Form einer „Regulated Investment Company" (RIC) oder eines „Real Estate Investment Trust" (REIT) gezahlt werden. Im Fall von Dividenden, die von einer RIC gezahlt werden, finden Absatz 2 Buchstabe b und Absatz 3 Anwendung. Im Fall von Dividenden, die von einem REIT gezahlt werden, finden Absatz 2 Buchstabe b und Absatz 3 nur Anwendung, wenn

i) der Nutzungsberechtigte der Dividenden eine natürliche Person oder ein Pensionsfonds ist und die natürliche Person oder der Pensionsfonds nicht mit mehr als 10 vom Hundert an dem REIT beteiligt ist;

ii) die Dividenden für eine börsengehandelte Aktiengattung gezahlt werden und der Nutzungsberechtigte der Dividenden eine Person ist, die einen Anteil von nicht mehr als 5 vom Hundert an einer Gattung des Aktienbestands des REIT hält;

iii) der Nutzungsberechtigte der Dividenden eine Person ist, die mit nicht mehr als 10 vom Hundert an dem REIT beteiligt ist, und es sich um einen diversifizierten REIT handelt.

b) Im Sinne dieses Absatzes gilt ein REIT als diversifiziert, wenn kein einziger Anteil an unbeweglichem Vermögen 10 vom Hundert der gesamten Anteile an unbeweglichem Vermögen übersteigt. Im Sinne dieses Absatzes gilt in der Zwangsvollstreckung befindliches Vermögen nicht als Anteil an unbeweglichem Vermögen. Ist ein REIT an einer Personengesellschaft beteiligt, wird er so behandelt, als gehöre ihm unmittelbar ein seiner Beteiligung an der Personengesellschaft entsprechender Teil der Anteile der Personengesellschaft an unbeweglichem Vermögen.

5. Für die Anwendung dieses Artikels bedeutet der Ausdruck „Dividenden" Einkünfte aus Aktien oder anderen Rechten – ausgenommen Forderungen – mit Gewinnbeteiligung sowie Einkünfte, die nach dem Recht des Staates, in dem der Schuldner ansässig ist, den Einkünften aus Aktien steuerlich gleichgestellt sind.

6. Absätze 1 und 2 sind nicht anzuwenden, wenn der in einem Vertragsstaat ansässige Nutzungsberechtigte der Dividende im anderen Vertragsstaat, in dem der Schuldner ansässig ist, eine Geschäftstätigkeit durch eine dort gelegene Betriebstätte ausübt und die Beteiligung, für die die Dividenden gezahlt werden, tatsächlich zu der Betriebstätte gehört. In diesem Fall ist Artikel 7 (Unternehmensgewinne) anzuwenden.

7. Ein Vertragsstaat darf Dividenden, die eine im anderen Staat ansässige Person zahlt, nicht besteuern, es sei denn, dass die Dividenden an eine in dem erstgenannten Staat ansässige Person gezahlt werden oder die Dividenden einer Betriebstätte in diesem Staat zuzurechnen sind, noch darf er außer in den Fällen des Absatzes 8 nicht ausgeschüttete Gewinne einer Gesellschaft besteuern, selbst wenn die gezahlten Dividenden oder die nicht ausgeschütteten Gewinne ganz oder teilweise aus in diesem Staat erzielten Gewinnen oder Einkünften bestehen.

8.

a) Eine in einem Vertragsstaat ansässige Gesellschaft, die im anderen Vertragsstaat eine Betriebstätte unterhält oder die in dem anderen Vertragsstaat mit Einkünften auf Nettobasis steuerpflichtig ist, die dort nach Artikel 6 (Einkünfte aus Grundvermögen) oder Artikel 13 Absatz 1 (Veräußerungsgewinne) besteuert werden können, kann in dem anderen Staat neben der nach anderen Bestimmungen dieses Abkommens zulässigen Steuer einer weiteren Steuer unterworfen werden.

b) Diese Steuer kann jedoch nur erhoben werden
   i) von dem Teil der der Betriebsstätte zurechenbaren Unternehmensgewinne der Gesellschaft und von dem Teil der in Buchstabe a genannten Einkünfte, die nach Artikel 6 (Einkünfte aus Grundvermögen) oder Artikel 13 Absatz 1 (Veräußerungsgewinne) besteuert werden können, der im Fall der Vereinigten Staaten den ausschüttungsgleichen Betrag (dividend equivalent amount) dieser Gewinne oder Einkünfte darstellt und im Fall von .... dem ausschüttungsgleichen Betrag entspricht; und
   ii) zu einem Satz, der den in Absatz 2 Buchstabe a vorgesehenen Satz nicht übersteigt.

Inhalt

1 **Literatur**: *Aigner*, Kapitalanlagefonds im Recht der Doppelbesteuerungsabkommen (2001); *Berger/Steck/Lübbehusen*, Investmentgesetz – Investmentsteuergesetz (2010); *Blaurock*, Handbuch Stille Gesellschaft, 7. Aufl. (2010); *Bron*, G-Reit (2007); *Brünink*, Das Verhältnis der Normen des Außensteuergesetzes zu den Doppelbesteuerungsabkommen (1997); *Cagianut/Höhn*, Unternehmungssteuerrecht, 3. Aufl. (1993); *Jacobs*, Internationale Unternehmensbesteuerung, 7. Aufl. (2011); *Kofler*, Doppelbesteuerungsabkommen und Europäisches Gemeinschaftsrecht (2007); *ders.*, Kommentar zur Mutter-Tochter-Richtlinie (2011); *Mersch*, Hinzurechnungsbesteuerung (1986); *Piltz*, Hybride Finanzierungen in Doppelbesteuerungsabkommen, in Piltz/Schaumburg, Unternehmensfinanzierung im Internationalen Steuerrecht (1995), S. 125; *ders.*, Besteuerung einer Kapitalgesellschaft mit Satzungssitz in Deutschland und Geschäftsleitung in der Schweiz (Doppelansässigkeit), in FS Herzig (2010), S. 23; *Rust*, Die Hinzurechungsbesteuerung (2007); *Schönhaus*, Die Behandlung der stillen Gesellschaft im Recht der Doppelbesteuerungsabkommen (2005); *Shannon*, Die Doppelbesteuerungsabkommen der USA (1987); *van den Tempel*, Beseitigung der Doppelbesteuerung (1967); *K. Vogel*, Der ausländische Aktionär in den Gesetzentwürfen zur Körperschaftsteuerreform. Steuerrecht im Rechtsstaat (1973); *Schmitt/Hörtnagl/Stratz*, Umwandlungsgesetz – Umwandlungssteuergesetz, 6. Aufl. (2013); *Wagner*, Besteuerung des deutschen REIT (2010); *Wassermeyer*, in Haarmann, Grenzen der Gestaltung im Internationalen Steuerrecht (1994), S. 55; *ders.*, FS Flume Bd. II (1987), S. 323.

EU-Dokumente: *Kommission der Europäischen Gemeinschaften*, Bericht des Unabhängigen Sachverständigenausschusses zur Unternehmensbesteuerung („Ruding-Kommitee")(1995).

OECD-Dokumente: *OECD*, The Application of the OECD Model Tax Convention to Partnerships (1999); *dies.*, Tax Treaty Issues Related to REITs (2007).

Text: OECD-Kommentar (MA-Komm.)

I. Einleitende Bemerkungen

1. [Begriff] *Unter „Dividenden" versteht man im Allgemeinen die Gewinnausschüttungen von Aktiengesellschaften, Kommanditgesellschaften auf Aktien, Gesellschaften mit beschränkter Haftung oder anderen Kapitalgesellschaften an die Gesellschafter. Nach dem Recht der Mitgliedstaaten der OECD sind diese Kapitalgesellschaften juristische Personen mit eigener, von der Gesamtheit der Gesellschafter getrennter Rechtspersönlichkeit. Hierin unterscheiden sie sich von den Personengesellschaften, denen in den meisten Staaten eine eigene Rechtspersönlichkeit fehlt.*

2. [Gewinne von Personengesellschaften] *Die Gewinne einer Personengesellschaft sind Gewinne der Gesellschafter aus ihrer eigenen Tätigkeit; für die Gesellschafter stellen sie*

Unternehmensgewinne dar. So wird in der Regel der Gesellschafter selbst mit seinem Anteil am Gesellschaftsvermögen und an den Gesellschaftsgewinnen besteuert.

3. [Besteuerung des Aktionärs] *Beim Aktionär verhält es sich anders; er ist kein Unternehmer, und die Gewinne der Gesellschaft sind nicht seine eigenen Gewinne; sie können ihm auch nicht zugerechnet werden. Er selbst kann daher (vorbehaltlich der Vorschriften gewisser Staaten über die Besteuerung des nichtausgeschütteten Gewinns in besonderen Fällen) nur mit den von der Gesellschaft ausgeschütteten Gewinnen besteuert werden. Für die Aktionäre sind Dividenden Einkünfte aus dem Kapital, das sie als Aktionäre der Gesellschaft zur Verfügung gestellt haben.*

II. Kommentar zu den Abkommensbestimmungen

Absatz 1

4. [Keine ausschließliche Besteuerung] *Absatz 1 enthält nicht den Grundsatz, dass die Dividenden ausschließlich in einem Staat, sei es der Wohnsitzstaat des Empfängers oder der Staat, in dem die ausschüttende Gesellschaft ansässig ist, besteuert werden.*

5. [Keine ausschließliche Besteuerung durch den Quellenstaat] *Die Besteuerung der Dividenden ausschließlich im Quellenstaat ist als allgemeine Regel nicht annehmbar. Im Übrigen gibt es einige Staaten, die die Dividenden nicht an der Quelle besteuern, während im Allgemeinen alle Staaten bei ansässigen Personen die Dividenden besteuern, die diese von nichtansässigen Gesellschaften beziehen.*

6. [Keine ausschließliche Besteuerung durch den Wohnsitzstaat] *Andererseits lässt es sich nicht durchsetzen, dass Dividenden allgemein ausschließlich im Wohnsitzstaat des Empfängers besteuert werden. Dies entspräche zwar am besten dem Wesen der Dividenden, die Einkünfte aus Kapitalvermögen darstellen, doch wäre es unrealistisch zu erwarten, dass jegliche Besteuerung der Dividenden an der Quelle aufgegeben wird.*

7. [Besteuerungsmöglichkeit im Wohnsitzstaat: Begriff „zahlen"] *Daher stellt Absatz 1 lediglich fest, dass die Dividenden in dem Staat besteuert werden können, in dem der Empfänger ansässig ist. Der Ausdruck „gezahlt" hat eine sehr weite Bedeutung, da der Begriff „zahlen" die Erfüllung der Verpflichtung beinhaltet, dem Aktionär auf die vertragsmäßige oder die übliche Weise Geldmittel zur Verfügung zu stellen.*

8. [Sonderfälle] *Der Artikel behandelt nur Dividenden, die eine in einem Vertragsstaat ansässige Gesellschaft an eine im anderen Vertragsstaat ansässige Person zahlt. Er gilt daher nicht für Dividenden, die eine in einem dritten Staat ansässige Gesellschaft zahlt, oder für Dividenden, die eine in einem Vertragsstaat ansässige Gesellschaft zahlt und die einer Betriebstätte zuzurechnen sind, welche ein Unternehmen dieses Staates im anderen Vertragsstaat hat (zu diesen Fällen wird auf die Ziffern 4 bis 6 des Kommentars zu Artikel 21 hingewiesen).*

Absatz 2

9. [Begrenzung der Besteuerung im Quellenstaat] *Absatz 2 sieht für den Quellenstaat, d. h. den Staat, in dem die die Dividenden zahlende Gesellschaft ansässig ist, ein Besteuerungsrecht vor; dieses Besteuerungsrecht ist aber beträchtlich eingeschränkt. Der Steuersatz ist auf 15 vom Hundert begrenzt, was als Höchstsatz vertretbar erscheint. Ein höherer Satz ließe sich kaum rechtfertigen, da der Quellenstaat bereits die Gesellschaftsgewinne besteuern kann.*

10. [Schachteldividenden] *Andererseits ist ausdrücklich ein niedrigerer Satz (5 vom Hundert) für Dividenden vorgesehen, die von einer Tochtergesellschaft an ihre Muttergesellschaft gezahlt werden. Ist eine Gesellschaft des einen Staates mit mindestens 25 vom Hundert an einer Gesellschaft des anderen Staates unmittelbar beteiligt, dann ist es gerechtfertigt, die Gewinnausschüttungen der Tochtergesellschaft an die ausländische Muttergesellschaft* *geringer zu besteuern, um eine mehrfache Steuerbelastung zu vermeiden und die Auslandsinvestitionen zu erleichtern. Die Verwirklichung dieses Zieles hängt von der steuerlichen Behandlung der Dividenden in dem Staat ab, in dem die Muttergesellschaft ansässig ist (vgl. die Ziffern 49 bis 54 des Kommentars zu den Artikeln 23A und 23B).*

11. [Personengesellschaft als Schachtelmutter] *Wird eine Personengesellschaft nach dem für sie geltenden innerstaatlichen Recht als juristische Person behandelt, so können die beiden Vertragsstaaten vereinbaren, Absatz 2 Buchstabe a dahingehend zu ändern, dass auch diese Personengesellschaft in den Genuss des ermäßigten Satzes für Muttergesellschaften kommt.*

[bis 14.7.2014:]

12. [Nutzungsberechtigter] *Das Erfordernis der Nutzungsberechtigung wurde in Artikel 10 Absatz 2 eingeführt, um die Bedeutung des in Absatz 1 verwendeten Wortes „zahlt" zu klären. Es macht deutlich, das der Quellenstaat nicht verpflichtet ist, Besteuerungsrechte über Dividenden aufzugeben, nur weil die Einkünfte unmittelbar von einer Person entgegengenommen werden, die in einem Staat, mit dem der Quellenstaat ein Doppelbesteuerungsabkommen abgeschlossen hat, ansässig ist. Der Ausdruck „Nutzungsberechtigter" wird nicht in einem engen technischen Sinne verwendet, vielmehr sollte er aus dem Zusammenhang und im Licht des Sinns und Zwecks des Abkommens einschließlich der Vermeidung der Doppelbesteuerung und der Verhütung der Steuerhinterziehung und -umgehung verstanden werden.*

12.1 [Mittelspersonen] *Werden Einkünfte von einer in einem Vertragsstaat ansässigen Person entgegengenommen, die in der Eigenschaft eines Vertreters oder Beauftragten handelt, würde es nicht dem Sinn und Zweck des Abkommens entsprechen, dass der Quellenstaat eine Steuerermäßigung oder -befreiung nur aufgrund der Stellung des unmittelbaren Einkünfteempfängers als einer in dem anderen Vertragsstaat ansässigen Person gewährt. Der unmittelbare Empfänger der Einkünfte ist zwar in diesem Fall als ansässige Person anzusehen, jedoch hat diese Stellung keine potenzielle Doppelbesteuerung zur Folge, da der Empfänger für Steuerzwecke des Ansässigkeitsstaats nicht als Nutzungsberechtigter behandelt wird. Es würde ebenso dem Sinn und Zweck des Abkommens widersprechen, dass der Quellenstaat eine Steuerermäßigung oder -befreiung in Fällen gewährt, in denen eine in einem Staat ansässige Person in anderer Weise als durch ein Vertretungs- oder Auftragsverhältnis nur als Durchlaufstation für eine andere Person handelt, die in Wirklichkeit in den Genuss der fraglichen Einkünfte kommt. Aus diesen Gründen kommt der Bericht des Steuerausschusses mit dem Titel „Doppelbesteuerungsabkommen und der Gebrauch von Durchlaufgesellschaften"*[1] *zu dem Ergebnis, dass eine Durchlaufgesellschaft normalerweise nicht als Nutzungsberechtigte angesehen werden kann, wenn sie, obwohl sie formal Nutzungsberechtigte ist, praktisch sehr enge Befugnisse hat, die sie in Bezug auf die fraglichen Einkünfte nur zu einem für Rechnung der interessierten Parteien handelnden Treuhänder oder Verwalter machen.*

[ab 15.7.2014:]

12. *The requirement of beneficial owner was introduced in paragraph 2 of Article 10 to clarify the meaning of the words "paid … to a resident" as they are used in paragraph 1 of the Article. It makes plain that the State of source is not obliged to give up taxing rights over dividend income merely because that income was paid direct to a resident of a State with which the State of source had concluded a convention.*

12.1 *Since the term "beneficial owner" was added to address potential difficulties arising from the use of the words "paid to … a resident" in paragraph 1, it was intended to be interpreted in this context and not to refer to any technical meaning that it could have had*

---

[1] Reproduced at page R(6)–1 of Volume II of the loose-leaf Version of the OECD Model Tax Convention.

under the domestic law of a specific country (in fact, when it was added to the paragraph, the term did not have a precise meaning in the law of many countries). The term "beneficial owner" is therefore not used in a narrow technical sense (such as the meaning that it has under the trust law of many common law countries[1]*), rather, it should be understood in its context, in particular in relation to the words "paid ... to a resident", and in light of the object and purposes of the Convention, including avoiding double taxation and the prevention of fiscal evasion and avoidance.*

12.2 *Where an item of income is paid to a resident of a Contracting State acting in the capacity of agent or nominee it would be inconsistent with the object and purpose of the Convention for the State of source to grant relief or exemption merely on account of the status of the direct recipient of the income as a resident of the other Contracting State. The direct recipient of the income in this situation qualifies as a resident but no potential double taxation arises as a consequence of that status since the recipient is not treated as the owner of the income for tax purposes in the State of residence.*

12.3 *It would be equally inconsistent with the object and purpose of the Convention for the State of source to grant relief or exemption where a resident of a Contracting State, otherwise than through an agency or nominee relationship, simply acts as a conduit for another person who in fact receives the benefit of the income concerned. For these reasons, the report from the Committee on Fiscal Affairs entitled "Double Taxation Conventions and the Use of Conduit Companies"*[2] *concludes that a conduit company cannot normally be regarded as the beneficial owner if, though the formal owner, it has, as a practical matter, very narrow powers which render it, in relation to the income concerned, a mere fiduciary or administrator acting on account of the interested parties.*

12.4 *In these various examples (agent, nominee, conduit company acting as a fiduciary or administrator), the direct recipient of the dividend is not the "beneficial owner" because that recipient's right to use and enjoy the dividend is constrained by a contractual or legal obligation to pass on the payment received to another person. Such an obligation will normally derive from relevant legal documents but may also be found to exist on the basis of facts and circumstances showing that, in substance, the recipient clearly does not have the right to use and enjoy the dividend unconstrained by a contractual or legal obligation to pass on the payment received to another person. This type of obligation would not include contractual or legal obligations that are not dependent on the receipt of the payment by the direct recipient such as an obligation that is not dependent on the receipt of the payment and which the direct recipient has as a debtor or as a party to financial transactions, or typical distribution obligations of pension schemes and of collective investment vehicles entitled to treaty benefits under the principles of paragraphs 6.8 to 6.34 of the Commentary on Article 1. Where the recipient of a dividend does have the right to use and enjoy the dividend unconstrained by a contractual or legal obligation to pass on the payment received to another person, the recipient is the "beneficial owner" of that dividend. It should also be noted that Article 10 refers to the beneficial owner of a dividend as opposed to the owner of the shares, which may be different in some cases.*

12.5 *The fact that the recipient of a dividend is considered to be the beneficial owner of that dividend does not mean, however, that the limitation of tax provided for by paragraph 2 must automatically be granted. This limitation of tax should not be granted in cases of abuse of this provision (see also paragraphs 17 and 22 below). As explained in the section on*

---

[1] For example, where the trustees of a discretionary trust do not distribute dividends earned during a given period, these trustees, acting in their capacity as such (or the trust, if recognised as a separate taxpayer), could constitute the beneficial owners of such income for the purposes of Article 10 even if they are not the beneficial owners under the relevant trust law.

[2] Reproduced at page R(6)-1 of Volume II of the full-length version of the OECD Model Tax Convention.

"Improper use of the Convention" in the Commentary on Article 1, there are many ways of addressing conduit company and, more generally, treaty shopping situations. These include specific anti-abuse provisions in treaties, general anti-abuse rules and substance-over-form or economic substance approaches. Whilst the concept of "beneficial owner" deals with some forms of tax avoidance (i.e. those involving the interposition of a recipient who is obliged to pass on the dividend to someone else), it does not deal with other cases of treaty shopping and must not, therefore, be considered as restricting in any way the application of other approaches to addressing such cases.

***12.6** The above explanations concerning the meaning of "beneficial owner" make it clear that the meaning given to this term in the context of the Article must be distinguished from the different meaning that has been given to that term in the context of other instruments*[1] *that concern the determination of the persons (typically the individuals) that exercise ultimate control over entities or assets. That different meaning of "beneficial owner" cannot be applied in the context of the Article. Indeed, that meaning, which refers to natural persons (i.e. individuals), cannot be reconciled with the express wording of subparagraph 2 a), which refers to the situation where a company is the beneficial owner of a dividend. In the context of Article 10, the term "beneficial owner" is intended to address difficulties arising from the use of the words "paid to" in relation to dividends rather than difficulties related to the ownership of the shares of the company paying these dividends. For that reason, it would be inappropriate, in the context of that Article, to consider a meaning developed in order to refer to the individuals who exercise "ultimate effective control over a legal person or arrangement."*[2]

12.7 **[bis 14.7.2014:** ***12.2*****]** ***[Maßgeblichkeit der Ansässigkeit des Nutzungsberechtigten]*** *Vorbehaltlich der anderen Voraussetzungen des Artikels bleibt es bei der Quellensteuerbegrenzung nach Absatz 2, wenn zwischen Empfänger und Schuldner eine in einem Vertragsstaat oder in einem Drittstaat ansässige Mittelsperson, wie z. B. ein Vertreter oder Beauftragter, eingeschaltet, der Nutzungsberechtigte aber im anderen Vertragsstaat ansässig ist. (Der Text des Musterabkommens wurde 1995* **[ab 15.7.2014:** *and in 2014 ergänzt, um diesen Punkt in Übereinstimmung mit der ständigen Auffassung aller Mitgliedstaaten klarzustellen).* **[bis 14.7.2014:** *Wenn sie dies deutlicher zum Ausdruck bringen wollen, können die Staaten entsprechende Regelungen bei zweiseitigen Verhandlungen treffen.*

13. [Höchstsätze] *Die im Artikel für die Steuer des Quellenstaates festgelegten Sätze sind Höchstsätze. Die Staaten können bei zweiseitigen Verhandlungen niedrigere Sätze oder auch die ausschließliche Besteuerung im Wohnsitzstaat des Empfängers vereinbaren. Die in Absatz 2 vorgesehene Ermäßigung der Sätze bezieht sich nur auf die Besteuerung der Dividenden, nicht aber auf die Besteuerung der Gewinne der ausschüttenden Gesellschaft.*

---

[1] See, for example, Financial Action Task Force, International Standards on Combating Money Laundering and the Financing of Terrorism & Proliferation – The FATF Recommendations (OECD-FATF, Paris, 2012), which sets forth in detail the international anti-money laundering standard and which includes the following definition of beneficial owner (at page 110): "the natural person(s) who ultimately owns or controls a customer and/or the person on whose behalf a transaction is being conducted. It also incorporates those persons who exercise ultimate effective control over a legal person or arrangement." Similarly, the 2001 report of the OECD Steering Group on Corporate Governance, "Behind the Corporate Veil: Using Corporate Entities for Illicit Purposes" (OECD, Paris, 2001), defines beneficial ownership as follows (at page 14):

In this Report, "beneficial ownership" refers to ultimate beneficial ownership or interest by a natural person. In some situations, uncovering the beneficial owner may involve piercing through various intermediary entities and/or individuals until the true owner who is a natural person is found. With respect to corporations, ownership is held by shareholders or members. In partnerships, interests are held by general and limited partners. In trusts and foundations, beneficial ownership refers to beneficiaries, which may also include the settlor or founder.

[2] See the Financial Action Task Force's definition quoted in the previous note.

*13.1 **[Freistellung von Pensionskassen]** Nach dem interstaatlichen Recht vieler Staaten sind Pensionskassen oder ähnliche Organisationen allgemein mit ihren Kapitaleinkünften steuerbefreit. Um eine gleichmäßige Behandlung von inländischen und ausländischen Kapitalanlagen dieser Organisationen zu erreichen, bestimmen einige Staaten zweiseitig, dass Einkünfte einschließlich Dividenden, die von einer solchen in dem anderen Staat ansässigen Organisation erzielt werden, von der Quellenbesteuerung befreit sind. Staaten, die dies tun wollen, können zweiseitig eine Vorschrift nach Art der in Ziffer 69 des Kommentars zu Artikel 18 genannten vereinbaren.*

[ab 22.7.2010]

13.2 Similarly, some States refrain from levying tax on dividends paid to other States and some of their wholly-owned entities, at least to the extent that such dividends are derived from activities of a governmental nature. Some States are able to grant such an exemption under their interpretation of the sovereign immunity principle (see paragraphs 6.38 and 6.39 of the Commentary on Article 1); others may do it pursuant to provisions of their domestic law. States wishing to do so may confirm or clarify, in their bilateral conventions, the scope of these exemptions or grant such an exemption in cases where it would not otherwise be available. This may be done by adding to the Article an additional paragraph drafted along the following lines:

Notwithstanding the provisions of paragraph 2, dividends referred to in paragraph 1 shall be taxable only in the Contracting State of which the recipient is a resident if the beneficial owner of the dividends is that State or a political subdivision or local authority thereof.

*14. **[Geringere Beteiligung]** Die beiden Vertragsstaaten können bei zweiseitigen Verhandlungen auch eine geringere als die im Artikel festgelegte Beteiligung vereinbaren. Eine geringere Beteiligung ist z. B. dann gerechtfertigt, wenn der Staat, in dem die Muttergesellschaft ansässig ist, aufgrund seines innerstaatlichen Rechts der Gesellschaft Befreiung für Dividenden gewährt, die aus einer Beteiligung von weniger als 25 vom Hundert an einer nichtansässigen Tochtergesellschaft stammen.*

*15. **[Begriff „Kapital"]** In Absatz 2 Buchstabe a wird der Ausdruck „Kapital" unter Bezugnahme auf die steuerliche Behandlung von Dividenden, d. h. Gewinnausschüttungen an Aktionäre, verwendet. Aus der Verwendung des Ausdrucks in diesem Zusammenhang ergibt sich, dass er für Buchstabe a in dem Sinne zu verstehen ist, den er im Zusammenhang mit der Ausschüttung an den Aktionär (im vorliegenden Fall an die Muttergesellschaft) hat.*

a) Unter dem Ausdruck „Kapital" in Buchstabe a ist daher grundsätzlich das Kapital im gesellschaftsrechtlichen Sinne zu verstehen. Sonstiges Vermögen der Gesellschaft, insbesondere die Reserven, sind nicht einzubeziehen.

b) Kapital im gesellschaftsrechtlichen Sinne ist als die Summe des Nennwerts der Anteile zu verstehen, die meistens als Grund- oder Stammkapital in der Bilanz der Gesellschaft erscheint.

c) Unterschiede bei den Gesellschaftsanteilen (Stammaktien, Vorzugsaktien, Aktien mit mehrfachem Stimmrecht, Aktien ohne Stimmrecht, Inhaberaktien, Namensaktien usw.) bleiben unberücksichtigt, da sich diese Unterschiede mehr auf die Art der Rechte der betreffenden Gesellschafter als auf den Umfang der Beteiligung am Kapital beziehen.

d) Werden der Gesellschaft Darlehen oder andere Mittel zur Verfügung gestellt, die nach dem Wortlaut des Gesellschaftsrechts nicht als Kapital gelten, deren Erträge aber nach innerstaatlichem Recht oder innerstaatlicher Praxis (Unterkapitalisierung, Gleichstellung von Darlehen und Gesellschaftskapital) nach Artikel 10 wie Dividenden behandelt werden, so ist das Darlehen oder der Wert dieser Mittel auch als „Kapital" im Sinne des Buchstabens a anzusehen.

e) Bei Körperschaften, die kein Kapital im gesellschaftsrechtlichen Sinne haben, gilt die Summe der Einlagen in die Körperschaft, die für die Gewinnausschüttung maßgebend sind, als Kapital im Sinne des Buchstabens a.

Die Vertragsstaaten können bei ihren zweiseitigen Verhandlungen anstelle des in Absatz 2 Buchstabe a verwendeten Kriteriums „Kapital" auch das Kriterium „Stimmrecht" verwenden.

16. [Mindestdauer der Beteiligung] *Absatz 2 Buchstabe a setzt nicht voraus, dass die die Dividenden empfangende Gesellschaft während längerer Zeit vor der Ausschüttung über mindestens 25 vom Hundert des Kapitals verfügt hat. Hinsichtlich des Ausmaßes der Beteiligung ist daher nur der Zustand maßgebend, der in dem Zeitpunkt bestanden hat, der für das Entstehen der Steuerschuld für die unter Absatz 2 fallende Steuer entscheidend ist, das ist meist der Zustand, der zum Zeitpunkt besteht, in dem der Aktionär über die Dividenden rechtlich verfügen kann. Der Hauptgrund dafür liegt in der Absicht, der Bestimmung einen möglichst weiten Anwendungsbereich zu geben. Die Forderung, dass die Muttergesellschaft über die Mindestbeteiligung eine gewisse Zeit vor der Gewinnausschüttung verfügt haben muss, könnte umfassende Ermittlungen erforderlich machen. Nach dem innerstaatlichen Steuerrecht einiger Mitgliedstaaten der OECD steht der empfangenden Gesellschaft nur dann eine Steuerbefreiung oder -vergünstigung für die bezogenen Dividenden zu, wenn sie über die Anteile während eines gewissen Mindestzeitraums verfügt hat. Demgemäß können die Vertragsstaaten eine ähnliche Bedingung in ihre Abkommen aufnehmen.*

17. [Missbrauchsklausel] *Die in Absatz 2 Buchstabe a vorgesehene Herabsetzung sollte bei Missbrauch dieser Bestimmung nicht gewährt werden, z. B. wenn eine Gesellschaft mit einer Beteiligung von weniger als 25 vom Hundert kurz vor Fälligkeit der Dividenden ihre Beteiligung in erster Linie deshalb erhöht hat, um in den Genuss der Vergünstigung zu kommen, oder wenn das Beteiligungsverhältnis vorwiegend herbeigeführt wurde, um die Ermäßigung zu erlangen. Zur Vereitelung solcher Manipulationen können es die Vertragsstaaten für zweckmäßig halten, Buchstabe a um die folgende Bestimmung zu erweitern:*

„vorausgesetzt, die Beteiligung wurde nicht vorwiegend deshalb erworben, um aus dieser Bestimmung Nutzen zu ziehen".

18. [Art der Besteuerung] *Absatz 2 sagt nichts über die Art der Besteuerung im Quellenstaat. Diesem steht es aber frei, sein eigenes Recht anzuwenden und insbesondere die Steuer im Abzug an der Quelle oder im Veranlagungsweg zu erheben.*

19. [Verfahren] *Der Absatz regelt keine Verfahrensfragen. Jeder Staat soll das nach seinem Recht vorgesehene Verfahren anwenden können. Er kann entweder seine Steuer von vornherein auf die im Artikel vorgesehenen Sätze begrenzen oder zunächst die volle Steuer erheben und dann Erstattung leisten (siehe aber Ziffer 26.2 des Kommentars zu Artikel 1). Besondere Fragen ergeben sich in Dreiecksfällen (vgl. Ziffer 71 des Kommentars zu Artikel 24).*

20. [Virtuelle Doppelbesteuerung] *Der Absatz legt nicht fest, ob die Ermäßigung im Quellenstaat davon abhängen soll, dass die Dividenden im Wohnsitzstaat tatsächlich besteuert werden. Diese Frage kann bei den zweiseitigen Verhandlungen geregelt werden.*

21. [Behandlung im Wohnsitzstaat] *Der Artikel enthält keine Bestimmung über eine etwaige Verpflichtung des Wohnsitzstaates des Empfängers, die Steuer des Quellenstaates zu berücksichtigen. Diese Frage wird in den Artikeln 23 A und 23 B behandelt.*

22. [Basisgesellschaften] *Besondere Beachtung verdient der Fall, in dem der Nutzungsberechtigte der aus einem Vertragsstaat stammenden Dividenden eine im anderen Vertragsstaat ansässige Gesellschaft ist, deren Kapital ganz oder teilweise außerhalb dieses anderen Staates ansässigen Aktionären gehört; diese Gesellschaft schüttet in der Regel ihre Gewinne nicht aus und genießt steuerliche Vergünstigungen (private Kapitalanlagegesellschaft, Basisgesellschaft). Es kann sich die Frage ergeben, ob bei einer solchen Gesellschaft die in Absatz 2 vorgesehene Begrenzung der Steuer des Staates, aus dem die Dividenden stammen, gerechtfertigt ist. Bei zweiseitigen Verhandlungen kann gegebenenfalls eine Abweichung von der Besteuerungsregel dieses Artikels vereinbart werden, um die Behandlung dieser Gesellschaften zu regeln.*

Absatz 3

23. *[Keine abschließende Definition]* *Wegen der großen Unterschiede zwischen den Rechtsordnungen der Mitgliedstaaten der OECD lässt sich der Ausdruck „Dividenden" nicht abschließend bestimmen. Daher beschränkt sich die Definition auf Beispiele, die in den Rechtsordnungen der meisten Mitgliedstaaten zu finden sind und die dort nicht unterschiedlich behandelt werden. Die Aufzählung wird durch eine Generalklausel ergänzt. Im Zuge der Revision des Musterabkommens von 1963 wurde eine eingehende Untersuchung durchgeführt, um eine Lösung zu finden, die nicht auf innerstaatliches Recht Bezug nimmt. Die Untersuchung hat ergeben, dass es angesichts der weiterhin bestehenden Unterschiede zwischen den Mitgliedstaaten auf dem Gebiet des Gesellschafts- und Steuerrechts nicht möglich ist, eine vom innerstaatlichen Recht unabhängige Definition des Dividendenbegriffs auszuarbeiten. Die Vertragsstaaten können bei den zweiseitigen Verhandlungen die Besonderheiten ihres innerstaatlichen Rechts berücksichtigen und in die Dividendendefinition auch andere Zahlungen von Gesellschaften einbeziehen, die unter den Artikel fallen sollen.*

24. *[Gewinnausschüttungen auf Aktien und andere Wertpapiere]* *Der Begriff der Dividenden bezieht sich in erster Linie auf Ausschüttungen von Gesellschaften im Sinne des Artikels 3 Absatz 1 Buchstabe b. Deshalb geht die Definition von Gewinnausschüttungen aus, bei denen der Rechtsanspruch in Form von Aktien, d. h. Beteiligungen an einer Aktiengesellschaft, verbrieft ist. Sie stellt den Aktien alle von Gesellschaften ausgegebenen Wertpapiere gleich, die, ohne Forderungen zu beinhalten, ein Recht auf Beteiligung am Gewinn der Gesellschaft verleihen; dies sind z. B. Genussaktien (Genussrechte) oder Genussscheine, Gründeranteile oder andere Rechte mit Gewinnbeteiligung. In zweiseitigen Abkommen kann diese Aufzählung selbstverständlich dem Recht der betreffenden Vertragsstaaten angepasst werden. Dies kann insbesondere bei Einkünften aus Genussaktien (Genussrechten) und Gründeranteilen erforderlich werden. Andererseits fallen Forderungen mit Gewinnbeteiligung nicht darunter (vgl. Ziffer 19 des Kommentars zu Artikel 11); auch Zinsen für Wandelschuldverschreibungen sind keine Dividenden.*

25. *[Darlehenszinsen; Risikoabgrenzung]* *Artikel 10 behandelt nicht nur Dividenden im eigentlichen Wortsinn, sondern auch Zinsen für Darlehen, soweit der Darlehensgeber die von der Gesellschaft eingegangenen Risiken tatsächlich teilt, d. h. soweit die Rückzahlung weitgehend vom Geschäftsergebnis u. ä. des Unternehmens abhängig ist. Die Artikel 10 und 11 schließen es deshalb nicht aus, derartige Zinsen nach den im Staat des Darlehensnehmers bestehenden innerstaatlichen Regelungen über die Unterkapitalisierung als Dividenden zu behandeln. Ob der Darlehensgeber die Unternehmensrisiken teilt, ist im Einzelfall unter Beachtung der Gesamtumstände zu ermitteln, wie z. B. der folgenden:*

- *Das Darlehen ist weit höher als die anderen Zuführungen zum Unternehmenskapital (oder wurde zum Ausgleich des Verlusts eines erheblichen Teils des Kapitals gegeben) und ist nicht durch zur Befriedigung bereitstehende Wirtschaftsgüter gedeckt;*
- *der Darlehensgeber ist an Gewinnen der Gesellschaft beteiligt;*
- *die Darlehensrückzahlung hat hinter den Ansprüchen anderer Gläubiger oder hinter der Zahlung von Dividenden zurückzutreten;*
- *die Höhe der Zinsen oder ihre Zahlung ist von den Gewinnen der Gesellschaft abhängig;*
- *der Darlehensvertrag enthält keine festen Bestimmungen über die Rückzahlung des Darlehens innerhalb einer festgesetzten Frist.*

26. *[Gewinnausschüttungen auf GmbH- und Genossenschaftsanteile]* *Das Recht vieler Staaten stellt Anteile an Gesellschaften mit beschränkter Haftung den Aktien gleich. Ebenso werden Gewinnausschüttungen von Genossenschaften allgemein wie Dividenden behandelt.*

27. *[Anteile am Gewinn von Personengesellschaften]* *Anteile am Gewinn von Personengesellschaften sind keine Dividenden im Sinne der Definition, es sei denn, die Personengesellschaften werden in dem Staat, in dem der Ort ihrer tatsächlichen Geschäftsleitung* *liegt, steuerlich im wesentlichen ähnlich behandelt wie Aktiengesellschaften (z. B. in Belgien, Portugal, Spanien, ferner in Frankreich, soweit es sich um Ausschüttungen an die Kommanditisten von Kommanditgesellschaften handelt). Andererseits kann in zweiseitigen Abkommen eine Klarstellung erforderlich sein, wenn das Steuerrecht eines Vertragsstaates den Beteiligten an einer Kapitalgesellschaft unter gewissen Voraussetzungen das Recht gibt zu beantragen, wie die Gesellschafter einer Personengesellschaft besteuert zu werden, oder umgekehrt dem Gesellschafter einer Personengesellschaft das Recht gibt zu beantragen, steuerlich wie der Beteiligte an einer Kapitalgesellschaft behandelt zu werden.*

28. [Andere geldwerte Vorteile] *Als Dividenden werden nicht nur die jährlich von der Hauptversammlung der Gesellschaft beschlossenen Gewinnausschüttungen behandelt, sondern auch andere geldwerte Vorteile wie Gratisaktien, Boni, Liquidationsgewinne* **[ab 15.7.2014:]** *or redemption of shares (see paragraph 31 of the Commentary of Article 13) und verdeckte Gewinnausschüttungen. Die vom Artikel vorgesehenen Steuervergünstigungen werden insoweit gewährt, als der Staat, in dem die ausschüttende Gesellschaft ansässig ist, die vorstehend genannten Leistungen als Dividenden besteuert. Unerheblich ist, ob die Leistungen aus dem von der Gesellschaft im Geschäftsjahr erzielten Gewinn oder z. B. aus den Reserven, d. h. den Gewinnen früherer Geschäftsjahre, gezahlt werden. Zahlungen, die zu einer Schmälerung der Rechte der Gesellschafter führen, z. B. irgendwelche Kapitalrückzahlungen, gelten in der Regel nicht als Dividenden.*

29. [An Dritte gewährte Vorteile] *Die Vorteile, die sich aus der Beteiligung an einer Gesellschaft ergeben, stehen im Allgemeinen nur den Beteiligten selbst zu. Werden einige dieser Vorteile aber auch Personen gewährt, die keine Beteiligten im gesellschaftlichen Sinne sind, so können diese Vorteile Dividenden sein, wenn*

- *die rechtlichen Beziehungen zwischen diesen Personen und der Gesellschaft einer Beteiligung an der Gesellschaft gleichgestellt sind (verdeckte Beteiligungen) und*
- *die Empfänger der Vorteile mit einem Beteiligten eng verbunden sind. Dies ist z. B. der Fall, wenn der Empfänger ein Verwandter des Beteiligten oder eine Gesellschaft ist, die demselben Konzern wie die Gesellschaft angehört, der die Beteiligung gehört.*

30. [Ansässigkeit des Dritten in einem Drittstaat] *Sind der Beteiligte und die Person, die solche Vorteile erhält, in zwei verschiedenen Staaten ansässig, mit denen der Quellenstaat Abkommen abgeschlossen hat, so können sich Meinungsverschiedenheiten darüber ergeben, welches Abkommen anzuwenden ist. Eine ähnliche Frage kann sich ergeben, wenn der Quellenstaat ein Abkommen nur mit einem der Staaten abgeschlossen hat. Ein solcher Konflikt ist jedoch auch bei anderen Einkünften möglich und kann nur im Verständigungsverfahren gelöst werden.*

Absatz 4

31. [Keine Attraktivkraft der Betriebstätte] *Manche Staaten sind der Ansicht, dass Dividenden, Zinsen und Lizenzgebühren, die aus Quellen innerhalb ihres Gebietes stammen und an in anderen Staaten ansässige natürliche oder juristische Personen gezahlt werden, nicht unter den Anwendungsbereich jener Bestimmungen fallen, die zur Vermeidung einer Besteuerung solcher Erträge sowohl im Quellenstaat als auch im Staat des Wohnsitzes des Gläubigers für den Fall getroffen wurden, dass der Gläubiger im ersten Staat eine Betriebstätte hat. Absatz 4 geht nicht von dieser Auffassung aus, die meist als die „Attraktivkraft der Betriebstätte" bezeichnet wird. Er sieht nicht vor, dass die Dividenden, die einer in einem Vertragsstaat ansässigen Person aus Quellen innerhalb des anderen Staates zufließen, auf Grund einer Art gesetzlicher Vermutung oder gar Fiktion einer Betriebstätte zugerechnet werden, die diese Person zufällig in dem letztgenannten Staat hat, so dass dieser Staat dann seine Steuer nicht zu begrenzen hätte. Der Absatz sieht lediglich vor, dass die Dividenden im Quellenstaat dann als Teil der Gewinne der dort gelegenen Betriebstätte des im anderen Staat ansässigen Gläubigers besteuert werden können, wenn sie für Beteiligungen gezahlt* *werden, die Teile des Vermögens der Betriebstätte darstellen oder auf andere Weise tatsächlich zu dieser Betriebstätte gehören. In diesem Fall befreit Absatz 4 den Quellenstaat von allen in diesem Artikel vorgesehenen Beschränkungen. Diese Erläuterungen entsprechen denen des Kommentars zu Artikel 7.*

32. [Übertragung von Anteilen] *Es ist vorgebracht worden, dass der Absatz Anlass zu Missbräuchen geben kann, indem Anteile auf Betriebsstätten, die nur zu diesem Zweck in Ländern mit einer Vorzugsbesteuerung für Dividendeneinkünfte errichtet werden, übertragen werden. Abgesehen von dem Umstand, dass solches missbräuchliches Verhalten die Anwendung innerstaatlicher Missbrauchsvorschriften auslösen kann, darf nicht verkannt werden, dass ein bestimmter Ort nur dann eine Betriebsstätte darstellen kann, wenn dort eine Geschäftstätigkeit ausgeübt wird.* **[bis 21.7.2010:** *Auch erfordert die Voraussetzung, die Beteiligung müsse tatsächlich zu der Betriebsstätte gehören, dass die Beteiligung wirklich mit dieser Geschäftstätigkeit verbunden ist.* **ab 22.7.2010:]** *As explained below, that the requirement that a shareholding be "effectively connected" to such a location requires more than merely recording the shareholding in the books of the permanent establisment for accounting purposes.*

[ab 22.7.2010]

32.1 *A holding in respect of which dividends are paid will be effectively connected with a permanent establishment, and will therefore form part of its business assets, if the "economic" ownership of the holding is allocated to that permanent establishment under the principles developed in the Committee's report entitled Attribution of Profits to Permanent Establishments1*[1] *(see in particular paragraphs 72–97 of Part I of the report) for the purposes of the application of paragraph 2 of Article 7. In the context of that paragraph, the "economic" ownership of a holding means the equivalent of ownership for income tax purposes by a separate enterprise, with the attendant benefits and burdens (e.g. the right to the dividends attributable to the ownership of the holding and the potential exposure to gains or losses from the appreciation or depreciation of the holding).*

32.2 *In the case of the permanent establishment of an enterprise carrying on insurance activities, the determination of whether a holding is effectively connected with the permanent establishment shall be made by giving due regard to the guidance set forth in Part IV of the Committee's report with respect to whether the income on or gain from that holding is taken into account in determining the permanent establishment's yield on the amount of investment assets attributed to it (see in particular paragraphs 165–170 of Part IV). That guidance being general in nature, tax authorities should consider applying a flexible and pragmatic approach which would take into account an enterprise's reasonable and consistent application of that guidance for purposes of identifying the specific assets that are effectively connected with the permanent establishment.*

Absatz 5

33. [Extraterritoriale Besteuerung] *Der Artikel handelt nur von Dividenden, die eine in einem Vertragsstaat ansässige Gesellschaft an eine im anderen Staat ansässige Person zahlt. Einige Staaten besteuern aber nicht nur Dividenden, die die in dem betreffenden Staat ansässigen Gesellschaften zahlen, sondern auch die Ausschüttungen nichtansässiger Gesellschaften aus Gewinnen, die aus seinem Gebiet stammen. Jeder Staat hat selbstverständlich das Recht, die aus seinem Gebiet stammenden Gewinne der nichtansässigen Gesellschaften zu besteuern, soweit dies im Abkommen (insbesondere in Artikel 7) vorgesehen ist. Darüber hinaus sollten nicht auch noch die Aktionäre solcher Gesellschaften besteuert werden, es sei denn, dass sie in diesem Staat ansässig sind und deshalb selbstverständlich seiner Steuerhoheit unterliegen.*

---

[1] Attribution of Profits to Permanent Establishments, OECD, Paris, 2010.

34. ***[Inhalt des Verbots]*** *Absatz 5 schließt die extraterritoriale Besteuerung der Dividenden aus, d. h. die Praxis, nach der Staaten die von einer nichtansässigen Gesellschaft gezahlten Dividenden nur deshalb besteuern, weil die den Ausschüttungen zugrunde liegenden Gesellschaftsgewinne aus ihrem Gebiet stammen (z. B. von einer dort gelegenen Betriebstätte erzielt wurden). Eine extraterritoriale Besteuerung ist selbstverständlich nicht gegeben, wenn der Quellenstaat der Gesellschaftsgewinne die Dividenden besteuert, weil sie an einen in diesem Staat ansässigen Beteiligten oder an eine in diesem Staat gelegene Betriebstätte gezahlt werden.*

35. ***[Nur Vereinnahmung von Dividenden]*** *Darüber hinaus lässt sich die Auffassung vertreten, dass eine solche Bestimmung nicht darauf abzielt und auch nicht bewirken kann, einen Staat daran zu hindern, die von ausländischen Gesellschaften ausgeschütteten Gewinne zu einer Abzugsteuer heranzuziehen, wenn sie in seinem Gebiet vereinnahmt werden. Die Steuerpflicht wird in diesem Fall nämlich durch die Tatsache der Auszahlung der Dividenden und nicht durch den Ursprung der für die Ausschüttung verwendeten Gesellschaftsgewinne ausgelöst. Ist aber die Person, die die Dividenden in einem Vertragsstaat vereinnahmt, im anderen Vertragsstaat ansässig (in dem die ausschüttende Gesellschaft ansässig ist), so hat sie nach Artikel 21 Anspruch auf die Befreiung von der Abzugsteuer des erstgenannten Staates oder deren Erstattung. Ebenso hat ein Empfänger der Dividenden, wenn er in einem dritten Staat ansässig ist, der ein Doppelbesteuerungsabkommen mit dem Staat abgeschlossen hat, in dem die Dividenden vereinnahmt werden, nach Artikel 21 dieses Abkommens Anspruch auf Befreiung von der Abzugsteuer des letztgenannten Staates oder deren Erstattung.*

36. ***[Nichtausgeschüttete Gewinne]*** *Absatz 5 bestimmt ferner, dass nichtansässige Gesellschaften zu keinen Sondersteuern von nichtausgeschütteten Gewinnen herangezogen werden dürfen.*

37. ***[Maßnahmen gegen die Steuerumgehung]*** *Sucht der Wohnsitzstaat des Steuerpflichtigen aufgrund seiner „controlled foreign company"-Gesetzgebung oder anderer Regelungen mit ähnlicher Wirkung, nicht ausgeschüttete Gewinne zu besteuern, so könnte hierin eine Verletzung der Bestimmungen des Absatzes 5 gesehen werden. Es ist jedoch zu beachten, dass dieser Absatz auf die Besteuerung an der Quelle begrenzt ist und sich deshalb auf eine auf solche Gesetzgebung oder Regelungen gestützte Besteuerung am Ort des Wohnsitzes nicht auswirkt. Der Absatz betrifft außerdem ausschließlich die Besteuerung der Gesellschaft und nicht die ihrer Anteilsinhaber.*

38. ***[Zurechnungsprobleme]*** *Gleichwohl können solche Gesetze oder Regelungen die Anwendung des Artikels 23 erschweren. Würden die Einkünfte dem Steuerpflichtigen zugerechnet, so wäre jede einzelne Einkunftsart (Unternehmensgewinne, Zinsen, Lizenzgebühren) nach den einschlägigen Bestimmungen des Abkommens zu behandeln. Wird dagegen der Betrag als fiktiv ausgeschüttet angesehen, so lägen eindeutig Bezüge von der Basisgesellschaft und damit Einkünfte aus dem Lande dieser Gesellschaft vor. Auch dann ist aber keineswegs klar, ob der zu besteuernde Betrag als Dividende im Sinne des Artikels 10 oder als „andere Einkünfte" im Sinne des Artikels 21 zu betrachten ist. In einigen dieser Gesetze oder Regelungen wird der zu versteuernde Betrag als Dividende angesehen, was zur Folge hat, dass die in einem Abkommen vorgesehene Befreiung (z. B. eine Schachtelfreistellung) auf ihn ausgedehnt wird. Ob das Abkommen selbst dazu verpflichtet, ist zweifelhaft. Verneint der Wohnsitzstaat dies, so muss er sich mit der Gegenmeinung auseinander setzen, dass er durch die Besteuerung als Dividende (in der Form der „fiktiven Ausschüttung") sich der normalen Anwendung der Schachtelfreistellung entgegenstellt.*

39. ***[Ausschüttungen der Basisgesellschaft]*** *Schüttet die Basisgesellschaft tatsächlich Dividenden aus, so sind die Bestimmungen bilateraler Abkommen anzuwenden, weil Dividendeneinkünfte im Sinne des Abkommens vorliegen. Demgemäß kann das Land der Basisgesellschaft von den Dividenden eine Abzugsteuer erheben. Der Wohnsitzstaat wird die* *vorgesehenen Methoden anwenden, um die Doppelbesteuerung zu vermeiden (d. h. es wird entweder eine Steueranrechnung gewährt oder die Dividende freigestellt). Mithin müsste auch die von der Dividende erhobene Abzugsteuer im Wohnsitzstaat des Anteilsinhabers angerechnet werden ungeachtet der Tatsache, dass der als Dividende ausgeschüttete Gewinn auf Grund der „controlled foreign company"-Gesetzgebung oder anderer Regelungen mit ähnlicher Wirkung schon Jahre zuvor besteuert worden ist. Ob in diesem Fall eine Verpflichtung zur Anrechnung besteht, ist freilich zweifelhaft. Da die Dividende selbst wegen der Besteuerung nach den genannten Gesetzen oder Regelungen im Allgemeinen freigestellt wird, könnte die Auffassung vertreten werden, dass eine Grundlage für die Steueranrechnung fehlt. Wenn aber die der Dividendenbesteuerung vorgreifende Besteuerung aufgrund der gesetzlichen Gegenmaßnahmen die Steueranrechnung ausschlösse, so würde der Zweck des Abkommens verfehlt. Nach dem im Vorstehenden dargestellten allgemeinen Grundsatz sollte die Anrechnung gewährt werden, wobei Einzelheiten von der technischen Ausgestaltung der einschlägigen Gesetze aber Regelungen, vom System für die Anrechnung ausländischer auf inländische Steuern und von Besonderheiten des Einzelfalles abhängen können (z. B. dem Zeitabstand zur Besteuerung der „fiktiven" Dividende). Nehmen freilich Steuerpflichtige Zuflucht zu künstlichen Gestaltungen, so gehen sie Risiken ein, vor deren Folgen die Steuerbehörden sie nicht immer bewahren können.*

III. Auswirkungen der Besonderheiten des innerstaatlichen Steuerrechts einiger Staaten

40. [Maßnahmen gegen wirtschaftliche Doppelbesteuerung] *Nach dem Recht einiger Staaten wird die wirtschaftliche Doppelbesteuerung, d. h. die gleichzeitige Besteuerung der Gesellschaftsgewinne bei der Gesellschaft und der ausgeschütteten Gewinne beim Beteiligten, vermieden oder gemildert. Hierfür gibt es verschiedene Möglichkeiten:*

- *Der Körperschaftsteuersatz für ausgeschüttete Gewinne ist niedriger als der für einbehaltene Gewinne;*
- *die steuerliche Entlastung wird auf der Ebene des Gesellschafters gewährt;*
- *die Dividenden werden nur einmal besteuert, indem die ausgeschütteten Gewinne bei der Gesellschaft nicht besteuert werden.*

Der Fiskalausschuss hat die Frage geprüft, ob die Besonderheiten des Steuerrechts der Mitgliedsländer vom Musterabkommen abweichende Lösungen rechtfertigen.

A. An natürliche Personen ausgeschüttete Dividenden

41. [Auswirkungen der Entlastungssysteme auf den Kapitalverkehr] *Im Gegensatz zur juristischen Doppelbesteuerung, die im Allgemeinen klar umrissen ist, ist die Erscheinungsform der wirtschaftlichen Doppelbesteuerung weniger bestimmt. Einige Staaten anerkennen letztere überhaupt nicht und andere, deren Zahl größer ist, halten eine Entlastung von der wirtschaftlichen Doppelbesteuerung auf innerstaatlicher Ebene (Ausschüttungen einer ansässigen Gesellschaft an ansässige Beteiligte) nicht für erforderlich. Da also der Begriff der wirtschaftlichen Doppelbesteuerung nicht ausreichend bestimmt ist, um der Analyse zugrunde gelegt zu werden, erschien es angebracht, das Problem unter mehr allgemein wirtschaftlichen Gesichtspunkten zu untersuchen, d. h. hinsichtlich der Auswirkungen der verschiedenen Entlastungssysteme auf den internationalen Kapitalverkehr. Dazu war es u. a. notwendig, die Verzerrungen und Diskriminierungen aufzuzeigen, die sich aus den verschiedenen innerstaatlichen Systemen ergeben können; gleichzeitig mussten aber auch die Auswirkungen auf den Staatshaushalt und auf die wirksame steuerliche Erfassbarkeit berücksichtigt werden, ohne dabei das jedem Abkommen zugrunde liegende Prinzip der Gegenseitigkeit außer Acht zu lassen. Bei der Berücksichtigung aller dieser Gesichtspunkte darf auch die Höhe der Belastung durch die Körperschaftsteuer nicht völlig ausgeklammert werden.*

1. Staaten mit klassischem System

42. [Keine Entlastung von der wirtschaftlichen Doppelbesteuerung] *Der Ausschuss hat anerkannt, dass die wirtschaftliche Doppelbesteuerung auf internationaler Ebene nicht gemildert zu werden braucht, wenn sie auf nationaler Ebene nicht gemildert wird. Nach seiner Auffassung soll daher im Verhältnis zweier Staaten mit klassischem System, d. h. Staaten, die keine Entlastung von der wirtschaftlichen Doppelbesteuerung gewähren, die in den beiden Vertragsstaaten gegebene Höhe der Körperschaftsteuer den Satz der Abzugsteuer, die im Quellenstaat von den Dividenden erhoben wird, nicht beeinflussen (der Satz ist nach Artikel 10 Absatz 2 Buchstabe b auf 15 vom Hundert begrenzt). Somit bleibt die im Musterabkommen empfohlene Lösung für diesen Fall voll gültig.*

2. Staaten mit gespaltenem Körperschaftsteuertarif

43. [Anwendung eines gespaltenen Tarifs] *In diesen Staaten wird die Körperschaftsteuer nach unterschiedlichen Sätzen erhoben, je nachdem, wie die Gesellschaft über den Gewinn verfügt: Der höhere Satz wird auf einbehaltene, der niedrigere Satz auf ausgeschüttete Gewinne angewendet.*

44. [Abzugsteuer von höchstens 15 vom Hundert] *Keiner dieser Staaten hat bisher bei den Verhandlungen über Doppelbesteuerungsabkommen erreicht, dass er wegen seines gespaltenen Körperschaftsteuertarifs bei Dividenden, die seine Gesellschaften an im anderen Staat ansässige natürliche Personen zahlt, eine Abzugsteuer von mehr als 15 vom Hundert (siehe Artikel 10 Absatz 2 Buchstabe b) erheben darf.*

45. [Abzugsteuer zu einem Satz von mehr als 15 vom Hundert] *Der Ausschuss hat sich mit der Frage befasst, ob es einem solchen Staat (Staat B) gestattet werden soll, bei Dividenden, die seine Gesellschaften an Personen, die in einem Staat mit klassischem System (Staat A) ansässig sind, ausschütten, die Abzugsteuer zu einem Satz von mehr als 15 vom Hundert zu erheben; der 15 vom Hundert übersteigende Teil soll dabei hinsichtlich dieser Beteiligten die Auswirkungen des niedrigeren Körperschaftsteuersatzes für die von Gesellschaften des Staates B ausgeschütteten Gewinne ausgleichen und auf die von den in Staat A ansässigen Beteiligten zu zahlende Steuer nicht angerechnet werden.*

46. [Mögliche doppelte Diskriminierung] *Die meisten Mitglieder waren der Auffassung, dass bei Staat B von der durchschnittlichen Körperschaftsteuerbelastung auszugehen ist und dass diese der Belastung gleichzusetzen ist, die von den im Staat A ansässigen Gesellschaften in Anwendung eines nicht gespaltenen Tarifs zu tragen ist. Eine zusätzliche Abzugsteuer, die im Staat B erhoben und im Staat A nicht angerechnet würde, hätte außerdem eine doppelte Diskriminierung zur Folge: Einerseits würden Dividenden, die eine im Staat B ansässige Gesellschaft ausschüttet, wenn sie den im Staat A ansässigen Personen zufließen, höher besteuert werden als die an die im Staat B ansässigen Personen ausgeschütteten Dividenden; andererseits würden im Staat A ansässige Personen von ihren aus dem Staat B bezogenen Dividenden eine höhere Einkommensteuer zahlen als für die aus dem Staat A bezogenen Dividenden. Der Ausschuss hat daher den Gedanken einer „Ausgleichsteuer" verworfen.*

3. Staaten, die eine Entlastung auf der Ebene des Gesellschafters gewähren

47. [Anrechnung der Körperschaftsteuer] *In diesen Staaten wird die Gesellschaft mit dem gesamten Gewinn, ob ausgeschüttet oder nicht, besteuert, und die Dividenden werden beim ansässigen Gesellschafter (natürliche Person) erfasst; letzterer wird aber entlastet, und zwar üblicherweise durch eine Steuergutschrift auf seine Einkommensteuer, weil die Dividenden zumindest im Regelfall als Teil des Gesellschaftsgewinns mit der Körperschaftsteuer belastet sind.*

48. [Ausdehnung auf im anderen Vertragsstaat ansässige Personen] *Das innerstaatliche Recht dieser Staaten sieht für den internationalen Bereich keine Steuerentlastung vor. Die Entlastung wird nur den im Inland ansässigen Personen und nur für inländische Divi-*

denen gewährt. Wie im folgenden noch dargelegt wird, haben aber einige Staaten in einigen ihrer Abkommen die in ihrem Recht vorgesehene Steuergutschrift auf im anderen Vertragsstaat ansässige Personen ausgedehnt.

49. [Steuergutschrift] *In vielen Staaten, die eine Entlastung auf der Ebene des Gesellschafters gewähren, erhält der ansässige Gesellschafter eine Steuergutschrift aufgrund der Tatsache, dass die Gewinne, aus denen die Dividenden gezahlt worden sind, bereits bei der Gesellschaft besteuert worden sind. Der ansässige Gesellschafter wird mit dem um die Steuergutschrift erhöhten Dividendenbetrag besteuert; die Steuergutschrift wird mit der zu zahlenden Steuer verrechnet und führt unter Umständen zu einer Erstattung. Einige Staaten mit diesem System haben in einigen ihrer Doppelbesteuerungsabkommen die Steuergutschrift auf die im anderen Vertragsstaat ansässigen Gesellschafter ausgedehnt. Während die meisten dieser Staaten die Ausdehnung auf der Grundlage der Gegenseitigkeit gewährten, haben einige wenige Staaten Abkommen abgeschlossen, in denen sie den Genuss der Steuergutschrift einseitig auf im anderen Staat ansässige Personen ausdehnen.*

50. [Keine Vorauszahlung auf Steuer des Aktionärs] *Einige Staaten, die die Entlastung ebenfalls auf der Ebene des Gesellschafters gewähren, machen geltend, dass nach ihrem System die Körperschaftsteuer in ihrer Gesamtheit eine echte Körperschaftsteuer bleibt, da sie ausschließlich nach den bei der Gesellschaft bestehenden Verhältnissen erhoben wird, ohne dass die Person und der Wohnsitz des Gesellschafters berücksichtigt werden, und dass die so erhobene Steuer ganz dem Fiskus verbleibt. Die dem Gesellschafter gewährte Steuergutschrift soll seine Einkommensteuerschuld verringern und lässt die Körperschaftsteuer völlig unberührt. Daher kommt keine Erstattung in Betracht, wenn die Steuergutschrift die Einkommensteuerschuld übersteigt.*

51. [Keine allgemeine Einigung] *Der Ausschuss konnte keine allgemeine Einigung darüber erzielen, ob zwischen den Systemen der in Ziffer 50 angesprochenen Staaten ein grundlegender Unterschied besteht, der unterschiedliche Lösungen auf internationaler Ebene rechtfertigen würde.*

52. [Keine grundlegenden Unterschiede] *Einige Mitgliedsländer vertraten die Auffassung, ein solcher grundlegender Unterschied bestehe nicht. Diese Auffassung lässt den Schluss zu, dass die in Ziffer 50 angesprochenen Staaten die Steuergutschrift auch nichtansässigen Aktionären zumindest auf der Basis der Gegenseitigkeit in derselben Weise gewähren sollten wie die in Ziffer 49 angesprochenen Länder. Eine solche Lösung gewährleistet in der Regel bei den von Gesellschaften dieser Länder ausgeschütteten Dividenden Neutralität, da ansässige und nichtansässige Aktionäre gleich behandelt werden. Andererseits würde eine solche Lösung den in einem Vertragsstaat (insbesondere einem Staat mit klassischem System) ansässigen Aktionären einen Anreiz zu Kapitalanlagen in einem Staat mit Entlastung auf der Ebene des Gesellschafters geben, da die im erstgenannten Staat ansässigen Personen für Dividenden aus dem anderen Staat eine Steuergutschrift (in Wirklichkeit eine Erstattung der Körperschaftsteuer) erhalten, während dies für Dividenden aus ihrem eigenen Staat nicht der Fall ist. Diese Auswirkungen entsprechen jedoch denen, die zwischen einem Staat mit gespaltenem Körperschaftsteuersatz und einem Staat mit klassischem System oder zwischen zwei Staaten mit klassischem System auftreten, von denen der eine einen niedrigeren Körperschaftsteuersatz hat als der andere (Ziffern 42 bis 46).*

53. [Minderung der Einkommensteuerbelastung des Aktionärs] *Andererseits haben mehrere Mitgliedsländer hervorgehoben, dass sich die in den in Ziffer 50 angesprochenen Staaten gewährte steuerliche Entlastung bei näherer Betrachtung lediglich als eine Minderung der Einkommensteuerbelastung des Aktionärs erweist, weil die Dividende in der Regel bereits mit Körperschaftsteuer vorbelastet worden ist. Die Steuergutschrift wird pauschal gewährt und entspricht daher nicht genau dem Anteil der Körperschaftsteuer, der auf die Gewinne entfällt, aus denen die Dividenden gezahlt werden. Übersteigt die Steuergutschrift die persönliche Einkommensteuer, so wird keine Erstattung gewährt.*

54. [Steuergutschrift und Erstattung der Körperschaftsteuer] *Da die Steuergutschrift ihrem Wesen nach keine Erstattung der Körperschaftsteuer ist, sondern eine Minderung der persönlichen Einkommensteuer, kommt ihre Gewährung an nichtansässige Aktionäre, die in den betreffenden Staaten der Einkommensteuer nicht unterliegen, nicht in Betracht. Folgt man dieser Argumentation, so müsste die Frage untersucht werden, ob Staaten, die auf Gesellschafterebene entlasten, auf die Einkommensteuer, die sie bei ansässigen Aktionären auf ausländische Dividenden erheben, eine Steuergutschrift gewähren sollten. Diese Frage ist dann zu bejahen, wenn in Bezug auf die Herkunft der Dividenden ein neutraler Standpunkt eingenommen wird; andernfalls werden die in diesen Staaten ansässigen Personen dazu veranlasst, Aktien eher im eigenen Land als im Ausland zu erwerben. Eine derartige Ausdehnung der Steuergutschrift stünde aber im Widerspruch zum Grundsatz der Gegenseitigkeit: Der betreffende Staat würde damit nicht nur einseitig Budgetausfälle auf sich nehmen müssen (Anrechnung der Steuergutschrift zusätzlich zu der im anderen Staat erhobenen Quellensteuer), sondern er erhielte dafür nicht einmal einen wirtschaftlichen Ausgleich, da er den im anderen Staat ansässigen Personen keinen Anreiz bieten würde, Aktien von seinen Gesellschaften zu erwerben.*

55. [Interfiskalausgleich] *Zur Beseitigung der Bedenken wäre es unter anderem denkbar, dass der Quellenstaat – der die Körperschaftsteuer von den durch die ansässigen Gesellschaften ausgeschütteten Dividenden erhoben hat – die Kosten der von einem Staat mit Entlastung auf Gesellschafterebene gewährten Steuergutschriften trägt, indem er diesem Staat Mittel überweist. Da sich die Staaten jedoch zu solchen Überweisungen nur ungern bereit finden werden, ließe sich dies einfacher durch ein Verfahren erreichen, wonach der Quellenstaat auf alle Abzugsteuern von Dividenden verzichtet, die an im anderen Staat ansässige Personen gezahlt werden, und der letztgenannte Staat dann auf seine Steuer zwar nicht die Abzugsteuer von 15 vom Hundert (die ja im Quellenstaat nicht erhoben wird) anrechnet, aber eine Steuergutschrift gewährt, die jener entspricht, die dieser Staat für Dividenden aus inländischen Quellen gewährt.*

56. [Zweiseitige Verhandlungen erforderlich] *Alles in allem hat es den Anschein, dass sich das Problem nur durch zweiseitige Verhandlungen lösen lässt, bei denen sich die Zugeständnisse und Vorteile, die das Abkommen für jeden Staat beinhaltet, besser abwägen lassen.*

57. *[gestrichen]*

58. *[gestrichen]*

B. An Gesellschaften ausgeschüttete Dividenden

59. [Dividenden von Minderheitsgesellschaftern] *Die Ausführungen über die an natürliche Personen gezahlten Dividenden gelten im Allgemeinen auch für Dividenden, die an Gesellschaften gezahlt werden, die über weniger als 25 vom Hundert des Kapitals der die Dividenden zahlenden Gesellschaft verfügen.* **[bis 21.7.2010:** *Im Übrigen hat der Fiskalausschuss das besondere Problem der Dividenden, die an Kapitalanlagegesellschaften oder an Kapitalanlagefonds gezahlt werden, im Kommentar nicht behandelt.* **ab 22.7.2010:]** *The treatment of dividends paid to collective investment vehicles raises particular issues which are addressed in paragraphs 6.8 to 6.34 of the Commentary on Article 1.*

60. [Gesellschafterbesteuerung bei gespaltenem Körperschaftsteuertarif] *Hinsichtlich der Dividenden, die an Gesellschaften gezahlt werden, die über mindestens 25 vom Hundert des Kapitals der die Dividenden zahlenden Gesellschaft verfügen, hat der Ausschuss geprüft, wie sich die in den Ziffern 42ff. genannten besonderen Körperschaftsteuersysteme auf die steuerliche Behandlung der von der Tochtergesellschaft gezahlten Dividenden auswirken.*

61. [Große Meinungsunterschiede] *In den Diskussionen wurden sehr unterschiedliche Auffassungen vertreten. Die Meinungen gingen schon dann auseinander, als sich die Diskus-*

sion auf die Besteuerung von Tochter- und Muttergesellschaften beschränkte. Noch größere Meinungsverschiedenheiten entstanden, als sich die Diskussion auch mit allgemeineren wirtschaftlichen Erwägungen befasste und sich auf die Besteuerung der Aktionäre der Muttergesellschaft erstreckte.

62. [Zweiseitige Lösungen] *Die Staaten haben in ihren zweiseitigen Abkommen verschiedene Lösungen vereinbart, die sich aus den wirtschaftlichen Zielsetzungen, den Besonderheiten der Rechtslage dieser Staaten, budgetären Erwägungen und aus einer ganzen Reihe anderer Faktoren ergeben haben. Daher haben sich keine allgemein anerkannten Grundsätze herausgebildet. Trotzdem hat der Ausschuss die Situation hinsichtlich der häufigsten Körperschaftsteuersysteme untersucht.*

1. Klassisches System im Staat der Tochtergesellschaft (Staaten des Typs A – Ziffer 42)

63. [Keine Entlastung beim Aktionär] *Die Abkommensbestimmungen sind darauf zugeschnitten, dass der Staat, in dem die ausschüttende Gesellschaft ansässig ist, ein sog. „klassisches" Körperschaftsteuersystem hat, d. h. ein System, bei dem für ausgeschüttete Gewinne weder bei der Gesellschaft noch bei dem Aktionär eine Entlastung vorgesehen ist, außer jener, die der Vermeidung der mehrfachen Besteuerung der zwischen Gesellschaft gezahlten Dividenden dient.*

2. System mit gespaltenem Körperschaftsteuertarif im Staat der Tochtergesellschaft (Staaten des Typs B – Ziffern 43 bis 46)

64. [Gespaltener KSt-Satz und Quellensteuererhebung] *Diese Staaten erheben die Körperschaftsteuer vom ausgeschütteten Gewinn zu einem niedrigeren Satz als vom nichtausgeschütteten Gewinn, was zu einer niedrigeren Körperschaftsteuerbelastung für die von der Tochtergesellschaft an die Muttergesellschaft ausgeschütteten Gewinne führt. Deshalb ist den meisten dieser Staaten in ihren zweiseitigen Abkommen eine Quellensteuer von 10 oder 15 vom Hundert, in einigen Fällen sogar mehr als 15 vom Hundert, zugestanden worden. In dieser Frage konnte im Ausschuss keine Übereinstimmung erzielt werden, so dass die Lösung zweiseitigen Verhandlungen überlassen bleibt.*

3. Anrechnungssystem im Staat der Tochtergesellschaft (Staaten des Typs C – Ziffern 47ff.)

65. [Steuergutschrift als Ausgleich] *In diesen Staaten unterliegt eine Gesellschaft der Steuer mit ihrem Gesamtgewinn – gleichgültig, ob er ausgeschüttet wird oder nicht; die im gleichen Staat wie die ausschüttende Gesellschaft ansässigen Aktionären werden mit den an sie ausgeschütteten Dividenden besteuert, erhalten aber eine Steuergutschrift als Ausgleich dafür, dass die ausgeschütteten Gewinne bei der Gesellschaft besteuert worden sind.*

66. [Steuergutschrift über die Grenze] *Die Frage, ob diese Staaten die Steuergutschrift den Aktionären der in einem anderen Staat ansässigen Muttergesellschaften oder sogar diesen Muttergesellschaften selbst gewähren sollten, wurde geprüft. Der Ausschuss konnte hierzu keine Übereinstimmung erzielen, so dass die Lösung zweiseitigen Verhandlungen überlassen bleibt.*

67. [Steuergutschrift und Quellenbesteuerung des Gesellschafters] *Werden unter einem solchen System die ausgeschütteten und die nichtausgeschütteten Gewinne nicht nach demselben Satz besteuert, so unterscheidet sich dieses System hinsichtlich der ausschüttenden Gesellschaft nicht vom „klassischen" System. Daher darf der Staat, in dem die Tochtergesellschaft ansässig ist, eine Quellensteuer nur nach dem in Absatz 2 Buchst. a vorgesehenen Satz erheben.*

67.1 [Natur eines REIT] *In vielen Staaten wird ein großer Teil der Portfolioinvestitionen in Grundvermögen mittels Real Estate Investment Trusts (REITs) getätigt. REITs lassen sich* *grob beschreiben als Gesellschaft mit breit gestreuten Beteiligungen, Trusts oder Vertrags- oder Treuhandsvereinbarungen, die ihr Einkommen in erster Linie aus langfristigen Investitionen in Grundvermögen erzielen, jährlich den größten Teil dieses Einkommens ausschütten und keine Steuer vom Einkommen auf das so ausgeschüttete Einkommen aus Grundvermögen zahlen. Dass REITs keine Steuer auf dieses Einkommen zahlen, ergibt sich aus steuerlichen Regelungen, die eine einmalige Besteuerung auf der Ebene der Anleger vorsehen.*

67.2 [OECD-Bericht] *Die Bedeutung und weltweite Verbreitung von Investitionen in und durch REITs haben den Fiskalausschuss veranlasst, die steuervertraglichen Fragen, die sich aus solchen Investitionen ergeben, zu untersuchen. Das Ergebnis dieser Arbeit erscheint in dem Bericht mit dem Titel „Steuervertragliche Fragen in Bezug auf REITs"*[1].

67.3 [Unterscheidung zwischen Groß- und Kleinanlegern] *Eine Frage, die in dem Bericht erörtert wird, ist die abkommensrechtliche Behandlung von grenzüberschreitenden Ausschüttungen eines REIT. Ein Kleininvestor in einen REIT hat keine Kontrolle über das von dem REIT erworbene unbewegliche Vermögen und keinen Bezug dazu. Ungeachtet der Tatsache, dass der REIT keine Steuer auf sein ausgeschüttetes Einkommen zahlt, kann man den Investor daher mit gutem Grund so ansehen, als habe er nicht in unbewegliches Vermögen, sondern nur in eine Gesellschaft investiert, und ihn so behandeln, als habe er eine Dividende aus Streubesitz erhalten. Eine solche Behandlung hätte auch den Vorteil, den Mischcharakter einer Investition in einen REIT, die die Eigenschaften von Anteilen und Schuldverschreibungen verbindet, zu berücksichtigen. Dagegen hätte ein größerer Anleger in einen REIT ein ausgeprägteres Interesse an dem von dem REIT erworbenen unbeweglichen Vermögen; für diesen Anleger könnte die Investition in den REIT als Ersatz für eine Investition in das zugrunde liegende Vermögen des REIT angesehen werden. Bei dieser Sachlage erschiene es nicht angemessen, die Quellenbesteuerung der Ausschüttung des REIT zu beschränken, da der REIT selbst keine Steuer auf sein Einkommen zahlt.*

67.4 [Alternativvorschrift] *Staaten, die dieses Ergebnis wünschen, können zweiseitig vereinbaren, Absatz 2 des Artikels durch folgenden Absatz zu ersetzen:*

„(2) Diese Dividenden können jedoch auch in dem Vertragsstaat, in dem die die Dividenden zahlende Gesellschaft ansässig ist, nach dem Recht dieses Staates besteuert werden; die Steuer darf aber, wenn der Nutzungsberechtigte der Dividenden eine in dem anderen Vertragsstaat ansässige Person ist (außer einem Nutzungsberechtigten von Dividenden, die von einem REIT gezahlt werden, wenn dieser unmittelbar oder mittelbar über Kapital des REIT verfügt, das mindestens 10 vom Hundert des Wertes des gesamten Kapitals dieser Gesellschaft ausmacht), nicht übersteigen:

a) 5 vom Hundert des Bruttobetrages der Dividenden, wenn der Nutzungsberechtigte eine Gesellschaft (jedoch keine Personengesellschaft) ist, die unmittelbar über mindestens 25 vom Hundert des Kapitals der die Dividenden zahlenden Gesellschaft verfügt und die zahlende Gesellschaft kein REIT ist;

b) 15 vom Hundert des Bruttobetrages der Dividenden in allen anderen Fällen."

Nach dieser Vorschrift ist ein Großanleger ein Anleger, der unmittelbar oder mittelbar Kapital hält, das mindestens 10 vom Hundert des Wertes des Gesamtkapitals des REIT darstellt. Die Staaten können jedoch zweiseitig eine andere Schwelle vereinbaren. Außerdem gilt die Vorschrift für alle Ausschüttungen eines REIT, während das innerstaatliche Recht einiger Länder im Fall von Ausschüttungen von Veräußerungsgewinnen zur Unterscheidung zwischen einem Großanleger und einem Kleinanleger, der Anspruch auf den für Streudividenden anzuwendenden Steuersatz hat, eine andere Schwelle vorsieht. Diese Länder können den Wunsch haben, die Vorschrift abzuändern, um diese Unterscheidung in ihren Abkommen beizubehalten. Außerdem schließt die Fassung des Buchstabens a Ausschüttungen eines REIT an einen Großanleger von seinem Anwendungsbereich aus, da es nicht angemessen

[1] Tax Treaty Issues Related to REITs, OECD, Paris, 2008, abgedruckt in Band II der Loseblattausgabe des Musterabkommens.

wäre, die Quellenbesteuerung bei einer Ausschüttung an einen Großanleger zu beschränken. Buchstabe a findet daher auf solche Dividenden niemals Anwendung, selbst wenn eine Gesellschaft, die nicht über Kapital verfügt, das mindestens 10 vom Hundert des Wertes des Kapitals eines REIT darstellt, mindestens 25 vom Hundert seines nach Ziffer 15 berechneten Kapitals hielte. Die Quellenstaaten sind daher in der Lage, solche Ausschüttungen an Großanleger ohne die Beschränkungen in den Buchstaben a oder b zu besteuern.

67.5 [Ansässigkeit] *Wenn die REITs, die in einem Vertragsstaat errichtet worden sind, nicht die Eigenschaft von in diesem Staat ansässigen Personen besitzen, muss die Vorschrift jedoch abgeändert werden, damit sicher gestellt ist, dass sie für Ausschüttungen dieser REITs gilt.*

67.6 [Alternativvorschrift bei fehlender Ansässigkeit] *Wenn der REIT eine Gesellschaft ist, die nicht die Eigenschaft einer in dem Staat ansässigen Person besitzt, werden die Absätze 1 und 2 des Artikels z.B. wie folgt abgeändert werden müssen, damit dieses Ergebnis erreicht wird:*

„(1) Dividenden, die eine in einem Vertragsstaat ansässige Gesellschaft oder ein nach dem Recht eines Vertragsstaats errichteter REIT an eine im anderen Vertragsstaat ansässige Person zahlt, können im anderen Staat besteuert werden.

(2) Diese Dividenden können jedoch auch in dem Vertragsstaat, in dem die die Dividenden zahlende Gesellschaft ansässig ist oder, im Falle eines REIT, nach dessen Recht der REIT errichtet worden ist, nach dem Recht dieses Staates besteuert werden; die Steuer darf aber, wenn der Nutzungsberechtigte der Dividenden eine in dem anderen Vertragsstaat ansässige Person ist (außer einem Nutzungsberechtigten von Dividenden, die von einem REIT gezahlt werden, wenn dieser unmittelbar oder mittelbar über Kapital des REIT verfügt, das mindestens 10 vom Hundert des Wertes des gesamten Kapitals dieser Gesellschaft ausmacht), nicht übersteigen:

a) 5 vom Hundert des Bruttobetrages der Dividenden, wenn der Nutzungsberechtigte eine Gesellschaft (jedoch keine Personengesellschaft) ist, die unmittelbar über mindestens 25 vom Hundert des Kapitals der die Dividenden zahlenden Gesellschaft verfügt und die zahlende Gesellschaft kein REIT ist;

b) 15 vom Hundert des Bruttobetrages der Dividenden in allen anderen Fällen."

67.7 [Ergänzende Vorschrift bei fehlender Gesellschaftseigenschaft] *Um dieses Ergebnis zu erreichen, wenn der REIT als Trust oder Vertrags- oder Treuhandvereinbarung strukturiert ist und nicht die Eigenschaft einer Gesellschaft hat, können Staaten ebenso zweiseitig vereinbaren, der in Ziffer 67.6 aufgeführten Alternativfassung des Absatzes 2 eine zusätzliche Bestimmung etwa folgender Art anzufügen:*

„Wenn ein nach dem Recht eines Vertragsstaats errichteter REIT Gewinne an eine in dem anderen Vertragsstaat ansässige Person ausschüttet, die die Nutzungsberechtigte dieser Ausschüttung ist, wird die Ausschüttung für Zwecke dieses Abkommens als Dividende behandelt, die von einer im erstgenannten Staat ansässigen Gesellschaft gezahlt wird."

Nach dieser zusätzlichen Vorschrift würde diese Ausschüttung für die Zwecke des Artikels 10 *und der anderen Abkommensbestimmungen als Dividende und daher nicht als andere Einkunftsart (z.B. Einkünfte aus unbeweglichem Vermögen oder Veräußerungsgewinn) behandelt. Dies würde aber eindeutig nicht die Charakterisierung dieser Ausschüttung nach innerstaatlichem Recht ändern, so dass die Behandlung nach innerstaatlichem Recht, außer für die Zwecke der Anwendung der Begrenzungen nach den einschlägigen Abkommensbestimmungen, unberührt bliebe.*

Bemerkungen zum Kommentar

68. Großbritannien *und* ***Kanada*** *teilen die in Ziffer 24 dargelegte Auffassung nicht. Nach ihrem Recht werden bestimmte Zinsen wie Ausschüttungen behandelt und werden deshalb in die Begriffsbestimmung der Dividenden aufgenommen.*

__68.1 Belgien__ kann die in Ziffer 37 vertretenen Ansichten nicht teilen. Belgien ist der Meinung, dass Artikel 10 Absatz 5 Ausdruck eines allgemeinen Grundsatzes ist, der verschiedenen Vorschriften des Abkommens zugrunde liegt (Artikel 5 Absatz 7, Artikel 7 Absatz 1, Artikel 10 Absatz 1 und 5). Dies ist das Verbot für einen Vertragsstaat, eine Steuer vom Gewinn einer in dem anderen Vertragsstaat ansässigen Gesellschaft zu erheben, außer wenn das Abkommen es ausnahmsweise zulässt. Absatz 5, der sich mit der Besteuerung im Quellenstaat befasst, bestätigt dieses allgemeine Verbot und bestimmt, dass das Verbot selbst dann gilt, wenn die nicht ausgeschütteten Gewinne der in dem anderen Vertragsstaat ansässigen Gesellschaft aus Geschäftstätigkeiten stammen, die im Quellenstaat ausgeübt werden. Absatz 5 verbietet die Besteuerung der nicht ausgeschütteten Gewinne auch dann, wenn der Staat, aus dem die Gewinne stammen, sie in der Hand eines in ihm ansässigen Anteilseigners besteuert.

__68.2 Irland__ weist bezüglich der Ziffer 37 auf seine allgemeine Bemerkung in Ziffer 27.5 zu Artikel 1 hin.

Vorbehalte zum Artikel

Absatz 2

[bis 21.7.2010:

__69. Neuseeland__ behält sich vor, Dividenden, die von einer in Neuseeland ansässigen Gesellschaft gezahlt werden, nach einem Satz von 15 vom Hundert zu besteuern.]

__70.__ [gestrichen]

__71.__ [gestrichen]

__72.__ Die **Vereinigten Staaten** *behalten sich vor, bestimmten Durchlaufrechtsträgern wie „Regulated Investment Companies" und „Real Estate Investment Trusts" den Dividendensteuersatz für Direktinvestitionen nicht einzuräumen, selbst wenn sie nach dem Vomhundertsatz der Beteiligung die Voraussetzungen dafür erfüllten.*

__73. Italien__ macht einen Vorbehalt hinsichtlich des für zwischengesellschaftliche Beteiligungen vorgesehenen Vomhundertsatzes; es kann einem Steuersatz von 5 vom Hundert nur bei einer unmittelbaren Beteiligung von 50 vom Hundert zustimmen.

[ab 22.7.2010:]

__74.__ In view of its particular taxation system, __Chile__ retains its freedom of action with regard to the provisions in the Convention relating to the rate and form of distribution of profits by companies.

__75.__ **[ab 15.7.2014: *Israel,*]** ***Mexiko, Portugal*** *und die* ***Türkei*** *machen einen Vorbehalt hinsichtlich der Steuersätze des Absatzes 2.*

__76.__ **[bis 21.7.2010: *Spanien*** *macht einen Vorbehalt hinsichtlich des Satzes von 5 vom Hundert und des Mindestsatzes für die Beteiligung.* **[ab 15.7.2014:] *Estonia*** *reserves the right not to include the requirement for the competent authorities to settle by mutual agreement the mode of application of paragraph 2.*

__77. Polen__ macht einen Vorbehalt hinsichtlich des Mindestsatzes für die Beteiligung (25 vom Hundert) und der Steuersätze (5 vom Hundert und 15 vom Hundert).

Absatz 3

__78. Belgien__ behält sich vor, die Dividendendefinition in Absatz 3 so zu erweitern, dass auch Einkünfte einbezogen werden, die nach seinem Recht den Einkünften aus Aktien steuerlich gleichgestellt sind, selbst wenn diese Einkünfte als Zinsen bezahlt werden.

__79. Dänemark__ behält sich vor, den aus dem Verkauf von Aktien erlösten Kaufpreis in gewissen Fällen als Dividende anzusehen.

80. ***Frankreich*** *und* ***Mexiko*** *behalten sich vor, die Dividendendefinition in Absatz 3 so zu erweitern, dass sie alle Einkünfte erfasst, die steuerlich wie Ausschüttungen behandelt werden.*

81. ***Deutschland*** *und* ***Kanada*** **[bis 21.7.2010:** *und* ***Spanien*****]** *behalten sich vor, die Dividendendefinition des Absatzes 3 so zu erweitern, dass sie gewisse Zinsen umfasst, die nach ihrem innerstaatlichen Recht wie Ausschüttungen behandelt werden.*

81.1 ***Portugal*** *behält sich vor, die Dividendendefinition des Absatzes 3 so zu erweitern, dass sie gewisse Zahlungen aus Verträgen über Gewinnbeteiligungen umfasst, die nach seinem innerstaatlichen Recht wie Ausschüttungen behandelt werden.*

81.2 **[ab 22.7.2010:** ***Chile*** *and***]** ***Luxemburg*** *behält/behalten sich vor, die Dividendendefinition in Absatz 3 auf bestimmte Zahlungen auszudehnen, die nach seinem/ihrem innerstaatlichen Recht als Dividendenausschüttungen behandelt werden.*

[bis 21.7.2010: ***Absatz 4***

82. ***Italien*** *behält sich vor, Dividenden nach innerstaatlichem Recht zu besteuern, falls der Dividendenempfänger eine Betriebstätte in Italien hat, selbst wenn die Beteiligung, für die die Dividenden gezahlt werden, nicht tatsächlich zu dieser Betriebstätte gehören.* **ab 15.7.2014:]** ***Israel*** *reserves the right to exclude payments made by a Real Estate Investment Trust which is a resident of Israel from the definition of dividends in paragraph 3 and to tax those payments according to its domestic law.*

[ab 15.7.2014:]

82.1 ***Estonia*** *reserves the right to replace, in paragraph 3, the words "income from other corporate rights" by "income from other rights".*

Absatz 5

83. ***Kanada*** *und die* ***Vereinigten Staaten*** *behalten sich vor, die Einkünfte einer Gesellschaft, die einer in diesen Staaten gelegenen Betriebstätte zuzurechnen sind, ihrer Betriebstättensteuer zu unterwerfen.* ***Kanada*** *behält sich auch vor, diese Steuer auf Gewinne zu erheben, die der Veräußerung von in Kanada gelegenem unbeweglichem Vermögen durch eine Grundstückshandelsgesellschaft zuzurechnen sind.*

84. [gestrichen]

85. Die ***Türkei*** *behält sich vor, von dem Gewinn eines Unternehmens des anderen Vertragsstaates, das eine türkische Betriebstätte betreibt und damit nach Artikel 7 steuerpflichtig ist, nach Abzug der so erhobenen Steuer eine nach Absatz 2 begrenzte Steuer zu erheben.*

86. [gestrichen].

Text: Stellungnahmen von Nichtmitgliedstaaten zum OECD-MA (OECD-NM)

Positions on Article 10 (Dividends) and its Commentary

Positions on the Article

1. **[bis 14.7.2014:** ***Argentina*** *and* ***Thailand*** *reserve* **ab 15.7.2014:]** ***Thailand*** *reserves the right to apply a 10 per cent rate of tax at source in the case referred to in subparagraph a).*

2. [Deleted]

3. **[bis 14.7.2014:** ***Bulgaria, Estonia, India, Latvia, Lithuania, Russia*** *and* ***Serbia*** **ab 15.7.2014:** ***Bulgaria, India, Latvia, Lithuania, Malaysia, Russia, Serbia*** *and* ***Singapore*****]** *reserve the right not to include the requirement for the competent authorities to settle by mutual agreement the mode of application of paragraph 2.*

[ab 15.7.2014:

3.1 Azerbaijan *reserves the right not to include in its bilateral conventions the sentence stating that the competent authorities shall settle the mode of application of paragraph 2 by mutual agreement as it uses uniform regulations for the implementation of all its bilateral conventions.*

4. **[bis 14.7.2014: *Israel* ab 15.7.2014: *Latvia*]** *reserves its position on the rates provided for in paragraph 2.*

5. **[bis 14.7.2014: *Romania*** *reserves* **ab 15.7.2014: *Azerbaijan*** *and* ***Romania*** *reserve***]** *the right to tax at a uniform rate to be negotiated all dividends referred to in this paragraph.*

6. Gabon, Ivory Coast, Morocco, Russia, South Africa *and* ***Tunisia*** *reserve their position on the rates of tax in paragraph 2 and the minimum percentage for the holding in subparagraph a).*

7. [ab 15.7.2014: *Colombia,*] *Serbia* *and* ***Vietnam*** *reserve the right to tax, at a uniform rate of not less than 10 per cent, all dividends referred to in paragraph 2.*

7.1 **[bis 14.7.2014: *Latvia*** *reserves the right to reduce to 10 per cent the minimum percentage for the holding in subparagraph a) and to apply a 10 per cent rate of tax at source in the case referred to in subparagraph b).* **ab 15.7.2014:] *Argentina*** *reserves the right to include a provision in its bilateral treaties to provide that the taxation rate provided in paragraph 2 shall not be applicable where a local company distributes profits exceeding the total amount of aggregate tax profits at the end of the fiscal year immediately before the date of distribution, taking into account that the taxation on the dividends that exceed the aggregate profits is considered to be a taxation at the level of the company.*

7.2 **[ab 15.7.2014: *Argentina*]** *and* ***India*** *reserve the right to settle the rate of tax in bilateral negotiations.*

Paragraph 3

8. Argentina, Russia *and* ***Tunisia*** *reserve the right to include a provision that will allow them to apply the thin capitalisation measures of their domestic law notwithstanding any other provisions of the Convention.*

9. *As their legislation does not provide for such concepts as "jouissance" shares, "jouissance" rights, mining shares and founders' shares,* ***Albania, Armenia, Bulgaria, Belarus*** **[ab 15.7.2014: *Malaysia*]** *and* ***Serbia*** *reserve the right to omit them from paragraph 3.*

10. **[bis 14.7.2014: *Bulgaria, Estonia, Latvia*** *and* ***Lithuania*** **ab 15.7.2014:] *Bulgaria*** *and* ***Latvia*** *reserve the right to replace, in paragraph 3, the words "income from other corporate rights" by "income from other rights".*

10.1 Morocco *reserves the right to amplify the definition of dividends in paragraph 3 by adding the words "and other assimilated income" after the words "as well as income from other corporate rights" and before the words "which is subjected to the same taxation treatment … ".*

10.2 India *reserves the right to modify the definition of the term "dividends".*

10.3 **[bis 14.7.2014: *Israel*** *reserves the right to exclude payments made by a Real Estate Investment Trust which is a resident of Israel from the definition of dividends in paragraph 3 and to tax those payments according to its domestic law.* **ab 15.7.2014:] *Argentina*** *reserves the right to expand the definition of dividends in paragraph 3 to cover certain payments that are treated as distributions of dividends according to its domestic law.*

[ab 15.7.2014:]

10.4 Bulgaria *reserves the right to propose in bilateral negotiations the inclusion of a clause according to which a dividend which is treated as a hidden distribution of profits under its laws would remain taxable according to its laws, notwithstanding the relief under paragraph 2 of the Article.*

Paragraph 5

11. ***Argentina, Kazakhstan, Morocco, Russia*** *and* ***Tunisia*** *reserve the right to apply a branch profits tax.*

12. ***Brazil*** *reserves the right to levy withholding tax on profits of a permanent establishment at the same rate of tax as is provided in paragraph 2, as is the traditional rule in the Brazilian income tax system.*

13. ***Thailand*** *reserves the right to levy a profit remittance tax on a permanent establishment at the same rate as is provided for in subparagraph 2 a).*

14. ***Indonesia*** *reserves the right to apply a branch profits tax, but that branch profits tax shall not affect the provisions contained in any production sharing contracts relating to oil and gas and contracts of works for other mining sectors.*

[ab 15.7.2014:]

14.1 ***Colombia*** *reserves the right to apply its domestic rules on the taxation of dividends distributed from profits that have not been subject to tax at the level of the company, and to impose its tax on the transfer of profits attributable to permanent establishments that have not been subject to tax in Colombia.*

Position on the Commentary

15. ***India*** *does not adhere to the interpretation set out in paragraph 24. Under the domestic law certain payments are treated as distributions and are therefore included in the definition of dividends.*

A. Allgemeines

I. Musterabkommen

1. Grundzüge

Art. 10 regelt die Besteuerung von Dividenden, die eine in einem Vertragsstaat 2
ansässige Person aus dem anderen Vertragsstaat bezieht. Vorgesehen ist eine **Aufteilung zwischen Quellen- und Wohnsitzstaat:** die Besteuerung im Quellenstaat ist der Höhe nach begrenzt (Abs. 2), der Wohnsitzstaat rechnet die Steuer des Quellenstaats an (Abs. 1 i. V. m. Art. 23 A oder B). Den Begriff der Dividenden definiert Abs. 3; er führt einige Beispiele an und verweist im Übrigen auf die Qualifikation des Quellenstaats. Abs. 4 betrifft das Verhältnis zu den Unternehmenseinkünften (s. Vor Art. 10 bis 12 Rz. 30 ff.). Abs. 5 schließlich verbietet eine Besteuerung von Dividenden, die nicht an den Sitz der Gesellschaft oder den Wohnsitz des Dividendenempfängers anknüpft, sondern lediglich daran, dass die ausgeschütteten Gewinne in dem besteuernden Staat erwirtschaftet worden sind. Er verbietet ferner die Besteuerung nichtausgeschütteter Gewinne einer ausländischen Gesellschaft.

Einen **geschichtlichen Überblick** über die verschiedenen bilateralen und mul- 3
tilateralen Versuche, das Problem der Dividendenbesteuerung in grenzüberschreitenden Fällen zu lösen, gibt der MA-Komm. 1963 Ziff. 14–17. Das Völkerbunds-Modell von Mexiko sah eine Besteuerung der Dividenden ausschließlich im Quellenstaat vor; dem Wohnsitzstaat des Empfängers verblieb nur der Progressionsvorbehalt. Nach dem Völkerbunds-Modell von London sollten Schachteldividenden ausschließlich im Wohnsitzstaat, sonstige ausschließlich im Quellenstaat besteuert werden (zu Einzelheiten und einem Vergleich dieser Muster mit dem MA 1963 s. *van den Tempel,* VII-36 ff.). Nur selten wird die Besteuerung der Dividenden ausschließlich dem Wohnsitzstaat des Empfängers vorbehalten.

Im Verhältnis zwischen Mitgliedsstaaten der **Europäischen Union** wird Art. 10 4
heute durch die sog. „Mutter-Tochter-Richtlinie" teilweise überlagert; s. dazu Rz. 173 ff. Weitere Änderungen hat 1992 eine von der Kommission bestellte unabhängige Expertengruppe, das sog. **Ruding-Komitee** vorgeschlagen (*Commission*

of the European Communities, Conclusions and Recommendations of the Committee of Independent Experts (1992), 33 f.; deutsch: Bericht des Unabhängigen Sachverständigenausschusses zur Unternehmensbesteuerung, 1995, 203 ff.).

5 **Literatur** (zur „Integration" von Körperschaft- und Einkommensteuer und ihren Auswirkungen auf die Verteilungsnormen der DBA): *Ault,* Tax L. Rev. 1992, 565; *Bareis,* StuW 2000, 133 (138); *Chown,* BTR 1993, 90; *Djanani/Herbener,* IStR 2003, 506; *Doernberg/Sasseville/van Raad/Williams,* International Taxation of Dividends Reconsidered in Light of Corporate Tax Integration (IFA Congress Seminar Series, 19a, 1995); *Doernberg/van Raad,* Intertax 1995, 3 (15); *Fletcher,* 11 Am. J. Tax Pol. 155 (1994); *Gammie,* Intertax 2003, 252; *ders.,* WTJ 2010, 162; *Grotherr,* BB 2000, 849; *Lodin,* EC Tax Rev. 1998, 229; *McDaniel,* Tax L. Rev. 1992, 609; *Schlunk,* 79 Notre Dame L. Rev. 127 (2003); *Valadao,* 29 North Carolina Journal of International Law and Commercial Regulation 457 (2006); *Vann,* CDFI LXXXVIII a (2003), S. 21, und Nationalberichte, S. 99.

6 Art. 10 geht ganz von der – neuerdings international eine Renaissance erlebenden (vgl. etwa *Thömmes,* IStR 2005, 685, 692) – „klassischen" Körperschaftsteuer aus (s. Abs. 2 a. E.), damit auch von der Vorstellung, dass es sachgerecht sei, die Einkünfte von Gesellschaften (i. S. des Art. 3 Abs. 1 Buchst. b OECD-MA) einer eigenen Steuer, gesondert von der der Gesellschafter, auf die von ihnen empfangenen Ausschüttungen zu unterwerfen. Für einen Ausgleich zwischen Staaten mit **Körperschaftsteueranrechnung** ist die Vorschrift **nicht geeignet.** Die Anrechnungssysteme behandeln die Körperschaftsteuer als eine Vorbelastung der Dividende; zwischen Staaten mit Vollanrechnung müsste daher folgerichtig die Quellensteuerbegrenzung auf der Basis einer **Zusammenfassung von Körperschaftsteuervorbelastung und Kapitalertragsteuer** berechnet werden. Noch schwieriger ist der Ausgleich zwischen einem Staat mit Anrechnungssystem und einem mit „klassischer" Körperschaftsteuer oder einem Teilanrechnungssystem. Die Abkommenspraxis hat versucht, dieses Problem auf unterschiedliche Weise zu lösen: durch Einräumung der Anrechnung gezahlter Körperschaftsteuer auch zugunsten der Dividendenbezieher im anderen Vertragsstaat (z. B. *DBA Frankreich* bis 2000/2001, s. die 5. Aufl. Rz. 150 ff.); durch die Verbindung einer Steuervergütung im Sitzstaat der Gesellschaft mit einer indirekten Steueranrechnung im Wohnsitzstaat des Gesellschafters (*DBA USA/Großbritannien;* eine besonders komplizierte Lösung, die inzwischen mehrfach die Gerichte beschäftigt hat: *Court of Appeal, Fed. Circuit,* Xerox Corp. v. U. S., 41 F. 3d, 647 (1994), gegen eine Entscheidung des *U. S. Claims Court,* ClCt. 1988, 455; *House of Lords,* Collard v. Mining & Industrial Holdings Ltd. 62 Tax Cases 448 (1989); *Court of Appeal, Civil Division,* Union Texas Petroleum Corp. v. Critchley, 63 Tax Cases 244 (1990); ähnliche Fragen werden erörtert in *High Court of Justice, Chancery Division,* Getty Oil Co. v. Steele, 63 Tax Cases 376 (1990)); durch eine Senkung des Quellensteuerhöchstsatzes in Verbindung mit einer fiktiven Steueranrechnung (*DBA USA 1989,* s. die 5. Aufl. Rz. 156). Keiner dieser Ansätze hat jedoch das Problem befriedigend lösen können.

2. Differenzierung zwischen Schachteldividenden und „allen anderen Dividenden"

7 Art. 10 sieht nicht eine für alle Dividenden einheitliche Aufteilung der Besteuerung zwischen Wohnsitz- und Quellenstaat vor, sondern **unterscheidet** zwischen **Schachteldividenden** und **„allen anderen" Dividenden** (s. Rz. 52 ff. und Rz. 61). Rechtstechnisch geschieht dies durch Einfügung einer Spezialvorschrift für Schachteldividenden (Art. 10 Abs. 2 Buchst. a), die, wenn ihre Voraussetzungen gegeben sind, die allgemeine Regelung für Dividenden (Buchst. b) verdrängt. Für Schachteldividenden soll nach dem OECD- und dem US-MA sowie der DE-VG der Quellensteuersatz höchstens 5% betragen gegenüber 15% für alle anderen Dividenden; das UN-MA überlässt die Quellensteuerhöchstsätze den Vertrags-

parteien, schlägt also seinerseits keine Richtsätze vor, geht aber ebenfalls davon aus, dass die Höchstsätze für Schachteldividenden einerseits, sonstige Dividenden andererseits unterschiedlich sein sollten. Einkünfte aus **unternehmerischen Beteiligungen (direct investment)** werden dadurch gegenüber solchen aus **„Streubesitz"** zu bloßen **Kapitalanlagezwecken (portfolio investment)** begünstigt (zunehmend zu Unrecht, s. *Graetz/Grünberg,* 56 Tax L. Rev. 537 (2006)), allerdings nur bei zwischengesellschaftlichen Schachtelbeteiligungen, nicht auch bei wesentlichen Beteiligungen, die von natürlichen Personen oder Personengesellschaften gehalten werden. Aus dieser Einschränkung lässt sich ersehen, dass die Spezialregelung für Schachteldividenden in Art. 10 Abs. 2 Buchst. a nicht nur ganz allgemein eine Erleichterung direkter Auslandsinvestitionen zum Ziele hat, sondern darüber hinaus einen ersten Ansatzpunkt zur Beseitigung (oder zumindest Verringerung) der **internationalen wirtschaftlichen Mehrfachbesteuerung** von Konzerndividenden bieten soll (so ausdrücklich auch MA-Komm. Ziff. 10). Ob die hierdurch eröffnete Chance einer Vermeidung der internationalen Mehrfachbelastung von Schachteldividenden auch wahrgenommen wird, richtet sich freilich nach der steuerlichen Behandlung im Wohnsitzstaat des Empfängers.

3. Abgrenzung

Bei Dividenden, die von einem Unternehmen bezogen werden, hat Art. 10 als speziellere Vorschrift **grundsätzlich Vorrang vor Art. 7** (s. Art. 7 Abs. 4 MA und den MA-Komm. zu Art. 7 Ziff. 74). Für Dividendeneinnahmen eines Unternehmens aus seiner unternehmerischen Tätigkeit gelten m. a. W. grundsätzlich nicht die Regeln des Art. 7 über die Besteuerung des Unternehmensgewinns, sondern es gilt Art. 10. Art. 10 **tritt aber hinter Art. 7 zurück,** wenn der Dividendenbezieher im Sitzstaat der Gesellschaft eine Betriebstätte unterhält und die Dividenden zum Gewinn dieser Betriebstätte gehören (so Abs. 4, s. dazu Vor Art 10 bis 12 Rz. 30 ff.). Die Besteuerung der Dividende ist dann nicht auf einen Prozentsatz der Bruttodividende beschränkt; andererseits gelten die Gewinnermittlungsregeln für Betriebstätten, und der Quellenstaat ist verpflichtet, die Betriebstätte mit inländischen Unternehmungen gleich zu behandeln (Art. 24 Abs. 3, s. dort Rz. 94 ff.), was regelmäßig bedeutet, dass der Nettogewinn zu versteuern ist. Für Dividenden, die eine in einem dritten Staat ansässige Gesellschaft zahlt, gilt nicht Art. 10, sondern Art. 21; s. dort besonders Rz. 15 ff. 8

Nicht unter Art. 10, sondern unter Art. 13 fallen Erlöse aus der **Veräußerung** von Gesellschafts**anteilen,** auch soweit die Gesellschaft Gewinne angesammelt hatte, die der Gesellschafter durch die Veräußerung realisiert (*Hoge Raad* Rolno. 25308 BNB 1991, 248 concl. *van Soest: DBA Niederlande/Belgien;* Rolno. 29296 BNB 1994, 259: *DBA Niederlande/USA,* und Rolno. 28734 BNB 1994, 294 concl. *Verburg: DBA Niederlande/Belgien;* anders bei Verkauf der Anteile an die Gesellschaft: *Hoge Raad* Rolno. 28959 BNB 1994, 219 concl. *van den Berge;* s. dazu u. a.: *Kemmeren,* WFR 1994, 396; *Janssen,* MBB 1994, 6). Denn der Veräußerungserlös gehört nicht zu den Einkünften „aus dem Gesellschaftsanteil", er ist daher keine Dividende i. S. des Art. 10 Abs. 3 MA (s. Rz. 188). Dasselbe gilt für Erlöse aus der Veräußerung von Dividenden**coupons** oder der Abtretung von Dividendenansprüchen ohne das zugehörige Stammrecht (s. etwa *Bippus,* RIW 1994, 945), auch dann, wenn das innerstaatliche Recht solche Erlöse wie Dividenden besteuert (so in Deutschland nach § 20 Abs. 2 Satz 1 Nr. 2 Buchst. a EStG; s. Rz. 221). Keine Dividende bezieht auch der **Erwerber** des Coupons (*Kaeser/ Wassermeyer* in Wassermeyer, Art. 10 OECD-MA Rz. 40, 210). Anders als dieser empfängt grundsätzlich eine Dividende, wer bei Veräußerung des Stammrechts seinen Dividendenanspruch zurückbehält, beide sind „Nutzungsberechtigte" (s. o. Vor Art. 10 bis 12 Rz. 18). Dass es auf diese Weise möglich wird, durch die Veräußerung oder Zurückbehaltung eines Dividendencoupons 9 die Vorteile eines günstigen DBA zu nutzen, also „treaty shopping" zu betreiben, steht dem nicht entgegen; dasselbe ließe sich auch durch die Veräußerung des **Anteils mit dem Coupon** erreichen, ohne dass das MA dem die Abkommensvergünstigungen versagen würde. Wollte man der vorstehend vertretenen Auffassung nicht folgen, so käme man zur Anwendung des Art. 21 MA, was zu keiner besseren Lösung führt. Eine Missbrauchsklausel enthält allerdings Art. 10 Abs. 6 *DBA Großbritannien 2010;* darüber s. Rz. 96.

II. Deutsche DBA

1. Historische Entwicklung

10 In den **ältesten deutschen Abkommen** gelang die Vermeidung der Doppelbesteuerung von Dividenden gar nicht oder nur sehr unvollkommen: die im noch bis 1992 geltenden *DBA Italien* aus dem Jahre 1925 getroffene Unterscheidung zwischen den dem Quellenstaat zugewiesenen Sachsteuern und den vom Wohnsitzstaat zu erhebenden Personalsteuern (Art. 5) konnte eine Doppelbesteuerung nicht verhindern, da es sowohl an einer Quellensteuerbegrenzung als auch an einer Anrechnungs- oder Befreiungsverpflichtung des Wohnsitzstaats fehlte. Auch das *DBA Österreich* vom 4.10.1954 beschränkte die Höhe der Abzugsteuern noch nicht, sah aber bereits eine Anrechnung im Wohnsitzstaat vor (Art. 11). Kurz zuvor, am 22.7.1954, war jedoch das erste *DBA USA* abgeschlossen worden, das, wenn auch in seiner ursprünglichen Fassung nur für Schachteldividenden (und insofern beispielgebend für die *DBA Kanada 1956* und *Pakistan 1958*), als erstes deutsches Abkommen eine **Begrenzung des Quellensteuersatzes** mit einer (auch bereits in einer getrennten Vorschrift geregelten) **Anrechnungs- bzw. Freistellungsverpflichtung des Wohnsitzstaats** kombinierte. Auf diesem Grundprinzip, das beginnend mit dem *DBA Luxemburg* (23.8.1958) durch eine Differenzierung zwischen Schachteldividenden und Erträgen aus Streubesitz noch verfeinert wurde, basieren seither, von vereinzelten untypischen Ausnahmen abgesehen, die Dividendenbestimmungen aller deutschen Abkommen; das Prinzip ist, insbesondere seit seiner Aufnahme in das MA 1963, bei aller Verschiedenheit der Regelungen im Einzelnen in der deutschen Abkommenspraxis fest verankert.

2. Differenzierung zwischen Schachtel- und Streubesitzdividenden auch im Wohnsitzstaat

11 Die meisten deutschen DBA gehen den von den MA bei der Behandlung im Quellenstaat eingeschlagenen Weg der Differenzierung konsequent zu Ende: im Gegensatz zu den MA sehen sie (zumindest auf deutscher Seite) eine Freistellung der Schachteldividenden im Wohnsitzstaat des Empfängers, das sog. **„Schachtelprivileg"**, vor (s. die Übersicht in Art. 23, dort Rz. 16, sowie die besondere Übersicht zu Art. 23, dort in Rz. 90). Für die anderen Dividenden bleibt es bei der Anrechnungsmethode. Die Dividenden werden also in zwei Gruppen aufgeteilt, die abkommensrechtlich so unterschiedlich behandelt werden wie verschiedene Einkunftsarten. Die Unterscheidung beruht auf wirtschaftlichen Gründen: um Wettbewerbsverzerrungen zu vermeiden und rechtsformneutral zu bleiben, streben die DBA eine weitgehende Annäherung der Belastung von Schachteldividenden an die der Betriebstättenerträge an. Streubesitzdividenden dagegen stehen wirtschaftlich den Zinsen näher. Die Trennung der beiden Arten von Dividenden war eine der Hauptursachen für die Unübersichtlichkeit der Dividendenbestimmungen in den deutschen DBA, die teilweise an die Grenze des Zumutbaren ging, solange die sog. „Suspensionsklauseln" (s. die 5. Aufl. Rz. 104 ff.) galten, d. h. nach der hier vertretenen Auffassung bis auf wenige Ausnahmen bis 31.12.1989.

B. Zu Art. 10 Abs. 1

I. Musterabkommen

1. Übereinstimmung

Im Wortlaut des Absatzes 1 stimmen die MA und die DE-VG voll überein. 17

2. Erläuterungen

a) Grundzüge: Abs. 1 bestätigt das Recht des **Wohnsitzstaates,** Dividenden zu besteuern, die eine in seinem Gebiet ansässige Person aus dem anderen Vertragsstaat bezieht. Die Besteuerung im Quellenstaat regelt Abs. 2, die Anrechnung der Quellensteuer im Wohnsitzstaat Art. 23 A oder B. Abs. 1 in der Fassung des MA hat ihnen gegenüber keine selbständige materielle Bedeutung. Er stellt jedoch klar, in welchen Fällen die Vorschrift **anwendbar** ist. Art. 10 gilt nicht für Dividenden, die eine Gesellschaft im Wohnsitzstaat des Dividendenempfängers oder in einem dritten Staat zahlt; er befasst sich auch nicht mit Dividenden, die nach dem innerstaatlichen Recht eines Vertragsstaates dort schon allein deshalb besteuert werden, weil sie von einem ansässigen Bankinstitut ausgezahlt werden. In diesen Fällen ist jeweils zu prüfen, ob und inwieweit Art. 21 einschlägig ist. Zur „extraterritorialen Besteuerung“ vgl. im Übrigen Abs. 5. 18

b) Abgrenzung: s. Rz. 8f. 19

c) Regelung: Werden 20
- **Dividenden**
- einer **in einem Vertragsstaat ansässigen Gesellschaft**
- an eine **im anderen Vertragsstaat ansässige Person**
- **gezahlt,**

so darf nach Art. 10 der **Wohnsitzstaat des Zahlungsempfängers** die Dividenden besteuern.

Der Begriff „Dividenden“ ist in Abs. 3 definiert (Rz. 183ff.), der Begriff der „Gesellschaft“ in Art. 3 Abs. 1 Buchst. b (s. dort Rz. 9f., 13ff.), der auch für die Auslegung des Art. 10 (so ausdrücklich MA-Komm. zu Art. 3 Ziff. 3) nach der dafür maßgeblichen Rechtsordnung des Quellenstaates (s. Rz. 184) anzuwenden ist (BFH BStBl. II 2009, 234, 235: *DBA USA 1989*). Eine „in einem Vertragsstaat ansässige Gesellschaft“ ist eine Gesellschaft, die eine in einem Vertragsstaat **ansässige Person** i. S. des Art. 4 ist (s. dort Rz. 3). 21

d) Der Begriff **„zahlen“** ist weit auszulegen und schließt sämtliche Formen der Erfüllung des Dividendenanspruchs ein (MA-Komm. Ziff. 7; s. auch BFH BStBl. II 2013, 1024, Tz. 21; *Kaeser/Wassermeyer* in Wassermeyer, Art. 10 OECD-MA Rz. 45f.; *Lang,* IStR 2002, 717 (721); *Aigner,* SWI 2004, 187 (197)). Er ist eine „für viele Staaten akzeptable Formel“, die den Vorgang der Gewinnausschüttung einer Gesellschaft in einem Staat und des Zuflusses der Gewinne beim Gesellschafter im anderen Staat umschreiben soll. Wenn der MA-Komm. den Begriff als synonym mit „zur Verfügung stellen“ bezeichnet (a. a. O.), so stellt er damit klar, dass äußerlich abweichende, aber wirtschaftlich ähnliche Vorgänge an dieser Stelle nicht ausgegrenzt werden sollen (diese Funktion hat der Dividendenbegriff des Abs. 3, s. Rz. 183ff.). Wenn die deutsche Fassung des MA-Komm. in diesem Zusammenhang von „Geldmitteln“ spricht, so ist das enger formuliert, als es gemeint sein kann. Denn es ergäbe keinen Sinn, dem Quellenstaat zwar in Abs. 3 das Recht zur Bestimmung des Dividendenbegriffs und damit auch zur Einbeziehung z. B. von verdeckten Gewinnausschüttungen zuzugestehen (s. dazu Rz. 186), dann aber 22 bestimmte Arten von verdeckten Gewinnausschüttungen, bei denen keine Geldmittel fließen, als nicht „gezahlt" anzusehen und so aus Art. 10 herauszunehmen. Die in der englischen und französischen Originalfassung des MA-Komm. verwendeten Ausdrücke „funds" bzw. „fonds" sind in der Tat auch weiter. Erfasst sind sogar bloß fiktive Ausschüttungen, wie sie von diversen Rechtsordnungen bei bestimmten Umwandlungsvorgängen angenommen werden (z. B. von Deutschland in § 7 UmwStG, dazu s. *Schmitt* in Schmitt/Hörtnagl/Stratz, § 7 UmwStG Rz. 14; auch etwa von Österreich, dazu s. EAS 3078 v. 5.7.2009, SWI 2009, 441), ebenso die von deutschen Investmentvermögen thesaurierten Erträge, die von den Anlegern bereits per Ende des Geschäftsjahrs ihrer Vereinnahmung als „ausschüttungsgleiche Erträge" zu versteuern sind (§ 2 Abs. 1 S. 1 und 2 InvStG; ebenso *Gradel/Kleinhans* in SKK, Art. 10 MA Rz. 80; GKG/*Grützner,* Art. 10 MA Rz. 223; a. A. *Lübbehüsen* in Berger/Steck/Lübbehüsen, § 2 InvStG Rz. 55 f.). Der Begriff „zahlen" ist demgemäß im Rahmen der Subsumtion unter Art. 10 als unselbständiges Anhängsel des Dividendenbegriffs zu verstehen: **Zahlung ist die Zuwendung jeden Vorteils, der nach Abs. 3 als Dividende zu qualifizieren ist** (zustimmend BFH BStBl. II 2013, 1024, Tz. 21; *Schönfeld* in Schönfeld/Ditz, Art. 10 OECD-MA Rz. 62). So verstanden sagt der Begriff „zahlen" auch nichts über den Kreis der Personen bzw. Rechtsträger aus, der als Dividendenempfänger bzw. Nutzungsberechtigter Rechte aus Art. 10 herleiten kann (vgl. *Wassermeyer,* IStR 1998, 8; missverständlich MA-Komm. Ziff. 12 Satz 1).

23 Damit erfassen die MA einen **weiteren** Bereich als häufig der Begriff **Einkünfte aus Kapitalvermögen** i. S. des **innerstaatlichen** Steuerrechts. Soweit der Quellensteuerabzug nach nationalem Recht an engere Voraussetzungen gebunden ist (wie etwa nach deutschem Recht bei verdeckten Gewinnausschüttungen an einen ausländischen Gesellschafter), müssen für den Quellensteuerabzug die jeweiligen Voraussetzungen des innerstaatlichen Steuerrechts gegeben sein, da DBA keine Steuerpflichten, somit auch keine Verpflichtung zur Einbehaltung von Steuern, begründen, sondern lediglich nach nationalem Recht bestehende Verpflichtungen einschränken.

24 **e) Maßgebender Zeitpunkt:** Art. 10 regelt nicht die Frage, zu welchem Zeitpunkt Dividenden besteuert werden dürfen. Auch wenn es sich um Dividenden handelt, die selbst bei weitester Auslegung noch nicht „gezahlt" sind (Beispiele: Zuflussfiktion gemäß § 44 Abs. 2 Satz 2 EStG; Ausschüttungen an beherrschende Gesellschafter sind nach deutscher Rechtsprechung und Verwaltungsauffassung stets im Zeitpunkt der Beschlussfassung über die Gewinnverteilung zu besteuern, auch dann, wenn die Auszahlung erst für ein späteres Jahr festgesetzt und entsprechend durchgeführt wird: BFH BStBl. II 2007, 943; FinMin NRW v. 14.2.1978 (koord.), BB 1978, 288; „phasengleiche Aktivierung": vgl. EuGH v. 27.6.1996, Rz. C-234/94, Slg. 1996-I, 3133 i. d. F. des Urteilsberichtigungsbeschl. v. 10.7.1997, DStR 1997, 1416 – *Tomberger;* in Deutschland handelsrechtlich geboten, aber steuerlich grundsätzlich unzulässig: BFH BStBl. II 2008, 340; BFH GrS 2/99, BStBl. II 2000, 632; BFH DB 2001, 734; dazu *Graf Kerssenbrock/Rodewald,* DStR 2002, 653; FG Hamburg DStRE 2007, 421 (rkr.)), widerspricht deren Besteuerung dem Abkommen nicht (BFH BStBl. II 1998, 672 (674): *DBA Schweiz 1971*). Beschränkungen, die das Abkommen der Dividendenbesteuerung zieht, müssen aber selbstverständlich beachtet werden (vgl. dazu *Conseil d'État* req. n. 37 733 Dr. Fisc. 1984 comm. 5: *DBA Frankreich/Niederlande*).

25 **f) Empfänger der Dividenden:** Abs. 1 gilt nur für Dividenden, die an eine im anderen Vertragsstaat **ansässige Person** gezahlt werden. Zum Begriff „ansässige Person" s. Art. 3 Rz. 9 ff.; Art. 4 Rz. 2 f. Für Dividenden an eine natürliche Person, die zwar im Quellenstaat aufgrund eines Wohnsitzes unbeschränkt steuer-

pflichtig, für Abkommenszwecke jedoch im anderen Vertragsstaat ansässig ist, gelten daher trotz unbeschränkter Steuerpflicht die der Besteuerung im Quellenstaat durch Art. 10 gesetzten Grenzen (OFD Münster, FR 2009, 1021). Wird an eine Mittelsperson, jedoch zugunsten des an der Kapitalbeteiligung **Nutzungsberechtigten** geleistet, so ist dies „Zahlung" auch an den Nutzungsberechtigten (zum Begriff „Nutzungsberechtigter" s. Vor Art. 10 bis 12 Rz. 10ff.). Auch dem Staat des Nutzungsberechtigten wird somit durch Abs. 1 die Befugnis belassen, die Dividende zu besteuern. Ist die Mittelsperson in einem dritten Staat ansässig, so handelt es sich im Verhältnis zwischen dem Quellenstaat der Dividende und dem Wohnsitzstaat des Nutzungsberechtigten um einen Fall des Art. 10 (s. Rz. 42), im Verhältnis zwischen dem Wohnsitzstaat des Nutzungsberechtigten und dem der Mittelsperson dagegen um einen Fall des Art. 21 MA (Letzteres wird zu Unrecht bestritten von *Kaeser/Wassermeyer* in Wassermeyer, Art. 10 OECD-MA Rz. 40).

Werden die Dividenden für eine Kapitalbeteiligung gezahlt, die zum Betriebs- 26
vermögen einer **Betriebstätte** des Dividendenempfängers im Sitzstaat der die Dividenden zahlenden Gesellschaft gehört, so schließt Abs. 4 die Anwendung von Abs. 1 aus (s. näher Vor Art. 10 bis 12 Rz. 30ff.) und damit im Ergebnis – nämlich über Art. 23 – die Besteuerung durch den Wohnsitzstaat des Dividendenempfängers, wenn dieser auf Betriebstättengewinne im anderen Staat die Freistellungsmethode anwendet.

II. Deutsche DBA

1. Abkommensübersicht 27

Dividenden können **nach sämtlichen deutschen DBA** wie nach den MA und der DE-VG im **Wohnsitzstaat des Empfängers** (bzw. Nutzungsberechtigten) besteuert werden. Dies wird in den meisten deutschen Abkommen entsprechend Art. 10 Abs. 1 MA **ausdrücklich bestätigt.** Eine derartige Bekräftigung **fehlt** lediglich in den **folgenden DBA:**

Australien, Bolivien, Ecuador, Israel, Jugoslawien, Mongolei, Namibia, Russische Föderation, Venezuela.

2. Erläuterungen

Einige DBA verzichten darauf zu bekräftigen, dass Dividenden vom Wohnsitz- 28
staat des Empfängers besteuert werden dürfen (s. die Übersicht in Rz. 27). Eine sachliche Abweichung gegenüber den MA ergibt sich hieraus jedoch nicht, da Art. 10 Abs. 1 MA ohnehin keinen eigenständigen materiellen Regelungsgehalt besitzt und keines der Abkommen den Wohnsitzstaat von der Dividendenbesteuerung ausdrücklich ausschließt. Einschränkungen der Besteuerung durch den Wohnsitzstaat ergeben sich – nach diesen Abkommen wie nach den MA – lediglich aus den funktionell Art. 23 MA entsprechenden Abkommensbestimmungen. Die *DBA Großbritannien 1964/70* und *Irland 1962/2010* bestätigten die Aufrechterhaltung der Wohnsitzstaatsbesteuerung in indirekter Form: Dividenden können „auch" im Quellenstaat besteuert werden. Soweit in den Abkommen eine Art. 10 Abs. 1 MA entsprechende Vorschrift fehlt, erscheinen die den Anwendungsbereich des Dividendenartikels bestimmenden Tatbestandsmerkmale in den Abschnitten, welche die Besteuerung der Dividenden im Quellenstaat behandeln. Das *DBA UdSSR* kennt den Ausdruck „Gesellschaft" nicht und spricht daher in Art. 7 von „Dividenden, die eine ... juristische Person ... zahlt". Die hierzu ergangene Verwaltungsanweisung BMF, BStBl. I 1988, 193 ist durch das BMF-Schreiben BStBl. I

1994, 97, das die steuerliche Behandlung von „Dividendenausschüttungen einer Kapitalgesellschaft mit Sitz in den Nachfolgestaaten der ehemaligen Sowjetunion" für die Übergangszeit bis zum In-Kraft-Treten neuer DBA mit den Nachfolgestaaten regelt, aufgehoben worden.

C. Zu Art. 10 Abs. 2

I. Musterabkommen

1. Übereinstimmungen und Abweichungen

31 Die Art. 10 Abs. 2 der MA und der DE-VG stimmen in ihrer Grundstruktur (rechtstechnischer Aufbau; vorrangige, aber der Höhe nach begrenzte Besteuerung durch den Quellenstaat; unterschiedliche Quellensteuerhöchstsätze für Schachtel- und Streubesitzdividenden, Abgrenzung von der Gewinnbesteuerung der ausschüttenden Gesellschaft) miteinander überein. Sie weichen jedoch in den Einzelregelungen in einigen Punkten voneinander ab:

32 Das OECD-MA, die DE-VG und das US-MA schlagen, insoweit übereinstimmend, bestimmte Quellensteuerhöchstsätze (5% für Schachteldividenden; 15% für alle anderen Dividenden) ausdrücklich vor. Dagegen überlässt das UN-MA deren zahlenmäßige Fixierung den bilateralen Verhandlungen.

33 Als Voraussetzung für die Anwendung des besonderen Quellensteuerhöchstsatzes für Schachteldividenden sieht das OECD-MA eine Mindestbeteiligungsquote von 25%, die DE-VG und das US-MA dagegen eine Quote von lediglich 10% vor. Die Regelungen variieren auch hinsichtlich der Bezugsgröße für diese Mindestbeteiligung: während nach dem OECD-MA und der DE-VG die erforderliche Quote am „Kapital" der ausschüttenden Gesellschaft gehalten sein muss, stellt das US-MA stattdessen auf die Beteiligung an den „stimmberechtigten Anteilen" der Gesellschaft ab, was insbesondere bei stimmrechtslosen Vorzugsaktien zu unterschiedlichen Ergebnissen führen kann (allerdings lässt auch der OECD-MA-Komm. Ziff. 15 a. E. die Verwendung des Kriteriums „Stimmrecht" ausdrücklich zu). Ferner setzt nach dem OECD-MA wie nach der DE-VG die Anwendung des besonderen Quellensteuerhöchstsatzes für Schachteldividenden voraus, dass der Ausschüttungsempfänger eine „Gesellschaft (jedoch keine Personengesellschaft)" ist. Die dabei in dem Klammerzusatz enthaltene Einschränkung fehlt im US-MA. Nach dem OECD-MA und der DE-VG muss schließlich der Ausschüttungsempfänger die Mindestbeteiligung „unmittelbar" halten; nach dem US-MA muss sie ihm lediglich „gehören". Diese abweichende Formulierung ist allerdings angesichts der derzeitigen Auslegung des Ausdrucks „gehören" durch den *IRS* ohne inhaltliche Bedeutung (s. die US-TE zu Abs. 2, 1. Unterabs.). Nach der DE-VG ist auf Dividenden, die von einem deutschen REIT oder von einem deutschen Investmentvermögen gezahlt werden, nur der höhere Quellensteuerhöchstsatz von 15% anzuwenden.

35 Der im OECD-MA enthaltene Satz, die Durchführung der Quellensteuerbegrenzung sei von den zuständigen Behörden im gegenseitigen Einvernehmen zu regeln (s. dazu Vor Art. 10–12 Rz. 55 ff.), fehlt in der DE-VG und im US-MA. Die DE-VG enthält aber in Art. 27 Verfahrensregeln für die Quellenbesteuerung.

2. OECD-MA

36 **a) Grundzüge:** Dividenden besteuert der **Sitzstaat der ausschüttenden Gesellschaft als Quellenstaat** vorrangig, jedoch nur **in begrenzter Höhe.** Er besteuert sie gemäß seinem innerstaatlichen Recht, ohne durch das Abkommen

anders als hinsichtlich der Höhe der Steuer begrenzt zu sein. Insbesondere lässt Abs. 2 offen, ob die Steuer durch Abzug bei der Gesellschaft oder durch Veranlagung des Dividendenempfängers (Gesellschafters) erhoben wird. Dass auch der Wohnsitzstaat des Gesellschafters die Dividenden besteuern kann, ergibt sich bereits aus Abs. 1. Die Anrechnung der Steuer des Quellenstaats im Wohnsitzstaat des Gesellschafters bestimmt sich nach Art. 23 A oder B MA (die Abkommenspraxis – jedoch nicht das MA – kennt auch die Freistellung der Dividenden im Wohnsitzstaat, das sog. „Schachtelprivileg"; s. Art. 23 Rz. 78 ff.).

Nach dem MA sind für **Schachtelbeteiligungen** (direct investment) und für **Streubesitz** (portfolio investment) **unterschiedliche Quellensteuerhöchstsätze** vorgesehen. Bei den nachstehenden Erläuterungen werden daher jeweils zunächst die für beide Arten von Dividenden **gemeinsam** geltenden Regeln behandelt (Rz. 39 ff., Rz. 87 ff.), dann die für **Schachteldividenden** (Rz. 52 ff., 101 ff.), schließlich die für **andere Dividenden** (Rz. 61, 149 ff.). 37

b) Abgrenzung: s. Rz. 8 f. 38

c) Gemeinsame Grundsätze für alle Dividenden:

aa) Regelung: 39

– **Dividenden** (i. S. des Abs. 3)
kann **auch der Ansässigkeitsstaat der zahlenden Gesellschaft** (Art. 4 i. V. m. Art. 3) (der **Quellenstaat**) besteuern,
jedoch
– **wenn der Nutzungsberechtigte im anderen Vertragsstaat ansässig ist,**
nur **bis zur Höhe von**
– **bei Schachteldividenden 5%,**
– **bei allen anderen Dividenden 15%.**

bb) In der Fassung des **Update 2014** nimmt Abs. 2 nicht mehr auf alle Tatbestandsmerkmale des Abs. 1 Bezug, wie es die – in der DE-VG noch enthaltene – Vorversion („diese Dividenden") tat, sondern spricht nur noch die im Quellenstaat ansässige zahlende Gesellschaft einerseits und den im Wohnsitzstaat ansässigen Nutzungsberechtigten andererseits an. Entfallen ist dadurch die Bezugnahme auf „die im anderen Vertragsstaat ansässige Person" und damit die Frage der Ansässigkeit einer – nicht nutzungsberechtigten – Mittelsperson als Zahlungsempfänger (s. Rz. 42 und Vor Art. 10–12 Rz. 20). 40

Zum Dividendenbegriff s. Rz. 183 ff. Für Zahlungen, die nicht i. S. des Abs. 3 „Dividenden" sind, und für Dividenden aus Drittstaaten gelten die jeweils einschlägigen anderen Verteilungsnormen, die entweder eine höhere oder sogar uneingeschränkte Quellenbesteuerung aufrechterhalten oder auch die Quellenbesteuerung weiter einschränken, sie gegebenenfalls völlig ausschließen. Der Begriff „gezahlt" ist weit auszulegen, „Zahlung" ist jede Erfüllungshandlung, s. Rz. 22 f. Über den Zeitpunkt der Besteuerung sagt Art. 10 nichts; auch wenn die Dividenden schon zu einem Zeitpunkt besteuert werden, in dem die spätere Ausschüttung erst beschlossen ist oder – bereits vor einem solchen Beschluss – beim Empfänger aktiviert wird, ist die Quellensteuerbeschränkung des Abs. 2 anzuwenden (s. Rz. 24; s. auch *Kaeser/Wassermeyer* in Wassermeyer, Art. 10 OECD-MA Rz. 47). Nur wenn ein Staat fiktive Dividenden besteuern würde, die weder gezahlt worden noch zur künftigen Zahlung konkret vorgesehen sind, könnte die Anwendbarkeit des Art. 10 zweifelhaft sein; zu fragen wäre dann, ob die Dividenden-Definition des Abs. 3 noch einschlägig ist (s. Rz. 222 ff.) und nicht ein Versuch des Gesetzgebers zur Umgehung des Abkommens vorliegt (s. Anh. zu Art. 1 Rz. 88 ff.).

cc) Die Quellensteuerbeschränkung tritt nur ein, wenn der **Nutzungsberechtigte im anderen Vertragsstaat ansässig** ist. Zum Begriff des Nutzungsberechtigten s. Vor Art. 10 bis 12 Rz. 10 ff. Es kommt also auf die **Abkommensberech-** 42

tigung des Nutzungsberechtigten an, und zwar auch dann, wenn nicht dieser, sondern eine andere Person die „Zahlung“ tatsächlich empfängt. Bis 1995 brachte das OECD-MA dies durch die Wendung „wenn der Empfänger … zugleich der Nutzungsberechtigte ist“ nur missverständlich zum Ausdruck, ebenso noch das US-MA. Die Wendung bedeutet aber dasselbe (s. Vor Art. 10 bis 12 Rz. 20). Ein Strohmann oder eine sonstige Mittelsperson wäre Empfänger der Dividenden, aber nicht nutzungsberechtigt. Dagegen ist der Nutzungsberechtigte immer auch „Empfänger“ der Dividenden, wenn ihm die Zahlung im Ergebnis zugute kommt. Deswegen greift die Quellensteuerbeschränkung auch dann ein, wenn der unmittelbare Empfänger nicht Nutzungsberechtigter, aber der Nutzungsberechtigte in demselben Vertragsstaat ansässig ist (MA-Komm. Ziff. 12.2), ebenso, wenn der unmittelbare Empfänger im Quellenstaat oder in einem Drittstaat, dagegen im anderen Vertragsstaat **überhaupt nur der Nutzungsberechtigte** ansässig ist. Seit dem **Update 2014** bringt das OECD-MA diese Bedeutung auch im **Text des Art. 10 Abs. 2** selber noch deutlicher zum Ausdruck, indem, statt durch die Formulierung „diese Dividenden“ auf den gesamten Relativsatz in Abs. 1 und damit auch auf die Ansässigkeit des unmittelbaren Empfängers in einem Vertragsstaat Bezug zu nehmen, nur noch die Ansässigkeit der die Dividenden zahlenden Gesellschaft einerseits und diejenige des Nutzungsberechtigten andererseits angesprochen wird.

43 Das Erfordernis der „Nutzungsberechtigung“ soll einen Missbrauch des DBA durch Einschaltung von Mittelspersonen vermeiden, wenn der Nutzungsberechtigte seinerseits nicht abkommensberechtigt ist. Das MA 1963 enthielt den Ausdruck noch nicht; nach den allgemeinen Grundsätzen über den Abkommensmissbrauch (s. Anh. zu Art. 1 Rz. 88 ff.) werden aber bei Abkommen, die dieser älteren Fassung folgen, die Ergebnisse i. d. R. keine anderen sein. Seit dem MA 1977 ist er ausdrückliche Anspruchsvoraussetzung zur Erlangung der Quellensteuerbegrenzungen des Art. 10 (Schweizerisches Bundesverwaltungsgericht, U. v. 7.3.2012, A 6537/2010, E. 3.4.3; dort auch zur Unterscheidung zwischen dem Konzept der Nutzungsberechtigung und einer Missbrauchsklausel; s. jetzt auch Ziff. 12.4 und 12.5 MA-Komm. 2014). **Nicht** über den Begriff des Nutzungsberechtigten zu lösen ist die Problematik von **Basisgesellschaften,** deren Gesellschafter in Drittstaaten ansässig sind. Diese Fälle können nach dem MA-Komm. Ziff. 22 im Abkommen besonders geregelt werden (z. B. so wie vom US-MA in Art. 22 („Limitation on Benefits“) vorgesehen).

44 **dd)** Die Begrenzung der Dividendenbesteuerung im Quellenstaat geschieht durch Festsetzung eines Vomhundertsatzes, der sich auf den **Bruttobetrag der Dividenden** bezieht. Bemessungsgrundlage der Quellensteuer ist m. a. W. **die Ausschüttung ohne Abzug irgendwelcher Aufwendungen** (zur europarechtlichen Problematik s. Rz. 178) und ohne Berücksichtigung persönlicher Umstände des Dividendenempfängers; auch die Quellensteuer selber kann nicht von der Bemessungsgrundlage abgesetzt werden. Bei der Ermittlung der maximal zulässigen Quellensteuerbelastung im Einzelfall gilt diese Berechnungsmethode auch für die (wenigen) Staaten, die nach ihrem innerstaatlichen Recht die Quellensteuer nicht im Abzugs-, sondern im Veranlagungswege erheben und dabei die Absetzung von Aufwendungen zulassen. Die Zugrundelegung des Bruttobetrags der Dividenden kann dazu führen, dass auch eine nach dem Abkommen relativ niedrig bemessene Quellensteuer die auf die Dividenden im Wohnsitzstaat entfallende Steuer, insbesondere bei hohen Aufwendungen, übersteigen kann (obwohl der vom Wohnsitzstaat angewandte Satz nominal das Drei-, Vier- oder gar Fünffache des Quellensteuersatzes beträgt), so dass ein **Anrechnungsüberhang** entsteht. Dieser Gefahr kann entweder der Quellenstaat dadurch begegnen, dass er auch seinerseits den Abzug der Aufwendungen von den Dividenden gestattet, oder der Wohnsitzstaat z. B. da-

durch, dass er alternativ zur Anrechnung der Quellensteuer deren Abzug von der Bemessungsgrundlage der Einkommensteuer gestattet oder – noch besser – sowohl die Anrechnung wie, zusätzlich, den Abzug des Anrechnungsüberhangs.

Zum Bruttobetrag der Dividenden gehört eine zur Anrechnung auf die persönliche Einkommensteuer des Gesellschafters vorgesehene **Körperschaftsteuergutschrift** (avoir fiscal) nur dann, wenn der Sitzstaat der Gesellschaft die Anrechnung und gegebenenfalls Erstattung der von der Gesellschaft gezahlten Körperschaftsteuer auch dem ausländischen Gesellschafter einräumt (so z.B. Frankreich gegenüber deutschen Gesellschaften bis 2001; s. dazu die 5. Aufl. Rz. 150f., nicht jedoch z.B. Deutschland während der Geltung seines Vollanrechnungsverfahrens; s. dazu die 5. Aufl. Rz. 215) oder wenn der Gesellschafter nach dem jeweiligen innerstaatlichen Recht sowohl im Wohnsitz- als auch im Quellenstaat unbeschränkt steuerpflichtig und deswegen im Quellenstaat im Rahmen seiner Veranlagung zur Körperschaftsteuer-Anrechnung berechtigt ist, abkommenrechtlich (Art. 4 Abs. 2 MA) hingegen als im Wohnsitzstaat ansässig gilt. 45

ee) Ermäßigung oder Erstattung: Das Verfahren zu bestimmen, in dem die Quellensteuerbegrenzung durchzuführen ist, überlässt Abs. 2 Satz 2 den beteiligten Finanzverwaltungen. Dies gilt insbesondere für die Frage, ob bereits der Quellensteuerabzug beim Dividendenschuldner ermäßigt oder eine den Abkommenssatz übersteigende Quellensteuer erst später erstattet wird. Siehe dazu näher Vor Art. 10 bis 12 Rz. 55ff., dort auch zu der nach deutschem Recht für das „Einbehaltungs- und Rückerstattungs"-Verfahren erforderlichen Rechtsgrundlage. 46

ff) Welcher Staat **Sitzstaat** der Gesellschaft ist, bestimmt sich nach Art. 4 MA; s. dort Rz. 2ff. Über **doppelt** ansässige Gesellschaften s. Art. 1 Rz. 20 und Art. 4 Rz. 240ff., besonders Rz. 244. Für Dividenden einer österreichischen GmbH mit Geschäftsleitung und folglich Ansässigkeit in Deutschland hat Österreich daher kein Besteuerungsrecht aus Art. 10 Abs. 2 *DBA Österreich* (ÖstBMF v. 25.11.2009 (EAS 3092), SWI 2009, 570). Andererseits folgt aus Art. 10 Abs. 2 dann auch keine Begrenzung der Quellensteuer (*Elser/Dürrschmidt*, IStR 2010, 79, 82); hier kommt aber eine Anwendung von Art. 21 in Betracht, so dass das Besteuerungsrecht allein bei dem Staat liegt, in dem der Anteilseigner und die Gesellschaft ihren Sitz haben (*Ege*, DStR 2010, 1205, 1207). Bei doppelt ansässigen Gesellschaften kann es zu einer doppelten Erhebung von Quellensteuern kommen; die Erstattung richtet sich nach dem im Verhältnis zum Dividendenempfänger anwendbaren DBA, ggf. sind beide Quellensteuer-Abzüge anzurechnen (*Piltz*, FS Herzig, 23, 33). 47

d) Insbesondere Schachteldividenden: aa) Quellensteuerhöchstsatz: Für so genannte Schachtel- oder Konzerndividenden (d.h. Dividenden, die aufgrund einer qualifizierten Beteiligung gezahlt werden, s. die folgenden Rz.) sieht das OECD-MA einen besonderen, auf 5% des Bruttobetrags der Dividenden ermäßigten Quellensteuerhöchstsatz vor. 52

bb) Voraussetzungen: Nach dem MA greift die spezielle Quellensteuerbegrenzung für Schachteldividenden ein, wenn der Nutzungsberechtigte der Dividenden 53

- eine **Gesellschaft (jedoch keine Personengesellschaft)** ist, die
- über **mindestens 25 vom Hundert**
- **des Kapitals** der die Dividenden zahlenden Gesellschaft
- **unmittelbar verfügt.**

Diese Voraussetzungen entsprechen denjenigen der DE-VG mit der Ausnahme, dass nach der DE-VG eine Beteiligung von bereits 10 % des Kapitals ausreicht. Zum Begriff der **Gesellschaft** s. Art. 3 Abs. 1 Buchst. b, dort insbes. Rz. 11, 13ff. Maßgebend für die Einordnung als Gesellschaft ist das Recht des Quellenstaates (BFH BStBl. II 2009, 234, 235). Der Klammerzusatz **„jedoch keine Personen-** 54

gesellschaft" ist irrelevant, wenn in den innerstaatlichen Steuerrechtsordnungen beider Abkommensländer Personengesellschaften nicht eigenständige Steuersubjekte sein können; er dient dann nur der Klarstellung. Ist eine Personengesellschaft nach dem Recht ihres Sitzstaates juristische Person, wird sie aber entweder selber nicht besteuert oder deckt ihre Besteuerung auch die Steuerpflicht der Gesellschafter ab, so wäre es nicht gerechtfertigt, sie in den Genuss des ermäßigten Quellensteuersatzes von 5% kommen zu lassen, da ihre Einschaltung tatsächlich keine Doppelbelastung bewirkt (zustimmend BFH BStBl. II 2009, 234, 237). Die Regelung des MA ist hier sachgerecht. Anders dagegen, wenn beide Staaten Personengesellschaften als selbständige Rechtsträger besteuern, jedoch zugleich an ihrer rechtlichen Einordnung als „Personengesellschaften" festhalten (wie etwa Frankreich für die Gesellschaften, die gemäß Art. 206 CGI für eine Besteuerung als Körperschaft optieren können); dann wäre die MA-Regelung für die Muttergesellschaft nachteilig. Das widerspräche Sinn und Zweck der Sonderregelung für Schachteldividenden, wie ihn auch der MA-Komm. (Ziff. 10) sieht, nämlich eine mehrfache Steuerbelastung von Konzerndividenden zu vermeiden (so auch *Aigner,* SWI 2001, 121 ff.). Das gleiche Problem ergibt sich auch dann, wenn nur das Recht des Sitzstaates der Mutterpersonengesellschaft ihr steuerliche Rechtssubjektivität einräumt und der Quellenstaat zwar ihre Qualifikation durch den Sitzstaat als „Gesellschaft" abkommensrechtlich anerkennt, sie aber zugleich seinem nationalen Recht entsprechend gemäß Art. 3 Abs. 2 MA als „Personengesellschaft" einstuft. Die unerwünschten Konsequenzen des Klammereinschubs in Art. 10 Abs. 2 Buchst. a MA können in derartigen Fällen allerdings vermieden werden, wenn der Quellenstaat – durch Interpretation des Steuerrechts des Sitzstaates und aufgrund eigener Wertung – die Muttergesellschaft in Anbetracht ihres rechtlichen Aufbaus, ihrer wirtschaftlichen Stellung und insbesondere ihrer Behandlung als selbständiges Steuersubjekt in ihrem Sitzstaat als **Kapitalgesellschaft** einordnet (zur Rechtsfigur der Einordnung oder „Substitution" – unzutreffend „Qualifikation" – s. Art. 1 Rz. 13 ff.). Ziff. 11 des MA-Komm. legt den Vertragsstaaten nahe, das Problem durch **ausdrückliche Ausdehnung** der Begünstigung auf Mutterpersonengesellschaften zu regeln.

55 Wann eine Gesellschaft über eine Beteiligung an einer anderen **„unmittelbar verfügt",** lässt sich aus MA und MA-Komm. weder ausdrücklich entnehmen, noch durch Interpretation aus dem Zusammenhang gewinnen. Die Frage ist daher gemäß Art. 3 Abs. 2 MA nach dem Recht des Anwendestaats, hier also des Quellenstaats der Dividenden, zu beurteilen. Dies hat zur Folge, dass sie von Staat zu Staat, entsprechend dem jeweils maßgebenden innerstaatlichen Recht, unterschiedlich entschieden werden kann.

56 Die **Mindestbeteiligungsquote von 25%** ist ein traditionelles, in zahlreichen Ländern anerkanntes Kriterium der Abgrenzung zwischen unternehmerischen Beteiligungen (direct investment) und Streubesitz (portfolio investment). Die Quote von 25% ist aus dem Aktienrecht übernommen; für die besonderen Bedürfnisse des internationalen Steuerrechts passt sie nicht recht. Sieht man den Sinn der Mindestbeteiligungsquote in der Kennzeichnung eines „dem Unternehmerrisiko vergleichbaren Engagements", so fragt sich, ob sie nicht zu hoch angesetzt ist. Soll es aber darum gehen, durch besondere Quellensteuerermäßigungen für Konzerndividenden – und auch durch das sog. Schachtelprivileg, s. dazu Art. 23 A und B Rz. 78 ff. – eine internationale wirtschaftliche Mehrfachbelastung von Dividendeneinkünften zu vermeiden (so ausdrücklich der MA-Komm. zu Art. 10 Ziff. 10 sowie zu Art. 23 Ziff. 50 bis 52; s. auch Rz. 7), so begrenzt die 25%-Schwelle den Kreis der Begünstigten erheblich zu eng. Das UN-MA empfiehlt deshalb eine Herabsetzung der Mindestbeteiligungsquote auf 10%, wie auch in der DE-VG vorgesehen.

Der MA-Komm. gestattet den Vertragsparteien in Ziff. 14 ausdrücklich eine Ermäßigung der Mindestbeteiligungsquote: sie sei z. B. dann gerechtfertigt, wenn der Sitzstaat der Muttergesellschaft ein Schachtelprivileg schon bei einer geringeren Beteiligung als 25% gewähre.

Als **Bezugsgröße** für die erforderliche Mindestbeteiligung hat das OECD-MA 57 (wie auch das UN-MA und die DE-VG) das **Kapital** der Tochtergesellschaft gewählt. Hierunter ist bei Kapitalgesellschaften das **Nominalkapital im gesellschaftsrechtlichen Sinn** zu verstehen, das fest, von Gewinn und Verlust unabhängig, durch Ausschüttungen nicht antastbar und in der Bilanz gesondert auszuweisen ist und nur aufgrund einer förmlichen Entscheidung über Kapitalerhöhung oder Kapitalherabsetzung modifiziert werden kann (s. hierzu auch die eingehenden, in den MA-Komm. 1977 aufgenommenen Bemerkungen in Ziff. 15, hier insbes. Buchst. a und b; ferner s. *Hoge Raad* Rolno. 27222 BNB 1993, 38 concl. *van Soest: DBA Niederlande-Schweiz*). **Nicht** gemeint ist das sog. „Eigenkapital", das zusätzlich die offenen Rücklagen sowie den Bilanzgewinn umfasst und begrifflich den Gegensatz zum Fremdkapital darstellt. Soweit die Nennkapitalanteile ihren Eignern unterschiedliche Rechte gewähren, bleibt dies für Zwecke der Berechnung der Beteiligungshöhe außer Betracht (MA-Komm. Ziff. 15 Buchst. c; anders, wenn statt der Bezugsgröße „Kapital" das Kriterium „stimmberechtigte Anteile" verwandt wird, s. dazu Rz. 138). Angesichts dieser strikt formalen Betrachtungsweise des MA-Komm. kommt eine Verminderung des Nennkapitals um **eigene Anteile** der Tochtergesellschaft nicht in Betracht (wie hier *Schönfeld* in Schönfeld/Ditz, Art. 10 OECD-MA Rz. 93; a. A. *Kaeser/Wassermeyer* in Wassermeyer, Art. 10 OECD-MA Rz. 90; ihm folgend GKG/*Grützner,* Art. 10 OECD-MA Rz. 75; Haase/*Gaffron*, Art. 10 MA Rz. 80; *Gradel/Kleinhans* in SKK, Art. 10 OECD-MA Rz. 36 unter Hinweis auf BFH BStBl. II 1971, 89, eine mit ganz anderer Zielrichtung zu § 17 EStG ergangene Entscheidung); umgekehrt darf der entsprechende Anteil der Muttergesellschaft an solchen eigenen Anteilen der Tochtergesellschaft ihrer Beteiligung nicht gesondert hinzugerechnet werden.

Die Steuerrechtsordnungen verschiedener Staaten enthalten Regelungen, nach 58 denen **Fremdkapital,** das einer Gesellschaft von ihren **eigenen Gesellschaftern** zur Verfügung gestellt wird, unter bestimmten Umständen als Grund- oder Stammkapital der Gesellschaft und daraus fließende Erträge als Dividenden (verdeckte Gewinnausschüttungen) behandelt werden (s. Art. 11 Rz. 65 ff.). Sieht das Steuerrecht des Sitzstaates der Tochtergesellschaft eine solche „Umqualifizierung" vor und werden dadurch die fraglichen Erträge zu „Dividenden" i. S. des DBA (zu den Voraussetzungen s. Rz. 200 und Art. 11 Rz. 65 ff.), so sind die entsprechenden, vom Gesellschafter zur Verfügung gestellten Mittel **ebenfalls „Kapital"** i. S. des Art. 10 Abs. 2 Buchst. a (MA-Komm. Ziff. 15 Buchst. d; gegen die Anwendung dieser Auslegungsregel auf Fremdkapital mit nach § 8a KStG in der bis 2007 geltenden Fassung umqualifizierten Erträgen: GKG/*Grützner,* Art. 10 OECD-MA Rz. 77 f.).

Das MA legt – hauptsächlich aus praktischen Erwägungen (s. MA-Komm. 59 Ziff. 16) – **keine Mindestdauer** für die zur Anwendung des besonderen Schachtel-Quellensteuerhöchstsatzes erforderliche Beteiligung fest; diese braucht also nur an einem **Stichtag** vorzuliegen. Nach dem MA-Komm. a. a. O. ist in diesem Zusammenhang der Zeitpunkt der Entstehung der (Quellen-)Steuerschuld nach dem Recht des Quellenstaates maßgebend.

e) Pensionsfonds: Nach Ziff. 13.1 des MA-Komm. können die DBA Pen- 60 sionskassen und ähnliche Versorgungseinrichtungen (ohne weitere Voraussetzungen wie Mindestbeteiligung o. Ä.) **ganz** von der Dividenden-Quellensteuer **befreien;** ein konkreter Formulierungsvorschlag wird in Ziff. 69 des MA-Komm. zu Art. 18 zur Verfügung gestellt. Der MA-Komm. trägt damit der zunehmenden Staatenpraxis Rechnung, die innerstaatliche Steuerbefreiung solcher Einrichtungen auch „über die Grenze" zu gewähren (s. etwa *Kolb,* IWB Internat. Gr. 2, 1911 (1913) mit Hinweis auf Art. 10 Abs. 3 *DBA Schweiz/USA* und die Verständigungsvereinbarung v. 25.11./3.12.2004; s. dazu *Goulder,* TNI Dezember 2004, 1002; *O'Donnell,* TPIR Januar 2005; s. auch Art. 10 Abs. 3 US-MA (dazu Rz. 66).

61 **f) Insbesondere Streubesitzdividenden:** Dividenden i. S. des Abs. 3, die wegen des Fehlens einer oder mehrerer Voraussetzungen des Abs. 2 Buchst. a nicht dem besonderen Quellensteuerhöchstsatz für Schachteldividenden unterliegen, bei denen die sonstigen Tatbestandsmerkmale der Abs. 1 und 2 (s. Rz. 20, 39 ff.) aber vorliegen, sind „andere Fälle" i. S. des Buchst. b. Für sie schlägt das OECD-MA wie die DE-VG eine **Quellensteuerbegrenzung auf 15 v. H. des Bruttobetrags** vor. Dieser Höchstsatz für sog. Streubesitzdividenden kommt also auch bei Gewinnausschüttungen zur Anwendung, die an eine natürliche Person oder an eine Personengesellschaft aufgrund einer 25 %igen (DE-VG: 10 %igen) oder höheren Beteiligung gezahlt werden. Bei diesen Dividendenempfängern kommt es i. d. R. nicht zu einer wirtschaftlichen Mehrfachbelastung; das MA bzw. die DE-VG sieht deshalb für sie eine weitergehende Quellensteuerentlastung nicht vor (s. o. Rz. 7, 54).

3. US-MA

63 **a)** Nach dem US-MA muss die für die Anwendung des **besonderen Quellensteuerhöchstsatzes für Schachteldividenden** erforderliche **Mindestbeteiligung** (in Höhe von **10 %**) an den **„stimmberechtigten Anteilen"** der ausschüttenden Gesellschaft bestehen (also nicht lediglich am Nennkapital dieser Gesellschaft, wie nach dem OECD-MA bzw. der DE-VG). Anteile sind „stimmberechtigt" i. S. des US-MA, wenn sie Teilhabe an dem Recht gewähren, Personen, die mit den gewöhnlich vom „board of directors" einer US-Kapitalgesellschaft ausgeübten Befugnissen ausgestattet sind, zu wählen, zu berufen oder durch andere Personen zu ersetzen (US-TE zu Art. 10 Abs. 2 US-MA). Zwar wird die Beteiligungsquote an den stimmberechtigten Anteilen in der Regel der am Nennkapital entsprechen; ein Auseinanderfallen kann sich jedoch ergeben, wenn das Gesellschaftsrecht des Sitzstaats der ausschüttenden Gesellschaft die Ausgabe von **stimmrechtslosen Vorzugsaktien** (nicht mitzuzählen), die Ausstattung bestimmter Anteile mit **Mehrstimmrechten** (nach Sinn und Zweck wohl mehrfach mitzuzählen, obwohl der Wortlaut auf „Anteile" abstellt; so auch Wassermeyer/*Wolff,* DBA USA, Art. 10 Rz. 72 unter Hinweis auf US-TE zu Art. 10 Abs. 2 US-MA) u. ä. zulässt. Zu der Gesamtzahl aller Stimmrechte, von der bei der Berechnung auszugehen ist, gehören auch **eigene Anteile** der ausschüttenden Gesellschaft, auch wenn aus ihnen ein Stimmrecht nicht ausgeübt werden kann. Denn beteiligte Kapitalgesellschaften müssen es selber in der Hand behalten können, ob sie die Mindestbeteiligungsgrenze überschreiten wollen; dies wäre aber nicht gewährleistet, wenn die ausschüttende Gesellschaft die Beteiligungsquote durch den Erwerb von eigenen Anteilen beliebig verändern könnte (so früher zu Recht *Debatin/Walter,* B VI Rz. 146 ff.; a. A. *Kaeser/Wassermeyer* in Wassermeyer, Art. 10 OECD-MA Rz. 90).

64 **b)** Aus der Formulierung, dass die Mindestbeteiligung dem Ausschüttungsempfänger **„gehören"** muss, ergibt sich die Frage, ob insoweit auch **indirekt** oder sonst im Konzernverbund gehaltene **Beteiligungen** in die Berechnung mit einzubeziehen sind. Wie die deutsche Rechtsprechung zu derselben Formulierung in einigen deutschen DBA (s. dazu Rz. 73), hat auch der IRS im Rev. Rul. 84–21 (1984–6 Cum. Bull. 11) zum *DBA USA/Frankreich* entschieden, dass das Wort

„gehören“ entsprechend dem gewöhnlichen, natürlichen Sprachgebrauch und damit im Sinne einer unmittelbaren Rechtsinhaberschaft auszulegen ist, so dass indirekte Beteiligungen usw. zur Erfüllung der Mindestbeteiligungsquote nicht beitragen können. Nicht mitgerechnet werden indirekte Beteiligungen allerdings nur, wenn sie durch unter- bzw. übergeordnete Kapitalgesellschaften vermittelt werden. Dagegen „gehören“ – hier zeigt sich eine ähnliche Entwicklung wie im deutschen Recht (s. dazu Rz. 74) – über steuerlich transparente Rechtsträger wie z. B. Personengesellschaften beteiligten Anteilseignern Anteile an der ausschüttenden Gesellschaft in Höhe der durchgerechneten Quote (Wassermeyer/*Wolff*, DBA USA, Art. 10 Rz. 73). Eine so beteiligte Muttergesellschaft kommt folglich in den Genuss der besonderen Schachtel-Quellensteuerbegrenzung, wenn der rechnerisch auf sie entfallende Teil der von dem steuerlich transparenten Rechtsträger gehaltenen stimmberechtigten Anteile an der ausschüttenden Gesellschaft die 10%-Schwelle erreicht (US-TE zu Art. 10 Abs. 2 US-MA). Die vorhersehbaren praktischen Schwierigkeiten dieser systematisch konsequenten Sichtweise, insbesondere bei der Ermittlung der Beteiligungsverhältnisse bei dem vermittelnden Rechtsträger, werden in Kauf genommen.

c) Für die Anwendung des besonderen Quellensteuerhöchstsatzes für Schachteldividenden muss der Nutzungsberechtigte eine **„Gesellschaft“** sein. Der Begriff „Gesellschaft“ bezeichnet nach Art. 3 Abs. 1 Buchst. b des US-MA (wie nach den anderen MA) „juristische Personen oder Rechtsträger, die für die Besteuerung wie juristische Personen behandelt werden“; maßgebend ist im Rahmen des Art. 10 Abs. 2 Buchst. a des US-MA (wie des OECD-MA) das **Recht des Quellenstaats** (BFHE 242, 195, Tz. 10; BFH BStBl. 2009, 234, 236 zum insoweit übereinstimmenden *DBA USA 1989*; ebenso die DE-VG). Anders als in Art. 10 Abs. 2 Buchst. a des OECD-MA ist im US-MA der einschränkende Zusatz, durch den Personengesellschaften ausdrücklich ausgenommen werden (s. dazu Rz. 54), nicht enthalten. Dieser Unterschied in der Formulierung ist zwar in der überwiegenden Anzahl der Fälle bedeutungslos, nämlich immer dann, wenn der Quellenstaat und der Sitzstaat einer ausländischen Personengesellschaft diese nicht als selbständiges Steuersubjekt anerkennen. Er wird jedoch bedeutsam, wenn die ausländische Personengesellschaft in ihrem Sitzstaat körperschaftsteuerpflichtig ist oder eine entsprechende Optionsmöglichkeit wahrgenommen hat und der Quellenstaat ihre abkommensrechtliche Qualifikation als „Gesellschaft“ zwar anerkennt, aber zugleich an ihrer Einordnung als „Personengesellschaft“ festhält; nach dem US-MA wäre in diesem Falle (im Gegensatz zum OECD-MA) die besondere Quellensteuerbegrenzung für Schachteldividenden anwendbar. Die dividendenempfangende Gesellschaft muss zudem, wie nach dem OECD-MA, Nutzungsberechtigte der Dividenden sein. Als „Nutzungsberechtigten“ sehen die USA (zur Diskussion auf der Ebene der OECD s. Vor Art. 10–12 Rz. 10 ff.) denjenigen an, dem **nach dem Recht des Quellenstaats die Einkünfte steuerlich zuzurechnen sind** (s. US-TE zu Art. 10 Abs. 2 US-MA; so bereits das *DBA USA 1989* Prot. Nr. 10, s. dazu BFH BStBl. II 2009, 234, 236; diese Protokoll-Bestimmung erscheint im *DBA USA 1989/2006* allerdings nicht mehr, ohne dass dies am Ergebnis etwas ändern soll (BFHE 242, 195, Tz. 23; s. dazu *Jacob/Klein,* IStR 2014, 121, 124; Wassermeyer/*Wolff,* DBA USA, Art. 10 Rz. 61 ff.)). Wenn eine US-Kapitalgesellschaft, die nach US-Steuerrecht als transparent behandelt wird, Dividenden aus Deutschland bezieht, ist nach der laut BFH (a. a. O., zur S-Corporation) maßgeblichen Sicht des Quellenstaates die Gesellschaft Nutzungsberechtigte i. S. des Art. 10 Abs. 2 *DBA USA 1989/2006*. Nach Art. 4 Abs. 1 Buchst. b *DBA USA 1989* war sie auch in den USA „ansässig“ und damit abkommensberechtigt, soweit die von ihr bezogenen Einkünfte „wie Einkünfte dort Ansässiger“ bei den dort ansässigen 65

Gesellschaftern besteuert wurden; die Anwendung des besonderen Quellensteuerhöchstsatzes für Schachteldividenden darf nicht darum versagt werden, weil mangels Besteuerung der Gesellschaft eine Doppelbelastung nicht entstehen kann (BFH BStBl. II 2009, 234, 237). Nach der Revision des Abkommens, bei der die Einkünfte von Personengesellschaften und anderen steuerlich transparenten Rechtsgebilden betreffende Regelung von Art. 4 Abs. 1 in den – Art. 1 Abs. 6 des US-MA entsprechenden – systematisch anders platzierten, neuen Art. 1 Abs. 7 *DBA USA 1989/2006* verschoben wurde, ist die S-Corporation, anders als nach früherer Abkommenslage, keine in den USA ansässige Person i. S. v. Art. 4 Abs. 1 *DBA USA 1989/2006*. Ihre fehlende Ansässigkeit wird aber durch Art. 1 Abs. 7 *DBA USA 1989/2006* „mittels Regelungsfiktion substituiert" (BFHE 242, 195, Tz. 18 m. w. N.; zustimmend insbes. *Jacob/Klein*, IStR 2014, 121; *Hagena*, ISR 2014, 83; *Krauß*, IStR 2014, 165; gegen FG Köln, IStR 2012, 667; Wassermeyer/*Wolff*, DBA USA, Art. 1 Rz. 113; Art. 10 Rz. 57). Die tatsächlich (nach US-Recht) nicht bei der S-Corporation steuerpflichtigen Einkünfte werden insoweit als fiktive steuerpflichtige Einkünfte angesehen, als sie überhaupt irgendeiner (bzw. irgendwelchen) in den USA ansässigen Person(en) als Einkünfte zugerechnet werden, nämlich den in den USA ansässigen Gesellschaftern der S-Corporation (BFH a.a.O., Tz. 19). Die Regelung reicht aber noch weiter, weil sie zugleich die Einkünfte als „von einer in den USA ansässigen Person" erzielt ansieht. Die Fiktion erfasst folglich über die abkommensrechtliche Zuordnung der Einkünfte hinaus auch das Zurechnungssubjekt und dessen Ansässigkeit. Daher ist i. Erg. die S-Corporation – trotz der steuerlichen Transparenz in ihrem Sitzstaat – im Rahmen des *DBA USA 1989/2006* selbständig abkommensberechtigt.

65a Die Reichweite der Fiktion erstreckt sich aber nicht auf die Festlegung, welcher Person die Einkünfte konkret zuzurechnen sind; hierfür ist nicht Art. 1 Abs. 7 *DBA USA 1989/2006*, sondern gemäß Art. 3 Abs. 2 *DBA USA 1989/2006* das Recht des Anwenderstaats, im Falle der S-Corporation mit Dividendenbezug aus Deutschland also dasjenige Deutschlands als Quellenstaat, maßgeblich (BFH a.a.O., Tz. 24). Nach deutschem Steuerrecht ist die S-Corporation als Körperschaft mit den aus Deutschland bezogenen Dividenden hier selbst beschränkt steuerpflichtig. Da der BFH (a. a. O., Tz. 23; BStBI. II 2009, 236; zustimmend Wassermeyer/*Wolff*, DBA USA, Art. 10 Rz. 61 ff.) hieraus ohne weiteres ableitet, dass die S-Corporation auch „Nutzungsberechtigte" der Dividenden i. S. des Art. 10 Abs. 2 Satz 1 Buchst. a *DBA USA 1989/2006* sei (zu Recht kritisch *Jacob/Klein*, IStR 2014, 121, 124; s. auch Vor Art. 10-12 Rz. 15) und somit alle Voraussetzungen der letztgenannten DBA-Bestimmung erfüllt sind, hat die S-Corporation Anspruch auf Reduzierung der deutschen Kapitalertragsteuer auf den Schachtel-Quellensteuersatz von 5%. Dieses Ergebnis hat auch gegenüber dem – für Zahlungen nach dem 30.6.2013 zu berücksichtigenden – § 50d Abs. 1 Satz 11 EStG sowohl materiellrechtlich als auch verfahrenstechnisch Bestand. Die in dieser Vorschrift angeordnete „Qualifikationsverkettung" würde die vom BFH (a. a. O.) für Art. 1 Abs. 7 *DBA USA 1989/2006* entwickelte Auslegung konterkarieren. Art. 1 Abs. 7 *DBA USA 1989/2006* genießt jedoch als *lex specialis* gegenüber § 50d Abs. 1 Satz 11 EStG Vorrang (*Jacob/Klein*, IStR 2014, 121, 129; *Hagena*, ISR 2014, 83, 88; HHR/*Klein/Hagena*, § 50d EStG Anm. 24).

66 **d)** Wie der OECD-MA-Komm. (s. Rz. 60), enthält jetzt auch das US-MA eine Quellensteuerbefreiung für Dividenden, die von einem **Pensionsfonds** bezogen werden (Art. 10 Abs. 3; Definition des Begriffs „Pensionsfonds" in Art. 3 Abs. 1 Buchst. k US-MA). Voraussetzung ist allerdings, dass die Dividenden nicht aus einer gewerblichen Tätigkeit des Pensionsfonds oder eines mit ihm verbundenen Unternehmens stammen (so auch Art. 10 Abs. 3 Buchst. b *DBA USA 1989/*

2006). Bei Dividenden, die von einer in den USA ansässigen **Regulated Investment Company (RIC)** oder einem in den USA ansässigen **Real Estate Investment Trust (REIT)** gezahlt werden, gilt die besondere Quellensteuerbegrenzung für Schachteldividenden auf 5% nicht. Während eine RIC jedoch ohne weiteres die Ermäßigung für Streubesitzdividenden auf 15% und – bei Zahlung an einen Pensionsfonds – sogar die Quellensteuerbefreiung in Anspruch nehmen kann, ist einem REIT dies nur gestattet, wenn er und der betroffene Anteilseigner zusätzliche Voraussetzungen erfüllen (Art. 10 Abs. 4 US-MA). Ferner trifft das US-MA Vorkehrung für die Erhebung einer **Branch Profits Tax,** deren maximale Höhe an den Höchstsatz für Schachteldividenden (5%) geknüpft ist (Art. 10 Abs. 8). Zu den übrigen Abweichungen des US-MA vom OECD-MA s. Rz. 31 ff.

e) Der sachliche Gehalt der Dividenden-Bestimmungen des US-MA in Art. 10 erschließt sich nur in der Zusammenschau mit den Schranken für die Abkommensvergünstigungen, mit denen Art. 22 US-MA **(„Limitation-on-Benefits (LOB) Clause")** den Kreis möglicher Berechtigter drastisch einengt (nur „qualifizierte" Personen, d.h. Abkommensberechtigte, die eine Reihe zusätzlicher „Tests" erfolgreich bestanden haben, können sich auf Art. 10 berufen). In dem Bestreben, „Treaty Shopping"-Gestaltungen von Nicht-Abkommensberechtigten entgegenzuwirken (s. US-TE zu Art. 22), wurden die schon früher unzumutbar restriktiven und komplexen Regelungen durch das US-MA 2006 noch einmal erheblich verschärft. Hierzu und zu weiteren Einzelheiten des US-MA s. Art. 1 Rz. 123 ff.; *Jacob*, IStR 2011, 45; *Kessler,* IStR 2007, 159; *Kessler/Eicke,* PIStB 2007, 7; *Avi-Yonah/Tittle,* BIFD 2007, 224; zur Ausgestaltung in *DBA USA 1989/2006* s. Rz. 129. **66a**

II. Deutsche DBA

1. Abkommensübersicht zu Art. 10 Abs. 2

Diese Übersicht zeigt die **DBA-Regelungen** nach dem Stand vom 1.1.2014. Soweit die **Mutter-Tochter-Richtlinie** (s. Rz. 174 ff.) im Vergleich zu den DBA unter bestimmten Voraussetzungen zu **weitergehenden** Quellensteuer-Begrenzungen führt, erscheinen diese in der Spalte **„MTR".** **67**

Es bedeuten:

D = Deutschland

V = Vertragsstaat

MTR = weitergehende Quellensteuer-Begrenzung als im DBA durch EU-Mutter-Tochter-Richtlinie; Mindestbeteiligung nur 10% (s. Rz. 77).

– = Das Abkommen enthält insoweit keine besondere Regelung.

DBA	Quellenstaat	Maximal zulässige Quellensteuersätze (in %) für: Streubesitzdividenden	Maximal zulässige Quellensteuersätze (in %) für: Schachteldividenden DBA	Maximal zulässige Quellensteuersätze (in %) für: Schachteldividenden MTR	Schachteldividenden: Mindestbeteiligung (in %) DBA	Schachteldividenden: Mindestbeteiligung (in %) MTR	Keine Begrenzung, wenn Dividende beim Schuldner abzugsfähig (insbes. bei typischer stiller Beteiligung)	Andere Besonderheiten	Artikel	Rz.
Ägypten	D + V	15	15		–		D	V: Alternativ: Begrenzung der General Income Tax auf 20%	10 Abs. 1–3; Prot. Nr. 2	
Albanien 2010	D + V	15	5		25		D + V	–	10 Abs. 1, 2; Prot. Nr. 4	76
Algerien 2007	D + V	15	5		10		D + V	–	10 Abs. 1, 2; Prot. Nr. 2	141
Argentinien	D + V	15	15		–		D	–	10 Abs. 1, 2; Prot. Nr. 4	
Armenien s. UdSSR										
Aserbaidschan	D + V	15	5		25		D	D + V: Schachtel-Beteiligung muss mind. € 150.000 oder entspr. Wert in Manat betragen	10 Abs. 1, 2; Prot. Nr. 6	76; 141
Australien	D + V	15	15		–		–	–	10 Abs. 1, 2	
Bangladesch	D + V	15	15		–		D + V	–	10 Abs. 1, 2; Prot. Nr. 2	
Belarus	D + V	15	5		20		D + V	Schachtel-Beteiligung muss mind. € 81.806,7 oder entspr. Wert in belarussischer Währung betragen	10 Abs. 1–3; Prot. Nr. 6	76; 141

DBA	Quellenstaat	Maximal zulässige Quellensteuersätze (in %) für: Streubesitzdividenden	Schachteldividenden DBA	Schachteldividenden MTR	Schachteldividenden: Mindestbeteiligung (in %) DBA	Mindestbeteiligung (in %) MTR	Keine Begrenzung, wenn Dividende beim Schuldner abzugsfähig (insbes. bei typischer stiller Beteiligung)	Andere Besonderheiten	Artikel	Rz.
Belgien	D + V	15	15	0	–	10	–	–	10 Abs. 1, 2; 5 MTR	95
Bolivien	D	10	10		–		D	–	10 Abs. 1; Prot. Nr. 4, 6	93
	V	15	15		–					
Bosnien-Herzegowina s. Jugoslawien										
Bulgarien 2010	D + V	15	5	0	10	10	D + V	V: QStHöchstsatz für Schachteldividende gilt nicht, wenn Empfänger deutsche REIT-AG	10 Abs. 1, 2; Prot. Nr. 4; 5 MTR	71; 132; 141
China 1985	D + V	10	10		–		D + V	–	10 Abs. 1, 2; Prot. Nr. 4	93
China 2014 (E)	D + V	10	5		25		D + V	D + V: 15 % bei Ausschüttungen von einem REIT o. ä. Investmentvehikel (in D: REIT-AG)	10 Abs. 1, 2; Prot. Nr. 3, 4	76; 93; 133; 150
Costa Rica 2014 (E)	D + V	15	5		20		D + V	–	10 Abs. 1, 2; Prot. Nr. 2	76; 141
Dänemark	D + V	15	5	0	10	10	D + V: Begrenzung auf 25 %	–	10 Abs. 2, 3, 5; 5 MTR	121; 141; 169

DBA	Quellenstaat	Maximal zulässige Quellensteuersätze (in %) für			Schachteldividenden		Keine Begrenzung, wenn Dividende beim Schuldner abzugsfähig (insbes. bei typischer stiller Beteiligung)	Andere Besonderheiten	Artikel	Rz.
		Streubesitzdividenden	Schachteldividenden		Mindestbeteiligung (in %)					
			DBA	MTR	DBA	MTR				
Ecuador	D	15	15		–		–	V: Suspensionsklausel	10 Abs. 1, 2	88
	V	unbegrenzt	unbegrenzt							
Elfenbeinküste	D	15	15		–		D	–	10 Abs. 1, 2; Prot. Nr. 2;	94
	V	15 bzw. 18	15 bzw. 18		–		–	V: bes. Quellensteuerhöchstsatz für Dividenden nicht voll besteuerter Gesellschaften	Prot. Nr. 1	
Estland	D + V	15	5	0	25	10	D + V	–	10 Abs. 1, 2; Prot. Nr. 1, 5; 5 MTR	71; 76
Finnland	D	15	5		10	10	–	D: Begrenzung auf 25 % für E. aus typischer stiller Beteiligung	10 Abs. 1, 2; 5 MTR	141; 169
Frankreich	D	15	5	0	10	10	D + V	–	9 Abs. 1–5, 9; 5 MTR	71 f.; 87; 121; 140 f.; 151
	V	15	0		10				9 Abs. 1–4, 7, 9 i. d. F. des Zusatzabkommens v. 20. 12. 2001	

DBA	Quellenstaat	Maximal zulässige Quellensteuersätze (in %) für			Schachtel-dividenden		Keine Begrenzung, wenn Dividende beim Schuldner abzugsfähig (insbes. bei typischer stiller Beteiligung)	Andere Besonderheiten	Artikel	Rz.
		Streubesitz-dividenden	Schachtel-dividenden		Mindest-beteiligung (in %)					
			DBA	MTR	DBA	MTR				
Georgien	D + V	10	0		50		D + V	D + V: „Super"-Schachtel-Beteiligung, muss mindestens € 3 Mio. betragen.	10 Abs. 1, 2 Buchst. a, c; Prot. Nr. 3	121; 129; 141; 150
	D + V		5		10		D + V	D + V: Schachtel-Beteiligung muss mindestens € 100.000 betragen	10 Abs. 2 Buchst. b	
Ghana	D + V	15	5		10		D		10 Abs. 1, 2; Prot. Nr. 3	141
Griechenland	D + V	25	25	0	–	10	–	–	VI Abs. 1, 2; 5 MTR	93
Großbritannien 1964/70	D + V	15	15	0	-	10	-	D + V: Missbrauchsklausel; „subject-to-tax-clause"; „taxation on a remittance base"	VI Abs. 1, 6; II Abs. 2; 5 MTR	
Großbritannien 2010	D + V	15	5	0	10	10	D + V	D + V: Missbrauchsklausel; Sonderregelung bei „remittance basis"-Besteuerung; 10% für alle Dividenden an Altersvorsorgeeinrichtungen	10 Abs. 1, 2, 6; 24; Prot. Nr. 1-3; 5 MTR	71; 96; 131; 141
Indien	D + V	10	10		–		D + V	–	10 Abs. 2; Prot. Nr. 4	
Indonesien	D + V	15	10		25		D + V	–	10 Abs. 1; Prot. Nr. 3	

DBA	Quellenstaat	Maximal zulässige Quellensteuersätze (in %) für: Streubesitz-dividenden	Schachtel-dividenden DBA	Schachtel-dividenden MTR	Schachtel-dividenden: Mindest-beteiligung (in %) DBA	Mindest-beteiligung (in %) MTR	Keine Begrenzung, wenn Dividende beim Schuldner abzugsfähig (insbes. bei typischer stiller Beteiligung)	Andere Besonderheiten	Artikel	Rz.
Iran	D + V	20	15		25		–	–	10 Abs. 1, 2	
Irland 2011	D + V	15	5	0	10	10	D+V	D+V: Sonderregelung bei „remittance basis“-Besteuerung V: QStHöchstsatz für Schachteldividende gilt nicht, wenn Empfänger deutsche REIT-AG	10 Abs. 1, 2; 29; Prot. Nr. 3; 5 MTR	71; 132; 141
Island	D	15	5		25		–	–	10 Abs. 1–3	70; 123; 140
	V	15	5 bzw. 36		25		–	V: s. Rz. 133	10 Abs. 4	
Israel	D + V	25	25		–		–	–	12 Abs. 1	93
Italien	D	15	15	0	–	10	D + V	–	10 Abs. 1, 2; Prot. Nr. 8; 5 MTR	93
	V	15	10	0	25	10	–	–	10 Abs. 1–5; Prot. Nr. 8; 5 MTR	
Jamaika	D	15	10		25		–	–	10 Abs. 1, 2	124
	V	15	10 bzw. 22,5		25		–	V: Suspensionsklausel	10 Abs. 3	

DBA	Quellenstaat	Maximal zulässige Quellensteuersätze (in %) für: Streubesitz-dividenden	Maximal zulässige Quellensteuersätze (in %) für: Schachtel-dividenden DBA	Maximal zulässige Quellensteuersätze (in %) für: Schachtel-dividenden MTR	Schachtel-dividenden: Mindest-beteiligung (in %) DBA	Schachtel-dividenden: Mindest-beteiligung (in %) MTR	Keine Begrenzung, wenn Dividende beim Schuldner abzugsfähig (insbes. bei typischer stiller Beteiligung)	Andere Besonderheiten	Artikel	Rz.
Japan	D V	15 15	15 10		– 25		D + V	V: Mindestbeteiligungsdauer; mittelbare Beteiligung i.H.v. 25 % für QStHöchstsatz für Schachteldiv. ausreichend	10 Abs. 1–3, 8	75; 93; 140; 141
Jugoslawien	D	15	15		–		D	V: keine Begrenzung	11 Abs. 1	
Kanada	D + V	15	5		10			D + V: Mindestbeteiligung bemisst sich nach der Quote der „kontrollierte" Stimmrechte; Missbrauchsklauseln	10 Abs. 1, 2; Prot. Nr. 3 29 Abs. 3, 6	72; 97; 138; 140 f.
Kasachstan	D + V	15	5		25		D + V	–	10 Abs. 1–3	76
Kenia	D + V	15	15		–			D: keine Begrenzung, wenn Dividende in Kenia nicht besteuert werden (Territorialitätsprinzip)	10 Abs. 1, 2; Prot. Nr. 2	
Kirgisistan	D + V	15	5		25		D	–	10 Abs. 1, 2; Prot. Nr. 5	76
Korea	D + V	15	5		25		D + V: Begrenzung auf max. 25%	D + V: Missbrauchsklausel	10 Abs. 1, 2, 4; 27 Abs. 2	76; 97; 169
Kosovo s. Jugoslawien										

DBA	Quellenstaat	Maximal zulässige Quellensteuersätze (in %) für			Schachteldividenden		Keine Begrenzung, wenn Dividende beim Schuldner abzugsfähig (insbes. bei typischer stiller Beteiligung)	Andere Besonderheiten	Artikel	Rz.
		Streubesitzdividenden	Schachteldividenden		Mindestbeteiligung (in %)					
			DBA	MTR	DBA	MTR				
Kroatien	D + V	15	5		10		D + V	–	10 Abs. 1, 2; Prot. Nr. 3	141
Kuwait	D + V	15	5		10		D + V	V: Vorbehalt zugunsten der Erhebung der kuwaitischen KöSt beim ausländischen Anteilseigner; D: Missbrauchsklauseln	10 Abs. 1, 2; Prot. Nr. 4, 5 Art. 23; Prot. Nr. 6	72; 88; 97; 141
Lettland	D + V	15	5	0	25	10	D + V	–	10 Abs. 1, 2; Prot. Nr. 5; 5 MTR	71; 76
Liberia	D + V	15	10		25		–	D: Anwendungsbereich eingeschränkt; V: Aktivitätsvorbehalt	10 Abs. 1, 2; SProt. Nr. 4, 7	91; 140; 143
Liechtenstein 2011	D + V	15	0 bzw. 5		10		–	D+V: Limitation-on-Benefit-Clause; 0 %, wenn Mindestbeteiligung mind. 12 Monate ununterbrochen gehalten wird; 15 % bei Ausschüttungen von REIT-AG, Investmentfonds, Investment-AG, liechtenst. OGAW oder Investment-unternehmen	10 Abs. 1, 2; 31; Prot. Nr. 3, 11–13	97; 121; 132; 141 f.; 165; 170 f.

DBA	Quellenstaat	Maximal zulässige Quellensteuersätze (in %) für			Schachtel-dividenden		Keine Begrenzung, wenn Dividende beim Schuldner abzugsfähig (insbes. bei typischer stiller Beteiligung)	Andere Besonderheiten	Artikel	Rz.
		Streubesitz-dividenden	Schachtel-dividenden		Mindest-beteiligung (in %)					
			DBA	MTR	DBA	MTR				
Litauen	D + V	15	5	0	25	10	D + V	–	10 Abs. 1, 2; Prot. Nr. 1, 5; 5 MTR	91; 76
Luxemburg 2012	D + V	15	5	0	10	10	D	D + V: 15% bei Ausschüttungen einer Immobilieninvestmentgesellschaft, deren Gewinne ganz oder teilweise steuerbefreit sind oder die die Ausschüttungen bei der Ermittlung ihres Gewinnes abziehen kann. Ausdrücklicher Vorbehalt zugunsten der EU-Mutter-Tochter-Richtlinie	10 Abs. 1, 2; Prot. Nr. 2, 3	71 f.; 133; 141
Malaysia	D + V	15	5		10		D + V	D + V: Sonderregelung bei „remittance basis"-Besteuerung gilt nicht für Personen in der Freizone Labuan	10 Abs. 1, 2; Prot. Nr. 3, 5, 10	141
Malta	D	15	5	0	10	10	D	–	10 Abs. 1, 2; Prot. Nr. 3; 5 MTR	71; 92; 141
	V	0	0	0	–	10		V: Suspensionsklausel; Industrieförderung	10 Abs. 3; Prot. Nr. 2; 5 MTR	

DBA	Quellenstaat	Maximal zulässige Quellensteuersätze (in %) für			Schachteldividenden		Keine Begrenzung, wenn Dividende beim Schuldner abzugsfähig (insbes. bei typischer stiller Beteiligung)	Andere Besonderheiten	Artikel	Rz.
		Streubesitzdividenden	Schachteldividenden		Mindestbeteiligung (in %)					
			DBA	MTR	DBA	MTR				
Marokko	D + V	15	5		25		–	D: „subject-to-tax clause"	10 Abs. 1, 2; SProt. Nr. 1	70
Mauritius 2011	D + V	15	5		10		D + V	D: Limitation-on-Benefit-Clause; D + V: Sonderregelung bei „remittance basis"-Besteuerung	10 Abs. 1, 2, 22; Prot. Nr. 3, 5	97; 141
Mazedonien	D + V	15	5		10		D + V	–	10 Abs. 1, 2; Prot. Nr. 3	141
Mexiko	D + V	15	5		10		D + V	–	10 Abs. 2; Prot. Nr. 6	141
Moldau s. UdSSR										
Mongolei	D + V	10	5		10		D + V	–	10 Abs. 1; Prot. Nr. 2	141; 150
Montenegro s. Jugoslawien										
Namibia	D + V	15	10		10		D + V	D: „subject-to-tax-clause"	10 Abs. 1; Prot. Nr. 1, 3	141
Neuseeland	D + V	15	15		–		D + V	–	10 Abs. 1, 2; Prot. Nr. 4 Buchst. a, b	

DBA	Quellenstaat	Maximal zulässige Quellensteuersätze (in %) für			Schachteldividenden		Keine Begrenzung, wenn Dividende beim Schuldner abzugsfähig (insbes. bei typischer stiller Beteiligung)	Andere Besonderheiten	Artikel	Rz.
		Streubesitzdividenden	Schachteldividenden		Mindestbeteiligung (in %)					
			DBA	MTR	DBA	MTR				
Niederlande 1959/2004	D + V	15	10	0	25	10	–	–	13 Abs. 1–4; SProt. Nr. 18; 5 MTR	73; 87; 93; 101; 140
Niederlande 2012 (E)	D + V	15	5	0	10	10	D + V	D: 10 %, wenn der Nutzungsberechtigte ein in NL ansässiger Pensionsfonds ist D + V: nachlaufende Besteuerung	10 Abs. 1, 2, 6; Prot. Nr. VIII-X	71; 97; 131; 141; 171
Norwegen 1991	D + V	15	0		25		D + V	–	10 Abs. 1–4; Prot. Nr. 3 Buchst. b	101; 121
Norwegen 2013 (E)	D + V	15	0		25		D + V	-	10 Abs. 1, 2; Prot. Nr. 3 Abs. 2	76; 121
Oman 2012 (E)	D + V	10	5		10		D + V	D + V: 15 % bei Ausschüttungen einer Immobilien-Investmentgesellschaft, deren Gewinne ganz oder teilweise steuerbefreit sind oder die die Ausschüttungen bei der Ermittlung ihres Gewinns abziehen kann	10 Abs. 1, 2; Prot. Nr. 5	72; 133; 141; 150

DBA	Quellenstaat	Maximal zulässige Quellensteuersätze (in %) für			Schachtel-dividenden		Keine Begrenzung, wenn Dividende beim Schuldner abzugsfähig (insbes. bei typischer stiller Beteiligung)	Andere Besonderheiten	Artikel	Rz.
		Streubesitz-dividenden	Schachtel-dividenden		Mindest-beteiligung (in %)					
			DBA	MTR	DBA	MTR				
Österreich	D + V	15	5	0	10	10	D + V	–	10 Abs. 1–3; 11 Abs. 2; 5 MTR	47; 71; 141
Pakistan	D + V	15	10		20		D + V	–	10 Abs. 1, 2, 6; Prot. Nr. 4	76; 125; 141
Philippinen 1983	D + V	15	10		25		D + V	V: Begrenzung der „Branch Profit Remittance Tax" auf 10%; Aktivitätsvorbehalt	10 Abs. 1, 2, 6; Prot. Nr. 4, 7	91; 143
Philippinen 2013	D + V	15	10 5		25 70		D + V	D + V: Begrenzung der „Branch Profit Remittance Tax" auf 10%; „Superschachtel" – Quellensteuer-Begrenzung	10 Abs. 1, 2, 6; Prot. Nr. 4	71; 76; 143
Polen	D + V	15	5	0	10	10	D + V	–	10 Abs. 1, 2; 5 MTR	71; 141
Portugal	D + V	15	15	0	–	10	D + V	–	10 Abs. 1, 2; Prot. Nr. 4; 5 MTR	
Rumänien	D + V	15	5	0	10	10	D + V	–	10 Abs. 1, 2; Prot. Nr. 2; 5 MTR	71; 141

DBA	Quellenstaat	Maximal zulässige Quellensteuersätze (in %) für: Streubesitzdividenden	Maximal zulässige Quellensteuersätze (in %) für: Schachteldividenden DBA	Maximal zulässige Quellensteuersätze (in %) für: Schachteldividenden MTR	Schachteldividenden: Mindestbeteiligung (in %) DBA	Schachteldividenden: Mindestbeteiligung (in %) MTR	Keine Begrenzung, wenn Dividende beim Schuldner abzugsfähig (insbes. bei typischer stiller Beteiligung)	Andere Besonderheiten	Artikel	Rz.
Russische Föderation	D + V	15	5		10		D + V	D + V: Schachtel-Beteiligung muss mind. € 80.000 oder entspr. Wert in Rubeln betragen	10 Abs. 1; Prot. Nr. 5; 10 Abs. 1 Buchst. a i. d. F. des Änderungsprot. v. 15.10.2007	72; 141
Sambia	D + V	15	5		25		–	D + V: „subject-to-tax clause“	10 Abs. 1, 2	70
Schweden	D + V	15	0	0	10	10	D + V	–	10 Abs. 1–3, 5; 5 MTR	93; 101; 121; 141
Schweiz	D + V	15	0		10		D + V: Begrenzung auf 30%	D + V: Mindesthaltedauer für Schachteldividende; 5% bei Ausschüttungen von Grenzkraftwerksgesellschaften am Rhein D: 15 % bei Ausschüttungen von deutscher REIT AG, Investmentfonds oder Investment-AG	10 Abs. 2, 3: Prot. Nr. 1	71 f.; 74; 76; 79; 97; 121; 132 f.; 141 f.; 166; 169; 177
Serbien s. Jugoslawien										
Simbabwe	D + V	20	10		25		D + V	–	10 Abs. 1, 2; Prot. Nr. 3	150

DBA	Quellenstaat	Maximal zulässige Quellensteuersätze (in %) für			Schachteldividenden		Keine Begrenzung, wenn Dividende beim Schuldner abzugsfähig (insbes. bei typischer stiller Beteiligung)	Andere Besonderheiten	Artikel	Rz.
		Streubesitzdividenden	Schachteldividenden		Mindestbeteiligung (in %)					
			DBA	MTR	DBA	MTR				
Singapur	D + V	15	5		10		D	V: Abgrenzung zu Steuer auf Gewinn der ausschüttenden Gesellschaft	10 Abs. 1–4	72; 92; 141
Slowakei s. Tschechoslowakei										
Slowenien	D + V	15	5	0	25	10	D + V	–	10 Abs. 1, 2; Prot. Nr. 3; 5 MTR	71 f.; 76
Spanien	D + V	15	5	0	10	10	D + V: Begrenzung auf 15%	D + V: QStHöchstsatz für Schachteldividenden gilt nicht, wenn Empfänger REIT-Gesellschaft	10 Abs. 1, 2; Prot. Nr. V	71; 132; 141; 169 f.
Sri Lanka	D + V	15	15		–		D	–	10 Abs. 1, 2	88
Südafrika 1973	D + V	15	7,5		25		–	D + V: „subject-to-tax clause" für Streubesitzdividenden	7Abs. 1, 2; Notenwechsel	101; 152
Südafrika 2008 (E)	D + V	15	5		10		D + V	–	10 Abs. 1-3	141
Syrien	D + V	10	5		10		D + V	–	10 Abs. 1, 2; Prot. Nr. 5	141; 150
Tadschikistan	D + V	15	5		10		D + V	–	10 Abs. 1, 2; Prot. Nr. 2	141

DBA	Quellenstaat	Maximal zulässige Quellensteuersätze (in %) für: Streubesitzdividenden	Schachteldividenden DBA	Schachteldividenden MTR	Schachteldividenden: Mindestbeteiligung (in %) DBA	Mindestbeteiligung (in %) MTR	Keine Begrenzung, wenn Dividende beim Schuldner abzugsfähig (insbes. bei typischer stiller Beteiligung)	Andere Besonderheiten	Artikel	Rz.
Taiwan	D + V	10	10		–		D + V	Meistbegünstigungsklausel; D: 15% bei Ausschüttungen eines G-REIT	10 Abs. 1-4; Prot. Nr. 3	71; 76; 93; 126; 133; 150
Thailand	D V	20 20 bzw. unbegrenzt	15 15/20		25 25		–	V: Sonderregelung für Ausschüttungen „industrieller Unternehmen"	10 Abs. 1, 2, 4	127; 140; 150
Trinidad und Tobago	D + V	20	10		25		–	D: Missbrauchsklausel	10 Abs. 1, 2; Prot. Nr. 1	150
Tschechien s. Tschechoslowakei										
Tschechoslowakei	D + V	15	5	0	25	10	–	–	10 Abs. 1, 2; 5 MTR	
Türkei 2011	D + V	15	5		25		D + V	–	10 Abs. 1, 2; Prot. Nr. 3	76
Tunesien	D + V	15	10		25		–	–	10 Abs. 1–3	
Turkmenistan s. UdSSR										
UdSSR	D + V	15	15		–		D + V	–	7 Abs. 1, 2; Prot. Nr. 4	

DBA	Quellenstaat	Maximal zulässige Quellensteuersätze (in %) für			Schachteldividenden		Keine Begrenzung, wenn Dividende beim Schuldner abzugsfähig (insbes. bei typischer stiller Beteiligung)	Andere Besonderheiten	Artikel	Rz.
		Streubesitzdividenden	Schachteldividenden		Mindestbeteiligung (in %)					
			DBA	MTR	DBA	MTR				
Ukraine	D + V	10	5		20		D + V	–	10 Abs. 2; Prot. Nr. 2	76; 141; 150
Ungarn 2011	D + V	15	5	0	10	10	D + V	D + V: keine Begrenzung für Ausschüttungen eines steuerbefreiten REIT oder ähnlicher Rechtsträger	10 Abs. 1, 2; Prot. Nr. 4; 5 MTR	71; 133; 141
Uruguay 2010	D + V	15	5		10		D + V	–	10 Abs. 1, 2; Prot. Nr. 2	141
USA 1989/2006	D + V	15	5		10		D + V	Sonderregelungen für Ausschüttungen von RICs und REITs (V) sowie von Investmentvermögen (D)	10 Abs. 1, 2, 4, 6	65 f.; 72; 74; 97; 121; 128 ff.; 141
	D + V		0		80		D + V	Zusätzliche Voraussetzungen für „Super"-Schachtelbeteiligung aus Art. 28; gilt für Pensionsfonds ohne Mindestbeteiligung;	10 Abs. 3, 4, 6	
								Begrenzung der Branch Profits Tax auf 5% (0%)	10 Abs. 9, 10	
Usbekistan	D + V	15	5		25		D + V	–	10 Abs. 1, 2; Prot. Nr. 4	76
Venezuela	D + V	15	5		15		D + V	–	10 Abs. 1; Prot. Nr. 3	140 f.

DBA	Quellenstaat	Maximal zulässige Quellensteuersätze (in %) für			Schachtel-dividenden		Keine Begrenzung, wenn Dividende beim Schuldner abzugsfähig (insbes. bei typischer stiller Beteiligung)	Andere Besonderheiten	Artikel	Rz.
		Streubesitz-dividenden	Schachtel-dividenden		Mindest-beteiligung (in %)					
			DBA	MTR	DBA	MTR				
Vereinigte Arabische Emirate 2010	D + V	10	5		10		D + V	D + V: 15 % für alle Dividenden einer Immobilieninvestmentgesellschaft (D: eines REIT); D: bes. Missbrauchsklausel	10 Abs. 1, 2; 21; Prot. Nr. 3, 4	72; 96; 132 F.; 141; 150
Vietnam	D + V	15	5 10		70 25		D + V	D + V: „Superschachtel"-Quellensteuer-Begrenzung	10 Abs. 1, 2; Prot. Nr. 4	71; 76
Zypern 2011	D + V	15	5	0	10	10	–	–	10 Abs. 1, 2; 5 MTR	71 f.; 141; 165; 170

2. Erläuterungen: Mit dem OECD-MA übereinstimmende Regelungen

69 **a)** Art. 10 ist auf die „klassische“ Körperschaftsteuer zugeschnitten; er begrenzt infolgedessen nur die Kapitalertragsteuer als von den **Dividenden** erhobene Steuer des **Gesellschafters** (vgl. §§ 43 Abs. 1, 44 Abs. 1 EStG), **nicht** aber die Körperschaftsteuer, deren Bemessungsgrundlage der **Gewinn der ausschüttenden Gesellschaft** ist (s. Art. 10 Abs. 2 MA a. E., ebenso die DE-VG), mag sie, wie es früher bei dem deutschen Körperschaftsteuer-Anrechnungssystem der Fall war, in Ausgestaltung und Wirkung auch einer – weiteren – Kapitalertragsteuer nahe kommen (so schon *K. Vogel,* Der ausländische Aktionär (1973), S. 83 ff.). Mit der Ablösung des körperschaftsteuerlichen Anrechnungsverfahrens durch ein modifiziertes „klassisches“, genauer ein **„Shareholder Relief“-System** (*Jacobs,* S. 125 ff. m. w. N.), bei dem Dividenden mit der Körperschaftsteuer der ausschüttenden Gesellschaft (in Deutschland derzeit 15 %) endgültig belastet bleiben und auf der Ebene des **Anteilseigners** Entlastung entweder in Form einer **Steuerfreistellung** zu 95 % (für Körperschaftsteuersubjekte ab einer Beteiligung von 10 %) oder in Form einer **Teileinkünftebesteuerung** (Steuerfreistellung zu 40 %, für natürliche Personen im Betriebsvermögen) bzw. einer **Abgeltungsteuer** zu einem moderaten Satz (25 %, für natürliche Personen im Privatvermögen) gewährt wird (§§ 8b Abs. 1 KStG, 3 Nr. 40 bzw. § 32d EStG), ist die dem (grundsätzlich letztmals im VZ 2001 geltenden) körperschaftsteuerlichen Anrechnungsverfahren immanente Benachteiligung nichtansässiger Anteilseigner entfallen (näher s. die 4. Aufl. Rz. 69; s. zum Verstoß der Abgeltungswirkung der Quellensteuer für nichtansässige Anteilseigner gegen Unionsrecht aber noch Rz. 178).

70 **b) Insbesondere Schachteldividenden: aa) Quellensteuerhöchstsatz:** Für Schachteldividenden, die **bis zum 31.12.1989** gezahlt wurden, entsprach, soweit Deutschland Quellenstaat war, der in den deutschen DBA vorgesehene Quellensteuerhöchstsatz **niemals** und auch auf Seiten des Vertragspartners nur bisweilen dem im MA vorgeschlagenen Satz von 5 %. Dies galt jedenfalls nach den bis dahin wirksamen Regelungen der deutschen Abkommen, den sog. „Suspensionsklauseln“ (s. Rz. 101), die von unterschiedlichen Körperschaftsteuersätzen für ausgeschüttete oder thesaurierte Gewinne, d. h. von dem sog. „gespaltenen Steuersatz“ der Körperschaftsteuer ausgingen. Voraussetzung hierfür war nach den meisten DBA, dass zwischen den beiden Steuersätzen mindestens ein Unterschied von 15 oder 20 Prozentpunkten bestand. **Mit Wirkung vom 1.1.1990** ging dieser Unterschied durch eine Ermäßigung der Steuersätze auf 14 Prozentpunkte zurück. Dadurch **traten alle Suspensionsklauseln** bis auf wenige Ausnahmen **außer Kraft** (im Einzelnen s. die 5. Aufl. Rz. 118 ff.). In den „Grundregeln“, die stattdessen wirksam wurden, erscheint der Satz von 5 % gelegentlich auch für Deutschland als Quellenstaat (s. die beidseitig formulierten Grundregeln in den *DBA Island, Marokko, Sambia und Ungarn 1977*).

71 Seit dieser Veränderung wird auf deutscher Seite zunehmend die **Bereitschaft erkennbar,** entsprechend der internationalen Tendenz niedrigere Quellensteuerhöchstsätze für abfließende Schachteldividenden, zunächst bis hinunter zu der vom MA vorgesehenen **Obergrenze von 5 %, später sogar darüber hinausgehend bis auf 0 %, zuzugestehen.** Diese Entwicklung, die zunächst durch das Drängen der *USA (DBA 1989)* und der auf ihre Meistbegünstigungsklausel (früher Art. 10 Abs. 5 *DBA Schweiz 1971;* jetzt Notenwechsel zum Protokoll vom 17.10.1989) pochenden *Schweiz* sowie des engsten europäischen Partners *Frankreich* (Zusatzabkommen vom 28.9.1989) gefördert wurde (jeweils Höchstsatz ab 1992 5 %), erhielt ihren entscheidenden Schub jedoch durch das europäische Recht. Durch die Richtlinie Nr. 90/435/EWG des Rates vom 23.7.1990 (ABl. EG Nr. L 225, 6;

Neufassung v. 30.11.2011 - 2011/96/EU, ABl. EU Nr. L 345, 8) über das gemeinsame Steuersystem der Mutter- und Tochtergesellschaften verschiedener Mitgliedsstaaten (sog. **„Mutter-Tochter-Richtlinie“**) wurden **innerhalb der EU** mit Wirkung vom 1.1.1992 grundsätzlich **sämtliche Quellensteuern auf Schachteldividenden abgeschafft** (mit Übergangsregelungen u. a. für Deutschland: max. 5% bis zum 30.6.1996). In zeitlichem Zusammenhang damit erhielten auch einige wenige deutsche DBA eine **vollständige Quellensteuerbefreiung** für Schachteldividenden (s. Rz. 121). Davon abgesehen wurde – außer im *DBA Vietnam* und im *DBA Philippinen 2013,* die den Höchstsatz von 5% für „Superschachtel“-Beteiligungen ab 70%, für geringere Schachtelbeteiligungen ab 25% jedoch einen Höchstsatz von 10% vorsehen sowie im *DBA Taiwan* (Höchstsatz von 10% für alle Dividenden, s. Rz. 126) – in sämtlichen seit 1996 abgeschlossenen Abkommen, sei es mit Vertragspartnern innerhalb *(DBA Bulgarien 2010, Estland, Großbritannien 2010, Irland 2011, Lettland, Litauen, Luxemburg 2012, Malta, Niederlande 2012 (E), Österreich, Polen, Rumänien, Slowenien, Spanien, Ungarn 2011, Zypern 2011)* oder außerhalb der EU, ein **beiderseitiger Schachteldividenden-Höchstsatz von 5%,** wie vom MA vorgeschlagen, vereinbart (vgl. die Übersicht in Rz. 67). Im Verhältnis zu *Österreich,* mit dem diese Regelung bereits im Zusatzabkommen 1992 getroffen worden war, wird diese allerdings, wie im Verhältnis zu den anderen EU-Ländern durch die vollständige Quellensteuerbefreiung von Schachteldividenden durch die Mutter-Tochter-Richtlinie größtenteils (die Voraussetzungen sind nicht ganz deckungsgleich) überlagert (s. Rz. 173 ff.).

bb) Voraussetzungen: Die Formel, dass der Dividendenempfänger, um die Quellensteuerermäßigung für Schachteldividenden zu erhalten, eine **„Gesellschaft (jedoch keine Personengesellschaft)“** sein muss (s. o. Rz. 54), taucht wörtlich oder sinngemäß (**„ausgenommen** eine Personengesellschaft“) in vielen, jedenfalls in den meisten neueren deutschen Abkommen auf. Bemerkenswerte Ausnahmen sind die *DBA Frankreich, Kanada, Oman 2012 (E), Russische Föderation, Schweiz, Slowenien, USA 1989/2006* und *Zypern 2011* (s. die Anmerkungen zum US-MA in Rz. 65), in denen der Klammerzusatz fehlt, sowie die *DBA Kuwait, Singapur* und *VAE 2010* die auf die einschränkende Voraussetzung, der Bezieher einer quellensteuerbegünstigten Schachteldividende müsse eine „Gesellschaft“ sein, verzichten, dafür aber natürliche Personen und Personengesellschaften aus dem möglichen Kreis dieser Bezieher ausdrücklich ausnehmen. Nach dem *DBA Luxemburg 2012* können auch „Investmentgesellschaften“ keine quellensteuerbegünstigten Schachteldividenden beziehen. 72

Zu der nach dem Recht des Anwendestaates (hier identisch mit dem Quellenstaat) zu beurteilenden Frage, wann eine Gesellschaft über eine Beteiligung an einer anderen **„unmittelbar verfügt“** (s. Rz. 55), liegt, soweit Deutschland Quellenstaat ist, zu einer mit dem MA wörtlich übereinstimmenden Abkommensbestimmung noch keine Rechtsprechung vor. Der BFH hat zur Auslegung der in einigen deutschen Abkommen erscheinenden Formulierung **„Anteile . . . gehören“** auf die zivilrechtliche Rechtszuständigkeit bzw. auf das Mitgliedschaftsverhältnis abgestellt (BFH BStBl. II 1973, 57 (59); II 1975, 584 (586): *DBA Niederlande 1959*). Er verlangt demnach ein „unmittelbares“ Beteiligungsverhältnis; eine nur mittelbare Beteiligung über weitere Gesellschaften reicht nicht aus. Dies bedeutet, dass die Voraussetzung einer Beteiligung von mindestens 25 v. H. – oder dem sonst nach dem Abkommen maßgebenden Prozentsatz – **in der Person der Gesellschaft selber** erfüllt sein muss, die Gläubigerin der Kapitalerträge ist (§ 44 Abs. 1 S. 1 EStG). Ein „unmittelbares Verfügen“ im Sinne des deutschen Steuerrechts ist jedoch auch dann zu bejahen, wenn eine Beteiligung nach § 39 Abs. 2 AO einem anderen als dem zivilrechtlichen Inhaber zuzurechnen ist (*Kaeser/Wassermeyer* in Wassermeyer, Art. 10 OECD-MA Rz. 91; a. A. noch die 4. Aufl. 73

sowie nunmehr *Gradel/Kleinhans* in SKK, Art. 10 OECD-MA Rz. 41 a.E.). Die auf die zivilrechtlichen Rechtsverhältnisse abstellende ältere Rechtsprechung steht dieser später vom Gesetz (§ 20 Abs. 5 EStG) ausdrücklich angeordneten Ausnahme nicht entgegen; in BFH BStBl. II 1975, 584 (Ziff. 1 Buchst. c) wird die Möglichkeit einer abweichenden steuerlichen Zurechnung immerhin angesprochen. Diese Auslegung ermöglicht u.a. die sachgerechte Behandlung von Treuhandverhältnissen ohne Rückgriff auf rechtsunsichere Missbrauchserwägungen.

74 Es genügt demnach nicht, wenn die dividendenempfangende Gesellschaft nur zusammen mit anderen Gesellschaften, gleich ob sie ihr im Konzernverbund nach-, neben- oder übergeordnet sind, zu mehr als 25 v.H. an der ausschüttenden Gesellschaft beteiligt ist. Werden Anteile im Vermögen einer Personengesellschaft gehalten, die die Muttergesellschaft zusammen mit anderen Personen bildet, wurde früher – in Anlehnung an BFH-Rechtsprechung zum nationalen deutschen Recht (BFH BStBl. II 1974, 598 (599); II 1988, 761, beide zum bewertungsrechtlichen Schachtelprivileg; II 1974, 645 (645f.) zu § 9 KStG a.F.) das Unmittelbarkeitserfordernis als nicht erfüllt angesehen, und zwar auch dann nicht, wenn die Beteiligung, soweit sie der Muttergesellschaft aufgrund ihres Anteils am Gesamthandsvermögen quotenmäßig zuzurechnen ist, für sich allein bereits die 25%-Grenze überschreitet In dieser Frage hat jedoch sowohl in der deutschen Rechtsprechung (BFH IStR 2001, 88 zu § 9 Nr. 7 Satz 1 GewStG; dem folgt die Finanzverwaltung: OFD Hannover, DB 2002, 1917) als auch beim Steuergesetzgeber offenbar ein Umdenken eingesetzt: Zwar schlägt § 8b Abs. 6 Satz 1 KStG auf die Quellensteuer-Bestimmungen der DBA nicht unmittelbar durch (zutr. *Kaeser/Wassermeyer* in Wassermeyer, Art. 10 OECD-MA Rz. 92); die seit 2001 geltende Vorschrift bringt jedoch eine Wertung zum Ausdruck, die bei der Auslegung anderer Vorschriften berücksichtigt werden kann. International hat diese Entwicklung im Prot. (i.d.F. des Änderungsprot. v. 27.10.2010) zum *DBA Schweiz* besonders deutlich ihren Niederschlag gefunden: In Nr. 1 Buchst. b wird dort „klarstellend festgehalten"(!), dass „das Halten von Anteilen an einer Gesellschaft über eine Personengesellschaft" der Quellensteuerbefreiung für Schachteldividenden „nicht entgegensteht", und dies, obwohl Art. 10 Abs. 3 ausdrücklich eine unmittelbare Beteiligung (von mindestens 10% i.d.F. des Änderungsprot. v. 27.10.2010) voraussetzt. Ein ähnlicher Trend ist in den USA zu beobachten (s. US-TE zu Art. 10 Abs. 2 US-MA; dazu Rz. 64; Ruling no. 2005 22006 v. 6.3.2005: *DBA USA-Großbritannien 1964/70;* dazu *Wassermeyer/Schönfeld,* DB 2006, 1970 (1977)). Auch aus deutscher Sicht sollte daher ein „unmittelbares Verfügen" bejaht werden, wenn die Beteiligung über eine Personengesellschaft gehalten wird (dafür auch *Schönfeld* in Schönfeld/Ditz, Art. 10 OECD-MA Rz. 96; *Wassermeyer/Schönfeld,* a.a.O.; *Gradel/Kleinhans* in SKK, Art. 10 OECD-MA Rz. 42; GKG/*Grützner,* Art. 10 OECD-MA Rz. 104f.; *Bahns/Keuthen*, IStR 2010, 750, 754 speziell zu Art. 1 Abs. 7 *DBA USA,* s. auch Rz. 65). Die deutsche Rechtsauffassung gilt, wenn nicht – wie im Falle der Schweiz (s. *Jacob/Nosky*, IStR 2008, 358, 361) – das Abkommen selber eine ausdrückliche beiderseitige Regelung trifft, **nur für aus Deutschland abfließende Dividenden;** ein anderer Staat als Quellenstaat kann, entsprechend seinem innerstaatlichen Recht, anders entscheiden (wie etwa grundsätzlich Österreich, s. EAS 2630 v. 1.8.2005, SWI 2005, 458; etwas anderes gilt aber – in zur Mutter-Tochter-Richtlinie konformer Auslegung – gegenüber EU-Mitgliedstaaten und gegenüber Staaten, die Gegenseitigkeit üben, s. EAS 3110 v. 15.1.2010, SWI 2010, 51 und EAS 3145 v. 18.3.2010, SWI 2010, 182: *DBA Österreich/Schweiz*). In Anlehnung an die zitierte frühere BFH-Rechtsprechung hat der deutsche Steuergesetzgeber die in der Mutter-Tochter-Richtlinie verwendete Formulierung „einen Anteil von wenigstens ... am Kapital ... hält" (engl. Art. 3 Abs. 1: „has a minimum holding ... in the capital") bei der Umsetzung in nationales Recht in

§ 43b Abs. 2 EStG durch ausdrückliches Hinzufügen des Wortes „unmittelbar" einschränkend verdeutlicht, obwohl der Wortlaut der Richtlinie keine Unmittelbarkeit verlangt und daher auch über Personengesellschaften gehaltene Beteiligungen ausreichen müssten (*Bullinger,* IStR 2004, 406, 409; *Jesse,* IStR 2005, 151, 158, a. A. *Ramackers,* in Littmann u. a., § 43b EStG Rz. 36; Blümich/*Lindberg,* § 43b EStG Rz. 26; näher zur Mutter-Tochter-Richtlinie s. Rz. 173 ff.).

Soweit die deutschen DBA, wie die meisten, einen verminderten Quellensteuerhöchstsatz für Schachteldividenden vorsehen, muss die erforderliche Mindestbeteiligung fast immer **unmittelbar** gehalten werden. Dies ergibt sich entweder aus dem Wortlaut der DBA-Regelung oder durch deren Auslegung in dem in Rz. 55, 73 f. dargelegten Sinne, zumindest für die deutsche Seite. Heute gibt es von dem im Übrigen einheitlichen Bild nur noch eine Ausnahme: nach Art. 10 Abs. 3 *DBA Japan* (jedoch nur für die japanische Abzugsteuer) genügt eine **mittelbare** Beteiligung in dem im Abkommen vorgesehenen Umfang. Zu dem Sonderfall der über eine Personengesellschaft gehaltenen Schachtelbeteiligung s. Rz. 74. 75

An der traditionellen Mindestbeteiligungsquote des OECD-MA in Höhe von 25%, die weder vom UN- noch vom US-MA und auch nicht von der DE-VG übernommen wurde und in der internationalen Vertragspraxis rückläufig ist, hielten die bis etwa 1990 abgeschlossenen deutschen Abkommen, von denen viele noch in Kraft sind, fast sämtlich noch fest (vgl. die Übersicht in Rz. 67). Im innerstaatlichen deutschen Recht war jedoch die Mindestbeteiligungsquote schon 1984 fast durchgängig auf 10% abgesenkt worden (bemerkenswerteste Ausnahmen: § 1 AStG, § 8a KStG). In zahlreichen späteren Abkommen ist folgerichtig auch im Rahmen der dem Art. 10 Abs. 2 der MA sonst entsprechenden Abkommensbestimmungen zumeist eine Mindestbeteiligungsquote von 10% vereinbart worden (vgl. die Übersicht Rz. 67), insbesondere auch im Revisionsprot. v. 27.10.2010 zum *DBA Schweiz.* Die Entwicklung wurde für einige Zeit noch dadurch überdeckt, dass Deutschland zeitweilig in einer Reihe von Abkommen einen einheitlichen Quellensteuerhöchstsatz für Schachtel- und Streubesitzdividenden von 15% durchgesetzt hat und daher auf die Festlegung von Abgrenzungskriterien zwischen diesen beiden Typen von Beteiligungserträgen überhaupt verzichten konnte. Die MA-Mindestbeteiligungsquote von **25 %** erscheint allerdings **in einigen neueren Abkommen wieder:** *DBA Albanien 2010, Aserbaidschan, China 2014 (E), Estland, Kasachstan, Kirgisistan, Korea, Lettland, Litauen, Norwegen 2013 (E), Slowenien, Taiwan, Türkei 2011, Usbekistan* und auch im *DBA Vietnam,* das über eine Quellensteuerabsenkung auf 10% bei einer solchen Mindestbeteiligungsquote hinaus noch eine weitere Reduzierung auf 5% bei einer „Superschachtel"-Beteiligung von **mindestens 70 %** vorsieht (so auch *DBA Philippinen 2013*). Nach den *DBA Belarus, Costa Rica 2014 (E), Pakistan* und *Ukraine* beträgt die Mindestbeteiligungsquote für den abgesenkten Quellensteuerhöchstsatz für Schachteldividenden 20% (zu weiteren Abweichungen vom MA in den deutschen Abkommen s. Rz. 130 ff.). 76

Die **Mutter-Tochter-Richtlinie** (dazu näher Rz. 173 ff.) schrieb in früheren Fassungen eine Stufenfolge von Obergrenzen für die Mindestbeteiligung als Auslöser für die Quellensteuerbefreiung von Schachteldividenden vor: von höchstens 25% über 20% (in der seit 2.2.2004 geltenden Fassung) und 15% (ab 1.1.2007) bis hinunter auf jetzt 10% (ab 1.1.2009). Da insoweit nur Obergrenzen fixiert wurden, ist den Mitgliedstaaten die Festsetzung einer niedrigeren Beteiligungsgrenze als Auslöser für die Quellensteuerbefreiung von Schachteldividenden jederzeit gestattet. Der **deutsche** Steuergesetzgeber hatte bei der Umsetzung in § 43b Abs. 3 EStG a. F. von dieser Möglichkeit unter der Voraussetzung **gegenseitiger** Gewährung Gebrauch gemacht und die Mindestbeteiligung bereits vorher auf 10% abgesenkt, wenn der (EU-)Sitzstaat der Muttergesellschaft seinerseits das Schachtelprivileg bzw. die indirekte Anrechnung der von der Tochtergesellschaft entrich- 77 teten deutschen Körperschaftsteuer sowie die Quellensteuerbefreiung für Schachteldividenden an eine Mindestbeteiligung von nur 10% knüpfte; diese – etwa im Verhältnis zu Dänemark, Frankreich, Malta, Österreich und Schweden anwendbare – Regelung wurde im Rahmen der allgemeinen Absenkung auf 10% ab 1.1.2009 gegenstandslos.

78 Für den **Zeitpunkt,** an dem die Mindestbeteiligung vorliegen muss, ist der Zeitpunkt der Entstehung der (Quellen-)Steuerschuld nach dem Recht des Quellenstaates maßgebend (MA-Komm. Ziff. 16; FG Köln, EFG 1997, 808 (810) (rkr.); *Kaeser/Wassermeyer* in Wassermeyer, Art. 10 OECD-MA Rz. 93; a. A. noch *Wassermeyer,* IStR 1997, 395 f.: der Zeitpunkt des „Erzielens" der Dividende, d. h. der Entstehung der Dividenden-Forderung). Nach deutschem Steuerrecht entsteht die Kapitalertragsteuerschuld im Zeitpunkt des Zuflusses der Kapitalerträge beim Gläubiger (§§ 44 Abs. 1 S. 2 EStG, 30 Nr. 1 KStG). Für „Gewinnanteile (Dividenden) und andere Kapitalerträge, deren Ausschüttung von einer Körperschaft beschlossen wird", fingiert § 44 Abs. 2 EStG als Zeitpunkt des Zuflusses den Tag, der im Gewinnverteilungsbeschluss als Tag der Auszahlung bestimmt worden ist (falls es an einer solchen Bestimmung fehlt, den Tag nach der Beschlussfassung, s. dazu BFH BB 2007, 1317 m. Anm. *Behrens/Renner*), so dass die ausländische Muttergesellschaft zu diesem Zeitpunkt bei ihrer deutschen Tochtergesellschaft die Mindestbeteiligungsvoraussetzung erfüllen muss (a. A. *Portner/Heuser,* IStR 1998, 268: Zuflussfiktionen sollen nicht gelten). Der im Geltungsbereich der Mutter-Tochter-Richtlinie subsidiär zur Verfügung stehende (frühere) Zeitpunkt des Gewinnverteilungsbeschlusses (s. § 43b Abs. 2 Satz 2 EStG) gilt für das MA und die DBA nicht.

79 Zur Inanspruchnahme weiter gehender Quellensteuerreduzierungen bzw. -befreiungen aufgrund der Mutter-Tochter-Richtlinie bzw. der sie umsetzenden nationalen Rechtsvorschriften sind – anders als nach dem MA – u. U. **Mindesthaltefristen** zu beachten (vgl. Art. 3 Abs. 2 MTR). Die in Deutschland hierfür zunächst aufgestellte Voraussetzung einer ununterbrochenen Beteiligung von **mindestens 12 Monaten bis zum Zeitpunkt des Zuflusses der Dividenden** hat der **EuGH** (Urt. v. 17.10.1996, verb. Rs C-283/94, C-291/94 und C 292/94, IStR 1996, 526 – *Denkavit;* s. dazu *Eilers/Schiessl,* DStR 1997, 721 ff.; *Haunold/Tumpel/Widhalm,* SWI 1996, 556 f.; *Jann/Toifl,* SWI 1996, 483 ff.; *Saß,* DB 1996, 2313 ff.; *Schaffner/Dusemon,* EC Tax Rev. 1998, 37 ff.; *Thömmes,* IWB Fach 11a, Rechtsprechung, S. 145 f.) für **rechtswidrig** erklärt: Nach der **Richtlinie** muss die Haltefrist (von max. 2 Jahren) nicht bei der Ausschüttung bereits abgelaufen sein, sondern nur **überhaupt eingehalten werden.** Allerdings braucht die Steuerbefreiung nicht sofort gewährt zu werden, wenn die Zahlung der Steuer für den Fall, dass die Mindestbeteiligungszeit letztlich nicht eingehalten wird, nicht gesichert ist (EuGH a. a. O., Tz. 33). Nach der in diesem Sinne „korrigierten" Fassung des Gesetzes (§ 43b Abs. 2 Sätze 4 und 5 EStG) wird die Kapitalertragsteuer bei Vorliegen aller Befreiungsvoraussetzungen im Zeitpunkt der Entstehung auf Antrag „nicht erhoben" und ist, wenn zu diesem Zeitpunkt eine Mindesthaltefrist von 12 Monaten noch nicht abgelaufen ist, zwar zunächst einzubehalten und abzuführen, wird aber nach Ablauf der Frist erstattet. In dieser Ausgestaltung – ununterbrochene, aber nacherfüllbare Mindestbeteiligungsdauer von 12 Monaten mit verfahrenstechnischer Absicherung – ist die Regelung durch das Revisionsprot. v. 27.10.2010 in das *DBA Schweiz* aufgenommen worden. Sind die Voraussetzungen der jeweiligen innerstaatlichen Regelungen zur Umsetzung der Mutter-Tochter-Richtlinie nicht gegeben und sieht ein DBA eine Quellensteuerermäßigung unter geringeren Voraussetzungen vor (etwa mit kürzerer Haltefrist oder ohne Haltefrist), **so bleibt die DBA-Regelung anwendbar** (zum Verhältnis zwischen europäischem Recht und Doppelbesteuerungsabkommen s. die Grundl. Rz. 251 ff., zur Mutter-Tochter-Richtlinie Rz. 173 ff.).

c) Insbesondere Streubesitzdividenden: Der Streubesitz-Höchstsatz des MA von 15% findet sich auch in der DE-VG und ganz überwiegend auch in den deutschen Abkommen (s. die Übersicht Rz. 67; zu den Ausnahmen s. Rz. 149 ff.). 80

3. Erläuterungen: Vom OECD-MA abweichende Regelungen

a) Gemeinsame Regelungen für Schachtel- und Streubesitzdividenden: 87
aa) Einige, insbesondere ältere Abkommen sehen eine Begrenzung der Besteuerung im Sitzstaat der ausschüttenden Gesellschaft nicht nach der Steuer**höhe,** sondern nur nach der Steuer**art** oder der **Erhebungsmethode** vor. So beließ das *DBA Luxemburg 1958/2009* dem Quellenstaat das Recht zur Vornahme des Steuerabzugs, **soweit** er „die Steuer von Dividenden **im Abzugsweg (an der Quelle)**" erhebt (Art. 13 Abs. 2). Dies schließt i. V. m. Abs. 1 zugleich eine Veranlagung des Steuerausländers mit seinen Dividendeneinkünften im Quellenstaat aus, sofern eine solche nach dessen innerstaatlichem Recht vorgesehen sein sollte, ebenso eine Heranziehung zu anderen, nicht „im Abzugswege" erhobenen Steuern. Eine derartige Beschränkung auf die Erhebung von Abzugsteuern findet sich, verbunden mit einer Begrenzung der Höhe nach, in den *DBA Frankreich, Luxemburg 1958/2009* und *Niederlande 1959/2004*). Von praktischer Bedeutung war sie insbesondere, solange bestimmte Erträge deutscher Investmentfonds – soweit abkommensrechtlich Dividenden (s. dazu Rz. 211 f., 230) – bei beschränkt steuerpflichtigen Anteilscheininhabern nicht der Kapitalertragsteuer, sondern (nur) der veranlagten Einkommen- bzw. Körperschaftsteuer unterlagen: sie blieben in Deutschland steuerfrei, wenn der Bezieher in einem der oben genannten Vertragspartner-Staaten ansässig war (vgl. *Sorgenfrei/Tischbirek,* WM 1990, 1859 (1863)). Seit 2011 wird die beschränkte Steuerpflicht ausländischer Inhaber von Anteilscheinen deutscher **Investmentfonds** außer in den Fällen sog. „Tafelgeschäfte" (welche einem besonderen Steuerabzug unterliegen) nicht nur bei durchgeleiteten Dividenden (inländischen Erträgen i. S. von § 43 Abs. 1 S. 1 Nr. 1 und 1a sowie S. 2 EStG), sondern auch bei Erträgen aus Vermietung und Verpachtung von im Inland belegenen Grundstücken und grundstücksgleichen Rechten sowie bei Gewinnen aus privaten Veräußerungsgeschäften mit solchen unbeweglichen Vermögensgegenständen durch **Kapitalertragsteuerabzug** (§ 7 Abs. 3 InvStG) realisiert (s. dazu Rz. 211 ff.), so dass auch die genannten Abkommen der Besteuerung nicht mehr im Wege stehen.

bb) Andere Abkommen begrenzen zwar die deutsche Quellenbesteuerung auf einen bestimmten Satz, gestehen aber dem **Vertragspartner** als Quellenstaat **eine (zumindest zeitweise nahezu) uneingeschränkte Besteuerung** zu. Grund für solche Regelungen sind zumeist Besonderheiten des inländischen Steuerrechts der Vertragspartner. Das *DBA Ecuador* sieht eine einheitliche Steuerbegrenzung auf 15% vor, suspendiert diese aber für die ecuadorianische Seite, solange dort die Gewinnsteuern der ausschüttenden Gesellschaft auf die Steuern von den Dividenden angerechnet werden. Das *DBA Kuwait* entspricht zwar hinsichtlich der Quellensteuer-Höchstsätze dem MA, gestattet Kuwait jedoch, die Körperschaftsteuer der ausschüttenden Gesellschaft (als solche – wie nach dem MA – ohne Begrenzung durch das DBA) beim Anteilseigner zu erheben (Prot. Nr. 4 Buchst. a Satz 2). Zu Besonderheiten des *DBA Irland 1962,* des *DBA Sri Lanka* und einer Suspensionsklausel des *DBA Mauritius 1978,* die mittlerweile aufgrund Änderungen des innerstaatlichen Rechts des jeweiligen Vertragspartners überholt sind, s. Rz. 88 in der 5. Aufl. 88

Die *DBA Liberia* (Prot. Nr. 7) und *DBA Philippinen 1983* (Prot. Nr. 6, 7) unterstellen für die Seite des jeweiligen Vertragspartners die Quellensteuersatzbegrenzung (nur die für Schachteldividenden) einem **Aktivitätsvorbehalt,** wie er sonst 91 nur in zahlreichen Abkommensregelungen über die Vermeidung der Doppelbesteuerung im Wohnsitzstaat geläufig ist (s. dazu die Erläuterungen zu Art. 23 A und B Rz. 67 ff.).

92 **cc)** Den Gegenpol zu den DBA, die (zumindest unter bestimmten Umständen) eine uneingeschränkte Dividendenbesteuerung im Quellenstaat zulassen, bilden einige Abkommen, in denen, wenn auch ausschließlich mit Wirkung für den Vertragspartner, eine **Quellensteuerbegrenzung auf null** festgelegt wurde, um so den deutschen Investor möglichst weitgehend mit den im anderen Vertragsstaat ansässigen Gesellschaftern gleichzustellen. Die Begrenzung auf null ist jedoch durchweg an das **Fortbestehen eines bestimmten status quo im innerstaatlichen Recht des Vertragspartners** geknüpft. So lässt das *DBA Singapur* nach Deutschland abfließende Dividenden so lange quellensteuerfrei, wie dort lediglich der Gewinn der ausschüttenden Gesellschaft, nicht aber zusätzlich die Dividenden als Einkünfte des Anteilseigners besteuert wurden (Suspensionsklauseln, s. im Einzelnen Wassermeyer/*Dörrfuß,* DBA Singapur, Art. 10 Rz. 41 ff.). Nach dem *DBA Malta* bleiben maltesische Dividenden quellensteuerfrei, solange der Dividendenempfänger dort auf seine Steuer die von der ausschüttenden Gesellschaft gezahlte Gewinnsteuer anrechnen kann (Suspensionsklausel; subsidiäre Grundregel: Begrenzung auf 5% für Schachtel-, auf 15% für Streubesitzdividenden). Das *DBA Malta* geht noch einen – in der Abkommenspraxis ganz ungewöhnlichen – Schritt weiter: solange es bei der geschilderten Rechtslage in Malta bleibt, greift das Abkommen sogar in die **Gewinnbesteuerung der ausschüttenden maltesischen Gesellschaft** ein: die Steuer, welche die maltesische Gesellschaft auf den der Ausschüttung entsprechenden Anteil ihres Gewinns zu entrichten hat, darf den allgemeinen Satz – z. Zt. 35% – nicht übersteigen; die Körperschaftsteuer der maltesischen Gesellschaft auf den betreffenden Gewinnanteil ermäßigt sich sogar auf 15%, wenn der Gewinn in einem Jahr erzielt worden ist, für das die Gesellschaft Vergünstigungen im Rahmen der Bestimmungen über die Unterstützung der Industrie in Malta erhält (*DBA Malta* Art. 10 Abs. 3 und Prot. Nr. 2; s. dazu Wassermeyer/*K.-D. Müller,* DBA Malta, Art. 10 Rz. 4, dort auch zum maltesischen nationalen Recht; hierzu auch *Torregiani,* BIFD 2006, 402).

93 **dd)** Die meisten deutschen Abkommen entsprechen zumindest insoweit der Grundkonzeption des MA, als sie eine nach der Bruttoausschüttung bemessene Quellensteuerbegrenzung auf **bestimmte Sätze** vorsehen. Während **fast alle seit etwa 1996 abgeschlossenen Abkommen** sich auch hinsichtlich der **Höhe** dieser Sätze am **MA** orientieren, weichen die älteren Abkommen insoweit regelmäßig vom MA ab. Häufig wird die Differenzierung zwischen Schachtel- und Streubesitzdividenden nicht vorgenommen, sondern stattdessen ein für **alle Dividenden einheitlicher Höchstsatz** festgelegt. Bei vielen dieser Abkommen gilt das für die Quellensteuern beider Vertragspartner; dieser Regelungstyp findet sich vereinzelt unter den älteren Abkommen mit einer Satzbegrenzung auf 25% (*DBA Griechenland* – für Schachteldividenden allerdings nunmehr überlagert durch die Mutter-Tochter-Richtlinie – und *Israel*) und setzte sich mit einem Höchstsatz von 15% in der deutschen Vertragspraxis nach In-Kraft-Treten der Körperschaftsteuerreform von 1977 (zur neueren Entwicklung s. o. Rz. 71) zunächst weitgehend durch. Die Zahl der unter diese Kategorie fallenden DBA nahm darüber hinaus mit Wirkung vom 1.1.1990 wesentlich zu, denn zahlreiche „Suspensionsklauseln", die zuvor anwendbar waren und eine höhere Quellensteuergrenze für Schachteldividenden deutscher Herkunft vorsahen, traten zu diesem Zeitpunkt außer Kraft. An ihrer Stelle wurden auch für die deutsche Seite die „Grundregeln" anwendbar (s. Rz. 70), so wie es in den meisten Fällen schon immer für die Vertragspartner galt. Auch die *DBA China 1985* (anders *DBA China 2014 (E)*) und *Taiwan* sehen einheitliche Quellensteuerbegrenzungen für Schachtel- und für Streubesitzdividen-

den, allerdings auf 10%, vor; so auch das *DBA Bolivien* und das *DBA Irland 1962/2010* (nach Außerkrafttreten der Suspensionsklausel, nur für die deutsche Seite). Einige andere DBA enthalten eine einheitliche Begrenzung der Steuer für Schachteldividenden und Streubesitz auf 15%, die nur auf die deutsche Quellensteuer anwendbar ist (*DBA Italien, Japan, Niederlande 1959/2004* und *Schweden*); wegen der Mutter-Tochter-Richtlinie erlangt diese Begrenzung bei Schachteldividenden jedoch hauptsächlich im Falle *Japans* Bedeutung (gegenüber den anderen genannten Ländern nur, wenn im Einzelfall die in den Gesetzen der Mitgliedstaaten zur Umsetzung der Richtlinie vorgesehene Mindesthaltefrist nicht erfüllt ist). Zur Eröffnung eines auf die (wegen des einheitlichen Höchstsatzes anwendbare) Kapitalverkehrsfreiheit gestützten Anspruchs auf weitere Quellensteuerreduzierung in Drittstaatenfällen s. *Kraft/Mengel,* IStR 2014, 309.

Das *DBA Elfenbeinküste* enthält neben der beiderseits und allgemein geltenden Satzbegrenzung auf 15% noch einen **besonderen Quellensteuerhöchstsatz** von **18%** für Dividenden, die von einer in Elfenbeinküste ansässigen Gesellschaft gezahlt werden, welche von der Steuer vom Gewinn befreit ist oder diese Steuer nicht zum allgemeinen Satz entrichtet (Prot. Nr. 1). Nach dem *DBA Schweiz* unterliegen (nur) Ausschüttungen von Grenzkraftwerksgesellschaften am Rhein generell einer Quellensteuer von maximal 5% (Art. 10 Abs. 2 Buchst. a). **94**

ee) Abschn. 5 Abs. 1 *SProt. Belgien,* der für die Berechnung der maximal zulässigen belgischen Quellensteuer eine **abweichende Bemessungsgrundlage** vorsah, ist **gegenstandslos,** da seine an innerbelgisches Steuerrecht anknüpfenden Voraussetzungen nicht mehr gegeben sind. Es gilt beiderseits eine einheitliche Quellensteuerbegrenzung für Schachtel- und für Streubesitzdividenden auf 15%, die für Schachteldividenden allerdings unter bestimmten Voraussetzungen durch die Steuerbefreiung nach der Mutter-Tochter-Richtlinie überlagert wird (s. dazu Rz. 173ff.). **95**

ff) Eine besondere **Missbrauchsklausel** enthält das *DBA Großbritannien 2010* (Art. 10 Abs. 6): danach werden Quellensteuerbegrenzungen nach Art. 10 nicht gewährt, wenn „der Hauptzweck oder einer der Hauptzwecke einer der Personen, die an der Begründung oder Übertragung der Aktien oder anderen Rechte, für die die Dividende gezahlt wird, beteiligt waren, darin bestand, diesen Artikel mithilfe dieser Begründung oder Übertragung in Anspruch zu nehmen". Eine ähnliche Formulierung findet sich, allerdings nur für die deutsche Seite, im DBA *VAE 2010* (Art. 21 Abs. 3), das auch darüber hinaus den Kreis der in den VAE ansässigen (also eigentlich „abkommensberechtigten") Personen, die in den Genuss von Begrenzungen der deutschen Besteuerung durch das Abkommen gelangen können, nach Art einer „Limitation on Benefits Clause" (dazu Art. 1 Rz. 123ff., 144ff.) für nahezu alle Verteilungsnormen mit detaillierten Regelungen stark beschränkt (Art. 21 Abs. 1–5). Eine entsprechende Missbrauchsklausel enthalten auch Art. 11 und Art. 12 des *DBA Großbritannien 2010* für Zinsen und Lizenzgebühren. **96**

Umfangreiche Missbrauchsklauseln enthalten auch die *DBA Kanada* (Art. 29 Abs. 3, 6), *Korea* (Art. 27 Abs. 2), *Kuwait* (Art. 23 i.V.m. Prot. Nr. 6), *Mauritius 2011* (Art. 22) und vor allem *USA* (Art. 28 und Prot. Nr. 28: **„Limitation on Benefits Clause"** (s. dazu Rz. 66a, 129 und Art. 1 Rz. 123ff. und 144ff.). Inhaltlich anders gestaltet, aber ähnlich komplex ist die LoB-Klausel im *DBA Liechtenstein 2011* (Art. 31; Prot. Nr. 11–13). Art. 23 *DBA Schweiz,* dessen detaillierte, typisierende Regelungen weit mehr als nur Missbrauchsfälle erfassten, wurde durch Art. III des Revisionsprot. v. 12.3.2002 aufgehoben; stattdessen verweist die Bestimmung jetzt auf die jeweils geltenden nationalen Antimissbrauchsvorschriften sowie ggf. das Verständigungsverfahren (s. auch *Kolb,* IWB Fach 5 Schweiz Gr. 2, 515 (2002); so auch das *DBA Niederlande 2012 (E)* (Art. 23 Abs. 1 und Prot. Nr. XV; dazu *Häck/Spierts,* IStR 2014, 58, 60ff.)). **97**

98 **gg)** Bei einigen Abkommen sind ferner Einschränkungen zu beachten, die sich aus einer **„subject-to-tax clause"**, einer Sonderbestimmung über **„taxation on a remittance basis"** oder einer Kombination aus beiden Elementen ergeben (s. dazu Vor Art. 6 bis 22 Rz. 18 ff.).

101 **b) Schachteldividenden: aa) Rückblick: Suspensionsklauseln.** Zu der wechselvollen Historie der besonderen DBA-Bestimmungen für aus Deutschland abfließende Schachteldividenden s. die 5. Aufl. Rz. 104 ff. und – mit vollständigen Schrifttumsnachweisen – insbesondere zu den sog. „Suspensionsklauseln" die 2. Aufl. Rz. 111 ff. Die **Verringerung der Differenz** zwischen dem deutschen Körperschaftsteuersatz für einbehaltene und dem für ausgeschüttete Gewinne auf **weniger als 15 Prozentpunkte** ab 1.1.1990 zog weitreichende Folgen für die deutschen DBA nach sich, weil die meisten von ihnen den zuvor – auf Grund der sog. „Suspensionsklauseln" – angewandten, regelmäßig erhöhten statt reduzierten Quellensteuerhöchstsatz für Schachteldividenden vom Vorhandensein einer Differenz zwischen den beiden genannten Sätzen in Höhe von 20 bzw. 15 Prozentpunkten abhängig machten. Mit der vollständigen **Abschaffung des gespaltenen Körperschaftsteuersatzes** (grundsätzlich mit Wirkung ab 1.1.2002) und der Hinwendung zu einem modifizierten „klassischen", genauer einem „Shareholder Relief"-System (zu einem internationalen Körperschaftsteuer-Systemvergleich s. *Jacobs,* S. 125 ff. m. w. N.), bei dem eine Milderung der wirtschaftlichen Doppelbelastung durch ermäßigte Besteuerung bzw. Steuerfreistellung auf der Anteilseigner-Ebene erfolgt, sind **auch die letzten** an den gespaltenen Körperschaftsteuersatz in Deutschland anknüpfenden **Suspensionsklauseln** (in den *DBA Niederlande 1959/2004, Norwegen 1991, Schweden* und *Südafrika 1973*) außer Kraft getreten (s. dazu die 5. Aufl. Rz. 118 ff., 126 ff.).

120 **bb) Abweichungen bei der auch für den Vertragspartner geltenden Quellensteuerbegrenzung für Schachteldividenden:**

Die meisten deutschen Abkommen sehen **besondere Satzbegrenzungen für Schachteldividenden** vor, die sowohl für Deutschland als auch für den jeweiligen Vertragspartner gelten (zu den DBA, in denen die Höchstsätze für Schachtel- und für Streubesitzdividenden identisch sind, s. Rz. 93). Die meist niedriger als für Streubesitzdividenden angesetzten Quellensteuerhöchstsätze sowie die zu deren Anwendung erforderlichen Beteiligungsverhältnisse können im Einzelnen der Übersicht (Rz. 67) entnommen werden. Folgende Besonderheiten sind hier hervorzuheben:

121 Im Gefolge der „Mutter-Tochter-Richtlinie" (Richtlinie 90/435/EWG des Rates v. 23.7.1990, ABl. EG Nr. L 225, 6; Neufassung v. 30.11.2011 – 2011/96/EU, ABl. EU Nr. L 345, 8), durch die innerhalb der EU nach dem Auslaufen der Übergangsregelungen (für Deutschland zum 30.6.1996) sämtliche Quellensteuern auf Schachteldividenden bei Vorliegen bestimmter Voraussetzungen entfielen (s. dazu Rz. 173 ff.), wurden auch in einigen deutschen DBA – mit Vertragspartnern innerhalb wie außerhalb der EU – für Schachteldividenden beiderseits anwendbare **Quellensteuerreduzierungen auf Null** vereinbart, zuerst in den Abkommen mit den skandinavischen Staaten *Dänemark, Norwegen 1991* (so auch *DBA Norwegen 2013 (E))* und *Schweden.* Vollständig quellensteuerbefreit sind Schachteldividenden auch – unabhängig von der Mutter-Tochter-Richtlinie – nach dem Zusatzabkommen v. 20.12.2001 zum *DBA Frankreich* sowie im Verhältnis zur *Schweiz* (Revisionsprot. v. 12.3.2002); Art. 10 Abs. 3 i.d.F. des Revisionsprot. v. 27.10.2010 verlangt dafür, dass die (im Gegenzug auf 10% abgesenkte) Mindestbeteiligung mindestens 12 Monate ununterbrochen gehalten wird (s. dazu noch Rz. 142). Gleiches soll auch nach dem *DBA Liechtenstein 2011* gelten; hier soll aber – anders als im Fall der *Schweiz* – bei Nichteinhaltung der verlangten Halte-

dauer eine Begrenzung auf 5% als Auffangregelung greifen, wenn die sonstigen Voraussetzungen erfüllt sind. Quellensteuerfreiheit für Dividenden aus „Superschachtel"-Beteiligungen gewähren die *DBA Georgien* (Mindestbeteiligung 50% und € 3 Mio.) und *USA 1989/2006* (Mindestbeteiligung 80%; zusätzliche Voraussetzungen aus der Limitation-on-Benefits Clause; s. dazu Rz. 129) ergänzend zu den Quellensteuer-Ermäßigungen (auf 5%) für „normale" Schachteldividenden (Mindestbeteiligung jeweils 10%).

Das *DBA Island* enthält für isländische Schachteldividenden neben einer dem MA 1963 entsprechenden Grundregel noch eine Spezialvorschrift, nach der die isländische Quellensteuer bis zu **36%** betragen darf, soweit solche Dividenden **bei der Gewinnbesteuerung** der ausschüttenden isländischen Gesellschaft **von deren Einkommen abgesetzt** worden sind; für die Anwendung dieser erhöhten Quellensteuergrenze genügt eine **mittelbare** Schachtelbeteiligung der deutschen an der ausschüttenden isländischen Gesellschaft (Art. 10 Abs. 4; zur mittelbaren Beteiligung s. noch Rz. 140). Diese Bestimmung ist gegenstandslos geworden, da Dividenden an ausländische Anteilseigner nach isländischem Steuerrecht nicht mehr vom Gewinn der ausschüttenden Gesellschaft abgezogen werden können. Siehe Wassermeyer/*K.-D. Müller,* DBA Island, Art. 10 Rz. 5f.; Anhang Rz. 24. **123**

Das *DBA Jamaika* enthält auch für jamaikanische Schachteldividenden eine Suspensionsklausel, die Jamaika eine Quellensteuer bis zu 22,5% zugesteht, solange der Satz der jamaikanischen Steuer auf Gesellschaftsgewinne und der der Zusatzsteuer auf Gesellschaftsgewinne zusammen 45% nicht übersteigen (Art. 10 Abs. 3); subsidiär gilt für Schachteldividenden aus Jamaika die Grundregel des Art. 10 Abs. 2 Buchst. a mit einer Quellensteuerbegrenzung auf 10%. S. dazu *Hundt,* DB 1977, 884; Wassermeyer/*K.-D. Müller,* DBA Jamaika, Art. 10 Rz. 3. **124**

Das *DBA Pakistan* begrenzt den Quellensteuer-Höchstsatz für Schachteldividenden beiderseits auf 10%, knüpft dessen Eingreifen jedoch an die Voraussetzung einer Mindestbeteiligung von 20% am Kapital der ausschüttenden Gesellschaft (zu den Dividendenbestimmungen der pakistanischen DBA s. *Hag,* BIFD-Asia-Pacific Tax Bulletin 1993, 307ff.). **125**

Das *DBA Taiwan* gewährt Deutschland eine **Meistbegünstigung**: gesteht Taiwan zukünftig einem anderen OECD-Mitgliedstaat für Schachteldividenden (Mindestbeteiligung: 25% des Kapitals) einen niedrigeren Quellensteuerhöchstsatz zu als die mit Deutschland vereinbarten 10%, hat die zuständige deutsche Behörde (das BMF, Art. 3 Abs. 1 Buchst. h(i)) das Recht zu verlangen, dass dieser Satz auch auf an entsprechende deutsche Gesellschaften gezahlte Dividenden angewendet wird (Art. 10 Abs. 3). **126**

Das *DBA Thailand* (Art. 10 Abs. 2) unterscheidet im Bereich der aus Thailand stammenden Schachteldividenden zwischen Ausschüttungen von Gesellschaften, die ein **„industrielles Unternehmen"** betreiben (Quellensteuerhöchstsatz **15%**), und Dividendenzahlungen **anderer Gesellschaften** (Quellensteuerhöchstsatz **20%**). Was unter einem „industriellen Unternehmen" im Sinne dieses DBA zu verstehen ist, ergibt sich im Einzelnen aus Art. 10 Abs. 4 Buchst. b. Dazu *Sass,* AWD 1968, 344. **127**

Nach dem *DBA USA* gilt der herabgesetzte Quellensteuersatz für Schachteldividenden **nicht** für Dividenden, die von einer amerikanischen **Regulated Investment Company (RIC)** oder von einem amerikanischen **Real Estate Investment Trust (REIT)** gezahlt werden, ebenso nicht für Ausschüttungen eines „deutschen Investmentfonds oder einer deutschen Investmentaktiengesellschaft (zusammenfassend als Investmentvermögen bezeichnet)" (Art. 10 Abs. 4). In diesen Fällen ist stattdessen der Satz für Streubesitzdividenden (15%) maßgebend. Im Fall des REIT ist auch diese Begrenzung von der weiteren Voraussetzung abhängig, dass der Nutzungsberechtigte der Dividenden eine natürliche Person oder ein Pen- **128** sionsfonds ist, die bzw. der mit nicht mehr als 10% an dem REIT beteiligt ist, bei Beteiligung von anderen (nicht natürlichen) Personen (außer Pensionsfonds) wird zusätzlich verlangt, dass es sich um einen „diversifizierten" REIT handelt (Legaldefinition in Art. 10 Abs. 4 Satz 4 des DBA: kein einziger Anteil am unbeweglichen Vermögen des REIT übersteigt 10% der gesamten Anteile); bei Dividenden aus einer börsengehandelten Aktiengattung eines REIT darf der Nutzungsberechtigte (natürliche oder andere Person) nicht zu mehr als 5% an irgendeiner Gattung des Aktienbestandes des REIT beteiligt sein, um in den Genuss des Streubesitz-Satzes zu gelangen. Alle diese Voraussetzungen und Einschränkungen gelten nur für Ausschüttungen von U.S.-REITs, nicht für solche deutscher REITs („G-REITs"). Näher s. Wassermeyer/*Wolff*, DBA USA, Art. 10 Rz. 100, 106. Auch die DE-VG sieht vor, dass der reduzierte Quellensteuersatz von 5% für Dividenden von einem deutschen REIT oder einem deutschen Investmentvermögen nicht zur Anwendung kommt, sondern nur der Höchstsatz von 15% gilt.

129 Die *DBA Georgien* und *USA* gewähren beiderseits – neben der Quellensteuer-Absenkung auf 5% für „allgemeine" Schachteldividenden (Mindestbeteiligung 10%) – bei Erfüllung zusätzlicher Voraussetzungen (*DBA Georgien:* Mindestbeteiligung 50% des Kapitals und € 3 Mio.; *DBA USA:* Mindestbeteiligung 80% der Stimmrechte unmittelbar; Mindesthaltedauer 12 Monate vor Entstehen des Dividendenanspruchs; Empfänger qualifiziert gemäß Art. 10 Abs. 3 Buchst. a i.V.m. Art. 28 DBA, dazu sogleich) eine **Quellensteuerbegrenzung auf Null** („Super-Schachteldividende"). Im *DBA USA,* das mit seinen „Schranken für die Abkommensvergünstigungen" (Art. 28) ohnehin für alle Verteilungsnormen den Kreis möglicher Berechtigter weit über die vom OEDC-MA verwendeten „Filter" wie Abkommensberechtigung, Nutzungsberechtigung und andere Tatbestandsmerkmale hinaus drastisch einengt (nur „qualifizierte" Personen, d.h. Abkommensberechtigte, die eine Reihe von zusätzlichen „Tests" erfolgreich bestehen, können sich auf die Verteilungsnormen berufen; s. Rz. 66a zu der entsprechenden Bestimmung im US-MA 2006 und insbes. Art. 1 Rz. 123ff.), werden diese Zusatzvoraussetzungen aus Art. 28 bei „Super-Schachteldividenden" noch einmal erheblich verschärft („Super-LoB-Clause"): Nur das Bestehen eines der in Art. 10 Abs. 3 Buchst. a, aa–dd ausdrücklich angeführten Tests, die lediglich einen Ausschnitt aus den Qualifikations-Möglichkeiten des Art. 28 insgesamt darstellen, berechtigt zur Inanspruchnahme der Quellensteuerbegrenzung auf Null. Diese Test-Alternativen sind, stark vereinfacht, (1) der „Börsenhandels"-Test" *(publicly traded corporation test)* bzw. „Ort-der-Geschäftsführung"-Test *(international headquarters test);* (2) der „Eigentümer"-Test *(ownership test);* (3) der „Anti-Durchlaufgesellschaften"-Test, das ist eine Kumulation von drei Tests: „mittelbarer Eigentümer" *(indirect ownership)/* „keine Aushöhlung der Bemessungsgrundlage" *(base erosion)/* „aktive Geschäftstätigkeit" *(active business),* oder (4) eine Kumulation aus den Tests „gleichberechtigter Begünstigter" *(derivative benefit test)* und „keine Aushöhlung der Bemessungsgrundlage" *(base erosion).* Besteht die Dividendenbezieherin keinen dieser Tests, hat sie immerhin noch die Chance, über eine „Gnadenklausel" (Art. 28 Abs. 7), d.h. eine Bewilligung der zuständigen Behörde des Quellenstaats, in den Genuss der Quellensteuer-Begrenzung auf Null zu gelangen, wobei die Behörde das „Treaty Shopping"-Potenzial der zu beurteilenden Struktur „in Betracht zieht". Näher zu den komplexen, hier nicht im Einzelnen darstellbaren Regelungen: *Jacob,* IStR 2011, 45; Wassermeyer/*Wolff*, DBA USA, Art. 10 Rz. 83ff.; *Wassermeyer/Schönfeld,* DB 2006, 1970; *Wolff/Eimermann,* IStR 2006, 837; *Endres/Wolff,* IStR 2006, 721; *Kreienbaum/Nürnberger,* IStR 2006, 806; *Dörfler/Birker,* GmbHR 2006, 867.

130 Für Dividendenbezüge eines **Pensionsfonds** (Legaldefinition in Art. 10 Abs. 11 DBA *USA 1989/2006*) kann die Quellensteuerbegrenzung auf Null unabhängig von Höhe und Dauer der Beteiligung des Fonds an der ausschüttenden Gesellschaft beansprucht werden, vorausgesetzt, die Dividenden stammen nicht unmittelbar oder mittelbar aus einer gewerblichen Tätigkeit des Fonds (Art. 10 Abs. 3 Buchst. b *DBA USA*). Die Quellensteuerbefreiung gilt auch für Dividenden, die von einer U.S.-amerikanischen Regulated Investment Company (RIC) oder einem deutschen Investmentvermögen (nicht jedoch einer deutschen REIT-AG: Prot. Nr. 8 Buchst. a) an einen im jeweils anderen Vertragsstaat ansässigen Pensionsfonds gezahlt werden (Art. 10 Abs. 4 Satz 2 DBA; für Gewinnausschüttungen solcher Gesellschaften/Vermögensmassen im Übrigen s. Rz. 128, 132 ff.), und zwar auch für Deutschland als Quellenstaat; etwas Anderes geht auch aus der von den Vertragsstaaten anlässlich der Unterzeichnung des Änderungsprot. am 1. Juni 2006 abgegebenen Gemeinsamen Erklärung (zu Art. 18 des DBA) nicht hervor (a. A. *Kreienbaum/Nürnberger,* IStR 2006, 806, 807). In einer durch BMF-Schreiben v. 12.4.2012 (IStR 2012, 387) mitgeteilten Verständigungsvereinbarung haben Deutschland und die USA den Begriff „Pensionsfonds" (Art. 10 Abs. 11 *DBA USA*) für beide Seiten näher konkretisiert (er umfasst danach auch bestimmte „Contractual Trust Arrangements (CTA)" zur Finanzierung von betrieblichen Altersvorsorgeplänen (SESP)) und u. a. festgelegt, dass die Auslagerung von Beteiligungen durch einen solchen Pensionsfonds auf ein „Spezial-Sondervermögen, auf das die Bestimmungen des deutschen Investmentgesetzes Anwendung finden," unter bestimmten Voraussetzungen der Anwendung des Nullsatzes auf Dividenden aus diesen Beteiligungen nicht entgegensteht.

Das *DBA Großbritannien 2010* sieht für Dividendenbezüge einer „Altersvorsor- **131**
geeinrichtung" unabhängig von deren Rechtsform und Beteiligungshöhe einen einheitlichen Quellensteuerhöchstsatz von 10% vor (bei Begrenzungen im Übrigen auf 15% /5%) (Art. 10 Abs. 2 Buchst. b; Prot. Nr. 1), ebenso das *DBA Niederlande 2012 (E)* für Dividendenbezüge eines in den Niederlanden ansässigen Pensionsfonds (Art. 10 Abs. 2 Buchst. b; Prot. Nr. VIII). Die Begünstigung von an (in ihren Heimatländern häufig steuerbefreiten) „Pensionskassen oder ähnliche Organisationen" gezahlten Dividenden entspricht einer von Ziff. 13.1 MA-Komm. zur Verfügung gestellten Regelungsoption.

In den jüngsten Abkommen, die seit der Einführung der gesetzlichen Sonder- **132**
regelungen für den sog. „G-REIT" im Jahre 2007 geschlossen worden sind, erscheinen häufig neue Bestimmungen, welche die „deutsche Immobilien-Aktiengesellschaft (REIT-AG)" o. ä. zum Gegenstand haben. Mit ihnen soll dem speziellen Steuerregime des G-REIT, das durch grundsätzliche Transparenz gekennzeichnet ist, Rechnung getragen werden. Je nach der Interessenlage der beteiligten Staaten treten dabei unterschiedliche Regelungstypen in Erscheinung: Ein Teil der Abkommen versagt den reduzierten Quellensteuerhöchstsatz für Schachteldividenden, wenn der **G-REIT Dividendenempfänger** ist; das betrifft demnach die **Quellensteuer des jeweiligen Vertragspartners** (*DBA Bulgarien 2010, Irland 2011, Spanien 2011*). Ein anderer Teil der Abkommen verweigert gerade umgekehrt den ermäßigten Schachtel-Quellensteuerhöchstsatz dann, wenn die Dividenden **von einem G-REIT gezahlt** werden (*DBA Liechtenstein 2011, Schweiz 2010, VAE 2010*); das zielt auf die deutsche Kapitalertragsteuer und soll verhindern, dass der durch § 16 Abs. 2 S. 3 REITG für direkte Beteiligungen und in § 20 Abs. 4 S. 2 und 3 REITG für indirekte Beteiligungen in Höhe von jeweils 10% angeordnete „Treaty Override" zur Verhinderung eines positiven „Ausländereffekts" eingreift (s. dazu *Bron*, G-REIT, 2007, 220 ff.; *Wagner*, Die Besteuerung des deutschen REIT, 2010, 113 ff., 137 ff.). Auch die DE-VG knüpft an den Rechtscharakter des Dividendenzahlers als „deutsche Immobilien-Aktiengesellschaft mit börsennotierten Anteilen" an, gestaltet die Regelung jedoch beidseitig und erweitert ihre Geltung auf „deutsche Investmentvermögen" und entsprechende (in der Vereinbarung aufzuführende) Rechtstypen des anderen Vertragsstaats.

Ebenfalls beidseitig formuliert, inhaltlich jedoch auf den REIT beschränkt ist die Bestimmung im *DBA China 2014 (E)* (Art. 10 Abs. 2 Buchst. b und Prot. Nr. 3).

133 Während bei diesen beiden Kategorien von Abkommen mit REIT-Sonderbestimmungen dann die allgemeine Quellensteuerreduzierung für Streubesitzdividenden (zumeist auf 15%) „automatisch" zum Tragen kommt, müssen wiederum andere DBA die beabsichtigte **15%-Grenze** für die – in diesen Fällen **vom REIT ausgeschütteten** – Dividenden erst herstellen: so das *DBA Taiwan* (allgemeine Begrenzung auf einheitlich 10%) und die *DBA VAE 2010, China 2014 (E)* und *Oman 2012 (E)* (allgemeine Begrenzungen auf 10%/5%); so auch das *DBA Luxemburg 2012,* obwohl der Höchstsatz für Streubesitzdividenden ebenfalls 15% beträgt. Schließlich werden bei einem weiteren Regelungstyp für von einem REIT ausgeschüttete Dividenden beiderseits alle Quellensteuersatzbegrenzungen – auch diejenigen für Streubesitzdividenden – aufgehoben (*DBA Ungarn 2011*: Prot. Nr. 4 Buchst. b).

134 In einem Regelungsvorschlag, der im Anschluss an den OECD-Bericht „Tax Treaty Issues Related to REITs" v. 30.10.2007 im Juli 2008 in den MA-Komm. (Ziff. 67.1–67.7) aufgenommen wurde (s. dazu *da Conceição,* BIT 2012, No. 9), aber noch keinen Niederschlag im MA selber gefunden hat, befürwortet der Steuerausschuss der OECD eine **vollständige Aufhebung der Satzbegrenzungen für „größere Investoren"**, das sind – gleich ob natürliche oder juristische Personen – solche, die unmittelbar oder mittelbar **zu mindestens 10% am Kapital des REIT beteiligt** sind. Begründet wird dies – außer mit der Wendung, dass eine Beschränkung der Quellenbesteuerung von REIT-Ausschüttungen an Großinvestoren unangebracht („inappropriate") sei – damit, dass die Investition in einen REIT für einen **Großinvestor** als **Ersatz für eine Investition** in das zugrunde liegende **unbewegliche Vermögen** gesehen werden könne. Dagegen stehe bei einem Kleinanleger die **Investition in die Gesellschaft** im Vordergrund (Ziff. 67.3), so dass hier die Anwendung der allgemeinen Satzbegrenzung für Streubesitzdividenden „angemessen" sei. Der OECD-Vorschlag bezieht sich ausschließlich auf Dividenden, die **von einem REIT gezahlt**, nicht – wie manche deutsche Abkommen (s. Rz. 132) – auf solche, die von einem REIT empfangen werden. Da ein REIT in Deutschland zwingend die Rechtsform der AG haben muss (§ 7 REITG) und – trotz seiner Befreiung von Körperschaft- und Gewerbesteuer (§ 16 Abs. 1 S. 1 REITG) – wegen seiner unbeschränkten Steuerpflicht in Deutschland „ansässige Person" im Sinne der DBA ist (Art. 4 Rz. 83), sind die Alternativvorschläge des MA-Komm. (Ziff. 67.6 und 67.7) zu den Fällen fehlender Gesellschaftseigenschaft und/oder fehlender Ansässigkeit für die deutsche Quellenbesteuerung nicht von Bedeutung.

138 Als **Bezugsgröße** für die Mindestbeteiligung stellen die deutschen Abkommen, soweit sie auch für Schachteldividenden aus dem Vertragspartnerstaat besondere Quellensteuerhöchstsätze vorsehen, etwa zu gleichen Anteilen auf das **Kapital** der ausschüttenden Gesellschaft (entsprechend dem MA, s. dazu Rz. 57f.) und auf die **stimmberechtigten Anteile** ab (wie das US-MA, s. Rz. 63). Zwar wird die Beteiligungsquote an den stimmberechtigten Anteilen in der Regel der am Nennkapital entsprechen; ein Auseinanderfallen kann sich jedoch, etwa bei Aktiengesellschaften, durch Ausgabe von stimmrechtslosen Vorzugsaktien (entsprechend §§ 11, 12 Abs. 1 S. 2, 139ff. AktG) ergeben. In anderen Rechtsordnungen sowie bei Unternehmen anderer Rechtsform bestehen ähnliche, z. T. noch weiter reichende Möglichkeiten. **Verdecktes Nennkapital** berechtigt **nicht** zur Stimmrechtsausübung und ist daher ebensowenig zu berücksichtigen wie Anteile, die schon ihrer Natur nach kein Stimmrecht gewähren, wie etwa Genussrechte, Beteiligungen an Investment-Fonds usw. Da das Kriterium „stimmberechtigte Anteile" deutlicher auf die wirtschaftliche Einflussmöglichkeit des Investors abhebt als die formale

Bezugsgröße „Kapital", dürften **Mehrstimmrechte** aufgrund entsprechender Aktien (soweit sie in der Rechtsordnung des Vertragspartnerstaats, anders als nach § 12 Abs. 2 AktG, gesellschaftsrechtlich zulässig sind), in vollem Umfang in die Berechnung **einzubeziehen** sein, obwohl in den Abkommen (außer im *DBA Kanada*) an sich nicht von „Stimmrechten" (wie in der Alternativempfehlung des MA-Komm. Ziff. 15 a. E.), sondern ausdrücklich von „stimmberechtigten Anteilen" die Rede ist. Dagegen sind Verträge, durch die der Berechtigte seine Stimmrechte generell oder im Einzelfall auf eine andere Person überträgt, nicht zu berücksichtigen, sofern nicht hinsichtlich der den Stimmrechten zugrunde liegenden **Anteile** eine Rechtsänderung eintritt oder die Anteile einer anderen Person zuzurechnen sind. Ein (typischer) stiller Gesellschafter der Kapitalgesellschaft besitzt weder Stimmrecht (wenn auch bei entsprechendem Gewicht seiner Beteiligung seine Einflussmöglichkeit auf ihre Geschäftspolitik bedeutend sein kann), noch hält er als solcher überhaupt Anteile an der Kapitalgesellschaft, für die seine Einlage nicht Eigen-, sondern Fremdkapital darstellt.

Bei der Berechnung ist also von der Zahl der Stimmrechte auszugehen, die die dividendenbeziehende Gesellschaft aus den ihr gehörenden Anteilen ausüben kann. Sodann ist deren Verhältnis zur Gesamtzahl aller Stimmrechte zu ermitteln. Zu dieser Gesamtzahl gehören auch **eigene Anteile** der ausschüttenden Gesellschaft, selbst wenn aus ihnen ein Stimmrecht nicht ausgeübt werden kann und sich somit das Gewicht der übrigen Stimmen erhöht. Denn beteiligte Kapitalgesellschaften müssen es selber in der Hand behalten können, ob sie die den höheren Quellensteuersatz auslösende Mindestbeteiligungsgrenze überschreiten wollen; dies wäre aber nicht mehr gewährleistet, wenn die ausschüttende Gesellschaft die Beteiligungsquote durch den Erwerb von eigenen Anteilen beliebig verändern könnte (so zu Recht früher *Debatin/Walter* B VI Rz. 146 ff.; zust. Wassermeyer/*Wolff*, DBA USA, Art. 10 Rz. 72; a. A. *Kaeser/Wassermeyer* in Wassermeyer, Art. 10 OECD-MA Rz. 90). Ist bei Beachtung dieser Grundsätze die **vorausgesetzte Mindestbeteiligung gegeben,** so gilt die **ermäßigte Quellensteuergrenze** für Schachteldividenden nicht nur für Einkünfte aus den Anteilen, die in die Berechnung der Beteiligung eingegangen sind, sondern **daneben auch für sämtliche anderen** Zahlungen der ausländischen an die inländische Gesellschaft, die nach dem jeweiligen DBA **Dividenden** sind, also etwa auch für Ausschüttungen auf Genussscheine, stimmrechtslose Vorzugsaktien oder verdecktes Nennkapital (*Debatin/Walter,* Art 10 Rz. 239; zust. Wassermeyer/*Wolff,* a. a. O.). Für eine abweichende Auslegung geben die DBA keinen Anhaltspunkt. 139

Über die **Art der erforderlichen Beteiligung** sagt die Mehrzahl, insbesondere der älteren DBA, nichts; sie begnügen sich mit der Formulierung, die Beteiligung – in bestimmter Höhe – müsse der (deutschen) Muttergesellschaft **„gehören"** (*DBA Frankreich, Niederlande 1959/2004* und *Thailand;* Ausdruck „verfügt" ohne Zusatz im *DBA Venezuela;* zur Auslegung für Deutschland als Quellenstaat vgl. insoweit Rz. 73 f.). Neuere Abkommen schreiben durchweg ausdrücklich eine **unmittelbare** Beteiligung vor (so auch die DE-VG) oder lassen ausnahmsweise eine **mittelbare Beteiligung** ausreichen (*DBA Island* im Rahmen der Sonderregelung für abzugsfähige Ausschüttungen, s. Rz. 123; *DBA Japan;* zur Auslegung für Deutschland als Quellenstaat s. die 2. Aufl. Rz. 123 ff.). Nach dem *DBA Liberia* muss die empfangende deutsche Gesellschaft über die Mindestbeteiligung „entweder selbst oder gemeinschaftlich im Rahmen einer mit anderen Gesellschaften gebildeten Personengesellschaft" verfügen (zu diesem Abkommen s. noch Rz. 143). Das *DBA Kanada* verlangt, dass der Anteilseigner die erforderliche Stimmrechtsquote „kontrolliert". Alle diese Tatbestandsmerkmale sind in den Abkommen durchweg nicht näher erläutert und auch durch Auslegung aus dem Zusammenhang nicht exakt zu bestimmen. Der Vertragspartnerstaat als Quellenstaat 140 ist daher nach den dem Art. 3 Abs. 2 MA entsprechenden Abkommensvorschriften befugt, diese Merkmale gemäß seinem innerstaatlichen Recht zu interpretieren. Die für Deutschland als Quellenstaat entwickelten Gesichtspunkte können hier allenfalls eine Anregung geben (im Sinne der „internationalen Entscheidungsharmonie", s. die Grundl. Rz. 114ff.).

141 Hinsichtlich der **Höhe der geforderten Mindestbeteiligung** zeigen sich bei zahlreichen Abkommen Abweichungen vom MA: Die *DBA Algerien 2007, Bulgarien 2010, Dänemark, Finnland, Frankreich, Georgien, Ghana, Großbritannien 2010, Irland 2011, Kanada, Kroatien, Kuwait, Liechtenstein 2011, Luxemburg 2012, Malaysia, Malta, Mauritius 2011, Mazedonien, Mexiko, Mongolei, Namibia, Niederlande 2012 (E), Oman 2012 (E), Österreich, Polen, Rumänien, Russische Föderation, Schweden, Schweiz, Singapur, Spanien, Südafrika 2008 (E), Syrien, Tadschikistan, Ungarn 2011, Uruguay 2010, USA 1989/2006, Vereinigte Arabische Emirate 2010 und Zypern 2011* verlangen entsprechend dem UN-MA eine Mindestbeteiligung von lediglich **10%,** das *DBA Venezuela* immerhin nur 15% und die *DBA Belarus, Costa Rica 2014 (E), Pakistan* und *Ukraine* 20%. Zu den DBA, die dem MA entsprechend eine Mindestbeteiligungsquote von 25% fordern, s. Rz. 76. Die Mindestbeteiligung von 10% findet sich auch in der DE-VG. Die *DBA Aserbaidschan, Belarus, Georgien* und *Russische Förderation* verlangen zusätzlich zu dem jeweiligen prozentualen Mindestanteil am Kapital der ausschüttenden Gesellschaft, dass dieser Kapitalanteil mindestens eine bestimmte Summe (in DM/€ oder der jeweiligen Landeswährung; s. jeweils die Übersicht, Rz. 67) beträgt. In einer Verständigungsvereinbarung zum *DBA Russische Förderation* (mitgeteilt durch BMF-Schreiben v. 18.10.2001, IStR 2001, 723) wurde festgelegt, dass dieser Mindestwert (von jetzt 80.000 €) nur im Zeitpunkt der Investition und nicht jährlich im Zeitpunkt der Ausschüttung von Dividenden gegeben sein muss (Nominalwert: BFH BStBl. II 2004, 767; a. A. *Kramer,* RIW 2004, 794; IStR 2003, 159).

142 Einige wenige Abkommen setzen für die Gewährung des reduzierten Schachtel-Quellensteuersatzes ferner eine **Mindestdauer der erforderlichen Beteiligung (Haltefrist)** voraus. Nach dem *DBA Japan* (Art. 10 Abs. 3 i. d. F. d. Prot. v. 17.4.1979) muss die qualifizierende Beteiligung „während der der Dividendenzahlung unmittelbar vorausgehenden zwölf Monate" gehalten worden sein. Das Abkommen greift damit einen Gedanken auf, der nach dem MA-Komm. Ziff. 16 zwar aus praktischen Gründen keinen Eingang in den Text des MA gefunden hat, den Vertragsstaaten für die Aufnahme in ihre Abkommen jedoch zur Disposition gestellt wurde (s. Rz. 79; zum *DBA Japan* s. *Debatin,* DB 1967, 787; *Menck,* AG 1967, 218; *Sass,* AWD 1967, 145; weitere Literatur, auch zum japanischen Steuerrecht, bei Wassermeyer/*Preuss,* Japan Vor Rz. 1). Ähnlich verlangt das *DBA USA 1989/2006* für die Anwendung des Null-Satzes (s. dazu Rz. 129), dass die Muttergesellschaft die Anteile „zum Zeitpunkt des Entstehens des Dividendenanspruchs seit einem Zeitraum von 12 Monaten" hält (Art. 10 Abs. 3 Buchst. a). Diese beiden – eindeutig formulierten – Bestimmungen stammen aus Abkommen, die vereinbart wurden, bevor das Urteil des EuGH in der Rs. *Denkavit* erging (Urt. v. 17.10.1996, verb. Rs. C-283/94, C-291/94 und C-292/94, IStR 1996, 526; s. dazu Rz. 175). Laut dieser Entscheidung, die zu dem – allerdings weniger eindeutig formulierten – Art. 5 der „Mutter-Tochter-Richtlinie" (Richtlinie 90/435/EWG des Rates v. 23.7.1990, ABl. EG Nr. L 225, 6; L 266, 20; Neufassung v. 30.11.2011 - 2011/96/EU, ABl. EU Nr. L 345, 8) ergangen ist, braucht nach dieser Bestimmung die Haltefrist nicht bereits bei der Ausschüttung abgelaufen zu sein, sondern muss nur **überhaupt eingehalten**, d. h. kann auch nach dem Zeitpunkt der Zahlung der Dividende vollendet werden (s. den daraufhin angepassten § 43b Abs. 2 S. 4 und 5 EStG). Soweit nach Ergehen der EuGH-Entscheidung vereinbarte DBA mit Drittstaaten Haltefristen setzen (*DBA Liechtenstein 2011,*

Schweiz), wurde die EU-Rechtslage insoweit **in eine ausdrückliche Regelung übernommen** (s. Prot. Nr. 1 Buchst. c) zum *DBA Schweiz* und Prot. Nr. 3 zum *DBA Liechtenstein 2011*).

Besondere, nur für die nach Deutschland fließenden Schachteldividenden geltende **Missbrauchsklauseln** enthalten die *DBA Liberia* und *Philippinen 1983*. Das *DBA Liberia* (Prot. Nr. 7) knüpft die Gewährung der in Art. 10 Abs. 2 des Abkommens vorgesehenen Entlastungen von der liberianischen Quellensteuer an die Freistellung der in Frage stehenden Dividenden im Wohnsitzstaat Deutschland. Gleichzeitig schränkt es den Anwendungsbereich des die Freistellung liberianischer Schachteldividenden in Deutschland regelnden Art. 23 Abs. 1 Buchst. a auf Ausschüttungen von Gesellschaften ein, deren Einnahmen ausschließlich oder fast ausschließlich aus bestimmten, innerhalb Liberias ausgeübten Tätigkeiten stammen; diese Tätigkeiten sind im Prot. Nr. 7 im Einzelnen aufgeführt. Die Begrenzung der liberianischen Quellensteuer gilt folglich nur für von solchen Gesellschaften ausgeschüttete Dividenden (zum *DBA Liberia: Sass,* AWD 1973, 524). Eine sehr ähnliche Missbrauchsklausel wurde in das *DBA Philippinen 1983* (Prot. Nr. 6, 7) aufgenommen (zu diesem DBA s. *Höfken,* IWB F. 6 Philippinen Gr. 2, 27; *Streitferdt,* RIW 1983, 585). 143

c) Streubesitzdividenden: Im Bereich der Streubesitzdividenden sind die Abweichungen vom MA weniger zahlreich und bedeutsam als bei den Schachteldividenden (zu den Quellensteuerhöchstsätzen der einzelnen Abkommen s. die Übersicht Rz. 67). Als „Streubesitzdividenden" werden hier der Einfachheit halber alle diejenigen Dividenden bezeichnet, welche die Voraussetzungen für den besonderen Schachtelhöchstsatz nicht erfüllen; das sind in der Terminologie der DBA „alle anderen Dividenden", also nicht nur an natürliche Personen, Personengesellschaften oder institutionelle „Kleinanleger" gezahlte Dividenden, sondern etwa auch solche, die von einem wesentlich beteiligten, aber eine vorgeschriebene Mindesthaltedauer (s. dazu Rz. 142) nicht erfüllenden Anteilseigner bezogen werden. 149

Zusätzlich zu den in Rz. 87 ff. erörterten, für Streubesitz- wie für Schachteldividenden gleichermaßen geltenden Regelungen ist auf folgende, ausschließlich Streubesitzdividenden betreffende Besonderheiten hinzuweisen:

Die allermeisten deutschen Abkommen legen den **Quellensteuer-Höchstsatz für Streubesitzdividenden** dem MA entsprechend auf 15 % fest (subsidiär zu einem – zumeist niedrigeren – Höchstsatz für Schachteldividenden). Davon abweichend beträgt der Streubesitz-Höchstsatz nach den *DBA China 2014 (E), Georgien, Mongolei, Oman 2012 (E), Syrien, Ukraine, Taiwan* und *VAE 2010* **10 %** und nach den *DBA Iran, Simbabwe, Thailand* sowie *Trinidad und Tobago* **20 %**. 150

Im *DBA Frankreich* sind die besonderen Bestimmungen, die den früher in beiden Ländern in unterschiedlicher Ausgestaltung angewandten Körperschaftsteuer-Anrechnungssystemen sowie dem Übergang zu den derzeit geltenden Systemen Rechnung trugen (s. dazu die 5. Aufl. Rz. 150 ff.), gegenstandslos. 151

Ausnahmsweise knüpft das *DBA Südafrika 1973* das Eingreifen (nur) des Streubesitz-Höchstsatzes (von 15 %, entsprechend dem MA) daran, dass die Dividenden im Wohnsitzstaat des Dividendenempfängers der Besteuerung unterliegen (Art. 7 Abs. 2 Buchst. b; „subject-to-tax-Klausel"). 152

d) Einkünfte aus (typischen) stillen Beteiligungen, partiarischen Darlehen u. Ä.: 165

aa) Der Dividendenbegriff der meisten deutschen Abkommen (zu den neueren Abkommen und der DE-VG s. aber noch Rz. 170) schließt ausdrücklich die **Einkünfte eines stillen Gesellschafters aus seiner Beteiligung** als solcher ein. Der entsprechende Definitionsteil ist in einigen Abkommen zweiseitig formuliert, erfasst bei der überwiegenden Anzahl der DBA jedoch lediglich aus Deutschland abfließende Gewinnanteile, d. h. Einkünfte ausländischer Kapitalgeber, die an einem in Deutschland ansässigen Unternehmen still beteiligt sind, nicht dagegen Erträge aus stillen Beteiligungen Deutscher an ausländischen Gesellschaften (zur Behandlung dieser Erträge in Deutschland als Wohnsitzstaat des stillen Gesellschafters s. Rz. 168, 184 und Art. 23 Rz. 79, 93), wohl weil die „stille Gesellschaft" als Rechtsform weltweit nur gering verbreitet und häufig ganz unbekannt ist (zur stillen Gesellschaft im ausländischen Recht s. *Blaurock*, Handbuch Stille Gesellschaft, 7. Aufl. (2010) Rz. 38 ff.). Gemeint sind in allen Fällen nur **typische** stille Beteiligungen; Einkünfte aus atypischen stillen Beteiligungen sind solche aus Mitunternehmerschaft und fallen demgemäß unter die dem Art. 7 MA entsprechenden Vorschriften. Die ausdrückliche Einbeziehung in den Dividendenbegriff hat für die Erträge typischer stiller Beteiligungen konstitutive Bedeutung, da sie anderenfalls weder nach den in den Abkommen beispielhaft aufgeführten Merkmalen noch aufgrund der diese Beispiele regelmäßig ergänzenden Verweisungen auf das Recht des Quellenstaats als Dividenden anzusehen wären. Im System des MA sind die Bezüge der stillen Gesellschafter vielmehr **Zinsen** (s. bei Art. 11 Rz. 63a; ausdrücklich so bestimmt in Art. 11 Abs. 2 *DBA Liechtenstein 2011*). Bei dieser abkommensrechtlichen Einordnung verbleibt es für diejenigen DBA, die diese Einkünfte nicht gesondert erwähnen (wie neuerdings das *DBA Zypern 2011)*; eingehender s. Rz. 210 sowie Art. 7 Rz. 53 und Art. 11 Rz. 63a.

166 **bb)** Enthält das Abkommen für die Einkünfte aus stillen Beteiligungen, abgesehen von ihrer Einbeziehung in den Dividendenbegriff, keine besondere Regelung, so gelten **die für „gewöhnliche" Dividenden vorgesehenen Satzbegrenzungen** auch für sie. Dem steht nicht entgegen, dass Art. 10 Abs. 1 MA und die entsprechenden Bestimmungen der deutschen DBA die **Zahlung** der als Dividenden einzuordnenden Erträge **durch eine Gesellschaft** voraussetzen. Zwar ist die typische stille Gesellschaft deutschen Rechts selber weder juristische Person, noch wird sie für die Besteuerung wie eine solche behandelt, so dass sie nach dem Wortlaut des Art. 3 Abs. 1 Buchst. b MA nicht als „Gesellschaft" im Sinne der Abkommen anzusehen ist (s. dort Rz. 10 f., 13 f.). Die dort gegebene Definition dieses Begriffs ist jedoch gemäß Art. 3 Abs. 1 MA nur dann wirklich abschließend, „wenn der Zusammenhang nichts anderes erfordert". Bezieht die Abkommensdefinition des Dividendenbegriffs Einkünfte aus stillen Beteiligungen ausdrücklich ein, so muss folgerichtig für den Bereich des Art. 10 der Begriff „Gesellschaft" abweichend ausgelegt werden. Die Bezüge der stillen Gesellschafter werden insoweit den Einkünften aus Aktien, GmbH-Anteilen usw. insgesamt gleichgestellt. Demgemäß ist es gleichgültig, ob die stille Beteiligung an einer juristischen Person, einer Personengesellschaft oder einem Einzelunternehmen besteht (BFH BStBl. II 1982, 374 (377): *DBA Schweiz 1971;* BMF v. 31.3.1980, BB 1980, 615; *R. Müller,* IStR 1996, 266 (273) m. w. N.; FWK/*Wingert,* Art. 10 Rz. 36, 120).

167 **cc)** Dies bedeutet jedoch **nicht** zugleich, dass auf diese Einkünfte auch die **Sonderbestimmungen für Schachteldividenden** ohne weiteres angewendet werden können. Denn die Kriterien, nach denen sich das Vorliegen einer Schachtelbeteiligung an einer Kapitalgesellschaft bestimmt – dass die Muttergesellschaft einen bestimmten Anteil am Nennkapital oder eine bestimmte Stimmrechtsquote besitzen muss – lassen sich auf die Verhältnisse der stillen Gesellschaft nicht übertragen. Zwar können dem stillen Gesellschafter vertraglich gewisse Kontroll- und auch Zustimmungsrechte eingeräumt sein; auch dann ist seine Position jedoch mit der eines wesentlich beteiligten Aktionärs oder GmbH-Gesellschafters nicht vergleichbar. Auch setzen die Sonderregelungen für Schachteldividenden nach ihrem Sinn und Zweck eine Besteuerung der ausschüttenden Gesellschaft voraus; auch von daher passen sie auf die stille Gesellschaft nicht.

168 **Anders** ist die Lage jedoch, wenn eine **Gesellschaft** i. S. des MA **an einer anderen Gesellschaft still beteiligt** ist und **zugleich** an **derselben** Gesellschaft eine **Schachtelbeteiligung** hält (eine solche Gestaltung ist grundsätzlich auch steuerlich anzuerkennen, BFH BStBl. III 1965, 119; III 1966, 197 mit Anm. *Paulick*). In diesem Fall unterliegen mit den Erträgen der wesentlichen Beteiligung am Nennkapital auch die Einkünfte aus der stillen Beteiligung dem besonderen Quellensteuerhöchstsatz für Schachteldividenden, sofern das DBA einen solchen vorsieht. Für Deutschland als Wohnsitzstaat soll es sich nach BFH BStBl. II 2008, 793 (zu Art. 20 Abs. 2 Satz 3 *DBA Luxemburg 1958*) bei Einkünften aus einer stillen Beteiligung allerdings nur um „fiktive Dividenden" handeln, für die die Schachtelbefreiung nach dem Methodenartikel als Ergebnis normativer und systematischer Auslegung nicht gelten soll (kritisch dazu Art. 23 Rz. 93; *Birker/Seidel*, BB 2009, 244), obwohl auch der BFH von dem Grundsatz einer mit dem Dividendenartikel einheitlichen Auslegung ausgeht (s. dazu Rz. 184). Auf den Inbound-Fall, d. h. auf die vertragliche Verpflichtung Deutschlands, als Quellenstaat den reduzierten Schachtel-Höchstsatz auch auf Erträge aus neben „echten" Schachtelbeteiligungen an deutschen Gesellschaften gehaltenen stillen Beteiligungen anzuwenden (vorausgesetzt, diese Erträge sind in die Dividenden-Definition des betreffenden DBA einbezogen), ist die Argumentation des BFH in diesem Urteil jedoch nicht übertragbar (*Birker/Seidel*, a. a. O., 247; *Teufel/Hasenberg*, IStR 2008, 724, 727).

dd) Einige Abkommen legen für Einkünfte aus typischen stillen Beteiligungen eine **eigene Satzbegrenzung** fest (*DBA Spanien:* 15%; *DBA Dänemark, Finnland* und *Korea:* 25%; *DBA Schweiz:* 30%). Nach den *DBA Dänemark, Korea, Schweiz* und *Spanien* gilt der erhöhte Satz auch für Einkünfte aus **Gewinnobligationen** und **partiarischen Darlehen**, nach dem *DBA Schweiz* ferner für Einkünfte aus **Genussrechten** (eingehend dazu *Schulz,* RIW 1992, 388), für alle diese Einkünfte jedoch nur, wenn die entsprechenden Beträge beim deutschen Schuldner **abzugsfähig** sind (näher zu dieser Voraussetzung s. die folgende Rz.). Ein solcher eigener Quellensteuerhöchstsatz hat als lex specialis **Vorrang** vor den allgemeinen Satzbegrenzungen, so dass er auch für neben Schachtelbeteiligungen an derselben Gesellschaft gehaltene typische stille Beteiligungen gilt. 169

ee) Viele andere Abkommen wiederum – insbesondere alle neueren DBA (Ausnahmen: *DBA Spanien* (s. Rz. 169), *Zypern 2011*) als Folge des Bestrebens der deutschen Abkommenspolitik, Möglichkeiten für innerstaatliche Maßnahmen gegen exzessive Gesellschafter-Fremdfinanzierung (Regeln gegen Unterkapitalisierung, s. Rz. 58) offenzuhalten – **heben** für Einkünfte aus typischen stillen Beteiligungen (wie für andere gewinnabhängige Fremdkapitalvergütungen) lediglich **die allgemeinen Satzbegrenzungen auf** (i. d. R. in dem jeweiligen Prot.), ohne eine spezielle Quellensteuerhöchstsatzregelung an deren Stelle zu setzen, so dass in diesen Fällen der Quellenstaat die volle Besteuerung behält (vgl. die Übersicht Rz. 67). Dies entspricht der DE-VG (dort Prot. Nr. 1 zu Art. 10 und 11). Voraussetzung für den Wegfall der Quellensteuerbegrenzung ist stets (Ausnahme: Art. 11 Abs. 2 *DBA Liechtenstein 2011*), dass die Einkünfte des stillen Gesellschafters aus seiner stillen Beteiligung vom Schuldner bei dessen Gewinnermittlung **abgezogen** werden können. Nach deutschem Recht ist die Bedingung grundsätzlich erfüllt, da die Einkünfte des Stillen aus der Sicht des Schuldners als Betriebsausgaben abzugsfähige Fremdkapitalzinsen darstellen, es sei denn, die Einkünfte des Stillen sind ausnahmsweise als verdeckte Gewinnausschüttungen einzustufen und daher sowohl nach innerstaatlichem als auch nach Abkommensrecht wie „gewöhnliche" Dividenden zu behandeln (s. bei Art. 11 Rz. 51). Im letzteren Falle kommen sie in den Genuss der DBA-Quellensteuerbegrenzungen, während diese für abzugsfähige gewinnabhängige Fremdkapitalvergütungen nicht gewährt werden (dieser Wertungswiderspruch wird zu Recht kritisiert von *Portner,* IStR 1996, 409). Aufgrund der „Zinsschranken"-Regelung in § 4h EStG greift die Dividenden-Quellensteuerbegrenzung eines DBA (und nicht die Aufhebung der Satzbegrenzung) bei 170

Einkünften aus typisch stiller Beteiligung immer dann ein, wenn die Einkünfte in die Dividenden-Definition des betreffenden Abkommens einbezogen (s. dazu Rz. 231) und wegen der Anwendung der „Zinsschranken"-Regelung beim Schuldner nicht abzugsfähig sind.

171 Fast alle neueren Abkommen lassen Einkünfte aus **partiarischen Darlehen** oder aus **Gewinnobligationen** ebenfalls unter den Dividendenbegriff (*DBA Liechtenstein 2011*: unter den Zinsbegriff) fallen und heben die Quellensteuerbegrenzungen für diese Einkünfte – wie für Einkünfte aus stillen Beteiligungen (s. Rz. 170) – ebenfalls auf, wenn die Vergütungen beim Schuldner abzugsfähig sind (so auch Prot. Nr. 1 zur DE-VG). Auch in diesen Fällen gilt die Aufhebung der jeweiligen Satzbegrenzung nicht, soweit die Vergütungen beim Schuldner nicht abzugsfähig sind (Ausnahme: *DBA Liechtenstein 2011*). Das *DBA Niederlande 2012 (E)* stellt ausdrücklich klar, dass die Aufhebung der Satzbegrenzung weder bei Wandelanleihen noch bei dem Teil der Einkünfte aus Rechten oder Forderungen anwendbar ist, der keine Gewinnbeteiligung beinhaltet (Prot. Nr. IX S. 2).

4. Europarechtliche Begrenzungen der Dividendenbesteuerung und ihr Verhältnis zu den Doppelbesteuerungsabkommen

a) Die „Mutter-Tochter-Richtlinie":

173 **Literatur:** *Bergmann,* StuW 2010, 246; *Boulogne/Geursen,* ET 2010, 129; *Bullinger,* IStR 2004, 406; *Dautzenberg,* StuB 2005, 254; *Denys,* ET 2007, 221; *Englisch/Schütze,* ET 2005, 488; *Grotherr,* IWB Gr. 2 Deutschland, 1157; *Hahn,* IStR 2002, 248; *ders.,* EWS 2010, 22; *Hinnekens,* EC Tax Rev. 1994, 146; *Jacobs,* S. 162 ff.; *Kempf/Gelsdorf,* IStR 2011, 173; *Kofler,* S. 1 ff.; *Lehner,* IStR 2001, 329; *Mössner,* in Lüdicke, S. 21, 47; *D. Mueller,* IStR 2002, 109; *Prats,* ET 1995, 179; *Schaumburg,* Rz. 3.69; *Schiefer/Quinten,* IWB 2013, 460; *Stavropoulos,* ET 2009, 150; *Thömmes/Betten,* EC Corporate Tax Law (Losebl.).

174 Die „Richtlinie des Rates über das gemeinsame Steuersystem der Mutter- und Tochtergesellschaften verschiedener Mitgliedstaaten" **(„Mutter-Tochter-Richtlinie")** v. 23.7.1990, 90/435/EWG, ABl. EG Nr. L 225, S. 6, jetzt in ihrer Neufassung als Richtlinie 2011/96/EU, ABl. EU Nr. L 345, S. 8 v. 30.11.2011 (in Kraft seit 18.1.2012) verpflichtet die EU-Mitgliedstaaten, **Ausschüttungen einer Tochtergesellschaft** an ihre in einem anderen EU-Mitgliedstaat ansässige Muttergesellschaft vom Quellensteuerabzug **freizustellen** (Art. 5). Gleichzeitig ist der **Sitzstaat** der Muttergesellschaft verpflichtet, diese Ausschüttungen entweder ebenfalls freizustellen oder die auf die Ausschüttungen entfallende Körperschaftsteuer der Tochtergesellschaft (und ggf. „jeglicher Enkelgesellschaft", Art. 4 Abs. 1 Buchst. b) auf die der Muttergesellschaft anzurechnen **(„indirekte Anrechnung");** darüber s. Art. 23 Rz. 13a, 104, 134. Die Mutter-Tochter-Richtlinie soll sicherstellen, dass Gewinnausschüttungen einer in einem Mitgliedstaat ansässigen Tochtergesellschaft an eine in einem anderen Mitgliedstaat ansässige Muttergesellschaft steuerlich neutral sind, und damit eine wirtschaftliche Doppelbesteuerung verhindern (EuGH v. 1.10.2009, Rs. C-247/08, Slg. 2009, I-9225 – *Gaz de France*, Tz. 27, 57; EuGH v. 12.2.2009, Rs. C-138/07, Slg. 2009, I-731 – *Cobelfret*, Tz. 29 f.; EuGH v. 3.4.2008, Rs. C-27/07, Slg. 2008, I-2067 – *Banque Fédérative du Crédit Mutuel*, Tz. 24, 27). Hinsichtlich der Voraussetzungen der Freistellung oder indirekten Anrechnung räumt die Richtlinie der sie in innerstaatliches Recht umsetzenden Gesetzgebung der Mitgliedstaaten gewisse **Wahlrechte** ein. Die Voraussetzungen der Freistellung oder Anrechnung sind also nicht in allen Mitgliedstaaten dieselben (s. den Überblick bei *Schiefer/Quinten,* IWB 2013, 460). Der Begriff „Steuerabzug an der Quelle" (Art. 5 MTR) ist nach der Rechtsprechung des EuGH (Urt. v. 8.6.2000, Rs. C-375/98, Slg. 2000-I, 4243 – *Epson;* Urt. v. 4.10.2001, Rs. C-294/99, Slg. 2001-I, 6797 – *Athinaiki*) weit auszulegen: Er

umfasst alle Steuern, deren auslösender Tatbestand die Zahlung von Dividenden ist und deren Bemessungsgrundlage sich nach dem Umfang der vorgenommenen Ausschüttung richtet. Das noch in der *Epson*-Entscheidung angeführte weitere Kriterium, dass die Muttergesellschaft Steuerschuldnerin (die Tochtergesellschaft dagegen nur Abzugsverpflichtete) sei, hatte der EuGH im *Athinaiki*-Urteil zwischenzeitlich aufgegeben; danach stellte auch eine anlässlich der Ausschüttung von der Tochtergesellschaft als Steuerschuldnerin erhobene Steuer einen (unter den Voraussetzungen der Mutter-Tochter-Richtlinie unzulässigen) „Steuerabzug an der Quelle" dar, obwohl Art. 7 Abs. 1 MTR „die in Verbindung mit der Ausschüttung von Gewinnen an die Muttergesellschaft erfolgende Vorauszahlung der Körperschaftsteuer an den Sitzmitgliedstaat der Tochtergesellschaft" ausdrücklich von einem „Steuerabzug an der Quelle" abgrenzt (kritisch zum *Athinaiki*-Urteil *Hahn,* IStR 2002, 248; zu eventuellen Folgen der beiden genannten EuGH-Entscheidungen für das deutsche Steuerrecht s. *Lawall,* IStR 2002, 204). In jüngeren Entscheidungen hat der EuGH dagegen wieder ganz formal an der Anforderung festgehalten, dass „der Steuerpflichtige Inhaber der Wertpapiere" ist, und eine wirtschaftliche Betrachtungsweise zurückgewiesen (Urt. v. 26.6.2008, Rs. C-284/06, Slg. 2008, I-4571 – *Burda,* Tz. 52ff.; Urt. v. 24.6.2010, Rs. C-338/08, Slg. 2010, I-5743 – *P. Ferrero und General Beverage Europe,* Tz. 26, 34). Also verlangt der EuGH jetzt wieder, dass die Muttergesellschaft Steuerschuldnerin ist (s. auch *O'Shea,* TNI 2008, 471). Seit 2004 bezieht die Mutter-Tochter-Richtlinie (Art. 1 Abs. 1 Buchst. c und d) – insofern weiter als die DBA – auch solche grenzüberschreitenden innergemeinschaftlichen Gewinnausschüttungen in ihren Anwendungsbereich ein, die nicht von einer Mutter- bzw. Tochtergesellschaft selber, sondern von einer in einem anderen Mitgliedstaat gelegenen Betriebstätte (legaldefiniert in Art. 2 Buchst. b) einer solchen Gesellschaft vereinnahmt werden (dazu *Bullinger,* IStR 2004, 406; *Englisch/Schütze,* ET 2005, 488; *Dautzenberg,* StuB 2005, 254; *Jesse,* IStR 2005, 151; *Häuselmann/Ludemann,* RIW 2005, 123). Der Begriff „ausgeschüttete Gewinne" (Art. 5), der die von Quellensteuer zu befreienden Erträge bezeichnet, umfasst auch Liquidationsauskehrungen (h. M.; vgl. *Grotherr,* S. 1165; *Kempf/Gelsdorf,* IStR 2011, 173, 174; vom deutschen Gesetzgeber bislang nicht umgesetzt: § 43b Abs. 1 Satz 1 EStG verweist nicht auf § 20 Abs. 1 Nr. 2 EStG).

Die **wichtigsten Voraussetzungen** der Steuerfreistellung von Ausschüttungen nach der Mutter-Tochter-Richtlinie und den sie umsetzenden innerstaatlichen Rechtsvorschriften sind: 175

- Mutter- und Tochtergesellschaft müssen eine der im Anhang 1 Teil A der Richtlinie (entspricht Anlage 2 (zu § 43b) zum EStG) aufgeführten **Gesellschaftsformen** haben; sie müssen in einem Mitgliedstaat ansässig sein und dürfen nicht auf Grund einer dem Art. 4 Abs. 3 MA entsprechenden Kollisionsregel eines DBA („tiebreaker") als in einem Nicht-EU-Staat ansässig gelten; sie müssen ferner ohne Wahlmöglichkeit einer der in der Richtlinie aufgeführten **Körperschaftsteuern** unterliegen, ohne davon befreit zu sein (Art. 2). Die Richtlinie ist auf in dieser Liste nicht aufgeführte, aber vergleichbare Gesellschaften nicht anwendbar; darin liegt kein Verstoß der Richtlinie gegen die Niederlassungsfreiheit (EuGH v. 1.10.2009, Rs. C-247/08, Slg. 2009, I-9225 – *Gaz de France,* mit Anm. *Thömmes,* IWB F. 11a, 1273; kritisch *Boulogne/Geursen,* ET 2010, 129); zu prüfen bleibt aber – unabhängig von der Richtlinie – ein möglicher Verstoß gegen Grundfreiheiten (s. Rz. 178). Der Anhang 1 Teil A umfasst im Falle Deutschlands und einiger anderer Mitgliedstaaten nicht nur die namentlich aufgeführten, sondern auch *andere* Gesellschaften, die der (deutschen) Körperschaftsteuer unterliegen, im Falle Großbritanniens und Litauens sämtliche Gesellschaften.

– die Muttergesellschaft muss am Kapital der Tochtergesellschaft (oder auf Grund bilateraler Vereinbarung an deren Stimmrechten) einen Mindest-Anteil halten (seit 2009: 10%; zur vorherigen Absenkung dieser Obergrenze s. Rz. 77). Der Nießbrauch an Anteilen ist kein Anteil am Kapital i. S. des Art. 3 (EuGH v. 22.12.2008, Rs. C-48/07, Slg. 2008, I-10 627 – *Les Vergers du Vieux Tauves*; s. dazu im Hinblick auf nießbrauchsähnliche Gestaltungen nach deutschem Recht *Hahn*, EWS 2010, 22). Der Begriff „Anteil am Kapital" verlangt eine gesellschaftsrechtliche Beteiligung (s. *Philippe/Komlosi*, ET 2012, 540).
– das Recht des Sitzstaates der Tochtergesellschaft kann außerdem verlangen, dass die Muttergesellschaft diese Beteiligung während eines Mindestzeitraums hält, der bis zu zwei Jahren betragen darf (**„Haltefrist"**, Art. 3 Abs. 2 Buchst. b); die in Deutschland hierfür zunächst aufgestellte Voraussetzung einer ununterbrochenen Beteiligung von mindestens 12 Monaten bis zum Zeitpunkt des Zuflusses der Dividenden hat der EuGH (Urt. v. 17.10.1996, verb. Rs. C-283/94, C-291/94 und C-292/94, Slg. 1996, I-5063 – *Denkavit*) für rechtswidrig erklärt: Nach der Richtlinie muss die Haltefrist nicht bei der Ausschüttung bereits abgelaufen sein, sondern nur überhaupt eingehalten werden (s. jetzt § 43b Abs. 2 EStG). Für Einzelheiten und Literaturnachweise s. Rz. 79.

175a Damit sie nicht durch hybride Finanzgestaltungen mit dem Ziel einer doppelten Nichtbesteuerung ausgenutzt werden kann, ist die Mutter-Tochter-Richtlinie geändert worden (durch die Richtlinie 2014/86/EU v. 8.7.2014). Weitere Voraussetzung für die Steuerfreistellung durch den Mitgliedstaat der Muttergesellschaft ist danach, dass die zugeflossenen Gewinne bei der Tochtergesellschaft das Einkommen nicht gemindert haben. Andernfalls werden zugeflossene Gewinne, die von der Tochtergesellschaft abgezogen werden können, vom Mitgliedstaat der Muttergesellschaft besteuert. Damit soll verhindert werden, dass eine Zahlung bei der Tochtergesellschaft abzugsfähig ist (weil die Kapitalüberlassung dort als Fremdkapital behandelt wird), bei der Muttergesellschaft aber als Gewinn freigestellt werden muss. Die Mitgliedstaaten müssen die Änderung bis Ende 2015 umsetzen. Deutschland hat dieses **Korrespondenzprinzip** bereits in seine Bestimmungen über die steuerliche Behandlung der Anteilseigner aufgenommen (zur Vereinbarkeit mit der geänderten Richtlinie s. kritisch *Listl,* IStR 2014, 448, 450).

176 Sind die Voraussetzungen einer Quellensteuerbefreiung oder einer -ermäßigung nach der Mutter-Tochter-Richtlinie bzw. den sie umsetzenden und ergänzenden innerstaatlichen Rechtsvorschriften nicht gegeben, so **gelten die Quellensteuerhöchstsätze des jeweils einschlägigen DBA.** Die Richtlinie ist **„abkommensverträglich"** (s. allgemein 3. Aufl., Einleitung Rz. 145); sie bestimmt in Art. 7 Abs. 2 ausdrücklich, dass die Bestimmungen der DBA neben der Richtlinie und **kumulativ** mit ihr anwendbar bleiben. Für den Steuerpflichtigen gilt also jeweils diejenige Vorschrift, die für ihn **günstiger** ist. S. zur Nichtanwendung der Mutter-Tochter-Richtlinie bei Missbrauch („Directive-Shopping") *Bergmann*, StuW 2010, 246.

177 Die wesentlichen Grundsätze der **Quellensteuerbefreiung für Schachteldividenden** aus der Mutter-Tochter-Richtlinie sind mit Wirkung ab 1.7.2005 durch ihre Übernahme in das Zinsbesteuerungsabkommen der EG mit der Schweiz (Abkommen zwischen der Europäischen Gemeinschaft und der Schweizerischen Eidgenossenschaft über Regelungen, die den in der Richtlinie 2003/48/EG des Rates im Bereich der Besteuerung von Zinserträgen festgelegten Regelungen gleichwertig sind (ABl. EU Nr. L 385 v. 29.12.2004, 30 ff.), dort Art. 15) **auch im Verhältnis zwischen sämtlichen EU-Staaten und der Schweiz** anwendbar geworden. Das Abkommen, das insoweit wie die Richtlinie in beide Richtungen gilt, geht noch von der älteren (bis 2004 geltenden) Fassung der Richtlinie aus; es verlangt daher eine **Mindestbeteiligung** der Mutter- an der

Tochtergesellschaft **in Höhe von 25 %,** ohne wie die zwischenzeitlichen Neufassungen der Richtlinie eine stufenweise Reduzierung der Mindestbeteiligungsquote vorzusehen, sowie eine Mindesthaltedauer von zwei Jahren. Da nach dem Abkommen wie auch nach der Richtlinie **günstigere DBA-Regelungen Vorrang** haben (Art. 15 Abs. 3), gilt das Abkommen im Verhältnis zwischen Deutschland und der Schweiz derzeit nur subsidiär; denn das *DBA Schweiz* befreit Schachteldividenden bereits bei einer Mindestbeteiligung von 10 % ganz von Quellensteuern und gilt zugunsten aller juristischen Personen, nicht nur – wie das Abkommen – für Kapitalgesellschaften, sieht aber eine zwölfmonatige Mindesthaltedauer vor. Ebenso interessant wie ungelöst und in ihren Konsequenzen unüberschaubar ist die Frage, ob und wieweit die Auslegung der Richtlinie durch den EuGH auf der Basis der Grundfreiheiten als supranationales Recht auf Art. 15 des Zinsabkommens als völkerrechtlichen Vertrag mit einem Staat, der diese Grundfreiheiten nicht gegen sich gelten zu lassen braucht, übertragbar ist. Zu Art. 15 des Zinsabkommens mit der Schweiz s. insbesondere *Kessler/Eicker/Obser,* IStR 2005, 658 m. w. N.; *Danon/Glauser,* Intertax 2005, 503; *Hull,* BIFD 2005, 63; *ders.*, BIFD 2006, 73; *Jung,* ET 2006, 112; sowie – auch zu der bereits mit Wirkung ab 1.1.2005 von der Schweiz unilateral eingeführten Quellensteuerbefreiung i. R. der sog. grenzüberschreitenden Meldeverfahrens – *Jaussi/Burri,* StRev 2005, 370.

b) Beschränkung von Grundfreiheiten durch Bruttobesteuerung an der Quelle: 178

Literatur: *Behrens*, BB 2011, 2915; *Bellingwout*, ET 2008, 124; *Biebl*, SWI 2008, 29; Copenhagen Economics, Taxation of Cross-Border Dividend Payments Within the EU, Studie im Auftrag der EU-Kommission, 2012; *Hey*, FS Schaumburg, S. 767; *v. d. Hurk/Korving,* BIT 2013, 548; *Kofler* (2007), S. 1 ff.; *Kube/Straßburger*, IStR 2010, 301; *Schwenke,* IStR 2008, 473; *Stöber,* DStZ 2012, 155.

Aus dem Unionsrecht ergeben sich nach derzeitigem Stand in Bezug auf die Beseitigung der Doppelbesteuerung von Gewinnausschüttungen keine allgemeinen Kriterien für die Verteilung der Befugnisse der Mitgliedstaaten untereinander; die Kapitalverkehrsfreiheit steht daher einem Abkommen nicht entgegen, nach dem grenzüberschreitende Dividenden in beiden Mitgliedstaaten besteuert werden können (EuGH v. 16.7.2009, Rs. C-128/08, Slg. 2009, I-6823 – *Damseaux*, Tz. 35). Solange im bilateralen Verhältnis zwischen EU-Staaten unter Berücksichtigung des u. U. jeweils geltenden DBA überhaupt eine Quellensteuer auf Dividenden erhoben wird (außerhalb des sachlichen Geltungsbereichs der Mutter-Tochter-Richtlinie, d. h. auf Dividenden, deren Nutzungsberechtigter eine natürliche Person, (häufig) eine Personengesellschaft oder eine nicht qualifiziert beteiligte juristische Person ist), setzt sich der erhebende Staat aber dem **Risiko** aus, **gegen europarechtliche Diskriminierungsverbote zu verstoßen,** wenn er dem ausländischen Nutzungsberechtigten nicht dieselben Anrechnungs- bzw. Erstattungsmöglichkeiten für die Quellensteuer bzw. Abzüge für im Zusammenhang mit der Beteiligung aufgewendete Kosten einräumt wie inländischen (d. h. im Quellenstaat selber ansässigen) Nutzungsberechtigten oder die Erhebung der Quellensteuer von der Ansässigkeit im Ausland abhängig macht. Zwar lässt das Europarecht in Ermangelung unionsrechtlicher Vereinheitlichungs- oder Harmonisierungsmaßnahmen grundsätzlich den Mitgliedstaaten die **Freiheit,** in DBA oder einseitig die Anknüpfungspunkte für die **Aufteilung der Besteuerungsbefugnis** festzulegen (EuGH v. 20.5.2008, Rs. C-194/06, Slg. 2008, I-3747 – *Orange European Smallcap Fund,* Tz. 32; EuGH v. 12.5.1998, Rs. C-336/96, Slg. 1998, I-02793 – *Gilly,* Rz. 24 und 30, mit Anm. *Rainer/Lehner,* IStR 1998, 336); bei der Ausübung der ihnen danach jeweils überlassenen Besteuerungsbefugnis haben sie jedoch die **unionsrechtlichen Grundfreiheiten** zu beachten (EuGH v. 14.12.2006,

Rs. C-170/05, Slg. 1996, I-5063 – *Denkavit Internationaal,* Tz. 43f. mit Anm. *Rainer,* IStR 2007, 62; s. dazu auch *Dörr/Fehling,* EWS 2007, 23 und *Nakhai,* IWB-Fach 11a, 1115 (Feb. 2007); EuGH v. 19.1.2006, Rs. C-265/04, Slg. 2006, I-2239 – *Bouanich,* Tz. 50, mit Anm. *Hahn,* DStR 2006, 169). Im Anschluss an eine Entscheidung des EFTA-Gerichtshofs zur (Un-)Vereinbarkeit der früheren norwegischen Dividenden-Quellenbesteuerung mit der Kapitalverkehrsfreiheit nach Art. 40 EWR-Vertrag (EFTA-Gerichtshof v. 23.11.2004, Rs. E-1/04, IStR 2005, 55 – *Fokus Bank ASA,* mit Anm. *Eicker/Breuer;* dazu *Haritz,* GmbHR 2005, 146) hat der EuGH mehrfach geurteilt, dass eine unterschiedliche steuerliche Behandlung in- und ausländischer Anteilseigner auch bei „Inbound-Investitionen" (inländische Gesellschaft/ausländischer Anteilseigner) gegen die **Niederlassungsfreiheit** (EuGH v. 18.6.2009, Rs. C-303/07, Slg. 2009, I-5145 – *Aberdeen Property Fininvest Alpha* mit Anm. *Thömmes,* IWB F. 11a, 1251 zu finnischer Quellensteuer auf Dividenden an eine luxemburgische SICAV, die nicht in den Anwendungsbereich der Mutter-Tochter-Richtlinie fiel und zu 100% an der finnischen Gesellschaft beteiligt war) bzw. die **Kapitalverkehrsfreiheit** verstößt (*Denkavit Internationaal,* a. a. O.; EuGH v. 10.4.2014, Rs. C-190/12; EuGH v. 8.11.2012, Rs. C-342/10, IStR 2013, 204 – *Kommission ./. Finnland*; EuGH v. 10.5.2012, Rs. C-338/11 bis C-347/11, DStR 2012, 1016 – *Santander*; EuGH v. 3.6.2010, Rs. C-487/08, Slg. 2010, I-4843 – *Kommission ./. Spanien*; EuGH v. 19.11.2009, Rs. C-540/07, Slg. 2009, I-10983 – *Kommission ./. Italien*; EuGH v. 12.12.2006, Rs. C-374/04, Slg. 2006, I-11673 – *Test Claimants in Class IV of the ACT Group Litigation;* EuGH v. 19.1.2006, Rs. C-265/04, Slg. 2006, I-2239 – *Bouanich,* mit Anm. *Hahn,* IStR 2006, 169; EuGH v. 8.11.2007, Rs. C-379/05, Slg. 2007, I-9569 – *Amurta SGPS,* mit Anm. *Englisch* und *Rainer,* IStR 2007, 835). Dies gilt auch im Verhältnis zu EFTA-Ländern (EuGH v. 11.6.2009, Rs. C-521/07, Slg. 2009, I-4873 – *Kommission ./. Niederlande*).

179 Nach dem Urteil *Kommission ./. Deutschland* (EuGH v. 20.10.2011, Rs. C-284/09, Slg. 2011, I-9879; dazu Anm. *Behrens,* BB 2011, 2915), verstieß Deutschland gegen die Kapitalverkehrsfreiheit, weil es Dividenden an Gesellschafter mit Sitz in einem anderen Mitgliedstaat wirtschaftlich einer höheren Belastung unterwarf als Dividenden an inländische Gesellschafter. Zwar unterliegen Dividendenzahlungen deutscher Gesellschaften an deutsche wie ausländische Anteilseigner unterschiedslos der Kapitalertragsteuer (einschl. SolZ i. H. v. 26,375%); während in Deutschland ansässige Dividendenbezieher diese KapESt jedoch im Rahmen ihrer Veranlagung **anrechnen** oder gar **erstattet** bekommen konnten, ist sie für den ausländischen Dividendenempfänger wegen der in § 50 Abs. 2 Satz 1 EStG bzw. § 32 Abs. 1 Nr. 2 KStG angeordneten Abgeltungswirkung **definitiv**. Diese unterschiedliche Behandlung stellte nach der bereits in *Denkavit Internationaal,* a. a. O., *Kommission ./. Italien* und *Kommission ./. Spanien* (jeweils a. a. O.) deutlich hervorgetretenen und nun ausdrücklich bestätigten Rspr. des EuGH wie auch nach der h. M. in der Lit. (vgl. Rz. 178) eine **Beschränkung der Kapitalverkehrsfreiheit** dar, die weder durch die Notwendigkeit der Wahrung einer ausgewogenen Aufteilung der Besteuerungsrechte in Verbindung mit dem Territorialitätsgrundsatz noch durch den Grundsatz der Kohärenz des Steuersystems gerechtfertigt ist. Dies galt insbesondere vor dem Hintergrund der weitgehenden steuerlichen Freistellung der Dividenden an inländische Gesellschaften nach § 8b KStG. Denn wenn sich ein Mitgliedstaat dafür entschieden hat, ansässige Gesellschaften nicht zu besteuern, kann er sich nicht auf die Notwendigkeit berufen, eine ausgewogene Aufteilung der Steuerhoheit zwischen den Mitgliedstaaten sicherzustellen, um die Besteuerung von ausländischen Gesellschaften zu rechtfertigen (Tz. 78). Deutschland konnte auch nicht geltend machen, dass die Besteuerung der durch § 8b KStG freigestellten Dividenden später nachgeholt wird. Nach Auffassung des EuGH kann die (zweite) Besteuerungsebene des Anteilseigners also nicht in die Rechtfertigungsbetrachtung einbezogen werden (keine „Gesamtbetrachtung" von Gesellschaft und Anteilseigner). Irrelevant ist auch, ob es im Sitzstaat des Anteilseigners zu einer tatsächlichen Anrechnung der deutschen Quellensteuer kommt (s. Rz. 180). Auch die zusätzliche Belastung deutscher Anteilseigner mit Gewerbesteuer spielt keine Rolle. Dagegen kann nicht vorgebracht werden, der ausländische und der inländische Anteilseigner befänden sich nicht in einer vergleichbaren Situation (kritisch dazu *Kube/Straßburger,* IStR 2010, 301, denen zufolge ausländische Anteilseigner durch die nur formale Ungleichbehandlung nicht diskriminiert werden). Bei der Ausgestaltung des nach seinem Recht vorgesehenen Mechanismus zur Vermeidung oder Abschwächung der wirtschaftlichen Doppelbesteuerung muss daher der Sitzstaat der ausschüttenden Gesellschaft dafür Sorge tragen, dass den ausländischen eine dem inländischen Anteilseigner gleichwertige Belastung trifft (EuGH *Kommission ./. Deutschland,* a. a. O.; EuGH v. 25.10.2012, Rs. C-387/11, IStR 2012, 971 – *Kommission ./. Belgien*). Dies gilt auch bei Ausschüttungen an ausländische Investmentfonds ohne Rücksicht auf deren steuerliche Besonderheiten, wenn der Quellenstaat die Erhebung der abgeltenden Quellensteuer von ihrer Ansässigkeit im Ausland abhängig macht (EuGH *Santander,* a. a. O. mit Anm. *Behrens,* RdF 2012, 276 und *Gouthière,* ET 2012, 560). Diese deutliche Rspr. des EuGH hat auch Folgen für Gewinnausschüttungen an **Anteilseigner in Drittstaaten,** die durch die Kapitalverkehrsfreiheit geschützt sind (EuGH *Santander,* a. a. O.; EuGH v. 10.4.2014, Rs. C-190/12; *v. d. Hurk/Korving,* BIT 2013, 548) und für Schachtelbeteiligungen, die nicht unter die Mutter-Tochter-Richtlinie fallen, weil die spezifischen Voraussetzungen (Mindesthaltedauer, bestimmte Rechtsform) nicht erfüllt sind (s. *Behrens,* BB 2011, 2915; vgl. BFHE 236, 318).

Ein Mitgliedstaat (z. B. Quellenstaat), dem durch DBA die Besteuerungsbefugnis **180**
überlassen ist und der bei deren Ausübung eine Grundfreiheit beschränkt, kann sich **nicht darauf berufen**, es sei **Sache des anderen Staates** (z. B. des Wohnsitzstaates), etwa durch **Anrechnung der Quellensteuer** die Beschränkung zu beseitigen (*Denkavit Internationaal,* a. a. O., Tz. 53 ff.). Allenfalls wenn eine vollständige Anrechnung der Quellensteuer im Wohnsitzstaat tatsächlich möglich ist, kann der Quellenstaat dies zu seiner Entlastung anführen, weil es dann de facto nicht zu einer steuerlichen Mehrbelastung kommt (EuGH *Kommission ./. Italien,* a. a. O.; EuGH *Kommission ./. Spanien,* a. a. O.; FG Köln EFG 2010, 971, Tz. 52). Allerdings hat der EuGH (*Kommission ./. Deutschland,* a. a. O.) ausgeführt, dass sich Deutschland zur Rechtfertigung der definitiven Quellensteuer auf Gewinnausschüttungen an ausländische Anteilseigner, die nicht unter die Mutter-Tochter-Richtlinie fallen, nicht darauf berufen könne, dass die Anrechnung der in Deutschland entrichteten Steuer auf die in den anderen Mitgliedstaat geschuldeten Steuer gemäß dem jeweiligen DBA es *in allen Fällen* (so ausdrücklich der EuGH a. a. O., Tz. 70) erlaube, die unterschiedliche Behandlung gegenüber Gewinnausschüttungen an inländische Anteilseigner zu neutralisieren (kritisch zu dieser Rspr. *Kube/Straßburger,* IStR 2010, 301, 307 ff., denen zufolge es auf die tatsächliche Anrechnung nicht ankommen könne und der Anteilseigner bei scheiternder Anrechnung ggf. sogar besser dastehe). Die Neutralisierung der Nachteile für den ausländischen Anteilseigner setzt jedoch voraus, dass die Dividenden in dessen Ansässigkeitsstaat hinreichend besteuert werden, was bei Anwendung der (Teil-)Freistellungsmethode aber nicht der Fall ist. Jedenfalls dann müsste der Quellenstaat auf sein Besteuerungsrecht verzichten (der ausländische Anteilseigner stünde dann allerdings im Hinblick auf § 8b Abs. 5 KStG oder die Gewerbesteuer u. U. sogar besser als der inländische) oder aber eine vergleichbare Belastung für inländische Dividendenempfänger einführen (so jetzt Deutschland, s. Rz. 181). *Hey* (FS Schaumburg, S. 767 (785)) spricht daher von einem „Vorrecht des Ansässigkeitsstaates des An-

teilseigners", weil die Gewährleistung der vollen Anrechnung der Quellensteuer durch den Ansässigkeitsstaat nach den Regeln des Quellenstaates wenig realistisch sei (s. hierzu und zum Ganzen eingehend *Röhrbein,* RIW 2007, 194; s. auch *Cordewener,* IWB F. 11, 971, 974ff., demzufolge der Verweis des EuGH auf die Anrechnung nach dem jeweiligen DBA eine Sackgasse ist; *Behrens,* BB 2011, 2915; *Stöber,* DStZ 2012, 155; *v. d. Hurk/Korving,* BIT 2013, 548 zu Möglichkeiten der Neutralisierung der Quellensteuer; *Schwenke,* IStR 2008, 473; *Englisch,* RIW 2005, 187; *ders.,* Intertax 2005, 200; *Cadosch/Fontana/Russo/Szudoczky,* Intertax 2006, 622; *Jochum,* SWI 2006, 318; *Cordewener/Schnitger,* StuW 2006, 50; *Schönfeld,* StuW 2006, 79; *Vanistendael,* ET 2007, 210; *Ponz,* ET 2007, 214; *Meussen,* ET 2007, 244; aus österreichischer Sicht: *Biebl,* SWI 2008, 29; *Haslinger,* SWI 2007, 175). Bei Anwendung der Mutter-Tochter-Richtlinie hat der EuGH dagegen betont, die Verhinderung der wirtschaftlichen Doppelbesteuerung obliege dem Sitzstaat der Muttergesellschaft (EuGH v. 26.6.2008, Rs. C-284/06, Slg. 2008, I-4571 – *Burda).*

181 Eine nicht gerechtfertigte Beschränkung der Kapitalverkehrsfreiheit liegt auch in der Diskrepanz der steuerlichen Berücksichtigung von mit der Beteiligung zusammenhängenden Kosten bei der Bruttobesteuerung mit Abgeltungswirkung einerseits und der Bruttobesteuerung mit „Korrektur" durch Veranlagung (Nettobesteuerung) andererseits. Die zur Dienstleistungsfreiheit ergangene Entscheidung des EuGH v. 12.6.2003, Rs. C-234/01, IStR 2003, 458 – *Gerritse* ist insoweit auf die Kapitalverkehrsfreiheit übertragbar (s. *Röhrbein,* RIW 2007, 194, 199; *Reuter/Klein,* IStR 2003, 634). Die Problematik wird durch die Angleichung der KapESt an den KSt-Satz von 15% durch Erstattung von $^{2}/_{5}$ der KapESt von 25% an beschränkt steuerpflichtige Körperschaften auf Antrag auch ohne DBA (§ 44a Abs. 9 EStG; dazu *Frey/Mückl,* DStR 2011, 2125), und durch den Ausschluss des Werbungskosten-Abzugs auch bei Dividenden aus Anteilen, die in inländischen Privatvermögen gehalten werden (§ 20 Abs. 9 EStG), zwar entschärft, aber nicht beseitigt.

Als Reaktion auf das Urteil *Kommission ./. Deutschland* (s. Rz. 179) hat Deutschland die Steuerbefreiung für Streubesitzdividenden an Körperschaften (bei einer Beteiligung unter 10%) abgeschafft (§ 8b Abs. 4 KStG; s. dazu *Wiese/Lay,* GmbHR 2013, 404; *Herlinghaus,* FR 2013, 529). Dividenden an ausländische Körperschaften bleiben im Ergebnis mit 15% belastet (s. oben); für inländische Körperschaften kommt Gewerbesteuer hinzu. Gegen die Neuregelung bestehen aufgrund der Bruttobesteuerung für ausländische Anteilseigner weiterhin unionsrechtliche Bedenken, während inländische Körperschaften im Rahmen ihrer Veranlagung Kosten geltend machen können (s. *Wiese/Lay,* a. a. O., *Linn,* IStR 2013, 235; *Hey,* KSzW 2013, 353). Im Hinblick auf das deutsche Körperschaftsteuersystem wird die unionsrechtlich bedingte Neuregelung als (verfassungswidriger, so *Hey,* a. a. O.) Systembruch kritisiert. Eine weitere Ungleichbehandlung besteht bei Pensionsfonds mit Dividendeneinnahmen in Deutschland im Hinblick darauf, dass nur inländischen Pensionsfonds aufgrund der Möglichkeit der Rückstellungsbildung im Rahmen ihrer Veranlagung im Inland eine Anrechnung bzw. Erstattung der inländischen KapESt zuteil wird (vgl. EuGH *Kommission ./. Finnland,* a. a. O., zur Unionsrechtswidrigkeit einerseits, EuGH v. 22.11.2012, Rs. C-600/10, DStRE 2013, 538, *Kommission ./. Deutschland* andererseits, wonach die Kommission die Unionsrechtswidrigkeit nicht hinreichend dargelegt hat; gegen die Vereinbarkeit mit den Grundfreiheiten bestehen dennoch Bedenken (s. *Jasper/Stark,* IStR 2013, 554).

D. Zu Art. 10 Abs. 3

Literatur: *Avery Jones et al.*, BTR 2009, 406 = WTJ 2009, 5; *Bogenschütz*, Ubg 2008, 533; *Eberhartinger/Six*, Intertax 2009, 4; *Heuring/Seidel*, FS Djanani, 313; *Pijl*, BIFD 2011, 482.

I. Musterabkommen

1. Übereinstimmungen und Abweichungen

Die Dividenden-Definition des US-MA (Art. 10 Abs. 5) entspricht in ihrer drei- **183**
teiligen Grundstruktur derjenigen des OECD-MA. Im Einzelnen zeigen sich jedoch Differenzen: Das US-MA weicht vom OECD-MA zunächst dadurch ab, dass es im ersten Teil seiner Dividenden-Definition als konkretes Beispiel für „Gesellschaftsanteile", aus denen Dividenden herrühren können, nur „shares" anführt und die im OECD-MA noch zusätzlich aufgezählten Genussrechte oder Genussscheine, Kuxe und Gründeranteile nicht erwähnt. Da diese hier zunächst nicht genannten besonderen Gesellschaftsanteile jedoch ganz oder zumindest weitgehend von der späteren Wendung „sonstige Gesellschaftsanteile, die … (usw.)" mit erfasst werden (zur besonderen Problematik der Genussrechte s. Rz. 193 ff.), ist die Abweichung des US-MA vom OECD-MA in diesem Punkt als Vereinfachung ohne nennenswerte sachliche Bedeutung anzusehen. Die Dividenden-Definition der DE-VG weicht in ihrer Struktur von derjenigen des OECD-MA insbesondere dadurch ab, dass der Oberbegriff „Gesellschaftsanteile" (s. Rz. 188) bereits in ihrem ersten Teil erscheint (statt „Aktien") und damit etwa Ausschüttungen auf GmbH-Anteile bereits hier erfasst werden und nicht erst im dritten Teil der Definition (s. Rz. 198; *Ditz/Schönfeld*, DB 2013, 1437, 1439). Noch deutlicher als bisher wird so auch klargestellt, dass der Begriff „Gesellschaftsanteile" zu den autonom auszulegenden Elementen der Dividenden-Definition gehört (*Lüdicke*, Beihefter zu IStR 10/2013, 26, 29). Die ausdrückliche Erwähnung der Kuxe fehlt in der DE-VG ebenso wie der – ohnehin wenig bedeutsame (s. Rz. 198) – zweite Teil der MA-Definition („andere Rechte – ausgenommen Forderungen – mit Gewinnbeteiligung"). Ausdrücklich hinzugefügt wurden andererseits dem Dividendenbegriff der DE-VG Ausschüttungen auf Anteilscheine an einem Investmentvermögen (s. dazu Rz. 230). Mit diesen Abweichungen vom OECD-MA setzt die DE-VG keine grundlegend neuen Standards in der deutschen Abkommenspolitik, handelt es sich dabei doch im Wesentlichen um Fortentwicklungen des Dividendenbegriffs, wie sie auch schon in zahlreichen neueren Abkommen (zuletzt besonders weit gehend im *DBA China 2014 (E)*) zum Ausdruck gekommen sind, welche die Dividenden-Definition modifiziert haben, ohne dass damit jedoch grundlegende Änderungen im Ergebnis verbunden sind.

Bedeutsam ist, dass im dritten, auf das Recht des Quellenstaats Bezug nehmenden Teil der Dividenden-Definitionen des US-MA und der DE-VG im Vergleich zum OECD-MA die Anforderung fehlt, dass die Einkünfte „aus sonstigen Gesellschaftsanteilen stammen" müssen. Das US-MA (bzw. die DE-VG) verlangt nach dem Wortlaut dieses dritten Teils also nicht notwendigerweise, dass es sich um Erträge aus Rechten mit Beteiligungscharakter handelt; für die Zuordnung entscheidend ist allein, dass der Quellenstaat die Erträge daraus den Einkünften aus Aktien (DE-VG: aus Gesellschaftsanteilen) steuerlich gleichstellt (eingehend dazu und mit Vergleichen zum OECD-MA und früheren US-MA *Woywode*, IStR 2006, 368, 371). Dies empfehlen *Avery Jones et al.* (BTR 4 (2009), 406, 438) auch für Art 10 Abs. 3 OECD-MA; unter Hinweis auf die Abkommenspraxis der OECD-

Staaten (mit Beispielen) halten sie es für verwunderlich, dass die OECD die Formulierung ihres MA insoweit noch nicht geändert hat. Nach den US-TE zu Art. 10 Abs. 5 US-MA ist mit dieser „weiten und flexiblen" Dividenden-Definition eine Öffnung für alle Gestaltungen beabsichtigt, die nach dem Recht des Quellenstaats steuerlich zu Eigenkapitalerträgen führen bzw. dazu „zukünftig entwickelt" werden. Von Bedeutung ist die Differenz zum OECD-MA insbesondere für die Frage, ob Umqualifizierungen von Zinsen in Dividenden, die zahlreiche Staaten als Maßnahme gegen übermäßige Gesellschafter-Fremdfinanzierung vorsehen, vor den DBA Bestand haben oder nicht (s. dazu Rz. 200 f.). Aus rechtlicher Sicht fragt sich allerdings, ob eine Auslegung des für sich genommen uferlos weiten (bzw. durch den Quellenstaat erweiterbaren) Wortlauts (nach Wassermeyer/*Wolff*, Art. 10 DBA USA Rz. 138 sollen „Forderungen" ohne Einschränkung erfasst sein) aus dem Zusammenhang (insbesondere mit den ersten beiden, sonst überflüssigen Teilen der Dividenden-Definition) nicht doch zu Einschränkungen auf zumindest einen gewissen Konnex zu einer Gesellschaftsbeteiligung führen muss.

2. Erläuterungen

184 **a) Anwendungsbereich:** Abs. 3 definiert den **Dividendenbegriff.** Die Definition gilt, ihrer systematischen Stellung gemäß, zunächst für die Besteuerung im **Quellenstaat.** Sie wirkt jedoch auch in die Besteuerung im Wohnsitzstaat hinein, weil sie die Frage, **ob** bestimmte **Einkünfte abkommensrechtlich als Dividenden anzusehen** sind oder nicht, **auch für den Wohnsitzstaat verbindlich** entscheidet (BFH BStBl. II 2013, 1024 (Tz. 18 ff.) zu verdeckter Gewinnausschüttung; BFHE 234, 339 (Tz. 25 f.); BFH BStBl. II 2008, 793 (Tz. 10); *Bogenschütz,* Ubg 2008, 533, 541; im Erg. auch *Kaeser/Wassermeyer* in Wassermeyer, Art. 10 OECD-MA Rz. 108; a. A. Wassermeyer/*Wolff,* DBA USA, Art. 7 Rz. 76, 80; Art. 10 Rz. 152; Haase/*Gaffron,* Art. 10 MA Rz. 102). Dies gilt nicht nur für den Teil der Definition, der bestimmte Gesellschafterbezüge „autonom", d. h. durch das Abkommen selber, abschließend und verbindlich als „Dividenden" definiert (Rz. 186, 192 ff.), sondern auch für den Abschnitt, der darüber hinaus ergänzend auf das innerstaatliche Recht des Quellenstaats verweist (Rz. 199 ff.). Anders als bei der Verweisung auf das jeweilige heimische Recht des Anwendestaates in Art. 3 Abs. 2 MA (s. dort Rz. 97 ff.) wird hier **das einschlägige innerstaatliche Recht des Quellenstaates zum Abkommensrecht erhoben;** für eine abweichende Dividenden-Definition durch den Wohnsitzstaat bleibt kein Raum mehr (insoweit kein Gegensatz zu *Kaeser/Wassermeyer* a. a. O.). Dies ergibt sich schon daraus, dass Art. 10 nicht wie andere Verteilungsnormen nur die Besteuerung im Quellenstaat regelt, sondern auch, und sogar an erster Stelle, die Besteuerung im Wohnsitzstaat (s. Abs. 1). Art. 23 A Abs. 2 OECD-MA und, ihm folgend, zahlreiche geltende Abkommen bringen dies dadurch zum Ausdruck, dass sie in ihren Art. 23 MA entsprechenden Vorschriften, soweit sie besondere Regelungen über die steuerliche Behandlung von Dividenden im Wohnsitzstaat enthalten, auf den jeweiligen Dividenden-Artikel Bezug nehmen und dessen Definition damit für die Besteuerung im Wohnsitzstaat übernehmen (s. näher Art. 23 A und B Rz. 180 ff.). Ohne eine solche Bezugnahme wird allerdings – z. T. mit Hinweis auf die Formulierung „der **in diesem Artikel** verwendete Ausdruck ‚Dividenden'" – ein eigenständiges Recht des Wohnsitzstaats aus Art. 3 Abs. 2 MA zu einer von der des Quellenstaats abweichenden Definition befürwortet (s. z. B. *Avery Jones et al.,* BIFD 1999, 103; Wassermeyer/*Wolff,* DBA USA, Art. 7 Rz. 76, 80; Art. 10 Rz. 152; Haase/*Gaffron,* Art. 10 MA Rz. 102; grundsätzlich wie hier, jedoch für eine eigenständige Anwendung des Rechts des Quellenstaats durch den Wohnsitzstaat *Kaeser/Wassermeyer*

in Wassermeyer, Art. 10 OECD-MA Rz. 149). Die sich zwangsläufig ergebenden Auslegungsdiskrepanzen wären jedoch mit dem Sinn und Zweck der DBA nicht vereinbar.

b) Regelung: Die Dividenden-Definition des MA ist dreigliedrig aufgebaut. 185
Dividenden i. S. des Art. 10 OECD-MA sind danach **Einkünfte**

- aus **Aktien, Genussaktien oder Genussscheinen, Kuxen, Gründeranteilen,**
- aus **anderen Rechten** – ausgenommen Forderungen – **mit Gewinnbeteiligung,**
- sowie aus **sonstigen Gesellschaftsanteilen,** soweit die Einkünfte **nach dem Recht des Staates, in dem die ausschüttende Gesellschaft ansässig ist, den Einkünften aus Aktien steuerlich gleichgestellt** sind.

Zu Abweichungen der DE-VG s. Rz. 183. Die drei Teile der Definition stehen nicht voneinander unabhängig nebeneinander. Die Worte „anderen" und „sonstigen" im zweiten und dritten Abschnitt der Definition stellen vielmehr zu den jeweils vorangegangenen Abschnitten einen Bezug her, der für deren Auslegung zu beachten ist. Zunächst ergibt sich aus ihnen, dass überhaupt nur solche Einkünfte Dividenden sein können, die aus **„Gesellschaftsanteilen"** stammen (s. dazu Rz. 188 ff.). Weiter folgt aus dem Aufbau der Definition, dass auch die in ihrem ersten Abschnitt beispielhaft aufgezählten Einkünfte nur insoweit als Dividenden anzusehen sind, als sie aus **„Rechten",** nicht aber, soweit sie aus „Forderungen" mit Gewinnbeteiligung herrühren. Diese Einschränkung gilt jedoch nicht für die „aus sonstigen Gesellschaftsanteilen stammenden Einkünfte" des dritten Abschnitts, da dieser Abschnitt der Definition durch das Wort „sowie" deutlich von den beiden vorausgehenden abgesetzt ist und ihnen gegenüber etwas Neues, Zusätzliches enthält.

c) „Einkünfte": Die beiden ersten Abschnitte der Definition sind **autonom,** 186
d. h. **aus dem Abkommen selbst heraus** auszulegen (*van den Tempel,* S. VII-47). Die Verweisung auf das innerstaatliche Recht des Quellenstaats bezieht sich nach dem eindeutigen Wortlaut der Vorschrift (auch im englischen und französischen Originaltext) lediglich auf den **dritten Abschnitt.** Probleme ergeben sich insoweit aber für die Auslegung des Begriffs **„Einkünfte"** (richtiger: Einnahmen, s. Rz. 44): ob nur „reguläre" Gewinnausschüttungen oder auch verdeckte Gewinnausschüttungen, Liquidationsgewinne u. a. unter den Dividendenbegriff fallen sollen, sagt Abs. 3 nicht ausdrücklich. Grundsätzlich sind Begriffe des „Objekttatbestands" wie „Einkünfte", „Einnahmen" usw. nach dem Recht des **Anwendestaates** auszulegen (s. die Grundl. Rz. 150 ff.). Demgegenüber ist der MA-Komm. Ziff. 28 der Ansicht, dass auch für solche „anderen geldwerten Vorteile" die in Art. 10 vorgesehenen Steuererleichterungen gewährt werden sollten, wenn der **Quellenstaat** sie als Dividenden besteuert. Aus der Dividenden-Definition des Abs. 3 lässt sich dies nicht herleiten, da sich die Verweisung auf das Recht des Quellenstaats hier auf „Einkünfte aus sonstigen Gesellschaftsanteilen" beschränkt. Da es aber wenig sinnvoll wäre, für verschiedene Arten von Gesellschaftsanteilen, deren reguläre Erträge nach Art. 10 Abs. 3 MA gemeinsam als Dividenden anzusehen sind, eine unterschiedliche Behandlung der „irregulären" Erträge (wie verdeckte Gewinnausschüttungen usw.) vorzusehen, ist die Definition des Abs. 3 in Übereinstimmung mit Ziff. 28 MA-Komm. dahin zu interpretieren, dass sich **die Reichweite des Begriffs „Einkünfte" in Art. 10 Abs. 3 MA insgesamt ausschließlich nach dem Recht des Quellenstaats richtet.** Das Recht des Quellenstaats wird also auch insoweit zum Abkommensrecht erhoben und für den Wohnsitzstaat verbindlich. Dass diese Auslegung aus dem Wortlaut des Abs. 3 nicht herzuleiten ist und zu seinem systematischen Aufbau in einem gewissen Wider-

spruch steht, ist a. E. entsprechend Ziff. 28 MA-Komm. in Kauf zu nehmen. Der BFH (BStBl. II 2013, 111 (Tz. 22f.): *DBA Brasilien (K)*) lehnt diese Sichtweise allerdings unter Hinweis auf den Wortlaut und systematische Überlegungen, insbesondere auf das Fehlen eines „allgemeinen Korrespondenzgebots", ab; s. aber andererseits BFH BStBl. II 2013, 1024 (Tz. 18f.).

187 Entsprechend der Gliederung des Abs. 3 und der dargelegten Problemstellung wird im Folgenden zunächst darauf eingegangen, aus welchen **Gesellschaftsanteilen** Dividenden i. S. des Art. 10 herrühren können (d bis g, Rz. 188ff.); daran anschließend wird erläutert, welche **Einkünfte** aus solchen Gesellschaftsanteilen unter den Dividendenbegriff fallen (h bis i, Rz. 200ff.).

188 **d)** Der Ausdruck **„Gesellschaftsanteile"** bildet den Oberbegriff für sämtliche Rechtstitel, deren Erträge nach Art. 10 Abs. 3 OECD-MA als Dividenden anzusehen sind. Dies ergibt sich sowohl aus dem Wortlaut der Bestimmung selbst (Formulierung „sonstige") als auch aus dem Zusammenhang des MA-Komm. (Ziff. 1 bis 3, 23, 24, 26 und 27). Auch dieser Begriff ist autonom auszulegen, da es anderenfalls überflüssig gewesen wäre, im Text des Abs. 3 ausdrücklich zu betonen, die den Einkünften aus Aktien nach dem innerstaatlichen Recht des Quellenstaats steuerlich gleichgestellten Bezüge müssten „aus ... Gesellschaftsanteilen" stammen. Dividenden sind danach nur solche Einkünfte, die aus **Anteilen** an **Gesellschaften i. S. des Art. 3 Abs. 1 Buchst. b MA** herrühren. In diesen beiden Begriffselementen sind bereits die **beiden wichtigsten Abgrenzungsfragen** angesprochen, die Art. 10 Abs. 3 MA stellt: im Ausdruck „Anteile" die Abgrenzung **gegenüber Forderungen,** deren Erträge als Zinsen nach Art. 11 MA zu behandeln sind, und im Begriff „Gesellschaft" die Abgrenzung **gegenüber Mitunternehmerschaften,** deren Gewinn unter Beachtung des Art. 7 bei den Mitunternehmern zu versteuern ist und bei denen eine Verteilung dieses Gewinns daher keine weiteren Steuerfolgen mehr auslöst. „Aus" einem Gesellschaftsanteil rühren ferner nur Einkünfte her, die dem Bezieher **aufgrund seiner Gesellschafterstellung** zufließen, also nicht Erlöse aus der Veräußerung eines Anteils; für diese gilt Art. 13 MA (s. Rz 9). Erst recht nicht auf einem Gesellschaftsanteil beruhen Erträge aus einem Zahlungsversprechen, wenn nur dessen Höhe sich nach Dividendensätzen, Kursen oder auf diesen beruhenden Indices bestimmt (sog. „dividend swaps"; s. näher Art. 11 Rz. 74f.; *Woywode,* IStR 2006, 368). Diese Abgrenzungsfragen stellen sich ebenso auf der Grundlage des Art. 10 Abs. 3 DE-VG, auch wenn diese Vorschrift in ihrem Aufbau erheblich von Art. 10 Abs. 3 OECD-MA abweicht (s. Rz. 183).

189 Der Ausdruck **„Anteile"** ist dabei nicht in dem engen Sinn zu verstehen, dass dem Inhaber die vollen Rechte eines „regulären" Gesellschafters, insbesondere dessen Mitgliedschafts-, d. h. Stimm- und andere Verwaltungsrechte, zustehen müssten. Satzungsgemäße oder vertragliche Stimmrechtsbeschränkungen sind daher ebenso unschädlich wie die mit bestimmten Vorzugsaktien einhergehende völlige Stimmrechtslosigkeit. Auch reine Gläubigerrechte schuldrechtlicher Art, mit denen keinerlei Mitgliedschaftsrechte an der Gesellschaft verbunden sind, z. B. in Genussscheinen verbriefte Genussrechte (s. dazu Rz. 195), können „Anteile" sein. Das entscheidende Merkmal für den Anteilsbegriff der MA ergibt sich aus seiner **Funktion,** die Rechte, aus denen Dividenden i. S. des Art. 10 fließen können, **gegenüber bloßen Forderungen abzugrenzen, deren Erträge Zinsen** i. S. des Art. 11 Abs. 3 MA **sind.** Die maßgebenden Gesichtspunkte sind hier dieselben wie bei der Abgrenzung der Zinsen gegenüber den Erträgen aus Mitunternehmerschaft (s. dazu Art. 11 Rz. 62; *Kratzsch,* BB 2005, 2603). Wie der Mitunternehmer – und anders als der Zinsgläubiger – muss auch der **Dividendenbezieher** ein **Unternehmerrisiko** tragen, das dem eines Vollgesellschafters entspricht (vgl. auch FG Köln, IStR 2005, 243: *DBA Großbritannien 1964/70*). Es genügt **nicht,** wenn sich das Risiko, wie bei gewinnabhängigen Zinsen (etwa aus partiarischen Darlehen), lediglich auf den **Vergütungsanspruch** bezieht. Vielmehr muss ein Risiko bestehen, wie es der Vollgesellschafter mit der Hingabe seiner Einlage an die Gesellschaft eingeht (s. auch MA-Komm. zu Art. 11 Ziff. 19; *Bundgaard,* BIFD 2008, 126, 139 ff.), ein Risiko also, das auch die Möglichkeit eines Verlustes des zur Verfügung gestellten Kapitals in sich schließt. Kehrseite dieses Risikos ist die Chance, an Wertsteigerungen des Gesellschaftsvermögens teilzuhaben. Anteile i. S. des Art. 10 Abs. 3 MA sind daher alle (aber auch nur die) Rechte, welche **über eine Beteiligung am Gewinn hinaus** zumindest eine **Beteiligung am Liquidationserlös,** also an den **stillen Reserven** der Gesellschaft, umfassen. Die Abgrenzung zwischen Anteilen und bloßen Forderungen wird noch deutlicher, wenn man sich die Unterschiedlichkeit der Situation aus dem **Gesichtspunkt der zahlenden Gesellschaft** vergegenwärtigt: Eine Gesellschaft, die ihren Kapitalbedarf durch **Darlehen** oder **Schuldverschreibungen** gedeckt hat, muss (außer für ein gewinnabhängiges Darlehen) auch in Verlustjahren Zinsen zahlen und notfalls ihr Kapital angreifen, um ihren Verpflichtungen gegenüber den Darlehensgläubigern nachzukommen. Ihre steuerliche Leistungsfähigkeit ist durch diese Zahlungsverpflichtung gemindert, ein Umstand, dem regelmäßig durch die **Abzugsfähigkeit dieser Zahlungen** bei der Gesellschaft Rechnung getragen wird (s. auch MA-Komm. zu Art. 11 Ziff. 1). Im Liquidationsfall hat die Gesellschaft die Darlehensgläubiger (einschließlich der Gläubiger von gewinnabhängigen Darlehen) hinsichtlich der Kapitalvaluta vorab zu befriedigen. Die **Anteilsinhaber** dagegen können lediglich eine Verteilung des Reingewinns bzw. des Liquidationsüberschusses der Gesellschaft beanspruchen. Die in diesem Rahmen von der Gesellschaft geleisteten Zahlungen mindern ihre Steuerkraft nicht, sondern sind **Gewinnverwendung.** In aller Regel sind solche Leistungen daher bei der Gesellschaft **steuerlich nicht abzugsfähig.** Das Kriterium der Abzugsfähigkeit bei der zahlenden Gesellschaft kann allerdings nur grundsätzlich, nicht überall zur Abgrenzung zwischen Zinsen und Dividenden herangezogen werden, da es Staaten gibt, die auch Gewinnverteilungen bestimmter Kapitalgesellschaften bei deren Besteuerung zum Abzug zulassen. Es ist daher kein essentielles Merkmal für den Dividendenbegriff (BFH BStBl. II 2013, 111, Tz. 23).

Die Anknüpfung des Ausdrucks „Gesellschaftsanteile" an die Definition des Begriffs **„Gesellschaft"** in Art. 3 Abs. 1 Buchst. b MA kommt sowohl in der englischen Fassung der drei MA („the term ‚company' means any body corporate ..."; zur englischen Fassung insoweit kritisch *Avery Jones et al.*, WTJ 2009, 5, 7 ff.) wie in der französischen des OECD-MA („parts sociales", abgeleitet von „société") unmissverständlich zum Ausdruck. Noch deutlicher ist die amtliche deutsche Übersetzung, eben „Gesellschaftsanteile" (so auch die DE-VG). Die Zusammengehörigkeit folgt darüber hinaus zwingend aus Art. 10 Abs. 2 Buchst. b MA, wo der Begriff „Gesellschaft" eindeutig (und in allen genannten Sprachen) in dem von Art. 3 Abs. 1 Buchst. b MA definierten Sinn gebraucht wird. Auch der MA-Komm. (Ziff. 1 bis 3) hebt als ein Wesensmerkmal der Dividenden hervor, dass sie von einem **selbständigen Steuersubjekt** gewährt seien. Da der Kreis der Rechtsträger, die diese Anforderung erfüllen, in den verschiedenen Staaten unterschiedlich weit ist, greift der MA-Komm. als Grundtypus die Aktiengesellschaft heraus und grenzt sie gegenüber den **Personengesellschaften** ab, denen typischerweise die steuerliche Eigenständigkeit fehlt und deren Gewinne daher in der Regel – bereits zur Zeit ihrer Erzielung und nicht erst bei einer späteren Verteilung – unmittelbar bei den einzelnen Gesellschaftern versteuert werden. Auch Personengesellschaften können jedoch „Gesellschaften" i. S. des Art. 3 Abs. 1 Buchst. b MA und folglich zugleich i. S. des Art. 10 MA sein, nämlich dann, wenn **190** sie in dem Staat, in dem der Ort ihrer tatsächlichen Geschäftsleitung liegt, steuerlich im wesentlichen ähnlich wie Aktiengesellschaften, d. h. als „intransparent", als selbständige Steuersubjekte behandelt werden (MA-Komm. Ziff. 27, mit Beispielen). Auch für die Fälle, in denen das Recht ihres „Sitz"-Staats bestimmten Personengesellschaften die Möglichkeit gibt, für die Körperschaftsbesteuerung zu optieren (wie etwa das französische Recht im Rahmen des Art. 206 CGI) oder es umgekehrt bestimmten Kapitalgesellschaften gestattet, sich steuerlich im Wesentlichen als Mitunternehmerschaften behandeln zu lassen, ergibt sich die Lösung aus dem Rückgriff des Art. 10 MA auf den Gesellschaftsbegriff des Art. 3 Abs. 1 Buchst. b: soweit ein Rechtsträger in seinem Staat als selbständiges Steuersubjekt behandelt wird – gleich ob aufgrund zwingender gesetzlicher Vorschrift oder Option – ist er „Gesellschaft" und sind seine Gewinnausschüttungen abkommensrechtlich Dividenden; entfällt dagegen seine selbständige Steuerpflicht, so ist damit für das MA auch seine Gesellschaftseigenschaft aufgehoben, so dass statt der Dividendenregel die für Einkünfte aus Mitunternehmerschaft einschlägige Verteilungsnorm (Art. 7) oder Art. 21 Abs. 1 MA anzuwenden ist, je nachdem ob der Wohnsitzstaat des Gesellschafters seinerseits die Gesellschaft als Personen- oder als Kapitalgesellschaft einordnet (BFH BStBl. II 2009, 234, 235 ff.; 263, 265; ebenso BMF BStBl. I 2010, 354 Tz. 2.1.2). – Der OECD-Fiskalausschuss hat für diese Fragen in dem größeren Zusammenhang der Stellung von Personengesellschaften verschiedenster Zivil-, Handels- und Steuerrechtssysteme im MA (näher dazu s. Art. 1 Rz. 13 ff.) nach systemübergreifenden Lösungen gesucht. Sein Report (*OECD*, The Application of the OECD Model Tax Convention to Partnerships (1999)), dessen Empfehlungen als Ziff. 2 bis 6.7 zu Art. 1 in die Fassung v. 29.4.2000 des MA-Komm. aufgenommen wurden, zeigt, dass diese – gewiss höchst schwierige – Aufgabe noch nicht zufriedenstellend gelöst werden konnte (*Menck,* IWB Fach 10 Internat. Gr. 2, 1469 ff., 1473 (2000) m. w. N.; *Aigner/Züger,* SWI 2000, 254). Ziff. 27 MA-Komm. empfiehlt daher – unverändert – eine ausdrückliche Klarstellung der Optionsfälle in den bilateralen Abkommen. Angesichts möglicher Meinungsverschiedenheiten ist eine derartige Klarstellung sicherlich nützlich; notwendig ist sie jedoch nach hier vertretener Auffassung nicht.

191 Wird ein Rechtsträger in den beiden Vertragsstaaten steuerlich unterschiedlich behandelt, ergibt sich also hinsichtlich der Gewinnanteile ein **Qualifikationskonflikt,** so richtet sich die Gesellschaftseigenschaft des Rechtsträgers danach, ob er nach dem Recht des Staates, in dem er seinen Sitz, regelmäßig also den **Ort seiner tatsächlichen Geschäftsleitung** hat, „intransparent", d. h. selbständig steuerpflichtig ist (so ausdrücklich MA-Komm. Ziff. 27; zum Begriff „Ort der tatsächlichen Geschäftsleitung" s. Art. 4 Abs. 3 MA, MA-Komm. zu Art. 4 Ziff. 21 bis 24, sowie Art. 4 Rz. 260 ff.; nach MA-Komm. zu Art. 3 Ziff. 3 soll das Recht des Staates maßgebend sein, in dem der Rechtsträger „errichtet worden" ist, eine sachliche Abweichung ist damit aber wohl nicht gemeint). Ist der Rechtsträger nach dem Recht seines Sitzstaates derart selbständig steuerpflichtig, so ergibt schon der „Schluss von der Abkommensberechtigung auf die Einkunftsart" (s. dazu Art. 1 Rz. 34 ff., 34i), dass die von einem solchen Rechtsträger ausgeschütteten Gewinne als Dividenden i. S. des MA zu qualifizieren sind; die Verweisung auf das innerstaatliche Recht des Quellenstaats in Art. 10 Abs. 3 a. E. wirkt insoweit also lediglich klarstellend.

192 **e) Ausdrücklich genannte „Gesellschaftsanteile":**

aa) Aktien (als Rechtstitel) sind die Anteile am Grundkapital einer Aktiengesellschaft oder Kommanditgesellschaft auf Aktien, gleich, ob sie auf einen festen Betrag lauten („Nennwertaktien", § 8 Abs. 1, 2 AktG) oder auf einen Bruchteil des Grundkapitals („Stückaktien", § 8 Abs. 1, 3 AktG, oder „Quotenaktien", wie etwa in Belgien, Großbritannien und in den USA üblich). Obwohl in der englischen Sprache der Ausdruck „shares" auch andere Anteile als die an Aktiengesellschaften umfassen kann (so auch der Ausdruck Gesellschaftsanteile in der DE-VG), weshalb die beiden anderen Teile der Definition in den Staaten des common law (bzw. auf der Grundlage der DE-VG) eine viel geringere Bedeutung haben (s. *Avery Jones et al.,* WTJ 2009, 5, 18f.), ergibt sich die hier engere Bedeutung aus einem Vergleich mit der französischen Parallelfassung des OECD-MA („actions"); Beteiligungen an anderen als Aktiengesellschaften fallen gegebenenfalls unter die in der Definition später genannten „other corporate rights". Von den verschiedenen Rechten, die die Aktie gewährt, sind im Zusammenhang des Art. 10 MA nur die vermögensrechtlichen von Bedeutung; Beschränkungen der Verwaltungsrechte, wie etwa bei **stimmrechtslosen Vorzugsaktien,** berühren daher die Zugehörigkeit zu den Aktien i.S. des Art. 10 Abs. 3 MA nicht. Vorrechte und Benachteiligungen auch auf der vermögensrechtlichen Seite, wie sie etwa im deutschen Recht zur Unterscheidung verschiedener Aktiengattungen führen, sind ebenfalls gleichgültig, solange nicht eines der Wesensmerkmale des Anteilsbegriffs des Abs. 3, die **Beteiligung am Gewinn und am Liquidationserlös der Gesellschaft** (Rz. 189), entfällt. Wird eine dieser Beteiligungen lediglich eingeschränkt, etwa durch Beschränkung des Anteils am Abwicklungserlös auf einen bestimmten Prozentsatz des Nennbetrags (obligationsähnliche Aktien), so liegt eine „Aktie" i.S. des MA noch vor, nicht dagegen, wenn eine quotale Beteiligung am Liquidationserlös – und damit das den Begriff des Anteils kennzeichnende Unternehmerrisiko hinsichtlich des eingesetzten Kapitals – vollständig ausgeschlossen wird. Vorzugs**obligationen** sind daher **keine** Aktien, auch wenn sie am laufenden Gewinn teilnehmen (Gewinnschuldverschreibungen) oder zum Umtausch in Aktien oder zum Bezug von Aktien berechtigen (Wandelschuldverschreibungen, s. MA-Komm. Ziff. 24 a.E.); sie sind reine Forderungen, deren Erträge nach Art. 11 MA zu behandeln sind. **Gewinnanteil-(Dividenden-)scheine** sind für sich genommen ebenfalls keine „Aktien" i.S. des MA; sie verkörpern nicht die Anteilsrechte des Aktionärs, sondern lediglich dessen (evtl. künftige) Forderung auf den für ein bestimmtes Jahr festgestellten Gewinnanteil. Für die Dividendeneigenschaft der von der Gesellschaft auf einen solchen Schein geleisteten Zahlungen kommt es daher darauf an, ob dessen Inhaber die Zahlungen aufgrund seiner Rechtsstellung als Aktionär empfängt (die Kriterien hierfür können den für Deutschland gemäß § 20 Abs. 5 EStG maßgeblich entsprechen oder davon abweichen). Ist dies nicht der Fall, etwa weil der Inhaber den Dividendenschein als unabhängiger Dritter erworben hat, so sind die Leistungen der Gesellschaft ihm gegenüber nicht als Dividenden anzusehen (entsprechend BFH BStBl. II 1969, 188 (190)). Organschaftliche Ausgleichszahlungen gemäß § 304 Abs. 2 AktG fallen nach h.M. unter § 20 Abs. 1 Nr. 1 EStG und sind abkommensrechtlich Dividenden, auch wenn sie den Gewinnanteil nur substituieren, der dem Minderheitsgesellschafter ohne den Gewinnabführungsvertrag dem Grunde und der Höhe nach real zugestanden hätte (zweifelnd *Haase,* IStR 2012, 659).

bb) Als weitere Beispiele für Rechte, deren Erträge Dividenden i.S. des Art. 10 **193**
sein sollen, nennt Abs. 3 des OECD-MA in der französischen Fassung „actions ou bons de jouissance", in der englischen unter Verwendung von Anführungszeichen im Text des MA „‚jouissance' shares or ‚jouissance' rights" (das US-MA erwähnt sie nicht). Derartige Rechte, die insbesondere in Deutschland und in der Schweiz geläufig sind, werden von einer Kapitalgesellschaft gewährt und können alle Vermögensrechte umfassen, die auch dem Aktionär zustehen, nicht aber Stimm- und sonstige Verwaltungsrechte. Im Übrigen ist der Begriff denkbar weit; er reicht von den vollständigen Vermögensrechten eines Aktionärs auf Beteiligung am Reingewinn und Liquidationserlös über bloße Forderungsrechte bis hin zu Rechten etwa

auf Nutzung von Betriebsanlagen (*Hüffer,* AktG, 10. Aufl. (2012), § 221 Rz. 24 ff.; *Laule,* IStR 1997, 577 m. w. N.; *Meilicke,* BB 1987, 1609; *Sontheimer,* BB Beil. 19/ 1984, 1 m. w. N.; *Ziebe,* BB 1984, 2210 und DStR 1991, 1594).

194 Was mit der generellen Einbeziehung der **(verbrieften und unverbrieften) Genussrechte** („jouissance" shares/rights) in den ersten, autonom auszulegenden (dazu Rz. 186) Teil der Dividenden-Definition des OECD-MA, der DE-VG und des UN-MA gemeint sein soll, ist unklar. Angesichts des vorstehend aufgezeigten weiten Inhalts des Ausdrucks „Genussrechte" würde durch sie der Dividendenbegriff in einem Maße erweitert, wie es mit den anderen Definitionsmerkmalen des Abs. 3 nicht in Einklang zu bringen wäre. Ansatzpunkte für eine restriktive Auslegung ergeben sich jedoch zum einen aus dem Abs. 3 bestimmenden Oberbegriff „Gesellschaftsanteile" (s. dazu Rz. 188 ff.) und zum anderen aus dem zweiten Definitionsteil „Rechte – ausgenommen Forderungen – mit Gewinnbeteiligung", der, durch das vorangestellte Wort „andere" mit den vorhergehenden Beispielen verknüpft, auch deren Auslegung beeinflusst (insoweit zustimmend *Pijl,* BIFD 2011, 482, 485; s. dazu noch Rz. 198). Genussrechte, gleich ob verbrieft oder unverbrieft, können danach zunächst überhaupt nur insoweit Dividendeneinkünfte vermitteln, als sie „Anteile" darstellen, d. h. eine **Beteiligung sowohl am Gewinn als auch am Liquidationserlös** der Gesellschaft gewähren (BFHE 231, 63: *DBA Österreich*; Österr. BMF, EAS 3083 v. 25.8.2009, SWI 2009, 474; *Altehoefer/Landendinger,* IStR 1997, 321 (324); *Kaeser/Wassermeyer* in Wassermeyer, Art. 10 OECD-MA Rz. 124 f.; *Eberhartinger/Six*, Intertax 2009, 4, 9; *Watrin/Lühn,* IWB Fach 3 (Deutschland) Gr. 4, 483 m. w. N. (2006); *Widmayer,* IStR 2001, 337 ff. (341); dagegen *Pijl,* BIFD 2011, 482, 491 f.). Weiterhin müssten sie „Rechte ... mit Gewinnbeteiligung" sein; unter diesen Begriff fallen jedoch, historisch begründet und nach dem eindeutigen Wortlaut von Ziff. 24 MA-Komm., nur **in Wertpapierform verbriefte Rechte** (s. dazu Rz. 198; auch hiergegen *Pijl,* BIFD 2011, 482, 494). Das bedeutet, dass **Einkünfte aus unverbrieften Genussrechten** nur dann Dividenden i. S. des Abs. 3 sein können, wenn sie unter den dritten Teil der Definition fallen, wenn sie also nach dem innerstaatlichen Recht des Quellenstaates den Einkünften aus Aktien steuerlich gleichgestellt sind (zustimmend *Laule,* IStR 1997, 577 (581)). Nichts anderes gilt auf der Grundlage der DE-VG, auch wenn dort der zweite Definitionsteil des OECD-MA fehlt.

195 Enthält der Genussschein/das Genussrecht über die Beteiligung am Gewinn und am Liquidationserlös hinaus noch einen Anspruch auf eine Verzinsung bzw. eine Mindestverzinsung, so ändert sich dessen rechtlicher Charakter trotz eines solchen obligatorischen Elements nicht (entsprechend RFH RStBl. 1940, 35 (36 f.); BFH v. 28.6.1960, StRK KStG § 7 S. 2 Rz. 1 mit Bespr. *Hoffmann,* FR 1961, 183; *Kratzsch,* BB 2005, 2603). Die Tatsache, dass Genussrechte/-scheine zivilrechtlich lediglich reine Gläubigerrechte und keine Verwaltungsrechte gewähren, ist für die Besteuerung ihrer Erträge unerheblich. Das Fehlen einer Beteiligung am Liquidationserlös jedoch führt je nach der sonstigen rechtlichen Ausgestaltung zur Einordnung der Erträge als Zinsen (BFHE 231, 63: *DBA Österreich*; FG Köln, IStR 2005, 243: *DBA Großbritannien 1964/70,* mit Anm. *Ammelung;* dazu auch *Jahn,* PIStB 2005, 163) oder als „andere Einkünfte" i. S. des Art. 21 MA.

196 **cc)** Die im OECD-MA, nicht jedoch im US-MA und der DE-VG erwähnten **Kuxe** sind **Anteile an bergrechtlichen Gewerkschaften.** Soweit diese nach dem innerstaatlichen Recht des Quellenstaats als selbständige Steuersubjekte behandelt werden, sind ihre Gewinnausschüttungen einheitlich „Dividenden" i. S. des MA (a. A. *Schönfeld* in Schönfeld/Ditz, Art. 10 OECD-MA Rz. 170). In anderen Gesellschaftsformen (u. U. auch als Personengesellschaften) errichtete bergbautreibende Vereinigungen zählen nicht zu den bergrechtlichen Gewerkschaften, sondern sind den Gesellschaftstypen zuzurechnen, in deren Form sie gekleidet sind.

dd) Ebenfalls nicht im US-MA, wohl aber im OECD-MA und in der DE-VG erscheinen die **Gründeranteile.** Ob Einkünfte aus besonderen, nur den Gründern vorbehaltenen Anteilsrechten an selbständig steuerpflichtigen Rechtsträgern Dividenden i. S. des MA sind, richtet sich nach den für die Auslegung des Art. 10 Abs. 3 MA geltenden allgemeinen Regeln (s. Rz. 185 ff.). **197**

f) Alle drei MA ergänzen die Aufzählung konkreter Beispiele von Gesellschaftsanteilen, deren Erträge unabhängig vom jeweiligen innerstaatlichen Recht der Vertragsstaaten Dividenden i. S. des Abs. 3 sind (jedenfalls soweit es sich um „reguläre" Gewinnausschüttungen handelt; zu den „anderen geldwerten Vorteilen" s. Rz. 216 ff.), übereinstimmend durch die generalklauselähnliche Formulierung **„andere Rechte – ausgenommen Forderungen – mit Gewinnbeteiligung".** In der DE-VG fehlt dieser Definitionsteil dagegen ganz (s. Rz. 183). Missverständlich bezieht der MA-Komm. (Ziff. 23, 24) auch diese Passage noch in die vorgenannten „Beispiele" mit ein; das ist allerdings insofern hilfreich, als es noch einmal klarstellt, dass auch dieser zweite Abschnitt der Dividenden-Definition „autonom" auszulegen ist (s. bereits Rz. 186). Nicht aus dem Wortlaut des MA-Textes, sondern erst aus dem MA-Komm. ergibt sich dagegen, dass diese Formulierung **nur in Wertpapierform verbriefte** Beteiligungsrechte meint (eindeutig MA-Komm. 1963 Ziff. 36 und MA-Komm. 1977/92 Ziff. 24). Ihr Anwendungsbereich ist daher wesentlich enger, als es auf den ersten Blick scheint; ein Beispiel sind etwa die „Partizipationsscheine" schweizerischen Rechts (BMF v. 13.1.1993, RIW 1993, 525). Unverbriefte Anteilsrechte an selbständig steuerpflichtigen Rechtsträgern (wie z. B. GmbH-Geschäftsanteile, Anteile an Genossenschaften usw.) fallen somit nicht unter diesen zweiten, sondern erst unter den dritten, auf das innerstaatliche Recht des Quellenstaates verweisenden Abschnitt der Dividenden-Definition (nach der DE-VG fallen sie als Einkünfte aus „Gesellschaftsanteilen" bereits unter den ersten Teil der Definition; so auch nach dem DBA China 2014 (E)). Diese Einschränkung der geläufigen Wortbedeutung ist wohl nur historisch zu erklären: zahlreiche Vorkriegsabkommen (zuerst das *DBA Österreich 1922,* das insoweit an § 153 des österreichischen Personalsteuergesetzes von 1896 anknüpfte; später etwa auch die *DBA Italien 1925, Schweden 1928, Schweiz 1931* und *Finnland 1935*) sahen die Behandlung als **„Kapitaleinkünfte"** lediglich für Einkünfte aus **Wertpapieren** vor, während auf **andere Formen der „Beteiligung an gesellschaftlichen Unternehmungen"** (und daher etwa auch für die Beteiligung an einer GmbH) die Regeln über die **Unternehmensbesteuerung** anzuwenden waren (eingehend dazu *Debatin,* DStZ/A 1966, 369, 372; s. auch *Avery Jones et al.,* WTJ 2009, 5, 15; insgesamt a. A. *Pijl,* BIFD 2011, 482, 494, bei Fn. 72). Diese Grenzziehung, die bereits in den Musterabkommen von Mexiko (Art. IX i. V. m. Art. IX des Protokolls) und London (Art. VIII) nicht mehr erschien, hat offenbar die Autoren der MA-Komm. 1963 und 77/92 noch beeinflusst, obwohl sie sich im Text der MA 1963 und 77/92 nicht mehr niedergeschlagen hat. Der Formulierung „andere Rechte – ausgenommen Forderungen – mit Gewinnbeteiligung" kommt im Zusammenhang mit den MA daher weniger konstitutive als vielmehr klarstellende Bedeutung zu: sie weist darauf hin, dass einerseits die Gewinnbeteiligung ein wesentliches Merkmal der den „Dividenden" zugrundeliegenden Rechte ist, zugleich darauf, dass andererseits die Erträge bloßer Forderungen keine Dividenden i. S. der MA sind (s. auch BFH BStBl. II 2013, 1024, Tz. 17). Beides ergab sich bereits aus der Auslegung des Abs. 3 bestimmenden Oberbegriffs „Gesellschaftsanteile" (s. Rz. 188 ff.), den die DE-VG bereits in den ersten Teil ihrer Dividenden-Definition aufnimmt. Zu einer schärferen Abgrenzung gegenüber dem Zinsbegriff, wie sie wohl beabsichtigt war, führt das Gegensatzpaar „Rechte" – „Forderungen" nicht. Anteilsrechte, die nicht schon in dem voranstehenden Kata- **198**

log konkreter Beispiele enthalten wären, würden mit großer Wahrscheinlichkeit von dem auf das innerstaatliche Recht des Quellenstaats verweisenden dritten Teil der Dividenden-Definition des Abs. 3 erfasst. Daher ergeben sich auf der Grundlage der DE-VG, die den zweiten Definitionsteil des OECD-MA nicht kennt, keine Unterschiede (s. auch Rz. 225).

199 **g)** Da sich die Autoren des OECD-MA „angesichts der weiterhin bestehenden Unterschiede zwischen den Mitgliedstaaten auf dem Gebiet des Gesellschafts- und Steuerrechts" außerstande gesehen haben, „eine vom innerstaatlichen Recht unabhängige Definition des Dividendenbegriffs auszuarbeiten" (MA-Komm. Ziff. 23), bezieht die Dividenden-Definition in ihrem dritten Abschnitt endlich noch alle **„aus sonstigen Gesellschaftsanteilen stammenden Einkünfte"** ein, **„die nach dem Recht des Staates, in dem die ausschüttende Gesellschaft ansässig ist, den Einkünften aus Aktien steuerlich gleichgestellt sind".** Zur Auslegung des Merkmals „Gesellschaftsanteil" und seiner Bedeutung für Abs. 3 insgesamt s. Rz. 188 ff.; zur „Ansässigkeit" von Gesellschaften s. Art. 4 Abs. 3 MA, MA-Komm. zu Art. 4 Ziff. 21 bis 24, sowie die Erläuterungen zu Art. 4 Rz. 240 ff.; über die **abkommensrechtliche Verbindlichkeit der Qualifikation von Einkünften als Dividenden durch den Quellenstaat auch für den Wohnsitzstaat des Dividendenempfängers** s. Rz. 184 und 186. Zwischen der Fassung des MA 1963 und der des MA 1977/1992 besteht ein gewisser Unterschied (**MA 1977/1992:** „... income from other corporate rights which is *subjected to the same taxation treatment* as income from shares by the *laws* of the State ..."; demgegenüber **MA 1963:** „... income from other corporate rights *assimilated* to income from shares by the *taxation law* of the State ..."); beabsichtigt ist damit jedoch lediglich eine sprachliche Präzisierung ohne sachliche Änderung. Die englischsprachigen Vertragsstaaten vermeiden in ihren DBA den Begriff „corporate rights" und stellen zumeist allein auf die steuerliche Behandlung als Dividende durch den Quellenstaat ab (*Avery Jones et al.,* WTJ 2009, 5, 19 ff., 23 f.: die englische Formulierung des MA sei die Folge eines Übersetzungsfehlers aus dem französischen „parts sociales"). Auch in den neueren deutschen Abkommen zeigt sich die Tendenz (so auch die DE-VG), auf das Erfordernis, die den Einkünften aus Aktien (DE-VG: aus Gesellschaftsanteilen) steuerlich gleichgestellten Bezüge müssten aus „Gesellschaftsanteilen" stammen, zu verzichten (s. die Übersicht in Rz. 204). Solange und soweit der Text des jeweiligen Abkommens dieses Erfordernis (noch) enthält, ist es allerdings auch zu beachten und nicht einfach als „störend" hinwegzuinterpretieren (wie es etwa *Pijl*, BIFD 2011, 482, 492 f. versucht). Die Verweisung auf das Recht des Quellenstaates bezieht sich auf das dort **jeweils geltende** Recht; eine generelle Beschränkung auf das zum **Zeitpunkt des Vertragsabschlusses geltende** Recht würde zu wenig sinnvollen Ergebnissen führen (s. Grundl. Rz. 184 ff.). Zur Frage, ob dadurch ein Staat seine Besteuerungsbefugnis gegenüber dem zum Zeitpunkt des Vertragsschlusses geltenden Recht auch erweitern kann, s. ebenfalls a. a. O.

200 **h)** Gewährt ein Gesellschafter einer Kapitalgesellschaft dieser ein Darlehen oder beteiligt er sich an ihr als stiller Gesellschafter (sog. **„Gesellschafter-Fremdfinanzierung"**), so sieht das innerstaatliche Recht einer Reihe von Staaten – mit abnehmender Tendenz, so z. B. noch Belgien, die Schweiz und die USA (s. *Avery Jones et al.,* WTJ 2009, 5, 38); Deutschland nur in der bis einschließlich 2007 geltenden Fassung des § 8a KStG – vor, dass die Zinsen oder die Erträge des Darlehens oder der stillen Beteiligung unter bestimmten Voraussetzungen – Verhältnis von Eigen- und Fremdkapital, besondere Bedingungen der Darlehensgewährung – steuerlich **als Ausschüttungen der Kapitalgesellschaft** zu behandeln sind (s. näher Art. 11 Rz. 65). Die betreffenden Bezüge sind dann „den Einkünften aus

Aktien steuerlich gleichgestellt"; sie scheinen also unter die Dividenden-Definition des Art. 10 Abs. 3 zu fallen. Das gilt auch für solche aus Forderungen mit Gewinnbeteiligung; diese werden zwar aus der „autonomen" Definition des Art. 10 Abs. 3 ausgenommen, nicht aber aus der daran anschließenden („sowie") Verweisung auf die steuerliche Behandlung im Quellenstaat (so zutreffend die Mehrheitsmeinung *in OECD,* Issues in International Taxation, No. 2, Thin Capitalization, 1987, Tz. 56; *Avery Jones et al.,* WTJ 2009, 5, 22). Gleichzeitig bleiben die Bezüge aber „Einkünfte aus Forderungen jeder Art" (Art. 11 Abs. 3). Damit ergibt sich die Frage nach dem **Verhältnis zwischen Dividenden- und Zinsdefinition.**

Grundsätzlich sind die Dividendendefinitionen des Art. 10 Abs. 3 und die Zinsdefinition des Art. 11 Abs. 3 als **gleichrangig** zu betrachten; soweit sie aber auf das nationale Recht des Quellenstaates verweisen – so Art. 10 Abs. 3, im MA 1963 auch Art. 11 Abs. 3 – sind diese **Verweisungen** gegenüber den „autonomen" Definitionsabschnitten **leges speciales.** Ob eine innerstaatliche Vorschrift, nach der Zinsen oder Erträge stiller Beteiligungen als Gewinnausschüttungen zu besteuern sind, abkommensrechtlich zur Anwendung des Art. 10 führt, richtet sich also nach den Voraussetzungen der in Abs. 3 enthaltenen Verweisungsvorschrift. Hierfür ist nicht nur die steuerliche Gleichbehandlung mit Dividenden erforderlich, sondern laut MA zuvor, dass es sich um **„aus ... Gesellschaftsanteilen stammende Einkünfte"** handelt (s. Rz. 188). In den hier erörterten Fällen ist der Empfänger der Bezüge zwar Gesellschafter. Soweit er das Darlehen oder die stille Beteiligung aber in einer Situation oder zu Bedingungen eingegangen ist, in der bzw. zu denen auch ein beliebiger Dritter – etwa eine Bank – Fremdkapital zur Verfügung gestellt hätte (maßgebend können hier etwa sein: Eigenkapital-Fremdkapital-Verhältnis, Höhe der Zinsen), stammen seine Bezüge nicht aus dem Gesellschaftsanteil, sondern aus dem von diesem getrennten Finanzierungsgeschäft; sie bleiben damit abkommensrechtlich Zinsen. Nur soweit ein unabhängiger Dritter in der konkreten Situation und unter den konkreten Bedingungen kein Fremdkapital gegeben hätte, beruhen das Geschäft, und damit die Bezüge, auf der Gesellschaftsbeteiligung (so muss auch die in den MA-Komm. 1992 neu eingefügte Ziff. 25 gelesen werden, da anderenfalls alle Erträge aus „Forderungen mit Gewinnbeteiligung" (Art. 11 Abs. 3 MA) als Dividenden statt als Zinsen einzuordnen wären. Die Bezüge sind dann, soweit sie innerstaatlich „den Einkünften aus Aktien steuerlich gleichgestellt" werden, Dividenden i. S. der MA (*Avery Jones et al.,* WTJ 2009, 5, 22; a. A. *Krabbe,* RIW 1984, 127 (130), nach dem die „autonome" Zinsdefinition der MA eine Umqualifizierung auch insoweit nicht zulässt; ähnlich *Knobbe-Keuk,* DB 1993, 60; zur Gesamtproblematik einschließlich der Vereinbarkeit mit den Art. 9 MA entsprechenden DBA-Vorschriften s. *Menck,* FR 1994, 69; *Lang,* in *Gassner/Lang/Lechner,* Entwicklungen, S. 127; *Michielse,* StuW 1994, 331 und BIFD 1997, 565). An diese Qualifizierung ist **auch der Wohnsitzstaat gebunden** (Rz. 184 und 186; zur Staatenpraxis *Piltz,* CDFI LXXXIb (1996), 19 und die daran anschließenden Landesberichte; *Grotherr,* IWB Fach 10 International Gr. 2, 1077 (1995)). Um eine ganz andere Fallgestaltung handelt es sich, wenn dem Gesellschafter überhöhte Zinsen gewährt werden (s. hierzu die 3. Aufl. bei Art. 11 Rz. 119 ff.). **201**

Das US-MA, das die Einschränkung, Dividenden müssten „aus ... Gesellschaftsanteilen stammen", nicht kennt (s. Rz. 183), lässt sich nicht im Sinne der dem OECD-MA durch Auslegung zu entnehmenden Aufteilung von umqualifizierten Zinsen aus Gesellschafter-Darlehen in einen Zins- und einen Dividenden-Teil interpretieren, sondern stellt ausschließlich auf die Behandlung nach dem Recht des Quellenstaats ab und steht deshalb seinem Wortlaut nach einer umfassenden Umqualifizierung nach dessen Recht nicht im Wege. Diese beabsichtigte Wirkung (s. US-TE zu Art. 10 Abs. 5 a. E.) wird dadurch unterstützt, dass die Zins- **201a**

Definition des US-MA (Art. 11 Abs. 3 Satz 2; so auch Art. 11 Abs. 2 Satz 3 DE-VG) – anders als die autonome Zins-Definition des OECD-MA –, die Dividenden-Definition des US-MA ausdrücklich für vorrangig erklärt (s. *Woywode,* IStR 2006, 368, 371). Der OECD Report on Thin Capitalization, 1986, Tz. 60 empfiehlt, dass ausdrücklich alle Einkünfte aus der Zins-Definition ausgeschlossen werden sollen, die vom Dividenden-Artikel erfasst werden, so dass dieser immer Vorrang habe. Dies ist auch in den von Kanada und den USA abgeschlossenen DBA üblich (*Avery Jones et al.,* WTJ 2009, 5, 41).

201b Mit der Änderung des § 8a KStG und der Einführung der „Zinsschranken"-Regelung des § 4h EStG durch das „Unternehmenssteuerreformgesetz 2008" (BGBl. I 2007, 1912) mit Wirkung ab 1.1.2008 wurde das Gesellschafter-Fremdfinanzierungs-Problem für Deutschland als Quellenstaat dem Anwendungsbereich des Art. 10 MA und der entsprechenden DBA-Vorschriften entzogen, weil die die jeweils definierten Grenzen überschreitenden Zinszahlungen seitdem nicht mehr als verdeckte Gewinnausschüttungen fingiert, sondern lediglich als nichtabzugsfähige Ausgaben behandelt werden. Sie werden daher auch nicht mehr vom dritten Teil (DE-VG: zweiten Teil) der Dividenden-Definition erfasst. Viele Staaten haben in den letzten Jahren Regelungen über die beschränkte Abzugsfähigkeit der Zinsen an die Stelle ihrer Umqualifikation in Dividenden gesetzt. Die EU-Mitgliedstaaten vermeiden dadurch auch die Anwendung der Mutter-Tochter-Richtlinie. Aufgrund dieser Entwicklung entspannt sich auch die Abgrenzung zwischen der Dividenden- und der Zins-Definition in den DBA (s. zu alledem auch *Avery Jones et al.,* WTJ 2009, 5, 28, 38 ff.).

202 **i)** Zu den **Einkünften** i. S. des Abs. 3 gehören unzweifelhaft die „regulären" Gewinnanteile, d. h. die nach den jeweils einschlägigen gesellschaftsrechtlichen Bestimmungen von den zuständigen Gremien (Hauptversammlung usw.) beschlossenen Ausschüttungen. Welche Einnahmen aus Gesellschaftsanteilen darüber hinaus zu den Dividenden i. S. des Art. 10 Abs. 3 MA zu zählen sind (als **„andere geldwerte Vorteile":** s. MA-Komm. Ziff. 28), bestimmt sich – auch für die im Übrigen autonom auszulegenden ersten beiden Abschnitte der MA-Definition – nach dem **innerstaatlichen Recht des Quellenstaates** (MA-Komm. a. a. O.; s. schon Rz. 186). Soweit z. B. bestimmte Staaten eine Anrechnung der von der ausschüttenden Gesellschaft gezahlten Körperschaftsteuer auch über die Grenze gewähren, ist auch dieser Anrechnungsbetrag abkommensrechtlich als Dividende anzusehen.

203 Als Beispiele für „andere geldwerte Vorteile", welche als Dividenden i. S. des Abs. 3 anzusehen sind, soweit das innerstaatliche Recht des Quellenstaats sie steuerlich entsprechend einstuft, erwähnt der MA-Komm. in Ziff. 28: **Gratisaktien** (d. h. Freianteile, die bei der Erhöhung des Nennkapitals aus Gesellschaftsmitteln gewährt werden), **Boni** (Extradividenden), **Liquidationsgewinne** (Vermögensauskehrungen selbständig steuerpflichtiger Rechtsträger anlässlich ihrer Auflösung), Gewinne aus der Rücknahme von Anteilen durch die Gesellschaft und **verdeckte Gewinnausschüttungen** (s. dazu BFH BStBl. II 2013, 1024, Tz. 18 f. zur unentgeltlichen Nutzung einer Ferienimmobilie; *Aigner,* IStR 2003, 154). Abweichend sieht das ÖstBMF, SWI 1994, 151, Liquidationsgewinne nicht als Dividenden an; wie der MA-Komm. aber *Lang,* SWI 1993, 51; zum deutschen Recht s. Rz. 218. Ein „anderer geldwerter Vorteil" ist etwa auch das Recht, eine Ferienwohnung zu benutzen (s. BFH, BFH/NV 1994, 318: *DBA Schweiz).* Unter welchen Voraussetzungen und in welchem Umfang das Abkommensrecht eine Gewinnberichtigung durch die Annahme verdeckter Gewinnausschüttungen zulässt, ergibt sich aus den Art. 9, 11 Abs. 6 und 12 Abs. 4 MA (s. Art. 9 Rz. 11; Art. 11 Rz. 119 ff.; Art. 12 Rz. 100 ff.). **Nicht** zu den „Einkünften" i. S. des Art. 10 Abs. 3 zählen dagegen Erlöse aus einer **Veräuße-**

rung von Gesellschaftsanteilen, da diese unter Art. 13 fallen, ebenso nicht die aus einer Veräußerung von Dividendencoupons ohne den Anteil; darüber s. bereits Rz. 9. **Kapitalrückzahlungen** aus Anlass einer **Kapitalherabsetzung** sind Dividenden, wenn und soweit der Quellenstaat sie nach seinem innerstaatlichen Recht als solche behandelt; zum deutschen Recht s. Rz. 218 (näher s. *Schaumburg,* Rz. 16.342 ff.; *Kaeser/Wassermeyer* in Wassermeyer, Art. 10 OECD-MA Rz. 131 f.; *Pizzoni,* Intertax 2006, 10; a. A. *Staringer,* SWI 1993, 186).

II. Deutsche DBA

1. Abkommensübersicht zu Artikel 10 Abs. 3 204

DBA	Der Dividendenbegriff umfasst ausdrücklich					
	nach der MA-Regelung			zusätzlich bzw. klarstellend		
	Einkünfte aus Aktien, Genussrechten oder Genussscheinen, Kuxen, Gründeranteilen	oder anderen Rechten – ausgenommen Forderungen – mit Gewinnbeteiligung	sowie aus sonstigen Gesellschaftsanteilen stammende Einkünfte, die nach dem Recht des Quellenstaats den Einkünften aus Aktien steuerlich gleichgestellt sind	(D = Deutschland) (V = Vertragsstaat)	Artikel	Rz.
Ägypten	≈ MA	≈ MA	≈ MA	D: Einkünfte aus stiller Beteiligung, Ausschüttungen auf Anteilscheine an einem Investmentvermögen	10 Abs. 5	
Albanien 2010	≈ MA	≈ MA	≈ MA, aber keine ausdrückliche Beschränkung auf Einkünfte aus Gesellschaftsanteilen	Ausschüttungen auf Anteilscheine an einem Investmentvermögen	10 Abs. 3; Prot. Nr. 3	
Algerien 2007	≈ MA	–	≈ MA, aber keine ausdrückliche Beschränkung auf Einkünfte aus Gesellschaftsanteilen	Ausschüttungen auf Anteilscheine an einem Investmentvermögen	10 Abs. 3	225
Argentinien	≈ MA, jedoch ohne Einkünfte aus Genussrechten, -scheinen	≈ MA	≈ MA	Einkünfte aus stiller Beteiligung, Ausschüttungen auf Anteilscheine an einem Investmentvermögen	10 Abs. 3	

DBA	Der Dividendenbegriff umfasst ausdrücklich nach der MA-Regelung: Einkünfte aus Aktien, Genussrechten oder Genussscheinen, Kuxen, Gründeranteilen	oder anderen Rechten – ausgenommen Forderungen – mit Gewinnbeteiligung	sowie aus sonstigen Gesellschaftsanteilen stammende Einkünfte, die nach dem Recht des Quellenstaats den Einkünften aus Aktien steuerlich gleichgestellt sind	zusätzlich bzw. klarstellend (D = Deutschland) (V = Vertragsstaat)	Artikel	Rz.
Armenien	s. UdSSR					
Aserbaidschan	≈ MA	≈ MA	≈ MA, aber keine ausdrückliche Beschränkung auf Einkünfte aus Gesellschaftsanteilen	Ausschüttungen auf Anteilscheine an einem Investmentvermögen	10 Abs. 3; Prot. Nr. 5	
Australien	Einkünfte aus Aktien	–	≈ MA, aber keine ausdrückliche Beschränkung auf Einkünfte aus Gesellschaftsanteilen	D: Einkünfte aus stiller Beteiligung	10 Abs. 3	212; 225
Bangladesch	≈ MA, jedoch ohne Einkünfte aus Genussrechten, -scheinen	≈ MA		Einkünfte aus Ausschüttungen auf Anteilscheine an einem Investmentvermögen; D: Einkünfte aus stiller Beteiligung	10 Abs. 3; Prot. Nr. 1	
Belarus	Einkünfte aus Aktien	–	≈ MA, aber keine ausdrückliche Beschränkung auf Einkünfte aus Gesellschaftsanteilen	D + V: Einkünfte aus stiller Beteiligung, partiarischen Darlehen, Gewinnobligationen oder ähnliche Vergütungen, Einkünfte aus Ausschüttungen auf Anteilscheine an einem Investmentvermögen	10 Abs. 4; Prot. Nr. 6	225; 234 f.
Belgien	≈ MA	≈ MA	≈ MA	D: Einkünfte aus stiller Beteiligung, die in D als Ein-	10 Abs. 5	212; 238

DBA	Der Dividendenbegriff umfasst ausdrücklich – nach der MA-Regelung: Einkünfte aus Aktien, Genussrechten oder Genussscheinen, Kuxen, Gründeranteilen	oder anderen Rechten – ausgenommen Forderungen – mit Gewinnbeteiligung	sowie aus sonstigen Gesellschaftsanteilen stammende Einkünfte, die nach dem Recht des Quellenstaats den Einkünften aus Aktien steuerlich gleichgestellt sind	zusätzlich bzw. klarstellend: (D = Deutschland) (V = Vertragsstaat)	Artikel	Rz.
				künfte aus Kapitalvermögen behandelt werden V: Einkünfte – einschließlich Zinsen – aus belgischen Personengesellschaften		
Bolivien	≈ MA	≈ MA	≈ MA, aber keine ausdrückliche Beschränkung auf Einkünfte aus Gesellschaftsanteilen	D: Einkünfte aus stiller Beteiligung, Ausschüttungen auf Anteilscheine an einem Investmentvermögen	10 Abs. 2	
Bosnien-Herzegowina	s. Jugoslawien					
Bulgarien 2010	≈ MA, jedoch ohne Einkünfte aus Genussrechten, Kuxen, Gründeranteilen	≈ MA	≈ MA, aber keine ausdrückliche Beschränkung auf Einkünfte aus Gesellschaftsanteilen	Ausschüttungen auf Anteilscheine an einem Investmentvermögen	10 Abs. 3	
China 1985	≈ MA, jedoch ohne Einkünfte aus Genussrechten, -scheinen	≈ MA	≈ MA	Einkünfte aus stiller Beteiligung, Ausschüttungen auf Anteilscheine an einem Investmentvermögen	10 Abs. 3; Prot. Nr. 3 Buchst. b	
China 2014 (E)	Einkünfte aus Gesellschaftsanteilen	≈ MA	≈ MA, aber keine ausdrückliche Beschränkung auf Einkünfte aus Gesellschaftsanteilen	–	10 Abs. 3	183; 198; 212; 225

DBA	Der Dividendenbegriff umfasst ausdrücklich nach der MA-Regelung: Einkünfte aus Aktien, Genussrechten oder Genussscheinen, Kuxen, Gründeranteilen	oder anderen Rechten – ausgenommen Forderungen – mit Gewinnbeteiligung	sowie aus sonstigen Gesellschaftsanteilen stammende Einkünfte, die nach dem Recht des Quellenstaats den Einkünften aus Aktien steuerlich gleichgestellt sind	zusätzlich bzw. klarstellend: (D = Deutschland) (V = Vertragsstaat)	Artikel	Rz.
Costa Rica 2014 (E)	≈ MA	–	≈ MA, aber keine ausdrückliche Beschränkung auf Einkünfte aus Gesellschaftsanteilen	Ausschüttungen auf Anteilscheine an einem Investmentvermögen	10 Abs. 3	225
Dänemark	≈ MA	≈ MA	≈ MA, aber keine ausdrückliche Beschränkung auf Einkünfte aus Gesellschaftsanteilen	D: Einkünfte aus stiller Beteiligung, partiarischen Darlehen, Gewinnobligationen, Ausschüttungen auf Anteilscheine an einem Investmentvermögen	10 Abs. 4	234
Ecuador	≈ MA, zusätzlich „Einkünfte aus anderen Beteiligungen an Kapitalgesellschaften"; jedoch ohne Einkünfte aus Genussrechten, -scheinen	≈ MA	≈ MA	D: Einkünfte aus stiller Beteiligung, Ausschüttungen auf Anteilscheine an einem Investmentvermögen	10 Abs. 3	
Elfenbeinküste	≈ MA	≈ MA	≈ MA	Einkünfte aus Ausschüttungen auf Anteilscheine an einem Investmentvermögen D: Einkünfte aus stiller Beteiligung	10 Abs. 3	
Estland	≈ MA	≈ MA	≈ MA, aber keine ausdrückliche Beschränkung auf Einkünfte aus Gesellschaftsanteilen	D: Einkünfte aus stiller Beteiligung, Ausschüttungen auf Anteilscheine an einem Investmentvermögen	10 Abs. 3; Prot. Nr. 4	

DBA	Der Dividendenbegriff umfasst ausdrücklich – nach der MA-Regelung: Einkünfte aus Aktien, Genussrechten oder Genussscheinen, Kuxen, Gründeranteilen	oder anderen Rechten – ausgenommen Forderungen – mit Gewinnbeteiligung	sowie aus sonstigen Gesellschaftsanteilen stammende Einkünfte, die nach dem Recht des Quellenstaats den Einkünften aus Aktien steuerlich gleichgestellt sind	zusätzlich bzw. klarstellend: (D = Deutschland) (V = Vertragsstaat)	Artikel	Rz.
Finnland	Einkünfte aus Aktien	≈ MA	≈ MA	Einkünfte aus Ausschüttungen auf Anteilscheine an einem Investmentvermögen D: Einkünfte aus stiller Beteiligung	10 Abs. 4	
Frankreich	≈ MA	≈ MA	≈ MA: Einkünfte, die . . . „wie Ausschüttungen behandelt werden"	D: Einkünfte aus stiller Beteiligung, partiarischen Darlehen, Gewinnobligationen und ähnliche gewinnabhängige Vergütungen sowie Einkünfte aus Ausschüttungen auf Anteilscheine an einem Investmentvermögen	9 Abs. 6, 7	231; 234 f.; 239
Georgien	≈ MA	–	≈ MA, aber keine ausdrückliche Beschränkung auf Einkünfte aus Gesellschaftsanteilen	Ausschüttungen auf Anteilscheine an einem Investmentvermögen	10 Abs. 3	225
Ghana	Einkünfte aus Aktien	–	≈ MA, aber keine ausdrückliche Beschränkung auf Einkünfte aus Gesellschaftsanteilen	Ausschüttungen auf Anteilscheine an einem Investmentvermögen	10 Abs. 3	225
Griechenland	≈ MA	≈ MA	≈ MA	D: Einkünfte aus stiller Beteiligung, Ausschüttungen	VI Abs. 3	

DBA	Der Dividendenbegriff umfasst ausdrücklich – nach der MA-Regelung: Einkünfte aus Aktien, Genussrechten oder Genussscheinen, Kuxen, Gründeranteilen	oder anderen Rechten – ausgenommen Forderungen – mit Gewinnbeteiligung	sowie aus sonstigen Gesellschaftsanteilen stammende Einkünfte, die nach dem Recht des Quellenstaats den Einkünften aus Aktien steuerlich gleichgestellt sind	zusätzlich bzw. klarstellend: (D = Deutschland) (V = Vertragsstaat)	Artikel	Rz.
Großbritannien 1964/70	≈ MA	≈ MA	≈ MA	auf Anteilscheine an einem Investmentvermögen D: Einkünfte aus Gesellschafts- und Gewinnanteilen an einer in D ansässigen Gesellschaft, Einkünfte aus stiller Beteiligung V: alle Einkünfte, die nach britischem Recht wie Ausschüttungen einer Gesellschaft behandelt werden, außer Zinsen i. S. d. Art. VII	VI Abs. 4	207
Großbritannien 2010	≈ MA	–	≈ MA, aber keine ausdrückliche Beschränkung auf Einkünfte aus Gesellschaftsanteilen	Ausschüttungen auf Anteilscheine an einem deutschen Investmentvermögen	10 Abs. 3	225
Indien	≈ MA	≈ MA	≈ MA	D: Einkünfte aus stiller Beteiligung, Ausschüttungen auf Anteilscheine an einem Investmentvermögen V: entsprechende Behandlung „ähnlicher Einkünfte“	10 Abs. 3; Prot. Nr. 3	

DBA	Der Dividendenbegriff umfasst ausdrücklich nach der MA-Regelung: Einkünfte aus Aktien, Genussrechten oder Genussscheinen, Kuxen, Gründeranteilen	oder anderen Rechten – ausgenommen Forderungen – mit Gewinnbeteiligung	sowie aus sonstigen Gesellschaftsanteilen stammende Einkünfte, die nach dem Recht des Quellenstaats den Einkünften aus Aktien steuerlich gleichgestellt sind	zusätzlich bzw. klarstellend: (D = Deutschland) (V = Vertragsstaat)	Artikel	Rz.
Indonesien	≈ MA	≈ MA	≈ MA, aber keine ausdrückliche Beschränkung auf Einkünfte aus Gesellschaftsanteilen	D: Einkünfte aus stiller Beteiligung, Ausschüttungen auf Anteilscheine an einem Investmentvermögen	10 Abs. 2	
Iran	≈ MA	≈ MA	≈ MA	–	10 Abs. 4	
Irland 2011	≈ MA	–	≈ MA, aber keine ausdrückliche Beschränkung auf Einkünfte aus Gesellschaftsanteilen	Ausschüttungen auf Anteilscheine an einem deutschen Investmentvermögen	10 Abs. 3; Prot. Nr. 2	225
Island	≈ MA, jedoch ohne Einkünfte aus Genussrechten, -scheinen	≈ MA	≈ MA	Einkünfte aus stiller Beteiligung; Ausschüttungen auf Anteilscheine an einem Investmentvermögen	10 Abs. 5	
Israel	Einkünfte aus Aktien, Kuxen, Genussscheinen	–	–	Einkünfte aus GmbH-Anteilen, Ausschüttungen auf Anteilscheine an einem Investmentvermögen, stiller Beteiligung; ausdrücklich ausgeschlossen: Einkünfte aus Anteilen an Grundbesitzgesellschaften i. S. d. Art. 3 Abs. 2 S. 3	2 Abs. 1 Nr. 8	225; 229; 231; 240

DBA	Der Dividendenbegriff umfasst ausdrücklich – nach der MA-Regelung: Einkünfte aus Aktien, Genussrechten oder Genussscheinen, Kuxen, Gründeranteilen	oder anderen Rechten – ausgenommen Forderungen – mit Gewinnbeteiligung	sowie aus sonstigen Gesellschaftsanteilen stammende Einkünfte, die nach dem Recht des Quellenstaats den Einkünften aus Aktien steuerlich gleichgestellt sind	zusätzlich bzw. klarstellend: (D = Deutschland) (V = Vertragsstaat)	Artikel	Rz.
Italien	≈ MA	≈ MA	≈ MA, aber keine ausdrückliche Beschränkung auf Einkünfte aus Gesellschaftsanteilen	Einkünfte aus GmbH-Anteilen D: Einkünfte aus stiller Beteiligung, Ausschüttungen auf Anteilscheine an einem Investmentvermögen	10 Abs. 6	
Jamaika	≈ MA, jedoch ohne Einkünfte aus Genussrechten, -scheinen	≈ MA	≈ MA	Einkünfte aus stiller Beteiligung, Ausschüttungen auf Anteilscheine an einem Investmentvermögen	10 Abs. 5	
Japan	Einkünfte aus Aktien, Kuxen	≈ MA	≈ MA	D: Einkünfte aus stiller Beteiligung, Ausschüttungen auf Anteilscheine an einem Investmentvermögen; Einkünfte aus partiarischen Darlehen, wenn sie nach dem Steuerrecht des Quellenstaats den Einkünften aus Aktien gleichgestellt sind	10 Abs. 5 Note Japans zum Revisionsprotokoll 1979	234
Jugoslawien	≈ MA	≈ MA	≈ MA, aber keine ausdrückliche Beschränkung auf Einkünfte aus Gesellschaftsanteilen	Einkünfte aus stiller Beteiligung, Ausschüttungen auf Anteilscheine an einem Investmentvermögen	11 Abs. 2	

Der Dividendenbegriff umfasst ausdrücklich						
	nach der MA-Regelung			zusätzlich bzw. klarstellend		
DBA	Einkünfte aus Aktien, Genussrechten oder Genussscheinen, Kuxen, Gründeranteilen	oder anderen Rechten – ausgenommen Forderungen – mit Gewinnbeteiligung	sowie aus sonstigen Gesellschaftsanteilen stammende Einkünfte, die nach dem Recht des Quellenstaats den Einkünften aus Aktien steuerlich gleichgestellt sind	(D = Deutschland) (V = Vertragsstaat)	Artikel	Rz.
Kanada	≈ MA	≈ MA	≈ MA, aber keine ausdrückliche Beschränkung auf Einkünfte aus Gesellschaftsanteilen	D: Einkünfte aus stiller Beteiligung, partiarischen Darlehen, Gewinnobligationen und ähnliche gewinnabhängige Entgelte, Einkünfte aus Ausschüttungen auf Anteilscheine an einem Investmentvermögen	10 Abs. 3	234 f.
Kasachstan	≈ MA	–	≈ MA, aber keine ausdrückliche Beschränkung auf Einkünfte aus Gesellschaftsanteilen	D + V: Einkünfte aus stiller Beteiligung, partiarischen Darlehen, Gewinnobligationen und ähnliche Vergütungen, Einkünfte aus Ausschüttungen auf Anteilscheine an einem Investmentvermögen	10 Abs. 4	225; 234 f.
Kenia	Einkünfte aus Aktien	≈ MA	≈ MA	Einkünfte aus Ausschüttungen auf Anteilscheine an einem Investmentvermögen D: Einkünfte aus stiller Beteiligung	10 Abs. 4	
Kirgisistan	≈ MA	≈ MA	≈ MA, aber keine ausdrückliche Beschränkung auf Einkünfte aus Gesellschaftsanteilen	Ausschüttungen auf Anteilscheine an einem Investmentvermögen	10 Abs. 3	

	Der Dividendenbegriff umfasst ausdrücklich					
	nach der MA-Regelung			zusätzlich bzw. klarstellend		
DBA	Einkünfte aus Aktien, Genussrechten oder Genussscheinen, Kuxen, Gründeranteilen	oder anderen Rechten – ausgenommen Forderungen – mit Gewinnbeteiligung	sowie aus sonstigen Gesellschaftsanteilen stammende Einkünfte, die nach dem Recht des Quellenstaats den Einkünften aus Aktien steuerlich gleichgestellt sind	(D = Deutschland) (V = Vertragsstaat)	Artikel	Rz.
Korea	≈ MA	≈ MA	≈ MA, aber keine ausdrückliche Beschränkung auf Einkünfte aus Gesellschaftsanteilen	D: Einkünfte aus stiller Beteiligung, partiarischen Darlehen, Gewinnobligationen und ähnliche gewinnabhängige Vergütungen, Einkünfte aus Ausschüttungen auf Anteilscheine an einem Investmentvermögen	10 Abs. 3	234 f.
Kosovo	s. Jugoslawien					
Kroatien	≈ MA	–	≈ MA, aber keine ausdrückliche Beschränkung auf Einkünfte aus Gesellschaftsanteilen	Ausschüttungen auf Anteilscheine an einem Investmentvermögen	10 Abs. 3	225
Kuwait	≈ MA	≈ MA	≈ MA, aber keine ausdrückliche Beschränkung auf Einkünfte aus Gesellschaftsanteilen	D: Einkünfte aus stiller Beteiligung, Ausschüttungen auf Anteilscheine an einem Investmentvermögen	10 Abs. 3	
Lettland	≈ MA	≈ MA	≈ MA, aber keine ausdrückliche Beschränkung auf Einkünfte aus Gesellschaftsanteilen	D: Einkünfte aus stiller Beteiligung, Ausschüttungen auf Anteilscheine an einem Investmentvermögen	10 Abs. 3 Prot. Nr. 4	
Liberia	≈ MA, jedoch ohne Einkünfte aus Genussrechten, -scheinen	≈ MA	≈ MA	Einkünfte aus stiller Beteiligung, Ausschüttungen auf Anteil-	10 Abs. 4	

DBA	Der Dividendenbegriff umfasst ausdrücklich nach der MA-Regelung: Einkünfte aus Aktien, Genussrechten oder Genussscheinen, Kuxen, Gründeranteilen	oder anderen Rechten – ausgenommen Forderungen – mit Gewinnbeteiligung	sowie aus sonstigen Gesellschaftsanteilen stammende Einkünfte, die nach dem Recht des Quellenstaats den Einkünften aus Aktien steuerlich gleichgestellt sind	zusätzlich bzw. klarstellend (D = Deutschland) (V = Vertragsstaat)	Artikel	Rz.
				scheine an einem Investmentvermögen		
Liechtenstein 2011	≈ MA, jedoch ohne Einkünfte aus Kuxen	≈ MA	≈ MA, aber keine ausdrückliche Beschränkung auf Einkünfte aus Gesellschaftsanteilen	D: Ausschüttungen auf Anteilscheine an einem Investmentvermögen V: Ausschüttungen auf Anteile an einem OGAW oder einem Investmentunternehmen	10 Abs. 3	230
Litauen	≈ MA	≈ MA	≈ MA, aber keine ausdrückliche Beschränkung auf Einkünfte aus Gesellschaftsanteilen	D: Einkünfte aus stiller Beteiligung, Ausschüttungen auf Anteilscheine an einem Investmentvermögen	10 Abs. 3, Prot. Nr. 4	
Luxemburg 2012	≈ MA	–	≈ MA, aber keine ausdrückliche Beschränkung auf Einkünfte aus Gesellschaftsanteilen	D+V: Ausschüttungen auf Anteilscheine an einem Investmentvermögen V: Einkünfte aus Obligationen mit gewinnausschüttungsabhängiger Zusatzverzinsung; Einkünfte aus Beteiligung als stiller Gesellschafter	10 Abs. 3; Prot. Nr. 2 Abs. 2	225; 231; 235
Malaysia	≈ MA, jedoch ohne Einkünfte aus Kuxen,	≈ MA	≈ MA, aber keine ausdrückliche Beschrän-	Ausschüttungen auf Anteilscheine an	10 Abs. 3	

DBA	Der Dividendenbegriff umfasst ausdrücklich nach der MA-Regelung: Einkünfte aus Aktien, Genussrechten oder Genussscheinen, Kuxen, Gründeranteilen	oder anderen Rechten – ausgenommen Forderungen – mit Gewinnbeteiligung	sowie aus sonstigen Gesellschaftsanteilen stammende Einkünfte, die nach dem Recht des Quellenstaats den Einkünften aus Aktien steuerlich gleichgestellt sind	zusätzlich bzw. klarstellend: (D = Deutschland) (V = Vertragsstaat)	Artikel	Rz.
	Gründeranteilen		kung auf Einkünfte aus Gesellschaftsanteilen	einem Investmentvermögen		
Malta	≈ MA	–	≈ MA, aber keine ausdrückliche Beschränkung auf Einkünfte aus Gesellschaftsanteilen	D + V: Einkünfte aus stiller Beteiligung, partiarischen Darlehen, Gewinnobligationen und ähnliche Vergütungen, Ausschüttungen auf Anteilscheine an einem Investmentvermögen	10 Abs. 4	225; 234 f.
Marokko	≈ MA	≈ MA	≈ MA	Einkünfte aus Ausschüttungen auf Anteilscheine an einem Investmentvermögen D: Einkünfte aus stiller Beteiligung, die in D als Einkünfte aus Kapitalvermögen behandelt werden	10 Abs. 5	231
Mauritius 2011	Nur Einkünfte aus Aktien	≈ MA	≈ MA, aber keine ausdrückliche Beschränkung auf Einkünfte aus Gesellschaftsanteilen	Ausschüttungen auf Anteilscheine an einem Investmentvermögen	10 Abs. 3	
Mazedonien	≈ MA	–	≈ MA, aber keine ausdrückliche Beschränkung auf Einkünfte aus Gesellschaftsanteilen	Ausschüttungen auf Anteilscheine an einem Investmentvermögen	10 Abs. 3	225

DBA	Der Dividendenbegriff umfasst ausdrücklich: nach der MA-Regelung – Einkünfte aus Aktien, Genussrechten oder Genussscheinen, Kuxen, Gründeranteilen	nach der MA-Regelung – oder anderen Rechten – ausgenommen Forderungen – mit Gewinnbeteiligung	nach der MA-Regelung – sowie aus sonstigen Gesellschaftsanteilen stammende Einkünfte, die nach dem Recht des Quellenstaats den Einkünften aus Aktien steuerlich gleichgestellt sind	zusätzlich bzw. klarstellend – (D = Deutschland) (V = Vertragsstaat)	zusätzlich bzw. klarstellend – Artikel	zusätzlich bzw. klarstellend – Rz.
Mexiko	≈ MA	–	≈ MA, aber keine ausdrückliche Beschränkung auf Einkünfte aus Gesellschaftsanteilen	D: Ausschüttungen auf Anteilscheine an einem Investmentvermögen	10 Abs. 3; Prot. Nr. 5	225
Moldau	s. UdSSR					
Mongolei	≈ MA	≈ MA	≈ MA, aber keine ausdrückliche Beschränkung auf Einkünfte aus Gesellschaftsanteilen	D: Einkünfte aus stiller Beteiligung, Ausschüttungen auf Anteilscheine an einem Investmentvermögen	10 Abs. 2; Prot. Nr. 2	
Montenegro	s. Jugoslawien					
Namibia	≈ MA	≈ MA	≈ MA, aber keine ausdrückliche Beschränkung auf Einkünfte aus Gesellschaftanteilen	D: Einkünfte aus stiller Beteiligung, Ausschüttungen auf Anteilscheine an einem Investmentvermögen	10 Abs. 2	
Neuseeland	Einkünfte aus Aktien	–	≈ MA, aber keine ausdrückliche Beschränkung auf Einkünfte aus Gesellschaftsanteilen	Einkünfte aus stiller Beteiligung, Ausschüttungen auf Anteilscheine an einem Investmentvermögen	10 Abs. 3	225
Niederlande 1959/2004	Einkünfte aus Aktien, Kuxen	„Anteilscheinen und ähnlichen Wertpapieren"	–	Einkünfte aus GmbH- und Genossenschaftsanteilen, Ausschüttungen auf Anteilscheine an einem Investmentvermögen, stiller Beteiligung, Wandelanleihen und Gewinnobligationen	SProt. Nr. 9, 10, 14 Abs. 3 S. 2	207; 226; 229; 231 f.; 235

DBA	Der Dividendenbegriff umfasst ausdrücklich nach der MA-Regelung: Einkünfte aus Aktien, Genussrechten oder Genussscheinen, Kuxen, Gründeranteilen	oder anderen Rechten – ausgenommen Forderungen – mit Gewinnbeteiligung	sowie aus sonstigen Gesellschaftsanteilen stammende Einkünfte, die nach dem Recht des Quellenstaats den Einkünften aus Aktien steuerlich gleichgestellt sind	zusätzlich bzw. klarstellend: (D = Deutschland) (V = Vertragsstaat)	Artikel	Rz.
Niederlande 2012 (E)	≈ MA	≈ MA	≈ MA	Ausschüttungen auf Anteilscheine an einem deutschen Investmentvermögen; (Teil-)Liquidationsgewinne, Einkünfte aus dem Erwerb eigener Aktien durch die Gesellschaft	10 Abs. 3, Prot. Nr. X	218
Norwegen 1991	≈ MA	≈ MA	≈ MA, „Rechte" statt Gesellschaftsanteile	Einkünfte aus stiller Beteiligung, Ausschüttungen auf Anteilscheine an einem Investmentvermögen D: Einkünfte aus partiarischen Darlehen und Gewinnobligationen	10 Abs. 6	234 f.
Norwegen 2013 (E)	≈ MA	≈ MA	≈ MA, „Rechte" statt Gesellschaftsanteile	Einkünfte aus stiller Beteiligung, Ausschüttungen auf Anteilscheine an einem Investmentvermögen D: Einkünfte aus partiarischen Darlehen und Gewinnobligationen	10 Abs. 3	234 f.
Oman 2012 (E)	≈ MA	–	≈ MA, aber keine ausdrückliche Beschränkung auf Einkünfte aus Gesellschaftsanteilen	Ausschüttungen auf Anteilscheine an einem Investmentvermögen	10 Abs. 3	225

DBA	Der Dividendenbegriff umfasst ausdrücklich nach der MA-Regelung: Einkünfte aus Aktien, Genussrechten oder Genussscheinen, Kuxen, Gründeranteilen	oder anderen Rechten – ausgenommen Forderungen – mit Gewinnbeteiligung	sowie aus sonstigen Gesellschaftsanteilen stammende Einkünfte, die nach dem Recht des Quellenstaats den Einkünften aus Aktien steuerlich gleichgestellt sind	zusätzlich bzw. klarstellend: (D = Deutschland) (V = Vertragsstaat)	Artikel	Rz.
Österreich	≈ MA	–	≈ MA, aber keine ausdrückliche Beschränkung auf Einkünfte aus Gesellschaftsanteilen	D + V: Einkünfte aus stiller Beteiligung, partiarischen Darlehen, Gewinnobligationen und ähnliche Vergütungen, wenn beim Schuldner nicht abzugsfähig, Einkünfte aus Ausschüttungen auf Anteilscheine an einem Investmentvermögen	10 Abs. 3	195; 207; 225; 228; 231; 234 f.
Pakistan	≈ MA, jedoch ohne Einkünfte aus Genussrechten, -scheinen	≈ MA	≈ MA	D: Einkünfte aus stiller Beteiligung, Ausschüttungen auf Anteilscheine an einem Investmentvermögen	10 Abs. 3	
Philippinen 1983	≈ MA, jedoch ohne Einkünfte aus Genussrechten, -scheinen	≈ MA	≈ MA	Einkünfte aus stiller Beteiligung, Ausschüttungen auf Anteilscheine an einem Investmentvermögen	10 Abs. 4	
Philippinen 2013	≈ MA	≈ MA	≈ MA, aber keine ausdrückliche Beschränkung auf Einkünfte aus Gesellschaftsanteilen	Ausschüttungen auf Anteilscheine an einem Investmentvermögen	10 Abs. 3	
Polen	≈ MA	≈ MA	≈ MA, aber keine ausdrückliche Beschrän-	D + V: Einkünfte aus Ausschüttungen	10 Abs. 3	

DBA	Der Dividendenbegriff umfasst ausdrücklich nach der MA-Regelung: Einkünfte aus Aktien, Genussrechten oder Genussscheinen, Kuxen, Gründeranteilen	oder anderen Rechten – ausgenommen Forderungen – mit Gewinnbeteiligung	sowie aus sonstigen Gesellschaftsanteilen stammende Einkünfte, die nach dem Recht des Quellenstaats den Einkünften aus Aktien steuerlich gleichgestellt sind	zusätzlich bzw. klarstellend: (D = Deutschland) (V = Vertragsstaat)	Artikel	Rz.
			kung auf Einkünfte aus Gesellschaftsanteilen	auf Anteilscheine an einem Investmentvermögen		
Portugal	≈ MA	≈ MA	≈ MA	Einkünfte aus Ausschüttungen auf Anteilscheine an einem Investmentvermögen D: Einkünfte aus stiller Beteiligung V: Gewinne, die aufgrund einer Regelung über die Gewinnbeteiligung zugewiesen werden	10 Abs. 3; Prot. Nr. 3	231
Rumänien	≈ MA	–	≈ MA, aber keine ausdrückliche Beschränkung auf Einkünfte aus Gesellschaftsanteilen	Einkünfte aus Ausschüttungen auf Anteilscheine an einem Investmentvermögen	10 Abs. 3	225; 234 f.
Russische Föderation	≈ MA	≈ MA	≈ MA, aber keine ausdrückliche Beschränkung auf Einkünfte aus Gesellschaftsanteilen	Ausschüttungen auf Anteilscheine an einem Investmentvermögen D: Einkünfte aus stiller Beteiligung	10 Abs. 2; Prot. Nr. 4	
Sambia	≈ MA, jedoch ohne Einkünfte aus Genussrechten, -scheinen	≈ MA	≈ MA	Einkünfte aus stiller Beteiligung, Ausschüttungen auf Anteilscheine an einem Investmentvermögen	10 Abs. 4	

DBA	Der Dividendenbegriff umfasst ausdrücklich: nach der MA-Regelung: Einkünfte aus Aktien, Genussrechten oder Genussscheinen, Kuxen, Gründeranteilen	oder anderen Rechten – ausgenommen Forderungen – mit Gewinnbeteiligung	sowie aus sonstigen Gesellschaftsanteilen stammende Einkünfte, die nach dem Recht des Quellenstaats den Einkünften aus Aktien steuerlich gleichgestellt sind	zusätzlich bzw. klarstellend: (D = Deutschland) (V = Vertragsstaat)	Artikel	Rz.
Schweden	≈ MA	≈ MA	≈ MA, aber keine ausdrückliche Beschränkung auf Einkünfte aus Gesellschaftsanteilen	D: Einkünfte aus stiller Beteiligung, partiarischen Darlehen, Gewinnobligationen und ähnlichen gewinnabhängigen Vergütungen sowie Ausschüttungen auf Anteilscheine an einem Investmentvermögen V: Ausschüttungen auf Anteilscheine an einem „Aktienfond“	10 Abs. 4	230; 234 f.
Schweiz	≈ MA	≈ MA	≈ MA	Einkünfte aus GmbH-Anteilen, Gewinnobligationen, partiarischen Darlehen sowie Ausschüttungen auf Anteilscheine an einem Investmentvermögen D: Einkünfte aus stiller Beteiligung	10 Abs. 4	203; 217 f.; 229; 231 f.; 234 f.
Serbien	s. Jugoslawien					
Simbabwe	≈ MA	≈ MA	≈ MA, aber keine ausdrückliche Beschränkung auf Einkünfte aus Gesellschaftsanteilen	Einkünfte aus stiller Beteiligung, Ausschüttungen auf Anteilscheine an einem Investmentvermögen	10 Abs. 4	

DBA	Der Dividendenbegriff umfasst ausdrücklich – nach der MA-Regelung: Einkünfte aus Aktien, Genussrechten oder Genussscheinen, Kuxen, Gründeranteilen	oder anderen Rechten – ausgenommen Forderungen – mit Gewinnbeteiligung	sowie aus sonstigen Gesellschaftsanteilen stammende Einkünfte, die nach dem Recht des Quellenstaats den Einkünften aus Aktien steuerlich gleichgestellt sind	zusätzlich bzw. klarstellend: (D = Deutschland) (V = Vertragsstaat)	Artikel	Rz.
Singapur	≈ MA	–	≈ MA, aber keine ausdrückliche Beschränkung auf Einkünfte aus Gesellschaftsanteilen	Ausschüttungen aus einem Investmentvermögen; D: Einkünfte aus stiller Beteiligung, part. Darlehen, Gewinnobligationen	10 Abs. 5	225; 235
Slowakei	s. Tschechoslowakei					
Slowenien	≈ MA	–	≈ MA, aber keine ausdrückliche Beschränkung auf Einkünfte aus Gesellschaftsanteilen	Ausschüttungen auf Anteilscheine an einem Investmentvermögen	10 Abs. 3	225
Spanien	≈ MA	≈ MA	≈ MA, aber keine ausdrückliche Beschränkung auf Einkünfte aus Gesellschaftsanteilen	Ausschüttungen auf Anteilscheine an einem deutschen Investmentvermögen	10 Abs. 3	
Sri Lanka	≈ MA	≈ MA	≈ MA, aber keine ausdrückliche Beschränkung auf Einkünfte aus Gesellschaftsanteilen	D: Einkünfte aus stiller Beteiligung, Ausschüttungen auf Anteilscheine an einem Investmentvermögen	10 Abs. 3	
Südafrika 1973	≈ MA	≈ MA	≈ MA	Einkünfte aus stiller Beteiligung, Ausschüttungen auf Anteilscheine an einem Investmentvermögen	7 Abs. 4	
Südafrika 2008 (E)	≈ MA	–	≈ MA, aber keine ausdrück-	Einkünfte aus stiller Gesell-	10 Abs. 4	225; 234 f.

DBA	Der Dividendenbegriff umfasst ausdrücklich – nach der MA-Regelung: Einkünfte aus Aktien, Genussrechten oder Genussscheinen, Kuxen, Gründeranteilen	oder anderen Rechten – ausgenommen Forderungen – mit Gewinnbeteiligung	sowie aus sonstigen Gesellschaftsanteilen stammende Einkünfte, die nach dem Recht des Quellenstaats den Einkünften aus Aktien steuerlich gleichgestellt sind	zusätzlich bzw. klarstellend (D = Deutschland) (V = Vertragsstaat)	Artikel	Rz.
			liche Beschränkung auf Einkünfte aus Gesellschaftsanteilen	schaft, partiarischen Darlehen, Gewinnobligationen und ähnliche Vergütungen, Ausschüttungen auf Anteilscheine an einem Investmentvermögen		
Syrien	Einkünfte aus Aktien	–	≈ MA, aber keine ausdrückliche Beschränkung auf Einkünfte aus Gesellschaftsanteilen	D: Ausschüttungen auf Investment-Zertifikate	10 Abs. 3; Prot. Nr. 6	225
Tadschikistan	≈ MA	–	≈ MA, aber keine ausdrückliche Beschränkung auf Einkünfte aus Gesellschaftsanteilen	Ausschüttungen auf Anteilscheine an einem Investmentvermögen	10 Abs. 3	225
Taiwan	Einkünfte aus Aktien	≈ MA	≈ MA, aber keine ausdrückliche Beschränkung auf Einkünfte aus Gesellschaftsanteilen	–	10 Abs. 5	212; 228
Thailand	Einkünfte aus Aktien	–	≈ MA	–	10 Abs. 4 Buchst. a	225
Trinidad und Tobago	Einkünfte aus Aktien	–	≈ MA	Einkünfte aus Ausschüttungen auf Anteilscheine an einem Investmentvermögen D: Einkünfte aus stiller Beteiligung V: Alle Ein-	10 Abs. 4	225

DBA	Der Dividendenbegriff umfasst ausdrücklich nach der MA-Regelung: Einkünfte aus Aktien, Genussrechten oder Genussscheinen, Kuxen, Gründeranteilen	oder anderen Rechten – ausgenommen Forderungen – mit Gewinnbeteiligung	sowie aus sonstigen Gesellschaftsanteilen stammende Einkünfte, die nach dem Recht des Quellenstaats den Einkünften aus Aktien steuerlich gleichgestellt sind	zusätzlich bzw. klarstellend: (D = Deutschland) (V = Vertragsstaat)	Artikel	Rz.
				künfte, die nach dem Recht von Trinidad und Tobago wie Ausschüttungen behandelt werden		
Tschechien	s. Tschechoslowakei					
Tschechoslowakei	≈ MA, jedoch „Gewinnanteilen“ statt „Gründeranteilen“	≈ MA	≈ MA	Einkünfte aus stiller Beteiligung, Gewinnobligationen, partiarischen Darlehen; Ausschüttungen auf Anteilscheine an einem Investmentvermögen	10 Abs. 4	
Türkei 2011	≈ MA	≈ MA	≈ MA, aber keine ausdrückliche Beschränkung auf Einkünfte aus Gesellschaftsanteilen	Ausschüttungen auf Anteilscheine an einem Investmentvermögen	10 Abs. 3	228
Tunesien	≈ MA	≈ MA	≈ MA	–	10 Abs. 5	
Turkmenistan	s. UdSSR					
UdSSR	Einkünfte aus Aktien, Gründeranteilen	≈ MA	≈ MA	D: Einkünfte aus stiller Beteiligung, Ausschüttungen auf Anteilscheine an einem Investmentvermögen	7 Abs. 3; Prot. Nr. 3	
Ukraine	≈ MA	≈ MA	≈ MA, aber keine ausdrückliche Beschränkung auf Einkünfte aus Gesellschaftsanteilen	D: Einkünfte aus stiller Beteiligung, Ausschüttungen auf Anteilscheine an einem Investmentvermögen	10 Abs. 3	

DBA	Der Dividendenbegriff umfasst ausdrücklich – nach der MA-Regelung: Einkünfte aus Aktien, Genussrechten oder Genussscheinen, Kuxen, Gründeranteilen	oder anderen Rechten – ausgenommen Forderungen – mit Gewinnbeteiligung	sowie aus sonstigen Gesellschaftsanteilen stammende Einkünfte, die nach dem Recht des Quellenstaats den Einkünften aus Aktien steuerlich gleichgestellt sind	zusätzlich bzw. klarstellend: (D = Deutschland) (V = Vertragsstaat)	Artikel	Rz.
Ungarn 2011	≈ MA	≈ MA	≈ MA; aber keine ausdrückliche Beschränkung auf Einkünfte aus Gesellschaftsanteilen	Ausschüttungen auf Anteilscheine an einem Investmentvermögen	10 Abs. 3	
Uruguay 2010	≈ MA	–	≈ MA; aber keine ausdrückliche Beschränkung auf Einkünfte aus Gesellschaftsanteilen	Ausschüttungen auf Anteilscheine an einem Investmentvermögen	10 Abs. 3	225
USA 1989/2006	≈ MA, jedoch ohne Einkünfte aus Kuxen	≈ MA	≈ MA; keine ausdrückliche Beschränkung auf Einkünfte aus Gesellschaftsanteilen, aber auf „andere Einkünfte aus sonstigen Rechten . . .“	D: Einkünfte aus stiller Beteiligung, part. Darlehen, Gewinnobligationen; Ausschüttungen auf Anteilscheine an einem Investmentvermögen	10 Abs. 5	228; 234 f.
Usbekistan	≈ MA	≈ MA	≈ MA, aber keine ausdrückliche Beschränkung auf Einkünfte aus Gesellschaftsanteilen	D: Einkünfte aus stiller Beteiligung, Ausschüttungen auf Anteilscheine an einem Investmentvermögen	10 Abs. 3, Prot. Nr. 3	
Venezuela	≈ MA	≈ MA	≈ MA, aber keine ausdrückliche Beschränkung auf Einkünfte aus Gesellschaftsanteilen	D: Einkünfte aus stiller Beteiligung, Ausschüttungen auf Anteilscheine an einem Investmentvermögen	10 Abs. 2; Prot. Nr. 2	
Vereinigte Arabische Emirate 2010	≈ MA	–	≈ MA, aber keine ausdrückliche Beschränkung auf Einkünfte aus Gesellschaftsanteilen	Ausschüttungen auf Anteilscheine an einem Investmentvermögen	10 Abs. 3	225

DBA	Der Dividendenbegriff umfasst ausdrücklich – nach der MA-Regelung: Einkünfte aus Aktien, Genussrechten oder Genussscheinen, Kuxen, Gründeranteilen	oder anderen Rechten – ausgenommen Forderungen – mit Gewinnbeteiligung	sowie aus sonstigen Gesellschaftsanteilen stammende Einkünfte, die nach dem Recht des Quellenstaats den Einkünften aus Aktien steuerlich gleichgestellt sind	zusätzlich bzw. klarstellend: (D = Deutschland) (V = Vertragsstaat)	Artikel	Rz.
Vietnam	≈ MA	≈ MA	≈ MA, aber keine ausdrückliche Beschränkung auf Einkünfte aus Gesellschaftsanteilen	D: Einkünfte aus stiller Beteiligung, Ausschüttungen auf Anteilscheine an einem Investmentvermögen	10 Abs. 3, Prot. Nr. 3 Buchst. b	
Zypern 2011	≈ MA	–	≈ MA; aber keine ausdrückliche Beschränkung auf Einkünfte aus Gesellschaftsanteilen	Ausschüttungen auf Anteilscheine an einem Investmentvermögen	10 Abs. 3	225

2. Erläuterungen

205 **a) Den MA entsprechende DBA:**

aa) Im Anschluss an die für Deutschland (nicht für Österreich und die Schweiz) gültige deutschsprachige Fassung des OECD-MA, in welcher der im deutschen Recht unbekannte Terminus „Genussaktien" in einer Fußnote zur amtlichen Übersetzung durch das Wort „Genussrechte" ersetzt worden ist, führen zahlreiche deutsche DBA und die DE-VG in dem ersten Teil ihrer Dividenden-Definition, d. h. unter den Beispielen für Rechte, deren Erträge Dividenden i. S. des DBA sein sollen, **„Genussrechte"** und **„Genussscheine"** an (allgemein s. bereits Rz. 193 ff.).

206 Den Begriff „Genussrechte", der sich in der Wirtschaftspraxis herausgebildet hat, verwendet das deutsche Handels- und Steuerrecht gelegentlich (§§ 160 Abs. 1 Nr. 6, 221 Abs. 3 AktG, § 20 Abs. 1 Nr. 1 und Abs. 2 Nr. 1 Satz 2 EStG, § 8 Abs. 3 Satz 2 KStG), ohne ihn jedoch zu definieren (zum möglichen Inhalt s. *Hüffer,* AktG, 10. Aufl. (2012), § 221 Rz. 22 ff. m. w. N.; *Schön,* JZ 1993, 925; *Hoffmann,* RIW 1985, 390; *Sontheimer,* BB Beil. 19/1984; sowie Rz. 193). „Genussscheine" sind verbriefte Genussrechte; zur Frage, ob sie Wertpapiere i. S. des Zivilrechts sind, s. BFH BStBl. III 1967, 781 (782): *DBA Schweiz 1931/59.* Sie werden handelsrechtlich vom Begriff „Genussrecht" mit umfasst und auch steuerlich wie diese behandelt.

207 Wie bereits in Rz. 193 ff. für die MA dargelegt, sind Einnahmen aus Genussrechten und Genussscheinen abkommensrechtlich – wie auch nach innerdeutschem Steuerrecht (vgl. § 20 Abs. 1 Nr. 1 und Abs. 2 Nr. 1 Satz 2 EStG, § 8 Abs. 3 Satz 2 KStG; instruktiv dazu BFH BStBl. II 1996, 77 und der dazu ergan-

gene Nichtanwendungserlass BMF BStBl. I 1996, 49) – nur dann als Dividenden anzusehen, wenn das Genussrecht bzw. der Genussschein eine **Beteiligung am Gewinn und am Liquidationserlös** der Gesellschaft vermittelt (wie im Fall FG Rheinland-Pfalz RIW 1990, 510: *DBA Großbritannien 1964/70;* BFHE 231, 63: *DBA Österreich*; s. auch *Widmayer,* IStR 2001, 337; *Watrin/Lühn,* IWB Fach 3 (Deutschland) Gr. 4, 483 m. w. N. (2006)); bei Einnahmen aus (unverbrieften) Genussrechten ist abkommensrechtlich zusätzlich erforderlich, dass sie nach dem innerstaatlichen Recht des Quellenstaats solchen aus Aktien steuerlich gleichgestellt sind (BFH a. a. O.; dazu die folgende Rz.). Einnahmen aus anderen Genussrechten bzw. -scheinen, insbesondere solchen, bei denen eine Beteiligung am Liquidationserlös nicht vorgesehen ist, fallen nicht unter die Dividenden-Definition der DBA (wie im Fall BFHE 231, 63: *DBA Österreich*; FG Köln EFG 1996, 836: *DBA Großbritannien 1964/70*; dazu *Laule,* IStR 1997, 577; a. A. o. Begr: *J. Becker,* StBp 1994, 237). Sie sind dann je nach ihrer sonstigen rechtlichen Ausgestaltung entweder als Zinsen (s. BFH a. a. O.; FG Köln, a. a. O.; FG Köln EFG 1999, 1034 zum *DBA Niederlande 1959/1992,* das in seiner Dividenden-Definition (Prot. Nr. 10) Genussrechte bzw. -scheine nicht erwähnt; FG Köln, IStR 2005, 243: *DBA Großbritannien 1964/70,* mit Anm. *Ammelung; Jahn,* PIStB 2005, 163; *Altehoefer/ Landendinger,* IStR 1997, 321; *Widmayer,* a. a. O.) oder als „andere Einkünfte" i. S. der dem Art. 21 MA entsprechenden DBA-Bestimmungen anzusehen (*Haarmann,* JbFfSt 1985/86, 407 (414 ff.); *Hoffmann,* a. a. O.; *Sontheimer,* a. a. O.).

bb) Jeweils im dritten Abschnitt ihrer Dividenden-Definition nennen die inso- 208
weit mit den MA (s. Rz. 199) übereinstimmenden deutschen DBA Einkünfte aus **„sonstigen Gesellschaftsanteilen",** die nach dem Recht des **Quellenstaats** „den Einkünften aus Aktien **steuerlich gleichgestellt sind".** Welche „sonstigen Gesellschaftsanteile" das deutsche Recht den Aktien steuerlich gleichstellt, ergibt sich erst aus einer Zusammenschau mehrerer Vorschriften. § 20 EStG, der die Besteuerung von Einkünften aus Kapitalvermögen regelt, reicht hierfür nicht aus, da diese Vorschrift alle derartigen Einkünfte aus Zinsen ebenso wie Dividenden und (seit 2009) auch Anteilsveräußerungsgewinne erfasst. Eine Beschränkung auf § 20 Abs. 1 Nr. 1 EStG wäre dagegen zu eng. Auch die §§ 49 Abs. 1 Nr. 5, 43 Abs. 1 EStG für sich allein helfen nicht weiter; zwischen Gewinnanteilen und reinen Forderungserträgen unterscheiden sie ebenfalls nicht. Aus den Bestimmungen für **beschränkt steuerpflichtige** Investoren lässt sich daher eine Abgrenzung zwischen Gewinnanteilen und Forderungserträgen **nicht herleiten.** Für **unbeschränkt** Steuerpflichtige dagegen musste das deutsche Steuerrecht früher diese Abgrenzung vornehmen, da es an die Kennzeichnung von Einkünften als **Beteiligungserträge die wesentliche Rechtsfolge** ihrer Einbeziehung in das körperschaftsteuerliche **Anrechnungsverfahren** knüpfte. Das darauf folgende sog. **Halbeinkünfteverfahren** und, ab 2009, die **Abgeltungsteuer** dien(t)en jedoch grundsätzlich demselben Zweck wie das frühere System: der Milderung der wirtschaftlichen Doppelbelastung, die durch steuerliche Erfassung von Einkünften sowohl bei einer selbständig steuerpflichtigen Körperschaft als auch bei deren Anteilseignern bzw. Mitgliedern eintritt. Diese Systeme gelten, wie auch die ab 1.1.2009 anzuwendende **Abgeltungsteuer,** allerdings nicht nur für laufende Beteiligungserträge, sondern auch für Veräußerungsgewinne (die abkommensrechtlich nicht unter Art. 10, sondern unter Art. 13 fallen würden, s. Rz. 9); § 3 Nr. 40 EStG ermöglicht insoweit ebensowenig eine Abgrenzung wie § 32d EStG. Eine klare Unterscheidung trifft aber § 8b KStG, der Einkünfte aus der Veräußerung des Anteils gesondert in Abs. 2 zusammenfasst (um einen Anknüpfungspunkt für eine Reihe von spezifischen Voraussetzungen zu bilden) und Einkünfte **aus** dem Anteil in Abs. 1 separat behandelt. Seit der Abschaffung des körperschaftsteuerlichen Anrechnungsverfahrens sind folglich die **in § 8b Abs. 1 KStG genannten Ein-**

künfte, nämlich die des § 20 Abs. 1 Nr. 1, 2, 9 und 10 Buchst. a EStG, nach deutschem Steuerrecht denen aus Aktien gleichgestellt. Dividenden im Sinne des MA sind somit insbesondere – aber nicht ausschließlich – die Einkünfte aus den in § 20 Abs. 1 Nr. 1 EStG aufgezählten Gesellschaftsanteilen.

209 Außer den in Art. 10 Abs. 3 bereits genannten werden dort die Anteile an folgenden Gesellschaften aufgeführt: **Gesellschaften mit beschränkter Haftung, Erwerbs- und Wirtschaftsgenossenschaften** (diese beiden Gesellschaftsformen erwähnt auch der MA-Komm. Ziff. 26 ausdrücklich) und **bergbautreibende Vereinigungen, die die Rechte einer juristischen Person haben** (aber weder als bergrechtliche Gewerkschaft, s. Rz. 196, noch in der Rechtsform einer anderen Kapitalgesellschaft organisiert sind; daher von geringer wirtschaftlicher Bedeutung). Wie die Aufzählung von Einkünften aus Kapitalvermögen in § 20 EStG überhaupt ist auch die Aufzählung der Gesellschaftsanteile, aus denen solche Einkünfte stammen können, in § 20 Abs. 1 Nr. 1 EStG jedoch nicht erschöpfend (BFH BStBl. II 1995, 552; III 1962, 7 (8); HHR/*Harenberg,* § 20 EStG Anm. 46). Unter Nr. 1 fallen vielmehr auch Ausschüttungen **aller anderen korporationsähnlichen Gebilde (Körperschaftsteuersubjekte), sofern** sie Mitgliedschaftsrechte gewähren, die einer kapitalmäßigen Beteiligung gleichstehen (BFH BStBl. II 1971, 47 (50)). Zum Bezug von Kapitaleinkünften i. S. des § 20 Abs. 1 Nr. 1 EStG und damit von „Dividenden" i. S. des Art. 10 Abs. 3 MA können daher ebenfalls führen: Anteile an **Realgemeinden,** soweit diese körperschaftsteuerpflichtig sind (s. § 3 Abs. 2 KStG), sowie Beteiligungen an **wirtschaftlichen Vereinen,** welche die vom BFH aufgestellten Voraussetzungen erfüllen. Eine gewisse Änderung des Kreises der erfassten „Gesellschaftsanteile", die „Dividenden" abwerfen können, hat sich im Zuge des Übergangs vom körperschaftsteuerlichen Anrechnungsverfahren zum Halbeinkünfteverfahren ergeben: **Versicherungsvereine auf Gegenseitigkeit, sonstige juristische Personen des Privatrechts, nichtrechtsfähige Vereine, Anstalten, Stiftungen und andere Zweckvermögen des privaten Rechts** (§ 1 Abs. 1 Nr. 3–5 KStG) sowie **nicht steuerbefreite Betriebe gewerblicher Art** i. S. v. § 4 KStG, die in § 36 Abs. 2 Nr. 3 EStG a. F. nicht erwähnt waren, sind über §§ 8b Abs. 1 KStG, 20 Abs. 1 Nr. 9, 10 Buchst. a EStG „dividendenfähig" geworden (s. BT-Drucks. 14/2683, 144 f.).

210 **cc) Keine Dividenden** i. S. der mit dem MA übereinstimmenden deutschen DBA sind Einkünfte aus einer **Beteiligung als typischer stiller Gesellschafter,** und zwar auch dann, wenn die typische stille Gesellschaft mit einer Kapitalgesellschaft besteht; denn eine Beteiligung in dieser Form ist kein „Gesellschaftsanteil" (zur Bedeutung dieses Merkmals s. Rz. 188 ff.). Unter einer „stillen Gesellschaft" versteht das deutsche Gesellschaftsrecht eine Beteiligung an dem Handelsgewerbe eines Anderen, bei der der Beteiligte nicht nach außen hervortritt, insbesondere auch kein gemeinsames Gesellschaftsvermögen begründet wird, seine Einlage vielmehr in das Vermögen des aktiven Gesellschafters übergeht (§ 230 Abs. 1 HGB). Die stille Gesellschaft ist nicht selbständig steuerpflichtig und daher keine „Gesellschaft" i. S. des Art. 3 Abs. 1 Buchst. b MA. An den stillen Reserven des Unternehmens, also am Liquidationserlös, ist der stille Gesellschafter typischerweise nicht beteiligt; ist eine derartige Beteiligung vereinbart, so liegt eine „atypische stille Gesellschaft" vor, für die die Regeln über die Mitunternehmerschaft, somit die des Art. 7 MA, gelten (s. dort Rz. 53). Nach dem **System des MA,** das die Unterscheidung zwischen Dividenden (Art. 10) und Zinsen (Art. 11) als eine erschöpfende Unterteilung der Einkünfte aus Kapitalvermögen versteht (*Debatin,* DStZ/A 1966, 161 (164) und 369 (371)), sind die Bezüge des typischen stillen Gesellschafters daher **Zinsen** i. S. des Art. 11 MA (s. dort Rz. 63a; *Schönhaus,* Die Behandlung der stillen Gesellschaft im Recht der Doppelbesteuerungsabkommen …, 2005, S. 137 ff.). Die meisten deutschen Abkommen (nicht aber die neueren und auch nicht die DE-VG, s. Rz. 170) beziehen allerdings die „Einkünfte eines stillen Gesellschafters aus seiner Beteiligung als stiller Gesellschafter" (gemeint ist nur der typische stille Gesellschafter, s. Rz. 231) ausdrücklich in ihre Dividenden-Definition ein (s. dazu a. a. O. und Rz. 165 ff.); das Problem der Abgrenzung zwischen Dividenden- und Zinsbegriff entfällt dann.

dd) Investment-Anteile: Bei Abkommen, deren Dividenden-Definition der des MA insofern entspricht, als sie die Einkünfte eines Anlegers aus einem Investmentfonds nicht gesondert erwähnen (anders dagegen die DE-VG, s. Rz. 183), kommt es für die Einordnung dieser Einkünfte auf die Rechtsform des Fonds (zu den vorkommenden Rechtsformen s. den MA-Komm. zu Art. 1 Ziff. 6.10 (eingefügt 2010); *Ramackers,* in Littmann/Bitz/Pust, § 1 InvStG Rz. 33 ff.), genauer darauf an, ob der Fonds als selbständiges Steuersubjekt, dessen Vermögen von dem seiner Anleger vollständig getrennt ist, oder steuerlich vollkommen transparent, wie es in einigen anderen Ländern der Fall sein mag, oder – wie etwa nach deutschem Recht – als Mischform zwischen diesen beiden Extremen, also „semitransparent", ausgestaltet ist. Als ganz separates Steuersubjekt kann er seinen Anlegern Dividenden i. S. des MA vermitteln, wohl häufig schon nach dem ersten Definitionsteil, zumindest jedoch nach dem dritten. Als vollkommen transparentes Gebilde dagegen könnte u. U. schon seine Eigenschaft als „ansässige Person" bzw. „Gesellschaft" fraglich sein (s. MA-Komm. zu Art. 1 Rz. 6.11; *Kirchmayr,* IStR 2011, 673 (675)); er könnte den steuerlichen Charakter seiner an die Anleger durchgeleiteten Einkünfte unberührt lassen, als wenn er nicht existent wäre. In Deutschland genießen Investmentfonds i. S. v. § 1 Abs. 1b InvStG, d. h. diejenigen Investmentvermögen (OGAW oder AIF), die den investmentsteuerlichen Sonderregeln der §§ 2–17a InvStG unterliegen (im Gegensatz zu den seit Inkrafttreten des AIFM-Steueranpassungsgesetzes ebenfalls im InvStG geregelten „Investitionsgesellschaften", auf welche dem Grunde nach die allgemeinen Besteuerungsregeln für Personengesellschaften (vgl. § 18 InvStG) oder Kapitalgesellschaften (vgl. § 19 InvStG) anzuwenden sind) eine besondere steuerliche Behandlung; dieser liegt ein Hybrid aus Trennungs- und Transparenzprinzip zugrunde (*Lübbehüsen* in Berger/Steck/Lübbehüsen, Vor §§ 1 ff. InvStG Rz. 19 ff.). Das Transparenzprinzip gibt der allgemeinen Zielausrichtung der investmentsteuerlichen Sonderregeln Ausdruck, der Anleger solle die Erträge des Investmentfonds so versteuern, als hätte er sie unmittelbar bezogen, insbesondere keine höhere oder niedrigere steuerliche Belastung tragen (*Lübbehüsen,* a. a. O., Rz. 20); konkret verwirklicht wird es etwa in § 2 Abs. 2–4 InvStG, hier insbesondere in der Anwendung von § 8b KStG und § 3 Nr 40 EStG auf Dividendenerträge (die Behandlung auf der Ausgangsseite richtet sich hier nach dem Charakter der Erträge des Investmentvermögens auf der Eingangsseite, s. *Ramackers,* in Littmann/Bitz/Pust, § 2 InvStG Rz. 50). Das Trennungsprinzip wird dagegen realisiert durch die Fiktion des Sondervermögens als – steuerbefreites – Zweckvermögen (§ 11 Abs. 1 Satz 1 und 2 InvStG, § 1 Abs. 1 Nr. 5 KStG; wegen dieser Fiktion ist ein deutsches Sondervermögen abkommensrechtlich „Gesellschaft" i. S. des Art. 3 Abs. 1 Buchst. b MA und bezieht der Anleger „aus Gesellschaftsanteilen stammende Einkünfte") und durch die pauschale Umqualifizierung auf Investmentanteile ausgeschütteter und „ausschüttungsgleicher" Erträge in Einkünfte aus Kapitalvermögen i. S. des § 20 Abs. 1 Nr. 1 EStG (§ 2 Abs. 1 Satz 1 InvStG; Ausnahme: Grundstückserträge von Spezialfonds bleiben auch beim Anleger Einkünfte aus unbeweglichem Vermögen, § 15 Abs. 2 Satz 2 InvStG). 211

Fraglich ist, ob diese pauschale Umqualifizierung durch gesetzliche Fiktion ausreicht, um sämtliche Einkünfte des ausländischen Anlegers aus dem inländischen Sondervermögen „den Einkünften aus Aktien steuerlich gleich" zu stellen, wie es der hier allein in Frage kommende dritte Teil der Dividenden-Definition des MA (und 212 derjenigen deutschen DBA, die Einkünfte aus Investmentanteilen nicht ausdrücklich erwähnen; zur abweichenden Rechtslage bei den Abkommen, die diese Einkünfte wie die DE-VG explizit in die Definition einbeziehen, s. Rz. 230) erfordert, oder ob nicht die Deklaration der Umqualifizierung durch die materielle und verfahrensmäßige Behandlung der betreffenden Erträge insgesamt substantiell unterlegt sein muss, um abkommensrechtlich Bestand zu haben. Erhebt man diese wohl berechtigte Anforderung, dürften von den in die beschränkte Steuerpflicht ausländischer Anleger überhaupt einbezogenen Investmenterträgen nur die in § 49 Abs. 1 Nr. 5 Buchst. b Doppelbuchst. aa EStG mit der Verweisung auf § 7 Abs. 3 InvStG erfassten inländischen Erträge i. S. des § 43 Abs. 1 Satz 1 Nr. 1 und 1a sowie Satz 2 EStG als „den Einkünften aus Aktien steuerlich gleichgestellt" anzusehen sein; nur auf sie sind, wie sonst auf Einkünfte aus Aktien, die §§ 3 Nr. 40 EStG, 8b KStG sowie – ggf. – § 19 REITG anwendbar (§ 2 Abs. 2 InvStG). Dagegen erscheint eher zweifelhaft, dass diese Gleichstellung auch für die seit 2011 ebenfalls in die beschränkte Steuerpflicht sowie in die KapESt-Erhebung nach § 7 Abs. 3 InvStG einbezogenen Erträge aus Vermietung und Verpachtung von im Inland belegenen Grundstücken und grundstücksgleichen Rechten sowie Gewinne aus privaten Veräußerungsgeschäften mit solchen unbeweglichen Vermögensgegenständen, für welche die §§ 3 Nr. 40 EStG, 8b KStG nicht gelten (§ 2 Abs. 1 Satz 1, 2. HS InvStG), sowie für die sonstigen Investmenterträge, die auch nur im Falle von Tafelgeschäften (§ 44 Abs. 1 Satz 4 Nr. 1 Buchst. a Doppelbuchst. bb EStG) überhaupt von der beschränkten Steuerpflicht erfasst werden, gegeben sein soll. Verneint man sie, dürfte sich die abkommensrechtliche Einordnung dieser sonstigen Investmenterträge unter dem MA und diesem insoweit entsprechenden DBA nach dem jeweiligen Charakter der zugundeliegenden Einkünfte richten: soweit sie etwa als Zinsen oder als „sonstige Einkünfte" i. S. des Art. 21 Abs. 1 MA einzuordnen sind, kann deswegen eine noch weitere Reduzierung der Quellensteuer, u. U. auf Null abkommensrechtlich geboten sein; Grundstückseinkünfte könnten ohne die Begrenzungen des Art. 10 besteuert werden (wie es bei Immobilien-Spezialfonds laut ausdrücklicher gesetzlicher Anordnung in § 15 Abs. 2 Satz 2 InvStG geschieht, ohne dass dazu gegenüber dem MA und den ihm entsprechenden Abkommen ein „Treaty Override" erforderlich wäre). Im Rahmen der deutschen DBA ist die Problematik der Gleichstellung von Investmenterträgen mit den Einkünften aus Aktien allerdings kaum noch von Bedeutung (Ausnahmen: *DBA Australien, Belgien, China 2014 (E), Taiwan*), weil in ihnen regelmäßig „Ausschüttungen auf Anteilscheine an einem Investmentvermögen" (so auch die DE-VG) o. ä. ausdrücklich und gesondert in der Dividenden-Definition aufgeführt werden (s. Rz. 230).

213 Für die Subsumtion „ausschüttungsgleicher Erträge" inländischer Investmentfonds (§ 1 Abs. 3 Satz 3 InvStG) unter die Dividenden-Definition des MA und entsprechender deutscher DBA gelten dieselben Gesichtspunkte. Zu der Frage, ob ausschüttungsgleiche Erträge als „gezahlt" i. S. von Art. 10 Abs. 1 MA angesehen werden können, s. Rz. 22; zweifelnd: *Lübbehüsen*, in Berger/Steck/Lübbehüsen, § 2 InvStG Rz. 56 a. E.

214 **Bezieht ein Sondervermögen** Dividendeneinkünfte aus einem anderen Staat, mit dem ein DBA abgeschlossen ist, so kann es eine Ermäßigung bzw. Erstattung der Kapitalertragsteuer nur beanspruchen, soweit es **abkommensberechtigt** ist; soweit das nicht der Fall ist, steht die Quellensteuervergünstigung des Art. 10 Abs. 2 nur den **Anteilscheininhabern** zu. S. hierzu MA-Komm. zu Art. 1 Ziff. 6.9 ff.; Art. 1 Rz. 72 und *Englisch*, in Berger/Steck/Lübbehüsen, § 11 InvStG Rz. 82 ff. m. w. N.

215 **ee) Welche Einnahmen** aus Gesellschaftsanteilen vom Dividendenbegriff erfasst werden, richtet sich insgesamt nach dem innerstaatlichen Recht des Quellenstaats (s. Rz. 186).

ff) Als Beispiele für „andere geldwerte Vorteile“, welche als Dividenden i. S. des Abs. 3 anzusehen sind, soweit das innerstaatliche Recht des Quellenstaats sie steuerlich entsprechend einstuft, erwähnt der MA-Komm. in Ziff. 28 **Gratisaktien, Boni, Liquidationsgewinne und verdeckte Gewinnausschüttungen.** Das deutsche Recht behandelt diese Bezüge jedoch nur zum Teil wie Dividenden: 216

Gratisaktien (in der Terminologie des deutschen Rechts „neue Aktien“, „neue Geschäftsanteile“ oder auch „Freianteile“), die bei der Erhöhung des Nennkapitals aus Gesellschaftsmitteln (Umwandlung von Rücklagen) gewährt werden (§§ 207 ff. AktG, 57 c–o GmbHG), sind zumeist überhaupt steuerfrei (§ 1 KapErhStG; für Einzelheiten s. BFH BStBl. II 1977, 177; HHR/*Intemann,* § 20 EStG Rz. 75 f.). Sofern die Voraussetzungen des KapErhStG nicht erfüllt sind – bei einer Kapitalerhöhung aus Gewinnen, einer „tatsächlichen Doppelmaßnahme“ (Ausschüttung und Wiedereinlage, §§ 182 ff. AktG, §§ 55 ff. GmbHG) oder einer „fiktiven Doppelmaßnahme“ (Umwandlung von Rücklagen in Nennkapital unter Verstoß gegen handelsrechtliche Bestimmungen: BMF v. 29.3.1973, StEK EStG § 6 Abs. 1 Ziff. 2 Nr. 36) – gehören die Freianteile zu den „besonderen Entgelten und Vorteilen“ i. S. des § 20 Abs. 3 EStG und damit zu den „sonstigen Bezügen“ i. S. des § 20 Abs. 1 Nr. 1 EStG (s. BMF DStR 2001, 1298). Dies bedeutet zugleich, dass sie auch unter den Dividendenbegriff des MA und der entsprechenden deutschen DBA fallen. Gratisaktien einer im ausländischen Vertragsstaat ansässigen Gesellschaft sind „Dividenden“ i. S. des DBA, wenn der Sitzstaat der Gesellschaft sie als solche behandelt (so z. B. die Schweiz nach Art. 20 Abs. 1 der Verrechnungssteuerverordnung). An der Steuerpflicht in Deutschland ändert das nichts; es führt aber zur Anwendung der Quellensteuerbegrenzungen des DBA im Quellenstaat, und zwar unabhängig von der Besteuerung in Deutschland (FWK/*Wingert,* Art. 10 Rz. 59), wenn das Abkommen nicht eine subject-to-tax-Klausel enthält. 217

Liquidationsgewinne (Vermögensauskehrungen selbständig steuerpflichtiger Rechtsträger anlässlich ihrer Auflösung) spaltet das deutsche Steuerrecht in zwei Teile auf: Soweit Nennkapital ausgekehrt wird, nimmt es eine der Vermögensebene zuzuordnende Kapitalrückzahlung an, die steuerfrei ist (§ 20 Abs. 1 Nr. 1 Satz 3 EStG), soweit nicht ein – nach Art. 13 Abs. 5 MA zu behandelnder – Veräußerungsgewinn im Sinne von § 17 Abs. 4 oder § 23 EStG vorliegt. Soweit für die Auszahlung der Liquidationsraten jedoch Gewinn als verwendet gilt, sind diese Leistungen Einkünfte aus Kapitalvermögen gemäß § 20 Abs. 1 Nr. 2 EStG und folglich – im Falle Deutschlands als Quellenstaat – auch Dividenden i. S. des MA (s. Rz. 203) und der insoweit übereinstimmenden deutschen Abkommen (ausdrücklich klargestellt im *DBA Niederlande 2012 (E)* (Prot. Nr. X), s. *Boocks,* DStZ 1989, 296; *Neyer,* RIW/AWD 1981, 387 (388 f.); *Piltz,* DStR 1989, 133; *Früchtl/Prockscha,* BB 2007, 2147 (2151); *Fischer/Früchtl,* FS P + P, 2008, S. 251 ff.; *Kaeser/Wassermeyer* in Wassermeyer, Art. 10 OECD-MA Rz. 129 f.; *Schaumburg,* Rz. 16.344 f. m. w. N.). In dieser Betrachtungsweise liegt, wie der MA-Komm. zu Art 13 Ziff. 31 ausdrücklich feststellt, kein Verstoß gegen Art. 13 MA. Bei Bezügen aufgrund einer **Kapitalherabsetzung** nimmt das deutsche Steuerrecht dieselbe Differenzierung vor; sie ist auch insoweit für die DBA zu übernehmen. Nach § 20 Abs. 1 Nr. 2 EStG werden Auskehrungen von Nennkapital, das durch **Umwandlung von Gewinnrücklagen** entstanden ist, als **Dividenden** besteuert; das deutsche Steuerrecht durchbricht insoweit die vom MA-Komm. Ziff. 28 angenommene Regel, dass Kapitalrückzahlungen nicht als Dividenden gelten. Eine den **Buchwert** der Anteile (etwa als Folge einer früheren Teilwertabschreibung) **übersteigende** Auskehrung von Nennkapital ist dagegen nach innerstaatlichem deutschem Recht und Abkommensrecht **keine Dividende** (BFH BStBl. II 1993, 189: *DBA Schweiz* mit Nachweisen zur älteren Rechtsprechung). 218

219 Von der Rückzahlung von Eigenkapital, welches handelsrechtlich als Nennkapital gebunden ist, zu unterscheiden sind Ausschüttungen aus **sonstigen (ungebundenen) Einlagen** der Anteilseigner. Ausschüttungen, für die Beträge aus dem steuerlichen Einlagekonto i. S. des § 27 KStG als verwendet gelten, sind nicht steuerbar (vgl. § 20 Abs. 1 Nr. 1 Satz 3 EStG), solche, die – etwa wegen der gesetzlichen Verwendungsreihenfolge (§ 27 Abs. 1 Sätze 3 und 5 KStG) – nicht mit dem Einlagekonto zu verrechnende Leistungen darstellen (s. BMF DB 2003, 1352, mit Anm. *Dötsch/Pung,* a. a. O., 1345) sind dagegen steuerpflichtig und abkommensrechtlich als Dividenden einzustufen.

220 **Boni** (Extradividenden) und Zuwendungen, die das deutsche Steuerrecht als **verdeckte Gewinnausschüttungen** ansieht, unterfallen ebenfalls der Dividenden-Definition der dem MA entsprechenden deutschen Abkommen. Dies gilt auch für die verhinderte Vermögensmehrung bzw. den Gewinnverzicht einer Kapitalgesellschaft, die eine Ferienimmobilie hält, und diese ihren Gesellschaftern zur unentgeltlichen Nutzung überlässt (BFH BStBl. II 2013, 1024). Der Erwerb (bzw. die Einziehung) eigener Anteile durch die Gesellschaft stellt für den Anteilseigner ein Veräußerungsgeschäft und keine Dividende dar (BMF-Schreiben v. 27.11.2013, Tz. 20; ein überhöhter Kaufpreis kann aber zu einer verdeckten Gewinnausschüttung führen).

221 **Einnahmen aus der Veräußerung von Dividendenscheinen oder Abtretung von Dividenden-Ansprüchen durch den Anteilseigner** (vor dem Gewinnverteilungsbeschluss, s. Schmidt/*Weber-Grellet,* § 20 EStG, Rz. 128), wenn die dazugehörigen Aktien oder sonstigen Anteile nicht mitveräußert werden (§ 20 Abs. 2 Satz 1 Nr. 2 Buchst. a, Satz 2 EStG) waren dagegen (bis zur Abschaffung ihrer beschränkten Steuerpflicht durch das UntStRefG 2008) keine Dividenden, sondern Veräußerungsgewinne i. S. v. Art. 13 OECD-MA, obwohl der Veräußerer von Kapitalerträgen in dem vereinbarten Erwerbspreis wirtschaftlich den Ertrag seines Kapitals bezieht (s. schon Rz. 9 und 192). Zur Vermeidung einer doppelten Erfassung des wirtschaftlichen Substrats sperrt § 20 Abs. 2 Satz 1 Nr. 2 Buchst. a Satz 2 EStG in diesen Fällen die Besteuerung der später (beim Käufer bzw. Abtretungsempfänger) zufließenden „Dividende". Nach – bedenklicher – Auffassung der Finanzverwaltung soll diese Dividenden-Besteuerung allerdings wiederaufleben, wenn es, etwa mangels beschränkter Steuerpflicht des Veräußerungsgewinns, nicht zu dessen steuerlicher Erfassung in Deutschland kommt (BMF-Schr. v. 26.7.2013, IStR 2013, 756; s. dazu *Fischer,* handelsblatt.com/steuerboard/2013/08/14; *Wiese/Berner,* DStR 2013, 2674; *Helios/Klein,* FR 2014, 110).

222 **gg)** In den §§ 7 ff. des Außensteuergesetzes hat das deutsche Recht eine dem **Subpart F** des IRC der USA nachempfundene Regelung eingeführt, nach der bestimmte „passive" Einkünfte ausländischer Tochtergesellschaften zum inländischen Einkommen gerechnet und mit diesem versteuert werden. Die Frage, ob der Dividendenbegriff der dem MA entsprechenden deutschen Abkommen auch diese **Hinzurechnungsbeträge nach dem AStG umfasst,** kann nicht, wie bei den meisten anderen „atypischen" Beteiligungseinkünften, vom innerstaatlichen Recht des „Quellen"-Staats her gelöst werden, da der Hinzurechnungsbetrag in dem Staat, in dem die Zwischengesellschaft ansässig ist, nicht zu den Einkünften der (dort beschränkt steuerpflichtigen) deutschen Muttergesellschaft gehört. Für die Eingrenzung der Besteuerung im Quellenstaat, somit für die Anwendung des Art. 10 Abs. 2, ist sie nicht von Bedeutung, wohl aber für die in Art. 10 Abs. 1 angesprochene und durch Art. 23 MA näher ausgestaltete Besteuerung im Wohnsitzstaat des beherrschenden Gesellschafters (s. dazu die Erläuterungen zu Art. 23 Rz. 86 ff., 108 ff.).

223 Art. 10 Abs. 3 erhebt das **innerstaatliche Recht des Quellenstaates** nur insoweit zum Abkommensrecht, als es **positiv** durch Gleichstellung bestimmter

Einkünfte mit den „regulären" Gewinnausschüttungen von Aktiengesellschaften die Dividendeneigenschaft dieser Einkünfte bewirkt. Dieser Rückgriff auf nationales Recht bedeutet jedoch **nicht,** dass das Recht des Quellenstaats umgekehrt auch **negativ** mit Bindung für den Wohnsitzstaat bestimmen könnte, dass bestimmte Einkünfte **keine** Dividenden seien. Ergibt sich deshalb aus der internen Behandlung der Einkünfte im Quellenstaat deren Dividendeneigenschaft nicht, so kann sie doch für den **Wohnsitzstaat** auf Grund der Auslegung der **„autonomen"** Abschnitte der Dividenden-Definition anzunehmen sein. Das interne Recht des Wohnsitzstaats, das Art. 10 Abs. 3 ja nicht erwähnt, bestimmt diese Auslegung nicht (d. h. es kommt nicht darauf an, dass es die Einkünfte als Dividenden einordnet); deswegen ist der Meinungsstreit darüber, ob die Hinzurechnungsbesteuerung **innerstaatlich** im Sinne einer „Ausschüttungstheorie", „Repräsentationstheorie" oder „Hinzurechnungstheorie" zu verstehen ist, für die Anwendung des Abkommensrechts **nicht entscheidend** (über diese Kontroverse s. u. a.: *Brünink,* Das Verhältnis der Normen des Außensteuergesetzes zu den Doppelbesteuerungsabkommen (1997), 36 ff., 102 ff.; *Kluge,* S. 199; *Mössner* in Brezing u. a., Außensteuerrecht, 1992, Vor §§ 7–14 AStG, Rz. 25 ff.; *Wassermeyer* in Haarmann, Grenzen der Gestaltung im Internationalen Steuerrecht (1994), 55 (58 ff.)) *ders.,* in Wassermeyer, Art. 1 OECD-MA Rz. 76 ff.; *Wassermeyer/Schönfeld* in FWBS, § 10 AStG Rz. 153 f.; *Lieber,* FR 2002, 139 ff. (141)). **Ausschlaggebend** ist vielmehr nur, ob die Regelungen dieses internen Rechts den abstrakten Begriffsmerkmalen der **DBA-Dividenden-Definition** genügen.

Für die abkommensrechtliche Einordnung des Hinzurechnungsbetrags ist entscheidend, dass er für den Steuerpflichtigen, dessen Einkommen er erhöht, einen **Ausfluss aus seiner Beteiligung an der ausländischen Gesellschaft darstellt;** der Hinzurechnungsbetrag „stammt" aus seinen „Gesellschaftsanteilen" (vgl. Art. 10 Abs. 3 MA) und ist **deswegen** als **„Dividende"** anzusehen (so auch *Bellstedt,* FR 1972, 242 (247 f.); *Flick,* BB 1971, 250; *Telkamp,* StuW 1972, 97 (109); *Vogel,* BB 1971, 1185 (1189); *Kluge,* AWD 1972, 411 (415) und RIW/AWD 1975, 525 (530); ebenso *Lang,* IStR 2002, 717 (721) für die entsprechende französische Regelung in Art. 209 B CGI). Wenn auch Steuerobjekt der §§ 7 bis 14 AStG die von der ausländischen Gesellschaft erzielten Einkünfte sind, die dem Steuerinländer fiktiv zugerechnet werden (das betonen die Vertreter der „Repräsentations-" wie die der „Hinzurechnungstheorie"; s. etwa: FWBS/*Wassermeyer,* § 7 AStG Rz. 42; *ders.,* FS Flume, Bd. II, 323, 331; *Rust,* Die Hinzurechnungsbesteuerung (2007), S. 79 f., 98 f., 111), so ist die eigentliche Ursache und Rechtfertigung für diese Zurechnung eben doch darin zu sehen, dass der Steuerinländer an der ausländischen Gesellschaft **beteiligt** ist, deren **Rechtspersönlichkeit** durch die Hinzurechnungsbesteuerung **nicht angetastet** wird. Angesichts dieser Tatsache ist die gedankliche Verbindung zwischen dem Steuerpflichtigen und den ihm hinzugerechneten Einkünften der ausländischen Gesellschaft nur durch die **Fiktion einer Gewinnausschüttung** herzustellen (wie hier: FWBS/*Wassermeyer* Vor §§ 7–14 AStG Rz. 3 ff.; *Geiger,* DStR 1973, 532; *Telkamp,* StuW 1972, 97 (109); *Mersch,* Hinzurechnungsbesteuerung (1986), 140 ff.; a. A. *Debatin,* DB 1972, 1939 (1944); *Rust,* a. a. O.). Die Technik der §§ 7 bis 14 AStG, einen Teil des Gewinns der ausländischen Gesellschaft beim inländischen Anteilseigner als dessen Einkünfte zu erfassen, kann an deren eigentlichem Charakter als Beteiligungseinkünfte nichts ändern und darf auch nicht dazu führen, diese nach ihrem vorgeblichen „sachlichen" Gehalt aufzuspalten und sodann die für die jeweilige Einkunftsart einschlägige Abkommensbestimmung anzuwenden. Eine solche Auffassung müsste konsequenterweise auch statt des DBA zwischen Deutschland und dem jeweiligen Ansässigkeitsstaat der ausländischen Gesellschaft die DBA dieses Staates mit den „Drittländern" anwenden, aus denen die Gesellschaft die betreffenden Einkünfte 224 jeweils bezogen hat (zu dem Fall, dass Deutschland selbst in diesem Sinne als „Drittland“ anzusehen ist, s. *Wassermeyer,* FS Flume, Bd. II, 323 (334)). Die vorstehenden Überlegungen werden **bestätigt** durch die Erwägung, dass bei abweichender Auslegung der Wohnsitzstaat die Möglichkeit hätte, eine abkommensrechtliche Freistellung der Dividenden durch deren vorweggenommene Besteuerung im Wege der Hinzurechnung zu umgehen. Auch Vertreter der „Hinzurechnungstheorie“ kommen im Übrigen zu dem Ergebnis, dass die Hinzurechnungsbesteuerung die Bestimmungen der DBA über Dividenden zu respektieren hat (so insbesondere *Wassermeyer* in Haarmann, a. a. O., 68 f.). Zum „Treaty Override“ durch das deutsche Recht für Zwischeneinkünfte i. S. des AStG s. Grundl. Rz. 195 ff.

225 **b) Von den MA abweichende DBA.**

aa) Aufbau der Definition: In zahlreichen, auch neueren Abkommen ist der **Beispielkatalog** der Gesellschaftsanteile, aus denen Dividenden i. S. des jeweiligen DBA fließen können, gegenüber dem MA um eines oder mehrere Elemente **verkürzt,** teils auch ganz auf den Grundtyp „Aktien“ beschränkt. Die DE-VG erfasst dagegen bereits im ersten Teil ihrer Dividenden-Definition „Einkünfte aus Gesellschaftsanteilen“ (so auch *DBA China 2014 (E)*) und nicht nur – wie das OECD-MA – Einkünfte aus Aktien. Darin liegt eine erhebliche Erweiterung des Anwendungsbereichs dieses ersten Teils der Definition, insbesondere auf Gewinnausschüttungen von anderen Kapitalgesellschaften bzw. Körperschaften, die nach den dem OECD-MA entsprechenden Abkommen erst vom dritten Teil der Definition erfasst werden, also erst unter Rückgriff auf das nationale Recht des Quellenstaates. Bei einem Teil der DBA – bei den neuesten fast immer – und in der DE-VG **fehlt** der zweite Definitionsabschnitt des MA, nämlich die **generalklauselartige Ergänzung der Beispiele** durch den Passus „andere Rechte ... mit Gewinnbeteiligung“ oder eine ähnliche Formulierung *(DBA Algerien 2007, Australien, Belarus, Costa Rica 2014 (E), Georgien, Ghana, Großbritannien 2010, Irland 2011, Israel, Kasachstan, Kroatien, Luxemburg 2012, Malta, Mazedonien, Mexiko, Neuseeland, Oman 2012 (E), Österreich, Rumänien, Singapur, Slowenien, Südafrika 2008 (E), Syrien, Tadschikistan, Thailand, Trinidad und Tobago, Uruguay 2010, Vereinigte Arabische Emirate 2010, Zypern 2011).* Sofern die Fassung des Dividendenbegriffs im Übrigen inhaltlich dem MA entspricht, insbesondere das Abkommen wie das MA auf das innerstaatliche Recht des Quellenstaats verweist, ergeben sich aus dem Fehlen der genannten Merkmale für die deutsche Besteuerung und wohl zumeist auch für die des Vertragspartners **keine sachlichen Unterschiede gegenüber dem MA.**

226 Einzelne ältere Abkommen enthalten noch eine **vollständig autonome Dividenden-Definition** ohne Bezugnahme auf das innerstaatliche Recht der Vertragsstaaten. Eine solche Definition besteht entweder aus einer **abschließenden Aufzählung** der Rechte, deren Erträge als Dividenden zu behandeln sind (*DBA Israel*) oder aus einem oder mehreren **Beispielen,** welche durch eine **Generalklausel** ergänzt werden (*DBA Luxemburg 1958/2009, Niederlande 1959/2004:* „... und ähnlichen Wertpapieren“). In diesen Fällen sind Gewinnausschüttungen auf andere als die ausdrücklich genannten bzw. von der Generalklausel umfassten Beteiligungen abkommensrechtlich auch dann keine Dividenden, wenn sie nach dem innerstaatlichen Recht des Quellenstaats den Aktienerträgen gleichgestellt sind. Derartige Einkünfte fallen dann unter die dem **Art. 21 MA** entsprechenden „Auffang“-Vorschriften der Abkommen, soweit sie nicht im Einzelfall unter **andere, spezielle Abkommensvorschriften** subsumiert werden können (so waren etwa in älteren Abkommen, nach denen nur in Wertpapierform verkörperte Anteilsrechte zu „Dividenden“ führten, z. B. *DBA Italien 1925,* auf „andere Formen der Beteiligung an gesellschaftlichen Unternehmungen“, also auf GmbH-Anteile usw., die Regeln über die Unternehmensbesteuerung anzuwenden; s. dazu Rz. 198).

Statt einer Begriffsbestimmung im eigentlichen Sinne findet sich in einigen älteren Abkommen eine **nicht abschließende Aufzählung von Beispielen** („Dividenden sind auch ..."), die im Übrigen **nach dem Recht des jeweiligen Anwendestaats zu ergänzen** ist (so noch im *DBA Irland 1962/2010*). Gewinnausschüttungen auf die im Beispielskatalog genannten Typen von Anteilen sind in diesen Fällen abkommensrechtlich auch dann als Dividenden anzusehen, wenn sich nach dem innerstaatlichen Recht eines der Vertragsstaaten eine abweichende Einordnung ergeben würde. **227**

In der DE-VG und in nahezu allen neueren Abkommen (vgl. die Übersicht in Rz. 204; auch im US-MA, s. dazu Rz. 183 und 201a) **fehlt** im dritten, auf das innerstaatliche Recht des Quellenstaats verweisenden Teil der Dividenden-Definition die Einschränkung, dass die den Einkünften aus Aktien steuerlich gleichgestellten Bezüge aus **„Gesellschaftsanteilen"** stammen müssen (vgl. Rz. 199). Auch die Abkommen englischsprachiger Staaten verzichten häufig auf den Ausdruck „income from other corporate rights" (*Avery Jones et al.;* WTJ October 2009, 5, 23, 30). Mit diesen abweichenden Formulierungen wird versucht, die nach den MA und den mit ihnen übereinstimmenden DBA bestehenden abkommensrechtlichen Hindernisse gegenüber einer umfassenden Umqualifizierung der Erträge aus Gesellschafter-Fremdfinanzierung in Dividenden zu überwinden (zu solchen Hindernissen s. insbesondere Rz. 200f. und *Krabbe,* RIW 1984, 127 (130)). Für diese Interpretation spricht außer der – jedenfalls außerhalb Deutschlands – anhaltenden Aktualität des Themas, dass das US-MA (Art. 11 Abs. 3 Satz 2) wie auch einige deutsche DBA, etwa das *DBA USA 1989/2006,* ihre Zinsdefinitionen (Art. 11 Abs. 2 Satz 3) ausdrücklich für subsidiär gegenüber der jeweiligen Dividenden-Definition erklären (so auch Art. 11 Abs. 2 Satz 3 DE-VG) und damit auch von dieser Seite her einen Weg zu einer unbeschränkten Umqualifizierung eröffnen. Derartige Regelungen geben allerdings eine der wesentlichen Errungenschaften des modernen Abkommensrechts auf: die „autonome" Begriffsbildung der DBA. Zuwendungen österreichischer Privatstiftungen an deutsche Zuwendungsempfänger sind nach österreichischem Recht und daher auch nach Art. 10 Abs. 3 *DBA Österreich* Dividenden, auch wenn es sich nach deutschem Recht um Einkünfte aus nichtselbständiger Arbeit i. S. des § 19 EStG handelt, weil die Zuwendungsempfänger zugleich Konzernmitarbeiter sind (s. EAS v. 21.4.2008, SWI 2008, 227). Im *DBA Türkei 2011* besteht die Definition der Dividenden aus vier statt drei Teilen: Vor dem abschließenden (hier vierten) Teil der Definition, der zunächst ohne Einschränkung hinsichtlich des Ursprungs der Einkünfte ausschließlich auf ihre Gleichstellung mit den Einkünften aus Aktien nach dem Recht des Quellenstaats abstellt, führt ein zusätzlicher (hier dritter) Definitionsabschnitt kumulativ noch „aus sonstigen Gesellschaftsanteilen stammende Einkünfte" (Art. 10 Abs. 3) an. Dieser dritte Abschnitt dürfte angesichts des bereits zu der Formulierung des MA erreichten Auslegungsstands keine eigenständige Bedeutung haben. Eine ähnliche, vierteilige Definition enthält das *DBA Taiwan.* **228**

bb) Ergänzend genannte Einnahmearten: In DBA, die den Dividendenbegriff ohne Verweisung auf das innerstaatliche Recht des Quellenstaats definieren oder die lediglich einige Beispiele anführen und im Übrigen das Recht des Anwendestaates entscheiden lassen (s. Rz. 226 und 227), werden regelmäßig die Einkünfte aus **GmbH-Anteilen** ausdrücklich genannt (so auch im *DBA Schweiz,* dort aber nur zusätzlich zu der im Übrigen dem OECD-MA entsprechenden Definition). Demgegenüber werden Einkünfte aus **Beteiligungen an Genossenschaften** nur in einem Teil dieser DBA *(DBA Luxemburg 1958/2009, Niederlande 1959/2004)* gesondert aufgeführt. Für die deutsche Quellensteuerberechtigung bezüglich dieser Einkünfte ist deren Fehlen in der Dividenden-Definition unschädlich, solange das Abkommen einen Rückgriff auf das nationale Recht des Anwen- **229**

destaates erlaubt. Enthält das DBA dagegen eine abschließende, „autonome“ Dividenden-Definition, welche die Einkünfte aus Genossenschaftsanteilen nicht mit einschließt (wie das *DBA Israel*), so sind diese Einkünfte nicht als Dividenden, sondern nach den dem Art. 21 MA entsprechenden „Auffang“-Vorschriften zu behandeln.

230 Überwiegend beziehen die deutschen DBA wie auch die DE-VG auch **Ausschüttungen auf Anteilscheine an einem Investmentvermögen** – häufig allerdings nur „für die Zwecke der Besteuerung in der Bundesrepublik Deutschland“ (s. die Übersicht in Rz. 204) – ausdrücklich und pauschal in den Dividendenbegriff ein. Der Begriff „Investmentvermögen“ dürfte infolge der Änderung der Begriffssystematik des InvStG durch das AIFM-StAnpG (zu dessen internationalen Aspekten s. *Kleutgens/Geißler,* IStR 2014, 280) mit Wirkung zum 24.12.2013 einschränkend i. S. v. „Investmentfonds“ auszulegen sein. Denn so werden nunmehr diejenigen Investmentvehikel bezeichnet, die dem investmentsteuerlichen Sonderregime der sog. Semi-Transparenz unterfallen; insoweit tritt der Begriff „Investmentfonds“ an die Stelle des Begriffs „Investmentvermögen“ (der jetzt i. R. d. nicht-steuerlichen KAGB den Oberbegriff für Investmentfonds und – den allgemeinen Besteuerungsregeln für Personen- bzw. Kapitalgesellschaften unterliegende – „Investitionsgesellschaften“ bildet) in dessen steuerlicher Bedeutung vor dem Inkrafttreten des AIFM-StAnpG. Für die abkommensrechtliche Dividendeneigenschaft dieser Ausschüttungen kommt es dann nicht darauf an, ob sie unter einen der drei Teile der allgemeinen Dividenden-Definition subsumiert werden können, damit auch nicht darauf, ob sie nach dem Recht des Quellenstaats „den Einkünften aus Aktien steuerlich gleichgestellt“ sind (s. dazu Rz. 212). Die Formulierung erscheint „nicht bis in die letzte Konsequenz durchdacht“ (so zutreffend *Lechner,* in Gassner/Lang/Lechner, Das neue Doppelbesteuerungsabkommen Österreich-Deutschland (1999), S. 94; ähnlich *Lübbehüsen,* in Berger/Steck/Lübbehüsen, § 2 InvStG Rz. 55). Ihrem Wortlaut nach gilt die ausdrückliche Einbeziehung in den Dividendenbegriff nur für **Ausschüttungen.** Nach deutschem Investmentsteuerrecht (§ 1 Abs. 3 Satz 1 InvStG) umfasst der Begriff „Ausschüttungen“ die „ausgeschütteten Erträge“ und darüber hinaus alle weiteren tatsächlich gezahlten oder gutgeschriebenen Beträge, insbesondere solche, die bereits als „ausschüttungsgleiche Erträge“ früherer Geschäftsjahre versteuert wurden, einbehaltene Kapitalertragsteuer (einschließlich SolZ) sowie Substanzausschüttungen (*Berger,* in Berger/Steck/Lübbehüsen, § 1 InvStG Rz. 260 ff.), nicht jedoch thesaurierte („ausschüttungsgleiche“) Erträge. Die Finanzverwaltung will jedoch – jedenfalls im Falle eines reinen Aktienfonds – auch thesaurierte Erträge darunter fassen (BMF BStBl. I 1998, 367). Sie kann sich dafür nicht auf den speziellen, nur Ausschüttungen betreffenden Zusatz, sondern allenfalls auf den allgemeinen dritten Teil der Dividenden-Definition mit ihrer Verweisung auf das innerstaatliche Recht des Quellenstaats berufen. Diese erfasst nach hier vertretener Auffassung jedoch nur – ausgeschüttete und thesaurierte („ausschüttungsgleiche“) – Erträge des Investmentfonds, die ihrerseits aus Dividenden stammen (s. Rz. 212). Eher zweifelhaft erscheint hingegen die Einbeziehung sonstiger ausgeschütteter wie ausschüttungsgleicher Erträge des Fonds, die ja auch nur im Falle von Tafelgeschäften (§ 44 Abs. 1 Satz 4 Nr. 1 Buchst. a Doppelbuchst. bb EStG) überhaupt von der beschränkten Steuerpflicht erfasst wurden, z. B. Zinserträge aus der Liquiditätsreserve; diese dürften auch abkommensrechtlich Zinsen bleiben (**a. A.** die wohl h. M., s. z. B. *Lübbehüsen,* in Berger/Steck/Lübbehüsen, § 2 InvStG Rz. 55 f.).

Die Einbeziehung der „Ausschüttungen auf Anteilscheine an einem Investmentvermögen“ gilt bei einem Teil der Abkommen **auch für den jeweiligen Vertragspartner** (s. die Übersicht in Rz. 204); so sieht es auch die DE-VG vor; eine spezielle Regelung zugunsten der Vertragspartner enthalten die *DBA Schweden*

(Ausschüttungen auf Anteilscheine an einem „Aktiefond") und *Liechtenstein 2011* (Ausschüttungen auf Anteile an einem OGAW oder einem Investmentunternehmen).

Einkünfte eines stillen Gesellschafters aus seiner Beteiligung als stiller Gesellschafter wurden lange Zeit in den meisten deutschen Abkommen (im Gegensatz zum MA und zur DE-VG; s. oben Rz. 210) ausdrücklich in den Dividendenbegriff aufgenommen. Wegen der geringen Verbreitung und im Übrigen sehr unterschiedlichen Ausgestaltung der Rechtsform der stillen Gesellschaft in den Rechtsordnungen der verschiedenen Staaten beschränkt die überwiegende Anzahl der Abkommen die Einbeziehung allerdings auf Einkünfte eines stillen Gesellschafters „im Sinne des deutschen Rechts" (s. etwa *DBA Schweiz*; nur auf Einkünfte aus dem Vertragsstaat bezogen dagegen *DBA Luxemburg 2012* (Prot. Nr. 2 Abs. 2 Buchst. b)). Erfasst werden, auch wenn dies nur in wenigen DBA ausgesprochen wird *(DBA Israel, Marokko, Niederlande 1959/2004,* s. auch Prot. Nr. 3 zum *DBA Österreich*), immer nur die Einkünfte aus einer Beteiligung als **typischer** stiller Gesellschafter, die in Deutschland zu den Einkünften aus Kapitalvermögen (§ 20 Abs. 1 Nr. 4 EStG) gehören, **nicht** dagegen die Einkünfte eines **atypischen** stillen Gesellschafters, der an den stillen Reserven des Unternehmens beteiligt ist und folglich als Mitunternehmer gewerbliche Einkünfte i. S. des Art. 7 MA erzielt (BFH BStBl. II 1999, 812: *DBA Schweiz 1971/78;* FG Nürnberg EFG 2010, 1103: *DBA Schweiz;* FG Rheinland-Pfalz EFG 1999, 175: *DBA Schweiz 1971/78;* BMF BStBl. I 1999, 1121; OFD Frankfurt FR 2000, 1367; *Debatin,* DStZ/A 1966, 369; *Günkel/Lieber,* IWB Fach 3 (Deutschland) Gr. 2, 871 (2000); *Krabbe,* IStR 1999, 591; *ders.,* IStR 2000, 23; *R. Müller,* IStR 1996, 266; *Pyszka,* IStR 1999, 577; *C. Schmidt,* IStR 1996, 213; *Schnieder,* IStR 1999, 392; *Schönhaus,* Die Behandlung der stillen Gesellschaft im Recht der Doppelbesteuerungsabkommen …, 2005, S. 157 ff.; **a. A.** *Piltz* in Piltz/Schaumburg, S. 125 (138 ff.); *Wassermeyer,* IStR 1995, 49 (51); zur **Abgrenzung** s. BFH BStBl. I, 1982, 59 sowie HHR/*Intemann,* § 20 EStG Rz. 200 und HHR/*Haep,* § 15 Rz. 392 ff., jeweils m. w. N.; s. a. bei Art. 7 Rz. 53). Zu einigen Besonderheiten der für Einkünfte aus typischen stillen Beteiligungen geltenden Quellensteuerbegrenzungen s. Rz. 165 ff., zum Steuerabzug von Einkünften aus einer stillen Beteiligung nach dem *DBA Frankreich* s. FG Köln RIW 1990, 851. Der Einbeziehung der deutschen stillen Gesellschaft entspricht im *DBA Portugal* die der „Regelung über die Gewinnbeteiligung" („em regime de conta em participação", engl.: „an arrangement for participating in profits", Prot. Nr. 3). Hintergrund ist weniger das Ziel einer Ausdehnung des Dividendenbegriffs als vielmehr eine Sicherstellung des deutschen Quellensteuerabzugs (s. *Avery Jones et al.;* WTJ October 2009, 5, 43; *Bogenschütz,* Ubg 2008, 533 (538)). Daher wird in den neuesten deutschen Abkommen und in der DE-VG (dort Prot. Nr. 1) auf die Einbeziehung der Erträge aus stiller Gesellschaft in den Dividenden-Begriff überwiegend wieder verzichtet, weil sie dem – meist zu völliger Quellensteuer-Befreiung führenden – Zinsbegriff durch eine andere Technik entzogen werden, nämlich durch die generelle Aufhebung aller Quellensteuerbegrenzungen für gewinnabhängige und zugleich beim Schuldner abzugsfähige Kapitalerträge; es braucht dann nicht mehr entschieden zu werden, ob sie „Dividenden" oder „Zinsen" sind (s. Rz. 170 und die Übersicht Rz. 67). Die Abgrenzung bleibt allerdings erforderlich, soweit auf die typische stille Beteiligung gezahlte Vergütungen wegen Eingreifens der „Zinsschranken"-Regelung (s. dazu Rz. 170) beim Schuldner nicht abzugsfähig sind und deswegen die an die Abzugsfähigkeit anknüpfende Aufhebung der Quellensteuerbegrenzung nicht gilt. Dann kommt es auf die Einbeziehung dieser Vergütungen in den Dividendenbegriff an. Im Rahmen der Anwendung des Dividenden-Artikels lassen sich Einkünfte aus einer stillen Beteiligung nicht als bloße „fiktive Dividenden" ansehen mit 231 der Folge, dass die Begrenzung der Quellensteuerhöchstsätze deshalb nicht gelten würde (s. Rz. 168; *Birker/Seidel*, BB 2009, 244). S. zu hybriden Finanzierungen *Bogenschütz*, Ubg 2008, 533 ff.

232 Wie die Einkünfte eines stillen Gesellschafters **bemessen** werden, bestimmt das jeweilige innerstaatliche Recht. Es verstößt deshalb nicht gegen Abkommensrecht, wenn auch Gewinnanteile besteuert werden, die dem stillen Gesellschafter nicht ausbezahlt, sondern zur Auffüllung seiner zuvor durch Verluste geminderten Einlage verwendet werden (BFH HFR 1991, 215: *DBA Luxemburg 1958/2009, Niederlande 1959/2004* und *Schweiz 1971/2002*).

234 Im Gegensatz zu den Einkünften aus typischen stillen Beteiligungen erscheinen Einkünfte aus **partiarischen Darlehen** nur vereinzelt in den Dividenden-Definitionen älterer DBA *(DBA Dänemark, Frankreich, Norwegen 1991, Rumänien, Schweden, Schweiz, Tschechoslowakei* und *USA 1989*), später häufiger *(DBA Belarus, Kanada, Kasachstan, Korea, Malta, Österreich)*, aber keineswegs regelmäßig, in den neusten (wie auch in der DE-VG) – wegen der generellen Aufhebung aller Quellensteuerbegrenzungen für gewinnabhängige, beim Schuldner abzugsfähige Kapitalerträge (s. Rz. 231 m. w. N.) – kaum noch (Ausnahme: *DBA USA 1989/2006, Norwegen 2013 (E), Südafrika 2008 (E)*). Da die Abgrenzung zwischen partiarischem Darlehen und typischer stiller Gesellschaft in der Regel recht schwierig ist, hat das deutsche Einkommensteuerrecht die Notwendigkeit einer derartigen Unterscheidung (im Rahmen der §§ 49 Abs. 1 Nr. 5 Buchst. a, 20 Abs. 1 Nr. 4 und 43 Abs. 1 EStG) durch steuerliche Angleichung des partiarischen Darlehens an die typische stille Gesellschaft beseitigt. Soweit das betreffende Abkommen keine ausdrückliche Gleichstellung mit der stillen Gesellschaft enthält, sind Einkünfte aus partiarischen Darlehen **Zinsen,** wie auch nach dem MA (*Bundgaard/Dyppel,* Intertax 2010, 643, 657 ff.). Für Zwecke des Abkommensrechts ist daher nach wie vor folgendermaßen zu unterscheiden: Während die stille Gesellschaft auf die Bildung einer Zweckgemeinschaft abzielt, welche auf gesellschaftsrechtlichem Bindungswillen beruht, stehen sich beim partiarischen Darlehen die Beteiligten lediglich als Kreditgeber und Kreditnehmer gegenüber, von denen jeder seine eigenen Interessen verfolgt. Die Abgrenzung erfordert eine umfassende Würdigung von Vertragszweck und -inhalt sowie der wirtschaftlichen Ziele der Beteiligten (BMF BStBl. I 1987, 740; siehe auch: *FG Sachsen*, DStRE 2011, 297; BFH BStBl. II 1983, 563 (565): *DBA Schweiz 1931/59;* II 1984, 623 (625); II 1992, 889; BFHE 124, 374 (375); *Bünning,* BB 2006, 253; *Blaurock,* Handbuch der stillen Gesellschaft, 7. Aufl. (2010), Rz. 8.21 ff.; HHR/*Intemann,* § 20 EStG Rz. 191 ff.). Klar ist allerdings, dass bei vereinbarter Verlustbeteiligung nur eine stille Gesellschaft und kein partiarisches Darlehen vorliegen kann (BGHZ 4, 364 (366)). Angesichts der mangelnden Griffigkeit dieser Abgrenzungskriterien ist die Gleichbehandlung der beiden Einkunftskategorien in den neuesten deutschen Abkommen ein Beitrag zur Vereinfachung. – Im *DBA Japan* (Art. 10 Abs. 5 idF des Notenwechsels vom 17.4.1979 zum ÄndProt. 1979) sind Einkünfte aus partiarischen Darlehen unter der Voraussetzung in den Dividendenbegriff einbezogen, dass sie nach dem Steuerrecht des Quellenstaates den Einkünften aus Aktien gleichgestellt sind. Diese Bedingung ist jedoch nach deutschem Recht nicht erfüllt (s. Rz. 165, 171), so dass solche Einkünfte, zumindest wenn sie aus deutschen Quellen stammen, nach dem *DBA Japan* (wie auch nach dem MA) als Zinsen zu behandeln sind.

235 Nach einigen Abkommen fallen auch **Einkünfte aus Gewinnobligationen** (Teilschuldverschreibungen, bei denen eine Zusatzverzinsung vereinbart ist, die sich nach der Höhe der Gewinnausschüttung des Schuldners richtet) **und ähnliche gewinnabhängige Vergütungen** unter den Dividendenbegriff *(DBA Belarus, Frankreich, Kanada, Kasachstan, Korea, Malta, Niederlande 1959/2004, Norwegen 1991, Norwegen 2013 (E), Österreich, Rumänien, Schweden, Schweiz, Singapur, Südaf-*

rika 2008 (E), Tschechoslowakei, USA 1989 und *USA 1989/2006)*. Durch die Auffangklausel soll sichergestellt werden, dass das betreffende Abkommen einer umfassenden Umqualifizierung gewinnabhängiger Erträge aus Gesellschafter-Fremdfinanzierung in Dividenden, wie sie bis Ende 2007 in § 8a KStG vorgesehen war (mit Kapitalertragsteuerpflicht, s. Schmidt/*Weber-Grellet,* EStG, § 43 Rz. 20 unter Hinweis auf die BFH-Rspr.), nicht im Wege steht (s. a. Rz. 200 f.). Das *DBA Luxemburg 2012* bezieht nur für luxemburgische Quellen „Einkünfte aus Obligationen mit gewinnausschüttungsabhängiger Zusatzverzinsung" in die Dividenden-Definition mit ein.

238 Der Dividendenbegriff des *DBA Belgien* (Art. 10 Abs. 5) umfasst zusätzlich zu den Elementen der MA-Definition **alle Einkünfte** – auch wenn sie **als Zinsen** gezahlt werden – aus Beteiligungen an **belgischen Personengesellschaften** (s. a. MA-Komm. Ziff. 78). Diese Regelung hat ihre Ursache darin, dass in Belgien nicht nur juristische Personen (zu denen auch die „société de personnes à responsabilité limitée" gehört), sondern auch die Personengesellschaften des belgischen Handelsrechts, nämlich die der OHG entsprechende „société en nom collectif" und die der KG entsprechende „société en commandite simple", körperschaftsteuerpflichtig sind. Machen die Gesellschafter einer belgischen Personengesellschaft (auch einer solchen mit beschränkter Haftung) jedoch von ihrer Möglichkeit Gebrauch, für die Besteuerung als Mitunternehmer zu optieren, so stellen ihre Gewinnanteile keine Dividenden dar, da Art. 10 Abs. 5 *DBA Belgien* auch in diesem Zusammenhang nur solche Einkünfte einschließt, die „als Einkünfte **aus Kapital** … zu besteuern sind". Die Tatsache, dass der Ausdruck „Gesellschaft" in Art. 3 Abs. 1 Nr. 4 *DBA Belgien* auch die deutschen Personengesellschaften umfasst, stellt lediglich deren Abkommensberechtigung klar, hat aber auf die Besteuerung ihrer Erträge keinen Einfluss. Zwar werden Beteiligungen an deutschen Personengesellschaften dadurch zu „Gesellschaftsanteilen" i. S. des MA und des *DBA Belgien;* dies hat jedoch keine Konsequenz, da Einkünfte hieraus nach dem Recht des Quellenstaats, also nach deutschem Recht, steuerlich nicht wie Einkünfte aus Aktien behandelt werden (zum Vorstehenden auch *Krabbe,* RIW/AWD 1981, 535). Zum Problem der abkommensrechtlichen Einordnung der Ausschüttungen einer belgischen BVBA/SPRL s. *Real,* Intertax 1995, 598.

239 Das französische Recht besteuert Einkünfte aus Kommanditanteilen an französischen Kommanditgesellschaften als Dividenden, ebenso Einkünfte aus Beteiligungen an französischen Personengesellschaften, welche für eine Besteuerung als Körperschaft optiert haben (s. BMF BStBl. I 2010, 354 (Anlage)). Diese Einkünfte sind jedoch nicht in den abschließend formulierten Dividendenbegriff des *DBA Frankreich* (Art. 9 Abs. 6) einbezogen, sondern fallen unter die **Sonderregelung des Art. 9 Abs. 7.** Danach bleiben für die Verteilung der Besteuerung der genannten Einkünfte die für Mitunternehmerschaften geltenden Regeln (Art. 4 und 6) maßgebend; soweit danach Frankreich die Besteuerung zusteht, greift jedoch eine dem Dividendenartikel entnommene Quellensteuerermäßigung ein (Art. 9 Abs. 2).

240 Das *DBA Israel* nimmt Einkünfte aus Beteiligungen an bestimmten **Grundstücksverwaltungsgesellschaften** aus dem Dividendenbegriff aus und ordnet sie stattdessen den Einkünften aus unbeweglichem Vermögen zu (Art. 2 Abs. 1 Nr. 8 i. V. m. Art. 3 Abs. 2).

E. Zu Art. 10 Abs. 4

I. Musterabkommen

241 S. Vor Art. 10–12 Rz. 30 ff.

II. Deutsche DBA

Abkommensübersicht zu Artikel 10 Abs. 4

242

DBA	MA-Regelung: Betriebstättenvorbehalt	Artikel	Rz.
Ägypten	≈ MA, Gleichsetzung fester Einrichtungen	10 Abs. 4	
Albanien 2010	≈ MA, Gleichsetzung fester Einrichtungen	10 Abs. 4	
Algerien 2007	≈ MA, Gleichsetzung fester Einrichtungen	10 Abs. 4	
Argentinien	≈ MA, Gleichsetzung fester Einrichtungen	10 Abs. 4	
Armenien	s. UdSSR		
Aserbaidschan	≈ MA, Gleichsetzung fester Einrichtungen	10 Abs. 4	
Australien	≈ MA, ohne den Begriff „Nutzungsberechtigter"	10 Abs. 4	
Bangladesch	≈ MA, Gleichsetzung fester Einrichtungen	10 Abs. 4	
Belarus	≈ MA, Gleichsetzung fester Einrichtungen	10 Abs. 5	
Belgien	≈ MA, ohne den Begriff „Nutzungsberechtigter"	10 Abs. 6	
Bolivien	≈ MA, Gleichsetzung fester Einrichtungen	10 Abs. 3	
Bosnien-Herzegowina	s. Jugoslawien		
Bulgarien 2010	≈ MA, „gewerbliche Tätigkeit" statt „Geschäftstätigkeit"	10 Abs. 4	
China 1985	≈ MA, Gleichsetzung fester Einrichtungen	10 Abs. 4	
China 2014 (E)	≈ MA, Gleichsetzung fester Einrichtungen, „gewerbliche Tätigkeit" statt „Geschäftstätigkeit"	10 Abs. 4	
Costa Rica 2014 (E)	≈ MA, Gleichsetzung fester Einrichtungen	10 Abs. 4	
Dänemark	≈ MA, Gleichsetzung fester Einrichtungen	10 Abs. 6	
Ecuador	≈ MA, ohne den Begriff „Nutzungsberechtigter"	10 Abs. 4	
Elfenbeinküste	≈ MA, Gleichsetzung fester Einrichtungen	10 Abs. 4	
Estland	≈ MA, Gleichsetzung fester Einrichtungen	10 Abs. 4	
Finnland	≈ MA, Gleichsetzung fester Einrichtungen	10 Abs. 5	
Frankreich	≈ MA, ohne den Begriff „Nutzungsberechtigter"	9 Abs. 8	
Georgien	≈ MA, Gleichsetzung fester Einrichtungen	10 Abs. 4	
Ghana	≈ MA, Gleichsetzung fester Einrichtungen	10 Abs. 4	
Griechenland	≈ MA, ohne den Begriff „Nutzungsberechtigter"	VI Abs. 4	
Großbritannien 1964/1970	≈ MA ohne den Begriff „Nutzungsberechtigter"	VI Abs. 5	
Großbritannien 2010	≈ MA, V: Drittstaaten-Betriebstättenvorbehalt	10 Abs. 4 Prot. Nr. 3	
Indien	≈ MA, Gleichsetzung fester Einrichtungen	10 Abs. 4	
Indonesien	≈ MA, Gleichsetzung fester Einrichtungen	10 Abs. 3	
Iran	≈ MA, ohne den Begriff „Nutzungsberechtigter"	10 Abs. 5	
Irland 2011	≈ MA	10 Abs. 4	
Island	≈ MA, ohne den Begriff „Nutzungsberechtigter"	10 Abs. 6	
Israel	≈ MA, ohne den Begriff „Nutzungsberechtigter"	12 Abs. 2	
Italien	≈ MA, Definition des Begriffs „Nutzungsberechtigter"; Hinweis zur Anwendung von Art. 7 oder Art. 14	10 Abs. 7; Prot. Nr. 9, 10	
Jamaika	≈ MA, ohne den Begriff „Nutzungsberechtigter"	10 Abs. 6	
Japan	≈ MA, ohne den Begriff „Nutzungsberechtigter"	10 Abs. 6	
Jugoslawien	≈ MA, Gleichsetzung fester Einrichtungen	11 Abs. 3	
Kanada	≈ MA, Gleichsetzung fester Einrichtungen	10 Abs. 4	
Kasachstan	≈ MA, Gleichsetzung fester Einrichtungen	10 Abs. 5	
Kenia	≈ MA, ohne den Begriff „Nutzungsberechtigter"	10 Abs. 5	
Kirgisistan	≈ MA, Gleichsetzung fester Einrichtungen	10 Abs. 4	
Korea	≈ MA, Gleichsetzung fester Einrichtungen	10 Abs. 5	
Kosovo	s. Jugoslawien		
Kroatien	≈ MA, Gleichsetzung fester Einrichtungen	10 Abs. 4	

DBA	MA-Regelung: Betriebstättenvorbehalt	Artikel	Rz.
Kuwait	≈ MA, Gleichsetzung fester Einrichtungen	10 Abs. 4	
Lettland	≈ MA, Gleichsetzung fester Einrichtungen	10 Abs. 4	
Liberia	≈ MA, ohne den Begriff „Nutzungsberechtigter"	10 Abs. 5	
Liechtenstein 2011	≈ MA	10 Abs. 4	
Litauen	≈ MA, Gleichsetzung fester Einrichtungen	10 Abs. 4	
Luxemburg 2012	≈ MA	10 Abs. 4	
Malaysia	≈ MA, „gewerbliche Tätigkeit" statt „Geschäftstätigkeit", Gleichsetzung fester Einrichtungen	10 Abs. 4	
Malta	≈ MA, Gleichsetzung fester Einrichtungen	10 Abs. 5	
Marokko	≈ MA, ohne den Begriff „Nutzungsberechtigter"	10 Abs. 4	
Mauritius 2011	≈ MA, „gewerbliche Tätigkeit" statt „Geschäftstätigkeit"	10 Abs. 4	
Mazedonien	≈ MA, „gewerbliche Tätigkeit" statt „Geschäftstätigkeit", Gleichsetzung fester Einrichtungen	10 Abs. 4	
Mexiko	≈ MA, Gleichsetzung fester Einrichtungen	10 Abs. 4	
Moldau	s. UdSSR		
Mongolei	≈ MA, Gleichsetzung fester Einrichtungen	10 Abs. 3	
Montenegro	s. Jugoslawien		
Namibia	≈ MA, Gleichsetzung fester Einrichtungen	10 Abs. 3	
Neuseeland	≈ MA, Gleichsetzung fester Einrichtungen	10 Abs. 4	
Niederlande 1959/2004	≈ MA, ohne den Begriff „Nutzungsberechtigter"	13 Abs. 5	
Niederlande 2012 (E)	≈ MA	10 Abs. 4	
Norwegen 1991	≈ MA, Gleichsetzung fester Einrichtungen	10 Abs. 7	
Norwegen 2013 (E)	≈ MA, Gleichsetzung fester Einrichtungen	10 Abs. 4	
Oman 2012 (E)	≈ MA, „gewerbliche Tätigkeit" statt „Geschäftstätigkeit", Gleichsetzung fester Einrichtungen	10 Abs. 4	
Österreich	≈ MA, „gewerbliche Tätigkeit" statt „Geschäftstätigkeit", Gleichsetzung fester Einrichtungen	10 Abs. 4	
Pakistan	≈ MA, Gleichsetzung fester Einrichtungen	10 Abs. 4	
Philippinen 1983	≈ MA, ohne den Begriff „Nutzungsberechtigter"	10 Abs. 5	
Philippinen 2013	≈ MA, Gleichsetzung fester Einrichtungen	10 Abs. 4	
Polen	≈ MA, Gleichsetzung fester Einrichtungen	10 Abs. 4	
Portugal	≈ MA, Gleichsetzung fester Einrichtungen	10 Abs. 4	
Rumänien	≈ MA, Gleichsetzung fester Einrichtungen	10 Abs. 4	
Russische Föderation	≈ MA, Gleichsetzung fester Einrichtungen	10 Abs. 3	
Sambia	≈ MA, ohne den Begriff „Nutzungsberechtigter"	10 Abs. 5	
Schweden	≈ MA, Gleichsetzung fester Einrichtungen	10 Abs. 6	
Schweiz	≈ MA, ohne den Begriff „Nutzungsberechtigter"	10 Abs. 5	
Serbien	s. Jugoslawien		
Simbabwe	≈ MA, Gleichsetzung fester Einrichtungen	10 Abs. 5	
Singapur	≈ MA, Gleichsetzung fester Einrichtungen	10 Abs. 6	
Slowakei	s. Tschechoslowakei		
Slowenien	≈ MA, „gewerbliche Tätigkeit" statt „Geschäftstätigkeit", Gleichsetzung fester Einrichtungen	10 Abs. 4	
Spanien	≈ MA, „gewerbliche Tätigkeit" statt „Geschäftstätigkeit"	10 Abs. 4	
Sri Lanka	≈ MA, Gleichsetzung fester Einrichtungen	10 Abs. 4	
Südafrika 1973	≈ MA, ohne den Begriff „Nutzungsberechtigter"	7 Abs. 5	
Südafrika 2008 (E)	≈ MA, „gewerbliche Tätigkeit" statt „Geschäftstätigkeit"	10 Abs. 5	
Syrien	≈ MA, Gleichsetzung fester Einrichtungen, „gewerbliche Tätigkeit" statt „Geschäftstätigkeit"	10 Abs. 4	

DBA	MA-Regelung: Betriebstättenvorbehalt	Artikel	Rz.
Tadschikistan	≈ MA	10 Abs. 4	
Taiwan	≈ MA	10 Abs. 6	
Thailand	≈ MA, ohne den Begriff „Nutzungsberechtigter"	10 Abs. 5	
Trinidad und Tobago	≈ MA, ohne den Begriff „Nutzungsberechtigter"	10 Abs. 5	
Tschechien	s. Tschechoslowakei		
Tschechoslowakei	≈ MA, ohne den Begriff „Nutzungsberechtigter"	10 Abs. 5	
Türkei 2011	≈ MA, „gewerbliche Tätigkeit" statt „Geschäftstätigkeit", Gleichsetzung fester Einrichtungen	10 Abs. 4	
Tunesien	≈ MA, ohne den Begriff „Nutzungsberechtigter"	10 Abs. 4	
Turkmenistan	s. UdSSR		
UdSSR	≈ MA, ohne den Begriff „Nutzungsberechtigter"	7 Abs. 4	
Ukraine	≈ MA, Gleichsetzung fester Einrichtungen	10 Abs. 4	
Ungarn 2011	≈ MA, „gewerbliche Tätigkeit" statt „Geschäftstätigkeit"	10 Abs. 4	
Uruguay 2010	≈ MA	10 Abs. 4	
USA 1989	≈ MA, Gleichsetzung fester Einrichtungen	10 Abs. 5	
USA 1989/2006	≈ MA, Beteiligung = „Betriebsvermögen"	10 Abs. 7	
Usbekistan	≈ MA, Gleichsetzung fester Einrichtungen	10 Abs. 4	
Venezuela	≈ MA, Gleichsetzung fester Einrichtungen	10 Abs. 3	
Vereinigte Arabische Emirate 2010	≈ MA	10 Abs. 4	
Vietnam	≈ MA, Gleichsetzung fester Einrichtungen	10 Abs. 4	
Zypern 2011	≈ MA, „gewerbliche Tätigkeit" statt „Geschäftstätigkeit"	10 Abs. 4	

F. Zu Art. 10 Abs. 5

Literatur: *De Santis,* BIT 2013, No. 4/5; *Madeira/Nieves,* Intertax 2007, 474

I. Musterabkommen

1. Übereinstimmungen und Abweichungen

243 Art. 10 Abs. 5 OECD-MA und der weitgehend identische Art. 10 Abs. 5 DE-VG einerseits und Art. 10 Abs. 7 US-MA andererseits **weichen** zwar in ihrem Wortlaut teilweise erheblich **voneinander ab.** Das **US-MA** ist jedoch in seinem Regelungsgehalt im Vergleich zu früheren Fassungen (s. dazu die 3. Aufl., Rz. 261 ff.) **dem OECD-MA** wesentlich **angenähert** worden. In beiden MA ist die Vorschrift jetzt **zweiteilig** und **verbietet** – grundsätzlich – die sog. **„extraterritoriale" Besteuerung ausgeschütteter und nicht ausgeschütteter Gewinne.**

Während im OECD-MA und der DE-VG der Tatbestand des Verbots der extraterritorialen Besteuerung **ausgeschütteter Gewinne** jedoch voraussetzt, dass die die Dividenden zahlende Gesellschaft „Gewinne oder Einkünfte" aus dem die Besteuerung beanspruchenden „Nicht-Sitzstaat" bezieht, ist der Anwendungsbereich dieses Verbots im US-MA nicht durch eine derartige Quellen-Regel qualifiziert.

Es gilt – soweit nicht, wie auch nach dem OECD-MA, aufgrund ausdrücklicher Ausnahmeregelungen das **Wohnsitzprinzip** und das **Betriebstättenprinzip Vorrang** genießen – nach dem US-MA vielmehr in allen Situationen, in denen der „Nicht-Sitzstaat" Dividenden besteuern will, die von der im Sitzstaat ansässigen Gesellschaft ausgeschüttet werden, also etwa auch in **Doppelansässigkeitsfällen** zu Lasten des Staates, dem aufgrund einer Art. 4 Abs. 3 MA entsprechenden „tie breaker"-Regel die „Nicht-Sitzstaat"-Rolle zugefallen ist, obwohl nach seinem innerstaatlichen Recht die ausschüttende Gesellschaft auch bei ihm ansässig ist (vgl. *Avery Jones et al.,* ET 1998, 78ff. (86); *ders./Bobbett,* BIFD 1999, 16; zum OECD-MA s. Rz. 245).

Das Verbot der extraterritorialen Besteuerung **nicht ausgeschütteter Gewinne** 244 gilt nach dem OECD-MA und der DE-VG ohne Einschränkung. Im **US-MA** hingegen, in das es 1996 ebenfalls aufgenommen wurde, enthält es eine – in Art. 10 Abs. 8 näher geregelte und eingegrenzte – **Ausnahme** zugunsten der Erhebung einer besonderen Betriebstättensteuer (**„branch profits tax"**; s. dazu Rz. 261).

2. OECD-MA

a) Grundzüge: Abs. 5 **verbietet** die sog. **„extraterritoriale" Besteuerung.** 245 Bereits das Musterabkommen von London kannte eine entsprechende Regelung (Art. VIII Abs. 3). Sie hat seither, über das MA 1963 bis hin zum MA 1977, verschiedene sprachliche Verbesserungen erfahren, diese haben jedoch ihren sachlichen Gehalt nicht verändert. Die Vorschrift **beschränkt** die Befugnis eines Staates, ausgeschüttete oder nichtausgeschüttete **Gewinne einer nichtansässigen Gesellschaft zu besteuern:** allein die Tatsache, dass solche Gewinne **auf seinem Gebiet erwirtschaftet** werden, soll ihm **nicht** das Recht geben, diese Gewinne zu besteuern, sofern nicht **andere** Verteilungsnormen des DBA die Besteuerung gestatten. Zulässig bleibt hiernach eine Besteuerung der in dem betreffenden Staat ansässigen Personen hinsichtlich der an sie ausgeschütteten Gewinne gemäß Art. 10 Abs. 1 (so Abs. 5 auch ausdrücklich); außerdem gilt auch im Rahmen des Art. 10 Abs. 5 das Betriebstättenprinzip (Art. 7 MA), das durch das Verbot der extraterritorialen Besteuerung nicht berührt wird (s. dazu die folgende Rz.). Mit seinen Tatbestandsvoraussetzungen, insbesondere aber durch seine Geltung für nichtausgeschüttete Gewinne, greift Abs. 5 über den sonstigen Regelungsbereich des Art. 10 hinaus; er kann insoweit als Ergänzung zur Verteilungsnorm für Unternehmensgewinne (Art. 7 MA) angesehen werden (*van den Tempel,* Tz. 69).

b) Abgrenzung: Wie bei jeder anderen im ausländischen Vertragsstaat ansässi- 246 gen Gesellschaft darf **der Staat, aus dem** eine solche Gesellschaft **Einkünfte (Gewinne) bezieht,** die von der Gesellschaft ausgeschütteten Gewinne (Dividenden) **nur besteuern, wenn**

(a) die Dividenden **einer im Quellenstaat der Einkünfte (Gewinne) ansässigen Person zufließen;** oder

(b) – falls der Gesellschafter nicht im Quellenstaat der Einkünfte (Gewinne) ansässig ist – die **Beteiligung** an der ausschüttenden Gesellschaft tatsächlich **zu einer im Quellenstaat belegenen Betriebstätte** oder festen Einrichtung des Gesellschafters **gehört.**

Im Fall a ergibt sich die Steuerberechtigung des Quellenstaats der Einkünfte 247 (Gewinne) der ausschüttenden Gesellschaft bereits aus Art. 10 Abs. 1 MA. Die Besteuerung von Ausschüttungen einer im ausländischen Vertragsstaat ansässigen Gesellschaft durch den Staat, in dem der Gesellschafter ansässig ist, wird also nicht etwa dadurch eingeschränkt, dass derselbe Staat im Rahmen des Abkommens bereits bestimmte Einkünfte besteuern durfte, die im Gewinn der ausschüttenden Gesellschaft enthalten sind. Im Fall b ergibt sich die Steuerberechtigung des Quellenstaats aus Art. 21 Abs. 2 MA i. V. m. Art. 7 Abs. 1 MA (vgl. MA-Komm. zu Art. 21 Ziff. 4 sowie Ziff. 5 Satz 1 und 2). In beiden Fällen bedeutet die im Wortlaut des Abs. 5 hervorgehobene Einschränkung des Verbots der extraterritorialen Besteuerung also lediglich eine Klarstellung.

249 **c) Regelung:** Bezieht
– eine **in einem Vertragsstaat ansässige Gesellschaft**
– **Gewinne oder Einkünfte aus dem anderen Vertragsstaat („Nicht-Sitzstaat"),**

so darf dieser andere Staat die von der Gesellschaft gezahlten **Dividenden nur dann besteuern,** wenn
– die Dividenden **an eine in dem Nicht-Sitzstaat ansässige Person** gezahlt werden oder
– die **Beteiligung,** für die die Dividenden gezahlt werden, **tatsächlich zu einer in dem Nicht-Sitzstaat gelegenen Betriebstätte gehört.**

Weiterhin darf der Nicht-Sitzstaat die Gewinne oder Einkünfte einer im anderen Vertragsstaat ansässigen Gesellschaft
– **nicht einer Steuer für nichtausgeschüttete Gewinne unterwerfen.**

Beide Regeln gelten selbst dann, wenn die gezahlten Dividenden oder nichtausgeschütteten Gewinne
– ganz oder teilweise aus Gewinnen oder Einkünften bestehen, welche die im einen Vertragsstaat ansässige Gesellschaft **in dem anderen Vertragsstaat – dem „Nicht-Sitzstaat" – erzielt hat.**

Art. 10 Abs. 5 DE-VG stimmt damit überein.

250 Zu den Begriffen „Person" und „Gesellschaft" s. die Erläuterungen zu Art. 3 Rz. 10ff.; zur Ansässigkeit von Personen, insbesondere von Gesellschaften s. die Erläuterungen zu Art. 4 Rz. 2ff.; zum Dividendenbegriff s. oben Rz. 183ff.; zum Begriff „Betriebstätte" s. die Erläuterungen zu Art. 5 Rz. 2ff.; zum Ausdruck „tatsächlich gehören" s. die Erläuterungen Vor Art. 10–12 Rz. 39f.

251 **d)** Das Verbot der extraterritorialen Besteuerung gemäß Art. 10 Abs. 5 MA gilt **nur dann,** wenn die Gesellschaft, deren Besteuerung in Frage steht, **nicht auch in dem anderen Vertragsstaat,** aus dem sie die Gewinne oder Einkünfte bezieht, **ansässig ist.** Dabei ist die Ansässigkeit der Gesellschaft nicht nach dem innerstaatlichen Recht der Vertragsstaaten, sondern **nach Abkommensrecht** zu bestimmen. Für die Fälle, in denen die nationalen Rechtsordnungen beider Staaten die Ansässigkeit der Gesellschaft bejahen, trifft Art. 4 Abs. 3 MA eine Vorrangregelung, nach der für Zwecke des Abkommensrechts die Gesellschaft als in nur einem der beiden Staaten ansässig gilt, nämlich dort, wo sich der Ort ihrer tatsächlichen Geschäftsleitung befindet. Daher darf der Quellenstaat von Gewinnen oder Einkünften einer Gesellschaft (bei Nichtvorliegen eines der beiden Erlaubnistatbestände) die ausgeschütteten oder nichtausgeschütteten Gewinne dieser Gesellschaft auch dann **nicht besteuern,** wenn die Gesellschaft zwar nach seinem innerstaatlichen Recht in seinem Hoheitsgebiet ansässig ist, das **Abkommensrecht** jedoch aufgrund seiner Vorrangregelung die **Ansässigkeit der Gesellschaft im anderen Vertragsstaat maßgebend** sein lässt (*Federal Court – Trial Division,* Hunter Douglas Ltd. v. The Queen, 1979 DTC 5340: *DBA Kanada/Niederlande;* zweifelnd *Avery Jones et al.,* ET 1998, 78 (86); *ders./Bobbett,* BIFD 1999, 16 (20); jeweils m. w. N., die insoweit eine Revision des OECD-MA in Richtung auf die im US-MA gebrauchte Formulierung (s. Rz. 260) anregen).

252 **e)** Abgesehen von dem Fall des besonderen Betriebstättenvorbehalts nach Abs. 5 (s. dazu Rz. 246f.) **gestattet die Vorschrift** eine Besteuerung von Dividenden, die von einer im einen Vertragsstaat ansässigen Gesellschaft gezahlt werden, **nur dann,** wenn der **Empfänger der Dividenden in dem besteuernden Staat ansässig** ist. Damit ist es dem „Nicht-Sitzstaat" nicht nur verwehrt, Dividenden zu besteuern, die an eine im Sitzstaat der ausschüttenden Gesellschaft ansässige Person gezahlt werden, sondern auch solche, die an **Personen in Drittstaaten** gezahlt werden. Dies ergab sich bereits aus der negativen Formulierung im MA

1963 („… darf dieser andere Staat weder die Dividenden besteuern, die die Gesellschaft an nicht in diesem anderen Staat ansässige Personen zahlt") und kommt in der ins Positive gewendeten Fassung der MA seit dem MA 1977 („… es sei denn, dass diese Dividenden an eine im anderen Staat ansässige Person gezahlt werden") noch deutlicher zum Ausdruck. Diese Einbeziehung von Personen in Drittstaaten in den „Schutzbereich" des Abs. 5 beruht allerdings lediglich auf einer Ausstrahlungswirkung der Vorschrift: es geht ihr allein darum, die Besteuerungsbefugnisse der Vertragsstaaten hinsichtlich der in ihren Gebieten ansässigen Personen gegeneinander abzugrenzen.

Daraus kann jedoch **nicht gefolgert** werden, Ansässige von Drittstaaten könnten sich auf den weiterreichenden Schutzeffekt nicht berufen, da das betreffende Abkommen nur zwischen den Vertragsstaaten und folglich nur zugunsten ihrer Steuersubjekte gelte. Denn durch das Abkommen gehen die Vertragsstaaten eine **völkerrechtliche Bindung** nicht als Vertreter ihrer Ansässigen oder Staatsangehörigen, sondern für sich selbst ein. Das Abkommen wird Bestandteil ihres nationalen Rechts; somit kann sich jedermann darauf berufen, der aufgrund irgendeines Anknüpfungspunktes diesem nationalen Recht unterliegt (*Federal Court – Trial Division,* Hunter Douglas Ltd. v. The Queen, 1979, DTC 5340; *DBA Kanada/Niederlande; Hoge Raad* Rolno. 27 252 BNB 1992/379 concl. *Verburg: DBA Irland/Niederlande*). In seiner der Entscheidung des *Hoge Raad* voraufgehenden Stellungnahme hat sich der *Advocaat-Generaal Verburg* dieser hier schon in den Vorauflagen vertretenen Auffassung ausdrücklich angeschlossen. Im Ergebnis wie hier auch *Mees,* WFR 1989, 389 (413 ff.); kritisch *de Soeten,* WFR 1989, 611; s. aber *ders.,* WFR 1993, 80; ferner: *Ellis,* in Fiscale aspecten van ondernemingen, aangeboden an D. A. M. Meeles, 1989, 19 ff.; *Smit,* ET 1993, 36; *Staringer,* SWI 1993, 147. 253

f) Über den Wortlaut des Abs. 5 hinaus soll nach Ziff. 35 MA-Komm. eine extraterritoriale Besteuerung von Dividenden auch dann zulässig sein, wenn der Empfänger der Dividenden (die Person, an die die Dividenden „gezahlt werden") in dem betreffenden Staat **nicht** ansässig ist und auch die Beteiligung nicht durch eine Betriebstätte in diesem Staat hält, sondern die Gewinnausschüttungen dort **nur vereinnahmt werden,** z. B. durch eine Bank. So werden etwa nach belgischem Recht Kapitalerträge, die eine inländische Bank oder ähnliche Stelle auszahlt, stets einer Abzugsteuer unterworfen; dabei kommt es grundsätzlich nicht darauf an, wo die zahlende Gesellschaft oder der Bezieher der Erträge ansässig ist. Nach der Meinung des MA-Komm. a. a. O. soll dies durch Art. 10 Abs. 5 nicht berührt werden. Der MA-Komm. begründet seine Auffassung damit, dass die Steuerpflicht in einem solchen Fall durch die Auszahlung der Dividenden, nicht durch den Ursprung der für die Ausschüttung verwendeten Gesellschaftsgewinne ausgelöst werde. Dabei übersieht er jedoch, dass Abs. 5, von den ausdrücklich aufgeführten Ausnahmetatbeständen abgesehen, **jede** extraterritoriale **Besteuerung** verbietet, unabhängig davon, auf welchen Gründen sie beruht. Am Ende der Vorschrift wird lediglich noch einmal bekräftigt, dass dieses **generelle** Verbot **selbst dann** gelten solle, **wenn („even if")** die der Ausschüttung zugrundeliegenden Gewinne oder Einkünfte aus dem besteuernden Staat selber stammen (anders das Musterabkommen von London, dessen Art. VIII Abs. 3 lediglich eine extraterritoriale Besteuerung untersagte, die **aufgrund der Tatsache** – „by reason of the fact" – erfolgte, dass die Gewinne in dem betreffenden Staat erzielt worden seien). Der Steuerausschuss der OECD hat die Frage am Beispiel der belgischen Regelung ausdrücklich erörtert; er ging offenbar davon aus, dass seine Auslegung dem MA entspreche. Mit dem **Wortlaut** des MA 1977 lässt sie sich indes **nicht** in Einklang bringen (s. a. *Federal Court – Trial Division,* Hunter Douglas Ltd. v. The Queen, 1979, DTC 5340; *DBA Kanada/Niederlande* sowie die Anm. hierzu bei 254

Edwardes-Ker, Art. 10 S. 19, 5006f.). Sie ist für die meisten denkbaren Fälle auch überflüssig. Denn werden die Dividenden von einer in dem betreffenden Staat ansässigen Person oder einer dort gelegenen Betriebstätte oder festen Einrichtung vereinnahmt, so greift das Verbot der extraterritorialen Besteuerung nach dem Wortlaut des Abs. 5 ohnehin nicht ein. Werden die Dividenden aber in dem betreffenden Staat von einer Person vereinnahmt, die im Sitzstaat der ausschüttenden Gesellschaft ansässig ist, so würde, wie Ziff. 35 MA-Komm. im weiteren Verlauf selber darlegt, die Wirkung des Verbots bei Nichtanwendung des Art. 10 Abs. 5 durch Art. 21 Abs. 1 MA herbeigeführt, da Art. 10 Abs. 1 bis 4 nicht anwendbar sind, wenn der Quellenstaat der Dividenden mit dem Wohnsitzstaat des Empfängers identisch ist. Dasselbe gilt, wenn der Vereinnahmende in einem Drittstaat ansässig ist und zwischen dem besteuernden Staat (dem „Nicht-Sitzstaat") und diesem Drittstaat ebenfalls ein DBA besteht; das Eingreifen des Art. 21 dieses letzteren Abkommens folgt hier aus der Tatsache, dass Art. 10 Abs. 1 bis 4 MA auch aus einem Drittstaat (hier: dem Staat der ausschüttenden Gesellschaft) stammende Dividenden nicht erfassen. Zu einem von der hier vertretenen Auffassung abweichenden Ergebnis führt die Auslegung des MA-Komm. nur dann, wenn der Dividendenempfänger in einem **Drittstaat** ansässig ist und dieser Staat mit dem besteuernden Nicht-Sitzstaat (dem Staat, in dem die Dividenden vereinnahmt werden) **kein DBA** abgeschlossen hat. In einem derartigen Fall wäre der Nicht-Sitzstaat nach dem MA-Komm. dazu berechtigt, die Dividenden zu besteuern; nach dem Wortlaut des Art. 10 Abs. 5 dagegen, dem u. E. der Vorzug zu geben ist, gilt hier das Verbot der extraterritorialen Besteuerung gemäß dem DBA dieses Staates mit dem Staat der ausschüttenden Gesellschaft, das insoweit auch den im Drittstaat Ansässigen schützt (s. dazu Rz. 252).

255 **g)** Abs. 5 verbietet weiterhin dem Vertragsstaat, aus dem eine im anderen Vertragsstaat ansässige Gesellschaft Gewinne oder Einkünfte bezieht, diese Gesellschaft zu einer **Sondersteuer für nichtausgeschüttete Gewinne** heranzuziehen. Das interne Recht einer Reihe von Staaten sieht heute in unterschiedlicher technischer Ausgestaltung Maßnahmen vor, die einer steuerlich motivierten Ansammlung von Einkünften im Ausland durch rechtlich selbständige Gesellschaften und deren Abschirmung vor dem inländischen Steuerzugriff entgegenwirken sollen (s. Rz. 222). Dies wird steuerlich häufig in der Weise durchgeführt, dass bestimmte (z. B. „passive") Einkünfte gewisser ausländischer Gesellschaften zu den Einkünften beherrschender inländischer, d. h. unbeschränkt steuerpflichtiger Anteilseigner hinzugerechnet und bei diesen besteuert werden (s. z. B. für die USA: sec. 951 ff. IRC; für Deutschland: §§ 7 ff. AStG). Da hierdurch nichtausgeschüttete Gewinne einer nichtansässigen Gesellschaft der inländischen Besteuerung unterworfen werden, liegt der Einwand nahe, diese Art der Besteuerung kollidiere mit Art. 10 Abs. 5 MA. Eine derartige Auffassung ließe jedoch außer acht, dass eine so ausgestaltete Sondersteuer einerseits und Art. 10 Abs. 5 andererseits **unterschiedliche Steuersubjekte** betreffen. Während diese Form der Besteuerung die Gewinne der ausländischen Gesellschaft als fiktive Einkünfte des **inländischen Anteilseigners** erfasst, verbietet **Art. 10 Abs. 5 MA** lediglich, die **ausländische Gesellschaft** einer besonderen Abgabe auf nichtausgeschüttete Gewinne zu unterwerfen. Über die Frage, ob der Wohnsitzstaat des Anteilseigners diesen mit den nichtausgeschütteten Gewinnen der Gesellschaft besteuern darf oder nicht, sagt die Vorschrift nichts aus (MA-Komm. Ziff. 37; Verhandlungsprot. v. 29.9.1971 zum *DBA Schweiz,* BStBl. I 1975, 505, s. dazu BFH BStBl. II 1984, 468 (469) und BStBl. II 1985, 120 (121); FWBS/*Wassermeyer,* § 7 AStG Rz. 7c; *Debatin,* DB 1972, 1983 (1984); *Kluge,* AWD 1972, 411 (416) und RIW/AWD 1975, 525 (531); *Wassermeyer,* FS *Flume,* Bd. II (1978), 323 (332) und RIW 1983, 352 (353); *Lang,* IStR 2002, 717 (722);

Rust, Die Hinzurechnungsbesteuerung, (2007), S. 97, 101 ff.). Völkerrechtlich ist der Austausch des Steuersubjekts, der durch die Fiktion der Gesellschaftseinkünfte als Einkünfte des Anteilseigners vorgenommen wird, unter bona fide-Gesichtspunkten sicherlich fragwürdig, weil die Rechtswirkung des Abkommens für diese Einkünfte praktisch ausgehöhlt wird (so noch *Debatin,* CDFI XLIXb 1994, 101 (124 f.)). Sie ist aber inzwischen zumindest durch die Staatenpraxis legitimiert, die derartige, z. T. schon seit mehr als dreißig Jahren bestehende Regelungen („Subpart F"-Gesetzgebung der Vereinigten Staaten von 1962; deutsches Außensteuergesetz von 1972) nie beanstandet hat. Man kann auch heute gewiss nicht mehr unterstellen, dass das Problem der Besteuerung nichtausgeschütteter Gewinne ausländischer Gesellschaften beim inländischen Anteilseigner in den Abkommen nicht bedacht worden sei (so noch *Kluge,* RIW/AWD 1975, 525 (531)). Das Schweigen der Abkommen einschließlich des MA zu diesem Problem kann also nicht auf einem unbedachten Versäumnis beruhen, sondern rührt daher, dass die Frage der Zurechnung von Einkünften überwiegend aus den DBA ganz ausgeklammert wurde.

3. US-MA

a) Die im US-MA 1981 noch vorgesehene Ausnahme vom Verbot der extraterritorialen Besteuerung ausgeschütteter Gewinne zugunsten der Erhebung der „second tier withholding tax" (s. dazu die 3. Aufl., Rz. 261 ff.) ist bereits bei der Neufassung des US-MA 1996 fallengelassen worden. Seit dem 1.1.2005 wird diese Steuer auch nach U. S.-amerikanischem nationalem Recht nicht mehr erhoben (s. US-TE zu Art. 10 Abs. 7). 260

b) Seit 1996 enthält **auch das US-MA** in seinem Art. 10 Abs. 7 ein Verbot der extraterritorialen Besteuerung **nichtausgeschütteter Gewinne.** Die US-TE stellen klar, dass die Vereinigten Staaten sich durch diese Bestimmung **nicht** daran **gehindert** sehen, **dort ansässige Anteilseigner** auch zu Steuern auf nichtausgeschüttete Gewinne im Vertragspartnerstaat ansässiger Gesellschaften heranzuziehen. Das bezieht sich u. a. auf die „Subpart F"-Besteuerung (sec. 951 ff. IRC) und entspricht – ungeachtet der unterschiedlichen technischen Ausgestaltung der nationalen Bestimmungen – im Ergebnis der deutschen Haltung zur Vereinbarkeit der Hinzurechnungsbesteuerung gemäß §§ 7 ff. AStG mit Art. 10 Abs. 5 OECD-MA (s. dazu Rz. 222). 261

Von dem Verbot der extraterritorialen Besteuerung nichtausgeschütteter Gewinne **ausdrücklich ausgenommen** ist die Erhebung einer besonderen Betriebstättensteuer **(„branch profits tax")** in den in **Abs. 8** statuierten **Grenzen.** Danach darf eine derartige Steuer auf gewerbliche Gewinne erhoben werden, die einer Betriebstätte zuzurechnen sind, welche die nichtansässige Gesellschaft in dem die Besteuerung beanspruchenden Staat unterhält. Vor dem US-MA Bestand hat die entsprechende besondere Besteuerung außerdem, soweit sie – auch ohne Bestehen einer Betriebstätte – Einkünfte aus der Nutzung und Veräußerung unbeweglichen Vermögens i. S. des Art. 6 bzw. Art. 13 Abs. 1 US-MA trifft und die ausländische Gesellschaft mit diesen Einkünften im Belegenheitsstaat der Nettobesteuerung (d. h. nicht nur einer Abzugsteuer vom Bruttobetrag) unterliegt (näher s. Wassermeyer/*Wolff,* DBA USA, Art. 10 Rz. 202 ff.).

Im Übrigen wird die nach innerstaatlichem US-Steuerrecht (sec. 884 IRC) erheblich weiter greifende „branch profits tax" (s. *Wolff* a. a. O.) von dem Verbot der extraterritorialen Besteuerung nach dem US-MA abgeschnitten. **Einschränkungen** ergeben sich auch hinsichtlich der Bestimmung der Bemessungsgrundlage und des Steuersatzes für die „branch profits tax": Als **Bemessungsgrundlage** darf höchstens der Betrag herangezogen werden, der dem sog. **ausschüttungsgleichen Betrag** („dividend equivalent amount") entspricht; damit soll eine **Gleichbehandlung** repatriierter U. S.-Betriebstättengewinne mit **Dividendenausschüttungen** von U. S.-Tochtergesellschaften erreicht werden (US-TE zu Art. 10 Abs. 8 a. E.). Auf die mit diesen Einschränkungen berechnete Bemessungsgrundlage darf höchstens der in Art. 10 Abs. 2 Buchst. a US-MA für Schachteldividenden vorgesehene, besondere **Höchststeuersatz (5%)** angewendet werden. Diese Beschränkung ist als Rechtsfolgeverweisung zu verstehen und gilt daher, obwohl die Schachtel-Voraussetzungen gemäß Art. 10 Abs. 2 Buchst. a US-MA im Verhältnis Stammhaus–Betriebsstätte irrelevant sind.

262 **c)** Der 2010 in Kraft getretene, grundsätzlich ab 2013 anzuwendende Foreign Account Tax Compliance Act (FATCA) (Secs. 1471–1474 IRC) sieht bei Nichterfüllung neuer, weitgehender Meldepflichten betreffend Konten von U. S.-Steuerpflichtigen durch ausländische Finanzinstitutionen u. a. eine Straf-Quellensteuer in Höhe von 30% auf aus Einkünften aus U. S.-Quellen gespeiste Zahlungen vor, ab 2017 auch auf Durchlaufzahlungen zwischen Personen außerhalb der USA (zum FATCA s. *Jacob/Tello*, FAZ Nr. 91 v. 18.4.2012, 21; *Höring,* DStZ 2012, 469; *Ruiner/Schramm/Fischer*, DB 2011, 2403 ff.; *Wolff*, IStR 2012, 58, 60; *Field,* ITPA Journal, Dec. 2012, 31). Eine derartige Straf-Quellensteuer könnte, wenn sie ungeachtet bestehender DBA ohne Erstattungsmöglichkeit erhoben würde, in bestimmten Situationen gegen das Verbot der extraterritorialen Besteuerung verstoßen. Für deutsche Finanzinstitute besteht diese Gefahr grundsätzlich nicht mehr, da sich Deutschland gegenüber den USA in dem „Abkommen zur Förderung der Steuerehrlichkeit bei internationalen Sachverhalten" v. 31.3.2013 (BGBl. II, 1362) verpflichtet hat, von deutschen Finanzinstituten bestimmte Informationen über Kunden mit US-Steuerbezug einzuholen und im Rahmen eines automatischen Verfahrens an den IRS weiterzuleiten.

II. Deutsche DBA

1. Abkommensübersicht zu Artikel 10 Abs. 5

267

DBA	MA-Regelung: Verbot der extraterritorialen Besteuerung von ausgeschütteten und nichtausgeschütteten Gewinnen	Artikel	Rz.
Ägypten	≈ MA	10 Abs. 6	
Albanien 2010	≈ MA	10 Abs. 5	
Algerien 2007	≈ MA	10 Abs. 5	
Argentinien	≈ MA, kein ausdrücklicher Betriebstättenvorbehalt	10 Abs. 5	
Armenien	s. UdSSR		
Aserbaidschan	≈ MA	10 Abs. 5	
Australien	keine entsprechende Regelung	–	
Bangladesch	≈ MA	10 Abs. 5	
Belarus	≈ MA	10 Abs. 6	
Belgien	≈ MA, kein ausdrücklicher Betriebstättenvorbehalt; gilt bei ausgeschütteten Gewinnen jedoch nur zugunsten in den Vertragsstaaten ansässiger Personen	10 Abs. 7	272
Bolivien	≈ MA	10 Abs. 4	

DBA	MA-Regelung: Verbot der extraterritorialen Besteuerung von ausgeschütteten und nichtausgeschütteten Gewinnen	Artikel	Rz.
Bosnien-Herzegowina	s. Jugoslawien		
Bulgarien 2010	≈ MA	10 Abs. 5	
China 1985	≈ MA	10 Abs. 5	
China 2014 (E)	≈ MA	10 Abs. 5	
Costa Rica 2014 (E)	≈ MA	10 Abs. 5	
Dänemark	≈ MA	10 Abs. 7	
Ecuador	≈ MA, kein ausdrücklicher Betriebstättenvorbehalt	10 Abs. 5	
Elfenbeinküste	≈ MA	10 Abs. 5	
Estland	≈ MA	10 Abs. 5	
Finnland	≈ MA, kein ausdrücklicher Betriebstättenvorbehalt	10 Abs. 6	
Frankreich	nur: Befreiung von der Ausschüttungssteuer des Art. 115 quinquies CGI	8	273
Georgien	≈ MA	10 Abs. 5	
Ghana	≈ MA	10 Abs. 5	
Griechenland	keine entsprechende Regelung	–	
Großbritannien 1964/1970	≈ MA, kein ausdrücklicher Betriebstättenvorbehalt	VI Abs. 3	
Großbritannien 2010	≈ MA	10 Abs. 5	
Indien	≈ MA	10 Abs. 5	
Indonesien	≈ MA, Vorbehalt zugunsten einer besonderen Steuer auf Betriebstätten	10 Abs. 4, 5	270
Iran	≈ MA, kein ausdrücklicher Betriebstättenvorbehalt	10 Abs. 6	
Irland 2011	≈ MA	10 Abs. 5	
Island	≈ MA, kein ausdrücklicher Betriebstättenvorbehalt	10 Abs. 7	
Israel	keine entsprechende Regelung	–	
Italien	≈ MA	10 Abs. 8	
Jamaika	≈ MA, kein ausdrücklicher Betriebstättenvorbehalt	10 Abs. 7	
Japan	≈ MA, kein ausdrücklicher Betriebstättenvorbehalt	10 Abs. 7	
Jugoslawien	keine entsprechende Regelung	–	
Kanada	≈ MA; Vorbehalt zugunsten besonderer kanadischer Betriebstättenbesteuerung	10 Abs. 5, 6	268; 270 f.
Kasachstan	≈ MA; Vorbehalt zugunsten besonderer Betriebstättenbesteuerung	10 Abs. 6, 7	270
Kenia	≈ MA, kein ausdrücklicher Betriebstättenvorbehalt	10 Abs. 6	
Kirgisistan	≈ MA	10 Abs. 5	
Korea	≈ MA	10 Abs. 6	
Kosovo	s. Jugoslawien		
Kroatien	≈ MA	10 Abs. 5	
Kuwait	≈ MA	10 Abs. 5	
Lettland	≈ MA	10 Abs. 5	
Liberia	≈ MA, kein ausdrücklicher	10 Abs. 6	

DBA	MA-Regelung: Verbot der extraterritorialen Besteuerung von ausgeschütteten und nichtausgeschütteten Gewinnen	Artikel	Rz.
	Betriebstättenvorbehalt		
Liechtenstein 2011	≈ MA	10 Abs. 5	
Litauen	≈ MA	10 Abs. 5	
Luxemburg 2012	≈ MA	10 Abs. 5	
Malaysia	≈ MA	10 Abs. 5	
Malta	≈ MA	10 Abs. 6	
Marokko	≈ MA, kein ausdrücklicher Betriebstättenvorbehalt	10 Abs. 6	
Mauritius 2011	≈ MA	10 Abs. 5	
Mazedonien	≈ MA	10 Abs. 5	
Mexiko	≈ MA	10 Abs. 5	
Moldau	s. UdSSR		
Mongolei	≈ MA	10 Abs. 4	
Montenegro	s. Jugoslawien		
Namibia	≈ MA	10 Abs. 4	
Neuseeland	≈ MA	10 Abs. 5; Prot. Nr. 4 Buchst. c	
Niederlande 1959/2004	keine entsprechende Regelung	–	
Niederlande 2012 (E)	≈ MA	10 Abs. 5	
Norwegen 1991	≈ MA	10 Abs. 8	
Norwegen 2013 (E)	≈ MA	10 Abs. 5	
Oman 2012 (E)	≈ MA	10 Abs. 5	
Österreich	≈ MA	10 Abs. 5	
Pakistan	≈ MA	10 Abs. 5	
Philippinen 1983	≈ MA, kein ausdrücklicher Betriebstättenvorbehalt; Vorbehalt zugunsten der „Branch Profits Remittance Tax" der Philippinen	10 Abs. 6, 7	270
Philippinen 2013	≈ MA	10 Abs. 5	270
Polen	≈ MA	10 Abs. 5	
Portugal	≈ MA	10 Abs. 5	
Rumänien	≈ MA	10 Abs. 5	
Russische Föderation	≈ MA	10 Abs. 4	
Sambia	≈ MA, kein ausdrücklicher Betriebstättenvorbehalt	10 Abs. 6	
Schweden	≈ MA	10 Abs. 7	
Schweiz	≈ MA, kein ausdrücklicher Betriebstättenvorbehalt	10 Abs. 6	255; 268
Serbien	s. Jugoslawien		
Simbabwe	≈ MA	10 Abs. 6	
Singapur	≈ MA	10 Abs. 7	
Slowakei	s. Tschechoslowakei		
Slowenien	≈ MA	10 Abs. 5	
Spanien	≈ MA	10 Abs. 5	
Sri Lanka	≈ MA	10 Abs. 5	
Südafrika 1973	≈ MA, kein ausdrücklicher Betriebstättenvorbehalt	7 Abs. 6	
Südafrika 2008 (E)	≈ MA	10 Abs. 6	

DBA	MA-Regelung: Verbot der extraterritorialen Besteuerung von ausgeschütteten und nichtausgeschütteten Gewinnen	Artikel	Rz.
Syrien	≈ MA	10 Abs. 5	
Tadschikistan	≈ MA	10 Abs. 5	
Taiwan	≈ MA	10 Abs. 7	
Thailand	≈ MA, kein ausdrücklicher Betriebstättenvorbehalt	10 Abs. 6	
Trinidad und Tobago	≈ MA, kein ausdrücklicher Betriebstättenvorbehalt	10 Abs. 6	
Tschechien	s. Tschechoslowakei		
Tschechoslowakei	≈ MA, kein ausdrücklicher Betriebstättenvorbehalt	10 Abs. 6	
Türkei 2011	≈ MA	10 Abs. 5	
Tunesien	≈ MA, kein ausdrücklicher Betriebstättenvorbehalt	10 Abs. 6	
Turkmenistan	s. UdSSR		
UdSSR	keine entsprechende Regelung	–	
Ukraine	≈ MA	10 Abs. 5	
Ungarn 2011	≈ MA	10 Abs. 5	
Uruguay 2010	≈ MA	10 Abs. 5	
USA 1989	≈ MA, ohne Verbot der Besteuerung nicht ausgeschütteter Gewinne; Vorbehalt zugunsten einer besonderen Betriebstättensteuer	10 Abs. 7–10	
USA 1989/2006	≈ MA; Vorbehalt zugunsten einer besonderen Betriebstättensteuer	10 Abs. 8–10	270, 276
Usbekistan	≈ MA	10 Abs. 5	
Venezuela	≈ MA	10 Abs. 4	
Vereinigte Arabische Emirate 2010	≈ MA, mit ausdrücklichem Vorbehalt zugunsten der deutschen Hinzurechnungsbesteuerung	10 Abs. 5; Prot. Nr. 3	271
Vietnam	≈ MA	10 Abs. 5	
Zypern 2011	≈ MA	10 Abs. 5	

2. Erläuterungen

a) Einige deutsche DBA, die keine Vorrangbestimmung für Doppelansässigkeitsfälle enthalten oder sie nicht auf die Bestimmung der Ansässigkeit der die Dividenden ausschüttenden Gewinne, somit der „Quelle" der Dividenden, anwenden lassen (*DBA Schweiz:* Art. 4 Abs. 10), stellen in ihren dem Art. 10 Abs. 5 MA entsprechenden Vorschriften ausdrücklich klar, dass das Verbot der extraterritorialen Besteuerung bei Doppelansässigkeit der Gesellschaft nicht eingreift (Art. 10 Abs. 5 *DBA Kanada;* Art. 10 Abs. 6 Satz 2 *DBA Schweiz*). **268**

b) Nach den *DBA Indonesien* (Art. 10 Abs. 5), *Kanada* (Art. 10 Abs. 6), *Kasachstan* (Art. 10 Abs. 7), *Philippinen 1983, Philippinen 2013* (Art. 10 Abs. 6), *USA 1989* (Art. 10 Abs. 8 bis 10) und *USA 1989/2006* (Art. 10 Abs. 9 und 10) dürfen **Gewinne einer Betriebstätte,** die eine in dem einen Vertragsstaat ansässige Person im anderen Vertragsstaat unterhält, dort außer zur Körperschaftsteuer noch zu einer **Abzugsteuer** herangezogen werden (*DBA Kanada und Philippinen 1983:* nur Betriebstätten deutscher Unternehmen im anderen Vertragsstaat). Ohne solchen ausdrücklichen Vorbehalt wären derartige **Betriebstättensteuern (branch pro-** **270**

fits taxes) nicht zulässig; s. auch Art. 24 Rz. 107 und, aus türkischer Sicht, *Çamlica,* TNI 1997, 367. Das *DBA Kanada begrenzt die Abzugsteuer* auf den Schachtel-Quellensteuersatz von 5 %. Die Besteuerung beginnt allerdings erst zu dem Zeitpunkt, an dem die Gewinne aller kanadischen Betriebstätten der deutschen Gesellschaft (und mit ihr verbundener Gesellschaften) insgesamt einen Anlaufgewinn von einer halben Million kanadische Dollar übersteigen. Das *DBA Indonesien* setzt für beide Seiten einen Höchstsatz von 10% an, ebenso das *DBA Philippinen 1983* und *Philippinen 2013,* das *DBA Kasachstan* eine Begrenzung auf nur 5% von der Hälfte des Nachsteuer-Gewinns. Über das *DBA USA* s. noch Rz. 276.

271 **c)** Art. 29 Abs. 2 *DBA Kanada* stellt ausdrücklich fest, dass das Abkommen sowohl der Hinzurechnungsbesteuerung des deutschen Rechts als auch der entsprechenden kanadischen Besteuerung des „accrual property income" (sec. 91 Canadian Income Tax Act) bzw. von Einkünften aus der Beteiligung an einer Personengesellschaft, einem Trust oder einer beherrschten ausländischen Tochtergesellschaft nicht im Wege steht (s. dazu auch *Hoyer,* IWB F. 8 Kanada Gr. 2, 109 (120). Das *DBA Vereinigte Arabische Emirate 2010* enthält eine ähnliche Regelung (Prot. Nr. 3 Buchst. a).

272 **d)** Art. 10 Abs. 7 *DBA Belgien,* der im Übrigen sinngemäß dem MA entspricht, beschränkt das Verbot der extraterritorialen Besteuerung ausgeschütteter Gewinne, abgesehen vom üblichen Betriebstättenvorbehalt, auf Dividenden, welche **an im Staat der ausschüttenden Gesellschaft ansässige Personen gezahlt** werden. Der Bestimmung kommt somit die oben (Rz. 252) für Art. 10 Abs. 5 MA beschriebene Ausstrahlungswirkung auf in Drittstaaten ansässige Dividendenempfänger nicht zu.

273 **e)** In Frankreich werden ausländische Gesellschaften mit ihren in französischen Betriebstätten erzielten Gewinnen außer zur Körperschaftsteuer noch zu einer Abzugsteuer („impôt de distribution") in Höhe von 25% auf den Teil der Betriebstätteneinkünfte herangezogen, der an außerhalb Frankreichs ansässige Personen ausgeschüttet wird, Art. 115 quinquies CGI (s. a. Wassermeyer/*Kramer,* DBA Frankreich, Art. 8 Rz. 1 ff.; GKG/*Grotherr,* DBA Frankreich, Art. 8 Rz. 1). Von dieser Abzugsteuer sind deutsche Gesellschaften nach Art. 8 *DBA Frankreich* befreit.

276 **f)** In Anlehnung an das US-MA (s. dazu Rz. 261) enthält nunmehr auch das *DBA USA* das Verbot der extraterritorialen Besteuerung **nichtausgeschütteter Gewinne,** verbindet es jedoch mit einer wesentlichen **Ausnahme:** es gestattet beiden Vertragspartnern, Betriebstätten einer Sondersteuer zu unterwerfen, die der bei Tochtergesellschaften von deren Ausschüttungen erhobenen Kapitalertragsteuer wirtschaftlich gleichwertig ist. Die – zur Zeit ohne deutsche Entsprechung – von den USA erhobene **branch profits tax** kann also auch U.S.-Betriebstätten deutscher Gesellschaften treffen; allerdings ist der Satz der Höhe nach **auf den für Schachteldividenden vorgesehenen Höchstsatz (5%) beschränkt** (Art. 10 Abs. 10 Satz 1). Grundlage der Besteuerung kann nur ein der Betriebstätte zurechenbarer Gewinn sein, der im Falle einer Tochtergesellschaft zur Ausschüttung verwendbar wäre (für die amerikanische Seite wird insoweit auf den Begriff des „dividend equivalent amount" nach Sec. 884 (b) IRC verwiesen; zur Berechnung s. Wassermeyer/*Wolff,* DBA USA, Art. 10 Rz. 210 ff.). Folgerichtig von der Steuer ausgenommen sind Betriebstättengewinne von Gesellschaften, welche bei Dividenden – bis auf die Mindestbeteiligungsquote – die Voraussetzungen für eine Quellensteuer-Reduzierung auf Null erfüllen würden (vgl. Art. 10 Abs. 10 Satz 2 Buchst. a–d mit Abs. 3 Buchst. a, aa–dd *DBA USA 1989/2006;* zu der Dividenden-Regelung s. Rz. 129; zum Ganzen *Wolff/Eimermann,* IStR 2006, 837 (843 f.)).

Artikel 11. Zinsen

Text: OECD-Musterabkommen (OECD-MA)

1. Zinsen, die aus einem Vertragsstaat stammen und an eine im anderen Vertragsstaat ansässige Person gezahlt werden, können im anderen Staat besteuert werden.

2. [bis 14.7.2014:] Diese Zinsen [ab 15.7.2014:] interest arising in a Contracting State können jedoch auch in [bis 14.7.2014:] dem Vertragsstaat, aus dem sie stammen, [ab 15.7.2014:] that State nach dem Recht dieses Staates besteuert werden; die Steuer darf aber, wenn der Nutzungsberechtigte der Zinsen eine in dem anderen Vertragsstaat ansässige Person ist, 10 vom Hundert des Bruttobetrages der Zinsen nicht übersteigen. Die zuständigen Behörden der Vertragsstaaten regeln in gegenseitigem Einvernehmen, wie diese Begrenzungsbestimmung durchzuführen ist.

3. Der in diesem Artikel verwendete Ausdruck „Zinsen" bedeutet Einkünfte aus Forderungen jeder Art, auch wenn die Forderungen durch Pfandrechte an Grundstücken gesichert oder mit einer Beteiligung am Gewinn des Schuldners ausgestattet sind, und insbesondere Einkünfte aus öffentlichen Anleihen und aus Obligationen einschließlich der damit verbundenen Aufgelder und der Gewinne aus Losanleihen. Zuschläge für verspätete Zahlung gelten nicht als Zinsen im Sinne dieses Artikels.

4. Die Absätze 1 und 2 sind nicht anzuwenden, wenn der in einem Vertragsstaat ansässige Nutzungsberechtigte im anderen Vertragsstaat, aus dem die Zinsen stammen, eine Geschäftstätigkeit durch eine dort gelegene Betriebstätte ausübt und die Forderung, für die die Zinsen gezahlt werden, tatsächlich zu dieser Betriebstätte gehört. In diesem Fall ist Artikel 7 anzuwenden.

5. Zinsen gelten dann als aus einem Vertragsstaat stammend, wenn der Schuldner eine in diesem Staat ansässige Person ist. Hat aber der Schuldner der Zinsen, ohne Rücksicht darauf, ob er in einem Vertragsstaat ansässig ist oder nicht, in einem Vertragsstaat eine Betriebstätte und ist die Schuld, für die die Zinsen gezahlt werden, für Zwecke der Betriebstätte eingegangen worden und trägt die Betriebstätte die Zinsen, so gelten die Zinsen als aus dem Staat stammend, in dem die Betriebstätte liegt.

6. Bestehen zwischen dem Schuldner und dem Nutzungsberechtigten oder zwischen jedem von ihnen und einem Dritten besondere Beziehungen und übersteigen deshalb die Zinsen, gemessen an der zugrundeliegenden Forderung, den Betrag, den Schuldner und Nutzungsberechtigter ohne diese Beziehungen vereinbart hätten, so wird dieser Artikel nur auf den letzteren Betrag angewendet. In diesem Fall kann der übersteigende Betrag nach dem Recht eines jeden Vertragsstaates und unter Berücksichtigung der anderen Bestimmungen dieses Abkommens besteuert werden.

Text: Deutsche Verhandlungsgrundlage (DE-VG)

Artikel 11. Zinsen[1]

(1) **Zinsen, die eine in einem Vertragsstaat ansässige Person als Nutzungsberechtigter bezieht, können nur in diesem Staat besteuert werden.**

(2) **Der in diesem Artikel verwendete Ausdruck „Zinsen“ bedeutet Einkünfte aus Forderungen jeder Art, auch wenn die Forderungen durch Pfandrechte an Grundstücken gesichert sind, und insbesondere Einkünfte aus öffentlichen Anleihen und aus Obligationen einschließlich der damit verbundenen Aufgelder und der Gewinne aus Losanleihen. Zuschläge für verspätete Zahlung gelten nicht als Zinsen im Sinne dieses Artikels. Der Ausdruck „Zinsen“ umfasst jedoch nicht die in Artikel 10 behandelten Einkünfte.**

(3) **Absatz 1 ist nicht anzuwenden, wenn der in einem Vertragsstaat ansässige Nutzungsberechtigte der Zinsen im anderen Vertragsstaat eine Geschäftstätigkeit durch eine dort gelegene Betriebsstätte ausübt und die Forderung, für die die Zinsen gezahlt werden, tatsächlich zu dieser Betriebsstätte gehört. In diesem Fall ist Artikel 7 anzuwenden.**

(4) **Bestehen zwischen dem Schuldner und dem Nutzungsberechtigten oder zwischen jedem von ihnen und einem Dritten besondere Beziehungen und übersteigen deshalb die Zinsen, gemessen an der zugrunde liegenden Forderung, den Betrag, den Schuldner und Nutzungsberechtigter ohne diese Beziehungen vereinbart hätten, so wird dieser Artikel nur auf den letzteren Betrag angewendet. In diesem Fall kann der übersteigende Betrag nach dem Recht eines jeden Vertragsstaats und unter Berücksichtigung der anderen Bestimmungen dieses Abkommens besteuert werden.**

Text: US-Musterabkommen (US-MA)

1. Zinsen, die aus einem Vertragsstaat stammen und deren Nutzungsberechtigter eine im anderen Vertragsstaat ansässige Person ist, können nur in dem anderen Staat besteuert werden.

2. Ungeachtet des Absatzes 1

a) können Zinsen, die aus ______ stammen und unter Bezugnahme auf Einnahmen, Verkäufe, Einkünfte, Gewinne oder sonstige Zahlungsflüsse des Schuldners oder einer mit ihm verbundenen Person oder auf eine Wertveränderung bei Vermögensgegenständen des Schuldners oder einer mit ihm verbundenen Person oder auf eine Dividende, Personengesellschaftsausschüttung oder eine ähnliche Zahlung des Schuldners oder einer mit ihm verbundenen Person festgesetzt werden, in dem Vertragsstaat, aus dem sie stammen, nach dem Recht dieses Staates besteuert werden; die Steuer darf aber, wenn der Nutzungsberechtigte der Zinsen eine in dem anderen Vertragsstaat ansässige Person ist, 15 vom Hundert des Bruttobetrags der Zinsen nicht übersteigen;

b) können Zinsen, die aus den Vereinigten Staaten stammen und nach dem Recht der Vereinigten Staaten abhängige Zinsen der Art sind, dass sie nicht als Portfoliozinsen eingestuft werden, in den Vereinigten Staaten besteuert werden; die Steuer darf aber, wenn der Nutzungsberechtigte der Zinsen eine in ______ ansässige Person ist, 15 vom Hundert des Bruttobetrags der Zinsen nicht übersteigen;

c) können Zinsen, bei denen es sich um Überschussanteile („excess inclusion with respect to a residual interest“) aus der Verbriefung von Hypothekenanleihen handelt, in jedem Staat nach seinem innerstaatlichen Recht besteuert werden.

3. Der in diesem Abkommen verwendete Ausdruck „Zinsen“ bedeutet Einkünfte aus Forderungen jeder Art, auch wenn die Forderungen durch Pfandrechte an Grundstücken gesi-

---

[1] Siehe auch Ziffer 1 des Protokolls DE-VG, abgedruckt bei Artikel 10.

chert oder mit einer Beteiligung am Gewinn des Schuldners ausgestattet sind, und insbesondere Einkünfte aus öffentlichen Anleihen und aus Obligationen einschließlich der damit verbundenen Aufgelder und der Gewinne aus Losanleihen und alle sonstigen Einkünfte, die nach dem Steuerrecht des Vertragsstaates, aus dem die Einkünfte stammen, als Einkünfte aus Darlehen behandelt werden. Einkünfte, die in Art. 10 (Dividenden) behandelt werden, und Zuschläge für verspätete Zahlungen gelten nicht als Zinsen im Sinne dieses Abkommens.

4. Die Absätze 1 und 2 sind nicht anzuwenden, wenn der in einem Vertragsstaat ansässige Nutzungsberechtigte im anderen Vertragsstaat, aus dem die Zinsen stammen, eine Geschäftstätigkeit durch eine dort gelegene Betriebstätte ausübt und die Forderung, für die die Zinsen gezahlt werden, tatsächlich zu dieser Betriebstätte gehören. In diesem Fall ist Artikel 7 (Unternehmensgewinne) anzuwenden.

5. Bestehen zwischen dem Schuldner und dem Nutzungsberechtigten oder zwischen jedem von ihnen und einem Dritten besondere Beziehungen und übersteigen deshalb die Zinsen, gemessen an der zugrunde liegenden Forderung, den Betrag, den Schuldner und Nutzungsberechtigter ohne diese Beziehung vereinbart hätten, so wird dieser Artikel nur auf den letzteren Betrag angewendet. In diesem Fall kann der übersteigende Betrag nach dem Recht eines jeden Staates und unter Berücksichtigung der anderen Bestimmungen dieses Abkommens besteuert werden.

Inhalt

Literatur: *Göschl/Kovar/Wahrlich,* Dreiecksverhältnisse im Recht der Doppelbesteuerungsabkommen, in Lang/Jirousek, Praxis des internationalen Steuerrechts (2005); *Maier,* Die Regelungen zur Gesellschafterfremdfinanzierung im internationalen Vergleich (2006); *Oberhofer,* Die Besteuerung von Zertifikaten im Privatvermögen im internationalen Kontext (2009); *Shou,* Die Zinsschranke im Unternehmensteuerreformgesetz 2008 (2010). 1

Text: OECD-Kommentar (MA-Kommentar)

I. Einleitende Bemerkungen

*1. **[Grundregel]** Unter „Zinsen" versteht man allgemein Vergütungen für Darlehen, die zu den „Einkünften aus beweglichem Kapitalvermögen" gehören. Im Gegensatz zu Dividenden unterliegen Zinsen keiner wirtschaftlichen Doppelbesteuerung, d. h. sie werden nicht sowohl beim Schuldner als auch beim Gläubiger besteuert. Sofern vertraglich nichts Gegenteiliges vorgesehen ist, hat der Empfänger der Zinsen die auf diese entfallende Steuer zu tragen. Verpflichtet sich der Schuldner, eine an der Quelle erhobene Steuer zu übernehmen, so bedeutet dies, dass er bereit ist, seinem Gläubiger zusätzliche Zinsen in Höhe dieser Steuer zu zahlen.*

*2. **[Quellensteuer]** Zinsen für Obligationen oder Darlehen unterliegen aber wie Dividenden üblicherweise einer Steuer, die im Zeitpunkt der Zahlung der Zinsen im Abzugsweg erhoben wird. Dieses Verfahren wird allgemein aus praktischen Gründen angewendet; die an der Quelle erhobene Steuer kann eine Vorauszahlung auf die Steuer darstellen, die der Empfänger der Zinsen für sein gesamtes Einkommen oder seine gesamten Gewinne zu zahlen hat. Ist in diesem Fall der Empfänger in einem Staat ansässig, der die Steuer im Abzugsweg erhebt, so wird eine etwa eintretende Doppelbesteuerung durch innerstaatliche Maßnahmen beseitigt. Anders verhält es sich aber, wenn er in einem anderen Staat ansässig ist: Er wird dann zweimal mit den Zinsen besteuert, und zwar zunächst im Quellenstaat und dann in dem Staat, in dem er ansässig ist. Diese Doppelbelastung kann selbstverständlich den Zinsertrag des Darlehens wesentlich verringern und somit den Kapitalverkehr und die internationale Investitionstätigkeit behindern.*

*3. **[Aufteilung der Steuer]** Eine Formel, die das ausschließliche Besteuerungsrecht für Zinsen nur für einen Staat, entweder den Ansässigkeitsstaat des Empfängers oder den Quellenstaat vorsieht, konnte nicht mit allgemeiner Zustimmung rechnen. Deshalb ist eine Kompromisslösung getroffen worden. Sie sieht vor, dass die Zinsen im Ansässigkeitsstaat besteuert werden können, belässt aber dem Quellenstaat das Recht, eine von seinem innerstaatlichen Recht vorgesehene Steuer zu erheben, wobei dies auch beinhaltet, dass der Quellenstaat auf jede Besteuerung der an nichtansässige Personen gezahlten Zinsen verzichten kann. Übt er dieses Besteuerungsrecht aus, so unterliegt er einer Beschränkung, da ein Höchstsatz festgesetzt ist, den seine Steuer nicht übersteigen darf; die Vertragsstaaten können sich auch auf einen noch niedrigeren Satz für die Steuer des Quellenstaats einigen. Dem Verzicht dieses Staates steht die Entlastung gegenüber, die der Ansässigkeitsstaat als Ausgleich für die im Quellenstaat erhobene Steuer zu gewähren hat (vgl. Artikel 23 A und 23 B).*

*4. **[Abzugsfähigkeit der Zinsen]** In einigen Staaten sind die gezahlten Zinsen bei der Besteuerung des Schuldners nur dann abzugsfähig, wenn der Empfänger in demselben Staat ansässig oder dort steuerpflichtig ist. In allen anderen Fällen lassen diese Staaten keinen Abzug zu. Die Frage, ob der Abzug auch dann zuzulassen ist, wenn die Zinsen von einer in einem Vertragsstaat ansässigen Person an eine im anderen Vertragsstaat ansässige Person gezahlt werden, wird in Artikel 24 Absatz 4 behandelt.*

II. Kommentar über die Abkommensbestimmungen

Absatz 1

*5. **[Besteuerung im Ansässigkeitsstaat]** Dieser Absatz enthält den Grundsatz, dass die aus einem Vertragsstaat stammenden Zinsen, die an eine im anderen Vertragsstaat ansässige Person gezahlt werden, im letztgenannten Staat besteuert werden können. Dadurch schafft er kein ausschließliches Besteuerungsrecht zugunsten des Ansässigkeitsstaats. Der Ausdruck „gezahlt" hat eine sehr weite Bedeutung, da der Begriff „zahlen" die Erfüllung der Verpflichtung beinhaltet, dem Gläubiger auf die vertragsmäßige oder übliche Weise Geldmittel zur Verfügung zu stellen.*

*6. **[Drittstaat, Betriebstätte]** Der Artikel behandelt nur Zinsen, die aus einem Vertragsstaat stammen und an eine im anderen Vertragsstaat ansässige Person gezahlt werden. Er gilt daher nicht für Zinsen, die aus einem dritten Staat stammen, oder für die aus einem Vertragsstaat stammenden Zinsen, die einer Betriebstätte zuzurechnen sind, welche ein Unternehmen dieses Staates im anderen Vertragsstaat hat. Für diese Fälle wird auf die Ziffern 4 bis 6 des Kommentars zu Artikel 21 hingewiesen.*

Absatz 2

*7. **[Quellensteuer 10%]** Dieser Absatz belässt dem Staat, aus dem die Zinsen stammen, ein Besteuerungsrecht, er beschränkt jedoch die Ausübung dieses Rechts durch Festsetzung eines Höchstsatzes von 10 vom Hundert. Dieser Höchstsatz erscheint vertretbar, wenn man sich vergegenwärtigt, dass der Quellenstaat bereits Gewinne oder Einkünfte besteuern kann, die die in seinem Gebiet mit dem Darlehen finanzierten Investitionen abwerfen. Die Vertragsstaaten können bei zweiseitigen Verhandlungen für alle Zinszahlungen oder, wie unten erläutert, für einige besondere Kategorien von Zinsen einen niedrigeren Steuersatz oder auch die ausschließliche Besteuerung im Ansässigkeitsstaat des Gläubigers vereinbaren.*

*7.1 **[Probleme der Quellenbesteuerung]** In bestimmten Fällen kann die in Absatz 2 verwirklichte Lösung, nach der die Quellenbesteuerung von Zinsen zulässig ist, ein Hindernis für den internationalen Handel darstellen oder aus anderen Gründen als unzweckmäßig angesehen werden. Hat der Gläubiger der Zinsen z. B. zur Finanzierung der Transaktion, aus der er die Zinsen bezieht, selbst Geld aufgenommen, so wird der Gewinn weit geringer sein als der von ihm vereinnahmte Nominalbetrag der Zinsen; ist der Zinsaufwand gleich dem Zinsertrag oder übersteigt er ihn, so entsteht überhaupt kein Gewinn oder sogar ein Verlust. Das Problem kann in einem solchen Fall nicht durch den Ansässigkeitsstaat gelöst werden, da dort nur eine geringe oder gar keine Steuer erhoben wird, wenn der Gläubiger nach dem Reinertrag aus der Transaktion besteuert wird. Das Problem hat seine Ursache darin, dass die Steuer im Quellenstaat ungeachtet der Ausgaben, die zur Erzielung der Zinseinnahmen aufgewendet werden, typischerweise auf den Bruttobetrag der Zinsen erhoben wird. Die Gläubiger werden zur Vermeidung dieses Problems in der Praxis dazu neigen, die Steuerlast im Quellenstaat auf den Schuldner abzuwälzen und daher den dem Schuldner berechneten Zinssatz zu erhöhen, wodurch sich dann dessen finanzielle Belastung um die im Quellenstaat zu zahlende Steuer erhöht.*

*7.2 **[Vorschrift für die Befreiung bestimmter Zinsen]** Die Vertragsstaaten mögen einen weiteren Absatz anfügen wollen, der die ausschließliche Besteuerung bestimmter Zinsen im Ansässigkeitsstaat des Gläubigers vorsieht. Der Einleitungssatz dieses Absatzes, dem weitere Unterabsätze folgen würden, in denen die verschiedenen dieser Regelung unterliegenden Zinsen umschrieben würden (s. unten), könnte wie folgt formuliert werden:*

„3. Ungeachtet des Absatzes 2 können Zinsen iSd. Absatzes 1 nur in dem Vertragsstaat besteuert werden, in dem der Empfänger ansässig ist, wenn der Empfänger der Zinsen der Nutzungsberechtigte ist und
a) [Beschreibung der betreffenden Kategorie von Zinsen] ..."

***7.3 [In Betracht kommende Zinsarten]** Im Folgenden werden einige Arten von Zinsen aufgeführt, die die Vertragsstaaten für Zwecke der Ziffer 7.2 in Betracht ziehen könnten.*

Zinsen, die an den Staat und staatliche Stellen einschließlich Zentralbanken gezahlt werden

***7.4 [Befreiung eines Vertragsstaats als Empfänger]** Einige Staaten erheben keine Steuer auf Einkünfte, die andere Staaten* **[ab 22.7.2010:]** *and some of their wholly-owned entities (e.g. acentralbank established as a separate entity), erzielen, zumindest soweit diese Einkünfte aus staatlichen Tätigkeiten stammen.* **[ab 22.7.2010:]** *Some States are able to grant such an exemption under their interpretation of the sovereign immunity principle (see paragraphs 6.38 and 6.39 of the Commentary on Article 1); others may do it pursuant to provisions of their domestic law. In ihren zweiseitigen Abkommen mögen viele Staaten wünschen,* **[bis 21.7.2010:** *diese Befreiung* **ab 22.7.2010:]** *these exemptions für Zinsen zu bestätigen oder ihren Umfang klarzustellen.* **[ab 22.7.2010:]** *or to grant such an exemption in cases where it would not otherwise be avialable. Staaten, die dies wollen, können daher vereinbaren, die folgende Zinsart in einen Absatz, der die Befreiung bestimmter Zinsen von der Quellensteuer vorsieht, aufzunehmen:*

„a) dieser Staat, seine Zentralbank oder eine seiner Gebietskörperschaften ist;"

Zinsen, die von einem Staat oder einer seiner Gebietskörperschaften gezahlt werden

***7.5 [Befreiung für Zinszahlungen eines Vertragsstaats]** Wenn der Schuldner der Zinsen der Staat selbst, eine Gebietskörperschaft oder eine öffentlich-rechtliche Stelle sein sollte, wird die Quellensteuer im Endergebnis von diesem Staat getragen werden, wenn der Gläubiger den Zinssatz erhöht, um die Quellensteuer auszugleichen. In diesem Fall werden die Vorteile dieses Staats aus der Besteuerung der Zinsen durch die Erhöhung des Zinsaufwands wettgemacht. Aus diesem Grund befreien viele Staaten solche Zinsen von der Quellensteuer. Staaten, die dies wollen, können vereinbaren, die folgende Zinsart in einen Absatz, der die Befreiung bestimmter Zinsen von der Quellensteuer vorsieht, aufzunehmen:*

„b) die Zinsen von dem Staat, aus dem die Zinsen stammen, oder von einer seiner Gebietskörperschaften oder öffentlich-rechtlichen Stellen gezahlt werden;"

In diesem Vorschlag bezieht sich der Ausdruck „öffentlich-rechtliche Stelle" auf öffentliche Institutionen. Je nach innerstaatlichem Recht oder innerstaatlicher Terminologie mögen einige Staaten Ausdrücke wie „Behörde oder Organ" oder juristische Person des öffentlichen Rechts" vorziehen, um solche Einrichtungen zu bezeichnen.

Zinsen, die im Rahmen von Ausfuhrfinanzierungsprogrammen gezahlt werden

***7.6 [Befreiung für Zinsen bei Exportfinanzierung]** Um den internationalen Handel zu fördern, haben viele Staaten Ausfuhrfinanzierungsprogramme oder -stellen eingerichtet, die entweder unmittelbar Ausfuhrkredite gewähren oder Ausfuhrkredite, die von gewerblichen Geldgebern gewährt werden, sichern oder garantieren. Da sich diese Art der Finanzierung auf öffentliche Mittel stützt, sehen eine Reihe von Staaten zweiseitig vor, dass Zinsen aus Darlehen, die unter diese Programme fallen, von der Quellenbesteuerung befreit sind. Staaten, die dies tun wollen, können vereinbaren, die folgende Zinsart in einen Absatz, der die Befreiung bestimmter Zinsen von der Quellensteuer vorsieht, aufzunehmen:*

„c) die Zinsen für Darlehen, Forderungen oder Kredite gezahlt werden, die diesem Staat geschuldet oder von diesem Staat oder einer seiner Gebietskörperschaften oder Ausfuhrförderungsstellen gewährt, garantiert oder versichert werden;"

Zinsen, die an Finanzinstitutionen gezahlt werden

*7.7 **[Befreiung für Bankzinsen]** Das in Ziffer 7.1 beschriebene Problem, welches im Wesentlichen dadurch entsteht, dass die Steuer im Quellenstaat typischerweise auf dem Bruttobetrag der Zinsen erhoben wird und daher die wirklichen Einkünfte aus der Transaktion, für die die Zinsen gezahlt werden, nicht berücksichtigt, ist insbesondere für Finanzinstitutionen von Bedeutung. Eine Bank finanziert z. B. das Darlehen, das sie gewährt, im Allgemeinen aus Fremdmitteln, insbesondere aus Einlagen. Da der Quellenstaat bei der Festsetzung des Betrags der Quellensteuer auf die Zinsen die Kosten der Bank für diese Mittel gewöhnlich nicht berücksichtigt, kann die Besteuerung die Durchführung der Transaktion verhindern, sofern der Steuerbetrag nicht von dem Schuldner getragen wird. Aus diesem Grund sehen viele Staaten vor, dass Zinsen, die an Finanzinstitutionen wie Banken gezahlt werden, von der Quellensteuer befreit sind. Staaten, die dies tun wollen, können vereinbaren,* **[bis 14.7.2014:** *die folgende Zinsart* **ab 15.7.2014:]** *the following in einen Absatz, der die Befreiung bestimmter Zinsen von der Quellensteuer vorsieht, aufzunehmen:*

„d) eine Finanzinstitution ist."

Zinsen bei Verkäufen auf Kredit

*7.8 **[Befreiung für Zinsen bei Verkäufen auf Kredit]** Die in Ziffer 7.1 beschriebenen Nachteile ergeben sich häufig auch in Fällen des Verkaufs von Ausrüstungen und anderer kommerzieller Verkäufe auf Kredit. In solchen Fällen überwälzt der Lieferant oft ohne jeden Aufschlag auf den Kunden nur den Betrag, den er selbst an eine Bank oder ein Exportfinanzierungsinstitut zu zahlen hat, um die Mittel zur Kreditfinanzierung zu erhalten. Die Zinsen sind dabei eher Teil des Verkaufspreises als Ertrag aus einer Kapitalanlage. In der Tat werden die Zinsen, die Bestandteil der zu zahlenden Teilbeträge sind, in vielen Fällen nur schwer von dem eigentlichen Verkaufspreis getrennt werden können. Staaten können daher wünschen, Zinsen, die aus solchen Verkäufen auf Kredit erwachsen, in einen Absatz, der die Befreiung bestimmter Zinsen von der Quellensteuer vorsieht, aufzunehmen. Dies können sie durch Anfügung folgenden Unterabsatzes tun:*

„e) die Zinsen auf eine Schuld gezahlt werden, die auf Grund des Verkaufs von Ausrüstungen, Waren oder Dienstleistungen auf Kredit entsteht;"

*7.9 **[Abgrenzung der Verkäufe auf Kredite]** Bei den Verkäufen auf Kredit, auf die sich der vorgeschlagene Unterabsatz bezieht, handelt es sich nicht nur um Verkäufe vollständiger Ausrüstungen, sondern auch um Verkäufe von einzelnen Ausrüstungsgegenständen. Verkäufe, die durch eine allgemeine Kreditlinie finanziert werden, die ein Verkäufer seinem Kunden einräumt, stellen Verkäufe, auf Kredit auch für Zwecke der Vorschrift dar. Es ist auch unerheblich, ob die Zinsen als Aufschlag auf den Preis offen ausgewiesen oder von vornherein in Ratenzahlungen einbezogen werden.*

Zinsen, die an steuerbefreite Organisationen (z. B. Pensionskassen) gezahlt werden

*7.10 **[Befreiung von Pensionskassen]** Nach dem innerstaatlichen Recht vieler Staaten sind Pensionskassen oder ähnliche Organisationen allgemein mit ihren Kapitaleinkünften steuerbefreit. Um eine gleichmäßige Behandlung von inländischen und ausländischen Kapitalanlagen dieser Organisationen zu erreichen, bestimmen einige Staaten zweiseitig, dass Zinsen, die von einer solchen in dem anderen Staat ansässigen Organisation erzielt werden, auch von der Quellensteuer befreit sind. Staaten die dies tun wollen, können eine Vorschrift nach Art der in Ziffer 69 des Kommentars zu Artikel 18 genannten Vorschrift vereinbaren.*

*7.11 **[Alternative: ermäßigte Quellensteuer]** Wenn die Vertragsstaaten entweder keine oder nicht alle oben genannten Zinsarten von der Besteuerung im Quellenstaat freistellen* *wollen, mögen sie auf sie einen niedrigeren Steuersatz als den in Absatz 2 vorgesehenen anwenden wollen (diese Lösung erschiene allerdings im Fall von Zinsen, die von einem Staat oder von einer seiner Gebietskörperschaften oder öffentlich-rechtlichen Stellen gezahlt werden, nicht sehr praktisch). In diesem Fall könnte Absatz 2 etwa wie folgt gefasst werden:*

„2. Diese Zinsen können jedoch auch in dem Vertragsstaat, aus dem sie stammen, nach dem Recht dieses Staates besteuert werden; die Steuer darf aber, wenn der Nutzungsberechtigte der Zinsen eine in dem anderen Vertragsstaat ansässige Person ist, nicht) übersteigen:

a) [niedrigerer Steuersatz] v. H. des Bruttobetrags der Zinsen im Fall von Zinsen, die gezahlt werden [Beschreibung der betroffenen Zinsart] . . .;

b) 10 v. H. des Bruttobetrags der Zinsen in allen anderen Fällen.

Die zuständigen Behörden der Vertragsstaaten regeln in gegenseitigem Einvernehmen, wie diese Begrenzungsbestimmung durchzuführen ist.“

Wenn die Vertragsstaaten sich einig sind, einige der genannten Zinsarten ganz zu befreien, würde dieser Alternativbestimmung ein Absatz 3, wie in Ziffer 7.2 vorgeschlagen, folgen.

***7.12 [Weitergehende Zusatzregelungen]** Die Vertragsstaaten können den oben aufgezählten Arten von Zinsen noch weitere hinzufügen, bei denen ihnen eine Besteuerung im Quellenstaat nicht wünschenswert erscheint.*

***8. [Zwischengeschaltete Gesellschaft]** Besondere Beachtung verdient der Fall, dass der Nutzungsberechtigte der aus einem Vertragsstaat stammenden Zinsen eine im anderen Vertragsstaat ansässige Gesellschaft ist, deren Kapital ganz oder teilweise außerhalb dieses anderen Staates ansässigen Aktionären gehört; die Gesellschaft schüttet in der Regel ihre Gewinne nicht aus und genießt steuerliche Vergünstigungen (private Kapitalanlagegesellschaft, Basisgesellschaft). Es kann sich die Frage ergeben, ob bei einer solchen Gesellschaft die in Abs. 2 vorgesehene Begrenzung der Steuer des Staates, aus dem die Zinsen stammen, gerechtfertigt ist. Bei zweiseitigen Verhandlungen können ggfs. besondere Abweichungen von der Besteuerungsregel dieses Artikels vereinbart werden, um die Behandlung dieser Gesellschaft zu regeln.*

[bis 14.7.2014:

***9. [Nutzungsberechtigter]** Das Erfordernis der Nutzungsberechtigung wurde in Artikel 11 Absatz 2 eingeführt, um die Bedeutung des in Absatz 1 verwendeten Wortes „gezahlt“ zu klären. Es macht deutlich, dass der Quellenstaat nicht verpflichtet ist, Besteuerungsrechte über Zinsen aufzugeben, nur weil die Einkünfte unmittelbar von einer Person entgegengenommen werden, die in einem Staat, mit dem der Quellenstaat ein Doppelbesteuerungsabkommen abgeschlossen hat, ansässig ist. Der Ausdruck „Nutzungsberechtigter“ wird nicht in einem engen technischen Sinne verwendet, vielmehr sollte er aus dem Zusammenhang und im Licht des Sinns und Zwecks des Abkommens einschließlich der Vermeidung der Doppelbesteuerung und der Verhütung der Steuerhinterziehung und -umgehung verstanden werden.*

***10. [Mittelspersonen]** Steuerermäßigung oder -befreiung gewährt der Quellenstaat einer im anderen Vertragsstaat ansässigen Person, um ganz oder teilweise die Doppelbesteuerung zu vermeiden, die sich ansonsten aus der konkurrierenden Besteuerung dieser Einkünfte im Ansässigkeitsstaat ergeben würde. Werden Einkünfte von einer in einem Vertragsstaat ansässigen Person entgegengenommen, die in der Eigenschaft eines Vertreters oder Beauftragten handelt, würde es nicht dem Sinn und Zweck des Abkommens entsprechen, dass der Quellenstaat eine Steuerermäßigung oder -befreiung nur auf Grund der Stellung des unmittelbaren Einkünfteempfängers als einer in dem anderen Vertragsstaat ansässigen Person gewährt. Der unmittelbare Empfänger der Einkünfte ist zwar in diesem Fall als ansässige Person anzusehen, jedoch hat diese Stellung keine potenzielle Doppelbesteuerung zur Folge, da der Empfänger für die Steuerzwecke des Ansässigkeitsstaats nicht als Nutzungsberechtigter behandelt wird. Es würde ebenso dem Sinn und Zweck des Abkommens widersprechen, dass der Quel-*

lenstaat eine Steuerermäßigung oder -befreiung in Fällen gewährt, in denen eine in einem Staat ansässige Person in anderer Weise als durch ein Vertretungs- oder Auftragsverhältnis nur als Durchlaufstation für eine andere Person handelt, die in Wirklichkeit in den Genuss der fraglichen Einkünfte kommt. Aus diesen Gründen kommt der Bericht des Steuerausschusses mit dem Titel „Doppelbesteuerungsabkommen und der Gebrauch von Durchlaufgesellschaften" zu dem Ergebnis, dass eine Durchlaufgesellschaft normalerweise nicht als Nutzungsberechtigte angesehen werden kann, wenn sie, obwohl sie formal Nutzungsberechtigte ist, praktisch sehr enge Befugnisse hat, die sie in Bezug auf die fraglichen Einkünfte nur zu einem für Rechnung der interessierten Parteien handelnden Treuhänder oder Verwalter machen.]

[ab 15.7.2014:]

9. *The requirement of beneficial owner was introduced in paragraph 2 of Article 11 to clarify the meaning of the words "paid to a resident" as they are used in paragraph 1 of the Article. It makes plain that the State of source is not obliged to give up taxing rights over interest income merely because that income was paid direct to a resident of a State with which the State of source had concluded a convention.*

9.1 *Since the term "beneficial owner" was added to address potential difficulties arising from the use of the words "paid to a resident" in paragraph 1, it was intended to be interpreted in this context and not to refer to any technical meaning that it could have had under the domestic law of a specific country (in fact, when it was added to the paragraph, the term did not have a precise meaning in the law of many countries). The term "beneficial owner" is therefore not used in a narrow technical sense (such as the meaning that it has under the trust law of many common law countries[1]), rather, it should be understood in its context, in particular in relation to the words "paid to a resident", and in light of the object and purposes of the Convention, including avoiding double taxation and the prevention of fiscal evasion and avoidance.*

10. *Relief or exemption in respect of an item of income is granted by the State of source to a resident of the other Contracting State to avoid in whole or in part the double taxation that would otherwise arise from the concurrent taxation of that income by the State of residence. Where an item of income paid to a resident of a Contracting State acting in the capacity of agent or nominee it would be inconsistent with the object and purpose of the Convention for the State of source to grant relief or exemption merely on account of the status of the direct recipient of the income as a resident of the other Contracting State. The direct recipient of the income in this situation qualifies as a resident but no potential double taxation arises as a consequence of that status since the recipient is not treated as the owner of the income for tax purposes in the State of residence.*

10.1 *It would be equally inconsistent with the object and purpose of the Convention for the State of source to grant relief or exemption where a resident of a Contracting State, otherwise than through an agency or nominee relationship, simply acts as a conduit for another person who in fact receives the benefit of the income concerned. For these reasons, the report from the Committee on Fiscal Affairs entitled "Double Taxation Conventions and the Use of Conduit Companies"[2] concludes that a conduit company cannot normally be regarded as the beneficial owner if though the formal owner, it has, as a practical matter, very narrow powers which render it, in relation to the income concerned, a mere fiduciary or administrator acting on account of the interested parties.*

---

[1] For example, where the trustees of a discretionary trust do not distribute interest earned during a given period, these trustees, acting in their capacity as such (or the trust, if recognised as a separate taxpayer) could constitute the beneficial owners of such income for the purposes of Article 11 even if they are not the beneficial owners under the relevant trust law.

[2] Reproduced at page R(6)-1 of Volume II of the full-length version of the OECD Model Tax Convention.

10.2 *In these various examples (agent, nominee, conduit company acting as a fiduciary or administrator], the direct recipient of the interest is not the "beneficial owner" because that recipient's right to use and enjoy the interest is constrained by a contractual or legal obligation to pass on the payment received to another person. Such an obligation will normally derive from relevant legal documents but may also be found to exist on the basis of facts and circumstances showing that, in substance, the recipient clearly does not have the right to use and enjoy the interest unconstrained by a contractual or legal obligation to pass on the payment received to another person. This type of obligation would not include contractual or legal obligations that are not dependent on the receipt of the payment by the direct recipient such as an obligation that is not dependent on the receipt of the payment and which the direct recipient has as a debtor or as a party to financial transactions, or typical distribution obligations of pension schemes and of collective investment vehicles entitled to treaty benefits under the principles of paragraphs 6.8 to 6.34 of the Commentary on Article 1. Where the recipient of interest does have the right to use and enjoy the interest unconstrained by a contractual or legal obligation to pass on the payment received to another person, the recipient is the "beneficial owner" of that interest. It should also be noted that Article 11 refers to the beneficial owner of interest as opposed to the owner of the debt-claim with respect to which the interest is paid, which may be different in some cases.*

10.3 *The fact that the recipient of an interest payment is considered to be the beneficial owner of that interest does not mean, however, that the limitation of tax provided for by paragraph 2 must automatically be granted. This limitation of tax should not be granted in cases of abuse of this provision (see also paragraph 8 above). As explained in the section on "Improper use of the Convention" in the Commentary on Article 1, there are many ways of addressing conduit company and, more generally, treaty shopping situations. These include specific anti-abuse provisions in treaties, general anti-abuse rules and substance-over-form or economic substance approaches. Whilst the concept of "beneficial owner" deals with some forms of tax avoidance (i.e. those involving the interposition of a recipient who is obliged to pass on the interest to someone else), it does not deal with other cases of treaty shopping and must not, therefore, be considered as restricting in any way the application of other approaches to addressing such cases.*

10.4 *The above explanations concerning the meaning of "beneficial owner" make it clear that the meaning given to this term in the context of the Article must be distinguished from the different meaning that has been given to that term in the context of other instruments*[1] *that concern the determination of the persons (typically the individuals) that exercise ultimate control over entities or assets. That different meaning of "beneficial owner" cannot be applied in the context of the Convention. Indeed, that meaning, which refers to natural persons (i.e.*

---

[1] See, for example, Financial Action Task Force, International Standards on Combating Money Laundering and the Financing of Terrorism & Proliferation – The FATF Recommendations (OECD-FATF, Paris, 2012), which sets forth in detail the international anti-money laundering standard and which includes the following definition of beneficial owner (at page 110): "the natural person(s) who ultimately owns or controls a customer and/or the person on whose behalf a transaction is being conducted. It also incorporates those persons who exercise ultimate effective control over a legal person or arrangement." Similarly, the 2001 report of the OECD Steering Group on Corporate Governance, "Behind the Corporate Veil: Using Corporate Entities for Illicit Purposes" (OECD, Paris, 2001), defines beneficial ownership as follows (at page 14):

> In this Report, "beneficial ownership" refers to ultimate beneficial ownership or interest by a natural person. In some situations, uncovering the beneficial owner may involve piercing through various intermediary entities and/or individuals until the true owner who is a natural person is found. With respect to corporations, ownership is held by shareholders or members. In partnerships, interests are held by general and limited partners. In trusts and foundations, beneficial ownership refers to beneficiaries, which may also include the settlor or founder.

individuals), cannot be reconciled with the express wording of subparagraph 2 a) of Article 10, which refers to the situation where a company is the beneficial owner of a dividend. In the context of Articles 10 and 11, the term "beneficial owner" is intended to address difficulties arising from the use of the words "paid to" in relation to dividends and interest rather than difficulties related to the ownership of the shares or debt-claims on which dividends or interest are paid. For that reason, it would be inappropriate, in the context of these articles, to consider a meaning developed in order to refer to the individuals who exercise "ultimate effective control over a legal person or arrangement"[1].

11. [Maßgeblichkeit der Ansässigkeit des Nutzungsberechtigten] *Vorbehaltlich der anderen Voraussetzungen des Artikels bleibt es nach Abs. 2 bei der Begrenzung der im Quellenstaat erhobenen Steuer, wenn zwischen Gläubiger und Schuldner eine in einem Vertragsstaat oder in einem Drittstaat ansässige Mittelsperson wie z. B. ein Vertreter oder sonstiger Beauftragter eingeschaltet ist, der Nutzungsberechtigte aber im anderen Vertragsstaat ansässig ist. (Der Text des Musterabkommens wurde 1995* **[ab 15.7.2014:** *and in 2014***]** *ergänzt, um diesen Punkt in Übereinstimmung mit der ständigen Auffassung aller Mitgliedstaaten klarzustellen.)* **[bis 14.7.2014:** *Wenn sie dies deutlich zum Ausdruck bringen wollen, können die Staaten entsprechende Regelungen bei zweiseitigen Verhandlungen treffen.***]**

12. [Steuerabzug oder Veranlagung] *Der Absatz sagt nichts über die Art der Besteuerung im Quellenstaat. Diesem steht es also frei, sein eigenes Recht anzuwenden und insbesondere die Steuer entweder durch Abzug an der Quelle oder im Veranlagungsweg zu erheben. Fragen des Verfahrens werden in dem Artikel nicht behandelt. Jeder Staat soll das in seinem eigenen Recht vorgesehene Verfahren anwenden können (s. aber Artikel 1 Ziffer 26.2 MA-Komm.). Besondere Probleme ergeben sich in Dreiecksfällen (vgl. Artikel 24 Ziffer 53 MA-Komm.).*

13. [Nichtbesteuerung im Sitzstaat] *Der Absatz legt nicht fest, ob die Ermäßigung im Quellenstaat davon abhängen soll, dass die Zinsen im Ansässigkeitsstaat tatsächlich besteuert werden. Diese Frage kann bei den zweiseitigen Verhandlungen geregelt werden.*

14. [Steueranrechnung im Ansässigkeitsstaat] *Der Artikel enthält keine Bestimmungen über eine etwaige Verpflichtung des Ansässigkeitsstaats des Gläubigers, die Steuer des Quellenstaats zu berücksichtigen. Diese Frage wird in den Artikeln 23 A und 23 B behandelt.*

15. *[gestrichen]*

16. *[umnummeriert in Nr. 7.9]*

17. *[umnummeriert in Nr. 7.12]*

Absatz 3

18. [Definition] *Dieser Absatz bestimmt, was unter dem Ausdruck „Zinsen" für die Zwecke der im Artikel vorgesehenen Besteuerung zu verstehen ist. Der Ausdruck bedeutet im allgemeinen Einkünfte aus Forderungen jeder Art, auch wenn sie durch Pfandrechte an Grundstücken gesichert oder mit einer Gewinnbeteiligung ausgestattet sind. Der Ausdruck „Forderungen jeder Art" umfasst selbstverständlich Bareinlagen und Barkautionen sowie öffentliche Anleihen und Obligationen, obgleich die letzteren wegen ihrer Bedeutung und bestimmter Besonderheiten ausdrücklich angeführt sind. Einerseits wird anerkannt, dass Zinsen aus Hypothekenforderungen zu den Einkünften aus beweglichem Vermögen gehören, obwohl einige Staaten sie den Einkünften aus unbeweglichem Vermögen gleichstellen. Andererseits gelten Forderungen und insbesondere Obligationen, die mit einem Recht auf Beteiligung am Gewinn des Schuldners ausgestattet sind, dessen ungeachtet als Anleihen, wenn aus dem Vertrag hervorgeht, dass es sich im Grunde um Darlehen gegen Verzinsung handelt.*

---

[1] See the Financial Action Task Force's definition quoted in the previous note.

19. [Zinsen und Dividenden] *Zinsen aus Gewinnobligationen sollten regelmäßig nicht als Dividenden angesehen werden; dies gilt auch für Zinsen aus Wandelanleihen bis zu dem Zeitpunkt, in dem die Anleihen tatsächlich in Aktien umgewandelt worden sind. Die Zinsen aus solchen Anleihen gelten jedoch als Dividenden, wenn das Darlehen die von der schuldenden Gesellschaft eingegangenen Risiken tatsächlich teilt (siehe u. a. Ziffer 25 des Kommentars zu Artikel 10). Soweit eine Unterkapitalisierung vermutet wird, kann die Unterscheidung zwischen Dividenden und Zinsen manchmal schwierig sein; um jede mögliche Überschneidung der in Artikel 10 und in Artikel 11 behandelten Einkunftsarten auszuschließen, ist festzustellen, dass der in Artikel 11 benutzte Ausdruck „Zinsen" Einkünfte nicht umfasst, die unter den Geltungsbereich des Artikels 10 fallen.*

20. [Öffentliche Anleihen; Obligationen] *Insbesondere für öffentliche Anleihen und Obligationen stellt der Wortlaut klar, dass die damit verbundenen Aufgelder und Gewinne aus Losanleihen Zinsen sind. Im allgemeinen ist alles als Zins aus einer Anleihe anzusehen und kann dementsprechend im Quellenstaat besteuert werden, was das die Anleihe ausgebende Institut über den vom Zeichner entrichteten Betrag hinaus zahlt, d. h. die laufenden Zinsen und gegebenenfalls das Rückzahlungs- oder Emissionsaufgeld. Ist eine Obligation zu einem über den Nennwert hinausgehenden Betrag ausgegeben worden, so stellt der vom Zeichner gezahlte Betrag, der die Kapitalrückzahlung übersteigt, gegebenenfalls negative Zinsen dar,* **[ab 15.7.2014:]** *the stated interest in determining die von den zu versteuernden Zinsen abzuziehen sind. Andererseits* **[bis 14.7.2014:** *gilt der* **ab 15.7.2014:]** *the definition of interest does not cover Gewinn oder der Verlust,* **[ab 15.7.2014:** *that cannot be attributed to a difference between what the issuer received and paid (e.g. a profit or loss, not representing accrued interest or original issue discount or premium, der dem Inhaber einer* **[ab 15.7.2014:]** *bond or Obligation durch Verkauf an einen Dritten* **[ab 15.7.2014:]** *or by the repayment of the principal of a security that he has acquired from a previous holder for an amount that is different from the amount received by the issuer of the security) entsteht, nicht als Zins. Je nachdem kann es sich um einen Unternehmensgewinn, einen Gewinn oder Verlust aus der Veräußerung von Vermögen oder um Einkünfte im Sinne des Artikels 21 handeln.*

[ab 15.7.2014:]

20.1 *The amount that the seller of a bond will receive will typically include the interest that has accrued, but has not yet become payable, at the time of the sale of the bond. In most cases, the State of source will not attempt to tax such accrued interest at the time of the alienation and will only tax the acquirer of the bond or debenture on the full amount of the interest subsequently paid (it is generally assumed that in such a case, the price that the acquirer pays for the bond takes account of the future tax liability of the acquirer on the interest accrued for the benefit of the seller at the time of the alienation). In certain circumstances, however, some States tax the seller of a bond on interest that has accrued at the time of the alienation (e.g. when a bond is sold to a tax-exempt entity). Such accrued interest is covered by the definition of interest and may therefore be taxed by the State of source. In that case, that State should not again tax the same amount in the hands of the acquirer of the bond when the interest subsequently becomes payable.*

21. [Abschließende Definition] *Im Übrigen ist die Definition der Zinsen im ersten Satz des Absatzes 3 grundsätzlich erschöpfend. Es schien angebracht, keine ergänzende Verweisung auf das innerstaatliche Recht in den Text aufzunehmen, und zwar aus folgenden Überlegungen:*

a) Die Definition umfasst praktisch alle Einkunftsarten, die nach dem innerstaatlichen Recht der verschiedenen Staaten als Zinsen gelten.
b) Die verwendete Formel bietet eine größere Rechtssicherheit und macht das Abkommen von späteren Änderungen des innerstaatlichen Rechts unabhängig.
c) In einem Musterabkommen sollten Verweisungen auf das innerstaatliche Recht möglichst vermieden werden.

Den Vertragsstaaten steht es im Übrigen frei, die vorliegende Definition in einem zweiseitigen Abkommen zu erweitern und dadurch Einkünfte einzubeziehen, die nach dem innerstaatlichen Recht eines der Staaten wie Zinsen besteuert werden, jedoch nicht von der Definition gedeckt sind; unter diesen Umständen können es die Vertragsstaaten für angebracht halten, auf ihr innerstaatliches Recht zu verweisen.

21.1. [Finanzderivate] *Die Zinsdefinition des Absatz 3 Satz 1 gilt in der Regel für Zahlungen nicht, die aufgrund gewisser nichttraditioneller Finanzinstrumente geleistet werden, wenn eine zugrunde liegende Schuld fehlt (z. B. Zinssatz-Swaps). Die Definition ist aber erfüllt, soweit nach Regelungen, die den wirtschaftlichen Gehalt über die formale Gestaltung stellen („Substance-over-form"-Regelungen), dem Verbot des Missbrauchs von Gestaltungsformen oder ähnlichen Grundsätzen das Bestehen eines Darlehens anzunehmen ist.*

22. [Verzugszinsen] *Absatz 3 Satz 2 schließt die Zuschläge für verspätete Zahlung von der Definition der Zinsen aus, doch steht es den Vertragsstaaten frei, diesen Satz wegzulassen und in ihren zweiseitigen Abkommen diese Zuschläge wie Zinsen zu behandeln. Diese auf Vertrag, Usance oder Urteil beruhenden Zuschläge bestehen entweder in einer Zahlung, die pro rata temporis berechnet oder in Form eines festen Betrags angesetzt wird; in gewissen Fällen werden beide Formen der Zahlung kombiniert. Selbst wenn sie pro rata temporis berechnet werden, stellen sie weniger Kapitalertrag als eine besondere Form der Entschädigung für den Schaden dar, den der Gläubiger durch den Verzug des Schuldners erlitten hat. Aus Gründen der Rechtssicherheit und aus praktischen Erwägungen empfiehlt es sich, alle Zuschläge dieser Art steuerlich gleich zu behandeln, in welcher Form sie auch gezahlt werden. Andererseits können zwei Vertragsstaaten alle Zinsarten, die sie wie Dividenden behandeln wollen, von der Anwendung des Artikels 11 ausschließen.*

23. [Renten] *Schließlich ergibt sich die Frage, ob die Renten den Zinsen gleichgestellt werden sollen; dies ist zu verneinen. Einerseits fallen die Renten, die für frühere unselbständige Arbeit gewährt werden, unter Artikel 18 und unterliegen den Bestimmungen für Ruhegehälter. Wenn auch die Rentenzahlungen bei entgeltlich erworbenen Renten sowohl Zinsen als auch Tilgungen umfassen und diese Rentenzahlungen somit täglich anwachsende Erträge darstellen, so wäre es andererseits für viele Staaten schwierig, zwischen dem Teil der Rente, der Einkünfte aus Kapitalvermögen darstellt, und dem auf die Tilgung entfallenden Teil zu unterscheiden, um den erstgenannten Teil als Einkünfte aus beweglichem Kapitalvermögen besteuern zu können. Nach besonderen Vorschriften in den Steuergesetzen gelten die Renten oft als Gehälter, Löhne und Ruhegehälter und werden dann entsprechend besteuert.*

Absatz 4

24. [Keine Attraktivkraft der Betriebstätte] *Manche Staaten sind der Ansicht, dass Dividenden, Zinsen und Lizenzgebühren, die aus Quellen innerhalb ihres Gebietes stammen und an in anderen Staaten ansässige natürliche oder juristische Personen gezahlt werden, nicht unter den Anwendungsbereich jener Bestimmungen fallen, die zur Vermeidung einer Besteuerung solcher Erträge sowohl im Quellenstaat als auch im Staat des Wohnsitzes des Gläubigers für den Fall getroffen wurden, dass der Gläubiger im ersten Staat eine Betriebstätte hat. Absatz 4 geht nicht von dieser Auffassung aus, die meist als die „Attraktivkraft der Betriebstätte" bezeichnet wird. Er sieht nicht vor, dass die Zinsen, die einer in einem Vertragsstaat ansässigen Person aus Quellen innerhalb des anderen Staates zufließen, auf Grund einer Art gesetzlichen Vermutung oder gar Fiktion einer Betriebstätte zugeordnet werden, die diese Person zufällig in dem letztgenannten Staat hat, so dass dieser Staat dann seine Steuer nicht zu begrenzen hätte. Der Absatz sieht lediglich vor, dass die Zinsen im Quellenstaat dann als Teil der Gewinne der dort gelegenen Betriebstätte des im anderen Staat ansässigen Gläubigers besteuert werden können, wenn sie für Forderungen gezahlt werden, die Teil des Vermögens der Betriebstätte darstellen oder auf andere Weise tatsächlich zu dieser Betriebstätte gehören. In diesem Fall befreit Absatz 4 den Quellenstaat von allen* *in diesem Artikel vorgesehenen Beschränkungen. Diese Erläuterungen entsprechen denen des Kommentars zu Artikel 7.*

25. [Übertragung von Darlehensforderungen] *Es ist unterstellt worden, dass der Absatz Anlass zu Missbräuchen geben kann, indem Darlehen auf Betriebsstätten, die nur zu diesem Zweck in Ländern mit Vorzugsbesteuerung von Zinseinkünften errichtet werden, übertragen werden. Abgesehen davon, dass solches missbräuchliches Verhalten die Anwendung innerstaatlicher Missbrauchsvorschriften auslösen kann, darf nicht verkannt werden, dass ein bestimmter Ort nur dann eine Betriebsstätte darstellen kann, wenn dort eine Geschäftstätigkeit ausgeübt wird.* **[bis 21.7.2010:** *Auch erfordert die Voraussetzung, die Forderung müsse tatsächlich zu der Betriebsstätte gehören, dass die Forderung wirklich mit dieser Geschäftstätigkeit verbunden ist.* **ab 22.7.2010:]** *As explained below, that the requirement that a debt-claim be „effectively connected" to such a location requires more than merely recording the debt-claims in the books of permanent etablishment for accounting purposes.*

[ab 22.7.2010:]

25.1 *A debt-claim in respect of which interest is paid will be effectively connected with a permanent establishment, and will therefore form part of its business assets, if the „economic" ownership of the debt-claim is allocated to that permanent establishment under the principles developed in the Committee's report entitled Attribution of Profits to Permanent Establishments*[1] *(see in particular paragraphs 72-97 of Part I of the report) for the purposes of the application of paragraph 2 of Article 7. In the context of that paragraph, the „economic" ownership of a debt-claim means the equivalent of ownership for income tax purposes by a separate enterprise, with the attendant benefits and burdens (e.g. the right to the interest attributable to the ownership of the debt-claim and the potential exposure to gains or losses from the appreciation or depreciation of the debt-claim).*

25.2 *In the case of the permanent establishment of an enterprise carrying on insurance activities, the determination of whether a debt-claim is effectively connected with the permanent establishment shall be made by giving due regard to the guidance set forth in Part IV of the Committee's report with respect to whether the income on or gain from that debt-claim is taken into account in determining the permanent establishment's yield on the amount of investment assets attributed to it (see in particular paragraphs 165–170 of Part IV). That guidance being general in nature, tax authorities should consider applying a flexible and pragmatic approach which would take into account an enterprise's reasonable and consistent application of that guidance for purposes of identifying the specific assets that are effectively connected with the permanent establishment.*

Absatz 5

26. [Quelle von Zinsen] *Dieser Absatz enthält den Grundsatz, dass die Zinsen ihre Quelle in dem Staat haben, in dem der Schuldner der Zinsen ansässig ist. Der Absatz sieht aber eine Ausnahme von dieser Regel für verzinsliche Darlehen vor, die offensichtlich in wirtschaftlichem Zusammenhang mit einer Betriebstätte stehen, welche der Schuldner der Zinsen im anderen Vertragsstaat hat. Für den Fall, dass die Schuld für Zwecke der Betriebstätte eingegangen worden ist und die Betriebstätte die Zinsen trägt, bestimmt der Absatz, dass sich die Quelle der Zinsen in dem Vertragsstaat befindet, in dem die Betriebstätte liegt, und zwar ohne Rücksicht darauf, wo der Eigentümer der Betriebstätte ansässig ist, selbst wenn er in einem dritten Staat ansässig wäre.*

27. [Kein Zusammenhang zu einer Betriebstätte] *Besteht kein wirtschaftlicher Zusammenhang zwischen dem Darlehen, das zu den Zinsen führt, und der Betriebstätte, so kann ein Staat nicht allein deshalb, weil dort die Betriebstätte gelegen ist, als der Staat gelten, aus dem die Zinsen stammen; er ist nicht berechtigt, diese Zinsen zu besteuern, auch*

[1] Attribution of Profits to Permanent Establishments, OECD, Paris, 2010.

nicht nach Maßgabe eines „der Bedeutung der Betriebstätte entsprechenden steuerpflichtigen Anteils". Dies stünde im Widerspruch zu Absatz 5. Ein Abgehen von der Regel des Absatzes 5 Satz 1 wäre nur dann gerechtfertigt, wenn ein wirtschaftlicher Zusammenhang zwischen dem Darlehen und der Betriebstätte zweifelsfrei gegeben ist. Hierbei kann zwischen mehreren Möglichkeiten unterschieden werden:

a) Die Leitung der Betriebstätte hat ein Darlehen aufgenommen, das sie für die eigenen Bedürfnisse verwendet, unter ihren Verbindlichkeiten ausweist und für das sie die Zinsen unmittelbar an den Gläubiger zahlt.

b) Die Geschäftsleitung des Unternehmens hat ein Darlehen aufgenommen, dass ausschließlich für die Zwecke einer im anderen Staat gelegenen Betriebstätte bestimmt ist. Die Zinsen werden von der Geschäftsleitung des Unternehmens gezahlt, aber letztlich von der Betriebstätte getragen.

c) Das Darlehen wird von der Geschäftsleitung des Unternehmens aufgenommen, und die beschafften Mittel werden für mehrere Betriebstätten in verschiedenen Staaten verwendet.

In den Fällen a) und b) sind die Bedingungen des Absatzes 5 Satz 2 erfüllt; der Staat, in dem die Betriebstätte gelegen ist, gilt als Quellenstaat der Zinsen. Dagegen ist der Fall c) von Absatz 5 nicht gedeckt, da dessen Wortlaut es nicht zulässt, mehrere Quellen demselben Darlehen zuzuordnen. Eine solche Lösung würde im Übrigen große verwaltungsmäßige Schwierigkeiten verursachen und es dem Darlehensgeber unmöglich machen, die auf die Zinsen entfallende steuerliche Belastung im voraus zu berechnen. Die Vertragsstaaten können jedoch die Anwendung der Schlussbestimmung des Absatzes 5 auf Fall a) beschränken oder auf Fall c) ausdehnen.

28. [Darlehen für Betriebstätte in Drittstaat] *Absatz 5 bietet keine Lösung für den dort nicht behandelten Fall, dass sowohl Gläubiger als auch Schuldner zwar in den Vertragsstaaten ansässig sind, das Darlehen aber für Zwecke einer Betriebstätte eingegangen worden ist, die der Schuldner in einem dritten Staat hat und die die Zinsen trägt. Nach der vorliegenden Fassung des Absatzes 5 findet in einem solchen Fall daher nur sein erster Satz Anwendung. Die Zinsen gelten als aus dem Vertragsstaat stammend, in dem der Schuldner ansässig ist, nicht aber als aus dem dritten Staat stammend, in dessen Gebiet die Betriebstätte liegt, für die das Darlehen aufgenommen worden ist und die die Zinsen trägt. Damit werden die Zinsen sowohl im Ansässigkeitsstaat des Schuldners als auch im Ansässigkeitsstaat des Gläubigers besteuert. Wenn auch die Doppelbesteuerung im Verhältnis zwischen diesen Staaten und dem dritten Staat vermieden werden kann, wird sie im Verhältnis zwischen diesen Staaten und dem dritten Staat nicht vermieden, wenn letzterer die Darlehenszinsen, die von der in seinem Gebiet gelegenen Betriebstätte getragen werden, an der Quelle besteuert.*

29. [Dreiecksverhältnis] *Es ist entschieden worden, diesen Fall im Abkommen nicht zu behandeln. Der Vertragsstaat, in dem der Schuldner ansässig ist, ist daher nicht verpflichtet, auf die Quellenbesteuerung zugunsten des dritten Staates zu verzichten, in dem sich die Betriebsstätte befindet, für die das Darlehen aufgenommen wurde und die die Zinsen trägt. Wenn diese Verpflichtung nicht bestünde und der Drittstaat die Zinsen, die von der Betriebsstätte getragen werden, keiner Quellenbesteuerung unterwürfe, könnte versucht werden, die Quellenbesteuerung in dem Vertragsstaat durch Nutzung einer Betriebsstätte in diesem Drittstaat zu vermeiden. Staaten, für die dies kein Problem darstellt und die die in der obigen Nummer beschriebene Frage ansprechen wollen, können dies tun, indem sie vereinbaren, in ihrem zweiseitigen Abkommen die in Ziffer 30 vorgeschlagene Alternativfassung des Absatzes 5 zu verwenden. Die Gefahr der Doppelbesteuerung kann aber auch durch ein multilaterales Abkommen vermieden werden. Wenn in dem in Ziffer 28 beschriebenen Fall der Staat der Ansässigkeit des Schuldners und der dritte Staat, in dem die Betriebsstätte liegt, für die das Darlehen aufgenommen wurde und die die Zinsen zu tragen hat, das Recht auf Besteuerung der Zinsen an der Quelle beanspruchen, hindert dies diese beiden Staaten ferner nicht, sich gegebenenfalls gemeinsam mit dem Staat des Wohnsitzes des Gläubigers der Zinsen über Maßnahmen zur Vermeidung der sich aus diesem Anspruch ergebenden Doppelbesteuerung* *zu verständigen, indem sie, soweit erforderlich, das in Articel 25 Absatz 3 vorgesehene Verständigungsverfahren nutzen.*

30. [Alternativvorschrift für Dreiecksverhältnis] *Wie in Ziffer 29 erwähnt, könnte die Doppelbesteuerung entweder durch ein multilaterales Abkommen vermieden werden oder dadurch, dass der Staat der Ansässigkeit des Nutzungsberechtigten und der Staat der Ansässigkeit des Schuldners vereinbaren, dem zweiten Satz des Absatzes 5 folgende Fassung zu geben, was sicher stellte, dass die Absätze 1 und 2 auf die Zinsen keine Anwendung fänden und diese dann unter Artikel 7 oder 21 fielen:*

„Hat aber der Schuldner der Zinsen, ohne Rücksicht darauf, ob er in einem Vertragsstaat ansässig ist oder nicht, in einem anderen Staat als in dem Staat, in dem er ansässig ist, eine Betriebstätte und ist die Schuld, für die die Zinsen gezahlt werden, für Zwecke der Betriebstätte eingegangen worden und trägt die Betriebstätte die Zinsen, so gelten die Zinsen als aus dem Staat stammend, in dem die Betriebstätte liegt."

31. [Quellenbestimmung bei ausschließlichem Besteuerungsrecht] *Vereinbaren zwei Vertragsstaaten bei zweiseitigen Verhandlungen dem Staat des Wohnsitzes des Gläubigers für diese Einkünfte das ausschließliche Besteuerungsrecht zuzuerkennen, erübrigt es sich, in das Abkommen, das das Verhältnis zwischen den beiden Staaten regelt, die den Quellenstaat dieser Einkünfte definierende Bestimmung des Absatzes 5 aufzunehmen. Dabei ist aber einleuchtend, dass die Doppelbesteuerung in einem solchen Fall nicht ganz vermieden würde, wenn der Schuldner der Zinsen in einem dritten, die Zinsen an der Quelle besteuernden Staat eine Betriebstätte hat, für die das Darlehen eingegangen worden ist und die die darauf entfallenden Zinsen trägt. Der Fall entspräche dann demjenigen, der in den Ziffern 28 bis 30 behandelt ist.*

Absatz 6

32. [Beschränkung des Anwendungsbereiches] *Dieser Absatz bezweckt, den Anwendungsbereich der Bestimmungen über die Besteuerung der Zinsen zu beschränken, falls auf Grund besonderer Beziehungen zwischen dem Schuldner und dem Nutzungsberechtigten oder zwischen jedem von ihnen und einem Dritten die gezahlten Zinsen den Betrag übersteigen, den Schuldner und Nutzungsberechtigter ohne diese Beziehungen vereinbart hätten. Er sieht vor, dass in einem solchen Fall die Bestimmungen des Artikels nur für den letzten Betrag gelten und dass der übersteigende Betrag der Zinsen nach dem Recht eines jeden Vertragsstaates und unter Berücksichtigung der anderen Bestimmungen des Abkommens besteuert wird.*

33. [Besondere Beziehungen zwischen Schuldner und Nutzungsberechtigtem] *Wie aus dem Wortlaut hervorgeht, kann diese Bestimmung nur dann zur Anwendung kommen, wenn die als überhöht erachteten Zinsen auf besondere Beziehungen zwischen Schuldner und Nutzungsberechtigtem oder zwischen jedem von ihnen und einem Dritten zurückzuführen sind. Als Beispiele lassen sich Fälle anführen, in denen die Zinsen an eine natürliche oder juristische Person gezahlt werden, die den Schuldner unmittelbar oder mittelbar beherrscht oder von ihm unmittelbar oder mittelbar beherrscht wird oder in einem Abhängigkeitsverhältnis zu einem Konzern steht, mit dem sie durch gemeinsame Interessen verbunden ist. Diese Beispiele gleichen überdies den in Artikel 9 behandelten Fällen.*

34. [Andere „besondere Beziehungen"] *Außerdem umfasst der Begriff „besondere Beziehungen" auch verwandtschaftliche Beziehungen und ganz allgemein jede Interessengemeinschaft, die neben dem Rechtsverhältnis, auf Grund dessen die Zinsen gezahlt werden, besteht.*

35. [Rechtscharakter des Überschusses] *Für die steuerliche Behandlung des übersteigenden Betrages der Zinsen ist der genaue Rechtscharakter dieses Überschusses nach den Umständen des Einzelfalles festzustellen, damit die Einkunftsart bestimmt werden kann, der er für die Anwendung der Vorschriften des Steuerrechts der betreffenden Staaten und für die Anwendung des Abkommens zuzurechnen ist. Der Absatz lässt nur die Berichtigung des*

Zinssatzes, nicht aber die Umqualifizierung des Darlehens in eine Zuführung zum Eigenkapital zu. Sollen solche Berichtigungen auf Artikel 11 Absatz 6 gestützt werden, so müssen mindestens die einschränkenden Worte „gemessen an der zugrunde liegende Forderung" gestrichen werden. Wenn es angebracht erscheint, die verfolgte Absicht noch mehr zu verdeutlichen, könnte nach den Worten „übersteigen die Zinsen" ein Satzteil wie „aus welchen Gründen auch immer" eingefügt werden. Jede der beiden Alternativfassungen würde Anwendung finden, wenn die Zinszahlung ganz oder zum Teil überhöht ist, weil der Darlehensbetrag oder die damit in Zusammenhang stehenden Bedingungen (einschließlich des Zinssatzes) nicht dem entsprechen, was in Abwesenheit der besonderen Beziehungen vereinbart worden wäre. Gleichwohl kann dieser Absatz sich nicht nur für den Empfänger, sondern auch für den Zahler des übersteigenden Betrages Auswirkungen haben; der übersteigende Betrag kann, soweit das Recht des Quellenstaates dies zulässt, unter Berücksichtigung der anderen Bestimmungen dieses Abkommens vom Abzug ausgeschlossen werden. Ist es für zwei Vertragsstaaten schwierig, die anderen Abkommensregelungen zu bestimmen, die jeweils auf den übersteigenden Zinsbetrag anzuwenden sind, so steht es ihnen frei, in den letzten Satz von Absatz 6 eine ergänzende Klarstellung aufzunehmen, sofern sich dadurch der allgemeine Inhalt des Absatzes nicht verändert.

36. [Verständigungsverfahren] *Führen die Grundsätze und Regeln des innerstaatlichen Rechts der beiden Vertragsstaaten dazu, dass diese nicht denselben Artikel des Abkommens auf die Besteuerung des überhöhten Betrages anwenden können, so wird es zur Beseitigung dieser Schwierigkeiten erforderlich sein, das im Abkommen vorgesehene Verständigungsverfahren einzuleiten.*

Bemerkungen zum Kommentar

37. Großbritannien *und* ***Kanada*** *teilen die in Ziffer 18 vertretene Auffassung nicht. Nach ihren nationalen Rechten werden bestimmte Zinsen als Ausschüttungen behandelt und fallen damit unter Artikel 10.*

Vorbehalte zum Artikel

Absatz 2

38. **[ab 22.7.2010: *Chile,*]** ***Ungarn,*** **[ab 15.7.2014: *Israel,*]** ***Mexiko, Portugal,*** *die* ***Slowakei*** *und die* ***Türkei*** *machen einen Vorbehalt hinsichtlich des Steuersatzes des Absatzes 2.*

[ab 15.7.2014:]

39. Israel *reserves the right to include a provision that would allow a resident of a Contracting State to be taxed on its interest income as if that income were business profits and were taxable under Article 7.*

40. *Die* ***Vereinigten Staaten*** *behalten sich vor, bestimmte Formen von erfolgsabhängigen Zinsen nach dem Satz zu besteuern, der nach Artikel 10 Absatz 2 Buchstabe b auf Streudividenden Anwendung findet. Sie behalten sich auch vor, nach ihrem Recht eine Zinsform zu besteuern, die „an excess inclusion with respect to residual interest in a real estate mortgage investment conduit" darstellt.*

[ab 15.7.2014:]

40.1 Estonia *reserves the right not to include the requirement for the competent authorities to settle by mutual agreement the mode of application of paragraph 2.*

Absatz 3

41. Mexiko *behält sich vor, andere Einkünfte wie etwa solche aus Verträgen über Finanzleasing oder Factoring als Zinsen zu betrachten.*

42. Belgien, Kanada **[ab 15.7.2014: *Estonia*]** *und* ***Irland*** *behalten sich vor, die Definition des Ausdrucks „Zinsen" so abzuändern, dass nach ihrem Recht als Ausschüttungen zu behandelnde Zinszahlungen unter Artikel 10 fallen.*

43. Kanada **[ab 22.7.2010: *Chile,*]** *und* ***Norwegen*** *behalten sich vor, den Hinweis auf Forderungen, die mit einer Beteiligung am Gewinn des Schuldners ausgestattet sind, zu streichen.*

44. **[ab 15.7.2014: *Chile,*]*****Griechenland, Portugal*** *und* ***Spanien*** *behalten sich vor, die Definition des Ausdrucks Zinsen in Übereinstimmung mit dem Musterabkommen von 1963 durch einen Hinweis auf ihr innerstaatliches Recht zu erweitern.*

[bis 21.7.2010: *Absatz 4*

45. Italien *behält sich vor, Zinsen nach innerstaatlichem Recht zu besteuern, falls der Empfänger der Zinsen eine Betriebstätte in Italien hat, selbst wenn die Forderung, für die die Zinsen gezahlt werden, nicht tatsächlich zu dieser Betriebstätte gehört.***]**

Absatz 6

46. Mexiko *behält sich vor, als Schutz vor Missbrauch eine Vorschrift über die Behandlung von Zinsen aus Rückdarlehen (back-to-back loans) aufzunehmen.*

Text: Stellungnahmen von Nichtmitgliedstaaten zum OECD-MA (OECD-NM)

(Interest)

Positions on the Article

1. Bulgaria *and* ***Ukraine*** *reserve the right to exclude from the scope of the Article interest on a debt-claim where the main purpose or one of the main purposes of any person concerned with the creation or assignment of the debt-claim in respect of which the interest is paid is to take advantage of this Article and not for bona fide commercial reasons.*

Paragraph 2

2. Argentina, Brazil, India, **[bis 14.7.2014: *Israel,*]** ***Ivory Coast,*** **[ab 15.7.2014: *Latvia,*]** *the* ***Philippines, Romania, Thailand*** *and* ***Ukraine*** *reserve their positions on the rate provided for in paragraph 2.*

3. Brazil *reserves the right to add to its conventions a paragraph dealing with interest paid to a government of a Contracting State or one of its political subdivisions or a local authority thereof or any agency (including a financial institution) wholly owned by the said government and stating that such interest is taxable only in the State of residence of the creditor. However, if interest is paid by a government of a Contracting State or one of its political subdivisions or a local authority thereof or any agency (including a financial institution) wholly owned by the said government, such interest shall be taxable only in that Contracting State (i.e. in the State of source).*

4. Bulgaria, **[bis 14.7.2014: *Estonia,*]** ***India, Latvia, Lithuania, Russia,*** **[ab 15.7.2014: *Malaysia,*]** ***Serbia*** **[ab 15.7.2014:** *and* ***Singapore*****]** *reserve the right not to include the requirement for the competent authorities to settle by mutual agreement the mode of application of paragraph 2.*

[ab 15.7.2014:]

4.1 Azerbaijan *reserves the right not to include in its bilateral conventions the sentence stating that the competent authorities shall settle the mode of application of paragraph 2 by mutual agreement as it uses uniform regulations for the implementation of all its bilateral conventions.*

Paragraph 3

5. ***Brazil, Thailand*** *and* ***Ukraine*** *reserve the right to regard penalty charges for late payment as interest for the purposes of this Article, in accordance with their domestic law.*

6. ***Malaysia*** *reserves the right to exclude premiums or prizes from the definition of interest, in accordance with the treatment of such payments under its domestic law.*

7. ***Brazil*** *and* ***Thailand*** *reserve the right to consider as interest any other income assimilated to income from money lent by the tax law of the Contracting State in which the income arises.*

7.1 **[ab 15.7.2014: *Bulgaria,*] [bis 14.7.2014: *Estonia,*]** ***Latvia,*** **[bis 14.7.2014: *Lithuania,*]** ***Morocco*** *and* ***Tunisia*** *reserve the right to amend the definition of interest to clarify that interest payments treated as distributions under its domestic law fall within Article 10.*

Paragraph 4

8. ***Brazil*** *reserves the right to provide that where interest is paid to a permanent establishment of a resident of the other Contracting State situated in a third State, the limit on the rate of taxation of interest in paragraph 2 shall not apply.*

8.1 ***Morocco*** *reserves the right to include in paragraph 4 a reference to other business activities carried on in the other State of the same and similar kind as those effected throuqh a permanent establishment.*

Paragraph 5

[bis 14.7.2014:

8.2 ***Israel*** *reserves the right to include a provision that would allow interest income to be taxed under Article 7 if the taxpayer so elects.***]**

Positions on the Commentary

9. ***Malaysia*** *does not agree with paragraph 20 of the Commentary as under Malaysian domestic legisation, premiums or prizes are not taxable.*

10. ***India*** *reserves its right to treat the interest element of sales on credit (described in paragraphs 7.8 und 7.9) as interest.*

11. ***India*** *does not adhere to the interpretation set out in paragraph 20, it reserves the right to treat the difference bettween redemption value and issue price in accordance with its domestic law.*

A. Allgemeines

I. Grundzüge

2 Art. 11 regelt die Besteuerung von Zinsen, die eine in einem Vertragsstaat ansässige Person aus dem anderen Vertragsstaat bezieht. Das MA sieht eine **Aufteilung zwischen Quellen- und Ansässigkeitsstaat** vor: die Besteuerung im Quellenstaat ist der Höhe nach begrenzt (Abs. 2); dem Ansässigkeitsstaat steht das uneingeschränkte Besteuerungsrecht zu, er rechnet aber die Steuer des Quellenstaates an (Abs. 1 i. V. m. Art. 23A und B); anders das US-MA, s. Rz. 18. Den Begriff der „Zinsen" definiert dem **Grunde** nach Abs. 3 (Rz. 56 ff.), der **Höhe** nach Abs. 6 (Rz. 119 ff.). Wann die Zinsen aus einem Vertragsstaat **„stammen"**, regelt Abs. 5 (s. Rz. 98 ff.). Abs. 4 betrifft das Verhältnis zu den Unternehmenseinkünften i. S. des Art. 7 (vgl. Rz. 5 und Vor Art. 10 bis 12 Rz. 30 ff.). Abweichend vom MA (aber angeregt im MA-Komm. Ziff. 3, 7 und im US-MA verwirklicht) ist insbesondere in den **DBA zwischen Industriestaaten** häufig vorgesehen, dass **allein**

der Ansässigkeitsstaat des Zinsempfängers die Zinsen besteuert. Demgegenüber sah das Völkerbunds-Modell von Mexiko vor, dass die Zinsen allein im Quellenstaat zu besteuern seien. Die Lösung des MA ist ein **Kompromiss**, auch hinsichtlich des vorgeschlagenen Quellensteuersatzes von 10% (MA-Komm. Ziff. 3). Das Völkerbunds-Modell von London enthielt keinen Vorschlag zur Höhe des Quellensteuersatzes, sondern überließ diesen der Aushandlung durch die Vertragsparteien, ebenso das UN-MA (zu diesen Abkommensmustern s. die Grundl. Rz. 34 ff.).

Viele Regelungen (v. a. im MA-Komm.) zu Art. 11 sind parallel zu denen zu Art. 12 (Lizenzgebühren; dort aber Quellensteuerbefreiung schon im MA). 3

II. Abgrenzung zu anderen Regelungen des MA

Art. 11 gilt für „Zinsen"; deren Begriff definiert Abs. 3 (s. Rz. 56 ff.). Vereinfachend lässt sich sagen: Der Begriff der „Zinsen", damit der Anwendungsbereich des Art. 11, bestimmt sich nach der Leistung, für die der zu besteuernde Betrag als Entgelt gezahlt wird, nämlich für die **Überlassung der Nutzung von (Geld-) Kapital auf Zeit** („Einkünfte aus Forderungen", aber **nicht** aus der Veräußerung der Forderung, s. Rz. 56). Im Übrigen ist der Begriff der „Zinsen" weit auszulegen, ebenso die Art ihrer Erbringung („Zahlung", s. Rz. 14). 4

1. Art. 6

Über die Zuordnung zu Art. 11 oder Art. 6 MA entscheidet im Wesentlichen der zur Nutzung überlassene Vermögensgegenstand. Ist dieser dem Grundvermögen zuzuordnen, ist Art. 6 anzuwenden. Handelt es sich um die Überlassung von (beweglichem) Kapital, findet Art. 11 Anwendung. Dabei ist grds. irrelevant, ob die Kapitalnutzung in einem wirtschaftlichen Zusammenhang mit der Nutzung von Grundvermögen steht. Zinseinkünfte aus der Anlage von Mieteinkünften oder Kautionen unterfallen daher dem Zinsartikel (s. auch Rz. 59b). Dies gilt auch für Zinsen aus einem Bausparguthaben. Wird Kapital überlassen, um damit Grundvermögen zu erwerben oder zu nutzen, sind die für die Kapitalüberlassung geleisteten Zahlungen Zins i. S. von Art. 11. Hypotheken- und Grundschuldzinseszinsen fallen daher unter Art. 11. Die dingliche Sicherung der Forderung steht dem nicht entgegen (so ausdrücklich Art. 11 Abs. 3 MA). Anders dagegen die sog. **Miet- und Erbbaurechtszinsen,** die für die Überlassung von Grundvermögen gezahlt werden und daher unter Art. 6 MA fallen. 5

2. Art. 7

Dem Art. 7 geht Art. 11 als **Spezialvorschrift** vor (s. Art. 7 Rz. 167; s. auch GKG/*Grützner,* Art. 11 OECD-MA Rz. 12; nach der Rechtsprechung des BFH genießt die Bestimmung zu Zinsen in Art. 11 MA gegenüber derjenigen zu Unternehmensgewinnen i. S. von Art. 7 MA auch ohne eine mit Art. 7 Abs. 7 MA vergleichbare Regelung Vorrang, s. BFHE 214, 518: *DBA Frankreich*, BFHE 216, 276: *DBA Großbritannien 1964/70*, BFHE 220, 173: *DBA Niederlande 1959/2004*). Für Zinseinnahmen eines Unternehmens aus seiner unternehmerischen Tätigkeit gelten m. a. W. grundsätzlich nicht die Regeln des Art. 7 über die Besteuerung des Unternehmensgewinns, sondern es gilt Art. 11. Dies gilt auch für gewinnabhängige Zinsen (vgl. MA-Komm. Ziff. 18). Art. 11 tritt aber gegenüber Art. 7 dann zurück, wenn der Zinsgläubiger im Staat, aus dem die Zinsen stammen, eine Betriebstätte unterhält und die Zinsen zum Gewinn dieser Betriebstätte gehören (vgl. Art. 11 Abs. 4, dazu Vor Art. 10 bis 12 Rz. 30 ff.). Die Besteuerung im Quellenstaat ist dann nicht auf einen Prozentsatz des Bruttozinsbetrags begrenzt; andererseits gelten die Gewinnermittlungsregeln für Betriebstätten, und der Quellenstaat ist verpflichtet, 5a die Betriebstätte mit inländischen Unternehmen gleich zu behandeln (Art. 24 Abs. 3, s. dort Rz. 94ff.), was regelmäßig bedeutet, dass nur der Nettogewinn zu versteuern ist. Die Besteuerung nach Art. 7 kann daher häufig günstiger sein als die nach Art. 11, insbesondere wenn das Stammhaus den gewährten Kredit seinerseits durch Aufnahme eines Darlehens refinanziert (s. auch SKK/*Geurts,* Art. 11 OECD-MA Rz. 7). Eine pauschale Aussage dazu ist aber nicht möglich. Die Frage, welche Behandlung günstiger ist, ist insbesondere auch abhängig von dem Quellensteuersatz nach dem einschlägigen Abkommen sowie von dem Steuersatz nach dem innerstaatlichen Recht des Quellenstaates. Sieht das Abkommen in Abweichung vom OECD-MA einen sehr viel niedrigeren Quellensteuersatz vor (in vielen Abkommen zwischen Industriestaaten ist dieser 0), wird eine Zuordnung zu dem Zinsartikel günstiger sein. Aus deutscher Sicht stellt sich die Frage, ob Zinszahlungen an ausländische Personengesellschafter, die nach § 15 Abs. 1 Satz 1 Nr. 2 EStG als Einkünfte aus Gewerbebetrieb zu behandeln sind, dem Art. 11 oder dem Art. 7 zuzuordnen sind. Nach der Rechtsprechung des BFH (BStBl. II 2009, 356: *DBA USA 1989*; BStBl. II 2009, 758: *DBA Frankreich* 1959/69 und *DBA Italien* 1925; BFHE 216, 276: *DBA Großbritannien 1964/70;* BFHE 229, 252: Zinserträge, die von einer i.S. von § 15 Abs. 3 Nr. 2 EStG gewerblich geprägten, aber vermögensverwaltend tätigen US-amerikanischen Personengesellschaft erzielt werden, an der unmittelbar oder mittelbar in Deutschland unbeschränkt steuerpflichtige Personen beteiligt sind, unterliegen grundsätzlich als Zinseinnahmen i.S. von Art. 11 Abs. 1 *DBA USA 1989* der deutschen und nicht als gewerbliche Gewinne eines Unternehmens i.S. von Art. 7 Abs. 1 *DBA USA 1989* der US-amerikanischen Besteuerung; BFHE 232, 145: *DBA Großbritannien 1964/70*) sind die Sondervergütungen grds. Art. 11 und nicht Art. 7 zuzuordnen. Die Fiktion des § 15 Abs. 3 Nr. 2 EStG schlägt nicht auf das Abkommen durch. Die gegenteilige Auffassung der deutschen Finanzverwaltung (BMF BStBl. I 1999, 1076 Tz. 1.2.3 bestätigt durch BMF BStBl. I 2010, 345 Tz. 2.2.1) ist in einem ersten Schritt durch das JStG 2009 in § 50d Abs. 10 Satz 1 EStG umgesetzt worden. Danach gelten die Sondervergütungen für Zwecke der Anwendung des Abkommens ausschließlich als Unternehmensgewinne. Die Vorschrift gilt gem. § 52 Abs. 59 EStG rückwirkend in allen noch nicht bestandskräftigen Fällen. Konsequenz dieser Neuregelungen ist nach Auffassung des BFH, dass für Sondervergütungen im Ausgangspunkt allein Art. 7 MA und nicht Art. 11 anzuwenden ist (die Vorschrift führt also zu einem *Treaty Override*, so auch *Frotscher*, IStR 2009, 593; *Gebhardt/Quilitzsch*, BB 2011, 669 (674)). Allerdings bewirkt § 50d Abs. 10 EStG nach Auffassung des BFH **keine Zurechnung** zu der (Mitunternehmer-)Betriebstätte. Diese Zurechnung ist vielmehr nach abkommensrechtlichen Grundsätzen vorzunehmen (vgl. BFH, BFHE 231, 84: *DBA USA 1989*, s. dazu die Anm. v. *Franz/Voulon*, BB 2011, 164 (167) und *Häck*, IStR 2011, 71). Der BFH stellt darauf ab, ob die Zinsforderung Betriebsvermögen der (Mitunternehmer-)Betriebstätte geworden ist bzw. dort als Aktivposten bilanziert wurde, was bei Forderungen der Gesellschafter gegen die Personengesellschafter nicht der Fall ist. Die Zurechnungsfrage stellt sich auch bei den Abkommen (*DBA Belarus, Ghana, Kasachstan, Liechtenstein 2011, Mauritius 2011, Oman 2012 (E), Österreich, Schweiz, Singapur, Tadschikistan, Usbekistan, Zypern 2011*), die Sonderregelungen in Art. 7 enthalten, nach denen Sondervergütungen den Unternehmensgewinnen zugerechnet werden. Die Beantwortung wurde in der Literatur davon abhängig, ob man die Sonderregelung gemacht als Qualifikations- oder aber als Zurechnungsnormen verstehen musste (s. dazu *Pohl*, IWB 2012, 120; zum *DBA Schweiz* FWK/*Häck*, Art. 11 DBA Schweiz Rz. 92, der der Auffassung ist, Art. 7 Abs. 7 Satz 2 *DBA Schweiz* komme keine Zurechnungsfunktion zu). Zu den Kriterien, wann Sondervergütungen einer Betriebstätte zuzurechnen sind vgl. BFHE 231, 84; 219, 518, BStBl. II 2009, 356; zum DBA Schweiz

FWK/*Häck*, a.a.O. Der MA-Komm. stellt in Ziff. 25.1 zu Art. 11 Abs. 4 darauf ab, ob der Betriebstätte das wirtschaftliche Eigentum an der Forderung zugerechnet werden kann, sie also über die daraus resultierenden Zinsen verfügen kann. Wären die nach § 50d Abs. 10 EStG i.d. Fassung des JStG 2009 abkommensrechtlich als Unternehmensgewinne zu behandelnden Sondervergütungen nicht der (Mitunternehmer-)Betriebsstätte im Quellenstaat zuzurechnen gewesen, hätte der Quellenstaat kein Besteuerungsrecht. Eine Behandlung als Zins nach Art. 11 wäre dann nicht mehr möglich, auch wenn der jeweilige Zinsartikel ein (eingeschränktes) Besteuerungsrecht für den Quellenstaat vorsieht. Vor der Qualifikation von Sondervergütungen als Unternehmensgewinne für Abkommenszwecke waren die Sondervergütungen gem. Art. 11 Abs. 4 MA nach Art. 7 zu behandeln, wenn sie der Betriebstätte des Zinsgläubigers im Quellenstaat zugerechnet werden konnten. Die Zurechnung war also der zentrale Punkt bei der Frage des Besteuerungsrechts von Sondervergütungen durch Deutschland als Quellenstaat. Wäre dies auch nach der Einführung des § 50d Abs. 10 EStG durch das JStG 2009 weiterhin der Fall gewesen, wäre die Vorschrift weitgehend leergelaufen. Der Gesetzgeber hat durch Änderung des § 50d Abs. 10 EStG durch das AmtshilfeRLUmsG 2013 nachgebessert (s. dazu Pohl, DB 2013, 1572 ff.). Gem. § 50 Abs. 10 S. 3 EStG ist die Vergütung des Gesellschafters ungeachtet der Vorschriften eines DBA über die Zuordnung von Vermögenswerten zu einer Betriebstätte derjenigen Betriebstätte der Gesellschaft zuzurechnen, der der Aufwand für die Vergütung zuzuordnen ist. Etwaige Doppelbesteuerungen, die durch einen Qualifikationskonflikt entstehen können (der Ansässigkeitsstaat des Gesellschafters vollzieht die deutsche Beurteilung nicht nach und rechnet die deutsche Steuer nicht an), werden gem. § 50d Abs. 10 S. 5 EStG dadurch vermieden, dass Deutschland die ausländische Steuer auf diese Einkünfte anrechnet. Der BFH hat nach der Änderung des § 50d Abs. 10 EStG in dem Beschluss vom 11.12.2013, NSW 2014, 1264, zum *DBA Italien 1989* festgestellt, dass die Anwendung der alten Fassung der Vorschrift in der Weise, dass die Zurechnung der Forderung weiterhin nach dem DBA erfolgen müsse, mit dem Regelungsverständnis der Vorschrift nicht vereinbar ist. Es verbleibe daher bei der Anwendung von Art. 7 Abs. 1 S. 2 und Abs. 2 OECD-MA bzw. des *DBA Italien 1989*. Der BFH hat dem BVerfG jedoch mit demselben Beschluss die Frage vorgelegt, ob durch den in § 50d Abs. 10 EStG a.F. enthaltenen Treaty Override ein Verstoß gegen Art. 2 Abs. 1 i.V.m. Art. 20 Abs. 3 und Art. 25 GG vorliegt. Weitere Vorlagefragen betreffen die Verfassungsmäßigkeit der neuen Fassung des § 50d Abs. 10 EStG sowie die der jeweils rückwirkenden Anwendung der alten und der neuen Fassung auf alle noch nicht bestandskräftigen Fälle.

3. Art. 10

Der Dividendenartikel und Art. 11 schließen sich tatbestandlich gegenseitig aus. **5b**
Dividenden werden für die Hingabe von Eigen-, Zinsen für die Hingabe von Fremdkapital gezahlt. Zinsen können daher keine Dividenden sein und umgekehrt. Die Abgrenzung erfolgt über den Zins- bzw. Dividendenbegriff. Sie kann im Einzelfall schwierig sein, da auch bei der Beteiligung an einem Unternehmen als Gesellschafter Kapital hingegeben wird und auch gewinnabhängige Zahlungen Zins sein können. Die Abkommenspraxis vieler Staaten, Einkünfte, die eigentlich Zins sind, ausdrücklich in den Dividendenartikel einzubeziehen, erschwert die Abgrenzung zusätzlich. Grds. hat der Zinsempfänger eine Forderung auf eine (auch variable) Vergütung sowie auf Rückzahlung des Kapitals, während der Gesellschafter einen Anspruch auf eine Beteiligung am Gewinn und am Liquiditätserlös hat und das Risiko trägt, seine Einlage ganz zu verlieren. Der Gesellschafter steht in einer gesellschaftsrechtlichen, der Darlehensgläubiger dagegen in einer rein schuldrecht-

lichen Beziehung zu der Gesellschaft. Diese mitgliedschaftlichen Rechte des Gesellschafters können zum Teil aber stark eingeschränkt sein, ohne dass sich dies auf die Qualifikation der Zahlungen an ihn als Dividenden auswirken würde. So können z. B. Einkünfte aus Genussrechten als Dividenden zu qualifizieren sein, obwohl der Inhaber keine mitgliedschaftlichen Rechte hat, wenn er am Gewinn und am Liquidationserlös beteiligt ist und keinen Anspruch auf Rückzahlung des hingegebenen Kapitals hat (vgl. dazu Rz. 77b und SKK/*Geurts*, Art. 11 OECD-MA Rz. 73).

4. Art. 13

5c Art. 11 erfasst Vergütungen für die Überlassung von Kapital auf Zeit, Art. 13 die Veräußerung der Kapital- oder der Zinsforderung bzw. eines Zinsscheins.

6 **e) Abgrenzungen zu weiteren Regelungen des MA:** Unter Art. 11 fällt die Überlassung von Kapital, während die Überlassung von Rechten von Art. 12 erfasst wird. Renten fallen auch dann vollständig unter Art. 18, wenn sie einen Ertrags- bzw. Zinsanteil enthalten (vgl. MA-Komm. Ziff. 23). Art. 11 erfasst nur solche Zinsen, die aus einem Vertragsstaat stammen und an eine im anderen Vertragsstaat ansässige Person gezahlt werden. Nicht erfasst werden Zinszahlungen, die aus dem Ansässigkeitsstaat oder einem Drittstaat stammen. Auf diese Zinszahlungen findet Art. 21 Anwendung. Zur Besteuerung von Zinsen aus einem **dritten Staat** s. Art. 21, dort besonders Rz. 16 ff.

III. Europarechtliche Entwicklungen

1. EU-Zins- und Lizenzgebühren-Richtlinie

7 Der Rat der EU hat durch die Richtlinie 2003/49/EG vom 3.6.2003 (ZinsRL; s. Grundl. Rz. 254) eine Regelung für Zahlungen von Zinsen und Lizenzgebühren zwischen **verbundenen Unternehmen** verschiedener Mitgliedstaaten erlassen. Die Anwendung der Richtlinie ist inzwischen auch auf die seitdem neu beigetretenen Mitgliedstaaten ausgedehnt worden. **Unabhängig** von dem jeweiligen DBA gilt in den von der Richtlinie erfassten Fällen ein Quellensteuersatz von **0.** Die Richtlinie berührt jedoch nicht die Anwendung einzelstaatlicher oder bilateraler Bestimmungen, die über die Bestimmungen der Richtlinie hinausgehen und die Beseitigung oder Abschwächung der Doppelbesteuerung von Zinsen und Lizenzgebühren bezwecken (Art. 9 ZinsRL). Um verbundene Unternehmen handelt es sich, wenn zwischen den Unternehmen entweder **unmittelbar** eine Beteiligung von **mindestens 25 %** besteht oder sich beide Unternehmen im Besitz einer **dritten** Gesellschaft befinden, die eine unmittelbare Beteiligung von mindestens 25 % am Gesellschaftskapital der beiden Gesellschaften hält (Art. 3 Buchst. b ZinsRL). Die Richtlinie sieht für bestimmte Mitgliedstaaten eine **Übergangsregelung** vor, nach der Quellensteuern auf Lizenzgebühren in einem bestimmten Umfang erhoben werden dürfen. Die Zins-**Definition** (Art. 2 Buchst. a ZinsRL) **entspricht** der des Art. 11 Abs. 3 OECD-MA (s. dazu Rz. 56 ff.). Deutschland hat die Richtlinie durch die Einführung des § 50g EStG umgesetzt. Danach verzichtet Deutschland auf **Antrag** auf sein gegebenenfalls als Quellensteuerstaat bestehendes Besteuerungsrecht, wenn Lizenzgebühren an ein verbundenes Unternehmen in einem anderen EU-Mitgliedstaat gezahlt werden. Von der durch Art. 4 ZinsRL vorgesehenen Möglichkeit, die Quellensteuerbefreiung bei gewinnabhängigen Vergütungen zu versagen, hat Deutschland durch § 50g Abs. 2 Nr. 1 Buchst. b EStG Gebrauch gemacht. Von dieser Regelung sind Einkünfte aus partiarischen Darlehen, Genussrechten sowie aus stillen Beteiligungen erfasst, die nach deutschem

Recht als Einkünfte aus Kapitalvermögen behandelt werden und auch aus Sicht der ZinsRL und aus Abkommenssicht regelmäßig Zinseinkünfte darstellen (s. auch Haase/*Wenz/Linn*, Art. 11 OECD-MA Rz. 53; *Körner* in Schönfeld/Ditz, Art. 11 OECD-MA Rz. 26 ff., der darauf hinweist, dass eine teilweise Gewinnabhängigkeit genügt). Ist Deutschland Quellenstaat von Zinszahlungen zwischen verbundenen Unternehmen, so kommt der ZinsRL in den Fällen Bedeutung zu, in denen das Abkommen mit dem EU-Ansässigkeitsstaat eine Besteuerung durch den Quellenstaat vorsieht und einer der Zinsempfänger mit den Zinszahlungen in Deutschland beschränkt steuerpflichtig ist. Die Erhebung von Quellensteuer ist nach der ZinsRL außerdem dann ausgeschlossen, wenn Zahlender und/oder Nutzungsberechtigter der Zinsen Betriebstätten von verbundenen Unternehmen sind (s. Art. 1 Abs. 1–5 ZinsRL). Zur Umsetzung der Richtlinie in Belgien s. *Springael,* DFI 2004, 279 ff.; zu Frankreich s. *Dussert,* DFI 2004, 211 ff.; zu Italien s. *Flora,* DFI 2006, 158; zu Österreich s. *Schneider,* DFI 2005, 30 ff. Die Europäische Kommission hat im April 2009 einen umfassenden Bericht über die Umsetzung der Richtlinie in 20 Mitgliedstaaten veröffentlicht (s. dazu *Aigner*, SWI 2009, 504). Zum Einfluss der Richtlinie auf die Behandlung der sog „triangular cases" s. *Gusmeroli,* ET 2005, 2 ff., 39 ff. und 86 ff. Zur Bedeutung der Richtlinie auf die Anwendung der sog. Zinsschrankenregelung (§ 4h EStG i. V. mit § 8a KStG, s. dazu auch Rz. 57a ff.) vgl. *Ernst/Bachmann*, StuW 2010, 262; *Führich*, Ubg 2009, 30 (37 f.). Die Zulässigkeit der Hinzurechnung eines Viertels der Entgelte für Schulden gem. § 8 Nr. 1 Buchst. a GewStG n. F. nach der ZinsRL war zeitweise in Frage gestellt worden. Sie dürfte nach der Entscheidung des EuGH v. 21.7.2011, Rs. C-397/09 – Scheuten Solar, DStR 2011, 1419 (sich anschließend BFH v. 7.12.2011, GmbHR 2012, 538 m. Anm. Rehm, zu der hälftigen Hinzurechnung von Dauerschuldzinsen nach § 8 Nr. 1 GewStG a. F., s. dazu *Goebel/Küntscher*, IStR 2011, 630; *Jaschke*, RIW 2011, 766) aber keinen Verstoß gegen die ZinsRL darstellen (kritisch zu dieser Auswirkung *Körner* in Schönfeld/Ditz, Art. 11 OECD-MA Rz. 34). Die Entscheidung des EuGH hat möglicherweise auch Auswirkungen auf die Frage der Vereinbarkeit der Zinsschrankenregelung mit der ZinsRL (s. dazu *Hiller*, BB 2011, 2715).

2. EU-Zinsertragsteuerrichtlinie

Ziel der am 1.7.2005 in Kraft getretenen sog. Zinsertragsteuerrichtlinie (Richtlinie 2003/48/EG, s. Grundl. Rz. 254) ist der zwischenstaatliche Informationsaustausch im Falle von Zinszahlungen im Unionsgebiet (s. dazu *Sailer/Ismer,* IStR 2005, 1 ff.). Während eines Übergangszeitraumes ist es aber Österreich, Belgien und Luxemburg wegen ihres innerstaatlichen Bankgeheimnisses gestattet, anstelle des Informationsaustausches (dann zwingend) eine Quellensteuer einzubehalten (Art. 11 Abs. 1 ZinsErtrag-RL: 15 % in den ersten drei, 20 % in den folgenden drei Jahren und anschließend 35 %; nach Art. 12 Abs. 1 ZinsErtrag-RL sind jeweils 75 % der Einnahmen an die Steuerbehörde des jeweiligen Wohnsitzmitgliedstaates weiterzuleiten). Durch die Richtlinie wird eine in diesen Fällen eventuell aufgrund eines DBA bestehende Beschränkung der Quellenbesteuerung außer Kraft gesetzt. Art. 14 ZinsErtrag-RL enthält Vorschriften zur Vermeidung von Doppelbesteuerungen. Die Richtlinie ist allein auf innerhalb der EU an **natürliche Personen** geleistete grenzüberschreitende Zinszahlungen auf bestimmte Forderungen anwendbar und sieht **automatisierte Kontrollmitteilungen** des Anlagestaates an den Ansässigkeitsstaat des Anlegers vor. Der Zinsbegriff der Richtlinie ist weiter als der des OECD-MA bzw. als der der ZinsRL (s. Art. 6 ZinsErtrag-RL). Deutschland hat die Richtlinie inzwischen durch die Zinsinformationsverordnung umgesetzt. 8

3. Zinsbesteuerungsabkommen

9 Das seit dem 1.7.2005 geltende Zinsbesteuerungsabkommen (ZBA) zwischen der Schweiz und der EU sieht vor, dass die Schweiz auf Zinszahlungen an in der EU ansässige natürliche Personen grds. eine Quellensteuer (15% in den ersten drei, 20% in den folgenden drei Jahren und anschließend 35%) erhebt (Art. 1 ZBA), von der 75% an den Wohnsitzstaat des Zinsempfängers weiterzuleiten sind. Durch das Abkommen werden allein Zinszahlungen von der Schweiz in die EU, nicht aber in die umgekehrte Richtung erfasst. Anstelle der Quellenbesteuerung kann der Zinsempfänger auch für eine **freiwillige Offenlegung** der Zinserträge optieren (Art. 2 ZBA). Das Abkommen sieht ausdrücklich vor, dass Bestimmungen in DBA der Quellenbesteuerung nicht entgegenstehen (Art. 14 ZBA; vgl. dazu *Kessler/Eicker/Obser,* IStR 2005, 658ff.). Die EU hat entsprechende Zinsabkommen außerdem mit Andorra, Liechtenstein, Monaco und San Marino sowie mit Guernsey, der Isle of Man, Jersey, den Niederländischen Antillen, den British Virgin Islands und den Turks- und Caicosinseln abgeschlossen.

Gem. Art. 15 Abs. 2 des ZBA werden allerdings Zahlungen von Zinsen zwischen verbundenen Gesellschaften oder ihren Betriebstätten im Quellenstaat **nicht** besteuert. Diese Gesellschaften müssen **entsprechend der ZinsRL** durch eine Beteiligung von mindestens 25% miteinander verbunden sein oder sich beide im Besitz einer dritten Gesellschaft befinden, die eine unmittelbare Beteiligung von mindestens 25% am Gesellschaftskapital der beiden Gesellschaften hält. Art. 15 Abs. 2 ZBA wurde durch § 50g Abs. 6 EStG in nationales Recht transformiert (s. auch Rz. 52). Ein Verstoß gegen das ZBA durch die Hinzurechnung von Entgelten für Schulden nach § 8 Nr. 1 Buchst. a GewStG dürfte nach der Entscheidung des EuGH in der Rs. Scheuten Solar (s. Rz. 7) nicht vorliegen.

B. Zu Art. 11 Abs. 1

I. Musterabkommen

1. Übereinstimmungen und Abweichungen

10 Die MA stimmen weitestgehend wörtlich überein. Das US-MA sieht als Grundsatz vor, dass der Zahlungsempfänger ausschließlich im Ansässigkeitsstaat besteuert wird; das entspricht einer Anregung im MA-Komm. und der weitverbreiteten Praxis zwischen Industriestaaten.

2. OECD-MA

11 **a) Grundzüge:** Abs. 1 bestätigt das Recht des **Ansässigkeitsstaates**, Zinsen zu besteuern, die eine in seinem Gebiet ansässige Person aus dem anderen Vertragsstaat bezieht. Die Besteuerung des Quellenstaates regelt Abs. 2, die Anrechnung der Quellensteuer im Ansässigkeitsstaat Art. 23 A oder B. Art. 11 Abs. 1 hat ihnen gegenüber keine selbständige materielle Bedeutung (anders aber bei denjenigen DBA, die die Besteuerung der Zinsen „nur" dem Ansässigkeitsstaat zuweisen, also den Quellenstaat ausschließen; s. dazu Rz. 24). Insbesondere regelt er nicht, dass oder in welcher Weise der Ansässigkeitsstaat die Zinsen besteuern muss. Damit bleiben auch die Ermittlung der Bemessungsgrundlage (vgl. auch BFH BStBl. II 1994, 941 (943): *DBA Schweiz 1971*) sowie die Tarifhöhe dem innerstaatlichen Recht des Ansässigkeitsstaates überlassen. Abs. 1 stellt aber klar, in welchen Fällen die Vorschrift **anwendbar** ist. Art. 11 gilt danach nicht für Zinsen, die aus dem Ansässigkeitsstaat des Zinsgläubigers oder aus einem **Drittstaat stammen** (i. S. des

Abs. 5); er befasst sich nicht mit der extraterritorialen Besteuerung von Zinsen; schließlich auch nicht mit Zinsen, die nach dem innerstaatlichen Recht eines Vertragsstaates dort schon allein deshalb besteuert werden, weil sie von einem ansässigen Bankinstitut (als „Zahlstelle") ausgezahlt werden. In diesen Fällen ist jeweils zu prüfen, ob und inwieweit Art. 21 einschlägig ist.

b) Abgrenzung: s. Rz. 4 ff. 12

c) Regelung: Werden Zinsen, 13
– die **aus einem Vertragsstaat stammen**
– an eine **im anderen Vertragsstaat ansässige Person**
– **gezahlt,**
so darf nach Art. 11 Abs. 1 der **Ansässigkeitsstaat des Zahlungsempfängers** die Zinsen besteuern.

d) Die Zahlung und ihr Empfänger: Abs. 1 gilt nur für Zinsen, die an eine im anderen Vertragsstaat ansässige Person gezahlt werden. Der Begriff „Zahlung" ist ein abkommensrechtlicher Begriff, der weit auszulegen ist. (MA-Komm. Ziff. 5; ebenso Wassermeyer/*Wassermeyer,* Art. 11 OECD-MA Rz. 36). Die Umschreibung durch den MA-Komm. a. a. O. („auf die vertragsmäßige oder übliche Weise Geldmittel zur Verfügung zu stellen") ist jedoch **zu eng** und nur als **beispielhaft** zu verstehen. Denn es besteht kein Anlass, Art. 11 nicht anzuwenden, wenn der Zinsanspruch z.B. durch eine Naturalleistung oder durch Aufrechnung beglichen wird, ob vertragsgemäß oder nicht, sofern der Gläubiger diese Art der Erfüllung hinnimmt und der Anwenderstaat sie wie die Erfüllung besteuert („Erfüllungssurrogat", s. auch Wassermeyer/*Wassermeyer*, Art. 11 Rz. 36). „Zahlung" ist daher **die Erfüllung des Zinsanspruchs,** auf jede nach dem Recht des Anwendestaates mögliche Weise. Statt von „Geldmitteln" (MA-Komm. a. a. O.) sollte man wohl von „Geldeswert" sprechen (s. auch SKK/*Geurts,* Art. 11 OECD-MA Rz. 31: „geldwerte Vorteile"; zustimmend auch *Körner* in Schönfeld/Ditz, Art. 11 OECD-MA Rz. 44). Fiktive Zinsen sind ebenfalls gezahlt (ebenso Wassermeyer/*Wassermeyer,* Art. 11 OECD-MA Rz. 36; SKK/*Geurts*, Art. 11 OECD-MA Rz. 32). Nicht als Zinsen gezahlt werden dagegen Erträge, die sich aus Kursschwankungen bei Rückzahlung eines Darlehens ergeben. 14

Der Begriff „Zinsen" ist dem Grunde nach in Abs. 3 definiert („Einkünfte aus Forderungen", s. Rz. 56 ff.); der Höhe nach beschränkt sich die Anwendung des Art. 11, falls zwischen Zinsschuldner und -gläubiger „besondere Beziehungen" bestehen, nach Abs. 6 auf Zinsen von angemessener Höhe (s. Rz. 119 ff.). Inwieweit Zinsen aus dem anderen Vertragsstaat „stammen", bestimmt Abs. 5 (s. Rz. 97 ff.).

Der Empfänger der (Zins-)Zahlung muss eine im anderen Vertragsstaat ansässige Person sein. Der abkommensrechtliche Begriff der Person ist i. S. von Art. 3 Abs. 1 Buchst. a MA auszulegen (s. dazu Art. 3 Rz. 11 ff.). Die Ansässigkeit der Person im Abkommenssinne bestimmt sich nach Art. 4 (s. dazu Art. 4 Rz. 4). Anders als Art. 12 Abs. 1 (s. dazu Art. 12 Rz. 23 ff.) ist der Begriff des Nutzungsberechtigten nicht in Art. 11 Abs. 1 enthalten. Die Auslegung des Abs. 1 im Zusammenhang mit Art. 11 Abs. 2 und 6 MA zeigt jedoch, dass Empfänger der Zahlung i. S. von Art. 11 Abs. 1 **auch** der Nutzungsberechtigte der Zinsen ist (auch wenn die Zahlung nicht unmittelbar an ihn erfolgt; vgl. auch Wassermeyer/*Wassermeyer*, Art. 11 OECD-MA Rz. 31a). Wird an eine Mittelsperson, jedoch zugunsten des **Nutzungsberechtigten** der Forderung geleistet, so ist dies „Zahlung" an die Mittelsperson, aber **zugleich** an den Nutzungsberechtigten. Auch dieser ist „Empfänger" (zum Begriff „Nutzungsberechtigter" s. Rz. 35 sowie Vor Art. 10 bis 12 Rz. 10 ff.). Der Vertragsstaat, in dem der Empfänger ansässig ist, darf nach Abs. 1 die Zuwendung allerdings unabhängig davon besteuern, ob der Empfänger Nut- 15 zungsberechtigter ist oder nicht. Ist der Nutzungsberechtigte in dem Vertragsstaat ansässig, aus dem die Zinsen stammen, läuft aber die Zahlung über eine Mittelsperson im anderen Vertragsstaat, so ist keiner der beiden Staaten daran gehindert, die Zinsen voll zu besteuern. Es kommt dann zu einer **wirtschaftlichen Doppelbesteuerung**. Ist die Mittelsperson in einem dritten Staat ansässig, so handelt es sich im Verhältnis zwischen dem Ansässigkeitsstaat des Nutzungsberechtigten und dem der Mittelsperson nicht um einen Fall des Art. 11, sondern des Art. 21 MA (s. dazu auch GKG/*Grützner,* Art. 11 OECD-MA Rz. 20/3).

Bei der **Zahlung an eine Personengesellschaft** ist die Behandlung der Gesellschaft als Zahlungsempfängerin bzw. Nutzungsberechtigte grds. abhängig von der Sichtweise des jeweiligen Anwendestaates. Behandelt dieser die Gesellschaft als transparent, so sind Zahlungsempfänger die Gesellschafter (s. Wassermeyer/*Wassermeyer,* Art. 11 OECD-MA Rz. 38, 55; Haase/*Wenz/Linn,* Art. 11 OECD-MA Rz. 23; so auch die Auffassung der österreichischen Finanzverwaltung, dazu und zu der Behandlung des entstehenden Qualifikationskonfliktes *Lang,* IStR 2010, 114), auf deren Ansässigkeit es dann ankommt. Nach dem BMF-Schreiben v. 16.4.2010 (BStBl. I 2010, 354) hat die Gesellschaft jedoch selbst einen Anspruch auf Reduzierung der Steuer im Quellenstaat, wenn sie in ihrem Ansässigkeitsstaat als intransparent behandelt wird. Ist die Gesellschaft aus Sicht des Quellenstaates steuerlich als intransparent zu behandeln, so kommt es für die Reduzierung der Steuer darauf an, ob die Gesellschaft (und nicht die Gesellschafter) im anderen Staat ansässig ist.

16 Werden die Zinsen für eine Forderung gezahlt, die zum Betriebsvermögen einer **Betriebstätte** des Zahlungsempfängers **im Quellenstaat** gehört, so schließt Abs. 4 die Anwendung von Abs. 1 aus (s. näher Vor Art. 10 bis 12 Rz. 30ff.) und damit im Ergebnis – nämlich über Art. 23 – die Besteuerung durch den Ansässigkeitsstaat des Empfängers, wenn dieser Staat auf die Betriebstättengewinne im Quellenstaat die Freistellungsmethode (Art. 23 A) anwendet. Entsprechendes kann sich aus der betragsmäßigen Beschränkung bei besonderen Beziehungen zwischen Schuldnern und Nutzungsberechtigten gemäß Abs. 6 ergeben, so z.B. wenn der Mehrbetrag der Zinsen als „Dividende" zu qualifizieren ist und der Gesellschafter für sog. „Schachteldividenden" aus dem Quellenstaat nach Art. 23 Steuerbefreiung genießt. Dagegen gilt Abs. 1 unbeschränkt für Zinsen auf Forderungen, die zu einer Betriebstätte des Gläubigers in einem Drittstaat gehören.

17 **e) Maßgebender Zeitpunkt und Art und Weise der Besteuerung:** Art. 11 Abs. 1 regelt nicht die Frage, zu welchem Zeitpunkt die Zinsen durch den Ansässigkeitsstaat besteuert werden dürfen. Dieser Zeitpunkt bestimmt sich daher nach dem nationalen Recht des Ansässigkeitsstaates des Nutzungsberechtigten (vgl. BFH BStBl. II 1994, 941 (943): *DBA Schweiz 1971*; s. auch GKG/*Grützner,* Art. 11 OECD-MA Rz. 32). Werden Zinsen besteuert, die auch bei weitester Auslegung noch nicht „gezahlt" sind (Beispiele: Besteuerung von Emissionsdiskont zeitanteilig vor dessen Zufluss, Besteuerung eines bilanzierenden Zinsgläubigers in seinem Ansässigkeitsstaat hinsichtlich einer in seine Gewinnermittlung eingegangene fällige aber noch nicht erfüllte Zinsforderung), so widerspricht dies dem Abkommen nicht (s. auch SKK/*Geurts,* Art. 11 OECD-MA Rz. 28). Werden Zinsforderungen z.B. im Rahmen der Gewinnermittlung nach §§ 4 Abs. 1, 5 Abs. 1 EStG aktiviert, so sind sie auch dann gezahlt i.S. des Abkommens, wenn der bilanzierende Gläubiger noch gar keine Zahlung erhalten hat. Der Teil der Zinsen, der durch den Schuldner als Quellensteuer einbehalten wird, fließt dem Zinsgläubiger bereits mit ihrer Einbehaltung zu. Dies gilt auch für den erstattungsfähigen Teil der Quellensteuer, der die nach dem Abkommen zulässige Quellensteuer übersteigt (vgl. BFH BStBl. II 1994, 941 (943): *DBA Schweiz 1971*).

Weiterhin sagt Art. 11 Abs. 1 nichts darüber aus, wie der Ansässigkeitsstaat die Zinsen zu besteuern hat. Dieser ist vielmehr darin frei, nach welcher Methode die Zinsen zu besteuern sind und ob z.B. Betriebsausgaben bzw. Werbungskosten zum Abzug zugelassen sind (vgl. Wassermeyer/*Wassermeyer*, Art. 11 OECD-MA Rz. 40).

3. Deutsche Verhandlungsgrundlage (DE-VG)

Die DE-VG gibt im Wesentlichen die deutsche Abkommenspraxis mit Industriestaaten wieder und erlaubt lediglich eine Besteuerung durch den Ansässigkeitsstaat (Art. 11 Abs. 1 DE-VG). Anders als das OECD-MA verlangt die DE-VG ausdrücklich, dass die Zinsen durch eine in einem Vertragsstaat ansässige Person als Nutzungsberechtigter bezogen werden (s. dazu Rz. 35 sowie Vor Art. 10 bis 12 Rz. 10 ff.). Gegenüber Entwicklungsländern lässt sich die Quellensteuerfreiheit für Zinsen allerdings nur schwer durchsetzen. Dies ist daher auch nicht das Verhandlungsziel des BMF mit diesen Staaten (s. *Valta,* ISR 2013, 186 (189)). **17a**

4. US-MA

Das US-MA lässt im Grundsatz nur die Besteuerung durch den Ansässigkeitsstaat zu, weshalb im US-MA eine Entsprechung zu Abs. 2 OECD-MA fehlt. Art. 11 Abs. 1 US-MA enthält aber die zusätzliche Voraussetzung, dass der Empfänger der Zahlung auch der **Nutzungsberechtigte** sein muss (s. dazu Rz. 35 sowie Vor Art. 10 bis 12 Rz. 10 ff.). Darüber hinaus enthält das US-MA in Abs. 2 Buchst. a eine Ausnahmeregelung für gewinnabhängige Zinsen. Diese können auch im Schuldnerstaat besteuert werden, allerdings wird der Quellensteuersatz auf 15% **begrenzt.** Nach Art. 11 Abs. 2 Buchst. b US-MA können die USA außerdem eine Quellensteuer von bis zu 15% auf sog. **„contingent interest“** erheben, wenn dieser nach US-Recht kein „portfolio interest“ darstellt (s. zur Behandlung des sog. „contingent interest“ im US-amerikanischen Steuerrecht Sec. 871 (h) (4) IRC und Sec. 881 (c) (4) IRC). Zinsen, bei denen es sich um Überschussanteile aus der Verbriefung von Hypothekenanleihen in den USA handelt, können in jedem Vertragsstaat nach dessen innerstaatlichem Recht besteuert werden (Art. 11 Abs. 2 Buchst. c US-MA). **18**

II. Deutsche DBA

1. Abkommensübersicht zu Artikel 11 Abs. 1 und 2

22

DBA	MA-Regelung: Besteuerungsrecht im Ansässigkeitsstaat und/oder Quellenstaat	Artikel	Rz.
Ägypten	≈ MA	11 Abs. 1, 2	
Albanien 2010	≈ MA	11 Abs. 1, 2	
Algerien 2007	≈ MA	11 Abs. 1, 2	
Argentinien	≈ MA	11 Abs. 1, 2	
Armenien	s. UdSSR		
Aserbaidschan	≈ MA	11 Abs. 1, 2	
Australien	≈ MA	11 Abs. 1	24
Bangladesch	≈ MA	11 Abs. 1	
Belarus	≈ MA	11 Abs. 1, 2	
Belgien	≈ MA	11 Abs. 1, 2	

DBA	MA-Regelung: Besteuerungsrecht im Ansässigkeitsstaat und/oder Quellenstaat	Artikel	Rz.
Bolivien	≈ MA	11 Abs. 1	
Bosnien-Herzegowina	s. Jugoslawien		
Bulgarien 2010	≈ MA	11 Abs. 1, 2	
China 1985	≈ MA	11 Abs. 1, 2	
China 2014 (E)	≈ MA	11 Abs. 1, 2	
Costa Rica 2014 (E)	≈ MA	11 Abs. 1, 2	
Dänemark	nur Ansässigkeitsstaat	11 Abs. 1	24
Ecuador	≈ MA	11 Abs. 1	
Elfenbeinküste	≈ MA	11 Abs. 1, 2	
Estland	≈ MA	11 Abs. 1	
Finnland	nur Ansässigkeitsstaat	11 Abs. 1	24
Frankreich	nur Ansässigkeitsstaat	10 Abs. 1	24
Georgien	nur Ansässigkeitsstaat; Quellenstaat, wenn Zinsen auf Gewinnbeteiligung beruhen und beim Schuldner abzugsfähig sind	11 Abs. 1; Prot. Nr. 3	24
Ghana	≈ MA	11 Abs. 1, 2	
Griechenland	≈ MA	VII Abs. 1, 2	23
Großbritannien 1964/70	nur Ansässigkeitsstaat	VII Abs. 1	23 f.
Großbritannien 2010	nur Ansässigkeitsstaat; Quellenstaat, wenn Zinsen auf Gewinnbeteiligung beruhen und beim Schuldner abzugsfähig sind	11 Abs. 1; Prot. Nr. 2	23 f.
Indien	≈ MA	11 Abs. 1	
Indonesien	≈ MA	11 Abs. 1–3	
Iran	≈ MA	11 Abs. 1, 2	
Irland 2011	nur Ansässigkeitsstaat; Quellenstaat, wenn Zinsen auf Gewinnbeteiligung beruhen und beim Schuldner abzugsfähig sind	11 Abs. 1; Prot. Nr. 3	24
Island	nur Ansässigkeitsstaat	11 Abs. 1	24
Israel	≈ MA	13 Abs. 1	24
Italien	≈ MA; Definition des „Nutzungsberechtigten"	11 Abs. 1, 2; Prot. Nr. 9	
Jamaika	≈ MA	11 Abs. 1,2	
Japan	≈ MA	11 Abs. 1, 2	
Jersey 2008	Keine Regelung		
Jugoslawien	nur Ansässigkeitsstaat; Deutschland als Quellenstaat, wenn Zinsen auf Gewinnbeteiligung beruhen und beim Schuldner abzugsfähig sind	12 Abs. 1; Prot. Nr. 1 Buchst. a	24
Kanada	≈ MA	11 Abs. 1, 2	
Kasachstan	≈ MA	11 Abs. 1	
Kenia	≈ MA	11 Abs. 1, 2	
Kirgisistan	≈ MA	11 Abs. 1, 2	
Korea	≈ MA	11 Abs. 1, 2	
Kosovo	s. Jugoslawien		
Kroatien	nur Ansässigkeitsstaat; Quellenstaat, wenn Zinsen auf Gewinnbeteiligung beruhen und beim Schuldner abzugsfähig sind	11 Abs. 1; Prot. Nr. 3	24

DBA	MA-Regelung: Besteuerungsrecht im Ansässigkeitsstaat und/oder Quellenstaat	Artikel	Rz.
Kuwait	nur Ansässigkeitsstaat; Quellenstaat, wenn Zinsen auf Gewinnbeteiligung beruhen und beim Schuldner abzugsfähig sind	11 Abs. 1; Prot. Nr. 5	24
Lettland	≈ MA	11 Abs. 1, 2	
Liberia	≈ MA	11 Abs. 1, 2	
Liechtenstein 2011	nur Ansässigkeitsstaat; Quellenstaat, wenn Zinsen auf Gewinnbeteiligung beruhen und beim Schuldner abzugsfähig sind	11 Abs. 1, 2	 24
Litauen	≈ MA	11 Abs. 1	
Luxemburg 2012	nur Ansässigkeitsstaat; Deutschland als Quellenstaat, wenn Zinsen auf Gewinnbeteiligungen beruhen und beim Schuldner abzugsfähig sind	11 Abs. 1; Prot. Nr. 2 Abs. 1	23, 24
Malaysia 2010	≈ MA	11 Abs. 1, 2	
Malta	nur Ansässigkeitsstaat; Deutschland als Quellenstaat, wenn Zinsen auf Gewinnbeteiligung beruhen und beim Schuldner abzugsfähig sind	11 Abs. 1; Prot. Nr. 3	24
Marokko	≈ MA	11 Abs. 1, 2	
Mauritius 2011	nur Ansässigkeitsstaat; Quellenstaat, wenn Zinsen auf Gewinnbeteiligung beruhen und beim Schuldner abzugsfähig sind	11 Abs. 1; Prot. Nr. 5	 24
Mazedonien 2006	≈ MA	11 Abs. 1, 2	
Mexiko 2008	≈ MA	11 Abs. 1, 2	
Moldau	s. UdSSR		
Mongolei	≈ MA	11 Abs. 1	
Montenegro	s. Jugoslawien		
Namibia	nur Ansässigkeitsstaat; Quellenstaat, wenn Zinsen auf Gewinnbeteiligung beruhen und beim Schuldner abzugsfähig sind	11 Abs. 1; Prot. Nr. 3	24
Neuseeland	≈ MA	11 Abs. 1, 2	11 ff.
Niederlande 1959/2004	nur Ansässigkeitsstaat	14 Abs. 1	24
Niederlande 2012 (E)	nur Ansässigkeitsstaat; Quellenstaat, wenn Zinsen auf Gewinnbeteiligung beruhen und beim Schuldner abzugsfähig sind	11 Abs. 1; Prot. Nr. 9	24
Norwegen 1991	nur Ansässigkeitsstaat; Definition des „Nutzungsberechtigten"	11 Abs. 1; Prot. Nr. 4	24
Norwegen 2013 (E)	nur Ansässigkeitsstaat; Definition des „Nutzungsberechtigten"	11 Abs. 1; Prot. Nr. 4	24
Oman 2012 (E)	nur Ansässigkeitsstaat, wenn Zahlungsempfänger im anderen Vertragsstaat Nutzungsberechtigter ist und Zinsen im anderen Vertragsstaat der Steuer unterliegen; Quellenstaat, wenn Zinsen auf Gewinnbeteiligung beruhen und beim Schuldner abzugsfähig sind	11 Abs. 1	

DBA	MA-Regelung: Besteuerungsrecht im Ansässigkeitsstaat und/oder Quellenstaat	Artikel	Rz.
Österreich	nur Ansässigkeitsstaat; Quellenstaat, wenn Zinsen auf Gewinnbeteiligungen beruhen und beim Schuldner abzugsfähig sind	11 Abs. 1	24
Pakistan	≈ MA	11 Abs. 1, 2	
Philippinen 1983	≈ MA	11 Abs. 1, 2	
Philippinen 2013	≈ MA	11 Abs. 1, 2	
Polen	≈ MA	11 Abs. 1, 2	
Portugal	≈ MA	11 Abs. 1, 2	
Rumänien	≈ MA	11 Abs. 1, 2	24
Russische Föderation	nur Ansässigkeitsstaat; Quellenstaat, wenn Zinsen auf Gewinnbeteiligungen beruhen und beim Schuldner abzugsfähig sind	11 Abs. 1; Prot. Nr. 5	24
Sambia	≈ MA	11 Abs. 1, 2	
Schweden	nur Ansässigkeitsstaat	11 Abs. 1	24
Schweiz	nur Ansässigkeitsstaat	11 Abs. 1	24
Serbien	s. Jugoslawien		
Simbabwe	≈ MA	11 Abs. 1, 2	
Singapur	≈ MA	11 Abs. 1, 2	1
Slowakei	s. Tschechoslowakei		
Slowenien	≈ MA	11 Abs. 1, 2	
Spanien 2011	nur Ansässigkeitsstaat; Quellenstaat, wenn Zinsen auf Gewinnbeteiligung beruhen und beim Schuldner abzugsfähig sind	11 Abs. 1; Prot. Nr. 5	24
Sri Lanka	≈ MA	11 Abs. 1, 2	
Südafrika 1973	≈ MA	8 Abs. 1, 2	
Südafrika 2008 (E)	nur Ansässigkeitsstaat; Quellenstaat, wenn Zinsen auf Gewinnbeteiligung beruhen und beim Schuldner abzugsfähig sind	11 Abs. 1; 10 Abs. 3	24
Syrien 2010	≈ MA	11 Abs. 1, 2	
Tadschikistan	nur Ansässigkeitsstaat; Quellenstaat, wenn Zinsen auf Gewinnbeteiligung beruhen und beim Schuldner abzugsfähig sind	11 Abs. 1; Prot. Nr. 2	24
Taiwan 2011	≈ MA	11 Abs. 1, 2	
Thailand	≈ MA	11 Abs. 1, 2	
Trinidad und Tobago	≈ MA	11 Abs. 1, 2	23
Tschechien	s. Tschechoslowakei		
Tschechoslowakei	nur Ansässigkeitsstaat	11 Abs. 1	24
Türkei 2011	≈ MA	11 Abs. 1, 2	
Tunesien	≈ MA	11 Abs. 1, 2	
Turkmenistan	s. UdSSR		
UdSSR	≈ MA	8 Abs. 1, 2	25
Ukraine	≈ MA	11 Abs. 1, 2	
Ungarn 2011	nur Ansässigkeitsstaat; Quellenstaat, wenn Zinsen auf Gewinnbeteiligung beruhen und beim Schuldner abzugsfähig sind oder es sich um Ausschüttungen eines REITs handelt	11 Abs. 1; Prot. Nr. 4	24
Uruguay 2011	≈ MA	11 Abs. 1, 2	

DBA	MA-Regelung: Besteuerungsrecht im Ansässigkeitsstaat und/oder Quellenstaat	Artikel	Rz.
USA 1989	nur Ansässigkeitsstaat	11 Abs. 1	24
USA 1989/2006	nur Ansässigkeitsstaat; mit Ausnahme von Überschussanteilen aus der Verbriefung von Hypothekenanleihen durch USA als Quellenstaat	11 Abs. 1, 6	23 f.
Usbekistan	≈ MA	11 Abs. 1, 2	
Venezuela	≈ MA	11 Abs. 1	
Vereinigte Arabische Emirate 2010	nur Ansässigkeitsstaat; Quellenstaat, wenn Zinsen auf Gewinnbeteiligung beruhen und beim Schuldner abzugsfähig sind	11 Abs. 1; Prot. Nr. 4	24
Vietnam	≈ MA	11 Abs. 1	
Weißrussland	s. Belarus		
Zypern 2011	nur Ansässigkeitsstaat	11 Abs. 2	24

Zusätzliche Regelungen:

Griechenland: Aufrechterhaltung von Steuerbegünstigungen nach nationalem griechischen Recht. 23

Großbritannien 1964/70: Bei Veräußerung der den Zinsen (oder Lizenzgebühren) zugrundeliegenden Vermögenswerten oder Rechten keine Quellensteuer für die Gegenleistung; Gewährleistung des Betriebsstättenausgabenabzugs für Zahlungen von Zinsen und Lizenzgebühren an ausländische Gesellschaften (außer in Missbrauchsfällen).

Großbritannien 2010: Art. 11 Abs. 5 enthält eine Missbrauchsklausel. Danach werden die Entlastungen nach diesem Artikel nicht gewährt, wenn der Hauptzweck oder einer der Hauptzwecke einer der Personen, die an der Begründung oder Übertragung der Forderung, für die die Zinsen gezahlt werden, beteiligt waren, darin bestand, diesen Artikel mithilfe dieser Begründung oder Übertragung in Anspruch zu nehmen (kritisch hinsichtlich des Wortlauts *Körner* in Schönfeld/Ditz, Art. 11 OECD-MA Rz. 119).

Oman 2012 (E): Zinsen aus unmittelbar mit dem Betrieb von Seeschiffen oder Luftfahrzeugen im internationalen Verkehr im Zusammenhang stehenden Kapital gelten als Gewinne aus dem Betrieb dieser Seeschiffe oder Luftfahrzeuge, so dass Art. 11 des DBA nicht auf diese Zinsen anzuwenden ist (Art. 8 Abs. 3).

Luxemburg 2012: Ein nach dem Recht eines Vertragsstaates gebildetes Investmentvermögen, das aus dem anderen Vertragsstaat stammende Dividenden oder Zinsen bezieht, kann die in den Artikeln 10 und 11 des *DBA Luxemburg 2012* vorgesehenen Beschränkungen des Besteuerungsrechts des anderen Vertragsstaats geltend machen, soweit die Anteile an dem Investmentvermögen von in dem erstgenannten Staat ansässigen Personen gehalten werden. Mit Anerkennung eines Anspruchs des Investmentvermögens erlischt das Recht der Anteilscheininhaber an diesem Investmentvermögen, einen Anspruch auf dieselbe Vergünstigung geltend zu machen. Dagegen können Investmentgesellschaften die in Artikel 10 und 11 vorgesehenen Beschränkungen selbständig geltend machen. Prot. Nr. 1 Abs. 1 des Abkommens enthält eine Definition der Investmentvermögen und Prot. Nr. 1 Abs. 2 eine Definition der Investmentgesellschaften i. S. dieser Bestimmung.

Trinidad und Tobago: Beschränkung der im innerstaatlichen Recht Trinidad und Tobagos vorgesehenen Umqualifizierung von Zinsen in Ausschüttungen: sie bleibt nur zulässig, falls der Steuerpflichtige den Behörden von Trinidad und Tobago nicht glaubhaft nachweisen kann, dass die zugrundeliegende Investition und ihre Klassifizierung als Schuld nicht der Umgehung von Steuern Trinidad und Tobagos dient.

USA 1989/2006: Zinsen, bei denen es sich um Überschussanteile („excess inclusion with a respect to residual interest") aus der Verbriefung von Hypothekenanleihen in den USA (U.S. Real Estate Mortgage Investment Conduit) handelt, können von den USA gemäß ihrem innerstaatlichen Recht besteuert werden (dazu EJGK/*Gohr*, Art. 11 DBA USA Rz. 72); s. auch Art. 11 Abs. 2 Buchst. c US-MA (Rz. 18).

2. Erläuterungen

24 Viele deutsche Abkommen schließen für Zinsen jede Quellenbesteuerung aus, und das bereits in Abs. 1 (*Dänemark, Finnland, Frankreich, Georgien, Großbritannien 1964/70* und *2010, Irland 2011, Island, Jugoslawien, Kroatien, Kuwait, Liechtenstein 2011, Luxemburg 2012, Malta, Mauritius 2011, Namibia, Niederlande 1959/2004* und *Niederlande 2012 (E), Norwegen 1991* und *Norwegen 2013 (E), Österreich, Russische Föderation, Schweden, Schweiz, Spanien 2011, Südafrika 2008 (E), Tadschikistan, Tschechoslowakei, Ungarn 2011, USA 1989* und *1989/2006, Vereinigte Arabische Emirate 2010, Zypern 2011;* vgl. die Übersicht Rz. 22). Diese Abkommen enthalten keine Entsprechung zu Art. 11 Abs. 2 MA, sehen aber im Protokoll häufig ein uneingeschränktes Besteuerungsrecht des Quellenstaates für gewinnabhängige Zinsen vor (s. die Auflistung in Rz. 22). Andere Abkommen bekräftigen in Abs. 1 statt der Besteuerung durch den Sitzstaat die durch den Quellenstaat (*DBA Australien, Israel,* vgl. auch hierzu die Übersicht Rz. 22). Materiell macht dies **keinen** Unterschied. Die *DBA USA 1989* und *1989/2006* enthalten zusätzlich in Abs. 5 ein Verbot der „extraterritorialen" Besteuerung von Zinsen, das in seinem Inhalt dem für Dividenden geltenden Art. 10 Abs. 5 MA entspricht, und zugleich einen Vorbehalt für die USA zur Erhebung der Branch Level Interest Tax. Danach darf ein Vertragsstaat Zinsen, die von einer im anderen Vertragsstaat ansässigen Gesellschaft gezahlt werden, nicht besteuern, selbst wenn die Gesellschaft die Zinsen aus Einkünften finanziert hat, die aus diesem Vertragsstaat stammen (vgl. dazu und zu den Ausnahmetatbeständen EJGK/ *Gohr*, Art. 11 DBA USA Rz. 66ff.). Art. 11 Abs. 1 *DBA USA 1989* und *1989/ 2006* weist dem Ansässigkeitsstaat das Besteuerungsrecht an sämtlichen Zinsen zu, die der dort ansässige Nutzungsberechtigte bezieht, währen Art. 11 MA nur solche Zinsen erfasst, die aus dem anderen Vertragsstaat stammen. Das *DBA USA* erfasst damit auch Zinsen aus Drittstaaten, die ansonsten unter Art. 21 fallen würden. Deutsche DBA, die das Besteuerungsrecht dem Grundsatz nach dem Ansässigkeitsstaat zuweisen, enthalten häufig eine Zusatzregelung (s. Rz. 22), nach der der Quellenstaat ein unbeschränktes Besteuerungsrecht hat, wenn es sich um gewinnabhängige Zinsen handelt, die bei dem Schuldner steuerlich abzugsfähig waren. Dazu werden regelmäßig Einkünfte aus stillen Beteiligungen, partiarischen Darlehen sowie Gewinnobligationen genannt. Nach Art. 11 Abs. 2 *DBA Österreich* können Einkünfte aus Forderungen mit Gewinnbeteiligungen auch unbeschränkt durch den Quellenstaat besteuert werden, ohne dass die Abzugsfähigkeit erwähnt wird. Im Umkehrschluss zu Art. 10 Abs. 3 des DBA ergibt sich jedoch, dass die fehlende Abzugsfähigkeit zu einer (beschränkten) Quellenbesteuerung als Dividende, die Möglichkeit des Abzugs zu einem unbeschränkten Quellenbesteuerungsrecht nach Art. 11 Abs. 2 führt. Teilweise sehen die DBA mit Deutschland vor, dass Zinsen nur im Ansässigkeitsstaat besteuert werden können, wenn der Empfänger die Zinszahlung mit dem Verkauf gewerblicher, kaufmännischer oder wissenschaftlicher Ausrüstung auf Kredit oder mit dem Verkauf von Waren durch ein Unternehmen an ein anderes Unternehmen auf Kredit steht (Art. 11 Abs. 4 *DBA Philippinen 2013 (E)* und Art. 11 Abs. 4 *DBA Uruguay* 2011

(dort auch alleiniges Besteuerungsrecht des Ansässigkeitsstaat für Bankdarlehen zur langfristigen Finanzierung von Investitionsprojekten)).

Nach Art. 8 Abs. 2 Satz 2 *DBA UdSSR* werden Zinsen, die aus der UdSSR stammen, dort nicht besteuert, wenn Deutschland gleichartige Zinsen an Ausländer nach seinem innerstaatlichen Recht nicht besteuert (zum Umfang s. BMF vom 26.9.1984, BStBl. I 1984, 504). Art. 11 Abs. 4 *DBA Rumänien* enthält nunmehr eine entsprechende Regelung. 25

C. Zu Art. 11 Abs. 2

I. Musterabkommen

1. Übereinstimmungen und Abweichungen

OECD- und UN-MA weichen nur insoweit voneinander ab, als das OECD-MA eine bestimmte Höhe des Steuersatzes der Quellensteuer vorsieht. Das US-MA lässt schon in Abs. 1 die Besteuerung nur im Ansässigkeitsstaat zu, abgesehen von bestimmten in Art. 11 Abs. 2 US-MA aufgezählten Ausnahmen, s. Rz. 18. 29

2. OECD-MA

a) **Grundzüge:** Zinsen darf der **Ansässigkeitsstaat des Schuldners** als **Quellenstaat** nach Art. 11 Abs. 2 **besteuern**, jedoch nur **in begrenzter Höhe.** Er besteuert sie gemäß seinem innerstaatlichen Recht, ohne durch das Abkommen anders als hinsichtlich der Höhe des Steuersatzes begrenzt zu sein. Insbesondere enthält Abs. 2 **kein** Besteuerungs**gebot** für den Quellenstaat. Er ist auch nicht verpflichtet, den nach dem Abkommen erlaubten Höchststeuersatz anzuwenden, sondern kann eine geringere Quellensteuer erheben. Allerdings ist er an den Höchststeuersatz gebunden und zwar mit allen seinen Steuern, die auf die Zinszahlung erhoben werden. Diese dürfen in der Summe den Höchststeuersatz nicht überschreiten (SKK/*Geurts*, Art. 11 OECD-MA Rz. 38). Abs. 2 lässt außerdem offen, ob die Steuer durch Abzug beim Schuldner oder durch Festsetzung nach Veranlagung des Zinsempfängers erhoben wird (MA-Komm. Ziff. 12). Der Quellenstaat ist außerdem darin frei, wie er die Beschränkung seines Besteuerungsrechtes durch das Abkommen umsetzt. So kann er zunächst eine nach seinem innerstaatlichen Recht höhere Quellensteuer erheben (zur Zulässigkeit vgl. BFH BStBl. II 1994, 941 (943): *DBA Schweiz 1971*). Den Differenzbetrag zu der nach dem Abkommen zulässigen Quellensteuer **muss** er in einem anschließenden Verfahren erstatten. Nach deutschem innerstaatlichen Recht werden Kapitalertragsteuern, die durch den Schuldner von den Zinsen einbehalten und abgeführt wurden, gem. § 50d Abs. 1 EStG erstattet. Der Gläubiger hat jedoch auch die Möglichkeit, einen Freistellungsantrag gem. § 50d Abs. 2 EStG zu stellen. Allerdings ist auch eine Besteuerung im Veranlagungswege denkbar, z.B. wenn eine Doppelansässigkeit vorliegt oder die Zinszahlung nach deutschem innerstaatlichem Recht als Betriebseinnahme eines inländischen Betriebs bezogen wird, dies aber abkommensrechtlich nicht nachvollzogen wird. Die Nettobesteuerung darf dann nicht mehr als 10% der Bruttobesteuerung betragen. 30

Dass auch der Ansässigkeitsstaat des Zinsempfängers die Zinsen besteuern kann, ergibt sich bereits aus Abs. 1. Die Anrechnung der Steuer des Quellenstaates im Ansässigkeitsstaat des Zinsempfängers bestimmt sich nach Art. 23 A Abs. 2 und Art. 23 B Abs. 1 MA. Erhebt allerdings der Quellenstaat eine höhere Steuer, als Art. 11 Abs. 2 sie gestattet, oder hätte er gar nach dem Abkommen die Zinsen freizustellen, so findet im Ansässigkeitsstaat weder eine Anrechnung der zu viel erhobenen Steuern noch eine Freistellung statt (FG Nds EFG 1993, 317: *DBA Großbritannien 1964/70*). Dies gilt auch dann, wenn der Quellenstaat nach dem

DBA den Steuerabzug zwar vornehmen darf, die erhobene Steuer aber auf Antrag des Steuerpflichtigen zu erstatten hat (FG München v. 20.9.2002, 13-K-1717/02: *DBA Schweden* – nicht veröffentl.). Es entspricht daher deutscher Verwaltungspraxis, vor Einleitung eines Verständigungsverfahrens wegen zu Unrecht erhobener Quellensteuer zunächst einen erfolglosen Antrag auf Erstattung vorauszusetzen.

31 Die Besteuerung der Zinsen im Quellenstaat wird den Gläubiger der Zinsen u. U. zu dem Versuch führen, die Steuer des Quellenstaates auf den Zinsschuldner zu überwälzen (vgl. MA-Komm. Ziff. 7.1). Trotz der weiten Verbreitung von „Steuerklauseln" ist eine solche Überwälzung der Quellensteuer auf den Zinsschuldner, ob offen oder verdeckt, nicht ohne weiteres möglich. Sie hängt nicht nur von der Höhe der sich daraus ergebenden effektiven Zinsbelastung ab, sondern auch z. B. von der Bewertung der Anrechnungsmöglichkeit im Sitzstaat unter den Umständen des Einzelfalles. Darüber hinaus sind offene Steuerüberwälzungsklauseln (sog. *„gross-up clauses"*) nach dem Recht des Quellenstaates zum Teil verboten (so z. B. in Frankreich; etwas anderes gilt aber regelmäßig, wenn nach französischem IPR ausländisches Recht auf den (Darlehens-)Vertrag anwendbar ist, s. dazu *Donsimoni,* TNI 1998, 109 ff.). Siehe zu derartigen Klauseln auch *Körner* in Schönfeld/Ditz, Art. 11 OECD-MA Rz. 5. Zu der Frage, ob Zinsen, die aufgrund von sog. gross-up clauses gezahlt werden, in Rumänien nach dem jeweiligen DBA oder unbegrenzt nach dem rumänischen Recht besteuert werden und ob es sich dabei um einen Treaty Override handelt s. Cotrut, ET 2013, 439 ff.

32 **b) Abgrenzung:** s. Rz. 4 ff.

33 **c) Regelung:** Der Ansässigkeitsstaat des Schuldners als Quellenstaat kann die Zinsen besteuern

- **unter den Voraussetzungen des Abs. 1,** jedoch
- nur **bis zur Höhe von 10 %,** wenn der **Nutzungsberechtigte** eine **in dem anderen Vertragsstaat ansässige Person** ist.

34 **d) Voraussetzungen des Abs. 1:** Abs. 2 gilt für **„diese Zinsen",** d. h. für Zinsen i. S. des Abs. 1. Damit nimmt Abs. 2 auf alle Tatbestandsmerkmale des Abs. 1 Bezug: „diese Zinsen" sind

- Zinsen (i. S. des Abs. 3),
- die aus dem Quellenstaat stammen (i. S. des Abs. 5) und
- an eine im anderen Staat ansässige Person (i. S. des Abs. 4 i. V. m. Art. 3)
- gezahlt werden.

Zu den einzelnen Voraussetzungen vgl. oben Rz. 13 ff. Für Zahlungen, die nicht „Zinsen" sind, oder für Zinsen aus einem Drittstaat oder an einen Nutzungsberechtigten in einem Drittstaat gelten die jeweils einschlägigen anderen Abkommensvorschriften, die entweder eine höhere oder sogar uneingeschränkte Quellenbesteuerung aufrechterhalten oder auch die Quellenbesteuerung weiter einschränken, gegebenenfalls sie völlig ausschließen. Der Begriff „gezahlt" ist weit auszulegen. „Zahlung" ist **jede Erfüllungshandlung** (s. Rz. 14, 17). Über den **Zeitpunkt** der Besteuerung im Quellenstaat sagt Art. 11 Abs. 2 nichts aus. Er richtet sich nach dem innerstaatlichen Recht des Quellenstaates. Auch wenn die Zinsen schon zu einem Zeitpunkt besteuert werden, in dem erst die Zinsverbindlichkeit besteht, ist die Quellensteuerbeschränkung des Abs. 2 anzuwenden (s. a. a. O.). **Fiktive Zinsen** können gezahlt sein, solange dies durch das Abkommen nicht ausgeschlossen ist (s. SKK/*Geurts,* Art. 11 OECD-MA Rz. 32; a. A. die Entscheidung des *Hoge Raad* der Niederlande v. 18.6.2004, Nr. 39.385: *DBA Belgien/Niederlande 1970*). Nach *DBA Portugal* Prot. Nr. 5 ist es für die Anwendung des Zinsartikels unerheblich, ob die von dort stammenden Zinsen tatsächlich gezahlt wurden oder nur nach portugiesischem Recht zuzurechnen sind.

e) Die Quellensteuerbeschränkung tritt nur ein, wenn der **Nutzungsberechtigte** in dem anderen Vertragsstaat **ansässig** ist. Die Ansässigkeit muss zu dem Zeitpunkt bestehen, in dem die Zinsen nach dem innerstaatlichen Recht des Quellenstaates als erzielt gelten. Dabei kommt es **allein** auf die **Abkommensberechtigung** des Nutzungsberechtigten und nicht auf die des formalen Empfängers an. Zum Begriff des Nutzungsberechtigten s. auch Rz. 35 ff. und Vor Art. 10 bis 12 Rz. 10 ff.; Wassermeyer/*Wassermeyer,* Art. 11 OECD-MA Rz. 57; SKK/*Geurts*, Art. 11 OECD-MA Rz. 20. Der Begriff „Nutzungsberechtigter" ist wie der der „Zahlung" nach Sinn und Zweck des Vertrages und nicht im engen technischen Sinne auszulegen (vgl. MA-Komm. Ziff. 9). Ein Strohmann oder eine sonstige Mittelsperson kann Empfänger der Zinsen sein, ist aber nicht Nutzungsberechtigter. Dagegen ist der Nutzungsberechtigte immer auch Empfänger der Zinsen. Deswegen greift die Quellensteuerbeschränkung auch dann ein, wenn der unmittelbare Empfänger nicht Nutzungsberechtigter, aber in demselben Vertragsstaat wie der Nutzungsberechtigte ansässig ist, ebenso, wenn der unmittelbare Empfänger im Quellenstaat oder in einem Drittstaat, dagegen im anderen Vertragsstaat **überhaupt nur der Nutzungsberechtigte** ansässig ist (MA-Komm. Ziff. 11). Der Nutzungsberechtigte (auch als Nachfolger in das Rechtsverhältnis, das der Überlassung des Kapitals zur Nutzung zugrunde liegt) genießt somit Vorrang vor dem formalen Eigentümer (BFH BStBl. II 1988, 521: *DBA Schweiz 1971*). Daher kann eine Durchlaufgesellschaft nicht Nutzungsberechtigter sein, wenn sie trotz der formalen Stellung als Eigentümer nur über Rechte verfügt, die sie zu einem für die Rechnung anderer handelnden **Treuhänder** oder **Verwalter** machen (MA-Komm. Ziff. 10). Soweit (wie regelmäßig der Fall) eine vertragliche Begriffsbestimmung fehlt, richtet sich die steuerliche **Zurechnung** der Zinsen zum (nutzungsberechtigten) Empfänger grds. nach dem innerstaatlichen Recht des das DBA anwendenden Staates (vgl. BFH a. a. O., der auf das **wirtschaftliche Eigentum** abstellt), welches aber unter Berücksichtigung des Sinn und Zwecks des Begriffs des Nutzungsberechtigten (s. Rz. 36) anzuwenden ist (vgl. auch MA-Komm. Ziff. 9). Der Begriff des Nutzungsberechtigten findet sich mittlerweile auch im innerstaatlichen deutschen Steuerrecht in § 50g EStG, durch den die ZinsRL (s. Rz. 8) in innerstaatliches Recht umgesetzt wird. Nach § 50g Abs. 3 Nr. 1 Buchst. a EStG ist ein Unternehmen Nutzungsberechtigter, wenn es Einkünfte i. S. von § 2 Abs. 1 EStG **erzielt**. Der Richtlinienbegriff des Nutzungsberechtigten („beneficial owner"; „bénéficiaire effectif") ist der Begriffsverwendung im OECD-MA entlehnt und soll im Ergebnis nicht von ihm abweichen (s. Art. 1 Rz. 120 f.; die Europäische Kommission geht in ihrem Bericht zur ZinsRL aus April 2009 davon aus, dass es sich bei dem Begriff des Nutzungsberechtigten i. S. der ZinsRL um einen unionsrechtlichen Begriff handelt, der in allen Mitgliedstaaten gleich auszulegen ist, s. dazu *Aigner*, SWI 2009, 504 (505)). Es ist daher davon auszugehen, dass die Definition im § 50g Abs. 3 Nr. 1 Buchst. a EStG das Verständnis des deutschen Gesetzgebers auch hinsichtlich des Abkommensbegriffs wiedergibt. Aus deutscher Sicht ist bei der Frage der Einkünfteerzielung eine **wirtschaftliche Betrachtungsweise** maßgeblich (§ 39 AO). Dies entspricht auch dem Sinn und Zweck der Verwendung des Begriffs im Abkommen (s. auch Wassermeyer/*Wassermeyer,* Art. 11 OECD-MA Rz. 57) und der bisherigen Rechtsprechung des BFH. Es ist daher im Wesentlichen darauf abzustellen, wer tatsächlich über die Zinszahlungen verfügen bzw. entscheiden kann. Alternativ kann auch darauf abgestellt werden, wer der wirtschaftliche Eigentümer des überlassenen Kapitals bzw. der Forderung ist. Dies dürfte in den meisten Fällen zu keinen abweichenden Ergebnissen führen. S. zur Praxis in den USA *Hamacher,* IStR 2002, 227 u. 253, und zur Praxis in Großbritannien die Entscheidung Indofood International Finance Ltd. v. JP Morgan Chase ([2006] EWCA Civ 158), in der der britische *Court of Appeal* den Begriff „beneficial ow- 35 nership" nicht i. S. des nationalen Rechts definierte, sondern wegen MA-Komm. Ziff. 9 eine **autonome,** „international fiskalisch" orientierte Auslegung entwickelte hat, s. dazu *Sheppard*, TNI 2007, 407ff.; *Fraser/Oliver*, BTR 2007, 39ff.; SKK/*Geurts*, Art. 11 OECD-MA Rz. 20. Nach Prot. Nr. 9 bzw. Nr. 4 der *DBA Italien* und *Norwegen 1991* und *2013 (E)* ist Nutzungsberechtigter, wem die Zinseinkünfte nach dem Steuerrecht **beider** Staaten zuzurechnen sind.

36 Das Erfordernis der „Nutzungsberechtigung" soll einen Missbrauch des DBA (sog. Treaty Shopping) durch **Einschaltung von Mittelspersonen** vermeiden, wenn der Nutzungsberechtigte seinerseits nicht abkommensberechtigt ist (MA-Komm. Ziff. 9). MA-Komm. Ziff. 11 nennt als Beispiele für die Einschaltung eines nicht Nutzungsberechtigten einen „Vertreter oder sonstigen Beauftragten"; weitere Beispiele s. Rz. 37f. Das MA 1963 enthielt die Einschränkung der Nutzungsberechtigung noch nicht, sie wurde erst durch das MA 1977 eingefügt. Andere Fälle, für die die Einschränkung bedeutsam sein könnte, lösen sich teilweise schon auf Grund des Begriffs der „Zinsen" (s. Rz. 56). Denn Nutzungsberechtigter ist nur, wer Zinsen aus der Überlassung von Kapital bezieht. So bezieht keine Zinsen, wer die zinsbringende Forderung oder auch nur den Zinscoupon veräußert (beim sog. Bond Stripping; s. auch SKK/*Geurts*, Art. 11 OECD-MA Rz. 21). Zinsen bezieht dagegen der Erwerber des Zinscoupons, denn die Zinsen bleiben Vergütung für Kapitalüberlassung, auch wenn der Empfänger nicht der ist, der das Kapital ursprünglich überlassen hat. Zinsen bezieht auch, wer die Forderung veräußert, aber den Zinscoupon zurückbehalten hat, s. darüber entsprechend für Dividenden Art. 10 Rz. 9. Entsprechend MA-Komm. Ziff. 21.1 und Rz. 74 zu Finanzderivaten: Ohne zugrundeliegende Forderung (z. B. Zins-Swap) kein Zins; umgekehrt Zins auch bei verdeckter zugrundeliegender Forderung. Auf den Ausweis als Zins kommt es nicht an; auch „einkalkulierter" Zins ist Zins i. S. v. Art. 11 (MA-Komm. Ziff. 7.9 und Rz. 57).

37 Andererseits gibt es Gestaltungen, bei denen der Begriff des Nutzungsberechtigten aus Sicht des Anwendestaates zu einem unerwünschten Abkommensschutz führen kann. Der MA-Komm. nennt das Beispiel der **Basis- und Kapitalanlagegesellschaften** in einem Vertragsstaat, deren Gesellschafter in Drittstaaten ansässig sind; diese Fälle können nach MA-Komm. Ziff. 8 im Abkommen besonders geregelt werden (vgl. etwa Art. 23 *DBA Kuwait*, Art. 22 *DBA Mauritius 2011*, Art. 23 *DBA Schweiz*, Art. 28 *DBA USA 1989* und *1989/2006* und Art. 21 *DBA Vereinigte Arabische Emirate 2010*; vgl. auch Art. 11 Abs. 5 *DBA Großbritannien 2010*, wonach Entlastungen nach dem Zinsartikel nicht gewährt werden, wenn der Hauptzweck oder einer der Hauptzwecke einer der Personen, die an der Begründung oder Übertragung der Forderung, für die die Zinsen gezahlt werden, beteiligt waren, darin bestand, den Artikel mithilfe dieser Begründung oder Übertragung in Anspruch zu nehmen). Etwas anderes gilt aber für Schein- und Durchlaufgesellschaften (vgl. dazu MA-Komm. Ziff. 10). Bei ihnen handelt es sich bereits nicht um Nutzungsberechtigte, da sie tatsächlich keine oder nur sehr eingeschränkte Befugnisse hinsichtlich der Zinszahlung haben, die mit denen eines Treuhänders oder Verwalters vergleichbar sind. Die Europäische Kommission weist in ihrem Bericht zur ZinsRL aus April 2009 darauf hin, dass das Konzept des Nutzungsberechtigten in der ZinsRL dafür vorgesehen ist, künstliche Gestaltungen zur Erlangung der Steuerfreiheit im Quellenstaat auszuschließen. Daher erscheint es nach Auffassung der Kommission zweifelhaft, dass ein Unternehmen, das als Nutzungsberechtigter im Sinn des Art. 1 der ZinsRL gilt, im Rahmen der Anwendung des Art. 5 als künstliche Konstruktion angesehen werden könnte (s. dazu *Aigner*, SWI, 504 (508)). Aus deutscher Sicht dürfte in den Fällen der Zwischenschaltung von Gesellschaften eher § 42 AO als § 39 AO zur Versagung des Abkommensschutzes führen. Daneben kann § 50d Abs. 3 EStG zur Versagung der Abkommensberechtigung führen. Die Vorschrift enthält Kriterien, die bestimmte missbräuchliche Gestaltungen erfassen, führt aber nicht zu einer Zurechnung der Einkünfte zu dem Nutzungsberechtigten (wie § 39 AO dies tut). Sie erfüllt also nicht die Funktion im innerstaatlichen Recht, der dem Begriff des Nutzungsberechtigten im Abkommensrecht zukommt.

Die OECD hat im April 2011 (s. dazu *Arnold*, BIT 2011, 555) sowie im Oktober 2012 einen Entwurf einer Änderung des MA-Komm. zum „beneficial owner" vorgelegt, im Februar 2013 wurden zahlreiche Kommentare zu den Entwürfen veröffentlicht. Der Entwurf beinhaltet eine autonome, vom innerstaatlichen Recht losgelöste Auslegung des Begriffs, die eine stark wirtschaftliche Betrachtungsweise enthält, indem darauf abgestellt wird, dass der Nutzungsberechtigte den Nutzen aus den Zinsen hat und rechtlich oder faktisch über sie verfügen kann („the right to use and enjoy the interest"). Der bloße Empfänger hat im Gegensatz zum Nutzungsberechtigten danach eine vertragliche oder rechtliche Verpflichtung, die erhaltene Zahlung weiterzugeben. Die OECD hält also grds. am bisherigen Konzept des Begriffs des Nutzungsberechtigten fest. Aus Sicht der Verfasserin des MA ist dies nachvollziehbar, denn das MA verfolgt eine ganzheitliche Sicht, welche das Ziel der Vermeidung der Doppelbesteuerung sowie der Missbrauchsvermeidung in dem Begriff vereinen will. Tatsächlich ist die wirtschaftliche Betrachtungsweise bei grenzüberschreitenden Sachverhalten häufig nur schwer aus Sicht der Anwendestaaten umzusetzen bzw. überprüfbar. Ein Katalog von rein formalen (Missbrauchs-)Kriterien erleichtert dagegen insbesondere dem Quellenstaat das (Massen-)Freistellungs- und Erstattungsverfahren. Diese werden aber nach dem o. g. Diskussionsentwurf durch den Begriff des Nutzungsberechtigten nicht eingeschränkt, sondern bleiben als Missbrauchsvorschriften daneben anwendbar.

Nicht allein vom Begriff des Nutzungsberechtigten her zu lösen ist auch die **38**
Frage der sog. **back-to-back-Darlehen.** Dieser Begriff wird nicht einheitlich gebraucht; er schließt eine Fülle verschiedener Gestaltungen ein. Ein einfaches Beispiel bietet ein Darlehen, das A an B vergibt, in dessen vertragliche Ausgestaltung aber C in der Weise eingeschaltet wird, dass formal zwei Darlehen, A an C und C an B, gewissermaßen „Rücken an Rücken" stehen. Trägt C kein wirtschaftliches Risiko und erhält er lediglich ein Honorar dafür, dass er sich für diese Gestaltung zur Verfügung stellt, so ist er bereits kein „Nutzungsberechtigter"; daneben bleiben die allgemeinen Regeln über die Zurechnung von Einkünften und über den Abkommensmissbrauch (s. Art. 1 Rz. 88 ff.) anwendbar. S. auch den Vorbehalt von Mexiko in MA-Komm. Ziff. 46.

So hat der *Tax Court* der Vereinigten Staaten im Fall Aiken Industries v. C. I. R. **39**
die Anwendung des *DBA Honduras/USA* auf ein back-to-back Darlehen versagt, das eine bahamische Gesellschaft durch ihre honduranische Tochter einer anderen, in den USA errichteten Tochter gewährt hatte. Der *Tax Court* begründete dies damit, dass die US-Tochtergesellschaft die Zinsen nicht an die honduranische Tochter, sondern in Wirklichkeit an die bahamische Muttergesellschaft „gezahlt" habe; die honduranische Gesellschaft sei insoweit lediglich Durchleitstelle gewesen, denn ihr habe eine eigene **Verfügungsbefugnis** (dominion and control) über die Zinseinnahmen gefehlt (*Tax Court* 1971, 925). Rev. Rul. 84–152 und Rev. Rul. 84–153 haben den Grundgedanken dieser Entscheidung auf vergleichbare Fälle ausgedehnt.

Andererseits wird ein back-to-back-Darlehen, bei dem die zwischengeschaltete **40**
Person in dem anderen Vertragsstaat **wirtschaftliche Substanz** hat und z. B. in banküblicher Weise an dem Geschäft eine Zinsmarge als **eigenen Gewinn** verdient, unabhängig davon steuerlich anzuerkennen sein, ob das einschlägige DBA den Begriff des „Nutzungsberechtigten" aufgenommen hat oder nicht. So gewährte der *IRS* in LTR 87 11 107 eine Freistellung für Zinsen, die an die Tochter einer

holländischen Gesellschaft auf den Niederländischen Antillen gezahlt wurden, mit der Begründung, der Zahlungsempfänger verfüge über ausreichendes Kapital und habe die Formalitäten beachtet, „in Bezug auf die Darlehensvermittlung stelle sich daher nicht die Frage, ob er (der Zahlungsempfänger) als Durchleitstelle gehandelt hat" (TN March 1987, 1176).

41 Es würde also zu weit gehen, wollte man eine Mittelsperson schon immer dann nicht als Kreditgeber im Sinne des Abkommensrechts anerkennen, wenn ein von ihr vergebenes Darlehen in irgendeinem Zusammenhang mit einer Einlage oder einem anderen Kredit steht, den eine mit dem Kreditnehmer verbundene Person an den Kreditgeber, d. h. die Mittelsperson, geleistet hat. Eine eindeutige Abgrenzung gibt es aber nicht.

42a **f) Der ermäßigte Quellensteuersatz:** Der Hundertsatz bezieht sich auf den **Bruttobetrag** der Zinsen, dies ergibt sich bereits aus dem Zusammenspiel mit Art. 11 Abs. 2. Das gilt auch dann, wenn nach dem nationalen Recht des Quellenstaates die Steuer im Veranlagungswege vom Nettoeinkommen erhoben wird (MA-Komm. Ziff. 12; Wassermeyer/*Wassermeyer,* Art. 11 OECD-MA Rz. 59), wie es insbesondere dann regelmäßig der Fall ist, wenn der Zinsbezieher im Quellenstaat nach dessen Recht ansässig ist und lediglich auf Grund eines dem Art. 4 Abs. 2 oder 3 MA entsprechenden „tie-breaker" abkommensrechtlich als im anderen Vertragsstaat ansässig gilt (vgl. *Loukota,* SWI 1993, 39 (43)). Die beiden Rechengänge stehen dann gleichberechtigt nebeneinander: nach nationalem Recht innerstaatlicher Steuersatz × Nettozinseinnahme, nach DBA Abkommenssatz × Bruttozinseinnahme; tatsächlich erhoben werden darf nur der **niedrigere** der beiden Steuerbeträge (so auch das argentinische *Tribunal Fiscal de la Nación* Derecho Fiscal XXI 774; s. auch Prot. Nr. 6 des *DBA Bolivien*). Die Besteuerung des Bruttobetrages der Zinsen ist dann problematisch, wenn dem Darlehensgeber hohe Finanzierungskosten für die Darlehensgabe oder andere Betriebsausgaben oder Werbungskosten entstanden sind. Dies kann insbesondere beim Verkauf von Anlagegütern auf Kredit, bei anderen gewerblichen Kreditverkäufen und bei Darlehen, die von Banken gegeben werden, der Fall sein (s. MA-Komm. Ziff. 7.1 ff.). Zahlreiche Abkommen folgen daher dem Vorschlag des MA-Komm. a. a. O. und schließen einen Quellensteuereinbehalt für Zinsen für bestimmte Darlehen aus. Beispiele für DBA mit Deutschland hierfür sind die Abkommen mit *China 2014 (E),* den *Philippinen 2013 (E)* und mit *Uruguay 2011.*

42b In **EU-rechtlicher Hinsicht** ist die Bruttobesteuerung von beschränkt Steuerpflichtigen nach den Entscheidungen des EuGH v. 12.6.2003 – Gerritse, C-234/01, BStBl. II 2003, 859 und v. 3.10.2006, C-290/04 – Scorpio, BStBl. II 2007, 352, bei Zahlungen ins EU- und EWR-Ausland problematisch. Der EuGH hat in diesen Entscheidungen zwar grds. die Besteuerung von beschränkt Steuerpflichtigen durch Steuerabzug für rechtmäßig gehalten. Nach den Vorgaben des EuGH liegt aber eine europarechtwidrige Diskriminierung vor, wenn der EU-/EWR-Ausländer anders als der Inländer keine Möglichkeit zum Betriebs- bzw. Werbungskostenabzug hat. Eine Bruttobesteuerung eines Nutzungsberechtigten, der in einem EU- oder EWR-Mitgliedstaat ansässig ist, dürfte daher durch einen anderen Mitgliedstaat nur dann möglich sein, wenn dieser seine Ansässigen ebenfalls einer Bruttobesteuerung mit diesen Einkünften unterwirft. In Fällen, in denen bei Ansässigkeit in Deutschland (ausschließlich) die Abgeltungssteuer anzuwenden wäre, dürfte daher keine Diskriminierung vorliegen. Aus deutscher Sicht dürfte sich die Frage der Europarechtswidrigkeit bei der Besteuerung von Zinszahlungen daher nur in wenigen Konstellationen stellen (z. B. wenn sich die Zinsforderung im Betriebsvermögen des EU-/EWR-Ausländers befindet und bei Ansässigkeit bzw. Betriebstätte in Deutschland das Teileinkünfteverfahren mit anteiligem Betriebsausgabenabzug anzuwenden wäre). Fraglich ist aber, ob die Möglichkeit der Veranlagung, die Inländer in bestimmten Fällen haben, zu einer Diskriminierung führen kann. Ist Deutschland der Quellenstaat der Zinszahlungen, so liegt allerdings bereits in vielen Fällen keine beschränkte Steuerpflicht des Zinsempfängers vor (s. § 49 Abs. 1 Nr. 5 EStG).

Strafen und **andere Zuschläge** zur Steuer bleiben bei der Ermittlung des Abzugshöchstbetrags unberücksichtigt (so ausdrücklich *DBA Pakistan* Art. 11 Abs. 2 Satz 2), Säumniszuschläge wegen verspäteter Zahlung schon deshalb, weil sie nach Abs. 3 Satz 2 keine „Zinsen" sind. **42c**

Die Ermäßigung greift nicht ein, aber auch die Erhebung einer Steuer vom Bruttobetrag ist nicht zulässig, wenn die Forderung zu einer **Betriebstätte** des Gläubigers im Quellenstaat gehört (Art. 11 Abs. 4, s. Vor Art. 10 bis 12 Rz. 30 ff.). Dagegen bleibt die Quellensteuerermäßigung (oder gegebenenfalls -befreiung) uneingeschränkt bestehen bei Zinsen für Forderungen, die zu einer Betriebstätte des Gläubigers in seinem **Ansässigkeitsstaat** oder in einem **Drittstaat** gehören. Ein Protokoll zum *DBA Niederlande/USA* macht für Forderungen, die zu einer ausländischen (etwa schweizerischen) Betriebstätte eines niederländischen Steuerpflichtigen gehören, die Quellensteuerbefreiung in den USA davon abhängig, dass die Zinsen im Drittstaat ab 1998 mit mindestens 60% der niederländischen Steuer belastet werden (vgl. *Spector,* BIFD 1993, 698; *Turro*, TNI 1993, 775 ff.). Prot. Nr. 3 des *DBA Großbritannien 2010* sieht zu Art. 10, 11 und 12 vor, dass die nach den anderen Bestimmungen des Abkommens zu gewährenden Steuervergünstigungen für diese Einkünfte nicht gewährt werden, wenn ein deutsches Unternehmen Einkünfte aus dem Vereinigten Königreich bezieht und diese Einkünfte einer in einem Drittstaat gelegenen Betriebsstätte des Unternehmens zuzurechnen sind, sofern die für diese Einkünfte in Deutschland und im Drittstaat tatsächlich gezahlte Steuer insgesamt weniger als 60% vom Hundert der Steuer beträgt, die in Deutschland zu entrichten gewesen wäre, wenn das Unternehmen die Einkünfte in Deutschland erzielt hätte und die Einkünfte nicht der im Drittstaat gelegenen Betriebsstätte zuzurechnen wären. Dividenden, Zinsen oder Lizenzgebühren, auf die dieser Absatz anzuwenden ist, unterliegen einem Steuersatz, der 15% des Bruttobetrags dieser Einkünfte nicht übersteigen darf. **43**

g) Ermäßigung oder Erstattung: Das Verfahren zu bestimmen, in dem die Quellensteuerbegrenzung durchzuführen ist, überlässt Abs. 2 Satz 2 den Vertragsstaaten. Dies gilt insbesondere für die Frage, ob bereits der Quellensteuerabzug beim Zinsschuldner ermäßigt oder eine dem Abkommenssatz übersteigende Quellensteuer erst später erstattet wird; s. dazu näher Vor Art. 10 bis 12 Rz. 55 ff., dort auch zur Ansässigkeitsbescheinigung und ähnlichen Verfahrensregelungen. Fehlen jedoch Erstattungsregeln im innerstaatlichen Recht des Quellenstaates oder im Abkommen selbst, so muss die Begrenzung des Besteuerungsrechts des Quellenstaates bereits beim Quellensteuerabzug nachvollzogen werden (s. Wassermeyer/*Wassermeyer,* Art. 11 OECD-MA Rz. 48). **44**

II. Deutsche DBA

1. Abkommensübersicht zu Art. 11 Abs. 2

48

DBA	Quellensteuersatz (Ausnahmesätze in Klammern)	Artikel	Rz.
Ägypten	15% (0); keine Begrenzung für Deutschland als Quellenstaat für gewinnabhängige Zinsen, die bei Gewinnermittlung des Schuldners abzugsfähig sind	11 Abs. 2, 3; Prot. Nr. 2	49

DBA	Quellensteuersatz (Ausnahmesätze in Klammern)	Artikel	Rz.
Albanien 2010	5 % (0); keine Begrenzung für gewinnabhängige Zinsen, die bei Gewinnermittlung des Schuldners abzugsfähig sind	Art. 11 Abs. 2, 3; Prot. Nr. 4	49
Algerien 2007	10 % (0); keine Begrenzung für gewinnabhängige Zinsen, die bei Gewinnermittlung des Schuldners abzugsfähig sind	Art. 11 Abs. 2–4; Prot. Nr. 2	49
Argentinien	15 % (10 % oder 0); keine Begrenzung für Deutschland als Quellenstaat für gewinnabhängige Zinsen, die bei Gewinnermittlung des Schuldners abzugsfähig sind	11 Abs. 2, 3; Prot. Nr. 4	49
Armenien	s. UdSSR		
Aserbaidschan	10 % (0); keine Begrenzung für Deutschland als Quellenstaat für gewinnabhängige Zinsen, die bei Gewinnermittlung des Schuldners abzugsfähig sind	11 Abs. 2, 3; Prot. Nr. 6	50
Australien	10 % (0)	11 Abs. 1; Prot. Nr. 9	50
Bangladesch	10 % (0); keine Begrenzung für gewinnabhängige Zinsen, die bei Gewinnermittlung des Schuldners abzugsfähig sind	11 Abs. 2, 3; Prot. Nr. 2	50
Belarus	5 % (0)	11 Abs. 2, 3	49
Belgien	15 %; Ausnahme (0): Zinsen an Unternehmen; davon wiederum Unterausnahme	11 Abs. 2, 3	49
Bolivien	15 % (0); keine Begrenzung für Deutschland als Quellenstaat für gewinnabhängige Zinsen, die bei Gewinnermittlung des Schuldners abzugsfähig sind	11 Abs. 1, 2; Prot. Nr. 4	49
Bosnien-Herzegowina	s. Jugoslawien		
Bulgarien 2010	5 %; keine Begrenzung für gewinnabhängige Zinsen, die bei Gewinnermittlung des Schuldners abzugsfähig sind	11 Abs. 2; Prot. Nr. 4	49
China 1985	10 % (0); keine Begrenzung für gewinnabhängige Zinsen, die bei Gewinnermittlung des Schuldners abzugsfähig sind	11 Abs. 2, 3; Prot. Nr. 4	50
China 2014 (E)	10% (0); keine Begrenzung für gewinnabhängige Zinsen, die bei Gewinnermittlung des Schuldners abzugsfähig sind	11 Abs. 2, 3; Prot. Nr. 4	50
Costa Rica 2014 (E)	5% (0); keine Begrenzung für gewinnabhängige Zinsen, die bei der Gewinnermittlung des Schuldners abzugsfähig sind	11 Abs. 2–4, Prot. Nr. 2	50
Dänemark	0	11 Abs. 1	49
Ecuador	15 % (10 % oder 0)	11 Abs. 1, 2	49
Elfenbeinküste	15 % (0); keine Begrenzung für Deutschland als Quellenstaat für gewinnabhängige Zinsen, die bei Gewinnermittlung des Schuldners abzugsfähig sind	11 Abs. 2, 3; Prot. Nr. 2	49; 51
Estland	10 % (0); keine Begrenzung für gewinnabhängige Zinsen, die bei Gewinnermittlung des Schuldners abzugsfähig sind	11 Abs. 2, 3; Prot. Nr. 5	50
Finnland	0	11 Abs. 1	49
Frankreich	0	10 Abs. 1	49

DBA	Quellensteuersatz (Ausnahmesätze in Klammern)	Artikel	Rz.
Georgien	0; keine Begrenzung für gewinnabhängige Zinsen, die bei Gewinnermittlung des Schuldners abzugsfähig sind	11 Abs. 1; Prot. Nr. 3	49
Ghana	10% (0); keine Begrenzung für Deutschland als Quellenstaat für gewinnabhängige Zinsen, die bei Gewinnermittlung des Schuldners abzugsfähig sind	11 Abs. 2, 3; Prot. Nr. 3	50
Griechenland	10% (0)	VII Abs. 2, 3	50
Großbritannien 1964/70	0	VII Abs. 1	49
Großbritannien 2010	0 (15%); keine Begrenzung für gewinnabhängige Zinsen, die bei Gewinnermittlung des Schuldners abzugsfähig sind	11 Abs. 1; Prot. Nr. 3	49
Indien	10% (0); keine Begrenzung für gewinnabhängige Zinsen, die bei Gewinnermittlung des Schuldners abzugsfähig sind	11 Abs. 2, 3; Prot. Nr. 4	50
Indonesien	10% (0); keine Begrenzung für gewinnabhängige Zinsen, die bei Gewinnermittlung des Schuldners abzugsfähig sind	11 Abs. 1–3; Prot. Nr. 3	50
Iran	15% (0)	11 Abs. 2, 3	49
Irland 2011	0; keine Begrenzung für gewinnabhängige Zinsen, die bei Gewinnermittlung des Schuldners abzugsfähig sind	11 Abs. 1; Prot. Nr. 3	49
Island	0	11 Abs. 1	49
Israel	15% (0)	13 Abs. 1, 3	49
Italien	10% (0); keine Begrenzung für gewinnabhängige Zinsen, die bei Gewinnermittlung des Schuldners abzugsfähig sind; keine Quellensteuer auf Zinsen für Darlehen zwischen Banken	11 Abs. 2, 3; Prot. Nr. 8; Prot. Nr. 11	50
Jamaika	12,5% (10% oder 0)	11 Abs. 2, 3	49
Japan	10% (0)	11 Abs. 2–4	50
Jugoslawien	0; keine Begrenzung für Deutschland als Quellenstaat für gewinnabhängige Zinsen, die bei Gewinnermittlung des Schuldners abzugsfähig sind	12 Abs. 1; Prot. Nr. 1 Buchst. a	49; 51
Kanada	10% (0)	11 Abs. 2, 3	50
Kasachstan	10% (0)	11 Abs. 2, 3	50
Kenia	15% (0)	11 Abs. 2, 3	49
Kirgisistan	5% (0); keine Begrenzung für Deutschland als Quellenstaat für gewinnabhängige Zinsen, die bei Gewinnermittlung des Schuldners abzugsfähig sind	11 Abs. 2, 3; Prot. Nr. 5	49
Korea	10% (0)	11 Abs. 2–4	50
Kosovo	s. Jugoslawien		
Kroatien	0; keine Begrenzung für gewinnabhängige Zinsen, die bei der Gewinnermittlung des Schuldners abzugsfähig sind	11 Abs. 1; Prot. Nr. 3	49; 51
Kuwait	0; keine Begrenzung für gewinnabhängige Zinsen, die bei der Gewinnermittlung des Schuldners abzugsfähig sind	11 Abs. 1; Prot. Nr. 5	49; 51
Lettland	10% (0); keine Begrenzung für gewinnabhängige Zinsen, die bei der Gewinnermittlung des Schuldners abzugsfähig sind	11 Abs. 2, 3; Prot. Nr. 5	50

DBA	Quellensteuersatz (Ausnahmesätze in Klammern)	Artikel	Rz.
Liberia	20% (10% oder 0)	11 Abs. 2, 3	49
Liechtenstein 2011	0; keine Begrenzung für gewinnabhängige Zinsen, die bei der Gewinnermittlung des Schuldners abzugsfähig sind	11 Abs. 1, 2	49; 51
Litauen	10% (0); keine Begrenzung für gewinnabhängige Zinsen, die bei der Gewinnermittlung des Schuldners abzugsfähig sind	11 Abs. 2, 3; Prot. Nr. 5	50
Luxemburg 2012	0; keine Begrenzung für Deutschland als Quellenstaat für gewinnabhängige Zinsen, die bei Gewinnermittlung des Schuldners abzugsfähig sind	11 Abs. 1; Prot. Nr. 2 Abs. 1	49; 51
Malaysia 2010	10% (0); keine Begrenzung für gewinnabhängige Zinsen, die bei Gewinnermittlung des Schuldners abzugsfähig sind	11 Abs. 2; Prot. Nr. 5	49
Malta	0; keine Begrenzung für Deutschland als Quellenstaat für gewinnabhängige Zinsen, die bei Gewinnermittlung des Schuldners abzugsfähig sind	11 Abs. 1; Prot. Nr. 3	49; 51
Marokko	10% (0)	11 Abs. 2, 3	50
Mauritius 2011	0; keine Begrenzung für gewinnabhängige Zinsen, die bei der Gewinnermittlung des Schuldners abzugsfähig sind	11 Abs. 1; Prot. Nr. 5	49
Mazedonien 2006	5% (0); keine Begrenzung für gewinnabhängige Zinsen, die bei der Gewinnermittlung des Schuldners abzugsfähig sind	11 Abs. 2; Prot. Nr. 3	49
Mexiko 2008	10% (5% oder 0); keine Begrenzung für gewinnabhängige Zinsen, die bei der Gewinnermittlung des Schuldners abzugsfähig sind	11 Abs. 2, 3; Prot. Nr. 6	49
Moldau	s. UdSSR		
Mongolei	10% (0); keine Begrenzung für gewinnabhängige Zinsen, die bei der Gewinnermittlung des Schuldners abzugsfähig sind	11 Abs. 1, 2; Prot. Nr. 2	50
Montenegro	s. Jugoslawien		
Namibia	0; keine Begrenzung für gewinnabhängige Zinsen, die bei der Gewinnermittlung des Schuldners abzugsfähig sind	11 Abs. 1; Prot. Nr. 3	51
Neuseeland	10% (0); keine Begrenzung für gewinnabhängige Zinsen, die bei der Gewinnermittlung des Schuldners abzugsfähig sind	11 Abs. 2, 3; Prot. Nr. 4 Buchst. b	
Niederlande 1959/2004	0	14 Abs. 1	49
Niederlande 2012 (E)	0; keine Begrenzung für gewinnabhängige Zinsen, die bei der Gewinnermittlung des Schuldners abzugsfähig sind	11 Abs. 1; Prot. Nr. 9	49; 51
Norwegen 1991	0	11 Abs. 1	49
Norwegen 2013 (E)		11 Abs. 1	49
Oman 2012 (E)	0; keine Begrenzung für gewinnabhängige Zinsen, die bei der Gewinnermittlung des Schuldners abzugsfähig sind	11 Abs. 1; Prot. Nr. 5	49
Österreich	0; keine Begrenzung für gewinnabhängige Zinsen, die bei der Gewinnermittlung des Schuldners abzugsfähig sind	11 Abs. 1, 2	49; 51

DBA	Quellensteuersatz (Ausnahmesätze in Klammern)	Artikel	Rz.
Pakistan	20 % (10 % oder 0); keine Begrenzung für gewinnabhängige Zinsen, die bei der Gewinnermittlung des Schuldners abzugsfähig sind	11 Abs. 2, 3; Prot. Nr. 4	49
Philippinen 1993	15 % (10 % oder 0); keine Begrenzung für gewinnabhängige Zinsen, die bei der Gewinnermittlung des Schuldners abzugsfähig sind	11 Abs. 2–4; Prot. Nr. 4	49
Philippinen 2013	10 % (0); keine Begrenzung für gewinnabhängige Zinsen, die bei der Gewinnermittlung des Schuldners abzugsfähig sind	11 Abs. 2–4; Prot. Nr. 4	49
Polen	5 % (0); keine Begrenzung für gewinnabhängige Zinsen, die bei der Gewinnermittlung des Schuldners abzugsfähig sind sind	11 Abs. 2, 3; Prot. Nr. 2	49
Portugal	15 % (10% oder 0); keine Begrenzung für gewinnabhängige Zinsen, die bei der Gewinnermittlung des Schuldners abzugsfähig sind	11 Abs. 2, 3; Prot. Nr. 4	49; 51
Rumänien	3 % (0); keine Begrenzung für gewinnabhängige Zinsen, die bei der Gewinnermittlung des Schuldners abzugsfähig sind	11 Abs. 2–4; Prot. Nr. 2	49
Russische Föderation	0; keine Begrenzung für gewinnabhängige Zinsen, die bei der Gewinnermittlung des Schuldners abzugsfähig sind	11 Abs. 1; Prot. Nr. 5	49; 51
Sambia	10 % (0)	11 Abs. 2, 3	49
Schweden	0	11 Abs. 1	49
Schweiz	0	11 Abs. 1	49; 52
Serbien	s. Jugoslawien		
Simbabwe	10% (0); keine Begrenzung für gewinnabhängige Zinsen, die bei der Gewinnermittlung des Schuldners abzugsfähig sind	11 Abs. 2, 3; Prot. Nr. 3	50
Singapur	8 % (0)	11 Abs. 2, 3	50
Slowakei	s. Tschechoslowakei		
Slowenien	5 % (0); keine Begrenzung für gewinnabhängige Zinsen, die bei der Gewinnermittlung des Schuldners abzugsfähig sind	11 Abs. 2, 3; Prot. Nr. 3	49
Spanien 2011	0; Begrenzung auf 15% für gewinnabhängige Zinsen, die bei der Gewinnermittlung des Schuldners abzugsfähig sind	11 Abs. 1; Prot. Nr. V	49; 51
Sri Lanka	10 % (0); keine Begrenzung für Deutschland als Quellenstaat für gewinnabhängige Zinsen, die bei Gewinnermittlung des Schuldners abzugsfähig sind	11 Abs. 2–5; Prot. Nr. 1	51
Südafrika 1973	10 % (vorausgesetzt Besteuerung im anderen Staat)	8 Abs. 2	49
Südafrika 2008 (E)	0; keine Begrenzung für gewinnabhängige Zinsen, die bei der Gewinnermittlung des Schuldners abzugsfähig sind	11 Abs. 1, 10 Abs. 3	49; 51
Syrien 2010	10 % (0); keine Begrenzung für gewinnabhängige Zinsen, die bei der Gewinnermittlung des Schuldners abzugsfähig sind	11 Abs. 2–4; Prot. Nr. 5	51

DBA	Quellensteuersatz (Ausnahmesätze in Klammern)	Artikel	Rz.
Tadschikistan	0; keine Begrenzung für gewinnabhängige Zinsen, die bei der Gewinnermittlung des Schuldners abzugsfähig sind	11 Abs. 1; Prot. Nr. 2	49; 51
Taiwan 2011	10% (15% oder 0) ; keine Begrenzung für Deutschland als Quellenstaat für gewinnabhängige Zinsen, die bei Gewinnermittlung des Schuldners abzugsfähig sind	11 Abs. 2–4	51
Thailand	25% (10% oder 0)	11 Abs. 2–4	49
Trinidad und Tobago	15% (10% oder 0)	11 Abs. 2, 3	49
Tschechien	s. Tschechoslowakei		
Tschechoslowakei	0	11 Abs. 1	49
Türkei 2011	10% (0); keine Begrenzung für Deutschland als Quellenstaat für gewinnabhängige Zinsen, die bei Gewinnermittlung des Schuldners abzugsfähig sind	11 Abs. 2, 3; Prot. Nr. 3	50
Tunesien	10% (0)	11 Abs. 2, 7	50
Turkmenistan	s. UdSSR		
UdSSR	5% (0); keine Begrenzung für Deutschland als Quellenstaat für gewinnabhängige Zinsen, die bei Gewinnermittlung des Schuldners abzugsfähig sind	8 Abs. 2, 3; Prot. Nr. 4	49; 51
Ukraine	5% (2% oder 0); keine Begrenzung für gewinnabhängige Zinsen, die bei der Gewinnermittlung des Schuldners abzugsfähig sind	11 Abs. 2, 3; Prot. Nr. 2	49
Ungarn 2011	0; keine Begrenzung für gewinnabhängige Zinsen, die bei der Gewinnermittlung des Schuldners abzugsfähig sind, und für Ausschüttungen eines REITs	11 Abs. 1; Prot. Nr. 4	49
Uruguay 2011	10% (0); keine Begrenzung für gewinnabhängige Zinsen, die bei der Gewinnermittlung des Schuldners abzugsfähig sind	11 Abs. 2–4; Prot. Nr. 2	49; 51
USA 1989	0; keine Begrenzung für gewinnabhängige Zinsen, die bei der Gewinnermittlung des Schuldners abzugsfähig sind	11 Abs. 1; 10 Abs. 5	49; 51
USA 1989/2006	0; keine Begrenzung für gewinnabhängige Zinsen, die bei der Gewinnermittlung des Schuldners abzugsfähig sind	11 Abs. 1; 10 Abs. 6	49; 51
Usbekistan	5% (0); keine Begrenzung für gewinnabhängige Zinsen, die bei der Gewinnermittlung des Schuldners abzugsfähig sind	11 Abs. 2, 3; Prot. Nr. 4	49
Venezuela	5% (0); keine Begrenzung für gewinnabhängige Zinsen, die bei der Gewinnermittlung des Schuldners abzugsfähig sind	11 Abs. 1, 2; Prot. Nr. 3	49
Vereinigte Arabische Emirate 2010	0; keine Begrenzung für gewinnabhängige Zinsen, die bei der Gewinnermittlung des Schuldners abzugsfähig sind	11 Abs. 1; Prot. Nr. 4	49
Vietnam	10% (5% oder 0); keine Begrenzung für gewinnabhängige Zinsen, die bei der Gewinnermittlung des Schuldners abzugsfähig sind	11 Abs. 2, 3; Prot. Nr. 4, 5	50
Weißrussland	s. Belarus		
Zypern 2011	0	11 Abs. 1	49

2. Erläuterungen

a) Quellensteuersätze: Vom Steuersatz des MA von 10% weichen die deutschen DBA oft in die eine oder andere Richtung, mitunter auch differenziert, ab. Zahlreiche DBA – insbesondere mit Industriestaaten – sehen eine Quellensteuerbefreiung vor *(DBA Bulgarien, Dänemark, Finnland, Frankreich, Georgien, Großbritannien 1964/70* und *2010, Irland, Island, Jugoslawien, Kroatien, Kuwait, Liechtenstein 2011, Luxemburg 2012, Malta, Mauritius, Namibia, Niederlande 1959/2004, Niederlande 2012 (E), Norwegen 1991* und *2013 (E), Österreich, Russische Föderation, Schweden, Schweiz, Spanien 2011, Südafrika 2008 (E), Tadschikistan, Tschechoslowakei, Ungarn 2011, USA 1989* und *1989/2006, Vereinigte Arabische Emirate 2010, Zypern 2011).* Teilweise wird ein Steuersatz von 5% festgesetzt *(DBA Albanien 2010, Belarus, Bulgarien 2010, Costa Rica 2014 (E), Kirgisistan, Mazedonien 2006, Polen, Slowenien, UdSSR, Ukraine, Usbekistan, Venezuela).* Ausnahmsweise begrenzt das *DBA Rumänien* den Abzug auf 3% (solange jedoch Deutschland keine Abzugssteuern auf Zinszahlungen nach Rumänien erhebt, gilt ein Steuersatz von 0; s. zu den Konstellationen, in denen eine Quellensteuer erhoben werden darf, OFD Münster und Rheinland, IStR 2008, 268). Allerdings hat eine Quellensteuerbefreiung bzw. -reduzierung für Zinsen, die aus Deutschland gezahlt werden, nur eine eingeschränkte Bedeutung, da diese dort nur in wenigen Fällen der beschränkten Steuerpflicht unterliegen. Diese Vereinbarungen haben daher in der Regel besondere Bedeutung für Zinsen, die aus dem anderen Vertragsstaat stammen. Vornehmlich DBA mit Entwicklungsländern lassen oft höhere Quellensteuern als das MA zu (12,5%: *Jamaika;* 15%: *Ägypten, Argentinien, Belgien, Bolivien, Ecuador, Elfenbeinküste, Iran, Israel, Kenia, Philippinen 1993* und *2013, Portugal, Trinidad und Tobago;* 20%: *Liberia, Pakistan;* 25%: *Thailand*). S. dazu die Übersicht Rz. 48. Art. 8 Abs. 2 *DBA Südafrika 1973* macht die Ermäßigung der Steuer im Quellenstaat davon abhängig, dass die Zinsen im Ansässigkeitsstaat besteuert werden (eine subject-to-tax-clause, zu diesen s. MA-Komm. zu Art. 1 Ziff. 15, Art. 11 Ziff. 13, und zur Erläuterung Vor Art. 6–22 Rz. 19, 31). 49

b) Qualifizierte Zinsempfänger: Der MA-Komm. Ziff. 7.1 hebt hervor, dass der vorgeschlagene Steuersatz von 10% für Zinszahlungen an Handelsunternehmen, Banken u. ä. für Waren- und Bankkredite zu hoch sein kann, weil infolge der Refinanzierungskosten des Unternehmens dessen Gewinnspanne, gemessen am Bruttobetrag der Zinsen, vielfach nur sehr gering ist. Der MA-Komm. sieht nunmehr in Ziff. 7.2–11 eine detaillierte Aufzählung von Fällen vor, in denen eine Erhebung von Quellensteuer u. U. nicht angebracht ist, und beinhaltet zahlreiche konkrete Formulierungsvorschläge für Bestimmungen, durch die eine Quellenbesteuerung in diesen Fällen ausgeschlossen wird. Viele Abkommen, die grundsätzlich eine Quellensteuer zulassen, sehen bereits Vergünstigungen für qualifizierte Zinsempfänger vor. Das gilt einmal für Zinsen an Unternehmen (z. B. *DBA Belgien* Art. 11 Abs. 3, Prot. Nr. 7; *Italien* Art. 11 Abs. 3 Buchst. a; *Litauen* Art. 11 Abs. 3 Buchst. d; *Philippinen 2013* Art. 11 Abs. 4 Buchst. b; *Polen* Art. 11 Abs. 3 Buchst. d; zum Zinsbegriff bei in den Warenpreis einkalkulierten Zinsen, Säumniszuschlägen usw. vgl. unten zu Abs. 3 Rz. 56 f.). Andere Quellensteuerermäßigungen betreffen Bankkredite, z. T. mit weiteren Voraussetzungen *(DBA Argentinien, Belarus, Bulgarien 2010, Costa Rica 2014 (E), Estland, Jamaika, Indien, Kasachstan, Korea, Lettland, Liberia, Litauen, Mexiko 2008, Pakistan, Philippinen 1993, Polen, Syrien 2010, Thailand, Trinidad und Tobago, Ukraine, Uruguay 2011* (zur langfristigen Finanzierung von Investitionsprojekten), *Usbekistan, Vietnam).* Am häufigsten sind Quellensteuervergünstigungen für Zinsen an staatliche Stellen, Zentralbanken und ähnliche Institute der öffentlichen Hand (z. T. auch für durch solche Stellen ver- 50 bürgte Kredite), s. *DBA Ägypten, Albanien 2010, Algerien 2007, Argentinien, Aserbaidschan, Australien, Bangladesch, Belarus, Belgien, Bolivien, Bulgarien 2010, China 1985* und *2014 (E), Costa Rica 2014 (E), Ecuador, Estland, Georgien, Ghana, Griechenland, Indien, Indonesien, Iran, Israel, Jamaika, Japan, Kanada, Kasachstan, Kenia, Kirgisistan, Korea, Lettland, Liberia, Litauen, Malaysia 2010, Marokko, Mazedonien 2006, Mexiko 2008, Mongolei, Pakistan, Philippinen 1993* und *2013, Polen, Rumänien, Sambia, Simbabwe, Singapur, Slowenien, Syrien 2010, Taiwan 2011, Thailand, Trinidad und Tobago, Tunesien, Türkei 2011, Ukraine, Uruguay 2011, Usbekistan* und *Vietnam).* Zur Freistellung von Zinsen und Lizenzgebühren, die von in Großbritannien Ansässigen an staatliche deutsche Stellen gezahlt werden, s. BMF vom 8.7.1987, RIW 1987, 804. Nach dem *DBA Kanada* sind Zinszahlungen unter bestimmten Umständen quellensteuerbefreit, die an eine Einrichtung gezahlt werden, die ausschließlich dem Zweck der Alters- sowie Arbeitnehmerversorgung dient. Häufig werden auch Quellensteuerbefreiungen gewährt für Zinsen, die im Zusammenhang mit dem Verkauf von Ausrüstungen oder Waren auf Kredit vom Käufer an den Veräußerer gezahlt werden, vgl. z. B. *DBA Algerien 2007, Bulgarien 2010, China 2014 (E), Costa Rica 2014 (E), Estland, Kanada, Korea, Lettland, Mazedonien 2006, Philippinen 2013, Syrien 2010, Uruguay 2011.* Das DBA mit *Taiwan 2011* sieht einen höheren Quellensteuersatz i. H.v. 15 % vor, wenn es sich bei den Zinsen um ausgeschüttete Einkünfte eines Real Estate Investment Trust oder eines Real Estate Asset Trust aus Taiwan handelt und deren Gewinne vollständig oder teilweise von der Steuer befreit sind oder die die Ausschüttungen bei der Ermittlung ihrer Gewinne abziehen können.

51 Insbesondere nach den neueren deutschen DBA behält der Quellenstaat die **unbeschränkte** Besteuerung der Einkünfte aus Rechten oder Forderungen mit Gewinnbeteiligung, u. a. aus **partiarischen Darlehen, (typisch) stillen Beteiligungen Gewinnobligationen und ähnlichen Vergütungen,** soweit sie bei der Ermittlung des Einkommens des Schuldners abziehbar sind (s. *DBA Ägypten, Albanien 2010* (Prot. Nr. 4), *Algerien 2007* (Prot. Nr. 2), *Argentinien, Bangladesch* (Prot. Nr. 2), *Bolivien* (Prot. Nr. 4), *Bulgarien 2010* (Prot. Nr. 4), *China 1985* und *2014 (E)* (Prot. Nr. 4), *Costa Rica 2014 (E)* (Prot. Nr. 2), *Estland* (Prot. Nr. 4), *Georgien* (Prot. Nr. 3), *Großbritannien 2010* (Prot. Nr. 2), *Indien* (Prot. Nr. 4), *Indonesien* (Prot. Nr. 3), *Italien* (Prot. Nr. 8), *Jugoslawien* (Prot. Nr. 1a), *Kroatien, Kuwait* (Prot. Nr. 6), *Lettland* (Prot. Nr. 5), *Liechtenstein 2011* (Art. 11 Abs. 2), *Litauen* (Prot. Nr. 5), *Malaysia 2010* (Prot. Nr. 5) *Malta* (Prot. Nr. 3), *Mauritius* (Prot. Nr. 5), *Mazedonien 2006* (Prot. Nr. 3); *Mexiko 2008* (Prot. Nr. 6), *Mongolei* (Prot. Nr. 2), *Namibia* (Prot. Nr. 3), *Niederlande 2012 (E)* (Prot. Nr. 9);*Oman 2012 (E)* (Prot. Nr. 5), *Österreich, Pakistan* (Prot. Nr. 4), *Philippinen 1993* und *2013* (Prot. Nr. 4), *Polen* (Prot. Nr. 2), *Portugal* (Prot. Nr. 4), *Russische Föderation* (Prot. Nr. 5), *Simbabwe* (Prot. Nr. 3), *Slowenien* (Prot. Nr. 3), *Spanien 2011* (Prot. Nr. 5); *Sri Lanka* (Prot. Nr. 1), *Syrien 2010* (Prot. Nr. 5), *Taiwan 2011* (Prot. Nr. 3), *Tadschikistan* (Prot. Nr. 2), *UdSSR* (Prot. Nr. 4), *Ukraine* (Prot. Nr. 2), *Ungarn 2011* (Prot. Nr. 4); *Uruguay 2011* (Prot. Nr. 2), *USA 1989* und *1989/2006* (Art. 10 Abs. 5 bzw. Abs. 6), *Usbekistan* (Prot. Nr. 4), *Venezuela* (Prot. Nr. 3), *Vereinigte Arabische Emirate 2010* (Prot. Nr. 4) und *Vietnam* (Prot. Nr. 4, 5)). In einigen Fällen ist die Regelung nur für Deutschland als Quellenstaat vorgesehen, nicht auch für den anderen Vertragsstaat (s. z. B. *DBA Aserbaidschan* (Prot. Nr. 6), *Bolivien* (Prot. Nr. 4), *Elfenbeinküste* (Prot. Nr. 3), *Ghana* (Prot. Nr. 3); s. auch Rz. 22 und 48). Nach dem *DBA Spanien 2011* Prot. Nr. 5 ist die zulässige Besteuerung durch den Quellenstaat für Einkünfte, die unter die Sonderregelung fallen, auf 15% begrenzt. Nach Prot. Nr. 9 des *DBA Niederlande 2012 (E)* gilt die Sonderregelung weder für Wandelanleihen noch für den Teil der Einkünfte aus Rechten oder Forderungen, der keine Gewinnbeteiligung beinhaltet. Der Begriff der Gewinnbeteiligung ist in keinem der Abkommen definiert (darauf weist auch *Birtzer,* Ubg 2013, 579 (583), hin und legt eine Auslegung in Anlehnung an den Gewinnbegriff i. S. v. § 8 Abs. 3 S. 2 2. Hs. KStG nahe). Aufschlüsse für die Auslegung des abkommensrechtlichen Begriffs geben aber insbesondere die beispielhaft aufgezählten Rechtsbeziehungen, die zu einer Gewinnbeteiligung führen (partiarisches Darlehen, stille Gesellschaft). Der Begriff der Gewinnbeteiligung ist daher weit auszulegen und bereits gegeben, wenn die Leistung, die der Forderungsinhaber verlangen kann, unmittelbar oder auch nur mittelbar von der Höhe des Gewinns abhängt (vgl. BFH BFHE 231, 63: *Österreich 2000*). Nach BFH a. a. O. kann eine Gewinnbeteiligung i. S. des Art. 11 Abs. 2 *DBA Österreich* bei der Übernahme von Genussscheinen einer Bank auch darin liegen, dass die vereinbarte Ausschüttung im Falle eines Bilanzverlusts der Bank unterbleiben soll. Zur Gewinnbeteiligung i. S. von Art. 11 Abs. 2 *DBA Österreich* s. auch ÖstBMF, EAS 3104, SWI 2009, 572. Weitere Voraussetzung der Sonderregelung und ein unbeschränktes Besteuerungsrecht des Quellenstaates ist die Abzugsfähigkeit der Zinsen beim Schuldner. *Birtzer,* a. a. O., weist darauf hin, dass eine Abzugsfähigkeit dieser Zinsen wegen der Zinsschranke fehlen kann, aber wegen des Zinsvortrags praktische Probleme entstehen können.

Bei der Anwendung der o. g. Sonderregelungen ist zu berücksichtigen, dass bei der deutschen Gewerbesteuer Gewinnanteile des stillen Gesellschafters bis zum EZ 2007 nicht abziehbar waren, wenn sie beim Empfänger gewerbesteuerlich nicht berücksichtigt wurden (§ 8 Nr. 3 GewStG a. F.), und Entgelte für partiarische Darlehen nur zur Hälfte, insoweit als sie „Dauerschulden" begründeten (§ 8 Nr. 1 GewStG a. F.) bzw. ab EZ 2008 Entgelte für Schulden sowie Gewinnanteile des stillen Gesellschafters in gewerbesteuerlicher Hinsicht grds. zu einem Viertel nicht abziehbar (§ 8 Nr. 1a) S. 1 und c) GewStG) sind.

Für Zinszahlungen zwischen verbundenen Unternehmen in der EU besteht **52** nunmehr aufgrund der **Zins- und Lizenzgebühren-Richtlinie** (s. dazu Rz. 7) keine Quellensteuer mehr. Für die Besteuerung von Zins- und Lizenzgebühren im Verhältnis Deutschland/Schweiz ergeben sich aus dem **Zinsbesteuerungsabkommen** (s. Rz. 9) in Bezug auf Zinszahlungen zwischen verbundenen Kapitalgesellschaften keine günstigeren Folgen als aus dem *DBA Schweiz,* da dieses das Besteuerungsrecht des Quellenstaates grds. ausschließt (s. Rz. 48). Es verbleibt jedoch ein Anwendungsbereich für Art. 15 Abs. 2 ZBA in Bezug auf Betriebstätten, da diese nach den allgemeinen Grundsätzen nicht abkommensberechtigt sind (zu Fallgestaltungen, in denen die Anwendung von § 50g Abs. 6 EStG günstiger sein kann, vgl. FWK/*Häck*, Art. 11 DBA Schweiz Rz. 17). Außerdem kann eine Erstattung nach § 50g Abs. 6 i.V. mit § 50d Abs. 1a EStG wegen der Verzinsung vorteilhafter als eine Erstattung nach Art. 11 i.V. mit § 50d Abs. 1 EStG sein.

D. Zu Art. 11 Abs. 3

I. Musterabkommen

1. Übereinstimmung

Von der Zinsdefinition in Art. 11 Abs. 3 OECD-MA weicht die Definition in **55** Art. 11, Abs. 2 der DE-VG insoweit ab, als gewinnabhängige Zinsen nicht enthalten sind und ausdrücklich darauf hingewiesen wird, dass der Ausdruck „Zinsen" nicht die in Art. 10 behandelten Einkünfte umfasst. Dieser – eigentlich überflüssige Zusatz – lässt sich u. U. dadurch erklären, dass viele deutsche DBA zu Art. 10 und/oder Art. 11 Sonderregelungen zu gewinnabhängigen Einkünften enthalten. Ansonsten sind die Definitionen des MA sowie der DE-VG inhaltsgleich. In der Literatur wird diskutiert, ob der Wortlautunterschied bedeutet, das gewinnbeteiligte Forderungen nach Art. 11 Abs. 3 DE-VG aus dem Anwendungsbereich des Zinsartikels der DE-VG ausgenommen sind. Körner zieht aus der Formulierung in Art. 10 Abs. 3 DE-VG den Schluss, dass dies nicht der Fall ist (*Körner,* IStR 2013, 165 (166f.)). Tatsächlich dürfte es darauf ankommen, ob nach dem jeweiligen deutschen DBA die gewinnabhängigen Einkünfte aus Forderungen (nicht: Beteiligungen) ausdrücklich aus dem jeweiligen Zinsartikel ausgenommen bzw. in den Dividendenartikel einbezogen werden. Art. 11 Abs. 3 OECD-MA und Art. 11 Abs. 2 US-MA stimmen in der Definition des Zinsbegriffs im Wesentlichen überein. Anders als das OECD-MA (s. Rz. 56) verweist das US-MA zur Einordnung der Einkünfte auf das Steuerrecht des Staates, in dem diese entstehen (freigestellt, aber abgelehnt in MA-Komm. Ziff. 21; s. a. einige Vorbehalte) und ordnet außerdem wie auch die DE-VG den Vorrang des Dividendenartikels an (Rz. 62ff.).

2. Erläuterungen

56 **a) Grundzüge: Art. 11 Abs.** 3 MA **enthält eine** abkommensrechtliche **Definition des Zinsbegriffs**, die im Gegensatz zur Definition in Art. 11 Abs. 2 US-MA abschließend ist. Danach sind „Zinsen" Einkünfte aus Forderungen jeder Art. Diese Definition ist aber sehr allgemein und im Ergebnis zu weit. Aus dem Zusammenhang des MA und des MA-Komm. ergibt sich insoweit eine Einschränkung der Definition, als dass es sich um Forderungen aus Kapitalüberlassung handeln muss und dass die „Zinsen" das Entgelt dafür sind. Allgemein definiert sind Zinsen daher **Entgelt für die Überlassung** (= Einräumung der Möglichkeit der Nutzung) **von Kapital auf Zeit.** Auf die Bezeichnung, Zahlungsart und die Berechnungsgrundlage kommt es grds. nicht an. Ebenfalls unbeachtlich ist, ob es sich um eine gesetzliche oder vertragliche, gesicherte oder ungesicherte Forderung handelt. Es muss sich um die Überlassung von (Geld-)Kapital und nicht von Sachen handeln (Vergütungen für Sachdarlehen fallen unter Art. 7 oder ggf. 21 MA). Abs. 3 zählt eine Reihe von Formen solcher Kapitalüberlassung beispielhaft („und insbesondere") auf. Der Begriff der Einkünfte ist abkommensrechtlich auszulegen (vgl. BFH IStR 1996, 336; v. 22.6.2011, I R 103/10: *DBA Brasilien (K)*). Anders als im deutschen Recht ist er nicht als Nettogröße zu verstehen (vgl. Haase/*Wenz/Linn*, Rz. 70), sondern es sind damit (Zins-)Einnahmen gemeint vor Abzug von Aufwendungen und Quellensteuern (man hätte in Entsprechung zu Art. 12 zutreffender den Begriff der Vergütungen verwenden sollen, vgl. Wassermeyer/*Wassermeyer*, Art. 11 OECD-MA Rz. 72). Der MA-Komm. Ziff. 20 stellt klar, dass die Zinsen von der Rückzahlung des überlassenen Kapitals zu unterscheiden sind (s. dazu Rz. 70). Die Reihenfolge der Tilgung richtet sich nach der vertraglichen Regelung, im Zweifel nach dem Recht des Anwendestaates. Keine Zinsen in Ermangelung einer zugrundeliegenden Forderung sind z.B. die Ausschüttungen einer Stiftung oder eines Trusts. Zinseinkünfte eines **Trusts** können den Trust-Begünstigten aber u. U. **unmittelbar** als Nutzungsberechtigte der Zinseinkünfte zugerechnet werden, wenn sie wirtschaftliche Eigentümer des Trustvermögens sind (für das innerstaatliche deutsche Recht ergibt sich dies aus § 39 AO; vgl. auch BFH BStBl. II 1994, 727; NJW-RR 2011, 771 zu einer liechtensteinischen Privatstiftung). Ist dies nicht der Fall, kommt u.U. auch eine unmittelbare Zurechnung des Zinseinkünfte enthaltenden Trusteinkommens nach innerstaatlichem Recht des Anwendestaates in Betracht (vgl. für Deutschland § 15 AStG). Andernfalls „schirmt" der Trust ab. Ausgeschüttete Zinseinkünfte fallen dann ggf. unter Art. 21 MA. Prot. Nr. 4 Buchst. a des *DBA Neuseeland* ordnet ausdrücklich an, dass bei Zinsen, mit denen ein Trustee in Neuseeland steuerpflichtig ist, der Trustee Nutzungsberechtigter ist. Eine Behandlung des Begünstigten als Nutzungsberechtigter scheidet dann aus. Diese Regelung, die sich auf die Gewährung

der Quellensteuerermäßigung bzw. die Abkommensberechtigung des Trustee bezieht, gilt auch in anderen Fällen, in denen Zinsen an einen Trust mit Sitz im anderen Staat gezahlt werden und der Trustee als Nutzungsberechtigter anzusehen ist.

b) Nicht Bestandteil des Zinsbegriffs, aber in Abs. 1 als Tatbestandsmerkmal erwähnt, ist das Erfordernis, dass die Zinsen **als Zinsen gezahlt** werden müssen. Deshalb sind z. B. Zinsen und ähnliche Finanzierungskosten eines Warenlieferanten, die in den Warenpreis eingerechnet und vom Kunden mit dem Warenpreis bezahlt werden (von vornherein einberechnete Zinsen für Zahlungsziele nach Lieferung des Kaufgegenstands oder für die Finanzierung des Kaufgegenstands während seiner Herstellung; entsprechend für Dienstleistungen u. ä.), zwar möglicherweise „Zinsen" i. S. des Abs. 3; sie fallen aber dennoch nicht unter Art. 11, weil sie nicht **als Zinsen gezahlt** werden. Nach nationalem Einkommensteuerrecht werden derartige Zinsen oft aus dem Kaufpreis oder sonstigen Preis **herausgerechnet** und als Zinsen besteuert. Das ist anders als bei offen erhobenen Zinsen für Warenkredite i. S. des MA-Komm. Ziff. 7.8 bis 7.9 abkommensrechtlich nach hier vertretener Ansicht auch dann nicht möglich, wenn die Zinsdefinition des Abkommens entsprechend Abs. 3 MA 1963 auf das nationale Recht des Quellenstaates verweist (s. Rz. 58), weil die Verweisung nur für den Zinsbegriff des Abs. 3, nicht dagegen für die Tatbestandsmerkmale des Abs. 1 gilt. Gegen ein Herausrechnen von Zinsen (Ertragsanteilen) aus Renten wegen der praktischen Schwierigkeiten der Unterscheidung zwischen Ertragsanteil und Kapitalrückzahlung vgl. den MA-Komm. Ziff. 23. Die Beteiligten haben es aber in der Hand, die Anwendung des Art. 11 Abs. 1 auf solche Beträge herbeizuführen, indem sie sie **offen** als Zinsen ausweisen. 57

c) Abschließende Definition: Das MA 1963 ergänzte die Abkommensdefinition des Zinsbegriffs um eine **Verweisung auf das nationale Recht** des Quellenstaates. Insoweit wurde eine Definition des innerstaatlichen Rechts zur Abkommensdefinition erhoben und für beide Vertragsstaaten verbindlich (zum Unterschied gegenüber dem Rückgriff auf das nationale Recht des Anwenderstaates nach Art. 3 Abs. 2, s. dort Rz. 102). Hierbei **unterschied das** MA 1963: 58

(1) Einkünfte, die nach der Definition stets Zinsen sind:

- Einkünfte aus Anleihen und Schuldverschreibungen, auch wenn die Anleihen und Schuldverschreibungen
  - – – durch Pfandrechte an Grundstücken gesichert sind oder
  - – – mit Gewinnbeteiligung ausgestattet sind;
- Einkünfte aus Forderungen jeder Art, auch wenn sie mit einer Gewinnbeteiligung ausgestattet sind (ergibt sich aus Art. 10 Abs. 3 MA 1963);

(2) Einkünfte, die nur Zinsen sind, wenn sie nach dem Steuerrecht des Staates, aus dem sie stammen, **den Einkünften aus „Zinsen" gleichgestellt sind** (so z. B. noch das *DBA Mexiko 2008*).

Durch das **MA 1977** wurde diese Verweisung aufgegeben. Danach gibt es nur noch Erträge, die **stets** Zinsen sind: die Einkünfte aus **Forderungen jeder Art.** Der Begriff der Forderung ist jedoch im **weitesten** Sinn zu verstehen. Es kommt nicht darauf an, ob die Forderung durch Grundpfandrechte gesichert oder mit Gewinnbeteiligung ausgestattet ist. Entsprechend sind Einnahmen aus der Beteiligung an einem Gewerbebetrieb als (typischer) stiller Gesellschafter, aus partiarischen Darlehen sowie aus Hypotheken und Grundschulden Zinsen i. S. von Art. 11 Abs. 3 (s. auch Wassermeyer/*Wassermeyer*, Art. 12 OECD-MA Rz. 73). Die Klarstellung betreffend die Gewinnbeteiligung bezog sich zwar nach dem Wortlaut der Definition des MA 1963 nur auf die Anleihen und Schuldverschreibungen; im Zusammenhang mit der Dividendendefinition ergab sich aber, dass auch die Erträge aus den mit Gewinnbeteiligung ausgestatteten Forderungen zu den Zinsen gehörten. Dies bedeutet, dass die oben unter (1.) angeführten Erträge i. S. der Definition des MA 1963 **voll** in 59a die Zinsdefinition des MA 1977 **übernommen** wurden. Für die Vertragsstaaten **verbindlich erweitert** wurde die Aufzählung der stets als Zinsen geltenden Erträge um die mit den Anleihen und Schuldverschreibungen verbundenen Aufgelder und Losanleihen. Nach Auffassung des MA-Komm. umfasst daher die Definition des MA jetzt „praktisch alle Einkunftsarten, die nach dem innerstaatlichen Recht der verschiedenen Staaten als Zinsen gelten". Die Definition ist somit umfassend und **abschließend** (MA-Komm. Ziff. 21).

59b Es kommt nicht darauf an, ob die Zinsforderung vertraglich oder gesetzlich begründet ist. Unerheblich ist grds. auch, in welchem **Zusammenhang** die Zinsen gezahlt werden bzw. **welchem Zweck die Anlage** dient, aus der sie stammen. Art. 11 Abs. 1 und nicht Art. 6 MA findet Anwendung, wenn die Zinsen aus einer Geldanlage im anderen Vertragsstaat stammen, die zum Kauf eines dort belegenen Grundstücks bereitgehalten wird (FG Münster EFG 2004, 1664: *DBA Türkei 1985 (K)*), oder wenn Zinsen durch Einzahlung von Mietkautionen und Mieten entstehen (FG Hamburg EFG 2000, 1048: *DBA Kanada* – rkr.; BFH BFHE 229, 252: Zinserträge aus der Anlage von Mieteinnahmen in den USA belegener Immobilien sind keine Einkünfte „jeder anderen Art der Nutzung unbeweglichen Vermögens" i. S. von Art. 6 Abs. 3 sondern Zinseinnahmen i. S. von Art. 11 Abs. 1 *DBA USA 1989*; BFHE 232, 145: *DBA Großbritannien 1964/70)*. Art. 7 MA und nicht Art. 11 Abs. 1 findet allerdings Anwendung, wenn die Vermietung gewerblicher Natur ist und der Betriebstättenvorbehalt des Art. 11 Abs. 4 greift. Zinsen aus Kaufpreisforderungen, die aus der Veräußerung eines Betriebes oder Mitunternehmeranteils stammen, fallen unter Art. 11 (s. auch ÖstBMF v. 30.9.1998, SWI 1998, 549; zum sog. „usance interest" aus Kaufpreisforderungen s. auch die Entscheidung des *Gujarat High Court* v. 20.3.2003, Comm. of Income Tax v. Vijay Ship Breaking (181 CTR 134 Guj.): *DBA Großbritannien/Indien*), ebenso Zinsforderungen eines Arbeitnehmers gegen seinen Arbeitgeber, die aus unbeglichenen Lohnforderungen resultieren, allerdings **nur** wenn es sich dabei nicht um Verzugszinsen handelt (s. Rz. 61).

60 Die Aufzählung von „Anleihen, Obligationen" usw. ist **beispielhaft.** Deswegen beeinträchtigt es nicht den umfassenden Charakter der Definition, wenn ein Vertragsstaat nach seinem innerstaatlichen Recht z. B. als „Anleihen" nur mittel- und langfristige Anleihen ansieht (vgl. für Österreich *Loukota,* SWI 1993, 39 (42); s. auch Wassermeyer/*Wassermeyer,* Art. 11 OECD-MA Rz. 85).

61 Ausdrücklich **ausgeschlossen** von der Definition der Zinsen sind nach Abs. 3 Satz 2 „Zuschläge" wegen verspäteter Zahlung *(„penalty charges")*. MA-Komm. Ziff. 22 hebt hervor, dass dies unabhängig davon gilt, ob eine **Vertragsstrafe** in bestimmter Höhe vereinbart ist oder ob die „Zuschläge" zeitanteilig („pro rata temporis") als **Verzugszinsen** bemessen werden; denn auch dann seien sie nicht Entgelt für die Überlassung von Kapital, sondern ein spezieller Schadensersatz (krit. SKK/*Geurts,* Art. 11 OECD-MA, Rz. 79). Es läge nahe, ihre Besteuerung nach Maßgabe der Hauptleistung vorzunehmen, also z. B. auf Zinsen für verspätete Lizenzzahlungen Art. 12 MA anzuwenden. Aber dann wären Zuschläge für verspätete Zinszahlung doch nach Art. 11 zu besteuern, was dem Wortlaut des Abs. 3 Satz 2 widerspricht. Die Zuschläge sind also getrennt von der Hauptleistung zu besteuern (vgl. zu einer entsprechenden Frage MA-Komm. Ziff. 35). Nur wenn eine dem Abs. 3 Satz 2 entsprechende Bestimmung fehlt und sie zeitanteilig bemessen werden, fallen sie unter Art. 11. Wie Verzugszinsen sind Steuererstattungszinsen und Prozesszinsen zu behandeln (s. Wassermeyer/*Wassermeyer,* Art. 11 OECD-MA, Rz. 92). Ebenfalls keine Zinsen i. S. von Art. 11 Abs. 3, weil nicht für die Nutzungsüberlassung von Kapital gezahlt, sind (Kredit-)Bearbeitungsgebühren oder Vermittlungsprovisionen, Bürgschaftsakzepte sowie Vergütungen für die Bestellung von Sicherheiten (vgl. Wassermeyer/*Wassermeyer,* Art. 11 OECD-MA, Rz. 74; FG Hamburg v. 11.4.2011, 6 K 245/09: *DBA China 1985*). Dies gilt auch für Vergütung für die bloße Durch- oder Weiterleitung von Darlehen. **Vorfälligkeitsentschädigungen** und Aufgelder für die verfrühte Rückzahlung eines Kredits sind dagegen als (angepasstes) „Nutzungsentgelt i. w. S. für das auf die verkürzte Laufzeit in Anspruch genommene Fremdkapital" Zinsen i. S. von Art. 11 Abs. 3 (BFH BStBl II 2006, 266; s. auch Wassermeyer/*Wassermeyer*, Art. 11 OECD-MA, Rz. 74; SKK/*Geurts* Art. 11 OECD-MA Rz. 80; a. A. Haase/*Wenz/Linn*, Art. 11 OECD-MA, Rz. 87 jedenfalls für die Abkommen, die keinen Verweis auf innerstaatliches Recht beinhalten). Ein Aufschlag zu der Rückzahlung einer (Kaufpreis-)Anzahlung nach Rücktritt vom Vertrag ist Zins i. S. von Art. 11 (so auch FG Hamburg a. a. O.). Dies gilt aber nicht, insoweit der über den der Kaufpreis hinausgehende Betrag als Schadensersatz gezahlt wird.

d) Abgrenzung des Zinsbegriffs im Einzelnen: aa) Gesellschaftsbezüge und Dividenden: Zinsen sind nur Entgelte für die Überlassung von Kapital zur Nutzung und (Rück-)Zahlung, **nicht** dagegen Gewinne aus einer Kapitalüberlassung, bei der der Überlassende ein **Unternehmerrisiko** übernimmt (MA-Komm. Ziff. 18 f.). Sie unterscheiden sich dadurch von den Unternehmensgewinnen i. S. des Art. 7 – soweit auch diese Gewinne durch Kapitalüberlassung erzielt werden – und von den Dividenden i. S. des Art. 10. Zur Abgrenzung Zins/Dividende MA-Komm. Ziff. 19 (s. auch Wassermeyer/*Wassermeyer,* Art. 11 OECD-MA Rz. 10, 79) und Vorbehalte Ziff. 37 ff.). Zinsen sind nicht schon dann gegeben, wenn der das Kapital Überlassende keine Haftung über den Betrag seiner Einlage hinaus übernimmt; ein Unternehmerrisiko wird dadurch nicht ausgeschlossen. Das zeigt Art. 10 ebenso wie das Beispiel des Kommanditisten nach §§ 161 ff. HGB: er bezieht Unternehmergewinne i. S. des Art. 7 (s. dort Rz. 36). Andererseits ist Unternehmerrisiko nicht schon das allgemeine Gläubigerrisiko, die Forderung möglicherweise nicht durchsetzen zu können, weil der Schuldner nicht zahlungsfähig oder die Forderung nicht beitreibbar ist; ebenso wenig genügt ein „Unternehmerrisiko", das sich lediglich auf die Höhe der Vergütung beschränkt, wie insbesondere bei gewinnabhängigen Zinsen (so ausdrücklich der MA-Komm. a. a. O.). Zu den für die Abgrenzung maßgebenden, im Einzelnen abzuwägenden Kriterien – Verhältnis zum Grundkapital, Rang der Forderung im Verhältnis zu denen anderer Gläubiger, unbegrenzte Laufzeit usw. – s. auch MA-Komm. zu Art. 10 Ziff. 25. 62

Die Frage nach der Grenzziehung stellt sich vor allem für die **stille Gesellschaft** des deutschen Rechts und verwandte Gesellschaftsformen anderer Staaten. Die stille Gesellschaft ist eine Gesellschaft, bei der nur einer der beiden Gesellschafter Träger des Geschäftsvermögens ist und nach außen als Unternehmer hervortritt; die Einlage des anderen – des „stillen Gesellschafters" – geht in sein Vermögen über (§ 230 HGB). An den stillen Reserven und am Geschäftswert des Unternehmens ist der stille Gesellschafter nicht beteiligt; ihr Verlust geht nicht zu seinen Lasten. Die Bezüge des stillen Gesellschafters sind Einkünfte aus Kapitalvermögen (§ 20 Abs. 1 Nr. 4 EStG), der Geschäftsinhaber kann sie als Betriebsausgaben absetzen. Das **deutsche innerstaatliche Steuerrecht** besteuert sie also als Kapitaleinkünfte, ordnet sie aber weder den Zinsen noch den Dividenden zu. Nach der Zinsdefinition des **MA 1963** waren die Bezüge des stillen Gesellschafters Zinsen i. S. des MA. Unter der Definition des **MA 1977** ist zu fragen, ob das Risiko des stillen Gesellschafters noch Gläubiger- oder bereits Unternehmerrisiko ist. Es ist zwar größer als das des partiarischen Darlehensgläubigers, da der stille Gesellschafter regelmäßig auch an den Verlusten teilhat. Es ist aber geringer als das des Gesellschafters einer OHG oder KG, da der Stille nicht an den stillen Reserven und am Geschäftswert beteiligt ist. Die deutsche Rechtsprechung sieht darin den entscheidenden Unterschied zum Unternehmerrisiko: ist auch nur obligatorisch eine Beteiligung an den stillen Reserven vereinbart, so wird eine **atypische stille Gesellschaft** angenommen, die **Mitunternehmerschaft** ist (BFH 63a

BStBl. II 1978, 644 (646); II 1979, 74 (75); BFH/NV 2003, 601). Der atypisch stille Gesellschafter ist damit am Unternehmensgewinn beteiligt und seine Einkünfte sind daher Art. 7 OECD-MA zuzuordnen (BFH BStBl. II 1999, 812: *DBA Schweiz 1971;* BMF v. 28.12.1999, BStBl. I 1999, 1121; v. 16.4.2010, BStBl. I 2010, 354; *Suchanek,* FR 2003, 605 ff.; s. auch die ausdrücklichen Regelungen in den DBA *Luxemburg 1959/78, Niederlande 1959/2004, Österreich und Tunesien*)). Aufgrund des Kreisschreibens der schweizerischen EStV v. 1.1.1987 wurde das Rechtsverhältnis der atypischen stillen Gesellschaft in der Schweiz zunächst nicht mehr als Mitunternehmerschaft, sondern als Darlehensvertrag bzw. partiarisches Darlehen angesehen. Dadurch konnte es zu einem sog. **neg. Qualifikationskonflikt** und sog. „weißen" Einkünften kommen (dazu FG Rheinl-Pfalz EFG 1999, 175: *DBA Schweiz*). Gem. einer Mitteilung der EStV v. 15.7.2002, ergänzt am 2.6.2004, hat die Schweiz ihre Praxis **geändert.** Gewinnanteile aus einer atypischen stillen Gesellschaft gelten wieder als Einkünfte aus mitunternehmerischer Betätigung (vgl. *Kubaile/Kapalle,* PISt 2004, 272 (274 ff.)).

63b Bezüge aus einer typischen stillen Gesellschaft sind abkommensrechtlich **Zinsen** (ebenso SKK/*Geurts,* Art. 11 OECD-MA, Rz. 71), solange nicht ausdrücklich etwas anderes (Zuordnung zu Art. 10) im jeweiligen DBA angeordnet ist (s. Rz. 84).

64 Erträge aus **partiarischen Darlehen** (s. Rz. 62 f. und auch GKG/*Grützner,* Art. 11 OECD-MA Rz. 79) und ähnlichen Gewinnbeteiligungen sind Zinsen und zwar unabhängig von der Rechtsform des Darlehensgebers. Zinsen die auf ein partiarisches Darlehen durch eine Kapitalgesellschaft gezahlt werden, sind daher keine Dividenden (s. Wassermeyer/*Wassermeyer,* Art. 11 OECD-MA Rz. 89). Dies gilt auch nach denjenigen DBA, die für die Erträge aus stillen Gesellschaften eine vom MA abweichende Sonderregelung treffen, und diese den Dividenden zuordnen. Erträge derartiger Darlehen können in diesen Fällen – ohne anders lautende Vertragsregelung – daher **nicht** entsprechend der innerstaatlichen deutschen Regelung (§ 20 Abs. 1 Nr. 4 EStG) den Erträgen aus stillen Beteiligungen gleichgestellt werden. MA-Komm. Ziff. 22, letzter Satz, stellt den Vertragsstaaten eine Einbeziehung in den Dividendenbegriff ausdrücklich frei. S. Näheres bei Art. 10 Rz. 165, 210. Zur Abgrenzung von Einnahmen aus stillen Beteiligungen zu solchen aus partiarischen Darlehen s. BMF v. 16.11.1987, BStBl. I 1987, 740. Eine **Eigenkapitalverzinsung**, die anstelle einer Dividende gezahlt wird, ist Gewinnanteil und fällt unter Art. 10 und nicht unter Art. 11 (s. FG Nürnberg v. 14.12.2010, 1 K 1955/2008 und 1 K 1958/2008: *DBA Brasilien (K),* bestätigt durch BFH BFHE 237, 346).

65 Zu den „Zinsen" i. S. des Art. 11 gehört grundsätzlich auch das Entgelt, das **eine Gesellschaft ihrem Gesellschafter** für die Überlassung von Kapital – außerhalb und neben der auf dem Gesellschaftsvertrag beruhenden Einlage des Gesellschafters – zahlt (s. BFH BStBl. II 1982, 242 (243): *DBA Italien 1925;* BStBl. II 1992, 532: *DBA Niederlande 1959*; sog. **„Gesellschafter-Fremdfinanzierung"**). Aus nichtsteuerlichen Gründen und da Zinsen anders als Dividenden regelmäßig vom körperschaftsteuerpflichtigen Gewinn der Gesellschaft abgesetzt werden können und zudem die Besteuerung der Zinsen im Quellenstaat häufig günstiger als die der Dividenden ist, liegt es insbesondere in grenzüberschreitenden Konstellationen nahe, die Zuführung von Eigenkapital, also die Erhöhung der Einlage des Gesellschafters, durch solche Gesellschafterdarlehen zu ersetzen. Viele Staaten haben Regelungen getroffen, die einer Steuervermeidung durch Maßnahmen dieser Art entgegenwirken sollen, insbesondere dadurch, dass in Fällen, in denen die Eigenkapitalausstattung der Gesellschaft unzureichend erscheint (**Unterkapitalisierung** oder **„thin capitalization"**), die Zinszahlungen steuerlich wie Dividendenausschüttungen oder als nicht abzugsfähige Betriebsausgaben behandelt werden (für einen Überblick: *Boidman,* TNI March 2003, 879 ff.; *Maier,* Gesellschafterfremdfinanzierung; *Zielke,* StuW 2009, 63; *ders.*, Intertax 2010, 62).

Bis 2008 enthielt **§ 8a KStG** typische Gesellschafterfremdfinanzierungsregeln. Die Vorschrift führte zu einer Umqualifizierung von Zinszahlungen in verdeckte Gewinnausschüttungen. Die durch das Standortsicherungsgesetz v. 13.9.1993 eingeführte und durch das Steuersenkungsgesetz v. 23.10.2000 verschärfte Fassung des § 8a KStG wurde durch die Entscheidung des EuGH v. 12.12.2003, C-324/00 – *Lankhorst-Hohorst,* DB 2002, 2690, wegen **Verletzung der Niederlassungsfreiheit** für **europarechtswidrig** erklärt, weil sie im Ergebnis nur Zinsen betraf, die ein im Ausland ansässiger Gesellschafter bezogen hatte. Der Gesetzgeber reagierte, indem er die Anwendung der Vorschrift auch auf inländische Fremdkapitalgeber ausdehnte, den grundsätzlichen Aufbau der Norm und insbesondere die Umqualifizierung der Zinsen in verdeckte Gewinnausschüttungen aber beibehielt (s. dazu BMF v. 15.7.2004, BStBl. I 2004, 593). **66**

Im Zuge der **Unternehmenssteuerreform 2008** wurde eine grundlegende Neuregelung zur Beschränkung des Zinsabzugs in § 4h EStG i. V. mit § 8a KStG eingeführt (sog. **Zinsschranke**). Zinsaufwendungen, soweit sie über die Zinserträge hinausgehen, sind danach – unabhängig von der Person des Darlehensgebers – als Betriebsausgaben grds. nur noch i. H. von 30% des Einkommens **vor** Zinsen, Steuern und Abschreibungen **(EBITDA)** abzugsfähig, wobei der Charakter als Zins erhalten bleibt. Die Regelung hat sich von dem Gedanken einer Gesellschafterfremdfinanzierungsregelung wegbewegt. Auch auf das Verhältnis von Eigen- und Fremdkapital kommt es unmittelbar nicht mehr an, so dass es sich nicht mehr um eine typische Unterkapitalisierungsregelung handelt. Der Eigenkapitalquote kommt allerdings noch wegen der Escape-Klausel in § 4h Abs. 2 Satz 1 Buchst. c EStG Bedeutung zu. Eine schädliche Gesellschafterfremdfinanzierung i. S. von § 8a Abs. 2 und 3 KStG führt zu einem Ausschluss der Ausnahmeregeln in § 4h Abs. 2 Satz 1 Buchst. b und c EStG. **67a**

Da § 8 Abs. 3 KStG der Zinsschrankenregelung vorgeht, handelt es sich bei den betroffenen Zahlungen aus Sicht des deutschen innerstaatlichen Rechts nicht um Dividenden sondern um Zinsen. Der Zinsbegriff der Zinsschranke, wie er im BMF-Schreiben (BStBl. I 2008, 718) näher definiert wurde, ist allerdings sehr weit und nicht deckungsgleich mit dem abkommensrechtlichen Zinsbegriff, da er auch als Nebenleistungen zu qualifizierenden Vergütungen enthält (vgl. Haase/*Wenz*/*Linn*, Art. 11 OECD-MA, Rz. 79). Aus Abkommenssicht ist zunächst zu fragen, ob die betroffenen Zahlungen dem abkommensrechtlichen Zinsbegriff zugeordnet werden können. Handelt es sich um Zinszahlungen hat der Ansässigkeitsstaat des Zinsempfängers grds. ein unbeschränktes Besteuerungsrecht, allerdings wird er eine nach dem Abkommen zulässige Quellensteuer anrechnen. Durch die Nichtabzugsfähigkeit der Zinszahlungen beim Zinsschuldner kommt es zu einer wirtschaftlichen Doppelbesteuerung. Abkommensrechtlich dient nicht Art. 11 sondern Art. 9 MA der Verhinderung solcher Doppelbesteuerungen, aber nur soweit es sich um Zinszahlungen zwischen verbundenen Unternehmen handelt. Zwar wird teilweise ein Verstoß der Zinsschrankenregelung gegen Art. 11 selbst angenommen (vgl. FWK/*Häck*, Art. 11 DBA Schweiz Rz. 52 m. w. N.), allerdings betrifft der Zinsartikel nicht den Abzug der Zinsen als Werbungskosten beim Schuldner, und die Anwendung der Zinsschranke kann nicht als Quellenbesteuerung des Nutzungsberechtigten angesehen werden. Bei Vorliegen eines DBA ist also allein zu fragen, ob die Nichtabzugsfähigkeit der Zinsen als Betriebsausgaben mit der entsprechenden Regelung des Art. 9 im Abkommen zu vereinbaren ist. Art. 9 schränkt Gewinnkorrekturvorschriften des Quellenstaates ein, wenn diese – wie die Zinsschranke – trotz Fremdüblichkeit eine Gewinnkorrektur vorsehen (vgl. dazu auch *Bauer*, StuW 2009, 163 (169); *Ernst/Bachmann*, StUW 2010, 262 (275 f.); *Kessler/Knörzer*, TNI Mai 2008, 427 (430); *Leitner*, FS Schaumburg, S. 889 (899); *Shou*, S. 193). Allerdings kann Art. 9 nur Zahlungen zwischen verbundenen Unternehmen betref- **67b** fen, nicht aber Zinszahlungen an unverbundene Darlehensgeber, die grundsätzlich auch von der Zinsschranke erfasst sein können. Bei Zinszahlungen an ein verbundenes Unternehmen in der EU ist außerdem die Vereinbarkeit mit der ZinsRL (s. Rz. 7) zu prüfen. Diese wird kontrovers diskutiert (s. dazu *Bauer*, StuW 2009, 163; *Ernst/Bachmann*, StUW 2010, 262; *Führich*, Ubg 2009, 30 (37 f.)).

68 Werden die Zinsen durch Gesellschafterfremdfinanzierungsregeln zu Ausschüttungen **umqualifiziert,** so löst dies grds. **zwei Wirkungen** aus: es kommt zu einer **Erhöhung des Gesellschaftsgewinns,** da Dividenden, anders als Zinsen, vom Gewinn nicht abgesetzt werden können; und es wird die Anwendung der **steuerlichen Vorschriften des betreffenden Staates über Dividenden** auf die „Ausschüttung" an den Gesellschafter bewirkt. **Abkommensrechtlich** ist die Gewinnerhöhung nur unter den Voraussetzungen des Art. 9 zulässig (s. auch FG Köln, EFG 2008, 161: *DBA Großbritannien 1964/70* zu § 8 Abs. 3 KStG; offengelassen durch BFH BFHE 231, 75: *DBA Schweiz* zu § 8a KStG 1999, da bereits ein Verstoß gegen Art. 25 Abs. 3 des Abkommens angenommen wurde; zum Problem *Pöllath/Rädler,* DB 1980 Beilage 8, 18 ff.; *dies.,* DB 1982, 561 ff. und 617 ff.; *Portner,* IStR 1996, 23 (25)): Dies muss grds. auch dann gelten, wenn Zinszahlungen – wie in Deutschland bei der **Zinsschranke** und in zahlreichen anderen Ländern der Fall – nach innerstaatlichem Recht nicht zu Dividenden umqualifiziert, sondern als **nicht abzugsfähige Betriebsausgaben** behandelt werden (s. Rz. 67b). Die Besteuerung der „Ausschüttungen" bleibt an Art. 11 gebunden, sofern die „Zinsen" nicht auch abkommensrechtlich Dividenden sind. Dies ist aber nur dann der Fall, wenn die Zinsen im Sinne der Dividenden-Definition des Art. 10 Abs. 3 „aus (dem) Gesellschaftsanteil stammen", d. h. das Darlehen (oder die stille Beteiligung) in der konkreten Situation und unter den konkreten Bedingungen von einem unabhängigen Dritten nicht gewährt worden wäre und daher kein Fremdkapital darstellt (s. zu den abkommensrechtlichen Voraussetzungen der Zuordnung der umqualifizierten „Zinsen" zu Art. 10 *Zielke*, StuW 2009, 63 (79); *ders.,* Intertax 2010, 62 (71 f.)), dort befindet sich auch eine umfassende Übersicht von Gesellschafterfremdfinanzierungs- bzw. Unterkapitalisierungsregeln in verschiedenen OECD-Mitgliedstaaten; s. zu Art. 10 Rz. 200). MA-Komm. Art. 11 Ziff. 19 ordnet keinen Vorrang der innerstaatlichen Gesellschafter- oder Unterkapitalisierungsvorschriften des Anwendestaates an, sondern bestätigt vielmehr, dass die abkommensrechtlichen Begriffsbestimmungen in Art. 10 und 11 ausschlaggebend sind. Die Qualifikation von Zinszahlungen als Dividenden nach dem innerstaatlichen Steuerrecht des Anwendestaates schlägt also nicht auf das Abkommensrecht durch (vgl. auch die Ferrotek-Entscheidung des *Federal Moscow District Arbitration Court,* No. KA-A40/6616-05, in der das Gericht zu dem Schluss kam, dass die Umqualifizierung von Zinsen in Dividenden nach russischem Steuerrecht keine Auswirkung auf die Qualifikation der Zinsen nach dem deutsch-russischen DBA habe, zit. nach *Bruk*, ET 2010, 506 (507)).

69a Werden (unangemessen hohe) Zinszahlungen zum Teil wegen § 8 Abs. 3 KStG in verdeckte Gewinnausschüttungen und damit in Dividenden umqualifiziert, kommt insofern eine Anwendung der Zinsschrankenregelung nicht mehr in Betracht. Kommt die Anwendung des Art. 9 zu keinen anderen Ergebnissen, hat die Gewinnerhöhung bei der Gesellschaft auch nach dem Abkommen Bestand. Die als Zinsen gezahlten verdeckten Gewinnausschüttungen fallen unter Art. 10. Ist der **zwischen verbundenen Personen** gezahlte Zins jedoch fremdüblich und angemessen und kommt es zu einer (teilweisen) Behandlung als nichtabzugsfähige Betriebsausgaben wegen der Zinsschranke, bleibt es bei der (abkommensrechtlichen) Qualifikation als Zins. Art. 9 verhindert in diesen **Fällen ggf. eine Hinzurechnung zum Gewinn des deutschen Schuldnerunternehmens.**

69b Behandelt der Ansässigkeitsstaat die Zinszahlungen als Dividenden und der Quellenstaat als Zinsen oder umgekehrt, kann es zu **Doppelbesteuerungen** oder aber auch zu **weißen Einkünften** bzw. zu einer **sehr geringen Besteuerung** kommen, wenn der Quellenstaat die Zahlungen als Zinsen, der Ansässigkeitsstaat die Zahlungen aber wegen seiner Gesellschafterfremdfinanzierungsregeln als Dividenden behandelt, Dividenden aber u. U. nicht oder nur geringfügig besteuert (vgl. für Deutschland § 8b KStG). Die deutsche FinVerw wollte daher nur dann eine Umqualifizierung der Zinsen vornehmen, wenn im Quellenstaat der Betriebsausgabenabzug verwehrt ist (BMF BStBl. I 2004, 593 Tz. 27). Nunmehr sieht § 8b Abs. 1 S. 2 KStG eine entsprechende Regelung vor.

bb) Abgrenzung zur Rückzahlung des Kapitals: Nach MA-Komm. Ziff. 20 sind Zinsen alle Beträge, die der Schuldner über die Tilgung des geschuldeten Grundbetrags hinaus an den Gläubiger (Kapitalgeber) entrichtet. Erfasst wird das Kapitalnutzungsentgelt unabhängig von der Art der Zahlung (einmalig, laufend, ratierlich). Die Kapitalnutzung ist daher scharf von der Rückzahlung und auch von Wertveränderungen (z. B. durch Währungsschwankungen) des hingegebenen Kapitals abzugrenzen. Danach bleibt ein Abzug für **negative Zinsen** gestattet, wenn ein Forderungsgläubiger dem Schuldner mehr Kapital gewährt hat, als dieser ihm zurückzahlen muss. Im Quellenstaat sind dann die aus der betreffenden Kapitalanlage stammenden Zinsen um die negativen „Zinsen" zu kürzen (s. MA-Komm. Ziff. 20); der Quellensteuersatz von 10% bezieht sich nur noch auf den verbleibenden Betrag. Eine Kürzung des Zinsbetrags um entstandenen Aufwand ist dagegen nicht möglich, wenn der Forderungsgläubiger die Forderung auf dem Zweitmarkt über pari erworben hat; er hat dann den Mehrbetrag nicht dem Zinsschuldner gewährt, daher keinen „Negativzins" geleistet, sondern allenfalls einen Veräußerungsverlust erlitten (ähnlich der MA-Komm. Ziff. 20, vorletzter und letzter Satz). 70

Bei einer Anleihe ist der über den gezeichneten Betrag realisierte hinausgehende Ertrag als Zins zu behandeln (MA-Komm. Ziff. 20). Das MA nennt als Zinsen auch **Aufgelder,** so dass auch Damnum und Disagio Zinsen i. S. des MA darstellen. Erträge aus der Veräußerung von auf- oder abgezinsten Schuldverschreibungen (sog. **Zero-Bonds**) und ähnlichen Papieren und Forderungen am Ende der Laufzeit sind als Zins zu behandeln. Einnahmen aus der Veräußerung von Zinsscheinen ohne Mitveräußerung der Schuldverschreibung durch den Inhaber oder ehemaligen Inhaber der Schuldverschreibung sind dagegen der Vermögenssphäre zuzuordnen und fallen nicht unter Art. 11. Dies gilt auch für nachfolgende Veräußerungsfälle nach Trennung von Wertpapier und Zinsschein zu einem nachträglich vom Veräußerer auf- oder abgezinsten Preis (sog. „bond stripping"). Die Einnahmen aus der **Veräußerung** der Zinsscheine und des Stammrechts sind für den zweiten und jeden weiteren Erwerber ebenfalls kein Zins in abkommensrechtlicher Hinsicht. Sie werden nicht als Vergütung für eine Kapitalüberlassung gezahlt, sondern für einen kapitalisierten Zins und sind daher der Vermögensebene zuzuordnen (vgl. auch GKG/*Grützner,* Art. 11 OECD-MA Rz. 110/1). 71

Forderungen jeder Art i. S. von Art. 11 Abs. 3 sind sämtliche auf eine Geldleistung gerichtete Forderungen ohne Rücksicht auf den Rechtsgrund des Anspruchs. Zu ihnen gehören Spareinlagen bei Kreditinstituten, Anleihen mit variablem Zins (z. B. Floater, Kombizins- und Gleitzins-Index-Anleihen) sowie festverzinsliche Anleihen und alle anderen festverzinslichen Schuldverschreibungen (z. B. Pfandbriefe, Industrieobligationen, Bundesschatzbriefe). Dazu gehören außerdem Gewinnschuldverschreibungen (-obligationen) und Wandelschuldverschreibungen, bis zu ihrer Umwandlung in Aktien. Auch Aktienanleihen und Umtauschanleihen können bei ihrer Endeinlösung zu Einkünften i. S. von Art. 11 MA führen (vgl. SKK/*Geurts,* Art. 11 OECD-MA Rz. 62). Reine Spekulationsanlagen, bei denen eine Rückzahlung des Kapitals weder rechtlich noch faktisch garantiert ist, stellen dagegen mangels einer Forderung keine Forderungen jeder Art dar (Einkünfte aus

Anlagen, bei denen die Rückzahlung von einem ungewissen Ereignis abhängt, fallen aber ab 2009 unter § 20 Abs. 1 Nr. 7 EStG).

72 In den Vermögensbereich gehören Gewinne und Verluste aus der Veräußerung von verzinslichen Forderungen (so der MA-Komm. Ziff. 20, vorletzter und letzter Satz). Sie stellen daher keinen Zins im Abkommenssinne dar. Die Veräußerung eines Zinsscheines fällt ebenfalls nicht unter Art. 11. **Stückzinsen** sind ihrer Natur nach zwar Zinsen, werden aber nicht vom Zinsschuldner gezahlt und fallen daher nicht unter Art. 11 MA (vgl. BFH BFHE 230, 321: *DBA Brasilien (K)*, dazu *Wilke*, PISt 2010, 315). Ab dem VZ 2009 entspricht diese Sichtweise auch der Behandlung von Stückzinsen im innerstaatlichen deutschen Steuerrecht: Seit der Einführung der Abgeltungsteuer gelten Stückzinsen beim Wertpapierverkäufer als Veräußerungserlös des Wertpapiers, § 20 Abs. 2 Nr. 7 EStG. Seit dem 1.4.2012 entspricht dies auch der Behandlung im österreichischen Steuerrecht (dazu und zu Fragen bei Wegzug nach Deutschland von Österreich siehe *Huisman/Oberbauer,* SWI 2013, 59 ff. Zu Anwendungsfragen des DBA Österreich hinsichtlich Zinsen aus deutschen Wandelanleihen siehe *Obermann,* SWI 2012, 4 ff.).

Erträge aus der Veräußerung oder der Einlösung von Zertifikaten enthalten i. d. R. keinen Zinsanteil, da die Rückzahlung des Kapitals nicht garantiert ist. Sie fallen regelmäßig unter Art. 13 MA (vgl. *Oberhofer*, S. 110). Liegt im Ausnahmefall aber ein Rückzahlungsversprechen hinsichtlich des Kapitals vor, ist der überschießende Anteil Zins (so bei DAX-Zertifikaten mit garantiertem Rückzahlungsbetrag). Vollrisikozertifikate sind nach Verwaltungsauffassung Zinseinkünfte i. S. von § 20 Abs. 1 Nr. 7 EStG (vgl. BMF BStBl. I 2010, 94 Tz. 8a, ergänzt durch BMF BStBl. I 2010, 1305). Abkommensrechtlich handelt es sich jedoch bei Zertifikaten, bei denen kein Anspruch auf Rückzahlung des Kapitals besteht, nicht um eine Forderung jeder Art.

73 **cc) Überlassung körperlicher Wirtschaftsgüter:** Vergütungen für die Überlassung bzw. Nutzung von Sachen oder Rechten sind keine Zahlungen für die Überlassung von Kapital. Mieten fallen nicht unter Art. 11. Zum Leasing s. u. zu Art. 12 Rz. 53, dort besonders auch zum OECD-MA 1992. Beim Finanzierungsleasing fallen die Raten unter Art. 11, beim „operativen" Leasing, bei dem das wirtschaftliche Eigentum beim Leasinggeber bleibt, dagegen nicht (vgl. ÖstBMF v. 27.2.1993, SWI 1993, 103).

74 **dd) Zins- oder Zinssatz-"Swaps" und sonstige Finanzderivate:** Als Swap bezeichnet man eine Vereinbarung, bei der zwei Parteien sich gegenseitig Zahlungen versprechen, die auf der Basis einer hypothetischen Forderung nach teils festen, teils variablen Zinssätzen (z. B. „LIBOR" = London Interbank Offered Rate) berechnet werden. Haben die Zahlungsverpflichtungen den gleichen Fälligkeitszeitpunkt, so hat je nach Kursentwicklung die eine oder die andere Seite eine Ausgleichszahlung zu leisten. Sie dienen u. a. der Verringerung des Zinsrisikos bei auszugebenden Anleihen und sonstigen Schulden (s. statt aller: *Kopp/Pross,* RIW 1994, 488). Soweit die zugrundeliegende Forderung hypothetisch bleibt, ist die Ausgleichszahlung **kein Zins** (MA-Komm. Ziff. 21.1, ebenso *Woywode,* IStR 2006, 368 (371)); sie ist es nicht etwa deshalb, weil sie z. B. den Kurs einer Anleihe sichern soll (vgl. ÖstBMF v. 24.10.1992, SWI 1992, 356). Zahlt aber eine Partei der anderen anfänglich eine Pauschalsumme, die sukzessiv zurückgezahlt wird („off-market swap"), so enthalten die Rück- und Ausgleichszahlungen ein Zinselement. Ob dieses Zinselement aber als Zins i. S. des Art. 11 zu behandeln ist, ist dogmatisch wie praktisch außerordentlich zweifelhaft. Aus den oben in Rz. 57 genannten Gründen wird es eher zu verneinen sein; die Erträge fallen dann je nach den Umständen, unter Art. 7, 13 oder 21 MA (s. ausführlich *Elvin,* Fla. Tax Rev. 1995, 631). Demgegenüber will sie der MA-Komm. Ziff. 21.1 zwar nicht in der Regel als Zinsen behandeln, aber doch dann, wenn auf Grund einer „substance-over-form"-Regelung, einer Missbrauchsklausel oder eines ähnlichen Prinzips das Vorliegen eines Darlehens angenommen wird. Der MA-Komm. macht nicht deutlich, ob er Regelungen des Abkommens oder des Rechts der Vertragsstaaten meint; eine Verweisung auf das Recht der Vertragsstaaten wäre aber deshalb schwer zu begründen, weil das MA seit 1977 den Zinsbegriff autonom, also ohne Verweisung auf das Recht der Vertragsstaaten definiert. Die Behandlung von Swaps als Zinseinkünfte nach dem nationalen Recht des Anwendestaates wirkt sich daher auf die abkommensrechtliche Qualifikation nicht aus (ebenso zu Swaperträgen, die aus Portugal stammen und dort nach dortigem innerstaatlichem Recht als Zinserträge behandelt werden, *Nuncio/Neves*, TNI February 2008, 553 (556)).

Die „Swaps" sind eine Erscheinungsform der sog. **Finanzderivate:** Vereinbarungen über Geldzahlungen, deren Höhe sich von bestimmten Kursen auf Geld- oder Warenmärkten oder statistischen Indizes **ableitet** (daher „Derivate"). Auch sie dienen teils der Risikoverteilung, teils werden sie spekulativ eingegangen. Über ihre Einordnung unter Art. 11 MA gilt Entsprechendes wie zu Rz. 74, s. auch *Neighbour,* TNI March 1997, 931; OECD, The Taxation of Global Trading of Financial Instruments, TNI February 1997, 597 und 1998, 1275; *Woywode,* IStR 2006, 325 ff. Für Deutschland vgl. BMF BStBl. I 1993, 343; BMF BStBl. I 2001, 986. Einkünfte („forward margins") aus der Differenz zwischen Terminkurs und Kassakurs von sog. Forwards stellen grundsätzlich keine Zinsen im abkommensrechtlichen Sinne dar (s. SKK/*Geurts*, Art. 11 Rz. 75; Haase/*Wenz/Linn*, Art. 11 OECD-MA, Rz. 87). Unter Art. 11 fallen außerdem nicht die im Rahmen der Eingehung eines Optionsgeschäftes gezahlten Optionsprämien (s. SKK/*Geurts* a. a. O.). Optionsscheine führen grds. zu keinen Zinseinkünften i. S. von Art. 11. Die Finanzverwaltung nimmt aber bei Optionsscheinen mit gesicherter Zahlung eines festen Betrags am Ende der Laufzeit (capped warrants; range warrants) Zinseinkünfte an (vgl. BMF BStBl. I 1993, 343; BStBl. I 1994, 816; kritisch dazu SKK/*Geurts*, Art. 11 OECD-MA Rz. 66). **75**

ee) Vergütungen für andere Leistungen: Zinsen sind nur die Vergütungen, die für die Kapitalüberlassung gezahlt werden, d. h. die zu ihr in einem Verhältnis der Gegenseitigkeit stehen. Darunter fallen nicht Vergütungen für andere oder (Neben-)Leistungen, z. B. Avalprovisionen (vgl. BFH BStBl. II 2007, 655: Avalprovision ist **Gegenleistung** für die Zurverfügungstellung des Avalkredits; vgl. auch *Canadian Federal Court* in Melford Developments Inc. v. the Queen, 1981 DTC 5020: *DBA Kanada 1956*). **76**

Hieraus ergibt sich eine Gestaltungsmöglichkeit, z. B. für Bankleistungen, die die Bank auch aus der Zinsmarge decken könnte, die jedoch bei gesonderter Abwicklung und Vergütung abkommensrechtlich „Unternehmensgewinn" und damit vorbehaltlich einer Betriebstätte im Quellenstaat steuerfrei sind. Es liegt deshalb nicht fern, z. B. **Bankprovisionen** für Dienstleistungen ausdrücklich Zinsen gleichzustellen (so Nr. 5 Prot. *DBA Bolivien*). Allerdings wird hier das Betriebstättenprinzip nicht unbedenklich ausgehöhlt; dazu wurde im *DBA Brasilien (K)* die Ausdehnung des Zinsbegriffs auf Entgelte für Bankleistungen (schon wegen des deutschen Steuerrechts) einseitig zugunsten Brasiliens vereinbart. Ohne eine solche Sonderregelung sind Provisionen und Honorare für andere Leistungen als die eigentliche Kapitalüberlassung kein Zins. **77a**

Ist der Berechtigte eines **Genussrechts** (in verbriefter Form: **Genussschein**) nicht am Liquidationserlös bzw. an den stillen Reserven oder Verlusten einer Gesellschaft beteiligt und verfügt er über keine mitgliedschaftliche Berechtigung, so trägt er kein oder nur geringfügiges unternehmerisches Risiko. Seine Einnahmen sind dann abkommensrechtlich als Zinsen zu behandeln (vgl. FG Köln EFG 1999, 1034: *DBA Niederlande 1959/92;* EFG 2004, 659 und EFG 2005, 541: *DBA Großbritannien 1964/70;* s. dazu *Jahn,* PIStB 2005, 163). Daran ändert auch nichts, dass er das allgemeine Risiko der Kapitaleinbuße trägt, wenn der Schuldner zah- **77b** lungsunfähig wird. Besteht aber ein Anspruch auf Beteiligung am Gewinn und Liquidationserlös und ist die Rückzahlung zum Nennwert nicht zugesagt, so ist die Vergütung Dividende i. S. von Art. 10 Abs. 3 (vgl. Wassermeyer/*Wassermeyer*, Art. 11 OECD-MA Rz. 87; SKK/*Geurts*, Art. 11 OECD-MA Rz. 73).

78 **ff) Sondervergütungen i. S. v. § 15 Abs. 1 Nr. 2 EStG:** Vorbehaltlich einer abweichenden Regelung sind gezahlte Darlehenszinsen auch dann „Zinsen" im abkommensrechtlichen Sinne, wenn sie durch § 15 Abs. 1 Nr. 2 EStG den Einkünften aus Gewerbebetrieb zugeordnet werden. Auch der Betriebsstättenvorbehalt in Art. 11 Abs. 4 (s. Rz. 89 f.) greift grundsätzlich nicht im Hinblick von Zinsen ein, die der im Ausland ansässige Gesellschafter einer im Quellenstaat ansässigen Personengesellschaft für ein ihr gegebenes Darlehen bezieht. Allerdings führt § 50d Abs. 10 EStG zu einer Umqualifikation der Sondervergütungen zu Unternehmensgewinnen für Abkommenszwecke. Die Vorschrift führt nach Auffassung des BFH nunmehr auch in ihrer alten Fassung zu einer Zurechnung zu der (Mitunternehmer-)Betriebstätte, die dem Gesellschafter durch die Personengesellschaft im Quellenstaat vermittelt wird, da eine andere Auslegung dem offensichtlichen Willen des Gesetzgebers widersprechen würde. Der BFH hält diese Auslegungsfolge jedoch für verfassungswidrig (dazu ausführlicher Rz. 51) und hat die Frage der Verfassungsmäßigkeit des § 50d Abs. 10 EStG in seiner alten und neuen Fassung mittlerweile dem BVerfG zur Entscheidung vorgelegt durch Beschluss vom 11.12.2013, NSW 2014, 1264.

II. Deutsche DBA

1. Abkommensübersicht zu Art. 11 Abs. 3

81

DBA	MA-Regelung: Definition des Zinsbegriffs	Artikel	Rz.
Ägypten	≈ MA; ausgenommen grundpfandrechtlich gesicherte Forderungen	11 Abs. 4	82 f.
Albanien 2010	≈ MA	11 Abs. 4	84
Algerien 2007	≈ MA	11 Abs. 5	84
Argentinien	≈ MA; ergänzende Verweisung auf nationales Steuerrecht des Quellenstaates	11 Abs. 4	
Armenien	s. UdSSR		
Aserbaidschan	≈ MA	11 Abs. 5	82; 84
Australien	≈ MA; ergänzende Verweisung auf nationales Steuerrecht des Quellenstaates	11 Abs. 2	
Bangladesch	≈ MA	11 Abs. 4	82
Belarus	≈ MA	11 Abs. 4	82
Belgien	≈ MA; ergänzende Verweisung auf nationales Steuerrecht des Quellenstaates	11 Abs. 4	
Bolivien	≈ MA; Provisionen = Zinsen	11 Abs. 3; Prot. Nr. 5	82
Bosnien-Herzegowina	s. Jugoslawien		
Bulgarien 2010	≈ MA; Abgrenzung zu Art. 10	11 Abs. 5	
China 1985	≈ MA	11 Abs. 4	82
China 2014 (E)	≈ MA	11 Abs. 5	82
Costa Rica 2014 (E)	≈ MA	11 Abs. 5	82
Dänemark	≈ MA	11 Abs. 2	82
Ecuador	≈ MA; ergänzende Verweisung auf nationales Steuerrecht des Quellenstaates	11 Abs. 3	

DBA	MA-Regelung: Definition des Zinsbegriffs	Artikel	Rz.
Elfenbeinküste	≈ MA; ergänzende Verweisung auf nationales Steuerrecht des Quellenstaates	11 Abs. 4	
Estland	≈ MA	11 Abs. 4	82
Finnland	≈ MA	11 Abs. 2	
Frankreich	Kurzdefinition (≈ MA)	10 Abs. 1	
Georgien	s. UdSSR		
Georgien	≈ MA	11 Abs. 2	
Ghana	≈ MA	11 Abs. 5	82; 84
Griechenland	≈ MA; ergänzende Verweisung auf nationales Steuerrecht des Quellenstaates	VII Abs. 4	
Großbritannien 1964/1970	≈ MA	VII Abs. 2 Buchst. a	
Großbritannien 2010	≈ MA; Abgrenzung zu Art. 10	11 Abs. 2	
Indien	≈ MA	11 Abs. 4	82
Indonesien	≈ MA; ergänzende Verweisung auf nationales Steuerrecht des Quellenstaates	11 Abs. 4	
Iran	≈ MA; ergänzende Verweisung auf nationales Steuerrecht des Quellenstaates	11 Abs. 4	
Irland 2011	≈ MA; Abgrenzung zu Art. 10	11 Abs. 2	82
Island	≈ MA; ergänzende Verweisung auf nationales Steuerrecht des Quellenstaates	11 Abs. 2	
Israel	Kurzdefinition (≈ MA)	13 Abs. 1	
Italien	≈ MA; ergänzende Verweisung auf nationales Steuerrecht des Quellenstaates	11 Abs. 4	
Jamaika	≈ MA; ergänzende Verweisung auf nationales Steuerrecht des Quellenstaates	11 Abs. 4	
Japan	≈ MA; ergänzende Verweisung auf nationales Steuerrecht des Quellenstaates	11 Abs. 5	
Jersey 2008	Keine Regelung	–	
Jugoslawien	≈ MA	12 Abs. 2	
Kanada	≈ MA; ergänzende Verweisung auf nationales Steuerrecht des Quellenstaates	11 Abs. 4	
Kasachstan	≈ MA	11 Abs. 4	82
Kenia	≈ MA; ergänzende Verweisung auf nationales Steuerrecht des Quellenstaates	11 Abs. 4	
Kirgisistan	≈ MA	11 Abs. 4	82; 84
Korea	≈ MA	11 Abs. 5	82
Kosovo	s. Jugoslawien		
Kroatien	≈ MA	11 Abs. 2	82; 84
Kuwait	≈ MA	11 Abs. 2	
Lettland	≈ MA	11 Abs. 4	82
Liberia	≈ MA; ergänzende Verweisung auf nationales Steuerrecht des Quellenstaates	11 Abs. 4	
Liechtenstein 2011	≈ MA; Herausnahme von Sondervergütungen; Abgrenzung zu Art. 10	Art. 11 Abs. 3	82; 84
Litauen	≈ MA	11 Abs. 4	82
Luxemburg 2012	≈ MA; Abgrenzung zu Art. 10	11 Abs. 2	82; 84
Malaysia 2010	≈ MA	11 Abs. 5	
Malta	≈ MA	11 Abs. 2	82
Marokko	≈ MA; ergänzende Verweisung auf nationales Steuerrecht des Quellenstaates	11 Abs. 4	
Mauritius 2011	≈ MA; Abgrenzung zu Art. 10	11 Abs. 2	84

DBA	MA-Regelung: Definition des Zinsbegriffs	Artikel	Rz.
Mazedonien 2006	≈ MA	11 Abs. 5	82; 84
Mexiko 2008	≈ MA; ergänzende Verweisung auf nationales Steuerrecht des Quellenstaates; Abgrenzung zu Art. 10	11 Abs. 4	84
Moldau	s. UdSSR		
Mongolei	≈ MA	11 Abs. 3	82
Montenegro	s. Jugoslawien		
Namibia	≈ MA	11 Abs. 2	82
Neuseeland	≈ MA	11 Abs. 4	
Niederlande 1959/2004	≈ MA	14 Abs. 3	84
Niederlande 2012 (E)	≈ MA	11 Abs. 2	82
Norwegen 1991	≈ MA; ergänzende Verweisung auf nationales Steuerrecht des Quellenstaates	11 Abs. 2	
Norwegen 2013 (E)	≈ MA; ergänzende Verweisung auf nationales Steuerrecht des Quellenstaates	11 Abs. 2	
Oman 2012 (E)	≈ MA	11 Abs. 2	82
Österreich	≈ MA	11 Abs. 3	82; 84
Pakistan	≈ MA	11 Abs. 4	82
Philippinen 1983	≈ MA; ergänzende Verweisung auf nationales Steuerrecht des Quellenstaates	11 Abs. 5	
Philippinen 2013	≈ MA	11 Abs. 5	
Polen	≈ MA	11 Abs. 5	82
Portugal	≈ MA; ergänzende Verweisung auf nationales Steuerrecht des Quellenstaates	11 Abs. 4	
Rumänien	≈ MA	11 Abs. 5	82; 84
Russische Föderation	≈ MA	11 Abs. 2	82
Sambia	≈ MA; ergänzende Verweisung auf nationales Steuerrecht des Quellenstaates	11 Abs. 4	
Schweden	≈ MA	11 Abs. 2	82
Schweiz	≈ MA; ergänzende Verweisung auf nationales Steuerrecht des Quellenstaates	11 Abs. 2	
Serbien	s. Jugoslawien		
Simbabwe	≈ MA	11 Abs. 4	
Singapur	≈ MA	11 Abs. 4	82; 84
Slowakei	s. Tschechoslowakei		
Slowenien	≈ MA	11 Abs. 4	
Spanien 2011	≈ MA	11 Abs. 2	82
Sri Lanka	≈ MA; ergänzende Verweisung auf nationales Steuerrecht des Quellenstaates	11 Abs. 6	
Südafrika 1973	≈ MA; ergänzende Verweisung auf nationales Steuerrecht des Quellenstaates	8 Abs. 3	
Südafrika 2008 (E)	≈ MA; Abgrenzung zu Art. 10	11 Abs. 2	82
Syrien 2010	≈ MA	11 Abs. 5	82
Tadschikistan	≈ MA	11 Abs. 2	82; 84
Taiwan 2011	≈ MA	11 Abs. 5	
Thailand	≈ MA; ergänzende Verweisung auf nationales Steuerrecht des Quellenstaates	11 Abs. 5	
Trinidad und Tobago	≈ MA; ergänzende Verweisung auf nationales Steuerrecht des Quellenstaates	11 Abs. 4	
Tschechien	s. Tschechoslowakei		

DBA	MA-Regelung: Definition des Zinsbegriffs	Artikel	Rz.
Tschechoslowakei	≈ MA; ergänzende Verweisung auf nationales Steuerrecht des Quellenstaates	11 Abs. 2	
Türkei 2011	≈ MA	11 Abs. 4	82
Tunesien	≈ MA; ergänzende Verweisung auf nationales Steuerrecht des Quellenstaates	11 Abs. 3	84
Turkmenistan	s. UdSSR		
UdSSR	≈ MA	8 Abs. 4	
Ukraine	≈ MA	11 Abs. 4	82
Ungarn 2011	≈ MA; Abgrenzung zu Art. 10	11 Abs. 2	82
Uruguay 2011	≈ MA; Abgrenzung zu Art. 10	11 Abs. 5	82
USA 1989	≈ MA; ergänzende Verweisung auf nationales Steuerrecht des Quellenstaates	11 Abs. 2	82; 84
USA 1989/2006	≈ MA; ergänzende Verweisung auf nationales Steuerrecht des Quellenstaates	11 Abs. 2	82; 84
Usbekistan	≈ MA	11 Abs. 4	82
Venezuela	≈ MA	11 Abs. 3	82
Vietnam	≈ MA	11 Abs. 4	82
Vereinigte Arabische Emirate 2010	≈ MA; ohne Zuschläge	11 Abs. 2	
Weißrussland	s. Belarus		
Zypern 2011	≈ MA	11 Abs. 2	82

2. Erläuterungen

a) Begriff: Satz 2 des Abs. 3 klammert „Zuschläge für verspätete Zahlung" aus dem Zinsbegriff aus (s. dazu Rz. 61). Ziff. 22 des MA-Komm. stellt jedoch die Übernahme dieses Satzes in die einzelnen Abkommen frei. Die deutsche Vertragspraxis hat den Satz lange Zeit nicht übernommen, sie beließ damit diese Zuschläge unter dem Zinsbegriff. Das stimmt u.a. mit der allgemeinen Auslegung von Art. 12 überein, nach der auch Schadensersatzleistungen für die unberechtigte Nutzung (Verletzung) von Schutzrechten und anderen in Art. 12 Abs. 2 genannten Rechtsstellungen unter den Lizenzgebührenbegriff eingeordnet werden (s. dazu Art. 12 Rz. 47f.). Die Einbeziehung in den Zinsbegriff lässt sich außerdem mit der Überlegung rechtfertigen, dass es sich auch bei Verspätungszinsen um einen Schadensersatz für die entzogene Nutzungsmöglichkeit oder anders gewendet für die (vertragswidrige) Nutzung von Kapital handelt. Vor allem in jüngeren Abkommen und Abkommensentwürfen werden die Verspätungszuschläge jedoch ausdrücklich von dem Zinsbegriff ausgenommen (so z.B. die *DBA Ägypten, Aserbaidschan, Bangladesch, Belarus, Bolivien, China 1985* und *2014 (E), Costa Rica 2014 (E), Dänemark, Estland, Ghana, Indien, Irland 2011, Kasachstan, Kirgisistan, Korea, Kroatien, Lettland, Liechtenstein 2011, Litauen, Luxemburg 2012, Malaysia 2010, Malta, Mazedonien 2006, Mongolei, Namibia, Niederlande 2012 (E), Oman 2012 (E), Österreich, Pakistan, Philippinen 2013 (E), Polen, Rumänien, Russische Föderation, Schweden, Singapur, Spanien 2011, Südafrika 2008 (E), Syrien 2010, Tadschikistan, Türkei 2011, Ukraine, Ungarn 2011, Uruguay 2011, USA 1989* und *1989/2006, Usbekistan, Venezuela, Vietnam, Zypern 2011*). Das DBA Türkei 2011 nimmt Verspätungszuschläge zwar grds. aus der Zinsdefinition aus, nach Prot. Nr. 4 sind sie jedoch wie Zinsen zu behandeln, wenn der Zinssatz unter dem fremdvergleichskonformen Zinssatz liegt oder die Zuschläge höher als die fremdvergleichskonformen Zuschläge für eine verspätete Zahlung sind. Nach Art. 11 Abs. 5 DBA Taiwan werden aus dem Zinsbegriff Zuschläge für verspätete Zahlungen und Zinsen auf Forderungen 82 infolge aufgeschobener Zahlungen für Güter, Waren oder Dienstleistungen eines Unternehmens herausgenommen.

Viele der gegenwärtig geltenden deutschen DBA ergänzen auch noch – entsprechend dem MA 1963 – den Zinsbegriff um eine Verweisung auf das Recht des Quellenstaates (s. Rz. 58 und die Auflistung in Rz. 81). In den jüngeren deutschen DBA wird nunmehr überwiegend ausdrücklich – aber nur mit deklaratorischer Wirkung – klargestellt, dass der Ausdruck „Zinsen" nicht die in Art. 10 behandelten Einkünfte umfasst (vgl. *DBA Belarus, Bulgarien 2010, Großbritannien 2010, Irland 2011, Liechtenstein 2011, Luxemburg 2012, Mauritius 2011, Mexiko 2008, Singapur, Südafrika 2008 (E), Ungarn 2011, Uruguay 2011, USA 1989* und *1989/2006, Zypern 2011;* siehe auch den Zusatz in der Zinsdefinition der DE-VG). Nach Prot. Nr. 2 Buchst. a *DBA Luxemburg 2012* werden Einkünfte aus Obligationen, die neben einer festen Verzinsung auch eine Zusatzverzinsung enthalten, die sich nach der Höhe der Gewinnausschüttung richtet, durch Luxemburg als Dividenden behandelt.

83 **b) Hypothekenzinsen:** Ziff. 18 des MA-Komm. lehnt die Herausnahme von Hypothekenzinsen und Zinsen aus ähnlichen grundpfandrechtlich gesicherten Forderungen aus dem Zinsbegriff ausdrücklich ab. Demgegenüber wurden nach älteren deutschen Abkommen (jetzt nur noch nach dem *DBA Ägypten*) die Zinsen aus grundpfandrechtlich gesicherten Forderungen den Einkünften aus unbeweglichem Vermögen zugerechnet. Hier ist demgemäß die Besteuerungsbefugnis des Staates, in dem das belastete unbewegliche Vermögen liegt, abkommensrechtlich nicht beschränkt; er kann sie gemäß seinem internen Steuerrecht in Anspruch nehmen. Da das *DBA Ägypten* nicht ausdrücklich eine **mittelbare** Sicherung als ausreichend bezeichnet – wie früher die *DBA Niederlande 1959* und *Österreich 1922* –, sondern nur allgemein von Sicherung spricht, genügt eine mittelbare Sicherung zur Besteuerung im Staat des belasteten unbeweglichen Vermögens **nicht** (RFH RStBl. 1935, 1159 (1160): *DBA Schweiz 1931*). Zum Begriff der mittelbaren Sicherung s. RFH RStBl. 1935, 582; RStBl. 1938, 719: *DBA Schweiz 1931*; BFH/NV 1985, 104: *DBA Niederlande 1959;* der Begriff ist weit auszulegen (BFHE 188, 254 (263): *DBA Niederlande 1959;* FG Freiburg DStZ/E 1958, 440 (441): *DBA Österreich 1922*). Unmittelbar ist die Sicherung auch, wenn ein Treuhänder die Hypothek für die Zinsgläubiger hält, weil steuerlich die Hypothek dann den Zinsgläubigern zugerechnet wird (so auch FinMin NRW v. 26.5.1972, DB 1972, 1093). Auch Zinsen für Grundschulden fallen unter die Sonderregelung für grundpfandrechtlich gesicherte Forderungen (RFH RStBl. 1938, 852 (853): *DBA Italien/Österreich 1922*).

84 **c) Erträge aus stillen Gesellschaften** werden in der deutschen Abkommenspraxis überwiegend in die Dividendendefinition des Art. 10 Abs. 3 einbezogen, oft auch Erträge aus partiarischen Darlehen. S. dazu näher bei Art. 10 Rz. 231, 234 und Rz. 38, 39. Nach Art. 11 Abs. 3 *DBA Liechtenstein 2011* sind Zinsen aber „insbesondere Einkünfte aus stillen Beteiligungen". Dass zu den Unternehmensgewinnen auch die Gewinnanteile aus atypisch stillen Beteiligungen gehören, wird in einigen DBA ausdrücklich festgelegt (*DBA Niederlande 1959/2004* Prot. Nr. 9, *Österreich* Prot. Nr. 3; *Tunesien* Art. 7 Abs. 6). Die *DBA USA 1989* und *1989/2006* lassen in ihrer Zinsdefinition die Formulierung „oder mit einer Beteiligung am Gewinn des Schuldners ausgestattet sind" fehlen. Da gleichzeitig der Dividendenbegriff des DBA in einem entscheidenden Punkt vom MA abweicht (s. bei Art. 10 Rz. 228), gibt dies die Möglichkeit, gewinnabhängige Vergütungen **innerstaatlich** wie Dividenden zu besteuern und sie dadurch auch **abkommensrechtlich** der Dividendenbesteuerung zu unterwerfen (vgl. Vorbehalt Ziff. 40). Die Formulierung fehlt insbesondere auch in neueren deutschen Abkommen (vgl. z. B.

DBA Albanien 2010, Algerien 2007, Aserbaidschan, Costa Rica 2014 (E), Ghana, Kirgisistan, Kroatien, Liechtenstein 2011, Luxemburg 2012, Mauritius 2011, Mazedonien 2006, Mexiko 2008, Rumänien, Singapur, Tadschikistan). Dies führt aber nicht zwangsläufig dazu, dass gewinnabhängige Zahlungen für die Überlassung von Kapital aus dem Zinsbegriff des Abkommens ausgenommen sind. Mangels anderweitiger ausdrücklicher Regelung im Abkommen bleibt es bei den allgemeinen Grundsätzen der Qualifikation als Zins.

E. Zu Art. 11 Abs. 4

I. Musterabkommen

1. Übereinstimmungen und Abweichungen

Die Fassung des OECD-MA ab 2000 hat die „gewerbliche Tätigkeit durch eine dort gelegene Betriebstätte" und die „selbständige Arbeit durch eine dort gelegene feste Einrichtung" zu einer „Geschäftstätigkeit durch eine dort gelegene Betriebstätte" (so noch OECD-MA 1992) zusammengefasst. Dem entspricht nunmehr auch Art. 11 Abs. 4 US-MA in der Fassung von 2006 sowie Art. 11 Abs. 3 DE-VG. Das UN-MA spricht dagegen noch von „fester Einrichtung". Zudem weitet es den Betriebstättenvorbehalt der OECD-Regelung aus. 88

2. OECD- und US-MA

S. Vor Art. 10 bis 12 Rz. 30 ff. 89

3. UN-MA

In Ausweitung des Betriebstättenvorbehalts des Art. 11 Abs. 4 OECD-MA sieht Art. 11 Abs. 4 UN-MA vor, dass Zinsen auch dann nicht nach Art. 11 zu besteuern sind, wenn sie im Sinne des Art. 7 Abs. 1 Buchst. c UN-MA mit anderen Geschäftstätigkeiten gleicher oder ähnlicher Art der Betriebstätte zusammenhängen. Der in Art. 7 Abs. 1 vorgesehene Grundsatz der beschränkten Attraktivkraft der Betriebstätte kommt somit auch beim Betriebstättenvorbehalt zum Tragen. 90

II. Deutsche DBA

Abkommensübersicht zu Artikel 11 Abs. 4

94

DBA	MA-Regelung: Betriebstättenvorbehalt (MA 1992: auch dem Staat einer „festen Einrichtung")	Artikel	Rz.
Ägypten	≈ MA 1992	11 Abs. 5	
Albanien 2010	≈ MA 1992 (+Hinweis auf Art. 14)	11 Abs. 5	
Algerien 2007	≈ MA 1992 (+Hinweis auf Art. 14)	11 Abs. 6	
Argentinien	≈ MA 1992; ohne den Begriff „Nutzungsberechtigter"	11 Abs. 5	
Armenien	s. UdSSR		
Aserbaidschan	≈ MA 1992	11 Abs. 6	
Australien	≈ MA; ohne den Begriff „Nutzungsberechtigter"	11 Abs. 3	

DBA	MA-Regelung: Betriebstättenvorbehalt (MA 1992: auch dem Staat einer „festen Einrichtung")	Artikel	Rz.
Bangladesch	≈ MA 1992	11 Abs. 5	
Belarus	≈ MA 1992	11 Abs. 5	
Belgien	≈ MA; ohne den Begriff „Nutzungsberechtigter"	11 Abs. 5	
Bolivien	≈ MA 1992	11 Abs. 4	
Bosnien-Herzegowina	s. Jugoslawien		
Bulgarien 2010	≈ MA	11 Abs. 6	
China 1985	≈ MA 1992	11 Abs. 5	
China 2014 (E)	≈ MA 1992 (+ Hinweis auf Art. 14)	11 Abs. 6	
Costa Rica 2014 (E)	≈ MA 1992 (+ Hinweis auf Art. 14)	11 Abs. 6	
Dänemark	≈ MA 1992	11 Abs. 3	
Ecuador	≈ MA; ohne den Begriff „Nutzungsberechtigter"	11 Abs. 4	
Elfenbeinküste	≈ MA 1992	11 Abs. 5	
Estland	≈ MA 1992	11 Abs. 5	
Finnland	≈ MA 1992	11 Abs. 3	
Frankreich	≈ MA; ohne den Begriff „Nutzungsberechtigter"	10 Abs. 2	
Georgien	≈ MA 1992	11 Abs. 3	
Ghana	≈ MA 1992	11 Abs. 6	
Griechenland	≈ MA; ohne den Begriff „Nutzungsberechtigter"	VII Abs. 5	
Großbritannien 1967	≈ MA; ohne den Begriff „Nutzungsberechtigter"	VII Abs. 5	
Großbritannien 2010	≈ MA	11 Abs. 3	
Indien	≈ MA 1992	11 Abs. 5	
Indonesien	≈ MA 1992	11 Abs. 5	
Iran	≈ MA; ohne den Begriff „Nutzungsberechtigter"	11 Abs. 5	
Irland 2011	≈ MA	11 Abs. 3	
Island	≈ MA; ohne den Begriff „Nutzungsberechtigter"	11 Abs. 3	
Israel	≈ MA; ohne den Begriff „Nutzungsberechtigter"	13 Abs. 2	
Italien	≈ MA 1992	11 Abs. 5	
Jamaika	≈ MA; ohne den Begriff „Nutzungsberechtigter"	11 Abs. 5	
Japan	≈ MA; ohne den Begriff „Nutzungsberechtigter"	11 Abs. 6	
Jersey 2008	Keine Regelung		
Jugoslawien	≈ MA 1992	12 Abs. 3	
Kanada	≈ MA 1992	11 Abs. 5	
Kasachstan	≈ MA 1992	11 Abs. 5	
Kenia	≈ MA; ohne den Begriff „Nutzungsberechtigter"	11 Abs. 5	
Kirgisistan	≈ MA 1992	11 Abs. 5	
Korea	≈ MA 1992	11 Abs. 6	
Kosovo	s. Jugoslawien		
Kroatien	≈ MA 1992	11 Abs. 3	
Kuwait	≈ MA 1992	11 Abs. 3	
Lettland	≈ MA 1992	11 Abs. 5	

DBA	MA-Regelung: Betriebstättenvorbehalt (MA 1992: auch dem Staat einer „festen Einrichtung")	Artikel	Rz.
Liberia	≈ MA; ohne den Begriff „Nutzungsberechtigter"	11 Abs. 5	
Liechtenstein 2011	≈ MA	11 Abs. 4	
Litauen	≈ MA 1992	11 Abs. 5	
Luxemburg 2012	≈ MA	11 Abs. 3	
Malaysia 2010	≈ MA 1992 (+Hinweis auf Art. 14)	11 Abs. 6	
Malta	≈ MA 1992	11 Abs. 3	
Marokko	≈ MA; ohne den Begriff „Nutzungsberechtigter"	11 Abs. 5	
Mauritius 2011	≈ MA	11 Abs. 3	
Mazedonien 2006	≈ MA 1992 (+Hinweis auf Art. 14)	11 Abs. 6	
Mexiko 2008	≈ MA 1992 (+Hinweis auf Art. 14)	11 Abs. 5	
Moldau	s. UdSSR		
Mongolei	≈ MA 1992	11 Abs. 4	
Montenegro	s. Jugoslawien		
Namibia	≈ MA 1992	11 Abs. 3	
Neuseeland	≈ MA 1992	11 Abs. 5	
Niederlande 1959/2004	≈ MA; ohne den Begriff „Nutzungsberechtigter"	14 Abs. 2	
Niederlande 2012 (E)	≈ MA	11 Abs. 3	
Norwegen 1991	≈ MA 1992	11 Abs. 3	
Norwegen 2013 (E)	≈ MA 1992	11 Abs. 3	
Oman 2012 (E)	≈ MA 1992 (+Hinweis auf Art. 14)	11 Abs. 3	
Österreich	≈ MA 1992	11 Abs. 4	
Pakistan	≈ MA 1992	11 Abs. 5	
Philippinen 1983	≈ MA; ohne den Begriff „Nutzungsberechtigter"	11 Abs. 6	
Philippinen 2013	≈ MA 1992 (+ Hinweis auf Art. 14)	11 Abs. 6	
Polen	≈ MA 1992	11 Abs. 5	
Portugal	≈ MA 1992	11 Abs. 5	
Rumänien	≈ MA 1992	11 Abs. 6	
Russische Föderation	≈ MA 1992	11 Abs. 3	
Sambia	≈ MA; ohne den Begriff „Nutzungsberechtigter"	11 Abs. 5	
Schweden	≈ MA 1992	11 Abs. 3	
Schweiz	≈ MA; ohne den Begriff „Nutzungsberechtigter"	11 Abs. 3	
Serbien	s. Jugoslawien		
Simbabwe	≈ MA 1992	11 Abs. 5	
Singapur	≈ MA 1992	11 Abs. 5	
Slowakei	s. Tschechoslowakei		
Slowenien	≈ MA 1992	11 Abs. 5	
Spanien 2011	≈ MA	11 Abs. 3	
Sri Lanka	≈ MA 1992	11 Abs. 7	
Südafrika 1973	≈ MA; ohne den Begriff „Nutzungsberechtigter"	8 Abs. 4	
Südafrika 2008 (E)	≈ MA	11 Abs. 3	
Syrien 2010	≈ MA 1992 (+Hinweis auf Art. 14)	11 Abs. 6	
Tadschikistan	≈ MA	11 Abs. 3	
Taiwan 2011	≈ MA	11 Abs. 6	
Thailand	≈ MA; ohne den Begriff „Nutzungsberechtigter"	11 Abs. 6	

DBA	MA-Regelung: Betriebstättenvorbehalt (MA 1992: auch dem Staat einer „festen Einrichtung")	Artikel	Rz.
Trinidad und Tobago	≈ MA; ohne den Begriff „Nutzungsberechtigter"	11 Abs. 5	
Tschechien	s. Jugoslawien		
Tschechoslowakei	≈ MA; ohne den Begriff „Nutzungsberechtigter"	11 Abs. 3	
Türkei 2011	≈ MA 1992 (+Hinweis auf Art. 14)	11 Abs. 5	
Tunesien	≈ MA; ohne den Begriff „Nutzungsberechtigter"	11 Abs. 4	
Turkmenistan	s. UdSSR		
UdSSR	≈ MA; ohne den Begriff „Nutzungsberechtigter"	8 Abs. 5	
Ukraine	≈ MA 1992	11 Abs. 5	
Ungarn 2011	≈ MA	11 Abs. 3	
Uruguay 2011	≈ MA	11 Abs. 6	
USA 1989	≈ MA	11 Abs. 3; Prot. Nr. 11	
USA 1989/2006	≈ MA	11 Abs. 3; Prot. Nr. 11	
Usbekistan	≈ MA 1992	11 Abs. 5	
Venezuela	≈ MA 1992	11 Abs. 4	
Vereinigte Arabische Emirate 2010	≈ MA	11 Abs. 3	
Vietnam	≈ MA 1992	11 Abs. 5	
Weißrussland	s. Belarus		
Zypern 2011	≈ MA	11 Abs. 3	

F. Zu Art. 11 Abs. 5

I. Musterabkommen

1. Übereinstimmung

97 Das US-MA enthält keine vergleichbare Regelung. Sie ist entbehrlich geworden, s. Rz. 98.

2. Erläuterungen

98 **a) Grundzüge:** Abs. 5 definiert **abschließend** die Herkunft („Quelle") von Zinsen, also wann Zinsen „aus einem Vertragsstaat stammen" (o. Abs. 1). Eine derartige Definition ist nicht erforderlich, wenn ein DBA die Besteuerung der Zinsen allein dem Ansässigkeitsstaat zuweist (MA-Komm. Ziff. 31) und die gleiche Regelung auch die sonstigen Einkünfte (Art. 21 MA), darunter die Zinsen aus Drittstaaten, trifft. Auch für den Betriebstättenvorbehalt des Abs. 4 bedarf es der Quellendefinition nicht, obwohl der Betriebstättenvorbehalt nur für Zinsen aus dem anderen Vertragsstaat gilt. Denn für Zinsen aus dem Ansässigkeitsstaat oder einem dritten Staat ergibt sich die Betriebstättenbesteuerung unmittelbar aus Art. 7 (also ohne die Verweisung über den Betriebstättenvorbehalt des Abs. 4), wenn dessen Voraussetzungen erfüllt sind (vgl. Rz. 4).

b) Regelung: Nach Abs. 5 stammen Zinsen aus einem Vertragsstaat, wenn 99
- **ihr Schuldner** eine in diesem **Vertragsstaat ansässige Person** ist
- oder unabhängig von der Ansässigkeit des Schuldners **die Zinsen für Schulden einer Betriebstätte in dem Vertragsstaat** aufgewendet und von ihr getragen werden.

Die an den Schuldner und die an die Betriebstätte anknüpfenden Voraussetzungen stehen zueinander im Regel-Ausnahme-Verhältnis. Das deutet das Wort „aber" in Satz 2 des Abs. 5 an (entsprechend der MA-Komm. Ziff. 28 Satz 1 und 2: Wenn Abs. 5 Satz 2 nicht erfüllt ist, verbleibt es bei Abs. 5 Satz 1). 100

c) Erstes Anknüpfungskriterium ist die **Person des Schuldners,** wenn es sich um eine in einem Vertragsstaat **„ansässige Person"** handelt. Zum Begriff der „Person" s. bei Art. 3 Rz. 11 ff., zur Ansässigkeit Art. 4 Rz. 4. Die Ansässigkeit der Person muss lediglich zu dem Zeitpunkt bestehen, in dem die Zinsen nach dem Recht des Anwendestaates erzielt werden. 101

Anknüpfungskriterium ist die Person des Schuldners auch dann, wenn er Vertragsstaat oder eine seiner Gebietskörperschaften ist. Bis 1995 hatte Art. 11 Abs. 5 das ausdrücklich hervorgehoben. Das MA 1995 hat jedoch in Art. 4 Abs. 1 klargestellt, dass auch die Vertragsstaaten und deren Untergliederungen „ansässige Person(en)" sind. Damit wurde die besondere Erwähnung im Art. 11 Abs. 5 entbehrlich. Die derzeit bestehenden Abkommen enthalten die Regelung aber häufig noch. Auch in neueren Abkommen wird ausdrücklich angeordnet, dass Zinsen u. a. dann aus einem Vertragsstaat stammen, wenn der Schuldner dieser Staat selbst, eines seiner Länder oder eine ihrer Gebietskörperschaften ist (s. z. B. *DBA Aserbaidschan, Belarus, Oman 2012 (E), Kirgisistan, Kroatien, Mazedonien 2006, Costa Rica 2014 (E), Singapur, Vereinigte Arabische Emirate 2010, Zypern 2011*). Aus der deutschen Abkommenspraxis, die neben oder anstelle des Begriffs Gebietskörperschaften häufig den Ausdruck „Land" und seltener Ausdrücke wie „Provinz" *(DBA Argentinien)*, „Staat" *(DBA Malaysia 2010)* verwendet, muss man wohl schließen, dass der jeweils verwendete Begriff einer ausdehnenden Auslegung **nicht** fähig ist. Er bezieht also z. B. öffentlich-rechtliche Personalkörperschaften, Anstalten usw. nicht ein; ob sie „ansässige Personen" sind, bestimmt sich nach der dem Art. 4 Abs. 1 entsprechenden Vorschrift. 102

Schuldner ist, wer die Zinsen **zivilrechtlich** schuldet, auch wenn er das Darlehen seinerseits weitergewährt oder nicht Schuldner der Rückzahlung des überlassenen Kapitals ist. Das ergibt sich zwar nicht schon aus der gegenüber Satz 2 unterschiedlichen Formulierung des Satzes 1: die Zuordnung einer Schuld zu einer Betriebstätte, die ihrerseits nicht Rechtsträger ist, kann nur nach wirtschaftlichen Kriterien erfolgen, die deshalb in Satz 2 eigens erwähnt werden mussten. Dass der Begriff des Schuldners im (Zivil-)Rechtssinn zu verstehen ist, ergibt sich jedoch aus der Notwendigkeit, die Kongruenz zwischen der Verpflichtung zum Einbehalt und zur Abführung der Steuer zu wahren: nur der Schuldner (oder seine Zahlstelle o. ä.) kann die Steuer einbehalten, nicht eine hinter dem Schuldner stehende weitere Person. Das schließt freilich nicht aus, dass in **Ausnahmefällen** auf eine hinter dem zivilrechtlichen Schuldner stehende Person durchgegriffen werden kann, so etwa, wenn der Schuldner schon zivilrechtlich nur zum Schein eingeschaltet wird (s. auch Anh. zu Art. 1 Rz. 90a). Zu back-to-back Vereinbarungen auf der Geber-(Empfänger-)seite s. Rz. 38. 103

d) Nicht an die Rechtsnatur oder Ansässigkeit des Schuldners knüpft Art. 11 Abs. 5 Satz 2 an: das **Eingehen einer Schuld für eine Betriebstätte** und das **Tragen der Zinsen** durch diese. Dabei wird unterstellt, dass die Zinsen den im Betriebstättenstaat zu besteuernden Gewinn und damit das Steuergut dieses Staates mindern. Der Betriebstättenstaat soll dafür durch die Möglichkeit der Besteuerung 104 der Zinsen im Rahmen des Abs. 2 entschädigt werden. Zum **Begriff** der Betriebstätte vgl. Art. 5.

105 Das Betriebstättenkriterium greift unabhängig davon ein, ob der Schuldner in einem Vertragsstaat ansässig ist; es hat Vorrang vor den beiden anderen Anknüpfungsmerkmalen. Sind beispielsweise sowohl der Gläubiger als auch der Schuldner der Zinsen in einem Vertragsstaat ansässig, ist aber der Schuldner die Schuld für eine Betriebstätte in dem anderen Vertragsstaat eingegangen, die die Zinsen auch trägt, so haben die Zinsen ihre Quelle in dem anderen Vertragsstaat. Das Betriebstättenkriterium greift allerdings nicht ein, wenn sich die Betriebstätte in einem Drittstaat befindet (vgl. MA-Komm. Ziff. 28); es kommt dann nur auf die Ansässigkeit des Schuldners an. Im Verhältnis zum Drittstaat bleibt somit eine Doppelbesteuerung möglich, selbst wenn auch mit ihm ein dem MA entsprechendes DBA abgeschlossen ist (vgl. MA-Komm. Ziff. 28 ff., Ausnahme: *DBA Australien,* s. Rz. 113; s. dazu auch Wassermeyer/*Wassermeyer,* Art. 11 OECD-MA Rz. 135 ff.). Im MA-Komm. wurde auch in der Fassung von 2005 ausdrücklich darauf verzichtet, diesen Fall zu behandeln. Stattdessen wird auf die Möglichkeit einer alternativen Formulierung des Abs. 5 sowie des Abschlusses multilateraler Abkommen oder auf die Durchführung eines Verständigungsverfahrens verwiesen (MA-Komm. Ziff. 29 f.). Ein solches Verständigungsverfahren muss dann ggf. zwischen drei Staaten durchgeführt werden. Ziff. 30 enthält zudem einen Vorschlag für eine Klausel, nach denen die Quelle der Zinsen im Betriebsstättenstaat liegt (s. auch das *DBA Australien*, Rz. 113).

Unterscheiden sich die Abkommen, so wird möglicherweise ein Abkommen angewendet, mit dem der Darlehensgeber gar nicht gerechnet hat. Gibt beispielsweise ein Gläubiger im Staat G ein Darlehen an ein Unternehmen im Staat U, so wird er davon ausgehen, dass auf die Zinsen das DBA U/G anzuwenden ist. Hat jedoch das Unternehmen das Darlehen für seine Betriebstätte in B aufgenommen und zahlt es die Zinsen durch diese (worauf der Darlehensgeber möglicherweise gar keinen Einfluss hat), so wird Staat B die Betriebstätte als Quelle der Zinsen ansehen und die Zinsen entsprechend dem DBA B/G besteuern. Staat G wird prüfen, ob er der Auffassung des Staates B folgen und die Betriebstätte als Quelle der Zinsen ansehen kann. Ist dies der Fall, wird er entsprechend seinem DBA mit Staat B – nicht etwa, wie vom Darlehensgeber erwartet, nach dem DBA mit Staat U – verfahren. Diese zeigt einen negativen Aspekt des Betriebstättenkriteriums. Vgl. zur zu den sog. „Triangular Situations" *Lombardi,* IBFD 1997, 177; *Gusmeroli,* ET 2005, 2 ff.

106 Die Schuld, für die die Zinsen gezahlt werden, muss für Zwecke der Betriebstätte eingegangen worden sein. Die Kriterien der Verwendung für Zwecke der Betriebstätte und des Tragens der Zinsen durch die Betriebstätte sieht der MA-Komm. (Ziff. 27) offenbar als die Umschreibung eines **wirtschaftlichen Zusammenhangs** zwischen Darlehen und Betriebstätte an (als notwendige, aber nicht hinreichende Bedingung: MA-Komm. Ziff. 27c). Das spricht dafür, in diesen beiden Kriterien die Entsprechung auf der Schuldnerseite zur „tatsächlichen Zugehörigkeit" beim Betriebstättenvorbehalt auf der Gläubigerseite zu sehen (vgl. Vor Art. 10 bis 12 Rz. 40). Diese Entsprechung betrifft vor allem das Merkmal der Verwendung für Zwecke der Betriebstätte; es stellt auf die zugrundeliegende Schuld ab, entsprechend der Zugehörigkeit der Forderung zur Betriebstätte beim Betriebstättenvorbehalt. Zwar wird regelmäßig eine Verbindlichkeit nur dann als solche einer Betriebstätte anerkannt werden, wenn sie in der Bilanz der Betriebstätte ausgewiesen ist. Wird eine gesonderte Bilanz aber nicht geführt – etwa bei indirekter Gewinnermittlung, s. Art. 7 Rz. 104 – oder wird die Schuld vor dem Bilanzstichtag getilgt, so wird eine Beurteilung nach wirtschaftlichen Kriterien notwendig.

Darüber hinaus verlangt die Anknüpfung an die Betriebstätte als Quelle der Zinsen, dass die Betriebstätte die Zinsen **„trägt“.** Dahinter dürfte der Gedanke einer Korrespondenz zum Betriebstättenausgabenabzug bei der Ermittlung des Betriebstättengewinns stehen. Doch „trägt“ die Betriebstätte die Zinsen auch dann, wenn sie sie nicht als Betriebstättenausgabe absetzen kann, sondern z. B. eine Pflicht oder ein Wahlrecht zur Aktivierung besteht (zur Versagung des Betriebstättenabzugs vgl. auch Art. 7 Rz. 113 ff.). „Tragen“ ist **nicht** gleichbedeutend mit „zahlen“. Abs. 5 belässt dem Betriebstättenstaat die Besteuerung der Zinsen auch dann, wenn die Zinsen zwar von der Hauptniederlassung (oder einer Niederlassung in einem Drittstaat) gezahlt, sie jedoch der Betriebstätte gesondert belastet werden. Dagegen genügt es nicht, wenn die Betriebstätte mit den Zinsen nur im Rahmen der Verrechnung der allgemeinen Kosten (Art. 7 Abs. 7 MA) belastet wird. Jedenfalls genügt nicht eine quotale Verwendung oder Belastung (vgl. MA-Komm. Ziff. 27). Allgemein wird eine Verbindlichkeit nur dann als eine solche einer Betriebstätte anerkannt, wenn sie in der **Betriebstättenbilanz** ausgewiesen ist. Zur Erläuterung des Begriffs „tragen“ vgl. auch Art. 15 Rz. 63. Nach der Definition des Art. 11 Abs. 5 verbietet sich eine Aufteilung auf mehrere Quellen. Der MA-Komm. Ziff. 27 hält andere Aufteilungen durch die Vertragsstaaten aber ausdrücklich für zulässig. **107**

Der Wortlaut des Abs. 5 würde es nicht verbieten, dass Zinsen, die aus einem Vertragsstaat stammen und einem Bezieher zufließen, der weder in diesem noch in dem anderen Vertragsstaat ansässig ist, in dem anderen Vertragsstaat allein deshalb besteuert werden, weil sie **von einer dort befindlichen Stelle ausgezahlt** werden. Dies kann z. B. der Fall sein, wenn die Zinsscheine dort eingelöst werden. **108**

II. Deutsche DBA

1. Abkommensübersicht zu Artikel 11 Abs. 5

112

DBA	MA-Regelung: Herkunft der Zinsen aus dem Ansässigkeitsstaat des Schuldners oder aus dem Betriebstättenstaat (MA 1992: auch dem Staat einer „festen Einrichtung“)	Artikel	Rz.
Ägypten	≈ MA 1992	11 Abs. 6	113
Albanien 2010	≈ MA 1992	11 Abs. 6	
Algerien 2007	≈ MA 1992	11 Abs. 7	113
Argentinien	≈ MA	11 Abs. 6	
Armenien	s. UdSSR		
Aserbaidschan	≈ MA 1992	11 Abs. 7	113
Australien	≈ MA, auch für Betriebstätten in Drittstaaten	11 Abs. 4	113
Bangladesch	≈ MA 1992	11 Abs. 6	113
Belarus	≈ MA 1992	11 Abs. 6	113
Belgien	≈ MA	11 Abs. 6	
Bolivien	≈ MA 1992	11 Abs. 5	113
Bosnien-Herzegowina	s. Jugoslawien		
Bulgarien 2010	≈ MA	11 Abs. 7	
China 1985	≈ MA 1992	11 Abs. 5	113
China 2014 (E)	≈ MA 1992	11 Abs. 7	113
Costa Rica 2014 (E)	≈ MA 1992	11 Abs. 7	113
Dänemark	keine entsprechende Regelung	–	
Ecuador	≈ MA	11 Abs. 5	
Elfenbeinküste	≈ MA	11 Abs. 6	

DBA	MA-Regelung: Herkunft der Zinsen aus dem Ansässigkeitsstaat des Schuldners oder aus dem Betriebstättenstaat (MA 1992: auch dem Staat einer „festen Einrichtung")	Artikel	Rz.
Estland	≈ MA 1992	11 Abs. 6	113
Finnland	keine entsprechende Regelung	–	
Frankreich	keine entsprechende Regelung	–	
Georgien	keine entsprechende Regelung	–	
Ghana	≈ MA 1992	11 Abs. 7	113
Griechenland	≈ MA	VII Abs. 6	113
Großbritannien 1964/70	keine entsprechende Regelung		114
Großbritannien 2010	keine entsprechende Regelung	–	
Indien	≈ MA 1992	11 Abs. 6	113
Indonesien	≈ MA 1992	11 Abs. 6	113
Iran	≈ MA	11 Abs. 6	113
Irland 2011	keine entsprechende Regelung	–	
Island	≈ MA	11 Abs. 4	113
Israel	keine entsprechende Regelung	–	
Italien	≈ MA 1992	11 Abs. 6	113
Jamaika	≈ MA	11 Abs. 6	113
Japan	≈ MA	11 Abs. 7	113
Jersey 2008	keine entsprechende Regelung	-	
Jugoslawien	keine entsprechende Regelung	–	
Kanada	≈ MA 1992	11 Abs. 6	113
Kasachstan	≈ MA 1992	11 Abs. 6	113
Kenia	≈ MA	11 Abs. 6	
Kirgisistan	≈ MA 1992	11 Abs. 6	113
Korea	≈ MA 1992	11 Abs. 6	113
Kosovo	s. Jugoslawien		
Kroatien	≈ MA 1992	11 Abs. 4	113
Kuwait	≈ MA 1992	11 Abs. 6	113
Lettland	≈ MA 1992	11 Abs. 6	113
Liberia	≈ MA	11 Abs. 6	
Liechtenstein 2011	≈ MA	11 Abs. 5	
Litauen	≈ MA 1992	11 Abs. 6	113
Luxemburg 2012	keine entsprechende Regelung	-	
Malaysia 2010	≈ MA 1992	11 Abs. 7	
Malta	keine entsprechende Regelung	–	
Marokko	≈ MA	11 Abs. 6	
Mauritius 2011	keine entsprechende Regelung	–	
Mazedonien 2006	≈ MA 1992	11 Abs. 7	113
Mexiko 2008	≈ MA 1992; auch wenn vom Stammhaus vereinbart, wenn von Betriebstätte gezahlt	11 Abs. 6; Prot. Nr. 7 Buchst. a	113
Moldau	s. UdSSR		
Mongolei	≈ MA 1992	11 Abs. 5	113
Montenegro	s. Jugoslawien		
Namibia	≈ MA 1992	11 Abs. 4	113
Neuseeland	≈ MA 1992	11 Abs. 6	113
Niederlande 1959/2004	keine entsprechende Regelung	-	
Niederlande 2012 (E)	keine entsprechende Regelung	–	98
Norwegen 1991	keine entsprechende Regelung	–	98

DBA	MA-Regelung: Herkunft der Zinsen aus dem Ansässigkeitsstaat des Schuldners oder aus dem Betriebstättenstaat (MA 1992: auch dem Staat einer „festen Einrichtung“)	Artikel	Rz.
Norwegen 2013 (E)	keine entsprechende Regelung	–	98
Oman 2012 (E)	≈ MA 1992	11 Abs. 4	113
Österreich	≈ MA 1992	11 Abs. 5	113
Pakistan	≈ MA 1992	11 Abs. 6	113
Philippinen 1983	≈ MA	11 Abs. 7	
Philippinen 2013 (E)	≈ MA 1992	11 Abs. 7	113
Polen	≈ MA 1992	11 Abs. 6	113
Portugal	≈ MA 1992	11 Abs. 6	113
Rumänien	≈ MA 1992	11 Abs. 7	113
Russische Föderation	≈ MA 1992	11 Abs. 4	113
Sambia	≈ MA	11 Abs. 6	
Schweden	keine entsprechende Regelung	–	
Schweiz	keine entsprechende Regelung	–	
Serbien	s. Jugoslawien		
Simbabwe	≈ MA 1992	11 Abs. 6	113
Singapur	≈ MA	11 Abs. 6	
Slowakei	s. Tschechoslowakei		
Slowenien	≈ MA 1992	11 Abs. 6	113
Spanien 2011	keine entsprechende Regelung	–	
Sri Lanka	≈ MA	11 Abs. 8	
Südafrika 1973	≈ MA	8 Abs. 5	
Südafrika 2008 (E)	≈ MA	11 Abs. 4	
Syrien 2010	≈ MA 1992	11 Abs. 7	
Tadschikistan	≈ MA	11 Abs. 4	
Taiwan 2011	≈ MA	11 Abs. 7	
Thailand	≈ MA	11 Abs. 7	
Trinidad und Tobago	≈ MA	11 Abs. 6	
Tschechien	s. Tschechoslowakei		
Tschechoslowakei	keine entsprechende Regelung	–	
Türkei 2011	≈ MA 1992	11 Abs. 6	
Tunesien	≈ MA	11 Abs. 5	
Turkmenistan	s. UdSSR		
UdSSR	keine entsprechende Regelung	–	
Ukraine	≈ MA 1992	11 Abs. 6	113
Ungarn 2011	≈ MA	11 Abs. 4	
Uruguay 2011	≈ MA	11 Abs. 7	
USA 1989	≈ MA	11 Abs. 5	
USA 1989/2006	≈ MA	11 Abs. 5	
Usbekistan	≈ MA 1992	11 Abs. 6	113
Venezuela	≈ MA 1992	11 Abs. 5	113
Vereinigte Arabische Emirate 2010	≈ MA	11 Abs. 4	113
Vietnam	≈ MA 1992	11 Abs. 6	113
Weißrussland	s. Belarus		
Zypern 2011	≈ MA	11 Abs. 4	

2. Erläuterungen

Zahlreiche – auch jüngere – deutsche DBA erwähnen noch entsprechend dem MA 1992 die **feste Einrichtung.** Nachdem dieser Begriff durch das MA 2000 **113** wieder gestrichen wurde, entsprechen aber auch viele ältere DBA (die entsprechend dem MA 1963 nicht die feste Einrichtung erwähnen) insoweit dem derzeitigen MA. Einige Abkommen, insbesondere solche mit völliger Quellensteuerbefreiung, definieren die Quelle von Zinsen überhaupt nicht (vgl. dazu auch Rz. 98). Dies gilt auch für die deutsche DE-VG. Wo die Zinsen „entstehen", bestimmt sich in diesen Fällen durch entsprechende Anwendung des Art. 11 Abs. 5 MA (BFH BFHE 229, 252: *DBA USA 1989*; anders noch BFH BStBl. II 1988, 521: *DBA Schweiz 1971*: nach dem innerstaatlichen Recht des Anwenderstaates). Das *DBA Australien* erfasst mit der Quellendefinition auch Zinsen, die für eine Betriebstätte in einem **Dritt**staat anfallen und von ihr getragen werden: dann liegt die Quelle im Drittstaat. Nach dem *DBA Mexiko 2008* Prot. Nr. 7 Buchst. a gelten Zinsen für ein vom Stammhaus eines Unternehmens aufgenommenes Darlehen als aus dem Vertragsstaat stammend, in dem die Betriebstätte oder feste Einrichtung liegt, der das Darlehen zugute kommt und von der die Zinsen gezahlt werden. Für die DBA, nach denen Zinsen aus grundpfandrechtlich gesicherten Forderungen als Einkünfte aus unbeweglichem Vermögen gelten, kommt als Quellenstaat solcher Zinsen ausschließlich der Staat in Betracht, in dem das belastete unbewegliche Vermögen belegen ist. Dies gilt auch dann, wenn der Schuldner der Zinsen in dem anderen Vertragsstaat oder in einem dritten Staat ansässig ist (RFH RStBl. 1938, 719: *DBA Schweiz 1931*). Besteht eine solche Regelung nicht, so können Zinsen für Forderungen, die durch Pfandrechte an einem Grundstück gesichert sind, welches in einem der Vertragsstaaten belegen ist, in diesem Staat nur dann als Quelleneinkünfte besteuert werden, wenn sie an eine im anderen Vertragsstaat ansässige Person gezahlt werden und wenn der Schuldner eine in diesem Vertragsstaat ansässige Person ist bzw. wenn sich in dem Vertragsstaat eine Betriebstätte befindet, für deren Zwecke die Schuld eingegangen worden ist. Andernfalls handelt es sich um Drittstaateneinkünfte (Art. 21 MA). Für Deutschland bedeutet dies, dass das gem. § 49 Abs. 1 Nr. 5 Satz 1 Buchst. c Doppelbuchst. a EStG in diesen Fällen abkommensrechtlich ausgeschlossen wird (vgl. dazu *Haase/Dorn,* IStR 2012, 180 (181)).

G. Zu Art. 11 Abs. 6

I. Musterabkommen

1. Übereinstimmung

118 Die Musterabkommen stimmen wörtlich überein. Auch Art. 11 Abs. 4 der DE-VG gibt den Wortlaut des OECD-MA ohne Änderungen wieder. Die EU-Zins- und Lizenzgebührenrichtlinie (s. Rz. 7) enthält eine inhaltsgleiche Regelung in Art. 4 Abs. 2.

2. Erläuterungen

119 **a) Grundzüge:** Abs. 6 nimmt unter bestimmten Voraussetzungen einen Teil der Zinszahlung von der Anwendung des Art. 11 aus, wenn und soweit er einen **angemessenen** Zins **übersteigt.** Vorbehaltlich anderer Abkommensbestimmungen (z. B. bei Besteuerung als verdeckte Gewinnausschüttung vorbehaltlich der Art. 9 und 10 MA) sind die Staaten dann in der Besteuerung des Mehrbetrags bei der Anwendung ihres nationalen Rechts frei. Zur Einordnung unter die anderen Bestimmungen des Abkommens stellt der MA-Komm. Ziff. 35 eine Klarstellung im Abkommenstext anheim. Notfalls ist ein Verständigungsverfahren durchzuführen (MA-Komm. Ziff. 36). Art. 11 Abs. 6 entspricht mit dieser Regelung dem Art. 12 Abs. 4.

120 Der Hinweis auf die Besteuerung nach dem Recht des Vertragsstaates hat noch nicht notwendigerweise einen Qualifikationskonflikt zur Folge. Denn die Erfas-

sung unter verschiedene Kategorien in dem einen und dem anderen nationalen Recht ist noch kein Qualifikationskonflikt i. w. S. (s. dazu die Grundl. Rz. 151, 6 e). Ob es bei der Einordnung unter das Abkommen zu einem Qualifikationskonflikt kommt, hängt von der einzelnen Abkommensvorschrift ab. So vermeidet eine Definition im Abkommen selbst regelmäßig einen Konflikt (bei der Umqualifikation von Zinsen in verdeckte Gewinnausschüttungen wegen der Definition in Art. 10 Abs. 3). Für die Abkommensqualifikation ist auf das nationale Recht nur nach Maßgabe von Art. 3 Abs. 2 zurückzugreifen (vgl. dort Rz. 97 ff.); von dieser Regel macht auch Art. 11 Abs. 6 trotz seines missverständlichen Hinweises auf das nationale Recht des Vertragsstaates keine Ausnahme.

b) Abgrenzung: Art. 11 betrifft die Besteuerung von Zinsen, Art. 9 die Ermittlung der Unternehmensgewinne. Da Art. 11 im Verhältnis zu den Art. 7 ff. Spezialvorschrift ist (s. Rz. 5), geht auch Art. 11 Abs. 6 dem Art. 9 vor, soweit es um die Besteuerung der Zinsen beim Gläubiger (im Gegensatz zur Gewinnermittlung beim Schuldner) geht. Der Begriff der „besonderen Beziehungen" in Art. 11 Abs. 6 ist zudem weiter als der der gesellschaftsrechtlichen Verbundenheit in Art. 9. Die Berichtigung eines unangemessen **zu niedrig** vereinbarten Zinsansatzes kann jedoch nicht auf Art. 11 Abs. 6 gestützt werden (s. dazu auch SKK/*Geurts*, Art. 11 OECD-MA Rz. 119). Hier ist gegebenenfalls zu prüfen, ob Art. 9 MA einschlägig ist; Näheres bei Art. 9 Rz. 7, s. auch Rz. 125. Werden Zinsen wegen einer gesellschaftsrechtlichen Verbundenheit zwischen Gläubiger und Schuldner ohne Rücksicht auf ihre Höhe nicht als abzugsfähig anerkannt, weil das Darlehen als verdeckte Gewinnausschüttung oder verdeckte Einlage betrachtet wird oder weil der Zinsabzug z. B. nach der Zinsschrankenregelung in § 4h EStG i. V. m. § 8a KStG versagt wird, so handelt es sich ebenfalls um einen Fall, in denen die Voraussetzungen des Art. 9 zu prüfen sind. 121

c) Regelung: Art. 11 ist auf Zinsen nicht anzuwenden, wenn zwischen dem **Schuldner** der Zinsen und dem **Nutzungsberechtigten** (oder zwischen jedem von ihnen und einem **Dritten**) 122
- **besondere Beziehungen** bestehen,
- **deretwegen**
- die Zinsen **höher** sind als die, die Schuldner und Nutzungsberechtigter **ohne diese Beziehung** vereinbart hätten,
- wobei **Maßstab** zur Überprüfung der Höhe der Zinsen **die zugrundeliegende Forderung** ist.

Die besonderen Beziehungen müssen zwischen dem Schuldner und dem Nutzungsberechtigten bestehen oder zwischen dem Schuldner und einem Dritten und zwischen dem Nutzungsberechtigten und demselben Dritten. Sie müssen **„besondere"** sein. Das sind **regelmäßig gesellschaftsrechtliche** Verbindungen, insbesondere Fälle gesellschaftsrechtlicher Beherrschung (vgl. MA-Komm. Ziff. 33, der auf Art. 9 verweist), daneben verwandtschaftliche Beziehungen und „ganz **allgemein jede Interessengemeinschaft,** die neben dem Rechtsverhältnis, auf Grund dessen die Zinsen bezahlt werden, besteht" (MA-Komm. Ziff. 34; zur „besonderen Beziehung" s. auch GKG/*Grützner,* Art. 11 OECD-MA Rz. 156/1 f.; als Auslegungshilfe kann auch der Begriff der „nahe stehenden Person" in § 1 Abs. 2 AStG herangezogen werden, dazu SKK/*Geurts*, Art. 11 OECD-MA Rz. 122). Eine „besondere Beziehung" besteht hiernach z. B. auch, wenn der Darlehensgeber als Geschäftsführer des Darlehensnehmers Einfluss auf die Vertragsgestaltung nehmen kann. Besondere Beziehungen können vorliegen, wenn außerhalb des Rechtsverhältnisses, auf Grund dessen die Zinsen gezahlt werden, eine Beziehung besteht, z. B. ein Liefer- oder Bezugsverhältnis, das eine „Interessengemeinschaft" i. S. des MA-Komm. Ziff. 34 darstellt. 123

Dies kann auf Grund einer Monopolstellung desjenigen der Fall sein, der in dem Darlehensverhältnis Zinsgläubiger ist. Eine besondere Marktmacht reicht aber nur aus, wenn sie sich auf die Geschäftsbeziehungen zwischen Zinsgläubiger und -schuldner konkret auswirkt und Ursache für den überhöhten Zins ist.

124 **d) Kausalität:** Die besonderen Beziehungen müssen für die Überhöhung der Zinsen **ursächlich** sein. Das verlangt zumindest, dass die Zinsen niedriger vereinbart worden wären, wenn man die besondere Beziehung „wegdenkt". Bei einem Zusammenwirken von besonderen Beziehungen i. S. des Abs. 6 mit anderen Umständen, die zur Überhöhung der Zinsen beitragen, ist nur der Teil des Mehrbetrags der Zinsen nach Art. 11 Abs. 6 berichtigungsfähig, der gerade durch die besonderen Beziehungen verursacht ist.

125 Die besonderen Beziehungen müssen eine **Überhöhung „gemessen** an der zugrundeliegenden **Forderung**" veranlasst haben. Führen sie dazu, dass der Gesellschaft nicht Fremdkapital zur Nutzung, sondern in Wahrheit **verdecktes Eigenkapital** zugeführt wird und ist Art. 9 nicht einschlägig, weil keine gesellschaftsrechtliche Verbindung vorliegt, sondern eine „besondere Beziehung" anderer Art (s. Rz. 121), so kann eine **Umqualifizierung** der Zinsen in Dividenden auf Art. 11 Abs. 6 **nicht gestützt werden** (MA-Komm. Ziff. 35). MA-Komm. Ziff. 35 sieht vor, anstelle der Formulierung „gemessen an der zugrundeliegenden Forderung" die Wendung „aus welchen Gründen auch immer" aufzunehmen.

126 **e)** „Zins" i. S. des Art. 11 ist nur der Teilbetrag, der **ohne die besonderen Beziehungen vereinbart worden wäre.** Im Extremfall kann die ganze Zinsvereinbarung auf die besondere Beziehung zurückzuführen sein (z. B. bei kurzfristigen Warenkrediten, die üblicherweise ohne Verzinsung gegeben werden), dann scheidet die Anwendung des Art. 11 insgesamt aus; s. MA-Komm. Ziff. 35. Maßstab dafür, was vereinbart worden wäre, soll der Wert der zugrundeliegenden Forderung sein. Das berechtigt aber nicht zu einer allgemeinen Angemessenheitsprüfung für vereinbarte Zinsen; vielmehr ist stets zunächst festzustellen, ob besondere Beziehungen bestehen und ob diese für die Zinsvereinbarung ursächlich waren (wobei die Unangemessenheit der Zinsen allenfalls Indiz für die Ursächlichkeit sein kann).

127 **f)** Auch für die Diskussion, welcher **Zinsort und -fuß** maßgebend sein soll, ist vom Abkommenstext auszugehen. Demzufolge ist Maßstab die (hypothetische) Vereinbarung, die dieselben Parteien unter denselben Umständen, jedoch ohne die besonderen Beziehungen getroffen hätten. Zu fragen ist also nach einem fremdvergleichskonformen Zins. Die fremdüblichen Zinssätze festzustellen, ist jedoch nicht immer leicht. Darlehenshöhe, -laufzeit sowie Sicherheiten spielen eine Rolle. Des Weiteren ist die Bonität von wichtiger Bedeutung, wobei insbesondere für abhängige Konzerngesellschaften kein eigenes Rating existiert. Das Rating der Konzernmutter kann je nach dem besser oder schlechter als ein individuelles Rating der Tochtergesellschaft sein. In der Regel wird aber der von der Mutter zu erwartende Rückhalt im Konzern zu einer Verbesserung des Ratings der Tochter führen (zu diesen Fragen siehe auch das Urteil des Candian Taxe Court in der Sache GE Capital Canada Inc. v. The Queen 2009 TCC 563, welches aber originär Verrechnungspreisfragen hinsichtlich von Bürgschaften und Garantien der Mutter an die Tochter für Darlehen von Dritten betrifft). Die bekannten Ratinggesellschaften haben inzwischen Programme entwickelt, mit denen ein fiktives Rating erstellt werden kann. Die Arbeitsweise dieser Ratingprogramme ist für die Finanzverwaltung allerdings teilweise nur schwer nachzuvollziehen.

128 Die bestehenden Unterschiede im Zinsniveau hängen nicht vom Ort, sondern von der Währung ab. Der Zins für ein US-Dollar-Darlehen ist – zumindest im

Rahmen freier Kapitalmärkte – in New York und Frankfurt derselbe (vorbehaltlich der Arbitrage). Für die Frage, ob das Zinsniveau im Gläubiger- oder im Schuldnerstaat maßgebend ist, kommt es daher in erster Linie auf die **vereinbarte Währung** an (BFH BStBl. II 1994, 725 zu § 1 AStG). Die Unterscheidung zwischen Eigen- und Fremdwährungs-Forderungen bzw. -schulden führt in der Regel nicht weiter, da z. B. für den US-Gläubiger das US-Dollar-Darlehen Eigenwährungsforderung, für den deutschen Schuldner aber Fremdwährungsschuld ist (anders nur bei Vereinbarung einer Drittwährung). Zudem ist das unterschiedliche Zinsniveau häufig nur Ausdruck unterschiedlicher Wechselkurs-, Inflations- und anderer Erwartungen, so dass ungeachtet unterschiedlicher Zinssätze die Vereinbarung der einen Währung so angemessen sein kann wie die der anderen. Ein wirtschaftliches Kriterium für eine Partei kann sein, dass sie ein Währungsrisiko nach Möglichkeit vermeiden will (z. B. durch „kongruente" Finanzierung, z. B. Aufnahme eines US-Dollar-Darlehens, wenn die zum Kapitaldienst zu verwendenden Erlöse in US-Dollar anfallen, etwa aus Exportgeschäften). Soweit auch nach Kurssicherung noch ein Währungsrisiko verbleibt, läge es nahe, es der wirtschaftlich stärkeren Vertragsseite aufzuerlegen; doch wird dies gerade gegenüber der stärkeren Seite ohne „besondere Beziehungen" oft nicht gelingen. Demgemäß dürfte eine Überprüfung des währungsbedingten Zinsniveaus schon aus wirtschaftlichen Gründen kaum möglich sein. Fraglich ist darüber hinaus, ob eine solche Überprüfung auf Art. 11 Abs. 6 gestützt werden könnte. Denn zumindest seinem Wortlaut nach erlaubt Abs. 6 das „Wegdenken" der besonderen Beziehungen nur hinsichtlich der Zinshöhe, nicht dagegen hinsichtlich anderer Umstände wie z. B. der Wahl der Währung. Wollte man auch hinsichtlich solcher anderer Umstände eine Überprüfung zulassen, so würde zweifelhaft, wo die Grenze zu ziehen ist: soll etwa auch überprüft werden können, ob ohne die besonderen Beziehungen (also etwa die Finanzkraft, die Marktstärke usw. der ausländischen Konzerngesellschaften) die Schuldnergesellschaft überhaupt die Investition übernommen hätte, für die sie nun das Darlehen aufnimmt?

Eine andere Frage ist, ob vom **Soll-** oder **Haben-Zins** auszugehen ist. Auch **129** hier führt es u. E. nicht weiter, darauf abzustellen, dass aus Schuldnersicht der Soll-Zins, aus Gläubigersicht aber der Haben-Zins näherzuliegen scheint. Der Abkommensbestimmung kann nicht unterstellt werden, dass je nach Sicht von Schuldner und Gläubiger (und damit Schuldner- und Gläubiger-Staat) für die Bestimmung des abkommensrechtlich maßgeblichen Zinssatzes von notwendig verschiedenen Zinssätzen auszugehen wäre, so dass der Auslegungskonflikt unvermeidlich wäre. Nicht überzeugend ist auch die Auffassung des BFH BStBl. II 1994, 725 (Rz. 128), im Zweifel teilten sich Gläubiger und Schuldner die Spanne zwischen Haben- und Sollzins. Vielmehr muss es auf den wirtschaftlichen Zweck und Inhalt der Forderung oder Schuld ankommen: für Kreditgewährungen gilt der Sollzins, für Kapitalanlagen der Haben-Zins. So ist z. B. ein Warenkredit aus der Sicht des Schuldners Kreditaufnahme (maßgebend also der Soll-Zins). Auch aus der Sicht des Gläubigers ist die Kreditvergabe Alternative zu anderen Finanzierungsquellen des Schuldners. Selbst wenn sich der Gläubiger seinerseits nicht durch Kreditaufnahme refinanziert, wird es sich nur in seltenen Ausnahmefällen für ihn um eine Kapitalanlage, also um die Anlage zeitweise freier Betriebsmittel oder gar für den Betrieb neutralen Vermögens handeln. Nur unter dieser Voraussetzung wäre jedoch ein Haben-Zins denkbar. Zutreffend weist im Übrigen der BFH a. a. O. darauf hin, dass das Fehlen von Sicherheiten zu einem höheren Zins führe.

g) Rechtsfolge: Der überhöhte Teil der Zinsen wird durch Abs. 6 aus der **130** Zinsregelung der Abs. 1 und 2 herausgenommen. Er ist dann unter diejenige Abkommensbestimmung zu subsumieren, der er seinem „Charakter" nach unterfällt (MA-Komm. Ziff. 35). Beruht die Überhöhung der Zinsen darauf, dass der Gläubiger in der das Darlehen schuldenden Gesellschaft beherrschenden Einfluss als Gesellschafter hat, so ist der Mehrbetrag Dividende i. S. von Art. 10, und zwar als verdeckte Gewinnausschüttung im Jahr der Zahlung (BFH BStBl. II 1968, 50: *DBA Schweiz 1959*). Ergeben sich Meinungsverschiedenheiten, so ist zur Vermeidung einer Doppelbesteuerung notfalls ein Verständigungsverfahren durchzuführen (Art. 25 Abs. 1 oder 3, s. MA-Komm. Ziff. 36).

131 Abs. 6 in der Fassung des MA gestattet **nur** eine Berichtigung der Zinsen **nach unten,** d. h. den Ausschluss gezahlter Zinsen von der Regelung des Art. 11 Abs. 1 ff. Eine Einbeziehung anderweitig entrichteter Entgelte unter den Zinsbegriff kann dagegen nicht auf Abs. 6 gestützt werden, auch dann nicht, wenn diese Entgelte wegen „besonderer Beziehungen" nicht als Zins, sondern in anderer Form – z. B. als Teil des Kaufpreises – vereinbart wurden. Art. 11 Abs. 6 erlaubt auch nicht bei Vereinbarung eines zu niedrigen Zinssatzes, einen angemessenen Betrag als Zins zu behandeln, also keine Berichtigung **nach oben.**

II. Deutsche DBA

1. Abkommensübersicht zu Artikel 11 Abs. 6

135

DBA	MA-Regelung: Bestimmung für unangemessen hohe Zinsen	Artikel	Rz.
Ägypten	≈ MA	11 Abs. 7	
Albanien 2010	≈ MA	11 Abs. 7	
Algerien 2007	≈ MA	11 Abs. 8	
Argentinien	≈ MA	11 Abs. 7	
Armenien	s. UdSSR		
Aserbaidschan	≈ MA	11 Abs. 8	
Australien	≈ MA	11 Abs. 5	
Bangladesch	≈ MA	11 Abs. 7	
Belarus	≈ MA	11 Abs. 7	
Belgien	Hinweis auf Dividendenbesteuerung	11 Abs. 7	
Bolivien	≈ MA	11 Abs. 6	
Bosnien-Herzegowina	s. Jugoslawien		
Bulgarien 2010	≈ MA	11 Abs. 8	
China 1985	≈ MA	11 Abs. 7	
China 2014 (E)	≈ MA	11 Abs. 8	
Costa Rica 2014 (E)	≈ MA	11 Abs. 8	
Dänemark	≈ MA	11 Abs. 4	
Ecuador	≈ MA	11 Abs. 6	
Elfenbeinküste	≈ MA	11 Abs. 7	
Estland	≈ MA	11 Abs. 7	
Finnland	≈ MA	11 Abs. 4	
Frankreich	keine entsprechende Regelung	–	136
Georgien	≈ MA	11 Abs. 4	
Ghana	≈ MA	11 Abs. 8	
Griechenland	≈ MA	VII Abs. 7	
Großbritannien 1964/70	Zinsartikel nur bis zu dem Betrag anwendbar, der angemessener Gegenleistung entspricht	VII Abs. 3	137
Großbritannien 2010	≈ MA	11 Abs. 4	
Indien	≈ MA	11 Abs. 7	
Indonesien	≈ MA	11 Abs. 7	
Iran	≈ MA	11 Abs. 7	

DBA	MA-Regelung: Bestimmung für unangemessen hohe Zinsen	Artikel	Rz.
Irland 2011	≈ MA	11 Abs. 4	
Island	≈ MA	11 Abs. 5	
Israel	keine entsprechende Regelung	–	136
Italien	≈ MA	11 Abs. 7	
Jamaika	≈ MA	11 Abs. 7	
Japan	≈ MA	11 Abs. 8	
Jersey 2008	Keine Regelung		
Jugoslawien	≈ MA	12 Abs. 4	
Kanada	≈ MA	11 Abs. 7	
Kasachstan	≈ MA	11 Abs. 7	
Kenia	≈ MA	11 Abs. 7	
Kirgisistan	≈ MA	11 Abs. 7	
Korea	≈ MA	11 Abs. 8	
Kosovo	s. Jugoslawien		
Kroatien	≈ MA	11 Abs. 5	
Kuwait	≈ MA	11 Abs. 5	
Lettland	≈ MA	11 Abs. 7	
Liechtenstein 2011	≈ MA	11 Abs. 6	
Liberia	≈ MA	11 Abs. 7	
Litauen	≈ MA	11 Abs. 7	
Luxemburg 2012	≈ MA	11 Abs. 4	
Malaysia 2010	≈ MA	11 Abs. 8	
Malta	≈ MA	11 Abs. 4	
Marokko	≈ MA	11 Abs. 7	
Mauritius 2011	≈ MA	11 Abs. 4	
Mazedonien 2006	≈ MA	11 Abs. 8	
Mexiko 2008	≈ MA	11 Abs. 7	
Moldau	s. UdSSR		
Mongolei	≈ MA	11 Abs. 6	
Montenegro	s. Jugoslawien		
Namibia	≈ MA	11 Abs. 5	
Neuseeland	≈ MA	11 Abs. 7	
Niederlande 1959/2004	keine entsprechende Regelung	-	136
Niederlande 2012 (E)	≈ MA	11 Abs. 4	
Norwegen 1983	≈ MA	11 Abs. 4	
Norwegen 2013 (E)	≈ MA	11 Abs. 4	
Oman 2012 (E)	≈ MA	11 Abs. 5	
Österreich	≈ MA	11 Abs. 6	
Pakistan	≈ MA	11 Abs. 7	
Philippinen 1983	≈ MA	11 Abs. 8	
Philippinen 2013	≈ MA	11 Abs. 8	
Polen	≈ MA	11 Abs. 7	
Portugal	≈ MA	11 Abs. 7	
Rumänien	≈ MA	11 Abs. 8	
Russische Föderation	≈ MA	11 Abs. 5	
Sambia	≈ MA	11 Abs. 7	
Schweden	≈ MA; zusätzlich Verweis auf Art. 10 in Fällen von Unterkapitalisierung	11 Abs. 4	137
Schweiz	≈ MA	11 Abs. 4	
Serbien	s. Jugoslawien		
Simbabwe	≈ MA	11 Abs. 7	

DBA	MA-Regelung: Bestimmung für unangemessen hohe Zinsen	Artikel	Rz.
Singapur	≈ MA	11 Abs. 7	
Slowakei	s. Tschechoslowakei		
Slowenien	≈ MA	11 Abs. 7	
Spanien 2011	≈ MA	11 Abs. 4	
Sri Lanka	≈ MA	11 Abs. 9	
Südafrika 1972	≈ MA	8 Abs. 6	
Südafrika 2008 (E)	≈ MA	11 Abs. 5	
Syrien 2010	≈ MA	11 Abs. 8	
Tadschikistan	≈ MA	11 Abs. 5	
Taiwan 2011	≈ MA	11 Abs. 8	
Thailand	≈ MA	11 Abs. 8	
Trinidad und Tobago	≈ MA	11 Abs. 7	
Tschechien	s. Tschechoslowakei		
Tschechoslowakei	≈ MA	11 Abs. 4	
Türkei 2011	≈ MA	11 Abs. 7	
Tunesien	≈ MA	11 Abs. 6	
Turkmenistan	s. UdSSR		
UdSSR	≈ MA	Prot. Nr. 5	
Ukraine	≈ MA	11 Abs. 7	
Ungarn 2011	≈ MA	11 Abs. 5	
Uruguay 2011	≈ MA	11 Abs. 8	
USA 1989	≈ MA	11 Abs. 4	
USA 1989/2006	≈ MA	11 Abs. 4	
Usbekistan	≈ MA	11 Abs. 7	
Venezuela	≈ MA	11 Abs. 6	
Vereinigte Arabische Emirate 2010	≈ MA	11 Abs. 5	
Vietnam	≈ MA	11 Abs. 7	
Weißrussland	s. Belarus		
Zypern 2011	≈ MA	11 Abs. 5	

2. Erläuterungen

136 Insbesondere ältere Abkommen enthalten häufig keine Bestimmung, die dem Abs. 6 entspräche. Die jüngeren Abkommen entsprechen dem Wortlaut des MA, während sich in älteren Abkommen teilweise die Formulierung „Gläubiger" statt „Nutzungsberechtigter" findet. Das *DBA Belgien* bestimmt, dass die Besteuerung des übersteigenden Betrags nicht höher sein darf, als dies für Dividenden vorgesehen ist; es folgt damit einer Anregung im MA-Komm. Ziff. 35 (*DBA Belgien* Art. 11 Abs. 7).

137 Nach den *DBA Großbritannien 1964/1970* hat der Ansässigkeitsstaat das alleinige Besteuerungsrecht für Zinsen nur soweit, wie sie eine angemessene Gegenleistung darstellen, ohne dass es auf das Bestehen besonderer Beziehungen ankommt. Darüber hinausgehende, unangemessen hohe Zinsen können in beiden Vertragsstaaten besteuert werden (*DBA Großbritannien 1964/1970* Art. VII Abs. 3). Das *DBA Schweden* (Art. 11 Abs. 4) hält durch die Einfügung der Worte „aus welchen Gründen auch immer" das Kausalerfordernis aufrecht (s. Rz. 124f.). Im Zusammenhang mit einer „Unterkapitalisierung" (s. Rz. 65) gestattet dies eine nachträgliche Hinzurechnung jeder übermäßigen Zinszahlung auf den Schuldnergewinn.

Artikel 12. Lizenzgebühren

Text: OECD-Musterabkommen (OECD-MA)

1. Lizenzgebühren, die aus einem Vertragsstaat stammen und deren Nutzungsberechtigter eine im anderen Vertragsstaat ansässige Person ist, können[1] nur im anderen Staat besteuert werden.

2. Der in diesem Artikel verwendete Ausdruck „Lizenzgebühren" bedeutet Vergütungen jeder Art, die für die Benutzung oder für das Recht auf Benutzung von Urheberrechten an literarischen, künstlerischen oder wissenschaftlichen Werken, einschließlich kinematographischer Filme, von Patenten, Marken[2], Mustern oder Modellen, Plänen, geheimen Formeln oder Verfahren oder für die Mitteilung gewerblicher, kaufmännischer oder wissenschaftlicher Erfahrungen gezahlt werden.

3. Absatz 1 ist nicht anzuwenden, wenn der in einem Vertragsstaat ansässige Nutzungsberechtigte im anderen Vertragsstaat, aus dem die Lizenzgebühren stammen, eine Geschäftstätigkeit durch eine dort gelegene Betriebstätte ausübt und die Rechte oder Vermögenswerte, für die die Lizenzgebühren gezahlt werden, tatsächlich zu dieser Betriebstätte gehören. In diesem Fall ist Artikel 7 anzuwenden.

4. Bestehen zwischen dem Schuldner und dem Nutzungsberechtigten oder zwischen jedem von ihnen und einem Dritten besondere Beziehungen und übersteigen deshalb die Lizenzgebühren, gemessen an der zugrunde liegenden Leistung, den Betrag, den Schuldner und Nutzungsberechtigter ohne diese Beziehungen vereinbart hätten, so wird dieser Artikel nur auf den letzteren Betrag angewendet. In diesem Fall kann der übersteigende Betrag nach dem Recht eines jeden Vertragsstaates und unter Berücksichtigung der anderen Bestimmungen dieses Abkommens besteuert werden.

Text: Deutsche Verhandlungsgrundlage (DE-VG)

Artikel 12. Lizenzgebühren

(1) **Lizenzgebühren, die eine in einem Vertragsstaat ansässige Person als Nutzungsberechtigter bezieht, können nur in diesem Staat besteuert werden.**

(2) **Der in diesem Artikel verwendete Ausdruck „Lizenzgebühren" bedeutet Zahlungen jeder Art, die als Gegenleistung für die Benutzung oder für das Recht auf Benutzung von Urheberrechten an literarischen, künstlerischen oder wissenschaftlichen Werken, einschließlich kinematographischer Filme, von Patenten, Warenzeichen, Mustern oder Modellen, Plänen, geheimen Formeln oder Verfahren oder für die Mitteilung gewerblicher, kaufmännischer oder wissenschaftlicher Erfahrungen bezogen werden.**

(3) **Absatz 1 ist nicht anzuwenden, wenn der in einem Vertragsstaat ansässige Nutzungsberechtigte der Lizenzgebühren im anderen Vertragsstaat eine Geschäftstätigkeit durch eine dort gelegene Betriebsstätte ausübt und die Rechte oder Vermögenswerte, für die die Lizenzgebühren gezahlt werden, tatsächlich zu dieser Betriebsstätte gehören. In diesem Fall ist Artikel 7 anzuwenden.**

---

[1] Österreich: Statt „können" oder „kann" die Worte „dürfen" oder „darf".
[2] Für Deutschland statt „Marken" meist noch „Warenzeichen".

(4) **Bestehen zwischen dem Schuldner und dem Nutzungsberechtigten oder zwischen jedem von ihnen und einem Dritten besondere Beziehungen und übersteigen deshalb die Lizenzgebühren, gemessen an der zugrunde liegenden Leistung, den Betrag, den Schuldner und Nutzungsberechtigter ohne diese Beziehungen vereinbart hätten, so wird dieser Artikel nur auf den letzteren Betrag angewendet. In diesem Fall kann der übersteigende Betrag nach dem Recht eines jeden Vertragsstaats und unter Berücksichtigung der anderen Bestimmungen dieses Abkommens besteuert werden.**

Text: US-Musterabkommen (US-MA)

1. Lizenzgebühren, die aus einem Vertragsstaat stammen und deren Nutzungsberechtigter eine im anderen Vertragsstaat ansässige Person ist, können nur im anderen Staat besteuert werden.

2. Der in diesem Artikel verwendete Ausdruck „Lizenzgebühren" bedeutet:

a) Vergütungen jeder Art, die für die Benutzung oder für das Recht auf Benutzung von Urheberrechten an literarischen, künstlerischen, wissenschaftlichen oder anderen Werken einschließlich kinematographischer Filme, von Patenten, Marken, Mustern oder Modellen, Plänen, geheimen Formeln oder Verfahren oder für Informationen über industrielle, kaufmännische oder wissenschaftliche Erfahrungen gezahlt werden; und

b) Gewinne aus der Veräußerung der in Buchstabe a genannten Vermögenswerte, vorausgesetzt, dass diese Gewinne von der Ertragskraft, der Nutzung oder der Veräußerung des Vermögenswertes abhängt.

3. Absatz 1 ist nicht anzuwenden, wenn der in einem Vertragsstaat ansässige Nutzungsberechtigte im anderen Vertragsstaat, aus dem die Lizenzgebühren stammen, eine Geschäftstätigkeit durch eine dort gelegene Betriebstätte ausübt und die Rechte oder Vermögenswerte, für die die Lizenzgebühren gezahlt werden, tatsächlich zu dieser Betriebstätte gehören. In diesem Fall ist Artikel 7 (Unternehmensgewinne) anzuwenden.

4. Bestehen zwischen dem Schuldner und dem Nutzungsberechtigten oder zwischen jedem von ihnen und einem Dritten besondere Beziehungen und übersteigen deshalb die Lizenzgebühren, gemessen an der zugrunde liegenden Leistung, den Betrag, den Schuldner und Nutzungsberechtigter ohne diese Beziehungen vereinbart hätten, so wird dieser Artikel nur auf den letzteren Betrag angewendet. In diesem Fall kann der übersteigende Betrag nach dem Recht eines jeden Vertragsstaates und unter Berücksichtigung der anderen Bestimmungen dieses Abkommens besteuert werden.

Inhalt

1 **Literatur:** *Groß/Rohrer,* Lizenzgebühren (2003); *Knoppe,* Die Besteuerung der Lizenz- und know-how-Verträge, 2. Aufl. (1972); *Schultz,* Gebührenbemessung bei internationalen Lizenz- und Know-how-Verträgen, (1980); *Tumpel,* in Gassner/Lang/Lechner (Hrsg.), Aktuelle Entwicklungen im Internationalen Steuerrecht (1994), S. 157.

Text: OECD-Kommentar (MA-Kommentar)

I. Einleitende Bemerkungen

1. [Lizenzgebühren für die Benutzung von Patenten und vergleichbaren Rechten] *Lizenzgebühren für die Benutzung von Patenten und vergleichbaren Rechten sowie ähnliche Vergütungen stellen für den Empfänger grundsätzlich Einkünfte aus Vermietung dar. Die Vermietung kann sich im Rahmen eines Unternehmens (z. B. Überlassung der Verwertung eines literarischen Urheberrechts durch einen Verleger oder Überlassung eines Patents durch einen Erfinder) oder völlig unabhängig von der Tätigkeit des Lizenzgebers (z. B. Überlassung eines Patents durch die Erben des Erfinders) vollziehen.*

2. [Lizenzgebühren bei der Besteuerung des Schuldners] *In einigen Staaten sind die gezahlten Lizenzgebühren bei der Besteuerung des Schuldners nur dann abzugsfähig, wenn der Empfänger in demselben Staat ansässig oder dort steuerpflichtig ist. In allen anderen Fällen lassen diese Staaten keinen Abzug zu. Die Frage, ob der Abzug auch dann zuzulassen ist, wenn die Lizenzgebühren von einer in einem Vertragsstaat ansässigen Person an eine im anderen Staat ansässige Person gezahlt werden, wird in Artikel 24 Absatz 4 behandelt.*

II. Kommentar zu den Abkommensbestimmungen

Absatz 1

3. [Besteuerung nur im Ansässigkeitsstaat des Nutzungsberechtigten] *Dieser Absatz enthält den Grundsatz, dass Lizenzgebühren ausschließlich in dem Staat besteuert werden, in dem der nutzungsberechtigte Empfänger ansässig ist. Die einzige Ausnahme bilden die in Absatz 3 behandelten Fälle.*

4. [Nutzungsberechtigter] *Das Erfordernis der Nutzungsberechtigung wurde in Artikel 12 Absatz 1 eingeführt, um klar zu stellen, wie der Artikel bei Zahlungen an Zwischenpersonen anzuwenden ist. Es macht deutlich, dass der Quellenstaat nicht verpflichtet ist, Besteuerungsrechte über Lizenzgebühren aufzugeben, nur weil die Einkünfte* **[bis 14.7.2014:** *unmittelbar von einer Person entgegengenommen werden,* **ab 15.7.2014:]** *paid direct to a resident die in einem Staat, mit dem der Quellenstaat ein Doppelbesteuerungsabkommen abgeschlossen hat, ansässig ist. Der Ausdruck „Nutzungsberechtigter" wird* **[ab 15.7.2014:]** *therefore nicht in einem engen technischen Sinne verwendet,* **[ab 15.7.2014:]** *(such as the meaning that it has under the trust law of many common law countries[1]), vielmehr sollte er aus dem Zusammenhang und im Licht des Sinns und Zwecks des Abkommens einschließlich der Vermeidung der Doppelbesteuerung und der Verhütung der Steuerhinterziehung und -umgehung verstanden werden.*

4.1 [Mittelspersonen] *Steuerermäßigung oder -befreiung gewährt der Quellenstaat einer im anderen Vertragsstaat ansässigen Person, um ganz oder teilweise die Doppelbesteuerung zu vermeiden, die sich ansonsten aus der konkurrierenden Besteuerung dieser Einkünfte im Ansässigkeitsstaat ergeben würde. Werden Einkünfte* **[bis 14.7.2014:** *von einer in einem Vertragsstaat ansässigen Person entgegengenommen* **ab 15.7.2014:]** *paid to a resident, die in der Ei-*

---

[1] For example, where the trustees of a discretionary trust do not distribute royalties earned during a given period, these trustees, acting in their capacity as such (or the trust, if recognised as a separate taxpayer) could constitute the beneficial owners of such income for the purposes of Article 12 even if they are not the beneficial owners under the relevant trust law.

genschaft eines Vertreters oder Beauftragten handelt, würde es nicht dem Sinn und Zweck des Abkommens entsprechen, dass der Quellenstaat eine Steuerermäßigung oder -befreiung nur auf Grund der Stellung des unmittelbaren Einkünfteempfängers als einer in dem anderen Vertragsstaat ansässigen Person gewährt. Der unmittelbare Empfänger der Einkünfte ist zwar in diesem Fall als ansässige Person anzusehen, jedoch hat diese Stellung keine potenzielle Doppelbesteuerung zur Folge, da der Empfänger für die Steuerzwecke des Ansässigkeitsstaats nicht als Nutzungsberechtigter behandelt wird. **[bis 14.7.2014:]** *Es würde ebenso dem Sinn und Zweck des Abkommens widersprechen, dass der Quellenstaat eine Steuerermäßigung oder -befreiung in Fällen gewährt, in denen eine in einem Staat ansässige Person in anderer Weise als durch ein Vertretungs- oder Auftragsverhältnis nur als Durchlaufstation für eine andere Person handelt, die in Wirklichkeit in den Genuss der fraglichen Einkünfte kommt. Aus diesen Gründen kommt der Bericht des Steuerausschusses mit dem Titel „Doppelbesteuerungsabkommen und der Gebrauch von Durchlaufgesellschaften"[1] zu dem Ergebnis, dass eine Durchlaufgesellschaft normalerweise nicht als Nutzungsberechtigte angesehen werden kann, wenn sie, obwohl sie formal Nutzungsberechtigte ist, praktisch sehr enge Befugnisse hat, die sie in Bezug auf die fraglichen Einkünfte nur zu einem für Rechnung der interessierten Parteien handelnden Treuhänder oder Verwalter machen.* **[geändert und ab 15.7.2014 in 4.2 verschoben]**

[bis 14.7.2014:]

4.2 [Maßgeblichkeit der Ansässigkeit des Nutzungsberechtigten] *Ist der Nutzungsberechtigte im anderen Vertragsstaat ansässig, so bleibt es vorbehaltlich der anderen Voraussetzungen des Artikels bei der Begrenzung der Quellenbesteuerung, wenn eine Mittelsperson wie z. B. ein Vertreter oder sonstiger Beauftragter zwischengeschaltet ist. (Der Text des Musters wurde im Jahr 1995 geändert, um diesen Punkt klarzustellen; dies war stets Auffassung aller Mitgliedsländer.) Falls dies noch deutlicher zum Ausdruck kommen soll, können die Staaten bei zweiseitigen Verhandlungen entsprechende Regelungen treffen.*

[ab 15.7.2014:]

4.2 *It would be equally inconsistent with the object and purpose of the Convention for the State of source to grant relief or exemption where a resident of a Contracting State, otherwise than through an agency or nominee relationship, simply acts as a conduit for another person who in fact receives the benefit of the income concerned. For these reasons, the report from the Committee on Fiscal Affairs entitled "Double Taxation Conventions and the Use of Conduit Companies"[1] concludes that a conduit company cannot normally be regarded as the beneficial owner if, though the formal owner, it has, as a practical matter, very narrow powers which render it, in relation to the income concerned, a mere fiduciary or administrator acting on account of the interested parties.*

4.3 *In these various examples (agent, nominee, conduit company acting as a fiduciary or administrator), the direct recipient of the royalties is not the "beneficial owner" because that recipient's right to use and enjoy the royalties is constrained by a contractual or legal obligation to pass on the payment received to another person. Such an obligation will normally derive from relevant legal documents but may also be found to exist on the basis of facts and circumstances showing that, in substance, the recipient clearly does not have the right to use and enjoy the royalties unconstrained by a contractual or legal obligation to pass on the payment received to another person. This type of obligation would not include contractual or legal obligations that are not dependent on the receipt of the payment by the direct recipient such as an obligation that is not dependent on the receipt of the payment and which the direct recipient has as a debtor or as a party to financial transactions, or as a party to financial transactions or typical distribution obligations of pension schemes and of collective investment vehicles entitled to treaty benefits under the principles of paragraphs 6.8 to 6.34 of the Commentary*

---

[1] Reproduced at page R(6)-1 of Volume II of the loose-leaf version of the OECD Model Tax Convention.

on Article 1. Where the recipient of royalties does have the right to use and enjoy the royalties unconstrained by a contractual or legal obligation to pass on the payment received to another person, the recipient is the "beneficial owner" of these royalties. It should also be noted that Article 12 refers to the beneficial owner of royalties as opposed to the owner of the right or property in respect of which the royalties are paid, which may be different in some cases.

4.4 *The fact that the recipient of royalties is considered to be the beneficial owner of these royalties does not mean, however, that the provisions of paragraph 1 must automatically be applied. The benefit of these provisions should not be granted in cases of abuse (see also paragraph 7 below). As explained in the section on "Improper use of the Convention" in the Commentary on Article 1, there are many ways of addressing conduit company and, more generally, treaty shopping situations. These include specific anti-abuse provisions in treaties, general anti-abuse rules and substance-over-form or economic substance approaches. Whilst the concept of "beneficial owner" deals with some forms of tax avoidance (i.e. those involving the interposition of a recipient who is obliged to pass on the royalties to someone else), it does not deal with other cases of treaty shopping and must not, therefore, be considered as restricting in any way the application of other approaches to addressing such cases.*

4.5 *The above explanations concerning the meaning of "beneficial owner" make it clear that the meaning given to this term in the context of the Article must be distinguished from the different meaning that has been given to that term in the context of other instruments*[1] *that concern the determination of the persons (typically the individuals) that exercise ultimate control over entities or assets. That different meaning of "beneficial owner" cannot be applied in the context of the Convention. Indeed, that meaning, which refers to natural persons (i.e. individuals), cannot be reconciled with the express wording of subparagraph 2 a) of Article 10, which refers to the situation where a company is the beneficial owner of a dividend. The term beneficial owner was intended to address difficulties arising from the use of the words "paid to", which are found in paragraph 1 of Articles 10 and 11 and were similarly used in paragraph 1 of Article 12 of the 1977 Model Double Taxation Convention, in relation to dividends, interest and royalties rather than difficulties related to the ownership of the shares, debt-claims, property or rights with respect these dividends, interest or royalties are paid. For that reason, it would be inappropriate, in the context of these articles, to consider a meaning developed in order to refer to the individuals who exercise "ultimate effective control over a legal person or arrangement".*[2]

4.6 [Maßgeblichkeit der Ansässigkeit des Nutzungsberechtigten] *Subject to other conditions imposed by the Article, the exemption from taxation in the State of source remains available when an intermediary, such as an agent or nominee located in a Contracting State or in a third State, is interposed between the beneficiary and the payer, in those cases where*

---

[1] See, for example, Financial Action Task Force, International Standards on Combating Money Laundering and the Financing of Terrorism & Proliferation – The FATF Recommendations (OECD-FATF, Paris, 2012), which sets forth in detail the international anti-money laundering standard and which includes the following definition of beneficial owner (at page 110): "the natural person(s) who ultimately owns or controls a customer and/or the person on whose behalf a transaction is being conducted. It also incorporates those persons who exercise ultimate effective control over a legal person or arrangement." Similarly, the 2001 report of the OECD Steering Group on Corporate Governance, "Behind the Corporate Veil: Using Corporate Entities for Illicit Purposes" (OECD, Paris, 2001), defines beneficial ownership as follows (at page 14):

In this Report, "beneficial ownership" refers to ultimate beneficial ownership or interest by a natural person. In some situations, uncovering the beneficial owner may involve piercing through various intermediary entities and/or individuals until the true owner who is a natural person is found. With respect to corporations, ownership is held by shareholders or members. In partnerships, interests are held by general and limited partners. In trusts and foundations, beneficial ownership refers to beneficiaries, which may also include the settlor or founder.

[2] See the Financial Action Task Force's definition quoted in the previous note.

the beneficial owner is a resident of the other Contracting State (Der Text des Musters wurde im Jahr 1997 geändert, um diesen Punkt klarzustellen; dies war stets Auffassung aller Mitgliedsländer.)

5. [Drittstaaten- oder Betriebstätteneinkünfte] *Der Artikel behandelt nur Lizenzgebühren, die aus einem Vertragsstaat stammen und deren Nutzungsberechtigter eine in dem anderen Vertragsstaat ansässige Person ist. Er gilt daher nicht für Lizenzgebühren, die aus einem dritten Staat stammen, oder für die aus einem Vertragsstaat stammenden Lizenzgebühren, die einer Betriebstätte zuzurechnen sind, welche ein Unternehmen dieses Staates in dem anderen Vertragsstaat hat. Für diese Fälle wird auf Ziffer 4 bis 6 des Kommentars zu Artikel 21 hingewiesen. Fragen des Verfahrens behandelt der Artikel nicht. Jeder Staat soll das in seinem eigenen Recht vorgesehene Verfahren anwenden dürfen. Besondere Probleme ergeben sich in Dreiecksfällen (vgl. Ziffer 53 des Kommentars zu Artikel 24).*

6. [Nichtbesteuerung im Ansässigkeitsstaat] *Der Absatz legt nicht fest, ob die Befreiung im Quellenstaat davon abhängen soll, dass die Lizenzgebühren im Wohnsitzstaat besteuert werden. Diese Frage kann bei den zweiseitigen Verhandlungen geregelt werden.*

7. [Private Kapitalanlagegesellschaft, Basisgesellschaft] *Besondere Beachtung verdient der Fall, dass der Nutzungsberechtigte der aus einem Vertragsstaat stammenden Lizenzgebühren eine im anderen Vertragsstaat ansässige Gesellschaft ist, deren Kapital ganz oder teilweise außerhalb dieses anderen Staates ansässigen Aktionären gehört; die Gesellschaft schüttet in der Regel ihre Gewinne nicht aus und genießt steuerliche Vergünstigungen (private Kapitalanlagegesellschaft, Basisgesellschaft). Es kann sich die Frage ergeben, ob bei einer solchen Gesellschaft die in Absatz 1 vorgesehene Befreiung von der Steuer des Quellenstaates gerechtfertigt ist. Bei zweiseitigen Verhandlungen können gegebenenfalls besondere Abweichungen von der Besteuerungsregel dieses Artikels vereinbart werden, um die Behandlung dieser Gesellschaften zu regeln.*

Absatz 2

8. [Definition des Ausdrucks „Lizenzgebühren"] *Absatz 2 enthält eine Definition des Ausdrucks „Lizenzgebühren". Lizenzgebühren beziehen sich im Allgemeinen auf Rechte oder Vermögenswerte, zu denen die verschiedenen Arten der literarischen und künstlerischen Urheberrechte und die im Text genannten Arten des geistigen Eigentums sowie die Mitteilung gewerblicher, kaufmännischer oder wissenschaftlicher Erfahrungen gehören. Die Definition schließt Vergütungen für die Benutzung oder das Recht auf Benutzung von Rechten der vorstehend erwähnten Art ohne Rücksicht darauf ein, ob sie in einem öffentlichen Register eingetragen sind oder eingetragen werden müssen. Die Definition deckt sowohl die auf Grund eines Lizenzvertrages geleisteten Zahlungen als auch die Entschädigung, die eine Person für unerlaubte Nachahmungen oder für die Verletzung des betreffenden Rechts zu leisten hat.*

8.1 [Zahlung an Dritte] *Die Definition gilt aber nicht für Zahlungen an einen Dritten, der selbst das Recht oder das Recht zur Nutzung nicht innehat, auch wenn die Zahlungen nach der Zahl der Nutzungen eines Rechts, das eine Person innehat, bemessen sind (s. z.B. unten Ziffer 18).*

8.2 [Abgrenzung zu Unternehmensgewinnen oder Veräußerungen] *Wenn eine Zahlung für die Vollübertragung eines Rechts im Sinne der Definition geleistet wird, ist sie nicht als Entgelt für die Benutzung oder das Recht auf Benutzung dieses Rechts anzusehen und kann daher keine Lizenzgebühr sein. Wie in den Ziffern 15 und 16 in Bezug auf Software bemerkt, können Schwierigkeiten im Fall der Übertragung von Rechten entstehen, die als zu einem Recht im Sinne der Definition gehörend angesehen werden könnten, wenn diese Rechte in einer als Veräußerung strukturierten Weise übertragen werden. Bei einem Geschäftsvorgang, der als Verkauf strukturiert ist, könnte es sich z.B. um die ausschließliche Gewährung aller Rechte an einem Urheberrecht für eine begrenzte Zeit oder für ein bestimm-*

tes geografisches Gebiet handeln. Die besonderen Umstände jedes Falles sind zu berücksichtigen und jeder Fall ist im Licht des innerstaatlichen Urheberrechts, das auf das betroffene geistige Eigentum anwendbar ist, und der Regelungen des innerstaatlichen Rechts zur Frage, wann eine Veräußerung vorliegt, zu prüfen; wenn die Zahlung Entgelt für die Veräußerung von Rechten ist, die gesonderte und spezifische Rechte darstellen (was im Fall von geografisch begrenzten Rechten eher wahrscheinlich ist als im Fall von zeitlich begrenzten Rechten), sind solche Zahlungen im Allgemeinen aber wahrscheinlich eher Unternehmensgewinne im Sinne des Artikels 7 oder Veräußerungsgewinne im Sinne des Artikels 13 als Lizenzgebühren im Sinne des Artikels 12. Dies ergibt sich daraus, dass das Entgelt nicht für die Benutzung gezahlt sein kann, wenn das volle Recht veräußert worden ist. Der Wesensgehalt des Geschäftsvorfalls als Veräußerung kann sich nicht durch die Art der Gegenleistung, durch Zahlung in Teilbeträgen oder, nach der Ansicht der meisten Länder, durch die Abhängigkeit von einem zukünftigen Ereignis ändern.

8.3 [Begriff der Zahlung] *Das Wort „Zahlung", das in der Definition verwendet wird, hat eine sehr weite Bedeutung, da der Begriff der Zahlung die Erfüllung der Verpflichtung, dem Gläubiger Geldmittel auf die vertragsmäßige oder übliche Weise zur Verfügung zu stellen, bedeutet. Die nachstehenden Erläuterungen sollen Anhaltspunkte für die Abgrenzung des Anwendungsbereichs des Artikels 12 gegenüber denjenigen anderer Artikel des Musterabkommens geben, insbesondere im Falle der Erteilung von Informationen.*

9. [Benutzung gewerblicher, kaufmännischer oder wissenschaftlicher Ausrüstungen] *Die Definition des Ausdrucks „Lizenzgebühren" in Artikel 12 Absatz 2 des Musterabkommens von 1963 und des Musterabkommens von 1977 umfasste Vergütungen „für die Benutzung oder das Recht auf Benutzung gewerblicher, kaufmännischer oder wissenschaftlicher Ausrüstungen"; diese Vergütungen wurden in der Folge aus der Definition herausgenommen. Im Hinblick auf die Natur der Vermietung und Verpachtung (Leasing) gewerblicher, kaufmännischer und wissenschaftlicher Ausrüstungen (einschließlich der von Containern) entschied der Fiskalausschuss, die Einkünfte hieraus aus der Definition und damit aus dem Anwendungsbereich des Artikels 12 herauszunehmen, um so sicherzustellen, dass diese Einkünfte unter die Regelungen für die Besteuerung der Unternehmensgewinne im Sinne der Artikel 5 und 7 fallen.*

[ab 22.7.2010:]

9.1 *Satellite operators and their customers (including broadcasting and telecommunication enterprises) frequently enter into "transponder leasing" agreements under which the satellite operator allows the customer to utilise the capacity of a satellite transponder to transmit over large geographical areas. Payments made by customers under typical "transponder leasing" agreements are made for the use of the transponder transmitting capacity and will not constitute royalties under the definition of paragraph 2: these payments are not made in consideration for the use of, or right to use, property, or for information, that is referred to in the definition (they cannot be viewed, for instance, as payments for information or for the use of, or right to use, a secret process since the satellite technology is not transferred to the customer). As regards treaties that include the leasing of industrial, commercial or scientific (ICS) equipment in the definition of royalties, the characterisation of the payment will depend to a large extent on the relevant contractual arrangements. Whilst the relevant contracts often refer to the "lease" of a transponder, in most cases the customer does not acquire the physical possession of the transponder but simply its transmission capacity: the satellite is operated by the lessor and the lessee has no access to the transponder that has been assigned to it. In such cases, the payments made by the customers would therefore be in the nature of payments for services, to which Article 7 applies, rather than payments for the use, or right to use, ICS equipment. A different, but much less frequent transaction would be where the owner of the satellite leases it to another party so that the latter may operate it and either use it for its own purposes or offer its data transmission capacity to third parties. In such a case, the payment made by the satel-*

lite operator to the satellite owner could well be considered as a payment for the leasing of industrial, commercial or scientific equipment. Similar considerations apply to payments made to lease or purchase the capacity of cables for the transmission of electrical power or communications (e.g. through a contract granting an indefeasible right of use of such capacity) or pipelines (e.g. for the transportation of gas or oil).

9.2 *Also, payments made by a telecommunications network operator to another network operator under a typical "roaming" agreement (see paragraph 9.1 of the Commentary on Article 5) will not constitute royalties under the definition of paragraph 2 since these payments are not made in consideration for the use of, or right to use, property, or for information, referred to in the definition (they cannot be viewed, for instance, as payments for the use of, or right to use, a secret process since no secret technology is used or transferred to the operator). This conclusion holds true even in the case of treaties that include the leasing of industrial, commercial or scientific (ICS) equipment in the definition of royalties since the operator that pays a charge under a roaming agreement is not paying for the use, or the right to use, the visited network, to which it does not have physical access, but rather for the telecommunications services provided by the foreign network operator.*

9.3 *Payments for the use of, or the right to use, some or all of part of the radio frequency spectrum (e.g. pursuant to a so-called "spectrum license" that allows the holder to transmit media content over designated frequency ranges of the electromagnetic spectrum) do not constitute payments for the use of, or the right to use, property, or for information, that is referred in the definition of royalties in paragraph 2. This conclusion holds true even in the case of treaties that include the leasing of industrial, commercial or scientific (ICS) equipment in the definition of royalties since the payment is not for the use, or the right to use, any equipment.*

10. [Verleih kinematographischer Filme] *Gebühren für den Verleih kinematographischer Filme werden ebenfalls als Lizenzgebühren behandelt, ohne Rücksicht darauf, ob die Filme in Lichtspieltheatern oder im Fernsehen vorgeführt werden. Bei zweiseitigen Verhandlungen kann jedoch vereinbart werden, die Filmverleihgebühren als Unternehmensgewinne zu behandeln, die somit unter die Artikel 7 und 9 fallen.*

10.1 [Ausschließliche Vertriebsrechte] *Zahlungen, die nur als Entgelt für die Erlangung ausschließlicher Vertriebsrechte für ein Produkt oder eine Dienstleistung in einem bestimmten Gebiet geleistet werden, sind keine Lizenzgebühren, da sie keine Gegenleistung für die Nutzung oder das Recht auf Nutzung eines Rechts im Sinne der Definition sind. Diese Zahlungen, die wohl als zur Umsatzsteigerung geleistet anzusehen sind, fallen vielmehr unter Artikel 7. Ein Beispiel einer solchen Zahlung wäre das eines Textilhändlers, der in einem Vertragsstaat ansässig ist und eine bestimmte Geldsumme an einen in dem anderen Vertragsstaat ansässigen Hersteller von Markenhemden für das ausschließliche Recht zahlt, diese Markenhemden, die von dem Hersteller im Ausland hergestellt worden sind, im erstgenannten Staat zu vertreiben. In diesem Beispiel zahlt der Händler nicht für das Recht, den Handelsnamen oder die Handelsmarke, unter dem bzw. der die Hemden verkauft werden, zu nutzen; er erhält nur das ausschließliche Recht, Hemden, die er vom Hersteller kauft, in seinem Ansässigkeitsstaat zu vertreiben.*

10.2 [Entwicklungsleistungen] *Eine Zahlung kann nicht als für die Nutzung oder das Recht auf Nutzung eines Musters, Modells oder Plans geleistet angesehen werden, wenn sie für die Entwicklung eines noch gar nicht existierenden Musters, Modells oder Plans erfolgt. In einem solchen Fall wird die Zahlung für die Dienste geleistet, die zur Entwicklung des Musters, Modells oder Plans führen, und fällt daher unter Artikel 7. Dies wird sogar der Fall sein, wenn der Gestalter des Musters, Modells oder Plans (z.B. ein Architekt) alle Rechte einschließlich des Urheberrechts an dem Muster, Modell oder Plan behält. Wenn jedoch der Inhaber des Urheberrechts an früher bereits entwickelten Plänen jemandem lediglich das Recht einräumt, diese Pläne zu verändern oder zu kopieren, ohne tatsächlich eine zu-*

sätzliche Arbeit zu leisten, stellt die Zahlung, die der Inhaber als Gegenleistung für die Gewährung dieser Nutzung der Pläne erhält, eine Lizenzgebühr dar.

11. [Vergütungen für die Mitteilung gewerblicher, kaufmännischer oder wissenschaftlicher Erfahrungen] *Mit der Klassifizierung der Vergütungen für die Mitteilung gewerblicher, kaufmännischer oder wissenschaftlicher Erfahrungen als Lizenzgebühren bezieht sich Absatz 2 auf den Begriff des „Know-how". Die Worte „Vergütungen ... für die Mitteilung gewerblicher, kaufmännischer oder wissenschaftlicher Erfahrungen" werden im Zusammenhang mit der Übertragung bestimmten Wissens verwendet, das nicht patentiert ist und im Allgemeinen nicht unter andere Kategorien geistigen Eigentums fällt. Sie beziehen sich im Allgemeinen auf der Öffentlichkeit nicht zugängliches Wissen industrieller, kaufmännischer oder wissenschaftlicher Art aus vorangegangenen Erfahrungen, das beim Betrieb eines Unternehmens praktisch verwertet und aus dessen Offenbarung ein wirtschaftlicher Nutzen erzielt werden kann. Da sich die Information auf Wissen aus früheren Erfahrungen bezieht, findet der Artikel keine Anwendung auf Zahlungen für neues Wissen, das als Ergebnis von Dienstleistungen im Auftrag des Zahlenden erlangt wird.*

11.1 [Know-how-Vertrag] *Im Know-how-Vertrag verpflichtet sich die eine Partei, ihre besonderen, Außenstehenden nicht zugänglich gemachten Kenntnisse und Erfahrungen der anderen Partei mitzuteilen, damit diese sie für ihre eigenen Zwecke verwenden kann. Derjenige, der das Know-how zur Verfügung stellt, braucht bei der Verwertung des Überlassenen durch den Abnehmer nicht selbst mitzuwirken und er garantiert auch nicht für den Erfolg.*

11.2 [Dienstleistungsvertrag] *Diese Art von Vertrag unterscheidet sich somit vom Dienstleistungsvertrag, durch den sich die eine Partei verpflichtet, unter Anwendung der in ihrem Beruf üblichen Kenntnisse eine Arbeit für die andere Partei selbst auszuführen. Zahlungen nach einem solchen Vertrag fallen daher allgemein unter Artikel 7.*

11.3 [Abgrenzungskriterien] *Die Notwendigkeit, zwischen diesen beiden Arten von Zahlungen zu unterscheiden, d. h. Zahlungen für die Übermittlung von „Know-how" und Zahlungen für Dienstleistungen, verursacht bisweilen praktische Schwierigkeiten. Folgende Kriterien sind für die Unterscheidung maßgebend:*

- *Verträge über die Übermittlung von „Know-how" betreffen Wissen der in Ziffer 11 beschriebenen Art, das bereits vorhanden ist, oder Wissen dieser Art nach seiner Entwicklung oder Schaffung und schließen besondere Bestimmungen über die Geheimhaltung dieses Wissens ein.*
- *Im Fall von Dienstleistungsverträgen verpflichtet sich eine Partei, der anderen Partei Dienste zu erbringen, die die Anwendung der in ihrem Beruf üblichen Kenntnisse, Fähigkeiten oder Erfahrungen erfordern mag, nicht aber dazu, solche Kenntnisse, Fähigkeiten oder Erfahrungen zu übertragen.*
- *In den meisten Fällen, die die Übertragung von „Know-how" betreffen, würde der Übertragende nach dem Vertrag allgemein kaum mehr zu tun haben, als vorhandenes Wissen zu übermitteln und vorhandenes Material zu reproduzieren. Ein Dienstleistungsvertrag würde andererseits in der Mehrzahl der Fälle sehr viel größere Aufwendungen des Leistenden zur Erbringung der Vertragsleistung mit sich bringen. Je nach der Art der zu erbringenden Dienste können z. B. Löhne und Gehälter für Angestellte, die mit der Forschung, Gestaltung, Erprobung, Zeichnung oder ähnlichen damit verbundenen Tätigkeiten befasst sind, oder Zahlungen an Subunternehmer für die Leistung ähnlicher Dienste aufzuwenden sein.*

11.4 [Beispiele] *Beispiele für Vergütungen, die deshalb nicht als für die Übermittlung von „Know-how", sondern als für die Erbringung von Dienstleistungen empfangen angesehen werden sollten, sind insbesondere:*

- *Vergütungen für Leistungen im Rahmen des Kundendienstes,*
- *Vergütungen für Leistungen, die ein Verkäufer dem Käufer im Rahmen einer Garantie erbringt,*

- *Vergütungen für rein technische Hilfe,*
- *Vergütungen für ein Verzeichnis potenzieller Kunden, wenn dieses Verzeichnis aus allgemein verfügbaren Informationen für den Zahlenden besonders erstellt wird (eine Zahlung für eine vertrauliche Liste von Kunden, denen der Zahlungsempfänger ein bestimmtes Produkt geliefert oder eine bestimmte Dienstleistung erbracht hat, stellt jedoch eine Zahlung für Know-how dar, da sie sich auf die kaufmännische Erfahrung des Zahlungsempfängers bei den Geschäften mit diesen Kunden bezieht),*
- *Vergütungen für die Beratung durch einen Ingenieur, Rechtsanwalt oder Buchsachverständigen, und*
- *Vergütungen für Beratung auf elektronischem Wege, für elektronische Kommunikation mit Technikern oder für den Zugriff über Computernetzwerke auf Datenbanken zur Problemlösung, wie z. B. eine Datenbank, die Softwarenutzern nicht vertrauliche Antworten auf häufig gestellte Fragen oder Lösungen zu üblicherweise auftretenden Problemen liefert.*

11.5 [Computerprogrammierung] *In dem besonderen Fall eines Vertrages, nach dem Informationen über die Computerprogrammierung zu übermitteln sind, wird man die Vergütung im Allgemeinen nur dann als Vergütungen für die Übertragung von „Know-how" ansehen, wenn sie dazu dient, Kenntnisse über Ideen und Grundsätze zu erwerben, die dem Programm zugrunde liegen, wie Logik, Algorithmen oder Programmierungssprachen oder -techniken, und diese Kenntnisse unter der Bedingung übermittelt werden, dass der Kunde sie nicht ohne Zustimmung offenbart und sie einem etwaigen Geschäftsgeheimnis unterliegen.*

11.6 [Gemischte Verträge] *In der Praxis kommen auch Verträge vor, die sich sowohl auf die Überlassung von Know-how als auch auf die Leistung technischer Hilfe beziehen. Ein Beispiel für einen Vertrag dieser Art ist der Franchise-Vertrag, durch den sich jemand verpflichtet, dem Vertragspartner sein Wissen und seine Erfahrungen zur Verfügung zu stellen und außerdem noch gewisse technische Hilfe zu leisten, die verschiedentlich noch durch finanzielle Hilfe und Lieferung von Waren ergänzt wird. Bei einem solchen gemischten Vertrag muss man im Allgemeinen den Gesamtbetrag der vereinnahmten Vergütung auf Grund des Vertragsinhalts oder durch einen sonst wie angemessenen Schlüssel nach den verschiedenen Leistungen, die der Vertrag vorsieht, aufgliedern und jeden Teilbetrag entsprechend seiner Art steuerlich behandeln. Stellt jedoch eine der vereinbarten Leistungen bei weitem den Hauptgegenstand des Vertrages dar und haben die anderen dort vorgesehenen Leistungen nur eine untergeordnete Bedeutung, so sollte die Gesamtvergütung steuerlich so behandelt werden, wie es der Hauptleistung entspricht.*

12. [Vergütungen in Bezug auf Software] *Schwierige Probleme wirft die Frage auf, ob Vergütungen in Bezug auf Software für Daten verarbeitende Anlagen als Lizenzgebühren anzusehen sind; angesichts der raschen Entwicklung der Technik der Datenverarbeitung und des Umfangs der Übertragung solcher Technologien über die nationalen Grenzen hat diese Frage erhebliche Bedeutung. Im Jahr 1992 wurde der Kommentar geändert, um die Grundsätze, nach denen diese Klassifizierung erfolgen sollte, darzustellen. Die Ziffern 12 bis 17 wurden im Jahr 2000 erneut geändert, um die Analyse, durch die bei Geschäftsvorfällen mit Software Unternehmensgewinne von Lizenzgebühren unterschieden werden, weiter zu verfeinern. In den meisten Fällen führt die überarbeitete Analyse nicht zu anderen Ergebnissen.*

12.1 [Begriff der „Software"] *„Software" ist ein Programm oder eine Folge von Programmen mit Befehlen für Daten verarbeitende Anlagen, die für deren operationelle Prozesse selbst (Systemprogramme) oder für die Durchführung anderer Aufgaben (Anwendungsprogramme) benötigt werden. Sie kann durch verschiedenartige Medien übertragen werden, z. B. in geschriebener Form oder elektronisch, auf Magnetbändern oder -platten, auf Laserplatten oder CD-ROM. Sie kann für einen weiten Bereich von Anwendungsmöglichkeiten standardisiert oder auf die besonderen Bedürfnisse eines einzelnen Benutzers zugeschnitten sein. Sie kann als integrierter Teil einer Daten verarbeitenden Anlage („Hardware") oder in selbständiger Form für die Benutzung auf einer Vielzahl von Anlagen übertragen werden.*

*12.2 **[Abgrenzungsschwierigkeiten]** Der Charakter der Zahlungen bei Geschäftsvorfällen, die die Übertragung von Software für Daten verarbeitende Anlagen mit sich bringt, hängt von der Natur der Rechte ab, die der Empfänger nach den besonderen Vereinbarungen über den Gebrauch und die Verwendung des Programms erwirbt. Die Rechte an Programmen für Daten verarbeitende Anlagen gehören dem Bereich des geistigen Eigentums an. Eine Untersuchung hat ergeben, dass alle Mitgliedstaaten der OECD – mit einer Ausnahme – Rechte an Software explizit oder implizit im Rahmen ihrer Gesetzgebung über Urheberrechte schützen. Obwohl der Ausdruck „Software" gemeinhin benutzt wird, um sowohl das Programm – an dem geistiges Eigentum (Copyright) weiter besteht – als auch das Medium, auf dem es verkörpert ist, zu beschreiben, erkennt das Urheberrecht der meisten Mitgliedstaaten der OECD die Unterscheidung zwischen dem Urheberrecht am Programm und der Software, die eine Kopie des urheberrechtlich geschützten Programms verkörpert, an. Die Übertragung von Rechten in Bezug auf Software kommt in unterschiedlichen Formen vor, die von der Veräußerung des vollen Urheberrechts an einem Programm bis zum Verkauf eines Produkts reichen, dessen Gebrauch Beschränkungen unterliegt. Auch das Entgelt kann vielerlei Formen annehmen. Das erschwert die Grenzziehung zwischen Zahlungen für Software, die als Lizenzgebühren anzusehen sind, und Zahlungen anderer Art. Die Schwierigkeit der Grenzziehung erhöht sich noch durch die Leichtigkeit der Vervielfältigung von Software und durch den Umstand, dass der Erwerb von Software häufig die Fertigung einer Kopie durch den Erwerber einschließt, um die Anwendung der Software zu ermöglichen.*

*13. **[Mögliche Qualifizierungen]** In den meisten Fällen werden die Rechte des Empfängers in Teil- oder Vollrechten an dem zugrundeliegenden Urheberrecht bestehen (siehe die Ziffern 13.1 und 15) oder können Teil- oder Vollrechte an einer Kopie des Programms (Programmkopie) oder das Äquivalent solcher Rechte sein, gleichgültig, ob eine solche Kopie in einem materiellen Medium verkörpert ist oder elektronisch übermittelt wird (siehe Ziffern 14 bis 14.2). In außergewöhnlichen Fällen kann der Vorgang die Übertragung von „know-how" oder geheimen Formeln darstellen (Ziffer 14.3).*

*13.1 **[Qualifizierung als Lizenzgebühr]** Zahlungen für den Erwerb von Teilrechten am Urheberrecht (ohne dass der Übertragende sich des Urheberrechts voll entäußert) werden Lizenzgebühren sein, wenn das Entgelt gezahlt wird, um das Programm in einer Weise zu nutzen, die ohne Erlaubnis eine Verletzung des Urheberrechts darstellen würde. Beispiele solcher Vereinbarungen schließen Erlaubnisse ein, Software, die das urheberrechtlich geschützte Programm verkörpert, zu vervielfältigen und an die Öffentlichkeit zu vertreiben oder das Programm zu verändern und öffentlich auszustellen. Unter diesen Umständen erfolgt die Zahlung für das Recht, das Urheberrecht an dem Programm zu nutzen (d. h. die Rechte zu verwerten, die ansonsten allein dem Inhaber des Urheberrechts vorbehalten wären). Zu beachten ist aber, dass, wenn Zahlungen für Software in diesem Sinne als Lizenzgebühren anzusehen sind, die Anwendung der Bestimmungen über Urheberrechte in dem Artikel Schwierigkeiten machen kann; denn Absatz 2 setzt voraus, dass die Urheberrechte an literarischen, künstlerischen oder wissenschaftlichen Werken bestehen. Keine dieser Kategorien dürfte den Fall genau treffen. Die Urheberrechtgesetze vieler Länder lösen das Problem in der Weise, dass sie Software spezifisch als literarisches oder wissenschaftliches Werk bestimmen. Für andere Länder scheint die Behandlung als wissenschaftliches Werk den Verhältnissen am ehesten zu entsprechen. Länder, die Software keiner dieser drei Kategorien zuordnen können, könnten in ihre zweiseitigen Abkommen eine veränderte Fassung des Absatzes 2 aufnehmen, die entweder den Hinweis auf die Natur der Urheberrechte streicht oder die Rechte an Software ausdrücklich nennt.*

*14. **[Software für den allgemeinen persönlichen oder betrieblichen Gebrauch]** Bei anderen Geschäftsvorfällen sind die Rechte, die in Bezug auf das Urheberrecht erworben werden, auf diejenigen beschränkt, die erforderlich sind, um den Nutzer in die Lage zu versetzen, das Programm anzuwenden, z. B. wenn dem Empfänger ein begrenztes Recht, das Programm zu kopieren, eingeräumt wird. Dies träfe gemeinhin bei Transaktionen zum Erwerb einer Programmkopie zu. Die Rechte, die in diesen Fällen übertragen werden, entspre-*

chen der Eigenart von Computerprogrammen. Sie erlauben dem Nutzer, das Programm zu kopieren, z. B. auf die Festplatte des Rechners oder für Zwecke der Archivierung. In diesem Zusammenhang ist es wichtig zu beachten, dass der Schutz, der nach dem Urheberrecht in Bezug auf Computerprogramme gewährt wird, von Land zu Land unterschiedlich sein kann. In einigen Ländern würde der Vorgang des Kopierens des Programms auf die Festplatte oder den Arbeitsspeicher eines Rechners ohne Erlaubnis eine Verletzung des Urheberrechts darstellen. Das Urheberrecht vieler Länder räumt dieses Recht jedoch dem Eigentümer der Software, die das Computerprogramm verkörpert, automatisch ein. Gleichgültig, ob dieses Recht durch Gesetz oder durch Lizenzgewährung seitens des Inhabers des Urheberrechts eingeräumt wird, stellt das Kopieren des Programms auf die Festplatte oder den Arbeitsspeicher des Rechners oder für Zwecke der Archivierung einen wesentlichen Schritt in der Nutzung des Programms dar. Daher sollten Rechte in Bezug auf die Herstellung von Kopien, soweit sie nicht mehr bewirken, als den Nutzer in die Lage zu versetzen, das Programm tatsächlich anzuwenden, bei der Analyse des Charakters der Transaktion für Steuerzwecke außer Betracht bleiben. Zahlungen bei Geschäftsvorfällen dieser Art sollten als Geschäftseinkommen nach Artikel 7 behandelt werden.

14.1 [Art der Übertragung] *Die Art der Übertragung des Computerprogramms auf den Empfänger ist unerheblich. Es kommt z. B. nicht darauf an, ob der Empfänger eine Computerplatte, die eine Kopie des Programms enthält, erwirbt oder unmittelbar über eine Modemverbindung eine Kopie auf seiner Festplatte erhält. Es ist auch unerheblich, ob Beschränkungen im Gebrauch der Software durch den Empfänger bestehen.*

14.2 [Standort-, Betriebs- oder Netzlizenzen] *Die Leichtigkeit, mit der Computerprogramme kopiert werden können, hat zu Vertriebsvereinbarungen geführt, nach denen der Erwerber das Recht erwirbt, mehrfache Kopien des Programms zur Anwendung nur in seinem Betrieb zu fertigen. Solche Vereinbarungen werden gemeinhin als Standortlizenzen, Betriebslizenzen oder Netzlizenzen bezeichnet. Obwohl alle diese Vereinbarungen die Fertigung mehrfacher Kopien des Programms erlauben, sind diese Rechte im Allgemeinen auf diejenigen beschränkt, die erforderlich sind, um die Anwendung des Programms auf dem Rechner oder dem Netzwerk des Berechtigten zu ermöglichen, und die Erstellung von Kopien für andere Zwecke ist nach der Vereinbarung nicht erlaubt. Zahlungen aufgrund solcher Vereinbarungen werden in den meisten Fällen als Geschäftseinkommen nach Artikel 7 zu behandeln sein.*

14.3 [Übertragung von Know-how] *Ein anderer Geschäftsvorfall, der die Übertragung von Computersoftware mit sich bringt, ist der ungewöhnlichere Fall, in dem das Softwarehaus oder der Computerprogrammierer darin einwilligt, Informationen über die Ideen und Grundsätze, die dem Programm zugrunde liegen, wie Logik, Algorithmen oder Programmierungssprachen oder -techniken zu erteilen. In diesen Fällen können die Zahlungen als Lizenzgebühren eingestuft werden, soweit sie Entgelt für die Nutzung oder das Recht auf Nutzung von geheimen Formeln oder die Mitteilung gewerblicher, kaufmännischer oder wissenschaftlicher Erfahrungen darstellen.*

14.4 [Vertrieb von Kopien] *Vereinbarungen zwischen dem Inhaber eines Softwareurheberrechts und einem Zwischenhändler werden dem Zwischenhändler häufig das Recht einräumen, Kopien des Programms zu vertreiben, aber ohne das Recht, das Programm zu reproduzieren. Bei solchen Geschäften sind die Rechte, die in Bezug auf das Urheberrecht erworben werden, auf diejenigen beschränkt, die für den Zwischenhändler notwendig sind, um Kopien des Softwareprogramms zu vertreiben. Bei solchen Geschäften zahlt der Händler nur für den Erwerb der Softwarekopien, nicht aber, um ein Recht an dem Urheberrecht zu nutzen. Daher sollten bei Geschäften, bei denen ein Händler Zahlungen leistet, um Kopien der Software zu erwerben und zu vertreiben (ohne das Recht, die Software zu reproduzieren), die mit den Vertriebsaktivitäten verbundenen Rechte bei der Analyse des Geschäfts für steuerliche Zwecke außer Betracht bleiben. Zahlungen bei Geschäften dieser Art sind als Unternehmensgewinne gemäß Artikel 7 zu behandeln. Dies gilt unabhängig davon, ob die vertriebenen Kopien auf körperlichen Medien oder elektronisch (ohne das Recht des Vertreibers,* *die Software zu reproduzieren) geliefert werden, oder ob die Software für Zwecke ihrer Installation geringfügig an die Kundenbedürfnisse anzupassen ist.*

15. [Veräußerung der an Software bestehenden Rechte] *Wenn das Entgelt für die Übertragung des vollen Urheberrechts gezahlt wird, kann es keine Lizenzgebühr darstellen, und der Artikel findet keine Anwendung. Schwierigkeiten können jedoch entstehen, wo das Recht zum größten Teil, aber doch nur teilweise veräußert wird, wobei vorgesehen ist:*
- *ein auf einen bestimmten Zeitraum oder ein bestimmtes geographisches Gebiet beschränktes ausschließliches Recht auf Benutzung;*
- *zusätzliche Vergütungen, die vom Gebrauch abhängen;*
- *eine Vergütung in Form einer bedeutenden Einmalzahlung.*

16. [Abgrenzung zwischen den Artikeln 7, 12 und 13] *Jeder Fall ist nach Maßgabe seiner besonderen Umstände zu behandeln; die Vergütungen werden aber im Allgemeinen eher Unternehmensgewinne im Sinne des Artikels 7 oder Veräußerungsgewinne im Sinne des Artikels 13 als Lizenzgebühren im Sinne des Artikels 12 sein, wenn sie Entgelt für die Veräußerung von Rechten sind, die gesonderte und spezifische Rechte darstellen (was im Fall von geografisch begrenzten Rechten eher wahrscheinlich ist als im Fall von zeitlich begrenzten Rechten). Dies ergibt sich daraus, dass die Vergütungen bei Veräußerung eines Rechtes nicht für die Benutzung des Rechtes geleistet werden. Am Wesensgehalt des Geschäfts als Veräußerung kann sich durch die Art der Gegenleistung, durch Zahlung in Teilbeträgen oder, nach der Ansicht der meisten Länder, durch die Abhängigkeit von einem zukünftigen Ereignis nichts ändern.*

17. [Softwareüberlassung auf Grund eines gemischten Vertrages] *Vergütungen für Software können auf Grundlage eines gemischten Vertrages zu leisten sein. Beispiele solcher Verträge bilden etwa die Verkäufe von datenverarbeitenden Anlagen mit eingebauter Software sowie die Einräumung des Rechts auf Benutzung von Software im Zusammenhang mit der Erbringung von Dienstleistungen. Die in Nummer 11 dargestellten Methoden zur Behandlung ähnlicher Fälle in Bezug auf Lizenzgebühren für Patente und „Know-how" können auf Software gleichermaßen angewendet werden. Gegebenenfalls ist der Gesamtvertrag des nach einem Vertrag zu leistenden Entgelts auf Grund der Angaben in dem Vertrag oder einer angemessenen Schätzung aufzuteilen und jeder Teilbetrag steuerlich entsprechend zu behandeln.*

17.1 [Elektronischer Geschäftsverkehr] *Die oben zum Ausdruck gebrachten Grundsätze für Softwarevergütungen gelten auch für Geschäftsvorfälle, die andere Arten von digitalen Produkten, wie Bilder, Töne oder Texte betreffen. Die Entwicklung des elektronischen Geschäftsverkehrs hat die Zahl derartiger Geschäftsvorfälle vervielfacht. Bei der Entscheidung, ob die Vergütungen, die aus diesen Geschäftsvorfällen erwachsen, Lizenzgebühren darstellen, besteht das zu lösende Hauptproblem darin, zu ermitteln, wofür die Vergütung im Wesentlichen entrichtet wird.*

17.2 [Klassifizierung] *Nach der einschlägigen Gesetzgebung einiger Länder führen Geschäftsvorfälle, die es dem Kunden erlauben, ein digitales Produkt elektronisch herunterzuladen, zur Nutzung eines Urheberrechts, z. B. weil nach dem Vertrag das Recht eingeräumt wird, von dem elektronischen Inhalt eine oder mehrere Kopien zu fertigen. Wird die Vergütung im Wesentlichen für etwas anderes gezahlt als für die Nutzung oder das Recht auf Nutzung des Urheberrechts (etwa um andere Arten vertraglicher Rechte, Daten oder Dienstleistungen zu erwerben) und ist die Nutzung des Urheberrechts auf Befugnisse beschränkt, die das Herunterladen, Speichern und Betreiben auf dem Computer, Netzwerk oder sonstigen Speicher-, Ausführungs- oder Anzeigegerät des Kunden ermöglichen, sollten solche Befugnisse die Analyse des Charakters der Vergütung für Zwecke der Anwendung des Begriffs „Lizenzgebühren" nicht beeinflussen.*

17.3 [Leistungen im Sinne der Artikel 7 oder 13] *Dies trifft für Geschäftsvorfälle zu, die es dem Kunden (dies kann ein Unternehmen sein) erlauben, digitale Produkte (wie Soft-*

ware, Bilder, Töne oder Texte) zum eigenen Nutzen oder Vergnügen elektronisch herunterzuladen. Bei diesen Geschäftsvorfällen wird die Vergütung im Wesentlichen für den Erwerb von Daten geleistet, die in Form eines elektronischen Signals übermittelt werden, und stellt daher keine Lizenzgebühren dar, sondern fällt, je nachdem, unter Artikel 7 oder Artikel 13. In dem Maße, in dem der Vorgang des Kopierens des elektronischen Signals auf der Festplatte oder einem anderen dauerhaften Medium des Kunden nach dem einschlägigen Gesetz und den vertraglichen Vereinbarungen die Nutzung eines Urheberrechts durch den Kunden mit sich bringt, stellt dieses Kopieren nur das Mittel dar, um das digitale Signal zu empfangen und zu speichern. Die Nutzung des Urheberrechts hat für Zwecke der Qualifikation keine Bedeutung, da sie – was für die Definition der Lizenzgebühren entscheidend ist – nicht der Leistung entspricht, für die die Vergütung im Wesentlichen gezahlt wird (nämlich Daten, die in Form digitaler Signale übermittelt werden, zu erwerben). Auch wenn nach dem einschlägigen Gesetz und den vertraglichen Vereinbarungen die Fertigung einer Kopie als Nutzung eines Urheberrechts durch den Leistenden statt durch den Kunden angesehen wird, wäre keine Grundlage für die Einstufung als Lizenzgebühren vorhanden.

17.4 [Nutzung eines Urheberrechts] *Im Gegensatz dazu führen Geschäftsvorfälle, bei denen die Vergütung im Wesentlichen für das Recht entrichtet wird, ein Urheberrecht an dem digitalen Produkt, das elektronisch heruntergeladen wird, zu gewähren, zu Lizenzgebühren. Dies träfe z. B. im Fall eines Buchverlegers zu, der das Recht zur Vervielfältigung eines urheberrechtlich geschützten Bildes erwirbt, um es elektronisch herunterzuladen und es auf dem Einband eines von ihm hergestellten Buches zu veröffentlichen. Bei diesem Geschäftsvorfall ist der wesentliche Gesichtspunkt für die Vergütung der Erwerb des Rechts, das Urheberrecht an dem digitalen Produkt zu nutzen, d. h. das Recht, das Bild zu vervielfältigen und zu verbreiten und nicht nur der Erwerb des elektronischen Inhalts.*

18. [Darbietungen von Künstlern] *Vorstehende Ausführungen über gemischte Verträge lassen sich auch auf bestimmte Darbietungen von Künstlern anwenden, insbesondere auf Orchesterkonzerte unter Leitung eines Dirigenten und auf Solistenkonzerte. Die Vergütung für die musikalische Darbietung, gegebenenfalls einschließlich der Vergütung für die Direktübertragung im Rundfunk, dürfte nach Artikel 17 zu behandeln sein. Wird die musikalische Darbietung auf Grund desselben oder eines gesonderten Vertrags aufgezeichnet und hat der Künstler sich auf Grund seines Urheberrechts an der Tonaufnahme die Zahlung von Lizenzgebühren für den Verkauf und/oder das öffentliche Abspielen der Schallplatten vertraglich ausbedungen, so fallen die Vergütungen insoweit unter Artikel 12. Gehört aber das Recht an der Tonaufnahme, sei es nach dem einschlägigen Urheberrecht, sei es nach den Vertragsbedingungen, der Person, der der Künstler vertraglich seine Dienste erbringt (d. h. eine musikalische Aufführung während der Aufnahme), oder einem Dritten, so fallen die Zahlungen, die nach einem solchen Vertrag geleistet werden, statt unter diesen Artikel unter Artikel 7 (z. B. wenn die Aufführung außerhalb des Staates stattfindet, aus dem die Zahlung stammt) oder unter Artikel 17, selbst wenn sie sich nach der Zahl der verkauften Platten bemessen.*

19. [Vorrang des Artikels 6] *Erinnert sei daran, dass veränderliche oder feste Vergütungen für die Ausbeutung von Mineralvorkommen, Quellen oder anderen Bodenschätzen nach Artikel 6 zu behandeln sind und deshalb nicht unter den vorliegenden Artikel fallen.*

Absatz 3

20. [Keine Attraktivkraft der Betriebstätte] *Manche Staaten sind der Ansicht, dass Dividenden, Zinsen und Lizenzgebühren, die aus Quellen innerhalb ihres Gebietes stammen und an in anderen Staaten ansässige natürliche oder juristische Personen gezahlt werden, nicht unter den Anwendungsbereich jener Bestimmungen fallen, die zur Vermeidung einer Besteuerung solcher Erträge sowohl im Quellenstaat als auch im Staat des Wohnsitzes des Gläubigers für den Fall getroffen wurden, dass der Gläubiger im ersten Staat eine Betriebsstätte hat. Absatz 3 geht nicht von dieser Auffassung aus, die meist als „Attraktivkraft der Betriebstätte" bezeichnet wird. Er sieht nicht vor, dass die Lizenzgebühren, die einer in einem Vertragsstaat ansässigen Person aus Quellen innerhalb des anderen Staates zufließen,* *auf Grund einer Art gesetzlichen Vermutung oder gar Fiktion einer Betriebstätte zugeordnet werden, die diese Person zufällig im letztgenannten Staat hat, so dass dieser Staat dann seine Steuer nicht zu begrenzen hätte. Der Absatz sieht lediglich vor, dass die Lizenzgebühren im Quellenstaat dann als Teil der Gewinne der dort gelegenen Betriebstätte des im anderen Staat ansässigen Gläubigers besteuert werden können, wenn sie für Rechte oder Vermögenswerte gezahlt werden, die Teil des Vermögens der Betriebstätte darstellen oder auf andere Weise tatsächlich zu dieser Betriebstätte gehören. In diesem Fall befreit Absatz 3 den Quellenstaat von allen in diesem Artikel vorgesehenen Beschränkungen. Diese Erläuterungen entsprechen denen des Kommentars zu Artikel 7.*

21. [Übertragung von Rechten] *Es ist unterstellt worden, dass der Absatz Anlass zu Missbräuchen geben kann, indem Rechte oder Gegenstände auf Betriebstätten, die nur zu diesem Zweck in Ländern mit Vorzugsbesteuerung für Lizenzeinkünfte errichtet werden, übertragen werden. Abgesehen von dem Umstand, dass solches missbräuchliches Verhalten die Anwendung innerstaatlicher Missbrauchsvorschriften auslösen kann, darf nicht verkannt werden, dass ein bestimmter Ort nur dann eine Betriebsstätte darstellen kann, wenn dort eine Geschäftstätigkeit ausgeübt wird.* **[bis 21.7.2010:** *Auch erfordert die Voraussetzung, das Recht oder die Sache müsse tatsächlich zu der Betriebsstätte gehören, dass die Rechte oder Gegenstände wirklich mit dieser Geschäftstätigkeit verbunden sind.* **ab 22.7.2010:]** *As explained below, that the requirement that a right or property be "effectively connected" to such a location requires more than merely recording the right or property in the books of the permanent establishment for accounting purposes.*

21.1 *A right or property in respect of which royalties are paid will be effectively connected with a permanent establishment, and will therefore form part of its business assets, if the "economic" ownership of that right or property is allocated to that permanent establishment under the principles developed in the Committee's report entitled Attribution of Profits to Permanent Establishments*[1] *(see in particular paragraphs 72–97 of Part I of the report) for the purposes of the application of paragraph 2 of Article 7. In the context of that paragraph, the "economic" ownership of a right or property means the equivalent of ownership for income tax purposes by a separate enterprise, with the attendant benefits and burdens (e.g. the right to the royalties attributable to the ownership of the right or property, the right to any available depreciation and the potential exposure to gains or losses from the appreciation or depreciation of that right or property).*

21.2 *In the case of the permanent establishment of an enterprise carrying on insurance activities, the determination of whether a right or property is effectively connected with the permanent establishment shall be made by giving due regard to the guidance set forth in Part IV of the Committee's report with respect to whether the income on or gain from that right or property is taken into account in determining the permanent establishment's yield on the amount of investment assets attributed to it (see in particular paragraphs 165–170 of Part IV). That guidance being general in nature, tax authorities should consider applying a flexible and pragmatic approach which would take into account an enterprise's reasonable and consistent application of that guidance for purposes of identifying the specific assets that are effectively connected with the permanent establishment.*

Absatz 4

22. [Besondere Beziehungen] *Dieser Absatz bezweckt, den Anwendungsbereich der Bestimmungen über die Besteuerung der Lizenzgebühren zu beschränken, falls auf Grund besonderer Beziehungen zwischen dem Schuldner und dem Nutzungsberechtigten oder zwischen jedem von ihnen und einem Dritten die gezahlten Lizenzgebühren den Betrag übersteigen, den Schuldner und Nutzungsberechtigter ohne diese Beziehungen vereinbart hätten. Er sieht vor, dass in einem solchen Fall die Bestimmung des Artikels nur für den letzten Be-*

---

[1] Attribution of Profits to Permanent Establishments, OECD, Paris, 2010.

trag gelten und dass der übersteigende Betrag der Lizenzgebühren nach dem Recht eines jeden Vertragsstaats und unter Berücksichtigung der anderen Bestimmungen des Abkommens besteuert wird. Der Absatz lässt nur die Berichtigung des Betrags der Lizenzgebühren zu, nicht aber eine Umqualifizierung in andere Zahlungen, z. B. in eine Zuführung zum Eigenkapital. Sollen solche Berichtigungen auf Artikel 12 Absatz 4 gestützt werden, müssen mindestens die einschränkenden Worte „gemessen an der zugrunde liegenden Leistung" gestrichen werden. Wenn es angebracht erscheint, die verfolgte Absicht noch mehr zu verdeutlichen, könnte nach den Worten „übersteigen deshalb die Lizenzgebühren" ein Satzteil wie „aus welchen Gründen auch immer" eingefügt werden.

23. [Beispiele besonderer Beziehungen] *Wie aus dem Wortlaut hervorgeht, kann diese Bestimmung nur dann angewendet werden, wenn die als überhöht erachteten Lizenzgebühren auf besondere Beziehungen zwischen Schuldner und Nutzungsberechtigtem oder zwischen jedem von ihnen und einem Dritten zurückzuführen sind. Als Beispiele lassen sich Fälle anführen, in denen die Lizenzgebühren an eine natürliche oder juristische Person gezahlt werden, die den Schuldner unmittelbar oder mittelbar beherrscht oder von ihm unmittelbar oder mittelbar beherrscht wird oder in einem Abhängigkeitsverhältnis zu einem Konzern steht, mit dem sie durch gemeinsame Interessen verbunden ist. Diese Beispiele gleichen überdies den in Artikel 9 behandelten Fällen.*

24. [Verwandtschaftliche Beziehungen; Interessengemeinschaften] *Außerdem umfasst der Begriff „besondere Beziehungen" auch verwandtschaftliche Beziehungen und ganz allgemein jede Interessengemeinschaft, die neben dem Rechtsverhältnis, auf Grund dessen die Lizenzgebühren gezahlt werden, bestehen.*

25. [Einkunftsart für den übersteigenden Betrag] *Bei der steuerlichen Behandlung des übersteigenden Betrages der Lizenzgebühren muss der Charakter dieses Betrages nach den Umständen des einzelnen Falles genau festgestellt werden, damit die Einkunftsart bestimmt werden kann, der er für die Anwendung der Vorschriften des Steuerrechts der betreffenden Staaten und der Bestimmungen des Abkommens zuzurechnen ist. Ist es für zwei Vertragsstaaten schwierig, die anderen Abkommensregelungen zu bestimmen, die jeweils auf den übersteigenden Betrag der Lizenzgebühren anzuwenden sind, so steht es ihnen frei, in den letzten Satz von Absatz 4 eine ergänzende Klarstellung aufzunehmen, sofern sich dadurch der allgemeine Inhalt des Absatzes nicht verändert.*

26. [Einleitung eines Verständigungsverfahrens] *Führen die Grundsätze und Regeln des innerstaatlichen Rechts der beiden Vertragsstaaten dazu, dass diese nicht denselben Artikel des Abkommens auf die Besteuerung des überhöhten Betrags anwenden können, so wird es zur Beseitigung dieser Schwierigkeiten erforderlich sein, das im Abkommen vorgesehene Verständigungsverfahren einzuleiten.*

Bemerkungen zum Kommentar

27. Spanien *und* ***Portugal*** *teilen die in Ziffer 8.2 vertretene Auffassung nicht. Sie sind der Auffassung, dass Zahlungen für die Übertragung eines Rechts im Sinne der Definition der Lizenzgebühren unter diesen Artikel fallen, wenn nicht das Vollrecht übertragen wird.* Italien *vertritt diese Auffassung auch für die Ziffern 15 und 16.*

27.1 Italien *ist in Bezug auf Ziffer 10.1 der Auffassung, dass, wenn Verträge ausschließliche Vertriebsrechte für ein Produkt oder eine Dienstleistung zusammen mit der Nutzung anderer unter die Definition der Lizenzgebühren fallenden Rechte einräumen, der Teil der Zahlung nach diesen Verträgen, der Gegenleistung für die Vertriebsrechte ist, je nach den Umständen des Falles unter den Artikel fallen können.*

28. Mexiko, Spanien *und* ***Portugal*** *teilen die in Ziffern 14, 14.4, 15, 16 sowie 17.1 bis 17.4 vertretene Auffassung nicht. Nach Auffassung Mexikos, Spaniens und Portugals fallen Vergütungen für Software in den Anwendungsbereich des Artikels, wenn weniger als* *das Vollrecht an der Software übertragen worden ist, gleichgültig ob die Vergütungen Entgelt für das Recht auf Benutzung von Urheberrechten an der Software für gewerbliche Zwecke sind (außer Vergütungen für das Recht, standardisierte Softwarekopien zu vertreiben, ohne das Recht, die Software an die Bedürfnisse des Kunden anzupassen oder sie zu reproduzieren) oder sich auf Software für den betrieblichen Gebrauch durch den Erwerber beziehen und die Software im letzten Fall nicht vollständig standardisiert, sondern in irgendeiner Weise an die Bedürfnisse des Nutzers angepasst ist.*

***29. Mexiko** teilt die in Ziffer 8.2 vertretene Auffassung nicht. Mexiko ist der Auffassung, dass Zahlungen für die Rechtsübertragungen, die als Veräußerung strukturiert sind (z.B. geografische oder zeitlich begrenzte Rechte), unter diesen Artikel fallen, da weniger als die vollen Rechte an einem Recht im Sinne der Definition übertragen werden.*

***30.** Die **Slowakei** teilt die in den Ziffern 14, 15 und 17 vertretene Auffassung nicht. Sie vertritt die Auffassung, dass Zahlungen, die sich auf Software beziehen, unter den Artikel fallen, wenn weniger als das Vollrecht an der Software übertragen wird, sei es, dass die Zahlungen Gegenleistung für den Gebrauch eines Urheberrechts an der Software zur gewerblichen Verwertung sind, sei es, dass sie sich auf Software beziehen, die für persönliche oder betriebliche Zwecke des Käufers erworben wird, sofern die Software in diesem letzteren Fall nicht vollständig standardisiert, sondern in irgendeiner Weise an die Bedürfnisse des Nutzers angepasst ist.*

***31. Griechenland** teilt die in den Ziffern 14 und 15 vertretene Auffassung nicht. Nach Auffassung Griechenlands fallen Vergütungen für Software in den Anwendungsbereich des Artikels, gleich ob das Entgelt für die Benutzung (oder das Recht auf Benutzung) von Software für dessen gewerbliche Verwertung oder für dessen persönlichen oder betrieblichen Gebrauch durch den Erwerber gezahlt wird.*

***31.1** In Bezug auf Ziffer 14 meint **Korea,** die Nummer verkenne die Tatsache, dass „Know-how" in der Form von Computer-Software übertragen werden kann. Korea ist daher der Ansicht, dass „Know-how", das von einem Nichtansässigen durch Software oder ein Computer-Programm übermittelt wird, nach Artikel 12 zu behandeln ist.*

[ab 22.7.2010:]

***31.2 Italien** ist nicht damit einverstanden, dass die Auslegung in Ziffer 14.4 in allen Fällen Anwendung findet. Es wird jeden Fall unter Berücksichtigung aller Umstände, einschließlich der Rechte, die in Bezug auf den Vertrieb eingeräumt worden sind, prüfen.*

31.3 **[eingefügt aus *Ziffer 32* ab 15.7.2014:]** *Concerning paragraph 9.1, **Germany** reserves its position on whether and under which circumstances payments made for the acquisition of the right of disposal over the transport capacity of pipelines or the capacity of technical installations, lines or cables for the transmission of electrical power or communications (including the distribution of radio and television programs) could be regarded as payments made for the leasing of industrial, commercial or scientific equipment.*

31.4 **[eingefügt aus *Ziffer 46.2* ab 15.7.2014:]** ***Griechenland** teilt die im sechsten Anstrich der Ziffer 11.4 vertretene Auslegung nicht und vertritt die Auffassung, dass alle betroffenen Zahlungen unter den Artikel fallen.*

31.5 **[eingefügt aus *Ziffer 46.3* ab 15.7.2014:]** ***Griechenland** teilt die in den Ziffern 17.2 und 17.3 vertretene Auslegung nicht, da Zahlungen, die sich auf das Herunterladen von Computersoftware beziehen, als Lizenzgebühren angesehen werden sollten, selbst wenn diese Produkte nur für den persönlichen und geschäftlichen Gebrauch des Käufers erworben werden.*

Vorbehalte zum Kommentar

Absatz 1

[vom 22.7.2010 bis 14.7.2014:

32. *Concerning paragraph 9.1,* ***Germany*** *reserves its position on whether and under which circumstances payments made for the acquisition of the right of disposal over the transport capacity of pipelines or the capacity of technical installations, lines or cables for the transmission of electrical power or communications (including the distribution of radio and television programs) could be regarded as payments made for the leasing of industrial, commercial or scientific equipment.*] **[ab 15.7.2014: *Ziffer 31.3*]**

32.1 **[vom 22.7.2010 bis 14.7.2014:** ***Greece*** *reserves the right to include the payments referred to in paragraphs 9.1, 9.2 and 9.3 in the definition of royalties.*] **[ab 15.7.2014: *Ziffer 38*]**

33. Griechenland *kann keine Bestimmung annehmen, die verhindern würde, dass es Lizenzgebühren nach einem Satz bis zu 10 vom Hundert besteuern kann.*

34. Tschechien *behält sich vor, Lizenzgebühren, die nach tschechischem Recht ihre Quelle in Tschechien haben, zu einem Satz von 10 vom Hundert zu besteuern. Tschechien behält sich ferner vor, Zahlungen für die Benutzung oder das Recht auf Benutzung von Rechten an Software einer anderen Regelung als derjenigen für Lizenzgebühren zu unterwerfen.*

35. Kanada *macht einen Vorbehalt zu Absatz 1 und möchte in seine zweiseitigen Abkommen einen Quellensteuersatz von 10 vom Hundert aufnehmen. Kanada wäre jedoch bereit, eine Steuerbefreiung für Lizenzgebühren aus Urheberrechten an kulturellen, dramatischen, musikalischen oder künstlerischen Werken zu gewähren, ausgenommen Gebühren für kinematographische Filme und für auf Film, Videobändern oder anderen Mitteln der Wiedergabe enthaltene Aufzeichnungen für das Fernsehen. Kanada wäre auch bereit, unter den meisten Umständen eine Steuerbefreiung für Lizenzgebühren in Bezug auf Computersoftware, Patente und Know-how zu gewähren.*

36. Australien, **[bis 21.7.2010: *Japan,* ab 22.7.2010: *Chile,*]** ***Korea, Mexiko Neuseeland, Polen, Portugal,*** *die* ***Slowakei,*** **[bis 21.7.2010: *Spanien* ab 22.7.2010: *Slovenia*]** *und die* ***Türkei*** *behalten sich vor, Lizenzgebühren an der Quelle zu besteuern.*

37. Italien *behält sich vor, Lizenzgebühren an der Quelle zu besteuern; es ist aber bereit, gewissen Lizenzgebühren (z. B. für literarische und künstlerische Urheberrechte) eine günstigere Behandlung zu gewähren. Italien behält sich ferner vor, bei der Regelung für die Benutzung oder das Recht auf Benutzung von Software von der Regelung für literarische und künstlerische Urheberrechte abzuweichen.*

Absatz 2

38. **[eingefügt aus *Ziffer 32.1* ab 15.7.2014:]** ***Greece*** *reserves the right to include the payments referred to in paragraphs 9.1, 9.2 and 9.3 in the definition of royalties.*

39. Australien *behält sich vor, die Definition der Lizenzgebühren so zu ändern, dass sie Zahlungen oder Gutschriften, die nach seinem innerstaatlichen Recht als Lizenzgebühren behandelt werden, umfasst.*

40. Kanada, **[ab 22. 7. 2010: *Chile,*]** ***Korea,*** *die* ***Slowakei, Tschechien*** *und* **[bis 14.7.2014: *Ungarn,*]** *behalten sich vor, in Absatz 2 die Worte „für die Benutzung oder das Recht auf Benutzung gewerblicher, kaufmännischer oder wissenschaftlicher Ausrüstungen" einzufügen.*

41. Griechenland, Italien *und* ***Mexiko*** *behalten sich vor, Einkünfte aus der Vermietung und Verpachtung von gewerblichen, kaufmännischen oder wissenschaftlichen Ausrüstungen und von Containern weiterhin (wie in Artikel 12 Absatz 2 MA 1977 vorgesehen) in die Definition der „Lizenzgebühren" aufzunehmen.*

41.1 Polen *behält sich vor, in die Definition der Lizenzgebühren Vergütungen für die Benutzung oder das Recht auf Benutzung von gewerblichen, kaufmännischen oder wissenschaftlichen Ausrüstungen und Containern aufzunehmen.*

42. Neuseeland *behält sich vor, Zahlungen aus der Vermietung und Verpachtung von gewerblichen, kaufmännischen oder wissenschaftlichen Ausrüstungen und von Containern an der Quelle zu besteuern.*

43. *[gestrichen].*

43.1 Portugal *behält sich vor, als Lizenzgebühren Einkünfte, die aus der Vermietung von gewerblichen, kaufmännischen oder wissenschaftlichen Ausrüstungen und von Containern stammen, an der Quelle zu besteuern; dies gilt auch für Einkünfte aus technischer Hilfeleistung im Zusammenhang mit der Benutzung oder dem Recht auf Benutzung solcher Ausrüstungen und Container.*

44. Portugal **[bis 21.7.2010:** *und* ***Spanien*** *behalten* **ab 22.7.2010:]** *behält sich vor, als Lizenzgebühren Einkünfte an der Quelle zu besteuern, die aus technischen Hilfeleistungen im Zusammenhang mit der Benutzung oder dem Recht auf Benutzung der in Absatz 2 des Artikels genannten Rechte oder Mitteilungen stammen.*

45. **[bis 14.7.2014:]** ***Spanien*** *behält sich vor, in seinen Abkommen von einer Definition von Lizenzgebühren auszugehen, die Einkünfte aus der Vermietung und Verpachtung gewerblicher, kaufmännischer und wissenschaftlicher Ausrüstungen und von Containern umfasst.* **[ab 15.7.2014:** *[gestrichen]***]**

46. *Die* ***Türkei*** *behält sich vor, Einkünfte aus der Vermietung und Verpachtung von gewerblichen, kaufmännischen oder wissenschaftlichen Ausrüstungen an der Quelle zu besteuern.*

46.1 *Die* ***Vereinigten Staaten*** *und* ***Mexiko*** *behalten sich vor, einen Gewinn aus der Veräußerung eines in Absatz 2 des Artikels beschriebenen Rechts als Lizenzgebühr zu behandeln, wenn der Gewinn von der Produktivität, dem Gebrauch des Rechts oder der Verfügung darüber abhängt.*

46.2 **[bis 14.7.2014:]** ***Griechenland*** *teilt die im fünften Anstrich der Ziffer 11.4 vertretene Auslegung nicht und vertritt die Auffassung, dass alle betroffenen Zahlungen unter den Artikel fallen.* **[ab 15.7.2014:** ***Ziffer 31.4*****]**

46.3 **[bis 14.7.2014:]** ***Griechenland*** *teilt die in den Ziffern 17.2 und 17.3 vertretene Auslegung nicht, da Zahlungen, die sich auf das Herunterladen von Computersoftware beziehen, als Lizenzgebühren angesehen werden sollten, selbst wenn diese Produkte nur für den persönlichen und geschäftlichen Gebrauch des Käufers erworben werden.* **[ab 15.7.2014:** ***Ziffer 31.5*****]**

[bis 21.7.2010:

Absatz 3

47. Italien *behält sich vor, Lizenzgebühren und Gewinne aus der Veräußerung von Rechten oder Vermögenswerten, für die Lizenzgebühren gezahlt werden, nach seinem innerstaatlichen Recht zu besteuern, falls der Empfänger eine Betriebstätte in Italien hat, selbst wenn die Rechte oder Vermögenswerte, für die die Lizenzgebühren gezahlt werden, nicht tatsächlich zu dieser Betriebstätte gehören.***]**

Other reservations

48. **[ab 22.7.2010:** ***Australien,*****]** ***Belgien,*** **[ab 15.7.2014:** ***Estland,*****]** ***Frankreich,*** **[ab 15.7.2014:** ***Israel,*****]** ***Kanada,*** **[ab 22.7.2010:** ***Chile,*****]** ***Mexiko,*** *die* ***Slowakei*** *und die* ***Tschechische Republik*** **[ab 22.7.2010:** *und* ***Slowenien*****]** *behalten sich vor, eine Bestimmung vorzuschlagen, die die Quelle von Lizenzgebühren entsprechend Artikel 11 Abs. 5, der dasselbe Problem für Zinsen behandelt, so definiert, dass eine ihrer Ansicht nach bestehende Lücke im Artikel geschlossen wird.*

49. ***Mexiko*** *behält sich vor, eine Vorschrift vorzuschlagen, nach der Lizenzgebühren als aus einem Staat stammend fingiert werden, wenn sie sich auf die Benutzung oder das Recht auf Benutzung von Vermögensgegenständen oder Rechten im Sinne des Artikels 12 Absatz 2 in diesem Staat beziehen.*

50. Die ***Slowakei*** *behält sich vor, Vergütungen für die Nutzung oder das Recht auf Nutzung von Softwarerechten steuerlich anders zu behandeln als Urheberrechte.*

Text: Stellungnahmen von Nichtmitgliedstaaten zum OECD-MA (OECD-NM)

Positions on the Article

1. ***Bulgaria*** *and* ***Ukraine*** *reserve the right to exclude from the scope of this Article royalties arising from property or rights created or assigned mainly for the purpose of taking advantage of this Article and not for bona fide commercial reasons.*

2. [Deleted]

Paragraph 1

3. ***Albania, Argentina, Armenia,*** **[ab 15.7.2014:** ***Azerbaijan,*****]** ***Belarus, Brazil, Bulgaria,*** **[ab 15.7.2014:** ***Colombia,*****]** ***Croatia,*** *the* ***Democratic Republic of the Congo, Gabon, Indonesia, Ivory Coast, Kazakhstan,*** **[bis 14.7.2014:** ***Latvia,*****]** ***Lithuania, Malaysia, Morocco,*** *the* ***People's Republic of China,*** *the* ***Philippines, Romania, Russia, Serbia,*** **[ab 15.7.2014:** ***Singapore,*****]** ***South Africa, Thailand, Tunisia, Ukraine, Vietnam*** *and* ***Hong Kong, China*** *reserve the right to tax royalties at source.*

[ab 15.7.2014:

3.1 ***Latvia*** *reserves the right to tax royalties at source if the recipient of the income is an individual who is resident of the other Contracting State.***]**

4. ***Armenia*** *reserves the right to tax copyright royalties for literary, scientific and artistic work at a reduced tax rate.*

4.1 ***India*** *reserves the right to tax royalties and fees for technical services at source; define these, particularly by reference to its domestic law; define the source of such payments, which may extend beyond the source defined in paragraph 5 of Article 11, and modify paragraphs 3 and 4 accordingly.*

Paragraph 2

5. ***Argentina, Brazil, Gabon, Ivory Coast, Morocco, Russia, Thailand*** *and* ***Tunisia*** *reserve the right to continue to include in the definition of royalties income derived from the leasing of industrial, commercial or scientific equipment and of containers, as provided for in paragraph 2 of Article 12 of the 1977 Model Double Taxation Convention.*

6. **[bis 14.7.2014:** ***Argentina,*****]** *the* ***Philippines, Thailand*** *and* ***Vietnam*** *reserve the right to include fees for technical services in the definition of royalties.*

7. **[ab 15.7.2014:** ***Argentina,*****]** ***Brazil, Gabon, Ivory Coast*** *and* ***Tunisia*** *reserve the right to include fees for technical assistance and technical services in the definition of "royalties".*

7.1 ***Morocco*** *reserves the right to include in the definition of the royalties, payments for services, technical assistance, technical and economic studies and all kind of services fees.*

[ab 15.7.2014:]

7.2 ***Colombia*** *reserves the right to include payments received for the furnishing of technical assistance, technical services and consulting services within the definition of royalties.*

8. ***Albania, Armenia,*** **[ab 15.7.2014:** ***Azerbaijan,*****]** ***Belarus, Brazil, Bulgaria,*** **[ab 15.7.2014:** ***Colombia,*****]** ***India, Indonesia, Kazakhstan, Latvia,*** **[bis 14.7.2014:**

Lithuania,*]** ***Malaysia, *the* ***People's Republic of China,*** *the* ***Philippines, Romania, Russia, Serbia, Thailand*** *and* ***Vietnam*** *reserve the right to include in the definition of royalties payments for the use of, or the right to use, industrial, commercial or scientific equipment.* **[bis 14.7.2014:** *Bulgaria intends to propose in bilateral negotiations the source taxation of royalties on industrial, commercial or scientific equipment at a lower rate than the rate applied to the rest of the royalty payments.***]**

8.1 Serbia *reserves the right to include in the definition of royalties income derived from the leasing of ships or aircraft on a bare boat charter basis and containers.*

8.2 Malaysia *reserves the right to include in the definition of royalties income derived from the leasing of containers and ships or aircraft, including on a slot hire, time charter, voyage charter, or a bare boat charter basis, whether or not such charters are crewed, equipped or provisioned.*

9. Belarus *reserves the right to include a reference to transport vehicles in the definition of royalties.*

10. **[bis 14.7.2014:** ***Brazil, Bulgaria, Morocco*** *and* ***Romania*** **ab 15.7.2014:]** ***Argentina, Brazil, Morocco*** *and* ***Romania*** *reserve the right to include in the definition of the royalties payments for transmissions by satellite, cable, optic fibre or similar technology.*

10.1 **[bis 14.7.2014:** ***Vietnam*** *reserves* **ab 15.7.2014:]** ***Argentina*** *and* ***Vietnam*** *reserve***]** *the right to include in the definition of royalties, payments for the use of or the right to use of "films, tapes or digital media used for radio or television broadcasting".*

11. Albania, Malaysia, Serbia *and* ***Vietnam*** *reserve the right to deal with fees for technical services in a separate Article similar to Article12.*

12. Albania, Argentina, Armenia, **[ab 15.7.2014:** ***Azerbaijan,*]** ***Belarus, Brazil, Bulgaria,*** **[ab 15.7.2014:** ***Colombia,*]** ***Croatia,*** **[bis 14.7.2014:** ***Estonia,*]** ***Gabon, Indonesia, Ivory Coast, Kazakhstan, Latvia, Lithuania, Malaysia, Morocco,*** *the* ***People's Republic of China,*** *the* ***Philippines, Romania, Serbia,*** **[ab 15.7.2014:** ***Singapore,*]** ***South Africa, Thailand, Tunisia, Ukraine, Vietnam*** *and* ***Hong Kong, China*** *reserve the right, in order to fill what they consider as a gap in the Article, to add a provision defining the source of royalties by analogy with the provisions of paragraph 5 of Article 11, which deals with the same issue in the case of interest.*

12.1 Morocco *reserves the right to include in the paragraph a reference to other business activities carried on in the other State of the same and similar kind as those effected through a permanent establishment.*

12.2 *The* ***Democratic Republic of the Congo*** *and* ***Malaysia*** *reserve their position on the treatment of software.*

12.3 Kazakhstan *reserves the right to include in the definition of royalties payments for the use of, or the right to use, software.*

Positions on the Commentary

13. Argentina, Morocco, Serbia *and* ***Tunisia*** *do not adhere to the interpretation in paragraphs 14 and 15 of the Commentary. They hold the view that payments relating to software fall within the scope of the Article where less than the full rights to software are transferred, either if the payments are in consideration for the right to use a copyright on software for commercial exploitation or if they relate to software acquired for the personal or business use of the purchaser.*

14. Vietnam *does not agree with paragraph 9 of the Commentary. Even if the phrase "for the use of, or the right to use, industrial, commercial or scientific equipment" is not included in paragraph 2 and income from the leasing of equipment falls under Article 7, the fact that an enterprise of a Contracting State leases heavy equipment to a person resident in Vietnam will constitute a permanent establishment of that enterprise in Vietnam.*

***15. Brazil** does not agree with the interpretation provided in paragraphs 17.1 to 17.4, especially in view of the principle of taxation at the source of payments in its legislation.*

***16. Malaysia** cannot adhere to the new additional sentence in paragraph 11.2, i.e. "Payments made under the latter contracts generally fall under Article 7". Malaysia treats payments for the provision of services as Special Classes of Income under her domestic law and not as business income.*

***17. India** reserves its position on the interpretations provided in paragraphs 8.2, 10.1, 10.2, 14, 14.1, 14.2, 14.4, 15, 16 and 17.3; it is of the view that some of the payments referred to may constitute royalties.*

[ab 15.7.2014:

17.1 Colombia** does not adhere to the interpretations provided in paragraphs 8.2, 13.1, 14, 14.1, 14.2, 14.4, 15, 16 and 17.3; under its tax laws some of the payments referred to may constitute royalties.]**

***18. India** does not agree with the interpretation that information concerning industrial, commercial or scientific experience is confined to only previous experience.*

***19. Malaysia** does not adhere to the interpretation in paragraph 14.2 because Malaysia is of the view that licence fees for rights to distribute software constitute royalties.*

***20. India** does not agree with the interpretation in paragraph 9.1* **of** *the Commentary on Article 12 according to which a payment for transponder leasing will not constitute royalty. This notion is contrary to the Indian position that income from transponder leasing constitutes an equipment royalty taxable both under India's domestic law and its treaties with many countries. It is also contrary to India's position that a payment for the use of a transponder is a payment for the use of a process resulting in a royalty under Article 12. India also does not agree with the conclusion included in the paragraph concerning undersea cables and pipelines as it considers that undersea cables and pipelines are industrial, commercial or scientific equipment and that payments made for their use constitute equipment royalties.*

***21. India** does not agree with the interpretation in paragraph 9.2 of the Commentary on Article 12. It considers that a roaming call constitutes the use of a process. Accordingly, the payment made for the use of that process constitutes a royalty for the purposes of Article 12. It is also the position of India that a payment for a roaming call constitutes a royalty since it is a payment for the use of industrial, commercial or scientific equipment.*

***22. India** does not agree with the interpretation in paragraph 9.3 of the Commentary on Article 12. It considers that a payment for spectrum license constitutes a royalty taxable both under India's domestic law and its treaties with many countries.*

***23.* [bis 14.7.2014:** *The **People's Republic of China** does* **ab 15.7.2014:]** ***Azerbaijan** and the **People's Republic of China** do not adhere to the interpretation in paragraph 10.1 because [it] they takes the view that some payments for the exclusive distribution rights of a product or a service in a given territory may be treated as royalties.*

[ab 15.7.2014:]

***24. Bulgaria** does not adhere to the interpretation, given in paragraph 14.4 of the Commentary on Article 12, and is of the opinion that a distribution intermediary who distributes software to clients and with relation to these clients requests from the software copyright holder or from another person who has the right to copy the software, to provide software copies, irrespective whether on a tangible media or electronically, uses the copyright in the software product.*

A. Allgemeines

I. Übereinstimmungen und Abweichungen

2 Alle Musterabkommen folgen den gleichen Prinzipien. Das UN-MA räumt allerdings dem Quellenstaat wie bei Dividenden und Zinsen ein der Höhe nach begrenztes Besteuerungsrecht der Lizenzgebühren ein; es regelt diese in seinem Abs. 2. Dementsprechend ist das UN-MA das einzige Musterabkommen, das in seinem Abs. 5 die Frage, wann Lizenzgebühren aus einem Vertragsstaat „stammen", regelt – konsequenterweise entsprechend der Vorschrift über die Herkunft von Zinsen in Art. 11 Abs. 5 des OECD-MA.

II. Grundzüge

3 Art. 12 regelt die Besteuerung von Lizenzgebühren in Form von Vergütungen für die zeitlich begrenzte Überlassung von geistigem Kapital, die eine in einem Vertragsstaat ansässige Person aus dem anderen Vertragsstaat bezieht. Vorgesehen ist eine Besteuerung entweder ausschließlich (OECD- und US-MA, sowie nunmehr auch die DE-VG) oder vorrangig (UN-MA) durch den **Ansässigkeitsstaat** (Abs. 1). Den Begriff der „Lizenzgebühren" definiert dem Grunde nach Abs. 2, der Höhe nach Abs. 4. Abs. 3 betrifft das Verhältnis zu den Unternehmenseinkünften i. S. des Art. 7 (s. sogleich Rz. 10 und Vor Art. 10 bis 12 Rz. 30 ff.).

4 Art. 12 regelt fast alle Fragen parallel zu Art. 11 (Zinsen). Jedoch geht Art. 12 von einer ausschließlichen Besteuerung durch den Ansässigkeitsstaat aus (wohl zu Recht wegen der größeren Nähe zu den Unternehmensgewinnen, Art. 7), aber mit zahlreichen Vorbehalten von Quellenstaaten (MA-Komm. Ziff. 33 ff.).

III. Geschichte und Problematik

5 Ein besonderer Artikel für Lizenzgebühren war in den Vorkriegsabkommen regelmäßig nicht enthalten. Schon damals scheint jedoch eine Einigung zwischen den widerstreitenden Steueransprüchen des Quellen- und des Ansässigkeitsstaates schwierig gewesen zu sein. Strittig war, ob Lizenzgebühren unter die „Renten und sonstigen Einkünfte" i. S. des Art. 9 der Völkerbundsentwürfe 1927/28 fielen (zu diesen Entwürfen s. die Grundl. Rz. 33). Eine besondere Bestimmung über Urheber- und Patentlizenzen taucht erstmals im Entwurf eines mehrseitigen Abkommens von 1931 auf (Art. 8). Diese wies das Besteuerungsrecht dem Ansässigkeitsstaat des Nutzungsberechtigten (beneficiary) zu, galt jedoch nur subsidiär gegenüber der Bestimmung über gewerbliche Einkünfte, wenn der Lizenzgeber die lizenzierten Rechte entgeltlich erworben hatte oder sonst gewerblich verwertete (dann Betriebstättenprinzip). Der Kern der heutigen Definition von „Lizenzgebühren" wurde in den Abkommensentwürfen über die Abgrenzung des Begriffs „gewerbliche Einkünfte" bis 1935 als Ausnahme zu diesem Begriff entwickelt. Das MA von **Mexiko** (Art. X) wies die ausschließliche Besteuerung der Lizenzgebühren dem Quellenstaat zu, mit dem heute noch oft vorgebrachten Argument, dass Eigen- und Fremdnutzung gleich zu behandeln seien. Nach dem MA von **London** wurde umgekehrt dem Sitzstaat die ausschließliche Besteuerung der Lizenzgebühren belassen außer für Lizenzgebühren zwischen verbundenen Unternehmen (unter Gewährleistung eines vollen Betriebsausgabenabzugs, wohl in Anlehnung an die „indirekte" oder „Einheitstheorie" der Konzernbesteuerung). Nach beiden Modellen stand dem Quellenstaat die ausschließliche Besteuerung von Lizenzgebühren für die Nutzung unbe-

weglichen Vermögens zu, dem Ansässigkeitsstaat die Besteuerung von Urheberrechtslizenzen (zur historischen Entwicklung ausführlich auch *Tadmore,* BIFD 2007, 2 (5 ff.)).

Die Bereitschaft des Quellenstaates zum Steuerverzicht bei „kulturellen" Lizenzgebühren mag in ihrer Berechtigung zumal bei Entwicklungsländern wirtschafts- und kulturpolitisch bedenklich erscheinen (vgl. auch die *DBA Aserbaidschan, Belarus, Ukraine, Usbekistan,* die eine **höhere, ausschließliche** oder **unbeschränkte** Quellenbesteuerung für „kulturelle" Lizenzgebühren vorsehen); sie zieht sich aber durch die ganze Abkommensentwicklung bis zum Abkommen von UNESCO und WIPO (Multilateral Convention for the Avoidance of Double Taxation of Copyright Royalties v. 13.12.1979; vgl. *van Hoorn,* BIFD 1979, 382). Der Vorrang der Quellenbesteuerung des MA von Mexiko findet sich wieder in Art. 9 des Andenpaktmodells und allgemein in den Bemühungen vor allem der Entwicklungsländer um Teilhabe des Quellenstaates am Ertrag der Lizenzgebühren (in diesem Sinne auch viele deutsche DBA und Art. 12 des UN-MA. Allerdings besteht bei einer (Brutto-)Quellenbesteuerung die Möglichkeit, dass das Steuergut praktisch völlig ausgehöhlt wird. 6

Auch der Standpunkt der OECD-Mitglieder ist uneinheitlich (s. z. B. den Vorbehalt Italiens im MA-Komm. Ziff. 37 einerseits und die Quellensteuerfreiheit nach den deutschen DBA mit ausgesprochenen Lizenzgeberländern wie den USA oder der Schweiz andererseits). Diese unterschiedliche Einstellung der OECD-Staaten erklärt sich teilweise aus ihrem innerstaatlichen Steuerrecht. Einige der OECD-Staaten erheben auf Lizenzgebühren, die an nicht im Staatsgebiet ansässige Bezieher gezahlt werden, allgemein keine Quellensteuer (Niederlande, Norwegen, Schweiz). Es versteht sich, dass diese Staaten in ihren Abkommen mit anderen Staaten versucht haben, den Vertragspartner zu einem völligen Steuerverzicht zu bewegen. Bei anderen erklärt sich die Einstellung aus der historischen Entwicklung. So hat Deutschland schon in der Vorkriegszeit entsprechend den Völkerbunds-Vertragsmustern auf die Besteuerung der Lizenzgebühren an Bezieher in den ausländischen Vertragsstaaten verzichtet. In der Nachkriegszeit gab es in Deutschland ein großes Bedürfnis nach ausländischen Lizenzen zum Aufbau und zur Modernisierung der eigenen Produktion, um Arbeitsplätze zu schaffen. Bei einer erheblichen Quellensteuer hätte die Gefahr bestanden, dass diese Steuer doch nur auf die deutschen Lizenznehmer abgewälzt worden wäre. In neuester Zeit wird der Verzicht auf eine Quellenbesteuerung als Mittel zur Wiederbelebung der Wirtschaft angesehen, was aus Japans Sicht ein Grund dafür war, in seinem neuen DBA mit den USA die Quellensteuer für Lizenzen von 10% auf 0% herabzusenken, vgl. *Buitrago Diaz,* Financial and Economic Law Review 2005 No. 2, 21 (28). 7

Im Übrigen ist nach Auffassung der meisten OECD-Staaten bei Lizenzgebühren ein völliger Steuerverzicht des Quellenstaates zugunsten einer uneingeschränkten Besteuerung durch den Ansässigkeitsstaat deshalb angebracht, weil der Ansässigkeitsstaat steuerlich die Kosten zu tragen hat, die bei der Entwicklung der den Lizenzgebühren zugrunde liegenden Vermögenswerten entstanden waren. Eine vergleichbare steuerliche Vorbelastung des Ansässigkeitsstaates ist bei den Zinsen regelmäßig nicht gegeben; unter diesem Gesichtspunkt wird es für berechtigt gehalten, dass das MA dem Quellenstaat für Zinsen eine begrenzte Besteuerung belässt, für Lizenzgebühren dagegen nicht. Das lässt allerdings unberücksichtigt, dass bei Zinsen die Kosten der Refinanzierung anfallen (s. Art. 11 Rz. 50). Gleichzeitig sind die OECD-Länder bestrebt, den Lizenzbegriff (Art. 12 Abs. 2) zugunsten der Unternehmensgewinne (Art. 7) einzuschränken und auch dadurch die Fälle der Quellenbesteuerung zu verringern; so die OECD für Leasing (s. Rz. 53) und Software (s. Rz. 63 ff.). 8

IV. Abgrenzung zu anderen Regelungen des MA

1. Artikel 6

9 Vergütungen für die Überlassung immateriellen Vermögens sowie geistigen Eigentums fallen unter Art. 12, während Vergütungen für die Überlassung und Gestattung der Ausbeutung **unbeweglichen** Vermögen wie Mineralvorkommen, Quellen und anderen Bodenschätzen (sog. „mineral royalties") regelmäßig unter Art. 6 fallen (s. dort Rz. 10; vgl. auch Wassermeyer/*Wassermeyer,* Art. 12 OECD-MA Rz. 13). Beide Regelungen schließen sich tatbestandsmäßig gegenseitig aus, vgl. StKK/*Käbisch/Strunk,* Art. 12 OECD-MA Rz. 3. Werden im Zusammenhang mit der Gestattung der Ausbeutung auch damit zusammenhängende Erfahrungen mitgeteilt oder Lizenzen zur Nutzung überlassen, ist die Vergütung hierfür Art. 12 zuzuordnen, wenn es sich nicht um völlig untergeordnete Nebenleistungen handelt.

2. Artikel 7

10 Art. 12 geht dem Art. 7 als speziellere Vorschrift grundsätzlich vor (Art. 7 Abs. 7 OECD-MA (sog. Subsidiaritätsklausel), s. Art. 7 Rz. 167 ff. und Grundl. Rz. 85, s. a. noch Rz. 11). Für Lizenzeinnahmen eines Unternehmens aus seiner unternehmerischen Tätigkeit gelten m. a. W. grundsätzlich nicht die Regeln des Art. 7 über die Besteuerung des Unternehmensgewinns, sondern es gilt Art. 12. Dies gilt auch dann, wenn die Lizenzgebühren nach dem innerstaatlichen Recht des Anwendestaates als gewerbliche Einkünfte zu qualifizieren sind. Die Abgrenzung erfolgt ausschließlich autonom über die abkommensrechtliche Definition des Begriffs der Lizenzgebühren in Art. 12 Abs. 2. Während Art. 12 in der Regel Einkünfte aus der Überlassung immateriellen Vermögens umfasst, erfasst Art. 7 Einkünfte aus der Überlassung beweglichen materiellen Vermögens. Im OECD-MA 1963 war allerdings die Lizenzgebührendefinition des Art. 12 Abs. 2 auf Einnahmen aus der Vermietung körperlicher Wirtschaftsgüter wie gewerbliche Ausrüstungen u. Ä. ausgedehnt worden; das OECD-MA 1992 hat dies rückgängig gemacht (s. Rz. 54). Zur Abgrenzung von durch Beratung und technische Unterstützung erzielten Unternehmensgewinnen oder Einkünften aus selbständiger Arbeit s. Rz. 58. Von dem Vorrang des Art. 12 gegenüber Art. 7 gibt es eine Ausnahme: Unterhält der Lizenzgeber in dem Staat, aus dem die Lizenzgebühren stammen, eine Betriebstätte und gehören die Lizenzgebühren zum Gewinn dieser Betriebstätte, so tritt Art. 12 gegenüber Art. 7 zurück (vgl. Art. 12 Abs. 3, dazu Vor Art. 10 bis 12 Rz. 30 ff.). Der in Art. 7 Abs. 7 angeordnete Vorrang von Art. 12 gegenüber Art. 7 war jüngst Gegenstand mehrerer Entscheidungen des BFH (BFHE 231, 84: *DBA USA 1989,* s. dazu die Anm. v. *Franz/Voulon,* BB 2011, 164 (167); BFHE 231, 206; dazu *Pohl,* IWB 2012, 120). Dabei ging es um die Frage, welche Auswirkung § 50d Abs. 10 EStG in der Fassung des JStG 2009 auf die Anwendung der Subsidiaritätsklausel hat. Der BFH kam u. a. auch für Lizenzgebühren als Sondervergütungen zu dem Ergebnis, dass § 50d Abs. 10 EStG nicht zu einer Suspendierung des Art. 7 Abs. 7 führt, so dass andere Verteilungsnormen (wie Art. 12) vorrangig anzuwenden seien. Die Rechtsfolge des § 50d Abs. 10 EStG sah der BFH allein in einer Umqualifizierung von Sondervergütungen in Unternehmensgewinne i. S. von Art. 7 für Abkommenszwecke. Die Betriebstättenzurechnung der Sondervergütungen sei jedoch autonom und daher unabhängig von § 50d Abs. 10 EStG vorzunehmen. Während § 50d Abs. 10 EStG also abkommensrechtlich zu einer Umqualifizierung von Lizenzgebühren, Zinsen und anderen Sondervergütungen in Unternehmensgewinne führt, müssen diese auch der Betriebstätte des Gesellschafters, die durch die Personengesellschaft im Inland begründet wird,

zugerechnet werden können. Insoweit sind nach Auffassung des BFH für die Betriebstättenzurechnung i. S. des Art. 7 Abs. 1 Satz 2 OECD-MA „allgemeine Verursachungs- und Veranlassungsgesichtspunkte" heranzuziehen. Der BFH schlussfolgerte daraus, dass die Zurechnung des Gewinns davon abhängig ist, von wo aus die Lizenzrechte verwaltet und vermarktet werden (BFHE 231, 84: *DBA USA 1989*). Die Konsequenz der Rechtsprechung des BFH war, dass die durch den Gesetzgeber intendierte Rechtsfolge des § 50d Abs. 10 EStG kaum eingriff. Die Vorschrift wurde daher durch das AmtshilfeRLUmsG 2013 dahingehend geändert, dass nunmehr auch die Zurechnung der Sondervergütung zu der Betriebstätte durch die Vorschrift vorgesehen wird. Der BFH erkennt die vom Gesetzgeber intendierte Rechtsfolge des § 50d Abs. 10 EStG im Beschluss vom 11.12.2013, NJW 2014, 1264, zwar nunmehr an, dem BVerfG wurde jedoch die Frage vorgelegt, ob in der alten und neuen Fassung aus seiner Sicht bestehende Treaty Override gegen die Verfassung verstößt (s. dazu auch Art. 11 Rz. 5a). Einige Abkommen (*DBA Belarus, Ghana, Kasachstan, Liechtenstein 2011, Österreich, Schweiz, Singapur, Tadschikistan, Türkei 2011, Usbekistan, Zypern 2011*) enthalten Sonderregelungen, nach denen sich Art. 7 auch auf Vergütungen erstreckt, die ein Gesellschafter einer Personengesellschaft von der Gesellschaft für seine Tätigkeit im Dienst der Gesellschaft, für die Gewährung von Darlehen oder für die Überlassung von Wirtschaftsgütern bezieht, wenn diese Vergütungen nach dem Steuerrecht des Vertragsstaates, in dem die Betriebstätte gelegen ist, den Einkünften des Gesellschafters aus dieser Betriebstätte zugerechnet werden. Die Bedeutung dieser Sonderregeln hängt davon ab, ob man sie entsprechend der Sichtweise des BFH zu § 50d Abs. 10 EStG als Qualifikations- oder als Zurechnungsnormen versteht, s. dazu *Pohl,* IWB 2012, 120. Zu den Kriterien, wann Sondervergütungen einer Betriebstätte zuzurechnen sind vgl. BFHE 231, 84; 219, 518, BStBl. II 2009, 356. Nach MA-Komm. Ziff. 21.1 ist eine Lizenz der Betriebstätte zuzuordnen, wenn ihr das wirtschaftliche Eigentum zuzuordnen ist. Allein die Erfassung des Lizenzgegenstandes in den Büchern und Bilanzen der Betriebstätte reicht nicht aus (vgl. MA-Komm. Ziff. 21).

3. Artikel 13

Art. 12 erfasst Einkünfte aus der Nutzung von Rechten durch eine i. d. R. **zeitlich begrenzte** Überlassung, Art. 13 die Verwertung von Rechten durch Übertragung ihrer wirtschaftlichen Substanz. Daher fällt die (auch teilweise) **Veräußerung** von Rechten und ähnlichen lizenzfähigen Gütern regelmäßig unter Art. 13, ggf. aber auch unter Art. 7 oder 21 (zur Abgrenzung von Veräußerungen s. Rz. 51). Einige **deutsche** Abkommen beziehen den Verkauf von sonstigen Schutzrechten aber ausdrücklich in den Lizenzgebührenbegriff ein (s. die Aufstellung Rz. 79). Weist der Lizenzartikel das Besteuerungsrecht ausschließlich dem Ansässigkeitsstaat zu, so wird diese Einbeziehung regelmäßig ohne Auswirkung bleiben, da die Anwendung des Art. 13 ebenfalls in den meisten Fällen zu einem alleinigen Besteuerungsrecht des Ansässigkeitsstaates führen würde. Aus diesem Grund ist auch die Abgrenzung zwischen Art. 12 und Art. 13 im Wesentlichen in den Fällen von Bedeutung, in denen das Abkommen dem Quellenstaat ein Besteuerungsrecht zuweist (s. Haase/*v. Pannwitz,* Art. 12 OECD-MA, Rz. 13). Da es für die Beurteilung darauf ankommt, ob die wirtschaftliche Substanz der Rechte übertragen wurde, kommt es auf die Art der Vergütung grds. nicht an. Diese kann in Raten oder Renten, gewinn- oder umsatzabhängig ausgestaltet sein. Eine Abgrenzung zwischen zeitlich begrenzter Nutzungsüberlassung und Veräußerung kommt dagegen nicht in Betracht, wenn Vergütungen für die Mitteilung gewerblicher, kaufmännischer oder wissenschaftlicher Erfahrungen gezahlt werden. Diese fallen stets unter Art. 12. **10a**

4. Artikel 15

10b Vergütungen für Arbeitnehmererfindungen fallen nicht unter Art. 12, sondern unter Art. 15, soweit die Vergütung – insbesondere als einmalige Zahlung – im Rahmen eines laufenden Arbeitsverhältnisses als Arbeitslohn gezahlt wird (so auch *Bozza-Bodden* in Schönfeld/Ditz, Art. 12 OECD-MA Rz. 21). Dies gilt auch für Know-how, das ein Arbeitnehmer seinem Arbeitgeber im Rahmen des Angestelltenverhältnisses zur Verfügung stellt, bzw. (soweit im Lizenzgebührenbegriff enthalten) für technische Dienstleistungen, die im Rahmen des Angestelltenverhältnisses erbracht werden (Art. 12 Abs. 4 *DBA Malaysia 2010, Pakistan, Simbabwe* und *Vietnam* sind insoweit nur klarstellend). Der Arbeitgeber wiederum kann aus der Weiterverwertung dieses Know-hows Einkünfte i. S. von Art. 12 erzielen. Im Zweifel ist auf die Regelungen im Arbeitsvertrag abzustellen oder auf innerstaatliche Regelungen des Anwendestaates (für Deutschland sind dies die Regelungen des Gesetzes über Arbeitnehmererfindungen). Steht dem Arbeitnehmer jedoch ein Vergütungsanspruch über die Laufzeit des Arbeitsverhältnisses hinaus zu, so geht Art. 12 dem Art. 15 vor, und zwar auch schon für die Zeit, während derer das Arbeitsverhältnis besteht (wie hier Haase/*v. Pannwitz,* Art. 12 OECD-MA, Rz. 15, *Bozza-Bodden,* a. a. O.; differenzierend Wassermeyer/*Wassermeyer,* Art. 12 OECD-MA Rz. 13b: Lizenzgebühren nur für die Zeit, nach der Beendigung des Arbeitsverhältnisses; der BFH hat die Frage, ob auf nach Beendigung des Arbeitsverhältnisses für Arbeitnehmererfindungen gezahlte Vergütungen Art. 12 oder Art. 15 *DBA USA 1989* anwendbar ist, ausdrücklich offen gelassen, s. BFHE 226, 529: *DBA USA 1989*). Vergütungen, die an angestellte Künstler für ihre Tätigkeit im Rahmen des Arbeitsvertrages gezahlt werden, fallen unter Art. 15. Dies gilt auch, wenn durch den Arbeitslohn die Überlassung von Verwertungsrechten an Bild- und Tonaufzeichnungen mit abgegolten wird (dies wird bei angestellten Filmschauspielern regelmäßig der Fall sein, s. auch ÖstBMF v. 2.3.2007, EAS 2825).

5. Artikel 17

10c Grob umschrieben erfasst Art. 12 Vergütungen für die Überlassung von Rechten zur Nutzung, während Art. 17 eine Spezialvorschrift für Vergütungen für bestimmte **persönlich ausgeübte Tätigkeiten** ist. Der Anwendungsbereich der beiden Vorschriften unterscheidet sich daher, er überschneidet sich nicht (s. auch Haase/*v. Pannwitz*, Art. 12 OECD-MA Rz. 17). Die Abgrenzung von Art. 12 und Art. 17 kann im Einzelfall gleichwohl schwierig sein, da es im Zusammenhang mit sportlichen und künstlerischen Tätigkeiten häufig auch zu der Überlassung von Rechten kommt und gleichzeitig die Folgen hinsichtlich des Besteuerungsrechts der Vertragsstaaten völlig unterschiedlich sind. Zu unterscheiden ist, ob die Vergütung für die Ausübung der (künstlerischen oder sportlichen) Tätigkeit als solche gezahlt wird oder für das Recht, die Aufzeichnung der künstlerischen Tätigkeit (z. B. Bild- und/oder Tonaufzeichnungen) oder deren Ergebnisse (Kunstwerke) zu verwerten. Häufig wird eine Vergütung sowohl für die Tätigkeit als auch für die Verwertung der Tätigkeit gezahlt werden (z. B. Fotoshooting). In diesen Fällen ist ggf. eine Aufteilung der Vergütung vorzunehmen. Der Aufteilungsmaßstab ist allerdings von den Umständen des Einzelfalles abhängig. Das BMF-Schreiben v. 23.1.1996, BStBl. I 1996, 89, welches sich zu dieser Frage äußerte, wurde durch das BMF-Schreiben vom 4.4.2011, BStBl. I 2011, 356, aufgehoben.

V. Funktion und systematische Einordnung innerhalb des MA

Art. 12 nimmt eine Einkunftsart aus den tätigkeitsbezogenen Einkünften, hier: den Unternehmensgewinnen, heraus. Ergebnis dieser Herausnahme ist – je nachdem, ob das einzelne DBA entsprechend dem Art. 12 OECD- und US-MA Quellensteuerfreiheit vorsieht oder nicht – entweder die Bestätigung einer Quellensteuerfreiheit, die auch ohne Art. 12 gegeben wäre (bei gewerblichen Gewinnen ohne Betriebstätte), oder deren teilweise oder vollständige Aufhebung. Die Einschränkung der Definition der Lizenzgebühren durch das OECD-MA 1992 (s. Rz. 8) bleibt im Rahmen des OECD- und US-MA ohne wesentliche Auswirkung, da Unternehmensgewinne wie Lizenzgebühren nach beiden MA im Quellenstaat freizustellen sind, sofern sie dort nicht über eine Betriebstätte erzielt worden sind. Viele DBA, insbesondere mit Entwicklungsländern, räumen aber dem Quellenstaat in Übereinstimmung mit dem UN-MA eine begrenzte Besteuerung der Lizenzgebühren ein; solche Staaten werden von der Berechtigung der Einschränkung – für Filme (s. Rz. 67, 90), Leasing (s. Rz. 53) und Software (s. Rz. 63) – erst überzeugt werden müssen, wenn die angestrebte Erleichterung des grenzüberschreitenden Geschäfts erreicht werden soll. Die aktuelle Entwicklung zeigt aber, dass insbesondere Länder mit sich stark entwickelnden Konsumentenmärkten nicht bereit sind, quellensteuerfreie Lizenzgebühren hinzunehmen. **11**

Mit seiner Sonderregelung rückt Art. 12 die Lizenzgebühren in die Nähe der Ertragseinkünfte („Einkünfte aus Kapitalvermögen", s. Grundl. Rz. 84 f.) einerseits und der Einkünfte aus Arbeit andererseits („geistiges Kapital"). Die Bedenklichkeit dieser systematischen Einordnung zeigt sich, wo die Abkommen eine Quellensteuer auf die Brutto-Lizenzgebühr gestatten (s. Rz. 30). Denn anders als die reine Fruchtziehung bei den Ertragseinkünften und bei der Verwertung eigener Arbeit handelt es sich im Regelfall der Lizenzvergabe um eine Verwertung gewerblich erzeugter Technologie mit nicht selten erheblichen Forschungs- und Entwicklungskosten (oft auch „normalen" Produktionskosten wie Kosten wegen Fehlern, Einarbeitung, Umstellung, Marktentwicklung usw.). Auch durch einen ermäßigten Quellensteuersatz werden diese Kosten nur unzureichend berücksichtigt. Die Problematik der Bruttobesteuerung verschärft sich, wenn auch die technische Unterstützung in den Lizenzgebührenbegriff einbezogen wird (s. Rz. 83). Die Schwierigkeit, Lizenzvergabe und technische Unterstützung zu unterscheiden, die zu jener Ausweitung des Lizenzgebührenbegriffs führte, verdeutlicht die grundlegende Problematik einer Anwendung des Art. 12 ohne vollständige Freistellung der Lizenzgebühren im Quellenstaat, wie sie das OECD-MA vorsieht. Soll es bei einer Besteuerung der Lizenzgebühren im Quellenstaat bleiben, so dürfte es besser sein, diese in Art. 7 einzubeziehen oder zumindest dem Lizenzgeber bzw. demjenigen, der die technische Unterstützung gewährt, ein Recht zur Wahl einer Nettobesteuerung einzuräumen. Zu der Rechtsprechung des EuGH und ihren Folgen für die (Brutto-)Besteuerung von Lizenzgebühren im Abzugsverfahren nach dem innerstaatlichen Recht der EU- und EWR-Mitgliedstaaten s. Rz. 31b. **12**

VI. Europarechtliche Entwicklungen

1. EU-Zins- und Lizenzgebühren-Richtlinie

Nach der EU-Zins- und Lizenzgebühren-Richtlinie (ZinsRL, s. dazu näher Art. 11 Rz. 7) scheidet ein Quellensteuerabzug für Lizenzgebühren innerhalb der EU bei **verbundenen Unternehmen** aus, so dass ein Quellensteuersatz von 0 gilt. Die Richtlinie berührt jedoch nicht die Anwendung einzelstaatlicher oder bilateraler Bestimmungen, die über die Bestimmungen der Richtlinie hinausgehen und die Besei- **13** tigung oder Abschwächung der Doppelbesteuerung von Zinsen und Lizenzgebühren bezwecken (Art. 9 ZinsRL). Eine Freistellung erfolgt, wenn der Zahlungsempfänger **Nutzungsberechtigter** der Lizenzgebühr ist. Die Richtliniendefinition der Lizenzgebühren (Art. 2 Buchst. b) entspricht Art. 12 Abs. 2 OECD-MA mit der **Abweichung,** dass ausdrücklich auch Vergütungen für die Überlassung von **Software** und Entgelte für die Benutzung oder das Recht auf Benutzung **gewerblicher, kaufmännischer oder wissenschaftlicher Ausrüstungen** zu den Lizenzgebühren gezählt werden. Die Existenz der Richtlinie schließt die Anwendbarkeit der DBA zwischen den EU-Mitgliedstaaten nicht aus. Für die Besteuerung von Lizenzgebühren hat die Richtlinie daher immer dann Bedeutung, wenn das jeweilige DBA zwischen Mitgliedstaaten abweichend von dem Vorschlag in Art. 12 Abs. 1 OECD-MA dem Quellenstaat ein beschränktes Besteuerungsrecht belässt, wenn das jeweilige DBA einen von der Richtlinie abweichenden, engeren Begriff der Lizenzgebühren verwendet oder wenn es sich bei Lizenzgeber und Nutzungsberechtigten nicht um verbundene Unternehmen handelt. Außerdem enthält die Richtlinie für bestimmte Staaten noch Übergangsvorschriften, die zur Folge haben können, dass die Anwendung des Lizenzartikels des jeweiligen DBA günstiger ist. Die Richtlinie ist durch § 50g EStG mit Wirkung ab VZ 2004 in deutsches innerstaatliches Recht umgesetzt worden. Der Nutzungsberechtigte kann eine Erstattung der einbehaltenen Quellensteuer gem. § 50d Abs. 1 EStG oder eine Freistellung von der Steuer gem. § 50d Abs. 2 EStG beim Bundeszentralamt für Steuern beantragen. Umstritten war, ob sich die durch die Richtlinie angeordnete Steuerbefreiung auch auf die Gewerbesteuer und insbesondere auf die Hinzurechnungsvorschrift des § 8 Nr. 1 GewStG bezieht (s. dazu *Dörr,* NWB 2009, 3714; *Goebel/Jacobs,* IStR 2009, 87). Die Hinzurechnung eines Viertels der Aufwendungen für die zeitlich befristete Überlassung von Rechten gem. § 8 Nr. 1 Buchst. f GewStG n. F. dürfte nach der Entscheidung des EuGH v. 21.7.2011, Rs. C-397/09 – Scheuten Solar, DStR 2011, 1419 (zu der hälftigen Hinzurechnung von Dauerschuldzinsen nach § 8 Nr. 1 GewStG a. F.) aber keinen Verstoß gegen die ZinsRL darstellen.

2. Zinsbesteuerungsabkommen

14 Gem. Art. 15 Abs. 2 des Zinsbesteuerungsabkommens (ZBA) zwischen der EU und der Schweiz werden Zahlungen von Lizenzgebühren zwischen verbundenen Gesellschaften oder ihren Betriebstätten im Quellenstaat nicht besteuert. Zum Begriff der „verbundenen Unternehmen" i. S. des Abkommens s. Art. 11 Rz. 9. Der Begriff der Lizenzgebühren ist im Abkommen nicht näher definiert. Da die Zins- und Lizenzgebühren-Richtlinie (Rz. 13) Grundlage der Abkommensverhandlungen war, liegt es nahe, auf die Definition in Art. 2 dieser Richtlinie zurückzugreifen (vgl. *Kessler/Eicker/Obser,* IStR 2005, 658 (664)). Im Ergebnis gelten damit im Verhältnis zur Schweiz die gleichen Bedingungen bei der Besteuerung von Lizenzgebühren wie zwischen den EU-Mitgliedstaaten. Auch das ZBA ist unabhängig von dem jeweilig einschlägigen DBA zwischen der Schweiz und dem EU-Mitgliedstaat anwendbar. Art. 15 Abs. 2 ZBA ist durch § 50g Abs. 6 EStG in deutsches innerstaatliches Recht umgesetzt worden. Da Art. 12 *DBA Schweiz* das Besteuerungsrecht allerdings ausschließlich dem Ansässigkeitsstaat zuweist, ergibt sich für die Vorschrift nur ein eingeschränkter Anwendungsbereich. Zu Fallgestaltungen, in denen § 50g Abs. 6 EStG günstiger sein kann als die abkommensrechtliche Regelung vgl. FWK/*Häck,* Art. 12 Rz. 17. Die Erstattung von Kapitalertragsteuern auf Lizenzgebühren nach §§ 50g Abs. 6, 50d Abs. 1 EStG kann außerdem wegen der Verzinsung gem. § 50d Abs. 1a EStG vorteilhafter sein. Entsprechend der o. g. Entscheidung des EuGH (Rz. 13) dürfte § 8 Nr. 1 Buchst. f. GewStG nicht gegen Art. 15 Abs. 2 ZBA verstoßen, dazu kritisch FWK/*Häck,* Art. 12 Rz. 22.

B. Zu Art. 12 Abs. 1

I. Erläuterungen zu den MA

1. Übereinstimmungen und Abweichungen

OECD- und US-MA stimmen inhaltlich überein: der Quellenstaat wird von der Besteuerung ausgeschlossen. Die DE-VG weist das Besteuerungsrecht ebenfalls ausschließlich dem Ansässigkeitsstaat zu, verwendet aber einen etwas anderen Wortlaut als das OECD-MA. Anders als Art. 12 Abs. 1 OECD-MA wird nicht darauf abgestellt, dass die Lizenzgebühren aus einem Vertragsstaat stammen. Entsprechend dem OECD-MA muss der andere Vertragsstaat Ansässigkeitsstaat des Nutzungsberechtigten sein. Der Umstand, dass eine Herkunftsregel in Art. 12 DE-VG fehlt, bedeutet, dass es für die Zuweisung des Besteuerungsrechts an den Ansässigkeitsstaat durch Art. 12 Abs. 1 DE-VG nicht darauf ankommt, ob es sich bei dem Herkunftsstaat um den anderen Vertragsstaat oder einen Drittstaat handelt (so auch *Rotter/Welz,* IWB 2013, 628 (634)). Eine Regelung entsprechend Art. 21 OECD-MA kommt nicht zur Anwendung. Die Quellensteuerfreiheit lässt sich gegenüber Entwicklungsländern jedoch nur schwer durchsetzen, wie auch die neuere Abkommenspraxis Deutschlands zeigt. Das UN-MA lässt daher auch den Quellenstaat besteuern, begrenzt aber den Steuersatz (Abs. 2); es muss demgemäß die Quelle der Lizenzgebühren definieren (Abs. 5, entsprechend Art. 11 Abs. 5 OECD-MA für Zinsen). Eine derartige beschränkte Quellenbesteuerung ist in den DBA mit Entwicklungsländern fast ausnahmslos, häufig aber auch in den Abkommen zwischen Industriestaaten vorgesehen. 16

2. Erläuterungen

a) Grundzüge: Lizenzgebühren besteuert nach dem OECD- und US-MA allein der **Ansässigkeitsstaat des Lizenzgebers.** Er besteuert sie gemäß seinem innerstaatlichen Recht, ohne durch das Abkommen darin beschränkt zu sein. Eine Besteuerung durch den Quellenstaat – den Ansässigkeitsstaat des Lizenznehmers – ist ausgeschlossen („können nur“, s. Vor Art. 6 bis 22 Rz. 4 ff.). Der Quellenstaat ist zumindest verpflichtet, eine von ihm erhobene Quellensteuer dem Lizenzgeber zu erstatten (s. Vor Art. 10 bis 12 Rz. 55 ff.), sofern die formellen und materiellen Voraussetzungen dafür (Antrag, Ansässigkeit, Abkommensberechtigung; s. BFH BStBl. II 1993, 407: *DBA Schweiz*) erfüllt sind. 17

Art. 12 regelt nur die Besteuerung des **Lizenzgebers.** Den Lizenznehmer berührt die Regelung nur mittelbar wegen einer etwaigen Verpflichtung zum Steuerabzug, die aber nach dem innerstaatlichen Recht seines Ansässigkeitsstaates unabhängig von der abkommensrechtlichen Zuweisung des Besteuerungsrechts bestehen kann (wegen Art. 12 sind die Abzugssteuern an den Lizenzgeber zu erstatten). Für die korrespondierende Frage nach dem Abzug als Betriebsausgaben beim Lizenznehmer s. Art. 24 Abs. 4, gegebenenfalls Art. 9 (vgl. auch Art. 12 Abs. 4), für Betriebstätten ferner Art. 7.

b) Abgrenzung: s. Rz. 9 f. 18

c) Regelung: Lizenzgebühren, 19
- die **aus einem Vertragsstaat** stammen und
- deren Nutzungsberechtigter
- eine **im anderen Vertragsstaat ansässige Person** ist,

dürfen nach Art. 12 allein durch den **Ansässigkeitsstaat** der nutzungsberechtigten Person die Lizenzgebühren besteuert werden. Der Begriff „Lizenzgebühren“ ist dem Grunde nach in Abs. 2 definiert (s. Rz. 42 ff.). Der Höhe nach beschränkt sich die Anwendung des Abs. 1, falls zwischen dem Lizenzgebührenschuldner und dem Nutzungsberechtigten „besondere Beziehungen" bestehen, nach Abs. 4 auf Lizenzgebühren von angemessener Höhe.

20a **d) Herkunft aus einem Vertragsstaat (Quelle):** Art. 12 gilt nach dem OECD- und US-MA nur für die Lizenzgebühren, die aus einem Vertragsstaat **stammen** (MA-Komm. Ziff. 5). Die Regelung erfasst somit nicht sämtliche Lizenzgebühren, die eine in einem Vertragsstaat ansässige Person erzielt (so aber Art. 12 Abs. 1 *DBA USA 1989/2006* und nunmehr auch Art. 12 Abs. 1 DE-VG). Eine Legaldefinition für die Herkunft der Lizenzgebühren aus einem Vertragsstaat enthält das **OECD-MA** nicht (anders als für die Zinsen nach Art. 11 Abs. 5). Die Quelle der Lizenzgebühren entscheidet über die Anwendbarkeit des Art. 12. Denn stammen die Lizenzgebühren nicht aus dem anderen Vertragsstaat sondern aus dem Ansässigkeitsstaat oder einem Drittstaat, handelt es sich bei den Lizenzgebühren um sonstige Einkünfte i. S. von Art. 21, was eine ausschließliche Besteuerung durch den Ansässigkeitsstaat zur Folge hat (zur Behandlung von Lizenzgebühren aus einem Drittstaat vgl. MA-Komm. zu Art. 21 Ziff. 5 und Rz. 22). Da das OECD-MA die Besteuerung der Lizenzgebühren, anders als die der Zinsen, ebenfalls dem Ansässigkeitsstaat zuweist, ist die Frage nach der Lokalisierung der „Quelle" in Art. 12 jedoch im Ergebnis von geringer Bedeutung. Dies gilt auch, wenn Lizenzgebühren i. S. des Abs. 4 überhöht sind; für den Mehrbetrag gilt dann die jeweils einschlägige Verteilungsnorm, auch hinsichtlich ihrer „Quellen"-Definition. Bedeutsam wird die Lokalisierung dagegen, wo die Abkommen dem „Quellen"-Staat eine – u. U. begrenzte – Besteuerung der Lizenzgebühren einräumen.

20b Aus dem Wortlaut des OECD-MA lässt sich fürdie Frage, woher die Lizenzgebühren „stammen", wenig entnehmen. Dies gilt insbesondere für die deutsche und für die französische Fassung („stammen" bzw. „provenant"). Demgegenüber könnte das „arising" des englischen Textes möglicherweise dahin zu deuten sein, dass es auf den Ort ankommt, für den die Lizenzgebühr beim Gläubiger als Forderung (entsprechend beim Schuldner als Verbindlichkeit oder Aufwand) in der Gewinnermittlung zu erfassen ist. Näher liegt es aber, für die Frage der Quelle der Lizenzgebühren den Regelungsgehalt des Art. 11 Abs. 5 entsprechend anzuwenden (so auch Wassermeyer/*Wassermeyer,* Art. 12 OECD-MA Rz. 28; GKG/*Grützner,* Art. 12 OECD-MA Rz. 31; Haase/*v. Pannwitz,* Art. 12 OECD-MA Rz. 20, *Bozza-Bodden,* in Schönfeld/Ditz, Art. 12 OECD-MA Rz. 38; vgl. außerdem den Vorbehalt von Australien, Belgien, Chile, Frankreich, Kanada, Mexiko, der Slowakei, Slowenien und Tschechien in MA-Komm. Ziff. 48). Quellenstaat ist daher grundsätzlich der **Ansässigkeitsstaat des Schuldners**. Hat der Schuldner in einem der Vertragsstaaten eine Betriebstätte und ist die Schuld, für die die Lizenzgebühren gezahlt wurden, für Zwecke der Betriebstätte eingegangen worden und trägt die Betriebstätte die Lizenzgebühren, so stammen die Lizenzgebühren in entsprechender Anwendung des Art. 11 Abs. 5 S. 2 aus dem Vertragsstaat, in dem sich die Betriebstätte befindet (so auch Wassermeyer/*Wassermeyer,* Art. 12 OECD-MA Rz. 28). Eine entsprechende Regelung ist in zahlreichen DBA, die dem Quellenstaat ein Besteuerungsrecht zuweisen, enthalten. Dagegen ist der Ort der Zahlung oder der Sitz der Zahlstelle des Schuldners (z. B. seiner Bankverbindung) unbeachtlich (so zutreffend das indische *Income Tax Assessment Tribunal, Bangalore Bench,* in AEG v. Commissioner, ITD 48 (1994) 359, zitiert nach *Desai,* TNI April 1994, 1122). Diese Ansicht wird durch einen Vergleich mit dem UN-MA bestätigt. Das **UN-MA** enthält in Art. 12 Abs. 5 eine „Quellen"-Definition, die wörtlich mit der Definition für Zinsen in Art. 11 Abs. 5 OECD- und UN-MA übereinstimmt.

21 Auch bei Einschaltung einer Zwischengesellschaft (back-to-back-Gestaltung) stammen die Lizenzgebühren, welche diese Gesellschaft an den Hauptlizenzgeber zahlt, aus dem Land der Zwischengesellschaft und nicht aus dem Land des End-

lizenznehmers (vgl. Art. 11 Rz. 37 ff.). In dem Fall SDI-Netherland B. V. v. C. I. R., 107 T. C. No. 10 (1996) (zitiert nach *Amico,* TNI March 1997, 961) hat es der *US Tax Court* abgelehnt, Quellensteuer auf die Lizenzgebühren, die SDI-Netherland an die bahamische Hauptlizenzgeberin zahlte, zu erheben, obwohl die Zahlungen u. a. mittelbar aus der Sublizenzierung an eine US-Gesellschaft herrührten.

Ergänzend erfasst Art. 21 OECD-MA alle in den vorhergehenden Artikeln nicht „behandelten" Einkünfte. Daraus ist für die MA zu schließen, dass Lizenzgebühren, die aus dem Staat stammen, in dem der Lizenzgeber ansässig ist, entsprechend Art. 21 MA nur in diesem Staat besteuert werden dürfen, ebenso Lizenzgebühren aus Drittstaaten (Art. 21 Abs. 3 UN-MA ist hier nicht einschlägig). Damit sind innerhalb der MA die Besteuerungsbefugnisse klar. Dürfen aber – abweichend von den MA – nach einem DBA die nicht besonders behandelten Einkünfte in beiden Vertragsstaaten besteuert werden (dies war z. B. nach Art. 22 *DBA Brasilien (K)* der Fall), so kann sich die Frage ergeben, ob der Nichtansässigkeitsstaat die im Ansässigkeitsstaat des Lizenzgebers entstandenen Lizenzgebühren besteuern darf. Dies ist zu verneinen. Es würde der Abkommenssystematik widersprechen, wenn ein DBA dem Nichtansässigkeitsstaat für die aus seinem Gebiet stammenden Gebühren nur eine beschränkte Besteuerung einräumen würde, aber aus demselben DBA zu entnehmen wäre, dass dieser Staat, aus welchen Gründen auch immer, die aus dem Ansässigkeitsstaat des Lizenzgebers stammenden Gebühren uneingeschränkt besteuern dürfte. 22

e) Empfänger der Lizenzgebühren: Art. 12 gilt nur für Lizenzgebühren, deren Nutzungsberechtigter eine im anderen Vertragsstaat **ansässige Person** ist. Der Begriff „Person" ist abkommensrechtlich bestimmt und meint Personen i. S. von Art. 3 Abs. 1 Buchst. b (s. Art. 3 Rz. 11 ff.). Wann eine Person „ansässig" i. S. des Abkommens ist, bestimmt sich nach Art. 4 (s. Art. 4 Rz. 4). 23

aa) Zahlung: Bis zum 28.4.2000 setzte der Wortlaut des Art. 12 Abs. 1 voraus, dass die Lizenzgebühren an eine im anderen Vertragsstaat ansässige Person **gezahlt** werden, die Nutzungsberechtigter ist. Einige Abkommen (vor allem aus der Zeit vor der Wortlautänderung) verwenden daher noch den Begriff „gezahlt" (z. B. das *DBA Schweiz 1971/2010*). Teilweise wird (aus Empfängersicht) auch der „umgekehrte" Begriff „bezieht" verwendet, vgl. *DBA USA 1989/2006* und nunmehr auch Art. 12 Abs. 1 DE-VG). Dies führt zu keinen anderen Ergebnissen. Der Begriff „gezahlt" ist weit auszulegen und erfasst auch die Erfüllung des Anspruchs auf Lizenzgebühren. Außerdem schließt er alle Formen der Erfüllung des Lizenzgebührenanspruchs ein (vgl. Art. 12 Abs. 2: Vergütungen aller Art; s. auch MA-Komm. Ziff. 8.3; Art. 11 Rz. 13 ff., sowie die Definition in Art. 12 Abs. 2 DE-VG, die von „Zahlungen" anstelle von „Vergütungen" spricht). Die Erfüllung kann in Geld oder Geldeswert erfolgen (d.h. auch durch Erfüllungssurrogate, vgl. Wassermeyer/*Wassermeyer,* Art. 12 OECD-MA Rz. 39). Der Begriff „gezahlt" enthält auch keine zeitliche Komponente, regelt also nicht wann eine Zahlung anzunehmen ist. Der Zeitpunkt der Zahlung bestimmt sich vielmehr nach dem innerstaatlichen Recht des Anwendestaates, so dass es zu einem Auseinanderfallen der Zeitpunkte der Zahlung im Quellen- und im Ansässigkeitsstaat kommen kann. Wird eine Besteuerung nach dem Recht des Anwendestaates bereits durch Aktivierung der Forderung aus der Lizenzvereinbarung ausgelöst, so liegt mit der Aktivierung eine Zahlung im Abkommenssinne vor, vgl. Wassermeyer/*Wassermeyer,* Art. 12 OECD-MA Rz. 39. Eine zeitliche Komponente fehlt auch in der neueren Version des Art. 12 OECD-MA, die nicht mehr den Begriff „gezahlt" verwendet, s. Rz. 25.

bb) Nutzungsberechtigter: Da der Begriff „Zahlung an eine Person" für die Seite des Lizenzgebers – anders als der Begriff „stammen" auf der Seite des Lizenznehmers – nicht die materielle Berechtigung zum Ausdruck bringt, sondern auch die Person meinen könnte, die die Zahlung nur für einen anderen vereinnahmt, hat bereits das OECD-MA 1977 für den Lizenzgeber das zusätzliche Erfordernis der „Nutzungsberechtigung" („beneficial ownership") eingeführt (s. dazu Vor Art. 10 bis 12 Rz. 11 ff.). Der abkommensrechtliche Begriff des Nutzungsberechtigten ist in jüngster Zeit vermehrt Gegenstand von Diskussionen gewesen. Die OECD hat am 29.4.2011 ein Diskussionspapier mit dem Titel „Clarification of the Meaning of "Beneficial Owner" in the OECD Model Tax Convention" auf ihrer Homepage veröffentlicht, welches Änderungsentwürfe zu den Kommentierungen zu Art. 10, 11 und 12 enthält (dazu *Arnold*, BIT 2011, 555). Weitere überarbeitete Fassungen des Diskussionspapiers stammen vom 19.10.2012 und vom 12.2.2013 (nur Beifügung von Kommentaren aus Wirtschaft und von Verbänden). Das Diskussionspapier schlägt vor, im Kommentar hervorzuheben, dass die Einfügung des Begriffs ursprünglich der Klarstellung des Begriffs „Zahlung an eine Person" dienen sollte. Der Begriff „Nutzungsberechtigter" soll Doppelbesteuerungen aber auch sog. treaty shopping durch Zwischenschaltung abkommensberechtigter Personen vermeiden (er dient aber nicht abschließend der Missbrauchsverhinderung und schließt eventuelle nationale Missbrauchsvorschriften nicht aus). Er ist wesentlich nach diesem Sinn und Zweck und ggf. unabhängig von rechtlichen Gestaltungen auszulegen (vgl. MA-Komm. Ziff. 4). Unerheblich ist daher, wem die Zahlung der Lizenzgebühren zufließt bzw. wer zivilrechtlicher Eigentümer, also formal Berechtigter ist. Begriffsbestimmungen des nationalen Rechts des Anwendestaates sind ggf. einzuschränken bzw. im Lichte des Abkommens auszulegen. Wesentlich sollte eine wirtschaftliche Betrachtungsweise sein (dies entspricht der Beurteilung aus deutscher Sicht). Nutzungsberechtigter in diesem Sinne ist daher, wer rechtlich oder auch tatsächlich über die Lizenzgebühren verfügen kann. Dieses ist nach dem o. g. Diskussionsentwurf dann nicht gegeben, wenn eine vertragliche oder rechtliche Verpflichtung besteht, diese Lizenzzahlung an eine andere Person weiterzureichen. Wird an eine Mittelsperson (z. B. Treuhänder) geleistet, so ist dies „Zahlung" an den Treugeber als Nutzungsberechtigten. Der Nießbraucher an einer Forderung auf Lizenzgebühren ist nicht Nutzungsberechtigter (vgl. BFH BStBl. II 1999, 263; Wassermeyer/*Wassermeyer,* Art. 12 Rz. 33; ausführlich zum Nutzungsberechtigten und der Mittelsperson MA-Komm. Ziff. 4 bis 4.2; entsprechend zu Art. 11 Rz. 15, 35 ff. mit weiteren Einzelheiten). Die Erwägungen zu den „back-to-back-Darlehen" (Art. 11 Rz. 37 ff.) sind auch auf die sog. „Lizenz-Durchleitungen" anwendbar, z. B. durch niederländische Durchlaufgesellschaften, denen in ständiger Praxis DBA-Quellensteuervergünstigungen versagt werden (ebenso z. B. auch das FG Köln EFG 1998, 176, bei einer Gestaltung von Isle of Man – Niederlande – Deutschland). Zwar können Basis- und Zwischengesellschaften nach MK-Komm. Ziff. 7 grds. Nutzungsberechtigte sein. Werden sie aber als reine Durchlaufgesellschaften („conduit companies") genutzt, fehlt es an der wirtschaftlichen Zurechnung, da sie kaum Rechte hinsichtlich der Lizenzgebühren haben werden (vgl. MK-Komm. Ziff. 4.1). Bei Abtretung der Forderung aus der Nutzungsüberlassung eines Rechts bleibt der Lizenzgeber und Zedent Nutzungsberechtigter. Die Zwischenschaltung einer Personengesellschaft als Lizenzgeber führt nicht dazu, dass diese als Nutzungsberechtigte anzusehen ist, wenn sie nach dem innerstaatlichen Recht der Vertragsstaaten als transparent und nicht abkommensberechtigt anzusehen ist. Nutzungsberechtigte sind dann die Personengesellschafter, denen die Lizenzgebühren anteilig zuzurechnen sind, s. auch ÖstBMF v. 23.7.2008, SWI 2008, 529 (EAS 2993); v. 20.8.2010, SWI 2010, 456 (EAS 3175). Wird eine Kapitalanlagegesellschaft zwischengeschaltet, so stellt sich die Frage nach deren Nutzungsberechtigung, wenn die Beteiligten in anderen Staaten als die Gesellschaft ansässig sind. Dies hängt wiederum von der Beurteilung der Gesellschaft als steuerlich transparent aus Sicht des Anwendestaates ab.

Werden die Lizenzgebühren für die Nutzung eines Wirtschaftsguts gezahlt, das zum Betriebsvermögen einer Betriebstätte des Zahlungsempfängers im Quellenstaat gehört, so schließt Abs. 3 die Anwendung von Abs. 1, also die Besteuerung durch den Ansässigkeitsstaat, aus (s. näher Vor Art. 10 bis 12 Rz. 30ff.). Entsprechendes kann sich aus der betragsmäßigen Beschränkung bei besonderen Beziehungen zwischen Schuldner und Nutzungsberechtigtem gem. Abs. 4 ergeben (s. das Beispiel bei Art. 10 Rz. 109). 24

f) Maßgebender Zeitpunkt: Art. 12 regelt nicht die Frage, zu welchem Zeitpunkt Lizenzgebühren besteuert werden dürfen. Dieser bestimmt sich nach dem nationalen Recht des Ansässigkeitsstaates (vgl. dazu GKG/*Grützner,* Art. 12 OECD-MA Rz. 28 m.w.N.; SKK/*Käbisch/Strunk,* Art. 12 OECD-MA Rz. 21). Beschränkungen, die das Abkommen der Besteuerung zieht, müssen daher dann beachtet werden, wenn das nationale Recht einen Besteuerungstatbestand annimmt. 25

g) Quellensteuereinbehalt: Art. 12 weist dem Ansässigkeitsstaat zwar vorbehaltlich des Abs. 3 das alleinige Besteuerungsrecht zu. Der Quellenstaat ist jedoch nach dem MA nicht daran gehindert, zunächst eine Quellensteuer auf die Lizenzgebühren zu erheben. Wegen Art. 12 darf es sich jedoch grds. nicht um eine endgültige Besteuerung handeln. Der Quellenstaat ist aber darin frei, nach welchen Verfahrensregeln die Steuer erstattet oder von der Steuer freigestellt wird. Die Erstattung bzw. Freistellung darf allerdings nicht in unverhältnismäßiger Weise erschwert werden. Auch zu enge oder nur schwer einzuhaltende Fristenregelungen sind unzulässig, da ansonsten die Beschränkung des Besteuerungsrechts durch Art. 12 faktisch umgangen werden kann. Auf die Lizenzgebühren, die an beschränkt Steuerpflichtige gezahlt werden, ist gem. § 50a Abs. 1 Nr. 3, Abs. 2 S. 1 EStG ein Quellensteuerabzug in Höhe von 15% auf den Bruttobetrag durch den Zahlungsschuldner vorzunehmen. Die Erstattung bei geringerem abkommensrechtlichen Quellensteuertarif erfolgt nach § 50d Abs. 1 EStG. Vor Zahlung der Lizenzgebühren kann der Nutzungsberechtigte eine Freistellungsbescheinigung nach § 50d Abs. 2 EStG erwirken. Die Erstattung bzw. Freistellung kann jedoch nach § 50d Abs. 3 EStG versagt werden, wenn bestimmte Substanzvoraussetzungen nicht erfüllt sind. Handelt es sich bei den Lizenzgebühren um Sondervergütungen, die von einer in Deutschland ansässigen Personengesellschaft an ihren im anderen DBA-Staat ansässigen Gesellschafter gezahlt werden, ist nach deutschem innerstaatlichen Recht eine Veranlagung vorzunehmen, auch wenn Art. 12 Abs. 3 mangels Zurechnung der Forderung zum Betriebsvermögen der Gesellschaft keine Anwendung finden sollte (s. dazu Rz. 10). Auch in diesen Fällen ist Art. 12 Abs. 1 anzuwenden. 25a

II. Deutsche DBA

1. Abkommensübersicht zu Art. 12 Abs. 1

29

DBA	Quellensteuersatz (Ausnahmesätze in Klammern)	Artikel	Rz.
Ägypten	15% (25%)	12 Abs. 1, 2	30; 35
Albanien 2010	5%	12 Abs. 1, 2	30; 35
Algerien 2007	10%	12 Abs. 1, 2	30; 35
Argentinien	unbeschränkt (15%)	12 Abs. 1, 2	30; 35
Armenien	s. UdSSR		
Aserbaidschan	5% (10%)	12 Abs. 1, 2	30; 35
Australien	10%	12 Abs. 1	30; 35
Bangladesch	10%	12 Abs. 1, 2	30; 35

DBA	Quellensteuersatz (Ausnahmesätze in Klammern)	Artikel	Rz.
Belarus	3% (5%)	12 Abs. 1, 2	30; 35
Belgien	0	12 Abs. 1	35
Bolivien	15%	12 Abs. 1	30; 35
Bosnien-Herzegowina	s. Jugoslawien		
Bulgarien 2010	5%	12 Abs. 1, 2	30; 35
China 1985	10% (7%)	12 Abs. 1, 2; Prot. Nr. 5	30; 35
China 2014 (E)	10% (6%)	12 Abs. 1, 2	30, 35
Costa Rica 2014 (E)	10%	12 Abs. 1, 2	30, 35
Dänemark	0	12 Abs. 1	
Ecuador	15%	12 Abs. 1	30; 35
Elfenbeinküste	10%	12 Abs. 1, 2	30; 35
Estland	10% (5%)	12 Abs. 1, 2	30; 35
Finnland	5% (0)	12 Abs. 1, 2	30; 35
Frankreich	0	15 Abs. 1	
Georgien	0	12 Abs. 1	30; 35
Ghana	8%	12 Abs. 1, 2	30; 35
Griechenland	0	VIII Abs. 1	
Großbritannien 1964/70	0	VII Abs. 1	30 f.
Großbritannien 2010	0 (15%)	12 Abs. 1; Prot. Nr. 3	35
Indien	10%	12 Abs. 1, 2	30; 35
Indonesien	15% (10%; 7,5%)	12 Abs. 1	30; 35
Iran	10%	12 Abs. 1, 2	30; 35
Irland 2011	0	12 Abs. 1	
Island	0	12 Abs. 1	35
Israel	5% (0)	14 Abs. 1, 2	30; 35
Italien	5% (0)	12 Abs. 1–3	30; 34 f.
Jamaika	10 %	12 Abs. 1, 2	30 f.; 35
Japan	10%	12 Abs. 1, 2	30; 35
Jugoslawien	10%	13 Abs. 1, 2	30; 35
Kanada	0 (10%)	12 Abs. 1–3	30; 34 f.
Kasachstan	10%	12 Abs. 1, 2	30 f.; 35
Kenia	15%	12 Abs. 1, 2	30; 35
Kirgisistan	10%	12 Abs. 1, 2	30; 35
Korea	10% (2%)	12 Abs. 1, 2	30; 35
Kosovo	s. Jugoslawien		
Kroatien	0	12 Abs. 1	35
Kuwait	10%	12 Abs. 1, 2	30; 35
Lettland	10% (5%)	12 Abs. 1, 2	30; 35
Liberia	10% (20%)	12 Abs. 1, 2	30; 35
Liechtenstein 2011	0	12 Abs. 1	35
Litauen	10% (5%)	12 Abs. 1, 2	30, 35
Luxemburg 2012	5%	12 Abs. 1, 2	30; 35
Malaysia 2010	7%	12 Abs. 1, 2	30; 35
Malta	0	12 Abs. 1	
Marokko	10%	12 Abs. 1, 2	30; 36
Mauritius 2011	10%	12 Abs. 1, 2	30; 35
Mazedonien 2006	5%	12 Abs. 1, 2	30; 35
Mexiko 2008	10%	12 Abs. 1, 2	30, 34 f.
Moldau	s. UdSSR		
Mongolei	10%	12 Abs. 1	30; 35

DBA	Quellensteuersatz (Ausnahmesätze in Klammern)	Artikel	Rz.
Montenegro	s. Jugoslawien		
Namibia	10%	12 Abs. 1	30; 35
Neuseeland	10 %	12 Abs. 1, 2	30; 35
Niederlande 1959/2004	0	15 Abs. 1	33
Niederlande 2012 (E)	0	12 Abs. 1	
Norwegen 1991	0	12 Abs. 1	
Norwegen 2013 (E)	0	12 Abs. 1	
Oman 2012 (E)	8 %	12 Abs. 1, 2	30; 35
Österreich	0	12 Abs. 1	35
Pakistan	10%	12 Abs. 1, 2	30 f.; 35
Philippinen 1983	10% (15%)	12 Abs. 1, 2	30; 35
Philippinen 2013	10%	12 Abs. 1	30; 35
Polen	5%	12 Abs. 1, 2	30; 35
Portugal	10%	12 Abs. 1, 2	30; 35
Rumänien	3%	12 Abs. 1, 2	30; 35
Russische Föderation	0	12 Abs. 1	35
Sambia	10%	12 Abs. 1, 2	30; 35
Schweden	0	12 Abs. 1	
Schweiz	0	12 Abs. 1	
Serbien	s. Jugoslawien		
Simbabwe	7,5%	12 Abs. 1, 2	30; 35
Singapur	8%	12 Abs. 1, 2	30; 35
Slowakei	s. Tschechoslowakei		
Slowenien	5%	12 Abs. 1, 2	30; 35
Spanien 2011	0	12 Abs. 1	
Sri Lanka	10%	12 Abs. 1, 2	30; 35
Südafrika 1973	0	9 Abs. 1	35
Südafrika 2008 (E)	0	12 Abs. 1	35
Syrien 2010	12%	12 Abs. 1, 2	30; 35
Tadschikistan	5%	12 Abs. 1, 2	30; 35
Taiwan 2011	10%	12 Abs. 1, 2	30; 35
Thailand	15% (5 %)	12 Abs. 1, 2	30; 35
Trinidad und Tobago	10% (0)	12 Abs. 1–3	30; 35
Tschechien	s. Tschechoslowakei		
Tschechoslowakei	5%	12 Abs. 1, 2	30; 35
Türkei 2011	10%	12 Abs. 1, 2	30; 35
Tunesien	15% (10%)	12 Abs. 1, 2	30, 35
Turkmenistan	s. UdSSR		
UdSSR	0	9 Abs. 1	
Ukraine	0 (5%)	12 Abs. 1–3	30; 34 f.
Ungarn 2011	0	12 Abs. 1	
Uruguay 2010	10%	12 Abs. 1, 2	30; 35
USA 1989	0	12 Abs. 1	
USA 1989/2006	0	12 Abs. 1	
Usbekistan	3% (5%)	12 Abs. 1, 2	30; 35
Venezuela	5%	12 Abs. 1	30; 35
Vereinigte Arabische Emirate 2010	10%	12 Abs. 1, 2	30; 35
Vietnam	10% (7,5%)	12 Abs. 1, 2	30; 35
Weißrussland	s. Belarus		
Zypern 2011	0	12 Abs. 1	

2. Erläuterungen

30 **a)** Viele deutsche DBA sehen in Übereinstimmung mit dem UN-MA ein (der Höhe nach beschränktes) **Besteuerungsrecht des Quellenstaates** vor (vgl. die Übersicht Rz. 29). Zahlreiche DBA differenzieren zudem hinsichtlich der Höhe des zulässigen Quellensteuersatzes nach der **Art** der Lizenzgebühren (z.B. *DBA Aserbaidschan, Belarus, China 2014 (E), Estland, Indonesien, Korea, Lettland, Liberia, Litauen, Philippinen 1989, Thailand, Tunesien, Usbekistan, Vietnam*). Diese Steuer ist entsprechend Art. 23 A oder B MA im Ansässigkeitsstaat des Lizenzgebers anzurechnen. Art. 12 Abs. 1 des *DBA USA 1989/2006* umfasst sämtliche Lizenzzahlungen, die eine in einem Vertragsstaat ansässige Person als Nutzungsberechtigter bezieht. Abweichend vom OECD-MA (und vom US-MA), aber in Übereinstimmung mit der DE-VG, erfasst Art. 12 *DBA USA 1989/2006* damit auch Lizenzzahlungen aus einem Drittstaat sowie aus dem Ansässigkeitsstaat des Nutzungsberechtigten an eine im anderen Vertragsstaat gelegene Betriebstätte des Nutzungsberechtigten, die ansonsten unter Art. 21 OECD-MA fallen würden, s. dazu EJGK/*Gohr,* Art. 12 DBA USA Rz. 4.

„Lizenzgebühr", von der die Quellensteuer zu erheben ist, ist der **Bruttobetrag** der Zahlung. Zum Bruttobetrag der Vergütung gehört auch eine etwa darin enthaltene **Mehrwert- bzw. Umsatzsteuer**; eine deutsche Quellensteuer wird deshalb auch auf den Mehrwertsteuerbetrag der Vergütung erhoben (als Ausnahme dazu sieht das Protokoll zum *DBA Kanada* in Nr. 4 ausdrücklich vor, dass die Mehrwertsteuer nicht in den Bruttobetrag einzubeziehen ist). Die deutsche Finanzverwaltung und Rechtsprechung wandten nach der Rechtslage vor dem 1.1.2002 auch dann die Quellen-Ertragsteuer auf den (fiktiven) Bruttobetrag an, wenn die Voraussetzungen des § 52 Abs. 2 UStDV a.F. vorlagen, also überhaupt keine Umsatzsteuer erhoben worden war (vgl. BMF v. 21.1.1982, FR 1982, 120; BFH BStBl. II 1991, 235: *DBA Japan;* BFH/NV 2010, 2043). Diese Vorgehensweise war problematisch (zur Kritik in der Literatur s. auch BFH/NV 2010, 2043). Zum 1.1.2002 wurden die §§ 51 ff. UStDV a.F. aufgehoben, und es wurde durch § 13b UStG das sog. „reverse charge"-Verfahren eingeführt, nach dem sonstige Leistungen aus dem Ausland beim leistungsempfangenden Unternehmer besteuert werden. In diesen Fällen schuldet der Leistungsempfänger die Umsatzsteuer, so dass diese **nicht** zur Bemessungsgrundlage für die Abzugssteuer gehört (vgl. auch BMF BStBl. I 2002, 709 (aufgehoben durch BMF v. 23.4.2010, BStBl. I 2010, 391, für Tatbestände, die nach dem 31.8.2008 verwirklicht wurden zur Eindämmung der Normenflut); SKK/*Käbisch/Stunk,* Art. 12 OECD-MA Rz. 29; GKG/*Grützner,* Art. 12 OECD-MA Rz. 34). Werden dem Lizenzgeber Fahrt- und Übernachtungskosten oder andere Auslagen erstattet, so gehören diese Erstattungen ebenfalls zum Bruttobetrag der Lizenzgebühren (vgl. BMF BStBl. I 1992, 187; s. aber nunmehr für die Durchführung des Abzugsverfahrens § 50a Abs. 2 Satz 2 EStG: Vom Schuldner der Vergütung ersetzte oder übernommene Reisekosten gehören nur insoweit zu den Einnahmen, als die Fahrt- und Übernachtungsauslagen die tatsächlichen Kosten und die Vergütungen für Verpflegungsmehraufwand die Pauschbeträge nach § 4 Abs. 5 Satz 1 Nr. 5 EStG übersteigen).

31a Die abkommensrechtliche Begrenzung einer aufrechterhaltenen Quellenbesteuerung bemisst sich auch dann nach einem Prozentsatz des Bruttobetrags, wenn der Quellenstaat nach seinem nationalen Recht im Wege der Veranlagung den Nettobetrag besteuert. Betriebsausgaben oder Werbungskosten des Lizenzgebers brauchen deshalb zur Bestimmung des Abzugshöchstbetrags im Quellenstaat nicht berücksichtigt zu werden. Das gilt z.B. auch für Anwalts- und ähnliche Kosten der Rechtsverteidigung gegenüber dem Lizenznehmer oder Dritten, wenn die Rechtsverteidigung Sache des Lizenzgebers ist und nicht – wie bei der Rechtsverteidigung gegenüber

Dritten häufig – lizenzvertraglich dem Lizenznehmer auferlegt ist (s. aber zum Betriebsausgaben- und Werbungskostenabzug bei Besteuerung des Lizenzgebers im Quellenstaat aufgrund der Vorgaben des EuGH Rz. 31b). Die Erstattung von Kosten, die beim Lizenzgeber anfallen und auf den Lizenznehmer offen übergewälzt werden, ist nicht „Lizenzgebühr" i. e. S., kann aber wie eine Lizenzgebühr zu behandeln sein. Besonders bedeutsam und besonders eindeutig zuzuordnen können Betriebsausgaben für technische Unterstützung sein. Auch in diesem Fall gilt aber der Grundsatz der Bruttobesteuerung. Sonderregelungen zum Betriebsausgabenabzug enthält das *DBA Großbritannien 1964/70,* Art. VII Abs. 6. U. U. empfiehlt sich eine Gestaltung, nach der Art. 7 zur Anwendung kommt (z. B. durch Einschaltung eines ständigen Vertreters). Das *DBA Jamaika* ermöglicht wahlweise eine Besteuerung nach Art. 7 für Vergütungen, die für Dienstleistungen auf dem Gebiet der Geschäftsführung oder für technische Dienstleistungen bezogen werden. Das *DBA Kasachstan* sieht in Prot. Nr. 2 eine entsprechende Regelung für Lizenzgebühren für die Benutzung bzw. das Recht auf Benutzung von Ausrüstungen vor.

Der EuGH hat in der Entscheidung v. 3.10.2006, C-290/04 – Scorpio, BFH/NV 2007 Beil. 1, 36, die Rechtmäßigkeit der Quellenbesteuerung durch das Abzugsverfahren zwar grundsätzlich für zulässig erklärt, gleichzeitig aber eine (eingeschränkte) Einhaltung des Nettoprinzips im Rahmen dieser Besteuerung gefordert. **31b** In der Entscheidung v. 15.2.2007, C-345/07 – Centro Equestre, IStR 2007, 212, hat der EuGH diese Rechtsauffassung bestätigt. Der Steuerabzug vom **Bruttobetrag** ist daher in **europarechtlicher Hinsicht** problematisch (die Erhebung von Quellensteuern bei EU-Steuerausländern ist aber grds. europarechtskonform, vgl. EuGH v. 22.12.2008, C-282/07 – Truck Center, HFR 2009, 319). Die Finanzverwaltung hatte auf das Urteil mit BMF-Schreiben v. 5.4.2007, BStBl. I 2007, 449, reagiert. Danach konnten (entgegen dem Wortlaut des § 50a Abs. 4 EStG a. F.) Betriebsausgaben oder Werbungskosten, die in einem unmittelbaren wirtschaftlichen Zusammenhang mit den inländischen (Betriebs-)Einnahmen standen, berücksichtigt werden, wenn sie 50% der (Betriebs-)Einnahmen überstiegen. Für Lizenzüberlassungen (§ 50a Abs. 4 Nr. 3 EStG a. F.) galt diese Regelung allerdings nicht. Eine gesetzliche Neuregelung erfolgte durch das JStG 2009. Der Gesetzgeber hat dadurch grundsätzlich – aber in modifizierter Form – am Steuerabzugsverfahren festgehalten (dazu *Rüping,* IStR 2008, 575). Dem Steuerabzug in Höhe von 15% (30% bei Aufsichtsratsvergütungen) unterliegen grds. alle Einnahmen. Allerdings sind die tatsächlichen Fahrt- und Übernachtungskosten, die vom Vergütungsschuldner übernommen oder erstattet wurden, nach § 50a Abs. 2 Satz 2 EStG nicht mehr dem Steuerabzug nach § 50a EStG zu unterwerfen. Das Gleiche gilt für übernommene oder ersetzte Vergütungen für Verpflegungsmehraufwendungen i. S. von § 4 Abs. 5 Satz Nr. 5 EStG. Außerdem ermöglicht § 50a Abs. 3 EStG für EU-/EWR-Staatsangehörige mit Wohnsitz/gewöhnlichem Aufenthalt bzw. für Gesellschaften mit Sitz im EU-/EWR-Ausland einen Abzug von Werbungskosten bzw. Betriebsausgaben, die mit den Einkünften in unmittelbarem wirtschaftlichen Zusammenhang stehen (bei natürlichen Personen gilt in diesen Fällen ein Steuersatz von 30%). Allerdings wird diese Möglichkeit ausdrücklich nicht für die in § 50a Abs. 1 Satz 1 Nr. 3 EStG aufgelisteten Vergütungen eingeräumt. Damit gilt die Umsetzung des Nettoprinzips gerade für solche Einkünfte nicht, die üblicherweise unter Art. 12 fallen. Für diese Vergütungen ist außerdem das Veranlagungswahlrecht gem. § 50 Abs. 2 Satz 1 Nr. 5 EStG nicht anwendbar. Der BFH hat allerdings bereits zu der Rechtslage vor Änderung des § 50a EStG durch das JStG 2009 entschieden, dass der Vergütungsschuldner, der nach § 50a Abs. 4 Satz 1 Nr. 3 EStG a. F. zum Steuerabzug bei der Zahlung von Lizenzgebühren verpflichtet ist, aufgrund des Anwendungsvorrangs des EU-Rechts Betriebsausgaben beim Steuerabzug berücksichtigen darf, die im unmittelbaren wirtschaftlichen Zusammenhang mit den Einnahmen stehen und ihm vom Vergütungsgläubiger mitgeteilt wurden bzw. sicher bekannt waren (s. BFH v. 10.1.2007, BFHE 216, 312, BStBl. II 2008, 22; v. 27.7.2011, DB 2011, 2634). Unterlizenzgebühren, die der Lizenzgeber für die Lizenz zahlen muss, können daher als Betriebsausgaben beim Steuerabzug zu berücksichtigen sein (s. BFH v. 27.7.2011, DB 2011, 2634). Des Weiteren folgt aus der EuGH-Rechtsprechung, dass bei der Frage der Berücksichtigung von Aufwendungen nicht mehr darauf abzustellen ist, ob die bei Abzug der Aufwendungen ermittelte Steuerbelastung niedriger ist als bei Besteuerung der Bruttoeinkünfte, vgl. dazu Kirchhof/*Gosch,* § 50a EStG Rz. 30. Wegen der im Verhältnis zu EU-Mitgliedstaaten abkommensrechtlich meist erheblich (häufig auf 0) reduzierten Quellensteuersätze, beschränkt sich die Bedeutung dieser EuGH-Rechtsprechung für die Besteuerung von Lizenzgebühren auf die Fälle, in denen eine Quellensteuer zulässig ist (s. dazu die Aufstellung unter Rz. 29).

32 Die Überwälzung von Kosten dadurch, dass die die Kosten verursachende **Tätigkeit** dem Lizenznehmer auferlegt wird (z. B. Registrierung, Rechtsverteidigung, Patentpflege), erhöht dagegen **nicht** die dem Steuerabzug unterliegende Bruttolizenzgebühr, auch dann nicht, wenn vertraglich Ober- oder Untergrenzen solcher Kostenüberwälzung festgelegt worden sind.

33 Nach dem *DBA Luxemburg 1959/2009* ist die Quellensteuer auf Lizenzgebühren nach dem **Nettobetrag** zu bemessen (BFHE 114, 530 (534)). Der BFH folgert dies daraus, dass das DBA von „Einkünften aus Lizenzgebühren" spricht (Art. 15 Abs. 1, allerdings nicht in dem die Quellensteuer regelnden Abs. 3; anders BFH/NV 1991, 683 und BFHE 180, 415 zu Dividenden-„Einkünften" nach dem *DBA USA 1954/65*). Diese Ausdrucksweise verwendet auch das *DBA Niederlande 1959/2004,* das aber keine Besteuerung der Lizenzgebühren im Quellenstaat vorsieht. Zur Unterscheidung zwischen „Einnahmen" und „Einkünften" vgl. auch BFH BStBl. II 1991, 914.

34 Eine besondere Differenzierung beinhaltet das *DBA Ukraine.* Nach Art. 12 Abs. 2 i. V. m. Abs. 4 Buchst. a können Vergütungen für literarische oder künstlerische Werke, einschließlich der Gebühren für Film- und Fernsehaufnahmen im Quellenstaat besteuert werden. Insoweit folgt das Abkommen dem UN-MA. Vergütungen für die übrigen von Art. 12 Abs. 2 OECD-MA erfassten Urheberrechte können dagegen ausschließlich vom Ansässigkeitsstaat entsprechend dem OECD-MA besteuert werden (Art. 12 Abs. 3 i. V. m. Abs. 4 Buchst. b). Die Differenzierung im *DBA Italien* ist genau umgekehrt. Daneben sehen auch die *DBA Israel, Kanada und Trinidad und Tobago* eine Quellensteuer nur für bestimmte Arten von Lizenzgebühren vor und folgen ansonsten dem OECD-MA.

35 **b) Definition der Herkunft:** Vor allem diejenigen DBA, die dem Quellenstaat eine begrenzte Besteuerung der Lizenzgebühren belassen (aber auch die *DBA Belgien, Island, Kroatien, Österreich, Russische Föderation, Südafrika 1973, Südafrika 2008 (E), Ungarn 2011, Zypern 2011*), ergänzen den Art. 12 um eine ausdrückliche Regelung darüber, wann Lizenzgebühren aus einem Vertragsstaat „stammen". Übereinstimmend mit dem UN-MA bestimmen sie die Herkunft in Anlehnung an die Regelung für Zinsen in Art. 11 Abs. 5 OECD- und UN-MA (wohl nur klarstellend, s. Rz. 20b) nach der Ansässigkeit des Schuldners: des Quellenstaates selber, einer seiner politischen Untergliederungen, einer im Quellenstaat ansässigen Person oder schließlich einer im Quellenstaat oder einem Drittstaat ansässigen Person, die im Quellenstaat eine Betriebstätte unterhält, wenn die Lizenzgebühr von der Betriebstätte getragen wird. Derartige Quellenstaat-Definitionen enthalten die *DBA Albanien 2010, Algerien 2007, Argentinien, Aserbaidschan, Australien, Bangladesch, Belarus, Belgien, Bolivien, Bulgarien 2010, China 1985 und 2014 (E), Costa Rica 2014 (E), Ecuador, Elfenbeinküste, Estland, Finnland, Ghana, Indien, Indonesien, Iran, Island, Italien, Jamaika, Japan, Kanada, Kasachstan, Kenia, Kirgisistan, Korea,*

Kroatien, Kuwait, Lettland, Liberia, Litauen, Luxemburg 2012, Malaysia 2010, Marokko, Mauritius 2011, Mazedonien 2006, Mexiko 2008, Mongolei, Namibia, Neuseeland, Oman 2012 (E), Österreich, Pakistan, Philippinen 1983 und 2014, Polen, Portugal, Rumänien, Russische Föderation, Sambia, Simbabwe, Slowenien, Sri Lanka, Südafrika 2008 (E), Syrien, Tadschikistan, Taiwan 2011, Thailand, Trinidad und Tobago, Türkei 2011, Tunesien, Ukraine, Ungarn 2011, Uruguay 2010, Usbekistan, Venezuela, Vereinigte Arabische Emirate 2010, Vietnam und *Zypern 2011.* Fehlt eine Regelung darüber, wann die Lizenzgebühren aus einem Vertragsstaat stammen, obwohl das DBA dem Quellenstaat ein begrenztes Besteuerungsrecht einräumt (so in den *DBA Ägypten, Israel, Jugoslawien, Luxemburg 1959/78, Tschechoslowakei*), ist die Herkunft ebenfalls entsprechend Art. 11 Abs. 5 OECD-MA zu beurteilen (s. Rz. 20b).

Wird die Verpflichtung zur Zahlung von Lizenzgebühren vom Stammhaus eines Unternehmens übernommen, gehören aber die Rechte oder Vermögenswerte tatsächlich zu verschiedenen Betriebstätten oder festen Einrichtungen in verschiedenen Ländern – d.h. offenbar: werden sie von ihnen genutzt –, so gelten nach *Prot. Nr. 7 Buchst. b DBA Mexiko 2008* die Lizenzgebühren als aus dem Vertragsstaat stammend, in dem die Betriebstätte oder feste Einrichtung liegt, von der sie getragen werden. 36

c) Missbrauchsregelungen: Das *DBA Großbritannien 2010* enthält in Art. 12 Abs. 5 eine anti-treaty shopping rule. Entlastungen werden danach nicht gewährt, wenn der Hauptzweck oder einer der Hauptzwecke einer der Personen, die an der Begründung oder Übertragung der Rechte, für die die Lizenzgebühren gezahlt werden, beteiligt waren, darin bestand, den Lizenzartikel mithilfe dieser Begründung oder Übertragung in Anspruch zu nehmen. 37

C. Zu Art. 12 Abs. 2

I. Erläuterungen zu den MA

1. Übereinstimmungen und Abweichungen

Die Definition der Lizenzgebühren stimmt in allen drei MA weitgehend überein. Zu einzelnen Abweichungen s. Rz. 75. Die Definition in Art. 12 Abs. 2 DE-VG entspricht dem Wortlaut des Art. 12 Abs. 2 OECD mit der Ausnahme, dass anstelle von „Marken" der Begriff der „Warenzeichen" verwendet wird. Außerdem spricht Art. 12 Abs. 2 DE-VG von „Zahlungen" anstelle von „Vergütungen", was aber zu keinen anderen Ergebnissen führen dürfte. 41

2. Erläuterungen

a) Grundzüge: Abs. 2 enthält eine abkommensrechtliche und **abschließende** Definition des Begriffs „Lizenzgebühren". Eine Auslegung des Begriffs nach innerstaatlichem Recht wird dadurch **ausgeschlossen** (Art. 3 Abs. 2 OECD-MA; so zutreffend der indische *High Court,* CIT v. Davy Ashmore India Ltd., ITR 190 (1991), 626, zitiert nach *Desai,* TNI October 1991, 1080 (1081), und *Govind,* BIFD 1993, 37; ebenso das *Income Tax Assessment Tribunal,* AEG v. Commissioner, ITD 48 (1994), 359, zitiert nach *Desai,* TNI April 1994, 1122; s. auch Wassermeyer/*Wassermeyer,* Art. 12 OECD-MA Rz. 55; SKK/*Käbisch/Strunk,* Art. 12 OECD-MA Rz. 24; GKG/*Grützner,* Art. 12 OECD-MA Rz. 46). **Nicht ausgeschlossen** wird jedoch die Heranziehung nationalen Rechts zur Auslegung von Ausdrücken, die Abs. 2 zur Definition der „Lizenzgebühr" verwendet, soweit sich aus dem Abkommenszusammenhang nichts anderes ergibt. Irrelevant ist aber, wie die von 42

Art. 12 Abs. 2 erfassten Lizenzgebühren im nationalen Recht bezeichnet werden (s. auch Art. 12 Abs. 2 *DBA Australien*) oder welcher Einkunftsart sie zugerechnet werden. Die meisten nationalen Steuerrechte kennen auch gar keinen selbständigen steuerlichen Begriff der Lizenzgebühren oder kennen ihn jedenfalls nicht als Bezeichnung einer besonderen Einkunftsart (so können die in Art. 12 genannten Lizenzgebühren unterschiedlichen Einkunftsarten des deutschen Steuerrechts zugeordnet werden); in viele Sprachen ist das Wort „royalty" in Ermangelung eines eigenen Begriffs übernommen worden (vgl. zu Portugal *Camacho Palma,* ET 2004, 480). Bei der Auslegung der Definition in Art. 12 Abs. 2 ist der Zwiespalt zwischen der zivilrechtlichen Ausformung der meisten in Art. 12 Abs. 2 verwendeten Begriffe einerseits und das steuerrechtliche Ziel einer gleichen Besteuerung wirtschaftlich gleichwertiger Sachverhalte andererseits zu beachten. So unterscheiden die zivilrechtlichen Vorschriften über den gewerblichen Rechtsschutz eindeutig zwischen Lizenzierung und Rechtskauf, während wirtschaftlich die ausschließliche Lizenz, wenn sie gegen eine einmalige Zahlung gewährt wird, der Risikoverteilung des typischen Kaufs näher stehen mag als der Patentverkauf gegen laufende und womöglich variable Vergütung (zur Abgrenzung von Lizenzierung und Kauf s. Rz. 51 ff.).

43 **b) Inhalt der Regelung: „Lizenzgebühren"** sind alle **Vergütungen,** die
– als **Gegenleistung** gezahlt werden
– für die **Benutzung** oder das **Recht auf Benutzung** von
– **Urheberrechten, gewerblichen Schutzrechten und Erfahrungen.**

44 **c) Vergütung:** Der Begriff der „Lizenzgebühr" wird nicht durch das Merkmal der „Vergütung" (Gegenleistung) oder die Art ihrer Erbringung (s. Rz. 23) begrenzt, sondern hauptsächlich durch die Aufzählung der relevanten Lizenzgegenstände (Leistungen). Die Gegenleistung kann **„Vergütung jeder Art"** sein („payments of any kind", „rémunérations de toute nature"). Auch in den Abkommen, in denen eine „Zahlung" der Lizenzgebühr verlangt wird, werden nicht nur Vergütungen in Geld, sondern auch Gegenleistungen in **Geldeswert** erfasst (BFH BStBl. II 1991, 235: *DBA Japan;* s. auch GKG/*Grützner,* Art. 12 OECD-MA Rz. 76; s. entsprechend für Art. 11 dort Rz. 14; in Art. 12 Abs. 2 DE-VG: „Zahlungen jeder Art"). Eine einmalige Zahlung genügt (vgl. IRS Letter Ruling 79–09–025 zum *DBA Schweiz/USA;* vgl. auch BFH BStBl. II 1983, 367). Die Vergütung ist als (Brutto-)Einnahme vor Abzug von Betriebsausgaben bzw. Werbungskosten sowie vor Abzug etwaiger Quellensteuern zu verstehen. Zur Abgrenzung gegenüber der Veräußerung s. Rz. 51 ff. Zur Qualifizierung von Leistungen als Lizenzgebühren im Rahmen von Umlageverträgen von international verbundenen Unternehmen vgl. BMF BStBl. I 1999, 1122. Danach sind Beiträge im Rahmen eines steuerlich anzuerkennenden Aufwandpools keine Lizenzgebühren, da lediglich eine Verteilung von Aufwendungen und kein Leistungsaustausch vorliegt.

45 Die Vergütung muss vom Schuldner an den Gläubiger (Nutzungsberechtigten) geflossen sein (s. dazu Rz. 23). Eine Verwertung der Vergütung durch den Gläubiger in anderer Weise als durch deren Erlangen als wirtschaftliche Gegenleistung vom Schuldner genügt nicht, so z. B. nicht die Veräußerung (Abtretung) des Anspruchs durch den Gläubiger an einen Dritten (s. auch GKG/*Grützner,* Art. 12 OECD-MA Rz. 78). Eine Vergütung an den Nutzungsberechtigten liegt aber dann vor, wenn der Schuldner an den Zessionar leistet. Der Lizenzgeber und Zedent bleibt Nutzungsberechtigter. Abkommensrechtlich wird die Vergütung an ihn erbracht (so auch Haase/*v. Pannwitz,* Art. 12 OECD-MA, Rz. 65). Werden wirtschaftliches und legales Eigentum an Patenten getrennt, so ist die Zahlung an den rechtlichen Eigentümer im anderen Vertragsstaat nicht durch die Quellensteuerbeschränkung begünstigt.

Bemessung der Lizenzgebühren: Art. 12 verlangt für Lizenzgebühren keinen bestimmten Maßstab (individuell, pauschal, proportional, progressiv, degressiv, umsatz- oder gewinnabhängig, einmalig, laufend usw.). Inwieweit eine Lizenzgebühr „angemessen" ist, richtet sich allein nach dem Höchstbetrag i. S. des Art. 12 Abs. 4 (oder – bei Verrechnungspreisen – nach den Regelungen des Art. 9). Die Parteien (ob verbunden oder nicht) sind sogar im Anwendungsbereich dieser beiden Sondervorschriften in ihrer Entscheidung über den zu vereinbarenden Maßstab frei. Die DBA zwingen sie nicht, ihre Berechnung z. B. am (effektiven oder antizipierten) Gewinn zu orientieren. Zu den Berechnungsmethoden von Lizenzgebühren in der Praxis s. *Groß/Rohrer,* Lizenzgebühren; *Schultz,* Gebührenbemessung, S. 135, 204; BGHZ 28, 144 ff. **46**

d) Die Vergütung muss **wirtschaftliche** Gegenleistung für die in Abs. 2 aufgezählten Lizenzgüter sein. Eines zivilrechtlichen, synallagmatischen Verhältnisses von Leistung und Gegenleistung bedarf es nicht. Unerheblich ist daher, ob die Vermögensposition, für deren Nutzung die Vergütung gezahlt wurde, zivilrechtlich überhaupt bestand. Das kommt in der weiten deutschen und französischen Fassung („für" oder „pour") schon im Wortlaut zum Ausdruck; aber auch das englische „consideration" verlangt etwas Anderes als die synallagmatische „Gegenleistung" des BGB. Davon geht auch der MA-Komm. (Ziff. 8 Satz 4) aus, wenn er sowohl die Lizenzgebühr im eigentlichen Sinn als auch den Schadensersatz wegen Rechtsverletzung in die Legaldefinition einbezieht. **47**

Lizenzgebühr i. S. des Abs. 2 ist hiernach auch jeder **Schadensersatz** für die unberechtigte Nutzung eines der in Abs. 2 genannten Wirtschaftsgüter, gleichgültig nach welcher Methode der Schadensersatz berechnet ist (nachgewiesener Schaden, entgangene Lizenzgebühr – „lucrum cessans" –, Verletzergewinn; vgl. MA-Komm. Ziff. 8). Dagegen sind Zinsen auf den Schadensersatzbetrag nicht Lizenzgebühr. Sie fallen aber ggf. unter Art. 11 abhängig davon, ob es sich um Verzugszinsen handelt bzw. diese im jeweiligen DBA von Art. 11 ausgeschlossen werden oder unter Art. 21 (a. A. *Bozza-Bodden* in Schönfeld/Ditz, Art. 12 OECD-MA Rz. 90; s. auch Haase/*v. Pannwitz*, Art. 12 OECD-MA, der eine Qualifizierung als Lizenzzahlungen wegen des wirtschaftlichen Zusammenhangs und aus praktischen Erwägungen befürwortet). Ein zusätzlich zum Schadensersatz im engeren Sinne zugesprochener Kostensatz, z. B. für Anwalts- oder Gerichtskosten der Rechtsverfolgung gegenüber dem Verletzer, ist nicht „Lizenzgebühr" i. e. S. des Art. 12, könnte aber in Anlehnung an die Erwägungen im MA-Komm. Ziff. 11.6 a. E. als eine Art von „Nebenleistung" das Schicksal der „Hauptleistung" teilen und deshalb als Lizenzgebühr zu behandeln sein (zweifelnd GKG/*Grützner,* Art. 12 OECD-MA Rz. 81, und *Bozza-Bodden* in Schönfeld/Ditz, Art. 12 OECD-MA Rz. 91). Dafür könnte sprechen, dass der Lizenzinhaber diese Kosten nicht in die angemessene Lizenzgebühr einkalkulieren konnte, dies aber mit seinen übrigen Kosten zur Rechtewahrung tun wird. Die getragenen Kosten sind jedenfalls für Zwecke des Abkommens im Quellenstaat nicht abzugsfähig, können aber nach nationalem Recht abzugsfähig sein; s. dazu Rz. 30. Entsprechendes muss auch für einen **Ersatz wegen ungerechtfertigter Bereicherung** und sog. „Eingriffserwerb" gelten (Ersatz „für die Benutzung", nicht „für das Recht auf Benutzung"). **48**

e) Nutzungsüberlassung: aa) Soweit sich der Begriff der Lizenzgebühren auf Gebühren für Schutzrechte bezieht, ist Voraussetzung für die Anwendung des Artikels, dass die Gebühr für die **„Benutzung"** oder das **„Recht auf Benutzung"** der Vermögenswerte gezahlt wird. Allerdings fällt eine Vergütung für das Unterlassen anderweitiger Verlizenzierung nach MA-Komm. Ziff. 8.5 ebenfalls unter Art. 12. **49**

50 **Zu unterscheiden** ist einerseits zwischen der Überlassung des Lizenzgegenstands zur Nutzung und der Übertragung seiner Substanz durch **Veräußerung** (s. Wassermeyer/*Wassermeyer,* Art. 12 OECD-MA Rz. 87 ff.; SKK/*Käbisch/Strunk,* Art. 12 OECD-MA Rz. 32; zur Abweichung des US-MA s. noch Rz. 75). Der maßgebende Unterschied liegt dabei im Grad der Veränderung der Zuordnung des Gegenstands von der Person des Leistenden auf die des Leistungsempfängers. Abzugrenzen ist andererseits die Überlassung zur Nutzung gegenüber der **eigenen Nutzung** des Schutzrechts, der Erfahrungen o. Ä. durch den Leistenden selber, z. B. im Rahmen einer Beratung. Auf der Skala „Dienstleistung – Nutzungsüberlassung – Veräußerung" ist der klare Fall der Veräußerung das eine Extrem der völligen Übertragung des Gegenstands (Recht o. Ä.) auf den Vergütungsschuldner; das andere, ebenso klare Extrem ist das Tätigwerden des Leistenden im Dienste des Leistungsempfängers, wobei der Leistende bei seiner Tätigkeit eigene Schutzrechte, Kenntnisse o. Ä. verwendet, sie aber dem Leistungsempfänger weder zur Nutzung überlässt noch überträgt (zur Abgrenzung zwischen Lizenz und Dienstleistung s. eingehender Rz. 66 ff. bei den einzelnen Lizenzgegenständen). Beide fallen nicht unter Art. 12, sondern nur die mittlere Position der Nutzungsüberlassung. Dies macht eine trennscharfe Abgrenzung erforderlich.

51 **Abgrenzung zur Veräußerung:** Für die **Abgrenzung** zwischen Nutzungsüberlassung und Veräußerung enthält Art. 12 Abs. 2 weder eine Definition der „Benutzung", noch verweist er dafür auf das Recht des Quellenstaates (im Unterschied zu Art. 10 Abs. 3 und Art. 11 Abs. 3 OECD-MA 1963; angesichts der Bedenken gegen eine solche Verweisung im MA-Komm. zu Art. 10 Ziff. 23 und zu Art. 11 Ziff. 21 kann auch **keine** ungeschriebene Verweisung angenommen werden). Nach MA-Komm. 8.2 sind die besonderen Umstände jedes Falles zu berücksichtigen, und jeder Fall ist im Licht des innerstaatlichen Urheberrechts, das auf das betroffene geistige Eigentum anwendbar ist, und der Regelungen des innerstaatlichen Rechts zur Frage, wann eine Veräußerung vorliegt, zu prüfen. Für den Bereich der **gewerblichen Schutzrechte** i. w. S. scheint der Kommentar die Abgrenzung für eher unproblematisch zu halten, wohl weil man – zumindest grundsätzlich – an die zivilrechtliche Unterscheidung anknüpfen kann. Zivilrechtlich wird unterschieden zwischen Vollrechtsübertragung (Kauf) und Teilrechtsabspaltung (Lizenz), zwischen zeitlich begrenzter und unbegrenzter Einräumung, zusätzlich anhand anderer Kriterien (vgl. *Knoppe,* Besteuerung von Lizenz- und know-how-Verträgen, S. 8, m. w. N.; s. a. RFH RStBl. 1931, 234 (236); 1935, 759 ff.: beide zum innerstaatlichen Steuerrecht). Der prinzipielle Unterschied liegt in dem Gegensatz zwischen Dauerschuldverhältnis (andauernder Pflicht des Lizenzgebers zur Duldung und Ermöglichung der Benutzung) und einmaliger Übertragung (gegebenenfalls mit gewissen andauernden Nebenpflichten des Verkäufers, s. BFH BStBl. II 1977, 623 (624): zum innerstaatlichen Steuerrecht). Die zeitliche Begrenzung ist ein Zeichen der Lizenz, auch wenn es ungewiss ist, ob und wann sie endet (BFH BStBl. II 1978, 355 (356): zum innerstaatlichen Recht). Gleichzeitig hindert die zeitlich begrenzte Überlassung nicht die Annahme einer Veräußerung, z. B. dann wenn das überlassene Recht nur befristet besteht oder nutzbar ist, s. auch StKK/*Käbisch/Strunk,* Art. 12 OECD-MA Rz. 43. Dies gilt auch dann, wenn im Zeitpunkt der Nutzungsüberlassung feststeht, dass sich das überlassene Recht während der Nutzungsüberlassung wirtschaftlich verbrauchen wird. Daher ist der Handel mit Emissionsrechten stets der Verkauf von Rechten (vgl. dazu das Diskussionspapier „Tax Treaty Issues Related to the Trading of Emissions Permits", welches die OECD zuerst am 31.5.2011 auf ihrer Homepage veröffentlicht hat, und dazu *Arnold,* BIT 2011, 555, 556, sowie *Ismer,* IStR 2013, 603 ff., zum aktualisierten Diskussionsentwurf der OECD vom 29.1.2013). Ein Verkauf verbunden mit einer Verpflichtung zur späteren Rückübertragung kann „zeitlich begrenzt"

sein, und umgekehrt kann eine zeitlich unbegrenzte Überlassung Lizenz sein, weil (nicht unwesentliche) Teilrechte beim Lizenzgeber zurückbleiben (vgl. *Federal Court of Appeal,* Vauban Prod. v. H. M., 1979 DTC 5186: *DBA Frankreich/Kanada*). Der BFH hat den Erwerb sämtlicher Nutzungs-, Leistungs- und sonstiger Schutzrechte an einem Drehbuch gegen Einmalzahlung wegen der vertraglichen Vereinbarung einer auflösenden Bedingung für den Fall der Nichtdurchführung des Filmvorhabens und eines gesetzlichen Rückrufrechts als eine zeitlich begrenzte Nutzungsüberlassung gewertet (BStBl. II 1983, 367: zum innerstaatlichen Recht). Ebenso sieht der BFH die Manuskriptüberlassung zur ausschließlichen Verwertung durch einen Autor als zeitlich befristet an (BStBl. II 1979, 529). Kritisch zu dieser Rechtsprechung SKK/*Käbisch/Strunk,* Art. 12 OECD-MA Rz. 41, die dagegen einwenden, dass eine zeitlich begrenzte Rechteüberlassung immer dann anzunehmen sei, wenn zum Zeitpunkt des Vertragsabschlusses ungewiss ist, wann und ob die Rechteüberlassung endet. Zu beachten ist, dass das rechtliche und wirtschaftliche Eigentum an geschützten Rechten auseinanderfallen kann. Führt die Rechteüberlassung zur Nutzung faktisch zu einem Verbrauch des Rechts, so liegt eine Übertragung des wirtschaftlichen Eigentums aber nicht des rechtlichen Eigentums vor.

Im Rahmen der MA bestand für eine besondere Abgrenzung von „Benutzung" und „Veräußerung" kein wesentliches Bedürfnis, weil sowohl die Benutzungsgebühren als auch die Gewinne aus der Veräußerung der diesen zugrunde liegenden Vermögenswerten allein im Ansässigkeitsstaat besteuert werden dürfen (Art. 12 und Art. 13). Selbst wenn ein Staat die Gewährung einer Ausschließlichkeitslizenz gegen die Zahlung eines einmaligen Entgelts als Veräußerungsgewinn ansieht, liegt i. S. des OECD- und UN-MA eine Lizenzgebühr vor, es sei denn, der „Lizenz"-geber verzichtet auf alle Rechte. **52**

Die Abgrenzung von Verkauf und Vermietung bei **Ausrüstungen** hielt der MA-Komm. 1977 offenbar für problematischer; er gab aber Abgrenzungshilfen nur anhand zweier Beispiele (Eigentumsvorbehaltskauf und Leasing, MA-Komm. 1977 Art. 12 Ziff. 9, s. die 2. Auflage zu Art. 12 Rz. 36), von denen zumindest das erste verhältnismäßig eindeutig ist. Bei jeder Verbindung von Kauf- und Mietelementen in einem Vertrag kommt es danach darauf an, den „wahren rechtlichen Gehalt" des Vertrags zu bestimmen (nicht: den „wirtschaftlichen" Gehalt, dessen Bestimmung wohl mehr Auslegungsfreiheit ließe). Im ersten der beiden Beispielsfälle zur Verbindung von Nutzungsüberlassung und Verkauf, dem Eigentumsvorbehaltsverkauf („hire purchase"), steht im Vordergrund der Verkauf, da er von Anfang an vereinbart ist; dieser Auslegung dürften wohl auch alle Anwenderstaaten nach ihrem eigenen Recht folgen. Schwieriger ist der zweite Beispielsfall, das Leasing, zu beurteilen. Der MA-Komm. 1977 beschränkte seine Aussage auf den „Normalfall"; für diesen Normalfall nahm der Kommentar aber recht weitgehend an, einziger und zumindest Hauptzweck des Vertrags sei die Nutzungsüberlassung, auch wenn der Leasingnehmer eine Kaufoption habe. Diese knappe Beurteilung musste wohl als Einschränkung gegenüber „wirtschaftlichen" Abgrenzungen im internen Steuerrecht einzelner Staaten verstanden werden, die dem Steuerausschuss bekannt gewesen sein müssen (z. B. die deutschen Kriterien des Mobilien-Leasing und des Mietkaufs; vgl. BMF BStBl. I 1971, 264 ff.; BStBl. I 1972, 188 f. für sog. Full-Pay-Out-Leasingverträge, anderenfalls allgemein § 39 AO, BMF BB 1976, 72 f.; ferner die österreichische Unterscheidung nach dem wirtschaftlichen Eigentum, ÖstBMF v. 27.2.1993, SWI 1993, 103 (zum *DBA Österreich/Tschechien*); s. a. Art. 11 Rz. 73; vgl. ferner *Runge,* DB 1977, 275; *Bertrand/Connely,* Intertax 1984, 198; weiter die OECD-Stellungnahmen zum Leasing von Ausrüstungen und von Containern, Intertax 1984, 149). Zum internationalen Leasing s. schließlich auch *Roser,* RIW 1990, 393; *Hövel,* DB 1991, 1029; zu Frankreich *Tirard,* ET 1992, 186. **53**

54 Wie bereits mehrfach erwähnt, sehen viele DBA abweichend von der Freistellung nach dem MA eine Quellensteuer auf die (Brutto-)Leasinggebühren vor. Solch eine Quellensteuer führt aber wegen der schmalen Gewinnspannen im Leasinggeschäft besonders leicht zu einer Überbesteuerung an der Quelle (vgl. dazu auch GKG/*Grützner,* Art. 12 OECD-MA Rz. 47/2). Deshalb **hat das OECD-MA 1992 Leasing ganz aus Art. 12 herausgenommen** (durch **Streichung der „Ausrüstungen"** in Art. 12 Abs. 2) und sie damit Art. 7 zugewiesen (d. h. Besteuerung nur bei Vorhandensein einer Betriebstätte im Quellenstaat und auch dann nur Nettobesteuerung); es wurde damit dem UN- und US-MA angeglichen. Mehrere OECD-Staaten (und erst recht viele andere Staaten) haben jedoch erklärt, Leasing weiterhin nach Art. 12 besteuern zu wollen. Auch viele jüngere Abkommen enthalten häufig noch eine Klausel für Ausrüstungen. Allerdings zeigt die neueste deutsche Abkommenspraxis, dass nunmehr dem Vorschlag der OECD, Ausrüstungen aus dem Lizenzartikel auszunehmen, überwiegend gefolgt wird, s. Rz. 88. Solange DBA aber noch weiterhin auch die „Ausrüstungen" im Lizenzartikel enthalten, bleiben die folgenden Ausführungen für diese bedeutsam.

55 Wäre – entgegen der hier vertretenen Auffassung – eine wirtschaftliche Betrachtungsweise maßgebend, so wären zur Abgrenzung von Nutzungsüberlassung und Verkauf auch die Modalitäten der Vergütungen stärker heranzuziehen. So verlagert etwa eine garantierte, feste Vergütung das Risiko der Wertbeständigkeit des Lizenzgegenstandes auf den Lizenznehmer so, als wäre er Käufer. Für die hier vertretene weitgehende Orientierung an der zivilrechtlichen Gestaltung spricht ferner, dass die Steuer im Regelfall durch Steuerabzug erhoben wird und dass der abzugspflichtige Vergütungsschuldner dem Fiskus das Risiko der Beitreibung der Steuer gegenüber dem ausländischen Vergütungsgläubiger durch seine Steuerhaftung sinnvollerweise nur dann abnehmen kann, wenn deren Voraussetzungen vergleichsweise klar zu beurteilen sind. Von der zivilrechtlichen Gestaltung zu unterscheiden ist freilich die Benennung des Vertrags durch die Parteien. Sie ist, wie stets, unbeachtlich; maßgebend ist der „wahre rechtliche Gehalt". So ist z. B. im Filmgeschäft die Bezeichnung „Verkauf" („vente", „sale") oft auch für Verträge üblich, bei denen lediglich eine (allerdings oft beträchtliche) Garantiesumme für die entscheidenden, im Verhältnis zur Gesamtnutzungsdauer wenigen ersten Jahre der Auswertung des Films entrichtet wird. Wirtschaftlich mögen solche Verträge Funktionen einer Beteiligung des Lizenznehmers am Substanzrisiko durch (Vorweg-)Verkauf haben; rechtlich überlassen sie die Rechte nur zur Nutzung (vgl. BFH BStBl. III 1960, 387 (389)).

56 **bb) Mitteilung von Erfahrungswissen:** Soweit sich der Begriff der Lizenzgebühren auf Gebühren für die Mitteilung von Erfahrungen („Erfahrungswissen") bezieht, erscheint die Abgrenzung zur Dienstleistung – die nicht von Art. 12 OECD-MA erfasst ist – schwierig. Voraussetzung für die Anwendung des Lizenzartikels ist, dass die Gebühr für die „Mitteilung" derartigen Wissens gezahlt wird (zum Begriff s. Rz. 57 f.) und nicht für eine Erbringung von Dienstleistungen unter Anwendung von Erfahrungswissen. Die Mitteilung von Erfahrungswissen soll es dem Leistungsempfänger ermöglichen, die Erfahrungen für bestimmte Tätigkeiten selbst zu nutzen. Bei der Dienstleistung erbringt der Erfahrungsinhaber diese Tätigkeiten selbst, indem er bestimmte eigene Erfahrungen nutzt (so auch Haase/*v. Pannwit*, Art. 12 OECD-MA Rz. 76). Es liegt dann regelmäßig ein Fall des Art. 7 OECD-MA vor. Bei einem gemischten Vertrag, z. B. einer Patentlizenz verbunden mit einer Know-how-Überlassung, muss das patentierte Wissen in dem oben dargestellten Sinn „zur Nutzung überlassen", das Know-how dagegen braucht nur „mitgeteilt" zu werden (dies kann z. B. bei einem Franchise-Vertrag oder bei der Überlassung eines Patents zur Herstellung eines patentierten Produkts zusammen mit Herstellungshandbüchern der Fall sein). Für Erfahrungshingabe als bloße **Ne-**

benleistung zu einer Patentlizenz kann eine eigenständige Subsumtion überhaupt entfallen (zur Unterscheidung zwischen gemischtem Vertrag und Vertrag mit Nebenleistungen vgl. den MA-Komm. Ziff. 11.6 a.E.; s.a. BFH BStBl. II 1977, 623f.; GKG/*Grützner,* Art. 12 OECD-MA Rz. 95).

Der Begriff „Erfahrungen“ ist ein Oberbegriff, der auch Kenntnisse und Fähigkeiten umfasst. Das Merkmal der „Mitteilung“ bei der Erfahrungshingabe ist dasselbe wie im Falle der **Wissensübermittlung,** z.B. durch Vorträge, Lehre usw. Anhand der Vergütung – Lizenzgebühr einerseits, Honorar o.Ä. andererseits – lassen sich die beiden Fälle jedoch kaum unterscheiden, weil Art. 12 Abs. 2 „Vergütungen jeder Art“ erfasst. Der relevante Unterschied zwischen der Mitteilung von Erfahrungen und allgemeiner Wissensvermittlung liegt im Gegenstand der Mitteilung (siehe dazu Rz. 71f. zum Begriff des „Know-how“). **57**

Die Erfahrungshingabe unterscheidet sich durch das Merkmal der Mitteilung von der **Beratung.** Der Berater teilt seine Erfahrungen nicht mit, sondern er verwendet sie selbst (BFH BStBl. II 1971, 235) und erbringt daher eine Dienstleistung. Mitgeteilt wird eine Schlussfolgerung, die der Berater – unter anderem – aus seinen Erfahrungen zieht. Im Unterschied zur Dienstleistung durch Ratschläge hat der Know-how-Geber mit der Verwendung des Know-how beim Nehmer nichts zu tun und er steht regelmäßig nicht für die erfolgreiche Anwendung ein (so auch *Fischer/Klein/Eilers,* IStR 2012, 483 (484); diese nehmen auch zu einzelnen deutschen DBA Stellung, die technische Dienstleistungen erfassen). Abweichend scheinen allerdings einige OECD-Staaten den Begriff der Mitteilung von Erfahrungen so weit auszulegen, dass auch technische Dienstleistungen darunter fallen; *UN,* Manual for the Negotiation of Bilateral Tax Treaties between Developed and Developing Countries, 144, engl. Ausgabe. Auch einige deutsche Abkommen weiten den Lizenzbegriff auf technische Dienstleistungen aus (s. Rz. 79). Der MA-Komm. unterscheidet in Ziff. 11.2 die Erfahrungshingabe von der Beratung nicht nur anhand des Merkmals der „Mitteilung“, sondern auch anhand ihres **Gegenstandes,** wenn es dort heißt, der Dienstleistende verpflichte sich nur zur Anwendung der „in ihrem Beruf üblichen Kenntnisse“; regelmäßig werden jedoch zu den berufsüblichen Fähigkeiten auch persönliche „Erfahrungen“ gehören. **58**

Als Beispiele für Leistungen, die nicht zu Lizenzgebühren i.S. von Art. 12 führen, nennt der MA-Komm. Kundendienst und Gewährleistung, rein technische Unterstützung oder Erstattung eines Gutachtens durch einen Ingenieur, Anwalt oder Wirtschaftsprüfer sowie für Beratung auf elektronischem Wege, für elektronische Kommunikation mit Technikern oder für den Zugriff auf Datenbanken über Computernetzwerke zur Lösung von häufigen Problemen **(„FAQs“)** durch nicht als vertraulich zu behandelnde Antworten (MA-Komm. Ziff. 11.4). Von der beratenden Tätigkeit in dem hier behandelten Sinn ist es dagegen zu unterscheiden, wenn der Know-how-Geber den Know-how-Nehmer lediglich weiterhin über die Entwicklung des Spezialwissens auf dem Laufenden hält. Ein Franchise-Vertrag ist nach dem MA-Komm. Ziff. 11.6 ein **gemischter Vertrag,** z.B. eine Warenzeichenlizenz kombiniert mit Beratungsleistungen, Finanzierung, Softwareüberlassung o.Ä. Er ist daher grundsätzlich aufzuteilen, s.Rz. 74. Zur Abgrenzung von Erfahrungshingabe und Beratung oder technischer Unterstützung s.a. BFH BStBl. II 1970, 762: Organisations- und Marketingberatung im Lebensmittelhandel; BStBl. II 1970, 567 (569): Kenntnisübermittlung durch laufende Beratung unter dem *DBA USA 1954/65;* FG Hessen EFG 1973, 496 (497): Planung und Überwachung der Einführung eines Organisationssystems; *IRS* Letter Ruling 77–39–023: Erfahrungshingabe, offenbar gemischt mit technischer Unterstützung als Lizenzgebühr i.S. des *DBA Großbritannien/USA a.F.; Sonntag,* IStR 1996, 463 und *Dubberke,* IStR 1998, 662: beide Engineering als technische Dienstleistung. Die Überlassung von **Kundenadressen,** die nach Marketinggesichtspunkten zusam- **59** mengestellt und aufbereitet wurden, stellt keine Überlassung von Erfahrungswissen dar (BFH BStBl. II 2003, 249; vgl. dazu auch MA-Komm. Ziff. 11.4). Dies gilt auch für die Zusammenstellung von anderen Datenbanken, auch wenn sie Informationen über technisches Wissen enthalten, solange sie nur eine Zusammenstellung von fremdem Erfahrungswissen enthalten, vgl. dazu *Chishty/Chkalabb,* APTB 2009, 40 (44). Die Überlassung einer Datenbank, die eigenes Erfahrungswissen des Erstellers enthält, stellt dagegen eine Überlassung von Erfahrungswissen dar (z.B. Überlassung von vertraulichen Kundendaten, die aus den Geschäftsbeziehungen des Überlassenden gewonnen wurden, vgl. MA-Komm. Ziff. 11.4). Auch Vergütungen, die für die Entwicklung von Plänen, Modellen oder geheimen Formeln gezahlt werden, stellen keine Lizenzgebühren dar. Ebenso wenig liegt eine Mitteilung von Erfahrungswissen vor, wenn im Rahmen eines Werkvertrages ein Erfolg geschuldet wird, vgl. SKK/*Käbisch/Strunk,* Art. 12 Rz. 79; BFH/NV 2000, 1182. Das Programmieren eines Computerprogramms für einen Kunden ist grds. keine Erfahrungshingabe (zu Ausnahmen vgl. MA-Komm. Ziff. 11.5).

60 **f) Lizenzgegenstand:** Als Gegenstand der Nutzungsüberlassung oder Mitteilung nennt Abs. 2 in abschließender Aufzählung und in Übernahme oder enger Anlehnung an zivilrechtliche Terminologie:

- den Kernbestand der **absolut geschützten Immaterialgüterrechte** (Urheberrechte, Patente, Warenzeichen),
- die „minderen" **Ausschließlichkeitsrechte** (Muster, Modelle, Pläne),
- das allenfalls relativ geschützte **Geheimwissen** (geheime Formeln oder Verfahren) und schließlich
- das **ungeschützte Know-how** (gewerbliche, kaufmännische oder wissenschaftliche Erfahrungen).

Bis zu seiner Änderung 1992 nannte das OECD-MA als Gegenstand der Nutzungsüberlassung ferner

- körperliche Güter: **gewerbliche, kaufmännische oder wissenschaftliche Ausrüstungen.**

Zu diesen Lizenzgegenständen im Einzelnen:

61 **aa) Urheberrechte an literarischen, künstlerischen oder wissenschaftlichen Werken:** Der Begriff der Urheberrechte ist im OECD-MA nicht näher definiert. Abzustellen ist daher gem. Art. 3 Abs. 2 OECD-MA auf die Begriffsbestimmung im innerstaatlichen Recht des Anwendestaates. Urheberrechte sind daher solche aufgrund gesetzlicher Vorschrift oder nach Common Law des Anwendestaates, außerdem (obwohl im MA-Text nicht ausdrücklich erwähnt; vgl. aber die Beispiele im MA-Komm. Ziff. 18 und Rz. 66a ff.) gehören zu ihnen Leistungsschutzrechte. Ist Deutschland Anwendestaat, ist zur Auslegung des Begriffs der Urheberrechte an literarischen, künstlerischen und wissenschaftlichen Werken unter Berücksichtigung des Wortlauts des Art. 12 Abs. 2 auf die Definition in § 2 UrhG abzustellen. Der Urheber hat das ausschließliche Recht, sein Werk in körperlicher Form (durch Vervielfältigung, Verbreitung, Ausstellung, § 15 Abs. 1 UrhG) zu verwerten und in unkörperlicher Form (u.a. durch Vortrag, Aufführung, Vorführung, Bild- oder Tonträger, § 15 Abs. 2 UrhG) wiederzugeben. Gemäß § 31 Abs. 1 UrhG kann der Urheber einem anderen das Recht einräumen, das Werk zu nutzen. Das deutsche Urheberrecht sieht aber keine Veräußerung des Urheberrechts vor, so dass grundsätzlich nur eine Nutzungsüberlassung in Betracht kommt. Allerdings ist es denkbar, dass die Nutzungsüberlassung so gestaltet ist, dass der wirtschaftliche Gehalt des Urheberrechtes vollständig übertragen wird. In diesen Fällen ist für Abkommenszwecke von einer Veräußerung auszugehen.

62 Nicht Voraussetzung für das Vorliegen einer Verwertung von Urheberrechten durch Nutzungsüberlassung ist, dass die Nutzungsüberlassung durch den Urheber

selbst geschieht. Lizenzgebühren i. S. v. Art. 12 liegen daher auch vor, wenn Urheberrechte durch den Einzel- oder Gesamtrechtsnachfolger überlassen werden (vgl. Wassermeyer/*Wassermeyer,* Art. 12 OECD-MA Rz. 61). Für die Überlassung eines ererbten Urheberrechts gilt daher nichts anderes als für dessen Überlassung durch den Erblasser selbst (*Conseil d'État* req. n. 48 131 Dr. Fisc. 1988 comm. 1977 concl. *Fouquet,* vgl. auch ÖstBMF SWI 1997, 235). Die Vergabe von Unterlizenzen an Urheberrechten führt bei dem Unterlizenzgeber zu Lizenzgebühren, ebenso die Nutzungsüberlassung der Unterlizenz durch den Unterlizenznehmer an einen Dritten.

Software: Nach dem Zivilrecht zahlreicher Staaten (darunter Deutschland (§ 2 **63**
Abs. 1 Nr. 1 UrhG) sowie nach MA-Komm. Ziff. 12.2 mit einer Ausnahme alle OECD-Mitgliedstaaten) ist Software urheberrechtlich geschützt. Dieser Schutz umfasst nach dem Recht dieser Staaten in der Regel sowohl das (geschriebene) Computerprogramm selbst als auch die Software, die eine Kopie des geschützten Programms verkörpert. Die Überlassung von Software zur Nutzung ist daher regelmäßig eine Überlassung von Urheberrechten. Zur Besteuerung des Software-Transfers vgl. Wassermeyer/*Wassermeyer,* Art. 12 OECD-MA Rz. 63 ff.; allgemein zur Computer-Software im internationalen Steuerrecht *van der Laan,* Intertax 1991, 266 = MBB 1990, 183; zum Online-Vertrieb von Software *Kessler,* IStR 2000, 98; *Pinkernell/Ditz,* FR 2001, 1193. Zur Online-Nutzung von Standartsoftware im Konzern s. Wassermeyer/*Wassermeyer,* Art. 12 OECD-MA Rz. 67.

Inwieweit die Überlassung von Software unter Art. 12 fällt, erörtert der MA- **64a**
Komm. in Ziff. 12 bis 17.4. Wie beim Leasing ist auch hier die Tendenz zu erkennen, die Quellenbesteuerung in Grenzen zu halten. Art. 12 umfasst danach noch (Teil-)Lizenzen **zur gewerblichen (Weiter-)Entwicklung und Verwertung,** eventuell auch noch gewisse ausschließliche Lizenzen für bestimmte Gebiete oder Zeiträume. Für derartige ausschließliche Lizenzen zieht der MA-Komm. aber Art. 7 bzw. Art. 13 vor (vgl. MA-Komm. Ziff. 16. Einige OECD-Mitgliedstaaten teilen allerdings die im MA-Kommentar geäußerte Auffassung nicht und verstehen den Lizenzbegriff hinsichtlich der Besteuerung von Software weiter, insbesondere wenn das Recht zur Nutzung der Programme eingeschränkt ist, vgl. die Bemerkungen zum Kommentar von Spanien, Mexiko, der Slowakei, Griechenland, Portugal und Korea in MA-Komm. Ziff. 28–31.1). Nicht unter Art. 12 fallen Vollrechtsübertragungen (Gestattung der Vervielfältigung, des Vertriebs und/oder der gewerblichen Weiterentwicklung, auch gegen laufende, variable Vergütung;, s. Rz. 50, 51; MA-Komm. Ziff. 14.4 nimmt Zahlungen für die Übertragung des Rechts auf **Vertrieb** von Softwarekopien aus dem Lizenzgebührenbegriff aus). Weiterhin fällt die Überlassung von Kopien eines Computerprogramms, allein zum persönlichen oder betrieblichen Gebrauch durch den Nutzer, auch wenn diesem das Recht eingeräumt wird, die Software elektronisch herunterzuladen und ggf. Sicherungskopien und weitere Kopien für Nutzer innerhalb eines Betriebes herzustellen, um die Software bestimmungsgemäß nutzen zu können, und dafür (wie nach deutschem Recht) ein Urheberrecht des Herstellers genutzt wird, nicht unter Art. 12 (vgl. MA-Komm. Ziff. 17.3; diese werden also im Ergebnis „Verkäufen" gleichgestellt, s. Rz. 55; dagegen die Bemerkung Griechenlands in MA-Komm. Ziff. 31). Damit fallen insbesondere Vergütungen für Standartsoftware aus dem Lizenzgebührenbegriff heraus. Der Erwerber wird beim Installieren solcher Software oder durch das Öffnen sog. „shrink-wrapped" Software bestimmten Nutzungsbeschränkungen und der Anerkennung des Urheberrechts des Herstellers zustimmen („end user license agreement (EULA)") und erwirbt kein Recht auf Vertrieb oder Veränderung des Programms. Dies gilt aber grundsätzlich auch für Software, die speziell für die Bedürfnisse eines Kunden programmiert wurde, solange dieser keine Weiterentwicklungs- und Vermarktungsrechte erhält (dagegen die Bemerkung

der Slowakei in MA-Komm. Ziff. 30). Dies ist bereits dann ausgeschlossen, wenn der Kunde keinen Zugriff auf den Quellcode erhält. Das Programmieren und Warten eines Online-Buchungssystems für eine Fluglinie, ohne dass diese die Möglichkeit hat, die Software selbst zu verändern und zu vermarkten, ist daher Dienstleistung (vgl. die Entscheidung Austral Líneas Aéreas Cielos del Sur SA, in der das argentinische Berufungsgericht eine technische Dienstleistung als gegeben sah, die unter den Lizenzgebührenbegriff des *DBA Argentinien/Spanien* fiel, s. dazu *Meloni,* BIT 2010, 315). Zu der abkommensrechtlichen Qualifikation von Zahlungen für Software, die die vollautomatisierte Abwicklung von Transaktionen z.B. in der Finanzdienstleistungsbranche ermöglicht (sog. straight-through processing (STP) Software) s. *Thelosen,* BIT 2010, 310. Zahlungen für die Nutzung des **Namens einer Internet-Domain** stellen keine Zahlungen für die Benutzung eines Rechts, sondern solche für die Benutzung eines Namens selbst dar und sind daher keine Lizenzgebühren, vgl. *Bobett/Avery Jones,* BIFD 2006, 23. Vgl. zu der abkommensrechtlichen Behandlung von Software im Einzelnen OECD, The Tax Treatment of Computer Software, Paris 1992; *Ault,* ET 1993, 330; *Sprague/Chester,* Intertax 1993, 310; *de Hosson,* Intertax 1992, 682; *Wolf,* SWI 1997, 349; *Tumpel,* in Gassner/Lang/Lechner (Hrsg.), S. 157; *Lüdemann,* FR 2000, 83 (85f.); *Kessler,* IStR 2000, 98ff.; *Garcia Heredia,* TTM 2005, 225; GKG/*Grützner,* Art. 12 Rz. 54ff.). Diese Grundsätze gelten auch für andere Arten von digitalen Produkten (z.B. Bilder, Texte, Musik, Klingeltöne), s. MA-Komm. Ziff. 17.1, und unabhängig davon, in welcher Form sie übermittelt werden. Das Herunterladen von ganzen Buchtexten im Internet, um sie auf elektronischen Lesegeräten sichtbar zu machen, fällt daher nicht unter Art. 12. Dasselbe gilt für sog. Apps sowie das Herunterladen von Fotos und Filmen gegen Entgelt. Zu Vorschlägen, den Lizenzbegriff auf sämtliche elektronisch oder digital empfangenen **Bilder, Daten** oder **Töne** auszudehnen s.a. *Tadmore,* BIFD 2007, 2 (9ff.); *Singleton,* APTB 2004, 162 (167). Werden diese elektronischen Daten jedoch heruntergeladen, um sie (einverständlich) zu vervielfältigen und zu vertreiben, so fällt die dafür gezahlte Vergütung unter Art. 12 (vgl. MA-Komm. Ziff. 17.4). Zu Fragen der abkommensrechtlichen Einordnung von Cloud Computing aus deutscher Sicht s. *Heinsen/Voss,* Intertax 2012, 584ff.

64b Sind die Zahlungen für die Nutzung von Computerprogrammen abkommensrechtlich als Lizenzgebühren anzusehen, so kann die Anwendung des Art. 12 gleichwohl problematisch sein, da Abs. 2 voraussetzt, dass die Urheberrechte an literarischen, künstlerischen oder wissenschaftlichen Werken bestehen und Software keiner dieser Kategorien eindeutig zuzuordnen ist (vgl. MA-Komm. Ziff. 13.1; s. dazu auch *Garcia Heredia,* TTM 2005, 225 (227f.)). In nur wenigen Verträgen wird die Nutzung von Urheberrechten an Software bereits ausdrücklich in den Lizenzbegriff einbezogen. Sind Computerprogramme in einem Land als ein Werk der Literatur, Wissenschaft oder Kunst geschützt und enthält ein DBA mit diesem Land unterschiedliche Quellensteuersätze für Urheberrechte, ist die genaue und einheitliche Qualifikation von Softwareüberlassungen von erheblicher Bedeutung. Für das *DBA Spanien/USA* hat der spanische *Tribunal Supremo* entschieden, dass Software als literarisches Werk (5% Quellensteuer) und nicht als wissenschaftliches Werk (8%) oder als anderer Fall (10%) zu erfassen sei, vgl. dazu *Rodríguez,* ET 2005, 113f. Teilweise sehen auch deutsche DBA unterschiedliche Quellensteuersätze für Urheberrechte für literarische und künstlerische Werke vor, ohne eine ausdrückliche Regelung für Software zu beinhalten *(DBA Aserbaidschan, Belarus, Usbekistan).* Aus deutscher Sicht, die aber u.U. von der Sicht des anderen Vertragsstaates abweicht, handelt es sich gem. § 2 Abs. 1 Nr. 1 UrhG um ein literarisches Werk. Das *DBA Kanada* sieht zwar unterschiedliche Quellensteuersätze vor, enthält aber eine ausdrückliche Regelung für Software.

Überlassung von Übertragungsrechten: Veranstalter von Sportereignissen genießen aus deutscher Sicht selbst kein Schutzrecht i. S. von § 81 UrhG. Erst die Herstellung eines Bild- und/oder Tonsignals führt zu einem urheberrechtlichen Schutz. Nach BMF BStBl. I 1996, 89, sind Vergütungen für Live-Übertragungsrechte unter Art. 17 OECD-MA, Vergütungen für Aufzeichnungsrechte dagegen unter Art. 12 OECD-MA zu fassen (nunmehr sehen auch zahlreiche der neueren deutschen DBA ausdrücklich vor, dass Vergütungen für die Aufzeichnung von Sportveranstaltungen durch Rundfunk oder Fernsehen Lizenzgebühren darstellen, vgl. Rz. 92a). Der BFH (BStBl. II 2009, 625) lehnt eine Anwendung von Art. 17 auf Vergütungen für die Einräumung von Übertragungsrechten ab, lässt aber offen, ob eine Vergütung für die Erlaubnis, ein Live-Bild und/oder Tonsignal zu fertigen, unter Art. 12 OECD-MA zu fassen ist. Werden Live-Übertragungsrechte unmittelbar vom Veranstalter erworben, liegt keine Verwertung einer urheberrechtlich geschützten Position vor, so dass eine Anwendung des Art. 12 ausscheidet. Bei Weiterveräußerung der Übertragungsrechte stellt das FG Köln (EFG 2007, 360) das Recht einem Schutzrecht gleich und wendet daher Art. 12 an. Dieser Auffassung ist nicht zu folgen, da sie zu einer unabsehbaren Ausweitung des Anwendungsbereichs des Lizenzartikels führen würde, (ablehnend auch *Schauhoff/Schlotter,* IStR 2009, 751 (755)). Bei der übertragenen sportlichen Tätigkeit dürfte es sich zudem bereits um kein künstlerisches Werk handeln. Anwendbar ist vielmehr Art. 7 oder u. U. Art. 21 OECD-MA. 65

Überlassung von Rechten durch Schriftsteller, Künstler und Sportler: 66a
Die Abgrenzung ist abhängig von den konkreten Umständen des Einzelfalls, insbesondere von den vertraglichen Bedingungen. Vergütungen an Schriftsteller für das Recht, deren Werk zu veröffentlichen, stellen Lizenzgebühren i. S. v. Art. 12 Abs. 2 dar (vgl. Wassermeyer/*Wassermeyer,* Art. 12 OECD-MA Rz. 62). Dies gilt grundsätzlich auch für journalistische Texte und die Vergütungen, die ein Journalist für Fotos erhält, soweit sie nicht im Rahmen eines Arbeitsverhältnisses gezahlt werden. Die Vergütung, die ein (selbstständiger) Auslandskorrespondent für ein Interview im Fernsehen erhält, wird für eine Dienstleistung gezahlt. Dagegen ist das Honorar, welches er für die Nutzung eines durch ihn erstellten Beitrages erhält, Lizenzgebühr. Das Honorar für einen **Konzertauftritt eines Dirigenten oder Musikers** ist eine Vergütung für eine künstlerische Tätigkeit und fällt unter Art. 17. Dagegen ist ein Entgelt für den Auftritt und die Aufzeichnung des Auftritts durch Bild- oder Tonträger zur gleichzeitigen (Live-Übertragung im Rundfunk oder Fernsehen) oder anschließenden Verwertung aufzuteilen (der MA-Komm. Ziff. 18 ordnet die Vergütung für die Direktübertragung allerdings allein Art. 17 zu; eine Unterscheidung ist aber wegen der heute üblichen Speicherung von Live-Übertragungen nicht mehr zeitgemäß). Dies gilt auch, wenn der Künstler dem Veranstalter das Recht einräumt, Aufzeichnungen seiner künstlerischen Tätigkeit zu erstellen und zu verwerten. Das BMF (BStBl. I 1996, 89, das BMF-Schreiben wurde zur Eindämmung der Normenflut für Tatbestände, die nach dem 31.12.2009 verwirklicht werden, aufgehoben) sah einen Aufteilungsmaßstab von $1/3$ für die künstlerische Tätigkeit und von $2/3$ für die Verwertung vor; nur eine Lizenzgebühr liegt dagegen bei einer nicht öffentlichen Studioaufnahme vor, denn hier wird die Vergütung ausschließlich für das Recht bezahlt, die Aufnahme zu verwerten, (BMF a. a. O.). Gestattet ein Künstler die Verwertung von Aufzeichnungen, die ohne seine Einwilligung gemacht wurden, ist eine dafür gezahlte Vergütung oder ein dafür gezahlter Schadensersatz Lizenzgebühr. In dem vom *Tax Court* der Vereinigten Staaten entschiedenen Fall Pierre Boulez wurde ein in Deutschland ansässiger Dirigent aufgrund von Zahlungen für Schallplattenaufnahmen, die in den USA vorgenommen worden waren, doppelt besteuert. Die Bundesrepublik sah diese Zahlungen als in Deutschland zu besteuernde Lizenzgebüh-

ren i. S. des Art. 12 an; in den USA wurden sie als Einkünfte aus dort geleisteter selbständiger Arbeit besteuert (83 Tax Court 584 (1984); *Freud,* TMIJ 1985, 20; s. zu den weitreichenden Auswirkungen der Entscheidung *Coker,* 25 Loy. L. A. Ent. L. Rev. (2005), 435). Der *Tax Court* bezog sich auf den Wortlaut des Vertrags, in dem die Schallplattenfirma, wie branchenüblich, die Entstehung oder Anerkennung eines eigenständigen Immaterialgüterrechts des Dirigenten, vergleichbar dem eines ausübenden Künstlers, vermeiden wollte, und ging daher davon aus, dass der Dirigent niemals ein Urheberrecht an den Aufnahmen erlangt hatte. Ähnlich entschied insoweit der französische *Conseil d'État* Dr. Fisc. 1985 comm. 1967 zum *DBA Frankreich/USA:* eine Lizenzzahlung, die der Erbe eines Dirigenten für dessen Schallplattenaufnahmen in den USA erhielt, sei keine Lizenzgebühr i. S. des Art. 12, sondern sei den „sonstigen Einkünften" des Art. 21 zuzurechnen.

66b Die *DBA USA 1989,* Prot. Nr. 12, und *1989/2006,* Prot. Nr. 11, beziehen ausdrücklich Fälle in den Lizenzartikel ein, in denen ein in einem Vertragsstaat ansässiger Künstler eine Darbietung im anderen Vertragsstaat aufzeichnet, ein Recht in Bezug auf die Nutzung der künstlerischen Darbietung hat und dafür ein nach Verkauf oder öffentlicher Aufführung bemessenes Entgelt erhält. Hat der Künstler jedoch – wovon der *Tax Court* in der Entscheidung Pierre Boulez ausging – **kein** Recht an der Nutzung der Darbietung erlangt, liegen auch dann keine Lizenzvergütungen vor, wenn sich das Entgelt am Verkauf von Schallplatten, CDs oder dergleichen orientiert (vgl. MA-Komm. Ziff. 18; s. auch die Ausführungen in den US-TE zu Art. 12 Abs. 2 US-MA, die ausdrücklich Bezug auf die Boulez-Entscheidung nehmen). Entscheidend ist daher, ob dem Künstler an der Aufzeichnung ein **eigenes Urheberrecht** zusteht (so auch ÖstBMF v. 16.5.2003, SWI 2003, 307 f.; *Lange/Stefaner,* IStR 2003, 829 (833); kritisch *Buitrago/Groenen,* Financial and Economic Law Review 2006 No. 4, 149 (165)). Im Ergebnis liegt daher keine materielle Abweichung vom OECD-MA vor, vgl. auch MA-Komm. Ziff. 18; EJGK/*Gohr,* Art. 12 DBA USA Rz. 5. Es muss sich bei diesem Recht aber immer auch um ein Urheberrecht an literarischen, künstlerischen oder wissenschaftlichen Werken handeln. Daher sind Vergütungen für die Übertragung bzw. Aufzeichnung oder den Abdruck eines Interviews mit einem Künstler oder Sportler grds. keine Lizenzgebühren sondern Entgelt für eine Dienstleistung. Das gilt auch für Vergütungen für die Teilnahme an einer Talkshow, die im Fernsehen oder Rundfunk übertragen wird, oder an Werbeveranstaltungen, die gesendet werden. Bei dem Recht, eine sportliche Tätigkeit aufzuzeichnen, dürfte es sich ebenfalls nicht um die Nutzung eines Urheberrechts an einem künstlerischen Werk handeln. Vergütungen für solche Rechte fallen nur dann unter den Lizenzartikel, wenn die Nutzung von Persönlichkeitsrechten sowie Aufzeichnungen – wie nach der jüngeren deutschen Abkommenspraxis üblich, s. Rz. 91a – dort ausdrücklich genannt sind.

66c **Spielerleihen:** Als Reaktion auf eine Entscheidung des BFH, nach der Einnahmen eines ausländischen Sportvereins aus einer **Transfervereinbarung** mit einem inländischen Verein in der Form der **Spielerleihe** nicht der beschränkten Steuerpflicht unterlagen (BStBl. II 2010, 120), hat der Gesetzgeber durch das JStG 2010 § 49 Abs. 1 Nr. 2 Buchst. g EStG eingeführt. Danach werden Einkünfte aus Gewerbebetrieb, die aus der Verschaffung der Gelegenheit erzielt werden, einen Berufssportler als solchen im Inland vertraglich zu verpflichten, in die beschränkte Steuerpflicht einbezogen. Die Frage, welcher abkommensrechtlichen Verteilungsnorm diese Einkünfte zuzuordnen sind (s. zum Meinungsstand *Kraft,* IStR 2011, 486 (490 f.)), ist von den vertraglichen Regelungen im Einzelfall abhängig. Vergütungen für Spielerleihen sowie für Transferentschädigungen fallen aber regelmäßig nicht unter Art. 12 Abs. 2 (vgl. Wassermeyer/*Wassermeyer,* Art. 12 OECD-MA Rz. 86b; *Decker/Looser,* IStR 2010, 8 (10); *Schlotter/Degenhart,* IStR 2011, 457

(464); ablehnend auch *Haase/Brändel,* IWB 2010, 795 (798)), da kein urheberrechtsähnliches Recht verwertet wird. In Betracht kommt eine Einordnung unter Art. 7 oder ggf. Art. 21 MA.

Persönlichkeitsrechte eines Künstlers oder Sportlers sind in vielen Ländern **66d** bereits nicht als Urheberrechte geschützt (vgl. für Südafrika *Gauteng Tax Court,* Income Tax Case No. 1735: *DBA Südafrika/Großbritannien;* s. aber für Deutschland § 22 KunstUrhG). Darüber hinaus dürfte es ohne **Überschreitung der Wortlautgrenze** des Art. 12 Abs. 2 auch nicht möglich sein, das Recht am eigenen Bild oder Namen als Recht an einem künstlerischen oder literarischen Werk anzusehen (s. auch ÖstBMF v. 28.10.2002, SWI 2003, 30; anders aber FG Köln EFG 1998, 176: *DBA Niederlande 1959/1980*). Die Überlassung von Persönlichkeitsrechten z. B. zu Werbezwecken fällt daher grundsätzlich nicht unter Art. 12 Abs. 2 OECD-MA (s. a. *Schauhoff/Schlotter,* IStR 2009, 751 (755)). Zur neueren deutschen Abkommenspraxis, Persönlichkeitsrechte in die Definition des Lizenzbegriffs ausdrücklich mitaufzunehmen s. Rz. 91a.

Filme: Der Zusatz „einschließlich kinematographischer Filme" im OECD- und **67** UN-MA ist nur klarstellend (vgl. US Rev. Rul. 70–134, 1970–1 Cum. Bull. 272: *DBA Schweden/USA*), denn an der Aufzeichnung bestehen Urheberrechte. Diese (abkommensrechtliche) Einbeziehung unter die Lizenzgebühren ist wegen der hohen Herstellungskosten der Filme dann problematisch, wenn ein Abkommen dem Quellenstaat ein Besteuerungsrecht belässt, was wohl der Grund dafür war, dass das US-MA ursprünglich eine abweichende Behandlung vorsah. Umfasst ist die Überlassung des Originals oder von Kopien zum Zwecke von öffentlichen Aufführungen (z. B. Kino, Fernsehen). Der Verleih von Filmkopien (Videokassetten, DVDs) für eine rein private Nutzung (nicht-öffentliche private Aufführungen) ist dagegen nicht erfasst (vgl. BFH BStBl. 1985, 271). Daher fällt auch das Herunterladen einer Filmkopie von der Internetseite eines ausländischen Anbieters für den rein privaten Gebrauch nicht unter Art. 12. Die Überlassung von sämtlichen Nutzungsrechten (Vervielfältigung, Vertrieb) an einem Film stellt eine Veräußerung dar. Die abkommensrechtlichen Sonderregelungen für Filme gelten nicht für Bildreihen oder Diaserien (vgl. US Rev. Rul. 74–541, 1974–2 Cum. Bull. 411: *DBA Australien/USA*). Die Einkünfte aus derartigen Vermietungen sind im Regelfall nach Art. 7 oder 21 OECD-MA zu beurteilen. Besteht Steuerpflicht nach den Regeln für Lizenzgebühren, so gilt abkommensrechtlich wiederum die Bruttobesteuerung (s. dazu Rz. 30 f.); Kosten, die der Lizenzgeber demnach nicht abziehen könnte, die aber der Lizenznehmer selber aufwendet (z. B. Herstellung einer weiteren Filmkopie durch den Lizenznehmer), gehören aber nicht zur Bemessungsgrundlage (vgl. FinMin NRW v. 5.2.1979, FR 1979, 175). Auch Fernseh- und Video-Filme sind „kinematographisch": ÖstBMF v. 12.3.1992, SWI 1992, 101. Ihre ausdrückliche zusätzliche Erwähnung in zahlreichen DBA hat daher häufig nur klarstellende Bedeutung.

bb) Patente: Sie gehören ebenso wie die Warenzeichen (Rz. 69) sowie Muster **68** und Modelle (Rz. 70) zu den **gewerblichen Schutzrechten**. Eine abkommensrechtliche Definition des Patentbegriffs existiert nicht, so dass nach Art. 3 Abs. 2 OECD-MA eine Definition (und Festlegung des Inhalts) nach nationalem Recht erfolgt. Aus deutscher Sicht ist daher auf den Patentbegriff i. S. v. § 1 PatG abzustellen. Ein Patent liegt nur vor, wenn es durch (öffentlich-rechtlichen) Hoheitsakt erteilt wurde. Aus diesem Umstand ergibt sich zwangsläufig eine territoriale Begrenzung der Schutzwirkung der Patente. Unter die Vergütungen fallen Lizenzgebühren für die Nutzung erteilter Patente auch dann, wenn das Patent erst nachträglich rückwirkend für nichtig erklärt wird, nicht dagegen Gebühren für nur angemeldete Patente (sie gehören u. U. zum „Know-how", s. Rz. 71 f.; s. auch SKK/*Käbisch/Strunk,* Art. 12 OECD-MA Rz. 89; GKG/*Grützner,* Art. 12

OECD-MA Rz. 110/1; a. A. Wassermeyer/*Wassermeyer,* Art. 12 OECD-MA Rz. 74). Wird ein Patent veräußert und nicht nur zeitlich begrenzt zur Nutzung überlassen, liegt trotz der territorialen Begrenzung des Patents kein Fall des Art. 12 Abs. 2 vor, vgl. Wassermeyer/*Wassermeyer,* Art. 12 OECD-MA Rz. 74f.. Der Erwerber des Patents kann wiederum Lizenzgebühren aus der Überlassung des Patentes erzielen. Die Art der Zahlung ist unerheblich, so dass auch die Veräußerung gegen eine Rentenzahlung nicht unter Art. 12 OECD-MA fällt.

69 **cc) Warenzeichen:** Da der Begriff der Warenzeichen abkommensrechtlich nicht definiert ist, erfolgt nach Art. 3 Abs. 2 OECD-MA ein Rückgriff auf das innerstaatliche Recht des Anwendestaates. In Deutschland wurde das Warenzeichengesetz zum 1.1.1995 durch das **Markengesetz** abgelöst; die deutschen DBA verwenden den Begriff des Warenzeichens aber trotz der anderslautenden Bezeichnung im nationalen Recht weiter (so auch anstelle des Markenbegriffs in der DE-VG). An die Stelle des Warenzeichens ist in Deutschland der Markenname bzw. das Markenzeichen getreten. Zur Bestimmung des abkommensrechtlichen Begriffs „Warenzeichen" ist daher aus deutscher Sicht auf den Markenbegriff i. S. des Markengesetzes abzustellen, der wiederum im Lichte des Abkommens auszulegen ist. Soweit sich aus dem Abkommen daher nichts anderes ergibt, sind nur Warenmarken i. S. von § 3 Markengesetz und keine Dienstleistungsmarken von Art. 12 Abs. 2 OECD-MA erfasst, vgl. FWK/*Häck*, Art. 12 DBA *Schweiz* Rz. 46. Lizenzgebühr ist die Vergütung, die für das Recht gezahlt wird, eine Ware mit einem bestimmten Markenzeichen, welches als solches durch Eintragung in ein Register besonders geschützt ist, zu versehen. So erzielt ein Sportler Lizenzgebühren, wenn er das **Versehen eines Produktes** mit seinem als Marke geschützten Namen (auch Künstler- oder Spitznamen) gegen Vergütung gestattet. Ist sein Name allerdings nicht als Markenname durch Eintragung geschützt, stellt die Überlassung des Namens zu Werbezwecken, die Überlassung eines (urheberrechtlich nicht geschützten) Persönlichkeitsrechts dar. Die Vergütungen hierfür stellen ohne ausdrückliche Einbeziehung in Art. 12 keine Lizenzgebühren dar. Eine Vergütung, die dafür gezahlt wird, mit einem bestimmten Warenzeichen bzw. Markenzeichen versehene Waren zu **vertreiben,** stellt dagegen keine Lizenzgebühr dar (vgl. BFH BStBl. II 1989, 101; BFH/NV 1989, 393; Wassermeyer/*Wassermeyer,* Art. 12 OECD-MA Rz. 68). Dies ist auch dann nicht der Fall, wenn es sich um ein **exklusives Vertriebsrecht** handelt, vgl. MA-Komm. Ziff. 10.1. Im Rahmen von Betriebsverpachtungen werden häufig Markennamen bzw. -zeichen mit überlassen. Die Pacht ist teilweise als Lizenzgebühr i. S. von Art. 12 zu qualifizieren, wenn die Überlassung der Marken im Verhältnis der ansonsten verpachteten Wirtschaftsgüter keine ganz untergeordnete Bedeutung einnimmt (vgl. auch Wassermeyer/*Wassermeyer,* Art. 12 OECD-MA Rz. 69). Auch Vergütungen, die innerhalb eines **Konzerns** für die Überlassung von geschützten Marken gezahlt werden, sind insoweit als Lizenzgebühren anzusehen, als sie angemessen sind (s. dazu BFH BStBl. II 2001, 140). Zur Bedeutung von Namens- und Markenlizenzen im Konzern vgl. *Storck,* StRev. 1993, 497.

70 **dd) Muster und Modelle:** Muster (in Flächenform) und Modelle (in Raumform) sind oft oder regelmäßig Gegenstand von Ausschließlichkeitsrechten („kleine" gewerbliche Schutzrechte: in Deutschland die Geschmacks- und Gebrauchsmuster, § 1 Geschmacksmustergesetz und § 1 Gebrauchsmustergesetz). Wegen der Anknüpfung an das Zivilrecht muss das Schutzrecht auch hier entstanden sein (z. B. durch Eintragung oder jedenfalls Anmeldung, regelmäßig ohne Prüfung). Die Vernichtbarkeit oder die spätere Vernichtung, auch ex tunc, hindert nicht die Annahme von Lizenzgebühren bis zur Rechtskraft der Nichtigerklärung. Der Steuerabzug bei Mustern und Modellen richtet sich im deutschen innerstaatlichen Recht nach § 50a Abs. 1 Nr. 3 EStG.

ee) Pläne, Geheime Formeln oder Verfahren: Hierher gehört das Know-how i. e. S., nämlich alle **Betriebsgeheimnisse** technischer und kommerzieller Art. Sie sind in den meisten Ländern zwar nicht absolut, wenigstens aber relativ (straf- und/oder zivilrechtlich) geschützt oder schutzfähig (vgl. *Krasser,* GRUR 1977, 177; s. für Deutschland die zahlreichen Vorschriften im UWG sowie den Beschluss des BVerfG v. 14.3.2006, BVerfGE 115, 205, zum Schutz der Betriebsgeheimnisse der Telekom gegenüber ihren Konkurrenten). Deshalb verwendet Art. 12 Abs. 2 für sie zutreffend das Merkmal „Recht auf Benutzung" (Nutzungsüberlassung) wie bei den absoluten gewerblichen Schutzrechten. Das Recht auf Benutzung entsteht hier regelmäßig schon durch befugte Bekanntgabe (rechtmäßige Offenbarung des Geheimnisses); es kann durch ein Benutzungsverbot für die Zeit nach dem Ende des Lizenzvertrages zeitlich begrenzt werden. Zur Abgrenzung eines relativ einfachen Rezepts (für Räucherstäbchen der Krishna-Gemeinschaft) vom Geschäftsgeheimnis vgl. *Cour administrative d'appel de Paris* Req. n. 891453 Dr. Fisc. 1992 comm. 1840 concl. *Martin: DBA Frankreich/USA.* Pläne können urheberrechtlich geschützt sein (sie fallen dann bereits als Urheberrechte unter Art. 12). Die besondere Nennung von Plänen im OECD-MA bezieht sicht auf Pläne, die keinen urheberrechtlichen Schutz genießen. Diese Pläne sind dem Know-how zuzurechnen (vgl. SKK/*Käbisch/Strunk,* Art. 12 OECD-MA Rz. 94 und auch BFH BStBl. II 2003, 249). 71

ff) Gewerbliche, kaufmännische oder wissenschaftliche Erfahrungen: 72
Dieses Know-how i. w. S. schließt nichtgeschütztes, nichtgeheimes Erfahrungswissen – „expérience acquise" – ein. Im Unterschied zum allgemeinen Fachwissen („Stand der Technik") sind Erfahrungen schon begrifflich bezogen auf das Wissen einer bestimmten Person oder Personengruppe: Erfahrungen, die jeder (Fachmann) macht oder kennt bzw. kennen könnte, sind kein spezielles Erfahrungswissen mehr, sondern allgemeines Wissen. Insoweit sind „Erfahrungen" („Know-how") zwar nicht notwendig geheim im strengen Sinne (niemandem bekannt), aber darum doch nicht „offenkundig". Die bis 2008 im MA-Komm. Ziff. 11 zitierte Definition der ANBPPI sprach von der „Gesamtheit des Außenstehenden nicht zugänglich gemachten technischen Wissens" („undivulged") und verlangte, dass dieses Wissen nicht schon aus einer Untersuchung der unter Verwendung solchen Wissens gefertigten Erzeugnisse gewonnen werden kann und über eine bloße Kenntnis des technischen Fortschritts hinausgeht (kritisch dazu Wassermeyer/*Wassermeyer,* Art. 12 OECD-MA Rz. 81 mit dem zutreffenden Hinweis, dass diese Definition das kaufmännische Erfahrungswissen vernachlässige, welches ebenfalls zu den gewerblichen Erfahrungen gehört). Mit der Aktualisierung des MA-Komm. Ziff. 11 im Jahr 2008 wurde die Gesamtheit des Außenstehenden nicht zugänglich gemachten kaufmännischen, technischen und wissenschaftlichen Erfahrungen in die Definition einbezogen und der Verweis auf die Definition der ANBPPI aufgegeben. Dieser Bezug der „Erfahrungen" zur Person des Erfahrenden (und somit Lizenzgebers) unterscheidet die Mitteilung von Erfahrungen i. S. v. Art. 12 (s. Rz. 56 f.) von Unterricht, Schulung oder Lehre, also von den Dienstleistungen außerhalb des Art. 12. Die ausdrückliche Einbeziehung technischer Erfahrungen in manchen DBA (z. B. *DBA Australien, Iran, Marokko* und *Pakistan*) bedeutet weder eine Ausdehnung noch eine Einschränkung des Begriffs gegenüber dem MA. Das Know-how kann grundsätzlich unverkörpert sein (undokumentiertes Wissen), der Begriff umfasst aber auch seine Dokumentation (z. B. durch Pläne, (Auf-)Zeichnungen) und Übermittlung; so *Income Tax Appelate Tribunal, Delhi Bench,* ITO v. Munak Galva Sheets Ltd., ITD 35, 304, zit. nach *Desai,* TNI February 1991, 152 (153); zur Dokumentation s. a. *Income Tax Appelate Tribunal, Bangalore Bench,* AEG v. Commissioner, ITD 48, 359, zit. nach *Desai,* TNI April 1994, 1122; zu Plänen s. Rz. 70. Zur „schleichenden" Übertragung

von Know-how insbesondere bei Verlagerungen von Funktionen s. Wassermeyer/*Wassermeyer,* Art. 12 OECD-MA Rz. 88. Das Erfahrungswissen muss einer anderen Person überlassen bzw. mitgeteilt werden, damit diese es für eigene Zwecke selbstständig nutzen kann. Die Art und Weise der Übermittlung ist grds. irrelevant. Das Know-how muss nicht notwendigerweise in schriftlicher Form oder auf Datenträgern überlassen werden. Verwendet der Wissensträger das Know-how für eigene Zwecke, z. B. indem er es anwendet, um eine Werk- oder Dienstleistung zu erbringen, so liegen keine Lizenzgebühren vor (vgl. BFH BStBl. II 1988, 49; BFH/NV 2000, 1182). Dies ist auch der Fall, wenn während der Werk- oder Dienstleistung neues Erfahrungswissen entsteht und der Auftraggeber und dem Auftraggeber mitgeteilt wird (s. MA-Komm. Ziff. 11). Versetzt der Wissensträger den anderen jedoch in die Lage, die gewünschte Handlung selbst vorzunehmen bzw. das gewünschte Ergebnis selbst herbeizuführen, so ist die Vergütung für die Überlassung des Know-hows Lizenzgebühr.

73 Zur Nichteinbeziehung von Know-how-Lizenzen in den Lizenzgebühren-Begriff, wenn sie im DBA nicht ausdrücklich genannt werden, vgl. BFH BStBl. II 1970, 428 (430); II 1970, 567 (569): *DBA Großbritannien 1958* bzw. *DBA USA 1954/65.* Ähnlich eine Entscheidung des indischen *High Court Calcutta:* Das *DBA Großbritannien/Indien* bezog Know-how nicht in den Lizenzbegriff ein; das Gericht entschied, dass die weitergehende Lizenzdefinition des indischen Steuergesetzes zur DBA-Auslegung nicht heranzuziehen sei (Commissioner v. Davy Ashmore, 190 ITR 626 (Calcutta), zit. nach *Govind,* BIFD 1993, 37; *Desai,* TNI October 1991, 1080).

74 **gg) Gemischte Verträge und Nebenleistungen:** Bei gemischten Verträgen, z. B. der Ergänzung einer Patent- oder Know-how-Lizenz durch technische Unterstützung, hält der MA-Komm. Ziff. 11.6 eine **Aufteilung** für angemessen. Dazu muss aber den verschiedenen Leistungen im Rahmen des gesamten Vertrages ein gewisses **eigenes Gewicht** zukommen, auch wenn die Parteien den Vertrag nur für alle Leistungen gemeinsam abschließen wollten und auf keine von ihnen verzichtet hätten. Jedoch hält es der MA-Komm. a. a. O. bei gemischten Verträgen für möglich, ausschließlich auf die Hauptleistung abzustellen, wenn die anderen Leistungen nur Nebenleistungen **und** wenn sie größtenteils bedeutungslos sind (vgl. auch BFH BStBl. II 1977, 623: zum innerstaatlichen Steuerrecht). Diese doppelte Voraussetzung wird selten gegeben und somit regelmäßig eine Aufteilung doch erforderlich sein; es sei denn, das Abkommen behandelt beide Leistungen gleich, wie etwa in dem wohl häufigsten Fall der gemischten Patent-Know-how-Lizenz. Auch **Franchise-Verträge** sind gemischt und in einen Lizenzteil (Art. 12) und andere Teile (z. B. Dienstleistung, Lieferung) aufzugliedern; vgl. MA-Komm. a. a. O. und ÖstBMF v. 29.9.1997, SWI 1997, 486. Die Problematik kann sich auch bei der Veräußerung von Hardware und gleichzeitiger Überlassung von Software stellen, vgl. MA-Komm. Ziff. 17, aber grundsätzlich bei jeder Überlassung von immateriellen Wirtschaftsgütern vorkommen. So kann ein Patent über ein Medikament zusammen mit der Maschine, mit der dieses Medikament hergestellt werden kann, überlassen werden (sog. „technical bundle", s. dazu *Abdellatif,* BIT 2011 No. 11). Auch in diesen Fällen ist grundsätzlich in Lizenzeinkünfte und in andere Einkünfte aufzuteilen. Bei der Vermietung oder Verpachtung von Ausrüstungsgegenständen (Maschinen, Computeranlagen) können die Einkünfte aber insgesamt als Lizenzgebühren zu qualifizieren sein, wenn das jeweilige Abkommen auch die Nutzungsüberlassung von Ausrüstungen in den Lizenzbegriff einbezieht (s. dazu Rz. 88). Zum Steuerabzug nach § 50a Abs. 1 Nr. 3 EStG bei sog. gemischten Verträgen s. *Kowallik,* IWB 2010, 48.

3. Besonderheiten des UN- und US-MA

Das UN-MA bezieht ausdrücklich „Filme und Bänder für Fernseh- und Rundfunkübertragungen" in die Lizenzgegenstände ein. Diese Erweiterung war schon in der Kommentierung des OECD-MA vorgesehen (s. MA-Komm. Ziff. 10) und ist auch in zahlreichen DBA enthalten. Weiter gehören Vergütungen für die Überlassung von gewerblichen, kaufmännischen oder wissenschaftlichen **Ausrüstungen** nach dem UN-MA zu den Lizenzgebühren. Das US-MA in der Fassung von 2006 schließt nunmehr auch Lizenzgebühren für kinematographische Filme mit ein. Nach den US-TE zu Art. 12 US-MA umfasst der Lizenzgebührenbegriff auch Entgelte für Aufzeichnungen für Fernseh- oder Rundfunkübertragungen. Ebenso wie das OECD-MA (seit 1992) umfasst das US-MA (seit 1996) keine Vergütungen für die Benutzung oder das Recht auf Benutzung gewerblicher, kaufmännischer oder wissenschaftlicher Ausrüstungen. Derartige Lizenzgebühren werden in den meisten Fällen als gewerbliche Einkünfte behandelt (Art. 7). Des Weiteren zählt das US-MA zu den Lizenzgebühren auch den **Veräußerungspreis** für lizenzfähige Rechte und Güter, soweit er sich nach dem Ertrag, der Benutzung oder der Verfügung über diese Güter bestimmt. Dies entspricht dem innerstaatlichen Recht der Vereinigten Staaten (vgl. EJGK/*Gohr,* DBA USA Art. 12 Rz. 33), steht aber im Gegensatz zu der Kommentierung des OECD-MA (s. Vorbehalt Ziff. 46.1). 75

II. Deutsche DBA

1. Abkommensübersicht zu Artikel 12 Abs. 2

79

DBA	MA-Regelung: Definition von „Lizenzgebühren"	Artikel	Rz.
Ägypten	≈ MA; auch Nutzung von Ausrüstungen	12 Abs. 3	88
Albanien 2010	≈ MA; auch Nutzung von Persönlichkeitsrechten und Aufzeichnung v. Veranstaltungen	12 Abs. 3	83; 91a ff.
Algerien 2007	≈ MA	12 Abs. 3	83
Argentinien	≈ MA; auch Nutzung von Ausrüstungen	12 Abs. 3	88
Armenien	s. UdSSR		
Aserbaidschan	≈ MA; auch Nutzung von Persönlichkeitsrechten und Aufzeichnung v. Veranstaltungen	12 Abs. 3	91a ff.
Australien	≈ MA; Einbeziehung von kommerzieller und technischer Unterstützung; auch Nutzung von Ausrüstungen	12 Abs. 2	83; 88
Bangladesch	≈ MA; auch Nutzung von Ausrüstungen; Ausschluss von Zahlungen für die Ausbeutung von Bodenschätzen	12 Abs. 3	88
Belarus	≈ MA; auch Nutzung von Ausrüstungen und Transportfahrzeugen	12 Abs. 3	88
Belgien	≈ MA; auch Nutzung von Ausrüstungen (ohne unbewegliches Vermögen i. S. des Art. 6)	12 Abs. 2	88

DBA	MA-Regelung: Definition von „Lizenzgebühren“	Artikel	Rz.
Bolivien	≈ MA; auch Nutzung von Ausrüstungen	12 Abs. 2	88
Bosnien-Herzegowina	s. Jugoslawien		
Bulgarien 2010	≈ MA; auch Nutzung von Ausrüstungen (bis Ende 2014); auch Nutzung von Persönlichkeitsrechten und öffentliche Aufführung von Aufzeichnung v. Veranstaltungen	12 Abs. 3	88; 91a ff.
China1985	≈ MA; auch Nutzung von Ausrüstungen	12 Abs. 3	88
China 2014 (E)	≈ MA; auch Nutzung von Ausrüstungen	12 Abs. 3	88
Costa Rica 2014 (E)	≈ MA; auch Nutzung von Ausrüstungen; auch Nutzung von Persönlichkeitsrechten und Aufzeichnung von Veranstaltungen	12 Abs. 3	88; 91a ff.
Dänemark	≈ MA	12 Abs. 2	
Ecuador	≈ MA; auch Nutzung von Ausrüstungen	12 Abs. 2	88
Elfenbeinküste	≈ MA; auch Nutzung von Ausrüstungen	12 Abs. 3	87 f.
Estland	≈ MA; auch Nutzung von Ausrüstungen	12 Abs. 3	83; 88
Finnland	≈ MA; auch Nutzung von Ausrüstungen	12 Abs. 3	88
Frankreich	≈ MA; einschließlich Veräußerungen; auch Nutzung von Ausrüstungen; Ausschluss von Zahlungen für die Ausbeutung von Bodenschätzen	15 Abs. 1–4	82; 88
Georgien	≈ MA; auch Nutzung von Persönlichkeitsrechten und Aufzeichnung v. Veranstaltungen	12 Abs. 2	91a ff.
Ghana	≈ MA; Einbeziehung von Dienstleistungsvergütungen; auch Nutzung von Persönlichkeitsrechten und Aufzeichnung v. Veranstaltungen	12 Abs. 3, 4	83 f.; 91a ff.
Griechenland	≈ MA; auch Nutzung von Ausrüstungen; Ausschluss von Filmlizenzen	VIII Abs. 2; II Abs. 1 Nr. 6	88; 90
Großbritannien 1964/70	≈ MA; einschließlich Veräußerungen; Ausschluss von Filmlizenzen und von Zahlungen für die Ausbeutung von Bodenschätzen; auch Nutzung von Ausrüstungen	VII Abs. 2 Buchst. b, Abs. 4	82 f.; 88; 90
Großbritannien 2010	≈ MA	12 Abs. 2	
Indien	≈ MA; auch technische Dienstleistungen und Nutzung von Ausrüstungen	12 Abs. 3, 4	83 f.; 88
Indonesien	≈ MA; auch technische Dienstleistungen und Nutzung von Ausrüstungen	12 Abs. 2, 3	84; 88

DBA	MA-Regelung: Definition von „Lizenzgebühren“	Artikel	Rz.
Iran	≈ MA; auch Nutzung von Ausrüstungen	12 Abs. 3	87 f.
Irland 2011	≈ MA; auch Nutzung von Persönlichkeitsrechten und Aufzeichnung v. Veranstaltungen	12 Abs. 2	82; 88
Island	≈ MA; auch Nutzung von Ausrüstungen	12 Abs. 2	88
Israel	≈ MA; auch Nutzung von Ausrüstungen („Gerät“)	14 Abs. 1–3	88
Italien	≈ MA; auch Nutzung von Ausrüstungen	12 Abs. 3, 4	88
Jamaika	≈ MA; Einbeziehung von Geschäftsführungs- oder technischen Dienstleistungen; auch Nutzung von Ausrüstungen	12 Abs. 3, 7	83; 88
Japan	≈ MA; auch Nutzung von Ausrüstungen (ohne Container)	12 Abs. 3	88
Jugoslawien	≈ MA; auch Nutzung von Ausrüstungen	13 Abs. 3	88
Kanada	≈ MA; auch Nutzung von Ausrüstungen	12 Abs. 4	88 f.
Kasachstan	≈ MA; auch Nutzung von Ausrüstungen	12 Abs. 3	83; 88
Kenia	≈ MA; auch Nutzung von Ausrüstungen	12 Abs. 3, 4	86; 88
Kirgisistan	≈ MA; auch Nutzung von Persönlichkeitsrechten und Aufzeichnung von Veranstaltungen	12 Abs. 3	91a ff.
Korea	≈ MA; auch Nutzung von Ausrüstungen	12 Abs. 3	88 f.; 92 b
Kosovo	s. Jugoslawien		
Kroatien	≈ MA	12 Abs. 2	
Kuwait	≈ MA; auch Nutzung von Ausrüstungen; Ausschluss von Dienstleistungen	12 Abs. 3	83; 88
Lettland	≈ MA; auch Nutzung von Ausrüstungen; Abgrenzung zu technischen Dienstleistungen, Beratung oder Geschäftsführung	12 Abs. 3; Prot. Nr. 6	83; 88
Liberia	≈ MA; auch Nutzung von Ausrüstungen; einschließlich Verpflichtung zur Nichtüberlassung von Sonderrechten	12 Abs. 3; Prot. Nr. 8	88
Liechtenstein 2011	≈ MA; Herausnahme von Sondervergütungen	11 Abs. 2	83; 92 b
Litauen	≈ MA; auch Nutzung von Ausrüstungen; Abgrenzung zu technischen Dienstleistungen, Beratung oder Geschäftsführung	12 Abs. 3; Prot. Nr. 6	83; 88
Luxemburg 2012	≈ MA	12 Abs. 3	
Malaysia 2010	≈ MA; Einbeziehung technischer Dienstleistungen; auch Nutzung von Ausrüstungen	12 Abs. 3, 4	84; 88

DBA	MA-Regelung: Definition von „Lizenzgebühren“	Artikel	Rz.
Malta	≈ MA	12 Abs. 2	83; 92 b
Marokko	≈ MA; Einbeziehung von „Studien“; auch Nutzung von Ausrüstungen (ohne unbewegliches Vermögen i. S. des Art. 6)	12 Abs. 3	83; 87 f.
Mauritius 2011	≈ MA	12 Abs. 3	
Mazedonien 2006	≈ MA; auch Nutzung von Persönlichkeitsrechten und Aufzeichnung von Veranstaltungen	12 Abs. 3	91a ff.
Mexiko 2008	≈ MA; auch Veräußerung, wenn Vergütung von Ertrag oder Nutzung abhängig; Abgrenzung zu technischen Dienstleistungen; auch Nutzung von Ausrüstungen; auch Nutzung von Persönlichkeitsrechten und Aufzeichnung von Veranstaltungen	12 Abs. 3; Prot. Nr. 3 Buchst. c	82 f.; 88; 91a ff.
Moldau	s. UdSSR		
Mongolei	≈ MA; auch Nutzung von Ausrüstungen	12 Abs. 2	88
Montenegro	s. Jugoslawien		
Namibia	≈ MA; auch Nutzung von Ausrüstungen	12 Abs. 2	88
Neuseeland	≈ MA; auch Nutzung von Ausrüstungen, soweit Vergütung nach der Produktion bemessen wird; Abgrenzung zu technischen Dienstleistungen	12 Abs. 3; Prot. Nr. 4 Buchst. D	83; 88
Niederlande 1959/2004	≈ MA; einschließlich Veräußerungen; Anführung nur „gewerblicher“ Erfahrungen; auch Nutzung von Ausrüstungen	15 Abs. 1–3	82 f.; 88
Niederlande 2012 (E)	≈ MA	12 Abs. 2	
Norwegen 1991	≈ MA	12 Abs. 2	
Norwegen 2013 (E)	≈ MA	12 Abs. 2	
Oman 2012 (E)	≈ MA; auch Nutzung von Ausrüstungen; auch Nutzung von Persönlichkeitsrechten und Aufzeichnung von Veranstaltungen	12 Abs. 3	88; 91a ff.
Österreich	≈ MA	12 Abs. 2	83; 92 b
Pakistan	≈ MA; Einbeziehung technischer Dienstleistungen; auch Nutzung von Ausrüstungen	12 Abs. 3, 4	83; 88
Philippinen 1983	≈ MA; auch Nutzung von Ausrüstungen	12 Abs. 3	88
Philippinen 2013	≈ MA; auch Nutzung von Persönlichkeitsrechten und Aufzeichnung von Veranstaltungen	12 Abs. 3	91a ff.
Polen	≈ MA; auch Nutzung von Ausrüstungen und Nutzung von Persönlichkeits-	12 Abs. 3	88; 91 a

DBA	MA-Regelung: Definition von „Lizenzgebühren“	Artikel	Rz.
	rechten und Aufzeichnung von Veranstaltungen		
Portugal	≈ MA; auch Nutzung von Ausrüstungen	12 Abs. 3	88
Rumänien	≈ MA; einschließlich Computerprogramme; auch Nutzung von Persönlichkeitsrechten und Aufzeichnung von Veranstaltungen	12 Abs. 3	89; 91a ff.
Russische Föderation	≈ MA; einschließlich Computerprogramme; auch Nutzung von Ausrüstungen	12 Abs. 2	88 f.
Sambia	≈ MA; auch Nutzung von Ausrüstungen	12 Abs. 3	88
Schweden	≈ MA	12 Abs. 2	83
Schweiz	≈ MA; auch Nutzung von Ausrüstungen	12 Abs. 2	88
Serbien	s. Jugoslawien		
Simbabwe	≈ MA; Einbeziehung technischer Dienstleistungen; auch Nutzung von Ausrüstungen	12 Abs. 3, 4	83; 88
Singapur	≈ MA; auch Nutzung von Ausrüstungen	12 Abs. 3	88
Slowakei	s. Tschechoslowakei		
Slowenien	≈ MA; auch Nutzung von Persönlichkeitsrechten und Aufzeichnung von Veranstaltungen	12 Abs. 3	91a ff.
Spanien 2011	≈ MA; auch Nutzung von Ausrüstungen; auch Nutzung von Persönlichkeitsrechten und Aufzeichnung von Veranstaltungen	12 Abs. 2	88; 91a ff.
Sri Lanka	≈ MA; auch Nutzung von Ausrüstungen	12 Abs. 3	88
Südafrika 1973	≈ MA; auch Nutzung von Ausrüstungen	9 Abs. 2	88
Südafrika 2008 (E)	≈ MA	12 Abs. 2	92b
Syrien 2010	≈ MA; auch Nutzung von Persönlichkeitsrechten und Aufzeichnung v. Veranstaltungen	12 Abs. 3	91a ff.
Tadschikistan	≈ MA; auch Nutzung von Persönlichkeitsrechten und Aufzeichnung v. Veranstaltungen	12 Abs. 3	91a ff.
Taiwan 2011	≈ MA; auch Nutzung von Persönlichkeitsrechten und Aufzeichnung v. Veranstaltungen	12 Abs. 3	91 a
Thailand	≈ MA; einschließlich Veräußerungen	12 Abs. 2, 3	82
Trinidad und Tobago	≈ MA; auch Nutzung von Ausrüstungen	12 Abs. 4	88
Tschechien	s. Jugoslawien		
Tschechoslowakei	≈ MA; auch Nutzung von Ausrüstungen	12 Abs. 3	88
Türkei 2011	≈ MA; auch Nutzung von Ausrüstungen;	12 Abs. 3; Prot. Nr. 2	82 f.; 91a ff.

DBA	MA-Regelung: Definition von „Lizenzgebühren“	Artikel	Rz.
	auch Nutzung von Persönlichkeitsrechten; Ausschluss von Dienstleistungen	Buchst. a	
Tunesien	≈ MA; Einbeziehung von „Studien“	12 Abs. 2	83; 86 f.
Turkmenistan	s. UdSSR		
UdSSR	≈ MA; einschließlich Veräußerungen; auch Programme für elektronische Datenverarbeitungsanlagen; Nutzung von Ausrüstungen; Einbeziehung technischer Dienstleistungen	9 Abs. 2, 3	82 f.; 88 f.
Ukraine	≈ MA	12 Abs. 3, 4	
Ungarn 2011	≈ MA; auch Nutzung von Persönlichkeitsrechten und Aufzeichnung von Veranstaltungen	12 Abs. 2	91a ff.
Uruguay 2010	≈ MA; auch Nutzung von Persönlichkeitsrechten und Aufzeichnung von Veranstaltungen	12 Abs. 3	91a ff.
USA 1989	≈ MA; einschließlich Veräußerungen soweit abhängig von Ertragskraft, Nutzung oder Weiterveräußerung; Ausschluss von Film- und Fernsehlizenzen etc.; Einbeziehung von Aufzeichnungen	12 Abs. 2; Prot. Nr. 12	82 f.; 90
USA 1989/2006	≈ MA; einschließlich Veräußerungen soweit abhängig von Ertragskraft, Nutzung oder Weiterveräußerung; Ausschluss von Film- und Fernsehlizenzen etc.; Einbeziehung von Aufzeichnungen	12 Abs. 2; Prot. Nr. 11	82 f.; 90
Usbekistan	≈ MA	12 Abs. 2, 3	83; 92 b
Venezuela	≈ MA; auch Nutzung von Ausrüstungen	12 Abs. 2	88
Vereinigte Arabische Emirate 2010	≈ MA; auch Nutzung von Ausrüstungen; Ausschluss von Dienstleistungen	12 Abs. 3; Prot. Nr. 2 Buchst. c	88
Vietnam	≈ MA; Einbeziehung technischer Dienstleistungen; auch Nutzung von Ausrüstungen	12 Abs. 2, 3	83 f.; 88
Weißrussland	s. Belarus		
Zypern 2011	≈ MA; auch Nutzung von Persönlichkeitsrechten und Aufzeichnung	12 Abs. 2	91a ff.

2. Erläuterungen

80 **a)** Im Gegensatz zu den aus der Vorkriegszeit stammenden älteren DBA enthalten nunmehr sämtliche Abkommen, die Deutschland abgeschlossen hat und die die Doppelbesteuerung von Ertragseinkünften vermeiden wollen, **eine eigenständige Regelung zu Lizenzgebühren**.

81 **b) Abweichungen von der Definition:** Die Definition der Lizenzgebühren gibt in allen deutschen Abkommen mindestens den Grundgehalt des Art. 12

Abs. 2 wieder. Die Rechtsfolge ist im Wesentlichen abhängig davon, ob das Abkommen die Besteuerung der Lizenzgebühren im Quellenstaat ausschließt oder sie nur beschränkt (s. Abs. 1). Wegen dieser sich unterscheidenden Rechtsfolgen sowohl bei Art. 12 als auch bei den anderen gegebenenfalls ersatzweise eingreifenden Artikeln des DBA wirken sich die sehr häufigen Abweichungen in der Definition der „Lizenzgebühren" unterschiedlich aus. Zahlreiche deutsche Abkommen weichen insoweit vom OECD-MA ab, als sie ein beschränktes Besteuerungsrecht für den Quellenstaat vorsehen. Hinsichtlich des Quellensteuersatzes wird häufig nach den Lizenzgegenständen differenziert, so dass in diesen Fällen auch der richtigen Einordnung Bedeutung zukommt.

Einige (vor allem ältere) Abkommen fassen **Veräußerungen** unter den Lizenz- 82
artikel *(DBA Frankreich, Großbritannien1964/70, Irland 1964, Luxemburg 1959/2009, Niederlande 1959/2004, Thailand, UdSSR)*. Die *DBA Mexiko 2008* sowie *USA 1989* und *1989/2006* sehen dies vor für den Fall, dass die Vergütung von der Ertragskraft oder von der Nutzung des veräußerten Gutes abhängt. In diesen Fällen kann eine Abgrenzung zwischen Nutzungsüberlassung und Veräußerung unterbleiben. Materiell wirkt sich die Einbeziehung von Veräußerungen aber regelmäßig nur aus, wenn der Lizenzartikel ein Besteuerungsrecht des Quellenstaates vorsieht. S. zu den Auswirkungen nach dem *DBA USA 1989/2006* EJGK/*Gohr,* Art. 12 DBA USA Rz. 5. Das *DBA USA 1989/2006* weist außerdem die Besonderheit auf, dass die Definition der Lizenzgebühren in Art. 12 Abs. 2 **nicht abschließend** ist.

Hinsichtlich des **Gegenstandes** der Überlassung besteht eine Tendenz zur 83
Ausweitung: Nur wenige Abkommen sind **enger** als das MA, z. T. relativ geringfügig oder im Ergebnis ohne große Bedeutung, z. B. durch Ausschluss von Filmlizenzen *(DBA Großbritannien 1964/70, USA 1989* und *1989/2006)*, Bandaufnahmen *(DBA USA 1989* und *1989/2006)*, Anführung nur „gewerblicher Erfahrungen" *(Niederlande 1959/2004)*. Ausdrücklich ausgeschlossene Vergütungen fallen dann in der Regel unter Art. 7 oder ggf. Art. 21 bzw. unter die entsprechende Regelung. Das *DBA Liechtenstein 2011* definiert Lizenzen entsprechend dem MA aber vorbehaltlich des Art. 7 Abs. 4 *DBA Liechtenstein 2011,* der Sondervergütungen an Personengesellschafter dem Art. 7 den Unternehmensgewinnen zuweist (s. dazu auch Rz. 10). Zur ausdrücklichen Einbeziehung von Aufzeichnungen von Veranstaltungen von Künstlern oder Sportlern durch Fernsehen oder Rundfunk in einigen neueren DBA s. Rz. 92a; zur Einbeziehung von Aufzeichnungen künstlerischer Veranstaltungen im *DBA USA 1989* und *1989/2006* s. Rz. 66b. Zur Einbeziehung von Persönlichkeitsrechten in die neueren DBA s. Rz. 91a. Insbesondere Abkommen mit Entwicklungsländern neigen demgegenüber zur **Aufweichung** des Lizenzbegriffs im Verhältnis zur Beratung und ähnlichen Dienstleistungen, so durch ausdrückliche Einbeziehung von kommerzieller und technischer Unterstützung oder technischen Dienstleistungen in die Lizenzgewährung *(DBA Australien, Ghana, Indien, Jamaika, Malaysia 2010, Pakistan, Simbabwe, Vietnam)* oder von „Studien" *(DBA Marokko, Tunesien)*. Zu den Besonderheiten des DBA Indien und dem daraus entstehenden Abgrenzungsfragen zwischen Art. 7 und Art. 12 insbesondere bei Maschinen und Anlagenbau in Indien durch deutsche Unternehmen s. *Bendlinger/Reinhold/Sennewald,* IStR 2013, 453 ff. Das *DBA Kuwait* in Art. 12 Abs. 3 und das *DBA Neuseeland* in Prot. Nr. 4 Buchst. d nehmen Vergütungen für Dienstleistungen aus dem Begriff der Lizenzgebühren aus; in Prot. Nr. 5 Buchst. c zum *DBA UdSSR* ist zusätzlich bestimmt, dass solche Vergütungen, wenn die Dienstleistungen im Zusammenhang mit einer Betriebstätte im anderen Vertragsstaat ausgeübt werden, nicht dem Betriebstättengewinn zugerechnet werden dürfen. Das *DBA Litauen* in Prot. Nr. 5 sowie die *DBA Estland* und *Lettland* in Prot. Nr. 6 klammern Vergütungen für technische Dienstleistun-

gen, Beratung oder Geschäftsführung aus dem Anwendungsbereich des Lizenzartikels aus und ordnen für diese in bestimmten Fällen stattdessen die Anwendung von Art. 7 bzw. 14 an. Das *DBA Kasachstan* ordnet in Prot. Nr. 1 Buchst. c für technische Dienstleistungen stets die Anwendung der Art. 7 bzw. 14 an, das *DBA Vereinigte Arabische Emirate 2010* in Prot. Nr. 2 Buchst. c für Dienstleistungen einschließlich Beratungsleistungen die Anwendung des Art. 7. Nach *DBA Albanien 2010* Prot. Nr. 2 *DBA, Oman 2012 (E)* Prot. Nr. 4 und *DBA Costa Rica 2014 (E)* Prot. Nr. 1 Buchst. c gelten Vergütungen für technische Dienstleistungen einschließlich Studien oder Entwürfe wissenschaftlicher, geologischer oder technischer Art oder für Konstruktionsverträge einschließlich dazugehöriger Blaupausen oder für Beratungs- oder Überwachungstätigkeit nicht als Lizenzgebühren nach Art. 12, sondern als Vergütungen i.S. von Art. 7 bzw. Art. 14 des Abkommens. Prot. Nr. 1 Buchst. c der *DBA Algerien 2007* und *Uruguay 2010* sowie das Prot. Nr. 2 Buchst. a des *DBA Türkei 2011* und Prot. 3 Buchst. b des *DBA Mexiko 2008* enthalten eine entsprechende Regelung.

84 Die *DBA Indonesien* und *Vietnam* **unterscheiden** Lizenzgebühren und „Gebühren für technische Dienstleistungen“, für die die gleichen Regelungen gelten, jedoch mit einem unterschiedlichen Quellensteuersatz. Die *DBA Indien* und *Malaysia 2010* enthalten zwar ebenfalls eine solche Unterscheidung; sie definieren die „technischen Dienstleistungen“ (Art. 12 Abs. 4), sehen jedoch keine unterschiedlichen Steuersätze vor. Technische Dienstleistungen in diesem Sinne liegen nur dann vor, wenn sie speziell auf die Bedürfnisse und Anforderungen eines bestimmten Kunden zugeschnitten sind und den Kunden in die Lage versetzen, das technische Wissen, das der Dienstleistung zugrunde liegt, selbstständig anzuwenden (so auch *Meloni*, BIT 2010, 315 (318); vgl. auch die Rechtsprechung der indischen Gerichte zu diesem Begriff, dargestellt anhand von zahlreichen Beispielen bei *Gandhi/Palwe*, TNI 2011, 595 (596)). Der Betreiber eines Mobilfunknetzes erbringt daher keine technische Dienstleistung (vgl. die Entscheidung des *High Court of Madras,* Skycell Communications Ltd. v. DCIT (2001) 251 ITR 53 (Mad.), zit. nach *Chishty/Chkalabb,* APTB 2009, 40 (45)). Die Verschaffung von Zugang zu einer Datenbank, die grds. jedem zahlenden Kunden zugänglich ist, ist keine technische Dienstleistung (vgl. *Income Tax Appelate Tribunal, Bangalore Bench,* Wipro Ltd. v. ITO, (2005) 278 ITR 57 (AT), zit. nach *Chishty/Chkalabb*, APTB 2009, 40 (45)). Die Klassifizierung von Diamanten stellt nach indischer Rechtsprechung keine technische Dienstleistung dar, da das Wissen und die Erfahrung, welches für die Klassifizierung notwendig war, nicht an den Kunden weitergegeben wird (s. dazu *Chishty/Chkalabb,* APTB 2009, 40 (46)). Im Zusammenhang mit einem **Anlagenbau** erbrachte Ingenieurleistungen und die notwendige Dokumentation sind keine selbständigen technischen Dienstleistungen im Sinne dieser Bestimmungen (so zutreffend *Income Tax Appelate Tribunal, Bangalore Bench,* AEG v. Commissioner ITD 48, 359: *DBA Indien 1959/84,* zit. nach *Desai,* TNI April 1994, 1122; s. auch *High Court of Madras,* CIT v. Neyveli Lignite Corporation Ltd. (2000) 243 ITR 459 (Mad), zit. nach *Chishty/Chkalabb,* APTB 2009, 40 (45), a.A. Karnataka *High Court,* AEG v. Commissioner 267 ITR 209: *DBA Indien 1959/84,* zit. nach TNS v. 25.6.2004; zum Begriff der technischen Dienstleistungen im innerstaatlichen Recht Indiens allgemein und zur Aufgabe des sog. territorial nexus s. *Ruh/Beyer,* IWB 2010, 642). Dies gilt auch für die besondere Schulung und Einweisung von Arbeitnehmern des Auftraggebers, wenn sie nur unselbständige Nebenleistungen im Verhältnis zum Hauptzweck „Anlagenbau“ darstellen (s. dazu Wassermeyer/*Wassermeyer*, Art. 12 OECD-MA Rz. 85), anders aber, wenn es nicht nur um die Bedienung von Maschinen und Anlagen geht, sondern ganz konkret um die Herstellung, Qualitätssicherung usw. von bestimmten Produkten. Das *DBA Ghana* stellt in Art. 12 Abs. 4 ausdrücklich klar, dass der Ausdruck „Dienstleistungsvergütungen“ nicht Zahlungen für Aufsichtstätigkeiten in Verbindung mit einer Bauausführung oder Montage oder für Aufsichtstätigkeiten in Verbindung mit einer Montage, die mit dem Verkauf von Maschinen oder Teilen davon in Zusammenhang steht, beinhaltet. Oft beziehen DBA mit Entwicklungsländern, denen – abweichend vom OECD- und US-MA – eine Besteuerung an der Quelle eingeräumt ist, die **technische Assistenz** in den Lizenzgebühren-Artikel mit ein. Dabei fallen auch niedrige Quellensteuersätze wegen der relativ hohen und klar zuordnungsbaren Betriebsausgaben bei der technischen Assistenz stärker ins Gewicht als bei anderen Lizenzgebühren (vgl. auch Rz. 31a zur wahlweisen Nettobesteuerung).

Der **Begriff der technischen Unterstützung** ist nicht fest umrissen (vgl. dazu *CIAT-Sekretariat* in The Exchange of Information under Tax Treaties, Veröffentlichung Nr. 25 des BIFD, 156; Antwort des spanischen Finanzministeriums, TNS 1983, 129f.: Lizenzgebühren für gemischte Lizenz- und Assistenz-Vereinbarungen seien „gemäß ihrer wahren Natur“ aufzuteilen). Sie liegt vor, wenn jemand über die Gewährung von Nutzungsrechten, die Vermietung von Ausrüstungen und die Mitteilung von Erfahrungswissen hinaus im Interesse eines Auftraggebers tätig ist. Dies gilt insbesondere, wenn der Betreffende nicht nur ihm bereits vorliegendes (Erfahrungs-)Wissen vermittelt, sondern Problemlösungen liefert, die er speziell für seinen Auftraggeber erarbeitet hat. Häufig stellt er zu diesem Zweck dem Auftraggeber für eine vorübergehende Zeit technisches Personal zur Verfügung, z.B. um dessen Arbeitnehmer in die Bedienung einer gelieferten technischen Anlage einzuweisen. Einige deutsche DBA fingieren bei einer Personalentsendung, die eine bestimmte Mindestzeit überschreitet, eine Betriebstätte des entsendenden Unternehmens; s. dazu bei Art. 5 Rz. 81. Die Einbeziehung der Entgelte für technische Dienstleistungen unter den Begriff der Lizenzgebühren dürfte möglicherweise den Interessen beider Vertragsstaaten besser gerecht werden (s. *Krause,* IWB F. 3, Deutschland, Gr. 2, 525ff.), auch wenn dies sicherlich keine Ideallösung darstellt. Denn die Einbeziehung „technischer oder geschäftlicher Unterstützung“ in die Lizenzbehandlung beseitigt zwar das Abgrenzungsproblem zwischen Unterstützung (Dienstleistungen) und Lizenzen; sie schafft dafür aber das Problem der Ausgrenzung der Unterstützungstätigkeiten, insbes. aus gewerblicher oder selbständiger Tätigkeit. **85**

Vergleichbares gilt für die Einbeziehung von **„Studien“** in den Lizenzbegriff. Ähnlich wie lizensierte Rechte sind Studien das Produkt gewerblicher oder selbständiger Tätigkeit. Von der Tätigkeit selbst sind sie also ähnlich abzugrenzen wie Lizenzgebühren und Beratungshonorare: vergütet werden nicht die vom Berater bei seiner Tätigkeit selbst verwendeten Kenntnisse, sondern die in den Studien niedergelegten und mit ihnen dem Auftraggeber überlassenen Kenntnisse. Noch weiter (zu weit) dehnt das *DBA Kenia* den Lizenzgebührenbegriff aus, indem es Zahlungen für die freiberufliche Tätigkeit der Ärzte, Anwälte, Ingenieure, Architekten, Zahnärzte und der Angehörigen der wirtschaftsberatenden Berufe als „Geschäftsleitungsvergütungen“ unter die Vorschrift über die Lizenzgebühren zieht (s. Art. 12 Abs. 4 *DBA Kenia;* vgl. auch Art. 14 Rz. 66). **86**

Die *DBA Elfenbeinkünste, Iran, Marokko* und *Tunesien* beziehen Gebühren für die Mitteilung von **landwirtschaftlichen Erfahrungen** in den Lizenzbegriff ein. Diese Anführung ist nur klarstellend (zum weiten abkommensrechtlichen Begriff der Gewerblichkeit vgl. zu Art. 7 Rz. 21ff.). Nach dem *DBA Marokko* gehören darüber hinaus die Gebühren für **wirtschaftswissenschaftliche und technische Studien** zu den Lizenzgebühren, ähnlich nach dem *DBA Tunesien* Vergütungen für wirtschaftliche und technische Studien. Die Erweiterung bedeutet eine gewisse Aufweichung der Abgrenzung gegenüber allgemeinen Kenntnissen, die nicht „Erfahrungen“ i.S. des oben Gesagten sind. **87**

88 **Gewerbliche, kaufmännische oder wissenschaftliche Ausrüstungen:** Die geltenden DBA beziehen in Übereinstimmung mit den OECD-MA 1963 und 1977 häufig noch Vergütungen für die Benutzung oder das Recht zur Benutzung von Ausrüstungen, also von beweglichen Gegenständen, in den Lizenzgebührenbegriff ein. Viele Abkommen enthalten noch eine entsprechende Klausel (auch jüngere Abkommen, obwohl die Klausel ab dem MA 1992 nicht mehr im Lizenzgebührenbegriff des Musterabkommens enthalten ist), so z. B. *DBA Belarus, Bulgarien 2010 (aber nur bis Ende 2014), China 1985 und 2014 (E), Costa Rica 2014 (E), Estland, Kanada, Kasachstan, Korea, Kuwait, Lettland, Litauen, Polen, Schweiz, Singapur; Spanien 2011;* vgl. auch den Vorbehalt von *Chile, Kanada, Tschechien, Ungarn 2011, Korea* und der *Slowakei* in MA-Komm. Ziff. 40 bzw. den Vorbehalt der Aufnahme in die Definition der „Lizenzgebühren" in Ziff. 41 durch Griechenland, Italien und Mexiko sowie von Polen in Ziff. 41.1; wobei einige DBA einen **abweichenden** (regelmäßig geringeren) Quellensteuersatz für die Benutzung oder das Recht auf Benutzung von Ausrüstungen vorsehen, s. *DBA Belarus, China 1985 und 2014 (E), Estland, Indonesien, Lettland, Litauen, Philippinen.* Einige, vor allem ältere Abkommen, sprechen hier von „Mietgebühren und ähnlichen Vergütungen" (so die *DBA Frankreich, Großbritannien 1964/70, Niederlande 1959/2004*). Zu den Ausrüstungen zählt grundsätzlich jede Art beweglicher Sachen, die für gewerbliche, kaufmännische oder wissenschaftliche Zwecke genutzt werden können, z. B. Schiffe, Kräne, Transporter, Flugzeuge, Pipelines, Einrichtungsgegenstände, Maschinen, Geräte und schwimmende Plattformen. Zu ihnen gehören auch landwirtschaftliche Ausrüstungen (ausdrückliche Einbeziehung in den *DBA Iran* und *Marokko* u. E. nur klarstellend, s. Rz. 87; a. A. Wassermeyer/*Wassermeyer,* Art. 12 OECD-MA Rz. 84). „Künstlerische" Ausrüstungen, jedenfalls dann, wenn sie entgeltlich vermietet werden, werden in aller Regel aus dem gleichen Grund „gewerblich" i. S. des Abkommens sein (vgl. London Display Company N. V., 46 Tax Cases 511: *DBA Niederländische Antillen/USA* zum Fall der Ausstellung von Madame Tussauds Wachsfiguren in einem Museum). Das gilt auch für andere von Künstlerhand geschaffene körperliche Gegenstände, wie z. B. vermietete oder auf Grund eines Leasingvertrags überlassene Gemälde, Skulpturen o. Ä. Werden Ausrüstungsgegenstände mit Bedienungspersonal zur Nutzung überlassen, ist die Vergütung aufzuteilen, da sie teilweise auf eine Dienstleistung entfällt (vgl. Wassermeyer/*Wassermeyer,* Art. 12 OECD-MA Rz. 84). Liegt die Aufgabe des Personals jedoch lediglich darin, den Mieter oder Pächter in die Nutzung einzuweisen, so ist eine einheitliche Leistung anzunehmen. Die Überlassung einer Satellitennutzung (sog. Transponder Leasing) ist i. d. R. Dienstleistung, nicht Vermietung einer technischen Ausrüstung (so auch MA-Komm. Ziff. 9.1; s. auch *Rabe,* RIW 1992, 135; BFH BFH/NV 2000, 1182: *DBA Luxemburg 1959/78;* vgl. dazu und zur zeitweise abweichenden Beurteilung in China und Indien auch *Bobbett/Jones,* TTM 2006, 23 (27); *Arnold,* BIT 2010, 134; der *Deli High Court* hat inzwischen ebenfalls gegen eine Qualifikation als Lizenzgebühren entschieden (Asia Satellite Telecommunications Co. Ltd. v. DIT [2011-TII-05-HC-DEL-INTL], dazu *Kumar/Ajinkya,* TNI 2011, 117); etwas Anderes würde nur gelten, wenn dem Nutzer die volle Sachherrschaft über den Satelliten, dessen Steuerung usw., überlassen werden würde (die Bezeichnung eines Vertrages als Transponder Leasing impliziert dabei nicht, dass dem Nutzer eine solche Sachherrschaft eingeräumt wurde). Diese Grundsätze gelten nach MA-Komm. Ziff. 9.1 auch für die Nutzung der Transportkapazität von Kabeln und Pipelines, s. dazu auch *Barret,* BIT 2011, 11 (17) sowie den Vorbehalt Deutschlands in MA-Komm. Ziff. 32. Auch bei sog. „Roaming"-Verträgen mit einem Telekommunikationsnetzwerkbetreiber werden keine Ausrüstungsgegenstände zur Nutzung überlassen, vgl. MA-Komm. Ziff. 9.2. Die Nutzung eines Radiofrequenzspektrums (sog. Spektrum-Lizenz) stellt keine Nutzung eines

Rechts i. S. v. Art. 12 Abs. 2 OECD-MA dar, vgl. MA-Komm. Ziff. 9.3. Sie ist aber auch keine Nutzung eines Ausrüstungsgegenstandes, da es sich bei dem Frequenzspektrum schlicht um keinen körperlichen Gegenstand handelt, vgl. *Barret,* BIT 2011, 11 (18). Zahlungen für die Nutzung von Servern, z. B. um eine Internetseite zu hosten, stellen nach der Entscheidung des *Income Tax Appellate Tribunal* in Delhi in der Sache Millennium Infocom Technologies v. Ass't Com'r of Income Tax, 21 SOT 152, Vergütungen für die Nutzung von Ausrüstungen dar (nach dem DBA zwischen Indien und den USA lagen daher zwar Lizenzgebühren vor, diese Qualifikation wurde aber durch das innerstaatliche indische Recht nicht nachvollzogen, was zu einer Änderung des indischen Rechts führte). Dem wird man nur folgen können, wenn der Nutzer jederzeit Zugriff auf die Funktionen des Servers (auch online) hat, um auf die Steuerung und Programmierung seiner Internetseite zuzugreifen. Dagegen liegt eine einheitliche Dienstleistung vor, wenn die Internetseite von dem Inhaber des Servers gesteuert und gewartet wird.

c) Computerprogramme und Software: Die Benutzung oder das Recht auf **89**
Benutzung von Urheberrechten an Computerprogrammen bzw. Software ist ausdrücklich im Lizenzenartikel einiger DBA enthalten *(DBA Rumänien, Russische Föderation, UdSSR;* das *DBA Bulgarien 2010* enthält anders als das *DBA Bulgarien 1988* keine ausdrückliche Erwähnung von Software mehr). Nach *Prot. Nr. 2 DBA Korea* zu Art. 12 Abs. 3 wird davon ausgegangen, dass Zahlungen jeder Art, die als Vergütung für die Benutzung von Software geleistet werden, als Lizenzgebühren behandelt werden, wenn dem Benutzer auch der Quellcode zur Verfügung gestellt wird, die Software für den spezifischen Bedarf des Endanwenders entwickelt oder angepasst wird oder die Zahlungen für den Erwerb der Software sich nach deren Rentabilität oder Nutzung bemessen. Nach Art. 12 Abs. 3 Buchst. b *DBA Kanada* dürfen Lizenzgebühren für die Benutzung von Computer-Software oder das Recht auf die Benutzung von Patenten oder Informationen betreffend gewerbliche, kaufmännische oder wissenschaftliche Erfahrungen nur im Ansässigkeitsstaat besteuert werden. Der Quellenstaat behält jedoch ein Besteuerungsrecht in den Grenzen des Abs. 2, wenn die Lizenzgebühren im Zusammenhang mit einer **Miet- oder Konzessionsvereinbarung** gezahlt werden, s. zu diesen Voraussetzungen BMF BStBl. I 2002, 1384.

d) Filme: Nach den *DBA Griechenland, Großbritannien 1964/70* sowie *USA* **90**
1989 und *1989/2006* gehören Mieten und Lizenzgebühren für **kinematographische Filme**, nach den *DBA USA 1989* und *1989/2006* auch alle mit dem Film zusammenhängenden Arbeiten, Aufzeichnungsbänder oder andere Mittel der Wiedergabe, **zu den Unternehmensgewinnen** (anders dagegen das OECD-MA, s. Rz. 67, und nunmehr auch das US-MA, s. Rz. 9 und 75). Dies bedeutet, dass der Quellenstaat diese Mieten und Gebühren nur besteuern darf, wenn sie im Rahmen einer in seinem Staatsgebiet befindlichen **Betriebstätte** bezogen werden. Da nach den betreffenden DBA diese Mieten und Lizenzgebühren auch dann, wenn sie als Lizenzgebühren i. S. des dem Art. 12 entsprechenden Artikels anzusehen wären, im Quellenstaat nur besteuert werden dürften, wenn sie einer Betriebstätte zuzurechnen wären, bewirkt ihre Unterstellung unter den Artikel über die Unternehmensgewinne **keine Änderung** der Besteuerungsbefugnis (s. dazu auch *Simon/Stolze,* IStR 2005, 398 (403 f.)). Die für Lizenzgebühren geltende Bestimmung über unangemessene Gebühren (Art. 12 Abs. 4) kann allerdings nicht unmittelbar angewendet werden.

e) Persönlichkeitsrechte: In vielen jüngeren deutschen DBA werden unter **91a**
Abweichung vom OECD-MA **ausdrücklich** Vergütungen für die Benutzung oder das Recht auf Benutzung von Namen, Bildern oder sonstigen vergleichbaren **Persönlichkeitsrechten** in den Begriff der Lizenzgebühren mit einbezogen *(DBA*

Albanien 2010, Aserbaidschan, Bulgarien 2010, Costa Rica 2014 (E), Georgien, Ghana, Irland 2011, Kirgisistan, Mazedonien 2006, Mexiko 2008, Oman 2012, Philippinen 2013, Polen, Rumänien, Slowenien, Spanien 2011, Syrien 2010, Tadschikistan, Türkei 2011, Ungarn 2011, Uruguay 2010, Zypern 2011). Ohne eine solche ausdrückliche Erwähnung im DBA dürften Entgelte für derartige Rechte nicht ohne weiteres unter den Lizenzgebührenbegriff i. S. von Art. 12 Abs. 2 OECD-MA subsumiert werden können, da das Recht am eigenen Bild oder Namen zwar urheberrechtlich geschützt sein mag (vgl. z. B. § 22 KunstUrhG), aber eigentlich kein Recht an einem künstlerischen oder literarischen Werk darstellt (s. Rz. 66c). Es würde sich dann die Frage nach der Einordnung unter Art. 7, 17 (vgl. dazu FG Münster EFG 2006, 1177: Vergütungen für die Überlassung von Persönlichkeitsrechten eines Sportlers von Art. 17 *DBA Luxemburg 1959/78* erfasst) oder Art. 21 stellen.

91b Der BFH ist allerdings der Ansicht, dass der Tatbestand der Verwertung i. S. des § 49 Abs. 1 Nr. 6 EStG durch den Sportler oder Künstler als Inhaber des an seiner Person bestehenden „Nutzungsrechts“, also bei originärer Nutzungsüberlassung, nicht selbst, sondern nur durch eine zwischengeschaltete Verwertungsgesellschaft verwirklicht werden kann (BFH BStBl. II 2005, 550; a. A. BMF BStBl. I 2005, 844: Nichtanwendungserlass). Der Gesetzgeber hat daraufhin durch das JStG 2009 u. a. die Einkünfte aus der Vermietung von Rechten, deren Verwertung in einer inländischen Betriebstätte erfolgt, in den Tatbestand des § 49 Abs. 1 Nr. 2 Buchst. f Unterbuchst. aa EStG einbezogen, so dass der Künstler mit den Einkünften aus der Verwertung seiner Persönlichkeitsrechte im Inland auch dann beschränkt steuerpflichtig ist, wenn er selbst über keine Betriebstätte im Inland verfügt. Zur Aufteilung von Gesamtvergütungen bei Einkünften von beschränkt steuerpflichtigen Fotomodellen, die teilweise unter § 49 Abs. 1 Nr. 2 Buchst. f EStG fallen, vgl. BMF BStBl. I 2009, 362.

92a Durch die in Rz. 91a genannten DBA (bis auf das *DBA Türkei 2011*) werden Entgelte für die **Aufzeichnung von Veranstaltungen** von Sportlern oder Künstlern durch Fernsehen oder Rundfunk in den Lizenzgebührenbegriff einbezogen (das *DBA Bulgarien 2010* bezieht Entgelte für die **öffentliche Aufführung** der Aufzeichnungen von Veranstaltungen von Künstlern und Sportlern in den Lizenzgebührenbegriff ein, was aber zu keiner anderen Rechtsfolge führen dürfte). Für Entgelte, die für das Aufzeichnungsrecht selbst an den Künstler bzw. Sportler gezahlt werden, sind diese Regelungen nur deklaratorisch. Entgelte, die an einen ausländischen Veranstalter gezahlt werden, stellen nach diesen DBA keine Unternehmensgewinne, sondern Lizenzgebühren dar. Dies entspricht der Auffassung des BMF (BStBl. I 1996, 89) hinsichtlich der abkommensrechtlichen Behandlung von Entgelten für Aufzeichnungsrechte als Lizenzgebühren i. S. v. Art. 12 OECD-MA. Diese Auffassung ist jedoch problematisch, da der Veranstalter in der Regel **kein Urheberrecht** an den Aufzeichnungsrechten hat (s. dazu Rz. 65). Durch die ausdrückliche Einbeziehung in den Lizenzartikel deutscher Abkommen wird die Behandlung der Vergütung als Lizenzgebühr sichergestellt. Auswirkungen hat die Auffassung des BMF und die ausdrückliche Einbeziehung in Art. 12 in den neueren DBA aber nur dann, wenn das jeweilige DBA eine Quellenbesteuerung für Lizenzgebühren zulässt und der Veranstalter keine Betriebstätte im Quellenstaat innehat.

92b In einigen neueren DBA *(Korea, Malta, Österreich, Südafrika 2008 (E), Usbekistan)* findet sich in Art. 17 allerdings eine andere Regelung: Ungeachtet des Art. 12 dürfen Vergütungen für Persönlichkeitsrechte sowie Einkünfte aus der Duldung von Aufzeichnungen und Übertragungen von künstlerischen und sportlichen Darbietungen im anderen Staat besteuert werden, auch wenn dort keine persönliche Tätigkeit ausgeübt wird (s. zum *DBA Österreich: Lang/Stefaner,* IStR 2003, 829 ff.). In diesen Fällen geht Art. 17 dem Art. 12 vor, soweit die Vergütung für die Aufzeichnungsrechte an den Künstler oder Sportler gezahlt werden, vgl. auch die Konsultationsvereinbarung zwischen Deutschland und Österreich. Für Rechte an Live-Übertragungen von Auftritten von Künstlern oder Sportlern enthält das *DBA Liechtenstein 2011* in Prot. Nr. 6 ebenfalls eine ausdrückliche Zuweisung zu Art. 17. Die gilt auch für Zahlungen an Dritte für die wirtschaftliche Verwertung von Live-Übertragungen.

D. Zu Art. 12 Abs. 3

I. Erläuterungen zu den MA

S. Vor Art. 10 bis 12 Rz. 30ff. Art. 12 Abs. 3 stellt eine Ausnahme zu dem 94
Grundsatz dar, dass Lizenzgebühren auch dann nicht unter Art. 7 fallen, wenn sie in einem Unternehmen oder durch eine selbstständige Tätigkeit erzielt werden. Werden die Lizenzgebühren in einer im Quellenstaat gelegenen Betriebstätte erzielt, so greift der Betriebstättenvorbehalt des Art. 12 Abs. 3 ein. Zur abkommensrechtlichen Behandlung von Sondervergütungen, die ein ausländischer Gesellschafter aus der Überlassung von Lizenzen an eine gewerbliche Personengesellschaft mit Sitz in Deutschland erzielt, vgl. Rz. 10. Das immaterielle Wirtschaftsgut muss der Betriebstätte zuzuordnen sein und tatsächlich zu ihr gehören.

II. Deutsche DBA

Abkommensübersicht zu Artikel 12 Abs. 3

95

DBA	MA-Regelung: Betriebstättenvorbehalt	Artikel	Rz.
Ägypten	≈ MA; mit Gleichsetzung fester Einrichtung	12 Abs. 4	
Albanien 2010	≈ MA; mit Gleichsetzung fester Einrichtung	12 Abs. 4	
Algerien 2007	≈ MA; mit Gleichsetzung fester Einrichtung	12 Abs. 4 12 Abs. 4 12 Abs. 4	
Argentinien	≈ MA; ohne den Begriff „Nutzungsberechtigter"; mit Gleichsetzung fester Einrichtung	12 Abs. 4	
Armenien	s. UdSSR		
Aserbaidschan	≈ MA; mit Gleichsetzung fester Einrichtung	12 Abs. 4	
Australien	≈ MA; ohne den Begriff „Nutzungsberechtigter"	12 Abs. 3	
Bangladesch	≈ MA; mit Gleichsetzung fester Einrichtung	12 Abs. 4	
Belarus	≈ MA; mit Gleichsetzung fester Einrichtung	12 Abs. 4	
Belgien	≈ MA; ohne den Begriff „Nutzungsberechtigter"	12 Abs. 3	
Bolivien	≈ MA; mit Gleichsetzung fester Einrichtung	12 Abs. 3	
Bosnien-Herzegowina	s. Jugoslawien		
Bulgarien 2010	≈ MA; ohne den Begriff „Nutzungsberechtigter"	12 Abs. 5	

DBA	MA-Regelung: Betriebstättenvorbehalt	Artikel	Rz.
China 1985	≈ MA; mit Gleichsetzung fester Einrichtung	12 Abs. 4	
China 2014 (E)	≈ MA; mit Gleichsetzung fester Einrichtung	12 Abs. 4	
Costa Rica 2014 (E)	≈ MA; mit Gleichsetzung fester Einrichtung	12 Abs. 4	
Dänemark	≈ MA; mit Gleichsetzung fester Einrichtung	12 Abs. 3	
Ecuador	≈ MA; ohne den Begriff „Nutzungsberechtigter"	12 Abs. 3	
Elfenbeinküste	≈ MA; mit Gleichsetzung fester Einrichtung	12 Abs. 4	
Estland	≈ MA; mit Gleichsetzung fester Einrichtung	12 Abs. 4	
Finnland	≈ MA; ohne den Begriff „Nutzungsberechtigter"; mit Gleichsetzung fester Einrichtung	12 Abs. 4	
Frankreich	≈ MA; mit Gleichsetzung fester Einrichtung	15 Abs. 5	
Georgien	≈ MA; mit Gleichsetzung fester Einrichtung	12 Abs. 3	
Ghana	≈ MA; mit Gleichsetzung fester Einrichtung	12 Abs. 5	
Griechenland	≈ MA; ohne den Begriff „Nutzungsberechtigter"; mit Gleichsetzung fester Einrichtung	VIII Abs. 3	
Großbritannien 1964/70	≈ MA; ohne den Begriff „Nutzungsberechtigter"	VII Abs. 5	
Großbritannien 2010	≈ MA	12 Abs. 3	
Indien	≈ MA; mit Gleichsetzung fester Einrichtung	12 Abs. 5	
Indonesien	≈ MA; mit Gleichsetzung fester Einrichtung	12 Abs. 4	
Iran	≈ MA; ohne den Begriff „Nutzungsberechtigter"	12 Abs. 4	
Irland 2011	≈ MA	12 Abs. 3	
Island	≈ MA; ohne den Begriff „Nutzungsberechtigter"	12 Abs. 3	
Israel	≈ MA; ohne den Begriff „Nutzungsberechtigter"	14 Abs. 4	
Italien	≈ MA; mit Gleichsetzung fester Einrichtung	12 Abs. 5	
Jamaika	≈ MA; ohne den Begriff „Nutzungsberechtigter"	12 Abs. 4	
Japan	≈ MA; ohne den Begriff „Nutzungsberechtigter"	12 Abs. 4	
Jugoslawien	≈ MA; mit Gleichsetzung fester Einrichtung	13 Abs. 4	
Kanada	≈ MA; mit Gleichsetzung fester Einrichtung	12 Abs. 5	
Kasachstan	≈ MA; mit Gleichsetzung fester Einrichtung	12 Abs. 4	

DBA	MA-Regelung: Betriebstättenvorbehalt	Artikel	Rz.
Kenia	≈ MA; ohne den Begriff „Nutzungsberechtigter“	12 Abs. 5	
Kirgisistan	≈ MA; mit Gleichsetzung fester Einrichtung	12 Abs. 4	
Korea	≈ MA; mit Gleichsetzung fester Einrichtung	12 Abs. 4	
Kosovo	s. Jugoslawien		
Kroatien	≈ MA; mit Gleichsetzung fester Einrichtung	12 Abs. 3	
Kuwait	≈ MA; mit Gleichsetzung fester Einrichtung	12 Abs. 4	
Lettland	≈ MA; mit Gleichsetzung fester Einrichtung	12 Abs. 4	
Liberia	≈ MA; ohne den Begriff Nutzungsberechtigter“	12 Abs. 4	
Liechtenstein 2011	≈ MA	12 Abs. 3	
Litauen	≈ MA; mit Gleichsetzung fester Einrichtung	12 Abs. 4	
Luxemburg 2012	≈ MA	12 Abs. 4	
Malaysia 2010	≈ MA; mit Gleichsetzung fester Einrichtung	12 Abs. 5	
Malta	≈ MA; mit Gleichsetzung fester Einrichtung	12 Abs. 3	
Marokko	≈ MA; ohne den Begriff „Nutzungsberechtigter“	12 Abs. 4	
Mauritius 2011	≈ MA	12 Abs. 4	
Mazedonien 2006	≈ MA; mit Gleichsetzung fester Einrichtung	12 Abs. 4	
Mexiko 2008	≈ MA; mit Gleichsetzung fester Einrichtung	12 Abs. 4	
Moldau	s. UdSSR		
Mongolei	≈ MA; mit Gleichsetzung fester Einrichtung	12 Abs. 3	
Montenegro	s. Jugoslawien		
Namibia	≈ MA; mit Gleichsetzung fester Einrichtung	12 Abs. 3	
Neuseeland	≈ MA; mit Gleichsetzung fester Einrichtung	12 Abs. 4	
Niederlande 1959/2004	≈ MA; ohne den Begriff „Nutzungsberechtigter“	15 Abs. 4	
Niederlande 2012 (E)	≈ MA	12 Abs. 3	
Norwegen 1991	≈ MA; mit Gleichsetzung fester Einrichtung	12 Abs. 3	
Norwegen 2013 (E)	≈ MA; mit Gleichsetzung fester Einrichtung	12 Abs. 3	
Oman 2012 (E)	≈ MA; mit Gleichsetzung fester Einrichtung	12 Abs. 4	
Österreich	≈ MA; mit Gleichsetzung fester Einrichtung	12 Abs. 3	
Pakistan	≈ MA; mit Gleichsetzung fester Einrichtung	12 Abs. 5	
Philippinen 1983	≈ MA; ohne den Begriff „Nutzungsberechtigter“	12 Abs. 4	

DBA	MA-Regelung: Betriebstättenvorbehalt	Artikel	Rz.
Philippinen 2013	≈ MA; mit Gleichsetzung fester Einrichtung	12 Abs. 4	
Polen	≈ MA; mit Gleichsetzung fester Einrichtung	12 Abs. 4	
Portugal	≈ MA; mit Gleichsetzung fester Einrichtung	12 Abs. 4	
Rumänien	≈ MA; mit Gleichsetzung fester Einrichtung	12 Abs. 4	
Russische Föderation	≈ MA; mit Gleichsetzung fester Einrichtung	12 Abs. 4	
Sambia	≈ MA; ohne den Begriff „Nutzungsberechtigter“	12 Abs. 4	
Schweden	≈ MA; mit Gleichsetzung fester Einrichtung	12 Abs. 3	
Schweiz	≈ MA; ohne den Begriff „Nutzungsberechtigter“	12 Abs. 3	
Serbien	s. Jugoslawien		
Simbabwe	≈ MA; mit Gleichsetzung fester Einrichtung	12 Abs. 5	
Singapur	≈ MA; mit Gleichsetzung fester Einrichtung	12 Abs. 4	
Slowakei	s. Tschechoslowakei		
Slowenien	≈ MA; mit Gleichsetzung fester Einrichtung	12 Abs. 4	
Spanien 2011	≈ MA	12 Abs. 3	
Sri Lanka	≈ MA; mit Gleichsetzung fester Einrichtung	12 Abs. 4	
Südafrika 1973	≈ MA; ohne den Begriff „Nutzungsberechtigter“	9 Abs. 3	
Südafrika 2008 (E)	≈ MA	12 Abs. 3	
Syrien 2010	≈ MA; mit Gleichsetzung fester Einrichtung	12 Abs. 4	
Tadschikistan	≈ MA	12 Abs. 4	
Taiwan 2011	≈ MA	12 Abs. 4	
Thailand	≈ MA; ohne den Begriff „Nutzungsberechtigter“	12 Abs. 4	
Trinidad und Tobago	≈ MA; ohne den Begriff „Nutzungsberechtigter“	12 Abs. 5	
Tschechien	s. Tschechoslowakei		
Tschechoslowakei	≈ MA; ohne den Begriff „Nutzungsberechtigter“	12 Abs. 4	
Türkei 2011	≈ MA	12 Abs. 4	
Tunesien	≈ MA; ohne den Begriff „Nutzungsberechtigter“	12 Abs. 3	
Turkmenistan	s. UdSSR		
UdSSR	≈ MA; ohne den Begriff „Nutzungsberechtigter“	9 Abs. 4	
Ukraine	≈ MA; mit Gleichsetzung fester Einrichtung	12 Abs. 5	
Ungarn 2011	≈ MA	12 Abs. 3	
Uruguay 2010	≈ MA	12 Abs. 4	
USA 1989	≈ MA; mit Gleichsetzung fester Einrichtung	12 Abs. 3	

DBA	MA-Regelung: Betriebstättenvorbehalt	Artikel	Rz.
USA 1989/2006	≈ MA; mit Gleichsetzung fester Einrichtung	12 Abs. 3	
Usbekistan	≈ MA; mit Gleichsetzung fester Einrichtung	12 Abs. 4	
Venezuela	≈ MA; mit Gleichsetzung fester Einrichtung	12 Abs. 3	
Vereinigte Arabische Emirate 2010	≈ MA	12 Abs. 4	
Vietnam	≈ MA; mit Gleichsetzung fester Einrichtung	12 Abs. 4	
Weißrussland	s. Belarus		
Zypern 2011	≈ MA	12 Abs. 3	

E. Zu Art. 12 Abs. 4

I. Erläuterungen zu den MA

1. Übereinstimmung

Alle drei Musterabkommen stimmen wörtlich überein. Auch die DE-VG verwendet denselben Wortlaut in Art. 12 Abs. 4 wie das OECD-MA. **99**

2. Erläuterungen

a) Grundzüge: Abs. 4 entspricht inhaltlich Art. 11 Abs. 6. Auf die Erläuterungen zu Art. 11 Rz. 119ff. wird deshalb verwiesen. Durch Abs. 4 wird die Anwendung des Art. 12 Abs. 1 eingeschränkt. Als Lizenzgebühr sollen für Abkommenszwecke nur solche Entgelte behandelt werden, die auch nach ihrem wirtschaftlichen Gehalt tatsächlich für die Überlassung des immateriellen Wirtschaftsgutes gezahlt werden und nicht anderweitige Vergütungen oder Zuwendungen darstellen. Der **überschießende** Teil der Zahlung ist nicht als Lizenzgebühr zu behandeln, sondern abkommensrechtlich einer anderen Vorschrift zuzuordnen. Art. 12 Abs. 4 geht davon aus, dass Lizenzgebühren zwischen verbundenen Personen unangemessen hoch sein können. Tatsächlich kommt es auch vor, dass Lizenzgebühren unangemessen niedrig vereinbart werden und daher von einem Anwendestaat nach oben korrigiert werden, was nach innerstaatlichem Recht meist zu einer Einkünftekorrektur des Ansässigkeitsstaates des Lizenzgebers führt. Diese Korrekturen fallen in den Anwendungsbereich des Art. 9. **100**

b) Besondere Beziehungen: Eine Korrektur der Lizenzgebühren der Höhe nach kommt nach Art. 12 Abs. 4 S. 1 nur in Betracht, wenn zwischen Lizenzgeber und Nutzungsberechtigten besondere Beziehungen vorliegen – vgl. zum Vorliegen „besonderer Beziehungen" zwischen Lizenzgeber und -nehmer auch FG Köln EFG 2003, 233: *DBA USA 1989,* das u.a. darauf abstellt, ob die **Existenz** der Lizenznehmer davon abhängig ist, dass ihnen die Lizenzen überlassen werden. Besondere Beziehungen können also auch durch eine **besondere Marktmacht** begründet werden, vgl. auch FWK/*Häck*, Art. 12 DBA Schweiz Rz. 70. Bestehen „besondere Beziehungen" und lässt sich feststellen, dass diese für die Gebührenbemessung ursächlich waren (s. dazu bei Art. 11 Rz. 123, 124), so ist zur Bestimmung der **angemessenen Lizenzgebühr** nach dem MA zu fragen, welches Entgelt Lizenzgeber und -nehmer, gemessen an der zugrundeliegenden Leistung, ohne **101**

diese Beziehungen vereinbart hätten. Grundsätzlich wird hierbei von der **branchenüblichen** Gebühr auszugehen sein, also von der Lizenzgebühr, die auf dem freien Markt unter den maßgebenden konkreten Umständen (z. B. Branche, Marktposition, Bekanntheit einer Marke, erwartete und erzielte Ergebnisse usw.) gefordert und bezahlt worden wäre, vgl. dazu auch FG Köln a. a. O. In der Praxis ist die Ermittlung einer fremdüblichen Gebühr häufig sehr schwierig, da Vergleichsdaten kaum verfügbar sind. Die verfügbaren Datenbanken greifen ganz wesentlich auf amerikanische Lizenzverträge zurück. Diese Schwierigkeit einer „objektiven" Quantifizierung (ver)führt nicht selten zu bloßer **Schätzung**. Vgl. z. B. die Herabsetzung einer Lizenzgebühr von 6% auf 1 bzw. 2% durch die *Cour administrative d'appel de Paris* für eine Rezeptur für Weihrauchstäbchen und die Marke „Spiritual Sky" einer religiösen Gemeinschaft (Krishna), req. n. 89 1453 Dr. Fisc. 1992 comm. 1840 (s. Rz. 71). Die amerikanische Finanzverwaltung (IRS) wendet die Comparable Profit Method (CPM) an, um zu testen, ob die Lizenz angemessen ist. Im internationalen Kontext ist die Anwendung dieser Methode jedoch schwierig, da sie allenfalls zum Outcome Testing geeignet ist und häufig nicht den Funktionen und Risiken des Lizenznehmers gerecht wird. Zur Behandlung von Lizenzgebühren im internationalen Konzern s. *Scheunemann/Dennisen*, DB 2010, 408.

II. Deutsche DBA

105 **1. Abkommensübersicht zu Absatz 4**

Die Vorschrift ist in den meisten deutschen Abkommen enthalten (außer in den *DBA Frankreich, Israel, Luxemburg 1958/78/2009* und *Niederlande 1959/2004*). Das *DBA UdSSR* stellt in Prot. Nr. 5 darauf ab, dass die Lizenzzahlungen höher sein müssen als zwischen voneinander **unabhängigen** Personen. Sonstige Abweichungen gegenüber den Musterabkommen betreffen insbesondere den Begriff des „Nutzungsberechtigten", den erst das OECD-MA 1977 einführte (siehe Vor Art. 10 bis 12 Rz. 11 ff.).

2. Erläuterungen

106 Ältere deutsche DBA begrenzen zum Teil noch abweichend von den MA die Lizenzregelung auf eine „angemessene" Lizenzgebühr, ohne zu bestimmen, nach welchem Maßstab die Angemessenheit zu beurteilen ist (so *DBA Großbritannien 1964/70*). U. E. ist auch insoweit auf die marktübliche Lizenzgebühr abzustellen. Jedoch fordert dieses DBA nicht, dass die Überhöhung der Gebühr auf besondere Beziehungen zwischen dem Lizenzgeber und dem Lizenznehmer zurückzuführen sei; es genügt schlechthin, dass die Gebühren überhöht sind.

107 Das *DBA Belgien,* Art. 12 Abs. 6, begrenzt im Fall der auf besonderen Beziehungen beruhenden überhöhten Lizenzgebühren die Anwendung des Art. 12 auf den „üblichen" Betrag (also nicht nur wie die MA auf den „Betrag"), den Schuldner und Gläubiger ohne die besonderen Beziehungen vereinbart hätten. Es enthält darüber hinaus eine besondere Bestimmung für die Bemessung dieses Betrags, wenn die Gebühren innerhalb einer Gruppe verbundener Unternehmen gezahlt werden. Diese greift ein, wenn die übliche Höhe der Gebühren nicht durch einen Vergleich mit den von unabhängigen Unternehmen gezahlten Gebühren ermittelt werden kann. Grundlage sind dann die Kosten, die dem Lizenzgeber für den Erwerb, die Weiterentwicklung und den Schutz der Rechte, Vermögenswerte und Kenntnisse entstanden sind, erhöht um den üblichen Gewinnaufschlag. Das ent-

spricht der Kostenaufschlagsmethode, die nach Art. 9 in vergleichbaren Fällen angewandt wird (s. zu Art. 9 Rz. 59 ff.).

Einige DBA enthalten entweder keine die überhöhten Lizenzgebühren betreffende Klausel *(DBA Finnland, Frankreich, Israel, Niederlande 1959/2004)* oder sie enthalten zwar eine solche Klausel, sagen aber nicht, wie der übersteigende Betrag zu behandeln ist *(DBA Großbritannien 1964/70)*. Hier gelten grundsätzlich die gleichen Regeln wie nach dem OECD-MA, d. h. ein überhöhter Betrag fällt nicht mehr unter die Vorschrift über Lizenzgebühren, sondern unter die jeweils einschlägige Verteilungsnorm (s. zu Art. 11 Rz. 130 f.). Lediglich das *DBA Belgien* bestimmt in Art. 12 Abs. 5, dass der übersteigende Betrag nicht höher besteuert werden darf, als wenn es sich bei ihm um Dividenden gehandelt hätte. **108**

Artikel 13.
Gewinne aus der Veräußerung von Vermögen

Text: OECD-Musterabkommen (OECD-MA)

1. Gewinne, die eine in einem Vertragsstaat ansässige Person aus der Veräußerung unbeweglichen Vermögens im Sinne des Artikels 6 bezieht, das im anderen Vertragsstaat liegt, können im anderen Staat besteuert werden.

2. Gewinne aus der Veräußerung beweglichen Vermögens, das Betriebsvermögen einer Betriebstätte ist, die ein Unternehmen eines Vertragsstaats im anderen Vertragsstaat hat, einschließlich derartiger Gewinne, die bei der Veräußerung einer solchen Betriebstätte (allein oder mit dem übrigen Unternehmen) erzielt werden, können im anderen Staat besteuert werden.

3. Gewinne aus der Veräußerung von Seeschiffen oder Luftfahrzeugen, die im internationalen Verkehr betrieben werden, von Schiffen, die der Binnenschifffahrt dienen, und von beweglichem Vermögen, das dem Betrieb dieser Schiffe oder Luftfahrzeuge dient, können nur in dem Vertragsstaat besteuert werden, in dem sich der Ort der tatsächlichen Geschäftsleitung des Unternehmens befindet.

4. Gewinne, die eine in einem Vertragsstaat ansässige Person aus der Veräußerung von Anteilen bezieht, deren Wert zu mehr als 50 vom Hundert unmittelbar oder mittelbar auf unbeweglichem Vermögen beruht, das im anderen Vertragsstaat liegt, können im anderen Staat besteuert werden.

5. Gewinne aus der Veräußerung des in den Absätzen 1, 2, 3 und 4 nicht genannten Vermögens können nur in dem Vertragsstaat besteuert werden, in dem der Veräußerer ansässig ist.

Text: Deutsche Verhandlungsgrundlage (DE-VG)

Artikel 13. Gewinne aus der Veräußerung von Vermögen

(1) Gewinne, die eine in einem Vertragsstaat ansässige Person aus der Veräußerung unbeweglichen Vermögens im Sinne des Artikels 6 erzielt, das im anderen Vertragsstaat liegt, können im anderen Staat besteuert werden.

(2) Gewinne aus der Veräußerung beweglichen Vermögens, das Betriebsvermögen einer Betriebstätte ist, die ein Unternehmen eines Vertragsstaats im anderen Vertragsstaat hat, einschließlich derartiger Gewinne, die bei der Veräußerung einer solchen Betriebsstätte (allein oder mit dem übrigen Unternehmen) erzielt werden, können im anderen Staat besteuert werden.

(3) Gewinne aus der Veräußerung von Seeschiffen oder Luftfahrzeugen, die im internationalen Verkehr betrieben werden, von Schiffen, die der Binnenschifffahrt dienen, oder von beweglichem Vermögen, das dem Betrieb dieser Schiffe oder Luftfahrzeuge dient, können nur in dem Vertragsstaat besteuert werden, in dem sich der Ort der tatsächlichen Geschäftsleitung des Unternehmens befindet.

(4) Gewinne, die eine in einem Vertragsstaat ansässige Person aus der Veräußerung von Gesellschaftsanteilen bezieht, deren Wert zu mehr als 50 Prozent unmittelbar oder mittelbar auf unbeweglichem Vermögen beruht, das im anderen Vertragsstaat liegt, können in diesem anderen Staat besteuert werden.

(5) **Gewinne aus der Veräußerung des in den vorstehenden Absätzen 1 bis 4 nicht genannten Vermögens können nur in dem Vertragsstaat besteuert werden, in dem der Veräußerer ansässig ist.**

(6) **War eine natürliche Person während mindestens fünf Jahren in einem Vertragsstaat ansässig und ist sie im anderen Vertragsstaat ansässig geworden, berührt Absatz 5 nicht das Recht des erstgenannten Staates, die Person so zu behandeln, als habe sie im Zeitpunkt des Ansässigkeitswechsels Gesellschaftsanteile veräußert. Wird die Person im erstgenannten Staat entsprechend besteuert, berechnet der andere Staat im Fall einer dem Ansässigkeitswechsel folgenden Veräußerung von Gesellschaftsanteilen den Veräußerungsgewinn auf der Grundlage des Wertes, den der erstgenannte Staat im Zeitpunkt des Ansässigkeitswechsels der Besteuerung zugrunde gelegt hat.**

Text: US-Musterabkommen (US-MA)

1. Gewinne, die eine in einem Vertragsstaat ansässige Person bezieht und die der Veräußerung von Grundvermögen zuzurechnen sind, das im anderen Vertragsstaat belegen ist, können im anderen Staat besteuert werden.

2. Der Ausdruck „Grundvermögen, das im anderen Vertragsstaat belegen ist" schließt für die Anwendung dieses Abkommens mit ein:
a) Grundvermögen im Sinne des Artikels 6 (Einkünfte aus Grundvermögen);
b) wenn der andere Staat die Vereinigten Staaten sind, Anteile an in den Vereinigten Staaten gelegenem Grundvermögen (United States real property interest); und
c) wenn der andere Staat ______ ist,
  aa) nicht regelmäßig an einer Börse gehandelte Gesellschaftsanteile (einschließlich Optionen darauf), deren Wert ganz oder überwiegend unmittelbar oder mittelbar auf in ______ gelegenem Grundvermögen im Sinne des Buchstabens a beruht; und
  bb) Beteiligungen an einer Personengesellschaft oder einem Treuhandvermögen, soweit deren Vermögen aus in ______ gelegenem Grundvermögen oder aus in Doppelbuchstabe aa genannten Gesellschaftsanteilen besteht.

3. Gewinne aus der Veräußerung beweglichen Vermögens, das einer Betriebsstätte zuzurechnen ist, die ein Unternehmen eines Vertragsstaates im anderen Vertragsstaat hat, sowie Gewinne, die bei der Veräußerung einer solchen Betriebstätte (allein oder mit dem übrigen Unternehmen) erzielt werden, können im anderen Staat besteuert werden.

4. Gewinne, die ein Unternehmen eines Vertragsstaates aus der Veräußerung von Seeschiffen oder Luftfahrzeugen erzielt, die im internationalen Verkehr betrieben oder genutzt werden, oder von beweglichem Vermögen, das dem Betrieb oder der Nutzung solcher Seeschiffe oder Luftfahrzeuge dient, können nur in diesem Staat besteuert werden.

5. Gewinne eines Unternehmens eines Vertragsstaats aus der Veräußerung von Containern (einschließlich Trailerschiffen, Leichtern und ähnlichem Gerät für die Beförderung von Containern), die für die Beförderung von Gütern oder Waren genutzt werden, können nur in diesem Staat besteuert werden, es sei denn, dass die Container nur für Beförderungen zwischen Orten im anderen Vertragsstaats genutzt werden.

6. Gewinne aus der Veräußerung des in den Absätzen 1 bis 5 nicht genannten Vermögens können nur in dem Vertragsstaat besteuert werden, in dem der Veräußerer ansässig ist.

Inhalt

1 **Literatur:** *Betten,* Share Buy-Backs by Listed Companies from Individual Minority Shareholders (2002); *Herzig,* in Schaumburg/Piltz, Internationales Umwandlungssteuerrecht (1997), S. 127; *Louca,* Capital Gains, in *Ecker/Ressler,* History of Tax Treaties. The Relevance of the OECD Documents for the Interpretation of Tax Treaties (2011); *Mors,* in Lüdicke, Tendenzen der Europäischen Unternehmensbesteuerung (2005), S. 17; *Reimer,* Unmittelbare und mittelbare Veräußerung von Auslandsbeteiligungen, BB Beiheft Fallstudien zu Heft 25/2013, S. 2; *Simontacchi,* Taxation of Capital Gains under the OECD Model Convention (2007); *ders.,* in Lang/Pistone/ Schuch/Staringer, Source versus Residence. Problems Arising from the Allocation of Taxing Rights in Tax Treaty Law and Possible Alternatives (2008), S. 143; *Staringer,* in Gassner/Lang/Lechner, Das neue Doppelbesteuerungsabkommen Österreich-Deutschland (1999), S. 97; *Thömmes,* Die Umsetzung der EG-Fusionsrichtlinie und der EG-Mutter-Tochter-Richtlinie in den EG-Mitgliedstaaten (1995); *F. Wassermeyer,* in *Schaumburg/Piltz,* Internationales Umwandlungssteuerrecht (1997), S. 118.

OECD-Dokumente: *OECD [Committee on Fiscal Affairs],* Tax Treaty Issues Relating to REITs (2008).

Text: OECD-Kommentar (MA-Kommentar)

I. Einleitende Bemerkungen

1. [Unterschiedliches innerstaatliches Recht] *Ein Vergleich der Steuergesetze der Mitgliedstaaten der OECD ergibt, dass die Besteuerung der Gewinne aus der Veräußerung von Vermögen (Veräußerungsgewinne) von Staat zu Staat sehr verschieden ist: In einigen Staaten gelten die Veräußerungsgewinne nicht als steuerpflichtige Einkünfte. In anderen Staaten werden nur die von einem Unternehmen erzielten Veräußerungsgewinne, nicht jedoch die von einer natürlichen Person außerhalb eines Unternehmens erzielten Veräußerungsgewinne besteuert. Selbst wenn die von einer natürlichen Person außerhalb eines Unternehmens erzielten Veräußerungsgewinne der Besteuerung unterliegen, kommt diese Besteuerung nur in bestimmten Fällen in Frage, z. B. bei Gewinnen aus dem Verkauf von unbeweglichem Vermögen oder bei Spekulationsgewinnen (Kauf zum Zwecke des Wiederverkaufs).*

2. Außerdem sind die von Veräußerungsgewinnen erhobenen Steuern von Staat zu Staat verschieden. In einigen Mitgliedstaaten der OECD werden die Veräußerungsgewinne wie ordentliche Einkünfte besteuert und daher den Einkünften aus anderen Quellen hinzugerechnet. Dies gilt namentlich für die Gewinne aus der Veräußerung von Vermögenswerten eines Unternehmens. In einigen Mitgliedstaaten der OECD werden die Veräußerungsgewinne jedoch besonderen Steuern unterworfen, wie z. B. Steuern vom Gewinn aus der Veräußerung unbeweglichen Vermögens, allgemeinen Kapitalgewinnsteuern oder Steuern vom Vermögenszuwachs (Wertzuwachssteuern). Diese Steuern werden von jedem einzelnen Veräußerungsgewinn oder von der Summe der während eines Jahres erzielten Veräußerungsgewinne, und zwar meist zu besonderen Sätzen, erhoben, ohne dass dabei die anderen Einkünfte (oder die Verluste) des Steuerpflichtigen berücksichtigt werden. Es erscheint unnötig, alle diese Steuern zu beschreiben.

3. ***[Regelungsbereich]*** *Der Artikel befasst sich nicht mit den vorerwähnten Fragen. Ob und gegebenenfalls wie Veräußerungsgewinne besteuert werden sollen, richtet sich nach dem innerstaatlichen Recht eines jeden Vertragsstaates. Der Artikel kann keineswegs dahin ausgelegt werden, dass er einem Staat das Recht zur Besteuerung von Veräußerungsgewinnen einräumt, wenn dies nicht bereits in seinem innerstaatlichen Recht vorgesehen ist.* **[bis 14.7.2014:** *Er bestimmt auch nicht, auf welche Steuerart er anzuwenden ist. Selbstverständlich soll der Artikel für alle Arten von Steuern gelten, die ein Vertragsstaat von Veräußerungsgewinnen erhebt. Der Wortlaut des Artikels 2 ist weit genug, um dies zu erreichen und um auch die besonderen Steuern von Veräußerungsgewinnen zu erfassen.* **ab 15.7.2014 in Ziffer 3.1 verschoben]**

3.1 Der Artikel bestimmt auch nicht, auf welche Steuerart er anzuwenden ist. Selbstverständlich soll der Artikel für alle Arten von Steuern gelten, die ein Vertragsstaat von Veräußerungsgewinnen erhebt. Der Wortlaut des Artikels 2 ist weit genug, um dies zu erreichen und um auch die besonderen Steuern von Veräußerungsgewinnen zu erfassen. **[ab 15.7.2014]** *Also, where the Article allows a Contracting State to tax a capital gain, this right applies to the entire gain and not only to the part thereof that has accrued after the entry into force of a treaty (subject to contrary provisions that could be agreed to during bilateral negotiations), even in the case of a new treaty that replaces a previous one that did not allow such taxation.*

II. Kommentar zu den Bestimmungen des Artikels

Allgemeines

4. ***[Grundsatz]*** *In der Regel wird das Recht zur Besteuerung des Gewinns aus der Veräußerung eines bestimmten Vermögenswertes dem Staat zugestanden, der nach dem Abkommen berechtigt ist, sowohl den Vermögenswert als auch die Einkünfte daraus zu besteuern. Das Recht zur Besteuerung des Gewinns aus der Veräußerung eines Vermögenswertes eines Unternehmens ist, ohne Rücksicht darauf, ob dieser Gewinn einen Veräußerungsgewinn oder einen Unternehmensgewinn darstellt, demselben Staat zuzugestehen. Daher erübrigen sich die Abgrenzung der Veräußerungsgewinne gegenüber den Unternehmensgewinnen und besondere Bestimmungen darüber, ob der Artikel über Gewinne aus der Veräußerung von Vermögen oder Artikel 7 über Unternehmensgewinne anzuwenden ist. Es bleibt indessen dem besteuernden Staat überlassen, nach innerstaatlichem Steuerrecht zu entscheiden, ob eine Steuer von Veräußerungsgewinnen oder die allgemeine Einkommensteuer zu erheben ist. Diese Frage wird durch das Abkommen nicht präjudiziert.*

5. ***[Veräußerungsgewinne]*** *Der Artikel gibt keine eingehende Definition des Begriffs „Veräußerungsgewinne". Dies ist aus den vorerwähnten Gründen auch nicht notwendig. Mit der Verwendung der Worte „Veräußerung von Vermögen" sollen insbesondere die Gewinne aus dem Verkauf oder dem Tausch – auch aus einer Teilveräußerung – von Vermögenswerten, der Enteignung, der Einbringung in eine Gesellschaft, dem Verkauf von Rechten, der unentgeltlichen Übertragung und dem Übergang von Todes wegen erfasst werden.*

6. ***[Gewinnrealisierung]*** *Die meisten Staaten, die Veräußerungsgewinne besteuern, knüpfen bei der Steuerpflicht nur an die Veräußerung des Vermögenswertes an. Einige Staaten besteuern aber nur die so genannten „realisierten" Veräußerungsgewinne. Sie nehmen unter bestimmten Umständen trotz Veräußerung steuerlich keine Gewinnrealisierung an (z. B. bei Ersatzbeschaffung von Anlagen unter Verwendung des Veräußerungserlöses). Ob eine solche Gewinnrealisierung vorliegt oder nicht, entscheidet sich nach dem innerstaatlichen Steuerrecht. Keine besonderen Probleme entstehen, wenn der Staat, dem das Besteuerungsrecht zusteht, im Zeitpunkt der Veräußerung dieses Recht nicht ausübt.*

*7. **[Wertzuwachsbesteuerung]** In der Regel wird ein Wertzuwachs nur anlässlich einer Veräußerung besteuert; solange nämlich der Eigentümer den Vermögenswert behält, besteht der Veräußerungsgewinn nur virtuell. Es gibt aber Steuergesetze, die den Wertzuwachs oder die Aufwertung des Betriebsvermögens besteuern, auch wenn keine Veräußerung stattfindet.*

***8.** Besondere Umstände können die Besteuerung des Wertzuwachses eines nicht veräußerten Vermögens veranlassen. Dies kann z. B. der Fall sein, wenn der Wert des Vermögens derart gestiegen ist, dass der Eigentümer eine Aufwertung dieses Vermögenswertes in seinen Büchern vornimmt. Eine solche buchmäßige Aufwertung von Vermögenswerten kann auch im Zusammenhang mit der Abwertung der inländischen Währung vorkommen. Einige Staaten erheben besondere Steuern für diese Buchgewinne, Rücklagen, Kapitalerhöhungen und andere Aufwertungen, die mit der Anpassung des Buchwertes an den tatsächlichen Wert des Betriebsvermögens zusammenhängen. Diese Steuern vom Vermögenszuwachs (Wertzuwachssteuern) fallen gemäß Artikel 2 unter das Abkommen.*

***9.** Werden Aufwertung und Wertzuwachs von Betriebsvermögensgegenständen besteuert, so sollten in der Regel dieselben Grundsätze gelten wie bei der Veräußerung solcher Vermögenswerte. Es erschien nicht nötig, diese Fälle im vorliegenden Artikel besonders zu erwähnen oder zu regeln. Dieser Artikel sowie die Artikel 6, 7, 21 dürften genügen. Im Allgemeinen steht nach diesen Bestimmungen das Besteuerungsrecht dem Staat zu, in dem der Veräußerer ansässig ist, außer für unbewegliches Vermögen und das bewegliche Vermögen, das Betriebsvermögen einer Betriebstätte, da in diesen Fällen das Besteuerungsrecht in erster Linie dem Staat zusteht, in dem das Vermögen liegt. Indessen müssen besonders jene Fälle beachtet werden, die in den Ziffern 13 bis 17 behandelt sind.*

***10. [Entstrickung]** In einigen Staaten wird die Überführung von Vermögen von einer in einem Staat gelegenen Betriebstätte auf eine Betriebstätte oder den Hauptsitz desselben Unternehmens im anderen Staat der Veräußerung von Vermögen gleichgestellt. Der Artikel hindert diese Staaten nicht daran, die Gewinne zu besteuern, die bei einer solchen Überführung als erzielt gelten, wobei allerdings vorausgesetzt wird, dass diese Besteuerung Artikel 7 entspricht.*

***11. [Entstehungsgrund]** Der Artikel unterscheidet nicht nach dem Entstehungsgrund des Veräußerungsgewinns. Er gilt daher für alle Veräußerungsgewinne, d. h. für die Gewinne, die in einer längeren Zeitspanne durch eine andauernde Verbesserung der wirtschaftlichen Verhältnisse entstanden sind, wie auch für die in kurzer Zeit erzielten Gewinne (Spekulationsgewinne). Auch die auf eine Abwertung der inländischen Währung zurückzuführenden Gewinne fallen darunter. Es bleibt aber jedem Staat überlassen zu entscheiden, ob er solche Gewinne besteuern will oder nicht.*

***12. [Gewinnermittlung]** Der Artikel bestimmt nicht, wie ein Veräußerungsgewinn berechnet werden soll; dies bleibt dem innerstaatlichen Recht überlassen. In der Regel werden die Veräußerungsgewinne ermittelt, indem vom Veräußerungspreis die Kosten abgezogen werden. Zu den Kosten gehören außer dem Anschaffungspreis die mit der Anschaffung zusammenhängenden und die werterhöhenden Aufwendungen. In manchen Fällen sind die Kosten nach Abzug der bereits gewährten Abschreibungen für Abnutzung maßgebend. Das Steuerrecht einiger Staaten geht nicht von den Kosten, sondern von anderen Grundlagen aus, z. B. von dem vom Veräußerer für Zwecke der Vermögensbesteuerung zuletzt erklärten Wert.*

***13. [Verschiedene Bemessungsgrundlagen]** Besondere Probleme können auftreten, wenn die Bemessungsgrundlage der Besteuerung der Veräußerungsgewinne in den beiden Vertragsstaaten nicht gleich ist. Der in einem Staat nach der in Ziffer 12 erwähnten Regel bemessene Veräußerungsgewinn braucht nicht unbedingt mit dem Veräußerungsgewinn übereinzustimmen, der sich im anderen Staat aus den Büchern ergibt. Dies kann eintreten, wenn dem einen Staat wegen der Belegenheit des Vermögenswertes das Besteuerungsrecht zusteht, während der andere Staat den Veräußerungsgewinn deshalb besteuern darf, weil das Unternehmen dort ansässig ist.*

14. [Beispiel] *Folgendes Beispiel soll dieses Problem veranschaulichen: Ein Unternehmen des Staates A hat im Staat B gelegenes unbewegliches Vermögen gekauft. Das Unternehmen kann in den im Staat A geführten Büchern Abschreibungen vorgenommen haben. Wenn dieses unbewegliche Vermögen zu einem über den Kosten liegenden Preis verkauft wird, kann ein Veräußerungsgewinn erzielt und außerdem können die früher abgeschriebenen Beträge hereingeholt werden. Staat B, in dem das unbewegliche Vermögen liegt, in dem aber keine Bücher geführt werden, braucht die im Staat A vorgenommenen Abschreibungen bei der Besteuerung der Einkünfte aus dem unbeweglichen Vermögen nicht zu berücksichtigen. Auch kann Staat B bei der Veräußerung die Kosten nicht durch den Wert des unbeweglichen Vermögens ersetzen, der sich aus den im Staat A geführten Büchern ergibt. Staat B kann daher die nach Ziffer 12 neben dem Veräußerungsgewinn realisierten Abschreibungsbeträge nicht besteuern.*

15. *Andererseits kann für den Staat A, in dem der Veräußerer ansässig ist, aus Absatz 1 des Artikels und aus Artikel 23 A (bei Staaten, die die Steueranrechnungsmethode anwenden, dürfte dieses Problem kaum auftreten) nicht in allen Fällen eine Verpflichtung abgeleitet werden, die Buchgewinne in vollem Umfang von seinen Steuern zu befreien. Soweit diese Buchgewinne darauf zurückzuführen sind, dass Abschreibungen für Abnutzung, die der Staat A früher bei Ermittlung des steuerpflichtigen Einkommens oder Gewinnes als Abzug zugelassen hat, hereingeholt worden sind, kann diesem Staat das Recht nicht verweigert werden, diese Buchgewinne zu besteuern. Die Verhältnisse entsprechen dem in Ziffer 44 des Kommentars zu Artikel 23A behandelten Fall.*

16. [Währungsschwankungen] *Weitere Fragen können im Zusammenhang mit Gewinnen entstehen, die auf Schwankungen der Kurse zwischen den Währungen von Staat A und Staat B zurückzuführen sind. Nach der Abwertung der Währung des Staates A können oder müssen die Unternehmen dieses Staates den Buchwert der außerhalb des Staates A gelegenen Vermögenswerte heraufsetzen. Ferner können auch unabhängig von Währungsabwertungen schon die üblichen Währungsschwankungen so genannte Währungsgewinne oder -verluste bewirken. Hat z. B. ein Unternehmen des Staates A im Staat B gelegenes unbewegliches Vermögen gekauft und wieder verkauft, so entsteht im Staat B kein Veräußerungsgewinn, wenn die Kosten und der Verkaufspreis, beide in der Währung des Staates B ausgedrückt, übereinstimmen. Ist der Kurs der Währung des Staates B im Staat A zwischen Ankauf und Verkauf des unbeweglichen Vermögens gestiegen, so erzielt, ausgedrückt in der Währung des Staates A, das Unternehmen einen Gewinn. Ist der Kurs der Währung des Staates B in der gleichen Zeit gefallen, so erleidet der Veräußerer einen Verlust, dem der Staat B nicht Rechnung trägt. Solche Währungsgewinne oder -verluste können auch im Zusammenhang mit Forderungen und Schulden auftreten, die auf ausländische Währungen lauten. Weist die Bilanz einer im Staat B gelegenen Betriebstätte eines Unternehmens des Staates A Forderungen oder Schulden aus, die auf die Währung des Staates B lauten, so entstehen in den Büchern dieser Betriebstätte bei der Rückzahlung weder Gewinne noch Verluste. Die Veränderungen der Währungskurse können sich aber auf die Bücher des Hauptsitzes auswirken. Ist der Wert der Währung des Staates B zwischen der Entstehung und der Rückzahlung der Forderung gestiegen (gefallen), so entsteht für das Unternehmen als Ganzes ein Gewinn (ein Verlust). Das Gleiche gilt für Schulden, wenn zwischen ihrer Entstehung und ihrer Rückzahlung die Währung des Staates B gefallen (gestiegen) ist.*

17. *Der Artikel regelt nicht alle Fragen der Besteuerung solcher Währungsgewinne. Diese Gewinne hängen in den meisten Fällen nicht mit der Veräußerung des Vermögenswertes zusammen; es sind Gewinne, die der Staat, dem nach dem Artikel das Recht zur Besteuerung der Veräußerungsgewinne zusteht, oft nicht feststellen kann. Daher geht es in der Regel gar nicht darum, ob dem Betriebstättenstaat das Besteuerungsrecht zusteht, sondern um die Frage, ob der Staat, in dem der Steuerpflichtige ansässig ist, bei Anwendung der Befreiungsmethode auf die Besteuerung solcher Währungsgewinne verzichten muss, die in vielen Fällen nur aus den am Hauptsitz geführten Büchern zu ersehen sind. Für die Antwort auf diese*

Frage ist nicht nur der vorliegende Artikel, sondern es sind auch Artikel 7 und Artikel 23 A maßgebend. Sollten in einem bestimmten Fall die unterschiedlichen Auffassungen von zwei Staaten zu einer tatsächlichen Doppelbesteuerung führen, so kann dieser Fall durch das von Artikel 25 vorgesehene Verständigungsverfahren geregelt werden.

18. [Renten] *Außerdem stellt sich die Frage, welcher Artikel anzuwenden ist, wenn bei Veräußerung von Vermögenswerten nicht die Zahlung eines festen Preises, sondern eine Leibrente für den Veräußerer vereinbart wird. Ist diese Rente, soweit sie die Kosten übersteigt, als Veräußerungsgewinn oder als „nicht behandelte Einkünfte" nach Artikel 21 zu behandeln? Beide Auffassungen können mit gleichwertigen Argumenten vertreten werden, und es dürfte schwierig sein, darüber eine Regel aufzustellen. Da dieses Problem aber in der Praxis nur selten auftritt, dürfte es sich erübrigen, eine besondere Bestimmung in das Abkommen aufzunehmen. Die Vertragsstaaten, denen sich dieses Problem stellt, können eine Lösung im Verständigungsverfahren nach Artikel 25 herbeiführen.*

19. [Lottogewinne] *Der Artikel gilt nicht für Lottogewinne, für Aufgelder im Zusammenhang mit Anleihen oder Obligationen und für Gewinne aus Losanleihen.*

20. [Grundregel] *Der Artikel handelt zunächst von den Gewinnen, die in dem Staat besteuert werden können, in dem das veräußerte Vermögen liegt. Für die übrigen Veräußerungsgewinne räumt Absatz 5 das Besteuerungsrecht dem Staat ein, in dem der Veräußerer ansässig ist.*

21. [Vermeidung effektiver Doppelbesteuerung] *Da nicht alle Staaten Veräußerungsgewinne besteuern, kann es als zweckmäßig gelten, nur die tatsächliche Doppelbesteuerung der Veräußerungsgewinne zu vermeiden. Die Vertragsstaaten können daher ihre zweiseitigen Abkommen in dem Sinne ergänzen, dass ein Staat auf die nach seinem innerstaatlichen Recht zulässige Besteuerung nur dann zu verzichten braucht, wenn der andere, nach dem Abkommen steuerberechtigte Staat dieses Recht tatsächlich ausübt. Absatz 5 des Artikels müsste dann entsprechend ergänzt werden. Außerdem müsste Artikel 23A im Sinne der Ziffer 35 des Kommentars zu Artikel 23 A ergänzt werden.*

Absatz 1

22. [Belegenheitsprinzip] *Dieser Absatz bestimmt, dass Gewinne aus der Veräußerung unbeweglichen Vermögens in dem Staat besteuert werden können, in dem es liegt. Diese Regel stimmt mit Artikel 6 und Artikel 22 Absatz 1 überein. Die Regel gilt auch für unbewegliches Vermögen, das Betriebsvermögen eines Unternehmens darstellt. Für die Definition des unbeweglichen Vermögens verweist Absatz 1 auf Artikel 6. Artikel 13 Absatz 1 behandelt nur die Gewinne, die eine in einem Vertragsstaat ansässige Person aus der Veräußerung unbeweglichen Vermögens erzielt, das im anderen Vertragsstaat liegt. Er gilt daher nicht für Gewinne aus der Veräußerung unbeweglichen Vermögens, das in dem Vertragsstaat liegt, in dem der Veräußerer nach Artikel 4 ansässig ist, oder das in einem dritten Staat liegt; auf diese Gewinne ist Absatz 5 anzuwenden (und nicht, wie vor dem Jahr 2002 erwähnt, Artikel 21 Absatz 1).*

23. [Veräußerung von Anteilen an einer Grundstücksgesellschaft] *Absatz 1 wird durch Absatz 4 ergänzt, der auf Gewinne aus der Veräußerung aller oder eines Teils der Anteile an einer Grundstücksgesellschaft Anwendung findet (vgl. Ziffern 28.3 bis 28.8).*

Absatz 2

24. [Bewegliches Betriebsvermögen] *Dieser Absatz handelt von beweglichem Vermögen, das Betriebsvermögen einer Betriebstätte eines Unternehmens darstellt. Der Ausdruck „bewegliches Vermögen" umfasst Vermögen jeder Art mit Ausnahme des unter Absatz 1 fallenden unbeweglichen Vermögens. Dazu gehören auch immaterielle Vermögenswerte wie der Firmenwert (goodwill), Lizenzrechte,* **[ab 15.7.2014:]** *emissions permits und dergleichen. Gewinne aus der Veräußerung solcher Vermögenswerte können in dem Staat besteuert werden, in dem die Betriebstätte liegt; dies stimmt mit den Regeln über die Besteuerung der Unternehmensgewinne überein (Artikel 7).*

25. [Veräußerung der Betriebstätte] *Der Absatz stellt klar, dass seine Regeln sowohl für die Veräußerung beweglichen Vermögens einer Betriebstätte als auch für die Veräußerung der Betriebstätte als solcher (allein oder zusammen mit dem übrigen Unternehmen) gelten. Wird das gesamte Unternehmen veräußert, dann sind die Regeln auf die Gewinne anzuwenden, die als Gewinne aus der Veräußerung des beweglichen Vermögens gelten, das Betriebsvermögen der Betriebstätte ist. Die Regeln des Artikels 7 gelten hierfür sinngemäß, ohne dass es eines besonderen Hinweises bedarf. Bezüglich der Überführung eines Vermögenswertes einer Betriebstätte in einem Staat auf eine Betriebstätte (oder den Hauptsitz) in einem anderen Staat wird auf Ziffer 10 hingewiesen.*

26. [Veräußerung von Beteiligungen] *Absatz 2 braucht aber nicht immer für Gewinne aus der Veräußerung einer Beteiligung an einem Unternehmen zu gelten. Die Bestimmung gilt nur für Vermögen, das dem Veräußerer allein oder gemeinsam mit anderen gehörte. Nach dem Recht einiger Staaten gehört das Vermögen einer Personengesellschaft den Gesellschaftern. Dagegen werden nach dem Recht anderer Staaten Personengesellschaften und andere Personenvereinigungen steuerlich wie juristische Personen behandelt, d.h. wie von den Gesellschaftern getrennte Rechtsträger, mit der Folge, dass Beteiligungen an solchen Rechtsträgern den Aktien gleichgestellt werden. Die Gewinne aus der Veräußerung solcher Beteiligungen können daher wie die Gewinne aus der Veräußerung von Aktien nur in dem Staat besteuert werden, in dem der Veräußerer ansässig ist. Die Vertragsstaaten können besondere Bestimmungen über die Besteuerung der Gewinne aus der Veräußerung von Beteiligungen an Personengesellschaften vereinbaren.*

27. [Keine Attraktivkraft der Betriebstätte] *Manche Staaten sind der Ansicht, dass alle Veräußerungsgewinne, die aus Quellen innerhalb ihres Gebietes stammen, ihren Steuern nach Maßgabe des innerstaatlichen Rechts unterliegen müssen, wenn der Veräußerer in ihrem Gebiet eine Betriebstätte hat. Absatz 2 geht nicht von dieser Auffassung aus, die meist als die „Attraktivkraft der Betriebstätte" bezeichnet wird. Er sieht lediglich vor, dass Gewinne aus der Veräußerung beweglichen Vermögens, das Betriebsvermögen einer Betriebstätte ist, in dem Staat besteuert werden können, in dem die Betriebstätte oder feste Einrichtung liegt. Die Gewinne aus der Veräußerung allen sonstigen beweglichen Vermögens können nach Absatz 5 nur im Wohnsitzstaat des Veräußerers besteuert werden. Diese Erläuterungen entsprechen denen des Kommentars zu Artikel 7.*

[ab 22.7.2010:

27.1 *For the purposes of the paragraph, property will form part of the business property of a permanent establishment if the „economic" ownership of the property is allocated to that permanent establishment under the principles developed in the Committee's report entitled Attribution of Profits to Permanent Establishments (see in particular paragraphs 72–97 of Part I of the report) for the purposes of the application of paragraph 2 of Article 7. In the context of that paragraph, the „economic" ownership of property means the equivalent of ownership for income tax purposes by a separate enterprise, with the attendant benefits and burdens (e.g. the right to any income attributable to the ownership of that property, the right to any available depreciation and the potential exposure to gains or losses from the appreciation or depreciation of that property). The mere fact that the property has been recorded, for accounting purposes, on a balance sheet prepared for the permanent establishment will therefore not be sufficient to conclude that it is effectively connected with that permanent establishment.*

27.2 *In the case of the permanent establishment of an enterprise carrying on insurance activities, the determination of whether property will form part of the business property of the permanent establishment shall be made by giving due regard to the guidance set forth in Part IV of the Committee's report with respect to whether the income on or gain from that property is taken into account in determining the permanent establishment's yield on the amount of investment assets attributed to it (see in particular paragraphs 165–170 of Part IV). That guidance being general in nature, tax authorities should consider applying a* *flexible and pragmatic approach which would take into account an enterprise's reasonable and consistent application of that guidance for purposes of identifying the specific assets that form part of the business property of the permanent establishment.*]

Absatz 3

28. [Schiffe und Luftfahrzeuge] *Eine Ausnahme von der Regel des Absatzes 2 gilt für Seeschiffe und Luftfahrzeuge, die im internationalen Verkehr betrieben werden, für Schiffe, die der Binnenschifffahrt dienen, und für bewegliches Vermögen, das dem Betrieb dieser Schiffe und Luftfahrzeuge dient. Normalerweise können Gewinne aus der Veräußerung dieser Vermögenswerte nur in dem Staat besteuert werden, in dem sich der Ort der tatsächlichen Geschäftsleitung des Unternehmens befindet, das diese Schiffe oder Luftfahrzeuge betreibt. Diese Regelung entspricht Artikel 8 und Artikel 22 Absatz 3. Selbstverständlich ist Artikel 8 Absatz 3 anzuwenden, wenn sich der Ort der tatsächlichen Geschäftsleitung des Unternehmens an Bord eines Schiffes befindet. Ziehen es Vertragsstaaten vor, das ausschließliche Besteuerungsrecht dem Wohnsitz zuzuerkennen oder die beiden Merkmale Wohnsitz und Ort der tatsächlichen Geschäftsleitung miteinander zu verknüpfen, so können sie in ihren zweiseitigen Abkommen Absatz 3 durch eine Bestimmung ersetzen, die der in den Ziffern 2 und 3 des Kommentars zu Artikel 8 vorgeschlagenen Regelung entspricht.*

28.1 [Abgrenzung der Vorschrift] *Absatz 3 findet Anwendung, wenn das Unternehmen, das das Vermögen veräußert, die Binnenschiffe, Seeschiffe oder Luftfahrzeuge, die in dem Absatz bezeichnet sind, selbst betreibt, gleichgültig, ob für seine eigenen Beförderungstätigkeiten oder durch Vercharterung von vollständig ausgerüsteten und bemannten Binnenschiffen, Seeschiffen oder Luftfahrzeugen. Er ist aber nicht anwendbar, wenn das Unternehmen, dem die Binnenschiffe, Seeschiffe oder Luftfahrzeuge gehören, sie nicht betreibt (z. B. wenn das Unternehmen sie an eine andere Person vermietet, außer im Fall einer gelegentlichen Vercharterung eines leeren Schiffes im Sinne des Artikels 8 Ziffer 5 MK). In diesem Fall werden die Gewinne, die der wahre Eigentümer des Vermögens und des damit verbundenen beweglichen Vermögens bezieht, von Absatz 2 oder Absatz 5 erfasst.*

28.2 [Alternativvorschrift] *In ihren zweiseitigen Abkommen können die Mitgliedsstaaten die Anwendung des Art. 13 in dieser Lage weiter klarstellen und folgende Alternativfassung des Absatzes 3 des Artikels vereinbaren (vgl. auch Artikel 22 Ziffern 4.1 und 4.2 MK):*

> *„Gewinne aus der Veräußerung von Vermögen, das Betriebsvermögen eines Unternehmens ist und aus Seeschiffen oder Luftfahrzeugen, die im internationalen Verkehr betrieben werden, oder aus beweglichem Vermögen, das dem Betrieb dieser Schiffe oder Luftfahrzeuge dient, besteht, können nur in dem Vertragsstaat besteuert werden, in dem sich der Ort der tatsächlichen Geschäftsleitung des Unternehmens befindet."*

Absatz 4

28.3 [Verhältnis zu Absatz 1] *Durch die Regelung, dass Gewinne aus der Veräußerung von Gesellschaftsanteilen, deren Wert zu mehr als 50 v. H. unmittelbar oder mittelbar auf in einem Vertragsstaat gelegenem unbeweglichen Vermögen beruht, in diesem Staat besteuert werden können, bewirkt Absatz 4, dass Gewinne aus der Veräußerung solcher Anteile und Gewinne aus der Veräußerung des zugrunde liegenden unbeweglichen Vermögens, die unter Absatz 1 fallen, gleichermaßen in diesem Staat besteuert werden können.*

28.4 [50 v. H.-Grenze] *Absatz 4 erlaubt die Besteuerung des gesamten Gewinns, der auf die Anteile entfällt, auf die er anwendbar ist, selbst wenn ein Teil des Werts des Anteils auf anderem Vermögen als auf im Quellenstaat gelegenem unbeweglichen Vermögen beruht. Die Ermittlung, ob der Wert von Gesellschaftsanteilen zu mehr als 50 v. H. unmittelbar oder mittelbar auf in einem Vertragsstaat gelegenem unbeweglichen Vermögen beruht, erfolgt im Normalfall in der Weise, dass der Wert dieses unbeweglichen Vermögens mit dem Wert des gesamten Vermögens, das der Gesellschaft gehört, verglichen wird, jedoch ohne Berück-*

sichtigung von Schuldkonten oder anderen Verbindlichkeiten der Gesellschaft (auch wenn sie durch Pfandrechte an dem betreffenden Grundvermögen gesichert sind).

28.5 [Alternativfassung] *In ihren zweiseitigen Abkommen erweitern oder verengen viele Staaten den Anwendungsbereich des Absatzes. Einige Staaten sind z. B. der Meinung, dass die Vorschrift nicht nur Gewinne aus der Veräußerung von Gesellschaftsanteilen, sondern auch Gewinne aus der Veräußerung von Beteiligungen an anderen Rechtsgebilden wie Personengesellschaften oder Treuhandvermögen, die keine Anteile ausgeben, erfassen sollte, sofern der Wert dieser Beteiligungen gleichfalls hauptsächlich auf unbeweglichem Vermögen beruht. Staaten, die den Anwendungsbereich des Absatzes erweitern möchten, können ihn wie folgt abändern:*

„4. Gewinne, die eine in einem Vertragsstaat ansässige Person aus der Veräußerung von Gesellschaftsanteilen und vergleichbaren Beteiligungen bezieht, deren Wert zu mehr als 50 v. H. unmittelbar oder mittelbar auf unbeweglichem Vermögen beruht, das in dem anderen Vertragsstaat liegt, können in dem anderen Staat besteuert werden."

28.6 [Weitere Abwandlungen] *Die Staaten haben auch die Möglichkeit, den Vomhundertsatz des Werts der Anteile, der zur Anwendung der Vorschrift unmittelbar oder mittelbar auf unbeweglichem Vermögen beruhen muss, zu erhöhen oder zu vermindern. Dies könnte einfach dadurch geschehen, dass „50 v. H." durch den Vomhundertsatz, auf den sich diese Staaten einigen, ersetzt wird. Eine andere Änderung, über die sich einige Staaten einigen mögen, ist die Beschränkung der Vorschrift auf Fälle, in denen der Veräußerer eine bestimmte Mindestbeteiligung an dem Rechtsträger hält.*

28.7 [Ausnahmen] *Außerdem können einige Staaten der Auffassung sein, dass der Absatz nicht angewendet werden sollte auf Gewinne aus der Veräußerung von Gesellschaftsanteilen, die an einer anerkannten Börse eines der Staaten registriert sind, auf Gewinne aus der Veräußerung von Gesellschaftsanteilen im Rahmen einer körperschaftlichen Umwandlung oder wo das unbewegliche Vermögen, auf dem der Wert der Anteile beruht, solches ist, in dem die Tätigkeit des Unternehmens ausgeführt wird (wie ein Bergwerk oder ein Hotel). Staaten, die eine dieser Ausnahmen oder mehrere vorsehen möchten, können dies tun.*

28.8 [Befreiung von Pensionskassen] *Eine andere mögliche Ausnahme bezieht sich auf Anteile, die von Pensionskassen oder ähnlichen Organisationen gehalten werden. Nach dem innerstaatlichen Recht vieler Staaten sind Pensionskassen oder ähnliche Organisationen allgemein mit ihren Einkünften aus Kapitalanlagen steuerbefreit. Um eine gleichmäßige Behandlung von inländischen und ausländischen Kapitalanlagen dieser Organisationen zu erreichen, sehen einige Staaten zweiseitig vor, dass Einkünfte einer solchen in dem anderen Staat ansässigen Organisation von der Quellensteuer befreit ist, was auch Gewinne aus der Veräußerung von in Absatz 4 erwähnten Anteilen einschließt. Staaten, die dies tun wollen, können eine Vorschrift vereinbaren, die der in Ziffer 69 des Kommentars zu Artikel 18 genannten entspricht.*

28.9 [Wesentliche REIT-Anteile] *Eine weitere mögliche Ausnahme schließlich betrifft Anteile und anteilsähnliche Rechte an einem Real Estate Investment Trust (zum Hintergrund der REITs s. Ziffer 67.1 bis 67.7 des Kommentars zu Artikel 10). Es erschiene nicht als angemessen, den Fall einer Veräußerung eines wesentlichen REIT-Anteils von der Regelung des Absatzes 4 auszunehmen, weil darin der Ersatz für die Veräußerung einer Investition unmittelbar in das unbewegliche Vermögen zu sehen sein könnte. Dagegen kann es als angemessen erscheinen, die Veräußerung von Streubesitzanteilen von der Regelung des Absatzes 4 auszunehmen.*

28.10 [Streubesitzanteile an einem REIT] *Wie in Ziffer 67.3 des Kommentars zu Artikel 10 erörtert wird, kann es angemessen sein, in dem Streubesitzanteil an einem REIT eher eine Sicherheit als eine indirekte Immobilieninvestition zu sehen. Es ist schwer, eine Quellenbesteuerung bei der Veräußerung von Streubesitzanteilen an einem REIT praktisch umzusetzen. Im Unterschied zu anderen Rechträgern, die ihren Wert primär aus unbeweg-*

lichem Vermögen beziehen, sind REITs zudem gehalten, den Großteil ihrer Gewinne auszuschütten. Im Vergleich zu anderen Gesellschaftsformen ist es deshalb auch unwahrscheinlich, dass bei REITs erhebliche Gewinne stehen bleiben, auf die sich eine Veräußerungsgewinnbesteuerung beziehen könnte. Staaten, die diese Auffassung teilen, können deshalb bilateral vereinbaren, vor „können in diesem anderen Vertragsstaat besteuert werden" die Worte „mit Ausnahme von Anteilen einer Person, die mittelbar oder unmittelbar Anteile von weniger als 10 Prozent der Anteile an der Gesellschaft hält, wenn diese Gesellschaft ein REIT ist" einfügen. (Wenn Absatz 4 im Sinne der Formulierung aus Ziffer 28.5 um anteilsähnliche Rechte ergänzt wird, sollten diese Worte entsprechend ergänzt werden.)

28.11 [Verzicht auf Sonderregelung für REITs] *Dagegen sind einige Staaten der Auffassung, Absatz 4 sei für sämtliche Gewinne aus der Veräußerung von Anteilen an einer Gesellschaft eingefügt worden, deren Wert primär auf unbeweglichem Vermögen beruht, und es bestehe kein Anlass, für Zwecke dieses Absatzes zwischen einem REIT und einer [sonstigen] Aktiengesellschaft in Streubesitz zu unterscheiden, zumal der REIT keiner Einkommensbesteuerung unterliegt. Diese Staaten sind der Auffassung, dass keine besondere Ausnahme für Anteile an einem REIT gemacht werden solle, solange keine Ausnahme für die Veräußerung börsennotierter Anteile gemacht werde (s. Ziff. 28.7).*

28.12 [Ausschluss der Freistellungsmethode] *Da das innerstaatliche Steuerrecht es einigen Staaten nicht erlaubt, unter Absatz 4 fallende Gewinne zu besteuern, sollten Staaten, die die Freistellungsmethode anwenden, darauf achten, sicher zu stellen, dass die Aufnahme des Absatzes nicht zu einer doppelten Freistellung dieser Gewinne führt. Diese Staaten mögen diese Gewinne von der Freistellung ausschließen und die Anrechnungsmethode anwenden wollen, wie dies in Ziffer 35 des Kommentars zu Artikel 23 A und 23 B angeregt wird.*

Absatz 5

29. [Wohnsitzprinzip] *Für Gewinne aus der Veräußerung des in den Absätzen 1 bis 4 nicht genannten Vermögens sieht Absatz 5 vor, dass diese Gewinne nur in dem Staat besteuert werden können, in dem der Veräußerer ansässig ist. Dies entspricht den Regelungen des Artikel 22.*

30. [Veräußerung von Anteilen] *Der Artikel enthält keine besonderen Bestimmungen für Gewinne aus der Veräußerung von Anteilen an einer Kapitalgesellschaft (sofern es sich nicht um Gesellschaftsanteile im Sinne des Absatzes 4 handelt) oder Obligationen oder ähnlichen Wertpapieren. Solche Gewinne können daher nur in dem Staat besteuert werden, in dem der Veräußerer ansässig ist.*

31. [Liquidationserlöse] **[bis 14.7.2014:]** *Verkauft ein Gesellschafter anlässlich der Auflösung der Gesellschaft oder der Herabsetzung des Gesellschaftskapitals seine Anteile an dieser Gesellschaft, so kann der Unterschied zwischen dem Verkaufspreis* **[ab 15.7.2014:]** *If shares are alienated by a shareholder in connection with the liquidation of the issuing company or the redemption of shares or reduction of paid-up capital of that company, the difference between the proceeds obtained by the shareholder und dem Nennwert der Anteile von dem Staat, in dem die Gesellschaft ansässig ist, als Ausschüttung von angesammelten Gewinnen statt als Veräußerungsgewinn behandelt werden. Der Artikel hindert den Staat, in dem die Gesellschaft ansässig ist, nicht, diese Ausschüttungen zu den in Artikel 10 vorgesehenen Sätzen zu besteuern; diese Besteuerung ist zulässig* **[ab 15.7.2014:]** *, to the extent that the domestic law of that State treats that difference as income from shares, da die Definition des Ausdrucks „Dividende" in Artikel 10 Absatz 3, so wie ihn Ziffer 28 des sich darauf beziehenden Kommentars auslegt, diesen Unterschiedsbetrag mit einschließt.* **[ab 15.7.2014:]** *As explained in paragraphs 32.1 to 32.7 of the Commentary on Articles 23 A and 23 B, where the State of the issuing company treats the difference as a dividend, the State of residence of the shareholder is required to provide relief of double taxation even though such a difference constitutes a capital gain under its own domestic law. Die gleiche Auslegung kann auch für die Einlösung von Obligationen zu einem*

Preis gelten, der höher ist als der Nennwert oder der Emissionskurs; in einem solchen Fall kann der Unterschiedsbetrag Zinsen darstellen und daher im Quellenstaat der Zinsen nach Artikel 11 einer begrenzten Steuer unterworfen werden (vgl. auch Ziffer 20 und 21 des Kommentars zu Artikel 11).

32. [Aktienoptionen] *Es ist notwendig, zwischen dem Gewinn aus der Veräußerung von Anteilen, die durch Ausübung einer einem Arbeitnehmer oder einem Aufsichts- oder Verwaltungsratsmitglied eingeräumten Aktienoption erworben worden sind, und dem Vorteil aus der Einräumung der Aktienoption zu unterscheiden, der unter die Artikel 15 oder 16 fällt. Die Grundsätze, auf denen diese Unterscheidung beruht, werden in den Ziffern 12.2 bis 12.5 des Kommentars zu Art. 15 und in Ziffer 3.1 des Kommentars zu Art. 16 behandelt.*

[ab 15.7.2014:]

Observation on the Commentary

32.1 *With respect to paragraph 3.1,* ***Austria*** *and* ***Germany*** *hold the view that when a new tax treaty enters into force, these countries cannot be deprived of the right to tax the capital appreciation which was generated in these countries before the date when the new tax treaty became applicable.*

Vorbehalte zum Artikel

[ab 22.7.2010:]

33. Spain *reserves its right to tax gains from the alienation of shares or other rights where the ownership of such shares or rights entitles, directly or indirectly, to the enjoyment of immovable property situated in Spain.*

34. *[gestrichen]*

35. Finnland *behält sich vor, Gewinne aus der Veräußerung von Anteilen und anderen Beteiligungsrechten an finnischen Gesellschaften zu besteuern, wenn sie ihren Inhaber berechtigen, in Finnland gelegenes und von der Gesellschaft gehaltenes unbewegliches Vermögen zu nutzen.*

36. Frankreich *stimmt Absatz 5 zu, möchte jedoch die Möglichkeit haben, die französischen Bestimmungen über die Besteuerung von Gewinnen anzuwenden, die aus der Veräußerung von Anteilen oder Rechten stammen, welche zu einer wesentlichen Beteiligung am Kapital einer in Frankreich ansässigen Gesellschaft gehören.*

37. *[gestrichen]*

38. Neuseeland *macht einen Vorbehalt zu den Absätzen 3 und 5.*

39. **[bis 21.7.2010:** ***Schweden*** *behält* **ab 22.7.2010:]** ***Chile*** *und* ***Schweden*** *behalten sich vor, Gewinne aus der Veräußerung von Aktien und anderen Anteilen an ihren Gesellschaften zu besteuern.*

40. *Die* ***Türkei*** *behält sich entsprechend dem türkischen Recht vor, die in der Türkei erzielten Gewinne aus der Veräußerung von beweglichem Vermögen und anderem als in Absatz 2 genanntem Vermögen zu besteuern, wenn der Zeitraum zwischen dem Erwerb und der Veräußerung des Vermögens weniger als zwei Jahre beträgt.*

41. *Soweit der Erlös aus der Veräußerung von Aktien nach dänischem Recht als Dividende gilt, behält sich* ***Dänemark*** *vor, unbeschadet des Absatzes 5 den Veräußerungserlös nach Artikel 10 Absatz 2 als Dividende zu besteuern.*

[ab 22.7.2010:]

42. Japan *reserves the right to tax gains from the alienation of a Japanese financial institution's shares if these shares were previously acquired by the alienator from the Government* *of Japan which had itself previously acquired the shares as part of the bail-out of the financial institution due to its insolvency.*

43. Dänemark, Großbritannien, Irland *und* ***Norwegen*** *behalten sich vor, in einem besonderen Artikel Bestimmungen über die Veräußerungsgewinne in Bezug auf die Erforschung und Ausbeutung von Kohlenwasserstoffen auf See und damit verbundenen Tätigkeiten einzufügen.*

43.1 Griechenland *behält sich vor, in einem besonderen Artikel Vorschriften über Veräußerungsgewinne, die sich auf die Erforschung und Ausbeutung des Gebiets vor der Küste und damit zusammenhängende Tätigkeiten beziehen, einzufügen.*

44. Dänemark, Norwegen *und* ***Schweden*** *behalten sich vor, in den Artikel besondere Bestimmungen über Veräußerungsgewinne des Luftfahrtkonsortiums Scandinavian Airlines System (SAS) einzufügen.*

45. Korea **[bis 21.7.2010:** *und* ***Spanien*** *behalten***]** *behält sich das Besteuerungsrecht für die Gewinne aus der Veräußerung von Aktien und anderen Anteilen vor, die Teil einer wesentlichen Beteiligung an einer ansässigen Gesellschaft sind.*

46. *Die* ***Vereinigten Staaten*** *behalten sich vor, gewisse Grundstücksgewinne nach Maßgabe ihres „Foreign Investment in Real Property Tax Act" zu besteuern.*

47. Griechenland *behält wegen seiner besonderen Lage auf dem Gebiet der Seeschifffahrt die Entscheidungsfreiheit hinsichtlich der Abkommensbestimmungen über Veräußerungsgewinne aus der Veräußerung von Seeschiffen im internationalen Verkehr und von beweglichem Vermögen, das dem Betrieb solcher Schiffe dient.*

48. Irland *behält sich das Besteuerungsrecht für Veräußerungsgewinne einer natürlichen Person vor, die zu irgendeinem Zeitpunkt innerhalb von fünf Jahren vor dieser Veräußerung in Irland ansässig war.*

49. Mexiko *behält sich die Anwendung der Bestimmungen seines Rechts über die Besteuerung von Gewinnen aus der Veräußerung von Anteilen oder anteilsähnlichen Rechten an einer in Mexiko ansässigen Gesellschaft vor.*

50. *Die* ***Vereinigten Staaten*** *behalten sich vor, Gewinne aus der Veräußerung von Containern in den Geltungsbereich des Absatzes 3 des Artikels einzubeziehen.*

51. Belgien, Luxemburg*, die* ***Niederlande*** **[ab 22.7.2010:]** *und die* ***Schweiz*** *behalten sich vor, Absatz 4 nicht in ihre Abkommen aufzunehmen.*

Text: Stellungnahmen von Nichtmitgliedstaaten zum OECD-MA (OECD-NM)

Positions on the Article

1. Argentina *and* ***Brazil*** *reserve the right to tax at source gains from the alienation of property situated in a Contracting State other than property mentioned in paragraphs 1, 2, 3 and 4.*

2. *The* ***People's Republic of China, Serbia*** *and* ***Thailand*** *reserve the right to tax gains from the alienation of shares or rights that are part of a substantial participation in a resident company.*

3. **[bis 14.7.2014:** ***Latvia*** *and* ***Lithuania*** *reserve* **ab 15.7.2014:]** ***Latvia*** *reserves the right to insert in a special Article provisions regarding capital gains relating to activities carried on offshore in a Contracting State in connection with the exploration or exploitation of the sea bed, its subsoil and their natural resources.*

[ab 15.7.2014:]

3.1 ***Lithuania*** *reserves the right to insert special provisions regarding capital gains relating to activities carried on in a Contracting State in connection with the exploration or exploitation of natural resources.*

4. **[bis 14.7.2014:** ***Estonia*** *and* ***Lithuania*** *reserve* **ab 15.7.2014:]** ***Lithuania*** *reserves the right to limit the application of paragraph 3 to enterprises operating ships and aircraft in international traffic.*

5. **[ab 15.7.2014:** ***Colombia,*]** ***India*** *and* ***Vietnam*** *reserve the right to tax gains from the alienation of shares or rights in a company that is a resident of their respective country.*

6. ***Bulgaria*** *reserves the right to tax gains from the alienation of shares or rights in a company that is a resident of Bulgaria other than shares quoted on a regulated stock exchange.*

7. ***Bulgaria*** *reserves the right to extend the scope of the provision to cover gains from the alienation of railway and road transport vehicles.*

8. ***Vietnam*** *reserves the right to modify paragraph 4 so that the immovable property in question need only be 30 per cent of all assets owned by the company.*

9. ***Serbia*** *reserves the right to extend the scope of the provision to cover gains from the alienation of road transport vehicles operated in international traffic.*

10. ***India*** *reserves its position on paragraph 4.*

11. **[bis 14.7.2014:** ***Israel*** *reserves its right to insert a provision according to which where a person, who was a resident of a Contracting State, has become a resident of the other Contracting State, this Article shall not prevent the first-mentioned State from taxing under its domestic law the capital gains on the property of that person at the time of change of residence. In the case of the alienation of property dealt with in paragraphs 1, 2 3 and 4 made after the change of residence, double taxation will be eliminated by the first-mentioned Contracting State. In the case of the alienation of property dealt with in paragraph 5 made after the change of residence, double taxation will be eliminated by the other Contracting State.* **ab 15.7.2014:]** ***Lithuania*** *reserves the right not to include paragraph 4 in its conventions.*

A. Allgemeines

I. Musterabkommen

1. Grundzüge

Zur Besteuerung von Veräußerungsgewinnen ist nach Art. 13 primär der Staat berechtigt, der vor der Veräußerung das veräußerte **Objekt** (Rz. 3ff.) und die aus ihm fließenden **Erträge** besteuern durfte. Ob und wie dieser Staat von seiner Besteuerungsbefugnis Gebrauch macht, bleibt dem innerstaatlichen Recht überlassen (vgl. Grundl. Rz. 44). Ebenso bleibt es den Vertragsstaaten unbenommen, die ihnen nach Art. 13 zur Besteuerung belassenen Veräußerungsgewinne einer eigenen Kapitalgewinnsteuer *(capital gains tax)* zu unterwerfen, statt sie einer der Einkunftsarten des jeweiligen innerstaatlichen Einkommensteuerrechts zuzuweisen (s. MA-Komm. Ziff. 4). 2

2. Objekt der Veräußerung

3 Gegenstand der Veräußerungen i. S. des Art. 13 können grundsätzlich alle Wirtschaftsgüter/Vermögensgegenstände und andere werthaltige Positionen sein (Rz. 5). Das Abkommensrecht enthält in diesem Punkt keine spezifischen Begrenzungen (vgl. *Simontacchi,* Taxation of Capital Gains under the OECD Model Convention (2007), 170ff.; *ders.,* in *Lang/Pistone/Schuch/Staringer* (Hrsg.), Source versus Residence (2008), 143 (154ff.) m. w. N.). Insbesondere ergeben sich derartige Begrenzungen nicht aus der Überschrift der englischen Originalfassungen (capital gains). Der in der deutschen Übersetzung nicht gesondert wiedergegebene Ausdruck „capital" bezeichnet nämlich nicht die Quelle oder den Gegenstand des Gewinns, sondern vielmehr dessen Dimension (vgl. die französische Fassung: gains en capital). Der Ausdruck stellt einerseits klar, dass es sich nicht um einen bloß ideellen, sondern um einen geldwerten Gewinn gehandelt haben muss. Andererseits muss die Wertsteigerung aus dem Gegenstand heraus eingetreten sein, nicht aus einer äußeren Veränderung des Gegenstands (Rz. 5f.). Der Kreis der von Art. 13 erfassten Gegenstände ist also denkbar weit; das Abkommensrecht folgt dem innerstaatlichen Recht des jeweiligen Anwendestaates in jeden Winkel der Besteuerung von Veräußerungsgewinnen und ihrer Surrogate hinein.

4 Es kommt insbesondere nicht darauf an, ob der Gegenstand ertragsbringend ist; auch ertragslose Vermögenswerte wie z. B. Edelmetalle, Kunstgegenstände oder Fremdwährungen fallen unter Art. 13. Dem Grunde nach (nicht aber für die Zuordnung innerhalb der Einzelnormen des Art. 13) ist auch irrelevant, ob der Gegenstand zum beweglichen oder unbeweglichen Vermögen, zum Betriebs- oder Privatvermögen gehört, ob es sich um einen körperlichen oder nichtkörperlichen Gegenstand handelt, wo der Gegenstand belegen ist etc.

5 Es ist aber gerade die Begrenzung auf die Dimension der **Wertsteigerung des Gegenstands ohne Zutun des Veräußerers**, die v. a. innerhalb des Betriebsvermögens weite Teile des Umlaufvermögens aus dem Anwendungsbereich des Art. 13 ausklammert. Soweit unternehmerische Gewinne auf die Herstellung oder Veredelung einer Sache entfallen, entfallen die daraus erzielten Gewinne nach dem übereinstimmenden Sprachgebrauch der englischen und französischen Originalfassungen des Art. 13 OECD-MA nicht auf ein „capital", sondern sind im Wesentlichen tätigkeitsbedingt. Gleiches gilt für Handelsgewinne, die auf Transport und Verteilung von Waren und die dem Käufer gegenüber erbrachten Informationsleistungen beruhen, nicht auf einer Steigerung des Sachwerts. Alle diese Gewinne unterliegen dem Regime des Art. 7 OECD-MA.

6 Der Anwendungsbereich des Art. 13 beschränkt sich indes nicht auf Gegenstände und Vermögenswerte, die bilanziell dem **Anlagevermögen** zuzuordnen sind (oder zuzuordnen wären, wenn sie aktivierbar wären). Vielmehr erfasst Art. 13 auch Wertsteigerungen des **Umlaufvermögens**, soweit diese – insbesondere bei typischen Anlagegütern wie Immobilien (Rz. 50, 130) und Währungen (Rz. 9), aber auch Wertpapieren, Edelmetallen und Kunstgegenständen – ohne Zutun des Veräußerers eingetreten sind.

7 Umgekehrt können auch Werte, die sich lediglich als betriebswirtschaftliche Funktion darstellen, aber aus der Sicht der Rechtsordnung nicht zu einem Rechtsobjekt („Gegenstand" i. S. des § 90 BGB) geronnen sind, von Art. 13 MA erfasst sein, sofern das innerstaatliche Steuerrecht des Anwendestaates sie gedanklich verselbständigt und in diesem Sinne verdinglicht. Damit können auch der goodwill eines Unternehmens (MA-Komm. Ziff. 24), Funktionen (vgl. § 1 Abs. 3 und Abs. 5 AStG), Chancen und Risiken den Schutz des Art. 13 MA erlangen.

8 Auch Teile eines Vermögensgegenstands können für sich genommen taugliche Objekte einer Veräußerung sein. Das gilt für Fälle einer Realteilung (Eigentum an

einem abgrenzbaren Teil des Wirtschaftsguts), es gilt aber auch für ideelle Teile. Hierzu zählt jede Einräumung eines zeitlich unbegrenzten beschränkten dinglichen Rechts an dem Vermögensgegenstand. Relevant wird dies, soweit das innerstaatliche Recht z. B. die Verpfändung von Patenten, die Einräumung eines Nießbrauchs o. ä. als Realisationstatbestand behandelt (s. zu unbeweglichem Vermögen näher Art. 6 Rz. 144).

Gegenstand der Veräußerung können schließlich auch Geld oder Geldleistungsansprüche sein; der Veräußerungsgewinn ist dann i. d. R. ein Wechselkursgewinn. Hierzu s. MA-Komm. Ziff. 16 f. Allgemein zu der (nicht auf Art. 13 MA beschränkten) Behandlung von Währungsgewinnen und -verlusten s. *OECD,* Tax Consequences of Foreign Exchange Gains and Losses, 1988; *Burge/Farber,* Generalberichterstatter, CDFI LXXI b (1986), 71 ff., und Nationalberichte, a. a. O., 135 ff.; *Wlecke,* Währungsumrechnung und Gewinnbesteuerung bei international tätigen deutschen Unternehmungen (1989); *Finne,* Bilanzierung von Fremdwährungsgeschäften und internationale Doppelbesteuerung (1991); *Malinski,* Währungsschwankungen und Doppelbesteuerung (1992); FG Nds. RIW 1997, 532: *DBA USA 1954/65;* ÖstBMF v. 23.4.2005 (EAS 2590), SWI 2005, 307 f.; *Crezelius,* Währungsgewinne bei § 17 EStG, DB 2005, 1924; zum Problem der Zurechnung von Währungsschwankungen zu einer Betriebstätte des Steuerpflichtigen s. Rz. 86; zu den unionsrechtlichen Bezügen vgl. EuGH, Urt. v. 28.2.2008, Rs. C-293/06 – *Deutsche Shell,* Slg. 2008, I-1129 und zuvor FG Hamburg v. 8.6.2006, EFG 2007, 43 = IStR 2007, 34. 9

3. Veräußerung

Der Ausdruck „Veräußerung“ wird durch die MA nicht definiert; im Unterschied z. B. zu Art. 6 Abs. 3 fehlt dem Art. 13 auch jede erläuternde Umschreibung. 10

a) Methodik: Gleichwohl ist er soweit als möglich abkommensautonom zu bestimmen. Ansatzpunkte sind neben dem Wortlaut (alienation, aliénation) die Systematik des MA, v. a. die überschneidungsfreie und lückenlose Abgrenzung gegen den Begriff der Nutzung (vgl. Art. 6 Abs. 3, Art. 10 Abs. 2). 11

Bedeutsam sind daneben aber auch Sinn und Zweck der Veräußerungsgewinnbesteuerung (Art. 31 Abs. 1 WÜRV). Sie legen es nahe, dass Transaktionen oder Ereignisse, die wirtschaftlich oder rechtlich einer Veräußerung ähneln, aus Gründen des Umgehungsschutzes und zur Wahrung des von der OECD (MA-Komm. Ziff. 4) angestrebten Gleichlaufs von laufender Besteuerung, Vermögensbesteuerung und Veräußerungsgewinnbesteuerung jedenfalls dann dem Regime des Art. 13 und nicht der – undifferenzierten – Auffangregelung des Art. 21 MA unterworfen werden, wenn auch das innerstaatliche Recht des Anwendestaates darin einen veräußerungsgleichen Vorgang erblickt. Insofern setzt sich der Begriff der Veräußerung – wie viele andere Begriffe in DBA – aus einem abkommensautonom zu bestimmenden Begriffskern (Rz. 15 ff.) und einem flexiblen, vom innerstaatlichen Recht der Vertragstaaten abhängigen Begriffshof (Rz. 20 ff.) zusammen. 12

b) Begriffskern: Veräußerung ist die Übertragung der wirtschaftlichen Verfügungsmacht über einen Vermögensgegenstand oder Teile eines Vermögensgegenstands ohne zeitliche Begrenzung (s. Art. 6 Rz. 141 ff.) auf einen anderen (MA-Komm. Ziff. 5). Dieser abkommensautonom bestimmbare Begriffskern setzt einen – nicht notwendig rechtsgeschäftlichen – **Wechsel des Subjekts** voraus, das die wirtschaftliche Verfügungsmacht über den betroffenen Vermögensgegenstand innehat. 15

Beispiele: Als Veräußerungen sind nach international übereinstimmendem Verständnis in jedem Fall ein Verkauf, eine Teilveräußerung oder ein Tausch von Ver- 16 mögenswerten, eine übertragende Umwandlung durch Verschmelzung, Auf- oder Abspaltung, eine Einbringung in eine andere Gesellschaft oder auch eine Enteignung anzusehen (MA-Komm. Ziff. 5). Der MA-Komm. a. a. O. nennt ferner Gewinne aus der unentgeltlichen Übertragung und dem Übergang von Todes wegen. Regelmäßig ist damit der ertragsteuerliche Gewinn des bisherigen Berechtigten (Erblassers, Schenkers) gemeint. Zwingend ist das indes nicht. Wenn das innerstaatliche Ertragsteuerrecht den Realisationsgewinn nicht dem Erblasser, sondern dem Erwerber zurechnet, kann auch darin eine Veräußerung liegen (a. A. insoweit die 4. Aufl., Rz. 3; zum Problem möglicher subjektiver Qualifikationskonflikte s. Grundl. Rz. 181a).

17 Diese Vermögensübergänge sind abkommensrechtlich auch dann als Veräußerungen zu behandeln, wenn das innerstaatliche Recht eines Vertragsstaats die betreffenden Gewinne anders, z. B. als Kapitaleinkünfte, einordnet (*Hoge Raad* Rolno 24308, BNB 1991/248: *DBA Niederlande/Belgien,* s. dazu: *Smit,* ET 1992, 57; *Latour/Oosterman,* WFR 1992, 512; zu Abgrenzungsfragen s. auch: *Janssen,* MBB 1994, 6; *Kemmeren,* WFR 1994, 396; zum Verhältnis zwischen Art. 13 MA und Art. 7 MA s. Wassermeyer/*Wassermeyer,* Art. 13 MA Rz. 2).

20 **c) Erweiterungen durch innerstaatliches Recht:** Im Begriffshof, d. h. außerhalb dieses Begriffskerns, wird die abkommensrechtliche Reichweite des Ausdrucks „Veräußerung" dagegen durch das innerstaatliche Recht bestimmt (Art. 3 Abs. 2 MA; MA-Komm. Ziff. 6; GKG/*Fischer-Zernin,* Art. 13 OECD-MA Rz. 1, 2; *Schaumburg,* Rz. 16.382; zurückhaltend demgegenüber Wassermeyer/*Wassermeyer,* Art. 13 MA Rz. 3).

21 **Beispiele:** Nach Maßgabe des innerstaatlichen Rechts kann der Übertragung im Falle der nur **einmalig ausübbaren Rechte** (insbesondere der Pfandrechte und der Vorkaufsrechte) der **Verbrauch** des Rechts durch Ausübung gleichgestellt sein (s. Art. 6 Rz. 145); in diesen Fällen ist auch der Verbrauch eines Rechts als Veräußerung i. S. des Art. 13 anzusehen.

22 Ebenso können **Leistungen einer Versicherung,** die den Untergang oder die Verschlechterung einer versicherten Sache ausgleichen, innerstaatlich und dann auch abkommensrechtlich als Veräußerungsgewinn behandelt werden, wenn dadurch stille Reserven aufgedeckt werden.

23 Entsprechendes gilt für andere **Veräußerungssurrogate,** etwa das Verbringen eines Wirtschaftsguts (s. die Veräußerungsfiktion in § 12 Abs. 1 Satz 1 KStG) oder die Verlagerung einer betrieblichen Funktion (Rz. 5) in ein anderes Hoheitsgebiet, den Wegzug des Steuerpflichtigen, die Sitzverlegung oder die Liquidation des verfügungsberechtigten Rechtsträgers. Auch diese Handlungen unterliegen dem Regime des Art. 13 MA, soweit das innerstaatliche Recht sie mit denselben Rechtsfolgen ausstattet wie eine Veräußerung des jeweiligen Gegenstands (m. E. irreführend daher MA-Komm. Ziff. 10, der insoweit allein Art. 7 für anwendbar hält).

24 Ebenso können **Umwandlungsgewinne** i. w. S. nach Maßgabe des innerstaatlichen Rechts des Anwendestaates eine Besteuerung auslösen, die der Veräußerungsgewinnbesteuerung entspricht. In diesem Fall greift auch abkommensrechtlich Art. 13 ein. Zu einer Sondervorschrift s. Art. XIII Abs. 8 des *DBA Kanada/USA*; dazu *Boidman/Gartner,* TMIJ 1987, 292; *Boidman,* TMIJ 1988, 134. Zur Veräußerung im Rahmen eines Gewährleistungsverhältnisses s. BFH BStBl. 2000, 424: *DBA USA 1954/65.*

25 Der Abkommensbegriff der Veräußerung kann über das innerstaatliche Recht des Anwendestaates auch auf eine Entstrickung erstreckt werden, die durch Ereignisse ausgelöst wird, die sich der Kontrolle des Steuerpflichtigen und seiner Anteilseigner entziehen und allein in der Sphäre des Staates liegen. So ist namentlich das **Inkrafttreten eines Freistellungs-DBA,** wenn es nach innerstaatlichem Recht zur Entstrickung führt, „Veräußerung" i. S. des DBA (zu Sonderregelungen s. Rz. 97, 326; Art. 30/31 Rz. 8a).

Soweit sich der Liquidationsgewinn eines Gesellschafters aus stehen gelassenen Gewinnen der Kapitalgesellschaft ergibt, kommt es dagegen nicht vorrangig auf das innerstaatliche Recht des Anwendestaates an (Art. 3 Abs. 2). Vielmehr ist insoweit zunächst – abkommensautonom – eine Abgrenzung zwischen Art. 13 und Art. 10 erforderlich, die wegen Art. 10 Abs. 3 ihrerseits vorrangig dem innerstaatlichen Dividendenbegriff des Ansässigkeitsstaats der zu liquidierenden Gesellschaft folgt. Wenn dieser den Liquidationsgewinn wie eine Dividende besteuert, greift Art. 10 ein, andernfalls ist Raum für die Anwendung von Art. 13 (s. *Piltz,* DStR 1989, 133; Wassermeyer/*Wassermeyer,* Art. 13 MA Rz. 28 und Rz. 105; *Früchtl/Prokscha,* BB 2007, 2147 (2151); sowie oben Art. 10 Rz. 218). 26

4. Gewinn

a) Begriff: Auch der Begriff des Gewinns (gain) i. S. des Art. 13 ist zweistufig zu bestimmen. In einer abkommensautonomen, nicht zur Disposition des innerstaatlichen Rechts stehenden Auslegung erfasst er jeden Vorteil in Geld oder in Geldeswert, der sich wirtschaftlich als Gegenleistung (quid pro quo, consideration) für die Veräußerung des Gegenstands (Rz. 3 ff.) darstellt. 27

In Erweiterung dieses Begriffskerns können zum Veräußerungsgewinn aber auch alle Surrogate für eine solche Gegenleistung gehören, wenn das innerstaatliche Recht des Anwendestaates ihre steuerliche Gleichstellung mit den eigentlichen Gegenleistungen vorsieht. Es gibt also keine spezifisch abkommensrechtlichen Anforderungen an den Zusammenhang zwischen Veräußerung und Vermögensmehrung; mit dem Wort „aus" (from, de) verweisen die MA auf die Relationen des innerstaatlichen Rechts. 28

Über **Veräußerungsverluste** (capital losses) treffen die DBA dagegen keine Aussage. Ihre Behandlung ist ausschließlich Sache des innerstaatlichen Rechts, das aber – vorbehaltlich verfassungs- oder unionsrechtlicher Begrenzungen – vorsehen kann, dass Verluste steuerlich nur berücksichtigt werden, wenn korrespondierende Gewinne nicht DBA-freigestellt sind. 29

b) Bezug: Auch das Merkmal „beziehen" (derive, tirer) ist nicht i. S. e. abkommensrechtlichen Zuflusserfordernisses zu verstehen. Der effet utile der DBA gebietet auch hier eine Abkommensauslegung, die sich flexibel an das innerstaatliche Recht anpasst und sich damit auch auf fiktive Veräußerungsgewinne oder reine Buchgewinne (deemed gains, imputed gains) erstreckt, sofern diese nach Maßgabe des innerstaatlichen Rechts des Anwendestaates eine Veräußerungsgewinnbesteuerung auslösen. 30

c) Zahlungsweise: Erst recht ist irrelevant, ob es sich bei der Vermögensmehrung um eine einmalige oder um eine wiederkehrende Zahlung handelt. 34

d) Insbesondere: Veräußerung gegen Rentenzahlung: Problematisch ist der Veräußerungs-Gewinn-Zusammenhang allerdings, sobald wiederkehrende Zahlungen nach Dauer oder Höhe von einem zukünftigen, im Veräußerungszeitpunkt noch ungewissen Ereignis abhängig gemacht, d. h. wirtschaftlich um unterhalts- oder versicherungsartige Elemente angereichert werden. Die Frage, wie die Veräußerung von Vermögenswerten gegen Zahlung einer Rente zu behandeln ist, lässt der OECD-Kommentar ausdrücklich offen und verweist für die Lösung dieses Problems auf das Verständigungsverfahren (MA-Komm. Ziff. 18). 36

Nach deutscher Auffassung spielt es keine Rolle, wie das Entgelt für den veräußerten Gegenstand bezahlt wird. Veräußerungen gegen Gewährung einer Leib- 37 rente werden daher von Art. 13 MA erfasst (FG Münster EFG 1975, 314; *DBA Schweiz;* s. auch *K. Vogel,* Nationalbericht, CDFI LXIb (1976) 129, 136f.; ebenso für das österreichische Recht *Philipp/Pollak,* Z 13 Rz. 9, beachte aber Art. 18 Rz. 82). Zutreffend hat das FG Münster die Rentenzahlungen als nachträgliche Einkünfte aus der inländischen Betriebstätte angesehen.

38 Anderes soll gelten, wenn der Rentenbarwert erheblich von dem auf den Veräußerungszeitpunkt zu bestimmenden Verkehrswert des veräußerten Vermögensgegenstands abweicht. In diesem Fall tritt die Gegenleistung für das übereignete Wirtschaftsgut gegenüber dem Versorgungscharakter in den Hintergrund. Hier kommt – unabhängig von den Wertungen des innerstaatlichen Steuerrechts (vgl. für Deutschland BFH (GrS) BStBl. II 1990, 847 und BStBl. II 1992, 78; ferner BFH BStBl. II 1992, 803; BStBl. II 1992, 1020; BStBl. II 1994, 19; BStBl. II 2000, 21 und BStBl. II 2007, 160; *Kirchhof/Fischer,* § 22 EStG Rz. 9ff.; *Schmidt/Heinicke,* § 22 EStG, Rz. 70ff.) – eine Aufteilung der Zahlungen in Betracht. In einem Verständigungsverfahren haben sich Deutschland und die Schweiz darauf geeinigt, dass der Betriebstättenstaat die Einkünfte besteuern darf, soweit es sich um den Veräußerungsgewinn handelt (= Unterschiedsbetrag zwischen dem Rentenbarwert und dem Kapitalkonto). Sobald die Renten den Rentenbarwert übersteigen, sind die Renten nach Art. 21 nur im Staat des Rentenempfängers zu besteuern (BMF v. 4.10.1999, BStBl. I 1999, 845). Diese Lösung ist sachgerecht (vgl. noch zur Abgrenzung von Versorgungscharakter und Veräußerungsgewinn FWK/*Kempermann,* Art. 21 Anm. 12).

40 **e) Einkunftsermittlung:** Art. 13 regelt nur die Verteilung der Besteuerung. Er sagt nichts darüber aus, wie die Veräußerungsgewinne ermittelt werden. Insbesondere fehlen dem Art. 13 Bestimmungen über die **Bewertung** und den **Abzug von Betriebsausgaben und Werbungskosten.** Soweit nicht die Art. 7 Abs. 2–6 oder 9 eingreifen, bleiben deshalb die innerstaatlichen Vorschriften des besteuernden Staates (als Objekttatbestand; s. Grundl. Rz. 79) uneingeschränkt anwendbar (*Federal Court of Canada* v. 26.9.1997, A-671-96 – William F. Kubicek, [1997] F.C.J. No. 1249 = 97 D.T.C. 5454).

5. Adressaten

42 Art. 13 OECD-MA ist eine Verteilungsnorm mit teils offener, teils abschließender Rechtsfolge: Die Absätze 1, 2 und 4 regeln nur die Besteuerung im Quellenstaat; wie der Ansässigkeitsstaat Veräußerungsgewinne besteuert, deren Besteuerung diese Verteilungsnormen dem Quellenstaat belassen, ergibt sich aus Art. 23. Dagegen richten sich die Abs. 3 und 5 gleichermaßen an den Quellenstaat und den Ansässigkeitsstaat; sie enthalten abschließende Regelungen („können nur") und lassen keinen Raum für einen Rückgriff auf Art. 23.

II. Deutsches Recht

44 Das deutsche Steuerrecht kennt keine Einkunftsart „Veräußerungsgewinne", sondern erfasst die entsprechenden Erlöse im Rahmen der drei Gewinneinkunftsarten des § 2 Abs. 1 Nr. 1–3 EStG, soweit es sich bei dem veräußerten Vermögen um Betriebsvermögen handelt. Gewinne aus der Veräußerung von Privatvermögen werden in Deutschland dagegen nur ausnahmsweise besteuert, vor allem in den Fällen der §§ 17, 20 Abs. 2, 22 Nr. 2, 23 EStG. Steuerlich berücksichtigt werden realisierte Gewinne und Verluste, im Betriebsvermögen aber auch Abschreibungen von Beteiligungen auf den niedrigeren Teilwert.

45 Zum Begriff der Veräußerung nach deutschem Einkommensteuerrecht und zu seiner Abgrenzung von der verdeckten Einlage s. BFH BStBl. II 1989, 271. Als

Veräußerung gelten auch die Aufgabe des Betriebs (s. §§ 14, 16 Abs. 3, 18 Abs. 3 EStG) oder die „übertragende Umwandlung" einer Kapitalgesellschaft (vgl. Rz. 15, ferner die Hinweise in der 4. Aufl., Rz. 7).

B. Zu Art. 13 Abs. 1 OECD-MA, Art. 13 Abs. 1 und 4 UN-MA und zu Art. 13 Abs. 1 und 2 US-MA

I. Musterabkommen

1. Übereinstimmungen und Abweichungen

Art. 13 Abs. 1 OECD-, UN-, US-MA und die DE-VG stimmen inhaltlich überein; zu einer geringfügigen Abweichung im Wortlaut s. Rz. 55. 46

2. OECD-MA

a) Grundzüge: Gewinne aus der Veräußerung von **unbeweglichem Vermögen** besteuert der Staat, in dem das Vermögen liegt. Auch für die Veräußerungsgewinne gilt also das **Belegenheitsprinzip.** Der vorrangig besteuernde Staat ist derselbe, der vor der Veräußerung den Vermögenswert und die daraus fließenden Erträge besteuern durfte. Er besteuert die Gewinne gemäß seinem innerstaatlichen Recht, ohne durch das Abkommen darin beschränkt zu sein (sehr weitgehend z.B. die USA nach dem Foreign Investment in Real Property Tax Act, „FIRPTA", von 1980). Die Besteuerung der Einkünfte im Ansässigkeitsstaat lässt Art. 13 offen („können", s. Vor Art. 6 bis 22 Rz. 4ff.); ob sie dort freizustellen sind oder die Steuer des Quellenstaates (= Belegenheitsstaates) angerechnet wird, bestimmt sich nach Art. 23 MA (s. dort Rz. 3ff.). 47

b) Abgrenzung: Das Belegenheitsprinzip nach Art. 13 Abs. 1 gilt auch für Gewinne aus der Veräußerung von unbeweglichem Betriebsvermögen (MA-Komm. Ziff. 22). Die Vorschrift erfasst jedoch nur Gewinne, die eine in einem Vertragsstaat ansässige Person aus der Veräußerung von Vermögen erzielt, das im anderen Vertragsstaat belegen ist. Für Gewinne aus der Veräußerung von unbeweglichem Vermögen im Ansässigkeitsstaat oder in einem dritten Staat gilt Art. 13 Abs. 5 (MA-Komm. Ziff. 22), nicht Art. 21 Abs. 1. 48

c) Regelung: Bezieht eine **in einem Vertragsstaat ansässige Person** 49
- **Gewinne**
- aus der **Veräußerung**
- **unbeweglichen Vermögens** im Sinne des Art. 6, das im anderen Vertragsstaat liegt,

so können diese Veräußerungsgewinne im **Belegenheitsstaat** besteuert werden.

d) Ob der Veräußerer eine „**in einem Vertragsstaat ansässige Person**" ist, bestimmt sich nach den allgemeinen Vorschriften (s. Art. 3 Rz. 11ff. und Art. 4 Rz. 4ff.). Aufmerksamkeit verdient dabei speziell die Frage, ob steuerbefreite juristische Personen wie REITs mangels Steuerpflicht die Voraussetzungen des Art. 4 Abs. 1 verfehlen, wenn sie ihrerseits Immobilien (Art. 13 Abs. 1) oder Anteile an anderen Immobilienkapitalgesellschaften (Art. 13 Abs. 4 OECD-MA) veräußern (s. FG Nds., IStR 2007, 755; *Geurts/Jacob,* IStR 2007, 737; vgl. auch MA-Komm. zu Art. 10 Ziff. 67.5f.). 49a

e) Zum **Gewinnbegriff** o. Rz. 27ff. Zum Begriff der **„Veräußerung"** o. Rz. 10ff. 49b

50 **f)** Für den **Begriff des unbeweglichen Vermögens** verweist Art. 13 Abs. 1 auf Art. 6 OECD-MA und übernimmt damit exakt die Begriffsbestimmung(sregeln) des Art. 6 Abs. 2 (unklar *Arnold,* BIFD 2006, 5 (11 bei Fn. 38)). Einzelheiten s. Art. 6 Rz. 64 ff. Tatbestandlich erfasst Art. 13 Abs. 1 daher auch unbewegliches Vermögen, das zu einem Betriebsvermögen gehört. Dies gilt gleichermaßen für Gegenstände des Anlage- und des Umlaufvermögens (Rz. 4 ff., insbes. Rz. 6). Somit ist Art. 13 Abs. 1 auch auf Gewinne aus der Veräußerung von Eigentumswohnungen, Ferienhäusern etc. anzuwenden, die von einem Unternehmen im Ausland zum Verkauf errichtet worden sind (BFH BStBl. II 1972, 948: *DBA Italien 1925*).

51 Dagegen sind **Rechte** i. d. R. bewegliches Vermögen. Maßgeblich ist aber auch insoweit zunächst das innerstaatliche Recht des Belegenheitsstaates (Art. 6 Abs. 2 Satz 1 OECD-MA; s. Art. 6 Rz. 65), sekundär die abkommensautonomen Vorgaben des Art. 6 Abs. 2 Satz 2 OECD-MA (s. Art. 6 Rz. 64, 83 f.). Danach sind z. B. Grundpfandrechte als solche unbewegliches Vermögen (s. Art. 6 Rz. 90). Demgegenüber gehören die grundpfandrechtlich gesicherten Forderungen jedenfalls nicht nach Art. 6 Abs. 2 Satz 2 OECD-MA zu dem unbeweglichen Vermögen. Und selbst soweit in älteren DBA die laufende Besteuerung von Zinsen aus hypothekarisch gesicherten Forderungen derjenigen der Einkünfte aus unbeweglichem Vermögen i. S. des Art. 6 MA gleichgestellt wird (s. Art. 6 Rz. 129, 177), lassen die sprachlich misslungenen Formulierungen nicht eindeutig erkennen, ob diese Forderungen (d. h. das Stammrecht) in die Definition des „unbeweglichen Vermögens" einbezogen werden sollen (sodass im Veräußerungsfall Art. 13 Abs. 1 eingriffe) oder ob es den Vertragsstaaten um eine auf die laufenden Erträge (die Zinsen) begrenzte Sonderregelung ging (sodass Art. 13 Abs. 1 nicht zur Anwendung gelangt).

52 Gesellschaftsanteile einschließlich der Anteile an Immobiliengesellschaften (an Gesellschaften, deren Aktiva überwiegend oder ausschließlich aus Immobilien bestehen) sind grundsätzlich ebenfalls bewegliches Vermögen, fallen also nicht unter Abs. 1 (BFH BStBl. II 2000, 424: *DBA USA 1954/65*). Etwas anderes gilt allenfalls für Gesellschaftsanteile, die ihrem Inhaber ein Recht zur unmittelbaren Nutzung der Immobilien geben (s. Art. 6 Rz. 22 ff., 98 ff.).

53 Unabhängig davon führt Art. 13 Abs. 4 OECD-MA i. d. F. seit 2000 für Gewinne aus der Veräußerung von Anteilen an Immobilien(kapital)gesellschaften aber Rechtsfolgen herbei, die denen des Abs. 1 gleichen. Diese Regelung führt dazu, dass der Steuerpflichtige auch durch die Zwischenschaltung einer Körperschaft nicht länger die Möglichkeit hat, die Besteuerung im Quellenstaat zu vermeiden; früher hatten derartige Gestaltungen u. U. zu einer doppelten Nichtbesteuerung geführt (s. Rz. 118 ff.).

3. UN- und US-MA

55 Art. 13 Abs. 1 des UN- und des US-MA unterstellen wie das OECD-MA und die DE-VG Gewinne aus der Veräußerung unbeweglichen Vermögens dem **Belegenheitsprinzip.** Abweichend von der englischen Fassung des OECD-MA und dem UN-MA („immovable property") verwendet dabei das US-MA den Ausdruck „real property". Das bedeutet aber keine sachliche Abweichung (s. Art. 6 Rz. 48). Darüber hinaus enthält das US-MA in Art. 13 Abs. 2 eine Definition des Begriffs „unbewegliches Vermögen", der über die Definition des Art. 6 Abs. 2 teilweise hinausgeht (zum Begriff des unbeweglichen Vermögens s. Art. 6 Rz. 62 ff.; s. ferner Rz. 50, 57).

II. Deutsche DBA

1. Abkommensübersicht zu Art. 13 Abs. 1

56

DBA	MA-Regelung: Für die Besteuerung der Veräußerungsgewinne aus unbeweglichem Vermögen gilt Belegenheitsprinzip	Artikel	Rz.
Ägypten	≈ MA	13 Abs. 1	
Albanien 2010	≈ MA	13 Abs. 1	
Algerien 2007	≈ MA	13 Abs. 1	
Argentinien	≈ MA	13 Abs. 1	
Armenien	s. UdSSR		
Aserbaidschan	≈ MA	13 Abs. 1	
Australien	keine entsprechende Regelung	–	63 ff.
Bangladesch	≈ MA; Besonderheit für Anteile an einer Gesellschaft	13 Abs. 1	
Belarus	≈ MA	13 Abs. 1	
Belgien	≈ MA	13 Abs. 1	
Bolivien	≈ MA	13 Abs. 1	
Bosnien-Herzegowina	s. Jugoslawien		
Bulgarien 2010	≈ MA	13 Abs. 1	
China 1985	≈ MA	13 Abs. 1	
China 2014 (E)			
Costa Rica 2014 (E)	≈ MA	13 Abs. 1	
Dänemark	≈ MA; Besonderheiten für Aktien, Rechten oder Beteiligungen an einer Gesellschaft, …	13 Abs. 1	
DE-VG	≈ MA	13 Abs. 1	
Ecuador	≈ MA	13 Abs. 1	
Elfenbeinküste	≈ MA	13 Abs. 1	
Estland	≈ MA	13 Abs. 1	
Finnland	≈ MA	13 Abs. 1	
Frankreich	≈ MA	3 Abs. 1	
Georgien	≈ MA	13 Abs. 1	
Ghana	≈ MA	13 Abs. 1	
Griechenland	≈ MA	XIII Abs. 1	
Großbritannien 1964/70	≈ MA	VIII Abs. 1	
Großbritannien 2010	≈ MA	13 Abs. 1	
Indien	≈ MA	13 Abs. 1	
Indonesien	≈ MA	13 Abs. 1	
Iran	≈ MA	13 Abs. 1	
Irland 2011	≈ MA	13 Abs. 1	
Island	≈ MA	13 Abs. 1	
Israel	≈ MA	3 Abs. 1	
Italien	≈ MA	13 Abs. 1	
Jamaika	≈ MA	13 Abs. 1	
Japan	≈ MA	13 Abs. 1	
Jugoslawien	≈ MA	14 Abs. 1	
Kanada	≈ MA	13 Abs. 1	
Kasachstan	≈ MA	13 Abs. 1	
Kenia	≈ MA	13 Abs. 1	
Kirgisistan	≈ MA	13 Abs. 1	
Korea	≈ MA	13 Abs. 1	

DBA	MA-Regelung: Für die Besteuerung der Veräußerungsgewinne aus unbeweglichem Vermögen gilt Belegenheitsprinzip	Artikel	Rz.
Kosovo	s. Jugoslawien		
Kroatien	≈ MA	13 Abs. 1	
Kuwait	≈ MA	13 Abs. 1	
Lettland	≈ MA	13 Abs. 1	
Liberia	≈ MA	13 Abs. 1	
Liechtenstein 2011	≈ MA	13 Abs. 1	
Litauen	≈ MA; Besonderheiten für Anteile an einer Gesellschaft	13 Abs. 1	
Luxemburg 2012	≈ MA, Einbeziehung best. EU-Richtlinien	13 Abs. 1 Prot. Nr. 3	
Malaysia 2010	≈ MA	13 Abs. 1	
Malta	≈ MA	13 Abs. 1	
Marokko	≈ MA	13 Abs. 1	
Mauritius 2011	≈ MA	13 Abs. 1	
Mazedonien 2006	≈ MA	13 Abs. 1	
Mexiko 2008	≈ MA	13 Abs. 1	
Moldau	s. UdSSR		
Mongolei	≈ MA	13 Abs. 1	
Montenegro	s. Jugoslawien		
Namibia	≈ MA	13 Abs. 1	
Neuseeland	≈ MA	13 Abs. 1	
Niederlande 1959/2004	≈ MA; bei Veräußerung gegen Rentenzahlung Wohnsitzprinzip	4 Abs. 1; SProt. Nr. 5	60
Niederlande 2012 (E)	≈ MA, Einkünfte bei (Teil-)Abwicklung einer Gesellschaft oder Erwerb eigener Aktien durch diese	13 Abs. 1 Prot. Nr. X.	
Norwegen	≈ MA	13 Abs. 1	
Oman 2012 (E)	≈ MA	13 Abs. 1	
Österreich	≈ MA	13 Abs. 1	
Pakistan	≈ MA	13 Abs. 1	
Philippinen 1983	≈ MA	13 Abs. 1	
Philippinen 2013	≈ MA	13 Abs. 1	
Polen	≈ MA	13 Abs. 1	
Portugal	≈ MA	13 Abs. 1	
Rumänien	≈ MA	13 Abs. 1	
Russische Föderation	≈ MA	13 Abs. 1	
Sambia	≈ MA	13 Abs. 1	
Schweden	≈ MA; Besonderheiten für Gesellschaften	13 Abs. 1	61
Schweiz	≈ MA	13 Abs. 1	
Serbien	s. Jugoslawien		
Simbabwe	≈ MA	13 Abs. 1	
Singapur	≈ MA	13 Abs. 1	
Slowakei	s. Tschechoslowakei		
Slowenien	≈ MA	13 Abs. 1	
Spanien 2011	≈ MA	13 Abs. 1	
Sri Lanka	≈ MA	13 Abs. 1	
Südafrika 1973	≈ MA	10 Abs. 1	
Südafrika 2008 (E)	≈ MA	13 Abs. 1	
Syrien 2010	≈ MA	13 Abs. 1	
Tadschikistan	≈ MA	13 Abs. 1	

DBA	MA-Regelung: Für die Besteuerung der Veräußerungsgewinne aus unbeweglichem Vermögen gilt Belegenheitsprinzip	Artikel	Rz.
Taiwan 2011	≈ MA	13 Abs. 1	
Thailand	≈ MA	13 Abs. 1	
Trinidad und Tobago	≈ MA	13 Abs. 1	
Tschechien	s. Tschechoslowakei		
Tschechien 1997 (E)	≈ MA	13 Abs. 1	
Tschechoslowakei	≈ MA	13 Abs. 1	
Türkei 2011	≈ MA	13 Abs. 1	
Tunesien	≈ MA	13 Abs. 1	
Turkmenistan	s. UdSSR		
UdSSR	≈ MA	10 Abs. 1	
Ukraine	≈ MA	13 Abs. 1	
Ungarn 2011	≈ MA	13 Abs. 1	
Uruguay 2010	≈ MA	13 Abs. 1	
USA 1989	≈ MA	13 Abs. 1, 2	
USA 1989/2006	≈ MA	13 Abs. 1, 2	
Usbekistan	≈ MA	13 Abs. 1	
Venezuela	≈ MA	13 Abs. 1	
Vereinigte Arabische Emirate 2010	≈ MA	13 Abs. 1	
Vietnam	≈ MA	13 Abs. 1	
Weißrussland	s. Belarus		
Zypern 2011	≈ MA	13 Abs. 1	

2. Erläuterungen

a) Begriff des unbeweglichen Vermögens: Im Unterschied zu OECD- und UN-MA verweisen zahlreiche deutsche DBA für die Bestimmung des Begriffs „unbewegliches Vermögen" nicht auf die dem Art. 6 OECD-MA entsprechende Vorschrift. In diesen Fällen kann die Begriffsbestimmung des Art. 6 Abs. 2 OECD-MA nicht unbesehen übernommen werden. Vielmehr ist auch ein eigenständiges, speziell der Anwendung von Art. 13 zugrunde zu legendes Begriffsverständnis in Betracht zu ziehen. Es kann sich von dem des Art. 6 Abs. 2 v.a. durch das Fehlen von Positivbeispielen nach Art des Art. 6 Abs. 2 Satz 2 Halbs. 1, möglicherweise aber auch in der Frage unterscheiden, auf wessen innerstaatliches Recht zurückzugreifen ist (Art. 6 Abs. 2 Satz 1: Belegenheitsstaat; Art. 3 Abs. 2: Anwendestaat). 57

Ob die Vertragsstaaten diese Divergenzen wirklich gewollt haben, ist aber erhöht begründungsbedürftig. Wegen der Abgrenzungsschwierigkeiten zwischen Nutzung (Art. 6; s. dort Rz. 140 ff.) und Veräußerung (Art. 13; s. Rz. 3 ff.) von Vermögensgegenständen, aber auch wegen einer partiellen wirtschaftlichen Substituierbarkeit beider Verwendungsformen erfordern auch diese DBA nach ihrem Sinn und Zweck (Art. 31 Abs. 1 WÜRV) eine möglichst einheitliche Bestimmung des Begriffs des unbeweglichen Vermögens. Grundsätzlich ist daher auch für ein DBA ohne ausdrücklichen Verweis auf die dem Art. 6 OECD-MA entsprechende Verteilungsnorm deren Begriffsbestimmung zugrunde zu legen. 58

b) Sonderregelungen in den alten DBA Luxemburg 1958/2009 und Niederlande 1959/2004: Die *DBA Luxemburg 1958/2009* und *Niederlande 1959/2004* stellten jeweils in einem Schlussprotokoll klar, dass zu den Einkünften aus unbeweglichem Vermögen auch Einkünfte aus der Veräußerung eines **land- und forstwirtschaftlichen Betriebs** gehörten. Gleiches galt für **Spekulationsgewinne,** die bei der Veräußerung von unbeweglichem Vermögen anfallen. Ab- 60 weichend von der MA-Regelung konnten **Renten,** die als Gegenleistung für die Veräußerung von unbeweglichen Vermögensgegenständen gezahlt werden, **nur im Ansässigkeitsstaat** des Rentenempfängers besteuert werden (vgl. Rz. 36).

61 **c) Sonderregelung im DBA Schweden:** Umgekehrte Bedeutung ist dem Art. 13 Abs. 1 S. 3 *DBA Schweden* beigemessen worden. Nach einer auch in der Voraufl. (s. dort Rz. 23) vertretenen Auffassung schränkt diese Klausel die Regel über die Vorrangbesteuerung der Gewinne aus der Veräußerung unbeweglichen Vermögens ein. Art. 13 Abs. 1 Satz 2 sollte danach nicht für unbewegliches Vermögen gelten, das einem land- und forstwirtschaftlichen oder einem gewerblichen Betrieb dient. Die innere Systematik des Art. 13 Abs. 1 *DBA Schweden* spricht m. E. eher dafür, dass Satz 3 lediglich als Sonderregel für die Berechnung des Schwellenwerts anzusehen ist, ab dem auch Gewinne aus der Veräußerung von Anteilen an Kapitalgesellschaften dem Belegenheitsprinzip unterliegen (vgl. Art. 13 Abs. 4 OECD-MA und unten Rz. 163).

63 **d)** Das *DBA Australien* enthält **keine ausdrückliche Regelung** für Veräußerungsgewinne. Diese Lücke ist nicht planwidrig; vielmehr sind die Vertragsstaaten in diesen Fällen offenbar bewusst von dem damaligen OECD-MA 1963 abgewichen. Daher scheidet eine erweiternde Vertragsauslegung, die auch für dieses DBA die Rechtsfolgen des Art. 13 OECD-MA herbeiführt, aus (s. zur Begründung näher 4. Aufl., Rz. 24; vgl. auch Wassermeyer/*Rosenthal,* Australien, Art. 2 Rz. 21). Auch enthält das *DBA Australien* keine dem Art. 21 OECD-MA entsprechende Auffangvorschrift. Daher können Gewinne aus der Veräußerung unbeweglichen Privatvermögens in jedem Vertragsstaat ungehindert nach Maßgabe des jeweiligen innerstaatlichen Rechts besteuert werden.

64 Stammen die veräußerten Vermögensgegenstände dagegen aus einem Betriebsvermögen, gilt im Ergebnis nichts anderes. Der Veräußerungsgewinn bildet zwar nach kontinentaleuropäischem Verständnis einen Teil der Unternehmensgewinne i. S. des Art. 7 Abs. 1 (vgl. BFH BStBl. II 1977, 820: *DBA Schweiz 1931; Pyszka* IStR 1999, 655); waren die veräußerten Vermögensgegenstände der in Deutschland belegenen Betriebstätte eines australischen Steuerpflichtigen zuzurechnen, wird Deutschland deshalb gem. Art. 7 Abs. 1 Satz 2 *DBA Australien* die vorrangige Besteuerung des Veräußerungsgewinns beanspruchen. Australien ist an diese Qualifikation aber ausnahmsweise (zum Regelfall s. Art. 23 Rz. 129) nicht gebunden, weil Art. 22 Abs. 1 DBA textlich von Art. 23 B Abs. 1 OECD-MA abweicht, und wird nach seinem innerstaatlichen Verständnis in dem Veräußerungsgewinn keine „Einkünfte" (income), sondern davon zu unterscheidende Gewinne (capital gains) sehen, auf die das DBA keine Anwendung findet (in diesem Sinne auch die Verständigungsvereinbarungen zwischen *Österreich* und den *USA,* TNS 1995, 61 f.; und zwischen *Australien* und den *USA,* TNS 1995, 405; vgl. ferner ÖstBMF EAS 1364 v. 23.11.1998, SWI 1999, 4: Das *DBA Österreich/USA* verpflichtet Österreich nicht zur Anrechnung der US-amerikanischen Steuer auf die Veräußerung einer Beteiligung an einer österreichischen Kapitalgesellschaft durch einen in Österreich unbeschränkt Steuerpflichtigen).

65 Im umgekehrten Fall (Ansässigkeit in Deutschland, Betriebstätte in Australien) kommt man zum gleichen Ergebnis: Denn die Veräußerungsgewinne können in Australien nicht „nach diesem Abkommen" (Art. 22 Abs. 2 Buchst. a), sondern gerade unabhängig von diesem Abkommen besteuert werden, Deutschland ist daher nicht zur Freistellung verpflichtet.

66 Daher können in jedem Fall beide Vertragsstaaten ihr innerstaatliches Steuerrecht grundsätzlich ungehindert zur Anwendung bringen. Selbst ein Verständigungsverfahren ist wegen der engen Fassung des Art. 23 *DBA Australien* nicht geboten.

C. Zu Art. 13 Abs. 2 OECD- und UN-MA und zu Art. 13 Abs. 3 US-MA

I. Musterabkommen

1. Übereinstimmungen und Abweichungen

OECD- und UN-MA und die DE-VG unterscheiden sich textlich nur dadurch, dass Art. 13 Abs. 2 OECD-MA und die DE-VG wegen der Abschaffung des Art. 14 OECD-MA die feste Einrichtung nicht mehr erwähnen; inhaltlich wird der Anwendungsbereich des UN-MA allerdings dadurch verengt, dass Art. 13 Abs. 5 UN-MA eine Sonderregelung für Gewinne aus der Veräußerung wesentlicher Beteiligungen an Kapitalgesellschaften enthält (s. Rz. 78 f.). **70**

Art. 13 Abs. 3 US-MA weicht im Wortlaut ebenfalls vom OECD-MA ab, jedoch nicht inhaltlich (s. Rz. 88). **71**

2. OECD- und UN-MA

a) Grundzüge: Gewinne aus der Veräußerung von beweglichem Betriebsvermögen einer Betriebstätte können im Staat der Betriebstätte besteuert werden, auch wenn das Vermögen im Ansässigkeitsstaat oder in einem Drittstaat belegen ist. Der Betriebstättenstaat besteuert diese Gewinne gemäß seinem innerstaatlichen Recht, ohne durch das Abkommen darin beschränkt zu sein. Die Besteuerung dieser Einkünfte im Ansässigkeitsstaat lässt Art. 13 offen („können"); ob sie dort freizustellen sind oder die Steuer des Quellenstaats angerechnet wird, bestimmt sich nach Art. 23 MA (s. dort Rz. 3 ff.). **72**

b) Abgrenzung: Art. 13 Abs. 2 gilt für die Veräußerung von beweglichem **Betriebstättenvermögen** jeder Art. Werden Gegenstände des beweglichen **Privatvermögens** oder des dem **Stammhaus** zuzurechnenden Betriebsvermögens veräußert, greifen demgegenüber Art. 13 Abs. 4 bzw. Abs. 5 ein. Die Besteuerungsbefugnis für die Veräußerungsgewinne aus **unbeweglichem Betriebsvermögen** richtet sich nach Art. 13 Abs. 1 (s. Rz. 50 ff.). Gewinne aus der Veräußerung von **Anteilen an Immobiliengesellschaften** unterliegen auch dann dem Regime des Art. 13 Abs. 4, wenn die Anteile der Betriebstätte zuzurechnen waren. **73**

Art. 13 gilt auch für Rechte, Ausrüstungen und Ähnliches. Erlöse aus Patentverkäufen fallen in der Abkommenspraxis jedoch häufig unter den Begriff der Lizenzgebühren (s. Art. 12 Rz. 79, 82; s. ferner Art. 13 Abs. 5 US-MA; vgl. dazu auch Rz. 88 und Rz. 324 f. zur deutschen Abkommenspraxis). Ob die betreffenden Einkünfte nach dem innerstaatlichen Recht des das DBA anwendenden Staates Veräußerungsgewinne sind, ist in einem solchen Fall für die abkommensrechtliche Qualifizierung selbstverständlich nicht von Bedeutung (BFH BStBl. II 1970, 567 (569): *DBA USA 1954/65*). **74**

c) Regelung: Bezieht eine **in einem Vertragsstaat ansässige Person** **75**
- **Gewinne aus der Veräußerung beweglichen Vermögens,**
- das **Betriebsvermögen einer Betriebstätte** ist, die ein Unternehmen eines Vertragsstaates im anderen Vertragsstaat hat,
- einschließlich von Gewinnen, die **bei der Veräußerung einer Betriebstätte** (allein oder mit dem übrigen Unternehmen) erzielt werden,

so darf nach Art. 13 Abs. 2 der **Staat der Betriebstätte** diese Gewinne besteuern.

d) Der **Begriff des beweglichen Vermögens** ist im MA nicht definiert. Aus dem Zusammenhang insbesondere mit Art. 13 Abs. 1 ergibt sich, dass der Begriff **76**

Vermögen jeder Art umfasst, das nicht unbewegliches Vermögen im Sinne von Abs. 1 (s. Rz. 50) ist, der großflächig auf Art. 6 Abs. 2 verweist (s. MA-Komm. Ziff. 24; zum Begriff des unbeweglichen Vermögens Art. 6 Rz. 64ff.). Er umfasst auch die Betriebstätte im Ganzen und ihre Früchte (MA-Komm. Ziff. 25), namentlich die Gewinn- und Ertragsansprüche.

77 Grundsätzlich kann der Ausdruck Anlage- und Umlaufvermögen erfassen (s. aber Rz. 5f.). Er erstreckt sich unterschiedslos auf Sachen, Rechte und alle anderen wertbildenden Positionen wie den goodwill des Unternehmens (MA-Komm. Ziff. 24), betriebliche Funktionen, Chancen und Risiken, deren Veräußerung oder Verlagerung aufwands- und ertragswirksam ist (oben Rz. 5).

78 **Gesellschaftsanteile:** Zum Betriebsvermögen können i. d. F. des Art. 13 Abs. 2 OECD-MA deshalb auch **Beteiligungen an Kapital- und an Personalgesellschaften** gehören, wobei es auf die Höhe der Beteiligung nicht ankommt (so für die deutsche Gewerbesteuer: BFH BStBl. II 1985, 160). Das UN-MA enthält dagegen in seinem Abs. 5 eine Sonderregelung für wesentliche Beteiligungen an Kapitalgesellschaften, die insoweit die Anwendung des Abs. 2 verdrängt (s. Rz. 179).

79 **e)** Es muss sich um **Betriebsvermögen** handeln. Betriebsvermögen ist sowohl das notwendige als auch das gewillkürte Betriebsvermögen. Demgegenüber fallen Gegenstände aus dem Privatvermögen des Steuerpflichtigen in keinem Fall unter Art. 13 Abs. 2. Die Qualifizierung der Vermögensgegenstände als Betriebs- oder Privatvermögen ist abkommensautonom möglich, soweit der AOA reicht (Rz. 80); im Übrigen folgt sie dem innerstaatlichen Recht des Anwendestaates (Art. 3 Abs. 2).

80 **f)** Dieses Betriebsvermögen muss einer **Betriebstätte im anderen Vertragsstaat zuzuordnen** sein. Diese Zuordnung folgt den Grundsätzen des Art. 7 Abs. 2 und 22 Abs. 2 (MA-Komm. Ziff. 25; s. dazu näher Art. 7 Rz. 70ff., Art. 22 Rz. 35ff.). Wie dort findet die Zuordnung auch i. R. des Art. 13 Abs. 2 i. d. R. keine Vorjustierung im Zivilrecht; fiktive Zurechnungen des innerstaatlichen (Umwandlungs-)Steuerrechts sind für die abkommensrechtliche Einordnung ebenfalls irrelevant. Erforderlich ist auch i. R. v. Art. 13 Abs. 2 OECD-MA die nach dem **Authorized OECD Approach (AOA)** gebotene umfassende **Funktions- und Risikoanalyse**, die – wie bei Art. 7 Abs. 2 OECD-MA – Teil eines hermeneutischen Zirkels ist: Die Zuordnung der Wirtschaftsgüter und sonstigen wertbildenden Positionen (Rz. 77) orientiert sich an den Funktionen der Betriebstätte, diese wiederum an den maßgeblichen Mitarbeitern (sog. *significant people function*). Ob sie aber der Betriebstätte (als deren „eigene" Mitarbeiter) oder aber dem Stammhaus (im Fall eines nur vorübergehenden Ortswechsels unterhalb der Schwelle zum Arbeitnehmerverleih) zuzuordnen sind, ist indes wiederum nur mit Blick auf die Wirtschaftsgüter und Funktionen der Betriebstätte zu entscheiden.

81 An diesen Maßstäben hat sich insbesondere die Zuordnung von Beteiligungen an Kapitalgesellschaften zu orientieren, die zum Sonderbetriebsvermögen einer Personengesellschaft gehören. Sie sind nicht zwangsläufig der Betriebstätte des Gesellschafters zuzuordnen (s. MA-Komm. Ziff. 27ff. und MA-Komm. zu Art. 10 Ziff. 30). Den Vertragsstaaten steht es auch hier nicht frei, durch Fiktionen das materielle Abkommensrecht abzuändern: Art. 3 Abs. 2 ist insoweit wegen des abweichenden Abkommenszusammenhangs nicht einschlägig (anders aber BFH BStBl. II 1983, 771: *DBA Niederlande 1959; Hemmelrath,* IStR 1995, 570; wie hier *Piltz,* IStR 1996, 457; Wassermeyer/*Wassermeyer,* Art. 13 MA Rz. 77).

82 Bei der Verschmelzung eines ausländischen Unternehmens mit einer Betriebstätte in Deutschland auf ein erwerbendes ausländisches Unternehmen unterliegt die Übertragung des Betriebstättenvermögens der Besteuerung in Deutschland (§§ 12 Abs. 1 Satz 2 UmwStG, 4 Abs. 1 Satz 3, 49 Abs. 1 Nr. 2 Buchst. a EStG). Art. 13 Abs. 2 steht dem nicht entgegen.

Differenzierter Beurteilung bedarf die abkommensrechtliche Behandlung von Gewinnen, die ein in einem Vertragsstaat ansässiger Mitunternehmer aus der Veräußerung seines (Mitunternehmer-)Anteils an einer Personengesellschaft erzielt, soweit der Gewinn auf eine im anderen Vertragsstaat belegene Betriebstätte der Personengesellschaft entfällt. Nach einhelliger Auffassung wird die Betriebstätte dem Mitunternehmer anteilig als seine Betriebstätte zugerechnet, wenn die **Personengesellschaft** in dem Staat, in dem sie eine Betriebstätte unterhält, als steuerlich „transparent" behandelt wird, d.h. wenn dort nicht die Personengesellschaft als solche, sondern ihre Gesellschafter besteuert werden und sie daher auch abkommensrechtlich transparent ist (s. Art. 5 Rz. 18, Art. 7 Rz. 36ff.). Die Veräußerung der Beteiligung an der Personengesellschaft ist dann Veräußerung „der Betriebstätte" oder „der Betriebstätten" des Gesellschafters. Insofern gilt Art. 13 Abs. 2 grundsätzlich auch für die Gewinne aus der Veräußerung von Beteiligungen an Personengesellschaften und Gemeinschaften (vgl. BFH BStBl. II 1983, 771 (775): *DBA Niederlande 1959*) sowie für die Gewinne aus der Veräußerung von Sonderbetriebsvermögen (a. A. GKG/*Fischer-Zernin,* Art. 13 OECD-MA Rz. 21ff.). 83

Ebenfalls unproblematisch ist die Behandlung der Gewinne aus der Anteilsveräußerung für den Fall, dass die Personengesellschaft (Mitunternehmerschaft) nach dem Steuerrecht des Vertragsstaates, in dem sie ihren Sitz und/oder ihre Geschäftsleitung hat, als steuerlich „intransparent" behandelt wird und daher selber abkommensberechtigt ist. In diesem Fall ist – wie bei der Veräußerung von Anteilen an Kapitalgesellschaften – unproblematisch Art. 13 Abs. 5 anzuwenden (s. *Mühlehner,* SWI 1995, 457 (460f.)); w. Nachw. in der Voraufl., Rz. 83 a.E.). Etwas anderes kann in dieser Fallkonstellation nur gelten, wenn der Steuerpflichtige den Gesellschaftsanteil seinerseits einer Betriebstätte zugeordnet hat, die er selber im anderen Vertragsstaat hat. 83a

Problematisch ist dagegen der (Ausnahme-)Fall, dass die Personengesellschaft allein für Zwecke des Abkommensrechts als in einem Vertragsstaat ansässig gilt, dieser Vertragsstaat sie aber innerstaatlich als transparent behandelt. Für diesen Fall erkennt BFH v. 13.11.2013 – I R 67/12 –, IStR 2014, 144: *DBA Belgien 1967* der Betriebstätte keine Abschirmwirkung zu, sondern sieht in der Betriebstätte der Personengesellschaft über Art. 3 Abs. 2 wegen deren innerstaatlicher Transparenz eine Betriebstätte des Mitunternehmers, sodass Art. 13 Abs. 2 ebenso anwendbar sei wie im Ausgangsfall (Rz. 83). 83b

Bei einer Sacheinlage in eine Personengesellschaft, bei der Aufnahme eines weiteren Gesellschafters und der Verschmelzung von Personengesellschaften können Einbringungsgewinne entstehen (s. § 24 UmwStG). Abkommensrechtlich handelt es sich um Betriebsveräußerungsgewinne, auf die Art. 13 Abs. 2 Anwendung findet, soweit es sich nicht um unbewegliches Vermögen handelt. Entsprechendes gilt bei der Einbringung beweglicher Wirtschaftsgüter des Betriebsvermögens oder von Mitunternehmeranteilen an einer Personengesellschaft in eine Kapitalgesellschaft. Bei der Verschmelzung einer Kapitalgesellschaft auf eine Personengesellschaft kann bei letzterer ein Übernahmegewinn entstehen, auf den Art. 13 Abs. 2 anzuwenden ist, wenn die Beteiligung an der Kapitalgesellschaft vor der Umwandlung zum Betriebsvermögen einer Betriebsstätte gehörte. Die Behandlung von Übernahmeverlusten regeln die DBA nicht (Rz. 29). 84

g) Gewinnermittlung: Zum Begriff des **Veräußerungsgewinns** s. oben Rz. 27. Bei der Gewinnermittlung sind – mutatis mutandis – die Grundsätze des Art. 7 zu berücksichtigen (MA-Komm. Ziff. 25; ebenso ausdrücklich *DBA Belgien* Art. 13 Abs. 2 Satz 2), im Übrigen gilt das jeweilige innerstaatliche Recht. Vgl. im Einzelnen zur Gewinnermittlung Art. 7 Rz. 100ff., Art. 14 Rz. 34. 85

Ist der veräußerte Gegenstand der Betriebstätte zuzurechnen, unterliegen auch die in dem Veräußerungsgewinn enthaltenen **Währungsgewinne** dem Art. 13 86

Abs. 2 MA (BFH BStBl. II 1997, 128: *DBA Belgien;* FG Hamburg EFG 1995, 870; a. A. FG Bremen EFG 1995, 571; vgl. auch Rz. 9).

3. US-MA

88 Der Wortlaut des US-MA weicht insofern von dem des OECD- und UN-MA ab, als er nicht von Gewinnen aus der Veräußerung beweglichen Vermögens spricht, das „Betriebsvermögen einer Betriebstätte ist", sondern von Veräußerungsgewinnen, „die einer Betriebstätte zurechenbar **(attributable)** sind". Ein sachlicher Unterschied liegt darin jedoch nicht; die Formulierung lehnt sich nur an den Sprachgebrauch der sec. 864 (c) (4) IRC an und ist dadurch für US-Steuerrechtler leichter zu verstehen. In jedem Fall wird nur solches Vermögen erfasst, das unmittelbar der Tätigkeit der Betriebstätte oder festen Einrichtung dient. Insbesondere folgt hiernach auch das US-MA nicht mehr dem Prinzip der Attraktivkraft der Betriebstätte (s. näher hierzu Art. 7 Rz. 42, 47). Für den Sonderfall von Lizenzrechten, die im Vermögen einer Betriebstätte gehalten werden, s. u. Rz. 324.

II. Deutsche DBA

1. Abkommensübersicht zu Art. 13 Abs. 2

89

DBA	MA-Regelung: Gewinne aus der Veräußerung von beweglichem Vermögen, das zu einer Betriebstätte oder festen Einrichtung gehört, werden im Staat der Einrichtung besteuert	Artikel	Rz.
Ägypten	≈ MA	13 Abs. 2	
Albanien 2010	≈ MA; einschließlich Einrichtung für selbstständige Arbeit	13 Abs. 3	
Algerien 2007	≈ MA; einschließlich Einrichtung für selbstständige Arbeit	13 Abs. 3	
Argentinien	≈ MA	13 Abs. 2	
Armenien	s. UdSSR		
Aserbaidschan	≈ MA, einschließlich Einrichtung für selbstständige Arbeit	13 Abs. 3	
Australien	keine entsprechende Regelung	–	94
Bangladesch	≈ MA; einschließlich Einrichtung für freie Berufe	13 Abs. 2	
Belarus	≈ MA; einschließlich Einrichtung für selbstständige Arbeit	13 Abs. 2	
Belgien	≈ MA; einschließlich Einrichtung für freie Berufe	13 Abs. 2	
Bolivien	≈ MA; einschließlich Einrichtung für freie Berufe	13 Abs. 2, Satz 1	
Bosnien-Herzegowina	s. Jugoslawien		
Bulgarien 2010	≈ MA	13 Abs. 3	
China 1985	≈ MA, einschließlich Einrichtung für selbstständige Arbeit	13 Abs. 2	
China 2014 (E)	≈ MA		
Costa Rica 2014 (E)	≈ MA; einschließlich Einrichtung für selbstständige Arbeit	13 Abs. 3	
Dänemark	≈ MA; einschließlich Einrichtung für selbstständige Arbeit	13 Abs. 2	

DBA	MA-Regelung: Gewinne aus der Veräußerung von beweglichem Vermögen, das zu einer Betriebstätte oder festen Einrichtung gehört, werden im Staat der Einrichtung besteuert	Artikel	Rz.
DE-VG	≈ MA	13 Abs. 2	
Ecuador	≈ MA; ohne Veräußerungsgewinne, die zu einer festen Einrichtung eines Selbstständigen gehören	13 Abs. 2	90 ff.
Elfenbeinküste	≈ MA; einschließlich Einrichtung für freie Berufe	13 Abs. 2	
Estland	≈ MA; einschließlich Einrichtung für selbstständige Arbeit	13 Abs. 2	
Finnland	≈ MA; einschließlich Einrichtung für freie Berufe	13 Abs. 3	
Frankreich	≈ MA	4 Abs. 4; 7 Abs. 2	
Georgien	≈ MA; einschließlich Einrichtung für selbstständige Arbeit	13 Abs. 3	
Ghana	≈ MA; einschließlich Einrichtung für selbstständige Arbeit	13 Abs. 3	
Griechenland	≈ MA, ohne Veräußerungsgewinne, die zu einer festen Einrichtung eines Selbstständigen gehören	IX Abs. 2	90 ff.
Großbritannien 1964/70	≈ MA	VIII Abs. 2	
Großbritannien 2010	≈ MA	13 Abs. 3	
Indien	≈ MA; einschließlich Einrichtung für selbstständige Arbeit	13 Abs. 2	
Indonesien	≈ MA; einschließlich Einrichtung für selbstständige Arbeit	13 Abs. 2	
Iran	≈ MA; einschließlich Einrichtung für freie Berufe	13 Abs. 2	
Irland 2011	≈ MA	13 Abs. 2	
Island	≈ MA; einschließlich Einrichtung für freie Berufe	13 Abs. 2	
Israel	≈ MA; ohne Veräußerungsgewinne, die zu einer festen Einrichtung eines Selbstständigen gehören	7 Abs. 2	90 ff.
Italien	≈ MA; einschließlich Einrichtung für selbstständige Arbeit	13 Abs. 2	
Jamaika	≈ MA; einschließlich Einrichtung für freie Berufe	13 Abs. 2	
Japan	≈ MA; einschließlich Einrichtung für freie Berufe	13 Abs. 2, Satz 1	
Jugoslawien	≈ MA; einschließlich Einrichtung für selbstständige Arbeit	14 Abs. 2	
Kanada	≈ MA; Sonderregelung für Umwandlungen, einschließlich Einrichtung für selbstständige Arbeit	13 Abs. 2, 5	96 ff.
Kasachstan	≈ MA; einschließlich Einrichtung für selbstständige Arbeit	13 Abs. 3	
Kenia	≈ MA; einschließlich Einrichtung für freie Berufe	13 Abs. 2	

DBA	MA-Regelung: Gewinne aus der Veräußerung von beweglichem Vermögen, das zu einer Betriebstätte oder festen Einrichtung gehört, werden im Staat der Einrichtung besteuert	Artikel	Rz.
Kirgisistan	≈ MA; einschließlich Einrichtung für selbstständige Arbeit	13 Abs. 3	
Korea	≈ MA; einschließlich Einrichtung für selbstständige Arbeit	13 Abs. 3	
Kosovo	s. Jugoslawien		
Kroatien	≈ MA; einschließlich Einrichtung für selbstständige Arbeit	13 Abs. 3	
Kuwait	≈ MA; einschließlich Einrichtung für selbstständige Arbeit	13 Abs. 2	
Lettland	≈ MA; einschließlich Einrichtung für selbstständige Arbeit	13 Abs. 2	
Liberia	≈ MA; einschließlich Einrichtung für selbstständige Arbeit	13 Abs. 2, Satz 1	
Liechtenstein 2011	≈ MA; Sonderregelung zur Entstrickung durch Inkrafttreten des DBA	13 Abs. 3; Ziff. 4 Abs. 1 SProt.	97
Litauen	≈ MA; einschließlich Einrichtung für selbstständige Arbeit	13 Abs. 2	
Luxemburg 2012	≈ MA	13 Abs. 3	
Malaysia 2010	≈ MA; einschließlich Einrichtung für selbstständige Arbeit	13 Abs. 3	
Malta	≈ MA; einschließlich Einrichtung für selbstständige Arbeit	13 Abs. 3	
Marokko	≈ MA; einschließlich Einrichtung für freie Berufe	13 Abs. 2	
Mauritius 2011	≈ MA	13 Abs. 2	
Mazedonien 2006	≈ MA; einschließlich Einrichtung für selbstständige Arbeit	13 Abs. 3	
Mexiko 2008	≈ MA; einschließlich Einrichtung für selbstständige Arbeit	13 Abs. 4	
Moldau	s. UdSSR		
Mongolei	≈ MA; einschließlich Einrichtung für selbstständige Arbeit	13 Abs. 2	
Montenegro	s. Jugoslawien		
Namibia	≈ MA; einschließlich Einrichtung für selbstständige Arbeit	13 Abs. 2	
Neuseeland	≈ MA; einschließlich Einrichtung für selbstständige Arbeit	13 Abs. 2	
Niederlande 1959/2004	≈ MA	5 Abs. 3; 8 Abs. 2	
Niederlande 2012 (E)	≈ MA	13 Abs. 3	
Norwegen	≈ MA; einschließlich Einrichtung für selbstständige Arbeit	13 Abs. 2	
Oman 2012 (E)	≈ MA; einschließlich Einrichtung für selbstständige Arbeit	13 Abs. 2	
Österreich	≈ MA; einschließlich Einrichtung für selbstständige Arbeit	13 Abs. 3	
Pakistan	≈ MA; einschließlich Einrichtung für selbstständige Arbeit	13 Abs. 2	

DBA	MA-Regelung: Gewinne aus der Veräußerung von beweglichem Vermögen, das zu einer Betriebstätte oder festen Einrichtung gehört, werden im Staat der Einrichtung besteuert	Artikel	Rz.
Philippinen 1993	≈ MA; einschließlich Einrichtung für selbstständige Arbeit, Einbezug von Seeschiffen und Luftfahrzeugen	13 Abs. 2	
Philippinen 2013	≈ MA; einschließlich Einrichtung für selbstständige Arbeit	13 Abs. 3	
Polen	≈ MA; einschließlich Einrichtung für selbstständige Arbeit	13 Abs. 3	
Portugal	≈ MA; einschließlich Einrichtung für selbstständige Arbeit	13 Abs. 2	
Rumänien	≈ MA; einschließlich Einrichtung für selbstständige Arbeit	13 Abs. 3	
Russische Föderation	≈ MA; einschließlich Einrichtung für selbstständige Arbeit	13 Abs. 2	
Sambia	≈ MA; einschließlich Einrichtung für freie Berufe	13 Abs. 2	
Schweden	≈ MA; einschließlich Einrichtung für selbstständige Arbeit	13 Abs. 2	
Schweiz	≈ MA; einschließlich Einrichtung für freie Berufe	13 Abs. 2	
Serbien	s. Jugoslawien		
Simbabwe	≈ MA; einschließlich Einrichtung für selbstständige Arbeit	13 Abs. 2	
Singapur	≈ MA; einschließlich Einrichtung für selbstständige Arbeit	13 Abs. 3	
Slowakei	s. Tschechoslowakei		
Slowenien	≈ MA; einschließlich Einrichtung für selbstständige Arbeit	13 Abs. 2	
Spanien	≈ MA	13 Abs. 4	
Sri Lanka	≈ MA; einschließlich Einrichtung für freie Berufe	13 Abs. 2	
Südafrika 1973	≈ MA	11 Abs. 2	
Südafrika 2008 (E)	≈ MA	13 Abs. 3	
Syrien 2010	≈ MA; einschließlich Einrichtung für selbstständige Arbeit	13 Abs. 3	
Tadschikistan	= MA	13 Abs. 3	
Taiwan 2011	= MA	13 Abs. 3	
Thailand	≈ MA; ohne Veräußerungsgewinne, die zu einer festen Einrichtung eines Selbstständigen gehören	13 Abs. 2, Satz 1	90 ff.
Trinidad und Tobago	≈ MA; einschließlich Einrichtung für freie Berufe	13 Abs. 2	
Tschechien	s. Tschechoslowakei		
Tschechien 1997 (E)	≈ MA	13 Abs. 3	
Tschechoslowakei	≈ MA; einschließlich Einrichtung für selbstständige Arbeit	13 Abs. 2	
Türkei 2011	≈ MA; einschließlich Einrichtung für selbstständige Arbeit	13 Abs. 3	
Tunesien	≈ MA; einschließlich Einrichtung für freie Berufe	13 Abs. 2	

DBA	MA-Regelung: Gewinne aus der Veräußerung von beweglichem Vermögen, das zu einer Betriebstätte oder festen Einrichtung gehört, werden im Staat der Einrichtung besteuert	Artikel	Rz.
Turkmenistan	s. UdSSR		
UdSSR	≈ MA	11 Abs. 1	
Ukraine	≈ MA; einschließlich Einrichtung für selbstständige Arbeit	13 Abs. 3	
Ungarn 2011	≈ MA	13 Abs. 3	
Uruguay 2010	≈ MA	13 Abs. 3	
USA 1989	≈ MA	13 Abs. 3; Prot. Nr. 4, 5, 13, 14	96
USA 1989/2006	≈ MA	13 Abs. 3; Prot. Nr. 4, 5, 13, 14	96
Usbekistan	≈ MA; einschließlich Einrichtung für selbstständige Arbeit	13 Abs. 3	
Venezuela	≈ MA; einschließlich Einrichtung für selbstständige Arbeit	13 Abs. 2	
Vereinigte Arabische Emirate 2010	≈ MA	13 Abs. 3	
Vietnam	≈ MA; einschließlich Einrichtung für selbstständige Arbeit	13 Abs. 2	
Weißrussland	s. Belarus		
Zypern 2011	≈ MA	13 Abs. 3	

2. Erläuterungen

90 **a)** Besonderheiten weisen die deutschen DBA zunächst im Hinblick auf die **Einbeziehung** des Betriebsvermögens **von Freiberuflern** auf. Die Mehrzahl der deutschen DBA enthält nach wie vor eine dem Art. 14 OECD-MA a. F. entsprechende Verteilungsnorm und erwähnt deshalb auch in Art. 13 Abs. 2 neben der Betriebstätte weiterhin die feste Einrichtung. Soweit die Vertragsstaaten – in Übereinstimmung mit dem OECD-MA – auf eine eigene Verteilungsnorm für Einkünfte aus selbständiger Arbeit verzichten, bleibt es auch in Art. 13 Abs. 2 bei der Formulierung des OECD-MA. An der Reichweite des Art. 13 Abs. 2 ändert dieser textliche Unterschied nichts.

91 Anders ist es bei denjenigen DBA, die zwar noch eine dem Art. 14 OECD-MA a. F. entsprechende Verteilungsnorm kennen, bei denen sich die dem Art. 13 Abs. 2 entsprechende Vorschrift aber gleichwohl auf diejenigen Veräußerungsgewinne beschränkt, die einer **gewerblichen Betriebstätte** zuzurechnen sind (s. die Übersicht o. Rz. 89). Nach diesen DBA sind Veräußerungsgewinne, die im Rahmen einer festen Einrichtung des Selbständigen anfallen, regelmäßig ausschließlich an dessen Wohnsitz zu besteuern (s. Rz. 210 ff.). Eine Ausdehnung der Betriebstättenbesteuerung auf die feste Einrichtung im Wege der Auslegung ist nicht möglich (s. 4. Aufl., Rz. 39 m. w. N.).

94 **b)** Das *DBA Australien* enthält **keine Regelung** für die Gewinne aus der Veräußerung von **beweglichem Betriebsvermögen.** Wie bei der Veräußerung unbeweglichen Vermögens (Rz. 50) bleibt das innerstaatliche Recht der Vertrags-

staaten uneingeschränkt anwendbar; eine Doppelbesteuerung wird allenfalls durch einseitige Maßnahmen der Vertragsstaaten beseitigt.

c) Sonderbestimmungen überwiegend klarstellenden Inhalts über Veräußerungsgewinne, die nach Auflösung einer Betriebstätte oder nach dem Ausscheiden eines Wirtschaftsgutes aus deren Vermögen anfallen, enthält das Protokoll zum *DBA USA 1989* und *1989/2006* in Nrn. 4 und 5 (s. Art. 7 Rz. 45). Das *DBA Kanada* ermöglicht in Art. 13 Abs. 5 steuerneutrale Unternehmensumwandlungen, allerdings steht die Behandlung im aufnehmenden Staat im Ermessen der zuständigen Behörde (zu Einzelheiten *Sieker,* IStR 2002, 269). **96**

d) Das Sonderproblem der **Entstrickung durch Inkrafttreten eines DBA** ergibt sich beim erstmaligen Abschluss eines DBA, wenn ein Wirtschaftsgut, in dem stille Reserven aufgelaufen sind, einer Betriebstätte des Steuerpflichtigen im anderen Staat zugeordnet war, bevor das DBA zwischen diesen beiden Staaten anwendbar wird, das für den Ansässigkeitsstaat die Freistellungsmethode vorsieht (Art. 23 A Abs. 1 OECD-MA; s. o. Rz. 25). Folgt man nicht dem Konzept der Möglichkeit einer intertemporal veränderlichen Zuordnung ein und desselben Wirtschaftsguts zum Stammhaus und zur Auslandsbetriebstätte (vgl. Rz. 201), würde Art. 13 Abs. 2 i. V. m. 23A Abs. 1 OECD-MA auch insoweit zu einem Ausschluss der Besteuerung der stillen Reserven durch den Ansässigkeitsstaat führen, als die stillen Reserven bereits vor dem Beginn der (transitiven) Anwendbarkeit des DBA entstanden waren. Um dies zu vermeiden, erlaubt Nr. 4 Abs. 1 SProt. zum *DBA Liechtenstein 2011* dem Ansässigkeitsstaat eine gestreckte Entstrickungsbesteuerung; der Steuerpflichtige kann dazu einen passiven Ausgleichsposten bilden (s. auch Rz. 25, 326; Art. 30/31 Rz. 8a). **97**

D. Zu Art. 13 Abs. 3 OECD- und UN-MA und zu Art. 13 Abs. 4 US-MA

I. Musterabkommen

1. Übereinstimmungen und Abweichungen

Art. 13 Abs. 3 OECD-MA und UN-MA stimmen wörtlich überein; auch die DE-VG weicht nur redaktionell von diesen MA ab („oder" statt „und" vor „von beweglichem Vermögen"). Das US-MA knüpft die Vorrangbesteuerung der Gewinne aus der Veräußerung von Schiffen, Luftfahrzeugen und Containern demgegenüber an den Sitz des Unternehmens, s. u. Rz. 111. **101**

2. OECD- und UN-MA

a) Grundzüge: Gewinne aus der Veräußerung von Schiffen und Luftfahrzeugen besteuert allein der Staat, in dem sich der Ort der tatsächlichen Geschäftsleitung des Unternehmens befindet („können nur"). Er besteuert die Gewinne gemäß seinem innerstaatlichen Recht, ohne durch das Abkommen darin beschränkt zu sein. Der Ansässigkeitsstaat hat die Gewinne freizustellen. Die Regelung der Besteuerung für diese Gewinne entspricht somit der, die für die Erträge aus dem Betrieb der betreffenden Fahrzeuge gilt (Art. 8). **102**

b) Abgrenzung: Art. 13 Abs. 3 ist **Spezialvorschrift** im Verhältnis zu Art. 13 Abs. 2 und 4 und geht ihnen vor. Ebenso wie nach Art. 8 bei den laufenden Erträgen dürfen somit die Gewinne aus der Veräußerung von Schiffen und Luftfahrzeugen sowie des diesen dienenden beweglichen Vermögens auch dann nur im Staat **103**

der tatsächlichen Geschäftsleitung des Unternehmens besteuert werden, wenn die veräußerten Gegenstände einer im anderen Staat gelegenen Betriebstätte i. S. von Art. 5 zuzurechnen sind. Unbewegliches Vermögen, das der Schifffahrt bzw. Luftfahrt dient, fällt unter Art. 13 Abs. 1.

104 **c) Regelung:** Bezieht eine **in einem Vertragsstaat ansässige Person**
– Gewinne aus
– der Veräußerung von **Seeschiffen und Luftfahrzeugen,** die im **internationalen Verkehr** betrieben werden,
– von **Schiffen, die der Binnenschifffahrt dienen,**
– und/oder von beweglichem Vermögen, das dem **Betrieb** dieser Schiffe oder Luftfahrzeuge **dient,**

so darf nach Art. 13 Abs. 3 nur der **Staat der tatsächlichen Geschäftsleitung** des Unternehmens diese Gewinne besteuern.

105 **d)** Zum Begriff des Ortes der tatsächlichen Geschäftsleitung s. Art. 8 Rz. 26. Zum Begriff der Seeschiffe und Luftfahrzeuge im internationalen Verkehr s. Art. 8 Rz. 12ff. Zum Begriff des der Binnenschifffahrt dienenden Schiffes s. Art. 8 Rz. 24ff. Zum Begriff des beweglichen Vermögens, das dem Betrieb dieser Schiffe oder Luftfahrzeuge dient, s. Art. 22 Rz. 68.

3. US-MA

106 Nach Art. 13 Abs. 4 des US-MA gilt für die Vorrangbesteuerung der Gewinne aus der Veräußerung von Schiffen, Luftfahrzeugen und Containern dasselbe Anknüpfungskriterium wie für die laufenden Erträge aus dem Betrieb von Schiffen und Flugzeugen. Diese Veräußerungsgewinne dürfen nur in dem Staat besteuert werden, in dem das veräußernde **Unternehmen ansässig** ist. Zum Begriff der Ansässigkeit eines Unternehmens s. Art. 4 Rz. 70ff.; zur Besteuerung von Schifffahrt und Luftfahrt im Übrigen s. näher Art. 8. Art. 13 Abs. 4 US-MA regelt nicht die Vorrangbesteuerung der Gewinne von sonstigem beweglichen Vermögen, das der Schifffahrt oder Luftfahrt dient. Als nicht ausdrücklich genannte Gewinne fallen sie unter die Auffangvorschrift des Art. 13 Abs. 5 US-MA und werden damit grundsätzlich ebenfalls am Ansässigkeitsort des Veräußerers besteuert, s. u. Rz. 210ff.

II. Deutsche DBA

1. Abkommensübersicht zu Art. 13 Abs. 3

107

DBA	MA-Regelung: Besteuerung der Gewinne aus der Veräußerung von Schiffen und Luftfahrzeugen am Ort der tatsächlichen Geschäftsleitung des Unternehmens	Artikel	Rz.
Ägypten	≈ MA; ohne Binnenschifffahrt	13 Abs. 3	
Albanien 2010	≈ MA; ohne Binnenschifffahrt	13 Abs. 4	
Algerien 2007	≈ MA; ohne Binnenschifffahrt	13 Abs. 4	
Argentinien	Besteuerung am Ort der Registrierung, Geltung auch für Kraftfahrzeuge	13 Abs. 2, 4	110
Armenien	s. UdSSR		
Aserbaidschan	≈ MA; ohne Binnenschifffahrt	13 Abs. 4	
Australien	keine ausdrückliche Regelung	–	112f.
Bangladesch	≈ MA; ohne Binnenschifffahrt	13 Abs. 3	
Belarus	≈ MA	13 Abs. 3	

DBA	MA-Regelung: Besteuerung der Gewinne aus der Veräußerung von Schiffen und Luftfahrzeugen am Ort der tatsächlichen Geschäftsleitung des Unternehmens	Artikel	Rz.
Belgien	≈ MA	13 Abs. 2	
Bolivien	≈ MA	13 Abs. 1, Satz 2, 22 Abs. 3	
Bosnien-Herzegowina	s. Jugoslawien		
Bulgarien 2010	Ansässigkeitsprinzip	13 Abs. 4	
China 1985	≈ MA; ohne Binnenschifffahrt	13 Abs. 3	
China 2014 (E)	≈ MA		
Costa Rica 2014 (E)	≈ MA; ohne Binnenschifffahrt	13 Abs. 4	
Dänemark	≈ MA; Verweisung auf Art. 8 Abs. 3; Sonderregelung für „SAS"	13 Abs. 3	112; 114
DE-VG	≈ MA	13 Abs. 3	
Ecuador	≈ MA	13 Abs. 2	
Elfenbeinküste	≈ MA; ohne Binnenschifffahrt	13 Abs. 3	
Estland	Ansässigkeitsprinzip	13 Abs. 3	111
Finnland	≈ MA	13 Abs. 3	
Frankreich	keine ausdrückliche Regelung	–	112; 114
Georgien	≈ MA; ohne Binnenschifffahrt	13 Abs. 4	
Ghana	≈ MA; ohne Binnenschifffahrt	13 Abs. 4	
Griechenland	keine ausdrückliche Regelung	–	112; 114
Großbritannien 1964/70	≈ MA	VIII Abs. 2	
Großbritannien 2010	Ansässigkeitsprinzip	13 Abs. 4	111 f.
Indien	≈ MA; ohne Binnenschifffahrt	13 Abs. 3	
Indonesien	Ansässigkeitsprinzip; nur Luftfahrzeuge	13 Abs. 3	111 f.
Iran	≈ MA	13 Abs. 2	
Irland 2011	≈ MA	13 Abs. 3	
Island	≈ MA	13 Abs. 2	
Israel	keine ausdrückliche Regelung	–	112 ff.; 114
Italien	≈ MA; ohne Binnenschifffahrt	13 Abs. 3	
Jamaika	≈ MA	13 Abs. 2	
Japan	Ansässigkeitsprinzip	13 Abs. 2, Satz 2	111
Jugoslawien	≈ MA	14 Abs. 4	
Kanada	Ansässigkeitsprinzip; einschließlich Veräußerung von Containern	13 Abs. 3	111
Kasachstan	≈ MA; ohne Binnenschifffahrt	13 Abs. 4	
Kenia	Ansässigkeitsprinzip; ohne Binnenschifffahrt	13 Abs. 3	111
Kirgisistan	≈ MA; ohne Binnenschifffahrt	13 Abs. 4	111
Korea	Ansässigkeitsprinzip; ohne Binnenschifffahrt	13 Abs. 4	111
Kosovo	s. Jugoslawien		
Kroatien	≈ MA	13 Abs. 4	
Kuwait	≈ MA; ohne Binnenschifffahrt	13 Abs. 3	
Lettland	Ansässigkeitsprinzip; ohne Binnenschifffahrt	13 Abs. 3	111
Liberia	Ansässigkeitsprinzip; ohne Binnenschifffahrt	13 Abs. 2, Satz 2, 22 Abs. 3	111
Liechtenstein 2011	≈ MA	13 Abs. 4	

DBA	MA-Regelung: Besteuerung der Gewinne aus der Veräußerung von Schiffen und Luftfahrzeugen am Ort der tatsächlichen Geschäftsleitung des Unternehmens	Artikel	Rz.
Litauen	Ansässigkeitsprinzip, ohne Binnenschifffahrt	13 Abs. 3	111
Luxemburg 2012	≈ MA	13 Abs. 4	
Malaysia 2010	≈ MA	13 Abs. 4	
Malta	≈ MA; ohne Binnenschifffahrt	13 Abs. 4	
Marokko	≈ MA	13 Abs. 2	
Mauritius 2011	≈ MA; ohne Binnenschifffahrt	13 Abs. 3	
Mazedonien 2006	≈ MA; ohne Binnenschifffahrt	13 Abs. 4	
Mexiko 2008	≈ MA; ohne Binnenschifffahrt	13 Abs. 5	
Moldau	s. UdSSR		
Mongolei	≈ MA; ohne Binnenschifffahrt	13 Abs. 3	
Montenegro	s. Jugoslawien		
Namibia	≈ MA; ohne Binnenschifffahrt	13 Abs. 3	
Neuseeland	≈ MA; ohne Binnenschifffahrt	13 Abs. 3	
Niederlande 1959/2004	keine ausdrückliche Regelung	–	112 f.
Niederlande 2012 (E)	≈ MA	13 Abs. 4	
Norwegen	≈ MA; ohne Binnenschifffahrt, einschließlich Veräußerung von Behältern; Verweisung auf Art. 8; Sonderregelung für „SAS“	13 Abs. 3; 8 Abs. 4	112
Oman 2012 (E)	≈ MA; ohne Binnenschifffahrt	13 Abs. 3	
Österreich	≈ MA	13 Abs. 4	
Pakistan	≈ MA; ohne Binnenschifffahrt	13 Abs. 3	
Philippinen 1983	≈ MA; ohne Binnenschifffahrt	13 Abs. 2	
Philippinen 2013 (E)	≈ MA; ohne Binnenschifffahrt	13 Abs. 4	
Polen	≈ MA	13 Abs. 4	
Portugal	≈ MA; ohne Binnenschifffahrt	13 Abs. 3	
Rumänien	≈ MA	13 Abs. 4	
Russische Föderation	Ansässigkeitsprinzip	13 Abs. 3	111
Sambia	≈ MA	13 Abs. 2	
Schweden	Ansässigkeitsprinzip; einschließlich Veräußerung von Containern; Sonderregelung für „SAS“, ohne Binnenschifffahrt	13 Abs. 3; 42 Abs. 1 Buchst. a	111 f.
Schweiz	≈ MA	13 Abs. 2	
Serbien	s. Jugoslawien		
Simbabwe	≈ MA; ohne Binnenschifffahrt	13 Abs. 3	
Singapur	≈ MA; ohne Binnenschifffahrt	13 Abs. 4	
Slowakei	s. Tschechoslowakei		
Slowenien	≈ MA; ohne Binnenschifffahrt	13 Abs. 3	
Spanien 2011	≈ MA	13 Abs. 5	
Sri Lanka	≈ MA	13 Abs. 2	116
Südafrika 1973	≈ MA	11 Abs. 1	
Südafrika 2008 (E)	≈ MA; ohne Binnenschifffahrt	13 Abs. 4	
Syrien 2010	≈ MA; ohne Binnenschifffahrt	13 Abs. 4	
Tadschikistan	≈ MA	13 Abs. 4	
Taiwan 2011	Ansässigkeitsprinzip; ohne Binnenschifffahrt	13 Abs. 4	111

DBA	MA-Regelung: Besteuerung der Gewinne aus der Veräußerung von Schiffen und Luftfahrzeugen am Ort der tatsächlichen Geschäftsleitung des Unternehmens	Artikel	Rz.
Thailand	Ansässigkeitsprinzip	13 Abs. 2, Satz 2; 21 Abs. 3	111
Trinidad und Tobago	≈ MA; ohne Binnenschifffahrt	13 Abs. 2	
Tschechien	s. Tschechoslowakei		
Tschechien 1997 (E)	≈ MA	13 Abs. 4	
Tschechoslowakei	≈ MA	13 Abs. 2	
Türkei 2011	Ansässigkeitsprinzip; ohne Binnenschifffahrt	13 Abs. 4	111
Tunesien	≈ MA	13 Abs. 2	
Turkmenistan	s. UdSSR		
UdSSR	≈ MA	11 Abs. 2	
Ukraine	≈ MA; ohne Binnenschifffahrt	13 Abs. 4	
Ungarn 2011	≈ MA	13 Abs. 4	
Uruguay 2010	≈ MA; ohne Binnenschifffahrt	13 Abs. 4	
USA 1989	Ansässigkeitsprinzip; einschließlich Veräußerung von Containern	13 Abs. 4 i. V. m. Art. 8; Prot. Nr. 5	111
USA 1989/2006	Ansässigkeitsprinzip; einschließlich Veräußerung von Containern, ohne Binnenschifffahrt	13 Abs. 4 i. V. m. Art. 8; Prot. Nr. 5	111
Usbekistan	Ansässigkeitsprinzip, ohne Binnenschifffahrt	13 Abs. 4	111
Venezuela	≈ MA; ohne Binnenschifffahrt	13 Abs. 3	
Vereinigte Arabische Emirate 2010	≈ MA; ohne Binnenschifffahrt	13 Abs. 4	
Vietnam	≈ MA; ohne Binnenschifffahrt	13 Abs. 3	
Weißrussland	s. Belarus		
Zypern 2011	≈ MA	13 Abs. 4	109

2. Erläuterungen

a) Eine Reihe deutscher DBA (vgl. Übersicht zu Art. 8 Rz. 35) enthält **keine besondere Regelung** für die Gewinne aus **Binnenschifffahrt.** Soweit aber allgemein der Oberbegriff „Schiffe" verwendet wird, erfassen die Schiffsklauseln auch Binnenschiffe (s. oben Art. 6 Rz. 127 ff.). **108**

Soweit in den deutschen DBA dagegen nur von „Seeschiffen" die Rede ist, werden Gewinne aus der Veräußerung von Binnenschiffen und beweglichen Vermögensgegenständen, die der Binnenschifffahrt dienen, nicht von der Sonderregelung des Art. 13 Abs. 3 erfasst. Die Besteuerung dieser Veräußerungsgewinne richtet sich deshalb i. d. R. nach Abs. 2 oder Abs. 5: Gehören die Binnenschiffe oder das bewegliche Vermögen zum Betriebsvermögen einer Betriebstätte, darf der Betriebstättenstaat besteuern, andernfalls nach Abs. 5 ausschließlich der Ansässigkeitsstaat. In – seltenen – Ausnahmefällen kommt daneben eine Anwendung des Registerstaats in Betracht (s. Art. 6 Rz. 127 ff.). **108a**

b) Eine Besonderheit galt nach Art. 13 Abs. 2 S. 2 *DBA Zypern 1974.* Diese Klausel entsprach zwar dem OECD-MA. Auch bei Veräußerungsgewinnen galt jedoch die Sonderregel, dass die Besteuerung in Deutschland für zypriotische Gesellschaften aufrechterhalten blieb, deren Kapital zu mehr als einem Viertel nicht in **109**

Zypern ansässigen Personen gehört (vgl. Art. 8 Rz. 54; Art. 22 Rz. 78). Das *DBA Zypern 2011* folgt dagegen vollständig dem OECD-MA.

110 **c)** Art. 13 Abs. 2 S. 2 *DBA Argentinien* entspricht dem OECD-MA. Daneben können Gewinne aus der Veräußerung von Seeschiffen und Luftfahrzeugen nach Art. 13 Abs. 4 *DBA Argentinien* in dem Staat besteuert werden, in dem die Fahrzeuge registriert sind. Die Regelung gilt auch für **Kraftfahrzeuge.** In diesem Fall beseitigt der Sitzstaat die Doppelbesteuerung im Wege der Anrechnung gem. Art. 23 Abs. 2, 3 *DBA Argentinien.*

111 **d)** Nach den *DBA Bulgarien 2010, Estland, Großbritannien 2010, Indonesien, Japan, Kenia, Korea, Lettland, Liberia, Litauen, Russische Föderation, Schweden, Thailand, USA 1989* und *1989/2006* sowie nach dem *DBA Usbekistan* werden die Gewinne aus der Veräußerung von Schiffen und Luftfahrzeugen wie die laufenden Erträge aus deren Betrieb am **Sitz des Unternehmens** i. S. des Art. 3 Abs. 1 Buchst. d OECD-MA besteuert (vgl. Art. 8 Rz. 41). Dementsprechend nennen die *DBA Kanada, Schweden* und *USA 1989* und *1989/2006* ausdrücklich das Vermögen, das dem Betrieb von Containern dient. Dazu gehören auch die Container selbst.

112 **e)** Eine Reihe von DBA enthält keinerlei ausdrückliche Regelung für die Gewinne aus der Veräußerung von Schiffen und Luftfahrzeugen (s. Übersicht Rz. 107). Das *DBA Indonesien* beschränkt die Regelung auf Luftfahrzeuge und deren Zubehör. Die *DBA Dänemark, Norwegen* und *Schweden* beschränken den Art. 13 Abs. 3 hinsichtlich der Fluggesellschaft „SAS" auf den jeweils anteiligen, dem Vertragsstaat zuzurechnenden Veräußerungsgewinn. Hier ist zu unterscheiden, ob
aa) die (sonstigen) Schiffe oder Luftfahrzeuge unter den Begriff des unbeweglichen Vermögens fallen,
bb) eine Regelung für Veräußerungsgewinne aus sonstigem Vermögen oder eine allgemeine Auffangklausel vorhanden ist, oder
cc) keine Auffangklausel vorhanden ist.

113 **aa)** Nach den alten *DBA Luxemburg 1958/2009* und *Niederlande 1959/2004* galten Schiffe, die in ein deutsches oder ausländisches Register eingetragen waren, für die Anwendung der Abkommen **in Deutschland als unbewegliches Vermögen** (vgl. Art. 6 Rz. 128). Diese Einordnung durch das innerstaatliche deutsche Recht galt auch für die Beurteilung der Veräußerungsgewinne (vgl. FG Köln, EFG 1998, 1581). Gewinne aus der Veräußerung von in Deutschland registrierten Schiffen waren deshalb bei der Anwendung dieser Abkommen in Deutschland nach den Vorschriften für Veräußerungsgewinne aus unbeweglichem Vermögen im Belegenheitsstaat zu besteuern. Die Schiffe galten als dort belegen, wo sie **eingetragen waren** (RFH RStBl. 1941, 250). Auch für das *DBA Australien* gilt in Ermangelung einer Abkommensdefinition für die Einordnung der Schiffe innerstaatliches Recht. Da das Abkommen die Gewinne aus der Veräußerung unbeweglichen Vermögens nicht regelt (s. o. Rz. 50), gilt für die Gewinne aus der Veräußerung von Schiffen auf deutscher Seite hier ebenfalls das Registerprinzip. Über die Besteuerung von Luftfahrzeugen nach den vorstehenden Abkommen vgl. die folgende Rz. Folgt man der hier vertretenen Auffassung über die Besteuerung von Schiffen als unbewegliches Vermögen nach den genannten Abkommen nicht (so GKG/*Fischer-Zernin,* Art. 13 OECD-MA Rz. 36), so würde dasselbe gelten wie nach der folgenden Rz. für Luftfahrzeuge: die Veräußerungsgewinne wären gemäß der Auffangklausel im Ansässigkeitsstaat des Veräußerers zu versteuern.

114 **bb)** Nach den übrigen DBA, die **keine ausdrückliche Regelung für die Veräußerung der Schiffe und Luftfahrzeuge** enthalten, fallen diese nicht unter das unbewegliche Vermögen – entweder aufgrund ausdrücklicher Bestimmung *(DBA Dänemark, Frankreich, Griechenland, Israel)* oder weil sich das unbewegliche

Vermögen auf Liegenschaften beschränkt (wie in einigen älteren DBA, s. z. B. *DBA Italien 1925, Pakistan 1958/70*). Die jeweiligen fremdsprachigen Texte dieser DBA enthalten zwar keinen der „Liegenschaft" entsprechenden Ausdruck. Nach Art. 33 Abs. 4 WÜRV ist jedoch bei divergierenden Sprachfassungen diejenige Auslegung zu wählen, die die beiden Texte am besten miteinander in Einklang bringt (s. Grundl. Rz. 111; *K. Vogel,* StuW 1982, 120). Danach umfasst das unbewegliche Vermögen bei diesen DBA nur das Grundvermögen im engeren Sinne; Schiffe gehören nicht dazu. Für die *DBA Griechenland und Israel* gilt, dass Gewinne aus der Veräußerung von Schiffen und Luftfahrzeugen als Gewinne aus der Veräußerung sonstigen Vermögens im Ansässigkeitsstaat des Veräußerers zu besteuern sind, soweit die Schiffe und Luftfahrzeuge nicht zu einer Betriebstätte im anderen Vertragsstaat gehören. Gehören die Schiffe und Luftfahrzeuge zu einer Betriebstätte des veräußernden Unternehmens, so ist der Betriebstättenstaat steuerberechtigt. In Ermangelung einer entsprechenden Vorschrift im *DBA Frankreich* greift nach diesem Abkommen die Ansässigkeitsbesteuerung aufgrund der allgemeinen Auffangklausel ein. Ebenso wurden nach den *DBA Luxemburg 1958/2009* und *Niederlande 1959/2004* die Gewinne aus der Veräußerung von Luftfahrzeugen am Ort der Ansässigkeit des Veräußerers besteuert.

f) Das *DBA Sri Lanka* verweist in Art. 13 Abs. 2 Satz 2 auf Art. 22 Abs. 4 (sonstiges Vermögen), nicht auf Abs. 3 (Seeschiffe und Luftfahrzeuge). Hier dürfte es sich um ein Redaktionsversehen handeln; das DBA folgt in seinem Wortlaut dem MA 1963 und sollte wie dieses ausgelegt werden. **116**

E. Zu Art. 13 Abs. 4 OECD- und UN-MA und zu Art. 13 Abs. 2 Buchst. b und c US-MA

I. Musterabkommen

1. Übereinstimmungen und Abweichungen

Art. 13 Abs. 4 des OECD-MA i. d. F. vom 28.1.2003 – und ebenso der fast wortgleiche Art. 13 Abs. 4 DE-VG – ergänzen Absatz 1 und entsprechen inhaltlich im Wesentlichen dem Abs. 4 des UN-MA, das bereits seit 1980 eine entsprechende Regelung enthält, und dem Art. 13 Abs. 1 i. V. m. Abs. 2 Buchst. b und c des US-MA (zu den Unterschieden s. unten Rz. 146). Nach diesen Vorschriften gilt das Belegenheitsprinzip auch für Gewinne aus der Veräußerung von Anteilen an Immobiliengesellschaften. **117**

2. OECD-MA

a) Grundzüge: Art. 13 Abs. 4 regelt einen Fall, der zwischen Abs. 1 einerseits und den Abs. 2 und Abs. 5 anderseits liegt. Tatbestandlich betrifft Abs. 4 Gegenstände des beweglichen Vermögens (Gesellschaftsanteile), die ansonsten unter Abs. 2 bzw. Abs. 5 fielen; der Rechtsfolge nach folgt er (wie Abs. 1) dem Belegenheitsprinzip. Damit wird die Gesellschaft quasi transparent; der Gesellschafter wird so behandelt, als habe er unbewegliches Vermögen veräußert. Damit verstellt Art. 13 Abs. 4 OECD-MA dem Immobilieninvestor die Möglichkeit, durch die Zwischenschaltung einer Kapitalgesellschaft die Besteuerung im Belegenheitsstaat zu vermeiden. **118**

b) Abgrenzung zu anderen Verteilungsnormen: Art. 13 Abs. 4 geht allen anderen Vorschriften des Art. 13 vor, namentlich den Absätzen 2 (s. Rz. 73) und 5 (OECD-MK Ziff. 30). **121**

122 Auch im Verhältnis zu Art. 7 ist Art. 13 Abs. 4 lex specialis; an die Stelle des Wohnsitz- bzw. des Betriebstättenprinzips tritt das Belegenheitsprinzip. Das schließt allerdings nicht aus, dass Art. 7 Abs. 2 und 3 auf diejenigen Fragen anwendbar bleiben, zu denen Art. 13 Abs. 4 schweigt – namentlich zu den Einzelfragen der Gewinnermittlung.

123 Die Grenzziehung zu Art. 10 bzw. (ausnahmsweise) Art. 6 verläuft entlang der Scheidelinie von Nutzung (s. Art. 6 Rz. 135 ff.) und Veräußerung (oben Rz. 10 ff.).

126 **c) Regelung:** Erzielt eine **in einem Vertragsstaat ansässige Person**
- Gewinne aus der **Veräußerung von Gesellschaftsanteilen,**
- deren **Wert zu mehr als 50 Prozent unmittelbar oder mittelbar auf unbeweglichem Vermögen** beruht,
- das **im anderen Vertragsstaat** liegt,

so kann dieser andere Staat die Veräußerungsgewinne besteuern.

Zu den Anforderungen an die Person des Veräußerers s. Rz. 49a; zum Begriff der „Veräußerung" s. Rz. 10 ff.; zu dem abkommensrechtlich zugrunde zu legenden „Gewinn" s. Rz. 27 ff.

127 **d) Rechtsform der Zielgesellschaft:** Während Art. 13 Abs. 4 DE-VG sich ausdrücklich nur auf „Gesellschaftsanteile" bezieht, verwendet das OECD-MA nur den Ausdruck „shares", nicht aber „company". Auch damit bezieht sich aber Art. 13 Abs. 4 OECD-MA ebenfalls nur auf Anteile des Art. 10 Abs. 3. Nicht erfasst sind Beteiligungen an Unternehmen wie Personengesellschaften und Treuhandvermögen, die keine Gesellschaftsanteile ausgeben, selbst wenn sie ansässige Personen im Sinne des DBA sein sollten (es bleibt den Vertragsstaaten überlassen, eine entsprechende Erweiterung in ihren DBA vorzusehen, s. MA-Komm. Ziff. 28.5).

128 **e) Ansässigkeit der Zielgesellschaft:** Art. 13 Abs. 4 OECD-MA verlangt nicht, dass es sich bei der Gesellschaft, deren Anteile veräußert werden, um eine abkommensberechtigte Person handelt. Unerheblich ist deshalb insbesondere, ob die Gesellschaft in einem der beiden Vertragsstaaten oder in einem Drittstaat ansässig ist.

129 **f) Gepräge als Immobiliengesellschaft (50 %-Grenze):** Abs. 4 kommt zur Anwendung, wenn der Wert der Gesellschaft, an der die Beteiligung gehalten wird, zu mehr als 50 % auf unbeweglichem Vermögen beruht. Die Ermittlung erfolgt durch einen Vergleich des Wertes des unbeweglichen Vermögens mit dem Wert des gesamten Gesellschaftsvermögens. In persönlicher Hinsicht ist dabei auf die Zielgesellschaft als solche, nicht etwa auf deren Organträger o. Ä. abzustellen. Dies gilt jedenfalls dann, wenn die Gesellschaft als solche „Person" i. S. des Art. 3 Abs. 1 Buchst. a bzw. b ist (vgl. auch Rz. 162).

130 **aa) Anzusetzende Vermögensgegenstände:** In den Zähler sind zunächst sämtliche Vermögensgegenstände der Gesellschaft einzustellen, die die Voraussetzungen der Art. 13 Abs. 1 bzw. Art. 6 Abs. 2 erfüllen. Einzubeziehen sind damit insbesondere auch die von der Gesellschaft unmittelbar operativ genutzten Betriebsgrundstücke und -gebäude des Anlagevermögens, aber auch das Zubehör (vgl. *Plewka/Beck,* IStR 2007, 125 m. w. N.). Im Unterschied zu dem UN-MA (s. Rz. 146) unterscheidet Art. 13 Abs. 4 OECD-MA nicht zwischen echten Immobiliengesellschaften, die sich hauptsächlich mit der Errichtung, Verwaltung und Veräußerung von unbeweglichem Vermögen beschäftigen (Rz. 5 f.), und solchen Gesellschaften, die andere wirtschaftliche Aktivitäten verfolgen, deren Vermögen aber dennoch hauptsächlich auf unbeweglichem Vermögen beruht (z. B. Hotelbetriebe, Bergwerke). Es bleibt den Vertragsstaaten überlassen, hierfür eine Ausnahme von Art. 13 Abs. 4 vorzusehen. Relevanz entfalten derartige Ausnahmen z. B. für

Minen und Hotels (s. MA-Komm. Ziff. 28.7; vgl. auch unten Rz. 159), aber auch für anlageintensive Produktionsgesellschaften (*Wagner/Lievenbrück,* IStR 2012, 593 (599)).

Wegen der ausdrücklichen Einbeziehung mittelbaren Immobilienbesitzes sind daneben aber auch Gesellschaftsanteile in den Zähler einzustellen, soweit sie ihrerseits – unmittelbar oder mittelbar – unbewegliches Vermögen repräsentieren. Ohne die ausdrückliche Aufnahme des mittelbaren Grundbesitzes ließe sich u. U. der Zweck der Vorschriften umgehen, ohne dass dies bereits einen unzulässigen Missbrauch darstellen müsste (so zu einem Abkommen, das nur den unmittelbaren Grundbesitz erfasste, der *Australien Federal Court,* Lames Holdings BV v. Commissioner of Taxation [1997] 134 FCA (4 March 1997) und Commissioner of Taxation v. Lames Holdings BV [1997] 785 FCA (20 August 1997): *DBA Australien/Niederlande;* s. dazu auch *Krever/Chang,* TNI April 1997, 1187 ff.; und *Reimer,* BB-Beihefter zu Heft 25/2013, 2 ff.). **131**

Verbindlichkeiten der Gesellschaft sind nicht zu berücksichtigen. Dies gilt auch dann, wenn sie durch das Grundvermögen gesichert sind (MA-Komm. Ziff. 28.4; zur deutschen Abkommenspraxis s. Rz. 159). **132**

bb) Bewertung. Für die Berechnung von Zähler und Nenner erscheint wirtschaftlich zwar eine Bewertung zu Verkehrswerten als sinnhaft (vgl. Wassermeyer/*Wassermeyer,* Art. 13 MA Rz. 123d); sie ist dem Steuerpflichtigen (namentlich dem Minderheitsgesellschafter) aber oftmals schon praktisch nicht möglich. Auch normativ ist die Heranziehung der Verkehrswerte nicht zwingend. Vielmehr kommt es nach Art. 3 Abs. 2 auf das Recht des Belegenheitsstaates an, an das der Ansässigkeitsstaat wegen Art. 23 Abs. 1 gebunden ist (s. Art. 23 Rz. 129). Wenn der Belegenheitsstaat in seinem innerstaatlichen Recht keine Sondervorschriften für die Veräußerung von Anteilen an Immobiliengesellschaften bereithält, ist – wiederum wegen Art. 3 Abs. 2 – auf die Steuerbilanzwerte abzustellen, die der laufenden Einkommensbesteuerung der Gesellschaft, hilfsweise der Besteuerung des ruhenden Vermögens zugrunde gelegt werden. Dadurch sind vielfach die niedrigeren Buchwerte maßgeblich (vgl. für Deutschland die Parallele in § 12 Abs. 2 Buchst. a REITG). **135**

g) Art der Beteiligung: Jede Beteiligung an einer Immobiliengesellschaft reicht aus. Das OECD-MA sieht keine Mindestbeteiligung vor (vgl. MA-Komm. Ziff 28.6). Auch kommt es nicht darauf an, ob die Anteile an der Börse gehandelt werden oder nicht. Zur Einbeziehung mittelbarer Beteiligungen s. Rz. 131. **138**

h) Rechtsfolgen: Absatz 4 erlaubt dem Belegenheitsstaat die Besteuerung des gesamten Gewinns aus der Anteilsveräußerung, nicht nur desjenigen, der auf die Beteiligung an unbeweglichem Vermögen entfällt (MA-Komm. Ziff. 28.4). **141**

3. UN-MA

Die Regelung des UN-MA 1980 galt nur für Anteile an Kapitalgesellschaften. Das UN-MA 2001 hat sie ausdrücklich auf Personengesellschaften, Trusts und Nachlässe erweitert. Im Unterschied zu dem jüngeren Art. 13 Abs. 4 OECD-MA enthält das UN-MA ferner keine explizite 50%-Grenze, sondern spricht von einem Vermögen, das „überwiegend" (principally) aus unbeweglichem Vermögen besteht. Dieser Begriff wird in Art. 13 Abs. 4 Buchst. b UN-MA aber im Sinne einer 50%-Grenze definiert. In Art. 13 Abs. 4 Satz 2 Ziff. 1 UN-MA wird zusätzlich geregelt, dass die Besteuerung im Belegenheitsstaat nicht gelten soll, wenn das unbewegliche Vermögen nicht einer Immobiliengesellschaft gehört, sondern vielmehr für anderweitige Geschäftsaktivitäten genutzt wird. **146**

4. US-MA

147 Das US-MA verwendet eine etwas andere Regelungstechnik als die anderen MA, kommt aber zu ähnlichen Ergebnissen. Nach Art. 13 Abs. 2 Buchst. b US-MA umfasst der Begriff „real property situated in the other Contracting State" auch „United States real property interest". Damit wird auf das US-amerikanische Steuerrecht verwiesen, das in section 897(c) IRC den Begriff „real property interest" definiert. Neben direkten Eigentumsrechten gehören dazu auch Beteiligungen an US-Kapitalgesellschaften, die sich als US-Immobiliengesellschaften qualifizieren. Das setzt voraus, dass der Verkehrswert des Grundvermögens zu einem Zeitpunkt innerhalb des Jahres der Veräußerung und den vorausgehenden vier Jahren mehr als 50% des gesamten Unternehmenswerts oder mehr als 25% der Buchwerte des Betriebsvermögens betrug (s. auch Reg. § 1.897–2). Ferner sind nach section 897 (d) IRC Beteiligungen an ausländischen Kapitalgesellschaften, US- oder ausländischen Personengesellschaften, Treuhandvermögen oder Nachlässen erfasst, die entweder unmittelbar Eigentumsrechte an US-Grundvermögen besitzen oder eine Beteiligung an einer US-Immobiliengesellschaft halten. Schließlich gehören dazu ausländische Gesellschaften, die für eine Behandlung als US-Immobiliengesellschaft optiert haben (section 897(i) IRC).

148 Nicht alle DBA der USA enthalten solche Bestimmungen über Immobiliengesellschaften; daher standen die 1980 erlassenen Vorschriften des Foreign Investment in Real Property Tax Act („FIRPTA") insoweit in einem Widerspruch zu einem Teil der geltenden DBA. Der Gesetzgeber der USA hat sich darüber hinweggesetzt; er hat einseitig (vertragswidrig) bestimmt, dass entgegenstehende DBA-Vorschriften nach einer Übergangsfrist von vier Jahren nicht mehr anzuwenden seien. Ein entsprechender Vorbehalt zum OECD-MA wurde 1992 gemacht (OECD-MK Ziff. 46). Zum *DBA Deutschland/USA* s. noch unten Rz. 171.

II. Deutsche DBA

1. Abkommensübersicht zu Art. 13 Abs. 4

149

DBA	MA-Regelung: Belegenheitsprinzip auch für Gewinne aus der Veräußerung von Anteilen an Immobilienkapitalgesellschaften	Artikel	Rz.
Ägypten	keine entsprechende Regelung	–	
Albanien 2010	≈ MA, aber Anknüpfung an das Aktivvermögen	13 Abs. 2	
Algerien 2007	≈ MA, aber Anknüpfung an das Aktivvermögen	13 Abs. 2	
Argentinien	Besteuerung von Gewinnen aus Anteilsveräußerungen stets im Ansässigkeitsstaat der Gesellschaft	13 Abs. 3	226 ff.
Armenien	s. UdSSR		
Aserbaidschan	≈ MA, aber Anknüpfung an das Aktivvermögen	13 Abs. 2	
Australien	keine entsprechende Regelung	–	
Bangladesch	≈ MA, wenn das Gesellschaftsvermögen „ausschließlich oder fast ausschließlich" unbewegliches Vermögen ist; im Übrigen Besteuerung von Gewinnen aus	13 Abs. 1 Satz 2, Abs. 4	226 ff.

DBA	MA-Regelung: Belegenheitsprinzip auch für Gewinne aus der Veräußerung von Anteilen an Immobilienkapitalgesellschaften	Artikel	Rz.
	Anteilsveräußerungen stets im Ansässigkeitsstaat der Gesellschaft		
Belarus	keine entsprechende Regelung	–	
Belgien	keine entsprechende Regelung	–	
Bolivien	Besteuerung von Gewinnen aus Anteilsveräußerungen stets im Ansässigkeitsstaat der Gesellschaft	13 Abs. 3	226 ff.
Bosnien-Herzegowina	s. Jugoslawien		
Bulgarien 2010	Besteuerung von Gewinnen aus Anteilsveräußerungen stets im Ansässigkeitsstaat der Gesellschaft	13 Abs. 2	167, 226 ff.
China 1985	auch ohne entsprechende Spezialregelung generelle Besteuerung nach dem Belegenheitsprinzip	13 Abs. 4	327
China 2014 (E)	≈ MA		
Costa Rica 2014 (E)	≈ MA, aber Anknüpfung an das Gesellschaftsvermögen	13 Abs. 4	
Dänemark	≈ MA, aber Anknüpfung an das Gesellschaftsvermögen	13 Abs. 1 Satz 2	
DE-VG	≈ MA	13 Abs. 4	
Ecuador	Besteuerung von Gewinnen aus Anteilsveräußerungen stets im Ansässigkeitsstaat der Gesellschaft	13 Abs. 3	226 ff.
Elfenbeinküste	keine entsprechende Regelung	–	
Estland	≈ MA, aber Anknüpfung an das Aktivvermögen	13 Abs. 1 Satz 2	
Finnland	Beschränkung auf Gesellschaften, deren Immobilien der Gesellschafter nutzen darf	13 Abs. 2 i. V. m. 6 Abs. 4	
Frankreich	keine entsprechende Regelung	–	
Georgien	≈ MA, aber Anknüpfung an das Aktivvermögen	13 Abs, 2	
Ghana	≈ MA, aber Anknüpfung an das Aktivvermögen	13 Abs. 2	
Griechenland	keine entsprechende Regelung	–	
Großbritannien 1964/70	keine entsprechende Regelung	–	
Großbritannien 2010	≈ MA, aber Anknüpfung an das Aktivvermögen; Ausnahme für börsennotierte Anteile; Einbeziehung von Anteilen an Personengesellschaften	13 Abs. 2	156, 167
Indien	Besteuerung von Gewinnen aus Anteilsveräußerungen stets im Ansässigkeitsstaat der Gesellschaft	13 Abs. 4	226 ff.
Indonesien	keine entsprechende Regelung	–	
Iran	keine entsprechende Regelung	–	
Irland 2011	≈ MA; Ausnahme für börsennotierte Anteile	13 Abs. 4	167
Island	keine entsprechende Regelung	–	
Israel	keine entsprechende Regelung	–	

DBA	MA-Regelung: Belegenheitsprinzip auch für Gewinne aus der Veräußerung von Anteilen an Immobilienkapitalgesellschaften	Artikel	Rz.
Italien	keine entsprechende Regelung	–	
Jamaika	Besteuerung von Gewinnen aus Anteilsveräußerungen stets im Ansässigkeitsstaat der Gesellschaft	13 Abs. 3	228
Japan	keine entsprechende Regelung	–	
Jugoslawien	keine entsprechende Regelung	–	
Kanada	≈ MA, aber Anknüpfung an das Aktivvermögen; Ausnahme für börsennotierte Anteile; Einbeziehung von Anteilen an Personengesellschaften, Trusts und Nachlässen	13 Abs. 4	166 f.
Kasachstan	≈ MA, aber Anknüpfung an das Aktivvermögen	13 Abs. 2	
Kenia	Besteuerung von Gewinnen aus Anteilsveräußerungen stets im Ansässigkeitsstaat der Gesellschaft	13 Abs. 4	226 ff.
Kirgisistan	≈ MA, aber Anknüpfung an das Aktivvermögen	13 Abs. 2	
Korea	≈ MA, aber Anknüpfung an das Gesellschaftsvermögen; subsidiär: Besteuerung von Gewinnen aus Veräußerungen wesentlicher Anteile im Ansässigkeitsstaat der Gesellschaft	13 Abs. 2	226 ff.
Kosovo	s. Jugoslawien		
Kroatien	≈ MA, aber Anknüpfung an das Aktivvermögen	13 Abs. 2	
Kuwait	keine entsprechende Regelung	–	
Lettland	≈ MA, aber Anknüpfung an das Aktivvermögen	13 Abs. 1 Satz 2	
Liberia	Besteuerung von Gewinnen aus Anteilsveräußerungen stets im Ansässigkeitsstaat der Gesellschaft	13 Abs. 3	226 ff.
Liechtenstein 2011	≈ MA, aber Anknüpfung an das Aktivvermögen	13 Abs. 2	
Litauen	≈ MA, aber Anknüpfung an das Aktivvermögen	13 Abs. 1 Satz 2	
Luxemburg 2012 (E)	≈ MA	13 Abs. 2	
Malaysia 2010	≈ MA, aber Anknüpfung an das Aktivvermögen	13 Abs. 2	
Malta	≈ MA, aber Anknüpfung an das Aktivvermögen	13 Abs. 2	
Marokko	keine entsprechende Regelung	–	
Mauritius 2011	Besteuerung von Gewinnen aus Anteilsveräußerungen stets im Ansässigkeitsstaat der Gesellschaft; Einbeziehung von Anteilen an Personengesellschaften	13 Abs. 4	226 ff.
Mazedonien 2006	≈ MA, aber Anknüpfung an das Aktivvermögen	13 Abs. 2	

DBA	MA-Regelung: Belegenheitsprinzip auch für Gewinne aus der Veräußerung von Anteilen an Immobilienkapitalgesellschaften	Artikel	Rz.
Mexiko 2008	≈ MA, aber Anknüpfung an das Aktivvermögen; im Übrigen Besteuerung von Gewinnen aus Anteilsveräußerungen stets im Ansässigkeitsstaat der Gesellschaft	13 Abs. 2 und 3	226 ff.
Moldau	s. UdSSR		
Mongolei	keine entsprechende Regelung	–	
Montenegro	s. Jugoslawien		
Namibia	keine entsprechende Regelung	–	
Neuseeland	≈ MA, wenn auch die Gesellschaft im anderen Vertragsstaat ansässig ist	SProt. Nr. 5 a	
Niederlande 1959/2004	keine entsprechende Regelung	–	
Niederlande 2012 (E)	≈ MA, aber Anknüpfung an das Aktivvermögen; im Übrigen Möglichkeit der Besteuerung von Gewinnen aus Anteilsveräußerungen im Ansässigkeitsstaat der Gesellschaft	13 Abs. 2	226 ff.
Norwegen	≈ MA, beschränkt auf Veräußerung von Beteiligungen > 50 %	13 Abs. 4	166
Oman 2012 (E)	keine entsprechende Regelung	–	
Österreich	≈ MA, aber Anknüpfung an das Aktivvermögen	13 Abs. 2; SProt. Nr. 4	
Pakistan	≈ MA, aber Anknüpfung an die Vermögenswerte der Gesellschaft; im Übrigen Besteuerung von Gewinnen aus der Veräußerung von Anteilen ≥ 25 % im Ansässigkeitsstaat der Gesellschaft	13 Abs. 4 und 5	226 ff.
Philippinen 1983	Besteuerung von Gewinnen aus Anteilsveräußerungen stets im Ansässigkeitsstaat der Gesellschaft	13 Abs. 3	226 ff.
Philippinen 2013	≈ MA, aber Anknüpfung an das Aktivvermögen	13 Abs. 2	226 ff.
Polen	≈ MA, aber Anknüpfung an das Aktivvermögen	13 Abs. 2	
Portugal	keine entsprechende Regelung	–	
Rumänien	≈ MA, aber Anknüpfung an das Aktivvermögen	13 Abs. 2	
Russische Föderation	keine entsprechende Regelung	–	
Sambia	keine entsprechende Regelung	–	
Schweden	≈ MA, aber Anknüpfung an den Hauptzweck der Gesellschaft; Mindestbeteiligung 10 %	13 Abs. 1 Satz 2	166
Schweiz	keine entsprechende Regelung	–	
Serbien	s. Jugoslawien		
Simbabwe	Besteuerung von Gewinnen aus Anteilsveräußerungen stets im Ansässigkeitsstaat der Gesellschaft	13 Abs. 4	226 ff.
Singapur	≈ MA, aber Anknüpfung an das Aktivvermögen; Schwellenwert 75%	13 Abs. 2	

DBA	MA-Regelung: Belegenheitsprinzip auch für Gewinne aus der Veräußerung von Anteilen an Immobilienkapitalgesellschaften	Artikel	Rz.
Slowakei	s. Tschechoslowakei		
Slowenien	keine entsprechende Regelung	–	
Spanien 2011	≈ MA, aber Anknüpfung an das Aktivvermögen; Einbeziehung von Gewinnen aus der Veräußerung von Nutzungsrechten an Immobilien	13 Abs. 2, 3	173
Sri Lanka	Besteuerung von Gewinnen aus Anteilsveräußerungen stets im Ansässigkeitsstaat der Gesellschaft	13 Abs. 3	226 ff.
Südafrika 1973	Keine entsprechende Regelung	–	
Südafrika 2008 (E)	≈ MA, aber Anknüpfung an das Aktivvermögen	13 Abs. 2	
Syrien 2010	≈ MA, aber Anknüpfung an das Aktivvermögen	13 Abs. 2	
Tadschikistan	≈ MA, aber Anknüpfung an das Aktivvermögen	13 Abs. 2	
Taiwan 2011	≈ MA, aber Anknüpfung an das Aktivvermögen	13 Abs. 2	
Thailand	keine entsprechende Regelung	–	
Trinidad und Tobago	keine entsprechende Regelung	–	
Tschechien	s. Tschechoslowakei		
Tschechien 1997 (E)	≈ MA	13 Abs. 2	
Tschechoslowakei	keine entsprechende Regelung	–	
Türkei 2011	≈ MA, aber Anknüpfung an das Aktivvermögen	13 Abs. 2	
Tunesien	Besteuerung von Gewinnen aus Anteilsveräußerungen stets im Ansässigkeitsstaat der Gesellschaft	13 Abs. 3	226 ff.
Turkmenistan	s. UdSSR		
UdSSR	Besteuerung von Gewinnen aus Anteilsveräußerungen stets im Ansässigkeitsstaat der Gesellschaft	11 Abs. 3	226 ff.
Ukraine	≈ MA; Einbeziehung von Anteilen an Personengesellschaften	13 Abs. 2	
Ungarn 2011	≈ MA, aber Anknüpfung an das Aktivvermögen; keine Beschränkung auf „den anderen Vertragsstaat"	13 Abs. 2	
Uruguay 2010	≈ MA, aber Anknüpfung an das Aktivvermögen	13 Abs. 2	
USA 1989	≈ MA; Einbeziehung von Anteilen an Personengesellschaften, Trusts und Estates; Anknüpfung an das Gesellschaftsvermögen	13 Abs. 2; Prot. Nr. 13	165; 171
USA 1989/2006	≈ MA; Einbeziehung von Anteilen an Personengesellschaften, Trusts und Estates; Anknüpfung an das Gesellschaftsvermögen	13 Abs. 2; Prot. Nr. 13	165; 171
Usbekistan	≈ MA, aber Anknüpfung an das Aktivvermögen	13 Abs. 2	

DBA	MA-Regelung: Belegenheitsprinzip auch für Gewinne aus der Veräußerung von Anteilen an Immobilienkapitalgesellschaften	Artikel	Rz.
Venezuela	keine entsprechende Regelung	–	
Vereinigte Arabische Emirate 2010	≈ MA, aber Anknüpfung an das Aktivvermögen	13 Abs. 2	
Vietnam	≈ MA, aber Anknüpfung an die Vermögenswerte der Gesellschaft	13 Abs. 4	
Weißrussland	s. Belarus		
Zypern 2011	≈ MA	13 Abs. 2	

2. Erläuterungen

a) Überblick. Die Mehrzahl der älteren deutschen DBA enthält noch keine dem Art. 13 Abs. 4 OECD-MA entsprechende Klausel. Im Anwendungsbereich dieser DBA fallen Gewinne aus der Veräußerung von Immobiliengesellschaften deshalb grundsätzlich unter die allgemeinen Regeln, v. a. die Absätze 2 oder 5. Eine Reihe älterer DBA mit Entwicklungs- und Schwellenländern sieht allerdings für Gewinne aus der Veräußerung von Anteilen an Kapitalgesellschaften jeder Art in Übereinstimmung mit Art. 13 Abs. 5 UN-MA eine Besteuerung im Ansässigkeitsstaat dieser Zielgesellschaft vor (s. Rz. 225 ff.). **152**

Die DE-VG und fast alle neueren DBA enthalten dagegen eine dem Art. 13 Abs. 4 OECD-MA entsprechende Vorschrift, nach der das **Belegenheitsprinzip** auch für Gewinne aus der Veräußerung von **Anteilen an einer Immobiliengesellschaft** gilt. Vielfach folgt diese Vorschrift unmittelbar auf die Vorschrift über die Veräußerung unbeweglichen Vermögens, findet sich also im Abs. 2 des Artikels über die Veräußerungsgewinne (s. die vorstehende Abkommensübersicht; ferner die Übersicht zu Abs. 1, oben Rz. 56). **153**

b) Gesellschaftsformen. Regelmäßig erfassen die deutschen DBA dann – wie das OECD- und UN-MA (s. Rz. 118 ff., 146) – nur Anteile an Kapitalgesellschaften. Dagegen erstrecken sich die einschlägigen Klauseln der DBA mit *Großbritannien 2010, Kanada* und den *USA 1989* und *1989/2006* auch auf Anteile an Personengesellschaften, Trusts und ähnlichen Rechtsträgern (s. Rz. 171 f.). **156**

c) Gepräge der Gesellschaft. Während die MA den Eintritt der Rechtsfolgen des Art. 13 Abs. 4 davon abhängig machen, dass der **Wert der Anteile** zu mehr als 50 vom Hundert unmittelbar oder mittelbar auf unbeweglichem Vermögen beruht, stellen fast alle einschlägigen deutschen DBA für die Berechnung des Schwellenwerts auf das Verhältnis unbeweglichen Vermögens zum **Aktivvermögen der Gesellschaft** oder – unspezifisch, aber m. E. gleichbedeutend – zu ihrem „Vermögen" bzw. ihren „Vermögenswerten" ab (s. die Abkommensübersicht Rz. 149). Das dient einerseits der Rechtsklarheit, eröffnet anderseits aber auch Gestaltungsmöglichkeiten. Insbesondere besteht die Möglichkeit, dass der Steuerpflichtige durch Maßnahmen der Bilanzverlängerung (z. B. Darlehensaufnahmen) der Besteuerung im Belegenheitsstaat entgehen kann. **159**

Einigen deutschen DBA fehlt die Einbeziehung der **mittelbaren Beteiligung** (s. dazu Rz. 166 ff.). Nach ÖstBMF v. 2.7.2002, EAS 2086, SWI 2002, 404 sollte die Regelung des *DBA Österreich* aber auch dann zur Anwendung kommen, wenn Anteile nur mittelbar gehalten werden, obwohl das DBA diese Möglichkeit nicht ausdrücklich erwähnt. Von dieser Rechtsauffassung ist das ÖstBMF nun aber mit guten Gründen abgerückt (EAS 2841 v. 23.4.2007, SWI 2007, 198). **160**

161 Das *DBA Österreich* (Nr. 4 Prot.) stellt ausdrücklich klar (vgl. Rz. 149), dass sich die **Höhe des Aktivvermögens nach der** letzten vor der Veräußerung der Aktien und sonstigen Anteile zu erstellenden **Handelsbilanz** richtet. Dabei soll es in persönlicher Hinsicht nur auf den Einzel-, nicht auf den Konzernabschluss der Zielgesellschaft ankommen (ÖstBMF, EAS 2841 v. 23.4.2007, SWI 2007, 198).

162 An Stelle des bezifferten **Schwellenwerts** von 50% verwenden die meisten deutschen DBA das Adjektiv „überwiegend“. Dadurch ergeben sich keine Abweichungen in der Sache. Das *DBA Singapur* verlangt demgegenüber, dass 75% des Wertes des Aktivvermögens auf unbewegliches Vermögen entfällt.

163 Nach einer atypischen Regelung in Art. 13 Abs. 1 Sätze 2 und 3 *DBA Schweden* kommt es nicht auf die tatsächlichen Wert- oder Vermögensverhältnisse, sondern auf den **Hauptzweck der Gesellschaft** an. Liegt er „im direkten oder indirekten Halten oder Verwalten [...] unbeweglichen Vermögens“, kommt auch für Anteilsveräußerungen das Belegenheitsprinzip in Betracht. Bei dieser wertenden Beurteilung ist dasjenige unbewegliche Vermögen unberücksichtigt zu lassen, „das einem eigenen land- und forstwirtschaftlichen oder gewerblichen Betrieb dient“. Darunter sind m. E. die Immobilien zu verstehen, die die Gesellschaft selber unmittelbar (vgl. Art. 6 Rz. 154 ff.) nutzt. Anteilsveräußerungen unterliegen nach dem *DBA Schweden* also nur dann dem Belegenheitsprinzip, wenn der Hauptzweck der Gesellschaft im bloßen Halten von Immobilien, in ihrer Vermietung bzw. Verpachtung oder im Immobilienhandel liegt (vgl. Rz. 61).

164 **d) Keine Beschränkung auf Immobiliengesellschaften.** Zahlreiche ältere DBA mit Entwicklungs- und Schwellenländern enthalten noch keine dem Art. 13 Abs. 4 OECD-MA entsprechende Klausel, räumen die vorrangige Besteuerung für alle Gewinne aus der Veräußerung von Kapitalgesellschaftsanteilen aber dem Vertragsstaat ein, in dem die (Ziel-)Gesellschaft ansässig ist (s. Rz. 226 ff.).

165 **e) Ansässigkeit der Gesellschaft.** Die *DBA Korea* (Art. 13 Abs. 2), *Neuseeland* (Nr. 5 Buchst. a SProt.), *USA 1989* und *USA 1989/2006* (Art. 13 Abs. 2 Buchst. b) kombinieren diese beiden Arten von Klauseln und beschränken die vorrangige Besteuerung im Belegenheitsstaat auf Anteile an Immobiliengesellschaften, die dort auch ansässig sind.

166 **f) Anforderungen an die Beteiligung; Börsennotierung.** Die *DBA Kanada* und *Schweden* sehen die Besteuerung nach dem Belegenheitsprinzip nur für den Fall vor, dass eine in den der Veräußerung vorausgehenden fünf Jahren bestehende Beteiligung von mindestens 10% an der Immobilienkapitalgesellschaft veräußert wird (vgl. MA-Komm. Ziff. 28.6). Art. 13 Abs. 4 *DBA Norwegen* lässt die vorrangige Besteuerung nur dann auf den Belegenheitsstaat übergehen, wenn der Steuerpflichtige alle Anteile oder die Mehrheit der Anteile an einer Immobiliengesellschaft veräußert. Für Veräußerungen von Anteilen an Immobilienkapitalgesellschaften unterhalb dieser Schwellenwerte gelten dagegen vorrangig Art. 13 Abs. 2 *DBA Kanada, DBA Norwegen* bzw. *DBA Schweden* (falls die Gesellschaftsanteile einem Betrieb oder einer Betriebstätte des Steuerpflichtigen zugeordnet sind), nachrangig Art. 13 Abs. 6 *DBA Kanada* und *Norwegen* bzw. Art. 13 Abs. 4 *DBA Schweden,* die dem Art. 13 Abs. 5 MA entsprechen.

167 Die *DBA Großbritannien 2010, Irland 2011* und *Kanada* nehmen Veräußerungsgewinne aus Anteilen, die an einer zugelassenen Börse gehandelt werden, vom Geltungsbereich der Vorschrift aus (vgl. MA-Komm. Ziff. 28.7). Gleiches gilt für die – ohnehin anders gelagerte – Vorschrift des *DBA Bulgarien 2010* über Gewinne aus Veräußerungen an Kapitalgesellschaftsanteilen jeder Art (s. OECD-NM Ziff. 6).

171 **g) Sonderregelung im DBA USA 1989 und 1989/2006.** Nach dem *DBA USA 1989* und *1989/2006* (Art. 13 Abs. 2 Buchst. b) umfasst der Ausdruck „un-

bewegliches Vermögen" neben den Anteilen an einer Immobiliengesellschaft auch Beteiligungen an einer Personengesellschaft, einem Trust oder einem Nachlass, soweit deren Vermögen aus unbeweglichem Vermögen besteht (zu einer Beteiligung an einem US Real Estate Investment Trust – „REIT" – s. *Rehm/Lindauer,* IStR 2002, 253). Die Veräußerung eines Anteils an einer US-Partnership ist danach wie die anteilige Veräußerung des zum Zeitpunkt der Veräußerung vorhandenen unbeweglichen Vermögens zu behandeln; das unbewegliche Vermögen muss nicht einen bestimmten Teil des gesamten Vermögens ausmachen (a. A. GKG/*Fischer-Zernin,* DBA USA, Art. 13 Rz. 9). Zum unbeweglichen Vermögen zählen auch Rechte an Grundvermögen, wenn das Grundvermögen in den USA belegen ist (*United States real property interest* (Eigentum, Besitz, Miet- und Pachtrechte, Anwartschaftsrechte): Prot. Nr. 13). Soweit diese Einkünfte von den USA nur nach Buchst. b und nicht auch nach Buchst. a (Veräußerung von unbeweglichem Vermögen) besteuert werden können, wird in Deutschland die Anrechnungs- und nicht die Freistellungsmethode angewandt (Art. 23 Abs. 2 Buchst. b), bb); s. dazu auch *Wassermeyer,* IStR 2001, 348).

h) Sonderregelung im DBA Kanada. Das *DBA Kanada* unterscheidet in Art. 13 Abs. 4 zwischen Kapital- und Personengesellschaften. Gewinne aus der Veräußerung eines Anteils an einer Immobilienpersonengesellschaft unterliegen stets, die eines Anteils an einer Immobilienkapitalgesellschaft dann dem Belegenheitsprinzip, wenn die Beteiligung mindestens 10% beträgt (s. Rz. 138). Neben den Personengesellschaften werden seit 2001 auch Trusts oder Nachlässe einbezogen. Das DBA stellt darüber hinaus klar, dass unbewegliches Betriebsvermögen nicht unter den Begriff des „unbeweglichen Vermögens" fällt. Eine weitere Stärkung des Belegenheitsprinzips erfährt das DBA durch seinen Art. 10 Abs. 6 S. 2 Buchst. a, der primär die kanadische Betriebstättensteuer betrifft (s. Art. 10 Rz. 270). **172**

i) Entsprechend dem einschlägigen Vorbehalt Spaniens (Ziff. 33 MA-Komm.) weist Art. 13 Abs. 3 *DBA Spanien 2011* auch Gewinne aus der Veräußerung von **Immobiliennutzungsrechten** (z. B. time-sharing Modelle bei Ferienimmobilien) dem Belegenheitsstaat zu. Zum Begriff der Nutzung s. Art. 6 Rz. 135 ff. **173**

j) Anrechnung statt Freistellung. Die Anwendung der Freistellungsmethode auf Gewinne aus der Veräußerung von Beteiligungen an Immobiliengesellschaften birgt die Gefahr, dass die Gewinne in beiden Vertragsstaaten nicht besteuert werden (vgl. OECD-MK Ziff. 28.8 mit Verweis auf OECD-MK zu Art. 23 A/B Ziff. 35). Für die in Art. 13 Abs. 1 Satz 2 *DBA Dänemark, Schweden,* Art. 13 Abs. 2 *DBA Kasachstan, Malta, Österreich, Polen, Rumänien, Tschechien (E), Ungarn 2011* und *Usbekistan,* Art. 13 Abs. 2 Buchst. b *DBA Korea* und *USA 1989/2006,* Art. 13 Abs. 4 *DBA Norwegen, Pakistan* und *Vietnam* und Nr. 5 Buchst. a SProt *DBA Neuseeland* genannten Fälle gilt deshalb für Deutschland als Ansässigkeitsstaat die **Anrechnungsmethode** (Art. 24 Abs. 1 Buchst. b (bb) *DBA Dänemark;* Art. 23 Abs. 2 Buchst. b (dd) *DBA Kasachstan;* Art. 23 Abs. 1 Buchst. b (dd) *DBA Korea;* Art. 23 Abs. 1 Buchst. b (bb) *DBA Malta;* Art. 23 Abs. 2 Buchst. b (ii) *DBA Norwegen;* Art. 23 Abs. 1 Buchst. b (dd) *DBA Österreich;* Art. 22 Abs. 1 Buchst. b (iv) *DBA Pakistan;* Art. 23 Abs. 2 Buchst. b (bb) *DBA Polen;* Art. 23 Abs. 2 Buchst. b (dd) *DBA Rumänien;* Art. 23 Abs. 1 Buchst. b (bb) *DBA Schweden;* Art. 23 Abs. 1 Buchst. b (ii) *DBA Tschechien (E);* Art. 22 Abs. 1 Buchst. b (bb) *DBA Ungarn 2011,* Art. 23 Abs. 3 Buchst. b (bb) *DBA USA 1989/2006*; Art. 23 Abs. 1 Buchst. b (dd) *DBA Usbekistan;* Art. 23 Abs. 2 Buchst. b (ee) *DBA Vietnam*). Diese Regelung hat 2013 auch Eingang in Art. 22 Abs. 1 Nr. 3 Buchst. b DE-VG gefunden. **174**

F. Zu Art. 13 Abs. 5 OECD- und US-MA und zu Art. 13 Abs. 5 und 6 UN-MA

I. Musterabkommen

1. Übereinstimmungen und Abweichungen

178 Das UN-MA enthält in seinem Abs. 5 eine besondere Verteilungsnorm für Gewinne aus der Veräußerung von **Gesellschaftsanteilen** (Rz. 179ff.). In allen drei MA findet Art. 13 sodann seinen Abschluss in einer **Auffangvorschrift** für alle Veräußerungsgewinne, die von den jeweils vorausgehenden Absätzen nicht erfasst werden (Art. 13 Abs. 5 OECD- und US-MA, Art. 13 Abs. 6 UN-MA; ebenso Art. 13 Abs. 5 DE-VG s. Rz. 210ff.). Diese Auffangvorschrift regelt im OECD- und US-MA insbesondere die Behandlung von Gewinnen aus der Veräußerung der anderweitig nicht erfassten Gesellschaftsanteile (Rz. 210ff.).

2. Veräußerung von Gesellschaftsanteilen nach Art. 13 Abs. 5 UN-MA

179 **a) Regelung:** Nach Art. 13 Abs. 5 UN-MA können Gewinne aus der Veräußerung von Gesellschaftsanteilen, die **nicht** Anteile an **Immobiliengesellschaften** i.S. von Art. 13 Abs. 4 UN-MA sind, in dem Vertragsstaat besteuert werden, in dem die Gesellschaft ihren Sitz hat. Die Besteuerung im Ansässigkeitsstaat der Gesellschaft ist jedoch erst von einer bestimmten **Höhe der Beteiligung** an vorgesehen, wobei die Festlegung dieser Höhe den zweiseitigen Verhandlungen überlassen bleibt. In dieser Regelung schlägt sich die allgemeine Tendenz des UN-MA zu besonderer Rücksicht auf Kapitalimportstaaten (Entwicklungsländer) nieder, die typischerweise in der Position des Quellenstaats sind. Die Beschränkung der Besteuerung des Quellenstaats auf wesentliche Beteiligungen soll vor allem administrative Schwierigkeiten vermeiden, die bei einer Einbeziehung von Streubesitz geringen Umfangs zu erwarten wären (s. UN-Komm. zu Art. 13 Ziff. 10).

180 Zum Begriff der „Gesellschaft" s. Art. 3 Abs. 1 Buchst. b, dazu Art. 3 Rz. 11. Im Unterschied zu Art. 13 Abs. 4 UN-MA erfasst Abs. 5 Personengesellschaften nur für den Fall, dass sie als solche steuerpflichtig (steuerlich „intransparent") sind. Über die Veräußerung von Anteilen an **„transparenten" Personengesellschaften** s.o. Rz. 83. Art. 13 Abs. 5 UN-MA ist lex specialis sowohl zur Auffangvorschrift des Art. 13 Abs. 6 UN-MA als auch zur Bestimmung des Art. 13 Abs. 2 UN-MA über das gewerbliche Betriebsvermögen. Damit können auch Gewinne aus der Veräußerung von im Betriebsvermögen einer Betriebstätte gehaltenen Anteilen im Ansässigkeitsstaat der Gesellschaft besteuert werden.

181 Art. 13 Abs. 5 UN-MA schließt allerdings **Abschreibungen** auf den Wert der Beteiligung im Ansässigkeitsstaat des Gesellschafters nicht aus (BFH BStBl. II 1979, 873; II 1989, 599: beide *DBA Indien 1959/84:* FG Münster RIW 1987, 884; s. auch Art. 23 Rz. 64).

184 **b) Staatenpraxis:** Zahlreiche Mitgliedstaaten der OECD haben sich durch Erklärungen zum MA-Komm. das Recht **vorbehalten,** in ihren DBA **ähnliche Regelungen** für Gesellschaftsanteile zu treffen (s. MA-Komm. Ziff. 33ff.; zur deutschen Vertragspraxis unten Rz. 226ff.; zu den österreichischen DBA *Toifl* CDFI LXXXVII b, 149 (162); zur Vertragspraxis anderer Staaten *Brauner,* 6 Fla. Tax Rev. (2006), 1027 (1069), Fn. 235).

185 Meist wird die Beteiligungsschwelle eindeutig quantifiziert und bezieht sich auf die Anteile, teilweise aber auch auf die Stimmrechte. Gelegentlich wird die Besteuerung im Sitzstaat der Gesellschaft unbestimmt auf „wesentliche Beteiligungen"

beschränkt. Zur Auslegung dieses Begriffs s. *Hoge Raad Rolno.* 27222, BNB 1993/38: *DBA Niederlande/Schweiz* und BFH HFR 1990, 237: *DBA Kanada 1956.* Richtigerweise ist in diesen Fällen auf das innerstaatliche Recht des Sitzstaats der Gesellschaft abzustellen, nicht auf das Recht des jeweiligen Anwendestaates (vgl. Art. 23 Rz. 40).

Teilweise setzen die Klauseln zusätzlich voraus, dass der Erwerber der Anteile im Quellenstaat (d.h. im Sitzstaat der Zielgesellschaft) ansässig ist (so z.B. Art. 13 Abs. 5 Satz 2 *DBA Indien/Niederlande*); teilweise stehen sie unter dem Vorbehalt effektiver und zeitnaher Besteuerung im Quellenstaat (*Brauner* a.a.O., 1069f.). **186**

3. Veräußerung von Gesellschaftsanteilen nach Art. 13 Abs. 5 OECD- und US-MA

Nach dem **OECD-** und **US-MA** gelten dagegen für Beteiligungen vorrangig das Betriebstättenprinzip (Art. 13 Abs. 2 OECD-MA bzw. Art. 13 Abs. 3 US-MA), nachrangig die allgemeine Auffangregel des Abs. 5 (s. Rz. 210ff.). Gewinne aus der Veräußerung von Anteilen an Kapitalgesellschaften können danach wie solche aus der Veräußerung von Obligationen und ähnlichen Wertpapieren nur im **Ansässigkeitsstaat des Veräußerers** besteuert werden (MA-Komm. Ziff. 30). Eine Besteuerung durch den Quellenstaat ist ausgeschlossen; auf die Höhe der Beteiligung kommt es nicht an (zu Abweichungen in der Staatenpraxis s. Rz. 184ff.). **190**

Zur Berücksichtigung von Veräußerungsverlusten s. Rz. 29 (vgl. auch FG Hamburg DStRE 2002, 985: *DBA Dänemark*). **191**

Die Ansässigkeitsbesteuerung gilt auch für die Veräußerung von Ansprüchen auf Erträge aus Beteiligungen. Die Erträge selbst unterliegen dagegen als Dividenden i.S. des Art. 10 Abs. 3 der aufgeteilten Besteuerung nach Art. 10 Abs. 2 OECD- und US-N. **192**

Für die Fälle der **Verschmelzung** (Fusion), des Anteilstausches oder der Spaltung von Unternehmen, der Einbringung von Unternehmen oder Teilbetrieben in andere Unternehmen oder der Veränderung ihrer Rechtsform (Umwandlung von einer Kapitalgesellschaft in eine Personengesellschaft oder umgekehrt) sehen die nationalen Rechtsvorschriften oft vor, dass die **stillen Reserven aufgedeckt** und damit besteuert werden (für einen Überblick s. *Herzig,* Schaumburg/Piltz, Internationales Umwandlungssteuerrecht, S. 127; sowie die Beiträge in CDFI Bd. 90b (2005)). Auch solche Gewinne sind Veräußerungsgewinne i.S. des Art. 13 MA (Ziff. 5 MA-Komm.). Nach Art. 13 Abs. 5 (US-MA: Abs. 6) werden in diesem Fall die aufgedeckten stillen Reserven nur im **Ansässigkeitsstaat** des Anteilseigners besteuert (BFH BStBl. II 1989, 794: *DBA Österreich 1954/92*), auch wenn es sich um einen tauschähnlichen Vorgang handelt (*F. Wassermeyer* in Schaumburg/Piltz, Internationales Umwandlungssteuerrecht, S. 125). **193**

Handelt es sich bei den beteiligten Unternehmen um in EU-Staaten ansässige Kapitalgesellschaften, wird nach der **Fusionsrichtlinie** (90/434/EWG v. 23.7.1990, ABl. EG Nr. L 225, 1 i.d.F. der RL 2005/19/EG v. 17.2.2005, ABl. EG Nr. L 58, 19) in der Regel allerdings eine Aufdeckung und Versteuerung der stillen Reserven vermieden (s. *Benecke/Schnitger,* IStR 2005, 606; *Körner,* IStR 2006, 109; *Mors,* in *Lüdicke* (Hrsg.), Tendenzen der Europäischen Unternehmensbesteuerung, S. 17; *Saß,* DB 2005, 1238; *Schwedhelm,* GmbH-StB 2007, 182; *Schwenke,* DStZ 2007, 235; *Thömmes,* Die Umsetzung der EG-Fusionsrichtlinie und der EG-Mutter-Tochter-Richtlinie in den EG-Mitgliedstaaten, 1995; *ders.,* IWB Fach 5, Europäische Gemeinschaften, Gr. 2, 137; *ders.,* JbFfSt 2005/06, 76). **194**

Erlöse aus Anlass der **Liquidation** eines Unternehmens (für einen Überblick s. **195**
van Fraeyenhoven, Generalberichterstatter, CDFI LXXII b (1987) 57, und National-

berichte, a. a. O., 133 ff.) werden nach dem insoweit maßgebenden Recht der Vertragsstaaten **nur zum Teil** als Veräußerungserlöse behandelt (so z. B. in Österreich, s. ÖstBMF v. 15.3.1994, SWI 1994, 151: *DBA Österreich 1954/92*); sie **können** auch als Ausschüttung angesammelten Gewinns zu betrachten sein und unterliegen dann der Regelung des Art. 10 MA (MA-Komm. Ziff. 31, dort auch zur Einlösung von Obligationen; MA-Komm. zu Art. 10 Rz. 28). Wegen Art. 10 Abs. 3 kommt es für diese Differenzierung auf das innerstaatliche Recht des Anwendestaates an (Wassermeyer/*Wassermeyer,* Art. 13 MA Rz. 135). Zum deutschen Recht s. Art. 10 Rz. 218.

196 Gewinne eines Anteilseigners aus dem **Rückkauf eigener Aktien** sind Veräußerungsgewinne und fallen unter Art. 13 Abs. 5 (s. *Prokisch,* ET 1998, 398). Das muss jedenfalls dann gelten, wenn die Anteile am Markt veräußert werden, da der Anteilseigner kein Wissen über die Person des Käufers hat. Auch bei off-market Transaktionen sollte es bei dieser Einordnung bleiben. Allerdings gibt es in vielen Ländern Regelungen, die insoweit unterscheiden (s. die Länderberichte in ET 1998, No. 11/12 und *Betten* (Hrsg.), Share Buy-Backs, 2002). In den Niederlanden wird hingegen der Veräußerungsgewinn als Dividende angesehen. Der *Hoge Raad* hat diese Klassifizierung irrigerweise auch auf die DBA übertragen (*Hoge Raad,* nr. 28 959 BNB 1994/219c: *DBA Niederlande/Spanien;* dazu auch *Huiskes,* ET 1994, 472).

4. Insbesondere: Wegzug unter Mitnahme von Gesellschaftsanteilen

199 **Literatur:** *Abreu,* 29 UC Davis Law Review 1087 (1996); *Baßler,* IStR 2013, 22; *Betten,* Income Tax Aspects of Emigration and Immigration of Individuals (1998); *Bischoff/Kotyrba,* BB 2002, 382; *Bratz,* CTJ 1998, 1322; *De Broe,* CDFI LXXXVII b, 17 ff. und Nationalberichte, a. a. O., 79 ff.; *Dörfler/Adrian/Oblau,* RIW 2007, 266; *Goldberg, et. al.,* TNI Aug. 7, 2000, 643 (Part I), Aug. 14, 2000, 741 (Part II); *Grotherr,* IWB F. 3, Gr. 1, 2153; *Ismer/Reimer/Rust,* EWS 2004, 207; *Hahn,* SWI 2002, 473; *Hilling,* Free Movement and Tax Treaties in the Internal Market (2005); *M. Lang,* SWI 2006, 565; *ders./Lüdicke/Reich,* IStR 2008, 673; *Ostertun/Reimer* (Hrsg.), Wegzugsbesteuerung – Wegzugsberatung (2007); *Pohl,* IStR 2001, 460; *Richter/Escher,* FR 2007, 674; *Schraufl,* PIStB 2007, 122; *Staringer,* SWI 1999, 339; *Toifl,* Die Wegzugsbesteuerung (1996); *F. Wassermeyer,* EuZW 2007, 1; *ders.,* IStR 2013, 1; *Weizman,* ET 1994, 73.

201 Besonderheiten ergeben sich, wenn der Steuerpflichtige vor der Veräußerung eines Wirtschaftsguts seine Ansässigkeit verlagert. In diesen Fällen ist streitig, ob der bisherige Ansässigkeitsstaat die vor dem Wegzug dort aufgelaufenen stillen Reserven noch besteuern darf. Der BFH hat sich dieser Frage in den letzten Jahren behutsam geöffnet. International herrscht aber weiterhin die Auffassung vor, der gesamte Veräußerungsgewinn sei einheitlich zu behandeln und werde nach der Verlagerung gegen eine Besteuerung des früheren Ansässigkeitsstaats abgeschirmt. Diese Konsequenz des Art. 13 Abs. 5 MA hat erhebliche Spielräume für die Steuerplanung eröffnet, seit den 1970er Jahren aber auch Gegenreaktionen in Gesetzgebung und Abkommenspolitik hervorgerufen. Heute finden sich im Wesentlichen zwei Regelungsmodelle, durch die sich der Wegzugsstaat die Besteuerung der stillen Reserven sichert, die in der Zeit bis zum Wegzug aufgelaufen sind:

- eine **veräußerungsunabhängige Festsetzung** der auf die nicht realisierten stillen Reserven entfallenden Steuer durch den Wegzugsstaat **in der logischen Sekunde vor dem Wegzug** (Rz. 202 ff.); oder
- eine bedingte oder befristete Fortdauer der Befugnis des Wegzugsstaats zur anteiligen **Besteuerung** der stillen Reserven **im Zeitpunkt der tatsächlichen Veräußerung** (Rz. 205).

202 Das **erste Modell** (die sog. Wegzugsbesteuerung) wird vielfach mit einer Stundung der festgesetzten Steuer bis zum Zeitpunkt der tatsächlichen Realisierung der stillen Reserven verknüpft. Dadurch nähern sich beide Regelungsmodelle wirtschaftlich stark an. Rechtstechnisch sind sie aber weiterhin voneinander zu unterscheiden. Während die Wegzugsbesteuerung – jedenfalls dem Grunde nach, nicht notwendig auch hinsichtlich des Erhebungszeitpunkts – an den rechtsgeschäftslosen Wegzug anknüpft, ist die Veräußerungsgewinnbesteuerung im klassischen Sinne nur die Besteuerung von rechtsgeschäftlich realisierten stillen Reserven.

Die Wegzugsbesteuerung wird allgemein selbst für den Fall als mit den MA vereinbar angesehen, dass sie (namentlich innerhalb des Europäischen Binnenmarkts; vgl. dazu unten Rz. 285) stark an die Veräußerungsgewinnbesteuerung herangeführt, d. h. beschränkungsfrei ausgestaltet wird und daher sowohl im Hinblick auf die Bemessungsgrundlage (Berücksichtigung von Wertminderungen nach dem Wegzug) als auch in den Fälligkeitsregelungen (Stundung) für den Steuerpflichtigen nicht mehr ungünstiger ist als es eine Veräußerungsgewinnbesteuerung ohne Wegzug gewesen wäre. **203**

Umstritten ist allerdings, aus welchen Verteilungsnormen sich die im Ergebnis unstrittige Zulässigkeit der Wegzugsbesteuerung ergibt. Die traditionelle Auffassung, der auch dieser Kommentar folgt, versteht den abkommensrechtlichen Begriff „Veräußerung" weit und kann daher auch in der rechtsgeschäftslosen, nicht an einen Eigentümer- bzw. Gesellschafterwechsel geknüpften Aufdeckung der stillen Reserven auf den Wegzug einen Veräußerungsgewinn erblicken (Rz. 28). Nach einer v. a. in Österreich im Vordringen befindlichen Auffassung setzt das Merkmal „Veräußerung" dagegen voraus, dass das Wirtschaftsgut seinen Inhaber wechselt. Da es bei der klassischen Wegzugsbesteuerung daran fehle, ergebe sich die Besteuerungsbefugnis des Wegzugsstaats nicht aus Art. 13 Abs. 5, sondern aus Art. 21 OECD-MA (*M. Lang,* Hybride Finanzierungen, S. 102; *ders./Lüdicke/Reich,* IStR 2008, 673; öBMF v. 12.1.1995, EAS 563, SWI 1995, 85; *Toifl* CDFI LXXXVII b 149 (171)). **204**

Das **zweite Modell** ist dagegen nicht mit Art. 13 Abs 5 OECD- und US-MA bzw. (soweit nicht Art. 13 Abs. 5 UN-MA eingreift) mit Art. 13 Abs. 6 UN-MA in Einklang zu bringen. Zahlreiche Wegzugsstaaten, die den Mustern folgen, haben daher besondere Klauseln in ihren DBA durchzusetzen versucht, wenn sie Veräußerungsgewinne, die der Steuerpflichtige erst als Gebietsfremder (d. h. nach seinem Wegzug) erzielt, noch als solche in die inländische Bemessungsgrundlage einbeziehen wollen (vgl. den Vorbehalt *Irlands,* MA-Komm. Ziff. 48). Wegen des klaren Wortlauts von Art. 13 Abs. 5 MA ist das selbst dann erforderlich, wenn das innerstaatliche Recht die Steuerpflicht auf den im Inland aufgelaufenen Teil der stillen Reserven begrenzt. **205**

Eine Reihe von Staaten – darunter Deutschland – verwenden (teils in ein und demselben DBA) **beide Modelle** nebeneinander (s. Rz. 304 ff.; zur österreichischen Vertragspraxis *Toifl* CDFI LXXXVII b, 149 (162)). Zur **unionsrechtlichen** Problematik s. Grundl. Rz. 266a f., 268b; Art. 7 Rz. 126b. **206**

5. Veräußerung sonstiger Vermögensgegenstände (Art. 13 Abs. 5 OECD- und US-MA, Art. 13 Abs. 6 UN-MA)

a) Grundzüge: Gewinne aus der Veräußerung des in den Abs. 1 bis 4 OECD- und US-MA bzw. Abs. 1 bis 5 UN-MA nicht genannten Vermögens besteuert allein der Ansässigkeitsstaat des Veräußerers („können nur"). Er besteuert diese Gewinne gemäß seinem innerstaatlichen Recht, ohne durch das Abkommen darin beschränkt zu sein. Der Quellenstaat hat diese Gewinne freizustellen. **210**

b) Abgrenzung: Art. 13 Abs. 5 ist Auffangvorschrift für die Verteilung der Besteuerung bei Veräußerungsgewinnen und als solche zu allen vorausgehenden Absätzen des Art. 13 subsidiär. Er erfasst im Wesentlichen Gewinne aus der Veräu- **211**

ßerung von beweglichen Gegenständen des Privatvermögens sowie Veräußerungsgewinne aus dem Ansässigkeitsstaat des Veräußerers und aus Drittstaaten.

212 **c) Regelung:** Bezieht eine **in einem Vertragsstaat ansässige Person Gewinne aus der Veräußerung von Vermögen, das in den vorangegangenen Absätzen nicht genannt ist,**
so darf nach Art. 13 Abs. 5 nur der **Ansässigkeitsstaat** des Veräußerers diese Gewinne besteuern.

213 **d) Persönlicher Anwendungsbereich:** Zum Begriff der in einem Vertragsstaat ansässigen Person s. Art. 3 Rz. 11 ff.; Art. 4 Rz. 4.

214 **e) Sachlicher Anwendungsbereich:** Art. 13 Abs. 5 erfasst prinzipiell alle Wirtschaftsgüter/Vermögensgegenstände, deren Veräußerung (Rz. 3 ff.) nach innerstaatlichem Recht eines Vertragsstaats eine Besteuerung auslösen kann. Das gilt auch dann, wenn die Vermögensgegenstände ihrer Art nach auch unter einen der vorangegangenen Absätze fallen, dessen Tatbestand aber aus anderen Gründen nicht erfüllt ist (z. B. Betriebsgrundstück des Stammhauses im Ansässigkeitsstaat).

215 Abs. 5 gilt damit auch für die vom Stammrecht gesonderten Ansprüche auf Auskehrung laufender Erträge (z. B. Miet-, Dividenden-, Zins- oder Lizenzgebührenansprüche). Der Erlös aus der Veräußerung dieser Ansprüche bleibt (wenn kein Fall der Abs. 2 oder 3 vorliegt) nach Abs. 5 dem Ansässigkeitsstaat zur Besteuerung überlassen. Die Erträge aus der Einlösung der veräußerten Ansprüche durch den Erwerber bleiben aber davon unabhängig Erträge aus dem Stammrecht, d. h. es sind auf sie die Vorschriften über die Nutzung unbeweglichen Vermögens (Art. 6 Abs. 1) bzw. über Dividenden (Art. 10), Zinsen (Art. 11) oder Lizenzgebühren (Art. 12) anzuwenden.

216 Auch Gewinne aus der Veräußerung eines Kaufoptionsrechts, das ein in Spanien belegenes Grundstück betrifft, dürfen im Ansässigkeitsstaat des Veräußerers besteuert werden (BFH BStBl. II 1982, 768 (770): *DBA Spanien 1966;* s. Art. 6 Rz. 145), solange das Recht nicht (z. B., weil es in das spanische Eigentümerregister eingetragen ist) seinerseits die Voraussetzungen des unbeweglichen Vermögens i. S. des Art. 6 Abs. 2 erfüllt, sodass der Veräußerungsgewinn nach Art. 13 Abs. 1 der vorrangigen Besteuerung im Belegenheitsstaat unterliegt.

220 **f) Belegenheit des Vermögens:** Zum Begriff der Veräußerungsgewinne s. o. Rz. 27 ff. Art. 13 Abs. 5 beschränkt sich nicht auf Veräußerungsgewinne aus Vermögen, das in einem Vertragsstaat liegt, sondern gilt **auch** für Vermögen **in Drittstaaten.** Erzielt eine abkommensberechtigte Person Gewinne aus der Veräußerung von unbeweglichem Vermögen, das im Ansässigkeitsstaat des Veräußerers oder in einem dritten Staat belegen ist, so greift Abs. 1 nicht ein. Daher dürfen die Gewinne – im Verhältnis der Vertragsstaaten zueinander, d. h. vorbehaltlich eines DBA des Ansässigkeitsstaates mit dem Drittstaat – nach Abs. 5 ausschließlich im Ansässigkeitsstaat des Veräußerers besteuert werden. Das gilt auch dann, wenn das veräußerte Grundstück zu einer Betriebstätte im anderen Vertragsstaat gehört, da Art. 13 Abs. 2 nur für bewegliches Betriebsvermögen gilt.

II. Deutsche DBA

1. Abkommensübersicht zu Art. 13 Abs. 5

225

DBA	MA-Regelung: Auffangvorschrift für Gewinne aus der Veräußerung des in den Abs. 1 bis 4 nicht genannten Vermögens	Artikel	Rz.
Ägypten	Auffangklausel mit Besteuerung durch Quellenstaat	13 Abs. 4	327
Albanien 2010	≈ MA; Sonderregelung zur Wegzugsbesteuerung	13 Abs. 5, 6	282 ff.
Algerien 2007	≈ MA; Sonderregelung zur Wegzugsbesteuerung	13 Abs. 5, 6	282 ff.
Argentinien	≈ MA; Gewinne aus der Veräußerung von Gesellschaftsanteilen werden am Sitz der Gesellschaft besteuert; Sonderregelung für doppelten Wohnsitz	13 Abs. 3, 5	226; 322
Armenien	s. UdSSR		
Aserbaidschan	≈ MA	13 Abs. 5	
Australien	keine entsprechende Regelung	–	329
Bangladesch	≈ MA; Gewinnbesteuerung aus Anteilsverkauf am Sitz der Gesellschaft	13 Abs. 4, 5	226
Belarus	≈ MA	13 Abs. 4	
Belgien	≈ MA	13 Abs. 3; Prot. Nr. 10	
Bolivien	≈ MA; Gewinnbesteuerung aus Anteilsverkauf am Sitz der Gesellschaft	13 Abs. 3, 4	226
Bosnien-Herzegowina	s. Jugoslawien		
Bulgarien 2010	≈ MA, Gewinne aus der Veräußerung von Gesellschaftsanteilen werden am Sitz der Gesellschaft besteuert	13 Abs. 2, 5	226; 230
China 1985	Auffangklausel mit Besteuerung durch Quellenstaat	13 Abs. 4	327
China 2014 (E)	≈ MA		
Costa Rica 2014 (E)	≈ MA; Sonderregelung zur Wegzugsbesteuerung	13 Abs. 5, 6	282 ff.
Dänemark	≈ MA; Sonderregelung für Wohnsitzverlegung	13 Abs. 4, 5	282 ff.; 308 ff.
DE-VG	≈ MA; Sonderregelung zur Wegzugsbesteuerung	13 Abs. 5, 6	282 ff.
Ecuador	≈ MA; Gewinne aus der Veräußerung von Gesellschaftsanteilen werden am Sitz der Gesellschaft besteuert	13 Abs. 3, 4	226
Elfenbeinküste	≈ MA	13 Abs. 4	
Estland	≈ MA	13 Abs. 4	
Finnland	≈ MA; Sonderregelung zur Wegzugsbesteuerung	13 Abs. 4, 5	282 ff.; 304 f.

DBA	MA-Regelung: Auffangvorschrift für Gewinne aus der Veräußerung des in den Abs. 1 bis 4 nicht genannten Vermögens	Artikel	Rz.
Frankreich	Gewinne aus der Veräußerung von Gesellschaftsanteilen werden ausschließlich durch den Ansässigkeitsstaat des Veräußerers besteuert, sonst keine ausdrückliche Regelung	7 Abs. 1	229, 325
Georgien	≈ MA	13 Abs. 5	
Ghana	≈ MA; Sonderregelung zur Wegzugsbesteuerung	13 Abs. 5, 6	
Griechenland	≈ MA	IX Abs. 1	
Großbritannien 1964/70	≈ MA; Vorbehalt für natürliche Personen	VIII Abs. 3	
Großbritannien 2010	≈ MA	13 Abs. 5, 6	
Indien	≈ MA; Gewinne aus der Veräußerung von Gesellschafts-anteilen werden am Sitz der Gesellschaft besteuert	13 Abs. 4, 5; Prot. Nr. 5	226
Indonesien	≈ MA	13 Abs. 4	
Iran	≈ MA	13 Abs. 3	
Irland 2011	≈ MA; Sonderregelung zur Wegzugsbesteuerung	13 Abs. 5, 6	
Island	≈ MA	13 Abs. 3	
Israel	≈ MA	7 Abs. 1	
Italien	≈ MA; Sonderregelung zur Wegzugsbesteuerung	13 Abs. 4; Prot. Nr. 13	282 ff.; 304 f.
Jamaika	≈ MA; Gewinne aus der Veräußerung von Gesellschafts-anteilen werden am Sitz der Gesellschaft besteuert	13 Abs. 3, 4	228
Japan	≈ MA	13 Abs. 3	
Jugoslawien	≈ MA	14 Abs. 5	
Kanada	≈ MA; Sonderregelung zur Wegzugsbesteuerung	13 Abs. 6, 7	282 ff.; 308 ff.
Kasachstan	≈ MA	13 Abs. 5	
Kenia	≈ MA; Gewinne aus der Veräußerung von Gesellschafts-anteilen werden am Sitz der Gesellschaft besteuert	13 Abs. 4, 5	226
Kirgisistan	≈ MA	13 Abs. 5	
Korea	≈ MA; Sonderregelung für Gesell-schaftsanteile	13 Abs. 2a, 5, 6	226 f.
Kosovo	s. Jugoslawien		
Kroatien	≈ MA	13 Abs. 5	
Kuwait	≈ MA	13 Abs. 4	
Lettland	≈ MA	13 Abs. 4	
Liberia	≈ MA; Gewinne aus der Veräußerung von Gesellschafts-anteilen werden am Sitz der Gesellschaft besteuert	13 Abs. 3, 4	226
Liechtenstein 2011	≈ MA; Sonderregelungen zur Wegzugsbesteuerung und zur	13 Abs. 5, 6; Nr. 4 Abs. 2	282 ff.; 326

DBA	MA-Regelung: Auffangvorschrift für Gewinne aus der Veräußerung des in den Abs. 1 bis 4 nicht genannten Vermögens	Artikel	Rz.
	Entstrickung durch Inkrafttreten des DBA	SProt.	
Litauen	≈ MA	13 Abs. 4	
Luxemburg 2012	≈ MA; Sonderregelung zur Wegzugsbesteuerung	13 Abs. 5, 6	282 ff.; 304 f.
Malaysia 2010	≈ MA; Sonderregelung zur Wegzugsbesteuerung	13 Abs. 5, 6	282 ff.; 304 f.
Malta	≈ MA	13 Abs. 5	
Marokko	≈ MA	13 Abs. 3	
Mauritius 2011	≈ MA; Gewinne aus der Veräußerung von Gesellschaftsanteilen werden am Sitz der Gesellschaft besteuert; Sonderregelung zur Wegzugsbesteuerung	13 Abs. 4–6	282 ff.; 304 f.
Mazedonien 2006	≈ MA; Sonderregelungen zur Wegzugsbesteuerung	13 Abs. 5, 6	282 ff.; 304 f.
Mexiko 2008	≈ MA; Gewinnbesteuerung aus Anteilsverkauf am Sitz der Gesellschaft	13 Abs. 3, 5	226
Moldau	s. UdSSR		
Mongolei	≈ MA	13 Abs. 4	
Montenegro	s. Jugoslawien		
Namibia	≈ MA	13 Abs. 4	
Neuseeland	≈ MA; Sonderregelung für Gewinnermittlung bei Wohnsitzverlegung	13 Abs. 4; Prot. Nr. 5 Buchst. b	282 ff.; 304 f.
Niederlande 1959/2004	Gewinne aus der Veräußerung von Gesellschaftsanteilen werden ausschließlich durch den Ansässigkeitsstaat des Veräußerers besteuert, sonst keine ausdrückliche Regelung	8 Abs. 1	229; 325
Niederlande 2012 (E)	≈ MA; Sonderregelungen zur Wegzugsbesteuerung	13 Abs. 5, 6	282 ff.; 304 f.
Norwegen	≈ MA; Sonderregelungen für Gesellschaftsanteile	13 Abs. 4–6	226; 282; 308 ff.
Oman 2012 (E)	≈ MA	13 Abs. 4	
Österreich	≈ MA; Sonderregelung für Wohnsitzverlegung und Wertzuwachsbesteuerung bei Wegzug	13 Abs. 5, 6	282; 308 ff.
Pakistan	≈ MA; Sonderregelungen für Gesellschaftsanteile	13 Abs. 4–6	226 ff.
Philippinen 1983	≈ MA; Gewinne aus der Veräußerung von Gesellschaftsanteilen werden am Sitz der Gesellschaft besteuert	13 Abs. 3, 4	226
Philippinen 2013	≈ MA	13 Abs. 5	226
Polen	≈ MA; Sonderregelung für Wohnsitzverlegung	13 Abs. 5, 6	282; 308 ff.
Portugal	≈ MA	13 Abs. 4	

DBA	MA-Regelung: Auffangvorschrift für Gewinne aus der Veräußerung des in den Abs. 1 bis 4 nicht genannten Vermögens	Artikel	Rz.
Rumänien	≈ MA; Sonderregelung für Wohnsitzverlegung	13 Abs. 5, 6	282; 304 f.
Russische Föderation	≈ MA	13 Abs. 4	
Sambia	≈ MA	13 Abs. 3	
Schweden	≈ MA; Sonderregelungen über erweiterte Wohnsitzbesteuerung und Vermögensbewertung	13 Abs. 4, 5	282; 308 ff.
Schweiz	≈ MA; Sonderregelung für Wohnsitzverlegung und zur Wegzugsbesteuerung	13 Abs. 3–5	282; 304 f.
Serbien	s. Jugoslawien		
Simbabwe	≈ MA; Gewinne aus der Veräußerung von Gesellschaftsanteilen werden am Sitz der Gesellschaft besteuert	13 Abs. 4, 5	226
Singapur	≈ MA; Sonderregelung zur Wegzugsbesteuerung	13 Abs. 5, 6	282; 308 ff.
Slowakei	s. Tschechoslowakei		
Slowenien	≈ MA; Sonderregelung zur Wegzugsbesteuerung	13 Abs. 4, 5	282; 308 ff.
Spanien 2011	≈ MA; Sonderregelung für Wohnsitzverlegung	13 Abs. 6, 7	282; 308 ff.
Sri Lanka	≈ MA; Gewinne aus der Veräußerung von Gesellschaftsanteilen werden am Sitz der Gesellschaft besteuert	13 Abs. 3, 4	226
Südafrika 1973	≈ MA	11 Abs. 2	
Südafrika 2008 (E)	≈ MA; Sonderregelungen zur Wegzugsbesteuerung	13 Abs. 5, 6	282; 304 f.
Syrien 2010	≈ MA; Sonderregelungen zur Wegzugsbesteuerung	13 Abs. 5, 6	282; 304 f.
Tadschikistan	≈ MA; Sonderregelung zur Wegzugsbesteuerung	13 Abs. 5, 6	282; 308 ff.
Taiwan 2011	≈ MA; Sonderregelungen zur Wegzugsbesteuerung	13 Abs. 5, 6	282; 304 f.
Thailand	≈ MA; Sonderregelung für Gewinne aus der Veräußerung von Schutzrechten	13 Abs. 3; 12 Abs. 3	324
Trinidad und Tobago	keine entsprechende Regelung	–	330
Tschechien	s. Tschechoslowakei		
Tschechien 1997 (E)	≈ MA; Sonderregelung für Wohnsitzverlegung	13 Abs. 5, 6	282; 308 ff.
Tschechoslowakei	≈ MA; Gewinne aus der Veräußerung von Gesellschaftsanteilen werden am Sitz der Gesellschaft besteuert	13 Abs. 3, 4	
Türkei 2011	≈ MA; Sonderregelung für kurzfristige Veräußerungsgewinne	13 Abs. 5; Ziff. 5 SProt.	321
Tunesien	≈ MA; Gewinne aus der Veräußerung von Gesellschaftsanteilen werden am Sitz der Gesellschaft besteuert	13 Abs. 3, 4	226

DBA	MA-Regelung: Auffangvorschrift für Gewinne aus der Veräußerung des in den Abs. 1 bis 4 nicht genannten Vermögens	Artikel	Rz.
Turkmenistan	s. UdSSR		
UdSSR	≈ MA; Gewinne aus der Veräußerung von Gesellschaftsanteilen werden am Sitz der Gesellschaft besteuert	11 Abs. 3, 4	226
Ukraine	≈ MA; Sonderregelung für Gesellschaftsanteile	13 Abs. 2, 5	226
Ungarn 2011	≈ MA; Sonderregelungen zur Wegzugsbesteuerung	13 Abs. 5, 6	282; 304 f.
Uruguay 2010	≈ MA; Sonderregelungen zur Wegzugsbesteuerung	13 Abs. 5, 6	282; 304 f.
USA 1989	≈ MA; Sonderregelung für Veräußerungen nach Wohnsitzverlegung	13 Abs. 5, 6	282; 308 ff.
USA 1989/2006	≈ MA; Sonderregelungen zu Lizenzen und zur Wegzugsbesteuerung	13 Abs. 5, 6	282; 304 f.; 325
Usbekistan	≈ MA	13 Abs. 5	
Venezuela	≈ MA; Sonderregelungen für Veräußerungen nach Wohnsitzverlegung	13 Abs. 4, 5	282; 308 ff.
Vereinigte Arabische Emirate 2010	≈ MA	13 Abs. 5; Ziff. 5 SProt.	
Vietnam	≈ MA	13 Abs. 5	
Weißrussland	s. Belarus		
Zypern 2011	≈ MA	13 Abs. 5	

2. Erläuterungen

a) Veräußerungen von Gesellschaftsanteilen: Die *DBA Argentinien, Bangladesch, Bolivien, Bulgarien 2010, Ecuador, Indien, Kenia, Korea, Liberia, Mauritius 2011, Mexiko 2008, Norwegen, Pakistan, Philippinen 1983, Simbabwe, Sri Lanka, Tschechoslowakei, Tunesien* und *UdSSR* enthalten – entweder neben einer dem Art. 13 Abs. 5 MA entsprechenden oder ohne eine solche Vorschrift – besondere Regelungen für die Gewinne aus der Veräußerung von Gesellschaftsanteilen. Diese Regelungen sind im Unterschied zu Art. 13 Abs. 4 MA nicht auf Grundstücksgesellschaften beschränkt (s. o. Übersicht Rz. 225; vgl. aber auch die u. Rz. 282 ff. wiedergegebenen Sonderregeln zur Wegzugsbesteuerung). **226**

Danach können in Übereinstimmung mit dem **UN-MA** (oben Rz. 179 ff.) diese Gewinne in dem Vertragsstaat besteuert werden, in dem die **Gesellschaft** ihren **Sitz** hat. Diese Regelung ist nachrangig gegenüber Art. 13 Abs. 4 (Veräußerung von Anteilen an Immobilienkapitalgesellschaften), geht aber als lex specialis der Auffangklausel des Art. 13 Abs. 5 und der Bestimmung des Abs. 2 über das gewerbliche bzw. freiberufliche Betriebsvermögen vor. Daher können in diesen Fällen auch Gewinne aus der Veräußerung von in einem Betriebsvermögen gehaltenen Anteilen im Sitzstaat der Gesellschaft besteuert werden. Wie die Gewinne aus der Anteilsveräußerung sind auch die stillen Reserven im Falle der Umwandlung einer Kapitalgesellschaft zu behandeln (s. o. Rz. 193). Sie können nach diesen DBA am Sitz der Gesellschaft, also im Quellenstaat besteuert werden. **226a**

227 Das *DBA Pakistan* (Art. 13 Abs. 5) macht die Besteuerung im Sitzstaat der Gesellschaft abhängig von der **Veräußerung einer Beteiligung,** die (sc. mindestens) **25%** beträgt. Unterhalb dieser Schwelle greift die Auffangvorschrift des Art. 13 Abs. 6 ein (ausschließliche Besteuerung im Ansässigkeitsstaat). Das *DBA Korea* (Art. 13 Abs. 2 Buchst. a) setzt für die Besteuerung im Sitzstaat der Gesellschaft voraus, dass der Veräußerer während des Steuerjahres zu wenigstens 25% an der Gesellschaft beteiligt war und mindestens 5% des Aktienkapitals veräußert werden. Beteiligungen, die von Nahestehenden gehalten werden, werden dem Veräußerer zugerechnet. Art. 13 Abs. 6 enthält eine nähere Bestimmung des „Nahestehenden".

228 Das *DBA Jamaika* enthält ebenfalls eine dem Art. 13 Abs. 5 MA entsprechende Auffangklausel. Nach dem Wortlaut von Art. 13 Abs. 3 *DBA Jamaika* können Gewinne aus der Veräußerung von Gesellschaftsanteilen einer in einem Vertragsstaat ansässigen Gesellschaft in dem anderen Vertragsstaat, d. h. im Ansässigkeitsstaat des Veräußerers, besteuert werden. Damit würde durch die Vorschrift eine Verteilung der Besteuerungskompetenz bestätigt, wie sie bereits aufgrund des Art. 13 Abs. 5 anzunehmen wäre. Die Vorschrift wäre somit überflüssig. Nach dem Zusammenhang mit Art. 23 Abs. 1 Buchst. d, dd *DBA Jamaika,* wonach der **Ansässigkeitsstaat** eine Steuer des Quellenstaates auf Gewinne aus der Veräußerung von Gesellschaftsanteilen durch Anrechnung auszugleichen hat, ist Art. 13 Abs. 3 *DBA Jamaika* jedoch berichtigend so auszulegen, dass der Quellenstaat, also der **Sitzstaat der Gesellschaft,** diese Gewinne besteuern darf (ebenso *F. Hundt,* DB 1977, 886). Die Formulierung des Abs. 3 dürfte auf einem Redaktionsversehen beruhen, da die Vorschrift von ihrer systematischen Stellung her als Ausnahme zur Besteuerung im Ansässigkeitsstaat gemäß Abs. 4 anzusehen ist.

229 Die *DBA Frankreich, Luxemburg 1958/2009* und *Niederlande 1959/2004* enthalten keine dem Art. 13 Abs. 5 MA entsprechende allgemeine Regelung für Veräußerungsgewinne, jedoch eine Sonderregelung für Beteiligungen an Kapitalgesellschaften, nach der Erlöse aus deren Veräußerung im **Ansässigkeitsstaat des Veräußerers** besteuert werden. „Veräußerung" i. S. dieser DBA schließt auch hier die **Umwandlung,** zumindest die übertragende Umwandlung, ein (s. Rz. 10ff., 24); hierbei ist der Umwandlungsgewinn auch dann im Ansässigkeitsstaat des Gesellschafters zu versteuern, wenn die Beteiligung im Zuge der Umwandlung in das Betriebsvermögen einer Betriebstätte im anderen Vertragsstaat übergeht (vgl. BFH BStBl. II 1989, 794 zu einem Parallelproblem unter dem *DBA Österreich 1954/92*).

230 Das *DBA Bulgarien 2010* klammert aus seiner Sonderregelung für Kapitalgesellschaftsanteile diejenigen Anteile aus, die an einer anerkannten Börse notiert werden.

282 **b) Wegzugsklauseln:** Zahlreiche deutsche DBA enthalten Wegzugsklauseln. Tatbestandlich betreffen sie v. a. Beteiligungen an Kapitalgesellschaften, umfassen vielfach aber auch andere Wirtschaftsgüter. An diesen Klauseln hat Deutschland wegen der Entstrickungstatbestände des innerstaatlichen Rechts (Rz. 284) ein besonderes Interesse. In der Abkommenspraxis finden sich dabei v. a. deklaratorische Bekräftigungen der Zulässigkeit einer Wegzugsbesteuerung i. e. S. (vgl. Rz. 304), verknüpft mit einer konstitutiven Verpflichtung des Zuzugsstaats zur Gewährung einer Buchwerterhöhung (Rz. 305), daneben aber auch Klauseln, die dem Wegzugsstaat auch nach dem Wegzug den fortdauernden Zugriff auf einen späteren Veräußerungsgewinn oder Teile dieses Veräußerungsgewinns gestatten (Rz. 308ff.). Außerdem sind gelegentlich diffuse Mischformen anzutreffen (Rz. 304).

284 **aa) Innerstaatliches Recht:** Nach deutschem Recht wird bei Wegzug einer natürlichen Person, die in ihrem **Privatvermögen** eine Beteiligung von mindestens 1% an einer in- oder ausländischen Kapitalgesellschaft hält, unter bestimmten Bedingungen der Vermögenszuwachs dieser Beteiligung besteuert (§ 6 AStG

i. V. m. § 17 Abs. 1 EStG; siehe *Dörfler/Adrian/Oblau,* RIW 2007, 266; *Grotherr,* IWB F. 3, Gr. 1, 2153; *Ostertun/Reimer,* Wegzugsbesteuerung, § 11 Rz. 44 ff., 80 ff. m. w. N.; *Richter/Escher,* FR 2007, 674; *Wassermeyer,* EuZW 2007, 1; *ders.,* IStR 2013, 1; *Baßler,* IStR 2013, 22).

Ist der Steuerpflichtige allerdings Unionsbürger oder Angehöriger eines EWR-Staats und handelt es sich beim Zuzugsstaat ebenfalls um einen EU- oder EWR-Staat, so wird die festgesetzte Steuer gestundet (§ 6 Abs. 5 AStG). Damit trägt der Gesetzgeber den Anforderungen der unionsrechtlichen Beschränkungsverbote (Art. 18, 39, 43, 56 EG) Rechnung (vgl. EuGH, Urt. v. 11.3.2004, Rs. C-9/02, Slg. 2004, I-2409 – *de Lasteyrie du Saillant;* Urt. v. 7.9.2006, Rs. C-470/04 – *N./Inspecteur van de Belastingdienst Oost;* Urt. v. 23.1.2014, Rs. C-164/12 – *DMC Beteiligungs-GmbH,* IStR 2014, 106; FG Düsseldorf, Beschl. v. 5.12.2013, IStR 2014, 73; *Ismer/Reimer/Rust,* EWS 2004, 207; *Hilling,* Free Movement and Tax Treaties in the Internal Market (2005), S. 289 ff.; *Malmer,* CDFI LXXXVII b, 79 ff.; *Linn,* IStR 2014, 136; sowie die Hinweise in der 4. Aufl., Rz. 81). **285**

Hält eine (natürliche oder juristische) Person die Beteiligung oder ein beliebiges sonstiges Wirtschaftsgut dagegen im **Betriebsvermögen,** hat der BFH ursprünglich im Wegzug jedenfalls dann, wenn Deutschland die später im Zuzugsstaat realisierten Veräußerungsgewinne kraft DBA freistellen musste, immer eine Entnahme gesehen (vgl. BFH BStBl. II 1970, 175 (176); BStBl. II 1989, 187; zur Entwicklung KSM/*Plückebaum,* § 4 Rz. B 229, *Ostertun/Reimer,* Wegzugsbesteuerung, § 11 Rz. 55 ff). Teilweise hat die Verwaltung die auf den Wegzug festgesetzte Steuer aber bereits in der Vergangenheit bis zur tatsächlichen Realisierung der stillen Reserven gestundet (BMF, BSt-VwG v. 24.12.1999, BStBl. I 1999, 1076). **286**

Mittlerweile ist der finale Entnahmebegriff Gesetz geworden (§ 4 Abs. 1 Satz 3 EStG i. d. F. des SEStEG, BGBl. I 2006, 2782). Für bestimmte Fälle hat der Gesetzgeber zugleich auch einen Aufschub der Besteuerung angeordnet (§§ 6 Abs. 5 bzw. 4g EStG). Diese Aufschubtatbestände sind für innerunionale Fälle indes zu eng; Finanzbehörden und -gerichte sind auch in den von §§ 4g, 6 Abs. 5 EStG nicht erfassten Fällen aus den Grundfreiheiten (v. a. Art. 49 ff., 63 ff. AEUV) zumindest zur Stundung der Steuer verpflichtet, die auf den (fiktiven) Entnahmegewinn entfällt. **287**

In allen diesen Fällen ist eine umfassende Besteuerung der im Inland aufgelaufenen stillen Reserven durch Deutschland abkommensrechtlich aber nur dann in vollem Umfang zulässig, wenn das innerstaatliche Recht die Steuer in der logischen Sekunde vor dem Wegzug entstehen lässt. **288**

Zur Vermeidung der **Doppelbesteuerung** ordnet § 17 Abs. 2 Satz 3 EStG an, dass für die Ermittlung des Gewinns aus der Veräußerung von im Privatvermögen gehaltenen Kapitalgesellschaftsanteilen anstelle der historischen Anschaffungskosten der Wert anzusetzen ist, den der Wegzugsstaat im Rahmen einer dem § 6 AStG entsprechenden Vorschrift seiner Steuerfestsetzung zugrunde gelegt hat, höchstens jedoch der gemeine Wert (vgl. zur früheren Rechtslage die Hinweise in der 4. Aufl., Rz. 82). **289**

Auch viele **ausländische Steuerrechtsordnungen** enthalten Regelungen, die den deutschen Entstrickungstatbeständen entsprechen (vgl. die Nachweise in der 4. Aufl., Rz. 81). Dadurch kann es auch bei einem Zuzug nach Deutschland zu einer – abkommensrechtlich grundsätzlich zulässigen (Rz. 203) – Besteuerung der im ausländischen Wegzugsstaat aufgelaufenen stillen Reserven kommen. In EU- und EWR-Fällen hat der Wegzugsstaat die Steuer aber wiederum zu stunden (Rz. 285). Zu Regelungen über den step-up im Zuzugsfall s. exemplarisch für Kanada *Bratz,* CTJ 1998, 1322, für Österreich ÖstBMF v. 26.6.1995 SWI 1995, 288; *Staringer,* SWI 1999, 339; *ders.,* SWI 1999, 416; *Toifl* CDFI LXXXVII b 149 (170); zu Differenzen bei der Wertermittlung ÖstBMF EAS 1374 v. 17.12.1998, SWI 1999, 42. **301**

304 **bb) Buchwerterhöhung nach Wegzugsbesteuerung:** Eine Vielzahl deutscher DBA enthalten Klauseln zu der – bereits nach den MA zulässigen (Rz. 203) – Wegzugsbesteuerung. Die *DBA Finnland, Ghana* und *USA 1989/2006* beziehen die Regel auf alle Vermögenswerte. Die *DBA Malaysia 2010, Mauritius 2011, Mazedonien 2006, Neuseeland, Österreich, Polen, Rumänien, Südafrika 2008 (E)* und *Tschechien (E)* beschränken sie auf Anteile und sonstige Rechte an einer Gesellschaft, die *DBA Italien* und *Schweiz* auf wesentliche Beteiligungen (*DBA Italien:* mindestens 25 Prozent; *DBA Schweiz:* mehr als 25 Prozent). Diese Regeln sind aber nicht mit den weitergehenden – konstitutiven – Klauseln über die Zulässigkeit einer Besteuerung tatsächlich realisierter Wertsteigerungen nach dem Wegzug zu verwechseln (s. Rz. 205, 308 ff.). Namentlich das Nebeneinander beider Normtypen im *DBA Schweiz* (Art. 13 Abs. 4 und 5) und der Wechsel im *DBA USA 1989/2006* von der Gestattung einer fortdauernden Veräußerungsgewinnbesteuerung (Art. 13 Abs. 6 *DBA USA 1989*) zu einer bloßen Step-up-Klausel für den Fall der Wegzugsbesteuerung (Art. 13 Abs. 6 *DBA USA 1989/2006*) verdeutlichen den Unterschied.

305 Zugleich wird der jeweilige Zuzugsstaat zur Gewährung einer Buchwerterhöhung verpflichtet (s. Rz. 317). Nach einer Entscheidung der italienischen Finanzbehörden v. 30.3.2007 (Ruling no. 67) soll diese Verpflichtung bestehen, sobald der Wegzugsstaat die Steuer festgesetzt hat; ihre tatsächliche Erhebung ist nicht Voraussetzung.

308 **cc) Fortdauernde Veräußerungsgewinnbesteuerung:** Von der Wertzuwachsbesteuerung, die ausschließlich nichtrealisierte Gewinne erfasst und daher eine Besteuerung auf den Wegzug ist (Rz. 202, 304 f.), sind Regelungen zu unterscheiden, die es dem Wegzugsstaat gestatten, die Einkommensteuer auf im Inland aufgelaufene stille Reserven erst zu dem – späteren – Zeitpunkt festzusetzen, zu dem der Steuerpflichtige die stillen Reserven im Zuzugsstaat tatsächlich realisiert.

309 Systematisch sind diese Regelungen als Ausnahmen von den Zuweisungen des Art. 13 Abs. 2 bis 5 MA anzusehen (vgl. FWK/*Land,* Art. 13 Anm. 114 ff.) und finden sich daher i. d. R. im Anschluss an diese Absätze (Art. 13 Abs. 4 *DBA Schweiz,* Art. 13 Abs. 5 der *DBA Dänemark, Mauritius 1978, Norwegen, Schweden* und *Venezuela,* Art. 13 Abs. 6 *DBA Österreich* und *Polen,* Art. 13 Abs. 5 *DBA Slowenien,* Art. 13 Abs. 7 *DBA Spanien 2011,* Art. 13 Abs. 6 *DBA Tadschikistan, Tschechien (E)* und *USA 1989* sowie Art. 13 Abs. 7 *DBA Kanada*). In ihren faktischen Wirkungen gleichen sie allerdings der mit den MA vereinbarten klassischen Wegzugsbesteuerung in hohem Maße (Rz. 202), weil sie regelmäßig die Besteuerung durch den Wegzugsstaat auf denjenigen Teil der stillen Reserven beschränken, die bis zu dem Wegzug aufgelaufen sind.

310 Die Regelungen sehen vor, dass der Wegzugsstaat Gewinne aus der Veräußerung
- von Grundvermögen *(DBA Mauritius),*
- von jedweden Beteiligungen an einer Kapitalgesellschaft *(DBA Dänemark, Österreich, Polen, Spanien 2011, Tschechien (E), Schweden, Venezuela),*
- von Beteiligungen an einer im Wegzugsstaat ansässigen Kapitalgesellschaft *(DBA Albanien 2010, Algerien 2007, Schweiz, Singapur, Slowenien, Tadschikistan),*
- von wesentlichen (*DBA Norwegen, Schweiz:* über 25%; *USA 1989:* mindestens 25%) Beteiligungen an einer Kapitalgesellschaft oder
- von jedweden Vermögensgegenständen *(DBA Kanada)*

auch nach dem Wegzug noch besteuern darf, wenn es sich bei dem Steuerpflichtigen um eine natürliche Person handelt. Durch diese Klauseln werden insbesondere Zweifel über die Anwendbarkeit des Abkommens in Missbrauchsfällen (vgl. MA-Komm. zu Art. 1, Rz. 9 ff.) beseitigt.

311 Einige dieser DBA setzen weiter voraus, dass die Person im Wegzugsstaat nicht nur kurzfristig ansässig war. In diesen Fällen schwanken die Anforderungen zwischen einer Mindestansässigkeit von zwei Jahren *(Schweden)* und fünf Jahren *(Albanien 2010,*

Algerien 2007, Dänemark, Mauritius 1978, Norwegen, Österreich, Polen, Schweiz, Singapur, Slowenien, Spanien 2011, Tadschikistan, Tschechien (E) und *Venezuela).*

Die *DBA Kanada* und *USA 1989* beschränken die fortdauernde Besteuerungsbefugnis des Wegzugsstaats auf Veräußerungen innerhalb der ersten 10 Jahre, das *DBA Spanien 2011* sogar auf die ersten 5 Jahre nach dem Wegzug. **312**

Die *DBA Norwegen* und *Schweiz* verlangen, dass der Veräußerer an seinem jetzigen Ansässigkeitsort mit diesen Einkünften keiner Besteuerung unterliegt. **313**

Die Besteuerung im neuen Ansässigkeitsstaat richtet sich in diesen Fällen grundsätzlich nach Art. 23 A oder B (s. aber die folgende Rz.). Das *DBA Schweden* (Art. 23 Abs. 2 Buchst. b) und das *DBA Dänemark* (Art. 13 Abs. 5 Sätze 2 und 3) enthalten eigenständige Spezialvorschriften; sie sehen im Kern eine Anrechnung der im Wegzugsstaat erhobenen Steuer durch den Zuzugsstaat vor. **314**

dd) Nahezu alle deutschen DBA, die eine Wegzugsklausel enthalten, verpflichten den Zuzugsstaat darüber hinaus ausdrücklich zur **Gewährung einer Buchwerterhöhung** auf den Verkehrswert der Vermögensgegenstände im Zuzugszeitpunkt (sog. step-up). Nach Art. 13 Abs. 5 *DBA Finnland* Art. 13 Abs. 6 Satz 2 *DBA Ghana,* Prot. Nr. 12 *DBA Italien,* Art. 13 Abs. 7 Buchst. b *DBA Kanada,* Prot. Nr. 5 Buchst. b *DBA Neuseeland,* Art. 13 Abs. 6 Satz 2 der *DBA Österreich, Polen* und *Rumänien,* Art. 13 Abs. 5 *DBA Schweiz,* Art. 13 Abs. 6 Satz 2 *DBA Singapur,* Art. 13 Abs. 5 Satz 2 *DBA Slowenien,* Art. 13 Abs. 6 Satz 2 *DBA Tadschikistan* und *Tschechien (E)* sowie Art. 13 Abs. 6 *DBA USA 1989* und *1989/2006* hat der für die Gewinne aus der Veräußerung von Vermögenswerten steuerberechtigte neue Ansässigkeitsstaat des Veräußerers bei der Ermittlung des Veräußerungsgewinns den Marktwert (so z.B. Art. 13 Abs. 7 Buchst. b *DBA Kanada,* Art. 13 Abs. 6 *DBA USA 1989* und *1989/2006*) bzw. denjenigen Betrag als Anschaffungskosten zu berücksichtigen, den der andere Staat bei einer Wegzugsbesteuerung zugrunde gelegt hat. Für Deutschland als Zuzugsstaat haben diese Klauseln wegen § 17 Abs. 2 Satz 3 EStG allerdings an Bedeutung verloren. **317**

c) Kurzfristige Veräußerungsgewinne: Die dem MA entsprechende Auffangklausel des Art. 13 Abs. 5 Satz 1 *DBA Türkei 2011* wird durch eine Regelung für kurzfristige Veräußerungsgewinne ergänzt (s. den Vorbehalt der *Türkei* MA-Komm. Ziff. 40). Nach Art. 13 Abs. 5 S. 2 *DBA Türkei 2011* können Veräußerungsgewinne, die auf Grund der Auffangklausel grundsätzlich im Ansässigkeitsstaat des Veräußerers zu besteuern sind, dann im Quellenstaat besteuert werden, wenn zwischen Erwerb und Veräußerung höchstens ein Jahr liegen. Ausgenommen sind allerdings börsennotierte Anteile und Umwandlungsgewinne (Ziff. 5 SProt.). Die Sonderregelung des Art. 13 Abs. 5 S. 2 *DBA Türkei 2011* ist damit vor allem für wesentliche Beteiligungen, Anleihen und Genussrechte von Bedeutung, erfasst aber systematisch auch dem Stammhaus zugeordneten operativen Beteiligungen und alle anderen Wirtschaftsgüter des Anlagevermögens (zum Umlaufvermögen Rz. 5f.), die innerhalb der Jahresfrist wieder veräußert werden. Gewinne aus der Veräußerung derartiger Wirtschaftsgüter können in beiden Staaten besteuert werden, der Ansässigkeitsstaat gleicht die Doppelbesteuerung im Wege der Anrechnung aus (Art. 22 Abs. 2 Buchst. b (dd) *DBA Türkei 2011;* vgl. näher hierzu Art. 23 Rz. 146 ff.; zu ähnlichen Regelungen im *DBA USA 1954/65* s. 4. Aufl., Rz. 87). **321**

d) Im *DBA Argentinien* wird die Auffangklausel des Art. 13 Abs. 5 um eine Sonderregelung für **Fälle doppelter Ansässigkeit** ergänzt. Eine nach dem innerstaatlichen Recht der Vertragsstaaten in beiden Staaten ansässige Person kann mit ihren aus einem dritten Staat stammenden Veräußerungsgewinnen in dem abkommensrechtlich nachrangigen Staat (Quellenstaat) besteuert werden, wenn diese Gewinne vom Ansässigkeitsstaat i.S. des Art. 4 Abs. 2 und 3 des Abkommens nicht besteuert werden (Art. 13 Abs. 5 S. 2 *DBA Argentinien*). **322**

323 Im Unterschied zu Art. 13 Abs. 5 *DBA Großbritannien 2010,* das vollständig dem OECD-MA entspricht, enthielt Art. VIII Abs. 3 des *DBA Großbritannien 1964/70* einen Vorbehalt für natürliche Personen, die im Vereinigten Königreich als **„gewöhnlich ansässig"** (ordinarily resident, s. Art. 4 Rz. 96 ff.) gelten. Diese Personen konnten mit Veräußerungsgewinnen in Großbritannien besteuert werden, wenn sie mit diesen Gewinnen in Deutschland nicht steuerpflichtig waren. Die Bestimmung hatte insbesondere Bedeutung für die Gewinne aus der Veräußerung von Beteiligungen an englischen Gesellschaften, soweit sie weder unter § 17 EStG noch unter § 23 EStG fallen und deshalb nicht der deutschen Besteuerung unterlagen.

324 **e) Veräußerung von Patenten und anderen Schutzrechten:** Art. 13 Abs. 3 *DBA Thailand* entspricht Art. 13 Abs. 5 MA, enthält jedoch eine Zusatzregelung für Gewinne aus der Veräußerung von Rechten oder Vermögenswerten, aus denen Lizenzgebühren erzielt werden können. Für diese Veräußerungsgewinne bleibt gemäß Art. 12 Abs. 3 *DBA Thailand* ein eingeschränktes Besteuerungsrecht des Quellenstaates aufrechterhalten, wenn die Rechte oder Vermögenswerte zur ausschließlichen Nutzung im anderen Vertragsstaat veräußert werden und das Entgelt dafür von einem in dem anderen Vertragsstaat ansässigen Unternehmen oder einer dort gelegenen Betriebstätte getragen wird (s. auch Art. 12 Rz. 82).

325 **f)** Die *DBA Frankreich, Luxemburg 1958/2009, Niederlande 1959/2004* und *USA 1989/2006* regeln die Besteuerung von Gewinnen aus der Veräußerung von Vermögenswerten, aus denen **Lizenzgebühren** fließen, zusammen mit den Lizenzgebühren, entsprechen aber inhaltlich dem MA: diese Veräußerungsgewinne können nur im Betriebstättenstaat bzw. in dem Vertragsstaat besteuert werden, in dem der Veräußerer – Lizenzgeber – ansässig ist.

326 **g)** Das *DBA Liechtenstein 2011* enthält eine Sonderregelung für den Fall, dass es durch das Inkrafttreten des DBA zu einer Entstrickung kommt (vgl. o. Rz. 25, 97). Für diesen Fall sieht Nr. 4 Abs. 2 SProt. für Gewinne aus der Veräußerung von (sc. beweglichem) Vermögen, das nicht einer Betriebstätte im anderen Vertragsstaat zuzuordnen ist, eine zinslose Stundung vor (allgemein zu dieser Problematik s. Art. 30/31 Rz. 8a).

327 **h)** Die Auffangklausel der *DBA Ägypten* und *China* folgt dem **Belegenheitsprinzip.** Danach können alle Gewinne aus der Veräußerung von anderem als in den vorhergehenden Absätzen genanntem Vermögen, das sich im anderen Vertragsstaat befindet (Art. 13 Abs. 4 *DBA China*; s. dazu *Schnieder,* IStR 1997, 715) bzw. aus dem anderen Vertragsstaat stammt (Art. 13 Abs. 4 *DBA Ägypten* und Art. 22 Abs. 3 *DBA China*), in diesem anderen Staat besteuert werden. Gewinne aus der Veräußerung von Vermögensgegenständen aus dem Ansässigkeitsstaat des Veräußerers oder einem Drittstaat fallen nicht unter die Art. 13 *DBA Ägypten* bzw. *China.* Hier folgt der Vorrang der Besteuerung durch den Ansässigkeitsstaat des Veräußerers aus Art. 22 Abs. 1 *DBA Ägypten* bzw. *China.*

328 **i)** Nach Art. 13 Abs. 3 *DBA Brasilien (K)* dürfen **beide Vertragsstaaten** alle nicht ausdrücklich geregelten Veräußerungsgewinne ohne Einschränkung durch das DBA nach ihrem innerstaatlichen Recht besteuern.

329 **j)** Das *DBA Australien* enthält weder eine dem Art. 13 Abs. 5 MA entsprechende Regelung noch eine allgemeine Auffangklausel nach dem Vorbild des Art. 21 MA. Daher können die Veräußerungsgewinne von den Vertragsstaaten nahezu ohne abkommensrechtliche Einschränkung gemäß innerstaatlichem Steuerrecht besteuert werden (Einzelheiten s. Rz. 27 ff.).

330 Entsprechendes gilt für das *DBA Trinidad und Tobago,* dem ebenfalls Auffangklauseln nach dem Vorbild der Art. 13 Abs. 5 und 21 MA fehlen. Hier besteht aber immerhin die Möglichkeit eines Verständigungsverfahrens nach Art. 24 Abs. 3 Satz 2 des DBA.

Artikel 14. Selbständige Arbeit

Text: OECD-Musterabkommen (OECD-MA)

1. Einkünfte, die eine in einem Vertragsstaat ansässige Person aus einem freien Beruf oder aus sonstiger selbständiger Tätigkeit bezieht, können nur in diesem Staat besteuert werden, es sei denn, dass der Person im anderen Vertragsstaat für die Ausübung ihrer Tätigkeit gewöhnlich eine feste Einrichtung zur Verfügung steht. Steht ihr eine solche feste Einrichtung zur Verfügung, so können die Einkünfte im anderen Staat besteuert werden, jedoch nur insoweit, als sie dieser festen Einrichtung zugerechnet werden können.

2. Der Ausdruck „freier Beruf" umfasst insbesondere die selbständig ausgeübte wissenschaftliche, literarische, künstlerische, erzieherische oder unterrichtende Tätigkeit sowie die selbständige Tätigkeit der Ärzte, Rechtsanwälte, Ingenieure, Architekten, Zahnärzte und Buchsachverständigen.

Text: Deutsche Verhandlungsgrundlage (DE-VG)

Die DE-VG enthält keine Verteilungsnorm für selbständige Arbeit.

*Text: US-Musterabkommen (US-MA)**

1. Einkünfte, die eine in einem Vertragsstaat ansässige natürliche Person aus selbstständiger Tätigkeit bezieht, können nur in diesem Staat besteuert werden, es sei denn, die natürliche Person hat eine feste Einrichtung im anderen Vertragsstaat zu ihrer gewöhnlichen Verfügung, um die Tätigkeit auszuüben. Wenn sie eine solche feste Einrichtung hat, können die Einkünfte, die aus der im anderen Staat ausgeübten selbstständigen Tätigkeit bezogen werden und die der festen Einrichtung zuzurechnen sind, auch im anderen Staat besteuert werden.

2. Die Einkünfte, die nach Absatz 1 im anderen Staat besteuert werden können, werden nach den Grundsätzen des Artikel 7 Absatz 3 festgelegt.

Inhalt

* Gestrichen am 15.11.2006.

1 **Literatur:** *Reimer,* Der Ort des Unterlassens (2004); *Shannon,* Die Doppelbesteuerungsabkommen der USA (1987);

Verwaltungsanweisungen: BMF v. 15.3.1996 BStBl. I 1996, 161; BMF v. 24.12.1999 BStBl. I 1999, 1076 Tz. 6.1 (Betriebsstättenerlass); BMF v. 9.2.1968 zum *DBA Schweiz 1931* in *Meyer-Marsilius/Hangarter* Art. 18 Tz. 7.2; BMF EAS 2981 v. 11.6.2008 FinMinBW v. 12.8.1994, DStR 1994, 1348; Hof's-Hertogenbosch Nr. 99/01 128 v. 4.3.2002: *DBA Niederlande/Großbritannien;* ÖstBMF EAS 1381 v. 22.12.1998; ÖstBMF v. 1.10.1993, SWI 1993, 344: *DBA Österreich/Schweiz;* ÖstBMF v. 10.3.1997 (SWI 1997, 187); ÖstBMF v. 12.3.1993, SWI 1993, 106; ÖstBMF v. 21.11.1995, SWI 1996, 45; ÖstBMF v. 21.3.1997, SWI 1997, 204; ÖstBMF v. 30.4.1996 SWI 1996, 290; ÖstBMF v. 1.10.1993, SWI 1993, 344: *DBA Österreich/Schweiz*); ÖstBMF, EAS 1362 v. 16.11.1998, SWI 1999, 3.

OECD-Dokumente: *OECD,* Issues related to Article 14 of the OECD Model Convention (OECD, Issues in International Taxation No. 7), Paris 2000.

*Text: OECD-MA-Kommentar (MA-Kommentar)**

1. [Abgrenzung] Der Artikel behandelt die so genannten freien Berufe und die sonstigen selbständigen Tätigkeiten. Damit sind gewerbliche Tätigkeiten und auch Dienstleistungen ausgeschlossen, die Angehörige der freien Berufe im Rahmen eines Arbeitsverhältnisses erbringen, z. B. die eines Arztes, der als Werkarzt tätig ist. Bemerkt sei, dass dieser Artikel nicht die selbständigen Tätigkeiten von Künstlern oder Sportlern betrifft, da diese unter Artikel 17 fallen.

* Gestrichen am 29.4.2000.

*2. **[Freier Beruf]** Die Bedeutung des Ausdrucks „freier Beruf" wird durch einige Beispiele typischer freiberuflicher Tätigkeiten veranschaulicht. Die Aufzählung dient nur der Erläuterung und ist nicht erschöpfend. In einzelnen Fällen auftauchende Auslegungsschwierigkeiten können im Verständigungsverfahren zwischen den zuständigen Behörden der betreffenden Vertragsstaaten gelöst werden.*

*3. **[Parallele zu den gewerblichen Einkünften]** Die Bestimmungen des Artikels entsprechen denen, die für die Unternehmensgewinne gelten, und sie beruhen auf denselben Grundsätzen wie Artikel 7. Die Bestimmungen des Artikels 7 und der zugehörige Kommentar können daher als Richtlinien zur Auslegung und Anwendung des Artikels 14 dienen. So lassen sich z. B. die Grundsätze des Artikels 7 über die Aufteilung des Gewinns zwischen Hauptsitz und Betriebstätte auch auf die Aufteilung der Einkünfte zwischen dem Wohnsitzstaat einer Person, die eine selbständige Arbeit ausübt, und dem Staat, in dem die Arbeit durch eine feste Einrichtung ausgeübt wird, anwenden. Ebenso sind die für eine feste Einrichtung entstandenen Aufwendungen einschließlich der Geschäftsführungs- und der allgemeinen Kosten bei der Ermittlung der einer festen Einrichtung zuzurechnenden Einkünfte in gleicher Weise zum Abzug zuzulassen wie derartige Aufwendungen, die für eine Betriebstätte entstanden sind (vgl. Artikel 7 Absatz 3). Auch in sonstiger Hinsicht können Artikel 7 und der zugehörige Kommentar für die Auslegung von Artikel 14 von Nutzen sein, z. B. für die Frage, ob Vergütungen für Software als Einkünfte im Sinne der Artikel 7 oder 14 oder als Lizenzgebühren im Sinne des Artikels 12 zu qualifizieren sind.*

*4. **[Feste Einrichtung]** Obwohl die Artikel 7 und 14 auf denselben Grundsätzen beruhen, wurde es für richtig befunden, den Begriff der Betriebstätte nur den gewerblichen Tätigkeiten vorzubehalten. Deshalb wird der Ausdruck „feste Einrichtung" verwendet. Nicht erforderlich war es, diesen Begriff zu definieren; jedoch würde z. B. der Praxisraum eines Arztes oder das Büro eines Architekten oder eines Rechtsanwaltes darunter fallen. Eine Person, die eine selbständige Arbeit ausübt, dürfte in der Regel nicht über Räume dieser Art in einem anderen als dem Staat verfügen, in dem sie ansässig ist. Besteht aber in einem anderen Staat ein Mittelpunkt fester oder dauerhafter Art, so soll dieser Staat die betreffende Tätigkeit besteuern können.*

Bemerkung zum Kommentar

*4.1 **Mexiko** ist der Auffassung, dass der Artikel auf Gesellschaften anwendbar ist, die einen freien Beruf ausüben.*

Vorbehalte zum Artikel

*5. Die **Türkei** behält sich vor, Personen zu besteuern, die eine freiberufliche oder eine sonstige selbständige Tätigkeit ausüben, auch wenn diesen Personen keine feste Einrichtung für die Ausübung ihres Berufes oder sonstigen Tätigkeit zur Verfügung steht, sofern sich diese Personen in diesem Staat insgesamt länger als 183 Tage während des Kalenderjahres aufhalten.*

*6. **Portugal** und **Spanien** machen einen Vorbehalt zu Absatz 1.*

*7. **Dänemark, Mexiko** und **Norwegen** behalten sich das Besteuerungsrecht für natürliche Personen vor, die einen freien Beruf oder eine sonstige selbständige Tätigkeit ausüben, wenn sie sich auf ihrem Gebiet länger als 183 Tage innerhalb eines Zeitraums von zwölf Monaten aufhalten.*

*8. **Dänemark, Großbritannien, Irland** und **Norwegen** behalten sich vor, in einem besonderen Artikel Bestimmungen über Einkünfte aus selbständiger Arbeit in Bezug auf die Erforschung und Ausbeutung von Kohlenwasserstoffen auf See und damit verbundene Tätigkeiten einzufügen.*

9. ***Griechenland, Neuseeland*** *und* ***Tschechien*** *behalten sich vor, natürliche Personen zu besteuern, die eine freiberufliche oder eine sonstige selbständige Tätigkeit ausüben, auch wenn diesen Personen keine feste Einrichtung für die Ausübung ihres Berufs oder ihrer sonstigen Tätigkeit zur Verfügung steht, sofern sich diese Personen auf ihrem Gebiet insgesamt länger als 183 Tage innerhalb eines Zeitraums von 12 Monaten aufhalten.*

10. ***Griechenland*** *behält sich die Aufnahme besonderer Bestimmungen über Einkünfte aus selbständiger Arbeit in Bezug auf Tätigkeiten auf See vor.*

*Text: Stellungnahmen von Nichtmitgliedstaaten zum OECD-MA (OECD-NM)**

Stellungnahmen zum Artikel

1. ***Argentinien*** *behält sich vor, Steuern bis zu einem Betrag von 10% der Bruttoeinkünfte aus freiberuflicher Tätigkeit oder sonstiger selbständiger Arbeit zu erheben, wenn diese in Argentinien ausgeübt worden ist, auch wenn keine feste Einrichtung besteht; und für den Fall einer festen Einrichtung sein innerstaatliches Recht anzuwenden.*

2. ***Belarus*** *behält sich die Einbeziehung einer Bestimmung des Begriffs „feste Einrichtung" in den Artikel vor, nach der dieser Ausdruck einen festen Ort wie ein Büro oder ein Zimmer bedeutet, von dem aus eine natürliche Person ihre selbständige Tätigkeit ganz oder teilweise ausübt.*

3. ***Brasilien*** *und* ***Malaysia*** *machen vom Begriff der festen Einrichtung in ihren Abkommen keinen Gebrauch und verändern diesen Artikel und andere hierauf bezogene Artikel entsprechend*

4. ***Brasilien*** *macht einen Vorbehalt zu diesem Artikel. Bei seinen Abkommensverhandlungen behält* ***Brasilien*** *sich die Quellenbesteuerung aller Zahlungen vor, die Ansässige gegenüber Nichtansässigen vornehmen.*

5. ***China, Rumänien*** *und die* ***Slowakei*** *behalten sich die Besteuerung der natürlichen Personen vor, die freiberuflich tätig sind oder eine sonstige selbständige Arbeit ausüben, wenn sie sich für einen oder mehrere Zeiträume im Gebiet dieser Staaten aufhalten und diese Zeiträume sich über insgesamt mehr als 183 Tage in einem Zwölfmonatszeitraum erstrecken; das gilt auch dann, wenn die Personen nicht über eine feste Einrichtung zur Ausübung ihrer Tätigkeit oder Arbeit verfügen.*

6. ***Estland, Lettland*** *und* ***Litauen*** *behalten sich eine Einschränkung dieses Artikels auf natürliche Personen vor.*

7. ***Estland, Lettland, Litauen*** *und* ***Südafrika*** *behalten sich die Besteuerung der natürlichen Personen vor, die freiberuflich tätig sind oder eine sonstige selbständige Arbeit ausüben, wenn sie sich für einen oder mehrere Zeiträume im Gebiet dieser Staaten aufhalten und diese Zeiträume sich über insgesamt mehr als 183 Tage in einem Zwölfmonatszeitraum erstrecken; für Zwecke des Abkommens wird für diese Personen das Bestehen einer festen Einrichtung fingiert.*

8. ***Lettland*** *und* ***Litauen*** *behalten sich den Einschub eines besonderen Artikels mit Bestimmungen über Einkünfte aus selbständiger Arbeit in Bezug auf in einem Vertragsstaat ausgeübte Offshore-Tätigkeiten in Zusammenhang mit der Erkundung oder Ausbeutung des Meeresgrundes, -untergrundes und ihrer Bodenschätze vor.*

9. ***Malaysia*** *und* ***Vietnam*** *behalten sich die Besteuerung natürlicher Personen vor, die eine freiberufliche Tätigkeit oder eine sonstige selbständige Arbeit ausüben, wenn sie sich für einen oder mehrere Zeiträume im Gebiet dieser Staaten aufhalten und diese Zeiträume sich über insgesamt mehr als 183 Tage im Kalenderjahr erstrecken.*

---

* Gestrichen am 29.4.2000.

10. Malaysia *behält sich die Besteuerung der Einkünfte natürlicher Personen aus freiberuflicher Tätigkeit oder einer sonstigen selbständigen Arbeit vor, wenn diese Einkünfte einen im einzelnen auszuhandelnden Betrag übersteigen.*

11. *Die* ***Philippinen*** *behalten sich die Besteuerung natürlicher Personen vor, die eine freiberufliche Tätigkeit oder eine sonstige selbständige Arbeit ausüben, wenn sie sich für einen oder mehrere Zeiträume auf den* ***Philippinen*** *aufhalten und diese Zeiträume sich über insgesamt mehr als 120 Tage in einem Zwölfmonatszeitraum erstrecken.*

12. Thailand *behält sich die Besteuerung natürlicher Personen vor, die eine freiberufliche Tätigkeit oder eine sonstige selbständige Arbeit ausüben, wenn sie sich für einen oder mehrere Zeiträume in* ***Thailand*** *aufhalten und diese Zeiträume sich insgesamt über eine bestimmte, im einzelnen auszuhandelnde Zahl von Tagen in einem Zwölfmonatszeitraum erstrecken.*

Stellungnahmen zum Kommentar

13. Estland, Lettland *und* ***Litauen*** *teilen die in Ziffer 3 des Kommentars vertretene Auslegung nicht und legen die Regelungen des Artikel 14 nach ihrem innerstaatlichen Recht aus.*

14. Vietnam *teilt die in Ziffer 3 des Kommentars vertretene Auslegung nicht.* ***Vietnam*** *ist der Auffassung, dass es zur Besteuerung der von Artikel 14 erfassten Einkünfte nach Maßgabe seines innerstaatlichen Rechts befugt ist und dass es den durch die Regelungen von Artikel 7 und den dazugehörigen Kommentar bereitgestellten Richtlinien – insbesondere im Hinblick auf die Berechtigung zum Abzug von Aufwendungen – nicht zu folgen braucht.*

Vorbemerkung

Das OECD Musterabkommen enthielt bis zum Jahr 2000 einen Artikel 14 für Einkünfte aus selbständiger Tätigkeit. 1996 setzte die OECD eine Arbeitsgruppe ein, die sich mit bestimmten Zweifelsfragen und mit Schwierigkeiten bei der praktischen Anwendung auseinander setzen sollte. Die Arbeitsergebnisse wurden in einem Bericht mit dem Titel „Issues related to Article 14 of the OECD Model Convention" (OECD, Issues in International Taxation No. 7, Paris 2000) veröffentlicht. Darin kam die Arbeitsgruppe zu dem Ergebnis, dass es keine praktischen Unterschiede zwischen Art. 14 und Art. 7 gebe, und dass, sollten solche Unterschiede doch bestehen, sie sachlich nicht gerechtfertigt werden könnten. Der Artikel ist aus diesem Grund im Musterabkommen 2000 nicht mehr enthalten. Da er aber in nahezu allen DBA (auch den neuen deutschen DBA) weiterhin existiert, wird Art. 14 in seiner Fassung vor dem Jahr 2000 einschließlich des dazugehörigen OECD Kommentars vorerst hier noch kommentiert. Das neue US-MA (2006) enthält im Gegensatz zu dem US-MA 1996 ebenso keine eigenständige Regelung zu selbständiger Arbeit mehr. Jedoch wird für den Vergleich des Art. 14 in seiner Fassung vor dem Jahr 2000 der Art. 14 des US-MA 1996 herangezogen. 2

A. Zu Art. 14 Abs. 1

I. Musterabkommen

1. Übereinstimmungen und Abweichungen

Alle Musterabkommen stimmen in den Grundzügen ihrer Regelung überein. 3
Einhellig sehen sie die Besteuerung der Einkünfte aus selbständiger Arbeit nach dem „Prinzip der festen Einrichtung" vor. Als Ergänzung zum Prinzip der festen

Einrichtung gestattet das UN-MA eine Besteuerung im Quellenstaat auch für den Fall, dass die Voraussetzungen einer 183-Tage-Klausel ähnlich der des Art. 15 erfüllt sind.

4 Anders als jetzt Art. 14, 15 MA behandelten die Abkommensentwürfe des Völkerbundes (zu diesen die Grundl. Rz. 34) und dementsprechend die älteren DBA selbständige und unselbständige Arbeit noch in einem einheitlichen Artikel; die Voraussetzungen der Besteuerung im Quellenstaat waren im Wesentlichen bereits dieselben wie heute für Einkünfte aus unselbständiger Arbeit nach Art. 15. Das UN-MA verknüpft jene früheren Voraussetzungen mit den neueren des OECD-MA.

2. OECD-MA und US-MA

5 **a) Grundzüge:** Einkünfte aus einem freien Beruf oder aus sonstiger selbständiger Arbeit besteuert grundsätzlich allein der **Ansässigkeitsstaat,** und zwar auch dann, wenn sie durch eine Tätigkeit im anderen Vertragsstaat erwirtschaftet wurden („können nur"). Der Ansässigkeitsstaat besteuert diese Einkünfte gemäß seinem innerstaatlichen Recht, ohne durch das Abkommen darin beschränkt zu sein. Nur wenn dem Freiberufler oder Selbständigen für seine Tätigkeit im anderen Vertragsstaat gewöhnlich eine **feste Einrichtung** zur Verfügung steht, besteuert vorrangig der Staat des **Ortes der Tätigkeit als Quellenstaat** die Einkünfte, die dieser festen Einrichtung zugerechnet werden können, gemäß seinem innerstaatlichen Recht. Die Besteuerung dieser Einkünfte im Ansässigkeitsstaat lässt Art. 14 offen („können"); ob sie dort freizustellen sind oder die Steuer des Quellenstaats angerechnet wird, bestimmt sich nach Art. 23 A oder B MA (s. Art. 23 Rz. 3 ff.).

6 Art. 14 entspricht damit dem Art. 7 MA, der die Unternehmensgewinne regelt. Beide Vorschriften beruhen auf denselben Grundregeln. Für eine Auslegung des Art. 14 aus dem Zusammenhang mit anderen Vorschriften der Abkommen kommen daher in erster Linie Art. 7 und der zugehörige MA-Komm. in Betracht (MA-Komm. Ziff. 3). Zu berücksichtigen ist jedoch, dass Art. 7 **nur eine Hilfe** zur Auslegung sein kann; seine Grundsätze können auf Art. 14 dort **nicht** übertragen werden, wo sich Gewerbebetrieb und freiberufliche Tätigkeit **in ihrem Wesen** unterscheiden. In jedem Fall ist daher besonders zu prüfen, ob und in welchem Ausmaß Grundsätze des Art. 7 übernommen werden können (vgl. z. B. Rz. 26 ff.). Nach der Streichung des Art. 14 stellt sich die Frage, inwieweit das besondere Wesen der selbständigen Tätigkeit bei der Anwendung des Art. 7 noch eine Rolle spielen kann. *Vogel* (BIFD 2000, 98) ist der Auffassung, dass Art. 7 Abs. 2 und 3 bei der Zurechnung von Einkünften genügend flexibel sind, um auf die Besonderheiten der selbständigen Tätigkeit Rücksicht nehmen zu können. *Arnold,* BIT 2011, 59 (67) vertritt die Ansicht, dass die Besteuerung von Einkünften aus Leistung ohnehin inkonsequent geregelt ist und keinen Prinzipien folgt.

7 **b) Abgrenzung:** Art. 14 erfasst nur die **selbständig** ausgeübte Tätigkeit. Für einen Arzt, Rechtsanwalt usw., der seinen Beruf im Rahmen eines Anstellungsverhältnisses ausübt, richtet sich die Besteuerung nach Art. 15 (MA-Komm. Ziff. 1). Werden die Einkünfte aus einer freiberuflichen Tätigkeit durch Verwertung von Rechten und ähnlichen Vermögenswerten – also in Form von Lizenzgebühren – bezogen, so geht jeweils die für den Quellenstaat günstigere Anknüpfung vor: besteht keine feste Einrichtung, gilt Art. 12 (s. Vor Art. 10 bis 12 Rz. 30 ff.); unterhält jedoch der Freiberufler oder Selbständige im Quellenstaat eine feste Einrichtung und gehören die genutzten Rechte und Vermögenswerte zu dieser Einrichtung, so sind sie als Einkünfte aus freiem Beruf gemäß Art. 14 zu behandeln (Art. 12 Abs. 3; vgl. den entsprechenden Vorbehalt zugunsten der festen Einrichtung in Art. 10 Abs. 4, 11 Abs. 4, s. näher Vor Art. 10 bis 12 Rz. 30 ff.). **Anders**

nach seinem Wortlaut noch das MA 1963: es enthält bei Art. 10, 11 und 12 Vorbehalte nur für die gewerbliche Betriebstätte, nicht ausdrücklich für die feste Einrichtung i. S. von Art. 14. Dennoch gilt schon nach ihm der Betriebstättenvorbehalt **auch** für die feste Einrichtung des Freiberuflers (zur Begründung s. Vor Art. 10 bis 12 Rz. 30 ff.).

Sonderregeln für **bestimmte Gruppen** von selbständig Tätigen enthalten die Art. 16 und 17. Sie gehen damit dem Art. 14 vor. 8

Die Besteuerung der Einkünfte aus unbeweglichem Vermögen, das einer selbständigen Tätigkeit dient, und der Einkünfte aus der Veräußerung beweglichen und unbeweglichen Vermögens einer festen Einrichtung regeln die Art. 6 bzw. 13 MA in Verbindung mit den Art. 23A und B. 9

c) Regelung: Bezieht eine **in einem Vertragsstaat ansässige** (US-MA: natürliche) **Person** 10
- Einkünfte aus einem **freien Beruf** oder einer **sonstigen selbständigen Tätigkeit** (US-MA: aus der Erbringung unabhängiger persönlicher **Dienstleistungen**),
- die **im anderen Vertragsstaat ausgeübt** wird,

so darf nach Art. 14 grundsätzlich nur der **Ansässigkeitsstaat** diese Einkünfte besteuern, jedoch
- wenn der Person im anderen Vertragsstaat für ihre Tätigkeit **gewöhnlich eine feste Einrichtung zur Verfügung** steht,

vorrangig vor dem Ansässigkeitsstaat der **Staat der Tätigkeit.**

Zum Begriff der in einem Vertragsstaat ansässigen Person s. Art. 3 Rz. 11 ff., Art. 4 Rz. 11. Nach den MA können somit auch juristische Personen Einkünfte aus freiem Beruf beziehen (so auch GKG/*Wilke,* Art. 14 OECD-MA Rz. 16; GKG/*Bödefeld,* Art. 14 OECD-MA Rz. 85; kritisch hierzu: *Strunk/zur Heide* in SKK, Art. 14 OECD-MA Rz. 32), unabhängig davon, ob das innerstaatliche Recht – z. B. in Anwendung einer „isolierenden Betrachtungsweise" – einer nicht natürlichen Person Einkünfte dieser Art zurechnet (s. hierzu auch ÖstVwGH, ÖStZB 1987, 279; a. A. Wassermeyer/*Wassermeyer,* Art. 14 MA Rz. 11, 20; *Schmidt/Spensberger,* IStR 2002, 480 ff.). Anders jedoch das US-MA: Es begrenzt seine Regelung der Besteuerung von Einkünften aus selbständiger Tätigkeit auf Einkünfte natürlicher Personen. Für Gesellschaften und andere Personenvereinigungen, die eine freiberufliche oder sonstige selbständige Tätigkeit ausüben, gelten nach dem US-MA die Vorschriften über Unternehmensgewinne (Art. 7). Über abweichende Regelungen der DBA s. noch unten Rz. 47. 11

d) Zum Begriff der **Einkünfte aus freiem Beruf** s. Abs. 2, unten Rz. 59 ff. Daneben regelt Art. 14 die Einkünfte aus **sonstiger selbständiger Tätigkeit.** Der Begriff ist in den Abkommen nicht definiert (was nach dem OECD Report, Issues, Ziff. 7 zu besonderen Schwierigkeiten geführt habe). Abzugrenzen ist er insbesondere gegenüber den Unternehmensgewinnen i. S. des Art. 7 (MA-Komm. Ziff. 1). Es scheint nahe liegend, für die Auslegung gemäß Art. 3 Abs. 2 MA auf das Steuerrecht des jeweiligen Anwendestaates zurückzugreifen. Jedoch finden sich die in den Originalsprachen des MA verwendeten Begriffe („activities of an independent character", „activités de caractère indépendent") im nationalen Recht der entsprechenden OECD-Staaten gerade nicht; es heißt dort – vergleichbar, aber nicht gleich lautend – „revenus provenant de l'exercice d'une profession non commerciale ou … assimilés au bénéfices non commerciaux" (*Frankreich:* Art. 92 CGI), Einkünfte aus „profession or vocation" (*Großbritannien:* Schedule D Case II sec. 18 ICTA 1988), „compensation for personal services" (*USA:* sec. 61 (a) (1), 911 (b) IRC). Auch für diese Begriffe kennt außerdem das Recht dieser Staaten keine Definition, sondern nur eine z. T. ausgebreitete Kasuistik (in Großbritannien 12 setzte die Entscheidung Partridge v. Mallandaine, 1886 Tax Cases II 179, 180, „vocation" zwar mit „calling" gleich; sie behandelte aber nicht die Abgrenzung zu „trade" oder „business"). Eine Anwendung des Art. 3 Abs. 2 MA kommt hier aus all diesen Gründen nicht in Betracht. Nach der offiziellen deutschen Übersetzung des Art. 14 scheint dies allerdings anders zu sein. Die Übersetzung verwendet einen Ausdruck, der ähnlich im innerstaatlichen deutschen Recht verwendet wird („Einkünfte aus ... selbständiger Tätigkeit"; vgl. § 18 EStG: „... aus selbständiger Arbeit"). Dies kann aber vor dem Hintergrund der MA nicht so verstanden werden, als solle damit auf innerstaatliche Definitionen verwiesen werden (a. M. *Wassermeyer,* StuW 1990, 404 (406) und in Wassermeyer/*Wassermeyer,* Art. 14 MA, Rz. 11 ff., der aber nicht berücksichtigt, wie unzureichend und nur kasuistisch die Definition des innerdeutschen Rechts ist: vgl. § 18 Abs. 1 Nr. 3 EStG; und dass der Abgrenzung völlig unterschiedliche Kriterien zugrundeliegen: „Gewerbesteuer"). Auch die Formulierung des US-MA „personal services of an independent character" (ohne „professional") hat keine Entsprechung im innerstaatlichen Recht der USA. Der Begriff „sonstige selbständige Arbeit" ist **somit** aus dem **Zusammenhang des Abkommens** auszulegen. Im Verhältnis zu Art. 15 ist entscheidendes Abgrenzungskriterium die „Selbständigkeit". Der Stpfl. muss somit ein gewisses Unternehmensrisiko tragen und er muss für seine Arbeit selber verantwortlich sein (s. Wassermeyer/*Wassermeyer,* Art. 14 MA Rz. 19; GKG/*Wilke,* Art. 14 OECD-MA Rz. 34; für ein Beispiel, in dem diese Voraussetzungen nicht gegeben waren s. Hof's-Hertogenbosch Nr. 99/01128 v. 4.3.2002: *DBA Niederlande/Großbritannien*).

13 Der Gleichklang der Überschriften der Art. 14 und 15 ebenso wie deren frühere Zusammenfassung in einem einheitlichen Artikel (vgl. Rz. 4) legen die Annahme nahe, dass es sich in Art. 14 um eine Tätigkeit handeln muss, die auch nach Art. 15 in abhängiger Arbeit ausgeübt werden könnte. Die englische Originalfassung der Überschrift („independent personal services") spricht für Dienstleistungen; die französische („professions indépendentes") steht einer derartigen Auslegung jedenfalls nicht entgegen. Die vergleichbaren Unterscheidungen des nationalen Rechts (vgl. den vorigen Absatz, für Deutschland insbesondere § 19 EStG im Verhältnis zu § 18 EStG) stimmen zwar nicht in den Einzelheiten überein, weisen aber doch in dieselbe Richtung. Berücksichtigt man all dies, so lässt sich der Begriff der „sonstigen selbständigen Arbeit" in Art. 14 MA in **zwei Voraussetzungen** zusammenfassen: es muss sich **(1.)** um eine **Dienstleistung** handeln – im Gegensatz zur industriellen oder handwerklichen Herstellung oder Bearbeitung von Waren, ebenso wie zur kaufmännischen Tätigkeit –, bei der **(2.)** der Einsatz von **Kapital** nur eine **untergeordnete Rolle** spielt (vgl. auch *Kluge,* S 271). Man wird daher neben Wirtschaftsprüfern und Steuerberatern auch einen selbständig tätigen Unternehmensberater dem Art. 14 OECD-MA zuordnen müssen (a. M. ÖstVwGH, IStR 1999, 633: *DBA Österreich/Schweiz*). Hingegen unterfällt der sog. Carried Interest, der im innerstaatlichen Recht unter § 18 Abs. 1 Nr. 4 EStG zu fassen ist, mangels Dienstleistung nicht Art. 14 OECD-MA (s. *Früchtl,* IStR 2009, 604 (607)). Das **MA 1963** verlangte ferner **(3.),** dass die „sonstige selbständige Arbeit" der **freiberuflichen „ähnlich"** sein musste; es musste sich also um Dienste handeln, die eine bestimmte qualifizierte Ausbildung oder schöpferisch-gestalterische Fähigkeiten verlangen, z. B. die Abgabe von Kunstexpertisen. Das **MA 1977** hat dieses Erfordernis **aufgegeben;** auch eine Kosmetikerin oder ein Fotomodell, die nach innerstaatlichem deutschen Recht gewerblich tätig sind, sind also i. S. des MA 1977 selbständig Tätige. Erst recht gilt dies für Tätigkeiten, die das innerstaatliche Recht nur wegen der Rechtsform, in der sie ausgeübt werden, als gewerblich einstuft, z. B. nach deutschem Recht § 8 Abs. 1 KStG (sofern das einschlägige DBA Art. 14 auch auf juristische Personen anwendet). Das Problem der unterschiedlichen Be-

handlung von natürlichen und juristischen Personen, das im OECD Bericht (Issues, Ziff. 17) thematisiert wird, existiert dann nicht.

Demgegenüber bestimmt sich der Begriff des „freien Berufs" **nur** gemäß Art. 14 Abs. 2. Die vorstehenden Voraussetzungen sind bei ihm zwar regelmäßig gleichfalls gegeben, dies braucht aber nicht notwendig der Fall zu sein. Einkünfte aus freiem Beruf oder aus sonstiger selbständiger Arbeit können auch dadurch erzielt werden, dass sich jemand lediglich für eine vertraglich vereinbarte Leistung **zur Verfügung hält** oder sie – etwa zur Vermeidung von Wettbewerb – vertragsgemäß **unterlässt.** 14

Art. 14 MA gilt **auch** für Einkünfte aus einer **früheren** freiberuflichen oder sonstigen selbständigen Tätigkeit (s. näher Vor Art. 6 bis 22 Rz. 8). Dies bedeutet, dass, wenn der Staat, in dem die Leistung erbracht wurde, die Einkünfte aus der Leistung zu diesem Zeitpunkt hätte besteuern dürfen – die abkommensrechtlichen Voraussetzungen hierfür m. a. W. vorlagen –, er sie auch dann besteuern darf, wenn sie erst zu einem späteren Zeitpunkt zufließen. Daher fallen auch Abfindungen für das Ausscheiden aus einer freiberuflichen Tätigkeit unter den Geltungsbereich des Art. 14 (RFH RStBl. 1935, 1355 (1356): *DBA Schweiz 1931*). Ebenso können Leibrenten, die als Vergütung für die Überlassung eines Patents gezahlt werden, nachträgliche Einkünfte aus selbständiger Arbeit i. S. von Art. 14 sein (BFH BStBl. II 1984, 664; II 1990, 377: *DBA Schweiz* und *Italien*). Als nachträgliche Einkünfte ist nach Abkehr von der Theorie der finalen Betriebsaufgabe auch die Realisierung der vor der **Verlegung** eines freiberuflichen Betriebes ins **Ausland** entstandenen stillen Reserven anzusehen, wenn die Tätigkeit nach Verlegung wirtschaftlich identisch bleibt. Die spätere Besteuerung ist auch nicht durch abkommensrechtliche Bestimmungen ausgeschlossen, da das Veranlassungsprinzip gilt (BFH, IStR 2010, 103: *DBA Belgien*; vgl. *Dörr/Bühler* IWB Nr. 4, 123 ff.; kritisch: *Wassermeyer*, IStR 2010, 461 ff.) Wird der Betrieb nach Liechtenstein verlegt, greift ohne Verstoß gegen die Niederlassungsfreiheit die Sofortbesteuerung ein, weil die Amtshilfe- und Beitreibungsrichtlinie mangels EU-Mitgliedschaft nicht gilt und die Erfassung der vor Verlegung entstandenen stillen Reserven ansonsten nicht gewährleistet ist (ÖstVwGH v. 19.3.2008, GZ. 2005/15/0076: *DBA Österreich/Liechtenstein*). 15

Auch **Ruhegehälter,** die ein im ausländischen Vertragsstaat ansässiger, früher in Deutschland praktizierender Arzt von der kassenärztlichen Vereinigung bzw. von einer ähnlichen deutschen Einrichtung bezieht, sind nachträgliche Einkünfte aus einer freiberuflichen Tätigkeit, die Deutschland besteuern darf (BMF v. 9.2.1968 zum *DBA Schweiz 1931* in *Meyer-Marsilius/Hangarter* Art. 18 Tz. 7.2.). Die in Art. 18 MA genannten Ruhegehälter sind ausschließlich solche aus früherer unselbständiger Arbeit (s. zu Art. 18 Rz. 12). 16

e) Ort der Ausübung: Ausgeübt werden kann eine Arbeit grundsätzlich nur, wo der Tätige physisch anwesend ist (vgl. Art. 15 Rz. 37 ff.). Entscheidend ist, wo gearbeitet wird, nicht, wo die Arbeit verwertet wird, z. B. durch Verkauf des Arbeitsergebnisses (BFH BStBl. II 1969, 579 (581); II 1973, 660 (661)). Die bloße Verwertung einer im Ansässigkeitsstaat ausgeübten Arbeit, an die § 49 Abs. 1 Nr. 3 des deutschen EStG anknüpft, rechtfertigt nach dem MA keine Besteuerung im Quellenstaat. 17

Demgemäß wird auch eine selbständige Tätigkeit grundsätzlich dort ausgeübt, wo sich der Selbständige bei Ausübung der Tätigkeit **körperlich aufhält** (RFH RStBl. 1935, 759 (762)). Bei bloß geistigen, aber auch bei komplexen, geistige und körperliche Arbeit verbindenden Leistungen muss jedoch die Eigenart dieser Tätigkeit berücksichtigt werden. Bei bildenden Künstlern und Schriftstellern beispielsweise ist für die Frage, wo sie ihre Tätigkeit „ausgeübt" haben, darauf abzustellen, wo sich die eigentlich schöpferische Leistung, die Erarbeitung des Werkes als solchem, vollzogen hat; nicht ausschlaggebend ist, wo sie vorbereitet wurde, erst 18 recht auch in diesem Fall nicht der Verkauf des geschaffenen Werkes (BFH BStBl. II 1973, 660).

19 Ein **Erfinder** übt seine Tätigkeit überall dort aus, von wo aus er seine Erfinderidee planmäßig verwirklicht und die Rechte aus seiner Erfindung geltend macht (BFH BStBl. II 1977, 76 (77): *DBA Italien*). Eine **beratende** Tätigkeit wird dort ausgeübt, wo sie sich unmittelbar (durch Telefon- oder Schriftverkehr) vollzieht oder wo wenigstens die wesentlichsten Vorarbeiten für die Beratung geleistet werden. Nicht entscheidend ist, wo sich der Berater nur gedanklich mit dem von ihm zu beurteilenden Problem befasst hat (BFH BStBl. III 1966, 463 (464): *DBA Schweiz)*.

20 Besteht die Leistung darin, dass sich jemand für eine Tätigkeit **zur Verfügung hält** (s. Rz. 14), so wird diese Leistung dort ausgeführt, wo sich der Leistende tatsächlich aufhält (BFH BStBl. II 1970, 867: *DBA USA 1954/65*). Besteht sie in einem Unterlassen, so soll sie nach derselben Entscheidung des BFH dort als bewirkt gelten, wo andernfalls die – zu unterlassende – Handlung vorgenommen worden wäre. Dieses Urteil ist allerdings zu der etwas anders liegenden Frage ergangen, ob Einkünfte eines in Deutschland Ansässigen aus einem ausländischen Vertragsstaat stammten. Für die Anwendung des Art. 14 auf Unterlassungen mag man sich fragen, inwiefern für eine gar nicht ausgeübte, nur hypothetische Tätigkeit eine feste Einrichtung „zur Verfügung stehen" kann. Dies ist jedoch dann möglich, wenn die Tätigkeit vorher ausgeübt wurde und die feste Einrichtung damals bereits zur Verfügung stand. Auch wenn eine Dienstleistung ausnahmsweise ohne feste Einrichtung gar nicht ausgeübt werden kann, können im Falle des Unterlassens die Voraussetzungen des Art. 14 gegeben sein (vgl. *Reimer,* S. 238 ff.).

21 **f)** Die im anderen Staat ausgeübte selbständige Tätigkeit bleibt diesem Staat nur dann zur Besteuerung überlassen, wenn für die Tätigkeit eine **feste Einrichtung** zur Verfügung steht. Dieser Begriff der festen Einrichtung ist im Abkommen nicht definiert. Der Steuerausschuss der OECD hielt eine Definition für nicht erforderlich; als typische feste Einrichtung nennt er den Praxisraum eines Arztes oder das Büro eines Architekten oder Rechtsanwalts (MA-Komm. zu Art. 14 Ziff. 4). Zur Auslegung können ergänzend die Grundsätze über die Betriebstätte des gewerblichen Unternehmens herangezogen werden (s. Rz. 6), keinesfalls aber die inländischen Rechts, da es in der Regel schon an einer inländischen Definition fehlen wird. Dennoch bestehen Unterschiede (zweifelnd aber der kanadische Fed. Court of Appeal in Dudney v. The Queen, 99 DTC 147, 149), die, wie im Folgenden gezeigt werden wird, auch sachlich gerechtfertigt sind. Der Auffassung, man solle die Unterscheidung aufgeben (*Huston,* Intertax 1988, 282; *Vollebregt,* WFR 1992, 831; jetzt auch der OECD Bericht, Issues, Ziff. 5 ff.), kann deshalb nicht gefolgt werden.

22 Betriebstätte und feste Einrichtung haben dieselbe Funktion: sie grenzen die Besteuerung im Sitzstaat von der durch den Quellenstaat ab (vgl. *Michaux,* Intertax 1987, 68 (72)). Eine Betätigung im Ausland soll erst dann eine Besteuerung in dem fremden Staat nach sich ziehen, wenn zu diesem eine intensive wirtschaftliche Bindung besteht. Das Bestehen einer Betriebstätte oder festen Einrichtung ist der Maßstab für die Stärke dieser wirtschaftlichen Bindung. Sie ist für gewerbliche Unternehmen und Freiberufler grundsätzlich gleich zu beurteilen. Die feste Einrichtung „entspricht gewissermaßen" der Betriebstätte des Gewerbebetriebs (RFH RStBl. 1941, 19). Entsprechend der Geschäftseinrichtung einer Betriebstätte ist unter einer festen Einrichtung die **Gesamtheit der Sachen** zu verstehen, **die der freiberuflichen oder sonstigen selbständigen Tätigkeit dienen.** Die Tätigkeit muss dort ausgeübt werden; das Büro eines Agenten, der für ein Fotomodell Verträge schließt und von Fall zu Fall für Aufnahmen Studios mietet, ist deshalb keine

feste Einrichtung des Modells (*Hoge Raad* Rolno. 27694, BNB 1992/245 concl. *Van Soest: DBA Niederlande/Frankreich* und *Niederlande/Deutschland*). Umfasst werden sowohl Räumlichkeiten als auch andere Sachen. Wann eine Einrichtung einem freien Beruf dient, ist nach den berufstypischen Erfordernissen des konkreten Berufs zu beurteilen (*Stehlik/Hezel,* BB 1963, 764). Übt z.B. ein Rechtsanwalt seine Berufstätigkeit in einer Zweitwohnung aus, so dient die Zweitwohnung der freiberuflichen Tätigkeit und begründet eine feste Einrichtung, da sie für die Zwecke der Tätigkeit des Rechtsanwalts genügt und auch tatsächlich verwendet wird (BFH BStBl. III 1966, 463; FG Köln EFG 1997, 725: *DBA Schweiz 1971;* vgl. auch die Beispiele bei FWK/*Erhard,* Art. 14 Anm. 77f.). Für einen Geschäftsführer eines Unternehmens reicht jedoch nicht ein Schreibtisch in einem anderen Unternehmen, der die übrige Zeit von dessen Prokuristen benutzt wird, ohne Telefon, Telefax, Aufbewahrungsmöglichkeiten und Schreibmaterial (ÖstVwGH, ÖstZB 1993, 279: *DBA Österreich/Spanien*). Es ist indes irrelevant, dass nicht nur ein bestimmtes, sondern gleich mehrere Büros vorhanden sind, solange ein Platz zur Ausübung der Tätigkeit regelmäßig zur Verfügung steht (Cour d'Appel de Bruxelles v. 1.10.2009, Nr. 1995/FR/209: *DBA Belgien/Frankreich*).

Die Einrichtung muss **fest** sein. Es muss eine Beziehung zu einem bestimmten Punkt der Erdoberfläche vorhanden sein; die Einrichtung braucht jedoch nicht zum Bestandteil des Grundstücks zu werden (s.o. zu Art. 5 Rz. 14). Es könnte daher durchaus auch ein Wohnwagen eine feste Einrichtung darstellen. 23

Zugleich ist der Begriff „fest" auch als **zeitliches** Erfordernis zu verstehen. Wie für das Vorliegen einer Betriebstätte, für die es sich schon aus dem Gegensatz zwischen Abs. 1 und Abs. 3 des Art. 5 ergibt (s. Art. 5 Rz. 19), verlangt das MA auch für das Vorliegen einer festen Einrichtung **keinen Mindestzeitraum.** Zwar hat der BFH zum *DBA Italien 1925* entschieden, für einen „festen Mittelpunkt" („sede fissa") im Sinne dieses DBA sei ein Aufenthalt von mindestens 6 Monaten erforderlich (BStBl. II 1993, 655; bestätigt durch BFH BStBl. II 2007, 100: *DBA Bulgarien 1987, Jugoslawien, Kasachstan;* unlängst hierauf stützend FG Saarland, EFG 2010, 118ff.: *DBA Österreich, Italien, Frankreich, Niederlande 1959/2004*; zustimmend ÖstVwGH, IStR 1999, 633: *DBA Österreich/Schweiz;* Wassermeyer/*Wassermeyer,* Art. 14 OECD-MA Rz. 70). Zur Begründung verweist die Entscheidung auf die Bestimmungen des deutschen Rechts über den gewöhnlichen Aufenthalt (§ 9 AO) und über Montagebetriebstätten (§ 12 Satz 2 Nr. 8 AO); dabei verkennt sie, dass § 9 AO ihre Auffassung schon deshalb nicht stützen kann, weil die Bestimmung für den „gewöhnlichen Aufenthalt" nicht einen Mindestzeitraum verlangt, sondern einen kürzeren Aufenthalt durchaus ausreichen lässt und nur nach 6 Monaten einen „gewöhnlichen Aufenthalt" unwiderleglich vermutet. Auf den Begriff der **„festen Einrichtung"** in den dem MA nachgebildeten DBA lässt sich das Urteil jedenfalls **nicht übertragen.** Hierfür spricht außer der Parallele zur Betriebstätte (s.o.) vor allem, dass Art. 14 des OECD-MA eine Bestimmung der Völkerbundsentwürfe, die einen Mindestzeitraum (183 Tage) verlangte, gerade **abgelöst** hat (s. Rz. 4). Unverständlich würden vor allem Art. 14 UN-MA und die diesem nachgebildeten, auch deutschen DBA (s. Rz. 51), die das Vorhandensein einer festen Einrichtung einerseits und einen Mindestaufenthalt von 183 Tagen andererseits als **alternative Voraussetzungen** einer Besteuerung im Quellenstaat **nebeneinander stellen.** Unzweifelhaft zu Recht hat deshalb die Cour administrative d'appel de Lyon in Würdigung der Gesamtheit der Umstände eine feste Einrichtung z.B. in einem Fall angenommen, in dem der Steuerpflichtige sich 114 Tage im anderen Vertragsstaat aufgehalten hatte (req. n. 92–29 Dr. Fisc. 1994 comm. 2050: *DBA Frankreich/Kamerun*). 24

Die Einrichtung darf allerdings nicht nur vorübergehend für die selbständige Tätigkeit bestimmt sein; sie muss **auf längere Dauer angelegt** sein. Ob dies der Fall 25 ist, beurteilt sich nach den **Gesamtumständen des Einzelfalls,** s. a. *Strunk/zur Heide* in SKK, Art. 14 OECD-MA, Rz. 51. Benutzt ein Rechtsanwalt anlässlich eines einzelnen Prozesses einen vom Gericht bereitgestellten Raum zu Gesprächen mit seinem Mandanten, so wird der Raum nur vorübergehend benutzt. Auch das Abstellen eines Wohnwagens für zweimal 6 Wochen im Jahr auf einem Campingplatz zur Ausübung schriftstellerischer Tätigkeit ist nur vorübergehend (insoweit zutreffend BFH BStBl. II 1993, 655: *DBA Italien 1925*), erst recht die auf sechs Wochen begrenzte Tätigkeit eines Bühnenmalers (BFH HFR 1993, 295: *DBA Frankreich*). Dagegen kann der Arzt, dem von einer Privatklinik für eine zweimal wöchentlich stattfindende Sprechstunde ein Behandlungszimmer zur Verfügung gestellt wird, in dieser eine feste Einrichtung haben (ÖstBMF v. 1.10.1993, SWI 1993, 344: *DBA Österreich/Schweiz*), erst recht, wenn er in einer Klinik regelmäßig Operationen vornimmt (*Hof Leeuwarden* Rolno. 440/86, ET 1989, 67 ff.: *DBA Deutschland/Niederlande*). Entscheidend ist die Absicht, die mit der Einrichtung verfolgt wird. Eine Einrichtung wird auch dann als auf Dauer angelegt angesehen, wenn aufgrund von Umständen, die nach der Aufnahme der Tätigkeit neu hinzutreten – mangelnde Rentabilität, behördliche Verfügung o. Ä. – die Einrichtung nach kurzer Zeit aufgegeben wird (MA-Komm. zu Art. 5 Ziff. 6).

26 Die feste Einrichtung muss dem Selbständigen für seine Tätigkeit **„gewöhnlich"** zur Verfügung stehen. Hier liegt ein wesentlicher **Unterschied zur Betriebstätte.** Für diese wird verlangt, dass sich in der Geschäftseinrichtung eine Tätigkeit des Unternehmens vollziehe; die feste Einrichtung dagegen braucht dem selbständig Tätigen für dessen Zwecke lediglich **zur Verfügung zu stehen** (vgl. auch GKG/*Wilke,* Art. 14 OECD-MA Rz. 48; a. A. Wassermeyer/*Wassermeyer,* Art. 14 MA Rz. 67). Es ist m. a. W. nicht notwendig, dass sie von ihm kontinuierlich benutzt wird. Eine ständige Benutzung kann wegen der oben erwähnten Unterschiede zwischen der Unternehmenstätigkeit auf der einen und der Tätigkeit eines Freiberuflers oder eines sonstigen selbständig Tätigen auf der anderen Seite nicht verlangt werden. Dass bei sehr kleinen Unternehmen gegebenenfalls nicht mehr an örtlicher Einrichtung erforderlich ist als bei selbständig Tätigen, hebt diese Unterschiede nicht auf (a. A. *J. Huston,* Intertax 1988, 282 ff., der den Begriff der „festen Einrichtung" aufgeben möchte, und jetzt auch der OECD Bericht, Issues, Tz. 23 ff.). Eine Geschäftseinrichtung, die dem Selbständigen gewöhnlich zur Verfügung steht, ist jedoch nicht anzunehmen, wenn diese während der Abwesenheit des Selbständigen von anderen genutzt wird, soweit diese nicht Subunternehmer oder Arbeitnehmer des Selbständigen sind (BFH BStBl. II 2007, 100: *DBA Bulgarien 1987, Jugoslawien, Kasachstan*); es könnte allenfalls in entsprechenden Fällen zu einer flexibleren Interpretation des Betriebstättenbegriffs, hier einmal unter Annäherung des Betriebstättenbegriffs an den der festen Einrichtung statt umgekehrt, Anlass geben. Die für die Annahme einer Betriebstätte entwickelten Grundsätze für die Beurteilung von Arbeitsunterbrechungen und dergl. sind daher auf die festen Einrichtungen nicht übertragbar (so auch *Michaux,* Intertax 1987, 68 (71)). Das sog. Room-Sharing, d. h. die gemeinsame Nutzung von Räumen, die gleichzeitig an mehrere Personen zur Teilnutzung vermietet werden, stellt jedenfalls keine feste Einrichtung dar (FG Baden-Württemberg v. 19.12.2008, 3 V 2380/07: *DBA Schweiz 1971*; vgl. hierzu *Jahn,* PISTB 2009, 238 ff.).

27 „Zur Verfügung stehen" bedeutet fernerhin **nicht,** dass die Einrichtung **im Eigentum** des Selbständigen stehen muss. So begründet z. B. ein Arzt, der vertragsmäßig die Praxis eines ausländischen Kollegen für seine Tätigkeit verwenden kann, eine feste Einrichtung. Selbst eine unentgeltliche Überlassung genügt (ÖstVwGH, ÖstZB 1993, 279: *DBA Österreich/Spanien*), erst recht Räume, die der Auftraggeber eines Schuhdesigners diesem im Rahmen des Vertragsverhältnisses zur Verfügung stellt (FG Rheinland-Pfalz EFG 1992, 507: *DBA Italien 1925*). Auch für die feste Einrichtung ist jedoch zu verlangen, dass sie unter der **Verfügungsgewalt** des Selbständigen bzw. des Vertreters steht (BFH RIW 1988, 409; ÖstBMF v. 1.10.1993, SWI 1993, 344: *DBA Österreich/Schweiz*). Die Anforderungen sind allerdings geringer als bei einer Betriebstätte (s. zu Art. 5 Rz. 16 ff.). „Gewöhnlich“ bedeutet hier, dass der Zugang zu Räumen jederzeit möglich sein muss, nicht aber dass der Auftragnehmer den Auftraggeber von jeglicher Mitbenutzung ausschließen kann. Dementsprechend ist es ausreichend, wenn einem Unternehmensberater Räume zur Verfügung stehen, die nicht abgeschlossen werden, zu denen er aber freien Zugang hat, um die dort befindlichen Büroeinrichtungen und Aufbewahrungsmöglichkeiten zu nutzen (im Ergebnis somit durchaus richtig ÖstVwGH, IStR 1999, 633; die Begründung ist allerdings mangelhaft, da das Gericht eine gewerbliche Tätigkeit annimmt und damit auf den Begriff der Betriebstätte nach Art. 5 OECD-MA abstellt, ohne den Unterschied zwischen Betriebstätte und fester Einrichtung zu thematisieren; anders aber der kanadische *Federal Court of Appeal* in der Sache Dudney v. The Queen, 99 DTC 147: *DBA Kanada/USA:* das Gericht stellt hier darauf ab, ob der Berater Verfügungsgewalt hatte und ob er neben seiner Beratungstätigkeit noch eigene berufliche Tätigkeiten ausübt; s. zu dieser Entscheidung auch die Anm. von *Stoddard,* CTJ 2000, 1264). Auch ein Hotel- oder Pensionszimmer kann eine feste Einrichtung darstellen, wenn das zeitliche Erfordernis gegeben ist und der selbständig Tätige das Zimmer regelmäßig für seine berufliche Tätigkeit nutzt. An die Verfügungsmacht dürfen hier nicht so hohe Anforderungen gestellt werden (a. A. FG RhPf. EFG 1998, 1182: *DBA Frankreich*). Vielmehr muss der Tatsache Rechnung getragen werden, dass einem selbständig Tätigen häufig schon ein Laptop und ein Telefon ausreichen, um seiner Tätigkeit effektiv nachgehen zu können, und er durch die Anmietung eines Hotelzimmers gewisse Ausschließungsrechte genießt. (Nach der deutschen Fassung des OECD-MA 1963 sollte der Steuerpflichtige „regelmäßig“ über die Einrichtung verfügen können. Auch dieser Ausdruck machte deutlich, dass der freiberuflich Tätige nicht uneingeschränkt ständig die Verfügungsmöglichkeit über den Raum oder über die sonstige Einrichtung haben muss.)

Wird ein freiberuflich tätiger Architekt oder Ingenieur im Rahmen einer Bauausführung über einen Zeitraum von mehr als 12 Monaten im Ausland tätig, so begründet er dadurch allein keine feste Einrichtung. Art. 5 Abs. 3 ist eine Sonderregel für den Bereich der Betriebstätten; er kann nicht auf die Verhältnisse der freiberuflich an einer Bauausführung Beteiligten übertragen werden (so auch BMF EAS 2981 v. 11.6.2008). Die Grundsätze des Art. 5 Abs. 3 sind nur dann auf die feste Einrichtung der freiberuflich Tätigen anzuwenden, wenn nach dem betreffenden Abkommen ausdrücklich durch bloße Bauüberwachung eine Betriebstätte begründet werden kann (vgl. Art. 5 Rz. 80). Nach dem OECD-MA ist dies jedoch nicht der Fall. 28

Eine feste Einrichtung für den selbständig Tätigen kann auch nicht durch einen bloßen Abschlussvertreter begründet werden. Die Grundsätze des Art. 5 Abs. 5 und 6 sind nicht auf Art. 14 übertragbar. Es gibt keinen Anhaltspunkt dafür, dass die feste Einrichtung durch eine bloß personelle Vertretung ersetzt werden kann, wie dies Art. 5 für die Betriebstätte ausdrücklich bestimmt. 29

g) Die feste Einrichtung muss der selbständig tätigen Person „für die Ausübung ihrer Tätigkeit“, d. h. **ihrer Dienstleistungen,** zur Verfügung stehen. Erforderlich ist danach ein **engeres** Verhältnis der Einrichtung zur ausgeübten Tätigkeit als bei der Betriebstätte (a. M. *Krüger,* IStR 1998, 108; Wassermeyer/*Wassermeyer,* Art. 14 MA Rz. 50; a. A. *Strunk/zur Heide* in SKK, Art. 14 OECD-MA Rz. 63). Im englischen Originaltext des MA kommt das dadurch zum Ausdruck, dass es in Art. 5 heißt „in which the business ... is carried on“, demgegenüber in Art. 14 „for the 30 purpose of **performing** his **activities**"; im französischen Text und in der offiziellen deutschen Übersetzung wird dieser Unterschied allerdings verwischt. Bedeutsam ist er, wo selbständige Tätigkeiten i. S. des Art. 14 von einer steuerlich transparenten **Personengesellschaft** grenzüberschreitend ausgeübt werden (z. B. in einer internationalen Anwaltssozietät oder Wirtschaftsprüfungsgesellschaft; zu den Ausnahmen vom Grundsatz, dass die DBA unter Ausschluss der Gewerbesteuer nicht auf Personengesellschaften, sondern auf deren Gesellschafter anzuwenden sind, weil erstere zwar Personen, aber nicht ansässig i. S. des Art. 4 Abs. 1 MA sind, siehe Anlage zu BMF v. 16.4.2010 BStBl. I 2010, 354). Während die Betriebstätte einer Personengesellschaft ohne weiteres den Gesellschaftern anteilig zugerechnet wird (s. Art. 5 Rz. 18, Art. 7 Rz. 37 f.), ist dies bei einer festen Einrichtung nur dann angebracht, wenn – und nur insoweit wie – diese **dem einzelnen Gesellschafter** für **seine** Tätigkeit zur Verfügung steht (so auch eingehend GKG/*Bödefeld,* Art. 14 OECD-MA Rz. 100 ff.; *Töben,* IWB F. 10 Int. Gr. 2, 1253; zustimmend auch *Kluge,* S. 273 f., der aber die Ansicht vertritt, diese Auffassung könne nicht mit dem Wortlaut des Art. 14 und dem MA-Komm. vereinbart werden). Zutreffend hat dies der IRS in einem Fall entschieden, in dem eine deutsche Anwaltssozietät ein Zweigbüro in den Vereinigten Staaten unterhielt mit einem dort ansässigen Partner, dem allein das Zweigbüro für seine Tätigkeit zur Verfügung stand. Vereinbart war, dass alle Einkünfte des Zweigbüros dem dort ansässigen Partner, alle Einkünfte des deutschen Büros den deutschen Partnern zufließen sollten. Der IRS entschied, dass der amerikanische Partner allein in den USA steuerpflichtig sei, die deutschen Partner dagegen dort nicht (LTR 93–31–012, s. TNI August 1993, 969). Die Ruling ist auch in die US-TE des US-MA 1996 eingeflossen. Nach Ziff. 205 besteuern die USA bei nicht in den USA ansässigen Partnern nur das tatsächlich gesellschaftsvertraglich vereinbarte Einkommen, dies aber nur insoweit, als dieses Einkommen auf eine in den USA tatsächlich ausgeübte Tätigkeit dieser Partner unter Nutzung einer festen Einrichtung entfällt.

31 Aber auch wenn die deutschen Partner an den Einkünften des Zweigbüros beteiligt gewesen wären, hätte nicht anders entschieden werden dürfen, solange ihnen das Zweigbüro nicht auch für ihre Tätigkeiten diente. Wie hier im Ergebnis *Bellstedt,* IStR 1995, 361 (364), allerdings nicht für die Zeit bis zum 2.9.1994, weil damals das innerdeutsche Anwaltsrecht dieser Lösung entgegengestanden habe; für die Auslegung eines DBA ist das nicht überzeugend. Im Übrigen handelt es sich bei der Geschäftsführertätigkeit eines Partners für eine LLP nicht um eine unter Art. 14 fallende Betätigung (Hof van Beroep Gent v. 10.11.2009, Nr. 2008/AR/2273: *DBA Belgien/Niederlande*).

32 Davon abweichend will die deutsche und österreichische Finanzverwaltung (BMF v. 24.12.1999 BStBl. I 1999, 1076 Tz. 6.1 (Betriebsstättenerlass); ÖstBMF v. 30.4.1996 SWI 1996, 290; EAS 1362 v. 16.11.1998, SWI 1999, 3; so auch *H. Krabbe,* 1995, 692; Wassermeyer/*Wassermeyer,* Art. 14 MA Rz. 50; s. auch *Portner/Bödefeld,* AnwBl. 1994, 104 ff.; *Oho,* Einkommensbesteuerung, 1 ff.) die Betriebstättengrundsätze auch für die Aufteilung von Einkünften aus freiberuflicher Tätigkeit anwenden. Das bedeutet, dass jedes Handeln eines Partners und alle Einnahmen allen Partnern anteilig zugerechnet werden. Nach Art. 7 bedarf es dann einer eigenen Gewinnermittlung für jede einzelne Niederlassung und einer jeweiligen Zurechnung der gesamten Einkünfte.

33 Ist allerdings jemand an einer selbständig tätigen Personalgesellschaft **nur als Kapitalgeber** beteiligt, gelten die Grundsätze für **Betriebstätten** (so ÖstBMF v. 12.3.1993, SWI 1993, 106: *DBA Deutschland/Österreich,* für einen Kommanditisten).

34 **h)** Der Quellenstaat darf Einkünfte aus einer selbständigen Tätigkeit **nur insoweit** besteuern, als sie einer festen Einrichtung **zuzurechnen** sind. Für die **Auf-**

teilung der Einkünfte zwischen dem Ansässigkeitsstaat und dem Staat der festen Einrichtung gelten die gleichen Grundsätze wie bei der Aufteilung des Gewinns zwischen Hauptsitz und Betriebstätte eines gewerblichen Unternehmens (MA-Komm. Ziff. 3; im Einzelnen s. oben Art. 7 Rz. 70). Insbesondere sind die Einkünfte grundsätzlich nach der direkten Methode zu ermitteln, d. h. es ist eine gesonderte Buchführung der festen Einrichtung zugrunde zu legen. Auch können Aufwendungen einschließlich der Geschäftsführungs- und der allgemeinen Kosten bei der Ermittlung der einer festen Einrichtung zuzurechnenden Einkünfte abgezogen werden, ohne Rücksicht darauf, wo die Aufwendungen angefallen sind (MA-Komm. Ziff. 3; MA-Komm. zu Art. 7 Ziff. 15; ausdrücklich auch Art. 14 Abs. 2 US-MA). Zu beachten ist jedoch, dass aufgrund der Eigenart der selbständigen Tätigkeit der Einkunftsermittlung durch Aufteilung des Gesamtgewinns (sog. „indirekte Methode", s. zu Art. 7 Rz. 100 ff.) eine größere Bedeutung zukommen wird. Der Selbständige und vor allem der Freiberufler übt in der Regel seine Tätigkeit mit weniger Kapitalaufwand aus als der Gewerbetreibende, so dass eine eigene Buchführung für die feste Einrichtung oft entbehrlich ist. Die indirekte Methode wird insbesondere dann Anwendung finden, wenn nach dem innerstaatlichen Recht des Arbeitsortes eine Buchführungspflicht nicht besteht und eine gesonderte Buchführung unzumutbar ist. Für ihre Anwendung und den Wechsel der Gewinnzurechnungsmethode sind die Grundsätze der Art. 7 Abs. 4 und 6 zu berücksichtigen.

i) Zur freiberuflichen Tätigkeit der **juristischen Personen** vgl. oben Rz. 11. **35**

3. UN-MA

Außer bei Vorliegen einer festen Einrichtung im Tätigkeitsstaat schließt das UN- **36**
MA die Vorrangbesteuerung des Ansässigkeitsstaates auch dann aus, wenn der Aufenthalt im Staat der Arbeitsausübung während eines 12-Monate-Zeitraums insgesamt **mehr als 183 Tage betrug.**

Die 183-Tage-Regelung orientiert sich weitgehend an der Vorschrift des Art. 15 über die nichtselbständige Arbeit. Sie geht auf ältere DBA zurück, die nach dem Vorbild des Völkerbundmodells selbständige und unselbständige Tätigkeit in einer einheitlichen Vorschrift und nach gleichen Grundsätzen behandelten. Hinsichtlich der Fristberechnung u. a. kann deshalb auf die Ausführungen zu Art. 15 verwiesen werden (vgl. insbesondere zu Art. 15 Rz. 38).

II. Deutsche DBA

1. Abkommensübersicht zu Artikel 14 Abs. 1

37

DBA	MA-Regelung: Grundsätzlich Besteuerung im Ansässigkeitsstaat. Im anderen Vertragsstaat nur, wenn für die Tätigkeit dort eine feste Einrichtung zur Verfügung steht	Artikel	Rz.
Ägypten	≈ MA 1997; alternativ: Aufenthalt von mehr als 90 Tagen	14 Abs. 1	51
Albanien 2010	≈ MA 1997; alternativ: Aufenthalt von mehr als 183 Tagen	14 Abs. 1	51
Algerien 2007	≈ MA 1997; alternativ: Aufenthalt von mehr als 183 Tagen	14 Abs. 1	51
Argentinien	≈ MA 1997	14 Abs. 1	
Armenien	s. UdSSR		

DBA	MA-Regelung: Grundsätzlich Besteuerung im Ansässigkeitsstaat. Im anderen Vertragsstaat nur, wenn für die Tätigkeit dort eine feste Einrichtung zur Verfügung steht	Artikel	Rz.
Aserbaidschan	≈ MA 1997; alternativ: Aufenthalt von mehr als 183 Tagen	14 Abs. 1	51
Australien	≈ MA 1997; Beschränkung auf natürliche Personen	13 Prot. Nr. 3	47
Bangladesch	≈ MA 1997; alternativ: Aufenthalt von mehr als 90 Tagen	14 Abs. 1	51
Belarus	≈ MA 1997	14 Abs. 1	
Belgien	≈ MA 1997	14 Abs. 1	
Bolivien	≈ MA 1997; Beschränkung auf natürliche Personen	14 Abs. 1	47
Bosnien-Herzegowina	s. Jugoslawien		
Bulgarien 2010	keine entsprechende Regelung	–	45
China 1985	≈ MA 1997; alternativ: Aufenthalt von mehr als 183 Tagen	14 Abs. 1	51
China 2014 (E)	≈ MA 1997; Beschränkung auf natürliche Personen; alternativ Aufenthalt von mehr als 183 Tagen		
Costa Rica 2014 (E)	≈ MA1997; Beschränkung auf natürliche Personen		
Dänemark	≈ MA 1997	14 Abs. 1	
Ecuador	Aufenthalt von mehr als 180 Tagen, Beschränkung auf natürliche Personen	14 Abs. 1	53
Elfenbeinküste	≈ MA 1997; alternativ: Aufenthalt von mehr als 183 Tagen	14 Abs. 1	51
Estland	≈ MA 1997; alternativ: Aufenthalt von mehr als 183 Tagen; Beschränkung auf natürliche Personen	14 Abs. 1	51
Finnland	≈ MA 1997	14 Abs. 1	
Frankreich	≈ MA 1997; (ständige Einrichtung), nicht für freiberuflich Tätige und für Veräußerungsgewinne uneingeschränkte Anknüpfung an den Arbeitsort	12 Abs. 1 bis 3	38; 48
Georgien	≈ MA 1997; Beschränkung auf natürliche Personen	14 Abs. 1	47
Ghana	≈ MA 1997	14 Abs. 1	
Griechenland	≈ MA 1997	IX Abs. 1	
Großbritannien 1964/70	≈ MA 1997	XI Abs. 1	
Großbritannien 2010	keine entsprechende Regelung	–	45
Indien	≈ MA 1997; Beschränkung auf natürliche Personen; alternativ: Aufenthalt von mehr als 120 Tagen	14 Abs. 1	39; 47; 51
Indonesien	≈ MA 1997; alternativ: Aufenthalt von mehr als 120 Tagen	14 Abs. 1	51
Iran	≈ MA 1997	14 Abs. 1	
Irland 2011	keine entsprechende Regelung	–	45
Island	≈ MA 1997	14 Abs. 1	

DBA	MA-Regelung: Grundsätzlich Besteuerung im Ansässigkeitsstaat. Im anderen Vertragsstaat nur, wenn für die Tätigkeit dort eine feste Einrichtung zur Verfügung steht	Artikel	Rz.
Israel	≈ MA 1997	8 Abs. 1; 2 Abs. 2	
Italien	≈ MA 1997	14 Abs. 1	
Jamaika	Aufenthalt von mehr als 30 Tagen mit bestimmten Einschränkungen	14 Abs. 1; 3 Abs. 3	53
Japan	≈ MA 1997	14 Abs. 1	
Jugoslawien	≈ MA 1997; alternativ: Aufenthalt von mehr als 183 Tagen	15 Abs. 1	51
Kanada	≈ MA 1997	14 Abs. 1	
Kasachstan	≈ MA 1997; Aufenthalt von mehr als 183 Tagen (12-Monate-Zeitraum)	14 Abs. 1	51
Kenia	≈ MA 1997; alternativ: Aufenthalt von mehr als 183 Tagen	14; Prot. Nr. 2	51
Kirgisistan	≈ MA 1997	14 Abs. 1	
Korea	≈ MA 1997; alternativ: Aufenthalt von mehr als 183 Tagen (12-Monate-Zeitraum)	14 Abs. 1	51
Kosovo	s. Jugoslawien		
Kroatien	≈ MA; Beschränkung auf natürliche Personen	14 Abs. 1	47
Kuwait	≈ MA 1997	14 Abs. 1	
Lettland	≈ MA 1997; alternativ: Aufenthalt von mehr als 183 Tagen (Steuerjahr)		51
Liberia	≈ MA 1997; Fiktion einer festen Einrichtung	14 Abs. 1, 3; Prot. Nr. 4, 5	52
Liechtenstein 2011	keine entsprechende Regelung	–	45
Litauen	≈ MA 1997; alternativ: Aufenthalt von mehr als 183 Tagen (Steuerjahr)	14 Abs. 1	51
Luxemburg 2012	keine entsprechende Regelung	–	45
Malaysia 2010	≈ MA 1997	14 Abs. 1,	
Malta	≈ MA 1997; alternativ: Aufenthalt von mehr als 183 Tagen (12-Monate-Zeitraum)		51
Marokko	≈ MA 1997; alternativ: Aufenthalt von mehr als 183 Tagen	14 Abs. 1; Prot. Nr. 1	51
Mauritius 2011	keine entsprechende Regelung	–	45
Mazedonien 2006	≈ MA 1997	14 Abs. 1	
Mexiko 2008	≈ MA 1997; alternativ: Aufenthalt von mehr als 183 Tagen	14 Abs. 1; Prot. Nr. 3	51
Moldau	s. UdSSR		
Mongolei	≈ MA 1997; alternativ: Aufenthalt von mehr als 183 Tagen	14 Abs. 1	51
Montenegro	s. Jugoslawien		
Namibia	≈ MA 1997; alternativ: Aufenthalt von mehr als 183 Tagen	14 Abs. 1	51
Neuseeland	≈ MA 1997	14 Abs. 1	

DBA	MA-Regelung: Grundsätzlich Besteuerung im Ansässigkeitsstaat. Im anderen Vertragsstaat nur, wenn für die Tätigkeit dort eine feste Einrichtung zur Verfügung steht	Artikel	Rz.
Niederlande 1959/2004	≈ MA 1997; (ständige Einrichtung), auch für Veräußerungsgewinne	9 Abs. 1–3	38; 50
Niederlande 2012 (E)	keine entsprechende Regelung	–	45
Norwegen 1991	≈ MA 1997	14 Abs. 1	
Norwegen 2013 (E)	≈ MA 1997	14 Abs. 1	
Oman 2012 (E)	≈ MA 1997	14 Abs. 1	
Österreich	≈ MA 1997	14 Abs. 1	47
Pakistan	≈ MA 1997; alternativ: Aufenthalt von mehr als 120 Tagen	14 Abs. 1	39; 51
Philippinen 1983	≈ MA 1997; alternativ: Aufenthalt von mehr als 120 Tagen	14 Abs. 1	51
Philippinen 2013	≈ MA 1997; alternativ: Aufenthalt von mehr als 120 Tagen	14 Abs. 1	51
Polen	≈ MA 1997	14 Abs. 1	
Portugal	≈ MA 1997; alternativ: Aufenthalt von mehr als 183 Tagen	14 Abs. 1	51
Rumänien	≈ MA 1997; Beschränkung auf natürliche Personen	8 Abs. 1	47
Russische Föderation	≈ MA 1997	14 Abs. 1	
Sambia	≈ MA 1997; alternativ: Aufenthalt von mehr als 183 Tagen	14 Abs. 1; Prot. Nr. 2	51
Schweden	≈ MA 1997	14 Abs. 1	
Schweiz	≈ MA 1997	14 Abs. 1	
Serbien	s. Jugoslawien		
Simbabwe	≈ MA 1997	14 Abs. 1	
Singapur 2004	≈ MA 1997; alternativ: Aufenthalt von mehr als 183 Tagen mit bestimmten Einschränkungen; Beschränkung auf natürliche Personen	14 Abs. 1	47; 51
Slowakei	s. Tschechoslowakei		
Slowenien	≈ MA 1997; Beschränkung auf natürliche Personen	14 Abs. 1	47
Spanien 2011	keine entsprechende Regelung	–	45
Sri Lanka	≈ MA 1997	14 Abs. 1	
Südafrika 1973	≈ MA 1997	12 Abs. 1	
Südafrika 2008 (E)	keine entsprechende Regelung	–	45
Syrien 2010	≈ MA 1997; alternativ: Aufenthalt von mehr als 183 Tagen	14 Abs. 1	51
Tadschikistan	keine entsprechende Regelung	–	45
Taiwan 2011	keine entsprechende Regelung	–	45
Thailand	Aufenthalt von mehr als 183 Tagen mit bestimmten Einschränkungen	14 Abs. 1, 2	41 ff.
Trinidad und Tobago	Aufenthalt von mehr als 30 Tagen, Quellensteuersatz 5% für Unternehmen; Korrekturklausel	14 Abs. 1, 2, 4; Prot. Nr. 4	53
Tschechien 1997 (E)	≈ MA 1997; alternativ: Aufenthalt von mehr als 183 Tagen (12-Monate-Zeitraum)	14 Abs. 1, 2	51

DBA	MA-Regelung: Grundsätzlich Besteuerung im Ansässigkeitsstaat. Im anderen Vertragsstaat nur, wenn für die Tätigkeit dort eine feste Einrichtung zur Verfügung steht	Artikel	Rz.
Tschechien	s. Tschechoslowakei		
Tschechoslowakei	≈ MA 1997	14 Abs. 1	
Türkei 2011	≈ MA 1997; alternativ: Aufenthalt von mehr als 183 Tagen	14 Abs. 1	51
Tunesien	≈ MA 1997; alternativ: Aufenthalt von mehr als 183 Tagen	14 Abs. 1	51
Turkmenistan	s. UdSSR		
Ukraine	≈ MA 1997	14 Abs. 1	
Ungarn 2011	keine entsprechende Regelung	–	45
Uruguay 2010	keine entsprechende Regelung	–	45
USA 1989/2006	keine entsprechende Regelung	–	45
Usbekistan	≈ MA 1997	14 Abs. 1	
UdSSR	keine Sondervorschrift für selbständige Arbeit; Besteuerung als „Geschäftstätigkeit"	5 Prot. Nr. 1, 2	45
Venezuela	≈ MA 1997	14 Abs. 1	
Vereinigte Arabische Emirate 2010	keine entsprechende Regelung	–	45
Vietnam	≈ MA 1997	14 Abs. 1	
Weißrussland	s. Belarus		
Zypern 2011	keine entsprechende Regelung		45

2. Erläuterungen

a) Die Ausdrücke „fester Mittelpunkt" *(DBA Italien 1925)* und „ständige Einrichtung" *(DBA Frankreich, Luxemburg 1958/2009 und Niederlande 1959/2004)* stimmen in ihrem sachlichen Gehalt mit dem Begriff der festen Einrichtung überein (s. BFH BStBl. II 1988, 486: *DBA Italien 1925; Hoge Raad* Rolno. 27694, BNB 1992/245 concl. *Van Soest: DBA Niederlande 1959/80; Stehlik/Hezel,* BB 1963, 764 (765)). **38**

Die frühere Praxis deutscher DBA folgte dem **MA 1963** überwiegend darin, dass die „sonstige selbständige Arbeit" der freiberuflichen **„ähnlich"** sein musste; s. dazu oben Rz. 13. Eine Ähnlichkeit mit einem der Beispielsfälle des § 18 Abs. 1 Nr. 3 EStG war und ist dagegen nicht zu verlangen. Die neueren deutschen DBA verzichten nunmehr weitgehend auf das Erfordernis der „Ähnlichkeit" (Ausnahmen aus der jüngsten Abkommenspraxis bilden die *DBA Indien* und *Pakistan*). **39**

b) Wie schon eingangs erwähnt, regeln die **älteren DBA** Einkünfte aus **freiberuflicher** (selbständiger) und aus **unselbständiger** Tätigkeit in einer **einheitlichen Vorschrift.** Sie unterstellen damit die beiden Einkunftsarten einem einheitlichen Anknüpfungsprinzip, das sich von dem des Art. 14 MA unterscheidet. Während nach Art. 14 die Besteuerung der Einkünfte aus selbständiger Tätigkeit in erster Linie dem Ansässigkeitsstaat überlassen bleibt und der Staat, in dem die Tätigkeit ausgeübt wird, diese Einkünfte nur dann besteuern darf, wenn dem Selbständigen dort eine feste Einrichtung zur Verfügung steht, sind nach jenen älteren DBA die Einkünfte aus selbständiger ebenso wie die Einkünfte aus unselbständiger Arbeit grundsätzlich in dem Staat zu besteuern, in dem die Tätigkeit ausgeübt wird **(Arbeitsortprinzip).** Diesem Staat wird die Besteuerung nur dann nicht gewährt, wenn sich die Person dort nur kurzzeitig (i. d. R. bis zu 183 Tagen im Kalender- **40**

oder Steuerjahr) aufhält und ihre Tätigkeit vom Ansässigkeitsstaat aus vergütet wird. Für die damit zusammenhängenden Fragen der Berechnung der Frist und der Kostentragung durch Arbeitgeber und Betriebstätte kann auf die Ausführungen zu Art. 15 Abs. 2 OECD-MA verwiesen werden (s. Art. 15 Rz. 37ff.; zum *DBA USA 1954/65* s. insbes. BFH DStR 2000, 274).

41 **aa)** Die *DBA Singapur 1972 und Thailand* legen der Besteuerung von Einkünften aus selbständiger oder freiberuflicher Tätigkeit das Arbeitsortprinzip **in vollem Umfang** zugrunde. Die Besteuerung im Staat der Arbeitsausübung entfällt nur, wenn der Aufenthalt in diesem Staat 183 Tage nicht übersteigt. Abgestellt wird dabei teils auf die Zahl der Aufenthaltstage im Steuerjahr *(Thailand),* teils auf die im Kalenderjahr *(Singapur 1972).* Gemeint ist jeweils das Jahr, in dem die Tätigkeit ausgeübt wurde, nicht das, in dem die Bezüge gezahlt worden sind; das gilt für alle DBA, die für die Besteuerung selbständiger Tätigkeit auf eine Mindestaufenthaltsdauer abstellen (US Rev. Rul. 86–145: *DBA USA/Großbritannien*).

42 Nach den *DBA Singapur 1972* und *Thailand* entfällt die Besteuerung im Staat der Arbeitsausübung auch bei einem Aufenthalt von nicht mehr als 183 Tagen nur dann, wenn die **Vergütungen** von einer Person oder für eine Person gezahlt werden, die nicht im Staat der Arbeitsausübung ansässig ist **und** wenn die Vergütungen **nicht** von einer **Betriebstätte** der Person, die die Vergütungen zahlt, im Staat der Tätigkeitsausübung getragen werden.

43 Alle hier unter aa) angeführten DBA begrenzen ihre Regelung der Besteuerung von Einkünften aus selbständiger (und auch aus nicht-selbständiger) Tätigkeit auf Einkünfte **natürlicher Personen.** Für Gesellschaften und anderen Personenvereinigungen (s. Art. 3 Abs. 1 Buchst. a MA), die eine freiberufliche oder sonstige selbständige Tätigkeit ausüben, gelten in diesen Fällen die Vorschriften über **Unternehmensgewinne** (Art. 7).

44 **bb)** Das alte DBA *Korea 1976* spricht ausdrücklich **nur** von Einkünften aus **freiberuflicher Tätigkeit.** Es fragt sich, ob hier dieser Ausdruck nicht auch die Einkünfte aus sonstiger selbständiger Arbeit mit umfasst. Die betreffenden Abkommen regeln, wie schon mehrfach hervorgehoben, die unselbständige und die freiberufliche Tätigkeit in einer einheitlichen Vorschrift; sie grenzen damit vor allem die Arbeitseinkünfte gegenüber der Unternehmenstätigkeit ab. Eine Ausklammerung der Einkünfte aus selbständiger Tätigkeit würde diese Einkünfte, soweit sie sich nicht der Unternehmenstätigkeit zuordnen lassen (gerade die älteren DBA sprechen oft sogar von „gewerblicher" Tätigkeit, vgl. zu Art. 7 Rz. 50), der Besteuerung im Ansässigkeitsstaat unterwerfen. Schon im Hinblick auf den historischen Zusammenhang kann das nicht der Sinn der Vorschrift sein. Zumindest diejenigen Tätigkeiten, die sich keinesfalls als „Unternehmens"-Tätigkeiten begreifen lassen, sind daher als freiberufliche i. S. der vorgenannten Abkommen anzusehen. Dies sind die den freiberuflichen „ähnlichen" Tätigkeiten i. S. des MA 1963 (s. Rz. 39)

.

45 **c)** Keine eigene Vorschrift über die Verteilung der Besteuerung bei den Einkünften aus selbständiger Arbeit enthalten die *DBA Bulgarien 2010, Großbritannien 2010, Irland 2011, Liechtenstein 2011, Luxemburg 2012, Mauritius 2011, Niederlande 2012 (E), Spanien 2011, Südafrika 2008 (E), Tadschikistan, Taiwan 2011, UdSSR, Ungarn 2011, Uruguay 2010, USA 1989/2006, Vereinigte Arabische Emirate 2010* sowie *Zypern 2011).* In Anlehnung an die Behandlung von Betriebstätteneinkünften werden sie als Einkünfte aus **„Geschäftstätigkeit"** in die Bestimmung über die Unternehmensgewinne mit einbezogen (Art. 3 Abs. 1 Buchstabe g jeweils in *DBA Bulgarien 2010, Großbritannien 2010, Irland 2011, Liechtenstein 2011, Mauritius 2011, Niederlande 2012 (E), Ungarn 2011, Zypern 2011)*; Art. 3 Abs. 1 Buchstabe i *DBA Spanien 2011*; Art. 3 Abs. 1 Buchstabe h *DBA Südafrika 2008 (E);* Art. 3 Abs. 1 Buchstabe e jeweils in *DBA Tadschikistan und Taiwan 2011* ; Prot. Nr. 1 zu

Art. 4 ff. *DBA UdSSR;* Art. 7 Abs. 7 *DBA USA ;* Art. 3 Abs. 1 Buchstabe e jeweils in *DBA Uruguay 2010 und Vereinigte Arabische Emirate 2010*; für sie gilt daher das Betriebstättenprinzip (s. o. Art. 7 Rz. 3 ff.). Eine Unterscheidung zwischen Betriebstätte und fester Einrichtung kennen die DBA nicht; die Definition der Betriebstätte in Art. 5 dieser DBA gilt für gewerbliche und für selbständige Tätigkeiten gemeinsam.

d) Mit Ausnahme der *DBA Bulgarien 2010, Großbritannien 2010, Irland 2011, Mauritius 2011, Spanien 2011, Südafrika 2008 (E), Tadschikistan, UdSSR, Ungarn 2011, Uruguay 2010, USA 1989/2006, Vereinigte Arabische Emirate 2010 und Zypern 2011* regeln jedoch die Abkommen jeweils die Einkünfte aus freiberuflicher (und sonstiger selbständiger) Tätigkeit durch eine **besondere Vorschrift.** 46

aa) Die *DBA Australien, Bolivien, China 2014 (E), Costa Rica 2014 (E), Georgien, Indien, Kroatien, Rumänien, Singapur 2004, Slowenien* und *USA 1989* beschränken den Anwendungsbereich der ansonsten den MA entsprechenden Bestimmungen auf **natürliche Personen.** Für Gesellschaften und sonstige Personenvereinigungen gelten die Vorschriften über Unternehmensgewinne (vgl. Rz. 11). Eine Sondervorschrift für **darstellende Künstler,** die nicht unter Art. 17 fallen, enthielt das *DBA USA 1989* in Prot. Nr. 3: eine „feste Einrichtung" war bei ihnen nicht anzunehmen – auch wenn deren Voraussetzungen im Übrigen gegeben waren –, sofern ihr Aufenthalt im Quellenstaat 183 Tage im Kalenderjahr nicht überstieg. Das aktuelle *DBA USA 1989/2006* beinhaltet keine solche Sondervorschrift. In einer Verständigungsvereinbarung zum alten *DBA Deutschland/Österreich 1954/92* wollten die Finanzverwaltungen zu den Einkünften aus selbständiger Tätigkeit in Österreich entsprechend dem innerösterreichischen Recht (§ 25 Abs. 1 Nr. 1 Buchst. b öst. EStG) auch die Bezüge der an einer Gesellschaft zu mehr als 25% beteiligten Geschäftsführer rechnen (FinMinBW v. 12.8.1994, DStR 1994, 1348; dazu kritisch *Lang,* SWI 1991, 328). Diese Verständigungsvereinbarung ist später in dem Sinne geändert worden, dass die Besteuerungsbefugnis für die eingetragenen Geschäftsführer (auch Gesellschafter-Geschäftsführer) stets der Sitzstaat der Gesellschaft haben soll (ÖstBMF v. 21.3.1997, SWI 1997, 204). Im neuen *DBA Österreich 2000* ist diese Frage nun in letzterem Sinne geregelt (s. bei Art. 16 Rz. 22). 47

Das *DBA Frankreich* macht die Besteuerung im Staat der Tätigkeit vom Vorhandensein einer **festen Einrichtung nur bei freiberuflichen Tätigkeiten** abhängig. Einkünfte aus einer sonstigen selbständigen Tätigkeit darf der Staat, in dem die Tätigkeit ausgeübt wird, daher auch dann besteuern, wenn eine feste Einrichtung nicht besteht. Das hat im Verhältnis zu Österreich die Frage aufgeworfen, ob ein Sportler eine freiberufliche oder gewerbliche Tätigkeit ausübt. Auf Grund einer Verständigungsvereinbarung mit Österreich will das BMF (v. 15.3.1996 BStBl. I 1996, 161) Sportler, die ihren Sport berufsmäßig ausüben, grundsätzlich als freiberuflich Tätige ansehen, so dass die Besteuerung im Tätigkeitsstaat erfolgt (kritisch *Klein,* IStR 1996, 361; *Toifl,* SWI 1997, 16). Mannequins und Dressmen hingegen werden in Österreich als gewerblich tätig angesehen und fallen daher nicht unter diese Regelung (ÖstBMF v. 21.11.1995, SWI 1996, 45). 48

Auch das *DBA Türkei 1985* beschränkt seine Regelung auf freiberufliche Tätigkeiten, knüpft aber nicht an das Vorhandensein einer festen Einrichtung an (s. Rz. 54). Das *DBA Türkei 2011* beinhaltet keine Beschränkung auf freiberufliche, sondern erfasst auch sonstige selbstständige Tätigkeiten. 49

Dagegen beschränken die *DBA Luxemburg 1958/2009 und Niederlande 1959/2004* das Prinzip der festen Einrichtung nicht, obwohl sie ausdrücklich **nur** die **selbständige** Tätigkeit bzw. Arbeit, nicht die freiberufliche, nennen. Da die selbständige Tätigkeit als Oberbegriff anzusehen ist, umfassen die entsprechenden Regelungen dieser DBA auch die Einkünfte aus freiberuflicher Tätigkeit. Es sollen alle 50

Tätigkeiten erfasst werden, die nicht in einem Dienstverhältnis und nicht gewerblich ausgeübt werden, also auch die Freiberufler als selbständig Tätige. Die *DBA Luxemburg 2012 und Niederlande 2012 (E)* enthalten keine dem Art. 14 MA entsprechende Regelung (s. Rz. 45)

51 **bb) Feste Einrichtung und Tätigkeitsdauer alternativ:** Die *DBA Ägypten, Albanien 2010, Algerien 2007, Aserbaidschan, Bangladesch, China, Elfenbeinküste, Estland, Indien, Indonesien, Jugoslawien, Kasachstan, Kenia, Korea, Lettland, Litauen, Malta, Marokko, Mexiko 2008, Mongolei, Namibia, Pakistan, Philippinen 2013, Portugal, Sambia, Singapur 2004, Syrien 2010, Tschechien (E), Tunesien* und *Türkei 2011* regeln die Besteuerung der Einkünfte aus selbständiger Tätigkeit grundsätzlich entsprechend dem MA. Dem Staat der Tätigkeit wird aber die Besteuerung nicht nur dann zugestanden, wenn dort dem Selbständigen eine feste Einrichtung zur Verfügung steht, sondern **auch,** wenn die betreffende Person sich während des Steuerjahres *(Aserbaidschan, Bangladesch, Estland, Indien, Lettland, Litauen, Namibia, Pakistan, Singapur 2004, Syrien 2010, Tunesien, Jugoslawien)* bzw. des Kalenderjahres *(Albanien 2010, China 1985 und 2014 (E), Elfenbeinküste, Kenia, Marokko, Mongolei, Portugal, Sambia)* zur Ausübung der Tätigkeit insgesamt mindestens 183 Tage, bzw. 120 *(Indien, Indonesien, Pakistan, Philippinen 2013)* oder 90 Tage *(Ägypten, Bangladesch)* aufhält. Die *DBA Algerien 2007, Kasachstan, Korea, Malta, Mexiko 2008, Tschechien (E)* und *Türkei 2011* verlangen einen zusammenhängenden Zeitraum von zwölf Monaten. Das *DBA Tschechien (E)* enthält wie bei Art. 15 (s. dort Rz. 83) in Art. 14 Abs. 2 eine nähere Bestimmung für die Berechnung der 183-Tage-Frist. Der Staat darf in diesem Fall den Teil der Einkünfte besteuern, der dieser Aufenthaltsdauer zuzurechnen ist. Zu beachten ist, dass nach dem *DBA Kenia* Entgelte für bestimmte freiberufliche Tätigkeiten als sog. „Geschäftsleitungsvergütungen" unter die Regelung über Lizenzgebühren fallen (s. Rz. 66). Umgekehrt stellt das *DBA Mexiko 1993* in Prot. Nr. 3 ausdrücklich klar, dass Vergütungen für technische Dienstleistungen oder technische Hilfe, die nicht für Know-how (definiert als Informationen im Zusammenhang mit gewerblichen, kaufmännischen oder wissenschaftlichen Erfahrungen) gezahlt werden, keine Lizenzgebühren, sondern je nach den Umständen nach Art. 7 oder Art. 14 zu besteuern sind. Nach dem *DBA China* begründen auch freiberufliche Dienstleistungen einschließlich Beratungsleistungen durch „Personal" eines Unternehmens eine Betriebstätte, wenn die Tätigkeiten länger als sechs Monate dauern (vgl. hierzu eingehend Art. 5 Rz. 81).

52 **cc) Fingierte feste Einrichtung:** Nach dem *DBA Liberia* steht zwar dem Staat der Tätigkeitsausübung wie nach dem MA nur dann die Besteuerung zu, wenn für die Ausübung der Tätigkeit eine feste Einrichtung zur Verfügung steht. Das DBA **fingiert** jedoch eine feste Einrichtung auch für den Fall, dass jemand von einem Unternehmen zu Dienstleistungen entsandt wurde und sich deshalb im anderen Staat während eines Zeitraums von 12 Monaten insgesamt länger als 6 Monate aufhält. Vertragstechnisch wird die Fiktion in der Weise eingeführt, dass Art. 14 Abs. 3 des DBA auf eine entsprechende Fiktion in der Definition des Betriebstättenbegriffs Bezug nimmt.

53 **dd) Nur Dauer der Tätigkeit:** Die *DBA Ecuador, Jamaika, Trinidad und Tobago* und *Uruguay 2010* belassen dem Staat der Tätigkeit, falls dort keine feste Einrichtung zur Verfügung steht, die Besteuerung, wenn die Tätigkeiten eine Mindestzeit überschreiten (*Uruguay:* 183 Tage im Kalenderjahr, *Ecuador:* 180 Tage im Steuerjahr, *Jamaika* und *Trinidad und Tobago:* 30 Tage im Kalenderjahr). Nach dem *DBA Jamaika* ist zusätzliche Voraussetzung, dass die Vergütung für die Tätigkeit von einer Betriebstätte am Arbeitsort oder einer dort ansässigen Person getragen wird. Für Einzelheiten und Ausnahmen vgl. Art. 14 *DBA Jamaika,* Art. 14 sowie Prot. Nr. 4 *DBA Trinidad und Tobago.*

ee) Tätigkeitsdauer und Zahlung der Vergütung alternativ: Nach dem *DBA Türkei 1985* darf der Tätigkeitsstaat freiberufliche Einkünfte dann besteuern, wenn entweder der Empfänger der Einkünfte sich im Tätigkeitsstaat mehr als 183 Tage während des Kalenderjahres aufgehalten hat oder die **Vergütungen** von einer Person oder für eine Person **gezahlt** werden, die in diesem Staat ansässig ist oder die Vergütungen von einer Betriebstätte oder festen Einrichtung getragen werden, die „diese Person" im Staat der Tätigkeit unterhält (vgl. auch UN-MA 1980; zum „Tragen" der Vergütung s. Art. 15 Rz. 63 f.). „Diese Person" bedeutet nach dem Zusammenhang die Person, die die Vergütung zahlt. Ansässigkeit ist in der dritten Alternative nicht zu verlangen, obwohl der Wortlaut („diese Person") es nahe legt; denn sonst gäbe es keinen Fall der dritten Alternative, der nicht auch unter die zweite Alternative fiele. Eine Sonderregelung enthält das *DBA Türkei 1985* für Einkünfte aus freiberuflicher Tätigkeit, die ein **Unternehmen** der Bundesrepublik Deutschland aus der Türkei bezieht, also eine Person, deren Tätigkeit vorwiegend **unternehmerisch** i. S. des Art. 7 (s. Art. 7 Rz. 21 ff.) und bei der die freiberufliche nur eine **Nebentätigkeit** ist. Freiberufliche Einkünfte solcher Personen darf die Türkei, solange die Mindestaufenthaltsdauer nicht überschritten ist, **nicht** besteuern, wenn die Vergütung von einer in der Türkei ansässigen **Person** gezahlt wird. Andersherum ausgedrückt: Die Türkei besteuert diese Einkünfte nur, wenn entweder die Mindestaufenthaltsdauer überschritten ist oder die Vergütung von einer türkischen Betriebstätte oder festen Einrichtung einer **nicht in der Türkei ansässigen Person** getragen wird. Für die Ermittlung der Höhe der Einkünfte gilt dann Art. 7. Die Türkei darf die betreffenden Einkünfte im Wege des Quellenabzugs besteuern; das Unternehmen kann jedoch für jedes Steuerjahr an dessen Ende eine Besteuerung nach dem Nettobetrag verlangen. Die zuständigen Behörden der Vertragsstaaten sind ermächtigt, die Einzelheiten des Verfahrens einvernehmlich zu regeln. Zu beachten ist noch, dass diese Regelung des *DBA Türkei 1985* nur für freiberufliche Einkünfte gilt, deren Definition allerdings weiter als nach dem MA ist (s. unten Rz. 64). Einkünfte aus nicht freiberuflicher selbständiger Tätigkeit sind nach diesem DBA Unternehmensgewinne i. S. des Art. 7. Die beiden zuletzt genannten Alternativen sowie die Sonderregelung für deutsche Unternehmen, die besagt, dass freiberufliche Einkünfte einer Person, deren Tätigkeit vorwiegend unternehmerisch ist und bei der die freiberufliche nur eine Nebentätigkeit ist, von der Türkei nur besteuert werden kann, wenn entweder die Mindestaufenthaltsdauer überschritten ist oder die Vergütung von einer türkischen Betriebsstätte oder festen Einrichtung einer nicht in der Türkei ansässigen Person getragen wird, werden mit dem Inkrafttreten des aktuellen *DBA Türkei 2011* hinfällig. 54

ff) Nur Zahlung der Vergütungen: Noch weiter geht das *DBA Brasilien (K)*. Es geht wie die MA vom Grundsatz der vorrangigen Besteuerung im Ansässigkeitsstaat aus, macht aber die Besteuerung im anderen Staat allein davon abhängig, dass die **Vergütungen für die Tätigkeit** von einer in dessen Gebiet befindlichen Betriebstätte oder in diesem Gebiet ansässigen Person getragen werden. **Schon eine Verwertung** der Tätigkeit reicht demgemäß als Anknüpfung für die Besteuerung aus. Ein in Deutschland ansässiger Berater eines brasilianischen Unternehmens kann also der brasilianischen Einkommensteuer auch dann unterworfen werden, wenn er seine Tätigkeit überhaupt nicht in Brasilien ausgeübt hat, da es auf den Ort der Arbeitsausübung nach diesem DBA nicht ankommt. Ein Protokoll zum DBA stellt ausdrücklich klar, dass die Regelung nicht nur für natürliche, sondern auch für juristische Personen gilt (s. *DBA Brasilien (K)* Prot. Nr. 5). 55

e) Regelung zur Bekämpfung der Steuerumgehung: Eine Reihe von DBA schränken den Anwendungsbereich der Verteilungsnorm ein, um zu verhin- 56 dern, dass vom anderen Staat gewährte Steuervorteile dem falschen Adressaten zugute kommen oder um sicherzustellen, dass im Verhältnis zu Ländern, die innerstaatlich nach dem Territorialitätsprinzip besteuern, keine doppelte Nichtbesteuerung eintritt. Zu den Regelungen im Einzelnen vgl. Vor Art. 6 bis 22 Rz. 17 ff.

57 **f)** Die Einkünfte der ausländischen festen Einrichtung werden von der deutschen Besteuerung unter Progressionsvorbehalt freigestellt. Nach der Rechtsprechung des BFH gilt dies auch für die **Verluste** der festen Einrichtung, eine Korrektur ist gesetzlich nicht vorgesehen. Der aufgehobene § 2a Abs. 3 und 4 EStG (bis Ende 1989: § 2 AIG) regelte nur den Verlustausgleich für ausländische Betriebstätten, nicht für feste Einrichtungen (*Blümich/Falk,* Bd. III Anh. 2, § 2 Rz. 6 ff.; a. A. *Krabbe,* RIW/AWD 1978, 240); s. aber dazu u. bei Art. 23 Rz. 59 f. Der BFH hat jedoch mit Beschluss v. 28.6.2004, BStBl. II 2006, 861: *DBA Luxemburg 1958* an den EuGH die Anfrage gestellt, ob die jetzt nicht mehr mögliche Verlustverrechnung für Betriebstätten und somit auch für feste Einrichtungen nicht europarechtswidrig ist. Für bestimmte Einkünfte aus selbständiger Arbeit sieht das innerstaatliche deutsche Recht eine Verpflichtung des inländischen (Vergütungs-) Schuldners zur Einbehaltung von **Quellensteuern** vor (§ 50a Abs. 4, 5 EStG), ähnlich in Österreich, s. *Loukota,* SWI 1993, 275. Über die Probleme, die sich im Zusammenhang hiermit ergeben, s. Vor Art. 10–12 Rz. 55 f.

B. Zu Art. 14 Abs. 2

I. Musterabkommen

1. Übereinstimmungen und Abweichungen

58 Art. 14 Abs. 2 des OECD-MA und des UN-MA stimmen wörtlich überein. Das US-MA enthält keine dem Art. 14 Abs. 2 OECD-MA entsprechende Vorschrift (s. Rz. 61).

2. OECD-MA und UN-MA

59 **a)** Art. 14 Abs. 2 enthält einen Ansatz zu einer **Definition des Begriffs des freien Berufs.** Der Begriff wird durch Beispiele typischer freiberuflicher **Tätigkeiten** und eine Aufzählung überwiegend freiberuflich ausgeübter **Berufe** umschrieben. Wie sich aus dem Wort „insbesondere“ erkennen lässt, sind weder die Beispiele noch die Aufzählung abschließend: sie dienen lediglich der Erläuterung (MA-Komm. zu Art. 14 Ziff. 2). Ausdrücklich genannt werden die selbständig ausgeübte wissenschaftliche, literarische, künstlerische, erzieherische und unterrichtende Tätigkeit (s. dazu näher GKG/*Wilke,* Art. 14 OECD-MA Rz. 23 ff.), sowie die selbständige Tätigkeit der Ärzte, Rechtsanwälte, Ingenieure, Architekten, Zahnärzte und Buchsachverständigen. Gemeinsames und erstes Begriffsmerkmal ist damit die **Selbständigkeit** der ausgeübten Tätigkeiten. Eine Tätigkeit wird selbständig ausgeübt, wenn ihr nicht ein Dienstvertrag oder sonstiges Arbeitsverhältnis zugrundeliegt und der Steuerpflichtige nicht in den Organismus des Unternehmens eingegliedert ist (BFH BStBl. II 1970, 716 (718); vgl. auch u. Art. 15 Rz. 27). Nach EAS 1032 des ÖstBMF v. 10.3.1997 (SWI 1997, 187) ist die Vorlesungstätigkeit eines Universitätsprofessors als unterrichtende selbständige Tätigkeit anzusehen, solange kein Dienstverhältnis mit der österreichischen Universität begründet worden ist (s. auch EAS 1033 v. 10.3.1997, SWI 1997, 188).

60 **b)** Die Beispiele sind in Abs. 2 nicht weiter erläutert. Soweit sich aus dem Zusammenhang – insbesondere mit den Artikeln 15, 16, 17 – nichts Näheres ergibt, muss daher zur **Auslegung** innerstaatliches Recht herangezogen werden (Art. 3 Abs. 2; für ein Beispiel s. ÖstVwGH, ÖStZB 1987, 279). Treten bei der Auslegung nach diesen Grundsätzen Schwierigkeiten auf, weil die Vertragsstaaten zu abweichenden Ergebnissen gelangen und es infolgedessen zur **Doppelbesteuerung** oder **Doppel-Nichtbesteuerung** kommt, so verweist der MA-Komm. ausdrücklich auf das Verständigungsverfahren (MA-Komm. zu Art. 14 Ziff. 2; s. auch *Locher/Meier/v. Siebenthal/Kolb,* B 14.2 Nr. 1; vgl. *Hangarter,* in *Meyer-Marsilius/Hangarter,* Art. 14.4 Nr. V).

3. US-MA

Das US-MA definiert den Begriff des freien Berufs nicht. Dies kann aber nicht so verstanden werden, als verweise das US-MA ausschließlich auf das innerstaatliche Recht. Denn das Einkommensteuerrecht der USA definiert den Begriff „professional services" ebenfalls nicht. Die USA haben bei der Beschlussfassung über das OECD-MA und dessen Kommentar auch keinen Vorbehalt gegen dessen Definition angemeldet. Es muss deshalb angenommen werden, dass der Begriff im Rahmen des US-MA nicht anders als nach dem OECD-MA auszulegen ist (s. *Shannon,* 142). **61**

II. Deutsche DBA

1. Abkommensübersicht zu Artikel 14 Abs. 2

62

DBA	MA-Regelung: Definition des Begriffs „freier Beruf"	Artikel	Rz.
Ägypten	≈ MA 1997	14 Abs. 2	
Albanien 2010	≈ MA 1997	14 Abs. 2	
Algerien 2007	≈ MA 1997	14 Abs. 2	
Argentinien	≈ MA 1997	14 Abs. 2	63
Armenien	s. UdSSR		
Aserbaidschan	≈ MA 1997	14 Abs. 2	
Bangladesch	≈ MA 1997	14 Abs. 2	
Belarus	≈ MA 1997	14 Abs. 2	
Belgien	≈ MA 1997	14 Abs. 2	
Bolivien	≈ MA 1997	14 Abs. 2	63
Bosnien-Herzegowina	s. Jugoslawien		
Bulgarien 2010	keine entsprechende Regelung	–	67
China	≈ MA 1997	14 Abs. 2	
Dänemark	≈ MA 1997	14 Abs. 2	
Ecuador	≈ MA 1997	14 Abs. 2	63
Elfenbeinküste	≈ MA 1997	14 Abs. 2	
Estland	≈ MA 1997	14 Abs. 2	
Finnland	≈ MA 1997	14 Abs. 2	63
Frankreich	keine entsprechende Regelung	–	67
Georgien	≈ MA 1997	14 Abs. 2	
Ghana	≈ MA 1997	14 Abs. 2	
Griechenland	keine entsprechende Regelung	–	67
Großbritannien 1964/70	keine entsprechende Regelung	-	67
Großbritannien 2010	keine entsprechende Regelung	–	67
Indien	≈ MA 1997	14 Abs. 2	63 f.
Indonesien	≈ MA 1997	14 Abs. 2	
Iran	≈ MA 1997	14 Abs. 2	

DBA	MA-Regelung: Definition des Begriffs „freier Beruf“	Artikel	Rz.
Irland 2011	keine entsprechende Regelung	–	67
Island	≈ MA 1997	14 Abs. 2	
Israel	keine entsprechende Regelung	–	67
Italien	≈ MA 1997	14 Abs. 2	
Jamaika	≈ MA 1997	14 Abs. 2	63
Japan	≈ MA 1997	14 Abs. 2	
Jugoslawien	≈ MA 1997	15 Abs. 2	
Kanada	≈ MA 1997	14 Abs. 2	
Kasachstan	≈ MA 1997	14 Abs. 2	
Kenia	≈ MA 1997	14	66
Kirgisistan	≈ MA 1997	14 Abs. 2	
Korea	≈ MA 1997	14 Abs. 2	
Kroatien	≈ MA 1997	14 Abs. 2	
Kuwait	≈ MA 1997	14 Abs. 2	
Lettland	≈ MA 1997	14 Abs. 2	
Liberia	≈ MA 1997	14 Abs. 2	
Liechtenstein 2011	keine entsprechende Regelung	–	67
Litauen	≈ MA 1997	14 Abs. 2	
Luxemburg 1958/2009	keine entsprechende Regelung	–	
Luxemburg 2012	keine entsprechende Regelung	–	67
Malaysia 2010	≈ MA 1997	14 Abs. 2	
Malta	≈ MA 1997	14 Abs. 2	
Marokko	≈ MA 1997	14 Abs. 2	
Mauritius 2011	keine entsprechende Regelung	–	67
Mazedonien 2006	≈ MA 1997	14 Abs. 2	
Mexiko 2008	≈ MA 1997	14 Abs. 2	
Moldau	s. UdSSR		
Mongolei	≈ MA 1997	14 Abs. 2	
Namibia	≈ MA 1997	14 Abs. 2	
Neuseeland	≈ MA 1997	14 Abs. 2	
Niederlande 1959/2004	keine entsprechende Regelung	–	67
Niederlande 2012 (E)	keine entsprechende Regelung	–	67
Norwegen 1991	≈ MA 1997	14 Abs. 2	
Norwegen 2013 (E)	≈ MA 1997	14 Abs. 2	
Oman 2012 (E)	≈ MA 1997	14 Abs. 2	
Österreich	≈ MA 1997	14 Abs. 2	
Pakistan	≈ MA 1997	14 Abs. 2	
Philippinen 1983	≈ MA 1997	14 Abs. 2	
Philippinen 2013	≈ MA 1997	14 Abs. 2	
Polen	≈ MA 1997	14 Abs. 2	
Portugal	≈ MA 1997	14 Abs. 2	
Rumänien	≈ MA 1997	14 Abs. 2	
Russische Föderation	≈ MA 1997	14 Abs. 2	
Sambia	≈ MA 1997	14 Abs. 2	
Schweden	≈ MA 1997	14 Abs. 2	
Schweiz	≈ MA 1997	14 Abs. 2	
Serbien	s. Jugoslawien		
Simbabwe	≈ MA 1997	14 Abs. 2	
Singapur 2004	≈ MA 1997	14 Abs. 2	
Slowakei	s. Tschechoslowakei		
Slowenien	≈ MA 1997	14 Abs. 2	

DBA	MA-Regelung: Definition des Begriffs „freier Beruf“	Artikel	Rz.
Spanien 2011	keine entsprechende Regelung	–	67
Sri Lanka	≈ MA 1997	14 Abs. 2	
Südafrika 1973	≈ MA 1997	-	67
Südafrika 2008 (E)	keine entsprechende Regelung	–	67
Syrien 2010	≈ MA 1997		
Tadschikistan	keine entsprechende Regelung		
Taiwan 2011	keine entsprechende Regelung	–	67
Thailand	keine entsprechende Regelung	–	67
Trinidad und Tobago	≈ MA 1997	14 Abs. 3	
Tschechien (E)	≈ MA 1997	14 Abs. 3	
Tschechoslowakei	≈ MA 1997	14 Abs. 2	65
Türkei 2011	≈ MA 1997	14 Abs. 2	
Tunesien	≈ MA 1997	14 Abs. 2	63
Turkmenistan	s. UdSSR		
Ukraine	≈ MA 1997	14 Abs. 2	
Ungarn 2011	keine entsprechende Regelung	–	67
Uruguay 2010	keine entsprechende Regelung	–	67
USA 1989/2006	keine entsprechende Regelung	–	67
Usbekistan	≈ MA 1997	14 Abs. 2	
UdSSR	keine entsprechende Regelung	–	67
Venezuela	≈ MA 1997	14 Abs. 2	
Vereinigte Arabische Emirate 2010	keine entsprechende Regelung	–	67
Vietnam	≈ MA 1997	14 Abs. 2	
Weißrussland	s. Belarus		
Zypern 2011	keine entsprechende Regelung	–	67

2. Erläuterungen

a) Die deutsche Fassung des MA enthält seit 1977 in der Aufzählung der typischen Berufe die **Buchsachverständigen;** die entsprechende Fassung des MA 1963 spricht dagegen an dieser Stelle von **Bücherrevisoren.** In der englischen und in der französischen Originalfassung weichen dagegen MA 1963 und MA 1977 nicht voneinander ab: beide beenden die Aufzählung mit den **accountants** bzw. **comptables.** Gemeint ist in beiden Fällen derselbe Kreis von wirtschaftsberatenden Berufen. Das *DBA Brasilien (K)* nennt den Buchprüfer; er ist mit dem Bücherrevisor identisch. Die *DBA Argentinien, Bolivien, Ecuador, Finnland, Indonesien, Jamaika* und *Tunesien* sprechen von den Angehörigen der wirtschaftsberatenden bzw. der wirtschafts- und steuerberatenden Berufe. Auch das führt sachlich zu keinem Unterschied. 63

b) **Klarstellende Bedeutung** hat die zusätzliche Aufnahme der Notare, Handelschemiker, Dentisten, Landmesser, Wirtschaftsprüfer und Steuerberater in den Katalog der freien Berufe im *DBA Brasilien (K),* der Chirurgen im *DBA Indien* und von „Tätigkeiten, die besondere fachliche Fähigkeiten erfordern“ im *DBA Türkei 1985.* Werden diese Tätigkeiten selbständig ausgeübt, würden sie auch ohne ausdrückliche Erwähnung unter die Regelung für die freien Berufe fallen. Über den Kreis der üblicherweise als freiberuflich verstandenen Tätigkeiten geht dagegen das *DBA Türkei 1985* etwas hinaus. Es dehnt den Begriff auf andere Tätigkeiten aus, die besondere fachliche Fähigkeiten erfordern. Das *DBA Türkei 2011* beinhaltet eine solche Regelung nicht. 64

Einige Abkommen enthalten eine gegenüber dem MA **gekürzte Aufzählung** der typischen freien Berufe. Das *DBA Tschechoslowakei* nennt nicht die Buchsach- 65 verständigen. Die Beispiele in den Definitionen der Abkommen sind jedoch auch hier nicht abschließend, die genannten Berufe werden demnach regelmäßig wie nach dem MA einzuordnen sein.

66 **c)** Das *DBA Kenia* zählt keine freien Berufe auf, sondern bezieht sich ausdrücklich nur auf Einkünfte aus selbständiger wissenschaftlicher, literarischer, künstlerischer, erzieherischer und unterrichtender Tätigkeit. Da die Zahlungen für die freiberufliche Tätigkeit von Ärzten, Anwälten, Ingenieuren, Architekten, Zahnärzten und Angehörigen der wirtschaftsberatenden Berufe nach diesem Abkommen als **„Geschäftsleitungsvergütungen"** unter die Vorschrift über Lizenzgebühren fallen, beschränkt sich der Regelungsbereich des Art. 14 *DBA Kenia* auf die Einkünfte aus den aufgezählten Tätigkeiten (vgl. Art. 12 Rz. 86).

67 **d)** In einer großen Anzahl der deutschen DBA findet sich **keine Definition** des Ausdrucks „freier Beruf". Die Einordnung einer bestimmten Tätigkeit muss sich hier an dem innerstaatlichen Recht des Anwendestaates orientieren (Art. 3 Abs. 2 MA), soweit sich nicht aus dem Zusammenhang – insbesondere mit den Vorschriften über die nichtselbständige Tätigkeit – etwas anderes ergibt (s. Rz. 7). Soweit das innerstaatliche Recht der Vertragsstaaten keine Definition des freien Berufs enthält, wird es aber zulässig sein, die Definition des MA als Ausdruck des international überwiegenden Verständnisses des Begriffs zugrunde zu legen.

Artikel 15. Einkünfte aus unselbständiger Arbeit

Text: OECD-Musterabkommen (OECD-MA)

1. Vorbehaltlich der Artikel 16, 18 und 19 können Gehälter, Löhne und ähnliche Vergütungen, die eine in einem Vertragsstaat ansässige Person aus unselbständiger Arbeit bezieht, nur in diesem Staat besteuert werden, es sei denn, die Arbeit wird im anderen Vertragsstaat ausgeübt. Wird die Arbeit dort ausgeübt, so können die dafür bezogenen Vergütungen im anderen Staat besteuert werden.

2. Ungeachtet des Absatzes 1 können Vergütungen, die eine in einem Vertragsstaat ansässige Person für eine im anderen Vertragsstaat ausgeübte unselbständige Arbeit bezieht, nur im erstgenannten Staat besteuert werden, wenn

a) der Empfänger sich im anderen Staat insgesamt nicht länger als 183 Tage innerhalb eines Zeitraums von zwölf Monaten, der während des betreffenden Steuerjahres beginnt oder endet, aufhält und

b) die Vergütungen von einem Arbeitgeber oder für einen Arbeitgeber gezahlt werden, der nicht im anderen Staat ansässig ist, und

c) die Vergütungen nicht von einer Betriebstätte getragen werden, die der Arbeitgeber im anderen Staat hat.

3. Ungeachtet der vorstehenden Bestimmungen dieses Artikels können Vergütungen für unselbständige Arbeit, die an Bord eines Seeschiffes oder Luftfahrzeuges, das im internationalen Verkehr betrieben wird, oder an Bord eines Schiffes, das der Binnenschifffahrt dient, ausgeübt wird, in dem Vertragsstaat besteuert werden, in dem sich der Ort der tatsächlichen Geschäftsleitung des Unternehmens befindet.

Text: Deutsche Verhandlungsgrundlage (DE-VG)

Artikel 14. Einkünfte aus unselbständiger Arbeit

(1) Vorbehaltlich der Artikel 15, 17 und 18 können Gehälter, Löhne und ähnliche Vergütungen, die eine in einem Vertragsstaat ansässige Person aus unselbständiger Arbeit bezieht, nur in diesem Staat besteuert werden, es sei denn, die Arbeit wird im anderen Vertragsstaat ausgeübt. Wird die Arbeit dort ausgeübt, so können die dafür bezogenen Vergütungen im anderen Staat besteuert werden.

(2) Ungeachtet des Absatzes 1 können Vergütungen, die eine in einem Vertragsstaat ansässige Person für eine im anderen Vertragsstaat ausgeübte unselbständige Arbeit bezieht, nur im erstgenannten Staat besteuert werden, wenn

1. der Empfänger sich im anderen Staat insgesamt nicht länger als 183 Tage innerhalb eines Zeitraums von zwölf Monaten, der während des betreffenden Steuerjahres beginnt oder endet, aufhält und

2. die Vergütungen von einem Arbeitgeber oder für einen Arbeitgeber gezahlt werden, der nicht im anderen Staat ansässig ist, und

3. die Vergütungen nicht von einer Betriebstätte getragen werden, die der Arbeitgeber im anderen Staat hat.

(3) Ungeachtet der vorstehenden Bestimmungen dieses Artikels können Vergütungen für eine an Bord eines Seeschiffs oder Luftfahrzeugs im internationalen Verkehr oder an Bord eines Schiffes im Binnenverkehr ausgeübte unselbständige Arbeit in dem Vertragsstaat besteuert werden, in dem sich der Ort der tatsächlichen Geschäftsleitung des Unternehmens befindet, das das Schiff oder Luftfahrzeug betreibt.

(4) Beiträge, die für eine in einem Vertragsstaat unselbständig tätige Person an eine in dem anderen Vertragsstaat errichtete und dort steuerlich anerkannte Einrichtung der Altersvorsorge geleistet werden, sind in dem erstgenannten Staat bei der Ermittlung des von der Person zu versteuernden Einkommens in der gleichen Weise, unter den gleichen Bedingungen und Einschränkungen zu behandeln wie Beiträge, die an eine im erstgenannten Staat steuerlich anerkannte Einrichtung der Altersvorsorge gezahlt werden, sofern die Person unmittelbar vor Aufnahme ihrer Tätigkeit nicht im erstgenannten Staat ansässig war und bereits Beiträge für sie an die Einrichtung zur Altersvorsorge entrichtet worden sind.

(5) Der Ausdruck „Einrichtung der Altersvorsorge" bedeutet

1. auf Seiten der Bundesrepublik Deutschland eine Einrichtung im Sinne des § 1 des Betriebsrentengesetzes;
2. auf Seiten *[anderer Vertragsstaat]* … .

(6) Als steuerliche Begünstigung im Sinne des Absatzes 4 gilt

1. auf Seiten der Bundesrepublik Deutschland eine Freistellung der geleisteten Beiträge nach § 3 Nummer 63 des Einkommensteuergesetzes;
2. auf Seiten *[anderer Vertragsstaat]* … .

Text: US-Musterabkommen (US-MA)

1. Vorbehaltlich der Artikel 15 (Aufsichtsrats- und Verwaltungsvergütungen), 17 (Ruhegehälter, Rentenpflichtversicherung, Renten, Alimente und Kinderunterhalt) und 19 (Öffentlicher Dienst) können Gehälter, Löhne und andere Vergütungen, die eine in einem Vertragsstaat ansässige Person aus unselbständiger Arbeit bezieht, nur in diesem Staat besteuert werden, es sei denn, die Arbeit wird im anderen Vertragsstaat ausgeübt. Wird die Arbeit dort ausgeübt, so können die dafür bezogenen Vergütungen im anderen Staat besteuert werden.

2. Ungeachtet des Absatzes 1 können Vergütungen, die eine in einem Vertragsstaat ansässige Person für eine im anderen Vertragsstaat ausgeübte unselbständige Arbeit bezieht, nur im erstgenannten Staat besteuert werden, wenn

a) der Empfänger sich im anderen Staat insgesamt nicht länger als 183 Tage innerhalb eines Zeitraumes von 12 Monaten, der während des betreffenden Steuerjahres beginnt oder endet, aufhält und
b) die Vergütungen von einem Arbeitgeber oder für einen Arbeitgeber gezahlt werden, der nicht im anderen Staat ansässig ist, und
c) die Vergütungen nicht von einer Betriebstätte oder einer festen Einrichtung getragen werden, die der Arbeitgeber im anderen Staat hat.

3. Ungeachtet der vorstehenden Bestimmungen dieses Artikels können die in Absatz 1 beschriebenen Vergütungen, die eine in einem Vertragsstaat ansässige Person als Mitglied der regulären Besatzung eines Seeschiffes oder Luftfahrzeuges, das im internationalen Verkehr betrieben wird, bezieht, nur in diesem Staat besteuert werden.

Inhalt

1 **Literatur:** *Bellstedt,* Geschäftsführer und Vorstände im Internationalen Steuerrecht (1996); *Djanani/Brähler/Lösel,* Arbeitnehmerentsendung in die USA (2005); *Dziurdz,* Kurzfristige Arbeitnehmerüberlassung im Internationalen Steuerrecht (2013); *Förster,* Praxis der Besteuerung von Auslandsbeziehungen, 2. Aufl. (2003), S. 308 ff.; *Gassner/Lang/Lechner/Schude/Staringer* (Hrsg.), Arbeitnehmer im Recht der Doppelbesteuerungsabkommen (2003); *Hansen,* in Lang, u. a. (Hrsg.), Tax Treaty Case Law around the Globe – 2011, 2011, 323; *Hohenwarter/Metzler (Hrsg.),* Taxation of Employment Income in International Tax Law (2009); *Jann,* Die 183-Tage-Regel; *Lang/Zieseritsch,* in Gassner et al., Arbeitnehmer im Recht der Doppelbesteuerungsabkommen (2003), S. 31; *Lechner,* in Gassner/Lang/Lechner, Neuerungen im

Internationalen Steuerrecht – OECD-Musterabkommen 1992 (1994), S. 221 Arbeitskräfteüberlassung, S. 230 ff.; *Mössner,* in Gassner et al. (Hrsg.), Arbeitnehmer im Recht der Doppelbesteuerungsabkommen (2003), 13; *Niermann,* Grenzüberschreitende Mitarbeiterentsendung (2008); *OECD,* (Hrsg.), Taxation and Employment (2011); *Peeters,* Article 15 of the OECD Model Convention on „Income from Employment" and its Undefined Terms, European Taxation (2004), S. 72; *Pötgens,* Income from International Private Employment (2007); *Prokisch,* in Mössner (ed.), Taxation of Workers in Europe, EATLP International Tax Series Vol. 6 2010, S. 51 ff.; *Reimer,* Der Ort des Unterlassens (2004); *Reinhold,* Besteuerungsfragen bei internationaler Personalentsendung (2010); *Steinhäuser,* Internationale Aspekte der Besteuerung von Arbeitnehmerabfindungen (2003); *Sutter/Burgstaller,* in Gassner et al. (Hrsg.), Arbeitnehmer im Recht der Doppelbesteuerungsabkommen (2003), S. 49; *Tumpel/Stangl,* in Gassner et al. (Hrsg.), Arbeitnehmer im Recht der Doppelbesteuerungsabkommen (2003), S. 107; *Vanhaute,* Het nieuwe Belgisch-Nederlands dubblebelastingsverdrag (2008); *Vögele/Borstell/Engler,* Handbuch der Verrechnungspreise (2011); *Waldburger,* in Lang/Pistone/Schuch/Staringer (eds.), Source versus Residence (2008), S. 185; *Wellisch/Näth/Thiele,* Vergütung bei internationalen Mitarbeiterentsendungen (2006); *Zehentner/Dupal,* in Gassner et al. (Hrsg.), Arbeitnehmer im Recht der Doppelbesteuerungsabkommen (2003), S. 129.

Text: OECD-Kommentar (MA-Kommentar)[1]

Absätze 1 und 2

1. [Allgemeiner Grundsatz für die Besteuerung der Einkünfte aus unselbständiger Arbeit] *Absatz 1 enthält den allgemeinen Grundsatz für die Besteuerung der Einkünfte aus unselbständiger Arbeit (ausgenommen Ruhegehälter), wonach solche Einkünfte in dem Staat besteuert werden, in dem die unselbständige Arbeit tatsächlich ausgeübt wird.* **[ab 22.7.2010:** *The issue of whether or not services are provided in the exercise of an employment may sometimes give rise to difficulties which are discussed in paragraphs 8.1 ff.*] *Unselbständige Arbeit wird dort ausgeübt, wo der Angestellte zu dem Zeitpunkt körperlich anwesend ist, an dem er die Tätigkeit ausführt, für die er die Vergütung für unselbständige Arbeit bezieht. Das hat insbesondere zur Folge, dass eine in einem Vertragsstaat ansässige Person, die eine Vergütung für unselbständige Arbeit aus Quellen innerhalb des anderen Staates bezieht, in diesem anderen Staat mit dieser Vergütung nicht schon deshalb besteuert werden kann, weil ihre Arbeit in diesem anderen Staat verwertet worden ist.*

2. [Ausnahmen von der allgemeinen Regel] *Ausnahmen von dieser allgemeinen Regel bestehen nur für Ruhegehälter (Artikel 18) sowie Vergütungen und Ruhegehälter im öffentlichen Dienst (Artikel 19). Vergütungen, die Mitglieder des Aufsichtsrats von Gesellschaften beziehen und die kein Arbeitseinkommen darstellen, sind Gegenstand des Artikels 16.*

2.1 [Sachzuwendungen] *Die Mitgliedstaaten haben den Ausdruck „Gehälter, Löhne und ähnliche Vergütungen" allgemein so verstanden, dass er auch Sachzuwendungen für unselbständige Arbeit einschließt (z. B. Aktienoptionen, Nutzung eines Wohnhauses oder Kraftfahrzeugs, Kranken- oder Lebensversicherungsschutz und Vereinsmitgliedschaften).*

2.2 [Zeitpunkt der Quellenbesteuerung] *Der Artikel setzt für die Besteuerung im Quellenstaat voraus, dass die Gehälter, Löhne oder ähnlichen Vergütungen aus der Ausübung einer unselbständigen Arbeit in diesem Staat bezogen werden. Die gilt unabhängig davon, zu welchem Zeitpunkt diese Vergütungen dem Arbeitnehmer gezahlt oder gutgeschrieben oder anderweitig endgültig von ihm erworben werden.*

---

[1] Vor dem Jahr 2000 bezog sich die Überschrift des Artikels 15 auf unselbständige Arbeit im Gegensatz zu der Überschrift des Artikels 14, die sich auf selbständige Arbeit bezog. Als Ergebnis der Streichung des letzteren Artikels wurde die Überschrift des Artikels 15 in „Einkünfte aus nichtselbständiger Arbeit" abgeändert, eine Bezeichnung, die häufiger gebraucht wird, um die Tätigkeiten zu umschreiben, auf die der Artikel Anwendung findet. Es ist nicht beabsichtigt, dass diese Änderung in irgendeiner Weise den Geltungsbereich des Artikels berührt.

[ab 15.7.2014:]

2.3 *In some cases, it may be difficult to determine which part of salaries, wages and other similar remuneration paid to an individual is derived from the exercise of employment in a given State. Paragraphs 12.6 to 12.13 below address this issue with respect to the granting of stock-options to an employee who exercises his employment in different States. The issue may also arise in the case of payments made after the termination of employment. Such payments may raise tax treaty issues in different cross-border situations, including cases where such payments are made to cross-border workers, to employees who have worked in a number of different countries during their career or to employees who have been sent to work abroad and are repatriated shortly before their employment is terminated. Regardless of the terminology used to describe these payments, it is essential to identify the real consideration for each such payment on the basis of the facts and circumstances of each case in order to determine whether the payment constitutes „salaries, wages or other similar remuneration" and the extent to which the payment, or part thereof, may be considered to derive from the exercise of employment in a given State. The following paragraphs discuss these questions with respect to different types of payments that are often made following the termination of employment.*

2.4 *Any remuneration paid after the termination of employment for work done before the employment was terminated (e.g. a salary or bonus for the last period of work or commissions for sales made during that period) will be considered to be derived from the State in which the relevant employment activities were exercised.*

2.5 *A payment made with respect to unused holidays/sick days that accrued during the last year of employment is part of the remuneration for the period of work that generated the holiday or sick leave entitlement. An employee may also be entitled, at the end of employment, to the payment for holidays and sick days related to a number of previous years that were unused during these years. Absent facts and circumstances showing otherwise, a payment received after termination of employment as compensation for holidays and sick days related to previous years that were unused during these years should be considered to have been a benefit for which the employee was entitled for the last 12 months of employment, allocated on a pro-rated basis to where the employment was exercised during that period. One situation where a different conclusion would be justified would be where it would be established, on the basis of the taxpayer's employment records, that these holidays and sick days clearly relate to specific periods of past employment and that the payment constitutes remuneration for these periods of employment. States should take account, however, of the fact that the former employee may have been previously taxed on these holidays and sick days at the time of their accrual. Assume, for instance, that under a State's domestic tax law, holidays and sick days granted with respect to periods of work performed on the territory of that State are treated as a benefit taxable during the fiscal year during which the relevant work was performed and are taxed accordingly. In such a case, the State of residence of the former employee at the time of the subsequent payment with respect to the holidays/sick days would need to provide relief of double taxation for such tax and any State in which the former employee may have worked during his last year of employment should similarly consider that any payment for previous years' unused holiday/sick days that were already taxed on an accrual basis did not relate to employment activities exercised during the last year.*

2.6 *In some cases, the employer is required (by law or by contract) to provide an employee with a period of notice before terminating employment. If the employee is told not to work during the notice period and is simply paid the remuneration for that period, such remuneration is clearly received by virtue of the employment and therefore constitutes remuneration „derived therefrom" for the purposes of paragraph 1. The remuneration received in such a case should be considered to be derived from the State where it is reasonable to assume that the employee would have worked during the period of notice. The determination of where it is reasonable to assume that the employee would have worked during the period of notice should be based on all facts and circumstances. In most cases it will be the last location where the* *employee worked for a substantial period of time before the employment was terminated; also, it would clearly be inappropriate to take account of a prospective employment period in a State where the employee might have been expected to work but did not, in fact, perform his employment for a substantial period of time.*

2.7 *A different situation is that of a severance payment (also referred to as a „redundancy payment") which an employer is required (by law or by contract) to make to an employee whose employment has been terminated. Such a payment is often, but not always, calculated by reference to the period of past employment with the employer. Absent facts and circumstances indicating otherwise, such a severance payment should be considered to be remuneration covered by the Article for the last 12 months of employment, allocated on a pro-rated basis to where the employment was exercised during that period; as such it constitutes remuneration derived from that employment for the purposes of the last sentence of paragraph 1.*

2.8 *An individual whose employment is terminated may have legal grounds to claim that the employment was terminated in violation of the contract of employment, the law or a collective agreement; there may also be other legal grounds for claiming damages depending on the circumstances of the termination. This individual may receive a judicial award or settlement as damages for breach of the relevant contractual or legal obligations. The tax treaty treatment will depend on what the damage award seeks to compensate. For instance, damages granted because an insufficient period of notice was given or because a severance payment required by law or contract was not made should be treated like the remuneration that these damages replace. Punitive damages or damages awarded on grounds such as discriminatory treatment or injury to one's reputation should, however, be treated differently; these payments would typically fall under Article 21.*

2.9 *Under the provisions of an employment contract or of a settlement following the termination of an employment, a previous employee may receive a payment in consideration for an obligation not to work for a competitor of his ex-employer. This obligation is almost always time-limited and often geographically-limited. Whilst such a payment is directly related to the employment and is therefore „remuneration ... derived in respect of an employment", it would not, in most circumstances, constitute remuneration derived from employment activities performed before the termination of the employment. For that reason, it will usually be taxable only in the State where the recipient resides at the time the payment is received. Where, however, such a payment made after the termination of employment is in substance remuneration for activities performed during the employment (which might be the case where, for example, the obligation not to compete has little or no value for the ex-employer), the payment should be treated in the same way as remuneration received for the work performed during the relevant period of employment. Also, in some States, part of an employee's monthly salary during employment constitutes consideration for an obligation not to work for a competitor during a certain period of time after termination of the employment so that no separate payment for non-competition is made after the termination of the employment; in such a case, the guidance in the first part of this paragraph is not applicable and the part of the remuneration received during the employment that is attributable to that obligation should be treated in the same way as the rest of that remuneration.*

2.10 *As explained in paragraphs 4 to 6 of the Commentary on Article 18, various payments may be made after the termination of an employment with respect to pension contributions or pension entitlements of the former employee. According to paragraph 6 of that Commentary, „[w]hether a particular payment is to be considered as other remuneration similar to a pension or as final remuneration for work performed falling under Article 15 is a question of fact". The paragraph gives the example of a „[r]eimbursement of pension contributions (e.g. after temporary employment)" as a payment that would not be covered by Article 18. To the extent that such a reimbursement of contributions would constitute additional remuneration for previous employment that results from the termination of the employment, it would* *covered by Article 15 and should be viewed as deriving from the State where the employment was exercised when the employment was terminated.*

2.11 *Payments may be made after the termination of employment pursuant to various deferred remuneration arrangements. Such a payment should be treated as remuneration covered by Article 15 and, to the extent that it can be associated to a specific period of past employment in a given State, it should be considered to be derived from the employment activities exercised in that State. Since many States would not allow the deferral of tax on employment remuneration even if the payment of that remuneration is deferred, it will be important for States that will tax deferred remuneration payments received after the termination of employment to ensure that double taxation is relieved.*

2.12 *Various payments may be made after the termination of an employment on account of incentive compensation in general and stock-options in particular. Whilst the treaty treatment of each such payment will depend on its own characteristics, the principles put forward in paragraphs 12 to 12.15, which deal specifically with stock-options, will assist in dealing with other forms of incentive compensation.*

2.13 *An employee may be entitled to medical or life insurance coverage for a certain period after termination of his/her employment. He/she may also be entitled to other benefits, such as the services of an employment consultant or agency. Absent facts and circumstances indicating otherwise, such benefits should be considered to be remuneration covered by the Article which is derived from the State where the employment was exercised when the employment was terminated (and when, therefore, the obligation to pay these benefits arose).*

2.14 *Another type of payment that could be made on or after termination of an employment is a compensation payment for loss of future earnings following injury or disability suffered during the course of employment. The tax treaty treatment of such a payment would depend on the legal context in which it was made. For instance, payments under a social security system such as a worker's compensation fund could fall under Articles 18, 19 or 21 (see paragraph 24 of the Commentary on Article 18). A payment that would constitute a pension payment would be covered by Article 18. A payment made because the employee has legal grounds for claiming damages from his employer with respect to a work-related sickness or injury would typically fall under Article 21. A payment made by the employer pursuant to the terms of the employment contract even though the sickness or injury is not work-related or the employer is not responsible for that sickness or injury should be dealt with in the same way as a severance payment: absent facts and circumstances indicating otherwise, such a payment should be considered to be remuneration covered by the Article for the last 12 months of employment, allocated on a pro-rated basis to where the employment was exercised during that period. A short-term disability payment made in the course of employment, however, should be treated in the same way as the payment of sick days during the course of employment; such a payment would be covered by Article 15 (Article 17 in the case of entertainers and sportspersons) and taxable in the State in which the employee normally exercised the employment before becoming sick or being injured.*

2.15 *After termination of employment, a salesperson may receive a payment in relation to the loss of future commissions. The tax treaty treatment of such a payment will depend on the legal context in which the payment is made. Depending on the circumstances, this payment could constitute deferred remuneration to which the salesperson was entitled in relation to previous sales or could be made pursuant to a provision of the employment contract according to which the salesperson has a right to commissions on any future sales to a client that the salesperson brought to the employer; in both cases, the payment should be dealt with as remuneration for the employment services that gave rise to the entitlement to the commissions. A payment that would constitute a compensation for future commissions that the salesperson would likely have earned if she had continued to work for the same employer may also consti-*

tute a compensation for unlawful dismissal or a form of severance payment; where that is the case, the payment should be dealt with accordingly.

2.16 *As part of a transitional arrangement leading to the termination of employment, an employee may receive a full or reduced salary for a period during which that employee will not work. Where the salary is paid by the employer for a period during which the employee is not required to work even though the employment has not been terminated, the salary is still received by virtue of the employment and therefore constitutes remuneration „derived therefrom" for the purposes of paragraph 1. The remuneration received in such a case should be considered to be derived from the State where it is reasonable to assume that the employee would have worked during that period, which will most often be the State where the employment activities were performed before the cessation of work.*

3. [Allgemeine Ausnahme von der Regel des Absatzes 1] *Absatz 2 enthält jedoch eine allgemeine Ausnahme von der Regel des Absatzes 1. Sie gilt für alle Personen, die Dienstleistungen im Rahmen einer unselbständigen Tätigkeit erbringen (z. B. Verkäufer, Montagepersonal, Ingenieure usw.), soweit ihre Vergütungen nicht unter andere Artikel fallen, wie die über die Vergütungen im öffentlichen Dienst oder die Künstler und Sportler.*

4. [Drei Voraussetzungen der Ausnahmeregelung] *Die Vergütungen sind nur dann befreit, wenn die in diesem Absatz vorgeschriebenen drei Voraussetzungen erfüllt sind. Erste Voraussetzung ist der für die Befreiung geltende Höchstzeitraum von 183 Tagen. Es wird ferner verlangt, dass dieser Zeitraum „innerhalb eines Zeitraums von 12 Monaten, der während des betreffenden Steuerjahres beginnt oder endet" nicht überschritten werden darf. Das weicht von den Abkommensmuster 1963 und von 1977 ab, nach denen der Zeitraum von 183 Tagen „während des betreffenden Steuerjahres" nicht überschritten werden durfte; diese Formulierung konnte zu Schwierigkeiten führen, wenn die Steuerjahre der Vertragsstaaten nicht übereinstimmten, und eröffnete die Möglichkeit, dass durch einen entsprechend geplanten Einsatz sich Arbeitnehmer die letzten* $5^1/_2$ *Monate eines Jahres und die ersten* $5^1/_2$ *Monate des folgenden Jahres in dem betreffenden Staat aufhielten. Der jetzige Wortlaut von Absatz 2 Buchstabe a beseitigt solche Möglichkeiten zur Steuerumgehung. Bei der Anwendung dieser Fassung sind alle möglichen Zeiträume von zwölf aufeinander folgenden Monaten in Betracht zu ziehen, auch Zeiträume, die sich mit anderen teilweise überschneiden. Wenn ein Arbeitnehmer sich z. B. vom 1. April des Jahres 01 bis zum 31. März des Jahres 02 150 Tage in einem Staat aufhält, sich dort aber zwischen dem 1. August 01 und dem 31. Juli 02 210 Tage aufhält, wird er sich innerhalb des zweiten genannten Zeitraums von zwölf Monaten länger als 183 Tage dort aufgehalten haben, obwohl er das Kriterium des Mindestaufenthalts in dem ersten in Betracht gezogenen Zeitraums nicht erfüllt hat und sich dieser Zeitraum teilweise mit dem zweiten überschneidet.*

[ab 15.7.2014:]

4.1 *The reference to the "fiscal year concerned" must be interpreted as a reference to a fiscal year of the Contracting State in which a resident of the other Contracting State has exercised his employment and during which the relevant employment services have been rendered. Assume, for example, that the fiscal year of State S runs from 1 January to 31 December and that a resident of State R is present and performs employment services in State S between 1 August 00 and 28 February 01. For the purposes of subparagraph 2 a), any twelve month period that begins between 1 January and 31 December 00 or ends between 1 January and 31 December 01 and that includes any part of the period of employment services would be relevant. For instance, the twelve month period of 1 August 00 to 31 July 01, which begins in the fiscal year 00 and during which the person was present in State S for more than 183 days, would include the employment services rendered in that State between 1 August and 31 December 00; similarly, the twelve month period of 1 March 00 to 28 February 01, which ends in the fiscal year 01 and during which the person was present in State S for more than 183 days, would include the employment services rendered in that State* *between 1 January and 28 February 01. The taxation of the remuneration for the relevant services need not take place in the fiscal year concerned: as explained in paragraph 2.2 above and 12.1 below, the Article allows a State to tax the remuneration derived from employment exercised in that State in a particular year even if the remuneration for these employment services is acquired, or the tax is levied, in a different year.*

5. [Berechnung des Zeitraums von 183 Tagen] *Während in den Mitgliedsländern zur Berechnung des Zeitraums von 183 Tagen unterschiedliche Zählweisen benutzt wurden, ist mit dem Wortlaut der Bestimmung nur eine einzige Zählweise vereinbar, nämlich die Zählung nach den „Tagen physischer Anwesenheit". Diese Zählweise ist einfach, da die Person in einem Lande entweder anwesend ist oder nicht anwesend ist. Die Anwesenheit ist ferner vom Steuerpflichtigen verhältnismäßig leicht darzutun, wenn die Steuerbehörden ihn zum Nachweis auffordern. Bei dieser Zählweise werden folgende Tage mitgezählt: Tage bloßer Teilanwesenheit, der Ankunftstag, der Abreisetag und alle übrigen Tage des Aufenthalts im Tätigkeitsstaat wie Samstage und Sonntage, öffentliche Feiertage, Ferientage (vgl. Ziffer 6) vor, während und nach der Tätigkeit, kurze Arbeitsunterbrechungen (Ausbildung, Streiks, Aussperrungen, Ausbleiben von Zulieferungen), Krankheitstage (außer wenn sie der Abreise der Person entgegenstehen und sie sonst die Voraussetzungen für die Befreiung erfüllt hätte) und Arbeitsunterbrechungen aus Anlass des Todes oder einer Krankheit in der Familie. Die folgenden Tage werden nicht mitgezählt: Der Transit zwischen zwei Orten außerhalb des Tätigkeitsstaates, außerhalb des Tätigkeitsstaates verbrachte Urlaubstage und kurze Unterbrechungen, die (aus welchen Gründen auch immer) außerhalb des Tätigkeitsstaates zugebracht werden. Ein Tag, an dem der Steuerpflichtige sich, wie kurz auch immer, in einem Vertragsstaat aufhält, zählt als Anwesenheitstag. In diesem Staat bei der Berechnung des Zeitraums von 183 Tagen.*

5.1 [Tage der Ansässigkeit im Quellenstaat] *Tage, an denen der Steuerpflichtige im Quellenstaat ansässig ist, sollten allerdings bei der Berechnung nicht berücksichtigt werden. Buchstabe a muss im Zusammenhang mit dem ersten Teil des Absatzes 2 gelesen werden, der „Vergütungen, die eine in einem Vertragsstaat ansässige Person für eine im anderen Vertragsstaat ausgeübte unselbständige Tätigkeit bezieht," betrifft und daher nicht auf eine Person anwendbar ist, die in demselben Staat ansässig ist und arbeitet. Die Worte „der Empfänger hält sich auf" in Buchstabe a beziehen sich auf den Empfänger dieser Vergütung. Während eines Zeitraums der Ansässigkeit im Quellenstaat kann man nicht davon sprechen, dass eine Person Empfängerin einer Vergütung ist, die eine in einem Vertragsstaat ansässige Person für eine im anderen Vertragsstaat ausgeübte unselbständige Arbeit erzielt. Die folgenden Beispiele verdeutlichen diese Schlussfolgerung.*

> ***Beispiel 1:*** *Von Januar 01 bis Dezember 01 lebt X im Staat Q und ist in diesem Staat ansässig. Am 1. Januar 02 wird von einem Arbeitgeber, der im Staat W ansässig ist, eingestellt und zieht in den Staat W, wo er ansässig wird. In der Folgezeit wird X vom 15. bis 31. März 02 von seinem Arbeitgeber in den Staat Q entsandt. In diesem Fall hält sich X zwischen dem 1. April 01 und dem 31. März 02 292 Tage im Staat Q auf. Da er aber zwischen dem 1. April 01 und dem 31. Dezember 01 in Staat Q ansässig war, kann dieser erste Zeitraum für die Berechnung der in Buchstabe a genannten Zeiträume nicht berücksichtigt werden.*

> ***Beispiel 2:*** *Vom 15. bis 31. Oktober 01 hält sich Y, der im Staat W ansässig ist, im Staat Q auf, um dort die Erweiterung der Geschäftstätigkeiten der ACO, die ebenfalls im Staat W ansässig ist, vorzubereiten. Am 1. Mai 02 zieht Y in den Staat Q, wo er ansässig wird und als Geschäftsführer einer neu gegründeten im Staat Q ansässigen Tochtergesellschaft von ACO arbeitet. In diesem Fall hält sich Y zwischen dem 15. Oktober 01 und dem 14. Oktober 02 184 Tage im Staat Q auf. Da er aber zwischen dem 1. Mai und dem 14. Oktober 02 im Staat Q ansässig ist, wird dieser letztere Zeitraum für die Berechnung der in Buchstabe a genannten Zeiträume nicht berücksichtigt.*

6. [Keine Ansässigkeit des Arbeitgebers im Ausübungsstaat] *Zweite Voraussetzung ist, dass der die Vergütung zahlende Arbeitgeber nicht in dem Staat ansässig sein darf, in dem die Arbeit ausgeübt wird. Mitgliedstaaten können es als unangemessen ansehen, dass die Ausnahme des Absatzes 2 auf Fälle erstreckt wird, in denen der Arbeitgeber nicht im Ansäs-*

sigkeitsstaat des Arbeitnehmers ansässig ist, da es dann verwaltungsmäßig schwierig sein kann, das Einkommen des Arbeitnehmers aus seiner Arbeit festzustellen oder die Pflicht zum Steuerabzug beim Arbeitgeber durchzusetzen. Mitgliedstaaten, die diese Auffassung teilen, können zweiseitig die folgende Fassung des Absatzes 2 Buchstabe b vereinbaren:

„b) die Vergütungen von einem Arbeitgeber oder für einen Arbeitgeber gezahlt werden, der in dem erstgenannten Staat ansässig ist, und“.

***6.1 [Besonderheiten bei transparenten Personengesellschaften]** Die Anwendung der zweiten Voraussetzung bereitet im Fall von transparenten Personengesellschaften Schwierigkeiten, da solche Personengesellschaften nach Artikel 4 nicht die Merkmale einer ansässigen Personen erfüllen können (siehe Ziffer 8.2 des Kommentars zu Artikel 4). Obwohl klar ist, dass man eine Personengesellschaft als Arbeitgeber ansehen könnte (insbesondere nach den innerstaatlichen Definitionen dieses Ausdrucks in einigen Ländern, z. B. wo ein Arbeitgeber als Person definiert wird, die zum Lohnsteuerabzug verpflichtet ist), würde die Anwendung der Voraussetzung auf der Ebene der Personengesellschaft ohne Rücksicht auf die Lage der Gesellschafter die Voraussetzung völlig bedeutungslos machen.*

***6.2 [Anwendung auf der Ebene der Gesellschafter bei transparenten Personengesellschaften]** Sinn und Zweck der Buchstaben b und c des Absatzes 2 liegen darin, die Quellenbesteuerung bei kurzfristiger Arbeitsausübung zu vermeiden, soweit die Arbeitseinkünfte im Quellenstaat nicht als Betriebsausgaben abgezogen werden können, da der Arbeitgeber in diesem Staat nicht der Steuer unterliegt, weil er weder eine dort ansässige Person ist noch dort eine Betriebstätte unterhält. Diese Buchstaben können auch dadurch gerechtfertigt werden, dass die Auferlegung einer Verpflichtung zum Abzug an der Quelle für eine kurzfristige Arbeitsausübung in einem bestimmten Staat eine zu starke Verwaltungsbelastung darstellt, wenn der Arbeitgeber in diesem Staat weder ansässig ist noch eine Betriebstätte unterhält. Um zu einer sinnvollen mit Zusammenhang und Zweck in Einklang stehenden Auslegung des Buchstabens b zu gelangen, sollte daher angenommen werden, dass er im Falle einer transparenten Personengesellschaft auf der Ebene der Gesellschafter Anwendung findet. Daher sind die Begriffe des Arbeitgebers und der ansässigen Person, wie sie sich in Buchstabe b finden, auf der Ebene der Gesellschafter anstatt auf der Ebene der steuerlich transparenten Personengesellschaft anzuwenden. Dieser Ansatz entspricht demjenigen, nach dem andere Bestimmungen des Steuerabkommens auf der Ebene der Gesellschafter statt auf der Ebene der Gesellschaft anzuwenden sind. Wenn diese Auslegung auch Schwierigkeiten bereiten könnte, falls die Gesellschafter in verschiedenen Staaten ansässig sind, könnten solche Schwierigkeiten im Verständigungsverfahren gelöst werden, indem z. B. der Staat als maßgebend bestimmt wird, in dem die Gesellschafter, die die Mehrheit der Anteile an der Personengesellschaft halten, ansässig sind.*

[ab 22.7.2010:]

7. Under the third condition, if the employer has a permanent establishment in the State in which the employment is exercised, the exemption is given on condition that the remuneration is not borne by that permanent establishment. The phrase „borne by“ must be interpreted in the light of the underlying purpose of subparagraph c) of the Article, which is to ensure that the exception provided for in paragraph 2 does not apply to remuneration that could give rise to a deduction, having regard to the principles of Article 7 and the nature of the remuneration, in computing the profits of a permanent establishment situated in the State in which the employment is exercised.

***7.1.** The fact that the employer has, or has not, actually claimed a deduction for the remuneration in computing the profits attributable to the permanent establishment is not necessarily conclusive since the proper test is whether any deduction otherwise available with respect to that remuneration should be taken into account in determining the profits attributable to the permanent establishment. That test would be met, for instance, even if no amount were actually deducted as a result of the permanent establishment being exempt from tax in the* *source country or of the employer simply deciding not to claim a deduction to which he was entitled. The test would also be met where the remuneration is not deductible merely because of its nature (e.g. where the State takes the view that the issuing of shares pursuant to an employee stock-option does not give rise to a deduction) rather than because it should not be allocated to the permanent establishment.*

7.2. *For the purpose of determining the profits attributable to a permanent establishment pursuant to paragraph 2 of Article 7, the remuneration paid to an employee of an enterprise of a Contracting State for employment services rendered in the other State for the benefit of a permanent establishment of the enterprise situated in that other State may, given the circumstances, either give rise to a direct deduction or give rise to the deduction of a notional charge, e.g. for services rendered to the permanent establishment by another part of the enterprise. In the latter case, since the notional charge required by the legal fiction of the separate and independent enterprise that is applicable under paragraph 2 of Article 7 is merely a mechanism provided for by that paragraph for the sole purpose of determining the profits attributable to the permanent establishment, this fiction does not affect the determination of whether or not the remuneration is borne by the permanent establishment.*

8. *There is a direct relationship between the principles underlying the exception of paragraph 2 and Article 7. Article 7 is based on the principle that an enterprise of a Contracting State should not be subjected to tax in the other State unless its business presence in that other State has reached a level sufficient to constitute a permanent establishment. The exception of paragraph 2 of Article 15 extends that principle to the taxation of the employees of such an enterprise where the activities of these employees are carried on in the other State for a relatively short period. Subparagraphs b) and c) make it clear that the exception is not intended to apply where the employment services are rendered to an enterprise the profits of which are subjected to tax in a State either because it is carried on by a resident of that State or because it has a permanent establishment therein to which the services are attributable.*

8.1. *It may be difficult, in certain cases, to determine whether the services rendered in a State by an individual resident of another State, and provided to an enterprise of the first State (or that has a permanent establishment in that State), constitute employment services, to which Article 15 applies, or services rendered by a separate enterprise, to which Article 7 applies or, more generally, whether the exception applies. While the Commentary previously dealt with cases where arrangements were structured for the main purpose of obtaining the benefits of the exception of paragraph 2 of Article 15, it was found that similar issues could arise in many other cases that did not involve tax-motivated transactions and the Commentary was amended to provide a more comprehensive discussion of these questions.*

8.2. *In some States, a formal contractual relationship would not be questioned for tax purposes unless there were some evidence of manipulation and these States, as a matter of domestic law, would consider that employment services are only rendered where there is a formal employment relationship.*

8.3. *If States where this is the case are concerned that such approach could result in granting the benefits of the exception provided for in paragraph 2 in unintended situations (e.g. in so-called „hiring-out of labour" cases), they are free to adopt bilaterally a provision drafted along the following lines:*

Paragraph 2 of this Article shall not apply to remuneration derived by a resident of a Contracting State in respect of an employment exercised in the other Contracting State and paid by, or on behalf of, an employer who is not a resident of that other State if:

a) the recipient renders services in the course of that employment to a person other than the employer and that person, directly or indirectly, supervises, directs or controls the manner in which those services are performed; and

b) those services constitute an integral part of the business activities carried on by that person.

8.4. *In many States, however, various legislative or jurisprudential rules and criteria (e.g. substance over form rules) have been developed for the purpose of distinguishing cases where services rendered by an individual to an enterprise should be considered to be rendered in an employment relationship (contract of service) from cases where such services should be considered to be rendered under a contract for the provision of services between two separate enterprises (contract for services). That distinction keeps its importance when applying the provisions of Article 15, in particular those of subparagraphs 2 b) and c). Subject to the limit described in paragraph 8.11 and unless the context of a particular convention requires otherwise, it is a matter of domestic law of the State of source to determine whether services rendered by an individual in that State are provided in an employment relationship and that determination will govern how that State applies the convention.*

8.5. *In some cases, services rendered by an individual to an enterprise may be considered to be employment services for purposes of domestic tax law even though these services are provided under a formal contract for services between, on the one hand, the enterprise that acquires the services, and, on the other hand, either the individual himself or another enterprise by which the individual is formally employed or with which the individual has concluded another formal contract for services.*

8.6. *In such cases, the relevant domestic law may ignore the way in which the services are characterized in the formal contracts. It may prefer to focus primarily on the nature of the services rendered by the individual and their integration into the business carried on by the enterprise that acquires the services to conclude that there is an employment relationship between the individual and that enterprise.*

8.7. *Since the concept of employment to which Article 15 refers is to be determined according to the domestic law of the State that applies the convention (subject to the limit described in paragraph 8.11 and unless the context of a particular convention requires otherwise), it follows that a State which considers such services to be employment services will apply Article 15 accordingly. It will, therefore, logically conclude that the enterprise to which the services are rendered is in an employment relationship with the individual so as to constitute his employer for purposes of subparagraph 2 b) and c). That conclusion is consistent with the object and purpose of paragraph 2 of Article 15 since, in that case, the employment services may be said to be rendered to a resident of the State where the services are performed.*

8.8. *As mentioned in paragraph 8.2, even where the domestic law of the State that applies the Convention does not offer the possibility of questioning a formal contractual relationship and therefore does not allow the State to consider that services rendered to a local enterprise by an individual who is formally employed by a non-resident are rendered in an employment relationship (contract of service) with that local enterprise, it is possible for that State to deny the application of the exception of paragraph 2 in abusive cases.*

8.9. *The various approaches that are available to States that want to deal with such abusive cases are discussed in the section Improper use of the Convention in the Commentary on Article 1. As explained in paragraph 9.4 of that Commentary, it is agreed that States do not have to grant the benefits of a tax convention where arrangements that constitute an abuse of the Convention have been entered into. As noted in paragraphs 9.5 of that Commentary, however, it should not be lightly assumed that this is the case (see also paragraph 22.2 of that Commentary).*

8.10. *The approach described in the previous paragraphs therefore allows the State in which the activities are exercised to reject the application of paragraph 2 in abusive cases and in cases where, under that State's domestic law concept of employment, services rendered to a local enterprise by an individual who is formally employed by a non-resident are rendered in an employment relationship (contract of service) with that local enterprise. This approach ensures that relief of double taxation will be provided in the State of residence of the individual even if that State does not, under its own domestic law, consider that there is an employment relationship between the* *individual and the enterprise to which the services are provided. Indeed, as long as the State of residence acknowledges that the concept of employment in the domestic tax law of the State of source or the existence of arrangements that constitute an abuse of the Convention allows that State to tax the employment income of an individual in accordance with the Convention, it must grant relief for double taxation pursuant to the obligations incorporated in Articles 23A and 23B (see paragraphs 32.1 to 32.7 of the Commentary on these articles). The mutual agreement procedure provided by paragraph 1 of Article 25 will be available to address cases where the State of residence does not agree that the other State has correctly applied the approach described above and, therefore, does not consider that the other State has taxed the relevant income in accordance with the Convention.*

***8.11.** The conclusion that, under domestic law, a formal contractual relationship should be disregarded must, however, be arrived at on the basis of objective criteria. For instance, a State could not argue that services are deemed, under its domestic law, to constitute employment services where, under the relevant facts and circumstances, it clearly appears that these services are rendered under a contract for the provision of services concluded between two separate enterprises. The relief provided under paragraph 2 of Article 15 would be rendered meaningless if States were allowed to deem services to constitute employment services in cases where there is clearly no employment relationship or to deny the quality of employer to an enterprise carried on by a non-resident where it is clear that that enterprise provides services, through its own personnel, to an enterprise carried on by a resident. Conversely, where services rendered by an individual may properly be regarded by a State as rendered in an employment relationship rather than as under a contract for services concluded between two enterprises, that State should logically also consider that the individual is not carrying on the business of the enterprise that constitutes that individual's formal employer; this could be relevant, for example, for purposes of determining whether that enterprise has a permanent establishment at the place where the individual performs his activities.*

***8.12.** It will not always be clear, however, whether services rendered by an individual may properly be regarded by a State as rendered in an employment relationship rather than as under a contract for services concluded between two enterprises. Any disagreement between States as to whether this is the case should be solved having regard to the following principles and examples (using, where appropriate, the mutual agreement procedure).*

***8.13.** The nature of the services rendered by the individual will be an important factor since it is logical to assume that an employee provides services which are an integral part of the business activities carried on by his employer. It will therefore be important to determine whether the services rendered by the individual constitute an integral part of the business of the enterprise to which these services are provided. For that purpose, a key consideration will be which enterprise bears the responsibility or risk for the results produced by the individual's work. Clearly, however, this analysis will only be relevant if the services of an individual are rendered directly to an enterprise. Where, for example, an individual provides services to a contract manufacturer or to an enterprise to which business is outsourced, the services of that individual are not rendered to enterprises that will obtain the products or services in question.*

***8.14.** Where a comparison of the nature of the services rendered by the individual with the business activities carried on by his formal employer and by the enterprise to which the services are provided points to an employment relationship that is different from the formal contractual relationship, the following additional factors may be relevant to determine whether this is really the case:*

- *who has the authority to instruct the individual regarding the manner in which the work has to be performed;*
- *who controls and has responsibility for the place at which the work is performed;*
- *the remuneration of the individual is directly charged by the formal employer to the enterprise to which the services are provided (see paragraph 8.15 below);*

- *who puts the tools and materials necessary for the work at the individual's disposal;*
- *who determines the number and qualifications of the individuals performing the work;*
- *who has the right to select the individual who will perform the work and to terminate the contractual arrangements entered into with that individual for that purpose;*
- *who has the right to impose disciplinary sanctions related to the work of that individual;*
- *who determines the holidays and work schedule of that individual.*

8.15. *Where an individual who is formally an employee of one enterprise provides services to another enterprise, the financial arrangements made between the two enterprises will clearly be relevant, although not necessarily conclusive, for the purposes of determining whether the remuneration of the individual is directly charged by the formal employer to the enterprise to which the services are provided. For instance, if the fees charged by the enterprise that formally employs the individual represent the remuneration, employment benefits and other employment costs of that individual for the services that he provided to the other enterprise, with no profit element or with a profit element that is computed as a percentage of that remuneration, benefits and other employment costs, this would be indicative that the remuneration of the individual is directly charged by the formal employer to the enterprise to which the services are provided. That should not be considered to be the case, however, if the fee charged for the services bears no relationship to the remuneration of the individual or if that remuneration is only one of many factors taken into account in the fee charged for what is really a contract for services (e.g. where a consulting firm charges a client on the basis of an hourly fee for the time spent by one of its employee to perform a particular contract and that fee takes account of the various costs of the enterprise), provided that this is in conformity with the arm's length principle if the two enterprises are associated. It is important to note, however, that the question of whether the remuneration of the individual is directly charged by the formal employer to the enterprise to which the services are provided is only one of the subsidiary factors that are relevant in determining whether services rendered by that individual may properly be regarded by a State as rendered in an employment relationship rather than as under a contract for services concluded between two enterprises.*

8.16. *Example 1: Aco, a company resident of State A, concludes a contract with Bco, a company resident of State B, for the provision of training services. Aco is specialised in training people in the use of various computer software and Bco wishes to train its personnel to use recently acquired software. X, an employee of Aco who is a resident of State A, is sent to Bco's offices in State B to provide training courses as part of the contract.*

8.17. *In that case, State B could not argue that X is in an employment relationship with Bco or that Aco is not the employer of X for purposes of the convention between States A and B. X is formally an employee of Aco whose own services, when viewed in light of the factors in paragraphs 8.13 and 8.14, form an integral part of the business activities of Aco. The services that he renders to Bco are rendered on behalf of Aco under the contract concluded between the two enterprises. Thus, provided that X is not present in State B for more than 183 days during any relevant 12 month period and that Aco does not have in State B a permanent establishment which bears the cost of X's remuneration, the exception of paragraph 2 of Article 15 will apply to X's remuneration.*

8.18. *Example 2: Cco, a company resident of State C, is the parent company of a group of companies that includes Dco, a company resident of State D. Cco has developed a new worldwide marketing strategy for the products of the group. In order to ensure that the strategy is well understood and followed by Dco, which sells the group's products, Cco sends X, one of its employees who has worked on the development of the strategy, to work in Dco's headquarters for 4 months in order to advise Dco with respect to its marketing and to ensure that Dco's communications department understands and complies with the worldwide marketing strategy.*

8.19. *In that case, Cco's business includes the management of the world-wide marketing activities of the group and X's own services are an integral part of that business activity.*

While it could be argued that an employee could have been easily hired by Dco to perform the function of advising the company with respect to its marketing, it is clear that such function is frequently performed by a consultant, especially where specialised knowledge is required for a relatively short period of time. Also, the function of monitoring the compliance with the group's worldwide marketing strategy belongs to the business of Cco rather than to that of Dco. The exception of paragraph 2 of Article 15 should therefore apply provided that the other conditions for that exception are satisfied.

8.20. *Example 3: A multinational owns and operates hotels worldwide through a number of subsidiaries. Eco, one of these subsidiaries, is a resident of State E where it owns and operates a hotel. X is an employee of Eco who works in this hotel. Fco, another subsidiary of the group, owns and operates a hotel in State F where there is a shortage of employees with foreign language skills. For that reason, X is sent to work for 5 months at the reception desk of Fco's hotel. Fco pays the travel expenses of X, who remains formally employed and paid by Eco, and pays Eco a management fee based on X's remuneration, social contributions and other employment benefits for the relevant period.*

8.21. *In that case, working at the reception desk of the hotel in State F, when examined in light of the factors in paragraphs 8.13 and 8.14, may be viewed as forming an integral part of Fco's business of operating that hotel rather than of Eco's business. Under the approach described above, if, under the domestic law of State F, the services of X are considered to have been rendered to Fco in an employment relationship, State F could then logically consider that Fco is the employer of X and the exception of paragraph 2 of Article 15 would not apply.*

8.22. *Example 4: Gco is a company resident of State G. It carries on the business of filling temporary business needs for highly specialised personnel. Hco is a company resident of State H which provides engineering services on building sites. In order to complete one of its contracts in State H, Hco needs an engineer for a period of 5 months. It contacts Gco for that purpose. Gco recruits X, an engineer resident of State X, and hires him under a 5 month employment contract. Under a separate contract between Gco and Hco, Gco agrees to provide the services of X to Hco during that period. Under these contracts, Gco will pay X's remuneration, social contributions, travel expenses and other employment benefits and charges.*

8.23. *In that case, X provides engineering services while Gco is in the business of filling short-term business needs. By their nature the services rendered by X are not an integral part of the business activities of his formal employer. These services are, however, an integral part of the business activities of Hco, an engineering firm. In light of the factors in paragraphs 8.13 and 8.14, State H could therefore consider that, under the approach described above, the exception of paragraph 2 of Article 15 would not apply with respect to the remuneration for the services of the engineer that will be rendered in that State.*

8.24. *Example 5: Ico is a company resident of State I specialised in providing engineering services. Ico employs a number of engineers on a full time basis. Jco, a smaller engineering firm resident of State J, needs the temporary services of an engineer to complete a contract on a construction site in State J. Ico agrees with Jco that one of Ico's engineers, who is a resident of State I momentarily not assigned to any contract concluded by Ico, will work for 4 months on Jco's contract under the direct supervision and control of one of Jco's senior engineers. Jco will pay Ico an amount equal to the remuneration, social contributions, travel expenses and other employment benefits of that engineer for the relevant period, together with a 5 percent commission. Jco also agrees to indemnify Ico for any eventual claims related to the engineer's work during that period of time.*

8.25. *In that case, even if Ico is in the business of providing engineering services, it is clear that the work performed by the engineer on the construction site in State J is performed on behalf of Jco rather than Ico. The direct supervision and control exercised by Jco over the work of the engineer, the fact that Jco takes over the responsibility for that work and that it bears the cost of the remuneration of the engineer for the relevant period are factors that could sup-*

port the conclusion that the engineer is in an employment relationship with Jco. Under the approach described above, State J could therefore consider that the exception of paragraph 2 of Article 15 would not apply with respect to the remuneration for the services of the engineer that will be rendered in that State.

8.26. *Example 6: Kco, a company resident of State K, and Lco, a company resident of State L, are part of the same multinational group of companies. A large part of the activities of that group are structured along function lines, which requires employees of different companies of the group to work together under the supervision of managers who are located in different States and employed by other companies of the group. X is a resident of State K employed by Kco; she is a senior manager in charge of supervising human resources functions within the multinational group. Since X is employed by Kco, Kco acts as a cost centre for the human resource costs of the group; periodically, these costs are charged out to each of the companies of the group on the basis of a formula that takes account of various factors such as the number of employees of each company. X is required to travel frequently to other States where other companies of the group have their offices. During the last year, X spent 3 months in State L in order to deal with human resources issues at Lco.*

8.27. *In that case, the work performed by X is part of the activities that Kco performs for its multinational group. These activities, like other activities such as corporate communication, strategy, finance and tax, treasury, information management and legal support, are often centralised within a large group of companies. The work that X performs is thus an integral part of the business of Kco. The exception of paragraph 2 of Article 15 should therefore apply to the remuneration derived by X for her work in State L provided that the other conditions for that exception are satisfied.*

8.28. *Where, in accordance with the above principles and examples, a State properly considers that the services rendered on its territory by an individual have been rendered in an employment relationship rather than under a contract for services concluded between two enterprises, there will be a risk that the enterprises would be required to withhold tax at source in two jurisdictions on the remuneration of that individual even though double taxation should ultimately be avoided (see paragraph 8.10 above). This compliance difficulty may be partly reduced by tax administrations making sure that their domestic rules and practices applicable to employment are clear and well understood by employers and are easily accessible. Also the problem can be alleviated if the State of residence allows enterprises to quickly adjust the amount of tax to be withheld to take account of any relief for double taxation that will likely be available to the employee.*

Absatz 3

9 [Vergütungen für unselbständige Arbeit an Bord von Schiffen und Luftfahrzeugen] *Absatz 3 stellt für Vergütungen, die die Besatzung von Seeschiffen oder Luftfahrzeugen im internationalen Verkehr oder von Schiffen, die der Binnenschifffahrt dienen, bezieht, eine Regel auf, die in gewissem Maß derjenigen entspricht, die für die Einkünfte aus der Seeschifffahrt, Binnenschifffahrt und Luftfahrt gilt; diese Vergütungen können daher in dem Vertragsstaat besteuert werden, in dem sich der Ort der tatsächlichen Geschäftsleitung des betreffenden Unternehmens befindet. Nach dem Kommentar zu Artikel 8 können die Vertragsstaaten vereinbaren, das Besteuerungsrecht für diese Einkünfte dem Staat des Unternehmens, das die Schiffe oder Luftfahrzeuge betreibt, zuzuerkennen. Die Gründe für die Einführung dieser Möglichkeit bei den Einkünften aus Seeschifffahrt, Binnenschifffahrt und Luftfahrt gelten auch für die Vergütungen der Besatzung. Die Vertragsstaaten können daher vereinbaren, das Besteuerungsrecht für diese Vergütungen dem Staat des Unternehmens zuzuerkennen. Eine derartige Regelung, wie auch Artikel 15 Absatz 3, geht davon aus, dass der Staat, dem das Besteuerungsrecht zuerkannt wird, nach seinem innerstaatlichen Recht die Vergütungen einer von dem betreffenden Unternehmen beschäftigten Person ohne Rücksicht auf deren Wohnsitz besteuern kann. Selbstverständlich ist Artikel 8 Absatz 3 anzuwenden, wenn sich der Ort* *der tatsächlichen Geschäftsleitung eines Unternehmens der Seeschifffahrt oder Binnenschifffahrt an Bord eines Schiffes befindet. Nach dem innerstaatlichen Recht einiger Staaten werden Vergütungen nichtansässiger Besatzungsmitglieder für eine an Bord von Schiffen ausgeübte unselbständige Arbeit nur besteuert, wenn das Schiff die Nationalität des betreffenden Staates besitzt. Deshalb sehen die Abkommen zwischen diesen Staaten vor, dass das Besteuerungsrecht für diese Vergütungen dem Staat zusteht, dessen Nationalität das Schiff besitzt. Andererseits können zahlreiche Staaten ein solches Besteuerungsrecht nicht ausnutzen; in diesen Fällen kann die Regelung zu einer Nichtbesteuerung führen. Die Staaten, deren innerstaatliches Recht so gestaltet ist, können sich bei den zweiseitigen Verhandlungen darauf einigen, dass das Recht zur Besteuerung von Vergütungen für unselbständige Arbeit an Bord von Schiffen dem Staat zusteht, dessen Nationalität das Schiff besitzt.*

10. [Keine besondere Bestimmung für Grenzgänger] *Bemerkt sei, dass für die Besteuerung von Grenzgängern oder von Arbeitnehmern, die auf zwischenstaatlich verkehrenden Lastwagen oder Zügen arbeiten, keine besondere Bestimmung geschaffen worden ist, da die sich aus den örtlichen Verhältnissen ergebenden Probleme zweckmäßigerweise unmittelbar von den beteiligten Staaten geregelt werden.*

11. [Vergütungen von Gastprofessoren oder Studenten] *Für Vergütungen von Gastprofessoren oder von Studenten, die lediglich zum Erwerb praktischer Erfahrungen in einem Arbeitsverhältnis tätig sind, wurden keine besonderen Bestimmungen getroffen. Zahlreiche Abkommen enthalten für diese Fälle besondere Bestimmungen, die hauptsächlich darauf abzielen, die kulturellen Beziehungen durch eine beschränkte Steuerbefreiung zu erleichtern. Manchmal ist eine Steuerbefreiung bereits vom innerstaatlichen Steuerrecht vorgesehen. Das Fehlen ausdrücklicher Bestimmungen sollte nicht so ausgelegt werden, dass deshalb die Aufnahme derartiger Bestimmungen in zweiseitige Abkommen, falls dies erwünscht erscheint, verhindert werden soll.*

12. [Unterschiedliche nationale Regelungen] *Die von Land zu Land unterschiedlichen Regeln für die Besteuerung von Arbeitnehmeraktienoptionen schaffen besondere Probleme, die unten erörtert werden. Während viele dieser Probleme auch bei anderen Arten von Arbeitnehmervergütungen entstehen, insbesondere von solchen, die auf dem Wert von Anteilen am Arbeitgeber oder einer verbundenen Gesellschaft beruhen, sind sie im Falle von Aktienoptionen besonders akut. Dies ist zu einem großen Teil darauf zurückzuführen, dass Aktienoptionen oft zu einem Zeitpunkt besteuert werden (z. B. wenn die Option ausgeübt wird oder wenn die Anteile verkauft werden), der sich von dem Zeitpunkt unterscheidet, zu dem die Leistungen des Arbeitnehmers, die mit diesen Optionen vergütet werden, erbracht werden.*

12.1 [Zeitpunkt der Quellenbesteuerung] *Wie in Ziffer 2.2 angemerkt, erlaubt der Artikel dem Quellenstaat, den Teil des aus einer Aktienoption erwachsenden Vorteils zu besteuern, der eine Vergütung für dort ausgeübte Arbeit darstellt, selbst wenn die Steuer zu einem späteren Zeitpunkt erhoben wird, zu dem der Arbeitnehmer nicht mehr in diesem Staat beschäftigt ist.*

12.2 [Unterscheidung zwischen Arbeitsvergütung und Veräußerungsgewinn] *Zwar ist der Artikel auf den Vorteil aus einer einem Arbeitnehmer eingeräumten Aktienoption unabhängig davon anwendbar, zu welchem Zeitpunkt der Vorteil besteuert wird; jedoch muss zwischen der Arbeitsvergütung und dem Gewinn aus der Veräußerung von Anteilen, die durch Ausübung einer Aktienoption erworben worden sind, unterschieden werden. Artikel 15 und nicht Artikel 13 ist auf den Vorteil aus der Option selbst anzuwenden, bis sie ausgeübt, verkauft oder sonst veräußert worden ist (z. B. nach Rückgängigmachung oder Erwerb durch den Arbeitgeber oder Aussteller). Sobald die Option ausgeübt oder veräußert wird, ist jedoch der Arbeitnehmervorteil realisiert worden, und jeder folgende Gewinn aus den erworbenen Anteilen (d. h. der Wertzuwachs nach Ausübung) wird von dem Arbeitnehmer in seiner Eigenschaft als Investor bzw. Anteilseigner erzielt und fällt unter Artikel 13. In der Tat geht* *die Option, also das, was der Arbeitnehmer aus seiner unselbstständigen Arbeit erzielt hat, in dem Zeitpunkt, in dem sie ausgeübt wird, unter und der Empfänger erlangt die Stellung eines Anteilseigners (und investiert gewöhnlich Geldmittel dafür). Wenn aber die ausgeübte Option den Arbeitnehmer berechtigt, Anteile zu erwerben, die bis zum Ablauf einer geforderten Beschäftigungsdauer nicht unwiderruflich erworben sind, erscheint es angemessen, bis zum Ende der geforderten Beschäftigungszeit nach der Optionsausübung Artikel 15 auf den etwaigen Wertzuwachs anzuwenden.*

12.3 [Quellenbesteuerung nach Optionsausübung] *Der Umstand, dass Artikel 15 auf einen Vorteil, der nach Ausübung oder Veräußerung der Option erzielt wird, nicht anwendbar ist, bedeutet keineswegs, dass die Besteuerung der Arbeitsvergütung nach innerstaatlichem Recht zum Zeitpunkt der Ausübung oder Veräußerung erfolgen muss. Wie bereits gesagt, ordnet der Artikel keinerlei Beschränkung hinsichtlich des Zeitpunktes an, zu dem die betroffenen Einkünfte vom Quellenstaat besteuert werden können. So kann der Quellenstaat die betroffenen Einkünfte zu dem Zeitpunkt, in dem die Option eingeräumt wird, zu dem Zeitpunkt, in dem sie ausgeübt (oder veräußert) wird, zu dem Zeitpunkt, in dem der Anteil veräußert wird, oder zu irgendeinem anderen Zeitpunkt besteuern. Der Quellenstaat kann aber nur die Vorteile besteuern, die der Option selbst zuzurechnen sind, und nicht das, was dem nachfolgenden Halten der nach Ausübung der Option erworbenen Anteile zuzurechnen ist (außer unter den Umständen, die im letzten Satz der vorigen Ziffer beschrieben sind).*

12.4 [Verhältnis zur Qualifizierung nach nationalem Recht] *Da Absatz 1 so auszulegen ist, dass er für Vorteile aus der Option gilt, bis sie ausgeübt, verkauft oder sonst veräußert worden ist, kommt es nicht darauf an, wie solche Vorteile oder Teile davon für innerstaatliche Steuerzwecke eingestuft werden. Obwohl der Artikel so ausgelegt wird, dass er dem Quellenstaat erlaubt, die bis zur Ausübung, zum Verkauf oder zur sonstigen Veräußerung der Option entstehenden Vorteile zu besteuern, bleibt folglich diesem Staat die Entscheidung überlassen, wie er sie besteuert, d. h. entweder als Arbeitsvergütung oder als Veräußerungsgewinn. Wenn der Quellenstaat sich z. B. dafür entscheidet, eine Kapitalgewinnsteuer auf die Option zu erheben, wenn der Arbeitnehmer seine Ansässigkeit in diesem Staat beendet, so ist diese Besteuerung zulässig. Dasselbe gilt im Ansässigkeitsstaat. Wenn dieser Staat auch das alleinige Besteuerungsrecht für den nach der Optionsausübung eintretenden Wertzuwachs der Anteile hat, weil Artikel 13 des Abkommens für anwendbar gehalten wird, kann er sich durchaus dafür entscheiden, diesen Wertzuwachs nach seinem innerstaatlichen Recht als Arbeitsvergütung und nicht als Veräußerungsgewinn zu besteuern.*

12.5 [Konkurrenz zu den Artikeln 18 und 21] *Die Vorteile, die einem Arbeitnehmer aus der Gewährung einer Aktienoption erwachsen, fallen generell weder unter Artikel 21, der nicht für Einkünfte gilt, auf die andere Artikel anwendbar sind, noch unter Artikel 18, der nur auf Ruhegehälter und ähnliche Vergütungen anwendbar ist. Dies gilt auch, wenn die Option nach Beendigung des Arbeitsverhältnisses oder nach Eintritt in den Ruhestand ausgeübt wird.*

12.6 [Zuordnung der Option zu einer Tätigkeit] *Absatz 1 erlaubt es dem Quellenstaat, Gehälter, Löhne und ähnliche Vergütungen für eine dort ausgeübte unselbstständige Arbeit zu besteuern. Ob und inwieweit eine Arbeitnehmeraktienoption für eine in einem bestimmten Staat ausgeübte Arbeit bezogen wird, muss jeweils nach den Umständen des Einzelfalls entschieden werden, einschließlich der Vertragsbedingungen, die mit der Option verbunden sind (z. B. die Voraussetzungen, unter denen die eingeräumte Option ausgeübt oder über sie verfügt werden kann). Zu diesem Zweck sollten die folgenden allgemeinen Grundsätze beachtet werden.*

12.7 [Erster Grundsatz] *Erster Grundsatz ist, dass eine Arbeitnehmeraktienoption generell nicht als mit Diensten verbunden angesehen werden sollte, die nach der Beschäftigungszeit, die der Arbeitnehmer als Voraussetzung für das Recht zur Ausübung der Option absolvieren muss, geleistet werden. Wenn einem Arbeitnehmer eine Aktienoption unter der Voraussetzung* *eingeräumt wird, dass er demselben Arbeitgeber (oder einem verbundenen Unternehmen) für einen Zeitraum von 3 Jahren Dienste leistet, sollte daher der Vorteil aus der Option generell nicht Dienstleistungen zugerechnet werden, die nach diesem Zeitraum von 3 Jahren erbracht werden.*

12.8 [Erforderlicher Beschäftigungszeitraum oder Sperrfrist] *Bei der Anwendung dieses Grundsatzes ist es aber wichtig, zwischen einem Beschäftigungszeitraum, der zur Erlangung des Rechts auf Ausübung der Aktienoption erfüllt sein muss, und einem Zeitraum, der nur eine Frist vor Ausübung der Option (Sperrfrist) darstellt, zu unterscheiden. Eine Option, die einem Arbeitnehmer unter der Bedingung eingeräumt wird, dass er bei demselben Arbeitgeber (oder einem verbundenen Unternehmen) 3 Jahre lang beschäftigt bleibt, kann daher z. B. als für Dienste bezogen angesehen werden, die während dieser 3 Jahre geleistet werden. Dagegen sollte eine Option, die einem Arbeitnehmer ohne die Bedingung einer nachfolgenden Beschäftigung in einem bestimmten Zeitpunkt eingeräumt wird, aber nach den Bedingungen erst nach Ablauf von 3 Jahren ausgeübt werden kann, als nicht mit der Arbeitsleistung verbunden angesehen werden, die während dieser 3 Jahre erbracht wird; denn der Vorteil einer solchen Option würde für den Empfänger auch eintreten, wenn er die Anstellung unmittelbar nach ihrer Einräumung aufgäbe und vor Ausübung der Option die erforderlichen 3 Jahre wartete.*

12.9 [Verfallbarer Anteilserwerb] *Wichtig ist auch die Unterscheidung zwischen Fällen, in denen ein bestimmter Beschäftigungszeitraum als Bedingung für die Erlangung des Rechts auf Optionsausübung, dh. für den endgültigen Erwerb der Option, gefordert wird, und Fällen, in denen die Option bereits fest erworben worden ist, aber verfällt, wenn sie nicht vor der Beendigung der Beschäftigung (oder innerhalb eines kurzen Zeitraums danach) ausgeübt wird. In dem letzteren Fall sollte der Vorteil der Option nicht als mit Dienstleistungen verbunden angesehen werden, die nach dem festen Erwerb der Option erbracht werden, da der Arbeitnehmer den Vorteil bereits erlangt hat und ihn jederzeit realisieren könnte. Eine Bedingung, nach der die bereits fest erworbene Option verfällt, wenn die Beschäftigung beendet wird, ist keine Bedingung für die Erlangung des Vorteils, sondern eine Bedingung, unter der der bereits erworbene Vorteil später verloren geht. Die folgenden Beispiele verdeutlichen diese Unterscheidung:*

Beispiel 1:

Einem Arbeitnehmer wird am 1. Januar 01 eine Aktienoption eingeräumt. Der Erwerb der Option hängt von der Bedingung ab, dass der Arbeitnehmer bis zum 1. Januar 03 beim selben Arbeitgeber beschäftigt bleibt. Wenn diese Bedingung erfüllt ist, kann die Option vom 1. Januar 03 bis zum 1. Januar 10 ausgeübt werden (sog. „amerikanische" Option)[1]*. Es ist jedoch weiter vereinbart, dass die Option mit der Beendigung der Beschäftigung verloren geht, wenn sie nicht vorher ausgeübt worden ist. In diesem Beispiel wird das Recht zur Ausübung der Option am 1. Januar 03 (Datum des endgültigen Erwerbs) erworben, da für das Recht des Arbeitnehmers, die Option auszuüben, keine weitere Beschäftigungszeit verlangt wird.*

Beispiel 2:

Einem Arbeitnehmer wird am 1. Januar 01 eine Aktienoption eingeräumt. Die Option kann am 1. Januar 05 ausgeübt werden (sog. „europäische" Option). Die Option ist unter der Bedingung gewährt worden, dass sie am 1. Januar 05 nur ausgeübt werden kann, wenn die Beschäftigung nicht vorher beendet worden ist. In diesem Beispiel wird das Recht zur Ausübung der Option nicht vor dem 1. Januar 05 erworben. Dies ist das Ausübungsdatum, da für das Recht zur Ausübung der Option (d. h. für den endgültigen Erwerb) die Beschäftigung bis zu diesem Datum verlangt wird.

12.10 [Ausnahmen vom ersten Grundsatz] *Es gibt Fälle, in denen der erste Grundsatz nicht anwendbar sein mag. Ein solcher Fall könnte derjenige sein, in dem die Aktienop-*

---

[1] Bei einer „amerikanischen" Aktienoption kann das Recht, einen Anteil zu erwerben in einem bestimmten Zeitraum (typischerweise eine bestimmte Anzahl von Jahren) ausgeübt werden, während bei einer „europäischen" Aktienoption dieses Recht nur an einen bestimmten Zeitpunkt (d. h. an einem bestimmten Datum) ausgeübt werden kann.

tion einem Arbeitnehmer ohne jede Bedingung zu einem Zeitpunkt gewährt wird, zu dem er die Beschäftigung aufnimmt, in ein anderes Land versetzt wird oder ihm bedeutende neue Aufgaben übertragen werden und sich die Option jeweils eindeutig auf die neuen Aufgaben bezieht, die der Arbeitnehmer während eines bestimmten künftigen Zeitraums wahrnimmt. In diesem Fall kann es sachgerecht sein, die Option als mit diesen neuen Aufgaben verbunden anzusehen, selbst wenn das Recht zur Optionsausübung erworben wird, bevor sie wahrgenommen werden. Es gibt auch Fälle, in denen eine Option technisch endgültig erworben wird, die Option aber den Arbeitnehmer berechtigt, Anteile zu erwerben, die bis zum Ablauf einer bestimmten geforderten Beschäftigungszeit noch nicht unverfallbar erworben werden. In solchen Fällen kann es sachgerecht sein, den Vorteil der Option als mit den Diensten verbunden anzusehen, die in dem gesamten Zeitraum zwischen der Einräumung der Option und dem unverfallbaren Erwerb der Anteile geleistet werden.

12.11 [Zweiter Grundsatz] *Zweiter Grundsatz ist, dass eine Arbeitnehmeraktienoption nur als mit Diensten verbunden angesehen werden sollte, die vor dem Zeitpunkt geleistet werden, zu dem sie eingeräumt wird, soweit die Absicht besteht, hiermit die Dienste des Empfängers für einen bestimmten Zeitraum zu entlohnen. Dies wäre z. B. der Fall, wenn die Vergütung nachweislich auf der Leistung des Arbeitsnehmers in der Vergangenheit während eines bestimmten Zeitraums oder auf dem Finanzergebnis des Arbeitgebers in der Vergangenheit beruht und unter der Bedingung steht, dass der Arbeitnehmer während eines bestimmten Zeitraums, auf den sich das Finanzergebnis bezieht, bei dem Arbeitgeber oder einem verbundenen Unternehmen beschäftigt war. In einigen Fällen mögen auch objektive Umstände vorliegen, die beweisen, dass während eines Beschäftigungszeitraums in der Vergangenheit unter den Teilnehmern an einem Aktienoptionsplan für Arbeitnehmer die berechtigte Erwartung bestand, ein Teil ihrer Vergütung für diesen Zeitraum werde nach dem Plan durch Gewährung von Aktienoptionen zu einem späteren Zeitpunkt geleistet werden. Diese Umstände könnten z. B. in einer gleich bleibenden Praxis des Arbeitgebers liegen, der über eine Reihe von Jahren auf ähnlichem Niveau Aktienoptionen eingeräumt hat, solange keine Anhaltspunkte dafür bestanden, dass diese Praxis beendet sein könnte. Solche Umstände können abhängig von anderen Faktoren höchst bedeutsam sein für die Entscheidung, ob und in welchem Umfang die Aktienoption sich auf einen solchen Beschäftigungszeitraum in der Vergangenheit bezieht.*

12.12 [Zuordnung der Option bei Beendigung des Arbeitsverhältnisses] *Wenn ein Beschäftigungszeitraum erforderlich ist, um das Recht zur Ausübung einer Arbeitnehmeraktienoption zu erlangen, von diesem Erfordernis aber unter bestimmten Umständen abgesehen wird, z. B. wenn das Arbeitsverhältnis durch den Arbeitgeber beendet wird oder der Arbeitnehmer das Ruhestandsalter erreicht, sollte der Vorteil der Aktienoption nur als mit dem Beschäftigungszeitraum verbunden angesehen werden, der in dem Zeitpunkt, zu dem diese Umstände tatsächlich eingetreten sind, abgelaufen ist.*

12.13 [Zweifelhafte Fälle] *Schließlich kann es Fälle geben, in denen einige Umstände nahe legen, dass eine Arbeitnehmeraktienoption nur Dienste in der Vergangenheit abgilt, andere Umstände jedoch darauf hinzuweisen scheinen, dass sie sich auf künftige Dienste bezieht. Im Zweifel sollte anerkannt werden, dass eine Arbeitnehmeraktienoption im Allgemeinen als Anreiz für künftige Leistungen oder als Mittel zur Bindung wertvoller Arbeitnehmer gewährt wird. Arbeitnehmeroptionen beziehen sich daher in erster Linie auf künftige Dienste. Alle bedeutsamen Umstände müssen jedoch berücksichtigt werden, bevor eine solche Entscheidung getroffen werden kann, und es kann Fälle geben, in denen sich eine Aktienoption sowohl auf vergangene als auch auf künftige Dienste bezieht (z. B. wenn die Optionen eingeräumt werden, weil der Arbeitnehmer bestimmte Leistungsziele für das vergangene Jahr erreicht hat, sie aber erst ausgeübt werden können, wenn der Arbeitnehmer für weitere 3 Jahre beschäftigt bleibt).*

12.14 [Tätigkeit in mehreren Staaten] *Wenn auf der Grundlage der vorgenannten Grundsätze eine Aktienoption als für eine Arbeit bezogen angesehen wird, die in mehr als* *einem Staat ausgeübt worden ist, wird es notwendig sein zu entscheiden, welcher Teil des Vorteils aus der Aktienoption für Zwecke der Anwendung der Artikel 23 A und 23 B aus jedem Staat stammt. In einem solchen Fall sollte der Vorteil aus der Aktienoption nach dem Verhältnis der Beschäftigungstage in einem bestimmten Land zur Gesamtzahl der Beschäftigungstage, an denen die Dienste, für die die Aktienoption gewährt wird, ausgeübt werden, als aus diesem Land stammend angesehen werden. Zu diesem Zweck sollten nur Beschäftigungstage berücksichtigt werden, die für den Aktienoptionsplan erheblich sind, dh. diejenigen, an denen die Dienste demselben Arbeitgeber erbracht werden oder anderen Arbeitgebern, soweit die Zeit der Beschäftigung bei diesen berücksichtigt würde, um dem Erfordernis eines Beschäftigungszeitraums zum Erwerb des Rechts auf Optionsausübung Genüge zu tun.*

***12.15 [Abweichende zweiseitige Vereinbarungen]** Die Mitgliedsstaaten haben die Möglichkeit, von der auf den Einzelfall bezogenen Anwendung der vorgenannten Grundsätze (Ziffern 12.7 bis 12.14) durch Vereinbarung eines spezifischen Lösungsansatzes im bilateralen Verhältnis abzuweichen. Zwei Länder, die hauptsächlich bei der Ausübung einer Option besteuern, können z. B. als allgemeinen Grundsatz vereinbaren, die Einkünfte aus einer Option, die sich in erster Linie auf künftige Dienste bezieht, den Diensten zuzurechnen, die von einem Arbeitnehmer in den beiden Staaten zwischen dem Zeitpunkt der Gewährung und dem Zeitpunkt der Ausübung der Option geleistet werden. So könnten zwei Staaten im Falle von Optionen, die nicht ausgeübt werden können, bis der Arbeitnehmer dem Arbeitgeber für eine bestimmte Zeitspanne Dienste geleistet hat, einen Lösungsansatz vereinbaren, nach dem die Einkünfte aus der Option jedem Staat nach dem Verhältnis der Tage, die der Arbeitnehmer in jedem Staat in dem Zeitraum zwischen Gewährung und Ausübung der Option für den Arbeitgeber gearbeitet hat, zugeordnet werden. Ein weiteres Beispiel wäre, dass zwei Länder mit ähnlichen Regeln für die Besteuerung von Arbeitnehmeraktienoptionen Bestimmungen vereinbaren, nach denen einem von ihnen das ausschließliche Besteuerungsrecht für den Vorteil aus dem Arbeitsverhältnis gewährt wird, selbst wenn ein kleiner Teil der unselbstständigen Arbeit, auf die sich die Option bezieht, in dem anderen Staat ausgeübt wird. Selbstverständlich sollten die Mitgliedstaaten bei der Vereinbarung solcher Lösungsansätze vorsichtig sein, da sie zu einer Doppelbesteuerung oder zu einer doppelten Nichtbesteuerung führen können, wenn ein Teil der Arbeit in einem Drittstaat ausgeübt wird, der keinen ähnlichen Lösungsansatz verwendet.*

Bemerkungen zum Kommentar

[ab 22.7.2010:

***13. France** considers that paragraph 8.13 should not be interpreted as being sufficient in itself to question a formal contractual relationship. If, with respect to paragraph 8.13, the services rendered by an individual constitute an integral part of the business of the enterprise to which these services are provided, the situation should then be analysed in accordance with the provisions of paragraph 8.14.*]

***13.1** In Bezug auf Ziffer 6.2 vertritt **Deutschland** die Auffassung, dass auch eine Personengesellschaft als solche als Arbeitgeber angesehen werden sollte (wie nach dem innerstaatlichen Recht der meisten Mitgliedstaaten der OECD, selbst wenn diese die Personengesellschaft nicht als solche besteuern). Die Ansässigkeit der Personengesellschaft wäre dann hypothetisch so zu bestimmen, als ob die Personengesellschaft aufgrund eines der in Absatz 1* **[ab 15.7.2014:]** *of Article 4 genannten Merkmale steuerpflichtig wäre.*

Vorbehalte zum Artikel

[ab 22.7.2010:

***14. Slovenia** reserves the right to add an article which addresses the situation of teachers, professors and researchers, subject to various conditions and to make a corresponding modification to paragraph 1 of Article 15.*]

***15. Dänemark, Norwegen** und **Schweden** behalten sich die Einfügung von Sonderbestimmungen für Vergütungen vor, die für unselbständige Arbeit an Bord eines Luftfahrzeugs gezahlt werden, das von dem Luftfahrtkonsortium Scandinavian Airlines System (SAS) im internationalen Verkehr betrieben wird.*

***16.* [bis 14.7.2014: *Deutschland* und *Norwegen* behalten ab 15.7.2014:] *Norwegen* behält sich vor, in Absatz 2 ausdrücklich die Einkünfte von Leiharbeitnehmern eines Vertragsstaates, die im anderen Vertragsstaat tätig sind, anzusprechen und in einer klaren Regelung den Grundsatz auszusprechen, dass die Ausnahme des Absatzes 2 für Fälle des „internationalen Arbeitnehmerverleihs" (vgl. Ziffer 8) nicht gilt.*

***17. Großbritannien, Irland** und **Norwegen** behalten sich vor, in einem besonderen Artikel Bestimmungen über Einkünfte aus unselbständiger Arbeit in Bezug auf die Erforschung und Ausbeutung von Kohlenwasserstoffen auf See und damit verbundener Tätigkeiten aufzunehmen.*

***18.** [gestrichen]*

***19** Die **Schweiz** macht einen Vorbehalt zu Absatz 2 Buchstabe a und wünscht, in ihren Abkommen anstelle der Worte „der innerhalb eines Zeitraums von zwölf Monaten, der während des betreffenden Steuerjahres beginnt oder endet" die Worte „während des betreffenden Steuerjahres" einzufügen.*

***20. Griechenland** behält wegen seiner besonderen Lage auf dem Gebiet der Seeschifffahrt die Entscheidungsfreiheit hinsichtlich der Abkommensbestimmungen über Vergütungen für die Besatzungen von Seeschiffen im internationalen Verkehr.*

***21. Griechenland** behält sich die Aufnahme besonderer Bestimmungen über Einkünfte aus unselbständiger Arbeit in Bezug auf Tätigkeiten auf See vor.*

Text: Stellungnahmen von Nichtmitgliedstaaten zum OECD-MA (OECD-NM)

Positions on the Article

***1.* [bis 14.7.2014:] *Argentina* reserves its position on subparagraph a) of paragraph 2 and wishes to insert in its conventions the words „in the fiscal year concerned" instead of the words „in any twelve month period commencing or ending in the fiscal year concerned". [ab 15.7.2014:] *[gestrichen]*

2. Latvia **[bis 14.7.2014:** *and **Lithuania** reserve* **ab 15.7.2014:]** *reserves the right to insert in a special Article provisions regarding income derived from dependent personal services relating to activities carried on offshore in a Contracting State in connection with the exploration or exploitation of the sea bed, its subsoil and their natural resources.*

[ab 15.7.2014:]

***2.1 Lithuania** reserves the right to insert special provisions regarding income derived from dependent personal services relating to activities carried on in a Contracting State in connection with the exploration or exploitation of natural resources.*

***3.* [bis 14.7.2014:] *Argentina* reserves the right to insert in a special article provisions regarding income derived from dependent personal services relating to offshore hydrocarbon exploration and exploitation and related activities.** **[ab 15.7.2014:]** *[gestrichen]*

***4. Serbia** reserves the right to propose a separate paragraph which provides that remuneration derived by a resident of a Contracting State shall be taxable only in that State if the remuneration is paid in respect of an employment exercised in the other Contracting State in connection with a building site, a construction or installation project, for an agreed period during which the site or project does not constitute a permanent establishment in that other State.*

***5 India** reserves the right to decide the period of stay referred in this paragraph through bilateral negotiations.*

*5.1. The **United Arab Emirates** reserves the right to modify paragraph 3 to provide that remuneration derived in respect of an employment exercised in connection with an aircraft operated in international traffic (including the crew of the aircraft and ground staff) shall be taxed exclusively in the country of residence of the operator of that aircraft.*

[ab 15.7.2014:

*5.2 **Azerbaijan** reserves the right to provide that the remuneration derived in respect of an employment exercised aboard such ships or aircraft will be taxable only in the State of residence of their operator.*

*5.3 **Colombia** reserves the right to modify paragraph 3 and make corresponding changes to the definition of the term "international traffic" to cover the situation of income derived by residents of a Contracting State in respect of employment exercised aboard a ship or aircraft of an enterprise of a third State, operated in international traffic.***]**

Position on the Commentary

*6. **India** does not adhere to the interpretation set out in paragraph 6.2, because it does not recognise the concept of a partner being treated as an employer in the case of fiscally transparent partnership.*

[ab 15.7.2014:]

*7. **The People's Republic of China** does not adhere to the interpretation set out in paragraph 2.9, because it takes the view that the payment that an employee receives in consideration for an obligation not to work for a competitor of his ex-employer constitutes remuneration derived from employment activities performed before the termination of the employment, and that such payment may be taxed in the Contracting State where the employment activities are performed before such termination.*

*8. **India** does not adhere to the interpretation set out in paragraph 2.9, because it takes the view that the payment that an employee receives in consideration for an obligation not to work for a competitor of his ex-employer constitutes remuneration derived from employment activities performed before the termination of the employment, and that such payment may be taxed in the Contracting State where the employment activities are performed before such termination.*

A. Zu Art. 15 Abs. 1 und 2

I. Musterabkommen

1. Übereinstimmungen und Abweichungen

2 Die Musterabkommen stimmen inhaltlich weitgehend überein. Die Änderung des OECD-MA 1992 führte zunächst zu einer Abweichung von den anderen MA im Hinblick auf die Berechnung der 183-Tage-Klausel. Die UN- und US-MA haben in ihrer Fassung von 2001 bzw. 1996/2006 den Wortlaut des OECD-MA 1992 übernommen.

Der Kommentar zum OECD-MA hat seit 1963 eine Vielzahl von Änderungen erfahren. Der Kommentar 2005 hat zu Einfügungen zur Besteuerung von stock options (MA-Komm. Ziff. 2.1, 2.2, 12–12.15) geführt und enthält einige sonstige wichtige Klarstellungen (MA-Komm. Ziff. 4, 7, 10). Der Kommentar 2010 hat vor allem eine neue Kommentierung zum Begriff des Arbeitgebers und der Auslegung des Begriffs eingeführt (MA-Komm. Ziff. 8 ff.).

Art. 14 der Deutschen Verhandlungsgrundlage für Doppelbesteuerungsabkommen stimmt mit Art. 15 des OECD-MA 2010 überein. Zusätzlich enthält der Artikel in Absatz 4 eine Bestimmung zur Gleichbehandlung von Beiträgen an ausländische Altersvorsorgeeinrichtungen.

2. Erläuterungen

Literatur: *Achter,* IStR 2003, 410; *Andreoni,* Updates to the Commentary on Article 15 of the OECD Modell – Thoughts on the Interpretation of the Term *„employer"* for Treaty Purposes, in Weber/van Weeghel (eds.), The 2010 OECD Updates (2011), S. 115; *Anzinger/Jekerle,* IStR 2008, 821; *Apitz,* StBp 2008, 1, Teil II: StBp 2008, 49; Teil III: StBp 2008, 74; *Avery Jones,* SBIT 2009, 6; *Bäten,* R. G. F. 2001, 163; *Barret,* BIFD 2011, 13; *Bendlinger,* taxlex 2010, 344; *ders.,* SWI 2013, 432; *Bramo-Hackel/Groß,* SWI 2011, 343; *de Broe/Avery Jones/et al.,* BIFD 2000, 503; *de Broe/Petrosovitch,* The Concepts of „Employment" and „Employer" Under Article 15 of the OECD Model Convention, in Maisto/Nikolakakis/Ulmder (eds.), Essays on Tax Treaties (2012), S. 207; *Bublitz,* IStR 2014, 140; *Burgstaller,* Intertax 2005, 123; *Calleja Jimenez,* Article 15 Income from Employment, in *Lang (ed.),* History of Tax Treaties, 2011, 563; *Cleave,* BIFD 2011, 21; *Cools,* TFR 322/2007, 3; *Dekker,* MBB 2005, 23; *Dikmen/Fraedrich,* Steueranwaltsmagazin 2011, 11; *Dommes,* ÖStZ 2010, 494; *Dziurdz,* IStR 2013, 939; *ders.,* Intertax 2013, 492; *ders.,* BTR 2013, 95; *ders.,* BIT 2013, 122; *Endfellner/Dornhofer,* SWI 2005, 32; *Früchtl,* IStR 2009, 604; *Gelsheimer/Meyen,* DB 2010, 2581; *Giesinger,* SWI 2010, 3; *Görl,* IStR 2002, 443; *Günkel,* IStR 2009, 889; *Günther,* SWI 2010, 521; *Haase,* IStR 2014, 237; *Hasbargen/Preising,* IStR 2012, 143; *Hilbert,* IWB 2010, 228; *ders.,* Intertax 2011, 417; *ders.,* IWB 2012, 205; *ders.,* IStR 2012, 405; *Hilbert/Nowotnick/Straub,* DStR 2013, 2433; *Hilbert/Paul,* StB 2008, 212; *van't Hof/Deden,* WFR 2010/971; *Holthaus,* IStR 2006, 16; *Jirousek/Loukota,* ÖStZ 2013, 435; *Kavelaars,* MBB 2011/04; *Kölbl,* IWB 2012, 8; *Koppensteiner,* SWI 2010, 250; *Lang,* SWI 2011, 105; *Loidl/Moshammer,* SWI 2013, 392; *Loukota/Loukota,* SWI 2006, 110; *Ludwig,* SWI 2013, 200; *Lühn,* PIStB 2008, 247; *Mayer/Nowotnick,* RIW 2008, 851; *Mosbach,* Ubg 2008, 675; *Mössner,* CDFI Vol. LXXXV b (2000), 19, und die dort enthaltenen Nationalberichte; *Neyer,* IStR 2005, 514; *ders.,* RIW 2006, 216; *ders.,* FR 2007, 382; *Neyer/Schlepper,* FR 2011, 648; *Oldenhuis,* WFR 2010/819; *Paul/Hilbert,* PIStB 2008, 136; *Pedersen,* BIT 2013, 205; *Peeters,* ET 2004, 72; *ders.,* Fiscoloog Int. 289 (2007), 6; *Pflüger,* PIStB 2007, 45; *Pinetz/Zeiler,* SWI 2014, 18; *Pötgens,* ET 2002, 214; *ders.,* WFR 2007, 375; *ders.,* BIFD 2007, 476; *ders.,* BIFD 2008, 85; *ders.,* Intertax 2008, 75; *ders.,* BIFD 2009, 428, Part 2, BIFD 2009, 495; *ders.,* Some Selected Interpretation and Qualification Issues with Respect to Article 15(2)(b) and (c) of the OECD Model, in Weber/van Weeghel (eds.), The 2010 OECD Updates (2011), S. 125; *ders.,* ET 2014, 113; *Pötgens/Hofland,* WFR 2010/18; *Portner,* IStR 2008, 584; *dies.,* DStR 2009, 1838; *dies.,* IStR 2010, 735; *dies.,* DStR 2010, 2022; *dies.,* IStR 2010, 837; *Reimer,* BIT 2006, 110; *Richter/Hontheim,* IStR 2012, 297; *Riehle/Dusolt,* PIStB 2010, 244; *Roxburgh,* ET 2007, 362; *Schaflitz/Hulde,* IStR 2014, 317; *Schilcher/Stefaner,* SWI 2005, 5; *O. Schmidt,* IStR 2006, 78; *ders.,* PIStB 2007, 60; *ders.,* PIStb 2007, 310; *ders.,* PIStB 2009, 157; *ders.,* PIStB 2011, 65; *Schubert/Hofmann,* BB 2007, 23; *Schubert/Yakhloufi,* NWB 2014, 1079; *Schulz-Trieglaff,* ISR 2014, 90; *Seel,* MDR 2011, 5; *Seer,* GmbHR 2011, 225; *Sprague/Hayward,* CTJ 2004, 193; *Titz,* SWI 2009, 66; *Vetter/Schreiber,* IWB 2009, 1107; *dies.,* IWB 2010, 245; *dies.,* IWB 2010, 740; *dies.,* IWB 2011, 521; *de Vries,* European Taxation 2005, 181; *ders.,* ET 2008, 151; *Wallinger,* CDFI LIX b (1974) II 295; *Walter,* IWB 5-Schweiz-2, 633 (2007); *dies.,* GmbHR 2007, 973; *F. Wassermeyer,* SWI 1997, 538; *W. Wassermeyer,* IStR 2001, 470; *Wellisch/Näth,* IStR 2005, 433; *dies.,* IStR 2008, 548; *Ziesecke,* PIStb 2007, 325. **2a**

OECD-Dokumente: *OECD Committee on Fiscal Affairs,* Taxation issues relating to international hiring-out of labour, in Trends in International Taxation (1985), 29; *dass.,* The Taxation of Fringe Benefits (1988); *dass.,* The 183 Day Rule: Some Problems of Application and Interpretation, in Model Tax Convention. Four Related Studies, Issues in International Taxation No. 4 (1992), 9; *dass.,* Proposed Clarification of the scope of paragraph 2 of Article 15 of the Model Tax Convention, Public discussion draft, 5 April 2004; *dass.,* Revised Draft Changes to the Commentary on Paragraph 2 of Article 15, 12 March 2007; *dass.,* Draft contents of the 2008 update to the Model Tax Convention, 21 April 2008; *dass.,* Tax Treatment of Termination Payments, Discussion Draft, 25 June to 13 September 2013.

Verwaltungsanweisungen: BMF v. 5.1.1994 (Betr.: Besteuerung des Arbeitslohns nach den Doppelbesteuerungsabkommen; hier: Anwendung der 183-Tage-Klausel), BStBl. I 1994, 11; BMF, Schr. v. 9.11.2001, BStBl. I 2001, 796 (Verwaltungsgrundsätze-Arbeitnehmerentsendung); BMF v. 14.9.2006 (Steuerliche Behandlung des Arbeitslohns nach den Doppelbesteuerungsabkommen), BStBl. I 2006, 532; BFM, Entwurf v. 8.11.2013 eines Schreiben zur steuerlichen Behandlung des Arbeitslohns nach dem Doppelbesteuerungsabkommen (veröffentlicht auf der Webseite des BMF).

Zu **Stock Options** s. Rz. 20.

3 **a) Grundzüge:** Art. 15 Abs. 1 erfasst zwei strikt zu unterscheidende Fälle. In **Fall 1** fallen entweder abkommensrechtliche Ansässigkeit und Tätigkeitsort zusammen oder die Tätigkeit wird in einem Drittstaat ausgeübt. Ersteres ist etwa der Fall, wenn ein Arbeitnehmer für zwei Jahre ins Ausland abgeordnet wird und seine Wohnung im Inland beibehält, seine Familie ihn aber an den zweiten Wohnsitz im Ausland begleitet. Hier kann der Arbeitnehmer zwar weiterhin im Inland unbeschränkt steuerpflichtig sein, die Rspr. geht aber regelmäßig davon aus, dass er wegen der stärkeren wirtschaftlichen und persönlichen Nähe zum Staat des Arbeitsorts seinen Mittelpunkt der Lebensinteressen dort hat (vgl. Art. 4 Abs. 2 Buchst. a; s. dazu bei Art. 4 Rz. 190) und dementsprechend für Zwecke des Abkommens als dort ansässig gilt. Fallen somit abkommensrechtliche Ansässigkeit und Tätigkeitsort zusammen, gilt die Regel, dass Einkünfte aus unselbständiger Arbeit ausschließlich im **Ansässigkeitsstaat** zu besteuern sind („können nur", s. Vor Art. 6 bis 22, Rz. 4 ff.). Die ausschließliche Besteuerung im Ansässigkeitsstaat, der in diesem Fall gleichzeitig Tätigkeitsstaat ist, überlagert eine etwaige beschränkte Steuerpflicht im anderen Vertragsstaat, etwa die Besteuerung wegen der Verwertung der unselbständigen Arbeit im Herkunftsstaat oder eine beschränkte Steuerpflicht aufgrund der Ansässigkeit des die Vergütung tragenden Arbeitgebers.

4 Fallen jedoch abkommensrechtlicher Wohnsitz und Arbeitsort auseinander **(Fall 2),** dürfen die Einkünfte vorrangig im **Staat des Arbeitsortes als Quellenstaat** besteuert werden (Prinzip des Arbeitsorts), dies allerdings **nicht,** wenn sich der Arbeitnehmer in diesem Staat innerhalb eines Zeitraums von 12 Monaten **nicht länger als 183 Tage** aufgehalten hat **und** wenn die **Vergütungen** von einem oder für einen Arbeitgeber, der nicht im Staat des Arbeitsorts ansässig ist, sowie nicht von einer Betriebstätte oder festen Einrichtung des Arbeitgebers im Staat des Arbeitsortes **gezahlt** worden sind. Die Besteuerung der Einkünfte im Ansässigkeitsstaat lässt Art. 15 offen („können"); ob sie dort freizustellen sind oder die Steuer des Quellenstaates angerechnet wird, bestimmt sich nach Art. 23 A oder B (s. dort Rz. 3 ff.). Sind die genannten drei Voraussetzungen einer **Ausnahme** vom Prinzip des Arbeitsortes (zwei negative, eine positive) jedoch kumulativ gegeben, so kommt es zur Ansässigkeitsstaatbesteuerung. Art. 15 Abs. 2 Buchstaben b) und c) OECD-MA führen zu vielfältigen Auslegungsproblemen und damit zu Doppelbesteuerungen und Doppelnichtbesteuerungen. Es wäre daher aus abkommenspolitischer Sicht zu erwägen, ob man diese beiden Voraussetzungen nicht streichen sollte, so dass die 183-Tage-Grenze als alleinige Ausnahme von der Besteuerung im Tätigkeitsstaat verbleiben würde (s. dazu *Waldburger,* oben Rz. 1, S. 185 ff.).

4a In der Literatur und der Rspr. wird dem ersten Teil des Absatzes 1, der eine Besteuerung im Ansässigkeitsstaat vorsieht, gelegentlich eine andere Bedeutung zugemessen. Danach soll dieser als Auffangklausel auch für die Fälle dienen, in denen die Vergütung nicht dem Tätigkeitsstaat zugeordnet werden kann (allgemein *Pötgens,* S. 137 ff.; so außerdem *Schilcher/Stefaner,* SWI 2005, 5, die als Beispiel Jubiläumsgelder nennen; ferner für Krankengeld und das Stillhalten in Zeiten eines Wettbewerbsverbots *Peeters,* ET 2004, 73; anders aber der Hof van Beroep Brüssel v. 20.9.2007, TNS 11-1-2008: *DBA Belgien/Frankreich;* s. dazu die Anmerkung von *Peeters,* Fiscoloog Int. 289 (2007), 6; diese Auffassung liegt auch der Entscheidung des BFH BStBl. II 1997, 341 zugrunde, was in BFH BFH/NV 2007, 13 deutlich wird; s. dazu auch noch Rz. 17c; s. ferner BFH BFH/NV 2010, 350: *DBA USA 1989,* zu Erfindervergütungen). *Peeters* (ET 2004, 73) begründet das mit den praktischen Schwierigkeiten den Ort der Arbeitsausübung festzustellen, die in diesen Fällen auftreten. Praktische Schwierigkeiten, können aber kaum eine Auslegung rechtfertigen, die sich dem Wortlaut der Vorschrift nicht entnehmen lässt (der Wortlaut ist entgegen dem BFH BFH/NV 2007, 13 nicht eindeutig), und diese Auffassung lässt sich auch mit dem Zweck der Vorschrift nicht rechtfertigen. Wie sich aus dem Zusammenhang ergibt, geht Art. 15 Abs. 1 davon aus, dass eine Arbeit ausgeübt wird (vgl. auch *Kamphaus/Büscher* in SKK, Art. 15 Rz. 4). Dies kann im Ansässigkeitsstaat oder im Tätigkeitsstaat der Fall sein. Für letzteren Fall ordnet die Vorschrift die Besteuerungsbefugnis dem anderen Staat zu, in dem die Tätigkeit ausgeübt wird. In ersterem Fall schließt die Vorschrift eine etwaige beschränkte Steuerpflicht des anderen Staates aus, die nicht auf dem Kriterium der Ausübung der Arbeit beruht. Im MA-Komm. Ziff. 1 ist diese Funktion des ersten Teils des Abs. 1 mit dem Ausschluss der Besteuerung aufgrund eines Verwertungskriteriums ausdrücklich angesprochen. Der Normaufbau ist also in sich sinnvoll (zweifelnd aber *Kluge,* S. 280 und Wassermeyer/*Wassermeyer/Schwenke,* Art. 15 OECD-MA Rz. 31) und einer erweiternden Auslegung nicht zugänglich. Für die hier vertretene Auffassung spricht ferner die historische Entwicklung. Sichtbar wird das vor allem in den älteren deutschen Abkommen *(DBA Luxemburg 1958/2009, Niederlande 1959/2004, Österreich 1954),* die in ihrem Wortlaut noch deutlicher werden lassen, dass Art. 15 immer die Ausübung einer Tätigkeit erfordert, für die eine Vergütung bezahlt wird. Auch eine Untätigkeit ist ausgeübte Arbeit, wenn sie vergütet wird (*Reimer,* oben Rz. 1, S. 111; undeutlich *Pötgens,* BIT 2009, 428 (431)). Problematisch ist in den Fällen der Untätigkeit allerdings der Ort der Ausübung (s. dazu noch unten Rz. 31 ff.). Diese Frage ist aber unabhängig von der hier behandelnden Frage zu beantworten.

Sowohl der Ansässigkeitsstaat wie der Staat des Arbeitsortes, soweit ihnen die Besteuerung nach dem Vorstehenden belassen ist, besteuern diese Einkünfte nach ihrem innerstaatlichen Recht, ohne durch das Abkommen darin beschränkt zu sein. Das schließt die Berechtigung des jeweiligen Staates ein, die betroffenen Einkünfte einer Quellenbesteuerung (Lohnsteuerabzug, „pay as you earn") zu unterwerfen (so auch *Conseil d'Etat* req. n. 58 034 und 58 597, Dr. Fisc. 1990 comm. 1078). Fraglich ist jedoch, ob das auch gilt, wenn der Arbeitgeber in einem Staat ansässig ist, der zur Besteuerung nicht befugt ist, also in einem Drittstaat (s. dazu *Pötgens,* S. 115 ff.). Richtigerweise wird man dem Drittstaat in einem solchen Fall die Anwendung des innerstaatlichen Rechts nicht versagen können. Das DBA zwischen Wohnstaat und Tätigkeitsstaat entfaltet keine Rechtswirkungen im Drittstaat und der Arbeitgeber kann sich bezüglich der Arbeitnehmerbesteuerung nicht auf das DBA seines Ansässigkeitsstaats mit dem Wohnstaat des Arbeitnehmers berufen. Allerdings kann die Frage, ob der Tätigkeitsstaat die Löhne besteuern darf, davon abhängen, ob der im Drittstaat ansässige Arbeitgeber eine Betriebstätte im Tätigkeitsstaat unterhält. Die Frage, ob es sich tatsächlich um eine Betriebstätte i. S. des Art. 5 MA handelt, ist auf der Basis des DBA zwischen dem Ansässigkeitsstaat des Arbeitgebers und dem Tätigkeitsstaat zu beurteilen (so auch das dänische Finanzministerium in einem Erlass v. 8.6.1998, TfS 1998, 439). **5**

Irrelevant ist aber, ob der Steuerpflichtige im Tätigkeitsstaat tatsächlich besteuert wird oder nicht. Zu Ausnahmen von diesem Grundsatz s. Rz. 72, 89 ff. Die Verletzung der Steuererklärungspflicht gegenüber dem ausländischen Steuergläubiger hat keine Rechtsfolgen im anderen Vertragsstaat (BFH BStBl. II 1975, 61). **5a**

Die ausschließliche Besteuerung im Ansässigkeitsstaat als Auffangregel entspricht der Systematik der MA. Sie beruht auf der Erwägung, dass der Ansässigkeitsstaat nach seinem internen Steuerrecht am ehesten in der Lage sein wird, die Besteuerungsbefugnis für inländische und ausländische Einkünfte umfassend in Anspruch zu nehmen. Die Besteuerung im Ansässigkeitsstaat wird bei einer nur vorübergehenden Tätigkeit im anderen Vertragsstaat aufrechterhalten, weil sich in einem solchen Fall noch keine hinreichend enge Verbindung zum anderen Staat ergeben hat (Wassermeyer/*Wassermeyer/Schwenke,* Art. 15 MA Rz. 34, 37; europarechtlich hat das zur Folge, dass der Ansässigkeitsstaat persönliche und familienbezogene **6**

Umstände uneingeschränkt berücksichtigen muss; vgl. EuGH v. 12.12.2002, Rs. C-385/00, Slg. 2002-I, 11819 – *de Groot,* m. Anm. *Hahn,* IStR 2003, 58). Die Entsendung von qualifizierten Arbeitskräften ins Ausland, die im Zuge der immer stärker werdenden außenwirtschaftlichen Verflechtung zunehmend wichtiger wird, wird dadurch erleichtert. Allerdings beschränkt sich der Anwendungsbereich des Art. 15 nicht auf diese „qualifizierten Arbeitskräfte", sondern er gilt für alle natürlichen Personen, die eine unselbständige Arbeit ausüben. Ziff. 3 des MA-Komm. in der Fassung von 1992 stellt das nunmehr ausdrücklich klar (s. dazu auch Ziff. 7 f. des OECD-Berichts zur 183-Tage Regel).

7 **b) Abgrenzung: aa) Allgemein:** Sonderregelungen bestehen für Beschäftigte auf See- bzw. Binnenschiffen und Luftfahrzeugen (Art. 15 Abs. 3), für Aufsichtsrats- und Verwaltungsratsvergütungen (Art. 16), Künstler und Sportler (Art. 17), Ruhegehälter (Art. 18), sowie Zahlungen aus öffentlichen Kassen (Art. 19). Sie gehen der allgemeinen Regelung des Art. 15 vor. Daraus folgt, dass Art. 15 Vergütungen aus einem **gegenwärtigen** Arbeitsverhältnis mit einem **privaten** Arbeitgeber betrifft.

Enthalten die DBA Vorschriften über Professoren und Auslandslehrer oder über die unselbständige Arbeit der Studenten, Praktikanten und Lehrlinge, so gehen diese ebenfalls als speziellere Normen der allgemeinen Regelung des Art. 15 vor (s. dazu Rz. 164 und Art. 20 Rz. 33 ff.). Die DBA werden ferner unter Umständen durch Abkommen über Technische Zusammenarbeit verdrängt (FG Rheinland-Pfalz, DStRE 2008, 1070: *Rahmenabkommen zwischen Deutschland und Bulgarien über technische Zusammenarbeit*).

8 **bb) Abgrenzung zu Art. 19:** Gehälter, die von einem Vertragsstaat oder einer seiner Gebietskörperschaften für geleistete Dienste gezahlt werden, werden nach Art. 19 Abs. 1 MA dem Kassenstaat zugerechnet. Anders als bei Art. 15 MA kommt es dann nicht auf den Ort der Arbeitsausübung an. Nach Art. 19 Abs. 3 gilt Art. 15 jedoch für Vergütungen aus einem Arbeitsverhältnis mit einem gewerblichen Betrieb der öffentlichen Hand. Arbeitsbezüge, die von privatrechtlichen Organisationen mit eigener Rechtspersönlichkeit ausgezahlt werden, fallen auch dann unter Art. 15, wenn deren Mittel ausschließlich von öffentlichen Kassen aufgebracht werden (anders aber der niederländische Hoge Raad v. 5.12.2008, V-N 2008/59.12: *DBA Deutschland/Niederlande 1959,* zu einem niederländischen Pensionsfonds, der für die Arbeitnehmer im öffentlichen Dienst zuständig ist; in einer Verständigungsvereinbarung haben sich die deutsche und niederländische Finanzverwaltungen dem Hoge Raad angeschlossen (BMF v. 27.4.2012, BStBl. I 2012, 691). Eine Besonderheit bilden die Bundesbeamten, die bei den (privaten) Nachfolgeunternehmen der Deutschen Bundespost und Deutschen Bundesbahn beschäftigt sind. Diese behalten ihren Status bei und ihr Gehaltsanspruch richtet sich unmittelbar gegen den Bund, auch wenn die Gehälter von den (Nachfolge-) Aktiengesellschaften ausgezahlt werden. Die Bezüge sollen daher Zahlungen aus einer öffentlichen Kasse i. S. des Art. 19 sein, Art. 15 sei nicht anzuwenden (OFD Düsseldorf v. 15.8.1995, FR 1995, 7591; so auch BMF v. 30.7.2001, IStR 2002, 100 im Verhältnis zur Schweiz (Verständigungsvereinbarung)). Dem Sinn und Zweck des Art. 19 entsprechend ist jedoch auf solche Zahlungen Art. 15 anzuwenden (FG BW EFG 1997, 981; BFH BStBl. II 1999, 13: beide *DBA Frankreich;* vgl. auch BayLfSt, Vfg. v. 23.3.2009, IStR 2009, 592 m. Anm. JK).

Soweit nationale Beamte im Bereich der Europäischen Union verwendet werden und dafür von dieser Sonderzahlungen (z. B. Tagegelder) erhalten, gilt Art. 15 und nicht Art. 19. Das gilt zumindest dann, wenn diese Vergütungen im Verhältnis zur weitergezahlten Inlandsbesoldung nicht nur von untergeordneter Bedeutung sind (BFH/NV 2000, 1016; FG Rhlpf. EFG 1999, 777: beide *DBA Belgien* gegen

BMF v. 2.5.1994 BStBl. I 1994, 284; s. auch BMF v. 12.3.2002, BStBl. I 2002, 483 (s. dazu auch noch Rz. 51b). Davon zu unterscheiden sind Beamte und andere Bedienstete, die unmittelbar im Dienst der EU tätig sind (vgl. auch *Endfellner/Dornhofer,* SWI 2005, 32). Deren Vergütungen sind nach Art. 13 des Protokolls über die Vorrechte und Befreiungen der Europäischen Gemeinschaften v. 8.4.1965 (BGBl. II 1965, 1482) bzw. mit Wirkung vom 1.12.2009 nach Art. 12 des Protokolls über die Vorrechte und Befreiungen der Europäischen Union (ABl. 2007, C 306, 1; BGBl. II 2008, 1038) steuerbefreit (die Steuerbefreiung erstreckt sich allerdings nicht auf kurzfristige Tätigkeiten eines selbständig tätigen Übersetzers, Conseil d'Etat v. 21.5.2007, no. 286157, *„Missirlu";* anders aber zu ähnlichen Tätigkeiten beim Europäischen Rat, wenn insoweit ein (kurzfristiger) Arbeitsvertrag abgeschlossen wurde). Diese Vergütungen stehen auch nicht unter Progressionsvorbehalt (EuGH v. 16.12.1960, Rs. C-6/60, Slg. 1960, 1125 – *Humblet*) und dürfen auch anderweitig nicht im nationalen Steuerrecht Berücksichtigung finden (EuGH v. 5.7.2012, Rs. C-558/10 – *Eheleute Bourges-Maunoury*). Damit können aber auch Werbungskosten des Stpfl. im Inland, die mit der Tätigkeit für die EU zusammenhängen, nicht abgezogen werden (FG Hessen DStRE 2011, 1501 zu einer doppelten Haushaltsführung). Wird der EU-Bedienstete von seinem Ehegatten und Kindern begleitet, so bestimmt Art. 14 des oben genannten Protokolls, dass für diese Personen der bisherige Wohnsitz erhalten bleibt, wenn sie nicht einer eigenen Tätigkeit nachgehen. Kann allerdings der bisherige Ansässigkeitsstaat diese Personen nicht mehr besteuern, da er sie nicht mehr als ansässig ansieht, kann dies zu einer doppelten Nichtbesteuerung führen. Ein finnisches Gericht hat die Frage der Auslegung des Art. 14 dem EuGH vorgelegt (s. dazu *Helminen,* BIT 2010, 541).

cc) Schwierigkeiten macht die **Abgrenzung zu Art. 18.** Bei Vergütungen, die 9
nach Beendigung eines Arbeitsverhältnisses gezahlt werden, kann es sich um **nachträglich gezahlte Tätigkeitsvergütungen** (so z.B. angesparte Prämien, die in einen Pensionsplan eingezahlt werden, und nach Ausscheiden des Arbeitnehmers zur Auszahlung kommen, s. FG Düsseldorf, DStRE 2006, 214: *DBA USA 1989*) handeln, die nach Art. 15 zu besteuern sind, **oder um Ruhegehalt,** das dem Art. 18 unterliegt. Für die Unterscheidung ist hier nicht auf den Zeitpunkt, sondern auf den **Grund der Zahlung** abzustellen, der bei Art. 18 im Versorgungscharakter nach Ende der aktiven Laufbahn zu sehen ist (für detailliertere Ausführungen zur Abgrenzung s. Art. 18 Rz. 35ff. und *Ismer,* IStR 2011, 577). Um eine nachträgliche Tätigkeitsvergütung und nicht um Ruhegehälter handelt es sich etwa, wenn dem Arbeitnehmer bei Ausscheiden und Übersiedlung ins Ausland zur Aufnahme einer neuen Tätigkeit das im Rahmen der betrieblichen Altersversorgung angesammelte Kapital ausgezahlt wird (FG Hessen, EFG 1998, 1273: *DBA Schweiz 1971*). Auch eine „Überbrückungspension", die ein Fußballprofi nach Ende seiner Laufbahn aus von seinem Lohn abgezogenen und angesammelten Fondsvermögen ausgezahlt bekommt, ist nachträgliche Vergütung i.S. des Art. 15 (*Hoge Raad* nr. 34653 VN 2000/24.10: *DBA Niederlande/Belgien*). Die Vergütung, die ein Arbeitnehmer bei Altersteilzeit für die Periode einer Blockfreistellung erhält, ist nicht Ruhegehalt, sondern unterfällt dem Art. 15 MA, da es sich noch um nachträgliche Bezüge als Gegenleistung für die Tätigkeit handelt (BFH BStBl. II 2011, 446: *DBA Frankreich*).

dd) Abfindungen: Eine dritte Kategorie stellen Abfindungen dar, die einem 10
Arbeitnehmer den Übergang an einen anderen Arbeitsplatz oder in einen neuen Beruf erleichtern, insbesondere bei einem **vorzeitigen Ausscheiden** aus dem Arbeitsverhältnis eine Wartezeit überbrücken sollen. Sie sollten nicht unter Art. 15 fallen, da sie nur indirekt auf dem Arbeitsverhältnis beruhen bzw. eine Kompensation für den Verlust künftigen Einkommens darstellen, die Einordnung ist aber str. (s. dazu näher Rz. 17f.). Die Zahlung des Arbeitgebers kann aber auch (teilweise)

als (steuerfreier) Ersatz für einen immateriellen Schaden einzuordnen sein (vgl. *Bauer/Günther,* NJW 2007, 113).

11 **ee)** Über die Abgrenzung zu den **Aufsichtsrats- und Verwaltungsratsvergütungen** s. Art. 16 Rz. 4, zu den **Künstlern und Sportlern** s. Art. 17 Rz. 7 ff. Für die Künstler und Sportler ist die Abgrenzung vor allem im Hinblick auf Art. 15 Abs. 2 von Bedeutung, da sie stets am Tätigkeitsort besteuert werden, auch unabhängig von einer Mindestaufenthaltsdauer und vom Sitz der die Vergütung zahlenden Person.

12 Art. 15 beschränkt sich nach seinem Wortlaut nicht auf Arbeitsentgelte, die aus einem Vertragsstaat bezogen werden. Anders als andere Verteilungsnormen gilt er damit **auch für Bezüge aus Drittstaaten.** Eine Anwendung des Art. 21 auf Einkünfte aus unselbständiger Arbeit, soweit es sich ihrem Wesen nach um solche Einkünfte handelt, kommt somit nicht in Betracht (ebenso *Jann,* Die 183-Tage-Regel, S. 199; a. A. *Geiger/Alscher,* IWB F. 3, Deutschland, Gr. 2, 613 (617); *Keine/Bertram,* IWB F. 3, Deutschland, Gr. 2, 591 (610); *Henkel/Fischer-Zernin,* RIW 1986, 286). Man kann auch nicht aus Art. 15 Abs. 2 Buchst. b schließen, dass Zahlungen eines weder im Ansässigkeits- noch im Tätigkeitsstaat ansässigen Arbeitgebers nicht von Art. 15 erfasst werden (so aber OFD Ffm., Vfg. v. 14.8.1996, RIW 1996, 1059).

13 **c) Regelung:** Bezieht eine in **einem Vertragsstaat ansässige** Person
- Gehälter, Löhne und ähnliche **Vergütungen**
- **aus unselbständiger Arbeit,**

so darf nach Art. 15 nur der **Ansässigkeitsstaat** diese Einkünfte besteuern; jedoch
- wenn die Arbeit **im anderen Vertragsstaat ausgeübt** wird, **und**
- der Empfänger der Vergütungen sich im anderen Staat (dem Staat der Arbeitsausübung) **während** eines **Zeitraums von 12 Monaten,** der im betreffenden Steuerjahr beginnt oder endet, **insgesamt mehr als 183 Tage aufhält**
- **oder** die Vergütungen **von einem Arbeitgeber** oder für einen Arbeitgeber gezahlt werden, der **im anderen Staat ansässig** ist,
- **oder** sie von einer **Betriebstätte** oder einer festen Einrichtung getragen werden, die der Arbeitgeber im anderen Staat hat,

statt des Ansässigkeitsstaates der **Staat des Arbeitsortes.**

14 Zum Begriff der „in einem Vertragsstaat ansässigen Person", auch des „ansässigen Arbeitgebers" s. Art. 4 Rz. 4; zum Begriff der Betriebstätte Art. 5 Rz. 10 ff.; zum Begriff der festen Einrichtung Art. 14 Rz. 21 ff.

15 **d) "Gehälter, Löhne und ähnliche Vergütungen": aa) Allgemein:** Der Begriff der Einkünfte aus unselbständiger Arbeit ist in den MA nicht definiert. Es werden lediglich typische Einkünfte aufgezählt, die ein Arbeitnehmer aus nichtselbständiger Arbeit beziehen kann. Welche Bezüge im Einzelnen „Einkünfte aus unselbständiger Arbeit" sind, ist einer grammatikalischen und systematischen Auslegung zugänglich und bestimmt sich zunächst nach dem Begriff der unselbständigen Arbeit (s. dazu Rz. 27). Übt eine Person eine solche Tätigkeit aus, so ist jede Gegenleistung „Einkunft" i. S. des Art. 15. Dass hier eine möglichst weite Auslegung gewollt ist, zeigt die beispielhafte, nicht abschließende Aufzählung von Vergütungen, die unter die Vorschrift fallen. Sie ist auch notwendig um eine möglichst lückenlose Erfassung aller nach innerstaatlichem Recht steuerbaren Einkünfte zu gewährleisten (s. Vor Art. 6–22 Rz. 2). Die Ausdrücke **„Gehälter"** (salary, salaires) und **„Löhne"** (wages, traitements) bezeichnen eine regelmäßige Bezahlung von Diensten, die einem Arbeitgeber geleistet werden. Sie unterscheiden sich darin, dass Ersterer Ausdruck eher auf geistige Arbeit (Beamte, Angestellte), Letzterer auf körperliche Arbeit (Arbeiter) angewendet wird. **Vergütungen** (remuneration, rémunérations) bilden hingegen den Oberbegriff, unter den Löhne und

Gehälter, aber auch sonstige (auch einmalige) Leistungen fallen (etwa Jubiläumszuwendungen, BFH BStBl. II 1992, 660: *DBA USA 1954/65* und *Kanada;* Entschädigungen für entgangene Einnahmen, FG RhlPf. IStR 1993, 472: *DBA UdSSR;* anders aber die australische Finanzverwaltung in einer Interpretative Decision v. 19.3.2010, ATO ID 2010/68: *DBA Australien/Italien,* die aufgrund der Qualifizierung nach nationalem Recht Art. 18 MA anwenden will; *Conseil d'Etat* req. no. 117 129 Dr. Fisc. 1995/461, 487 zu pauschal berechneten Auslandszuschlägen, die ein Arbeitnehmer aus dem Dienst- oder Arbeitsverhältnis bezieht). Nach Ansicht des niederländischen Hoge Raads gehört dazu auch eine Entschädigung für die Nichteinstellung eines Arbeitnehmers, der trotz der gegebenen Zusage letztlich nicht angenommen wird (Hoge Raad v. 10.8.2001, BNB 2001/353: *DBA Niederlande/Frankreich;* s. dazu Betten, ET 2003, 425; ähnlich auch BFH v. 12.9.2006 – I B 27/06: *DBA Schweiz 1971* (Anm. von *Schmidt,* PIStB 2007, 60); vgl. aber auch ÖstBMF v. 23.7.2008, EAS 2991, SWI 2008, 384: DBA Österreich/Deutschland). Gemeinsam ist allen drei Ausdrücken, dass sie einen **Zusammenhang zwischen der Arbeitsleistung und der Vergütung** voraussetzen. Insofern unterscheiden sich die von Art. 15 erfassten Vergütungen nicht von den Einkünften anderer Berufsgruppen. Auch bei Art. 14 oder 17, wo die MA von „Einkünften" sprechen, bestimmt sich die Einkunftsqualifizierung zunächst nach der Zuordnung zu einem bestimmten Beruf und zweitens nach dem inneren Zusammenhang zwischen spezieller Tätigkeit und dem dafür gezahlten Entgelt. Aus der unterschiedlichen Formulierung der Vorschriften können deshalb keine Folgerungen gezogen werden (so aber – insoweit nicht überzeugend – der kan. *Federal Court – Trial Division* in *Hale v. The Queen,* 90 DTC 6481 ff.: *DBA Kanada/Großbritannien*).

Wann ein Zusammenhang zwischen Arbeitsleistung und Vergütung gegeben ist, **16**
beantwortet sich aus dem **Grund der Zahlung.** Hat der Arbeitgeber ein wirtschaftliches und nicht nur persönliches Interesse an der Leistung, wird man in der Regel von einem Zusammenhang mit dem Arbeitsverhältnis ausgehen können. Es ist daher gleichgültig, ob es sich um **Barlohn oder Sachbezüge** handelt (OECD-MA, Ziff. 2.1; zu der Behandlung von Nebenleistungen des Arbeitgebers, sog. „fringe benefits", und den damit verbundenen Abgrenzungsschwierigkeiten s. auch *OECD,* The Taxation of Fringe Benefits (1988)). Insofern reicht es aus, wenn die Leistung bestimmt ist, das Interesse des Arbeitnehmers an seinem Unternehmen zu fördern und das Unternehmen für qualifiziertes Personal attraktiver zu machen (z.B. die Gewährung der Möglichkeit, Aktien des Arbeitgebers verbilligt zu erwerben, s. dazu noch Rz. 20 ff.; ferner die Bereitstellung von Wohnraum oder eines Kfz., die Übernahme von Versicherungen, die Zahlungen von Beiträgen zu einem Pensionsfonds (BFH DStRE 2007, 1357), die Übernahme von Vereinsbeiträgen, etc.). Das ist etwa auch der Fall, wenn der Arbeitgeber seinen Arbeitnehmern Ferienhäuser zu Erholungszwecken zur Verfügung stellt (BFH BStBl. II 1997, 539). Auch die Zurverfügungstellung eines Kfz durch den ausländischen Arbeitgeber ist Entlohnung für die Auslandstätigkeit. Die Besteuerung richtet sich nach dem Recht des Staats des Arbeitsorts. Da die Besteuerung zumeist in pauschalierter Form erfolgt (entsprechend § 6 Abs. 1 Nr. 4 EStG), kann der Betrag der Einkünfte wesentlich von der deutschen Berechnung abweichen. Die private Pkw-Nutzung ist auch dann im Staat des Arbeitsorts zu versteuern, wenn das Auto von dem deutschen entsendenden Unternehmen zur Verfügung gestellt wird (HR 3.12.2004, nr. 39786 und 39787 BNB 2005/92 m. Anm. *Burgers*), da es auf den Ort der Zahlung nicht ankommt.

Die Auszahlung eines **Zeitwertguthabens** (zur steuerlichen Anerkennung von Zeitwertkonten-Modellen s. BMF, Schr. v. 17.6.2009, BStBl. I 2009, 1286; *Portner,* DStR 2009, 1838), das der Arbeitnehmer beispielsweise für ein Sabattical gebrauchen kann, ist als Arbeitslohn i. S. des Art. 15 MA anzusehen, nicht als eine Art von Abfindung. Das muss zumindest dann gelten, wenn das Guthaben durch Abzug vom laufenden Arbeitslohn verdient worden ist. Der Zusammenhang zwischen Arbeitsleistung und Vergütung ist in diesem Fall unmittelbar, nur wird der Arbeitslohn zu einem späteren Zeitpunkt ausgezahlt. Erfolgt die Auszahlung zu einem Zeitpunkt, in dem der Arbeitnehmer nicht mehr im Ausland arbeitet, so ist das Guthaben doch der Auslandstätigkeit zuzurechnen, wenn die Abzüge vom Lohn während dieses Zeitraums erfolgten (FG Köln DStRE 2009, 278: *DBA Ungarn 1977*). Auch Bezüge im Rahmen des sog. **Blockmodells** stellen Arbeitslohn i. S. des Art. 15 MA dar. Beim Blockmodell wird zwischen einer Arbeitsphase und einer Freistellungsphase unterschieden. Die Vergütung, die während der Freistellungsphase vom Arbeitgeber bezahlt wird (einschl. des zusätzlich gezahlten Aufstockungsbetrags), wird in der Arbeitsphase erarbeitet und ist dieser damit auch zuzurechnen (BFH BStBl. II 2011, 446: *DBA Frankreich;* BMF, Schr. v. 14.9.2006 BStBl. I 2006, 532 Tz. 6.7), es handelt sich damit um nachträglich ausgezahlten Arbeitslohn und nicht um ein Ruhegehalt i. S. des Art. 18 MA (Steuerpflichtige, die ihre Freistellungsphase im Ausland verbringen, müssen sich danach vergegenwärtigen, dass sie mit ihren Bezügen in Deutschland beschränkt steuerpflichtig bleiben).

Ein Forschungsstipendium kann möglicherweise im Inland steuerbar sein und unter Artikel 15 MA fallen; das wird jeweils davon abhängen, ob mit dem Stipendium auch arbeitsähnliche Vereinbarungen verbunden sind (das FG BW IStR 2008, 116: *DBA Frankreich,* lässt sowohl die Frage der Steuerbarkeit als auch der abkommensrechtlichen Einordnung offen, da das Stipendium jedenfalls nach § 3 Nr. 44 EStG steuerbefreit sei; s. auch Urteilanmerkung *Lahmann,* IStR 2008, 119).

16a In Zweifelsfällen, die durch eine autonome Auslegung nicht gelöst werden können, kann auf das innerstaatliche Recht des Staates zurückgegriffen werden, um dessen Besteuerung es sich handelt. Unerheblich ist aber, wie die Vergütungen im innerstaatlichen Recht qualifiziert werden (vgl. BFH BStBl. II 1978, 195). So können nach der Auffassung von *Peeters* (ET 2004, 72, 76 m. w. N.; Liber Amicorum Luc *Hinnekens,* S. 352 f.) Mieteinkünfte, die nach belgischem Recht unter bestimmten Voraussetzungen als Einkünfte aus unselbständiger Arbeit angesehen werden, nicht auch abkommensrechtlich als Lohn qualifiziert werden (zu der Fiktion eines Minimumlohns in den Niederlanden s. noch Rz. 24). Demgegenüber wäre nach der neuen Lösung der OECD (s. dazu Grundl. Rz. 158 a ff.) die Qualifikation des Quellenstaats ausschlaggebend; s. dazu *Avery Jones,* BTR 2001, 393 ff., d. h. alle Einkünfte, die nach dem Recht des Quellenstaats als Einkünfte aus unselbständiger Arbeit besteuert werden, unterfallen dem Art. 15 MA, der Ansässigkeitsstaat wendet lediglich noch Art. 23 an; dieser Auffassung folgen wohl auch UK Special Commissioners, in Squirrel v. HMRC v. 23.6.2005, SPC00 493. Allerdings müsste sich auch für diese Auffassung die Frage stellen, ob der Quellenstaat berechtigt ist, durch Fiktionen und Missbrauchsregelungen den Anwendungsbereich des Art. 15 einseitig auszuweiten.

17 **bb) Abfindungen, Erfindervergütungen: Abfindungen** werden regelmäßig dem Art. 15 zugeordnet, da sie zumeist auch im innerstaatlichen Recht als Lohn besteuert werden (so in Anwendung von Art. 3 Abs. 2 MA Special Commissioners in Squirrel v. Revenue and Customs 2005 UKSPC SPC00 493 (23.6.2005); so jetzt auch der Diskussionsentwurf der OECD zu Termination Payments (oben Rz. 1); s. aber noch unten Rz. 17c). Der BFH (BStBl. II 1988, 819; BStBl. II 1997, 341: *DBA Liberia;* BFH/NV 2007, 13: *DBA Schweiz 1971*; BStBl. II 2010, 387; BStBl. II 2010, 394; wie der BFH auch FG Köln EFG 2008, 593: *DBA Belgien;* FG München DStRE 2011, 1526: *DBA Österreich;* FG Hessen IStR 2013, 866:

DBA Schweiz) und ihm folgend die Finanzverwaltung (BMF v. 14.9.2006, BStBl. I 2006, 532 Tz. 121 (Arbeitslohn); zustimmend Wassermeyer/*Wassermeyer/Schwenke,* Art. 15 MA Rz. 56e) will ebenfalls Art. 15 anwenden, dann aber die Abfindung nicht der Zeit der Auslandstätigkeit zurechnen, sondern sie im Ansässigkeitsstaat der Besteuerung unterwerfen. Dem liegt die Überlegung zugrunde, dass Art. 15 Abs. 1 so zu verstehen sei, dass der Ansässigkeitsstaat immer dann zur Besteuerung befugt ist, wenn die Vergütung für eine Nichtausübung von Arbeit bezahlt wird. Folgerichtig gibt es Stimmen in der Literatur, die auch andere Vergütungen wie Jubiläumszahlungen, Krankengeld und Vergütungen für das Stillhalten in Zeiten eines Wettbewerbsverbots im Ansässigkeitsstaat des Arbeitnehmers besteuert sehen wollen. *Peeters* (ET 2004, 73) begründet das mit den praktischen Schwierigkeiten, in solchen Fällen den Ort der Arbeitsausübung festzustellen. *Pötgens,* S. 137 ff., geht davon aus, dass Art. 15 für alle Einkünfte aus unselbständiger Arbeit eine abschließende Auffangregelung darstellt, so dass für die Anwendung des Art. 21 kein Raum bleibt. Dem steht allerdings entgegen, dass der zweite Halbsatz des Art. 15 Abs. 1 offensichtlich davon ausgeht, dass eine Arbeit immer ausgeübt wird, entweder im Ansässigkeitsstaat oder in einem anderen Staat. Es ist daher auch bei außergewöhnlichen Zahlungen notwendig, den Ort der Arbeitsausübung festzustellen. Bei Abfindungen kommt der Zweifel hinzu, ob es sich abkommensrechtlich überhaupt um Einkünfte aus unselbständiger Arbeit handelt (s. dazu Rz. 17c).

Werden Abfindungen als Einkünfte aus unselbständiger Tätigkeit angesehen, **17a** muss entgegen den oben genannten Auffassungen eine zeitanteilige **Aufteilung** vorgenommen werden (s. FG Rhlpf. EFG 1993, 382; *Hof van Beroep Brüssel,* Fiscoloog internationaal 1998, 5: *DBA Belgien/Frankreich;* so jetzt auch der Diskussionsentwurf der OECD zu Termination Payments (oben Rz. 1)). Im Verhältnis zu Belgien, Großbritannien, Luxemburg, den Niederlanden und Österreich hat sich die Finanzverwaltung in Verständigungsvereinbarungen dieser Ansicht angeschlossen (BMF v. 10.1.2007, BStBl. I 2007, 261; *DBA Belgien;* s. dazu *Schmidt,* PIStB 2007, 146; BMF v. 2.12.2011, DStR 2011, 2460: *DBA Großbritannien 2010;* BMF v. 19.9.2011, BStBl. I 2011, 852: *DBA Luxemburg 1959*; BMF v. 29.10.2007, BStBl. I 2007, 756: *DBA Niederlande 1959/2004;* s. dazu auch *Bourseaux/Lühn,* IWB F. 5 NL Gr. 2, 467 (2007); BMF v. 26.8.2010, BStBl. I 2010, 645; *DBA Österreich;* s. auch *Lühn,* PIStB 2008, 247; Schmidt, PIStB 2011, 65). Dies entspricht auch der Lösung einer Verständigungsvereinbarung des deutschen Bundesfinanzministeriums mit der Eidgenössischen Steuerverwaltung (BMF v. 13.10.1992, RIW 1993, 82), an der die deutsche Verwaltung auch nach dem Urteil des BFH von 1996 (BStBl. II 1997, 341: *DBA Liberia*) festhalten will (BMF v. 20.5.1997, BStBl. I 1997, 560). Die Vereinbarung wurde 2010 durch eine subject-to-tax-Klausel ergänzt (BMF v. 25.3.2010 BStBl. I 2010, 268; ähnliche Regelungen enthalten auch die Verständigungsvereinbarungen mit den Niederlanden und Österreich). Das *DBA Liechtenstein* enthält Regelungen, die mit den oben wiedergegebenen Verständigungsverfahren übereinkommen (s. dazu noch unten Rz. 76 f.).

Da aber Abfindungen bei beschränkter Steuerpflicht in Deutschland nicht besteuert werden konnten (s. FG Hamburg, EFG 2008, 300 m. Anm. *Herlinghaus;* BFH BStBl. II 2009, 632: beide *DBA Schweiz*) wurde im Rahmen des StÄndG eine neue Nr. 4d in § 49 Abs. 1 EStG eingefügt, die sicherstellen soll, dass Abfindungen im Rahmen der beschränkten Steuerpflicht noch erfasst werden können (s. dazu auch *Neyer,* IStR 2004, 403).

Die Ansicht, dass die Abfindung dem Zeitraum der Arbeitstätigkeit im Ausland zuzurechnen ist, wird auch vom niederländischen *Hoge Raad* vertreten (*Hoge Raad* Rolno. 2075, BNB 1989/2: *DBA Niederlande/Belgien; Hoge Raad,* BNB 1989/287; *Hoge Raad* nr. 34 361, BNB 2000/296c: *DBA Niederlande/Schweiz; Hoge Raad* nr. 35242, BNB 2001/124: *DBA Niederlande/Belgien;* aber differenzierend *Hoge*

Raad nr. 33946, BNB 1999/153: *DBA Niederlande/Frankreich, Belgien, Schweden,* wo das Gericht den mittelbaren Zusammenhang nicht ausreichen lässt). Die Zurechnung zur früheren Tätigkeit führt aber zu praktischen Schwierigkeiten. Aus diesem Grund hat der *Hof van Beroep Brüssel* (a. a. O.) einer Zurechnung auf das letzte Tätigkeitsjahr vor Zufluss der Abfindung zugestimmt (kritisch dazu aber *Peeters,* ET 2004, 72, 74; allerdings stellt jetzt auch das Verständigungsverfahren zwischen Deutschland und Belgien auf das Kalenderjahr vor Auflösung des Arbeitsvertrags und nicht auf die Gesamtdauer des Arbeitsverhältnisses ab (Deutsch-Belgische KonsultationsvereinbarungsVO v. 20.12.2010, BGBl. I 2010, 2137). Der niederländische *Hoge Raad* hat in zwei Entscheidungen v. 11.6.2004, nr. 37714, BNB 2004/344c: *DBA Niederlande/Belgien* und *Luxemburg,* und nr. 38112, BNB 2004/345c: *DBA Niederlande/Großbritannien* (beide mit Schlussanträgen von AG Wattel, beide mit Urteilsanmerkung *Prokisch*) zwar die Zurechnung auf die frühere Auslandstätigkeit bejaht, will aber die Zurechnung wegen der praktischen Schwierigkeiten auf das Kündigungsjahr und die vorausgehenden vier Steuerjahre beschränken. Aus praktischer Sicht mag das sinnvoll sein, es lässt sich aber kaum mit Art. 15 Abs. 1 MA vereinbaren. Dementsprechend kommt es nach den Verständigungsvereinbarungen zu den *DBA Großbritannien* und *Niederlande* (a. a. O., Tz. 1a) auf die gesamte Dauer der Auslandstätigkeit für den fraglichen Arbeitgeber an.

Der BFH hat in mehreren Urteilen aus 2009 (BStBl. II 2010, 394; BStBl. II 2010, 387; BStBl. II 2010, 390; vgl. auch FG Köln, DStRE 2008, 815: *DBA Belgien*) entschieden, dass die Verständigungsvereinbarungen keine Änderung der Besteuerungssituation bewirkt haben, da sie keine bindende Wirkung entfalten können. Allerdings sind inzwischen die genannten Verständigungsvereinbarungen durch Verordnungen im Sinne des § 2 Abs. 2 AO (Deutsch-Belgische KonsultationsvereinbarungsVO v. 20.12.2010, BGBl. I 2010, 2137; Deutsch-Niederländische KonsultationsvereinbarungsVO v. 20.12.2010, BGBl. I 2010, 2183; Deutsch-Österreichische KonsultationsvereinbarungsVO v. 20.12.2010, BGBl. I 2010, 2185; Deutsch-Schweizerische KonsultationsvereinbarungsVO v. 20.12.2010, BGBl. I 2010, 2187; Deutsch-Luxemburgische KonsultationsvereinbarungsVO v. 9.7.2012, BStBl. I 2012, 693) in das nationale Recht transformiert worden (zu den damit zusammenhängenden verfassungsrechtlichen und abkommensrechtlichen Fragen s. Art. 25 Rz. 154a m. w. N.). Nach Ansicht des FG Hessen (IStR 2013, 966 m. Anm. *Dorn;* IStR 2014, 494: beide *DBA Schweiz*) ist die VO mit der Schweiz unwirksam, sie verstoße gegen den Vorrang des Gesetzes und binde das Gericht nicht.

17b Die österreichische Finanzverwaltung neigte an sich der Auffassung zu, es handelte sich um „sonstige Einkünfte", sah sich an der Umsetzung jedoch durch die abweichenden Meinungen in den anderen Vertragsstaaten gehindert (ÖstBMF v. 14.11.1996, SWI 1997, 34; v. 27.7.1998 (EAS 1298), ÖStZ 1998, 623; anders aber v. 17.12.1999 (EAS 1378), SWI 1999, 44). Auch in Australien befürwortet man die Anwendung des Art. 21, während das in Großbritannien und in Kanada nicht der Fall zu sein scheint (s. *Ward,* BIFD 1990, 409 (416)).

17c Bei **Abfindungen,** die keine nachträglichen Vergütungen darstellen und die keinen pensionsähnlichen Charakter haben, fehlt es an dem erforderlichen direkten Zusammenhang zwischen Arbeitsleistung und Vergütung (so auch BFH BStBl. II 1997, 341: *DBA Liberia*). Abfindungen werden nicht für eine konkret ausgeübte Tätigkeit gezahlt, sondern für den Verlust des Arbeitsplatzes. So gesehen sind sie auch nicht der „letzte Akt des Dienstverhältnisses" (so aber Wassermeyer/*Wassermeyer/Schwenke,* Art. 15 MA Rz. 56e). Im innerstaatlichen Recht werden sie häufig den Einkünften aus unselbständiger Arbeit gleichgestellt, um sie steuerlich erfassen zu können. Art. 15 ist insoweit enger und hat eine andere Zielrichtung, er beschränkt sich auf Vergütungen, die in direktem Zusammenhang mit der Arbeitsleistung stehen. Dementsprechend hat der UK Special Commissioner in Rechtssachen „Resolute Management Services Ltd." und „Mrs Kathleen Ann Haderlein" ([2008] STC (SCD) 1202: DBA UK/USA; s. dazu näher *Cleave,* BIT 2011, 21) entschieden, dass eine freiwillige Zahlung des früheren Arbeitgebers aus Anlass der Kündigung durch den Arbeitnehmer zwar innerstaatlich einem Arbeitslohn gleichgestellt sei, diese Qualifizierung aber nicht auf das DBA durchschlagen könne. Eine solche Zahlung, die nicht für eine bestimmte Arbeitsleistung gezahlt werde, sei kein Lohn oder Gehalt i. S. des Art. 15 und könne auch nicht als ähnliche Vergütung gesehen werden. Es sei daher Art. 21 OECD MA anzuwenden. Dieser Auffassung ist zuzustimmen und sie gilt unabhängig davon, ob die Vergütung freiwillig, vertraglich geregelt oder aufgrund gesetzlicher Regelungen gezahlt wird (übereinstimmend eine ältere Auffassung der Eidgenössischen Steuerverwaltung, s. *Locher/Meyer/v. Siebenthal,* B 15.1 Nr. 5; BFH BStBl. II 1973, 757 (758): *DBA Schweiz* 1931, BFH BStBl. II 1988, 819: *DBA Schweiz; FG Nds. EFG 2005, 1948: DBA Österreich; Dänisches Landsskatteret* v. 10.6.1998 TNS 1998, 432; *Prokisch,* ET 1998, 178). Art. 15 als Auffangklausel schließt die Anwendung des Art. 21 nicht aus, wenn es sich der Natur nach nicht um Vergütungen für geleistete Arbeit handelt (so aber *Hinnekens,* Intertax 1988, 229). Der systematische Zusammenhang steht deshalb der Anwendung des Art. 21 nicht entgegen. Im Ergebnis gelangt diese Auffassung zum selben Ergebnis, wie sie der BFH und die deutsche Finanzverwaltung vertreten, d. h. zur Besteuerung im Ansässigkeitsstaat. Das allerdings ermöglicht es dem Steuerpflichtigen, durch Wegzug die Besteuerung im ehemaligen Tätigkeitsstaat zu vermeiden. Nach Auffassung der Finanzverwaltung könnte ein Gestaltungsmissbrauch i. S. des § 42 AO vorliegen, wenn auf Wunsch des Steuerpflichtigen der Auszahlungszeitpunkt der Abfindung hinausgeschoben wird (s. OFD Hannover v. 15.12.2006, IStR 2007, 76).

Bei Erfindervergütungen ist die Rechtslage ähnlich. Nach deutscher Rechtslage gilt eine Erfindervergütung als steuerpflichtiger Arbeitslohn i. S. des § 19 Abs. 1 EStG (BFH BFH/NV 2003, 1311). Es reicht die Veranlassung durch das Dienstverhältnis aus (BFH BStBl. II 2003, 886; BFH BStBl. II 2006, 917). Wie bei Abfindungen will der BFH die Vergütung nicht dem Zeitraum zurechnen, in der der Arbeitnehmer im Inland beschäftigt war und die Erfindungen machte, da die Vergütung nicht für eine konkrete Tätigkeit gezahlt wurde, sondern für die Übertragung eines Verwertungsrechts an den früheren Arbeitgeber (vgl. auch BFH v. 2.9.2009 BStBl. II 2010, 387: *DBA Schweiz 1971/2002*). Wie bei Abfindungen wendet der BFH Art. 15 Abs. 1, HS. 1 MA an und ordnet die Besteuerungsbefugnis dem Ansässigkeitsstaat zu (BFH BStBl. II 2012, 493: DBA USA 1989; vgl. auch BMF v. 25.6.2012 BStBl. I 2012, 692). Die Kritik, die sich gegen die Anwendung des Artikel 15 auf Abfindungen wendet, gilt gleichermaßen auch für diese Entscheidung. Auch in den Fällen der Erfindervergütungen sollte Art. 21 MA zur Anwendung kommen.

cc) Ähnliche Probleme stellen sich bei **Vergütungen im Krankheitsfall**. Der 18
belgische *Hof van Beroep Antwerpen* (zitiert bei *Peeters,* ET 2004, 72, 74 m. w. N.) ist der Ansicht, dass solche Vergütungen nicht unter Art. 15, sondern unter Art. 21 fallen, da während der Krankheit keine Arbeit ausgeübt wird. Ähnlich hat das dänische *Landsskatteret* die Vergütung während des Schwangerschaftsurlaubs als sonstige Einkünfte im Sinne des Art. 21 angesehen (TfS 1997, 560: *DBA Dänemark*). Diese Auffassungen gehen aber wohl zu weit, wenn die Vergütungen im Krankheitsfall oder Schwangerschaftsurlaub an die Stelle des Arbeitslohns treten (s. die Verständigungsvereinbarung zwischen Belgien und den Niederlanden: TNS 1998, 33: eine Lohnfortzahlung im Krankheitsfall fällt unter Art. 15; ebenso ÖStBMF v. 20.12.2007, EAS 2922, SWI 2008, 35). Sie können deshalb auch wie diese behandelt werden. Für die Zurechnung wird man auf den Ort abstellen müssen, an dem

die Arbeit normalerweise ausgeübt worden wäre (so auch *Hoge Raad* v. 10.8.2001, nr. 35761, BNB 2001/353c m.Anm. *Kavelaars;* BFH BeckRS 2003, 25002629: *DBA Luxemburg 1958*; FG Köln EFG 2007, 1446: *DBA USA;* s. dazu auch *Schmidt,* PIStb 2007, 310). Anderes gilt jedoch für Versicherungsleistungen, auf die der Arbeitnehmer einen direkten Anspruch hat. Sie stehen nicht im Zusammenhang mit der Arbeitsleistung. Das gilt auch dann, wenn die Versicherungsleistungen vom Arbeitgeber zu Lasten des Lohnes des Arbeitnehmers im Wege einer Kollektivversicherung gezahlt werden (FG BW, DStRE 2005, 553: *DBA Schweiz 1971*). Nicht zum Arbeitslohn gehören somit Krankentagegelder, Invalidenleistungen oder Arbeitsunfähigkeitsentschädigungen, die aus einem Versicherungsverhältnis erbracht werden, wenn der Arbeitnehmer selbst aus dem Versicherungsvertrag unmittelbar berechtigt ist (das gilt auch dann, wenn nach dem Recht des Quellenstaats diese Leistungen als Einkünfte aus unselbständiger Arbeit besteuert werden, HR BNB 1989/274: *DBA Niederlande/Österreich;* BNB 1994/242: *DBA Niederlande/Spanien;* BNB 2001/29: *DBA Niederlande/Großbritannien;* der HR wendet in diesen Fällen zu Recht Art. 21 an, wenn die DBA keine spezielle Vorschrift über Sozialleistungen enthalten).

18a **dd)** Auch **Sozialleistungen** einschließlich der Sozialversicherungsbeiträge, die der Arbeitgeber trägt, gehören zu den Einkünften aus unselbständiger Tätigkeit (zu Zuschüssen zur Krankenversicherung BFH BStBl. II 2004, 1014; BFH BStBl. II 2009, 857; BFH BStBl. II 2011, 446: *DBA Frankreich*; zu Arbeitgeberbeiträgen zu einer privaten Krankentagegeldversicherung FG BW DStRE 2009, 69: *DBA Schweiz 1971;* zu Beiträgen des ausländischen Arbeitgebers zur betrieblichen Pensionskasse FG Hessen EFG 1991, 649: *DBA Frankreich;* FG Schleswig-Holstein DStRE 2010, 907: *DBA Dänemark*). Gelten Beitragszahlungen des Arbeitgebers als Einkünfte, so können die späteren Versicherungsleistungen nicht nochmals der Besteuerung unterworfen werden; sie unterliegen mangels Rechtsgrundlage auch nicht dem Progressionsvorbehalt (BFH BStBl. II 1998, 581; BFH/NV 2000, 836; BeckRS 2007, 25012830; FG BW DStRE 2009, 69; DStRE 2009, 1226: beide *DBA Schweiz 1971;* anders aber BFH BStBl. II 1996, 478; FG BW EFG 1998, 379). Auch Übertragungen von Vorsorgekapital auf eine andere Vorsorgeeinrichtung können nicht nochmals als Arbeitslohn angesehen werden (FG BW DStRE 2011, 613; BFH DStR 2013, 82: beide *DBA Schweiz 1971/2002;* s. dazu auch *Jahn,* PIStB 2013, 31).

Allerdings sind Arbeitgeberbeiträge häufig nach innerstaatlichem Recht steuerfrei (so etwa die Arbeitgeberanteile zur deutschen Sozialversicherung nach § 3 Nr. 62 EStG oder Zahlungen an Pensionsfonds nach § 3 Nr. 63 EStG (s. FG Schleswig-Holstein DStRE 2010, 907: *DBA Dänemark*). Die Finanzverwaltung (BMF v. 31.3.2010 BStBl. I 2010, 270, Tz. 274) setzt für die Steuerfreiheit aber voraus, dass die Einrichtung aufsichtsrechtlich zur Ausübung ihrer Tätigkeit im Inland befugt ist (diese Auslegung ist aber sehr zweifelhaft, vgl. *Portner,* DStR 2010, 2022). Art. 15 ist auch dann schon anwendbar, wenn der Versicherungsschutz im Zusammenhang mit dem Arbeitsverhältnis steht, etwa weil der Arbeitnehmer sich im Arbeitsvertrag verpflichtet hat, eine solche Versicherung abzuschließen (BFH BStBl. II 1996, 478: *DBA Schweiz 1971;* BFH BStBl. II 1998, 581). Das österreichische BMF rechnet bei einem US-amerikanischen Deferred Compensation Plan zwar die im Grundsatz steuerpflichtigen Arbeitnehmerbeiträge der Auslandstätigkeit zu, besteuert aber nach Ansässigkeitsverlegung zurück nach Österreich die in den Auszahlungsbeträgen enthaltenen Zinserträge nach Art. 10 und 11 OECD-MA (ÖstBMF, EAS v. 26.5.2008, SWI 2008, 284).

Nach Ansicht des belgischen Hof van Cassatie in Brüssel (Urteil v. 12.11.2009, nr. F.08.0040.N: *DBA Niederlande/Belgien*) stellen auch Zahlungen im Rahmen der niederländischen AOW (staatliche Mindestrente) an einen beschränkt Steuerpflichtigen Einkünfte aus unselbständiger Tätigkeit dar. Während niederländische unbeschränkt Steuerpflichtige die Rente erhalten, auch wenn sie keine unselbständige Arbeit ausgeübt haben, kommen beschränkt Steuerpflichtige nur dann in den Genuss der Rente, wenn sie in den Niederlanden arbeiteten. Dieser Zusammenhang reiche aus, um die Rentenzahlungen als Einkünfte aus unselbständiger Arbeit zu qualifizieren. Allerdings wird man wohl abkommensrechtlich zu einer abweichenden Qualifikation kommen müssen.

Ferner handelt es sich um (nicht steuerfreien) Arbeitslohn, wenn der Arbeitgeber die Kosten einer privaten Krankenversicherung für seine ausländischen Saisonarbeiter übernimmt, auch wenn der Abschluss einer derartigen Versicherung Voraussetzung für die Arbeitserlaubnis gem. § 7 Abs. 2 AuslG ist (BFH BStBl. II 2000, 408; BFH/NV 2007, 2009: *DBA Polen*). Unfallrenten bzw. Invaliditätsrenten stellen hingegen keinen Arbeitslohn dar, sondern haben Schadensersatzcharakter. Sie fallen daher in den Anwendungsbereich des Art. 21 (s. dort Rz. 12). Austrittsleistungen aus einer schweizerischen Pensionskasse oder Vorsorgestiftung beim Wechsel des Arbeitgebers sind kein Arbeitslohn im Sinne des Art. 15 MA, wenn die bereits geleisteten Beiträge des Arbeitgebers als Arbeitslohn zu versteuern waren. Die in der Austrittsleistung enthaltenen Erträge sind vielmehr Einnahmen aus Kapitalvermögen (FG BW DStRE 2011, 605; FG BW DStRE 2011, 613; BFH FR 2013, 426 m. Anm. *Bergkemper:* alle DBA Schweiz).

ee) Auch ein an ausländische Arbeitnehmer gezahltes Konkursausfallgeld gehört zu den Einkünften aus unselbständiger Arbeit, die im Tätigkeitsstaat besteuert werden können (BMF BStBl. I 1979, 486; einschließlich des Winter- und Schlechtwettergeldes im Verhältnis zu Österreich: FinMin Nds. v. 18.8.1977, DB 1977, 1875). Gleiches gilt für eine Vergütung, die im Anschluss an eine nichtselbständige Tätigkeit dafür gezahlt wird, dass der Arbeitnehmer mit dem bisherigen Arbeitgeber nicht in Wettbewerb tritt (FG BW EFG 1984, 183: *DBA Frankreich;* s. dazu Rz. 35 b ff.). Für Frankreich hat der Conseil d'Etat entschieden, dass ein dem Arbeitnehmer gewährter Auslandszuschlag zu seinen im Ansässigkeitsstaat steuerbaren Bezügen gehört (im konkreten Fall war der Zuschlag aber nach innerstaatlichem Steuerrecht steuerfrei: Conseil d'Etat Dr. Fisc. 1987 comm. 1364: *DBA Deutschland/Frankreich;* s. auch Conseil d'Etat Dr. Fisc. 1989 comm. 4 mit Anm. von *Tixier*).

ff) Gleichgültig ist auch, in welcher **Währung** die Vergütung ausgezahlt wird. 19
Der BFH lässt es aus Gleichheitsgründen nicht zu, dass der Arbeitnehmer seine jeweiligen Erlöse konkret nachweist. Auch darf das Jahresgehalt nicht einfach nach dem Jahresdurchschnitt der Euro-Referenzkurse des betreffenden Jahres umgerechnet werden (so aber FG BW DStRE 2009, 72: *DBA Schweiz*). Vielmehr sind die Einnahmen im Zeitpunkt des Zuflusses in Euro zu bestimmen, d. h. normalweise ist eine monatliche Betrachtungsweise geboten. Aus Gründen der Verwaltungspraktikabilität können die monatlichen Durchschnittswerte der Europäischen Zentralbank genutzt werden, eine taggenaue Umrechnung ist nicht erforderlich (BFH BStBl. II 2010, 698: *DBA Schweiz 1971/2002;* s. dazu auch *Hilbert,* IWB 2010, 228).

gg) Stock options und ähnliche Vergütungen:

Literatur: *Bobbett/Avery Jones,* BIFD 2003, 4; *Burgstaller,* Mitarbeiter-Stock-Options im 20
Recht der Doppelbesteuerungsabkommen (2006); *Colon,* 35 Rutgers Law Journal 171 (2006); *Hasbargen/Schmitt/Kiesel,* IStR 2006, 257; *Hasbargen/Schmitt/Wiesemann,* IStR 2007, 380; *Kahlenberg,* FR 2013, 980; *Pötgens,* MBB 2012/04; *Pötgens/Jacobsen,* ET 2007, 407, Part 2, ET 2007, 467; *Portner,* IStR 2005, 8; *Prätzler,* IStR 2002, 555; *Röpke/Schmidt,* IStR 2007, 59; *Sandler,* CTJ 2001, 259; *ders.,* CTJ 2003, 1204; *Scholz,* Stock Options in Deutschland und in den USA (2001); *Staringer,* Stock Options im DBA-Recht, in Gassner et al. (Hrsg.), Arbeitnehmer im Recht der Doppelbesteuerungsabkommen (2003), S. 269;

OECD-Dokumente: OECD, A Public Discussion Draft: Cross-Border Income Tax Issues Arising from Employee Stock-Options Plans, (2002); OECD, Cross Border Income Tax Issues arising from Employee Stock Options (2004); BMF v. 14.9.2006, BStBl. I 2006, 532.

21 Die Gewährung von stock options an Arbeitnehmer ist in den letzten Jahren zu einem allgemein üblichen Instrument der Belohnung und des Anreizes für Arbeitnehmer geworden. In grenzüberschreitenden Arbeitsverhältnissen ergeben sich vor allem Probleme bei der Einordnung der Zahlungen als Lohn oder Veräußerungsgewinn sowie bei der zeitlichen Zurechnung, da die Zuflüsse häufig zu unterschiedlichen Zeitpunkten besteuert werden, d. h. zum Zeitpunkt der Gewährung, der Ausübungsmöglichkeit, der tatsächlichen Ausübung oder der Veräußerung der zugrunde liegenden Aktien (MA-Komm. Ziff. 12). Grenzüberschreitende Fälle lassen sich nur dann konfliktfrei lösen, wenn beide Staaten die Einkünfte einheitlich ein- und zuordnen. Es ist aber nicht nötig, denselben Besteuerungszeitpunkt zugrunde zu legen. Tun sie das nicht, stellt sich die Frage, ob der Ansässigkeitsstaat erstens grundsätzlich bereit ist, die ausländische Steuer anzurechnen (z. B. bei unterschiedlicher Einkunftseinordnung als Einkünfte aus unselbständiger Arbeit einerseits und Veräußerungsgewinne andererseits) und zweitens in welcher Höhe. Die Behandlung von stock options variiert aber beträchtlich zwischen den einzelnen Staaten, was deshalb häufig zu Doppelbesteuerungen oder Nichtbesteuerungen führen kann (s. den Überblick bei *Mössner,* CDFI LXXXV b (2000), 42 ff., 66 ff. und die Landesberichte dort). Mehr und mehr Staaten führen auch besondere gesetzliche Regelungen ein, so dass das Rechtsgebiet starken Änderungen ausgesetzt ist. Um die oben aufgezeigten Schwierigkeiten zu beseitigen, hat die OECD den MA-Komm. zu Art. 15 im Jahr 2005 umfangreich ergänzt (auf der Basis eines Discussion Drafts aus 2002 sowie eines abschließenden Berichts aus 2004; s. dazu *Prätzler,* IStR 2002, 555; *Portner,* IStR 2005, 8; diese Berichte befassen sich nicht mit der Abzugsfähigkeit und Bewertung von stock options beim Arbeitgeber, diese Fragen bleiben ausschließlich dem nationalen Recht überlassen; mit Verrechnungspreisfragen im Zusammenhang mit stock options befasst sich ein weiterer OECD Bericht „Employee Stock Option Plans: Impact on Transfer Pricing"). Die OECD hat einen eher pragmatischen als steuertheoretischen Ansatz gewählt (*Portner,* IStR 2005, 8 (10)), der dazu beitragen kann, die Probleme der unterschiedlichen Behandlung zu lösen. Gleichwohl bleiben eine Vielzahl von Fragen offen und im Einzelfall können die beteiligten Finanzverwaltungen häufig zu unterschiedlichen Beurteilungen kommen. Diese Probleme lassen sich wohl nur in Verständigungsvereinbarungen lösen. Vor allem Periodenprobleme können sich bei der Anrechnung der ausländischen Steuer ergeben (s. dazu *Bobett/Avery Jones,* BIFD 2003, 4 (6 f.)).

21a **(1) Einordnung:** Vorteile aus Aktienoptionen (dazu gehören nach Ansicht des französischen Conseil d'Etat, des BFH und des niederländischen Hoge Raads auch Ausgleichszahlungen für den Verzicht auf Ausübung der Optionen (CE, Urt. v. 23.7.2010, No. 313 445; BFH BStBl. II 2008, 826; HR v. 7.10.2011, nr. 11/00 572, BNB 2011/289) die ein Arbeitgeber seinem Arbeitnehmer im Rahmen des Dienstverhältnisses unentgeltlich einräumt, fallen unter Art. 15, wenn sie tatsächlich im Rahmen des Dienstverhältnisses gewährt werden. Wie auch sonst spielt es dabei keine Rolle, ob der Arbeitgeber selbst oder ein Dritter (z. B. die Konzernmutter) die Vorteile gewährt (BFH BStBl. II 2001, 509; BFH/NV 2005, 702; der Arbeitgeber ist auch lohnsteuerabzugsverpflichtet gem. § 38 Abs. 1 Satz 3 EStG, wenn er weiß oder erkennen kann, dass derartige Vergütungen erbracht werden, was bei einem Konzern angehörenden Unternehmen regelmäßig anzunehmen sein wird; s. auch FG Hamburg, DStRE 2006, 917). Im OECD-MK ist nunmehr klargestellt, dass Art. 15 jeglichen Vorteil aus der Option erfasst bis zum Zeitpunkt der Ausübung, des Verkaufs oder einer vergleichbaren Veräußerung (kritisch dazu *Pötgens/Jacobsen,* ET 2007, 467 ff., die auf den Zeitpunkt der Verfügungsmacht abstellen wollen; nicht entscheidend ist jedenfalls der Zeitpunkt der Optionsausübung, wenn und solange der Stpfl. über die erworbenen Aktien nicht frei verfügen darf: BFH BStBl. II 2011, 923: *DBA USA 1989;* s. dazu *Weidmann/Curdt,* BB 2012, 809). Die darauffolgende Wertsteigerung der erworbenen Aktien fällt unter Art. 13 (MA-Komm. Ziff. 12.2). Auf den Zeitpunkt der Optionseinsräumung kommt es nicht an. Auch wenn die Ausübung erst nach Beendigung des Arbeitsverhältnisses erfolgt oder zu einer Zeit, in der sich der Arbeitnehmer bereits in Pension befindet, kommen weder Art. 21 noch Art. 18 zur Anwendung (MA-Komm. Ziff. 12.5). Den beteiligten Staaten bleibt es demgegenüber überlassen, wie sie die jeweiligen Einkünfte im innerstaatlichen Recht einordnen und zu welchem Zeitpunkt sie den Zufluss besteuern (MA-Komm. Ziff. 12.3 und 12.4).

Früher wurde international für den Anwendungsbereichs des Art. 15 eher auf den Zeitpunkt der Gewährung der Aktienoptionen abgestellt, zumindest wenn es sich um handelbare Optionen handelte (s. *Canadian Federal Court* in Hale v. The Queen, 90 DTC 6481: es handle sich bei dem Ausübungsgewinn um einen bloßen Vorteil, der zwar auf dem Dienstverhältnis beruhe, aber nicht unter den Begriff „remuneration" subsumiert werden könne; vgl. auch *Portner/Bödefeld,* DStR 1995, 629; *Portner,* DStR 1998, 1535; *Kau/Leverenz,* BB 1998, 2269; *Neyer,* BB 1999, 130; *Schuber,* FR 1999, 639; FG Köln EFG 1998, 1634; EFG 1999, 116; OFD Berlin v. 25.3.1999, DB 1999, 1241). In Deutschland war die Besteuerung lange Zeit umstritten. Nach mittlerweile gefestigter Auffassung des BFH handelt es sich um Einkünfte aus unselbständiger Tätigkeit und kann ein Zufluss erst im Zeitpunkt der Ausübung oder Verwertung angenommen werden (FG München EFG 1999, 381; BFH BStBl. II 1972, 596; BStBl. II 1994, 254; BStBl. II 1999, 684; BStBl. II 2001, 509: *DBA Großbritannien 1964;* BStBl. II 2001, 512: *DBA Spanien 1966;* BStBl. II 2001, 689; BFH BStBl. II 2013, 289: Eine Verwertung liegt insbes. vor, wenn der Arbeitnehmer das Recht auf einen Dritten überträgt.). Das gilt nach Auffassung des BFH auch für handelbare Aktienoptionen; in beiden Fällen erlange der Arbeitnehmer bei Gewährung lediglich eine steuerlich unerhebliche Chance (BFH BStBl. II 2009, 382; s. dazu *Busch,* DStR 2009, 898). Das Urteil lässt offen, wie zu entscheiden wäre, wenn der Arbeitgeber nicht eigene Aktien bei Umwandlung überträgt, sondern sich die Optionsrechte am Markt verschafft hat. *Portner* (DStR 2010, 1316 (1318)) schließt auf der Grundlage der allgemeinen Prinzipien zum Zufluss von Arbeitslohn darauf, dass der Vorteil aus der Gewährung von Aktienoptionen in diesen Fällen bereits bei deren Einräumung zu besteuern ist. Gewährt der Arbeitgeber dem Arbeitnehmer verbilligte Aktien, so fließt ihm der Vorteil erst in dem Zeitpunkt zu, in dem er die wirtschaftliche Verfügungsmacht über die Aktien erlangt (BFH BStBl. II 2011, 923: *DBA USA 1989*). **21b**

Die Finanzverwaltung unterschied bisher zwischen handelbaren und nicht handelbaren Aktienoptionen. Bei handelbaren Optionen soll nach dieser Auffassung die Einkünfte bei Gewährung der Option zufließen (BMF v. 14.9.2006, BStBl. I 2006, 532 Tz. 129 ff. (Arbeitslohn); für eine Gleichbehandlung von handelbaren und nicht handelbaren Optionen *Thomas,* DStZ 1999, 710). Die OFD Frankfurt a. M. (Vfg. v. 23.3.2010, ESt-Kartei HE § 19 EStG Fach 2 Karte 17) schließt aus dem oben angegebenen Urteil des BFH v. 20.11.2008, BStBl. II 2009, 382, dass eine Differenzierung zwischen handelbaren und nicht handelbaren Optionen nicht mehr notwendig sei.

Nach noch anderer Auffassung ist für die Abgrenzung zwischen Einkünften aus unselbständiger Arbeit und Veräußerungsgewinnen danach vorzunehmen, ob der Arbeitnehmer über die unentziehbare Verfügungsmacht über das Bezugsrecht verfügt, d. h. es kommt auf den Moment an, in dem jegliche Verfügungsbeschränkun- **21c** gen (z. B. eine sog. „vesting-Periode") wegfallen (*Mössner,* CDFI LXXXV b (2000), 52; s. auch FG BW EFG 2000, 64, das den Zufluss bei Wegfall der Sperrfristen annimmt; so können auch die Schwierigkeiten vermieden werden, die sich bei Veräußerung der Optionsrechte ergeben, s. dazu auch FG Nds. EFG 1998, 1516; *Portner,* DStR 2001, 1331; *Vesting/Kroschel,* BB 2000, 176; *Eckert,* DB 1999, 2490; offengelassen in BFH BStBl. II 2001, 509; a. A. BFH BStBl. II 1972, 596; BStBl. II 2001, 689; s. dazu auch *Herzig,* DB 2001, 1436 (1438 f.)). Das FG Münster (EFG 2003, 1172) hat demgegenüber entschieden, dass auch der Vorteil aus handelbaren Optionen mit Vesting-Periode erst im Zeitpunkt der Ausübung der Option zufließt (s. dazu *Haunhorst,* DB 2003, 1864).

21d Ob eine Besteuerung bei Ausübung auch dann stattfindet, wenn die stock options über Wandelanleihen begeben werden, war lange streitig. Der RFH hatte schon im Jahr 1944 entschieden, dass die Ausübung des Wandlungsrechts nicht den maßgeblichen Erwerbsvorgang darstellt (RFHE 54, 128). Dem folgte der BFH in der Vergangenheit (BFHE 109, 22). Neuere Entscheidungen der Finanzgerichte sahen sich dadurch an einer Neubewertung gehindert (FG München EFG 2000, 494; FG Düsseldorf EFG 2001, 968; vgl. *Leopold,* FR 2000, 1332; *Eisolt/Wickinger,* BB 2001, 122). Der BFH stellt nunmehr aber die Begebung von Wandelanleihen der Gewährung von Aktienoptionen gleich, d. h. auch hier erfolgt die Besteuerung im Zeitpunkt der Ausübung (BFH BStBl. II 2005, 766 und BStBl. II 2005, 770), d. h. im Zeitpunkt der Verschaffung der wirtschaftlichen Verfügungsmacht über die Aktien (BFH BStBl. II 2009, 282 = FR 2009, 485 m. Anm. *Bergkemper*).

21e Erhält ein Arbeitnehmer eines Private Equity Fonds oder eines vergleichbaren Sondervermögens eine Gewinnbeteiligung („carried interest"), so wird man wegen des Zusammenhangs mit der Arbeitserbringung und dem Belohnungscharakter ähnlich wie bei stock options die Anwendung des Art. 15 MA annehmen können. Nach deutschem Recht handelt es sich hingegen um Einkünfte aus selbständiger Tätigkeit (§ 18 Abs. 1 Nr. 4 EStG), allerdings systemwidrig und der Absicht geschuldet, Private Equity Gesellschaften zu fördern. Man wird den Teil des carried interest, der für die Arbeitstätigkeit gezahlt wird, deshalb dennoch dem Art. 15 zuordnen können (s. *Anzinger/Jekerle,* IStR 2008, 821, auch zum britischen und US-amerikanischen Recht). In manchen Fällen erhalten solche Arbeitnehmer auch Anteile an ihrem Arbeitnehmer oder an der Muttergesellschaft. Insofern kann nur der Wert der Vergütung als Einkunft i. S. des Art. 15 MA angesehen werden, auf darauffolgende Gewinnausschüttungen auf die Anteile oder Veräußerungsgewinne ist Art. 10 bzw. Art. 13 MA anzuwenden (in den Niederlanden werden jegliche Vorteile aufgrund gesetzlicher Regelung (Wet belastingheffing excessieve beloningsbestanddelen) progressiv besteuert, also nicht als Kapitaleinkünfte angesehen; die Finanzverwaltung will daher auch die gesamten Vorteile unter den Art. 15 MA subsumieren; dagegen wenden sich *Pötgens/Hofland,* WFR 2010/18; zur abkommensrechtlichen Behandlung von Vergütungen, die bei Ausscheiden des Steuerpflichtigen gezahlt werden s. *Pötgens,* MBB 2012/4). In Schweden wurde der carried interest bisher als Einkunft aus Kapitalvermögen besteuert. Neuerdings versucht allerdings die Finanzverwaltung diese Vergütung in Einkünfte aus unselbständiger Arbeit umzuqualifizieren. Der Kammarrätten in Stockholm hat dies auf der Basis der jetzigen Gesetzeslage abgelehnt (U. v. 19.12.2013, IStR-LB 2014, 23).

21f **(2)** Für die Auffassung des OECD MA-Komm. ist die **Zurechnung** der Einkünfte zur Arbeitstätigkeit nach funktionalen und zeitraumbezogenen Gesichtspunkten entscheidend. Die Frage der Zurechnung der Einkünfte zu einer Auslandstätigkeit hängt danach von den konkreten Bedingungen der Optionsgewährung ab. Werden beispielsweise Optionen gewährt unter der Voraussetzung, dass der Arbeitnehmer für drei Jahre bei diesem Arbeitgeber tätig ist, so können die Einkünfte nicht einem Zeitraum zugerechnet werden, der nach dem Ende des Drei-Jahres-Zeitraums liegt (MA-Komm. Ziff. 12.7). Zu unterscheiden ist zwischen echten Bedingungen, unter denen die Gewährung der Optionen steht, und bloßen Wartezeiten, die erfüllt sein müssen, bevor die Optionen ausgeübt werden dürfen. Wartezeiten allein berechtigen nicht zu einer Zurechnung der Einkünfte an den entsprechenden Zeitraum, da der Arbeitnehmer in der Zwischenzeit auch ausscheiden kann, ohne dass er sein Ausübungsrecht verliert (MA-Komm. Ziff. 12.8; s. aber auch die Entscheidung des französischen Conseil d'Etat v. 17.3.2010, no. 315831: *DBA Belgien/Frankreich*). Ferner muss zwischen dem Zeitpunkt der ersten Ausübungsmöglichkeit („vesting") und der tatsächlichen Ausübung unterschieden werden: nur der Zeitraum bis zur ersten Ausübungsmöglichkeit weist einen Bezug zum Dienstverhältnis auf (MA-Komm. Ziff. 12.9; s. dazu auch Case 1 bei *Bobett/Avery Jones,* BIFD 2003, 4 (5)). Dem liegt der Gedanke zugrunde, dass ab diesem Moment der Arbeitnehmer wie ein Investor entscheidet, wann er die Optionen ausüben möchte, die Einkünfte, die in diesem Zeitraum erzielt werden, sind also kein Einkünfte aus dem Dienstverhältnis mehr, sondern eher Einkünfte aus Kapitalvermögen. Dementsprechend rechnet die deutsche Finanzverwaltung für nicht handelbare Optionen den Vorteil dem Zeitraum zwischen Gewährung und erstmaliger Ausübungsmöglichkeit zu (BMF v. 14.9.2006, BStBl. I 2006, 532 Tz. 133 (Arbeitslohn); s. auch BFH BStBl. II 2007, 456 zur Tarifermäßigung nach § 34 EStG). Von diesem Grundsatz kann abgewichen werden, wenn sich die Optionsgewährung auf eine bestimmte qualifizierte Tätigkeit des Arbeitnehmers bezieht oder an Stelle der Optionen Aktien treten, die erst zu einem späteren Zeitpunkt veräußert werden dürfen (MA-Komm. Ziff. 12.10; so auch der BFH BStBl. II 2007, 456). Ist die Gewährung von stock options als Belohnung für geleistete Dienste gedacht (Belohnungscharakter), so sind die Einkünfte dem Zeitraum der entsprechenden Dienstleistung zuzurechnen (so BMF v. 14.9.2006, BStBl. I 2006, 532 Tz. 131 (Arbeitslohn) für handelbare Aktienoptionen; ÖstBMF, EAS 3290 v. 25.7.2012, SWI 2012, 394; s. dazu auch Case 2 bei *Bobett/Avery Jones,* BIFD 2003, 4, 6); umgekehrt (Motivationscharakter) auf den Zeitraum, der auf die Optionsgewährung folgt (MA-Komm. Ziff. 12.11). Bestehen Zweifel, ob sich die Entlohnung auf die Vergangenheit oder auf die Zukunft bezieht, dann soll im Grundsatz davon ausgegangen werden, dass die Optionen einen Anreiz für die Zukunft darstellen (MA-Komm. Ziff. 12.13), d. h. es spricht eine Vermutung für den Motivationscharakter.

So genannte virtuelle Aktienoptionen („stock appreciation rights – SARs"), die **21g** nicht auf den Erwerb von Aktien, sondern auf die Zahlung eines aktienkursorientierten Geldbetrags abzielen, sollen nach Auffassung des BMF (BMF v. 14.9.2006, BStBl. I 2006, 532 Tz. 136 (Arbeitslohn)) wie nicht handelbare Aktienoptionen behandelt werden, sich aber auf die Vergangenheit beziehen. Wahrscheinlich ist als Bezugspunkt der Zeitpunkt der Zahlung des Geldbetrags gemeint, so dass auch hier eine Zurechnung auf den Zeitraum zwischen Gewährung und erstmaliger Ausübungsmöglichkeit erfolgt. Eindeutig ist die Auffassung der Finanzverwaltung in diesem Punkt aber nicht (s. auch *Röpke/Schmidt,* IStR 2007, 59 (61 f.)).

(3) Aufteilung: Jedenfalls ist der sich aus der Ausübung ergebende geldwerte **21h** Vorteil auf den in Frage kommenden Zeitraum der unselbständigen Arbeit aufzuteilen (BFH BStBl. II 2001, 509: *DBA Großbritannien 1964/70;* s. zu einem Beispielsfall ÖstBMF v. 6.7.1998, IStR 1999, 477; zweifelnd aber die französische Finanzverwaltung, Les Nouvelles Fiscales 2010, N. 1048, 18), d. h. die auf eine nach Art. 15 freizustellende Auslandstätigkeit entfallenden Teile sind von der inländischen Besteuerung auszunehmen bzw. unterliegen bei beschränkter Steuerpflicht soweit der inländischen Besteuerung, als sie auf eine Inlandstätigkeit entfallen. Insofern soll es nach Auffassung des BFH auf den Zeitraum zwischen Zuteilung und Ausübung ankommen, da die Wertsteigerungen der Optionen gerade dafür gedacht seien, die Arbeitnehmer zu größerem Engagement anzuspornen (BFH

BStBl. II 2001, 509: *DBA Großbritannien 1964/70;* BStBl. II 2001, 512: *DBA Spanien 1966* unter Verweis auf *Deutschmann,* Vergütungshalber gewährte Aktienoptionen im deutschen und US-amerikanischen Steuerrecht, 2000, S. 66, 125 und *Knoll,* DStZ 1999, 242 (243); anders die Vorinstanz FG Köln EFG 1998, 1634; EFG 1999, 116; eine entsprechende ausdrückliche Abkommensregelung findet sich beispielsweise im Änderungsprotokoll v. 14.12.2007 zum *DBA USA/Kanada*). Der Ort der Optionsausübung und das mit diesem Staat geltende DBA sind dagegen ohne Bedeutung (FG Hess. EFG 1991, 730: *DBA Frankreich*). Irrelevant ist auch, wenn die Optionen nicht durch den Arbeitgeber, sondern durch die Konzernobergesellschaft eingeräumt worden sind (BFH BStBl. II 2001, 509: *DBA Großbritannien 1964/70;* BStBl. II 2001, 512: *DBA Spanien 1966;* ÖstVwGH v. 15.12.2009, 2006/13/0136, SWI 2010, 238: *DBA Österreich/Frankreich).* Bedenken äußert *Portner,* DStR 1997, 1876; DStR 1998, 1535; DStR 2001, 1331.

21i Nach dem MA-Komm. ist für die Zwecke der Aufteilung jeder Fall gesondert zu betrachten. Es müssen zunächst die Arbeitstage berechnet werden, auf die sich die Entlohnung im Wege der Optionsgewährung bezieht, und diese sind dann zu den Arbeitstagen, die ein Arbeitnehmer in einem Land verbringt, in Beziehung zu setzen (Ziff. 12.14). Das entspricht der Aufteilungsmethode, die auch sonst zur Anwendung kommt (s. Rz. 68a ff.). Die OECD überlässt es aber den Vertragsstaaten, alternativ pauschalierende Bestimmungen in die DBA aufzunehmen (Ziff. 12.15).

(4) Einzelne Länder

21j **Literatur:** *Arnold/Winkler,* IWB F. 6, Japan, Gr. 2, 105 (9.8.2006); *Fekar,* ET 2012, 315; *Hirai,* APTB 2007, 408; *Kopec/Jamrozy,* IStR 2013, 741; *Kumschick/Kaufmann,* Schweizerischer Treuhänder 2011, 515; *Pedersen,* BIFD 2003, 574; *Mazansky,* BIT 2014, 166; *Smet/Laloo,* BIT 2008, 396; *Spierts,* IWB F. 5, Schweiz, Gr. 2, 399; *Watanabe,* BIFD 2004, 31.

21k Es sind hauptsächlich Frankreich (dort unterliegen die Einkünfte allerdings unter bestimmten Voraussetzungen einem Vorzugssteuersatz (s. *de Bourmont/Rubechi,* IStR Länderbericht 18/2001, S. 2)), Deutschland (BFH BStBl. II 2001, 509; BStBl. II 2001, 689; BFH/NV 2005, 702; DStR 2005, 1394; BStBl. II 2009, 382 = FR 2009, 625 m. Anm. *Bergkemper;* FG Köln, DStRE 2005, 1310; FG Hamburg, DStRE 2006, 917; FG Köln, DStRE 2006, 1116; da es sich um Einkünfte aus unselbständiger Arbeit handelt, gilt auch nicht das Halbeinkünfteverfahren, s. BFH DStRE 2007, 457; BFH BStBl. II 2009, 382; s. auch die Klarstellung im Verhältnis zu Mitarbeiterbeteiligungsprogrammen in Frankreich in OFD Karlsruhe v. 19.3.2009, BeckVerw 159070), Kanada, Österreich (UFS v. 17.9.2008, RV/0255-G/08; ÖstVwGH v. 4.2.2009, 2006/15/0227; v. 15.12.2009, 2006/13/0136, SWI 2010, 238: *DBA Österreich/Frankreich*), die tschechische Republik (VGH v. 30.1.2012, No. 2 Afs 58/2011-67; s. dazu *Fekar,* ET 2012, 315) und die USA (bei nonstatutory stock options, für den Fall von statutory stock options und employee stock purchase plans gelten steuerliche Vergünstigungen; s. dazu *Deutschmann,* IStR 2001, 385), die den Gewinn bei Optionsausübung als Einkünfte aus unselbständiger Tätigkeit ansehen. Die Entwicklung in China und Japan geht ebenfalls in diese Richtung (o. A., BIFD 2005, 356; *Watanabe,* BIFD 2004, 31). Manche Länder, die ebenfalls den Gewinn bei Optionsausübung besteuern, betrachten diese Einkünfte nicht automatisch als Arbeitnehmereinkünfte, sondern unterwerfen sie ihren besonderen Regelungen über Veräußerungsgewinne, was zur Anwendung niedrigerer Steuersätze führen kann. In den USA kann der Arbeitgeber den vom Arbeitnehmer zu versteuernden Betrag unter bestimmten Voraussetzungen steuerlich geltend machen. Andere Länder versuchen zumindest die negativen Auswirkungen zu begrenzen. So stellt § 3 Abs. 1 Nr. 15c östEStG zwar auf den Zeitpunkt der Ausübung ab, 50% des Ausübungsgewinns sind aber unter bestimmten Voraussetzungen steuerbefreit (s. dazu *Strnad/Schneider,* IStR 2001, 246).

In Kanada sollen in Zukunft Teile des Gewinns erst besteuert werden, wenn der Arbeitnehmer auch die zugrunde liegenden Aktien veräußert (s. dazu *D. Sandler,* CTJ 2001, 259). Diese Möglichkeit besteht nunmehr auch in Dänemark (*Pedersen,* BIFD 2003, 574) und in Japan im Fall bestimmter qualifizierter Optionen (*Arnold/Winkler,* IWB F. 6, Japan, Gr. 2, 105 (2006)). In Spanien wird der Steuersatz auf Einkünfte aus der Ausübung von Optionen um 40% gemindert.

Die Schweiz hat kürzlich ein Bundesgesetz über die Besteuerung von Mitarbeiterbeteiligungen vorgelegt, das ab 1.1.2013 zur Anwendung kommen soll. Die schweizerische Praxis ist gegenwärtig von Kanton zu Kanton verschieden und das Bundesgesetz soll der Vereinheitlichung dienen. Mitarbeiteraktien (nicht aber gesperrte oder nicht börsennotierte Optionen) werden danach im Zeitpunkt der Gewährung besteuert. Für jedes Jahr der Verfügungsbeschränkung werden 6% vom Verkehrswert abgezogen; der Diskont wird längstens für 10 Jahre vorgenommen. Arbeitnehmeroptionen werden im Zeitpunkt der Ausübung besteuert, wenn die Verfügung nicht erlaubt ist oder wenn die Optionen nicht an einer Börse gehandelt werden. Bei der Aufteilung folgt die Schweiz den OECD-Grundsätzen. Werden die Optionen von einem Schweizer Unternehmen ausgereicht, aber später im Ausland ausgeübt, unterliegt der Arbeitgeber einer Lohnsteuerabzugsverpflichtung in Höhe von 11,5% auf Bundesebene, die Kantone können zusätzlich zum Lohnsteuerabzug verpflichten. **21l**

Einige andere wenige Länder stellen hingegen auf den Zusagezeitpunkt ab, der allerdings mit dem Zeitpunkt des Wegfalls der Verfügungsbeschränkungen zusammenfallen kann (so etwa in Australien). Das entspricht beispielsweise der Besteuerungspraxis in *Belgien.* Das Bewertungsproblem wird durch eine Pauschalierung gelöst (der Erwartungswert beträgt im Normalfall 15% des zugrunde liegenden Aktienwerts; werden die Optionen bei Wegfall der Verfügungsbeschränkungen nicht ausgeübt, kommt nach 5 Jahren der Nichtausübung noch ein Aufschlag hinzu (zu den Einzelheiten s. *Smet/Laloo,* BIT 2008, 396); die selben Grundsätze gelten für verbriefte Optionen („Warrants") (Belgischer Dienst für Vorabauskünfte, nr. 2010.432 v. 11.1.2011)). Auch in *Luxemburg* werden handelbare Optionen im Zeitpunkt der Gewährung besteuert; bei nicht handelbaren Optionen gilt hingegen der Zeitpunkt der Ausübung, wobei Verfügungsbeschränkungen bei der Wertermittlung berücksichtigt werden (LuxFinVerw v. 20.12.2012, Circ. No. 104/2). In den *Niederlanden* hatte der Stpfl. seit dem VZ 2001 ein Wahlrecht, ob er im Zusagezeitpunkt bzw. bei Wegfall der Verfügungsbeschränkungen oder bei Veräußerung besteuert werden will. Dieses Optionsrecht ist mit Wirkung vom 1.1.2005 wieder entfallen, die Vorteile werden nunmehr im Ausübungszeitpunkt besteuert (vgl. *Spierts,* IWB F. 5, Schweiz, Gr. 2, 399). Wegen der unterschiedlichen Besteuerungszeitpunkte in Belgien und den Niederlanden haben die beteiligten Finanzbehörden für Grenzarbeiter eine spezielle Regelung getroffen (NL DGFZ v. 21.2.2007, nr. IFZ2007/45 M), nach der Belgien bei Ansässigen bis 1.1.2003 das Besteuerungsrecht zukommt, auch wenn die Aktienoptionen erst später ausgeübt werden und damit die Einkünfte eigentlich in den Niederlanden steuerpflichtig wären. **21m**

Manche Länder haben für den **Wegzug** des Steuerpflichtigen eine Besteuerung der Optionen im Zeitpunkt der Aufgabe der unbeschränkten Steuerpflicht vorgesehen. In Schweden hatte man Bedenken bezüglich der Vereinbarkeit mit den Grundfreiheiten des EG-Vertrags und dementsprechend wurde das Gesetz mit Wirkung ab 1.1.2009 geändert (s. dazu TNS v. 24.10.2008). Schweden besteuert demnach nur, wenn die Optionen tatsächlich ausgeübt werden. Erfolgt die Ausübung nach Wegzug, so geht man in Schweden offenbar – entgegen den oben beschriebenen Grundsätzen der OECD – davon aus, dass der andere Vertragsstaat die Besteuerungsbefugnis besitzt, in Schweden werden dementsprechend die ausländischen Steuern angerechnet. **21n**

22 **hh)** Begleicht der Arbeitgeber die Steuerschuld des Steuerpflichtigen (etwa aufgrund einer **Nettolohnvereinbarung** (tax protection oder tax equalization arrangements), s. dazu BFH BStBl. II 1992733; ausführlich auch OFD Düsseldorf v. 29.1.1997 RIW 1997, 440; *Ziesecke,* PIStb 2007, 325; *Retzlaff/Preising*, DB 2010, 980; *Gelsheimer/Meyen*, DB 2010, 2581; zur Übernahme von Steuerberatungskosten im Rahmen einer Nettolohnvereinbarung als lohnsteuerpflichtiger Arbeitslohn FG Düsseldorf, Urt. v. 5.12.2007 - 7 K 1743/07 H(L); BFH BStBl. II 2010, 148; BFH/NV 2010, 998: alle *DBA Japan;* s. zu diesen Entscheidungen: *Hilbert,* Arbeitslohn durch Übernahme von Steuerberatungskosten bei Nettolohnvereinbarung, IWB 2010, 282; *Ziesecke/Gelsheimer/Meyen,* Steuerberatungskosten als Arbeitslohn bei Tätigkeit im Ausland und Vorliegen einer Nettolohnvereinbarung, IStR 2010, 770), so sind diese Leistungen ebenfalls als Vergütungen i. S. des Art. 15 Abs. 1 anzusehen (so auch der belgische *Hof van Beroep Lüttich,* U. v. 28.6.2006, Fisc. Koer. 2007/50 m. Anm. *Waumann: DBA Belgien/USA*), auch wenn unmittelbar an die Finanzverwaltung gezahlt worden ist (*Australien Administrative Appeals Tribunal – Taxation Appeals Division,* 21 AAT 3630 (1989/90): *DBA Australien/USA;* s. dazu *Vann/L. Burns,* TNI December 1990, 1239; FG Münster EFG 2000, 74; BFH BStBl. II 2001, 195: beide *DBA Zypern 1977*). Das gilt auch dann, wenn der Arbeitgeber einen Lohnsteuerabzug vorgenommen hat, obwohl die Einkünfte im Inland nicht steuerpflichtig sind und der Arbeitnehmer die gezahlte Lohnsteuer mit späteren Steuerschulden verrechnen kann (BFH IStR 2001, 252: *DBA Zypern 1977*). Kommt es durch Steuererstattungen zu negativen Einnahmen des Arbeitnehmers, ist eine Verlustberücksichtigung nicht möglich, allenfalls kommen Billigkeitsmaßnahmen in Betracht (FG Nds. DStRE 2001, 960; vgl. auch OFD Düsseldorf v. 29.11.2005, DStZ 2006, 84).

Die belgische Finanzverwaltung hat sich in einem Erlass mit der Problematik befasst (Ci.RH. 241/598.238 v. 12.9.2011). Wird ein in Belgien ansässiger Steuerpflichtiger ins Ausland unter einer Nettolohnvereinbarung abgeordnet, können die (hypothetischen) Steuern auf den Lohn in Belgien abgezogen werden. Zudem werden die vom Arbeitgeber bezahlten ausländischen Steuern zwar als Einkommen erfasst, sie können aber gleichzeitig wieder abgezogen werden, so dass es zu keinen steuerlichen Konsequenzen kommt.

23 **e) Zufluss:** Die Vergütungen muss der Steuerpflichtige **bezogen** haben, d. h. sie müssen ihm tatsächlich zugeflossen sein. Da Art. 15 lediglich einen direkten Zusammenhang mit der Arbeitstätigkeit erfordert, kommt es nicht darauf an, zu welchem Zeitpunkt die Vergütung bezahlt wird. Das Wort „bezieht aus" (engl: „derived in respect of", franz. „reçoit au titre de") macht den Zusammenhang deutlich. Art. 15 MA erfordert deshalb eine Zurechnung der Vergütung zur derjenigen Periode der Arbeitsausübung, auf die sich die Vergütung bezieht (so beispielsweise völlig unstreitig bei stock options; anders aber für eine nachträglich Bonuszahlung der kanadische Tax Court in der Entscheidung Garcia v. The Queen v. 28.9.2007, 2007 TCC 548, der sich auf eine wortlautgetreue Auslegung des Wortes „derived" stützt; kritisch dazu *Vogel,* Tax Treaty News, BIT 2008, 48). In welcher Weise die Vergütung dem Arbeitnehmer zugutekommt spielt keine Rolle, sie muss ihm als Arbeitslohn lediglich zugerechnet werden können (MA-Komm. Ziff. 2.2). Eine solche Zurechnung kann in Einzelfällen Schwierigkeiten bereiten; im Zweifel wird der Steuerpflichtige den entsprechenden Nachweis zu führen haben (vgl. Hale v. The Queen 90 DTC 6481, 6488 f.).

24 Der Steuerpflichtige muss über die Vergütung verfügen können (nach Auffassung des *ÖstBMF* v. 20.4.2004 (EAS 2446), SWI 2004, 582, muss ein etwaiger Zinsanteil bei einer Nachzahlung von Lohn separiert und dem Art. 11 zugerechnet werden). Eine Vergütung ist nicht bezogen, wenn eine Missbrauchsregelung einen

Zufluss eines Minimumlohns fingiert (so für den Fall des Gesellschafter-Geschäftsführers einer niederländischen Kapitalgesellschaft HR BNB 2003/379 und 2003/381; s. dazu auch *Betten,* ET 2002, 98; *van Immerseel,* WFR 1999, 1015; *van Brunschot,* IBFD-Bulletin 2005, 10). Die Fiktion würde hier dazu führen, dass der Anwendungsbereich des Art. 15 einseitig ausgeweitet würde. Der niederländische Hoge Raad sieht hierin zu Recht eine Umgehung der Abkommensverpflichtungen (anders aber der Generalanwalt beim Hoge Raad v. 12.4.2012, LJN BW4756, zum DBA Belgien 2001, da die gemeinsamen Erläuterungen zum DBA auf die Fiktion eines Minimumlohns Bezug nehmen).

f) Auch den **Begriff der unselbständigen Arbeit** definieren die MA nicht. 27
Ziff. 3 des OECD-Komm. zählt nur beispielhaft einige Berufe (Verkäufer, Montagepersonal, Ingenieure) auf, die typischerweise unter den Begriff der unselbständigen Tätigkeit fallen. Wie bei verschiedenen anderen Einkunftsarten (Unternehmenstätigkeit, selbständige Arbeit) ist davon auszugehen, dass den MA ein gemeinsames Vorverständnis des Tätigkeitstypus „unselbständige Arbeit" zugrunde liegt. Der Begriff ist demnach einerseits systematisch in Abgrenzung zu den anderen Einkunftsarten (insb. zu den Unternehmensgewinnen und den Einkünften aus selbständiger Tätigkeit) und andererseits unter Berücksichtigung des internationalen (Vor-)Verständnisses zu bestimmen. Eine unselbständige Arbeit ist danach anzunehmen, wenn eine Person – der Arbeitnehmer – seine gesamte Arbeitskraft einer anderen Person – dem Arbeitgeber – zur Verfügung stellt und bei der Ausübung der Tätigkeit den Anordnungen und Weisungen des Arbeitgebers zu folgen verpflichtet ist (*Coulombe* CDFI Vol. LXVIIb (1982), 63 (64ff.)). Es wäre daher unzulässig, wenn ein Vertragsstaat eine Tätigkeit, die eindeutig unter diesen Typus fällt, willkürlich aus dem Begriff der unselbständigen Arbeit herausnehmen wollte. Nur für Tätigkeiten, deren Einordnung wegen fehlenden internationalen Konsenses zweifelhaft sein könnte, ist es richtig, dass sich ihre Zuordnung nach den Vorschriften des jeweiligen innerstaatlichen Rechts bestimmt (FG Hamburg EFG 1961, 75: *DBA Großbritannien 1954;* BFH BStBl. II 1967, 392: *DBA Schweiz 1931;* BFH BStBl. II 1972, 88: *DBA Österreich;* BFH BStBl. II 1973, 757: *DBA Schweiz*).

Kennzeichnend für eine „unselbständige Tätigkeit" ist also – sowohl aus arbeits- 28
rechtlicher als auch steuerrechtlicher Sicht – die **Eingliederung** des unselbständig Tätigen in den Betrieb seines Arbeitgebers, unter dessen **Leitung** er steht und dessen **Weisungen** er unterworfen ist („control"). Dementsprechend liegt nach deutschem Recht (§ 1 Abs. 2 LStDV) eine unselbständige Arbeit vor, wenn jemand seine Arbeitskraft derart schuldet, dass er in der Betätigung seines geschäftlichen Willens unter der Leitung eines Arbeitgebers steht oder im geschäftlichen Organismus des Arbeitgebers dessen Weisungen zu folgen verpflichtet ist. Ein gutes Beispiel für die Rolle des Kriteriums der „Eingliederung" gibt eine Entscheidung des dänischen *Landsskatteret* (R&R 1990, SM 78: *DBA Dänemark*). Dort wurde die beratende Tätigkeit eines in Deutschland ansässigen Marketingexperten für eine dänische Gesellschaft solange als unselbständige Tätigkeit angesehen, als er Mitglied der Geschäftsführung war und ein monatliches Gehalt erhielt. Nach dem Ausscheiden aus der Gesellschaft wurde die Beratungstätigkeit auf der Basis der tatsächlich geleisteten Beratungstage vergütet und daher von diesem Zeitpunkt an als selbständige Tätigkeit angesehen. Art. 15 ist auch prinzipiell anwendbar auf einen professionellen Fußballspieler, der für die Zeit eines internationalen Turniers vom nationalen Fußballverband bezahlt wird, soweit Art. 17 nicht eingreift (*Hoge Raad* nr. 33266, BNB 1998/118: *DBA Niederlande 1959;* das DBA enthält für Sportler keine dem Art. 17 entsprechende Regelung). Der kanadische *Federal Court of Appeal* (2002 DTC 6853, Rs. *Wolf: DBA USA/Kanada;* dazu auch *Boidman,* BIFD 2002, 321, 322f.) stellt u.a. für die Unterscheidung zwischen selbständiger und

unselbständiger Arbeit darauf ab, ob die Person sozialversicherungsrechtliche Sicherheit genießt, inwieweit sie Weisungen unterworfen ist, wer Eigentum an den Arbeitsmitteln hat, ob sie Unternehmerrisiko trägt etc. In dem zu entscheidenden Fall gab das Unternehmerrisiko den Ausschlag, obwohl der als Ingenieur beschäftigte Kläger Stundenlohn, Urlaubsgeld etc. erhielt. Allerdings bemüht sich die Entscheidung nicht um eine abkommensrechtliche Auslegung, sondern stützt sich hauptsächlich auf innerstaatliches Arbeitsrecht.

29 Der Ausdruck „unselbständige Tätigkeit" umfasst auch die Tätigkeit der **Vorstandsmitglieder** und **Geschäftsführer** einer der Körperschaftsteuer unterliegenden Gesellschaft, soweit diese nicht unter die Spezialregelung des Art. 16 fallen (OECD-MA, Ziff. 2; zur Abgrenzung s. Art. 16 Rz. 7 ff.). Zweifel können entstehen, wenn der Geschäftsführer gleichzeitig wesentlich beteiligter Gesellschafter der Körperschaft ist, da es dann letztlich an der Weisungsgebundenheit fehlt. Der sogenannte Gesellschafter-Geschäftsführer ist bei einen gesamtheitlichen Sicht eher einem Unternehmer oder selbständig Tätigen vergleichbar. So hat der EuGH in der Rechtssache Asscher (EuGH v. 27.6.1996, Rs. C-107/94, Slg. 1996, I–3089 – *Asscher*) den Gesellschafts-Geschäftsführer einer niederländischen B.V. als selbständig Tätigen eingeordnet (s. dazu *Kramer,* RIW 1996, 951). Das französische Steuerrecht enthält in Art. 62 CGI eine Sonderregelung für Mehrheitsgesellschafter; es sieht diese grundsätzlich nicht als Arbeitnehmer an, da sie nicht von der Gesellschaft abhängig sind (s. *M. de Segonzac,* Dr. Fisc. 1994 comm. 1593). Aus diesem Grund haben die französischen Gerichte die Einkünfte des Mehrheitsgesellschafters nicht als Einkünfte aus unselbständiger Tätigkeit, sondern als sonstige Einkünfte i. S. des Art. 21 angesehen (*Conseil d'Etat* rec. no. 71–227 Dr. Fisc 1969 comm. 106; *Cour administrative d'appel de Paris* rec. nos. 93–455, 93–456 Droit Fiscal 1994 comm. 1593; so auch der belgische Cour de Cassation v. 3.10.2003, diskutiert bei *Vogel,* BIFD 2005, 3; so bereits früher der *Cour d'appel de Gand* v. 20.6.1996, Arret G 96/1: *DBA Belgien/Niederlande*). In Deutschland will man insoweit keinen Unterschied machen (allerdings lässt sich auch in Deutschland ein Umdenken beobachten: so hat der BFH für den Bereich der Umsatzsteuer die Organtheorie (s. z. B. BFH BFH/NV 1997, 911) aufgegeben; nach der neueren Auffassung des BFH ist bei Vertretern juristischer Personen zu unterscheiden zwischen der Organstellung und dem ihr zugrunde liegenden Anstellungsverhältnis (BFH BStBl. II 2003, 36; BStBl. II 2005, 730; vgl. aber auch EuGH v. 18.10.2007, Rs. C-35/06- *van der Steen,* DStR 2007, 1958 m. Anm. *Küffner/Zugmaier;* vgl. auch *Stagat,* DB 2010, 2801 zu den arbeitsrechtlichen Differenzierungen). In seinem Urteil v. 20.10.2010 (BFH/NV 2011, 585) hat der BFH eine Gesamtwürdigung der Umstände vorgenommen. Danach kann die Beteiligungsquote des Gesellschafter-Geschäftsführers (mindestens 50%) Anlass geben, dessen Tätigkeit als selbständig anzusehen (zum Ganzen s. noch *Seer,* GmbHR 2011, 225; s. auch SG Stade v. 14.11.2011, DStR 2012, 1568; für eine Übersicht des einschlägigen Arbeits- und Sozialversicherungsrechts s. *Freckmann,* DStR 2008, 52).

29a Im österreichischen Steuerrecht werden Gehälter von wesentlich beteiligten Gesellschafter-Geschäftsführern den Einkünften aus selbständiger Arbeit zugerechnet (seit 1981; zuvor kam auch in Österreich Art. 15 zur Anwendung; die Frage stellt sich daher, ob die Zuordnung zu Art. 14 bzw. 7 auch schon für die österreichischen Abkommen gelten kann, die zuvor abgeschlossen wurden; das verneint der *ÖstVwGH* (Erk. v. 19.12.2006, 2005/15/0158), s. dazu die Diskussion bei *Kolb/Lang u. a.,* SWI 2002, 558, Case 2, und *Lang,* SWI 2007, 199; anders aber *ÖstVwGH,* Erk. v. 30.3.2006, 2002/15/0098, dazu *Lang,* IWB F. 5, Schweiz, Gr. 2, 673 (2006)). Zur Vermeidung von Qualifikationskonflikten hatten Deutschland und Österreich vereinbart, dass die österreichische Qualifikation auch für die Anwendung des DBA gelten sollte (FinMin BW v. 12.8.1994, DStR 1994, 1348). Seltsamerweise soll es dann allerdings nicht auf die Voraussetzung einer „ständigen

Einrichtung" ankommen, die Besteuerung soll mithin immer im Tätigkeitsstaat stattfinden; das ist sicherlich mit dem DBA nicht vereinbar; die Verständigungsvereinbarung soll allerdings nicht gelten, wenn der Gesellschafter-Geschäftsführer nicht für die Firmenzentrale, sondern für eine Betriebstätte im Ansässigkeitsstaat tätig wird (ÖstBMF v. 22.1.1996, SWI 1996, 152; das Problem ist im Geltungsbereich des neueren *DBA Österreich* durch eine Sonderregelung in Art. 16 Abs. 2 gelöst). In der Tat sollte man entgegen der deutschen Praxis diese Vergütungen als Unternehmensgewinne i. S. des Art. 7 (bzw. als Einkünfte aus selbständiger Tätigkeit i. S. des Art. 14, falls im DBA vorhanden) ansehen (*K. Vogel,* GS Knobbe-Keuk, S. 835 (845)). Art. 15 ist auf die Fälle der Vergütungen für Gesellschafts-Geschäftsführer nicht zugeschnitten, zumal wie *K. Vogel* gezeigt hat, die deutsche Qualifizierung auf einer Entscheidung des RFH beruht, deren Entscheidungsgrundlagen heute keine Gültigkeit mehr besitzen. Zum Ort der Arbeitsausübung in den Fällen von Geschäftsführern etc. s. Rz. 32f.

Vergütungen, die der (unmittelbare oder mittelbare) **Gesellschafter einer Personengesellschaft** (zu deren Arbeitgebereigenschaft s. Rz. 52, 53e) für eine Tätigkeit unselbständiger Art von der Gesellschaft bezieht, gehören zwar nach innerstaatlichem deutschen Recht (§ 15 Abs. 1 Nr. 2 EStG) zu den gewerblichen Einkünften, bleiben jedoch abkommensrechtlich Einkünfte aus unselbständiger Tätigkeit, sofern nicht das einschlägige DBA etwas anderes vorsieht (s. dazu Art. 7 Rz. 58, 61 übereinstimmend *Malherbe/Malherbe,* RDAI 1986, 437 (460); *Bendlinger,* SWI 1993, 286; a. A. FG Münster EFG 1989, 294: *DBA Italien 1925*). Die vorstehend genannte Entscheidung des FG Münster wendet zwar zu Recht Art. 3 Abs. 2 OECD-MA entsprechend an, obwohl der im *DBA Italien 1925* noch nicht enthalten ist; das Gericht übersieht aber, dass im vorliegenden Fall der „Zusammenhang", nämlich die Abkommenssystematik, eine vom innerstaatlichen Recht abweichende Auslegung verlangt. Die Rechtsauffassung des FG Münster kann zur Doppelbesteuerung, bei geschickt gewählter Gestaltung auch zur Doppelfreistellung führen; sie vernachlässigt damit auch das Ziel der Entscheidungsharmonie. **30**

Parlamentarier (insbesondere die Abgeordneten des Europaparlaments) erzielen keine Einkünfte aus unselbständiger Arbeit. Ihre Bezüge fallen vielmehr unter den Artikel über andere Einkünfte (Art. 21 MA) und sind daher im Ansässigkeitsstaat zu versteuern (HR v. 12.10.2007, nr. 42 501, BNB 2008/16c m. Anm. *Burgers: DBA Niederlande/Belgien bzw. Frankreich*). **30a**

g) Art. 15 Abs. 1 MA knüpft für die Besteuerungsbefugnis des Tätigkeitsstaats an den Ort an, wo die Arbeit auch tatsächlich ausgeübt wird. **Der Ort der Arbeitsausübung** befindet sich grundsätzlich dort, wo sich der Arbeitnehmer zur Ausführung seiner Tätigkeit **persönlich aufhält.** Ist die Tätigkeit örtlich gebunden, so ist der Ort der Arbeitsausübung damit festgelegt. Er ist auch dann maßgebend, wenn der zur Ausübung der Tätigkeit erforderliche Aufenthalt nur vorübergehend ist (BFH BStBl. II 1971, 804; BStBl. II 1983, 402; BStBl. II 1983, 625: jeweils zum *DBA Italien 1925*). Es kommt nicht darauf an, ob die Arbeiten nach der Lage der Sache allein an Ort und Stelle im Ausland ausgeführt werden können. Die MA stellen auf den persönlichen Aufenthalt ab, für eine einschränkende Auslegung bieten sie keinen Anhaltspunkt (so auch *von Bornhaupt* BB 1985, Beil. 16, 10, gegen BFH BStBl. II 1983, 402). Allenfalls kann der vorgenannte Gesichtspunkt dann eine Rolle spielen, wenn ein **Missbrauch**statbestand in Betracht kommt. Ob der Ort zur Arbeitsausübung geeignet ist, spielt hier keine Rolle (vgl. BFH HFR 2005, 822 zur Frage des Aufenthalts in einem Bauwerk, in dem die Lärmpegel bestimmte Normen überschreiten). **31**

Bei einem Wechsel des Arbeitsortes folgt die Besteuerung der Dauer der jeweils im einen oder im anderen Staat geleisteten Arbeit (s. Rz. 68a). Entsprechend ist **31a**

Urlaubsgeld gegebenenfalls aufzuteilen. Eine Aufteilung der Vergütung ist auch dann vorzunehmen, wenn der Arbeitnehmer teilweise im Staat des Arbeitgebers (bzw. seiner Betriebstätte) und teilweise in seinem Ansässigkeitsstaat tätig ist (man denke etwa an Homeofficetätigkeiten). Die österreichische Finanzverwaltung (EAS 3172 v. 26.7.2010, SWI 2010, 402) berichtet von einer Vereinbarung mit der deutschen Finanzverwaltung, nach der für die Frage der Aufteilung die vereinbarten Arbeitstage maßgeblich sein sollen (zu den Einzelheiten der Aufteilung s. unten Rz. 68a ff.). Hat ein Arbeitnehmer einen festen ausländischen Tätigkeitsort, ist er aber öfter auf Dienstreisen in Drittstaaten, so stellt sich die Frage, ob von einem einheitlichen Tätigkeitsort im Hauptaufenthaltsstaat gesprochen werden kann (so FG Düsseldorf, EFG 2013, 1010: *DBA Österreich,* zu einer Auslandskorrespondentin). Das würde aber dem Grundgedanken des Art. 15 MA widersprechen, wonach der Aufenthaltsort den Tätigkeitsort bestimmt. Auch könnte diese Auffassung dazu führen, dass die Aufenthaltszeiten in Drittstaaten überhaupt nicht besteuert würden, wenn der Hauptaufenthaltsstaat nur solche Zeiten in die beschränkte Steuerpflicht einbezieht, innerhalb derer die Tätigkeit in diesem Staat ausgeübt worden ist (s. noch *Jahn,* PIStB 2013, 174).

32 Für **andere als körperliche Tätigkeiten** kann sich die Frage ergeben, ob nicht die „Ausübung" einer Tätigkeit eher dort geschieht, wo die Tätigkeit **Wirkungen** entfaltet (z. B. beim Erteilen von Weisungen), als dort, wo sich die Person im Augenblick der Tätigkeit tatsächlich aufhält. So hatte die deutsche Rechtsprechung für die geschäftsführende Tätigkeit der **Organe von Kapitalgesellschaften früher** entschieden, dass die Tätigkeit am Ort des Sitzes der Gesellschaft ausgeübt wird, auch dann, wenn sich die Person nur gelegentlich dort aufhält (RFH RStBl. 1934, 417: *DBA Italien 1925;* 1938, 812: *DBA Schweiz;* HFR 1962, 228; BStBl. II 1972, 68: beide zum *DBA Schweiz;* II 1983, 402: *DBA Italien 1925;* ebenso ÖstVwGH ÖStZB 1980, 58; ÖStZB 1992, 127; ÖStZB 1992, 833: alle *DBA Österreich*).

33 Angesichts der Tatsache, dass die Vergütungen zu Lasten der Gesellschaft gehen, erscheint dieses Ergebnis rechtspolitisch durchaus sinnvoll (die Regelungen, nach denen Geschäftsführer und ähnliche Personen unter Art. 16 fallen, ist daher durchaus konsequent, s. dazu noch bei Art. 16 Rz. 15, 22). Allerdings wurde die vorgenannte Rechtsauffassung nicht von allen Vertragsstaaten gebilligt. Sie möchten auch für diese Personen den Arbeitsort nur dort als gegeben ansehen, wo sich die betreffende Person persönlich aufhält (vgl. *Zürcher VerwG* v. 3.11.1961, in *Meyer-Marsilius/Hangarter* Art. 15 Nr. 7.1 zu Art. 4 Abs. 1 *DBA Schweiz* 1931 (das allerdings durch das DBA 1971 überholt ist; wegen dieser Auffassung ist die eidgenössische Abkommenspolitik bemüht, Sonderregelungen für derartige Fälle zu vereinbaren; s. noch Rz. 80a ff. und etwa Art. 7 Abs. 2 *DBA Schweiz/Niederlande,* nach dem beide Staaten zur Besteuerung der niederländischen Einkünfte eines in der Schweiz ansässigen Managers zu gleichen Teilen berechtigt sind). Der BFH hat denn auch seine Rechtsauffassung zunächst für den Fall, dass ein unbeschränkt Steuerpflichtiger eine Geschäftsführertätigkeit für eine ausländische Gesellschaft ausübt und der betroffene andere Vertragsstaat Art. 15 nicht im Sinne der Rechtsprechung des BFH auslegt, relativiert (BFH/NV 1991, 146: *DBA Kanada*). In einer weiteren Entscheidung hat sich der BFH völlig von seiner herkömmlichen Auffassung gelöst (und damit auch vom Urteil des Großen Senats in BStBl. II 1972, 68, das zu der weitgehend gleichlautenden Vorschrift des *DBA Schweiz* 1931/1959 erging; die Sonderregelung des Art. 15 Abs. 4 ist erst mit der Revision von 1971 in dieses DBA aufgenommen worden) und stellt auch im Fall von Geschäftsführern auf den tatsächlichen Aufenthalt ab (BStBl. II 1995, 95: *DBA Kanada* (bestätigt durch BFH/NV 1998, 18); kritisch dazu *Kramer,* RIW 1995, 742; wie der BFH auch der belgische Hof van eerste Aanleg Gent v. 14.4.2010, Fisc. Act., 2010, p. 16: DBA *Belgien/Frankreich*). Das wird regelmäßig zu einer Aufteilung der

Vergütung führen. Für das Aufteilungsverhältnis hat der Steuerpflichtige grundsätzlich die Darlegungslast, so dass es sich empfiehlt, entsprechende Aufzeichnungen vorzunehmen (so auch die Finanzverwaltung, BMF v. 5.7.1995, BStBl. I 1995, 373). Im Verhältnis zu Österreich ist die Finanzverwaltung dem BFH nicht gefolgt. Beide Länder haben eine Verständigungsvereinbarung getroffen, nach der es bei der Besteuerung im Staat der Gesellschaft bleiben soll (OFD München v. 7.10.1999, FR 1999, 1263; ÖstBMF EAS 1145). Eine ähnliche Auffassung vertritt die belgische Rechtsprechung im Hinblick auf den Tätigkeitsort von Berufskraftfahrern. Deren Arbeitsort sei dort gelegen, wo der Arbeitgeber ansässig ist, da dort dessen Weisungen Wirkung entfalten (*Hof van Beroep Lüttich* v. 2.5.2002, nr. 02 550 764; *Hof van Cassatie Brüssel* v. 28.5.2004, nr. 04 531 143, FJF 2004/612; s. dazu auch *Vogel,* BIFD 2005, 47). Hier gelten die nämlichen Gegenargumente wie oben.

Besondere Probleme ergeben sich, wenn die Arbeitsleistung im **Unterlassen** 35 bestimmter Tätigkeiten besteht. Ist das Unterlassen ein Sich-zur-Verfügung-Halten, ohne dass es zu einer Tätigkeit kommt, so wird die Arbeitsleistung in der Regel dort erbracht, wo der Verpflichtete sich während der Dauer der Leistungsverpflichtung tatsächlich aufhält (BFH BStBl. II 1969, BStBl. 579; II 1970, 867: beide zum *DBA USA 1954).* Eine sinnvolle Ausnahme bilden diejenigen Fälle, in denen der Arbeitnehmer wegen Krankheit nicht anwesend sein kann, solange der Arbeitgeber zur Lohnfortzahlung verpflichtet ist. Hier kann die Anwesenheit fingiert werden (s. dazu bereits oben Rz. 18). Arbeitsbereitschaften, Bereitschaftsdienste und Rufbereitschaften gelten zumindest in Deutschland als Ausübung einer aktiven Tätigkeit, da hier der Arbeitnehmer seine Tätigkeit anbietet. Diese Tätigkeiten werden dort ausgeübt, wo sich der Arbeitnehmer bereithält (vgl. BFH BStBl. II 1970, 867: *DBA USA 1954*; s. dazu auch *Reimer,* S. 128; so auch Hof's Hertogenbosch v. 8.11.2012, zaaknr. 11/00 427, V-N 2013/8.10: *DBA Belgien/Niederlande*).

Eine Entschädigung dafür, dass ein zugesagtes Arbeitsverhältnis nicht zu Stande 35a kommt, ist im Wohnsitzstaat zu besteuern, da sich der Arbeitnehmer nicht im (zukünftigen) Tätigkeitsstaat aufhält und daher dort auch keine Arbeit ausübt (BFH/NV 2007, 13: *DBA Schweiz*). Anders hat aber der niederländische Hoge Raad v. 10.8.2001, BNB 2001/353: *DBA Niederlande/Frankreich,* zu einer Entschädigung für die Nichteinstellung eines ausländischen Arbeitnehmers trotz Einstellungsversprechens entschieden; der HR nimmt eine Besteuerungsbefugnis der Niederlande an, weil bei Einstellung des Arbeitnehmers dieser seine Arbeit in den Niederlanden ausgeübt hätte. Dies widerspricht aber dem Grundsatz, dass es auf die tatsächliche Anwesenheit des Steuerpflichtigen ankommt; das Urteil hat daher auch in der niederländischen Literatur Widerspruch gefunden (s. *Pötgens,* BIT 2009, 428 (433)).

Besteht dagegen die Leistung in der Einhaltung eines **Konkurrenz- bzw.** 35b **Wettbewerbsverbotes** gegen Vergütung, so ist nach dem BFH (BStBl. II 1970, 867) auf den Ort abzustellen, an dem die zu unterlassende Handlung im Falle einer Verletzung der Vertragspflicht vermutlich ausgeführt werden würde (zu ähnlichen Ergebnissen gelangt die umfassende Studie von *Reimer,* S. 253 ff., 410 ff.; s. auch *Pötgens,* BIT 2009, 428 (431 und 439 f.); ähnlich – obgleich nicht völlig eindeutig – nunmehr auch Hof van Beroep Brüssel v. 20.9.2007, TNS 11-1-2008: *DBA Belgien/Frankreich* (die belgische Finanzverwaltung hatte in diesem Fall Art. 21 MA angewendet); s. dazu die Anmerkung von *Peeters,* Fiscoloog Int. 289 (2007), 6; ferner *Bronselaer,* TNI 2008, 677; übereinstimmend auch die Italienische Finanzverwaltung v. 10.6.2008, nr. 234/E, die aber auf die Ansässigkeit des Arbeitgebers abstellt; s. auch Rechtbank Haarlem v. 10.10.2011, nr. 10/05 083, die aber nicht auf die hier an sich relevante Frage eingeht, ob etwas anderes gelten muss, wenn das Wettbewerbsverbot nicht auf das frühere Tätigkeitsland beschränkt ist).

35c Fehlt ein unmittelbarer Zusammenhang zwischen der vereinbarten Unterlassung und dem Staatsgebiet des jeweiligen Vertragsstaates, d.h. könnte die Verpflichtung an jedem beliebigen Ort der gesamten Welt verletzt werden, so muss nach Ansicht des BFH mangels anderer Konkretisierungsmerkmale der Aufenthaltsort des Verpflichteten als der Ort angesehen werden, an dem dieser der Verpflichtung nachkomme (so auch Hof van Beroep Brüssel v. 14.11.1997, Fisc.Int. nr. 171, S. 7; ferner ÖstBMF EAS v. 8.4.2013, SWI 2013, 194: *DBA USA/Österreich:* das BMF stellt aber darauf ab, dass es hier um eine Vergütung geht, die keiner ausländischen Tätigkeit zugeordnet werden kann, verlässt also hier das Kausalitätsprinzip).

35d An anderer Stelle differenziert der BFH danach, ob es sich bei der Unterlassungsverpflichtung um die Hauptpflicht des Vertrages handele oder ob sich die Verpflichtung gegenüber der zurückliegenden aktiven Arbeitsleistung als eine Nebenpflicht darstelle (BStBl. II 1978, 195: *DBA Schweiz 1959*). Im letzteren Fall sei der Ort des Unterlassens dort anzunehmen, wo die vorangegangene Tätigkeit ausgeübt worden ist. Diese Differenzierung zwischen Haupt- und Nebenpflichten widerspricht der Systematik der MA. Eine Doppelbesteuerung lässt sich nur dann vermeiden, wenn die für verschiedene Tätigkeiten gezahlten Entgelte getrennt beurteilt werden, auch wenn die Tätigkeiten für den gleichen Arbeitgeber erbracht werden. Für Lizenzeinnahmen eines Erfinders nach Betriebsaufgabe soll nach der Rechtsprechung der Ort der Tätigkeit dort liegen, wo sich der Erfinder tatsächlich aufhält (BFH BStBl. II 1977, 76: *DBA Italien*). Für Vergütungen für die Einhaltung eines Wettbewerbsverbotes eines Vorstandsmitgliedes nach dessen Ausscheiden dagegen soll der Ort der Arbeitsausübung dort liegen, wo die frühere Tätigkeit ausgeübt wurde (BFH BStBl. II 1978, 195: *DBA Schweiz*; kritisch dazu *Schaumburg,* Rz. 16.429; s. in diesem Zusammenhang auch FG BW EFG 1984, 183, wo jedoch weder die frühere Tätigkeit in Deutschland ausgeübt wurde noch das vereinbarte Wettbewerbsverbot Deutschland betraf). Ein Grund für die unterschiedliche steuerliche Behandlung dieser zweifellos vergleichbaren Sachverhalte ist nicht erkennbar.

35e Im Interesse einer einheitlichen Besteuerung ist daher davon auszugehen, dass auch bei Vergütungen, die für ein Konkurrenz- oder Wettbewerbsverbot gezahlt werden, der Ort der Arbeitsausübung dort liegt, wo sich der Verpflichtete bei Erbringung seiner Leistung, dem Unterlassen, tatsächlich aufhält (vgl. dazu *H. Vogel*, BB 1978, 1025; *Kamphaus/Büscher,* in SKK, Art. 15 Rz. 58; jetzt auch das BMF v. 14.9.2006, BStBl. I 2006, 532 Tz. 126). Hält sich der Arbeitnehmer während des Zeitraums des Wettbewerbverbots in mehreren Staaten auf, ist das Entgelt entsprechend aufzuteilen. Allerdings darf nicht übersehen werden, dass die Besteuerung im Aufenthaltsstaat missbrauchanfällig ist. Es wird daher immer genau zu prüfen sein, ob der Aufenthalt auch den tatsächlichen Gegebenheiten entspricht. Anders liegt der Fall, wenn die Arbeitsleistung vom Arbeitgeber nicht in Anspruch genommen wird, der Arbeitnehmer also für sein Nichtstun bezahlt wird. Hier ist nicht das Unterlassen Vertragsgegenstand, so dass auf den Ort abzustellen ist, wo nach dem Arbeitsvertrag die Arbeit hätte ausgeübt werden müssen (HR v. 10.8.2001, nr. 35761, BNB 2001/353c m. Anm. *Kavelaars,* der die Entscheidung kritisiert und auf den Wohnsitz abstellen will).

36 In den USA wird die Vergütung für die Einhaltung eines Wettbewerbsverbots als Veräußerung eines immateriellen Rechts gesehen, was wirtschaftlich durchaus Sinn macht und die Frage der Ausübung gegenstandslos werden lässt, s. dazu etwa California Court of Appeal v. 12.8.2005, no. D043058, „Milhous v. Franchise Tax Board"). Die italienische Finanzverwaltung (Erlass v. 10.6.2008, no. 234) will die Besteuerungsbefugnis des Ansässigkeits- bzw. Tätigkeitsstaats nicht anerkennen, wenn die Zahlungen durch den italienischen Staat, eine in Italien ansässige Gesellschaft oder durch eine in Italien gelegene Betriebstätte erfolgen. Das ist aber unter keinem Aspekt mit Art. 15 MA zu vereinbaren.

h) Die 183-Tage-Regel: aa) Grundzüge: Dem Ansässigkeitsstaat steht die ausschließliche Besteuerung der Vergütungen zu, wenn der Empfänger sich im anderen Staat (Staat des Arbeitsortes) **insgesamt nicht länger als 183 Tage innerhalb eines Zeitraums von 12 Monaten, der während des betreffenden Steuerjahres beginnt oder endet, aufhält.** Abgestellt wird also auf die **Aufenthaltsdauer,** die physische Anwesenheit (MA-Komm. Ziff. 5; BFH BStBl. II 1989, 755: *DBA Niederlande 1959;* BFH BFH/NV 2012, 640: *DBA Frankreich*), nicht etwa auf die Dauer der Tätigkeit des Arbeitnehmers (BFH BStBl. II 1978, 425: *DBA USA 1954/65;* allerdings stellen einige deutsche DBA auf die Dauer der Arbeitsausübung ab, s. dazu Rz. 83b f.). Das beruht darauf, dass die Anwesenheit leicht festgestellt und vom Steuerpflichtigen ohne weiteres nachgewiesen werden kann (MA-Komm. Ziff. 5). Der Begriff des Aufenthaltes ist ein Abkommensbegriff, der eigenständig zu bestimmen ist. Keinesfalls kann zur Bestimmung auf den abkommensrechtlichen oder innerstaatlichen Begriff des gewöhnlichen Aufenthalts abgestellt werden (so aber BFHE 154, 38; BStBl. II 1988, 944; BStBl. II 1989, 755: *DBA Niederlande 1959;* BFH HFR 1991, 75: *DBA Spanien 1966* und *Italien 1925;* FG Köln EFG 1996, 641: *DBA Niederlande 1959;* s. auch den Nichtanwendungserlass des BMF v. 30.7.1990, BStBl. I 1990, 314), da dieser Begriff der Bestimmung der Ansässigkeit (des Wohnsitzes) und damit völlig anderen Zwecken dient. Der BFH hat folgerichtig seine Rechtsprechung später geändert (BFH BStBl. II 1997, 15; s. dazu noch Rz. 42). 37

bb) Berechnung: Für die **Berechnung** des 183-Tage-Zeitraums gelten andere Grundsätze als für die Frage, was „Tätigkeit" am Arbeitsort und demgemäß erste und grundlegende Voraussetzung für eine Besteuerung im Staat der Arbeitsausübung ist. **Nach dem MA-Komm.** (Ziff. 5) werden folgende Tage mitgezählt: Tage bloßer Teilanwesenheit, der Ankunfts- und Abreisetag (bestätigend das norwegische *Hoyesterett,* Rt. 1994, 752 (765); bei Langstreckenflügen beginnt die physische Anwesenheit ab Überfliegen der Landesgrenze (so ÖstBMF v. 18.11.1991, SWI 1991, 353), ansonsten sollte aus Praktikabilitätsgründen auf den Arbeitsort abgestellt werden), alle übrigen Aufenthaltstage wie Samstage und Sonntage, öffentliche Feiertage, Ferientage vor, während und nach der Tätigkeit, kurze Arbeitsunterbrechungen (Ausbildung, Streiks, Aussperrungen, Ausbleiben von Zulieferungen), Krankheitstage und Arbeitsunterbrechungen aus Anlass des Todes oder einer Krankheit in der Familie. Nicht mitgezählt werden Reisezeiten außerhalb des Tätigkeitsstaats und Tage, die ausschließlich außerhalb des Tätigkeitsstaats zugebracht werden (das gilt auch für Tage, die der Vorbereitung des Auslandsaufenthaltes dienen, s. FG Köln EFG 1984, 460: *DBA Italien 1925*) oder für die als Überstundenausgleich gewährten freien Tage eines Drillers von einer Öl-Plattform nach jeweils 14 Arbeitstagen zu je 12 Arbeitsstunden, wenn er diese nicht im Tätigkeitsstaat verbringt (*Hof Amsterdam* Rolno. 1193/81, ET 1985, 80). Die deutsche Finanzverwaltung hat sich diesen Grundsätzen weitgehend angeschlossen (BMF v. 5.1.1994, BStBl. I 1994, 11 (12); BMF v. 14.9.2006, BStBl. 2006 I, 532 Tz. 37 ff.). Auch die österreichische Finanzverwaltung hat ihre Berechnungsmethode den OECD-Grundsätzen angeglichen (s. ÖstBMF v. 18.11.1991, SWI 1991, 353) und wendet diese auch gegenüber Nicht-OECD-Mitgliedstaaten an (ÖstBMF v. 13.3.1993, SWI 1993, 107: *DBA Österreich/Russische Föderation*). S. auch die Übersicht bei *van den Berg,* ET 1996, 228. In Belgien wurde noch lange an der alten Praxis festgehalten, nach der gewöhnliche Arbeitsunterbrechungen mitgezählt wurden, inzwischen hat sich aber auch die belgische Finanzverwaltung der OECD-Auffassung angeschlossen (Circulaire nr. AFZ 2005/0652 v. 25.5.2005; s. aber die abweichende Regelung im DBA Belgien unten Rz. 83b). 38

Den vorstehenden Berechnungsgrundsätzen lässt sich als Prinzip entnehmen, dass der Begriff des „Aufenthalts" möglichst wortgetreu ausgelegt werden soll. 39

Dieser Grundsatz wird aber überspitzt, was dazu führt, dass entgegen der Auffassung dieses Kommentars (der das FG Münster, EFG 1994, 648: DBA Spanien, beipflichtet; anders aber BFH BFH/NV 2012, 640: DBA Frankreich) Heimfahrten an Wochenenden oder Feiertagen nicht in die Berechnung der 183-Tage-Frist einbezogen werden. Es ist zweifelhaft, ob eine solch restriktive Auslegung, die den einzelnen Tag ins Auge fasst („Tageszählung") und nicht den Gesamtzeitraum, mit dem Zweck der 183-Tage-Regel, einen „kurzfristigen" von einem „längerfristigen" Zeitraum eines Auslandsaufenthalts abzugrenzen, sinnvoll vereinbart werden kann (*Kamphaus/Büscher,* in SKK Art. 15 Rz. 134f. stellen demgegenüber Gründe der Praktikabilität in den Vordergrund). Jedenfalls ist auch der MA-Komm. nicht in sich schlüssig. So macht die ausdrückliche Einbeziehung von Arbeitsunterbrechungen aus Anlass des Todes oder einer Krankheit in der Familie nur Sinn, wenn man gleichzeitig dem Arbeitnehmer die Reise an den betreffenden Ort zubilligt. Nach wie vor sollten deshalb kurze Heimfahrten an Wochenenden oder Feiertagen richtigerweise in die Berechnung der 183-Tage-Frist einbezogen werden. Das ist keine Frage der gewählten Methode (so aber der OECD-Bericht, Ziff. 13ff.), sondern einer sachgerechten Auslegung der Regelung.

40 **cc) Urlaub, Krankheit:** Urlaubstage, die nicht im Tätigkeitsstaat verbracht werden, werden grundsätzlich nicht einbezogen (FG Berlin EFG 1998, 175: *DBA China*). Mit der Änderung des Kommentars 1995 ist Ziff. 6 zugunsten einer strengeren Auslegung gestrichen worden (Ziff. 6 des MA-Komm. 1992 empfahl noch unabhängig vom Urlaubsort eine flexible Handhabung in solchen Fällen, in denen die Urlaubstage „einen klaren Bezug oder Nichtbezug zu der Tätigkeit" haben). Urlaubstage können somit nur dann mitgezählt werden, wenn sie im Tätigkeitsstaat verbracht werden (s. a. BFH/NV 1997, 666: *DBA Liberia*). Sie müssen nach Ansicht des BFH keinen sachlichen Bezug zur Auslandstätigkeit haben. Es komme allein auf die tatsächliche physische Anwesenheit des Arbeitnehmers im Tätigkeitsstaat an, zumindest dann, wenn zwischen dem Arbeitsaufenthalt und dem Urlaub lediglich eine kurze Unterbrechung liege (BFH BStBl. II 2005, 1242: *DBA Portugal* (hier ist der Arbeitnehmer kurz nach Deutschland geflogen, um seine Familie abzuholen; s. dazu auch *Bendlinger,* SWI 2005, 460). Nach anderer Ansicht muss der Urlaub sachlich oder zeitlich in Zusammenhang mit der Auslandstätigkeit stehen (FG München EFG 1986, 274: *DBA USA 1954/65;* BMF v. 14.9.2006, BStBl. 2006 I, 532 Tz. 38 a.E.). Zu berücksichtigen sind daher jedenfalls solche Urlaubstage, die unmittelbar vor, während oder unmittelbar nach der Tätigkeit im Tätigkeitsstaat verbracht werden (so BMF v. 5.1.1994, BStBl. I 1994, 11 Tz. 2; mittelbar bestätigt durch BFH BStBl. II 1997, 117; s. auch *Baranowski,* IWB F. 3a, Rechtsprechung, Gr. 1, 584; *Wassermeyer,* IStR 1996, 537; a. A. FG SchlHolst. EFG 1996, 642: *DBA USA 1989,* das den gesetzessystematischen Zusammenhang bemüht, aber gerade übersieht, dass es für die Berechnung der 183 Tage auf den Aufenthalt und nicht auf die Tätigkeitsdauer ankommt). In allen anderen Fällen sollte, da der Urlaub durch die gesamte Jahresarbeitstätigkeit verdient wird, eine verhältnismäßige Aufteilung auf den Auslandsaufenthalt stattfinden, wenn der Urlaub im Tätigkeitsstaat verbracht wird.

41 Bei einer Unterbrechung der Auslandstätigkeit durch **Krankheit** ist regelmäßig davon auszugehen, dass die Verbindung mit der Auslandstätigkeit fortbesteht. Auf die Zeitdauer der krankheitsbedingten Unterbrechung kommt es nicht an. Eine Ausnahme sieht der MA-Komm. für die Fälle vor, in denen die Krankheit den Arbeitnehmer an der Abreise hindert. **An- und Abreisetage** werden grundsätzlich einbezogen, aber nicht solche Tage, an denen der Arbeitnehmer noch nicht oder nicht mehr im Tätigkeitsstaat reist (die bisherige deutsche Verwaltungspraxis war hier großzügiger, s. OFD Kiel v. 20.9.1978, FR 1979, 565; BMF BStBl. I 1980, 88 – Verständigungsregelung zum *DBA Frankreich*). Es ist also erforderlich, dass sich der Arbeitnehmer an diesen Tagen zumindest zeitweise im Tätigkeitsstaat noch oder schon aufhält (so auch BFH HFR 1991, 75: *DBA Spanien 1966*). Tage des Transits auf dem Weg zum Arbeitsplatz zählen nicht als Aufenthaltstage im Durchreisestaat.

dd) Tage mit Teilanwesenheit: Wie lange sich im Übrigen ein Arbeitnehmer 42 während eines bestimmten Tages im ausländischen Vertragsstaat aufgehalten haben muss, damit dieser Tag für die Aufenthaltsdauer zählt, lässt sich dem Wortlaut des Abs. 2 nicht entnehmen und wird auch nicht im MA-Komm. präzisiert; dieser spricht nur von Teilanwesenheit. Wie sich aus dem OECD-Bericht zur 183-Tage-Regelung, Ziff. 12, ergibt, soll wohl schon jede vorübergehende Anwesenheit im Tätigkeitsstaat als Aufenthaltstag zählen (anders die bisherige amerikanische Praxis, die jeden Tag zählt, an dem sich der Arbeitnehmer mindestens 8 Stunden lang im Tätigkeitsstaat aufgehalten hat, s. Rev. Rul. 57–330, 1957 – Cum. Bull. 1013; für eine solche de minimis-Regelung auch *Roche,* IStR 1997, 203 (205)). Damit in Widerspruch stand die Rechtsprechung des BFH, der davon ausging, dass von einem „Aufhalten" nur dann gesprochen werden konnte, wenn der Arbeitnehmer regelmäßig auch im Tätigkeitsstaat übernachtete (BFH BStBl. III 1965, 352; BStBl. II 1989, 755; FG Köln EFG 1996, 641: alle *DBA Niederlande 1959;* ähnlich auch der *Hoge Raad* Rolno. 15581, BNB 1966/202: *DBA Niederlande 1959*). Das resultierte aus der abzulehnenden Auffassung, für den Begriff des Aufhaltens sei auf die Grundsätze zurückzugreifen, die zum innerstaatlichen Recht, in Deutschland zu § 9 AO („gewöhnlicher Aufenthalt"), entwickelt worden sind. Der Pendler mag bei regelmäßiger Rückkehr an den Wohnort keinen gewöhnlichen Aufenthalt im Inland haben (schon das ist zweifelhaft, s. *Prokisch,* RIW 1991, 396 (397ff.)), er hält sich aber jedenfalls i. S. des Art. 15 im Tätigkeitsstaat auf (so auch die deutsche Finanzverwaltung, BMF v. 30.7.1990, BStBl. I 1990, 314; BMF v. 5.1.1994, BStBl. I 1994, 11 Ziff. 2; BMF v. 14.9.2006, BStBl. I 2006 532 Ziff. 40). Der BFH hat sich diesen Argumenten in einer späteren Entscheidung angeschlossen (BFH BStBl. II 1997, 15: *DBA Niederlande 1959*). Für den Aufenthalt i. S. des Art. 15 komme es allein auf die objektive physische Anwesenheit der Person an, wofür auch ein stundenweiser arbeitstäglicher Aufenthalt ausreiche (zustimmend auch *Kempermann,* FR 1997, 24; kritisch *Kaefer,* IStR 1997, 365; *Strunk,* DStR 1997, 192). Die anderslautende Verständigungsvereinbarung zwischen der deutschen und niederländischen Finanzverwaltung (s. dazu *Pijl,* MBB 1995, 286) hat der BFH als unverbindlich angesehen.

Bloße Transitaufenthalte sind nach dem OECD MK von den Aufenthaltstagen 42a ausgeschlossen. Damit sollen Tage ausgeschlossen werden, an denen sich der Arbeitnehmer zwar im Land aufhält, die ausgeübte Arbeit aber ausschließlich im Überfliegen eines Landes oder die Fahrt eines LKW-Fahrers durch ein Land besteht, d. h. es sollen kurze vorübergehende Aufenthalte unbeachtlich bleiben. Bei LKW-Fahrern kann sich die Frage stellen, wo die maßgebliche Fahrt beginnt, am Wohnort oder dem Ansässigkeitsort des Arbeitgebers. Das wird vom Einzelfall abhängen. In der EAS 3096 des ÖstBMF v. 28.10.2009 (SWI 2009, 556) will die Verwaltung die Route zwischen Kufstein und dem Brenner als Aufenthaltstag zählen. Das kann meines Erachtens nur gelten, wenn der in Deutschland ansässige LKW-Fahrer seine Arbeit in Kufstein am Sitz seines österreichischen Arbeitgebers aufnimmt.

Ist der Arbeitnehmer in dem maßgebenden Zeitraum sowohl beschränkt wie 42b auch unbeschränkt steuerpflichtig (etwa weil er seinen Wohnsitz in den Quellenstaat verlegt), so zählen die Tage der unbeschränkten Steuerpflicht nicht für die 183-Grenze (MA-Komm. 2008 Ziff. 5.1 mit Beispielen). Der MA-Komm. weist darauf hin, dass sich bei einem Umzug die Rechtsgrundlage ändert. Der Stpfl. ist nicht mehr in einem Staat ansässig und im anderen Staat tätig, vielmehr unterfällt er nunmehr der ersten Alternative des Art. 15 Abs. 1 MA; er ist im Wohnsitzstaat sowohl ansässig (im abkommensrechtlichen Sinn gem. Art. 4 MA) wie auch tätig. Auf diese Alternative kann Art. 15 Abs. 2 MA nicht angewendet werden. Die österreichische Finanzverwaltung war früher anderer Auffassung (EAS 1694 v. 27.7.2000), hat sich aber jetzt der Auslegung des MA-Komm. angeschlossen (ÖstBMF v. 19.4.2010, EAS 3147, SWI 2010, 226). Das BMF geht in seinem Schreiben v. 14.9.2006 (BMF v. 14.9.2006, BStBl. I 2006, 532, Tz. 36) ebenfalls noch von der Rechtslage vor der Änderung des OECD-Kommentars aus (s. dazu *Vetter/Schreiber*, IWB 2009, 1107; *Schmidt*, PIStB 2009, 157), eine Stellungnahme der deutschen Finanzverwaltung zu einer etwaigen Anpassung der deutschen Praxis liegt noch nicht vor.

43 **ee) Rechtsfolge:** Nach den OECD-MA 1963 und 1977 verbleibt die Besteuerung beim Ansässigkeitsstaat, wenn der Aufenthalt 183 Tage **innerhalb** eines Steuerjahres nicht überschreitet. Das führt zu Problemen, wenn der Aufenthalt länger als 183 Tage dauert, die Zeitgrenze jedoch in keinem einzelnen Steuerjahr überschritten wird. Der MA-Komm. Ziff. 4 sieht diese Probleme hauptsächlich in (nicht hinnehmbaren) Steuergestaltungsmöglichkeiten. Die Regelung kann aber in Einzelfällen den Steuerpflichtigen auch benachteiligen.

44 Schon früher ist daher die Ansicht vertreten worden, die Ausnahmeregel des Art. 15 Abs. 2 dürfe **nach Sinn und Zweck** der Vorschrift dann keine Anwendung finden, wenn der Arbeitnehmer sich jahrüberschreitend in dem Jahr, das auf einen entsprechend kurzen Aufenthalt folge, länger als 183 Tage im Tätigkeitsstaat aufhalte. Die Besteuerung sollte dann von Beginn an dem Tätigkeitsstaat zustehen (FWK/*Kempermann,* Art. 15 Anm. 42). Mit dieser Auffassung wird jedoch im Ergebnis die Anwendung des Art. 15 Abs. 2 auf einen Zeitraum von längstens 12 Monaten – 6 Monate in jedem Steuerjahr – begrenzt (so auch *Locher/Meier/ v. Siebenthal/Kolb,* B 15.2 Nr. 2; *Popp,* DB 1976, 2083). Im Wortlaut des früheren Art. 15 Abs. 2 fand sich für eine derartige Auslegung **kein Anhaltspunkt** (s. dazu noch Rz. 46; und zum abweichenden Text des *DBA Niederlande 1959* unten Rz. 74 f.). Art. 15 Abs. 2 a. F. fordert, lässt es aber auch genügen, dass der Aufenthalt im Tätigkeitsstaat während eines Steuerjahres 183 Tage nicht überschreitet. Nur dann, aber auch immer dann, verbleibt die Besteuerung dem Ansässigkeitsstaat. Unerheblich ist es, ob die zeitliche Grenze im vergangenen oder im folgenden Steuerjahr überschritten wurde oder wird und ob die Besteuerung in einem dieser Jahre dem Tätigkeitsstaat zusteht (a. A. zum *DBA USA 1954/65: Debatin/ Walter,* B X Rz. 101; vgl. dazu FinMin NRW v. 24.4.1987, RIW 1987, 640).

45 Angesichts dieser Probleme wurde Art. 15 Abs. 2 Buchst. a im OECD-MA 1992 geändert. Nach der neuen Regelung verbleibt die Besteuerung beim Ansässigkeitsstaat, wenn der Aufenthalt 183 Tage **innerhalb eines Zeitraums von 12 Monaten,** der während des betreffenden Steuerjahres beginnt oder endet, nicht überschreitet. Anders ausgedrückt: Aufenthalte in unterschiedlichen Steuerjahren sind bei der Fristberechnung zusammenzurechnen, solange sie sich nicht über einen Zeitraum von insgesamt mehr als zwölf Monaten erstrecken. Der MA Komm. 2005 (Ziff. 4 Satz 6) stellt klar, dass sich die Zwölf-Monatszeiträume auch überschneiden können. Jeder auch noch so kurze Aufenthalt führt dazu, dass ein neuer Vorwärts- und Rückwärtszeitraum beginnt. Das führt zu einer Verbesserung gegenüber dem bisherigen Rechtszustand. Allerdings darf nicht übersehen werden, dass die zeitliche Begrenzung auch zu erheblichen praktischen Schwierigkeiten führen kann (vgl. *Krabbe,* StbJb 1993/94, 31 (33): Deutschland werde sich deshalb der Änderung nicht anschließen; die Abkommenspraxis geht seitdem aber doch in Richtung des 12-Monats-Zeitraums, s. Rz. 82 ff.). Ein **Zwölfmonatszeitraum** i. S. des OECD-MA 1992 beginnt mit dem ersten Aufenthalt zur Ausübung der unselbständigen Arbeit im Tätigkeitsstaat. Befindet sich der Arbeitnehmer bei Ablauf der 12 Monate im Tätigkeitsstaat, so beginnt sofort ein neuer Zwölfmonatszeitraum zu laufen. Ist dies nicht der Fall, so rechnet sich der neue Zwölfmonatszeitraum erst vom Beginn des nächsten Aufenthalts an und so fort. Endet der Aufenthalt, so ist von diesem Zeitpunkt ab ein entsprechender Zwölfmonatszeitraum zurückzurechnen. Es kann dann vorkommen, dass im Vorwärtszeitraum die 183 Tage nicht überschritten werden, während dies im Rückwärtszeitraum schon geschieht (so das Beispiel im MA-Komm. Ziff. 4 Satz 7). Im Steuerjahr des Vorwärtszeitraums sind dann die Vergütungen im Ansässigkeitsstaat, im Steuerjahr des Rückwärtszeitraums die im Tätigkeitsstaat steuerpflichtig. Werden die 183 Tage sowohl im Vorwärts- wie im Rückwärtszeitraum überschritten (z. B. 1.12.01–31.12.02), so sind beide Zeiträume kumuliert zu betrachten, d. h. der gesamte Aufenthalt unterliegt der Besteuerung im Tätigkeitsstaat.

Beim Abschluss eines neuen DBA kann es vorkommen, dass ein Arbeitsaufent- **46**
halt teilweise vom alten DBA, das noch auf das Steuerjahr oder Kalenderjahr abstellte, und teilweise vom neuen DBA, das auf einen 12-Monats-Zeitraum abstellt, erfasst wird. Die deutsche Finanzverwaltung hat hierzu zum *DBA Polen* entschieden (BMF v. 29.10.2004, BStBl. I 2004, 1029; die Auffassung wurde von polnischer Seite bestätigt, s. BMF v. 23.12.2004, BStBl. I 2004, 1183), dass im ersten Geltungsjahr des DBA (d. h. 2005) rückwirkend der Gesamtzeitraum zu betrachten ist, so dass ein in 2004 beginnender und in 2005 endender Aufenthalt in Polen, der insgesamt 183 Tage im zurückzurechnenden 12-Monats-Zeitraum übersteigt, zu einem Besteuerungsrecht Polens im Jahr 2005 führt, während es im Jahr 2004 beim Besteuerungsrecht Deutschlands bleibt. Das niederländische Finanzministerium nimmt entsprechend für einen solchen Fall an, dass der Teilaufenthalt in dem Jahr, für das das neue DBA noch nicht gilt, doch für die Berechnung der Aufenthaltstage im 12-Monatszeitraum Berücksichtigung findet, dass also der 12-Monats-Zeitraum schon vor Anwendungsbeginn des DBA zu laufen beginnt (DG Fiscale Zaken v. 14.6.2005, nr. IFZ2005/485 M zum Verhältnis mit Belgien: Eine in den Niederlanden ansässige Person war vom 1.10.2002 bis zum 30.4.2003 in Belgien beschäftigt; das neue DBA zwischen Belgien und den Niederlanden ist ab 1.1.2003 anwendbar; so auch das ÖstBMF EAS 2812 v. 10.1.2007, SWI 2007, 119); anders aber *Tenore,* Intertax 2006, 475 (484), der sich aber zu Unrecht auf Art. 28 WÜRV beruft). Das DBA Großbritannien 2010 ist zu unterschiedlichen Zeitpunkten erstmalig anzuwenden, da das Steuerjahr in Großbritannien am 6.4.2010 beginnt, während für Deutschland auf den 1.1.2010 abzustellen ist. Das kann zu Doppelbesteuerungen führen (für ein Beispiel s. *Vetter/Schreiber,* IWB 2011, 521 (522 f.)). Die britische Finanzverwaltung hat das Problem gesehen und kommt hier dem Steuerpflichtigen entgegen.

Hält sich der Arbeitnehmer über **mehrere kürzere nicht zusammenhän-** **47**
gende Zeiträume im Tätigkeitsstaat auf, so sind diese Zeiträume **zusammenzurechnen** (FWK Art. 15 Anm. 42). Dies gilt auch, wenn der Arbeitnehmer im Tätigkeitsstaat für mehrere Arbeitgeber tätig gewesen ist. Keine Zusammenrechnung erfolgt, wenn der Arbeitnehmer während des 12-Monat-Zeitraums teilweise beschränkt, teilweise unbeschränkt steuerpflichtig war. Art. 15 Abs. 2 ist nur soweit anwendbar, als der Steuerpflichtige in einem Staat ansässig ist, während er in dem anderen seine Arbeit ausübt. An dieser Voraussetzung fehlt es für Zeiträume, in denen der Steuerpflichtige nicht der unbeschränkten Steuerpflicht unterlag (so auch der niederländische *Hoge Raad* nr. 34441 V-N 1999/42.4: *DBA Niederlande/USA*). Hingegen will die deutsche Finanzverwaltung die zu berücksichtigenden Tage ohne Rücksicht auf die Ansässigkeit zusammenrechnen (BMF v. 14.9.2006, BStBl. I 2006, 532, Tz. 36; anders aber die belgische Finanzverwaltung, die Tage der unbeschränkten Steuerpflicht im Tätigkeitsstaat nicht mitrechnet, Circulaire nr. AFZ 2005/0652 v. 25. Mai 2005).

47a Tage bloßer Teilanwesenheit sind in ihrer Gesamtheit zu berücksichtigen. Das kann insbesondere bei **Berufskraftfahrern** dazu führen, dass sie die 183-Tage-Grenze überschreiten (s. dazu OFD Frankfurt v. 14.8.1996, RIW 1996, 1059 und OFD Frankfurt v. 28.8.1997, RIW 1998, 85; ÖstUFS v. 6.3.2007, SWI 2007, 389: *DBA Österreich/Ungarn*; vgl. auch allgemein zu den Problemen der Berufskraftfahrer *Holthaus,* IStR 2006, 16ff.; von einer abweichenden Verständigungsvereinbarung mit der Schweiz berichtet *Gerlach,* IStR 2006, 196; die 183 Tage Grenze spielt natürlich keine Rolle, wenn die Arbeit im Land des Arbeitgebers ausgeübt wird; zu dem wohl eher seltenen Fall, dass der Arbeitnehmer im Land des Arbeitgebers nicht tätig wird s. FG Nds. DStRE 2008, 999: *DBA Luxemburg 1958*). Zudem kommt es bei Berufskraftfahrern nicht selten vor, dass sie an einem Tag mehrere Länder durchfahren. Da jeder auch noch so kurze Aufenthalt für die Berechnung der 183 Tage als voller Tag gilt, überschreitet der Berufskraftfahrer u. U. die 183 Tage in mehreren Ländern. Dann haben auch alle diese Länder die Befugnis, den Lohn des Berufskraftfahrers zu besteuern. Allerdings sollen bei Berufskraftfahrern Tage der Hin- und Rückreise nicht berücksichtigt werden (FinMin Nds. v. 15.1.1997, DB 1997, 605; s. aber auch OFD Frankfurt v. 14.8.1996, RIW 1996, 1059); das lässt sich aber mit dem OECD-MA kaum vereinbaren (Wassermeyer/*Wassermeyer,* Art. 15 MA Rz. 108; *Kamphaus/Büscher,* in SKK Art. 15 Rz. 143), auch wenn nicht übersehen werden darf, dass besondere Probleme entstehen, wenn ein Berufskraftfahrer während eines Tages mehrere Länder berührt. Allerdings kann insofern auf den OECD-Kommentar zurückgegriffen werden, wonach Tage des Transits nicht als Aufenthaltstage zählen sollen. Dagegen gehen Verwaltung (s. BMF v. 13.3.2002, BStBl. I 2002, 485) und Rechtsprechung (BFH BStBl. II 2004, 936; FG Rhlpf. IStR 2001, 479: beide *DBA Luxemburg 1958,* s. auch BFH BFH/NV 2004, 161) davon aus, dass bei Berührung mehrerer Länder an einem Tag eine zeitanteilige Aufteilung im Verhältnis der tatsächlichen Anwesenheitsdauer stattfinden muss (s. dazu auch *W. Wassermeyer,* IStR 2001, 470). Insofern ist daran zu erinnern, dass für die Aufteilung der Besteuerung andere Grundsätze gelten als für die Berechnung der 183-Tage-Grenze (zur Aufteilung s. unten Rz. 68a ff.). Die damit verbundenen Nachweisprobleme und praktischen Schwierigkeiten würden es abkommenspolitisch nahelegen, die Berufskraftfahrer in den Anwendungsbereich des Art. 15 Abs. 3 einzubeziehen (so etwa im Ergebnis die Rechtsprechung in Belgien, s. TNS v. 4.11.2004; dazu auch *Vogel,* BIFD 2005, 47). Die FG Rhlpf. (a. a. O.) und SchlHolst. (EFG 2001, 479: *DBA Dänemark*) wie auch der ÖstUFS, SWI 2007, 389: *DBA Österreich/Ungarn,* haben erwogen, ob eine analoge Anwendung des Art. 15 Abs. 3 in Betracht kommt, das aber angesichts des eindeutigen Wortlauts der Vorschrift abgelehnt. Eine andere Frage ist noch, ob solche Tage für die Grenzgängereigenschaft zu berücksichtigen sind (s. dazu noch Rz. 128ff.).

48 Der Ausdruck „Steuerjahr" findet sich sowohl in der alten wie in der neuen Fassung des MA; er hat aber jeweils unterschiedliche Funktionen. In der alten Fassung begrenzte er die **Berechnung** der 183-Tage-Frist, in der neuen bezeichnet er den Besteuerungszeitraum, auf den diese Fristberechnung sich auswirkt (der neue OECD MK 2014 sieht in Ziff. 4.1 eine Klarstellung vor). Für beide Fassungen ist jedoch zu klären, was unter dem Ausdruck „Steuerjahr" zu verstehen ist, besonders, bei unterschiedlichen Steuerjahren in den Vertragsstaaten, auf welches Steuerjahr der beiden Vertragsstaaten abzustellen ist. In Deutschland bedeutet der Ausdruck **„Steuerjahr"** das Kalenderjahr. Nach FG Düsseldorf (EFG 1980, 187: *DBA Spanien 1966*) ist auch dann das volle Kalenderjahr maßgebend, wenn ein Steuerpflichtiger während des Jahres seinen Wohnsitz in den ausländischen Vertragsstaat verlegt hat und dabei die unbeschränkte Steuerpflicht beendet wurde. Ist für einen Vertragsstaat das Steuerjahr gleichbedeutend mit dem Kalenderjahr, hat aber der andere Vertragsstaat ein vom Kalenderjahr abweichendes Steuerjahr (s. dazu Rz. 84), so kann es zu Überschneidungen kommen. Die angemessene Lösung besteht darin, das Steuerjahr des Staates als maßgebend anzusehen, in dem der Arbeitnehmer vorübergehend tätig gewesen ist (also das Steuerjahr des „Nichtansässigkeitsstaates"), da es bei Abs. 2 um eine Befreiung von der Steuer des Tätigkeitsstaates geht. Nach dem OECD-Bericht über die 183-Tage-Regel (OECD, The 183 Day Rule, Tz. 21) erfordert dies der Zusammenhang i. S. des Art. 3 Abs. 2 zwingend. Die deutsche Finanzverwaltung hat sich dem ausdrücklich angeschlossen (BMF v. 5.1.1994, BStBl. I 1994, 11 Tz. 2; übereinstimmend auch FG Nds. EFG 1991, 371: *DBA Israel*). Auch ausländische Verwaltungen haben sich in diesem Sinn entschieden (vgl. Briefwechsel vom 1.11.1972 zum *DBA Großbritannien/Norwegen* abgedruckt in *Edwardes-Ker,* Art. 15 S. 17; vgl. auch OFD Düsseldorf v. 21.3.1988, DB 1988, 1090: *DBA Indien*). Das niederländische Musterabkommen zur Vermeidung der Doppelbesteuerung bei der Einkommensteuer enthält in diesem Sinne ausdrücklich eine Klarstellung, dass das Jahr, in dem sich der unselbständig Tätige 183 Tage im Tätigkeitsstaat aufgehalten hat, das Steuerjahr des jeweiligen Vertragsstaates, also des Tätigkeitsstaates, sein muss (*van Raad,* Intertax 1988, 241 (246)).

i) Vergütung zu Lasten eines im anderen Vertragsstaats ansässigen Arbeitgebers: Bei der Auslegung der Vorschrift des Art. 15 Abs. 2 Buchst. b OECD-MA ist zu unterscheiden zwischen der Interpretation des Begriffs „Arbeitgeber" (Rz. 49a ff.), der Frage, ob dieser die Vergütungen trägt (Rz. 53a ff.), und Fällen gewerbsmäßiger Arbeitnehmerüberlassung (Rz. 54 ff.). **49**

Der **OECD MA-Komm. 2010** hat eine größere Anzahl von neuen Ziffern in den Kommentar eingefügt, die den Arbeitgeberbegriff bzw. die Interpretationshoheit klären sollen. Vorangegangen waren zwei Diskussionspapiere (zu finden auf der Website der OECD jeweils mit Stellungnahmen interessierter Personen und Institutionen; zur Diskussion s. *Avery Jones,* BIT 2009, 6; *Pötgens,* BIT 2007, 476). Der MA-Komm. geht davon aus, dass es jeweils zulässig ist eine formalrechtliche oder materiellrechtliche Betrachtungsweise anzuwenden (OECD MA-Komm. Ziff. 8.2 und 8.4). Staaten mit formalrechtlicher Betrachtungsweise sollen allerdings in Missbrauchfällen von ihrer prinzipiellen Qualifikation abweichen können (OECD MA-Komm. Ziff. 8.8; vgl. auch MA-Komm. Art. 1 Ziff. 9.4 und 9.5). Sind diese Staaten ferner der Ansicht, dass der formalrechtliche Ansatz beim Arbeitnehmerverleih nicht zur Anwendung kommen soll, können sie eine spezielle Abkommensregelung nach dem Vorbild des OECD MA-Komm. Ziff. 8.3. aufnehmen (s. dazu noch unten Rz. 54 ff.). Staaten mit materiellrechtlicher Betrachtungsweise müssen für ihre Qualifizierung objektive Kriterien verwenden. Die Ziff. 8.13 und 8.14 des OECD MK geben Hinweise, welche Faktoren bei dieser Entscheidung eine Rolle spielen können. **49a**

Der MK überlässt es mithin den Vertragsstaaten, den Arbeitgeber gem. Art. 3 Abs. 2 MA nach nationalem Recht zu qualifizieren. Offensichtlich waren Auslegungsdivergenzen unter den OECD Mitgliedstaaten Grund für diese Vorgehensweise. Für die Anwendung des Abkommens soll die Qualifizierung des Quellenstaats ausschlaggebend sein (OECD MA-Komm. Ziff. 8.4 Satz 3 und Ziff. 8.7, 8.10). Der Ansässigkeitsstaat hat dementsprechend gebunden an die Qualifikation des Quellenstaats nach Art. 23 MA die Doppelbesteuerung zu vermeiden (OECD MA-Komm. Art. 23 Ziff. 32.1 bis 32.7). **49b**

Dieser Mechanismus kann aber nur dann greifen, wenn der Ansässigkeitsstaat anerkennt, dass der Quellenstaat den Rückgriff auf sein innerstaatliches Recht in rechtlich vertretbarer Weise vorgenommen hat (OECD MA-Komm. Ziff. 8.10). Ist der Ansässigkeitsstaat der Ansicht, dass der Quellenstaat inkorrekt handelte, bleibt nur ein Verständigungsverfahren (OECD MA-Komm. Ziff. 8.10 Satz 4). **49c**

Insbesondere muss der Quellenstaat bei Anwendung des Art. 3 Abs. 2 den Abkommenszusammenhang berücksichtigen (OECD MA-Komm. Ziff. 8.4 und 8.7) und darf nicht fiktiv ein Arbeitsverhältnis annehmen, sondern muss seiner Qualifikation objektive Kriterien zugrunde legen (OECD MA-Komm. Ziff. 8.12). Zwei Einzelerledigungen des österreichischen BMF (EAS 3108 v. 17.12.2009, SWI 2010, 50; EAS 3201 v. 24.1.2011, SWI 2011, 51) gehen auf die Qualifikation durch den Quellenstaat ein und sehen diese nur dann als korrekt an, wenn sie mit Unionsrecht vereinbart werden könnte (zum Hintergrund und Wertung s. *Lang*, SWI 2011, 105 (112)). Zudem möchte die österreichische Verwaltung einen Nachweis für das Bestehen eines Qualifikationskonflikts; der Verweis auf die Rspr. des Quellenstaats reicht ihr nicht aus, vielmehr wird eine entsprechende Bestätigung der ausländischen Finanzverwaltung bzw. eines qualifizierten Wirtschaftsprüfer oder Rechtsanwalts gefordert (s. auch ÖstBMF, EAS v. 9.3.2012, SWI 2012, 155).

49d Diese Einschränkung der Bindungswirkung der Qualifikation durch den Quellenstaat trägt wohl der Kritik an der Deutung des Art. 23 MA Rechnung (s. *Pötgens,* BIT 2007, 476 (481); *Lang,* SWI 2011, 105 (108)), bleibt aber trotz der Kriterien in MA-Komm. Ziff. 8.13 und 8.14 und der Fallbeispiele in Ziff. 8.16 ff. vage. Der Kommentar bedarf daher notwendigerweise der Konkretisierung durch die Verwaltung und die Rechtsprechung (soweit diese überhaupt gewillt sind, dem Kommentar zu folgen), wobei nur zu hoffen ist, dass sich die Beteiligten des Erfordernisses der internationalen Entscheidungsharmonie bewußt sein werden. Andernfalls ist durch den neuen Kommentar nichts gewonnen.

49e Die folgenden Erläuterungen beruhen weitgehend noch auf der Rechtsentwicklung vor der Einführung des OECD-Kommentars 2010. Da es noch weitgehend unklar ist, ob und inwieweit Verwaltung und Rspr. dem MA-Komm. 2010 folgen werden (s. aber die australische Finanzverwaltung (ATO) v. 23.5.2012, TR 2012/D4 und v. 12.2.2013, TR 2013/1), bleiben die nachfolgenden Erläuterungen noch von Bedeutung.

49f **aa)** Eine Definition des **Begriffs „Arbeitgeber"** enthält das MA nicht. Eines Rückgriffs auf das innerstaatliche Recht bedarf es jedoch wie bei den Begriffen „unselbständige Arbeit" und „Einkünfte aus unselbständiger Arbeit" nur in Zweifelsfällen (so auch *Hoge Raad,* Urt. v. 28.2.2003, nr. 37224, BNB 2004/138: *DBA Niederlande/Polen;* anders aber der österreichische UFS v. 22.1.2009, RV/3057-W/08: DBA Österreich/Slowakei, der den Arbeitgeber nach nationalem Recht bestimmt und damit einen formellen Arbeitgeberbegriff verwendet; s. dazu auch *Giesinger*, SWI 2010, 3; anders auch die australische Finanzverwaltung (Draft TR v. 23.5.2012, TR 2012/D4; TR v. 12.2.2013, TR 2013/1), die aber auf einen materiellen Arbeitgeberbegriff abstellt). Der Begriff lässt sich nach **allgemeinen Kriterien** bestimmen, die sich aus dem Sinn und Vorschriftenzusammenhang der MA sowie aus der Umkehrung des Arbeitnehmerbegriffs ergeben. Die Regelung spricht von „einem" Arbeitgeber und nicht von „dem" Arbeitgeber, geht also davon aus, dass Rechte und Pflichten steuerlich gesehen auf mehrere „Arbeitgeber" verteilt sein können, sie verwendet demnach einen materiellen und nicht formellen Arbeitgeberbegriff (das übersieht die OECD in MA-Komm. Ziff. 8.2 und 8.4; kritisch zum materiellen Arbeitgeberbegriff *Loukota/Loukota,* Kurzfristige internationale Arbeitskräfteentsendung, SWI 2006, 110).

49g Somit ist Arbeitgeber derjenige, dem der Arbeitnehmer die Arbeitsleistung schuldet, unter dessen Leitung er tätig wird (Einbindung, Integration) und dessen Weisungen er zu folgen hat (für Deutschland BFH BStBl. II 2002, 238; BFH BStBl. II 2005, 547 (550): *DBA Spanien 1966;* FG Hessen, DStRE 2006, 1065: *DBA Indonesien;* für die *Niederlande Hof Arnhem,* V-N 2002/52.8: *DBA Niederlande/Schweiz;* HR v. 28.2.2003 Nr. 37.224 BNB 2004/138 m. Anm. *Daniels: DBA*

Niederlande/Polen; HR v. 1.12.2006, Nr. 38850, BNB 2007/75c *DBA Niederlande/Dänemark;* Nr. 38950, BNB 2007/76: *DBA Niederlande/Dänemark;* Nr. 39535, BNB 2007/77c: *DBA Niederlande/Belgien;* Nr. 39710, BNB 2007/78c: *DBA Niederlande 1959;* Nr. 40088, BNB 2007/79c m. Anm. *Van Raad: DBA Niederlande 1959* (alle mit Schlussanträgen von *Wattel*); anders noch *Hof Leeuwarden* V-N 2002/50.2.5: *DBA Niederlande/Dänemark*). Das entspricht auch dem internationalen Verständnis des Arbeitgeberbegriffs (*Coulombe,* CDFI LXVIIb (1982) 40ff.; *DeBroe/et. al.,* BIFD 2000, 505ff.). Zum EU-rechtlichen Arbeitgeberbegriff s. EuGH, Urt. v. 3.7.1986 Rs. 66/85, Slg. 1986, 2121 – *Lawrie Blum;* Urt. v. 23.3. 2004 Rs. C-138/02, Slg. 2004, I-2703 – *Collins;* Urt. v. 7.9.2004 Rs. C-456/02, Slg. 2004, I-7573 – *Trojani;* Urt. v. 17.7.2008 Rs. C-94/07, Slg. 2008, I–5939 – *Raccanelli*).

Die Qualifizierung erfolgt somit nach objektiven Kriterien, wobei alle Umstände in Betracht zu ziehen sind (vgl. BMF v. 14.9.2006, BStBl. I 2006, 532 Tz. 67ff.). Insbesondere ist unerheblich, wer zivilrechtlich Vertragspartei ist und wer den Lohn auszahlt (BFH BStBl. II 1983, 71 (72); BFH BStBl. II 2005, 547 (549): *DBA Spanien 1966*). Deshalb ist es auch nicht notwendig, dass der zugrunde liegende Arbeitsvertrag geändert oder mit dem aufnehmenden Unternehmen ein gesonderter Vertrag abgeschlossen wird. Wer letztlich die **Vergütung** für die ihm geleistete unselbständige Arbeit wirtschaftlich trägt, ist für die Bestimmung des Arbeitgebers **nicht von Bedeutung;** die wirtschaftliche Betrachtungsweise spielt erst bei der Frage eine Rolle, ob die Zahlung durch den Arbeitgeber erfolgt ist (Rz. 53a ff.; darüber hinaus *Siefert,* RIW 1986, 979; *von Bornhaupt,* BB 1985 Beil. 16, 13; *Burgstaller,* Intertax 2005, 123 (131); *Kamphaus/Büscher,* in SKK, Art. 15 Rz. 160; a. A. BFH BStBl. II 1986, 4: *DBA Spanien 1966;* BStBl. II 1986, 442: *DBA Schweden,* der diese Frage zur Definition des Arbeitgeberbegriffs heranzieht; eher differenzierend BFH IStR 2000, 568: *DBA Spanien 1966*) bzw. für die Frage, ob der Arbeitgeber im Tätigkeitsstaat ansässig ist (s. Rz. 53d). Dass die Unterscheidung zwischen dem Arbeitgeber an sich und der Frage, wer die Vergütung trägt, von Bedeutung ist, zeigt beispielhaft ein Fall, den das FG Berlin (IStR 1999, 471) zu entscheiden hatte. Ein Arbeitnehmer, der für die inländische Betriebstätte eines ausländischen Unternehmens arbeitet und eine Dienstreise zum ausländischen Unternehmenssitz unternimmt, ist nicht schon von der deutschen Besteuerung freizustellen, weil das ausländische Unternehmen sein formaler Arbeitgeber ist. Vielmehr kommt es zusätzlich darauf an, ob der ausländische Arbeitgeber auch die Vergütung trägt. Ist das wie im Beispiel nicht der Fall, trägt also die Betriebstätte die Vergütung, so bleibt es entgegen der Ansicht des FG Berlin bei der inländischen Steuerpflicht der Vergütung, die auf die Dienstreise entfällt (a. A. ÖstBMF v. 3.4.2002 (EAS 2008), SWI 2002, 207; ebenfalls nicht differenzierend im Fall einer Entsendung zu einer Tochtergesellschaft ÖstBMF EAS 2986 v. 23.7.2008, SWI 2008, 414 zum *DBA Österreich/Frankreich*). Auf die Frage, ob die Betriebstätte hier „Arbeitgeber" sein kann, kommt es nicht an (so aber *Peter,* IStR 1999, 456). **49h**

Die Frage, wer Arbeitgeber ist, stellt sich insbesondere in den Fällen, in denen Arbeitnehmer ins Ausland gesandt werden, um dort (auch) für ein ausländisches Unternehmen tätig zu werden. In diesen Fällen kann sich unter Umständen die Arbeitgebereigenschaft daraus entnehmen lassen, von welchem Unternehmen der Arbeitnehmer in stärkerem Maße persönlich und organisatorisch abhängig ist. Dementsprechend wird das ausländische Unternehmen nicht schon dann zum Arbeitgeber, wenn der Arbeitnehmer auch Dienstleistungen für dieses erbringt oder das Unternehmen Arbeitsanweisungen erteilt oder Arbeitsmittel zur Verfügung stellt (vgl. *Hinnekens,* Intertax 1988, 331). Nach dem BMF soll eine Vermutung gelten, dass bei einem drei Monate übersteigenden Auslandsaufenthalt eine Eingliederung gegeben sei, mehrere Aufenthalte seien zusammenzurechnen (BMF **50**

v. 9.11.2001, BStBl. I 2001, 796, Tz. 2.2; vgl. dazu auch *Baranowski,* IWB F. 3, Deutschland, Gr. 2, 941, 948; BMF v. 14.9.2006, BStBl. I 2006, 532 Tz. 60; zustimmend *Görl,* IStR 2002, 443 (444)). In Großbritannien und den USA wird bei kurzfristigen Auslandsaufenthalten (unter 60 Tagen) davon ausgegangen, dass das ausländische Unternehmen nicht zum abkommensrechtlichen Arbeitgeber wird. In den Entscheidungen v. 1.12.2006, nr. 38.850, BNB 2007/75c, nr. 38 950, BNB 2007/76c und nr. 40 088, BNB 2007/79c (alle mit concl. *Wattel*), hat der niederländische *Hoge Raad* 95, 34, 20 und 13 Tage für ausreichend gehalten, um eine Eingliederung anzunehmen; für die sehr kurzfristigen Aufenthalte ist das allerdings doch sehr zweifelhaft. Das niederländische Finanzministerium hat in einem Beschluss nunmehr festgelegt, dass bei einem Aufenthalt unter 60 Tagen angenommen werden kann, dass das aufnehmende Unternehmen nicht als Arbeitgeber im Sinne des Art. 15 Abs. 2 Buchst. b MA angesehen werden soll (Besluit v. 12.1.2010, Stcrt. 2010, 788), begrenzt dies aber auf Entsendungen im Konzern.

50a Anders liegt der Fall, wenn der Arbeitnehmer ausschließlich für das Unternehmen im Tätigkeitsstaat tätig wird und von dem Unternehmen im Ansässigkeitsstaat für diesen Zeitraum freigestellt wird (BFH BStBl. II 1986, 4: *DBA Spanien 1966*). Es können jedoch durchaus auch zwei Arbeitsverhältnisse nebeneinander bestehen bzw. die Arbeitgeberpflichten und Arbeitnehmerrechte können auf zwei „Arbeitgeber“ verteilt sein. Dann kommt es nur darauf an, ob (mindestens) ein Arbeitgeber im Tätigkeitsstaat die Vergütung ganz oder teilweise trägt für eine Tätigkeit, die der Arbeitnehmer dem ausländischen Unternehmen gegenüber erbringt. Eine Aufteilung kann zeitanteilig erfolgen auf der Basis der jeweils im In- und Ausland verbrachten Tage (BFH BStBl. II 2005, 547 (550): *DBA Spanien 1966;* siehe auch ÖstVwGH, Erk. v. 22.5.2013, Nr. 2009/13/0031: *DBA Österreich/Slowakei;* dazu *Jirousek/Loukota,* ÖStZ 2013, 435).

51 In der Regel wird die **Personalentsendung innerhalb eines Konzerns** stattfinden, ohne dass es sich um einen gewerblichen Arbeitnehmerverleih handelt (der Arbeitgeber ist im übrigen nicht verpflichtet bei Vertragsabschluss darauf hinzuweisen, dass der Auslandseinsatz zu einer Steuerpflicht im Ausland führen kann (BAG DStR 2009, 987)). Wegen des Zusammenhangs zwischen Betriebsausgabenabzug und Besteuerungsbefugnis der Vergütung ist in diesen Fällen zunächst zu prüfen, wie die Aufwendungen für den Mitarbeiter (Gehalt, Sachbezüge, Umzugsbeihilfen und sonstige Reisekosten, Sozialabgaben, Altersversorgung, Auslandszulagen, Prämien, Urlaubsgeld, zusätzliche Einmalzahlungen wie ein 13. Gehalt, etc.) unabhängig von der Zahlstelle auf Mutter- und Tochtergesellschaft aufzuteilen sind (s. dazu BMF v. 9.11.2001 BStBl. I 2001, 796 (Verwaltungsgrundsätze – Arbeitnehmerentsendung); ÖstBMF Erl. v. 16.2.1998, AÖF Nr. 39/1998, 313: Verständigungsvereinbarung zum *DBA Österreich 1954/92*). Dabei kommt es darauf an, ob die Entsendung auf Wunsch der Tochtergesellschaft erfolgt, welche Funktion der Mitarbeiter ausübt und ob die Arbeitsleistung dem Tochterunternehmen nützt oder sie vielmehr im Interesse der Muttergesellschaft oder des Arbeitnehmers selbst (z.B. Weiterbildung, s. Beispiel 1 des OECD-MA-Komm. Ziff. 8.16, 8.17) erfolgt (der betroffene Arbeitnehmer muss nicht nur „in“ dem aufnehmenden Unternehmen, sondern auch „für“ dieses tätig werden, so BFH BStBl. II 2005, 547 (549): *DBA Spanien 1966;* s. auch Beispiel 3 des OECD-MA-Komm. Ziff. 8.20, 8.21). Wird etwa ein Mitarbeiter zu Ausbildungszwecken zur Konzernmutter gesandt, so wird es zunächst darauf ankommen, ob der Aufenthalt primär Ausbildungszwecken dient. In diesem Fall wird man die Arbeitsleistung, die der Konzernmutter erbracht wird, vernachlässigen können. Die Konzernmutter ist dann schon nicht Arbeitgeber, auch wenn sie dem Arbeitnehmer gegenüber den Lohn auszahlt oder zusätzliche Lebenshaltungskosten übernimmt. Die der Konzernmutter entstehenden Kosten sind dem Tochterunternehmen zu belasten, ggf. handelt es sich um eine verdeckte Gewinnausschüttung, wenn die Kosten nicht verrechnet werden. Wird hingegen der Mitarbeiter in den Betrieb eingegliedert und kommt seine Arbeitsleistung der Mutter zugute, wird die Konzernmutter zum Arbeitgeber mit der Folge, dass die gesamten Vergütungen im Staat des Arbeitgebers steuerpflichtig werden. Werden die Vergütungen ganz oder teilweise vom Tochterunternehmen getragen, so sind sie entsprechend von der Muttergesellschaft ohne Gewinnaufschlag zu vergüten (OECD-VPG 2010, Rz. 7.33 f.; s. auch ÖstBMF v. 24.3.1997 (EAS 1046), SWI 1997, 331 und v. 21.2.2011 (EAS 3199); ferner *Vögele/Borstell/Engler,* Rz. 16). Bei kurzfristigen Aufenthalten (bis zu 90 Tage) wird man regelmäßig davon ausgehen können, dass das aufnehmende Unternehmen nicht zum Arbeitgeber des Mitarbeiters wird; vielmehr handelt es sich dann um eine bloße Dienstleistung der Muttergesellschaft, bei der auch ein Gewinnaufschlag unter Fremdvergleichsgrundsätzen gerechtfertigt ist (vgl. FG Hessen, DStRE 2006, 1065: *DBA Indonesien* zur Implementierung eines Softwaresystems bei der Tochtergesellschaft; s. auch Beispiel 2 OECD-MA-Komm. Ziff. 8.18, 8.19). Ein Arbeitnehmer, der mit der Sanierung einer Kapitalgesellschaft betraut ist, wird hingegen regelmäßig im Interesse dieser Kapitalgesellschaft tätig, das Interesse der Muttergesellschaft tritt demgegenüber in den Hintergrund (BFH BStBl. II 2005, 547 (550): *DBA Spanien 1966;* s. auch *Weber,* BB 2005, 1485).

Ein inländisches Unternehmen, das Teil eines internationalen Konzerns ist, wird in der Regel zum abkommensrechtlichen Arbeitgeber des **Geschäftsführers,** der auf Dauer bestellt ist (zu gelegentlichen Aufenthalten bei den Tochterunternehmen s. *Hoge Raad* nr. 30 883, BNB 1996, 369: *DBA Niederlande/Großbritannien* und *Spanien*), auch wenn dieser formal allein in einem Dienstverhältnis zum ausländischen Konzernunternehmen steht (BFH IStR 2000, 568: *DBA Spanien;* so auch der dänische *Østre Landsret* v. 21.2.1996, B-2687–90, TfS 1996, 248; wiedergegeben auch in TNS 1996, 142: *DBA Dänemark;* HR 1.12.2006, nr. 39 535, BNB 2007/77c (Schlussanträge von *Wattel*): *DBA Niederlande/Belgien;* a. A. FG Düsseldorf EFG 1995, 444; kritisch auch *Hoffmann,* IStR 1995, 430). Zwar kommt dem inländischen Unternehmen in der Regel keine Weisungsbefugnis zu, der Geschäftsführer ist aber doch in den inländischen Betrieb eingegliedert und nimmt Funktionen der inländischen Gesellschaft wahr. Das gilt auch, wenn er als Abgesandter der Muttergesellschaft allen übrigen Organen der inländischen Gesellschaft Weisungen erteilen kann. Das ist vergleichbar mit dem Fall eines Alleingesellschafters einer Kapitalgesellschaft, der auch Geschäftsführer ist (BFH IStR 2000, 568: *DBA Spanien*). Bei Mehrfachgeschäftsführung ist die Besteuerung je nach Funktionsanteil aufzuteilen. Halten die Vergütungen, die das inländische Unternehmen für die Geschäftsführung bezahlt, einem Fremdvergleich nicht stand, kann eine verdeckte Gewinnausschüttung an das ausländische Mutterunternehmen vorliegen (vgl. BFH, BStBl. II 2004, 132). Dabei sind aber die Sachverhaltsumstände genau zu analysieren. So kann es nach einer Umstrukturierung innerhalb des Konzerns gerechtfertigt sein, die Vergütung weiterhin in der bisherigen Höhe zu zahlen, da zumindest im ersten Jahr nach der Umstrukturierung ein hoher Geschäftsführungsaufwand anfällt (FG Köln, DStRE 2007, 1320: *DBA Belgien*). Da der Arbeitgeberbegriff des § 38 Abs. 1 Satz 1 Nr. 1 EStG allerdings von dem abkommensrechtlichen abweicht, kann für Fragen der Lohnsteuerabzugspflicht und der Lohnsteuerhaftung (§ 42d EStG) anderes gelten (s. BFH BStBl. II 2000, 41; FG Nürnberg DStRE 2000, 910). **51a**

Tagegelder, die Organe der Europäischen Union für in ihrem Bereich verwendete Beamte zahlen, die von ihrem inländischen Dienstherrn dem EU-Organ zugewiesen werden, unterliegen nicht dem Art. 19. Das EU-Organ ist – partiell – als abkommensrechtlicher Arbeitgeber anzusehen mit der Folge, dass die EU-Tagegelder in Belgien der Besteuerung unterworfen sind und in Deutschland nach der **51b**

Art. 23 entsprechenden Regelung unter Progressionsvorbehalt freizustellen sind (FG Rhlpf. EFG 1999, 777; BFH BStBl. II 2002, 238: beide *DBA Belgien*). Demgegenüber will das BMF zwar nun nicht mehr Art. 19, sondern Art. 15 anwenden, will aber die EU nicht als abkommensrechtlichen Arbeitgeber ansehen (BMF v. 12.3.2002, BStBl. I 2002, 483).

52 Der Arbeitgeber braucht **keine „Person"** i. S. des Art. 3 Abs. 1 Buchst. a MA zu sein. Für ein derartiges Erfordernis ließe sich dem MA nichts entnehmen. Aus diesem Grunde können Arbeitgeber alle natürlichen und juristischen Personen, sowie alle Personenzusammenschlüsse, auch Gesellschaften des bürgerlichen Rechts und Vereine, sein. So sollten Personengesellschaften, die zwar nach vielen DBA keine „Personen" sind, dennoch ebenfalls Arbeitgeber sein können (FG Rhlpf. EFG 1994, 140: *DBA USA 1954/65;* BFH BStBl. II 2000, 336: *DBA USA 1954/65; Selent/Endres,* DB 1984, 84; FWK*,* Art. 15 Anm. 48 f.; Wassermeyer/*Wassermeyer,* Art. 15 MA Rz. 114a).

53 Aus dem Zusammenhang des Art. 15 Abs. 2 Buchst. a bis c ergibt sich ferner, dass eine **Betriebstätte** oder eine feste Einrichtung **nicht Arbeitgeber** i. S. des Art. 15 **sein kann** (BFH BStBl. II 1986, 4, 5: *DBA Spanien 1966;* II 1986, 442: *DBA Schweden;* II 1986, 513: *DBA Frankreich;* FinMin NRW v. 5.1.1997, IStR 1997, 152; ÖstBMF v. 16.3.1992, SWI 1992, 102: *DBA Österreich; B. Siefert,* RIW 1986, 979; a. A. FG München EFG 1983, 241: *DBA Frankreich*). Daran können auch anderslautende Begriffsbestimmungen des innerstaatlichen Rechts (vgl. § 38 Abs. 1 Satz 1 EStG) nichts ändern (BFH BStBl. II 1983, 71). Auch kann eine inländische Betriebstätte nicht ein ausländisches Unternehmen zu einem inländischen Arbeitgeber machen (BFH BStBl. II 1986, 513 (515): *DBA Frankreich*).

53a **bb)** Der nicht im Tätigkeitsstaat ansässige Arbeitgeber muss die Vergütung **gezahlt** haben **oder** sie muss **für ihn gezahlt** worden sein. Mit anderen Worten: Ist ein abkommensrechtlicher Arbeitgeber im Tätigkeitsstaat ansässig und zahlt er die Vergütung oder wird sie für ihn gezahlt, so hat der Tätigkeitsstaat von Beginn an die Besteuerungsbefugnis. Auf die Länge des Aufenthalts kommt es dann nicht an. Durch diese Einschränkung soll sichergestellt werden, dass der Tätigkeitsstaat sein Recht zur Besteuerung dann behält, wenn die gezahlte Vergütung den Gewinn eines seiner Steuerhoheit unterliegenden Unternehmens geschmälert hat (s. MA-Komm. Ziff. 8; BFH BStBl. II 1986, 4; BStBl. II 1986, 442; DStR 2000, 274: *DBA USA 1954/65;* u. U. allerdings nur in Höhe des zeitanteiligen Aufenthalts: Ist beispielsweise ein Stpfl. in mehreren Ländern tätig, wobei in einem dieser Länder der die Vergütung tragende Arbeitgeber ansässig ist, so ist nur der auf den Staat des Arbeitgebers entfallende Teil dort steuerpflichtig: anders aber FG Köln DStRE 2002, 337: *DBA Schweiz 1971;* wie hier BMF BStBl. I 1997, 723 Tz. 3: Verständigungsvereinbarung zum *DBA Schweiz 1971;* BFH BStBl. II 2005, 547 (549): *DBA Spanien 1966*). Das bedeutet, dass die Vergütung nur dann von einem nicht im **Tätigkeitsstaat** ansässigen Arbeitgeber i. S. des Abs. 2 „gezahlt" wird, wenn dieser die Vergütung wirtschaftlich trägt (s. auch FWK/*Kempermann,* Art. 15 Rz. 45, 50; insoweit ist es gerechtfertigt, von einem „wirtschaftlichen Arbeitgeberbegriff" des Art. 15 Abs. 2 zu sprechen, wenn neben den formellen Voraussetzungen des Arbeitgeberbegriffs auch diese wirtschaftlichen Bedingungen erfüllt sind, vgl. auch MA-Komm. Ziff. 8; BFH BStBl. II 1986, 4; II 1986, 442; FG Düsseldorf EFG 1980, 447: *DBA Spanien 1966;* BMF v. 9.11.2001 BStBl. I 2001, 796, Tz. 2.2; die Verständigungsvereinbarung zwischen Deutschland und Großbritannien vom 3.12.1985 (bestätigt durch FinMin Nds. v. 23.2.1990, RIW 1990, 421), die am formellen Arbeitgeberbegriff festhalten wollte, ist inzwischen gegenstandslos geworden, s. BMF v. 7.5.1996, RIW 1996, 619; dazu auch aus britischer Sicht: *J. D. B. O.,* BTR 1995, 529; die wirtschaftliche Betrachtungsweise hat sich inzwischen weitgehend international durchgesetzt: s. für die Niederlande *Hoge Raad,*

28.2.2003, Nr. 37.224; für Belgien *Hof van Cassatie* v. 18.3.1994, FJF 94/77, Pas. I 1994, 283). Nicht entscheidend ist, wer die Vergütung tatsächlich an den Arbeitnehmer auszahlt. Dass eine Tochtergesellschaft den von der Muttergesellschaft gezahlten Arbeitslohn wirtschaftlich trage, kann aber nicht ohne näheren Anhaltspunkt unterstellt werden (so jedoch offenbar das dänische *Landsskatteret,* R&R 1990, 215: *DBA Dänemark;* s. dazu auch Rz. 51). Vielmehr muss die Vergütung sich auf den Arbeitlohn beziehen und unter Berücksichtigung der Arbeitsleistung berechnet werden (so ist nach richtiger Auffassung des niederländischen *Hoge Raad* (Arrest v. 23.6.2006, Nr. 42544: *DBA Niederlande/Russland*) nicht ausreichend, dass die Vergütungen im Wege eines allgemeinen Verteilungsschlüssels auf die einzelnen Unternehmen innerhalb eines Konzerns verteilt werden; ausreichend ist auch nicht eine im Voraus kalkulierte Pauschale, s. FG Hessen, DStRE 2006, 1067: *DBA Indonesien;* s. auch die Indische Finanzbehörde in A. T. & S. India P. Ltd (287 ITR 421); ferner der belgische *Cour d'Appel de Gand,* arrêt v. 7.10.1999, G 99/21, FJF 2000/97: *DBA Belgien/Frankreich*). Eine im Vorhinein getroffene Verrechnungsvereinbarung kann zu Beweiszwecken nützlich sein, ist aber materiellrechtlich nicht erforderlich (BFH BStBl. II 2005, 547 (549): *DBA Spanien;* anders eine Entscheidung des australischen *Administrative Appeals Tribunal* – Taxation Appeals Division, 21 ATR 3630 (1989/90), wonach es für die Behauptung, nicht das Unternehmen im Tätigkeitsstaat, sondern das im Ansässigkeitsstaat trage die Vergütung, eines Nachweises etwa durch Vorlage einer Kostenübernahmevereinbarung zwischen den beiden betroffenen Unternehmen bedarf).

Das Unternehmen im Tätigkeitsstaat trägt die Vergütung dann nicht, wenn diese ihm als Preisbestandteil einer Werkleistung in Rechnung gestellt wird (FG Rhlpf. EFG 1994, 140: *DBA USA 1954/65;* GKG/*Vogelgesang,* Art. 15 OECD-MA Rz. 172; Wassermeyer/*Wassermeyer/Schwenke,* Art. 15 MA Rz. 118; anders aber die US-amerikanische Rspr. in Indopco Inc. v. Commissioner, 503 U. S. 79 (1992) und nachfolgend die amerikanische Verwaltungspraxis) oder es sich um eine Dienstleistung des entsendenden Unternehmens handelt („Aktivleistung") (Arbeitnehmervergütung und Dienstleistungsvergütung schließen sich gegenseitig aus und können keinesfalls zweimal im Quellenstaat besteuert werden (s. dazu das indische Income Tax Appelate Tribunal v. 21.1.2009, in der Rs. *IDS Software Solutions (India) Private Limited v. ITO Bangalore,* no. ITA. No. 87/Bang/08). In diesen Fällen ist nach Verrechnungspreisgrundsätzen ein Gewinnaufschlag anzusetzen. Insofern kann ein berechneter Gewinnaufschlag ein Indiz dafür sein, dass es sich nicht um eine Arbeitnehmerentsendung handelt, bei der das aufnehmende Unternehmen zum Arbeitgeber im Sinne des Art. 15 Abs. 2 Buchst. b OECD-MA wird (allerdings kann in diesen Fällen die Entsendung des Mitarbeiters zu einer Betriebstätte des entsendenden Unternehmens führen, wenn die Voraussetzungen des Art. 5 MA gegeben sind).

Für die Abgrenzung der Interessensphären verwenden die Verwaltungsgrund- **53b**
sätze-Arbeitnehmerentsendung neben dem Veranlassungsprinzip auch die Höhe des Gehaltsaufwands (ähnlich auch ÖstBMF v. 24.3.1997 (EAS 1046), SWI 1997, 331). Der Ansässigkeitsstaat muss das Mehrentgelt, das nicht **von dem oder für das** aufnehmende Unternehmen bezahlt wird, nicht steuerfrei belassen. Dem liegt der Gedanke zugrunde, dass Teile der Aufwendungen durch das Gesellschaftsverhältnis veranlasst sein können (s. dazu *Wassermeyer,* IStR 2001, 633; *Kuckhoff/Schreiber,* IWB F. 3, Deutschland, Gr. 1, 1857, 1859 f., kritisch *Kroppen/Rasch/Roeder,* IWB F. 3, Deutschland, Gr. 1, 1821 (1825)). Die Finanzverwaltung kann den erforderlichen Nachweis durch einen betriebsinternen (Tz. 3.2.1), betriebsexternen (Tz. 3.2.2), oder anhand eines – äußerst vagen – hypothetischen Fremdvergleichs (Tz. 3.2.3) führen (in Tz. 3.4. werden zusätzlich einige besondere Fallgestaltungen (Expertenentsendungen, Rotationssysteme) erörtert). Problematisch ist

insoweit, dass die hier in Frage stehenden Personalentsendungen unter Fremden kaum vorkommen. Das BMF muss dann auch von Vermutungen ausgehen, bei denen es zweifelhaft erscheint, ob sie als Grundlage eines Fremdvergleichs dienen können (s. auch *Kroppen/Roeder,* IWB Nr. 20 v. 25.10.2000, 979; *Schnorberger/Waldens,* IStR 2001, 39; *Marx/Schrickel,* TPI transfer pricing 04/2002, 3, 6; *Kamphaus/Büscher,* in SKK Art. 15 Rz. 170f.). Die Verwaltungsgrundsätze bieten deshalb auch die Möglichkeit, dass Finanzverwaltung und Unternehmen zusammenwirkend einen einheitlichen pauschalen Aufteilungsmaßstab festlegen (Tz. 3.5). Damit verschaffen die Verwaltungsgrundsätze den betroffenen Unternehmen jedenfalls größere Planungssicherheit als das bisher der Fall war (*Görl,* IStR 2002, 443 (448)). Tz. 5 der Verwaltungsgrundsätze enthält Ausführungen zu den Auskunfts- und Beweismittelbeschaffungspflichten der Steuerpflichtigen, die faktisch einer Dokumentationspflicht sehr nahe kommen (kritisch daher *Kroppen/Rasch/Roeder,* IWB F. 3, Deutschland, Gr. 1, 1821, 1829).

53c Probleme können sich ergeben, wenn ein Teil der Arbeitsvergütung für den im anderen Vertragsstaat tätigen Arbeitnehmer von einem Unternehmen im Tätigkeitsstaat durch die Gewährung von **Sachbezügen** (z. B. Unterkunft, Verpflegungsmehraufwendungen) übernommen wird und diese Bezüge vom Arbeitgeber im Ansässigkeitsstaat des Arbeitnehmers dem Unternehmen im Tätigkeitsstaat nicht erstattet werden. Die Sachbezüge sind zusätzliches Leistungsentgelt und stellen damit Arbeitslohn dar. Sie werden jedoch nicht von einem oder für einen nicht im Tätigkeitsstaat ansässigen Arbeitgeber gezahlt. Hier ist zu differenzieren: Handelt es sich um untergeordnete Teile der Gesamtvergütung für die Arbeitstätigkeit, so folgt ihre Behandlung der des eigentlichen Arbeitslohnes (FWK/*Kempermann,* Art. 15 Anm. 53). Sind die Sachbezüge dagegen im Verhältnis zum eigentlichen Arbeitslohn nicht von untergeordneter Bedeutung, so ist die Gesamtvergütung aufzuteilen: der eigentliche Arbeitslohn darf nur im Ansässigkeitsstaat des Arbeitgebers und die Sachbezüge dürfen im Tätigkeitsstaat und grundsätzlich auch im Ansässigkeitsstaat des Arbeitnehmers besteuert werden; ihre Doppelbesteuerung ist nach Art. 23 A oder B MA zu beseitigen (vgl. FWK/*Kempermann,* Art. 15 Anm. 53).

53d **cc)** Der Arbeitgeber darf nach Abs. 2 Buchst. b **„nicht im anderen Vertragsstaat ansässig"** sein. Der Begriff der „Ansässigkeit" bestimmt sich hier wie auch sonst im MA nach Art. 4 Abs. 1 OECD-MA, d. h. nach dem innerstaatlichen Recht des Tätigkeitsstaates. Deswegen werden in der Regel auch steuerbefreite Gebilde wie Pensionsfonds, Trusts, gemeinnützige Stiftungen, etc. als ansässig angesehen, sie können dann auch Arbeitgeber im Sinne des Art. 15 Abs. 2 OECD-MA sein (s. dazu *Pötgens,* ET 2002, 214). Nicht anwendbar sind dagegen im Rahmen des Abs. 2 Buchst. b die Abs. 2 und 3 des Art. 4, die bei doppeltem Wohnsitz für die Anwendung der Verteilungsnormen einen von ihnen für den maßgebenden erklären. In Betracht käme ihre Anwendung, wenn der Arbeitgeber nicht nur im Tätigkeitsstaat, sondern gleichzeitig auch im Ansässigkeitsstaat des Arbeitnehmers ansässig ist. Zweck der „tie-breaker-rules" des Art. 4 Abs. 2 und 3 ist es aber nur, in Fällen eines doppelten Wohnsitzes eine Anwendung der Verteilungsnormen des DBA möglich zu machen, die jeweils voraussetzen, dass der eine der beiden Vertragsstaaten **eindeutig** als Ansässigkeitsstaat – der andere mithin als der „andere Vertragsstaat" – identifiziert werden kann (MA-Komm. Art. 4 Ziff. 1; s. auch *Popp,* DB 1976, 2082; *Schoueri,* Intertax 1993, 23; a. A. *Zehetner,* SWI 2000, 456; *Pötgens,* ET 2002, 214 (220), die allerdings den Normzweck nicht ausreichend berücksichtigen). Ziff. 5 des MA-Komm. zu Art. 4 stellt klar, dass die beiden Vorschriften **nur** für diesen Fall gelten sollen (eindeutig in der französischen Fassung, während die englische doppeldeutig ist; s. *Schoueri,* a. a. O.). Hat der Arbeitgeber einen Wohnsitz in beiden Vertragsstaaten, so ist er also im Tätigkeitsstaat ansässig und die 183-Tage-Regel greift nicht ein. Dieses Ergebnis wird bestätigt durch Sinn und

Zweck des Art. 15 Abs. 2 Buchst. b und c (anders aber Wassermeyer/*Wassermeyer/Schwenke,* Art. 15 MA Rz. 121). Auszugehen ist vom **Besteuerungsvorrang des Tätigkeitsstaates** nach Art. 15 Abs. 1 Satz 2. Für kurzfristige Aufenthalte sieht Abs. 2 eine Ausnahme von dieser Regel vor; jedoch soll die Ausnahme **nicht** gelten, wenn die gezahlte Vergütung den Gewinn eines der Besteuerung des Tätigkeitsstaates unterliegenden Betriebes geschmälert hat (*Schoueri,* Intertax 1993, 27; a. A. *Jann,* Die 183-Tage-Regel, S. 206 f.), weil anderenfalls das Steueraufkommen des Tätigkeitsstaates zugunsten des Ansässigkeitsstaates des Arbeitnehmers gemindert würde. Ob dies geschieht, ist aber unabhängig davon, ob der Arbeitgeber auch im anderen Vertragsstaat ansässig ist. Dass umgekehrt bei einer 183 Tage überschreitenden Tätigkeit die gezahlte Vergütung das Steueraufkommen im Ansässigkeitsstaat des Arbeitgebers mindert, ist kein Einwand hiergegen (so aber *Jann,* Die 183-Tage-Regel, S. 206), weil nach der Systematik des Art. 15 die Besteuerung durch den Tätigkeitsstaat im Vordergrund steht. Der BFH kommt in seinem Urteil v. 5.6.2007 zum selben Ergebnis (BStBl. II 2007, 810: *DBA USA 1989;* s. dazu auch *Kramer,* TNI 2008, 953). Die Entscheidung ist aber zum *DBA USA* 1989 ergangen, das in Art. 4 Abs. 3 keine echte tie-breaker-rule enthält, sondern die Konfliktlösung einem Konsultationsverfahren überlässt, das in diesem Fall nicht stattgefunden hat. Der Arbeitgeber war daher nach Art. 4 Abs. 1 DBA sowohl in Deutschland als auch in den USA ansässig. Offensichtlich will der BFH aber prinzipiell die tie-breaker-rule auch bei doppelter Ansässigkeit des Arbeitgebers im Rahmen des Art. 15 Abs. 2 Buchst. b MA anwenden, er setzt sich aber mit den oben angeführten Argumenten, die gegen eine Anwendung in diesem speziellen Fall sprechen, nicht auseinander.

Eine Personengesellschaft muss an sich, um Arbeitgeber im Sinn des Art. 15 Abs. 2 sein zu können, ebenfalls im Tätigkeitsstaat ansässig sein, was nach Art. 4 Abs. 1 regelmäßig nicht der Fall sein wird (s. Art. 4 Rz. 73). Einige geltende deutsche DBA lösen das Problem, insofern sie für Personengesellschaften bestimmen, wo sie im Sinne der 183-Tage-Klausel ansässig sein sollen (s. Rz. 85 f.). Fehlt es an einer solchen Klausel, wird man bei konsequenter Anwendung des Mitunternehmerkonzepts die Ansässigkeit einer Personengesellschaft nicht ohne weiteres fingieren können (*Zehetner,* SWI 2001, 102 ff.). Der OECD-Steuerausschuss will daher die einzelnen Mitunternehmer als Arbeitgeber ansehen (MA-Komm. Ziff. 6.1, 6.2; so auch ÖstBMF v. 15.1.2000 (EAS 1589), SWI 2000, 59; anders aber Deutschlands abweichende Meinung zum OECD-Bericht zu den Personengesellschaften, Anhang II Tz. 19, MA-Komm. Ziff. 13.1; kritisch auch *Pötgens,* ET 2002, 214, 216 ff.; *Kamphaus/Büscher,* in *SKK,* Art. 15 Rz. 151). Die deutsche Finanzverwaltung hingegen richtet sich nach dem Ort der Geschäftsleitung, auch wenn die Personengesellschaft nach Abkommensrecht nicht ansässig ist (BMF v. 14.9.2006, BStBl. I 2006, 532 Tz. 60). Das ist sicher praktikabler, da die Auffassung des OECD-MA zu enormen praktischen Schwierigkeiten führt, wenn nur einer von mehreren Gesellschaftern im Tätigkeitsstaat ansässig ist. Das wird man allerdings angesichts des Umstands, dass die Personengesellschaft regelmäßig eine Betriebstätte unterhalten wird und der Betriebstättenstaat nach Art. 15 Abs. 2 Buchst. c zur Besteuerung der Vergütungen befugt sein wird, hinnehmen können. Allerdings bedarf der MA-Komm. in Parallelität zu den Fragen der Abkommensberechtigung und der Qualifikationskonflikte einer Korrektur in zweierlei Hinsicht, wenn die beteiligten Staaten die Personengesellschaft unterschiedlich einordnen. Erlaubt der Staat der Personengesellschaft den Abzug der Vergütungen vom Gesellschaftsgewinn, so wird man nach Sinn und Zweck des Art. 15 Abs. 2 Buchst. b diesem Staat auch dann das Besteuerungsrecht der Arbeitnehmervergütungen zuweisen müssen, auch wenn nach der Auffassung des anderen Staates keine Betriebstätte im Tätigkeitsstaat vorliegt. Ferner wird man die Personengesellschaft abkommens- **53e** rechtlich als Arbeitgeber ansehen müssen, wenn der Staat der Personengesellschaft diese als Steuersubjekt behandelt (so auch *Zehetner,* SWI 2001, 109f.; BMF v. 14.9.2006, BStBl. I 2006, 532 Tz. 60).

54 **dd) Gewerbliche Arbeitnehmerüberlassung:** Besondere Probleme werfen **Leiharbeitsverhältnisse** auf. In diesen Fällen existiert formal ein Arbeitsvertrag nur zwischen Arbeitnehmer und Verleiher. Andererseits wird der Arbeitnehmer häufig in den Betrieb des Leihnehmers eingegliedert und ist auch dessen Weisungen unterworfen. Die Arbeitgebereigenschaft wird mit anderen Worten auf zwei Personen verteilt, von denen die eine in der Regel im Tätigkeitsstaat ansässig ist, die andere dagegen nicht. Dieses Dreiecksverhältnis ermöglicht eine Fülle von Gestaltungen mit unterschiedlichen Rechtsfolgen und steuerlichen Auswirkungen (s. dazu *OECD,* Hiring-out of Labour, Ziff. 6ff. und MA-Komm. Ziff. 8). So hat man etwa den Einsatz von Leiharbeitnehmern dazu benutzt, um der Besteuerung im Staat der Betriebstätte zu entgehen (s. *Weizman* TNI December, 1994, 1896; weitere Beispiele für Umgehungsstrukturen bei *de Kock,* BIFD 1999, 243). Das lässt sich relativ einfach durch die Zwischenschaltung eines Dritten erreichen, der als Verleiher auftritt (die britische und dänische Finanzverwaltung haben hierzu in einer Verständigungsvereinbarung geregelt, dass Dänemark das Besteuerungsrecht haben soll, TfS 1994, 655). Man hat daher erwogen, Zahlungen an Leiharbeitnehmer ganz aus dem Anwendungsbereich des Art. 15 herauszunehmen. Der OECD-Bericht (Ziff. 72) hält das jedoch nicht für die richtige Lösung (s. jedoch den Vorbehalt Deutschlands und Norwegens MA-Komm. Ziff. 16; der MA-Komm. Ziff. 8.3 enthält jetzt hierfür einen Vorschlag für eine abweichende Regelung). Dennoch finden sich in der neueren Abkommenspraxis häufig solche Regelungen (s. dazu noch Rz. 92).

54a Der bis 2008 geltende MA-Komm. Ziff. 8 empfahl für Fälle der Missbrauchsgefahr eine dem Sinn und Zweck des Art. 15 entsprechende wirtschaftliche Betrachtungsweise und stellt bestimmte Kriterien auf, nach denen dann der Entleiher als Arbeitgeber zu betrachten war (so beispielsweise – regelmäßig nicht differenzierend – auch die dänische Finanzverwaltung, vgl. TNS 1997, 216, die belgische Finanzverwaltung in Circulaire nr. AFZ 2005/0652 v. 25.5.2005, die niederländische Finanzverwaltung in Besluit v. 10.3.2004, nr. IFZ2004/113 M, V-N 2004/16.10, und auch die deutsche Finanzverwaltung, BMF v. 5.1.1994, BStBl. I 1994, 11 (12); BMF v. 14.9.2006, BStBl. I 2006, 532, Tz. 82). Dagegen hat sich der BFH gegen die Verwaltungsauffassung ausgesprochen und sieht zu Recht grundsätzlich den Verleiher als Arbeitnehmer an (BFH BStBl. II 1978, 205: *DBA Großbritannien 1964/70;* BFH BStBl. II 2003, 306: DBA Großbritannien 1964/70 (s. Anm. *Benecke/Schnitger,* IStR 2003, 128; *de Weerth* IStR 2003, 123); BFH BFH/NV 2003, 1152: DBA Irland 1962; FG Hessen DStRE 2001, 926: *DBA Großbritannien 1964/70;* FG München DStRE 2002, 509: *DBA Irland 1962;* vgl. auch *Betten,* BIFD 1986, 330; kritisch aber *Lechner,* in Gassner/Lang/Lechner, Neuerungen, S. 221 (230ff.); *Runge,* IStR 2002, 37 (38); in „Widerspruch" zur wirtschaftlichen Betrachtungsweise). Die Schweiz hatte in einer Bemerkung (MA-Komm. 2008 Ziff. 13) festgehalten, dass sie die wirtschaftliche Betrachtungsweise ausdrücklich nur auf missbräuchliche Leiharbeitsverhältnisse angewandt wissen will, hat aber den Vorbehalt im MA-Komm. 2010 aufgegeben. Ein Missbrauch ist vor allem dann gegeben, wenn die Entleihung künstlich auf ein Unternehmen ausgelagert wird, das nur für ein bestimmtes oder wenige vorbestimmte Unternehmen Personal akquiriert, also tatsächlich nicht aktiv am Markt teilnimmt (s. dazu auch *Brors/Schüren,* BB 2004, 2745). Das OECD-Diskussionspapier „Proposed Clarification" (Tz. 8.2) schlägt den Ländern, die im Fall des Arbeitnehmerverleihs richtigerweise den Verleiher als Arbeitgeber ansehen, vor, eine Regelung in ihre DBA aufzunehmen, nach der in Fällen des gewerbsmäßigen Arbeitnehmerverleihs Art. 15 Abs. 2

OECD-MA keine Anwendung findet, d. h. der Tätigkeitsstaat hat dann die Befugnis zur Besteuerung, ohne dass die Ausnahme des Abs. 2 zur Anwendung käme (jetzt in MA-Komm. Ziff. 8.3).

Soweit eine solche Klausel fehlt, muss – unter Berücksichtigung des Abkommenszusammenhangs – für die Auslegung des Art. 15 Abs. 2 Buchst. b erwogen werden, ob nicht doch der Verleiher dann als Arbeitgeber i. S. der Vorschrift anzusehen ist, wenn er auch die Vergütung tatsächlich „zahlt“, d. h. besonders das Vergütungsrisiko wirtschaftlich trägt (Rz. 53a; dazu *Kempermann,* DStZ/A 1982, 144 f. und die Fallgruppen bei *Lechner,* in Gassner/Lang/Lechner, Neuerungen, S. 221 (233 ff.); der Verleiher wird auch in Großbritannien und Frankreich als Arbeitgeber angesehen; s. dazu auch *Cools,* T. F. R. 322/2007, 3; Österreich und die Schweiz haben sich ebenfalls darüber verständigt, dass der Verleiher als Arbeitgeber anzusehen ist, s. ÖstBMF v. 29.12.2006, EAS 2795, SWI 2007, 55; anders aber Beispiel 5 des OECD-Komm. Ziff. 8.24 und 8.25). Die FG Hessen und München wie auch der BFH (a. a. O.) sehen denn auch zu Recht in einer gewerblichen Arbeitnehmerüberlassung eher eine Dienstleistung bzw. Werkleistung als eine Arbeitnehmerentsendung. Der Verleiher tritt bei Auszahlung der Vergütung normalerweise nicht in Vorlage für den Entleiher, sondern berechnet dem Entleiher eine eigenständige Vergütung für geleistete Dienste (vgl. auch Rechtbank 's-Gravenhage v. 6.11.2012, AWB 12/3916 und 3917, V-N 2013/6.23: *DBA Niederlande/Slowenien*). Es handelt sich demnach um Unternehmensgewinne und nicht um die Durchberechnung von Arbeitnehmerkosten. Deutlich wird das auch dadurch, dass der Arbeitnehmerverleih personenunabhängig ist, d. h. im Krankheitsfall ist der Verleiher verpflichtet, einen anderen Arbeitnehmer zur Verfügung zu stellen (mit der Ausnahme des Streiks). Im Konkursfall trägt er auch das Ausfallrisiko. Das Leiharbeitunternehmen bestimmt im Regelfall den Ort, an dem die Arbeitnehmer ihre kollektiven Rechte geltend machen können (allerdings können in Österreich, Frankreich und den Niederlanden die kollektiven Rechte in beiden Staaten geltend gemacht werden). Die eigentlichen Arbeitnehmerrisiken trägt danach der Verleiher. **54b**

Dies wird in bestimmten Fällen anders zu beurteilen sein, wenn der Verleiher lediglich eine **Vermittlungsfunktion** einnimmt (ähnlich einem Headhunter; s. dazu das Beispiel 4 im MA-Komm. Ziff. 8.22 und 8.23) und er deshalb kein oder nur ein sehr geringes wirtschaftliches Risiko trägt. In manchen Ländern wie in Deutschland sind solche Funktionen den Verleihunternehmen nicht erlaubt, in anderen sind sie der Regelfall. Im Fall, den der dänische Vestre Landsret am 31.8.2010 (SKM2010.626VLR) zu entscheiden hatte, scheint ein solcher Tatbestand vorzuliegen, so dass die Qualifizierung des dänischen Entleihers als abkommensrechtlicher Arbeitgeber möglicherweise gerechtfertigt ist; das Gericht kommt aber mit einer sehr zweifelhaften Auslegung zu diesem Ergebnis (s. dazu *Hansen,* in Lang, u. a. (Hrsg.), Tax Treaty Case Law – 2011, 323; s. auch das Erkenntnis des ÖstVwGH v. 22.5.2013, Nr. 2009/13/0031, SWI 2013, 510: *DBA Österreich/Tschechoslowakei*). **54c**

Dementsprechend sollte der OECD-MK, wie er bis zum MA-Komm. 2008 galt, so verstanden werden, dass er lediglich Kriterien bereitstellt, die es im Missbrauchsfall möglich machen, eine wirtschaftliche Betrachtungsweise anzuwenden und den Entleiher ausnahmsweise als wirtschaftlichen Arbeitgeber anzusehen. Eine Missbrauchssituation liegt allgemein dann vor, wenn keine wirtschaftlichen Gründe für die Zwischenschaltung des Verleihers gegeben sind. Auf Personalentsendungen im Konzern sind diese Erwägungen nicht übertragbar (a. A. aber *de Weerth,* IStR 2003, 123). **54d**

Hinzuweisen ist schließlich auf die Leiharbeitsrichtlinie (Richtlinie 2008/104/EG des Europäischen Parlaments und des Rates vom 19.11.2008 über Leiharbeit, ABl. EU L 327/9; s. dazu *Boemke,* RIW 2009, 177); sie muss bis zum 5.12.2011 in **54e** innerstaatliches Recht umgesetzt sein (für Deutschland s. AÜG-Änderungsgesetz v. 29.4.2011, BGBl. I 2011, 642). Auch nach dieser Richtlinie ist das Leiharbeitsunternehmen als Arbeitgeber anzusehen. Dabei geht die RL davon aus, dass der Arbeitnehmer „vorübergehend" überlassen wird, d.h. nur die vorübergehende Arbeitnehmerüberlassung ist zugestanden. Kettenüberlassungen sollen verhindert werden. Ausgeschlossen sind auch Arbeitsverträge, bei denen der Verleiher keine Arbeitgeberstellung, sondern nur eine Vermittlerstellung einnimmt (s. dazu *Düwell/Dahn,* DB 2010, 1759; *Düwell,* ZESAR 2011, 449; *Hießl,* ZESAR 2011, 472).

55 Auch wenn man den Entleiher abkommensrechtlich als Arbeitgeber ansieht, so kann doch das innerstaatliche Recht von dieser Wertung abweichen. Das ist der Fall des § 38 Abs. 1 S. 1 Nr. 2 EStG, der den Verleiher als Arbeitgeber ansieht, der auch für den Abzug von Lohnsteuer verantwortlich gemacht werden kann. So haftet ein ausländischer Arbeitnehmerverleiher für die Einbehaltung und Abführung der auf die Bezüge der Arbeitnehmer entfallenden Lohnsteuer unter der Voraussetzung, dass die Löhne im Inland steuerpflichtig sind oder das DBA die Steuerbefreiung von einem Antrag abhängig macht (vgl. FG München DStRE 2002, 509: *DBA Irland 1962;* BFH BFH/NV 2003, 1132: *DBA Irland 1962*). Der ausländische Entleiher konnte nach dem Wortlaut des § 39b Abs. 6 Satz 1 EStG a.F. eine Freistellungsbescheinigung nicht beantragen. Der BFH (BStBl. II 2003, 306: *DBA Großbritannien 1964/70*) hielt das für europarechtswidrig und hatte die Frage dem EuGH zur Entscheidung vorgelegt (dazu *de Weerth,* IStR 2003, 123). Der Gesetzgeber hat durch Änderung des § 39b Abs. 6 S. 1 EStG rückwirkend reagiert (das tschechische Oberverwaltungsgericht hat nunmehr dem EuGH einen vergleichbaren Fall zur Entscheidung vorgelegt (Urt. v. 17.1.2013, Case no. 1 Afs 38/2012-53, ACO Industries Tabor s. r. o). Dadurch sollte „dem Verfahren beim EuGH entgegengewirkt" werden (BT-Drs. 15/1562, S. 35). Damit hat sich das Verfahren beim EuGH erledigt (vgl. EuGH v. 5.5.2004, Rs. C-450/02, ABl. v. 11.9.2004, S. 34 – *Qualitair*). Nach § 39b Abs. 6 EStG ist auf Antrag des Arbeitnehmers oder des Arbeitgebers eine Freistellungsbescheinigung zu erteilen, wenn die Einkünfte nach einem DBA freigestellt werden müssen.

55a Ein solcher Haftungstatbestand, der an die inländische wirtschaftliche Tätigkeit anknüpft, verstößt nach h.M. weder gegen allgemeines Völkerrecht noch gegen die DBA (FG BW EFG 1994, 891; EFG 1997, 82). Dem ist jedenfalls im Verhältnis zu Frankreich zuzustimmen, da das Zusatzabkommen v. 28.9.1989 die Zulässigkeit der Inpflichtnahme des französischen Verleihers ausdrücklich vorsieht (Art. 13 Abs. 6, 25b Abs. 1 *DBA Frankreich*). Andererseits haftet der inländische Entleiher nicht für die Lohnsteuer der Arbeitnehmer (§ 42d Abs. 1 EStG, möglicherweise jedoch nach § 42d Abs. 6 EStG), solange der Lohn vom ausländischen Verleiher getragen und ausgezahlt wird (BFH/NV 2000, 362: *DBA Niederlande 1959*).

56 In den Niederlanden, wo der Verleih von Arbeitnehmern ins Inland eine fiktive Betriebstätte des Verleihers für Zwecke des Lohnsteuerabzugs begründet (Art. 6 LB – Lohnsteuergesetz; die Regelung gilt nicht nur für den gewerblichen Arbeitnehmerverleih, sondern auch für die Zuverfügungstellung von Arbeitnehmern im Konzern, s. *Hoge Raad,* nr. 42748, BNB 2007/237c, Schlussanträge AG van Ballegooijen; diese Auffassung ist allerdings nicht unbestritten), hält der *Hoge Raad* die (nicht ausdrücklich vorgesehene) extraterritoriale Wirkung aus Rechtssicherheitsgründen für zweifelhaft (s. *Hoge Raad,* nr. 16763, RvdW 1999, 11; nr. 34184 BNB 2000/224, concl. *van Ilsink,* Anm. *P. Kavelaars;* s. auch *Niessen-Cobben/ Weerepas,* WFR 2001, 5). Jedenfalls ist die Frage der Haftungsgrundlage von der Geltendmachung und Vollstreckung des Haftungsanspruchs zu unterscheiden. Für Letztere bedarf es zwischenstaatlicher Abmachungen. Ein inländischer Arbeitskräfteverleiher, der seine Arbeitnehmer einem ausländischen Arbeitgeber zur Verfügung stellt, ist nach einer Entscheidung des niederländischen *Hof Arnheim* zur **Ein-**

behaltung von Lohnsteuer nicht verpflichtet, wenn bei Beginn der ausländischen Tätigkeit mit einer Dauer von mehr als 183 Tagen vernünftigerweise nicht gerechnet werden musste (Rolno. 288/1972, BNB 1974/109). In Österreich besteht seit 1.7.2005 für den Fall des Entleihs ausländischer Arbeitnehmer die Verpflichtung den Lohnsteuerabzug vorzunehmen, auch wenn die Gehälter abkommensrechtlich möglicherweise nicht in Österreich besteuert werden können. Die Steuerpflichtigen werden auf das Rückzahlungsverfahren verwiesen. Das gilt auch bei konzerninterner Arbeitnehmerüberlassung, zumindest bei „Untervermietung" (s. ÖstBMF v. 23.1.2006 – EAS 2686 –, SWI 2006, 55: DBA Deutschland). Die österreichische Regelung beschränkt sich allerdings auf Arbeiter, gilt also nicht für Angestellte.

j) Auch durch die Vorschrift, dass die Vergütung **nicht von einer Betriebstätte oder einer festen Einrichtung** getragen werden dürfe, die der Arbeitgeber im anderen Staat habe, soll verhindert werden, dass die Besteuerungsbefugnisse des Tätigkeitsstaates geschmälert werden. Für den Begriff der „Betriebstätte" ist bereits auf Art. 5, für den der „festen Einrichtung" auf Art. 14 verwiesen worden (Rz. 14). Es gilt das DBA zwischen Tätigkeitsstaat und Ansässigkeitsstaat des Arbeitnehmers, nicht das DBA mit dem Arbeitgeber. Ist dementsprechend ein Arbeitnehmer einer niederländischen Konzerngesellschaft für eine vietnamesische Betriebstätte der in Großbritannien ansässigen Muttergesellschaft tätig und erhält er von der Muttergesellschaft eine Abfindung, so bleibt das Besteuerungsrecht des Ansässigkeitsstaats Niederlande unbeschränkt erhalten, wenn die Abfindung nicht der Konzerngesellschaft und/oder der Betriebstätte in Rechnung gestellt wird (Hoge Raad v. 11.11.2011 – Nr. 11/00165, V-N 2011, 57.9: DBA *Niederlande/Vietnam*). Im Sachverhalt der Entscheidung des FG Düsseldorf EFG 2014, 48: *DBA Jugoslawien* ist zweifelhaft, ob tatsächlich eine feste Einrichtung der OSZE angenommen werden kann. Hier war der in Deutschland unbeschränkt Steuerpflichtige als abgeordneter Experte im Rahmen einer Mission der Organisation für Sicherheit und Zusammenarbeit in Europa im Kosovo tätig und erhielt hierfür Tagegelder. Das FG nimmt eine feste Einrichtung der OSZE an, der auch die Ausgaben für die Tagegelder zuzurechnen wären (s. dazu auch *Schulz-Trieglaff,* ISR 2014, 90). 63

Der Ausdruck „Betriebstättenvorbehalt" für diese Regel des Buchst. c (so BMF v. 21.4.1981, BStBl. I 1981, 337) sollte vermieden werden; er ist fest eingebürgert für den anders gestalteten Vorbehalt der Art. 10 Abs. 4, 11 Abs. 4, 12 Abs. 3 MA (s. Vor Art. 10 bis 12 Rz. 30 ff.).

Vergütungen für unselbständige Arbeit werden von einer Betriebstätte oder festen Einrichtung des Arbeitgebers **getragen,** wenn sie bei der Ermittlung des der Betriebstätte zuzurechnenden Gewinns als Betriebsausgaben zu berücksichtigen sind (BFH BStBl. II 1988, 819: *DBA Schweiz 1971;* BStBl. II 1989, 755: *DBA Niederlande 1959;* BStBl. II 2000, 336: *DBA USA 1954/65;* BFH/NV 2004, 1075: *DBA Spanien 1966;* FG Hamburg, IStR 2002, 848; FG Hessen, DStRE 2005, 1065: *beide DBA Indonesien*), wenn sie also mit den Betriebstätteneinkünften in wirtschaftlichem Zusammenhang stehen (s. § 50 Abs. 1 Satz 1 EStG). Das ist etwa auch der Fall bei Zulagen, die dem Arbeitnehmer gezahlt werden, um Nachteile abzugelten, die ihm durch die befristete Auslandstätigkeit entstehen. Auch Mehrzahlungen für besondere Kenntnisse des Arbeitnehmers, die der Betriebstätte zugutekommen, sind abzugsfähig (*Baranowski,* IWB F. 3, Deutschland, Gr. 2, 941 (947)). Nicht abzugsfähig sind hingegen Aufwendungen, die im Interesse des Stammhauses sind und daher diesem zugerechnet werden müssen. 63a

Von der Frage der Abzugsfähigkeit zu unterscheiden ist die Frage, ob ein Abzug auch tatsächlich vorgenommen worden ist. Entscheidend ist nämlich, ob die Be- 64 triebstätte die Vergütungen tatsächlich trägt, nicht, ob sie diese hätte tragen sollen oder ob sie ihr hätten zugerechnet werden können. Für eine Parallele zu Art. 7 bietet der Wortlaut an sich keinen Anlass (*New Zealand Court of Appeal* CIR v. JFP Energy Inc. 14 TRNZ 617 (1990): *DBA Neuseeland/USA;* s. dazu auch *Alston,* BIFD 1991, 214). Die abweichende Auffassungen (BFH BStBl. II 1988, 819: *DBA Schweiz;* unklar *Hoge Raad* nr. 32709, BNB 1999, 267c: *DBA Niederlande 1959* m. Anm. *van Raad; DeBroer et. al.,* BIFD 2000, 513; BMF v. 9.11.2001, BStBl. I 2001, 796 (diese Verwaltungsgrundsätze – Arbeitnehmerentsendung – gelten auch für Entsendungen zu Betriebstätten); BelgFinMin Circulaire Nr. AFZ 2005/0652 v. 25.5.2005) lassen sich denn auch mit dem Wortlaut des Art. 15 Abs. 2 Buchst. c, der insoweit auch von Buchst. b maßgeblich abweicht, nicht vereinbaren. Hinzu kommt, dass eine solche sich aus der hier vertretenen Auffassung folgende Wahlmöglichkeit des Unternehmens/Arbeitnehmers auch sachgerecht scheint. Es handelt sich regelmäßig um kurzfristige, 183 Tage nicht überschreitende Aufenthalte, bei denen dem Arbeitnehmer im Interesse der internationalen Flexibilität die Konfrontierung mit dem ausländischen Steuerrecht nicht zugemutet werden sollte, solange im Staat der Hauptniederlassung der Abzug der Vergütungen zulässig und die Besteuerung der Vergütung sichergestellt ist, auch wenn der Arbeitnehmer funktionell für die Betriebstätte tätig wird.

Die Ziff. 7 bis 7.2 des OECD MA-Komm. zu Art. 15 MA bestätigen jedoch die Auffassung der abweichenden Meinung. Danach kommt es nicht auf den tatsächlichen Abzug der Lohnkosten an. Vielmehr ist entscheidend, ob die Kosten der Betriebstätte nach Art. 7 MA zuzurechnen seien. Insoweit ist aber zu berücksichtigen, dass nach den TP-Richtlinien der OECD (s. Ziff. 7.29ff.) eine gesonderte Zurechnung nicht erfolgen muss, wenn sie gewöhnlicherweise nicht erfolgt oder sie zu unverhältnismäßigem Verwaltungsaufwand führt. Das kann beispielsweise der Fall bei kürzeren Dienstreisen oder kurzen Arbeitsaufenthalten sein. Wenn in solchen Fällen keine Zurechnung erfolgt, sollte es bei der ausschließlichen Besteuerung im Wohnsitzstaat bleiben, auch wenn theoretisch eine Zurechnung erfolgen müsste.

65 Allerdings müssen die Vergütungen **auch aus der Sicht der Betriebstätte** solche für nichtselbständige Arbeit sein, d. h. der Arbeitnehmer muss Funktionen der Betriebstätte und nicht seines Arbeitgebers wahrnehmen (vgl. auch ÖstBMF v. 24.3.2003 (EAS 2260), SWI 2003, 304; v. 23.12.2003 (EAS 2396), SWI 2004, 224). Sind sie von der Betriebstätte nur als Verrechnungen für Warenlieferungen, Dienstleistungen oder Geschäftsführungs- und allgemeine Verwaltungskosten zu berücksichtigen, so gilt die Einschränkung des Art. 15 Abs. 2 Buchst. c OECD-MA nicht (BFH BStBl. II 1988, 819: *DBA Schweiz;* BMF v. 5.1.1994, BStBl. I 1994, 11 (12)).

66 Die Verrechnung zwischen Stammhaus und Betriebstätte reicht daher für das „Tragen" i. S. der MA nicht immer aus. Ein Indiz dafür, dass die ausländische Betriebstätte die Vergütung „trägt", ist, wenn sie **selbst unmittelbar mit dem entsandten Arbeitnehmer abrechnet;** sie kann dabei entweder die Vergütung selber auszahlen oder durch ein anderes Unternehmen vorstrecken lassen (*Runge,* BB 1977, 182). Nicht entscheidend ist der buchungstechnische Vorgang (FG Düsseldorf EFG 1968, 246). Unerheblich ist es auch, ob der Arbeitslohn zunächst vom inländischen Arbeitgeber gezahlt wird und der ausländischen Betriebstätte erst später weiterbelastet wird (BMF a. a. O.). Eine monatliche Belastung ist nicht erforderlich. Auch einer bereits aufgelösten Betriebstätte können die Vergütungen eines Arbeitnehmers zugerechnet werden. Hier kann nichts anderes als bei der Zuordnung nachträglicher Einkünfte (dazu s. Vor Art. 6–22 Rz. 8) gelten. Es muss allerdings ein wirtschaftlicher Zusammenhang gegeben sein (FG München EFG 1976, 187).

Der Zweck der Vorschrift, einen Ausgleich zu schaffen für den Verlust an Steueraufkommen, der sich durch den Betriebsausgabenabzug im Tätigkeitsstaat ergibt, kann in Zweifelsfällen helfen, zu sachgerechten Ergebnissen zu kommen. So sind wohl die Vergütungen auch dann nur im Tätigkeitsstaat zu besteuern, wenn die Betriebstätte die Vergütungen trägt, der Arbeitgeber aber in einem Drittstaat ansässig ist (s. Rz. 53a; wie hier *van den Hurk,* WFR 1990, 1229; a. A. *van Gennep,* WFR 1989, 1179). Entsprechendes sollte gelten, wenn der Arbeitnehmer in der ausländischen Betriebstätte eines Arbeitnehmerentleihers tätig wird, wenn der Ansässigkeitsstaat den Verleiher weiterhin als Arbeitgeber ansieht (anders aber das ÖstBMF, EAS 2795 v. 29.12.2006, SWI 2007, 55; ohnehin stellt sich hier die Frage, ob das Verständnis des Begriffs Arbeitgeber i. S. des Art. 15 Abs. 2 Buchst. b MA auf das Problem der Betriebstätte eines Arbeitgebers übertragen werden sollte). Umgekehrt dürfte die Voraussetzung des Buchst. c auch dann erfüllt sein, die Vergütung also nur im Ansässigkeitsstaat des Arbeitnehmers zu besteuern sein, wenn das Unternehmen zwar eine Betriebstätte im ausländischen Tätigkeitsstaat hat, die die Vergütung auch trägt, dieser Betriebstättengewinn aber aufgrund des Art. 8 nicht in diesem Staat besteuert wird und somit ein Abzug des Arbeitsentgelts nicht in Betracht kommt. 67

Wird ein Arbeitnehmer bei einer selbständigen ausländischen **Tochtergesellschaft** tätig, die nicht Arbeitgeber ist, so ist es unerheblich, wer die Vergütung trägt, da eine Tochtergesellschaft nicht Betriebstätte der Muttergesellschaft ist. Es kommt dann für das Besteuerungsrecht nur darauf an, ob sich der Arbeitnehmer bis zu 183 Tagen oder länger im Tätigkeitsstaat aufgehalten hat. Dabei ist jedoch zu beachten, dass auch eine Tochtergesellschaft ausnahmsweise zur Betriebstätte werden kann, wenn sie Tätigkeiten ausübt, die sie zur Betriebstätte qualifizieren (s. dazu Art. 5 Rz. 168). Zu vermerken ist auch, dass sich im Verhältnis zwischen Mutter- und Tochtergesellschaft Fragen der Bestimmung des Verrechnungspreises ergeben können (s. dazu Rz. 51 f. und bei Art. 9). Buchst. c gilt auch dann, wenn eine **Bau- oder Montagestelle** zur Betriebstätte wird, weil ihre Dauer 12 Monate überschreitet (Art. 5 Abs. 3). Für die Bezüge der in einer Bau- oder Montagestelle tätigen Arbeitnehmer kann sich rückwirkend eine Steuerpflicht ergeben, wenn die Dauer der Bau- bzw. Montagestelle zunächst auf einen kürzeren Zeitraum geschätzt wurde, die Dauer sich dann aber über 12 Monate hinaus erstreckte. 68

k) Aufteilung der Vergütung: Für die Anwendung des DBA kommt es nicht darauf an, zu welchem Zeitpunkt (erfasst sind also auch vorzeitige oder nachträgliche Vergütungen) und wo die Vergütung bezahlt wird, sondern allein darauf, ob sie dem Arbeitnehmer **für den Zeitraum der Auslandstätigkeit zufließt** (BFH BStBl. II 1972, 459; II 1973, 757: beide *DBA Schweiz 1959;* US Treas. Regs. § 1861–4b; US Rev. Rul. 86–145, 1986–2 Cum. Bull. 297; *Hoge Raad* nr. 29 358, BNB 1996/260c). Bezieht sich eine Zahlung sowohl auf einen Zeitraum, für den allein der Ansässigkeitsstaat das Entgelt besteuern darf, als auch auf einen Zeitraum, für den der Staat des Arbeitsorts das Entgelt besteuern darf (wenn beispielsweise ein Arbeitnehmer im Ausland zum Teil für einen ausländischen Arbeitgeber und zum Teil für seinen inländischen Arbeitgeber tätig wird), so muss die Zahlung zeitanteilig aufgeteilt werden. In die am Arbeitsort ausgeübte Tätigkeit ist einzubeziehen, was ihr **funktional zuzuordnen** ist (*Runge,* BB 1977, 184; a. A. *Neyer,* RIW 2006, 216). So gehören Reisetage, die der Arbeitnehmer bei der Hin- und Rückreise im Staat des Arbeitsortes verbringt, zur Tätigkeit des Arbeitnehmers in diesem Staat (*Popp,* DB 1976, 2083). Nicht die gleichen Grundsätze gelten für die Berechnung der Aufenthaltsdauer im Zusammenhang mit der 183-Tage-Klausel (s. dazu Rz. 37). 68a

68b Das vereinbarte Arbeitsentgelt pro Arbeitstag ist in Beziehung zu den vereinbarten Arbeitstagen zu setzen (BFH BStBl. II 1986, 479: *DBA Italien 1925;* FG Rhlpf. v. 6.6.2003 1 K 1390/03; entsprechend die österreichische Berechnung, s. ÖstBMF v. 3.7.1996 (EAS 906), IStR 1997, 251; v. 21.4.1999 (EAS 1442)). Darunter sind die Kalendertage pro Jahr abzüglich der Tage zu verstehen, an denen der Arbeitnehmer nach dem Arbeitsvertrag nicht zu arbeiten verpflichtet ist (arbeitsfreie Samstage, Sonntage und gesetzliche Feiertage). Der Lohn wird für die gesamte tatsächlich erbrachte Tätigkeit einschließlich der arbeitsfreien Zeiten gezahlt, unabhängig davon, ob die Tage im Inland- oder Ausland verbracht werden (BFH BStBl. II 2004, 936: *DBA Luxemburg 1958;* BStBl. II 2005, 1242: *DBA Portugal*). Es kommt somit weder auf die Zahl der Kalendertage des Jahres noch auf die Tage an, an denen der Arbeitnehmer tatsächlich seiner nichtselbständigen Arbeit nachgeht.

Davon abweichend hat man in den Niederlanden das Verhältnis zwischen ausländischen Arbeitstagen und gesamten Arbeitstagen lange Zeit ohne die Berücksichtigung von gesetzlichen Feiertagen und Urlaubstagen berechnet (s. *Hoge Raad,* nr. 32478, BNB 1998/51: *DBA Niederlande 1959* und *Hoge Raad* nr. 32946, BNB 1998, 52 mit kritischer Anmerkung von *Langereis*). In einer neueren Entscheidung hat der *Hoge Raad* allerdings seine Rspr. dem BFH angeglichen (HR 23.9.2005, nr. 40179, BNB 2006/52c (concl. Overgaauw) m. Anm. *Burgers: DBA Niederlande/Belgien;* bestätigt durch *Hoge Raad* 11.8.2006, nr. 40762, BNB 2006/303 für das innerstaatliche Recht). Unterschiede bestehen noch bei Krankheitstagen und u. U. bei der Aufteilung des Krankengeldes. Während der *Hoge Raad* (a. a. O.) zu Recht darauf abstellt, wo der Arbeitnehmer an dem Tag seiner Krankheit verpflichtet gewesen wäre zu arbeiten (so auch Wassermeyer/*Wassermeyer,* Art. 15 MA Rz. 148), zieht der BFH die Krankheitstage als Nichtarbeitstage ab und kommt zu einer pauschalen Verteilung von Arbeitstagen (so auch *Neyer,* RIW 2006, 216, der aber wohl den Inhalt der funktionalen Zuordnung missversteht; anders aber wohl BFH BFH/NV 2004, 161: *DBA Luxemburg 1958*; die Verständigungsvereinbarung zum DBA Luxemburg BMF v. 14.6.2011, BStBl. I 2011, 621 Tz. 1(i) zählt hingegen Krankheitstage als vereinbarte Arbeitstage, soweit der Arbeitnehmer Lohnfortzahlung, Krankengeld oder Mutterschaftsgeld erhält; s. näher *Richter/Hontheim,* IStR 2012, 297).

68c Steht die Zahl der Gesamtarbeitstage in einem Kalenderjahr fest, sind die im anderen Vertragsstaat verbrachten Arbeitstage abzuziehen. Die Differenz ergibt die im Ansässigkeitsstaat verbrachten Tage, die dort auch der Besteuerung unterliegen. Dementsprechend sind auch Vergütungen, die auf Arbeitstage in einem Drittstaat entfallen, im Ansässigkeitsstaat zu versteuern, wenn das DBA mit dem Drittstaat keine abweichende Regelung enthält. In einem nächsten Schritt müssen Bezugsteile, die unmittelbar einer Tätigkeit zugeordnet werden können, dem jeweiligen Vertragsstaat zugerechnet werden. Nicht direkt zurechenbare Bezugsteile (13. Monatsgehalt, Weihnachtsgeld, Urlaubsgeld, etc.) sind im Verhältnis der jeweiligen Arbeitstage aufzuteilen, die im Tätigkeitsstaat bzw. im Ansässigkeitsstaat verbracht wurden.

68d Bei **Berufskraftfahrern (oder Lokomotivführern, Busfahrern, Begleitpersonal)**, die an einem Tag mehrere Länder berühren, muss die Aufteilung nach den jeweiligen Arbeitsstunden erfolgen. Davon abweichend regelte eine Verständigungsvereinbarung mit Luxemburg, dass Aufteilungsmaßstab des Tageslohns unabhängig von der jeweiligen Verweildauer die Anzahl der Staaten sein soll, die an diesem Tag berührt bzw. durchfahren werden (BMF v. 10.5.2005 BStBl. I 2005, 696). Diese Vereinbarung wurde durch die Verständigungsvereinbarung v. 7.9.2011 (BMF v. 19.9.2011, BStBl. I 2011, 849; Abschnitt 3 der KonsVerLLUXV v. 9. Juli 2012, BStBl. I 2012, 693; s. dazu *Richter/Hontheim,* IStR 2012, 297) aufgehoben.

Mit der neuen Vereinbarung, die nunmehr nicht nur für Berufskraftfahrer, sondern auch für Lokomotivführer und Begleitpersonal gilt, sollen ebenfalls die Schwierigkeiten einer stundenweisen Aufteilung vermieden werden, die Aufteilung erfolgt aber näher am Grundgedanken des Art. 15 MA. Auch im Verhältnis zur Schweiz besteht eine Verständigungsvereinbarung für Arbeitnehmer im internationalen Transportgewerbe (s. zu den Einzelheiten noch Rz. 118).

Auch bei nur stundenweisem Aufenthalt im anderen Vertragsstaat pro Tag ist das Entgelt entsprechend aufzuteilen (BFH BStBl. II 1986, 479; BFHE 161, 482: beide *DBA Italien 1925*). Dies gilt für laufende ebenso wie für einmalige Zahlungen (Tantiemen, Abfindungen, Gratifikationen, Urlaubsgeld: BFH BStBl. II 1970, 728: *DBA Indien;* vgl. OFD Münster v. 19.12.1986, DStZ/E 1987, 114). Auch Veränderungen des Gehalts während des Kalenderjahres sind zu berücksichtigen (BFH BStBl. II 1986, 479; vgl. OFD Münster v. 19.12.1986, DStZ/E 1987, 114). Unerheblich ist, wo der Arbeitslohn gezahlt wird und ob der Arbeitgeber am Ort der Arbeitsausübung eine Betriebstätte unterhält (FG Berlin EFG 1971, 58: *DBA Österreich*). Vereinbarte Arbeitszeiten, die in Transitländern verbracht werden, sind dem Ansässigkeitsstaat zuzuordnen (BMF v. 14.9.2006, BStBl. I 2006, 532 Tz. 111). Sachzuwendungen sollten hingegen nicht ohne weiteres zeitlich aufgeteilt werden, wenn sie deutlich einen territorialen Bezug aufweisen (z.B. Mietübernahmen, Bezahlung von Schulgeldern, etc.). Die US Treas. Reg. § 1.861–4b sehen hier als Regelfall eine territoriale Zuordnung vor, überlassen es aber dem Steuerpflichtigen, eine sachgerechtere Aufteilung vorzuschlagen. **68e**

Werden Einmalzahlungen für Tätigkeiten bezahlt, die sich auf die Zukunft beziehen, und ist nicht bekannt, wo die Tätigkeit ausgeübt werden wird, lassen sich kaum Kriterien für eine sachgerechte Aufteilung finden. Das ÖstFinMin hält in diesen Fällen eine Schätzung für möglich, die dem anderen Vertragsstaat zur Zustimmung vorgelegt werden soll. Sollte dies nicht zum Erfolg führen, müsse die Lösung einem Verständigungsverfahren überlassen bleiben (EAS 2678 v. 23.1.2006, SWI 2006, 157 zu einem Bonus für die Einhaltung eines Konkurrenzverbots, der schon während der aktiven Zeit ausgezahlt wird). **68f**

II. Deutsche DBA

1. Abkommensübersicht zu Artikel 15 Abs. 1, 2

69

DBA	MA-Regelung: Grundsätzlich Arbeitsortprinzip; Besteuerung im Ansässigkeitsstaat, wenn Tätigkeit vorübergehend (183 Tage in 12-Monate-Zeitraum) und keine Bindung an den Tätigkeitsstaat	Artikel	Rz.
Ägypten	≈ MA; Kalenderjahr	15 Abs. 1, 2	
Albanien 2010	≈ MA; Sonderregelung für Arbeitnehmerüberlassung	15 Abs. 1, 2; Prot. Nr. 5	92
Algerien 2007	≈ MA; Sonderregelung für Arbeitnehmerüberlassung	15 Abs. 1–3	92
Argentinien	≈ MA; Kalenderjahr	15 Abs. 1, 2	
Armenien	s. UdSSR		
Aserbaidschan	≈ MA; Sonderregelung für Arbeitnehmerüberlassung	15 Abs. 1–3	92
Australien	≈ MA; Einkommensjahr oder Veranlagungszeitraum des anderen Staates	14 Abs. 1, 2	73b; 84

DBA	MA-Regelung: Grundsätzlich Arbeitsortprinzip; Besteuerung im Ansässigkeitsstaat, wenn Tätigkeit vorübergehend (183 Tage in 12-Monate-Zeitraum) und keine Bindung an den Tätigkeitsstaat	Artikel	Rz.
Bangladesch	≈ MA; Steuerjahr	15 Abs. 1, 2	84
Belarus	≈ MA; Sonderregelung für Arbeitnehmerüberlassung	15 Abs. 1, 2, 4	92
Belgien	≈ MA; Kalenderjahr	15 Abs. 1, 2, 4	73c; 83b
Bolivien	≈ MA; Kalenderjahr; „Person" statt „Arbeitgeber"; Freistellung der Einkünfte durch Verteilungsnorm	15 Abs. 1, 2	74; 78
Bosnien-Herzegowina	s. Jugoslawien		
Bulgarien 2010	≈ MA; Sonderregelung für Arbeitnehmerüberlassung	14 Abs. 1–3	92
China 1985	≈ MA; Kalenderjahr	15 Abs. 1, 2	73f
China 2014 (E)	≈ MA	15 Abs. 1, 2	
Costa Rica 2014 (E)	≈ MA; Sonderregelung für Arbeitnehmerüberlassung	15 Abs. 1–3	92
Dänemark	≈ MA; Kalenderjahr; Sonderregelung für Geschäftsführer von Gesellschaften und für gewerbsmäßige Arbeitnehmerüberlassung	15 Abs. 1, 2, 4; 16 Abs. 2	73b; 81; 83c; 92
Ecuador	≈ MA; Steuerjahr; 180-Tage-Frist	15 Abs. 1, 2	
Elfenbeinküste	≈ MA; Kalenderjahr	15 Abs. 1, 2	83d
Estland	≈ MA; Steuerjahr	15 Abs. 1, 2	
Finnland	≈ MA; Kalenderjahr	15 Abs. 1, 2	73b
Frankreich	≈ MA; Freistellung antragsabhängig; Steuerjahr; Sonderregelung beim Arbeitgeberbegriff und für gewerbsmäßige Arbeitnehmerüberlassung; klarstellende Regelung für Geschäftsführer einer Gesellschaft	13 Abs. 1, 4, 6, 7	73e; 76e; 79; 83; 94
Georgien	≈ MA	15 Abs. 1, 2	
Ghana	≈ MA	15 Abs. 1, 2	
Griechenland	≈ MA; Steuerjahr	XI Abs. 2, 3	
Großbritannien 1964/70	≈ MA; Freistellung antragsabhängig; Steuerjahr	XI Abs. 2, 3	71; 84; 89a
Großbritannien 2010	≈ MA; Steuerjahr	14 Abs. 1, 2	84; 84a; 89a
Indien	≈ MA; Freistellung der Einkünfte durch Verteilungsnorm; Steuerjahr	15 Abs. 1, 2	74; 84
Indonesien	≈ MA; Steuerjahr	15 Abs. 1, 2	
Iran	≈ MA; Steuerjahr	15 Abs. 1, 2	84
Irland 2011	≈ MA	14 Abs. 1, 2	
Island	≈ MA; Kalenderjahr	15 Abs. 1, 2	
Israel	≈ MA; Steuerjahr	9 Abs. 1, 2	
Italien	≈ MA; Freistellung antragsabhängig; Steuerjahr; Sonderregelung für gewerbsmäßige Arbeitnehmerüberlassung; Sonderregelung für Inkrafttreten der Vorschrift	15 Abs. 1, 2; Prot. Nr. 13, 16 Buchst. e	71; 89; 94; 98
Jamaika	≈ MA; Veranlagungsjahr	15 Abs. 1, 2	

DBA	MA-Regelung: Grundsätzlich Arbeitsortprinzip; Besteuerung im Ansässigkeitsstaat, wenn Tätigkeit vorübergehend (183 Tage in 12-Monate-Zeitraum) und keine Bindung an den Tätigkeitsstaat	Artikel	Rz.
Japan	≈ MA; Kalenderjahr; Sonderregelung für Geschäftsführervergütungen	15 Abs. 1, 2; 16	81; 84
Jugoslawien	≈ MA; Kalenderjahr	16 Abs. 1, 2	
Kanada	≈ MA; Sonderregelung für Geschäftsführervergütungen	15 Abs. 1, 2; 16 Abs. 2	78b; 81 f.
Kasachstan	≈ MA; Sonderregelung für gewerbsmäßige Arbeitnehmerüberlassung; Nicht-Diskriminierungsklausel für Beiträge zur Krankheits- und Altersvorsorge; Sonderregelung für Geschäftsführervergütungen	15 Abs. 1–3 und 5; 16 Abs. 2	78b; 81 f.; 92; 99
Kenia	≈ MA; Kalenderjahr	15 Abs. 1, 2	
Kirgisistan	≈ MA	15 Abs. 1, 2	
Korea	≈ MA Sonderregelung für gewerbsmäßige Arbeitnehmerüberlassung	15 Abs. 1–3	92
Kosovo	s. Jugoslawien		
Kroatien	= MA; Sonderregelung für gewerbsmäßige Arbeitsüberlassung und Sozialversicherungsleistungen	15 Abs. 1–3 und 5	78; 92
Kuwait	≈ MA; Steuerjahr		
Lettland	≈ MA; Steuerjahr	15 Abs. 1, 2	
Liberia	≈ MA	15 Abs. 1, 2	
Liechtenstein 2011	≈ MA	14 Abs. 1, 2; Prot. Ziff. 5	76 f.
Litauen	≈ MA; Steuerjahr	15 Abs. 1, 2	
Luxemburg 2012	≈ MA; Sonderregelung für gewerbsmäßige Arbeitsüberlassung	14 Abs. 1–3	75a; 88; 92
Malaysia 2010	≈ MA	15 Abs. 1, 2	
Malta	≈ MA	15 Abs. 1, 2	73b
Marokko	≈ MA; Steuerjahr	15 Abs. 1, 2	83d
Mauritius 2011	≈ MA	14 Abs. 1, 2	84
Mazedonien 2006	≈ MA	15 Abs. 1, 2	
Mexiko 2008	≈ MA; Sonderregelung für gewerbsmäßige Arbeitsüberlassung	15 Abs. 1–3	92
Moldau	s. UdSSR		
Mongolei	≈ MA; Kalenderjahr	15 Abs. 1, 2	
Montenegro	s. Jugoslawien		
Namibia	≈ MA; Steuerjahr; Freistellung im Ansässigkeitsstaat, Besteuerung dem Tätigkeitsstaat vorbehalten; subject-to-tax-Klausel	15 Abs. 1, 2; Prot. Nr. 1	74; 84; 89
Neuseeland	≈ MA; Steuerjahr	15 Abs. 1, 2	84
Niederlande 1959/2004	≈ MA; Kalenderjahr; Sonderregelung beim Arbeitgeberbegriff und für Personengesellschaften; Sonderregelung für grenzüberschreitende Gewerbegebiete	10 Abs. 1–2a	74 f.; 76e; 86

DBA	MA-Regelung: Grundsätzlich Arbeitsortprinzip; Besteuerung im Ansässigkeitsstaat, wenn Tätigkeit vorübergehend (183 Tage in 12-Monate-Zeitraum) und keine Bindung an den Tätigkeitsstaat	Artikel	Rz.
Niederlande 2012 (E)	≈ MA; Sonderregelung für grenzüberschreitende Gewerbegebiete	14 Abs. 1–3	73d; 75b ff.
Norwegen 1991	≈ MA; Sonderregelung beim Arbeitgeberbegriff und zusätzliche Voraussetzungen für Wohnsitzbesteuerung; Sonderregelung für gewerbliche Arbeitnehmerüberlassung; Sonderbestimmung für Tätigkeiten vor der Küste der Vertragsstaaten	15 Abs. 1, 2; 20 Abs. 5 Buchst. a; Prot. Nr. 5	77; 82; 94
Norwegen 2013 (E)	≈ MA; Sonderregelung beim Arbeitgeberbegriff und zusätzliche Voraussetzungen für Wohnsitzbesteuerung; Sonderregelung für gewerbliche Arbeitnehmerüberlassung; Sonderbestimmung für Tätigkeiten vor der Küste der Vertragsstaaten	15 Abs. 1, 2; 20 Abs. 5 Buchst. a; Prot. Nr. 5	77; 82; 94
Österreich	≈ MA; Kalenderjahr; Sonderregelung für Geschäftsführervergütungen; Sonderregelung für Arbeitnehmerüberlassung; Subject-to-tax-Klausel; Nicht-Diskriminierungsklausel für Beiträge zur Krankheits- und Altersvorsorge	15 Abs. 1–4, 7; 16 Abs. 2	78b; 81; 90; 95
Oman 2012 (E)	≈ MA	15 Abs. 1, 2	
Pakistan	≈ MA; Steuerjahr	15 Abs. 1, 2	84
Philippinen 1983	≈ MA; Kalenderjahr	15 Abs. 1, 2	
Philippinen 2013	≈ MA	15 Abs. 1, 2	
Polen	≈ MA; zusätzliche Voraussetzungen für Ansässigkeitsstaatbesteuerung nach Abs. 2; Sonderregelung für Geschäftsführervergütungen	15 Abs. 1–3; 16 Abs. 2	73h; 81 f.; 84a
Portugal	≈ MA; Kalenderjahr	15 Abs. 1, 2	
Rumänien	≈ MA; Sonderregelung für gewerbsmäßige Arbeitnehmerüberlassung	15 Abs. 1–3	92
Russische Föderation	≈ MA; Freistellung der Einkünfte durch Verteilungsnorm; Sonderregelung für bestimmte Zahlungen aus deutschen öffentlichen Kassen	15 Abs. 1, 2; Prot. Ziff. 6	73b; 74; 87
Sambia	≈ MA; Kalenderjahr	15 Abs. 1, 2	
Schweden	≈ MA; Kalenderjahr; Sonderregelung für Geschäftsführervergütungen; Sonderregelung für gewerbsmäßige Arbeitnehmerüberlassung	15 Abs. 1, 2, 4 16	73e; 81; 92; 94
Schweiz	≈ MA; Kalenderjahr; Sonderregelung für Wegzug; Sonderregelung für leitende Angestellte von Kapitalgesellschaften	15 Abs. 1, 2, 4 15a	73g; 76 ff.; 80 ff.
Serbien	s. Jugoslawien		

DBA	MA-Regelung: Grundsätzlich Arbeitsortprinzip; Besteuerung im Ansässigkeitsstaat, wenn Tätigkeit vorübergehend (183 Tage in 12-Monate-Zeitraum) und keine Bindung an den Tätigkeitsstaat	Artikel	Rz.
Simbabwe	≈ MA; Steuerjahr	15 Abs. 1, 2	84
Singapur	≈ MA; Wohnsitzbesteuerung unter Vorbehalt	15 Abs. 1, 2	89; 97
Slowakei	s. Tschechoslowakei		
Slowenien	= MA; Sonderregelung für Arbeitnehmerüberlassung	15 Abs. 1, 2; Prot. Nr. 4	92
Spanien 2011	≈ MA	14 Abs. 1, 2	73i
Sri Lanka	≈ MA; Steuerjahr	15 Abs. 1, 2	84
Südafrika 1973	≈ MA; Steuerjahr; zusätzliche Voraussetzungen für Wohnsitzbesteuerung nach Abs. 2	13 Abs. 1, 2	84; 89
Südafrika 2008 (E)	≈ MA; Sonderregelung für Arbeitnehmerüberlassung	14 Abs. 1–3	92
Syrien 2010	≈ MA	15 Abs. 1, 2	92
Tadschikistan	≈ MA; Sonderregelung für Arbeitnehmerüberlassung	14 Abs. 1–3	92
Taiwan 2011	= MA; Sonderregelung für Arbeitnehmerüberlassung	14 Abs. 1–3	92
Thailand	≈ MA; Steuerjahr; „Person" statt „Arbeitgeber"	14 Abs. 1, 2	78; 97
Trinidad und Tobago	≈ MA; Kalenderjahr	15 Abs. 1, 2	
Tschechien	s. Tschechoslowakei		
Tschechien 1997 (E)	≈ MA; zusätzliche Bestimmungen des 183-Tage-Zeitraums und des Arbeitgeberbegriffs	15 Abs. 1–4	83; 85
Tschechoslowakei	≈ MA; „Person" statt „Arbeitgeber"	15 Abs. 1, 2	78
Türkei 2011	≈ MA; nähere Bestimmung des wirtschaftlichen Arbeitgebers	15 Abs. 1, 2; Prot. Nr. 6	78a
Tunesien	≈ MA; Steuerjahr	15 Abs. 1, 2	83d
Turkmenistan	s. UdSSR		
Ukraine	≈ MA; Kalenderjahr	15 Abs. 1, 2	
Ungarn 2011	≈ MA; Sonderregelung für Arbeitnehmerüberlassung	15 Abs. 1–3	92
Uruguay 2010	≈ MA; Sonderregelung für Arbeitnehmerüberlassung	14 Abs. 1–3	92
USA 1989/2006	wie *USA 1989,* aber spezielle Regelung für Altersvorsorgepläne	15 Abs. 1, 2; 18A	78b; 99
Usbekistan	≈ MA	15 Abs. 1, 2	
UdSSR	≈ MA; Steuerjahr	12 Abs. 1, 2	87
Venezuela	≈ MA; Kalenderjahr; Freistellung der Einkünfte durch Verteilungsnorm	15 Abs. 1, 2	74
Vereinigte Arabische Emirate 2010	≈ MA	14 Abs. 1, 2	
Vietnam	≈ MA; Kalenderjahr	15 Abs. 1, 2	
Weißrussland	s. Belarus		
Zypern 2011	≈ MA; Sonderregelung für Arbeitnehmerüberlassung	14 Abs. 1 bis 3	92

2. Erläuterungen

70 **a) Innerstaatliches deutsches Recht: aa) Unbeschränkte Steuerpflicht:** Ist Deutschland nach einem DBA nicht zur Besteuerung befugt, darf der Arbeitslohn weder mit Einkommensteuer noch mit Lohnsteuer belastet werden. Ausländische Einkünfte von Arbeitnehmern werden in der deutschen Abkommenspraxis in der Regel unter Progressionsvorbehalt freigestellt (§ 32b EStG; s. dazu Art. 23 Rz. 205 ff.; der Progressionsvorbehalt verstößt nicht gegen Unionsrecht: BFH BStBl. II 2002, 660; BFH/NV 2011, 17). Ein spezielles Freistellungsverfahren ist nicht erforderlich (BFH BStBl. II 1987, 171; BStBl. II 1989, 755: *DBA Niederlande 1959;* vgl. auch FG Rhlpf. EFG 1984, 129 zur Frage der Haftung des Arbeitgebers bei fehlender Freistellungsbescheinigung); allerdings kann der Arbeitgeber nach § 39b Abs. 6 EStG eine Freistellungsbescheinigung beantragen (um das Haftungsrisiko nach § 42d EStG zu vermeiden). Ist jedoch nach einem DBA die Steuerbefreiung von einem Antrag abhängig (*DBA Frankreich* (Art. 25b Abs. 1, dazu s. BFH IStR 1997, 597), *Großbritannien* 1964 (Art. XVIII A Abs. 4; die Regelung ist im neuen DBA 2010 nicht mehr enthalten), *Italien* (Art. 29), *USA* (Art. 29) (in seinem Urteil v. 21.10.2009, BFH/NV 2010, 350: *DBA USA 1989* scheint der BFH die Vorschrift übersehen zu haben), darf der inländische Arbeitgeber den Lohn für die Auslandstätigkeit nur dann ohne Abzug auszahlen, wenn eine Freistellungsbescheinigung des zuständigen Finanzamts vorliegt (was innerhalb der EU möglicherweise aber gegen die unionsrechtliche Arbeitnehmerfreiheit verstößt). Der durch das Steuerreformgesetz 1990 eingeführte § 50d EStG, der ungeachtet der Geltung eines DBA einen Steuerabzug vorsieht, gilt nicht für Einkünfte aus unselbständiger Arbeit eines unbeschränkt Steuerpflichtigen; er bezieht sich nur auf den Abzug vom Kapitalertrag und von Einkünften bestimmter beschränkt Steuerpflichtiger (s. § 50a EStG; das JStG 2009 hat insofern hieran nichts geändert).

Ist dennoch Einkommen- oder Lohnsteuer einbehalten worden, muss der Arbeitnehmer im Rahmen des Veranlagungsverfahrens die Rückerstattung der überzahlten Steuer beantragen oder – sollte es wegen § 50 Abs. 5 EStG nicht zu einer Veranlagung kommen – sich auf eine analoge Anwendung des § 50d Abs. 1 Satz 2 EStG berufen (st. Rspr., s. etwa BFH BStBl. II 1996, 87; FG Düsseldorf, DStRE 2006, 214). Eine erteilte Freistellungsbescheinigung hat für die Veranlagung zur Einkommensteuer keine bindende Wirkung (BFH BStBl. II 1985, 500). Ferner kann der Arbeitnehmer die Lohnsteueranmeldung seines Arbeitgebers aus eigenem Recht anfechten und nach dem Eintritt der formellen Bestandskraft der Lohnsteueranmeldung eine Änderung der Anmeldung gem. § 164 Abs. 2 AO geltend machen (BFH BStBl. II 2012, 493: *DBA USA 1989*).

70a Ist Deutschland zur Besteuerung befugt, kann seit dem VZ 2004 auch ein im Inland ansässiges Unternehmen, das einen entsandten Arbeitnehmer aufnimmt, zum Lohnsteuerabzug verpflichtet sein, selbst wenn es formell nicht Arbeitgeber ist (§ 38 Abs. 1 S. 2 EStG; s. dazu auch R 38.1 LStR 2011; ferner *Lühn,* IWB 2009, 355). Das aufnehmende Unternehmen muss den Arbeitslohn wirtschaftlich tragen, d. h. der im Ausland gezahlte Arbeitslohn muss dem deutschen Unternehmen in Rechnung gestellt werden. Eine nur teilweise Belastung des Arbeitslohnes führt zu einer teilweisen Lohnsteuer-Abführungspflicht. Trägt das deutsche Unternehmen den Arbeitslohn nicht, so kommt auch nach § 38 Abs. 1 S. 3 eine Lohnsteuerabzugspflicht nicht in Betracht. Der entsendende ausländische Arbeitgeber ist hier nicht Dritter im Sinne der Vorschrift (s. auch *Wellisch/Näth,* IStR 2005, 433, (438)).

71 **Werbungskosten** sind abzugsfähig, wenn sie beruflich veranlasst sind. Stehen die Aufwendungen allerdings mit ausländischen Einkünften in wirtschaftlichem Zusammenhang, kommt ein Abzug nach deutscher Auffassung nicht in Frage;

vielmehr bedarf es eines Zusammenhangs mit inländischen steuerpflichtigen Einkünften. Dementsprechend können Aufwendungen für Auslandsübernachtungen geltend gemacht werden, wenn die Löhne im Inland der Besteuerung unterliegen. Insoweit kann der Arbeitnehmer auch die Pauschbeträge gemäß R 40 Abs. 2 LStR ansetzen. Erstattet der Arbeitgeber die Kosten in voller Höhe, so sind auch Pauschbeträge nicht absetzbar, selbst wenn sie höher waren als die tatsächlichen Kosten (FG Sachsen DStRE 2010, 142). Zum Reisekostenrecht insgesamt s. *Schreiber,* IWB 3-D-6, 483 (2009); s. auch OFD Münster v. 4.1.2011, DStR 2011, 221. Entstehen Werbungskosten im Zusammenhang mit einer Arbeitsaufnahme im Ausland können diese abzugsfähig sein, wenn der Arbeitsplatzwechsel scheitert und der Arbeitnehmer im Inland weiterbeschäftigt wird (BFH BFH/NV 2001, 1379: *DBA Niederlande 1959*). Die österreichisches Finanzverwaltung vertritt hier die entgegengesetzte Ansicht. So können nachträglich entstandene Werbungskosten aus einer unselbständigen Tätigkeit in Österreich auch dann zum Abzug kommen, wenn sie der Auslandstätigkeit zuzurechnen sind und die ausländischen Einkünfte freizustellen sind. Anderenfalls würde das DBA so ausgelegt als würde es Besteuerungsrechte begründen. Da DBA aber nur eine Schrankenwirkung entfalten, könne durch DBA die inländische Steuerpflicht nicht erweitert werden (ÖstBMF, EAS 3302 v. 23.10.2012, SWI 2012, 519: *DBA Österreich/Weißrussland*).

Im Grundsatz können auch **vorweggenommene Werbungskosten** abzugsfähig sein bzw. können die Verluste festgestellt und vorgetragen werden (BFH BStBl. II 2012, 553: *DBA Türkei 1985*; anders noch FG München EFG 2007, 1677; s. auch Anm. *Schmidt,* PIStB 2008, 231). § 3c Abs. 1, Halbs. 1 EStG steht einer Verlustfeststellung nur dann entgegen, wenn die Ausgaben mit steuerfreien Einnahmen in einem unmittelbaren wirtschaftlichen Zusammenhang stehen. Das ist beispielsweise nicht der Fall bei einer Pilotenausbildung, wenn der Stpfl. nach der Ausbildung eine Arbeit als Pilot im Ausland aufnimmt. Insoweit tätigt der Stpfl. die Aufwendungen zur Erlangung einer beruflichen Qualifikation und nicht im Hinblick auf die konkrete Anstellung (BFH BStBl. II 2012, 553: *DBA Türkei 1985*; anders FG Rheinland-Pfalz DStRE 2009, 836: *DBA Österreich*). Der Arbeitnehmer kann seine vorweggenommenen Werbungskosten in dem Jahr steuermindernd geltend machen, in dem es zu einer Aufnahme einer Tätigkeit in Deutschland kommt, soweit damit Einnahmen verbunden sind. Einen unmittelbaren Zusammenhang hat der BFH auch für den Fall verneint, dass Aufwendungen für einen Lehrgangsbesuch im Hinblick auf einen Auslandseinsatz entstanden waren (BFH BFH/NV 1995, 505). Hingegen liegt ein unmittelbarer Zusammenhang vor, wenn dem Stpfl. Umzugskosten (inkl. Visum-, Arzt-, Speditionskosten, etc.) entstehen, weil er im Ausland eine Tätigkeit aufnehmen will (BFH BStBl. II 1994, 113: *DBA Südafrika 1973;* FG SchlHolst. IStR 2005, 855; BFH BFH/NV 2007, 346: beide *DBA Australien;* dazu auch *Jahn,* Urteilsanm., PIStB 2007, 36). Danach können vorab entstandene Werbungskosten weder in Deutschland noch im zukünftigen Tätigkeitsstaat abzugsfähig sein, wenn nach dem Recht des Tätigkeitsstaats vorweggenommene Werbungskosten nicht zum Abzug zugelassen werden (s. auch die kritischen Anmerkungen von *Andresen,* IStR 2001, 497). Nach Ansicht des BFH lässt sich dieses Problem allenfalls in einem Verständigungsverfahren lösen (BFH/NV 2007, 346: *DBA Australien*). **71a**

Progressionsvorbehalt (§ 32b EStG): Die Höhe der Einkünfte, die dem Progressionsvorbehalt unterliegen, ist nach deutschem Steuerrecht zu ermitteln (BFH BStBl. II 1992, 94; BStBl. II 2005, 96: *DBA Luxemburg 1958*). Der Progessionsvorbehalt kommt immer schon dann zur Anwendung, wenn er im DBA nicht verboten ist; auf die abkommensrechtliche Anwendungserlaubnis des Progressionsvorbehalts kommt es nicht an (BFH BStBl. II 2003, 302). Das gilt auch für Einkünfte, die nach anderen zwischenstaatlichen Übereinkommen an sich nicht unter **71b**

Progressionsvorbehalt stehen (§ 32b Abs. 1 Nr. 4 EStG). Die nach dem DBA steuerfreien ausländischen Einkünfte sind für die Zwecke des Progressionsvorbehalts um die tatsächlich angefallenen Werbungskosten zu kürzen (BFH BStBl. II 2005, 96: *DBA Luxemburg 1958*), besonders und gerade auch dann, wenn sie die positiven Einkünfte übersteigen (negativer Progressionsvorbehalt; zum Abzugsverbot ausländischer Verluste gem. § 2a EStG s. noch EuGH v. 21.2.2006, Rs. C-152/03, Slg. 2006, I-01711 – *Ritter-Coulais*, IStR 2006, 196 m. Anm. *Ross* und *Hahn*, auf Vorlage des BFH IStR 2003, 314). Das gilt auch für vorab entstandene Werbungskosten, etwa Bewerbungs- und Umzugskosten (FG Münster EFG 1993, 383; BFH BStBl. II 1994, 113: beide *DBA Südafrika 1973*).

71c Zu Aufwendungen der **doppelten Haushaltsführung**: *Zielke*, IWB F. 3, Deutschland, Gr. 6 (1999), 451; zu Umzugskosten: *Vetter/Schreiber*, IWB 3-D-3, 1555 (2009).

71d Die tatsächlich angefallenen Werbungskosten oder der Arbeitnehmerpauschbetrag sind auch dann zu berücksichtigen, wenn bei der Ermittlung des inländischen zu versteuernden Einkommens der Arbeitnehmerpauschbetrag gem. § 9a S. 1 Nr. 1 Buchst. a EStG gewährt wurde (BFH BStBl. II 2005, 96; BMF v. 14.9.2006, BStBl. I 2006, 532, Tz. 23). Nach § 32b Abs. 2 Nr. 2 EStG i. d. F. des Jahressteuergesetzes 2007 ist der Arbeitnehmerpauschbetrag allerdings nur soweit zu gewähren, wie er nicht bereits bei § 19 EStG verbraucht wurde, und können Werbungskosten nur in der Höhe des den Arbeitnehmerpauschbetrags übersteigenden Betrags abgezogen werden. Im Ergebnis kann damit der Arbeitnehmerpauschbetrag nicht mehr zweimal Berücksichtigung finden.

71e Der BFH (a. a. O.) hat für den Fall des **Doppelwohnsitzes** seine frühere Rechtsprechung (BFH BStBl. II 1986, 133) aufgegeben, wonach nur der Ansässigkeitsstaat zur Ausübung des Progressionsvorbehalts berechtigt sei. Im Jahressteuergesetz 2007 ist diese Rechtsprechung in § 32b Abs. 1 Nr. 3 EStG klarstellend berücksichtigt worden. Der Progressionsvorbehalt erfasst allerdings nicht solche Einkünfte, die zwar an sich von Art. 15 MA erfasst sind, aber aus innerstaatlichen Gründen nicht dem Progressionsvorbehalt unterliegen (BFH BStBl. II 1997, 358: *DBA Frankreich* zu einer möglicherweise nach § 3 Nr. 6 EStG steuerbefreiten Invalidenrente).

71f **Unterhaltsleistungen** an Angehörige im Ausland (s. dazu BMF v. 9.2.2006, DStR 2006, 467; *Hillmoth*, INF 2006, 257) bedürfen für die Abzugsfähigkeit des Nachweises, dass tatsächlich Unterhalt geleistet wurde und dass die unterstützte Person tatsächlich bedürftig ist (BFH BStBl. II 2011, 116; BStBl. II 2011, 164; BMF 7.6.2010, BStBl. I 2010, 582). Zur Frage der Glaubwürdigkeit einer Unterhaltsbescheinigung s. BFH, BFH/NV 2011, 501). Zur steuerlichen Berücksichtigung von Kindern s. *Vetter/Schreiber/Glaser*, IWB 3-3-1575 (2009); s. auch EuGH v. 20.5.2008, Rs. C-352/06, Slg. 2008, I-3827 – *Bosmann;* EuGH v. 14.10.2010, Rs. C-16/09, Slg. 2010, I-09717 – *Gudrun Schwemmer;* EuGH v. 12.6.2012, Rs. C-611/10 und 612/10, Slg. 2012, I-0000 – *Hudzinski/Wawrzyniak* (s. dazu auch *Weimar*, IStR 2014, 1). Zum **Kindergeld/Elterngeld** s. noch *Vetter/Schreiber/Glaser*, IWB 3-Deutschland-1587 (2009). Mit Urteil vom 19.4.2012, BStBl. II 2012, 862, hat der BFH entschieden, dass die Gebühren für die Betreuung eines Kindes in einer deutsch-französischen Kita in voller Höhe als Kinderbetreuungskosten abgezogen werden können (das Urteil hat wohl auch Bedeutung für § 10 Abs. 1 Nr. 5 S. 2 EStG i. d. F. des StVereinfG 2011).

71g Zu den **arbeitsrechtlichen Problemen:** *Geray*, IStR 1997, 566; *Mayer*, BB 1999, 842; *Reichel/Spieler*, BB 2011, 2741. In Fällen von Entsendungen/Versetzungen/Zuweisungen hat der Steuerpflichtige für jedes Jahr, in dem keine unbeschränkte Steuerpflicht bestand und für das Altersvorsorgebeiträge geleistet worden sind, u. U. Anspruch auf Altersvorsorgezulage gem. § 95 Abs. 3 EStG. Die Zulage bedarf eines Antrags, der innerhalb von 2 Kalenderjahren nach erneuter

Begründung der unbeschränkten Steuerpflicht einzureichen ist (das Vordrucksmuster ist abgedruckt in BMF, Schr. v. 31.7.2007 – IV C 8 – S 2498/07/0001, BStBl. I 2007, 609).

Zur **Altersversorgung**: *Brähler/Lösel,* StuW 2008, 73; *Buttler,* BB 1998, 1132; *Klotzek/Lechowicz,* PIStB 2009, 86; *Portner,* DStR 2010, 2022; *dies.,* BB 2012, 351; *Scheffler/Kölbl,* IStR 2007, 113; *Schmidt,* PIStB 2010, 107; *Vetter/Schreiber,* IWB 3-D-3, 1527 (2008); *Zillmer,* BB 2012, 2345; s. ferner unten zum *DBA USA* Rz. 99. **71h**

Der EuGH hat in seinem Urteil vom 10.9.2009 (Rs. C-269/07, Slg. 2009, I-07811 – Kommission/Deutschland) entschieden, dass die unterschiedliche Behandlung von Steuerausländern und Steuerinländern im Rahmen der Riester-Rente europarechtswidrig ist. Der deutsche Gesetzgeber hat daraufhin mit dem EU-Vorgaben-Umsetzungsgesetz das deutsche Recht geändert. Die Zulageberechtigung hängt nunmehr nicht mehr von einem Wohnsitz in Deutschland ab, sondern von dem Bestehen einer Pflichtversicherung in der inländischen gesetzlichen Rentenversicherung (§§ 10a, 79 EStG). Das angesparte Kapital kann auch für die Anschaffung einer im EU/EWR Raum gelegenen Immobilie verwendet werden (§ 92a EStG). Schließlich führt die Wohnsitzverlegung innerhalb des EU/EWR Raums nicht mehr zu steuerlichen Nachteilen.

Allgemein zu **sozialversicherungsrechtlichen Problemen**: *Behrend,* ZESAR 2012, 55; *Osterholz,* IWB F. 4, Deutschland, Gr. 10 (2002), 177. Zu den neuen **Verordnungen zur Sozialrechtskoordinierung** in Europa s. *Schulte,* ZESAR 2010, 143, (Teil II) ZESAR 2010, 202; *Bokeloh,* ZESAR 2011, 18; *Buschermöhle,* DStR 2010, 1845; *Barlage-Melber,* ZESAR 2010, 471; *Verschueren,* TEC Tax Review 2012, 98. **71i**

Beiträge zu einer gesetzlichen Sozialversicherung (Altersvorsorgeaufwendungen, Kranken- und Pflegeversicherung; Beiträge zur Arbeitslosenversicherung) können grundsätzlich als Sonderausgaben geltend gemacht werden, auch wenn sie an einen ausländischen Versicherungsträger gezahlt werden. Bei Altersvorsorgeaufwendungen soll dies in den Abkommen ausdrücklich festgeschrieben werden (s. Art. 14 Abs. 4 DE-VG). Für beschränkt Steuerpflichtige gilt das nur, wenn sie mit steuerpflichtigen Einkünften i. S. des § 49 Abs. 1 Nr. 4 EStG zeitlich und sachlich in Verbindung stehen (Vorsorgeaufwendungen i. S. des § 10 Abs. 1 Nr. 3a EStG sind jedoch nicht zu berücksichtigen). Da manche Rechtssysteme nicht nach den verschiedenen Sozialversicherungszweigen unterscheiden, bedarf es für deutsche Besteuerungszwecke einer Aufteilung (s. dazu BMF v. 5.7.2011, DStR 2011, 1321; s. auch BayLfSt v. 20.7.2010, IStR 2010, 923; BMF v. 29.10.2012, BStBl. I 2012 1013). **71j**

Zuschüsse des Arbeitgebers zur **Krankenversicherung** sind nach § 3 Nr. 62 EStG steuerbefreit, soweit der Arbeitgeber hierzu nach sozialversicherungsrechtlichen oder anderen gesetzlichen Vorschriften verpflichtet ist. So ist der Arbeitgeber solange zur Zahlung eines Zuschusses verpflichtet, wie der Arbeitnehmer freiwillig in der deutschen gesetzlichen Krankenversicherung versichert ist (§ 257 Abs. 1 SGB V). Versichert sich der Arbeitnehmer bei einer ausländischen Krankenversicherung, soll nach Ansicht der Rspr. die Steuerfreiheit nicht gegeben sein (BFH BStBl. II 2004, 1014; BFH BStBl. II 2009, 857; BFH BStBl. II 2011, 446). Es ist allerdings sehr zweifelhaft, ob diese Ansicht nicht gegen die Arbeitnehmerfreiheit des AEUV verstößt. Unterliegen die Löhne der Besteuerung im anderen Vertragsstaat und werden sie in Deutschland freigestellt, so können Krankenversicherungsbeiträge als Sonderausgaben bei der Ermittlung der Einkünfte im Rahmen des Progressionsvorbehalts nicht abgezogen werden (FG Köln DStRE 2010, 609: *DBA Niederlande 1959*). Das FG Köln hält diese Benachteiligung weder für verfassungs- noch unionswidrig, was der BFH bestätigt hat (BFH, Urt. v. 3.11.2010, I R 73/09, BFH/NV 2011, 773). **71k**

71l Zur **Kirchensteuer**: *Vetter/Schreiber,* IWB 2011, 271;

72 **bb) Subject-to-tax-Klausel:** Die Steuerfreistellung im Veranlagungsverfahren setzt gem. dem durch das StÄndG 2003 eingeführten **§ 50d Abs. 8 EStG** (BMF v. 21.7.2005, BStBl. I 2005, 821; s. auch BMF v. 20.6.2013 BStBl. I 2013, 980; s. ferner *Grotherr,* IWB Gr. 3, 1395; *Hofmann/Otto,* FR 2004, 826; *Holthaus,* IStR 2004, 16; *Neyer,* BB 2004, 519; *Strohner/Mennen,* DStR 2005, 1713) eine prinzipielle ausländische Besteuerung (zu Ausnahmen für Ortskräfte diplomatischer Vertretungen OFD Rheinland, IStR 2007, 520) und die unbeschränkte Steuerpflicht des Arbeitnehmers (FG Köln EFG 2008, 593: *DBA Belgien*) voraus. Diese subject-to-tax-Klausel stellt einen treaty override dar (*Kirchhof/Gosch,* EStG, § 50d Anm. 57; *Kamphaus/Büscher,* in SKK Art. 15 Rz. 28; *Gosch* IStR 2008, 413; *Schmidt/Loschelder,* § 50d Rz. 52) und ihre Verfassungsmäßigkeit ist deshalb zweifelhaft (s. Grundl. Rz. 193 ff., 201; für die Verfassungsmäßigkeit aber FG Rheinland-Pfalz, DStRE 2008, 1192: *DBA Spanien 1966;* s. dazu auch *Schmidt,* PIStB 2008, 289; vgl. ferner BFH BStBl. II 2011, 156; offen gelassen in BFH BFH/NV 2012, 862: *DBA Großbritannien 1964;* mit Beschluss v. 10.1.2012, BFH/NV 2012, 1056: *DBA Türkei 1985,* hat der BFH die Frage dem BVerfG vorgelegt; s. dazu auch *Cloer/Trinks,* IWB 2012, 402; *Hilbert,* IStR 2012, 405; *Lehner,* IStR 2012, 389; *Schwenke,* FR 2012, 443). Zur Nichtanwendung der Vorschrift muss der Stpfl. nachweisen, dass die betreffende Einkommensteuer im anderen Staat entrichtet wurde (was in der Praxis häufiger zu Problemen führen kann; s. etwa BayLfSt v. 29.4.2010, IStR 2010, 588) oder dass der Quellenstaat auf sein Besteuerungsrecht verzichtet hat (vgl. etwa FG Köln, EFG 2012, 134: *DBA Spanien*). Der Quellenstaat muss somit Kenntnis von den Einkünften haben und dennoch sein Besteuerungsrecht nicht wahrnehmen aufgrund eines Steuererlasses, einer Steuerbefreiung, eines generellen Verzichts auf die Steuererhebung oder eines völkerrechtlichen Vertrages (s. BFH BFH/NV 2008, 1487: *DBA Belgien* (s. dazu auch *Lühn,* PIStB 2008, 285); ferner FG Köln EFG 2008, 593: *DBA Belgien;* FG Bremen EFG 2011, 1431: *DBA USA 1989;* FG Düsseldorf, EFG 2014, 48: *DBA Jugoslawien*). Insoweit bleibt das mit der Freistellungsmethode verbundene Verbot der virtuellen Doppelbesteuerung aufrechterhalten. Bei hinreichendem Nachweis will die Finanzverwaltung regelmäßig weder um Auskünfte ersuchen noch Spontanauskünfte erteilen, es sei denn, es bestehen Zweifel über den Grund und die Höhe der Zahlungen bzw. den Grund des Besteuerungsverzichts (BMF v. 21.7.2005, BStBl. I 2005, 821: „Merkblatt zur Steuerfreistellung ausländischer Einkünfte gemäß § 50d Abs. 8 EStG"; s. auch *Grotherr,* IWB F. 3, Deutschland, Gr. 3, 1395 (2004); zum Verhältnis zu den Rückfallklauseln der DBA s. auch *Ludewig/Libudda,* RIW 2005, 344).

72a Neben § 50d Abs. 8 EStG kann auch **§ 50d Abs. 9 EStG** (eingefügt durch das JStG 2009) zur Anwendung kommen, wenn entweder ein Qualifikationskonflikt zur Nicht- oder Niedrigbesteuerung im Quellenstaat führt oder eine Nichtbesteuerung wegen einer fehlenden Ansässigkeit vorliegt (zu den Einzelheiten s. *Riehle/Dusolt,* PIStB 2010, 244). Danach kommt die Vorschrift nicht zur Anwendung, wenn die Nichtbesteuerung im Quellenstaat auf nationalem Recht beruht (BFH BFH/NV 2008, 1487: *DBA Belgien*), d.h. wenn die Einkünfte auch bei unbeschränkter Steuerpflicht nicht besteuert würden. Liegen hingegen die Voraussetzungen der Vorschrift vor (s. zu Flugpersonal BMF v. 12.11.2008, DStR 2008, 2316), fällt das Besteuerungsrecht trotz abkommensrechtlicher Freistellung an Deutschland als Ansässigkeitsstaat zurück. § 50d Abs. 9 Nr. 2 EStG ist aber insgesamt nicht anwendbar, wenn nur ein Teil der Einkünfte der ausländischen Besteuerung unterliegt, eine Aufteilung in einen besteuerten und einen nichtbesteuerten Teil ist somit nicht zulässig (FG Köln BeckRS 2013, 95569; BFH IStR 2014, 527 = BB 2014, 742 m. Anm. *Becker:* beide *DBA Irland;* anders aber FG Berlin-Brandenburg IStR 2014, 529: *DBA Großbritannien 1964*). § 50d Abs. 9 EStG lässt die Anwendung des Absatz 8 unberührt (§ 50d Abs. 9 Satz 3 EStG) und schließt daher die gleichzeitige Anwendung des Abs. 9 aus (BFH/NV 2012, 862: *DBA Irland 1962;* s. Urteilsanmerkung *Sedemund/Hegner,* IStR 2012, 315 und *Kempermann/Mitschke,* FR 2012, 467; *Hilbert,* IStR 2012, 405; im Übrigen str., eine andere Auffassung vertreten BMF v. 12.11.2008 BStBl. I 2008, 988; *Loscheder/Schmidt,* § 50d Rz. 59; *Wagner,* in Blümich, § 50d Rz. 101; *Mitschke,* FR 2012, 467 f.; *Sedemund,* IStR 2012, 613; wie der BFH: *Urbahns,* StuB 2011, 420; *Kempermann,* FR 2012, 467; *Klein/Hagena,* in HHR, § 50d EStG Rz. 110; *Nieland,* in Lademann, EStG, § 50d Rz. 411; *Schönfeld,* in FWB, § 50d Rz. 142; *Möhrle/Groschke,* TIStR 2012, 315, IStR 2012, 610). Im Amtshilferichtlinie-Umsetzungsgesetz hat der Gesetzgeber nunmehr klargestellt (§ 50d Abs. 9 Satz 3 EStG), dass beide Vorschriften nebeneinander zur Anwendung kommen (zur Begründung des Finanzausschusses des Bundesrates s. BR-Drs. 632/1/12, 12). Das FG Köln (EFG 2014, 204: *DBA Irland*) hat Zweifel, ob die vorgesehene Rückwirkung dieser Vorschrift mit dem Grundgesetz vereinbart werden könne (s. auch *Hasbargen/Kemper/Franke,* BB 2014, 407).

Auch diese Regelung stellt einen treaty override dar (vgl. *Kahle,* IStR 2007, 757; *Vogel,* IStR 2007, 225; *Gosch,* IStR 2008, 413). Nach Ansicht des FG Bremen (DStRE 2011, 679: *DBA Irland 1962*) ist sie trotz des Verstoßes gegen Völkervertragsrecht verfassungsgemäß.

cc) Zusammenfallen von unbeschränkter und beschränkter Steuerpflicht: Gemäß § 2 Abs. 7 Satz 3 EStG wird in einem Jahr, in dem unbeschränkte und beschränkte Steuerpflicht zusammenfallen, ab 1996 nur noch eine Veranlagung zur unbeschränkten Steuerpflicht durchgeführt. Das führt dazu, dass ausländische Einkünfte, die während der Zeit der beschränkten Steuerpflicht erzielt werden und eigentlich nicht der deutschen Besteuerung unterliegen, in den Progressionsvorbehalt einbezogen werden (§ 32b Abs. 1 Nr. 2 EStG). Diese Regelung ist auf vielfältige Kritik gestoßen, die allerdings vom BFH zurückgewiesen worden ist (BFH IStR 2002, 239: *DBA USA 1989;* IStR 2002, 635: *DBA Niederlande 1959;* OFD Berlin v. 15.1.2002, DStR 2003, 509; OFD Nürnberg v. 26.8.2002, DStR 2002, 1905; s. dazu noch näher Art. 23 Rz. 233 und *Wassermeyer,* IStR 2002, 289; *Mössner,* IStR 1997, 225; *Apel/Oltmans,* DB 1998, 2560; *Hensel,* IWB F. 3, Deutschland, Gr. 3, 1183; *Lüdicke,* IStR 1999, 470; *Achter,* IStR 2002, 73; *Lieber,* IWD F. 3a Rspr. Gr. 1, 1022 ff.; *Sabatschus,* IStR 2002, 623; *Achter,* IStR 2003, 203). 72b

Erhält ein Arbeitnehmer nach seinem Wegzug noch eine Bonuszahlung, die sich auf das gesamte Steuerjahr bezieht, ist bei der Ermittlung des Jahresarbeitslohns zur Berechnung der auf die Bonuszahlung entfallenden Lohnsteuer der im Rahmen der unbeschränkten Steuerpflicht erzielte Arbeitslohn einzubeziehen, auch wenn er auf einen Zeitraum entfällt, der vor dem Wechsel der Art der Steuerpflicht liegt (BFH BStBl. II 2010, 150; FG Düsseldorf EFG 2008, 929: beide *DBA Japan;* s. auch die Anm. von *Kreft,* PIStB 2009, 6). 72c

dd) Beschränkte Steuerpflicht: Nach § 49 Abs. 1 Nr. 4a EStG unterliegen die Einkünfte aus einer im Inland ausgeübten oder verwerteten nichtselbständigen Arbeit der deutschen Besteuerung. Da eine Abfindung nicht für eine Ausübung einer Tätigkeit gezahlt wird und Abfindungen damit nicht der beschränkten Steuerpflicht unterlagen, hat der Gesetzgeber einen Buchstaben d) eingefügt (mit Wirkung ab 2004), wonach zu den inländischen steuerpflichtigen Einkünften auch Entschädigungen für den Verlust des Arbeitsplatzes gehören, wenn die für die zuvor ausgeübte Tätigkeit bezogenen Einkünfte der inländischen Besteuerung unterlegen haben. Nichtansässige Personen, die für die unbeschränkte Steuerpflicht optieren können, bleiben aus Abkommenssicht nichtansässig (s. Art. 4 Rz. 78 ff.) und können sich daher nicht auf die DBA des Staates berufen, für dessen unbeschränkte Steuerpflicht sie optiert haben. 72d

72e Einkünfte aus unselbständiger Tätigkeit unterliegen der Lohnsteuerabzugspflicht, wenn der zahlende Arbeitgeber im Inland ansässig ist oder eine Betriebstätte oder einen ständigen Vertreter im Inland hat (§ 38 Abs. 1 S. 1 Nr. 1 EStG). Im Fall der Leiharbeit ist auch der ausländische Verleiher lohnsteuerabzugspflichtig (§ 38 Abs. 1 S. 1 Nr. 2 EStG). Der Lohnsteuerabzug hat grundsätzlich Abgeltungswirkung (§ 50 Abs. 2 S. 1 EStG; allerdings sind in die Lohnsteuertabellen der Grundfreibetrag, der Arbeitnehmerpauschbetrag, der Sonderausgabenpauschbetrag und die Vorsorgepauschale eingearbeitet; s. auch § 50 Abs. 1 S. 5 EStG). Der Stpfl. kann allerdings die Veranlagung beantragen (§ 50 Abs. 2 S. 2 Nr. 4b EStG), dieses Wahlrecht gilt aber nur für EU/EWR-Staatsangehörige (§ 50 Abs. 2 S. 7 EStG). Eine Veranlagung ist immer erforderlich, wenn nach § 39d Abs. 2 EStG in die Bescheinigung nach § 39d Abs. 1 EStG ein Freibetrag für Spenden oder Werbungskosten eingetragen wurde (§ 50 Abs. 2 S. 2 Nr. 4a EStG).

72f Ist eine Lohnsteuerabzugspflicht nicht gegeben, müssen die Arbeitnehmer veranlagt werden. Im Einzelfall können auch Einkommensteuervorauszahlungen gem. § 37 EStG festgesetzt werden. Nach § 50 Abs. 2 S. 2 EStG wird diesen Stpfl. der volle Grundfreibetrag gewährt, auch wenn sie nur zeitweise inländische Einkünfte hatten (zum Hintergrund s. BT-Drs. 16/11 108 v. 27.11.2008). Ein Mindeststeuersatz ist ab 2009 nicht mehr vorgesehen. Im Grundsatz ist gem. § 50 Abs. 1 S. 2 EStG der Einkommensteuertarif so anzuwenden, dass das zu versteuernde Einkommen um den Grundfreibetrag erhöht wird. Das gilt jedoch nicht in vollem Umfang für Arbeitnehmer mit Einkünften aus unselbständiger Arbeit. Nach Änderung durch das BeitrRLUmsG (BGBl. I 2011, 2592) erfolgt die Hinzurechnung des Grundfreibetrags nur in der Höhe, in der der Grundfreibetrag die Einkünfte abzüglich der nach § 50 Abs. 1 Satz 4 EStG abzuziehenden Aufwendungen übersteigt.

Hat ein nichtansässiger Steuerpflichtiger Aufwendungen, die mit einer späteren Arbeitsaufnahme in Deutschland zusammenhängen, so kann er zwar mangels Steuerpflicht keine Feststellung der Verluste im Jahr der Aufwendungen erhalten, die Aufwendungen können aber im Jahr des Beginns der inländischen Einnahmenerzielung zum Abzug kommen (FG München DStRE 2008, 601).

b) Steuervergünstigungen für Expatriates:

73 **Literatur:** *Haarmann/Rosenow,* IStR 2009, 536; *Hellio/Crucifix,* IWB-5-2-1501 (2008); *Klotzek/Lechowicz/Vater,* PIStB 2012, 21; *Lühn,* PIStB 2008, 292; *Prätzler,* IStR 2004, 512; *Stiller,* SWI 2009, 36; *Strunk/Plattes,* PIStB 2011, 178.

73a Im Wettbewerb zwischen den einzelnen Ländern wird es immer wichtiger, qualifizierte ausländische Arbeitnehmer zu gewinnen. Die Steuerbelastung wird regelmäßig eine Rolle bei der Entscheidung für die Arbeitsaufnahme in einem anderen Staat spielen (s. OECD, Taxation, 123 ff.). Einige Staaten (16 OECD-Mitgliedsstaaten) gewähren deshalb **steuerliche Vergünstigungen** zugunsten der Arbeitnehmer, die die Aufnahme einer Arbeitstätigkeit in dem Staat attraktiv machen sollen (auch in Deutschland gab es entsprechende Überlegungen; s. dazu *Prätzler,* IStR 2004, 512). Innerhalb Europas stellt sich die Frage, ob solche Begünstigungen nicht unerlaubte Beihilfen im Sinne des Art. 107 AEUV darstellen. Die EU-Kommission hat aber in einer Mitteilung vom 23.5.2001 festgestellt, dass es sich bei den Steuervergünstigungen für Expatriates nicht um staatliche Beihilfen handele (a. A. *Haarmann/Rosenow,* IStR 2009, 536).

73b **Australien** gewährt eine Befreiung von der Einkommensteuer auf ausländische Einkünfte für eine Zeitdauer von 4 Jahren. In **Dänemark** können sich hochqualifizierte Arbeitnehmer für eine zeitlich beschränkte Vorzugsbesteuerung (26 % Steuersatz ohne Werbungskostenabzug) entscheiden. Ähnlich gilt in **Finnland** für den sich qualifizierenden Personenkreis ein Einheitssteuersatz von 35%. **Russland** gewährt ausländischen Spezialisten einen besonderen Steuersatz von 13% (Normalsatz 30%; s. auch RussFinMin, Schr. v. 1.7.2013, No. 03-04-06/23539). **Malta** hat kürzlich ähnliche Regelungen eingeführt; qualifizierte Steuerpflichtige unterliegen einem einheitlichen Steuersatz von 15%.

In **Belgien** werden ausländische hochqualifizierte Mitarbeiter, die innerhalb eines Konzerns vorübergehend nach Belgien gesandt werden, weiterhin als beschränkt steuerpflichtig angesehen (Circulaire voor buitenlandse kaderleden v. 8.8.1983, No. Ci. RH 624/325.294; s. dazu *Goethals/Lebersorg,* De circulaire voor buitenlandse kaderleden: een stand van zaken na 14 jaar praktijk, A. F. T. 1997, 319; *Lühn,* PIStB 2008, 292). Nach Auffassung der Finanzverwaltung können sich diese Personen nicht auf die belgischen DBA berufen (und erhalten vor allem keine Wohnsitzbescheinigung, sondern lediglich eine Bestätigung, dass sie in Belgien wohnhaft sind, aber der beschränkten Steuerpflicht unterliegen). Das ist in Belgien umstritten, da eine Verwaltungsentscheidung nicht zum „Recht" im Sinne des Art. 4 Abs. 1 OECD-MA gehören soll (so etwa *Goethals/Lebersorg,* a. a. O., S. 319). Dem ist beizupflichten, da Art. 4 Abs. 1 nicht voraussetzt, dass eine Person tatsächlich unbeschränkt steuerpflichtig ist, sondern die besondere Beziehung, die normalerweise zur unbeschränkten Steuerpflicht führt, genügen lässt (s. dazu noch Art. 4 Rz. 82ff.). Auch Art. 4 Abs. 1 S. 2 OECD-MA ändert daran nichts (s. Art. 4 Rz. 120). 73c

Entsprechendes gilt für das niederländische Recht. In den **Niederlanden** können sich Personen, die besondere Qualifikationen aufweisen und deshalb unter die sog. 30%-Regelung fallen (30% des Bruttoeinkommens werden steuerbefreit, Art. 2.6 IB), für den Status der beschränkten Steuerpflicht entscheiden. Auch dieser Personenkreis kann sich gemäß der Verwaltung und der Rspr. nicht auf die niederländischen DBA berufen (24.8.2005, V-N 2005/40.7; *Hoge Raad,* 28.2.2001, BNB 2001/295). Dagegen wendet sich zu Recht *H. Pijl* (Art. 2.6 Wet IB 2001 en inwonerschap voor verdragen, WFR 2003, 317). Eine Gesetzesänderung mit Wirkung zum 1.1.2012 beschränkt den begünstigen Personenkreis auf Arbeitnehmer, die ihren Wohnsitz vor Anwerbung mehr als 150 km von der niederländischen Grenze entfernt haben. Ferner wird ein bestimmtes Mindestgehalt eingeführt. Andererseits sollen auch Doktoranten in den Genuss der Vergünstigung kommen können, auch wenn sie die Promotion in den Niederlanden angefertigt haben. Auf die Anfrage eines EP-Abgeordneten erklärte die EU-Kommission (E-009620/2011 v. 6.12.2011), dass eine Diskriminierung im Grundsatz nicht ersichtlich sei, da angeworbene Arbeitnehmer nicht ungünstiger als niederländische Arbeitnehmer behandelt würden; die Diskriminierung der niederländischen Arbeitnehmer ist unionsrechtlich irrelevant. Die Frage der territorialen Diskriminierung lässt die Kommission noch offen. Die niederländischen Gerichte beurteilen die Frage unterschiedlich, eine höchstgerichtliche Entscheidung steht noch aus. 73d

In **Frankreich** erhalten unbeschränkt Steuerpflichtige in Fällen vorübergehender Auslandsentsendung eine vollständige oder teilweise Steuerbefreiung hinsichtlicher der Vergütungen aus unselbständiger Arbeit. Bei Entsendungen aus dem Ausland nach Frankreich gelten ebenfalls vollständige oder teilweise Steuerbefreiungen (§§ 81B, 81C CGI). Die Vergünstigungen lassen sich unter Umständen auch kombinieren (zu den Einzelheiten s. die Besprechung eines Erlasses der französischen Finanzverwaltung v. 31.12.2007 bei *Hellio/Crucifix,* IWB-5-2-1501 (2008)). Beschränkt steuerpflichtige Arbeitnehmer unterliegen einem besonders günstigen Tarif von 0%, 12% und 20%, wobei die beiden ersteren Abgeltungswirkung haben (Art. 182A CGI). Ein Gesetz vom 5.8.2008 hat sogar noch weitere Vergünstigungen eingeführt. So kommen nunmehr auch aus dem Ausland zugezogene Arbeitnehmer, die von einem französischen Arbeitgeber eingestellt werden, in den Genuss der Steuervergünstigungen. Alle Steuervergünstigungen können für einen Zeitraum von bis zu 73e

6 Jahren in Anspruch genommen werden (zu den Einzelheiten s. noch *G. Rubechi,* IStR-LB, Heft 19/2008, S. 53 f.). Die Vergünstigung geht verloren, wenn der Arbeitnehmer seinen Arbeitgeber wechselt oder mit seinem bisherigen Arbeitgeber einen neuen Arbeitsvertrag abschließt (s. Franz. FVW v. 19.10.2010, R. no. 2010/60). Auch **Schweden** gewährt dem qualifizierten Personenkreis eine Steuerbefreiung von 25 % des Gehalts für einen Zeitraum von 3 Jahren.

73f Das **chinesische** Steuerrecht regelt, dass Gehälter von Entsandten, die zwischen 1 und 5 Jahren in China leben, in China nicht besteuert werden, wenn sie die Gelder für Tätigkeiten außerhalb Chinas erhalten, und die Gehälter von einer ausländischen Gesellschaft getragen werden, und die Gehälter auf ein Konto außerhalb Chinas gezahlt werden. Im Ergebnis wird also dieser Personenkreis, obwohl in China ansässig, zeitweise als beschränkt steuerpflichtig behandelt.

73g Die Schweiz erlaubt – begrenzt auf 5 Jahre – den Abzug bestimmter Aufwendungen wie Umzugs-, Wohn- und Schulkosten. Alternativ können die begünstigten Person auch einen Pauschalbetrag zum Abzug bringen und zwar sowohl bei den Bundessteuern wie auch auf kantonaler Ebene. **Luxemburg** gewährt ebenfalls den sich qualifizierenden Personen Steuerfreiheit für bestimmte Aufwendungen, die typischerweise diesem Personenkreis entstehen (z. B. Umzugskosten, Schulgebühren). Neuerdings sind auch solche Personen begünstigt, die in Luxemburg für ausländische Arbeitgeber arbeiten (s. LuxBMF v. 27.1.2014, L.I.R. No. 95/2).

73h Eine andere Zielrichtung verfolgt das **polnische** Steuerrecht. Um qualifizierte Personen wieder zurück nach Polen zu holen, können Steuerpflichtige mit Wohnsitz in Polen dafür optieren, dass nicht die Regelmethode der Anrechnung ausländischer Einkünfte sondern die Freistellungsmethode zur Anwendung kommt. Ausländische Einkünfte unterliegen dementsprechend nicht der polnischen Einkommenbesteuerung (zu den Einzelheiten s. *Stiller* SWI 2009, 36). Das ist mit den polnischen DBA, die die Anrechnungsmethode vorsehen, ohne weiteres vereinbar. Hier gilt der Grundsatz, dass der Stpfl. sich für die Anwendung des für ihn günstigeren innerstaatlichen Rechts aussprechen kann, die DBA als Schrankenrecht stehen dem nicht entgegen (in Polen wird dies teilweise anders gesehen, s. die Nachweise bei *Stiller* SWI 2009, 36).

73i In **Spanien** gibt es seit 2006 eine Spezialregelung (Art. 93 des spanischen Einkommensteuergesetzes). Danach werden Einkünfte aus unselbständiger Arbeit von nach Spanien entsandten Arbeitnehmern mit einem pauschalen Steuersatz von 24% besteuert. Die Vorzugsbesteuerung ist auf 5 Jahre befristet. Das Protokoll des neuen DBA Spaniens enthält in seiner Vorschrift zu Art. 4 (Ansässigkeit) eine Regelung, wonach die Artikel 4 und 6 bis 21 des Abkommens nicht für spanische Steuerpflichtige gelten, die von den Vorteilen des Art. 93 Gebrauch machen. *Strunk/ Plattes* (a. a. O.) wollen die Regelung so interpretieren, dass dadurch das Besteuerungsrecht Spaniens hinsichtlich der gezahlten Einkünfte aus unselbständiger Arbeit ausgeschlossen wird. Das ist aber wohl ein Missverständnis. Die Regelung zielt ausschließlich auf Spanien als Anwendungsstaat und nennt dementsprechend die Vorschrift zur Vermeidung der Doppelbesteuerung nicht (Artikel 22), d. h. der sich zeitweise in Spanien aufhaltende Arbeitnehmer kann sich nicht wegen seiner Ansässigkeit in Spanien auf das DBA berufen, Spanien kann aber nach wie vor aufgrund seines nationalen Rechts besteuern. Bleibt der Arbeitnehmer in Deutschland ansässig, weil er seinen deutschen Wohnsitz aufrechterhält, so ist Deutschland nicht zur Freistellung der Einnahmen verpflichtet (Art. 22 Abs. 2 Buchst. a setzt die Anwendung der Verteilungsnorm voraus), sondern rechnet die spanischen Steuern auf die deutsche Steuer gem. § 34c EStG an.

74 **c)** Die meisten der noch geltenden **älteren deutschen DBA** (*DBA Luxemburg 1958* und *Niederlande 1959*) verwenden einen von den MA abweichenden Wortlaut.

Danach hat der Ansässigkeitsstaat „das Besteuerungsrecht", sofern die Arbeit nicht im anderen Staat ausgeübt wird; ist das der Fall, so „steht das Besteuerungsrecht ... diesem anderen Vertragsstaat zu". Anders als nach den MA handelt es sich hier nicht um Verteilungsnormen mit „offener", sondern mit „abschließender Rechtsfolge" (s. o. Vor Art. 6 bis 22, Rz. 4 ff.), d. h. die Verteilungsnorm selber ordnet die Freistellung der in Frage stehenden Vergütungen an, sie überlässt dies nicht einer den Art. 23 A oder B entsprechenden Vorschrift. Das ist allerdings sachlich wenig relevant, da diese Abkommen typischerweise ohnehin die Freistellung in beiden Vertragsstaaten vorsehen. Die DBA regeln anders als das OECD-MA nicht die Besteuerung von Einkünften aus dem Ansässigkeitsstaat oder Drittstaaten. Insoweit muss auf die jeweilige Auffangschrift für „andere Einkünfte" zurückgegriffen werden (*DBA Luxemburg 1958* Art. 16, *DBA Niederlande* 1959 Art. 16).

Ähnliches gilt für einige neuere DBA *(DBA Bolivien, Indien, Namibia, Russische Föderation und Venezuela),* nach denen die Vergütungen **nur** im Tätigkeitsstaat besteuert werden können, wenn sie nicht nach Abs. 2 ausnahmsweise der Ansässigkeitsstaat besteuern kann. Entsprechend dem MA-Komm. zu Art. 23 Ziff. 6 ist anders als nach den MA dadurch eine gleichzeitige Besteuerung des jeweiligen anderen Vertragsstaates schon nach Art. 15 ausgeschlossen.

Nach den oben genannten älteren DBA Luxemburg 1958 und den Niederlanden 1959 steht die Besteuerung ferner ausschließlich dem Ansässigkeitsstaat zu, wenn sich der Arbeitnehmer nur **„vorübergehend",** nicht länger als 183 Tage im Kalenderjahr (Steuerjahr), im ausländischen Vertragsstaat aufhält. Damit wird anders als nach den MA deutlich, dass die Bestimmung nur anzuwenden ist, wenn es sich **insgesamt** um einen kürzeren Aufenthalt handelt. Sie ist auf keinen Fall anwendbar, wenn der ausländische Aufenthalt im ersten oder im unmittelbar darauffolgenden Jahr den 183-Tage-Zeitraum überschreitet. Dem vom MA abweichenden Wortlaut kommt insofern eine eigenständige Bedeutung zu, die auch dem Zweck der Regelung entspricht, die Besteuerung nur dann dem Ansässigkeitsstaat zu belassen, wenn der Auslandsaufenthalt von kürzerer Dauer ist (zum *DBA Niederlande 1959* der niederländische *Hoge Raad* in zwei Entscheidungen vom 29.9.1999, Nr. 33 267, BNB 2000/16c und Nr. 34 482, BNB 2000/17c m. Anm. *Burgers;* zustimmend Wassermeyer/*Schauhoff,* Art. 10 DBA Niederlande Rz. 29; a. A. GKG/*Vogelgesang,* in Niederlande Rz. 10). Die abweichende Auffassung der deutschen und niederländischen Finanzverwaltung, die in einer Verständigungsvereinbarung niedergelegt worden war (OFD Berlin v. 29. 10. 96 IStR 1998, 152; s. dazu ausführlich *Pijl,* MBB 1995, 286), muss nach richtiger Auffassung des *Hoge Raad* für das Gericht nicht verbindlich sein (es ist noch darauf hinzuweisen, dass zwischen dem deutschen und dem niederländischen Text ein Unterschied besteht: nach dem Wort vorübergehend findet sich nur im deutschen Text ein Komma). Der *Hoge Raad* stellt in seinen beiden genannten Entscheidungen ferner klar, dass sich das Wort „vorübergehend" auf jeden einzelnen Aufenthalt bezieht. Mehrere kürzere Aufenthalte in mehreren Jahren sind daher jeweils gesondert zu betrachten und führen nicht insgesamt zu einem längeren Aufenthalt. **75**

Das neue DBA Luxemburg 2012 entspricht dem OECD MA (mit Ausnahme der Regelung für gewerbliche Arbeitsüberlassung, s. Rz. 92). Ein Verständigungsverfahren mit Luxemburg vereinfacht die Besteuerung von Berufskraftfahrern, die in einem Vertragsstaat wohnen und für einen Arbeitgeber oder eine Betriebstätte eines Arbeitgebers des anderen Vertragsstaats tätig sind. Ein wieder anderes Verständigungsverfahren regelt die Aufteilung des Arbeitslohns zwischen beiden Ländern. Zunächst ist Voraussetzung, dass ein Stpfl. in einem Vertragsstaat ansässig ist, er aber für einen im anderen Vertragsstaat ansässigen Arbeitgeber tätig ist oder ein dortige Betriebstätte seines Arbeitsgebers die Vergütung trägt. Bei der nachfolgenden Anwendung der Vereinbarung muss unterschieden werden zwischen: **75a**

– Tagen, an denen die Tätigkeit vollständig in einem der beiden Vertragsstaaten oder in einem oder mehren Drittstaaten ausgeübt wird
– ist es der Wohnsitzstaat und/oder ein Drittstaat, bleibt die Besteuerungsbefugnis beim Wohnsitzstaat;
– ist es der Ansässigkeitsstaat des Arbeitgebers, hat der Tätigkeitsstaat die Besteuerungsbefugnis;
– Tagen, an denen die Tätigkeit teilweise in einem und in einem anderen Staat ausgeübt wird; in diesen Fällen werden die Tage einer teilweisen Tätigkeitsausübung anteilsmäßig auf die betroffenen Staaten verteilt.

Der Verteilungsschlüssel, der sich aus der Anwendung dieser Grundsätze ergibt, gilt auch für die Aufteilung der Vergütung für „freie Tage". Die Besteuerung des Krankengelds steht dem Staat zu, in dem der Stpfl. sozialversicherungspflichtig ist. Fahrten zwischen Wohnung und Arbeitsstätte gelten nicht als Ausübung der nichtselbständigen Tätigkeit. Luxemburg hat sich dazu verpflichtet, die notwendigen Informationen im Wege des spontanen Informationsaustausches zur Verfügung zu stellen. Eine weitere Verständigung erweitert ferner den Anwendungsbereich der Verständigungsvereinbarung auf Lokomotivführer und Begleitpersonal (BMF v. 10.5.2005 BStBl. I 2005, 696; BMF v. 14.6.2011 BStBl. I 2011, 621; BMF v. 19.9.2011 BStBl. I 2011, 849; KonsVerLUXV v. 9.7.2012, BStBl. I 2012, 693; OFD Ffm v. 9.1.2013, IStR 2013, 547).

Ein weiteres Verständigungsverfahren (BMF v. 19.9.2011, BStBl. I 2011, 852; Abschnitt 4 KonsVerLUXV v. 9.7.2012 (E), BStBl. I 2012, 693) regelt die Besteuerung von Abfindungen. Soweit die Zahlungen keinen Versorgungscharakter besitzen oder es sich um Lohnnachzahlungen handelt, werden Abfindungen im (früheren) Tätigkeitsstaat besteuert. Allerdings ist der Ansässigkeitsstaat nur dann zur Freistellung verpflichtet, wenn der Tätigkeitsstaat die Abfindung auch tatsächlich versteuert. Die Parteien haben sich geeinigt, etwaige Abfindungszahlungen spontan dem anderen Staat mitzuteilen. Auch nach Inkrafttreten des neuen DBA Luxemburg 2012 gilt dieses Verständigungsverfahren weiter (*Dietz,* IWB 2013, 285).

75b **d) DBA Niederlande, Grenzüberschreitende Gewerbegebiete:** Das Ergänzungsprotokoll zum *DBA Niederlande 1959* v. 4.6.2004 (Art. 10 Abs. 2a) sowie Art. 14 Abs. 3 DBA Niederlande 2012 (E) treffen eine Sonderregelung für Arbeitnehmer, die in einem grenzüberschreitenden Gewerbegebiet tätig werden (für eine Übersicht s. *Hensel,* IWB F. 5, Niederlande, Gr. 2, 429 (2006) und *Prokisch,* IWB 5-NL-2, 441 (2006); zur Anwendung auf das Gewerbegebiet „Avantis" s. VO v. 25.5.2007 BGBl. II 2007, 778). Im grenzüberschreitenden Gewerbegebiet wäre die allgemeine Regelung nur mit sehr viel Schwierigkeiten durchzuführen. Das gilt vor allem für Arbeitnehmer, die in grenzüberschreitenden Gebäuden arbeiten. Die Arbeitnehmer werden in vielen Fällen täglich die Grenze überschreiten, ja es ist sogar vorstellbar, dass sich der Arbeitsplatz unmittelbar auf der Grenze befindet.

Aus diesem Grund stellt das Zusatzprotokoll bzw. Art. 14 Abs. 3 nicht unmittelbar auf den Arbeitsort ab, folgt aber mittelbar doch dem Arbeitsortprinzip durch eine Verweisung auf die Sozialversicherungspflicht, auch wenn dem Wortlaut der Vorschrift gemäß im Grundsatz das Ansässigkeitsstaatsprinzip gelten soll. Art. 10 Abs. 2a *DBA Niederlande 1959/2004* und Art. 14 Abs. 3 *DBA Niederlande 2012 (E)* gelten nur für Einkünfte aus nichtselbständiger Arbeit und setzen voraus, dass der Steuerpflichtige seinen Wohnsitz in einem der beiden Vertragsstaaten hat und die Entlohnung zu Lasten einer in einem grenzüberschreitenden Gewerbegebiet befindlichen festen Geschäftseinrichtung erfolgt, durch die die gemeinsame Grenze der Vertragsstaaten verläuft. Insofern kommt es nicht darauf an, ob die Vergütung zu Lasten einer Betriebstätte verrechnet wird, da Geschäftseinrichtungen im anderen Vertragsstaat nicht als Betriebstätten gelten.

Die Sonderregelung gilt nicht in den Fällen, in denen ein Arbeitnehmer in einem Gebäude im grenzüberschreitenden Gewerbegebiet tätig ist, das nicht auf der Grenze liegt. Da in diesen Fällen der Arbeitsort eindeutig festgestellt werden kann, bleibt es bei der allgemeinen Regelung des DBA in Art. 10 Abs. 1 und 2 bzw. Art. 14 Abs. 1 und 2. Hier kann es somit geschehen, dass das Unternehmen mit seinen Gewinnen der niederländischen Körperschaftsteuer unterliegt, weil sich das Gebäude der Unternehmensleitung in den Niederlanden befindet, dass aber der Arbeitnehmer in einem anderen Gebäude auf der anderen Seite der Grenze arbeitet. In diesen Fällen ist der Arbeitnehmer entweder in seinem Ansässigkeitsstaat tätig, d. h. sein Gehalt wird auch dort besteuert, oder er arbeitet im anderen Vertragsstaat, in dem sich nicht sein Arbeitgeber befindet, dann hat der Tätigkeitsstaat das Besteuerungsrecht, es sei denn, er würde sich nicht länger als 183 Tage dort aufhalten. Das ist die typische Grenzgängersituation. **75c**

Arbeitet der Arbeitnehmer in einer Geschäftseinrichtung, durch die die gemeinsame Grenze der Vertragsstaaten verläuft, gilt zunächst, dass seine Einkünfte der Besteuerung in seinem Ansässigkeitsstaat unterliegen. Das gilt jedoch dann nicht, wenn der Arbeitnehmer nach der Verordnung (EWG) Nr. 1408/71 des Rates vom 14. Juni 1971 (ABl. Nr. L 149 v. 5. Juli 1971) (für Altfälle gilt die VO noch bis zum 30.4.2020; zur Rechtslage unter dieser VO s. die 5. Auflage Art. 15 Rz. 75c ff.; die VO findet weiterhin Anwendung für Drittstaatsangehörige, Staatsangehörige der EWR-Staaten und der Schweiz) bzw. der Nachfolgeverordnung Nr. 883/2004 (ABl. L 166 v. 30.4.2004; ergänzend VO Nr. 987/2009, ABl. L 284 v. 30.10.2009) den Rechtsvorschriften des anderen Staates unterliegt. Ist das der Fall, so steht das primäre Besteuerungsrecht dem Tätigkeitsstaat zu. **75d**

Das galt jedoch ausnahmsweise dann nicht, wenn der Arbeitnehmer die Entsendungsvoraussetzungen des Art. 12 VO 883/2004 erfüllte oder wenn der Arbeitnehmer sowohl im anderen Vertragsstaat wie auch im Wohnsitzstaat tätig war (Art. 13 VO 883/2004; in der sozialversicherungsrechtlichen Praxis wird insofern davon ausgegangen, dass Arbeitnehmer, die in einem grenzüberschreitenden Gewerbegebiet tätig sind, jeweils hälftig in den Niederlanden und in Deutschland ihre Tätigkeit verrichten; diese Arbeitnehmer waren also grundsätzlich im Wohnsitzstaat steuerpflichtig). Die neue Verordnung Nr. 465/2012 v. 22.5.2012, die am 28.6.2012 in Kraft getreten ist, hat diese Rechtslage wieder verändert. Nunmehr sind die sozialversicherungsrechtlichen Vorschriften des Mitgliedstaats maßgebend, in dem die überwiegende Beschäftigung erfolgt. Die überwiegende Tätigkeit findet dort statt, wo die höhere Stundenzahl gearbeitet wird. Die VO enthält allerdings weitreichende Übergangsvorschriften. **75e**

e) Das *DBA Schweiz* enthält in **Art. 4 Abs. 4** eine Regelung, die den **Wegzug** in die Schweiz unattraktiv gestalten soll (s. dazu näher Wassermeyer/*Hamminger,* Art. 4 DBA Schweiz, Rz. 124 ff.; *Walter,* IWB 5-Schweiz-2, 633 (2007)). Danach erhält Deutschland für das Jahr, in dem die unbeschränkte Steuerpflicht in Deutschland endete, und die fünf darauffolgenden Jahre das Recht die aus Deutschland stammenden Einkünfte im Rahmen der erweitert beschränkten Steuerpflicht zu besteuern („überdachende Besteuerung“). Die Vorschrift gilt nicht für Personen mit Schweizer Staatsangehörigkeit. Insoweit stellt sich die Frage, ob die Anwendung des Art. 4 Abs. 4 auf Staatsangehörige eines anderen Mitgliedstaates gegen das Freizügigkeitsabkommen verstößt. Das FG BW, BeckRS 2014, 95432, hat die Frage dem EuGH vorgelegt. **76**

Diese Regelung gilt nach S. 4 nicht, wenn der Wegzug dazu dient, um in der Schweiz eine unselbständige Tätigkeit aufzunehmen. Insofern muss es sich um eine „echte“ Erwerbstätigkeit handeln; dieses Erfordernis soll vorgeschobenen Arbeitsverhältnissen entgegenwirken. Eine schrittweise Verlagerung des Lebensmittel- **76a** punkts in die Schweiz soll nach Ansicht des FG BW für die Anwendung der Ausnahme nicht ausreichen, vielmehr müsse der Wohnsitz aus Gründen einer erstmaligen Arbeitsaufnahme gewechselt werden (FG BW EFG 2008, 592; s. die kritische Anm. von *Lühn,* PIStB 2008, 233; die Revision war unzulässig, s. BFH BStBl. II 2008, 766: *DBA Schweiz*). Allerdings soll es ausreichen, wenn der Umzug allein durch die berufliche Tätigkeit des Stpfl. motiviert war, wie z. B. im Falle eines Karrieresprungs, der eine intensivere Anwesenheit notwendig macht (FG BW EFG 2010, 624; BFH BStBl. II 2011, 443: beide *DBA Schweiz*). Es reicht somit aus, wenn gerade die Ausübung der Tätigkeit das allein entscheidende Motiv für die Wohnsitzverlegung darstellt und private Gründe für den Umzug nicht vorliegen.

76b Nach Ansicht des FG BW (EFG 2003, 913; EFG 2008, 592: beide *DBA Schweiz 1971*) ist die Ausnahme restriktiv zu interpretieren und nicht auf Fälle der **Familienzusammenführung** zu erstrecken. Die Auffassung im BMF-Einführungsschreiben zur Neuregelung der Grenzgängerbesteuerung vom 19.9.1994 (BStBl. I 1994, 683), die dem Steuerpflichtigen hier entgegenkam, wurde vom FG für die Auslegung der Norm als unbeachtlich angesehen. Der BFH BFH/NV 2004, 765 hat die Auffassung des FG bestätigt und die Regelung der Verwaltung als Billigkeitsregelung gewertet, da sie vom Wortlaut des Abkommens nicht gedeckt sei. Allerdings ist im Rahmen der Überprüfung einer Billigkeitsentscheidung die ermessenslenkende Verwaltungsanweisung zu berücksichtigen. Die Gerichte dürfen nicht ihre eigene Ermessensentscheidung an die Stelle der Ermessensentscheidung der Finanzverwaltung setzen und sie dürfen die Verwaltungsanweisung auch nicht selbst auslegen, sondern nur darauf überprüfen, ob die Auslegung durch die Behörde möglich ist (FG BW, EFG 2010, 1980 m. w. N.). Dementsprechend kommt Art. 4 Abs. 4 nicht zur Anwendung, wenn der Wegzug in die Schweiz wegen Heirat mit einer Person schweizerischer Staatsangehörigkeit erfolgt (Tz. 41 BMF-Verwaltungsanweisung). Hierfür bedarf es allerdings eines engen zeitlichen Zusammenhangs (6 Monate) zwischen Wegzug und Heirat. Liegen 4 Jahre zwischen Wegzug und Heirat bleibt es bei der Anwendung des Art. 4 Abs. 4, auch wenn kein Fall einer Steuerflucht vorliegt und der Stpfl. von Beginn an die Absicht hatte seine Freundin zu heiraten (EG BW EFG 2010, 1980: *DBA Schweiz 1971/2002*).

76c Nach Art. 15a Abs. 1 S. 4 gilt die Vorschrift auch für Grenzgänger. Die Wirkung des Art. 15a Abs. 1 wird unter Umständen durch Art. 4 Abs. 4 nicht aufgehoben. Zieht ein Arbeitnehmer in die Schweiz, um dort eine Arbeitstätigkeit aufzunehmen, und hat er dafür keine anderweitigen privaten Interessen, greift Art. 4 Abs. 4 nicht. Das gilt auch dann, wenn er bereits vor seinem Umzug bei diesem Arbeitgeber beschäftigt war, später aber seinen Wohnsitz in der Schweiz nimmt um etwa die Anreisezeit zum Arbeitsort zu verkürzen. In diesen Fällen kann eine „Steuerflucht" nicht angenommen werden, sodass es der Zweck des Art. 4 Abs. 4 verbietet, die Vorschrift anzuwenden, wenn die Voraussetzungen des Satzes 4 vorliegen. Dementsprechend ist auf einen solchen Arbeitnehmer die Grenzgängerregelung anzuwenden, wenn er später als Grenzgänger in Deutschland arbeitet (FG BW EFG 2010, 624; BFH BStBl. II 2011, 443).

76d Nach einer Verständigungsvereinbarung mit der Schweiz 4.6.1997 (OFD Freiburg v. 31.10.1997 – S1304A – St222/CH-2) richtete sich die Aufteilung der Besteuerung von Berufskraftfahrern mit Wohnsitz in Deutschland, die für einen eidgenössischen Arbeitgeber tätig wurden, danach, für wieviele Tage im Jahr der Berufskraftfahrer eine Arbeitsbewilligung erhielt (s. *Gerlach,* IStR 2006, 196). Diese Vereinbarung wurde nunmehr durch die Vereinbarung v. 9. bzw. 16.6.2011 ersetzt (BMF v. 29.6.2011, BStBl. I 2011, 621).

76e **f)** Die *DBA Frankreich, Luxemburg 1958* (Prot. Ziff. 17) und *Niederlande 1959/2004* (Prot. Ziff. 14) enthalten eine **Definition des Begriffs „Einkünfte aus**

nichtselbständiger Arbeit“, die zwar im Ergebnis nicht vom Begriff der MA abweichen, die aber die oben wiedergegebenen Argumente für eine weite Auslegung des Begriffs stützen (Rz. 15; das FG Rheinland-Pfalz, EFG 2012, 1939 m. Anm. *Helde,* schließt aus dem abweichenden Wortlaut im *DBA Frankreich,* dass Abfindungen dem Tätigkeitsstaat zuzurechnen sind; der BFH, BFH/NV 2014, 149, hat sich dem FG angeschlossen). Nach der Definition des *DBA Frankreich* gehören zu diesen Einkünften neben Gehältern, Löhnen und Besoldungen auch Gratifikationen, sonstige Bezüge sowie alle ähnlichen Vorteile, die nicht von öffentlichen Arbeitgebern gezahlt werden (zur Entsendung von Mitarbeitern nach Frankreich s. *Hellio/Jolk,* IWB 2013, 346). Die *DBA Luxemburg 1958* und *Niederlande 1959/2004* nennen ferner noch Tantiemen und Entschädigungen. Nach einer Verständigungsvereinbarung zum DBA Niederlande *1959/2004* hat der (frühere) Tätigkeitsstaat das Besteuerungsrecht für Abfindungen (BStBl. I 2007, 756; entsprechende Vereinbarungen sind zum DBA Belgien, Österreich und Schweiz geschlossen worden, s. oben Rz. 17a). Werden Abfindungen, die an sich in den Niederlanden besteuert werden können, in einen Anspruch auf wiederkehrende Bezüge umgewandelt, können die Niederlande anstatt der Abfindung die wiederkehrenden Bezüge besteuern. Deutschland muss die niederländischen Steuern auf die deutsche Einkommensteuer anrechnen.

Das *DBA Liechtenstein 2011* bestätigt in Prot. Ziff. 5 zunächst, dass Abfindungen **76f** mit Versorgungscharakter unter den Artikel über Altersrenten (Art. 17) fallen und Lohnnachzahlungen gem. Art. 15 MA dem Tätigkeitsstaat zuzurechnen sind. Dies gilt auch für echte Abfindungen aus Anlass der Auflösung des Arbeitsverhältnisses. Diese sind aber entgegen der Rspr. des BFH (s. oben Rz. 17) ganz oder zeitanteilig dem Tätigkeitsstaat zuzurechnen. Besteuert der (ehemalige) Tätigkeitsstaat nicht, so können die Abfindungszahlungen im Wohnsitzstaat besteuert werden (subject-to-tax-Klausel).

g) Das *DBA Norwegen* weist dem Ansässigkeitsstaat des Arbeitnehmers das alleinige Besteuerungsrecht nur zu, wenn der **Arbeitgeber im Heimatstaat des Arbeitnehmers ansässig ist** (Ziff. 7 des MA-Komm. sieht diese Alternative ausdrücklich vor). Zum Begriff des „Arbeitgebers“ s. Rz. 49 ff. Die Frage, ob eine Betriebstätte im Ansässigkeitsstaat des Arbeitnehmers der Arbeitgeber i. S. des Abs. 2 Buchst. b sein kann, stellt sich bei den hier behandelten Abkommen auch in Fällen, in denen das Stammhaus in einem Drittstaat ansässig ist. „Im Heimatstaat des Arbeitnehmers ansässig“ könnte dann nur die Betriebstätte sein, während es nach dem MA genügt, dass der Arbeitgeber **nicht** im Staat des **Arbeitsorts** ansässig ist. Die deutsche Finanzverwaltung wollte lange Zeit in einem solchen Fall als „Arbeitgeber“ in „wirtschaftlicher“ Betrachtung auch die Betriebstätte ansehen (FinMin NRW v. 5.7.1982 BB 1982, 1285, koord.), während die französische Finanzverwaltung diese Auffassung schon damals ablehnte (FinMin NRW a. a. O. Tz. 3). Später haben dann auch die deutschen Gerichte wiederholt entschieden, dass eine Betriebstätte nicht als Arbeitgeber angesehen werden kann (BFH BStBl. II 1986, 442: *DBA Schweden;* BFH BStBl. II 1986, 513: *DBA Frankreich, 1959/69;* FG Berlin DStRE 1999, 817: *DBA Österreich;* FG Köln EFG 2003, 920: *DBA Norwegen, Schweden und Österreich; Runge,* BB 1977, 185; *H. Vogel,* BB 1978, 1024; *Kempermann,* DStZ/A 1982, 143; *Neyer,* DB 1982, 1845); dieser Ansicht hat sich die deutsche, ebenso die österreichische Finanzverwaltung angeschlossen (FinMin NRW v. 5.1.1987, RIW 1987, 167; FinMin NRW v. 27.12.1996, RIW 1997, 446; ÖstBMF v. 16.3.1992, SWI 1992, 102; viele ältere DBA (z. B. *Ägypten, Frankreich, Indien 1959/84, Österreich 1954/92, Pakistan 1958/70, Schweden 1959*), die eine entsprechende Regelung enthielten, sind durch neue Abkommen oder Abkommensänderungen dem OECD-MA angeglichen worden; s. dazu OFD **77**

Frankfurt v. 14.2.1992, DB 1992, 714; OFD Koblenz v. 20.2.1997, IStR 1997, 277; FinMin NRW v. 27.12.1996, RIW 1997, 446). Der letzteren Auffassung ist zu folgen. Es ist zwar etwas zu formal, wenn das Ergebnis nur daraus abgeleitet wird, dass eine Betriebstätte nicht „ansässig" sein könne (so *Neyer* DB 1982, 1845, während *H. Vogel* und *Kempermann,* DStZ/A 1982, 143 das Argument nur als eines neben anderen anwenden). Ist ein Unternehmen in einem Drittstaat ansässig und unterhält es im Ansässigkeitsstaat eine Betriebstätte, so wird dessen Steuer vom Gewinn der Betriebstätte durch das Arbeitsentgelt gemindert. Es wäre deshalb durchaus sachgerecht, wie die deutsche Finanzverwaltung dies wollte, dem Ansässigkeitsstaat als Ausgleich die Steuer auf das Arbeitsentgelt zu belassen. Art. 15 unterscheidet aber so deutlich zwischen „Arbeitgeber" und „Betriebstätte", dass eine derartige Auslegung mit dem Wortlaut der DBA nicht mehr zu vereinbaren wäre (so auch *H. Vogel* und *Kempermann,* a. a. O.).

78 **h)** Die *DBA Bolivien, Malaysia 1977, Thailand, Tschechoslowakei* und *Ungarn 1977* verwenden in Art. 15 Abs. 2 Buchst. b **statt des Begriffs „Arbeitgeber" den Ausdruck „Person".** Das kann insbesondere im Hinblick auf Personengesellschaften zu von den MA abweichenden Ergebnissen führen, wenn die in diesen DBA enthaltene Definition des Begriffs „Person" Personengesellschaften nicht umfasst (s. dazu Art. 3 Rz. 17 f.). Das *DBA Bolivien* beispielsweise rechnet die Personenvereinigungen nicht zu den Personen i. S. des DBA (Art. 3 Abs. 1 Buchst. b), so dass unter dem DBA Personengesellschaften nicht Arbeitgeber i. S. des Art. 15 sein können.

78a Das *DBA Türkei 2011* enthält in Prot. Nr. 6 eine nähere Bestimmung des Begriffs des Arbeitgebers i. S. des Art. 15 Abs. 2 Buchst. b MA. Danach gilt Abs. 2 nicht (also keine ausschließliche Besteuerung im Wohnsitzstaat), wenn die im anderen Vertragsstaat ansässige Person die Aufgaben des Arbeitnehmers überwacht, leitet oder bestimmt (und dadurch zum abkommensrechtlichen Arbeitgeber wird) und der formelle Arbeitgeber keine Verantwortung oder Risiken für die Ergebnisse der Arbeit des Arbeitnehmers trägt. Letztere Voraussetzung schließt es aus, dass bei gewerblicher Arbeitnehmerüberlassung der Entleiher als Arbeitgeber i. S. des Abkommens angesehen werden kann.

78b **i)** Die *DBA Kasachstan* und *Österreich* enthalten Nichtdiskriminierungsklauseln für Beiträge zur Krankheits- und Altersvorsorge, die *DBA Kanada* (Art. 29 Abs. 4) und *USA 1989/2006* (Art. 18 ff.) beschränken sich auf die Altersvorsorge. S. dazu noch bei Art. 18 Rz. 150 ff.

Das *DBA Kroatien* enthält in Art. 15 Abs. 5 eine spezielle Nichtdiskriminierungsregelung für Sozialversicherungsleistungen. Danach ist der Tätigkeitsstaat verpflichtet, die Beiträge zur gesetzlichen Sozialversicherung, die im Ansässigkeitsstaat gezahlt werden, in gleicher Weise zum Abzug zuzulassen, wie das für die entsprechenden inländischen Leistungen gilt. Dies setzt voraus, dass der Arbeitnehmer nicht unmittelbar vor Aufnahme der Tätigkeit im Tätigkeitsstaat ansässig war und im Ansässigkeitsstaat bereits Beiträge entrichtet hat. Ferner müssen die Sozialversicherungsträger im Ansässigkeitsstaat mit den steuerlich begünstigen Trägern im Tätigkeitsstaat vergleichbar sein. Um welche Sozialversicherungsbeiträge es sich handelt, ist im DBA im Einzelnen aufgeführt.

79 **j) Leitende Angestellte, Geschäftsführer, etc.: aa)** Das *DBA Frankreich* in der Fassung des *Zus.Abk. 1989* stellt klar, dass der Ausdruck „unselbständige Arbeit" auch die in einer der Körperschaftssteuer unterliegenden Gesellschaft ausgeübte **leitende und geschäftsführende Tätigkeit** umfasst.

80 **bb) DBA Schweiz**

Literatur: *Kubaile,* PIStB 2009, 43; *ders.,* IWB 2012, 23; *Neyer,* IStR 2005, 514; *Ronge/Perroulaz/Sutter,* IStR 2010, 279; *Vetter/Schreiber,* IWB 2010, 245; *Walter,* GmbHR 2009, 298.

Eine **Sonderregelung** für leitende Angestellte von Kapitalgesellschaften („Vorstandsmitglied, Direktor, Geschäftsführer oder Prokurist"; nach Ansicht des FG BW EFG 2007, 523: *DBA Schweiz 1994,* ist die Aufzählung wörtlich zu nehmen, die Vorschrift gelte daher nicht für leitende Angestellte von Vereinen; so auch FG BW EFG 2008, 1009: *DBA Schweiz 1994*) trifft Art. 15 Abs. 4 des im Übrigen den MA entsprechenden *DBA Schweiz 1994* (s. dazu BMF v. 7.7.1997, BStBl. I 1997, 723: Verständigungsvereinbarung zum *DBA Schweiz 1994*). Die speziellere Vorschrift des DBA für Grenzgänger verdrängt die Regelung für leitende Angestellte (FG BW DStRE 2009, 1498: *DBA Schweiz 1994;* s. dazu noch unten Rz. 149). **80a**

Nicht erfasst sind Handlungsbevollmächtigte (BFH BFH/NV 1999, 1317: *DBA Schweiz*); etwaige abweichende Regelungen in der Verständigungsvereinbarung (a. a. O.) binden die Gerichte nicht (FG München IStR 2004, 168) Zu den erfassten Personen gehören auch solche, deren Funktionen in der Schweiz anders benannt werden, die aber Aufgaben wahrnehmen, die mit diesen Funktionen vergleichbar sind. So ist das Mitglied des Verwaltungsrats einer Schweizer Aktiengesellschaft, der zum „Delegierten" der AG bestimmt worden ist, mit einem deutschen Vorstandsmitglied vergleichbar und daher von der Vorschrift umfasst (BFH BStBl. II 2013, 73; anders noch die Vorinstanz FG BW EFG 2011, 411). **80b**

Nach der Verständigungsvereinbarung vom 7.7.1997 (a. a. O.) kam es nicht darauf an, ob die genannten Personen im Handelsregister eingetragen sind. Nach einer Verständigungsvereinbarung aus dem Sept. 2008 (s. BMF-Schr. v. 30.9.2008, BStBl. I 2008, 935) soll Art. 15 Abs. 4 des DBA-Schweiz hingegen nur noch auf Personen anzuwenden sein, deren Prokura oder anderweitige Vertretungsbefugnis im Handelsregister eingetragen ist (anders aber OFD Frankfurt/M v. 27.9.2011). Damit sollen die immer wieder auftretenden Abgrenzungsprobleme vermieden werden. Allerdings entspricht dies nicht dem Wortlaut der Vorschrift und es daher zweifelhalft, ob die Gerichte der Verständigungsvereinbarung folgen werden. Fraglich ist ferner, ob die Verständigungsvereinbarung nicht die Gerichte ab 2010 aufgrund der Deutsch-Schweizerischen Konsultationsvereinbarungsverordnung v. 20.12.2010 bindet. Es bestehen Zweifel, ob die Ermächtigungsgrundlage der VO den Vorgaben des Art. 80 Abs. 1 S. 2 GG entspricht (so zum *DBA Schweiz Kubaile,* IWB 2012, 23 (27); allgemein s. Art. 25 Rz. 160). **80c**

Die bezogenen Vergütungen für nichtselbständige Arbeit können hiernach unabhängig davon, wo die Arbeit ausgeübt worden ist, in dem Staat besteuert werden, in dem die **Gesellschaft ansässig** ist (Fiktion des Tätigkeitsorts; nach *Neyer* IStR 2005, 514 (516) handelt es sich nicht um eine Fiktion, vielmehr dürfe die Schweiz die erfassten Einkünfte unabhängig vom Ausübungsort umfassend besteuern). Diese Abkommensregelung entspricht der vom BFH früher vertretenen Auffassung, dass der Ort der Arbeitsausübung bei leitenden Angestellten am Sitz der Gesellschaft zu sehen ist (s. Rz. 32). Für diese Einkünfte ist dann gemäß Art. 24 *DBA Schweiz* im anderen Vertragsstaat Steuerbefreiung zu gewähren (FG Rhlpf. EFG 1988, 403; BFH BFH/NV 1993, 295; Wassermeyer/*Brandis,* Art. 15 *DBA Schweiz* Rz. 106; das gilt auch dann, wenn die Schweiz von ihrer Besteuerungsbefugnis keinen Gebrauch macht, FG München DStRE 2012, 33). Das gilt entgegen der Auffassung der Finanzverwaltung (s. BMF v. 7.7.1997, BStBl. I 1997, 723) und des FG BW (EFG 1998, 923; EFG 2003, 1459) auch für Einkünfte des leitenden Angestellten aus dem Inland und einem Drittstaat, da unter Berücksichtigung der Sonderregelung im *DBA Schweiz* der Begriff „Ausübung der Tätigkeit" einheitlich bestimmt werden muss (vgl. BFH/NV 1999, 751; BFH BFHE 215, 237 = BFH/NV 2007, 875; BFH BStBl. II 2010, 781 = BFHE 227, 402; BFH BStBl. II 2013, 73 = IStR 2011, 683; FG BW DStRE 2004, 1415; FG Köln EFG 2005 22; FG Münster EFG 2008, 836; FG München EFG 2011, 418; die Finanzverwaltung **80d** hat sich nunmehr der Rspr. angeschlossen, BMF v. 3.12.2013, DStR 2014, 35). Übt also der leitende Angestellte seine Tätigkeit teilweise in der Schweiz und teilweise im Ausland aus, bleibt es bei der Anwendbarkeit des Art. 15 Abs. 4 (BFH BStBl. II 2010, 778; anders FG BW EFG 2004, 870; s. dazu *Walter,* GmbHR 2007, 973; in seinem Urteil v. 23.9.2008 (DStRE 2009, 855) hat sich das FG BW der Auffassung des BFH angeschlossen). Die Besteuerung im Ansässigkeitsstaat der Kapitalgesellschaft entfällt aber, wenn die Tätigkeit des leitenden Angestellten lediglich Aufgaben umfasst, die außerhalb des Ansässigkeitsstaates zu erfüllen sind (z. B. Direktoren für Auslandsmärkte, Leiter von Zweigniederlassungen). Die Besteuerung steht dann dem Ansässigkeitsstaat oder dem Staat zu, in dem die Tätigkeit tatsächlich ausgeübt wird (RFH RStBl. 1934, 417: *DBA Italien;* RFH RStBl. 1938, 812; BFH BStBl. III 1960, 441; alle zum *DBA Schweiz 1971; Debatin,* DB 1972, 1939 (2035)).

80e Nimmt der Ansässigkeitsstaat der Gesellschaft seine Befugnis zur Besteuerung nicht wahr, etwa weil der leitende Angestellte weder in seinem Staatsgebiet wohnt, noch seine Arbeit dort ausübt, gibt Art. 15 Abs. 4 dem Ansässigkeitsstaat ein subsidiäres Besteuerungsrecht (Abweichung vom Grundsatz des Verbots schon der „virtuellen Doppelbesteuerung"; s. dazu die Grundl. Rz. 69 ff. und MA-Komm. zu Art. 23 Ziff. 34). Die Finanzverwaltung ist der Meinung, dass es zu einem Rückfall des Besteuerungsrechts kommt, wenn die Einkünfte tatsächlich in der Schweiz nicht besteuert wurden (OFD Frankfurt/M v. 19.7.2006, DStZ 2006, 708). Dagegen soll es nach anderer Auffassung darauf ankommen, ob die Einkünfte aus rechtlichen Gründen nicht besteuert werden können (s. *Brandis,* D/W Art. 15 DBA Schweiz Rz. 107). Sind die Einkünfte im Grunde steuerpflichtig, werden sie aber aus anderweitigen Gründen nicht besteuert, muss es bei der Freistellung im Wohnsitzstaat des Stpfl. bleiben (s. FG München EFG 2011, 418 zu einem Fall, in dem die Schweiz in Kenntnis der Steuerpflicht auf eine Besteuerung verzichtet hat). Insoweit geht es nicht um die Vermeidung einer doppelten Nichtbesteuerung, vielmehr ist die Entscheidung der Schweiz auf die Besteuerung zu verzichten zu respektieren.

Die Vorschrift gilt nicht für eine Entschädigung für den Verzicht auf eine zugesagte Tätigkeit als Geschäftsführer, vielmehr setzt sie eine tatsächliche Tätigkeit voraus (BFH BFH/NV 2007, 13).

81 **cc)** Entsprechende Vorschriften, die für Vergütungen von Geschäftsführern die Besteuerung im Tätigkeitsstaat vorsehen, waren eine Zeitlang in der deutschen Abkommenspraxis häufiger. Sie finden sich durchwegs bei Art. 16 (*DBA Dänemark, Japan, Kanada, Kasachstan, Österreich, Polen, Schweden* (mit Ausnahme des *DBA Japan* (Art. 16 Abs. 1) jeweils Art. 16 Abs. 2)) und werden dort näher erörtert (s. Art. 16 Rz. 22, 29a). Entgegen der Ansicht des ÖstBMF enthielt das *DBA Österreich 1954* keine entsprechende Regelung (s. ÖStBMF v. 26.1.2004 (EAS 2414), SWI 2004, 332); das ergibt sich eindeutig aus SProt. Nr. 21.

82 **k)** Nahezu alle DBA, die nach 1992 abgeschlossen worden sind, stellen für die Ermittlung der 183-Tage-Frist wie das OECD-MA 1992 nicht auf das Steuerjahr bzw. Kalenderjahr, sondern auf einen **Zeitraum von 12 Monaten** ab (Ausnahme *Großbritannien 2010*). Die Besteuerung verbleibt nur dann beim Ansässigkeitsstaat, wenn sich der Empfänger der Tätigkeitsvergütung nicht länger als 183 Tage „während eines Zeitraums von 12 Monaten" im Tätigkeitsstaat aufhält. Diese Regelung führt im Vergleich zu den früheren Fassungen der MA zu abweichenden Ergebnissen, wenn sich der Arbeitnehmer vom 10.7. eines Jahres bis zum 30.6. des folgenden Jahres im ausländischen Vertragsstaat aufhält. Früher verblieb in diesem Fall die alleinige Besteuerung beim Ansässigkeitsstaat; nach den genannten DBA ist dies nicht der Fall, weil sich der Arbeitnehmer innerhalb eines 12-Monate-Zeitraums länger als 183 Tage im ausländischen Vertragsstaat aufgehalten hat. Einige DBA enthalten jedoch nicht den Zusatz des OECD-MA „der während des betreffenden Steuerjahres beginnt oder endet". Diese Anforderung ergibt sich jedoch schon aus dem Zusammenhang der Abkommen; ihr Fehlen bedeutet somit keine sachliche Abweichung. Zur Berechnung und der Überschneidung von mehreren 12-Monate-Zeiträumen s. bereits oben Rz. 45.

l) aa) Zur **Berechnung der 183-Tage-Frist** nach dem *DBA Frankreich* ist auf eine zwischen den Vertragsstaaten getroffene Verständigungsvereinbarung hinzuweisen (BMF v. 3.4.2006, BStBl. I 2006, 304; § 6 VO zur Umsetzung von Konsultationsvereinbarungen zwischen Deutschland und Frankreich v. 20.12.2010 (BGBl. I 2010, 2138; Anwendungsbeginn 1.1.2010); s. auch *Burmeister,* IWB F. 5, Gr. 2, 1447 (2006)). Danach sind bei der Berechnung der Aufenthaltsdauer auch Sonn- und Feiertage, Urlaubs- und Krankheitstage und kurze Unterbrechungen im Zusammenhang mit Reisen in den Heimatstaat oder in dritte Länder als Aufenthaltstage in der Regel mitzuzählen. Das entspricht dem französischen innerstaatlichen Recht, das ebenfalls eine 183-Tage-Klausel kennt. Das FG BW (EFG 2011, 1246 m. Anm. *Bozza-Bodden*) weist darauf hin, dass Art. 13 Abs. 4 dem OECD MA entspreche und für die Berechnung der 183 Tage die gleichen Grundsätze wie unter dem OECD-MA gelten müssten. Die entgegenstehende Verständigungsvereinbarung sei unbeachtlich (zumindest bis zum Zeitpunkt des Anwendungsbeginns der KonsVerFRAV). Der BFH (BFH/NV 2012, 640: *DBA Frankreich*) stimmt mit der Ansicht der Vorinstanz überein (s. dazu noch *Hilbert,* IWB 2012, 206). Möglicherweise ist die Verständigungsvereinbarung mit Geltung der KonsVerFRAV ab 1.1.2010 trotz der entgegenstehenden Rechtsprechung wieder zu beachten. **83**

Nach dem *DBA Tschechien,* Art. 15 Abs. 3, sind – insoweit übereinstimmend mit dem OECD-Komm. – bei Berechnung der 183-Tage-Frist alle Tage der physischen Anwesenheit einschließlich des Anreise- und Abreisetags mitzuzählen. Anders als im OECD-Komm. werden auch berücksichtigt: Wochenendtage, Feiertage, Urlaubstage und Tage, die auf Dienstreisen außerhalb des Tätigkeitsstaates verbracht werden, soweit diese in unmittelbarer Beziehung zur Auslandstätigkeit stehen und die Tätigkeit noch nicht beendet ist. **83a**

Das *DBA Belgien* bezieht die 183 Tage auf die Dauer der Arbeitsausübung (Art. 15 Abs. 2 Nr. 1). Dabei ist jeder Tag zu berücksichtigen, an dem sich der Arbeitnehmer im anderen Vertragsstaat zur Arbeitsausübung tatsächlich aufgehalten hat (BMF v. 14.9.2006, BStBl. I 2006, 532 Tz. 46). Im Grundsatz bleiben daher alle arbeitsfreien Tage unberücksichtigt. Allerdings bestimmt das *DBA Belgien* ferner, dass übliche Arbeitsunterbrechungen bei der Berechnung der 183-Tage-Frist mitzuzählen sind. Das gilt in Abweichung vom MA-Komm. auch dann, wenn diese Tage nicht im Tätigkeitsstaat verbracht werden. Zu den üblichen Arbeitsunterbrechungen sollten neben Wochenend- und Krankheitstagen auch Urlaubstage gezählt werden, soweit der Urlaub während der Auslandstätigkeit genommen wird. Nicht hinzuzurechnen sind aber der Anreise- und Abreisetag; insofern handelt es sich nicht um Arbeitsunterbrechungen. **83b**

Auch das *DBA Dänemark* bezieht sich in Art. 15 Abs. 2 Buchst. a auf die Dauer der Arbeitsausübung, enthält aber den ausdrücklichen Einschluss üblicher Arbeitsunterbrechungen nicht. Arbeitsfreie Tage bleiben somit außer Betracht, wobei es keine Rolle spielt, ob diese im Tätigkeitsstaat oder im Ansässigkeitsstaat verbracht werden. Es können sich in der Praxis Schwierigkeiten ergeben, da Dänemark seit 2012 die 183-Tage-Regel auch für die Bestimmung der unbeschränkten Steuerpflicht gebraucht und insofern auf die Aufenthaltstage abstellt. Auch stellt das innerstaatliche Recht auf einen 12-Monatszeitraum ab, während sich das DBA noch auf das Kalenderjahr bezieht. Dänemark hat allerdings nicht deutlich gemacht, dass **83c** mit der Änderung des innerstaatlichen Rechts auch ein treaty override bezweckt wird.

83d Die *DBA Elfenbeinküste* (Art. 15 Abs. 2 Buchst. a), *Marokko* (Art. 15 Abs. 2 Nr. 1) und *Tunesien* (Art. 15 Abs. 2 Buchst. a) beziehen sich zwar auf die Dauer des Aufenthalts, zählen aber ausdrücklich noch wie das *DBA Belgien* gewöhnliche Arbeitsunterbrechungen bei der Berechnung der 183 Tage dazu.

84 **bb)** Wie in Rz. 48, ausgeführt, bestimmt sich der Begriff des **Steuerjahres** nach dem Recht des Quellenstaates, also des Staates des Tätigkeitsortes. Weicht das Steuerjahr des Quellenstaates vom Kalenderjahr ab, so ist dies zu berücksichtigen. Das gilt auch für das *DBA Australien,* das vom „Einkommensjahr" (für Australien) bzw. vom „Veranlagungszeitraum" (für Deutschland) spricht. Vom Kalenderjahr abweichende Steuerjahre haben, soweit ersichtlich, die Länder Australien (1.7.–30.6.), Bangladesch (1.7.–30.6.), Großbritannien (6.4.–5.4.), Indien (1.4.–31.3.), Iran (21.3.–20.3.), Japan (1.4.–31.3.), Mauritius (1.7.–30.6.), Namibia (1.3.–28./29.2.), Neuseeland (1.4.–31.3.), Pakistan (1.7.–30.6.), Simbabwe (1.4.–31.3.), Sri Lanka (1.4.–31.3.), Südafrika (1.3.–28./29.2.). Irland hat sein Steuerjahr zum 1.1.2002 auf das Kalenderjahr umgestellt. Im Fall Indiens kommt es auf das vorhergehende Jahr („previous year") an (s. dazu FG Düsseldorf DB 1988, 1090). Soweit jedoch in den Abkommen für die Berechnung der 183-Tage-Frist nicht entsprechend den MA auf das Steuerjahr, sondern auf das Kalenderjahr abgestellt wird, sind etwaige Abweichungen im Steuerjahr unerheblich (so das *DBA Japan*). Das *DBA Jamaika* verwendet den Begriff „Veranlagungsjahr", was nicht zu Abweichungen führt, da das Veranlagungsjahr Jamaikas dem Kalenderjahr entspricht.

84a **cc)** Das DBA Großbritannien 2010 ist zu unterschiedlichen Zeitpunkten erstmalig anzuwenden, da das Steuerjahr in Großbritannien am 6.4.2010 beginnt, während für Deutschland auf den 1.1.2010 abzustellen ist. Das kann zu Doppelbesteuerungen führen (für ein Beispiel s. *Vetter/Schreiber,* IWB 2011, 521, 522f.). Die britische Finanzverwaltung hat das Problem gesehen und kommt hier dem Steuerpflichtigen entgegen.

Zum DBA Polen ist die Frage des Übergangs vom alten DBA zum neuen DBA mit Bezug auf die 183-Tage-Regelung (s. oben Rz. 46) in einem BMF-Schreiben (v. 29.10.2004, BStBl. I 2004, 1026) geregelt worden; dieses wurde von polnischer Seite in einem Verständigungsverfahren bestätigt (BMF v. 23.12.2004, BStBl. I 2004, 1183).

85 **m)** Das *DBA Tschechien* enthält in Abs. 4 eine Definition des Begriffs **„Arbeitgeber".** Arbeitgeber ist diejenige Person, die die Rechte an der Arbeitsleistung besitzt und die Verantwortung und das Risiko hinsichtlich der Arbeitsergebnisse des Arbeitnehmers trägt.

86 Ist Arbeitgeber eine Personengesellschaft, so gilt nach Nr. 15 *SProt. Niederlande 1959* und Nr. 18 *SProt. Luxemburg 1958* (zu diesen Abkommen s. bereits Rz. 74f., 76) als Wohnsitz der Ort der Geschäftsleitung.

87 **n)** Das *DBA UdSSR* regelt in Art. 12 unter der Überschrift „Arbeitslohn" die Besteuerung von Löhnen, Gehältern und ähnlichen Vergütungen, die eine natürliche Person aus Arbeit bezieht. Die Vorschrift betrifft nur die unselbständige Arbeit; dies wird in Nr. 1 des SProt. klargestellt. Vergütungen für selbständige Arbeit gehören danach zu den Einkünften aus Geschäftstätigkeit nach Art. 5 des Abkommens. Obwohl Art. 12 Abs. 1 vom Wortlaut des Art. 15 Abs. 1 OECD-MA abweicht, ist der sachliche Inhalt der Gleiche. Art. 12 Abs. 1 *DBA UdSSR* ist wie folgt zu verstehen: Tätigkeitsvergütungen **können** im Tätigkeitsstaat besteuert werden, jedoch nur, soweit die Arbeit dort ausgeübt wird. Die Formulierung „können besteuert werden" bedeutet wie üblich, dass auch der Ansässigkeitsstaat die Bezüge besteuern darf (s. Vor Art. 6 bis 22 Rz. 7). Eine abschließende Zuweisung der Besteuerung an den Tätigkeitsstaat enthält Art. 12 Abs. 1 nicht, da sich das Wort „nur“ nicht auf „Vertragsstaat“, sondern auf „Ausübung der Tätigkeit“ bezieht. Das *DBA Russische Föderation* entspricht nunmehr dem OECD-MA. Es enthält allerdings in Prot. Ziff. 6 eine Regelung, nach der abweichend von Art. 15 Abs. 1, 2 Vergütungen aus einer öffentlichen Kasse an Mitarbeiter des Goethe-Instituts oder des DAAD nur in Deutschland besteuert werden dürfen, falls sie in Deutschland der Besteuerung unterliegen. Die Regelung kann durch Vereinbarung der zuständigen Finanzbehörden auf vergleichbare Einrichtungen beider Vertragsstaaten erweitert werden. Sie gilt im Übrigen auch für Vergütungen, die im Rahmen von Hilfsprogrammen gezahlt werden, die mit russischen Behörden vereinbart worden sind. Davon erfasst sind nicht Vergütungen, die im Rahmen von Hilfsprogrammen der EU gezahlt werden.

o) Aufteilung des Arbeitslohns: Zur Aufteilung des Arbeitslohns haben die Finanzverwaltungen Deutschlands und Luxemburgs eine detaillierte Verständigungsvereinbarung zum DBA Luxemburg 1958 getroffen (BMF v. 14.6.2011, BStBl. I 2011, 621; KonsVerLUXV v. 9.7.2012, BStBl. I 2012, 693). Die Vereinbarungen entsprechen den oben wiedergegebenen Grundsätzen (Rz. 68a ff.). Bei einer nur geringfügigen Dauer der Tätigkeit im Wohnsitzstaat oder in Drittstaaten (weniger als 20 Tage) erfolgt allerdings keine Aufteilung, der Wohnsitzstaat stellt vollständig frei (zu den Details s. noch *Richter/Hontheim,* IStR 2012, 297). **88**

p) Subject-to-tax-Klauseln: Die *DBA Italien, Singapur* und *Südafrika 1972,* die im Übrigen dem OECD-MA entsprechen, machen die Zuordnung der Besteuerung an den Ansässigkeitsstaat in Prot. Ziff. 16d (s. dazu noch Rz. 98), Art. 14 Abs. 2 Buchst. d, 15 Abs. 2 Buchst. d, (s. dazu noch Rz. 97) bzw. in Art. 13 Abs. 2 Satz 1 davon abhängig, dass der Ansässigkeitsstaat von seinem ihm nach dem Abkommen zugewiesenen Besteuerungsrecht nach innerstaatlichem Recht auch Gebrauch machen kann. Ist dies der Fall, so bleibt es bei der Regelung des Abs. 1, nach der sowohl der Ansässigkeitsstaat als auch der Tätigkeitsstaat die Arbeitseinkünfte besteuern dürfen. Im Ergebnis steht hiernach in einem solchen Fall die Besteuerung dem **Staat des Arbeitsortes** zu. In Singapur werden Steuerpflichtige nur mit denjenigen Einkünften besteuert, die in Singapur erzielt werden. Es kann daher vorkommen, dass bei Auslandsaufenthalten Singapur als Ansässigkeitsstaat die Einkünfte nicht besteuert, obwohl dem Ansässigkeitsstaat das Besteuerungsrecht zusteht. Durch die subject-to-tax-Klausel wird dann erreicht, dass eine Einmalbesteuerung in Deutschland als Staat der Arbeitsausübung stattfinden kann. Ähnlich trägt die Regelung im Fall Südafrikas dem Umstand Rechnung, dass nach dem Steuersystem Südafrikas Einkünfte, die aus Quellen außerhalb Südafrikas stammen, grundsätzlich unbesteuert bleiben; sie schließt die Besteuerungslücke, die sich dadurch sonst ergeben würde. Auch diese Regelungen durchbrechen den Grundsatz, dass das Abkommen schon die „virtuelle Doppelbesteuerung“ ausschließen soll. Das *DBA Namibia* enthält aus demselben Grund eine allgemeine subject-to-tax-Klausel, nach der Deutschland subsidiär besteuern kann, wenn der andere Vertragsstaat die Einkünfte nach innerstaatlichem Recht nicht besteuert. **89**

Art. II Abs. 2 des *DBA Großbritannien 1964* (Remittance-base-Klausel) trägt der Besonderheit des britischen Steuerrechts Rechnung, dass unter bestimmten Voraussetzungen nur solche Einkünfte tatsächlich in Großbritannien besteuert werden, die dorthin überwiesen oder dort bezogen werden. Besteuert Großbritannien wegen der remittance-base-Besteuerung nicht, ist Deutschland nicht verpflichtet, die fraglichen Einkünfte freizustellen. Der Anwendungsbereich der Vorschrift ist auf diejenigen Verteilungsnormen des Abkommens beschränkt, die „Steuerpflichtigkeit der Einkünfte“ in Großbritannien voraussetzen (s. Vor Art. 6–22 Rz. 18b; Wassermeyer/*Beckman* DBA Großbritannien Art. II Rz. 55). Auf Abfindungen, die **89a** nach deutscher Auffassung allein im Wohnsitzstaat besteuert werden können, ist die Klausel daher nicht anzuwenden, auch wenn die Abfindung nicht nach Großbritannien überwiesen wird (*Portner,* IStR 2010, 837 (839)). Die Vorschrift kann ferner nur dann zur Anwendung kommen, wenn der Arbeitgeber des in Großbritannien tätigen Arbeitehmers in Deutschland ansässig ist. Zahlt ein britischer Arbeitgeber die Vergütung, kommt die remittance-base-Klausel nicht zur Anwendung (FG Nürnberg IStR 2011, 513: *DBA Großbritannien 1964/70*). Im *DBA Großbritannien 2010* wendet Deutschland weiterhin die Freistellungsmethode an (Art. 23 Abs. 1 Buchst. a), allerdings nur, wenn die aus britischen Quellen stammenden Einkünfte tatsächlich in Großbritannien versteuert werden. Stammen die Einkünfte aus Deutschland setzt die remittance-base-Klausel in Art. 24 für die Freistellung in Deutschland voraus, dass die Einkünfte tatsächlich nach Großbritannien überwiesen und besteuert werden. Die neue remittance-base-Klausel ist also nicht mehr auf bestimmte Einkünfte beschränkt, sondern gilt allgemein, d. h. im Prinzip auch für Abfindungen, die ein in Großbritannien ansässiger Arbeitnehmer aus deutschen Quellen erhält. Allerdings sind solche Abfindungen in Großbritannien unter bestimmten Voraussetzungen nach innerstaatlichem Recht steuerbefreit, so dass Deutschland auch bei Nichtüberweisung der Abfindung nach Großbritannien freistellen muss; es fehlt am notwendigen Zusammenhang zwischen Überweisung und britischer Nichtbesteuerung (*Portner,* IStR 2010, 837 (839); *Vetter/Schreiber,* IWB 2011, 521 (526)).

90 Das *DBA Österreich* enthält eine Regelung (Art. 15 Abs. 4), nach der die Tätigkeit nicht im Tätigkeitsstaat ausgeübt wird, wenn die Vergütung dort nicht der Besteuerung unterliegt; das entspricht einer **subject-to-tax-Klausel.** Bei Nichtbesteuerung im Tätigkeitsstaat bleibt es bei der Besteuerungsbefugnis des Ansässigkeitsstaates. Ziff. 7 Prot. stellt klar, dass es nicht um eine effektive Steuerzahlung im Tätigkeitsstaat geht, sondern darum, dass die Einkünfte steuerlich erfasst worden sind. Die Regelung gilt nicht für die Besteuerung von Vergütungen für unselbständige Arbeit an Bord eines internationalen Seeschiffes (Art. 15 Abs. 5 DBA Österreich), da Abs. 4 den Tätigkeitsstaat betrifft und nicht den Staat, in dem sich der Ort der tatsächlichen Geschäftsleitung des Unternehmens befindet (ÖStBMF, EAS 3307 v. 23.11.2012, SWI 2013, 5).

91 Der BFH versteht auch Art. 23 Abs. 2 Satz 2 *DBA USA* als subject-to-tax-clause. In seinem Urteil v. 11.6.1996 (BStBl. II 1997, 117: *DBA USA 1989*) hat er Einkünfte aus unselbständiger Arbeit, die in den USA nicht besteuert wurden, nicht als aus den USA stammend angesehen. Die Einkünfte waren daher im Inland der Besteuerung zu unterwerfen (zur Problematik s. noch Art. 23 Rz. 66, 250). Sollten die USA die Einkünfte später noch besteuern, so ist darin ein Ereignis i. S. des § 175 Abs. 1 Satz 1 Nr. 2 AO zu sehen, so dass eine spätere Änderung des Steuerbescheids gerechtfertigt wäre.

92 q) **Arbeitnehmerverleih:** Die *DBA Albanien 2010, Algerien 2007, Aserbaidschan, Bulgarien 2010; Costa Rica 2014 (E); Dänemark, Kasachstan, Korea, Kroatien, Luxemburg 2012, Mexiko 2008, Rumänien, Schweden, Slowenien, Südafrika 2008 (E), Tadschikistan, Taiwan 2011, Ungarn 2011, Uruguay 2010 und Zypern 2011* schließen die Anwendbarkeit des Art. 15 Abs. 2 MA aus, falls es sich um Vergütungen für Arbeit im Rahmen gewerbsmäßiger Arbeitnehmerüberlassung handelt. Die Löhne und Gehälter sind somit im Tätigkeitsstaat zu versteuern, der Wohnsitzstaat hat gem. Art. 23A/B MA die Doppelbesteuerung im Wege der Anrechnung oder Freistellung zu vermeiden. Die Vermeidung der Doppelbesteuerung in einigen dieser Fälle einem besonderen Verständigungsverfahren überlassen. Obwohl sich die Regelung häufig in neueren Abkommen findet, enthält sie die Deutsche Verhandlungsgrundlage für Doppelbesteuerungsabkommen nicht.

Das *DBA Türkei 1985* enthält ebenfalls eine Sonderregelung für die gewerbsmäßige Arbeitnehmerüberlassung. In Prot. Nr. 6 zu Art. 15 des DBA wird klargestellt, dass die überlassenen Arbeitnehmer als Arbeitnehmer des Entleihers und nicht des Verleihers bzw. Vermittlers gelten. Das entspricht der Vorstellung des OECD-MA 1992 (s. Rz. 54 f.). Eine weitere Besonderheit besteht darin, dass nach Art. 25 Abs. 5 die im anderen Vertragsstaat tätigen Arbeitnehmer bei der Regelung ihrer Steuerangelegenheiten Hilfe von Beamten ihres Heimatstaates in Anspruch nehmen können (allgemein zum Behördenverkehr s. Art. 25 Rz. 180 ff.). Die Vorschrift soll dem Umstand Rechnung tragen, dass eine sehr große Zahl der in der Bundesrepublik tätigen türkischen Gastarbeiter sprachliche und sachliche Probleme in ihren Steuerangelegenheiten hat und dies von privaten Helfern oftmals missbräuchlich ausgenutzt worden ist (s. dazu den Bericht des Finanzausschusses BT-Drs. 11/5472). Ein Notenwechsel vom 6. Juli 1989, der Bestandteil des Abkommens ist, enthält einige Klarstellungen, um hiergegen in Deutschland geäußerte Bedenken auszuräumen. 93

Die *DBA Frankreich* (Art. 13 Abs. 6), *Italien* (Prot. Ziff. 13), *Schweden* (Art. 15 Abs. 4) und *Norwegen* (Prot. Ziff. 5) sehen bei Leiharbeitsverhältnissen vor, dass sowohl der Tätigkeitsstaat als auch der Ansässigkeitsstaat des Arbeitnehmers die Vergütung besteuern können, ohne dass es auf die Tätigkeitsdauer ankommt. Besteuert der Ansässigkeitsstaat, so hat er die Steuer des anderen Staates anzurechnen (s. Art. 23 Rz. 121 ff.; zur praktischen Umsetzung s. auch LFSt Bayern v. 28.5.2013, IStR 2013, 476). Sowohl der Verleiher als auch der Entleiher können von den Vertragsstaaten nach Maßgabe des jeweiligen innerstaatlichen Rechts für die Zahlung der Steuer haftbar gemacht werden (s. dazu bereits Rz. 55). Diese Aussage hat aber nur klarstellende Bedeutung (FG BW EFG 1994, 891; EFG 1997, 82: beide *DBA Frankreich*). Die Inanspruchnahme des ausländischen Arbeitnehmerverleihers für den Lohnsteuerabzug bedarf jedenfalls einer innerstaatlichen Grundlage. Trotz der etwas missverständlichen Formulierung der Definition des Ausdrucks „unselbständige Arbeit" in Art. 13 Abs. 7 umfasst Art. 13 Abs. 6 *DBA/Frankreich* jeden Arbeitnehmer und nicht nur die in Abs. 7 genannten leitenden und geschäftsführenden Personen (FG BW EFG 1997, 82). 94

Das *DBA Österreich* (Art. 15 Abs. 3) belässt dem Ansässigkeitsstaat die Besteuerungsbefugnis im Fall einer Arbeitnehmerüberlassung (gemeint ist nach Sinn und Zweck der Vorschrift allein die gewerbliche Arbeitsüberlassung: FG BW EFG 2014, 774: *DBA Österreich*), wenn der Aufenthalt im Tätigkeitsstaat 183 Tage im Kalenderjahr nicht übersteigt. Das wird rechtstechnisch dadurch erreicht, dass Art. 15 Abs. 2 Buchst. b für unanwendbar erklärt wird, was andererseits bedeutet, dass der Tätigkeitsstaat die Vergütungen bei 183 Tage unterschreitenden Aufenthalten dann besteuern kann, wenn der Verleiher eine Betriebstätte im Tätigkeitsstaat unterhält, die die Vergütungen trägt (so klarstellend Ziff. 6 Prot.; s. auch ÖStBMF v. 17.6.2002 (EAS 2078), SWI 2002, 440). Der Begriff der Arbeitnehmerüberlassung ist nicht definiert, so dass man auch die gelegentliche Entsendung eines Arbeitnehmers innerhalb eines Konzern darunter subsumieren könnte (so in der Tat die österreichische Finanzverwaltung ÖStBMF v. 29.12.2003 (EAS 2398), SWI 2004, 160 und v. 17.5.2004 (EAS 2463), SWI 2004, 386). Berücksichtigt man aber den Zusammenhang, insbes. den Vorbehalt der Bundesrepublik Deutschland in Ziff. 16 MA-Komm. und die neuere deutsche Abkommenspraxis, wird man Art. 15 Abs. 3 eng auslegen müssen, so dass die Vorschrift nur auf den gewerbsmäßigen Arbeitnehmerverleih Anwendung findet. 95

r) Einige **ältere DBA** regelten die Einkünfte aus **unselbständiger und freiberuflicher (selbständiger) Tätigkeit in einer gemeinsamen Vorschrift** (*DBA Indien 1959/84, Italien 1925, Pakistan 1958/70, USA 1954/65;* s. dazu die 3. Auf- 96 lage). Die Besteuerung erfolgte grundsätzlich entsprechend den MA nach dem Arbeitsortprinzip, jedoch wichen diese Abkommen sowohl in ihrer Formulierung als auch in den einzelnen Voraussetzungen für die Zuweisung der Besteuerung an den Ansässigkeitsstaat bei nur vorübergehender Tätigkeit erheblich von den MA ab. Die an die Stelle dieser DBA getretenen neueren Abkommen entsprechen dem OECD-MA.

97 Die *DBA Malaysia 1977* und *Thailand* regeln unselbständige und selbständige Tätigkeit ebenfalls in einer Vorschrift, entsprechen aber – soweit sie die unselbständige Arbeit betreffen – mit den in Rz. 78 aufgezeigten Abweichungen den MA. Das mit einer vergleichbaren Regelung versehene *DBA Singapur 1972* setzte für die Zuweisung des Besteuerungsrechts an den Ansässigkeitsstaat bei nur vorübergehender Tätigkeit voraus, dass der Ansässigkeitsstaat von seinem Besteuerungsrecht auch tatsächlich Gebrauch machte (Art. 14 Abs. 2 Buchst. b). Außerdem enthielt das *DBA Singapur 1972* in Art. 21 eine remittance-base-Klausel, da Steuerausländer in Singapur nur die ausländischen Einkünfte versteuern müssen, die nach Singapur überwiesen werden. Unter Berücksichtigung des Zweckes der Vorschrift, die Doppelnichtbesteuerung von Einkünften zu vermeiden, ist der Ausdruck „stammen" hier nicht im Sinne des Art. 15 zu verstehen, vielmehr ist auf den Zahlungsort abzustellen. Um ausländische Einkünfte handelt es sich demnach nicht nur dann, wenn die Arbeit im Ausland ausgeübt wird, sondern auch schon dann, wenn die Vergütungen für eine Arbeitstätigkeit in Singapur von einem deutschen Arbeitgeber bezahlt werden (BFH BStBl. II 2001, 195: *DBA Zypern 1977;* BStBl. II 2006, 743: *DBA Singapur 1972;* BFH/NV 2006, 1986: *DBA Singapur 1972;* a. A. die Vorinstanz FG BW EFG 2005, 1594; *Wischermann,* IStR 2002, 688 (692 f.)). Der Ausdruck „Quelle" in Art. 22 Abs. 1 des *DBA Singapur 2004* ist wohl entsprechend zu verstehen, obwohl man hier einwenden könnte, dass die Vertragsparteien Gelegenheit hatten, den missverständlichen Wortlaut in Hinblick auf Art. 15 klarzustellen.

98 **s)** Das *DBA Italien* stimmt mit den MA überein. Das Prot. enthält zudem in Ziff. 16 Buchst. e eine Sonderregelung für Einkünfte aus unselbständiger Arbeit, die schon ab 1.1.1989 gelten soll. Nach dieser Regelung können Einkünfte i. S. des Art. 15 Abs. 2 entgegen dem *DBA Italien 1925* schon ab 1.1.1989 auch im Ansässigkeitsstaat besteuert werden. Eine Doppelbesteuerung wird in diesen Fällen dadurch vermieden, dass der Ansässigkeitsstaat die im Tätigkeitsstaat erhobene Steuer auf seine Steuer von diesen Einkünften anrechnet. Da nach deutschem Verfassungsrecht eine rückwirkende Belastung nicht zulässig ist (s. Art. 30/31 Rz. 20), konnte die Klausel allerdings frühestens von Beginn des Steuerjahres an wirksam werden, in dem der Bundestag dem DBA in Gesetzesform zustimmte, also dem Veranlagungszeitraum 1990 (ZustimmungsG v. 10.8.1990, BGBl. II 1990, 743). Tatsächlich trat das Abkommen erst zwei Jahre später am 27.12.1992 in Kraft. Deswegen ist zweifelhaft, ob nicht auch die Rückwirkung auf den 1.1.1990 verfassungswidrig ist. Der BFH hat diese Zweifel zurückgewiesen (zur Problematik und für Nachweise s. Art. 30/31 Rz. 20 f.). Eine weitere Besonderheit enthält das *DBA Italien* in Prot. Ziff. 16d in Verbindung mit Art. 24 Abs. 3 Buchst. a. Nach dieser Vorschrift werden in Italien erzielte Einkünfte eines unselbständig Tätigen in Deutschland nur freigestellt, wenn die Einkünfte in Italien tatsächlich besteuert worden sind. Ist das nicht der Fall, so verbleibt die Vorrangbesteuerung bei der Bundesrepublik, auch wenn sie an sich nach Art. 15 Italien zustünde (BFH BStBl. II 2008, 953: *DBA Italien*).

99 **t)** Das *Ergänzungsprotokoll 2006 zum DBA USA* führt einen neuen Art. 18A ein (Anwendungsbeginn 1.1.2007). Danach gelten Zahlungen in Altersvorsorgepläne, die bereits vor Entsendung begonnen worden sind, nicht als steuerpflichtige Einkünfte des Arbeitnehmers im Entsendestaat (nachgelagerte Besteuerung), soweit die entsprechenden Entlastungen im anderen Vertragsstaat nicht überstiegen werden. Nach deutschem Steuerrecht richtet sich die Höhe der Entlastung nach § 3 Nr. 63 EStG, hinzukommen EUR 1800,– für nach dem 31.12.2004 erteilte Zusagen (Art. XVI Nr. 16b) aa) Protokoll zur Änderung des DBA USA). Die steuerfreien Einkünfte sind allerdings in Deutschland im Rahmen des Progressionsvorbehalts zu berücksichtigen (s. dazu Art. 18 Rz. 202ff.; ferner *Lühn,* Einführung eines neuen Art. 18A DBA USA für Altersvorsorgepläne, IWB 8-USA-2, 1495 (2008)).

B. Zu Art. 15 Abs. 3

Literatur: *Bayer,* ÖStZ 2010, 349; *Dal Corso,* BIT 2013, No. 11; *Fiedler,* DB 1984, 2115; *Hilbert,* DStR 2012, 7; *Huber,* Tanker Operations: a handbook for the person-in-charge (2001); *Jahn,* PIStB 2003, 180; *Rauert,* IStR 2012, 164; *Stöbener/Gach,* IStR 2013, 19; *Urbahns* NWB 2013, 3749; *Weizman,* ET 1996, 163; *Wilke/Brock,* IWB 2013, 555; *Woutersan,* in *Hohenwarter/Metzler (eds.),* Taxation of Employment Income in International Tax Law, 2009 147. **100**

OECD Dokumente: OECD, Proposed Changes to the OECD Model Tax Convention dealing with the Operation of Ships and Aircraft in International Traffic, Public Discussion Draft, 15 Nov 2013.

I. Musterabkommen

1. Übereinstimmungen und Abweichungen

Die MA der OECD und der UN stimmen wörtlich überein. Den gleichen **101** Wortlaut verwendet auch Art. 14 Abs. 3 DE-VG. Das US-MA hingegen weist die Besteuerung dem Staat zu, in dem das reguläre Besatzungsmitglied eines Schiffes oder Luftfahrzeugs ansässig ist (ihm folgend das niederländische Musterabkommen (dazu *van Raad,* Intertax 1988, 241 (246)). Außerdem gilt die Vorschrift nach dem US-MA ausschließlich für See- und Luftfahrzeuge, die im internationalen Verkehr tätig sind (zum US-MA s. Rz. 113).

2. Erläuterungen zum OECD-MA

a) **Grundzüge:** Vergütungen für unselbständige Arbeit, die an Bord eines **See-** **102** **schiffes oder Luftfahrzeuges** im internationalen Verkehr verrichtet wird oder an Bord eines Schiffes, das der **Binnenschifffahrt** dient, besteuert vorrangig **der Staat der tatsächlichen Geschäftsleitung** des Unternehmens als Quellenstaat. Er besteuert diese Vergütungen gemäß seinem innerstaatlichen Recht, ohne durch das Abkommen darin begrenzt zu sein. Die Besteuerung der Vergütungen im Ansässigkeitsstaat lässt Art. 15 Abs. 3 offen („können"); ob und in welchem Umfang sie freizustellen sind oder die Steuer des Quellenstaats angerechnet wird, bestimmt sich nach Art. 23A oder B. Sind hiernach die Vergütungen im Ansässigkeitsstaat des Arbeitgebers freizustellen, so gilt dies, wie stets, auch dann, wenn der Staat des Ortes der Geschäftsleitung des Unternehmens nach seinem innerstaatlichen Recht von seiner Besteuerungsbefugnis keinen Gebrauch macht. Auf diese Weise kann eine Besteuerungslücke eintreten.

Die deutsche Finanzverwaltung will für die Frage, ob die Freistellungsmethode oder die Anrechnungsmethode zur Anwendung kommt, danach unterscheiden, ob die Arbeit im anderen Vertragsstaat tatsächlich ausgeübt wird. Nur auf solche Arbeit beziehe sich die Freistellung von Vergütungen in Art. 23 (s. OFD Karlsruhe v. 3.7.2000, RIW 2000, 808). Der BFH hat sich dieser Auffassung gegen die überwiegende Literatur (*Kempermann,* Art. 15 Rz. 63; *Wassermeyer/Brandis,* DBA Schweiz Art. 15 Rz. 85; Wassermeyer/*Wassermeyer,* Art. 15 MA Rz. 181; *Locher/*

Meier/von Siebenthal/Kolb, Art. 15 DBA Schweiz, B 15.3, Rz. 12) und einer früheren Entscheidung des BFH (BFH/NV 1999, 751 zu Art. 15 Abs. 4 *DBA Schweiz 1971*) angeschlossen (BFH BStBl. II 2004, 704: *DBA Schweiz 1994;* BFH HFR 2012, 823: *DBA Schweiz;* s. auch *OFD Karlsruhe* v. 12.7.2004, S 1301B – St 334/CH). Das bedeutet, dass der Unternehmensstaat zwar die gesamten Einkünfte des Arbeitnehmers besteuern darf, dass aber für die Anwendung der Vermeidungsvorschrift auf die tatsächlich dort ausgeübte Tätigkeit abzustellen ist. Dies widerspricht aber dem Grundgedanken des Art. 15 Abs. 3 MA. Der Arbeitsort befindet sich in den Fällen des Art. 15 Abs. 3 vielmehr dort, wo sich die Geschäftsleitung des Unternehmens befindet und nicht dort, wo der Stpfl. die Arbeit tatsächlich ausübt (in diesem Sinne auch FG BW EFG 2002, 1573: *DBA Schweiz;* s. dazu noch *Jahn,* PIStb 2003, 180; ferner Wassermeyer/*Wassermeyer,* Art. 15 OECD-MA Rz. 181; *Hilbert* DStR 2012, 7 (8); inkonsequent BMF v. 23.7.2012, DStR 2012, 1706 für den umgekehrten Fall eines Stpfl. mit Wohnsitz in der Schweiz und Beschäftigung bei einer deutschen Airline). Die Arbeitsplatzfiktion muss dann auch für die Vermeidungsvorschrift gelten. Es gilt aber zu beachten, dass dies eine Besonderheit des *DBA Schweiz* darstellt, im Verhältnis zu anderen Ländern kann sich die Rechtslage anders darstellen (s. z. B. Art. 15 Abs. 5 und Art. 23 Abs. 1 Buchst. b *DBA Österreich*). So hat auch der BFH (BFH/NV 2012, 862: *DBA Irland*) kürzlich zum DBA Irland entschieden, dass das Recht zur Besteuerung eines Piloten dem Geschäftsleitungsstaat insgesamt zustehe, ohne dass es darauf ankäme, wo die Tätigkeiten ausgeübt würden. Allerdings ergibt sich aus Art. XXII Abs. 3 DBA Irland deutlicher als aus dem DBA Schweiz, dass hier eine Tätigkeitsfiktion gelten soll.

103 Die MA tragen mit ihrer Regelung der Tatsache Rechnung, dass sich ein Ort der Ausübung der Tätigkeit bei Schiffen oder Luftfahrzeugen im internationalen Verkehr nicht oder nur unter Schwierigkeiten bestimmen lässt und somit die Kriterien des Abs. 1 zur Anknüpfung für die Besteuerungsbefugnis hier nicht geeignet sind (zum deutschen Recht s. BFH BStBl. II 1987, 377). Sie **folgen** damit der Regelung über die Besteuerung von **Unternehmensgewinnen** aus Seeschiffen, Luftfahrzeugen und Binnenschifffahrt (Art. 8), die – entgegen der allgemeinen Regel für die Unternehmensgewinne (Art. 7) – nicht im Betriebstättenstaat, sondern ausschließlich in dem Vertragsstaat besteuert werden können, in dem sich der Ort der tatsächlichen Geschäftsleitung des Unternehmens befindet. Die gezahlten Vergütungen für unselbständige Arbeit mindern diesen Gewinn (und damit die von dem Unternehmen zu zahlende Einkommen- oder Körperschaftsteuer). Art. 15 Abs. 3 schafft dafür einen Ausgleich, indem er dem Staat, dessen Steueraufkommen durch die gezahlten Vergütungen gemindert wird, für diese Vergütungen eine Befugnis zur Besteuerung belässt. Abweichend von Art. 8 bleibt aber nach Art. 15 Abs. 3 die Befugnis des Ansässigkeitsstaats zur Besteuerung der Vergütung – vorbehaltlich der Regelung in Art. 23 – erhalten; vgl. dazu Rz. 102.

Es darf aber nicht übersehen werden, dass die Regelung in Dreiecksverhältnissen zu Doppelbesteuerungen führen kann. Übt beispielsweise ein in Deutschland unbeschränkt Steuerpflichtiger seine Tätigkeit in einem Staat aus, in dem sich nicht das betreibende Unternehmen befindet, kann der Tätigkeitsstaat besteuern, ohne dass er durch das DBA zwischen dem Ansässigkeitsstaat und dem Unternehmensstaat beschränkt wäre (zu diesem Ergebnis kommt auch der niederländische Hof 's-Hertogenbosch in einem Urteil v. 30.9.2009, no. 08/00 404; s. dazu *Mooij,* BIT 2012, 151). Im Abkommen zwischen dem Ansässigkeitsstaat und dem Tätigkeitsstaat kann Art. 15 Abs. 3 MA keine Wirkung entfalten, da sich in keinem der beiden Staaten das die Schifffahrt betreibende Unternehmen befindet. Allerdings wäre hier zu überlegen, ob sich nicht Ziff. 8.2 Satz 2 OECD-Komm. zu Art. 4 MA analog anwenden ließe. Danach soll der Staat, der nach einer tie-breaker-rule in einem Abkommen nicht als Ansässigkeitsstaat gilt, dies auch im Rahmen eines DBA mit einem Drittstaat gegen sich gelten lassen. Dementsprechend sollte der Tätigkeitsstaat sich an einer Besteuerung aufgrund der Tätigkeit eines Arbeitnehmers gehindert sehen, wenn ein DBA zwischen Wohnsitzstaat und Unternehmensstaat letzterem das Besteuerungsrecht zuweist und der Tätigkeitsstaat mit beiden Staaten ein Abkommen unterhält, das eine dem Art. 15 Abs. 3 MA entsprechende Regelung enthält.

Befindet sich der Ort der tatsächlichen Geschäftsleitung eines See- oder Binnenschiffes **an Bord des Schiffes,** so ist Art. 8 Abs. 3 anzuwenden. Der Ort der tatsächlichen Geschäftsleitung gilt dann als in dem Vertragsstaat belegen, in dem sich der Heimathafen des Schiffes befindet. Lässt sich ein solcher nicht feststellen, gilt der Ort der tatsächlichen Geschäftsleitung als in dem Vertragsstaat belegen, in dem der Betreiber des Schiffes ansässig ist (vgl. dazu Art. 8 Abs. 3 Rz. 59 bis 61). 104

b) Abgrenzung: Art. 15 Abs. 3 geht als **lex specialis** den Absätzen 1 und 2 vor. Liegen seine Voraussetzungen vor, so sind die Absätze 1 und 2 nicht anzuwenden (so auch FG Rhlpf. IStR 1993, 375; anders FG Hessen EFG 1993, 638 und der BFH BStBl. II 1994, 437, allerdings im speziellen Zusammenhang mit der Rückwirkungsproblematik des *DBA Italien* (s. Art. 30/31 Rz. 7a, 20), wo der lex-specialis-Charakter nur auf die Rechtsfolge des Art. 15 Abs. 3 bezogen wird; jetzt aber der Meinung dieses Kommentars folgend BFH BStBl. II 1997, 432: *DBA Philippinen;* BFH/NV 2002, 478: *DBA Zypern 1977*). Für Abs. 1 bedeutet das, dass es für die Besteuerung nicht mehr darauf ankommt, an welchem Ort die unselbständige Arbeit ausgeübt wird (BFH BFH/NV 2012, 862: *DBA Irland*); die Besteuerung durch den Staat, in dem sich der Ort der tatsächlichen Geschäftsleitung des Schiff- oder Luftfahrtunternehmens befindet, tritt an die Stelle der Besteuerung durch den Tätigkeitsstaat (s. aber BFH BFH/NV 2004, 247: *DBA Schweiz 1994;* BFH HFR 2012, 823: *DBA Schweiz;* OFD Karlsruhe v. 12.7.2004 – S 1301 B – St 334/CH –; dazu *Miessl,* IWB-5-Schweiz-2, 591 (2005)). Für die Anwendung des Abs. 2 ist kein Raum. Die Besteuerung durch den Ansässigkeitsstaat bestimmt sich vielmehr allein nach Art. 23 (s. Rz. 102). 105

c) Regelung: Bezieht eine **in einem Vertragsstaat ansässige** Person 106
- **Vergütungen**
- aus **unselbständiger Arbeit,** die ausgeübt wird
- an Bord eines **Seeschiffes** oder eines **Luftfahrzeuges,** das dem **internationalen Verkehr,** oder
- an Bord eines Schiffes, das der **Binnenschifffahrt** dient,

so darf nach Art. 15 Abs. 3 der Staat des **Ortes der tatsächlichen Geschäftsleitung des Unternehmens** diese Vergütungen besteuern.

Zum Begriff der „in einem Vertragsstaat ansässigen Person" s. Art. 4 Rz. 4. Zum Begriff des internationalen Verkehrs s. Art. 3 Rz. 52 ff. Das Berufungsgericht Lüttich hat unter Berücksichtigung von Sinn und Zweck des Art. 15 Abs. 3 MA entschieden, dass ein Schiff, das weder Güter oder Personen transportiert noch Grenzen überschreitet, nicht dem internationalen Verkehr dient (Urt. v. 4.9.2013, wiedergegeben in TNS v. 23.12.2013).

d) Es muss sich um Vergütungen aus einer unselbständigen Arbeit (allgemein zu diesen Begriffen s. Rz. 15 ff., 27 ff.) handeln, die an Bord ausgeübt wird. Der Begriff ist nicht eng auszulegen (so aber das dänische Landsskatteret zum dänischen Steuerrecht), sondern fordert lediglich, dass das Seeschiff, Binnenschiff oder Luftfahrzeug den **gewöhnlichen Arbeitsplatz** des Arbeitnehmers bildet. Die Tatsache, dass der Offizier eines Seeschiffes im Verkehr mit Hafenbehörden, Verfrachtern usw. auch außerhalb des Schiffs an Land tätig wird, ebenso der Matrose beim 107

Festmachen und Verladen, führt also nicht etwa zu einer Aufspaltung der Vergütung mit teilweiser Anwendung des Abs. 1. Stand-by-Zeiten und vom Arbeitgeber bezahlte Lehrgänge fallen noch unter Art. 15 Abs. 3 (FG Hamburg EFG 1987, 285: *DBA Liberia*). Umgekehrt ist Art. 15 Abs. 3 nicht auf Speditionsangestellte oder Ladearbeiter anzuwenden, auch soweit sie während der Liegezeit im Hafen auf dem Schiff tätig werden. Selbst der **Lotse** wird nicht i. S. der MA „an Bord eines Schiffes" tätig; Art. 15 Abs. 3 ist hier im Hinblick auf die der Vorschrift zugrunde liegenden Grundgedanken (Rz. 103) einschränkend auszulegen („teleologische Reduktion"; im Ergebnis ebenso Wassermeyer/*Wassermeyer/Schwenke*, Art. 15 MA, Rz. 188). Andererseits sind Vorbereitungs- und Hilfstätigkeiten, die ausschließlich an Land ausgeübt werden, anders als nach Art. 8 nicht Tätigkeiten i. S. des Art. 15 Abs. 3. Zu einer Aufspaltung der Vergütung und je gesonderter Versteuerung nach Abs. 1 und Abs. 3 wird es daher nur in Ausnahmefällen kommen, wenn Tätigkeiten, die typischerweise voneinander getrennt sind, im Wechsel ausgeübt werden.

108 **e) Seeschiffe** sind alle auf oder unter dem Wasser fahrenden Fahrzeuge, also auch Unterseeboote und Tragflügelboote. Dazu und zur Abgrenzung zur Binnenschifffahrt s. Art. 8 Rz. 12.

Luftfahrzeuge sind alle im Wasser oder auf dem Festland startenden und landenden Fahrzeuge, die sich im Luftraum fortbewegen; auf die Flughöhe kommt es nicht an; nicht jedoch Luftkissenboote (im Einzelnen s. Art. 8 Rz. 13). Für die Tätigkeit „an Bord" des Luftfahrzeugs gilt Entsprechendes wie für Seeschiffe (s. Rz. 107).

Als **Binnenschiffe** werden alle Schiffe bezeichnet, die auf Flüssen, Kanälen und Seen eingesetzt sind (s. im Einzelnen Art. 8 Rz. 24). Im Rahmen des Art. 15 Abs. 3 ist die Abgrenzung zwischen Seeschiffen und Binnenschiffen – anders als bei Art. 8 Abs. 1 und 2 – nicht von Bedeutung, da die Besteuerung den gleichen Regeln unterliegt.

109 **f)** Sowohl die Tätigkeit an Bord eines Seeschiffes wie die an Bord eines Luftfahrzeugs fällt nur dann unter Art. 15 Abs. 3, wenn das Seeschiff oder Luftfahrzeug im **„internationalen Verkehr"** betrieben wird. Der Begriff ist in Art. 3 Abs. 1 Buchst. e definiert (vgl. auch im Einzelnen Art. 8 Rz. 20). Für Vergütungen an Bordpersonal von Seeschiffen oder Luftfahrzeugen, die ausschließlich im innerstaatlichen Verkehr eingesetzt sind, gelten die Regelungen der Absätze 1 und 2. Tätigkeitsstaat ist der Staat, in dem das Seeschiff oder Luftfahrzeug betrieben wird; diesem steht die Besteuerung der gezahlten Vergütungen zu, soweit nicht Abs. 2 eingreift, weil der Arbeitnehmer beispielsweise nur kurzfristig (nicht länger als 183 Tage) bei der innerstaatlichen Fluglinie beschäftigt ist.

110 **g)** Der Begriff **„Ort der tatsächlichen Geschäftsleitung"** in Art. 15 Abs. 3 entspricht dem des Art. 8 und Art. 4. In beiden Vorschriften ist der Ort der geschäftlichen Oberleitung gemeint (im Einzelnen dazu Art. 4 Rz. 260 ff.). Abzustellen ist für Art. 15 Abs. 3 wie für Art. 8 auf das Unternehmen, das die Schifffahrt oder Luftfahrt **betreibt** (über Teilunternehmen s. Art. 8 Rz. 26). Anders als Art. 15 Abs. 2 verwendet Abs. 3 den Begriff „Unternehmen" und nicht den des „Arbeitgebers". Es ist deshalb nach dieser Vorschrift deutlicher, dass es nicht auf das formale Arbeitsverhältnis ankommt, sondern darauf, welches Unternehmen die Schifffahrt bzw. Luftfahrt tatsächlich ausübt. Es soll mit anderen Worten dem Staat, in dem die Gewinne aus der Seeschifffahrt durch die Berücksichtigung der Heuern geschmälert werden, ein entsprechender Ausgleich gegeben werden. Das betreibende Unternehmen muss demnach mit den Arbeitskosten belastet sein. Betreibendes Unternehmen ist somit entweder der Eigentümer des Schiffes oder Luftfahrzeugs (auch dann, wenn er das Wirtschaftsgut mit Ausstattung, Bemannung, etc. überlässt) oder aber ein Leasingnehmer (z. B. im Fall eines bare boat charter – Leasing eines gesamten Schiffes für eine bestimmte Zeitperiode – oder bei einem vorübergehenden Verleih eines Piloten, wobei der Entleiher weiterhin als Arbeitgeber anzusehen ist (s. ÖStBMF EAS 259 v. 3.5.1993, EAS 2800 v. 15.1.2007, SWI 2007, 54; EAS 3281 v. 14.5.2012, SWI 2012, 280; EAS 3287 v. 19.6.2012, SWI 2012, 357), je nachdem, wer die gewerbliche Aktivität entfaltet (s. MA-Komm. zu Art. 8, Ziff. 5; zu Art. 13, Ziff. 28.1; zu Art. 22 Ziff. 4.1). Die Flagge, unter der das Schiff fährt, spielt für den Unternehmensbegriff des Art. 15 Abs. 3 keine Rolle.

Dementsprechend ist im Fall, den der BFH und als Vorinstanz das FG Nds. (BFH/NV 2002, 478, EFG 2001, 372: beide *DBA Zypern 1977*) zu entscheiden hatten, der zypriotische bare boat Charterer als betreibendes Unternehmen anzusehen. Die „fully equiped" Rückvercharterung ändert daran nichts, da das zypriotische Unternehmen die Bemannung stellt und daher mit den Löhnen belastet bleibt (und nicht etwa der inländische Charterer, der zwar letztlich mit den Kosten wirtschaftlich belastet wird, aber das doch nur mittelbar; das ist dem Fall einer Zahlung für Werklieferungen vergleichbar, die mittelbar auch die Löhne der eingesetzten Arbeitnehmer decken; solche mittelbaren Belastungen reichen nicht aus, anders aber das FG Nds. a. a. O.). Auf die Frage, wer Arbeitgeber ist, kommt es nach dem Wortlaut der Bestimmung, der insofern deutlich von Art. 15 Abs. 2 abweicht, nicht an (a. A. BFH a. a. O., der fordert, dass das Unternehmen auch wirtschaftlicher Arbeitgeber sein muss; so auch Wassermeyer/*Wassermeyer/Schwenke,* Art. 15 OECD-MA Rz. 196 ff.). Es ist daher irrelevant, wenn das zypriotische Unternehmen für Zwecke der Bemannung noch einen Arbeitskräfteverleiher einschaltet. Ein solch in einem anderen Vertragsstaat ansässiger Verleiher von Arbeitskräften oder ein zur Beschaffung von Arbeitskräften zwischengeschaltetes Unternehmen kann dann auch nach allgemeiner Meinung nicht als Unternehmen i. S. von Art. 15 Abs. 3 angesehen werden (OFD Hamburg v. 9.5.1988 – S. 1301 *Zypern* – 4/88 – St 242; BFH BStBl. II 1994, 218; FG Hamburg EFG 1994, 466: beide *DBA Zypern 1977;* FG BW EFG 2013, 1594: *DBA Zypern;* anders aber ÖStBMF EAS 3287 v. 19.6.2012, SWI 2012, 357). **110a**

Im neuen *DBA Zypern 2011* (Prot. Nr. 4) ist hiervon abweichend geregelt, dass der Ausdruck „Unternehmen" das Unternehmen des Arbeitgebers des Besatzungsmitglieds meint, wobei offensichtlich nicht der wirtschaftliche, sondern der zivilrechtliche Arbeitgeber angesprochen ist. Die die Crew zur Verfügung stellende Gesellschaft muss demnach kein die Schifffahrt betreibendes Unternehmen sein (s. auch *Rauert,* IStR 2012, 164 (167); *Wilke/Brock,* IWB 2013, 555). Es ist zu hoffen, dass diese Regelung auf Zypern mit seinen vielen Crewing-Gesellschaften beschränkt bleibt und nicht den Begriff des Unternehmens in Art. 15 Abs. 3 MA auslegen soll. Eine solche Auslegung würde dem Zweck der Vorschrift widersprechen. **110b**

Allerdings muss in bestimmten Fällen, in denen zwei Schiffunternehmen nebeneinander existieren, Art. 15 Abs. 3 zweckorientiert ausgelegt werden (s. dazu auch *Bayer,* ÖStZ 2010, 349). Ein Unternehmer, der ein ausländisches Schiff „fully equiped" chartert, kann deshalb neben dem eigentlichen Schiffsunternehmen ebenfalls Unternehmen i. S. des Art. 15 Abs. 3 sein. Ordnet er einen in seinen Diensten stehenden Arbeitnehmer auf das Schiff zur Beobachtung oder Beratung ab, so ist auf den Ort der Geschäftsleitung dieses Charterers abzustellen, da er die Vergütung zahlt (so auch BFH BStBl. II 1995, 405: *DBA UdSSR;* a. A. FG Nürnberg Urt. v. 22.7.1993 – IV 81/92: *DBA UdSSR,* das Art. 15 Abs. 3 in einem solchen Fall nicht für anwendbar hält; das gilt auch für den sog. Schiffsmaster, der für die Organisation des Transports verantwortlich ist; dieser wird zumeist vom **110c**

Schiffseigner angestellt, ist aber dem Charterer verantwortlich und sein Lohn wird regelmäßig dem Charterer in Rechnung gestellt; vergleichbar ist die Problematik im Fall von „slot hire agreements": mietet der Schiffsunternehmer Containerraum auf Schiffen eines anderen Unternehmers und ordnet er einen Arbeitnehmer zur Überwachung ab, so ist letzterer dem mietenden Schiffsunternehmer auch zuzurechnen). Entsprechendes gilt für den Fall, dass der Schiffseigner das Schiff an ein ausländisches Unternehmen im Wege des bare boat charter überlässt und gleichzeitig den Kapitän stellt, der weiterhin vom Schiffseigner entlohnt wird. Auch hier ist der Schiffseigner Unternehmen i. S. des Art. 15 Abs. 3, weil die Vergütungen von ihm getragen werden (FG SchlHolst. EFG 1996, 928; BFH BStBl. II 1997, 432: beide *DBA Philippinen 1983;* BFH/NV 1997, 666: *DBA Liberia;* ÖstBMF v. 1.8.1995, SWI 1995, 355 für Bordpersonal auf gecharterten Luftfahrzeugen). Ähnlich wie im Rahmen des Art. 15 Abs. 2 kommt es nicht darauf an, ob die Vergütung als Preisbestandteil dem ausländischen Charterer in Rechnung gestellt wird.

Nach alledem wird der Verleiher der Arbeitskräfte kaum einmal Unternehmen i. S. des Art. 15 Abs. 3 sein können (so wohl auch *Hilbert*, DStR 2012, 7, 9). In den meisten Fällen erbringt der Verleiher eine Dienstleistung, die nach Art. 7 MA zu beurteilen ist.

111 Ist das die Schifffahrt betreibende Unternehmen eine Tochtergesellschaft eines anderen Schifffahrtsunternehmens, so wird man nur in ganz außergewöhnlichen Umständen annehmen können, dass sich der Ort der Geschäftsleitung am Sitz der Muttergesellschaft befindet. Die Beteiligung alleine, auch wenn sie 100% beträgt, kann allenfalls bestimmte Kontroll- und Aufsichtsrechte begründen, nicht aber den tatsächlichen Ort der Geschäftsleitung bestimmen (a. A. der *dänische Vestre Landsret* No. 2498/1992 Tidsskrift for Skatter og Afgifter 1995, 1202; s. dazu auch *Weizman,* ET 1996, 163).

112 Befindet sich der Ort der tatsächlichen Geschäftsleitung an Bord eines Schiffes, so ist Art. 8 Abs. 3 anzuwenden; vgl. dazu Art. 8 Rz. 59 bis 61. Liegt der Ort der tatsächlichen Geschäftsleitung in keinem der Vertragsstaaten, so ist Abs. 3 unanwendbar. Maßgebend für die Besteuerung sind dann Abs. 1 und 2 des Art. 15.

3. US-MA

113 Das US-MA behält in Art. 15 Abs. 3 US-MA 1996 bzw. Art. 14 Abs. 3 US-MA 2006 die Besteuerung von Vergütungen für nichtselbständige Arbeit an Bord von Seeschiffen und Luftfahrzeugen im internationalen Verkehr ausschließlich dem Staat vor, in dem der Arbeitnehmer ansässig ist (vgl. Art. 3 Abs. 1 Buchst. a, Art. 4 US-MA). Diese Abweichung stimmt mit der bei der Besteuerung von Einkünften aus Seeschiff- und Luftfahrt (Art. 8 US-MA, s. dort Rz. 32) sinngemäß überein. Auf den Ort der tatsächlichen Geschäftsleitung kommt es nach dieser Regelung nicht an. Hat der Arbeitnehmer keinen ständigen Wohnsitz und lässt sich auch ein gewöhnlicher Aufenthalt nicht feststellen, so kommt es auf dessen Staatsangehörigkeit an (Art. 4 Abs. 2 Buchst. c US-MA 1996 bzw. Art. 4 Abs. 3 Buchst. c US-MA 2006).

114 Die Regelung setzt voraus, dass es sich um ein **reguläres** Besatzungsmitglied handelt. Dadurch werden solche Personen ausgeschieden, die nur vorübergehend auf dem Schiff oder Luftfahrzeug tätig sind, insbes. Hafenarbeiter und das Bodenpersonal der Flughäfen.

114a Im Zusammenspiel mit der saving clause der US-amerikanischen Abkommen (s. Art. 1 Rz. 60, 77 ff.) und innerstaatlichem Recht kann die Regelung zu seltsamen Ergebnissen führen. In der Rs. Savary (*Savary v. CIR,* T. C. Summ.Op. 2010-150, no. 6839-09S, 6.10.2010; ähnlich US Tax Court v. 21.2.2012, no. 13457-09, *Christina Jeannine LeTourneau v. CIR*, T. C. Memo 2012-45) hatte der US Tax

Court den Fall einer Stewardess zu entscheiden, die in Frankreich ansässig war, aber die amerikanische Staatsangehörigkeit besaß. Art. 15 Abs. 3 ist von der saving clause nicht ausgeschlossen, so dass die Stpfl. trotz des Abkommens in den USA ohne Beschränkung unbeschränkt steuerpflichtig war. Trotzdem können Stpfl. ausländische Einkünfte von der inländischen Bemessungsgrundlage ausschließen (sec. 911 IRC). Allerdings gelten Einkünfte, die im Rahmen der internationalen Luftfahrt (und auch der internationalen Schifffahrt, vgl. US Tax Court v. 19.3.2008, *Edward D. Clark v. CIR,* T.C. Memo 2008-71) erzielt werden, nicht als ausländische, so dass es in diesem speziellen Fall bei der unbeschränkten Besteuerung in den USA bleibt. Auch eine Anrechnung der französischen Steuer aufgrund des nationalen US-amerikanischen Rechts wurde der Stpfl. nicht gewährt (s. dazu zu Recht kritisch *Arnold,* Tax Treaty News, BIT 2011, 118f.).

II. Deutsche DBA

1. Abkommensübersicht zu Artikel 15 Abs. 3

115

DBA	MA-Regelung: Besteuerung der Vergütungen für unselbständige Arbeit in der internationalen Seeschifffahrt oder Luftfahrt oder auf Binnenschiffen am Ort der tatsächlichen Geschäftsleitung	Artikel	Rz.
Ägypten	≈ MA	15 Abs. 3	
Albanien 2010	≈ MA; Konkretisierung des „Ortes der tatsächlichen Geschäftsleitung des Unternehmens“ auf das, welches das Schiff oder Luftfahrzeug betreibt;	15 Abs. 3	
Algerien 2007	≈ MA	15 Abs. 4	
Argentinien	≈ MA	15 Abs. 3	
Armenien	s. UdSSR		
Aserbaidschan	Unternehmen eines Vertragsstaats	15 Abs. 4	119
Australien	Unternehmen eines Vertragsstaats	14 Abs. 3	119
Bangladesch	≈ MA	15 Abs. 3	
Belarus	≈ MA	15 Abs. 3	
Belgien	≈ MA	15 Abs. 3 (i. d. F. des ZAbk 2002)	
Bolivien	≈ MA	15 Abs. 3	
Bosnien-Herzegowina	s. Jugoslawien		
Bulgarien 2010	Unternehmen eines Vertragsstaats	14 Abs. 4	119
China 1985	≈ MA	15 Abs. 3	
Ecuador	≈ MA; Besteuerung am Ort der tatsächlichen Geschäftsleitung oder Verwaltung des Unternehmens	15 Abs. 3	
Elfenbeinküste	≈ MA; Sonderregelung für Air-Afrique	15 Abs. 3	
Estland	Unternehmen eines Vertragsstaats	15 Abs. 3	119
Finnland	≈ MA	15 Abs. 3	
Frankreich	Ausschließliche Besteuerung am Ort der tatsächlichen Geschäftsleitung; subsidiäre Wohnsitzbesteuerung; Sonderregelung für Studenten	13 Abs. 3	123
Georgien	≈ MA	15 Abs. 3	

DBA	MA-Regelung: Besteuerung der Vergütungen für unselbständige Arbeit in der internationalen Seeschifffahrt oder Luftfahrt oder auf Binnenschiffen am Ort der tatsächlichen Geschäftsleitung	Artikel	Rz.
Ghana	≈ MA	15 Abs. 3	
Griechenland	Seeschiffe: Besteuerung am Registerhafen Luftfahrzeuge: ≈ MA	XI Abs. 5	124
Großbritannien 1964/70	≈ MA	XI Abs. 5	
Großbritannien 2010	Ausschließliche Besteuerung im Ansässigkeitsstaat des Arbeitnehmers	14 Abs. 3	122
Indien	Unternehmen eines Vertragsstaats	15 Abs. 3	119
Indonesien	Unternehmen eines Vertragsstaats	15 Abs. 3	119
Iran	≈ MA	15 Abs. 3	
Irland 2011	≈ MA	14 Abs. 3	
Island	≈ MA; Ausdehnung auf Schiffe in Fischerei, Seehund- und Walfang; gilt auch bei Erfolgslohn Luftfahrt: ausschließliche Besteuerung am Wohnsitz des Arbeitnehmers	15 Abs. 3	125
Israel	≈ MA	9 Abs. 3	
Italien	≈ MA	15 Abs. 3	
Jamaika	≈ MA	15 Abs. 3	
Japan	Unternehmen eines Vertragsstaats	15 Abs. 3	119
Jugoslawien	≈ MA	16 Abs. 6	
Kanada	Unternehmen eines Vertragsstaats	15 Abs. 3	119
Kasachstan	≈ MA	15 Abs. 4	
Kenia	Unternehmen eines Vertragsstaats	15 Abs. 3	119
Kirgisistan	Unternehmen eines Vertragsstaats	15 Abs. 3	119
Korea	Unternehmen eines Vertragsstaats	15 Abs. 4	119
Kosovo	s. Jugoslawien		
Kroatien	≈ MA	15 Abs. 4	
Kuwait	≈ MA	15 Abs. 3	
Lettland	Unternehmen eines Vertragsstaats	15 Abs. 3	119
Liberia	keine Regelung	–	126
Liechtenstein 2011	≈ MA	14 Abs. 3	
Litauen	Unternehmen eines Vertragsstaats	15 Abs. 3	119
Luxemburg 2012	≈ MA; subject-to-tax-Klausel	14 Abs. 4	14 Abs. 4
Malaysia 2010	Unternehmen eines Vertragsstaats	15 Abs. 3	119
Malta	≈ MA	15 Abs. 3	
Marokko	≈ MA	15 Abs. 3	
Mauritius 2011	≈ MA	14 Abs. 3	
Mazedonien 2006	≈ MA	15 Abs. 3	
Mexiko 2008	≈ MA; Definition des Begriffs „Unternehmen“	15 Abs. 4; Prot. Ziff. 2	121
Moldau	s. UdSSR		
Mongolei	≈ MA	15 Abs. 3	
Namibia	≈ MA	15 Abs. 3	
Neuseeland	≈ MA	15 Abs. 3	
Niederlande 1959/2004	≈ MA; bei Luftfahrt keine Differenzierung zwischen innerstaatlichem und internationalem Verkehr	10 Abs. 3	116 f.

DBA	MA-Regelung: Besteuerung der Vergütungen für unselbständige Arbeit in der internationalen Seeschifffahrt oder Luftfahrt oder auf Binnenschiffen am Ort der tatsächlichen Geschäftsleitung	Artikel	Rz.
Niederlande 2012 (E)	Besteuerung im Ansässigkeitsstaat des Arbeitnehmers	14 Abs. 4	117a
Norwegen 1991	≈ MA; subsidiäre Wohnsitzbesteuerung; Sonderregelungen für Arbeitnehmer der SAS und für Personengesellschaften mit unbeschränkter Haftung	15 Abs. 3; Prot. Ziff. 6	118; 120
Norwegen 2013 (E)	≈ MA; subsidiäre Wohnsitzbesteuerung; Sonderregelungen für Arbeitnehmer der SAS und für Personengesellschaften mit unbeschränkter Haftung	15 Abs. 3; Prot. Ziff. 6	118; 120
Österreich	≈ MA	15 Abs. 5	
Oman 2012 (E)	≈ MA	15 Abs. 5	
Pakistan	≈ MA	15 Abs. 3	121
Philippinen 1983	≈ MA	15 Abs. 3	
Philippinen 2013	≈ Unternehmen eines Vertragsstaates	15 Abs. 3	119
Norwegen 1991/2013 (E)	≈ MA; subsidiäre Wohnsitzbesteuerung; Sonderregelungen für Arbeitnehmer der SAS und für Personengesellschaften mit unbeschränkter Haftung	15 Abs. 3; Prot. Ziff. 6	118; 120
Polen	≈ MA	15 Abs. 4	
Portugal	≈ MA	15 Abs. 3	
Rumänien	≈ MA	15 Abs. 4	
Russische Föderation	Unternehmen eines Vertragsstaats	15 Abs. 3	119
Sambia	≈ MA	15 Abs. 3	
Schweden	Unternehmen eines Vertragsstaats	15 Abs. 3	119
Schweiz	≈ MA; subsidiäre Wohnsitzbesteuerung, aber Übergangsregelung bis 2016	15 Abs. 3; Prot. 1bis	118
Serbien	s. Jugoslawien		
Simbabwe	≈ MA	15 Abs. 3	
Singapur	≈ MA; Besteuerungsrecht auch für den Ansässigkeitsstaat des Arbeitnehmers	15 Abs. 3	122
Slowakei	s. Tschechoslowakei		
Slowenien	≈ MA	15 Abs. 3	
Spanien 2011	≈ MA	14 Abs. 3	
Sri Lanka	≈ MA	15 Abs. 3	
Südafrika 1973	≈ MA	13 Abs. 3	
Südafrika 2008 (E)	≈ MA	14 Abs. 4	
Syrien 2010	≈ MA	15 Abs. 3	
Tadschikistan	≈ MA	14 Abs. 4	
Taiwan 2011	Unternehmen eines Vertragsstaats	14 Abs. 4	119
Thailand	Unternehmen eines Vertragsstaats	14 Abs. 3	119
Trinidad und Tobago	keine Regelung	–	126
Tschechien	s. Tschechoslowakei		

DBA	MA-Regelung: Besteuerung der Vergütungen für unselbständige Arbeit in der internationalen Seeschifffahrt oder Luftfahrt oder auf Binnenschiffen am Ort der tatsächlichen Geschäftsleitung	Artikel	Rz.
Tschechien 1997 (E)	≈ MA; einschließlich Eisenbahnverkehr	15 Abs. 5	127
Tschechoslowakei	≈ MA	15 Abs. 3	
Türkei 2011	Unternehmen eines Vertragsstaats	15 Abs. 3	127
Tunesien	≈ MA	15 Abs. 3	
Turkmenistan	s. UdSSR		
Ukraine	≈ MA	15 Abs. 3	
Ungarn 2011	≈ MA	14 Abs. 4	
Uruguay 2010	≈ MA	14 Abs. 4	
USA 1989	Ausschließliche Besteuerung am Wohnsitz des Arbeitnehmers	15 Abs. 3	122
USA 1989/2006	Ausschließliche Besteuerung am Wohnsitz des Arbeitnehmers	15 Abs. 3	122
Usbekistan	Unternehmen eines Vertragsstaats	15 Abs. 3	119
UdSSR	≈ MA; Binnenschifffahrt nur, wenn das Schiff im internationalen Verkehr betrieben wird	12 Abs. 3	
Venezuela	≈ MA	15 Abs. 3	
Vereinigte Arabische Emirate 2010	≈ MA	14 Abs. 3	
Vietnam	Unternehmen eines Vertragsstaats	15 Abs. 3	119
Weißrussland	s. Belarus		
Zypern 2011	≈ MA; Klarstellung des Begriffs „Unternehmen"	14 Abs. 4; Prot. Nr. 4	121

2. Erläuterungen

116 **a) Innerstaatliches Recht:** Ist der Arbeitnehmer unbeschränkt steuerpflichtig (zu einer Standby-Wohnung mehrerer Piloten s. BFH, BFH/NV 2013, 1909 und BFH/NV 2014, 1046), kann das Besteuerungsrecht durch Art. 15 Abs. 3 beschränkt sein, wenn das betreibende Unternehmen im anderen Vertragsstaat ansässig ist. Ist das betreibende Unternehmen im Inland ansässig, ist es auch lohnsteuerabzugspflichtig i. S. des § 38 Abs. 3 EStG. Nach § 41a Abs. 4 EStG können allerdings Arbeitgeber, die eigene oder gecharterte Handelsschiffe betreiben, vom Gesamtbetrag der Lohnsteuer einen Betrag von 40% der Lohnsteuer abziehen und einbehalten. Die Arbeitnehmer müssen aber mehr als 183 Tage in einem zusammenhängenden Arbeitsverhältnis auf einem der Schiffe des Arbeitnehmers eingesetzt werden (s. dazu BFH, BStBl. II 2011, 986). In Fällen des Arbeitnehmerverleihs wird regelmäßig der Entleiher als Arbeitgeber in diesem Sinne anzusehen sein, da das Schifffahrt betreibende Unternehmen den Lohn auszahlen wird.

116a Bei beschränkter Steuerpflicht sind nach § 49 Abs. 1 Nr. 4 Buchst. e EStG Einkünfte für unselbständige Arbeit steuerpflichtig, die „an Bord eines im internationalen Luftverkehr eingesetzten Luftfahrtzeugs ausgeübt wird, das von einem Unternehmen mit Geschäftsleitung im Inland betrieben wird". Die Regelung wurde zum 1.1.2007 eingeführt, um die Besteuerungslücke zu schließen. Allerdings bezieht sich die Regelung bewusst nicht auf Schiffspersonal, um „die schwierige wirtschaftliche Situation der deutschen Schiffahrt" nicht zu gefährden. Bei Schiffspersonal besteht daher nur dann eine beschränkte Steuerpflicht, wenn und soweit die Tätigkeit im Inland ausgeübt wird.

Für die Sozialversicherungspflicht sind besondere völkerrechtliche Abkommen wie das Übereinkommen über die Soziale Sicherheit der Rheinschiffer zu beachten. Die Vertragsstaaten des Rheinübereinkommens, die auch Mitglieder der Europäischen Union sind, haben insbesondere in Erwägung der langen Tradition und des besonderen Charakters der Rheinschifffahrt eine „Vereinbarung über die Bestimmung der anzuwendenden Rechtsvorschriften für Rheinschiffer gemäß Artikel 16 Absatz 1 der Verordnung (EG) Nr. 883/2004" (Ausnahmevereinbarung über die anzuwendenden Rechtsvorschriften für Rheinschiffer) geschlossen, die am 11. Februar 2011 in Kraft getreten ist und rückwirkend zum 1. Mai 2010 angewandt wird. Anders als die EU Verordnungen richtet sich die Sozialversicherungspflicht nach diesem Übereinkommen nach der Ansässigkeit des Unternehmens oder der Gesellschaft, das bzw. die das Schiff tatsächlich betreibt. Gestaltungen, die dem Zweck des Abkommens widersprechen, können u. U. durch eine sachgerechte Auslegung des Ansässigkeitskriteriums korrigiert werden (vgl. die Entscheidung des niederländischen Hoge Raads v. 9.12.2011, no. 10/03927, BNB 2012/56 m. Anm. *Kavelaars*). **116b**

b) Fiktiver Tätigkeitsort: Die *DBA Niederlande 1959/2004* und *Luxemburg 1958* bestimmen, dass die unselbständige Arbeit einer (natürlichen) Person, die ständig (ausschließlich) oder überwiegend auf Schiffen oder Luftfahrzeugen geleistet wird, die ein Unternehmen mit Geschäftsleitung in einem der Vertragsstaaten betreibt, als **in diesem Vertragsstaat ausgeübt** gilt. Die Abkommen, die im Text von den MA völlig abweichen, entsprechen ihnen inhaltlich darin, dass die vorrangige Besteuerung dem Staat zugewiesen wird, in dem sich der Ort der Geschäftsleitung des Unternehmens befindet; daneben bleibt die Besteuerung im Ansässigkeitsstaat zulässig. Eine Unterscheidung zwischen innerstaatlichem und internationalem Verkehr bei Seeschiffen und Luftfahrzeugen wird jedoch nicht vorgenommen. Die neuen *DBA Niederlande 2012 (E)* und *Luxemburg 2012* entsprechen hingegen dem OECD-MA. **116c**

Die *DBA Niederlande 1959/2004, Luxemburg 1958 und Luxemburg 2012* enthalten ferner eine Auffangklausel für den Fall, dass der Staat, in dem sich die Geschäftsleitung befindet, von der ihm nach dem Abkommen zugewiesenen Besteuerung keinen Gebrauch macht **(„Subject-to-tax-Klausel"):** in einem derartigen Fall steht dem Ansässigkeitsstaat hilfsweise die Besteuerung zu. Diese Regelung schließt Besteuerungslücken, die eintreten würden, wenn in dem Staat, in dem sich die Geschäftsleitung befindet, für Einkünfte aus unselbständiger Arbeit keine beschränkte Steuerpflicht vorgesehen ist. Zur Verständigungsvereinbarung mit Luxemburg über die steuerliche Behandlung von Berufskraftfahrern, Lokomotivführer und Begleitpersonal s. oben Rz. 75a. Die Subject-to-tax-Klausel des DBA Österreich in Art. 15 Abs. 4 betrifft nur Fälle, in denen der Abkommensartikel dem Tätigkeitsstaat eine Besteuerungsbefugnis zuweist, nicht aber die Sonderbestimmung des Art. 15 Abs. 5 für die unselbständige Arbeit auf Schiffen oder Luftfahrzeugen, da diese Vorschrift dem Ansässigkeitsstaat des betreibenden Unternehmens die Besteuerungsbefugnis zuweist (ÖstBMF, EAS 3307 v. 23.11.2012, SWI 2013, 5). **117**

Das *DBA Niederlande 2012 (E)* führt zu einer vollständigen Änderung der Zuteilung des Besteuerungsrechts. Nach Art. 14 Abs. 4 wird die Besteuerung dem Ansässigkeitsstaat des Arbeitnehmers zugewiesen. Die unselbständige Arbeit muss entweder auf einem Seeschiff oder Luftfahrzeug ausgeübt werden, das im internationalen Verkehr betrieben wird (ansonsten gelten die Abs. 1 und 2) oder an Bord eines Binnenschiffes. Für die Binnenschifffahrt ist somit das Betreiben im interna- **117a** tionalen Verkehr keine Voraussetzung. Eine subject-to-tax-Klausel enthält das neue Abkommen nicht mehr, da sich das Problem der doppelten Nichtbesteuerung bei Abstellen auf die Ansässigkeit des Arbeitnehmers nicht mehr stellen wird.

118 **c)** Auch die *DBA Norwegen 1991/2013 (E)* (Art. 15 Abs. 3 S. 2) und *Schweiz* (Art. 15 Abs. 3 S. 2) sehen eine **subsidiäre Besteuerung** im Ansässigkeitsstaat für den Fall vor, dass der Staat, in dem sich der Ort der tatsächlichen Geschäftsleitung befindet, von seiner Befugnis zur Besteuerung nach seinem innerstaatlichen Recht keinen Gebrauch macht. Diese subject-to-tax-Klauseln bezwecken eine Ausweitung des Besteuerungsrechts des Ansässigkeitsstaats für die Fälle, dass das Abkommen Freistellung der ausländischen Einkünfte vorsieht. Ein Umkehrschluss ist nicht zulässig, d. h. aus der Klausel kann keine Beschränkung des Besteuerungsrechts des Ansässigkeitsstaates abgeleitet werden (BFH BStBl. II 2004, 704: *DBA Schweiz 1994*). Nach einem Erlass des BMF (v. 4.3.2002, BeckVerw 045623) sei die Vorschrift des den genannten DBA entsprechenden Art. 9 Abs. 5 DBA Dänemark 1962 jedoch nicht auf die in Dänemark steuerbefreiten Bezüge desjenigen Personals anzuwenden, das auf im „Dansk Internationalt Skibsregister" eingetragenen Schiffen tätig ist (unter Berufung auf Art. 24 Abs. 3 DBA Dänemark). Das Schreiben wurde durch BMF v. 15.8.2012, BStBl. I 2012, 864, aufgehoben, da die in Frage stehenden Bezüge nicht immer in Dänemark steuerbefreit sind. Vielmehr sei nunmehr auf den Einzelfall abzustellen. Das *DBA Dänemark* sowie das *DBA Norwegen* enthalten ferner eine Sonderregelung für Arbeitnehmer der SAS, die im Ansässigkeitsstaat besteuert werden. Das Änderungsprotokoll v. 27.10.2010 (Art. 5 Abs. 2) zum *DBA Schweiz* konkretisiert die Bestimmung. Deutschland verzichtet danach auf sein Besteuerungsrecht für eine Übergangszeit bei Bordpersonal international eingesetzter Luftfahrzeuge, wenn die Stpfl. seit 1.1.2007 ununterbrochen in der Schweiz ansässig waren und seitdem ununterbrochen ein Anstellungsverhältnis bestand. Ferner müssen die Einkünfte dieser Steuerpflichtigen in der Schweiz tatsächlich der Besteuerung unterliegen (s. dazu auch BMF v. 23.7.2012, DStR 2012, 1706: Verständigungsvereinbarung zum *DBA Schweiz*: der Verzicht gilt nur für außerdeutsche Flugstrecken; ein Arbeitgeberwechsel innerhalb Deutschlands ist unschädlich).

119 **d)** Die *DBA Aserbaidschan, Australien, Bulgarien 2010, Estland, Indien, Indonesien, Japan, Kanada, Kenia, Kirgisistan, Korea, Lettland, Litauen, Malaysia, Philippinen 2013, Russische Föderation, Schweden, Taiwan, Thailand, Türkei 1985, Usbekistan und Vietnam* weisen die Besteuerung von Vergütungen für nichtselbständige Arbeit an Bord von Seeschiffen und Luftfahrzeugen im internationalen Verkehr dem Staat zu, in dem der **Unternehmer,** der das Unternehmen betreibt (Art. 3 Abs. 1 Buchst. d MA), **ansässig** i. S. des Art. 4 ist. Soweit es sich um Kapitalgesellschaften handelt, ist allerdings in der Regel der Sitz des Unternehmens mit dem Ort der tatsächlichen Geschäftsleitung identisch (vgl. Art. 4 Rz. 260 ff.). Bei steuerlich transparenten Personengesellschaften ist bei dieser Formulierung klargestellt, dass es auf die Ansässigkeit der Personengesellschaft nicht ankommt. Im neuen *DBA Türkei 2011* ist die Vorschrift dem OECD-MA angepasst worden.

120 **e)** Die *DBA Norwegen 1991/2013 (E)* enthalten in Prot. Ziff. 6 eine Sonderregelung für den Fall, dass es sich bei dem Unternehmen um eine Personengesellschaft mit unbeschränkter Haftung handelt, von der in beiden Vertragsstaaten jeweils wenigstens ein Gesellschafter ansässig ist. Subsidiär, d. h. wenn die Vertragsstaaten nicht im Verständigungswege eine Einigung finden, besteuert dann vorrangig der Staat, in dem der Empfänger der Vergütungen ansässig ist (übereinstimmend mit dem US-MA, s. Rz. 113).

121 **f)** Das *DBA Mexiko 2008* enthält in Prot. Ziff. 10 eine Definition des Wortes „Unternehmen". Danach bezieht sich der Ausdruck auf die Person, der die Gewinne aus dem Betrieb von Seeschiffen oder Luftfahrzeugen im internationalen Verkehr zufließen. Das stimmt mit der in Rz. 110 gefundenen Auslegung des Begriffs überein. Das *DBA Pakistan* konkretisiert den Begriff dahingehend, dass es sich um das die Schiffe oder Luftfahrzeuge betreibende Unternehmen handelt. Diese Formulierung macht deutlicher als die MA klar, dass auf für bestimmte Zwecke zwischengeschaltete Unternehmen nicht abzustellen ist. Das *DBA Zypern 2011* hingegen setzt in Prot. Ziff. 4 den Begriff des Unternehmens mit dem Arbeitgeber der Besatzungsmitglieder gleich, das Unternehmen muss demnach nicht das die Schifffahrt betreibende Unternehmen sein. Zypern hat damit das ausschließliche Besteuerungsrecht für die Heuer von Seeleuten, die bei zypriotischen Crewing-Gesellschaften angestellt sind (zum zypriotischen Recht und dem Gestaltungspotential s. noch *Rauert,* IStR 2012, 164 (167f.); ferner *Götzenberger,* IWB 2011, 430; *Wilke/Brock,* IWB 2013, 555)).

g) Die *DBA Großbritannien 2010, USA 1989 und USA 1989/2006* weisen die Besteuerung ausschließlich dem Ansässigkeitsstaat des Arbeitnehmers zu. Nach den DBA mit den USA muss der Arbeitnehmer zudem ein reguläres Besatzungsmitglied sein (s. Rz. 113f.). Art. 15 Abs. 3 *DBA Singapur* entspricht dem MA, stellt aber klar, dass auch der Ansässigkeitsstaat des Arbeitnehmers besteuern darf. Die Doppelbesteuerung wird im Ansässigkeitsstaat durch Anrechnung vermieden. **122**

h) Das *DBA Frankreich* weist die Besteuerung dem Staat der tatsächlichen Geschäftsleitung **ausschließlich** zu. Es handelt sich hier also um eine Verteilungsnorm mit „abschließender Rechtsfolge" (s. Vor Art. 6 bis 22 Rz. 4ff.); eine Anwendung der Art. 23 entsprechenden Vorschrift kommt daneben nicht in Betracht. Macht dieser von seinem Recht zur Besteuerung keinen Gebrauch, so darf jedoch der Staat die Einkünfte besteuern, in dem der Arbeitnehmer ansässig ist. **123**

i) Das *DBA Griechenland* weicht nur bei der Besteuerung von Vergütungen für die Tätigkeit an Bord von **Seeschiffen** von den MA ab. Wird ein Seeschiff im internationalen Verkehr betrieben, so können Vergütungen für unselbständige Arbeit in dem Vertragsstaat besteuert werden, in dem sich der **Registerhafen** des Schiffes befindet. Die Regelung entspricht derjenigen des Art. 8 für Gewinne aus dem Betrieb von Seeschiffen im internationalen Verkehr. **124**

j) Nach dem *DBA Island* können Vergütungen für unselbständige Arbeit an Bord von Seeschiffen entsprechend den MA in dem Vertragsstaat besteuert werden, in dem sich der Ort der tatsächlichen Geschäftsleitung des Unternehmens befindet. Die Regelung gilt jedoch nicht nur für Seeschiffe im internationalen Verkehr, sondern darüber hinaus auch für unselbständige Arbeit, die an Bord eines in der **Fischerei sowie im Seehund- und Walfang** eingesetzten Schiffes ausgeübt wird. Zusätzlich klargestellt ist, dass die Bestimmungen des Abkommens nicht nur für Zeitlohn gelten, sondern auch für Erfolgslohn, der in Form eines Anteils am Ertrag aus dem Schiffseinsatz gezahlt wird. Diese Regelung soll Besonderheiten der isländischen Wirtschaft Rechnung tragen. **125**

Für Luftfahrzeuge, die von einem in einem Vertragsstaat ansässigen Unternehmen im internationalen und innerstaatlichem Verkehr betrieben werden, weist das *DBA Island* die Besteuerung ausschließlich dem Vertragsstaat zu, in dem der **Arbeitnehmer ansässig** ist, soweit die Tätigkeit ausschließlich oder überwiegend an Bord des Luftfahrzeugs ausgeübt wird.

k) Die *DBA Liberia* und *Trinidad und Tobago* enthalten **keine** dem Art. 15 Abs. 3 **entsprechende Regelung.** Es sind daher die allgemeinen Bestimmungen entsprechend Art. 15 Abs. 1 und 2 anzuwenden. Um der Schwierigkeit zu begegnen, den Ort der Arbeitsausübung bei Seeschiffen im internationalen Verkehr festzustellen, hat der BMF festgelegt, dass bei einer Arbeitsausübung an Bord von Schiffen, **126**

die unter liberianischer Flagge fahren, Liberia als Tätigkeitsstaat anzusehen sei (BMF v. 23.1.1976, RIW/AWD 1976, 183; vgl. BFH BStBl. II 1978, 50: *DBA Liberia*). Die Einkünfte aus unselbständiger Arbeit können insoweit also von Liberia besteuert werden; die Bundesrepublik stellt sie unter Beachtung des Progressionsvorbehalts frei, ohne Rücksicht darauf, ob Liberia von seinem Recht zur Besteuerung auch tatsächlich Gebrauch macht. Der BFH will insoweit aber für Abfindungen eine Ausnahme machen (BFH BStBl. II 1997, 341; s. dazu Rz. 17 f.). Die Grundsätze des BMF-Schreibens sollten auch bei der Anwendung der anderen DBA ohne entsprechende Regelung herangezogen werden.

127 **l)** Das *DBA Türkei 1985* weist die Besteuerung dem Staat zu, in dem sich der Sitz des Unternehmens befindet. Dieser ist jeweils nach dem innerstaatlichen Recht zu bestimmen (Art. 3 Abs. 1 Buchst. e *DBA Türkei 1985*). Das *DBA Türkei 1985* weist daneben noch die Besonderheit auf, dass diese Bestimmung auch auf Straßenfahrzeuge im internationalen Verkehr anzuwenden ist. Der Ansässigkeitsstaat des Berufskraftfahrers verhindert eine Doppelbesteuerung nicht durch Freistellung, sondern durch Anrechnung der im Arbeitgeberstaat gezahlten Steuer (Art. 23 Abs. 1 Buchst. b ff.), Abs. 2 Buchst. b ff.). Ähnlich erweitert das *DBA Tschechien* den Anwendungsbereich der Norm auf den Eisenbahnverkehr. Das neue *DBA Türkei 2011* enthält die Sonderbestimmung für Straßenfahrzeuge nicht mehr, es gelten daher die allgemeinen Grundsätze (s. oben Rz. 31 ff.).

C. Anhang I zu Art. 15: Grenzgänger

128 **Literatur:** *Bachmann,* RIW 1994, 849; *Bokeloh,* ZESAR 2014, 168; *Daurer,* SWI 2010, 513; *Feurstein,* SWI 2007, 36; *Gottholmseder/Theurl,* ÖStZ 2006, 422; *Hartmann,* INF 2006, 705; *Heinicke,* DStR 1998, 1332; *Hensel,* PIStB 2010, 83; *Herrmann,* FR 1989, 605; *Holzapfel,* SWI 2006, 56; *Kavelaars,* WFR 2001, 951; *Kemmeren,* EC Tax Review 2009, 4; *Keßler,* BB 1990, 1313; *Knobbe-Keuk,* EuZW 1995, 167; *dies.,* Intertax 1995/5, 234; *Kopf,* SWI 2008, 353; *Kühbacher,* SWI 2010, 284; *Kudert/Glowienka,* StuW 2010, 278; *Kußmaul/Dill/Ruiner,* IWB 2010, 801; *Lühn,* IWB 3-D-3, 1521 (2008); *Ludwig,* ÖstZ 2013, 366; *Lusche,* DStR 2010, 914; *Miessl,* IWB F. 5, Schweiz, Gr. 2, 591 (2005); *ders.,* IStR 2007, 883; *ders.,* BB 2011, 2711; *Porzner,* Die Besteuerung ausländischer Arbeitnehmer und Grenzgänger in der BRD (1984); *Prokisch,* RIW 1991, 396; *Reichertz,* INF 2005, 227; *dies.,* INF 2006, 196; *dies.,* INF 2006, 383; *Renner,* SWI 2007, 213; *Schipper/Reins,* WFR 2012/703; *Schnitger,* IStR 2002, 478; *Schön,* IStR 1995, 119; *Schuh,* SWI 2006, 469; *Sinz/Blanchard,* IStR 2003, 258; *Steiner,* SWI 2008, 297; *Wilhelm,* STeuK 2010, 185; *Tumpel,* ÖStZ 1995, 151; *de Vries,* WFR 2009/996; *Wattel,* BIFD 1995, 347; *Weerepas,* WFR 1997, 521.

S. auch die Literaturverzeichnisse zu den DBA Frankreich (s. unten Rz. 152), DBA Schweiz (s. unten Rz. 146) und Österreich (s. unten Rz. 155).

I. Erläuterungen

1. Begriff des Grenzgängers

129 Grenzgänger sind Personen, die in der Nähe einer Grenze wohnen, ihre Arbeit jedoch auf der anderen Seite der Grenze ausüben und daher regelmäßig die Grenze überqueren müssen. Ein Zweitwohnsitz ist insofern grundsätzlich unbeachtlich (a. M. ÖstBMF v. 6.5.1996, SWI 1996, 328; dazu *Toifl,* SWI 1996, 431). Ob steuerrechtliche Sonderregelungen für Grenzgänger darüber hinaus davon abhängig gemacht werden sollten, dass der Arbeitnehmer täglich zwischen Wohnort und Arbeitsstätte wechselt, ist zweifelhaft. Entscheidend sollte allein sein, dass die Grenze **regelmäßig** überquert wird (und dass der Arbeitgeber seinen Sitz im Ausland hat). Abweichend bestimmen aber viele innerstaatliche und zwischenstaatliche Regelungen, dass nur Grenzgänger ist, wer sich an jedem Arbeitstag von seinem Wohnort aus über die

Grenze an seine Arbeitsstätte begibt und nach Beendigung seiner Arbeit wieder täglich an seinen Wohnort zurückkehrt (vgl. auch BFH BStBl. III 1963, 212: *DBA Schweiz*). Auch das Schweizerische Bundesgericht geht von diesem Verständnis des Grenzgängerbegriffs aus; es weist allerdings darauf hin, dass das Erfordernis des täglichen Hin- und Herwechselns über die Grenze – falls die jeweilige Regelung eine derartige Einschränkung nicht ausdrücklich vornimmt – nur im Grundsatz gelten kann (also die Eigenschaft als Grenzgänger nicht schon dadurch entfällt, dass der Arbeitnehmer ausnahmsweise eine oder mehrere Nächte am Arbeitsort verbringt oder er einige Male im Jahr sich auf Dienstreisen befindet, s. BFH BStBl. II 1994, 696: *DBA Schweiz 1971*). Es sei aber nicht ausreichend, wenn eine Person nur einmal in der Woche an den Wohnort zurückkehre (sog. „Wochenendler") (ASA 55 (1986/87), 585: Vereinbarungen einzelner schweizerischer Kantone mit Frankreich über die Besteuerung der Grenzgänger vom 18.10.1935; so auch BFH BStBl. III 1965, 352: *DBA Niederlande 1959;* vgl. auch ÖstBMF v. 11.2.2003, SWI 2003, 108 zum *DBA Österreich/Schweiz:* eine dreistündige Wochenarbeitszeit ist nicht ausreichend). In einer neueren Entscheidung spricht sich das Schweizerische Bundesgericht (v. 1.10.2009: *DBA Liechtenstein/Schweiz*) unter Verweis auf die Entwicklung des EU-Rechts für eine weite Auslegung des Grenzgängerbegriffs aus; auch könne etwa die Verständigungsvereinbarung zum DBA Deutschland/Schweiz nicht ohne weiteres auf ein anderes DBA übertragen werden.

In den letzten Jahren hat man allgemein erkannt, dass das Erfordernis des täglichen Hin- und Herwechselns mit der Praxis nicht zu vereinbaren ist. Dementsprechend finden sich häufig Vereinbarungen zwischen den betroffenen Staaten, nach denen die Grenzgängereigenschaft dann nicht verlorengeht, wenn die Tage, an denen der Arbeitnehmer nicht an seinen Wohnsitz zurückkehrt, 45 Tage im Kalenderjahr nicht übersteigen (so die Verständigungsvereinbarung zum *DBA Belgien* BMF v. 9.7.1982, BStBl. II 1982, 628; zum *DBA Frankreich:* BMF v. 3.4.2006, BStBl. I 2006, 304; im Verhältnis zwischen Frankreich und Belgien gilt nach dem ZProt. 2007 eine Grenze von 30 Tagen; das FG BW EFG 1993, 708 (709): *DBA Schweiz 1971,* spricht insoweit von einer internationalen Übung, die auch dann zu beachten sei, wenn es an einer ausdrücklichen Regelung fehle; bestätigt durch den BFH BStBl. II 1994, 696; BStBl. II 1997, 134: die Anwendung der 45-Tage-Regelung „dürfte sich noch im Rahmen einer zulässigen Auslegung" des Grenzgängerbegriffs halten). Zu den Einzelheiten s. noch unten Rz. 153. Ein Erkenntnis des österreichischen VwGH (Urt. v. 23.2.2010, 2008/15/0148) zieht diese Verständigungsvereinbarungen in Zweifel. Danach wären die Einkünfte aus der Grenzgängertätigkeit und Tätigkeiten in Drittstaaten getrennt zu betrachten (s. dazu noch Rz. 155). **130**

Üblich ist weiter eine örtliche Einschränkung: Als Grenzgänger werden regelmäßig nur Personen anerkannt, deren Wohn- und Arbeitsort sich jeweils in der Grenzzone der benachbarten Staaten befinden (so wird etwa ein Arbeitnehmer mit Wohnsitz in der Grenzzone, der im anderen Vertragsstaat umfangreiche Reisetätigkeiten auch außerhalb der Grenzzone auszuüben hat, nicht als Grenzgänger angesehen; FG BW EFG 1992, 249: *DBA Frankreich*; andererseits hat aber das belgische Hof van Beroep Brüssel (Urt. v. 8.5.2010: *DBA Belgien/Frankreich*) entschieden, dass ein Zugführer, der täglich seinen Dienst in der Grenzzone beginnt, aber naturgemäß häufig außerhalb der Grenzzone tätig wird, als Grenzgänger eingeordnet werden sollte). Zumeist wird diese Grenzzone durch Aufzählung der betroffenen Regionen oder durch Angabe einer Entfernung in Kilometern bestimmt. Die einzelnen Regelungen sind aber in der Praxis sehr unterschiedlich (zu den deutschen Regelungen s. Rz. 146 ff.). Für die Grenzziehung kommt es regelmäßig auf den präzisen geographischen Ort der Wohnung/Arbeit selbst an, und nicht auf die Gemeinde, in der die Wohnung/der Arbeitsort liegt (BFH BStBl. II 1995, 532; **131**

BFH BStBl. II 1994, 696; BFH BStBl. II 1997, 132: alle *DBA Schweiz 1971;* a.A. FG BW EFG 1995, 974: *DBA Schweiz*). Das kann nur dann nicht gelten, wenn DBA-Regelungen wie in den DBA *Belgien* und *Frankreich* auf das „Grenzgebiet" oder die „Grenzzone" abstellen. Außerdem ist der Bezugspunkt jeweils der Abstand zur Grenze und nicht die Luftlinienentfernung zwischen Wohn- und Arbeitsstätte (BFH BStBl. II 1995, 532: *DBA Schweiz 1971*).

2. Grundzüge

132 Keines der MA enthält einen Vorschlag für eine Grenzgängerregelung. Der Kommentar des OECD-MA (Ziff. 10 zu Art. 15) begründet dies damit, dass sich die mit Grenzgängern zusammenhängenden Probleme aus den örtlichen Verhältnissen ergäben und daher besser von den unmittelbar beteiligten Staaten zu regeln seien. Daran ist richtig, dass zumeist im Grenzgängerverkehr kein gleichmäßiger Verkehr in beiden Richtungen bestehen wird. Je nach den wirtschaftlichen Gegebenheiten wird sich vielmehr in der Regel der Grenzgängerverkehr hauptsächlich in eine Richtung bewegen (so gibt es im Dreiländereck Deutschland/Frankreich/Schweiz etwa 90.000 Grenzgänger, die im Verhältnis Deutschland/Frankreich hauptsächlich aus Frankreich einpendeln, während im Verhältnis zur Schweiz mehr Deutsche in der Schweiz arbeiten (*Kessler/Eicke/Neubrand*, IWB 2012, 211));die Situation kann sich auch im Laufe der Jahre ändern (so gab es früher mehr Niederländer, die nach Deutschland pendelten, heute ist die Situation umgekehrt).

Abgesehen davon werden sich die örtlichen Verhältnisse lediglich im Hinblick auf das Ausmaß des Grenzgängerverkehrs unterscheiden; sie können insoweit nur für die Frage bedeutsam sein, ob eine eigenständige Grenzgängerregelung erforderlich ist oder nicht. Ist sie aber erforderlich, so stellen sich für alle benachbarten Staaten, für die das gilt, **dieselben typischen Fragen;** sie wären durchaus einer Musterregelung zugänglich. Es kollidiert, wie auch sonst regelmäßig, das Prinzip der Welteinkommensbesteuerung im Ansässigkeitsstaat mit dem Besteuerungsanspruch des Quellenstaates. Die für unselbständig Tätige geltende Regelung des Art. 15 ist allerdings zur Lösung des Grenzgängerproblems nicht geeignet; sie ist darauf zugeschnitten, dass Einkünfte aus unselbständiger Arbeit vorrangig im Staat des Arbeitsortes besteuert werden (s. Rz. 4). Somit trägt sie dem Umstand keine Rechnung, dass der Grenzgänger typischerweise seinen Wohnsitz nicht aufgibt, also stärker als der Arbeitnehmer, den Art. 15 im Auge hat, seinem Ansässigkeitsstaat verhaftet bleibt.

133 Deswegen ist für den Kreis der Grenzgänger gesondert zu entscheiden, ob sie im Ansässigkeitsstaat oder im Tätigkeitsstaat besteuert werden sollen oder ob das Steueraufkommen zwischen den beteiligten Staaten aufgeteilt werden soll. Für eine Besteuerung im Ansässigkeitsstaat spricht, dass die Grenzgänger dort den Mittelpunkt ihrer Lebensinteressen behalten und eng mit ihm verbunden bleiben. Zudem ist der Grenzgänger dort unbeschränkt steuerpflichtig, er hat damit alle aus einer unbeschränkten Steuerpflicht folgenden Vorteile (*Zwick,* S. 94 ff.). Dem Wohnsitzprinzip folgen denn auch international die meisten in DBA enthaltenen Grenzgängerregelungen. So enthält beispielsweise das multilaterale nordische DBA (dazu s. o. Grundl. Rz. 40a) in Ziff. VII des Protokolls eine Regelung für Personen, die zur Ausübung einer unselbstständigen Tätigkeit bestimmte Grenzen überqueren (sehr weiter Grenzgängerbegriff, s. Rz. 129 f.), nach der diese grundsätzlich im Ansässigkeitsstaat besteuert werden. Die Regelung ist allerdings mit Wirkung ab 1.1.1997 im Verhältnis Dänemark – Schweden aufgehoben worden. Dem Wohnsitzprinzip folgen auch die französischen *DBA* mit *Belgien* (s. dazu die belgische FinVerw, Circular v. 3.4.2012, Ci.R9.F/615.800 zum Bestandsschutz bis Ende 2011; für Arbeitnehmer, die nach dem 1.1.2012 eingestellt werden, gilt die Grenzgängerregelung nicht mehr), *Italien* und *Spanien 1966,* das *DBA Belgien/Niederlande* und das *DBA Portugal/Spanien;* zu den deutschen Abkommen s. Rz. 143 ff.

Andererseits spricht für eine Besteuerung im Staat des Arbeitsortes, dass dieser den Arbeitsplatz zur Verfügung stellt. So ist häufig der Grund für das „Pendeln" ins benachbarte Ausland das Vorhandensein einer besseren Infrastruktur oder einer erhöhten Nachfrage im Nachbarland. Nachteilig kann es allerdings für den Arbeitnehmer sein, dass er dort beschränkt steuerpflichtig ist, da bei beschränkter Steuerpflicht in der Regel persönlich steuermindernde Umstände nicht berücksichtigt werden. Eine Aufteilung der Besteuerung zwischen den betroffenen Staaten würde nach allem den Interessen der beiden Vertragsstaaten am ehesten gerecht (zu Gerechtigkeit und Effizienz s. auch die Grundl. Rz. 23 ff.). Der Steuerpflichtige – der Grenzgänger – hätte hierbei allerdings den Nachteil zu tragen, dass er zwei Finanzverwaltungen gegenüberstünde. Wenn die Besteuerung im Staat der Arbeitsausübung durch Quellenabzug erfolgt, dürfte jedoch dieser Nachteil nicht allzu schwer ins Gewicht fallen (zustimmend *Weizmann,* EC Tax Rev. 1994, 109 Fn. 26). Außerdem kann die Aufteilung auch über eine Ausgleichszahlung der beteiligten Staaten erfolgen. So sieht beispielsweise das *DBA Schweiz/Italien* in Art. 15 Abs. 4 eine Besteuerung der italienischen Grenzgänger im Tätigkeitsstaat vor. Die betroffenen schweizerischen Kantone müssen dafür jedes Jahr Ausgleichszahlungen in Höhe von derzeit 40% des Bruttoertrages an Italien vornehmen. Auch die EG-Kommission sah in ihrem Richtlinienvorschlag zur Besteuerung der Grenzgänger (der niemals in Kraft trat) eine Quellenbesteuerung im Tätigkeitsstaat vor (ABl. EG Reihe C 1980, Nr. 21). **134**

Vor allem die Entwicklung des europäischen Rechts durch die Rechtsprechung des EuGH führt aber mehr und mehr dazu, die speziellen Grenzgängerregelungen abzuschaffen, da sich die Nachteile der beschränkten Steuerpflicht durch die Option zur unbeschränkten Steuerpflicht vermeiden lassen (allerdings wirft sie auch wieder neue Probleme auf; vgl. *Menhorn,* IStR 2002, 15; *Schnitger,* IStR 2002, 478). Grenzgängerregelungen sind damit im Grunde überholt (*Dautzenberg,* BB 1995, 2397; *Steiner,* SWI 2008, 297). Allerdings sieht das Protokoll 2007 zum *DBA Schweiz/Österreich* vor, dass nicht der Tätigkeitsstaat, sondern immer Österreich die Gehälter von Arbeitnehmern besteuern kann. Damit will man Gestaltungen entgegenwirken, die zur Vermeidung der Grenzgängereigenschaft entwickelt wurden, erfasst aber auch zukünftig beispielsweise Saisonarbeiter. **135**

Das BMF hat zu erkennen gegeben, dass es im Rahmen von zukünftigen Revisionsverhandlungen auf Grenzgängerregelungen verzichten möchte (s. BT-Drs. 14/1271, S. 9), allerdings enthält auch das *DBA* mit *Österreich 2000* noch eine Grenzgängerregelung. Das neue *DBA Belgien* (Zusatzabkommen v. 5.11.2002) enthält keine Grenzarbeiterregelung mehr, wohl aber einen zeitlich begrenzten Fiskalausgleich. Außerdem dürfen die belgischen Gemeinden eine Zusatzsteuer auf die Einkommensteuer erheben mit einer entsprechenden Minderung des deutschen Steueranspruchs. Auch das *DBA Belgien/Niederlande* sieht keine Grenzgängerregelung mehr vor, trägt aber der sich verschlechternden Situation niederländischer Grenzgänger durch ausgleichende Kompensationszahlungen Rechnung und enthält auch einen Fiskalausgleich (s. dazu *Vanhaute,* 373 ff.). Auch das neue *DBA Niederlande 2012 (E)* enthält eine Kompensationsregelung für Grenzgänger mit Wohnsitz in den Niederlanden, die sich im Vergleich zu Personen, die in den Niederlanden arbeiten, schlechter stellen. **135a**

3. Einwirkung von Unionsrecht auf das innerstaatliche Recht der Mitgliedstaaten

Besteuert nach der Regelung eines DBA – oder wegen der fehlenden Abkommensregelung – neben dem Ansässigkeitsstaat auch der Tätigkeitsstaat die Einkünfte eines Pendlers, kommt es unter Umständen im Tätigkeitsstaat zu steuerlichen **136**

Nachteilen, wenn er dort als beschränkt steuerpflichtig angesehen wird. Das gilt insbesonders dann, wenn der Pendler nahezu seine gesamten Einkünfte aus dem Tätigkeitsstaat bezieht und personenbezogene Steuervergünstigungen im Ansässigkeitsstaat nicht (ausreichend) geltend gemacht werden können, und der Tätigkeitsstaat wegen der beschränkten Steuerpflicht solche personenbezogenen Steuervergünstigungen nicht gewährt (für eine allgemeine Übersicht der Rechte von Wanderarbeitnehmern und Grenzgängern s. Mitteilung der Kommission, Bekräftigung der Freizügigkeit der Arbeitnehmer: Rechte und wesentliche Entwicklungen, KOM/2010/0373 endg.). Viele der steuerlichen (und sozialversicherungsrechtlichen) Probleme sind durch die Rspr. des EuGH einer Lösung zugeführt worden, es finden sich aber immer wieder Regelungen, die der Freizügigkeit von Arbeitnehmern und anderen Personen entgegenstehen. Die EU-Kommission will sich deshalb den Problemen der Grenzgänger in den kommenden Jahren verstärkt widmen (s. Pressemitteilung v. 2.4.2012, IP/12/340).

137 Trotz der im Grundsatz gerechtfertigten Unterscheidung zwischen beschränkter und unbeschränkter Steuerpflicht (allerdings hat der EuGH im Fall *„Asscher"* (Urteil v. 27.6.1996, Rs. C-107/94, Slg. 1996, I-03089 – *Asscher*) den Unterschied als unbeachtlich angesehen, wenn beschränkte und unbeschränkte Steuerpflichtige unterschiedlichen Steuersätzen unterliegen; kritisch dazu *Kramer,* RIW 1996, 951), hat der EuGH steuerliche Regelungen als Verstoß gegen Art. 45 AEUV (Arbeitnehmerfreizügigkeit) angesehen (EuGH v. 14.2.1995, Rs. C-279/93, Slg. 1995, I-00225 – *Schumacker*). Der Grundsatz der Gleichbehandlung von Arbeitnehmern (Art. 45 AEUV) und Selbständigen (Art. 52 Abs. 2 EG) findet auch im Bereich des Steuerrechts Anwendung (für Arbeitnehmer vgl. auch Art. 7 Abs. 2 VO (EWG) Nr. 1612/68 Abs. EG Nr. L 257 v. 19. 10. 68; ferner VO Nr. 883/2004 und VO Nr. 465/2012; EuGH v. 8.5.1990, Rs. C-175/88, Slg. 1990, I-01779 – *Biehl;* EuGH v. 13.11.2003, Rs. C-209/01, Slg. 2003, I-13389 – *Schilling*). Zwar verbieten die angesprochenen Diskriminierungsverbote lediglich eine Ungleichbehandlung aus Gründen der **Staatsangehörigkeit.** Der EuGH hat diese Diskriminierungsverbote jedoch in ständiger Rechtsprechung dahingehend ausgelegt, dass auch alle diejenigen Maßnahmen in deren Anwendungsbereich fallen, bei denen zwar die Staatsangehörigkeit keine Rolle spielt und denen scheinbar objektive und neutrale Kriterien („Wohnsitz", „gewöhnlicher Aufenthalt") zugrunde liegen, die sich aber tatsächlich in der Art und Weise auswirken, dass überwiegend Staatsangehörige der anderen Mitgliedstaaten von den Inländern gewährten Vorteilen ausgeschlossen bleiben (sogenannte **„verdeckte Diskriminierung";** s. EuGH v. 31.5.1989, Rs. C-52/73, Slg. 1974, 153 – *Sotgiu;* EuGH v. 15.1.1986, Rs. C-41/84, Slg. 1986, 1 – *Pinna;* EuGH v. 8.5.1990, Rs. C-175/88, Slg. 1990, I-01779 – *Biehl;* EuGH v. 28.1.1992, Rs. C-204/90, Slg. 1992, I-00209 – *Bachmann;* EuGH v. 14.2.1995, Rs. C-279/93, Slg. 1995, I-00225 – *Schumacker*). Die Schumacker-Rechtsprechung ist vom Schweizerischen Bundesgericht aufgrund des Freizügigkeitsabkommens *Schweiz-EU* (FZA) auch auf die Schweiz übertragen worden (BGer v. 26.1.2010, 2C319/2009, 2C321/2009; s. dazu *Heuberger/Oesterhelt,* Swiss Salary Withholding Tax Violates Free Movement of Persons Agreement with the European Union, ET 2010, 285; bestätigt durch EuGH v. 28.2.2013 – Rs. C-425/11, Slg. 2013, I-00000 – *Ettwein;* anders aber der Generalanwalt beim EuGH in seinen Schlussanträgen v. 18.10.2012; s. dazu *von Brocke,* Gerechtfertigte Ungleichheit im Recht?, IWB 2012, 925; zur praktischen Umsetzung s. BMF v. 16.9.2013, DStR 2013, 2458; ferner *CFE ECJ Task Force,* Opinion Statement ECJ-TF 4/2013 of the CFE on the Decision of the European Court of Justice in Ettwein (Case C-425/11), ET 2014, 87; *Cloer/Vogel,* DB 2013, 1141; *dies.,* ET 2013, 531; *Kubaile,* EuGH: Personenfreizügigkeit erfasst auch Steuerverhältnis zum Drittstaat Schweiz, PIStB 2014, 96; *Sunde,* IStR 2013, 568).

Die in Art. 45 Abs. 4 AEUV geregelte Ausnahme für den öffentlichen Dienst ist restriktiv auszulegen (EuGH v. 16.6.1987, Rs. 225/85, Slg. 1987, I-02625 – *Kommission/Italien;* v. 26.4.2007, Rs. C-392/05, Slg. 2007, I-03505 – *Georgios Alevizos,* Tz. 69). Der Begriff der öffentlichen Verwaltung ist in der EU einheitlich zu verstehen und seine Begriffsbestimmung bleibt daher nicht den Mitgliedsstaaten überlassen (EuGH v. 17.12.1980, Rs. 149/79, Slg. 1980, I-03881 – *Kommission/Belgien,* Tz. 12, 18; v. 30.9.2003, Rs. C-47/02, Slg. 2003, I-10447 – *Anker/Ras/Snock*). Bei der Begriffsbestimmung unterscheidet der EuGH zwischen öffentlicher Verwaltung im eigentlichen Sinn und anderweitiger öffentlicher Verwaltung (EuGH v. 17.12. 1980 Rs. 149/79, Slg. 1980, I-03881 – *Kommission/Belgien,* Tz. 10; v. 2.7.1996, Rs. C-290/94, Slg. 1996, I-03285 – *Kommission Griechenland,* Tz. 2). Für Arbeitnehmer, die nicht in der öffentlichen Verwaltung im eigentlichen Sinn tätig sind, gilt die Ausnahme des Art. 45 Abs. 4 nicht. Somit können sich auch Personen, die an einer öffentlichen Hochschule (EuGH v. 18.12.2007, Rs. C-281/06, Slg. 2007, I-12231 – *Jundt,* Tz. 38) oder an einer gewöhnlichen öffentlichen Schule (FG BW DStRE 2011, 2) tätig sind, auf die Arbeitnehmerfreizügigkeit berufen. Das Nationalitätskriterium der DBA-Vorschrift für Einkünfte aus Tätigkeiten im Öffentlichen Dienst (Art. 19 Abs. 1 Buchst. 1a und Abs. 2 Buchst. b MA), das zu einer Abweichung vom Kassenstaatsprinzip führt, ist mit dem Unionsrecht vereinbar (EuGH v. 12.5.1998, Rs. C-336/96, Slg. 1998, I-02793 – *Gilly;* Hof van Cassatie (Belgien) v. 17.3.2011, no. F.10.0003F – *M. Th. und H. N. vs. Belgien: DBA Belgien/Frankreich*). 138

Wo im Einzelfall die unbeschränkte Steuerpflicht die Voraussetzung für steuerliche Erleichterungen (so im deutschen Steuerrecht etwa für die Zusammenveranlagung und das Splittingverfahren) bildet oder persönliche Steuererleichterungen wegen der beschränkten Steuerpflicht nicht geltend gemacht werden können (was in der Regel zu einer Verletzung des Leistungsfähigkeitsprinzips führt), lässt sich eine daraus folgende Ungleichbehandlung im Vergleich mit ansässigen Personen bzw. Familienmitgliedern nicht rechtfertigen. Steuererleichterungen können auch dann nicht geltend gemacht werden, wenn Einnahmen nicht der Besteuerung unterliegen. Die Unmöglichkeit, Steuervorteile geltend zu machen, ist somit objektiv zu verstehen, d.h. es kommt darauf an, ob Einkünfte im Ansässigkeitsstaat auch tatsächlich der Besteuerung unterliegen. Tun sie das nicht, können sie für die Frage, ob die gesamten oder nahezu gesamten Einkünfte im Tätigkeitsstaat erzielt werden, keine Rolle spielen (EuGH v. 1.7.2004, Rs. C-169/03, Slg. 2004, I-06443 – *Wallentin;* EuGH v. 10.5.2012, Rs. C-39/10, Slg. 2012, I-00000 – *Kommission/Estland,* IStR 2012, 466: Unterschreiten des Grundfreibetrags). So kann auch einem unbeschränkt Steuerpflichtigen die Zusammenveranlagung nicht verweigert werden, wenn der Ehegatte im Ausland wohnt, dort aber mit seinen Lohnersatzleistungen nicht der Besteuerung unterliegt (EuGH v. 25.1.2007, Rs. C-329/05, Slg. 2007, I-01107 – *Meindl*). Das Argument, die beschränkte Steuerpflicht könne auch zu einer vorteilhafteren Besteuerung führen und es komme daher zu einem Vorteilsausgleich, hat der EuGH bereits früher deutlich zurückgewiesen (EuGH v. 28.1.1986, Rs. C-270/83, Slg. 1986, 273 (282) – *Avoir fiscal;* s. auch EuGH v. 13.7.1993, Rs. C-330/91, Slg. 1993, I-04017 – *Commerzbank*). Verwaltungsschwierigkeiten bei der Sachverhaltsermittlung, besonders bei der Feststellung der ausländischen Einkünfte, können ebenfalls eine Ungleichbehandlung nicht rechtfertigen. Zum einen müssen die Finanzverwaltungen auch in anderen Fällen von Auslandsberührungen solche Probleme lösen, zum anderen steht ihnen innerhalb der Gemeinschaft die Möglichkeit der EG/EU-Amtshilferichtlinie (dazu s. Art. 26 Rz. 14ff.) zur Verfügung (EuGH v. 12.4.1994, Rs. C-1/93, Slg. 1994, I-01137 – *Halliburton*). Schließlich kommt es auch nicht auf die Schwere oder Offenkundigkeit der Benachteiligung an: Auch nur geringfügige oder nicht gewollte Diskriminierungen sind als Vertragsverletzungen anzuse- 139 hen. Nachdem der EuGH zunächst der Auffassung war, es sei unionsrechtlich nichts dagegen einzuwenden, wenn ein Mitgliedstaat Pendler aus anderen Mitgliedstaaten, die die **Staatsangehörigkeit des Tätigkeitsstaats** besitzen, gegenüber im Inland ansässigen Personen diskriminiert (EuGH v. 26.1.1993, Rs. C-112/91 Slg. 1993, I-00429 – *Werner;* s. dazu *Knobbe-Keuk,* DStR 1993, 425; *Kaefer,* IStR 1993, 145; *Thömmes,* IWB F. 11 EG Gr. 2, 129 (1993); zur verfassungsrechtlichen Problematik *Morgenthaler,* IStR 1993, 258), ist nunmehr gefestigte Rechtsprechung, dass auch die Diskriminierung eigener Staatsangehöriger von den Diskriminierungsverboten des EG-Vertrags erfasst wird (EuGH v. 27.6.1996, Rs. C-107/94 Slg. 1996, I-03089 – *Asscher,* s. dazu *Kramer,* RIW 1996, 951; *van Raad,* TNI August 1996, 471; *Rainer,* IStR 1996, 332; vgl. auch die Entscheidungen des EuGH in der Rechtssache EuGH v. 26.1.1999, Rs. C-18/95, Slg. 1999, I-00345 – *Terhoeve;* EuGH v. 23.2.2006, Rs. C-232/03, Slg. 2006, I-00027 – *Kommission/Finnland*).

140 Soweit das innerstaatliche Steuerrecht der EU-Mitgliedstaaten diesen Anforderungen nicht genügt, sind diese verpflichtet, die notwendigen Maßnahmen zu treffen, um die Inländergleichbehandlung sicherzustellen. Die **EU-Kommission,** die ihr Richtlinienvorhaben nunmehr aufgegeben hat, hat mit einer **Empfehlung** vom 21.12.1993 (Besteuerung von Einkünften Nichtansässiger in EG-Staaten, Tk (93) 3702, ABl. Nr. L 39/22 v. 10.2.1994; s. dazu *Weizman,* EC Tax Rev 1994, 100, 102ff.), die an alle Mitgliedstaaten gerichtet ist, neue Rahmenbedingungen für deren innerstaatliches Recht vorgegeben (zur Rechtswirkung der Empfehlung s. Grundl. Rz. 256). In ihrem Anwendungsbereich gilt die Empfehlung nicht nur für Arbeitnehmer, sondern für alle natürlichen Personen, die in einem anderen Mitgliedstaat als dem ihrer Ansässigkeit Einkünfte aus dort ausgeübten Tätigkeiten erzielen. Die Inländergleichbehandlung setzt voraus, dass der Steuerpflichtige mindestens 75% seines Einkommens im Tätigkeitsstaat erzielt. Um zu vermeiden, dass die Steuervergünstigungen doppelt in Anspruch genommen werden können, stellt die Empfehlung es dem Ansässigkeitsstaat frei, die Vergünstigungen dann zu versagen, wenn diese bereits im Tätigkeitsstaat zugestanden worden sind.

141 Deutschland hat zunächst mit dem Erlass des sogenannten **Grenzpendlergesetzes** vom 24.6.1994 (BGBl. I 1994, 1395) reagiert. Danach war aber weiterhin eine Zusammenveranlagung und die Gewährung des Splittingtarifs versagt. Das hat die EG-Kommission veranlasst, noch vor der Verkündung des Gesetzes gegen Deutschland ein Vertragsverletzungsverfahren einzuleiten (EG-Komm. Stellungnahme v. 4.5.1994, K (94) 1028 endg. BB 1994, 1404; die dazu ergangene Stellungnahme des deutschen BMF ist abgedruckt in EWS 1994, 349). Der EuGH hat daraufhin in seinem Urteil v. 14.2.1995 (Rs. C-279/93, Slg. 1995, I-00225 – *Schumacker*) entschieden, dass auch die verbleibenden Nachteile nicht mit Art. 48 des EGV vereinbart werden können (s. dazu *Thömmes,* IWB F. 11 EG Gr. 2, 209ff.; *Knobbe-Keuk,* EuZW 1995, 167; *Schön,* IStR 1995, 119; *Rädler,* DB 1995, 793).

141a In Reaktion darauf hat der deutsche Gesetzgeber mit dem Jahressteuergesetz 1996 Regelungen geschaffen, die die unbeschränkte Steuerpflicht fingieren, wenn bestimmte Einkunftsgrenzen erreicht werden (§ 1 Abs. 3 EStG). Während diese Fiktion unabhängig von der Staatsangehörigkeit des betroffenen Steuerpflichtigen gilt, werden weitere Abzugsmöglichkeiten sowie die Anwendung des Splittingtarifs nur Staatsangehörigen eines EU- bzw. EWR-Mitgliedstaats gewährt (§ 1a EStG). Im Fall „Frans Gschwind" hat der EuGH (EuGH v. 14.9.1999, Rs. C-391/97, Slg. 1999, I-05451 – *Frans Gschwind*) auf Vorlage des FG Köln (EFG 1998, 210) die 90%-Regelung als Grenzziehung akzeptiert (s. auch FG BW DStRE 2002, 793; FG Düsseldorf DStRE 2003, 1099; *Kischel,* IWB F. 11 EG Gr. 2, 337 (1998); *Saß,* FR 1999, 1297; *Stapperfend,* FR 1999, 1079). Auch der Fall „Gilly" hatte keine Auswirkungen auf das deutsche Recht, da der EuGH (EuGH v. 12.5.1998, Rs. C-

336/96, Slg. 1998, I-02793 – *Gilly*) hier die Verteilungskriterien des *DBA Frankreich* für öffentliche Bedienstete (Art. 19 OECD-MA) als nicht diskriminierend ansah (s. dazu *Kischel,* IWB F. 11 EG Gr. 2, 289 (1997)).

Kommt es zu einer Aufteilung der Besteuerungsbefugnis, weil die 90%-Grenze nicht erreicht wird, so darf der Ansässigkeitsstaat die personen- und familienbezogenen Aufwendungen nicht verhältnismäßig auf den Wohnsitz- und Tätigkeitsstaat verteilen, soweit dafür zwischen den Vertragsstaaten keine Regelung getroffen wurde. Auch wenn der Ansässigkeitsstaat die gesamten Einkünfte nicht besteuern kann, bleibt er doch verantwortlich für die Berücksichtigung der individuellen Situation des Steuerpflichtigen (EuGH v. 12.12.2002, Rs. C-385/00, Slg. 2002, I-11819 – *de Groot;* zum niederländischen Recht; EuGH v. 12.12.2013, Rs. C-303/12, n. n. v. – Guido Imfeld/Nathalie Garcet zum belgischen Recht; rechtspolitisch wäre allerdings eine Aufteilung entsprechend der jeweiligen Besteuerungsbefugnisse wohl die bessere Lösung; s. *Wattel,* ET 2000, 216; *Schnitger,* IStR 2002, 478; der EuGH läßt eine entsprechende Regelung zwischen den Staaten ausdrücklich zu). **141b**

In dem Fall, dass ein gem. § 1 Abs. 3 EStG unbeschränkt Steuerpflichtiger, der im Ausland wohnt und im Inland arbeitet, hat der EuGH entschieden, dass die Nichtabziehbarkeit von negativen Einkünften (§ 2a Abs. 1 S. 1 EStG) bzw. die Nichtberücksichtigung von negativen Einkünften beim Progressionsvorbehalt gegen die Arbeitnehmerfreizügigkeit gem. Art. 39 EG verstößt (EuGH v. 21.2.2006, C-152/03, Slg. 2006, I-01711 – *Ritter-Coulais;* BFH BFH/NV 2007, 410). Ein Grenzgänger, der nach einer Grenzgängerklausel in einem DBA im Ansässigkeitsstaat besteuert wird, kann dort die unionsrechtliche Gleichbehandlung einfordern (s. etwa *Renner,* SWI 2007, 213 zu Vergütungen für einen Verbesserungsvorschlag, die in Österreich einem Vorzugssteuersatz unterliegen; *Holzapfel,* SWI 2007, 267 zu Grenzgängerinnen, die deutsches Mutterschaftsgeld und den Arbeitgeberzuschuss zum Mutterschaftsgeld erhalten; ferner *Feurstein,* SWI 2007, 36, zu verschiedenen Steuerbefreiungen und -begünstigungen). **141c**

Nachdem die deutsche Finanzverwaltung Grenzpendlern mit ausländischem Wohnsitz zunächst die Gewährung der Eigenheimzulage verweigert hatte, entschied der EuGH in seinem Urteil vom 17.1.2008, Rs. C-152/05, Slg. 2008, I-00039 – *Kommission/Deutschland* = BStBl. II 2008, 326), dass die Versagung aufgrund der Belegenheit des Eigenheims nicht mit der Arbeitnehmerfreiheit des EG-Vertrags vereinbart werden konnte. Der BFH ist der Ansicht, dass diese Rspr. nicht auf unbeschränkt Steuerpflichtige übertragbar sei, die eine Förderung für im Ausland erbaute Zweitobjekte beantragen (BStBl. II 2011, 342: *Griechenland*). Da es sich insofern aber um eine eindeutige Ungleichbehandlung von Steuerinländern mit inländischen und ausländischen Zweiobjekten handelt, ist die Entscheidung zweifelhaft. Wohnungspolitische Rechtfertigungsgründe können hier keine Rolle spielen, da ansonsten die Grundfreiheiten gegenstandslos würden. Dass der BFH die Frage nicht dem EuGH vorlegte, wirft hier ganz besonders die Frage auf, ob hiermit nicht der gesetzliche Richter entzogen wurde. **141d**

In der Rspr. des EuGH läßt sich die Tendenz nachweisen, stärker zwischen echten personen- und familienbezogenen Steuervergünstigungen (s. EuGH v. 18.7.2007, Rs. C-182/06, Slg. 2007, I-06705 – *Lakebrink,* wo der EuGH auf die subjektive Leistungsfähigkeit abstellt) und anderen Ungleichbehandlungen zu unterscheiden. Letztere unterfallen nicht der Schumackerdoktrin, d. h. es bedarf nicht der Einhaltung einer Einkunftsgrenze (s. EuGH v. 12.6.2003, Slg. 2003, I-05933, Rs. C-346/04 – *Gerritse;* (Betriebsausgabenabzug eines Künstlers); v. 6.7.2006, Rs. C-346/04, Slg. 2006, I-06137 – *Conijn* (Abzug von Steuerberaterkosten); v. 3.10.2006, Rs. C-290/04, Slg. 2006, I-09461 – *Scorpio;* v. 15.2.2007, Rs. C-345/04, Slg. 2007, I-01425 – *Centro Equestre;* v. 16.10.2008, Rs. C-527/06, – **141e**

Renneberg, Slg. 2008, I-7735 (Abzug der für das im Wohnsitzstaat belegene Eigenheim entstandenen Hypothekenzinsen im Tätigkeitsstaat bei Nutzungswertbesteuerung; kritisch dazu *Kemmeren,* EC Tax Review 2009, 4; s. auch *de Vries,* WFR 2009/996). So ging es in der Rs. *Gielen* (EuGH v. 18.3.2010, Rs. C-440/08, Slg. 2010, I-02323 – *F. Gielen;* s. dazu auch *Kühbacher,* SWI 2010, 284) darum, ob ein beschränkt steuerpflichtiger Unternehmer Anspruch auf die speziellen Steuervergünstigungen im Quellenstaat haben kann, wenn er nicht für die unbeschränkte Steuerpflicht optiert hat bzw. nicht optieren kann. Der EuGH sieht darin eine klare Diskriminierung. Da die Steuervergünstigungen für Unternehmer nicht an die persönliche Situation des Steuerpflichtigen anknüpfen, sondern an die Art der Tätigkeit, besteht zwischen beschränkt und unbeschränkt Steuerpflichtigen insoweit kein objektiver Unterschied, der eine Ungleichbehandlung rechtfertigen könnte. Die Wahlmöglichkeit des Steuerpflichtigen kann die Diskriminierung nicht beseitigen.

141f Was personen- und familienbezogene Steuervergünstigungen sind, kann im Einzelfall zweifelhaft sein. Der in den Niederlanden vorgesehene Freibetrag für Einkünfte aus Kapitalvermögen (Art. 5.5 IB2001) wird als solche Steuervergünstigung gesehen, da dieser der Leistungsfähigkeit des Steuerpflichtigen Rechnung trägt (Hoge Raad v. 9.12.2011, nr. 10/01409 und 10/03765, BNB 2012/44: *DBA Deutschland/Niederlande* und 45: *DBA Belgien/Niederlande* m. Anm. *Boer*). Damit kann die Schumackerdoktrin zur Anwendung kommen, d. h. der Freibetrag ist beschränkt Steuerpflichtigen nicht zu gewähren, wenn die 90%-Grenze nicht erreicht wird. Andererseits sind Ausgaben, die innerstaatlich den Sonderausgaben zugerechnet werden, nicht automatisch als personen- und familienbezogene Steuervergünstigungen zu qualifizieren. So hat der EuGH zum Abzug von Steuerberaterkosten entschieden, dass diese Ausgaben einkunftsbezogen sind und daher eine Gleichbehandlung von unbeschränkt und beschränkt Steuerpflichtigen gefordert ist, auch wenn letztere nicht die 90%-Grenze erreichen (EuGH v. 6.7.2006, Rs. C-346/04, Slg. 2006, I-06137 – *Conijn;* v. 31.11.2011, Rs. C-450/09, Slg. 2011, I-02497 – *Schröder*); der BFH hat nunmehr wegen des Korrespondenzprinzips dem EuGH eine ergänzende Frage vorgelegt: BFH IStR 2014, 27). Auch das Verbot des Abzugs von Geldrenten bei vorweggenommener Erbfolge gem. § 50 Abs. 1 EStG ist, wenn der Einkunftsempfänger beschränkt steuerpflichtig ist, nicht europarechtskonform (FG Niedersachsen v. 30.5.2011 – 3 K 278/07; FG Münster v. 17.11.2011 – 2 K 507/07).

141g Die in den Niederlanden vorgesehene Rücknahme der Steuervorteile, die in der Zeit der fiktiven, optionalen unbeschränkten Steuerpflicht in Anspruch genommen wurden, wenn der Stpfl. nicht mehr für die unbeschränkte Steuerpflicht optiert, ist vom Gerichtshof's-Hertogenbosch (Urt. v. 25.11.2011 nr. 11/00340, LJN: BV7552) als unionsrechtswidrig angesehen worden. Das niederländische BMF hat darauf reagiert (Beschluss v. 2.6.2012, nr. DGB 2012/2190M) und wendet die Rücknahmeregelung nicht mehr an, wenn der Stpfl. nicht zur unbeschränkten Steuerpflicht optiert hat, aber 90% seiner Einkünfte in den Niederlanden der Besteuerung unterlagen. Da es insoweit aber nicht um personenbezogene Steuervorteile ging (sondern um den Abzug von Hypothekenzinsen für das im Ausland gelegene selbst bewohnte Eigenheim) ist es fraglich, ob die Anwendung der Schumackerdoktrin die Unionsrechtswidrigkeit beseitigen kann. Der Hof Den Bosch ist in einer Entscheidung v. 16.3.2012, nr. 11/00482, LJN: BW1115, der Auffassung, dass die Option zur unbeschränkten Steuerpflicht es nicht zulässt, die Verteilungsnormen der DBA außer Acht zu lassen. Die Option könne daher nur zu einer Art von beschränkten Steuerpflicht führen, bei der aber der Abzug aller persönlichen und familienbezogenen Aufwendungen zugelassen sei (s. dazu auch *Schipper/Reins,* MBB 1012/05).

4. Verstoß gegen die Menschenrechtskonvention

Diskriminierungen von Grenzgängern können auch gegen die EMRK versto- **142**
ßen. So hat der EGMR (NJW 1991, 1404 (Darby gegen Schweden)) entschieden, dass die Verweigerung einer Kirchensteuerbefreiung durch den schwedischen Staat gegenüber einem finnischen Staatsbürger, der nach Schweden zur Arbeit pendelte, nur wegen des fehlenden Wohnsitzes in Schweden gegen Art. 14 EMRK i. V. m. Art. 1 Zusatzprotokoll verstoße.

II. Deutsche DBA

1. Abkommensübersicht

Sonderregelungen für Grenzgänger enthalten die DBA: **143**

Frankreich	Art. 13 Abs. 5 (i. d. F. des ZAbk. 1989)
Österreich	Art. 15 Abs. 6; Nr. 8 Prot.
Schweiz	Art. 15a

Diese Regelungen sind im Einzelnen unterschiedlich ausgestaltet; gemeinsam ist ihnen aber, dass abweichend von der allgemeinen Regel, nach der die unselbstständige Arbeit im Staat der Arbeitsausübung besteuert wird, die Einkünfte der Grenzgänger ausschließlich im Ansässigkeitsstaat zu besteuern sind, auch dann, wenn die Voraussetzungen des Art. 15 Abs. 2 MA nicht gegeben sind. Das *DBA Schweiz* in der Fassung des *RevProt. 1992* sieht neben der Besteuerung im Ansässigkeitsstaat auch eine beschränkte Besteuerung im Quellenstaat vor. Diese Grenzgängerregelung ist in der Praxis von großer Bedeutung. Schätzungen zufolge gehen mehr als 1,2 Millionen Menschen einer grenzüberschreitenden Arbeit nach (EU Kommission Pressemitteilung v. 2.4.2012, IP/12/267). Gegenwärtig gibt es ca. 45 000 deutsche Grenzgänger in die Schweiz, denen nur ca. 2000 Schweizer entgegenstehen, die nach Deutschland pendeln (Schweizerisches Bundesamt für Statistik, 2009).

Keine besondere Regelung enthalten die *DBA Luxemburg 2012; Niederlande 1959/2004, Niederlande 2012 (E), Tschechien (E)* und *Polen*. Auch das *DBA Dänemark* enthält keine Grenzgängerregelung. Von dänischer Seite wird insoweit auf das dänische Steuerrecht verwiesen, das die persönlichen Verhältnisse der Grenzgänger weitgehend berücksichtige, sowie auf die praktischen Schwierigkeiten, die mit einer Lösung wie im Verhältnis Niederlande – Deutschland verbunden seien (s. *Skatteminister* v. 16.3.1993, Skat Udland 1993, 144 f.). Die Grenzgängerregelung im *DBA Belgien* ist durch das Zusatzabkommen v. 5.11.2002 weggefallen (s. dazu noch Rz. 155b). Die Grenzgängerregelung galt noch bis 31.12.2003, das Zusatzabkommen findet ab 1.1.2004 Anwendung.

2. Erläuterungen

a) Innerstaatliches deutsches Recht: Grenzgänger, die im Inland einen **144**
Wohnsitz oder ihren gewöhnlichen Aufenthalt haben, sind im Grundsatz unbeschränkt einkommensteuerpflichtig (§ 1 Abs. 1 S. 1 EStG). Der von dem ausländischen Arbeitgeber gezahlte Arbeitslohn wird nach § 25 EStG zur deutschen Einkommensteuer veranlagt. § 46 EStG ist an sich nicht anwendbar, da der ausländische Arbeitgeber nicht dem Lohnsteuerabzugsverfahren unterliegt (§ 38 Abs. 1 S. 1 EStG). Die Vergünstigungen des § 46 EStG sind jedoch entsprechend anzuwenden (BFH BStBl. III 1959, 462; BFH BStBl. II 1992, 720). Anders als im Anwendungsbereich des Art. 15 Abs. 1, 2 kommt es bei einem Wechsel von der

unbeschränkten zur beschränkten Steuerpflicht auf den Zuflusszeitpunkt einer Vergütung an (FG BW EFG 2002, 125: *DBA Schweiz 1971*).

145 Ausländische Grenzgänger, die weder einen Wohnsitz noch ihren gewöhnlichen Aufenthalt im Inland haben, sind im Grundsatz **beschränkt steuerpflichtig** (§§ 1 Abs. 4, 49 Abs. 1 Nr. 4 EStG), wenn nicht die deutsche Besteuerung ausgeschlossen ist. Da der Ort der Arbeitsausübung typischerweise im Inland liegt, haben diese Grenzgänger inländische Einkünfte i. S. des § 49 Abs. 1 Nr. 4 EStG.

145a **aa)** Für den Zeitraum nach dem Erlass des Jahressteuergesetzes 1996 gilt es zu unterscheiden:

145b **(1)** Beschränkt steuerpflichtige Arbeitnehmer, die die Voraussetzungen des § 1 Abs. 3 EStG nicht erfüllen, unterliegen der Regelung des § 50 Abs. 1 S. 6 EStG. Ihre personen- und familienbezogenen Lasten werden nur zum Teil berücksichtigt, insbesondere entfällt die bisherige Gewährung von Kinderfreibeträgen. Nach § 50 Abs. 5 EStG gilt die Einkommensteuer für Einkünfte, die dem Steuerabzug vom Arbeitslohn unterliegen, durch den Steuerabzug als abgegolten. Nach § 50 Abs. 5 Satz 2 Nr. 2 EStG haben beschränkt steuerpflichtige EU-Bürger jedoch auf Antrag einen Anspruch auf Veranlagung gem. § 46 Abs. 2 Nr. 8 EStG. Die Frist von bisher zwei Jahren wurde durch das Jahressteuergesetz 2008 mit erstmaliger Wirkung für den VZ 2005 aufgehoben. Nach § 50 Abs. 5 S. 2 Nr. 1 EStG gilt die Abgeltungswirkung auch dann nicht, wenn der Steuerabzug nach Maßgabe unbeschränkter Steuerpflicht vorgenommen wurde und nachträglich festgestellt wird, dass die Voraussetzungen der unbeschränkten Steuerpflicht nicht vorgelegen haben. § 39 Abs. 5a EStG ist dann sinngemäß anzuwenden (BFH BStBl. II 2009, 666: *Niederlande*).

145c **(2)** Beschränkt Steuerpflichtige, bei denen die Summe der Einkünfte (§ 2 Abs. 1 bis 3 EStG) im Kalenderjahr mindestens zu 90% der deutschen Einkommensteuer unterliegt oder deren nicht der deutschen Einkommensteuer unterliegenden Einkünfte den Grundfreibetrag nach § 32a EStG nicht übersteigen (vgl. auch BFH 8.9.2010 – I R 28/10, BStBl. II 2011, 269: *Polen*: die 90%-Grenze muss nicht erfüllt sein, wenn der Steuerpflichtige unbeschränkt steuerpflichtig ist und seine Ehefrau im Ausland wohnt), werden nach § 1 Abs. 3 EStG als unbeschränkt steuerpflichtig angesehen, wenn sie dies beantragen (s. dazu BMF v. 30.12.1996, BStBl. I 1996, 1506). Bei Ehegatten verdoppelt sich der Grundfreibetrag, wenn unter den weiteren Voraussetzungen des § 1a EStG eine Zusammenveranlagung beantragt wird. Steuerpflichtige, die zum Personenkreis des § 1 Abs. 3 EStG gehören, sind nach § 46 Abs. 2 Nr. 7b EStG notwendig zu veranlagen. Die in Deutschland nicht zu versteuernden Einkommensteile unterliegen dem Progressionsvorbehalt. Der negative Progressionsvorbehalt war allerdings bisher ausgeschlossen. Als Folge des EuGH-Urteils v. 18.7.2007 (Rs. C-182/06, Slg. 2007, I-06705 – *Lakebrink,* DStR 2007, 1339) steht beschränkt Steuerpflichtigen sowie nach § 1 Abs. 3 oder § 1a EStG unbeschränkt Steuerpflichtigen nunmehr gem. § 32b Abs. 1 Nr. 5 EStG auch der negative Progressionsvorbehalt offen.

145d Inländische Einkünfte i. S. des § 49 EStG, die nach einem DBA nur der Höhe nach besteuert werden dürfen, gelten als nicht der deutschen Einkommensteuer unterliegend (dies bezieht sich allerdings nur auf die Berechnung der Einkunftsgrenzen; die Kapitaleinkünfte sind daher bei der inländischen Besteuerung zu berücksichtigen, s. BFH DStRE 2003, 450 zu einem in Belgien wohnenden Grenzgänger; s. ferner OFD Frankfurt, Vfg. v. 22.2.2012, DStR 2012, 1510). Der Begriff der Einkünfte ist im Grundsatz nach dem jeweiligen nationalen Steuerrecht zu bestimmen (OFD Düsseldorf v. 14. 7. 98, DStR 1998, 1963: ausländische Einnahmen, die nach § 3 EStG steuerfrei sind, dürfen nicht einbezogen werden; BFH BStBl. II 2005, 835 zu ausländischen Lohnersatzleistungen; BFH BStBl. II 2009, 708: *DBA Österreich*; s. dazu auch *Lühn/von Kodratowicz,* PIStB 2009, 128; vgl.

auch Urteile zur ähnlich gelagerten Problematik des Ausführungsgesetzes Grenzgänger Niederlande (AG-GrenzG NL): BFH RIW 1985, 428; BFH BStBl. II 1987, 256; BFH BStBl. II 1992, 88: die in den Niederlanden an arbeitslos gewordene Staatsbedienstete gezahlte „Uitkering" ist bei der Ermittlung der 90%-Grenze zu berücksichtigen, s. auch FG Köln, IStR 2013, 474). Davon abweichend bestimmt nunmehr (ab VZ 2008) § 1 Abs. 3 Satz 4 EStG, dass Einkünfte, die im Ausland nicht der Besteuerung unterliegen, keine Berücksichtigung finden dürfen (Reaktion auf das EuGH-Urteil v. 25.1.2007, Rs. C-329/05, Slg. 2007, I-01107 – *Meindl;* s. auch OFD Rheinland v. 21.3.2006, IStR 2008, 155). Keine Berücksichtigung finden auch negative Einkünfte aus selbstgenutztem Wohnraum, weil diese nach deutschem Steuerrecht keine Berücksichtigung finden (FG Köln, IStR 2013, 474). § 1 Abs. 3 EStG gilt unabhängig von der Staatsangehörigkeit des Steuerpflichtigen und der Einkunftsart. Für Staatsangehörige eines EU- bzw. EWR-Mitgliedstaates (einschließlich deutscher Staatsbürger) gilt darüber hinaus § 1a EStG. Danach können Unterhaltsleistungen nach § 10 Abs. 1 Nr. 1 EStG (Realsplitting) unter der Voraussetzung, dass die Besteuerung der Unterhaltszahlungen beim Empfänger durch eine Bescheinigung der ausl. Steuerbehörde nachgewiesen wird (s. dazu FG München, IStR 2002, 352; BFH BStBl. II 2003, 851; BStBl. 2011, 116; BStBl. II 2011, 164; vgl. auch EuGH v. 12.7.2005, Rs. C-403/03, Slg. 2005, I-06421 – *Schempp,* DStR 2005, 1265), der Haushaltsfreibetrag nach § 32 Abs. 7 EStG und Kinderbetreuungskosten nach § 33c EStG auch dann abgezogen werden, wenn sich der Begünstigte bzw. der Haushalt im Ausland befindet. Für die Anwendung der Ehegattenbesteuerung (§ 26 Abs. 1 S. 1 EStG) wird der nicht dauernd getrennt lebende Ehegatte, der in einem EU/EWR-Mitgliedstaat ansässig ist, auf Antrag ebenfalls als unbeschränkt steuerpflichtig behandelt (dass dies nicht für Ehegatten in Drittstaaten gilt, ist gleichheitsrechtlich unbedenklich, BFH BFH/NV 2006, 1736).

Durch das JStG 2008 wurde das Erfordernis, dass nahezu alle Einkünfte der deut- **145e**
schen Einkommensteuer unterliegen müssen, aufgegeben, d. h. die Zusammenveranlagung kann auch beantragt werden, wenn die gemeinsamen Einkünfte der Ehegatten zu weniger als 90% der deutschen Einkommensteuer unterliegen oder die ausländischen Einkünfte der Ehegatten den doppelten Grundfreibetrag übersteigen. Die Höhe der nicht der deutschen Einkommensteuer unterliegenden Einkünfte muss durch eine Bescheinigung der zuständigen ausländischen Behörde nachgewiesen werden (§ 1 Abs. 3 S. 5 EStG). Insofern handelt es sich um eine materielle Tatbestandsvoraussetzung und nicht um ein bloßes Beweismittel, einer besonderen Form bedarf es aber nicht, sie muss aber ausreichend bestimmt sein (BFH, BFH/NV 2011, 336). Auch wenn die Einkünfte überhaupt nicht der Besteuerung unterliegen, bedarf es der Vorlage der Bescheinigung (sog. „Nullbescheinigung"; für die Fälle, dass solche Bescheinigungen nicht ausgestellt werden s. BMF v. 30.12.1996 BStBl. I 1996, 1506 Tz. 1; diese Regelung gilt nach Auffassung des BFH, BFH/NV 2011, 336, nicht nur in Drittstaatsfällen). Der BFH hat offen gelassen, ob eine Bescheinigung dann entbehrlich ist, wenn es unstrittig ist, dass im Ausland keine Einkünfte erzielt wurden (i. d S. FG Brandenburg EFG 2005, 1706).

Bei Kaufkraftausgleichszahlungen eines ausländischen Staates an einen in **145f**
Deutschland tätigen Arbeitnehmer ist fraglich, ob hierauf § 3 Nr. 64 EStG anzuwenden ist mit der Folge, dass der Progressionsvorbehalt keine Anwendung findet. Das FG BW (DStRE 2011, 2: *Frankreich*) hat die Frage dem EuGH zur Klärung vorgelegt. Der EuGH (Urt. v. 15.9.2011, Rs. C-240/10, Slg. 2011, I-08531 – *Schulz-Delzers/Schulz*) entschieden, dass es nicht gegen Unionsrecht verstößt, wenn Deutschland in diesem Fall den Progressionsvorbehalt anwendet. Erhält ein aus Frankreich einpendelnder Grenzgänger von seinem deutschen Arbeitgeber einen Aufstockungsbetrag bei Altersteilzeit, dann darf der Arbeitgeber bei der Be-

rechnung des Betrags nicht von den fiktiven Gegebenheiten in Deutschland ausgehen, sondern muss die besondere Situation des Grenzgängers berücksichtigen (insbes. die Steuerbarkeit des Aufstockungsbetrags im Wohnsitzstaat), wenn er eine Diskriminierung gem. Art. 45 AEUV und einen Verstoß gegen Art. 7 Abs. 4 VO 1612/68 (jetzt VO 492/2011) vermeiden will (EuGH v. 28.6.2012, Rs. C-172/11, Slg. 2012, I-00000 – *Georges Erny/Daimler AG-Werk Wörth*).

145g **bb)** Bei einem Wechsel von der Grenzgängereigenschaft zu einer Besteuerung nach Art. 15 MA und umgekehrt müssen Vergütungen auf die jeweilige Zeit der Tätigkeit aufgeteilt werden. Auf den Zuflusszeitpunkt kommt es insofern nicht an (FG Saarland EFG 1997, 856; zu einer Weihnachtsgratifikation s. *Binninger,* IStR 1995, 428).

145h **cc)** Gilt für den Steuerpflichtigen noch eine Grenzgängerregelung, die die Besteuerung im Ansässigkeitsstaat vorsieht, gelten die allgemeinen Vorschriften der unbeschränkten Steuerpflicht, der andere Vertragsstaat stellt die Einkünfte von der Besteuerung frei. Umrechnungskosten sind bei Fremdwährungseinnahmen grundsätzlich nicht als Werbungskosten abziehbar (FG Saarland EFG 2006, 1333: *DBA Frankreich*). Das FG Saarland (a. a. O.) hat darüber hinaus entschieden, dass die nach deutschem Recht beschränkte Abzugsfähigkeit von Vorsorgeaufwendungen nicht gegen die Arbeitnehmerfreizügigkeit des EG-Vertrags verstoße, selbst wenn wegen des Kassenstaatsprinzips (Art. 19 MA) die Renten später im Tätigkeitsstaat voll versteuert werden müssen. Das ist allerdings äußerst zweifelhaft, da sich der betroffene Personenkreis nicht in derselben Situation wie unbeschränkt Steuerpflichtige ohne Auslandsberührung befindet und nach der neueren Rspr. des EuGH auch die Verhältnisse im anderen Vertragsstaat berücksichtigt werden müssen.

b) DBA Schweiz:

146 **Literatur**: *Jahn,* PIStB 2010, 209; *ders.,* PIStB 2011, 171; *Kessler/Eicke/Neubrand,* IWB 2012, 211; *Mattern,* Die Grenzgängerbesteuerung im Doppelbesteuerungsabkommen zwischen Deutschland und der Schweiz (2011); *Miessl,* BB 2006, 1251; *ders.,* IStR 2007, 883; *ders.,* IStR 2008, 624; *ders.,* IStR 2010, 18; *ders.,* BB 2011, 2711; *Riehle/Dusolt,* PIStB 2010, 143; *Ronge/Perroulaz/Sutter,* IStR 2010, 279; *Wilke,* IWB 2010, 173; *ders.,* IWB 2010, 822; *ders.,* IWB 2011, 276.

147 Nach Art. 15a Abs. 1 S. 1 können Gehälter, Löhne und ähnliche Vergütungen (zu Krankentagegeldern s. BFH BB 1998, 2146; FG BW v. 22.9.2004, DStRE 2005, 553: *DBA Schweiz 1994*) bei unselbständiger Tätigkeit eines Grenzgängers in dem Vertragsstaat besteuert werden, in dem dieser ansässig ist (zum Begriff der „in einem Vertragsstaat ansässigen Personen" s. Art. 4 Rz. 4; die Ansässigkeit ist nachzuweisen und dem jeweiligen Arbeitgeber vorzulegen; es besteht hierfür ein amtlicher Vordruck, s. BMF v. 20.10.2006, BStBl. I 2007, 68; zur Umrechnung des Arbeitslohns s. LfSt Bayern v. 10.1.2013, DStR 2013, 198). Nach S. 2 kann jedoch **auch der Tätigkeitsstaat** die Vergütungen im Abzugswege besteuern. Die Steuer darf **4,5 % des Bruttobetrags** der Vergütungen nicht übersteigen. Der Ansässigkeitsstaat berücksichtigt die im Quellenstaat erhobene Steuer im Wege der **Anrechnung** (im Fall Deutschland nach § 36 EStG, also unter Vermeidung der nachteiligen Wirkungen der Höchstbetragsrechnung nach § 34c EStG) bzw. durch Herabsetzung des Bruttobetrags der Vergütungen um ein Fünftel (Schweiz) (Art. 15a Abs. 3). Zum Lohnsteuerabzug bei einem in Deutschland arbeitenden Grenzgänger s. *Riehle/Dusolt,* PIStB 2010, 143. Das FG BW (EFG 2012, 1822) hat entschieden, dass die Steuerbefreiung nach § 3b Abs. 1 EStG nicht in Betracht kommt, wenn Sonntags-, Feiertags- oder Nachtarbeit allgemein pauschaliert abgegolten wird und deshalb eine Zurechnung der Einkünfte nicht möglich ist (s. auch *Jahn,* PIStB, 2012, 254).

148 **Wer** Grenzgänger ist, bestimmt Art. 15a Abs. 2. Danach wird jede in einem Vertragsstaat ansässige Person erfasst, die in dem anderen Vertragsstaat ihren Arbeitsort hat und von dort regelmäßig an ihren Wohnsitz zurückkehrt (einmal pro Woche ist ausreichend, s. Art. 7 der bilateralen Verträge zwischen der Schweiz und den EU-Staaten über die Freizügigkeit des Personenverkehrs v. 21.6.1999). Eine Grenzzone kennt das DBA Schweiz nicht.

Unschädlich sind 60 **Nichtrückkehrtage** im Kalenderjahr, wobei es auf die im individuellen Arbeitsvertrag vereinbarten Arbeitstage ankommt (Verständigungsprotokoll II. 2.; Deutsch-Schweizerische Konsultationsvereinbarung v. 20.12.2010, BT-Drs. 716/10). Nach Ansicht des BFH enthält Abschn. II Nr. 1 des Verhandlungsprotokolls eine verbindliche Vorgabe für die Auslegung der „60 Tage Regelung" (BFH BStBl. II 2001, 633; DStRE 2005, 84; BFH/NV 2005, 840). Das FG BW (DStRE 2007, 1450; DStRE 2009, 356; DStRE 2009, 359) vertritt insofern eine abweichende Meinung, die Bestimmung beziehe sich auf das Tatbestandsmerkmal „Rückkehr", nicht aber auf die 60-Tage-Regelung. Der BFH ist aber dem erstinstanzlichen Gericht nicht gefolgt (I R 10/07 BStBl. II 2009, 94; I R 50/08 BFH/NV 2010, 647; I R 15/09 BStBl. II 2010, 602; I R 76/09 BFH/NV 2011, 674). **148a**

Als **Nichtrückkehrtage** kommen, wie gesagt, nur Tage in Betracht, an denen der Arbeitnehmer nach dem Arbeitsvertrag zur Arbeit verpflichtet ist, wenn er für die geleistete Arbeit an solchen Tagen Freizeitausgleich oder eine zusätzliche Bezahlung (z. B. Reisekosten bei mehrtägiger Geschäftsreise) erhält (BMF v. 7.7.1997, BStBl. I 1997, 723: Verständigungsvereinbarung; s. dazu auch *Kolb,* StRev 2000, 70). Wochenend- und Feiertage, an denen sich der Stpfl. auf Dienstreisen befindet und er nicht nach Hause zurückkehren kann, zählen daher als Rückkehrtage. Es kommt nicht unbedingt auf das Arbeitsende an. Auch wenn der Arbeitnehmer gelegentlich nach Arbeitsende am Arbeitsort verbleibt und erst später an seinen Wohnsitz zurückkehrt, kann es sich um einen Rückkehrtag handeln. Dementsprechend gelten solche Tage bei Schichtarbeitern und ähnliche Personen mit Arbeitszeiten, die keine tägliche Rückkehr zulassen (weite Auslegung s. BMF v. 7.7.1997, BStBl. I 1997, 723: Verständigungsvereinbarung; ferner Verständigungsvereinbarung v. 24.6.1999, abgedruckt bei *Locher/Meier/v. Siebenthal/Kolb,* B 154.2 Nr. 11) doch als Rückkehrtage (s. FG BW v. 19.4.1996 – 2 K 84/95 n. v.; FG BW EFG 1997, 625; EFG 1998, 482; EFG 1998, 483 zu mehrtägigen Bereitschaftsdiensten). Der BFH (BStBl. II 2001, 633; s. auch FG BW EFG 2003, 1706) wollte ursprünglich einschränkend nur solche Tage anerkennen, an denen tagesübergreifend gearbeitet wird (hier: Bereitschaftsdienst eines Hotelmitarbeiters; s. auch BFH BStBl. II 2009, 94 zu einer Sozialarbeiterin, die beruflich mehrere Tage in der Schweiz bleiben musste; BFH BStBl. II 2009, 97 zu Pikettdiensten einer Heilerziehungshelferin; anders noch die Vorinstanz FG BW EFG 2007, 1055; bei längeren arbeitsbedingten Aufenthalten in der Schweiz gelten diese Tage nicht als Nichtrückkehrtage; s. dazu auch OFD Karlsruhe, Vfg. V. 17.7.2009, IStR 2009, 662), nicht aber solche Tage, an denen berufsbedingt nicht im Ansässigkeitsstaat übernachtet werden kann (z. B. Dienstreisen, mehrtägige berufliche Veranstaltungen). Diese Auffassung hat der BFH allerdings später modifiziert (BFH BFH/NV 2005, 267; s. dazu auch *Strunk/Kaminski,* Stbg 2005, 173; KB, Urteilsanmerkung, IStR 2005, 67). Es könne für die Unterscheidung zwischen Rückkehr- und Nichtrückkehrtagen nicht auf den Zeitpunkt des Arbeitsendes ankommen. Vielmehr müsse zunächst geprüft werden, ob der Arbeitnehmer tatsächlich in den Ansässigkeitsstaat zurückgekehrt sei. Wenn er nicht zurückkehrt, komme es auf die Veranlassung der Nichtrückkehr an. Ein Nichtrückkehrtag sei anzunehmen, wenn die Rückkehr aus beruflichen Gründen nicht möglich oder nicht zumutbar war (s. auch BMF v. 19.9.1994, BStBl. I 1994, 683; FG BW RIW 1998, 576; RIW 1998, 578; BFH BFHE 207, 452 = BStBl. II 2010, 155; BFH/NV 2005, 840; BFH BStBl. II 2009, 97). Dementsprechend gelten Tage, an denen sich der Stpfl. auf der **148b**

Rückfahrt zu seiner Wohnstätte befindet, noch als Nichtrückkehrtage, wenn er sein Ziel an diesem Tag nicht erreicht. Nicht berücksichtigt werden die Tage, an denen der Stpfl. nach Hause zurückgekehrt ist, also bei Übernachtung im Ansässigkeitsstaat (BFH BStBl. II 2010, 602; BStBl. II 2012, 276). Tage, die aus dienstlichen Gründen im Ansässigkeitsstaat verbracht werden, sind auch bei Nichtrückkehr zum Wohnsitz nicht in die 60-Tage-Grenze einzubeziehen (BFH BStBl. 2001, 633; BFH/NV 2002, 479; FG BW DStRE 2009, 356; DStRE 2009, 359). Dienstreisetage können auch dann Nichtrückkehrtage sein, wenn die Dienstreise im Inland stattfindet und eine Rückkehr zum Wohnort nicht zumutbar ist (BFH BStBl. II 2010, 602; BFH/NV 2011, 674).

148c Als Nichtrückkehrtage können nur Tage angesetzt werden, an denen die Nichtrückkehr des Arbeitnehmers auf dem Beschäftigungsverhältnis zu seinem schweizerischen/deutschen Arbeitgeber beruht. Eine Nichtrückkehrtag liegt daher nicht vor, wenn der Arbeitnehmer aufgrund einer anderweitigen selbständigen Tätigkeit nicht nach Hause zurückkehren kann (BFH BStBl. II 2010, 602). Bei einer Abordnung zu einem anderen Arbeitgeber kommt es darauf an, ob damit ein anderweitiges Arbeitsverhältnis begründet wird. Liegt die Tätigkeit hingegen im Interesse des aussendenden Unternehmens und wird der Arbeitsvertrag nicht aufgelöst, so sind die bei der aufnehmenden Gesellschaft verbrachten Tage als Nichtrückkehrtage anzusehen. Die Dauer des Aufenthalts spielt insofern keine Rolle (BFH BFH/NV 2011, 674). Samstage, Sonn- und Feiertage sind keine Arbeitstage. Arbeitet der Grenzgänger dennoch an solchen Tagen zählen sie unter Umständen als Nichtrückkehrtage, wenn die Arbeit an diesen Tagen ausdrücklich vereinbart wurde oder der Arbeitnehmer für seine Arbeit Freizeitausgleich bzw. eine zusätzlich Vergütung erhält (BFH BFH/NV 1996, 200). Die BFH-Entscheidung v. 11.11.2009 (BStBl. II 2010, 602; BStBl. II 2012, 276) enthält möglicherweise eine Verschärfung, da der BFH aus dem Fehlen eines Freizeitausgleichs bzw. eines zusätzlichen Entgelts auf eine fehlende Vereinbarung schließt; der BFH verlangt somit das kumulative Vorliegen einer Vereinbarung und einer Vergütung (kritisch hierzu *Lusche,* DStR 2010, 914 (916)).

148d Ist ein Arbeitnehmer nicht während des gesamten Kalenderjahres in dem anderen Staat beschäftigt, ist die 60-Tage-Grenze entsprechend zu kürzen (Verhandlungsprotokoll II. 3.; s. aber FG BW DStRE 2012, 745). Die Zahl der Nichtrückkehrtage, also insbesondere die Übernachtungen im Tätigkeitsstaat und Dienstreisetage, sind nachzuweisen (s. näher *Wilke,* IWB 2011, 276). Lücken in der Beweisführung gehen zu Lasten des Steuerpflichtigen (FG BW RIW 1998, 576; RIW 1998, 821; BFH BFH/NV 2005, 267; BFH BFH/NV 2011, 800).

149 Die besondere Bestimmung des Art. 15 Abs. 4 für leitende Angestellte wird von Art. 15a verdrängt (FG BW DStRE 2009, 1498; BFH 17.11.2010 – I R 76/09 IStR 2011, 429). Deutsche Grenzgänger, die gleichzeitig leitende Angestellte sind, bleiben dementsprechend in Deutschland steuerpflichtig und unterliegen einer beschränkten Quellenbesteuerung in der Schweiz, die in Deutschland auf die deutsche Steuer angerechnet wird.

149a Die Regelung des Art. 4 Abs. 4 (s. dazu auch oben Rz. 76 ff.) für Abwanderer bleibt von der Neuregelung unberührt (Art. 15a Abs. 1 S. 4). Danach darf Deutschland unter bestimmten Voraussetzungen eine in der Schweiz ansässige natürliche Person ungeachtet anderer Bestimmungen des Abkommens besteuern (insbes. erweiterte beschränkte Steuerpflicht gem. § 2 AStG). Das gilt jedoch nicht, wenn der Steuerpflichtige in der Schweiz ansässig geworden ist, um hier eine unselbständige Tätigkeit aufzunehmen und er keine wirtschaftlichen Interessen an dem Arbeitnehmer hat (Art. 4 Abs. 4 Satz 4). Diese Ausnahme greift nach dem Zweck der Vorschrift auch dann, wenn der Arbeitnehmer bereits vor Umzug in der Schweiz tätig war, dann aber seinen Wohnsitz in der Schweiz nimmt um die

Anreise- und Abreisezeiten wesentlich zu verkürzen (FG BW EFG 2010, 624; BFH IStR 2011, 426).

Nach Art. 15a Abs. 4 verständigen sich die zuständigen Behörden der Vertragsstaaten über die weiteren Einzelheiten sowie die verfahrensmäßigen Voraussetzungen. Insoweit ist auf BMF v. 19.9.1994 (BStBl. I 1994, 683) bzw. auf das Kreisschreiben der Eidgenössischen Steuerverwaltung vom 6.9.1994 ASA 63 (1994/95), 555 und auf die ergänzende Verständigungsvereinbarung (BMF v. 7.7.1997, BStBl. I 1997, 723) hinzuweisen. **150**

Zur Frage, ob das Fehlen einer Teilkindergeldregelung für Grenzgänger in die Schweiz verfassungswidrig ist, s. FG BW EFG 1997, 998, aufgehoben und ersetzt durch Beschluss v. 28.4.1998, 11 K 194/96 und BVerfGE 110, 42; zur Auslegung der VO 1408/71 BFH DStRE 2012, 618. Zur Besteuerung von Altersbezügen und insbes. Einmalauszahlungen aus einer Schweizer Pensionskasse s. *Miessl,* IStR 2007, 883; *ders.,* BB 2011, 2711; *ders.,* IStR 2013, 850; *Jahn,* PIStB 2010, 209. Zur (Nicht-) Berücksichtigung von Beiträgen zur Schweizerischen Alters- und Hinterlassenenversicherung als Sonderausgaben BFH BStBl. II 2012, 721). Obligatorisch erbrachte Arbeitgeberbeiträge zu einer schweizerischen Pensionskasse sind gemäß § 3 Nr. 62 S. 1 EStG steuerfrei, überobligatorische Arbeitgeberbeiträge können als Beiträge i. S. d. § 3 Nr. 62 S. 4 EStG innerhalb der Grenzen des § 3 Nr. 62 S. 3 EStG steuerfrei sein, allerdings sind die steuerfreien obligatorisch erbrachten Arbeitgeberbeiträge insoweit zu berücksichtigen (FG BW DStRE 2014, 278). Die Übertragung von Vorsorgekapital zwischen schweizerischen Versorgungseinrichtungen führt nicht zu einer (erneuten) Besteuerung des Arbeitslohns (BFH FR 2013, 426 m. Anm. *Bergkemper*). Eine Austrittsleistung, die einem ausscheidenden Grenzgänger von der schweizerischen Pensionskasse nach dem 31.12.2004 ausgezahlt wird, ist als andere Leistung mit dem Besteuerungsanteil gem. § 22 Nr. 1 S. 3 Buchst. a EStG zu besteuern. Sie kann daneben auch gem. § 34 EStG ermäßigt besteuert werden (BFH IStR 2014, 113 m. Anm. *JF;* s. auch *Jahn,* PIStB 2014, 58. **151**

c) DBA Frankreich **152**

Literatur: *Charissé/Jundt,* PIStB 2012, 13; *Hartmann,* INF 2006, 705; *Jahn,* PIStB 2009, 67; *Reichertz,* INF 2005, 227; *dies.,* INF 2006, 196; *dies.,* INF 2006, 383.

Das *DBA Frankreich* (Art. 13 Abs. 5) definiert als Grenzgebiet den Grenzstreifen in einer Tiefe von grundsätzlich beiderseits je 20 km. Für die französische Seite wird das Grenzgebiet jedoch dahingehend erweitert, dass auch die Grenzdepartements erfasst werden, deren Gebiet ganz oder teilweise höchstens 30 km von der Grenze entfernt liegt (Art. 13 Abs. 5 Buchst. c; s. BMF v. 3.6.1991, BStBl. I 1991, 548, BMF v. 11.6.1996, BStBl. I 1996, 645; OFD Koblenz v. 1.7.1998 Wpg 1998, 834). **152a**

Abweichend von dem allgemeinen Grundsatz, dass die Eigenschaft als Grenzgänger eine tägliche Rückkehr zum Wohnort erfordere, ist im Verhältnis zu Frankreich in einer Verständigungsvereinbarung v. 16.2.2006 (BMF v. 3.4.2006, BStBl. I 2006, 304; KonsVerfFRAV v. 20.12.2010, BGBl. 2010, 2138; BFH BStBl. II 2005, 375: *DBA Frankreich;* das FG Saarland DStRE 2009, 155 sah sich nicht an die Verständigungsvereinbarung gebunden, während der BFH BStBl. II 2010, 390 sie als Leitlinie akzeptierte) bestimmt, dass die Grenzgängereigenschaft auch dann nicht verlorengeht, wenn der Grenzgänger an nicht mehr als 45 Arbeitstagen im Kalenderjahr – wird er nicht während des ganzen Kalenderjahres in der Grenzzone beschäftigt: an nicht mehr als 20 % der Arbeitstage, jedoch höchstens an 45 Tagen – nicht an seinen Wohnort **zurückkehrt** oder **außerhalb der Grenzzone** für den (wirtschaftlichen) Arbeitgeber tätig ist. Als Nichtrückkehrtage gelten nur ganze Tage (BFH BStBl. II 2005, 375: *DBA Frankreich*). Eine Ausnahme gilt nur für Krankheitstage, sie gelten nicht als Tage der Nichtrückkehr. Unschädlich ist auch, **153** wenn sich die Arbeitszeit des Arbeitnehmers über mehr als einen Kalendertag erstreckt (Schichtarbeiter, Nachtdienst). Tätigkeiten in der Grenzzone des Ansässigkeitsstaates des Arbeitnehmers gelten als innerhalb der Grenzzone ausgeübt (reine Transferreisen innerhalb der Grenzzone gelten aber nicht als Arbeit, BFH BStBl. II 2010, 390: *DBA Frankreich*). Zu den Tagen der Tätigkeit außerhalb der Grenzzone gehören auch die Werktage einer Dienstreise (nur ganze Arbeitstage, BFH BStBl. II 2005, 375; anders OFD Karlsruhe v. 6.9.2002, DStR 2002, 1712; BMF v. 3.4.2006, BStBl. I 2006, 304 Ziff. B6; s. dazu auch *Hartmann,* INF 2006, 705; Nichtrückkehrtage nur dann, wenn der Arbeitnehmer vor der Abreise nicht zum Arbeitsort gependelt ist und dort gearbeitet hat; Rückreisetage zählen als Nichtrückkehrtage, wenn der Arbeitnehmer ganztätig außerhalb der Grenzzone tätig geworden ist (BFH BStBl. II 2010, 390; BFH/NV 2010, 1634: beide *DBA Frankreich*), nicht jedoch Sonn- und Feiertage ohne tatsächliche Arbeitsausübung, auch wenn für sie volles Tagegeld gezahlt wird (FinMin Nds. v. 16.12.1981, IWB F. 1 KN S. 479; FG Saarland EFG 1997, 19; BFH BStBl. II 2010, 390; BFH/NV 2010, 1634: beide *DBA Frankreich;* kritisch *Lusche,* DStR 2010, 914 (915)), und selbst wenn die Dienstreisen im Ansässigkeitsstaat durchgeführt werden (BFH 9.6.2010 – I R 107/09; s. dazu auch Auer, PIStB 2010, 258). Eine Sonderregelung für leitende Angestellte, die im BMF-Schreiben vom 23.5.1967 – IV A/1-S 1301-Frankreich-67/67 – vorgesehen war, ist vom Veranlagungszeitraum 1980 an entfallen. Es gelten die gleichen Regelungen wie für alle übrigen Grenzgänger.

154 Bei Bezügen aus öffentlichen Kassen (Art. 14) kommt die Grenzgängerregelung nicht zur Anwendung (BFH BFH/NV 2002, 623). Insofern weicht das DBA Frankreich von Art. 19 MA ab, Art. 14 ist zusätzlich noch auf juristische Personen des öffentlichen Rechts anzuwenden, also auch auf die in Deutschland öffentlich rechtlich organisierten Kirchen (FG Rheinland-Pfalz DStRE 2012, 1057; das Gericht sieht insofern einen Widerspruch zum Grundgedanken des Art. 19 MA, sieht sich aber durch den Wortlaut an einer anderen Entscheidung gehindert) oder auf die Bundesknappschaft (FG Münster DStRE 2006, 21: *DBA Frankreich*). Zu sozialversicherungsrechtlichen Fragen s. *Reichertz,* INF 2006, 196; der BFH hat entschieden, dass die beschränkte Abzugsfähigkeit von Vorsorgeaufwendungen nicht gegen Unionsrecht verstößt, da insofern alle unbeschränkt Steuerpflichtigen gleich behandelt werden. Eine Diskriminierung liege auch nicht darin, dass das deutsche Steuerrecht die Beiträge zur deutschen und französischen Rentenversicherung gleich behandele, obwohl die zukünftigen Altersrenten in Frankreich in voller Höhe besteuert würden (BFH BStBl. II 2009, 1000). Zur Besteuerung von Pensionszahlungen von Grenzgängern s. auch den Erlass der französischen Finanzverwaltung in Les nouvelles fiscales 2010, N. 1037, 14.

d) DBA Österreich

155 **Literatur**: *Holzapfel,* SWI 2006, 56; *ders.,* SWI 2008, 209; *ders.,* SWI 2010, 256; *ders.,* SWI 2011, 392; *Wurmsdobler,* IStR 2009, 758;

Nach dem *DBA Österreich* (Art. 15 Abs. 6) ist Art. 15 Abs. 1 nicht anzuwenden, wenn es sich bei der betreffenden Person um einen Grenzgänger handelt (mit dem Anwendungsbeginn des neueren DBA Österreich im Jahre 2003 sind Geschäftsführer nicht mehr von der Grenzgängerschaft umfasst, für diese gilt Art. 16), er also in der Nähe der Grenze wohnt und arbeitet und täglich an seinen Wohnsitz zurückkehrt (anwendbar bleibt aber das Kassenstaatsprinzip in Art. 18 Abs. 2, so dass ein deutsches Krankengeld eines österreichischen Grenzgängers durch Österreich freigestellt werden muss (ÖstBMF, EAS 3158 v. 26.5.2010, SWI 2010, 244)). Auch im Verhältnis Deutschland – Österreich gilt eine 45-Tage-Toleranzregelung (BMF BStBl. I 1987, 191). Es ist insofern nicht relevant, welche Gründe den Grenzgänger an der Grenzüberschreitung hindern. So kann regelmäßige Heimarbeit dazu führen, dass die Grenzgängereigenschaft verloren geht (s. ÖstBMF (EAS 2803) v. 12.1.2007, SWI 2007, 140). Andererseits wirft eine Entscheidung des ÖstVwGH v. 23.2.2010, 2008/15/0148: *DBA Österreich/Schweiz,* die Frage auf, ob die Verständigungsvereinbarung mit dem DBA vereinbar ist. Der VwGH hatte zur früheren Grenzgängervorschrift des DBA Schweiz entschieden, dass die Grenzgängereigenschaft nicht verlorengehe, wenn der Steuerpflichtige über längere Zeit in einem Drittstaat tätig war. Die Grenzgängerregelung bleibe auf den Teil der Vergütung anwendbar, der sich auf die Grenzgängertätigkeit erstrecke (s. dazu auch *Daurer,* SWI 2010, 513 (517 ff.)).

Prinzipiell sind Grenzgänger danach im Ansässigkeitsstaat steuerpflichtig, sie können aber für die unbeschränkte Steuerpflicht sowohl in Deutschland als auch in Österreich als Tätigkeitsstaat optieren, wenn sie die Voraussetzungen der §§ 1 Abs. 3, 1a EStG bzw. § 1 Abs. 4 ÖstEStG (s. dazu *Toifl,* SWI 1996, 520) erfüllen. Als Nähe der Grenze gilt die Lage in einer Zone von je 30 km beiderseits der Grenze (Prot. Nr. 8; vgl. auch ÖstBMF (EAS 2190) v. 16.12.2002, SWI 2003, 131). Die 30 km werden nach der Luftlinie bemessen, es spielt also keine Rolle, wenn tatsächlich bei der Anfahrt mehr Kilometer zurückgelegt werde (EAS 2876 v. 29.8.2007, SWI 2007, 424). Nachdem das ÖstBMF in (EAS 2733) v. 16.5.2006, SWI 2006, 347 noch der Auffassung war, dass es unschädlich sei, wenn der Grenzgänger noch eine zweite (nähergelegene) Wohnung in der Grenzzone unterhält und er dorthin regelmäßig zurückkehrt, soll nunmehr ein zweiter Wohnsitz in der Grenzzone nicht ausreichen (ÖstBMF EAS 3184 v. 27.10.2010, SWI 2010, 504). Bei einer vorübergehenden Entsendung des Grenzgängers in ein Drittland, bleibt nach österreichischer Ansicht die Grenzgängereigenschaft hinsichtlich der Einkünfte, die er während seiner Grenzgängertätigkeit erzielte, erhalten. Beide Tätigkeiten werden also getrennt beurteilt (UFSF v. 16.5.2008, RV/0065-F/08; s. dazu auch *Kopf,* SWI 2008, 353). **155a**

e) Nach dem ***DBA Belgien i.d.F. des Zusatzabkommens 2002*** gilt nach dem Wegfall der Grenzgängerregelung grundsätzlich das Tätigkeitsortprinzip; der Ansässigkeitsstaat stellt die Einkünfte im Grundsatz von der Besteuerung unter Progressionsvorbehalt frei. Allerdings dürfen die belgischen Gemeinden weiterhin die Zusatzsteuer zur Einkommensteuer erheben. Deutschland berücksichtigt dies dadurch, dass die in Deutschland erhobene Steuer pauschal um 8% gemindert wird (Art. 2 Nr. 2 ZAbk 2002). Ferner findet – zeitlich auf 6 Jahre begrenzt – ein Fiskalausgleich statt, Deutschland zahlt Belgien jährlich eine finanzielle Entschädigung in Höhe von 18 Mio Euro (Art. 3 ZAbk 2002). **155b**

f) Da das ***DBA Luxemburg 1958*** keine Grenzgängerregelung enthält, unterliegen Grenzgänger in der Regel mit ihrem Arbeitslohn der Besteuerung im Tätigkeitsstaat. Wird der Grenzgänger auch in seinem Wohnsitzstaat tätig, bedarf es unter Umständen einer Aufteilung der Vergütung. Hierzu haben die Finanzverwaltungen beider Länder Verständigungsvereinbarungen geschlossen (BMF v. 14.6.2011, BStBl. I 2011, 576, 621 und vom 19.9.2011, BStBl. I 2011, 849). Die dort vorgenommene Aufteilung folgt den allgemeinen Grundsätzen (s. oben Rz. 68a ff.). Sie enthält aber auch eine Bagatellregelung. Danach sind bis zu 20 im Wohnsitzstaat verbrachte Tage unbeachtlich, eine Aufteilung erfolgt dann nicht. Der Grund für den Aufenthalt im Wohnsitzstaat spielt keine Rolle. Mit einer Krankheit oder Mutterschaft zusammenhängende Lohnfortzahlungen werden grundsätzlich im Tätigkeitsstaat besteuert (s. zu den Einzelheiten *Richter/Hontheim,* IStR 2012, 297). **156**

g) Das ***DBA Niederlande 1959/2004*** enthält keine Sonderregelung für die Besteuerung von Grenzgängern. Der Arbeitslohn von Grenzgängern ist daher nach dem DBA grundsätzlich im Tätigkeitsstaat zu besteuern. Um die Nachteile der beschränkten Steuerpflicht zu beseitigen, wurde im Zusatzprotokoll vom **156a**

13.3.1980 zum *DBA Niederlande 1959* (BGBl. I 1980, 1151) eine weitgehende steuerliche Gleichbehandlung mit unbeschränkt Steuerpflichtigen vereinbart. Das dazu ergangene Ausführungsgesetz Grenzgänger Niederlande (AG-GrenzG NL) vom 24.2.1986 (BGBl. I 1986, 321, geändert durch Art. 7 des Gesetzes v. 25.2.1992 (BGBl. I 1992, 297), geändert durch Art. 2 des Gesetzes v. 24.6.1994 (BGBl. I 1994, 1398)), war letztmals auf den Veranlagungszeitraum 1995 anzuwenden (s. 3. Aufl. Rz. 88l), da es durch die Neuregelung der fiktiven unbeschränkten Steuerpflicht überflüssig wurde. In den Niederlanden ist die Option zur unbeschränkten Steuerpflicht anders als in Deutschland ohne jede Einkunftsgrenze möglich (Art. 2.5 IB 2001). Daneben bleibt das Zusatzprotokoll anwendbar, d. h. Grenzgänger können sich alternativ auf das Protokoll berufen und müssen nicht für die unbeschränkte Steuerpflicht optieren (zu den Einzelheiten s. Minister van Financien, Besluit v. 20.4.2010, nr. DGB2010/568M, BNB 2010/237). An sich gilt der einschlägige Art. 1 des Zusatzprotokolls nur für Einkünfte gem. Art. 10 bis 12 (Einkünfte aus unselbständiger Arbeit, Bezüge im öffentlichen Dienst, Versorgungsbezüge), so dass bei allen anderen Einkünften die Diskriminierungsklausel des Art. 24 Abs. 1 Satz 2 zur Anwendung kommen sollte, der auch Diskriminierungen wegen des Familienstands umfasst. Diese gilt allerdings dem Wortlaut nach nur für Diskriminierungen aufgrund der Staatsangehörigkeit, so dass der Vorschrift kein besonderer Regelungsgehalt zukommt. Anders gewähren die Niederlande im Verhältnis zu Belgien auch Nichtansässigen die Gleichbehandlung im Hinblick auf familien- und personenbezogene Vergünstigungen (Art. 26 Abs. 2 DBA Niederlande/Belgien; vgl. auch EuGH v. 5.7.2005, Rs. C-376/03-*D*).

Die Ehegatten von Grenzgängern haben unabhängig von der Optionsausübung Recht auf die Ausbezahlung des Steuerkürzungsbetrags (heffingskorting), auch wenn sie selbst im Tätigkeitsstaat nicht steuer- und sozialversicherungspflichtig sind. Die einschlägigen Vorschriften Artikel 8.9 und 8.9a NLEStG gelten an sich nur für Partner von Grenzgängern, die in den Niederlanden arbeiten, nach Ansicht der Rechtbank Arnhem (Urt. v. 23.2.2012, nr. 10/03460) muss dies aus Gleichbehandlungsgründen auch für den umgekehrten Fall gelten.

Zu der Sonderregelung für Arbeitnehmer, die in einem grenzüberschreitenden Gewerbegebiet arbeiten, s. Rz. 75b ff.

156b **h) *DBA Niederlande 2012*** *(E):* Das neue DBA enthält eine sogenannte Kompensationsregelung (ähnlich der im *DBA Niederlande/Belgien*) für Grenzgänger. Die Niederlande stellen gem. Art. 22 die in Deutschland verdienten Einkünfte frei. Sollte die deutsche Steuer und Sozialversicherung höher sein als die niederländische, ist der Grenzgänger im Vergleich mit Personen, die in den Niederlanden arbeiten, benachteiligt. Um diesen Nachteil auszugleichen erhält der Grenzgänger eine ergänzende Steuerermäßigung. Dabei wird die deutsche Steuer und Sozialversicherung als niederländische Lohnsteuer betrachtet und mit der (fiktiven) niederländischen Abgabenbelastung verrechnet. Der Unterschiedsbetrag wird an den Steuerpflichtigen ausbezahlt. Die Kompensationsregelung gilt nicht nur für die Fälle des Art. 14, sondern auch für die Fälle des Art. 15 (Aufsichtsrats-, Geschäftsführervergütungen), des Art. 16 (Künstler und Sportler) und des Art. 18 (öffentlicher Dienst).

Art. XVI des Protokolls enthält ferner eine Erleichterung für Grenzgänger mit Ehegatten, die nicht in Deutschland tätig sind oder die 90%-Grenze selbst nicht erreichen. Nach dieser Vorschrift gelten die Beschränkungen des § 1 Abs. 3 Satz 2 i. V. m. § 1a Abs. 2 EStG nicht für diese Ehegatten, wenn der Stpfl. persönlich die Voraussetzungen des § 1 Abs. 3 erfüllt. Das bedeutet, dass weder die Nationalität des Ehegatten noch sein Wohnsitz von Bedeutung ist, um als (fiktiv) unbeschränkt steuerpflichtig behandelt zu werden.

D. Anhang II zu Art. 15: Doppelbesteuerungsabkommen und Auslandstätigkeitserlass

Literatur: *Borggreve,* RIW 1984, 625; *Cloer/Hagemann,* IWB 2013, 357; *FWBS,* Anhang zu § 34c Abs. 5 EStG (Auslandstätigkeitserlass); *Gosch,* IStR 2013, 325; *Klöckner,* DB 1983, 2594; *Lüdicke,* ZDB 1985, 78; *Reinhart,* BB 1983, 2246; *Springsguthe,* IWB F. 3, Deutschland, Gr. 6, 1984, 285; *Walch,* SWI 2008, 444. **157**

Mehrere Länder regeln den ausländischen Einsatz von Arbeitnehmern im Rahmen von Anlagenerrichtungen oder Großbauvorhaben im Ausland, wenn mit dem betreffenden Land kein DBA besteht. Insofern müssen die Konkurrenzverhältnisse berücksichtigt werden und es soll sich die inländische Besteuerung der Arbeitnehmer nicht wettbewerbswidrig auswirken (s. auch Wassermeyer/*Wassermeyer/Schwenke* Art. 15 MA Rz. 19). So sah Österreich eine Steuerfreistellung für alle Fälle einer Auslandstätigkeit inländischer Arbeitnehmer vor, wenn die Tätigkeiten mit Anlagenerrichtungen im Ausland in Zusammenhang stand (s. dazu *Walch,* SWI 2008, 444). Dieses sog. Montageprivileg ist vom österreichischen Verfassungsgerichtshof wegen der Unionswidrigkeit mit Wirkung vom 1.1.2011 aufgehoben worden (VfGH v. 30.9.2010, G 29/10, SWI 2010, 524). In Frankreich sind inländische Arbeitnehmer steuerfrei, wenn sie länger als 183 Tage im Ausland begünstigte Tätigkeiten ausüben und die Steuerbelastung mindestens zwei Drittel der französischen Steuerbelastung beträgt (Art. 81A Code Général des Impots). **158**

Nach deutschem innerstaatlichen Recht wird bei Arbeitnehmern eines inländischen Arbeitgebers, die im Ausland bestimmte begünstigte Tätigkeiten ausüben, **von der Besteuerung** des Arbeitslohns **abgesehen** (**Auslandstätigkeitserlass,** BMF v. 31.10.1983, BStBl. I 1983, 470, ergangen nach §§ 34c Abs. 5 und 50 Abs. 7 EStG). „Begünstigte Auslandstätigkeiten" sind die Planung, Errichtung, Wartung usw. von Fabriken, Bauwerken, ortsgebundenen Maschinen und ähnlichen Vorrichtungen, das Aufsuchen und die Gewinnung von Bodenschätzen, die Beratung (Consulting) ausländischer Auftraggeber im Hinblick auf solche Tätigkeiten, sowie schließlich Tätigkeiten der deutschen öffentlichen Entwicklungshilfe (der Erlass ist aber bei Entwicklungshilfeprojekten nicht anzuwenden, wenn der Arbeitnehmer aus einer öffentlichen Kasse besoldet wird, BMF v. 17.6.1991, DStR 1991, 1015). Die Auslandstätigkeit muss mindestens drei Monate lang ununterbrochen ausgeübt werden, wobei es auf die Aufenthaltsdauer nach Kalendertagen ankommt. Im Gegensatz zum früher geltenden sog. „Montageerlass" (FinMin Saarland koord. v. 25.7.1975, BStBl. I 1975, 944) braucht die Tätigkeit jedoch nicht an ein bestimmtes Objekt gebunden zu sein und sind kurzfristige Unterbrechungen des Auslandsaufenthalts unter bestimmten Voraussetzungen unschädlich (vgl. FG München RIW 1993, 875).

Die Voraussetzung, dass es sich um einen inländischen Arbeitgeber handeln muss, ist aus unionsrechtlicher Sicht zweifelhaft. Das FG Rheinland-Pfalz (DStRE 2012, 470) hat die Frage dem EuGH vorgelegt. Dieser wiederum hat entschieden, dass die Differenzierung gegen Art. 45 TFEU (Arbeitnehmerfreizügigkeit) verstößt (EuGH v. 28.2.2013 – C-544/11, Slg. 2013, I-00000 *Helga und Peter Petersen;* s. dazu auch *Cloer/Hagemann,* IWB 2013, 357; *Gosch,* IStR 2013, 325).

Der Auslandstätigkeitserlass regelt die Möglichkeiten der Pauschalisierung oder des Steuererlasses bei Auslandstätigkeiten nicht abschließend. Wenn besondere Umstände vorliegen, die den im Auslandstätigkeitserlass geregelten Tatbeständen ähnlich oder vergleichbar sind, kommen zusätzliche Maßnahmen nach § 34c Abs. 5 EStG in Betracht (BFH BStBl. II 1988, 139).

159 Der Auslandstätigkeitserlass gilt nicht, wenn die Tätigkeit in einem Staat ausgeübt wird, mit dem ein DBA besteht, in das die Einkünfte aus nichtselbständiger Arbeit einbezogen sind (zum Verhältnis zu DBA s. noch BMF BStBl. I 1994, 97; im Verhältnis zu den VAE gilt das neue Abkommen 2010 rückwirkend ab 1.1.2009 und schließt daher nahtlos an das alte DBA an, so dass sich die Frage stellt, wie mit Einkommensteuerveranlagungen für 2009 verfahren wird, die den Auslandstätigkeitserlass zur Grundlage hatten). Das ist bei allen geltenden deutschen DBA der Fall. Ein vorübergehender kurzer Aufenthalt in einem DBA-Land gilt allerdings bis zu einer Gesamtaufenthaltsdauer von 10 vollen Tagen nicht als Unterbrechung der Auslandstätigkeit, wenn die Reise einen sachlichen Zusammenhang mit der Auslandstätigkeit hat. Der Erlass gilt auch dann nicht, wenn die Tätigkeit in einem Gebiet ausgeübt wird, das zu keinem staatlichen Hoheitsgebiet gehört (Antarktis). Es liegen in diesem Fall keine „ausländischen Einkünfte" i. S. des § 34c Abs. 5 EStG vor (BFH BStBl. II 1991, 926).

Tritt ein DBA rückwirkend in Kraft (s. hierzu zu Art. 30/31 Rz. 20), so kann nach dem Erlass der Arbeitnehmer bis zum Zeitpunkt des Inkrafttretens des DBA die Regelungen des Auslandstätigkeitserlasses in Anspruch nehmen. Das kann beispielsweise für den Arbeitnehmer dann günstiger sein, wenn sonst die 183-Tage-Frist der DBA nicht erreicht würde.

160 Der nach dem Auslandstätigkeitserlass freigestellte Arbeitslohn wird, wie nach fast allen geltenden DBA, bei der Festsetzung des **Steuersatzes** für das sonstige Einkommen des Arbeitnehmers berücksichtigt (Progressionsvorbehalt, s. § 32b EStG und u. Art. 23 Rz. 204 ff.). Die begünstigten Arbeitnehmer werden damit denen gleichgestellt, die in einem DBA-Vertragsstaat arbeiten.

E. Anhang III zu Art. 15: Gastprofessoren und Studentenpraktikanten

161 **Literatur:** *Bauer,* FR 1988, 425; *Bauer,* in Gassner et. al. (Hrsg.), Arbeitnehmer im Recht der Doppelbesteuerungsabkommen (2003), S. 225; *Csoklich/Günther,* Intertax 2011, 578; *Jirousek,* ÖStZ 1998, 619; *Karjala,* IJournal of Legal Education 1994, 531; *Lang,* SWI 1998, 508; *Loukota,* SWI 1998, 456; *ders.,* SWI 1998, 559; *Max-Planck-Gesellschaft* (Hrsg.), European Research Structures Changes and Challenges, Mobility of Researchers in the European Union, E 3/94, 1994; *Meyer/Maak,* PIStB 2003, 245; *Prokisch,* IWB F. 3, Deutschland, Gr. 3 (1994), 1091; *Teck,* BIT 2006, 119; *Wiberg,* Skat Udland 1996, 196; *ders.,* Skat Udland 1997, 301; *Zach,* SWI 1996, 378; *Zehetner,* in Gassner/Lang/Lechner (Hrsg.), Das neue Doppelbesteuerungsabkommen Österreich-Deutschland (1999), S. 185.

I. Abkommensübersichten

1. Gastprofessoren und sonstige Lehrkräfte 162

DBA	Artikel	Besteuerung im Ansässigkeitsstaat (und nicht im Tätigkeitsstaat!), wenn dort ansässig oder unmittelbar vorher dort ansässig	Begünstigte Tätigkeiten (L = Lehrtätigkeit; F = Forschung)	Befristung (Jahre)	Vergütungen müssen von außerhalb des Gastlandes gezahlt werden	Sonstige Besonderheiten
Ägypten	21 Abs. 1	Ja	L; F; fortgeschrittene Studien	2	Ja	
Albanien 2010	20 Abs. 1	Ja	L; F; Halten von Vorlesungen	2	Ja	Einladung ins Gastland erforderlich (Ausnahme: Tätigkeit im Rahmen eines Kulturaustauschs)
Algerien 2007	20 Abs. 1	Ja	L; F	2	Ja	Einladung ins Gastland erforderlich (Ausnahme: Tätigkeit im Rahmen eines Kulturaustauschs)
Argentinien	20 Abs. 1	Ja	L; F; fortgeschrittene Studien	2	Ja	
Aserbaidschan	20 Abs. 1	Ja	L; F; Halten von Vorlesungen	2	Ja	Einladung ins Gastland erforderlich (Ausnahme: Tätigkeit im Rahmen eines Kulturaustauschs)
Australien	19 Abs. 1	Nur wenn Ansässigkeit beibehalten wird	L; F; fortgeschrittene Studien	2	Nein	
Bangladesch	20 Abs. 1	Ja	L; F; Halten von Vorlesungen	2	Ja	Einladung ins Gastland erforderlich (Ausnahme: Tätigkeit im Rahmen eines Kulturaustauschs)

DBA	Artikel	Besteuerung im Ansässigkeitsstaat (und nicht im Tätigkeitsstaat!), wenn dort ansässig oder unmittelbar vorher dort ansässig	Begünstigte Tätigkeiten (L = Lehrtätigkeit; F = Forschung)	Befristung (Jahre)	Vergütungen müssen von außerhalb des Gastlandes gezahlt werden	Sonstige Besonderheiten
Belarus	20 Abs. 1	Ja	L; F; Halten von Vorlesungen	2	Ja	Einladung ins Gastland erforderlich (Ausnahme: Tätigkeit im Rahmen eines Kulturaustauschs)
Belgien	20 Abs. 1	Nur wenn Ansässigkeit beibehalten wird	L; F	2	Nein	
Bolivien	20 Abs. 1	Ja	L; F; fortgeschrittene Studien	2	Ja	Sonderregelung für Empfänger eines Zuschusses, Unterhaltsbeitrags oder Stipendiums einer bestimmten Organisation oder im Rahmen eines Programms der technischen Hilfe
Bosnien-Herzegowina	s. Jugoslawien					
Bulgarien 2010	19 Abs. 1, 2	Ja	L; Forschung im öffentlichen Interesse	2	Ja	Einladung ins Gastland erforderlich (Ausnahme: Tätigkeit im Rahmen eines Kulturaustauschs)
China 1985	20	Ja	L; Forschung im öffentlichen Interesse; fortgeschrittene Studien	3	Nein	
China 2004 (E)	20 Abs. 1, 2	Ja	L; F (nur im öffentlichen Interesse)	2	Ja	Klarstellung für Aufenthalte, die 2 Jahre überschreiten

DBA	Artikel	Besteuerung im Ansässigkeitsstaat (und nicht im Tätigkeitsstaat!), wenn dort ansässig oder unmittelbar vorher dort ansässig	Begünstigte Tätigkeiten (L = Lehrtätigkeit; F = Forschung)	Befristung (Jahre)	Vergütungen müssen von außerhalb des Gastlandes gezahlt werden	Sonstige Besonderheiten
Costa Rica 2004 (E)	20 Abs. 1	Ja	L; F	2	Ja	Einladung ins Gastland erforderlich (Ausnahme: Tätigkeit im Rahmen eines Kulturaustauschs
Ecuador	20 Abs. 1	Ja	L; F; fortgeschrittene Studien	2	Ja	
Elfenbeinküste	20	Nur wenn Ansässigkeit beibehalten wird	Forschung	keine	Ja	Sonderregelung für Empfänger eines Zuschusses, Unterhaltsbeitrags oder Stipendiums einer bestimmten Organisation oder im Rahmen eines Programms der technischen Hilfe
Frankreich	16	Nur wenn Ansässigkeit beibehalten wird	L	2	Nein	
Georgien	20 Abs. 1	Ja	L; F; Halten von Vorlesungen	2	Ja	Einladung ins Gastland erforderlich (Ausnahme: Tätigkeit im Rahmen eines Kulturaustauschs)
Ghana	20 Abs. 1	Ja	L; F (im öffentlichen Interesse); Halten von Vorlesungen	2	Ja	Einladung ins Gastland erforderlich (Ausnahme: Tätigkeit im Rahmen eines Kulturaustauschs)

DBA	Artikel	Besteuerung im Ansässigkeitsstaat (und nicht im Tätigkeitsstaat!), wenn dort ansässig oder unmittelbar vorher dort ansässig	Begünstigte Tätigkeiten (L = Lehrtätigkeit; F = Forschung)	Befristung (Jahre)	Vergütungen müssen von außerhalb des Gastlandes gezahlt werden	Sonstige Besonderheiten
Griechenland	XIV	Nur wenn Ansässigkeit beibehalten wird	L; F	2	Nein	
Großbritannien 1964/70	XIII	Nur wenn Ansässigkeit beibehalten wird	L	2	Nein	
Großbritannien 2010	19 Abs. 1	Ja	L; F	2	Ja	
Indien	20 Abs. 1	Ja	L; F	2	Nein	Einladung ins Gastland erforderlich (Ausnahme: Tätigkeit im Rahmen eines Kulturaustauschs)
Indonesien	20 Abs. 1	Ja	L; F; Halten von Vorlesungen		Ja	Einladung ins Gastland erforderlich (Ausnahme: Tätigkeit im Rahmen eines Kulturaustauschs)
Iran	21	Ja, aber ohne Unmittelbarkeitserfordernis	L; F	3	Vergütungen müssen vom Ansässigkeitsstaat oder von einer nicht Erwerbszwecken dienenden Einrichtung gezahlt werden, deren jährliche Ausgaben zu mindestens 50% vom Ansässigkeitsstaat	

DBA	Artikel	Besteuerung im Ansässigkeitsstaat (und nicht im Tätigkeitsstaat!), wenn dort ansässig oder unmittelbar vorher dort ansässig	Begünstigte Tätigkeiten (L = Lehrtätigkeit; F = Forschung)	Befristung (Jahre)	Vergütungen müssen von außerhalb des Gastlandes gezahlt werden	Sonstige Besonderheiten
					subventioniert werden	
Irland 2011	19 Abs. 1	Ja	L; F	2	Ja	Einladung ins Gastland erforderlich (Ausnahme: Tätigkeit im Rahmen eines Kulturaustauschs)
Island	20 Abs. 1	Nur wenn Ansässigkeit beibehalten wird	L; F; fortgeschrittene Studien	2	Nein	
Israel	15	Nur wenn Ansässigkeit beibehalten wird	L	2	Nein	
Italien	21	Ja	L; F; Halten von Vorlesungen	2	Ja	Einladung ins Gastland erforderlich (Ausnahme: Tätigkeit im Rahmen eines Kulturaustauschs)
Jamaika	20 Abs. 1	Nur wenn Ansässigkeit beibehalten wird	L; F	2	Nein	Einladung ins Gastland erforderlich; geringfügige Nebenbeschäftigung möglich
Japan	20	Ja	L	2	Nein	
Jugoslawien	21	Ja	L; Forschung im öffentlichen Interesse	2	Ja	
Kasachstan	20 Abs. 1	Ja	L; F; Halten von Vorlesungen	2	Ja	Einladung ins Gastland erforderlich
Kenia	20 Abs. 1	Ja	L; F; fortgeschrittene Studien	2	Ja	

DBA	Artikel	Besteuerung im Ansässigkeitsstaat (und nicht im Tätigkeitsstaat!), wenn dort ansässig oder unmittelbar vorher dort ansässig	Begünstigte Tätigkeiten (L = Lehrtätigkeit; F = Forschung)	Befristung (Jahre)	Vergütungen müssen von außerhalb des Gastlandes gezahlt werden	Sonstige Besonderheiten
Kirgisistan	20 Abs. 1	Ja	L; F; Halten von Vorlesungen	2	Ja	Einladung ins Gastland erforderlich (Ausnahme: Tätigkeit im Rahmen eines Kulturaustauschs)
Korea	20 Abs. 1	Ja	L; F; Halten von Vorlesungen	2	Ja	Einladung ins Gastland erforderlich (Ausnahme: Tätigkeit im Rahmen eines Kulturaustauschs)
Kosovo	s. Jugoslawien					
Kroatien	20 Abs. 1	Ja	L; F; Halten von Vorlesungen	2	Ja	Einladung ins Gastland erforderlich (Ausnahme: Tätigkeit im Rahmen eines Kulturaustauschs)
Kuwait	20 Abs. 1	Ja	L; F; Halten von Vorlesungen	2	Ja	Einladung ins Gastland erforderlich (Ausnahme: Tätigkeit im Rahmen eines Kulturaustauschs)
Liberia	20 Abs. 1	Nur wenn Ansässigkeit beibehalten wird	L; F; fortgeschrittene Studien	2	Ja	
Liechtenstein 2011	19	Ja	L; F	2	Ja	Einladung ins Gastland erforderlich (Ausnahme: Tätigkeit im Rahmen eines Kulturaustauschs)

DBA	Artikel	Besteuerung im Ansässigkeitsstaat (und nicht im Tätigkeitsstaat!), wenn dort ansässig oder unmittelbar vorher dort ansässig	Begünstigte Tätigkeiten (L = Lehrtätigkeit; F = Forschung)	Befristung (Jahre)	Vergütungen müssen von außerhalb des Gastlandes gezahlt werden	Sonstige Besonderheiten
Luxemburg 2012	19 Abs. 1	Ja	L; F	2	Ja	Einladung ins Gastland erforderlich (Ausnahme: Tätigkeit im Rahmen eines Kulturaustauschs)
Malaysia 2010	21	Ja	L; F	2	Ja	Einladung ins Gastland erforderlich
Malta	20 Abs. 1	Ja	L; F; Halten von Vorlesungen	2	Ja	Einladung ins Gastland erforderlich (Ausnahme: Tätigkeit im Rahmen eines Kulturaustauschs)
Mauritius 2011	19 Abs. 1	Ja	L; F (nur wenn im öffentlichen Interesse;	2	Ja	Einladung ins Gastland erforderlich (Ausnahme: Tätigkeit im Rahmen eines Kulturaustauschs)
Mazedonien 2006	20 Abs. 1, 2	Ja	L; F im öffentlichen Interesse	2	Ja	Einladung ins Gastland erforderlich (Ausnahme: Tätigkeit im Rahmen eines Kulturaustauschs)
Mongolei	20 Abs. 1	Ja	L; F; Halten von Vorlesungen	2	Ja	Einladung ins Gastland erforderlich (Ausnahme: Tätigkeit im Rahmen eines Kulturaustauschs)
Montenegro	s. Jugoslawien					

DBA	Artikel	Besteuerung im Ansässigkeitsstaat (und nicht im Tätigkeitsstaat!), wenn dort ansässig oder unmittelbar vorher dort ansässig	Begünstigte Tätigkeiten (L = Lehrtätigkeit; F = Forschung)	Befristung (Jahre)	Vergütungen müssen von außerhalb des Gastlandes gezahlt werden	Sonstige Besonderheiten
Mexiko 2008	20 Abs. 1	Ja	L; F	2	Ja	Einladung ins Gastland erforderlich (Ausnahme: Tätigkeit im Rahmen eines Kulturaustauschs)
Namibia	20 Abs. 1	Ja	L; F; Halten von Vorlesungen	2	Ja	Einladung ins Gastland erforderlich (Ausnahme: Tätigkeit im Rahmen eines Kulturaustauschs)
Neuseeland	20 Abs. 1, 2	Nur wenn Ansässigkeit beibehalten wird	L; Forschung im öffentlichen Interesse, fortgeschrittene Studien	2	Nein	
Niederlande 1959/2004	17	Nur wenn Ansässigkeit beibehalten wird	L	2	Nein	
Niederlande 2012 (E)	19	Nur wenn Ansässigkeit beibehalten wird	L; F	2	Ja	
Österreich	20 Abs. 1	Ja	L; F; Halten von Vorlesungen	2	Ja	Einladung ins Gastland erforderlich (Ausnahme: Tätigkeit im Rahmen eines Kulturaustauschs)
Oman 2012 (E)	20 Abs. 1	Ja	L; F; Halten von Vorlesungen	2	Ja	Einladung ins Gastland erforderlich
Pakistan	20 Abs. 1	Ja	F	2	Nein	Einladung ins Gastland erforderlich (Ausnahme: Tätigkeit im

DBA	Artikel	Besteuerung im Ansässigkeitsstaat (und nicht im Tätigkeitsstaat!), wenn dort ansässig oder unmittelbar vorher dort ansässig	Begünstigte Tätigkeiten (L = Lehrtätigkeit; F = Forschung)	Befristung (Jahre)	Vergütungen müssen von außerhalb des Gastlandes gezahlt werden	Sonstige Besonderheiten
						Rahmen eines amtlichen Kulturaustauschs)
Philippinen 1991	20	Ja	L; Forschung im öffentlichen Interesse; fortgeschrittene Studien	2	Nein	
Philippinen 2013	20	Ja	L; F	2	Ja	Einladung ins Gastland erforderlich (Ausnahme: Tätigkeit im Rahmen eines amtlichen Kulturaustauschs)
Polen	20	Ja	L; F	2	Ja	
Portugal	20	Ja	im öffentlichen Interesse: L; F; Halten von Vorlesungen	2	Ja	Einladung ins Gastland erforderlich (Ausnahme: Tätigkeit im Rahmen eines Kulturaustauschs)
Rumänien	20 Abs. 1	Ja	L; F; Halten von Vorlesungen	2	Ja	Einladung ins Gastland erforderlich (Ausnahme: Tätigkeit im Rahmen eines Kulturaustauschs)
Russische Föderation	20	Ja	L; F; Halten von Vorlesungen	2	Ja	Einladung ins Gastland erforderlich (Ausnahme: Tätigkeit im Rahmen eines Kulturaustauschs)
Sambia	20 Abs. 1	Ja	L; F; Halten von Vorlesungen	2	Ja	

DBA	Artikel	Besteuerung im Ansässigkeitsstaat (und nicht im Tätigkeitsstaat!), wenn dort ansässig oder unmittelbar vorher dort ansässig	Begünstigte Tätigkeiten (L = Lehrtätigkeit; F = Forschung)	Befristung (Jahre)	Vergütungen müssen von außerhalb des Gastlandes gezahlt werden	Sonstige Besonderheiten
Serbien	s. Jugoslawien					
Simbabwe	20 Abs. 1	Ja	L; F; Halten von Vorlesungen	2	Ja	Einladung ins Gastland erforderlich (Ausnahme: Tätigkeit im Rahmen eines Kulturaustauschs)
Singapur 2004	20 Abs. 1	Ja	L; F; Halten von Vorlesungen	2	Ja	Einladung ins Gastland erforderlich (Ausnahme: Tätigkeit im Rahmen eines Kulturaustauschs)
Slowakei	s. Tschechoslowakei					
Slowenien	20 Abs. 1	Ja	L; F; Halten von Vorlesungen	2	Ja	Einladung ins Gastland erforderlich (Ausnahme: Tätigkeit im Rahmen eines Kulturaustauschs)
Spanien 2011	19	Ja	L; F	2	Ja	Einladung ins Gastland erforderlich (Ausnahme: Tätigkeit im Rahmen eines Kulturaustauschs)
Sri Lanka	20	Ja	L; F; fortgeschrittene Studien	2	Ja	
Südafrika 1973	17	Nur wenn Ansässigkeit beibehalten wird	L; F; fortgeschrittene Studien	2	Nein	
Südafrika 2008 (E)	19 Abs. 1	Ja	L; F	2	Ja	Einladung ins Gastland erforderlich

DBA	Artikel	Besteuerung im Ansässigkeitsstaat (und nicht im Tätigkeitsstaat!), wenn dort ansässig oder unmittelbar vorher dort ansässig	Begünstigte Tätigkeiten (L = Lehrtätigkeit; F = Forschung)	Befristung (Jahre)	Vergütungen müssen von außerhalb des Gastlandes gezahlt werden	Sonstige Besonderheiten
						(Ausnahme: Tätigkeit im Rahmen eines Kulturaustauschs)
Syrien 2010	20 Abs. 1	Ja	L; F	2	Ja	Einladung ins Gastland erforderlich (Ausnahme: Tätigkeit im Rahmen eines Kulturaustauschs)
Tadschikistan	19 Abs. 1	Ja	L; F; Halten von Vorlesungen	2	Ja	Einladung ins Gastland erforderlich (Ausnahme: Tätigkeit im Rahmen eines Kulturaustauschs)
Taiwan 2011	19 Abs. 1	Ja	L; F	2	Ja	Einladung ins Gastland erforderlich (Ausnahme: Tätigkeit im Rahmen eines Kulturaustauschs)
Thailand	19	Ja	L	2	Nein	
Trinidad und Tobago	20 Abs. 1	Nur wenn Ansässigkeit beibehalten wird	L; Forschung im öffentlichen Interesse; fortgeschrittene Studien	2	Ja	Einladung ins Gastland erforderlich
Tschechien (E)	20 Abs. 1	Ja	L; F; Halten von Vorlesungen	2	Ja	Einladung ins Gastland erforderlich
Tschechoslowakei	20 Abs. 1	Ja	L; F; fortgeschrittene Studien	2	Ja	
Türkei 2011	20 Abs. 2	Ja	L; F	2	Ja	Einladung ins Gastland erforderlich (Ausnahme:

DBA	Artikel	Besteuerung im Ansässigkeitsstaat (und nicht im Tätigkeitsstaat!), wenn dort ansässig oder unmittelbar vorher dort ansässig	Begünstigte Tätigkeiten (L = Lehrtätigkeit; F = Forschung)	Befristung (Jahre)	Vergütungen müssen von außerhalb des Gastlandes gezahlt werden	Sonstige Besonderheiten
						Tätigkeit im Rahmen eines Kulturaustauschs); Voraussetzung: Staatsangehörigkeit einer der beiden Vertragsstaaten
Ukraine	20 Abs. 1	Ja	L; F	2	Ja	Einladung ins Gastland erforderlich (Ausnahme: Tätigkeit im Rahmen eines Kulturaustauschs)
Ungarn 2011	19 Abs. 1	Ja	L; F; fortgeschrittene Studien	2	Ja	Einladung ins Gastland erforderlich (Ausnahme: Tätigkeit im Rahmen eines Kulturaustauschs)
Uruguay 2010	19 Abs. 1	Ja	L; F	2	Ja	Einladung ins Gastland erforderlich (Ausnahme: Tätigkeit im Rahmen eines Kulturaustauschs)
USA 1989 und 1989/2006	20 Abs. 1	Nur wenn Ansässigkeit beibehalten wird	L; Forschung im öffentlichen Interesse fortgeschrittene Studien	2	Nein	gilt nicht für Personen, die unmittelbar vorher Vorteile des DBA als Student, Stipendiat oder Lehrling in Anspruch genommen haben

DBA	Artikel	Besteuerung im Ansässigkeitsstaat (und nicht im Tätigkeitsstaat!), wenn dort ansässig oder unmittelbar vorher dort ansässig	Begünstigte Tätigkeiten (L = Lehrtätigkeit; F = Forschung)	Befristung (Jahre)	Vergütungen müssen von außerhalb des Gastlandes gezahlt werden	Sonstige Besonderheiten
Usbekistan	20 Abs. 1	Ja	L; F; Halten von Vorlesungen	2	Ja	Einladung ins Gastland erforderlich (Ausnahme: Tätigkeit im Rahmen eines Kulturaustauschs)
Venezuela	20 Abs. 1	Ja	L; F; Halten von Vorlesungen	2	Ja	Einladung ins Gastland erforderlich (Ausnahme: Tätigkeit im Rahmen eines Kulturaustauschs)
Vereinigte Arabische Emirate 2010	19 Abs. 1	Ja	L; F; Halten von Vorlesungen	2	Ja	Einladung ins Gastland erforderlich (Ausnahme: Tätigkeit im Rahmen eines Kulturaustauschs)
Vietnam	20 Abs. 1	Ja	L; F; Halten von Vorlesungen	2	Ja	Einladung ins Gastland erforderlich (Ausnahme: Tätigkeit im Rahmen eines Kulturaustauschs)
Weißrussland	s. Belarus					
Zypern 2011	19	Ja	L; F;	2	Ja	Einladung ins Gastland erforderlich (Ausnahme: Tätigkeit im Rahmen eines Kulturaustauschs)

2. Studenten/Praktikanten/Lehrlinge

163

DBA	Artikel	Besteuerung im Ansässigkeitsstaat (und nicht im Tätigkeitsstaat!)	Begünstigte Zahlungen	Begünstigte Tätigkeiten	Besonderheiten
Albanien 2010	20 Abs. 3	Inländergleichbehandlung			
Algerien 2007	20 Abs. 3	Inländergleichbehandlung			
Bosnien-Herzegowina	s. Jugoslawien				
Finnland	20 Abs. 2	Wenn dort ansässig ist oder war und Student	alle Vergütungen	im Zusammenhang mit dem Stipendium erbrachte Leistungen	Aufenthalt maximal 183 Tage pro Jahr im Gaststaat
Frankreich	13 Abs. 3	Student und in einem Vertragsstaat ansässig	Entgelt	für Beschäftigung bei einem Unternehmen zwecks notwendiger praktischer Ausbildung	Beschäftigung maximal 183 Tage pro Jahr im Gaststaat
Ghana	20 Abs. 3	Inländergleichbehandlung			
Island	20 Abs. 3	Student	Vergütungen	unselbständige Tätigkeit, um die für die Ausbildung notwendige praktische Erfahrung zu sammeln	Arbeit maximal 100 Tage pro Jahr im Gaststaat
Jugoslawien	20 Abs. 2	Inländergleichbehandlung			
Korea	20 Abs. 2, 3	Inländergleichbehandlung			
Luxemburg 2012	Prot. Nr 19	Student	Entgelt	für Beschäftigung bei einem Unternehmen zwecks notwendiger praktischer Ausbildung	Beschäftigung maximal 183 Tage pro Jahr im Gaststaat

DBA	Artikel	Besteuerung im Ansässigkeitsstaat (und nicht im Tätigkeitsstaat!)	Begünstigte Zahlungen	Begünstigte Tätigkeiten	Besonderheiten
Niederlande 1959/2004	Prot Nr. 16	Student	Entgelt	für Beschäftigung bei einem Unternehmen zwecks notwendiger praktischer Ausbildung	Beschäftigung maximal 183 Tage pro Jahr im Gaststaat
Niederlande 2012 (E)	Prot Nr. 16	Student	Entgelt	für Beschäftigung bei einem Unternehmen zwecks notwendiger praktischer Ausbildung	Beschäftigung maximal 183 Tage pro Jahr im Gaststaat
Philippinen 1983	21 Abs. 2 c	Wenn dort unmittelbar vorher ansässig und im Gaststaat Student	Vergütungen	Arbeit im Rahmen der Studien	Befristung auf 2 Jahre (kein Studentenpraktikum i. e. S., sondern eher Nebentätigkeit am Studienort)
Portugal	21 Abs. 3	Wenn Angestellter eines Unternehmens des Ansässigkeitsstaates oder bestimmter Organisationen	Vergütungen	Auslandsaufenthalt mit dem Zweck, fachliche, berufliche oder geschäftliche Erfahrungen zu sammeln	Nicht länger als 1 Jahr; Begrenzung auf DM 15 000,– (kein Studentenpraktikum i. e. S.)
Serbien	s. Jugoslawien				
Türkei 2011	20 Abs. 1	Student, Praktikant, Lehrling	Zahlungen	für Unterhalt, Studium, Ausbildung	
Vietnam	20 Abs. 2, 3	Student, Lehrling	Vergütungen	unselbständige Arbeit im Zusammenhang mit Studium oder Ausbildung	Begrenzung auf 9000 DM/KJ

II. Erläuterungen

1. Gastprofessoren

a) Grundzüge: Zahlreiche DBA der Bundesrepublik enthalten abweichend von den MA eine Sonderregelung über die Besteuerung von Gastprofessoren. Die 164

Regelungen sind z. T. in besonderen Artikeln der DBA enthalten; z. T. sind sie auch mit den Vorschriften über Studenten und anderen in der Ausbildung befindlichen Personen zusammengefasst. Im Allgemeinen werden **Vergütungen für eine Lehr- und/oder Forschungstätigkeit,** die während eines vorübergehenden Zeitraums von höchstens zwei Jahren gezahlt werden, im Gastland, in dem die Tätigkeit ausgeübt wird, von der Besteuerung freigestellt. Die Besteuerung ist ausschließlich dem **Ansässigkeitsstaat** vorbehalten. In der neueren deutschen Abkommenspolitik ist eine gewisse Einheitlichkeit festzustellen (s. auch Art. 19 Abs. 1 DE-VG). Es fällt auf, dass die Steuerbefreiung im Tätigkeitsstaat regelmäßig nur noch gewährt wird, wenn die Vergütung von außerhalb dieses Staates bezogen wird. Das ist kulturpolitisch bedenklich, fällt es doch Lehranstalten so wesentlich schwerer, herausragende Personen für eine gewisse Zeit an sich zu binden.

165 **b) Abgrenzung:** In den Fällen, in denen ein Doppelbesteuerungsabkommen keine spezielle Regelung für Professoren und Lehrer enthält, kommen entweder die den Art. 19 oder die den Art. 15 MA bzw. Art. 14/7 MA entsprechenden Regeln zur Anwendung.

166 Für die Abgrenzung zwischen Art. 15 und Art. 14 MA ist zu beachten, dass Art. 14 ausdrücklich auch die unterrichtende Tätigkeit erfasst. Es kann daher keinesfalls davon ausgegangen werden, dass Professoren und Lehrer grundsätzlich eine nichtselbstständige Tätigkeit ausüben. Die Abgrenzung muss vielmehr anhand der allgemein geltenden Kriterien erfolgen. Danach wird man eine gelegentliche Vorlesung an einer ausländischen Universität als selbstständige Tätigkeit einordnen müssen, da es am Merkmal der Eingliederung in den Universitätsbetrieb mangelt. Eines Rückgriffs auf das nationale Recht bedarf es hierfür nicht, da der Abkommenszusammenhang eine abweichende Auslegung erforderlich macht (Art. 3 Abs. 2 MA). Eine Regelung wie in der österreichischen Verordnung BGBl. II Nr. 287/1997, nach der Bezüge aus der Tätigkeit als Lehrer unabhängig vom zeitlichen Ausmaß Einkünfte aus nichtselbständiger Tätigkeit sind, kann die hier mögliche und notwendige autonome abkommensrechtliche Auslegung nicht entscheidend beeinflussen. Insofern ist auch zu beachten, dass eine solche nachträgliche Veränderung der Rechtslage im Hinblick auf bestehende DBA selbst bei möglicher nationalrechtlicher Auslegung nicht mit dem Grundsatz von Treu und Glauben i. S. des Art. 31 WÜRV vereinbar wäre (zur Diskussion s. *Loukota,* SWI 1998, 456; *Lang,* SWI 1998, 508; *Loukota,* SWI 1998, 559; *Jirousek,* ÖStZ 1998, 619).

167 Ob im Einzelfall Art. 19 oder Art. 15 anzuwenden ist, bestimmt sich danach, ob die Dienstleistungen, für die Vergütungen bezahlt werden, für die zahlende Gebietskörperschaft erbracht werden. Wird die Zahlung zwar von einer Gebietskörperschaft geleistet, die Dienste jedoch zugunsten eines Dritten (z. B. eines ausländischen Schulträgers) erbracht, so fällt die Zahlung grundsätzlich nicht unter Art. 19 (zum selben Ergebnis gelangt eine australische Income Tax Ruling (IT 2574, TNI April 1990, 345): ein australischer Professor, der an einer US-amerikanischen Universität Lehrpflichten übernimmt, übt keine öffentlichen Funktionen aus, auch wenn er vom australischen Staat bezahlt wird). Das gilt nach Ansicht des BFH auch dann, wenn die in Frage stehende DBA-Regelung im Wortlaut vom OECD-MA abweicht und sich diesem nicht entnehmen lässt, ob die Besteuerung durch den Kassenstaat auch dann eingreifen soll, wenn er lediglich die Zahlung für einen anderen Arbeitgeber ausführt (BFHE 165, 392; vgl. u. Art. 19 Rz. 28, 37 und auch *Rodi,* RIW 1992, 488 ff.). Dieser Rechtsprechung ist zuzustimmen, da im Zweifel dem Verständnis zu folgen ist, das dem des OECD-Musterabkommens entspricht (s. dazu *Prokisch,* SWI 1994, 52 (59)).

168 Entsprechendes gilt auch für das Verhältnis zwischen Art. 19 und einer Professorenklausel. Werden die Vergütungen für Dienste geleistet, die ein Professor oder

Lehrer zugunsten seines Heimatstaats erbringt (zu denken wäre an die Lehrtätigkeit eines US-amerikanischen Professors an einer US-amerikanischen Universität in Deutschland), so ist allein Art. 19 einschlägig; ebenso natürlich, wenn der Professor vom Staat des Tätigkeitsortes besoldet wird. Fehlt es an einer dieser Voraussetzungen, so kann eine im Abkommen vorgesehene Professorenklausel anwendbar sein (deren Voraussetzungen allerdings enger sind), und zwar auch dann, wenn die Vergütungen vom ausländischen Heimatstaat getragen werden. Beide Vorschriften stehen somit unverbunden nebeneinander. Die eher beiläufige Bemerkung im BMF-Schreiben v. 10.1.1994 (dort Ziff. 1 a. E., BStBl. I 1994, 14), es seien die Bestimmungen des Abkommens über Zahlungen aus öffentlichen Kassen anzuwenden, wenn die Lehrkraft aus öffentlichen Kassen des ausländischen Entsendestaates besoldet werde, entspricht deshalb in dieser Allgemeinheit nicht der Systematik der Doppelbesteuerungsabkommen.

c) Ansässigkeit: Im Grundsatz lassen sich zwei Arten von Professorenklauseln unterscheiden: **169**

1. Fallgruppe

In einer Vielzahl von DBA ist Voraussetzung, dass die Lehrkraft in ihrem bisherigen Ansässigkeitsstaat **ansässig** und damit unbeschränkt steuerpflichtig **bleibt.** Führt die Lehrtätigkeit im Gaststaat zur Aufgabe der unbeschränkten Steuerpflicht im bisherigen Ansässigkeitsstaat, so scheidet eine Steuerbefreiung im Gastland aufgrund der Professorenklausel aus (möglicherweise ergibt sich jedoch die Steuerbefreiung dann aus der Bestimmung über Zahlungen aus öffentlichen Kassen, s. dazu Art. 19 Rz. 51). Die Steuerbefreiung für die Einkünfte aus der Lehrtätigkeit soll in diesen Fällen nur dann im anderen Staat gewährt werden, wenn sichergestellt ist, dass der Steuerpflichtige im Heimatstaat weiterhin der unbeschränkten Steuerpflicht unterliegt. Eine Doppelfreistellung wird so von vornherein ausgeschlossen. Es ist nicht ganz folgerichtig, entspricht aber dem üblichen Wortlaut der Professorenklausel, dass eine im Heimatstaat fortbestehende Welteinkommensbesteuerung, die – wie in den USA – auf der Staatsbürgerschaft beruht, den Wohnsitz im Heimatstaat nicht ersetzt (so zutreffend das dänische *Østre Landsret,* R&R 1992, 277, bestätigt durch *Højesteret,* Tidsskrift for Skatteret 1994 No. 184, dazu *Weizmann,* ET 1994, 152). **170**

Diese ratio der Bestimmung hat auch Auswirkungen auf deren Auslegung. Die einschlägigen Doppelbesteuerungsabkommen sprechen regelmäßig von einem „in einem Vertragsstaat ansässigen Hochschullehrer oder Lehrer" oder von einem „Hochschullehrer oder Lehrer mit Wohnsitz in einem der Vertragsstaaten". Bei denjenigen Abkommen, die die Ansässigkeit im ursprünglichen Ansässigkeitsstaat nicht ausdrücklich fordern (s. Rz. 180), ergibt sich das Erfordernis aus den Grundsätzen über die Abkommensberechtigung. Auch wenn einzelne der genannten Abkommen keine eigene Bestimmung über die Abkommensberechtigung nur ansässiger Personen (entsprechend Art. 1 der MA) enthalten, so gilt die Voraussetzung doch sinngemäß auch für diese DBA, insbesondere nach den dem Art. 23 MA entsprechenden Vorschriften (das übersahen beispielsweise *Korn/Debatin,* Doppelbesteuerung, Griechenland Art. XIV, S. 83, die aus dem Wortlaut der Bestimmung darauf schließen wollten, dass es auf das Merkmal der Ansässigkeit nicht ankäme; wie hier jetzt auch Wassermeyer/*Krabbe,* DBA Griechenland Art. XIV Rz. 4). Da das Erfordernis der Ansässigkeit bzw. des Wohnsitzes des Steuerpflichtigen dazu dient, die unbeschränkte Steuerpflicht im Heimatstaat zu erhalten, kommt es für die Begriffsbestimmung auf dessen jeweiliges Steuerrecht an. Für eine autonome Auslegung der Begriffe im Zusammenhang des jeweiligen Doppelbesteuerungsabkommens ist hier kein Raum. Nicht gefolgt werden kann daher der Auffassung des FG SchlHolst. des EFG 1982, 5, Art. XII *DBA USA 1954/65* bewirke, dass der Wohnsitz durch den Auslandsaufenthalt nicht verlorengehe. **171**

Vielmehr setzt die Bestimmung das Beibehalten des Wohnsitzes im Heimatstaat voraus; wird der Wohnsitz dennoch aufgegeben, fehlt es an einer Voraussetzung für die Steuerfreistellung im Gastland (a. A. Wassermeyer/*Krabbe,* DBA Griechenland Art. XIV Rz. 6, 11, der auch in diesen Fällen eine doppelte Freistellung für möglich hält, die bewusst in Kauf genommen worden sei). Im Übrigen verweist auch die Regelung des Art. 4 Abs. 1 MA für die Bestimmung der Ansässigkeit auf das innerstaatliche Recht der Vertragsstaaten (s. o. Art. 4 Rz. 2 ff.).

172 Aus Sinn und Zweck der Bestimmungen folgt auch, dass die dem Art. 4 Abs. 2 OECD-MA entsprechenden Kollisionsregelungen **(„tie-breaker rules")** im Rahmen der Professorenklauseln nicht anzuwenden sind (a. A. Wassermeyer/*Rosenthal,* DBA Australien Art. 19 Anm. 2). Diese Kollisionsregeln gelten für diejenigen Fälle, in denen es für die Anwendung der Art. 6 bis 22 MA notwendig ist zu bestimmen, welcher der beiden Vertragsstaaten im jeweiligen Fall Ansässigkeitsstaat ist und welcher dies nicht ist. Diese Frage ergibt sich im Rahmen der Professorenklauseln aber nicht. Im Gegenteil wird regelmäßig, zusätzlich zum Wohnsitz im Heimatstaat, auch im Gaststaat ein Wohnsitz begründet; die Professorenklauseln setzen dies voraus. So ist eine doppelte Ansässigkeit im Rahmen der Professorenklauseln grundsätzlich unschädlich, auch wenn die jeweilige Kollisionsregel zu einem Wechsel des abkommensrechtlichen Wohnsitzes führen würde.

2. Fallgruppe

173 Andere DBA gewähren die Steuerbefreiung im Gastland **auch dann,** wenn der Gastlehrer seine Ansässigkeit im ursprünglichen Ansässigkeitsstaat **aufgegeben** hat (s. Rz. 182). Es genügt, dass er dort ansässig war unmittelbar bevor er sich in den anderen Vertragsstaat begeben hat. Kann der ursprüngliche Ansässigkeitsstaat die Einkünfte nicht mehr besteuern, weil eine (unbeschränkte oder beschränkte) Steuerpflicht dort nicht mehr besteht, so kann es zur Doppelfreistellung kommen. Die Abkommen nehmen dies bewusst in Kauf. Allerdings müssen nach den meisten hier einschlägigen DBA die Vergütungen von außerhalb des Gastlandes gezahlt sein, so dass dies in der Regel einer Steuerbefreiung durch den ursprünglichen Ansässigkeitsstaat gleichkommt. Die Steuerbefreiung entfällt jedoch, wenn der Gastlehrer nach Aufgabe seines ursprünglichen Wohnsitzes zunächst in einem Drittstaat und erst dann im anderen Vertragsstaat ansässig wird (s. auch bei Art. 20 Rz. 13 ff.).

174 **d) Begünstigte Tätigkeiten:** Begünstigt sind Tätigkeiten an **Universitäten, Colleges, Schulen und anderen Lehranstalten.** In neueren Abkommen sind zumeist auch Museen und andere kulturelle Einrichtungen genannt. Soweit es sich bei den Lehranstalten um private Institute handelt ist Voraussetzung, dass sie nach Struktur und Zielsetzung mit öffentlichen Lehranstalten, gleich welchen Typs, vergleichbar sind (vgl. dazu FinMin NRW v. 26.9.1975, DB 1975, 1967; zur Max-Planck-Gesellschaft als „Lehranstalt" s. BMF v. 15.7.1980, RIW/AWD 1980, 879; für private Sprachschulen ebenso: Italienisches Finanzministerium, Risoluzione v. 8.4.1987, u. 12/037 Diritto e pratica tributaria 1987, 821; s. auch BMF v. 10.1.1994, BStBl. I 1994, 14, wonach die Voraussetzungen nicht von Fernkursveranstaltern und anderen Einrichtungen erfüllt werden, bei denen nur ein loses Verhältnis zwischen Lehranstalt und Schülern besteht oder bei denen die Lehrkräfte ihre Tätigkeit in der Hauptsache beruflich ausüben; eine Verständigungsvereinbarung zwischen den USA und China stellt auf den Forschungszweck ab, s. TNS v. 9.3.2011, Treaty between US and China (People's Rep.) – IRS releases competent authority agreement regarding professors and teachers). Als „Lehrer" im Sinne der Abkommensregelung ist jede Person anzusehen, die an einer Lehranstalt eine Lehrtätigkeit hauptberuflich ausübt. Ein besonderer Qualifikationsnachweis ist nicht erforderlich (BMF v. 10.1.1994, BStBl. I 1994, 14).

In der Regel begünstigen die Professorenklauseln Lehrtätigkeit und Forschungen. Darunter fällt nicht die praktische Ausbildung zu einem Beruf. Die Abgrenzung kann im Einzelfall schwierig sein, wenn zur praktischen Ausbildung auch Forschungstätigkeiten gehören. Der US-amerikanische Tax Court legt hier einen strengen Maßstab an und lässt die Forschungstätigkeit nicht genügen, wenn der Schwerpunkt auf der praktischen Ausbildung zu einem bestimmten Beruf zu sehen ist (US TC v. 5.9.2007, *Mehrdad Hamzeye Langroudi v. C. I. R.*, http://www.ustaxcourt.gov/InOpHistoric/langroudi.sum.WPD.pdf). **174a**

e) Zweijahresfrist: Die Frist der Abkommen ist nach überwiegender Meinung nur dann gewahrt, wenn der Aufenthalt von vornherein (so auch der US Tax Court in mehreren Entscheidungen zu philippinischen Lehrkräften, die im Rahmen eines Lehrkräfteaustauschs in den USA tätig wurden, s. TNS v. 22.10.2010: Treaty between US and Philippines – US Tax Court: income earned as exchange teacher not exempt; s. auch US Tax Court, Liaosheng Zhang v. Commissioner, 2.6.2011, docket no. 6042-08, T. C. Memo 2011-118) als vorübergehend angelegt ist und er die Frist objektiv nicht übersteigt. Hierbei kommt es auf die Aufenthaltsdauer und nicht auf die Zeit der Lehrtätigkeit an (BFH BStBl. II 1985, 501: *DBA Kanada 1956*). Ein Besuchsaufenthalt vor Übernahme der Lehrtätigkeit steht jedoch der Gewährung der Vergünstigung nicht entgegen (*US Rev. Rul.* 89–5). Nach Auffassung des ÖstBMF (s. EAS 756, 781 (1390) v. 22.12.1998, SWI 1999, 78; EAS 3235 v. 15.7.2011, SWI 2011, 386) sind mehrere Aufenthalte zusammenzuzählen, Unterbrechungen hemmen lediglich den Fristlauf. Ist die Tätigkeit für länger geplant, so seien die Voraussetzungen für eine Steuerbefreiung nicht gegeben (s. ÖstBMF v. 22.2.1996, SWI 1996, 152: *DBA Österreich/USA*). Das soll auch dann gelten, wenn der Aufenthalt unvorhergesehen vorzeitig abgebrochen werden muss. **175**

Ist umgekehrt der Aufenthalt zunächst für nicht mehr als die jeweilige Jahresfrist des einschlägigen DBA geplant, verlängert er sich aber später, so würde dadurch an sich die Steuerbefreiung für die volle Zeit des Aufenthalts im Gastland rückwirkend entfallen. Die deutsche Finanzverwaltung hatte früher in diesen Fällen dem Gastlehrer die Freistellung für die ersten zwei Jahre (insbes. *DBA Großbritannien*) belassen und besteuerte ihn für die Zukunft nach den allgemeinen Regeln; dies geschah jedoch unter dem Vorbehalt der Gegenseitigkeit (FinMin NRW v. 21.8.1970, FR 1970, 457; ebenso eine Verständigungsvereinbarung mit Südafrika v. 23.8.1983, TI September 1985, 21). Das Argument der Finanzverwaltung war an sich überzeugend: Es sei davon auszugehen, dass die Abkommen nach ihrem Sinn und Zweck eine endgültige Steuerbefreiung gewähren wollten (die Finanzverwaltung selber handelte hier aber widersprüchlich: Wenn dies die richtige Auslegung der Norm ist, ist ein Gegenseitigkeitsvorbehalt damit nicht zu vereinbaren; auch an anderer Stelle des Erlasses v. 21.8.1970, a. a. O., wird deutlich, dass die FinVerw von einer Billigkeitsmaßnahme ausgeht). Der Bundesfinanzhof hält weder eine solche Auslegung noch eine Billigkeitsregelung für mit dem Wortlaut der DBA vereinbar (BFH BStBl. II 1987, 842; so jetzt auch Nr. 18 des Prot. des *DBA USA* (s. dazu unten Rz. 181) und der britische High Court of Justice (Chancery Division), IRC v. Vas, 1990 STC 137). Eine Verständigungsvereinbarung zwischen den USA und China weicht hiervon ab und gewährt die Freistellung für die ersten Jahre, auch wenn der Stpfl. die Frist überschreitet, s. TNS v. 9.3.2011, Treaty between US and China (People's Rep.) – IRS releases competent authority agreement regarding professors and teachers). **176**

Übersteigt die Aufenthaltsdauer die in den Doppelbesteuerungsabkommen vorgesehene Frist, entfällt hiernach die Steuervergütung von Anfang an, die Vergütungen müssen gegebenenfalls nachversteuert werden (BMF v. 10.1.1994, 14 Ziff. 2, BStBl. I 1994; Nachforderungszinsen können aber nicht erhoben werden, s. FG München **177**

EFG 1995, 601: *DBA Großbritannien 1964/70*). Dieses Ergebnis kann indes zu **höchst unerfreulichen Konsequenzen** führen: Zeigt sich nachträglich, dass eine Verlängerung der Lehrtätigkeit im Interesse der gastgebenden Universität wünschenswert wäre oder verlängert sich ein Forschungsprojekt, so kann die aus Sachgründen gebotene Ausdehnung des Aufenthalts daran scheitern, dass der Wissenschaftler für zwei Jahre Steuern nachzahlen müsste. Die frühere Auffassung der deutschen Finanzverwaltung verdient aus diesen Gründen den Vorzug. Es wäre daher wünschenswert, dass in künftigen DBA klargestellt wird, dass die Steuerfreistellung für die ersten zwei Jahre des Aufenthalts auch bei dessen späterer Verlängerung zu belassen ist.

178 Die nachteiligen Folgen der Überschreitung der Fristen werden sich in manchen Fällen durch eine Unterbrechung des Aufenthalts vermeiden lassen. Es stellt sich dann allerdings die Frage, wie lange die Unterbrechung andauern muss, damit ein selbständiger neuer Aufenthalt angenommen werden kann. In der o. Rz. 176 zitierten Entscheidung IRC v. Vas kam Richter *Vinelott* zu dem Schluss, jeder spätere Aufenthalt zu Lehr- oder Forschungszwecken sei von der Steuerbefreiung ausgeschlossen. Denn sonst könnten reisende Forscher oder Lehrende ihr ganzes Arbeitsleben lang die Besteuerung ihrer Vergütungen dadurch umgehen, dass sie kurz in ihr Heimatland zurückkehrten, bevor sie einen neuen Forschungs- oder Lehraufenthalt begännen. In der Tat muss dieser Gefahr entgegengewirkt werden. Es ist aber unverhältnismäßig und widerspräche dem Zweck der Professorenklausel, die wissenschaftliche Mobilität zu erleichtern, wollte man jede weitere Steuerbefreiung lebenslang ausschließen. Sinnvoller ist es daher, für die Unterbrechung eine gewisse Mindestdauer zu fordern. Die US-amerikanische Finanzverwaltung verlangt eine Mindestunterbrechung von einem Jahr (Rev. Rul. 56–164). Die deutsche Finanzverwaltung geht nunmehr davon aus, dass ein Zeitraum von 6 Monaten für die Annahme einer solchen Unterbrechung genüge (BMF v. 10.1.1994, 14f. Ziff. 2, BStBl. I 1994). Betrage die Unterbrechung weniger als 6 Monate, so komme in der Regel eine erneute Steuerbefreiung nicht in Betracht (so auch FG BW EFG 2001, 1261: *DBA USA*); doch schließt die deutsche Finanzverwaltung nicht aus, dass im Einzelfall auch bei einer Unterbrechung von weniger als 6 Monaten eine Steuerbefreiung zu gewähren sei. Das wird insbesondere der Fall sein, wenn der zweite Aufenthalt anderen Zwecken dient, also etwa zu Forschungszwecken, während der erste Aufenthalt reinen Lehrzwecken diente (so auch *Moore/Edwardes-Ker* in einer Anmerkung zum oben genannten Fall IRC v. Vas, ET 1990, 195, 198). An einen eigenständigen zweiten Aufenthalt wäre wohl auch zu denken, wenn die Finanzierung aus einer anderen Kasse erfolgt oder der Steuerpflichtige sich zwar im selben Staat, aber an einer anderen Lehr- bzw. Forschungsstätte aufhält.

179 **f) Einzelheiten und Abweichungen: aa)** Zur ersten der vorstehend genannten Fallgruppen gehören die *DBA Australien, Belgien, Frankreich, Irland 1962, Island, Jamaika, Liberia, Luxemburg 1958, Neuseeland, Niederlande 1959/2004, Niederlande 2012 (E), Trinidad und Tobago, Türkei 1985* und *USA 1989/2006,* wobei die Steuerbefreiung in den meisten dieser DBA (Ausnahme: *Frankreich, Luxemburg 1958, Niederlande 1959/2004*) unter besonderen, dort genannten Voraussetzungen auf **Forschungstätigkeiten** ausgedehnt wird. Die DBA *Island, Jamaika* und *Trinidad* und *Tobago* machen die Steuerbefreiung von einer **Einladung** des Gastlandes abhängig. Jamaika lässt eine geringfügige **Nebentätigkeit** zu. Die *DBA Liberia, Trinidad* und *Tobago* und *Türkei 1985* gewähren die Steuerbefreiung nur für Vergütungen, die von außerhalb des Gastlandes gezahlt werden.

180 Die *DBA Elfenbeinküste, Griechenland, Großbritannien 1964, Irland 1962, Israel, Südafrika 1973* und *Türkei 1985* verlangen die Ansässigkeit im ursprünglichen Ansässigkeitsstaat zwar nicht ausdrücklich in der einschlägigen Verteilungsnorm; das Erfordernis ergibt sich aber für diese DBA aus den Grundsätzen über die **Abkommensberechtigung** (s. dazu oben Rz. 171). Das *DBA Elfenbeinküste* gilt nur für Forschungstätigkeiten. Die *DBA Griechenland, Irland 1962, Südafrika 1973* und *Türkei 1985* dehnen die Freistellung auch auf Forschungstätigkeit aus. Das *DBA Türkei 1985* verlangt zusätzlich, dass der Gastlehrer Staatsangehöriger eines Vertragsstaates ist.

Das *DBA USA 1989/2006* folgt den in Rz. 170 aufgezeigten Grundsätzen. Die Regelung wird aber bei Forschungstätigkeiten auf im öffentlichen Interesse durchgeführte Forschungen beschränkt. Außerdem findet sie keine Anwendung, wenn die betroffene Person in der Zeit unmittelbar vor der Forschungs- oder Lehrtätigkeit als Student, Auszubildender oder Stipendiat Abkommensvorteile in Anspruch genommen hat. Nr. 17 des Prot. stellt außerdem klar, wann Zahlungen aus dem Vertragsstaat stammen. Wenn der Aufenthalt 2 Jahre übersteigt, entfällt nach Nr. 18 des Prot. die Freistellung rückwirkend. Allerdings können die zuständigen Behörden im Einzelfall vereinbaren, dass der Aufenthaltsstaat auf die rückwirkende Besteuerung verzichtet. Das soll allerdings nur in wirklichen Ausnahmefällen gelten (BMF v. 20.9.1999 BStBl. I 1999, 844). Das soeben genannte Schreiben enthält ferner Einzelheiten zum Verfahren, das zur Durchführung der Befreiung einzuhalten ist (s. dazu auch noch Rev. Proc. v. 18.7.2005, IRB 2005–29). 181

bb) Die *DBA Ägypten, Albanien 2010, Algerien 2007, Aserbaidschan, Argentinien, Bangladesch, Belarus, Brasilien (K), Bulgarien 1987, Bulgarien 2010; China, Ecuador, Ghana, Georgien, Großbritannien 2010, Indien, Indonesien, Iran, Irland 2011, Italien, Japan, Jugoslawien, Kasachstan, Kenia, Korea, Kroatien, Kuwait, Liechtenstein 2011, Luxemburg 2012, Malaysia, 1977 Malaysia 2010, Malta 2001/2010, Mauritius 1978, Mauritius 2011, Mazedonien 2006, Mexiko 2008, Mongolei, Namibia, Österreich, Oman 2012 (E), Pakistan, Philippinen 1991/2013 (E), Polen, Portugal, Rumänien, Russische Föderation, Sambia, Simbabwe, Singapur 1972, Singapur 2004, Slowenien, Sri Lanka, Spanien 2011, Südafrika 2008 (E), Syrien 2010, Tadschikistan, Taiwan 2011, Thailand, Tschechien (E), Tschechoslowakei, Türkei 2011, Ukraine, Ungarn 1977, Ungarn 2011, Uruguay 1987, Uruguay 2010, Usbekistan, Venezuela, Vereinigte Arabische Emirate 2010, Vietnam, Zypern 1974* und *Zypern 2011* gewähren die Steuerbefreiung im Gastland **auch dann,** wenn der Gastlehrer seine **Ansässigkeit** im ursprünglichen Ansässigkeitsstaat **aufgegeben** hat (s. Rz. 173). Das DBA Türkei 2011 verlangt zusätzlich, dass der Gastlehrer Staatsangehöriger eines Vertragsstaates ist. Alle genannten Abkommen mit Ausnahme der *DBA China, Indien, Japan, Malaysia 1977, Pakistan, Philippinen, Thailand* und *Ungarn 1977* machen die Steuerfreistellung allerdings davon abhängig, dass die **Vergütungen von außerhalb des Gastlandes gezahlt** werden (s. dazu auch ÖstBMF EAS 3136 v. 15.3.2010, SWI 2010, 322). Alle dehnen andererseits, mit Ausnahme der Abkommen mit *Japan, Mauritius* und *Thailand,* die Steuerbefreiung auch auf **Forschungstätigkeiten** aus. Die *DBA Bulgarien 2010, Ghana, Mauritius 2011* und *Mazedonien 2006* schließen allerdings solche Forschungstätigkeiten von der Anwendung der Vorschrift aus, die in erster Linie privatnützige Ziele haben (Art. 20 Abs. 1 Buchst. b). 182

Die *DBA Albanien 2010, Algerien 2007, Aserbaidschan, Bangladesch, Belarus, Brasilien (K), Bulgarien 1987, Bulgarien 2010, Ghana, Georgien, Indien, Indonesien, Irland 2011, Italien, Jamaika, Kasachstan, Korea, Kroatien, Kuwait, Liechtenstein 2011, Luxemburg 2012, Malaysia 1977, Malaysia 2010, Malta, Mexiko 2008, Mongolei, Namibia, Oman 2012 (E), Pakistan, Portugal, Rumänien, Russische Föderation, Simbabwe, Singapur 2004, Spanien 2011, Südafrika 2008 (E), Syrien 2010, Tadschikistan, Taiwan 2011, Trinidad und Tobago, Tschechien, Türkei 2011, Ukraine, Ungarn 2011, Uruguay 2010, Venezuela, Vereinigte Arabische Emirate 2010, Vietnam und Zypern 2011* gewähren die Steuerfreistellung nur, wenn der Gastprofessor eine **Einladung ins** 183

Gastland erhalten hat. Das *DBA Mauritius 1978* macht sie sogar von der Genehmigung der Regierung abhängig (das neue *DBA Mauritius 2011* enthält dieses Erfordernis nicht mehr). Nach allen diesen *DBA,* außer *Jamaika, Malaysia 1977, Malaysia 2010, Mauritius 1978* und *Trinidad* und *Tobago,* bedarf es dann keiner Einladung, wenn die Tätigkeit des Lehrers im Rahmen eines Kulturaustausches erfolgt. Das *DBA Oman 2012 (E)* erwähnt den Kulturaustausch nicht, lässt aber neben der Einladung eines Vertragsstaates auch eine Einladung anerkannter Universitäten, Hochschulen, Schulen, Museen oder anderen kultureller Einrichtungen zu.

184 Zusätzliche Besonderheiten enthalten die *DBA China, Iran* und *Japan.* Die *DBA China* und *Iran* gewähren die Freistellung im Gastland – auch für Forschungstätigkeiten – für einen Zeitraum von drei Jahren. Das *DBA Iran* macht die Befreiung aber davon abhängig, dass die Vergütungen vom ursprünglichen Ansässigkeitsstaat oder von einer nicht Erwerbszwecken dienenden Einrichtung gezahlt werden, deren jährliche Ausgaben mindestens zu 50% von diesem Staat subventioniert werden. Das *DBA Japan* gewährt die Steuerbefreiung auch dann, wenn der Gastlehrer nach Aufgabe seines ursprünglichen Wohnsitzes nicht im Gastland ansässig wird und er damit in keinem der Vertragsstaaten ansässig ist.

2. Studentenpraktikanten

186 Eine weitere Ausnahme von der Besteuerung im Tätigkeitsstaat sehen die *DBA Finnland, Frankreich, Island, Luxemburg 2012, Niederlande 1959/2004, Philippinen, Türkei* und *Vietnam* für **Arbeitsentgelte von Studenten** vor, die in einem der Vertragsstaaten ansässig sind *(Island)* und in dem anderen Vertragsstaat eine **vorübergehende** Tätigkeit **zum Erwerb praktischer Erfahrungen** ausüben. Ihre Einkünfte werden im Staat der Tätigkeit freigestellt, wenn diese Tätigkeit nicht länger als 183 Tage (*Island:* 100 Tage; *Vietnam:* Begrenzung auf DM 9000 pro Kalenderjahr) dauert. Manche Abkommen gewähren die Befreiung nur für eine Tätigkeit zur **„notwendigen praktischen Ausbildung"** *(DBA Frankreich, Luxemburg, Niederlande 1959/2004).* Die Finanzverwaltung hatte früher jede in Deutschland ausgeübte Tätigkeit als diesem Zweck dienend anerkannt, sofern der Betreffende seine Studenteneigenschaft durch eine Bescheinigung einer ausländischen Lehranstalt nachwies (FinMin NRW v. 9.5.1966, DB 1966, 801). Der BFH (BStBl. II 1992, 546; s. auch FG BW EFG 1991, 592: beide *DBA Österreich 1954/92*) hat gegen diese Praxis entschieden, dass sich die Notwendigkeit der praktischen Ausbildung aus der Studien- oder Prüfungsordnung des jeweils belegten Studiengangs ergeben müsse. Diese Voraussetzung sei bei Einnahmen aufgrund allgemeiner Ferienpraktika nicht gegeben. Die Einnahmen seien daher nicht von der Besteuerung freizustellen (zur Reaktion von österreichischer Seite s. den Erlass des ÖstBMF wiedergegeben bei *Zach,* SWI 1996, 378 (379)). Auf die Frage, ob daneben eine Freistellung nach Abschn. 125 Abs. 4 der LStR in Betracht kam, ist der BFH nicht eingegangen. Abschn. 125 Abs. 4 der LStR 1993 hatte diese Frage in dem Sinne klargestellt, dass die Steuerbefreiung auch dann zu gewähren war, wenn eine Freistellung nach einem DBA nicht in Betracht kam. Voraussetzungen waren, dass die Studenten einer ausländischen Lehranstalt beschränkt steuerpflichtig waren, sie nicht länger als 183 Tage im Jahr eine Tätigkeit ausübten und der steuerpflichtige Arbeitslohn DM 1000 im Monat nicht überstieg. Nur die Studenteneigenschaft war nachzuweisen. Zudem stand die Regelung unter dem Vorbehalt der Gegenseitigkeit. Ab Veranlagungszeitraum 1996 findet die Regelung keine Anwendung mehr.

187 Zahlungen an Studenten für **Unterhalt, Studium und Ausbildung** sind bereits nach Art. 20 MA freizustellen; s. die Erläuterungen dort (s. auch dort Rz. 28, 32ff. zur Freistellung von Einkünften der Studenten, Praktikanten und Auszubildenden, die Vergütungen für eine im Gastland ausgeübte unselbstständige Arbeit erhalten, mit der sie die Mittel für ihren Unterhalt, ihre Erziehung oder ihre Ausbildung **ergänzen**).

Die *DBA Albanien 2010, Algerien 2007, Ghana, Jugoslawien* und *Korea* belassen es **188**
bei der Besteuerung im Tätigkeitsstaat. Sie stellen aber sicher, dass die Studentenpraktikanten dieselben Steuervergünstigungen erhalten wie im betroffenen Vertragsstaat ansässige Personen.

Die *DBA Israel, Portugal, Thailand* und *USA 1989/2006* gewähren eine Freistel- **189**
lung von Vergütungen für praktische Ausbildung im Gastland auch für Arbeitnehmer öffentlicher und privater Unternehmen, wenn sich die betreffende Person dort längstens ein Jahr lang (*DBA Malaysia 1977, Thailand:* 12 Monate; *Philippinen:* 2 Jahre) aufhält und die Vergütung einen bestimmten Betrag, zumeist 15.000 DM (ab 1.1.2002: 7669,38 Euro) (*DBA Philippinen:* 7500 DM (ab 1.1.2002: 3834, 69 Euro); *DBA USA 1989/2006:* 10.000 US Dollar) nicht übersteigt. Wenn der Aufenthalt die vorgesehene Höchstdauer überschreitet, entfällt nach Nr. 18 des Protokolls zum *DBA USA 1989/2006:* die Freistellung rückwirkend. Zur Umrechnung der DM-Beträge in Euro s. BMF v. 12.3.2001, BStBl. I 2001, 204.

Artikel 16.
Aufsichtsrats- und Verwaltungsratsvergütungen

Text: OECD-Musterabkommen (OECD-MA)

Aufsichtsrats- oder Verwaltungsratsvergütungen und ähnliche Zahlungen, die eine in einem Vertragsstaat ansässige Person in ihrer Eigenschaft als Mitglied des Aufsichts- oder Verwaltungsrats einer Gesellschaft bezieht, die im anderen Vertragsstaat ansässig ist, können im anderen Staat besteuert werden.

Text: Deutsche Verhandlungsgrundlage (DE-VG)

Artikel 15. Aufsichtsrats- und Verwaltungsratsvergütungen

Aufsichtsrats- oder Verwaltungsratsvergütungen und ähnliche Zahlungen, die eine in einem Vertragsstaat ansässige Person in ihrer Eigenschaft als Mitglied des Aufsichts- oder Verwaltungsrats einer Gesellschaft bezieht, die im anderen Vertragsstaat ansässig ist, können im anderen Staat besteuert werden.

Text: US-Musterabkommen (US-MA)

Aufsichtsrats- oder Verwaltungsratsvergütungen und ähnliche Entschädigungen, die eine in einem Vertragsstaat ansässige Person für Dienste bezieht, die sie in dem anderen Vertragsstaat in ihrer Eigenschaft als Mitglied des Aufsichts- oder Verwaltungsrats einer Gesellschaft geleistet hat, die im anderen Vertragsstaat ansässig ist, können in diesem anderen Vertragsstaat besteuert werden.

Inhalt

Literatur: *Bergmann,* in Hohenwarter/Metzler (Hrsg.), Taxation of Employment Income in International Tax Law (2009), S. 229; *De Jaegher,* WTJ, 215; *Görl,* Die freien Berufe im internationalen Steuerrecht der Bundesrepublik Deutschland (1983), S. 124 f.; *Locher,* Einführung in das internationale Steuerrecht der Schweiz, 3. Aufl. (2008); *Pamperl/Steindl,* SWI 2013, 335; *Prokisch,* in Lang/Pistone/Schuch/Staringer (eds.), Source versus Residence (2008), S. 197; *Sutter/Burgstaller,* in Gassner et al. (Hrsg.), Arbeitnehmer im Recht der Doppelbesteuerungerechtabkommen (2003). 1

Text: OECD-Kommentar (MA-Kommentar)

1. [Grundsatz] *Der Artikel behandelt die Vergütungen, die eine in einem Vertragsstaat ansässige natürliche oder juristische Person als Mitglied des Aufsichts- oder Verwaltungsrats einer Gesellschaft bezieht, die im anderen Vertragsstaat ansässig ist. Da unter Umständen nur schwer festzustellen ist, wo die Leistungen erbracht werden, gelten nach dieser Bestimmung die Leistungen als in dem Staat erbracht, in dem die Gesellschaft ansässig ist.*

1.1 [Sachzuwendungen] *Die Mitgliedstaaten haben den Ausdruck „Aufsichtsrats- oder Verwaltungsratsvergütungen und ähnliche Zahlungen" allgemein so verstanden, dass er auch Sachzuwendungen, die eine Person in ihrer Eigenschaft als Mitglied des Aufsichtsrats oder Verwaltungsrats erhält, einschließt (z. B. Aktienoptionen, Nutzung eines Wohnhauses oder Kraftfahrzeugs, Kranken- oder Lebensversicherungsschutz und Vereinsmitgliedschaften).*

2. [Andere Tätigkeiten] *Oft wird ein Mitglied des Aufsichts- oder Verwaltungsrats einer Gesellschaft auch in anderer Eigenschaft für die Gesellschaft tätig, z. B. als gewöhnlicher Angestellter, Berater usw. Selbstverständlich gilt der Artikel nicht für die Vergütungen, die der betreffenden Person für diese sonstigen Tätigkeiten gezahlt werden.*

3. [Vergleichbare Organe] *In einigen Ländern bestehen Gesellschaftsorgane, die dem Aufsichts- oder Verwaltungsrat vergleichbar sind. Die Vertragsstaaten können in zweiseitigen Abkommen solche Gesellschaftsorgane in die dem Artikel 16 entsprechende Bestimmung aufnehmen.*

3.1 [Aktienoptionen] *Viele der Fragen, die in den Ziffern 12 bis 12.15 des Kommentars zu Artikel 15 in Bezug auf Aktienoptionen, die einem Arbeitnehmer eingeräumt werden, erörtert werden, werden sich auch im Fall von Aktienoptionen ergeben, die Mitgliedern des Aufsichts- oder Verwaltungsrats von Gesellschaften gewährt werden. Soweit einer in einem Vertragsstaat ansässigen Person in deren Eigenschaft als Mitglied eines Aufsichts- oder Verwaltungsrats einer in dem anderen Vertragsstaat ansässigen Gesellschaft Aktienoptionen gewährt werden, hat der andere Staat das Besteuerungsrecht für den Teil des Vorteils aus der Aktienoption, der als Aufsichts- oder Verwaltungsratsvergütung oder ähnliche Vergütung anzusehen ist (s. Ziffer 1.1), selbst wenn die Steuer zu einem späteren Zeitpunkt erhoben wird, in dem die Person nicht mehr Mitglied dieses Aufsichts- oder Verwaltungsrats ist. Wenn der Artikel auch auf den Vorteil aus der Aktienoption, die dem Mitglied eines Aufsichts- oder Verwaltungsrats gewährt wird, ohne Rücksicht darauf anzuwenden ist, wann der Vorteil besteuert wird, so besteht doch die Notwendigkeit, diesen Vorteil von dem Veräußerungsgewinn zu unterscheiden, der nach der Ausübung der Option aus der Veräußerung der erworbenen Anteile erzielt wird. Artikel 16 und nicht Artikel 13 ist auf den Vorteil aus der Option selbst anzuwenden, bis sie ausgeübt, verkauft oder sonst veräußert worden ist (z. B. nach Rückgängigmachung oder Erwerb durch die Gesellschaft oder Aussteller). Sobald die Option ausgeübt oder veräußert wird, ist jedoch der nach Artikel 16 zu besteuernde Vorteil realisiert worden, und jede, folgende Gewinn aus den erworbenen Anteilen (d. h. der Wertzuwachs nach Ausübung) wird von dem Mitglied eines Aufsichts- oder Verwaltungsrats in seiner Eigenschaft als Investor bzw. Anteilseigner erzielt und fällt unter Artikel 13. In der Tat geht die Option, also das, was das Mitglied des Aufsichts- oder Verwaltungsrats in seiner Eigenschaft als solches erzielt hat, in dem Zeitpunkt, in dem sie ausgeübt wird, unter und der Empfänger erlangt die Stellung eines Anteilseigners (und investiert gewöhnlich Geldmittel dafür).*

Vorbehalte zum Artikel

4. **[ab 15.7.2014:]** ***Estonia*** *reserves the right to tax under this Article any remuneration of a member of a board of directors or any other similar organ of a resident company.*

5. Die ***Vereinigten Staaten*** *werden verlangen, dass die Besteuerung derartiger Vergütungen auf die Einkünfte beschränkt wird, die aus im Quellenstaat ausgeübten Leistungen stammen.*

6. ***Belgien*** *behält sich vor festzulegen, dass Vergütungen, die eine Person i. S. d. Artikels 16 für tägliche Tätigkeiten bezieht, sowie Vergütungen, die ein Gesellschafter einer anderen Handelsgesellschaft als einer Gesellschaft mit beschränkter Haftung und Aktiengesellschaft hinsichtlich ihrer persönlichen Tätigkeit für die Gesellschaft bezieht, nach Artikel 15 besteuert werden.*

7. ***Griechenland*** *behält sich vor, Artikel 16 auf die Einkünfte eines Gesellschafters anzuwenden, der als Geschäftsführer (Manager) einer griechischen Gesellschaft mit beschränkter Haftung oder einer griechischen Personengesellschaft tätig ist.*

Text: Stellungnahmen von Nichtmitgliedstaaten zum OECD-MA (OECD-NM)

Positions on the Article

1. ***Albania,*** **[ab 15.7.2014:** ***Azerbaijan,*]** ***Bulgaria,*** *the* ***Democratic Republic of the Congo,*** **[bis 14.7.2014:** ***Estonia,*]** ***Indonesia, Latvia, Lithuania*** *and* ***Serbia*** *reserve the right to tax under this Article any remuneration of a member of a board of directors or any other similar organ of a resident company.*

2. [Deleted]

3. ***Morocco*** *reserves the right to tax under this Article any remuneration of a member of a board of directors or any other similar organ of a resident company. Morocco also reserves the right to extend the Article to cover the remuneration of senior employees.*

4. ***Indonesia, Malaysia*** *and* ***Vietnam*** *reserve the right to extend the Article to cover the remuneration of top-level managerial officials.*

I. Musterabkommen

1. Übereinstimmungen und Abweichungen

2 Das OECD-MA und das UN-MA stimmen wörtlich überein. Zusätzlich regelt das UN-MA in einem zweiten Absatz die Vergütung der geschäftsführenden Organe von Kapitalgesellschaften (s. Rz. 17). Die Regelung des US-MA schränkt den Anwendungsbereich der Norm insoweit ein, als es sich um Leistungen handeln muss, die im Ansässigkeitsstaat der Gesellschaft erbracht werden. Art. 16 US-MA wurde erstmals 1996 in das Muster eingefügt. Zuvor hatte das US-MA keine entsprechende Regelung vorgesehen.

2. OECD-MA und Art. 16 Abs. 1 UN-MA

3 **a) Grundzüge:** Vergütungen, die eine Gesellschaft für die Tätigkeit als Mitglied ihres Aufsichtsrats oder Verwaltungsrats zahlt, besteuert vorrangig der **Ansässigkeitsstaat** der Gesellschaft als **Quellenstaat.** Er besteuert die Vergütungen nach Maßgabe seines innerstaatlichen Rechts, ohne durch das Abkommen darin beschränkt zu sein. Die Besteuerung der Vergütungen im Ansässigkeitsstaat lässt Art. 16 offen („können"); ob sie freizustellen sind oder die Steuer des Quellenstaats angerechnet wird, bestimmt sich nach Art. 23 A oder B MA (s. dort Rz.).

b) Abgrenzung: Aufsichts- und Verwaltungsratsbezüge sind Einkünfte aus selbständiger Tätigkeit bzw. aus einer Tätigkeit i. S. des Art. 15 MA. Art. 16 enthält für sie eine **Spezialregelung:** anders als sonst bei der selbständigen oder unselbständigen Arbeit kommt es für Aufsichtsrats- und Verwaltungsratsmitglieder auf den Ort ihrer Tätigkeit nicht an. Angesichts der besonderen Art dieser Tätigkeit wäre deren Ort oft nur sehr schwer festzustellen. Diese Schwierigkeiten werden durch die Zuweisung der Besteuerung an den Ansässigkeitsstaat der Gesellschaft (man spricht auch vom „Staat der zahlenden Kasse") vermieden (vgl. MA-Komm. Ziff. 1). **4**

Art. 16 gilt nicht für Geschäftsführer von Gesellschaften; für diese gilt Art. 15. **4a** Zwar geht es um Personen, die Mitglied des „board of directors" sein müssen, insoweit verweist Art. 16 aber auf das anglo-amerikanische Recht: dort sitzen im board einer Gesellschaft sowohl executive wie auch non-executive directors. Art. 16 erfasst aber nur diejenigen Personen des Boards, die eine Überwachungstätigkeit ausüben. Dies ergibt sich zum einen aus der Historie, aus dem Wortlaut des Art. 16, der von Vergütungen („fees") und nicht von Löhnen und Gehältern spricht, und aus dem allgemeinen Zusammenhang, in dem die Norm steht (BFH v. 5.10.1994 – I R 67/93, BStBl. II 1995, 95: *DBA Kanada;* BFH v. 23.2.2005 – I R 46/03, BStBl. II 2005, 547: *DBA Spanien 1966;* BFH v. 11.11.2009 – I R 15/09, BStBl. II 2010, 602: *DBA Schweiz 1971,* für das Mitglied des Verwaltungsrats einer Schweizer Gesellschaft, der nur eine überwachende Funktion innehatte; BFH v. 14.3.2011, I R 23/10, BStBl. II 2013, 73: *DBA Schweiz 1971/2002*, für das Mitglied des Verwaltungsrats einer Schweizer Gesellschaft, der eine geschäftsführende Funktion innehatte und auf den deshalb Art. 15 anzuwenden war; ÖstVGH v. 31.7.1996 – 92/13/0172; s. dazu auch *Lang,* SWI 1996, 427). Auch die ganz überwiegende Literatur in Deutschland, der Schweiz und Österreich folgt dieser einschränkenden Auslegung des Art. 16 (Wassermeyer/*Wassermeyer* Art. 16 MA Rz. 2, 12f., 15ff.; GKG/*Wilke,* Art. 16 OECD-MA, Rz. 1, 7, 19f.; Haase/*Schmidt,* Art. 16 MA, Rz. 18, 22; *Schaumburg,* Rz. 16452; zur Schweiz s. *Locher/Meier/von Siebenthal/Kolb,* B 15.1 Nr. 81 mit Hinweisen auf die Schweizer Rspr.; *Locher,* 437f.; für Österreich: *Sutter/Burgstaller,* 49, 60ff.).

Aufsichtratsvergütungen können aus verschiedensten Arten der Belohung bestehen. Bisher war es üblich, Aufsichtsräten neben einer festen Vergütung auch eine erfolgsorientierte Vergütung zu bezahlen. In letzter Zeit ist in der Praxis zu beobachten, dass Unternehmen ausschließlich eine feste Vergütung bezahlen, da Aufsichtsräte gerade in Zeiten einer Krise besonders gefordert sind und es daher kaum zu erklären war, in solchen Zeiten die Vergütung zu kürzen. Der Deutsche Corporate Governance Kodex (DCGK) hat dies in der Novelle 2012 berücksichtigt. und überlässt es jetzt den Unternehmen, ob sie eine erfolgsorientierte Vergütung bezahlen wollen. Wenn allerdings eine solche Vergütung erfolgt, soll sie auf eine nachhaltige Unternehmensentwicklung ausgerichtet sein. **4b**

Unter Art. 16 fallen auch **Abfindungen,** die aus Anlass der Beendigung einer Aufsichts- oder Verwaltungsratstätigkeit gezahlt werden; auch wenn dies in Form einer **Leibrente** geschieht, handelt es sich **nicht** um **Ruhegehalt** i. S. des Art. 18 MA (*Hoge Raad* Rolno. 25075, BNB 1989/2: *DBA Belgien/Niederlande*). Art. 18 MA geht dem Art. 16 MA vor. Das ist anders als bei Art. 15 MA nicht ausdrücklich erwähnt, ergibt sich aber aus der das Präsens verwendenden Formulierung des Art. 16 MA, der sich nur auf Vergütungen bezieht, die zum Zeitpunkt der Tätigkeit erfolgen (s. auch ÖstBMF v. 10.12.2002 (EAS 2173), SWI 2003, 53; s. dazu auch noch bei Art. 18 Rz. 12). **4c**

Für **Sondersteuern** auf Aufsichtsratsbezüge gilt Art. 16 nur, soweit das Abkommen nach der dem Art. 2 MA entsprechenden Vorschrift auf sie anwendbar ist (so in Deutschland nicht für die luxemburgische Aufsichtsratssteuer, diese ist auch nicht als Betriebsausgabe abziehbar: Hess FG EFG 1989, 24: *DBA Luxemburg 1958*). **4d**

5 **c) Regelung:** Bezieht eine **in einem Vertragsstaat ansässige Person**
– von einer **im anderen Vertragsstaat ansässigen Gesellschaft**
– **Aufsichtsrats- oder Verwaltungsratsvergütungen** oder ähnliche Zahlungen, so darf nach Art. 16 der Staat des **Sitzes der Gesellschaft** diese Vergütungen besteuern.

6 **d)** Zum Begriff der **Person** vgl. Art. 3 Rz. 11 ff. Nach deutschem Gesellschaftsrecht können nur natürliche Personen Mitglied eines Aufsichtsrats sein (§§ 100 Abs. 1 AktG, 52 Abs. 1 GmbHG). Für die Abkommensebene ist das jedoch nicht von Bedeutung: die dem MA entsprechenden Abkommen halten über den umfassenden Personenbegriff des Art. 3 Abs. 1 Buchst. a MA (s. dort, a. a. O.) die Möglichkeit offen, auch andere als natürliche Personen nach der Spezialvorschrift des Art. 16 zu besteuern.

7 **e) Begriff „member of the board of directors“:** Die Person muss formell Mitglied des „board of directors“ sein. Es reicht also nicht aus, wenn er materiell entsprechende Befugnisse besitzt (HR v. 22. 12. 99, BNB 2000/94). Der Ausdruck selber ist im Abkommen nicht definiert. Englisches und amerikanisches Recht verstehen unter dem „board of directors“ das für die Geschäftsführung verantwortliche zentrale Organ einer Kapitalgesellschaft; es kann die laufende Geschäftsführung zwar auf einzelne „directors“ oder „officers“ delegieren, seine Verantwortlichkeit für die Geschäftsführung aber nicht insgesamt übertragen. Der in der französischen Fassung des MA verwendete Ausdruck **„membre du conseil d’administration“** bezeichnet gleichfalls Mitglieder eines Gesellschaftsorgans, das bei französischen Aktiengesellschaften aller Art sowohl Überwachungs- als auch Geschäftsführungsfunktionen wahrnehmen kann. Dagegen bezieht sich der daneben verwendete Ausdruck **„conseil de surveillance“,** wie schon aus der Bezeichnung hervorgeht, auf ein Gesellschaftsorgan, das die Geschäftsführung des Vorstands (directoire) zu überwachen hat. Aus der Bezeichnung der Bezüge als **„tantièmes, jetons de présence et autres rétributions similaires“** folgert der BFH, dass die französische Fassung sich nur auf Kontrolltätigkeiten beziehe; s. BStBl. II 1995, 95: *DBA Kanada*.

8 Der Wortlaut des Art. 16 schließt zumindest nicht aus, dass die Aufsichtstätigkeit durch eine einzelne Person ausgeübt wird. Auch diese Person kann daher in den Anwendungsbereich des Art. 16 fallen, wenn das jeweilige Gesellschaftsrecht dies zulässt (vgl. auch *Urtz,* in *Gassner/Lang/Lechner,* S. 135 (144 f.)).

9 Die amtliche deutsche Übersetzung der MA und jeweils die deutsche Fassung der von Deutschland abgeschlossenen DBA verwenden die Ausdrücke **„Aufsichts- oder Verwaltungsrat“** (die Übersetzung ist nicht geglückt, besser wäre die Verwendung des Ausdrucks „Gesellschaftsorgan“). Das deutsche Recht versteht unter Aufsichtsratsmitgliedern Personen, die zur Überwachung der Geschäftsführung bestimmt sind, insbes. die Mitglieder des Aufsichtsrats einer Aktiengesellschaft, GmbH, Genossenschaft oder eines VVaG (vgl. hierzu Wassermeyer/*Wassermeyer,* Art. 16 OECD-MA Rz. 15 ff.). Unter „Verwaltungsrat“ sind nach deutscher Rechtsauffassung insbes. die Überwachungsorgane von Sparkassen und ähnlichen öffentlichen Einrichtungen zu verstehen (Wassermeyer/*Wassermeyer,* Art. 16 OECD-MA Rz. 22). Andere Staaten – z. B. die Schweiz (näher *Schneider,* IWB F. 5, Schweiz, Gr. 3, 153) – verstehen unter einem Verwaltungsrat auch die dem deutschen Aufsichtsrat entsprechenden Überwachungsorgane von Kapitalgesellschaften und anderen Körperschaften (vgl. hierzu eingehend FWK/*Kempermann,* Art. 16 Rz. 12 ff.); allerdings üben die Mitglieder eines solchen Verwaltungsrats auch Geschäftsführungsfunktionen aus (tun sie dies, ist nach Auffassung des ÖstBMF v. 1.2.2007 – EAS 2814 – SWI 2007, 103, Art. 16 nicht anwendbar; so auch BFH, BStBl. II 2013, 63, mit weiteren Ausführungen zur Funktion eines „Verwaltungsrats“; anders noch die Vorinstanz FG BW, EFG 2011,

411: beide *DBA Schweiz 1971/2002*). Aufsichts- oder Verwaltungsratsmitglieder i. S. des Art. 16 sind auch die Mitglieder des Verwaltungsrats oder des Gewerkschaftsrats einer bergrechtlichen Gewerkschaft; die Mitglieder des Grubenvorstandes einer solchen Gewerkschaft sind steuerlich zwar wie Mitglieder des Aufsichtsrats zu behandeln (RFH RStBl. 1932, 681), sie können jedoch Aufgaben wahrzunehmen haben, die über die reine Aufsicht hinausgehen. Auch der Beirat einer österreichischen GmbH ist ein dem Aufsichtsrat ähnliches Organ (s. ÖstBMF v. 5.3.1996, SWI 1996, 190).

Ist zweifelhaft, ob jemand im Sinne des deutschen Rechts als Mitglied eines Aufsichtsrats, eines Verwaltungsrats oder eines ähnlichen Gremiums anzusehen ist, so ist entscheidend darauf abzustellen, ob seine Befugnisse **auf die Überwachung der Geschäftsführung beschränkt** sind (BFH BStBl. II 1995, 95: *DBA Kanada;* BStBl. II 2005, 547: *DBA Spanien;* BFH/NV 2008, 1487: *DBA Belgien;* BStBl. II 2010, 602, BStBl. II 2013, 73: beide *DBA Schweiz*). Das ist nicht der Fall, wenn seine Funktion auch unmittelbare Leitungs- oder Mitverwaltungsaufgaben einschließt. Insoweit ist also die deutsche Formulierung „Aufsichtsrat oder Verwaltungsrat" **enger** als die englische und die französische Originalfassung des MA (schwer verständlich ist *Bertram,* IWB F. 3, Deutschland, Gr. 3, 829, weil er Personen, die unter Art. 16, und solche, die nach deutscher Auffassung unter Art. 15 fallen, ohne Unterschied nebeneinander behandelt). Dagegen ist es **nicht** schädlich, wenn ein Aufsichtsratsmitglied über die Kontrolle der Verwaltung hinausgehend auch die **Vertretung** von Gesellschaftsinteressen **nach außen** wahrnimmt (RFH RStBl. 1936, 58). Ob überhaupt eine Überwachungsaufgabe vorliegt, ist nach deutscher Rechtsauffassung großzügig zu beurteilen (BFH BStBl. II 1979, 193); die Wahrnehmung bloß repräsentativer Aufgaben ist jedoch nicht ausreichend (BFH BStBl. II 1978, 352). Der Betreffende muss seine Funktion kraft eigenen Rechts ausüben und nicht etwa deshalb, weil er von Amts wegen – z. B. als staatlicher Treuhänder – eingesetzt worden ist (BFH BStBl. III 1954, 249). Unter die Regelung des Art. 16 können auch Gremien fallen, die neben einem Aufsichtsrat bestehen und eine wesentliche oder überwiegende Überwachungstätigkeit wahrnehmen (BFH BStBl. II 1981, 623). 10

Verwendet ein Abkommen in der englischen Fassung die Ausdrücke des MA (oder in einer anderssprachigen Fassung gleichbedeutende Ausdrücke), dagegen in der deutschen Fassung die Formulierung „Aufsichts- oder Verwaltungsratsmitglied", so stehen im gleichen Abkommen ein engerer deutscher Begriff und ein weiter gefasster englischer (oder anderssprachiger) nebeneinander (für ein Beispiel s. Art. 16 Abs. 1 *DBA Belgien,* dazu unten Rz. 24). Würde in einem solchen Fall jeder Vertragsstaat gemäß Art. 3 Abs. 2 MA das Abkommen gemäß seinem eigenen Recht auslegen, so würde z. B. das Mitglied eines britischen „board of directors", das seine Tätigkeit von Deutschland aus ausgeübt hat, in Großbritannien gemäß Art. 16 besteuert, in Deutschland gemäß Art. 14 bzw. Art. 7. Indes liegt hier kein Fall vor, in dem ein einheitlicher Begriff in den beiden Vertragsstaaten unterschiedlich ausgelegt wird; vielmehr weichen die Vertragstexte voneinander ab. Art. 3 Abs. 2 MA ist daher nicht anwendbar. Da für die Auslegung beide Abkommenssprachen gleichmäßig verbindlich sind (sofern nicht vereinbart wurde, dass eine Fassung in einer Drittsprache ausschlaggebend sein soll; s. Grundl. Rz. 49, 111), ist „die Bedeutung anzunehmen, welche die Texte unter Berücksichtigung des Gegenstands und Zweckes des Vertrags am besten miteinander in Einklang bringt" (Art. 33 Abs. 4 WÜRV, s. Grundl. Rz. 105). Am besten in Einklang gebracht werden die beiden Textfassungen hier, wenn man annimmt, dass die Organe britischer Gesellschaften in beiden Vertragsstaaten gemäß der britischen Fassung, die Organe deutscher Gesellschaften gemäß der deutschen zu beurteilen sind (kritisch Wassermeyer/*Wassermeyer,* Art. 16 OECD-MA Rz. 15). Entsprechendes gilt im Verhältnis 11 zu anderen Staaten (zustimmend *Beiser,* SWI 2000, 199 (202); vgl. auch FWK/*Kempermann,* Art. 16 Rz. 24f.; a.M. ÖstVwGH ÖStZB 1997, 235: *DBA Österreich/Schweiz,* der allerdings die englische und französische Fassung des MA und des MA-Komm. nicht berücksichtigt; das kritisiert auch *Urtz,* in Gassner/Lang/Lechner, S. 135 (137), der aber wiederum zum Schluss kommt, dass Geschäftsführervergütungen unter Art. 16 fallen können; ähnlich *Toifl,* FS 30 Jahre WU Wien, 379 (389)).

12 **f) Vergütung:** Nur solche **Vergütungen** fallen unter den Anwendungsbereich des Artikels, die **für die Überwachung der Geschäftsführung** einer Gesellschaft gezahlt werden (BFH BStBl. II 1995, 95: *DBA Kanada;* BStBl. II 2005, 547: *DBA Spanien;* BFH/NV 2008, 1487: *DBA Belgien;* BStBl. II 2010, 602, BStBl. II 2013, 73: beide *DBA Schweiz;* Wassermeyer/*Wassermeyer,* Art. 16 OECD-MA Rz. 13; *Kluge* S. 300; GKG/*Wilke,* OECD-MA Art. 16 Rz. 6). Das ist nicht der Fall, wenn die Vergütung eines Vorstandsmitglieds einer deutschen Muttergesellschaft die Tätigkeit als Verwaltungsrat einer spanischen Tochtergesellschaft mitumfasst, m.a.W. für die Verwaltungsratstätigkeit keine abgrenzbare Vergütung bezahlt wird (BFH BStBl. II 2005, 457: *DBA Spanien 1966*). Die Vergütung kann in Form eines festen Betrags, einer Gewinnbeteiligung oder in beiden Formen nebeneinander geleistet werden (vgl. §§ 113 AktG, 52 Abs. 1 GmbHG). Besonders deutlich geht dies aus dem französischen Text des MA hervor, der sowohl die vom Gesellschaftsgewinn abhängigen Vergütungen („tantièmes") wie die „jetons de présence" – die Sitzungsgelder – ausdrücklich anführt. Ist das Aufsichts- oder Verwaltungsratsmitglied zugleich Gesellschafter, so ist allerdings darauf zu achten, dass **gewinnabhängige Vergütungen** als Ausschüttungen auf seine Beteiligung, also **als Dividenden,** anzusehen sein können, zumindest nach Maßgabe des einschlägigen ausländischen Rechts (vgl. die Entscheidungen des niederländischen *Hoge Raad* Rolno. 14912, BNB 1963/151 und Rolno. 15459, BNB 1966/70: beide *DBA Niederlande/Schweiz; Conseil d'État* req. n. 27391, Dr. Fisc. 1984 comm. 489: *DBA Frankreich/Italien;* sowie US Rev. Rul. 74–163, 1974–1 Cum. Bull. 374: *DBA USA/Norwegen*). So ist auch eine als verdeckte Gewinnausschüttung zu qualifizierende Vergütung durch das Gesellschaftsverhältnis veranlasst und wird nicht für eine Überwachungstätigkeit gezahlt (BFH BStBl. II 1993, 376).

13 **Unerheblich** ist, ob die Aufsichtsratsmitglieder ihre Funktion treuhänderisch ausüben und die Vergütungen an andere **abzuführen** haben, weil sie z.B. deren Arbeitnehmer sind oder als Beamte in den Aufsichtsrat entsandt wurden (BFH BStBl. III 1966, 206; BStBl. II 1967, 540; BStBl. II 1972, 810). Einzig entscheidend ist, dass die Vergütungen für eine überwachende Tätigkeit gezahlt werden. Die Vergütungen können auch in einem geldwerten Vorteil bestehen. Erhält das Aufsichtsratsmitglied stock options, so fallen die Einkünfte unter Art. 16 MA, wenn sie ihm zu einem Zeitpunkt gewährt werden, in dem er noch für die Körperschaft tätig ist, auch wenn die Besteuerung erst zu einem späteren Zeitpunkt erfolgt (s. Ziff. 3.1 OECD-MA).

14 Vergütungen, die für eine **andere** als eine überwachende Tätigkeit gezahlt werden, werden dagegen ebenso wenig von Art. 16 erfasst wie Vergütungen für die Überwachung der Geschäftsführung, wenn sie an Personen gezahlt werden, die nicht Aufsichts- oder Verwaltungsratsmitglieder sind (vgl. MA-Komm. Ziff. 2; *Spohr,* DB 1956, Beilage Nr. 7, in Heft 15; *Hangarter,* in Meyer-Marsilius/Hangarter, Art. 16 Tz. 4.3; ÖstVwGH v. 31.7.1996, 92/13/0172). Bezüge, die an ein Aufsichts- oder Verwaltungsratsmitglied einer Gesellschaft von dieser als Entgelt für eine andere als die überwachende Tätigkeit gezahlt werden, sind nach denjenigen Bestimmungen des DBA zu beurteilen, die für die Einkünfte aus dieser anderen Tätigkeit maßgebend sind (s. etwa ÖstBMF, EAS 2814 v. 1.2.2007, SWI 2007, 103). Nach einem Urteil des belgischen *Cour d'appel de Gand* (v. 20.6.1996, Arrêt G 96/1: *DBA Belgien/Niederlande*) handelt es

sich bei den Vergütungen eines geschäftsführenden Gesellschafters weder um Unternehmenseinkünfte noch um Einkünfte im Sinne des Art. 16, vielmehr sei Art. 21 MA anzuwenden (gegen eine Verständigungsvereinbarung zwischen den beteiligten Finanzverwaltungen, die Art. 16 anwenden wollten). Dem ist später die belgische und auch die französische Rechtsprechung gefolgt.

Ist jemand Mitglied eines Gesellschaftsorgans, das sowohl eine überwachende als auch eine geschäftsführende Funktion erfüllt, so kann sich, falls die deutsche Auffassung der Begriffe „Aufsichts- und Verwaltungsrat" maßgebend ist (z. B., wenn man der oben zu Rz. 9 f. vertretenen Auffassung nicht folgt), die Frage stellen, ob die Vergütungen aufgeteilt werden in einen Teil, der als Aufsichtsratsvergütung nach Art. 16, und in einen Teil, der z. B. als Geschäftsführerbezüge nach Art. 15 zu beurteilen wäre, oder ob es darauf ankommt, welche der beiden Funktionen überwiegt. Eine Aufteilung dürfte häufig schon aus praktischen Gründen nicht möglich sein. Auch kann die Vergütung allgemeiner Natur sein, so dass sie nicht speziell für die Mitwirkung in einem Aufsichts- oder Verwaltungsrat bezahlt wird (BFH BStBl. II 2005, 457: *DBA Spanien 1966:* eine für eine Gesamttätigkeit gezahlte Vergütung lässt sich nicht aufspalten; s. auch BStBl. II 2013, 73: *DBA Schweiz*). Das FG Münster hat die Vergütungen einer Schweizer AG an in Deutschland ansässige Verwaltungsräte insgesamt als Einkünfte im Sinne des Art. 16 angesehen, auch wenn diese gleichzeitig Geschäftsführungstätigkeiten ausübten (FG Münster EFG 1999, 371: *DBA Schweiz 1966;* zur entsprechenden Praxis der niederländischen Finanzverwaltung *Pietersz/Jol,* BIFD 2005, 534; a. A. BFH BFH/NV 2001, 6: *DBA Spanien 1966;* BFH BStBl. II 2013, 73: *DBA Schweiz 1971/2002;* FWK/*Kempermann,* Art. 16 Rz. 21 ff.; Wassermeyer/*Brandis,* DBA Schweiz Art. 16 Rz. 11, 25). Normalerweise wird die Zurechnung aber umgekehrt ausfallen müssen, da die Geschäftsführervergütung die Vergütung für die Kontrollfunktion bei weitem übersteigen wird. Im Zweifel wird die Aufsichtstätigkeit in solchen Fällen möglicherweise unentgeltlich ausgeübt (BFH BStBl. II 2013, 73: *DBA Schweiz 1971/2002*). Nach RFH RStBl. 1937, 940 soll es hingegen darauf ankommen, ob das „board of directors" einer englischen Gesellschaft allgemein die ihm obliegenden Aufgaben so weit auf geschäftsführende Personen (officers) übertragen hat, dass es nur noch eine überwachende Funktion erfüllt, nach FinMin NRW v. 28.3.1977, IWB F. 8, USA, Gr. 2, 262 zum *DBA USA 1954/65* darauf, welche Funktion das einzelne Mitglied erfüllt. Auch der BFH meint, Art. 16 könne nur auf eine Zusatzvergütung angewandt werden, die speziell auf die Überwachungstätigkeit entfällt (BFH/NV 2001, 6; BStBl. II 2005, 457: beide *DBA Spanien 1966*). Eine Aufteilung der Vergütung kommt daher nur in Betracht, wenn sich diese aufgrund des Anstellungsvertrags eindeutig den verschiedenen Funktionen zuordnen lässt (s. dazu auch ÖStBMF, EAS 2414 v. 26.1.2004, SWI 2004, 332). Unter Umständen kann es auch angeraten sein, die Geschäftsführungsfunktionen deutlich zu delegieren, sodass die verbleibende Vergütung deutlich dem Art. 16 zugeordnet werden kann. 15

g) Schuldner der Vergütung: Die Vergütungen müssen von einer **im anderen Vertragsstaat ansässigen Gesellschaft** gezahlt worden sein. Zu diesem Begriff s. o. Art. 3 Rz. 10, 24, sowie Art. 4 Rz. 4. Bezüge von aufsichtsratsähnlichen Beiräten großer Kommanditgesellschaften fallen daher nicht unter Art. 16 (s. a. ÖstBMF v. 21.11.1995, SWI 1996, 9). Etwas anderes kann aber gelten, wenn die Personengesellschaft nach ihrem Recht wie eine Körperschaft behandelt wird; das ist dann auch für den anderen Vertragsstaat maßgebend. Werden die Vergütungen von einer in einem dritten Staat ansässigen Gesellschaft bezahlt, dürfen sie nach Art. 21 MA nur im Ansässigkeitsstaat des Aufsichtsrats besteuert werden. Die Vorrangbesteuerung durch den Drittstaat wird dadurch nicht berührt; sie bestimmt sich, falls auch im Verhältnis zu ihm ein DBA besteht, nach diesem Abkommen. 16

An der Ansässigkeit der Gesellschaft kann es nach Ansicht des niederländischen Hoge Raads fehlen, wenn die Gesellschaft nicht der Besteuerung unterliegt (etwa weil sie gemeinnützige Zwecke verfolgt und deshalb in den Genuss einer Steuerbefreiung kommt). Art. 16 kann dann nicht zur Anwendung kommen (Hoge Raad v. 4.12.2009, nr. 07/10383, BNB 2010/177 m. Anm. *van Weeghel: DBA Niederlande/USA)*.

Der belgische Hof van Beroep Gent hat entschieden (Urt. v. 10.11.2009 und 23.3.2010, wiedergegeben in TNS v. 28.5.2010), dass Art. 16 auf eine belgische Gesellschaft (hier: BVBA/SARL, vergleichbar mit einer GmbH) nicht angewendet werden könne, da die Gesellschaftsform zur Zeit des Abschlusses des DBA noch nicht existierte. Das Gericht wendet Art. 21 MA an und spricht dementsprechend den Niederlanden als Ansässigkeitsstaat des Steuerpflichtigen die Besteuerungsbefugnis zu.

3. Art. 16 Abs. 2 UN-MA

17 Art. 16 Abs. 2 UN-MA dehnt die Regelung des Abs. 1 auf Vergütungen aus, die an **geschäftsführende Organe von Kapitalgesellschaften** gezahlt werden. Danach besteuert diese Vergütungen vorrangig der Ansässigkeitsstaat der Gesellschaft als Quellenstaat. Durch den Ausdruck „geschäftsführende Organe" werden alle Organe bezeichnet, die innerhalb einer Kapitalgesellschaft unmittelbare unternehmerische Verantwortung für die allgemeine Geschäftspolitik tragen (vgl. UN-Komm. zu Art. 16). Nach deutschem Recht sind das die Mitglieder des Vorstands oder der Geschäftsführung einer Kapitalgesellschaft (§§ 76 ff. AktG, 6, 35 ff. GmbHG). Diese Regelung vermeidet die Probleme, die bei der Besteuerung von Mitgliedern eines Gesellschaftsorgans auftreten, das sowohl überwachende als auch geschäftsführende Funktion wahrnimmt (vgl. Rz. 15).

4. US-MA

18 Nach Art. 16 US-MA sind die Bezüge der Aufsichtsrats- und Verwaltungsratsmitglieder ebenfalls im Ansässigkeitsstaat der Gesellschaft steuerpflichtig. Allerdings darf dieser Staat nicht besteuern, wenn die Tätigkeiten außerhalb dieses Staates ausgeübt werden. Übt der Betroffene die Tätigkeit in einem anderen Staat aus, gilt Art. 14 oder 15.

II. Deutsche DBA

1. Abkommensübersicht zu Artikel 16

19

DBA	MA-Regelung: Besteuerung im Ansässigkeitsstaat der Gesellschaft	Artikel	Rz.
Ägypten	≈ MA	16	
Albanien 2010	≈ MA	16	
Algerien 2007	≈ MA	16	
Argentinien	≈ MA	16	
Armenien	s. UdSSR		
Aserbaidschan	≈ MA	16	
Australien	≈ MA	15	
Bangladesch	≈ MA	16	
Belarus	≈ MA	16	
Belgien	≈ MA, Ausdehnung auf bestimmte geschäftsleitende Personen	16 Abs. 1–3	22 ff.; 24

DBA	MA-Regelung: Besteuerung im Ansässigkeitsstaat der Gesellschaft	Artikel	Rz.
Bolivien	≈ MA	16	
Bosnien-Herzegowina	s. Jugoslawien		
Bulgarien 2010	≈ MA; Ausdehnung auf Mitglieder des Vorstands oder eines Aufsichtsorgans oder eines Gremiums vergleichbarer Funktion	15	21 ff.
China 1985	≈ MA	16	
China 2014 (E)	≈ MA	16	
Costa Rica 2014 (E)	≈ MA	16	
Dänemark	≈ MA, Ausdehnung auf Leiter von Gesellschaften	16 Abs. 1, 2	22 ff.
Ecuador	≈ MA	16	
Elfenbeinküste	≈ MA	16	
Estland	≈ MA	16	
Finnland	≈ MA	16	
Frankreich	Besteuerung am Wohnsitz des Berechtigten, Vorbehalt für Quellenabzugsteuer des Ansässigkeitsstaates der Gesellschaft	11 Abs. 1–3	27
Georgien	≈ MA	16	
Ghana	≈ MA	16	
Griechenland	≈ MA	XI Abs. 4	
Großbritannien 1964/70	≈ MA	XI Abs. 4	
Großbritannien 2010	≈ MA	15	
Indien	≈ MA	16	
Indonesien	≈ MA	16	
Iran	≈ MA	16	
Irland 2011	≈ MA	15	
Island	≈ MA	16	
Israel	≈ MA	8 Abs. 3	
Italien	≈ MA	16	
Jamaika	≈ MA	16	
Japan	≈ MA, Ausdehnung auf geschäftsführende Organe	16	22 ff.
Jugoslawien	≈ MA, Ausdehnung auf geschäftsführende Organe einer in Jugoslawien ansässigen Gesellschaft	17	22 ff.
Kanada	≈ MA; Einbeziehung von Direktoren und Geschäftsführer	16 Abs. 1, 2	22 ff.
Kasachstan	≈ MA; Einbeziehung von Geschäftsführern und Vorstandsmitglieder	16 Abs. 1, 2	22 ff.
Kenia	≈ MA	16	
Kirgisistan	≈ MA	16	
Korea	≈ MA	16	
Kosovo	s. Jugoslawien		
Kroatien	≈ MA	16	
Kuwait	≈ MA	16	
Lettland	≈ MA	16	
Liberia	≈ MA	16	
Liechtenstein 2011	≈ MA	15	
Litauen	≈ MA	16	

DBA	MA-Regelung: Besteuerung im Ansässigkeitsstaat der Gesellschaft	Artikel	Rz.
Luxemburg 2012	≈ MA	15	
Malaysia 2010	≈ MA	16	
Malta	≈ MA	16	
Marokko	≈ MA	16	
Mauritius 2011	≈ MA	15	
Mazedonien 2006	≈ MA	16	
Mexiko 2008	≈ MA; Ausdehnung auf Geschäftsführer und Vertreter in der Hauptversammlung einer mexikanischen Gesellschaft	16	22
Moldau	s. UdSSR		
Mongolei	≈ MA	16	
Montenegro	s. Jugoslawien		
Namibia	≈ MA	16	
Neuseeland	≈ MA	16	
Niederlande 1959/2004	≈ MA („ähnliche Organe")	9 Abs. 4	21
Niederlande 2012 (E)	≈ MA; Einbeziehung von Geschäftsführern	15 Abs. 1, 2	22 f.
Norwegen 1991	≈ MA („ähnliche Organe")	16	21
Norwegen 2013 (E)	≈ MA („ähnliche Organe")	16	21
Österreich	≈ MA; Einbeziehung von Geschäftsführern und Vorstandsmitgliedern	16 Abs. 1, 2	22 ff.
Oman 2012 (E)	≈ MA	16	
Pakistan	≈ MA („ähnliche Organe")	16	21
Philippinen 1983	≈ MA	16	
Philippinen 2013	≈ MA	16	
Polen	≈ MA; Einbeziehung von bevollmächtigten Vertretern einer Gesellschaft	16 Abs. 1, 2	22 ff.
Portugal	≈ MA, Sonderregelung für Arbeitnehmer-Aufsichtsratsmitglieder	16	25
Rumänien	≈ MA	16	
Russische Föderation	≈ MA	16	
Sambia	≈ MA	16	
Schweden	≈ MA, Ausdehnung auf geschäftsführende Organe	16	22 ff.
Schweiz	≈ MA	16	
Serbien	s. Jugoslawien		
Simbabwe	≈ MA	16	
Singapur 2004	≈ MA	16	
Slowakei	s. Tschechoslowakei		
Slowenien	≈ MA	16	
Spanien 2011	≈ MA	15	
Sri Lanka	≈ MA	16	
Südafrika 1973	≈ MA	12 Abs. 3	
Südafrika 2008 (E)	≈ MA	15	
Syrien 2010	≈ MA	16	
Tadschikistan	≈ MA	15	
Taiwan 2011	≈ MA	15	
Thailand	≈ MA	16	
Trinidad und Tobago	≈ MA	16	

DBA	MA-Regelung: Besteuerung im Ansässigkeitsstaat der Gesellschaft	Artikel	Rz.
Tschechien	s. Tschechoslowakei		
Tschechien 1997 (E)	≈ MA	16	
Tschechoslowakei	≈ MA	16	
Türkei 2011	≈ MA	16	
Tunesien	≈ MA	16	
Turkmenistan	s. UdSSR		
Ukraine	≈ MA	16	
Ungarn 2011	≈ MA	15	
Uruguay 2010	≈ MA; Einbeziehung von Direktoren/Geschäftsführern und Vorstandsmitgliedern	15; Prot. Nr. 4	
USA 1989 und 1989/2006	Besteuerung am Ort der Ausübung	16	28
Usbekistan	≈ MA	16	
UdSSR	≈ MA	Prot. Nr. 6	
Venezuela	≈ MA	16	29
Vereinigte Arabische Emirate 2010	≈ MA	15	
Vietnam	≈ MA	16	
Weißrussland	s. Belarus		
Zypern 2011	≈ MA	15	

2. Erläuterungen

20 **a) Deutsches innerstaatliches Recht:** Bezieht ein in Deutschland nicht ansässiger Steuerpflichtiger von einem inländischen Unternehmen eine Aufsichts- oder Verwaltungsratsvergütung, so unterliegt diese Vergütung in Deutschland einem 30%-igen Steuerabzug (**„Aufsichtsratsteuer“,** § 50a Abs. 1–3 EStG); seine Einkommensteuerpflicht für diese Bezüge ist damit abgegolten (§ 50 Abs. 5 EStG). Bemessungsgrundlage sind nach Maßgabe des § 50a Abs. 3 S. 1 EStG die Bruttovergütungen. Innerhalb der EU ist allerdings nach dem Urteil in der Rs. *„Gerritse“* (EuGH v. 12.6.2003, Rs. C-234/01, Slg. 2003, I-5933) eine Nettobesteuerung vorzunehmen, und zwar schon im Rahmen des Abzugsverfahrens (EuGH v. 3.10.2006, Slg. 2006-I, 9461 – *Scorpio;* vgl. auch BMF v. 10.9.2004, BStBl. I 2004, 860).

Auch wenn ein DBA die Bezüge in Deutschland freistellt oder die Besteuerung der Höhe nach begrenzt, ist der Schuldner der Vergütung nach innerstaatlichem deutschen Recht zur Einbehaltung, Abführung und Anmeldung der Aufsichtsratsteuer **ungeachtet des Abkommens** verpflichtet, § 50d Abs. 1 EStG. Eine Befreiung hiervon im Wege des Freistellungsverfahrens (s. Vor Art. 10 bis 12, Rz. 56) ist bei diesen Vergütungen seit dem 1.1.1992 nicht mehr möglich (§ 50d Abs. 2 EStG). Der Steuerpflichtige ist daher genötigt, bei den deutschen Finanzbehörden **Erstattung** der Steuer zu beantragen (auf besonderem Formular, s. § 50d Abs. 1 Satz 3 EStG). Zu den Bedenken gegen dieses Verfahren s. Vor Art. 10 bis 12 Rz. 58ff. Einkünfte von Geschäftsführern, Prokuristen oder Vorstandsmitgliedern unbeschränkt steuerpflichtiger Gesellschaften unterliegen nach § 49 Abs. 1 Nr. 4 Buchst. c EStG der beschränkten Steuerpflicht. Das gilt auch dann, wenn die geschäftsführende Tätigkeit ganz oder teilweise im Ausland ausgeübt wird (kritisch *Neyer,* IStR 2001, 587ff.). Durch die Vorschrift wird es möglich, die nach neuerer deutscher Abkommenspraxis vereinbarten Regelungen, die für solche Vergütungen eine Besteuerung im Ansässigkeitsstaat der Gesellschaft vorsehen (s. unten Rz. 22ff.), umzusetzen (zu Einzelheiten s. *Strunk,* IWB 3-D-3–1377).

Ein Mitglied eines ausländischen Board of Directors ist nicht wie das Mitglied eines Vorstands einer deutschen Aktiengesellschaft von der Versicherungspflicht in der gesetzlichen Renten- und Arbeitslosenversicherung ausgenommen, wenn die ausländische Gesellschaft (hier eine Private Limited Company irischen Rechts) nicht mit einer deutschen Aktiengesellschaft verglichen werden kann (BSG GmbHR 2008, 1154 m. Anm. *Kothe-Heggemann*).

21 **b)** Eine Reihe von Abkommen (so die *DBA Brasilien (K), Bulgarien 2010; Luxemburg 1958/2009, Niederlande 1959/2004, Norwegen 1991/2013 (E)* sowie *Pakistan*) führen entsprechend dem Gesellschaftsrecht der ausländischen Vertragsstaaten auch Mitglieder von Organen auf, die dem Aufsichts- und Verwaltungsrat **ähnlich** sind. Hierbei handelt es sich insbes. um Gremien, deren Funktionen nicht auf Überwachung beschränkt sind, sondern die ganz oder teilweise auch Aufgaben der Geschäftsführung wahrnehmen.

22 **c)** Die *DBA Belgien, Bulgarien 2010, Dänemark, Japan, Jugoslawien, Kanada, Kasachstan, Mexiko 1993, Mexiko 2008; Niederlande 2012 (E), Österreich, Polen, Schweden, Türkei 1985* und *Uruguay 2010* erstrecken die Regelung des Art. 16 auch auf die **geschäftsführenden Organe** einer Gesellschaft. Abweichend von Art. 15 MA kann damit der Quellenstaat Geschäftsführervergütungen auch dann besteuern, wenn die Tätigkeit nicht im Ansässigkeitsstaat der Gesellschaft ausgeübt worden ist. Das soll nach Auffassung des österreichischen BMF auch dann gelten, wenn sich die geschäftsleitende Tätigkeit auf die Belange einer im anderen Vertragsstaat befindlichen Betriebstätte beschränkt (EAS 3311 v. 21.12.2012, SWI 2013, 83). Allerdings ist zu beachten, dass sich die abkommensrechtliche Ansässigkeit einer doppelt ansässigen Gesellschaft unter Umständen im Ansässigkeitsstaat des Geschäftsführers befindet, sollte sein Wohnsitz den „Ort der tatsächlichen Geschäftsleitung" bilden. Die Regelungen über die geschäftsführenden Organe kommt dann nicht zur Anwendung, da sie regelmäßig eine „im anderen Vertragsstaat ansässige Gesellschaft" voraussetzen (s. auch *Rosenberger,* SWI 2002, 161 (164 f.)). Es gelten dann die allgemeinen Grundsätze des Art. 15 (s. dort Rz. 29).

22a Der Begriff der Gesellschaft ist in Art. 3 Abs. 1 Buchst. b MA definiert und umfasst alle juristischen Personen oder Rechtsträger, die für die Besteuerung wie juristische Personen behandelt werden. Dazu gehören auch Stiftungen, sodass die Vorschrift des Art. 16 Abs. 2 in den genannten DBA auch für deren Geschäftsführer gilt, selbst wenn die in Frage stehende Stiftung wegen ihrer Gemeinnützigkeit von der Steuer befreit sein sollte (s. Art. 4 Rz. 82; FG Berlin DStRE 2007, 415: *DBA Türkei 1985*).

22b Die Zurechnung einer Vergütung kann vor allem dann Schwierigkeiten bereiten, wenn Angestellte der Muttergesellschaft neben ihren regulären Tätigkeiten auch für die Geschäftsführung einer ausländischen Gesellschaft verantwortlich sind und ihnen dafür keine gesonderten Gehälter bezahlt werden. Das ÖstBMF erwartet für diese Fälle offenbar eine ordnungsgemäße Stundenaufzeichnung, um die Aufteilung vornehmen zu können (ÖstBMF v. 26.1.2004 (EAS 2414), SWI 2004, 332). Die im Land der Gesellschaft steuerpflichtigen Einkünfte des Geschäftsführers mindern den Gewinn der Gesellschaft; sie können entsprechend der Gesellschaft nach Fremdvergleichsgrundsätzen in Rechnung gestellt werden. In einer Entscheidung zum *DBA Niederlande/Belgien* ging es um eine ausdrücklich nicht vergütete Tätigkeit als Geschäftsführer eines niederländischen Ansässigen für eine belgische Konzerngesellschaft. Hier hat der niederländische Hoge Raad wegen der Unentgeltlichkeit mit Recht Art. 16 nicht angewendet, sondern auf Art. 15 abgestellt (HR v. 1.12.2006, nr. 39535, BNB 2007/77c (Schlussanträge *von Wattel*)). Das führt hier u. U. zur Doppelbesteuerung, da Belgien das sogenannte Attraktionsprinzip anwendet, d. h. Belgien besteuert alle Einkünfte eines Geschäftsführers, auch wenn seiner Tätigkeit an sich keine Vergütung gegenübersteht. Dieses Attraktionsprinzip ist mit Abkommensrecht kaum zu vereinbaren und wird daher auch in Belgien kritisiert.

Einige Abkommen haben demgegenüber nur einen beschränkten Anwendungsbe- **23** reich. So gilt die Ausdehnung des Art. 17 Abs. 2 *DBA Jugoslawien* nur einseitig für Zahlungen an in Deutschland ansässige Personen, die diese in ihrer Eigenschaft als Mitglied eines „gemeinsamen Geschäftsführungsorgans einer in Jugoslawien ansässigen Gesellschaft" beziehen. Eine ähnliche einseitige Regelung sehen die *DBA Mexiko 1993* und *Mexiko 2008* für den Geschäftsführer (administrador) und den Vertreter in der Hauptversammlung (comisario) einer mexikanischen Gesellschaft vor.

Die meisten Abkommen beziehen sich auf Vorstandsmitglieder und Geschäfts- **23a** führer von Gesellschaften (z. B. Art. 16 *DBA Schweden*; das *DBA Bulgarien 2010* beschränkt sich auf Vorstandsmitglieder und Mitglieder ähnlicher Organe). Die Begriffe Vorstandsmitglieder und Geschäftsführer sind in den Abkommen nicht definiert. Wer zu diesem Personenkreis gehört, richtet sich nach dem jeweiligen Zivil- und Gesellschaftsrecht des Ansässigkeitsstaates der Gesellschaft. Aus deutscher Sicht sind das nur solche Personen, die als Organ einer Gesellschaft bestellt sind (Wassermeyer/*Lüdicke,* Art. 16 DBA Schweden Rz. 15), nicht also Prokuristen oder Handlungsbevollmächtigte. Das ist teilweise in den jeweiligen Bestimmungen ausdrücklich erwähnt. So nennt das *DBA Kanada* neben den Direktoren die „nach dem Handelsrecht" für die allgemeine Geschäftsführung eines Unternehmens verantwortlichen Angestellten (Art. 16 Abs. 2), die *DBA Dänemark* und *Türkei* 1985 den „nach dem Handelsrecht" verantwortlichen Leiter einer Gesellschaft.

Das *DBA Polen* spricht von den „bevollmächtigten Vertretern einer Gesellschaft". Auch für die hier entstehende Frage der Bevollmächtigung ist auf das Handelsrecht des Staates der Gesellschaft abzustellen. Handelsrecht in diesem Sinne ist nicht technisch zu verstehen als Verweis auf das HGB, sondern allgemein als Verweis auf das Recht der jeweiligen Gesellschaftsform. Anderenfalls würde die Norm leerlaufen, da das HGB nur die Geschäftsführung von Personengesellschaften regelt und diese nicht unter die Regelung fallen, da Personengesellschaften keine Gesellschaften im Sinne der DBA darstellen (s. zum Problem auch *Kudert/Jarzynska*, RIW 2009, 792). Einer Analogie bedarf es daher an sich nicht (so aber im Ergebnis richtig FG Berlin DStRE 2007, 415: *DBA Türkei 1985*). Das *DBA Niederlande 2012 (E)* verwendet eine etwas seltsame Verweisungstechnik; nach Art. 15 Abs. 2 umfasst der Ausdruck „Mitglied des Aufsichts- oder Verwaltungsrats" auch Personen, die mit der allgemeinen Geschäftsleitung der Gesellschaft betraut sind. Der Begriff der Geschäftsleitung ist nicht näher bestimmt, soll aber wohl alle Personen umfassen, die Geschäftsleitungsfunktionen wahrnehmen.

Das *DBA Polen* weist ferner die Besonderheit auf, dass die Geschäftsführer einerseits in Art. 16 Abs. 2 genannt, andererseits in der polnischen Sprachfassung auch von Art. 16 Abs. 1 umfasst sind. Da Polen sich bei der Besteuerung auf Abs. 1 stützt, käme an sich in Deutschland nach Art. 24 Abs. 1 Buchst. b die Anrechnungsmethode zur Anwendung, während im Fall des Abs. 2 Deutschland unter Progressionsvorbehalt freizustellen hätte. Die deutsche Finanzverwaltung kommt hier dem Stpfl. entgegen und wendet die Freistellungsmethode an, soweit die Voraussetzungen des § 50d Abs. 8 EStG erfüllt sind (OFD Münster v. 22.3. 2010, IStR 2010, 300). Zur Besteuerung der Geschäftsführervergütung an den polnischen Kommanditisten einer deutschen GmbH & Co KG s. *Kudert/Jarzynska,* RIW 2009, 792; zur Besteuerung eines deutschen Geschäftsführers in Polen, *Jamrozy,* PIStB 2011, 23.

Die Personen, auf die die Regelung Anwendung findet, müssen die Vergütung **23b** „in ihrer Eigenschaft" als Geschäftsführer, etc. erhalten. Die Vorschrift ist daher nicht auf solche Vergütungen anzuwenden, die für andere Funktionen gezahlt werden, u. U. ist eine einheitliche Vergütung aufzuteilen. Auf den Tätigkeitsbereich kommt es anders als beim Art. 15 Abs. 4 *DBA Schweiz 1971/2002* (s. dazu Art. 15 Rz. 80) nicht an.

24 **d)** Art. 16 Abs. 1 des *DBA Belgien* umfasst neben den Aufsichtsratsvergütungen auch die Vergütungen der Geschäftsführer belgischer Kapitalgesellschaften. Das ergibt sich zwar nicht aus der deutschen Fassung des DBA, wohl aber eindeutig aus der niederländischen Fassung, die von einem „lid van de raad van beheer" („Mitglied eines geschäftsführenden Organs", Übersetzung des Verf.) spricht (so auch Wassermeyer/*Malinski,* Art. 16 DBA Belgien Rz. 8; FG BW v. 28.6.2007, 8 K 129/05, BFH 5.3.2008 – I R 54/07: *DBA Belgien;* s. auch *Lühn,* PIStB 2008, 285). Darüber hinaus erweitert das DBA in Art. 16 Abs. 2 die Regelung auf die Vergütungen der **Komplementäre** einer in Belgien ansässigen Kommanditgesellschaft auf Aktien sowie auf die der **Vorstandsmitglieder oder Geschäftsführer** einer in Deutschland ansässigen Kapitalgesellschaft. Dadurch unterliegen im Ergebnis Geschäftsführer von Gesellschaften in beiden Staaten der Besteuerung im Ansässigkeitsstaat der Gesellschaft. Werden Aufsichtsrats- oder Vorstandsmitglieder in einer Betriebstätte außerhalb des Ansässigkeitsstaates der Gesellschaft tätig, so ist der Betriebstättenstaat steuerberechtigt, wenn die Betriebstätte die eigentliche Last der Vergütungen trägt (Art. 16 Abs. 3 *DBA Belgien*). Dies ist eine Konsequenz aus Art. 7 Abs. 3 *DBA Belgien,* nach dem bei der Ermittlung der Gewinne einer Betriebstätte die Geschäftsführungs- und allgemeinen Verwaltungskosten zum Abzug zugelassen werden. Zum *DBA Belgien/Niederlande,* das eine ähnliche Regelung enthält, hat der *Hoge Raad* (nr. 32016 BNB 1997/298) entschieden, dass ein Geschäftsführer einer Muttergesellschaft, der auch für Tochtergesellschaften geschäftsführend tätig wird, nicht am Ort der Tochtergesellschaften steuerpflichtig ist, wenn die Vergütung den Tochtergesellschaften weiterbelastet wird. In diesem Fall handele es sich nicht um eine Vergütung im Sinne des Art. 16; der Zusammenhang zwischen der Geschäftsführervergütung und des internen Aufwendungsersatzes sei nur ein mittelbarer. Ein solcher sei nicht ausreichend, da Art. 16 die Formel des Art. 15 Abs. 2 Buchst. b „für einen Arbeitgeber" nicht enthalte (s. dazu *van Eldonk/Pötgens,* WFR 1998, 1517). Anders hat aber die belgische Finanzverwaltung in einer verbindlichen Auskunft entschieden. Wird eine Abfindung der belgischen Gesellschaft nicht in Rechnung gestellt, sondern allein von der niederländischen Mutter getragen, kann Art. 16 nicht zur Anwendung kommen (Voorafgaande beslissing nr. 2010.084 v. 30.3.2010).

Die frühere Regelung des belgischen Rechts, wonach Zinszahlungen an eine ausländische geschäftsführende Gesellschaft als Dividenden angesehen werden, hat der EuGH als Verstoß gegen die Niederlassungsfreiheit angesehen, da in einer vergleichbaren Situation eine in Belgien ansässige Managementgesellschaft nicht der gleichen Behandlung ausgesetzt war (EuGH v. 17.1.2008, Rs. C-105/07 – *NV Lammers & van Cleef, Slg. 2008* I-00173*)*

25 **e)** Art. 16 des *DBA Portugal* stimmt in seiner grundsätzlichen Regelung mit dem MA überein. Ergänzend wird jedoch die Besteuerung der Aufsichtsratsvergütungen im Ansässigkeitsstaat unter die Voraussetzung gestellt, „dass die Vergütungen, die die Gesellschaft an ein Mitglied ihrer Organe für die Ausübung einer fortlaufenden Tätigkeit zahlt, nach Art. 15 (d. h. nach den Vorschriften über die unselbständige Arbeit, Verf.) besteuert werden können". Dies könnte so verstanden werden, als werde die Besteuerung aller Aufsichtsratsvergütungen von der zusätzlichen Voraussetzung abhängig gemacht, dass sich das Aufsichtsratsmitglied mehr als 183 Tage im Ansässigkeitsstaat der Gesellschaft aufgehalten hat. Obwohl die Stellung der Bestimmung als angehängter Halbsatz für diese Auslegung zu sprechen scheint, kann das offenbar nicht der vernünftige Sinn der Vorschrift sein. Die Er-

gänzung ist vielmehr als eigener zweiter Satz zu lesen. Sie bezieht sich nur auf den Fall, dass ein **Mitglied eines Aufsichtsrats zugleich Arbeitnehmer** der beaufsichtigten Gesellschaft ist. Die Aufsichtsratsvergütungen – nur – dieser Arbeitnehmer-Aufsichtsratsmitglieder werden durch den Zusatz derselben steuerlichen Behandlung unterworfen wie ihre Einkünfte aus dem Arbeitsverhältnis mit der Gesellschaft. Sie können m. a. W. nur dann am Sitz der Gesellschaft besteuert werden, wenn nach Art. 15 des DBA der Ansässigkeitsstaat der Gesellschaft auch ihre Einkünfte aus unselbständiger Arbeit besteuern darf. Für die Bezüge von Aufsichtsratsmitgliedern, die in keinem Arbeitsverhältnis zu ihrer Gesellschaft stehen, bleibt es dagegen bei der uneingeschränkten Besteuerung im Ansässigkeitsstaat.

f) Dem **Ansässigkeitsstaat** des Empfängers wird grundsätzlich die Besteuerung 27
der Vergütungen von Aufsichtsratsmitgliedern durch Art. 11 *DBA Frankreich* zugewiesen. Der Ansässigkeitsstaat der Gesellschaft, die die Vergütungen zahlt, darf die Vergütungen nur in der Weise besteuern, dass er von ihnen eine Abzugsteuer erhebt (Art. 11 Abs. 2 *DBA Frankreich*). Art. 11 Abs. 3 *DBA Frankreich* verweist für Vergütungen der Aufsichtsratsmitglieder, die ihnen für andere als für Aufsichtstätigkeiten gewährt werden, auf die Regelungen über die Einkünfte aus selbständiger und nicht selbständiger Arbeit. In einem Verständigungsverfahren haben die Verwaltungen der beiden Vertragspartner klargestellt, dass Art. 11 auch für Mitglieder von Aufsichtsräten und Beiräten von GmbH gilt (FinMin Nds. v. 13.2.1962, DB 1962, 256).

g) Das den Art. 16 des *DBA USA 1989* unverändert lassende *DBA USA 1989/* 28
2006 stellt auf den Ort der Ausübung ab, jedoch ohne 183-Tage-Klausel. Nach der Rechtsprechung des RFH soll die Tätigkeit eines Aufsichtsrats als dort ausgeübt gelten, wo die Gesellschaft ansässig ist, selbst wenn das Aufsichtsratsmitglied in diesem Staat nicht tatsächlich tätig geworden ist (RFH RStBl. 1933, 425). Das entwertet indes die Anknüpfung an den Arbeitsort zu einer Fiktion. Nach amerikanischer Rechtsauffassung soll dies dagegen nur dann gelten, wenn die Sitzungen des Aufsichtsrates in diesem Staat stattgefunden haben (*Walter,* IWB F. 8, USA, Gr. 2, 261); das ist eine praktikable Lösung, der man folgen kann. Zur Frage der Besteuerung von Vergütungen amerikanischer Gesellschaften an die in Deutschland ansässigen Mitglieder eines board of directors s. FinMin. NRW v. 28.3.1977, IWB F. 8, USA, Gr. 2, 262, und die Kritik von *Walter,* IWB F. 8, USA, Gr. 2, 261.

h) Abweichend vom sonst üblichen Wortlaut der Abkommen spricht das *DBA* 29
Venezuela statt von Aufsichtsrats- und Verwaltungsratsvergütungen von Beteiligungen, Sitzungsgeldern und ähnlichen Entgelten („participaciones, dietas de asistencia y otras retribuciones similares"). Eine sachliche Änderung bedeutet dies nicht (vgl. oben Rz. 12).

Artikel 17. Künstler und Sportler*

Text: OECD-Musterabkommen (OECD-MA)

1. Ungeachtet [bis 14.7.2014:] der Artikel 7 und 15 [ab 15.7.2014:] the provisions of Article 15 können Einkünfte, die eine in einem Vertragsstaat ansässige Person als Künstler, wie Bühnen-, Film-, Rundfunk- und Fernsehkünstler sowie Musiker, oder als Sportler aus ihrer im anderen Vertragsstaat persönlich ausgeübten Tätigkeit bezieht, im anderen Staat besteuert werden.

2. Fließen Einkünfte aus einer von einem Künstler oder Sportler [bis 14.7.2014:] in dieser Eigenschaft persönlich ausgeübten Tätigkeit [ab 15.7.2014:] acting as such nicht dem Künstler oder Sportler [bis 14.7.2014:] selbst], sondern einer anderen Person zu, so können diese Einkünfte ungeachtet [bis 14.7.2014:] der Artikel 7 und 15 [ab 15.7.2014:] the provisions of Article 15 in dem Vertragsstaat besteuert werden, in dem der Künstler oder Sportler seine Tätigkeit ausübt.

Text: Deutsche Verhandlungsgrundlage (DE-VG)

Artikel 16. Künstler und Sportler

(1) **Ungeachtet der Artikel 7 und 14 können Einkünfte, die eine in einem Vertragsstaat ansässige Person als Künstler, wie Bühnen-, Film-, Rundfunk- oder Fernsehkünstler oder Musiker, oder als Sportler aus ihrer im anderen Vertragsstaat persönlich ausgeübten Tätigkeit bezieht, im anderen Staat besteuert werden.**

(2) **Fließen Einkünfte aus einer von einem Künstler oder Sportler in dieser Eigenschaft persönlich ausgeübten Tätigkeit im Sinne des Absatzes 1 nicht dem Künstler oder Sportler selbst, sondern einer anderen Person zu, so können diese Einkünfte ungeachtet der Artikel 7 und 14 in dem Vertragsstaat besteuert werden, in dem der Künstler oder Sportler seine Tätigkeit ausübt.**

(3) **Einkünfte, die einer Person für die Überlassung von Direktübertragungsrechten oder eine anderweitige Verwertung der von dem Künstler oder Sportler ausgeübten Tätigkeit zufließen, können in dem Staat besteuert werden, in dem der Künstler oder Sportler seine Tätigkeit ausübt.**

(4) **Die Absätze 1 und 2 gelten nicht für Einkünfte aus der von Künstlern oder Sportlern in einem Vertragsstaat ausgeübten Tätigkeit, wenn der Aufenthalt in diesem Staat ganz oder überwiegend aus öffentlichen Mitteln des anderen Staates oder eines seiner Länder oder einer ihrer Gebietskörperschaften oder von einer in diesem anderen Staat als gemeinnützig anerkannten Einrichtung finanziert wird. In diesem Fall können die Einkünfte nur in dem Vertragsstaat besteuert werden, in dem die Person ansässig ist.**

Text: US-Musterabkommen (US-MA)

1. Einkünfte, die eine in einem Vertragsstaat ansässige Person als Künstler, wie Bühnen-, Film-, Rundfunk- und Fernsehkünstler sowie Musiker, oder als Sportler aus ihrer im anderen Vertragsstaat persönlich ausgeübten Tätigkeit bezieht und die nach den Regelungen der Arti-

---

* **[bis 14.7.2014 im englischen Originaltext des Artikels bzw. Kommentars teilweise:** *artists and sportsmen* **ab 15.7.2014 einheitlich:]** *entertainers and sportspersons.*

kel 7 (Unternehmensgewinne) und 14 (Unselbstständige Arbeit) im anderen Vertragsstaat von der Besteuerung freigestellt wären, können im anderen Staat besteuert werden, sofern nicht der Bruttobetrag der Entgelte, die der Künstler oder Sportler erhält, einschließlich der ihm erstatteten oder für ihn getragenen Spesen, in dem betreffenden Steuerjahr nicht mehr als zwanzigtausend US-Dollar ($ 20 000) oder deren Gegenwert in … beträgt.

2. Fließen Einkünfte aus einer von einem Künstler oder Sportler in dieser Eigenschaft ausgeübten Tätigkeit nicht dem Künstler oder Sportler selbst, sondern einer anderen Person zu, so können diese Einkünfte ungeachtet der Artikel 7 (Unternehmensgewinne) oder 14 (selbständige Arbeit) in dem Vertragsstaat besteuert werden, in dem der Künstler oder Sportler seine Tätigkeit ausübt, es sei denn, dass der Vertrag, aufgrund dessen die persönliche Tätigkeit ausgeübt wird, dieser anderen Person erlaubt, die Person, die die Tätigkeit persönlich ausüben soll, zu bestimmen.

Inhalt

1 **Literatur:** *Betten,* The international Guide to the taxation of Sportsmen and Sportswomen (IBFD) (2002); *Bode,* Besteuerung ausländischer Künstler (2001); *Citron,* Overseas Entertainers and Sportsmen (1992); *Brugnoli,* in Hohenwarter/Metzler, Taxation of Employment Income in International Tax Law (2009), S. 275; *Buchsteiner,* in Hohenwarter/Metzler, Taxation of Employment Income in International Tax Law (2009), S. 249; *Duchêne,* Sponsoring der Unternehmen im Einkommen- und Körperschaftsteuerrecht (1995); *Easson,* Introduction to Canada's Tax Treaties, in Canada's Tax Treaties (1999), S. 74 f.; *Grams,* Besteuerung von beschränkt steuerpflichtigen Künstlern (1999); *Görl,* Die freien Berufe im Internationalen Steuerrecht der Bundesrepublik Deutschland (1983); *Grossmann,* Die Besteuerung des Künstlers und Sportlers im internationalen Vergleich (1992); *Hahn-Joecks,* Zur Problematik der Besteuerung ausländischer Künstler und Sportler (1999); *IFA,* Taxation of non-resident entertainers, Congress Seminar Series, Vol. 20d (1996); *Kalteis,* Die Besteuerung international tätiger Künstler und Künstlerbetriebe (1998); *dies.,* Die deutsche Besteuerung international tätiger Künstler und Sportler (1994); *Klimmer,* Besteuerung international tätiger Sportler in der Bundesrepublik Deutschland (2003); *Krüglstein,* Der Künstlerdurchgriff im nationalen und internationalen Steuerrecht (2009); *Loukota/Stefaner,* Taxation of Artistes and Sportsmen in International Tax Law (2007); *Mahajan,* in Hofstätter/Plansky, Dual Residence in Tax Treaty Law and EC Law (2009), S. 233; *Maßbaum,* Die beschränkte Steuerpflicht der Künstler und Berufssportler unter Berücksichtigung des Steuerabzugsverfahrens (1991); *Molenaar,* in Lang/Pistone/Schuch/Staringer, Source versus Residence (2008), S. 247; *Sandler,* The Taxation of International Entertainers and Athletes (1995); *Sauer,* Die Besteuerung ausländischer Sportler im Inland unter besonderer Berücksichtigung der europarechtlichen sowie völkerrechtlichen Vorgaben (2009); *Schauhoff/Cordewener/Schlotter,* Besteuerung ausländischer Künstler und Sportler in der EU (2008); *Schrettl,* Rechtsfragen der beschränkten Steuerpflicht, Dargestellt anhand der Besteuerung gewerblich tätiger beschränkt steuerpflichtiger Künstler, Sportler und Artisten (1993); *Taeymans/Stubna,* in Sutter/Zehetner (Hrsg.), Triangular Tax Cases (2005), S. 339; *Toifl/Vrignaud,* in Ehrke u. a. (Hrsg.), Künstler und Sportler im nationalen und internationalen Steuerrecht (2003), S. 87.

OECD-Dokumente: *OECD Committee on Fiscal Affairs,* The taxation of income derived from entertainment, artistic and sporting activities, in Issues in International Taxation, No. 2 (1987) 37; *OECD,* Discussion Draft on the Application of Article 17 (artists and sportsmen) of the OECD Model Tax Convention, 2010.

Verwaltungsanweisungen:

Deutschland (zu älteren Schreiben s. Vorauflagen): BMF v. 23.1.1996, BStBl. I 1996, 89 („Abzugsteuer bei künstlerischen, sportlichen, artistischen oder ähnlichen Darbietungen gemäß § 50a Abs. 4 EStG"), gültig bis VZ 2008, danach BMF v. 25.11.2010, BStBl. I 2010, 1350 („Steuerabzug gemäß § 50a EStG bei Einkünften beschränkt Steuerpflichtiger aus künstlerischen, sportlichen, artistischen, unterhaltenden oder ähnlichen Darbietungen"); BMF v. 1.8.2002, BStBl. I 2002, 709, aufgehoben ab VZ 2009 durch BMF v. 25.11.2010, BStBl. I 2010, 1350; BMF v. 9.1.2009, BStBl. I 2009, 362 („Steuerabzug von Einkünften beschränkt steuerpflichtiger Fotomodelle; Aufteilung von Gesamtvergütungen"; OFD Münster v. 27.3.2009, IStR 2009, 364 („Steuerabzug nach § 50a EStG: Verständigungsvereinbarung zur Besteuerung von Einkünften tschechischer Eigentümer von Rennpferden und Einkünfte tschechischer Jockeys nach dem DBA Tschechien"); OFD Rheinland v. 16.10.2009, IStR 2010, 36 („Steuerabzug § 50a EStG; Steuererlass für Vergütungen beschränkt steuerpflichtiger Künstler für die Teilnahme an Veranstaltungen der Ruhr.2010 – Essen für das Ruhrgebiet'"); BMF v. 27.8.2010, BStBl. I 2010, 647 (Konsultationsvereinbarung zwischen Deutschland und Österreich); BMF v. 16.2.2011, FR 2011, 345 („Betriebsausgaben und Werbungskosten beim Steuerabzug nach § 50a EStG"); OFD Münster v. 25.3.2011, IStR 2011, 436 („Berücksichtigung von Betriebsausgaben beim Steuerabzug nach § 50a EStG").

Österreich: ÖstBMF v. 15.4.1999, AöFV 111/1999 („Auslandskünstlererlass"), dazu ÖstBMF v. 26.7.1999, SWI 1999, 377, aktualisiert durch ÖstBMF v. 31.10.2005, AöFV 256/2005 („Künstler-Sportler-Erlaß"); Verordnung des Bundesministers der Finanzen betreffend die Entlastung von der Abzugsbesteuerung auf Grund von Doppelbesteuerungsabkommen (DBA-Entlastungsverordnung), BGBl. III Nr. 92/2005 i. d. F. BGBl. II Nr. 44/2006, dazu ÖstBMF v. 10.3.2006, Az. BMF-010221/0101-IV/4/2006, AÖFV 127/2006 („Anwendung von Doppelbesteuerungsabkommen auf steuerabzugspflichtige Einkünfte"), insb. Tz. 26f., 36–42, ergänzt durch Erlass v. 11.7.2008, Az. BMF-010221/0869-IV/4/2007 (US-Ansässigkeitsbescheinigung).

Schweiz: Amtsblatt Nr. 29/250 v. 2.7.1998 des kantonalen Steueramtes des Kantons Zürich („Quellenbesteuerung von Künstlern, Sportlern und Referenten ohne Wohnsitz oder Aufenthalt in der Schweiz").

USA: Sec. 1441 IRC, Reg. § 11441–4 Rev. Rul. 70–543, Cum. Bull. 1970–2, 172; Rev. Rul. 73–107, Cum. Bull. 1973–1, 376; Rev. Rul. 85–4, Cum. Bull. 1985–1, 294.

Kanada: *Canada Customs and Revenue Agency* v. 28.5.1996, CCRA Dokument Nummer 9601625 („Income of non-resident Actors and Athletes"); *Canada Customs and Revenue Agency* v. 11.8.1998, CCRA Dokument Nummer 9819311 („Tax on Signing Bonus – Non-Resident Athlete").

Text: OECD-Kommentar (MA-Kommentar)

Absatz 1

1 ***[Besteuerung am Ort der Tätigkeit]*** *Absatz 1 sieht vor, dass die in einem Vertragsstaat ansässigen Künstler und Sportler im anderen Vertragsstaat besteuert werden können, in dem sie ihre Tätigkeit persönlich ausüben, gleichgültig, ob es sich um eine selbständige Geschäftstätigkeit oder um eine unselbständige Tätigkeit handelt. Diese Bestimmung ist eine Ausnahme zur Regelung des Art. 7* **[ab 15.7.2014:** *(over which it prevails by virtue of paragraph 4 of that Article)***]** *bzw. des Art. 15 Abs. 2.*

2. ***[Kulturaustausch]*** *Mit dieser Bestimmung lassen sich die praktischen Schwierigkeiten vermeiden, die oft bei der Besteuerung im Ausland auftretender Künstler und Sportler entstehen. Allerdings könnten zu strenge Bestimmungen in gewissen Fällen den Kulturaustausch behindern. Um dies auszuschließen, können die betreffenden Staaten in gegenseitigem Einvernehmen die Anwendung von Abs. 1 auf selbständig ausgeübte Geschäftstätigkeiten beschränken. Es genügt, dazu* **[bis 14.7.2014:** *den Artikel so zu verändern, dass er lediglich eine Ausnahme zu Art. 7 darstellt* **ab 15.7.2014:]** *to replace the words „notwithstanding the provisions of Article 15" by „subject to the provisions of Article 15" in paragraphs 1 and 2. Künstler und Sportler, die für ein Gehalt oder einen Lohn tätig sind, würden dann ohne weiteres unter Art. 15 fallen und Anspruch auf die in Abs. 2 dieses Artikels vorgesehene Befreiung haben.*

3. ***[Ausdruck „Künstler"]*** *Absatz 1 bezieht sich auf Künstler und Sportler. Eine genaue Definition des „Künstlers" ist nicht möglich. Absatz 1 führt aber Beispiele von Personen an, die als solche anzusehen sind. Diese Beispiele sind nicht vollständig. Der Ausdruck „Künstler" umfasst einerseits eindeutig Bühnenschauspieler, Filmschauspieler oder Schauspieler (einschließlich früherer Sportler), die in der Fernsehwerbung auftreten. Der Artikel gilt auch für Einkünfte von Künstlern oder Sportlern, die an staatsbürgerlichen, sozialen, religiösen oder mildtätigen Tätigkeiten teilnehmen, soweit diese unterhaltenden Charakter haben.*

Er gilt auf der anderen Seite nicht für Gastredner einer Tagung **[ab 15.7.2014:]** *(e.g. a former politician who receives a fee for a speaking engagement), to a model performing as such (e.g. a model presenting clothes during a fashion show or photo session) rather than as an entertainer oder für Personen mit verwaltungsmäßiger oder unterstützender Funktion (z.B. Kameraleute bei der Filmproduktion, Produzenten, Filmregisseure, Choreographen, technisches Personal, der Begleittross einer Popgruppe usw.). Dazwischen gibt es ein Übergangsfeld, auf dem die Merkmale der Gesamttätigkeit der betreffenden Person gegeneinander abzuwägen sind.*

***4. [Mischfälle]** Eine Person kann gleichzeitig in einer Aufführung Regie führen und in ihr spielen oder ein Fernsehprogramm oder einen Film produzieren und darin eine Rolle übernehmen. In solchen Fällen ist zu prüfen, was die Person in dem Staat, in dem die Aufführung stattfindet, tatsächlich tut. Ist ihre Tätigkeit in diesem Staat vorwiegend darstellerischer Art, so ist der Artikel auf alle in diesem Staat aus ihr bezogenen Einkünfte anzuwenden. Ist das darstellerische Element dagegen nur ein zu vernachlässigender Teil der in diesem Staat ausgeübten Tätigkeit, so stehen die gesamten Einkünfte außerhalb des Anwendungsbereichs des Artikels. In anderen Fällen ist eine Aufteilung erforderlich.*

***5. [Ausdruck „Sportler"]** Eine genaue Definition des Begriffs „Sportler" wird zwar nicht gegeben; er ist aber nicht auf die Teilnehmer an den herkömmlicherweise als sportlich bezeichneten Veranstaltungen beschränkt (z.B. Läufer, Springer, Schwimmer). Er umfasst z.B. auch Golfspieler, Jockeys, Fußballspieler, Cricket- und Tennisspieler sowie Rennfahrer.*

***6. [Andere Veranstaltungen]** Der Artikel gilt auch für Einkünfte aus anderen Veranstaltungen, denen üblicherweise Unterhaltungscharakter beigemessen wird, z.B. Billard- und Snooker- oder Schach- und Bridgeturnieren.*

*7. **[Agenten]** Einkünfte von Agenten usw. für das Arrangieren des Auftritts eines Künstlers oder Sportlers liegen außerhalb des Anwendungsbereichs des Artikels; dagegen fallen Einkünfte, die sie für diese Künstler oder Sportler erhalten, natürlich darunter.*

***8. [Unmittelbare oder mittelbare Zahlung]** Absatz 1 gilt für Einkünfte, die dem einzelnen Künstler oder Sportler unmittelbar oder mittelbar* **[ab 15.7.2014:]** *from a performance zufließen. In manchen Fällen werden die Einkünfte nicht* **[bis 14.7.2014:** *unmittelbar* **ab 15.7.2014:]** *directly with respect to a specific performance an diese Person oder an ihren Agenten bzw. Beauftragten gezahlt. Ein Orchestermitglied wird z.B. eher ein Gehalt statt einer Zahlung für jede einzelne Aufführung erhalten: Der Vertragsstaat, in dem die Aufführung stattfindet, kann dann nach Absatz 1 den Teil des Gehalts des Musikers besteuern, der auf diese Aufführung entfällt. Ist der Künstler oder Sportler angestellt (z.B. bei einer Einmanngesellschaft), so kann der Staat des Auftritts einen angemessenen Teil aller Entgelte besteuern, die an die Person gezahlt werden. Falls das innerstaatliche Recht durch solche Rechtsträger „durchgreift" und die Einkünfte so behandelt, als ob sie unmittelbar der natürlichen Person zugeflossen wären, gibt Absatz 1 dem Staat des Auftritts darüber hinaus das Recht, die aus dem* **[bis 14.7.2014:** *Auftritt* **ab 15.7.2014:]** *performance in seinem Gebiet erzielten und dem Rechtsträger zugunsten der natürlichen Person zufließenden Einkünfte zu besteuern, selbst wenn diese Entgelte tatsächlich nicht an diese Person gezahlt werden.*

[ab 15.7.2014:]

***8.1** The paragraph applies regardless of who pays the income. For example, it covers prizes and awards paid by a national federation, association or league which a team or an individual may receive in relation to a particular sports event.*

9. **[bis 14.7.2014:** ***[Nebeneinkünfte]*** *Künstler und Sportler erhalten oft neben den Honoraren für ihre Auftritte selbst Einkünfte in Form von Lizenzgebühren oder von Beiträgen aus dem Sponsoring und aus der Werbung. Stehen die Einkünfte nicht in unmittelbarem Zusammenhang mit einer öffentlichen Darbietung des Auftretenden im betreffenden Land, so* *sind grundsätzlich andere Artikel anzuwenden. Während Lizenzgebühren für Rechte an geistigem Eigentum in der Regel unter Artikel 12 und nicht unter Artikel 17 fallen (vgl. Ziffer 18 des Kommentars zu Artikel 12), unterliegen Einkünfte aus der Werbung und aus dem Sponsoring im Allgemeinen nicht dem Artikel 12. Artikel 17 ist auf diejenigen Einkünfte aus der Werbung und aus dem Sponsoring usw. anzuwenden, die in unmittelbarem oder mittelbarem Zusammenhang mit Darbietungen oder Aufführungen in dem betreffenden Land stehen. Können Einkünfte dieser Art solchen Darbietungen und Aufführungen nicht zugerechnet werden, so fallen sie je nach den Umständen unter die Regelung der Artikel 7 oder 15. Ebenso liegen auch die bei Ausfall einer Vorstellung geleisteten Zahlungen außerhalb des Anwendungsbereichs des Artikels 17 und fallen unter die Artikel 7 bzw. 15.*]

[ab 15.7.2014:]

9. *Besides fees for their actual performances, entertainers and sportspersons often receive income in the form of royalties or of sponsorship or advertising fees. In general, other Articles would apply whenever there is no close connection between the income and the performance of activities in the country concerned. Such a close connection will generally be found to exist where it cannot reasonably be considered that the income would have been derived in the absence of the performance of these activities. This connection may be related to the timing of the income-generating event (e.g. a payment received by a professional golfer for an interview given during a tournament in which she participates) or to the nature of the consideration for the payment of the income (e.g. a payment made to a star tennis player for the use of his picture on posters advertising a tournament in which he will participate). Royalties for intellectual property rights will normally be covered by Article 12 rather than Article 17 (see paragraph 18 of the Commentary on Article 12), but in general advertising and sponsorship fees will fall outside the scope of Article 12. Article 17 will apply to advertising or sponsorship income, etc. which has a close connection with a performance in a given State (e.g. payments made to a tennis player for wearing a sponsor's logo, trade mark or trade name on his tennis shirt during a match). Such a close connection may be evident from contractual arrangements which relate to participation in named events or a number of unspecified events; in the latter case, a Contracting State in which one or more of these events take place may tax a proportion of the relevant advertising or sponsorship income (as it would do, for example, in the case of remuneration covering a number of unspecified performances; see paragraphs 9.2 and 9.3). Similar income which could not be attributed to such performances would fall under the standard rules of Article 7 or Article 15, as appropriate. Payments received in the event of the cancellation of a performance are also outside the scope of Article 17, and fall under Articles 7 or 15, as the case may be. Various payments may be made as regards merchandising; whilst the payment to an entertainer or sportsperson of a share of the merchandising income closely connected with a public performance but not constituting royalties would normally fall under Article 17, merchandising payments derived from sales in a country that are not closely connected with performances in that country and that do not constitute royalties would normally be covered by Article 7 (or Article 15, in the case of an employee receiving such income).*

9.1 *Apart from the above examples, there are a number of cases where it may be difficult to determine whether a particular item of income is derived by a person as an entertainer or sportsperson from that person's personal activities as such. The following principles may be useful to deal with such cases:*

- *The reference to an „entertainer or sportsperson" includes anyone who acts as such, even for a single event. Thus, Article 17 can apply to an amateur who wins a monetary sports prize or a person who is not an actor but who gets a fee for a once-in-a-lifetime appearance in a television commercial or movie.*
- *As noted in the previous paragraphs, the activities of an entertainer or sportsperson do not include only the appearance in an entertainment or sports event in a given State but also, for example, advertising or interviews in that State that are closely connected with such an appearance.*

- *Merely reporting or commenting on an entertainment or sports event in which the reporter does not himself participate is not an activity of an entertainer or sportsperson acting as such. Thus, for instance, the fee that a former or injured sportsperson would earn for offering comments during the broadcast of a sports event in which that person does not participate would not be covered by Article 17.*
- *Preparation, such as rehearsal and training, is part of the normal activities of entertainers and sportspersons. If an entertainer or sportsperson is remunerated for time spent on rehearsal, training or similar preparation in a State (which would be fairly common for employed entertainers and sportspersons but could also happen for a self-employed individual, such as an opera singer whose contract would require participation in a certain number of rehearsals), the relevant remuneration, as well as remuneration for time spent travelling in that State for the purposes of performances, rehearsal and training (or similar preparation), would be covered by the Article. This would apply regardless of whether or not such rehearsal, training or similar preparation is related to specific public performances taking place in that State (e.g. remuneration that would be paid with respect to the participation in a pre-season training camp would be covered).*

9.2 *Entertainers and sportspersons often perform their activities in different States making it necessary to determine which part of their income is derived from activities exercised in each State. Whilst such determination must be based on the facts and circumstances of each case, the following general principles will be relevant for that purpose:*

- *An element of income that is closely connected with specific activities exercised by the entertainer or sportsperson in a State (e.g. a prize paid to the winner of a sports competition taking place in that State; a daily allowance paid with respect to participation in a tournament or training stage taking place in that State; a payment made to a musician for a concert given in a State) will be considered to be derived from the activities exercised in that State.*
- *As indicated in paragraph 1 of the Commentary on Article 15, employment is exercised where the employee is physically present when performing the activities for which the employment remuneration is paid. Where the remuneration received by an entertainer or sportsperson employed by a team, troupe or orchestra covers various activities to be performed during a period of time (e.g. an annual salary covering various activities such as training or rehearsing; travelling with the team, troupe or orchestra; participating in a match or public performance, etc.), it will therefore be appropriate, absent any indication that the remuneration or part thereof should be allocated differently, to allocate that salary or remuneration on the basis of the working days spent in each State in which the entertainer or sportsperson has been required, under his or her employment contract, to perform these activities.*

9.3 *The following examples illustrate these principles:*

- *Example 1: A self-employed singer is paid a fixed amount for a number of concerts to be performed in different states plus 5 per cent of the ticket sales for each concert. In that case, it would be appropriate to allocate the fixed amount on the basis of the number of concerts performed in each State but to allocate the payments based on ticket sales on the basis of where the concerts that generated each such payment took place.*
- *Example 2: A cyclist is employed by a team. Under his employment contract, he is required to travel with the team, appear in some public press conferences organised by the team and participate in training activities and races that take place in different countries. He is paid a fixed annual salary plus bonuses based on his results in particular races. In that case, it would be reasonable to allocate the salary on the basis of the number of working days during which he is present in each State where his employment-related activities (e.g. travel, training, races, public appearances) are performed and to allocate the bonuses to where the relevant races took place.*

9.4 Payments for the simultaneous broadcasting of a performance by an entertainer or sportsperson made directly to the performer or for his or her benefit (e.g. a payment made to the star-company of the performer) fall within the scope of Article 17 (see paragraph 18 of the Commentary on Article 12, which also deals with payments for the subsequent sales or public playing of recordings of the performance). Where, however, the payment is made to a third party (e.g. the owner of the broadcasting rights) and that payment does not benefit the performer, the payment is not related to the personal activities of the performer and therefore does not constitute income derived by a person as an entertainer or sportsperson from that person's personal activities as such. For example, where the organiser of a football tournament holds all intellectual property rights in the event and, as such, receives payments for broadcasting rights related to the event, Article 17 does not apply to these payments; similarly, Article 17 will not apply to any share of these payments that will be distributed to the participating teams and will not be re-distributed to the players and that is not otherwise paid for the benefit of the players. Whether such payments will constitute royalties covered by Article 12 will depend, among other things, on the legal nature of such broadcasting rights, in particular under the relevant copyright law.

9.5 It is frequent for entertainers and sportspersons to derive, directly or indirectly (e.g. through a payment made to the star-company of the entertainer or sportsperson), a substantial part of their income in the form of payments for the use of, or the right to use, their „image rights", e.g. the use of their name, signature or personal image. Where such uses of the entertainer's or sportsperson's image rights are not closely connected with the entertainer's or sportsperson's performance in a given State, the relevant payments would generally not be covered by Article 17 (see paragraph 9 above). There are cases, however, where payments made to an entertainer or sportsperson who is a resident of a Contracting State, or to another person, for the use of, or right to use, that entertainer's or sportsperson's image rights constitute in substance remuneration for activities of the entertainer or sportsperson that are covered by Article 17 and that take place in the other Contracting State. In such cases, the provisions of paragraph 1 or 2, depending on the circumstances, will be applicable.

***10. [Bemessungsgrundlage]** Der Artikel sagt nichts darüber aus, wie die betreffenden Einkünfte zu bemessen sind. Es ist Sache der innerstaatlichen Gesetzgebung der Vertragsstaaten, über die Abzugsfähigkeit von Ausgaben zu befinden. Die innerstaatlichen Rechte sind in diesem Punkt unterschiedlich; einige sehen Abzugsteuern vor, die mit einem niedrigen Satz von den an die Künstler oder Sportler gezahlten Bruttobeträgen zu erheben sind. Derartige Bestimmungen können auch auf Einkünfte anzuwenden sein, die an Gruppen, an zu einer juristischen Person zusammengeschlossene Ensembles oder Truppen usw. gezahlt werden.*

Einige Staaten können jedoch der Auffassung sein, dass die Besteuerung des Bruttobetrags unter bestimmten Umständen unangemessen ist, selbst wenn der anwendbare Steuersatz niedrig ist. Diese Länder mögen den Wunsch haben, dem Steuerpflichtigen die Option einzuräumen, auf Nettobasis besteuert zu werden. Dies könnte durch Einfügung eines Absatzes etwa folgender Fassung geschehen:

„Erzielt eine in einem Vertragsstaat ansässige Person Einkünfte im Sinne der Absätze 1 oder 2 und werden diese Einkünfte in dem anderen Vertragsstaat nach dem Bruttobetrag besteuert, so kann diese Person innerhalb von (der Zeitraum ist von den Vertragsstaaten zu bestimmen) im anderen Vertragstaat schriftlich beantragen, dass die Einkünfte in diesem Staat nach dem Nettobetrag besteuert werden. Der andere Staat gibt diesem Antrag statt. Bei der Ermittlung des steuerpflichtigen Einkommens der Person werden alle nach dem innerstaatlichen Recht des anderen Staats abziehbaren Ausgaben zum Abzug zugelassen, die für Zwecke der in dem anderen Staat ausgeübten Tätigkeit gemacht werden und die eine in dem anderen Staat ansässige Person, die dieselbe oder ähnliche Tätigkeit ausübt, geltend machen kann."

[ab 15.7.2014:]

10.1 *Some States may also consider that it would be inappropriate to apply Article 17 to a non-resident entertainer or sportsperson who would not otherwise be taxable in a Contracting State (e.g. under the provisions of Article 7 or 15) and who, during a given taxation year, derives only low amounts of income from activities performed in that State. States wishing to exclude such situations from the application of Article 17 may do so by using an alternative version of paragraph 1 drafted along the following lines:*

> *Notwithstanding the provisions of Article 15, income derived by a resident of a Contracting State as an entertainer, such as a theatre, motion picture, radio, or television artiste, or a musician, or as a sportsperson, from his personal activities as such exercised in the other Contracting State, may be taxed in that other State, except where the gross amount of such income derived by that resident from these activities exercised during a taxation year of the other Contracting State does not exceed an amount equivalent to [15 000 IMF Special Drawing Rights] expressed in the currency of that other State at the beginning of that taxation year or any other amount agreed to by the competent authorities before, and with respect to, that taxation year.*

10.2 *The amount referred to in the above provision is purely illustrative. The reference to „IMF Special Drawing Rights" avoids the reference to the currency of one of the two Contracting States and is intended to provide an amount that remains relatively constant in value regardless of currency fluctuations in each State (the IMF Special Drawing Rights (SDRs) are based on a basket of currencies revised periodically and are easily expressed in most convertible currencies). Also, for ease of administration, the proposed provision provides that the limit applicable in a State for a given taxation year is the amount converted in the currency of that State at the beginning of that year. The proposed provision also allows competent authorities to modify the amount when they consider it appropriate; instead of adopting a static amount, however, some States may prefer to adopt an objective mechanism that would allow periodic changes (this could be done, for example, by replacing the amount by a formula such as „50 per cent of the average GDP per capita for OECD countries, as determined by the OECD").*

10.3 *The proposed provision would not prevent Contracting States from collecting tax at the time the relevant income is earned and refunding it after the end of the year once it is established that the minimum amount has not been exceeded.*

10.4 *The proposed provision only applies with respect to paragraph 1 (applying the rule with respect to other persons covered by paragraph 2 could encourage a fragmentation of contracts among many related entities in order to multiply the benefit of the exception). Also, the provision only restricts the additional taxing right recognised by Article 17 and does not affect the source taxing rights otherwise available under Articles 7 and 15. It would therefore not prevent taxation to the extent that the entertainer has a permanent establishment in the State of source or is present in that State for more than 183 days (or is employed by an employer who is a resident of that State or has permanent establishment in that State).*

Absatz 2

11. [Bestimmung des Steuerschuldners] *Absatz 1 des Artikels behandelt Einkünfte, die einzelne Künstler und Sportler aus ihrer persönlich ausgeübten Tätigkeit beziehen. Absatz 2 behandelt Situationen, in denen Einkünfte aus ihren Tätigkeiten bei anderen Personen anfallen. Fallen die Einkünfte des Künstlers oder Sportlers bei einer anderen Person an und kann der Quellenstaat nach seinem Recht nicht durch den Empfänger durchgreifen, um die Einkünfte als Einkünfte des Künstlers oder Sportlers zu besteuern, so sieht Absatz 2 vor, dass der Teil der Vergütungen, der in der Person des Künstlers oder Sportlers nicht besteuert wird, in der Person des Vergütungsempfängers besteuert werden kann. Ist der Empfänger ein Unternehmen, so kann der Quellenstaat auch dann besteuern, wenn die Einkünfte nicht einer in seinem Gebiet gelegenen Betriebstätte zuzurechnen sind. Dies gilt allerdings nicht immer. Es gibt drei Hauptfälle dieser Art.*

a) *Der erste ist der einer Managementgesellschaft, die aus dem Auftritt einer Gruppe von Sportlern (die ihrerseits nicht als juristische Person konstituiert ist) Einkünfte bezieht.*

b) *Der zweite ist das Ensemble, die Truppe oder das Orchester, die als solche als juristische Personen konstituiert sind. Die Einkünfte für ihre Darbietungen werden unter Umständen an die juristische Person gezahlt. Die einzelnen Mitglieder des Ensembles oder Orchesters usw. haben alle Vergütungen oder andere zu ihren Gunsten anfallenden Einkünfte* **[bis 14.7.2014:** *für die Darbietung* **ab 15.7.2014:]** *derived from the performance of these activities see, however, paragraph 14.1 below); nach Absatz 1 in dem Staat zu versteuern, in dem* **[bis 14.7.2014:** *die Darbietung stattfindet* **ab 15.7.2014:]** *they perform their activities as entertainers or sportspersons;* **[bis 14.7.2014:** *die Mitgliedsländer können sich ein- oder zweiseitig für ein Absehen von der Besteuerung entscheiden, wenn den Mitgliedern feste wiederkehrende Bezüge gezahlt werden und die Zurechnung von Teilen der Einkünfte daraus an einzelne Aufführungen schwierig wäre.***]** *Der Gewinn, der bei der juristischen Person aus der Darbietung anfällt, unterliegt der Steuer nach Absatz 2.*

c) *Der dritte Fall betrifft bestimmte Gestaltungen zur Steuerumgehung, bei denen Vergütungen für Darbietungen eines Künstlers oder Sportlers nicht diesem selbst, sondern einem Dritten (z. B. einer so genannten Künstlergesellschaft) mit der Folge gezahlt werden, dass die Einkünfte daraus im Staat der Darbietung weder als Einkünfte aus der persönlich ausgeübten Tätigkeit des Künstlers oder Sportlers noch (da eine Betriebstätte fehlt) als Unternehmensgewinne besteuert werden können. Manche Länder sehen dies als Bezug von Einkünften des Künstlers oder Sportlers an, indem sie nach ihrem innerstaatlichen Recht durch solche Gestaltungen „durchgreifen“; in solchen Fällen können sie die Einkünfte aus der Tätigkeit auf ihrem Gebiet nach Absatz 1 besteuern. Andere Länder sind hierzu nicht in der Lage. Wird die Darbietung in einem solchen Land erbracht, so gestattet ihm Absatz 2, die Gewinne, die von diesen Einkünften des Künstlers oder Sportlers zugunsten des Unternehmens abgezweigt werden, zu besteuern. Einige Staaten sind u. U. nach ihrem innerstaatlichen Recht nicht in der Lage, eine solche Bestimmung anzuwenden. Solche Staaten können andere Lösungen vereinbaren oder darauf verzichten, Absatz 2 in ihre zweiseitigen Abkommen aufzunehmen.*

11.1 [Ansässigkeit in einem Drittstaat] *Die Anwendung des Absatzes 2 ist nicht auf Fallgestaltungen beschränkt, in denen sowohl der Künstler oder Sportler als auch die andere Person, der die Einkünfte zufließen, z. B. eine Künstler- oder Sportlergesellschaft, in demselben Vertragsstaat ansässig sind. Der Absatz erlaubt dem Staat, in dem die Tätigkeiten des Künstlers oder Sportlers ausgeübt werden, die Einkünfte, die aus diesen Tätigkeiten herrühren und einer anderen Person zufließen, unabhängig von anderen Bestimmungen des Abkommens, die ansonsten anwendbar wären, zu besteuern. So erlaubt der Absatz diesem Staat ungeachtet des Artikels 7 die Einkünfte zu besteuern, die von einer in dem anderen Vertragsstaat ansässigen Künstler- oder Sportlergesellschaft erzielt werden, selbst wenn der Künstler oder Sportler nicht in diesem anderen Staat ansässig ist. Wenn umgekehrt die Einkünfte eines in einem der Vertragsstaaten ansässigen Künstlers einer Person, z. B. einer Künstlergesellschaft, zufließen, die in einem Drittstaat, mit dem der Quellenstaat kein Steuerabkommen geschlossen hat, ansässig ist, wird der Vertragsstaat in keiner Weise daran gehindert sein, die Person nach ihrem innerstaatlichen Recht zu besteuern.*

[ab 15.7.2014:]

11.2 *Paragraph 2 does not apply, however, to prize money that the owner of a horse or the team to which a race car belongs derives from the results of the horse or car during a race or during races taking place during a certain period. In such a case, the prize money is not paid in consideration for the personal activities of the jockey or race car driver but in consideration for the activities related to the ownership and training of the horse or the design, construction, ownership and maintenance of the car. Such prize money is not derived from the personal activities of the jockey or race car driver and is not covered by Article 17. Clearly, however, if the owner or team receives a payment in consideration for the personal activities of the jockey* *or race car driver, that income may be taxed in the hands of the jockey or race car driver under paragraph 1 (see paragraph 7 above).*

[bis 14.7.2014:] *11.2* **[ab 15.7.2014:]** ***11.3 [Anwendbarkeit allgemeiner Missbrauchsvorschriften]*** *Als allgemeine Regel sollte jedoch festgehalten werden, dass das Abkommen ungeachtet des Artikels 17 die Anwendung allgemeiner Steuerumgehungsvorschriften des innerstaatlichen Rechts des Quellenstaats nicht verhindert, die diesem Staat, wie in Nummer* **[bis 14.7.2014:]** *24* **[ab 15.7.2014:]** *22 bis 22.1 des Kommentars zu Artikel 1 anerkannt wird, erlauben, in Missbrauchsfällen entweder den Künstler bzw. Sportler oder die Künstler- oder Sportlergesellschaft zu besteuern.*

[ab 15.7.2014:]

11.4 *Paragraph 2 covers income that may be considered to be derived in respect of the personal activities of an entertainer or sportsperson. Whilst that covers income that is received by an enterprise that is paid for performing such activities (such as a sports team or orchestra), it clearly does not cover the income of all enterprises that are involved in the production of entertainment or sports events. For example, the income derived by the independent promoter of a concert from the sale of tickets and allocation of advertising space is not covered by paragraph 2.*

11.5 *Whilst the Article does not provide how the income covered by paragraphs 1 and 2 is to be computed and leaves it to the domestic law of a Contracting State to determine the extent of any deductions (see paragraph 10 above), the income derived in respect of the personal activities of a sportsperson or entertainer should not be taxed twice through the application of these two paragraphs. This will be an important consideration where, for example, paragraph 2 allows a Contracting State to tax the star-company of an entertainer on a payment received by that company with respect to activities performed by the entertainer in that State and paragraph 1 also allows that State to tax the part of the remuneration paid by that company to the entertainer that can reasonably be attributed to these activities. In that case, the Contracting State may, depending on its domestic law, either tax only the company or the entertainer on the whole income attributable to these activities or tax each of them on part of the income, e.g. by taxing the income received by the company but allowing a deduction for the relevant part of the remuneration paid to the entertainer and taxing that part in the hands of the entertainer.*

Weitere Überlegungen zu den Absätzen 1 und 2

12. [Zweifache Nichtbesteuerung] *Wendet der Staat, in dem der Empfänger der Einkünfte ansässig ist, in den Fällen der Absätze 1 und 2 die Befreiungsmethode zur Vermeidung der Doppelbesteuerung an, so ist er selbst dann von der Besteuerung dieser Einkünfte ausgeschlossen, wenn der Staat, in dem die Tätigkeit ausgeübt wird, von seinem Besteuerungsrecht keinen Gebrauch machen kann. Daher sollte in diesen Fällen die Anrechnungsmethode angewendet werden. Das gleiche Ergebnis ließe sich erzielen, indem dem Staat, in welchem der Empfänger der Einkünfte ansässig ist, ein subsidiäres Besteuerungsrecht für den Fall zugestanden wird, dass der Staat, in dem die Tätigkeit ausgeübt wird, von dem ihm nach den Absätzen 1 und 2 eingeräumten Recht keinen Gebrauch machen kann. Die Vertragsstaaten können zwischen der einen oder anderen dieser Methoden wählen, um sicherzustellen, dass die Einkünfte der Besteuerung nicht entgehen.*

13. [Staatsbedienstete] *Der Artikel gilt normalerweise für Künstler und Sportler, die im Dienst eines Staates stehen und Einkünfte von diesem Staat beziehen (vgl. hierzu Ziffer 6 des Kommentars zu Artikel 19). Einige Abkommen sehen vor, dass Artikel 17 nicht für Künstler oder Sportler gilt, die bei Organisationen beschäftigt sind, welche aus öffentlichen Mitteln subventioniert werden.*

14. [Kulturaustausch] *Manche Länder können es als angemessen ansehen, vom Anwendungsbereich des Artikels Veranstaltungen auszuschließen, die aus öffentlichen Mitteln* *unterstützt werden. Diese Länder können dazu eine entsprechende Bestimmung einfügen; solche Ausnahmen sollten jedoch an klar zu definierende und objektive Kriterien anknüpfen, um sicherzustellen, dass sie nur im beabsichtigten Umfang gewährt werden. Eine solche Bestimmung könnte folgendermaßen lauten:*

„Die Absätze 1 und 2 gelten nicht für Einkünfte aus der von Künstlern oder Sportlern in einem Vertragsstaat ausgeübten Tätigkeit, wenn der Aufenthalt in diesem Staat ganz oder vorwiegend aus öffentlichen Kassen eines Staates oder beider Vertragsstaaten oder ihrer Gebietskörperschaften unterstützt wird. In diesem Fall können die Einkünfte nur in dem Vertragsstaat besteuert werden, in dem der Künstler oder Sportler ansässig ist."

[ab 15.7.2014:]

14.1 *Also, given the administrative difficulties involved in allocating to specific activities taking place in a State the overall employment remuneration of individual members of a foreign team, troupe or orchestra, and in taxing the relevant part of that remuneration, some States may consider it appropriate not to tax such remuneration. Whilst a State could unilaterally decide to exempt such remuneration, such a unilateral solution would not be reciprocal and would give rise to the problem described in paragraph 12 above where the exemption method is used by the State of residence of the person deriving such income. These States may therefore consider it appropriate to exclude such remuneration from the scope of the Article. Whilst paragraph 2 above indicates that one solution would be to amend the text of the Article so that it does not apply with respect to income from employment, some States may prefer a narrower exception dealing with cases that they frequently encounter in practice. The following is an example of a provision applicable to members of a sports team that could be used for that purpose:*

The provisions of Article 17 shall not apply to income derived by a resident of a Contracting State in respect of personal activities of an individual exercised in the other Contracting State as a sportsperson member of a team of the first-mentioned State that takes part in a match organised in the other State by a league to which that team belongs.

Bemerkungen zum Kommentar

15. **[bis 14.7.2014:** *Concerning paragraphs 8 and 9,* ***Germany,*** *considering paragraph 18 of the Commentary on Article 12, takes the view that payments made as remuneration for live broadcasting rights of an event are income of the performing or appearing sportspersons or artistes under paragraph 1 of Article 17. This income may be taxed in accordance with paragraph 2 of Article 17 in the case of payments made to any other third party in the context of an economic exploitation of the live broadcasting rights.* **ab 15.7.2014:]** *With respect to the examples given in paragraph 3,* ***Turkey*** *considers that the activity of a model performing as such (e.g. a model presenting clothes during a fashion show or photo session) falls within the scope of this Article regarding the performance and appearance nature of this activity.*

15.1 Frankreich *hält die Auffassung im ersten Satz der Ziffer 13, die von dem Wortlaut vor 1995 abweicht, für unrichtig, weil realistischerweise nicht a priori von einem geschäftlichen Charakter der betreffenden öffentlichen Tätigkeiten – insbesondere kultureller Art – auszugehen ist, die normalerweise nicht den Zweck der Gewinnerzielung verfolgen. Diese Auffassung steht ferner nicht in Einklang mit dem zweiten Satz derselben Ziffer oder mit Ziffer 14, die ausdrücklich eine besondere Ausnahme für die fraglichen Tätigkeiten der öffentlichen Hand vorsieht; diese Regelung wäre, allgemein für gewerbliche Tätigkeiten angewendet, nicht gerechtfertigt, weil sie dann Neutralität und Gleichmäßigkeit der Besteuerung verletzen würde.*

[ab 15.7.2014:]

15.2 ***Switzerland*** *does not share the view expressed in paragraph 9 of the Commentary which provides that Article 17 will apply to advertising or sponsorship income, which has a close connection with a performance in a given State. Switzerland considers that advertising or sponsorship income falls under the standard rules of Article 7 or Article 15, as appropriate, even if such income has a close connection with a performance in a given State. Additionally, Switzerland takes the view that merchandising income and income in the form of payments for the use of, or the right to use, image rights (paragraph 9.5 of the Commentary) are not covered by Article 17.*

Vorbehalte zum Artikel

16. ***Kanada,*** *die* ***Schweiz*** *und die* ***Vereinigten Staaten*** *vertreten die Auffassung, dass Abs. 2 des Artikels nur auf die in Ziffer 11 Buchst. c des Kommentars erwähnten Fälle anwendbar ist; diese Länder behalten sich vor, eine Änderung in diesem Sinne vorzuschlagen.*

[ab 15.7.2014:]

17. ***Germany*** *reserves its right to insert a provision according to which income derived by a person for the transfer of live broadcasting rights or other commercial exploitations of personal activities of entertainers or sportspersons may be taxed in the State where the entertainer or sportsperson exercises the personal activities.*

18. According to ***France's*** *doctrine and treaty practice, income that a sportsperson or entertainer derives from the use of that person's image is inseparable from that person's professional activities and must therefore be taxed in the State in which such income arises. France therefore reserves the right to include in its bilateral conventions an additional paragraph allowing the source taxation of income from activities that cannot be disassociated from professional notoriety.*

19. [gestrichen]

20. Die ***Vereinigten Staaten*** *behalten sich vor, Abs. 1 auf Fälle zu beschränken, in denen der Künstler oder Sportler einen bestimmten Betrag verdient.*

Text: Stellungnahmen von Nichtmitgliedstaaten zum OECD-MA (OECD-NM)

Positions on the Article

1. The ***Philippines*** *and* ***Russia*** *reserve the right to exclude from the application of paragraph 1 artistes and sportsmen employed in organisations which are subsidised out of public funds.*

2. **[bis 14.7.2014:** ***India*** *and* ***Thailand*** *reserve the right to exclude from the application of paragraphs 1 and 2 the income from activities performed in a Contracting State by entertainers or sportspersons if the activities are substantially supported by public funds and to provide for residence based taxation of such income.* **ab 15.7.2014:]** ***India*** *reserves the right to include performing as well as non-performing artists in the scope of the term „entertainers".*

[ab 15.7.2014:]

Positions on the Commentary

4. ***Argentina, Brazil*** *and* ***Malaysia*** *do not agree with the interpretation in paragraph 3, according to which Article 17 should not be extended to a model performing as such and* *presenting clothes during a fashion show. They consider that, under some circumstances, a fashion show may be regarded as of an entertainment nature. Thus, the income derived by a model from the participation in such a fashion show may be included in Article 17 (as opposed to the income derived by a model from other activities, i.e. the photo session, where the activity performed is clearly not of an entertainment nature).*

*5. **Brazil, Malaysia** and the **People's Republic of China** do not adhere to the interpretation set out in paragraph 3, because they take the view that visiting conference speakers, including especially former politicians, could be covered by Article 17 if an entertainment character is present in their speeches.*

*6. **Argentina** does not share the interpretation in paragraph 9.1 because it considers that, in some cases, the fee that a former or injured sportsperson would earn for offering comments during a broadcast of a sports event in which that person does not participate, may be received for personal activities of that person of an entertainment nature. In such cases, he/she is offered the job (and the relevant income) because of his/her fame as a sportsperson and not for his/her reputation as a commentator, and therefore such income is covered by Article 17.*

*7. **India** does not agree with the interpretation in paragraph 3, according to which Article 17 should not be extended to a model performing as such and presenting clothes during a fashion show. India considers that, under some circumstances, a fashion show may be regarded as of an entertainment nature and accordingly covered by Article 17.*

*8. **India** does not agree with the interpretation given in paragraph 9 restricting the scope of Article 17 only to personal activities that have a close connection with performance. India considers that any consideration received by an entertainer or a sportsperson for any personal activity, including appearance is covered by Article 17.*

*9. **India** does not agree with the third example in paragraph 9.1, related to reporting or commenting activities during the broadcasting of an entertainment or sports event, as it considers that such activities are covered by Article 17.*

*10. **Brazil** and **India** do not adhere to the interpretation set out in paragraph 11.2. They take the view that prize money in such races is paid in consideration for personal activities of the jockey and race car driver and is covered by Article 17.*

11. With respect to paragraph 14 of the Commentary, India considers that the phrase „personal activities as such" in paragraph 1 of article 17 would not include activities financed by public funds and that the alternative provision included in paragraph 14 simply confirms that view.

A. Zu Art. 17 Abs. 1

I. Erläuterungen zu den MA

1. Übereinstimmungen und Abweichungen

In ihren allgemeinen Regeln über die Vorrangbesteuerung bei den Einkünften 2
der Künstler und Sportler stimmen die Musterabkommen überein, ebenso wie die deutsche Verhandlungsgrundlage. Das US-MA enthält zusätzlich eine Ausnahmevorschrift für Einkünfte, die eine bestimmte Höhe nicht überschreiten (hierzu näher Rz. 58f.).

2. Erläuterungen

a) Grundzüge: Art. 17 schafft einen Ausnahmetatbestand zur grundsätzlichen 3
Besteuerung im Ansässigkeitsstaat. Danach besteuert die Einkünfte der Künstler und Sportler aus ihrer persönlichen künstlerischen oder sportlichen Tätigkeit vorrangig der Staat des **Ortes der Tätigkeit** als **Quellenstaat.** Dem liegt der Gedan-

ke zugrunde, dass wegen der spezifischen Mobilität und der vielfältigen Einnahmemöglichkeiten dieser Berufsgruppe ihr Ansässigkeitsstaat oftmals nicht in der Lage sein wird, die einzelnen „Einkunfts-Aktivitäten" des Künstlers oder Sportlers zu erfassen. Er wäre damit vorwiegend auf Auskünfte des jeweiligen Tätigkeitsstaates angewiesen. Auch bei der Steuerbeitreibung könnten sich Schwierigkeiten ergeben, so dass eine Besteuerung vorrangig im Staat der Ausübung *(Country of performance)* effektiver und daher sachgerechter ist (*OECD,* The taxation of income derived from entertainment, artistic and sporting activities, Ziff. 16, 18 ff., 35 ff.).

3a Ausgestaltung und Rechtfertigung von Art. 17 als Sonderregelung für eine bestimmte Personengruppe sind Gegenstand aktueller Diskussionen. Im wesentlichen geht es dabei um Vorschläge wie z. B. der Ausdehnung des von Art. 17 erfassten Personenkreises, der Einführung von Besteuerungsgrenzen des Quellenstaats (de minimis-Regelung, zeitlich oder betraglich), einer allgemein gültigen Besteuerung auf Nettobasis oder bis hin zur Forderung nach Abschaffung der Vorschrift (vgl. nur *OECD,* Discussion Draft, 2010, dazu Seminar E „Red Card Article 17?", 64. IFA-Kongress, Rom sowie *Molenaar,* Performing Artistes, S. 339 ff., 353 ff.; *Molenaar/Tenore/Vann,* BIT 2012, 127; *Molenaar/Grams,* TMIJ 2011, 95; *Sandler,* Artists and Sportsmen, 215, 235 ff.; dazu *Molenaar,* Discussion of Daniel Sandler's Paper, 247; *Arnold,* BIT 2011, 59, 64, 67; *Tetlak,* WTJ 2010, 262, 279 ff., jeweils mit Änderungsvorschlägen).

4 Der Quellenstaat besteuert diese Einkünfte nach Maßgabe seines innerstaatlichen Rechts, ohne durch das Abkommen darin beschränkt zu sein (MA-Komm. Ziff. 10). Nach seinem nationalen Recht bestimmt sich insbesondere, ob und in welchem Umfang die Einkünfte einem Abzug an der Quelle unterworfen werden (*Conseil d'État* Dr. Fisc. 1988 comm. 2111 concl. *Laprade: DBA Frankreichs* mit *Belgien, Deutschland, Italien* und den *Niederlanden*; zur Abschaffung der beschränkten Steuerpflicht für Künstler und Sportler in den Niederlanden ab 1.1.2007 s. SWI-online v. 7.9.2006). Einige Staaten sehen eine Entlastung des inländischen Vergütungsschuldners vom Quellensteuerabzug vor, wenn eine Ansässigkeitsbescheinigung des ausländischen Künstlers oder Sportlers vorliegt (so Deutschland: § 50d EStG; Österreich: §§ 99 ff. EStG und seit 1.7.2005 „DBA-Entlastungsverordnung" mit Erläuterungen durch das ÖstBMF (s. o. Rz. 1, Österreich) sowie abkommensrechtlich ÖstBMF v. 17.11.1992, SWI 1993, 4: *DBA Österreich/Ungarn;* v. 14.11.1994, SWI 1995, 4: *DBA Österreich/USA*; v. 3.3.2006 (EAS 2704), SWI 2006, 247: *DBA Österreich/Ungarn;* v. 27.4.2006 (EAS 2716), SWI 2006, 299: *DBA Österreich*; v. 27.10.2010 (EAS 3183), SWI 2010, 503 zu US-Orchester: *DBA Österreich/USA;* v. 22.11.2010 (EAS 3190), SWI 2010, 604 zu Auftritten ausländischer Zirkusveranstalter in Österreich: *DBA Österreich* mit *Griechenland, Spanien* und *Frankreich;* v. 17.1.2012 (EAS 3264), SWI 2012, 50 zu russischem Orchester: *DBA Österreich/Russland* und insbesondere mit Bezug auf ausländische Künstleragenturen ÖstBMF v. 17.8.2005 (EAS 2627), SWI 2006, 154: *DBA Belgien/Österreich,* vgl. u. Rz. 14; für Einzelheiten s. ÖstBMF v. 15.4.1999, AöFV 111/1999; dazu *Loukota,* SWI 1999, 258; zur regen Praxis der österreichischen Finanzverwaltung s. a. die Sammlung von Einzelauskünften durch *Loukota/Jirousek,* Steuerfragen International, (1999), S. 247 ff. sowie *Krüglstein,* Der Künstlerdurchgriff, 2009, 25 ff.). Der OECD-Steuerausschuss befürwortet bei nicht ansässigen Künstlern und Sportlern einen generellen Abzug unabhängig vom Vorliegen einer festen Geschäftseinrichtung oder Betriebstätte, verbunden mit einem hohen Steuersatz und einer Haftung des Vergütungsschuldners (*OECD,* The taxation of income derived from entertainment, artistic and sporting activities, Ziff. 47; einen Überblick über die Regelungen in verschiedenen Ländern enthält *Burns et. al.,* TMIF Vol. 22, Heft 1, (2000)). Im MA-Komm. fand diese Ansicht bisher jedoch keinen Niederschlag. Zur Frage der Besteuerung auf Brutto- oder Nettobasis schlägt der MA-Komm. in der seit 2008 geltenden Fassung eine alternative Formulierung für eine optionale Nettobesteuerung von Künstlern und Sportlern vor (vgl. Ziff. 10). Damit solle mit Blick auf den Abzug von Ausgaben im Zusammenhang mit der künstlerischen oder sportlichen Tätigkeit eine Gleichbehandlung mit vergleichbaren Ansässigen im Quellenstaat erreicht werden (zu früheren Vorschlägen *Panayi,* ET 2007, 452, 454f.; zu den Änderungen des OECD-MA-Komm. 2008 im Überblick *Jirousek,* ÖStZ 2009, 195).

Die **Besteuerung im Ansässigkeitsstaat** lässt Art. 17 offen („können", s. Vor Art. 6 bis 22 Rz. 4ff.; anders hingegen die – irrige und der nationalen Finanzverwaltung widersprechende – Ansicht der Rechtsprechung in Indien, wonach der Ausdruck „können" bzw. „may be taxed" eine ausschließliche Besteuerung im Quellenstaat begründet und eine Besteuerung im Ansässigkeitsstaat nach dem Welteinkommensprinzip untersagt, dazu *Sengupta,* Intertax 2010, 38; *Arnold,* BIT 2009, 175, 176f. mit Verweisen auf die einschlägigen Entscheidungen des Supreme Court und des *Income Tax Appellate Tribunal,* Urt. v. 20.10.2008, 2008-TIOL-558-ITAT-MUM (Ms. Pooja Bhatt), insbesondere zum *DBA Indien/Kanada* sowie zu gesetzlichen Änderungsvorschlägen). Ob die Einkünfte freizustellen sind oder die Steuer des Quellenstaats angerechnet wird, bestimmt sich nach Art. 23A oder B. Stellt der Ansässigkeitsstaat die Einkünfte (innerstaatlich oder abkommensrechtlich) frei, so kann es allerdings zur doppelten Nicht-Besteuerung kommen, z.B., wenn der Quellenstaat nach seinem innerstaatlichen Recht Künstlern und Sportlern besondere Steuerbefreiungen gewährt oder sie einem niedrigeren Steuersatz unterwirft. Eine Besteuerung im Ansässigkeitsstaat kann für solche Fälle durch die Anwendung der Anrechnungsmethode (so zum Beispiel Österreich im Verhältnis zu Großbritannien, Japan, Kanada und den USA, s. ÖstBMF v. 28.5.1991, SWI 1991, 209 sowie beim *DBA Deutschland/Österreich,* ÖstBMF v. 17.2.2010 (EAS 3135), SWI 2010, 100; allgemein befürwortend *Lüdicke,* S. 74f.) oder durch eine subject-to-tax-Klausel (s. Vor Art. 6 bis 22 Rz. 20ff.) aufrechterhalten werden (vgl. MA-Komm. Ziff. 12; für ein Beispiel s. das bereits außer Kraft getretene *DBA Dänemark 1962*). Alternativ schlägt die *OECD* eine Formulierung einer Abkommensklausel zur Freistellung bestimmter Einkünfte abhängig beschäftigter Mitglieder eines Teams, Orchesters o.ä. vor, s. *OECD* Discussion Draft 2010, Entwurf MA-Komm. Ziff. 14.1; im Überblick zu den Vorschlägen *Arnold,* BIT 2010, 494. 5

b) Abgrenzung: Art. 17 ist eine Spezialvorschrift für eine bestimmte Berufsgruppe. Eine Privilegierung gegenüber anderen Steuerpflichtigen ist damit jedoch nicht beabsichtigt. Die besonderen Tatbestandsvoraussetzungen des Art. 17 (der „Metatatbestand", s. Grundl. Rz. 79) sind **nicht gegeben,** wenn die jeweiligen Einkünfte der Künstler oder Sportler **nicht in einem unmittelbaren oder mittelbaren Zusammenhang** mit einer **konkreten öffentlichen Darbietung** stehen. Es ist daher stets zu prüfen, wofür und aus welchem Anlass der Künstler oder Sportler sein Entgelt bezieht (*OECD,* The taxation of income derived from entertainment, artistic and sporting activities, Ziff. 77ff.; im Ergebnis ebenso *OECD,* Discussion Draft 2010, Ziffer 1., Neufassung Ziffer 9.1 MA-Komm., 2. Spiegelstrich; danach soll es auf die Person des Zahlenden nicht ankommen, a.a.O., Entwurf MA-Komm. Ziff. 8.1). Scheidet die Anwendung des Art. 17 aus, bleibt es – vorbehaltlich anderer Verteilungsnormen – bei der Besteuerung im Ansässigkeitsstaat (so auch bei Fehlen einer dem Art. 17 vergleichbaren Vorschrift, dazu ÖstBMF v. 4.5.1998 (EAS 1254), SWI 1998, 298: *DBA Österreich/Russland*). Im Einzelnen ist Art. 17 Abs. 1 demgemäß gegenüber den anderen Verteilungsnormen des MA wie folgt abzugrenzen: 6

aa) Art. 14, 15: Trotz der Aufhebung des Art. 14 im OECD-MA 2000 (dazu s. Art. 14 Rz. 1; *Kort,* Intertax 2001, 72) ist die Abgrenzung jedenfalls für Alt-DBA 7 weiterhin bedeutsam. Für neu abgeschlossene DBA wird die Frage künftig hingegen an Bedeutung verlieren (kritisch zur aktuellen Systematik der Besteuerung von Dienstleistungen bzw. Einkünften aus selbständiger Tätigkeit nach dem OECD-MA *Arnold*, BIT 2011, 59; mit Blick auf entsprechende Überlegungen zum UN-MA *ders.*, BIT 2011, 118, 119f.). Art. 17 gilt ebenso für die selbstständige wie für die unselbstständige künstlerische oder sportliche Tätigkeit; er durchbricht damit die in den Art. 14 und 15 getroffene Regelung und ist ihnen gegenüber **lex specialis** (Abs. 1: „ungeachtet"; MA-Komm. Ziff. 1; so wohl auch *District Court of Bear Shiva,* Income Tax Appeal 505/04, v. 31.8.2008: *DBA Israel/USA,* zit. nach *Arnold,* BIT 2009, 562 und IBFD online; dazu s. u. Rz. 58; ebenso *Rechtbank Breda,* Urt. v. 18.3.2008, LJN BD0805 AWB 07/2659 (zit. nach IBFD online) für einen berufsmäßigen Sänger (Grenzgänger) in einem Opernchor: *DBA Niederlande/Belgien;* anders hingegen *Corte di Cassazione,* Urt. v. 8.7.2004, no. 12595 (zit. nach IBFD online, s. a. www.altalex.com): *DBA Frankreich/Italien 1989,* wonach die Besteuerung einer in Frankreich ansässigen und in Italien angestellten Musikerin aufgrund der ausdrücklichen Regelung für Grenzgänger in Art. 15 Abs. 4 dieses DBA's (entgegen Art. 17) Frankreich als Ansässigkeitsstaat zusteht; dazu *Favi/Parolini,* BIT 2010, 429, 435). Übt der Künstler oder Sportler seine Tätigkeit **selbstständig** aus, so ist es im Gegensatz zu Art. 14 für die Vorrangbesteuerung im Tätigkeitsstaat ohne Belang, ob er dazu über eine feste Einrichtung verfügt oder nicht (zur Geltung von Art. 24 für selbständig tätige Künstler und Sportler *Lang,* SWI 2011, 9, 14). Wird die künstlerische oder sportliche Tätigkeit **nicht selbstständig** ausgeübt, so besteuert der Quellenstaat die erzielten Einkünfte ungeachtet der 183-Tage-Regel und unabhängig davon, wie und von wem der Künstler oder Sportler seine Vergütung erhält. Es braucht somit nicht untersucht zu werden, ob der Künstler oder Sportler als Arbeitnehmer oder als Selbstständiger tätig geworden ist. In beiden Fällen steht dem Staat, in dem die Tätigkeit ausgeübt worden ist, die Besteuerung vorrangig zu (zu Abweichungen in der Praxis der deutschen DBA s. u. Rz. 74 sowie FG Baden-Württemberg EFG 2007, 1879: *DBA Türkei 1985;* FG Berlin-Brandenburg EFG 2012, 1165: *DBA Schweiz;* zur Ausübung der künstlerischen oder sportlichen Tätigkeit durch sog. Grenzgänger s. Rz. 88).

8 Dies gilt jedoch nicht uneingeschränkt. Zur Förderung des **Kulturaustausches** (s. hierzu Rz. 92ff.) können die Vertragspartner die Vorrangwirkung des Art. 17 Abs. 1 auf die Fälle der selbstständigen Tätigkeit i. S. des Art. 14 beschränken. Die Besteuerung der abhängig beschäftigten Künstler und Sportler im Ansässigkeitsstaat bleibt dann Sache des Art. 15 (MA-Komm. Ziff. 2). Dadurch wird vermieden, dass die zwischenstaatlichen kulturellen Beziehungen mit den Steuern des Quellenstaates belastet werden (zur Freistellung im Wege des Erstattungsverfahrens ÖstBMF v. 21.4.1997 (EAS 1058), SWI 1997, 240: *DBA Österreich/Schweiz* sowie nunmehr DBA-Entlastungsverordnung, s. o. Rz. 1, Österreich). Zu deutschen DBA mit entsprechend eingeschränkter Vorrangwirkung vgl. Rz. 74.

9 Art. 14 und 15 werden des weiteren von Art. 17 Abs. 1 dann **nicht verdrängt,** wenn der Künstler oder Sportler Honorare aus Werbung und aus Sponsoring bezieht, die **nicht** unmittelbar oder mittelbar einer **aktuellen** Darbietung oder Aufführung zugerechnet werden können **(kunst- oder sportfremde Einkünfte),** wie beispielsweise für Werbetexte auf dem Trikot oder für die Verwendung von Sportgeräten bzw. Sportausrüstungen eines bestimmten Herstellers (ausführlich zu Werbeeinnahmen von Künstlern und Sportlern *Hahn-Joecks,* S. 84ff.). Bei Vorliegen der übrigen Voraussetzungen steht die Besteuerung dem Ansässigkeitsstaat zu (MA-Komm. Ziff. 9). Wird allerdings die Beteiligung an einem **bestimmten** Wettkampf gesponsert oder beschränkt sich die Werbung auf **bestimmte** Sportereignisse, so ist Art. 17 Abs. 1 anwendbar. In diesem Fall werden die anteiligen Werbeeinkünfte im Tätigkeitsstaat besteuert, übereinstimmend FG Münster, EFG

2006, 1177, das im Übrigen den notwendigen unmittelbaren Zusammenhang in „örtlicher und zeitlicher" Hinsicht konkretisiert (a. A. *Schrettl,* S. 234, der alle Werbeentgelte unabhängig vom jeweiligen Zusammenhang aus dem Anwendungsbereich des Art. 17 herausnehmen will). Nach Ansicht des ÖstBMF werden beispielsweise Werbeeinnahmen eines (Ski-)Sportlers in Form einer Erfolgsprämie für das Tragen einer Skibrille von Art. 17 erfasst, soweit die Zahlungen für die Verwendung der Skibrillen bei österreichischen Rennen erfolgen (ÖstBMF v. 2.2.1994, SWI 1994, 74 unter Verweis auf *OECD,* The taxation of income derived from entertainment, artistic and sporting activities, Ziff. 83; ähnlich auch ÖstBMF v. 2.8.1996, SWI 1996, 421 für einen Profiradrennfahrer). Voraussetzung ist aber immer, dass die Prämie für das einzelne Sportereignis **gesondert bemessen** wird; der Quellenstaat darf nicht eine Aufteilung vornehmen, die die Parteien so nicht vereinbart haben, nur um Art. 17 zur Anwendung zu bringen. Dies wird bisweilen in Abrede gestellt und versucht, auch veranstaltungs**un**abhängige Vergütungsbestandteile eines Gesamtentgelts der Besteuerung des Tätigkeitsstaats zu überlassen, vgl. FG Münster, a. a. O., 1177 (1179); *Betten,* ET 2006, 231 (234) mit Verweis auf den niederländischen Generalanwalt beim Hoge Raad, der jedenfalls für eine vom Sportler bezogene Grundvergütung (basic salary) dies ebenfalls bejaht. Im Übrigen vgl. Rz. 13, 50 ff. Anders aber Schweizer Bundesgericht, Urt. v. 6.5.2008, II. öffentlich-rechtliche Abteilung, 2C_276/2007/zga, www.bger.ch: *DBA Schweiz/Niederlande 1951.* Danach sei Art. 17 auf Basis des MA-Komm. „nicht ausdehnend, sondern eher einschränkend zu interpretieren" (a. a. O., Ziff. C. I.5.6). Das einem in der Schweiz ansässigen und bei einem niederländischen Arbeitgeber angestellten Berufs(rad)sportler gezahlte Grundgehalt könne daher mangels unmittelbarem Zusammenhang mit einem Sportereignis nur im Ansässigkeitsstaat nach Art. 15 besteuert werden; kritisch zu dieser Entscheidung *Lang,* Schweizer Bundesgericht zur DBA-Auslegung, in FS Djanani, 495 sowie zusammenfassend *Günther* SWI 2009, 126. Zum Vorrang der Besteuerung nach Art. 15 durch Verneinung der Einordnung als Künstler im Fall eines TV-Moderators s. a. *Hoge Raad* BNB 2007, 97: *DBA Niederlande/Mexiko,* dazu *Pötgens*, ET 2008, 85, 87.

bb) Art. 7: Auch im Verhältnis zu den Vorschriften über Unternehmensein- 10
künfte geht Art. 17 Abs. 1 als Spezialvorschrift vor. Dies folgt bereits aus dem Charakter des Art. 17 als spezielle Regelung für die Berufsgruppe der Künstler und Sportler. Eine Notwendigkeit, den Vorrang des Art. 17 Abs. 1 gegenüber den Unternehmenseinkünften nach Art. 7 ausdrücklich anzuordnen, bestand daher nicht (so auch *Loukota,* SWI 1991, 254; *Rief,* in Gassner/Lang/Lechner, Entwicklungen, S. 241). Dass in neuerer Zeit die **deutsche** Abkommenspraxis den Vorrang des Art. 17 gegenüber Art. 7 ausdrücklich hervorhebt (s. Rz. 70), hat deshalb nur klarstellende Bedeutung (anders wohl FG Münster, EFG 2006, 1677: *DBA Kenia,* das den Vorrang von Art. 17 mangels Bezug auf Art. 7 ablehnt). Bei der Durchgriffsbesteuerung des Art. 17 Abs. 2 (hierzu s. Rz. 107 ff.) ist demgegenüber die Erwähnung des Art. 7 erforderlich, um die Besteuerung im Quellenstaat trotz des Fehlens einer Betriebstätte sicherzustellen. Mit anderen Worten: ist eine Tätigkeit nach dem Abkommensrecht nicht selbstständig i. S. des Art. 14, sondern Unternehmenstätigkeit i. S. des Art. 7, so fällt sie dennoch unter Art. 17, wenn sie durch den dort genannten Personenkreis ausgeübt wird (s. Rz. 21 ff.).

Vermittelt eine **Zwischenperson** (wie ein Agent, Manager, Impresario) den 11
Auftritt eines Künstlers oder Sportlers, so unterfallen die von diesem bezogenen Einkünfte in der Regel Art. 7, jedenfalls aber nicht Art. 17 (vgl. dazu u. Rz. 42a). Diejenigen Vergütungen dagegen, die die Mittelsperson **für Rechnung der Künstler oder Sportler** entgegennimmt, sind den Künstlern oder Sportlern zuzurechnen (MA-Komm. Ziff. 7). Die Vertragsstaaten können allerdings auch die Einkünfte der Zwischenpersonen allgemein dem Art. 17 zuordnen. Ein Formulie-

rungsvorschlag findet sich bei *OECD,* The taxation of income derived from entertainment, artistic and sporting activities, Ziff. 74. Zum Vorrang von Art. 7 bei einer (Musical-) Produktionsgesellschaft ÖstBMF v. 23.3.2009 (EAS 3045), SWI 2009, 264: *DBA Österreich/Deutschland.*

12 **cc) Art. 19:** Stehen Künstler oder Sportler **im Dienst eines Staates** (Staatsoper, -zirkus, -ballett, -orchester o. ä., staatlich unterhaltene Spitzensportler) und beziehen sie ihre Einkünfte von diesem Staat, so richtet sich die Besteuerung dann nach Art. 17, wenn die Staatstätigkeit, in deren Rahmen die Künstler oder Sportler beschäftigt sind, „gewerblich" i. S. des Art. 19 Abs. 3 ist (s. dazu Art. 19 Rz. 84). Diese Regelung ist 1995 durch eine geringfügige Änderung des Art. 19 Abs. 3 (Einfügung der Zahl 17) eingeführt worden. Nach Meinung des MA-Komm. gilt die Regelung „normalerweise" (Ziff. 13). Frankreich hält diese Auffassung für unrichtig, weil realistischerweise nicht a priori von einem gewerblichen Charakter der betreffenden öffentlichen Tätigkeiten auszugehen sei (MA-Komm. Ziff. 15.1). In der Tat wird Sportförderung kaum je gewerblich sein; auch bei der staatlichen Besoldung für einen Künstler kann es sich um Kulturförderung handeln, während allerdings die Tätigkeit eines Staatszirkus in der Regel wohl „gewerblich" sein dürfte. Ist die staatliche Tätigkeit nicht „gewerblich" oder fehlt, wie nach der bis 1995 geltenden Fassung des MA, in Art. 19 der Vorbehalt zugunsten des Art. 17, so richtet sich die Besteuerung nach Art. 19 (MA-Komm. Ziff. 13; zu Art. 19 Ziff. 6), allerdings unter der Voraussetzung, dass die Tätigkeit als Staatsbediensteter unselbstständig erbracht wird. Ist die Leistung dagegen selbstständig, z. B. von einem Dirigenten an einem von einer Stadtgemeinde betriebenen Opernhaus, so richtet sich die Besteuerung nach Art. 17 (so der ÖstVwGH v. 23.2.1994, SWI 1994, 240: *DBA Italien/Österreich*). Die Anwendung des Art. 17 kann für Künstler und Sportler, die bei staatlich subventionierten Organisationen beschäftigt sind, ausgeschlossen werden. Eine ähnliche „mittelbare Staats-Klausel" wäre auch bei Gesellschaften mit staatlicher Mehrheitsbeteiligung denkbar. Ohne eine solche DBA-Formulierung verbleibt es in diesen Fällen bei der innerstaatlichen oder abkommensrechtlichen Durchgriffsbesteuerung nach Art. 17 Abs. 2, soweit eine solche vorgesehen ist (s. Rz. 107 ff.).

13 **dd) Art. 12:** Einkünfte aus der **Verwertung** der künstlerischen oder sportlichen Tätigkeit, beispielsweise durch den Verkauf oder durch das Abspielen von Tonträgern, Video-Kassetten oder sonstigen Bildaufzeichnungen, stehen in **keinem** unmittelbaren oder mittelbaren Zusammenhang mit einer öffentlichen Darbietung oder Aufführung. Die Besteuerung dieser Einkünfte aus Urheber- oder sonstigen Rechten an geistigem Eigentum richtet sich in der Regel nach Art. 12 (zu Ausnahmen in der deutschen Abkommenspraxis vgl. Rz. 80 ff.; zur Abgrenzung in Österreich vgl. ÖstBMF v. 28.10.2002 (EAS 2147), SWI 2003, 30: *DBA Österreich/Spanien*; v. 16.5.2003 (EAS 2292), SWI 2003, 307: *DBA Österreich/Dänemark* und *Frankreich*; v. 21.6.2010 (EAS 3159), SWI 2010, 299: *DBA Österreich/Frankreich* zur Zuordnung von Lizenzgebühren bei einer französischen festen Einrichtung eines in Österreich ansässigen Künstlers; allgemein *Toifl/Vrignaud,* s. o. Rz. 1; instruktiv zur Bestimmung des Urheberrechts bei Sporteinkünften *Gauteng Tax Court,* Income Tax Case No. 1735, Tax Cases 2002, 455 (462): *DBA Großbritannien/Südafrika,* s. u. Rz. 43; offen gelassen nach UK-Steuerrecht im Fall *Agassi v Robinson,* 2006, STC 1056, da trotz Zusammenhangs zwischen Sportveranstaltung und Vergütung für das Tragen der Sportbekleidung und der Benutzung der Sportausrüstung keine beschränkte Steuerpflicht bestand; zu sog. image rights nun *OECD* Discussion Draft 2010, Entwurf MA-Komm. Ziff. 9.5). Vergütungen für einen **konkreten Auftritt** können dagegen nach Art. 17 besteuert werden (vgl. MA-Komm. zu Art. 12, Ziff. 18; hierzu *Sandler,* The Taxation of International Entertainers and Athletes, 1995, S. 184 ff.). Bei sogenannten *package-deals,* d. h.

bei Zahlungen eines Gesamtentgelts für die persönliche Leistung wie für deren Verwertung kann eine Aufteilung erforderlich sein (s. Rz. 43 und Art. 12 Rz. 74). Auch die Neufassung des MA-Komm. 2000 zu Art. 12 Ziff. 18 unterscheidet wie zwischen der Vergütung für einen Live-Auftritt (dann Art. 17) oder für einen Mitschnitt. Wird das Entgelt für einen Mitschnitt bezahlt, ist jedoch zusätzlich auf den **Rechtsgrund der Zahlung** abzustellen: Beruht die Vergütung auf dem **eigenen** Urheberrecht des Künstlers oder Sportlers ist Art. 12, **ansonsten** Art. 7 oder Art. 17 anwendbar. Zur Zuordnung von Werbeeinnahmen aus der Vermarktung von Sportlern zu Art. 12 s. für Vergütungen bis 31.12.2008 BMF v. 23.1.1996, BStBl. I 1996, 89, Tz. 5.4; danach BMF v. 25.11.2010, BStBl. I 2010, 1350, Rz. 86ff.; FG Köln, EFG 1998, 176: *DBA Niederlande 1959/91* sowie ÖstBMF v. 28.5.1991, SWI 1991, 209 und v. 15.3.1994, SWI 1994, 151; zur Abgrenzung von Künstlerüberlassung und Übertragung von Namensrechten für Werbezwecke s. FG Köln, Urt. v. 8.6.2000, Datev-Dok. Nr. 571334: *DBA Irland* und BFH BFH/NV 2001, 1563. Nach *OECD* Discussion Draft 2010, Entwurf MA-Komm. Ziff. 9 a.E. sollen anteilige Einkünfte aus der Vermarktung hingegen von Art. 7 erfasst sein, soweit kein Bezug zur künstlerischen oder sportlichen Tätigkeit besteht und keine Lizenzgebühren vorliegen.

ee) Art. 17 Abs. 2: Fließen Einkünfte unmittelbar dem Künstler oder Sportler zu, so richtet sich die Besteuerung nach Art. 17 Abs. 1. Der MA-Komm. hebt hervor, dass dies auch dann gelte, wenn die Zahlungen an eine zwischengeschaltete Gesellschaft geleistet werden, sofern das **innerstaatliche Recht** des Tätigkeitsstaates einen **Durchgriff** („look through approach") gestattet (Ziff. 8, letzter Satz; in diesem Sinn bereits *OECD,* The taxation of income derived from entertainment, artistic and sporting activities, Ziff. 91; *Rief,* in Gassner/Lang/Lechner, Entwicklungen, S. 247; *Long/Tyrell,* Intertax 1992, 690; zu ausländischen Künstleragenturen ÖstBMF v. 10.3.2006 (s.o. Rz. 1, Österreich), Tz. 36ff., insb. 39 sowie auch ÖstBMF v. 17.8.2005 (EAS 2627), SWI 2006, 154: *DBA Belgien/Österreich;* nach EAS 3002 v. 23.9.2008 unterscheidet das ÖstBMF danach, ob die ausländische Künstleragentur nur als Vermittler im Namen des Künstlers oder Sportlers (dann: Art. 17 Abs. 1) oder kraft eigener Rechtsposition im eigenen Namen (dann: Art. 17 Abs. 2) tätig wird, SWI 2008, 442: *DBA Österreich/Deutschland* bzw. *DBA Österreich/Australien* (ebenso ÖstBMF v. 22.2.2008 (EAS 2918), SWI 2008, 98: *DBA Österreich/Spanien* für eine rückwirkende Einbringung des Musiker-Einzelbetriebs in eine Kapitalgesellschaft); den Durchgriff bestätigend *Conseil d'État,* req. n. 271366, Dr. Fisc. 2008, comm. 292: *DBA Frankreich/Schweiz*; inwieweit sich aus abkommensrechtlicher und EG-rechtlicher Sicht Begrenzungen des Durchgriffs ergeben können untersuchen *Juárez,* ET 2003, 409 (Teil I) und 457 (Teil II) sowie *Taeymans/Stubna,* s.o. Rz. 1). Aufgrund der innerstaatlichen Befugnis, unmittelbar auf den Künstler oder Sportler durchgreifen zu können, kommt es nach Ansicht der spanischen Rechtsprechung auch nicht darauf an, ob das konkrete Abkommen eine dem Art. 17 Abs. 2 MA vergleichbare Vorschrift enthält. Dies folge aus Ziff. 8 und 11 Buchst. c MA-Komm. und gelte gemäß Ziffern 33 und 34 der Einleitung zum OECD-MA auch für DBA vor Einfügung von Art. 17 Abs. 2 MA 92, vgl. *Tribunal Supremo,* Urteile v. 11.6.2008 und 13.4.2011, jeweils *DBA Spanien/Niederlande* zu Einkünften aus der Überlassung von Persönlichkeitsrechten, dazu *Arnold,* BIT 2011, 650, 652 und ausführlich zur spanischen Spruchpraxis *de Juan y Ledesma,* ET 2012, 116; ET 2009, 518. Ist ein Durchgriff innerstaatlich **nicht** vorgesehen, so kommt nur eine Besteuerung **der Gesellschaft** in Betracht. Sie ist dem Tätigkeitsstaat nur gestattet, wenn entweder **(1.)** die Gesellschaft im Tätigkeitsstaat eine **Betriebstätte** unterhält (Art. 7 Abs. 1) oder **(2.)** das DBA zwischen dem Tätigkeitsstaat und dem Sitzstaat **der Gesellschaft** – der mit dem Ansässigkeitsstaat des Künstlers oder Sportlers nicht identisch zu sein braucht, 14

s. Rz. 121 ff. – eine dem Art. 17 Abs. 2 entsprechende Vorschrift enthält (MA-Komm. Ziff. 11 i. V. m. Ziff. 8; s. auch Rz. 107 ff.) oder wenn **(3.)** zwischen dem Tätigkeitsstaat und dem Sitzstaat der Gesellschaft **kein DBA besteht.** Mit anderen Worten: Die Besteuerung des einzelnen Künstlers oder Sportlers bestimmt sich nach Art. 17 **Abs. 1,** die der Gesellschaft, sofern zwischen dem Tätigkeitsstaat und dem Sitzstaat der Gesellschaft ein DBA besteht, entweder nach Art. 17 **Abs. 2** oder, falls das DBA eine entsprechende Vorschrift nicht enthält, nach Art. 7 Abs. 1. Zu dieser Abkommensauslegung durch den MA-Komm. s. auch Rz. 20.

19 **c) Regelung:** Nach Art. 17 darf, wenn eine **in einem Vertragsstaat ansässige Person**
- **als Künstler** (wie Bühnen-, Film-, Rundfunk- und Fernsehkünstler sowie Musiker) **oder als Sportler**
- Einkünfte aus ihrer **im anderen Vertragsstaat persönlich ausgeübten Tätigkeit** bezieht,

der **Staat der Tätigkeit** diese Einkünfte besteuern.

20 **d) Persönlicher Anwendungsbereich:** Nach der Definition des Art. 3 Abs. 1 Buchst. a könnte eine in einem Vertragsstaat ansässige „Person" sowohl eine natürliche Person wie eine Gesellschaft oder eine Personenvereinigung sein. Art. 17 Abs. 1 verlangt jedoch eine „persönlich" ausgeübte Tätigkeit. Früher wurde daraus gefolgert, dass die Vorschrift aus diesem Grunde **nur** auf **natürliche Personen** angewendet werden konnte (vgl. 2. Auflage dieses Kommentars). Obgleich der Wortlaut des Art. 17 unverändert blieb, vertritt der MA-Komm. seit der Änderung im Jahre 1992 in Ziff. 8 die Ansicht, dass Art. 17 Abs. 1 auch auf **gesellschaftsrechtlich verbundene Rechtsträger,** wie Orchester, Chöre, Ballette, Theater oder Sportmannschaften, anzuwenden ist. Bezieht demnach ein Künstler oder Sportler aus dem Innenverhältnis zur Gesellschaft **indirekt** Einkünfte aus dem Auftritt des Rechtsträgers, so steht nach dieser Auffassung dem Tätigkeitsstaat die Besteuerung ebenso zu wie wenn die Vergütung **direkt** an den Betreffenden bezahlt wird (entsprechend sei, wenn das Abkommen einen Quellenabzug nicht gestatte, ein anteiliger Steuerabzug beim Künstler ebensowenig zulässig, ÖstBMF v. 18.5.1994, SWI 1994, 243; folgerichtig auch für ausländische Künstleragenturen, ÖstBMF v. 17.8.2005 (EAS 2627), SWI 2006, 154: *DBA Belgien/Österreich*). Der Quellenstaat könne den auf die Aufführung entfallenden Teil des Gehalts oder einen angemessenen Teil aller zugeflossenen Entgelte besteuern (MA-Komm. Ziff. 8). Dies gelte auch, wenn die Zahlungen nicht im Tätigkeitsstaat oder im Falle des innerstaatlichen Durchgriffs überhaupt nicht geleistet werden (OECD, The taxation of income derived from entertainment, artistic and sporting activities, Ziff. 75 f.; *Juárez,* ET 2003, 409 ff.). Die Rechtsauffassung des MA-Komm. wird bei der Auslegung der DBA, die nach 1992 vereinbart wurden bzw. noch vereinbart werden, zu berücksichtigen sein; für Abkommen vor Änderung des MA-Komm. 1992 ist zu fragen, ob es sich um eine zutreffende Auslegung des – bisher nicht durch den MA-Komm. in diesem Sinne erläuterten – Art. 17 Abs. 1 handelt (s. Grundl. Rz. 127). Hierfür könnte eine Entscheidung des ÖstVwGH zum Auftritt eines britischen Orchesters in Österreich sprechen, die die Steuerpflicht des Orchesters noch unter der alten Fassung des MA-Komm. bejaht hat (Urt. v. 14.3.1990, 86/13/0177: *DBA Großbritannien/Österreich;* zustimmend *Loukota,* SWI 1991, 319; s. nun ÖstBMF v. 17.8.2005 (EAS 2627), SWI 2006, 154: *DBA Belgien/Österreich;* a. A. *Maier,* SWI 1992, 245; zur Bedeutung des MA-Komm. bei Auslegung von DBA unabhängig vom Zeitpunkt der jeweiligen Textfassungen *Lang,* Schweizer Bundesgericht zur DBA-Auslegung, in Brähler/Lösel, Deutsches und internationales Steuerrecht, FS Djanani, 495, 497 ff. am Beispiel des *DBA Schweiz/Niederlande 1951* zur Besteuerung eines Profi-Radsportlers).

e) Begriffe „Künstler“ und „Sportler“: Die Ausdrücke sind im Abkommen nicht definiert (kritisch zum engen Verständnis grundsätzlich *Sandler*, Artist and Sportsmen, 2008, 215, 221 ff. mit Beispielen). Im Einzelnen gilt Folgendes: 21

aa) “Künstler“: Die beispielhafte Aufzählung verschiedener Arten von Künstlern ist nicht abschließend, sie beschränkt sich aber auf **vortragende Künstler.** Dass nur sie gemeint sind, bestätigen die beiden Originalfassungen des MA: die englische Fassung bezeichnet die im Deutschen „Künstler“ Genannten mit „entertainer“ (MA 1963: „public entertainers“), die französische mit „artistes du spectacle“ (MA 1963: „professionnels du spectacle“). Klarstellend schlägt die *OECD* aher nun vor, den Begriff „Artistes“ durch „Entertainer“ zu ersetzen (vgl. *OECD*, Discussion Draft 2010 mit Änderungsvorschlägen zum MA-Komm.). Allgemein gilt, dass der Wortlaut des Art. 17 eine **enge Auslegung** des Künstlerbegriffs nahelegt (*OECD*, The taxation of income derived from entertainment, artistic and sporting activities, Ziff. 72; BFH BStBl. II 1997, 679 (680): *DBA Großbritannien 1964/70* sowie daran anschließend BStBl. II 2002, 410: *DBA Niederlande 1959/91, Österreich* und FG Münster, EFG 2004, 1430, wiederum zum *DBA Großbritannien 1964/70* (zum Vorwurf der Völkerrechtswidrigkeit vgl. ÖstBMF v. 19.11.2001 (EAS 1952), SWI 2001, 513; BMF v. 25.11.2010, BStBl. I 2010, 1350, Rz. 80; *Hahn-Joecks*, S. 53 ff.; zur umfassenderen innerstaatlichen Interpretation in Österreich ÖstBMF v. 22. 10 1993, SWI 1993, 375 sowie ÖstVwGH, Erkenntnis v. 24.6.2009, Az. 2009/15/0090, www.ris.bka.gv.at: *DBA Österreich/USA*: Werbeauftritt eines prominenten Medienstars; ÖstBMF v. 15.1.2010 (EAS 3111), SWI 2010, 52: Moderator bei Quizsendung; *Kalteis*, S. 131 ff.; aus deutscher Sicht Wassermeyer/*Wassermeyer*, Art. 17 OECD-MA, Rz. 21 ff. m. w. N.; kritisch *Sandler*, The Taxation of International Entertainers and Athletes, 1995, S. 179 ff.). Demnach bezieht sich Art. 17 nur auf Künstler, die unmittelbar oder mittelbar (über die Medien) **in der Öffentlichkeit auftreten** und dabei Darbietungen erbringen, die **künstlerischen** oder auch nur **Unterhaltungscharakter** besitzen (zum weiten Verständnis des Begriffs der Darbietung BMF, a. a. O., Rz. 17). Erfasst werden hiervon auch entsprechende Benefiz- oder ähnliche Veranstaltungen (MA-Komm. Ziff. 3: staatsbürgerliche, soziale, religiöse oder mildtätige Tätigkeiten). 22

Nicht unter Art. 17 fallen damit alle Formen der Kunstausübung, die nicht in der Darstellung vor einem Publikum, sondern in der **Herstellung eines „Werkes“** bestehen, wie etwa die Tätigkeit von Malern, Bildhauern, Schriftstellern und Komponisten (sog. werkschaffende Künstler, vgl. BMF v. 25.11.2010, BStBl. I 2010, 1350, Rz. 80). Ebenso wenig werden Referenten auf Konferenzen und Interviewgäste in Fernsehsendungen (Diskussionsrunden, Talk-Shows; *OECD*, The taxation of income derived from entertainment, artistic and sporting activities, Ziff. 68 sowie *OECD*, Discussion Draft 2010, Ziffer 1. mit Vorschlag einer neuen Ziffer 9.1 MA-Komm., 3. Spiegelstrich für Kommentatoren oder Reporter) sowie Hilfs- und Verwaltungspersonal (wie technisches Personal oder der Begleittross einer Popgruppe, MA-Komm. Ziff. 3) in den abkommensrechtlichen Künstlerbegriff einbezogen. Auch die an der Herstellung eines Films beteiligten Personen (Regisseur, Kameramann, Cutter, Tontechniker, Choreograph, Produzent) beziehen keine Einkünfte i. S. des Art. 17, sondern nur die Darsteller und gegebenenfalls Musiker. Nach einer Entscheidung der *Cour administrative d'appel* von *Paris* zu einer dem Art. 17 vergleichbaren, aber wesentlich engeren Vorschrift unterliegen selbst Filmschauspieler nicht der Besteuerung im Staat der Ausübung (req. n. 93 303, Dr. Fisc. 1995 comm. 795: *DBA Frankreich/Marokko*); diese Ansicht kann aber nicht verallgemeinert werden, da sie im Widerspruch zum klaren Wortlaut des Art. 17 Abs. 1 stünde. Ähnlich eng beurteilt das *Tribunal de Premier Instance Liege* die Einordnung der Tätigkeit eines Fotomodells im Rahmen von Aufnahmen 23 für einen Werbekatalog, Urt. v. 16.3.2009, N. 05/5497/A, www.minfin.fgov.be, zitiert in *Arnold*, BIT 2011, 118, 120: *DBA Belgien/Großbritannien.*

24 Der deutsche Bundesfinanzhof hat seine frühere zum *DBA Belgien* vertretene Ansicht (BFHE 160, 513) aufgegeben, wonach unter Rückgriff auf das deutsche innerstaatliche Recht für die Anwendbarkeit des Art. 17 auch die **mittelbare** künstlerische Mitwirkung ausreichend war (BFH BStBl. II 1997, 679: *DBA Großbritannien* zu einem selbstständig tätigen Theater- oder Opernregisseur und auch FG Münster, EFG 2004, 1430; vgl. bereits ÖstBMF v. 27.5.1991, SWI 1991, 209; v. 4.5.1994, SWI 1994, 242: jeweils *DBA Frankreich/Österreich;* v. 28.4.1992, SWI 1992, 160: *DBA Österreich/Großbritannien*). Im Wege der abkommensrechtlichen Auslegung des Künstlerbegriffs (zur Diskussion hierüber GKG/*Maßbaum,* Art. 17 OECD-MA Rz. 24 ff.; *Wassermeyer,* IStR 1995, 555) begrenzt der BFH die Geltung des Art. 17 auf vortragende Künstler (vgl. BFH IStR 2001, 653: *DBA Niederlande 1959/91* und *Österreich;* Vorinstanz FG Berlin, DStRE 2001, 365 auch zu *DBA Belgien* und *Spanien*). Er festigt damit die sich bereits im Urteil zu den Einkünften eines in Frankreich tätigen Bühnenmalers abzeichnende Rechtsprechung (BFHE 170, 126: *DBA Frankreich*) und bestätigt zugleich die Praxis der deutschen Finanzverwaltung.

25 Oftmals lässt sich die zu beurteilende Tätigkeit weder eindeutig dem Art. 17 zuordnen noch eindeutig hiervon ausgrenzen. So kann eine Person beispielsweise gleichzeitig Schauspieler und Produzent, Tänzer und Choreograph sein. In **Mischfällen** dieser Art ist auf den **Schwerpunkt der Tätigkeit** im Staat der Ausübung abzustellen. Je nach dem Mittelpunkt besteuert dann der Tätigkeits- oder Ansässigkeitsstaat die jeweiligen Einkünfte **vollumfänglich.** Dies empfiehlt sich deshalb, weil die Vielgestaltigkeit der Verträge die Erfassung **einzelner** Einkünfte durch die Finanzbehörden erschwert, wenn nicht gar unmöglich macht (*OECD,* The taxation of income derived from entertainment, artistic and sporting activities, Ziff. 80).

25a Selbst die Bestimmung des Schwerpunkts der Tätigkeit wird aufgrund der vielschichtigen Einzeltätigkeiten häufig nicht zweifelsfrei erfolgen. Als Indiz bietet der MA-Komm. in Ziffer 4 an, darauf abzustellen, ob die darstellende Tätigkeit **vorwiegend** (dann: Anwendung Art. 17) oder **vernachlässigbar** (dann: keine Anwendung von Art. 17) ist. Dazwischen sind die Einkünfte **aufzuteilen**. Infolge der verbleibenden Unbestimmtheit der Begriffe wird es letztlich auf das Gesamtbild der tatsächlich ausgeübten Tätigkeiten ankommen. Dabei kann es aus Praktikabilitätsgründen zweckmäßig sein, im Sinne einer **kausal-funktionalen Betrachtung** zu prüfen, in welchem Zusammenhang die fragliche Tätigkeit erbracht wird und welchem Tätigkeitsbereich sie dient (so FG Münster, EFG 2004, 1430: künstlerische Tätigkeit in nicht ganz unerheblichem Umfang: *DBA Großbritannien 1964*), selbst wenn dies im Konzept des Art. 17 so nicht ausdrücklich angelegt ist.

25b Bezieht ein ausländischer Künstler für einen Konzertabend ein Pauschalentgelt, das vereinbarungsgemäß zu 80% auf die künstlerische Leistung und zu 20% auf die Nutzung des Instruments entfällt, soll nach Meinung des ÖstBMF der gesamte Pauschalbetrag im Quellenstaat besteuert werden (ÖstBMF v. 12.4.1994, SWI 1994, 150; anders, wenn das Pauschalentgelt an eine ausländische Künstleragentur als alleinigem Vertragspartner des Künstlers bezahlt wird, ÖstBMF v. 4.4.1997 (EAS 1049), SWI 1997, 235: *DBA Österreich 1954/92*). Bei einer solchen „vereinbarungsgemäßen" Zurechnung der Einkünfte erscheint jedoch auch eine anteilige Besteuerung vertretbar, da die Aufteilung für die in- und ausländische Finanzverwaltung ohne weiteres nachvollziehbar ist. Konsequent erfasst nach Auffassung des ÖstBMF die Besteuerung im Quellenstaat jedoch **sämtliche** Vergütungen, die aus Anlass des inländischen Gastauftritts bezahlt werden (Übersetzungen, Versicherungen, Sozialabgaben, Gratisunterkünfte, Transport, Ausstattung, Proberaum, Tagegelder usw.); in einen Inlands- und Auslandsteil ist nicht aufzuteilen (ÖstBMF v.

4.5.1994, SWI 1994, 242; folgerichtig können im umgekehrten Fall im Quellenstaat keine Abzüge geltend gemacht werden, ÖstBMF v. 20.1.1997 (EAS 1003), SWI 1997, 139: *DBA Österreich/Schweiz;* v. 8.8.2001 (EAS 1911), SWI 2001, 413: *DBA Österreich/USA;* dies gilt auch für Vorbereitungsarbeiten im Ansässigkeitsstaat, s. ÖstBMF v. 1.3.2002 (EAS 1995), SWI 2002, 159: *DBA Italien/Österreich*). Anders dagegen, wenn die Tätigkeit, für die ein einheitliches Honorar vereinbart ist, in **beiden** Vertragsstaaten ausgeübt wird (ÖstBMF v. 16.12.1994, SWI 1995, 45 und v. 1.12.1997 (EAS 1177), SWI 1998, 58: *DBA Österreich 1954/92*). Eine Aufteilung ist auch dann geboten, wenn selbst durch den Schwerpunkt der Tätigkeit eine eindeutige Zuordnung nicht möglich ist (s. o. Rz. 25 und MA-Komm. Ziff. 4). Erbringt der inländische Veranstalter für das Zustandekommen des Auftritts eine eigene Leistung (internationaler Koproduktionsvertrag), so fallen diese Leistungen aus der Bemessung der Quellenbesteuerung heraus (ÖstBMF v. 14.11.1994, SWI 1995, 3).

Bei **neuen Formen** der Kunst, bei denen Darstellung und Herstellung eines Werks ineinanderfließen – „happenings", „land art" usw. – kommt es darauf an, ob die Einkünfte auf der Darstellung (häufig vor Zuschauern) oder der späteren Darbietung des Werkes beruhen. Entscheidend ist, wo der Schwerpunkt der Tätigkeit liegt. Auf die künstlerische Qualität des Vortrags oder des Vorgetragenen kommt es für die Anwendung des Art. 17 nicht an. Dies folgt aus dem Charakter des Art. 17 als abkommensrechtliche Sondervorschrift für Einkünfte einer bestimmten Berufsgruppe, deren Besteuerung aus Gründen der Praktikabilität (MA-Komm. Ziff. 2) dem Tätigkeitsstaat zugewiesen wird, auch wenn dort keine Betriebstätte oder feste Einrichtung besteht. Art 17 verlangt insoweit keine inhaltliche Beurteilung des Vorgetragenen. Dafür sprechen zudem die Originalfassungen der MA. Aus diesem Grund kann daher auch die deutsche innerstaatliche Rechtsprechung, nach der eine künstlerische Tätigkeit nur bei einer schöpferischen Leistung mit einer gewissen Gestaltungshöhe vorliegt (vgl. BFH BStBl. II 2000, 254; II 1992, 353; II 1990, 643; II 1987, 376; ähnlich auch in *Österreich,* vgl. ÖstVwGH v. 18.3.1997, ÖStZB 1998, 133), nicht auf die abkommensrechtliche Begriffsbestimmung übertragen werden. 26

bb) Sportler: Sportler ist nach allgemeinem Verständnis, wer eine **körperliche oder geistige Tätigkeit** ausübt, die um ihrer selbst willen, meist unter Anerkennung bestimmter Regeln und in eigens dafür bestimmten Organisationsformen, betrieben wird. Ein bestimmter Grad der Professionalisierung ist nicht erforderlich. Freizeit- und Hochleistungssportler werden gleichermaßen erfasst. Für das Abkommensrecht ist der Begriff – im Gegensatz zu dem des Künstlers – in einem **weiten Sinn** auszulegen (*OECD,* The taxation of income derived from entertainment, artistic and sporting activities, Ziff. 70; *Hahn-Joecks,* S. 68 ff.). Dies verdeutlicht auch der nunmehr in der englischen Fassung des MA verwendete Begriff „sportsman" an Stelle des Ausdrucks „athlete" (was „sportswoman" selbstverständlich nicht ausschließt). Unter Art. 17 fallen daher nicht nur Athleten im traditionellen Verständnis, sondern auch alle anderen Formen der sportlichen Betätigung wie Golfspielen, Boxen, Pferdereiten usw. (vgl. MA-Komm. Ziff. 5; zu Einkünften im Zusammenhang mit Reitwettbewerben OFD Münster IStR 2009, 364, Verständigungsvereinbarung zum *DBA Tschechien*, die über diesen Einzelfall hinaus Geltung haben soll, vgl. dazu auch u. Rz. 116). Selbst weniger übliche Aktivitäten wie Billard, Schach oder Bridge werden in den Sportlerbegriff des Art. 17 einbezogen (MA-Komm. Ziff. 6), ohne jedoch gegenüber der früheren Rechtslage eine sachliche Änderung vorzunehmen. Aus der Zusammenfassung mit den Vortragskünstlern ist für Art. 17 jedoch zu schließen, dass die Vorschrift nur auf solche Sportler Anwendung finden soll, **die in der Öffentlichkeit** – unmittelbar oder über die Medien – **vor einem Publikum auftreten.** Das sind typischerweise Sportler, die Wettkämpfe bestreiten (weitgehend SKK/*Mody* Art. 17 MA, Rz. 21 31 (ohne Begründung): Geltung auch für Sportler, die rein zu Unterhaltungszwecken auftreten). Bergsteiger (nicht aber Sportkletterer bei einem öffentlichen Wettkampf), Sporttaucher, Sporttrainer (ÖstBMF v. 4.5.1998 (EAS 1262), SWI 1998, 254), Schiedsrichter (FG Nds., EFG 2005, 766 zu verschiedenen DBA für den Fall eines Tennisschiedsrichters) o. ä. werden nicht erfasst. In diesem Sinn versagt das ÖstBMF zutreffend die Anwendung des Art. 17 Abs. 1 zugunsten einer tschechischen Tennisspielerin, die in Österreich nicht an einem öffentlichen Wettkampf teilnimmt, sondern lediglich Einkünfte aus ihren Trainingsstunden bezieht (ÖstBMF v. 18.2.1994, SWI 1994, 76: *DBA CSSR/Österreich*).

32 Klargestellt ist, wie erwähnt, dass auch der **geistige Wettkampf vor einem Publikum** einzubeziehen ist, wenn es sich um eine dem Körpersport vergleichbare Wettkampfdisziplin handelt (Schach-, Bridgeturniere). So auch *Sandler,* The Taxation of International Entertainers and Athletes, 1995, S. 181 unter Hinweis auf die italienische Praxis, die anlässlich der Schachweltmeisterschaften von 1981/82 Schachspieler wegen deren „körperlicher oder geistiger Fähigkeiten" („physical or intellectual skills") ausdrücklich dem Künstler- und Sportlerbegriff zuordnete. Unzutreffend für einen Berufsschachspieler daher das FG München, IStR 1995, 537: *DBA Österreich* mit der kaum annehmbaren Begründung, das Sitzen am Spieltisch und das Bewegen der Figuren am Schachbrett lasse sich von sonstigen Tätigkeiten der Menschen nicht unterscheiden.

33 Nicht vom Sportlerbegriff erfasst wird aber die Teilnahme an **Quizveranstaltungen o. ä.,** da im Gegensatz zu den übrigen von Art. 17 gemeinten Betätigungen hierfür kein spezifisches Training erforderlich ist. Eine andere Beurteilung könnte jedoch gerechtfertigt sein, soweit mit der Teilnahme regelmäßige Vorbereitungen verbunden sind, wie sie auch sonst von Sportlern üblicherweise durchgeführt werden. A. A. *Grossmann,* S. 63 f., der diese Teilnehmer zwar nicht als Sportler, aber ohne weitere Begründung als Künstler i. S. von „Entertainer" unter Art. 17 subsumieren will; dies scheitert indes an der notwendigen engen Auslegung des Begriffs, s. Rz. 22 (zum Meinungsstand im deutschen innerstaatlichen Recht vgl. *Hidien* in KSM, § 49, E 318). Nach deutschem Steuerrecht sind Sportler entweder Arbeitnehmer oder Gewerbetreibende. Für Art. 17 ist das unbeachtlich; hier kommt es ausschließlich auf die Tätigkeit als Sportler im soeben umschriebenen Sinne an. Jeder, der eine Sportart ausübt und dafür ein Entgelt erhält, ist als Sportler i. S. des Art. 17, nicht nach Art. 7, zu besteuern (vgl. Rz. 10).

34 **f) Artisten:** Ebenso wie die Künstler und Sportler erbringen auch Artisten eine Darbietung, die der Unterhaltung dient. Die Tätigkeit kann künstlerische und sportliche Merkmale enthalten (z. B. Zirkusakrobat). Obschon Artisten in Art. 17 nicht genannt sind, werden auch sie in den Anwendungsbereich dieser Vorschrift einbezogen, da Art. 17 die Einkünfte aus Tätigkeiten unterhaltender Art insgesamt erfassen will (s. a. GKG/*Maßbaum,* Art. 17 OECD-MA Rz. 60 ff.).

35 **g) Tournee-Theater:** Gemeint ist ein Zusammenschluss von Personen, die an wechselnden Orten gemeinsam auftreten und dabei künstlerische bzw. sportliche Darbietungen wie auch technische Assistenzleistungen erbringen. Das Tournee-Theater kann als Personengesellschaft oder körperschaftlich organisiert sein. Der Kreis der Mitglieder (Gesellschafter oder Angestellte) setzt sich aus den eigentlichen Künstlern oder Sportlern sowie dem dazugehörenden nicht künstlerischen bzw. nicht sportlichen Begleitpersonal (z. B. Management, Techniker, Hilfspersonal) zusammen (zum Begriff vgl. auch Wassermeyer/*Wassermeyer,* Art. 17 OECD-MA Rz. 37; im Überblick *Tetlak*, WTJ 2010, 262). Die abkommensrechtliche Behandlung ist nicht eindeutig.

36 Ob **Tournee-Theater** und ähnliche Ensembles noch unter Art. 17 fallen, ist unklar, obwohl der MA-Komm. diese Rechtsträger ebenfalls erfassen will (s.

Rz. 20). Bei den im MA-Komm. zu Art. 17 Ziff. 8 gemeinten Fällen steht jedoch die künstlerische Tätigkeit im Vordergrund, der unterstützende Anteil am Aufbau der Bühne usw. tritt demgegenüber zurück. Tournee-Theater liefern dagegen in der Regel nicht nur künstlerische Einzeldarbietungen, sondern eine Gesamtproduktion, zu der neben der Aufführung auch die Ausstattung und die Zurverfügungstellung des Hilfspersonals gehören, also teils darstellerische, teils technische Leistungen, für die ein Gesamtentgelt gezahlt wird. Nur wenn die Gesamtleistung als darstellerisch aufzufassen wäre, käme die Anwendung des Art. 17 in Betracht (a. A. GKG/*Maßbaum,* Art. 17 OECD-MA Rz. 67; kritisch *Hahn-Joecks,* S. 131 f. mit Verweis auf Art. 17 Abs. 2). Andernfalls wäre Art. 7 anzuwenden. Eine Besteuerung in dem Staat, in dem das Unternehmen lediglich Vorstellungen an wechselnden Orten veranstaltet, wäre in Ermangelung einer Betriebstätte somit regelmäßig nicht zulässig (*US Letter ruling* 8 439 039: *DBA Österreich/USA;* vgl. Art. 5 Rz. 19). Nachdem die deutsche Finanzverwaltung zunächst bei den Tournee-Theatern von einem Steuerabzug abgesehen hatte (vgl. FinMin Nds v. 18.7.1977 DB 1977, 1486), wurde in einem Verständigungsverfahren mit der Schweiz die Vorrangbesteuerung auf der Grundlage des Art. 17 Abs. 1 S. 2 *DBA Schweiz* geregelt. Allerdings wurde ausdrücklich auf die Möglichkeit von Billigkeitsmaßnahmen für die Fälle hingewiesen, in denen die Abzugsbesteuerung zu hoch erscheine. Eine unbillige Besteuerung in Einzelfällen soll im Verständigungsverfahren behoben werden (BMF v. 5.3.1987, BStBl. I 1987, 371; ferner OFD Münster v. 21.6.1989, RIW 1989, 666; w. N. bei *Locher/Meier/v. Siebenthal/Kolb,* B 17.1, Nrn. 21 f., 26).

Für die **steuerliche Behandlung dieses Gesamtentgelts der Tournee-Theater** bieten sich zwei Wege an: dessen vollständige Erfassung im Quellenstaat oder eine Aufteilung der Einzelleistungen. Für ersteres sprechen zunächst Praktikabilitätserwägungen sowie das Risiko einer Doppelnichtbesteuerung, wenn der Ansässigkeitsstaat von der steuerpflichtigen Tätigkeit nicht weiß. Außerdem ist zu berücksichtigen, dass das Gesamtunternehmen letztlich durch die künstlerische Tätigkeit selbst dann geprägt sein kann, wenn der nichtkünstlerische Teil überwiegt (so *Görl,* S. 166; a. A. *Grossmann,* S. 71, der eine ganzheitliche Besteuerung nach Art. 17 bei einem künstlerischen Anteil von höchstens 50% nicht für sachgerecht hält). Zugunsten einer Aufteilung des Gesamtentgelts lässt sich dagegen anführen, dass die Interpretation des MA-Komm. in den Ziffern 3 und 4 ausdrücklich Hilfs- und Unterstützungstätigkeiten vom Anwendungsbereich des Art. 17 ausnehmen und die Vorrangbesteuerung ausschließlich auf Künstler und Sportler beschränken will. Zudem sieht der MA-Komm. in Ziff. 8 eine entsprechende Teilbesteuerung vor. Für eine Aufteilung sprechen daher überwiegende Gründe (so auch *Grossmann,* S. 72; FWK/*Kempermann,* Art. 17 Rz. 10.3; zweifelnd an einheitlicher Besteuerung ferner *Rohls,* in Meyer-Marsilius/Hangarter, Art. 17, Komm. II. 4.). Bei Meinungsverschiedenheiten über die Aufteilung bleibt die Möglichkeit des Verständigungsverfahrens. Im **Ergebnis** sind somit bei Tournee-Theatern und ähnlichen Ensembles (*Grossmann,* S. 68: auch Eisrevues) die auf den Tätigkeitsstaat entfallenden Anteile der Bezüge der Schauspieler nach Art. 17 Abs. 1 zu besteuern (nach einer Entscheidung des ÖstVwGH bestehen keine Bedenken, den Künstleranteil im Durchschnitt auf 50% des Gesamtentgelts zu schätzen, ÖstVwGH v. 27.7.1994, SWI 1995, 80; dazu aber ÖstBMF v. 23.5.1996, SWI 1996, 332; zur österreichischen Praxis mit Beispielen ÖstBMF v. 10.3.2006 (s. o. Rz. 1, Österreich), Tz. 36 ff., insb. Tz. 40 und 42). Für die Besteuerung der nichtkünstlerischen Mitarbeiter des Tournee-Theaters gilt dagegen Art. 15 (*US Letter ruling* 8652018: *DBA Großbritannien/USA,* betr. Künstler und sonstige Mitarbeiter). Sind die einzelnen Künstler zudem als Veranstalter am Erlös beteiligt, so sind sie Mitunternehmer; die Vorrangbesteuerung dieser Gewinne richtet sich dann nach Art. 17 Abs. 1 37 oder Abs. 2 (s. Rz. 14, 20; verneinend zu Art. 17 Abs. 1 Wassermeyer/*Wassermeyer,* Art. 17 OECD-MA Rz. 37 a. E.).

38 **h) Berufsmäßige Ausübung** verlangt das OECD-MA seit 1977 weder für die künstlerische Tätigkeit noch für die Sportler. Art. 17 erfasst hiernach sowohl berufsmäßig ausgeübte wie gelegentliche Tätigkeiten. Die beiden Originalfassungen des OECD-MA 1963 divergieren in diesem Punkt. Die englische Fassung spricht nur von „public entertainers" und unterscheidet sich somit von der neueren Fassung nur durch das (1977 als entbehrlich angesehene) Wort „public", eine berufsmäßige Ausübung wird nicht verlangt. Dagegen spricht der französische Text des MA 1963 von „professionnels du spectacle", ein Ausdruck, den das MA seit 1977 nicht mehr verwendet (vgl. Rz. 22).

39 Soweit die geltenden Abkommen den Begriff „berufsmäßig" verwenden (Rz. 72), muss für dessen Auslegung, da er in den Abkommen nicht erläutert wird, das innerstaatliche Recht herangezogen werden (a. A. Wassermeyer/*Wassermeyer,* Art. 17 OECD-MA Rz. 32). Die Abkommen verlangen freilich nur eine berufliche, nicht eine hauptberufliche Tätigkeit. Eine nebenberufliche Tätigkeit als Künstler reicht also aus. Ausgeschieden werden daher praktisch nur gelegentliche, nicht auf Dauer angelegte Tätigkeiten.

40 Für die Sportler verlangt keines der bisherigen MA eine berufsmäßige Ausübung ihrer Tätigkeit. Das Wort „berufsmäßig" in der deutschen Fassung des MA 1963, ebenso wie das „professionnel" der französischen Fassung, beziehen sich eindeutig nur auf die Künstler (a. A. Wassermeyer/*Wassermeyer,* Art. 17 OECD-MA Rz. 31; *Rohls,* in Meyer-Marsilius/Hangarter, Art. 17 Komm. II. 1.; zweideutig aber MA-Komm. 1963 zu Art. 17 Ziff. 1).

41 **i)** Der Künstler oder Sportler muss seine Tätigkeit im anderen Vertragsstaat **persönlich ausüben.** Er muss dazu in diesem Staat anwesend sein und künstlerisch oder sportlich tätig werden. Ein einmaliger Auftritt reicht aus. Wie der Künstler dem Publikum präsentiert wird, ob unmittelbar auf der Bühne oder mittelbar durch Rundfunk, Fernsehen oder Film, ist unbeachtlich.

42 Nicht ganz eindeutig ist hingegen, was unter dem Bezug der Einkünfte **„aus"** einer persönlich ausgeübten Tätigkeit zu verstehen ist. Art. 17 unterscheidet nicht danach, ob dem Künstler oder Sportler die Einkünfte unmittelbar vom inländischen Veranstalter oder mittelbar von einem Dritten zufließen (beispielsweise von einer ausländischen Künstler- oder Sportlergesellschaft). Nach einem weiten Verständnis kommt es auf diese Unterscheidung nicht an, da allein die persönlich ausgeübte Tätigkeit der Künstler oder Sportler die Erzielung von Einkünften erst ermöglicht, der Charakter der Leistung durch den Zahlungsweg nicht berührt wird (in diesem Sinne wohl BMF v. 25.11.2010, BStBl. I 2010, 1350, Rz. 97 ff., Beispiele 6–10, wonach dem Tätigkeitsstaat die Besteuerung auch bei Zahlungen an die ausländische Gesellschaft überlassen bleibt). Dies entspricht auch der Ansicht des MA-Komm. in Ziff. 8, nach der selbst der indirekte Bezug von Einkünften ein Fall des Art. 17 Abs. 1 ist (s. Rz. 20). Bezieht man demgegenüber einengend die vertraglichen Rechtsbeziehungen des Künstlers oder Sportlers mit dem (in der Regel) ausländischen Rechtsträger in die Betrachtung mit ein, scheidet die Anwendung des Art. 17 Abs. 1 in den Fällen aus, in denen die ausländische Gesellschaft auf eigenes unternehmerisches Risiko tätig wird (z. B. auf der Grundlage eines Ausschließlichkeitsvertrages) und der Künstler oder Sportler eine vom künstlerischen oder sportlichen Erfolg **unabhängige Vergütung** erhält (so GKG/*Maßbaum,* Art. 17 OECD-MA Rz. 119 ff.; zu Bestrebungen auch veranstaltungs**un**abhängige Vergütungsbestandteile nach Art. 17 Abs. 1 zu besteuern s. o. Rz. 9 a. E.). Der Tätigkeitsstaat könnte diese Einkünfte nur besteuern, wenn sein Abkommen mit dem Sitzstaat der ausländischen Gesellschaft eine dem Art. 17 Abs. 2

vergleichbare Regelung vorsieht. Das Abstellen auf die zugrundeliegenden Rechtsbeziehungen stößt jedoch auf Zweifel, wenn der Künstler oder Sportler die ausländische Gesellschaft beherrscht oder es sich um eine Einmanngesellschaft handelt. In diesem Fall könnte eine Besteuerung im Tätigkeitsstaat bei Fehlen einer dem Art. 17 Abs. 2 entsprechenden Vorschrift vermieden werden, obwohl dem Künstler oder Sportler letztlich Einkünfte zufließen, die ausschließlich aus seiner persönlich ausgeübten Tätigkeit herrühren.

Zu den Einkünften aus persönlich ausgeübten Tätigkeiten können auch **nachträglich bezahlte Vergütungen** zählen, sofern die Zahlung im Zeitpunkt der sportlichen Ausübung vertraglich vereinbart war und sich ausdrücklich auf die sportliche Tätigkeit bezieht (*Hoge Raad*, BNB 2010/245: *DBA Niederlande/Schweden* für einen Anteil an einer Transfervergütung bei Vereinswechsel eines Profi-Fußballspielers; so wohl auch *Buchsteiner*, in Hohenwarter/Metzler, 249, 271). Da Rechtsgrund der Zahlung die Leistung als Sportler ist, erscheint eine vorrangige Besteuerung im (vormaligen) Tätigkeitsstaat sachgerecht, unabhängig vom Auszahlungszeitpunkt. Wird eine Vergütung hingegen nicht für die persönliche Tätigkeit eines Künstlers oder Sportlers selbst, sondern als Gegenleistung für die **Vermittlung von Künstlern oder Sportlern** entrichtet, scheidet eine Anwendung von Art. 17 aus, vgl. *Income Tax Appellate Tribunal Mumbai*, Urt. v. 19.11.2010, ITA Nr. 3208/Mum/2003, www.itatonline.org (Wizcraft International Entertainement) für eine Vermittlungsprovision an eine Künstleragentur: *DBA Indien/Großbritannien*. Dies entspricht der Ansicht des MA-Komm. in Ziff. 7 und trägt letztlich dem Charakter von Art. 17 als Sondervorschrift für eine bestimmte Personengruppe Rechnung. **42a**

Die **Verwertung** der Tätigkeit eines Künstlers in einem Staat, die nach innerstaatlichem deutschen Recht bereits zur inländischen Besteuerung führt (§ 49 Abs. 1 Nrn. 2 Buchst. d, 3, 4 EStG), genügt für die abkommensrechtliche Vorrangbesteuerung nach Art. 17 nicht (wohl aber nach der jüngeren deutschen Abkommenspraxis, hierzu s. Rz. 80 ff.). Vielfach wird es sich in solchen Fällen um eine Lizenzgebühr handeln, auf die Art. 12 MA anzuwenden ist (vgl. Rz. 13; ÖstBMF v. 12.1.1998 (EAS 1199), ÖStZ 1998, 248: *DBA Österreich 1954/92;* s. a. TNS v. 12.2.2004: *DBA Italien* zu einem Ruling der italienischen Finanzverwaltung; zu weiteren Einzelbeispielen s. *Hahn-Joecks,* S. 75 ff.). Ist keine öffentliche Vorführung vorgesehen – wie etwa bei CD- oder Schallplattenaufnahmen –, so sind die dem Künstler gezahlten Vergütungen in voller Höhe als Lizenzgebühren oder Einkünfte aus Dienstleistungen zu behandeln. Dies gilt nach Ansicht des OECD-MA 2002 jedenfalls dann, wenn die Zahlung auf einem **eigenen** Urheberrecht des Künstlers oder Sportlers beruht (MA-Komm. 2002, Art. 12, Ziff. 18 hierzu näher Art. 12 Rz. 66a f.). Hierauf stellt zutreffend der südafrikanische *Gauteng Tax Court* für einen in Großbritannien ansässigen Profi-Golfspieler ab (Income Tax Case No. 1735, Tax Cases 2002, 455 (462): *DBA Großbritannien/Südafrika*). Der Golfer bezog aus einem Turnier in Südafrika neben den eigentlichen Preisgeldern auch Vergütungen für die Teilnahme an Pressekonferenzen (einschließlich der Überlassung biographischer Daten) und Promotionsveranstaltungen vor, während und nach dem Turnier. Ausdrücklich wurde vereinbart, dass die Vergütungen als Gegenleistung für die Ausnutzung der persönlichen Bekanntheit des Golfers bezahlt wurden. Das Gericht entschied, dass die Zahlungen nicht für die Verwertung eines eigenen Urheberrechts des Golfers, sondern als Folge der Teilnahme an dem Golfturnier entrichtet wurden und somit nach dem Art. 17 MA entsprechenden Art 15 *DBA Großbritannien/Südafrika* in Südafrika zu besteuern waren. Werden die Tonträger (z. B. CDs, Schallplatten) bei einem öffentlichen Auftritt aufgenommen, so ist das Gesamtentgelt aufzuteilen (bis VZ 2008 BMF v. 23.1.1996, BStBl. I 1996, 89, Tz. 5.4, Buchst. b; ab 2009 BMF v. 25.11.2010, BStBl. I 2010, 1350, **43**

Rz. 87 Buchst. c); dem Grunde nach übereinstimmend ÖstBMF v. 14.4.1997 (EAS 1050), SWI 1997, 236 unter ausdrücklicher Bezugnahme auf MA-Komm. Ziff. 18 zu Art. 12; *Grossmann,* S. 115; GKG/*Maßbaum,* Art. 17 OECD-MA Rz. 138; anders US-TE 2006 zu Art. 16 Abs. 1, wonach das Entgelt aus dem Verkauf von Liveaufnahmen insgesamt als Lizenzgebühr gilt). Dabei nimmt die deutsche Finanzverwaltung widerlegbar an, dass 80% der Gesamtvergütung auf die persönliche Leistung und 20% auf die Verwertung der Leistung entfallen (ab 2009 BMF v. 25.11.2010, BStBl. I 2010, 1350, Rz. 87 Buchst. c; für werkschaffende Künstler aber: Aufteilung im Verhältnis 40 : 60, a. a. O., Buchst. d; zu Sonderregelungen der Aufteilung bei Fotomodellen s. BMF BStBl. I 2009, 362); zu Beispielen der US-Rechtsprechung s. *Arnold* BIT 2013, 344, 346: 50/50 bzw. 65% (Verwertung)/35% (persönliche Tätigkeit), *DBA USA/Schweiz.*

44 Anders hingegen bei Vergütungen für eine **Live-Übertragung** im Fernsehen, bei der die Tätigkeit des Künstlers im Vordergrund steht und die Einkünfte daher vollumfänglich im Tätigkeitsstaat besteuert werden (BMF v. 23.1.1996, BStBl. I 1996, 89, Tz. 6, Beispiel 6 und ab 2009 BMF v. 25.11.2010, BStBl. I 2010, 1350, Rz. 87 Buchst. e sowie Beispiel 11; ebenso der deutsche Vorbehalt in Ziff. 15 MA-Komm. 2010 und Art. 16 DE-VG; Wassermeyer/*Wassermeyer,* Art. 17 OECD-MA Rz. 18; abweichend BFH BStBl. II 2012, 880: *DBA Österreich,* s. u. Rz. 82a). Werden die Vergütungen für die Überlassung von Live-Übertragungsrechten an inländischen (Sport-)Veranstaltungen jedoch **nicht unmittelbar** dem Künstler oder Sportler selbst, sondern zwischengeschalteten Gesellschaften wie Rechtehändlern oder Rundfunk- und/oder Fernsehsendern bezahlt, scheidet eine Anwendung von Art. 17 aus. In diesen Fällen besteht kein unmittelbarer Zusammenhang mit der persönlich ausgeübten künstlerischen oder sportlichen Tätigkeit (grundlegend BFH BStBl. II 2012, 880: *DBA Österreich* (s. u. Rz. 82 f.) im Anschluss an BStBl. II 2009, 625: *DBA Schweiz 1971,* entgegen BMF v. 30.5.1995 (ab 1.1.1996: v. 23.1.1996), BStBl. I 1996, 89, Tz. 6; dazu *Schlotter,* FR 2010, 651; *Schauhoff/Schlotter,* IStR 2009, 751; gl. A. zur Differenzierung zwischen Live-Übertragungsrechten und Drittverwertungen der Entwurf zur Änderung des MA-Komm. in Ziff. 9.4, *OECD* Discussion Draft 2010). Es bleibt bei der Besteuerung im Ansässigkeitsstaat (offen nach welcher konkreten Verteilungsnorm: Art. 12 oder 7; nach der Vorinstanz FG Köln, EFG 2007, 360 ist Art. 12 anwendbar). Eine andere Beurteilung ergibt sich selbst bei denjenigen Abkommen nicht, die eine vorrangige Besteuerung von Verwertungseinkünften im Tätigkeitsstaat ausdrücklich vorsehen (BFH, a. a. O.; anders noch FG Köln EFG 2011, 1428, Rz. 40 ff.: *DBA Österreich* sowie unten Rz. 80 ff., insbesondere Rz. 82 mit Verweis auf die einschränkende Auslegung durch die deutsch-österreichische Konsultationsvereinbarung v. 27.8.2010, BStBl. I 2010, 647; dazu auch SWI 2009, 517, 519 m. w. N. zur österreichischen Praxis vor Abschluss der Konsultationsvereinbarung).

j) Sponsoring:

50 **Literatur**: *Boochs,* NWB F. 3, 10 525; *Duchêne,* S. 1 ff.; *Felix,* BB 1996, 1529; *Gattermann,* FR 1995, 261; *Gliksberg,* CDFI LXXXIV a (1999), 19 und Nationalberichte, a. a. O., 205; *Heuer,* DStR 1998, 18; *ders.,* DStR 1996, 1789; *Hoffmann,* SpuRt 1998, 230; *Paus,* INF 1993, 320; *Rückert,* SpuRt 1998, 182; *Weiand,* BB 1998, 344; *Zieschang,* FS Lutter (1994), 235.

51 Werden Künstler oder Sportler durch Finanz- oder Sachleistungen eines Dritten (des Sponsors; zum Begriff s. *Zieschang,* FS Lutter, S. 237 f.; *Duchêne,* S. 5 ff.) unterstützt, so kann die Zuordnung der Einkünfte zu Art. 17 deswegen problematisch sein, weil die eigentliche künstlerische oder sportliche Darbietung oftmals nur neben sonstigen Verpflichtungen ausgeübt wird oder gar von untergeordneter Bedeutung ist. Typischerweise ist dies bei Werbeauftritten (Autogrammstunden, Präsenz bei Wohltätigkeitsveranstaltungen, Produktvorstellungen o. ä.), Wettbewerbs-

verboten, bei der Verpflichtung zum Tragen einer „gesponserten" Ausrüstung oder Bekleidung oder bei der finanziellen Förderung von Konzerttourneen der Fall. Für die abkommensrechtliche Behandlung derartiger Sponsorenleistungen sind zunächst die kunst- und sport**fremden** Einkünfte von den kunst- und sport**bezogenen** Einkünften abzugrenzen (ggf. im Wege der pauschalen Aufteilung nach Marketing-Grundsätzen, so FG Hamburg EFG 1997, 621, aus verfahrensrechtlichen Gründen aufgehoben durch BFH BStBl. II 1997, 700). Soweit danach Leistungen von Art. 17 erfasst werden, ist sodann der auf den Tätigkeitsstaat entfallende Anteil zu ermitteln (das zweistufige Vorgehen bestätigend FG Münster EFG 2006, 1177 (1179 f.): DBA mit verschiedenen Staaten).

Die Abgrenzung der kunst- und sportfremden von den kunst- und sportbezoge- 52
nen Einkünften erfolgt bei **einmaligen** Leistungen des Sponsors wie auch bei einer **Gesamtentlohnung** für eine Reihe von Einzelleistungen – die zumeist, aber nicht zwingend über einen längeren Zeitraum erbracht werden – nach dem jeweiligen Zusammenhang der Leistungen (s. Rz. 6 ff.):

(1) Besteht ein **unmittelbarer oder mittelbarer Zusammenhang** der Leis- 53
tungen des Sponsors zu einer Darbietung im Inland, so kann der Tätigkeitsstaat diese nach Art. 17 besteuern (so auch MA-Komm. Ziff. 9 und Ergänzung MA-Komm. Ziff. 9.1, 4. Spiegelstrich durch *OECD* Discussion Draft 2010 bei anteiligen Vergütungen für Vorbereitungs- und Trainingstage; BMF v. 25.11.2010, BStBl. I 2010, 1350, Rz. 30 ff.: „sachlicher oder zeitlicher Zusammenhang"). Die gegenteilige Ansicht (GKG/*Maßbaum,* Art. 17 OECD-MA Rz. 150 ff.; *Schrettl,* S. 234) berücksichtigt nicht, dass der Bekanntheitsgrad des Künstlers oder Sportlers, den sich der Sponsor letztlich zunutze macht, auch durch den Auftritt im Tätigkeitsstaat gesteigert wird. Vor dem Hintergrund der zwischenstaatlichen Gerechtigkeit (s. Grundl. Rz. 20 ff.) erscheint es daher sachgerecht, dem Tätigkeitsstaat anteilig die Besteuerung zu überlassen (zur Gefahr einer einseitigen Aufteilung s. Rz. 9). Unproblematisch ist dies bei gesonderten Leistungen des Sponsors wie z. B. Antrittsprämien, Sachunterstützungen (Hotel, Fahrer) oder Sachpreisen, die sich auf eine **bestimmte Veranstaltung** beziehen (übereinstimmend Wassermeyer/*Wassermeyer,* Art. 17 OECD-MA Rz. 41 a. E.; *Bode/Huber/Stählin,* DStR 1989, 130 (132); US-TE Ziff. 230; insoweit auch GKG/*Maßbaum,* Art. 17 OECD-MA Rz. 155 als Ausnahme zur grundsätzlichen Ablehnung einer Besteuerung im Tätigkeitsstaat). Bei einem **Gesamtentgelt** für ein Leistungspaket aus verschiedenen Einzelleistungen sind die auf den Tätigkeitsstaat entfallenden Einkünfte im Wege der **Aufteilung** zu ermitteln (so auch BMF, a. a. O., Tz. 2.2.3.1.; ÖstBMF v. 13.5.1996 (EAS 882), *Loukota/Jirousek,* Steuerfragen International (1997), S. 229). Unklar ist jedoch, nach welchem Maßstab die Zuordnung vorzunehmen ist. Weder das OECD-MA noch der MA-Komm. äußern sich hierzu. Es sind daher unterschiedliche Methoden vorgeschlagen worden (FG Hamburg EFG 1997, 621 (623), aufgeh., s. Rz. 51: im Verhältnis der Einwohnerzahlen der Tournee-Länder; *Hahn-Joecks,* S. 106 ff.: im Verhältnis der Umsätze, Werbeausgaben oder Spieltage; US-Regs. Sec. 1861–4(b)(1) und *Sandler,* The Taxation of International Entertainers and Athletes, 1995, S. 8: Anzahl der Auftrittstage; für ein Beispiel im Verhältnis Kanada/USA vgl. *Beam/Laiken/Raoux,* CTJ 1999, 305 (309 ff.)). Bei allen Methoden kann es zur Doppelbesteuerung kommen, wenn die unterschiedlichen Tätigkeitsstaaten verschiedene Aufteilungsschlüssel verwenden (ablehnend daher GKG/*Maßbaum,* Art. 17 OECD-MA Rz. 154). Letztlich verbleibt jedenfalls die Möglichkeit des Verständigungsverfahrens. Für **angestellte Künstler und Sportler** in einem Team, Orchester, Tourneetheater o. ä. schlägt die *OECD* nun jedoch eine Aufteilung auf Basis der im jeweiligen Staat verbrachten Arbeitstage vor, s. *OECD,* Discussion Draft 2010, Ergänzung MA-Komm. Ziff. 9.2, 2. Spiegelstrich und 9.3. Alternativ können die Vertragsstaaten eine Frei-

stellung der anteiligen Einkünfte im Ansässigkeitsstaat vorsehen (a. a. O., Entwurf einer Ziff. 14.1 mit einem Formulierungsvorschlag).

54 **(2)** Besteht demgegenüber **kein unmittelbarer oder mittelbarer Zusammenhang,** so richtet sich die Besteuerung nach den jeweiligen Verteilungsregeln, vorwiegend nach Art. 7 (*Hoge Raad,* Rolno. 27 335, BNB 1991/324: die *DBA Niederlande* mit *Österreich, Belgien, Frankreich, Luxemburg 1958* und *Großbritannien 1964/70;* s. a. Rz. 117; abweichend *Sandler,* The Taxation of International Entertainers and Athletes, 1995, S. 182: Art. 14 oder 21; *Grossmann,* S. 113 ff. differenziert nach auftritts- und personenbezogenen Einkünften, wobei die nicht unter Art. 17 fallenden personenbezogenen Einkünfte ausschließlich von Art. 7 erfasst werden sollen; zur veranstaltungs**un**abhängigen Aufteilung eines Gesamtentgelts s. FG Münster, EFG 2006, 1177 (1179) sowie *Betten* ET 2006, 231 (234)). Dies gilt namentlich für Einkünfte aus der Produktwerbung durch die Ausnutzung des Namens oder des Images des Künstlers oder Sportlers (vgl. FG Hamburg EFG 1997, 621 (aufgeh., s. Rz. 51) mit Anm. *Hey,* RIW 1997, 883 (887); SKK/*Mody,* Art. 17 MA Rz. 29, 31; zur Abgrenzung zum eigenen Urheberrecht *Gauteng Tax Court,* Income Tax Case No. 1735, Tax Cases 2002, 455 (462): *DBA Großbritannien/Südafrika,* s. o. Rz. 43).

55 **k) Sonstiges: aa)** Die Frage, wo die Tätigkeit eines Künstlers oder Sportlers ausgeübt wird, ist nach denselben Grundsätzen wie nach Art. 14 und 15 zu beurteilen (vgl. zu Art. 14 Rz. 17 zu Art. 15 Rz. 31). Erhält der Künstler oder Sportler eine einheitliche Vergütung für Tätigkeiten in mehreren Staaten, z. B. ein festes Gehalt, so ist die Vergütung entsprechend dem Umfang der Tätigkeit in den einzelnen Staaten aufzuteilen (auch ein bei der Verpflichtung gezahltes Handgeld: Linsemann v. Comm., 82 Tax Court 514 (1984)). Dabei sind nicht nur Auftritte bzw. Spiele, sondern auch Proben, Aufenthalte in Trainingscamps usw. anteilig zu berücksichtigen (Stemkowski v. Comm., *Court of Appeals (2nd circuit),* 690 F. 2d 46 (1982); ebenso Entwurf MA-Komm. Ziff. 9.1, 4. Spiegelstrich *OECD* Discussion Draft 2010). Zu den vom Quellenstaat zu besteuernden Arbeitstagen gehören auch Tage, an denen ein Schauspieler lediglich auf Abruf zur Verfügung zu stehen hatte. Nicht einzubeziehen sind dagegen arbeitsfreie Tage, wie Wochenenden oder Feiertage (*California Court of Appeals,* Newman v. Franchise Tax Bd., 208 Cal. App. 3d 972, 256 Cal. Rptr. 503 (1989) zum kalifornischen Recht; vgl. hierzu *Feinschreiber* ITJ 1991, No. 2, 51 ff.).

56 **bb)** Übt ein Künstler oder Sportler **daneben** noch **andere Tätigkeiten** aus (z. B. Werbung), so richtet sich die Besteuerung der Einkünfte aus diesen Betätigungen nach den jeweils für sie einschlägigen Vorschriften (im Beispiel nach Art. 7, s. Rz. 9, 50 ff.; zur Besteuerung eines Preises für die Anerkennung des Lebenswerkes nach der dem Art. 21 entsprechenden Vorschrift s. ÖstBMF v. 24.8.1998 (EAS 1317), ÖStZ 1998, 27: *DBA Österreich 1954/92*). Dies gilt auch dann, wenn es in einem DBA heißt, die Bestimmung über die Künstler und Sportler gehe allen anderen Vorschriften des Abkommens vor. Denn dieser Vorrang besteht auch nach den Abkommen nur insoweit, wie der Künstler und Sportler in dieser seiner Eigenschaft tätig ist.

57 **cc)** Einkünfte, die ein Künstler oder Sportler als **Entschädigung** für den Ausfall einer Vorstellung bezieht, werden nach Ansicht des MA-Komm. von der Vorrangbesteuerung des Art. 17 nicht erfasst, sondern unterliegen den Art. 7, 14 oder 15 (vgl. Ziff. 9; ursprünglich wurden diese Zahlungen Art. 21 zugeordnet, *OECD,* The taxation of income derived from entertainment, artistic and sporting activities, Ziff. 84). Nach Auffassung von *Rief,* in Gassner/Lang/Lechner, Entwicklungen, S. 244 (249) soll dies auch für Versicherungsleistungen an erkrankte Künstler (dazu ähnlich *Buchsteiner,* in Hohenwarter/Metzler, 249, 269) sowie für Pensionszahlun-

gen an ehemals nicht selbstständige Künstler gelten. Diese Auffassung berücksichtigt jedoch nicht, dass der Künstler oder Sportler solche Zahlungen erhält, weil ihm **in seiner Eigenschaft als Künstler oder Sportler** aus dem zugrundeliegenden Vertragsverhältnis ein Anspruch auf Entschädigung zusteht. Die Entschädigung folgt daher kausal aus der künstlerischen oder sportlichen Tätigkeit. Deswegen kann für solche Zahlungen nichts anderes als für seine üblichen Einkünfte gelten. Bezieht sich die Entschädigungsleistung auf eine konkrete Darbietung, besteht ein, wenn nicht unmittelbarer, so doch jedenfalls mittelbarer Zusammenhang, so dass Art. 17 eingreift. Ist dies nicht der Fall (wie bei den Versicherungsleistungen oder Pensionszahlungen), so richtet sich die Besteuerung nach den verbleibenden Vorschriften (im Ergebnis wie hier *Grossmann,* S. 113; *Reimer,* Der Ort des Unterlassens, (2004), S. 265 f., 456 für Entgelte für Wettbewerbsverbote; a. A. unter Berufung auf den OECD-Kommentar Wassermeyer/*Wassermeyer,* Art. 17 OECD-MA, Rz. 36, 41; *Hahn-Joecks,* S. 78; SKK/*Mody* Art. 17 MA, Rz. 23).

3. US-MA

Nach dem US-MA 1996 (hierzu *Doernberg/van Raad,* US-Model 1996, 136 ff.) – und unverändert für das US-MA 2006, s. u. Rz. 131 – gilt die Regel über die Besteuerung der Künstler und Sportler am Ort der Arbeitsausübung nur, wenn deren Einnahmen den Betrag von 20 000 US-Dollar (oder den entsprechenden Gegenwert in der Landeswährung) im betreffenden Steuerjahr (nach ÖstBMF v. 23.11.1998 (EAS 1370), ÖStZ 1999, 80 dem Kalenderjahr: *DBA Österreich/USA* sowie zu Dokumentationsanforderungen nach der DBA-Entlastungsverordnung (s. o. Rz. 1, Österreich) s. ÖstBMF v. 23.1.2006 (EAS 2697), SWI 2006, 105; v. 3.3.2006 (EAS 2702 u. 2704), SWI 2006, 247 und v. 27.10.2010 (EAS 3183), SWI 2010, 503 bei einem US-Orchester, jeweils *DBA Österreich/USA*) übersteigen (vgl. den Vorbehalt der USA zu Art. 17, MA-Komm. Ziff. 20; für Nachweise zu niedrigeren Bagatellgrenzen in den US-Abkommen mit Entwicklungsländern s. *Macdonald,* TMIJ 1999, 179 (193)). In diesem Fall besteuert der Tätigkeitsstaat den vollen Betrag und nicht nur die übersteigende Summe (US-TE Ziff. 225). Ob dieser Betrag erreicht wird, wird in der Regel erst am Jahresende feststehen. Der Vertragsstaat kann daher berechtigt sein, die Quellensteuer zunächst einzubehalten und sie nach Jahresablauf zu erstatten (US-TE Ziff. 228; so z. B. geregelt in den *DBA USA 1989* und *USA 1989/2006* s. Rz. 78, 78a und *Österreich/USA,* Art. 17 Abs. 3, dazu *Jirousek,* SRIStR 5 (1997), 157 (162 f.); für ein Beispiel s. ÖstBMF v. 5.9.2000, ÖStZ 2001, 28 zur US-Tournee eines österreichischen Marionettentheaters oder v. 26.11.2002 (EAS 2170), SWI 2003, 6 für einen österreichischen Zauberkünstler). Bei Einnahmen unterhalb dieser Bagatellgrenze verzichtet der Quellenstaat aus Gründen der Praktikabilität auf die Vorrangbesteuerung. Dies schließt jedoch eine Besteuerung nach anderen Verteilungsregeln nicht aus. Liegen die Voraussetzungen des Art. 7 oder 15 vor (ggf. auch Art. 14 bei DBA, die vor der MA-Revision 2000 vereinbart wurden), kann der Quellenstaat die Einkünfte auch dann besteuern, wenn der Betrag von 20.000 US-Dollar nicht erreicht wird (klarstellend aus deutscher Sicht BMF v. 14.9.1999, BStBl. I 1999, 957, das die schon bisher vertretene US-Ansicht bestätigt, vgl. US-TE Ziff. 227; bejahend *de Baere/Quaghebeur,* TNI 2008, 1141, 1143 für das neue *DBA Belgien/USA 2008,* dort auch mit Hinweis auf die belgische Verwaltungspraxis (Circulaire nr. AFZ/2007-0448-1 (AFZ 12/2007) v. 12.7.2007, www.fisconet.fgov.be); zur Ermittlung der Bagatellgrenze BFH BFH/NV 2004, 859: *DBA USA 1989,* s. u. Rz. 78; anders aber wohl *District Court of Bear Shiva,* Income Tax Appeal v. 31.8.2008: *DBA Israel/USA* (zitiert nach *Arnold,* BIT 2009, 562), das eine Besteuerung in Israel als Quellenstaat bei Einkünften unterhalb der Bagatellgrenze verneinte, obwohl die 58 tatbestandlichen Voraussetzungen der dem Art. 15 MA vergleichbaren Abkommensvorschrift vorlagen). Praktische Bedeutung kommt der betragsmäßigen Einschränkung vor allem für Mitglieder von Ensembles zu, die verhältnismäßig kurz im anderen Vertragsstaat gastieren. Maßgebend ist die gezahlte bzw. geschuldete Bruttovergütung. Zu dieser zählen auch Beträge, die der Künstler oder Sportler als Aufwendungsersatz erhält, sowie für ihn übernommene Kosten wie z. B. für Übernachtung, Verpflegung etc. (zur US-Abkommenspraxis insgesamt vgl. *Vogel/Shannon/Doernberg/van Raad,* Art. 17, S. 23 ff.; bestätigend nunmehr BFH BFH/NV 2004, 859: *DBA USA*).

59 Zahlungen, die für Aufwendungen geleistet werden, fließen nach einer Entscheidung des australischen *Administrative Appeals Tribunal* jedoch nur dann in die Ermittlung der Bagatellgrenze ein (nach Art. 17 DBA *Australien/USA:* 10 000 US-Dollar), wenn es sich um Ersatz für Beträge handelt, die zuvor vom Steuerpflichtigen verauslagt worden sind. Werden dem Künstler oder Sportler dagegen anlässlich seines Auftritts im Quellenstaat innerstaatliche Flüge oder die Hotelunterkunft vom Veranstalter gestellt, fließen die jeweiligen Gegenwerte nicht in die Berechnung mit ein (ATR 1989/90, 3263: *DBA Australien/USA*). Übersteigt die Bruttovergütung nicht die im Abkommen vorgesehene Grenze, verbleibt es bei der Besteuerung im Ansässigkeitsstaat.

II. Deutsche DBA

1. Abkommensübersicht zu Artikel 17 Abs. 1

64

DBA	MA-Regelung		Vermeidung der Doppelbesteuerung		Abweichung von MA-Regelung: Besteuerung im Ansässigkeitsstaat	Rz.
	Besteuerung am Ort der Tätigkeit	Artikel	Wohnsitzstaat*	Artikel		
Ägypten	≈ MA	17 Abs. 1	D: A V: F	24 Abs. 1 Buchst. b 24 Abs. 2	Förderung aus öff. Mitteln, 17 Abs. 2	70; 92 ff.
Albanien 2010	≈ MA, Sonderregelung für Verwertung von Persönlichkeitsrechten und Einkünften aus Fernseh- und Rundfunkübertragung	17 Abs. 1; 12 Abs. 3 S. 3	D: A V: A	23 Abs. 1 Buchst. b) gg) 23 Abs. 2	Förderung aus öff. Mitteln, 17 Abs. 3	70; 81a; 92 ff.; 96
Algerien 2007	≈ MA	17 Abs. 1	D: A V: A	23 Abs. 2 Buchst. b) gg) 23 Abs. 1	Förderung aus öff. Mitteln, 17 Abs. 3	70; 92 ff.; 94; 97
Argentinien	≈ MA	17 Abs. 1	D: A V: A	23 Abs. 2 23 Abs. 4 Buchst. a	Förderung aus öff. Mitteln, 17 Abs. 2	70; 92 ff.; 95
Armenien	s. UdSSR					
Aserbaidschan	≈ MA	17 Abs. 1	D: A V: Abzug	23 Abs. 1 Buchst. b) gg) 23 Abs. 2	Förderung aus öff. Mitteln, 17 Abs. 3	70; 92 ff.; 97
Australien	≈ MA, „Berufssportler"	16 Abs. 1; Prot. Nr. 3	D: F V: A	22 Abs. 2 Buchst. a 22 Abs. 1		73
Bangladesch	≈ MA	17 Abs. 1	D: A V: A	22 Abs. 1 Buchst. b 22 Abs. 2 Buchst. b	Förderung aus öff. Mitteln, 17 Abs. 3	70; 92 ff.; 95

* D = Deutschland; V = Vertragsstaat; A = Anrechnungsmethode; F = Freistellungsmethode.

DBA	MA-Regelung		Vermeidung der Doppelbesteuerung		Abweichung von MA-Regelung: Besteuerung im Ansässigkeitsstaat	Rz.
	Besteuerung am Ort der Tätigkeit	Artikel	Wohnsitzstaat*	Artikel		
Belarus	≈ MA	17 Abs. 1	D: A V: A	23 Abs. 1 Buchst. b) gg) 23 Abs. 3	Finanzierung durch Ansässigkeitsstaat	70; 92 ff.
Belgien	≈ MA, nur für selbstständig Tätige	17	D: F V: F	23 Abs. 1 Nr. 1 23 Abs. 2 Nr. 1	Sonderregelung für Grenzgänger, 15 Abs. 3 Nr. 1	74; 88
Bolivien	≈ MA, Ausdehnung auf Tätigkeit „im Rahmen einer Gruppe" oder als berufsmäßiger Künstler in einem Unternehmen	17 Abs. 1	D: A V: F	23 Abs. 1 Buchst. b 23 Abs. 2	Förderung aus öff. Mitteln, 17 Abs. 2	70; 72; 79; 92 ff.; 95
Bosnien-Herzegowina	s. Jugoslawien					
Bulgarien 2010	≈ MA, Sonderregelung für Verwertung von Persönlichkeitsrechten und Einkünften aus Fernseh- und Rundfunkübertragung	16 Abs. 1; Art. 12 Abs. 3 Buchst. a	D: A V: F	22 Abs. 1 Buchst. b 22 Abs. 2 Buchst. a	Förderung aus öff. Mitteln zu mehr als 60 %, 16 Abs. 3	81a; 92 ff.; 94a ff.
China 1985 (ohne Hongkong und Macau)	≈ MA	17 Abs. 1	D: A V: A	24 Abs. 2 Buchst. b 24 Abs. 1 Buchst. a	Kulturaustausch, 17 Abs. 3	92 ff.
China 2014 (E)	≈ MA	17 Abs. 1	D: A V: A	23 Abs. 2 Buchst. b) vi) 23 Abs. 1 Buchst. a	Freistellung bei kulturellem Austauschprogramm 17 Abs. 3	
Costa Rica 2014 (E)	≈ MA	17 Abs. 1	D: A V: A	23 Abs. 1 Buchst. b)gg 23 Abs. 2 (s. a. SProt. Nr. 3)	Förderung aus öff. Mitteln, 17 Abs. 3	70; 92 ff.
Dänemark	≈ MA	17 Abs. 1	D: A V: A	24 Abs. 1 Buchst. b 24 Abs. 2 Buchst. a	Förderung aus öff. Mitteln, 17 Abs. 3	70; 92 ff.
Ecuador	≈ MA	17 Abs. 1	D: A V: A	23 Abs. 1 Buchst. b 23 Abs. 2 Buchst. b	Förderung aus öff. Mitteln, 17 Abs. 2	70; 79; 92 ff.; 95
Elfenbeinküste	≈ MA	17 Abs. 1	D: A V: F	23 Abs. 1 Buchst. b 23 Abs. 2	Betätigung einer nicht gewinnorientierten Organisation/Förderung aus öff. Mitteln, 17 Abs. 3, 4	70; 92 ff.; 95; 97
Estland	≈ MA	17 Abs. 1	D: A V: A	23 Abs. 1 Buchst. b 23 Abs. 2 Buchst. a	Förderung aus öff. Mitteln, 17 Abs. 3	70; 92 ff.; 95 f.

* D = Deutschland; V = Vertragsstaat; A = Anrechnungsmethode; F = Freistellungsmethode.

DBA	MA-Regelung: Besteuerung am Ort der Tätigkeit	MA-Regelung: Artikel	Vermeidung der Doppelbesteuerung: Wohnsitzstaat*	Vermeidung der Doppelbesteuerung: Artikel	Abweichung von MA-Regelung: Besteuerung im Ansässigkeitsstaat	Rz.
Finnland	≈ MA	17 Abs. 1	D: A V: A	23 Abs. 5 Buchst. b 23 Abs. 1 Buchst. a		
Frankreich	≈ MA, „Berufssportler"; nur für öffentliche Darbietungen von selbstständig Tätigen	12 Abs. 2	D: F V: A	20 Abs. 1 Buchst. a 23 Abs. 2 Buchst. a	Sonderregelung für Grenzgänger, 13 Abs. 5	71 ff.; 88
Georgien	≈ MA	17 Abs. 1	D: A V: A	23 Abs. 1 Buchst. b) iv) 23 Abs. 2 Buchst. a	Förderung aus öff. Mitteln, 17 Abs. 3	3 ff.; 70; 92 ff.
Ghana	≈ MA	17 Abs. 1	D: A V: A	24 Abs. 1 Buchst. b) ff) 24 Abs. 2 Buchst. a	Förderung aus öff. Mitteln, 17 Abs. 3	70; 92 ff.
Griechenland	≈ MA, nur für selbstständig Tätige	XI Abs. 1 S. 3	D: F V: A	XVII Abs. 2 Nr. 1 XVII Abs. 1		
Großbritannien 1964/70	≈ MA	XI Abs. 6	D: F	XVII Abs. 1 XVIII Abs. 2 Buchst. a		3 ff.
Großbritannien 2010	≈ MA	16 Abs. 1	D: A V: A	23 Abs. 1 Buchst. b) dd) 23 Abs. 2 Buchst. a	Förderung aus öff. Mitteln, 16 Abs. 3	67b; 70; 94 ff.
Indien	≈ MA	17 Abs. 1	D: A V: A	23 Abs. 1 Buchst. b 23 Abs. 2	Förderung aus öff. Mitteln, 17 Abs. 3	70; 92 ff.; 95; 97
Indonesien	≈ MA	17 Abs. 1	D: A V: A	23 Abs. 1 Buchst. b 23 Abs. 2	Förderung aus öff. Mitteln, 17 Abs. 3	70; 92 ff.; 95
Iran	≈ MA	17	D: F V: A	24 Abs. 1 Buchst. a 24 Abs. 2		
Irland 2011	≈ MA, Sonderregelung für Verwertung von Persönlichkeitsrechten und Einkünften aus Fernseh- und Rundfunkübertragung	16 Abs. 1; 12 Abs. 2 S. 3	D: A V: A	23 Abs. 2 Buchst. b) dd) 23 Abs. 1	Förderung aus öff. Mitteln, 16 Abs. 3	67b; 70; 81a; 92 ff.
Island	≈ MA	17	D: F V: F	23 Abs. 1 Buchst. a 23 Abs. 2 Buchst. a		
Israel	≈ MA, nur für selbstständig Tätige	8 Abs. 2	D: F V: A	18 Abs. 1 Buchst. a 18 Abs. 2		
Italien	≈ MA	17 Abs. 1	D: A V: A	24 Abs. 3 Buchst. b 23 Abs. 2 Buchst. a	Förderung aus öff. Mitteln, 17 Abs. 3	70; 92 ff.; 95
Jamaika	≈ MA	17 Abs. 1	D: A V: A	23 Abs. 1 Buchst. b 23 Abs. 2 Buchst. a		

* D = Deutschland; V = Vertragsstaat; A = Anrechnungsmethode; F = Freistellungsmethode.

DBA	MA-Regelung: Besteuerung am Ort der Tätigkeit	MA-Regelung: Artikel	Vermeidung der Doppelbesteuerung: Wohnsitzstaat*	Vermeidung der Doppelbesteuerung: Artikel	Abweichung von MA-Regelung: Besteuerung im Ansässigkeitsstaat	Rz.
Japan	≈ MA	17 Abs. 1	D: F V: A	23 Abs. 1 Buchst. a 23 Abs. 2		
Jugoslawien	≈ MA	18 Abs. 1	D: A V: F	24 Abs. 1 Buchst. b 24 Abs. 2 Buchst. a	Kulturaustausch, 18 Abs. 3	71; 92 ff.
Kanada	≈ MA	17 Abs. 1	D: A V: A	23 Abs. 2 Buchst. b 23 Abs. 1 Buchst. a	Förderung aus öff. Mitteln, 17 Abs. 3	70; 92 ff.; 95 ff.
Kasachstan	≈ MA	17 Abs. 1	D: A V: A	23 Abs. 2 Buchst. b 23 Abs. 1 Buchst. a	Förderung aus öff. Mitteln, 17 Abs. 3	70; 92 ff.; 95 ff.
Kenia	≈ MA	17 Abs. 1	D: A V: A	23 Abs. 1 Buchst. b 23 Abs. 2 Buchst. b	Förderung aus öff. Mitteln, 17 Abs. 3	10; 70; 92 ff.
Kirgisistan	≈ MA	17 Abs. 1	D: A V: Abzug	23 Abs. 1 Buchst. b) ff) 23 Abs. 2 Buchst. a	Förderung aus öff. Mitteln, 17 Abs. 3	70; 92 ff.
Korea	≈ MA, Sonderregelung für Verwertung von Persönlichkeitsrechten	17 Abs. 1, 2	D: A V: A	23 Abs. 1 Buchst. b 23 Abs. 2	Förderung aus öff. Mitteln, 17 Abs. 4; erfasst aber nicht 17 Abs. 2 (Persönlichkeitsrechte)	70; 83; 92 ff.; 95 ff.
Kosovo	s. Jugoslawien					
Kroatien	≈ MA	17 Abs. 1	D: A V: A	26 Abs. 1 Buchst. b) gg) 26 Abs. 2 Buchst. b	Förderung aus öff. Mitteln, 17 Abs. 3	70; 92 ff.
Kuwait	≈ MA	17 Abs. 1	D: A V: A	24 Abs. 1 Buchst. b 24 Abs. 2	Förderung aus öff. Mitteln, 17 Abs. 3	92 ff.; 95
Lettland	≈ MA	17 Abs. 1	D: A V: A	23 Abs. 1 Buchst. b 23 Abs. 2 Buchst. a	Förderung aus öff. Mitteln, 17 Abs. 3	70; 92 ff.; 95 f.
Liberia	≈ MA	17 Abs. 1	D: F V: F	23 Abs. 1 Buchst. a 23 Abs. 2 Buchst. a		
Liechtenstein 2011	≈ MA, Sonderregelung für Verwertung von Persönlichkeitsrechten und Einkünften aus Fernseh- und Rundfunkübertragung	16 Abs. 1	D: A V: A	23 Abs. 1 Buchst. b) gg) 23 Abs. 2 Buchst. b)		70; 82a; 83, 99
Litauen	≈ MA	17 Abs. 1	D: A V: A	23 Abs. 1 Buchst. b 23 Abs. 2 Buchst. a	Förderung aus öff. Mitteln, 17 Abs. 3	70; 92 ff.; 95 f.
Luxemburg 2012	≈ MA	16 Abs. 1	D: A V: A	22 Abs. 1 Buchst. b ff) 22 Abs. 2	Förderung aus öff. Mitteln, 16 Abs. 3	70

* D = Deutschland; V = Vertragsstaat; A = Anrechnungsmethode; F = Freistellungsmethode.

DBA	MA-Regelung: Besteuerung am Ort der Tätigkeit	MA-Regelung: Artikel	Vermeidung der Doppelbesteuerung: Wohnsitzstaat*	Vermeidung der Doppelbesteuerung: Artikel	Abweichung von MA-Regelung: Besteuerung im Ansässigkeitsstaat	Rz.
Malaysia 2010	≈ MA	17 Abs. 1	D: A V: A	23 Abs. 1 Buchst. b) ff) 23 Abs. 2	Förderung aus öff. Kassen, 17 Abs. 3	70; 92 ff.; 95
Malta	≈ MA, Sonderregelung für Verwertung von Persönlichkeitsrechten und Einkünften aus Fernseh- und Rundfunkübertragung	17 Abs. 1, 2	D: A V: A	23 Abs. 1 Buchst. b 23 Abs. 2	Förderung aus öff. Mitteln, 17 Abs. 4; erfasst aber nicht 17 Abs. 2 (Persönlichkeitsrechte, Fernseh- und Rundfunkübertragung)	70; 80 ff.; 92 ff.; 95 ff.
Marokko	≈ MA	17 Abs. 1	D: F V: F	23 Abs. 1 Nr. 1 23 Abs. 2 Nr. 1	Betätigung einer nicht gewinnorientierten Organisation, 17 Abs. 2	92 ff.; 97
Mauritius 2011	≈ MA	16 Abs. 1	D: A V: A	23 Abs. 2 Buchst. a 23 Abs. 1 Buchst. a	Förderung aus öff. Mitteln, 16 Abs. 3	70; 92 ff.; 95
Mazedonien 2006	≈ MA, Sonderregelung für Verwertung von Persönlichkeitsrechten und Einkünften aus Fernseh- und Rundfunkübertragung	17 Abs. 1; 12 Abs. 3 S. 3	D: A V: A	23 Abs. 1 Buchst. b) ff) 23 Abs. 2 Buchst. a)	Förderung aus öff. Mitteln, 17 Abs. 3	70; 81a; 92 ff.
Mexiko 2008	≈ MA, Sonderregelung für Verwertung von Persönlichkeitsrechten und Einkünften aus Fernseh- und Rundfunkübertragung	17 Abs. 1; 12 Abs. 3 S. 3	D: A V: A	23 Abs. 1 Buchst. b) gg) 23 Abs. 2 Buchst. a	Förderung aus öff. Mitteln, 17 Abs. 3	70; 41 ff.; 80 f.; 81a; 92 ff.; 95
Moldau	s. UdSSR					
Mongolei	≈ MA	17 Abs. 1	D: A V: A	23 Abs. 1 Buchst. b 23 Abs. 2	Förderung aus öff. Mitteln, 17 Abs. 3	70; 92 ff.; 95; 97
Montenegro	s. Jugoslawien					
Namibia	≈ MA	17 Abs. 1	D: A V: F/A, nach Wahl des V	23 Abs. 1 Buchst. b 23 Abs. 2	Förderung aus öff. Mitteln, 17 Abs. 3	70; 92 ff.; 95; 97
Neuseeland	≈ MA	17 Abs. 1	D: A V: A	23 Abs. 2 Buchst. b 23 Abs. 1		
Niederlande 1959/2004	≈ MA, auch für vortragende Tätigkeit; beschränkt auf selbstständig Tätige	9 Abs. 1 i. V. m. 2	D: F V: A	20 Abs. 2 20 Abs. 3		71; 74 ff.
Niederlande 2012 (E)	≈ MA	16 Abs. 1	D: A	Art. 22 Abs. 1 Buchst. b) dd)	Förderung aus öff. Mitteln zu mehr als 50 %	70

* D = Deutschland; V = Vertragsstaat; A = Anrechnungsmethode; F = Freistellungsmethode.

DBA	MA-Regelung Besteuerung am Ort der Tätigkeit	MA-Regelung Artikel	Vermeidung der Doppelbesteuerung Wohnsitzstaat*	Vermeidung der Doppelbesteuerung Artikel	Abweichung von MA-Regelung: Besteuerung im Ansässigkeitsstaat	Rz.
			V: F	Art. 22 Abs. 2	oder im Rahmen eines Kulturabkommens	
Norwegen 1991	≈ MA	17 Abs. 1	D: A V: A	23 Abs. 2 Buchst. b 23 Abs. 1 Buchst. b	Förderung aus öff. Mitteln, 17 Abs. 3	70; 92 ff.; 95 f.
Norwegen 2013	≈ MA	17 Abs. 1	D: A V: A	23 Abs. 2 Buchst. b) ee) 23 Abs. 1 Buchst. a	Förderung aus öff. Mitteln, 17 Abs. 3	70; 92 ff.; 95 f.
Oman 2012 (E)	≈ MA	17 Abs. 1	D: A V: A	23 Abs. 1 Buchst. b 23 Abs. 2	Förderung aus öff. Mitteln, 17 Abs. 2; Förderung durch nicht gewinnorientierte Organisation,	70; 92 ff.; 95; 97
Österreich	≈ MA, Sonderregelung für Verwertung von Persönlichkeitsrechten und Einkünften aus Fernseh- und Rundfunkübertragung	17 Abs. 1	D: A V: F Ausnahme A	23 Abs. 1 Buchst. b 23 Abs. 2 Buchst. a 23 Abs. 2 Buchst. b i. V. m. 17 Abs. 1 S. 2, 3	Förderung aus öff. Mitteln, 17 Abs. 3; Sonderregelung für Grenzgänger, 15 Abs. 6 i. V. m. SProt. Nr. 8	7 ff.; 70; 80 ff.; 88; 92 ff.; 95 ff.
Pakistan	≈ MA; Sportler einschließlich Boxer und Ringer	17 Abs. 1	D: A V: A	22 Abs. 1 Buchst. b 22 Abs. 2	Förderung aus öff. Mitteln, 17 Abs. 3	92 ff.; 95
Philippinen	≈ MA	17 Abs. 1	D: A V: A	24 Abs. 2 Buchst. b) vi) 24 Abs. 1	Förderung aus öff. Mitteln, 17 Abs. 3	70; 92 ff.; 95; 97
Polen	≈ MA	17 Abs. 1	D: A V: F	24 Abs. 2 Buchst. b 24 Abs. 1 Buchst. a	Förderung aus öff. Mitteln, 17 Abs. 3	70; 92 ff.; 95; 97
Portugal	≈ MA	17 Abs. 1	D: A V: A	24 Abs. 2 Buchst. b 24 Abs. 1 Buchst. a		
Rumänien	≈ MA	17 Abs. 1	D: A V: A	23 Abs. 2 Buchst. b) gg) 23 Abs. 1 Buchst. a	Förderung aus öff. Mitteln, 17 Abs. 3	70; 94 ff.
Russische Föderation	≈ MA	17 Abs. 1	D: A V: A	23 Abs. 2 Buchst. b 23 Abs. 1	Förderung aus öff. Mitteln, 17 Abs. 3	70; 87; 92 ff.; 95 ff.
Sambia	≈ MA	17 Abs. 1	D: A V: A	23 Abs. 1 Buchst. b 23 Abs. 2 Buchst. a	Förderung aus öff. Mitteln, 17 Abs. 3	92 ff.
Schweden	≈ MA	17 Abs. 1	D: A V: A	23 Abs. 1 Buchst. b 23 Abs. 2 Buchst. a	Förderung aus öff. Mitteln, 17 Abs. 3	70; 92 ff.
Schweiz	≈ MA	17 Abs. 1	D: A V: F	24 Abs. 1 Nr. 2 24 Abs. 2 Nr. 1 Buchst. a	Förderung aus öff. Mitteln (nur Künstler),	70; 71; 88; 92 ff.; 95

* D = Deutschland; V = Vertragsstaat; A = Anrechnungsmethode; F = Freistellungsmethode.

DBA	MA-Regelung: Besteuerung am Ort der Tätigkeit	MA-Regelung: Artikel	Vermeidung der Doppelbesteuerung: Wohnsitzstaat*	Vermeidung der Doppelbesteuerung: Artikel	Abweichung von MA-Regelung: Besteuerung im Ansässigkeitsstaat	Rz.
					17 Abs. 2; Sonderregelung für Grenzgänger, 15a Abs. 1	
Serbien	s. Jugoslawien					
Simbabwe	≈ MA	17 Abs. 1	D: A V: A	23 Abs. 1 Buchst. b 23 Abs. 2		
Singapur 2004	≈ MA, Sonderregelung für die Verwertung von Persönlichkeitsrechten und Einkünften aus Fernseh- und Rundfunkübertragung	17 Abs. 1, 2	D: A V: A	24 Abs. 1 Buchst. b) gg) 24 Abs. 2	Förderung aus öff. Mitteln aus D und von Körperschaft öR in V, 17 Abs. 4	70; 83; 92 ff.
Slowakei	s. Tschechoslowakei					
Slowenien	≈ MA	17 Abs. 1	D: A V: A	23 Abs. 1 Buchst. b) ff) 23 Abs. 2 Buchst. a	Förderung aus öff. Mitteln, 17 Abs. 3	70; 92 ff.
Spanien 2011	≈ MA, Sonderregelung für Verwertung von Persönlichkeitsrechten und Einkünften aus Fernseh- und Rundfunkübertragung	16 Abs. 1; 12 Abs. 2 S. 3	D: A V: A	22 Abs. 2 Buchst. b) v) 22 Abs. 1 Buchst. a	Förderung aus öff. Kassen, 16 Abs. 3	70; 81a; 92 ff.
Sri Lanka	≈ MA	17 Abs. 1	D: A V: A	23 Abs. 1 Buchst. b 23 Abs. 2 Buchst. b	Förderung aus öff. Mitteln, 17 Abs. 2	92 ff.; 95
Südafrika 1973	≈ MA	14	D: F V: F/A, nach Wahl des V	20 Abs. 2 Buchst. a 20 Abs. 1		
Südafrika 2008 (E)	≈ MA, Sonderregelung für Verwertung von Persönlichkeitsrechten und Einkünften aus Fernseh- und Rundfunkübertragung	16 Abs. 1, 2	D: A V: Abzug	22 Abs. 1 Buchst. b) v) 22 Abs. 2	Förderung aus öff. Mitteln, 16 Abs. 4	70; 83; 92 ff.
Syrien 2010	≈ MA, Sonderregelung für Verwertung von Persönlichkeitsrechten und Einkünften aus Fernseh- und Rundfunkübertragung	17 Abs. 1; 12 Abs. 3 S. 3	D: A V: A	22 Abs. 1 Buchst. b) gg) 22 Abs. 2 Buchst. a	Förderung aus öff. Mitteln, 17 Abs. 3	70; 81a; 92 ff.
Tadschikistan	≈ MA	16 Abs. 1	D: A V: A	22 Abs. 2 Buchst. b) ff) 22 Abs. 1	Förderung aus öff. Mitteln, 16 Abs. 3	70; 92 ff.

* D = Deutschland; V = Vertragsstaat; A = Anrechnungsmethode; F = Freistellungsmethode.

DBA	MA-Regelung: Besteuerung am Ort der Tätigkeit	MA-Regelung: Artikel	Vermeidung der Doppelbesteuerung: Wohnsitzstaat*	Vermeidung der Doppelbesteuerung: Artikel	Abweichung von MA-Regelung: Besteuerung im Ansässigkeitsstaat	Rz.
Taiwan 2011	≈ MA, Sonderregelung für Verwertung von Persönlichkeitsrechten und Einkünften aus Fernseh- und Rundfunkübertragung	16 Abs. 1; 12 Abs. 3 S. 3	D: A V: A	22 Abs. 1 Buchst. b) vii) 22 Abs. 2	Förderung aus öff. Kassen	70, 81a; 92 ff.
Thailand	≈ MA	14 Abs. 1, 15 Abs. 1	D: F V: F	22 Abs. 2 Buchst. a 22 Abs. 3 Buchst. a	Förderung aus öff. Mitteln, 15 Abs. 1, 3	92 ff.; 95
Trinidad und Tobago	≈ MA	17 Abs. 1	D: A V: A	22 Abs. 1 Buchst. b 22 Abs. 2 Buchst. a		3 ff.
Tschechien 1997 (E)	≈ MA	17 Abs. 1	D: A V: A	23 Abs. 1 Buchst. b 23 Abs. 2	Förderung aus öff. Mitteln, 17 Abs. 3	92 ff.; 95
Tschechien	s. Tschechoslowakei					
Tschechoslowakei	≈ MA	17 Abs. 1	D: A V: A	23 Abs. 1 Buchst. b 23 Abs. 2 Buchst. b	Kulturaustausch, 17 Abs. 3	92 ff.
Türkei 2011	≈ MA, Sonderregelung für Verwertung von Persönlichkeitsrechten	17 Abs. 1; Art. 12 Abs. 3 S. 2	D: A V: A	23 Abs. 2 Buchst. b) gg) 23 Abs. 1 Buchst. a	Förderung aus öff. Mitteln, 17 Abs. 3	70; 71; 74; 81a; 92 ff.; 95; 97
Tunesien	≈ MA	17 Abs. 1	D: A V: A	23 Abs. 1 Buchst. b 23 Abs. 2	Betätigung einer nicht gewinnorientierten Organisation, 17 Abs. 3	92 ff.; 97
Turkmenistan	s. UdSSR					
UdSSR	≈ MA	16 Abs. 2	D: A V: nach innerstaatl. Recht	19 Abs. 1 Buchst. b 19 Abs. 2	Förderung aus öff. Mitteln, 16 Abs. 1	87; 92 ff.
Ukraine	≈ MA	17 Abs. 1	D: A V: A	23 Abs. 1 Buchst. b 23 Abs. 2	Förderung aus öff. Mitteln, 17 Abs. 3	70; 92 ff.; 95; 97
Ungarn 2011	≈ MA, Sonderregelung für Verwertung von Persönlichkeitsrechten und Einkünften aus Fernseh- und Rundfunkübertragung	16 Abs. 1; 12 Abs. 2 S. 2	D: A V: F	22 Abs. 1 Buchst. b) ee) 22 Abs. 2 Buchst. a	Förderung aus öff. Mitteln/ Kulturaustausch, 17 Abs. 3	70; 81a; 92 ff.
Uruguay 2010	≈ MA, Sonderregelung für Verwertung von Persönlichkeitsrechten und Einkünften aus Fernseh- und Rundfunkübertragung	16 Abs. 1; 12 Abs. 3 S. 3	D: A V: Abzug	22 Abs. 1 Buchst. b) gg) 22 Abs. 2 Buchst. b	Förderung aus öff. Mitteln, 16 Abs. 2	70; 79; 81a; 92 ff.; 95

* D = Deutschland; V = Vertragsstaat; A = Anrechnungsmethode; F = Freistellungsmethode.

DBA	MA-Regelung		Vermeidung der Doppelbesteuerung		Abweichung von MA-Regelung: Besteuerung im Ansässigkeitsstaat	Rz.
	Besteuerung am Ort der Tätigkeit	Artikel	Wohnsitzstaat*	Artikel		
USA 1989	≈ MA	17 Abs. 1	D: A V: A	23 Abs. 2 Buchst. b) dd) 23 Abs. 1 Buchst. a	Bruttobetrag der Einnahmen unter 20 000 Dollar im Jahr, 17 Abs. 1; Förderung aus öff. Mitteln, 17 Abs. 3	70; 78; 92 ff.; 95 f.
USA 1989/2006	≈ MA	17 Abs. 1	D: A V: A	Art. 23 Abs. 3 Buchst. b) dd) Buchst. b) dd) Art. 23 Abs. 1 Buchst. a	s. o. USA 1989	70; 78 f.; 92 ff.; 95 f.
Usbekistan	≈ MA, Sonderregelung für Verwertung von Persönlichkeitsrechten und Einkünften aus Fernseh- und Rundfunkübertragung	17 Abs. 1, 2	D: A V: A	23 Abs. 1 Buchst. b 23 Abs. 2	Förderung aus öff. Mitteln, 17 Abs. 4; erfasst aber nicht 17 Abs. 2 (Persönlichkeitsrechte, Fernseh- und Rundfunkübertragung)	70; 83; 92 ff.; 95 ff.
Venezuela	≈ MA	17 Abs. 1	D: A V: F	23 Abs. 1 Buchst. b 23 Abs. 2	Förderung aus öff. Mitteln, 17 Abs. 3	70; 92 ff.; 95; 97
Vereinigte Arabische Emirate 2010	≈ MA	16 Abs. 1	D: A V: A	22 Abs. 1 22 Abs. 3	Förderung aus öff. Mitteln, 16 Abs. 3	70; 92 ff.; 95
Vietnam	≈ MA	17 Abs. 1	D: A V: A	23 Abs. 2 Buchst. b 23 Abs. 1 Buchst. a	Kulturaustausch, 17 Abs. 3	92 ff.
Weißrussland	s. Belarus					
Zypern 2011	≈ MA, Sonderregelung für Verwertung von Persönlichkeitsrechten und Einkünften aus Fernseh- und Rundfunkübertragung	16 Abs. 1; 12 Abs. 3 S. 2	D: A V: A	22 Abs. 1 22 Abs. 3	Förderung aus öff. Mitteln, 16 Abs. 3	70; 81a; 92 ff.

* D = Deutschland; V = Vertragsstaat; A = Anrechnungsmethode; F = Freistellungsmethode.

2. Erläuterungen

a) Deutsches innerstaatliches Recht:

65 **Literatur** *Cordewener,* IWB v. 22.4.2009, Fach 11 Gruppe 2 Europäische Union, 971; *Dahle/Sureth/Stamm,* StuB 2011, 138; *Decker/Looser,* IStR 2010, 8; *Eckl,* ET 2009, 115; *Ehlig,* DStZ 2011, 647; *ders.,* IStR 2010, 504; *Hidien/Holthaus,* IWB v. 8.7.2009 Fach 3 Deutschland Gruppe 1, 2403; *Holthaus,* Ausländische Künstler und Sportler im Steuerrecht (2011); *ders.,* ISR 2013, 256; *ders.,* IWB v. 9.11.2011, Fach 3 Gruppe 2, 802; *ders.,* PIStB 2011, 6; *ders.,* PIStB 2011, 130; *ders.,* PIStB 2010, 267; *ders.,* IStR 2010, 23; *ders.,* IStR 2010, 763; *ders.,* SWI 2010, 10; *ders.,* DStZ 2008, 741; *Intemann/Nacke,* DB 2007, 1430; *Kempermann,* FR 2008, 591; *Kraft,* IStR 2011, 486; *Lüdicke,* IStR 2009, 206; *Molenaar/Grams,* ET 2011, 358; *Nacke,* NWB v. 15.6.2009, Fach 3, 15 619; *Rüping,* IStR 2008, 575; *Schauhoff/Idler,* IStR 2008, 341; *Schauhoff/Schlotter,* IStR 2009, 751; *Schlotter,* FR 2010, 651; *Schlotter/Degenhart,* IStR 2011, 457.

Verwaltungsanweisungen: BMF v. 14.10.1985 StEK Doppelbest. UdSSR 3; BMF v. 14.9.1999, BStBl. I 1999, 957; BMF v. 15.1.1996 BStBl. I 1996, 55; BMF v. 15.3.1996, BStBl. I 1996, 161; BMF v. 2.11.1977, BStBl. I 1977, 494; BMF v. 3.11.2003, BStBl. I 2003, 553; BMF v. 30.9.1996, BStBl. I 1996, 1170; BMF v. 5.10.1981, DB 1981, 2257; BMF v. 5.4.2007, DStR 2007, 763; BMF v. 7.5.2002, BStBl. I 2002, 521; BMF v. 9.1.2009, BStBl. I 2009, 362; BMF v. 21.1.2010, BStBl. I 2010, 49 i. V. m. BMF v. 20.3.2008, BStBl. I 2008, 538; BMF v. 27.8.2010, BStBl. I 2010, 647; BMF v. 25.11.2010, BStBl. I 2010, 1350; BMF v. 16.2.2011, FR 2011, 345; BZSt, Merkblätter zu Vergütungen an ausländische Künstler und Sportler, www.bzst.bund.de; FinMin Meckl-Vorp., Erlass v. 8.8.1997, IStR 1997, 602; FinMin Nds. v. 25.4.1996, FR 1996, 507; FinMin Nds. v. 14.11.1985 StEK Doppelbest. UdSSR 3; FinMin Nds. v. 16.5.1995, DStR 1995, 937; FinMin NRW v. 2.11.1977 StEK EStG § 50 a/27; FinMin Sachs., Erlass v. 31.7.1995, RIW 1995, 961; *OECD,* The taxation of income derived from entertainment, artistic and sporting activities, Ziff. 102–104; OFD Frankfurt/M. v. 25.6.1996, DStR 1996, 1567; OFD München v. 9.2.1998, RIW 1998, 419; OFD Münster v. 4.4.2003, IWB v. 23.4.2003, F. 1 Kurznachrichten, S. 725; OFD Münster v. 9.10.2007, IStR 2007, 792; OFD Münster v. 27.3.2009, IStR 2009, 364; OFD Rheinland v. 16.10.2009, IStR 2011, 36; OFD Münster v. 25.3.2011, IStR 2011, 436; ÖstBMF v. 16.5.2006 (EAS 2735), SWI 2006, 347; ÖstBMF v. 11.2.1997, AöFV 88/1997; ÖstBMF v. 15.3.1993, SWI 1994, 153: *DBA Österreich;* ÖstBMF v. 19.9.1994, SWI 1994, 345; ÖstBMF v. 22.6.1998 (EAS 1279); ÖstBMF v. 23.1.2006 (EAS 2697), SWI 2006, 104; ÖstBMF v. 23.11.1998 (EAS 1371), SWI 1999, 6; ÖstBMF v. 9.10.2000 (EAS 1726), SWI 2000, 546; ÖstBMF, AöFV 267/1989; ÖstBMF v. 22.2.2008 (EAS 2918), SWI 2008, 98; ÖstBMF v. 23.4.2008 (EAS 2957), SWI 2008, 220; ÖstBMF v. 23.9.2008 (EAS 3002), SWI 2008, 442; ÖstBMF v. 17.2.2010 (EAS 3135), SWI 2010, 100; ÖstBMF v. 9.12.2010 (EAS 3195), SWI 2011, 44. 66

aa) Die Besteuerung beschränkt Steuerpflichtiger wurde durch das JStG 2009 (BGBl. I 2008, 2794) neu geregelt und an die abkommensrechtliche Praxis sowie europarechtlichen Vorgaben der BFH- und EuGH-Rechtsprechung angepasst (BT-Drs. 16/10189, 31, 58 ff.; zur Rechtsentwicklung s. 5. Aufl., Art. 17, Rz. 67a ff.; ferner BeitrRLUmsG, BGBl. I 2011, 2592). Für **Vergütungen, die nach dem 31.12.2008** (= Inkrafttreten des JStG 2009; zur Rechtslage davor s. 5. Aufl. Art. 17, Rz. 67 ff. sowie BMF v. 16.2.2011, FR 2011, 345) zufließen, gilt folgendes:

(1) Erzielen in Deutschland **nicht ansässige** Künstler und Sportler aus ihren persönlichen oder verwerteten Tätigkeiten in Deutschland Einkünfte, so unterliegen sie **tatbestandlich** regelmäßig der beschränkten Steuerpflicht, §§ 1 Abs. 4, 49 Abs. 1 Nrn. 2 Buchst. d, 3, 4 und 9 EStG (zur Vermittlung von Berufssportlern s. § 49 Abs. 1 Nr. 2 Buchst. g EStG). Dies gilt auch dann, wenn die Einkünfte nicht dem Künstler oder Sportler selbst, sondern einem dahinter stehenden Rechtsträger zufließen. Im einzelnen sind zahlreiche Fragen der beschränkten Steuerpflicht von Künstlern und Sportlern umstritten (s. Vorauflage sowie nur BFH IStR 2011, 37; BFH BStBl. II 2010, 398, dazu BMF v. 7.4.2010, BStBl. I 2010, 368; BStBl. II 2010, 120, dazu BMF v. 15.7.2010, BStBl. I 2010, 617; BStBl. II 2008, 228; 332; 2005, 550; BFH/NV 2010, 2263 zu sog. Zusammenhangleistungen, s. dazu FG Köln EFG 2009, 255; BFH/NV 2010, 878 (Abgrenzung zur Liebhaberei bei Grasbahnrennfahrer, Vorinstanz FG München v. 25.5.2009, BeckRS 2009, 26027474); BFH BStBl. II 2013, 430 (Werbeleistungen bei Motorsport-Rennteams; s. Vorinstanz FG München EFG 2011, 708; dazu *Renner,* SWI 2013, 25); BFH DStRE 2012, 659 (Werbeleistungen eines Profifußballspielers; Vorinstanz FG Münster EFG 2010, 1426); FG Nds. EFG 2009, 1731 (Aufteilung steuerpflichtiger und steuerfreier Einkünfte aus künstlerischer Tätigkeit); BMF v. 9.1.2009, BStBl. I 362: Aufteilung von Gesamtvergütungen bei beschränkt steuerpflichtigen Fotomodellen). Die **Steuererhebung** erfolgt grundsätzlich durch Veranlagung zur beschränkten Steuerpflicht (§ 50 Abs. 1 EStG). Für bestimmte Einkünfte wird die Einkommensteuer im Wege des Steuerabzugs abgegolten (§§ 50 Abs. 2, 50a EStG, 73a ff. 67

EStDV; Einzelheiten s. ausführlich BMF v. 25.11.2010, BStBl. I 2010, 1350; OFD Karlsruhe, Vfg. v. 14.1.2009, DStR 2009, 484). Betroffen sind insbesondere Einkünfte aus inländischen unterhaltenden Darbietungen, unabhängig von der zugrunde liegenden Einkunftsart (§ 49 Abs. 1 Nr. 9 EStG) und deren Verwertung (§ 50a Abs. 1 Nrn. 1 und 2 EStG). Nicht vom Steuerabzug erfasst werden werkschaffende Künstler oder bestimmte Berufsgruppen (vgl. § 50a Abs. 4 Nr. 2 EStG a. F.), sofern die Einkünfte nicht aus anderen Vorschriften dem Abzugsverfahren unterliegen (vgl. BT-Drs. 16/10 189, 62), wie dem allgemeinen Lohnsteuerabzug für nicht selbständige Künstler oder Sportler, die für einen inländischen Arbeitgeber tätig sind (§§ 50a Abs. 1 Nr. 1, 2. HS, 50 Abs. 2 S. 2 Nr. 4, 38 Abs. 1 S. 1 Nr. 1 EStG). Einkünfte aus der inländischen Verwertung ausländischer Darbietungen sind ebenfalls nicht abzugspflichtig. Bei mehreren hintereinandergeschalteten Vergütungsgläubigern gilt § 50a Abs. 4 EStG. Der Steuerabzug für (unterhaltende) Künstler und Sportler beträgt pauschal 15 % der gesamten Einnahmen (§ 50a Abs. 2 EStG). Betriebsausgaben oder Werbungskosten können nicht abgezogen werden. Allerdings zählen Reisekosten in bestimmten Umfang nicht zu den Einnahmen. Für Einkünfte aus inländischen Darbietungen wurde zudem eine allgemeine Geringfügigkeitsgrenze von € 250 je Darbietung eingeführt, die den bisherigen Staffeltarif ersetzt.

67a Künstler oder Sportler mit Wohnsitz und/oder Staatsangehörigkeit **innerhalb der EU oder des EWR** können statt des Steuerabzugs auf Bruttobasis alternativ die Ermittlung des Steuerabzugs auf Nettobasis (§ 50a Abs. 3 EStG: Abzug von BA/WK im unmittelbaren wirtschaftlichen Zusammenhang mit den künstlerischen oder sportlichen Einkünften; Steuersatz 30 %; zur Kritik an Einzelregelungen *Wilhelm,* in HHR, § 50a, J 08–11) oder die Antragsveranlagung (§ 50 Abs. 2 S. 2 Nr. 4 Buchst. b, Nr. 5 EStG) wählen. Das vormalige Erstattungsverfahren entfällt. Mit den verschiedenen Regelungen werden europarechtliche und praktische Anforderungen des Steuervollzugs berücksichtigt (BT-Drs. 16/10 189, 61; BMF v. 25.11.2010, BStBl. I 2010, 1350, Rz. 46 ff.; zur Vereinbarkeit des Steuerabzugsverfahrens mit EG-Recht s. st. Rspr. des EuGH v. 3.10.2006, Rs. C-290/04, Slg. 2006, I-09461 – *Scorpio Konzertproduktionen,* DStR 2006, 2071; BFH, DStRE 2012, 22, 24: *DBA Niederlande 1959;* DStRE 2012, 89, 93; BFH/NV 2010, 1814; BStBl. II 2008, 22; 95; 132; 190; 195; BVerfG, Beschl. v. 9.2.2010, IStR 2010, 327; kritisch wegen Geltung des EG-Beitreibungsgesetzes *Gosch,* in Kirchhof, § 50a, Rz. 2; s. dazu auch die Ergänzung von Ziffer 10 des MA-Komm. zu Art. 17 durch das OECD-MA 2008; *Panayi,* ET 2007, 452, 454 f.; s. ferner zu niederländischen Abzugssteuern für beschränkt steuerpflichtigen Fußballverein EuGH v. 18.10.2012, Rs. C-498/10, IStR 2013, 26 – X NV, dazu Schlussantrag GA Kokott v. 21.12.2011, abrufbar unter http://curia.europea.en; *Molenaar/Grams,* ET 2011, 358; Reformvorschläge bei *Schauhoff/Cordewener/Schlotter,* Besteuerung ausländischer Künstler und Sportler in der EU, 143 ff.; *Sauer,* Besteuerung ausländischer Sportler im Inland, 110 ff., 151 ff.). Künstler oder Sportler mit Wohnsitz und/oder Staatsangehörigkeit **außerhalb der EU oder des EWR** unterliegen dem Steuerabzug auf Bruttobasis oder sind zu veranlagen (bei Nicht-Vorliegen der Voraussetzungen für den Steuerabzug nach § 50a Abs. 1 EStG). Die Möglichkeit zur Nettobesteuerung oder ein Veranlagungswahlrecht wie bei EU-/EWR-Steuerpflichtigen besteht hingegen nicht. Auch scheidet eine Ausdehnung der unionsrechtlich bestimmten Regelungen auf Ansässige in oder Angehörige von Drittstaaten, sei es durch abkommensrechtliche oder sonstige völkerrechtliche Vereinbarungen, nach derzeitiger Rechtslage aus (vgl. BFH v. 7.9.2011, DStR 2012, 89: Freizügigkeitsabkommen zwischen der EG und der Schweiz, jedenfalls für die Zeit vor Inkrafttreten dieses Abkommens; BFH v. 30.3.2011, SteuK 2011, 332 (Vorinstanz FG Berlin-Brandenburg, DStRE 2011, 479: *DBA USA 1989*).

Ausnahmen von der Abgeltung durch Steuerabzug bestehen für Grenzpendler (§§ 1 Abs. 3, 1a EStG) und EU-/EWR-angehörige Arbeitnehmer (§ 50 Abs. 2 S. 2 Nr. 4 EStG).

(2) Von der Pflicht zum Steuerabzug kann durch Freistellungsbescheinigung (zur Rechtsnatur BFH IStR 2001, 124) nach § 50d Abs. 2 EStG abgesehen werden (zur Vereinbarkeit mit höherrangigem Recht BFH BStBl. II 1998, 113: *DBA Österreich 1954/92;* EuGH v. 3.10.2006, Rs. C-290/04, Slg. 2006, I-09461 – *Scorpio Konzertproduktionen,* zur Inanspruchnahme durch eine ausländische Künstlerverleihgesellschaft FG Köln EFG 2000, 1331: *DBA Niederlande 1959/91*). Notwendig ist grundsätzlich zumindest eine Ansässigkeitsbescheinigung des Ansässigkeitsstaats (so BFH BStBl. II 1995, 129 für polnische Künstler: *DBA Polen 1972/79* und BFH BStBl. II 2008, 190: *DBA USA 1989;* Einzelheiten (Merkblätter zu Vergütungen an ausländische Künstler und Sportler) und Antragsvordrucke unter www.bzst.bund.de, dort auch zu strengeren Nachweispflichten bei Lizenzgebühren und Vergütungen an ausländische Künstler und Sportler nach den *DBA Großbritannien 2010* und *Irland 2011,* s. Merkblatt zur Remittance-Base-Klausel in diesen Abkommen). Ebenso unterbleibt ein Steuerabzug bei Teilnahme am Kontrollmeldeverfahren nach § 50d Abs. 5 EStG (für Nutzungsvergütungen nach § 50a Abs. 1 Nr. 3 EStG; dazu BMF v. 18.12.2002, BStBl. I 2002, 1386) sowie bei Vereinbarung einer Bruttovergütung zwischen zwei beschränkt Steuerpflichtigen (zweite Stufe), § 50a Abs. 4 EStG. 67b

(3) Besteht an der inländischen Veranstaltung oder dem inländischen Auftritt ein **besonderes öffentliches Interesse**, kann die Einkommensteuer ganz oder teilweise erlassen oder in einem Pauschbetrag festgesetzt werden, § 50 Abs. 4 EStG (vgl. BMF v. 20.3.2008, BStBl. I 2008, 538, dazu v. 21.1.2010, BStBl. I 2010, 49 zur Negativliste zu den Gegenseitigkeitsvereinbarungen bei europäischen Vereinswettbewerben, zwischenzeitlich aufgehoben durch BMF v. 9.4.2013, BStBl. I 2013, 522 (Anlage 2, Ziffer 16) mit Wirkung zum Stichtag 31.12.2011; v. 25.11.2010, BStBl. I 2010, 1350: Antragspflicht; OFD Rheinland, Kurzinformation Internationales Steuerrecht Nr. 055/2009 v. 16.10.2009, IStR 2010, 36: Ruhr.2010; *Herkenroth/Striegel,* HHR, § 50 J 10-6 ff.; zur Behandlung ausländischer Kulturvereinigungen nach altem Recht vgl. FG Nds. EFG 2000, 220 sowie zur Anwendung von § 50 Abs. 7 EStG a. F. BFH BStBl. II 2008, 186). 68

bb) Erwirtschaftet ein in Deutschland **ansässiger** Künstler oder Sportler ausländische Einkünfte, so wird die Doppelbesteuerung bei Fehlen eines DBA durch Anwendung von § 34c EStG vermieden. Zur erweiterten beschränkten Steuerpflicht eines Berufssportlers mit Einkünften aus Werbeverträgen nach §§ 2 AStG i. V. m. 34c und 49 EStG s. nun BFH BStBl. II 2010, 398, dazu BMF v. 7.4.2010, BStBl. I 2010, 368 sowie *Schauhoff/Idler,* IStR 2008, 341 und SWI 2008, 381, 382 zur österreichischen Verwaltungspraxis m. w. N. 69

b) Vorrang gegenüber Unternehmenseinkünften: Bereits vor Aufnahme des Vorrangs von Art. 17 gegenüber den Unternehmenseinkünften nach Art. 7 durch das OECD-MA 2000 normierte eine Vielzahl deutscher Abkommen diesen Vorrang durch eine ausdrückliche Nennung im Abkommenstext (so die *DBA Ägypten, Argentinien, Bangladesch, Bolivien, Dänemark, Ecuador, Elfenbeinküste, Estland, Indien, Indonesien, Italien, Kanada, Kasachstan, Korea, Lettland, Litauen, Malta, Mauritius 1978, Mongolei, Namibia, Norwegen, Österreich, Polen, Rumänien, Russische Föderation, Schweden, Schweiz, Tschechien, Ukraine, Ungarn 1977, Uruguay 1987, USA 1989, Usbekistan, Venezuela).* Die früher ungeschriebene Rangfolge fand damit auch abkommensrechtlich seinen Niederschlag (zur Begründung s. Rz. 10; davon abweichend FG Münster EFG 2006, 1677: *DBA Kenia*). Neuere deutsche Abkommen (so z. B. die *DBA Albanien 2010, Algerien 2007, Aserbaidschan, Belarus, Bulgarien 2010, Costa* 70

Rica 2014 (E), Georgien, Ghana, Großbritannien 2010, Irland 2011, Liechtenstein 2011, Kirgisistan, Kroatien, Malaysia 2010, Mauritius 2011, Mexiko 2008, Oman 2012 (E), Philippinen, Slowenien, Spanien 2011, Syrien 2010, Südafrika 2008 (E), Tadschikistan, Taiwan 2011, Türkei 2011, Ungarn 2011, Uruguay 2010, USA 2008, Vereinigte Arabische Emirate 2010) folgen nunmehr ausdrücklich dem MA (enthalten aber teilweise zusätzlich noch den Hinweis auf den im MA gestrichenen Art. 14; im Gegensatz dazu wurde der Verweis auf Art. 14 im *DBA USA 1989/2006* ausdrücklich gestrichen, s. u. Rz. 78a).

71 **c) Artisten:** Die ausdrückliche Einbeziehung der Artisten unter die entsprechende Regelung in den *DBA Frankreich, Niederlande1959/2004* und *Schweiz* sowie der Unterhaltungskünstler im *DBA Jugoslawien* dient nur der Klarstellung. Es liegt keine Erweiterung gegenüber den mit dem MA übereinstimmenden Abkommen vor, da Artisten als „Unterhaltungskünstler" von vorneherein unter Art. 17 fallen (s. Rz. 34). In den neueren Abkommen werden Artisten daher auch nicht mehr ausdrücklich genannt. So auch die neuen *DBA Luxemburg 2012* und *Niederlande 2012 (E)*.

72 **d) Berufsmäßige Künstler und Sportler:** Die deutsche Fassung des MA 1963 und die meisten früheren deutschen DBA (vgl. die Übersicht Rz. 64) beschränken sich auf Künstler, die ihre Tätigkeit berufsmäßig ausüben. Nach deutschem Recht gilt als berufsmäßig i. S. von § 18 EStG eine Tätigkeit, die mit Gewinnerzielungsabsicht unter nachhaltiger Beteiligung am allgemeinen Wirtschaftsverkehr ausgeübt wird (*Herrmann/Heuer/Raupach,* § 18 Anm. 69). Hiernach ist eine **nachhaltige** und **dauerhafte** Tätigkeit zwar nicht bei der selbstständigen Arbeit des früheren Art. 14 erforderlich, wohl aber nach Art. 17 für die Person des Künstlers. Eine einmalige künstlerische Darbietung eines sonst nicht künstlerisch Tätigen wird nicht erfasst. Die neueren deutschen Abkommen sehen diese Einschränkung nur noch ausnahmsweise vor (so im *DBA Bolivien*).

73 Die *DBA Australien* und *Frankreich* verlangen eine berufsmäßige Ausübung auch für Sportler. Der Begriff ist hier nicht anders zu verstehen als nach der französischen und der deutschen Fassung des MA 1963 für Künstler (s. Rz. 38). Berufssportler i. S. dieser Abkommen sind alle Sportler, die für ihre Person nachhaltig Einkünfte aus ihrer Tätigkeit als Sportler erzielen und nicht nur einen Auslagenersatz erhalten. Es kann nicht darauf ankommen, ob nach den oftmals sehr unterschiedlichen Statuten der Sportverbände ein Sportler als Amateur oder als Berufssportler einzuordnen ist (s. a. Wassermeyer/*Wassermeyer,* Art. 17 OECD-MA Rz. 32; a. A. *Rohls,* in Meyer-Marsilius/Hangarter, Art. 17 Komm. II. 1. und zum deutschen innerstaatlichen Recht wohl auch OFD Frankfurt/M., Rdvfg. v. 25.6.1996, DStR 1996, 1567). Entscheidend ist, ob aus der Tätigkeit als Sportler Einkünfte erzielt werden. Hat ein „Amateursportler" Einkünfte aus der Ausübung seines Sportes, so ist er „Berufssportler" i. S. der vorstehenden DBA.

74 **e)** Nach den *DBA Belgien, Frankreich, Niederlande 1959/2004* und *Türkei 1985* gilt die Sonderregelung für Künstler und Sportler lediglich für die **selbstständige Tätigkeit** (hierzu und zum Begriff der „freiberuflichen Tätigkeit" s. FinMin Nds., Erlass v. 16.5.1995, DStR 1995, 937 sowie eingehend FG Baden-Württemberg EFG 2007, 1879 (rk): *DBA Türkei 1985*). Für das *DBA Österreich 1954/92* wurde früher daraus geschlossen, dass die Einkünfte eines **gewerblich** tätigen Künstlers oder Sportlers (nach Art. 4 des DBA) nur im Ansässigkeitsstaat besteuert werden können (Verständigungsvereinbarung zwischen Deutschland und Österreich v. 8.8.1989, ÖstBMF, AöFV 267/1989 und FinMin Nds., a. a. O.). Später wurde dies revidiert und die Besteuerung der Einkünfte von Sportlern dem Tätigkeitsstaat zugewiesen (BMF v. 15.3.1996, BStBl. I 1996, 161; FinMin Nds.,

Erlass v. 25.4.1996, FR 1996, 507 und ÖstBMF v. 11.2.1997, AöFV 88/1997; dazu *Toifl,* SWI 1997, 16; *Jirousek,* SWI 1997, 148; zusammenfassend *Lang/Schuch,* Art. 8, Rz. 71; anders für gewerblich tätige Musiker, die weiterhin unter Art. 4 fallen, OFD München, Vfg. v. 9.2.1998, RIW 1998, 419). Nach einer Entscheidung des BFH (BStBl. II 2002, 271: *DBA Österreich 1954/92*) gilt jedenfalls für die Vergangenheit, dass Einkünfte eines Berufssportlers als gewerbliche Einkünfte nach Art. 4 *DBA Österreich 1954/92* zu behandeln sind. Ob die zwischenzeitliche Änderung der Auslegung durch die Finanzverwaltung mit dem DBA in Einklang steht, lässt das Gericht offen. Die Rechtsfrage dürfte in Zukunft durch das neue *DBA Österreich,* das insoweit dem OECD-MA entspricht, an Bedeutung verlieren. Soweit die Einkünfte eines Berufssportlers im Tätigkeitsstaat zu besteuern sind, erstreckt sich die Freistellung im Ansässigkeitsstaat auch auf die dort erhobene Gewerbesteuer, s. FG Münster, EFG 2003, 944: *DBA Frankreich* und *Griechenland.*

Werden von einer deutschen Gesellschaft in Deutschland ansässige Schauspieler 75
für eine Veranstaltung in Österreich auf **Werkvertragsbasis** engagiert, so unterliegen die hierfür vom deutschen Unternehmen gezahlten Vergütungen der österreichischen Steuerpflicht (ÖstBMF v. 3.1.1994, SWI 1994, 41: *DBA Österreich*). Werden Künstler oder Sportler im anderen Staat aufgrund eines Arbeitsverhältnisses tätig, so richtet sich die Besteuerung nach den Vorschriften des DBA über die unselbstständige Arbeit. Regelmäßig entfällt daher die Besteuerung im Staat der Tätigkeit bei kurzzeitigen Beschäftigungen (vgl. MA-Komm. Ziff. 2). Sind Wohnsitz- und Tätigkeitsstaat identisch, so verbleibt es bei der jeweiligen unbeschränkten Steuerpflicht im Ansässigkeitsstaat (s. ÖstBMF v. 19.9.1994, SWI 1994, 345). Zur Unterscheidung zwischen selbstständiger und unselbstständiger Arbeit s. bei Art. 14 Rz. 12 und bei Art. 15 Rz. 27. Die neuen *DBA Luxemburg 2012, Niederlande 2012 (E)* und *Türkei 2011* sehen eine musterabkommenskonforme Regelung vor.

f) Das frühere *DBA Luxemburg 1958/2009* und das *DBA Niederlande 1959/* 76
2004 dehnen den Regelungsbereich der Vorschrift auf jegliche Einkünfte aus einer **vortragenden Tätigkeit** aus. Auch Einkünfte aus Vorträgen, die nicht der Kunst oder Unterhaltung dienen, z.B. wissenschaftliche Referate, werden nach diesen DBA dort besteuert, wo der Vortrag gehalten wurde. Dies gilt nicht mehr nach den neuen *DBA Luxemburg 2012* und *Niederlande 2012 (E).*

g) Zur Subsidiaritätsklausel des außer Kraft getretenen *DBA Dänemark 1962* vgl. 77
3. Aufl. Art. 17 Rz. 29.

h) Das *DBA USA* enthält wie das US-MA eine **Bagatellgrenze** (s. Rz. 58). Für 78
Einnahmen, deren Bruttobetrag 20 000 US-Dollar einschließlich Kosten im Kalenderjahr nicht übersteigt, verbleibt die Besteuerung beim Ansässigkeitsstaat. Eine Protokollbestimmung gestattet es Deutschland, die Steuer zunächst einzubehalten und sie am Ende des betreffenden Kalenderjahres auf Antrag des Steuerpflichtigen zu erstatten (SProt. Nr. 14, s. u. Rz. 78a; zu Einzelheiten bei Freistellungen nach dem Erlass zu ausländischen Kulturvereinigungen (s. o. Rz. 1, Deutschland) s. OFD Münster v. 4.4.2003, IWB v. 23.4.2003, F. 1 Kurznachrichten, S. 725: *DBA USA 1989*). Von der allgemeinen Vorschrift des DBA über den Quellenabzug (Art. 29) unterscheidet sich das nur durch die Jahresfrist. Obwohl nicht in diesem Sinne eindeutig formuliert, bezieht sich die Sonderbestimmung deswegen nur auf die Einkünfte unterhalb der Bagatellgrenze. Liegen die Voraussetzungen des Art. 7, 14 oder 15 vor, kann der Quellenstaat die Einkünfte jedoch auch dann besteuern, wenn die Bagatellgrenze nicht überschritten wird (BMF v. 14.9.1999, BStBl. I 1999, 957; s. a. US-TE Ziff. 227; klarstellend SProt. Nr. 3; *Ruchelman/Shane,* TMIJ 2008, 272 (277) und weitergehend zu US-Regelungen). Zur **Ermittlung der Bagatellgrenze** insbesondere unter Einbeziehung der „erstatteten oder über-

nommenen Kosten" sind nach BFH BFH/NV 2004, 859: *DBA USA 1989* (anders noch FG Köln, EFG 2002, 1154) auch die vom Veranstalter übernommenen Transport-, Übernachtungs- und Verpflegungskosten einzubeziehen, soweit dadurch ein rechtzeitiges Eintreffen des Künstlers am Veranstaltungsort gewährleistet werden soll (offen, ob auch anfallende Umsatzsteuer die Einnahmen erhöht; bejahend bei Vereinbarung einer Nettovergütung FG Köln EFG 2010, 1297). Etwas anderes soll gelten, wenn die Reisekosten für die ständige Verfügbarkeit des Künstlers bezahlt werden. Die Unterscheidung ist objektiv nicht zwingend. Auch lässt sich der Sachverhalt je nach Parteiwillen durch entsprechende Formulierungen in den Verträgen durchaus gestalten. Breitere Bedeutung erlangt die Entscheidung darüber hinaus mit Blick auf die Geltung EG-rechtlicher (insbesondere EuGH v. 12.6.2003, Rs. C-234/01, Slg. 2003, I-05945 – *Gerritse,* dazu s. o. Rz. 67a) und abkommensrechtlicher oder anderer völkerrechtlicher Diskriminierungsverbote für Drittstaatsangehörige. Der BFH verneint eine Ausweitung der unionsrechtlichen Ansprüche auf Nicht-EU-Ansässige mittels einer weiten Auslegung der DBA-Diskriminierungsverbote. Unbeantwortet bleibt aber, ob sich ein entsprechender Schutz für Drittstaatsangehörige nicht bereits aus Art. 3 GG ableitet.

78a Das *DBA USA 1989/2006* enthält mit Blick auf die Besteuerung von Künstlern und Sportlern lediglich redaktionelle Änderungen (vgl. Streichung der Bezugnahme auf Art. 14 MA, s. Art. VII Abs. 7; Anpassung an den Euro, s. Art. XV sowie Änderung der Nummerierung von SProt. Nr. 15 zu SProt. Nr. 14 (mit Klarstellung, dass nur deutsche Abzugssteuern gemeint sind), s. Art. XVI jeweils des Protokolls v. 1.6.2006). Materielle Neuregelungen ergeben sich nicht.

79 **i)** Die *DBA Bolivien, Ecuador* und *Uruguay 1987* erstrecken die Geltung des Art. 17 auch auf Einkünfte, die „im Rahmen einer Gruppe" („en grupo") erzielt werden. Ob dies nur eine Klarstellung oder eine Erweiterung des Art. 17 Abs. 1 ist, hängt davon ab, wie man die frühere Fassung der Vorschrift – in Gestalt des MA-Komm. Ziff. 8 – auslegt; s. dazu Rz. 20 und 35 ff.

80 **j) Vorrang gegenüber Einkünften aus Lizenzgebühren:** Art. 17 erfasst Vergütungen aus der Verwertung der künstlerischen oder sportlichen Darbietung, die im unmittelbaren oder mittelbaren Zusammenhang mit dem Auftritt im Tätigkeitsstaat stehen (vgl. MA-Komm. Ziff. 9 und Art. 12 Ziff. 18). Dies gilt auch bei Lizenzgebühren für Immaterialgüterrechte, die andernfalls der Ansässigkeitsstaat besteuern kann. Die jüngeren deutschen Abkommen enthalten zunehmend entsprechende Sonderregelungen, weisen die Besteuerung jedoch uneinheitlich dem Ansässigkeits- oder Tätigkeitsstaat zu:

81 **aa)** Das *DBA Mexiko 1993* dehnte bis zum Inkrafttreten des aktuellen Abkommens (zum 15.10.2009, BGBl. 2010 II, 6) den Anwendungsbereich des Art. 17 auch auf Einkünfte aus, die der Steuerpflichtige für **„Leistungen im Zusammenhang mit seiner persönlichen Bekanntheit"** im Quellenstaat bezogen hat. Damit blieb dem Quellenstaat die Besteuerung entsprechender „Verwertungseinkünfte" erhalten (vgl. 5. Aufl., Rz. 81). Nach neuer Rechtslage wird hingegen dem Ansässigkeitsstaat die Besteuerung von Einkünften aus der Verwertung von Persönlichkeitsrechten sowie aus der Aufzeichnung durch Rundfunk- und Fernsehanstalten überlassen. Dies erfolgt durch Zuordnung dieser Einkünfte zu den Lizenzgebühren, Art. 12 Abs. 3 S. 3. Der Ansässigkeitsstaat kann entsprechende Einkünfte also selbst dann besteuern, wenn diese aus einer persönlich ausgeübten Tätigkeit im Quellenstaat resultieren.

81a **bb)** Eine Reihe neuer deutscher Abkommen trifft eine ausdrückliche Sonderregelung für Einkünfte aus der Verwertung von Persönlichkeitsrechten sowie aus der Aufzeichnung von Kunst- und Sportveranstaltungen durch Rundfunk- oder Fernsehanstalten. Nach den *DBA Albanien 2010, Bulgarien 2010, Irland 2011, Maze-*

donien 2006, Spanien 2011, Syrien 2010, Taiwan 2011 (Film- und Tonbandaufzeichnungen für Hörfunk- und Fernsehübertragungen), *Ungarn 2011, Uruguay 2010* und *Zypern 2011* werden diese Einkünfte als Lizenzgebühren erfasst. Ebenso wie nach der Regelung im neuen *DBA Mexiko 2008* erfolgt die Besteuerung der „Verwertungseinkünfte" somit im Ansässigkeits-, und **nicht** im Tätigkeitsstaat, und zwar ungeachtet der Frage, wo die künstlerische oder sportliche Tätigkeit persönlich ausgeübt wird. Art. 12 Abs. 2 S. 2 *DBA Türkei 2011* spricht nur von der Benutzung von Persönlichkeitsrechten.

cc) Einen ausdrücklichen Vorrang gegenüber Art. 12 ordnet das *DBA Österreich* an (ausführlich *Lang/Stefaner,* IStR 2003, 829). Nach Art. 17 Abs. 1 S. 2 darf der Tätigkeitsstaat „Vergütungen jeder Art" besteuern, „die für die Benutzung oder das Recht auf Benutzung des Namens, des Bildes oder sonstiger Persönlichkeitsrechte" des Künstlers oder Sportlers gezahlt werden. Der Besteuerung im Quellenstaat unterliegen ferner „Einkünfte aus der Duldung von Aufzeichnungen und Übertragungen von künstlerischen oder sportlichen Darbietungen durch Rundfunk und Fernsehen", Art. 17 Abs. 1 S. 3. Der Tätigkeitsstaat darf die Einkünfte auch dann besteuern, wenn der Künstler oder Sportler dort **keine** persönliche Tätigkeit ausübt, es sich mit anderen Worten also um eine bloße Verwertung der künstlerischen oder sportlichen Darbietung handelt. Das Loslösen von der Voraussetzung der persönlich ausgeübten Tätigkeit **erweitert Art. 17 tatbestandlich.** Während nach Art. 17 MA eine Besteuerung im Tätigkeitsstaat ausscheidet, wenn kein unmittelbarer oder mittelbarer Zusammenhang mit einer Darbietung besteht, kann nach Art. 17 Abs. 1 S. 2 und 3 *DBA Österreich* der Tätigkeitsstaat die dort genannten kunst- und sportfremden Einkünfte (s. Rz. 9, 51 ff.) unabhängig von einem solchen Zusammenhang mit einem inländischen Auftritt besteuern. **Entscheidend ist aber,** dass die Vergütung an den Künstler oder Sportler selbst gezahlt wird. Dies folgt aus dem jeweiligen Wortlaut von Art. 17 Abs. 1 S. 2 („Vergütungen …, die ... dieser Person gezahlt werden") und S. 3 („Entsprechendes gilt …") sowie im Umkehrschluss aus Art. 17 Abs. 2 („Einkünfte … einer anderen Person"), der andernfalls entbehrlich wäre (ebenso BFH BStBl II 2012, 880: *DBA Österreich* entgegen der Vorinstanz FG Köln EFG 2011, 1428; im Ergebnis auch ÖstBMF v. 19.2.2007 (EAS 2821), SWI 2007, 196 zu einem österreichischen Festspielfonds als Vergütungsempfänger und v. 29.12.2006, (EAS 2813), SWI 2007, 212; *Bayer,* ÖStZ 2012, 469). Auf die Ansässigkeit des Zahlenden – ob im Quellenstaat oder im Drittstaat – kommt es nach dem Wortlaut nicht an. 82

Was im Einzelnen von Art. 17 Abs. 1, S. 2 und 3 erfasst wird, definiert das Abkommen nicht (zu einzelnen Beispielen s. Konsultationsvereinbarung zwischen Deutschland und Österreich v. 27.8.2010, BStBl. I 2010, 647 sowie ÖstBMF v. 9.12.2010 (EAS 3195), SWI 2011, 44 und zuvor v. 23.4.2008 (EAS 2957), SWI 2008, 220 für einen gemeinnützigen österreichischen Sportverein i.S.v. Art. 17 Abs. 3 *DBA Deutschland/Österreich*). Ob darunter auch Vergütungen für Urheberrechte fallen, ist angesichts des unterschiedlichen Wortlauts (Art. 17 Abs. 1 S. 2: Persönlichkeitsrechte; Art. 12 Abs. 2: Urheberrechte) und der unscharfen Abgrenzung zwischen „Verwertung von Rechten" und „Benutzung von Rechten" unklar (ablehnend Konsultationsverfahren, a. a. O., das Verwertungsrechte – wohl im Sinne von Urheberrechten – nicht zu den Persönlichkeitsrechten zählt). Für die **Verwertung** der künstlerischen oder sportlichen Darbietung gilt folgendes: **(1)** Wird die Vergütung unmittelbar an den Künstler oder Sportler aufgrund einer eigenen Rechtsposition bezahlt, greift Art. 17 Abs. 1. **(2)** Vergütungen, die an einen Veranstalter oder Dritten (z. B. Rechtehändler) bezahlt werden, fallen nicht unter Art. 17 Abs. 1. Die Tätigkeit des Veranstalters oder des Dritten stellt bei Gesamtbetrachtung zumeist eine eigene originäre Leistung dar, die die persönlich erbrachten Tätigkeiten der Künstler oder Sportler „nur" verwertet (BFH BStBl. II 2012, 880: 82a

DBA Österreich im Anschluss an BFH BStBl. II 2009, 625: *DBA Schweiz;* offen gelassen wurde, nach welcher sonstigen Verteilungsnorm diese Vergütungen zu erfassen sind). Auch wenn Art. 17 Abs. 1 S. 2 und 3 Verwertungseinkünfte grundsätzlich erfasst, scheiden Vergütungen für **Rundfunk- und Fernsehaufzeichnungen und -übertragungen** aus dem Anwendungsbereich von Art. 17 *DBA Österreich* aus, wenn sie **nicht** dem Künstler oder Sportler selbst bezahlt werden. Dies gilt ungeachtet von Art. 17 Abs. 2, da auch dort auf die Zahlung an den Künstler oder Sportler, nicht an den Veranstalter oder Dritten abzustellen ist. **Anders** allerdings die deutsche und österreichische Ansicht, wonach auch Zahlungen von einer oder über eine Verwertungsgesellschaft, insbesondere für Live-Übertragungen, vom Tätigkeitsstaat besteuert werden können, s. Konsultationsvereinbarung, zu Art. 17 Abs. 1 S. 3; ÖStBMF v. 25.9.2012 (EAS 3296), SWI 2012, 482; Vorbehalt von Deutschland in Ziff. 15 des MA-Komm. 2010 zu Live-Übertragungsrechten sowie Art. 16 Abs. 3 DE-VG; dazu *Daxkobler/Kerschner/Steindl,* SWI 2013, 521). **(3)** Soweit Art. 17 Abs. 1 zur Anwendung kommt, ist die grundsätzlich vorzunehmende Aufteilung der Einkünfte in Tätigkeitsvergütungen und Lizenzgebühren (MA-Komm. Ziffern 9 zu Art. 17, 18 zu Art. 12 und BMF v. 25.11.2010, BStBl. I 2010, 1350, Rz. 87; vgl. auch Rz. 43) sodann durch die Sonderregelung des Art. 17 Abs. 1 S. 3 entbehrlich.

82b **dd)** Eine vorrangige Besteuerung im Tätigkeitsstaat sieht auch das *DBA Liechtenstein 2011* vor, Art. 16 Abs. 1 S. 2 und 3. Es folgt insoweit dem *DBA Österreich.* Vergütungen jeder Art, die für die Benutzung oder das Recht auf Benutzung des Namens, des Bildes oder sonstiger Persönlichkeitsrechte des Künstlers oder Sportlers gezahlt werden oder Einkünfte aus der Duldung von Rundfunk- oder Fernsehaufzeichnungen und -übertragungen können im jeweiligen Tätigkeitsstaat besteuert werden, ohne dass diese Tätigkeit dort persönlich ausgeübt werden muss. Nr. 6 des SProt. stellt zudem klar, dass die Besteuerung nach Art. 16 Vergütungen für Rechte zur Live-Übertragung erfasst. Inhaltlich setzt diese Regelung den deutschen Vorbehalt zu Art. 17 (Ziff. 15 MA-Komm. 2010 zu Art. 17) um und entspricht materiell der Konsultationsvereinbarung mit Österreich.

83 **ee)** In ähnlicher Weise beziehen auch die *DBA Korea, Malta, Singapur 2004, Südafrika 2008 (E)* und *Usbekistan* Einkünfte des Künstlers und Sportlers aus der **Verwertung seines Persönlichkeitsrechts** oder – mit Ausnahme des *DBA Korea* – aus **Fernseh- oder Rundfunkübertragungen** (*DBA Singapur 2004:* „oder andere Medien") in den Anwendungsbereich der Künstler- und Sportlerklausel mit ein, jeweils Art. 17 Abs. 2 bzw. *DBA Südafrika 2008 (E)*: Art. 16 Abs. 2. Allerdings knüpfen die Abkommen – im Unterschied zu den *DBA Liechtenstein 2011* und *Österreich* – die vorrangige Besteuerung im Tätigkeitsstaat an die persönliche Ausübung der Tätigkeit durch den Künstler oder Sportler. Insoweit kommt den Vorschriften nur klarstellende Bedeutung zu, da diese Einkünfte ohnehin vom Tätigkeitsstaat besteuert werden können, wenn sie in unmittelbarem oder mittelbarem Zusammenhang mit dem Auftritt stehen (vgl. Ziff. 9 MA-Komm.). Dies verdeutlicht insbesondere das *DBA Singapur 2004,* indem die vorrangige Besteuerung im Tätigkeitsstaat von der tatsächlichen Zurechnung der Vergütungen oder Einkünfte zur persönlich ausgeübten Tätigkeit abhängig gemacht wird (gl. A. *Teck/Jimmy,* BIT 2009, 11, 19, auch mit Überblick über die innerstaatliche und abkommensrechtliche Besteuerung in Singapur).

87 **k)** Abweichend vom Wortlaut des OECD-MA bezieht sich das *DBA Russische Föderation* auf eine Person als „darstellender" Künstler, Art. 17 Abs. 1. Eine materiellrechtliche Änderung ist damit nicht verbunden. Vielmehr verdeutlicht die Formulierung die enge Auslegung des abkommensrechtlichen Künstlerbegriffs (s. Rz. 22) und hat daher nur deklaratorische Bedeutung. Zur Besteuerung russi-

scher Künstler und Sportler nach dem *DBA UdSSR* im Verhältnis zur jetzigen *Russischen Föderation* siehe *BdF*-Schreiben v. 28.1.1994, BStBl. I 1994, 130, ergänzt durch BMF v. 30.9.1996, BStBl. I 1996, 1170.

l) Grenzgänger: Wird die künstlerische oder sportliche Tätigkeit **nicht selbstständig** durch sog. **Grenzgänger** (hierzu s. Art. 15, Rz. 128 ff.) ausgeübt, entfällt nach einigen DBA die lex-specialis-Wirkung des Art. 17. Die oben in Rz. 74 genannten DBA erreichen dies bereits durch die Beschränkung des Vorrangs auf die selbstständigen Tätigkeiten (für ein Beispiel s. ÖstBMF v. 23.11.1998 (EAS 1371), SWI 1999, 6 zu einem „Grenzgänger-Musiklehrer": *DBA Österreich 1954/92*). Danach besteuert die abhängig beschäftigten Künstler oder Sportler entsprechend Art. 15 der Tätigkeitsstaat. Hiervon abweichend treffen die *DBA Belgien* (Art. 15 Abs. 3 Nr. 1; ab 1.1.2004 aufgehoben durch das Zusatzabkommen zum DBA Belgien, s. OFD Koblenz v. 22.12.2003, IStR 2004, 175), *Frankreich* (Art. 13 Abs. 5) und *Österreich* (Art. 15 Abs. 6 i. V. m. Ziffer 8 SProt.) für diesen Personenkreis eine gesonderte Regelung; sie überlassen dem **Ansässigkeitsstaat** die Besteuerung. Zu dem gleichen Ergebnis gelangt das *DBA Schweiz,* dessen Art. 17 nur den Vorrang vor den Art. 7, 14 und 15, nicht aber gegenüber dem die Grenzgänger regelnden Art. 15a einräumt (insoweit nur klarstellend BMF v. 19.9.1994 zur Grenzgängerbesteuerung nach dem *DBA Schweiz,* BStBl. I 1994, 683, Tz. 42; für eine **nicht** als Grenzgänger ausgeübte abhängig beschäftigte Künstlerin s. FG Berlin-Brandenburg EFG 2012, 1165: *DBA Schweiz*). Einkünfte aus künstlerischen oder sportlichen Tätigkeiten, die der Künstler oder Sportler als Grenzgänger erzielt, werden daher – entgegen Art. 17 Abs. 1 – vom Ansässigkeitsstaat besteuert. Dies ist auch sachgerecht, da angesichts der bei diesen Fällen überschaubaren Sachverhalte (vgl. Rz. 3) für eine vorrangige Besteuerung im Staat der Ausübung kein Bedürfnis besteht. 88

3. Sonderregeln für den Kulturaustausch

Eine Reihe von DBA will den Kulturaustausch dadurch fördern, dass unter unterschiedlichen Voraussetzungen für bestimmte Künstler bzw. Sportler die Besteuerung im Ansässigkeitsstaat aufrechterhalten bleibt. Damit soll vermieden werden, dass öffentliche Zuschüsse zu geförderten Veranstaltungen wegen einer ausländischen Besteuerung erhöht werden müssen; der kulturpolitisch wünschenswerte Austausch könnte sonst gefährdet werden (s. *Rohls,* in Meyer-Marsilius/Hangarter, Art. 17 Komm. III. 1.). Der OECD-Steuerausschuss weist jedoch auf die Gefahr missbräuchlicher Inanspruchnahme solcher Vorschriften durch Aktivitäten wie Wohltätigkeitsveranstaltungen oder steuerfreien Aufführungen von staatlich subventionierten Organisationen in den Staaten hin, in denen solche Veranstalter über eine starke Lobby verfügen. Die Freistellung der kulturellen Förderung von der Besteuerung im Quellenstaat sollte daher an **klar zu definierende** und **objektive Kriterien** geknüpft sein (so auch der MA-Komm. Ziff. 14), um die Unterstützung dort zu gewähren, wo sie auch tatsächlich beabsichtigt ist (*OECD,* The taxation of income derived from entertainment, artistic and sporting activities, Ziff. 14, 98; zur einschränkenden Auffassung von Nichtmitgliedstaaten *(Philippinen, Russland, Indien, Vietnam)* s. o. Rz. 1). Den Vertragsstaaten stehen hierfür **zwei Möglichkeiten** zur Verfügung: die Beschränkung des Art. 17 auf selbstständige Tätigkeiten (s. Rz 8) sowie die Vereinbarung einer ausdrücklichen Vertragsklausel entsprechend dem MA-Komm. in Ziff. 14. 92

Unmittelbar an den Begriff **„Kulturaustausch"** knüpfen die *DBA China 1985* und *China 2014 (E), Jugoslawien, Polen, Spanien 2011, Südafrika 2008 (E)* (Kulturabkommen oder ähnliche Vereinbarung), *Tschechoslowakei, Ungarn 1977* und *Vietnam* an. Danach verbleibt die Besteuerung der Einkünfte der Künstler und Sportler 93 beim Ansässigkeitsstaat, wenn diese im Rahmen des von den Vertragsstaaten gebilligten offiziellen Kulturaustausches auftreten. Die *DBA Jugoslawien, Spanien 2011* und *Vietnam* erfassen darüber hinaus auch Sportaustauschprogramme. Aus dem im früheren *DBA Polen 1972/79* gebrauchten Ausdruck „Entsendestaat" ergibt sich eine zeitliche Einschränkung: Von einer Entsendung kann nicht mehr gesprochen werden, wenn der Aufenthalt des Künstlers oder Sportlers im anderen Vertragsstaat zeitlich unbegrenzt oder zumindest nicht nur vorübergehend ist. In einem Verständigungsverfahren mit Polen wurde vereinbart, dass eine Entsendung nicht mehr gegeben und damit eine Steuerbefreiung im Tätigkeitsstaat nicht zu gewähren sei, wenn der Aufenthalt die Dauer eines Jahres überschreitet (BMF v. 5.10.1981, DB 1981, 2257). Obwohl diese Verständigungsvereinbarung nur die daran beteiligten Staaten bindet, wird man ihren Grundgedanken auch auf andere DBA übertragen können, soweit der Abkommenswortlaut hierfür einen Anhaltspunkt bietet. So verwenden einige DBA den Ausdruck „Besuch" *(Bolivien, Ecuador, Kenia, Thailand, Uruguay 1987);* ein zeitlich unbegrenzter Aufenthalt ist jedoch kein Besuch mehr.

94 Nach den *DBA Ägypten, Albanien 2010, Algerien 2007, Argentinien, Aserbaidschan, Bangladesch, Bolivien, Bulgarien 2010, Costa Rica 2014 (E), Dänemark, Ecuador, Elfenbeinküste, Estland, Georgien, Großbritannien 2010, Indien, Indonesien, Irland, Italien, Kanada, Kasachstan, Kenia, Kirgisistan, Korea, Kroatien, Kuwait, Lettland, Litauen, Malaysia 2010, Malta, Mauritius 2011, Mazedonien 2006, Mexiko 2008, Mongolei, Namibia, Norwegen, Oman 2012 (E), Österreich, Pakistan, Philippinen, Polen, Rumänien, Russische Föderation, Sambia, Schweden, Schweiz, Singapur 1972, Slowenien, Sri Lanka, Tadschikistan, Thailand, Tschechien 1997 (E), Türkei 2011, UdSSR, Ukraine, Ungarn 2011, Uruguay 2010, USA, Usbekistan, Venezuela* und *Vereinigte Arabische Emirate 2010* gilt die Wohnsitzbesteuerung dann, wenn der Auftritt der ausländischen Künstler oder Sportler (*DBA Schweiz:* nur berufsmäßige Künstler) **aus öffentlichen Mitteln subventioniert** wird.

94a Die Unterstützung durch die Kassen des Entsendestaates muss einen bestimmten Umfang erreichen. Nach den meisten Abkommen muss der Aufenthalt der Künstler oder Sportler „ganz oder in wesentlichem Umfang" von dem Entsendestaat getragen werden, nach den *DBA Kanada, Schweiz* und *Thailand* „in erheblichem Umfang", nach dem *DBA Belarus* ohne quantitative Voraussetzung (allgemein: Finanzierung des Aufenthalts). Wann dies vorliegt, ist Fallfrage (*Locher/Meier/ v. Siebenthal/Kolb* B 17.2 Nr. 1). Grundsätzlich wird man davon ausgehen können, dass die Besteuerung im Ansässigkeitsstaat dann eingreift, wenn die Kosten für einen Auslandsaufenthalt des Künstlers oder Sportlers zu mindestens einem Drittel vom Entsendestaat übernommen wurden (FinMin NRW v. 2.11.1977 StEK EStG § 50a/27; FinMin Nds. v. 14.11.1985 StEK Doppelbest. UdSSR 3; zu Nachweispflichten für die Inanspruchnahme der österreichischen DBA-Entlastungsverordnung (s. o. Rz. 4), s. ÖstBMF v. 23.1.2006 (EAS 2697), SWI 2006, 104 und v. 16.5.2006 (EAS 2735), SWI 2006, 347: jeweils *DBA Österreich;* BMF v. 14.10.1985 StEK Doppelbest. UdSSR 3). Die *DBA Kasachstan* und *Russische Föderation* (jeweils Art. 17 Abs. 3 S. 1) gehen darüber hinaus und verlangen eine Kostenübernahme von zumindest oder von mehr als der Hälfte; in diese Richtung weist nunmehr auch die neuere deutsche Abkommenspraxis („ganz oder überwiegend", so die *DBA Aserbaidschan, Costa Rica 2014 (E), Georgien, Ghana, Großbritannien 2010, Irland 2011, Polen, Philippinen, Rumänien, Singapur 2004, Slowenien, Tadschikistan*); konkretisierend das *DBA Bulgarien 2010:* Mehr als 60%.

95 Die *DBA Argentinien, Aserbaidschan, Bangladesch, Belarus, Bolivien, Costa Rica 2014 (E), Ecuador, Elfenbeinküste, Estland, Großbritannien 2010, Indien, Indonesien, Italien, Kanada, Kasachstan, Korea, Kuwait, Lettland, Litauen, Malaysia 2010, Malta, Mauritius 1978, Mexiko 1993, Mongolei, Namibia, Norwegen, Oman 2012 (E), Österreich, Pakistan, Philippinen, Singapur 2004, Sri Lanka, Thailand, Tschechien (E), Türkei*

2011, Ukraine, Uruguay 1987, Venezuela und *Vereinigte Arabische Emirate (K)* konkretisieren den Begriff „öffentliche Kassen"; sie stellen klar, dass auch die von einem Land oder einer Gebietskörperschaft (*DBA Kirgisistan, Norwegen, Russische Föderation, USA* und *Usbekistan:* nur Gebietskörperschaften; ähnlich *DBA Ghana,* das im englischen Text jedoch auch die „political subdivision" einbezieht; einschränkend *DBA Mazedonien 2006:* nur deutsche Länder oder Gebietskörperschaften) errichteten öffentlichen Kassen dazugehören. Dies gilt zweifellos auch für die übrigen vorgenannten Abkommen. Die *DBA Albanien 2010, Bulgarien 2010, Costa Rica 2014 (E), Großbritannien 2010, Irland 2011, Mauritius 2011, Mazedonien 2006, Mexiko 2008, Polen, Philippinen, Rumänien, Südafrika 2008 (E), Syrien 2010, Türkei 2011, Ungarn 2011, Uruguay 2010 und Vereinigte Arabische Emirate 2010* verwenden in Art. 17 Abs. 3 statt den Begriff der „öffentlichen Kasse" den Ausdruck „öffentliche Mittel". Zudem erstreckt das DBA *Polen* die Herkunft der Mittel allgemein auf „Regierungseinrichtungen". Materiellrechtlich liegen darin ebensowenig Änderungen wie nach dem Abkommensentwurf mit *Tschechien,* der für die Steuerfreistellung im Tätigkeitsstaat den Nachweis der Förderung aus öffentlichen Mitteln durch eine entsprechende Bescheinigung der fördernden Behörde („funding authority") des Ansässigkeitsstaats verlangt, Art. 17 Abs. 3 (zum Umfang der materiellen Nachweispflicht BFH Beschl. v. 13.2.2008, I B 140/07, juris: Vereinbarung mit Georgien über die Fortgeltung des (alten) *DBA UdSSR*). Die umfassendste Förderung sieht das *DBA Schweiz* vor, das lediglich „Zuwendungen aus öffentlichen Mitteln des (Ansässigkeits-)Staates" verlangt. Die *DBA Malaysia 2010* und *Singapur 2004* ordnen die Besteuerung im Ansässigkeitsstaat auch für die Fälle an, in denen der Aufenthalt von einer Körperschaft des öffentlichen Rechts bezahlt wird. Damit wird letztlich die analoge Regelung im Vertragsstaat ausdrücklich festgeschrieben.

Ohne den Ausdruck öffentliche Kassen oder öffentliche Mitteln zu verwenden, spricht das *DBA Belarus* nur allgemein von einer „unmittelbaren oder mittelbaren Finanzierung". Durch die Bezugnahme auf den Kreis derjenigen, die die Mittel zur Verfügung stellen – Staat, Länder, Gebietskörperschaften – wird aber klar, dass durch diese Formulierung keine inhaltliche Änderung gemeint ist. **95a**

Nach neuer deutscher Abkommenspraxis (*DBA Algerien 2007, Albanien 2010, Belarus, Bulgarien 2010, Costa Rica 2014 (E), Estland, Georgien, Großbritannien 2010, Irland 2011, Kanada, Kasachstan, Kirgisistan, Korea, Lettland, Litauen, Malaysia 2010, Malta, Mauritius 2011, Mazedonien 2006, Norwegen, Oman 2012 (E), Österreich, Philippinen, Rumänien, Russische Föderation, Slowenien, Spanien 2011, Südafrika 2008 (E), Syrien 2010, Tadschikistan, Taiwan 2011, Tschechien 1997 (E), Türkei 2011, Ungarn 2011, Uruguay 2010, USA 1989, USA, Usbekistan* und *Vereinigte Arabische Emirate 2010*) sind die durch öffentliche Kassen unterstützten Tätigkeiten der Künstler und Sportler im Quellenstaat ausdrücklich freizustellen. Die Besteuerung steht allein dem Ansässigkeitsstaat zu („können … nur"; vgl. Vor Art. 6–22 Rz. 4 ff.). Die ausschließliche Besteuerung im Ansässigkeitsstaat gilt nach den *DBA Korea, Malta, Singapur 2004* und *Usbekistan* jedoch nicht für Einkünfte aus der Verwertung von Persönlichkeitsrechten oder – ausgenommen das *DBA Korea*– aus Fernseh- und Rundfunkübertragungen (der jeweilige Art. 17 Abs. 4 schließt nur die Absätze 1 **und** 3, nicht aber Absatz 2 aus). Diese können trotz der Förderung des Auftritts durch öffentliche Kassen des anderen Vertragsstaats weiterhin im Tätigkeitsstaat besteuert werden. Insoweit korreliert die Regelung mit den vom Künstler oder Sportler selbst erzielten Einkünften (s. Rz. 83). **96**

Die *DBA Albanien 2010, Algerien 2007, Aserbaidschan, Belarus, Bulgarien 2010, Costa Rica 2014 (E), Georgien, Indien, Großbritannien 2010, Irland 2011, Kasachstan, Kirgisistan, Korea, Kroatien, Malta, Mauritius 2011, Mongolei, Namibia, Österreich, Philippinen, Polen, Rumänien, Russische Föderation, Syrien 2010, Taiwan 2011, Ukrai-* **97** *ne, Ungarn 2011, Usbekistan, Venezuela* und *Vereinigte Arabische Emirate 2010* erweitern zudem den Begriff der „öffentlichen Kassen" auch auf als **„gemeinnützig anerkannte Einrichtungen"** (das *DBA Algerien 2007* verlangt dazu eine zwischenstaatliche Vereinbarung, Art. 17 Abs. 3 S. 1). Ähnlich die *DBA Elfenbeinküste, Marokko* und *Tunesien,* nach denen die Wohnsitzbesteuerung dann eingreift, wenn der Träger der künstlerischen oder sportlichen Tätigkeit eine Organisation ist, die nicht auf Gewinnerzielung ausgerichtet ist oder die Künstler oder Sportler Bedienstete einer solchen Organisation sind. Vergleichbar das *DBA Türkei 2011,* das ergänzend dem Ansässigkeitsstaat die Vorrangbesteuerung belässt, wenn der Aufenthalt von einer als gemeinnützig anerkannten Einrichtung finanziert wird. Konkretisierend ÖstBMF v. 23.4.2008 (EAS 2957), SWI 2008, 220, wonach auch gemeinnützige Trägerorganisationen der Sportler selbst (bspw. Sportverein) zu den anerkannten Einrichtungen gehören.

98 Sämtliche Sonderregelungen für die Erleichterung des Kulturaustausches gelten auch dann, wenn die Vergütung für die Tätigkeit des Künstlers oder Sportlers nicht diesem selber, sondern einer dritten Person gezahlt wird (so ausdrücklich das frühere *DBA Malaysia 1977* in Art. 15 Abs. 2).

99 Nach den DBA, die keine Regelung über den Kulturaustausch enthalten (so z. B. die *DBA Liberia* und *Liechtenstein 2011*), richtet sich die Verteilung der Besteuerung auch der staatlich unterstützten Künstler und Sportler nach der allgemein geltenden Regelung. Steuerpflichtige aus diesen Abkommenspartnerstaaten können die Freistellung nach den innerstaatlichen Vorschriften verlangen (BMF v. 2.11.1977, BStBl. I 1977, 494).

B. Zu Art. 17 Abs. 2

I. Erläuterungen zu den MA

1. Übereinstimmungen und Abweichungen

106 Grundsätzlich stimmen die Musterabkommen in Art. 17 Abs. 2 überein. Das US-MA schränkt die Regelung jedoch ein: Nach dem bisherigen Wortlaut greift die Vorschrift nur ein, wenn der Künstler oder Sportler am Gewinn der dritten Person unmittelbar oder mittelbar **beteiligt** ist. Das neue US-MA 2006 ersetzt das Gewinnbeteiligungsrecht durch ein vertragliches Recht der anderen Person zur Bestimmung der Person des Künstlers oder Sportlers (s. hierzu näher Rz. 130).

2. Erläuterungen

107 **a) Grundzüge:** Art. 17 Abs. 2 dehnt die Grundsätze des Abs. 1 auf Personen aus, die nicht selber als Künstler oder Sportler tätig werden, denen aber Einkünfte aus einer von einem Künstler oder Sportler in dieser Eigenschaft persönlich ausgeübten Tätigkeit zufließen. Obwohl diese Personen selber nicht als Künstler oder Sportler auftreten, unterliegen sie der Besteuerung in dem Staat, in dem die künstlerische oder sportliche Tätigkeit ausgeübt wird.

108 Die Bedeutung der Vorschrift wurde bis zum MA 92 hauptsächlich in der Erfassung von Missbrauchsgestaltungen gesehen, die durch die Zwischenschaltung eines ausländischen Unternehmens (einer sogenannten Künstlergesellschaft) die Besteuerung im Tätigkeitsstaat zu vermeiden suchten, z. B. durch Errichtung einer Einmann-AG oder -GmbH lediglich zu dem Zweck, einen einzelnen Künstler oder Sportler zu engagieren und ihn anschließend dem Veranstalter im Quellenstaat zur Verfügung zu stellen (wie z. B. im Fall des Boxweltmeisters Ingemar Johansson, s. *Court of Appeals (5th Cir.)* 336 F. 2d 809 (1964)). Diese Fälle werden auch weiterhin von Art. 17 Abs. 2 erfasst. Die noch im MA-Komm. 1977 zu Art. 17 Ziff. 4

(s. 2. Auflage zu Art. 17 Rz. 38) mehr beispielhaft genannten Voraussetzungen (Beherrschung des Unternehmens durch den Künstler, sonstige Rechte an den abgezweigten Einkünften, unmittelbarer oder mittelbarer Nutzen) werden jedoch im MA 92 nicht mehr genannt. Vielmehr betont der MA-Komm., dass die Bestimmung dem Quellenstaat die Besteuerung in **allen** Konstellationen zuweist, in denen die Einkünfte aus der Tätigkeit eines Künstlers oder Sportlers einer ausländischen juristischen Person zufließen. Eine besondere persönliche oder rechtliche Verbindung zwischen dieser Person und dem Künstler oder Sportler wird (in Übereinstimmung mit der in diesem Kommentar schon in den Vorauflagen vertretenen Auffassung) ausdrücklich für unerheblich erklärt. Erfasst würden selbst diejenigen Einkünfte, die zwar der ausländischen juristischen Person zufließen, von dieser aber nicht an den Künstler oder Sportler ausbezahlt werden (zur Abgrenzung zu Abs. 1 s. Rz. 14). Im Ergebnis führt dies zu einer Besteuerung nicht nur der Bezüge, die mittelbar den Künstlern und Sportlern zufließen, sondern auch des **Gewinnanteils** der Gesellschaft (vgl. *OECD,* The taxation of income derived from entertainment, artistic and sporting activities, Ziff. 89). Angesichts dieser freilich dem Wortlaut entsprechenden Auslegung des Art. 17 Abs. 2 behielt sich die Schweiz – wie auch Kanada und die USA – die Anwendung der Vorschrift lediglich auf Missbrauchsfälle vor (vgl. MA-Komm. Ziff. 16; s. a. *Lüthi/Kolb/Stiefel,* Intertax 1992, 657).

Ohne die Bestimmung des Abs. 2 wären die Einkünfte der Gesellschaft für die Zuweisung der Besteuerung möglicherweise als Unternehmenseinkünfte zu qualifizieren und nach Art. 7 in Verbindung mit Art. 5 im Sitzstaat zu besteuern, da die Gesellschaft im Quellenstaat regelmäßig keine Betriebstätte haben wird (so ÖstVwGH, Urt. v. 25.11.1986, ÖstZB 1987, 279: *DBA Österreich/USA;* SpanVwGH, Urt. v. 16.5.2000, TNS 2001, 155: *DBA Niederlande/Spanien* (Art. 18); anders, wenn eine Umgehung angenommen wird: so in den USA der *Court of Appeals (5th Cir.)* im Fall Ingemar Johansson v. USA, 336 F. 2d 809 (1964): *DBA Schweiz/USA;* ähnlich der *Conseil d'État,* req. n. 33 831, Dr. Fisc. 1983 comm. 1621 concl. *Schricke: DBA Frankreich/Großbritannien;* allgemein zur „Internationalen Steuerumgehung" s. Art. 1 Rz. 100 ff.; zum Erfordernis der Ansässigkeitsbescheinigung des Sitzstaats der Gesellschaft, s. ÖstBMF v. 22.6.1998 (EAS 1279), ÖStZB 1998, 507: *DBA Belgien/Österreich*). Abs. 2 eröffnet die Besteuerung durch den Tätigkeitsstaat allgemein auch für die Einkünfte zwischengeschalteter (gewerblicher, s. MA-Komm. 2000, Ziff. 11 S. 4) Unternehmen, unabhängig davon, ob im Quellenstaat eine Betriebstätte besteht. Auf die Rechtsform der anderen Person kommt es nicht an. Die Besteuerung nach Art. 7 wird ausgeschlossen. Als Hauptanwendungsfälle des Art. 17 Abs. 2 nennt der MA-Kommentar neben den schon früher genannten Missbrauchsgestaltungen die Einschaltung einer Managementgesellschaft sowie ein als juristische Person eingerichtetes Orchester, Ensemble oder eine entsprechende Truppe (Ziff. 11 Buchst. a–c). Zur Abgrenzung gegenüber Art. 17 Abs. 1 s. Rz. 14; zu Fragen bei Doppelansässigkeit einer Managementgesellschaft im Zusammenhang mit Art. 17 Abs. 2 s. *Mahajan,* Dual Residence of Management Companies under Art. 17 para. 2 OECD MC, 233, 239 ff. 109

b) Regelung: Nach Art. 17 Abs. 2 darf, wenn 113
- **Einkünfte** aus einer **von einem Künstler oder Sportler** in dieser Eigenschaft **persönlich ausgeübten Tätigkeit**
- nicht dem Künstler oder Sportler selbst, sondern **einer anderen Person zufließen,**

der Staat des **Ortes der Tätigkeit** diese Einkünfte besteuern.

c) Der Begriff der **Einkünfte** stimmt mit dem in Art. 17 Abs. 1 verwendeten Begriff überein. Grundlage der vorrangigen Besteuerung des Tätigkeitsstaats ist in 114 beiden Fällen die vom Künstler oder Sportler persönlich ausgeübte Tätigkeit (ebenso nun SKK/*Mody* Art. 17 MA, Rz. 44). Lediglich der Zahlungsempfänger variiert (in Art. 17 Abs. 1 der Künstler oder Sportler selbst, in Art. 17 Abs. 2 die andere Person). Der Unterschied der Absätze liegt also in der rechtlichen Strukturierung der Vergütung des Künstlers oder Sportlers, nicht in der Qualität der erzielten Einkünfte (bestätigend BFH BStBl. II 2012, 880: *DBA Österreich* im Anschluss an BStBl. II 2009, 625 zu Art. 17 Abs. 1 S. 2 *DBA Schweiz 1971/94*; vgl. o. Rz. 43 m. w. N.). Aus diesem Grund erfasst Art. 17 Abs. 2 ebensowenig wie Art. 17 Abs. 1 kunst- und sportfremde Einkünfte, die in keinem unmittelbaren oder mittelbaren Zusammenhang mit der künstlerischen oder sportlichen Darbietung stehen (vgl. Rz. 9, 51 ff.). Zur Ermittlung der Einkünfte und einer möglichen Übermaßbesteuerung s. *Sandler,* Artistes and Sportsmen, in Lang/Pistone/Schuch/Staringer, 2008; *Brugnoli,* Employment Income under Art. 17 (2) OECD MC, in Hohenwarter/Metzler, 275, 289 ff.

115 **d) Personen** i. S. der Vorschrift sind natürliche Personen, Gesellschaften und jede andere Personenvereinigung (vgl. Art. 3 Rz. 9 ff.; s. a. Rz. 20). Für Zwecke des Art. 17 Abs. 2 muss die Person nach Art. 1 im anderen Vertragsstaat ansässig sein. Dass dies für den Künstler oder Sportler nicht gilt (so aber GKG/*Maßbaum,* Art. 17 OECD-MA Rz. 240), der Künstler oder Sportler also auch im Drittstaat ansässig sein kann, entspricht dem Wortlaut des Absatzes 2 und wird durch den MA-Komm. in Ziff. 11.1 bekräftigt (ebenso die Ansicht einer Expertenkommission zur Überarbeitung des UN-Modells, Committee of Experts on International Cooperation in Tax Matters, Subcommittee on Improper Use of Treaties, Bericht vom 17.10.2008, E/C.18/2008/CRP.2, Tz. 85: „…tax administrations should note that the rule [Art. 17 Abs. 2] applies regardless of whether or not the star-company is a resident of the same State as the artiste or sportsperson."). Ferner genügt für die Anwendung des Art. 17 Abs. 2, dass die andere Person eine gewerbliche Tätigkeit ausübt (MA-Komm. 2000, Ziff. 11 S. 4). Eine bestimmte Rechtsform wird nicht verlangt.

116 **e)** Der Person müssen Einkünfte **aus der persönlich ausgeübten Tätigkeit des Künstlers oder Sportlers** zufließen (ebenso *Corte di Cassazione,* Urt. v. 10.9.2007, Nr. 18 973 und 18 974 (zit. nach IBFD online): *DBA Italien* mit *Deutschland, Frankreich* und *Großbritannien;* klarstellend der Entwurf zur Ergänzung des MA-Komm. in Ziff. 11.4, *OECD,* Discussion Draft 2010). Art. 17 Abs. 2 trifft keine Aussage darüber, in welcher Beziehung der Künstler oder Sportler und die andere Person zueinander stehen. In der Regel werden jedenfalls schuldrechtliche oder gesellschaftsrechtliche Vereinbarungen vorliegen, ohne die der Künstler oder Sportler seine Leistungen der anderen Person kaum überlassen wird. Ausreichend, aber nicht notwendig, ist z. B. ein Anstellungsverhältnis des Künstlers oder Sportlers mit der anderen Person (dazu *Brugnoli,* Employment Income under Art. 17 (2) OECD MC, in Hohenwarter/Metzler, 275, 284 ff.). Auch mittelbare Rechtsverhältnisse wie die gesellschaftsrechtliche Beteiligung über einen Treuhänder oder durch eine dem Künstler oder Sportler nahestehende Person genügen. Es ist keinesfalls notwendig, dass die andere Person vom Künstler oder Sportler beherrscht wird oder gar, dass beide im selben Vertragsstaat ansässig sind (MA-Komm. Ziff. 11.1; zu Dreieckssachverhalten s. u. Rz. 121 ff.). Ebensowenig kommt es auf die Beziehung des Künstlers oder Sportlers zum Veranstalter im Tätigkeitsstaat an. Entscheidend ist vielmehr, dass die andere Person aus den Einkünften der künstlerischen oder sportlichen Tätigkeit unmittelbar oder mittelbar einen Nutzen zieht. Eine Vergütung, die die andere Person aus der Zurverfügungstellung des Künstlers oder Sportlers bezieht, ist stets ein solcher Nutzen. Bei den nach der Änderung des MA

von 1992 abgeschlossenen DBA ist selbst diese Voraussetzung entbehrlich (s. Rz. 108). Zu Siegprämien eines im Ausland ansässigen Pferdehalters aus inländischen Pferderennen durch einen beauftragten Jockey s. FinMin Sachs., Erlass v. 31.7.1995, RIW 1995, 961; FinMin Meckl-Vorp., Erlass v. 8.8.1997, IStR 1997, 602; FG Hamburg EFG 2000, 14 sowie OFD Münster, IStR 2009, 364, Verständigungsvereinbarung zum *DBA Tschechien*. Danach ist zu unterscheiden: Preisgelder, die der Pferdebesitzer bezieht, werden von Art. 7, anteilige Preisgelder des Jockeys hingegen von Art. 17 erfasst. Die Vereinbarung soll über das DBA Tschechien hinaus analog auf andere DBA-Staaten und Reitwettbewerbe angewendet werden. In diesem Sinne auch *OECD,* Discussion Draft 2010, Ziffer 2., Vorschlag für eine neue Ziffer 11.2 MA-Komm.

Bezieht eine Einmann-Kapitalgesellschaft (niederländischen Rechts) Sponsorenzahlungen, so sind diese Einkünfte ebenso zu behandeln, als ob sie dem Alleingesellschafter unmittelbar zuflössen. Der Quellenstaat darf demnach insoweit besteuern, wie die Sponsorengelder einem konkreten Auftritt zugerechnet werden können, und – ergänzend zu Rz. 50 ff. – das jeweilige Abkommen mit dem Sitzstaat der Gesellschaft eine dem Art. 17 Abs. 2 vergleichbare Vorschrift enthält (*Hoge Raad* Rolno. 27335, BNB 1991/324 im Falle eines weltweit tätigen Sportlers: *DBA Niederlande* mit *Belgien, Frankreich, Großbritannien, Luxemburg* und *Österreich*). **117**

f) Dreieckssachverhalte: Schwierigkeiten bei der Anwendung des Art. 17 Abs. 2 bereiten Fälle, in denen der Ansässigkeitsstaat des Künstlers oder Sportlers und der Sitzstaat der Gesellschaft auseinanderfallen. Zu unterscheiden sind dann drei beteiligte Staaten: der Staat der Ausübung (Q), der Ansässigkeitsstaat des Künstlers oder Sportlers (W) sowie der Sitzstaat der Gesellschaft (S). Wird die Tätigkeit eines in A ansässigen Künstlers oder Sportlers in Q ausgeübt und zur Abwicklung eine in S ansässige Gesellschaft zwischengeschaltet, so liegt solch ein Dreiecksfall vor. In diesen Konstellationen ist fraglich, nach welchem DBA sich die Verteilung der Besteuerung richtet, nach dem zwischen Q und A oder nach dem zwischen Q und S. Das DBA zwischen Q und A berührt nicht die Besteuerung der Gesellschaft, das zwischen Q und S nicht die des Künstlers oder Sportlers. Das Abkommen zwischen A und S scheidet aus, weil die Tätigkeit in Q erbracht wird und daher keine sachliche Anknüpfung besteht. **121**

Die Lösung derartiger Fälle ergibt sich aus der **innerstaatlichen Zurechnung** der Einkünfte im Tätigkeitsstaat: **122**

aa) Werden im Tätigkeitsstaat die Einkünfte innerstaatlich **dem Künstler oder Sportler** auch bei Zahlungen an die Gesellschaft zugerechnet („look through approach"; Durchgriff), so ist Art. 17 Abs. 2 überflüssig, maßgebend ist Art. 17 Abs. 1 (s. Rz. 14). Das Abkommen Q-A ist anzuwenden (bestätigend *Conseil d'État*, req. n. 271 366, Dr. Fisc. 2008, comm. 292: *DBA Frankreich/Schweiz*). Enthält das Abkommen Q-A keine dem Art. 17 Abs. 1 vergleichbare Regelung, kommt eine Besteuerung im Quellenstaat nur nach den allgemeinen Verteilungsregeln, insbesondere Art. 7 und 15 in Betracht. Ob eine Besteuerung auch dann möglich ist, wenn die Zahlung im Steuerjahr nicht an den Künstler weitergeleitet wird (so der MA-Komm. in Ziff. 8; hierzu vgl. Rz. 14, 20), ist ebenfalls eine Frage des innerstaatlichen Rechts des Tätigkeitsstaats. Insofern kann es zur wirtschaftlichen Doppelbesteuerung (zum Begriff s. Grundl. Rz. 9) kommen (Besteuerung der Einkünfte des Künstlers oder Sportlers im Quellenstaat und Besteuerung der Gesellschaft im Sitzstaat; dazu *Taeymans/Stubna,* S. 339, (347 ff.) sowie *Juárez,* ET 2003, 457, (460 ff.) zur Diskussion möglicher Ansprüche aus EG-Recht). **123**

bb) Ist demgegenüber **die Gesellschaft** steuerpflichtig, so überwindet erst Art. 17 Abs. 2 die an sich aus Art. 7 Abs. 1 folgende Besteuerung im Sitzstaat der Gesellschaft. Maßgebend ist insoweit das DBA zwischen Q und S. Dafür spricht **124**

nunmehr auch der MA-Komm. in Ziff. 11.1 (s.a. *Betten/Lombardi,* BIFD 1997, 560 (564) noch zur Rechtslage vor Änderung des MA-Komm. in 2000 sowie *Taeymans/Stubna,* o. Rz. 1, S. 339, 351ff.). Greift das innerstaatliche Recht auf den Künstler oder Sportler durch (vgl. vorherige Rz.), bedarf es dieser Klarstellung durch den MA-Komm. nicht, da Art. 17 Abs. 1 einschlägig ist. Die Änderung des Kommentars betrifft daher nur Fälle, in denen nach dem innerstaatlichen Recht des Tätigkeitsstaats die Einkünfte der Gesellschaft zugerechnet werden. Liegt dies vor, gelangt Art. 17 Abs. 2 selbst dann zur Anwendung, wenn der Künstler oder Sportler nicht im Sitzstaat der Gesellschaft ansässig ist. Das Abkommen zwischen Quellenstaat und Ansässigkeitsstaat ist in diesem Fall nicht anwendbar, da die Gesellschaft in keinem der Vertragsstaaten dieses DBA ansässig und somit nach Art. 1 MA nicht abkommensberechtigt ist (a.A. *Grossmann,* S. 170ff.; *OECD,* The taxation of income derived from entertainment, artistic and sporting activities, Ziff. 102–104). Wegen der innerstaatlichen Zurechnung der Einkünfte zur Gesellschaft (s. Rz. 66) hat Deutschland bis zur Änderung des MA-Komm. 2000 in einem Vorbehalt zu Art. 17 folgerichtig auf die Rechtsbeziehung des Quellenstaats zum Sitzstaat der Gesellschaft abgestellt (vgl. 3. Auflage, MA-Komm. zu Art. 17 Ziff. 15; so auch *Mody,* S. 174; *Sandler,* The Taxation of International Entertainers and Athletes, 1995, S. 189f.; ebenso ÖstBMF bei einer internationalen Künstlergruppe, ÖstBMF v. 15.3.1993, SWI 1994, 153: *DBA Österreich;* zur Diskussion in Belgien *Deschrijver,* Intertax 1998, 145; TNS 1998, 2: *DBA Belgien/Niederlande*). Durch die Ergänzung des MA-Komm. wurde der Vorbehalt entbehrlich und daher aufgegeben.

125 Eine Besteuerung der Gesellschaft im Quellenstaat ist nicht möglich, wenn das DBA Q-S keine dem Art. 17 Abs. 2 vergleichbare Bestimmung enthält und die Gesellschaft dort keine Betriebstätte hat. Solche Staaten müssen dann entweder ihre Abkommen durch die Aufnahme des Art. 17 Abs. 2 ändern oder das innerstaatliche Recht anpassen (s.o. Rz. 14). Unbenommen bleibt jedenfalls die Anwendung innerstaatlicher Missbrauchsvorschriften (vgl. *TA Nantes* v. 26.11.1996, req.n. 92–4768, Dr. Fisc. 1997 comm. 547 zu einer spanischen Sportlervermarktungsgesellschaft: *DBA Frankreich/Spanien;* aus deutscher Sicht *Vogel,* StuW 1996, 248). Dies hebt der MA-Komm. ausdrücklich hervor (Ziff. 11.2) und erinnert insoweit an die ursprüngliche Zielsetzung des Art. 17 Abs. 2 (s. Rz. 108).

3. US-MA

130 **a) US-MA 1996:** Während OECD- und UN-MA dem Quellenstaat die vorrangige Besteuerung der Einkünfte einer zwischengeschalteten Person bereits dann zuweisen, wenn der Künstler oder Sportler von ihr für seine Tätigkeit vergütet wird (s. Rz. 107ff.), kann nach dem US-MA 1996 der Quellenstaat solche Einkünfte erst dann besteuern, wenn der Künstler oder Sportler oder eine ihm nahestehende Person (zum Begriff s. FG Köln, EFG 1998, 1564: *DBA USA 1989* und Rz. 140) unmittelbar oder mittelbar am **Gewinn** der zwischengeschalteten Person (der „star-company", US-TE 1996 zu Art. 17 Abs. 2) **beteiligt ist.** Eine Gewinnbeteiligung im Sinne der Vorschrift liegt allerdings bereits dann vor, wenn eine **erfolgsabhängige Vergütung** vereinbart ist. Die Anwendung des Art. 17 Abs. 2 US-MA scheidet demnach beim Bezug von bloßem Arbeitseinkommen aus (US-TE, a.a.O.; freilich kann in diesem Fall Art. 17 Abs. 1 US-MA einschlägig sein). Hängt die Vergütung des Künstlers oder Sportlers vom Gewinn der „star-company" ab (z.B. in Form einer stillen Beteiligung), ist ein darüber hinausgehendes gesellschaftsrechtliches Verhältnis zwischen dem Künstler oder Sportler und der zwischengeschalteten Person nicht erforderlich, obgleich auch das US-MA mit der Vorschrift typischerweise Gestaltungen treffen will, bei denen der künstlerisch oder

sportlich Tätige gesellschaftsrechtlichen Einfluss auf die dritte Person ausüben kann (vgl. Rz. 108 und US-TE, a. a. O.).

b) US-MA 2006: Das US-MA 2006 knüpft für die Besteuerung im Quellenstaat nicht mehr an die Frage der Gewinnbeteiligung des Künstlers oder Sportlers an den Gewinnen der zwischengeschalteten Person an. Für die Prüfung der Besteuerungsfrage ist somit auch nicht mehr die Beziehung des Künstlers oder Sportlers zur zwischengeschalteten Person maßgebend. Vielmehr kommt es nun auf das Verhältnis der dritten Person zum Veranstalter an. Die Vorrangbesteuerung im Tätigkeitsstaat ist davon abhängig, dass die dritte Person in ihrer Vertragsbeziehung zum Veranstalter **kein Auswahlermessen bei der Bestimmung des leistungsverpflichteten Künstlers oder Sportlers** hat, mit anderen Worten der konkrete Künstler oder Sportler namentlich von vornherein feststeht. Ist die dritte Person hingegen vertraglich berechtigt, die Person des Leistenden (erst) bei Vertragserfüllung festzulegen, entfällt eine Vorrangbesteuerung. Dieser, auf das innerstaatliche US-Recht zurückgehenden Regelung (Sec. 954(c)(1)(I) IRC, s. US-TE 2006 zu 16 Abs. 2) liegt der Gedanke zugrunde, dass ein Veranstalter – statt mit dem Künstler oder Sportler selbst – nur dann einen Vertrag mit einer zwischengeschalteten Person abschließen wird, wenn er sich sicher ist, dass die Tätigkeit auch von dem gewünschten Künstler oder Sportler erbracht wird. Ist dies der Fall, unterstellt die US-Finanzverwaltung in der Zwischenschaltung der dritten Person eine missbräuchliche Gestaltung und unterwirft die Einkünfte der Quellenbesteuerung. Letztlich findet sich darin die bisherige Anknüpfung an die Gewinnbeteiligung wieder. Steht der zwischengeschalteten Person dagegen ein Recht zur Bestimmung des jeweiligen Künstlers oder Sportlers zu, vermutet die US-Finanzverwaltung das Vorliegen einer Dienstleistungsgesellschaft, die nicht zum Zwecke der Steuerumgehung gegründet wurde. Insoweit bleibt dann kein Raum für die vorrangige Besteuerung im Tätigkeitsstaat. Die Besteuerung richtet sich nach den allgemeinen Verteilungsregeln. Konsequenterweise werden daher Einkünfte aus unselbstständiger Arbeit wie schon bisher vom Anwendungsbereich des Art. 17 Abs. 2 ausgeschlossen (US-TE 2006 zu Art. 16 Abs. 2). In Mischfällen, bei denen einzelne Künstler und Sportler konkret bezeichnet sind, andere hingegen im Auswahlermessen des Dritten stehen, ist aufzuteilen. **130a**

c) Unverändert bleibt die Ausnahmeregelung der **Bagatellgrenze** in Art. 16 Abs. 1 des US-MA 2006 (s. Rz. 58 und 78). Sie schränkt den Anwendungsbereich des Abs. 2 ein. Übersteigen die Einnahmen einer dritten Person aus einer von einem Künstler oder Sportler persönlich ausgeübten Tätigkeit nicht den Betrag von 20 000 US-Dollar, so findet eine Besteuerung im Quellenstaat nicht statt (s. a. *Klein,* in EJGK, DBA Deutschland/USA, Art. 17, Rz. 24). In Bezug auf die Besteuerung des Künstlers oder Sportlers selbst geht Art. 16 Abs. 1 darüber hinaus der Besteuerung der zwischengeschalteten Person nach Art. 16 Abs. 2 vor. Die Einkünfte der „star-company" vermindern sich daher um den Betrag, der in der Person des Künstlers oder Sportlers bereits nach Art. 16 Abs. 1 US-MA vom Quellenstaat besteuert werden kann, US-TE 1996 und 2006, zu Art. 17 Abs. 2 bzw. 16 Abs. 2. **131**

II. Deutsche DBA

1. Abkommensübersicht zu Artikel 17 Abs. 2

135

DBA	MA-Regelung: Ausdehnung des Abs. 1 auf dritte Personen	MA-Regelung: Artikel	Vermeidung der Doppelbesteuerung: Wohnsitzstaat*	Vermeidung der Doppelbesteuerung: Artikel	Abweichung von MA-Regelung: Besteuerung im Ansässigkeitsstaat	Rz.
Ägypten	≈ MA	17 Abs. 1	D: A V: F	24 Abs. 1 Buchst. b 24 Abs. 2	Förderung aus öff. Mitteln, 17 Abs. 2	
Albanien 2010	≈ MA, Sonderregelung für Verwertung von Persönlichkeitsrechten und Einkünften aus Fernseh- und Rundfunkübertragung	17 Abs. 2; 12 Abs. 3 S. 2	D: A V: A	23 Abs. 1 Buchst. b) gg) 23 Abs. 2	Förderung aus öff. Mitteln, 17 Abs. 3	136
Algerien 2007	≈ MA	17 Abs. 2	D: A V: A	23 Abs. 2 Buchst. b) gg) 23 Abs. 1	Förderung aus öff. Mitteln, 17 Abs. 3	136
Argentinien	≈ MA	17 Abs. 1	D: A V: A	23 Abs. 2 23 Abs. 4 Buchst. a	Förderung aus öff. Mitteln, 17 Abs. 2	
Armenien	s. UdSSR					
Aserbaidschan	≈ MA	17 Abs. 2	D: A V: A	23 Abs. 1 Buchst. b) gg) 23 Abs. 2	Förderung aus öff. Mitteln, 17 Abs. 3 Steuerabzug	136
Australien	≈ MA, Beherrschungsverhältnis erforderlich	16 Abs. 2; Prot. Nr. 3	D: A V: A	22 Abs. 2 Buchst. b 22 Abs. 1		139
Bangladesch	≈ MA	17 Abs. 2	D: A V: A	22 Abs. 1 Buchst. b 22 Abs. 2 Buchst. b	Förderung aus öff. Mitteln, 17 Abs. 3	107 ff.
Belarus	≈ MA	17 Abs. 2	D: A V: A	23 Abs. 1 Buchst. b) gg) 23 Abs. 2	Förderung aus öff. Mitteln, 17 Abs. 3	107 ff.; 136
Belgien	keine entsprechende Regelung	–				145
Bolivien	≈ MA, nur „berufsmäßige Künstler"	17 Abs. 1	D: A V: F	23 Abs. 1 Buchst. b 23 Abs. 2	Förderung aus öff. Mitteln, 17 Abs. 2	141
Bosnien-Herzegowina	s. Jugoslawien					
Bulgarien 2010	≈ MA, Sonderregelung für Verwertung von Persönlichkeitsrechten und Einkünften aus Fernseh- und Rundfunkübertragung	16 Abs. 2; 12 Abs. 2 Buchst. a	D: A V: F	22 Abs. 1 Buchst. b 22 Abs. 2 Buchst. a	Förderung zu mehr als 60 % aus öff. Mitteln, 16 Abs. 3	
China 1985 (ohne Hongkong und Macau)	≈ MA	17 Abs. 2	D: A V: A	24 Abs. 2 Buchst. b 24 Abs. 1 Buchst. a	Kulturaustausch, 17 Abs. 3	

* D = Deutschland; V = Vertragsstaat; A = Anrechnungsmethode; F = Freistellungsmethode.

DBA	MA-Regelung		Vermeidung der Doppelbesteuerung		Abweichung von MA-Regelung: Besteuerung im Ansässigkeitsstaat	Rz.
	Ausdehnung des Abs. 1 auf dritte Personen	Artikel	Wohnsitzstaat*	Artikel		
China 2014 (E)	≈ MA	17 Abs. 2	D: A V: A	23 Abs. 2 Buchst. b) vi) 23 Abs. 1 Buchst. a	Kulturaustausch, 17 Abs. 3	
Costa Rica 2014 (E)	≈ MA	17 Abs. 2	D: A V: A	23 Abs. 1 Buchst. b) gg) 23 Abs. 2 (s. a. SProt. Nr. 3)	Förderung aus öff. Mitteln, 17 Abs. 3	
Dänemark	≈ MA	17 Abs. 2	D: A V: A	24 Abs. 1 Buchst. b 24 Abs. 2 Buchst. a	Förderung aus öff. Mitteln, 17 Abs. 3	
Ecuador	≈ MA, auf Unterhaltungs-künstler beschränkt	17 Abs. 1	D: A V: A	23 Abs. 1 Buchst. b 23 Abs. 2 Buchst. b	Förderung aus öff. Mitteln, 17 Abs. 2	141
Elfenbeinküste	≈ MA	17 Abs. 2	D: A V: F	23 Abs. 1 Buchst. b 23 Abs. 2	Betätigung einer nicht gewinn-orientierten Organisa-tion/Förderung aus öff. Mitteln, 17 Abs. 3, 4	
Estland	≈ MA	17 Abs. 2	D: A V: A	23 Abs. 1 Buchst. b 23 Abs. 2 Buchst. a	Förderung aus öff. Mitteln, 17 Abs. 3	
Finnland	≈ MA, erweiter-ter persönlicher Anwendungs-bereich	17 Abs. 2, Prot. Nr. 1	D: A V: A	23 Abs. 5 Buchst. b 23 Abs. 1 Buchst. a		137; 143
Frankreich	keine entsprechende Regelung	–				145
Georgien	≈ MA	17 Abs. 2	D: A V: A	23 Abs. 1 Buchst. b) iv) 23 Abs. 2 Buchst. a	Förderung aus öff. Mitteln	136
Ghana	≈ MA	17 Abs. 2	D: A V: A	24 Abs. 1 Buchst. b) ff) 24 Abs. 2 Buchst. a	Förderung aus öff. Mitteln, 17 Abs. 3	136
Griechenland	keine entsprechende Regelung	–				145
Großbritannien 1964/70	Keine entsprechende Regelung	-				145
Großbritannien 2010	≈ MA	16 Abs. 2	D: A V: A	23 Abs. 1 Buchst. b) dd) 23 Abs. 2	Förderung aus öff. Mitteln, 16 Abs. 3	136
Indien	≈ MA	17 Abs. 2	D: A V: A	23 Abs. 1 Buchst. b 23 Abs. 2	Förderung aus öff. Mitteln, 17 Abs. 3	
Indonesien	≈ MA	17 Abs. 2	D: A V: A	23 Abs. 1 Buchst. b 23 Abs. 2	Förderung aus öff. Mitteln, 17 Abs. 3	
Iran	keine entsprechende Regelung	–				145

* D = Deutschland; V = Vertragsstaat; A = Anrechnungsmethode; F = Freistellungsmethode.

DBA	MA-Regelung: Ausdehnung des Abs. 1 auf dritte Personen	MA-Regelung: Artikel	Vermeidung der Doppelbesteuerung: Wohnsitzstaat*	Vermeidung der Doppelbesteuerung: Artikel	Abweichung von MA-Regelung: Besteuerung im Ansässigkeitsstaat	Rz.
Irland 2011	≈ MA, Sonderregelung für Verwertung von Persönlichkeitsrechten und Einkünften aus Fernseh- und Rundfunkübertragung	16 Abs. 2; 12 Abs. 2 S. 2	D: A V: A	23 Abs. 2 Buchst. b) dd) 23 Abs. 1	Förderung aus öff. Mitteln, 16 Abs. 3	136
Island	keine entsprechende Regelung	–				145
Israel	keine entsprechende Regelung	–				145
Italien	≈ MA	17 Abs. 2	D: A V: A	24 Abs. 3 Buchst. b 23 Abs. 2 Buchst. a	Förderung aus öff. Mitteln, 17 Abs. 3	
Jamaika	≈ MA, keine Verweisung auf Art. 14 und 15	17 Abs. 2	D: A V: A	23 Abs. 1 Buchst. b 23 Abs. 2 Buchst. a		142
Japan	≈ MA, Beherrschungsverhältnis erforderlich	17 Abs. 2	D: A V: A	23 Abs. 1 Buchst. b 23 Abs. 2		139; 142
Jugoslawien	≈ MA	18 Abs. 2	D: A V: F	24 Abs. 1 Buchst. b 24 Abs. 2 Buchst. a	Kulturaustausch, 18 Abs. 3	
Kanada	≈ MA	17 Abs. 2	D: A V: A	23 Abs. 2 Buchst. b 23 Abs. 1 Buchst. a	Förderung aus öff. Mitteln, 17 Abs. 3	
Kasachstan	≈ MA	17 Abs. 2	D: A V: A	23 Abs. 2 Buchst. b 23 Abs. 1 Buchst. a	Förderung aus öff. Mitteln, 17 Abs. 3	
Kenia	≈ MA	17 Abs. 2	D: A V: A	23 Abs. 1 Buchst. b' 23 Abs. 2 Buchst. b	Förderung aus öff. Mitteln, 17 Abs. 3	142
Kirgisistan	≈ MA	17 Abs. 2	D: A V: Abzug	23 Abs. 1 Buchst. b) ff) 23 Abs. 2 Buchst. a	Förderung aus öff. Mitteln, 17 Abs. 3	136
Korea	≈ MA, Sonderregelung für Verwertung von Persönlichkeitsrechten	17 Abs. 3, 2	D: A V: A	23 Abs. 1 Buchst. b 23 Abs. 2	Förderung aus öff. Mitteln, 17 Abs. 4; erfasst aber nicht 17 Abs. 2 (Persönlichkeitsrechte)	
Kosovo	s. Jugoslawien					
Kroatien	≈ MA	17 Abs. 2	D: A V: A	23 Abs. 1 Buchst. b) gg) 23 Abs. 2 Buchst. b) gg)	Förderung aus öff. Mitteln, 17 Abs. 3	136
Kuwait	≈ MA	17 Abs. 2	D: A V: A	24 Abs. 1 Buchst. b 24 Abs. 2	Förderung aus öff. Mitteln, 17 Abs. 3	

* D = Deutschland; V = Vertragsstaat; A = Anrechnungsmethode; F = Freistellungsmethode.

DBA	MA-Regelung		Vermeidung der Doppelbesteuerung		Abweichung von MA-Regelung: Besteuerung im Ansässigkeitsstaat	Rz.
	Ausdehnung des Abs. 1 auf dritte Personen	Artikel	Wohnsitzstaat*	Artikel		
Lettland	≈ MA	17 Abs. 2	D: A V: A	23 Abs. 1 Buchst. b 23 Abs. 2 Buchst. a	Förderung aus öff. Mitteln, 17 Abs. 3	
Liberia	≈ MA, Beherrschungsverhältnis erforderlich	17 Abs. 2	D: F V: F	23 Abs. 1 Buchst. a 23 Abs. 2 Buchst. a		139; 142
Liechtenstein 2011	≈ MA, Sonderregelung für Verwertung von Persönlichkeitsrechten und Einkünften aus Fernseh- und Rundfunkübertragung	16 Abs. 2	D: A V: A	23 Abs. 1 Buchst. b) gg) 23 Abs. 2 Buchst. b)		136; 144
Litauen	≈ MA	17 Abs. 2	D: A V: A	23 Abs. 1 Buchst. b 23 Abs. 2 Buchst. a	Förderung aus öff. Mitteln, 17 Abs. 3	
Luxemburg 2012	≈ MA,	16 Abs. 2	D: A V: F	23 Abs. 1 Buchst. b) ff) 23 Abs. 2 Buchst. a)	Förderung aus öff. Mitteln 16 Abs. 3	
Malaysia 2010	≈ MA	17 Abs. 2	D: A V: A	23 Abs. 1 Buchst. b) ff) 23 Abs. 2	Förderung aus öff. Mitteln, 17 Abs. 3	136
Malta	≈ MA, Sonderregelung für Verwertung von Persönlichkeitsrechten und Einkünften aus Fernseh- und Rundfunkübertragung	17 Abs. 3, 2	D: A V: A	23 Abs. 1 Buchst. b 23 Abs. 2	Förderung aus öff. Mitteln, 17 Abs. 4; erfasst aber nicht 17 Abs. 2 (Persönlichkeitsrechte, Fernseh- und Rundfunkübertragung)	
Marokko	≈ MA	17 Abs. 1 S. 2	D: F V: F	23 Abs. 1 Nr. 1 23 Abs. 2 Nr. 1	Betätigung einer nicht gewinnorientierten Organisation, 17 Abs. 2	
Mauritius 2011	≈ MA	16 Abs. 2	D: A V: A	23 Abs. 2 Buchst. a 23 Abs. 1 Buchst. a	Förderung aus öff. Mitteln, 16 Abs. 3	136
Mazedonien 2006	≈ MA	17 Abs. 2; 12 Abs. 3 S. 2	D: A V: A	23 Abs. 1 Buchst b) ff) 23 Abs. 2	Förderung aus öff. Mitteln, 17 Abs. 3	136
Mexiko 2008	≈ MA, Sonderregelung für Verwertung von Persönlichkeitsrechten und Einkünften aus Fernseh- und Rundfunkübertragung	17 Abs. 2; 12 Abs. 3 S. 3	D: A V: A	23 Abs. 1 Buchst. b) gg) 23 Abs. 2	Förderung aus öff. Mitteln, 17 Abs. 3	136; 144a
Moldau	s. UdSSR					
Mongolei	≈ MA	17 Abs. 2	D: A V: A	23 Abs. 1 Buchst. b 23 Abs. 2	Förderung aus öff. Mitteln, 17 Abs. 3	

* D = Deutschland; V = Vertragsstaat; A = Anrechnungsmethode; F = Freistellungsmethode.

DBA	MA-Regelung		Vermeidung der Doppelbesteuerung		Abweichung von MA-Regelung: Besteuerung im Ansässigkeitsstaat	Rz.
	Ausdehnung des Abs. 1 auf dritte Personen	Artikel	Wohnsitzstaat*	Artikel		
Montenegro	s. Jugoslawien					
Namibia	≈ MA	17 Abs. 2	D: A V: F/A, nach Wahl des V	23 Abs. 1 Buchst. b 23 Abs. 2	Förderung aus öff. Mitteln, 17 Abs. 3	
Neuseeland	≈ MA	17 Abs. 2	D: A V: A	23 Abs. 2 Buchst. b 23 Abs. 1		
Niederlande 1959/2004	keine entsprechende Regelung	–				145
Niederlande 2012 (E)	≈ MA	16 Abs. 2	D: A V: F	22 Abs. 1 Buchst. b) dd) 22 Abs. 2 Buchst. c	Förderung aus öff. Mitteln zu mehr als 50%, 16 Abs. 3	
Norwegen 1991	≈ MA, erweiterter sachlicher Anwendungsbereich	17 Abs. 2	D: A V: A	23 Abs. 2 Buchst. b 23 Abs. 1 Buchst. b	Förderung aus öff. Mitteln, 17 Abs. 3	143 f.
Norwegen 2013	≈ MA, erweiterter sachlicher Anwendungsbereich	17 Abs. 2	D: A V: A	23 Abs. 2 Buchst. b) ee) 23 Abs. 1 Buchst. a	Förderung aus öff. Mitteln, 17 Abs. 3	143 f.
Oman 2012 (E)	≈ MA	17 Abs. 2	D: A V: A	23 Abs. 1 Buchst. b 23 Abs. 2	Förderung aus öff. Mitteln, 17 Abs. 3	
Österreich	≈ MA, Sonderregelung für Verwertung von Persönlichkeitsrechten und Einkünften aus Fernseh- und Rundfunkübertragung	17 Abs. 2	D: A V: F Ausnahme A	23 Abs. 1 Buchst. b 23 Abs. 2 Buchst. a 23 Abs. 2 Buchst. b i. V. m. 17 Abs. 1 S. 2, 3, Abs. 2	Förderung aus öff. Mitteln, 17 Abs. 3	144
Pakistan	≈ MA	17 Abs. 2	D: A V: A	22 Abs. 1 Buchst. b 22 Abs. 2	Förderung aus öff. Mitteln, 17 Abs. 3	
Philippinen	≈ MA	17 Abs. 1	D: A V: A	24 Abs. 2 Buchst. b) vi) 24 Abs. 1	Förderung aus öff. Mitteln, 17 Abs. 3	142
Polen	≈ MA	17 Abs. 2	D: A V: F	24 Abs. 1 Buchst. b) bb) 24 Abs. 2 Buchst. a	Förderung aus öff. Mitteln, 17 Abs. 3	
Portugal	≈ MA	17 Abs. 2	D: A V: A	24 Abs. 2 Buchst. b 24 Abs. 1 Buchst. a		
Rumänien	≈ MA	17 Abs. 2	D: A V: A	23 Abs. 2 Buchst. b) gg) 23 Abs. 1 Buchst. a	Förderung aus öff. Mitteln, 17 Abs. 3	
Russische Föderation	≈ MA	17 Abs. 2	D: A V: A	23 Abs. 2 Buchst. b 23 Abs. 1	Förderung aus öff. Mitteln, 17 Abs. 3	
Sambia	≈ MA	17 Abs. 2	D: A V: A	23 Abs. 1 Buchst. b 23 Abs. 2 Buchst. a	Förderung aus öff. Mitteln, 17 Abs. 3	142

* D = Deutschland; V = Vertragsstaat; A = Anrechnungsmethode; F = Freistellungsmethode.

DBA	MA-Regelung: Ausdehnung des Abs. 1 auf dritte Personen	MA-Regelung: Artikel	Vermeidung der Doppelbesteuerung: Wohnsitzstaat*	Vermeidung der Doppelbesteuerung: Artikel	Abweichung von MA-Regelung: Besteuerung im Ansässigkeitsstaat	Rz.
Schweden	≈ MA, kontrollierender Einfluss nötig	17 Abs. 2	D: A V: A	23 Abs. 1 Buchst. b 23 Abs. 2 Buchst. a	Förderung aus öff. Mitteln, 17 Abs. 3	139
Schweiz	≈ MA	17 Abs. 1 S. 2	D: A V: F	24 Abs. 1 Nr. 2–4 24 Abs. 2 Nr. 1 Buchst. a		143
Serbien	s. Jugoslawien					
Simbabwe	≈ MA	17 Abs. 2	D: A V: A	23 Abs. 1 Buchst. b 23 Abs. 2		
Singapur 2004	≈ MA; Sonderregelung für Verwertung von Persönlichkeitsrechten und Einkünften aus Fernseh- und Rundfunkübertragung	17 Abs. 3, 2	D: A V: A oder Abzug	24 Abs. 1 Buchst. b) gg) 24 Abs. 2	Förderung aus öff. Mitteln, 17 Abs. 4, erfasst aber nicht 17 Abs. 2 (Persönlichkeitsrechte, Fernseh- und Rundfunkübertragung)	136; 144; 146
Slowakei	s. Tschechoslowakei					
Slowenien	≈ MA	17 Abs. 2	D: A V: A	23 Abs. 1 Buchst. b) ff) 23 Abs. 2 Buchst. a) aa)	Förderung aus öff. Mitteln, 17 Abs. 3	136
Spanien 2011	≈ MA, Sonderregelung für Verwertung von Persönlichkeitsrechten und Einkünften aus Fernseh- und Rundfunkübertragung	16 Abs. 2; 12 Abs. 3 S. 2	D: A V: A	22 Abs. 2 Buchst. b) v) 22 Abs. 1	Förderung aus öff. Mitteln, 16 Abs. 3	136
Sri Lanka	≈ MA	17 Abs. 1	D: A V: A	23 Abs. 1 Buchst. b 23 Abs. 2 Buchst. b	Förderung aus öff. Mitteln, 17 Abs. 2	142
Südafrika	keine entsprechende Regelung	–				45
Südafrika 2008 (E)	≈ MA; Sonderregelung für Verwertung von Persönlichkeitsrechten und Einkünften aus Fernseh- und Rundfunkübertragung	16 Abs. 2, 3	D: A V: Abzug	22 Abs. 1 Buchst. b) v) 22 Abs. 2	Förderung aus öff. Mitteln, 16 Abs. 4	136; 144
Syrien 2010	≈ MA, Sonderregelung für Verwertung von Persönlichkeitsrechten und Einkünften aus Fernseh- und Rundfunkübertragung	17 Abs. 2; 12 Abs. 3 S. 2	D: A V: A	22 Abs. 1 Buchst. b) gg) 22 Abs. 2	Förderung aus öff. Mitteln, 17 Abs. 3	136; 144a

* D = Deutschland; V = Vertragsstaat; A = Anrechnungsmethode; F = Freistellungsmethode.

DBA	MA-Regelung: Ausdehnung des Abs. 1 auf dritte Personen	MA-Regelung: Artikel	Vermeidung der Doppelbesteuerung: Wohnsitzstaat*	Vermeidung der Doppelbesteuerung: Artikel	Abweichung von MA-Regelung: Besteuerung im Ansässigkeitsstaat	Rz.
Tadschikistan	≈ MA	16 Abs. 2	D: A V: A	22 Abs. 2 Buchst. b) ff) 22 Abs. 1 Buchst. a)	Förderung aus öff. Mitteln, 16 Abs. 3	
Taiwan 2011	≈ MA, Sonderregelung für Verwertung von Persönlichkeitsrechten und Einkünften aus Fernseh- und Rundfunkübertragung	16 Abs. 2; 12 Abs. 3 S. 2	D: A V: A	22 Abs. 1 Buchst. b) vii) 22 Abs. 2	Förderung aus öff. Mitteln, 16 Abs. 3	136; 144a
Thailand	≈ MA	15 Abs. 2	D: A V: A	22 Abs. 2 Buchst. b 22 Abs. 3 Buchst. b	Förderung aus öff. Mitteln, 15 Abs. 2, 3	
Trinidad und Tobago	≈ MA	17 Abs. 2	D: A V: A	22 Abs. 1 Buchst. b 22 Abs. 2 Buchst. a		142
Tschechien 1997 (E)	≈ MA	17 Abs. 2	D: A V: A	23 Abs. 1 Buchst. b 23 Abs. 2	Förderung aus öff. Mitteln, 17 Abs. 3	
Tschechien	s. Tschechoslowakei					
Tschechoslowakei	≈ MA	17 Abs. 2	D: A V: A	23 Abs. 1 Buchst. b 23 Abs. 2 Buchst. b	Kulturaustausch, 17 Abs. 3	
Türkei 2011	≈ MA; Sonderregelung für Verwertung von Persönlichkeitsrechten	17 Abs. 2; 12 Abs. 3 S. 2	D: A V: A	22 Abs. 2 Buchst. b) gg) 22 Abs. 1	Förderung aus öff. Mitteln, 17 Abs. 3	136
Tunesien	≈ MA	17 Abs. 2	D: F V: A	23 Abs. 1 Buchst. a 23 Abs. 2	Betätigung einer nicht gewinnorientierten Organisation, 17 Abs. 3	
Turkmenistan	s. UdSSR					
UdSSR	keine entsprechende Regelung	–				145
Ukraine	≈ MA	17 Abs. 2	D: A V: A	23 Abs. 1 Buchst. b 23 Abs. 2	Förderung aus öff. Mitteln, 17 Abs. 3	
Ungarn 2011	≈ MA, Sonderregelung für Verwertung von Persönlichkeitsrechten und Einkünften aus Fernseh- und Rundfunkübertragung	16 Abs. 2; 12 Abs. 2 S. 2	D: A V: A	22 Abs. 1 Buchst. b) ee) 22 Abs. 2	Förderung aus öff. Mitteln, 16 Abs. 3	136; 144a
Uruguay 2010	≈ MA, Sonderregelung für Verwertung von Persönlichkeitsrechten und Einkünften aus Fernseh- und Rundfunkübertragung	16 Abs. 2; 12 Abs. 3 S. 2	D: A V: Abzug	22 Abs. 1 Buchst. b) gg) 22 Abs. 2 Buchst. b	Förderung aus öff. Mitteln, 16 Abs. 3	136; 144a

* D = Deutschland; V = Vertragsstaat; A = Anrechnungsmethode; F = Freistellungsmethode.

DBA	MA-Regelung		Vermeidung der Doppelbesteuerung		Abweichung von MA-Regelung: Besteuerung im Ansässigkeitsstaat	Rz.
	Ausdehnung des Abs. 1 auf dritte Personen	Artikel	Wohnsitzstaat*	Artikel		
USA 1989	≈ MA, Gewinnbeteiligung erforderlich	17 Abs. 2	D: A V: A	23 Abs. 2 Buchst. b 23 Abs. 1 Buchst. a	keine Gewinnbeteiligung, 17 Abs. 1; Förderung aus öff. Mitteln, 17 Abs. 3	130 ff.; 140
USA 1989/2006	≈ MA	17 Abs. 2	D: A V: A	Art. XII Prot. v. 1. 6. 06i. V. m. 23 Abs. 3 Buchst. b) dd) Art. XII Prot. v. 1. 6. 06 i.V.m. 23 Abs. 1	s. o. USA 1989	130 ff.; 140
Usbekistan	≈ MA, Sonderregelung für Verwertung von Persönlichkeitsrechten und Einkünften aus Fernseh- und Rundfunkübertragung	17 Abs. 3, 2	D: A V: A	23 Abs. 1 Buchst. b 23 Abs. 2	Förderung aus öff. Mitteln, 17 Abs. 4; erfasst aber nicht 17 Abs. 2 (Persönlichkeitsrechte, Fernseh- und Rundfunkübertragung)	144; 146
Venezuela	≈ MA	17 Abs. 2	D: A V: F	23 Abs. 1 Buchst. b 23 Abs. 2	Förderung aus öff. Mitteln, 17 Abs. 3	
Vereinigte Arabische Emirate 2010	≈ MA	16 Abs. 2	D: A V: A	22 Abs. 1 22 Abs. 3	Förderung aus öff. Mitteln, 16 Abs. 3	136
Vietnam	≈ MA	17 Abs. 2	D: A V: A	23 Abs. 2 Buchst. b 23 Abs. 1 Buchst. a	Kulturaustausch, 17 Abs. 3	
Weißrussland	s. Belarus					
Zypern 2011	≈ MA, Sonderregelung für Verwertung von Persönlichkeitsrechten und Einkünften aus Fernseh- und Rundfunkübertragung	16 Abs. 2; 12 Abs. 2 S. 2	D: A V: A	22 Abs. 1 22 Abs. 3	Förderung aus öff. Mitteln, 16 Abs. 3	136; 144a

2. Erläuterungen

a) Der **Wortlaut** der entsprechenden Bestimmungen ist in der deutschen Vertragspraxis unterschiedlich formuliert. Zum Teil wird von Einkünften des Unternehmens, zum Teil von Unternehmensgewinnen gesprochen. Ein sachlicher Unterschied ist dadurch nicht gegeben. Insbesondere wird dadurch nicht geregelt, wie der Quellenstaat die ihm überlassene Besteuerung ausübt. Das ist nicht mehr Gegenstand des Abkommens, sondern des innerstaatlichen Rechts. Im Übrigen folgt die deutsche Abkommenspraxis weitgehend dem MA (vgl. insbesondere zur Streichung von Art. 14 auch in Art. 17 Abs. 2 die neueren deutschen Abkommen mit *Albanien 2010, Aserbaidschan, Belarus, Georgien, Ghana, Großbritannien 2010, Irland 2011, Kirgisistan, Kroatien, Mauritius 2011, Polen, Rumänien, Singapur 2004, Slowenien, Spanien 2011, Südafrika 2008 (E), Taiwan 2011, Ungarn 2011, Uruguay 2010, Vereinigte Arabische Emirate 2010* und *Zypern 2011;* demgegenüber ist in den *DBA* 136

* D = Deutschland; V = Vertragsstaat; A = Anrechnungsmethode; F = Freistellungsmethode.

Algerien 2007, Costa Rica 2014 (E), Liechtenstein 2011, Malaysia 2010, Mazedonien 2006, Mexiko 2008, Philippinen, Syrien 2010 und *Türkei 2011* der Vorrang vor Art. 14 weiterhin enthalten*)*.

137 **b)** Nach Art. 17 Abs. 2 *DBA Finnland 1979* gilt die Regelung auch, wenn der persönlich tätige Künstler oder Sportler in keinem der beiden Vertragsstaaten ansässig ist. Die ihrerseits in einem Vertragsstaat ansässigen Personen werden mit den Einkünften aus der Zurverfügungstellung von Dienstleistungen (s. u. Rz. 143) an den Künstler oder Sportler somit von der Vorschrift auch dann erfasst, wenn der Künstler oder Sportler in einem Drittstaat ansässig ist und damit selber nicht abkommensberechtigt ist (so auch der MA-Komm. 2000, Ziff. 11.1, s. Rz. 124). Der Entwurf des neuen *DBA Finnland* entspricht nunmehr jedoch dem MA.

138 **c)** Auch das *DBA Brasilien (K)* unterwirft im Ergebnis die Einkünfte von Unternehmen, die ihnen aus der Tätigkeit von Künstlern oder Sportlern zufließen, der Besteuerung im Tätigkeitsstaat. Im Gegensatz zu den MA wird dies nicht dadurch erreicht, dass vom Erfordernis einer Betriebstätte abgesehen wird, sondern dadurch, dass die Tätigkeit der Künstler und Sportler gerade als Betriebstätte des Unternehmens im Tätigkeitsstaat fingiert wird (Art. 5 Abs. 7 *DBA Brasilien (K);* weitere Beispiele aus der internationalen Abkommenspraxis bei *Betten/Lombardi,* BIFD 1997, 560 (561)). Die Einkünfte der Unternehmen aus der Tätigkeit der Künstler und Sportler dürfen aufgrund dieser Fiktion im Tätigkeitsstaat besteuert werden. Hierbei sind die Grundsätze über die Gewinnermittlung von Betriebstätten zu beachten; es sind deshalb alle mit dem Auftritt zusammenhängenden Aufwendungen als gewinnmindernd zum Abzug zuzulassen.

139 **d)** Die *DBA Australien, Japan* und *Liberia* schränken die Regelung auf solche Unternehmen ein, die von dem Künstler oder Sportler **unmittelbar oder mittelbar beherrscht** werden. Das *DBA Schweden* nennt als Voraussetzung, dass der Künstler oder Sportler einen kontrollierenden Einfluss auf die Person ausüben kann, der die Einkünfte zufließen. Hier ist die ursprüngliche Zielrichtung der Vorschrift noch eindeutig zu erkennen: sie soll mögliche Steuerumgehungen verhindern. Unerheblich ist daher, ob die Beherrschung oder die Kontrolle auf einer Mehrheit der Stimmrechte beruht oder gesellschaftsrechtlich durch eine Mehrheit am Nennkapital vermittelt wird.

140 **e)** Auch Art. 17 Abs. 2 *DBA USA 1989/2006* und das frühere *DBA Kanada 1981* schränken die Regelung ein. Diese beiden DBA greifen nicht erst bei einem Beherrschungsverhältnis ein, sondern schließen, dem US-MA 1996 folgend (s. Rz. 130f., zur Neuregelung nach dem US-MA 2006 Rz. 130a), die Anwendung des Art. 17 Abs. 2 schon dann aus, wenn weder der Künstler oder Sportler noch eine mit ihm verbundene bzw. ihm nahestehende Person unmittelbar oder mittelbar am Gewinn der zwischengeschalteten Person beteiligt ist (Art. 17 Abs. 3 *DBA Kanada 1981,* Art. 17 Abs. 2 *DBA USA,* sowie *Histrop,* TMIJ 1987, 275 (284); zur kanadischen Abkommenspraxis insgesamt *Easson,* Introduction to Canada's Tax Treaties, in Canada's Tax Treaties (1999), S. 74f.). Zum Begriff der **nahestehenden Person** i. S. des Art. 17 Abs. 2 *DBA USA 1989* s. FG Köln EFG 1998, 1564. Nach diesem Urteil stellt ausweislich der Denkschrift zum Abkommen mit den USA von 1989 Art. 17 Abs. 2 eine Missbrauchsvorschrift zur Verhinderung von Steuerumgehungen dar. Unter Rückgriff auf das deutsche innerstaatliche Recht genügt nach Ansicht des FG für die Annahme einer nahestehenden Person, dass diese Person auf den Künstler oder Sportler Einfluss ausüben kann oder eigenwirtschaftliche Interessen verfolgt. Die positive Feststellung einer Steuerumgehung ist nicht erforderlich. Zu redaktionellen Änderungen im vorhergehenden *DBA USA 1989/2006,* die auch Art. 17 Abs. 2 betreffen, s. o. Rz. 78a.

f) Nach den *DBA Bolivien, Ecuador* und dem früheren *Uruguay 1987* werden die Einkünfte eines Unternehmens aus der Tätigkeit von berufsmäßigen **Künstlern** in dem Staat besteuert, in dem die Tätigkeit ausgeübt wird. Für Einkünfte aus der Tätigkeit von **Sportlern** fehlt eine ausdrückliche Regelung. **141**

g) Einige ältere Abkommen *(DBA Ecuador, Jamaika, Sri Lanka)* sprechen statt von einer „persönlich ausgeübten Tätigkeit" des Künstlers oder Sportlers von Einkünften, „die ein Unternehmen aus dem **Erbringen der Darbietungen**" bezieht. Eine sachliche Änderung ist damit nicht begründet. Ebenso wenig wird der Anwendungsbereich des Art. 17 Abs. 2 durch die Formulierung erweitert, wonach **das Unternehmen** die Darbietung des Künstlers oder Sportlers **erbringt** (so die *DBA Jamaika, Japan, Kenia, Liberia, Sambia, Singapur 1972, Thailand* und *Trinidad und Tobago*). Die sprachliche Ungenauigkeit macht vielmehr deutlich, dass das Unternehmen sich die Dienste des Künstlers oder Sportlers zunutze macht (s. Rz. 116), um seine eigene Verpflichtung gegenüber dem Veranstalter im Tätigkeitsstaat zu erfüllen. Auch in diesem Fall verbleibt es naturgemäß bei der Notwendigkeit, dass der Künstler oder Sportler die künstlerische oder sportliche Darbietung erbringt und nicht das Unternehmen. **142**

h) Das Vorliegen einer schuldrechtlichen oder gesellschaftsrechtlichen Beziehung zwischen Künstler und Sportler und der anderen Person (s. Rz. 116) verdeutlichen die *DBA Finnland* (Art. 17 Abs. 2) und *Norwegen 1991/2013* (Art. 17 Abs. 2 Satz 2: auch Einkünfte aus der Vermittlung) in der Weise, dass auf die **„Zurverfügungstellung von Diensten bzw. Dienstleistungen"** Bezug genommen wird. Ähnlich das *DBA Schweiz* (Art. 17 Abs. 1 Satz 2), das von „der Überlassung des Künstlers oder Sportlers" spricht; sachlich stimmt dies mit Art. 17 Abs. 2 überein, s. ÖstBMF v. 9.10.2000 (EAS 1726), SWI 2000, 546. Im Verhältnis zur Schweiz sollen damit Anstellungsverhältnisse erfasst werden (s. FWK/*Kempermann,* Art. 17 Rz. 14). **143**

i) Die *DBA Korea* und *Malta* (jeweils Art. 17 Abs. 3), *Liechtenstein 2011* (Art. 16 Abs. 2), *Norwegen 1991/2013* (Art. 17 Abs. 2 Satz 2), *Österreich* (Art. 17 Abs. 2), *Singapur 2004, Südafrika 2008 (E)* (16 Abs. 2) und *Usbekistan* (jeweils Art. 17 Abs. 3) erweitern die **Besteuerung im Quellenstaat** auch auf Einkünfte aus der Verwertung der Tätigkeit der Künstler oder Sportler und schaffen insoweit eine **Abgrenzung zu den Lizenzgebühren** nach Art. 12 (s. a. Rz. 82 f.). Während die *DBA Korea, Liechtenstein 2011, Malta, Österreich, Singapur 2004, Südafrika 2008 (E)* und *Usbekistan* den Vorrang vor Art. 12 ausdrücklich normieren (bei den *DBA Korea, Malta, Singapur 2004, Südafrika 2008 (E)* und *Usbekistan* durch Verweis auf die Absätze 1 und 2), ergibt sich der Vorrang beim *DBA Norwegen 1991/2013* auch ohne Nennung des Art. 12 durch den Bezug zu den sonstigen Zahlungen im Zusammenhang mit der Tätigkeit des Künstler oder Sportlers, die der anderen Person zufließen. Im Verhältnis Deutschlands zu Liechtenstein und Österreich (nicht so bei den übrigen vorgenannten DBA) gilt der Vorrang jedoch nur insoweit, als die Einkünfte aus dem Tätigkeitsstaat „stammen" (hierzu *Toifl,* in Gassner/Lang/Lechner, S. 206 f.). Das *DBA Singapur 2004* knüpft den Vorrang an die „tatsächliche Zurechnung" der Vergütungen und Einkünfte an die andere Person (vgl. zur singapurischen Praxis *Teck/Jimmy,* BIT 2009, 11). **144**

Demgegenüber gehören nach manchen neueren Abkommen Nutzungsvergütungen und Aufzeichnungsentgelte **nicht** zu den vom Künstler oder Sportler in dieser Eigenschaft bezogenen Einkünften, sondern ausdrücklich zu den Lizenzgebühren (s. *DBA Mexiko 2008, Syrien 2010, Taiwan 2011* und *Uruguay 2010,* jeweils Art. 12 Abs. 3 S. 3 sowie die Abkommen mit *Ungarn 2011* und *Zypern 2011* in Art. 12 Abs. 2 S. 2). Entsprechende (Verwertungs-)Einkünfte des Künstlers oder **144a**

Sportlers können somit nur im **Ansässigkeitsstaat** besteuert werden, unabhängig davon, ob der Künstler oder Sportler diese Einkünfte unmittelbar oder mittelbar über eine zwischengeschaltete Gesellschaft bezieht. Insoweit ist die zwischengeschaltete Gesellschaft keine „andere Person" i. S. von Art. 17 Abs. 2. Im Unterschied zur oben genannten vorrangigen Zuweisung der Besteuerung zum Quellenstaat ist bei diesen Abkommen daher eine gesonderte Regelung zur Besteuerung der (Verwertungs-)Einkünfte in den Art. 17 Abs. 2 MA entsprechenden Vorschriften unnötig.

145 **j)** Eine Vielzahl deutscher DBA (s. Übersicht Rz. 135) enthält **keine Regelung** für den Fall, dass eine andere Person Einkünfte durch die Tätigkeit eines Künstlers oder Sportlers erzielt. Hier richtet sich die Besteuerung nach den allgemeinen Grundsätzen. Im Regelfall werden die Einkünfte der anderen Person als gewerbliche zu qualifizieren sein. So hat der BFH für ausländische Konzertagenturen entschieden, dass diese eine gewerbliche Tätigkeit ausüben (BFH BStBl. II 1984, 828). Ihre Besteuerung im Quellenstaat ist nur möglich, wenn die Einkünfte durch eine dort gelegene Betriebstätte erzielt werden (s. zu Art. 7 Rz. 16 ff.) oder wenn die zwischengeschaltete Gesellschaft sowohl nach der „ungeschriebenen Umgehungsklausel" des Abkommensrechts (s. Art. 1 Rz. 117) wie nach dem innerstaatlichen Recht des Quellenstaats als „Umgehung", „Missbrauch", „sham" o. dgl. rechtlich unbeachtlich ist (so der *US-Court of Appeals (5th Cir.)* im Fall Ingemar Johansson, s. Rz. 108 f.; vgl. §§ 7 ff. AStG; *Vogel,* StuW 1996, 248; *Mody,* FS Fischer, S. 769 (784 ff.)).

146 **k)** Soweit die DBA Bestimmungen zur Förderung des **Kulturaustausches** enthalten, sind diese auch auf die Vorschriften über die zwischengeschalteten Personen anzuwenden (vgl. Rz. 92 ff.). Zu Einschränkungen nach Art. 17 Abs. 4 der *DBA Korea, Malta, Singapur 2004* und *Usbekistan* s. Rz. 96.

Artikel 18. Ruhegehälter

Text: OECD-Musterabkommen (OECD-MA)

Vorbehaltlich des Artikels 19 Absatz 2 können Ruhegehälter und ähnliche Vergütungen, die einer in einem Vertragsstaat ansässigen Person für frühere unselbständige Arbeit gezahlt werden, nur in diesem Staat besteuert werden.

Text: Deutsche Verhandlungsgrundlage (DE-VG)

Artikel 17. Ruhegehälter, Renten und ähnliche Zahlungen

(1) Vorbehaltlich des Artikels 18 Absatz 2 können Ruhegehälter und ähnliche Vergütungen, die einer in einem Vertragsstaat ansässigen Person für frühere unselbständige Arbeit gezahlt werden oder Renten nur in diesem Staat besteuert werden.

(2) Ungeachtet des Absatzes 1 können Leistungen, die auf Grund des Sozialversicherungsrechts eines Vertragsstaats gezahlt werden, auch in diesem Staat besteuert werden.

(3) Ungeachtet des Absatzes 1 können Ruhegehälter und ähnliche Vergütungen oder Renten auch im anderen Staat besteuert werden, wenn sie ganz oder teilweise auf Beiträgen beruhen, die in diesem Staat insgesamt länger als 15 Jahre
1. nicht zu den steuerpflichtigen Einkünften gehörten oder
2. steuerlich abzugsfähig waren oder
3. in anderer Weise öffentlich gefördert worden sind.

Satz 1 ist nicht anzuwenden, wenn die gewährte Förderung nach den Nummern 1 bis 3 zurückgefordert wurde, weil die Person in diesem Staat nicht mehr ansässig ist.

(4) Wiederkehrende und einmalige Zahlungen eines Vertragsstaats, eines seiner Länder oder einer ihrer Gebietskörperschaften an eine in dem anderen Vertragsstaat ansässige Person als Entschädigung für politische Verfolgung (einschließlich Wiedergutmachungsleistungen) oder für Unrecht oder Schäden auf Grund von Kriegshandlungen oder für einen Schaden, der als Folge des Wehr- oder Zivildienstes, von Straftaten, Impfungen oder aus ähnlichen Gründen entstanden ist, können abweichend von Absatz 1 nur im erstgenannten Staat besteuert werden.

(5) Unterhaltszahlungen, einschließlich derjenigen für Kinder, die eine in einem Vertragsstaat ansässige Person an eine im anderen Vertragsstaat ansässige Person zahlt, sind in dem anderen Staat von der Steuer befreit. Soweit die Unterhaltszahlungen im erstgenannten Staat bei der Berechnung des steuerpflichtigen Einkommens des Zahlungsverpflichteten abzugsfähig sind, können sie jedoch nur in dem anderen Staat besteuert werden. Steuerfreibeträge zur Milderung der sozialen Lasten gelten nicht als Abzug im Sinne dieser Bestimmung.

(6) Der Ausdruck „Rente" bedeutet einen bestimmten Betrag, der regelmäßig zu festgesetzten Zeitpunkten lebenslänglich oder während eines bestimmten oder bestimmbaren Zeitabschnitts auf Grund einer Verpflichtung zahlbar ist, die diese Zahlungen als Gegenleistung für eine in Geld oder Geldeswert bewirkte angemessene Leistung vorsieht.

Text: US-Musterabkommen (US-MA)

18. Pensionsfonds

1. Ist eine in einem Vertragsstaat ansässige natürliche Person Teilnehmer oder Begünstigter eines im anderen Vertragsstaat ansässigen Pensionsfonds, können die von dem Pensionsfonds erzielten Einkünfte als Einkünfte dieser Person nur besteuert werden, wenn und, vorbehaltlich des Artikels 17 (Ruhegehälter, Sozialversicherungsleistungen, Renten, Unterhalt und Kindesunterhalt), soweit sie von dem Pensionsfonds an diese oder zugunsten dieser Person ausgezahlt werden (und nicht einem anderen Pensionsfonds in dem anderen Staat zugeführt werden).

2. Übt eine natürliche Person, die Teilnehmer oder Begünstigter eines in einem Vertragsstaat ansässigen Pensionsfonds ist, im anderen Vertragsstaat eine unselbständige oder selbstständige Arbeit aus,

a) sind Beiträge an den Pensionsfonds, die von dieser oder für diese Person während des Zeitraums oder für den Zeitraum, in dem sie eine unselbständige oder selbständige Arbeit im anderen Staat ausübt, gezahlt werden, im anderen Staat bei der Ermittlung ihres steuerpflichtigen Einkommens abziehbar (oder davon auszunehmen) und

b) gelten während dieses Zeitraums gegenüber dem Pensionsfonds erworbene Ansprüche oder von dem oder für den Arbeitgeber der natürlichen Person an den Pensionsfonds gezahlte Beiträge nicht als Teil des steuerpflichtigen Einkommens des Arbeitnehmers; solche Beiträge werden bei der Berechnung der Unternehmensgewinne des Arbeitgebers in dem anderen Staat zum Abzug zugelassen.

Die nach diesem Absatz zu gewährende Entlastung darf die Entlastung nicht übersteigen, die von dem anderen Staat dort ansässigen Personen für Beiträge an in diesem Staat errichtete Altersvorsorgepläne oder für im Rahmen von in diesem Staat errichteten Altersvorsorgeplänen erworbene Ansprüche gewährt würde.

3. Absatz 2 gilt nur, wenn

a) Beiträge von der natürlichen Person oder für die natürliche Person oder von dem oder für den Arbeitgeber der natürlichen Person an den Pensionsfonds (oder an einen anderen ähnlichen Pensionsfonds, der den erstgenannten ersetzt hat) vor Aufnahme einer unselbständigen oder selbstständigen Arbeit im anderen Staat durch die Person gezahlt wurden, und

b) die zuständige Behörde des anderen Staats festgestellt hat, dass der Pensionsfonds allgemein einem in dem anderen Staat errichteten Pensionsfonds entspricht.

4. a) Übt ein in ______ ansässiger Staatsbürger der Vereinigten Staaten in ______ eine Beschäftigung aus, für die er Einkünfte bezieht, die in ______ steuerpflichtig sind und von einem in ______ ansässigen Arbeitgeber oder einer in ______ gelegenen Betriebsstätte getragen werden, und ist die Person Teilnehmer oder Begünstigter eines in ______ errichteten Altersvorsorgeplans,

i) sind Beiträge an den Pensionsfonds, die von dieser oder für diese Person während des Zeitraums oder für den Zeitraum, in dem sie eine unselbständige oder selbständige Arbeit ______ ausübt, gezahlt werden, in den Vereinigten Staaten bei der Ermittlung ihres steuerpflichtigen Einkommens abziehbar (oder davon auszunehmen) und

ii) gelten während dieses Zeitraums gegenüber dem Pensionsfonds erworbene Ansprüche oder von dem oder für den Arbeitgeber der Person an den Pensionsfonds gezahlte Beiträge, die der Beschäftigung zuzurechnen sind, bei der Ermittlung des steuerpflichtigen Einkommens in den Vereinigten Staaten nicht als Teil des steuerpflichtigen Einkommens des Arbeitnehmers.

b) Die Entlastung gemäß diesem Absatz darf nicht den geringeren folgender Beträge übersteigen:

i) die Entlastung, die von den Vereinigten Staaten dort ansässigen Personen für Beiträge an einen dort errichteten allgemein vergleichbaren Altersvorsorgeplan oder für im Rahmen eines dort errichteten allgemein vergleichbaren Altersvorsorgeplan erworbene Ansprüche gewährt würde, und

ii) den Betrag der Beiträge oder Ansprüche, die zu einer Steuerentlastung in ______ berechtigen.

c) Für die Zwecke der Feststellung, ob eine natürliche Person berechtigt ist, an einem in den Vereinigten Staaten errichteten Altersvorsorgeplan teilzunehmen und hinsichtlich eines solchen Plans Steuervergünstigungen zu erhalten, gelten Beiträge, die an einen in ______ errichteten Altersvorsorgeplan geleistet worden sind, oder Ansprüche, die nach diesem Plan erworben worden sind, als Beiträge oder Ansprüche im Rahmen eines allgemein vergleichbaren in den Vereinigten Staaten errichteten Altersvorsorgeplans, soweit der Person nach diesem Absatz Entlastungen gewährt werden.

d) Dieser Absatz gilt nur, wenn die zuständige Behörde der Vereinigten Staaten bestätigt hat, dass der Altersvorsorgeplan allgemein einem in den Vereinigten Staaten errichteten Vorsorgeplan entspricht.

Inhalt

1 **Literatur:** *Beckers,* Internationale Probleme bei der Besteuerung von *deferred compensation* (2007); *Betten,* Income Tax Aspects of Emigration and Immigration of Individuals (1998); *Bieri,* Die Besteuerung der Renten und Kapitalabfindungen, Diss. St. Gallen (1970); *Breyer,* in Schulin (Hrsg.), Handbuch des Sozialversicherungsrechts – Band 3: Rentenversicherungsrecht (1999), S. 98; *Burgstaller,* Mitarbeiter-Stock-Options im Recht der Doppelbesteuerungsabkommen (2006); *Dommes,* Pensionen im Recht der Doppelbesteuerungsabkommen (2012); *Dreher,* Das Alterseinkünftegesetz (2007); *Firlinger,* Arbeitnehmerbeiträge und Pensionseinrichtungen, in Gassner/Lang/Lechner, Aktuelle Entwicklungen im internationalen Steuerrecht, (1994), S. 263; *Gassner/Konezny,* in Gassner u. a., Arbeitnehmer im Recht der Doppelbesteuerungsabkommen (2003), S. 311; *Ismer,* Bildungsaufwand im Steuerrecht (2006); *Kemmeren,* in M. Lang (Hrsg.) Source versus Residence: The allocation of Taxing Rights in Tax Treay Law (2008), S. 253; *Kreitner,* Betriebliche Altersversorgung, in Küttner, Personalhandbuch (2007), 14. Aufl. (2007), S. 711; *Preis,* Arbeitsrecht, 2. Aufl. (2003); *Reimer,* Der Ort des Unterlassens (2004); *Richter,* Die Besteuerung grenzüberschreitender Altersversorgung in der EU (2010); *Scholz,* Besteuerung der betrieblichen Altersversorgung in Europa (2006); *Steinhäuser,* Internationale Aspekte der Besteuerung von Arbeitnehmerabfindungen (2003); *Toifl,* in Gassner u. a., Arbeitnehmer im Recht der Doppelbesteuerungsabkommen (2003), S. 287; *Vock,* in Hohenwarter/Metzler (Hrsg.), Taxation of Employment Income in International Tax Law, S. 433; *Yoo/de Serres,* Tax treatment of private pension savings in OECD countries, OECD Economic Studies, 39 (2004), 39.

OECD-Dokumente: *OECD,* The Tax Treatment of Employee's Contributions to Foreign Pension Schemes, in *OECD,* Model Tax Convention: Four Related Studies (Issues in International Taxation, No. 4) (1992), 43; *OECD,* Private Pensions: OECD Classifications and Glossary (2005); *OECD,* Pensions at a Glance Public Policies across OECD Countries (2007).

Text: OECD-Kommentar (MA-Kommentar)

*1. **[Wohnsitzprinzip]** Nach diesem Artikel können Ruhegehälter aus einem privaten Arbeitsverhältnis nur in dem Staat besteuert werden, in dem der Empfänger ansässig ist. Für den Grundsatz, dass das Besteuerungsrecht für diese Ruhegehälter und ähnlichen Vergütungen dem Ansässigkeitsstaat überlassen werden sollte, sprechen verschiedene steuerpolitische und verwaltungstechnische Erwägungen. Der Staat der Ansässigkeit des Empfängers ist z. B. in einer besseren Position als der andere Staat, um die gesamte steuerliche Leistungsfähigkeit des Empfängers zu berücksichtigen, die meistens vom weltweiten Einkommen und von persönlichen Umständen wie den familiären Verpflichtungen abhängt. Diese Lösung vermeidet es auch, dem Empfänger dieser Ruhegehälter die verwaltungsmäßige Belastung aufzuerlegen, steuerliche Pflichten in anderen Staaten als seinem Ansässigkeitsstaat zu erfüllen.*

*2. **[Alternativen]** Einige Staaten zögern jedoch, sich den Grundsatz der ausschließlichen Wohnsitzbesteuerung zu Eigen zu machen und schlagen Alternativen zu dem Artikel vor. Einige dieser Alternativen und die Fragen, die sie aufwerfen, werden in den Ziffern 12 bis 21 erörtert, die sich mit den verschiedenen Erwägungen zur Zuteilung des Besteuerungsrechts für Ruhegehälter und den Gründen, die für die gegenwärtige Fassung des Artikels sprechen, auseinandersetzen.*

Die steuerliche Behandlung von Beiträgen an ausländische Pensionskassen

A. Allgemeines

Geltungsbereich des Artikels

*3. **[Zahlungen aus Anlass der Beendigung eines Dienstverhältnisses]** Die Zahlungen, die unter den Artikel fallen, umfassen nicht nur Ruhegehälter, die unmittelbar an frühere Arbeitnehmer geleistet werden, sondern auch Zahlungen an andere Begünstigte (z. B. überlebende Ehefrauen, Lebensgefährten und Kinder der Arbeitnehmer) und ähnliche Zahlungen wie z. B. Renten auf Grund früherer Arbeitsverhältnisse. Der Artikel gilt auch für Ruhegehälter, die für die einem Staat oder einer seiner Gebietskörperschaften erbrachten Dienste gezahlt werden, wenn sie nicht unter Artikel 19 Absatz 2 fallen. Der Artikel ist aber nur auf Zahlungen anwendbar, die Entgelte für frühere unselbständige Arbeit darstellen; er wäre daher z. B. nicht anwendbar auf eine Rente, die der Rentner unmittelbar aus Kapital, das nicht über eine Arbeitnehmerpensionskasse aufgebracht worden ist, erworben hat. Der Artikel ist unabhängig davon anwendbar, wie der Altersvorsorgeplan, auf Grund dessen die Zahlungen geleistet werden, steuerlich behandelt wird. Daher könnte eine Zahlung, die im Rahmen eines nicht steuerbegünstigten Pensionsplans geleistet wird, gleichwohl ein „Ruhegehalt oder eine ähnliche Vergütung" darstellen (die steuerliche Inkongruenz, die sich in solchen Fällen ergeben könnte, wird unten erörtert).*

*4. **[Andere Zahlungen]** Nach Beendigung des Arbeitsverhältnisses können an den Arbeitnehmer verschiedene Zahlungen geleistet werden. Ob solche Zahlungen unter Artikel 18 fallen, entscheidet sich nach der Art der Zahlung unter Berücksichtigung der Umstände, unter denen sie geleistet wird. Dies wird in den folgenden Nummern erläutert.* **[ab 15.7.2014:]** *(see also paragraphs 2.3 to 2.16 of the Commentary on Article 15, which deal with the application of the Convention to a number of these payments).*

*5. **[Andere ähnliche Vergütungen]** Während das Wort „Ruhegehalt" nach seiner gewöhnlichen Bedeutung nur wiederkehrende Zahlungen bezeichnet, sind die Worte „andere ähnliche Vergütung" umfassend genug, um auch nicht wiederkehrende Zahlungen einzuschließen. Eine pauschale Zahlung, die bei oder nach Beendigung des Arbeitsverhältnisses anstelle wiederkehrender Ruhegehaltszahlungen geleistet wird, kann z. B. unter den Artikel fallen.*

*6. **[Abgrenzung der anderen ähnlichen Vergütungen]** Ob eine bestimmte Zahlung als eine einem Ruhegehalt ähnliche Vergütung anzusehen ist oder als unter Artikel 15 fallende abschließende Vergütung für geleistete Arbeit, ist eine tatsächliche Frage. Wenn aufgezeigt werden kann, dass die Gegenleistung für die Zahlung in der Umwandlung oder der Kürzung des Ruhegehalts besteht, kann die Zahlung z. B. als „andere ähnliche Vergütung", die unter den Artikel fällt, eingestuft werden. Dies wäre der Fall, wenn eine Person bei Eintritt in den Ruhestand berechtigt wäre, zwischen einem Ruhegehalt oder einer Pauschalzahlung zu wählen, die entweder nach den gesamten geleisteten Beiträgen oder nach dem Ruhegehalt, auf das die Person andernfalls nach den Bedingungen des Pensionsplans Anspruch hätte, berechnet wäre. Die Quelle der Zahlung ist ein wichtiger Gesichtspunkt; Zahlungen im Rahmen eines Altersvorsorgeplan würden im Normalfall unter den Artikel fallen. Andere Hilfsfaktoren, die bei der Entscheidung, ob eine Zahlung oder eine Folge von Zahlungen unter Artikel 18 fallen, sind folgende: Wird die Zahlung bei oder nach Beendigung des Arbeitsverhältnisses, das Anlass für die Zahlung ist, geleistet? Arbeitet der Empfänger weiter? Hat der Empfänger das für die Tätigkeit übliche Ruhestandsalter erreicht? Status anderer Empfänger, die die Voraussetzungen derselben Art von Pauschalzahlung erfüllen? Erfüllt der Empfänger gleichzeitig die Voraussetzungen für andere Ruhegehaltsansprüche? Die Rückerstattung geleisteter Altersvorsorgebeiträge (z. B. nach vorübergehender Beschäftigung) ist keine „andere ähnliche Vergütung" i. S. d. Artikels 18. Wenn Schwierigkeiten bei der Besteuerung solcher Zahlungen entstehen, sollten die Vertragsstaaten die Angelegenheit im Verständigungsverfahren nach Artikel 25 lösen.*

*7. **[Mögliche Ausdehnung auf andere Ruhegehälter]** Da Artikel 18 nur auf Ruhegehälter und andere ähnliche Vergütungen für frühere unselbständige Arbeit anwendbar ist, erstreckt er sich nicht auf andere Ruhegehälter wie z. B. diejenigen, die für eine frühere selbständige Tätigkeit gezahlt werden. Einige Staaten erweitern jedoch den Geltungsbereich des Artikels, so dass er für alle Arten von Ruhegehältern, auch für Ruhegehälter des öffentlichen Dienstes, gilt. Staaten, die dies wünschen, sind frei, zweiseitig zu vereinbaren, dementsprechende Bestimmungen aufzunehmen.*

Grenzüberschreitende Fragen bei Ruhegehältern

*8. **[Erhöhte Mobilität]** Die Globalisierung der Wirtschaft und die Entwicklung des internationalen Nachrichten- und Transportwesens haben die internationale Mobilität der Menschen sowohl aus beruflichen als auch aus persönlichen Gründen beträchtlich erhöht. Hierdurch ist die Bedeutung von grenzüberschreitenden Fragen, die sich aus der Wechselwirkung unterschiedlicher Ruhegehaltsregelungen, die in verschiedenen Staaten bestehen und in erster Linie nur aus innerstaatlichen politischen Erwägungen ausgestaltet worden sind, deutlich gestiegen. Da diese Fragen oft eine große Zahl von Personen betreffen, ist es wünschenswert, sie in Steuerabkommen anzusprechen, um Hindernisse für die internationale Freizügigkeit von Personen und insb. Arbeitnehmern zu beseitigen.*

*9. **[Inkongruenz der Systeme]** Viele solche Fragen beziehen sich auf Unstimmigkeiten, die sich aus Unterschieden in der allgemeinen Steuerpolitik, die die Staaten für die Altersvorsorge verfolgen, ergeben. In vielen Staaten werden Steueranreize für Beiträge zur Altersversorgung gewährt. Solche Anreize nehmen oft die Form eines Steueraufschubs an, so dass der Teil des Einkommens einer Person, der als Beitrag zur Altersversorgung verwendet wird, sowie das Einkommen der Pensionskasse oder das Anwachsen der Ruhegehaltsanwartschaften der Person steuerfrei sind. Umgekehrt sind die Ruhegehaltszahlungen aus diesen Regelungswerken beim Zufluss steuerpflichtig. Andere Staaten behandeln dagegen Beiträge zur Altersversorgung wie andere Sparformen und befreien weder diese Beiträge noch die daraus erzielten Erträge; folgerichtig besteuern sie daher die Ruhegehälter nicht. Zwischen diesen beiden Lösungsansätzen bestehen verschiedene Systeme, bei denen die Beiträge, die Erträge aus den Beiträgen, das Anwachsen von Ruhegehaltsanwartschaften oder die Ruhegehälter teilweise besteuert werden oder steuerfrei sind.*

10. [Kategorien der Altersversorgung] *Andere Fragen ergeben sich daraus, dass es sehr unterschiedliche Einrichtungen der Altersversorgung gibt. Diese Einrichtungen lassen sich grob in folgende drei Kategorien einordnen:*
- *gesetzliche Sozialversicherung;*
- *betriebliche Altersvorsorge;*
- *individuelle Altersvorsorge.*

Die Wechselwirkung zwischen diesen drei Kategorien bereitet besondere Schwierigkeiten. Diese werden dadurch verstärkt, dass jeder Staat für die Einrichtungen jeder Kategorie unterschiedliche Steuerregelungen haben kann, und ferner dadurch, dass es beträchtliche Unterschiede darin gibt, inwieweit sich die Staaten für die Altersversorgung natürlicher Personen auf jede dieser Kategorien stützen (z. B. stellen einige Staaten die Altersversorgung fast ausschließlich durch ihr Sozialversicherungssystem sicher, während sich andere in erster Linie auf die betriebliche oder individuelle Altersvorsorge verlassen).

11. [Berücksichtigung der Unterschiede] *Die Fragen, die sich aus all diesen Unterschieden ergeben, müssen im Verlauf von zweiseitigen Verhandlungen in vollem Umfang bedacht werden, insbesondere um Fälle der Doppelbesteuerung oder doppelten Nichtbesteuerung zu vermeiden. Soweit dies angezeigt ist, müssen sie in besonderen Bestimmungen angesprochen werden. Die folgenden Abschnitte untersuchen einige dieser grenzüberschreitenden Probleme.*

Zuteilung von Besteuerungsrechten bei Ruhegehältern

12. [Nachgelagerte Besteuerung] *Wie in Ziffer 9 erläutert, haben viele Staaten die Lösung gewählt, nach der die Steuer auf Beiträge an Pensionskassen und die Einkünfte der Pensionskassen oder das Anwachsen von Ruhegehaltsanwartschaften vorbehaltlich verschiedener Beschränkungen ganz oder z. T. aufgeschoben ist, aber bei Zahlung der Ruhegehälter nacherhoben wird.*

13. [Nacherhebung der aufgeschobenen Steuer] *Weil der Abzug von Beiträgen zur Altersversorgung ein Steueraufschub hinsichtlich des Teils der Arbeitseinkünfte ist, der für die Altersversorgung gespart wird, sind einige dieser Staaten der Ansicht, dass sie die Steuer nacherheben können sollten, wenn die Ansässigkeit der Person endet, bevor ihr das Ruhegehalt ganz oder zum Teil ausgezahlt wird. Dies gilt besonders, wenn die Ansprüche durch Zahlung eines Pauschalbetrags oder über einen kurzen Zeitraum erfüllt werden, da dies die Gefahr einer doppelten Nichtbesteuerung erhöht.*

14. [Folgen der Inkongruenz der Systeme] *Wenn der andere Staat, in dem diese Person dann ansässig wird, eine ähnliche Lösung gewählt hat und daher die Ruhegehaltszahlungen beim Zufluss besteuert, geht es in erster Linie um die Aufteilung des Besteuerungsrechts zwischen den beiden Staaten. Wenn die Person allerdings in einem Staat ansässig wird, der eine andere Lösung wählt, so dass er das Ruhegehalt nicht besteuert, würden die unterschiedlichen Lösungen, die die beiden Staaten gewählt haben, dazu führen, dass auf die fraglichen Einkünfte niemals eine Steuer erhoben würde.*

15. [Alternativen für eine Quellenbesteuerung] *Aus diesen Gründen sind einige Staaten bestrebt, in ihre Abkommen alternative Bestimmungen mit dem Ziel aufzunehmen, sich bei Ruhegehältern für frühere unselbständige Arbeit entweder ein ausschließliches Besteuerungsrecht oder ein beschränktes Quellenbesteuerungsrecht zu sichern. Im Folgenden werden Beispiele von Bestimmungen aufgeführt, die einige Mitgliedsstaaten als Folgerung aus diesen steuerpolitischen und verwaltungstechnischen Erwägungen vereinbart haben. Es steht den Staaten frei, solche Bestimmungen in ihre zweiseitigen Abkommen aufzunehmen.*

c) Bestimmung für die ausschließliche Besteuerung von Ruhegehältern im Quellenstaat
Nach einer solchen Bestimmung wird der Artikel etwa wie folgt gefasst:
„Vorbehaltlich des Artikels 19 Absatz 2 können Ruhegehälter und ähnliche Vergütungen für frühere unselbständige Arbeit, die aus einem Vertragsstaat stammen und einer in dem

anderen Vertragsstaat ansässigen Person gezahlt werden, nur im erstgenannten Staat besteuert werden."

b) Bestimmung für die nicht ausschließliche Besteuerung von Ruhegehältern im Quellenstaat

Nach einer solchen Bestimmung wird dem Quellenstaat das Recht eingeräumt, Ruhegehaltszahlungen zu besteuern. Aus den Regelungen der Artikel 23 A oder 23 B ergibt sich dann, ob es sich um ein ausschließliches oder lediglich um ein gegenüber demjenigen des Ansässigkeitsstaats vorrangiges Besteuerungsrecht handelt. Der Artikel wird dann etwa wie folgt gefasst:

„Vorbehaltlich des Artikels 19 Absatz 2 können Ruhegehälter und ähnliche Vergütungen, die einer in einem Vertragsstaat ansässigen Person für frühere unselbständige Arbeit gezahlt werden, nur in diesem Staat besteuert werden. Diese Ruhegehälter und ähnliche Vergütungen können jedoch auch in dem Vertragsstaat besteuert werden, wenn sie aus diesem Staat stammen."

c) Bestimmung für eine beschränkte Quellenbesteuerung von Ruhegehältern

Nach einer solchen Bestimmung wird dem Quellenstaat das Besteuerungsrecht für Ruhegehälter eingeräumt, aber nur bis zu einer Grenze, die üblicherweise in einem Vomhundertsatz der Zahlung ausgedrückt wird. Der Artikel wird dann etwa wie folgt gefasst:

„(1) Vorbehaltlich des Artikels 19 Absatz 2 können Ruhegehälter und ähnliche Vergütungen, die einer in einem Vertragsstaat ansässigen Person für frühere unselbständige Arbeit gezahlt werden, in diesem Staat besteuert werden.

(2) Diese Ruhegehälter und ähnliche Vergütungen können jedoch auch in dem Vertragsstaat, aus dem sie stammen, nach dem Recht dieses Staates besteuert werden; die Steuer darf aber . . . vom Hundert des Bruttobetrags der Zahlung nicht übersteigen."

Wird diese Bestimmung verwendet, so wird in Artikel 23 A Abs. 2 eine Bezugnahme auf Artikel 18 Abs. 2 angefügt, um sicherzustellen, dass der Ansässigkeitsstaat, falls er die Freistellungsmethode anwendet, die Ruhegehaltszahlungen besteuern darf, aber gehalten ist, die im Quellenstaat erhobene Steuer anzurechnen.

d) Bestimmung für eine Quellenbesteuerung von Ruhegehältern nur für den Fall, dass der Ansässigkeitsstaat diese Zahlungen nicht besteuert

Eine solche Bestimmung wird von den Staaten verwendet, denen es in erster Linie um die strukturelle Inkongruenz geht, die in Ziffer 14 beschrieben wird. Ein Absatz 2 etwa folgender Fassung wird dann angefügt:

„Diese Ruhegehälter und ähnliche Vergütungen können jedoch auch in dem Vertragsstaat besteuert werden, aus dem sie stammen, wenn diese Zahlungen in dem anderen Vertragsstaat nach den gewöhnlichen Regeln seines Steuerrechts nicht der Besteuerung unterliegen."

16. [Zu beachtende Gesichtspunkte] *Abgesehen von den in den Ziffern 13 und 14 aufgeführten Gründen sollten verschiedene steuerpolitische und verwaltungstechnische Erwägungen berücksichtigt werden, wenn solche Bestimmungen in Betracht gezogen werden.*

17. [Günstigere Position des Wohnsitzstaats] *Erstens ist der Ansässigkeitsstaat in einer günstigeren Position für eine sachgerechte Besteuerung von Ruhegehaltszahlungen, weil es für diesen Staat leichter ist, das weltweite Einkommen und somit die steuerliche Leistungsfähigkeit des Empfängers zu berücksichtigen, so dass er angemessene Steuersätze anwendet und persönliche Abzüge gewährt. Dagegen kann die Quellenbesteuerung von Ruhegehältern leicht zu einer Überbesteuerung führen, wenn der Quellenstaat eine endgültige Abzugsteuer auf den gezahlten Bruttobetrag erhebt. Wenn im Ansässigkeitsstaat keine oder nur eine geringe Steuer erhoben wird (z. B. wegen der zulässigen Abzüge), kann der Ruhegehaltsempfänger außer Stande sein, im Ansässigkeitsstaat die Anrechnung der gezahlten Steuer zu nutzen. Einige Staaten haben allerdings das Problem dadurch zu entschärfen gesucht, dass sie persönliche Abzüge auf nicht Ansässige, die fast ihr gesamtes Einkommen aus diesen*

Staaten erzielen, ausdehnen. Einige Staaten haben auch zugelassen, dass Ruhegehaltszahlungen an nicht ansässige Empfänger zu dem Marginalsatz besteuert werden, der anwendbar wäre, wenn der Empfänger mit seinem weltweiten Einkommen besteuert würde (dieses System bringt aber verwaltungstechnische Schwierigkeiten mit sich, weil es die Ermittlung des weltweiten Einkommens nur für Zwecke der Feststellung des anwendbaren Steuersatzes voraussetzt).

18. [Gesichtspunkt der Gleichbehandlung] *Zweitens können Gleichbehandlungserwägungen bedeutsam sein, da die Höhe der im Quellenstaat gezahlten Ruhegehälter generell unter Berücksichtigung der örtlichen Steuersätze festgelegt worden sein wird. In dieser Lage wird eine Person, die in einen anderen Staat mit anderen Steuersätzen ausgewandert ist, durch den Bezug eines Ruhegehalts, das nach Steuern von dem abweicht, was nach dem Altersvorsorgeplan beabsichtigt war, entweder bevorzugt oder benachteiligt sein.*

19. [Bestimmung des Quellenstaats] *Drittens setzen alternative Bestimmungen, die entweder ein ausschließliches oder ein beschränktes Quellenbesteuerungsrecht für Ruhegehälter vorsehen, voraus, den Staat, aus dem das Ruhegehalt stammt, festzustellen. Wenn nur die Worte „ein Ruhegehalt, das aus einem Vertragsstaat stammt" verwendet würden, könnte dies so ausgelegt werden, als ob damit entweder ein Ruhegehalt, das von einer dort errichteten Pensionskasse gezahlt wird, oder ein Ruhegehalt, das aus einer in einem Staat ausgeübten Arbeit bezogen wird, gemeint ist. Staaten, die eine solche Formulierung verwenden, sollten klarstellen, wie sie ausgelegt und angewendet werden sollte.*

19.1 [Denkbare Quellenstaaten] *Theoretisch könnte man den Staat, in dem die Kasse errichtet worden ist, den Staat, in dem die frühere Arbeit ausgeübt worden ist, oder den Staat, in dem Abzüge geltend gemacht worden sind, als Quellenstaat ansehen. Jede dieser Lösungen würde Schwierigkeiten bereiten bei Personen, die in mehr als einem Staat arbeiten, während ihrer Laufbahn den Wohnsitz wechseln oder Ruhegehälter von Kassen beziehen, die in einem anderen Staat als dem, in dem sie gearbeitet haben, errichtet worden sind. Viele Personen verbringen z. B. heute bedeutende Teile ihrer Laufbahn außerhalb des Staates, in dem ihre Pensionskasse errichtet worden ist und aus dem ihre Ruhegehälter schließlich gezahlt werden. In einem solchen Fall ließe sich schwer rechtfertigen, den Staat, in dem die Pensionskasse errichtet worden ist, als Quellenstaat zu behandeln. Die Alternative, den Staat als Quellenstaat anzusehen, in dem die Arbeit ausgeübt worden ist oder Abzüge in Anspruch genommen worden sind, würde dieses Problem ansprechen, aber Verwaltungsschwierigkeiten sowohl für die Steuerzahler als auch für die Steuerverwaltungen aufwerfen, insbesondere bei Personen, die in ihrer Laufbahn in vielen Staaten gearbeitet haben; denn für Teile desselben Ruhegehalts kommen dann verschiedene Quellenstaaten in Betracht.*

19.2 [Klarstellende Regelungen] *Staaten, die Vorschriften mit ausschließlichem oder begrenztem Quellenbesteuerungsrecht für Ruhegehälter verwenden wollen, sollten diese Probleme, die sich auf die Bestimmung des Quellenstaates beziehen, berücksichtigen. Sie sollten dann die Verwaltungsschwierigkeiten ansprechen, die sich aus der Regelung, die sie für diesen Zweck treffen, ergeben, um z. B. Situationen zu vermeiden, in denen zwei Staaten Quellenbesteuerungsrechte für dasselbe Ruhegehalt beanspruchen.*

20. [Befolgung zweier Steuerrechtsordnungen] *Viertens ist ein weiteres Argument gegen diese Alternativvorschriften, dass Ruhegehaltsempfänger bei ausschließlicher Besteuerung im Ansässigkeitsstaat in Bezug auf Zahlungen, die unter Art. 18 fallen, nur die Steuervorschriften ihres Ansässigkeitsstaats befolgen müssen. Wird hingegen eine begrenzte oder ausschließliche Quellenbesteuerung zugelassen, muss der Ruhegehaltsempfänger die Steuervorschriften beider Vertragsstaaten befolgen.*

21. [Gefahr der Steuerverkürzung] *Eine ausschließliche Besteuerung im Ansässigkeitsstaat mag allerdings zu der Sorge Anlass geben, dass ausländische Ruhegehälter nicht erklärt werden. Der Austausch von Informationen gepaart mit angemessenen Steuervollzugssystemen wird jedoch die Häufigkeit des Nichterklärens ausländischer Ruhegehälter mindern.*

Steuerfreie Ruhegehälter

*22. **[Unbillige Härte]** Wie in Ziffer 9 erwähnt, besteuern einige Staaten Ruhegehälter generell nicht oder lassen bestimmte Arten oder Teile von Ruhegehältern steuerfrei. In diesen Fällen kann der Artikel, der die Besteuerung der Ruhegehälter im Ansässigkeitsstaat vorsieht, dazu führen, dass Ruhegehälter, die als steuerfrei ausgestaltet waren und deren Betrag durchaus im Hinblick auf diese Befreiung bemessen worden ist, durch diesen Staat besteuert werden. Dies kann eine unbillige finanzielle Härte für den Empfänger des Ruhegehalts bedeuten.*

*23. **[Alternativvorschrift für steuerfreie Ruhegehälter]** Zur Vermeidung der Probleme, die sich aus dieser Art von Inkongruenz ergeben, nehmen einige Staaten in ihre Steuerabkommen Bestimmungen auf, um die Steuerfreiheit der Ruhegehälter aufrechtzuerhalten, wenn der Empfänger in dem anderen Vertragsstaat ansässig ist. Diese Bestimmungen können auf bestimmte Arten von Ruhegehältern beschränkt sein oder das Problem in umfassenderer Weise lösen. Beispiel des letzteren Ansatzes wäre eine Vorschrift mit etwa folgender Fassung:*

> *„Ungeachtet anderer Bestimmungen dieses Abkommens werden Ruhegehälter oder ähnliche Vergütungen, die einer in einem Vertragsstaat ansässigen Person für frühere in dem anderen Vertragsstaat ausgeübte unselbständige Arbeit gezahlt wird, von der Besteuerung im erstgenannten Staat ausgenommen, wenn sie von der Besteuerung im anderen Staat ausgenommen wären, falls der Empfänger dort ansässig wäre."*

Probleme der gesetzlichen Sozialversicherungssysteme

*24. **[Abgrenzung zu Artikel 21]** Je nach den Umständen können Zahlungen aus der Sozialversicherung als „Ruhegehälter und ähnliche Vergütungen für frühere unselbständige Arbeit" unter Artikel 18, als „Ruhegehälter, die von einem Vertragsstaat ... oder aus einem von diesem Vertragsstaat ... errichteten Sondervermögen für diesem Staat ... geleistete Dienste gezahlt werden", unter Artikel 19 oder als „Einkünfte ..., die in den vorstehenden Artikeln nicht behandelt wurden", unter Artikel 21 fallen. Ruhegehälter aus der Sozialversicherung fallen unter Artikel 18, wenn sie für frühere unselbständige Arbeit gezahlt werden, sofern nicht Artikel 19 anzuwenden ist (siehe unten). Ein Ruhegehalt aus der Sozialversicherung kann als „für frühere unselbständige Arbeit gezahlt" angesehen werden, wenn die Arbeit Voraussetzung für das Ruhegehalt ist. Dies wird z. B. der Fall sein, wenn nach dem betreffenden Sozialversicherungssystem:*

- *der Betrag des Ruhegehalts entweder nach dem Arbeitzeitraum oder dem Arbeitseinkommen oder sowohl nach dem Arbeitszeitraum als auch nach dem Arbeitseinkommen bemessen wird, so dass Jahre, in denen die Person nicht beschäftigt war, nicht zu Ruhegehaltszahlungen führen,*
- *der Betrag des Ruhegehalts nach den Sozialversicherungsbeiträgen bemessen wird, die unter der Voraussetzung einer Beschäftigung und in Bezug auf die Beschäftigungszeit geleistet werden, oder*
- *der Betrag des Ruhegehalts nach der Beschäftigungszeit sowie entweder nach den Beiträgen an die Kasse oder den Kapitalerträgen der Kasse oder sowohl nach den Beiträgen als auch nach der Höhe der Kapitalerträge der Kasse bemessen wird.*

*25. **[Abgrenzung zu Art. 19 Abs. 2]** Art. 19 Abs. 2 findet auf ein Ruhegehalt aus der Sozialversicherung Anwendung, das unter Artikel 18 fiele, wenn die frühere Arbeit, für die es gezahlt wird, nicht eine Dienstleistung für den Staat oder für eine seiner Gebietskörperschaften darstellte (außer in den Fällen des Art. 19 Abs. 3).*

*26. **[Unter Artikel 21 fallende Leistungen der Sozialversicherung]** Zahlungen aus der Sozialversicherung, die nicht unter Artikel 18 oder 19 fallen, fallen unter Artikel 21. Dies wäre z. B. der Fall bei Zahlungen an Selbstständige sowie bei einem Ruhegehalt, das* *ausschließlich nach der Bedürftigkeit, dem Alter oder der Behinderung bemessen und unabhängig von früherer Arbeit oder Umständen, die sich auf frühere Arbeit beziehen (wie Beschäftigungszeiten oder Beiträge während der Beschäftigungszeiten), gezahlt würde.*

27. [Alternativvorschrift für Ruhegehälter aus der Sozialversicherung] *Allerdings sehen einige Staaten Ruhegehälter, die auf Grund eines öffentl. Sozialversicherungssystems gezahlt werden, als den staatlichen Ruhegehältern ähnlich an. Sie leiten daraus ab, dass der Quellenstaat, d. h. der Staat, aus dem die Ruhegehälter stammen, das Recht haben sollte, all diese Ruhegehälter zu besteuern. Zahlreiche von diesen Staaten abgeschlossene Abkommen enthalten entsprechende Bestimmungen, die sich mitunter auch noch auf sonstige Zahlungen im Rahmen des Sozialversicherungsrechts des Quellenstaates erstrecken. Vertragsstaaten, die diese Auffassung vertreten, können vereinbaren, dem Artikel einen Absatz anzufügen, der dem Quellenstaat ein Recht zur Besteuerung von Zahlungen auf Grund der Sozialversicherungsgesetzgebung gibt. Dieser Absatz könnte etwa wie folgt lauten:*

„Ungeachtet des Absatzes 1 können Ruhegehälter und sonstige Zahlungen, die auf Grund der Sozialversicherungsgesetzgebung eines Vertragsstaates geleistet werden, in diesem Staat besteuert werden."

Wendet der Staat, in dem der Empfänger dieser Zahlungen ansässig ist, die Befreiungsmethode an, so können die Zahlungen nur im Quellenstaat besteuert werden, während die Staaten, die die Anrechnungsmethode anwenden, diese Zahlungen besteuern können und die im Quellenstaat erhobene Steuer anzurechnen haben. Einige der Staaten, die das Anrechnungsverfahren als allgemeine Methode in ihren Abkommen verwenden, können jedoch die Auffassung vertreten, dass der Quellenstaat das ausschließliche Besteuerungsrecht für diese Zahlungen haben sollte. Solche Staaten sollten dann im vorstehenden Text die Worte „können besteuert werden" durch die Worte „können nur besteuert werden" ersetzen.

28. [Begriff der Sozialversicherung] *Obwohl sich der oben aufgeführte Entwurf auf die Sozialversicherungsgesetzgebung der beiden Vertragsstaaten bezieht, ist ihre Abgrenzung schwierig. „Sozialversicherung" bezieht sich im Allgemeinen auf den obligatorischen Schutz, den ein Staat bereitstellt, um seiner Bevölkerung ein Mindesteinkommen oder eine Mindestaltersversorgung zu verschaffen oder die finanziellen Folgen von Ereignissen wie Arbeitslosigkeit, Arbeitsunfällen, Krankheit oder Tod zu mildern. Gemeinsames Merkmal von Sozialversicherungssystemen ist, dass die Höhe der Leistungen vom Staat festgesetzt wird. Zahlungen, die unter die Vorschrift fallen, umfassen Ruhegehälter, die der Allgemeinheit im Rahmen eines öffentlichen Ruhegehaltssystems zugänglich sind, Altersbezüge sowie Zahlungen bei Arbeitslosigkeit, Behinderung, Mutterschaft, Krankheit, zur Versorgung von Hinterbliebenen oder im Rahmen der Sozialhilfe oder des Familienschutzes, die von dem Staat oder öffentlichen Einrichtungen, die zur Verwaltung der zu verteilenden Mittel errichtet worden sind, geleistet werden. Da die Sozialversicherungssysteme der Vertragsstaaten wesentliche Unterschiede aufweisen können, ist es für die Staaten, die den Entwurf verwenden wollen, wichtig, sich im Verlauf ihrer zweiseitigen Verhandlungen zu vergewissern, dass sie ein gemeinsames Verständnis über den Geltungsbereich der Vorschrift besitzen.*

Mit individuellen Ruhegehaltsplänen verbundene Probleme

29. [Private Vorsorgepläne] *In vielen Staaten wird eine steuerliche Vorzugsbehandlung (gewöhnlich in Form des in Ziffer 9 beschriebenen Steueraufschubs) für bestimmte individuelle zur Altersversorgung eingesetzte private Sparpläne gewährt. Diese individuellen Ruhegehaltspläne stehen gewöhnlich Personen zur Verfügung, die keinen Zugang zu betrieblichen Versorgungseinrichtungen haben. Sie können aber auch unselbstständig Tätigen zugänglich sein, die die Altersversorgung, die sie von ihrer Sozialversicherung oder ihrer betrieblichen Versorgungseinrichtung beziehen, ergänzen wollen. Diese Pläne können verschiedene rechtliche Gestalt annehmen. Es kann sich z. B. um Banksparkonten, individuelle Investmentfonds oder individuell abgeschlossene volle Lebensversicherungspolicen handeln. Ihr* *allgemeines Merkmal ist eine steuerliche Vorzugsbehandlung bis zu bestimmten Beitragsgrenzen.*

30. [Alternativvorschrift für private Vorsorgepläne] *Diese Pläne werfen viele der grenzüberschreitenden Probleme auf, die sich auch im Fall betrieblicher Einrichtungen ergeben, wie etwa die in einem Vertragsstaat gewährte steuerliche Behandlung von Beiträgen, die zu einem in dem anderen Staat eingerichteten Plan geleistet werden (siehe Ziffern 31 bis 65). Jedoch können sich Probleme ergeben, die für individuelle Ruhegehaltspläne spezifisch sind und möglicherweise bei Verhandlungen über ein zweiseitiges Abkommen angesprochen werden müssen. Ein solches Problem ist die in beiden Staaten jeweils praktizierte steuerliche Behandlung von Einkünften, die im Rahmen eines solchen in dem anderen Staat eingerichteten Plans anwachsen. Viele Staaten haben Regelungen, die unter bestimmten Voraussetzungen zur Besteuerung von Einkünften führen, die im Rahmen eines im Ausland eingerichteten Versorgungsplans anwachsen (z. B. Vorschriften über ausländische Investmentfonds (FIF); Vorschriften, die die Einkünfte eines Treuhandvermögens unter bestimmten Voraussetzungen dem Treugeber oder dem Begünstigten zurechnen; Vorschriften, die bei bestimmten Investitionen einschl. voller Lebensversicherungspolicen die laufende Besteuerung der Einkünfte vorsehen). Staaten, die dieses Ergebnis in Anbetracht ihrer Regelung für die Altersvorsorge für unangemessen halten, mögen eine solche Besteuerung vermeiden wollen. Eine Bestimmung, die dieses Problem behandelt und auf Pläne beschränkt ist, die als individuelle Ruhegehaltspläne anerkannt sind, könnte wie folgt gefasst werden:*

„Für Zwecke der Berechnung der Steuer, die in einem Vertragsstaat von einer natürlichen Person zu zahlen ist, die in diesem Staat ansässig ist und vorher in dem anderen Vertragsstaat ansässig war, werden Einkünfte, die im Rahmen einer Vereinbarung anwachsen,

a) die mit einer außerhalb des erstgenannten Staates niedergelassenen Person geschlossen worden ist, um der natürlichen Person Ruhegehaltsbezüge zu sichern,

b) an der die natürliche Person teilnimmt und schon teilnahm, als sie in dem anderen Vertragsstaat ansässig war,

c) die die zuständige Behörde des erstgenannten Staates als einen individuellen Ruhegehaltsplan, der in diesem Staat als solcher für steuerliche Zwecke anerkannt ist, allgemein entsprechend beurteilt hat,

wie Einkünfte behandelt, die in einem individuellen in diesem Staat eingerichteten Ruhegehaltsplan anwachsen. Dieser Satz schränkt in keiner Weise die Besteuerung von Bezügen ein, die nach der Vereinbarung ausgeschüttet werden.“

Die steuerliche Behandlung von Beiträgen an ausländische Altersvorsorgepläne

A. Allgemeines

31. [Arbeit im Ausland] *Es ist für multinationale Unternehmen typisch, dass von ihren Arbeitskräften die Bereitschaft erwartet wird, von Zeit zu Zeit außerhalb ihres Heimatstaates zu arbeiten. Die Bedingungen, zu denen die Arbeitskräfte zur Arbeit in andere Länder entsandt werden, sind für Arbeitgeber wie für Arbeitnehmer äußerst wichtig. Zu ihnen gehören die Maßnahmen für die Altersvorsorge dieser Arbeitnehmer. In ähnlicher Weise stehen Personen, die sich in andere Länder begeben, um dort selbständige Dienstleistungen zu erbringen, oft vor grenzüberschreitenden Steuerfragen in Bezug auf die Altersvorsorge, die sie in ihrem Heimatland eingerichtet haben.*

32. [Zahlungen an Altersvorsorgepläne im Heimatstaat] *Ins Ausland entsandte Arbeitnehmer möchten während ihres Auslandsaufenthaltes oft ihre Zahlungen an Altersvorsorgepläne in ihrem Heimatstaat fortsetzen. Der Grund ist, dass ein Übergang zu anderen Vorsorgeeinrichtungen Rechtseinbußen zur Folge haben und die Teilnahme an Maßnahmen* *zur Alterssicherung in mehreren Ländern zu zahlreichen praktischen Schwierigkeiten führen kann.*

33. [Entlastungsfähigkeit der Beiträge im Gaststaat] *Wie Beiträge an Altersvorsorgepläne von Personen, die außerhalb ihres Heimatstaates arbeiten, steuerlich behandelt werden, ist von Land zu Land verschieden und hängt von den Umständen des Einzelfalls ab. Vor Aufnahme der Auslandstätigkeit können für die Beiträge, die von oder für diese Personen an Altersvorsorgepläne geleistet werden, üblicherweise im Heimatstaat Steuererleichterungen beansprucht werden. Diese Steuererleichterungen bleiben ihnen in manchen Fällen auch bei der Arbeit im Ausland erhalten. Bleibt die natürliche Person etwa im Heimatstaat ansässig und unbeschränkt steuerpflichtig, so wird für die Beiträge an einen Altersvorsorgeplan im Heimatstaat die Steuerentlastung dort in der Regel weiter gewährt. Häufig erfüllen aber die im Heimatstaat einer im Ausland arbeitenden Person gezahlten Beiträge weder nach dem innerstaatlichen Recht des Heimatstaates noch nach dem des Gaststaats die Voraussetzungen für die Steuerentlastung. In diesem Fall können hohe, ja prohibitive Kosten anfallen, wenn die Person während der Auslandstätigkeit weiter einer Vorsorgeeinrichtung im Heimatstaat angehört. In Ziffer 37 wird eine Bestimmung vorgeschlagen, durch deren Aufnahme in zweiseitige Abkommen die Mitgliedstaaten, falls sie dies wünschen, Steuerentlastungen für Zahlungen an Altersvorsorgepläne auch bei den ins Ausland entsandten Arbeitnehmern gewähren können.*

34. [Ablehnung der Entlastung der Beiträge im Gaststaat] *Gewisse Mitgliedstaaten können allerdings die Lösung des Problems durch eine Vertragsbestimmung ablehnen und es z. B. vorziehen, dass die Maßnahmen für die Altersvorsorge in einer Weise abgeändert werden, die die Entlastungsfähigkeit der Beiträge im Gaststaat sicherstellt. Abgelehnt werden könnte die Aufnahme der Bestimmung in ihre Abkommen auch von Ländern, die nur für Beiträge, die an ansässige Personen gezahlt werden, Entlastungen gewähren. In solchen Fällen mag es nicht angezeigt sein, die vorgeschlagene Bestimmung in ein zweiseitiges Abkommen aufzunehmen.*

35. [Geltung für alle Formen der Altersversorgung]. *Die vorgeschlagene Bestimmung erfasst Beiträge an alle Formen der Altersversorgung, einschl. individueller Vorsorgepläne und Einrichtungen der Sozialversicherung. Viele Mitgliedstaaten haben zwar untereinander Sozialversicherungsabkommen abgeschlossen, die helfen können, die Probleme der Sozialversicherungsbeiträge teilweise zu lösen; diese Abkommen befassen sich jedoch gewöhnlich nicht mit der steuerlichen Behandlung grenzüberschreitender Beiträge. Im Fall betrieblicher Einrichtungen, an die sowohl der Arbeitgeber als auch der Arbeitnehmer Beiträge leisten, deckt die Bestimmung beide Beiträge ab. Die Bestimmung ist auch nicht auf die Abziehbarkeit von Beiträgen beschränkt, da sie alle Aspekte der Beiträge in Bezug auf die Personen, die Bezüge von einer Versorgungseinrichtung erhalten, behandelt. Die Bestimmung befasst sich daher z. B. mit der Frage, ob der Arbeitnehmer mit dem geldwerten Vorteil, den der Arbeitgeberbeitrag darstellt, besteuert werden sollte oder ob die Kapitaleinkünfte, die die Versorgungseinrichtung erzielt, in der Hand der natürlichen Person besteuert werden sollten. Sie behandelt aber nicht die Besteuerung der Vorsorgeeinrichtung mit ihren Einkünften (diese Frage wird in Ziffer 69 behandelt). Vertragsstaaten, die den Geltungsbereich der Bestimmung ändern wollen, können dies in ihren zweiseitigen Verhandlungen tun.*

B. Zweck der Bestimmung

36. [Gleichbehandlung der Vorsorgeeinrichtungen; Grenzen für die Entlastung der Beiträge] *Die Bestimmung soll sicherstellen, dass Personen, soweit möglich, nicht wegen der steuerlichen Behandlung der Beiträge, die sie an einen Altersvorsorgeplan des Heimatstaats zahlen, von der Aufnahme einer Tätigkeit im Ausland abgehalten werden. Die Bestimmung sucht zunächst die generelle Gleichwertigkeit der Vorsorgeeinrichtungen in beiden Staaten festzulegen; sodann begrenzt sie die Steuererleichterung für die Beiträge nach Maßgabe der Grenzen, die dafür im Recht der beiden Staaten vorgesehen sind.*

C. Vorschlag für eine Bestimmung

37. [Vorgeschlagener Wortlaut] *Zur Lösung des hier aufgezeigten Problems könnte folgende Bestimmung in zweiseitige Abkommen aufgenommen werden:*

„(1) Beiträge, die von oder für Rechnung einer natürlichen Person, die in einem Vertragsstaat Dienste leistet, an eine im anderen Vertragsstaat errichtete und dort steuerlich anerkannte Pensionskasse entrichtet werden, sind für die Zwecke der Ermittlung der im erstgenannten Staat von der natürlichen Person zu zahlenden Steuer und der Ermittlung der Unternehmensgewinne, die dort besteuert werden können, in der gleichen Weise und vorbehaltlich der gleichen Bedingungen und Einschränkungen zu behandeln wie Beiträge, die an eine im erstgenannten Staat steuerlich anerkannte Pensionskasse gezahlt werden, sofern

(a) die natürliche Person unmittelbar vor Aufnahme ihrer Tätigkeit in diesem Staat nicht dort ansässig war und schon vor diesem Zeitpunkt der Pensionskasse angehört hatte; und

(b) die zuständige Behörde dieses Vertragsstaates festgestellt hat, dass der Altersvorsorgeplan allgemein einem Altersvorsorgeplan entspricht, der in diesem Staat als solche für steuerliche Zwecke anerkannt ist.

(2) Im Sinne des Absatzes 1

(a) bedeutet „Altersvorsorgeplan“ ein Plan, an dem die natürliche Person teilnimmt, um hinsichtlich der in Absatz 1 erwähnten Dienste Ruhegehaltsansprüche zu erwerben; und

(b) ist ein Altersvorsorgeplan in einem Staat für steuerliche Zwecke anerkannt, wenn hinsichtlich der an diesen Plan geleisteten Beiträge in diesem Staat Steuerentlastungen zu gewähren sind.“

38. [Alternative Bestimmung] *Die oben aufgeführte Bestimmung ist auf Altersvorsorgepläne beschränkt, die in einem der beiden Vertragsstaaten errichtet worden sind. Da es für natürliche Personen nicht unüblich ist, nacheinander in einer Anzahl von verschiedenen Ländern zu arbeiten, mögen einige Staaten den Geltungsbereich der Bestimmung ausdehnen wollen, um Fälle zu erfassen, in denen sich die natürliche Person von einem Vertragsstaat in einen anderen begibt, während sie weiterhin Beiträge an eine Pensionskasse leistet, die in einem dritten Staat errichtet worden ist. Eine solche Ausdehnung kann allerdings verwaltungsmäßige Schwierigkeiten hervorrufen, wenn der Gaststaat keinen Zugang zu Informationen über den Altersvorsorgeplan hat (z. B. auf Grund einer Bestimmung über den Informationsaustausch in einem Steuerabkommen mit dem Drittstaat). Sie kann auch eine Situation herbeiführen, in der die Steuerentlastung nicht auf Gegenseitigkeit gewährt würde, weil der Drittstaat einer natürlichen Person, die Beiträge an eine in dem Gaststaat errichtete Pensionskasse leistet, keine ähnliche Steuerentlastung gewährt. Staaten, die trotz dieser Schwierigkeiten die vorgeschlagene Bestimmung auf Pläne ausdehnen wollen, die in Drittstaaten errichtet worden sind, können dies tun, indem sie eine Alternative der vorgeschlagenen Bestimmung mit etwa folgendem Wortlaut vereinbaren:*

„(1) Beiträge, die von oder für Rechnung einer natürlichen Person, die in einem Vertragsstaat Dienste leistet, an eine Pensionskasse entrichtet werden,

(a) die in dem anderen Vertragsstaat für steuerliche Zwecke anerkannt ist,

(b) der die Person unmittelbar vor Aufnahme der Tätigkeit in dem erstgenannten Staat angehörte,

(c) der die Person zu einem Zeitpunkt angehörte, als sie in dem anderen Staat beschäftigt oder ansässig war und

(d) die die zuständige Behörde des erstgenannten Staates als einer Pensionskasse, die in diesem Staat als solche für steuerliche Zwecke anerkannt ist, allgemein entsprechend beurteilt hat,

sind in diesem Staat für Zwecke

(e) der Ermittlung der im erstgenannten Staat von der natürlichen Person zu entrichtenden Steuer und

(f) der Ermittlung der Unternehmensgewinne, die im erstgenannten Staat besteuert werden können,

in der gleichen Weise und vorbehaltlich der gleichen Bedingungen und Einschränkungen wie Beiträge zu behandeln, die an eine in diesem Staat steuerlich anerkannte Pensionskasse geleistet werden.

(2) Im Sinne des Absatzes 1

(a) bedeutet „Altersvorsorgeplan" ein Plan, an dem die Person teilnimmt, um hinsichtlich der in Absatz 1 erwähnten Dienste Ruhegehaltsansprüche zu erwerben; und

(b) ist ein Plan in einem Staat für steuerliche Zwecke anerkannt, wenn hinsichtlich der an diesen Plan geleisteten Beiträge in diesem Staat Steuerentlastungen zu gewähren sind."

D. Charakteristische Merkmale der vorgeschlagenen Bestimmung

39. ***[Erörterung der Merkmale]*** *In den folgenden Ziffern werden die charakteristischen Merkmale der in Ziffer 37 vorgeschlagenen Bestimmung erörtert.*

40. ***[Erläuterungen zu Absatz 1]*** *Absatz 1 der vorgeschlagenen Bestimmung legt die Merkmale fest, die die natürliche Person und die Beiträge für die Anwendung der Bestimmung erfüllen müssen. Er spricht außerdem den Grundsatz aus, dass die durch oder für eine natürliche Person, die in einem Staat (dem Gaststaat) Dienste leistet, an einen bestimmten Altersvorsorgeplan im anderen Staat (dem Heimatstaat) geleisteten Beiträge im Gastland zu einer Steuerentlastung führen müssen, und zwar nach Maßgabe der gleichen Bedingungen und Begrenzungen, die für Beiträge an die im Gaststaat bestehenden Altersvorsorgepläne gelten.*

41. ***[Steuerentlastung im Heimatstaat oder im Gaststaat]*** *Unter den dargestellten Verhältnissen könnte eine Steuerentlastung hinsichtlich der an den Altersvorsorgeplan des Heimatstaates geleisteten Beiträge entweder im Heimatstaat (wo der Altersvorsorgeplan errichtet ist) oder im Gaststaat (wo die die Beiträge auslösende wirtschaftliche Tätigkeit ausgeübt wird) gewährt werden.*

42. ***[Vorteile einer Entlastung im Gaststaat]*** *Eine Lösung, die die Entlastung im Heimatstaat gewährt, wird oft wirkungslos sein, weil die Person in diesem Staat unter Umständen nur geringe oder keine steuerpflichtigen Einkünfte hat. Praktische Gründe legen es deshalb nahe, dass die Entlastung im Gaststaat gewährt wird; dies ist die Lösung der vorgeschlagenen Bestimmung.*

43. ***[Frühere Ansässigkeit im Gaststaat]*** *Die Person erhält nach der klaren Regelung in Absatz 1 die Entlastung im Gaststaat nur, wenn sie unmittelbar vor der Aufnahme ihrer Tätigkeit im Gaststaat dort nicht ansässig gewesen ist.*

44. ***[Ansässigkeit im Gaststaat während der Arbeitsausübung]*** *Absatz 1 begrenzt den Anwendungsbereich der vorgeschlagenen Bestimmung aber nicht auf Personen, die im Gaststaat ansässig werden. In vielen Fällen bleiben im Ausland tätige Personen in ihrem Heimatstaat ansässig und können die Entlastungen dort beanspruchen; dies ist aber nicht immer der Fall. Die vorgeschlagene Bestimmung soll deshalb sowohl für Personen gelten, die im Gaststaat nicht ansässig werden, als auch für solche, die dort den Status der Ansässigkeit erwerben. In einigen Mitgliedstaaten beschränkt das innerstaatliche Recht die Abzugsfähigkeit auf Beiträge, die von in ihrem Gebiet ansässigen Personen geleistet werden; diese Mitgliedstaaten können wünschen, die Bestimmung in diesem Sinne einzuengen. Auch Staaten mit Sonderregelungen für nichtansässige Personen (z. B. Besteuerung nach niedrigen Sondersätzen) können in zweiseitigen Verhandlungen die Bestimmung auf ansässige Personen begrenzen, wenn sie dies wünschen.*

45. ***[Nationalitätenklausel zur Missbrauchsbekämpfung]*** *Einzelne Staaten können eine Bestimmung gegen mögliche Missbräuche in Fällen wünschen, in denen eine natürliche*

Person ihre Ansässigkeit im Gaststaat vorübergehend aufgibt, um einem Altersvorsorgeplan in einem Staat mit günstigeren Bestimmungen beizutreten. Eine Möglichkeit dafür wäre eine Nationalitätenklausel, die Staatsangehörige des Gaststaats von der vorgeschlagenen Bestimmung ausschließt.

46. [Nicht in einem der beiden Vertragsstaaten ansässige Personen] *Wie bereits erwähnt, arbeiten Personen häufig hintereinander in mehreren Ländern. Daher beschränkt sich die Bestimmung nicht auf Personen, die unmittelbar vor der Tätigkeit im Gaststaat im Heimatstaat ansässig waren. Sie bezieht vielmehr auch Personen ein, die aus Drittstaaten in den Gaststaat kommen; einzige Begrenzung ist, dass sie nicht im Gaststaat selbst ansässig waren, bevor sie dort ihre Tätigkeit aufnahmen. Andererseits beschränkt Artikel 1 den Anwendungsbereich des Abkommens auf Personen, die in einem Vertragsstaat oder in beiden Vertragsstaaten ansässig sind. Auf Personen, die weder im Gaststaat noch im Heimatstaat (in dem die Pensionskasse errichtet ist) ansässig sind, ist danach das Abkommen zwischen diesen beiden Staaten nicht anzuwenden.*

47. [Keine Begrenzung der Zeitdauer] *Eine Begrenzung der Zeitdauer, während der die Person im Gaststaat arbeiten kann, sieht die vorgeschlagene Bestimmung nicht vor. Es könnte geltend gemacht werden, dass der Gaststaat tatsächlich zum Heimatstaat wird, wenn die Person in ihm nur lange genug tätig ist. Gewisse Gaststaaten begrenzen denn auch schon heute Entlastungen für Beiträge an ausländische Altersvorsorgepläne auf Fälle, in denen sich die Person nur vorübergehend in ihrem Gebiet aufhält.*

48. [Höchsttätigkeitsdauer zwecks Missbrauchsbekämpfung] *Zeitliche Begrenzungen können außerdem Missbräuchen entgegentreten, die in Ziffer 45 dargestellt sind. In zweiseitigen Verhandlungen können Staaten, die dies als angemessen ansehen, eine Höchstdauer für die Ausübung der Tätigkeit im Gaststaat vereinbaren, nach deren Ablauf die Entlastungen nach der vorgeschlagenen Bestimmung nicht mehr zu gewähren sind.*

49. [Kriterien für die steuerliche Anerkennung der Beiträge] *Für die Beiträge nennt Absatz 1 eine Reihe von Kriterien. Er stellt klar, dass die Bestimmung nur auf Beiträge anwendbar ist, die von oder für Rechnung einer natürlichen Person an eine im Heimatstaat errichtete und dort steuerlich anerkannte Altersvorsorgepläne geleistet worden sind. Der Ausdruck „steuerlich anerkannt" wird in Absatz 2 Buchstabe b der vorgeschlagenen Bestimmung näher definiert. Die Formulierung „von oder für Rechnung" soll sowohl Beiträge erfassen, die von der natürlichen Person unmittelbar geleistet werden, als auch Beiträge, die zugunsten dieser Person von einem Arbeitgeber oder einer anderen Person (z. B. einem Ehegatten) geleistet werden. Auch wenn Artikel 24 Abs. 4 sicherstellt, dass Beiträge des Arbeitgebers an einen in dem anderen Vertragsstaat ansässigen Altersvorsorgeplan unter denselben Voraussetzungen abziehbar sind wie Beiträge an einen inländischen Altersvorsorgeplan, mag die Vorschrift nicht ausreichen, um die Gleichbehandlung der Arbeitgeberbeiträge an inländische und ausländische Altersvorsorgepläne zu gewährleisten. Dies wird z. B. der Fall sein, wenn die Arbeitgeberbeiträge als steuerbarer Vorteil in der Hand des Arbeitnehmers behandelt werden oder wenn der Abzug der Arbeitgeberbeiträge nicht von der Ansässigkeit des Altersvorsorgeplans, sondern von anderen Voraussetzungen abhängt (z. B. Registrierung bei den Steuerbehörden oder Vorhandensein von Büros), die die Wirkung haben, generell ausländische Altersvorsorgepläne auszuschließen. Aus diesem Grund fallen Arbeitgeberbeiträge unter die vorgeschlagene Bestimmung, obwohl Artikel 24 Abs. 4 in manchen Fällen bereits eine ähnliche Steuerentlastung sicherstellt.*

50. [Anforderungen an den Altersvorsorgeplan im Heimatstaat] *Die zweite auf die Beiträge bezogene Voraussetzung ist, dass sie an einen Altersvorsorgeplan des Heimatstaates geleistet werden, die nach Feststellung der zuständigen Behörde des Gaststaats allgemein einer Einrichtung entspricht, die im Gaststaat als solche für steuerliche Zwecke anerkannt ist. Hierbei wird davon ausgegangen, dass in den Mitgliedstaaten nur Beiträge an anerkannte Einrichtungen zu Entlastungen berechtigen. Diese Begrenzung sichert jedoch noch nicht die* *steuerliche Gleichbehandlung von Beiträgen, die während einer Tätigkeit im Heimatstaat geleistet werden. Sind die Regelungen, nach denen der Gaststaat Altersvorsorgepläne anerkennt, enger als die des Heimatstaats, so hat die Person hinzunehmen, dass ihre Beiträge an ihren im Heimatstaat errichteten Altersvorsorgeplan bei einer Tätigkeit im Gaststaat steuerlich ungünstiger behandelt werden als bei einer Tätigkeit im Heimatstaat.*

51. [Vergleich mit anerkannten Einrichtungen des Gaststaats] *Es entspräche allerdings nicht dem verfolgten Ziel, Beiträge an ausländische Einrichtungen so weit wie möglich gleich zu behandeln, wenn Entlastungen für Beiträge an Altersvorsorgepläne gewährt würden, die nicht – zumindest in einem weiten Sinne – denen für innerstaatlich anerkannte Einrichtungen entsprechen. Andernfalls hinge die vom Gaststaat zu gewährende Entlastung ihrer Höhe nach von dem Recht des Heimatstaates ab. Außerdem ließe es sich kaum rechtfertigen, Seite an Seite tätige Personen danach unterschiedlich zu behandeln, ob ihre Altersvorsorgepläne im Heimatstaat oder im Ausland errichtet ist (und ob es sich, im Falle des Auslands, um das eine oder das andere Land handelt). Dies wird dadurch vermieden, dass die vorgeschlagene Regelung auf Einrichtungen beschränkt wird, die denen des Gaststaats entsprechen.*

52. [Entscheidung durch die zuständige Behörde des Gaststaats] *Nach der vorgeschlagenen Bestimmung steht die Feststellung, ob der Altersvorsorgeplan des Heimatstaats allgemein den im Gaststaat anerkannten Einrichtungen entspricht, der zuständigen Behörde des Gaststaats zu. Einzelne Staaten mögen die bestehenden Einrichtungen, auf die die Vorschrift Anwendung finden wird, in zweiseitigen Verhandlungen ausdrücklich benennen oder festlegen, wie die zuständigen Behörden den Ausdruck „allgemein entsprechen" auslegen sollen, z. B. ob eine weite oder enge Auslegung angezeigt ist und welche Kriterien zugrunde zu legen sind.*

53. [Nur Beiträge an alte Altersvorsorgepläne] *Die Bestimmung ist auf Beiträge an Altersvorsorgepläne begrenzt, denen die Person schon vor Aufnahme ihrer Tätigkeit im Gaststaat angehört hatte. Beiträge an neue Altersvorsorgepläne, denen die Person während ihres Aufenthalts im Gaststaat beitritt, fallen danach nicht unter die vorgeschlagene Bestimmung.*

54. [Ersetzen von Altersvorsorgeplänen] *Sonderbestimmungen werden allerdings notwendig sein, um Fälle abzudecken, in denen neue Altersvorsorgepläne an die Stelle bisher bestehender treten. In manchen Staaten ist es z. B. üblich, dass bei der Übernahme einer Gesellschaft durch eine andere Gesellschaft der bestehende Altersvorsorgeplan der übernommenen Gesellschaft für ihre Arbeitnehmer aufgelöst und durch eine vom neuen Arbeitgeber eingerichtete Pensionskasse ersetzt wird. Die einzelnen Staaten können in zweiseitigen Verhandlungen die vorgeschlagene Bestimmung so ergänzen, dass sie derartige Ersatzkassen abdeckt. Dies könnte durch Anfügung folgenden Buchstabens an Abs. 2 geschehen:*

„c) ein Altersversorgungsplan, der einen Altersvorsorgeplan, der nach Buchstabe a von der zuständigen Behörde eines Vertragsstaats anerkannt worden ist, ersetzt und ihm im Wesentlichen ähnlich ist, gilt als anerkannter Altersvorsorgeplan."

55. [Im Gaststaat zu gewährende Entlastungen] *Absatz 1 umschreibt die im Gaststaat zu gewährenden Entlastungen, falls die Person und die Beiträge die in der Bestimmung vorgesehenen Voraussetzungen erfüllen. Die Beiträge sind, kurz gesagt, für steuerliche Zwecke so zu behandeln, wie sie behandelt würden, wenn sie an eine Einrichtung im Gaststaat geleistet würden. Daher berechtigen die Beiträge zu derselben Steuerentlastung (z. B. Abziehbarkeit) sowohl bei der natürlichen Person als auch beim Arbeitgeber (wenn die Person Arbeitnehmer ist und Beiträge vom Arbeitgeber geleistet werden), als ob die Beiträge an einen Altersvorsorgeplan im Gaststaat geleistet worden wären. Arbeitgeberbeiträge an inländische oder ausländische Altersvorsorgepläne müssen auch bei der Besteuerung eines Arbeitnehmers mit dem daraus erwachsenen Vorteil gleich behandelt werden (s. Ziffer 58).*

56. [Höchstgrenzenregelung] *Diese Entlastungsmaßnahmen führen nicht notwendigerweise dazu, dass die Beiträge bei im Ausland und im Heimatstaat tätigen Personen steuer-*

lich gleich behandelt werden. Die Darlegungen der Ziffern 50 und 51 gelten hier entsprechend. Erreicht wird aber, dass die Beiträge von zusammenarbeitenden Personen einander gleichgestellt werden. Dies erläutert das folgende Beispiel: Der Heimatstaat entlastet Beiträge an Altersvorsorgepläne bis zu einer Höchstgrenze von 18 vom Hundert der Einkünfte. Der Gaststaat gewährt die Entlastung bis zu einer Höchstgrenze von 20 vom Hundert. Nach der in Ziffer 37 vorgeschlagenen Bestimmung hat der Gaststaat die Entlastung bis zu der in seinem innerstaatlichen Recht vorgesehenen Grenze von 20 vom Hundert zu gewähren. Sollten Staaten es wünschen, die Höchstgrenze des Heimatstaates anzuwenden, so müsste der Wortlaut der Bestimmung entsprechend geändert werden.

57. [Höhe und Art der Entlastung] *Der Betrag und die Art der Entlastung hängen davon ab, wie der Gaststaat Beiträge an Altersvorsorgepläne steuerlich behandelt. Danach richtet sich etwa, ob sie voll oder nur teilweise entlastet werden und ob eine Entlastung in Form eines Abzugs bei der Ermittlung des zu versteuernden Einkommens (und ggf. von welchen Einkünften in diesem Fall ein Abzug möglich ist, z. B. im Falle einer natürlichen Person nur von Einkünften aus der Tätigkeit oder von allen Einkünften) oder eines Abzugs von der Steuer zu gewähren ist.*

58. [Beiträge an Pensionskassen als Einkünfte des Arbeitnehmers] *Für eine Person, die an einem betrieblichen Altersvorsorgeplan beteiligt ist, kann die Entsendung ins Ausland nicht nur bedeuten, dass ihre Beiträge an einen Altersvorsorgeplan im Heimatstaat nicht mehr zu einer Entlastung führen. Ihre Folge kann auch darin bestehen, dass die vom Arbeitgeber geleisteten Beiträge an den Altersvorsorgeplan steuerlich als Einkünfte des Arbeitnehmers angesehen werden. In einigen Mitgliedstaaten werden im Heimatstaat tätige Arbeitnehmer mit den Arbeitgeberbeiträgen besteuert, in anderen Mitgliedstaaten nicht. Da die vorgeschlagene Bestimmung für Beiträge sowohl des Arbeitnehmers als auch des Arbeitgebers gilt, stellt sie sicher, dass Arbeitgeberbeiträge bei der Besteuerung des Arbeitnehmers ebenso behandelt werden wie Beiträge dieser Art an innerstaatliche Einrichtungen.*

59. [Definition des Ausdrucks „Altersvorsorgeplan"] *Absatz 2 Buchstabe a definiert den Ausdruck Altersvorsorgeplan im Sinne des Absatzes 1. Er stellt klar, dass als ein Altersvorsorgeplan in diesem Sinn ein Plan gilt, an dem die natürliche Person, welche die Beiträge leistet, teilnimmt, um sich Ruhegehaltsansprüche zu sichern. Diese Ruhegehälter müssen im Hinblick auf die Tätigkeit im Gaststaat zu zahlen sein. Zur Anwendung der vorgeschlagenen Bestimmung muss der Altersvorsorgeplan alle vorgenannten Voraussetzungen erfüllen.*

60. [Teilnahme der natürlichen Person an dem Altersvorsorgeplan zur Sicherung der Ruhegehaltsansprüche] *Absatz 2 Buchstabe a stellt auf die Teilnahme der natürlichen Person an dem Altersvorsorgeplan zur Sicherung der Ruhegehaltsansprüche ab. Durch diese Definition soll ermöglicht werden, dass auch jener Teil von Beiträgen, der nicht dem Erwerb einer Alterspension, sondern z. B. dem Bezug einer Einmalzahlung bei Eintritt des Ruhestandes dient, nach dieser Bestimmung zu einer Steuerentlastung führt.*

61. [Altersvorsorgeplan als „Plan"] *Die Definition spricht von dem Altersvorsorgeplan als einem „Plan". Dies ist ein weit gespannter Ausdruck, der die vielfältigen Formen umfassen soll, die Altersvorsorgepläne in den einzelnen Mitgliedstaaten annehmen können (Sozialversicherung, betriebliche Altersversorgung, individuelle Altersversorgung).*

62. [Empfänger der Altersbezüge] *Während Teilnehmer an dem Altersvorsorgeplan nach Absatz 2 Buchstabe a die natürliche Person sein muss, die die in Absatz 1 genannte Tätigkeit ausübt, ist die Person des Empfängers der Altersbezüge unerheblich. Damit soll dem Teil der Beiträge, der zum Erwerb von Witwenpensionen oder Bezügen von Unterhaltsberechtigten bestimmt ist, die Entlastung nach der vorgeschlagenen Bestimmung gesichert werden.*

63. [Staatliche Altersvorsorgepläne und ähnliche private Einrichtungen] *Die Definition eines Altersvorsorgeplans unterscheidet nicht zwischen Pensionen, die von staatlichen*

Altersvorsorgeplänen, und solchen, die von ähnlichen privaten Einrichtungen gezahlt werden. Auf beide ist die Bestimmung anzuwenden. Einrichtungen der Sozialversicherung fallen daher unter die Vorschrift, soweit Beiträge an diese als im Hinblick auf Dienstleistungen gezahlt angesehen werden können, die durch die natürliche Person, ob als Arbeitnehmer oder selbständig, im Gaststaat erbracht werden.

64. [Ausdruck „für steuerliche Zwecke anerkannt"] *Absatz 2 Buchstabe b definiert den Ausdruck „für steuerliche Zwecke anerkannt". Die Bestimmung soll möglichst weitgehend sicherstellen, dass Beiträge nicht günstiger und nicht ungünstiger behandelt werden, als wenn die Person in ihrem Heimatstaat ansässig wäre; es ist deshalb angezeigt, den Geltungsbereich der Bestimmung auf Beiträge zu begrenzen, die bei Verbleib der Person in ihrem Heimatstaat dort steuerlich begünstigt würden. Die Bestimmung sucht dies dadurch zu erreichen, dass sie ihren Anwendungsbereich auf Beiträge an einen Altersvorsorgeplan beschränkt, für die in diesem Staat die Entlastungsvoraussetzungen gegeben sind.*

65. [Die in die Regelung einzubeziehenden Altersvorsorgepläne] *Bei diesem Vorgehen, das eine gleichmäßige Behandlung anstrebt, wird davon ausgegangen, dass in allen Mitgliedstaaten nur Beiträge an anerkannte Altersvorsorgepläne begünstigt werden. Die steuerliche Behandlung von Beiträgen an Altersvorsorgepläne nach den Steuersystemen der Mitgliedstaaten kann von dieser Annahme abweichen. Es wird anerkannt, dass die einzelnen Staaten in zweiseitigen Verhandlungen die in die Regelung einzubeziehenden Altersvorsorgepläne durch Merkmale genauer abgrenzen, die dem innerstaatlichen Recht der Vertragsparteien entsprechen. Sie mögen auch andere Ausdrücke definieren wollen, wie z. B. „Dienste leisten".*

Steuerliche Hindernisse für die Übertragbarkeit von Ruhegehaltsrechten

66. [Planwechsel] *Eine andere Frage, die auch mit der internationalen Mobilität der Arbeit zusammenhängt, betrifft die steuerlichen Folgen, die sich aus der Übertragung von Ruhegehaltsanwartschaften von einem Altersvorsorgeplan, der in einem Vertragsstaat errichtet worden ist, auf einen anderen, der sich in dem anderen Vertragsstaat befindet, ergeben. Wenn eine natürliche Person von einem Arbeitgeber zu einem anderen wechselt, kommt es häufig vor, dass die Anwartschaft, die die Person in dem ersten Altersvorsorgeplan, der die erste Beschäftigung abdeckt, erworben hat, auf einen anderen Altersvorsorgeplan übertragen wird, der die zweite Beschäftigung abdeckt. Für den Wechsel von und zu einer individuellen Altersvorsorge kann es ähnliche Vereinbarungen geben.*

67. [Zahlungen beim Planwechsel] *Solche Übertragungen geben gewöhnlich zu einer Zahlung Anlass, die den versicherungsmathematischen Wert der Anwartschaft der Person zum Zeitpunkt der Übertragung oder den Wert der Beiträge und Erträge, die sich bezüglich der Person in dem Altersvorsorgeplan angesammelt haben, widerspiegelt. Die Zahlungen können unmittelbar von dem ersten Altersvorsorgeplan an den zweiten geleistet werden. Alternativ können sie geleistet werden, indem der Person auferlegt wird, den Betrag, den sie bei ihrem Ausscheiden aus dem bisherigen Altersvorsorgeplan erhalten hat, ganz oder zum Teil in den neuen Altersvorsorgeplan einzuzahlen. In beiden Fällen gestehen die Steuersysteme solchen Übertragungen, falls sie nur im Inland stattfinden, häufig Steuerfreiheit zu.*

68. [Vorschrift für grenzüberschreitenden Planwechsel] *Zu Problemen kann es aber kommen, wenn die Übertragung von einem in einem Vertragsstaat bestehenden Altersvorsorgeplan an einen in dem anderen Vertragsstaat befindlichen Altersvorsorgeplan erfolgt. In einem solchen Fall mag der Vertragsstaat, in dem die Person ansässig ist, die Zahlung, die sich aus der Übertragung ergibt, als steuerpflichtigen Vorteil ansehen. Ein ähnliches Problem entsteht, wenn die Zahlung von einem Altersvorsorgeplan geleistet wird, der in einem Staat errichtet ist, dem das einschlägige Steuerabkommen das Quellenbesteuerungsrecht für Ruhegehälter, die aus ihm stammen, einräumt; denn dieser Staat kann dieses Besteuerungsrecht* *für alle Vorteile aus dem Altersvorsorgeplan nutzen wollen. Staaten, die dieses Problem lösen wollen, sind frei, eine Bestimmung mit etwa folgender Fassung aufzunehmen:*

„Wenn Ruhegehaltsanwartschaften oder Beträge in einem in einem Vertragsstaat errichteten und dort steuerlich anerkannten Altersvorsorgeplan zugunsten einer natürlichen Person, die in dem anderen Vertragsstaat ansässig ist, angewachsen sind, ist die Übertragung dieser Anwartschaften oder Beträge auf einen in diesem anderen Staat errichtete und dort steuerlich anerkannten Altersvorsorgeplan in beiden Staaten steuerlich in der gleichen Weise und vorbehaltlich der gleichen Bedingungen und Einschränkungen zu behandeln, als ob die Übertragung von einem in diesem Staat errichteten und dort steuerlich anerkannten Altersvorsorgeplan auf einen anderen in demselben Staat errichteten und dort steuerlich anerkannten Altersvorsorgeplan erfolgt wäre."

Diese Bestimmung könnte so abgeändert werden, dass sie auch Übertragungen von und auf Altersvorsorgepläne erfasst, die in Drittstaaten errichtet und steuerlich anerkannt sind (dies könnte allerdings ähnliche Bedenken aufwerfen wie die, die in der Vorbemerkung in Ziffer 38 beschrieben sind).

Freistellung der Einkünfte von Altersvorsorgeplänen

69. [Vorschrift für Steuerbefreiung von Altersvorsorgeplänen] *Wenn zwei Staaten nach ihrem innerstaatlichen Recht dem Ansatz folgen, generell die Anlageerträge von Altersvorsorgeplänen, die in ihrem Gebiet errichtet worden sind, von der Steuer freizustellen, mögen diese Staaten, um größere Neutralität hinsichtlich des Anlageorts zu erreichen, wünschen, diese Steuerfreiheit auf Anlageerträge auszudehnen, die ein Altersvorsorgeplan, der in einem Staat errichtet worden ist, aus dem anderen Staat bezieht. Zu diesem Zweck nehmen die Staaten manchmal eine Bestimmung etwa folgender Fassung in ihr Abkommen auf:*

„Ungeachtet der übrigen Bestimmungen dieses Abkommens sind Einkünfte, die aus einem Vertragsstaat stammen und von einer in dem anderen Vertragsstaat ansässigen Person bezogen werden, die ausschließlich zur Verwaltung und Gewährung von Ruhegehältern errichtet worden ist und zu diesem Zweck betrieben wird und nach der Beurteilung der zuständigen Behörde des erstgenannten Staates allgemein einem Altersvorsorgeplan entspricht, der in diesem Staat als solche für steuerliche Zwecke anerkannt ist, von der Steuer des erstgenannten Staates befreit."

Bemerkungen zum Kommentar

70. *In Bezug auf die Ziffern 24 und 26 sind die* ***Niederlande*** *der Auffassung, dass Zahlungen aus der Sozialversicherung unter bestimmten Umständen unter Artikel 15 fallen, wenn sie geleistet werden, während das Beschäftigungsverhältnis andauert.*

[ab 15.7.2014:]

71. *Regarding paragraph 24,* ***Germany*** *considers that where the amount of a social security pension is determined on the basis of contributions to the scheme by the employee, that pension cannot be viewed as being covered by Article 18.*

Text: Stellungnahmen von Nichtmitgliedstaaten zum OECD-MA (OECD-NM)

Position on the Article

1. *[Deleted]*

2. Brazil, Bulgaria, Ivory Coast, South Africa *and* ***Ukraine*** *reserve the right to include in paragraph 1 an explicit reference to annuities.*

A. Allgemeines

Vorsorge zur Absicherung wegfallenden Erwerbseinkommens wegen Alters, Invalidität oder Tod kann durch Bildung von nicht gebundenen und damit auch ohne Weiteres zu anderen Zwecken verwendbaren Ersparnissen getroffen werden. Die Alternative dazu stellen formalisierte, speziell auf das Ziel der Altersvorsorge ausgerichtete **Altersvorsorgepläne** (*pension plan* oder gleichbedeutend *pension scheme;* franz.: *plan de retraite*) dar. Darunter sollen im Folgenden verstanden werden alle rechtlich bindenden Verträge und öffentlich-rechtlichen Einrichtungen, die das Ziel der Altersvorsorge haben und bei denen eine vorzeitige Rückzahlung der eingezahlten Beiträge nicht oder nur unter Inkaufnahme einer signifikanten (Vertrags-)Strafe möglich ist (ähnlich *OECD,* Private Pensions (2005), S. 12 und die Begriffsbestimmung in Art. 18A *DBA USA 1989/2006,* s. Rz. 201). 2

Die hergebrachte Altersvorsorge im Rahmen eines obligatorischen staatlichen Vorsorge- oder Sozialversicherungssystems wird zunehmend ergänzt durch private Vorsorge (*OECD,* Pensions at a Glance (2007)). Dadurch bildet sich ein **Drei-Säulen-Modell** aus (vgl. auch MA-Komm. Ziff. 9; *Dietvorst,* EC Tax Review 2007, 142; zu Belgien *van den Eeckhaut,* ET 2005, 243; zu Dänemark *Scholz,* IStR 2007, 283, (284); zu Deutschland *Preis,* S. 347; modifiz. *Dreher,* S. 46 f.): Neben die **erste Säule** der gesetzlichen Vorsorge, die in Deutschland gebildet wird durch die gesetzliche Rentenversicherung, die Beamtenversorgung und die berufsständischen Versorgungswerke, tritt als **zweite Säule** die betriebliche Altersversorgung (vgl. dazu etwa *Spengel/Schmidt,* IStR 1998, 89; *Wellisch,* StuW 2001, 271; zur ökonomischen Begründung der betrieblichen Altersversorgung s. *MacCarthy,* Oxford Review of Economic Policy 22, 57) und die Zusatzversorgung im öffentlichen Dienst. Eine **betriebliche Altersversorgung** liegt vor, wenn einem Arbeitnehmer von seinem Arbeitgeber aus Anlass seines Arbeitsverhältnisses Leistungen der Alters-, Invaliditäts- oder Hinterbliebenenversorgung zugesagt werden (so § 1 BetrAVG; ähnlich *OECD,* Private Pensions (2005), S. 12). Sie kann entweder direkt durch Leistungen des Arbeitgebers an den Ruheständler (sogenannte **interne Durchführung**) oder mittels einer zwischengeschalteten Einheit wie Pensionsfonds, Pensionskasse und Direktversicherung (so genannte **externe Durchführung**; zu den Begriffen *Kreitner,* S. 711 (718); *Preis,* S. 340) erfolgen (*Scheffler/Költl,* IStR 2007, 113 (114)). Die **dritte Säule** schließlich besteht in der individuellen Altersvorsorge ohne Veranlassungszusammenhang zu einem Arbeitsverhältnis (*Dietvorst,* EC Tax Review 2007, 142 (143)). Sie erfolgt etwa in Form von Lebensversicherungen oder privaten Rentenversicherungen wie der so genannten Riester-Rente (§ 10a EStG) und der sogenannten Rürup-Rente (§ 10 Abs. 1 Nr. 2 lit. b) EStG). Der Übergang zwischen der zweiten und der dritten Säule wird dadurch fließend, dass Arbeitnehmer in manchen Staaten freiwillig in die zweite Säule einzahlen können (*Dietvorst,* EC Tax Review 2007, 142 (143)). 2a

Bei der Altersvorsorge können zwei verschiedene Grundmodelle unterschieden werden (vgl. *Breyer,* S. 100 und § 153 SGB VI): Beim **Umlageverfahren** wird kein Kapitalstock aufgebaut. Vielmehr werden die Leistungen der Beitragszahler sogleich an die personenverschiedenen Pensionsempfänger ausgezahlt. Die Beitragszahler erwerben für ihre Leistung in der Beitragsphase einen Anspruch auf eine in der Auszahlungsphase aus späteren Beitragseinnahmen zu zahlende Pension. Im Gegensatz dazu werden beim **Kapitaldeckungsverfahren** die Beiträge in einem Kapitalfonds akkumuliert und für jeden einzelnen Vorsorgenden ein – am Kapitalmarkt anzulegendes – Deckungskapital gebildet. Alle laufenden und zukünftigen Ansprüche werden aus diesem individuellen Deckungskapital bedient. Es ist möglich, dass Altersvorsorge nach dem Umlage- und dem Kapitaldeckungsverfahren einkommensteuerlich unterschiedlich behandelt werden. 3

4 Die **Einkommensbesteuerung** kann **zu drei Zeitpunkten** ansetzen (*Yoo/de Serres,* OECD Economic Studies 39 (2004), 73 (75 f.)): Wird (Arbeits-)Einkommen für die Altersversorgung eingesetzt, kann das Einkommen gleichwohl schon in diesem Zeitpunkt zu versteuern sein **(„vorgelagerte Besteuerung“).** Zudem können im Rahmen des Kapitaldeckungsverfahrens die zur Altersversorgung bestimmten Mittel gewinnbringend angelegt werden; die Besteuerung kann dann im **Zeitpunkt der Realisierung der Gewinne** erfolgen. Schließlich kann die Besteuerung auch auf die Auszahlung der Mittel im Alter hinausgeschoben werden **(„nachgelagerte Besteuerung“).** Die Besteuerung kann theoretisch zu einem, zwei oder allen drei Zeitpunkten ansetzen, wofür sich auch mit Ausnahme der alleinigen Besteuerung der Investitionserträge in der Praxis der OECD-Mitgliedsstaaten jeweils Beispiele finden (vgl. für die zweite und dritte Säule *Yoo/de Serres,* OECD Economic Studies 39 (2004), 73 (79)). Zudem kann die Besteuerung zu den genannten Zeitpunkten auch mit reduzierten Sätzen erfolgen.

5 International lässt sich bei den ersten beiden Säulen ein gewisser **Trend zu einer nachgelagerten Besteuerung** beobachten (für Deutschland s. §§ 3 Nr. 55, Nr. 56, Nr. 63; 10 Abs. 1 Nr. 2; 10a; 22 Nr. 1 S. 3 EStG; rechtsvergleichend zur zweiten Säule *Scheffler/Kölbl,* IStR 2007, 113 (114)). Hingegen verbleibt es bei der dritten Säule häufig bei der vorgelagerten Besteuerung, wobei allerdings zum Teil Subventionen gewährt werden. Jedoch ist die Besteuerungspraxis der Staaten untereinander noch sehr uneinheitlich. Zudem werden in den jeweiligen Staaten die drei Säulen häufig nicht einheitlich besteuert. Durch die nicht aufeinander abgestimmten Besteuerungsregeln kann es zu einer (intertemporalen, s. näher Rz. 150) Doppelbesteuerung oder einer Doppelnichtbesteuerung (etwa bei einem Wegzug von Deutschland nach Luxemburg, vgl. *Scheffler/Kölbl,* IStR 2007, 113 (116)) kommen. Diese Unterschiede können **gezielt zur Steuerplanung eingesetzt** werden (*Näth,* IStR 2004, 284), wenn sich im Abkommen keine Vorbehalte finden (zu derartigen Vorbehalten in der niederländischen Praxis *Kavelaars,* BIT 2007, 86 (89); *Bobeldijk/Goossens,* Intertax 2011, 85). Dies gilt umso mehr, als Art. 18 für die erste und zweite Säule (dazu näher Rz. 2a) eine ausschließliche Besteuerung durch den Ansässigkeitsstaat vorsieht, die auch Einmalzahlungen umfasst (Rz. 19). Es kann daher ausreichen, wenn nur für einen kurzen Zeitraum die Ansässigkeit in einen Staat mit niedrigerer Besteuerung verlagert wird. Zahlreiche Staaten haben daher in neueren Abkommen reagiert und von Art. 18 abweichende Vereinbarungen abgeschlossen (vgl. die Nachweise bei *M. Lang,* BIT 2007, 17 (18)).

6 Dies wirft die grundsätzliche **abkommenspolitische Frage** auf, ob eine Quellenbesteuerung vorzuziehen ist (vgl. *M. Lang,* IStR 2005, 289 (295); *ders.,* BIT 2007, 17 (18); skeptisch hingegen MA-Komm., Ziff. 1 und 16 ff.; s. auch dort in Ziff. 15 Formulierungsvorschläge für abweichende Regelungen). Letztendlich stellen sich damit ganz vergleichbare Fragen, wie sie sich auch zur Rechtfertigung des Art. 18 als Spezialregelung zu Art. 15 stellen. Im Ergebnis sind die Anforderungen an eine gleichheitsgerechte Besteuerung der Individuen durch Sicherung einer tatsächlichen Einmalbesteuerung und an die angemessene Verteilung des Besteuerungsgutes zwischen den Staaten zum Ausgleich zu bringen; zusätzlich sind die Erfordernisse von Rechtssicherheit und Minimierung der Vollzugs- und Befolgungskosten zu beachten (vgl. auch *Vock,* S. 433).

6a **Für** eine Besteuerungszuständigkeit im früheren Tätigkeitsstaat spricht vor diesem Hintergrund, dass es sich systematisch um Einkünfte aus einer vorausgegangenen Tätigkeit im Quellenstaat handelt (so zutreffend für die Einkommensteuern der USA-Einzelstaaten, auf die die DBA allerdings grundsätzlich keine Anwendung finden: *Hellerstein/Smith,* TN July 1992, 221). MA-Komm. Ziff. 19.1 nennt Kriterien zur Bestimmung der Quelle (Ort der Errichtung des Altersvorsorgeplans; Ort der Arbeitsausübung; Ort, wo die Beiträge steuerlich abzugsfähig waren). Zudem wahrt eine Quellenbesteuerung im Verhältnis der Staaten untereinander die Balance zwischen der Abzugsfähigkeit der Beiträge und der Besteuerung der Leistungen und verhindert eine doppelte Nichtbesteuerung (so auch der belgische *Arbitragehof,* Fiscale Courier 2004/308: *DBA Belgien/Niederlande;* s. auch *Neves,* ET 2010, 220 (223f.) zur Vorzugsbesteuerung für Ruhegehälter in Portugal). Aus der Perspektive der Individualbesteuerung hat eine Besteuerungszuständigkeit des Quellenstaats den Vorzug der leichteren Sicherung gegen Vollzugsdefizite. Ferner werden aber auch einer Senkung von Vollzugs- und Befolgungskosten. Einer intertemporalen Doppelbesteuerung durch Nichtabzugsfähigkeit der Beiträge und Besteuerung der Leistungen kann entgegengewirkt werden, indem die Quellenbesteuerung der Leistungen wie beim *DBA Belgien/Niederlande* von der vorherigen steuerlichen Abzugsfähigkeit in diesem Staat abhängig gemacht wird. Allerdings sind im Verhältnis der Mitgliedsstaaten der Europäischen Union die Vorgaben des Europarechts zu beachten. So hat der EuGH v. 9.11.2006 Rs. C-520/04, Slg. 2006-I, 10685 – *Turpeinen* entschieden, dass nach Art. 18 EG (nunmehr Art. 21 AEUV) die Einkommensteuer auf das Ruhegehalt, das von einem Träger des betreffenden Mitgliedstaats einer in einem anderen Mitgliedstaat ansässigen Person gezahlt wird, die Steuer nicht übersteigen darf, die bei Ansässigkeit im erstgenannten Mitgliedstaat geschuldet würde, wenn das Ruhegehalt die gesamten oder nahezu die gesamten Einkünfte dieser Person ausmacht.

Gegen eine Besteuerung im Quellenstaat und damit für eine ausschließliche Besteuerung im Ansässigkeitsstaat spricht neben den Schwierigkeiten bei der Lokalisierung der Quelle (MA-Komm. Ziff. 19; *de Broe/Neyt,* BIT 2009, 86 (93)) auch, dass der Ansässigkeitsstaat besser zu einer Besteuerung nach der **weltweiten Leistungsfähigkeit** in der Lage ist als der Quellenstaat (MA-Komm. Ziff. 1 und 17). Allerdings lässt sich diesem Problem durch eine Personalisierung der Besteuerung im Quellenstaat und durch Regelungen zur fiktiven unbeschränkten Steuerpflicht wie in § 1 Abs. 3 EStG Rechnung tragen. Zudem bemisst sich seine Leistungsfähigkeit am Maßstab der Verhältnisse seines Ansässigkeitsstaates (so MA-Komm, Ziff. 18). Schließlich ist im Verhältnis der Staaten zueinander zu beachten, dass der Steuerpflichtige die **Leistungen des Ansässigkeitsstaates** in Anspruch nimmt. **6b**

Letztlich dürften aber die Argumente für eine – ggf. wie vom Europarecht gefordert: personalisierte – Besteuerung im Quellenstaat überwiegen (so auch *Kemmeren; M. Lang,* BIT 2007, 17 (18); a.A. *Dommes,* S. 109ff.), wie nicht zuletzt auch die Entwicklung der Vertragspraxis zeigt (vgl. etwa Art. 18 Abs. 2 *DBA Österreich/Rumänien,* dazu *Jirousek,* SWI 2006, 106 (107); Art. 18 Abs. 2 *DBA Belgien/Niederlande;* Art. 18 der Nordischen Konvention; Art. 18 des belgischen Abkommensmusters (dazu TNS v. 4.9.2007), die Übersicht bei *Law,* BIT 2011, 123; die neueren deutschen DBA, dazu Rz. 85 und *Ismer,* IStR 2011, 577 (582ff.) sowie die Gemeinsame Erklärung zum *DBA USA 1989/2006,* wonach ab 2013 Konsultationen geführt werden sollen mit dem Ziel der Änderung des Abkommens, wodurch dem früheren Tätigkeitsstaat eine höchstens 15-prozentige Quellenbesteuerung erlaubt wird.). Die Schwierigkeiten bei der Bestimmung der Quelle sind zudem nicht durchgängig. Vielmehr bestehen zumindest für die Sozialversicherung einschlägige Kollisionsregeln, an die das Steuerrecht anknüpfen kann. Folglich kann die binäre Entscheidung über das Ob einer Besteuerung im Quellenstaat modifiziert werden zur Entscheidung über die Frage, bei *welchen* Ruhegehältern die Bestimmung des Quellenstaates so überzeugend vorgenommen werden kann, dass sie erfasst sein sollen. Denkbar ist als alternative Kompromisslösung die Aufteilung des Steuergutes durch eine beschränkte (auf Antrag an den persönlichen Verhältnissen orientierte) Besteuerung im Quellenstaat mit Anrechnung im Wohnsitzstaat (dafür *de Broe/Neyt,* BIT 2009, 86 (92)), wobei dann aber intertemporale Doppelbesteuerungen nicht immer vermieden werden können. Im Übrigen er- **6c** scheint zum Schutz gegen Steuerplanungsmodelle jedenfalls eine gesonderte Regelung für Einmalzahlungen angezeigt, die die Besteuerung im früheren Ansässigkeitsstaat weiter zulässt (so etwa Art. 17 *DBA Polen/Vereintes Königreich,* dazu *Fiszer/Sajkiewicz,* ET 2010, 47 (48) sowie Art. 17 Abs. 3 *DBA Niederlande 2012 (E):* s. auch MA-Komm. Ziff. 13).

7 Alternativ zu einer Quellenbesteuerung kann der jeweilige Vertragsstaat unilateral eine **Wegzugsbesteuerung** erheben (für einen Überblick über die Praxis der Staaten s. *Betten,* Income Tax Aspects (1998); *Goldberg u. a.,* TNI August 2000, 643 u. 741; aus dem Grundsatz von Treu und Glauben leitet die niederländische Rechtsprechung Bedenken gegen die Wegzugsbesteuerung her, vgl. etwa *Hoge Raad,* nr. 43.978, BNB 2009/263: *DBA Niederlande/Frankreich;* nr. 07/13267, BNB 2009/265: *DBA Niederlande/Südkorea;* nr. 08/02288, BNB 2009/266: *DBA Niederlande/Philippinen* sowie dazu *Bobeldijk/Goossens,* Intertax 2011, 85; *de Broe,* FS Avery Jones, S. 227; *Pötgens,* ET 2010, 183; einschränkend für den Fall, dass das Abkommen eine zeitlich befristete Besteuerung im früheren Ansässigkeitsstaat zulässt *Hoge Raad,* nr. 10/00990, BNB 2011, 160: *DBA Niederlande/Belgien*). Die früher in Deutschland in §§ 95, 93 EStG a. F. für die „Riester-Rente" nach §§ 10a, 79 ff. EStG, nicht aber für die „Rürup-Rente" nach § 10 Abs. 1 Nr. 2 lit. b) EStG vorgesehene Wegzugsbesteuerung war unionsrechtswidrig (EuGH v. 10.9.2009 Rs. C-269/07, Slg. 2009, I-7811 – *Kommission/Deutschland*) und ist daher modifiziert worden (dazu *Myßen/Fischer,* FR 2010, 462). Eine Wegzugsbesteuerung bei Wohnsitzwechsel dürfte zudem für das Umlageverfahren (s. Rz. 3) aufgrund der Unsicherheiten der Bewertung der künftigen Leistungen schwer implementierbar sein, so dass insoweit die Quellenbesteuerung in der Auszahlungsphase als einzig realistische Möglichkeit erscheint.

8 Die steuerliche Behandlung von Leistungen an frühere Arbeitnehmer aus der Altersvorsorge wird in **Art. 18** geregelt. Die Vorschrift wird im Folgenden zunächst erläutert (dazu Rz. 10 ff.). Sie wird ergänzt durch (Vorschläge für) Regeln, die Fragen der **steuerlichen Behandlung von Altersvorsorgeplänen** betreffen; auch der MA-Komm. enthält dazu eine wachsende Zahl von Formulierungsvorschlägen, vgl. zum Ganzen Rz. 150 ff.

B. Zu Art. 18

I. Musterabkommen

1. Übereinstimmungen und Abweichungen

10 Alle drei MA besteuern Ruhegehälter aus einem privaten Arbeitsverhältnis grundsätzlich nach dem Wohnsitzprinzip. UN- und US-MA räumen jedoch für Bezüge aus der Sozialversicherung dem Quellenstaat die ausschließliche Vorrangbesteuerung ein. Das UN-MA stellt darüber hinaus den Vertragsstaaten für die Regelung der Ruhegehälter eine Alternative zur Wahl, nach der beide Staaten steuerberechtigt sind. Das US-MA dehnt den sachlichen Anwendungsbereich der Vorschrift auf Renten sowie auf Unterhalts- und Unterstützungszahlungen aus (s. Rz. 70 ff.).

2. OECD-MA

11 **a) Grundzüge:** Ruhegehälter und ähnliche Vergütungen für frühere unselbständige Arbeit besteuert allein der **Ansässigkeitsstaat,** und zwar auch dann, wenn die zugrundeliegende unselbständige Arbeit im anderen Vertragsstaat ausgeübt wurde („können nur", s. Vor Art. 6 bis 22 Rz. 4 ff.). Er besteuert diese Einkünfte

gemäß seinem innerstaatlichen Recht, ohne durch das Abkommen darin beschränkt zu sein. Im Quellenstaat sind die Einkünfte freizustellen (in Deutschland wird die Vorlage einer Ansässigkeitsbescheinigung vorausgesetzt, s. dazu und für Abweichungen FinMin Nds. v. 3.11.1999, DStR 2000, 26 und FinMin Nds. v. 25.1.2002, DStR 2002, 359; Wassermeyer/*Wassermeyer,* Art. 18 OECD-MA Rz. 47; allgemein zur Bedeutung von Ansässigkeitsbescheinigungen Art. 4 Rz. 37 f.). Die Vorschrift betrifft nur die Besteuerung der Ruhegehälter, nicht hingegen die steuerliche Behandlung von Beiträgen (s. aber Rz. 150 ff. für die steuerliche Behandlung von Altersvorsorgeplänen) oder die Wegzugsbesteuerung von Pensionsansprüchen vor der Auszahlung (zu Bedenken der niederländische Rechtsprechung aus dem Grundsatz von Treu und Glauben s. Rz. 7).

12 **b) Abgrenzung:** Art. 18 regelt nur die Ruhegehälter für **frühere unselbständige Arbeit, die einem privaten Arbeitgeber geleistet** wurde und die daher Art. 15 unterfiel. Art. 18 als lex specialis verdrängt Art. 15, wenn seine Voraussetzungen – insbesondere die Abhängigkeit von der Verwirklichung bestimmter Risiken (Versorgungscharakter), Rz. 38 – vorliegen. Dies ist allerdings bei **Aktienoptionen** regelmäßig ebensowenig anzunehmen (vgl. Rz. 40 und Art. 15 Rz. 20 ff.) wie für **Abfindungen** (dazu Rz. 41 und Art. 15 Rz. 10). Ein Verbot der Doppelerfassung gibt es grundsätzlich nicht, so dass auch Zahlungen unter Art. 18 fallen können, wenn die Beiträge bereits im Rahmen des Art. 15 zu Einkünften geführt haben (vgl. Rz. 28). Zahlungen für frühere Tätigkeiten, für deren Erträge nicht Art. 15, sondern eine andere Verteilungsnorm (insbes. Art. 7 oder 13) galt, fallen unter jene andere Verteilungsnorm oder unter die Auffangklausel des Art. 21 (s. Art. 14 Rz. 16; Art. 21 Rz. 12; zur Problematik von Ruhegehältern als Sondervergütungen s. Rz. 22). Zweifelhaft ist indes, welcher Norm der Vorrang gebührt, wenn für frühere unselbstständige Arbeit, die nicht Art. 15, sondern Art. 16 oder 17 unterfällt – etwa nichtselbstständig tätigen directors (dazu Art. 16 Rz. 4a) oder nichtselbstständigen Künstlern – Ruhegehälter gezahlt werden. Hier spricht nicht zuletzt die systematische Stellung des Art. 18 nach Art. 15, 16 und 17 dafür, Art. 18 für Ruhegehälter und ähnliche Vergütungen als speziellere Norm anzusehen (i. E. ebenso Wassermeyer/*Wassermeyer,* Art. 18 OECD-MA Rz. 14; *Toifl,* S. 287 (295); ÖstBMF v. 10.12.2002 (EAS 2173), SWI 2003, 52 f. für GmbH-Geschäftsführer nach Art. 16 Abs. 2 *DBA Österreich* sowie die bei *Pötgens,* ET 2001, 252 (56 f.) nachgewiesene niederländische Rechtsprechung).

Für die von der **öffentlichen Hand** gezahlten Ruhegehälter gilt grundsätzlich Art. 19 (vgl. hierzu Art. 19 Rz. 60 ff.), wenn kein Fall des Art. 19 Abs. 3 (Arbeitsleistung an gewerblich tätigen Vertragstaat; dazu Art. 19 Rz. 81 ff.) vorliegt. Art. 19 gilt seit 2005 nicht nur für Ruhegehälter, sondern auch für ähnliche Vergütungen. Zahlungen aus der **Sozialversicherung** sind von Art. 18 erfasst, wenn sie mit einer früheren nichtselbständigen Tätigkeit im Sinne des Art. 15 zusammenhängen (vgl. auch Rz. 32 und *M. Lang,* BIT 2007, 17 (19 ff.) sowie *ders.,* FS Schaumburg, S. 879 (885 f.) zur Aufteilung bei gemischten Ruhegehältern). Die Besteuerung von **Veräußerungsrenten,** die als Gegenleistung für die Überlassung von Vermögen gezahlt werden, richtet sich nach Art. 13 (s. Rz. 33 sowie Art. 13 Rz. 36).

13 **c) Regelung:** Bezieht eine **in einem Vertragsstaat ansässige** Person
- **Ruhegehälter** oder ähnliche Vergütungen
- **für frühere unselbständige Arbeit,**

so darf vorbehaltlich des Art. 19 nur der **Ansässigkeitsstaat** diese Einkünfte besteuern.

14 **d)** Zum Begriff der in einem Vertragsstaat ansässigen **Person** siehe o. Art. 3 Rz. Art. 4 Rz. 3 ff. Als Person i. S. des Art. 18 kommen jedoch **nur natürliche**

Personen in Frage (krit. SKK/*Strunk-zur Heide,* Art. 18 OECD-MA Rz. 15). Nur sie können Ruhegehälter i. S. der Vorschrift beziehen. Die Ansässigkeit muss im Zeitpunkt des Zuflusses bestehen, zutr. *Dommes,* S. 68 f.; Wassermeyer/*Wassermeyer,* Art. 18 OECD-MA Rz. 5 sowie allgemein Art. 4 Rz. 3 ff. Zur persönlichen Zurechnung der Bezüge s. *Dommes,* S. 72 ff.

15 **e) Ruhegehälter** sind nach Eintritt in den Ruhestand gezahlte Bezüge, die zwar nicht ausschließlich, aber doch in erster Linie der Versorgung des Empfängers dienen (vgl. BFH BStBl. II 1972, 459; II 1979, 64: beide *DBA Schweiz 1931;* BStBl. II 1992, 660: *DBA USA 1959/65; van der Beek,* S. 165; *Schaumburg,* Rz. 16.464; Wassermeyer/*Wassermeyer,* Art. 18 OECD-MA Rz. 16 ff.; a. A. *Ebel,* FR 2000, 241; näher zum Versorgungscharakter Rz. 38) und die für frühere unselbständige Arbeit oder zum Ausgleich erlittener Nachteile im Zusammenhang mit einer früher ausgeübten unselbständigen Arbeit gezahlt werden (vgl. *Hoge Raad* Rolno. 24 315 BNB 1987/207: *DBA Niederlande/Finnland*). Das zugrunde liegende Arbeitsverhältnis kann auch mit einem Staat oder einer Gebietskörperschaft bestanden haben, wenn nicht Art. 19 Abs. 2 einschlägig ist (dazu Art. 19 Rz. 61 ff.).

16 Dem autonom auszulegenden Begriff der Ruhegehälter (englisch und französisch „pensions"; vgl. BFH v. 8.12.2010, I R 92/09, IStR 2011, 269 (270): *DBA Schweiz;* nunmehr wohl auch *Hoge Raad* no. 09/03847, BNB 2011, 216: *DBA Niederlande 1959/2004; Ismer,* IStR 2011, 577 (578) m. w. N.) unterfallen nur **laufende Zahlungen;** Einmalzahlungen können allerdings ähnliche Vergütungen darstellen (s. Rz. 19). Es braucht sich bei den Ruhegehältern nicht um Zahlungen in gleichbleibender Höhe zu handeln.

17 Der Empfänger muss nicht notwendig mit dem früheren Arbeitnehmer identisch sein. **Hinterbliebenenpensionen**, die an Witwen, Waisen, Lebenspartner und Lebensgefährten des ehemaligen Arbeitnehmers fließen, können daher ebenfalls Ruhegehälter im Sinne der Vorschrift sein (ebenso MA-Komm. Ziff. 3).

18 Schließlich muss die Zahlung auch **nicht vom Arbeitgeber selbst** geleistet werden. Vielmehr reichen Leistungen eines Dritten aus, wenn die Leistungen für frühere Arbeitsleistung erbracht werden (ebenso Wassermeyer/*Wassermeyer,* Art. 18 OECD-MA Rz. 28). Damit können insbesondere auch Leistungen aus der Sozialversicherung (dazu näher Rz. 29a) und aus einer extern durchgeführten betrieblichen Altersversorgung (in Deutschland Pensionskassen, Pensionsfonds, Unterstützungskassen und Direktversicherungen) Art. 18 unterfallen. Aus welchem Land die Bezüge fließen, ist für die Anwendung des Art. 18 unbeachtlich.

19 **f)** Der Begriff der **„ähnlichen Vergütungen"** – für die die Ausführungen in Rz. 17 f. entsprechend gelten – erweitert den Anwendungsbereich in zwei Richtungen: Zum einen werden auch **andere Leistungen als wiederkehrende Geldleistungen** erfasst. Dementsprechend können ähnliche Vergütungen insbesondere bei **Einmalzahlungen** anzunehmen sein (MA-Komm, Ziff. 5; *Hoge Raad* Rolno. 23 792, BNB 1992/21: *DBA Niederlande/Irland; Hof s'Hertogenbosch* Rolno. 3764/81, BNB 1986/53: *DBA Niederlande/Frankreich; Regeringsrätten,* Fall-Nr. 7070-09 v. 27.20.2009: *DBA Schweden/Schweiz*; anders früher *Hoge Raad* Rolno. 19 934, BNB 1981/242: *DBA Niederlande/Australien;* US IRS LTR 9 626 055 TNI July 1996, 115 f.: *DBA Niederlande/USA*), wenn das jeweilige DBA nicht wie das *DBA Niederlande/Neuseeland* in Protokoll X eine klarstellende Sonderregelung enthält. Ebenso unterfallen auch **Naturalleistungen** dem Begriff der ähnlichen Vergütungen, etwa wenn ein Ruheständler Anspruch auf einen Firmenwagen hat (zu weiteren Beispielen s. Wassermeyer/*Wassermeyer,* Art. 18 OECD-MA Rz. 33). Das Erfordernis, dass die Vergütungen **„gezahlt"** werden müssen, steht dem nicht entgegen (ebenso *Pötgens,* ET 2001, 252 (262)); es kommt lediglich darauf an, dass die Leistung bewirkt wurde. Zweifelhaft erscheint es, ob bei Wegzugsbesteuerungen oder bei

Umstrukturierungen des Pensionsfonds eine Zahlung anzunehmen ist (*Wattel/Marres,* ET 2003, 66 (75); *Kemmeren,* S. 279 (300); ausführlich *Dommes,* S. 75 ff.; s. aber Rz. 44 für Zahlungen *nach* Umstrukturierung). Jedenfalls aber fehlt bei derartigen Realisierungen regelmäßig das zeitliche Moment (*Ismer,* IStR 2011, 577 (579); Rz. 42).

Zum anderen werden auch **andere als Alterssicherungsleistungen** erfasst. 20 Dementsprechend können Zahlungen aus Anlass einer Erwerbsunfähigkeit ähnliche Vergütungen darstellen. Dasselbe gilt für Witwen- und Waisenpensionen. Letztlich stellt sich hier die Frage der Abgrenzung zum Arbeitsentgelt. Maßgeblich sollte die Absicherung gerade gegen die genannten Risiken sein (Rz. 38). Denn auch im Falle der Erwerbsunfähigkeit und der Hinterbliebenenversorgung fällt die Einkünftequelle dauerhaft weg. Risikounabhängige oder von der Verwirklichung anderer Risiken abhängige Zahlungen wie Arbeitslosengeld, Krankengeld und Leistungen im Mutterschutz oder Elternzeit sind hingegen – entgegen MA-Komm. Ziff. 24, 28 – mangels Dauerhaftigkeit keine ähnlichen Vergütungen. Denn das Ruhegehalt wird in pauschaler Form für die altersbedingte und damit dauerhafte Erwerbsunfähigkeit gewährt; die erforderliche Ähnlichkeit liegt daher nur dann vor, wenn die anderen Vergütungen ebenfalls ein dauerhaftes Risiko absichern sollen.

Ein Grenzfall sind laufende Zahlungen mit dem Zweck, die **Zeit bis zum Eintritt des Ruhestands** zu überbrücken, etwa weil abzusehen ist, dass der Arbeitnehmer wegen seines fortgeschrittenen Alters keine Stelle mehr finden wird. Für die Abgrenzung zwischen einer Abfindung (dazu Rz. 41 ff.) und einer dem Ruhegehalt ähnlichen Vergütung soll es darauf ankommen, ob bei der Berechnung der Zahlung das zur Altersversorgung berechtigende Alter eine Rolle spielt (*Hoge Raad* nr. 34361, BNB 2000/296: *DBA Niederlande/Schweiz;* nr. 35242, BNB 2001/124: *DBA Niederlande/Belgien,* m. Anm. *Essers; Pötgens,* ET 2001, 252 (261)). Die USA wollen eine solche Zahlung allenfalls als Ruhegehalt im Sinne des Art. 18 anerkennen, wenn der Arbeitnehmer mindestens 5 Jahre bei demselben Arbeitgeber tätig war und er ein Alter von 55 erreicht hat (s. US-TE Tz. 244). Im Einklang mit dem hier vertretenen Ansatz (s. Rz. 39) sollte man ergänzend auf die Abhängigkeit von biometrischen Risiken abstellen. Nur wo bei Fortfall der Risiken – etwa bei Tod des Berechtigten – auch der Anspruch auf Zahlung des Überbrückungsgeldes entfällt, liegt ein Ruhegehalt und damit kein nachträgliches Arbeitsentgelt vor. 21

g) Frühere unselbständige Arbeit: Art. 18 regelt die Besteuerung der Bezüge, die für ein früheres privates Arbeitsverhältnis bezahlt werden. Dies gilt sowohl für die Ruhegehälter als auch für die den Ruhegehältern ähnlichen Vergütungen. Unselbständige Arbeit i. S. des Art. 18 ist nur solche, die für einen privaten Arbeitgeber ausgeübt wurde, m. a. W. eine Arbeit, wie sie in Art. 15 angesprochen wird; s. hierzu auch Art. 15 Rz. 27. Die innerstaatliche Qualifikation von Zahlungen aufgrund eines Dienstverhältnisses zwischen Gesellschafter und Gesellschaft als Sondervergütungen ändert an der abkommensrechtlichen Einordnung als unselbständige Arbeit nichts (ebenso BFH BFH/NV 2012, 556: *DBA USA* mit krit. Anm. *Wassermeyer,* IStR 2012, 224 f.; vgl. auch Wassermeyer/*Wassermeyer,* Art. 18 OECD-MA Rz. 25b, der darauf hinweist, dass bei Qualifikation als selbständige Tätigkeit Art. 21 OECD-MA zur Besteuerung im Ansässigkeitsstaat kommt). Ebenso erfasst Art. 18 Ruhegehälter, die für eine unselbständige Tätigkeit im Sinne des Art. 16 gewährt werden (vgl. Art. 16 Rz. 4). Hingegen werden Ruhegehälter für eine vorangegangene selbstständige Tätigkeit nicht erfasst (ebenso MA-Komm. Ziff. 7). Die Vorschrift ist, wenn kein Fall des Art. 19 Abs. 3 vorliegt, auch nicht anwendbar auf Vergütungen, die in einem Zusammenhang mit der Tätigkeit für einen Vertragsstaat oder für eine seiner Untergliederungen stehen. Allerdings können die einzelnen Abkommen abweichend auch solche Vergütungen einbeziehen (MA-Komm. Ziff. 7). 22

23 Ferner gilt die Vorschrift mangels früherer unselbstständiger Arbeit auch nicht für **Kriegsfolgen- und Wiedergutmachungsrenten**, **Unterhaltsleistungen** (zu Recht Wassermeyer/*Wassermeyer,* Art. 18 OECD-MA Rz. 21 und 25a) oder Leistungen der **bedarfsorientierten Grundsicherung** nach §§ 41 ff. SGB XII.

24 Die unselbständige Tätigkeit – nicht aber die Berufstätigkeit als Ganze (*Ismer,* IStR 2011, 577 (579); Wassermeyer/*Wassermeyer,* Art. 18 OECD-MA Rz. 27) – muss grundsätzlich im Zeitpunkt der Zahlung **bereits beendet** sein. Während eines laufenden Arbeitsverhältnisses kommt die Zahlung eines Ruhegehaltes an sich nicht in Betracht. Dies gilt auch dann, wenn ein Pensionsanspruch abgefunden wird. Abgrenzungsschwierigkeiten können sich bei Abfindungen anlässlich der Beendigung eines Arbeitsverhältnisses ergeben (dazu Rz. 35 und 42).

Unterlassungsentgelte fallen **nicht** unter Art. 18. Denn es fehlt an einer früheren unselbstständigen Arbeit. Unterlassungsentgelte zeichnen sich durch einen Gegenwartsbezug aus. Sie sind das Entgelt für ein gegenwärtiges Unterlassen; insoweit besteht ein Arbeitsverhältnis mit dem Arbeitgeber fort, das laufend entlohnt wird (BFH BStBl. II 1978, 195: *DBA Schweiz 1959* sowie umfassend *Reimer,* S. 257; 262).

25 Leistungen aufgrund von **Altersteilzeit** unterfallen regelmäßig ebenfalls nicht Art. 18, da das Arbeitsverhältnis bis zum Ende der Altersteilzeit fortbesteht. Dies gilt auch dann, wenn nach dem Blockmodell auf eine Arbeitsphase eine Freistellungsphase folgt (ebenso BFH BStBl. II 2011, 446: *DBA Frankreich*). Zudem sind die Ansprüche zumeist nicht vom Eintritt eines der Risiken Erwerbsunfähigkeit, Alter oder Existenz von versorgungsbedürftigen Hinterbliebenen abhängig. Sie gehen vielmehr ohne weiteres auf die Erben über. Die in der Freistellungsphase zu leistenden Zahlungen sind eine bloß in der Fälligkeit aufgeschobene Vergütung für bereits geleistete Tätigkeit (so auch BAG NZA 2005, 408), die daher Art. 15 unterfallen (a. A. wohl Wassermeyer/*Wassermeyer,* Art. 18 OECD-MA Rz. 19a, der Art. 15 mangels enger Kausalität von Leistung und Gegenleistung ebenfalls nicht für anwendbar hält; aufgrund abweichenden Abkommenstextes ausdrücklich offen gelassen von BFH BStBl II 2011, 446: *DBA Frankreich*). Allerdings können selbstverständlich auch zugunsten von Altersteilzeitbeschäftigten Leistungen erbracht werden, die in der Auszahlungsphase zu Leistungen im Sinne von Art. 18 führen, etwa wenn weiterhin Beiträge in die betriebliche Altersversorgung eingezahlt werden. Vergleichbares wie für die Altersteilzeit gilt ganz generell für **Arbeitszeitkonten** (vgl. zu den Niederlanden *Kavelaars,* BIT 2007, 86 (96)).

26 **h) Kausalität** („**für** eine frühere unselbständige Arbeit"): Art. 18 findet nur dann Anwendung, wenn die Ruhegehälter oder ähnlichen Vergütungen für eine frühere unselbständige Arbeit gezahlt werden. Dies setzt voraus, dass die Zahlungen eine – möglicherweise kontigente, also vom Eintritt einer Bedingung abhängige – Gegenleistung für die vom Arbeitnehmer geleistete Arbeit darstellen.

27 Nicht ganz zweifelsfrei erscheint in diesem Zusammenhang, ob der geforderte Zusammenhang mit einer früheren unselbständigen Arbeit einen bloßen **Veranlassungszusammenhang** oder darüber hinausgehend einen **Gegenseitigkeitszusammenhang** (im Sinne eines do ut des) voraussetzt. Relevant kann diese Frage bei einseitigen Leistungen des Arbeitgebers werden, etwa dann, wenn ein Arbeitgeber über das vertraglich vereinbarte Niveau hinaus in eine Pensionskasse einzahlt oder Ruhegehälter über seine Rechtspflicht hinaus zahlt. Die englischen und französischen Fassungen des MA sprechen von einer „consideration" bzw. „au titre d'un emploi antérieur" und deuten damit auf ein enges Verständnis. Jedoch wählt Art. 18 in der englischen Fassung einen engeren Begriff als Art. 15 („in respect of"), während die französische Fassung in beiden Vorschriften identisch ist. Zudem würde eine Unterscheidung erhebliche Abgrenzungsschwierigkeiten heraufbeschwö-

ren. Daher ist davon auszugehen, dass ein bloßer Veranlassungszusammenhang ausreicht (dem folgend *Dommes,* S. 51; i.E. ebenso Wassermeyer/*Wassermeyer,* Art. 18 OECD-MA Rz. 28; vgl. auch Art. 19 Rz. 66).

Der Veranlassungszusammenhang wird auch nicht unterbrochen, wenn die Beiträge **bereits im Rahmen des Art. 15 zu Einkünften** geführt haben (ebenso MA-Komm. Ziff. 3 a.E.; ÖstBMF v. 5.7.2009 (EAS 3075), SWI 2099, 371; a.A. FG Baden-Württemberg, EFG 2011, 1716 – Rev. VIII R 38/10: *DBA Schweiz,* sowie möglicherweise BFH, IStR 2011, 269: *DBA Schweiz;* kritisch dazu *Ismer,* IStR 2011, 577 (581)). Das Nebeneinander von vorgelagerter und nachgelagerter Besteuerung (s. Rz. 4) kann zwar dazu führen, dass die Leistungen doppelt erfasst werden: sowohl in der Beitragsphase als auch in der Auszahlungsphase. Die drohende Doppelbesteuerung würde dadurch verhindert, dass Zahlungen aufgrund von Beiträgen und Zuwendungen, die im Zeitpunkt ihrer Zahlung dem Arbeitnehmer als zugeflossenes Gehalt oder Lohn zugerechnet werden, nicht als Ruhegehälter anzusehen wären (Wassermeyer/*Wassermeyer,* Art. 18 OECD-MA Rz. 16; *Toifl,* S. 287 (298); tendenziell ebenso 4. Aufl. Rz. 8). Das Anliegen ist in der Tat berechtigt. Jedoch bereiten die Erträge aus der Kapitalanlage Probleme, selbst wenn man die Rückzahlung von Beiträgen außer Betracht lässt: Soll für die Zahlungen, soweit eine Verzinsung enthalten ist, Art. 21 (bzw. gar Art. 11; dafür nunmehr in der Tat FG Baden-Württemberg, EFG 2011, 1716 – Rev. VIII R 38/10 zumindest für eine Einmalzahlung) einschlägig sein? Im Übrigen ist festzuhalten, dass der Wortlaut keine Ausschließlichkeit verlangt (vgl. *Ismer,* IStR 2011, 577 (581)). Erwägenswert – als Lösung im Rahmen eines Verständigungsverfahrens – erscheint es daher, Art. 18 auf diese Konstellationen anzuwenden, in der Beitragsphase im Rahmen des Art. 15 erfasste Beiträge aber zum Abzug zuzulassen. Kann ein Arbeitnehmer bei der Ermittlung der einkommensteuerlichen Bemessungsgrundlage von seinen Beiträgen zu einer Altersversorgungseinrichtung 50 abziehen, 30 aber nicht, so kann er, wenn er später Leistungen von jährlich 10 erhält, die Leistungen drei Jahre lang im Ansässigkeitsstaat steuerfrei erhalten und muss die Leistungen in den Folgejahren vollständig versteuern. Dies vermeidet die Notwendigkeit einer Ermittlung des Beitragsanteils ebenso wie aufwändige Differenzierungen zwischen steuerlich und steuerlich nicht abzugsfähigen Beiträgen. Auch dürfte die Frage, welche Beiträge zu welchen Leistungen geführt haben, kaum beantwortbar sein. 28

Voraussetzung ist allein, dass die Leistungen **durch das Arbeitsverhältnis veranlasst** sind (ansonsten kommt Art. 21 in Betracht, vgl. *Avery-Jones,* BIFD 2004, 181) und kein Fall des Art. 19 gegeben ist. Nach dem MA-Komm. Ziff. 24 liegt ein solcher Zusammenhang dann vor, wenn sich der Rentenbetrag (1) nach der Dauer und/oder der Höhe des Einkommens aus nichtselbständiger Arbeit, (2) nach der Höhe der als Arbeitnehmer geleisteten Beiträge oder (3) zusätzlich zur Beschäftigungsdauer nach den geleisteten Beiträgen und/oder den Kapitalerträgen der Altersvorsorgeeinrichtung bestimmt. Für Deutschland bedeutet dies, dass wenn aufgrund der unselbstständigen Tätigkeit Versicherungspflicht besteht, dann auch die Renten aufgrund der Pflichtbeiträge des Arbeitnehmers Ruhegehälter nach Art. 18 sind. Dieser Sichtweise ist zuzustimmen. Sie erlaubt die Gleichbehandlung der internen und der externen Durchführung der betrieblichen Alterssicherung (zum Begriff s. Rz. 2a). Eine Differenzierung etwa zwischen Bezügen aus einem früheren Dienstverhältnis und solchen aus einem Rentenstammrecht, das durch die unselbstständige Tätigkeit erworben wurde (so aber GKG/*Rupp,* Art. 18 OECD-MA Rz. 19.1; BFH BStBl. II 1996, 650 bezieht sich auf das innerstaatliche Recht) ist zudem vom Wortlaut des Art. 18 nicht gedeckt. Es kann auch nicht darauf ankommen (wie hier MA-Komm. Tz. 5 a.E.), ob die Mittel nach innerstaatlichem Recht dem Steuerpflichtigen zugeflossen sind – wie dies etwa dem deutschen innerstaatlichen Recht zugrunde liegt (§ 2 Abs. 2 Nr. 3 S. 1 LStDV). Denn eine 29 solche Sichtweise würde die Finanzbehörden vor kaum lösbare Probleme stellen, müsste doch bei Leistungen der Rentenversicherung jeweils geklärt werden, ob die Beiträge bereits als zugeflossen galten; gegebenenfalls wäre sogar anteilig aufzuteilen, wenn sich die Abzugsfähigkeit über die Zeit geändert hätte, etwa wegen Ortswechsels oder Veränderungen des jeweiligen innerstaatlichen Steuerrechts. Gegen die hier vertretene Auffassung lässt sich auch nicht vorbringen, dass diese Beträge nicht „wirtschaftlich" vom Arbeitgeber getragen werden (so aber Wassermeyer/*Wassermeyer,* Art. 18 OECD-MA Rz. 18; tendenziell ebenso BFH, IStR 2011, 269: *DBA Schweiz 1959*; krit. dazu *Dommes,* S. 60f.; *Ismer,* IStR 2011, 577 (581) sowie aus Sicht der Schweizerischen Steuerverwaltung *Duss,* in Geißler/Lehner/Sunde, IStR 2013, 641 (646) und für das DBA Österreich *Jirousek,* a. a. O., (646)). Denn darin liegt kein von der Finanzbehörde überprüfbares Merkmal: Ob der Arbeitnehmer oder der Arbeitgeber wirtschaftlich die Beiträge zahlen, hängt vom jeweiligen Markt und Referenzszenario ab; auch kann sich das Ergebnis über die Zeit verändern; die beste Approximation dürfte jedenfalls sein, dass der Arbeitnehmer die Sozialversicherungsbeiträge, aber auch alle anderen Alterssicherungsleistungen durch den Arbeitgeber stets voll trägt. Gegen ein Abstellen auf die Beitragsleistung durch den Arbeitnehmer spricht schließlich, dass dadurch ungemilderte Doppelbesteuerungen entstehen können, weil eine solche aus Sicht der Schweiz legitime Besteuerung aus deutscher Sicht für abkommenswidrig und damit nicht anrechenbar erklärt wird (dazu auch *Duss,* a. a. O., (646)).

29a Damit können auch (Alters-, Erwerbsunfähigkeits- und Hinterbliebenen-)Renten, die aus einem **Versicherungsverhältnis** gezahlt werden, und zwar insbesondere auch solche aus der gesetzlichen **Sozialversicherung** zu den Ruhegehältern oder den ähnlichen Vergütungen i. S. des Art. 18 OECD-MA gehören (ebenso MA-Komm. Ziff. 24; anders 4. Aufl. Rz. 11; Wassermeyer/*Wassermeyer,* Art. 18 OECD-MA Rz. 18; FWK/*Kempermann,* Art. 18 Rz. 13; *Toifl,* S. 287 (298); zum UN-MA Rz. 62, zum US-MA Rz. 71). Die Einbeziehung setzt voraus, dass die Ansprüche als Folge eines Dienstverhältnisses erworben wurden, was eine Einzelfallprüfung erfordern kann (so zu Recht Hof van Cassatie, F.08.0040.N, jure.juridat.just.fgov.be: *DBA Belgien/Niederlande 1970*). Einer der wichtigsten Fälle des Art. 18 ist die gesetzliche **Rentenversicherung.** Dies gilt unabhängig davon, ob eine Versicherungspflicht besteht, solange nur der erforderliche Zusammenhang zur nichtselbstständigen Arbeit gegeben ist (s. Hof van Cassatie, F.08.0040.N, jure.juridat.just.fgov.be mit der Würdigung einer Doppelanknüpfung: *DBA Belgien/Niederlande 1970*); in Deutschland ist dies anzunehmen für Leistungen aufgrund einer Versicherung kraft Gesetzes nach § 1 SGB VI (Beschäftigte), nicht aber nach § 2 SGB VI (selbstständig Tätige) und nicht in allen Fällen nach § 3 SGB VI (Sonstige Beschäftigte), § 4 SGB VI (Versicherungspflicht auf Antrag) und § 8 SGB VI (Nachversicherung). Leistungen aus der Rentenversicherung können Art. 18 auch dann unterfallen, wenn wie in Deutschland bei geringfügig Beschäftigten ein Versicherungswahlrecht (§ 5 Abs. 2 S. 2 SGB VI) besteht. Beim Versorgungsausgleich und dem Rentensplitting unter Ehegatten und Lebenspartnern (§ 8 SGB VI) kommt es darauf an, wodurch die auszugleichenden bzw. aufzuteilenden Versorgungsansprüche erworben wurden. Bei ausländischen Leistungen stellt es ein starkes Indiz dar, wenn sie für Zwecke des Sozialrechts als Rentenversicherung anzusehen sind.

29b Die Leistungen aus der **Sozialversicherung** wurden allerdings **erst durch den MA-Komm. 2005 in den Art. 18 einbezogen;** bis dahin waren sie ab 1992 explizit ausgeklammert (MA-Komm. 1992 Ziff. 8). Nunmehr hat Deutschland allerdings durch das Update 2014 einen ausdrücklichen Vorbehalt geltend gemacht, vgl. MA-Komm. Ziff. 71. Danach soll eine Sozialversicherungsrente nicht unter Art. 18 fallen, wenn sich ihre Höhe nach den Beiträgen des Arbeitnehmers bestimmt.

Daraus ergeben sich gravierende Probleme bei der Abkommensanwendung (zum DBA Schweiz als Anwendungsfall s. BFH, IStR 2011, 269: *DBA Schweiz 1959;* dazu *Ismer,* IStR 2011, 577 (580)): Für bis zum Jahre 2005 geschlossene Abkommen ist das alte Verständnis des MA-Komm. ein gewichtiges Argument; erst recht gilt dies, wenn die Verbindlichkeit des MA-Komm. in seiner damaligen Fassung sogar ausdrücklich vereinbart ist (s. dazu näher Grundl. Rz. 125 ff.). Nach einer gewissen Übergangszeit hat sich der geänderte MA-Komm. für neue Abkommen zu einem Argument für die Einbeziehung der Sozialversicherungsrenten entwickelt. Bis dahin war die Auslegung nach hier vertretener Auffassung (Grundl. Rz. 125 ff.) offen, auch Art. 3 Abs. 2 hilft nicht weiter, da der Terminus „Ruhegehälter" im innerstaatlichen Steuerrecht nicht gebräuchlich ist. Mit dem unbefangen gelesenen Wortlaut des Art. 18 nun lässt sich das neue Verständnis besser vereinbaren als die vorherige Beschränkung auf private Ruhegehälter, insbesondere wenn man auf die englische Sprachfassung („pensions") rekurriert, die auch für staatliche Alterssicherung Anwendung findet. Man könnte zwar erwägen, ein systematisches Gegenargument daraus herzuleiten, dass Sozialversicherungsbeiträge keine Steuern sind und auf sie das Abkommen daher keine Anwendung findet (s. Art. 2 Rz. 30); jedoch werden Beiträge und Leistungen im Bereich der Alterssicherung grundsätzlich getrennt betrachtet, worin keine verbotene Doppelbesteuerung liegen soll (vgl. auch Rz. 150 ff.). Damit war tendenziell für in der Übergangsphase geschlossene Abkommen bereits davon auszugehen, dass Leistungen aus der Sozialversicherung erfasst sein können. Jedenfalls aber droht hier die Gefahr einer gespaltenen Auslegung eines identischen Texts; ein klarstellender Hinweis im MA selbst hätte dieses Problem vermieden. Bis auf Weiteres empfiehlt es sich für die Parteien neu abzuschließender DBA, eine Klärung ins Protokoll aufzunehmen.

Im Übrigen finden sich in der Abkommenspraxis häufig **abweichende Bestimmung zu den Leistungen der Sozialversicherung**, die dem Nichtansässigkeitsstaat die beschränkte oder unbeschränkte Quellenbesteuerung belassen (dazu MA-Komm. Ziff. 27 und Art. 19 Rz. 76). **29c**

Ebenfalls unter Art. 18 fallen – seit jeher und völlig unstreitig – Leistungen aus der **Betrieblichen Altersversorgung** und zwar unabhängig davon, ob es sich um eine interne oder eine externe Durchführung handelt und ob die Beiträge als dem Arbeitnehmer zugeflossen gelten. Der nach hier vertretener Auffassung allein maßgebliche Veranlassungszusammenhang zwischen den Leistungen und dem Arbeitsverhältnis liegt per definitionem vor (vgl. Rz. 29). Auch auf die Frage, ob die Teilnahme an der Betrieblichen Altersversorgung freiwillig oder verpflichtend ist, kommt es nicht an. **30**

Ferner dürften auch Leistungen aus Alterssicherungssystemen im Rahmen der dritten Säule dem Art. 18 unterfallen, die wie die **„Riester-Rente"** nur Pflichtmitgliedern in der gesetzlichen Rentenversicherung und anderen Arbeitnehmern offenstehen. Zwar ist der Entschluss zum Abschluss eines derartigen Versicherungsvertrags freiwillig. Dies ist aber auch häufig bei der Teilnahme an der betrieblichen Altersversorgung der Fall, ohne dass dies dort die Annahmen von Art. 18 hindern würde. Bei wertender Betrachtung ist vielmehr wie bei der betrieblichen Altersversorgung das Arbeitsverhältnis maßgebliche Ursache.

Der erforderliche Zusammenhang ist hingegen nicht gegeben – mit der Folge, dass keine Ruhegehälter im Sinne des Art. 18 vorliegen – wenn ein Arbeitnehmer unabhängig von seiner Arbeitnehmereigenschaft **freiwillig einen Rentenanspruch** in einer privaten Rentenversicherung erwirbt, und zwar auch dann nicht, wenn die Geldmittel für den Erwerb des Rentenstammrechts dem Arbeitnehmer aus einem Arbeitsverhältnis zugeflossen sind (ähnlich Wassermeyer/*Wassermeyer,* Art. 18 Rz. 16, der Art. 18 nur annimmt, wenn der Arbeitgeber „die wirtschaftliche Last" getragen hat; a. A. ÖstBMF v. 23.11.1998 (EAS 1365), SWI 1999, 5; v. 1.3.2002 **31**

(EAS 2001), SWI 2002, 160, das generell bei Leistungen aus der Pensionskasse Ruhegehälter im Sinne des Art. 18 annimmt). Damit ist Art. 18 insbesondere dann nicht anwendbar, wenn wie bei der **„Rürup-Rente"** gemäß § 10 Abs. 1 Nr. 2 lit. b) EStG alle Steuerpflichtigen, ohne dass es auf eine Arbeitnehmereigenschaft ankäme, derartige Verträge abschließen können. Dasselbe gilt für Leistungen aus der gesetzlichen Rentenversicherung an freiwillig Versicherte (§ 7 SGB VI), soweit sie keine nichtselbstständige Arbeit ausgeübt haben. Eine von einem Arbeitsverhältnis losgelöste Vereinbarung mit einer Bank zur Zahlung einer inflationsangepassten Rente unterfällt der Vorschrift ebenfalls nicht (*Landsskatteretten,* Nr. 07–02953, 08–02021, TfS 2009, 573: *DBA Dänemark/Neuseeland*). Ebensowenig genügt eine Rentenversicherung, die ein Arbeitnehmer einer Versicherungsgesellschaft mit dieser abschließt, wenn die Versicherung nicht von der Versicherungsgesellschaft gerade mit Rücksicht auf das bestehende Arbeitsverhältnis eingeräumt wird. Keine Ruhegehälter sollen nach einer Entscheidung des *Tax Court of Canada* auch einmalige Auszahlungen aus einem „individual retirement account" (IRA) des US-Rechts (*Tax Court of Canada,* Abrahamson v. MIR 1991 DTC 213) sein; der IRS teilt diese Auffassung nur für den Fall, dass der Begünstigte im Zeitpunkt der Zahlung nicht älter als 59 1/2 Jahre war, und wendet in diesem Fall Art. 21 MA an (LTR 92–53–049).

32 Probleme können entstehen, wenn Ruhegehälter sowohl im Zusammenhang mit einer vorangegangenen Tätigkeit nach Art. 15 als auch mit anderen Tätigkeiten **(gemischte Ruhegehälter)** stehen. Hier stellt sich die Frage nach dem zutreffenden Aufteilungsmaßstab (vgl. Art. 19 Rz. 62). Zutreffend erscheint es, auf den jeweiligen Schlüssel für die Bestimmung der Höhe des Ruhegehalts abzustimmen. Bestimmt sich die Höhe des Ruhegehalts allein nach der Beitragszeit, so ist eine zeitanteilige Aufteilung zwischen Art. 18 und den anderen in Rede stehenden Artikeln vorzunehmen (*Waters,* SWI 2002, 523 (525) und dem folgend *M. Lang,* BIT 2007, 17 (19); *ders.,* FS Schaumburg, S. 879 (885 f.); ÖstVwGH v. 21.11. 2007, dazu *Prillinger,* ecolex 2008, 469 f.). Kommt es auf die Höhe der geleisteten Beiträge an, so ist maßgeblich, zu welchen Beiträgen die jeweiligen Tätigkeiten geführt haben. Ist sowohl die Beitragszeit als auch die Höhe maßgeblich, so sind beide Faktoren auch für die Aufteilung einzubeziehen. In Deutschland kommt es daher bei der gesetzlichen Rentenversicherung insbesondere darauf an, welche Entgeltpunkte für die jeweiligen Tätigkeiten verdient wurden.

33 **Veräußerungsrenten** fallen keinesfalls unter die Regelung des Art. 18, da sie nicht für ein früheres Arbeitsverhältnis bezahlt werden. Kommt ihnen Versorgungscharakter zu, richtet sich ihre Besteuerung insoweit nach Art. 21, in allen anderen Fällen nach Art. 13 (s. Art. 13 Rz. 36). Auch zwischen (Leib-)Renten und Sozialversicherungsrenten ist zu unterscheiden. Letztere fallen – falls keine spezielle Vorschrift eingreift – unter Art. 21 (bzw. werden vom Geltungsbereich des DBA nicht erfasst, wenn das DBA keine Auffangvorschrift enthält, so *Hog Raad,* Nr. 37633, BNB 2003/9: *DBA Niederlande/USA,* m. Anm. *Kavelaars*).

34 **Ausgleichsansprüche der selbständigen Handelsvertreter** sind nach § 89b HGB als nachträgliche gewerbliche Einkünfte nach Art. 7 zu besteuern (*Locher/Meier/v. Siebenthal/Kolb,* B 18 Nr. 3; Wassermeyer/*Wassermeyer,* Art. 18 OECD-MA Rz. 20; zu nichtselbständigen Handelsvertretern s. Rz. 41).

Keine Ruhegehälter und ähnliche Vergütungen liegen zudem in den Leistungen der **Arbeitslosenversicherung**, bei der Entgeltfortzahlung, Unfallrenten (ebenso ÖstBMF v. 24.3.2003 (EAS 1912), ÖStZ 2003, 310) und ähnlichen Leistungen (vgl. Rz. 20 sowie Wassermeyer/*Wassermeyer,* Art. 18 Rz. 19 zu weiteren Beispielen; a. A. wohl MA-Komm., Ziff. 24, 28). Es fehlt an einer die Ähnlichkeit zu den Ruhegehältern begründenden Dauerhaftigkeit. Zudem bestehen zwischen den Staaten erhebliche Unterschiede bezüglich der Risiken, die von der staatlichen Sozialversicherung abgedeckt werden. Im Ergebnis würde die Vorschrift damit je nachdem, welcher Staat betroffen ist, einen ganz verschiedenen Umfang bekommen.

i) Die Zahlung muss ein Ruhegehalt oder eine diesem ähnliche Vergütung sein und **nicht eine nachträgliche Zahlung aus einem früheren Arbeitsverhältnis**. Nachträgliche Zahlungen aus einem früheren Arbeitsverhältnis gehören zum Arbeitsentgelt und sind daher nach Art. 15 zu beurteilen (BFH BStBl. II 1972, 459: *DBA Schweiz 1931;* übereinstimmend, auch für nachträglich anfallende Tantiemen, eine deutsch-schweizerische Verständigungsvereinbarung, BMF-Schreiben v. 13.10.1992, FR 1993, 35: *DBA Schweiz 1971*). Die Abgrenzung zwischen den Zahlungen aus einem früheren Arbeitsverhältnis und den Ruhegehältern ist nicht zuletzt deshalb von entscheidender Bedeutung, weil nach Art. 15 im Regelfall der Tätigkeitsstaat besteuert, nach Art. 18 hingegen der Staat, in dem der Steuerpflichtige im Zeitpunkt der Zahlung seinen Wohnsitz hat. Dies könnte dem Steuerpflichtigen Gestaltungsspielräume eröffnen, zumal Einmalzahlungen als ähnliche Vergütungen ebenfalls unter Art. 18 fallen können. Die Abgrenzung wird dadurch erschwert, dass auch Art. 18 tatbestandlich einen Zusammenhang zum Arbeitsverhältnis erfordert (dazu näher Rz. 26 ff.). 35

Der **MA-Komm.** Ziff. 4 will auf die **„Natur" der Zahlungen** abstellen, wobei die Umstände des jeweiligen Einzelfalls („facts and circumstances") maßgeblich sein sollen. Insbesondere soll es auf die Quelle der Zahlungen ankommen, so dass Zahlungen aus einer Versorgungseinrichtung grundsätzlich Art. 18 unterfallen sollen; ferner auf den Zeitpunkt der Zahlung, also, ob die Zahlung zum Zeitpunkt der Beendigung des Arbeitsverhältnisses vorgenommen wurde oder danach; zudem, ob der Arbeitnehmer weiterhin arbeitet und ob er das für diese Beschäftigung übliche Renteneintrittsalter erreicht hat sowie der Status von anderen Beziehern der Zahlung. Schließlich soll es auch darauf ankommen, ob der Empfänger noch andere Pensionsleistungen bezieht (MA-Komm. Ziff. 6). Damit wird die Abgrenzung zwischen Art. 15 und Art. 18 im Ergebnis von einer Gesamtschau verschiedener Faktoren abhängig gemacht, deren Gewicht im Einzelfall unklar ist. Daraus droht die Gefahr divergierender Auslegungen durch die Vertragsstaaten, die nur im Rahmen von Verständigungsverfahren zu beseitigen sind. Dies erscheint angesichts der Tatsache, dass es sich gerade bei den grenzüberschreitenden Pensionszahlungen zunehmend um einen Massenfall handeln wird (so auch MA-Komm. Ziff. 8), unbefriedigend. 36

Nach anderer Auffassung soll es für das Vorliegen eines Ruhegehalts neben der Beendigung des Arbeitsverhältnisses (dazu Rz. 22) auf **zwei Tatbestandsmerkmale** ankommen (*Pötgens,* ET 2001, 252 (260); dem folgend *Andreoni,* Intertax 2006, 245 (248)). Erstens das Merkmal der **Versorgung**, wonach die Zahlungen darauf gerichtet sein müssen, den Bedarf des Steuerpflichtigen zu decken, nachdem er zu arbeiten aufgehört hat. Zweitens das Merkmal der **Angemessenheit**, wonach die Zahlungen nicht das „sozial akzeptable" Niveau übersteigen dürfen. Dieses Merkmal soll Gestaltungen unterbinden. Indes ist nicht klar, nach welchen Kriterien sich dies bestimmen sollte (krit. auch *Dommes,* S. 40). Insbesondere kann es hier in den beiden Vertragstaaten zu Divergenzen kommen, die wiederum im Wege eines Verständigungsverfahrens zu beseitigen wären, wenn ein Steuerpflichtiger nach Tätigkeit in einem ärmeren Staat sich in einem reichen Staat zur Ruhe setzt und für diesen Lebensabschnitt ein Ruhegehalt bezieht – soll hier das hohe Lebenshaltungskostenniveau des (neuen) Ansässigkeitsstaates maßgeblich sein oder das des früheren Tätigkeitsstaates. Dem zweiten Merkmal sollte daher jedenfalls keine konstitutive Bedeutung zugeschrieben werden. Vielmehr sollte allerhöchstens in Extremfällen das Ruhegehalt auf den angemessenen Betrag begrenzt werden (a. A. wohl *Pötgens,* ET 2001, 252 (260)). Eine **dritte Auffassung** 37 will schließlich dem Arbeitnehmer und dem Arbeitgeber anheimstellen, eine vertragliche Zuordnung zu Art. 15 oder Art. 18 vorzunehmen (*Toifl,* S. 287 (303 f.)). Das überzeugt indes auch nicht, da ein solches Rechtsfolgenwahlrecht mit der zwingenden Natur des Rechts nicht vereinbar ist.

38 Zur Abgrenzung bei Zahlungen zur Beendigung oder nach Beendigung eines Arbeitsverhältnisses sollte man daher darauf abstellen, ob die Zahlung **auf Versorgung des Berechtigten und seiner Angehörigen gerichtet** ist (vgl. BFH, BStBl. II 1972, 459: *DBA Schweiz 1931*; v. 12.1.2011, I R 49/10, IStR 2011, 597: *DBA Frankreich; Hoge Raad* no. 09/03847, BNB 2011, 216: *DBA Niederlande 1959/2004; Ismer,* IStR 2011, 577 (581); SKK/*Strunk-zur Heide,* Art. 18 OECD-MA, Rz. 16; *Reich,* in FS Ryser, S. 185 (200)). Auf den Versorgungscharakter der Zahlungen stellen nunmehr auch die Verständigungsvereinbarungen mit Belgien, Großbritannien, Luxemburg, den Niederlanden und der Schweiz ab, insoweit als vertretbare Abkommensauslegung (vgl. dazu auch Rz. 99a sowie umfassend Art. 25 Rz. 154a) für die Gerichte bindend ins innerstaatliche Recht umgesetzt durch Konsultationsvereinbarungsverordnung Deutschland-Belgien (BGBl 2010 I, 2137): § 2 Abs. 2; Deutschland-Großbritannien (BGBl. 2012 I, 1483): § 2 Abs. 2; Deutschland-Luxemburg (BGBl. 2012 I, 1484): § 10 Abs. 1; Deutschland-Niederlande (BGBl. 2010 I, 2183): § 7 Abs. 2; Deutschland-Schweiz (BGBl. 2010 I, 2187): § 24 Abs. 1 S. 1. Maßgeblich dafür ist, ob die Berechtigten einen von der Notwendigkeit einer Versorgung abhängigen Rechtsanspruch haben. Dabei sollte es auf den **objektiven Charakter** ankommen. Es kann indes – schon wegen der geringen Verifizierbarkeit (vgl. *Ismer,* S. 83 ff.) und der international unterschiedlichen Lebensstandards – nicht auf die Bedürftigkeit des Betroffenen ankommen (i. E. ebenso Wassermeyer/*Wassermeyer,* Art. 18 OECD-MA Rz. 28; *Gassner/ Konezny,* S. 311 (319); *Burgstaller,* S. 93). Das zwingt jedoch nicht dazu, das Merkmal des Versorgungscharakters gänzlich aufzugeben. Vielmehr ist die Abgrenzung danach vorzunehmen, ob die Ruhegehälter und ähnlichen Vergütungen der **Absicherung der (biometrischen) Risiken Langlebigkeit, Erwerbsunfähigkeit und zu versorgende Angehörige** dienen. Die Leistungen zur Absicherung des Langlebigkeitsrisikos sind bedingt auf das Erleben des Eintritts in den Ruhestand. Vergleichbares gilt für Hinterbliebenenpensionen, wo Voraussetzung für die Leistungen die Existenz von zu versorgenden Angehörigen ist, und für Erwerbsunfähigkeitsabsicherungen. Ruhegehälter sind daher nur Leistungen, die dem Langlebigkeitsrisiko oder dem Risiko der Existenz von zu versorgenden Angehörigen Rechnung tragen. Die Leistungen müssen **von der Verwirklichung dieser Risiken abhängen,** also eine Versicherung gegen die Risiken bieten.

39 Nicht nach Art. 18, sondern nach Art. 15 zu beurteilen sind daher Renten, die eine bestimmte Mindestdauer haben und **vererbbar** sind (ebenso für das innerstaatliche deutsche Recht BMF v. 5.8.2002, BStBl. I 2002, 767, Tz. 148). Ebenfalls keine Ruhegehälter sind an den Arbeitnehmer zu zahlende Renten, die zwar keine bestimmte Mindestdauer aufweisen, deren Zahlungsdauer sich aber – wie dies sich in der Praxis von Lebensversicherungen bisweilen findet – nicht nach dem Leben des früheren Arbeitnehmers, sondern einer dritten Person richten.

40 Aus demselben Grund sind bei **Aktienoptionen** regelmäßig keine Ruhegehälter oder ähnlichen Vergütungen anzunehmen: Auch wenn die Zeit zwischen Eintritt in den Ruhestand und Ausübung der Optionen überhaupt für die Aufteilung des Steuergutes relevant sein sollte (dagegen FinMin NRW v. 27.3.2003, BB 2003, 1095; FG Hessen v. 7.7.2005 13 K 187/04, juris), so ist das Optionsrecht doch zumeist vererblich; nach hier vertretener Auffassung ergibt sich daraus, dass keine Richtung auf die Versorgung des Berechtigten vorliegt (tendenziell für einen weiteren Anwendungsbereich aber *Jacobs/Portner,* FR 2003, 757 (763)). Etwas anderes kann dann gelten, wenn die Aktienoptionen gerade anlässlich der Beendigung der

Erwerbstätigkeit gewährt werden (ähnlich *Burgstaller,* S. 98 ff.). Leistungen im Rahmen von **Altersteilzeit** fallen ebenfalls nicht unter Art. 18, sondern unter Art. 15, vgl. Rz. 25.

Dasselbe gilt auch für **Abfindungen,** die typischerweise ohne weitere Ein- 41
schränkungen vererbbar sind und die auch keines der genannten Risiken abdecken. Etwas anderes ist nur dann anzunehmen, wenn die Abfindungszahlungen im Zeitpunkt ihrer Vereinbarung vom unsicheren zukünftigen Eintritt eines der genannten Risiken abhängig gemacht werden. Dementsprechend sind Ausgleichsansprüche der **unselbständigen Handelsvertreter** nach § 89b HGB nach Art. 15 zu besteuern (Wassermeyer/*Wassermeyer,* Art. 18 OECD-MA Rz. 20; zu selbständigen Handelsvertretern Rz. 34).

Dagegen fallen **Einmalzahlungen mit Versorgungscharakter**, die nach Be- 42
endigung des Arbeitsverhältnisses und Eintritt in den Ruhestand an die Stelle einer Pension treten, unter Art. 18 (BFH BStBl. II 1976, 65 (66): *DBA Niederlande 1959; Hoge Raad* Rolno. 23 027, BNB 1986/35 concl. *Van Soest: DBA Niederlande/Spanien;* deutsch-schweizerische Verständigungsvereinbarung v. 20.5.1998, BStBl. I 1997, 560; BMF v. 14.9.2006, BStBl. I 2006, 532, dort Rz. 123; ebenso die amerikanische Finanzverwaltung für einmalige Abfindungen aus einem „pension plan" (LTR 91–02–039: *DBA USA/Großbritannien,* LTR 90–41–041: *DBA USA/Schweiz*; für eine Gleichbehandlung mit wiederkehrenden Bezügen auch FG Baden-Württemberg, EFG 2012, 1557 – Rev. X R 47/11: *DBA Schweiz 1994*). Aus Vereinfachungsgründen dürften dem gleichzustellen sein Einmalzahlungen, mit denen Anwartschaften auf spätere Ruhegehälter abgefunden werden und die noch während eines laufenden Arbeitsverhältnisses gewährt werden, jedoch in engem zeitlichem Zusammenhang mit dem Eintritt in den Ruhestand stehen (*Dommes,* S. 45 a. A. *Burgstaller,* S. 93; *Toifl,* S. 287 (303)); dies ist aber bei Vorbezug einer öffentlich-rechtlichen Schweizerischen Pensionskasse zur Wohneigentumsförderung der nicht ohne Weiteres anzunehmen. An der genannten Entscheidung der US-Finanzbehörden ist im Übrigen bemerkenswert, dass das DBA „Pensionen" als „periodische Zahlungen" definierte. Der IRS hielt das nicht für bedeutsam: Der Ausdruck beschreibe nur allgemein, was eine Pension sei, beschränke diese aber nicht auf eine bestimmte Zahlungsweise; die Leistung müsse nur allgemein den Regeln über US-Pensionen entsprechen. Die Argumentation findet sich jetzt auch in den US-TE wieder (Tz. 242).

Umstritten ist, was im Falle von **Einmalzahlungen vor Eintritt in den Ruhestand** gelten soll. ÖstBMF v. 31.8.1998 (EAS 1320m), IStR 2000, 276 (zust. Anm. *Gehriger;* ebenso *Günkel,* IStR 2009, 889 (891)) will Art. 18 auch für Abfindungen vor Eintritt in den Ruhestand anwenden; weitergehend will ÖstBMF v. 26.3.2006 (EAS 2715), SWI 2006, 299 dies sogar auf Abfindungen beziehen, die sich aus einer Einzahlung der geplanten Beiträge eines vorzeitig beendeten Arbeitsverhältnisses ergeben. Überzeugender aber erscheint es, eine nachträgliche Tätigkeitsvergütung anzunehmen, wenn dem Arbeitnehmer bei Ausscheiden und Übersiedlung ins Ausland mit dem Ziel der Aufnahme einer neuen Tätigkeit das im Rahmen der betrieblichen Altersversorgung angesammelte Kapital ausgezahlt wird (MA-Komm. Ziff. 6 a. E.; FG Hessen EFG 1998, 1273: *DBA Schweiz 1971;* FG Düsseldorf EFG 2005, 1783: *DBA USA 1989;* a. A.: Wassermeyer/*Wassermeyer,* Art. 18 OECD-MA Rz. 12 für den Fall, dass es sich um eine ernst gemeinte Ruhegehaltszusage handelt; *Steinhäuser,* S. 156). Dasselbe muss natürlich erst recht gelten, wenn ein vertraglich vereinbarter Pensionsanspruch während eines **laufenden Arbeitsverhältnisses** abgefunden (*Hoge Raad* Rolno. 25075, BNB 1989/2: *DBA Niederlande/Belgien*) oder zurückgezahlt (dazu *Dommes,* S. 81 ff.) wird.

Überträgt ein Arbeitgeber – durch das Arbeitsverhältnis veranlasst – **jederzeit** 43
veräußerbare Kapitalanlageprodukte auf seinen Arbeitnehmer, so sind die

Produkte nicht vom Eintritt der in Rz. 38 genannten Risiken abhängig. Folglich ist Art. 18 unanwendbar. Erwirbt hingegen der Arbeitnehmer die Kapitalanlageprodukte selbst, so fehlt es bereits am erforderlichen Zusammenhang zum Arbeitsverhältnis mit der Konsequenz, dass Art. 18 ausscheidet (vgl. Rz. 26).

44 Hingegen dürfte die Abhängigkeit von der Verwirklichung der genannten Risiken fortbestehen und folglich Art. 18 zur Anwendung kommen, wenn vor der Zahlung das **Kapital auf einen ausländischen Pensionsfonds übertragen** (*Gerechtshof te's Hertogenbosch* VN 2002/16. 1. 16: *DBA Niederlande/Belgien;* Öst-BMF v. 13.1.2003 (EAS 2210), SWI 2003, 102) oder der Pensionsfonds umstrukturiert worden und es daher nach innerstaatlichen Vorschriften zu einem Zufluss gekommen ist. Dies ist indes zu unterscheiden von der Frage, welche Verteilungsnorm auf die Übertragung oder die Umstrukturierung anwendbar ist (dazu Rz. 151, 167).

45 Die Leistungen einer vom niederländischen Fußballverband errichteten Stiftung, an die die Berufsfußballer nach ihrem Anstellungsvertrag einen Teil ihrer Bezüge abzuführen haben (ein ähnlicher Fonds besteht für professionelle Radsportler) und von der sie dann nach dem Ende ihrer aktiven Tätigkeit „Überbrückungsgelder" erhalten, hat der niederländische *Hof Amsterdam* als Leibrente anerkannt, die unter Art. 18 falle (Rolno. 2422/84, BNB 1987/182: *DBA Niederlande/Korea*). Dieser Entscheidung liegt aber die Besonderheit zugrunde, dass das zugrundeliegende DBA wie auch einige andere niederländische DBA „Leibrenten" ausdrücklich den Ruhegehältern gleichstellen. Für andere DBA, die eine solche Regelung nicht enthalten, hat der niederländische *Hoge Raad* entschieden, dass solche „Überbrückungsgelder" Entgelt aus der früheren Tätigkeit darstellen, das nach Art. 17 im Tätigkeitsstaat zu besteuern ist (nr. 34653, BNB 2000/328c: *DBA Niederlande/Belgien;* a. A. *Toifl,* S. 287 (295)).

46 **j) Bestimmung des Quellenstaates:** Nach dem MA kommt es wegen der ausschließlichen Besteuerung im Ansässigkeitsstaat nicht auf die Bestimmung des Quellenstaates an. Wo die den Ruhegehältern zugrundeliegende Tätigkeit **ausgeübt** wurde, spielt daher für die Anwendung des Art. 18 keine Rolle. Sollten die Staaten abweichend eine Quellenbesteuerung vorsehen wollen, muss festgelegt werden, wo sich die Quelle befindet. Der MA-Komm. Ziff. 19.1 unterbreitet dafür Vorschläge (Ansässigkeitsstaat des Pensionsfonds; Staat, in dem die unselbständige Tätigkeit ausgeübt wurde; oder Staat, in dem die Beiträge einkommensteuerlich als Abzugsposten berücksichtig wurden). In europarechtlicher Hinsicht ist in einem derartigen Fall zweifelhaft, ob die Abzugsfähigkeit der Beiträge davon abhängig gemacht werden kann, dass der Pensionsfonds eine Zahlstelle im Inland unterhält (*Wernsmann/Nippert,* FR 2005, 1123 (1132ff.)); jedoch könnte man den Abzug der Beiträge davon abhängig machen, dass sich der Pensionsfonds zum Einbehalt einer Quellensteuer zugunsten des Staates verpflichtet, der in der Beitragsphase den Abzug zugelassen hat.

47 **k) Rechtsfolge:** Art. 18 sieht eine ausschließliche Besteuerung im Ansässigkeitsstaat vor. Eine Aufteilung in Kapitalanteil und Ertragsanteil ist nicht vorgesehen (MA-Komm., Art. 11 Ziff. 23; s. auch Art. 11 Rz. 57).

3. UN-MA

60 Das UN-MA stellt den Vertragsstaaten für die Regelung der Ruhegehälter zwei Varianten zur Wahl:

61 **a) Art. 18 A** Abs. 1 **entspricht** wörtlich dem Art. 18 **OECD-MA,** insoweit wird auf die Erläuterungen, vorstehend unter Rz. 10ff., verwiesen.

Zusätzlich regelt das UN-MA in Art. 18A Abs. 2 die Vorrangbesteuerung der **Sozialversicherungsleistungen.** Danach dürfen Zahlungen, die aufgrund des Sozialversicherungssystems eines Vertragsstaates geleistet werden, ausschließlich im Quellenstaat besteuert werden. Derartige Zahlungen werden m. a. W. den staatlichen Ruhegehältern gleichgestellt, weil sie weitgehend aus staatlichen Mitteln aufgebracht werden; wie diese werden sie nur im Staat der zahlenden Kasse besteuert (s. UN-Komm. zu Art. 18 S. 171). Die Vorschrift gilt nicht nur für Sozialversicherungsleistungen, die von dem Vertragsstaat selber gewährt werden, sondern auch für Leistungen nachgeordneter öffentlich-rechtlicher oder privatrechtlicher Institutionen, sofern diese Teil des Sozialversicherungssystems des Vertragsstaates sind (also nicht für freiwillige privatwirtschaftliche Rentenversicherungen). Sie gilt ferner für entsprechende Leistungen von nachgeordneten Gebietskörperschaften, etwa regionalen oder kommunalen Hoheitsträgern (vgl. zu diesen o. Art. 2 Rz. 10, 15 f.). 62

b) Art. 18 B des UN-MA ermöglicht teilweise eine Quellenbesteuerung. Damit trägt er der Auffassung derjenigen Staaten Rechnung, die die Ruhegehälter als **Ausfluss der vorangegangenen aktiven Tätigkeit** sehen und sie wie diese am Ort der Arbeitsausübung besteuern wollen (vgl. UN-Komm. zu Art. 18, S. 171 f.). Art. 18 B Abs. 1 gestattet dem Ansässigkeitsstaat, Ruhegehälter und ähnliche Vergütungen zu besteuern; werden derartige Bezüge aber durch eine im anderen Vertragsstaat ansässige Person oder durch eine dort gelegene Betriebstätte gezahlt, so belässt Abs. 2 diesem als Quellenstaat die Besteuerung, ohne die Besteuerung der Ruhegehälter usw. durch den Ansässigkeitsstaat auszuschließen. Die Vermeidung der Doppelbesteuerung im Ansässigkeitsstaat geschieht dann nach Art. 23 A oder B; s. dazu bei Art. 23. Art. 18 B Abs. 3 UN-MA entspricht wörtlich der Regelung über die Sozialversicherungsleistungen in Art. 18A Abs. 2 UN-MA. Auf die Erläuterungen hierzu, o. Rz. 62, kann daher verwiesen werden. 63

4. US-MA

a) Wie nach dem OECD-MA besteuert auch nach Art. 17 Abs. 1 lit. a) US-MA allein der Ansässigkeitsstaat die Ruhegehälter und ähnliche Vergütungen für frühere unselbständige Arbeit (hierzu im Einzelnen o. Rz. 10 ff.). Das US-MA stellt hierzu klar, dass die Vorschrift nur im Verhältnis zu dem Zahlungsempfänger Anwendung findet, der in seiner Person die Ansprüche auf Ruhegehälter erarbeitet hat. Allerdings wird auch der Rechtsnachfolger von Art. 18 erfasst (s. LTR 9 806 012, TNI February 16, 1998, 526). Ein „Inkasso-Agent" ist nicht abkommensberechtigt (vgl. den Begriff des „beneficial owner" in Art. 10 bis 12; s. Vor Art. 10 bis 12 Rz. 13). Nach US-amerikanischer Auffassung umfasst der Begriff „Ruhegehälter und ähnliche Vergütungen" auch Zahlungen aus „private retirement plans". Welche im Einzelnen darunter fallen, wird in US-TE näher bezeichnet. Nach den US-TE sind die zuständigen Behörden ferner berechtigt, die Freistellung auf andere Alterversorgungspläne zu erstrecken. 70

Die im US-MA 1996 enthaltene Beschränkung, dass der Ansässigkeitsstaat die Ruhegehaltszahlungen nur dann ausschließlich besteuern darf, soweit sie nicht bereits im Tätigkeitsstaat der Besteuerung unterlagen, ist im aktuellen US-MA nicht mehr enthalten.

b) Für **Sozialversicherungsleistungen** und **andere öffentliche Versorgungsbezüge** sieht Art. 17 Abs. 2 US-MA in Übereinstimmung mit dem UN-MA deren ausschließliche Besteuerung im Quellenstaat vor (s. Rz. 62), und zwar sowohl für Arbeitnehmer aus dem privaten als auch aus dem öffentlichen Sektor. Sozialversicherungsleistungen werden in dieser Vorschrift also als „öffentliche Versorgungsbezüge" („public pensions") definiert. Das entspricht dem sozialen Sicher- 71 heitssystem der USA (s. *Vogel/Shannon/Doernberg/van Raad,* Art. 18–20) und muss in Verhandlungen mit Staaten mit anderem Sozialversicherungssystem gegebenenfalls angepasst werden. Ferner gilt die Vorschrift des US-MA nur für Sozialversicherungsrenten, die von dem Vertragsstaat selber gezahlt werden, nicht für entsprechende Leistungen nachgeordneter Einheiten. Auch das muss gegebenenfalls angepasst werden.

72 **c)** Nach Art. 17 Abs. 3 US-MA bemisst sich auch die Vorrangbesteuerung von **Renten** nach dem Wohnsitzprinzip. Als Rente definiert das MA „eine feste Geldsumme, die regelmäßig zu bestimmten Zeiten während einer festgelegten Zahl von Jahren gezahlt wird als rechtlich geschuldetes Entgelt für eine angemessene und volle Gegenleistung (die nicht in geleisteten Diensten besteht)“. Damit dürfen alle privaten Renten, auch Veräußerungsrenten, nur im Ansässigkeitsstaat des Empfängers besteuert werden, wenn der Rentenanspruch durch eine Gegenleistung erworben wurde, die keine Dienstleistung darstellt. Hinsichtlich der Veräußerungsrenten geht die Regelung als lex specialis der Vorschrift des Art. 13 über die Veräußerungsgewinne vor (s. auch Art. 13 Rz. 36). **Freiwillig** oder auf Grund **testamentarischer Verfügung** gezahlte Bezüge sind keine Renten im Sinne der Vorschrift, denn sie werden nicht als Entgelt gezahlt (s. *Vogel/Shannon/Doernberg/van Raad,* Art. 18–41). Die TE stellen klar, dass Entgelt für geleistete Dienste entweder Art. 14 US-MA oder aber den anderen Absätzen des Art. 17 US-MA unterfallen.

73 **d)** Wie Renten und Ruhegehälter werden nach Art. 17 Abs. 4 US-MA auch **Unterhaltszahlungen** allein im Ansässigkeitsstaat besteuert, allerdings nur, wenn die Zahlungen im Staat des Zahlungspflichtigen abzugsfähig sind. Wie Abs. 4 nunmehr ausdrücklich klarstellt, ist weitere Voraussetzung, dass die Zahlungen im Ansässigkeitsstaat auch tatsächlich der Besteuerung unterliegen. Der Begriff Unterhalt wird definiert als „regelmäßige Zahlungen, die aufgrund einer schriftlichen Trennungsvereinbarung, eines Scheidungsurteils, eines Unterhaltsurteils oder einer Unterhaltsverpflichtung geleistet werden“. Sachlich weicht die Regelung des Art. 18 Abs. 3 US-MA nicht von den beiden anderen MA ab. OECD- und UN-MA enthalten zwar keine entsprechende ausdrückliche Regelung, jedoch gilt nach diesen MA Wohnsitzbesteuerung bei Unterhaltszahlungen auf Grund der Auffangvorschrift des Art. 21 (s. Art. 21 Rz. 11).

74 **e) Unterhaltszahlungen für die Unterstützung von Kindern,** die nicht unter Abs. 4 fallen (z.B. nicht abzugsfähige Unterhaltszahlungen), dürfen nach Art. 18 Abs. 5 US-MA weder im Ansässigkeits- noch im Staat des Zahlungspflichtigen besteuert werden. Bei in den USA ansässigen Unterhaltszahlern bleibt somit die Steuerfreiheit der „child support payments“ gemäß sec. 71 (c) IRC erhalten. Nachdem das US-MA von 1981 noch die Besteuerung im Quellenstaat vorsah, kehrt das Muster damit wieder zur früheren Regelung des US-MA von 1977 zurück, das für die child support payments schon die Steuerbefreiung durch beide Vertragsstaaten vorsah (vgl. *R.J. Patrick,* LPIB 1978, 686).

75 **f)** Zudem greift Art. 17 Abs. 1 lit. b) US-MA der Sache, wenn auch nicht der Formulierung nach (ebenso *Avi-Yonah/Tittle,* BIT 2007, 224 (230)) einen Vorschlag der OECD auf (MA-Komm. Ziff. 22f.). Danach sind die Ruhegehälter und ähnlichen Vergütungen aus einer Quelle in einem Vertragstaat im Ansässigkeitsstaat des beneficial owners insoweit steuerbefreit, wie sie es im erstgenannten Staat wären, wenn der beneficial owner dort ansässig wäre. So muss beispielsweise der andere Vertragsstaat Zahlungen aus einem Individual Retirement Account (IRA) an dort Ansässige in dem Maße steuerfrei stellen, wie diese Zahlungen auch in den USA steuerbefreit gewesen wären. Als Begründung für eine derartige Regelung

lässt sich anführen, dass damit unbillige finanzielle Härten vermieden werden, die sich aus der Besteuerung der vom Empfänger als (teilweise) steuerfrei eingeplanten Zahlungen ergeben würden (so MA-Komm. Ziff. 22 zum Regelungsvorschlag der OECD).

g) Nach Art. 1 Abs. 5 US-MA ist die **Saving clause** des Art. 1 Abs. 4 US-MA (dazu Art. 1 Rz. 77 ff.) auf die Einkünfte aus Art. 17 Abs. 1 lit. b), Abs. 2 und 5 US-MA nicht anwendbar. **76**

II. Deutsche DBA

1. Abkommensübersicht zu Artikel 18

80

DBA	MA-Regelung: Wohnsitzprinzip	Einbeziehung und Definition von Renten	Artikel	Rz.
Ägypten	Besteuerung im Quellenstaat; Ruhegehälter etc. müssen aus anderem Vertragsstaat stammen; Definition des Ausdrucks „Ruhegehälter"	+	18 Abs. 1, 2	93
Albanien 2010	≈ MA; keine Beschränkung auf Ruhegehälter aus nichtselbständiger Arbeit; Ruhegehälter etc. müssen aus anderem Vertragsstaat stammen; Sonderregelung für Schadensrenten (Krieg; politische Verfolgung einschließlich Wiedergutmachungsleistungen; Verbrechen; Wehr-. Zivildienst; Impfung; ähnliche Vorkommnisse)	+	18 Abs. 1–3	82–84; 101
Algerien 2007	≈ MA; Ruhegehälter etc. müssen aus anderem Vertragsstaat stammen; Sonderregeln für staatliche Entschädigungen, Sozialversicherung und Unterhalt	+	18 Abs. 1–5	82, 84; 85; 94; 101
Argentinien	Besteuerung im Quellenstaat; Sonderregelung für Sozialversicherung	–	19 Abs. 1, 2	93; 101
Armenien	s. UdSSR			
Aserbaidschan	≈ MA; Ruhegehälter etc. müssen aus anderem Vertragsstaat erhalten werden; Sonderregelungen für Schadensrenten (Krieg; politische Verfolgung einschließlich Wiedergutmachungsleistungen; Verbrechen; Wehr-,	+	18 Abs. 1–3	82; 101

DBA	MA-Regelung: Wohnsitzprinzip	Einbeziehung und Definition von Renten	Artikel	Rz.
	Zivildienst; Impfung; ähnliche Vorkommnisse); Einbeziehung und Definition von Renten			
Australien	≈ MA (einschl. Renten; keine Einbeziehung der ähnlichen Vergütungen; kein Zusammenhang zu früherer nichtselbständiger Arbeit	Einbeziehung, keine Definition	18	82 f.
Bangladesch	≈ MA	–	18	
Belarus	≈ MA (einschl. Renten); kein Zusammenhang zu früherer nichtselbständiger Arbeit; Sonderregelung für Sozialversicherung; Sonderregelung für Entschädigung für politische Verfolgung (einschl. Wiedergutmachungsleistungen) und Schäden aus Kriegshandlungen, Wehr- oder Zivildienst; Sonderregelung für Unterhaltsleistungen; Definition des Begriffs „Rente"	+	18 Abs. 1–5	82; 85; 94 f.; 101
Belgien	≈ MA	–	18	38; 99a
Bolivien	≈ MA; jedoch Vorrang auch gegenüber dem Kassenstaatsprinzip	–	19	90
Bosnien-Herzegowina	s. Jugoslawien			
Bulgarien 2010	≈ MA; Ruhegehälter etc. müssen aus anderem Vertragsstaat erhalten werden; kein Zusammenhang zu früherer nichtselbständiger Arbeit; Sonderregelung für Sozialversicherung und Unterhaltsleistungen; Sonderregelung für Entschädigung für politische Verfolgung (einschl. Wiedergutmachungsleistungen) und Schäden aus Kriegshandlungen, Wehr- oder Zivildienst	+	17 Abs. 1–5	82–84; 85; 94 f.; 101
China 1985	≈ MA	–	18	
China 2014	≈ MA, müssen aus anderem Vertragsstaat stammen; kein Zusammenhang zu früherer unselbständiger Arbeit; Sonderregelung für Sozialversicherungsleistungen	–	18	11 ff.; 83 ff.

DBA	MA-Regelung: Wohnsitzprinzip	Einbeziehung und Definition von Renten	Artikel	Rz.
Costa Rica 2014 (E)	≈ MA, müssen aus anderem Vertragsstaat stammen; kein Zusammenhang zu früherer unselbständiger Arbeit; Sonderregelungen für Sozialversicherung, Schadensrenten (Krieg, politische Verfolgung) und Unterhaltsleistungen	+	18 Abs. 1–5	83 ff.; 94 f.; 101
Dänemark	≈ MA, Sonderregelungen für Sozialversicherung, Schadensrenten (Krieg; politische Verfolgung), Wohnsitzwechsel und Unterhaltsleistungen	Definition (relevant bei Wohnsitzwechsel)	18 Abs. 1–6	85 f.; 94; 96; 98 f.; 101
Ecuador	≈ MA; jedoch Vorrang auch gegenüber dem Kassenstaatsprinzip	–	19	90
Elfenbeinküste	≈ MA	–	18	
Estland	≈ MA, Sonderregelung für Schadensrenten (Krieg; politische Verfolgung)	–	18, 19 Abs. 4	101
Finnland	≈ MA, Sonderregelung für Sozialversicherung und für Unterhaltszahlungen	–	18 Abs. 1–3	85; 94 f.; 101
Frankreich	Beschränkung auf private Ruhegehälter; Sonderregelung für Sozialversicherung und für Entschädigung für politische Verfolgung und Schäden aus Kriegshandlungen	Einbeziehung von Leibrenten	13 Abs. 8; 14 Abs. 2	82; 85; 101
Georgien 2007/2014	≈ MA; kein Zusammenhang zu früherer nichtselbständiger Arbeit; Sonderregelungen für Sozialversicherung; Sonderregelung für Schadensrenten (Krieg; politische Verfolgung einschließlich Wiedergutmachungsleistungen; Verbrechen; Wehr-, Zivildienst; Impfung; ähnliche Vorkommnisse)	–	18 Abs. 1–3; Prot. Nr. 4	83 f.; 85; 101
Ghana	≈ MA; Ruhegehälter etc. müssen aus anderem Vertragsstaat stammen; Sonderregelungen für Sozialversicherung; Sonderregelung für Schadensrenten (Krieg; politische Verfolgung einschließlich Wiedergutmachungsleistungen;	+	18 Abs. 1–5	82; 85; 94 f.; 101

DBA	MA-Regelung: Wohnsitzprinzip	Einbeziehung und Definition von Renten	Artikel	Rz.
	Verbrechen; Wehr-, Zivildienst; Impfung; ähnliche Vorkommnisse); Sonderregelung für Unterhaltszahlungen			
Griechenland	≈ MA; Ruhegehälter etc. müssen aus anderem Vertragsstaat erhalten werden; kein Zusammenhang zu früherer nichtselbständiger Arbeit; keine Einbeziehung der ähnlichen Vergütungen)	+	II Abs. 1 Nr. 9; XII Abs. 1	82–84
Großbritannien 1964/70	≈ MA; Ruhegehälter etc. müssen aus anderem Vertragsstaat erhalten werden; kein Zusammenhang zu früherer nichtselbständiger Arbeit; keine Einbeziehung der ähnlichen Vergütungen	+	X Abs. 1–3	38; 82–84
Großbritannien 2010/2014	≈ MA; kein Zusammenhang zu früherer nichtselbständiger Arbeit; Sonderregelungen für Sozialversicherung; Sonderregelung für Leistungen aus staatlich geförderter Altersversorgung; Sonderregelung für Schadensrenten (Krieg; politische Verfolgung einschließlich Wiedergutmachungsleistungen; Verbrechen; Wehr-, Zivildienst; Impfung; ähnliche Vorkommnisse)	+	17 Abs. 1–5	82–85; 101
Indien	≈ MA	–	18	
Indonesien	Besteuerung im Quellenstaat; Ausdehnung auf ähnliche Vergütungen	–	18	93
Iran	≈ MA	–	18	
Irland 2011	≈ MA; kein Zusammenhang zu früherer nichtselbständiger Arbeit; Sonderregelungen für Sozialversicherung; Sonderregelung für Leistungen aus staatlich geförderter Altersversorgung; Sonderregelung für Schadensrenten (Krieg; politische Verfolgung einschließlich Wiedergutmachungsleistungen; Verbrechen; Wehr-, Zivildienst; Impfung; ähnliche Vorkommnisse)	+	17 Abs. 1–5	82–85; 101

DBA	MA-Regelung: Wohnsitzprinzip	Einbeziehung und Definition von Renten	Artikel	Rz.
Island	≈ MA	–	19 Abs. 1	
Israel	≈ MA, Einbeziehung von Renten	–	11 Abs. 1	82
Italien	≈ MA	–	18	85; 92; 101
Jamaika	≈ MA (einschl. Renten; keine Einbeziehung der ähnlichen Vergütungen)	+	19 Abs. 1, 2	82
Japan	≈ MA	–	18	
Jersey 2008	≈ MA; kein Zusammenhang zu früherer nichtselbständiger Arbeit; Sonderregelungen für Sozialversicherung; Sonderregelung für Schadensrenten (Krieg; politische Verfolgung einschließlich Wiedergutmachungsleistungen; Verbrechen; Wehr-, Zivildienst; Impfung; ähnliche Vorkommnisse)	+	6 Abs. 1, 2, 4 und 5	82–84; 85; 101
Jugoslawien	≈ MA	–	19	
Kanada	eingeschränktes Wohnsitzprinzip (mit Begrenzung der Besteuerung im Quellenstaat); Sonderregelung für Sozialversicherung; Sonderregelung für Entschädigung für politische Verfolgung (einschl. Wiedergutmachungsleistungen) und Schäden aus Kriegshandlungen, Wehr- oder Zivildienst sowie Kriegsrenten; Sonderregelung für Unterhaltszahlungen; Sonderregelung für Abzugsfähigkeit von Prämienzahlungen	+	18 Abs. 1–3; 29 Abs. 4; Prot. Ziff. 5–8	82; 85; 86; 94; 97 f.; 101; 207
Kasachstan	≈ MA; Ruhegehälter etc. müssen aus anderem Vertragsstaat erhalten werden; kein Zusammenhang zu früherer nichtselbständiger Arbeit; Sonderregelung für Sozialversicherung; Sonderregelung für Entschädigung für politische Verfolgung (einschl. Wiedergutmachungsleistungen) und Schäden aus Kriegshandlungen, Wehr- oder Zivildienst; Sonderregelung für Unterhaltszahlungen	+	18 Abs. 1–5	82–84; 85; 94 f.; 101

DBA	MA-Regelung: Wohnsitzprinzip	Einbeziehung und Definition von Renten	Artikel	Rz.
Kenia	auf 5% der Bruttobezüge begrenzte Besteuerung im Quellenstaat; Definition des Ausdrucks „Ruhegehälter"; kein Zusammenhang zu früherer nichtselbständiger Arbeit;	+	19 Abs. 1, 2, 4, 5	83; 89
Kirgisistan	≈ MA, Ruhegehälter etc. müssen aus anderem Vertragsstaat erhalten werden; kein Zusammenhang zu früherer nichtselbständiger Arbeit; Sonderregelungen für Sozialversicherung; Sonderregelung für Schadensrenten (Krieg; politische Verfolgung einschließlich Wiedergutmachungsleistungen; Verbrechen; Wehr-, Zivildienst; Impfung; ähnliche Vorkommnisse);	+	18 Abs. 1–4	82–84; 85; 101
Korea	≈ MA; Sonderregelung für Sozialversicherung; Sonderregelung für Entschädigung für politische Verfolgung (einschl. Wiedergutmachungsleistungen) und Schäden aus Kriegshandlungen, Wehr- oder Zivildienst;	+	18 Abs. 1–4	82–84; 85; 101
Kosovo	s. Jugoslawien			
Kroatien	≈ MA, Ruhegehälter etc. müssen aus anderem Vertragsstaat erhalten werden; kein Zusammenhang zu früherer nichtselbständiger Arbeit; Sonderregelungen für Sozialversicherung; Sonderregelung für Schadensrenten (Krieg; politische Verfolgung einschließlich Wiedergutmachungsleistungen; Verbrechen; Wehr-, Zivildienst; Impfung; ähnliche Vorkommnisse)	+	18 Abs. 1–4	2 ff.; 82–84; 85; 101
Kuwait	≈ MA	–	18	
Lettland	≈ MA	–	18; 19 Abs. 4	101
Liberia	≈ MA; Sonderregelung für Schadensrenten	–	19 Abs. 1, 2	101
Liechtenstein 2011	≈ MA; Ruhegehälter etc. müssen aus anderem Vertragsstaat erhalten werden; kein Zusammenhang zu	+	17 Abs. 1–5; Prot. Nr. 5	82–84; 85; 94 f.; 101

DBA	MA-Regelung: Wohnsitzprinzip	Einbeziehung und Definition von Renten	Artikel	Rz.
	früherer nichtselbständiger Arbeit; Sonderregelung für Sozialversicherung; Sonderregelung für Entschädigung für politische Verfolgung (einschl. Wiedergutmachungsleistungen) und Schäden aus Kriegshandlungen, Wehr- oder Zivildienst; Sonderregelung für Unterhaltszahlungen; Sonderregelungen für Abfindungen			
Litauen	≈ MA	–	18; 19 Abs. 4	101
Luxemburg 2012	≈ MA; kein Zusammenhang zu früherer nichtselbständiger Arbeit; Sonderregelungen für Sozialversicherung; Sonderregelung für Leistungen aus staatlich geförderter Altersversorgung; Sonderregelung für Schadensrenten (Krieg; politische Verfolgung einschließlich Wiedergutmachungsleistungen; Verbrechen; Wehr-, Zivildienst; Impfung; ähnliche Vorkommnisse); Sonderregelung für Luxemburger Leistungen, wenn Beiträge versteuert	+	17 Abs. 1–6	82–85; 101
Malaysia	≈ MA; Sonderregelung für Sozialversicherung; Sonderregelung für Entschädigung für politische Verfolgung (einschl. Wiedergutmachungsleistungen) und Schäden aus Kriegshandlungen, Wehr- oder Zivildienst	+	18 Abs. 1–4	82; 85; 101
Malta	≈ MA; Sonderregelung für Sozialversicherungen; Sonderregelung für Entschädigung für politische Verfolgung (einschl. Wiedergutmachungsleistungen) und Schäden aus Kriegshandlungen; Sonderregelung für Unterhaltsleistungen	+	18 Abs. 1–5	82–85; 94 f.; 101
Marokko	≈ MA; jedoch Vorrang auch gegenüber dem Kassenstaatsprinzip	–	19	90

DBA	MA-Regelung: Wohnsitzprinzip	Einbeziehung und Definition von Renten	Artikel	Rz.
Mauritius 2011	≈ MA; Ruhegehälter etc. müssen aus anderem Vertragsstaat erhalten werden; kein Zusammenhang zu früherer nichtselbständiger Arbeit; Sonderregelung für Sozialversicherung	+	17 Abs. 1–3	82–84; 85
Mazedonien 2006	≈ MA; Ruhegehälter etc. müssen aus anderem Vertragsstaat erhalten werden; kein Zusammenhang zu früherer nichtselbständiger Arbeit; Sonderregelung für Sozialversicherung; Sonderregelung für Entschädigung für politische Verfolgung (einschl. Wiedergutmachungsleistungen) und Schäden aus Kriegshandlungen, Wehr- oder Zivildienst; Sonderregelung für Unterhaltszahlungen	+	18 Abs. 1–5	82–84; 85; 94 f.; 101
Mexiko 2008	≈ MA; Ruhegehälter etc. müssen aus anderem Vertragsstaat erhalten werden; kein Zusammenhang zu früherer nichtselbständiger Arbeit; Sonderregelung für Sozialversicherung; Sonderregelung für Entschädigung für politische Verfolgung (einschl. Wiedergutmachungsleistungen) und Schäden aus Kriegshandlungen, Wehr- oder Zivildienst	+	18 Abs. 1–4	82–84; 85; 101
Moldau	s. UdSSR			
Mongolei	≈ MA	–	18	
Montenegro	s. Jugoslawien	–	18	
Namibia	≈ MA	–	18	
Neuseeland	≈ MA, Sonderregelung für Sozialversicherung	–	18 Abs. 1–3	85; 101
Niederlande 1959/2004	≈ MA	–	12 Abs. 1, 3	38; 85; 101
Niederlande 2012 (E)	≈ MA, Sonderregelung für Sozialversicherung, Besteuerung im Quellenstaat zulässig bei Überschreiten einer Schwelle von EUR 15.000 und für Leistungen nicht regelmäßig wiederkehrender Art; Sonderregelung für Entschädigung für politische	+ (in beiden Staaten unterschiedliche Definition)	17 Abs. 1–7; Prot. Nr. XIV.	81; 82–84; 85; 93; 101

DBA	MA-Regelung: Wohnsitzprinzip	Einbeziehung und Definition von Renten	Artikel	Rz.
	Verfolgung (einschl. Wiedergutmachungsleistungen) und Schäden aus Kriegshandlungen, Wehr- oder Zivildienst; Sonderregelungen für Ruhegehälter aus dem öffentlichen Dienst und privatwirtschaftlichen Verhältnissen			
Norwegen 1991	≈ MA, kein Zusammenhang zu früherer nichtselbständiger Arbeit; Sonderregelung für Sozialversicherung, Schadensrente (Krieg; politische Verfolgung) und Unterhaltsleistungen	–	18 Abs. 1–4	83; 85 f.; 94 f.; 101
Norwegen 2013 (E)	≈ MA, aber Beschränkung der Steuer auf bis zu 15% der Bruttozahlung kein Zusammenhang zu früherer nichtselbständiger Arbeit; Sonderregelung für Sozialversicherung; Sonderregelung für Sozialversicherung, Schadensrente (Krieg; politische Verfolgung) und Unterhaltsleistungen	–	18 Abs. 1–3	83; 85 f.; 94 f.; 101
Oman 2012 (E)	≈ MA; Sonderregelung für Sozialversicherung; Entschädigung für politische Verfolgung (einschl. Wiedergutmachungsleistungen) und Schäden aus Kriegshandlungen, Wehr- oder Zivildienst, Impfung oder ähnliche Vorkommnisse	+	18 Abs. 1–3; Prot. Nr. 6	82; 85;
Österreich	≈ MA; Sonderregelung für Sozialversicherung; Sonderregelung für versorgungsrechtlichen Schadensersatz, Entschädigung für politische Verfolgung (einschl. Wiedergutmachungsleistungen) und Schäden aus Kriegshandlungen, Wehr- oder Zivildienst; Sonderregelung für Unterhaltszahlungen	+	18 Abs. 1–5; Prot. Nr. 5, 11	82; 85; 94 f.; 101
Pakistan	eingeschränktes Wohnsitzprinzip; Quellenbesteuerung bei Leistung einer im Quel-	–	18 Abs. 1–3	82; 100

DBA	MA-Regelung: Wohnsitzprinzip	Einbeziehung und Definition von Renten	Artikel	Rz.
	lenstaat ansässigen Person oder dort gelegenen Betriebstätte; Definition des Ausdrucks „Ruhegehälter"			
Philippinen 1983	Besteuerung im Quellenstaat unter Vorbehalt der Abzugsfähigkeit als Ausgabe; Definition des Ausdrucks „Ruhegehälter"	+	19 Abs. 1, 3–5	82; 89, 101
Philippinen 2013	≈ MA; Ruhegehälter müssen aus anderem Vertragsstaat stammen, kein Zusammenhang zu früherer unselbständiger Arbeit; Sonderregelungen für Sozialversicherung und Schadensrenten (Krieg, pol. Verfolgung)	+	18 Abs. 1–4	82 ff.; 85, 101
Polen	≈ MA, Ruhegehälter etc. müssen aus anderem Vertragsstaat erhalten werden; kein Zusammenhang zu früherer nichtselbständiger Arbeit; Sonderregelung für Sozialversicherungen; Sonderregelung für Entschädigung für politische Verfolgung (einschl. Wiedergutmachungsleistungen) und Schäden aller Art	+	18 Abs. 1–6	82–84; 85; 92; 94 f.; 101
Portugal	≈ MA	–	18	
Rumänien	≈ MA, Ruhegehälter etc. müssen aus anderem Vertragsstaat erhalten werden; kein Zusammenhang zu früherer nichtselbständiger Arbeit; Sonderregelung für Sozialversicherungen; Sonderregelung für Entschädigung für politische Verfolgung (einschl. Wiedergutmachungsleistungen) und Schäden aus Kriegshandlungen sowie andere Schäden; Sonderregelung für Unterhaltsleistungen	+	18 Abs. 1–5	82–84; 85; 92; 94 f.; 101
Russische Föderation	≈ MA	–	18, 19 Abs. 3	101
Sambia	≈ MA; jedoch Vorrang auch gegenüber dem Kassenstaatsprinzip	–	19	90

DBA	MA-Regelung: Wohnsitzprinzip	Einbeziehung und Definition von Renten	Artikel	Rz.
Schweden	≈ MA; Ruhegehälter etc. müssen aus anderem Vertragsstaat erhalten werden; kein Zusammenhang zu früherer nichtselbständiger Arbeit; Sonderregelung für Sozialversicherungen; Sonderregelung für „Vergütungen für einen Schaden aus Kriegshandlungen oder pol. Verfolgung" (einschl. Wiedergutmachungsleistungen); Sonderregelung für Personen, die im „Quellenstaat ansässig" waren	+	18 Abs. 1–5	82–84; 85 f.; 101
Schweiz 1971/2010	≈ MA	–	18; 19 Abs. 7	38; 101
Serbien	s. Jugoslawien			
Simbabwe	Besteuerung im Quellenstaat	+	18 Abs. 1, 2	93
Singapur	≈ MA, Ruhegehälter etc. müssen aus anderem Vertragsstaat erhalten werden; kein Zusammenhang zu früherer nichtselbständiger Arbeit; Sonderregelungen für Sozialversicherung; Sonderregelung für Schadensrenten (Krieg; politische Verfolgung einschließlich Wiedergutmachungsleistungen; Verbrechen; Wehr-, Zivildienst; Impfung; ähnliche Vorkommnisse)	+	18 Abs. 1–4	82–84; 85; 101
Slowakei	s. Tschechoslowakei			
Slowenien	≈ MA, Ruhegehälter etc. müssen aus anderem Vertragsstaat erhalten werden; kein Zusammenhang zu früherer nichtselbständiger Arbeit; Sonderregelung für Schadensrenten (Krieg; politische Verfolgung einschließlich Wiedergutmachungsleistungen; Verbrechen; Wehr-, Zivildienst; Impfung; ähnliche Vorkommnisse); Sonderregelung für Unterhaltszahlungen	+	18 Abs. 1–4	82–84; 94 f.; 101
Spanien 2011	≈ MA, Ruhegehälter etc. müssen aus anderem Vertragsstaat erhalten werden;	+	17 Abs. 1–5; Prot. Nr. VIII.	82–84; 93; 101

DBA	MA-Regelung: Wohnsitzprinzip	Einbeziehung und Definition von Renten	Artikel	Rz.
	kein Zusammenhang zu früherer nichtselbständiger Arbeit; Sonderregelung für Sozialversicherungsrenten ab 2014 (beschränkte Quellensteuer) und für Leistungen aus staatlich geförderter Altersvorsorge Sonderregelung für Schadensrenten (Krieg; politische Verfolgung einschließlich Wiedergutmachungsleistungen; Verbrechen; Wehr-, Zivildienst; Impfung; ähnliche Vorkommnisse); Regelung zur Einrichtung eines Informationsaustauschverfahrens			
Sri Lanka	≈ MA; keine Einbeziehung der ähnlichen Vergütungen	+	18 Abs. 1, 2	82
Südafrika 1973	≈ MA, Subsidiaritätsklausel; Sonderregelung für Schadensrenten (Krieg oder politische Verfolgung)	–	16 Abs. 1, 4	91, 101
Südafrika 2008 (E)	≈ MA, Ruhegehälter etc. müssen aus anderem Vertragsstaat erhalten werden; kein Zusammenhang zu früherer nichtselbständiger Arbeit; Sonderregelungen für Sozialversicherung; Sonderregelung für Schadensrenten (Krieg; politische Verfolgung einschließlich Wiedergutmachungsleistungen; Verbrechen; Wehr-, Zivildienst; Impfung; ähnliche Vorkommnisse);	+	17 Abs. 1–4	82–84; 85; 101
Syrien 2010	≈ MA, Ruhegehälter etc. müssen aus anderem Vertragsstaat erhalten werden; kein Zusammenhang zu früherer nichtselbständiger Arbeit; Sonderregelung für öffentlich-rechtliche Entschädigungen; Sonderregelung für Unterhaltszahlungen	+	18 Abs. 1–5	82–84; 94 f.; 101
Tadschikistan	≈ MA, Ruhegehälter etc. müssen aus anderem Vertragsstaat erhalten werden; kein Zusammenhang zu früherer nichtselbständiger	+	17 Abs. 1–5	82; 85; 94 f.; 101

DBA	MA-Regelung: Wohnsitzprinzip	Einbeziehung und Definition von Renten	Artikel	Rz.
	Arbeit; Sonderregelungen für Sozialversicherung; Sonderregelung für Schadensrenten (Krieg; politische Verfolgung einschließlich Wiedergutmachungsleistungen; Verbrechen; Wehr-, Zivildienst; Impfung; ähnliche Vorkommnisse); Sonderregelung für Unterhaltszahlungen			
Taiwan 2011	≈ MA, Ruhegehälter etc. müssen aus anderem Vertragsstaat erhalten werden; kein Zusammenhang zu früherer nichtselbständiger Arbeit; Sonderregelungen für Sozialversicherung; Sonderregelung für Schadensrenten (Krieg; politische Verfolgung einschließlich Wiedergutmachungsleistungen; Verbrechen; Wehr-, Zivildienst; Impfung; ähnliche Vorkommnisse); Sonderregelung für Unterhaltszahlungen	+	Art. 17 Abs. 1–5	82; 85; 94 f.; 101
Thailand	Besteuerung im Quellenstaat unter Vorbehalt der Abzugsfähigkeit als Ausgabe; Sonderregelung für Schadensrenten (Krieg; politische Verfolgung)	+ (keine Definition)	18 Abs. 1 und 3	82; 89, 101
Trinidad und Tobago	≈ MA	–	19	
Tschechien	s. Tschechoslowakei			
Tschechien 1997 (E)	≈ MA; Sonderregelung für Sozialversicherungen; Sonderregelung für Entschädigung für politische Verfolgung (einschl. Wiedergutmachungsleistungen) und Schäden aus Kriegshandlungen sowie andere Schäden; Sonderregelung für Unterhaltsleistungen	+	18 Abs. 1–5	85; 94 f.; 101
Tschechoslowakei	≈ MA	–	19	
Türkei 2011	≈ MA; zusätzlich Besteuerung im Quellenstaat mit „Freibetrag" von EUR 10.000	+	18 Abs. 1–3	82; 93

DBA	MA-Regelung: Wohnsitzprinzip	Einbeziehung und Definition von Renten	Artikel	Rz.
Tunesien	≈ MA	–	18	
Turkmenistan	s. UdSSR			
UdSSR	≈ MA	–	14	
Ukraine	Besteuerung im Quellenstaat; Sonderregelung für Schadensrenten (Krieg; politische Verfolgung)	+	18 Abs. 1–3	93; 101
Ungarn 2011	≈ MA; Sonderregelung für Sozialversicherungen; Sonderregelung für Entschädigung für politische Verfolgung (einschl. Wiedergutmachungsleistungen) und Schäden aus Kriegshandlungen sowie andere Schäden; Sonderregelung für Unterhaltsleistungen	+	17 Abs. 1–4	82–84; 85c 101
Uruguay 2010	≈ MA; Sonderregelung für Sozialversicherungen; Sonderregelung für Entschädigung für politische Verfolgung (einschl. Wiedergutmachungsleistungen) und Schäden aus Kriegshandlungen sowie andere Schäden	+	17 Abs. 1–4	82–84; 85; 101
USA 1989/2006	≈ MA; Ausdehnung auf abziehbaren Unterhalt; nicht abziehbarer Unterhalt, bes. Kindesunterhalt im Quellenstaat zu versteuern; Sonderregelung über Abzug von Unterhaltszahlungen in Deutschland; Sonderregelung für Sozialversicherung	+	18 Abs. 1–5; Prot. Nr. 15	82; 85d; 94; 98; 201 ff.
Usbekistan	≈ MA; Sonderregelung für Sozialversicherung; Sonderregelung für Entschädigung für politische Verfolgung (einschl. Wiedergutmachungsleistungen) und Schäden aus Kriegshandlungen, Wehr- oder Zivildienst	+	18 Abs. 1–3; Memorandum v. 27.8.1997	82; 85; 101
Venezuela	≈ MA	–	18	
Vereinigte Arabische Emirate 2010	≈ MA, Ruhegehälter etc. müssen aus anderem Vertragsstaat erhalten werden; kein Zusammenhang zu früherer nichtselbständiger Arbeit; Sonderregelung für	+	17 Abs. 1–4	82–84; 85; 93; 101

DBA	MA-Regelung: Wohnsitzprinzip	Einbeziehung und Definition von Renten	Artikel	Rz.
	Sozialversicherung; Sonderregelung für öffentlich-rechtliche Entschädigungen; Sonderregelung für Unterhaltszahlungen			
Vietnam	≈ MA	–	18	
Weißrussland	s. Belarus			
Zypern 2011	≈ MA, Ruhegehälter etc. müssen aus anderem Vertragsstaat erhalten werden; kein Zusammenhang zu früherer nichtselbständiger Arbeit; Sonderregelung für Sozialversicherung; Sonderregelung für öffentlich-rechtliche Entschädigungen; Sonderregelung für Unterhaltszahlungen	+	18 Abs. 1–5	82–84; 85; 94 f.; 101

2. Erläuterungen

a) Nach dem *DBA Luxemburg 1958* gilt die Verteilungsnorm für private Ruhegehälter **nur** für **wiederkehrende** Bezüge, nicht auch für einmalige Zahlungen mit Versorgungscharakter. Solche Zahlungen unterliegen allerdings i. d. R. aufgrund der Auffangklausel (Art. 21 MA) ebenfalls der ausschließlichen Besteuerung am Wohnsitz des Zahlungsempfängers. Das Gleiche gilt für alle DBA, die eine ausdrückliche Definition des Begriffs „Ruhegehälter" enthalten (s. Abkommensübersicht Rz. 80). Nach diesen Abkommen sind unter Ruhegehältern „regelmäßig wiederkehrende Vergütungen" zu verstehen. Art. 17 Abs. 3 *DBA Niederlande 2012 (E)* sieht allerdings abweichend eine Besteuerung auch im Quellenstaat vor für nicht regelmäßig wiederkehrende Leistungen. 81

b) Eine Reihe von deutschen Abkommen bezieht in die Regel über die Ruhegehälter die **Renten** mit ein, wobei regelmäßig der Begriff „Rente", häufig auch der der „Ruhegehälter", ausdrücklich definiert wird (s. *DBA Albanien 2010, Algerien 2007, Aserbaidschan, Australien, Belarus, Brasilien (K), Bulgarien 2010, Costa Rica 2014 (E), Frankreich, Ghana, Griechenland, Großbritannien 1964; Großbritannien 2010, Irland 2011, Israel, Jamaika, Jersey 2008, Kanada, Kasachstan, Kirgisistan, Korea, Kroatien, Liechtenstein 2011, Luxemburg 2012, Malaysia 1977, Malaysia 2010, Malta, Mauritius 1978, Mauritius 2011, Mazedonien 2006, Mexiko 2008, Niederlande 2012 (E), Österreich; Pakistan, Philippinen 1983/2013, Polen, Rumänien, Schweden, Singapur 2004, Slowenien, Spanien 2011, Sri Lanka, Syrien, Tadschikistan, Thailand, Türkei 1985, Türkei 2011, USA 1989/2006, Usbekistan, VAE 2010* und *Zypern 2011*). Danach gilt das Wohnsitzprinzip außer für Ruhegehälter grundsätzlich (s. aber Rz. 85 f.) auch für Renten aus der **Sozialversicherung,** ferner aus privaten Renten- und Pensionskassen, wenn der Rentenanspruch durch Gegenleistungen erworben wurde. **Auch** eine **Veräußerungsrente** ist eine Rente i. S. der hier behandelten Vorschriften und darf daher nur im Ansässigkeitsstaat des Empfängers besteuert werden. Als speziellere Regelungen gehen diese Vorschriften den dem Art. 13 MA entsprechenden Normen über Veräußerungsgewinne vor (vgl. auch zu Art. 13 Rz. 36). Art. 18 Abs. 2 *DBA USA 1989/2006* verlangt, dass der 82

Empfänger der Rente diese als Nutzungsberechtigter bezieht; zu diesem Begriff s. Vor Art. 10–12 Rz. Das *DBA Frankreich* verwendet den Terminus „Leibrente", stimmt aber mit den vorgenannten Regelungen inhaltlich überein (Art. 13 Abs. 8). Es regelt im Übrigen nur private Ruhegehälter, wovon Leistungen im Rahmen der Altersteilzeit nicht erfasst werden, BFH BStBl. II 2011, 446: *DBA Frankreich.*

83 Viele neuere Abkommen *(DBA Ägypten, Albanien 2010, Aserbaidschan, Australien, Belarus, Bulgarien 2010, China 2014 (E), Costa Rica 2014 (E), Georgien, Großbritannien 2010, Irland 2011, Jersey 2008, Kasachstan, Kirgisistan, Korea, Kroatien, Liechtenstein 2011, Luxemburg 2012, Malta, Mauritius 2011, Mazedonien 2006, Mexiko 2008, Niederlande 2012 (E), Norwegen 1991, Norwegen 2013 (E), Polen, Philippinen 2013, Rumänien, Schweden, Slowenien, Spanien 2011, Syrien 2010, VAE 2010, Zypern 2011)* **verzichten auf den Zusammenhang zu einer früheren unselbständigen Arbeit** auch bei den Ruhegehältern und ähnlichen Vergütungen (ebenso auch schon die älteren DBA Griechenland, Großbritannien 1964 und Kenia).

84 Zugleich wird in diesen Klauseln der Anwendungsbereich der – eine ausschließliche Besteuerung im Wohnsitzstaat vorsehenden (s. für DBA mit Besteuerung im Quellenstaat Rz. 93) – Norm regelmäßig auf Zahlungen beschränkt, die **aus einem Vertragsstaat stammen** bzw. von dort erhalten werden und an einen im anderen Vertragsstaat ansässigen Empfänger geleistet werden (anders *DBA Belarus, Niederlande 2012 (E)*). Damit ist für Ruhegehälter und ähnliche Vergütungen sowie für Renten aus dem Ansässigkeitsstaat und aus Drittstaaten die Art. 21 OECD-MA entsprechende Vorschrift anwendbar. Dabei ist allerdings nicht klar, wann Ruhegehälter aus einem Vertragsstaat stammen. Weder enthält das Abkommen eine genaue Bestimmung, noch macht der Zusammenhang Vorgaben. Die fehlende Bestimmung verwundert, da auf internationaler Ebene Versuche unternommen wurden, die Quelle der Zahlungen zu bestimmen, ohne dass Einigkeit hätte erreicht werden können.

84a Einige neuere deutsche DBA (*DBA Großbritannien 2010, Irland 2011* und *Luxemburg 2012*) sehen zudem für bestimmte staatlich geförderte Alterssicherungsleistungen statt der ausschließlichen Besteuerung im Ansässigkeitsstaat eine ausschließliche Besteuerung in dem Staat vor, aus dem sie stammen. Dies gilt aber dann nicht, wenn die Altersversorgung diese Voraussetzungen auch im Ansässigkeitsstaat erfüllt. Satz 2 der Vorschrift erlaubt die Besteuerung im Ansässigkeitsstaat ferner dann, wenn der Quellenstaat von seinem Besteuerungsrecht keinen Gebrauch macht. Unklar ist, wann Zahlungen aus einem Vertragsstaat stammen (vgl. Rz. 6a f.). Dabei scheidet wohl die plausibelste Bestimmung des Quellenstaates als desjenigen Staates aus, in dem der Abzug von der Bemessungsgrundlage zugelassen wurde, weil dies zusätzlich eines der zusätzlichen alternativen Kriterien in Buchst. a) bis c) ist (dazu und zu weiteren Auslegungsschwierigkeiten *Ismer,* IStR 2011, 577 (583)). Umgekehrt trägt Art. 17 Abs. 4 *DBA Luxemburg 2012* der Tatsache Rechnung, dass Luxemburg nicht zu einer nachgelagerten Besteuerung übergegangen ist. Die Regelung soll vor diesem Hintergrund eine intertemporale Doppelbesteuerung vermeiden (s. auch *Wünsche/Knörzer,* IStR 2013, 344 (349)).

85 **c)** Die *DBA Algerien 2007, Belarus, Bulgarien 2010, China 2014 (E), Costa Rica 2014 (E), Dänemark, Finnland, Georgien, Ghana, Großbritannien 2010, Irland 2011, Jersey, Kanada* (s. die folgende Rz.), *Kasachstan, Korea, Liechtenstein 2011, Luxemburg 2012, Malaysia 2010, Malta, Mauritius 2011, Mazedonien 2006, Neuseeland, Niederlande 1959/2004, Niederlande 2012 (E), Norwegen 1991/2013 (E), Österreich, Philippinen 2013, Polen, Rumänien, Schweden, Singapur 2014, Syrien 2010, Tadschikistan, Tschechien (E). Ungarn 2011, Usbekistan* und *Zypern 2011* entsprechen dem MA, enthalten aber Sonderregelungen für **Bezüge aus der Sozialversicherung.** Bezüge und ähnliche Vergütungen aus der Sozialversicherung sind demnach im **Ansässigkeitsstaat** des Empfängers **steuerbefreit** (Art. 18 Abs. 2 DBA Algerien

2007; Art. 18 Abs. 2 DBA Belarus; Art. 18 Abs. 2 DBA Dänemark; Art. 18 Abs. 2 Satz 1 i. V. m. Prot. Nr. 2 DBA Finnland; Art. 18 Abs. 2 DBA Georgien; Art. 18 Abs. 2 DBA Ghana; Art. 18 Abs. 2 DBA Kasachstan; Art. 18 Abs. 2 DBA Kirgisistan; Art. 18 Abs. 2 DBA Korea; Art. 18 Abs. 2 DBA Kroatien; Art. 17 Abs. 2 DBA Liechtenstein 2011; Art. 17 Abs. 2 Luxemburg 2012; Art. 18 Abs. 2 DBA Malaysia 2010; Art. 18 Abs. 2 DBA Malta; Art. 18 Abs. 2 DBA Neuseeland; Art. 12 Abs. 3 Nr. 1 DBA Niederlande 1959/2004; Art. 18 Abs. 3 DBA Norwegen; Art. 18 Abs. 2 DBA Österreich; Art. 18 Abs. 2 DBA Polen; Art. 18 Abs. 2 DBA Rumänien; Art. 18 Abs. 2 und 5 DBA Schweden; Art. 18 Abs. 2 DBA Singapur; Art. 17 Abs. 2 DBA Tadschikistan; Art. 18 Abs. 2 DBA Tschechien (E); Art. 18 Abs. 2 DBA Usbekistan; Art. 17 Abs. 2 DBA Ungarn 2011; Art. 17 Abs. 2 VAE 2010, Art. 17 Abs. 2 Zypern 2011), wobei ein Progressionsvorbehalt zur Anwendung kommen kann (s. BFH v. 14.7.2010, BFH/NV 2010, 2172: DBA Dänemark und Art. 23 Rz. 227). Die Regelungen sind auch auf Bezüge anwendbar, die nicht aus einem früheren Arbeitsverhältnis stammen (s. Rz. 29a f.) und die damit nicht unter Art. 18 Abs. 1 des jeweiligen DBA fallen. Sie gelten nach ihrem Sinn und Zweck auch, wenn das DBA eine Grenzgängerregelung (dazu Art. 15 Rz. 132 ff.) enthält, vgl. ÖStBMF v. 26.5.2010 (EAS 3158), SWI 2010, 244; krit. *Wurmsdobler,* IStR 2009, 758. Kennzeichnend für Sozialversicherungsbezüge ist, dass sie vom Staat oder von öffentlich-rechtlichen Versicherungsträgern einschließlich der deutschen berufsständischen Versorgungseinrichtungen (Verständigungsvereinbarung, BMF-Schreiben v. 23.3.2006, IV B 5 – S 1301 DNK – 1/06, BStBl. I 2006, 248; Wassermeyer/*Krabbe,* Art. 18 DBA Dänemark Rz. 12) erbracht werden. Nicht als Sozialversicherungsbezüge anzusehen sind daher Leistungen aus privaten Versicherungsverhältnissen, die zur Erfüllung der gesetzlichen Rentenversicherungspflicht eingegangen wurden (so mit Recht ÖstBMF v. 18.12.2008 (EAS 3011), SWI 2009, 212: DBA Österreich), sowie Altersteilzeitaufstockungsbeträge, die der Arbeitgeber trägt und nicht von der Sozialversicherung erstattet bekommt (Verständigungsvereinbarung v. 21.2.2011, SWI 2011, 137: DBA Österreich). Die Vorschriften sind nicht anwendbar auf die Leistung von Beiträgen (FG Schleswig-Holstein v. 8.4.2010, DStRE 2010, 907; zu Beiträgen s. Rz. 150 ff.)

Nach dem *DBA Norwegen 1991* gilt dies allerdings nur für in Norwegen ansässige **85a** Personen; ist der Empfänger der Sozialversicherungsleistungen dagegen in Deutschland wohnhaft, verbleibt es bei der allgemeinen Besteuerung im Ansässigkeitsstaat nach Art. 21; im Ergebnis besteuert daher ausschließlich Deutschland die Bezüge aus der Sozialversicherung. Nach innerstaatlichem deutschen Recht sind jedoch solche Bezüge teils steuerfrei, teils ist die Steuerbemessungsgrundlage ermäßigt. Nach dem *DBA Schweden* wird die Besteuerungsbefugnis an den Ansässigkeitsstaat „zurückverwiesen“, wenn der Empfänger der Leistungen Staatsangehöriger des Ansässigkeits- und nicht des Quellenstaates ist. Im **Quellenstaat** sind diese Bezüge dann **freizustellen,** vgl. Art. 18 Abs. 2 Satz 2 *DBA Schweden.* Darüber hinaus sieht das DBA in Art. 18 Abs. 5 vor, dass der Ansässigkeitsstaat bei der Besteuerung von Sozialversicherungsbezügen aus dem anderen Vertragsstaat (dem Quellenstaat) die gleichen Vergünstigungen zu gewähren hat wie bei der Besteuerung eigener Sozialversicherungsleistungen. Bezüglich des *DBA Dänemark* ist auf eine Verständigungsvereinbarung hinzuweisen, in der klargestellt wird, dass der Ansässigkeitsstaat die Steuerfreistellung auch dann zu gewähren hat, wenn der Quellenstaat von seiner Besteuerungsbefugnis gem. Art. 18 Abs. 2 keinen Gebrauch macht (BMF v. 11.2.1998, IStR 1998, 152). Zum *DBA Argentinien* s. Rz. 93. Über einige andere DBA (*DBA Frankreich* in Art. 14 Abs. 2 Nr. 1; *Italien* in Art. 19 Abs. 4; dazu BFH BFH/NV 2011, 1879: *DBA Italien*), die die Besteuerung von Sozialversicherungsleistungen im Zusammenhang mit der dem Art. 19 MA entsprechenden Vorschrift regeln, s. Art. 19 Rz. 75 f.

85b Das *DBA Türkei 1985* enthält in Art. 18 Abs. 2 einen Zusatz, in dem deutsch von Renten aus „Unfallversicherung", türkisch von „Vergütung für einen Schaden" (BT-Drs. 11/5288, S. 30), englisch von Versicherungsprämien die Rede ist. Zu hoffen ist, dass ergänzende Auslegungsmittel (Art. 32 WÜRV) Klärung bringen (s. auch Grundl. Rz. 112).

85c Das *DBA Ungarn 2011* sieht allerdings eine Ausnahme vor für den Fall, dass der Empfänger an oder vor dem Tag des Austausches der Ratifikationsurkunden im anderen Staat ansässig war. Die Regelung ist dahingehend zu verstehen, dass dann wieder die Grundregel des Abs. 1 mit ausschließlicher Besteuerung im Ansässigkeitsstaat zur Anwendung kommt. Im Ergebnis bedeutet dies, dass die Regelung des Abs. 2 in Zukunft nur in den Fällen Anwendung findet, wo der Empfänger eine Altersvorsorgeleistung aus dem anderen Staat bezieht, dort jedoch bis zum Zeitpunkt der Ratifikation nie ansässig gewesen ist.

85d Das *USA 1989/2006* in Art. 18 Abs. 5 enthält eine Sonderregelung zur **Sozialversicherung.** Leistungen aufgrund der Sozialversicherungsgesetzgebung eines Vertragsstaats und andere nicht in der Vorschrift über den öffentlichen Dienst behandelte öffentliche Ruhegehälter, die ein Vertragsstaat an eine im anderen Vertragsstaat ansässige Person zahlt, können nur im Ansässigkeitsstaat besteuert werden. In diesem Fall behandelt der Ansässigkeitsstaat diese Leistungen oder Ruhegehälter so, als handele es sich um Leistungen aufgrund seiner Sozialversicherungsgesetzgebung.

85e Probleme können ferner mit Blick auf das Konkurrenzverhältnis zu der Art. 19 OECD-MA entsprechenden Vorschrift entstehen: sollen derartige Bezüge, die aus der Sozialversicherung mit Blick auf eine an sich unter Art. 19 OECD-MA fallende Tätigkeit gezahlt werden, der Besteuerung im Quellenstaat unterliegen oder soll die Pensionsregelung des Art. 19 Abs. 2 OECD-MA zur Anwendung kommen? Eine derartige Frage ist mit Blick auf Art. 18 und 19 des DBA Österreich virulent geworden (vgl. *Geißler/Lehner/Sunde,* IStR 2013, 641 (646f.)). Letztlich geht es um das im Abkommen nicht ausdrücklich geregelte Verhältnis von zwei Spezialitätsnormen.

86 **d)** Das *DBA Kanada* folgt für die Besteuerung der Ruhegehälter grundsätzlich dem Wohnsitzprinzip, gestattet aber **auch dem Quellenstaat** unter bestimmten Voraussetzungen die Besteuerung: wenn nämlich (erstens) die Bezüge **aus Quellen** innerhalb des anderen Vertragsstaats stammen, wenn (zweitens) entweder die Beiträge zu den Altersversorgungskassen oder -systemen im Quellenstaat steuerlich **abzugsfähig** waren oder die Bezüge unmittelbar oder mittelbar aus **öffentlichen Kassen** des Quellenstaats finanziert werden und wenn (drittens) die Bezüge nicht für Leistungen oder Tätigkeiten gezahlt werden, die außerhalb des Quellenstaates erbracht wurden oder zu einer Zeit erbracht wurden, als der Leistende nicht im Quellenstaat ansässig war. Nach den DBA gilt das Wohnsitzprinzip ferner für Renten, wenn sie nicht aus Quellen innerhalb des Quellenstaats bezogen werden. Die Regelung geht als speziellere Norm der Bestimmung des Art. 13 für Veräußerungsrenten vor.

87 Darüber hinaus enthält das DBA Sondervorschriften für Leistungen aufgrund des Sozialversicherungsrechts: **Sozialversicherungsleistungen** können im Quellenstaat besteuert werden, im Ansässigkeitsstaat gilt die Anrechnungsmethode (Art. 18 Abs. 3 Buchst. c; 23 Abs. 1 Buchst. a) und Abs. 2 Buchst. b) Doppelbuchst. ff) *DBA Kanada;* OFD Münster v. 26.5.2010, IStR 2010, 539; BayLfSt v. 8.6.2011, IStR 2011, 776; zu Anwendungsfragen s. die Entscheidungen des *Tax Court* und des *Federal Court of Appeal* in der Sache Swantje v. The Queen 94 DTC 1359 und 94 DTC 6633 (bestätigt durch S CC 96 DTC 6310: *DBA Kanada*)). Art. 18 Abs. 3 Buchst. c beschränkt nach seinem klaren Wortlaut nur die Besteuerung im Ansässigkeitsstaat, trifft hingegen keine Aussage über die Besteuerung im Quellenstaat (zutr. BFH BFH/NV 2012, 417: *DBA Kanada*).

e) Nach dem *DBA Brasilien (K)* darf ausschließlich der Ansässigkeitsstaat Ruhegehälter bis zu einem Betrag von 12 000 DM oder dessen Gegenwert besteuern. Übersteigende Beträge dürfen auch vom Quellenstaat besteuert werden (Art. 19 Abs. 1 *DBA Brasilien (K)*). Diese Einschränkung gilt nicht für Renten. 88

f) Nach dem *DBA Philippinen 1983* besteuert Ruhegehälter, ähnliche Vergütungen und Renten nur der Ansässigkeitsstaat, **es sei denn,** die Zahlungen werden von einer Person geleistet, die im anderen Vertragsstaat ansässig ist, und sie wurden bei der Ermittlung des Gewinns dieser Person als Ausgaben abgezogen. In diesem Fall können die Zahlungen im Quellenstaat besteuert werden, Art. 19 Abs. 1 *DBA Philippinen.* Ähnlich das *DBA Thailand:* danach können Ruhegehälter außer im Ansässigkeitsstaat des Beziehers auch im Quellenstaat besteuert werden, wenn sie bei der Ermittlung der Gewinne eines Unternehmens des Quellenstaates oder einer dort gelegenen Betriebstätte als Ausgaben abgezogen wurden (Art. 18 Abs. 1 *DBA Thailand*). Werden durch die Ruhegehaltszahlungen keine Gewinne im Quellenstaat gemindert, bleibt es bei der ausschließlichen Besteuerung der Ruhegehälter im Ansässigkeitsstaat. 89

Auch nach dem *DBA Kenia* gilt für Ruhegehälter und Renten grundsätzlich das Wohnsitzprinzip; obwohl im Wortlaut das Wort „nur" fehlt, ist von einer ausschließlichen Besteuerung im Ansässigkeitsstaat auszugehen, da andernfalls Art. 19 Abs. 1 *DBA Kenia* ohne jeglichen Inhalt wäre. Werden solche Bezüge jedoch aus Quellen innerhalb des anderen Vertragsstaats bezogen, darf der Quellenstaat die Bezüge ebenfalls besteuern; die Steuer darf aber 5% des Bruttobetrages der Zahlungen nicht übersteigen (Art. 19 Abs. 2 *DBA Kenia*).

g) Die *DBA Bolivien, Ecuador, Marokko, Sambia, Uruguay 1987* und *Zypern 1974* enthalten in Art. 19, der im Übrigen Art. 18 OECD-MA entspricht, **keinen Vorbehalt zugunsten der Zahlungen aus öffentlichen Kassen.** Das Kassenstaatsprinzip gilt damit für Ruhegehälter nicht. Damit diese Regelung – die, wie die Umkehrung der Reihenfolge der Art. 18 und 19 MA entsprechenden Vorschriften zeigt, gewollt war – Sinn macht, müssen auch öffentlich-rechtliche Ruhegehälter einbezogen werden. Im Ergebnis bedeutet dies, dass alle Ruhegehälter allein der Ansässigkeitsstaat besteuern darf. 90

h) Das *DBA Südafrika 1973* stellt Ruhegehälter und ähnliche Vergütungen im Quellenstaat von der Besteuerung unter der Voraussetzung frei, dass die Einkünfte im Ansässigkeitsstaat des Vergütungsempfängers tatsächlich der Steuer unterliegen (Art. 16 Abs. 1 *DBA Südafrika 1973*). Damit wird dem in Südafrika geltenden Territorialitätsprinzip Rechnung getragen, wonach Südafrika nur Einkünfte besteuert, die aus inländischen Quellen stammen. Bei Ruhegehältern ist das der Fall, wenn die zugrundeliegende Tätigkeit im Inland ausgeübt worden ist. Ruhegehälter für in Deutschland ausgeübte unselbständige Arbeit werden deshalb nicht in Südafrika besteuert; sie dürfen somit nach Art. 16 Abs. 1 *DBA Südafrika 1973* auch dann in Deutschland der Steuer unterworfen werden, wenn der Empfänger in Südafrika ansässig ist. 91

i) Einige ältere DBA (*DBA Italien 1925*, *DBA Polen 1972/79* und *Rumänien 1973*) enthielten **keine ausdrückliche Regelung** für die privaten Ruhegehälter. Nach dem *DBA Polen 1972/79* fielen die privaten Ruhebezüge unter die Auffangklausel des Abkommens, damit ist allein der Ansässigkeitsstaat steuerberechtigt. Auch nach dem *DBA Italien 1925* fielen private Ruhegehälter unter die dem Art. 21 MA entsprechende Auffangklausel des Art. 10 DBA (Ital. FinMin, Ris. vom 18.4.1990, Diritto e pratica tributaria 1990 I 1236). Im *DBA Rumänien 1973* 92 fehlte eine allgemeine Auffangklausel. Die Ruhegehälter konnten daher ohne Einschränkung durch das Abkommen von beiden Seiten besteuert werden. Bei in Deutschland Ansässigen vermeidet die Bundesrepublik in diesen Fällen die Doppelbesteuerung gegebenenfalls durch Anrechnung oder Abzug der ausländischen Steuer nach den Vorschriften des innerstaatlichen Rechts (§ 34c Abs. 6 Satz 2 EStG). Die neuen DBA *Italien, Polen* und *Rumänien* entsprechen dem OECD-MA.

93 **j)** Nach den *DBA Ägypten, Argentinien, Indonesien, Simbabwe* und *Ukraine* gilt für private Ruhegehälter das **Ursprungsprinzip:** sie können im Quellenstaat – definiert als der Staat, aus dem die Zahlungen stammen (Art. 18 Abs. 1 *DBA Ägypten,* Art. 18 *DBA Indonesien,* Art. 18 Abs. 1 *DBA Ukraine*) bzw. als der Staat, in dem die nichtselbstständige Arbeit ausgeübt wurde (Art. 19 Abs. 1 *DBA Argentinien,* Art. 18 Abs. 1 *DBA Simbabwe*) besteuert werden, nach dem *DBA Ukraine* (Art. 18 Abs. 1) sogar ausschließlich. Die *DBA Ägypten, Simbabwe* und *Ukraine* beziehen in die Regelung Renten mit ein, wobei nach der Definition des Begriffes auch Veräußerungsrenten unter die Vorschrift fallen (Art. 18 Abs. 2 *DBA Ägypten* und *Simbabwe,* Art. 18 Abs. 2 *DBA Ukraine*). Das *DBA Argentinien* erstreckt sich auf „in einem Vertragsstaat im Rahmen der öffentlichen Sozialversicherung" gezahlte Renten. Das *DBA Niederlande 2012 (E)* sieht in Abs. 17 Abs. 2 eine Besteuerung im Quellenstaat vor, wenn die Summe der Ruhegehälter und ähnlichen Vergütungen, Renten sowie Sozialversicherungsrenten aus diesem Staat eine Schwelle von EUR 15.000 übersteigen (dazu auch *Böing/Prang,* BB 2012, 2211 (2217)). Die Unschärfe der deutschen Sprachfassung wird in der niederländischen Version vermieden, zumal „alsmede" im niederländischen die Singularform des Verbs zulässt. Das *DBA Spanien 2011* erlaubt in Art. 17 Abs. 2 für Leistungen aus der Sozialversicherung eine Besteuerung im Quellenstaat von maximal 5 Prozent der Bruttobezüge, wenn die Person, die Anspruch auf die Leistungen hat, die Zahlung erstmals nach dem 31. Dezember 2014 erhält (vgl. Prot. Nr. VI). Dieser Betrag erhöht sich auf 10 Prozent für Leistungsbeginn nach dem 31.12.2029. Entsprechendes gilt nach Abs. 3 für Leistungen aus der staatlich geförderten Altersvorsorge, vgl. dazu auch Prot. Nr. VII. Die Beiträge müssen über einen Zeitraum von mehr als 12 Jahren geleistet werden. Trotz der unklaren deutschen Sprachfassung ist in solchen Fällen wohl keine Aufteilung vorzunehmen. Das DBA Türkei 2011 erlaubt eine Besteuerung von Ruhegehältern, sonstigen Bezügen und Bezügen aus der Sozialversicherung im – nicht näher definierten – Staat, aus dem sie stammen, soweit eine Schwelle von EUR 10.000 jährlich überschritten wird. Das *DBA VAE 2010* enthält mit Ausnahme der Verteilungsnorm zu den Leistungen der Sozialversicherung und zu den öffentlich-rechtlichen Entschädigungsleistungen keine Verteilungsnorm mit abschließender Rechtsfolge, sondern erlaubt die Besteuerung im Quellenstaat.

94 **k)** Die *DBA Algerien 2007, Belarus, Bulgarien 2010, Costa Rica 2014 (E), Dänemark, Finnland 1979, Ghana, Kanada, Kasachstan, Liechtenstein 2011, Malta, Mazedonien 2006, Norwegen 1991, Norwegen 2013 (E), Österreich, Polen, Rumänien, Slowenien, Syrien 2010, Tadschikistan, Tschechien (E), USA 1989/2006* und *Zypern 2011* sehen ausdrückliche Regelungen für **Unterhaltszahlungen** vor.

95 **aa)** Nach den *DBA Algerien 2007* (Art. 18 Abs. 5), *Belarus* (Art. 18 Abs. 5), *Bulgarien 2010* (Art. 18 Abs. 5), *Costa Rica Rica 2014 (E)* (Art. 18 Abs. 5)*; Finnland* (Art. 18 Abs. 3), *Ghana* (Art. 18 Abs. 5), *Kasachstan* (Art. 18 Abs. 5), *Liechtenstein 2011* (Art. 18 Abs. 5), *Malta* (Art. 18 Abs. 5), *Mazedonien 2006* (Art. 18 Abs. 5), *Norwegen 1991* (Art. 18 Abs. 4), *Norwegen 2013 (E), Österreich* (Art. 18 Abs. 5), *Polen* (Art. 18 Abs. 5), *Rumänien, Slowenien* (Art. 18 Abs. 4), *Syrien 2010* (Art. 18 Abs. 5), *Tadschikistan* (Art. 17 Abs. 5), *Tschechien (E)* (Art. 18 Abs. 5) und *Zypern 2011* (Art. 17 Abs. 5) sind Unterhaltszahlungen, einschließlich derjenigen für Kinder, die

eine in einem Vertragsstaat ansässige Person an eine im anderen Vertragsstaat ansässige Person zahlt, **im Empfängerstaat von der Steuer befreit,** wenn diese Zahlungen im Staat des Unterhaltsverpflichteten bei der Berechnung seines steuerpflichtigen Einkommens nicht abzugsfähig sind. Darf der Zahlungsverpflichtete die Unterhaltsleistungen als Ausgabe abziehen, verbleibt die Besteuerung dem Empfängerstaat. Für in Belarus, Kasachstan oder Tadschikistan ansässige Empfänger wird jedoch aufgrund des innerstaatlichen deutschen Rechts die Steuerbefreiung im Empfängerstaat letztlich zur Regel, da Voraussetzung der Abzugsfähigkeit der Unterhaltsleistungen in Deutschland die Zahlung an einen **unbeschränkt** steuerpflichtigen Empfänger ist (vgl. § 10 Abs. 1 Nr. 1 EStG). Ist der Empfänger dagegen in Finnland (nach dem Abkommen 1979), Malta, Norwegen, Österreich, Polen, Rumänien oder Tschechien ansässig, sind die Unterhaltszahlungen dort zu versteuern, da diese Unterhaltsleistungen, wie alle derartigen Leistungen an in EU- und EWR-Staaten ansässige Personen, mit Wirkung vom 1.1.1996 an in Deutschland – trotz der Zahlung an einen **beschränkt** Steuerpflichtigen – abzugsfähig sind, wenn die Besteuerung durch eine Bescheinigung der ausländischen Steuerbehörden nachgewiesen wird, § 1a Abs. 1 Nr. 1 EStG (da in Österreich derzeit Unterhaltszahlungen nicht der Besteuerung unterliegen, kann eine solche Bescheinigung nicht beigebracht werden; in der Versagung der Abzugsfähigkeit liegt kein Verstoß gegen die Grundfreiheiten des Europarechts, vgl. EuGH v. 12.7.2005 Rs. C-403/03, Slg. 2005-I, 6421 – *Schempp*).

bb) Demgegenüber weisen das *DBA Dänemark* und das *DBA Finnland* dem **Ansässigkeitsstaat** des Empfängers die **ausschließliche Besteuerung** der Unterhaltszahlungen oder ähnlicher Vergütungen zu, Art. 18 Abs. 6 Satz 1. Das *DBA Dänemark* sieht für den deutschen Unterhaltsverpflichteten in Art. 18 Abs. 6 Satz 2 als Ausgleich für die (insbesondere vor Einführung des § 1a Abs. 1 Nr. 1 EStG) fehlende Abzugsmöglichkeit ausdrücklich vor, bei der Festsetzung des deutschen steuerpflichtigen Einkommens den Betrag zu berücksichtigen, der berücksichtigt würde, wenn der **Zahlungsempfänger** in Deutschland unbeschränkt steuerpflichtig wäre. 96

Das *DBA Kanada* überlässt gleichfalls dem Ansässigkeitsstaat des Empfängers die ausschließliche Besteuerung, allerdings ohne einen entsprechenden Abzug in Deutsch-land zu gewähren. 97

cc) Das *DBA USA 1989/2006* sieht eine Regelung für die Zahlung von „Unterhalt" („alimony") vor. Ähnlich wie bei den *DBA Dänemark* und *Kanada* steht **ausschließlich dem Ansässigkeitsstaat** des **Empfängers** die **Besteuerung** zu, wenn die Unterhaltsleistungen im Staat des Zahlenden abzugsfähig („deductible") sind, Art. 18 Abs. 3. Zur Abzugsfähigkeit bestimmt Nr. 15 *Prot. USA 1989/2006,* dass Unterhaltszahlungen und ähnliche Leistungen („similar allowances"), die von in Deutschland Steuerpflichtigen an in den USA ansässige Personen gezahlt werden, in gleicher Weise zum Abzug zugelassen werden, als wenn sie an Personen in Deutschland gezahlt worden wären. Umgekehrt ist für nicht abzugsfähige Unterhaltszahlungen sowie für Kindesunterhalt die **Freistellung im Empfängerstaat** vorgesehen, Art. 18 Abs. 4 (Besteuerung nur im Ursprungsstaat). 98

l) Das *DBA Dänemark* sieht in Art. 18 Abs. 4 zusätzlich vor, dass im Falle eines **Wohnsitzwechsels** die Besteuerung der Ruhegehälter und ähnlichen Vergütungen sowie der – von Art. 21 erfassten – Renten durch den ursprünglichen Ansässigkeitsstaat aufrechterhalten bleibt, es sei denn, der Steuerpflichtige besitzt die Staatsangehörigkeit des anderen Vertragsstaats oder ist dort vor Inkrafttreten des Abkommens ansässig geworden (dazu näher *Scholz,* IStR 2007, 283 (286)). Der Begriff der Rente wird eigens zu diesem Zweck definiert, Art. 18 Abs. 5. Der neue Ansässigkeitsstaat vermeidet in einem solchen Fall die Doppelbesteuerung durch Anrechnung (vgl. Art. 24 Abs. 1 Buchst. b (bb) *DBA Dänemark;* s. Art. 23 Rz. 120 ff.). 99

99a Zu Abfindungszahlungen sehen einige neuere auf Grundlage von § 2 Abs. 2 AO ergangene **Verständigungsvereinbarungen** (zum *DBA Belgien; DBA Niederlande:* § 7 Abs. 3 S. 2 der Deutsch-Niederländischen Konsultationsvereinbarungsverordnung; *DBA Österreich*: § 6 Abs. 2 der Deutsch-Österreichischen Konsultationsvereinbarungsverordnung, BGBl. I 2010, 2185; *DBA Schweiz:* § 6 Abs. 2 der Deutsch-Österreichischen Konsultationsvereinbarungsverordnung und wohl auch § 7 Abs. 3 S. 2 der Deutsch-Niederländischen Konsultationsvereinbarungsverordnung beschränken sich auf Fälle eines legitimerweise divergierenden Abkommensverständnisses. § 19 Abs. 2 der Deutsch-Schweizerischen Konsultationsvereinbarungsverordnung, BGBl I 2010, 2187) vor, dass Abfindungszahlungen aus Anlass der Auflösung des Arbeitsverhältnisses, die eine in einem Vertragsstaat wohnende Person nach Wegzug aus dem Tätigkeitsstaat von ihrem ehemaligen, im anderen Vertragsstaat ansässigen Arbeitgeber erhält, im Ansässigkeitsstaat besteuert werden können, wenn sie nicht im ehemaligen Tätigkeitsstaat besteuert werden. Mit dieser Regelung soll ersichtlich die Entstehung von „weißen Einkünften", also von Doppelnichtbesteuerungen vorgebeugt werden. Der Wortlaut von § 19 Abs. 2 der Deutsch-Schweizerischen Konsultationsvereinbarungsverordnung stellt eine *Subject-to-tax*-Klausel dar, die nicht nach den Ursachen der Nichtbesteuerung im Tätigkeitsstaat fragt. Zur Frage, welche Rechtswirkungen derartigen Verordnungen zukommen, s. Art. 25 Rz. 154a).

100 **m)** Das *DBA Pakistan* gestattet dem Ansässigkeitsstaat die Besteuerung der Ruhegehälter und ähnlicher Vergütungen („können"); obwohl im Wortlaut das Wort „nur" fehlt, ist von einer ausschließlichen Besteuerung im Ansässigkeitsstaat auszugehen, da andernfalls Art. 18 Abs. 1 *DBA Pakistan* ohne jeglichen Inhalt wäre und da Abs. 2 ein argumentum e contrario eröffnet. Daneben eröffnet Art. 18 Abs. 2 auch dem Quellenstaat die Besteuerung, wenn die Zahlung von einer dort ansässigen Person oder einer dort gelegenen Betriebstätte geleistet wird. Pakistan vermeidet in diesen Fällen die Doppelbesteuerung durch Anrechnung (Art. 22 Abs. 2). Ist dagegen Pakistan der Quellenstaat, werden die Einkünfte in Deutschland freigestellt (Art. 22 Abs. 1 Buchst. a).

101 **n)** Eine Reihe von Abkommen (die *DBA Albanien 2010* in Art. 18 Abs. 2, *Algerien 2007* in Art. 18 Abs. 3, *Aserbaidschan* in Art. 18 Abs. 3, *Belarus* in Art. 18 Abs. 3, *Bulgarien 2010* in Art. 18 Abs. 3, *Costa Rica 2014 (E)* in Art. 18 Abs. 3, *Dänemark* in Art. 18 Abs. 3, *Estland* in Art. 19 Abs. 4, *Finnland* in Art. 18 Abs. 2 Satz 2, *Frankreich* in Art. 14 Abs. 2 Nr. 2, *Georgien* in Art. 18 Abs. 3, *Ghana* in Art. 18 Abs. 3, *Großbritannien 2010* in Art. 18 Abs. 4, *Irland 2011* in Art. 18 Abs. 4, *Italien* in Art. 19 Abs. 5, *Jersey 2008* in Art. 6 Abs. 4, *Kanada* in Art. 18 Abs. 3 Buchst. a und b, *Kasachstan* in Art. 18 Abs. 3, *Kirgisistan* in Art. 18 Abs. 3, *Korea* in Art. 18 Abs. 3, *Kroatien* in Art. 18 Abs. 3, *Lettland* in Art. 19 Abs. 4, *Liberia* in Art. 19 Abs. 2, *Liechtenstein 2011* in Art. 17 Abs. 5, *Litauen* in Art. 19 Abs. 4, *Luxemburg 1958* in Art. 12 Abs. 3, *Luxemburg 2012* in Art. 17 Abs. 5, *Malaysia 1977* in Art. 18 Abs. 2, *Malaysia 2010* in Art. 18 Abs. 3, *Malta* in Art. 18 Abs. 3, *Mazedonien 2006* in Art. 18 Abs. 3, *Mexiko 2008* in Art. 18 Abs. 3, *Neuseeland* in Art. 18 Abs. 3, *Niederlande 1959/2004* in Art. 12 Abs. 3 Nr. 2, *Niederlande 2012 (E)* in Art. 17 Abs. 4, *Norwegen 1991* in Art. 18 Abs. 2, *Norwegen 2013 (E)* in Art. 18 Abs. 2, *Österreich* in Art. 18 Abs. 3, *Philippinen 1991/2013 (E)* in Art. 19 Abs. 3, *Polen* in Art. 18 Abs. 3 und 4, *Rumänien* in Art. 18 Abs. 3, *Russische Föderation* in Art. 19 Abs. 3, *Schweden* in Art. 18 Abs. 3, *Schweiz* in Art. 19 Abs. 7, *Singapur 2004* in Art. 18 Abs. 3, *Slowenien* in Art. 18 Abs. 2, *Spanien 2011* in Art. 17 Abs. 4, *Südafrika 1973* in Art. 16 Abs. 4, *Syrien 2010* in Art. 18 Abs. 3, *Tadschikistan* in Art. 17 Abs. 3, *Thailand* in Art. 17 Abs. 3, *Tschechien (E)* in Art. 18 Abs. 3 und 4, *Ukraine* in Art. 18 Abs. 3, *Usbekistan* in einem Memorandum v. 28.8.1997,

VAE 2010 in Art. 17 Abs. 3 und *Zypern 2011* in Art. 17 Abs. 3) trifft Sonderregelungen für (Schadens-)Vergütungen, die als Folge von **Kriegshandlungen und politischer Verfolgung** sowie zum Teil auch von anderen aufopferungsgleichen Eingriffen gezahlt werden. Nähere Ausführungen hierzu s. Art. 19 Rz. 75 f. Nach Art. 19 Abs. 2 *DBA Brasilien (K)* sind derartige Leistungen in Brasilien von der Steuer befreit; damit schreibt das Abkommen für Renten sowie kleinere Ruhegehälter und ähnliche Vergütungen eine doppelte Nichtbesteuerung ausdrücklich vor (a. A. Wassermeyer/*Krabbe,* Art. 19 DBA Brasilien Rz. 14, der von einem ausschließlichen Besteuerungsrecht in Deutschland ausgeht, wofür der Wortlaut indes keine Anhaltspunkte bietet; allerdings kommt es derzeit auf diese Frage wegen der Steuerbefreiungen nach innerstaatlichem deutschen Steuerrecht nicht an). Für die Renten im Rahmen der Sozialversicherung sieht das *DBA Argentinien* ebenfalls deren Besteuerung durch den Quellenstaat vor (Art. 19 Abs. 2 *DBA Argentinien*).

C. Anhang: Steuerliche Behandlung der Altersvorsorgepläne

I. Musterabkommen

1. Übereinstimmungen und Abweichungen

Das OECD-MA enthält ebenso wie das UN-MA derzeit keine gesonderten Regeln, welche die steuerliche Behandlung von Beiträgen zu Altersvorsorgeplänen sowie die Besteuerung der Investmenterträge von Altersvorsorgeplänen betreffen. Der MA-Komm. enthält seit 1992 allerdings ausführliche Erläuterungen zu diesen Fragen und eine Reihe von Vorschlägen für Vorschriften, welche die Vertragsstaaten aufnehmen können. Ebenso bezieht der UN-Komm., S. 184 die Erläuterungen des MA-Komm. 92 zur Abzugsfähigkeit von Beiträgen zu ausländischen Pensionsplänen ein. Im Gegensatz zum OECD-MA enthält das US-MA in Art. 18 eine eigene Vorschrift zur Besteuerung von Pensionsfonds (dazu Rz. 180 ff.). Art. 18 Abs. 2 und 3 des US-MA greifen Vorschläge aus dem MA-Komm. auf, Abs. 4 stellt sicher, dass ein in einen ausländischen Pensionsfonds investierender US-Investor in den USA in den Genuss von Steuerbefreiungen und Steuerabzügen kommt. 150

2. OECD-MA

a) Allgemeines: Kernproblem der Altersvorsorgepläne (zum Begriff s. Rz. 2) ist die international uneinheitliche Behandlung der Altersbezüge: In manchen Staaten sind Beiträge zu Altersvorsorgeplänen nicht von der einkommensteuerlichen Bemessungsgrundlage des Vorsorgenden abziehbar, während die Leistungen aus den Altersvorsorgeplänen dort zumeist zumindest teilweise von der Einkommensteuer befreit sind (nachgelagerte Besteuerung, s. Rz. 4). Umgekehrt erlauben andere Staaten einen Abzug der Beiträge zu Altersvorsorgeplänen von der einkommensteuerlichen Bemessungsgrundlage und unterwerfen die Leistungen aus diesen Plänen der Einkommensteuer (nachgelagerte Besteuerung, s. Rz. 4). Damit droht neben der Doppelnichtbesteuerung insbesondere eine intertemporale Doppelbesteuerung durch Versagung der Abzugsfähigkeit der Beiträge bei späterer ungemilderter Besteuerung der Leistungen. Diese intertemporale Doppelbesteuerung ist grundsätzlich vom Abkommen nicht verboten, setzt aber Anreize gegen eine sozialpolitisch gewünschte Altersvorsorge. Zudem besteht die Gefahr, dass Beiträge nur deshalb nicht steuerlich berücksichtigt werden können, weil sie an einen ausländischen Träger geleistet werden können. Dies trifft insbesondere diejenigen natürlichen Personen (bzw. deren Arbeitgeber), die ihre Teilnahme an einem in einem Vertragsstaat (Heimatstaat) er- 151 richteten Altersvorsorgeplan anlässlich ihrer Tätigkeit im anderen Vertragsstaat (Gaststaat) fortführen möchten. Im Ergebnis bedeutet dies eine Diskriminierung. Der MA-Komm. konzentriert sich auf die Beseitigung dieser Diskriminierung, vermag aber damit das Problem der intertemporalen Doppelbesteuerung nicht in allen Fällen zu lösen (Rz. 153 ff., insbes. Rz. 164). Ferner kann es sich anbieten, eine steuerneutrale Übertragung zwischen verschiedenen Pensionsfonds zuzulassen (Rz. 167). Schließlich ist die Frage der Besteuerung von Investmenterträgen der Altersvorsorgepläne zu klären, die diese während der Beitragsphase erzielen (Rz. 168 f.).

152 Im Verhältnis der **Mitgliedsstaaten der EU und des EWR** haben die aufgezeigten Fragen für DBA allerdings an Relevanz verloren. Im Hinblick auf betriebliche Alterssicherungssysteme ist durch einige Maßnahmen der positiven Integration eine gewisse Annäherung der unterschiedlichen Systeme in Europa zu verzeichnen. Die Richtlinie 98/49/EG zur Wahrung ergänzender Rentenansprüche von Arbeitnehmern und Selbständigen, die innerhalb der Union zu- und abwandern (ABl. EG v. 25.7.1998 Nr. L 209, 46) erlaubt es dem für eine bestimmte Zeit ins Ausland entsandten Arbeitnehmer, in seinem heimischen Sicherungssystem zu bleiben. Die Richtlinie 2003/41/EG über die Tätigkeiten und die Beaufsichtigung von Einrichtungen der betrieblichen Altersversorgung (sogenannte Pensionsfondsrichtlinie) verringert die Behinderungen des gemeinsamen Marktes im Bereich von Pensionsfonds und Pensionskassen. Ferner liegt der Vorschlag für eine Richtlinie zur Verbesserung der **Portabilität von Zusatzrentenansprüchen** (COM (2005) 507 endgültig) vor. Allerdings haben der Rat und das Europäische Parlament die Vorschriften über die Übertragung gestrichen (vgl. Entschließung des Europäischen Parlaments vom 20.7.2007, noch nicht im ABl. veröffentlicht) und durch die bloße Aufrechterhaltung der Zusatzrentenansprüche trotz Wechsels des Arbeitgebers ersetzt. Steuerliche Vorschriften enthalten die Richtlinien und der Richtlinienvorschlag derzeit nicht.

153 Im steuerlichen Bereich dominieren für die Altersvorsorge **Maßnahmen der negativen Integration** (vgl. dazu umfassend *Richter,* S. 1 ff.). Einen ersten Schauplatz bildete die Abzugsfähigkeit der **Beiträge zu EU-ausländischen Alterssicherungseinrichtungen**. In der Rechtssache *Wielockx* (EuGH v. 11.8.1995, Rs. C-80/94, Slg. 1995-I, 2508 – *Wielockx,* s. auch Grundl. Rz. 266c) hat der EuGH entschieden, dass der Tätigkeitsstaat im Hinblick auf eine abzugsfähige Altersrücklage einen Steuerausländer mit ansässigen Steuerpflichtigen zur Vermeidung einer Diskriminierung gleich behandeln muss, wenn der Ansässigkeitsstaat mangels Einkünften die Altersversorgungsbeiträge nicht berücksichtigen kann. Daran ändert auch die Tatsache nichts, dass die späteren Pensionszahlungen nach Art. 18 OECD-MA im Tätigkeitsstaat nicht besteuert werden können. Die Abzugsfähigkeit kann insbesondere nicht mit Blick auf Art. 18 OECD-MA versagt werden, wenn sich auch ein im Inland ansässiger Arbeitnehmer durch Verlagerung seines Wohnsitzes in der Auszahlungsphase der inländischen Besteuerung entziehen kann (EuGH v. 30.1.2007, Rs. C-150/04, IStR 2007, 214 – *Kommission/Dänemark;* EuGH v. 5.7.2007 Rs. C-522/04, RIW 2007, 716 – *Kommission/Belgien*). Zudem hat der EuGH in der Rechtssache *Danner* (EuGH v. 3.10.2002, Rs. C-136/00, Slg. 2002-I, 8147) seine Rechtsprechung der Rechtssachen *Bachmann* und *Kommission/Belgien* (EuGH v. 28.1.1992, Rs. C-204/90, Slg. 1992-I, 249 und Rs. C-300/90, Slg. 1992-I, 305) modifiziert: Danach verstößt es gegen die auch auf ein System der freiwilligen Altersversorgung anwendbare Dienstleistungsfreiheit des Art. 56 AEUV (ex Art. 49 EG), wenn Beiträge an einen inländischen Rentenversicherer von der einkommensteuerlichen Bemessungsgrundlage abgezogen werden können, Beiträge an einen ausländischen hingegen nicht (ebenso das Schweizerische Bundesgericht, 2C_530/2010 zu Art. 9 FZA). Eine Ausnahme kann nur dann gelten, wenn gleichzeitig die Besteuerbarkeit der vom ausländischen Versicherer gezahlten Renten ausgeschlossen ist. Zudem ist nur eine Gleichbehandlung geboten, so dass ein Abzug von Beiträgen die Erfüllung der jeweiligen Voraussetzungen des innerstaatlichen Rechts voraussetzt (einschränkend *de Broe/Neyt,* BIT 2009, 86 (87); aus rechtspolitischer Sicht krit. dazu *van Meerten/Starink,* EC Tax Review 2011, 30 (36ff.). Auch ist eine grenzüberschreitende Abstimmung der Besteuerungsregeln unionsrechtlich nicht geboten (zutr. BFH, BStBl. II 2009, 1000). Ein Vertragsverletzungsverfahren gegen Schweden wegen diskriminierender Behandlung von Beiträgen zu ausländischen Pensionsfonds ist seit 2007 anhängig. Die Abzugsfähigkeit von **Arbeitgeberbeiträgen** betreffen die Entscheidungen des EuGH v. 26.6.2003, Rs. C- 422/01, Slg. 2003-I, 6817 – *Scandia und Ramstedt* sowie EuGH v. 5.7.2007 Rs. C-522/04, RIW 2007, 716 – *Kommission/Belgien,* Rz. 39.

Ferner verstößt die diskriminierende **Besteuerung von Dividenden- und Zinszahlungen an in- und ausländische Pensionsfonds** gegen die Kapitalverkehrsfreiheit (EuGH v. 6.10.2011, Rs. C-493/09, Slg. 2011-I, 0000 – *Kommission/Portugal;* 14.12.2006, Rs. C-170/05, Slg. 2006-I, 11949 – *Denkavit,* dazu Grundl. Rz. 256f) Die **Besteuerung der Investmenterträge** darf nicht für inländische Versicherungen auf Ebene der Versicherung, für ausländische Versicherungen hingegen auf der Ebene der natürlichen Person erfolgen (EuGH v. 28.4.1998, Rs. C-118/96, Slg. 1998-I, 1897 – *Safir*).

Auch im Bereich der **(Ersatz-)Realisierungstatbestände** bestehen ähnliche europarechtliche Restriktionen, vgl. zur Rückzahlung staatlicher Förderung bei der Riester-Rente im Falle eines Wegzugs EuGH v. 10.9.2009 Rs. C-269/07, Slg. 2009, I-7811 – *Kommission/Deutschland;* s. auch EuGH v. 5.7.2007 Rs. C-522/04, RIW 2007, 716 – *Kommission/Belgien,* Rz. 71). Ferner ist zweifelhaft, ob die steuerliche Regelung des § 3 Nr. 55 EStG nicht auch bei Übertragung auf EU-ausländische Altersvorsorgepläne Anwendung finden muss (vgl. EuGH v. 5.7.2007 Rs. C-522/04, RIW 2007, 716 – *Kommission/Belgien,* Rz. 40 und 73). Aus diesen Urteilen folgt, dass für Sachverhalten zwischen EU- und EWR-Mitgliedsstaaten den Vorschlägen des MA-Komm. kein bedeutender Anwendungsbereich verbleibt.

b) Beiträge zu Pensionsplänen: aa) Grundzüge: Der MA-Komm. erörtert **154**
in Ziff. 31 bis 65 ausführlich, wie bei einer Entsendung von Arbeitnehmern ins Ausland die Abzugsfähigkeit von Beiträgen gewährleistet werden soll, die diese an ihre heimischen Pensionspläne (engl. pension schemes) zahlen. Die Ausführungen beruhen auf einem 1992 zu diesem Thema veröffentlichten Bericht des Steuerausschusses der OECD (*OECD,* Foreign Pension Schemes, 43ff.); sie wurden im MA-Komm. 2005 überarbeitet. Der MA-Komm. schlägt hierfür Varianten für eine geeignete Abkommensregelung vor (Ziff. 37 sowie unter Einbeziehung von Pensionsplänen in Drittstaaten Ziff. 38; s. dazu auch *Firlinger,* Aktuelle Entwicklungen, S. 253ff.; Wassermeyer/*Wassermeyer,* Art. 18 MA Rz. 49ff.; GKG/*Rupp,* Art. 18 OECD-MA Rz. 91ff.). Die Norm in Ziff. 37 ist ein **besonderes Diskriminierungsverbot**, da sie unter bestimmten Tatbestandsvoraussetzungen eine Gleichstellung mit Beiträgen zu im Gaststaat errichteten Pensionsplänen anordnet. Das Diskriminierungsverbot richtet sich nicht an den Heimatstaat, was von Bedeutung sein kann, wenn die natürliche Person im Gaststaat einem Pensionsplan beitreten möchte und der Gaststaat nach dem DBA die Einkünfte der natürlichen Person nicht besteuern darf (so zu Recht Wassermeyer/*Wassermeyer,* Art. 18 OECD-MA, Rz. 51). Der Begriff der Pensionspläne wird in der vorgeschlagenen Vorschrift in Abs. 2 definiert (MA-Komm. Ziff. 37 und 38; s. auch Rz. 201).

bb) Abgrenzung: Die vorgeschlagene Vorschrift ist **keine Verteilungsnorm**, **155**
denn sie begrenzt nicht die Besteuerung bestimmter Einkünfte zugunsten ihrer

Besteuerung im anderen Vertragsstaat. Es geht auch nicht um die Besteuerung der Pensionspläne selbst. Vielmehr regelt die Vorschrift für einen Sonderfall die Zulässigkeit des Abzugs bestimmter Ausgaben von der **Steuerbemessungsgrundlage** und ist insoweit mit Art. 7 Abs. 2 bis 6 MA vergleichbar, wobei es sich dort um Betriebsausgaben handelt, hier hingegen auch persönliche Ausgaben – also in Deutschland insbesondere Sonderausgaben, zu Recht Wassermeyer/*Wassermeyer,* Art. 18 Rz. 49 – anzunehmen sein können.

156 Gegenüber **Art. 24 Abs. 4** (dazu Art. 24 Rz. 136ff.) erweitert die Vorschrift den Schutz vor Diskriminierungen (ebenso *de Broe/Neyt,* BIT 2009, 86 (87)). Das Hinzudenken der Ansässigkeit des Pensionsplans im Inland („Gegenprobe") würde häufig nicht ausreichen, da häufig zugleich zahlreiche aufsichtsrechtliche Vorschriften divergieren und damit Art. 24 Abs. 4 nicht zur Anwendung kommt (s. dazu Art. 24 Rz. 146). Im Rahmen der vorgeschlagenen Regelung reicht hingegen eine Vergleichbarkeit aus.

157 **cc) Regelungsvorschlag:** Nach der in MA-Komm. Ziff. 37 vorgeschlagenen und in Ziff. 39ff. ausführlich erläuterten Regelung können

- **Beiträge,**
  - die durch oder für eine **natürliche Person** geleistet werden,
  - die **in einem Vertragstaat („Gaststaat") Dienstleistungen erbringt**
  - und die unmittelbar vor Beginn der Dienstleistungen nicht im Gaststaat ansässig war und die bereits zu diesem Zeitpunkt am Pensionsplan teilnahm,
- zu einem **Pensionsplan,**
  - der im anderen Vertragstaat („Heimatstaat") errichtet und dort für steuerliche Zwecke anerkannt ist und
  - für den die zuständige Behörde des Gaststaates bestätigt, dass er generell mit einem dort steuerlich anerkannten Pensionsplan übereinstimmt,
- bei der Besteuerung der natürlichen Person und der Unternehmen im Gaststaat **so behandelt werden, als würde es sich um Beiträge an einen im anderen Vertragsstaat anerkannten Pensionsplan** handeln.

Die Ausdrücke „Pensionsplan" und „für steuerliche Zwecke anerkannt" werden in Abs. 2 definiert. Sie sind nicht auf die erste oder zweite Säule der Altersvorsorge beschränkt, sondern umfassen auch die individuelle Altersvorsorge (*de Broe/Neyt,* BIT 2009, 86 (87)).

158 **dd)** Die **Beiträge** müssen durch oder für eine natürliche Person geleistet werden. Dies ist der Fall, wenn die natürliche Person selbst die Beiträge leistet, aber auch, wenn sie der Arbeitgeber oder ein Dritter, z. B. ein Ehepartner erbringt.

159 **ee)** Sie müssen durch oder für eine **natürliche Person** geleistet werden, die **Dienstleistungen erbringt.** Gemeint sind damit jedenfalls Arbeitnehmer. Darüber hinaus kann die Vorschrift auch auf die Dienste leistenden Unternehmer Anwendung finden. Dafür sprechen der Wortlaut der vorgeschlagenen Regelung, der MA-Komm. in Ziff. 63 a. E. sowie schließlich die Entstehungsgeschichte: Im MA-Komm. 1992 Ziff. 11 war noch von einer unselbständig tätigen Person die Rede (ebenso *Andreoni,* Intertax 2006, 245 (253); *de Broe/Neyt,* BIT 2009, 86 (87)).

160 Die Dienstleistungen müssen **im Gaststaat erbracht werden.** Die natürliche Person darf unmittelbar dort vor Beginn der Dienstleistungen **nicht ansässig** gewesen sein. Sie kann also vor Beginn der Dienstleistungen im Heimatstaat oder in Drittstaaten ansässig gewesen sein. (Die Begriffe Heimatstaat und Gaststaat sind technische Termini, die nicht notwendig mit der sozialen Herkunft übereinstimmen müssen: Auch ein in Deutschland aufgewachsener deutscher Staatsbürger, der nur zwei Jahre in Großbritannien arbeitet, an einem dortigen Pensionsplan teilnimmt und anschließend in Deutschland ansässig wird und dort arbeitet, hat in Großbritannien seinen „Heimatstaat"). Umgekehrt ist es aber auch nicht erforderlich, dass die natürliche Person während der Ausübung der Dienstleistungen im

Gaststaat ansässig wird (ebenso *de Broe/Neyt,* BIT 2009, 86 (87)). Bei einer Ansässigkeit in einem Drittstaat ist dann allerdings zu beachten, dass die natürliche Person nicht abkommensberechtigt ist (so auch MA-Komm. Ziff. 46). Die Staatsangehörigkeit der natürlichen Person ist ebenso unbedeutend wie die Dauer der Tätigkeit im Gaststaat (s. aber Rz. 207 zum *DBA Kanada* als nicht untypische Klausel; *de Broe/Neyt,* BIT 2009, 86 (87) und MA-Komm. Ziff. 47 f.).

Es werden nur Beiträge zu Pensionsplänen erfasst, an denen die natürliche Person bereits **unmittelbar vor Beginn der Dienstleistungen teilnahm** (zur Präzisierung dieses Merkmals im *DBA USA 1989/2006* s. Rz. 203, im *DBA Kanada* s. Rz. 207). Damit werden Beiträge zu neuen Pensionsplänen ausgeschlossen, denen die natürliche Person erst nach diesem Zeitpunkt beitritt (MA-Komm. Ziff. 53; Ziff. 54 enthält einen Vorschlag für die Ersetzung eines Pensionsplans, etwa im Falle einer Übernahme des Arbeitgebers durch eine andere Firma). Dem gleichzustellen ist die wesentliche Erweiterung der Beitragsgrenzen; in diesem Fall kommt ein Abzug nur soweit in Betracht, wie die Leistungen unmittelbar vor Beginn der Dienstleistungen möglich gewesen wären bzw. in dem Umfang, wie sich die Höchstgrenze ohne die wesentliche Erweiterung entwickelt hätte. 161

ff) Die Beiträge müssen an einen **Pensionsplan** geleistet werden. Unter einem Pensionsplan (vgl. Abs. 2 Buchst. a) der vorgeschlagenen Regelung) ist ein Arrangement zu verstehen, an der der Einzelne teilnimmt, um sich Altersbezüge zu sichern, die in Bezug auf die im Ausland geleistete Tätigkeit gezahlt werden sollen. Es kommt weder darauf an, ob die Leistungen des Pensionsplans als laufende Zahlung oder als Einmalzahlung (MA-Komm. Ziff. 60), noch ob sie an die natürliche Person oder zur Versorgung seiner Hinterbliebenen geleistet werden (MA-Komm. Ziff. 62). Während der MK früher nur Beiträge zu **privaten** Pensionskassen (MA-Komm. 1992 Ziff. 8) und **nicht** Beiträge zur **öffentlichen Sozialversicherung** erfasst sehen wollte, findet sich die Beschränkung im aktuellen MA-Komm. nicht mehr. Vielmehr bezieht der MA-Komm. Ziff. 35 nunmehr ausdrücklich auch die Beiträge zur Sozialversicherung mit ein. 162

Der Pensionsplan muss **im Heimatstaat errichtet und dort für steuerliche Zwecke anerkannt** sein (zu einem Alternativvorschlag, der auch Pensionspläne aus Drittstaaten zulässt, s. MA-Komm. Ziff. 38). Dadurch soll erreicht werden, dass die natürliche Person nicht günstiger behandelt wird, als wenn sie die Dienstleistungen in seinem Heimatstaat erbracht hätte (MA-Komm. Ziff. 64). 163

Voraussetzung ist ferner die **Bestätigung durch die zuständige Behörde des Gaststaates** (Art. 3 Abs. 1 Buchst. f)), dass der Pensionsplan einem dort steuerlich anerkannten Pensionsplan generell vergleichbar ist, also dass die Beiträge (teilweise) zu einer Steuerentlastung berechtigen, vgl. Abs. 2 Buchst. b) der vorgeschlagenen Regelung. Kriterien für eine Vergleichbarkeit gibt der MA-Komm. nicht vor; er kann dies wohl auch angesichts der international stark divergierenden Regeln nicht leisten (*Avery Jones,* BIFD 2004, 181 (182)). Das Erfordernis der Vergleichbarkeit kann dazu führen, dass während der Tätigkeit im Gaststaat Beiträge zu einem Pensionsplan keine steuerliche Berücksichtigung finden, obwohl dies im Heimatstaat der Fall war. Gleichwohl erscheint die Beschränkung angemessen: Es soll nur eine Gleichbehandlung mit den Arbeitnehmern des Heimatstaates hergestellt werden; dies fordert nur, dass Beiträge zu im Heimatstaat errichteten Pensionsplänen abzugsfähig sind, wenn vergleichbare Pensionspläne des Gaststaates dies auch wären. Andernfalls käme es zu einer Besserstellung natürlicher Personen, die in einen ausländischen Pensionsplan einzahlen. Kombiniert mit dem Erfordernis der steuerlichen Anerkennung auch im Heimatstaat (Rz. 163) bedeutet dies allerdings grundsätzlich, dass die Voraussetzungen beider Vertragsstaaten kumulativ erfüllt sein müssen; das erscheint mit Blick auf das proklamierte Ziel nicht ganz zweifelsfrei. 164

165 **gg) Gleichbehandlung mit Beiträgen an einen im anderen Vertragsstaat anerkannten Pensionsplan:** Rechtsfolge ist die steuerliche Gleichbehandlung der geleisteten Beiträge mit Beiträgen an einen im Gaststaat für steuerliche Zwecke anerkannten Pensionsplan. Das Gleichbehandlungsgebot richtet sich an den Gaststaat. Das Gleichbehandlungsgebot gilt sowohl für die Besteuerung der natürlichen Person als auch für die Besteuerung des Unternehmers. Letzteres kommt dann in Betracht, wenn das Unternehmen die Beiträge für seine Arbeitnehmer leistet. Die Gleichbehandlung ist umfassend. Sie erstreckt sich nicht nur auf die Abzugsfähigkeit von Beiträgen, sondern auch auf die (Lohn-)Steuerfreiheit von Arbeitgeberbeiträgen. Das Diskriminierungsverbot richtet sich nicht an den Heimatstaat. Dies kann von Bedeutung sein, wenn die natürliche Person im Gaststaat einem Pensionsplan beitreten möchte und der Gaststaat nach dem DBA die Einkünfte der natürlichen Person nicht besteuern darf (so zu Recht Wassermeyer/*Wassermeyer,* Art. 18 OECD-MA, Rz. 51).

166 **c) Individuelle Altersvorsorge:** Im Rahmen der dritten Säule (vgl. Rz. 2a) werden ebenfalls Steuervergünstigungen gewährt. Neben den bereits erörterten Fragen für die Pensionspläne stellt sich insbesondere das Problem, dass Erträge aus einem im anderen Vertragsstaat errichteten individuellen Altersvorsorgeplan der Durchgriffsbesteuerung unterfallen können und damit die zweckgerichtete Steuerbefreiung aufgehoben wird. Der MA-Komm. enthält in Rz. 30 einen Vorschlag, der die Gleichstellung von derartigen Erträgen mit solchen von individuellen Altersvorsorgeplänen sicherstellt, s. auch *Andreoni,* Intertax 2006, 245 (252).

167 **d) Portabilität von Pensionsansprüchen:** Ein weiteres Hindernis für die internationale Mobilität von Arbeitskräften liegt darin, dass ein Arbeitsplatzwechsel auch die Übertragung von Pensionsansprüchen von einem Pensionsplan auf einen anderen erforderlich machen kann. Im innerstaatlichen Fall ist eine solche Übertragung häufig steuerneutral möglich. Der MA-Komm. Ziff. 68 unterbreitet einen Vorschlag zur Ausdehnung auf den grenzüberschreitenden Fall. Derartige Regelungen sind in der Abkommenspraxis noch selten; sie sind enthalten etwa im *DBA USA 1989/2006* (s. dazu Rz. 202) und im *DBA Großbritannien/USA.*

168 **e) Besteuerung der Einkünfte von Pensionsfonds:** Weitere Probleme ergeben sich im Hinblick auf die Besteuerung von Pensionsfonds (zum Problem von deren Abkommensberechtigung s. MA-Komm. zu Art. 4 Ziff. 8.5 und 8.6; *Avery Jones,* BIFD 2004, 181 (182); Art. 28 Abs. 2 Buchst. e *DBA USA 1989/2006* sowie Art. 4 Rz. 131; zu Limitation on Benefits-Klauseln MA-Komm. zu Art. 1 Ziff. 20). Der MA-Komm. diskutiert zu Dividenden und Zinszahlungen eine Quellensteuerbefreiung und eine Befreiung der Veräußerungsgewinne, vgl. MA-Komm. zu Art. 10 Ziff. 13.1, zu Art. 11 Ziff. 7.10 und zu Art. 13 Ziff. 28.8 sowie *Helminen,* BIT 2007, 49 (56) zur Quellensteuerbefreiung des schwedischen allgemeinen Pensionsfonds nach der Nordischen Konvention. Die Regelungen sind nicht ganz unproblematisch, weil sie andere Altersvorsorgepläne als Pensionsfonds nicht erfassen und damit zu Wettbewerbsverzerrungen führen können (so mit Recht *Hall,* DFI 2005, 303). Die USA und Großbritannien haben daher eine Verständigungsvereinbarung geschlossen, wonach der Anwendungsbereich erheblich erweitert wird (dazu *Hall,* a. a. O.).

169 Der MA-Komm. schlägt in Ziff. 69 ferner eine Regelung vor, welche die Steuerfreiheit, die ein Vertragsstaat dort ansässigen Pensionsfonds gewährt, auf im anderen Vertragsstaat ansässige Pensionsfonds ausdehnt (dazu *de Broe/Neyt,* BIT 2009, 86 (92)).

3. US-MA

a) Art. 18 US-MA enthält seit 2006 Vorschriften für die grenzüberschreitende Teilnahme einer in einem Vertragsstaat ansässigen natürlichen Person an einem im anderen Vertragsstaat ansässigen Pensionsfonds. Ziel ist es, Hindernisse im Dienstleistungsverkehr zwischen den Vertragsstaaten zu beseitigen. Hingegen werden Beteiligungen an in Drittstaaten ansässigen Pensionsfonds nicht privilegiert, so ausdrücklich US-TE, vor Abs. 1. **180**

b) Art. 18 Abs. 1 enthält eine Regelung, die den **Aufschub der Besteuerung** auf den Zeitpunkt der Auszahlung vorsieht, wenn sich eine in einem Vertragstaat ansässige Person an einem im anderen Vertragsstaat ansässigen Pensionsfonds beteiligt. Insbesondere ist eine Übertragung an einen anderen Pensionsfonds im anderen Staat möglich. **182**

c) Art. 18 Abs. 2 betrifft die **Beiträge zu Pensionsfonds.** Die Norm enthält wie die im MA-Komm. vorgeschlagene Regelung ein besonderes Diskriminierungsverbot (Rz. 154). Sie erlaubt für natürliche Personen, die im Gaststaat eine selbständige oder nichtselbständige Tätigkeit ausüben, den Abzug bzw. die Steuerbefreiung unter denselben Voraussetzungen, wie für Beiträge eines im Gaststaat ansässigen Pensionsfonds. Art. 3 und 4 enthalten zusätzliche Voraussetzungen (Beitragsleistung bereits vor Ausübung der Tätigkeit im Gaststaat mit ausdrücklicher Regelung zur Ersetzung, s. Rz. 161; Vergleichbarkeit mit einem Pensionsfonds des Gaststaates, s. Rz. 164). **183**

d) Abs. 4 schließlich trägt der Besonderheit des US-amerikanischen Steuerrechts Rechnung, wonach Anknüpfungsmerkmal der unbeschränkten Steuerpflicht dort auch die Staatsangehörigkeit ist, und trifft Regelungen für die Abzugsfähigkeit von **Beiträgen zu im anderen Vertragsstaat errichteten Altersvorsorgeplänen.** **184**

II. Deutsche DBA

Entsprechende Regelungen finden sich derzeit in wenigen deutschen DBA. **200**

1. DBA USA 1989/2006

Die umfangreichsten Regelungen enthält Art. 18 A *DBA USA 1989/2006.* Die Vorschrift knüpft an die Vorschläge im MA-Komm. an (Rz. 151 ff.), ist aber wesentlich detaillierter. Die Vorschrift entspricht mit Ausnahme der Erweiterung auf alle Formen von Altersvorsorgeplänen im Wesentlichen dem US-MA (dazu Rz. 180 ff.). Zentral ist der Begriff **„Altersvorsorgeplan“,** der in Art. 18A Abs. 4 *DBA USA 1989/2006* definiert wird als Einrichtung in einem Vertragsstaat, die vorwiegend dazu dient, Ruhegehälter zu verwalten und zu gewähren oder Einkünfte zugunsten einer oder mehrerer solcher Einrichtungen zu erzielen. Der Begriff „Einrichtung“ ist im Lichte des engl. „arrangement“ weit zu verstehen. Dies verdeutlicht auch Prot. Nr. 16 Buchst. a) Doppelbuchst. aa) zum *DBA USA 1989/2006.* Damit unterfallen dem Begriff auch individuelle Sparpläne nach amerikanischem Recht wie Roth IRAs. Vom Begriff werden gleichfalls erfasst unter anderem alle Durchführungsformen der betrieblichen Altersversorgung nach § 1 BetrAVG, Prot. Nr. 16 Buchst. a), Doppelbuchst. bb) zum *DBA USA 1989/2006.* **201**

a) Art. 18 A Abs. 1 *DBA USA 1989/2006* sieht einen **Aufschub der Besteuerung** auf den Zeitpunkt der Auszahlung vor. Einkünfte einer in einem Vertragsstaat ansässigen natürlichen Person, die Teilnehmer oder Begünstigter eines im **202**

anderen Vertragsstaat errichteten Altersvorsorgeplans ist und in diesem Rahmen Einkünfte erzielt, werden danach nur dann als Einkünfte dieser Person besteuert, wenn sie an diese Person (oder zugunsten dieser Person) ausgezahlt werden. Damit wird insbesondere eine nachgelagerte Besteuerung gesichert. Zugleich ermöglicht die Vorschrift eine steuerneutrale Übertragung von Pensionsansprüchen an andere Altersvorsorgepläne im Nichtansässigkeitsstaat (s. dazu auch Rz. 167). Die Anwendbarkeit der Vorschrift hängt nicht von der Ausübung einer selbständigen oder nichtselbständigen Tätigkeit ab.

203 **b) Art. 18 A Abs. 2** *DBA USA 1989/2006* betrifft die steuerliche Behandlung von **Beiträgen zu Altersvorsorgeplänen** im anderen Vertragsstaat (zur Abgrenzung von rein innerstaatlichen Sachverhalten *Portner,* BB 2014, 1175 (1178 f.)). Er ermöglicht den steuerlichen Abzug von Beiträgen zu Altersvorsorgeplänen im jeweiligen Heimatstaat. Übernimmt der Arbeitgeber die Beiträge, so fließt dem Arbeitnehmer kein Arbeitslohn zu, der Betriebsausgabenabzug beim Unternehmen ist aber gleichwohl möglich. Die Vorschrift erfordert die Ausübung einer selbständigen oder nichtselbständigen Arbeit. Sie kommt etwa bei einer Arbeitnehmerentsendung an eine ausländische Tochtergesellschaft in Betracht, die zum Arbeitgeber des Entsandten wird; in diesem Fall würde ansonsten die Übernahme der Beiträge zur betrieblichen Altersversorgung durch die Muttergesellschaft beim Entsandten zu steuerpflichtigem Arbeitslohn führen (vgl. das Beispiel bei *Schmidt,* PIStB 2006, 265).

204 Die Norm gilt gemäß Art. 18A Abs. 3 *DBA USA 1989/2006* nur, wenn **zwei zusätzliche Voraussetzungen** erfüllt sind. Zum einen müssen nach Buchst. a) **vor Aufnahme der Tätigkeit im Gaststaat** von dem oder für die natürliche Person oder von dem oder für den Arbeitgeber Beiträge an den Altersvorsorgeplan geleistet worden sein. Damit wird das Merkmal der Teilnahme am Altersvorsorgeplan im MA-Komm. (s. Rz. 161) präzisiert. Der Wortlaut enthält im Übrigen keine Beschränkung auf Leistungen gerade an diesen Altersvorsorgeplan, so dass Ersetzung durch einen Nachfolgeplan, etwa im Zuge einer Firmenübernahme (s. auch Rz. 161) möglich sein dürfte. Dementsprechend muss zum anderen nach Buchst. b) die zuständige Behörde des Gaststaates die **Vergleichbarkeit** mit einem dort steuerlich anerkannten Altersvorsorgeplan feststellen (s. dazu bereits Rz. 164). Ziff. 16 Buchst. b) des Protokolls zum *DBA USA 1989/2006* benennt Fälle, bei denen eine Vergleichbarkeit zu bejahen ist. Insbesondere sind Roth IRAs ausgenommen, so dass auf sie zwar Art. 18A Abs. 1 anzuwenden ist, nicht aber Abs. 2, vgl. *Wolff/Eimermann,* IStR 2006, 837 (844).

205 Die Vergünstigung ist zudem, wie im MA-Komm. vorgeschlagen, **begrenzt.** Sie darf die Vergünstigung nicht überschreiten, die im Gaststaat für Beiträge zu einem dort errichteten Altersvorsorgeplan gewährt würden. Die genauen Modalitäten dafür sind – insoweit abweichend vom US-MA 2006, das keine derartige Regelung kennt – von den zuständigen Behörden zu klären, Art. 18A Abs. 2 Satz 3 *DBA USA 1989/2006.* Zu möglichen Höchstbeträgen für vorgelagert besteuerte amerikanische Altersvorsorgepläne in Deutschland s. *Schmidt,* PIStB 2006, 265, zu Höchstbeträgen nach US-amerikanischem Steuerrecht s. US-TE zu Abs. 2. Anders als bei der vom MA-Komm. vorgeschlagenen Vorschrift (s. Rz. 163) ist aber nicht erforderlich, dass die Einrichtung für steuerliche Zwecke im Heimatstaat anerkannt sein muss. Damit kommt es nach dem *DBA USA 1989/2006* nicht zu einer Kumulierung der Erfordernisse.

206 **c) Abs. 5** regelt die US-Besteuerung in Bezug auf die Beiträge von **US-Staatsangehörigen,** die in der Bundesrepublik Deutschland ansässig sind, zu in Deutschland errichteten Altersvorsorgeplänen. Die Norm entspricht Art. 18 Abs. 4 US-MA (dazu Rz. 184).

2. DBA Kanada

Auch Art. 29 Abs. 4 *DBA Kanada* enthält Regelungen zur Abzugsfähigkeit von Beiträgen zu einem Altersversorgungssystem des anderen Vertragsstaates, wovon auch ein im Rahmen des Sozialversicherungssystems errichtetes Altersversorgungssystem erfasst wird. Das Altersversorgungssystem muss – im Einklang mit dem Vorschlag des MA-Komm., aber insoweit abweichend vom *DBA USA 1989/2005* (vgl. Rz. 163 und 205) – im anderen Staat steuerlich anerkannt sein. Die Beitragsleistungen müssen von und für eine natürliche Person erbracht werden, die im Gaststaat Dienstleistungen erbringt (s. Rz. 159). Wie beim MA-Komm. ist eine Anerkennung der Vergleichbarkeit erforderlich (s. Rz. 164). Anders als die vom MA-Komm. vorgeschlagene Regelung enthält Art. 29 Abs. 4 *DBA Kanada* aber eine **Höchstdauer von 60 Monaten;** wird diese überschritten, so fallen für die Zukunft Beitragsleistungen zu einem Altersversorgungssystem des Heimatstaates nicht mehr unter die Vorschrift. Zudem wird das Merkmal der Teilnahme am Altersversorgungssystem (Rz. 161) konkretisiert durch das Erfordernis der regelmäßigen Entrichtung der Beiträge vor der Anwesenheit bzw. Ansässigkeit im Gaststaat. 207

Artikel 19. Öffentlicher Dienst

Text: OECD-Musterabkommen (OECD-MA)

1. a) Gehälter, Löhne und ähnliche Vergütungen, ausgenommen Ruhegehälter, die von einem Vertragsstaat oder einer seiner Gebietskörperschaften an eine natürliche Person für die diesem Staat oder der Gebietskörperschaft geleisteten Dienste gezahlt werden, können nur in diesem Staat besteuert werden.
   b) Diese Gehälter, Löhne und ähnlichen Vergütungen können jedoch nur im anderen Vertragsstaat besteuert werden, wenn die Dienste in diesem Staat geleistet werden und die natürliche Person in diesem Staat ansässig ist und
      i) ein Staatsangehöriger dieses Staates ist oder
      ii) nicht ausschließlich deshalb in diesem Staat ansässig geworden ist, um die Dienste zu leisten.
2. a) Ungeachtet des Absatzes 1 können Ruhegehälter oder ähnliche Vergütungen, die von einem Vertragsstaat oder einer seiner Gebietskörperschaften oder aus einem von diesem Staat oder der Gebietskörperschaft errichteten Sondervermögen an eine natürliche Person für die diesem Staat oder der Gebietskörperschaft geleisteten Dienste gezahlt werden, nur in diesem Staat besteuert werden.
   b) Diese Ruhegehälter oder ähnliche Vergütungen können jedoch nur im anderen Vertragsstaat besteuert werden, wenn die natürliche Person in diesem Staat ansässig ist und ein Staatsangehöriger dieses Staates ist.
3. Auf Gehälter, Löhne, Ruhegehälter und ähnliche Vergütungen für Dienstleistungen, die im Zusammenhang mit einer Geschäftstätigkeit eines Vertragsstaats oder einer seiner Gebietskörperschaften erbracht werden, sind die Artikel 15, 16, 17 oder 18 anzuwenden.

Text: Deutsche Verhandlungsgrundlage (DE-VG)

Artikel 18. Öffentlicher Dienst

(1)

1. Gehälter, Löhne und ähnliche Vergütungen, die von einem Vertragsstaat, einem seiner Länder oder einer ihrer Gebietskörperschaften an eine natürliche Person für die diesem Staat, diesem Land oder dieser Gebietskörperschaften geleisteten Dienste gezahlt werden, können nur in diesem Staat besteuert werden.
2. Diese Gehälter, Löhne und ähnlichen Vergütungen können jedoch nur im anderen Vertragsstaat besteuert werden, wenn die Dienste in diesem Staat geleistet werden und die natürliche Person in diesem Staat ansässig ist und
   a) ein Staatsangehöriger dieses Staates ist; oder
   b) nicht ausschließlich deshalb in diesem Staat ansässig geworden ist, um die Dienste zu leisten.

(2)

1. Ungeachtet des Absatzes 1 können Ruhegehälter und ähnliche Vergütungen, die von einem Vertragsstaat, einem seiner Länder, einer ihrer Gebiets-

körperschaften oder einem von ihnen errichteten Sondervermögen an eine natürliche Person für die diesem Staat, diesem Land oder dieser Gebietskörperschaft geleisteten Dienste gezahlt werden, nur in diesem Staat besteuert werden.

2. Diese Ruhegehälter und ähnlichen Vergütungen können jedoch nur im anderen Vertragsstaat besteuert werden, wenn die natürliche Person in diesem Staat ansässig und ein Staatsangehöriger dieses Staates ist.

(3) Die Absätze 1 und 2 sind auch auf Löhne, Gehälter, Ruhegehälter und ähnliche Vergütungen anzuwenden, die die folgenden juristischen Personen des öffentlichen Rechts ihren Bediensteten zahlen:

1. auf Seiten der Bundesrepublik Deutschland

a) die Deutsche Bundesbank,

b) IHK-Verband zur Förderung der Außenwirtschaft durch das AHK-Netz.

2. auf Seiten *[anderer Vertragsstaat]*

Satz 1 ist auch auf Löhne, Gehälter, Ruhegehälter und ähnliche Vergütungen anderer öffentlich-rechtlicher Körperschaften, die öffentliche Aufgaben wahrnehmen, anwendbar, wenn dies zwischen den zuständigen Behörden vereinbart wird.

(4) Auf Gehälter, Löhne, Ruhegehälter und ähnliche Vergütungen für Dienstleistungen, die im Zusammenhang mit einer Geschäftstätigkeit eines Vertragsstaats, eines seiner Länder, einer ihrer Gebietskörperschaften oder einer anderen juristischen Person des öffentlichen Rechts dieses Staates erbracht werden, sind die Artikel 14, 15, 16 oder 17 anzuwenden.

(5) Die Absätze 1 und 2 sind auch auf Löhne, Gehälter, Ruhegehälter und ähnliche Vergütungen anzuwenden, die an natürliche Personen für Dienste gezahlt werden, die dem Goethe-Institut und dem Deutschen Akademischen Austauschdienst (DAAD) geleistet werden sowie anderen ähnlichen Einrichtungen, wenn dies zwischen den zuständigen Behörden vereinbart wird. Werden diese Vergütungen im Gründungsstaat der Einrichtung nicht besteuert, so gilt Artikel 14.

Text: US-Musterabkommen (US-MA)

1. Ungeachtet der Artikel 14 (Unselbständige Arbeit), 15 (Aufsichtsrats- und Verwaltungsratsvergütungen) und 16 (Künstler und Sportler) und 20 (Studenten und Praktikanten)

a) können Gehälter, Löhne und andere Vergütungen, ausgenommen Ruhegehälter, die an eine natürliche Person für die einem Vertragsstaat oder einer seiner Gebietskörperschaften geleisteten Dienste gezahlt werden, vorbehaltlich des Buchstabens b nur in diesem Staat besteuert werden;

b) solche Vergütungen können jedoch nur im anderen Vertragsstaat besteuert werden, wenn die Dienste in diesem Staat geleistet werden und die natürliche Person in diesem Staat ansässig ist und

i) ein Staatsangehöriger dieses Staates ist oder

ii) nicht ausschließlich in diesem Staat ansässig geworden ist, um die Dienste zu leisten.

2. Ungeachtet des Artikels 17 Absatz 1 (Ruhegehälter, Sozialversicherungsleistungen, Renten, Unterhalt und Kindesunterhalt)

a) können Ruhegehälter oder ähnliche Vergütungen, die von einem Vertragsstaat oder einer seiner Gebietskörperschaften oder aus einem von diesem Staat oder der Gebietskörperschaft errichteten Sondervermögen an eine natürliche Person für die diesem Staat oder der Gebietskörperschaft geleisteten Dienste gezahlt werden (außer Zahlungen im Sinne des Artikels 17 Absatz 2), vorbehaltlich des Buchstabens b nur in diesem Staat besteuert werden;

b) können diese Ruhegehälter jedoch nur im anderen Vertragsstaat besteuert werden, wenn die natürliche Person in diesem Staat ansässig ist und ein Staatsangehöriger dieses Staates ist.

3. Auf Gehälter, Löhne und ähnliche Vergütungen und Ruhegehälter für Dienstleistungen, die im Zusammenhang mit einer Geschäftstätigkeit eines Vertragsstaats oder einer seiner Gebietskörperschaften gezahlt werden, sind die Artikel 14 (Unselbständige Arbeit), 15 (Aufsichtsrats- und Verwaltungsratsvergütungen), 16 (Künstler und Sportler) und 17 (Ruhegehälter, Sozialversicherungsleistungen, Renten, Unterhalt und Kindesunterhalt) anzuwenden.

Inhalt

Literatur: *de Broe,* in Kemmeren/Essers/de Broe/Vanistendael/Lang/Pistone/Schuch/Staringer/Storck (Hrsg.), Tax Treaty Case Law around the Globe (2013), S. 11; *Dommes,* Pensionen im Recht der Doppelbesteuerungsabkommen (2012); *Jancsa-Pék,* in Hohenwarter/Metzler (Hrsg.), Taxation of Employment Income in International Tax Law (2009), S. 639 ff.; *Portner,* Besonderheiten des DBA-USA (2005); *Kunig,* Das Recht des öffentlichen Dienstes, in Schmidt-Aßmann/Schoch (Hrsg.), Besonderes Verwaltungsrecht, 14. Aufl. 2008; *Pistone,* in Lang/Pistone/Schuch/Staringer (Hrsg.), Source versus Residence (2008), S. 283; *Roudies,* in 1

Hofstätter/Plansky (Hrsg.), Dual Residence in Tax Treaty Law and EC Law (2009), S. 251; *Semrau-Deutsch,* in Hohenwarter/Metzler (Hrsg.), Taxation of Employment Income in International Tax Law (2009), S. 317; *Svalbach,* in Hohenwarter/Metzler (Hrsg.), Taxation of Employment Income in International Tax Law (2009), S. 293; *Timár,* in Hohenwarter/Metzler (Hrsg.), Taxation of Employment Income in International Tax Law (2009), S. 463; *Urbášek,* in Hohenwarter/Metzler (Hrsg.), Taxation of Employment Income in International Tax Law (2009), S. 485.

Text: OECD-Kommentar (MA-Kommentar)

1. [Grundsatz] *Dieser Artikel gilt für Gehälter, Löhne und ähnliche Vergütungen sowie für Ruhegehälter für die im öffentlichen Dienst erbrachten Leistungen. Entsprechende Bestimmungen in älteren zweiseitigen Abkommen waren geschaffen worden, um den Regeln internationaler Courtoisie und gegenseitiger Achtung souveräner Staaten Rechnung zu tragen. Ihr Anwendungsbereich war daher ziemlich beschränkt. Heute sind jedoch Bedeutung und Anwendungsbereich des Artikels größer geworden, da die staatliche Tätigkeit im Ausland wegen des Anwachsens des öffentlichen Sektors in zahlreichen Staaten wesentlich zugenommen hat. Nach der Fassung des Artikels 19 Absatz 1 des Musterabkommens von 1963 hatte der zahlende Staat das Recht, Vergütungen für die diesem Staat oder einer seiner Gebietskörperschaften erbrachten Dienste zu besteuern. Da der Ausdruck „können besteuert werden" verwendet wurde, ist kein ausschließliches Besteuerungsrecht begründet worden.*

2. [Abweichung gegenüber MA 1963] *Im Musterabkommen von 1977 wurde der frühere Absatz 1 durch zwei Absätze ersetzt, wobei sich der neue Absatz 1 mit solchen Gehältern, Löhnen und ähnlichen Vergütungen, die keine Ruhegehälter sind, und der neue Absatz 2 mit den Ruhegehältern befassen. Abweichend von der ursprünglichen Fassung beruhen die Buchstaben a der Absätze 1 und 2 jeweils auf dem Grundsatz der ausschließlichen Besteuerung dieser Vergütungen durch den zahlenden Staat. Daher müssen Staaten, die das Anrechnungsverfahren als allgemeine Methode zur Vermeidung der Doppelbesteuerung in ihren Abkommen verwenden, abweichend davon die unter die Absätze 1 und 2 fallenden Zahlungen bei den in ihrem Gebiet ansässigen Personen von der Steuer befreien. Verwenden beide Vertragsstaaten zur Vermeidung der Doppelbesteuerung die Befreiungsmethode, können sie den Ausdruck „können besteuert werden" weiterhin an Stelle der Ausdrücke „können nur besteuert werden" verwenden. Für diese Staaten haben beide Fassungen nämlich die gleiche Auswirkung. Selbstverständlich schließt der Ausdruck „können nur besteuert werden" nicht aus, dass ein Vertragsstaat die nach den Buchstaben a der Absätze 1 und 2 befreiten Einkünfte bei der Ermittlung des Steuersatzes einbezieht, der auf die übrigen Einkünfte der in seinem Gebiet ansässigen Personen anzuwenden ist. Der Grundsatz, wonach das ausschließliche Besteuerungsrecht dem die Vergütung zahlenden Staat zuerkannt wird, ist in so vielen Abkommen zwischen Mitgliedsstaaten der OECD enthalten, dass er bereits als international anerkannt gelten kann. Er entspricht auch dem Begriff der internationalen Courtoisie, der dem Artikel zugrunde liegt, sowie den Wiener Übereinkommen über diplomatische und konsularische Beziehungen. Zu bemerken ist jedoch, dass dieser Artikel nicht die Anwendung der Regeln einschränken soll, die sich für diplomatische Missionen und konsularische Vertretungen aus dem Völkerrecht ergeben (vgl. Artikel 28), sondern die Fälle behandelt, die nicht unter derartige Regelungen fallen.*

2.1 [Nur unselbstständige Arbeit] *1994 wurde der Absatz 1 erneut geändert, indem der Ausdruck „Vergütungen" durch die Worte „Gehälter, Löhne und ähnliche Vergütungen" ersetzt wurde. Diese Änderung sollte den Anwendungsbereich des Artikels klarstellen, der nur für Arbeitnehmer eines Staates und für die Empfänger von Ruhegehältern für eine frühere unselbstständige Tätigkeit für einen Staat gilt, nicht aber für Personen, die selbstständig tätig sind oder Ruhegehälter für eine solche Tätigkeit beziehen.*

2.2 [Andere Vorteile als Geld] *Die Mitgliedsstaaten haben den Ausdruck „Gehälter, Löhne und ähnliche Vergütungen, die [. . .] gezahlt werden" allgemein so verstanden, dass er auch Sachzuwendungen für Dienstleistungen gegenüber einem Staat oder seinen Gebietskörperschaften einschließt (z. B. Nutzung eines Wohnhauses oder Kraftfahrzeugs, Kranken– oder Lebensversicherungsschutz und Vereinsmitgliedschaften).*

3. [Gebietskörperschaften] *Der Artikel gilt nicht nur für die von einem Staat, sondern auch für die von seinen Gebietskörperschaften (Gliedstaaten, Regionen, Provinzen, „Departements", Kantone, Bezirke, „Arrondissements", Kreise, Gemeinden oder Gemeindeverbände etc.) gezahlten Vergütungen.*

4. [Ausnahmen] *Der Grundsatz, wonach dem zahlenden Staat ein ausschließliches Besteuerungsrecht zusteht, erfährt durch Absatz 1 Buchstabe b) eine Ausnahme. Nach den erwähnten Wiener Übereinkommen kann der Empfangsstaat die Vergütungen besteuern, die gewissen Kategorien des Personals ausländischer diplomatischer Missionen und konsularischer Vertretungen gezahlt werden, wenn die Personen in diesem Staat ständig ansässig sind oder dessen Staatsangehörigkeit besitzen. Da die Ruhegehälter der pensionierten Staatsbeamten steuerlich ebenso behandelt werden sollten wie die während ihrer Dienstzeit gezahlten Gehälter oder Löhne, ist die in Absatz 1 Buchstabe b) enthaltene Ausnahmeregelung auch in Absatz 2 Buchstabe b) hinsichtlich der Ruhegehälter aufgenommen worden. Weil die Voraussetzung von Absatz 1 Buchstabe b) ii) für pensionierte Personen nicht zutreffen kann, besteht das einzige Erfordernis für das Recht des Empfangsstaats, das Ruhegehalt zu besteuern, darin, dass die betreffende Person in seinem Gebiet ansässig ist und seine Staatsangehörigkeit besitzt.*

5. [Ausübung öffentlicher Funktionen] *Artikel 19 des Musterabkommens von 1963 sah vor, dass die Dienste dem Staat oder einer seiner Gebietskörperschaften „in Ausübung öffentlicher Funktionen" erbracht sein mussten. Dieser Ausdruck wurde im Musterabkommen von 1977 gestrichen. Einige Mitgliedsstaaten der OECD waren jedoch der Auffassung, dass damit der Anwendungsbereich des Artikels erweitert wurde. Vertragsstaaten, die dieser Ansicht sind und eine solche Erweiterung nicht wünschen, können in ihren zweiseitigen Abkommen den Ausdruck „in Ausübung öffentlicher Funktionen" beibehalten und ihn allenfalls genauer umschreiben.*

5.1 [Ähnliche Vergütungen] *Während der Ausdruck „Ruhegehalt" nach seiner gewöhnlichen Bedeutung nur wiederkehrende Bezüge umfasst, sind die Worte „ähnliche Vergütungen", die im Jahr 2005 in Absatz 2 eingefügt worden sind, umfassend genug, um auch nicht wiederkehrende Bezüge zu erfassen. Eine Pauschalzahlung anstelle laufender Ruhegehaltszahlungen an einen früheren Angehörigen des öffentlichen Dienstes nach Beendigung der Tätigkeit kann z. B. unter Absatz 2 fallen. Ob eine bestimmte Pauschalzahlung, die unter diesen Umständen geleistet wird, als ähnliche Vergütung i. S. d. Absatz 2 oder als abschließende Vergütung für geleistete Arbeit i. S. d. Absatz 1 anzusehen ist, ist eine tatsächliche Frage, die im Licht der in Ziffer 5 des Kommentars zu Art. 18 genannten Kriterien zu lösen ist.*

5.2 [Sondervermögen] *Hervorzuheben ist, dass der Ausdruck „aus einem von … errichteten Sondervermögen" in Absatz 2 Buchstabe a den Fall betrifft, in dem das Ruhegehalt nicht unmittelbar von dem Staat oder der Gebietskörperschaft, sondern aus einem gesonderten durch eine staatliche Stelle geschaffenen Sondervermögen gezahlt wird. Außerdem würde das Ursprungskapital des Sondervermögens nicht notwendigerweise von dem Staat oder der Gebietskörperschaft aufzubringen sein. Der Ausdruck würde auch Zahlungen eines privat verwalteten Sondervermögens abdecken, das für die staatliche Stelle errichtet worden ist.*

5.3 [Gemischte Ruhegehälter] *Wenn Ruhegehälter für gemischte private und öffentliche Dienste gezahlt werden, ergibt sich ein Problem. Es kann häufig entstehen, wenn eine Person sowohl im privaten als auch im öffentlichen Sektor beschäftigt war und ein Ruhegehalt mit Rücksicht auf beide Beschäftigungszeiträume erhält. Dies kann geschehen, weil entweder* *die Person während der gesamten Beschäftigungszeit Mitglied derselben Kasse war oder ihre Ruhegehaltsansprüche übertragbar waren. Die Entwicklung zu größerer Mobilität zwischen dem privaten und öffentlichen Sektor mag die Bedeutung des Problems noch erhöhen.*

5.4 [Übertragung der Ansprüche auf eine private Kasse] *Wenn eine Person, die im öffentlichen Dienst beschäftigt war, ihre Ruhegehaltsanwartschaft von einer öffentlichen auf eine private Pensionskasse übertragen hat, konnten Ruhegehaltszahlungen nur nach Artikel 18 besteuert werden, da sie nicht die Voraussetzungen des Absatzes 2 Buchstabe a erfüllten.*

5.5 [Übertragung der Ansprüche auf eine öffentliche Kasse] *Wenn die Übertragung in umgekehrter Richtung erfolgt und die Ruhegehaltsanwartschaft von einer privaten Pensionskasse auf eine öffentliche übertragen wird, besteuern manche Staaten die gesamten Ruhegehaltszahlungen nach Artikel 19. Andere Staaten teilen hingegen die Zahlungen nach dem verhältnismäßigen Ursprung der Ruhegehaltsanwartschaft auf, so dass ein Teil nach Artikel 18 und ein anderer Teil nach Artikel 19 besteuert wird. Dabei sind einige Staaten der Ansicht, dass das Ruhegehalt, wenn eine Quelle weit überwiegend zum Betrag des Ruhegehalts beigetragen hat, so behandelt werden sollte, als werde es ausschließlich aus dieser Quelle gezahlt. Es ist jedoch anzuerkennen, dass die Aufteilung oft erhebliche verwaltungsmäßige Schwierigkeiten macht.*

5.6 [Vorschrift für Aufteilung des Ruhegehalts] *Die Vertragsstaaten können Einnahmenverluste oder doppelte Nichtbesteuerungen befürchten, wenn die Behandlung von Ruhegehältern geändert werden könnte, indem die Mittel zwischen öffentlichen und privaten Pensionskassen übertragen werden. Dem mag die Aufteilung entgegenwirken. Um jedoch die Aufteilung von Ruhegehaltsansprüchen, die von einer öffentlichen auf eine private Pensionskasse übertragen werden, zu ermöglichen, können die Vertragsstaaten bei zweiseitigen Verhandlungen erwägen, Absatz 2 Buchstabe a in der Weise auszudehnen, dass er den Teil von Ruhegehältern oder ähnlichen Vergütungen erfasst, der mit Rücksicht auf Dienste gezahlt wird, die einem Vertragsstaat oder einer seiner Gebietskörperschaften geleistet worden sind. Eine solche Bestimmung könnte wie folgt gefasst werden:*

„2. a) Ungeachtet des Absatzes 1 können die Teile von Ruhegehältern oder ähnlichen Vergütungen, die für Dienste gezahlt werden, die einem Vertragsstaat oder einer seiner Gebietskörperschaften geleistet worden sind, nur in diesem Vertragsstaat besteuert werden.“

Alternativ können die Vertragsstaaten den Bedenken in der Weise Rechnung tragen, dass sie alle Ruhegehaltszahlungen einheitlich behandeln.

6. [Dienste im Zusammenhang mit einer gewerblichen Tätigkeit] *Die Absätze 1 und 2 finden keine Anwendung, wenn die Dienste im Zusammenhang mit einer gewerblichen Tätigkeit erbracht werden, welche der Staat oder die Gebietskörperschaft ausübt, der bzw. die die Gehälter, Löhne und ähnlichen Vergütungen sowie die Ruhegehälter zahlt. In diesem Fall gelten die allgemeinen Regeln: Artikel 15 für Löhne und Gehälter, Artikel 16 für Aufsichtsrats- und Verwaltungsratsvergütungen und ähnliche Zahlungen, Artikel 17 für Künstler und Sportler sowie Artikel 18 für Ruhegehälter. Vertragsstaaten, die aus bestimmten Gründen Absatz 3 in ihre zweiseitigen Abkommen nicht aufnehmen wollen, können dies tun, womit die Absätze 1 und 2 auch auf Dienste Anwendung finden, die im Zusammenhang mit einer gewerblichen Tätigkeit erbracht werden. Im Hinblick auf die besonderen Aufgaben, die von gewissen öffentlichen Körperschaften wie z. B. den staatlichen Eisenbahnen, der Post, den staatseigenen Theatern wahrgenommen werden, können die Vertragsstaaten, die Absatz 3 beibehalten wollen, vereinbaren, dass die von diesen Körperschaften gezahlten Gehälter, Löhne und ähnlichen Vergütungen sowie Ruhegehälter auch dann unter die Absätze 1 und 2 fallen, wenn man die Auffassung vertritt, dass diese Körperschaften eine gewerbliche Tätigkeit ausüben.*

Bemerkungen zum Kommentar

*7. Die **Niederlande** stimmen der Auslegung in den Nummern 5.4 und 5.6 nicht zu. Eine Aufteilung von Ruhegehaltszahlungen nach dem verhältnismäßigen Ursprung der Ruhegehaltsberechtigung, private oder öffentliche Beschäftigung, ist nach niederländischer Auffassung auch möglich, wenn Ruhegehaltsansprüche von einer öffentlichen auf eine private Pensionskasse übertragen werden.*

Vorbehalte zum Artikel

[ab 15.7.2014:]

*8. **Germany** reserves the right to include a provision that covers services rendered to special private law institutions serving public purposes and financed from public budgets, e.g. the Goethe Institute or the German Academic Exchange Service, as well as remuneration paid to a specialist or volunteer seconded to the other Contracting State under a development assistance program, as government services under Article 19.*

*9. Die **Vereinigten Staaten** behalten sich vor, den Wortlaut zu ändern, um klarzustellen, dass dessen Anwendung durch Artikel 1 nicht eingeschränkt wird.*

10. [gestrichen]

*11. **Frankreich** behält sich eine Bestimmung in seinen Abkommen vor, nach der die von einem Vertragsstaat oder einer seiner Gebietskörperschaften an eine natürliche Person für die diesem Staat oder dieser Gebietskörperschaft geleisteten Dienste gezahlten Gehälter, Löhne und ähnlichen Vergütungen nur in diesem Vertragsstaat besteuert werden können, wenn die Person die Staatsangehörigkeit beider Vertragsstaaten besitzt. Frankreich macht ferner einen Vorbehalt zu Absatz 1 Buchstabe b) ii) wegen der mit dieser Bestimmung verbundenen Schwierigkeiten.*

12. [gestrichen]

*13. **Frankreich** ist der Auffassung, dass der Anwendungsbereich des Artikels 19 einschließen sollte*

- *Vergütungen, die von einer öffentlichen Körperschaft des Staates oder seiner Gebietskörperschaft gezahlt werden, da die Identität der zahlenden Stelle weniger bedeutsam als der öffentliche Charakter der Einkünfte ist;*
- *in Übereinklang mit dem Wortlaut des Musterabkommens vor 1995 öffentliche Vergütungen von Künstlern oder Sportlern (ohne auf den geschäftlichen Charakter der Tätigkeit abzustellen, der in diesen Fällen selten zum Tragen kommt), solange Artikel 17 keine Regelung nach Maßgabe des Vorschlags des Artikels 17 Ziffer 14 MK enthält.*

[ab 15.7.2014:]

Text: Stellungnahmen von Nichtmitgliedstaaten zum OECD-MA (OECD-NM)

Position on the Article

*1. **Argentina** reserves the right to tax at source pensions covered by subparagraph 2b).*

Position on the Commentary

*2. **India** does not agree that public bodies like State Railways and Post Offices are performing business activities.*

A. Allgemeines

I. Musterabkommen

1a **Literatur:** *Daxkobler/Kerschner,* SWI 2012, 454; *Kerschner,* SWI 2012, 354; *M. Lang,* BIT 2007, 17; *Pistone,* S. 283; *Rodi,* RIW 1992, 481; *Svalbach,* S. 293.

1. Inhalt der Vorschrift

2 Art. 19 normiert das sog. **Kassenstaatsprinzip.** Als Ausfluss des völkerrechtlichen Prinzips staatlicher Souveränität (dazu s. Grundl. Rz. 11, 64) und in Ergänzung zu Art. 28 (dazu s. Rz. 2c, 17) behält die Bestimmung die Besteuerung von laufenden Vergütungen und Ruhegehältern für einem Vertragsstaat oder einer seiner Gebietskörperschaften geleistete Dienste nach der Grundregel dem auszahlenden Staat (d. h. dem sog. **Kassenstaat**) vor (Art. 19 Abs. 1 Buchst. a, Abs. 2 Buchst. a). Der Ansässigkeitsstaat hat die entsprechenden Einkünfte freizustellen (s. Rz. 16).

2a Eine **Ausnahme** vom Kassenstaatsprinzip gilt für sog. **Ortskräfte** (Art. 19 Abs. 1 Buchst b, Abs. 2 Buchst. b; hierzu näher s. Rz. 30 ff., 46 ff.), da hier den persönlichen Beziehungen des Steuerpflichtigen zum Ansässigkeitsstaat der Vorrang zukommt (vgl. GKG/*Rupp,* Art. 19 OECD-MA Rz. 2). Demnach darf ausschließlich der Ansässigkeitsstaat besteuern, wenn die Dienste im Ansässigkeitsstaat geleistet werden und der Steuerpflichtige entweder die Staatsangehörigkeit dieses Staates hat oder nicht ausschließlich deshalb in diesem Staat ansässig geworden ist, um die Dienste zu leisten (letztere Voraussetzung gilt nicht für Ruhegehälter; dazu s. Rz. 61, 67). Der Kassenstaat hat in diesem Fall die Einkünfte von der Besteuerung freizustellen.

2b Eine weitere Ausnahme vom Kassenstaatsprinzip sieht Art. 19 Abs. 3 für **öffentliche Unternehmen** vor. Die Anwendung der allgemeinen Bestimmungen der Art. 15 bis 18 ist in diesen Fällen gerechtfertigt, weil der zahlende Staat nicht hoheitlich, sondern gewerblich tätig wird (zur Rechtfertigung des Kassenstaatsprinzips s. Rz. 6 f.).

2c Für die Besteuerung der **Mitglieder des diplomatischen und konsularischen Dienstes** ist Art. 28 OECD-MA zu beachten, der klarstellt, dass die steuerlichen Regelungen der völkerrechtlichen Vorschriften über den diplomatischen und konsularischen Dienst dem DBA-Recht vorgehen (dazu s. Rz. 17; Art. 28 Rz. 3 ff.; ferner *Lehner/Waldhoff,* in KSM, § 1 Rz. C 102 ff.; zu den Voraussetzungen auch s. FG Köln, Urt. v. 15.6.2011, 7 K 1654/09, EFG 2012, 65).

2. Rechtsentwicklung

3 **Literatur**: *Pistone,* S. 283 (283 f.); *Roudies,* S. 251 (254 f.); *Svalbach,* S. 293 (296 ff.); Wassermeyer/*Wassermeyer/Schwenke,* Art. 19 OECD-MA Rz. 10 ff.

Das **MA 1963** bezog sich in seinem Abs. 1 auf „Vergütungen, einschließlich der Ruhegehälter“, die ein Staat für „in Ausübung öffentlicher Funktionen erbrachte Dienste gewährt“. Es wies die Besteuerungszuständigkeit nicht ausschließlich dem Kassenstaat zu („können besteuert werden“). Zudem fehlte eine Ausnahme für Ortskräfte.

Durch das **MA 1977** wurde die ausdrückliche Qualifizierung der Tätigkeit („in Ausübung öffentlicher Funktionen“) sowie die ausdrückliche Einbeziehung von öffentlichen „Sondervermögen“ in der Auflistung der auszahlenden Körperschaften gestrichen. Die Besteuerung von Ruhegehältern wurde in einem neu eingefügten Abs. 2 besonders geregelt. Die Besteuerungszuständigkeit wurde im Grundsatz ausschließlich dem Kassenstaat, für sog. Ortskräfte dagegen ausschließlich dem Ansässigkeitsstaat zugewiesen.

1994 wurde in Abs. 1 der Begriff „Vergütungen" durch die Begriffe „Gehälter, Löhne und ähnliche Vergütungen" ersetzt. **1995** wurde die Aufzählung der „Rückverweisungsartikel" in Abs. 3 (vor 1977: Abs. 2) um den Art. 17 ergänzt.

Im **MA 2005** wurde in Abs. 2 und 3 der Wortlaut demjenigen von Art. 18 angeglichen, in dem der Begriff „ähnliche Vergütungen" eingeführt wurde, um auch nicht wiederkehrende Bezüge zu erfassen (vgl. dazu *Kolb,* ASA 74 (2006), 515).

3. Kassenstaatsprinzip und nationale Rechtsordnungen

Das abkommensrechtliche Kassenstaatsprinzip (dazu s. Rz. 2) begründet kein 4
Besteuerungsrecht, sondern es ermöglicht die Ausübung eines nach **innerstaatlichem Recht** begründeten Besteuerungsrechts in Bezug auf die maßgeblichen Vergütungen (allgemein zu dieser Wirkungsweise von DBA s. Grundl. Rz. 68). Die nationalen Rechtsordnungen enthalten in der Regel Bestimmungen, die entweder Dienstbezüge aus inländischen öffentlichen Kassen von Personen ohne Wohnsitz und gewöhnlichen Aufenthalt im Inland im Rahmen der beschränkten Steuerpflicht erfassen (für Deutschland: beschränkte Steuerpflicht mit inländischen Einkünften nach § 1 Abs. 4 i. V. m. § 49 Abs. 1 Nr. 4 Buchst. b EStG; dazu *Druen/Sennlaub,* ISR 2014, 118; für Frankreich: s. *Conseil d'État* req. n. 58.034 Dr. Fisc. 1990 comm. 1078; req. n. 58.597 Dr. Fisc. 1990 comm. 1078) oder die unbeschränkte Steuerpflicht von solchen Personen begründen (für Deutschland: erweiterte unbeschränkte Steuerpflicht nach § 1 Abs. 2 Satz 1 Nr. 2 EStG oder die Behandlung als unbeschränkt steuerpflichtig auf Antrag nach § 1 Abs. 3 Satz 1 i. V. m. § 49 Abs. 1 Nr. 4 Buchst. b EStG; für Frankreich: Fiktion nach Art. 4-B-1a) CGI.; hierzu s. *Tribunal administratif de Nice* req. n. 1475/89/III Dr. Fisc. 1990 comm. 1120; *Plagnet,* Dr. Fisc. 1990, 795), sofern eine Person nicht ohnehin wegen ihres Wohnsitzes oder gewöhnlichen Aufenthalts „normal" unbeschränkt steuerpflichtig ist (§ 1 Abs. 1 EStG). Der völker- und staatsrechtlich notwendige Inlandsbezug wird bei diesen speziellen (innerstaatlichen) Regelungen nicht durch die persönliche Verbindung des Steuerpflichtigen zum Inland, sondern durch die Zahlungen aus einer inländischen öffentlichen Kasse hergestellt (vgl. *Lehner/Waldhoff,* in KSM, § 1 Rz. C 1 ff.). Bei der Auslegung von Normen des innerstaatlichen Rechts, die auf dem Kassenstaatsprinzip beruhen, kommt es zu ähnlichen Fragestellungen wie bei der Anwendung des Art. 19 MA und entsprechender Bestimmungen (dazu vgl. BFH BStBl. II 1988, 501; BStBl. II 1989, 351; *Rodi,* RIW 1992, 485 ff.).

Das Verständnis des deutschen Gesetzgebers von der Reichweite des Kassen- 5
staatsprinzips geht augenscheinlich weiter als das der OECD im MA und der Vertragsstaaten in darauf beruhenden DBA. **§ 50d Abs. 7 EStG (früher: § 50d Abs. 4 EStG)** dehnt die Reichweite der Art. 19 Abs. 1 MA zugrundeliegenden Ausgestaltung des abkommensrechtlichen Kassenstaatsprinzips unilateral durch eine erweiternde Auslegung des Merkmals „für einem Vertragsstaat geleistete Dienste" in Art. 19 Abs. 1 MA mit der Folge aus, dass es im Falle eines Dienstverhältnisses mit einer anderen Person auch erfüllt sein soll, wenn die maßgeblichen Vergütungen ganz oder im Wesentlichen aus öffentlichen Mitteln aufgebracht werden (a. A. die Kommentierung anderer Bearbeiter in der 4. und 5. Aufl. dieses Kommentars: „weite ‚Auslegung' von § 49 Abs. 1 Nr. 4 EStG"). Ein derart weites Verständnis des (abkommensrechtlichen) Kassenstaatsprinzips ist von dem von vornherein weiteren Verständnis des Kassenstaatsprinzips nach innerstaatlichem Recht (insbesondere in § 49 Abs. 1 Nr. 4 EStG) gedeckt. Für Einzelheiten zu § 50d Abs. 7 EStG s. Rz. 29a, auch mit Ausführungen zur Problematik des Treaty Overrides.

4. Rechtfertigung und rechtspolitische Diskussion

6 Nach MA-Komm. Ziff. 1 diente das in Art. 19 normierte Kassenstaatsprinzip zunächst dem Ziel, „den **Regeln internationaler Courtoisie und gegenseitiger Achtung souveräner Staaten** Rechnung zu tragen"; der Grundsatz könne inzwischen als „international anerkannt" gelten. Dies darf jedoch **nicht** so verstanden werden, als bestünde ein **entsprechender Rechtssatz des allgemeinen Völkerrechts,** der durch Art. 19 in die Doppelbesteuerungsabkommen als völkerrechtliche Verträge inkorporiert und bereichsspezifisch konkretisiert würde. Vielmehr schaffen die Art. 19 MA entsprechenden Bestimmungen der DBA konstitutiv Völkervertragsrecht (zum Parallelproblem für das innerstaatliche Recht s. *Lehner/Waldhoff,* in KSM, § 1 Rz. A 457 ff.). Folglich können aus dem Kassenstaatsprinzip als solchem keine konkreten Anhaltspunkte für die Aufteilung der Besteuerungszuständigkeiten entnommen werden, die nicht aus dem Abkommenswortlaut ableitbar sind (vgl. SD/*Jochum/Lampert,* Art. 19 Rz. 3).

7 Daher muss die Aufnahme des Kassenstaatsprinzips in die DBA **rechtspolitisch** und damit auch sachlich **gerechtfertigt** werden. Diese Rechtfertigung wird zunehmend in Frage gestellt (vgl. Wassermeyer/*Wassermeyer/Schwenke,* Art. 19 OECD-MA Rz. 1: „alter Zopf [...], der nicht in die heutige Zeit passt"; *Kluge,* Rz. S 311; *Kovelaars,* BIT 2007, 97; *Lang,* FS Schaumburg, S. 879 (887); *Pistone,* S. 283 (290 f.)). Nach Auffassung der Kritiker dürfe die Arbeitnehmerbesteuerung nicht an der Person des Arbeitsgebers ausgerichtet werden. Soweit die Steuerbelastungsfolgen nicht durch nationales Recht aufgefangen werden, sei die freie Wohnsitznahme der im öffentlichen Dienst Tätigen und im Verhältnis zu anderen Arbeitnehmern das Leistungsfähigkeitsprinzip beeinträchtigt (allgemein zu gleichheits- und unionsrechtlichen Bedenken s. Rz. 8 ff.). Eine Streichung des Kassenstaatsprinzips wurde von der OECD zwar erwogen, aber im Rahmen der MA-Änderung von 1997 nicht realisiert (s. *Aigner/Heinrich/Züger,* ÖStZ 1998, 81). Die Beibehaltung des Kassenstaatsprinzips ist nach hier vertretener Auffassung trotz der beachtlichen Kritik akzeptabel. Wie der Europäischen Union (EU; dazu s. Rz. 24) und anderen internationalen Organisationen, für die entsprechende Regelungen gelten, ist es einem Staat nicht zuzumuten, das Besoldungs- und Vergütungsniveau nach dem Steuerniveau im Ansässigkeitsstaat seiner Bediensteten zu differenzieren. Der besondere persönliche und sachliche Verantwortungszusammenhang bei der Erfüllung öffentlicher Aufgaben (vgl. *Lang,* BIT 2007, 20 f.) spricht dafür, Weisungsbefugnisse, Fürsorgepflichten und Steuerhoheit in einer Hand zu belassen (entsprechende Argumentation für das innerstaatliche Parallelproblem bei *Lehner/Waldhoff,* in KSM, § 1 Rz. C 1 ff.). Darüber hinaus dient die Besteuerung nach dem Kassenstaatsprinzip auch der ungehinderten Ausübung hoheitlicher Staatstätigkeit durch Nichtbesteuerung der Bediensteten eines Staates in anderen Staaten (vgl. BFH, Urt. v. 23.9.2008, I R 57/07, BFH/NV 2009, 390: *DBA Frankreich*). Dieser allgemeine Rechtsgedanke liegt im Übrigen auch der Regelung des § 1 Abs. 2 EStG zugrunde, der ein international anerkanntes und durch Art. 34 der Wiener Konvention über diplomatische Beziehungen bestätigtes Prinzip normiert (vgl. *Lehner/Waldhoff,* in KSM, § 1 Rz. C 7).

5. Verfassungs- und europarechtliche Vorgaben

8 Die Regelung des Kassenstaatsprinzips im Allgemeinen sowie die in Art. 19 Abs. 1, Buchst. b, Abs. 2 Buchst. b angelegte Differenzierung nach der Staatsangehörigkeit im Besonderen lösen darüber hinaus **unions- und verfassungsrechtliche** Kritik aus (vgl. Kirchhof/*Gosch,* § 49 EStG, Rz. 65; Wassermeyer/*Wassermeyer/Schwenke,* Art. 19 OECD-MA Rz. 1, 55, 70; IWB/*Dautzenberg,* F. 11 EG Gr. 2, 309 ff.; *ders.,* DB 1997, 1354 ff.).

Aus **unionsrechtlicher Sicht** kommt grundsätzlich ein Verstoß gegen die **Arbeitnehmerfreizügigkeit** nach Maßgabe des Art. 45 AEUV (früher: Art. 39 EG; Art. 48 EGV) in Betracht. Insoweit ist zunächst die Bereichsausnahme nach Art. 45 Abs. 4 AEUV für die „Beschäftigung in der öffentlichen Verwaltung" zu beachten. Diese ist allerdings eng auszulegen und erfasst deshalb nur Arbeitnehmer, die hoheitliche Befugnisse ausüben (vgl. Streinz/*Franzen,* Art. 45 AEUV Rz. 147, mit Nachweisen zur Rspr. des EuGH). Folglich kann Art. 19 MA außerhalb der Bereichsausnahme in Art. 45 Abs. 4 AEUV am Maßstab der Arbeitnehmerfreizügigkeit gemessen werden (a. A. *Jancsa-Pék,* S. 654). Dementsprechend hat der EuGH auch Bestimmungen eines DBA, die das Kassenstaatsprinzip festschreiben, schon am Maßstab der Arbeitnehmerfreizügigkeit geprüft, eine Verletzung dieser Grundfreiheit jedoch verneint (Urt. v. 12.5.1998, Rs. C-336/96, Slg. 1998, I-2793 (2823 ff.) – *Gilly;* Urt. v. 15.9.2011, Rs. C-240/10, Slg. 2011, I-8531, IStR 2011, 806 – *Schulz-Delzers und Schulz*: *DBA Frankreich*). Die Anwendung des Kassenstaatsprinzips, die sich nach der Regelung des Art. 19 MA im Einzelfall nach der Staatsangehörigkeit richten kann, könne nach Auffassung des EuGH zwar zu Nachteilen bei der steuerlichen Behandlung führen. Diese seien aber nicht grundfreiheitswidrig, da die Mitgliedstaaten in Ermangelung gemeinschaftsrechtlicher (jetzt: unionsrechtlicher) Vereinheitlichungs- oder Harmonisierungsmaßnahmen befugt seien, die Kriterien für die Aufteilung ihrer Steuerhoheit – einschließlich der in Bezug auf die im öffentlichen Sektor erzielten Einkünfte – untereinander festzulegen, um Doppelbesteuerungen zu beseitigen (EuGH, Urt. v. 12.5.1998, Rs. C-336/96, Slg. 1998, I-2793 (2823 ff.) – *Gilly,* Tz. 30). Im Übrigen sei im konkreten Fall nicht erwiesen, dass die abkommensrechtliche Festlegung des Kassenstaats als des für die Besteuerung der im öffentlichen Sektor erzielten Einkünfte zuständigen Staates als solche nachteilige Auswirkungen auf die betroffenen Steuerpflichtigen haben könnte. Die Vorteilhaftig- oder Nachteiligkeit der steuerlichen Behandlung der betroffenen Steuerpflichtigen ergebe sich in erster Linie nicht aus der Wahl des Anknüpfungsfaktors, sondern aus dem Niveau der Besteuerung im zuständigen Staat, das angesichts der mangelnden gemeinschaftsrechtlichen (jetzt: unionsrechtlichen) Harmonisierung der Steuersätze für die direkten Steuern von anderen Staaten abweichen kann (EuGH, Urt. v. 12.5.1998, Rs. C-336/96, Slg. 1998, I-2793 (2823 ff.) – *Gilly,* Tz. 34). Die Aussage im *Gilly*-Urteil, es sei „nicht abwegig, sich für die Zwecke der Aufteilung der Steuerhoheit an der völkerrechtlichen Praxis und dem von der OECD erarbeiteten Musterabkommen zu orientieren, das insbesondere in Art. 19 die Anwendung des Kassenstaatsprinzips vorsieht" (EuGH, Urt. v. 12.5.1998, Rs. C-336/96, Slg. 1998, I-2793 (2823 ff.) – *Gilly,* Tz. 35), stellt insoweit ein obiter dictum dar, das jedenfalls für die zu entscheidenden Rechtsfragen keine Auswirkungen hat. 9

Dem EuGH ist dahingehend beizupflichten, dass die in der Rs. *Gilly* festgestellte Ungleichbehandlung ihre Ursache nicht primär in der abkommensrechtlichen Regelung des Kassenstaatsprinzips hatte (dazu auch *Frotscher,* Rz. 502; *Klapdor,* EWS 1998, 263, 264; so im Ergebnis auch FG Hamburg EFG 2000, 1328 (1329): *DBA Frankreich*). Sie ist jedoch weniger auf mangelnde Harmonisierung des Steuerrechts als auf den Umstand zurückzuführen, dass im konkreten Fall weder Deutschland als Kassenstaat noch Frankreich als Ansässigkeitsstaat den persönlichen Umständen von Frau Gilly durch angemessene Berücksichtigung ihrer existenzsichernden Aufwendungen Rechnung trugen; über eine mögliche Diskriminierung durch Vorschriften des nationalen Rechts hatte der EuGH jedoch nicht zu entscheiden.

Diese Grundsätze gelten entsprechend für das **Verfassungsrecht.** Mögliche **(rechtfertigungsbedürftige) Ungleichbehandlungen** werden ihre Ursache regelmäßig nicht erst in der Anwendung von Abkommensrecht (Kassenstaatsprin- 10 zip) haben, sondern bereits in der Ausgestaltung des nationalen Steuerrechts (so im Ergebnis auch Wassermeyer/*Wassermeyer/Schwenke,* Art. 19 OECD-MA Rz. 55). Die Berücksichtigung des abkommensrechtlichen Kassenstaatsprinzips bei der Anwendung des nationalen Steuerrechts kann als solche deshalb – entgegen Auffassungen im Schrifttum – nicht als verfassungswidrig angesehen werden (näher *Lehner/Waldhoff,* in KSM, § 1 Rz. C 5 ff.; aus österreichischer Sicht s. ÖstVwGH, Urt. v. 20.3.2008, 2005/15/0135: *DBA Österreich/Schweiz*).

II. Deutsche DBA

10a **Literatur**: *Müller,* IStR 1993, 318.

11 Die Anwendung des Kassenstaatsprinzips ist **fester Bestandteil deutscher Abkommenspolitik** (dazu s. Rz. 36 ff.). Fast alle deutschen Abkommen enthalten eine ausdrückliche Bestimmung für Tätigkeiten im öffentlichen Dienst, die das Kassenstaatsprinzip anordnet. Dementsprechend enthält auch die deutsche Verhandlungsgrundlage für DBA (DE-VG) in Art. 18 eine entsprechende, im Wesentlichen OECD-musterkonforme Regelung.

B. Zu Art. 19 Abs. 1

I. Musterabkommen

1. Übereinstimmungen und Abweichungen

15 Die Besteuerung von **(laufenden) Vergütungen** für im öffentlichen Dienst geleistete Arbeit regeln alle drei MA ebenso wie die deutsche Verhandlungsgrundlage für DBA grundsätzlich gleich nach dem sog. **Kassenstaatsprinzip** (zum Begriff s. Rz. 2; ferner zum US-MA s. Rz. 35).

2. OECD-MA

16 **a) Grundzüge:** Vergütungen für einem Vertragsstaat oder einer seiner Gebietskörperschaften geleistete Dienste dürfen nach Art. 19 Abs. 1 grundsätzlich **nur vom Staat, der die Vergütungen zahlt, besteuert** werden (Buchst. a: „können nur"; allgemein zu solchen Verteilungsnormen mit abschließender Rechtsfolge s. Grundl. Rz. 82; Vor Art. 6 bis 22 Rz. 4 ff., insbesondere Rz. 7). Der zahlende Staat – auch „Staat der zahlenden Kasse" oder kurz **„Kassenstaat"** – besteuert diese Einkünfte nach seinem innerstaatlichen Recht (dazu s. Rz. 4 f.), ohne durch das Abkommen darin beschränkt zu sein. Die Regelung gilt unabhängig davon, ob der Steuerpflichtige nach innerstaatlichem Recht unbeschränkt oder beschränkt steuerpflichtig ist (vgl. FG Düsseldorf, Urt. v. 31.1.2012, 13 U 1178/10 E, EFG 2012, 1167: *DBA Kasachstan*). Nach richtiger Auffassung können im Ansässigkeitsstaat die nach Art. 19 Abs. 1 MA freigestellten Einkünfte in diesem Staat im Rahmen des **Progressionsvorbehalts** (dazu s. Art. 23 Rz. 3, 6, 14b, 42 ff., 204 ff.) berücksichtigt werden, da sowohl die innerstaatliche Regelung in § 32b Abs. 1 S. 1 Nr. 3 EStG über den Progressionsvorbehalt als auch dessen abkommensrechtliche Absicherung in Art. 23A Abs. 3 MA auch für Einkünfte gilt, die aufgrund von Verteilungsnormen mit abschließender Rechtsfolge nicht besteuert werden können (vgl. BFH, Beschl. v. 10.12.2008, I B 60/08, BFH/NV 2009, 769: *DBA USA 1989;* FG Düsseldorf, Urt. v. 31.1.2012, 13 U 1178/10 E, EFG 2012, 1167, rkr.: *DBA Kasachstan;* FG Saarland, Beschl. v. 1.2.2013, 2 V 1413, EFG 2013, 782, rkr.: *DBA Luxemburg;* ÖstVwGH, Urt. v. 29.7.2010, 2010/15/0021: *DBA Österreich/Italien;* SchweizBG, Urt. v. 6.3.2008, 2 C

558/2007, 2 C 559/2007; BMF, Schreiben v. 23.8.2012, IV B 2 – S 1301-AUT/07/10 019, BStBl. I 2012, 865: *DBA Österreich;* MA-Komm. Art. 19 Ziff. 2; allgemein zur Problematik auch s. Vor 6 bis 22 Rz. 7). Der andere Staat ist zur Besteuerung grundsätzlich auch dann nicht befugt, wenn der Bezieher der Vergütungen dort ansässig ist (zur Ausnahme sogleich). Zu berücksichtigen ist dabei, dass die Steuerfreistellung im anderen Staat als dem Kassenstaat von weiteren unilateralen Voraussetzungen abhängen kann. Nach deutschem Recht sind solche Voraussetzungen in **§ 50d Abs. 8 Satz 1 EStG** geregelt (vgl. FG Düsseldorf, Urt. v. 31.1.2012, 13 U 1178/10 E, EFG 2012, 1176, rkr.: *DBA Kasachstan;* FG Thüringen, Urt. v. 25.4.2013, 2 U 756/10, EFG 2013, 1137, nrkr. (Az. des BFH: IR 42/13): *DBA Indonesien;* zur berechtigten Kritik an § 50d Abs. 8 EStG sowie zur Verfassungsmäßigkeit s. *Lehner,* IStR 2012, 389 (394 f.)). **Ausnahmsweise** darf ausschließlich der **Ansässigkeitsstaat** die Einkünfte besteuern, wenn die Dienste in diesem Staat geleistet werden, die betreffende Person dort ansässig ist und sie die Staatsangehörigkeit dieses Staates besitzt oder sie aus anderen Gründen als zur Arbeitsausübung in diesem Staat ansässig geworden ist (Buchst. b). Der Ansässigkeitsstaat besteuert dann die Einkünfte gem. seinem innerstaatlichen Recht (dazu s. Rz. 4 f.), ohne durch das Abkommen darin beschränkt zu sein.

b) **Abgrenzung:** Art. 19 Abs. 1 ist eine **Spezialvorschrift** für Vergütungen, die von einem Vertragsstaat oder einer seiner Gebietskörperschaften für an diesen bzw. an diese geleistete Dienste gezahlt werden (vgl. FG Köln, Urt. v. 15.6.2011, 7 K 1654/09, EFG 2012, 69, rkr.: *DBA Türkei 1985;* FG Saarland, Beschl. v. 1.2.2013, 2 V 1413/12, EFG 2013, 782, rkr.: *DBA Luxemburg 1958/73/2009*). Wegen der Begriffe zur Umschreibung der erfassten Vergütungen besteht die Spezialität jedoch nur im Verhältnis zu abkommensrechtlichen Regelungen für **Vergütungen aus unselbstständiger Arbeit** (dazu s. Rz. 20; ferner MA-Komm. Ziff. 2.1). Damit ist Art. 19 Abs. 1 zunächst vorrangig gegenüber der allgemeinen Regelung in **Art. 15 MA (Unselbständige Arbeit;** so auch *de Broe,* S. 11 (14); *Pistone,* S. 283 (288); zum Verhältnis zu Grenzgängerregelungen s. Rz. 51a). Wegen des Spezialitätsverhältnisses kommt nicht Art. 21 MA (Sonstige Einkünfte), sondern grundsätzlich Art. 15 MA zur Anwendung, wenn die Voraussetzungen des Art. 19 Abs. 1 MA nicht erfüllt sind (so auch *de Broe,* S. 11 (14 f.)), mit Nachweisen zu anderslautender Rechtsprechung in Belgien und Frankreich; ferner *Holzapfel,* SWI 2010, 256 (258)). Darüber hinaus hat Art. 19 Abs. 1 Vorrang vor (anderen) Spezialvorschriften für die Besteuerung von Einkünften aus unselbständiger Arbeit. Damit geht Art. 19 Abs. 1 formal auch Art. 16 MA **(Aufsichtsrats- und Verwaltungsratsvergütungen)** vor, wenn die Aufsichts- und Verwaltungsratsmitglieder unselbständig tätig sind (dies ist nach deutschem Rechtsverständnis jedoch grundsätzlich nicht der Fall; vgl. Wassermeyer/*Wassermeyer/Schwenke,* Art. 19 OECD-MA Rz. 21, 37; Schmidt/*Wacker,* § 18 EStG, Rz. 150 ff.; ferner auch s. Art. 16 Rz. 4). Steht die Aufsichtsratstätigkeit im Zusammenhang mit einer Geschäftstätigkeit des Vertragsstaats oder seiner Gebietskörperschaften, sind die Regelungen über das Kassenstaatsprinzip (einschließlich der Ausnahmen) nach Art. 19 Abs. 3 ohnehin nicht anwendbar (dazu s. Rz. 82 ff.). In diesem Fall stellt sich die Abgrenzungs- bzw. Vorrangfrage von vornherein nicht. Unselbständig tätige **Künstler und Sportler,** die im Dienst eines Vertragsstaates oder einer seiner Gebietskörperschaften stehen, fielen bis 1995 nicht unter **Art. 17 MA,** sondern immer unter Art. 19 (dazu s. MA-Komm. Art. 17 Ziff. 13). Durch eine Ergänzung des Art. 19 Abs. 3 wurde das für den Fall geändert, dass die staatliche Tätigkeit, in deren Rahmen die Künstler und Sportler unselbständig beschäftigt sind, eine Geschäftstätigkeit i. S. des Art. 19 Abs. 3 darstellt (s. Art. 17 Rz. 12; zum Begriff der Geschäftstätigkeit s. Rz. 84). In einem solchen Fall richtet sich die Aufteilung der 17

Besteuerungszuständigkeiten nach Art. 17 (s. Art. 19 Abs. 3). Außerhalb einer Geschäftstätigkeit des Vertragsstaats oder seiner Gebietskörperschaften verbleibt es jedoch, wenn auch ohne größere praktische Relevanz, bei der vorrangbegründenden Sperrwirkung des Art. 19 Abs. 1. Die Regelungen in Art. 19 gelten grundsätzlich auch für **Angehörige diplomatischer Missionen und konsularischer Vertretungen** (so auch FG Köln, Urt. v. 15.6.2011, 7 K 1654/09, EFG 2012, 65: *DBA Türkei 1985; Dommes,* S. 123), nach **Art. 28 MA** jedoch **nur subsidiär,** d.h. soweit sie nicht bereits aufgrund (anderer) völkerrechtlicher Verträge von Steuern des Empfangsstaats befreit sind (MA-Komm. Ziff. 2 a.E.; ferner s. Rz. 2c; Art. 28 Rz. 5ff., 19). Inhaltlich entspricht Art. 19 Abs. 1 weitgehend dem, was Art. 37 WÜD bzw. Art. 49, 71 WÜK für diplomatische und konsularische Beamte sowie deren Personal vorsehen (s. Art. 28 Rz. 3ff.; ferner *Lehner/Waldhoff,* in KSM, § 1 Rz. C 102ff.).

18 **c) Regelung:** Werden einer **natürlichen Person**
– **Gehälter, Löhne und ähnliche Vergütungen**
– von einem **Vertragsstaat** oder einer seiner **Gebietskörperschaften**
– **für** diesem **geleistete Dienste gezahlt,**

so können diese Einkünfte nur in diesem Staat besteuert werden (Buchst. a).

Sie dürfen **jedoch** nur im **anderen Vertragsstaat** besteuert werden, wenn
– **die Dienste im anderen Vertragsstaat geleistet werden** und
– die natürliche Person in diesem Staat **ansässig ist** und
– ein **Staatsangehöriger dieses Staates** ist oder
– **nicht ausschließlich** deshalb in diesem Staat **ansässig geworden ist, um die Dienste zu leisten** (Buchst. b).

19 **d) Natürliche Person:** Art. 19 bezieht sich nach seinem ausdrücklichen Wortlaut **nur auf natürliche Personen** (dazu s. Art. 3 Rz. 12). Werden einem Vertragsstaat von juristischen Personen (dazu s. Art. 3 Rz. 13ff.) oder sonstigen Personenvereinigungen (dazu s. Art. 3 Rz. 17) Dienste geleistet, so richtet sich die Besteuerung der entsprechenden Vergütungen nach Art. 7, 14 oder 15. Im Falle von Personenvereinigungen ohne eigene Rechtspersönlichkeit ist zu prüfen, ob die Vereinigung als solche oder ihre Mitglieder Anspruch auf die Vergütung haben (Wassermeyer/*Wassermeyer/Schwenke,* Art. 19 OECD-MA Rz. 30).

19a Die Steuerfreistellung für Vergütungen, die von der Regelung über das Kassenstaatsprinzip erfasst werden, gilt grundsätzlich nur im Rahmen des **persönlichen und sachlichen Anwendungsbereichs** des jeweiligen DBA (dazu s. Art. 1, 2 MA und entsprechende Regelungen in DBA). Voraussetzung ist deshalb grundsätzlich, dass der Steuerpflichtige eine **in einem Vertragsstaat ansässige Person** ist. Die Steuerbefreiung der erfassten Vergütungen im anderen Vertragsstaat gilt somit nicht, wenn der Steuerpflichtige in einem Drittstaat ansässig ist, ohne gleichzeitig in einem Vertragsstaat ansässig zu sein, bzw. er seinen Wohnsitz im Vertragsstaat aufgibt und in einem Drittstaat ansässig wird. Die Steuerbefreiung gilt entsprechend dem Charakter eines DBA als bilateraler Vertrag nur **im Verhältnis zwischen den Vertragsstaaten** (zu einer Ausnahme s. Rz. 45a).

20 **e) Gehälter, Löhne und ähnliche Vergütungen:** Der Ausdruck **„Vergütungen"** stellt nach dem Wortlaut von Art. 19 Abs. 1 MA den **Oberbegriff** dar. Durch Einfügung der präziseren Formulierung „Gehälter, Löhne und ähnliche Vergütungen" im OECD-MA 1994 wurde die Vorschrift Art. 15 terminologisch angeglichen und klargestellt, dass nur Entgelte für **unselbstständige Arbeit** im Sinne dieser Vorschrift erfasst werden (s. Rz. 17; MA-Komm. Ziff. 2.1.; für eine Auslegung schon des MA 1977 im gleichen Sinne ÖstVwGH ÖstZB 1994, 587: *DBA Österreich/Italien*). Unabhängig von der Frage, ob der Begriff der „Vergütun-

gen“ autonom aus dem Abkommenszusammenhang (dazu s. Art. 15 Rz. 15) oder gem. Art. 3 Abs. 2 unter Rückgriff auf das Recht des Anwendestaates (für Deutschland wäre insoweit § 19 EStG heranzuziehen) auszulegen ist (Wassermeyer/ *Wassermeyer/Schwenke,* Art. 19 OECD-MA Rz. 25 plädiert für einen ergänzenden Rückgriff auf innerstaatliches Recht), ist ein weites Verständnis des Begriffs der Vergütungen zugrunde zu legen. Neben Geldzahlungen werden alle Formen steuerbarer Vergünstigungen (geldwerte Vorteile) erfasst (MA-Komm. Ziff. 2.2.; zu Einzelheiten s. Art. 15 Rz. 15; Wassermeyer/ *Wassermeyer/Schwenke,* Art. 19 OECD-MA Rz. 25 f.). Ferner könne Lohnersatzleistungen, die anstelle von Vergütungen i. S. des Art. 19 Abs. 1 gewährt werden (z. B. Mutterschaftsgeld, Elterngeld), nach Maßgabe des Kassenstaatsprinzips besteuert werden (vgl. FG Saarland, Beschl. v. 1.2.2013, 2 V 1413/12, EFG 2012, 782, rkr.: *DBA Luxemburg 1985/73/ 2009*). Nach richtiger Auffassung ist aufgrund des Verweises in Art. 3 Abs. 2 MA eine Auslegung nach Maßgabe des innerstaatlichen Rechts vorzunehmen, wenn der Zusammenhang nicht (ausnahmsweise) etwas anderes, d. h. eine abkommensautonome Auslegung erfordert (zu diesem Zusammenhang s. Art. 3 Rz. 116a ff.).

Vor diesem Hintergrund fallen auch die Bezüge (Diäten) von (Parlaments-)**Abgeordneten** unter das Kassenstaatsprinzip des Art. 19 Abs. 1 (a. A. Wassermeyer/ *Wassermeyer/Schwenke,* Art. 19 OECD-MA Rz. 25, 33). Zwar stellen entsprechende Einkünfte nach innerstaatlichem Recht keine Einkünfte aus nichtselbständiger Arbeit i. S. des § 19 Abs. 1 EStG dar, sondern sonstige Einkünfte nach § 22 Nr. 4 EStG. Die Zuordnung bestimmter Vergütungen, die nach innerstaatlichem Recht im Kern zu den Einkünften aus un-/nicht-selbständiger Arbeit gehören, zu einer demgegenüber speziellen Einkunftsart muss jedoch außer Betracht bleiben, da der rechtspolitische Hintergrund des Kassenstaatsprinzips, d. h. die von den Vertragsstaaten gewollte Aufteilung der Besteuerungszuständigkeiten für Vergütungen, die aus öffentlichen Kassen für dem Vertragsstaat oder einer seiner Gebietskörperschaften geleistete Dienste gezahlt werden (dazu s. Rz. 2, 6 f.), die Besteuerung auch solcher Einkünfte durch den Kassenstaat gebietet. Die freie, d. h. die weisungsungebundene Mandatsausübung nach Art. 38 Abs. 1 S. 2 GG, ist durch diese steuerrechtliche Folge nicht beeinträchtigt und deshalb kein Grund für eine andere Behandlung. Dasselbe gilt für an Mitarbeiter der Fraktionen des Bundestags gezahlte Vergütungen, die in das Brüsseler Verbindungsbüro des Bundestags entsandt sind (SenVerw Berlin, Vfg. v. 20.2.2008, III A-S 1301 Belg-2/2007, ESt-Kartei BE DBA Belgien Nr. 1001) sowie für **Minister**vergütungen, die Einkünfte aus unselbständiger Arbeit darstellen und vorbehaltlich der anderen Voraussetzungen schon deshalb nach Maßgabe des Kassenstaatsprinzips gem. Art. 19 Abs. 1 MA besteuert werden können. 20a

Abfindungen sollen nach Auffassung der Finanzverwaltung offenbar nicht unter das Kassenstaatsprinzip des Art. 19 Abs. 1 MA fallen (so jedenfalls in Bezug auf das *DBA Großbritannien 2010:* § 2 Abs. 4 KonsVerGBRV; BMF, Schreiben v. 2.12.2011, IV B 3 – S 1301-GB/10/10 001, BStBl. I 2011, 1221). Richtigerweise wird man bei Abfindungen zunächst danach differenzieren müssen, ob die Abfindung eine nachträgliche Vergütung darstellt (dann Vergütung i. S. des Art. 19 Abs. 1 MA) oder der Versorgung dient (dann Ruhegehalt i. S. des Art. 19 Abs. 2). Eine Abfindung kann nach Maßgabe des Kassenstaatsprinzips besteuert werden, wenn die weiteren Voraussetzungen des Art. 19 Abs. 1 (im Falle einer Abfindung als nachträgliche Vergütung) oder des Art. 19 Abs. 2 (im Falle einer Abfindung mit Versorgungscharakter) erfüllt sind. Die Abgrenzung zwischen den beiden Absätzen ist vorzunehmen und kann nicht dahinstehen, da die Voraussetzungen für die Ausnahme vom Kassenstaatsprinzip nach Art. 19 Abs. 1 bzw. Art. 19 Abs. 2 MA unterschiedlich sind (offenbar a. A. *Urbášek,* S. 485 (501 f.); wie hier wohl auch MA-Komm. Ziff. 5.1). 20b

21 **f) Schuldner der Vergütungen/Gläubiger der geleisteten Dienste: aa) Vertragsstaat oder Gebietskörperschaft:** Art. 19 gilt nur für Vergütungen, die von einem der **Vertragsstaaten** (im inkorporationsrechtlichen Sinne; zum Begriff s. Zur Überschrift Rz. 8; Art. 2 Rz. 11; Art. 3 Rz. 83af.) oder einer **Gebietskörperschaft** eines Vertragsstaates (zum Begriff s. Art. 2 Rz. 12) gezahlt werden. Nur sie können **„Kassenstaat"** i.S. des zu Art. 19 eingebürgerten Sprachgebrauchs sein (dazu s. Rz. 2, 16). Als **Gebietskörperschaften** nennt MA-Komm. Ziff. 3 exemplarisch Gliedstaaten, Regionen, Provinzen, Departements, Kantone, Bezirke, „Arrondissements", Kreise, Gemeinden und Gemeindeverbände (zu Deutschland s. Art. 2 Rz. 16). Entsprechend dem Staatsaufbau der Bundesrepublik Deutschland werden in Art. 18 Abs. 1 Buchst. a der deutschen Verhandlungsgrundlage für DBA ausdrücklich auch die (Bundes-)Länder genannt.

21a Teil des Kassenstaats sind auch **organisatorisch verselbstständigte Verwaltungseinheiten ohne eigene Rechtspersönlichkeit.** Entscheidend ist hier der hinter diesen Einrichtungen stehende Verwaltungsträger, d.h. die jeweilige juristische Person. Art. 19 findet etwa auf Staatsorgane (wie z.B. Parlament, Regierung) ebenso Anwendung wie auf nachgeordnete Behörden, auch wenn sie mit einer gewissen Entscheidungsfreiheit ausgestattet sind (z.B. Rechnungshöfe, Kartellämter oder Gerichte). Verwaltungsträger ist insoweit der Staat, d.h. aus deutscher Sicht die Bundesrepublik Deutschland bzw. das (Bundes-)Land, welche bzw. welches Träger dieser Verwaltungseinheiten ist. Maßgeblich ist jedoch, ob der Steuerpflichtige von diesem Rechtsträger Einkünfte aus unselbständiger Tätigkeit erzielt (dazu s. Rz. 17, 20). Folglich werden die Bezüge der Angestellten von staatlichen Handels- und Tourismusförderungsstellen – vorbehaltlich der weiteren Voraussetzungen des Art. 19 Abs. 1 MA – nach dem Kassenstaatsprinzip besteuert, wenn das jeweils maßgebende Abkommen die Anwendung der Bestimmung nicht ausdrücklich auf die Ausübung öffentlicher Funktionen (dazu s. Rz. 25b) beschränkt, obwohl die Büros nur werbend oder beratend tätig sind, nicht aber eine eigene unmittelbare kaufmännische oder gewerbliche Tätigkeit entfalten (dazu s. Abs. 3; insgesamt zu Handels- und Tourismusförderungsgesellschaften s. FinMin Nds. v. 30.11.1978 StEK Doppelbest. Allgem. Nr. 25; ferner FG Baden-Württemberg IStR 2007, 898ff.).

22 **Juristische Personen des öffentlichen Rechts, die keine Gebietskörperschaft** sind (Personalkörperschaften, öffentlich-rechtliche Anstalten, Stiftungen, Religionsgemeinschaften mit Körperschaftsstatus), werden von der Regelung des Art. 19 Abs. 1 MA nicht erfasst (zu Ausnahmen in der deutschen Abkommenspraxis und damit zusammenhängenden Fragen s. Rz. 38ff.). Dies gilt auch, wenn die juristische Person aufgrund des Rechts eines Vertragsstaats oder einer seiner Gebietskörperschaften geschaffen wurde (vgl. SD/*Jochum/Lampert,* Art. 19 Rz. 27). Für Löhne und Gehälter, die etwa von berufsständischen Kammern (z.B. Industrie- und Handelskammern, Rechtsanwalts- und Steuerberaterkammern), öffentlichen Rundfunk- und Fernsehanstalten, Sparkassen, der Bundesbank (dazu auch Rz. 40a) oder Kirchen (mit Körperschaftsstatus) gezahlt werden, gilt folglich Art. 15 (bzw. ausnahmsweise Art. 17). Art. 18 Abs. 4 der deutschen Verhandlungsgrundlage für DBA sieht anders als die (anderen) MA dagegen die Einbeziehung (bestimmter) anderer öffentlich-rechtlicher Körperschaften vor, die entweder ohne weitere Voraussetzung – wie die Deutsche Bundesbank (dazu s. Rz. 40a) und der IHK-Verband zur Förderung der Außenwirtschaft durch das AHK-Netz – oder aufgrund spezieller Vereinbarung der zuständigen Behörden im Rahmen einer Verständigungsvereinbarung i.S. des Art. 24 der deutschen Verhandlungsgrundlage für DBA zu berücksichtigen sind.

23 **bb) Sondervermögen: Sondervermögen** sind in Art. 19 Abs. 1 OECD-MA in Bezug auf (laufende) Vergütungen – anders als noch im OECD-MA 1963 und

in Bezug auf Ruhegehälter in Art. 19 Abs. 2 OECD-MA (dazu s. Rz. 65b) – nicht ausdrücklich neben die Vertragsstaaten und ihre Gebietskörperschaften gestellt. Die amtliche deutsche Fassung verwendet in Art. 19 Abs. 2 OECD-MA – wie schon in Art. 19 Abs. 1 OECD-MA 1963 – den Begriff des Sondervermögens als Übersetzung für die Begriffe „fund“ in der englischen und „fonds“ in der französischen Sprachfassung des OECD-MA. Die Begriffe „fund“ bzw. „fonds“ scheinen weiter zu sein als der deutsche Begriff Sondervermögen. Während der (deutsche) Begriff des „Sondervermögens“ nur rechtlich unselbständige Vermögensbestandteile der Vertragsstaaten bzw. seiner Gebietskörperschaften erfasst (SenFin Berlin, IStR 2007, 448: *DBA Japan;* Sondervermögen sind in Deutschland vor allem das Bundeseisenbahnvermögen der früheren Deutschen Bundesbahn, in der Schweiz z. B. die Eidgenössische Versicherungskasse), könnten die Begriffe „funds“ bzw. „fonds“ auch selbständige Rechtssubjekte erfassen. Vor diesem Hintergrund kann aus deutscher Sicht für Sondervermögen nichts anderes gelten als für tatsächlich oder organisatorisch verselbständigte Verwaltungseinheiten ohne eigene Rechtspersönlichkeit (dazu s. Rz. 21). Als gesondert verwaltete Vermögensmassen treten diese zwar im Rechtsverkehr ggf. unter eigenem Namen auf, die rechtlichen und ggf. auch wirtschaftlichen Folgen ihres Handelns treffen jedoch den Staat als Rechtsträger. Die Erwähnung von Sondervermögen in DBA hat deshalb nur deklaratorische Wirkung (dazu auch Rz. 40). Aus dem Umstand, dass „Sondervermögen“ nach dem Wortlaut des OECD-MA 1963 in Art. 19 Abs. 1 ausdrücklich Erwähnung fanden und auch heute noch in Art. 19 Abs. 2 für Ruhegehälter finden, lässt sich kein Umkehrschluss derart ziehen, dass (rechtlich unselbständige) Sondervermögen nur im Falle ihrer ausdrücklichen Erwähnung erfasst werden (so aber wohl Wassermeyer/*Wassermeyer/Schwenke,* Art. 19 OECD-MA Rz. 50). Hintergrund der klarstellenden Erwähnung von Sondervermögen im Ruhegehälter betreffenden Art. 19 Abs. 2 MA könnte sein, dass Staaten zur Finanzierung der Ruhegehälter evtl. Sondervermögen bilden (dazu s. Rz. 65b). Favorisiert man ein näher an den Begriffen in der englischen bzw. französischen Sprachfassung liegendes Begriffsverständnis, können auch rechtlich selbständige Rechtsträger erfasst werden (ferner dazu s. Rz. 40 für deutsche DBA und Rz. 65b für Ruhegehälter; zur Problematik der authentischen Sprachfassung s. Grundl. Rz. 111 ff.).

cc) Europäische Union: Nicht unter Art. 19 fallen **Vergütungen, die von der Europäischen Union (EU) gezahlt** werden, da die EU kein Vertragsstaat der DBA und auch keine Gebietskörperschaft eines Vertragsstaats ist. Im Übrigen sind Vergütungen für EU-Beamte ohnehin durch Art. 13 des Protokolls über die Vorrechte und Befreiungen der EG (jetzt: EU) (BGBl. 1965 II 1453, 1488) von den nationalen Steuern ausgenommen (dazu auch Art. 4 Rz. 50); sie unterliegen einer Unionssteuer (dazu s. *Schotten,* IWB F. 11 EG Gr. 1, S. 77 ff.; *Lehner/Waldhoff,* in KSM, § 1 Rz. C 119 ff.). Soweit nationale Beamte im Bereich der EU verwendet werden und dafür von dieser Sonderzahlungen (z. B. Tagegelder) erhalten, gelten dem Art. 15 MA (Unselbständige Arbeit) entsprechende Vorschriften, nicht das Kassenstaatsprinzip nach Art. 19 MA (Öffentlicher Dienst) entsprechenden Vorschriften (allgemein dazu s. BMF BStBl. I 2006, 340; ferner BFH v. 15.3.2000 BFH/NV 2000, 1016: *DBA Belgien*). Für die vom Mitgliedstaat geleisteten Vergütungen gelten unter den weiteren Voraussetzungen dagegen uneingeschränkt die Art. 19 MA entsprechenden Regelungen. 24

g) Zahlung für dem Vertragsstaat oder seinen Gebietskörperschaften geleistete Dienste: aa) Dienstverhältnis/Art der Tätigkeit/öffentlicher Dienst): Die Vergütungen müssen **für dem Vertragsstaat oder seinen Gebietskörperschaften geleistete Dienste** gezahlt werden. Art. 19 MA und damit insbesondere die Besteuerung nach Maßgabe des Kassenstaatsprinzips von laufenden 25

Vergütungen betrifft nach der amtlichen Überschrift des (gesamten) Art. 19 den **„Öffentlichen Dienst"**. Der Ausdruck „Öffentlicher Dienst" wird im MA nicht ausdrücklich näher definiert. Ein Rückgriff auf eine Begriffsbestimmung im innerstaatlichen Recht entsprechend Art. 3 Abs. 2 MA scheitert jedoch daran, dass es sich bei diesem Begriff im nationalen (außersteuerrechtlichen) Kontext nicht um einen rechtstechnischen Begriff handelt (vgl. *Kunig,* 6. Kap., Rz. 1, 4). Letztlich kommt es auf die genaue – dann aus dem Abkommenszusammenhang zu bestimmende – Bedeutung des Begriffs für die Auslegung des Art. 19 MA nicht an, da die eigentliche Regelung diesen Begriff nicht verwendet und seine genaue Bedeutung für die sachgerechte Auslegung des Art. 19 MA auch nicht erforderlich ist. Folglich sind dem lediglich in der Überschrift verwendeten Begriff „Öffentlicher Dienst" auch keine Anhaltspunkte für eine Differenzierung nach der rechtlichen Ausgestaltung der Dienst-/Vertragsverhältnisse oder der Art der Tätigkeiten zu entnehmen. Damit können sowohl die hoheitliche Tätigkeit (insbesondere durch Beamte; für Soldaten s. FinMin Nds., IStR 1994, 442) als auch alle sonstigen Tätigkeiten (ggf. auch durch Angestellte und Arbeiter) von Art. 19 Abs. 1 MA erfasst werden (ferner zur Ausgestaltung des Rechtsverhältnisses s. Rz. 25a, zur Art der Tätigkeit s. Rz. 25b).

25a Die Vergütungen müssen vor diesem Hintergrund nicht aufgrund eines **öffentlich-rechtlich ausgestalteten Dienstverhältnisses,** sondern können auch aufgrund eines **zivilrechtlichen Vertragsverhältnisses** mit dem Vertragsstaat oder einer seiner Gebietskörperschaften gezahlt werden (so auch ÖstVwGH, Urt. v. 19.9.2007, 2007/13/0080: *DBA Österreich/Spanien;* a. A. Steuerrekurskommission Kanton Basel-Stadt, Entscheid v. 21.2.2008, BStrPra 2008, 357 (362f.): *DBA Schweiz*). Eine **Beamtenstellung** ist dementsprechend nicht erforderlich. Vergütungen im Rahmen eines **öffentlich-rechtlichen Ausbildungsverhältnisses** (wie etwa von Rechts- oder Studienreferendaren) unterfallen nicht Art. 19, sondern Art. 20, da in diesen Fällen für den Steuerpflichtigen der Ausbildungsaspekt und nicht die Dienstleistung gegenüber dem Vertragsstaat oder seinen Gebietskörperschaften im Vordergrund steht (SD/*Jochum/Lampert,* Art. 19 Rz. 24).

25b Für das MA 1963 und die dort enthaltene Formulierung **„in Ausübung öffentlicher Funktionen"** (dazu insbesondere aus österreichischer Sicht, *Loukota,* SWI 2014, 42) war umstritten, ob die Tätigkeit des Steuerpflichtigen eine hoheitliche Tätigkeit sein musste (MA-Komm. Ziff. 5; ferner *Hoge Raad* Rolno. 27.310 BNB 1991, 312: *DBA Niederlande/Indonesien;* Rolno. 26.075 BNB 1990, 157: *DBA Niederlande/Israel* für das Mitglied eines Gemeinderats; zu Recht für eine weite Auslegung *Raschauer,* SWI 1993, 79f.). Jedenfalls stützt der Wegfall des Zusatzes für die aktuelle Fassung des MA ein weites Verständnis, so dass es auf die **Art der geleisteten Dienste** nicht ankommt (dazu auch Rz. 25, 29). Folglich hat die Unterscheidung zwischen „in Ausübung hoheitlicher Funktionen" und außerhalb davon geleisteten Diensten keine Bedeutung, zumal sie nicht praktikabel sein dürfte (vgl. *Lang,* FS Schaumburg, S. 879 (884f.)). Es ist zudem nicht anzunehmen, dass zwischen Abs. 1 und Abs. 3 ein dritter Regelungsbereich besteht, der direkt Art. 15 unterfällt (Wassermeyer/*Wassermeyer/Schwenke,* Art. 19 OECD-MA Rz. 42). Somit erfasst Art. 19 Abs. 1 alle Vergütungen für unselbstständige Tätigkeiten für den Kassenstaat, soweit sie nicht mit („gewerblichen") Geschäftstätigkeiten des Vertragsstaats i. S. des Art. 19 Abs. 3 im Zusammenhang stehen (dazu s. Rz. 81ff.). Lediglich bei DBA, die einen entsprechenden Zusatz enthalten, kommt es für die Anwendung des Kassenstaatsprinzips darauf an, dass der Steuerpflichtige hoheitliche Aufgaben wahrnimmt (so auch ÖstVwGH, Urt. v. 19.9.2007, 2007/13/0080; Urt. v. 17.10.2007, 2007/13/0088: *DBA Österreich/Spanien*).

25c **bb) Veranlassungszusammenhang:** Die Vergütungen müssen **„für"** dem Kassenstaat geleistete Dienste gezahlt werden, d. h. zwischen den geleisteten Diensten und den gezahlten Vergütungen muss ein Veranlassungszusammenhang bestehen. Haben die gezahlten „Vergütungen" ihren Grund nicht in Diensten, die dem Kassenstaat geleistet werden, fallen sie nicht unter Art. 19 Abs. 1 MA und damit unter das darin normierte Kassenstaatsprinzip.

cc) Beteiligung Dritter: Im Normalfall ist der Kassenstaat als öffentlicher Arbeitgeber selbst Schuldner der gezahlten Vergütung und selbst Gläubiger der geleisteten Dienste (Dienstherr). Problematisch ist die Anwendung des Art. 19 immer dann, wenn Dritte beteiligt sind (Dreiecksverhältnisse) und zwar als Schuldner der Vergütungen und/oder als Gläubiger der Dienste. Typischerweise wird der (Dritt-) Schuldner der Vergütungen und der (Dritt-)Gläubiger der Dienste identisch sein, zwingend ist dies jedoch nicht, so dass die einzelnen Aspekte getrennt voneinander zu behandeln sind. 26

Richtigerweise muss der Kassenstaat formell und materiell (wirtschaftlich) **Schuldner der gezahlten Vergütung** sein. **Formelle** Schuldnerschaft des Kassenstaats in Bezug auf die gezahlten Vergütungen bedeutet, dass der Steuerpflichtige gegen den Kassenstaat einen Anspruch auf Zahlung der Vergütungen haben muss (im Ergebnis gl. A. Wassermeyer/*Wassermeyer/Schwenke,* Art. 19 OECD-MA Rz. 27, 41; so wohl auch BFH, Urt. v. 2.3.1988, I R 94/84, BStBl. II 1988, 768: *DBA Frankreich,* wenn auch ohne Begründung; Urt. v. 31.7.1991, I R 47/90, BFHE 165, 392: *DBA USA 1954/65;* ferner FG Thüringen, Urt. v. 25.4.2013, 2 U 756/10, EFG 2013, 1137, nrkr. (Az. des BFH: I R 42/13); ÖstVwGH, Urt. v. 27.1.2011, 2009/15/0151; unklar aber BFH, Urt. v. 13.8.1997, I R 65/95, BStBl. II 1998, 21: *DBA Spanien,* Urt. v. 20.8.2007, I R 35/08, BFH/NV 2009, 26: *DBA Jugoslawien,* wonach ein Dienstverhältnis zwischen dem Steuerpflichtigen und dem Kassenstaat nicht erforderlich sein soll). Nach dem Wortlaut der Regelung, wonach unter weiteren Voraussetzungen solche Vergütungen nach Maßgabe des Kassenstaatsprinzips besteuert werden, „die von einem Vertragsstaat oder einer seiner Gebietskörperschaften [...] gezahlt werden", ist dies allerdings nicht zwingend. Man könnte zwar aus dem Begriff „gezahlt" herauslesen, dass das Kassenstaatsprinzip nur zur Anwendung kommen soll, wenn ein eigenständiger Zahlungsanspruch des Steuerpflichtigen gegenüber dem Kassenstaat besteht (zu dieser Begründung im Einzelnen s. *Rodi,* RIW 1992, 488 f.; Wassermeyer/*Wassermeyer/Schwenke,* Art. 19 OECD-MA Rz. 27, 41). Allerdings könnte es nach dem Wortlaut der Vorschrift für eine „Zahlung" auch genügen, wenn der Kassenstaat lediglich den mechanischen Zahlungsvorgang übernimmt, ohne selbst Schuldner zu sein. Aus dem MA-Komm. ergeben sich keine Anhaltspunkte für die Lösung der Problematik (a.A. mit nicht überzeugendem Hinweis auf OECD-MK 1963 BFH, Urt. v. 31.7.1991, I R 47/90, BFHE 165, 392: *DBA USA 1954/65*). Auch die bisweilen bestehenden Sonderregelungen in DBA für Fälle mit Drittbeteiligten erzwingen nicht im Wege des Umkehrschlusses eine Begrenzung des Kassenstaatsprinzips auf die Zahlung von Vergütungen, für die der Kassenstaat formell Schuldner ist (a. A. BFH, Urt. v. 31.7.1991, I R 47/90, BFHE 165, 392: *DBA USA 1954/65*). Jedoch muss Art. 19 Abs. 1 wegen der Rechtfertigung des Kassenstaatsprinzips (dazu s. Rz. 6 f.) grundsätzlich eng ausgelegt werden mit der Folge, dass der Kassenstaat jedenfalls formell Schuldner der gezahlten Vergütung sein muss und folglich ein anderer (formeller) Schuldner der gezahlten Vergütungen für die Anwendung des Kassenstaatsprinzips nicht genügt. Diese Auslegung ist auch sachgerecht, da Art. 19 MA selbst auf Vergütungen von (immerhin öffentlich-rechtlich verfassten) juristischen Personen des öffentlichen Rechts nicht anwendbar ist, wenn diese keine – vom Wortlaut erfasste – Gebietskörperschaften darstellen (dazu s. Rz. 22, 38 ff.). Eine Begrenzung der Reichweite des Kassenstaatsprinzips auf Zahlungen, die mit Rücksicht auf Dienstleistungen gezahlt werden, die unabhängig vom Schuldner der Vergütungen im öffentlichen Interesse liegen, genügt dem- 27 nach nicht (so aber BFH, Urt. v. 20.8.2007, I R 35/08, BFH/NV 2009, 26: *DBA Jugoslawien*).

27a Wegen des klaren Wortlauts „Vertragsstaaten und eine seiner Gebietskörperschaften" ist ein **„Durchgriff"** durch zwischengeschaltete Personen für Zwecke der Anwendung des Art. 19 MA nicht möglich. Damit fallen Vergütungen von **privatrechtlich organisierten Arbeitgebern** nicht unter Art. 19 Abs. 1 MA, auch wenn diese öffentliche Aufgaben wahrnehmen, aus öffentlichen Mitteln finanziert werden und staatlicher Aufsicht unterliegen (vgl. FG Baden-Württemberg EFG 1985, 438; ÖstBMF, SWI 2012, 98: *DBA Österreich/Schweiz; Brenner,* KFR 1992, 87f.; Wassermeyer/*Wassermeyer/Schwenke,* Art. 19 OECD-MA Rz. 41; zu Ausnahmen s. Rz. 43ff.; a. A. der schwedische *Regeringsrätt,* RÅ 1992, not. 128: *DBA Schweden/USA,* der auch Radio Liberty, eine juristische Person des Privatrechts, einbezieht). Unerheblich ist deshalb, ob der Kassenstaat an einer juristischen Person des Privatrechts, die die Vergütungen zahlt, beteiligt ist bzw. diese beherrscht (vgl. Wassermeyer/*Wassermeyer/Schwenke,* Art. 19 OECD-MA Rz. 41). Sollen solche in privatrechtlicher Form organisierten Einrichtungen, wie etwa das Goethe-Institut, in den Geltungsbereich des Kassenstaatsprinzips einbezogen werden, ist dies ausdrücklich zu regeln (zu solchen Regelungen s. Rz. 43ff.).

28 Der Kassenstaat muss nicht nur formell, sondern darüber hinaus auch **materiell** (wirtschaftlich) Schuldner der Vergütungen sein. Problematisch sind deshalb Fälle, in denen der Kassenstaat die Vergütungen zwar formell, jedoch nicht materiell in einem wirtschaftlichen Sinn schuldet, etwa wenn er als bloße Zahlstelle fungiert und die Vergütung für Rechnung eines privaten Arbeitgebers zahlt. Dem Rechtfertigungsgrund für das Kassenstaatsprinzip (dazu s. Rz. 6f.) und dem anerkennenswerten Ziel einer verlässlichen Aufteilung der Besteuerungszuständigkeit unter Ausschluss von Umgehungsstrategien entspricht es, der Anwendung von Art. 19 MA statt einer rein formalen zusätzlich eine wirtschaftliche Betrachtungsweise zugrunde zu legen (vgl. *Rodi,* RIW 1992, 484 (488f.)). Vor diesem Hintergrund müssen die Zahlungen den öffentlichen Haushalt des Vertragsstaats bzw. eines seiner Gebietskörperschaften wirtschaftlich belasten. Die öffentliche Kasse darf folglich nicht nur reine Durchlauf- und Zahlstelle sein. Für die erforderliche wirtschaftliche Belastung des Kassenstaats genügt es, wenn eine andere Zahlstelle die Vergütungen tatsächlich zahlt und der formelle Schuldner (d.h. der Kassenstaat) der Zahlstelle zur Erstattung der gezahlten Vergütungen verpflichtet ist. Erfolgt die Zahlung durch eine Zahlstelle **für einen anderen Staat,** ist die Zahlung bei Bestehen eines Erstattungsanspruchs für die Anwendung des Kassenstaatsprinzips dem anderen Staat zuzurechnen. Handelt es sich bei dem anderen Staat um den formellen Schuldner der Vergütungen, ist der andere Staat aufgrund des Erstattungsanspruchs auch materiell Schuldner mit der Folge, dass dieser Staat nach Maßgabe von Art. 19 Abs. 1 MA zur Ausübung seines innerstaatlich begründeten Besteuerungsrechts berechtigt ist. Als Zahlungen aus „ausländischen" öffentlichen Kassen (und deshalb wegen des Kassenstaatsprinzips in Deutschland nicht besteuerbare Einkünfte) behandelt die deutsche Finanzverwaltung deshalb beispielsweise Zahlungen der deutschen Ämter für Verteidigungslasten, wenn diese für einen ausländischen verbündeten Staat erfolgen, der seinerseits Schuldner der Vergütung ist (FinMin Nds., IStR 1994, 442). Allerdings schließt die Erstattung von gezahlten Vergütungen eine materielle Schuldnerschaft des Vertragsstaats bzw. seiner Gebietskörperschaften nicht per se aus (für ein Beispiel s. *U. S. Court of Appeals for the 9th Circuit,* Smith v. Comm. 701 F. 2d 807, zu sec. 911 (a)(1) IRC).

29 Neben der Eigenschaft als Schuldner für die gezahlten Vergütungen muss der Kassenstaat auch **Gläubiger der** vom Steuerpflichtigen zu erbringenden **Dienste** (d.h. Dienstherr) sein. Dies ergibt sich – jedenfalls für das MA – aus dem Wortlaut des Art. 19 Abs. 1, wonach die Vergütungen „für dem Vertragsstaat […] geleistete

Dienste gezahlt werden" (vgl. *Rodi,* RIW 1992, 484 (488 ff.); GKG/*Rupp,* Art. 19, Rz. 55; ÖstVwGH, Urt. v. 27.1.2011, 2009/15/0151; zum aufgrund der Formulierung erforderlichen Veranlassungszusammenhang zwischen den geleisteten Diensten und der Zahlung s. Rz. 25c). Auf die **Art der geleisteten Dienste** kommt es dabei grundsätzlich nicht an (dazu auch Rz. 25, 25b). Fehlt die Eingrenzung auf dem Kassenstaat geleistete Dienste, muss dieser für die Anwendung des Kassenstaatsprinzips folgerichtig auch nicht der Gläubiger der geleisteten Dienste sein (dazu BFH, Urt. v. 20.8.2008, I R 35/08, BFH/NV 2009, 26: *DBA Jugoslawien*). In diesem Fall muss die Ableistung der Dienste für einen Dritten aber zumindest **im öffentlichen Interesse** liegen (vgl. BFH, Urt. v. 13.8.1997, I R 65/95, BStBl. II 1998, 21: *DBA Spanien 1966;* FG Baden-Württemberg, Urt. v. 8.12.1998, 4 K 111/98, EFG 1999, 453: *DBA Ägypten;* so wohl auch *Dommes,* S. 119, 130, wenn auch in Bezug auf Ruhegehälter). Bei Tätigkeiten an Auslandsschulen oder für internationale Organisationen wird dies regelmäßig gegeben sein, so dass es bei Fehlen einer entsprechenden Eingrenzung für die Anwendung von Art. 19 allein darauf ankommt, wer die Vergütung (formell und materiell) schuldet.

Die Reichweite des abkommensrechtlichen Kassenstaatsprinzips in Art. 19 **29a** Abs. 1 MA, die nach hier vertretener Auffassung auf vom Vertragsstaat oder seinen Gebietskörperschaften gezahlte Vergütungen begrenzt ist, soll durch **§ 50d Abs. 7 (früher: Abs. 4) EStG** einseitig (unilateral) ausgedehnt werden (dazu auch Rz. 5). Danach soll das Merkmal „für einem Vertragsstaat […] geleistete Dienste" in Art. 19 Abs. 1 MA vergleichbaren Regelungen in DBA dahingehend verstanden werden, dass es im Falle eines Dienstverhältnisses mit einer anderen Person als dem Kassenstaat auch erfüllt sein soll, wenn die maßgeblichen Vergütungen ganz oder im Wesentlichen aus öffentlichen Mitteln aufgebracht werden (a. A. die Kommentierung anderer Bearbeiter in der 4. und 5. Aufl. dieses Kommentars: „weite ‚Auslegung' von § 49 Abs. 1 Nr. 4 EStG"; zur Entwicklungsgeschichte s. GKG/*Rupp,* Art. 19 OECD-MA Rz. 57 ff.). Damit wird dem deutschen Fiskus die Ausübung seines in § 49 Abs. 1 Nr. 4 Buchst. b) EStG begründeten Besteuerungsrechts im Verhältnis zum anderen Vertragsstaat abkommensrechtlich ermöglicht, für das es nach seinem Wortlaut nur darauf ankommt, dass „Einkünfte […] mit Rücksicht auf ein […] Dienstverhältnis gewährt werden" (also nicht „für" geleistete Dienste), und für das ausdrücklich kein Zahlungsanspruch gegen die öffentliche Kasse bestehen muss. § 50d Abs. 7 EStG überwindet allerdings nur das in Art. 19 Abs. 1 MA und vergleichbaren DBA-Regelungen vorgesehene Erfordernis der Zahlung der Vergütungen „für die dem [Kassenstaat] geleisteten Dienste", nicht aber die anderen Voraussetzungen (insbesondere das Merkmal der formellen und materiellen Schuldnerschaft). Die Regelung stellt bei Zugrundelegung der hier zu Art. 19 Abs. 1 MA vertretenen Auffassung (s. Rz. 29) in Bezug auf DBA, die das im MA enthaltene Erfordernis der Zahlung der Vergütungen „für" dem Kassenstaat geleistete Dienste enthalten, ein sog. Treaty Override zur (pauschalen) Vermeidung einer Doppelnicht-/Keinmalbesteuerung bzw. der Sicherung des deutschen Besteuerungssubstrats dar (a.A. die Kommentierung anderer Bearbeiter in der 4. und 5. Aufl. dieses Kommentars: „kein treaty overriding"; wie hier *Bublitz,* IStR 2007, 77 (82); Kirchhof/*Gosch,* § 50d EStG, Rz. 52; allgemein zur Problematik von Treaty Overrides s. Grundl. Rz. 193 ff.). Damit handelt es sich insoweit nicht – wie vom Gesetzgeber (s. BT-Drucks. 13/5952, S. 49 f.) pauschal angenommen – um eine bloße Klarstellung. Besteuert in diesen Fällen auch der andere Staat, weil er sich durch Art. 19 MA bzw. entsprechende DBA-Regelungen nicht daran gehindert sieht, können die Einkünfte ggf. doppelt besteuert werden. Lediglich in Bezug auf DBA, die das im MA enthaltene Erfordernis der Zahlung der Vergütungen „für" dem Kassenstaat geleistete Dienst nicht enthalten, kann von einer Klarstellung gesprochen werden (zu einem solchen Fall s. BFH, Urt. v. 13.8.1997,

I R 65/95, BStBl. II 1998, 21: *DBA Spanien 1966*) und ein sog. Treaty Override verneint werden.

30 **h) Ausnahme vom Kassenstaatsprinzip (Ortskräfte): aa) Grundzüge:** Eine **Ausnahme vom Kassenstaatsprinzip** (d.h. eine Ausnahme von einer Besteuerung durch den Kassenstaat) sieht Art. 19 Abs. 1 Buchst. b für sog. **Ortskräfte** vor. Nach Maßgabe einer Reihe von Kriterien, die eine engere Bindung des Ortspersonals an den Ansässigkeitsstaat als an den Kassenstaat indizieren (Ansässigkeit, Staatsangehörigkeit, etc.), entfällt der Rechtfertigungsgrund des Kassenstaatsprinzips (vgl. *Rodi,* RIW 1992, 487) und die Besteuerung darf **ausschließlich im Ansässigkeitsstaat** erfolgen. Über die Verweisung „Diese Löhne, Gehälter und ähnliche Vergütungen ..." wird die Ausnahme der Ruhegehälter in Abs. 1 Buchst. a auch in Abs. 1 Buchst. b aufgenommen. Auch diese Ausnahme ist der Konzeption des WÜD und des WÜK nachgebildet (MA-Komm. Ziff. 4 Satz 2). Sie gilt wegen Art. 28 MA jedoch nur für Steuerpflichtige, die nicht von speziellen Regelungen in anderen völkerrechtlichen Abkommen erfasst sind. Damit behält beispielsweise Deutschland das Recht zur Besteuerung der Einkünfte desjenigen deutschen Personals von Botschaften ausländischer Staaten in Deutschland, das nicht zu den Diplomaten und Konsularbeamten sowie dessen Personal zählt.

31 **bb) Ansässigkeitsstaat als Leistungsort:** Es kommt in allen Fällen der Ausnahme vom Kassenstaatsprinzip für sog. Ortskräfte darauf an, dass die **Dienste im Ansässigkeitsstaat** (nicht im Kassenstaat oder einem Drittstaat; dazu ÖstBMF, EAS 3015 v. 18.11.2008: *DBA Österreich*) **geleistet** werden (englisch: „services are rendered", französisch: „services sont rendus"). Der Ansässigkeitsstaat bestimmt sich nach Art. 4 MA. Das MA verwendet hier eine andere Terminologie als in Art. 15, der von Ausübung der unselbständigen Arbeit spricht (englisch: „employment is exercised", französisch: „l'emploi ... est exercé"). Diese unterschiedliche Terminologie dürfte lediglich mit den terminologischen Besonderheiten des öffentlichen Dienstes zusammenhängen, ohne dass dies für Zwecke der Auslegung des MA zu einem unterschiedlichen Verständnis der Anforderungen an die Annahme der Tätigkeit im maßgeblichen Staat führt. Folglich sind die Vergütungen wie bei Art. 15 **zeitanteilig** (pro-rata-temporis) im Verhältnis der Dienstzeit im Ansässigkeitsstaat zur Dienstzeit außerhalb des Ansässigkeitsstaats aufzuteilen, wenn der Steuerpflichtige auch außerhalb des Ansässigkeitsstaates (d.h. im Kassenstaat und/oder in einem Drittstaat) tätig ist (vgl. Wassermeyer/*Wassermeyer/Schwenke,* Art. 19 Rz. 77; Haase/*Haase,* Art. 19 Rz. 44; für Einzelheiten zur Berechnung s. Art. 15 Rz. 68a ff.). Dies gilt auch, wenn die Tätigkeit außerhalb des Ansässigkeitsstaats im Vergleich zur Tätigkeit im Ansässigkeitsstaat qualitativ und/oder quantitativ nur geringfügig ist (a. A. die Kommentierung anderer Bearbeiter bis zur 5. Aufl. dieses Kommentars, wonach in einem solchen Fall darauf abzustellen sei, ob der Steuerpflichtige noch zum Personal der Dienststelle des Kassenstaates im Ansässigkeitsstaat gehört, d. h. organisatorisch in diese eingegliedert bleibt).

32 **cc) Qualifizierende Kriterien:** Ob die Ausnahme für Ortskräfte anwendbar ist, richtet sich neben der Tätigkeit im Ansässigkeitsstaat (dazu s. Rz. 31) nach zwei Kriterien, die alternativ vorliegen können (zu den vielfältigen Varianten in der Abkommenspraxis s. Rz. 46 ff.): Staatsangehörigkeit des Ansässigkeitsstaates (1) oder keine ausschließliche Begründung der Ansässigkeit in diesem Staat, um die Dienste zu leisten (2).

33 (1) Hinreichendes Qualifikationsmerkmal für Ortskräfte ist zunächst die **Staatsangehörigkeit des Ansässigkeitsstaates** (Art. 19 Abs. 1 Buchst. b (i); zum Begriff der Staatsangehörigkeit s. Art. 3 Abs. 1 Buchst. g; dazu s. Art. 3 Rz. 60 ff.). Im Gegensatz zu vielen deutschen Abkommen (dazu s. Rz. 47 ff.) bleibt nach den MA der Ansässigkeitsstaat auch dann steuerberechtigt, wenn der Steuerpflichtige neben

der Staatsangehörigkeit des Ansässigkeitsstaates die des Kassenstaates oder eines dritten Staates besitzt.

(2) Dem Staatsangehörigen des Staates, in dem die Person tätig ist, ist nach Art. 19 Abs. 1 Buchst. b (ii) eine sonstige Person gleichgestellt, die im Tätigkeitsstaat ansässig ist und die **nicht ausschließlich** deshalb dort **ansässig** geworden ist, **um die Dienste zu leisten.** Die Motivation für die Ansässigkeitsnahme ist eine innere Tatsache, die durch objektive Merkmale belegt sein muss (SD/*Jochum/Lampert,* Art. 19 Rz. 36), etwa einem engen zeitlichen Zusammenhang (SD/*Jochum/Lampert,* Art. 19 Rz. 36; Wassermeyer/*Wassermeyer/Schwenke,* Art. 19 Rz. 72). Bei der Auslegung dieses Kriteriums für die Bestimmung von „Ortskräften" kann nicht ohne Weiteres auf die Rechtsprechung zu der insoweit ähnlichen Regelung des Art. X NATO-Truppenstatut zurückgegriffen werden (so auch Wassermeyer/*Wassermeyer/Schwenke,* Art. 19 OECD-MA Rz. 72; a. A.: GKG/*Rupp,* Art. 19 OECD-MA Rz. 74). Bei Art. X NATO-Truppenstatut kommt es maßgeblich auf den Aufenthalt in der Eigenschaft als Mitglied der Truppe an, während bei Art. 19 Abs 1 Buchst. b (ii) die Beweggründe für die Wohnsitznahme lediglich nicht in engem zeitlichen und sachlichen Zusammenhang mit der Aufnahme der Tätigkeit stehen dürfen. Deshalb ist auch eine spätere Änderung der Motive für die Ansässigkeit unerheblich (so auch Wassermeyer/*Wassermeyer/Schwenke,* Art. 19 OECD-MA Rz. 72). 34

3. US-MA

Das US-MA stimmt in seiner grundsätzlichen Regelung der Vorrangbesteuerung von Vergütungen für im öffentlichen Dienst geleistete Arbeit mit den beiden anderen MA und der deutschen Verhandlungsgrundlage für DBA überein. Die Regelung des US-MA 1996 galt für alle Zahlungen aus öffentlichen Kassen, also nicht nur für Vergütungen, die von Gebietskörperschaften gezahlt werden (zu Einzelheiten s. *Vogel/Shannon/Doernberg/van Raad,* Art. 19–42 ff.). Diese Erweiterung sieht das US-MA 2006 nicht mehr vor. Hier hat sich das US-MA 2006 den Regelungen des OECD-MA angepasst. 35

36

II. Deutsche DBA

1. Abkommensübersicht zu Artikel 19 Abs. 1

DBA	MA-Regelung: Kassenstaatsprinzip – Erweiterungen: Jur. Personen	Deutsche Bundespost, -bank, -bahn	Entwicklungshilfeprogramm	Kulturelle Einrichtungen (z. B. DAAD; Goethe-Institut)	Sonstige Einrichtungen (z. B. AHK's) und Zahlungen (z. B. Wiedergutmachung)	Ausnahmen: Kriterien – Staatsangehörigkeit	Ansässigkeit	Dienstleistungsort	Bemerkungen	Artikel	Rz.
Ägypten						+	+	+	–	19 Abs. 1, 2	47 f.
Albanien 2010	+			+		+	+	+	–	19 Abs. 1, 4, 5	45
Algerien 2007	+			+		+	+	+	–	19 Abs. 1, 4, 5	43; 45
Argentinien			+			+		+	–	18 Abs. 1, 3	47 f.; 54; 40; 40a
Armenien									s. UdSSR		
Aserbaidschan	+					+	+	+		19 Abs. 1, 4	47 f.
Australien						+	+	+	Bes. Umschreibung des Wohnsitzkriteriums	17 Abs. 1, 2	47 f.; 51
Bangladesch			+			+	+	+	–	19 Abs. 1, 3	41
Belarus			+	+		+	+	+		19 Abs. 1, 4, 5	47; 49
Belgien	+	+				+	+		–	19 Abs. 1, 2 S. 2	38; 47 f.; 56; 40a; 54b; 56
Bolivien			+			+		+	–	18 Abs. 1, 2	47 f.; 40
Bosnien-Herzegowina									s. Jugoslawien		
Bulgarien 2010	+			+		+	+	+	Erweiterung nur im Fall Deutschlands	18 Abs. 1, 4, 5	38; 45
China 1985						+	+	+	Einbeziehung von „Organen“	19 Abs. 1	39; 47 ff.; 51
China 2014 (E)		+	+	+	+	+	+	+	–	19 Abs. 1, Prot. Nr. 5	43; 44; 49
Costa Rica 2014 (E)	+		+	+	+	+	+	+	–	19 Abs. 1, 5	43, 44, 45; 49
Dänemark	+	+		+		+	+	+		19 Abs. 1, 4	43; 47 f.; 44; 45; 54a

DBA	MA-Regelung: Kassenstaatsprinzip – Erweiterungen: Jur. Personen	Erweiterungen: Deutsche Bundespost, -bank, -bahn	Erweiterungen: Entwicklungshilfeprogramm	Erweiterungen: Kulturelle Einrichtungen (z. B. DAAD; Goethe-Institut)	Erweiterungen: Sonstige Einrichtungen (z. B. AHK's) und Zahlungen (z. B. Wiedergutmachung)	Ausnahmen: Kriterien: Staatsangehörigkeit	Ausnahmen: Kriterien: Ansässigkeit	Ausnahmen: Kriterien: Dienstleistungsort	Bemerkungen	Artikel	Rz.
Ecuador			+			+		+	–	18 Abs. 1, 2	
Elfenbeinküste						+	+	+	–	19 Abs. 1, 4	47 f.; 42
Estland				+	+	+	+	+	–	19 Abs. 1, 4	47; 49
Finnland		+				+	+	+	–	19 Abs. 1, 4	47; 49; 40a
Frankreich	+				+	+	+		–	14 Abs. 1, 2	47 f.; 54; 37c; 38b; 50; 50a
Georgien	+			+		+	+	+		19 Abs. 1, 4, 5	47; 49
Ghana	+		+	+		+	+	+	Einbeziehung von „staatl. geförderten Einr. ohne Gewinnstreben“	19 Abs. 1, 4, 5	47; 49
Griechenland		+				+			–	X Abs. 1, 2, 4	47 f.; 54; 54b
Großbritannien 1964/70						+			–	IX Abs. 1, 2	40a; 54b
Großbritannien 2010	+					+	+	+	-	18 Abs. 1, 4	43; 47; 49; 54b
Großbritannien 2014 (E)	+			+	+	+	+	+	–	18 Abs. 1, 4	47; 43; 49; 54b
Indien			+			+	+	+	–	19 Abs. 1, 4	47; 49
Indonesien			+			+	+	+		19 Abs. 1, 3	47 f.; 51; 43
Iran		+			+	+	+		–	19 Abs. 1, 3	47 f.; 54b
Irland 2011				+		+	+	+	-	18 Abs. 1, 4	43
Island		+				+		+	–	18 Abs. 1, 3	47 f.; 55
Israel		+				+			–	10 Abs. 1, 2, 4	47 f.; 40a; 44a; 54b
Italien		+			+	+	+	+	–	19 Abs. 1, 3 S. 3; Abs. 5	43; 47; 49; 51; 43b; 44; 57
Jamaika			+			+		+	–	18 Abs. 1, 3	47 f.
Japan		+			+	+			–	19 Abs. 1, 2, 4, 5, 8	53 f.; 47 f.; 45a; 54b; 56

DBA	MA-Regelung: Kassenstaatsprinzip								Bemerkungen	Artikel	Rz.
	Erweiterungen					Ausnahmen: Kriterien					
	Jur. Personen	Deutsche Bundespost, -bank, -bahn	Entwicklungshilfeprogramm	Kulturelle Einrichtungen (z. B. DAAD; Goethe-Institut)	Sonstige Einrichtungen (z. B. AHK's) und Zahlungen (z. B. Wiedergutmachung)	Staatsangehörigkeit	Ansässigkeit	Dienstleistungsort			
Jugoslawien							+	+	Sonderregelung für jug. Wirtschaftskammer und Fremdenverkehrsamt	16 Abs. 3, 5	49; 50 f.; 43b; 47 f.
Kanada						+	+	+	Einbeziehung von „Organen“	19 Abs. 1, 3	39; 47 f.; 44
Kasachstan	+		+	+		+	+	+		19 Abs. 1, 4, 5	44; 49; 45
Kenia			+			+	+	+	–	18 Abs. 1; Prot. Nr. 5	47; 49; 51
Kirgisistan	+					+	+	+		19 Abs. 1, 4, 5	47; 49; 43; 44
Korea		+	+			+	+	+		19 Abs. 1, 4, 5	47; 49; 43b
Kosovo									s. Jugoslawien		
Kroatien				+		+	+	+		19 Abs. 1, 4, 5	47; 49; 51
Kuwait			+			+	+	+		19 Abs. 1, 3	41; 47 f.
Lettland					+	+	+	+	–	19 Abs. 1	47; 49
Liberia						+		+	–	18 Abs. 1	147 f.
Liechtenstein 2011	+			+		+	+	+	–	18 Abs. 1, 4	43a; 45
Litauen					+	+	+	+	–	19 Abs. 1	47; 49
Luxemburg 2012	+			+		+	+	+	–	18 Abs. 1, 4	43; 45
Malaysia 2010				+		+	+	+	Einbeziehung von Körperschaften des öffentlichen Rechts	19 Abs. 1, 4, 5, Prot. Nr. 7	43
Malta	+		+		+	+	+	+	–	19 Abs. 1, 3, 4, 5	47; 49
Marokko	+					+			–	18 Abs. 1	47 f.; 54b
Mauritius 2011	+			+		+	+	+	Einbeziehung von Körperschaften des öffentlichen Rechts	18 Abs. 1, Prot. Nr. 6	43, 45

DBA	MA-Regelung: Kassenstaatsprinzip – Erweiterungen: Jur. Personen	Erweiterungen: Deutsche Bundespost, -bank, -bahn	Erweiterungen: Entwicklungshilfeprogramm	Erweiterungen: Kulturelle Einrichtungen (z. B. DAAD; Goethe-Institut)	Erweiterungen: Sonstige Einrichtungen (z. B. AHK's) und Zahlungen (z. B. Wiedergutmachung)	Ausnahmen: Kriterien: Staatsangehörigkeit	Ausnahmen: Kriterien: Ansässigkeit	Ausnahmen: Kriterien: Dienstleistungsort	Bemerkungen	Artikel	Rz.
Mazedonien 2006	+			+		+	+	+	-	19 Abs. 1, Prot. Nr. 4	43; 45
Mexiko 2008	+			+		+	+	+	–	19 Abs. 1, Prot. Nr. 8	43; 44; 45
Moldau									s. UdSSR		
Mongolei			+			+	+	+	–	19 Abs. 1, 3	47 f.
Montenegro									s. Jugoslawien		
Namibia			+			+	+	+	–	19 Abs. 1	47
Neuseeland						+	+	+	–	19 Abs. 1	47; 49
Niederlande 1959/2004	+					+	+	+	Sonderregelung für Grenzgänger	11 Abs. 1; SProt. Nr. 17; Zusatzprot. Art. 1	37; 47 f.; 51; 54; 51a; 53a
Niederlande 2012 (E)				+		+	+	+	-	Art. 18 Abs. 1, 4	43; 45; 51; 51a; 53a; 54
Norwegen 1991		+		+		+	+	+		19 Abs. 1, 2	47; 49
Norwegen 2013 (E)		+		+		+	+	+		19 Abs. 1, 2	47; 49
Oman 2012 (E)						+	+	+	-	Art. 19 Abs. 1, 4; Prot. Nr. 7	47; 49
Österreich	+			+		+	+	+		19 Abs. 1, 4	47; 49; 37c; 44; 45; 50a
Pakistan			+			+	+	+	–	19 Abs. 1, 3	47 ff.
Philippinen 1983						+		+	–	18 Abs. 1, 3	47 f.
Philippinen 2013	+		+	+		+	+	+		Art. 19 Abs. 1, 3	47 f.; 43; 45; 49
Polen				+		+	+	+		19 Abs. 1, 4	47; 49; 44
Portugal						+		+	–	19 Abs. 1	47 f.
Rumänien	+		+	+		+	+	+	–	19 Abs. 1, 4, 5	38; 41; 43 ff.
Russische Föderation					+	+	+	+	Einbeziehung von „Behörden“	19 Abs. 1	47 f.
Sambia			+			+		+	–	18 Abs. 1, 3	47 f.

DBA	MA-Regelung: Kassenstaatsprinzip – Erweiterungen					MA-Regelung: Kassenstaatsprinzip – Ausnahmen: Kriterien			Bemerkungen	Artikel	Rz.
	Jur. Personen	Deutsche Bundespost, -bank, -bahn	Entwicklungshilfeprogramm	Kulturelle Einrichtungen (z. B. DAAD; Goethe-Institut)	Sonstige Einrichtungen (z. B. AHK's) und Zahlungen (z. B. Wiedergutmachung)	Staatsangehörigkeit	Ansässigkeit	Dienstleistungsort			
Schweden	+	+		+		+	+	+	Sonderregelung für Lehrer, deutsch-schwedische Handelskammer	19 Abs. 1, 4	43; 47 f.; 43b; 45
Schweiz	+	+			+	+		+	Sonderregelung für Grenzgänger u. ä. und Wehrpflichtverhältnisse	19 Abs. 1, 3–6	40; 47 f.; 43b; 51a
Serbien									s. Jugoslawien		
Simbabwe			+			+	+	+	–	19 Abs. 1, 4	47 f.
Singapur 2004	+		+	+		+	+	+	–	19 Abs. 1, 4, 5	43; 45; 49
Slowakei									s. Tschechoslowakei		
Slowenien	+		+	+		+	+	+		19 Abs. 1, 4, 5	43
Spanien 2011	+			+		+	+	+	-	18 Abs. 1, 4, Prot. Nr. IX	43
Sri Lanka			+			+	+	+	–	19 Abs. 1, 3	47 f.; 54b
Südafrika 1973						+			–	15 Abs. 1, 2, 4	47 f.; 37; 43 b; 54b
Südafrika 2008 (E)				+		+	+	+	-	18 Abs. 1, 4, 5 Prot. Nr. 2 Buchst. a	41; 43; 45; 53b; 54b
Syrien 2010	+			+		+	+	+	-	19 Abs. 1, 4, Prot. Nr. 8	43; 45
Tadschikistan	+			+		+	+	+		18 Abs. 1, 4, 5	47 f.
Taiwan 2011						+	+	+	Einbeziehung von Behörden und anerkannten Körperschaften des öffentl. Rechts	18 Abs. 1	
Thailand		+				+			–	17 Abs. 1, 3	47 f.; 43b; 54b

DBA	MA-Regelung: Kassenstaatsprinzip – Erweiterungen: Jur. Personen	Erweiterungen: Deutsche Bundespost, -bank, -bahn	Erweiterungen: Entwicklungshilfeprogramm	Erweiterungen: Kulturelle Einrichtungen (z. B. DAAD; Goethe-Institut)	Erweiterungen: Sonstige Einrichtungen (z. B. AHK's) und Zahlungen (z. B. Wiedergutmachung)	Ausnahmen: Kriterien: Staatsangehörigkeit	Ausnahmen: Kriterien: Ansässigkeit	Ausnahmen: Kriterien: Dienstleistungsort	Bemerkungen	Artikel	Rz.
Trinidad und Tobago						+		+	–	18 Abs. 1, 3	47 f.
Tschechien									s. Tschechoslowakei		
Tschechien 1997 (E)		+				+	+	+			44; 47; 49
Tschechoslowakei							+		–	18 Abs. 1	52; 56; 50a
Türkei 2011						+	+	+	–	19 Abs. 1	45b
Tunesien			+			+		+	–	19 Abs. 1, 3	47 f.
Turkmenistan									s. UdSSR		
UdSSR							+			13	52; 50a; 56a
Ukraine				+		+	+	+		19 Abs. 1, 3	49; 45
Ungarn 2011	+			+		+	+	+	–	18 Abs. 1, 4, 5	43; 56; 45
Uruguay 2010	+			+		+	+	+	–	18 Abs. 1, 4, 5	43, 45
USA 1989/2006					+	+	+	+	Einbeziehung von „Organen“	19 Abs. 1, 5	39; 47 f.; 50 f.; 37b; 46; 54b
Usbekistan				+		+	+	+		19 Abs. 1, Prot. Ziff. 5	49; 45
Venezuela			+			+	+	+	–	19 Abs. 1, 3	47 f.
Vereinigte Arabische Emirate 2010	+			+		+	+	+	–	18 Abs. 1, 4	43; 45
Vietnam			+			+	+	+		19 Abs. 1, 4	47; 49
Weißrussland									s. Belarus		
Zypern 2011	+			+		+	+	+	–	18 Abs. 1, 3, 4, 5	43; 45

2. Erläuterungen

37 **a) Modifikationen und Erweiterungen des Kassenstaatsprinzips: aa) Vertragsstaat oder Gebietskörperschaften als Vergütungsschuldner und Gläubiger der Dienste:** Die MA sowie die deutsche Verhandlungsgrundlage für DBA enthalten die Wendung „für die diesem Staat oder der Gebietskörperschaft geleisteten Dienste". Die deutschen DBA weisen eine **Vielzahl von abweichenden Formulierungen** auf. Es stellt sich die Frage, ob dies auch inhaltlich zu einer abweichenden Bedeutung der Vorschriften (ggf. mit Folgen für die aus der Wendung abzuleitenden Folgerungen; dazu s. Rz. 26 ff.) führt oder ob die Regelungen trotz der formulierungstechnischen Abweichungen inhaltlich (zumindest weitgehend) identisch sind (für die letztere Variante wohl BFH BFHE 165, 392: *DBA USA 1954/65;* BFH BStBl. II 1998, 21 (24): *DBA Spanien 1966;* ferner *Rodi,* RIW 1992, 488 ff.). Einige ältere Abkommen verzichten gänzlich auf das Erfordernis, dass die Vergütungen für geleistete Dienste gezahlt werden; sie sprechen lediglich von Einkünften, die von einem Vertragsstaat oder seinen Gebietskörperschaften „gewährt" (so *DBA Niederlande 1959/2004*) bzw. „gezahlt" werden (so *DBA Südafrika 1973;* in den Neufassungen aller genannten DBA sind die maßgeblichen Formulierungen OECD-musterkonform).

37a Der BFH ist der Ansicht, dass solche Regelungen grundsätzlich **einheitlich im Sinne der MA** auszulegen seien, also keine Erweiterung des Kassenstaatsprinzips bewirkten (d. h., es sind nur Vergütungen „für" geleistete Dienste auch bei Fehlen einer entsprechenden Formulierung erfasst; dazu s. BFH BFHE 165, 392: *DBA USA 1954/65;* allgemein zur Bedeutung des MA s. Grundl. Rz. 123 ff.). Für eine solche Auslegung im Lichte der MA spricht, dass die betroffenen Abkommen mit vom MA abweichendem Wortlaut regelmäßig älter sind und somit der abweichende Wortlaut kein Indiz für eine abweichende Bedeutung darstellt. Im Übrigen kann dadurch regelmäßig dem **Rechtfertigungsgrund** für das Kassenstaatsprinzip (dazu s. Rz. 6 f.) am besten Rechnung getragen werden.

37b Die Grenze für eine am MA orientierte Auslegung ist der **Wortlaut** des jeweiligen DBA (dazu auch Rz. 37c; allgemein zu Bedeutung und Grenzen des MA s. Grundl. Rz. 123 ff.). Zudem muss deren **Entstehungsgeschichte** berücksichtigt werden. Eine vereinheitlichende Auslegung soll nach Auffassung des BFH nicht möglich sein, „wenn mit Hilfe von Verhandlungsunterlagen der Nachweis geführt werden sollte, dass mit den unterschiedlichen Formulierungen sachlich voneinander abweichende Regelungen beabsichtigt waren" (BFH BFHE 165, 392: *DBA USA 1954/65*). So wurde im Fall des *DBA USA 1989* die besondere Formulierung im Artikel für den Öffentlichen Dienst aufrechterhalten trotz einer Angleichung des Textes an den MA-Wortlaut im Übrigen. Daraus muss gefolgert werden, dass es nach diesem DBA nicht darauf ankommt, wem die Dienste geleistet werden (*Rodi,* RIW 1992, 489 f.).

37c Eine besondere Regelung mit Relevanz für die Frage, ob der Kassenstaat Gläubiger der geleisteten Dienste sein muss, enthalten DBA wie das *DBA Frankreich* mit der Formulierung „für [...] Dienstleistungen **in der Verwaltung** [...]" (dazu s. BFH/NV 1998, 1287 ff.; Urt. v. 23.9.2008, I R 57/07, BFH/NV 2009, 390; Urt. v. 11.7.2012, I R 76/11, BFH/NV 2012, 1966; FG Baden-Württemberg IStR 2007, 899). In einem solchen Fall muss es sich bei der Tätigkeit funktional um eine Tätigkeit in der öffentlichen Verwaltung handeln, was auch eine Gläubigerstellung des Kassenstaats in Bezug auf die geleisteten Dienste nahelegt. Unerheblich ist es jedoch, ob es sich dabei um eine hoheitliche bzw. eine der unmittelbaren Erfüllung öffentlicher Aufgaben dienende Tätigkeit handelt oder um eine bloße Vermögensverwaltung bzw. Tätigkeit auf privatrechtlicher Grundlage (BFH, Urt. v. 23.9.2008, I R 57/07, BFH/NV 2009, 390; Urt. v. 11.7.2012, I R 76/11,

BFH/NV 2012, 1966). Das Merkmal der „öffentlichen Verwaltung" ist nicht zur Herstellung einer weitgehenden Konvergenz des *DBA Frankreich* mit dem MA restriktiv auszulegen, wenn der Wortlaut des Abkommens bewusst weiter ist als das MA (beispielsweise wegen Einbeziehung von juristischen Personen des öffentlichen Rechts; dazu vgl. BFH, Urt. v. 23.9.2008, I R 57/07, BFH/NV 2009, 390). Das Merkmal der Dienstleistungen „in der Verwaltung" ist nicht erfüllt, wenn die Dienste im Rahmen einer Dienstleistungsüberlassung einem anderen Rechtsträger geleistet werden (so ÖstBMF, EAS 2786: *DBA Österreich,* in Bezug auf Vergütungen für einen deutschen Beamten, der an eine österreichische Fachhochschule entsandt wird). Dies gilt für die Überlassung an privatrechtlich verfasste Rechtsträger (vgl. BFH, Urt. v. 17.12.1997, I R 60–61/97, I R 60/97, I R 61/97, BStBl. II 1999, 13: *DBA Frankreich*), aber auch an andere öffentlich-rechtliche Rechtsträger (etwas anderes könnte aber gelten, wenn der andere öffentlich-rechtliche Rechtsträger selbst Vertragsstaat oder Gebietskörperschaft ist oder juristische Personen des öffentlichen Rechts in das Kassenstaatsprinzip einbezogen sind; zu Letzterem s. Rz. 22, 38 ff.).

bb) Juristische Personen des öffentlichen Rechts: Neben der Einbeziehung von Vergütungen der Sondervermögen, die regelmäßig nur deklaratorische Bedeutung hat (s. Rz. 23, 40, 65a), dehnt eine Reihe von DBA das Kassenstaatsprinzip ausdrücklich auf Vergütungen aus, die von **juristischen Personen des öffentlichen Rechts** gezahlt werden (dazu s. Rz. 22; ferner s. Übersicht in Rz. 36; zu einem solchen Fall FG Hamburg EFG 2000, 1328 (1329); FG Baden-Württemberg IStR 2007, 898 ff.: *DBA Frankreich*). Nach Art. 18 Abs. 4 der deutschen Verhandlungsgrundlage für DBA erfolgt die Einbeziehung anderer öffentlich-rechtlicher Körperschaften entweder **ohne weitere Voraussetzung** – wie ausdrücklich bei der Deutschen Bundesbank (dazu s. Rz. 22, 40a) – **oder aufgrund** spezieller **Vereinbarung** der zuständigen Behörden im Rahmen einer Verständigungsvereinbarung i. S. des Art. 24 der deutschen Verhandlungsgrundlage für DBA. Anders als bei Vereinbarungen zur Einbeziehung von kulturellen Einrichtungen nach Art. 18 Abs. 5 der deutschen Verhandlungsgrundlage für DBA verlangt die deutsche Verhandlungsgrundlage für DBA nicht, dass die durch Vereinbarung einzubeziehenden Körperschaften des öffentlichen Rechts den ausdrücklich aufgeführten Rechtsträgern „ähnlich" sein müssen. Es genügt, wenn sie öffentliche Aufgaben wahrnehmen. Das *DBA Bulgarien 2010* erweitert das Kassenstaatprinzip **einseitig** nur im Fall Deutschlands auf (deutsche) juristische Personen des öffentlichen Rechts (Art. 18 Abs. 1 Buchst. a). 38

Welche Einrichtungen zu den öffentlich-rechtlichen Körperschaften gehören, richtet sich nach dem **Recht des Vertragsstaates, nach dem sie errichtet worden sind** (vgl. ÖstBMF v. 8. 10. 92, SWI 1993, 50: Österreichischer Rechtsanwaltskammertag als „Körperschaft des öffentlichen Rechts" i. S. des *DBA Österreich/Spanien;* ferner *Lang,* FS Schaumburg, S. 879 (881) mit Nachweisen zur und einer Auseinandersetzung mit der Rechtsprechung). Nicht zur Anwendung kommt die (Regel-)Rechtsfolge des Art. 3 Abs. 2 MA, wonach sich die Anerkennung einer juristischen Person nach dem Recht des Anwendestaates richten würde (a. A. BFH, Urt. v. 11.7.2012, I R 76/11, BFH/NV, 2012, 1966: *DBA Frankreich*), da juristische Personen des öffentlichen Rechts immer durch das Recht nur eines Vertragsstaats geschaffen werden und Art. 19 MA (sowie entsprechende DBA-Regelungen) bei Zugrundelegung des Rechts des Anwendestaates ihre Abgrenzungsfunktion in Bezug auf die Besteuerungszuständigkeit nicht erfüllen könnten (ein Rechtstypenvergleich würde häufig nicht weiterhelfen). Der „Zusammenhang erfordert" deshalb i. S. des Art. 3 Abs. 2 MA etwas anderes als die Auslegung nach dem innerstaatlichen Recht des Anwendestaates, nämlich eine Auslegung nach dem Recht des Errichtungsstaats (allgemein dazu s. Art. 3 Rz. 116a, 117b). Zu den 38a juristischen Personen des öffentlichen Rechts gehören die Religionsgesellschaften, wenn sie nach Art. 140 GG i.V.m. Art. 137 Abs. 5 WRV Körperschaftsstatus haben, wie etwa die römisch-katholische oder die evangelische Kirche Deutschland (einschließlich ihrer Gliedkirchen) (vgl. BFH, Urt. v. 11.7.2012, I R 76/11, BFH/NV 2012, 1966: *DBA Frankreich*).

38b Soweit im Abkommenstext terminologisch nicht allgemein juristische Personen des öffentlichen Rechts angesprochen sind, sondern **nur bestimmte Formen (etwa Körperschaften),** bedeutet dies keine Einschränkung auf diese Form von juristischen Personen des öffentlichen Rechts entsprechend dem Verständnis des innerstaatlichen Rechts. Vielmehr ist der jeweilige Begriff untechnisch zu verstehen, d.h. es werden alle Formen von juristischen Personen des öffentlichen Rechts erfasst (somit auch Anstalten des öffentlichen Rechts, etc.) (so auch ÖstVwGH, Urt. v. 19.9.2007, 2007/13/0080; Urt. v. 17.10.2007, 2007/13/0088; Urt. v. 21.11.2007, 2007/13/0087: *DBA Österreich/Spanien*). Juristische Personen i.S. des Art. 14 Abs. 1 *DBA Frankreich* sind auch die von der französischen Armee eingerichteten Offiziers-, Unteroffiziers- und Soldatenclubs (*Conseil d'État* req. n. 84.218, Recueil officiel 1973, 429, 439) und die Versorgungsanstalt des Bundes und der Länder (VBL; dazu BFH, Urt. v. 23.9.2008, I R 57/07, BFH/NV 2009, 390).

38c Es können nur Zahlungen von öffentlich-rechtlich verfassten Körperschaften, Anstalten und Stiftungen unter die Vorschrift fallen, nicht dagegen Zahlungen **internationaler Organisationen,** die ihren Rechtsstatus einem von den Vertragsstaaten untereinander oder gemeinsam mit anderen Staaten abgeschlossenen Vertrag verdanken. Dies gilt insbesondere auch für Zahlungen der Europäischen Union (dazu auch Rz. 24).

39 **cc) Organe des Kassenstaats:** Nach den *DBA China 1985, Kanada* und *USA 1989/2006* gilt das Kassenstaatsprinzip auch für Vergütungen, die von **Organen** (engl.: „instrumentalities") der Vertragsstaaten gezahlt werden. Nach der Definition in Art. 19 Abs. 3 *DBA Kanada* ist Organ jeder Vertreter oder Rechtsträger, der von der Regierung eines der beiden Vertragsstaaten, eines seiner Länder oder einer ihrer Gebietskörperschaften zur Wahrnehmung öffentlicher Aufgaben geschaffen oder eingerichtet worden ist und der in einem Briefwechsel zwischen den zuständigen Behörden der Vertragsstaaten als solcher bezeichnet bzw. für den dies vereinbart worden ist. Der Begriff Organ ist vor dem Hintergrund dieser Definition nicht eng im rechtstechnischen Sinne (etwa als im Außenverhältnis rechtlich unselbständiger Teil), sondern weit im Sinne von „Einrichtung" zu verstehen und umfasst insbesondere juristische Personen des öffentlichen und privaten Rechts (Wassermeyer/*W. Wassermeyer,* Art. 19 DBA Kanada Rz. 55). Eine Vereinbarung, die nach der Begriffsbestimmung in Art. 19 Abs. 3 *DBA Kanada* für die Erweiterung des Kassenstaatsprinzips auf Organe erforderlich ist, wurde bisher nur in Bezug auf die kanadische Export Development Corporation (EDC) getroffen (s. BMF, BStBl. I 2005, 498; zu weiteren Erweiterungsklauseln s. Rz. 44). Eine ähnliche und deshalb gleich zu verstehende Definition des Begriffs Organ wie in Art. 19 Abs. 3 *DBA Kanada* enthält auch Art. 19 Abs. 5 *DBA USA 1989/2006.* Das *DBA China 1985* enthält keine Legaldefinition des Begriffs „Organ". Für die Auslegung kann zumindest aus deutscher Sicht auf die Definition in Art. 19 Abs. 3 *DBA Kanada* zurückgegriffen werden (vgl. *Hackemann/Wolff* in Wassermeyer, DBA China, Art. 19 Rz. 14). Ein derart weites, auch rechtlich selbständige juristische Personen des öffentlichen und ggf. auch des privaten Rechts erfassendes Verständnis des Begriffs Organ ist erforderlich, da die Aufnahme von Organen in den Abkommenstext ansonsten ohne Bedeutung wäre.

40 **dd) Sondervermögen, Sonderbestimmungen für Bundesbank, Bundespost und Bundesbahn:** Soweit in DBA **Sondervermögen** einbezogen sind, hat dies aufgrund des vorzugswürdigen Verständnisses des Begriffs des Sondervermögens als rechtlich unselbständiger Vermögensbestandteil rein deklaratorische Wirkung (s. Rz. 23, 65b). Häufig sind von Sondervermögen gezahlte Vergütungen einbezogen, wenn ein Abkommen für laufende Vergütungen und für Ruhegehälter nur eine einheitliche Regelung enthält (z.B. Art. 18 Abs. 1 *DBA Argentinien*, Art. 18 Abs. 1 *DBA Jamaika*). Teilweise gelten sie aber auch nur für laufende Vergütungen (z.B. Art. 18 Abs. 1 *DBA Bolivien*).

Abgesehen von den Sondervermögen bestimmen viele der deutschen DBA ausdrücklich, dass für die Vergütungen, die von der deutschen **Bundesbank, Bundespost** und **Bundesbahn** sowie von den entsprechenden Organisationen des jeweils anderen Vertragsstaates gezahlt werden, ebenfalls die Vorschriften über die Vergütungen im öffentlichen Dienst gelten (dazu s. Übersicht in Rz. 36). In Bezug auf die **Bundesbank** liegt lediglich eine Klarstellung vor, wenn das jeweilige DBA juristische Personen des öffentlichen Rechts ohnehin in die Regelung über den Öffentlichen Dienst einbezieht (dazu s. Rz. 38). Nach Art. 18 Abs. 4 Buchst. a Doppelbuchst. aa der deutschen Verhandlungsgrundlage für DBA ist die Bundesbank ohne weitere Voraussetzung vom Anwendungsbereich des Kassenstaatsprinzips erfasst (dazu s. Rz. 22, 38). Besondere Rechtsfragen ergeben sich aufgrund der im Zuge der Privatisierung durchgeführten Neustrukturierung des Eisenbahn-, Post- und Fernmeldewesens in der Bundesrepublik Deutschland. Im Rahmen der Privatisierung der **Deutschen Bundesbahn** wurde die Deutsche Bahn AG gegründet, auf die das Bundeseisenbahnvermögen übergegangen ist. Die Deutsche Bahn AG ist jedoch nicht Rechtsnachfolgerin der Deutschen Bundesbahn. Für Vergütungen an ihre Bediensteten gelten somit die allgemeinen Grundsätze, d.h. sie fallen nicht unter das Kassenstaatsprinzip, da weder der Vertragsstaat noch eine seiner Gebietskörperschaften (formell/materiell) Schuldner der Vergütungen und Gläubiger der geleisteten Dienste ist (allgemein dazu s. Rz. 27 ff.; für das *DBA Frankreich* auch s. BayLfSt, Vfg. v. 23.3.2009, S 1301.2.51-13/2 St 32/St33, ESt-Kartei By DBA Frankreich Karte 3.2, auch für die entsprechenden französischen Unternehmen). Ähnlich ist die Rechtslage nach der Privatisierung der **Deutschen Bundespost.** Zahlungen der privaten Nachfolgeunternehmen Deutsche Post AG, Deutsche Postbank AG und Deutsche Telekom AG sowie deren Tochtergesellschaften fallen nicht unter Art. 19. Da die Beschäftigungsverhältnisse der bisherigen Bediensteten zunächst auf die Bundesanstalt für Post und Telekommunikation als einer juristischen Person des öffentlichen Rechts übergeleitet worden waren, galt für sie zunächst das in Rz. 38 Gesagte, wenn juristische Personen des öffentlichen Rechts von den jeweiligen DBA allgemein erfasst sind. Die Erwähnung der Deutschen Bundespost in den Abkommen hatte folglich nur klarstellende Bedeutung. Die Finanzverwaltung war zunächst der Auffassung, dass Bundesbeamte, die bei einem Nachfolgeunternehmen der Deutschen Bundesbahn oder Bundespost beschäftigt sind, weiterhin Bezüge aus öffentlichen Kassen erzielen (vgl. OFD Frankfurt/M. v. 10.10.1995, DB 1995, 2500; FinMin Nds., DB 1996, 1798). Nachdem der BFH BStBl. II 1999, 13: *DBA Frankreich* gegenteilig entschieden hatte, wurde diese Auffassung in der Finanzverwaltung aufgegeben (vgl. OFD Frankfurt/Main v. 23.8.1999, RIW 1999, 808; FinMin Nds., DB 1999, 2443). Damit hat die besondere Erwähnung der Deutschen Bundesbahn und der Deutschen Bundespost in einigen Abkommen (z.B.: *Argentinien, Belgien, Finnland, Griechenland, Großbritannien 1964/70* und *Israel*) aufgrund der Privatisierung dieser Unternehmen keine Bedeutung mehr (so auch Wassermeyer/*Malinski,* Art. 19 DBA Belgien, Rz. 30). Insbesondere können diese Begriffe nicht so ausgelegt werden, dass auch die privatrechtlich verfassten Nachfolgeunternehmen erfasst werden. 40a

ee) Entwicklungshilfeprogramme: In den meisten DBA mit Entwicklungsländern (dazu s. Übersicht in Rz. 36; ferner *Bublitz,* IStR 2007, 77 (82 ff.); *ders.,* 41

IStR 2014, 140; *Danz,* ISR 2014, 16) ist vereinbart, dass das Kassenstaatsprinzip auch auf Vergütungen Anwendung findet, die im Rahmen eines **Entwicklungshilfeprogramms** bzw. eines **Abkommens über technische und wirtschaftliche Zusammenarbeit** der Vertragsstaaten, eines der deutschen Länder oder einer Gebietskörperschaft an einen Experten oder freiwilligen Helfer gezahlt werden. Wegen des Sinn und Zwecks des Kassenstaatsprinzips (dazu s. Rz. 6f.) gilt das Kassenstaatsprinzip in solchen Fällen nur, wenn ein Vertragsstaat oder eine seiner Gebietskörperschaften Träger des jeweiligen Entwicklungshilfeprojekts ist (dazu s. FG Thüringen, Urt. v. 25.4.2013, 2 U 756/10, EFG 2013, 1137 nrkr. (Az. des BFH: I R 42/13): *DBA Indonesien,* mit weiteren Nachweisen). Fast alle Abkommen stellen klar, dass diese Erweiterung des Kassenstaatsprinzips nur für Vergütungen aus Mitteln gilt, die ausschließlich aus öffentlichen Kassen bereitgestellt werden; dies gilt aber auch dann, wenn in einem DBA ein entsprechender Zusatz fehlt (so etwa im *DBA Bangladesch*). Wegen dieses Ausschließlichkeitserfordernisses verhindert auch eine minimale Finanzierung aus anderen Quellen die Anwendung des Kassenstaatsprinzips (vgl. FG Thüringen, Urt. v. 25.4.2013, 2 U 756/10, EFG 2013, 1137, nrkr. (Az. des BFH: I R 42/13): *DBA Indonesien*). Eine Aufteilung der Vergütungen kommt in einem solchen Fall wegen des – soweit vorhanden – eindeutigen Wortlauts der Regelungen sowie ihres Sinn und Zwecks nicht in Betracht (vgl. FG Thüringen, Urt. v. 25.4.2013, 2 U 756/10, EFG 2013, 1137, nrkr. (Az. des BFH: I R 42/13): *DBA Indonesien*).

42 Art. 19 Abs. 4 *DBA Elfenbeinküste* grenzt die Erstreckung des Kassenstaatsprinzips in Fällen der technischen und wirtschaftlichen Zusammenarbeit dadurch ab, dass es für Zahlungen gilt, die im Rahmen des Abkommens vom 21.8.1975 zwischen der Bundesrepublik Deutschland und der Elfenbeinküste über wirtschaftliche und technische Zusammenarbeit geleistet werden. Zur Ausübung eines nach innerstaatlichem Recht begründeten Besteuerungsrechts ist in diesen Fällen ausschließlich die Bundesrepublik Deutschland berechtigt.

43 **ff) Kulturelle und andere Einrichtungen zur Wahrnehmung öffentlicher Aufgaben: Schulen und kulturelle Einrichtungen** werden unabhängig von Rechtsform oder Träger regelmäßig direkt oder indirekt aus staatlichen Mitteln finanziert. Daher enthalten einige deutsche Abkommen Regelungen, die das Kassenstaatsprinzip auf diese erstrecken, ohne dass der Vertragsstaat Schuldner der Vergütungen und Gläubiger der geleisteten Dienste sein müsste (zu diesen Erfordernissen s. Rz. 26ff.). Nach Art. 18 Abs. 5 S. 1 der deutschen Verhandlungsgrundlage für DBA fallen etwa Vergütungen, die für Dienste gezahlt werden, die an ein **Goethe-Institut** oder den **Deutschen Akademischen Austauschdienst (DAAD)** geleistet werden, unter das Kassenstaatsprinzip. Entsprechende Regelungen in Bezug auf die Goethe-Institute sind beispielsweise enthalten in *DBA Albanien 2010, Bulgarien 2010, China 2014 (E), Costa Rica 2014 (E), Dänemark, Großbritannien 2010/14 (E), Indonesien, Irland 2010, Liechtenstein 2011, Kasachstan, Kirgisistan, Luxemburg 2012, Malaysia 2010, Mauritius 2011, Mazedonien 2006, Mexiko 2008, Niederlande 2012 (E), Norwegen 1991/2013 (E), Österreich, Philippinen 2013 (E), Schweden, Singapur 2004, Slowenien, Spanien 2011, Südafrika 2008 (E), Ukraine, Ungarn 2011, Uruguay 2010, Usbekistan, Vereinigte Arabische Emirate 2010* und *Zypern 2011.* Für den DAAD sind entsprechende Regelungen in folgenden (neueren) DBA enthalten: *DBA Albanien 2010, Bulgarien 2010, China 2014 (E), Costa Rica 2014 (E), Großbritannien 2010/14 (E), Irland 2011, Kirgisistan, Luxemburg 2012, Malaysia 2010, Mauritius 2011, Mazedonien 2006, Mexiko 2008, Niederlande 2012 (E), Österreich, Philippinen 2013 (E), Spanien 2011, Syrien 2010, Ungarn 2011, Uruguay 2010, Vereinigte Arabische Emirate 2010* und *Zypern 2011.* Das *DBA Spanien 2011* bezieht auch Vergütungen für Dienste ein, die dem **Instituto Cervantes** geleistet werden, das *DBA Ungarn 2011* Vergütungen für Dienste, die dem **Collegium Hungaricum** oder dem ungarischen **Kultur- und Informationsinstitut** geleistet werden. Teilweise werden auch Ausgleichszahlungen aus öffentlichen Kassen an vorübergehend im anderen Vertragsstaat beschäftigte **Lehrkräfte** in die Kassenstaatsregelung einbezogen (*DBA Dänemark* und *Schweden*). Das *DBA Italien* spricht in diesem Zusammenhang allgemein von Tätigkeiten bei **kulturellen Einrichtungen und Schulen,** soweit die Vergütungen aus öffentlichen Kassen gezahlt werden (dazu vgl. Wassermeyer/*Krabbe,* Art. 19 DBA Italien, Rz. 42). Das *DBA Algerien* erfasst Vergütungen die von **Kulturinstituten** oder für Kulturinstitute gezahlt werden (Art. 19 Abs. 5).

Einige DBA wie auch die deutsche Verhandlungsgrundlage für DBA machen die Anwendung des Kassenstaatsprinzips (und damit die Freistellung der Vergütungen im Ansässigkeitsstaat) im vorliegenden Zusammenhang davon abhängig, dass die maßgeblichen Vergütungen **im Gründungsstaat der Einrichtung besteuert** werden. Werden die Vergütungen dort nicht besteuert, soll die Verteilungsnorm für Einkünfte aus unselbständiger Arbeit (d. h. die Art. 15 MA entsprechenden Regelungen) gelten (und damit vorrangig das Tätigkeitsortprinzip oder Prinzip des Arbeitsorts; dazu s. Art. 15 Rz. 4). Das *DBA Liechtenstein 2011* setzt voraus, dass die Zahlungen in dem Vertragsstaat, aus dem sie stammen, der Besteuerung unterliegen, ohne – was inhaltlich keinen Unterschied macht – auf die Regelung für Einkünfte aus selbständiger Arbeit zu verweisen. Zu derartigen **Subject-to-tax-Klauseln** s. Rz. 45. **43a**

Auf **wirtschaftlichem Gebiet** wird das Kassenstaatsprinzip aus den gleichen Gründen wie bei kulturellen Einrichtungen, namentlich wegen der Finanzierung der Vergütungen durch die öffentliche Hand, auf bestimmte Rechtsträger unabhängig von deren Rechtsform angewandt (dazu s. Art. 18 Abs. 3 Nr. 2 der deutschen Verhandlungsgrundlage für DBA und einige deutsche DBA). Dies betrifft beispielsweise den IHK-Verband zur Förderung der Außenwirtschaft durch das AHK-Netz (DE-VG), zu dem die in DBA erwähnten Wirtschaftskammern *(DBA Jugoslawien),* Handelskammern *(DBA Italien, Schweden)* sowie Handelsförderungseinrichtungen *(DBA Korea)* gehören. Ferner werden in DBA Verkehrszentralen *(DBA Schweiz)* und Fremdenverkehrs- und Tourismuseinrichtungen *(DBA Italien 1989, Jugoslawien* und *Südafrika 1973)* ausdrücklich genannt. Nach seinem Wortlaut am weitesten geht das *DBA Thailand*, das von Einrichtungen spricht, die **Staatsaufgaben wahrnehmen** (dies wird man jedoch im Lichte der zuvor genannten Einrichtungen restriktiv auszulegen haben). Von manchen Abkommen wird hierzu der Begriff **„Organ"** verwendet (dazu s. Rz. 39). **43b**

Die *DBA China 2014 (E), Costa Rica 2014 (E), Dänemark, Italien 1989, Kasachstan, Kirgisistan, Mexiko 2008, Österreich, Polen* und *Rumänien 2004* wie auch die deutsche Verhandlungsgrundlage für DBA (Art. 18 Abs. 5 S. 1) sehen darüber hinaus **generalklauselartige Erweiterungsklauseln** vor, nicht ganz so weit gehend das *DBA Kanada* (dazu s. Rz. 39). Die zuständigen Behörden der Vertragsstaaten können danach die Erweiterungstatbestände auf die Bediensteten anderer „ähnlicher" Einrichtungen ausdehnen. Vollends zur Generalklausel gerät dies in der Bestimmung des Art. 19 Abs. 4 Satz 1 Buchst. c) 2. Alt. *DBA Dänemark.* Danach gilt das Kassenstaatsprinzip auch für Zahlungen, die aus öffentlichen Kassen unmittelbar oder mittelbar auch von sonstigen Institutionen geleistet werden, die von den zuständigen Behörden der Vertragsstaaten bestimmt werden. So wurden etwa Vergütungen an die Geschäftsführer der deutsch-dänischen Handelskammer einbezogen (dazu vgl. Wassermeyer/*Krabbe,* DBA Dänemark, Rz. 20). Die aufgrund einer solchen Ermächtigung abzuschließende Verständigungsvereinbarung soll in Deutschland innerstaatlich durch Rechtsverordnung mit Bindungswirkung ausgestattet werden können (§ 2 Abs. 2 AO; dazu s. Grundl. 136; Art. 25 Rz. 166). **44**

44a Einige kulturelle und andere ähnliche Einrichtungen zur Wahrnehmung öffentlicher Aufgaben werden mitunter nicht ausdrücklich im Abkommen genannt, Vergütungen an ihre Mitarbeiter werden jedoch wegen eines entsprechend weit gefassten Wortlauts („öffentliche Kassen") gleichwohl nach Maßgabe des Kassenstaatsprinzips besteuert. So stellt nach einer Verständigungsvereinbarung der **Jüdische Nationalfonds** (Jewish National Fund) eine öffentliche Kasse i. S. des Art. 10 Abs. 2 *DBA Israel* dar mit der Folge, dass Vergütungen an seine zum Verein Jüdischer Nationalfonds e. V. nach Deutschland entsandten Mitarbeiter nur von Israel besteuert werden dürfen (BayLfSt, Vfg. v. 4.9.2009, S 1301.1.1–29/2 St32/St33, ESt-Kartei BY DBA Israel Karte 1.1).

45 **gg) Subject-to-tax-Klauseln:** Oft enthalten die Abkommen hinsichtlich der Erweiterungen des Kassenstaatsprinzips (dazu s. Rz. 37 ff.) **spezielle Subject-to-tax-Klauseln** für den Fall, dass die **Vergütungen im** (abkommensrechtlich eigentlich zur Ausübung seines Besteuerungsrechts berechtigten) **Kassenstaat nicht der Besteuerung** nach dessen innerstaatlichem Steuerrecht unterliegen (dazu insbesondere s. Rz. 43a; zu Subject-to-tax-Klauseln bei Ausnahmen vom Kassenstaatsprinzip s. Rz. 54; allgemein zu Subject-to-tax-Klauseln s. Vor Art. 6–22 Rz. 19 ff.). Durch solche Klauseln soll eine doppelte Freistellung der Vergütungen vermieden werden (Wassermeyer/*Lüdicke,* DBA Schweden, Art. 19 Rz. 46). Sie sind in Bezug auf Voraussetzungen und Rechtsfolgen unterschiedlich ausgestaltet. Nach einigen DBA gilt das Kassenstaatsprinzip nach Maßgabe von Art. 19 Abs. 1 MA entsprechenden Regelungen nur, wenn die maßgeblichen **Vergütungen „in dem Staat, aus dem sie stammen, der Besteuerung unterliegen"** (etwa *DBA Liechtenstein 2011, Schweden* und *Österreich*). Unterliegen sie dort nicht der Besteuerung, richtet sich die abkommensrechtliche Behandlung der jeweiligen Vergütungen mangels Anwendbarkeit des Kassenstaatsprinzips nach den allgemeinen Regeln, d. h. nach der Art. 15 MA entsprechenden Verteilungsnorm für unselbständige Arbeit (allgemein zum Konkurrenzverhältnis s. Rz. 17). Damit gilt vorrangig das ggf. durch das Tätigkeitsortprinzip/Prinzip des Arbeitsorts (dazu s. Art. 15 Rz. 4) überlagerte Ansässigkeitsortprinzip mit der Folge, dass der andere Staat ein nach seinem innerstaatlichen Recht begründetes Besteuerungsrecht ausüben darf, wenn der Steuerpflichtige in dem anderen Staat ansässig ist oder – bei Auseinanderfallen von Ansässigkeits- und Tätigkeitsstaat – die Dienste im anderen Staat erbracht werden (Wassermeyer/*Beckmann,* DBA Mazedonien, Art. 19, Rz. 40). Nach anderen DBA – wie auch nach Art. 18 Abs. 5 S. 2 der deutschen Verhandlungsgrundlage für DBA – hängt die Anwendung des Kassenstaatsprinzips in den Fällen der Erweiterung des Kassenstaatsprinzips (insbesondere bei kulturellen Einrichtungen) davon ab, ob die maßgeblichen **Vergütungen im Gründungsstaat der Einrichtung besteuert** werden (z. B. *DBA Albanien 2010, Algerien 2007, Bulgarien 2010, Costa Rica 2014 (E), Dänemark, Kasachstan, Luxemburg 2012 (E), Mauritius 2011, Mazedonien 2006, Mexiko 2008, Niederlande 2012 (E), Philippinen 2013 (E), Singapur 2004, Südafrika 2008 (E), Syrien 2010, Ukraine, Ungarn 2011, Uruguay 2010, Usbekistan, Vereinigte Arabische Emirate 2010* und *Zypern 2011*; ferner auch s. Rz. 43a). Werden die Vergütungen dort nicht besteuert, soll die Verteilungsnorm für Einkünfte aus unselbständiger Arbeit (d. h. die Art. 15 MA entsprechende Regelungen) gelten (dies entspricht den allgemeinen Grundsätzen und würde auch gelten, wenn die Geltung dieser Verteilungsnorm nicht ausdrücklich angeordnet und nur die Anwendung des Kassenstaatsprinzips ausgeschlossen wäre (s. o.)). Die Subject-to-tax-Klausel gilt regelmäßig nur für die Erweiterungen des Kassenstaatsprinzips, nicht dagegen für das gesamte Kassenstaatsprinzip (a. A. Wassermeyer/*Krabbe,* DBA Dänemark, Rz. 23, der eine Subject-to-tax-Klausel offensichtlich auf die gesamte Kassenstaatsregelung erstreckt, obwohl die systematische Verortung der Klausel im die Erweiterung regelnden Abs. 4

dagegen spricht). **Gründungsstaat** für die Goethe-Institute und für den DAAD ist die **Bundesrepublik Deutschland** (vgl. *Hummel/Hüttler/Moreno,* in Wassermeyer, DBA Mexiko, Art. 19, Rz. 2).

hh) Ansässigkeit in keinem Vertragsstaat bzw. in Drittstaat: Nach Art. 19 *DBA Japan* gilt das Kassenstaatsprinzip auch für Personen, die **in keinem der beiden Vertragsstaaten** (d.h. ggf. nur in einem Drittstaat) **ansässig** sind (Art. 19 Abs. 8: „Die Anwendung dieses Artikels wird nicht durch Artikel 1 [d. h. durch den persönlichen Geltungsbereich] begrenzt"; dies ist regelmäßig anders, d. h. der Steuerpflichtige muss in einem der Vertragsstaaten ansässig sein; dazu s. Rz. 19a). Folglich darf ein Vertragsstaat von Art. 19 *DBA Japan* erfasste Einkünfte, die vom anderen Vertragsstaat als Kassenstaat für diesem geleistete Dienste gezahlt werden, insbesondere auch dann nicht besteuern, wenn der Steuerpflichtige in keinem der Vertragsstaaten ansässig ist. **45a**

b) Rechtsfolgen: Typischerweise sind die in Art. 19 Abs. 1 MA entsprechenden Regelungen als **Verteilungsnorm mit abschließender Rechtsfolge** ausgestaltet (dazu s. Rz. 16; allgemein zu solchen Verteilungsnormen s. Grundl. Rz. 82; Vor 6 bis 22 Rz. 4 ff.), d. h. der die Vergütungen zahlende Vertragsstaat oder seine Gebietskörperschaft sind bereits aufgrund der Verteilungsnorm ausschließlich zur Besteuerung der Vergütungen berechtigt (dazu s. 2, 16). Soweit ein DBA – wie Art. 19 Abs. 1 *DBA Türkei 1985* (anders das *DBA-Türkei 2011*) – keine ausschließliche Besteuerungszuständigkeit des Kassenstaats vorsieht, bleibt auch der Ansässigkeitsstaat steuerberechtigt. Eine Doppelbesteuerung wird dann nach der anwendbaren Vermeidungsnorm durch Freistellung (d.h. nach Art. 23A MA entsprechenden Regelungen) oder – wie nach Art. 23 Abs. 1 Buchst. a Doppelbuchst. ee *DBA Türkei 1985* – durch Anrechnung der ausländischen Steuer (d.h. nach Art. 23B MA entsprechenden Regelungen) vermieden (s. Art. 23 Rz. 120 f.). **45b**

c) Ausnahmen vom Kassenstaatsprinzip: aa) Allgemeines: Fast alle deutschen DBA sehen für sog. **„Ortskräfte"** Ausnahmen vom Kassenstaatsprinzip vor (allgemein zu dieser Ausnahme s. Rz. 30 ff.). Betroffen sind nicht nur diejenigen Beschäftigten in diplomatischen Missionen und konsularischen Vertretungen aus dem jeweiligen Gastland, für die nicht die in Art. 28 erwähnten und grundsätzlich vorrangigen Abkommen gelten, sondern alle Empfänger von Vergütungen, die für die einem Vertragsstaat oder einer seiner Gebietskörperschaften geleisteten Dienste gezahlt werden (für Bedienstete konsularischer Vertretungen der USA gilt allerdings nicht Art. 19 *DBA USA 1989/2006,* sondern Art. XIX Abs. 1 des deutsch-amerikanischen Freundschaft-, Handels- und Konsularvertrags; s. § 2 Abs. 3 KonsVerUSAV, BGBl. I 2010, 2136; BMF, Schreiben v. 18.12.2009, IV B 2-S 1301-USA/07/10004, BStBl. I 2010, 15). Die DBA lassen eine derartige Besteuerung als Ausnahme zum Kassenstaatsprinzip allerdings entsprechend den MA **nur unter bestimmten Voraussetzungen** zu. Etwa ein Drittel der Abkommen knüpft dabei – wie die MA – kumulativ an die Kriterien Staatsangehörigkeit (s. Rz. 47 ff.), Tätigkeitsort/Arbeitsstätte (s. Rz. 50) und Ansässigkeit/Wohnsitz (s. Rz. 51 ff.) des Steuerpflichtigen an. Etwa ein weiteres Drittel, vorwiegend ältere Abkommen, stellt allein auf die Staatsangehörigkeit ab. Andere Abkommen kombinieren die Kriterien Staatsangehörigkeit und Arbeitsstätte. Bei einer Reihe von Abkommen mit osteuropäischen Staaten tritt der Wohnsitz in den Vordergrund. Für einen Gesamtüberblick dazu s. Übersicht in Rz. 36. Die vorstehend genannten Kriterien für Ausnahmen vom Kassenstaatsprinzip sind ihrerseits in den Abkommen noch unterschiedlich ausgestaltet. **46**

bb) Staatsangehörigkeit: Fast alle Abkommen stellen auf die **Staatsangehörigkeit** des Steuerpflichtigen als eine Voraussetzung für eine Ausnahme vom Kassenstaatsprinzip ab (zum Begriff der Staatsangehörigkeit s. Art. 3 Abs. 1 Buchst. g; dazu s. Art. 3 Rz. 60 ff.; zur europarechtlichen Problematik der Verwendung dieses **47**

Differenzierungskriteriums s. Rz. 9). Die *DBA Belgien, Griechenland, Großbritannien 1964/70, Iran, Israel, Japan, Marokko, Sambia, Südafrika 1973, Thailand, Trinidad und Tobago* und *USA 1989* verwenden hierfür sogar ausschließlich dieses Kriterium (in Bezug auf das *DBA Großbritannien 1964/70* sollen nach einer Verständigungsvereinbarung mit deren Inkrafttreten bereits die Kriterien für die Ausnahme vom Kassenstaatsprinzip des *DBA Großbritannien 2010* gelten; vgl. BMF, Schreiben v. 8.8.2008, IV B 3-S 1301-GB/08/10001, BStBl. I 2008, 835; beachte auch die Neufassung von Art. 18 Abs. 1 S. 2 *DBA Großbritannien 2014 (E)*).

48 In Bezug auf die Staatsangehörigkeit sind verschiedene Konstellationen denkbar. (1) Viele Abkommen lassen eine Ausnahme vom Kassenstaatsprinzip nur zu, wenn der Steuerpflichtige **Staatsangehöriger des anderen Vertragsstaates** ist, **ohne zugleich Staatsangehöriger des Kassenstaates** zu sein. Bei Steuerpflichtigen, die die Staatsangehörigkeit beider Vertragsstaaten oder nur die eines dritten Staates besitzen, bleibt es beim Kassenstaatsprinzip. (2) Nach den *DBA Dänemark, Elfenbeinküste, Indonesien, Israel, Kanada, Kuwait, Mongolei, Pakistan, Russland* und *Sri Lanka* ist das Kriterium Staatsangehörigkeit schon dann gegeben, wenn der **Steuerpflichtige nicht Staatsangehöriger des Kassenstaates** ist (d. h. die Staatsangehörigkeit des anderen Vertragsstaats ist nicht erforderlich und die Staatsangehörigkeit eines Drittstaats steht der Ausnahme nicht entgegen). Im Gegensatz zu Fall (1) gilt hier die Ausnahme auch für Angehörige dritter Staaten. (3) Die *DBA Australien, Japan* und *USA 1989/2006* schließlich stellen für eine Ausnahme entsprechend der Fassung der MA nur auf die **Staatsangehörigkeit im anderen Vertragsstaat** ab, so dass hier die Ausnahme auch für Personen mit doppelter Staatsangehörigkeit, nicht aber für Staatsangehörige ausschließlich dritter Staaten gilt (s. Rz. 33).

49 Entsprechend den MA sehen einige Abkommen vor, dass die Voraussetzung „Staatsangehörigkeit" für die Ausnahme vom Kassenstaatsprinzip durch eine **qualifizierte Ansässigkeit** ersetzbar ist (dazu s. Rz. 34). Dabei stimmen die *DBA Belarus, Costa Rica 2014 (E), China 1985/2014 (E), Estland, Finnland, Georgien, Ghana, Großbritannien 2010 (beachte aber Großbritannien 2014 (E)), Kasachstan, Korea, Kroatien, Lettland, Litauen, Malta 2010, Neuseeland, Norwegen 1991/2013 (E)* (beachte insbesondere Prot. Nr. 7), *Österreich, Pakistan, Philippinen 2013, Polen, Singapur 2004, Tschechien (E), Ukraine, Usbekistan* und *Vietnam* sowie die deutsche Verhandlungsgrundlage für DBA auch in der Formulierung des (alternativen) qualifizierten Ansässigkeitskriteriums mit den MA überein. Sind in einem solchen Fall die Voraussetzungen des qualifizierten Ansässigkeitskriteriums erfüllt, kommt es auf die Staatsangehörigkeit des Steuerpflichtigen nicht an. Einzelne DBA engen das qualifizierte Ansässigkeitskriterium ein, indem sie verlangen, dass der Steuerpflichtige Staatsangehöriger des anderen Vertragsstaats (so *DBA Norwegen 1991/2013 (E)*) oder kein Staatsangehöriger des Kassenstaats ist (so *DBA Italien* und *Kenia*).

50 **cc) Tätigkeitsort/Arbeitsstätte:** Die meisten deutschen DBA lassen eine Ausnahme vom Kassenstaatsprinzip nur zu, wenn der Steuerpflichtige die Tätigkeit im anderen Vertragsstaat ausübt **(Tätigkeitsort-/Arbeitsstättenprinzip).** Dieses Kriterium trägt die Ausnahme aber nie allein, es wird vielmehr mit dem Erfordernis der Staatsangehörigkeit, dem der Ansässigkeit (so nur im Fall des *DBA Jugoslawien*) oder mit beiden verknüpft (im Einzelnen dazu s. Rz. 36). Stellt ein Abkommen für eine Ausnahme vom Kassenstaatsprinzip nicht auf die Arbeitsstätte, sondern nur auf die Staatsangehörigkeit und den Wohnsitz ab, kann es dazu kommen, dass der Staat der öffentlichen Kasse die Bezüge selbst dann nicht besteuern kann, wenn die Tätigkeit auf seinem Staatsgebiet ausgeübt wird (so für den Fall einer in Belgien ansässigen Lehrerin belgischer Staatsangehörigkeit, die als Grenzgängerin an einer französischen öffentlichen Schule tätig war, *Conseil d'État,* req. n. 51.075 Dr. Fisc. 1988 comm. 356: *DBA Frankreich/Belgien;* nach dem *DBA Deutschland/Frankreich* würde sich dasselbe ergeben).

dd) Ansässigkeit/Wohnsitz: Die Mehrzahl der deutschen Abkommen verlangt für eine Ausnahme vom Kassenstaatsprinzip neben anderen Kriterien regelmäßig die **Ansässigkeit im anderen Vertragsstaat** (i. S. der abkommensrechtlichen Definition in Art. 4 Abs. 1 MA und der entsprechenden Regelungen; zum Ansässigkeitserfordernis s. Rz. 31; ferner dazu s. Übersicht in Rz. 36). Die *DBA Indonesien* und *Niederlande 1959/2004* stellen auf den **Wohnsitz** im anderen Staat ab; damit ist die abkommensrechtliche Ansässigkeit gemeint (s. Art. 4 Rz. 2; das *DBA Niederlande 2012 (E),* ist dagegen OECD-musterkonform). Das *DBA Australien* formuliert das Ansässigkeitskriterium **entsprechend dem innerstaatlichen Recht** der Vertragsstaaten („unbeschränkte Steuerpflicht" im Fall der Bundesrepublik, „gewöhnlicher Aufenthalt" im Fall Australiens). Die *DBA Kenia* und *Jugoslawien* verlangen eine **qualifizierte Ansässigkeit** (nicht ausschließlich zum Zweck der Leistung von Diensten bzw. schon vor dem Zeitpunkt der Leistung von Diensten sowie, im Falle des *DBA Kenia,* die fehlende Staatsangehörigkeit des anderen Staats). Im Fall des *DBA Italien* muss die Ansässigkeit bereits vor der Leistung der Dienste bestanden haben; eine Ansässigkeitsbegründung im Zuge der, wenn auch nicht ausschließlich zur Leistung der Dienste reicht abweichend vom MA dagegen für die Anwendung der Ausnahme vom Kassenstaatsprinzip nicht aus. 51

Teilweise sehen DBA **unabhängig von der Staatsangehörigkeit oder von den Motiven für die Ansässigkeitsbegründung** im Ansässigkeitsstaat eine Ausnahme vom Kassenstaatsprinzip vor. Dies gilt vor allem bei sog. **Grenzgängern** und anderen Personen, wenn diese die Dienste im Kassenstaat leisten und im anderen Vertragsstaat im abkommensrechtlichen Sinne ansässig sind. Nach dem *DBA Schweiz* (Art. 19 Abs. 4, Abs. 5 i. V. m. Art. 15a) führt die Ansässigkeit bei **Grenzgängern** und **im Grenzgebiet tätigen Angehörigen bestimmter Berufsgruppen** zur Besteuerung im Ansässigkeitsstaat (zur Sonderregelung für Grenzgänger nach *DBA Niederlande 1959/2004* bzw. *2012 (E)* ferner s. Rz. 53a). Im Übrigen gelten im Anwendungsbereich der Regelungen über das Kassenstaatsprinzip die **allgemeinen Grenzgänger-Regelungen** (etwa Art. 13 Abs. 5 *DBA Frankreich* oder Art. 15 Abs. 6 *DBA Österreich;* für einen Gesamtüberblick s. Art. 15 Rz. 128 ff.) wegen des Spezialitätsverhältnisses zwischen den Verteilungsnormen für Einkünfte aus unselbständiger Arbeit und dem „öffentlichen Dienst" (dazu s. Rz. 17) **nicht** (vgl. BFH, Urt. v. 11.7.2012, I R 76/11, BFH/NV 2012, 1966; FG Hamburg, DStRE 2000, 1315 (1316): *DBA Frankreich;* weiter zur Behandlung von Grenzgängern unter Art. 19 s. Wassermeyer/*Wassermeyer/Schwenke,* Art. 19 OECD-MA Rz. 76). 51a

Darüber hinaus lassen die *DBA Tschechoslowakei* und *UdSSR* eine Ausnahme vom Kassenstaatsprinzip **ohne weitere Voraussetzungen** schon dann zu, wenn der Empfänger der Vergütungen im anderen Staat **ständig ansässig** ist (zur Auslegung des Begriffs kann auf die Regelungen des WÜD und WÜK zurückgegriffen werden; vgl. Wassermeyer/*Wassermeyer,* Art. 13 DBA GUS Rz. 13). Aus deutscher Sicht ist die Besteuerung von in Deutschland „ständig ansässigen" Steuerpflichtigen, die Angehörige (ausländischer) diplomatischer Missionen oder konsularischer Vertretungen sind, unabhängig von ihrer Staatsangehörigkeit nach innerstaatlichem Recht möglich, da die Steuerbefreiung nach § 3 Nr. 29 Buchst. a, b EStG insoweit nicht gilt. 52

Zu beachten ist, dass Art. 19 *DBA Japan* auch für Personen gilt, die **in keinem der beiden Vertragsstaaten** ansässig sind (Art. 19 Abs. 8: „Die Anwendung dieses Artikels wird nicht durch Artikel 1 begrenzt"; dazu s. Rz. 45). Die Regelung sieht trotz dieser Ausweitung des Kassenstaatsprinzips keine Ausnahme vor. Das *DBA Japan* ordnet die ausschließliche Besteuerungszuständigkeit für entsprechende Vergütungen allerdings nur für Staatsangehörige des Kassenstaats an. Die Ansässigkeit spielt keine Rolle, auch nicht als Anknüpfungspunkt für eine Ausnahme vom Kassenstaatsprinzip. 53

53a Ist der Steuerpflichtige nicht im Kassenstaat, sondern im anderen Vertragsstaat ansässig, können DBA auch **ohne Ausnahme vom Kassenstaatsprinzip** (d.h. es verbleibt bei der Besteuerungszuständigkeit des Kassenstaatsprinzips) **weitreichende Modifizierungen des innerstaatlichen Rechts** des Kassenstaats vorsehen. Nach dem *DBA Niederlande 1959/2004* (Art. 1 ZusatzProt.) gewährt der Kassenstaat dem im anderen Vertragsstaat ansässigen Steuerpflichtigen zu mindestens 90% bestimmte Vergünstigungen (konkret: solche zur Verwirklichung des subjektiven Nettoprinzips), wenn die Einkünfte des Steuerpflichtigen zu mindestens 90% im Kassenstaat besteuert werden können. Zur neuen Regelung s. Prot. XII zu *DBA Niederlande 2012 (E)*.

53b **ee) Zeitlicher Aufschub des Kassenstaatsprinzips:** Grundsätzlich gelten für die Regelung über das Kassenstaatsprinzip die allgemeinem Regelungen zum zeitlichen Anwendungsbereich (s. Art. 30/31 Rz. 6ff.). Nach Prot. Nr. 2 *DBA Südafrika 2008 (E)* gilt das Kassenstaatsprinzip nach Art. 18 Abs. 1 für Vergütungen, die von diplomatischen Missionen und konsularischen Vertretungen an ihre Ortskräfte gezahlt werden, erst 2 Jahre nach dem in Art. 29 Abs. 2 beschriebenen Zeitpunkt. Davor gilt Art. 15 (Einkünfte aus unselbständiger Arbeit).

54 **ff) Rechtsfolgen:** Unterschiedlich geregelt sind auch die Rechtsfolgen im Kassenstaat und im jeweils anderen (Ansässigkeits-)Vertragsstaat. In den meisten deutschen DBA wird dem **Kassenstaat,** soweit das Kassenstaatsprinzip reicht, die **ausschließliche Besteuerungszuständigkeit** in Bezug auf die in Frage stehenden Einkünfte zugewiesen („können nur“; allgemein zu Verteilungsnormen mit abschließender Rechtsfolge s. Grundl. Rz. 82; Vor Art. 6–22 Rz. 4ff.; in älteren Abkommen finden sich auch andere Formulierungen, wie etwa: „sind im anderen Vertragsstaat von der Steuer befreit“). Ebenso ist i.d.R., wenn die Voraussetzungen einer **Ausnahme** (dazu s.Rz. 46ff.) vorliegen, die **Besteuerungszuständigkeit des anderen Vertragsstaats** geregelt, sei es mit gleichartigen Wendungen (so überwiegend), sei es unter Verwendung einer anderen Regelungstechnik, aber im Ergebnis übereinstimmend (so in den *DBA Argentinien* und *Frankreich*), in älteren DBA mit europäischen Nachbarstaaten oft auch unter Verwendung der Formulierung, der betreffende Staat habe das „Besteuerungsrecht“ (so im *DBA Niederlande 1959/2004*; das *DBA Niederlande 2012 (E)* ist insoweit OECD-musterkonform).

54a Nach dem *DBA Dänemark* gilt die Ausnahme vom Kassenstaatsprinzip und die Besteuerung durch den anderen Staat nur subsidiär, wenn der Kassenstaat von seiner Befugnis zur Besteuerung keinen Gebrauch macht (**Subject-to-tax-Klausel** oder Rückfallklausel; allgemein zu solchen Klauseln s. Vor Art. 6–22 Rz. 19ff.; zu Subject-to-tax-Klauseln außerhalb der Ausnahmen vom Kassenstaatsprinzip s.Rz. 45).

54b In anderen DBA sind dagegen die **Rechtsfolgen** für den Fall einer **Ausnahme vom Kassenstaatsprinzip** in der dem Art. 19 MA entsprechenden Vorschrift **nicht für beide Staaten geregelt,** die Verteilungsnorm ist insoweit unvollständig (allgemein zu Verteilungsnormen mit nicht abschließender Rechtsfolge s. Grundl. Rz. 82; Vor Art. 6 bis 22 Rz. 4f.). Die Doppelbesteuerung wird dann im – jeweiligen – Ansässigkeitsstaat nach Maßgabe der **Vermeidungsnormen** (d.h. dem Methodenartikel) in Art. 23 A/B entsprechenden Regelungen vermieden (dies gilt für die *DBA Belgien, Griechenland, Großbritannien 1964/70, Iran, Israel, Japan, Marokko, Sri Lanka, Südafrika 1973, Thailand* und *USA 1989*), regelmäßig im Wege der Anrechnungsmethode. In den *DBA Großbritannien 2010/14 (E), Südafrika 2008 (E)* und *USA 1989/2006* wird dem Ansässigkeitsstaat die ausschließliche Besteuerungszuständigkeit OECD-musterkonform bereits in der Verteilungsnorm zugewiesen.

55 Genau entgegengesetzt enthält das *DBA Island* **keine Regelung** der Rechtsfolgen (Besteuerungszuständigkeit) für den Fall der **Anwendung des Kassenstaats-**

prinzips (d.h. Vermeidung der Doppelbesteuerung nach Art. 23 A/B), dagegen beim **Vorliegen einer Ausnahme eine ausschließliche Zuweisung** an den anderen Staat (und damit die Verpflichtung zur Freistellung im Kassenstaat).

Die *DBA Belgien* und *Tschechoslowakei* regeln **sowohl für den Regel- als auch für den Ausnahmefall** nur, unter welchen Voraussetzungen der Kassenstaat die Einkünfte besteuern kann, teilweise auch das *DBA Japan* (d.h. diese DBA enthalten insoweit **keine Verteilungsnorm mit abschließender Rechtsfolge**). Die Vermeidung der Doppelbesteuerung bestimmt sich in diesem Fall nach Regelungen, die Art. 23 A/B entsprechen. Liegen die Voraussetzungen einer Ausnahme vom Kassenstaatsprinzip vor, richtet sich die Aufteilung der Besteuerungszuständigkeit nach den **allgemeinen Regeln** (unselbständige Arbeit bzw. Ruhegehälter; so auch FinMin Nds v. 27.9.1996 – S 1301–46–33: *DBA Belgien;* Wassermeyer/*Malinski,* DBA Belgien, Rz. 22; a. A. Wassermeyer/*Becker,* DBA Bulgarien, Rz. 12). 56

Das *DBA UdSSR* sieht für den Fall, dass die Voraussetzungen für eine (ausschließliche) Besteuerung durch den Kassenstaat nicht gegeben sind (d.h. wenn der Steuerpflichtige im anderen Vertragsstaat **„ständig ansässig"** ist; dazu s. Rz. 52), vor, dass die Einkünfte der Ortskräfte nach den **allgemeinen Regeln** des Art. 12 *DBA UdSSR* über die **unselbstständige Arbeit** besteuert werden. 56a

d) Modifikationen durch Verständigungsvereinbarungen: Für das Verhältnis der Regelungen über das Kassenstaatsprinzip zu **Verständigungsvereinbarungen** gelten die allgemeinen Grundsätze (dazu s. Grundl. Rz. 135 ff.; Art. 25 Rz. 154). Folglich darf ein DBA durch eine Verständigungsvereinbarung **nicht geändert** werden (zur Frage der Umsetzung durch Rechtsverordnung nach § 2 Abs. 2 AO s. Grundl. Rz. 136; Art. 25 Rz. 154). So durfte etwa eine Verständigungsvereinbarung zum *DBA Italien 1925* (BMF v. 18.3.1975 – IV C 5 – S 1301 Italien – 10/76) dem Kassenstaat die Besteuerungszuständigkeit über den Abkommenswortlaut hinaus nicht nur dann ausschließlich vorbehalten, wenn der Empfänger der Vergütungen Staatsangehöriger des Kassenstaats und hoheitlich tätig war (vgl. BFH BStBl. II 1990, 4: *DBA Italien 1925*). Unproblematisch ist es jedoch, wenn ein DBA die Entscheidung über die **Einbeziehung bestimmter Rechtsträger oder Vergütungen** der Entscheidung der zuständigen Behörden im Rahmen eines Verständigungsverfahrens überlässt und die jeweiligen DBA Kriterien für die einbeziehbaren Rechtsträger bzw. Vergütungen vorsehen (z. B. „ähnliche Einrichtungen"). 57

C. Zu Art. 19 Abs. 2

I. Musterabkommen

1. Übereinstimmungen und Abweichungen

Die Besteuerungszuständigkeit für Ruhegehälter, die für einem Vertragsstaat oder einer seiner Gebietskörperschaften geleistete Dienste gezahlt werden, regeln alle drei MA übereinstimmend grundsätzlich nach dem **Kassenstaatsprinzip.** Die **Ausnahme** für sog. **„Ortskräfte"** gilt für Staatsangehörige des anderen Vertragsstaates, die in diesem ansässig sind. Art. 18 Abs. 2 der Verhandlungsgrundlage entspricht den (anderen) drei MA. 60

2. Erläuterungen

a) Grundzüge:

Literatur: *M. Lang,* FS David, S. 233; *ders.,* FS Schaumburg, S. 879; *Timár,* S. 463. 61

Ruhegehälter für im öffentlichen Dienst geleistete Arbeit darf grundsätzlich allein der **Staat besteuern, der die Ruhegehälter bezahlt** (Buchst. a; „können 61a nur"; allgemein zu Verteilungsnormen mit abschließender Rechtsfolge s. Grundl. Rz. 82; Vor Art. 6 bis 22 Rz. 4ff.). Dieser Staat – auch „Staat der zahlenden Kasse" oder kurz **„Kassenstaat"** – besteuert diese Einkünfte gemäß seinem innerstaatlichen Recht, ohne durch das Abkommen darin beschränkt zu sein. Der andere Staat darf die Einkünfte auch dann nicht besteuern, wenn der Bezieher der Ruhegehälter dort ansässig ist. Der Ansässigkeitsstaat hat gemäß Art. 19 Abs. 2 die Einkünfte freizustellen (s. Grundl. Rz. 82; Vor Art. 6 bis 22 Rz. 4f.). **Ausnahmsweise** besteuert ausschließlich der andere Vertragsstaat – der **Ansässigkeitsstaat** –, wenn der Empfänger der Ruhegehälter in diesem Staat ansässig ist und Staatsangehöriger dieses Staates ist (Buchst. b). Anders als bei laufenden Vergütungen kann die in Abs. 1 Buchst. b (ii) genannte Voraussetzung auf Personen im Ruhestand nicht zutreffen (MA-Komm. Art. 19 Ziff. 4; ferner s. Rz. 67). Der Ansässigkeitsstaat besteuert unter den Voraussetzungen des Abs. 2 Buchst. b die Bezüge gem. seinem innerstaatlichen Steuerrecht, ohne durch das Abkommen darin beschränkt zu sein. Damit werden **Ruhegehälter** im Wesentlichen ebenso **behandelt wie laufende Vergütungen** für die aktive Tätigkeit.

62 **b) Abgrenzung:** Art. 19 Abs. 2 ist eine gegenüber Art. 18 vorrangige **Sonderregelung** für Ruhegehälter und ähnliche Vergütungen, die aus einer öffentlichen Kasse gezahlt werden (dies folgt nicht zuletzt aus dem ausdrücklichen Vorbehalt in Art. 18). Art. 19 Abs. 2 betrifft Ruhegehälter und ähnliche Vergütungen, die aufgrund früher an einen Vertragsstaat oder eine seiner Gebietskörperschaften geleisteter Dienste gezahlt werden und die nicht im Zusammenhang mit einer Geschäftstätigkeit eines Vertragsstaates oder seiner Gebietskörperschaften i. S. des Abs. 3 stehen. Ruhegehälter und ähnliche Vergütungen, die für Dienstleistungen an einen privatrechtlichen Arbeitgeber oder an die gewerblich tätigen Vertragsstaaten oder Gebietskörperschaften gezahlt werden, fallen unter Art. 18. Zahlungen, die weder unter Art. 18 noch unter Art. 19 fallen, können ggf. nach Art. 21 besteuert werden. Zur Problematik bei Tätigkeiten **sowohl für öffentliche als auch für private Arbeitgeber** s. Rz. 65.

63 **c) Regelung:** Bezieht **eine natürliche Person**
- **Ruhegehälter oder ähnliche Vergütungen**
- von einem **Vertragsstaat** oder einer seiner **Gebietskörperschaften**
- **oder** aus einem von diesem Staat oder der Gebietskörperschaft errichteten **Sondervermögen**
- **für** diesem Staat oder der Gebietskörperschaft **geleistete Dienste,**

so darf nur der Staat der zahlenden Kasse die Ruhegehälter besteuern (Buchst. a), jedoch dürfen sie ausschließlich von dem anderen Vertragsstaat besteuert werden, wenn
- der Ruhegehaltsempfänger **in diesem Staat ansässig ist** und
- ein **Staatsangehöriger dieses Staates ist** (Buchst. b).

64 **d)** Zum **Begriff der natürlichen Person** s. Art. 3 Rz. 12. Der Begriff der **Ruhegehälter und der ähnlichen Vergütungen** ist grundsätzlich übereinstimmend mit Art. 18 zu verstehen (zum Begriff s. Art. 18 Rz. 15ff., 19ff.). Eine Gleichsetzung des Begriffs der Ruhegehälter in Art. 19 Abs. 2 MA mit dem innerstaatlichen Begriff der Ruhegehälter in § 19 Abs. 2 S. 2 Nr. 1 EStG ist nicht möglich, da dieser erkennbar nicht sämtliche Zahlungen des Kassenstaats erfasst, die unter Art. 19 Abs. 2 MA fallen sollen. Dies gilt namentlich für Ruhegehälter an Hinterbliebene, die nach richtiger Auffassung unter bestimmten Voraussetzungen zwar unter Art. 19 Abs. 2 MA fallen (s. Rz. 66), jedoch aufgrund der Erwähnung des Begriffs der Witwengelder in § 19 Abs. 2 S. 2 Nr. 1 EStG nicht unter den gleichrangig neben die Witwengelder gestellten Begriff der Ruhegehälter nach

innerstaatlichem Recht (so auch BFH, Urt. v. 8.12.2010, I R 92/09, BStBl. II 2011, 488: *DBA Schweiz 1971/1992*). Dasselbe dürfte für den Begriff der Ruhegelder in § 19 Abs. 1 S. 1 Nr. 2 EStG gelten. Auch der Begriff der Leibrenten in § 22 Abs. 1 Nr. 1 S. 3 Buchst. a EStG dürfte wegen seiner dort bestehenden Bezüge zu sozialversicherungsrechtlichen Renten nicht gleichbedeutend mit dem Begriff der Ruhegehälter in Art. 19 Abs. 2 MA sein, auch wenn eine nicht vollständig bestehende terminologische Identität der Begriffe grundsätzlich unschädlich wäre (allgemein dazu s. Grundl. Rz. 152c; Art. 3 Rz. 111b). Vor diesem Hintergrund ist davon auszugehen, dass der Begriff der Ruhegehälter in Art. 19 Abs. 2 MA nicht im innerstaatlichen Recht verwendet wird mit der Folge, dass nach Art. 3 Abs. 2 MA keine Auslegung nach Maßgabe des innerstaatlichen Rechts vorgenommen werden kann. Selbst wenn man davon ausginge, dass der Begriff der Ruhegehälter im innerstaatlichen Recht verwendet würde, wäre im vorliegenden Zusammenhang aus Gründen der Abkommenssystematik eine autonome Auslegung erforderlich, da nur so sichergestellt ist, dass das Kassenstaatsprinzip vollumfänglich verwirklicht wird (allgemein dazu s. Art. 3 Rz. 116c; ferner *Duss,* zitiert nach *Geißler/Lehner/Sunde,* IStR 2013, 641 (645)). Dies gilt unabhängig davon, ob ohne abkommensautonome Auslegung eine Doppelbesteuerung bzw. Doppelnichtbesteuerung droht (dazu s. Art. 3 Rz. 116d ff.). Zu Einmalzahlungen auch s. MA-Komm. Ziff. 5.1. Die Favorisierung der abkommensautonomen Auslegung des Begriffs der Ruhegehälter widerspricht nicht der Auslegung des Begriffs der Vergütungen in Art. 19 Abs. 1 MA, für die grundsätzlich eine Auslegung nach Maßgabe des innerstaatlichen Rechts in Betracht kommt (s. Rz. 20). Die abkommensautonome Auslegung des Begriffs der Ruhegehälter ist darauf zurückzuführen, dass die deutschen innerstaatlichen Regeln über Ruhegehälter derart differenziert ausgestaltet sind, dass das Kassenstaatsprinzip nicht vollumfänglich verwirklicht würde, während die Bezugnahme auf das innerstaatliche Recht für (laufende) Vergütungen die Verwirklichung des Kassenstaatsprinzips ermöglicht. Zur Frage, ob **Abfindungen** nach Maßgabe des Kassenstaatsprinzips in Art. 19 besteuert werden können s. Rz. 20b. Der **Vorbezug zur Förderung eigengenutzten Wohneigentums** nach schweizerischem Recht stellt kein Ruhegehalt dar (vgl. *Jahn*, PIStB 2010, 64 (65).

e) Vertragsstaat oder Gebietskörperschaften als Vergütungsschuldner/ Gläubiger der geleisteten Dienste: Nach dem Kassenstaatsprinzip werden nur solche Ruhegehälter besteuert, die von **einem Vertragsstaat oder einer seiner Gebietskörperschaften** für Dienste gezahlt werden, die diesen Körperschaften geleistet wurden. Zum Begriff des Vertragsstaates und der Gebietskörperschaft s. Rz. 21; Zur Überschrift Rz. 8; Art. 2 Rz. 9, 21; Art. 3 Rz. 83a ff. War ein Arbeitnehmer bei **unterschiedlichen Arbeitgebern sowohl in der Privatwirtschaft als auch im öffentlichen Dienst** tätig, gelten Art. 18 und Art. 19 für den jeweiligen rechnerischen Anteil der Ruhegehälter (vgl. Wassermeyer/*Wassermeyer/Schwenke,* Art. 19 OECD-MA Rz. 107). Das Problem der Abgrenzung stellt sich auch für Arbeitnehmer, die für ein **zunächst privatrechtlich geführtes und später verstaatlichtes Unternehmen** sowohl vor als auch nach der Verstaatlichung bzw. umgekehrt für ein **zunächst staatliches und später privatisiertes Unternehmen** sowohl vor als auch nach der Privatisierung tätig waren. Die bezogenen Ruhegehälter fallen auch in diesen Fällen sowohl unter Art. 18 und Art. 19 Abs. 2. Die **Aufteilung** kann insbesondere im Falle von einheitlichen Zahlungen problematisch sein (zu möglichen Kriterien der Aufteilung MA-Komm. Ziff. 5.3 f.; *Kavelaars,* BIT 2007, 97; *Lang,* FS David, S. 229 f.; *ders.,* BIT 2007, 17 (19 f.)). Richtigerweise wird man **zeitanteilig** (pro-rata-temporis) aufteilen müssen. Folgerichtig hat der niederländische *Hoge Raad* Art. 19 *DBA Niederlande 1959/2004* nur auf den Teil einer Ablösesumme eines niederländischen Pensionsfonds der vormals 65 öffentlich-rechtlichen, inzwischen privatisierten niederländischen Post an zwei in Deutschland wohnende ehemalige Arbeitnehmer angewendet, der auf der Tätigkeit vor der Privatisierung beruhte (Hoge Raad Rolno. 29.935 BNB 1995/117: *DBA Niederlande 1959/2004*). In diesem Sinne hat auch der ÖstVwGH entschieden und eine Aufteilung der Vergütungen am Maßstab der Dienstzeiten gefordert (ÖstVwGH, Urt. v. 21.11.2007, 2007/13/0087; ebenso ÖstBMF, SWI 2012, 98: *DBA Österreich/ Schweiz;* Steuerrekurskommission Kanton Basel-Stadt, Entscheid v. 21.2.2008, BStrPra 2008, 357 (360 ff.): *DBA Schweiz*).

65a Leistungen aufgrund eines **privatrechtlichen Rentenversicherungsvertrags,** etwa eines Basisrentenvertrags (z. B. sog. „Rürup-Rente"), stellen schon wegen der privatrechtlichen Ausgestaltung keine Ruhegehälter i. S. des Art. 19 Abs. 2 MA dar (vgl. *de Groote*, PIStB 2009, 272 (273)). Ferner zu Leistungen, die der Steuerpflichtige wirtschaftlich selbst durch **Beitragszahlungen** veranlasst, s. Rz. 66a.

65b Darüber hinaus gilt das Kassenstaatsprinzip nach dem ausdrücklichen Wortlaut des Art. 19 Abs. 2 MA auch für Ruhegehälter, die von einem **„Sondervermögen"** gezahlt werden, das von einem Vertragsstaat oder von einer der Gebietskörperschaften errichtet wurde. Die amtliche deutsche Fassung verwendet, wie schon in Bezug auf Art. 19 Abs. 1 MA 1963, den Begriff des „Sondervermögens" (hierzu und zum Begriff des Sondervermögens s. Rz. 23; SenFinBerlin, IStR 2007, 448: *DBA Japan*). Die in der englischen und in der französischen Sprachfassung verwendeten Begriffe „fund" bzw. „fonds" erscheinen weiter als der deutsche Begriff des Sondervermögens, da der Begriff Sondervermögen nur rechtlich unselbständige Vermögensmassen des Vertragsstaats bzw. seiner Gebietskörperschaften erfasst, während die Begriffe „fund" bzw. „fonds" auch rechtlich selbständige Rechtssubjekte erfassen könnten (dazu Rz. 23). Dass Art. 19 Abs. 2 auch für Zahlungen aus öffentlich-rechtlichen Sondervermögen i. S. von rechtlich unselbständigen Vermögensmassen gilt, bedürfte aber ebenso wie bei Abs. 1, wo der Hinweis im MA 1977 gestrichen wurde, keiner besonderen Hervorhebung (s. Rz. 23; offenbar a. A. Wassermeyer/ *Wassermeyer/Schwenke,* Art. 19 OECD-MA Rz. 113). Die Einbeziehung der Sondervermögen wäre daher bedeutsam (i. S. von konstitutiv) für diejenigen Institutionen, die keine öffentlich-rechtlichen Sondervermögen i. S. unselbständiger Vermögensbestandteile des Vertragsstaats oder seiner Gebietskörperschaften sind. Dass sie gerade im Zusammenhang mit Ruhegehältern (Pensionen) erwähnt werden (schon im MA 1963, das Bezüge aus aktiver Tätigkeit und Pensionen noch in einem einheitlichen Abs. 1 regelte), könnte zu dem Schluss verleiten, dass **Pensionsfonds** gleich welcher Rechtsform gemeint sind. Geht man aber vom deutschen Begriff des (rechtlich unselbständigen) Sondervermögens (dazu s. Rz. 23) aus, ist dieses Teil eines Vertragsstaats bzw. einer seiner Gebietskörperschaften und folglich zwingend öffentlich-rechtlich organisiert. Rechtlich selbständige Rechtssubjekte (bzw. ein rechtlich unselbständiger Teil derselben) können nach deutschem Begriffsverständnis nur ein Sondervermögen i. S. des Art. 19 Abs. 2 MA sein bzw. haben, wenn das Kassenstaatsprinzip nicht nur für von einem Vertragsstaat oder einer seiner Gebietskörperschaften gezahlte Vergütungen gilt, sondern auch für juristische Personen des öffentlichen Rechts (dazu s. Rz. 22, 38 ff.). Damit scheiden Sondervermögen, die von privatrechtlich organisierten Rechtsträgern errichtet werden, von vornherein aus, da diese wegen ihrer rechtlichen Unselbständigkeit ebenfalls diesem (privatrechtlich organisierten) Rechtsträger zuzurechnen sind und solche Rechtsträger grundsätzlich nicht von Art. 19 Abs. 2 MA erfasst werden. Dies gilt selbst dann, wenn die Anteile am privatrechtlich organisierten Rechtsträger vom Vertragsstaat oder einer seiner Gebietskörperschaften gehalten werden (dazu s. Rz. 21). Anders entschied jedoch der *Hoge Raad*, wonach die mittlerweile privatrechtlich verfasste Allgemeine Bürgerliche Pensionskasse (ABP) ein Sondervermögen i. S. des *DBA Niederlande 1959/2004* sein soll

(Urt. v. 5.12.2008, BNB 2009/199c: *DBA Niederlande 1959/2004*). Zur Rechtslage nach *DBA Niederlande 2012 (E)* (einschließlich der Rückwirkungsproblematik) s. Rz. 74a.

f) Zahlung für dem Vertragsstaat oder seinen Gebietskörperschaften geleistete Dienste: Die Ruhegehälter müssen für die dem Kassenstaat geleisteten Dienste gezahlt werden (dazu s. Rz. 25 ff.). Erforderlich ist deshalb insbesondere ein **Veranlassungszusammenhang** bzw. Kausalzusammenhang zwischen den dem Kassenstaat geleisteten Diensten und den gezahlten Ruhegehältern (SD/*Jochum/Lampert*, Art. 19 Rz. 45). Dagegen ist **nicht erforderlich,** dass der Empfänger der Ruhegehälter die Dienste **persönlich erbracht** hat, da der Wortlaut von Ruhgehältern spricht, die einer natürlichen Person „für geleistete Dienste" gezahlt werden, was nicht bedeutet, dass sie notwendigerweise von ihr geleistet wurden. Damit werden von Art. 19 Abs. 2 MA auch Hinterbliebenenpensionen erfasst (so auch BMF, Schreiben v. 23.8.2012, IV B 2 – S 1301-AUT/07/10019, BStBl. I 2012, 865; ÖstBMF EAS 3084 v. 31.7.2009: *DBA Österreich*; ÖstBMF v. 16.3.1992, SWI 1992, 102). 66

Aufgrund des Merkmals „für geleistete Dienste" fallen Versorgungsleistungen, die der Steuerpflichtige wirtschaftlich selbst **durch Beitragszahlungen veranlasst** hat, nicht unter Art. 19 Abs. 2 MA (so auch BFH, Urt. v. 25.3.2010, X B 142/09, BFH/NV 2010, 1275; Urt. v. 8.12.2010, I R 92/09, BStBl. II 2011, 488; Urt. v. 23.10.2013 X R 33/10, BStBl. II 2014, 103: *DBA Schweiz 1971/1992*; ferner zur Problematik mit Ausführungen zu unterschiedlichen Auffassungen der deutschen und schweizerischen Finanzverwaltung in Bezug auf bestimmte Leistungen s. *Decker/Looser,* IStR 2009, 652 (655); *Miessl,* IStR 2013, 850 (850 f.); ebenso BFH, Urt. v. 25.7.2011, I B 37/11, BFH/NV 2011, 1879: *DBA Italien,* wenn auch in Bezug auf Sozialversicherungsrenten). Dies ist insbesondere bei privatrechtlichen Rentenversicherungsverträgen der Fall, so dass entsprechende Leistungen in diesem Fall nicht nur wegen eines ggf. ungeeigneten Schuldners (dazu s. Rz. 64a) nicht nach Maßgabe des Kassenstaatsprinzips besteuert werden. 66a

g) Ausnahme vom Kassenstaatsprinzip (Ortskräfte): Die ausschließliche Zuständigkeit für die Besteuerung durch den Kassenstaat entfällt **ausnahmsweise,** wenn der Empfänger des Ruhegehalts im anderen Vertragsstaat ansässig ist und die Staatsangehörigkeit dieses Staates besitzt (Buchst. b MA). Bei Ruhegehältern gibt es keine Alternative zur Voraussetzung der Staatsangehörigkeit nach Vorbild von Abs. 1 Buchst. b (ii) (s. Rz. 61). Unerheblich ist, wo die Dienste erbracht wurden, für die die Ruhegehälter gezahlt werden (vgl. ÖstBMF, EAS 3024 v. 18.12.2008: *DBA Österreich*). Die Ruhegehälter darf ausschließlich der Ansässigkeitsstaat besteuern. Das gilt auch, wenn der Steuerpflichtige neben der Staatsangehörigkeit seines Ansässigkeitsstaates die des Kassenstaates oder eines dritten Staates besitzt. Zum Begriff der **Ansässigkeit** s. Art. 4; zum Begriff der **Staatsangehörigkeit** s. Art. 3 Abs. 1 Buchst. g (dazu s. Art. 3 Rz. 60 ff.). Wird ein Ruhegehalt an einen **Hinterbliebenen** gezahlt, kommt es auf die Staatsangehörigkeit des ursprünglichen Ruhegehaltempfängers an (BMF, Schreiben v. 23.8.2012, IV B 2 – S 1301-AUT/07/10019, BStBl. I 2012, 865: *DBA Österreich*). 67

II. Deutsche DBA

1. Abkommensübersicht zu Artikel 19 Abs. 2

70

DBA	Uneingeschränktes Kassenstaatsprinzip	Eingeschränktes Kassenstaatsprinzip	Regelung wie für aktiven öffentlichen Dienst	Regelung wie private Ruhegehälter	Erstreckung auf andere Leistungen	Bemerkungen	Artikel	Rz.
Ägypten	+			+		–	18 Abs. 1, 2	
Albanien 2010		+				–	19 Abs. 2	73
Algerien 2007		+				–	19 Abs. 2	73
Argentinien		+	+			–	18 Abs. 1, 3	74
Armenien						s. UdSSR		
Aserbaidschan		+					19 Abs. 2	73
Australien	+			+		–	18	77
Bangladesch		+	+				19 Abs. 1, 3	74
Belarus		+			+	–	18 Abs. 3; 19 Abs. 2	73; 75
Belgien		+	+		+	Sonderregelung für Leistungen aufgrund der Sozialgesetzgebung	19 Abs. 1, 3, 4	74 f.; 76
Bolivien		+	+			–	18 Abs. 1, 2	74
Bosnien-Herzegowina						s. Jugoslawien		
Bulgarien 2010		+				–	18 Abs. 2	73
China 1985		+				≈ MA; Einbeziehung von „Organen"	19 Abs. 2	73
China 2014 (E)		+	+		+	–	19 Abs. 2, Prot. Nr. 5	73
Costa Rica 2014 (E)		+	+		+	–	19 Abs. 2	73
Dänemark	+				+	Sonderregelung für Leistungen aufgrund der Sozialgesetzgebung	18 Abs. 2, 3 19 Abs. 2, 4	71; 73; 75 f.
Ecuador	+			+		–	19	74; 77
Elfenbeinküste	+					–	19 Abs. 2	71
Estland		+			+	–	19 Abs. 2, 4	73; 75
Finnland	+			+		–	19 Abs. 2	71
Frankreich		+	+		+	Sonderregelung für Leistungen aufgrund der Sozialgesetzgebung	14 Abs. 1, 2	74; 75 f.
Georgien		+					19 Abs. 2	73
Ghana		+					19 Abs. 2	73
Griechenland		+			+	–	XII Abs. 2, 3, 4	71; 75
Großbritannien 1964/70			+			–	IX Abs. 1, 2	74

DBA	Uneingeschränktes Kassenstaatsprinzip	Eingeschränktes Kassenstaatsprinzip	Regelung wie für aktiven öffentlichen Dienst	Regelung wie private Ruhegehälter	Erstreckung auf andere Leistungen	Bemerkungen	Artikel	Rz.
Großbritannien 2010/14 (E)		+				–	18 Abs. 2, 4	73
Indien		+				–	19 Abs. 2	73
Indonesien		+	+			–	19 Abs. 1	74
Iran		+	+		+	–	19 Abs. 1, 3, 4	74; 75
Irland 2011		+			+	–	18 Abs. 2, 4	73
Island	+			+	+	–	19 Abs. 1, 2	75; 77
Israel	+					–	11 Abs. 2, 3	71
Italien		+			+	Sonderregelung für Leistungen aufgrund der Sozialgesetzgebung	19 Abs. 2, 4, 5; Prot. Nr. 14 Buchst. e	73; 75; 76
Jamaika		+	+		+	–	18 Abs. 1, 3	74
Japan		+	+		+	–	19 Abs. 1, 2, 5–8	74 f.
Jersey 2008	+				+	Sonderregelung für Leistungen aufgrund der Rechtsvorschriften über die Sozialversicherung und Entschädigungen	6 Abs. 2, 3, 4	71; 76
Jugoslawien	+					–	19 Abs. 2	71
Kanada		+		+	+		19 Abs. 1	75; 77
Kasachstan		+					19 Abs. 2	73
Kenia	+					–	19 Abs. 3, 4	71
Kirgisistan		+			+	–	19 Abs. 2, 5	73
Korea		+				–	19 Abs. 2	73; 77
Kosovo						s. Jugoslawien		
Kroatien		+				–	19 Abs. 2	73
Kuwait		+	+			–	19 Abs. 1, 3	74
Lettland		+			+	–	19 Abs. 2, 4	73; 75
Liberia	+			+	+	–	19 Abs. 1, 2	75; 77
Liechtenstein 2011		+			+	–	18 Abs. 2, 4	73
Litauen		+			+	–	19 Abs. 2, 4	73; 75
Luxemburg 2012	+				+	–	18 Abs. 2, 4	73
Malaysia 2010		+			+	–	19 Abs. 2, 4	73
Malta		+				–	19 Abs. 2	73; 77
Marokko	+			+		–	19	77
Mauritius 2011		+				–	18 Abs. 2	73
Mazedonien 2006		+				–	19 Abs. 2	73
Mexiko 2008		+			+	–	19 Abs. 2	73
Moldau						s. UdSSR		

DBA	Uneingeschränktes Kassenstaatsprinzip	Eingeschränktes Kassenstaatsprinzip	Regelung wie für aktiven öffentlichen Dienst	Regelung wie private Ruhegehälter	Erstreckung auf andere Leistungen	Bemerkungen	Artikel	Rz.
Mongolei		+	+			–	19 Abs. 1	74
Montenegro						s. Jugoslawien		
Namibia		+	+			–	19 Abs. 1, 3	74
Neuseeland		+				≈ MA	19 Abs. 2	73
Niederlande 1959/2004	+				+	Sonderregelung für Leistungen aufgrund der Sozialgesetzgebung	12 Abs. 2, 3	71; 74b; 75 f.
Niederlande 2012 (E)		+			+	–	18 Abs. 2, 4	73; 74a; 74b; 76
Norwegen 1991		+		+	+	Sonderregelung für Leistungen aufgrund der Sozialgesetzgebung	18 Abs. 1, 2, 3	75; 77
Norwegen 2013 (E)		+		+	+	Sonderregelung für Leistungen aufgrund der Sozialgesetzgebung	18 Abs. 1, 2, 3	75; 77
Oman 2012 (E)		+			+	–	18 Abs. 2, Prot. Nr. 7	
Österreich		+			+	–	19 Abs. 2, 4	73; 75; 76
Pakistan	+		+		+	–	19 Abs. 1, 3	74
Philippinen 1983	+				+	–	19 Abs. 2–4	71; 75
Philippinen 2013	+		+				19 Abs. 2–4	73; 75
Polen		+			+	–	19 Abs. 2, 4	73
Portugal	+			+		–	18	77
Rumänien		+				–	19 Abs. 2	73
Russische Föderation		+	+		+	–	19 Abs. 1, 3	74 f.
Sambia	+			+		–	19	77
Schweden		+			+	Sonderregelung aufgrund der Sozialgesetzgebung	18 Abs. 2, 3, 5 19 Abs. 2, 4, 5	73; 75
Schweiz		+	+		+	–	19 Abs. 1, 3–7	74 f.; 76a
Serbien						s. Jugoslawien		
Simbabwe		+	+			Sonderregelung: Central African Pension Fund	19 Abs. 1, 2, 4	74; 76
Singapur 2004		+				–	19 Abs. 2	73
Slowakei						s. Tschechoslowakei		
Slowenien		+				–	19 Abs. 2	71
Spanien 2011		+				–	18 Abs. 2, 4	73
Sri Lanka		+				–	19 Abs. 2	73
Südafrika 1973	+				+	–	16 Abs. 2–4	71; 75

DBA	Uneingeschränktes Kassenstaatsprinzip	Eingeschränktes Kassenstaatsprinzip	Regelung wie für aktiven öffentlichen Dienst	Regelung wie private Ruhegehälter	Erstreckung auf andere Leistungen	Bemerkungen	Artikel	Rz.
Südafrika 2008 (E)		+				–	18 Abs. 2	73
Syrien 2010		+				–	19 Abs. 2	73
Tadschikistan		+					18 Abs. 2, 3, 5	73
Taiwan		+				–	18 Abs. 2	73
Thailand	+				+	–	18 Abs. 2, 3	71; 74
Trinidad und Tobago		+	+			–	18 Abs. 1, 3	74
Tschechien						s. Tschechoslowakei		
Tschechien 1997 (E)		+				–	19 Abs. 2	73
Tschechoslowakei			+			–	18 Abs. 1	74
Türkei 2011		+	+			–	19 Abs. 2	73
Tunesien				+		–	18	77
Turkmenistan						s. UdSSR		
UdSSR			+			–	13	74
Ukraine				+	+		18 Abs. 1, 3	75; 77
Ungarn 2011		+			+	–	18 Abs. 2, 5	73
Uruguay 2010		+				–	18 Abs. 2	73
USA 1989/2006		+			+	Sonderreglung für Ausgleichszahlungen infolge Kriegsschäden oder politischer Verfolgung	19 Abs. 2, 3	73; 75; 76
Usbekistan		+				–	19 Abs. 2	73
Venezuela			+			–	19 Abs. 1, 3	74
Vereinigte Arabische Emirate 2010		+			+	–	18 Abs. 2, 4	73
Vietnam		+				–	19 Abs. 2	73
Weißrussland						s. Belarus		
Zypern 2011		+				–	18 Abs. 2, 5	73; 77

2. Erläuterungen

a) Erweiterungen und Modifikationen des Kassenstaatsprinzips: aa) Uneingeschränktes Kassenstaatsprinzip: Nach den *DBA Dänemark, Elfenbeinküste, Finnland, Israel, Jersey 2008, Jugoslawien, Kenia, Philippinen 1983, Südafrika 1973* und *Thailand* gilt für die aus öffentlichen Kassen gezahlten Ruhegehälter **uneingeschränkt das Kassenstaatsprinzip,** da eine Art. 19 Abs. 2 Buchst. b MA entsprechende Vorschrift fehlt. Diese Zahlungen werden damit immer ausschließlich vom Kassenstaat besteuert, unabhängig vom Wohnsitz und der Staatsangehörigkeit des Ruhegehaltsempfängers. Die DBA sehen dabei regelmäßig eine Verteilungsnorm mit abschließender Rechtsfolge vor (allgemein zu solchen Verteilungsnormen s. Grundl. Rz. 82; Vor 6–22 Rz. 4 ff., insbesondere Rz. 7). Ein Rückgriff auf 71

Vermeidungsnormen nach dem Vorbild von Art. 23A/B MA müssen folglich nicht angewendet werden.

72 **bb) Eingeschränktes Kassenstaatsprinzip:** Davon abweichend steht nach den maßgeblichen Verteilungsnormen des *DBA Niederlande 1959/2004* dem Kassenstaat in Bezug auf Ruhegehälter aus dem öffentlichen Dienst zwar nicht ausdrücklich die alleinige Besteuerungszuständigkeit zu. Der Ansässigkeitsstaat stellt jedoch in den Vermeidungsnormen – jeweils in der dem Art. 23A MA entsprechenden Vorschrift – die Ruhegehälter von seiner Besteuerung frei, so dass auch nach diesen DBA im Ergebnis allein der Quellenstaat steuerberechtigt bleibt. Auch das *DBA Malaysia 1977* (Art. 12 Abs. 2) belässt dem Kassenstaat die Besteuerungszuständigkeit für Ruhegehälter. Die Besteuerung im Ansässigkeitsstaat richtet sich dann nach der Vermeidungsnorm (d. h. die Art. 23A/B entsprechende Regelung). Soweit dieser die Anrechnungsmethode vorsieht (so nach dem *DBA Malaysia* im Falle Malaysias) bleibt also – abweichend zur Regelung des MA – eine Besteuerung im Ansässigkeitsstaat, der jedoch zur Anrechnung ausländischer Steuern verpflichtet ist (dazu grdl. *Federal Court of Australia*, 44 Australian Tax Reports (ATR) 295 [2000] FCA 635, zum *DBA Australien/Malaysia*). Die *DBA Malaysia 2010* und *Niederlande 2012 (E)* enthalten OECD-musterkonform eine Verteilungsnorm mit abschließender Rechtsfolge (dazu s. Rz. 73).

73 Die *DBA Albanien 2010, Algerien 2007, Aserbaidschan, Bulgarien 2010, China 1985, Costa Rica 2014 (E), China 2014 (E), Dänemark, Estland, Großbritannien 2010/14 (E), Indien, Irland 2011, Italien, Kasachstan, Lettland, Liechtenstein 2011, Litauen, Luxemburg 2012, Malaysia 2010, Mauritius 2011, Mazedonien 2006, Mexiko 2008, Niederlande 2012 (E), Philippinen 2013, Schweden, Spanien 2011, Sri Lanka, Südafrika 2008 (E), Syrien 2010, Taiwan 2011, Türkei 2011, Ungarn 2011, Uruguay 2010, Vereinigte Arabische Emirate 2010, Vietnam* und *Zypern 2011* gehen wie die MA (dazu s. Rz. 67) von einem **eingeschränkten Kassenstaatsprinzip** in Bezug auf Ruhegehälter aus, knüpfen jedoch die Ausnahmen an unterschiedliche Voraussetzungen. In Übereinstimmung mit den MA verlangen alle diese Abkommen für Ausnahmen vom Kassenstaatsprinzip die **Ansässigkeit** im anderen Vertragsstaat i. S. der abkommensrechtlichen Begriffsbestimmung der Ansässigkeit in Regelungen, die Art. 4 MA entsprechen. Während darüber hinaus die MA und die meisten DBA auf die **Staatsangehörigkeit** zu diesem Staat (d. h. dem Ansässigkeitsstaat) abstellen (Fall 1), entfällt nach dem *DBA Sri Lanka* die Besteuerungszuständigkeit des Kassenstaats, wenn der **Steuerpflichtige nicht Angehöriger dieses Staates** (Kassenstaats) ist (Fall 2), bzw. sie entfällt nach den *DBA Italien* und *Schweden,* wenn er **Angehöriger des anderen Vertragsstaates** ist**, ohne Angehöriger des Kassenstaates** zu sein (Fall 3). Bei Steuerpflichtigen mit der Staatsangehörigkeit beider Vertragsstaaten führt dies nach den MA im Fall 1 zu einer Besteuerung im Ansässigkeitsstaat, in den Fällen (2) und (3) dagegen bleibt es bei der Besteuerung im Kassenstaat. Steuerpflichtige mit der Staatsangehörigkeit eines dritten Staates werden in den Fällen (1) und (3) im Kassenstaat, im Fall (2) im Ansässigkeitsstaat besteuert.

74 **cc) Abgrenzung zu laufenden Vergütungen:** Ein großer Teil der deutschen Abkommen trifft für die von einer öffentlichen Kasse gezahlten Ruhegehälter **dieselbe Regelung wie für die Vergütungen aus aktivem öffentlichen Dienst** (s. Rz. 70). Die Erläuterungen zu diesen Abkommen einschließlich der Abweichungen zu Art. 19 Abs. 1 MA entsprechenden Regelungen (s. Rz. 16 ff., 37 ff.) gelten somit – vorbehaltlich der Erläuterungen in Rz. 71 ff., 75 ff. – auch für Ruhegehälter (vgl. BFH BStBl. III 1958, 17: *DBA Großbritannien 1964/70*). Eine Abgrenzung ist deshalb allenfalls im Hinblick auf unterschiedliche Voraussetzungen für die Ausnahme vom Kassenstaatsprinzip erforderlich (dazu s. Rz. 73). Eine Gleichbehandlung erfolgt, wenn sich die Regelung für Vergütungen im öffentli-

chen Dienst ausdrücklich auf Ruhegehälter erstreckt (so z. B. Art. 18 Abs. 1 *DBA Argentinien*; Art. 19 Abs. 1 *DBA Japan*) oder Ruhegehälter aus dem öffentlichen Dienst zwar in einem anderen Verteilungsnormartikel, aber inhaltlich gleich wie die laufenden Vergütungen geregelt sind (z. B. Art. 18 Abs. 2 *DBA Thailand*). Etwas anderes gilt, wenn die Regelung über Vergütungen aus dem öffentlichen Dienst einen Vorbehalt zugunsten der Verteilungsnorm über Ruhegehälter enthält und dort keine Besteuerung nach Maßgabe des Kassenstaatsprinzips vorgesehen ist (so z. B. Art. 18 Abs. 1 *DBA Bolivien*, Art. 18 Abs. 1 *DBA Ecuador*).

dd) Teilweise privatrechtlicher Ruhegehaltschuldner/Arbeitgeber: Im Ergebnis wie die Rechtsprechung des niederländischen *Hoge Raad* (dazu s. Rz. 65b) sieht Prot. Nr. XIV zum *DBA Niederlande 2012 (E)* vor, dass ein aus den Niederlanden bezogenes Ruhegehalt in den Anwendungsbereich des Kassenstaatsprinzips nach Art. 18 Abs. 2 fällt, soweit der Anspruch auf das Ruhegehalt im Rahmen einer Beschäftigung im öffentlichen Dienst erworben wurde, unabhängig vom Schuldner dieses Ruhegehalts. Damit kann das Ruhegehalt auch von einem rechtlich selbständigen Rechtsträger gezahlt werden, der sogar privatrechtlich verfasst sein kann. **74a**

Beruht das Ruhegehalt teilweise auf einer privatwirtschaftlichen Beschäftigung des Steuerpflichtigen, ist das Ruhegehalt nach dem *DBA Niederlande 2012 (E)* im Verhältnis der Jahre der jeweiligen Beschäftigung aufzuteilen. Die Finanzverwaltung will diese Regelung wegen der vorgesehenen Rückwirkung bereits auf das *DBA Niederlande 1959/2004* anwenden (BMF, Schreiben v. 27.4.2012, IV B 3 – S 1301-NDL/07/10010, BStBl. I 2012, 691). **74b**

ee) Erstreckung auf andere Leistungen: In einigen Abkommen wird das **Kassenstaatsprinzip auf andere Leistungen erstreckt.** Ruhegehälter, Leibrenten und andere wiederkehrende und nicht wiederkehrende Bezüge, die von einer öffentlichen Kasse als **Entschädigung** oder **Wiedergutmachungsleistung** für Kriegsschäden oder Schäden aus politischer Verfolgung geleistet werden, besteuert nach der ausdrücklichen Regelung in vielen deutschen DBA allein der Kassenstaat (s. Rz. 70). Darunter fallen insbesondere die Leistungen nach dem Bundesentschädigungsgesetz, aber auch die Versorgungsrenten der Kriegsbeschädigten, Kriegshinterbliebenen und der ihnen gleichgestellten Personen (so ausdrücklich Art. 10 Abs. 2 Nr. 2, 3 *DBA Österreich;* vgl. auch *Locher/Meier/von Siebenthal* B 19.7). Zur Anwendung des Progressionsvorbehalts auf solche Leistungen s. *Schweiz BG* StRev 1987, 78. In einigen neueren DBA wird für diese Ausnahmeregelung eine abweichende Formulierung benutzt (*DBA Estland* und *Litauen*). Hieraus ergibt sich jedoch keine abweichende Rechtsfolge. Die Erstreckung des Kassenstaatsprinzips auf Wiedergutmachungsleistungen umfasst nach einigen DBA neben Zahlungen des betreffenden Staates auch Zahlungen anderer juristischer Personen des öffentlichen Rechts (so *DBA Frankreich 1959, Schweiz, USA 1989* und *USA 1989/2006*). Dagegen erstrecken andere DBA das Kassenstaatsprinzip lediglich auf Zahlungen des Staates (so *DBA Estland, Lettland* und *Litauen*) und seiner Länder bzw. Gebietskörperschaften (so *DBA Belgien, Iran, Italien 1989, Japan* und *Russland*). **75**

Einige DBA erstrecken das Kassenstaatsprinzip mit seinen jeweiligen Einschränkungen auch auf **öffentliche Sozialleistungen** (dazu s. Art. 17 Abs. 2, 3 der deutschen Verhandlungsgrundlage für DBA). Diese sind teilweise in anderen Verteilungsnormartikeln enthalten und regelmäßig auf den Bereich der **Sozialversicherung** beschränkt (*DBA China 2014 (E), Costa Rica 2014 (E), Dänemark* (zu Leistungen deutscher berufsständischer Versorgungseinrichtungen s. BMF, Schreiben v. 23.3.2006, IV B 5 – S 1301 DNK – 1/06, BStBl. I 2006, 248; *Decker/Looser*, IStR 2009, 652 (654 f.)), *Jersey 2008, Italien*: jeweils „aufgrund des Sozialversicherungsrechts"; *DBA Frankreich 1959* (zu französischen Renten s. *Decker/Looser*, IStR 2009, 652 (654)), *Niederlande 1959/2004, Niederlande 2012 (E), Öster-* **76** *reich* (zu österreichischen Renten von der Pensionsversicherungsanstalt s. *Decker/Looser*, IStR 2009, 652 (655); zum Progressionsvorbehalt: ÖstBMF, EAS v. 28.2.2012): jeweils „aus der gesetzlichen Sozialversicherung"; zu einer gleichlautenden Formulierung im *DBA Niederlande/Österreich* s. *Hoge Raad* Rolno. 25.660 BNB 1989/274; allgemein dazu auch *Wiberg*, ET 2012, 455). Ob es in Bezug auf die Erweiterung des Kassenstaatsprinzips auf Sozialleistungen erforderlich ist, dass diese wirtschaftlich **nicht aus Beiträgen des Steuerpflichtigen** gezahlt werden (allgemein dazu s. Rz. 66a), hängt von der Formulierung der Regelung im Einzelfall ab. Enthält die Regelung den Begriff „Sozialversicherung" oder die weitergehende Formulierung „Leistungen aufgrund der Sozialgesetzgebung" (dazu sogleich), können grundsätzlich auch Leistungen, die auf Beiträgen des Steuerpflichtigen beruhen, nach Maßgabe des Kassenstaatsprinzips besteuert werden (ebenso SD/*Jochum/Lampat*, Art. 19 Rz. 78, 94, 119). Eine Besteuerung nach dem Kassenstaatsprinzip scheidet jedenfalls dann aus, wenn nach dem Wortlaut des jeweiligen DBA – wie im Falle des *DBA Italien* – die Ruhegehälter „von" dem Vertragsstaat gezahlt werden müssen (vgl. BFH, Urt. v. 25.7.2011, I B 37/11, BFH/NV 2011, 1879: *DBA Italien*). Angesichts der Vielzahl französischer Sozialversicherungsträger verweist die deutsche Finanzverwaltung für die Abgrenzung zu privaten Ruhegehältern im Zweifelsfall auf die Möglichkeit eines **Verständigungsverfahrens** (FinMin Sachsen, IStR 1995, 84). Teilweise ist die **Sozialleistungsklausel noch weiter gefasst** (*DBA Belgien:* aufgrund der **Sozialgesetzgebung**) und umfasst dann auch weitere Sozialleistungen wie Erziehungsgelder oder die allgemeine Sozialhilfe (Wassermeyer/*Malinski*, Art. 19 OECD-MA, Rz. 34: *DBA Belgien*). Das *DBA USA 1989/2006* weist die Besteuerungszuständigkeit in Bezug auf öffentliche Sozialleistungen dem Ansässigkeitsstaat zur ausschließlichen Besteuerung zu (näher *Portner*, S. 62f.). Das *DBA Simbabwe* erstreckt die Regelung des Art. 19 Abs. 1 auf Ruhegehälter, die aus dem Central African Pension Fund gezahlt werden und nach dem Recht der Republik Simbabwe der Steuer unterliegen. Zu einigen anderen DBA, die die Sozialversicherungsleistungen im Zusammenhang mit der Art. 18 MA entsprechenden Vorschrift regeln, s. Art. 18 Rz. 85.

76a **ff) Sonderbestimmungen für Bundesbank, Bundespost und Bundesbahn:** Für **Ruhegehälter** von Bundesbank, Bundespost, Bundesbahn sowie deren Nachfolgeunternehmen und anderen Einrichtungen gelten grundsätzlich die Ausführungen zu **laufenden Vergütungen entsprechend** (s. Rz. 22, 38, 40a). In Bezug auf das *DBA Schweiz* versucht die Finanzverwaltung in einer nach § 2 Abs. 2 AO durch Rechtsverordnung umgesetzten Verständigungsvereinbarung mit den schweizerischen Finanzbehörden, das Kassenstaatsprinzip auch auf Ruhegehälter für **Beamte der ehemaligen Bundesunternehmen,** die unter Beibehaltung des Beamtenstatus bei den Nachfolgeunternehmen weiterbeschäftigt sind, auszudehnen (§ 23 Abs. 1 KonsVerCHEV; allgemein zur Problematik des § 2 Abs. 2 AO s. Grundl. Rz. 136; Art. 25. Rz. 154). Dasselbe soll umgekehrt, d. h. für Beschäftigte entsprechender schweizerischer Unternehmen, gelten (§ 23 Abs. 2 KonsVerCHEV).

77 **b) Gleichbehandlung von öffentlichen und privaten Ruhegehältern:** Die *DBA Australien, Ecuador, Island, Kanada, Korea, Liberia, Malta 2010, Marokko, Portugal, Sambia,* und *Tunesien* unterwerfen die Ruhegehälter aus öffentlichen Kassen denselben Regelungen wie die Privatruhegehälter (hierzu ausführlich s. Art. 18 Rz. 10ff.). Nach diesen DBA werden somit die von privaten und öffentlichen Arbeitgebern gezahlten Ruhegehälter ausschließlich im Ansässigkeitsstaat unter Freistellung im Quellenstaat besteuert.

D. Zu Art. 19 Abs. 3

I. Musterabkommen

1. Übereinstimmungen und Abweichungen

Alle drei MA schließen die Anwendung der Vorschriften über den öffentlichen Dienst aus, wenn ein Staat oder eine Gebietskörperschaft eine (gewerbliche) Geschäftstätigkeit ausübt und damit in Zusammenhang stehende Vergütungen oder Ruhegehälter bezahlt. In diesem Fall finden in Bezug auf die Vergütungen oder Ruhegehälter die Regelungen über unselbstständige Arbeit (Art. 15), Aufsichtsratsvergütungen (Art. 16), Künstler und Sportler (Art. 17) oder private Ruhegehälter (Art. 18) Anwendung. Art. 18 Abs. 3 der deutschen Verhandlungsgrundlage für DBA entspricht den MA. 81

2. OECD-MA

Literatur: *Semrau-Deutsch,* S. 317. 82

a) Grundzüge: Als **Ausnahmeregelung** zu den Regelungen in Abs. 1 und 2 verweist Abs. 3 hinsichtlich der Vergütungen und Ruhegehälter, die im Rahmen der **(gewerblichen) Geschäftstätigkeit** eines Vertragsstaates oder einer seiner Gebietskörperschaften gezahlt werden, auf die allgemeinen Regeln über die unselbstständige Arbeit, die Aufsichtsratsvergütungen, die Künstler und Sportler und die privaten Ruhegehälter (Art. 15, 16, 17, 18). Nach dem Sinn und Zweck des Kassenstaatsprinzips, der insbesondere in der ungehinderten Ausübung hoheitlicher Staatstätigkeit durch den Kassenstaat besteht, wozu auch die Nichtbesteuerung seiner Bediensteten durch andere Staaten gehört (s. Rz. 7), wäre es nicht gerechtfertigt, wenn im Falle einer Geschäftstätigkeit des Kassenstaats nur dieser die von ihm gezahlten Vergütungen besteuern dürfte. Mittelbar dient die Regelung auch der Wettbewerbsneutralität öffentlicher Unternehmen mit ausländischen Unternehmern (vgl. SD/*Jochum/Lampert,* Art. 19 Rz. 50, 53). Bei der Verweisung auf andere Verteilungsnormen handelt es sich um eine **Rechtsgrundverweisung,** d. h. es müssen die in den maßgeblichen Regelungen normierten Voraussetzungen erfüllt sein, damit die dort vorgesehenen Rechtsfolgen in Gestalt der Aufteilung der Besteuerungszuständigkeiten greifen können (vgl. Wassermeyer/*Wassermeyer/Schwenke,* Art. 19 OECD-MA Rz. 155, 174; *Lang,* BIT 2007, 17 (18); SD/*Jochum/Lampert,* Art. 19 Rz. 54). 82a

b) Abgrenzung: Art. 19 Abs. 3 findet als Ausnahmeregelung zu Art. 19 Abs. 1 und 2 nur auf Vergütungen und Ruhegehälter für Dienstleistungen im Sinne dieser Regelungen Anwendung. Aufgrund ihres Charakters als Rechtsgrundverweisung (dazu s. Rz. 82a) ist es erforderlich, dass die Voraussetzungen der in Art. 19 Abs. 3 in Bezug genommenen Regelungen für deren Anwendung erfüllt sind (s. Rz. 82). Dies wird im Anwendungsbereich des Kassenstaatsprinzips i. S. des Art. 19 MA regelmäßig der Fall sein, da die laufenden Vergütungen solche aus unselbständiger Arbeit i. S. des Art. 15 sein müssen (s. Rz. 20), die Ruhegehälter solche i. S. des Art. 18 (s. Rz. 64). Die Verweise auf Art. 16 (Aufsichts- und Verwaltungsratsvergütungen) und Art. 17 (Künstler und Sportler) ändern daran nichts, da diese wiederum Spezialregelungen für Vergütungen aus unselbständiger Arbeit enthalten, sofern es sich bei der jeweiligen Betätigung um unselbständige Tätigkeiten handelt. Handelt es sich bei diesen Tätigkeiten um selbständige Tätigkeiten, ist Art. 19 Abs. 1 von vornherein nicht anwendbar mit der Folge, dass die Art. 16, 17 MA auch ohne entsprechenden Verweis in Art. 19 Abs. 3 anwendbar sein können (ferner zum Konkurrenzverhältnis s. Art. 16 Rz. 4; Art. 17 Rz. 6 ff., 12). 83

84 c) **Geschäftstätigkeit:** Der Begriff der **Geschäftstätigkeit** ist im MA nicht abschließend geregelt. Nach Art. 3 Abs. 1 Buchst. h MA schließt er jedenfalls auch die Ausübung einer freiberuflichen oder sonstigen selbständigen Tätigkeit ein. Ungeachtet der unglücklichen Verwendung des Begriffs der Geschäftstätigkeit in der deutschen Fassung des MA (dazu s. Art. 3 Rz. 40f., 79) und unbeeinflusst von der Erstreckung des Begriffs auf – bei Vertragsstaaten und seinen Gebietskörperschaften ohnehin nicht in Betracht kommende – freiberufliche oder sonstige selbständige Tätigkeiten ist mit dem Begriff eine **gewerbliche Tätigkeit** gemeint. Er ist im Rahmen des Art. 19 Abs. 3, wie auch der Gewerbebegriff im Rahmen des Art. 7 (dazu s. Art. 7 Rz. 21 f.), als nicht im Abkommen definierter, jedoch im innerstaatlichen Recht verwendeter Begriff nach Art. 3 Abs. 2 wie im innerstaatlichen Recht des Anwendestaates zu verstehen. Folglich liegt im vorliegenden Zusammenhang aus deutscher Sicht eine gewerbliche Tätigkeit vor, wenn die Tätigkeit im Rahmen eines **Betriebs gewerblicher Art (BgA)** i. S. des § 4 Abs. 1 S. 1 KStG erfolgt (a.A. die Kommentierung anderer Bearbeiter bis zur 5. Aufl. dieses Kommentars: „autonome Auslegung"; wie hier auch FG Baden-Württemberg EFG 1997, 981 (983): *DBA Frankreich*; GKG/*Rupp,* Art. 19 OECD-MA Rz. 92; im Ergebnis ebenso, wenn auch nicht unter Anwendung von Art. 3 Abs. 2, Wassermeyer/*Wassermeyer/Schwenke,* Art. 19 OECD-MA Rz. 168ff.). Eine autonome Auslegung des Begriffs wäre nur erforderlich, wenn der Zusammenhang (im konkreten Einzelfall) etwas anderes als eine Auslegung nach innerstaatlichem Recht, d. h. insbesondere eine abkommensautonome Auslegung, erfordert (zum Zusammenhang, der etwas anderes erfordert, s. Art. 3 Rz. 116a ff.). Die Begrenzung der Reichweite des Kassenstaatsprinzips durch Art. 19 Abs. 3 auf nichtgewerbliche Tätigkeiten muss nicht zwingend durch eine autonome Auslegung erfolgen, sondern kann auch durch Rückgriff auf das innerstaatliche Recht der Vertragsstaaten vorgenommen werden (a. A. Wassermeyer/*Wassermeyer/Schwenke,* Art. 19 OECD-MA Rz. 168ff.). Damit gilt die Vorschrift für alle staatlichen und kommunalen Eigenbetriebe unabhängig von ihrer Organisationsform, wenn sie eine gewerbliche Tätigkeit i. S. des innerstaatlichen Rechts ausüben (z. B. einem ausländischen Staat gehörende Geschäftsbanken: FinMin NRW v. 9.3.1989 DB 1989, 604: *DBA Iran;* im konkreten Fall allerdings zweifelhaft, s. Rz. 91). Die **Beteiligung am allgemeinen wirtschaftlichen Verkehr** und eine **Gewinnerzielungsabsicht** sind nicht erforderlich (FWK/*Kempermann,* Art. 19 Anm. 21; ÖstVfGH v. 11.3.1993 m. Anm. *Staringer,* SWI 1993, 399f.: *DBA Österreich/Liechtenstein;* a. A. *Raschauer,* SWI 1993, 79ff., allerdings auch unter Verweis auf den Zusatz „kaufmännische oder gewerbliche Tätigkeit"). Auch Vergütungen, die von nach dem Kostendeckungsprinzip arbeitenden Betrieben gezahlt werden, werden deshalb nach Art. 19 Abs. 3 gemäß der allgemein für diese Einkünfte geltenden Regelungen besteuert. Für einen Überblick über das Verständnis des Begriffs der gewerblichen Tätigkeit insbesondere in Rechtsprechung und Finanzverwaltung s. GKG/*Rupp,* Art. 19 OECD-MA Rz. 95; für das *DBA Österreich Cloer,* SWI 2005, 331.

3. UN-MA

85 Für das UN-MA ergeben sich gegenüber dem OECD-MA keine Besonderheiten.

4. US-MA

86 Die Vorrangbesteuerung der Vergütungen für unselbstständige Arbeit und der Ruhegehälter, die von der öffentlichen Hand im Rahmen einer (gewerblichen) Geschäftstätigkeit gezahlt werden, regelt das US-MA übereinstimmend mit den beiden anderen MA (dazu s. Rz. 35, 60). Die Neufassung von 2006 hat dazu einen

Absatz 3 eingefügt, der sich auch in der Formulierung an den beiden anderen MA orientiert.

Im Gegensatz zum OECD-MA erklärt 19 Abs. 3 des US-MA ausdrücklich auch die Vorschriften über Sozialversicherungsleistungen, Renten, Unterhalt und Kindesunterhalt, im Rahmen einer (gewerblichen) Geschäftstätigkeit für anwendbar.

II. Deutsche DBA

1. Abkommensübersicht zu Artikel 19 Abs. 3

90

DBA	MA-Regelung: Für Arbeitsentgelte und Ruhegehälter, die im Zusammenhang mit einer gewerblichen Tätigkeit der öffentlichen Hand gewährt werden, gelten die allgemeinen Vorschriften					Artikel	Rz.
		Ausnahmen					
	Regelung ≈ MA	Einschränkung: nur für Eigenbetriebe mit Gewinnerzielungsabsicht	Einschränkung: Verweisung nicht für Ruhegehälter	Einschränkung: keine Verweisung auf Regelung für Künstler und Sportler	Keine ausdrückliche Verweisung		
Ägypten	+			+		19 Abs. 3	93
Albanien 2010	+					19 Abs. 3	
Algerien 2007	+					19 Abs. 3	
Argentinien		+	+			18 Abs. 2	95
Armenien	s. UdSSR						
Aserbaidschan	+					19 Abs. 3	92
Australien					+	17 Abs. 3	93; 96
Bangladesch	+			+		19 Abs. 2	92
Belarus	+			+		19 Abs. 3	
Belgien	+				+	19 Abs. 2	96
Bolivien		+	+			18 Abs. 3	93
Bosnien-Herzegowina	s. Jugoslawien						
Bulgarien 2010	+					18 Abs. 3	
China 1985	+					19 Abs. 3	92; 71
China 2014 (E)	+					19 Abs. 3	
Costa Rica 2014 (E)	+					19 Abs. 3	
Dänemark	+			+		19 Abs. 3	
Ecuador		+	+			18 Abs. 3	93
Elfenbeinküste	+			+		19 Abs. 3	
Estland	+			+		19 Abs. 3	
Finnland	+			+		19 Abs. 3	
Frankreich		+			+	14 Abs. 3	96
Georgien	+					19 Abs. 3	
Ghana	+					19 Abs. 3	
Griechenland		+			+	X Abs. 3	94; 96
Großbritannien 1964/70		+			+	IX Abs. 3	96

	MA-Regelung: Für Arbeitsentgelte und Ruhegehälter, die im Zusammenhang mit einer gewerblichen Tätigkeit der öffentlichen Hand gewährt werden, gelten die allgemeinen Vorschriften						
		Ausnahmen					
DBA	Regelung ≈ MA	Einschränkung: nur für Eigenbetriebe mit Gewinnerzielungsabsicht	Einschränkung: Verweisung nicht für Ruhegehälter	Einschränkung; keine Verweisung auf Regelung für Künstler und Sportler	Keine ausdrückliche Verweisung	Artikel	Rz.
Großbritannien 2010/14 (E)	+					18 Abs. 3	
Indien	+			+		19 Abs. 3	
Indonesien	+					19 Abs. 2	92
Iran	+			+		19 Abs. 2	91
Irland 2011	+					18 Abs. 3	
Island	+		+			18 Abs. 2	93
Israel			+		+	10 Abs. 3	94; 96
Italien	+			+		19 Abs. 3	97
Jamaika		+	+			18 Abs. 2	95
Japan		+				19 Abs. 3	95
Jugoslawien						16 Abs. 4 19 Abs. 3	98; 99
Kanada	+				+	19 Abs. 2	93; 96
Kasachstan	+			+		19 Abs. 3	
Kenia		+	+	+	Sonderregelung für Erstattungen	18 Abs. 2	94; 96; 100
Kirgisistan	+					19 Abs. 3	
Korea	+					19 Abs. 3	93
Kosovo	s. Jugoslawien						
Kroatien	+					19 Abs. 3	
Kuwait	+			+		19 Abs. 2	
Lettland	+			+		19 Abs. 3	
Liberia		+	+			18 Abs. 2	93
Liechtenstein 2011	+					18 Abs. 3	
Litauen	+			+		19 Abs. 3	
Luxemburg 2012	+					18 Abs. 3	
Malaysia 2010	+					19 Abs. 3	
Malta	+			+		19 Abs. 3	93
Marokko			+	+		18 Abs. 2	93
Mauritius 2011	+					18 Abs. 3	
Mazedonien 2006	+					19 Abs. 3	
Mexiko 2008	+					19 Abs. 3	91
Moldau	s. UdSSR						
Mongolei	+					19 Abs. 2	92

DBA	MA-Regelung: Für Arbeitsentgelte und Ruhegehälter, die im Zusammenhang mit einer gewerblichen Tätigkeit der öffentlichen Hand gewährt werden, gelten die allgemeinen Vorschriften					Artikel	Rz.
		Ausnahmen					
	Regelung ≈ MA	Einschränkung: nur für Eigenbetriebe mit Gewinnerzielungsabsicht	Einschränkung: Verweisung nicht für Ruhegehälter	Einschränkung: keine Verweisung auf Regelung für Künstler und Sportler	Keine ausdrückliche Verweisung		
Montenegro	s. Jugoslawien						
Namibia	+					19 Abs. 2	92
Neuseeland	+			+		19 Abs. 3	
Niederlande 1959/2004		+	+	+		11 Abs. 2	94; 98
Niederlande 2012 (E)	+					18 Abs. 3	94; 98
Norwegen 1991			+	+		19 Abs. 2	93
Norwegen 2013 (E)			+	+		19 Abs. 2	93
Oman 2012 (E)	+					18 Abs. 3	
Österreich	+					19 Abs. 3	
Pakistan	+			+		19 Abs. 2	
Philippinen 1983			+	+		18 Abs. 2	94
Philippinen 2013 (E)	+					19 Abs. 3	94
Polen	+			+		19 Abs. 3	94
Portugal			+			19 Abs. 2	93
Rumänien	+					19 Abs. 3	
Russische Föderation	+			+		19 Abs. 2	
Sambia	+		+			18 Abs. 2	93
Schweden	+			+		19 Abs. 3	
Schweiz			+	+		19 Abs. 2	95
Serbien	s. Jugoslawien						
Simbabwe	+			+		19 Abs. 3	
Singapur 2004	+			+		19 Abs. 3	93
Slowakei	s. Tschechoslowakei						
Slowenien	+					19 Abs. 3	
Spanien 2011	+					18 Abs. 3	
Sri Lanka	+			+		19 Abs. 4	
Südafrika 1973		+				15 Abs. 3	94
Südafrika 2008 (E)	+					18 Abs. 3	94
Syrien 2010		+				19 Abs. 3	
Tadschikistan	+					18 Abs. 3	
Taiwan 2011	+					18 Abs. 3	
Thailand			+	+		17 Abs. 2	94
Trinidad und Tobago		+				18 Abs. 2	95

DBA	MA-Regelung: Für Arbeitsentgelte und Ruhegehälter, die im Zusammenhang mit einer gewerblichen Tätigkeit der öffentlichen Hand gewährt werden, gelten die allgemeinen Vorschriften					Artikel	Rz.
		Ausnahmen					
	Regelung ≈ MA	Einschränkung: nur für Eigenbetriebe mit Gewinnerzielungsabsicht	Einschränkung: Verweisung nicht für Ruhegehälter	Einschränkung: keine Verweisung auf Regelung für Künstler und Sportler	Keine ausdrückliche Verweisung		
Tschechien	s. Tschechoslowakei						
Tschechien 1997 (E)	+					19 Abs. 3	
Tschechoslowakei	+			+		18 Abs. 2	
Türkei 2011	+					19 Abs. 3	
Tunesien		+	+			19 Abs. 2	93
Turkmenistan	s. UdSSR						
UdSSR					+	Prot. Nr. 7	
Ukraine	+					19 Abs. 2	
Ungarn 2011	+					18 Abs. 3	
Uruguay 2010	+					18 Abs. 3	
USA 1989				+		–	97
USA 1989/2006	+					19 Abs. 4	
Usbekistan	+			+		19 Abs. 3	
Venezuela	+			+		19 Abs. 2	
Vereinigte Arabische Emirate 2010	+					18 Abs. 3	
Vietnam	+			+		19 Abs. 3	
Weißrussland	s. Belarus						
Zypern 2011	+					18 Abs. 3	

2. Erläuterungen

91 **a) Betriebe mit gewerblicher Tätigkeit und mit Gewinnerzielungsabsicht:** Viele DBA verwenden anstelle des in den MA verwendeten Begriffs der Geschäftstätigkeit (zu diesem Begriff im vorliegenden Zusammenhang s. Rz. 84) den Begriff der **„gewerblichen Tätigkeit".** Mangels eigenständiger abkommensrechtlicher Definition dieses Begriffes und mangels Erforderlichkeit einer abkommensautonomen Auslegung ist – wie bei den MA (allgemein dazu s. Rz. 84) – nach den Art. 3 Abs. 2 MA entsprechenden Regelungen auch für die Auslegung des Begriffs der „gewerblichen Tätigkeit" auf die maßgebliche innerstaatliche Begriffsbestimmung zurückzugreifen. Vor diesem Hintergrund ist aus deutscher Sicht entscheidend, ob die Tätigkeit des Vertragsstaats oder seiner Gebietskörperschaften im Rahmen eines **Betriebs gewerblicher Art (BgA)** i. S. des § 4 Abs. 1 S. 1 KStG erfolgt (GKG/*Rupp,* Art. 19 Rz. 92 f.; die fehlende terminologische Identität ist unschädlich; dazu s. Grundl. Rz. 152e; Art. 3 Rz. 111b). Aus § 4 Abs. 1 S. 2 KStG ergibt sich, dass ein BgA und damit eine Geschäftstätigkeit i. S. der DBA

gerade **keine Gewinnerzielungsabsicht** erfordert. Der in DBA bisweilen verwendete Begriff der **„kaufmännischen und gewerblichen Tätigkeit“**, der auf das OECD-MA 1963 zurückgeht, hat gegenüber dem Begriff „gewerbliche Tätigkeit“ keinen zusätzlichen Bedeutungsgehalt (a. A. *Raschauer,* SWI 1993, 79 ff. in Bezug auf das *DBA Liechtenstein/Österreich*). Gleiches gilt für den Begriff **„unternehmerisch“** im *DBA Mexiko 2008* (allgemein zum Begriff des „Unternehmens“ s. Art. 3 Abs. 1 Buchst. c MA). Nach dem *DBA Iran* greift die Ausnahme vom Kassenstaatsprinzip allerdings nicht ein, wenn die Einnahmen und Ausgaben der Einrichtung „**im Haushalt des Vertragsstaates,** zu dem sie gehören, enthalten sind“ (Art. 19 Abs. 3 *DBA Iran;* dazu mit überzeugender Begründung s. FG Baden-Württemberg EFG 1993, 316; FG Hamburg StEd 1991, 314).

Vor diesem Hintergrund ist eine **Gewinnerzielungsabsicht** auf Ebene des Vertragsstaats oder seiner Gebietskörperschaften nur erforderlich, wenn ein DBA – wie viele der deutschen DBA – eine Ausnahme vom Kassenstaatsprinzip **ausdrücklich** nur für Eigenbetriebe der öffentlichen Hand mit Gewinnerzielungsabsicht vorsieht (dazu s. Übersicht in Rz. 90). Für Betriebe, die nach dem Kostendeckungsgrundsatz arbeiten, bleibt es somit bei der Regelung des Art. 19 Abs. 1 und 2, wenn abkommensrechtlich eine Gewinnerzielungsabsicht erforderlich ist. **91a**

b) Sonderbestimmung für Künstler und Sportler: Die Ausnahme vom Kassenstaatsprinzip für (gewerbliche) Geschäftstätigkeiten gilt im Falle einer ausdrücklichen Verweisung (Regelung entsprechend Art. 19 Abs. 3 MA) oder im Rahmen von DBA, die lediglich das Kassenstaatsprinzip ausschließen, ohne die dann geltenden Vorschriften zu bezeichnen (dazu s. Übersicht in Rz. 90), auch für die Vergütungen der Künstler und Sportler, die im Dienst eines Vertragsstaates stehen (z. B. Staatsoper, -orchester, -zirkus). Einige deutsche DBA (dazu s. Übersicht in Rz. 90; ferner Rz. 96) verweisen im Rahmen von Art. 19 Abs. 3 MA entsprechenden Regelungen – wie in der Fassung des OECD-MA vor 1995 – nicht auf Art. 17 (dazu s. MA-Komm. Ziff. 6). In solchen Fällen gilt das Kassenstaatsprinzip auch für Vergütungen von Künstlern und Sportlern im Staatsdienst. Es obliegt den Vertragsparteien zu entscheiden, ob dies sinnvoll ist. Eine Verfassungswidrigkeit kann in der entsprechenden Verteilung von Besteuerungszuständigkeiten allerdings nicht gesehen werden (so aber Wassermeyer/*Wassermeyer/Schwenke,* Art. 19 OECD-MA Rz. 166). **92**

c) Ausschluss der Ruhegehälter: In vielen deutschen DBA ist der Vorbehalt zum Kassenstaatsprinzip für Vergütungen im Zusammenhang mit einer Geschäftstätigkeit des Kassenstaats ihrem Wortlaut nach **nur auf Vergütungen,** jedoch nicht auf Ruhegehälter bezogen. Regelungstechnischer Hintergrund ist, dass die Regelungen über die Ruhegehälter für Tätigkeiten im öffentlichen Dienst nicht in dem Verteilungsnormartikel für den öffentlichen Dienst enthalten sind und dieser keine besondere Regelung für Ruhegehälter vorsieht, die für (frühere) Leistungen an einen Vertragsstaat oder eine seiner Gebietskörperschaften gezahlt werden. Damit gelten für solche Ruhegehälter aus dem öffentlichen Dienst die **gleichen Regelungen** wie für Ruhegehälter aus einer Tätigkeit außerhalb des öffentlichen Dienstes (dazu s. Art. 18), so dass Ruhegehälter im Falle einer gewerblichen Tätigkeit des Vertragsstaats oder seiner Gebietskörperschaften im Ergebnis wie nach dem MA besteuert werden. Die Nichtanwendung des Kassenstaatsprinzips beruht hier allerdings darauf, dass es auf Ruhegehälter von vornherein überhaupt nicht anwendbar ist. Die Ausnahmeregelung für Tätigkeiten im Zusammenhang mit Geschäftstätigkeiten des Kassenstaats muss deshalb nicht angewendet werden. Das trifft zu für die *DBA Ägypten, Australien, Bolivien, Ecuador, Island, Kanada, Korea, Liberia, Malta 2010, Marokko, Norwegen 1991 bzw. 2013 (E), Portugal, Sambia, Singapur 2004* und *Tunesien.* **93**

94 Dagegen gilt nach den *DBA Griechenland, Israel, Kenia, Niederlande 1959/2004, Philippinen 1983, Polen, Südafrika 1973* und *Thailand* auch für Ruhegehälter aus dem öffentlichen Dienst grundsätzlich das Kassenstaatsprinzip. Jedoch erfasst die **Ausnahme vom Kassenstaatsprinzip** nach Art. 19 Abs. 3 MA entsprechenden Regelungen bei Geschäftstätigkeiten des Kassenstaats ausdrücklich **nur Vergütungen, nicht auch Ruhegehälter.** Regelungstechnisch wird dies dadurch erreicht, dass die Regelungen für Ruhegehälter aus dem öffentlichen Dienst nicht im Artikel für den öffentlichen Dienst, sondern im Artikel für Ruhegehälter enthalten sind und dort das Kassenstaatsprinzip für Ruhegehälter aus dem öffentlichen Dienst angeordnet ist. Die Ausnahme vom Kassenstaatsprinzip betrifft jedoch nur Vergütungen, die unter die Verteilungsnorm für den öffentlichen Dienst fallen. Folglich werden in diesen Fällen Ruhegehälter auch dann nach der Regelung für Ruhegehälter aus dem öffentlichen Dienst besteuert, wenn die zugrundeliegenden Dienste im Zusammenhang mit einer Geschäftstätigkeit des Kassenstaats geleistet wurden. Die 19 Abs. 3 des MA entsprechenden Vorschriften der *DBA Niederlande 2012 (E), Südafrika 2008 (E)* gelten auch für Ruhegehälter, da in diesen DBA auch die Ruhegehälter aus dem öffentlichen Dienst vom Artikel für den öffentlichen Dienst erfasst sind.

95 Die *DBA Argentinien, Jamaika* und *Trinidad und Tobago* verweisen in ihrer ansonsten dem Art. 19 Abs. 3 MA entsprechenden Regelung zur Ausnahme vom Kassenstaatsprinzip nicht ausdrücklich auf die Ruhegehälter; ähnlich das *DBA UdSSR.* Dennoch gilt nach diesen DBA die Ausnahme vom Kassenstaatsprinzip nach Art. 19 Abs. 3 MA entsprechenden Regelungen auch für die Ruhegehälter. Die Regelungen beziehen sich jeweils auf **alle Vergütungen, für die die Regelungen über das Kassenstaatsprinzip** gelten. Sie wollen Vergütungen für alle Dienstleistungen (d.h. für gegenwärtige und vergangene), die im Zusammenhang mit einer Geschäftstätigkeit des Kassenstaates bezahlt werden, einheitlich behandeln und insgesamt den allgemeinen für Geschäftstätigkeiten geltenden Regelungen unterwerfen (gl. A. Wassermeyer/*Wassermeyer,* Argentinien, Art. 18 Rz. 15; Wassermeyer/*Müller,* Jamaika, Art. 18 Rz. 4). Dem steht nicht entgegen, dass in den jeweiligen Vorschriften zwar auf andere Verteilungsnormen verwiesen wird, die für Ruhegehälter geltende Verteilungsnorm jedoch nicht erfasst ist, da es sich bei diesen Verweisen um Rechtsgrundverweisungen handelt, d. h. ihre Tatbestandsvoraussetzungen erfüllt sein müssen (dazu s. Rz. 83). Dasselbe wie in Bezug auf die vorgenannten DBA gilt auch für das *DBA Schweiz,* nach dessen Art. 19 Abs. 1 das Kassenstaatsprinzip ausdrücklich auch für Ruhegehälter („Vergütungen, einschließlich der Ruhegehälter") gelten soll, während die Ausnahmeregelung nur von „Vergütungen" spricht (ebenso wohl die deutsche Finanzverwaltung, dagegen anders die schweizerische Finanzverwaltung; Nachweise zur Auffassung der Finanzverwaltungen s. *Locher/Meier/v. Siebenthal/Kolb,* B. 19.2 Nr. 2; a. A. Wassermeyer/*Brandis,* Schweiz, Art. 19 Rz. 58; FWK/*Kempermann* Art. 19 Rz. 22). Folglich gilt die Ausnahme vom Kassenstaatsprinzip nach richtiger Auffassung nicht nur für (laufende) Vergütungen, sondern auch für Ruhegehälter. Diese werden deshalb nicht nach Maßgabe des Art. 19 Abs. 1 *DBA Schweiz,* d. h. nach dem Kassenstaatsprinzip besteuert. Im Falle des *DBA Argentinien* schließt die Anwendung der Ausnahmeregelung die Besteuerung im Kassenstaat nicht aus, da nach der allgemeinen Regelung für Ruhegehälter auch der Kassenstaat besteuern darf (Art. 19).

96 Einige deutsche Abkommen schließen für Vergütungen aus einer Geschäftstätigkeit die den Art. 19 Abs. 1 und 2 MA entsprechenden Regelungen aus, **ohne auf die statt dessen anwendbaren Vorschriften zu verweisen** (dazu s. Übersicht in Rz. 90). Dies hat in Bezug auf Ruhegehälter unterschiedliche Konsequenzen. Soweit entsprechend den MA in den für unanwendbar erklärten Bestimmungen die Ruhegehälter aus öffentlichen Kassen geregelt sind (so die *DBA Belgien, Frank-*

reich und *Großbritannien 1964/70*), gilt die allgemeine Regelung für Ruhegehälter (außerhalb des öffentlichen Dienstes), d.h. die Art. 18 MA entsprechende Regelung. Die gleiche Rechtsfolge tritt bei den DBA ein, die keine ausdrückliche Regelung für Ruhegehälter aus öffentlichen Kassen enthalten (so die *DBA Australien* und *Kanada*). Sind die öffentlichen Ruhegehälter dagegen in einem gesonderten Verteilungsnormartikel (außerhalb der Art. 19 MA entsprechenden Regelungen) unter Beachtung des Kassenstaatsprinzips geregelt (so die *DBA Griechenland, Israel* und *Kenia*), bleibt die entsprechende Regelung auch bei Vergütungen aus einer Geschäftstätigkeit anwendbar (dazu s. Rz. 94).

d) Fehlen einer Vorschrift entsprechend Art. 19 Abs. 3: Fehlt eine dem 97
Art. 19 Abs. 3 MA **entsprechende Regelung** (so etwa in den *DBA Italien 1925* und *USA 1989*), gelten für die Vergütungen, einschließlich der Ruhegehälter, die im Zusammenhang mit einer gewerblichen Tätigkeit eines Vertragsstaates oder einer seiner Gebietskörperschaften gezahlt werden, die allgemeinen Regelungen für Zahlungen aus öffentlichen Kassen (BFH BStBl. II 1990, 4: *DBA Italien 1925; Fischer,* 304; BFH/NV 1994, 11: *DBA Italien 1925;* eine entgegenstehende Verwaltungsvereinbarung hält der BFH für unerheblich, da sie dem Inhalt des DBA widerspreche; allgemein zu dieser Problematik s. Grundl. Rz. 136a; Art. 25 Rz. 154).

e) Sondervorschriften: Die *DBA Jugoslawien* und *Niederlande 1959/2004* ver- 98
weisen für Vergütungen aus öffentlichen Kassen im Zusammenhang mit einer gewerblichen Tätigkeit eines Vertragsstaats oder einer seiner Gebietskörperschaften nur auf die **Regelungen über Einkünfte aus unselbstständiger Arbeit.** Auch insoweit handelt es sich um eine Rechtsgrundverweisung auf diese Regelungen mit der Folge, dass sie nur angewendet werden können, wenn ihre Voraussetzungen erfüllt sind (vgl. Wassermeyer/*Schauhoff,* DBA Niederlande Art. 11 Rz. 34). Mangels Erstreckung des Kassenstaatsprinzips auf Ruhegehälter und mangels spezieller Regelungen für unselbständig ausgeübte Tätigkeiten als Künstler, Sportler oder Aufsichts-/Verwaltungsrat ist es unerheblich, dass anders als im MA nicht auf entsprechende Regelungen verwiesen wird. Das *DBA Niederlande 2012 (E)* verweist OECD-musterkonform auf die Vorschriften, die den Artikeln 15, 16, 17 oder 18 des MA entsprechen.

Das *DBA Jugoslawien* enthält darüber hinaus eine **eigenständige Regelung für** 99
Ruhegehälter im Zusammenhang mit gewerblicher Tätigkeit (Art. 19 Abs. 3). Diese können nur im Ansässigkeitsstaat des Empfängers besteuert werden.

Nach dem *DBA Kenia* gilt die Ausnahme vom Kassenstaatsprinzip nicht nur für 100
Vergütungen i. S. des Art. 18 Abs. 1 und Prot. Nr. 5, die dem Steuerpflichtigen für im Zusammenhang mit einer Geschäftstätigkeit geleistete Dienste gezahlt werden, sondern auch für Vergütungen, die dem Kassenstaat von dem anderen Vertragsstaat **erstattet** werden.

Artikel 20. Studenten

Text: OECD-Musterabkommen (OECD-MA)

Zahlungen, die ein Student, Praktikant oder Lehrling, der sich in einem Vertragsstaat ausschließlich zum Studium oder zur Ausbildung aufhält und der im anderen Vertragsstaat ansässig ist oder dort unmittelbar vor der Einreise in den erstgenannten Staat ansässig war, für seinen Unterhalt, sein Studium oder seine Ausbildung erhält, dürfen im erstgenannten Staat nicht besteuert werden, sofern diese Zahlungen aus Quellen außerhalb dieses Staates stammen.

Text: Deutsche Verhandlungsgrundlage (DE-VG)

Artikel 19. Gastprofessoren, Lehrer und Studenten

(1) ...

(2) Zahlungen, die ein Student, Praktikant oder Auszubildender, der sich in einem Vertragsstaat ausschließlich zum Studium oder zur Ausbildung aufhält und der im anderen Vertragsstaat ansässig ist oder dort unmittelbar vor der Einreise in den erstgenannten Staat ansässig war, für seinen Unterhalt, sein Studium oder seine Ausbildung erhält, dürfen im erstgenannten Staat nicht besteuert werden, sofern diese Zahlungen aus Quellen außerhalb dieses Staates stammen.

Text: US-Musterabkommen (US-MA)

Studenten und Auszubildende

1. Zahlungen – ausgenommen Vergütungen für persönliche Dienstleistungen –, die ein Student oder Auszubildender erhält, der unmittelbar vor der Einreise in einen Vertragsstaat im anderen Vertragsstaat ansässig war oder der dort ansässig ist und der sich im erstgenannten Staat zu einem Vollzeitstudium oder zu einer Vollzeitausbildung aufhält, dürfen im erstgenannten Staat nicht besteuert werden, sofern diese Zahlungen von außerhalb dieses Staates stammen und für seinen Unterhalt, sein Studium oder seine Ausbildung bestimmt sind. Die Steuerfreistellung nach diesem Absatz kann für einen Lehrling oder Auszubildenden nur für einen Zeitraum von nicht mehr als einem Jahr gewährt werden, beginnend am Tag der ersten dem Ausbildungszweck dienenden Einreise in den erstgenannten Vertragsstaat.

2. Ein Student oder Auszubildender im Sinne von Absatz 1 ist in dem Vertragsstaat, in dem er sich vorübergehend aufhält, von der Steuer hinsichtlich seiner Einkünfte aus persönlichen Dienstleistungen bis zu einem jährlichen Gesamtbetrag von 9000 US-Dollar oder dem Gegenwert in ______ befreit. Die zuständigen Behörden werden den in Satz 1 genannten Betrag alle fünf Jahre anpassen, soweit dies zur Berücksichtigung von Änderungen des persönlichen Freibetrags und des allgemeinen Abzugsbetrags in den Vereinigten Staaten nötig ist.

3. Im Sinne dieses Artikel ist ein Auszubildender eine Person,

a) die sich vorübergehend in einem Vertragsstaat für die Zwecke einer Ausbildung aufhält, die erforderlich ist, um einen Beruf oder einen Spezialberuf ausüben zu können, oder

b) die sich vorübergehend in einem Vertragsstaat als Arbeitnehmer einer im anderen Vertragsstaat ansässigen Person oder unter Vertrag mit einer solchen Person zu dem Hauptzweck aufhält, technische, berufliche oder geschäftliche Erfahrungen von einer anderen Person als der in dem anderen Vertragsstaat ansässigen Person (oder einer dieser nahe stehenden Person) zu erwerben.

Inhalt

Literatur: *Bauer,* in Gassner/M. Lang/Lechner/Schuch/Staringer, Arbeitnehmer im Recht der Doppelbesteuerungsabkommen (2003), S. 225; *de Broe,* in M. Lang/Pistone/Schuch/Staringer, Source versus Residence (2008), S. 295; *Hauser,* in Sutter/Zehetner, Triangular Tax Cases (2004), S. 395; *Ismer,* Bildungsaufwand im Steuerrecht (2006); *M. Lang,* in M. Lang/Schuch/Staringer, Die Ansässigkeit im Recht der Doppelbesteuerungsabkommen (2008), S. 225; *Zehetner,* in Gassner/M. Lang/Lechner, Das neue Doppelbesteuerungsabkommen Österreich-Deutschland (1999), S. 185. 1

Text: OECD-Kommentar (MA-Kommentar)

1. [Steuerbefreiung im Gastland] *Dieser Artikel betrifft bestimmte Zahlungen, die Studenten, Praktikanten oder Lehrlinge für ihren Unterhalt, ihr Studium oder ihre Ausbildung erhalten. Alle derartigen Zahlungen, die aus Quellen außerhalb des Staates stammen,* *in dem sich der Student, Praktikant oder Lehrling aufhält, sind in diesem Staat von der Steuer befreit.*

2. *[Sinn und Zweck des Ausdrucks „unmittelbar"]* *Das Wort „unmittelbar" wurde in das Musterabkommen von 1977 eingefügt, um zu verdeutlichen, dass der Artikel nicht für Personen gilt, die einst in einem Vertragsstaat ansässig waren, aber vor ihrem Aufenthalt im anderen Vertragsstaat ihren Wohnsitz in einen dritten Staat verlegt haben.*

3. *[Betroffene Zahlungen]* *Der Artikel erfasst nur Zahlungen, die der Empfänger für seinen Unterhalt, sein Studium oder seine Ausbildung erhält. Er gilt daher nicht für Zahlungen oder Teile davon, die Vergütungen für von dem Empfänger geleistete Dienste darstellen und unter Artikel 15 (oder im Falle von selbständigen Diensten unter Artikel 7) fallen. Wenn die Ausbildung des Empfängers aber Arbeitserfahrung einschließt, ist es notwendig, zwischen Zahlungen für geleistete Dienste und Zahlungen für den Unterhalt, das Studium oder die Ausbildung des Empfängers zu unterscheiden. Der Umstand, dass der gezahlte Betrag dem ähnelt, der an Personen gezahlt wird, die ähnliche Dienste erbringen und keine Studenten oder Lehrlinge sind, deutet allgemein darauf hin, dass die Zahlung ein Dienstleistungsentgelt ist. Auch sollten Zahlungen für den Unterhalt, das Studium oder die Ausbildung der Höhe nach nicht die Kosten übersteigen, die wahrscheinlich für den Unterhalt, das Studium oder die Ausbildung des Empfängers entstehen.*

4. *[Quelle der Zahlungen]* [ab 15.7.2014:] *The Article only applies to payments arising from sources outside the State where the student or business apprentice is present solely for the purposes of education or training. Payments arising from sources within that State are covered by other Articles of the Convention: for instance, if, during his presence in the first-mentioned State, the student or business apprentice remains a resident of the other State according to Article 4, payments such as grants or scholarships that are not covered by other provisions of the Convention (such as Article 15) will be taxable only in his State of residence under paragraph 1 of Article 21. Zahlungen, die von oder für Rechnung einer in einem Vertragsstaat ansässigen Person geleistet werden oder von einer Betriebstätte getragen werden, die eine Person in diesem Staat hat, werden für Zwecke des Artikels nicht so angesehen, als stammten sie aus Quellen außerhalb dieses Staates.*

[ab 15.7.2014:]

Reservation on the Article

5. Estonia *reserves the right to amend the Article to refer to any apprentice or trainee.*

Text: Stellungnahmen von Nichtmitgliedstaaten zum OECD-MA (OECD-NM)

Positions on the Article

1. Albania, **Brazil** *and* **Serbia** *reserve the right to add a second paragraph providing for the granting to visiting students of the same tax exemptions, reliefs or reductions as are granted to residents in respect of any subsidies, grants and payments for dependent personal services.*

2. [bis 14.7.2014: *Estonia*,] *Latvia*, *Lithuania* *and* ***Morocco*** *reserve the right to refer to any apprentice and to a trainee in this Article.*

3. *[Deleted]*

4. Vietnam *reserves the right to provide that remuneration for services rendered by a student or business apprentice in a Contracting State shall not be taxed in that State, provided that such services are in connection with his studies or training.*

5. Thailand *reserves the right to provide that remuneration for services rendered by a student or business apprentice in a Contracting State shall not be taxed in that State if such* *remuneration does not exceed a certain amount to be negotiated, provided that such services are in connection with his studies or training.*

*6. **Brazil**, **Bulgaria**, **India**, **Ivory Coast**, **Morocco**, the **People's Republic of China**, the **Philippines**, **Serbia**, **Thailand**, **Tunisia** and **Vietnam** reserve the right to add an article which addresses the situation of teachers, professors and researchers, subject to various conditions and are free to make a corresponding modification to paragraph 1 of Article 15.*

*7. **Gabon**, **Ivory Coast** and **Tunisia** reserve the right to provide that remuneration for services rendered by a student or business apprentice in the visiting State shall not be taxed in that State, provided that such remuneration was received for the purpose of his maintenance, studies or training.*

*8. **Morocco** reserves the right to add a second paragraph providing that the remuneration from employment derived from the visiting State shall not be taxed in that State, or, in case of taxation, the granting to visiting students of the same tax exemptions, reliefs or reductions as are granted to residents.*

*9. **India** and **Hong Kong, China** reserve the right to exclude „business apprentice" from this Article.*

*10. **India** reserves the right to provide that remuneration for services rendered by a student in a Contracting State shall not be taxed in that State provided that such services are directly related to his studies and is free to make a corresponding modification to paragraph 1 of Article 15.*

*11. **India** reserves the right to limit the exemption provided for in the Article to a period of six years.*

[ab 15.7.2014:]

*12. **Georgia** reserves the right to propose a separate paragraph which provides that remuneration which a student or business apprentice who is or was immediately before visiting a Contracting State a resident of the other Contracting State derives from an employment which he exercises in the first-mentioned State for a period or periods not exceeding two years shall not be taxed in the first-mentioned State if the employment is directly related to his studies or apprenticeship carried out in the first-mentioned State.*

A. Musterabkommen

I. Übereinstimmungen und Abweichungen

2 In der Regelung der **Vorrangbesteuerung** für Studenten, Praktikanten und Lehrlinge entsprechen OECD-, UN- und US-MA einander inhaltlich. Art. 20 und die Kommentierung zu Art. 20 sind von den Änderungen durch das OECD-Update 2010 und dem UN-Update 2011 nicht betroffen (zur Entwicklung der Vorschrift s. *de Broe*, in M. Lang/Pistone/Schuch/Staringer, Source versus Residence, S. 296f.; Wassermeyer/*Wassermeyer*, Art. 20, Rz. 10f.; *Herm*, Intertax 2004, 69). Das Update 2014 enthält in Ziff. 4 des Kommentars zu Art. 20 Klarstellungen zur Quelle der Zahlungen (s. Rz. 19). Art. 19 Abs. 2 DE-VG entspricht in seiner englischen Fassung Art. 20 OECD-MA. Die Deutsche Fassung von Art. 19 Abs. 2 DE-VG weicht insofern von der hier zugrunde gelegten deutschen Fassung des Art. 20 ab, als statt des Begriffs „Lehrling" der Begriff „Auszubildender" verwendet wird. Inhaltliche Unterschiede ergeben sich jedoch nicht (zur Auslegung s. Rz. 6; allgemein zur deutschen Verhandlungsgrundlage für Doppelbesteuerungsabkommen s. Grundl. Rz. 38f.).

II. OECD-MA

1. Grundzüge

2a **Literatur (für weitere ältere Literatur s. Vorauflagen):** *Bauer,* S. 225; *de Broe,* S. 295; *Hauser,* S. 395; *Herm,* Intertax 2004, 69; *Ismer,* Bildungsaufwand im Steuerrecht (2006), S. 252 ff.; *M. Lang,* in M. Lang/Schuch/Staringer, Die Ansässigkeit im Recht der Doppelbesteuerungsabkommen, S. 225; *ders.*, in FS Avery Jones (2010), S. 257; *Zehetner,* S. 185.

3 Art. 20 erfasst die Fälle, in denen sich ein Student, Praktikant oder Lehrling zu Ausbildungszwecken von einem der beiden Vertragsstaaten (Herkunftsstaat) in den anderen Vertragsstaat (Aufenthaltsstaat oder Gastland) begibt, sich dort vorübergehend und nur zu Ausbildungszwecken aufhält und Geld für seinen Unterhalt und/oder seine Ausbildung aus einer Quelle außerhalb des Aufenthaltsstaates erhält. Diese Zahlungen dürfen nach Art. 20 im Aufenthaltsstaat nicht besteuert werden. Art. 20 schließt allerdings nur den Aufenthaltsstaat (negativ) von der Besteuerung der Bezüge aus, berührt hingegen nicht die Besteuerung in dem Staat, aus dem die Zahlungen stammen (vgl. *M. Lang,* in M. Lang/Schuch/Staringer, Ansässigkeit, S. 229; *Jochum/Lampert,* in SD, Art. 20 OECD-MA Rz. 3; Haase/*Ruge,* Art. 20 OECD-MA Rz. 2). Anders als bei den übrigen Verteilungsnormen des MA wird durch Art. 20 nicht die Besteuerungszuständigkeit zwischen Quellenstaat und Ansässigkeitsstaat abgegrenzt, sondern es werden ausschließlich bestimmte **Einkünfte im Aufenthaltsstaat freigestellt.** (Wegen dieser und weiterer Besonderheiten, wie z. B. der Inkaufnahme einer doppelten Nichtbesteuerung in bestimmten Fällen (s. u.) wird von einigen Autoren angezweifelt, dass es sich bei Art. 20 um eine „echte" Verteilungsnorm handelt; s. *M. Lang,* in FS Avery Jones, S. 257 ff.; s. auch *de Broe,* in M. Lang/Pistone/Schuch/Staringer, Source versus Residence, S. 298 ff.; zur Systematik s. Grundl. Rz. 76 ff., 80 ff.).

3a **Zweck** des Art. 20 ist es, den **Ausbildungsaustausch** zwischen den Staaten zu **fördern**. Die Unterhalts- und Ausbildungshilfen sollen nicht durch eine Besteuerung am Ort der Ausbildung geschmälert werden (statt vieler Haase/*Ruge,* Art. 20 OECD-MA Rz. 1; *Jochum/Lampert,* in SD, Art. 20 OECD-MA Rz. 2).

3b Darüber hinaus kann es in bestimmten Konstellationen zu einer **doppelten Nichtbesteuerung** kommen. Angenommen etwa, der Student, Praktikant oder Lehrling wird im Aufenthaltsstaat ansässig und gibt seine Ansässigkeit im früheren Ansässigkeitsstaat auf, und angenommen, der frühere Ansässigkeitsstaat besteuert Unterhalts- und Ausbildungshilfen nach seinem nationalen Recht, so wird er in den eben angesprochenen Fällen zumeist keine Möglichkeit zur Durchsetzung seiner Besteuerung haben. Die Folge ist eine doppelte Nichtbesteuerung, da der Aufenthaltsstaat die Einkünfte nach Art. 20 freistellen muss (s. *M. Lang,* in M. Lang/Schuch/Staringer, Ansässigkeit, S. 229; *Rust,* ISR 2013, 241 (243)).

3c Es ist jedoch nicht erforderlich, dass der Student, Praktikant oder Lehrling im Gastland ansässig i. S. des Art. 4 wird. Der betreffende Student, Praktikant oder Lehrling muss allerdings in einem der beiden Staaten ansässig sein, denn anderenfalls könnte er sich nicht auf das entsprechende DBA berufen (s. dazu Rz. 16).

3d Es genügt ferner, wenn die Zahlungen aus Quellen außerhalb des Gastlandes stammen. Sie müssen nicht zwingend aus dem Herkunftsland herrühren (s. dazu Rz. 19).

2. Verhältnis zu anderen Verteilungsnormen

4 Problematisch kann das Verhältnis von Art. 20 zu den übrigen Verteilungsnormen, insbesondere zu Art. 15 sein, weil insoweit im Musterabkommen spezielle Vorrangregelungen in Art. 6–20 fehlen (zu den einzelnen DBA s. die Übersicht in Rz. 22).

Art. 6–19 und Art. 20 schließen sich jedoch bereits tatbestandsmäßig aus (so im Ergebnis auch *Bauer,* in Gassner/M. Lang/Lechner/Schuch/Staringer, Arbeitnehmer, S. 231; Haase/*Ruge,* Art. 20 OECD-MA Rz. 4; *Jochum/Lampert,* in SD, Art. 20 OECD-MA Rz. 7; Wassermeyer/*Wassermeyer,* Art. 20 OECD-MA Rz. 3; s. dazu auch MA-Komm. Ziff. 3). Nach überzeugender Ansicht von *M. Lang* (*M. Lang,* in FS Avery Jones, S. 258 f.) kann die Abgrenzung allerdings nicht allein an dem Wortlaut der Verteilungsnormen festgemacht werden (so aber z. B. *Meurer,* 5. Aufl., Art. 20 Rz. 4, die sich über den Wortlaut nähert und nach deren Ansicht die Begriffe Zahlungen einerseits und der Begriffe Dividenden, Zinsen und Lizenzgebühren, Veräußerungsgewinne, Einkünfte aus unselbständiger Tätigkeit, Gehälter und Ruhegehälter und Aufsichtsrats- und Verwaltungsvergütungen i. S. des Art. 6–19 andererseits ein aliud darstellen; *Prokisch* 4. Aufl., Art. 20 Rz. 5, der den Begriff Zahlungen als Oberbegriff versteht und damit Art. 20 als lex specialis zu Art. 6–19 und 21 ansieht). Entscheidend für die Abgrenzung von Art. 20 zu Art. 6–19 ist vielmehr, ob die Leistung aufgrund eines Austauschverhältnisses gezahlt wird (z. B. bei Art. 15: aus unselbständiger Arbeit; bei Art. 16: in ihrer Eigenschaft als Mitglied des Aufsichtsrats; etc.), oder ob wie bei Art. 20 mit der Zahlung ein bestimmter Zweck (Zahlung für Unterhalt, etc.) verfolgt wird, die Zahlung mithin final bewirkt wird (s. Rz. 18; s. dazu auch MA-Komm. Ziff. 3). Allein aus der unterschiedlichen Terminologie in den einzelnen Verteilungsnormen lassen sich hingegen keine rechtlichen Schlüsse hinsichtlich des Verhältnisses von Art. 20 zu den übrigen Verteilungsnormen ziehen. Die Verteilungsnormen enthalten verschiedene Begriffe, ohne dass sich zwingend rechtliche Konsequenzen daran anknüpfen müssen. Dies lässt sich am Methodenartikel veranschaulichen (zu diesem Beispiel *M. Lang,* in FS Avery Jones, S. 259): Art. 23 verwendet den Begriff Einkünfte und erfasst dabei nicht nur Einkünfte im Sinne der Verteilungsnormen, die den Begriff Einkünfte ausdrücklich enthalten (z. B. Art. 6, 10, 11 oder 17), sondern Einkünfte i. S. des Art. 23 wird weiter verstanden. Art. 23 erfasst beispielsweise ebenfalls Aufsichtsratsvergütungen i. S. des Art. 16 ohne dass der Begriff „Einkünfte" in dieser Verteilungsnorm explizit genannt wird. Darüber hinaus wird der Begriff Zahlung nicht nur in Art. 20, sondern auch in Art. 16 verwendet (vgl. *Meurer,* 5. Aufl., Art. 20 Rz. 4), was gleichfalls dagegen spricht, die Abgrenzung ausschließlich am Wortlaut der Verteilungsnormen festzumachen. Ausschlaggebend für die Abgrenzung von Art. 6–19 und Art. 20 ist somit, ob die Leistung aufgrund eines Gegenseitigkeitsverhältnisses oder final bewirkt wird. **4a**

Zu beachten ist allerdings, dass Art. 20 seinem Wortlaut nach ein Gegenseitigkeitsverhältnis nicht zwingend ausschließt. Unter Berücksichtigung von Sinn und Zweck der Vorschrift, Systematik und um Missbrauchsgestaltungen vorzubeugen ist Art. 20 jedoch nur anzuwenden, wenn die Zuwendung kein Entgelt für eine erbrachte bzw. zu erbringende Leistung darstellt. Ziel des Art. 20 ist die Förderung des Ausbildungsaustauschs (s. o. Rz. 3a). Zu diesem Zweck werden bestimmte Zahlungen im Gastland von der Steuer befreit. Eine solche Situation liegt jedoch bei Zahlungen aufgrund eines Gegenseitigkeitsverhältnisses nicht vor. Sofern einzelne DBA (s. die Übersicht in Rz. 22) eine Vorbehaltsregelung in einer Art. 15 vergleichbaren Vorschrift enthalten, spricht dies aus den eben angeführten Gründen (Telos, Systematik) nicht gegen die hier vertretene Auffassung, da Art. 20 in diesen Fällen bereits tatbestandlich nicht greift (zum Begriff Zahlungen s. auch Rz. 17). **4b**

Art. 21 scheidet nach seinem Wortlaut ebenfalls tatbestandlich aus, wenn es sich um Zahlungen i. S. des Art. 20 handelt, da zu den Einkünften i. S. des Art. 21, die in den vorstehenden Artikeln behandelt wurden auch Zahlungen i. S. des Art. 20 gehören (so auch Haase/*Ruge,* Art. 20 OECD-MA Rz. 4; *Jochum/Lampert,* in SD, Art. 20 OECD-MA Rz. 10). Dies gilt gleichermaßen, wenn man die Qualität von Art. 20 als „echte" Verteilungsnorm verneint, da der eindeutige Wortlaut des **4c**

Art. 21 das Abgrenzungsproblem zu Gunsten von Art. 20 löst (s. *M. Lang,* in FS Avery Jones, S. 265 ff.).

4d Da das Konkurrenzverhältnis zwischen Art. 6–19 und Art. 20 über den Tatbestand aufgelöst werden kann und es bei Art. 20 auf die Finalität, d. h. die Verknüpfung der Leistung mit einem bestimmten Zweck ankommt, steht ferner fest, dass es für die Frage, ob Zahlungen vorliegen, die der Student, Praktikant oder Lehrling **„für seinen Unterhalt, sein Studium oder seine Ausbildung"** erhält, nur auf die Bestimmung durch den Zahlenden ankommen kann, nicht hingegen auf die Verwendung durch den Leistungsempfänger, also den Studenten, Praktikanten oder Lehrling (s. im Einzelnen Rz. 18). Handelt es sich bei den betreffenden Leistungen nämlich um eine Vergütung für geleistete Arbeit, ist der Grund der Leistung das Gegenseitigkeitsverhältnis und es liegt bereits tatbestandlich keine Zahlung i. S. des Art. 20 vor. Der Student, Praktikant oder Lehrling kann sich also nicht darauf berufen, die Arbeitsvergütung für seinen Unterhalt oder sein Studium eingesetzt zu haben. Ebenso fallen Zinsen zweifellos unter Art. 11, selbst wenn sie der Empfänger für seinen Unterhalt oder sein Studium verwendet. Grund für diese Zinszahlung ist das zugrunde liegende Darlehen, nicht das Studium.

4e Übt etwa ein Student neben seinem Studium eine nichtselbständige Tätigkeit aus, so sind seine Bezüge für seinen Unterhalt oder sein Studium unter den Voraussetzungen des Art. 20 im Gastland steuerbefreit, seine Einkünfte aus nichtselbständiger Tätigkeit unterfallen hingegen Art. 15 (s. o.). Allerdings kann die Ausübung einer Erwerbstätigkeit dazu führen, dass der Student sich nicht mehr **ausschließlich** zum **Zwecke** des Studiums im Gastland aufhält. In diesen Fällen entfällt die Befreiungswirkung des Art. 20 auch für die Unterhaltsbezüge (s. näher u. Rz. 11 ff.).

3. Die Regelung im Einzelnen

5 Bezieht
- ein **Student, Praktikant** oder **Lehrling** (a),
- der sich **in einem Vertragsstaat** (= Gastland bzw. Aufenthaltsstaat) **ausschließlich zum Studium oder zur Ausbildung aufhält** (b) und
- der **im anderen Vertragsstaat** (= Herkunftsland) **ansässig** ist oder dort **unmittelbar vor der Einreise** in das Gastland **ansässig war** (c),
- Zahlungen für seinen **Unterhalt,** sein **Studium** oder seine **Ausbildung** (d),
- aus **Quellen außerhalb diese Staates** (=Gastland bzw. Aufenthaltsstaat) (e),
- **so dürfen nach Art. 20 diese Bezüge im Gastland nicht besteuert** werden (f).

6 **a) Student, Praktikant oder Lehrling:** Der Begriff des Studenten, Praktikanten oder Lehrlings ist weder im OECD-MA noch im OECD-MK definiert (allgemein zur Auslegung s. Grundl. Rz. 95 ff.). Sinn und Zweck der Vorschrift, den Ausbildungsaustausch zwischen den Staaten zu fördern (s. Rz. 3a), spricht für eine weite und allgemeinverständliche Auslegung. So werden **alle in einer Ausbildung befindlichen natürlichen Personen,** also insbesondere auch Schüler, Volontäre oder Seniorenstudenten von der Vorschrift erfasst (vgl. *Bauer,* in Gassner/ M. Lang/Lechner/Schuch/Staringer, Arbeitnehmer, S. 231; Haase/*Ruge,* Art. 20 OECD-MA Rz. 8; *Jochum/Lampert,* in SD, Art. 20 OECD-MA Rz. 20; enger *Ismer,* S. 253 für den Begriff der Ausbildung nach deutschem innerstaatlichem Recht). Für Ausnahmen in deutschen Abkommen s. Rz. 23 ff.

7 Weder nach dem Wortlaut der Norm noch nach ihrem Sinn und Zweck kann ein bestimmtes Studienniveau oder ein formeller Abschluss verlangt werden (s. Wassermeyer/*Wassermeyer,* Art. 20 OECD-MA Rz. 19 und 24; FWK/*Kempermann,* Art. 20 Rz. 9: „Auch der Künstler, der Privatunterricht bei einem anderen

Künstler nimmt, ist Student i. S. des Art. 20"; *Zehetner,* in Gassner/M. Lang/Lechner, DBA Österreich-Deutschland, S. 185 ff., 202 f.; *Jochum/Lampert,* in SD, Art. 20 OECD-MA Rz. 17 f. A. A. 4. Auflage, Art. 20 Rz. 8 mit Hinweis auf US-TE Tz. 269, wonach Privatunterricht für die Annahme der Studenteneigenschaft nicht ausreichen soll und eine gewisse formelle Bindung – etwa die Einschreibung an einer anerkannten Institution mit einem regulären Ausbildungsbetrieb – zu verlangen sei. Der Zusatz „accredited educational institution" wurde jedoch aus dem US-MA 2006 gestrichen (s. Rz. 21); zur Auslegung des Begriffs „business apprentices" für die USA s. Rev. Rul. 76–19, 1976–1, 1985–35; s. auch *Metz v. Comm.,* TCM 1985, 575). Wer hingegen nur pro forma an einer Hochschule eingeschrieben ist, kann sich nicht auf Art. 20 berufen. Es kommt dabei auf die Umstände des Einzelfalles an. Erbringt etwa ein Student im Rahmen seines Studiums über einen längeren Zeitraum keinerlei Leistungsnachweise, so kann dies als Indiz für eine Einschreibung pro forma gewertet werden.

Erfasst werden nicht nur Personen, die eine Erst- oder Grundausbildung (ähnlich der innerstaatlichen Vorschrift des § 12 Nr. 5 EStG) absolvieren, sondern ebenso Personen, die ihre berufliche Ausbildung bereits abgeschlossen haben, jedoch Kenntnisse auf einem Spezialgebiet erwerben oder erweitern wollen. Ob eine Person nach abgeschlossenem Studium noch ein Zweitstudium im Ausland ablegt oder eine schon im Berufsleben stehende Person sich entschließt, im Ausland ein Praktikum zur Weiterbildung zu machen, kann abkommensrechtlich nicht von Bedeutung sein. Es handelt sich auch in diesen Fällen um eine Ausbildung i. S. der Vorschrift (*Herm,* Intertax 2004, 69 (75); Wassermeyer/*Wassermeyer,* Art. 20 OECD-MA Rz. 18; FWK/*Kempermann,* Art. 20 Rz. 26; GKG/*Kolb,* Art. 20 Rz. 13; *Jochum/Lampert,* in SD, Art. 20 OECD-MA Rz. 19). Nach anderer Ansicht muss diesbezüglich zwischen Studenten einerseits und Lehrlingen und Praktikanten andererseits unterschieden werden. Bei Lehrlingen und Praktikanten reicht eine Spezialisierung nicht aus, was sich insbesondere aus dem englischen „business apprentice" und der deutschen Wendung „Praktikant oder Lehrling" ergibt (so *Ismer,* S. 253; Haase/*Ruge,* Art. 20 OECD-MA Rz. 12; FG Baden-Württemberg, EFG 2009, 904 Rz. 29 a. E.: *DBA Brasilien;* s. auch *de Broe,* in M. Lang/Pistone/Schuch/Staringer, Source versus Residence, S. 302 ff. mit Verweis auf weitere Sprachfassungen). 8

Des Weiteren kommt es nicht darauf an, ob die Person bereits in ihrem Heimatstaat „Student" oder „Lehrling" gewesen ist. Entscheidend ist lediglich, dass sie sich im Gastland in dieser Eigenschaft aufhält (so auch Haase/*Ruge,* Art. 20 OECD-MA Rz. 8; SKK/*Stoffersen,* Art. 20 Rz. 11). 9

b) Aufenthalt im Gastland ausschließlich zum Studium oder zur Ausbildung: Die Befreiung im Gastland wird gewährt, wenn sich der Student, Praktikant oder Lehrling dort **ausschließlich zum Studium** oder zur **Ausbildung aufhält.** Gleichbedeutend damit ist das im Deutschen verwendete Synonym „lediglich" (vgl. etwa für das *DBA China 1985* Wassermeyer/*Hackemann/Pfaar,* Art 20 DBA China Rz. 13) sowie der im US-MA verwendete Begriff „full-time education or full-time training" (s. US-TE zu Art. 20). 10

aa) Aufenthalt: Aufenthalt im Gastland setzt zunächst einmal die **körperliche Anwesenheit** voraus (s. Haase/*Ruge,* Art. 20 OECD-MA Rz. 18; *Jochum/Lampert,* in SD, Art. 20 OECD-MA Rz. 23; Wassermeyer/*Wassermeyer,* Art. 20 OECD-MA Rz. 33). Ein reines Fernstudium ohne jegliche Anwesenheitszeiten im anderen Vertragsstaat genügt nicht. Zu Zweck und zeitlichen Grenzen des Aufenthalts s. u. Rz. 11 ff., 12; zur Intensität des Aufenthalts s. u. Rz. 13 ff. 10a

bb) Studium oder Ausbildung als Zweck des Aufenthalts: Um die Vergünstigung des Art. 20 in Anspruch nehmen zu können, reicht die bloße Anwe- 11 senheit des Zahlungsempfängers im Gastland allerdings nicht aus. Der Aufenthalt im Gastland muss vielmehr **„ausschließlich zum Studium oder der Ausbildung"** erfolgen. Die Präposition „zum" bzw. „zur" und die englische Wendung „for the purpose" ist Kennzeichen der Begründung und verknüpft den Aufenthalt final mit dem Studium bzw. der Ausbildung. Dies bedeutet, dass der Aufenthalt im Gastland dem **Zweck** des Studiums bzw. der Ausbildung dienen muss (FWK/*Kempermann,* Art. 20 Rz. 24; vgl. auch SKK/*Stoffersen,* Art. 20 Rz. 13; Wassermeyer/*Wassermeyer,* Art. 20 OECD-MA Rz. 36).

11a Die Reichweite der Verknüpfung zwischen Aufenthalt und Studium bzw. Ausbildung, d. h. die Frage, ob neben dem Studium oder der Ausbildung noch andere Zwecke verfolgt werden dürfen, ergibt sich aus dem Begriff „ausschließlich" bzw. „solely" unter Berücksichtigung der Zielsetzung des Art. 20 (zu gleichbedeutenden Begriffen s. Rz. 10). Die gewählte Formulierung „ausschließlich zum" bzw. „solely for the purpose" lässt zwar auf den ersten Blick nur in engen Grenzen zu, dass neben dem Studium oder der Ausbildung anderweitige Zwecke verfolgt werden (*Jochum/Lampert,* in SD, Art. 20 OECD-MA Rz. 26; FWK/*Kempermann,* Art. 20 Rz. 24). Auf der anderen Seite wäre es lebensfremd und würde auch der Zielsetzung des Art. 20 widersprechen, die Verfolgung jeglicher anderer Zwecke als schädlich anzusehen (*Jochum/Lampert,* in SD, Art. 20 OECD-MA Rz. 26 nennen z. B. das Sammeln persönlicher Erfahrungen; vgl. auch Haase/*Ruge,* Art. 20 OECD-MA Rz. 17). Wichtig ist jedoch, dass die verfolgten anderen Zwecke nebensächlich sind und dem erfolgreichen Abschluss der Ausbildung bzw. des Studiums nicht entgegenstehen (s. FWK/*Kempermann,* Art. 20 Rz. 24; *Jochum/Lampert,* in SD, Art. 20 OECD-MA Rz. 26). „Ausschließlich zum Studium oder der Ausbildung" kann somit nicht so eng verstanden werden, dass neben dem Studium oder der Ausbildung überhaupt keine anderen Zwecke verfolgt werden dürfen. Entscheidend ist vielmehr, ob das Studium oder die Ausbildung **Hauptzweck des Aufenthalts** ist (wohl h. M.; vgl. *Jochum/Lampert,* in SD, Art. 20 OECD-MA Rz. 26; SKK/*Stoffersen,* Art. 20 Rz. 13; Wassermeyer/*Wassermeyer,* Art. 20 OECD-MA Rz. 36).

11b Daraus folgt, dass auch nicht jede Erwerbstätigkeit neben dem Studium oder der Ausbildung die Befreiung nach Art. 20 ausschließt (s. auch *de Broe,* in M. Lang/Pistone/Schuch/Staringer, Source versus Residence, S. 311 ff., der als zusätzliches Argument Ziff. 3 des Kommentars anführt). Übt der Student, Praktikant oder Lehrling jedoch neben dem Studium oder der Ausbildung eine Erwerbstätigkeit aus, so kommt eine Freistellung der aus einem anderen Staat für sein Studium oder seine Ausbildung gezahlten Beträge nach Art. 20 nur dann in Betracht, wenn die Erwerbstätigkeit neben dem Studium bzw. der Ausbildung ausgeübt wird, ohne gleichzeitig den ausschlaggebenden Grund für den Aufenthalt im Gastland zu bilden. Die Ausbildung bzw. das Studium muss vielmehr stets – d. h. von der Aufenthaltsbegründung im Zeitpunkt des Zuzuges bis zur endgültigen Abreise – der den **Aufenthalt auslösende und primär bestimmende Grund sein** (s. Wassermeyer/*Wassermeyer,* Art. 20 OECD-MA Rz. 36; *Schaumburg,* Rz. 16.470; *Zehetner,* in Gassner/M. Lang/Lechner, DBA Österreich-Deutschland, S. 204; *Jochum/Lampert,* in SD, Art. 20 OECD-MA, Rz. 25; Haase/*Ruge,* Art. 20 OECD-MA Rz. 16). Nur dann unterfallen die hierfür gezahlten Ausbildungsbezüge dem Art. 20. Die Vergütung für die Erwerbstätigkeit wird hingegen nach der dafür einschlägigen Verteilungsnorm – bei unselbständiger Arbeit nach Art. 15 – besteuert (s. dazu Rz. 4 ff.).

11c Sobald jedoch die **Erwerbstätigkeit zum Hauptzweck** des Aufenthalts wird, fällt die **Freistellungswirkung** des Art. 20 **ex nunc** weg (so auch *Jochum/Lampert,* in SD, Art. 20 OECD-MA, Rz. 26; Wassermeyer/*Wassermeyer,* Art. 20 OECD-MA Rz. 36). Dieser Zeitpunkt ist in der Praxis freilich schwer zu bestimmen.

Auch der Kommentar enthält diesbezüglich keine weiterführenden Hinweise zur Objektivierung. Entscheidend kommt es auf die Umstände des Einzelfalles an. Als Indizien können etwa die Anzahl der Arbeitsstunden und die Höhe der Vergütung herangezogen werden. Eine **rückwirkende Versagung** der Privilegien des Art. 20 kann dem Wortlaut der Vorschrift hingegen nicht entnommen werden. Es würde auch der Zielsetzung des Art. 20 widersprechen, keine abschließende Befreiung im Gastland zu gewähren (vgl. *Zehetner,* in Gassner/M. Lang/Lechner, DBA Österreich-Deutschland, S. 204; Wassermeyer/*Wassermeyer,* Art. 20 OECD-MA Rz. 36; SKK/*Stoffersen,* Art. 20 Rz. 14; vgl. auch FinMin NRW v. 8.2.1965, Wpg 1965, 189; v. 17.11.1966, AWD 1966, 486; zur Zielsetzung des Art. 20 s. Rz. 3a).

cc) Zeitliche Grenzen: Da **Zweck des Aufenthalts** ein **Studium** oder eine **Ausbildung** ist, das bzw. die einmal abgeschlossen sein wird, ist der Aufenthalt der unter Art. 20 fallenden Personen im Gastland von **vornherein zeitlich begrenzt**. Der Student, Praktikant oder Lehrling muss daher stets die Absicht haben, nach Abschluss des Studiums oder seiner Ausbildung das Gastland wieder zu verlassen (s. *de Broe,* in M. Lang/Pistone/Schuch/Staringer, Source versus Residence, S. 315 unter Verweis auf die englische Sprachfassung und der Verwendung des Ausdrucks „visiting a Contracting State"). Ändert sich diese Absicht, etwa durch Heirat im Gastland, so liegen ab dem Zeitpunkt des Absichtswechsels die Voraussetzungen des Art. 20 (Aufenthalt ausschließlich zum Studium bzw. der Ausbildung) nicht mehr vor (s. o. Rz. 11 ff.). Allein die Begründung der Ansässigkeit im Gastland kann jedoch, wie der Wortlaut des Art. 20 zeigt, kein Beleg für einen Absichtswechsel sein. 12

Eine **Mindestaufenthaltsdauer** ist der Vorschrift hingegen ebenso wenig wie eine **generelle Höchstaufenthaltsdauer** zu entnehmen, da Art. 20 keinerlei zeitliche Angaben für die Aufenthaltsdauer im Gastland enthält (s. Wassermeyer/*Wassermeyer,* Art. 20 OECD-MA Rz. 36; *Jochum/Lampert,* in SD, Art. 20 OECD-MA Rz. 23; a. A. FWK/*Kempermann,* Art. 20 Rz. 28, der eine Höchstaufenthaltsdauer von einem Jahr in den Fällen befürwortet, in denen die Studien- oder Ausbildungsordnung keinen anderen geregelten Zeitraum vorgibt). Auch stundenweiser Aufenthalt kann grundsätzlich ausreichen, wenn und soweit er dem Zweck des Art 20 dient (Wassermeyer/*Wassermeyer,* Art. 20 OECD-MA Rz. 33; Haase/*Ruge,* Art 20 OECD-MA Rz. 18). Einzelne DBA enthalten jedoch zeitliche Höchstgrenzen (s. Rz. 27). 12a

c) Ansässigkeit bzw. frühere Ansässigkeit im Herkunftsstaat: Im Herkunftsstaat muss der Student, Praktikant oder Lehrling zumindest unmittelbar vor der Einreise in das Gastland ansässig i. S. des Art. 4 gewesen sein. Dabei sind drei Fallgestaltungen zu unterscheiden: 13

(1) Der Student, Praktikant oder Lehrling bleibt im Herkunftsstaat ansässig i. S. des Art. 4 und wird entweder ebenfalls im Gastland ansässig oder er wird nicht im Gastland ansässig.

(2) Der Student, Praktikant oder Lehrling ist im Herkunftsland nicht mehr ansässig i. S. des Art. 4, war aber unmittelbar vor der Einreise ins Gastland im Herkunftsstaat ansässig i. S. des Art. 4. Im Gastland wird eine Ansässigkeit i. S. des Art. 4 begründet.

(3) Wie (2), wobei sich der Student, Praktikant oder Lehrling im Gastland zwar aufhält, allerdings keine Ansässigkeit i. S. des Art. 4 begründet.

aa) Zur 1. Fallgruppe: Art. 20 findet unproblematisch Anwendung und zwar unabhängig davon, ob der Student, Praktikant oder Lehrling im Gastland ansässig i. S. des Art. 4 wird oder nicht. Wird durch den Aufenthalt im Gastland dort eine Ansässigkeit begründet, ohne dass eine Ansässigkeit im Heimatstaat entfällt, so ergibt 14 sich eine doppelte Ansässigkeit. Für die Anwendung des Art. 20 braucht über eine abkommensrechtliche Ansässigkeit gemäß Art. 4 Abs. 2 aber nicht entschieden zu werden, da die Voraussetzung der Ansässigkeit in dem einen und des Aufenthalts in dem anderen Vertragsstaat auch bei doppelter Ansässigkeit erfüllt ist. In bestimmten Dreieckskonstellationen, etwa bei doppelter Ansässigkeit in zwei Staaten (A und B) und Studium in einem Drittstaat (C) kann Art. 4 Abs. 2 – unterstellt alle beteiligten Staaten haben Abkommen entsprechend dem OECD-MA untereinander abgeschlossen – jedoch bedeutsam für die Abkommensanwendung im Verhältnis der beiden Ansässigkeitsstaaten zueinander sein. Bedeutung kann Art. 4 Abs. 2 etwa erlangen, wenn beide Staaten A und B Stipendien nach ihrem innerstaatlichen Recht besteuern. Im Verhältnis zu Staat C muss hingegen nicht nach Art. 4 Abs. 2 entschieden werden, da Art. 20 sowohl im Verhältnis zu Staat A, als auch im Verhältnis zu Staat B gilt und Staat C verpflichtet, die Steuerbefreiung zu gewähren (zu diesem Beispiel *Hauser,* in M. Lang, Triangular Cases, S. 405 f.).

Der Gaststaat muss die Steuerbefreiung gewähren, gleichgültig ob er Ansässigkeitsstaat ist oder nicht.

15 **bb) Zur 2. Fallgruppe:** Begründet der Student im Gastland eine Ansässigkeit i. S. des Art. 4 und gibt er sie in seinem ursprünglichen Ansässigkeitsstaat auf, so ist er mit seinen Bezügen für die Ausbildung im Gastland – also seinem neuen Ansässigkeitsstaat – ebenfalls steuerbefreit, wenn er **unmittelbar vor** Begründung der neuen Ansässigkeit in dem anderen Vertragsstaat ansässig i. S. des Art. 4 war. Unmittelbarkeit ist aber nicht als engster zeitlicher Zusammenhang zu verstehen, d. h. die Ansässigkeit im Herkunftsland muss nicht eine logische Sekunde vor der Einreise in das Gastland bestanden haben. Kurzfristige Zwischenaufenthalte in Drittstaaten sind solange unschädlich, solange in diesem Drittstaat keine Ansässigkeit begründet wird. Durch diese Regelung wird vermieden, dass Steuerpflichtige, die irgendwann – unter Umständen vor langer Zeit – einmal in einem Vertragsstaat ansässig waren und sich später in dem anderen Vertragsstaat zu Studienzwecken aufhalten, in den Genuss eines DBA kommen, an dem ein Vertragsstaat beteiligt ist, zu dem sie keine aktuellen Bindungen mehr haben. Im MA 1977 wurde das durch die Einfügung des Wortes „unmittelbar" klargestellt (MA-Komm. Ziff. 2).

16 **cc) Zur 3. Fallgruppe:** Art. 20 setzt voraus, dass der Student, Praktikant oder Lehrling im Herkunftsstaat ansässig i. S. des Art. 4 ist oder dort unmittelbar vor seiner Einreise in das Gastland ansässig i. S. des Art. 4 war. Entsprechende Anforderungen werden hingegen nicht für das Gastland aufgestellt. So kann es bei wortlautgetreuer Auslegung von Art. 20 zu der im Hinblick auf Art. 1 problematischen und möglicherweise auf den ersten Blick auch befremdlich wirkenden Fallgestaltung kommen, dass ein Student, Praktikant oder Lehrling zwar unmittelbar vor seiner Einreise in das Gastland im Herkunftsstaat ansässig war, aber nun in keinem der beiden Vertragsstaaten mehr ansässig ist. Art. 1 setzt jedoch für die Abkommensberechtigung grundsätzlich eine Ansässigkeit i. S. des Art. 4 in einem der beiden Vertragsstaaten voraus (s. Art. 1 Rz. 2). Zur Lösung dieses Konflikts kommt es maßgeblich darauf an, wie das Tatbestandsmerkmal „unmittelbar vor der Einreise in den erstgenannten Staat ansässig war" vor dem Hintergrund des Art. 1 zu verstehen ist. Bei enger Auslegung stellt das Tatbestandsmerkmal „unmittelbar vor der Einreise in den erstgenannten Staat ansässig war" bezüglich Art. 1 zusätzliche Anforderungen auf. D. h., es reicht nicht aus, dass der Student, Praktikant oder Lehrling im Gastland ansässig ist, sondern dieser muss zusätzlich im Herkunftsstaat zumindest unmittelbar vor seiner Einreise in das Gastland ansässig gewesen sein (s. FWK/*Kempermann,* Art. 20 Rz. 11; *Zehetner,* in Gassner/M. Lang/Lechner, DBA Österreich-Deutschland, S. 185 ff., 205; *Hauser,* in M. Lang, Triangular Cases, S. 395, 410; *Bauer,* in Gassner/M. Lang/Lechner/Schuch/Staringer, Arbeitnehmer, S. 234; Haase/*Ruge,* Art. 20 OECD-MA Rz. 23). Nach weitem Verständnis bewirkt Art. 20 hingegen eine Ausnahme zum Grundsatz in Art. 1. Demnach müsste der Student, Praktikant oder Lehrling in keinem der beiden Staaten ansässig sein, vielmehr würde es ausreichen, wenn er unmittelbar vor seiner Einreise in das Gastland im Herkunftsstaat ansässig war (s. GKG/*Kolb,* Art. 20 OECD-MA Rz. 28; *Schaumburg* Rz. 16.467; *Jochum/Lampert,* in SD, Art. 20 OECD-MA Rz. 22; s. a. *US Tax Court* in Quidway v. Comm. 1984-42 TCM 1984, 962; *Herm,* Intertax 2004, 69, (81)).

Nach Rz. 2 des Kommentars zu Art. 20 OECD-MA 1977 wurde das Wort „unmittelbar" in das Musterabkommen 1977 eingefügt, um zu verdeutlichen, dass der Artikel nicht für Personen gilt, die einst in einem Vertragsstaat ansässig waren, aber vor ihrem Aufenthalt im anderen Vertragsstaat ihren Wohnsitz in einen dritten Staat verlegt haben. Einen Hinweis darauf, dass diesem Tatbestandsmerkmal weitergehende Bedeutung zukommt, enthält der Kommentar hingegen nicht. **16a**

Der Grundgedanke der Vorschrift – die Förderung des Ausbildungsaustausches – spricht zwar für eine weite Auslegung. Anders zu beurteilen ist es jedoch, wenn der Steuerpflichtige, ohne aus dem Gastland auszureisen, mittlerweile in einem Drittstaat ansässig geworden ist (vgl. Wassermeyer/*Wassermeyer,* Art. 20 OECD-MA Rz. 40). **16b**

Für eine enge Auslegung können hingegen überzeugende systematische Argumente angeführt werden. Art. 1 ist unter „Abschnitt I. Geltungsbereich des Abkommens" normiert, Art. 20 hingegen im „Abschnitt III. Besteuerung des Einkommens". Im Abschnitt III sind grundsätzlich nur die Besteuerungsfolgen, nicht hingegen Regelungen zur Abkommensberechtigung enthalten. Zudem enthält weder Art. 1 noch Art. 20 einen ausdrücklichen Hinweis darauf, dass Art. 20 eine Ausnahme zu Art. 1 darstellt. Während etwa Art. 1 des US-MA ausdrücklich Ausnahmen zu Art. 1 in den Verteilungsnormen zulässt (US-MA: „Dieses Abkommen gilt nur für Personen, die in einem Vertragsstaat oder in beiden Vertragsstaaten ansässig sind, soweit nicht in diesem Abkommen etwas anderes bestimmt ist."), fehlt ein entsprechender Passus in Art. 1 OECD-MA. Genauso wenig enthält Art. 20 – anders als z. B. Art. 24 Abs. 1 S. 2 oder Art. 26 Abs. 1 S. 2 – eine entsprechende Klarstellung. **16c**

Da Art. 1 somit Ausnahmeregelungen von seinem Grundsatz in den übrigen Abkommensvorschriften nicht ausdrücklich zulässt, und auch Art. 20 keinen eindeutigen Hinweis dafür gibt, dass Art. 20 eine Ausnahme zu Art. 1 bewirkt, ist die Ansässigkeit des Studenten, Praktikanten oder Lehrlings in einem der beiden Vertragsstaaten Grundvoraussetzung für die Anwendung des Art. 20. **16d**

d) Zahlungen für Unterhalt, Studium oder Ausbildung: aa) Der Begriff Zahlungen: Der Begriff Zahlungen ist ein abkommensrechtlicher Begriff. Wie unter Rz. 4 ff. ausgeführt, kommt es maßgeblich auf den Grund der Leistung an. So ist beispielsweise für eine Vergütung im Sinne des Art. 15 ein Gegenseitigkeitsverhältnis kennzeichnend, d. h. die Zuwendung muss ein Entgelt für eine erbrachte oder zukünftig zu erbringende Leistung sein, wohingegen Art. 20 eine Zweckbestimmung, aber kein Gegenseitigkeitsverhältnis voraussetzt (s. im Einzelnen Rz. 4 ff.). **17**

Entgegen anderer Ansicht (Wassermeyer/*Wassermeyer,* Art. 20 OECD-MA Rz. 15) ist es für die Anwendung von Art. 20 hingegen nicht erforderlich, dass es sich um eine einseitige Zahlungsverpflichtung handelt (s. auch *Ismer,* S. 252, Fn. 425). Anderenfalls wären Zahlungen ohne Leistungsverpflichtung nicht vom Anwendungsbereich der Vorschrift erfasst. Für diese Ansicht sprechen zum einen der Wortlaut, der keine Anhaltspunkte für eine derartige Beschränkung enthält (vgl. etwa zum englischen Wort „payments" und zum französischen Ausdruck „sommes"), und zum anderen Sinn und Zweck der Vorschrift, den Ausbildungsaustausch zu fördern (s. Rz. 3a). **17a**

17b Unter den Begriff „Zahlungen" fallen nach dem Sinn und Zweck der Vorschrift auch **geldwerte Vorteile.** In einigen Abkommen ist die Art der Zahlung allerdings auf Überweisungen beschränkt (s. etwa Art. 20 *DBA Argentinien*).

18 **bb) Unterhalt, Studium oder Ausbildung als Zweck der Zahlung:** Steuerbefreit sind im Aufenthaltsstaat nur die **Zahlungen,** die dem Studenten **für Zwecke seines Unterhalts, Studiums oder seiner Ausbildung** geleistet werden. Deutlich wird dies an der deutschen Präposition „für", aber vor allem auch an der englischen Wendung „for the purpose of his maintenance, education or training". Die Zahlungen müssen daher für diesen Zweck bestimmt und geeignet sein. Es kommt dabei aber nur auf die Bestimmung durch den Zahlenden an, nicht hingegen auf die Verwendung durch den Leistungsempfänger (s. bereits Rz. 4 ff.). Hierfür kann insbesondere der Wortlaut von Art. 20 angeführt werden, denn Art. 20 verwendet den Ausdruck „erhält" („receive") und spricht nicht von „verwendet" (s. *Jochum/Lampert,* in SD, Art. 20 OECD-MA Rz. 29; Wassermeyer/*Wassermeyer,* Art. 20 OECD-MA Rz. 20). Eingeschlossen sind die Kosten der **Reise** in das Gastland sowie der Rückreise, ebenso anfallende Versicherungen (IRS LTR 92–51–010: *DBA USA/Frankreich*). Der Höhe nach besteht grundsätzlich keine Begrenzung. Unangemessen hohe Zahlungen können jedoch als Indiz dafür gewertet werden, dass sie nicht mehr nur für den Unterhalt bzw. das Studium bestimmt sind. Ebenso kann es als Indiz für eine Zweckänderung des Aufenthalts gewertet werden, wenn der Zahlungsempfänger das Geld nicht für sein Studium oder seine Ausbildung verwendet.

18a Ist ein Teil der Zahlungen zu anderen Zwecken bestimmt, so ist eine Aufteilung vorzunehmen. Weiterhin ist es unerheblich, ob die Zahlungen für den Unterhalt in der Gegenwart, Zukunft oder Vergangenheit bestimmt sind und ob es sich um Vor- oder Nachzahlungen handelt.

19 **e) Quelle der Zahlungen außerhalb des Gastlandes:** Nach Art. 20 sind alle Zahlungen für den Unterhalt, das Studium oder die Ausbildung befreit, die aus **Quellen außerhalb des Gastlandes** stammen. Damit erfasst die Vorschrift nicht nur Zahlungen aus dem anderen Vertragsstaat, sondern auch Zahlungen aus **Drittstaaten.** Für Zahlungen aus dem Gastland greift Art. 20 hingegen nicht ein; sie werden nach der jeweils einschlägigen Verteilungsnorm besteuert. Dies verdeutlicht die neue, durch das Update 2014 erweitere Ziff. 4 des MA-Komm. zu Art. 20 und belegt es mit Beispielen. Die Zahlungen stammen – wie der MA-Komm. Ziff. 4 seit 2005 klarstellt – aus dem Gastland, wenn sie von oder für Rechnung einer dort ansässigen Person geleistet werden oder wenn sie von einer dort belegenen Betriebstätte getragen werden. Ob eine Zahlung aus Quellen außerhalb des Gastlandes stammt, richtet sich in erster Linie nach dem Wohnort des Zahlenden (s. IRS Letter Ruling 8 243 137 v. 28.7.1982; *Harding,* TN 1992, 535; Wassermeyer/*Wassermeyer,* Art. 20 OECD-MA Rz. 21; s. auch Rz. 24 zum *DBA USA 1989/2006; de Broe,* in M. Lang/Pistone/Schuch/ Staringer, Source versus Residence, S. 322 verweist für die Auslegung von Ziff. 4 MA-Komm. auf Art. 15 Abs. 2 lit. b und c MA dem eine ähnliche Formulierung zugrunde liegt). Es kommt hingegen nicht auf den Ort an, an dem lediglich der Zahlungsvorgang stattfindet. Die Frage ist vor allem für die Fälle von Bedeutung, in denen ein Ausbildungsaufenthalt aus EU-Kassen finanziert wird. In diesen Fällen ist die gastgebende Institution regelmäßig für Auszahlung, Abrechnung etc. zuständig. Dennoch kommt Art. 20 MA zur Anwendung. Das Stipendium bleibt steuerfrei, soweit die sonstigen Voraussetzungen der Vorschrift gegeben sind (so auch die italienische Finanzverwaltung, Res. 59 v. 7.5.2001: *DBA Italien*).

19a **f) Freistellung im Gastland als Rechtsfolge:** Liegen die Tatbestandsvoraussetzungen (s. Rz. 6–19) vor, werden die Bezüge im **Gastland freigestellt** (s. hierzu im Einzelnen Rz. 3). Die freigestellten Zahlungen können in Deutschland nach § 32b Abs. 1 Nr. 3 EStG zur Bemessung des Steuersatzes herangezogen werden, sog. Progressionsvorbehalt (s. hierzu Wassermeyer/*Wassermeyer,* Art. 20 OECD-MA Rz. 43 m. w. N.; SKK/*Stoffersen,* Art. 20 Rz. 4; *Jochum/Lampert,* in SD, Art. 20 OECD-MA Rz. 32 Fn. 2; Schmidt/*Heinicke,* EStG, § 32b, Rz. 15, 33, 35; zu den Änderungen durch das JStG 2007 s. auch *Lüdicke,* Überlegungen zur deutschen Abkommenspolitik, S. 110f.; a. A. FWK/*Kempermann,* Art. 20 Rz. 31 (allerdings stammt seine Kommentierung aus dem Jahr 1985)).

III. UN-MA

Art. 20 UN-MA 2001 entspricht Art. 20 OECD-MA (s. oben Rz. 2). **20**

Art. 20 Abs. 2 UN-MA 1980, der in der Fassung 2001 gestrichen wurde trug dem Umstand Rechnung, dass die von Abs. 1 erfassten Einkünfte häufig **nicht ausreichen,** um die Kosten für Ausbildung und Unterhalt zu bestreiten. Die Studenten sind in diesem Fall gezwungen, ihre Mittel für Ausbildung und Lebensunterhalt durch nichtselbständige Arbeit im Gastland **aufzubessern.** Solche Einkünfte dienen wie die Einkünfte i. S. des Abs. 1 letzten Endes dem Ausbildungsziel und sollen deshalb auch dann nicht durch eine Besteuerung im Staat der Ausbildung geschmälert werden, wenn diesem nach Art. 15 eine Vorrangbesteuerung zustünde. Eine Freistellung der Einkünfte der Studenten aus unselbständiger Tätigkeit im Gastland ist jedoch nur in dem Maße vorgesehen, in dem sie auch den im Gastland ansässigen Studenten gewährt wird. Damit wird eine steuerliche **Gleichbehandlung** von nichtansässigen und ansässigen Studenten hinsichtlich ihrer Einkünfte aus unselbständiger Arbeit sichergestellt (vgl. UN-Komm. zu Art. 20 Abs. 2). Voraussetzung für die Anwendung des Art. 20 Abs. 2 UN-MA 1980 war somit, dass dem Gastland gemäß Art. 15 die Vorrangbesteuerung für die Einkünfte aus unselbständiger Arbeit zustand. Solange der Sitzstaat steuerberechtigt blieb, war für eine Anwendung des Art. 20 Abs. 2 UN-MA 1980 kein Raum.

IV. US-MA

Art. 20 Abs. 1 des US-MA 2006 entspricht im Wesentlichen dem Abs. 1 des **21**
US-MA 1996. Es wurde jedoch zum einen der Begriff „apprentice" gestrichen. Die Freistellung gilt damit nur noch für „students" und „business trainees". Zum anderen fehlt in Abs. 1 des US-MA 2006 der Zusatz „accredited educational institution". Vorausgesetzt wird also nur noch, dass sich der Student, Praktikant oder Lehrling im Gastland ausschließlich zum Studium oder zur Ausbildung aufhält („full-time education or full-time training"). Die Ausbildung muss hingegen nicht mehr an einer anerkannten Bildungseinrichtung erfolgen.

Art. 20 Abs. 2 US-MA enthält anders noch als das US-MA 1996 eine Freistellung der Einkünfte aus unselbständiger Tätigkeit im Gastland bis zu US$ 9000 pro Steuerjahr.

Art. 20 Abs. 3 US-MA 2006 definiert den Begriff „business trainee".

B. Deutsche DBA

I. Abkommensübersicht zu Artikel 20

22

DBA	MA-Regelung: Befreiung für Zahlungen von außerhalb des Gastlandes	Artikel	Rz.
Ägypten	≈ MA; nur bei „vorübergehendem Aufenthalt"; Sonderregelung für Entwicklungshilfe; begrenzte Befreiung für Arbeitseinkünfte aus dem Gastland	20; 21 Abs. 2	27 f.; 30 f.; 32 ff.
Albanien 2010	≈ MA; Sonderregelung für Zuschüsse, Stipendien und Vergütungen aus unselbständiger Arbeit; Vorbehalt in Art. 15 (unselbständige Arbeit)	20 Abs. 2, 3	36
Algerien 2007	≈ MA; Sonderregelung für Zuschüsse, Stipendien und Vergütungen aus unselbständiger Arbeit	20 Abs. 2, 3	36
Argentinien	≈ MA; nur bei „vorübergehendem Aufenthalt"; Sonderregelung für Entwicklungshilfe; begrenzte Befreiung für Arbeitseinkünfte aus dem Gastland	20 Abs. 2, 3	27 f.; 30 f.; 32 ff.
Armenien	s. UdSSR		
Aserbaidschan	≈ MA	20 Abs. 2	
Australien	≈ MA; nur bei „vorübergehendem Aufenthalt"; nicht für Praktikanten und Lehrlinge; Vorbehalt in Art. 14 (unselbständige Arbeit)	19 Abs. 2	23; 27 f.
Bangladesch	≈ MA; nur bei „vorübergehendem Aufenthalt"; begrenzte Befreiung für Arbeitseinkünfte aus dem Gastland; Sonderregelung für Entwicklungshilfe	20 Abs. 2, 3	27 f.; 30 f.; 32 ff.
Belarus	≈ MA	20 Abs. 2	
Belgien	≈ MA; Vorbehalt in Art. 15 (unselbständige Arbeit)	20 Abs. 2	
Bolivien	≈ MA; nur bei „vorübergehendem Aufenthalt"; begrenzte Befreiung für Arbeitseinkünfte aus dem Gastland; Sonderregelung für Entwicklungshilfe	20 Abs. 2, 3	27 f.; 30 f.; 32 ff.
Bosnien-Herzegowina	s. Jugoslawien		
Bulgarien 2010	≈ MA	19 Abs. 3	
China 1985	≈ MA; „Zahlungen seitens Personen, die außerhalb des anderen Staats ansässig sind"; Sonderregelung für Entwicklungshilfe; begrenzte Befreiung für Arbeitseinkünfte aus dem Gastland; Vorbehalt in Art. 15 (unselbständige Arbeit)	21	30 f.; 32 ff.
China 2014 (E)	≈ MA	20 Abs. 3	
Costa Rica 2014 (E)	≈ MA	20 Abs. 2	
Dänemark	≈ MA; Vorbehalt in Art. 15 (unselbständige Arbeit)	20	

DBA	MA-Regelung: Befreiung für Zahlungen von außerhalb des Gastlandes	Artikel	Rz.
Ecuador	≈ MA; nur bei „vorübergehendem Aufenthalt"; Sonderregelung für Entwicklungshilfe; begrenzte Befreiung für Arbeitseinkünfte aus dem Gastland; Vorbehalt in Art. 15 (unselbständige Arbeit)	20 Abs. 2, 3	27 f.; 30 f.; 32 ff.
Elfenbeinküste	≈ MA; nur bei „vorübergehendem Aufenthalt"; Sonderregelung für Entwicklungshilfe	20 Abs. 1, 2	27 f.; 30 f.
Estland	≈ MA	20	
Finnland	≈ MA; zusätzliche Freistellung für praktische Ausbildung	20 Abs. 1, 2	29
Frankreich	≈ MA; Stud./Lehrl./Prakt. „aus einem der Vertragsstaaten"; zusätzliche Freistellung für praktische Ausbildung in Art. 13 Abs. 3 (unselbständige Arbeit)	17; 13 Abs. 3	29; 35
Georgien	≈ MA	20 Abs. 2	
Ghana	≈ MA; Sonderregelung für Zuschüsse, Stipendien und Vergütungen aus unselbständiger Arbeit	20 Abs. 2	36
Griechenland	≈ MA; Stud./Lehrl." aus einem der Vertragsstaaten"	XV	35
Großbritannien 1964/70	≈ MA; Stud./Lehrl." aus einem der Gebiete"	XIV	35
Großbritannien 2010	≈ MA; Vorbehalt in Art. 14 (unselbständige Arbeit)	19 Abs. 2	
Indien	≈ MA; Sonderregelung für Entwicklungshilfe; begrenzte Befreiung für Arbeitseinkünfte aus dem Gastland; Vorbehalt in Art. 15 (unselbständige Arbeit)	20 Abs. 2	30 f.; 32 ff.
Indonesien	≈ MA	20 Abs. 2	
Iran	≈ MA; zusätzliche Freistellung für praktische Ausbildung	20 Abs. 1, 2	29
Irland 2011	≈ MA; Vorbehalt in Art. 14 (unselbständige Arbeit)	19 Abs. 2	
Island	≈ MA; nur bei „vorübergehendem Aufenthalt", zusätzliche Freistellung für praktische Ausbildung	20 Abs. 2, 3	27 f.; 29
Israel	≈ MA; nur bei „vorübergehendem Aufenthalt"; „eine natürliche Person aus einem der Hoheitsgebiete"; Sonderregelung für Entwicklungshilfe; begrenzte Befreiung für Arbeitseinkünfte aus dem Gastland; zusätzliche Freistellung für praktische Ausbildung	16	27 f.; 29; 30 f.; 32 ff.; 35
Italien	≈ MA	20	
Jamaika	≈ MA; nur bei „vorübergehendem Aufenthalt"; Sonderregelung für Entwicklungshilfe; begrenzte Befreiung für Arbeitseinkünfte aus dem Gastland	20 Abs. 2, 3	27 f.; 30 f.; 32 ff.

DBA	MA-Regelung: Befreiung für Zahlungen von außerhalb des Gastlandes	Artikel	Rz.
Japan	≈ MA; erweiterte Abkommensberechtigung	21 Abs. 1, 2	26
Jersey 2008	≈ MA	7	
Jugoslawien	≈ MA, Sonderregelung für Gleichbehandlung; Vorbehalt in Art. 16 (unselbständige Arbeit)	20 Abs. 1, 2	36
Kanada	≈ MA	20	
Kasachstan	≈ MA	20 Abs. 2	
Kenia	≈ MA; „Zahlungen seitens Personen, die außerhalb des anderen Staats ansässig sind"; befristet auf 3 Jahre; Sonderregelung für Entwicklungshilfe; begrenzte Befreiung für Arbeitseinkünfte aus dem Gastland; Vorbehalt in Art. 15 (unselbständige Arbeit)	20 Abs. 2–4	27 f.; 30 f.; 32 ff.
Kirgisistan	≈ MA	20 Abs. 2	
Korea	≈ MA; Sonderregelung für Gleichbehandlung; Vorbehalt in Art. 15 (unselbständige Arbeit)	20 Abs. 2, 3	36
Kosovo	s. Jugoslawien		
Kroatien	≈ MA	20 Abs. 2	
Kuwait	≈ MA; Sonderregelung für Entwicklungshilfe	20 Abs. 2	30 f.
Lettland	≈ MA	20	
Liberia	≈ MA; nur bei „vorübergehendem Aufenthalt"; Sonderregelung für Entwicklungshilfe; begrenzte Befreiung für Arbeitseinkünfte aus dem Gastland	20 Abs. 2, 3	27 f.; 30 f.; 32 ff.
Liechtenstein 2011	≈ MA; Vorbehalt in Art. 14 (unselbständige Arbeit)	20	
Litauen	≈ MA	20	
Luxemburg 2012	≈ MA; Vorbehalt in Art. 14 (unselbständige Arbeit)	19 Abs. 2	
Malaysia 2010	≈ MA; nur bei „vorübergehenden Aufenthalten"; Beschränkung der zulässigen Bildungseinrichtungen; Sonderregelung für Zuschüsse; umfasst auch Studien, Forschungsarbeiten und Schulungen; Vorbehalt in Art. 15 (unselbständige Arbeit)	20	27 f.; 30 f.
Malta 2001/2010	≈ MA	20 Abs. 2	
Marokko	≈ MA; nur bei „vorübergehendem Aufenthalt"; begrenzte Befreiung für Arbeitseinkünfte aus dem Gastland	20	27 f.; 32 ff.
Mauritius 2012	≈ MA	20	
Mazedonien 2006	≈ MA	20 Abs. 3	
Mexiko 2008	≈ MA	20 Abs. 2	
Moldau	s. UdSSR		
Mongolei	≈ MA; Sonderregelung für Entwicklungshilfe	20 Abs. 2	30 f.

DBA	MA-Regelung: Befreiung für Zahlungen von außerhalb des Gastlandes	Artikel	Rz.
Namibia	≈ MA; Sonderregelung für Entwicklungshilfe	20 Abs. 2	30 f.
Neuseeland	≈ MA	20 Abs. 3	
Niederlande 1959/2004	≈ MA; zusätzliche Freistellung für praktische Ausbildung	18; SProt. Nr. 16	29
Niederlande 2012 (E)	≈ MA	20	
Norwegen 1991	≈ MA	Prot. Nr. 8	
Norwegen 2013 (E)	≈ MA	Prot. Nr. 8	
Oman 2012 (E)	≈ MA	20 Abs. 2	
Österreich 2000/2010	≈ MA; Vorbehalt in Art. 15 (unselbständige Arbeit)	20 Abs. 2	
Pakistan	≈ MA; Sonderregelung für Entwicklungshilfe; begrenzte Befreiung für Arbeitseinkünfte aus dem Gastland	20 Abs. 2	30 f.; 32 ff.
Philippinen 1983	≈ MA; nur bei „vorübergehendem Aufenthalt"; Sonderregelung für Entwicklungshilfe; begrenzte Befreiung für Arbeitseinkünfte aus dem Gastland; zusätzliche begrenzte Freistellung für praktische Ausbildung	21 Abs. 1–3	27 f.; 29; 30 f.; 32 ff.
Philippinen 2013 (E)	≈ MA; Sonderregelung für Gleichbehandlung	21 Abs. 1, 2	36
Polen	≈ MA	21	
Portugal	≈ MA; nur bei „vorübergehendem Aufenthalt"; Sonderregelung für Entwicklungshilfe; zusätzliche Freistellung für praktische Ausbildung; begrenzte Befreiung für Arbeitseinkünfte aus dem Gastland; Vorbehalt in Art. 15 (unselbständige Arbeit)	21 Abs. 1–3	29; 30 f.; 32 ff.
Rumänien	≈ MA	20 Abs. 2	
Russische Föderation	≈ MA	20 Abs. 2	
Sambia	≈ MA; befristet auf 3 Jahre; „Zahlungen seitens Personen, die außerhalb des anderen Staates ansässig sind"; Sonderregelung für Entwicklungshilfe; begrenzte Befreiung für Arbeitseinkünfte aus dem Gastland	20 Abs. 2, 3	27 f.; 30 f.; 32 ff.
Schweden	≈ MA; zusätzliche allgemeine Regelung für Unterhaltszahlungen	20 Abs. 1, 2	
Schweiz	≈ MA	20	
Serbien	s. Jugoslawien		
Simbabwe	≈ MA; Sonderregelung für Entwicklungshilfe	20 Abs. 2	30 f.
Singapur 2004	≈ MA	20 Abs. 2	
Slowakei	s. Tschechoslowakei		
Slowenien	≈ MA; Vorbehalt in Art. 15 (unselbständige Arbeit)	20 Abs. 2	
Spanien 2011	≈ MA	19 Abs. 2	

DBA	MA-Regelung: Befreiung für Zahlungen von außerhalb des Gastlandes	Artikel	Rz.
Sri Lanka	≈ MA; nur bei „vorübergehendem Aufenthalt"; Sonderregelung für Entwicklungshilfe; begrenzte Befreiung für Arbeitseinkünfte aus dem Gastland	21 Abs. 1, 2	27 f.; 30 f.; 32 ff.;
Südafrika 1973	≈ MA	18	
Südafrika 2008 (E)	≈ MA; „in dem erstgenannten Staat von der Steuer befreit"; Vorbehalt in Art. 14 (unselbständige Arbeit)	19 Abs. 2	
Syrien 2010	≈ MA	20 Abs. 2	
Tadschikistan	≈ MA	19 Abs. 2	
Taiwan 2011	≈ MA	19 Abs. 2	
Thailand	≈ MA; nur bei „vorübergehendem Aufenthalt"; Sonderregelung für Entwicklungshilfe; begrenzte Befreiung für Arbeitseinkünfte aus dem Gastland; zusätzliche Freistellung für praktische Ausbildung	20 Abs. 1–3	27 f.; 29; 30 f.; 32 ff.
Trinidad und Tobago	≈ MA; nur bei „vorübergehendem Aufenthalt"; Sonderregelung für Entwicklungshilfe; begrenzte Befreiung für Arbeitseinkünfte aus dem Gastland	20 Abs. 2, 3	27 f.; 30 f.; 32 ff.
Tschechien	s. Tschechoslowakei		
Tschechoslowakei	≈ MA; nur bei „vorübergehendem Aufenthalt"; Sonderregelung für Entwicklungshilfe; Vorbehalt in Art. 15 (unselbständige Arbeit)	20 Abs. 2, 3	27 f.; 30 f.
Türkei 2011	≈ MA; auf Staatsangehörige der Vertragsstaaten beschränkt; Vorbehalt in Art. 15 (unselbständige Arbeit)	20 Abs. 1	24
Tunesien	≈ MA; nur bei „vorübergehendem Aufenthalt"; Sonderregelung für Entwicklungshilfe; begrenzte Befreiung für Arbeitseinkünfte aus dem Gastland; zusätzliche Freistellung für praktische Ausbildung	20 Abs. 1, 2	27 f.; 29; 30 f.; 32 ff.
Turkmenistan	s. UdSSR		
UdSSR	≈ MA; einschließlich Stipendiaten	15 Abs. 1	
Ukraine	≈ MA; Sonderregelung für Entwicklungshilfe; Vorbehalt in Art. 15 (unselbständige Arbeit)	20 Abs. 2	30 f.
Ungarn 2011	≈ MA	19 Abs. 2	
Uruguay 2010	≈ MA	19 Abs. 2	
USA 1989/2006	≈ MA; Ausdehnung auf Stipendiaten; Vollzeitstudium; Quellen von außerhalb oder von außerhalb überwiesen; begrenzte Befreiung für Arbeitseinkünfte aus dem Gastland; Vorbehalt in Art. 15 (unselbständige Arbeit)	20 Abs. 2–5; Prot. Nr. 17	25; 32 ff.
Usbekistan	≈ MA	20 Abs. 2	

DBA	MA-Regelung: Befreiung für Zahlungen von außerhalb des Gastlandes	Artikel	Rz.
Venezuela	≈ MA; Sonderregelung für Entwicklungshilfe	20 Abs. 2	30 f.
Vereinigte Arabische Emirate 2010	≈ MA	19 Abs. 2	
Vietnam	≈ MA; begrenzte Befreiung für Arbeitseinkünfte aus dem Gastland	20 Abs. 2, 3	32 ff.
Weißrussland	s. Belarus		
Zypern 2011	≈ MA; begrenzte Befreiung für Arbeitseinkünfte aus dem Gastland	19 Abs. 2	32 ff.

II. Erläuterungen

1. Beschränkung des berechtigten Personenkreises auf Studenten bzw. bestimmte Lehrverhältnisse

Das *DBA Australien* führt in seiner im Übrigen mit dem MA übereinstimmenden Regelung (Art. 19 Abs. 2) **nur Studenten** an, nicht auch Praktikanten und Lehrlinge. Entgegen der oben vertretenen weiten Auslegung (s. Rz. 6) beschränkt sich hiernach der Geltungsbereich dieser Vorschrift auf Studenten. 23

Soweit in einzelnen Abkommen bestimmte Arten von Lehrverhältnissen angeführt sind (z. B. Art. 20 Abs. 2 *DBA Schweden*: „Zahlungen, die ein Student oder ein in einem gewerblichen, technischen, land- und forstwirtschaftlichen Lehrverhältnis Stehender (…) erhält"; ebenso Art. 20 *DBA Finnland*), dürfte sich regelmäßig keine vom Musterabkommen abweichende Interpretation ergeben (s. Wassermeyer/*Jü. Lüdicke,* Art. 20 DBA Schweden Rz. 26; a. A. Wassermeyer/*Puscher,* Art. 20 DBA Finnland Rz. 6). Die Wendung „in einem gewerblichen (...) Lehrverhältnis Stehender" ist nicht hinreichend bestimmt. Das Adjektiv „gewerblich (...)" ist bezogen auf das Lehrverhältnis zwar nicht ohne jeglichen Sinn, aber zumindest ungewöhnlich, da damit regelmäßig nicht die Beschaffenheit des Ausbildungsverhältnisses näher charakterisiert wird, sondern die Eigenschaft eines Betriebs umschrieben wird (s. Wassermeyer/*Jü. Lüdicke,* Art. 20 DBA Schweden Rz. 26). Unter Berücksichtigung von Sinn und Zweck der Vorschrift müssen daher grundsätzlich alle Arten von Lehrverhältnissen erfasst sein.

2. Beschränkung des berechtigten Personenkreises auf Staatsangehörige

Art. 20 Abs. 1 *DBA Türkei 2011* findet wie auch schon Art. 20 Abs. 2 *DBA Türkei 1985* nur auf Staatsangehörige der beiden Vertragsstaaten Anwendung. Der Aufenthaltsstaat stellt Zahlungen an Studenten, Praktikanten oder Lehrlinge frei, wenn die Zahlungsempfänger Staatsangehörige des anderen Vertragsstaates sind und die Zahlungen aus Quellen außerhalb des Aufenthaltsstaates stammen. Auf eine gegenwärtige oder frühere Ansässigkeit kommt es nicht an (a. A. Wassermeyer/*Kaeser,* Art. 20 DBA Türkei Rz. 2; generell zum persönlichen Anwendungsbereich s. Art. 1). Handelt es sich bei den Zahlungsempfängern nicht um Staatsangehörige einer der beiden Vertragsstaaten, richtet sich das Besteuerungsrecht vorbehaltlich der Anwendbarkeit anderer Verteilungsnormen nach Art. 21 *DBA Türkei 2011* (so auch Wassermeyer/*Kaeser,* Art. 20 DBA Türkei Rz. 9). 24

3. Erstreckung des berechtigten Personenkreises auf Stipendiaten

25 Das *DBA USA 1989* und das *DBA USA 1989/2006* erstrecken demgegenüber die Regelung des MA auch auf Stipendiaten öffentlicher und gemeinnütziger Organisationen (Art. 20 Abs. 3). Die Zahlungen, die von Abs. 2 und 3 erfasst sind, können sich überschneiden. Von den Rechtsfolgen her gesehen ist das unproblematisch, da sie identisch sind. Die Voraussetzungen sind aber unterschiedlich. Im Fall des Abs. 3 kommt es nicht auf die Quelle der Zahlungen an und es bestehen keine besonderen Anforderungen an den Zweck des Aufenthalts. Insoweit kann der berechtigte Personenkreis weiter sein als bei Art. 20 OECD-MA und Art. 20 Abs. 2 DBA USA. Im Fall des Abs. 2 ist die Besteuerung im Aufenthaltsstaat nicht nur ausgeschlossen, wenn die Zahlungen aus Quellen außerhalb des Aufenthaltsstaats stammen, sondern auch, wenn die Überweisung der Zahlungen von außerhalb geschieht. Das hat beispielsweise Bedeutung, wenn eine Trägerorganisation im Aufenthaltsstaat ansässig ist, die Finanzierung aber tatsächlich von außerhalb erfolgt. Nr. 17 des Protokolls zum *DBA USA 1989/2006* stellt darüber hinaus klar, wann Zahlungen aus öffentlichen Mitteln aus dem anderen Vertragsstaat „stammen", insbesondere bei von beiden Staaten gemeinsam finanzierten Programmen: Hier kommt es darauf an, welche Organisation die Zahlungen überwiegend trägt (zu Nebentätigkeiten s. noch Rz. 32ff.).

4. Sonstige Sonderregelungen im Hinblick auf die Abkommensberechtigung

26 Art. 21 Abs. 1 *DBA Japan* entspricht Art. 20 MA. Art. 21 Abs. 2 *DBA Japan* sieht vor, dass die Regelung auch für Personen gilt, die im Übrigen nicht (mehr) abkommensberechtigt sind (vgl. Rz. 16ff.).

5. Zeitliche Begrenzung

27 Die *DBA Kenia und Sambia* **begrenzen die Befreiung** im Gastland auf eine Aufenthaltsdauer von höchstens drei Jahren für Studenten oder Lehrlinge. Später zufließende Zahlungen können vom Gastland ohne Beschränkung durch das DBA besteuert werden. Das *DBA Ungarn 2011* sieht entgegen der früheren Fassung keine zeitliche Beschränkung mehr für Studenten vor (vgl. Art. 19 Abs. 2 *DBA Ungarn 2011*). Zum *DBA Malaysia 2010* s. Rz. 28. Das *DBA Malaysia 2010* sieht nun keine feste zeitliche Beschränkung mehr vor. Für Forscher und Lehrbeauftragte gilt jedoch weiterhin die Begrenzung auf zwei Jahre, vgl. Art. 19 Abs. 1 *DBA Ungarn 2011;* Art. 21 *DBA Malaysia 2010;* s. im Einzelnen Art. 15 Rz. 162.

28 Die *DBA Australien, Bangladesch, Bolivien, Ecuador, Elfenbeinküste, Island, Israel, Jamaika, Liberia, Malaysia 2010, Marokko, Philippinen 1983, Sri Lanka, Thailand, Trinidad und Tobago, Tschechoslowakei* und *Tunesien,* gewähren die Befreiung lediglich bei einem **vorübergehenden** Aufenthalt, ohne eine genaue Zeitdauer zu bestimmen. Da einige Abkommen zusätzlich im Gastland erzielte Arbeitseinkommen nur für die Dauer von zwei, drei, vier bzw. fünf Jahren freistellen (vgl. etwa *DBA Bangladesch, Bolivien, Ecuador, Jamaika, Marokko,* etc.), könnte gefolgert werden, dass auch der Aufenthalt nur bis zu dieser Höchstgrenze vorübergehend ist. Das ist allerdings nicht zwingend, denn diese Regelung stellt nur klar, dass nach Ablauf von drei Jahren das ergänzende Arbeitseinkommen insgesamt im Gastland zu versteuern ist. Es enthält dagegen keine Definition des Ausdrucks „vorübergehend".

6. Besondere Vorschriften bei praktischer Ausbildung

29 Eine Reihe von deutschen Abkommen enthalten eine Freistellung von Zahlungen an Studenten, Praktikanten und Lehrlinge im Gastland, die dort eine **praktische Ausbildung** durchlaufen. Diese Vorschriften sind bereits bei Art. 15 behandelt, s. Art. 15 Rz. 163, 186ff.

7. Entwicklungshilfe

Vor allem zur Förderung der staatlichen und privaten **Entwicklungshilfe** enthält etwa die Hälfte der deutschen Abkommen eine Regelung, nach der die Zahlung eines Zuschusses, Unterhaltsbeitrags oder Stipendiums durch eine wissenschaftliche, pädagogische, religiöse oder mildtätige Organisation, ebenso eine Zahlung im Rahmen eines Programms für technische Hilfe, an dem die Regierung eines Vertragsstaates beteiligt ist, im Gastland steuerbefreit ist, wenn (insoweit besteht ein Unterschied zu Art. 20 Abs. 3 DBA USA s. o. Rz. 25) die betreffende Person sich lediglich zum Studium, zur Forschung oder zur Ausbildung im Gaststaat aufhält. Diese Regelungen dienen insbesondere der Förderung der staatlichen und privaten **Entwicklungshilfe.** Auf den Sitz der Organisation kommt es dabei nicht an (vgl. Rev. Rul 77–289, 1977–2 Cum. Bull. 490; s. auch EJGK/*Oestreicher,* Art. 20 Rz. 23). Die für die praktische Ausbildung vereinbarten Einschränkungen (vgl. Rz. 29) gelten regelmäßig auch bei Finanzierung des Praktikums durch eine der vorgenannten Organisationen. Nach dem *DBA Israel* werden Vergütungen für Fortbildungsaufenthalte, die aufgrund einer Vereinbarung mit der Regierung des Gastlandes durchgeführt werden, vom Gastland freigestellt, wenn die Vergütung den Betrag von 25.000 DM (ab 1.1.2002: 12.782,30 Euro) nicht übersteigt. 30

Die Sonderregelungen für die Entwicklungshilfe und die technische Hilfe gelten regelmäßig auch für Zahlungen, die für Forschungszwecke geleistet werden, s. *DBA Ägypten, Argentinien, Bangladesch, Bolivien, Ecuador, Elfenbeinküste, Indien, Israel, Jamaika, Kenia, Kuwait, Liberia, Malaysia 2010, Mongolei, Namibia, Pakistan, Philippinen 1983, Portugal, Sambia, Simbabwe, Sri Lanka, Thailand, Trinidad und Tobago, Tschechoslowakei, Tunesien, Ukraine* und *Venezuela.* 31

8. Arbeitsvergütung im Aufenthaltsstaat

Fast die Hälfte der deutschen DBA stellt für einen begrenzten Zeitraum, zumeist für höchstens drei Jahre (*DBA Argentinien, Bangladesch, Bolivien, Ecuador, Jamaika, Kenia, Liberia, Portugal, Sambia, Sri Lanka;* anders die *DBA Pakistan, Zypern 2011:* vier Jahre; *DBA Ägypten, China 1985, Marokko, Philippinen 1983, Trinidad und Tobago, Tunesien:* fünf Jahre), auch die Einkünfte der Studenten, Praktikanten und Lehrlinge frei, die Vergütungen für eine im Gastland ausgeübte **unselbständige Arbeit** erhalten, mit der sie die Mittel für ihren Unterhalt, ihre Erziehung oder ihre Ausbildung **ergänzen.** Die Freistellung entfällt, soweit die Vergütungen für die ergänzende unselbständige Arbeit einen bestimmten Betrag – regelmäßig 6000 DM (ab 1.1.2002: 3067,75 Euro) im Kalenderjahr übersteigt. (Abweichend *DBA Ägypten, Bangladesch, Bolivien, Indien, Pakistan, Portugal, Sri Lanka:* 7200 DM (ab 1.1.2002: 3681,30 Euro); *DBA Philippinen:* 7500 DM (ab 1.1.2002: 3834,69 Euro); *DBA Ecuador:* 8400 DM (ab 1.1.2002: 4294,85 Euro); *DBA Zypern 2011*: 8000 €. Für die Umrechnung der DM-Beträge in Euro s. BMF v. 12.3.2001 BStBl. I 2001, 204). Hierbei handelt es sich um einen Freibetrag. Bei der Besteuerung durch Deutschland tritt daher neben den Freibetrag des betreffenden DBA noch der tarifliche Grundfreibetrag nach § 32a Abs. 1 Nr. 1 EStG (vgl. BMF-Schreiben v. 4.4.1986 – IV B 6 – S 2369 – 9/86). 32

Im *DBA Thailand* ist kein derartiger Freibetrag für die nebenher ausgeübte unselbständige Arbeit der Studenten vereinbart (s. Art. 20 Abs. 1 Buchst. b). Nach diesem DBA sind somit von einem Studenten durch unselbständige Arbeit hinzuverdiente Vergütungen unabhängig von ihrer Höhe steuerbefreit. Das *DBA Indien* enthält ähnlich wie andere Abkommen einen Freibetrag von 7200 DM, sieht aber keine zeitliche Begrenzung vor. Die Vorschrift verlangt zwar nicht ausdrücklich, dass die Tätigkeit im Gaststaat ausgeübt werden muss, man kann auf dieses Erfordernis aber aus dem Zusammenhang schließen, da die Tätigkeit unmittelbar mit dem Studium 33 zusammenhängen oder zur Bestreitung seines Unterhalts ausgeübt werden muss (a. A. Wassermeyer/*Strauß,* Art. 20 DBA Indien Rz. 40). Das *DBA Israel* sieht weder eine zeitliche noch eine betragsmäßige Grenze vor. Auch wird nicht verlangt, dass die unselbständige Arbeit der Ergänzung des Unterhalts dient. Eine ähnliche Regelung enthält das *DBA Vietnam* (Art. 20 Abs. 3), allerdings ist hier eine betragsmäßige Obergrenze von 9000 DM (ab 1.1.2002: 4601,63 Euro) festgesetzt.

34 Die *DBA USA 1989* und *1989/2006* unterscheiden zwischen Studenten, Lehrlingen und Praktikanten einerseits und Angestellten andererseits. Studenten etc., die sich höchstens vier Jahre im Gaststaat aufhalten, können eine Steuerbefreiung für Nebeneinkünfte geltend machen, wenn die Einkünfte US$ 5000 (*DBA USA 1989*) bzw. US$ 9000 (*DBA USA 1989/2006*) je Steuerjahr nicht übersteigen (Art. 20 Abs. 4). Angestellte, die sich vorübergehend höchstens ein Jahr im Gaststaat zum Erwerb von Erfahrungen aufhalten, sind im Gaststaat für Vergütungen bis zu US$ 10.000 von der Steuer befreit. Dabei kommt es nicht darauf an, wo die Dienstleistungen erbracht werden. Die Zahlungen müssen aber anders als im Fall des Abs. 4 von außerhalb des Gaststaates erfolgen (Art. 20 Abs. 5). Für den Fall der Überschreitung der Fristen stellt Prot. Nr. 18 *DBA USA 1989* klar, dass der Aufenthaltsstaat den gesamten Zeitraum des Aufenthalts besteuern kann. Die ursprünglich für Härtefälle vorgesehene Vereinbarung nach denen die beiden Finanzverwaltungen abweichende Vereinbarung treffen können, wurde aufgehoben (BMF v. 20.9.1999, BStBl. I 1999, 844).

9. Student, Lehrling, Praktikant aus einem der Vertragsstaaten

35 Die Formulierung „Student, Lehrling, Praktikant aus einem der Vertragsstaaten" findet sich in den *DBA Frankreich, Griechenland, Großbritannien 1964/70* und *Israel.* Damit wird nicht auf die Staatsangehörigkeit (so nur im *DBA Türkei 2011* s. o. Rz. 24), sondern auf die Ansässigkeit Bezug genommen. Der betreffende Student, Praktikant oder Lehrling muss also in dem einen Vertragsstaat entweder ansässig sein oder jedenfalls ansässig gewesen sein (s. Wassermeyer/*Kramer,* Art. 17 DBA Frankreich Rz. 6). Ist der Student, Lehrling oder Praktikant unmittelbar vor seinem Aufenthalt im Gastland nicht im Herkunftsstaat ansässig gewesen, ist er nicht aus diesem Staat. Insoweit besteht also trotz unterschiedlichen Wortlauts Übereinstimmung mit Art. 20 MA (s. Wassermeyer/*Krabbe,* Art. XV DBA Griechenland Rz. 7).

10. Gleichbehandlung

36 Nach dem *DBA Serbien* richtet sich die Vorrangbesteuerung der Vergütungen, die Studenten, Praktikanten und Lehrlinge für unselbständige Arbeit beziehen, nach der allgemeinen Vorschrift des Art. 16 *DBA Serbien.* Art. 20 Abs. 2 *DBA Serbien* stellt sicher, dass die im Aufenthaltsstaat nicht Ansässigen während ihres Studiums oder ihrer Ausbildung für derartige Einkünfte in den Genuss der gleichen Steuerbefreiungen, -vergünstigungen und -ermäßigungen gelangen, die den im Aufenthaltsstaat ansässigen Personen gewährt wird. Ähnlich statuieren Art. 20 Abs. 3 *DBA Albanien 2010,* Art. 20 Abs. 3 *DBA Algerien 2007,* Art. 20 Abs. 2 *DBA Jugoslawien,* Art. 20 Abs. 3 *DBA Korea,* Art. 21 Abs. 2 *DBA Philippinen 2013 (E)* und Art. 20 Abs. 3 *DBA Ghana* ein Gleichbehandlungsgebot für nicht nach Art. 20 Abs. 2 steuerbefreite Zuschüsse und Stipendien sowie für Vergütungen aus unselbständiger Arbeit.

11. Besondere Vorschriften für Gastprofessoren und Lehrer

37 Etliche Abkommen erweitern zudem die Vorschriften über Studenten, Praktikanten oder Lehrlinge um Regelungen über **Gastprofessoren und Lehrer.** Diese Vorschriften sind bereits bei Art. 15 behandelt (s. dort Art. 15 Rz. 161 ff.).

Artikel 21. Andere Einkünfte

Text: OECD-Musterabkommen (OECD-MA)

1. Einkünfte einer in einem Vertragsstaat ansässigen Person, die in den vorstehenden Artikeln nicht behandelt wurden, können ohne Rücksicht auf ihre Herkunft nur in diesem Staat besteuert werden.

2. Absatz 1 ist auf andere Einkünfte als solche aus unbeweglichem Vermögen im Sinne des Artikels 6 Absatz 2 nicht anzuwenden, wenn der in einem Vertragsstaat ansässige Empfänger im anderen Vertragsstaat eine Geschäftstätigkeit durch eine dort gelegene Betriebstätte ausübt und die Rechte oder Vermögenswerte, für die die Einkünfte gezahlt werden, tatsächlich zu dieser Betriebstätte gehören. In diesem Fall ist Artikel 7 anzuwenden.

Text: Deutsche Verhandlungsgrundlage (DE-VG)

Artikel 20. Andere Einkünfte

(1) **Einkünfte einer in einem Vertragsstaat ansässigen Person, die in den vorstehenden Artikeln nicht behandelt wurden, können ohne Rücksicht auf ihre Herkunft nur in diesem Staat besteuert werden.**

(2) **Absatz 1 ist auf andere Einkünfte als solche aus unbeweglichem Vermögen im Sinne des Artikels 6 Absatz 2 nicht anzuwenden, wenn der in einem Vertragsstaat ansässige Empfänger im anderen Vertragsstaat eine Geschäftstätigkeit durch eine dort gelegene Betriebsstätte ausübt und die Rechte oder Vermögenswerte, für die die Einkünfte gezahlt werden, tatsächlich zu dieser Betriebsstätte gehören. In diesem Fall ist Artikel 7 anzuwenden.**

Protokoll

3. Zu Artikel 20

Wenn der Empfänger und der Schuldner einer Dividende oder von Zinsen in der Bundesrepublik Deutschland ansässig sind und die Dividende oder die Zinsen einer Betriebsstätte zuzurechnen sind, die der Empfänger der Dividende oder der Zinsen in *[anderer Vertragsstaat]* hat, kann die Bundesrepublik Deutschland die Dividende oder die Zinsen zu den in Artikel 10 Absatz 2 und 3 vorgesehenen Sätzen oder nach Nummer 1 dieses Protokolls besteuern. *[anderer Vertragsstaat]* rechnet die Steuer entsprechend Artikel 22 Absatz 1 Nummer 3 an.

Text: US-Musterabkommen (US-MA)

1. Einkünfte, deren Nutzungsberechtigte eine in einem Vertragsstaat ansässige Person ist, und die in den vorstehenden Artikeln nicht behandelt wurden, können ohne Rücksicht auf ihre Herkunft nur in diesem Staat besteuert werden.

2. Absatz 1 ist auf andere Einkünfte als solche aus Grundvermögen im Sinne des Artikels 6 Absatz 2 (Einkünfte aus Grundvermögen) nicht anzuwenden, wenn der in einem Vertragsstaat ansässige Empfänger, der Nutzungsberechtigter der Einkünfte ist, im anderen Vertragsstaat eine Geschäftstätigkeit durch eine dort gelegene Betriebstätte ausübt und die Einkünfte dieser Betriebstätte zuzurechnen sind. In diesem Fall ist Artikel 7 (Unternehmensgewinne) anzuwenden.

Inhalt

1 **Literatur:** *Lang/Pistone/Schuch/Staringer,* Source versus Residence, Problems Arising from the Allocation of Taxing Rights in Tax Treaty Law and Possible Alternatives (2008); *van Raad,* in Maisto et al., Essays on Tax Treaties – A Tribute to David A. Ward (2013); *Reimer,* Der Ort des Unterlassens (2004); *Ribbrock,* Dreieckssachverhalte im internationalen Steuerrecht (2004); *Woywode,* Derivative Finanzinstrumente im Recht der Doppelbesteuerungsabkommen (2004); *Zeitlhofer,* in Aigner/Loukota, Source Versus Residence in International Tax Law (2005).

Verwaltungsanweisungen: BMF v. 5.11.1998, BStBl. I 1998, 1392; ÖstBMF v. 7.10.1992, SWI 1992, 354: *DBA Österreich/Australien;* ÖstBMF v. 24.3.2003 (EAS 1912), SWI 2003, 208; LTR 92. 53 049: *DBA USA/Großbritannien;* ÖstBMF v. 20.1.1997 (EAS 1000), SWI 1997, 93: *DBA Deutschland/Österreich 1954/1992*; ÖstBMF v. 4.2.1999 (EAS 1409), SWI 1999, 149: *DBA Österreich/Niederlande 1959;* US LTR 87. 14 055; US-TE Vor Abs. 1; ÖstBMF v. 31.10.1997 (EAS 1153); SWI 1997, 534; OFD Magdeburg v. 10.10.1996, IStR 1997, 56; ÖstBMF v. 27.1.2003 (EAS 2217), SWI 2003, 104; BMF v. 28.3.1977, FR 1977, 230.

Text: OECD-Kommentar (MA-Kommentar)

*1. **[Allgemeine Auffangregelung]** Dieser Artikel enthält eine allgemeine Regelung für die Einkünfte, die in den vorhergehenden Artikeln nicht behandelt werden. Dazu gehören nicht nur die nicht ausdrücklich erwähnten Einkunftsarten, sondern auch Einkünfte, die aus nicht ausdrücklich erwähnten Quellen stammen. Der Anwendungsbereich des Artikels beschränkt sich nicht auf Einkünfte, die aus einem Vertragsstaat stammen; er erstreckt sich auch auf Einkünfte aus dritten Staaten.*

Absatz 1

*2. **[Ausschließliches Besteuerungsrecht des Ansässigkeitsstaates]** Nach diesem Absatz steht das ausschließliche Besteuerungsrecht dem Ansässigkeitsstaat zu. Bei einem Konflikt im Fall von zwei Wohnsitzen ergibt sich aus Artikel 4 auch eine Zuteilung des Besteuerungsrechts für Einkünfte aus dritten Staaten. Wenn z.B. eine Person, die nach Artikel 4 Absatz 1 in beiden Vertragsstaaten ansässig wäre, nach Artikel 4 Absatz 2 oder 3 als nur in einem dieser Staaten ansässig gilt, hindert Artikel 21 den anderen Staat daran, die Person mit Einkünften aus Drittstaaten zu besteuern, selbst wenn die Person für Zwecke des innerstaatlichen Rechts in dem anderen Staat ansässig ist (s. auch* Artikel 4 Ziffer 8.*2 MA-Komm. zur Wirkung des* Artikels 4 Absätze 2 und 3 *für Zwecke von Abkommen zwischen diesem anderen Staat und Drittstaaten).*

*3. **[Keine Subject-to-tax-Klausel]** Der Absatz gilt ohne Rücksicht darauf, ob das Besteuerungsrecht auch tatsächlich vom Ansässigkeitsstaat ausgeübt wird; daher kann der andere Staat die aus seinem Gebiet stammenden Einkünfte auch dann nicht besteuern, wenn sie im erstgenannten Staat nicht besteuert werden. Bei Einkünften aus einem dritten Staat, deren Empfänger nach dem innerstaatlichen Recht beider Vertragsstaaten als dort ansässig gilt, führt die Anwendung des Artikels 4 dazu, dass der Empfänger als nur in einem der Vertragsstaaten ansässig behandelt wird und nur in diesem Staat unbeschränkt steuerpflichtig ist. In diesem Fall kann der andere Vertragsstaat die aus dem dritten Staat stammenden Einkünfte selbst dann nicht besteuern, wenn der Empfänger in dem Staat, in dem er nach Artikel 4 als ansässig gilt, nicht besteuert wird. Um eine Nichtbesteuerung zu vermeiden, können die Vertragsstaaten vereinbaren, den Anwendungsbereich des Artikels auf Einkünfte zu beschränken, die im Ansässigkeitsstaat des Empfängers besteuert werden, und den Absatz entsprechend ändern. Im Grunde handelt es sich dabei nur um eine Besonderheit des allgemeinen Problems, das in Artikel 23 A Ziffern 34 und 35 MA-Komm. behandelt wird.*

Absatz 2

*4. **[Besteuerung im Vertragsstaat der Betriebstätte]** Dieser Absatz sieht eine Ausnahme von Absatz 1 für Einkünfte vor, die mit der Tätigkeit einer Betriebstätte verbunden sind, welche eine in einem Vertragsstaat ansässige Person im anderen Vertragsstaat hat. Der Absatz bezieht sich auch auf Einkünfte aus dritten Staaten. In einem solchen Fall steht das Besteuerungsrecht dem Vertragsstaat zu, in dem die Betriebstätte liegt. Absatz 2 gilt nicht für unbewegliches Vermögen, für das nach Artikel 6 Absatz 4 dem Belegenheitsstaat ein vorrangiges Besteuerungsrecht zusteht (vgl. Artikel 6 Ziffern 3 und 4 MA-Komm.). Daher kann das in einem Vertragsstaat gelegene unbewegliche Vermögen, das Betriebsvermögen einer Betriebstätte ist, die ein Unternehmen dieses Staates im anderen Vertragsstaat hat, nur im erstgenannten Staat besteuert werden, in dem das Vermögen liegt und in dem der Empfänger der Einkünfte ansässig ist. Dies entspricht der für unbewegliches Vermögen in den Artikeln 13 und 22 vorgesehenen Regel, da Absatz 2 dieser Artikel nur für bewegliches Vermögen einer Betriebstätte gilt.*

*5. **[Besteuerungsrecht in Sonderfällen]** Der Absatz erfasst auch den Fall, in dem Empfänger und Schuldner der Einkünfte in demselben Vertragsstaat ansässig sind und die Einkünfte einer Betriebstätte zugerechnet werden, die der Empfänger der Einkünfte im ande-*

ren Vertragsstaat hat. In diesem Fall steht das Besteuerungsrecht dem Vertragsstaat zu, in dem die Betriebstätte liegt. Eine etwaige Doppelbesteuerung hat der Ansässigkeitsstaat nach Artikel 23 A oder 23 B zu beseitigen. Bei der Besteuerung von Dividenden und Zinsen kann sich ein Problem ergeben, wenn der Ansässigkeitsstaat auch Quellenstaat ist: Das Zusammenwirken der Artikel 7 und 23 A hindert diesen Staat daran, diese Einkünfte zu besteuern, obwohl er, würden die Einkünfte an eine im anderen Staat ansässige Person gezahlt, als Quellenstaat die Dividenden oder Zinsen zu den in den Absätzen 2 der Artikel 10 und 11 vorgesehenen Sätzen besteuern könnte. Die Vertragsstaaten, für die dies unannehmbar ist, können in ihre Abkommen eine Bestimmung aufnehmen, wonach der Ansässigkeitsstaat als Quellenstaat der Dividenden oder Zinsen diese Einkünfte zu den in Absatz 2 der Artikel 10 und 11 vorgesehenen Sätzen besteuern kann. Der Staat, in dem die Betriebstätte liegt, hätte dann diese Steuer gemäß Artikel 23 A Absatz 2 oder Artikel 23 B Absatz 1 anzurechnen; die Anrechnung entfällt selbstverständlich, wenn der Staat, in dem die Betriebstätte liegt, die ihr zugerechneten Dividenden oder Zinsen nach seinem innerstaatlichen Recht nicht besteuert.

[ab 22.7.2010:]

5.1 *For the purposes of the paragraph, a right or property in respect of which income is paid will be effectively connected with a permanent establishment if the "economic" ownership of that right or property is allocated to that permanent establishment under the principles developed in the Committee's report entitled Attribution of Profits to Permanent Establishments*[1] *(see in particular paragraphs 72–97 of Part I of the report) for the purposes of the application of paragraph 2 of Article 7. In the context of that paragraph, the "economic" ownership of a right or property means the equivalent of ownership for income tax purposes by a seperate enterprise, with the attendant benefits and burdens (e.g. the right to the income attributable to the ownership of the right or property, the right to any available depreciation and the potential exposure to gains or losses from the appreciation or depreciation of that right or property).*

5.2 *In the case of the permanent establishment of an enterprise carrying on insurance activities, the determination of whether a right or property is effectively connected with the permanent establishment shall be made by giving due regard to the guidance set forth in Part IV of the Committee's report with respect to whether the income on or gain from that right or property is taken into account in determining the permanent establishment's yield on the amount of investment assets attributed to it (see in particular paragraphs 165–170 of Part IV). That guidance being general in nature, tax authorities should consider applying a flexible and pragmatic approach which would take into account an enterprise's reasonable and consistent application of that guidance for purposes of identifying the specific assets that are effectively connected with the permanent establishment.*

6. [Missbräuchliche Inanspruchnahme von Abs. 2] *Manche Staaten, die die Befreiungsmethode (Artikel 23 A) verwenden, könnten befürchten, dass Unternehmen eines Vertragsstaats durch die in Absatz 2 vorgesehene Behandlung veranlasst werden, Vermögenswerte wie z. B. Aktien, Obligationen oder Patente auf eine im anderen Vertragsstaat gelegene Betriebstätte zu übertragen, um dort steuerlich günstiger behandelt zu werden. Um solche als missbräuchlich anzusehenden Gestaltungsmöglichkeiten zu vereiteln, werden einige Staaten den Standpunkt vertreten, dass es sich dabei um ein Scheingeschäft handelt und deshalb die Vermögenswerte als nicht zur Betriebstätte gehörend ansehen. Andere Staaten werden gegebenenfalls ihre Stellung durch Aufnahme einer Bestimmung verbessern, wonach Absatz 2 nicht gilt, wenn die erwähnten Gestaltungsmöglichkeiten in erster Linie dazu verwendet wurden, die Vorteile dieser Bestimmung zu nutzen.* **[ab 22.7.2010:]** *Also, the requirement that a right or property be „effectively connected" with such a location requires more than merely recording the right or property in the books of the permanent establishment for accounting purposes.*

---

[1] Attribution of Profits to Permanent Establishments, OECD, Paris, 2010.

*7. **[Mögliche Einfügung eines Absatzes 3 zwecks Einkünftekorrektur]** Einige Länder sind bei der Behandlung gewisser nichttraditioneller Finanzinstrumente auf Schwierigkeiten gestoßen, wenn zwischen den Beteiligten besondere Beziehungen bestanden. Diese Länder können, wenn sie dies wünschen, dem Artikel 21 folgenden Absatz anfügen:*

„(3) Bestehen zwischen der in Absatz 1 genannten Person und einer anderen Person oder zwischen jeder von ihnen und einem Dritten besondere Beziehungen und übersteigen deshalb die in Absatz 1 genannten Einkünfte das, was sie ohne diese Beziehungen vereinbart hätten, so wird dieser Artikel nur auf den letzteren Betrag angewendet. In diesem Fall kann der übersteigende Betrag nach dem Recht eines jeden Vertragsstaates und unter Berücksichtigung anderer anwendbarer Bestimmungen dieses Abkommens besteuert werden."

Die Anfügung dieses zusätzlichen Absatzes hat keine Auswirkung auf die Behandlung von innovativen Finanztransaktionen zwischen unabhängigen Personen oder nach anderen Bestimmungen des Abkommens.

*8. **[Analoge Anwendung von Ziffern 32 bis 34 MA-Komm. zu Artikel 11]** Dieser Absatz beschränkt den Anwendungsbereich der Bestimmungen über die Besteuerung von in den anderen Artikeln nicht genannten Einkünften so, wie Artikel 11 Absatz 6 den Anwendungsbereich der Bestimmungen über die Besteuerung von Zinsen beschränkt. Die Grundsätze, die in Art. 11 Ziffern 32 bis 34 MA-Komm. dargelegt wurden, sind allgemein auch auf den vorstehenden Absatz anzuwenden.*

*9. **[Anwendung auf nichttraditionelle Finanzinstrumente]** Die Beschränkung kann auf alle sonst unter Artikel 21 fallenden Einkünfte angewendet werden; beabsichtigt ist jedoch weniger die Anwendung auf Zahlungen von Unterhaltsleistungen oder Sozialversicherungsbezügen als der Einsatz in Fällen, in denen bestimmte, nichttraditionelle Finanzinstrumente unter Gegebenheiten und zu Bedingungen vereinbart werden, zu denen sie ohne eine besondere Beziehung nicht vereinbart worden wären. (Siehe Artikel 11 Ziffer 21.1 MA-Komm.)*

*10. **[Überhöhte Zahlungen aufgrund nichttraditioneller Finanzinstrumente]** Zwischen der Beschränkung des Artikels 11 und der des zu Artikel 21 bestehen bedeutsame Unterschiede. Zunächst können nach dem Absatz sämtliche Zahlungen aufgrund eines nicht traditionellen Finanzinstruments als überhöht behandelt werden, wenn die Voraussetzungen dafür gegeben sind. Zweitens können Einkünfte, die aus dem Anwendungsbereich des Zinsartikels herausgenommen sind, immer noch unter einen anderen Artikel des Abkommens fallen, wie dies in Art. 11 Ziff. 35 und 36 MA-Komm. dargelegt ist. Einkünfte, die an sich unter Art. 21 fallen, fallen aber definitionsgemäß unter keinen anderen Artikel. Grenzt die Beschränkung des Artikels 21 Einkünfte aus dem Anwendungsbereich dieses Artikels aus, so sind die Artikel 6 bis 20 auf diese Einkünfte überhaupt nicht anwendbar und jeder Staat kann sie nach seinem innerstaatlichen Steuerrecht besteuern.*

*11. **[Mögliche Anwendung der Artikel 23, 25 und 26]** Auf diese Einkünfte bleiben jedoch andere Artikel des Abkommens anwendbar, so Artikel 23 (Methoden zur Vermeidung der Doppelbesteuerung), Artikel 25 (Verständigungsverfahren) und Artikel 26 (Informationsaustausch).*

12. [gestrichen].

Vorbehalte zum Artikel

*13. **Australien, Kanada,*** **[ab 22.7.2010:** ***Chile,*]** ***Mexiko, Neuseeland, Portugal*** *und die* ***Slowakei*** *machen einen Vorbehalt zu diesem Artikel dahingehend, dass sie Einkünfte, die aus ihren Staaten stammen, besteuern können.*

*14. **Finnland** und **Schweden** behalten sich vor, bestimmte Renten und ähnliche Zahlungen, die an in dem betreffenden Staat nicht ansässige Personen geleistet werden, zu besteuern, wenn diese Zahlungen aufgrund einer im Gebiet des betreffenden Staates abgeschlossenen Pensionsversicherung geleistet werden.*

15. ***Großbritannien*** *und* ***Irland*** *behalten sich vor, Beträge zu besteuern, die die in Großbritannien bzw. in Irland ansässigen Personen an dort nicht ansässige Personen über einen Trust oder im Rahmen der Nachlassverwaltung über den Nachlass eines Erblassers zahlen.*

16. **[bis 14.7.2014:** *Um eine Nichtbesteuerung zu vermeiden, behält sich* ***Belgien*** *vor, dem Staat, aus dem die Einkünfte stammen, die Besteuerung dieser Einkünfte zu gestatten, wenn der Ansässigkeitsstaat, der sonst das ausschließliche Besteuerungsrecht für diese Einkünfte hätte, dieses Recht tatsächlich nicht ausübt.* **ab 15.7.2014:]** *[gestrichen]*

17. Die ***Vereinigten Staaten*** *behalten sich vor, für Unterhaltszahlungen an Kinder eine Befreiung in beiden Staaten vorzusehen.*

Text: Stellungnahmen von Nichtmitgliedstaaten zum OECD-MA (OECD-NM)

Position on the Article

1. ***Albania, Argentina,*** **[ab 15.7.2014:** ***Azerbeijan,*]** ***Belarus, Brazil,*** **[bis 14.7.2014:** ***Bulgaria,*]** **[ab 15.7.2014:** ***Colombia,*]** ***Gabon, India, Indonesia, Ivory Coast, Malaysia, Morocco, Russia, Serbia,*** **[ab 15.7.2014:** ***Singapore,*]** ***South Africa, Thailand*** *and* ***Vietnam*** *reserve their positions on this Article as they wish to maintain the right to tax income arising from sources in their own country.*

A. Zu Art. 21 Abs. 1

I. Musterabkommen

1. Übereinstimmungen und Abweichungen

2 Die Absätze 1 der MA stimmen fast wörtlich überein. Nach dem US-MA muss der Nutzungsberechtigte der Einkünfte in einem Vertragsstaat ansässig sein, damit die Einkünfte im anderen Vertragsstaat freigestellt werden. Materiell bedeutet dies aber keinen Unterschied, da auch bei Anwendung des MA auf die Nutzungsberechtigung abgestellt wird (s. Vor Art. 10–12 Rz. 27). Auch die US-TE geht davon aus, dass die Einfügung des Begriffes „beneficial owner" nur klarstellende Bedeutung hatte. Abs. 1 des UN-MA wird durch einen Abs. 3 für Einkünfte aus dem anderen Vertragsstaat (Quellenstaat) ergänzt (s. Rz. 20).

2. OECD-MA und US-MA

3 **a) Grundzüge:** Art. 21 Abs. 1 ergänzt die vorhergehenden Verteilungsnormen des DBA (vgl. zur Entstehungsgeschichte der Vorschrift *Ward/Avery Jones u. a.,* BIFD 1990, 409 ff., mit einem Überblick über die verschiedenen Fassungen in der Abkommenspraxis: a. a. O., 420 ff.). Er weist die Besteuerung von Einkünften, die von diesen Verteilungsnormen nicht erfasst werden, **dem Ansässigkeitsstaat** zu. Eine Besteuerung im anderen Vertragsstaat ist ausgeschlossen („können nur", s. Vor Art. 6 bis 22 Rz. 4 ff.). Der Ansässigkeitsstaat besteuert die Einkünfte nach seinem innerstaatlichen Recht, ohne durch das Abkommen darin beschränkt zu sein. Zur Anwendung der Vorschrift kann es aus zwei Gründen kommen: erstens, weil Einkünfte **ihrer Art nach** von den Art. 6 bis 20 nicht erfasst werden, sie unter keine der dort spezifizierten Einkunftsarten fallen; zweitens, weil eine Reihe der vorhergehenden Verteilungsnormen nur die Besteuerung von Einkünften aus Quellen im anderen Vertragsstaat regelt, die Besteuerung von Einkünften **aus dem Ansässigkeitsstaat** sowie aus **Drittstaaten** dagegen offen lässt (Wassermeyer/*Wassermeyer/Kaeser,* Art. 21 OECD-MA Rz. 1 und 17). Art. 21 gilt aber selbstverständlich wie

alle DBA-Vorschriften **nur im Verhältnis der Vertragsstaaten** zueinander. Im Verhältnis zu Drittstaaten kann er nicht geltend gemacht werden. Art. 21 stellt eine Auffangnorm für alle Einkünfte dar, die nicht von einer speziellen Verteilungsnorm erfasst werden. Art. 21 ist gegenüber den anderen Verteilungsnormen subsidiär. Sind die Voraussetzungen der Art. 1 und 2 erfüllt, so gibt es keine Einkünfte, die nicht in den Anwendungsbereich einer Verteilungsnorm fallen (a. A. Hoge Raad v. 7.12.2001, BNB 2002/42 dagegen zurecht *Betten,* ET 2002, 409).

Ihrer Herkunft nach lassen sich die unter Art. 21 fallenden Einkünfte in drei Gruppen einteilen: 4

1. Einkünfte aus dem **anderen Vertragsstaat,** die ihrer Art nach in Art. 6–20 nicht behandelt wurden.
2. Einkünfte aus einem **Drittstaat,** die a) entweder ihrer Art nach in Art. 6–20 nicht behandelt wurden oder b) die zwar ihrer Art nach in den vorhergehenden Artikeln behandelt wurden, jedoch nicht unter Art. 6–20 fallen, da sie aus einem Drittstaat stammen.
3. Einkünfte aus dem **Ansässigkeitsstaat,** die a) entweder ihrer Art nach in Art. 6–20 nicht behandelt wurden oder b) die zwar ihrer Art nach in den vorhergehenden Artikeln behandelt wurden, jedoch nicht unter Art. 6–20 fallen, da sie aus dem Ansässigkeitsstaat stammen.

Art. 21 erfasst in Gruppe 2 Dreieckssachverhalte, die durch einen Umstand in der Person des Empfängers verursacht wurden. Der Empfänger der Leistung ist entweder in beiden Vertragsstaaten unbeschränkt steuerpflichtig oder unterhält im anderen Vertragsstaat eine Betriebstätte (s. hierzu Rz. 44 ff.). Während in diesen Dreieckskonstellationen die Dreifachbesteuerung durch Art. 21 i. V. m. dem DBA Ansässigkeitsstaat-Drittstaat vollständig vermieden werden kann, verbleibt es häufig bei Doppelbesteuerungen, wenn die Dreieckskonstellation ihre Ursache in der Person des Leistenden hat (s. Art. 11 Abs. 5), *Rust,* in Lang/Pistone/Schuch/Staringer, Source vs. Residence, S. 327 (340). 5

b) Verhältnis zu §§ 22, 23 EStG. Die anderen Einkünfte i. S. von Art. 21 sind nicht mit den sonstigen Einkünften i. S. v. §§ 22, 23 EStG identisch (s. Grundl. Rz. 81). Zum einen handelt es sich bei Art. 21 um eine Auffangnorm, die alle in den vorhergehenden Artikeln nicht behandelten Einkünfte umfasst; dagegen erfassen die §§ 22, 23 EStG nur die dort enumerativ aufgezählten Einkünfte. Zum anderen ist Art. 21 nicht auf alle in §§ 22, 23 EStG behandelten Einkünfte anzuwenden. So fallen die privaten Veräußerungsgeschäfte nach §§ 22 Nr. 2, 23 EStG unter Art. 13 Absätze 1, 4 und 5. 6

c) Abgrenzung: Verteilungsnormen mit **abschließender** Rechtsfolge (s. Vor Art. 6 bis 22 Rz. 4, 5), die die ausschließliche Besteuerung dem Ansässigkeitsstaat, in Ausnahmefällen auch dem Quellenstaat zuweisen, **ohne** die Zuweisung auf Einkünfte aus dem anderen Vertragsstaat zu beschränken, werden durch Art. 21 Abs. 1 **nicht berührt** (vgl. Art. 7 Abs. 1 Halbsatz 1 (s. aber Rz. 45); Art. 8; Art. 13 Abs. 3 und 5; Art. 14 Abs. 1 a. F.; Art. 15 Abs. 1 Halbs. 1; Art. 18). Beschränkt sich die Zuweisung auf Einkünfte aus dem anderen Vertragsstaat, so greift für Drittstaatseinkünfte Art. 21 ergänzend ein (s. näher Rz. 16 ff.). **Bei Verteilungsnormen mit nicht abschließender Rechtsfolge,** also solchen, für die Art. 23 die Beseitigung der Doppelbesteuerung regelt, ergänzt Art. 21 die Rechtsfolge des Art. 23, soweit es um Einkünfte aus dem Ansässigkeitsstaat oder aus Drittstaaten geht. Auch der **persönliche Geltungsbereich** des DBA (Art. 1) wird durch Art. 21 nicht berührt. Wie alle Verteilungsnormen der DBA gilt auch Art. 21 nur für Personen, die in einem oder in beiden Vertragsstaaten ansässig sind (zur Ansässigkeit vgl. Art. 4 Rz. 71 ff.). Fließen Einkünfte i. S. des Art. 21 mit Ausnahme der Einkünfte aus unbeweglichem Vermögen einer Betriebstätte des Steuerpflichtigen 7 im anderen Staat zu, so geht Art. 7 Abs. 1 dem Art. 21 insoweit vor (Art. 21 Abs. 2, s. Rz. 44 ff.).

8 **d) Regelung:** Bezieht
– eine **in einem Vertragsstaat ansässige Person**
– **Einkünfte,**
– die **in den Art. 6 bis 20 nicht behandelt** werden,
so können nach Art. 21 Abs. 1 diese Einkünfte **ohne Rücksicht auf ihre Herkunft** nur im **Ansässigkeitsstaat** besteuert werden.

9 Abs. 1 weist dem Ansässigkeitsstaat (Sitzstaat) die **ausschließliche Besteuerung** zu. Er ist daher eine Verteilungsnorm mit abschließender Rechtsfolge; für eine Anwendung des Art. 23 bleibt weder Raum noch Notwendigkeit. Die Zuweisung an den Ansässigkeitsstaat und, damit verbunden, die Freistellung im Quellenstaat hängen nicht davon ab, dass der Ansässigkeitsstaat seine Befugnis zur Besteuerung auch tatsächlich wahrnimmt. Dies hat zur Folge, dass Einkünfte u. U. unbesteuert bleiben, wenn sie im Ansässigkeitsstaat nicht steuerpflichtig sind (vgl. dazu Vor 6–22 Rz. 7). Eine Doppel-Nichtbesteuerung wird jedoch vermieden, wenn die Vertragsstaaten die Rechtsfolge des Abs. 1 davon abhängig machen, dass der Ansässigkeitsstaat die Einkünfte tatsächlich besteuert. Zu diesem Zweck kann eine „subject-to-tax-clause" vereinbart werden (vgl. MA-Komm. Ziff. 3, sowie Art. 4 Rz. 41 und Vor Art. 6 bis 22 Rz. 19).

10 **e)** Zum Begriff der **Person** s. Art. 3 Rz. 11 ff. Die **Ansässigkeit** der Person, somit die Bestimmung des **Ansässigkeitsstaates** richtet sich, da auch Art. 21 **nur** im Verhältnis beider Vertragsstaaten gilt, hier wie bei allen anderen Verteilungsnormen der MA nach Art. 4 (vgl. dort Rz. 71 ff. und 168 ff.; zur Auswirkung der Wohnsitz- bzw. Sitzbesteuerung nach Art. 4 Abs. 2 und 3 auf die innerstaatliche Steuerpflicht: a. a. O., Rz. 30 ff.). Welche Einkünfte steuerpflichtig sind und damit unter die Vorschrift fallen, ergibt sich aus dem innerstaatlichen Recht des das Abkommen anwendenden Staates. **Welcher Art** die Einkünfte sind, d. h. unter welche Verteilungsnorm der DBA sie zu subsumieren sind, ist dagegen eine Frage der Abkommensauslegung. Die Einkunftsarten des DBA dürfen nicht mit denen des innerstaatlichen Rechts gleichgesetzt werden (vgl. Rz. 6 und Vor Art. 6 bis 22 Rz. 2). Verteilungsnormen beschreiben entweder **Tätigkeiten,** die der Einkunftserzielung dienen (Art. 6 Abs. 3, Art. 7, 14, 15, 18), daneben spezielle Ausprägungen dieser Formen der Erwerbstätigkeit (s. bereits zu Art. 7 Rz. 32), oder nennen nur die **Quelle,** aus der Einkünfte bezogen werden (vgl. z. B. Art. 10 bis 13). Zur Abkommensberechtigung von Personengesellschaften und anderen „transparenten" Gebilden (z. B. Europäische Wirtschaftliche Interessenvereinigung) s. Art. 1 Rz. 13 ff.; über die Anwendung des Art. 21 auf solche Gebilde s. *Ward/Avery Jones u. a.,* BIFD 1990, 417 ff.

11 **f)** Art. 21 gilt für Einkünfte, die **in den vorstehenden Artikeln** (erg.: des Abkommens) **nicht behandelt wurden** (engl.: „not dealt with"; franz.: „ne pas traités"). Mit den **vorstehenden Artikeln** sind nur die Verteilungsnormen des Abkommens, die Art. 6 bis 20, gemeint. Art. 21 erweitert den sachlichen Geltungsbereich des Abkommens nicht. Er gilt daher **nicht** für Einkünfte, auf die das Abkommen **insgesamt** keine Anwendung findet, d. h. für Einkünfte, die nicht von den nach Art. 2 der MA unter das Abkommen fallenden Steuern erfasst werden (Wassermeyer/*Wassermeyer/Kaeser,* Art. 21 OECD-MA Rz. 17). In den Art. 6 bis 20 **nicht behandelt** sind Einkünfte, wenn sie unter keinen dieser Artikel subsumiert werden können (*Ward/Avery Jones u. a.,* BIFD 1990, 413 ff.). Diese Frage ist zunächst zu klären; dabei sind alle für die Abkommensauslegung geltenden Rechtsgrundsätze heranzuziehen (s. die Grundl. Rz. 95 ff.; ferner zu Art. 3 Rz. 38 ff.). Erst wenn die Auslegung ergibt, dass keiner der Art. 6 bis 20 einschlä-

gig ist, kann Art. 21 angewandt werden. „Nicht behandelt" darf also nicht mit „nicht eindeutig behandelt" gleichgesetzt werden: Art. 21 dient nicht der Beseitigung von Auslegungsschwierigkeiten, noch weniger ihrer Entscheidung zugunsten des Wohnsitz- bzw. Sitzstaates. Eine ausführliche Auflistung von Einkünften, die unter Art. 21 fallen, enthält *Zeitlhofer,* in Aigner/Loukota, S. 300 ff.

Soweit es um **in den Art. 6 ff. nicht geregelte Einkunftsarten** geht (s. Fallgruppe 1, 2a und 3a in Rz. 4), bleibt demgemäß der Anwendungsbereich der Vorschrift sehr eng. So fallen etwa Einkünfte aus der **Vermietung beweglicher Gegenstände** unter Art. 21 soweit diese nicht von Art. 7 erfasst werden (s. BFH IStR 2011, 688). Von der Auffangnorm des Art. 21 werden auch Rentenzahlungen erfasst, die auf früheren Beitragsleistungen beruhen (z. B. **Sozialversicherungsrenten**), soweit deren Besteuerung nicht anderen Vorschriften unterfällt (vgl. Art. 18 Rz. 12; seit der Änderung des MA-Komm. 2005 findet Art. 18 auf Sozialversicherungsrenten Anwendung, s. Art. 18 Rz. 29a und b sowie Art. 18 A Abs. 2 UN-MA (dazu Art. 18 Rz. 62) und Art. 17 Abs. 2 US-MA (Art. 18 Rz. 71; zu Veräußerungsrenten s. Art. 13 Rz. 36 ff.; für Altersrenten s. BFH IStR 2008, 458 und BFH BStBl. II 2011, 488). Auch Zahlungen aus einer **freiwilligen Zusatzversicherung** stellen andere Einkünfte im Sinne des Art. 21 dar s. Art. 18 Rz. 31; *de Groote,* PIStB 2009, 272; s. a. die Entscheidung des dänischen Landsskatteretten SKM No. 2009.217). **Arbeitslosenunterstützung** fällt nach Ansicht des niederländischen Finanzministeriums unter Art. 21 (TNS 1995, 86), zweifelnd jedoch für Invaliditätsrente der BFH (s. BFH BStBl. II 1996, 478). **Unterhaltszahlungen** an Angehörige und andere Nahestehende fallen unter Art. 21 (s. BMF v. 5.11.1998, BStBl. I 1998, 1392; Wassermeyer/*Wassermayer/Kaeser,* Art. 21 OECD MA Rz. 39) soweit nicht bei Studenten Art. 20 oder besondere Vorschriften für Unterhaltszahlungen wie etwa Art. 17 Abs. 4 US-MA zur Anwendung kommen, wobei grundsätzlich auch bei Anwendung des Art. 21 Abs. 1 die wirtschaftliche Doppelbelastung (s. Grundl. Rz. 9) durch Nichtabziehbarkeit beim Geber bestehen bleibt. Die Vorschrift gilt des Weiteren für **Schadenersatzleistungen,** soweit damit nicht Entschädigungen für entgangene, unter die vorhergehenden Artikel fallende Einkünfte abgegolten werden (Unfallrenten, Wiedergutmachungszahlungen, für „punitive damages" nicht aber „compensatory damages" s. US-TE Vor Abs. 1), die einer Unfallrente gleichenden Zahlungen des australischen *Dust Control Board* (ÖstBMF v. 7.10.1992, SWI 1992, 354: *DBA Österreich/ Australien,* differenzierend ÖstBMF v. 24.3.2003 (EAS 1912), SWI 2003, 208), die Ablösung einer Altersversicherung (LTR 92. 53049: *DBA USA/Großbritannien*), sonstige Zuwendungen und Preise für allgemeine, künstlerische und wissenschaftliche Leistungen, Zuwendungen von Stiftungen (FG Münster EFG 1970, 380: *DBA Niederlande 1959;* ÖstBMF v. 20.1.1997 (EAS 1000), SWI 1997, 93: *DBA Deutschland/Österreich 1954/1992* und v. 4.2.1999 (EAS 1409), SWI 1999, 149: *DBA Österreich/Niederlande 1959;* SchweizBG StRev. 1986, 201: *DBA Deutschland/ Schweiz*) und Trusts (Dr. Fisc. 1997, 1185, comm. 1028), Zahlungen aufgrund eines **Wettbewerbsverbotes** (s. US-TE), soweit die Einkünfte nicht bereits unter andere Verteilungsnormen fallen (s. Art. 15 Rz. 20; enger *Reimer,* S. 263), Gewinne aus **„neuen Finanzinstrumenten",** besonders aus sog. Derivaten (s. MA-Komm. zu Art. 21 Ziff. 7 ff.; *Woywode* S. 208; *ders.,* IStR 2006, 325 (330); Wassermeyer/*Wassermeyer/Kaeser,* Art. 21 OECD-MA Rz. 87 ff.), soweit sie nicht unter Art. 7, 11 (s. dort Rz. 73) oder 13 fallen, schließlich **Spielgewinne** (vgl. US LTR 87. 14 055 und US-TE Vor Abs. 1, s. auch Art. 21 Abs. 3 *DBA Aserbaidschan,* Art. 21 Abs. 3 *DBA Indien* und Art. 21 Abs. 2 *DBA Indonesien*) und Lotteriegewinne (vgl. auch die von *Schürmann* angeführten Beispiele in Meyer-Marsilius/*Hangarter,* Art. 21 Anm. II 1). *Wattel/Marres,* ET 2003, 66 sprechen sich für eine Anwendung des Art. 21 auf **fiktive Einkünfte** aus, da es bei Einkunftsfiktionen an 12 einer tatsächlichen Zahlung im Sinne von Art. 10–12 OECD-MA mangelt. Werden jedoch Einkünfte fingiert, so ist gleichfalls eine Zahlung zu fingieren (s. a. Art. 10 Rz. 22; für die Anwendung des Art. 6 bei einer Wertzuwachsbesteuerung s. Hoge Raad BNB 2011/189c).

13 Art. 21 gilt dagegen **nicht** für Einkünfte, die zu den **Unternehmenseinkünften** i. S. des Art. 7 gehören, wie z. B. Vergütungen für technische Dienstleistungen, für die es z.T. zwar Sondervorschriften gibt (s. bei Art. 12 Rz. 83), die aber, wo solche Sondervorschriften fehlen, unter Art. 7 fallen (s. dazu *Krause,* IWB F. 3 Deutschland Gr. 2, 525 (527)). Um ihre Quellenbesteuerung aufrechtzuerhalten, sind die brasilianischen Steuerbehörden der Auffassung, dass die Vergütungen für technische Dienstleistungen als andere Einkünfte qualifiziert werden können (s. *Peña/v. Staden,* ITR 2000, 372 ff.; *Wolf/v. Hek,* ITR 2000, 400 ff.; zum *DBA Brasilien (K)* s. Rz. 33). Diese Einkünfte werden jedoch in den vorstehenden Artikeln schon behandelt, so dass ein Rückgriff auf Art. 21 nicht möglich ist. In den letzten Jahren haben nun auch mehrere brasilianische Gerichte entschieden, dass diese Vergütungen nicht von Art. 21, sondern von Art. 7 erfasst werden, s. *Superior Tribunal de Justiça,* RE 1.161.467 – RS; *Tribunal Regional Federal da 2ª Região,* 2004.50.1.001354-5/ES. Nach Ansicht des *Conseil d'État* ist Art. 21 auch auf **verdeckte Gewinnausschüttungen** an Nichtgesellschafter (z.B. an andere Tochtergesellschaften eines Unternehmens) anwendbar, die nicht unter Art. 9 Abs. 6 des DBA fallen (*Conseil d'Etat* req. n. 54.101, Dr. Fisc. 1987 comm. 852: *DBA Frankreich/Deutschland*). Fehlt es im DBA an einer dem Art. 21 entsprechenden Vorschrift, so wird nach dieser Rspr. die Doppelbesteuerung nicht behoben (*Conseil d'Etat* req. n. 56.218, Dr. Fisc. 1989 comm. 241 concl. *Fouquet: DBA Frankreich/Israel;* ebenso *Cour administrative d'appel de Paris* req. n. 91–699, Dr. Fisc. 1994 comm. 164 concl. *Moureix: DBA Frankreich/Brasilien;* beide mit Anm. von *Tixier/Lamulle;* s.a. *Gest,* Dr. Fisc. 1991, 1713). Ob es sich hier nicht um Unternehmenseinkünfte handelt, ist jedoch zweifelhaft. Auch auf die Bezüge von **Gesellschafter-Geschäftsführern** *(gérants majoritaires)* hat die französische Rechtsprechung, weil es sich nicht um Arbeitnehmer handele, nicht Art. 15, sondern Art. 21 angewandt (*Conseil d'État* req. n. 71.227, Dr. Fisc. 1969 comm. 10, *Cour administrative d'appel de Paris,* req.n. 93–455 und 93–456, Dr. Fisc. 1994 comm. 1593, concl. *De Segonzac:* beide *DBA Deutschland/Frankreich,* überholt durch das *ZusAbk. 1989*). Auch eine **branch profits tax** (s. Art. 7 Rz. 17, Art. 24 Rz. 107) fällt nicht in den Anwendungsbereich des Art. 21, sondern des Art. 7. Eine second level withholding tax nach Maßgabe des französischen Art. 115^{quinquies} CGI oder der US amerikanischen Sec. 861 (a) (2) (B) IRC fällt dagegen unter Art. 21 (Conseil d'Etat req.n. 199543, Dr. Fisc. 2002 comm. 422: *DBA Frankreich/Polen*). Zwar werden Gewinnüberweisungen der Betriebstätte an das Stammhaus nicht ausdrücklich in einer Verteilungsnorm benannt. Bemessungsgrundlage und damit Steuerobjekt der Betriebstättensteuer ist jedoch der Gewinn der Betriebstätte. **Pensionszahlungen an den ehemaligen Gesellschafter-Geschäftsführer** fallen nicht unter Art. 13 Abs. 1 *DBA Österreich 1954/92,* obwohl eine dem Art. 9 Abs. 4 entsprechende Regelung in Art. 8 des DBA nicht vorhanden ist. Die Besteuerung für Pensionen soll dem Staat überlassen werden, in dem auch die selbständige Tätigkeit ausgeübt wurde (s. ÖstBMF v. 31.10.1997 (EAS 1153), SWI 1997, 534 und OFD Magdeburg v. 10.10.1996, IStR 1997, 56). Ein Lotteriegewinn gehörte möglicherweise zu Unternehmenseinkünften in einem vom *U.S. District Court E.D. Virginia* entschiedenen Fall (800 FSupp. 337 (1992): *DBA USA/Australien*). Doch brauchte das Gericht diese Frage nicht zu klären.

14 Der *Conseil d'Etat* hat Art. 21 auch in einem Fall angewandt, in dem der Steuerpflichtige **nicht glaubhaft belegt** hatte, in welcher Weise er bestimmte Einkünfte erworben hatte (*Conseil d'Etat* req. n. 73.105, Dr. Fisc. 1993 comm. 1880: *DBA*

Frankreich/Iran). Ob das Gericht im gleichen Sinne entschieden hätte, wenn der Steuerpflichtige nicht wie im konkreten Fall in Frankreich ansässig gewesen wäre, ist zu bezweifeln. Denn das würde bedeuten, dass ein Staat Einkünfte Nichtansässiger unbesteuert lassen müsste, wenn ihre Art infolge mangelnder Mitwirkung des Steuerpflichtigen nicht festgestellt werden kann (so in der Tat das *Tribunal administratif de Grenoble,* no. 88–36 518, Dr. Fisc. 1994 comm. 1420). Das ist keinem Staat zuzumuten. Die Lösung kann nur darin liegen, dass in einem solchen Fall das DBA nicht angewandt werden kann, der betreffende Staat also sein innerstaatliches Steuerrecht anwendet. **Anders** kann es sein, wenn den Steuerpflichtigen an der mangelnden Aufklärung **keine Mitverantwortung** trifft (z. B. einen Erben, der Einkünfte des Erblassers zu versteuern hat, deren Herkunft aber nicht kennt). In einem derartigen Fall ist es angebracht, die dem Art. 21 entsprechende Vorschrift des einschlägigen DBA anzuwenden.

Größer ist die Bedeutung der Vorschrift dagegen für Einkünfte, die zwar ihrer **15**
Art nach schon in den Art. 6 bis 20 geregelt werden, dort jedoch beschränkt auf Einkünfte aus dem **anderen Vertragsstaat** (s. Fallgruppe 2b und 3b in Rz. 4), d. h. dem Vertragsstaat, in dem der Bezieher der Einkünfte nicht i. S. des Art. 4 MA ansässig ist (Art. 6 Abs. 1; Art. 10 Abs. 1; Art. 11 Abs. 1; Art. 12 Abs. 1; Art. 13 Abs. 1 und 2; Art. 15 Abs. 1 Satz 2, Abs. 2; Art. 16; Art. 17 Abs. 1; Art. 19; s. a. *Ward/Avery Jones u. a.,* BIFD 1990, 415). **Veräußerungsgewinne** fallen grundsätzlich nicht unter Art. 21, da bereits Art. 13 Abs. 5 eine Auffangklausel für alle Veräußerungen unabhängig von Art und Herkunft des Vermögens enthält (s. Art. 13 Rz. 220; a. A. für im Drittstaat belegenes Sonderbetriebsvermögen *Piltz,* IStR 1996, 457 ff.). Ist der Anwendungsbereich von Art. 13 Abs. 5 in dem jeweiligen DBA aber auf Einkünfte aus dem anderen Vertragsstaat beschränkt oder fehlt eine dem Art. 13 Abs. 5 entsprechende Vorschrift, kann die Auffangklausel des Art. 21 zur Anwendung kommen (s. Art. 13 Rz. 326 ff.; s. a. *Schnieder,* IStR 1993, 715 ff.). Nach BFH BStBl. II 2009, 263: *DBA USA 1989* kann Art. 21 auch bei unterschiedlicher Einordnung ausländischer Gesellschaften zur Anwendung kommen. Betrachtet der Ansässigkeitsstaat des Gesellschafters die ausländische Gesellschaft als intransparent, der Staat der Gesellschaft diese jedoch als transparent, so sind Gewinntransfers an den Gesellschafter aus der Sicht des Ansässigkeitsstaats des Gesellschafters als Dividenden einzuordnen. Mangels Ansässigkeit der Gesellschaft im anderen Vertragsstaat kommt Art. 10 jedoch nicht zur Anwendung, weswegen die Einkünfte unter die Auffangnorm des Art. 21 zu subsumieren sind.

Art. 21 weist dem Ansässigkeitsstaat die Besteuerung der „in den vorstehenden **16**
Artikeln nicht behandelten Einkünfte **ohne Rücksicht auf ihre Herkunft**" zu. Unter „Herkunft" ist hier die geographische Herkunft zu verstehen; „ohne Rücksicht auf ihre Herkunft" soll **klarstellen,** dass sich Art. 21 auch auf Einkünfte aus **dritten Staaten, dem Ansässigkeitsstaat** und aus **staatsfreien Gebieten** erstreckt (s. MA-Komm. Ziff. 1 Satz 3). Abweichend hieß es im MA 1963 – und heißt es übereinstimmend in zahlreichen DBA der Bundesrepublik, die dem MA 1963 folgen; s. die Abkommensübersicht Rz. 26 – nur „die in den vorstehenden Artikeln **nicht ausdrücklich erwähnten Einkünfte**"; das könnte so verstanden werden, als seien nur nicht erwähnte Einkunfts**arten** gemeint, zumal auch der MA-Komm. 1963 auf die Einkünfte aus anderen Staaten nicht ausdrücklich hinwies. Dennoch galt schon nach dem MA 1963 Art. 21 auch für diejenigen Einkünfte, die in den vorangehenden Artikeln nur als Einkünfte aus einem Vertragsstaat, nicht dagegen als Einkünfte aus dem Ansässigkeitsstaat oder aus dritten Staaten „erwähnt" wurden: auch sie werden durch Art. 21 der Besteuerung im Ansässigkeitsstaat vorbehalten und zugewiesen (DW/*Debatin,* Syst. I Rz. 48 und Wassermeyer/*Brandis,* Art. 21 *DBA Schweiz* Rz. 1; Meyer-Marsilius/Hangarter/*Schürmann* Art. 21 Anm. II 2; *Ward/Avery Jones u. a.,* BIFD 1990, 420). Auch Ein-

künfte aus dem **Ansässigkeitsstaat** werden häufig nicht von den speziellen Verteilungsnormen erfasst, da diese nur die Besteuerung des Quellenstaats in Bezug auf Einkünfte aus dem Quellenstaat einschränken. Im Falle doppelter Ansässigkeit besteuert der Quellenstaat i. S. des Abkommens (vgl. Art. 4 Rz. 168) nach seinem nationalen Steuerrecht auch die Einkünfte aus dem Ansässigkeitsstaat i. S. des Abkommens. Nach Art. 21 Abs. 1 ist der Quellenstaat zur Besteuerung dieser Einkünfte aber nicht mehr befugt. Das ÖstBMF v. 27.1.2003 (EAS 2217), SWI 2003, 104 wandte Art. 21 auch auf Dividenden an, die von einer doppelansässigen Gesellschaft ausgeschüttet worden waren. Die Gesellschaft war im Sinne von Art. 4 Abs. 3 im gleichen Staate ansässig wie der Empfänger der Dividenden, weswegen die Anwendung des Art. 10 ausgeschlossen war.

17 Ohne eine Auffangklausel gemäß Art. 21 kann die Doppelbesteuerung allein aufgrund der Bestimmung des abkommensrechtlichen Wohnsitzes nach Art. 4 Abs. 2, 3 nicht beseitigt werden (s. Rz. 27). Auch unilateral wird die Doppelbesteuerung in diesen Fällen zumeist nur unzureichend beseitigt. Deutschland als Ansässigkeitsstaat würde die Steuer des anderen Vertragsstaats nicht nach § 34c Abs. 1 EStG anrechnen, da die Einkünfte nicht aus dem anderen Vertragsstaat stammen (s. *Wagner,* in Blümich, § 34c EStG Rz. 90). In Betracht kommt nur die Abzugsmöglichkeit nach § 34c Abs. 3 EStG.

18 **Drittstaaten** im Verhältnis zu den Vertragsstaaten sind **alle anderen Staaten,** ob sie nun mit beiden Vertragsstaaten oder nur mit einem von ihnen ein DBA abgeschlossen haben oder nicht. Obwohl Art. 21 nur das Verhältnis der Vertragsstaaten regelt und nur für sie gilt, berührt er mittelbar auch ihr Verhältnis zum Drittstaat: so kann es sein, dass die Drittstaatseinkünfte auf Grund des Art. 21 in beiden Vertragsstaaten steuerfrei bleiben, wenn der Ansässigkeitsstaat sie nicht besteuert und das Abkommen die Wirkung des Art. 21 nicht an die Bedingung knüpft, dass die Einkünfte im Ansässigkeitsstaat tatsächlich besteuert werden (vgl. Rz. 9). Die Besteuerung hängt dann vom Drittstaat ab.

19 **Besondere Fallkonstellationen** entstehen, wenn ein Vertragsstaat oder beide mit dem Drittstaat Doppelbesteuerungsabkommen abgeschlossen haben: die Einkünfte, die zwischen den beiden Vertragsstaaten Drittstaatseinkünfte sind und unter Art. 21 fallen, werden dann i. d. R. in Abkommen mit dem „Drittstaat" **behandelt** sein mit der Folge, dass die Vertragsstaaten die ihnen durch Art. 21 belassene Besteuerung nur nach Maßgabe ihrer Abkommen mit dem „Drittstaat" ausüben dürfen. So ist es denkbar, dass ein Vertragsstaat nach demjenigen Abkommen, für das die Einkünfte Drittstaatseinkünfte sind, als Ansässigkeitsstaat zu deren Besteuerung befugt, durch das Abkommen mit dem Drittstaat aber zugleich zu deren Freistellung verpflichtet ist. Nach dem erstgenannten Abkommen ist dann aber auch der andere Vertragsstaat (der Nicht-Ansässigkeitsstaat) zur Besteuerung der Einkünfte nicht mehr befugt (Wassermeyer/*Wassermeyer/Kaeser,* Art. 21 OECD-MA Rz. 54; SKK/*Joos,* Art. 21 OECD-MA Rz. 49). Das Ergebnis ist sachgerecht, solange zumindest der Drittstaat nach dem von ihm abgeschlossenen DBA die Einkünfte besteuern darf und sie auch tatsächlich besteuert. Es ist aber nicht schwer, sich vorzustellen, dass wiederum auch dieser Staat durch ein DBA verpflichtet ist, die betreffenden Einkünfte freizustellen. Dies kommt nur dann nicht in Betracht, wenn die Vertragsstaaten in Art. 21 eine „subject-to-tax-clause" vereinbart haben (vgl. Rz. 9, 18).

3. UN-MA

20 Art. 21 Abs. 1 wird durch Abs. 3 dahingehend erweitert, dass die Einkünfte, soweit sie aus dem anderen Vertragsstaat (dem Quellenstaat) stammen, auch in diesem besteuert werden können. Damit wird die ausschließliche Besteuerung der in den Artikeln 6 bis 20 nicht behandelten Einkünfte durch den Ansässigkeitsstaat eingeschränkt. Die Besteuerung solcher Einkünfte steht vorrangig und ohne eine

Begrenzung der Höhe nach dem anderen Vertragsstaat zu, soweit sie in diesem Staat entstehen. Ihre Besteuerung im Ansässigkeitsstaat richtet sich dann nach Art. 23 MA, nicht mehr nach Art. 21 Abs. 1. Stammen die Einkünfte dagegen aus dem Ansässigkeitsstaat oder einem Drittstaat, so bleibt es auch nach dem UN-MA bei der ausschließlichen Besteuerung durch den Ansässigkeitsstaat. Das UN-MA verwirklicht die Vorstellungen des Territorialitätsprinzips, wonach der Besteuerung durch den Quellenstaat Vorrang zukommt.

Woher die Einkünfte „stammen" – mit anderen Worten: wo sie ihre „Quelle" haben – ist nicht von vornherein eindeutig (vgl. *Vogel,* Intertax 1988, 216ff. (223ff.)). Es müssen hierfür die beiden Grundtypen der „Einkünfte …, die in den vorstehenden Artikeln nicht behandelt wurden" unterschieden werden (vgl. Rz. 11ff.). Soweit es sich um Einkünfte handelt, die in den vorhergehenden Verteilungsnormen zwar erwähnt, aber nicht „behandelt" wurden (weil die einschlägige Verteilungsnorm sich nur auf Einkünfte bezieht, die aus einem der beiden Vertragsstaaten stammen und dies so definiert ist, dass die konkret in Frage stehenden Einkünfte nicht aus einem Vertragsstaat „stammen"; s. Rz. 15), verlangt es der Zusammenhang des DBA, dass „stammen" im Rahmen des Art. 21 übereinstimmend mit jener Verteilungsnorm verstanden wird. Mit anderen Worten: Einkünfte, die nach den Verteilungsnormen aus keinem der beiden Vertragsstaaten „stammen", „stammen" von dort auch nicht i. S. des Art. 21 (s. *van Raad,* in Maisto, S. 63). So ist Deutschland als Quellenstaat durch Art. 21 UN-MA etwa eine Besteuerung nach § 49 Abs. 1 Nr. 5 lit. c aa) EStG bei Besicherung der Forderung im Inland verwehrt, wenn nicht auch der Schuldner der Zinszahlungen im Inland ansässig ist. Soweit es sich dagegen um Einkünfte handelt, die in den vorhergehenden Artikeln überhaupt nicht erwähnt werden, bestimmt jeder Vertragsstaat nach Art. 3 Abs. 2 MA über die Frage, woher die Einkünfte „stammen", nach seinem innerstaatlichen Recht, was sowohl die Möglichkeit einer verbleibenden Doppelbesteuerung wie auch einer doppelten Nichtbesteuerung nach sich zieht (vgl. Grundl. Rz. 155ff.; Art. 3 Rz. 99; s. a. *Ward/Avery Jones u. a.,* BIFD 1990, 412f.). Auch wird die Besteuerung durch den Quellenstaat der Höhe nach nicht begrenzt. Ohne Einfügung einer allgemeinen Auffangklausel bliebe die Besteuerung im Quellenstaat auch für Drittstaatseinkünfte und für Einkünfte aus dem Ansässigkeitsstaat aufrechterhalten. Zumindest für diese Einkünfte wird die Besteuerung im Quellenstaat durch das UN-MA zugunsten des Ansässigkeitsstaates eingeschränkt.

II. Deutsche DBA

1. Abkommensübersicht zu Artikel 21 Abs. 1, 2

26

DBA	Inhalt der Regelung	Nur bei Steuerpflicht im Ansässigkeitsstaat: ja/nein (subject-to-tax Klausel)	Artikel	Rz.
Ägypten	≈ MA Abs. 1, Besteuerung auch im Quellenstaat	nein	22	20; 33; 55f.
Albanien 2010	≈ MA	nein	21	55
Algerien 2007	≈ MA	nein	21	55
Argentinien	≈ MA Abs. 1, nicht ausdrücklich erwähnte Einkünfte; Sonderbestimmung	nein	21	16; 55ff.

DBA	Inhalt der Regelung	Nur bei Steuerpflicht im Ansässigkeitsstaat: ja/nein (subject-to-tax Klausel)	Artikel	Rz.
Armenien	s. UdSSR			
Aserbaidschan	≈ MA, Sonderbestimmung	nein	21 Abs. 1–3	32; 55
Australien	Sonderbestimmung	–	20; 22 Abs. 1, 2, Buchst. b (vii)	31; 33; 55 f.
Bangladesch	≈ MA Abs. 1, Besteuerung auch im Quellenstaat	nein	21	20; 33; 55 f.
Belarus	≈ MA	nein	21	55
Belgien	≈ MA Abs. 1, nicht ausdrücklich erwähnte Einkünfte	nein	21	16; 55 f.
Bolivien	≈ MA Abs. 1, nicht ausdrücklich erwähnte Einkünfte	nein	21	16; 55 f.
Bosnien-Herzegowina	s. Jugoslawien			
Bulgarien 2010	≈ MA	nein	20	55
China 1985	≈ MA; Besteuerung auch im Quellenstaat	nein	22	20; 33; 55; 58
China 2014 (E)	≈ MA	nein	21	55
Costa Rica 2014 (E)	≈ MA	nein	21	55
Dänemark	≈ MA	nein	21	55
Ecuador	≈ MA Abs. 1, nicht ausdrücklich erwähnte Einkünfte	nein	20	16; 55 f.
Elfenbeinküste	≈MA Abs. 1, nicht ausdrücklich erwähnte Einkünfte; Ausnahme für Betriebstätte oder feste Einrichtung	nein	21	16; 55 ff.
Estland	≈ MA	nein	21	55
Finnland	≈ MA Abs. 1; nicht ausdrücklich erwähnte Einkünfte; Sonderbestimmung	nein	21; Prot. Nr. 1	16; 55 f.
Frankreich	MA Abs. 1; nicht ausdrücklich erwähnte Einkünfte	nein	18	16; 55 f.
Georgien 2006/2014 (E)	≈ MA	nein	21	
Ghana	≈ MA	nein	21	55
Griechenland	keine Regelung	–	–	27; 55 f.
Großbritannien 1964/70	≈ MA Abs. 1; nicht ausdrücklich erwähnte Einkünfte	ja	XV	16; 28; 55 f.
Großbritannien 2010/14 (E)	≈ MA; Sonderbestimmungen	ja	21	32; 28; 55

DBA	Inhalt der Regelung	Nur bei Steuerpflicht im Ansässigkeitsstaat: ja/nein (subject-to-tax Klausel)	Artikel	Rz.
Indien	≈ MA; Sonderbestimmung	nein	21 Abs. 1–3	32; 41; 55
Indonesien	≈ MA Abs. 1; kein Betriebstättenvorbehalt; Sonderbestimmung	nein	21	32; 55 f.
Iran	≈ MA Abs. 1; nicht ausdrücklich erwähnte Einkünfte	nein	22	16; 55 f.
Irland 2011	≈ MA; Sonderbestimmung	nein	20	32; 55 ; 57
Island	≈ MA Abs. 1; nicht ausdrücklich erwähnte Einkünfte	nein	21	16; 55 f.
Israel	≈ MA Abs. 1; nicht ausdrücklich erwähnte Einkünfte	nein	17	16; 55 f.
Italien	≈ MA	nein	22	32; 55
Jamaika	≈ MA Abs. 1; nicht ausdrücklich erwähnte Einkünfte	nein	21	16; 55 f.
Japan	≈ MA Abs. 1; nicht ausdrücklich erwähnte Einkünfte	nein	22	16; 30; 55 f.
Jugoslawien	≈ MA	nein	22	55
Kanada	≈ MA; Besteuerung auch im Quellenstaat	nein	21	20; 33; 55
Kasachstan	≈ MA	nein	21	55
Kenia	≈ MA Abs. 1; nicht ausdrücklich erwähnte Einkünfte; Sonderbestimmung	nein (aber Ausnahme)	21; Prot. Nr. 2	16; 28; 55 f.
Kirgisistan	≈ MA	nein	21	55
Korea	≈ MA; Sonderbestimmung unangemessen hohe Einkünfte	nein	21	55
Kosovo	s. Jugoslawien			
Kroatien	≈ MA	nein	21	55
Kuwait	≈ MA	nein	21	55
Lettland	≈ MA	nein	21	55
Liberia	Sonderbestimmung	–	21; Prot. Nr. 4	31; 55 f.
Liechtenstein 2011	≈ MA	nein	21	55
Litauen	≈ MA	nein	21	55
Luxemburg 2012	≈ MA	nein	20	55
Malaysia 2010	≈ MA	nein	22	55
Malta	≈ MA	nein	21	55

DBA	Inhalt der Regelung	Nur bei Steuerpflicht im Ansässigkeitsstaat: ja/nein (subject-to-tax Klausel)	Artikel	Rz.
Marokko	≈ MA Abs. 1; nicht ausdrücklich erwähnte Einkünfte	ja	21; Prot. Nr. 1	16; 28; 55 f.
Mauritius 2011	≈ MA	nein	21	55
Mazedonien 2006	≈ MA	nein	21	55
Mexiko 2008	≈ MA Abs. 1; nicht ausdrücklich erwähnte Einkünfte; Besteuerung auch im Quellenstaat	nein	21	16; 20; 33; 55 ff.
Moldau	s. UdSSR			
Mongolei	≈ MA	nein	21	55
Montenegro	s. Jugoslawien			
Namibia	≈ MA	ja	21; Prot. Nr. 1	28; 55
Neuseeland	≈ MA; Besteuerung auch im Quellenstaat; Sonderbestimmungen	nein	21; Prot. Nr. 7	20; 33; 55; 57
Niederlande 1959/2004	≈ MA Abs. 1; nicht ausdrücklich erwähnte Einkünfte	nein	16	16; 55 f.
Niederlande 2012 (E)	≈ MA	nein	21	55
Norwegen 1991	≈ MA; Sonderbestimmungen	nein	21; Prot. Nr. 8	55
Norwegen 2013 (E)	≈ MA; Sonderbestimmungen	nein	21; Prot. Nr. 8	55
Oman 2012 (E)	≈ MA	nein	21	55
Österreich	≈ MA	nein	21	55
Pakistan	≈ MA; Sonderbestimmungen	nein	21	55
Philippinen 1983	≈ MA Abs. 1; Besteuerung auch im Quellenstaat	–	22	20; 33; 55 f.; 58
Philippinen 2013	≈ MA	–	22	55
Polen	≈ MA; Sonderbestimmung unangemessen hohe Einkünfte	nein	22	55
Portugal	≈ MA	Ja	22	32; 55
Rumänien	≈ MA	nein	21	55
Russische Föderation	≈ MA Abs. 1	nein	21	55 f.
Sambia	≈ MA Abs. 1; nicht ausdrücklich erwähnte Einkünfte	Ja	21; Prot. Nr. 2	16; 28; 55 f.
Schweden	≈ MA	nein	21	55
Schweiz	≈ MA Abs. 1; nicht ausdrücklich erwähnte Einkünfte	nein	21	16; 29; 55 f.

DBA	Inhalt der Regelung	Nur bei Steuerpflicht im Ansässigkeitsstaat: ja/nein (subject-to-tax Klausel)	Artikel	Rz.
Serbien	s. Jugoslawien			
Simbabwe	≈ MA Abs. 1; nicht ausdrücklich erwähnte Einkünfte	nein	21	16; 55 f.
Singapur 2004	≈ MA	nein (aber Ausnahme)	21, 22	55
Slowakei	s. Tschechoslowakei			
Slowenien	≈ MA	nein	21	55
Spanien 2011	≈ MA; Sonderregelungen	nein	20	55
Sri Lanka	keine Regelung	–	–	27; 55
Südafrika 1973	≈ MA Abs. 1; nicht ausdrücklich erwähnte Einkünfte	ja	19	16; 28; 55 f.
Südafrika 2008 (E)	≈ MA	nein	20	55
Syrien 2010	≈ MA	nein	21	55
Tadschikistan	≈ MA	nein	20	55
Taiwan 2011	≈ MA	nein	20	55
Thailand	keine Regelung	–	–	27; 55 f.
Trinidad und Tobago	≈ MA Abs. 1; jedoch nur für Drittstaatseinkünfte	–	21	31; 55 f.
Tschechien	s. Tschechoslowakei			
Tschechien (E)	≈ MA	nein	21	55
Tschechoslowakei	≈ MA Abs. 1; nicht ausdrücklich erwähnte Einkünfte	nein	21	16; 55 f.
Türkei 2011	≈ MA	nein	21	55
Tunesien	≈ MA Abs. 1; nicht ausdrücklich erwähnte Einkünfte	nein	21	16; 55 f.
Turkmenistan	s. UdSSR			
Ukraine	≈ MA	nein	21	55
Ungarn 2011	≈ MA	nein	20	55
Uruguay 2010	≈ MA	nein	20	55
USA 1989/2006	≈ MA; Sonderbestimmung	–	21; Prot. Nr. 18	55; 57
Usbekistan	≈ MA	nein	21	55
UdSSR	≈ MA Abs. 1; nicht ausdrücklich erwähnte Einkünfte	nein	17	16; 55 f.
Venezuela	≈ MA; Sonderbestimmung	nein	21	32; 55
Vereinigte Arabische Emirate 2010	≈ MA	nein	20	55
Vietnam	≈ MA	nein	21	55
Weißrussland	s. Belarus			
Zypern 2011	≈ MA	nein	20	55

2. Erläuterungen

27 **a) Keine Auffangklausel** enthalten die *DBA Griechenland, Sri Lanka* und *Thailand.* Eine Freistellung der im Abkommen nicht besonders behandelten Einkünfte gibt es also nach diesen DBA nicht (DW/*Debatin,* Syst. I Rz. 48). Soweit die **speziellen Verteilungsnormen** für einzelne Einkunftsarten **nicht eingreifen,** bleibt eine etwaige **Doppelbesteuerung** von Einkünften, die ihrer Art nach im Abkommen nicht erwähnt sind, ebenso wie von Drittstaatseinkünften und Einkünften aus dem Ansässigkeitsstaat **bestehen** (zutreffend *Ward/Avery Jones u. a.,* BIFD 1990, 423). Die Doppelbesteuerung kann nur durch unilaterale Maßnahmen beseitigt werden (s. Rz. 17). Das BMF v. 28.3.1977, FR 1977, 230, will das dadurch vermeiden, dass es als Einkünfte aus „Quellen" in den USA auch Bezüge versteht, die von den Verteilungsnormen nicht erfasst werden (im konkreten Fall Unterhaltszahlungen), und so zu einer Freistellung gemäß Art. XV Abs. 1 Buchst. b *DBA USA 1954/65,* der dem Art. 23 A MA entspricht, gelangt; das kann indes nicht der Sinn des Abkommens sein, denn die Verteilungsnormen würden dadurch in den DBA entbehrlich. Die in dem BMF-Schreiben angesprochene Problematik bleibt für alle DBA ohne Auffangklausel aktuell. Fallen Einkünfte nicht unter eine Verteilungsnorm, so kann Art. 23 für sich allein eine Doppelbesteuerung nicht beseitigen. Auch eine Art. 4 Abs. 2 MA entsprechende Regelung zur Bestimmung des abkommensrechtlichen Wohnsitzes ändert an dieser Rechtsfolge nichts. Die Bestimmung des Wohnsitzes ist **Voraussetzung** für die Anwendung der Verteilungsnormen (vgl. Art. 4 Rz. 12). Fehlt aber eine Verteilungsnorm und sei es auch in Form einer Auffangvorschrift, so können allein aus der Bestimmung des Wohnsitzes für die Beseitigung der Doppelbesteuerung keine Folgerungen gezogen werden. Während die Auffangklausel zum Ausdruck bringt, dass **nur der Ansässigkeitsstaat** besteuern darf, wenn nicht dem Quellenstaat die Besteuerung ausdrücklich vorbehalten ist, soll nach *Debatin* das Fehlen der Auffangklausel „umgekehrt" bewirken, dass die Besteuerung im Quellenstaat „unangetastet" bleibe, falls sie nicht ausdrücklich aufgehoben werde (DW/*Debatin,* Syst. IV Rz. 304). Das ist nur dann richtig, wenn man das „unangetastet" nicht im Sinne eines Vorrangs versteht: zu einer Besteuerung ausschließlich oder vorrangig im Quellenstaat kommt es beim Fehlen der Auffangklausel nur, **wenn und soweit** der Ansässigkeitsstaat **einseitig** die sich ergebende Doppelbesteuerung durch Freistellung oder Anrechnung ausräumt.

28 **b)** Dass zahlreiche DBA Deutschlands der **Fassung des MA 1963** folgen, die Einkünfte aus Drittstaaten also nicht ausdrücklich einbeziehen, wurde schon erwähnt. Einige Doppelbesteuerungsabkommen machen die Wirkung der Auffangklausel von der **tatsächlichen** Besteuerung im Ansässigkeitsstaat abhängig (s. Rz. 10, 15). So gewähren etwa die *DBA Kenia* (Prot. Nr. 2), *Namibia* (Prot. Nr. 1), *Sambia* (Prot. Nr. 2), *Singapur 1972* (Art. 21), *Südafrika 1973* (Art. 19) und *Zypern 2011* (Prot. Nr. 2) Steuererleichterungen im Quellenstaat nur dann, wenn die betreffenden Einkünfte im Ansässigkeitsstaat der Besteuerung unterliegen (s. Vor Art. 6 bis 22 Rz. 17); nach dem *DBA Marokko* ist eine „übliche steuerliche Behandlung" der Einkünfte nachzuweisen.

29 **c)** Art. 21 *DBA Schweiz* entspricht wörtlich dem MA 1963. Im Falle doppelter Ansässigkeit wird Deutschland in Art. 4 Absätze 3 und 9 als an sich zurücktretendem Quellenstaat jedoch eine ergänzende Besteuerungszuständigkeit vorbehalten. Einkünfte, die ihrer Art nach in den vorangegangenen Artikeln nicht behandelt wurden, sowie Drittstaatseinkünfte dürfen danach auch in Deutschland als abkommensrechtlichen Quellenstaat besteuert werden, allerdings muss Deutschland die schweizerische Steuer auf die deutsche anrechnen (s. Art. 1 Rz. 143; FWK/*Wassermeyer,* Art. 4 *DBA Schweiz* Rz. 58 ff.).

d) Sonderbestimmungen zu einer dem Art. 21 MA 1963 grundsätzlich entsprechenden Regelung: Art. 22 *DBA Japan* entspricht der Regelung des MA 1963; er weist allerdings nicht dem Ansässigkeitsstaat die im Abkommen nicht ausdrücklich erwähnten Einkünfte zu, sondern **befreit,** was auf das Gleiche hinausläuft, diese Einkünfte von der Steuer des anderen Vertragsstaats (vgl. Wassermeyer/*Preuss,* Art. 22 *DBA Japan* Rz. 1). Nach Art. 21 Abs. 2 *DBA Malaysia* berührt die Regelung des Abs. 1 nicht die Besteuerung der Einkünfte einer Person aus einem Treuhandverhältnis oder einem unter Verwaltung stehenden Nachlass nach malaysischem Recht. Zum Vorbehalt nach Nr. 2 des Protokolls, welches eine „remittance-clause" enthält, s. Vor Art. 6 bis 22 Rz. 18. 30

e) Größere Abweichungen von Art. 21 MA 1963: Art. 21 *DBA Liberia* enthält **keine** allgemeine Auffangklausel. Er gilt **nur** in Fällen, in denen der Steuerpflichtige nach Art. 4 Abs. 1 in beiden Vertragsstaaten ansässig ist und aufgrund des Art. 4 Abs. 2 oder 3 als nur in einem der beiden Vertragsstaaten ansässig **gilt** (vgl. dazu Art. 4 Rz. 3). Die Vorschrift regelt für diesen Fall die Besteuerung von Einkünften aus dem abkommensrechtlichen Ansässigkeitsstaat oder aus Drittstaaten; sie weist deren Besteuerung ausschließlich dem Ansässigkeitsstaat zu. In den Verteilungsnormen nicht besonders geregelte Einkünfte einer Person, die gemäß Art. 4 Abs. 1 **nur** in **einem** Vertragsstaat ansässig ist, bleiben nach dieser Regelung der Besteuerung in beiden Vertragsstaaten unterworfen. Die gleiche Regelung enthält auch Art. 20 *DBA Australien* (s. näher Wassermeyer/*Rosenthal,* Art. 20 *DBA Australien* Rz. 1, 10). Hier ist jedoch zusätzlich vorgesehen, dass der Ansässigkeitsstaat Steuern des anderen Staats auf Einkünfte, „die in den vorhergehenden Artikeln dieses Abkommens nicht behandelt sind", **anzurechnen** hat (für die deutsche Seite Art. 22 Abs. 2 Buchst. b (vii), für die australische aus Art. 22 Abs. 1 zu entnehmen), so dass das DBA im Ergebnis eine Auffangklausel entsprechend dem UN-MA enthält (s. Rz. 20). Art. 21 *DBA Trinidad und Tobago* betrifft nur Einkünfte einer in einem Vertragsstaat ansässigen Person, die aus Quellen **außerhalb beider** Vertragsstaaten, somit aus Drittstaaten, stammen. Er weist für diese Einkünfte die ausschließliche Besteuerung dem Ansässigkeitsstaat zu. 31

f) Dem Art. 21 MA entsprechen mit Abweichungen die *DBA Indonesien,* Art. 21; *Italien,* Art. 22; *Mauritius 1978,* Art. 22; *Portugal,* Art. 22 und *Venezuela,* Art. 21. Art. 22 *DBA Portugal* macht die Freistellung im Quellenstaat von der Steuerpflicht im Ansässigkeitsstaat abhängig (s. Rz. 9, 18). Im *DBA Venezuela* ist in Art. 21 Abs. 2 das Recht vorbehalten, Einkünfte, die eine in einem Vertragsstaat ansässige Person aus Quellen im anderen Vertragsstaat durch die Vermietung beweglichen Vermögens (leasing) sowie aus Treuhandschaften bezieht, in diesem Staat zu besteuern. Ziff. 15 des Protokolls zum *DBA Italien* überträgt als Ausnahme zu Art. 22 des DBA die alleinige Besteuerung der Unterhaltszahlungen zwischen Ansässigen der beiden Vertragsstaaten dem Ansässigkeitsstaat des Zahlenden. Das *DBA Indonesien* sieht in Art. 21 Abs. 2 die Besteuerung durch den Quellenstaat für Einkünfte vor, die aus Lotteriegewinnen, Preisen und der Vermietung beweglicher Güter stammen, das *DBA Indien* in Art. 21 Abs. 3 für solche aus Lotteriegewinnen und sonstigen Spielen und Wetten, das *DBA Aserbaidschan* in Art. 21 Abs. 3 für solche aus Spielgewinnen. Art. 21 Abs. 4 *DBA Großbritannien 2010/2014 (E)* und Art. 20 Abs. 3 *DBA Irland 2011* enthalten eine dem Art. 11 Abs. 6 OECD-MA nachgebildete Sonderregelung für Zahlungen, die den Fremdvergleichsmaßstab übersteigen. Übermäßige Zahlungen werden aus dem Anwendungsbereich des Art. 21 herausgenommen und unterfallen anderen Verteilungsnormen, s. hierzu MA-Komm. Ziff. 7 f. und Wassermeyer/*Wassermeyer/Kaeser,* Art. 21 OECD-MA Rz. 87 ff. Mit der Einfügung einer Beneficial Ownership-Clause in Art. 21 Abs. 1 und einer LOB-Clause in Art. 21 Abs. 5 wird überdies einer missbräuchlichen 32

Inanspruchnahme des *DBA Großbritannien 2010/2014 (E)* entgegengewirkt. Art. 21 Abs. 2 *DBA Großbritannien 2010/2014 (E)* beinhaltet eine Sonderregelung für Treuhandvermögen.

33 **g) Vorrang der Besteuerung im Quellenstaat:** Art. 22 *DBA Ägypten,* Art. 21 *DBA Bangladesch,* Art. 22 *DBA China, Art. 21 DBA Kanada, DBA Neuseeland* sowie Art. 22 *DBA Philippinen* stimmen inhaltlich mit Art. 21 Abs. 1 in Verbindung mit Abs. 3 **UN-MA** überein, d.h. falls in den vorausgegangenen Verteilungsnormen nicht behandelte Einkünfte in einem der Vertragsstaaten entstehen, ist dieser Staat zur Besteuerung berechtigt und der Ansässigkeitsstaat hat eine Doppelbesteuerung entsprechend Art. 23A oder B MA zu vermeiden (s. Rz. 20). Nach Art. 22 *DBA Brasilien (K)* und Art. 21 *DBA Mexiko 2008* dürfen die nicht ausdrücklich erwähnten Einkünfte – also auch die Einkünfte aus dem Ansässigkeitsstaat oder aus Drittstaaten – einer in einem Vertragsstaat ansässigen Person in **beiden** Vertragsstaaten besteuert werden. Zur Ausgleichung einer Doppelbesteuerung gewährt der Ansässigkeitsstaat nach Art. 24 Abs. 2 oder Abs. 4 *DBA Brasilien (K)* bzw. Art. 23 Abs. 1 lit. b hh) *DBA Mexiko 2008* eine Steueranrechnung. Hier hat nach dem Abkommen die Besteuerung im Quellenstaat Vorrang. Zum *DBA Australien,* das praktisch auch dem Quellenstaat einen Vorrang der Besteuerung gibt, s. schon Rz. 31.

B. Zu Art. 21 Abs. 2

I. Musterabkommen

1. Übereinstimmungen und Abweichungen

40 Die Absätze 2 des OECD- und US-MA stimmen fast wörtlich überein. Der erweiterte Betriebstättenvorbehalt kommt nach dem US-MA nur dann zur Anwendung, wenn der Bezieher der Einkünfte auch der Nutzungsberechtigte ist. Abs. 2 des UN-MA wird durch einen Abs. 3 für Einkünfte aus dem anderen Vertragsstaat (Quellenstaat) ergänzt (vgl. Rz. 20).

2. OECD-MA

41 **a) Grundzüge:** Abs. 2 nimmt bestimmte Einkünfte aus Geschäftstätigkeit vom Anwendungsbereich des Art. 21 Abs. 1 aus, wenn sie von einer in einem Vertragsstaat ansässigen Person durch eine im anderen Vertragsstaat gelegene **Betriebstätte** bezogen werden. Nach Satz 2 findet auf diese Einkünfte Art. 7 Anwendung, wodurch auch dem Betriebstättenstaat eine Besteuerung für diese Einkünfte vorbehalten wird. Die Vorschrift bestätigt die Anwendbarkeit des Abs. 1 auf Einkünfte aus unbeweglichem Vermögen. Art. 21 MA 1963 enthielt noch keine dem Abs. 2 MA 1977 entsprechende Regelung.

42 **b) Regelung:** Bezieht
- eine in einem Vertragsstaat ansässige Person
- Einkünfte aus **Rechten oder Vermögenswerten,** jedoch **nicht** aus **unbeweglichem Vermögen,**
- übt sie im anderen Vertragsstaat eine **Geschäftstätigkeit** durch eine dort gelegene **Betriebstätte** aus
- und **gehören** die Rechte oder Vermögenswerte, für die die Einkünfte gezahlt werden, **tatsächlich zu der Betriebstätte,**

so bestimmt sich die Besteuerung der Einkünfte nicht nach Art. 21 Abs. 1, sondern nach Art. 7.

c) Für den Begriff des **unbeweglichen Vermögens** verweist Art. 21 auf Art. 6 Abs. 2 MA; s. dazu dort Rz. 27, 64ff. Andererseits bezieht sich Art. 21 Abs. 2 auf Art. 21 Abs. 1; es muss sich also um Einkünfte handeln, die in den vorstehenden Artikeln – auch in Art. 6 – nicht behandelt sind (Rz. 11). Darin liegt scheinbar ein Widerspruch. Art. 6 gilt jedoch nur für Einkünfte, die eine in einem Vertragsstaat ansässige Person aus unbeweglichem Vermögen **in dem anderen Vertragsstaat** bezieht (s. Art. 6 Rz. 28ff.). Bezieht eine in einem Vertragsstaat ansässige Person Einkünfte aus unbeweglichem Vermögen, das im **Ansässigkeitsstaat** (Fallgruppe 3b in Rz. 4) oder in einem **Drittstaat** (Fallgruppe 2b in Rz. 4) belegen ist, so werden diese Einkünfte von Art. 6 **nicht** erfasst; für sie gilt Art. 21 Abs. 1 (vgl. MA-Komm. zu Art. 6 Ziff. 1; Art. 6 Rz. 32f.). Dass ein Nicht-Ansässigkeitsstaat nach seinem internen Recht solche Einkünfte besteuert, kommt etwa dann in Betracht, wenn der **Schuldner** der Einkünfte – z.B. ein Pächter – in seinem Staatsgebiet ansässig ist. Werden die Einkünfte aus unbeweglichem Vermögen über eine Betriebstätte im Nicht-Ansässigkeitsstaat erzielt, so besteuert häufig auch der Betriebstättenstaat diese Einkünfte (so z.B. Deutschland nach § 49 Abs. 1 Nr. 2 Buchst. a EStG). In solchen Fällen darf nach Art. 21 ausschließlich der Ansässigkeitsstaat des Empfängers die Einkünfte besteuern. Die Geltung des **Belegenheitsprinzips** im Verhältnis der **Vertragsstaaten** zueinander bleibt unberührt (zum Belegenheitsprinzip vgl. Art. 6 Rz. 3). Für den Begriff der **Einkünfte** aus unbeweglichem Vermögen verweist Art. 21 **nicht ausdrücklich** auf Art. 6 Abs. 3 MA. Ein Umkehrschluss wäre hier aber nicht gerechtfertigt. Nach Art. 21 sind Einkünfte aus jeder Art von Nutzung des unbeweglichen Vermögens gemeint. 43

d) Auch für andere Einkünfte als solche aus unbeweglichem Vermögen gilt Art. 21 Abs. 2 nur dann, wenn diese Einkünfte **„für Rechte oder Vermögenswerte gezahlt"** werden. Das ist im Satzbau des Abs. 2 zwar nur indirekt und an später Stelle, aber doch unmissverständlich zum Ausdruck gebracht. Mit **„Rechte oder Vermögenswerte"** fasst Art. 21 die in den **Betriebstättenvorbehalten** der Art. 10 Abs. 4 (Beteiligung), 11 Abs. 4 (Forderung) und 12 Abs. 3 (Rechte oder Vermögenswerte) genannten, zur Erzielung von Einkünften genutzten Güter zusammen (s. Vor Art. 10 bis 12 Rz. 39f.). Art. 21 Abs. 2 gilt damit **zunächst für** Einkünfte i.S. der Art. 10 bis 12: **Dividenden, Zinsen, Lizenzgebühren.** Da die Art. 10 bis 12 jeweils nur die Besteuerung von Einkünften regeln, die eine in einem Vertragsstaat ansässige Person aus dem anderen Vertragsstaat (Quellenstaat) bezieht, gelten auch die Betriebstättenvorbehalte der Art. 10 bis 12 nur für Einkünfte aus dem Quellenstaat. Insoweit ergänzt und erweitert also Art. 21 Abs. 2 die vorgenannten Betriebstättenvorbehalte im Hinblick auf Einkünfte aus dem Ansässigkeitsstaat und aus Drittstaaten. Andere Fälle, in denen die Vorschrift anwendbar sein könnte, sind nicht ersichtlich. 44

Dem Art. 21 Abs. 2 kommt **konstitutive** Bedeutung zu. Ohne den erweiterten Betriebstättenvorbehalt des Abs. 2 könnten Dividenden, Zinsen und Lizenzgebühren, die über eine Betriebstätte im anderen Vertragsstaat erzielt werden, nach Art. 21 Abs. 1 nur im Ansässigkeitsstaat besteuert werden. Art. 7 Abs. 4 (bis 2010: Art. 7 Abs. 7) nimmt diese Einkünfte vom Anwendungsbereich des Art. 7 aus, weshalb sie unter die Auffangnorm des Art. 21 fallen (s. *Rust,* BIFD 2002, 15; Wassermeyer/*Wassermeyer/Kaeser,* Art. 21 OECD-MA Rz. 61; *Gusmeroli,* ET 2005, 2 (8); a.A. *Kluge,* S. 313; *Lang/Loukota u.a.,* SWI 2003, 544 (545); *Pötgens/Bosman,* in Lang/Pistone/Schuch/Staringer, Source vs. Residence, S. 347; *Wagner,* IWB Deutschland, Gr. 2, 1067 (1071)). 45

Die konstitutive Bedeutung des Art. 21 Abs. 2 ergibt sich aus folgenden Erwägungen: Abs. 2 schränkt den Anwendungsbereich des Abs. 1 ein. Indem Art. 21 Abs. 2 die Rechtsfolge des Abs. 1 für Einkünfte aus unbeweglichem Vermögen aufrechterhält, setzt Art. 21 Abs. 2 voraus, dass Einkünfte aus unbeweglichem Vermögen aus Drittstaaten oder aus dem Ansässigkeitsstaat, die eine Person im Rahmen ihrer Geschäftstätigkeit über eine Betriebstätte im anderen Vertragsstaat erzielt, unter Art. 21 Abs. 1 fallen (SKK/*Joos,* Art. 21 OECD-MA Rz. 53). Art. 7 kann somit auf diese Einkünfte nicht zur Anwendung kommen, obwohl die Einkünfte ihrer Art nach Unternehmensgewinne darstellen, da sie im Rahmen einer gewerblichen Tätigkeit (nach der Neufassung: Geschäftstätigkeit; engl. Originalfassung: carries on business; franz. Originalfassung: exerce une activité industrielle ou commerciale) anfallen. Art. 7 Abs. 4 muss diese Einkünfte aus dem Anwendungsbereich von Art. 7 herausnehmen, da nur im Falle der Nichtanwendbarkeit des Art. 7 ein Rückgriff auf Art. 21 zulässig ist. Nach dieser Deutung erklärt sich auch die Lösung des in MA-Komm. Ziff. 4 Satz 3 angegebenen Falles. Dort erzielt eine Person über eine Betriebstätte im anderen Vertragsstaat Einkünfte aus unbeweglichem Vermögen, das im Ansässigkeitsstaat belegen ist. Art. 6 findet mangels Belegenheit des unbeweglichen Vermögens im anderen Vertragsstaat keine Anwendung. Die Einkünfte stellen ihrer Art nach Unternehmensgewinne dar. Bei Anwendung des Art. 7 Abs. 1 käme dem Betriebstättenstaat eine vorrangige Besteuerung zu. Die Lösung des MA-Komm. verneint aber eine Besteuerung des Betriebstättenstaates, wendet Art. 21 Abs. 1 auf den Fall an und geht somit implizit von der Nichtanwendbarkeit des Art. 7 aus. Art. 7 Abs. 4 muss daher so gedeutet werden, dass Einkünfte, die ihrer Art nach in anderen Verteilungsnormen behandelt werden, aus dem Anwendungsbereich von Art. 7 herausgenommen werden. (Nach Auffassung von *Papotti* und *Saccardo,* BIFD 2002, 516 (517) schließt bereits Art. 6 Abs. 4 bei allen Einkünften aus unbeweglichem Vermögen die Anwendbarkeit des Art. 7 aus, sodass Art. 21 bei Drittstaatseinkünften und Einkünften aus dem Ansässigkeitsstaat zur Anwendung kommen kann. Der Vorrang des Art. 6 gilt nach dessen Abs. 4 allerdings nur für Einkünfte aus im anderen Vertragsstaat belegenen unbeweglichem Vermögen.)

46 Die hier vertretene Ansicht führt zu folgenden Konsequenzen:

- **Dividenden, Zinsen und Lizenzgebühren** aus Drittstaaten oder dem Ansässigkeitsstaat, die eine Person über eine Betriebstätte im anderen Vertragsstaat erzielt, werden ihrer Art nach in den Art. 10–12 behandelt. Art. 7 Abs. 4 nimmt sie aus dem Anwendungsbereich von Art. 7 heraus. Allerdings fallen die Einkünfte auch nicht unter Art. 10–12, da sie nicht aus dem anderen Vertragsstaat stammen. Somit kann auf die Auffangnorm des Art. 21 zurückgegriffen werden. Art. 21 Abs. 2 bestimmt jedoch wiederum die Anwendbarkeit des Art. 7. Dem Betriebstättenstaat wird daher eine vorrangige Besteuerung dieser Einkünfte gewährt (s. hierzu ausführlich *Ribbrock,* S. 62).
- Einkünfte aus **unbeweglichem Vermögen** aus Drittstaaten oder dem Ansässigkeitsstaat, die eine Person über eine Betriebstätte im anderen Vertragsstaat erzielt, werden ihrer Art nach in Art. 6 behandelt. Nach Art. 7 Abs. 4 findet auf diese Einkünfte Art. 7 keine Anwendung. Mangels Belegenheit des unbeweglichen Vermögens im anderen Vertragsstaat fallen die Einkünfte jedoch auch nicht unter Art. 6. Auch hier kann nun auf die Auffangnorm des Art. 21 zurückgegriffen werden. Art. 21 Abs. 2 nimmt die Einkünfte aus unbeweglichem Vermögen jedoch vom erweiterten Betriebstättenvorbehalt aus. Es bleibt bei der Anwendung des Art. 21 Abs. 1. Nur der Ansässigkeitsstaat ist zur Besteuerung befugt (Auch die US-TE zu Art. 21 Abs. 2 gehen von einer alleinigen Besteuerung durch den Ansässigkeitsstaat aus.). Diese Besteuerungsbefugnis kann allerdings durch ein DBA Ansässigkeitsstaat/Drittstaat eingeschränkt werden. *Arnold,* BIFD 2006, 5 (12) differenziert allerdings zwischen unbeweglichem Vermögen mit Ansässigkeitsbelegenheit und solchem mit Drittstaatsbelegenheit, da Art. 21 Abs. 2 nicht generell auf unbewegliches Vermögen, sondern nur auf unbewegliches Vermögen im Sinne des Art. 6 Abs. 2 verweist. Auf unbewegliches Vermögen mit

Drittstaatsbelegenheit findet danach Art. 6 Abs. 2 keine Anwendung, da sich der Ausdruck „unbewegliches Vermögen“ nicht nach dem Recht des Drittstaats bestimmen kann. Für in Drittstaaten belegenes unbewegliches Vermögen soll nach dieser Ansicht Art. 7 über den erweiterten Betriebstättenvorbehalt zur Anwendung kommen. Dem ist jedoch entgegenzuhalten, dass Art. 6 Abs. 2 den Begriff des unbeweglichen Vermögens nicht nur in S. 1 durch Verweis auf das innerstaatliche Recht eines der **Vertragsstaaten** definiert, sondern in S. 2 auch eine autonome Teildefinition enthält. S. *Rust,* in Lang/Pistone/Schuch/Staringer, Source vs. Residence, S. 331.

Im Ergebnis divergiert die hier vertretene Auffassung nur in wenigen Fallkonstellationen von der Ansicht, die auf die im Rahmen einer Geschäftsfähigkeit erzielten und einer Betriebsstätte im anderen Vertragsstaat zuzurechnenden Einkünfte aus Drittstaaten oder aus dem Ansässigkeitsstaat den Artikel 7 direkt anwenden will. Im Falle von Dividenden, Zinsen und Lizenzgebühren ist der Betriebstättenstaat nach beiden Ansichten vorrangig zur Besteuerung befugt, sei es nach Art. 7 Abs. 1 direkt oder gemäß Art. 21 Abs. 2 i. V. m. Art. 7 Abs. 1. Bei Einkünften aus unbeweglichem Vermögen verbietet u. E. Art. 21 Abs. 1 dem Betriebstättenstaat die Besteuerung. Nach dem *New Approach* (s. Grundl. Rz. 158a, Art. 3 Rz. 118, 125 ff. und Art. 23 Rz. 37 und 126) darf der Ansässigkeitsstaat auch bei direkter Anwendung des Art. 7 die Einkünfte aus unbeweglichem Vermögen besteuern, wenn der Betriebstättenstaat nach Art. 24 Abs. 3 i. V. m. Art. 23 A Abs. 1, Art. 6 (s. Art. 24 Rz. 114) zu einer Nichtbesteuerung der Einkünfte gezwungen ist, obwohl der Ansässigkeitsstaat an sich die Freistellungsmethode nach Art. 23 A Abs. 1 anwendet. Unterschiede zeigen sich aber bei Anwendung der Anrechnungsmethode durch den Betriebstättenstaat. In diesem Fall ist der Ansässigkeitsstaat bei direkter Anwendung des Art. 7 zur Freistellung der Einkünfte nach Art. 23 A Abs. 1 verpflichtet, während er u. E. nach Art. 21 Abs. 1 zur Besteuerung befugt bleibt (s. *Rust,* in Lang/Pistone/Schuch/Staringer, Source vs. Residence, S. 328 ff.). **46a**

Aufgrund des Schedulensystems in Großbritannien werden von einem Unternehmen erzielte Dividenden, Zinsen und Lizenzgebühren nicht automatisch als Bestandteil des Unternehmensgewinns nach Art. 7 angesehen. Diese Einkünfte fallen unter Art. 10, 11 und 12, ohne dass es einer Vorrangregelung nach Art. 7 Abs. 4 bedarf. Erst aufgrund der Betriebstättenvorbehalte werden die Dividenden, Zinsen und Lizenzgebühren in den Anwendungsbereich des Art. 7 einbezogen (wenn sie einer Betriebstätte im anderen Vertragsstaat zuzurechnen sind). Dividenden, Zinsen und Lizenzgebühren aus einem Drittstaat oder aus dem Ansässigkeitsstaat fallen bei einem Schedulensystem nicht in den Anwendungsbereich der Art. 7–20. Damit kommt Art. 21 zur Anwendung. Art. 21 Abs. 2 hat dann die konstitutive Bedeutung, für diese Einkünfte den Anwendungsbereich des Art. 7 zu eröffnen (s. *Avery Jones,* FS Maarten Ellis, S. 1 ff.). **46b**

Zum Begriff der in einem Vertragsstaat ansässigen Person s. Art. 4 Rz. 4. Zum Betriebstättenbegriff vgl. Art. 5 Rz. 10 ff., zur Geschäftstätigkeit vgl. Art. 7 Rz. 20 ff. Zur Frage, wann ein Recht oder Vermögenswert zu einer Betriebstätte „tatsächlich gehört“ s. Vor Art. 10 bis 12 Rz. 39 f. und Wassermeyer/*Wassermeyer/Kaeser,* Art. 21 OECD-MA Rz. 82 f.). Der Ausdruck „gewerbliche Tätigkeit“ bzw. nach der Neufassung „Geschäftstätigkeit“ ist – wie im MA-Komm. zu Art. 7 Ziff. 1 und öfter – als Unternehmenstätigkeit i. S. des Art. 7 zu verstehen (dazu s. zu Art. 7 Rz. 20 ff.); deutlich zeigt dies die englische Fassung, die in Art. 21 Abs. 2 wie in der Überschrift zu Art. 7 das Wort „business“ gebraucht. Eine Auslegung nach innerstaatlichem Steuerrecht (Art. 3 Abs. 2 MA) ist hier nicht geboten. **47**

e) Besonderheiten: Sind **Empfänger** und **Schuldner** der Einkünfte in **demselben** Vertragsstaat ansässig und sind die Einkünfte einer Betriebstätte zuzurech- **48**

nen, die der Empfänger im anderen Vertragsstaat hat, so gilt, wie soeben ausgeführt, nach Art. 21 Abs. 2 S. 2 für die Besteuerung Art. 7; Nach Art. 7 Abs. 1 Satz 2 dürfen die Einkünfte vorrangig im Betriebstättenstaat besteuert werden. Wendet der Ansässigkeitsstaat die Freistellungsmethode an, so ist diesem eine Besteuerung von Dividenden und Zinsen auch in den Fällen verwehrt, in denen er sie – jedenfalls in begrenzter Höhe – besteuern dürfte, **wenn** der Empfänger **im anderen Vertragsstaat** ansässig wäre: also der Dividenden, die eine im Ansässigkeitsstaat ansässige Gesellschaft, sowie der Zinsen, die ein in seinem Gebiet ansässiger Schuldner zahlt. Entsprechendes gilt für Lizenzgebühren, wenn das DBA dem Quellenstaat eine begrenzte Besteuerung belässt. Der MA-Komm. macht darauf aufmerksam, dass dieses Ergebnis als misslich empfunden werden könne (MA-Komm. Ziff. 5). Er regt an, für entsprechende Fälle dem Ansässigkeitsstaat eine Besteuerung in Höhe der nach Art. 10 bis 12 für den Quellenstaat geltenden Sätze zu belassen. Im Betriebstättenstaat müsse dies dann entsprechend zur Anrechnung führen, falls die der Betriebstätte zuzurechnenden Zinsen und Dividenden, gegebenenfalls auch Lizenzgebühren, dort tatsächlich im Rahmen des Betriebstättengewinns besteuert würden. Die deutsche Verhandlungsgrundlage greift diesen Vorschlag nun im Protokoll Nr. 3 auf. Danach behält sich Deutschland einseitig das Recht vor, Dividenden und Zinsen nach den in Art. 10 Abs. 2 und 3 vorgesehenen Sätzen oder nach Nr. 1 des Protokolls zu besteuern, wenn Empfänger und Schuldner in Deutschland ansässig sind. Der Betriebstättenstaat hat diese Steuer dann anzurechnen (s. *Schönfeld/Ditz,* in SD, Anh. 4 Rz. 133; Wassermeyer/*Wassermeyer/Kaeser,* Art. 21 OECD-MA Rz. 92ff.; für deutsche DBA s. Rz. 57).

49 Überträgt ein Unternehmen Vermögenswerte (Aktien, Obligationen oder Patente) auf eine Betriebstätte im anderen Vertragsstaat, um dort steuerlich günstiger behandelt zu werden, so hängt es vom innerstaatlichen Recht der Vertragsstaaten ab, ob diese Vermögenswerte dort als zur Betriebstätte gehörend betrachtet werden oder ob die Übertragung als Scheingeschäft oder Steuerumgehung behandelt wird (s. dazu allgemein Art. 1 Rz. 90ff.). Soweit die Übertragung nach dem internen Recht des Betriebstättenstaats steuerlich anerkannt würde, kommt es zusätzlich noch auf die Abgrenzung des Betriebstättenvermögens nach Abkommensrecht an (zu Art. 7 Rz. 36, 42). Art. 21 Abs. 2 unterstreicht dies durch die Wendung, dass die Rechte oder Vermögenswerte zur Betriebstätte „tatsächlich gehören" müssen (dazu Vor Art. 10 bis 12 Rz. 39f. und die Ergänzungen im MA-Komm. 2010 Ziff. 5.1f.). Der MA-Komm. erwähnt darüber hinaus die Möglichkeit, eine Bestimmung aufzunehmen, dass Art. 21 Abs. 2 nicht gelten solle, „wenn die … Gestaltungsmöglichkeiten in erster Linie dazu verwendet wurden, um die Vorteile dieser Bestimmung zu nutzen" (MA-Komm. Ziff. 6).

II. Deutsche DBA

1. Abkommensübersicht zu Art. 21 Abs. 2: s. Rz. 26

2. Erläuterungen

55 **a)** Mit den *DBA Albanien 2010,* Art. 21 Abs. 2; *Algerien 2007,* Art. 21 Abs. 2; *Aserbaidschan,* Art. 21 Abs. 2; *Belarus,* Art. 21 Abs. 2; *Bulgarien 2010,* Art. 20 Abs. 2; *China,* Art. 22 Abs. 2; *China 2014 (E),* Art. 21 Abs. 2; *Costa Rica 2014 (E),* Art. 21 Abs. 2; *Dänemark,* Art. 21 Abs. 2; *Estland,* Art. 21 Abs. 2; *Großbritannien 2010,* Art. 21 Abs. 3; *Ghana,* Art. 21 Abs. 2; *Indien,* Art. 21 Abs. 2; *Irland 2011,* Art. 20 Abs. 2; *Italien,* Art. 22 Abs. 2; *Jugoslawien,* Art. 22 Abs. 2; *Kanada,* Art. 21 Abs. 2; *Kasachstan,* Art. 21 Abs. 2; *Kirgisistan,* Art. 21 Abs. 2; *Korea,* Art. 21 Abs. 2; *Kroatien,* Art. 21 Abs. 2; *Kuwait,* Art. 21 Abs. 2; *Lettland,* Art. 21 Abs. 2; *Litauen,*

Art. 21 Abs. 2; *Luxemburg 2012,* Art. 20 Abs. 2; *Malaysia 2010,* Art. 22 Abs. 2; *Malta,* Art. 21 Abs. 2; *Mauritius 1978,* Art. 22 Abs. 2; *Mongolei,* Art. 21 Abs. 2; *Namibia,* Art. 21 Abs. 2; *Neuseeland,* Art. 21 Abs. 2; *Niederlande 2012 (E),* Art. 21 Abs. 2; *Norwegen,* Art. 21 Abs. 2; *Norwegen 2013 (E), Österreich,* Art. 21 Abs. 2; *Pakistan,* Art. 21 Abs. 2; *Philippinen 2013,* Art. 22 Abs. 2; *Polen,* Art. 22 Abs. 2; *Portugal,* Art. 22 Abs. 2; *Rumänien,* Art. 21 Abs. 2; *Schweden,* Art. 21 Abs. 2; *Singapur 2004,* Art. 21 Abs. 2; *Slowenien,* Art. 21 Abs. 2; *Syrien 2010,* Art. 21 Abs. 2; *Tadschikistan,* Art. 20 Abs. 2; *Tschechien (E),* Art. 21 Abs. 2; *Ukraine,* Art. 21 Abs. 2; *Ungarn 2011,* Art. 20 Abs. 2; *Uruguay 2010,* Art. 20 Abs. 2; *USA 1989/2006,* Art. 21 Abs. 2; *Usbekistan,* Art. 21 Abs. 2; *Venezuela,* Art. 21 Abs. 3; *Vereinigte Arabische Emirate, 2010* Art. 20 Abs. 2; *Vietnam,* Art. 21 Abs. 2, *Taiwan 2011,* Art. 20 Abs. 2, *Türkei 2011,* Art. 21 Abs. 2 und *Zypern 2011,* Art. 20 Abs. 2 enthalten nunmehr die meisten **Doppelbesteuerungsabkommen Deutschlands eine dem Abs. 2 entsprechende Regelung.** Abgesehen von den *DBA Bulgarien 2010, Großbritannien 2010/2014 (E), Irland 2011, Luxemburg 2012, Niederlande 2012 (E), Tadschikistan, Taiwan 2011, Ungarn 2011, Uruguay 2010, USA 1989/2006, Vereinigte Arabische Emirate 2010* und *Zypern 2011* differenzieren diese DBA allerdings noch zwischen Unternehmensgewinnen und Einkünften aus selbständiger Arbeit, entsprechen also noch nicht dem MA in der Fassung vom 29.4.2000.

Fehlt in einem DBA eine dem Art. 21 Abs. 2 entsprechende Regelung, so ist eine Einschränkung des Anwendungsbereiches von Art. 7 nicht notwendig (s. Rz. 45). Unter die Verteilungsnorm des Art. 7 fallen dann auch Einkünfte aus unbeweglichem Vermögen, Dividenden, Zinsen und Lizenzgebühren aus Drittstaaten und aus dem Ansässigkeitsstaat, soweit die zugrunde liegenden Vermögenswerte tatsächlich zu einem Unternehmen gehören (s. BFH BStBl. II 1996, 563 ff. (564): *DBA Schweiz;* BFH BStBl. II 2008, 510: *DBA Niederlande 1959*). *Lang/Reich/Schmidt,* IStR 2007, 1 (6) und FG Münster IStR 2006, 711 lesen in Art. 21 einen Betriebstättenvorbehalt auch ohne Vorhandensein eines Abs. 2 hinein. Einer solchen Interpretation bedarf es nicht, da sich das Betriebstättenprinzip in diesem Fall bereits unmittelbar aus Art. 7 ergibt. Enthält ein DBA keine dem Abs. 2 entsprechende Regelung, so kommt Art. 21 aufgrund des Vorrangs von Art. 7 für diese Einkünfte nicht zur Anwendung (a. A. BFH BStBl. II 2008, 510: *DBA Niederlande 1959,* der einen Vorrang von Art 7 gegenüber Art. 21 nur dann annehmen möchte, wenn die Drittstaatsdividenden tatsächlich zu einer Betriebstätte des Unternehmens gehören). Bei Dividenden, Zinsen und Lizenzgebühren bedeutet dies im Ergebnis keinen Unterschied. Die Anwendung von Art. 7 führt bei Einkünften aus unbeweglichem Vermögen aus einem Drittstaat, die über eine Betriebstätte im anderen Staat erzielt werden, aber zu einer Besteuerung im Betriebstättenstaat. Dem Betriebstättenstaat kommt nach Art. 7 auch dann eine vorrangige Besteuerung zu, wenn das unbewegliche Vermögen im Ansässigkeitsstaat belegen ist. Entspricht das DBA allerdings noch dem MA 1963, so kann der Ansässigkeitsstaat im letzteren Falle die Einkünfte aus unbeweglichem Vermögen nach Art. 6 Abs. 1 besteuern, der nach Art. 6 Abs. 4, 7 Abs. 4 die Anwendung von Art. 7 Abs. 1 ausschließt. Die dem MA 1963 entsprechenden DBA belassen jedoch dem Betriebstättenstaat die Befugnis zur Besteuerung von Einkünften aus unbeweglichem Vermögen, das in einem Drittstaat belegen ist, da auch Art. 6 MA 1963 Drittstaatseinkünfte nicht erfasst. 56

b) Art. 21 Abs. 1 *DBA Argentinien* und Art. 21 Abs. 1 *DBA Mexiko* stimmen mit Art. 21 MA 1963 überein; das *DBA Argentinien* enthält jedoch in Abs. 2 eine Sondervorschrift für die Besteuerung von Veräußerungsgewinnen aus beweglichem und unbeweglichem Vermögen in Drittstaaten (vgl. dazu: Wassermeyer/*W. Wassermeyer,* Art. 21 DBA Argentinien Rz. 11, sowie zu Art. 13 Rz. 322); das *DBA Me-* 57 *xiko 2008* enthält in Art. 21 Abs. 2 eine Sonderbestimmung, die dem Quellenstaat eine Vorrangbesteuerung einräumt (Rz. 33); Art. 21 *DBA Elfenbeinküste* entspricht grundsätzlich dem MA 1963, scheidet jedoch Einkünfte aus, die zu einer im anderen Vertragsstaat belegenen Betriebstätte oder festen Einrichtung gehören. Art. 22 *DBA Mauritius 1978* sowie Art. 21 *DBA Neuseeland* unterscheiden sich von Art. 21 Abs. 2 MA dadurch, dass, ebenso wie nach Art. 21 *DBA Elfenbeinküste,* die Einkünfte aus unbeweglichem Vermögen nicht ausdrücklich ausgenommen werden. Nach diesen Abkommen ist daher der Betriebstättenstaat auch zur Besteuerung der Einkünfte aus unbeweglichem Vermögen befugt (s. Rz. 45 f.). Prot. Nr. 6 zum *DBA Irland 2011* und Prot. Nr. 18 zum *DBA USA 1989/2006* folgen der Empfehlung des MA-Komm. Ziff. 5 (s. nun auch die deutsche Verhandlungsgrundlage) für den Fall, dass sowohl der Empfänger wie der Zahlende einer Dividende in Deutschland ansässig sind, die Dividende aber einer Betriebstätte oder festen Einrichtung des Empfängers in Irland bzw. den USA zuzurechnen ist. In einem solchen Fall kann nach der Vorschrift Deutschland die Dividende als Quellenstaat innerhalb der in Art. 10 vorgesehenen Grenzen besteuern; Irland bzw. die USA rechnen die Steuer auf die der Betriebstätte an.

58 **c)** Die *DBA China 1985,* Art. 22, und *Philippinen 1983,* Art. 22, stimmen inhaltlich mit Art. 21 Abs. 2 in Verbindung mit Abs. 3 **UN-MA** überein (s. Rz. 20).

Abschnitt IV. Besteuerung des Vermögens

Artikel 22. Vermögen

Text: OECD-Musterabkommen (OECD-MA)

1. Unbewegliches Vermögen im Sinne des Artikels 6, das einer in einem Vertragsstaat ansässigen Person gehört und im anderen Vertragsstaat liegt, kann im anderen Staat besteuert werden.

2. Bewegliches Vermögen, das Betriebsvermögen einer Betriebstätte ist, die ein Unternehmen eines Vertragsstaates im anderen Vertragsstaat hat, kann im anderen Staat besteuert werden.

3. Seeschiffe und Luftfahrzeuge, die im internationalen Verkehr betrieben werden, und Schiffe, die der Binnenschifffahrt dienen, sowie bewegliches Vermögen, das dem Betrieb dieser Schiffe oder Luftfahrzeuge dient, können nur in dem Vertragsstaat besteuert werden, in dem sich der Ort der tatsächlichen Geschäftsleitung des Unternehmens befindet.

4. Alle anderen Vermögensteile einer in einem Vertragsstaat ansässigen Person können nur in diesem Staat besteuert werden.

Text: Deutsche Verhandlungsgrundlage (DE-VG)

Artikel 21. Vermögen

(1) **Unbewegliches Vermögen im Sinne des Artikels 6, das einer in einem Vertragsstaat ansässigen Person gehört und im anderen Vertragsstaat liegt, kann im anderen Staat besteuert werden.**

(2) **Bewegliches Vermögen, das Betriebsvermögen einer Betriebstätte ist, die ein Unternehmen eines Vertragsstaats im anderen Vertragsstaat hat, kann im anderen Staat besteuert werden.**

(3) **Seeschiffe oder Luftfahrzeuge, die im internationalen Verkehr betrieben werden, und Schiffe, die der Binnenschifffahrt dienen, sowie bewegliches Vermögen, das dem Betrieb dieser Schiffe oder Luftfahrzeuge dient, können nur in dem Vertragsstaat besteuert werden, in dem sich der Ort der tatsächlichen Geschäftsleitung des Unternehmens befindet.**

(4) **Alle anderen Vermögensteile einer in einem Vertragsstaat ansässigen Person können nur in diesem Staat besteuert werden.**

Text: US-Musterabkommen (US-MA)

Hinweis: *Das US-MA enthält seit 1996 keine entsprechende Vorschrift mehr. Zu Art. 22 US-MA n. F. (Limitation on benefits) s. Art. 1 Rz. 127ff.*

Inhalt

Literatur: *Hemmelrath,* Die Ermittlung des Betriebstättengewinns im internationalen Steuerrecht (1982) S. 198 ff.; *Storck,* Ausländische Betriebstätten, S. 337 ff. 1

Verwaltungsanweisungen: *BMF* v. 24.12.1999, BStBl. I 1999, 1076 (BStVwG); BdF v. 30.11.1987, RIW 1988, 157; BMF v. 30.6.1989, BStBl. I 1989, 250; *FinMin BW* v. 13.2.2001, DStR 2001, 398; *dass.,* v. 14.12.1994, RIW 1995, 263; Eidgenössische Steuerverwaltung v. 5.12.1969, zitiert nach *Locher,* B § 3, IB 2 Nr. 24.

Text: OECD-Kommentar (MA-Kommentar)

1. [Geltungsbereich] *Der Artikel behandelt nur die Steuern vom Vermögen, nicht aber die Nachlass- und Erbschaftsteuern sowie die Steuern von Schenkungen und von Vermögensübergängen. Auf welche Steuern vom Vermögen der Artikel Anwendung findet, wird in Artikel 2 geregelt.*

2. [Grundsatz] *Die Steuern vom Vermögen stellen im Allgemeinen eine Ergänzung der Besteuerung der Einkünfte aus Vermögen dar. Daher können die Steuern von einem bestimmten Vermögensteil grundsätzlich nur von dem Staat erhoben werden, dem das Besteuerungsrecht für die Einkünfte aus diesem Vermögensteil zusteht. Man kann aber nicht einfach auf die Regeln über die Besteuerung der Einkunftsarten verweisen, da nicht für alle Einkünfte das ausschließliche Besteuerungsrecht eines Staates vorgesehen ist.*

3. [Betriebstättenprinzip] *In dem Artikel werden deshalb zunächst die Vermögenswerte aufgezählt, die im Belegenheitsstaat besteuert werden können. Diese Gruppe umfasst unbewegliches Vermögen im Sinne des Artikels 6, das einer in einem Vertragsstaat ansässigen Person gehört und das im anderen Vertragsstaat liegt (Absatz 1), und bewegliches Vermögen, das Betriebsvermögen einer Betriebstätte ist, die ein Unternehmen eines Vertragsstaats im anderen Vertragsstaat hat (Absatz 2).*

3.1. *For the purposes of paragraph 2, property will form part of the business property of a permanent establishment if the „economic" ownership of the property is allocated to that permanent establishment under the principles developed in the Committee's report entitled Attribution* *of Profits to Permanent Establishments (see in particular paragraphs 72–97 of Part I of the report) for the purposes of the application of paragraph 2 of Article 7. In the context of that paragraph, the "economic" ownership of property means the equivalent of ownership for income tax purposes by a separate enterprise, with the attendant benefits and burdens (e. g. the right to any income attributable to the ownership of that property, the right to any available depreciation and the potential exposure to gains or losses from the appreciation or depreciation of that property). The mere fact that the property has been recorded, for accounting purposes, on a balance sheet prepared for the permanent establishment will therefore not be sufficient to conclude that it is effectively connected with that permanent establishment.*

3.2. *In the case of the permanent establishment of an enterprise carrying on insurance activities, the determination of whether property will form part of the business property of the permanent establishment shall be made by giving due regard to the guidance set forth in Part IV of the Committee's report with respect to whether the income on or gain from that property is taken into account in determining the permanent establishment's yield on the amount of investment assets attributed to it (see in particular paragraphs 165–170 of Part IV). That guidance being general in nature, tax authorities should consider applying a flexible and pragmatic approach which would take into account an enterprise's reasonable and consistent application of that guidance for purposes of identifying the specific assets that form part of the business property of the permanent establishment.*

4. [Schifffahrt und Luftfahrt] *Im internationalen Verkehr betriebene Seeschiffe und Luftfahrzeuge und Schiffe, die der Binnenschifffahrt dienen, sowie das dem Betrieb dieser Schiffe oder Luftfahrzeuge dienende bewegliche Vermögen können normalerweise nur in dem Staat besteuert werden, in dem sich der Ort der tatsächlichen Geschäftsleitung des Unternehmens befindet (Absatz 3). Diese Regel folgt den Bestimmungen des Artikels 8 und des Artikels 13 Absatz 3. Selbstverständlich ist Artikel 8 Absatz 3 anzuwenden, wenn sich der Ort der tatsächlichen Geschäftsleitung eines Unternehmens der See- oder Binnenschifffahrt an Bord eines Schiffes befindet. Ziehen es die Vertragsstaaten vor, das ausschließliche Besteuerungsrecht dem Wohnsitzstaat zuzuerkennen oder die beiden Merkmale Wohnsitz und Ort der tatsächlichen Geschäftsleitung miteinander zu verknüpfen, so können sie in ihrem zweiseitigen Abkommen Absatz 3 durch eine Bestimmung ersetzen, die der in den Ziffern 2 und 3 des Kommentars zu Artikel 8 vorgeschlagenen Regelung entspricht. Unbewegliches Vermögen, das dem Betrieb von Seeschiffen, Binnenschiffen oder Luftfahrzeugen dient, kann nach Absatz 1 in dem Staat besteuert werden, in dem das Vermögen liegt.*

4.1 [Abgrenzung des Absatzes 3] *Absatz 3 findet Anwendung, wenn das Unternehmen, dem das Vermögen gehört, die Seeschiffe, Binnenschiffe oder Luftfahrzeuge, die in diesem Absatz bezeichnet sind, selbst betreibt, gleichgültig, ob für seine eigenen Beförderungstätigkeiten oder durch Vercharterung von vollständig ausgerüsteten und bemannten Seeschiffen, Binnenschiffen oder Luftfahrzeugen. Er ist aber nicht anwendbar, wenn das Unternehmen, dem die Seeschiffe, Binnenschiffe oder Luftfahrzeuge gehören, sie nicht betreibt (zB wenn das Unternehmen sie an eine andere Person vermietet, außer im Fall einer gelegentlichen Vercharterung eines leeren Schiffes im Sinne des Artikels 8 Ziffer 5 MA-Komm.). In diesem Fall wird das Vermögen von Absatz 2 oder Absatz 4 erfasst.*

4.2 [Alternativfassung des Absatzes 3] *In ihren zweiseitigen Abkommen können die Mitgliedstaaten die Anwendung des Art. 22 in dieser Lage weiter klarstellen und folgende Alternativfassung des Absatzes 3 des Artikels vereinbaren (s. auch Artikel 13 Ziffern 28.1 und 28.2 MA-Komm.):*

„(3) Vermögen, das Betriebsvermögen eines Unternehmens ist, dessen Ort der tatsächlichen Geschäftsleitung sich in einem Vertragsstaat befindet, und aus Seeschiffen oder Luftfahrzeugen, die im internationalen Verkehr betrieben werden, oder aus beweglichem Vermögen, das dem Betrieb dieser Schiffe oder Luftfahrzeuge dient, besteht, kann nur in diesem Staat besteuert werden."

5. ***[Wohnsitzprinzip]*** *Für andere, nicht in den Absätzen 1 bis 3 angeführte Vermögensteile sieht der Artikel vor, dass sie nur in dem Vertragsstaat besteuert werden können, in dem die Person, der sie gehören, ansässig ist (Absatz 4).*

6. ***[Verständigungsverfahren]*** *Ergibt sich aus der Anwendung des Absatzes 4 auf bewegliche Vermögensteile, an denen Nutzungsrechte bestehen, wegen unterschiedlicher innerstaatlicher Rechtsvorschriften eine Doppelbesteuerung, so können die beteiligten Staaten das Problem im Verständigungsverfahren oder durch zweiseitige Verhandlungen regeln.*

7. ***[Schuldenabzug]*** *Der Artikel enthält keine Regel für den Abzug von Schulden. Die Rechtsordnungen der Mitgliedstaaten der OECD unterscheiden sich zu sehr, als dass dafür eine gemeinsame Lösung hätte gefunden werden können. Das Problem, das sich hinsichtlich des Schuldenabzugs stellen kann, wenn Steuerpflichtiger und Gläubiger nicht in demselben Staat ansässig sind, ist in Artikel 24 Absatz 4 behandelt.*

8. (jetzt Ziffer 14)

Vorbehalte zum Artikel

9. ***Finnland*** *behält sich vor, Aktien und andere Anteile an finnischen Gesellschaften zu besteuern, wenn das Eigentum an diesen Aktien oder anderen Anteilen dazu berechtigt, in Finnland gelegenes und von der Gesellschaft gehaltenes unbewegliches Vermögen zu nutzen.*

10. ***Neuseeland, Portugal*** *und die* ***Türkei*** *machen für den Fall, dass sie Vermögensteuern erheben, einen Vorbehalt zu diesem Artikel.*

11. ***Frankreich*** *stimmt Absatz 4 zu, möchte jedoch die Möglichkeit haben, die französischen Bestimmungen über die Besteuerung von Aktien oder Rechten anzuwenden, die Teil einer wesentlichen Beteiligung an einer in Frankreich ansässigen Gesellschaft sind, oder von Aktien oder Rechten an Gesellschaften, deren Vermögen überwiegend aus in Frankreich gelegenem unbeweglichem Vermögen besteht.*

12. ***Dänemark, Norwegen*** *und* ***Schweden*** *behalten sich vor, dem Artikel besondere Bestimmungen über das Vermögen, das die im internationalen Luftverkehr betriebenen Luftfahrzeuge des Luftfahrtkonsortiums Scandinavian Airlines System (SAS) darstellen, anzufügen.*

13. ***Spanien*** *behält sich das Recht zur Besteuerung vor bei Aktien oder anderen Anteilen, deren Wirtschaftsgüter überwiegend aus in Spanien gelegenem unbeweglichem Vermögen bestehen, ferner bei Aktien oder anderen Anteilen, die ihrem Inhaber ein Recht zur Nutzung von in Spanien gelegenem unbeweglichem Vermögen gewähren, sowie bei Aktien oder anderen Rechten, die Teil einer wesentlichen Beteiligung an einer in Spanien ansässigen Gesellschaft sind.*

14. ***Griechenland*** *behält wegen seiner besonderen Lage auf dem Gebiet der Seeschifffahrt die Entscheidungsfreiheit hinsichtlich der Abkommensbestimmungen über das Vermögen, das aus Seeschiffen im internationalen Verkehr besteht, und über das bewegliche Vermögen, das dem Betrieb solcher Schiffe dient.*

Text: Stellungnahmen von Nichtmitgliedstaaten zum OECD-MA (OECD-NM)

Positions on the Article

1. ***Argentina*** *reserves the right to tax capital, other than property mentioned in paragraph 3, that is situated on its territory.*

2. ***Brazil, Bulgaria, Indonesia, Malaysia,*** *the* ***People's Republic of China,*** **[ab 15.7.2014:** ***Singapore,*****]** ***Thailand*** *and* ***Vietnam*** *reserve their positions on the Article if and when they impose taxes on capital.*

3. ***India*** *reserves the right to tax capital as per domestic law.*

A. Zu Art. 22 Abs. 1

I. Musterabkommen

1. Übereinstimmungen und Abweichungen

2 Die Regelungen des OECD-MA, der deutschen Verhandlungsgrundlage sowie des früheren US-MA 1981 stimmen im Wesentlichen überein (der vom US-MA 1981 verwendete Ausdruck „real property" ist gleichbedeutend mit dem Ausdruck „immovable property" des OECD-MA, vgl. hierzu näher Art. 6 Rz. 48, 64 ff.). Das aktuelle US-MA 2006 enthält ebenso wie das vorherige US-MA 1996 jedoch keine dem Art. 22 MA entsprechende Vorschrift. Das UN-MA folgt dem OECD-MA in den Absätzen 1 bis 3 und überlässt die Regelung in Absatz 4 den bilateralen Verhandlungen der Vertragsstaaten (s. UN-Komm. zu Art. 22, Ziffern 2 und 3).

2. OECD-MA

3 **a) Grundzüge:** Unbewegliches Vermögen besteuert ausschließlich der Staat, in dem das Vermögen sich befindet **(Belegenheitsstaat)** als **Quellenstaat.** Er besteuert das Vermögen nach Maßgabe seines innerstaatlichen Rechts, ohne durch das Abkommen darin beschränkt zu sein. Die Besteuerung dieses Vermögens im Ansässigkeitsstaat lässt Art. 22 offen („kann", s. Vor Art. 6 bis 22 Rz. 4 ff.); ob es dort freizustellen ist oder die Steuer des Quellenstaats angerechnet wird, bestimmt sich nach Art. 23 A oder B (s. dort Rz. 3 ff.). Eine Vielzahl von Staaten, darunter seit 1.1.1997 auch Deutschland, erhebt keine Vermögensteuer (gegen eine Wiedererhebung in Deutschland s. Wissenschaftlicher Beirat beim BMF, Gutachten zur Besteuerung von Vermögen v. 21.5.2013, veröffentlicht unter www.bundesfinanzministerium.de). Insoweit bleibt Art. 22 ohne praktische Bedeutung. Zur innerstaatlichen Befreiung von der Vermögensteuer für unbewegliches Vermögen in Frankreich als Belegenheitsstaat aufgrund der DBA Frankreichs mit verschiedenen arabischen Staaten s. TNS 2003, 211 mit Hinweis auf ein Schreiben der französischen Finanzverwaltung.

4 **b) Abgrenzung:** Art. 22 gilt nur für die Steuern vom Vermögen i. S. des Art. 2 (s. dort Rz. 24 ff.; nach niederländischer Rechtsprechung, *Rechtbank Zutphen*, Urt. v. 12.8.2009, Az. 08/1347, zit. nach IBFD online, zählen dazu auch Gemeindesteuern auf unbewegliches Vermögen: *DBA Niederlande/Schweiz*). Nicht zu den Steuern vom Vermögen i. S. der Art. 2 und 22 gehören die Nachlass-, Erbschafts- und Schenkungssteuern – für sie gibt es z. T. besondere DBA – sowie die Steuern auf Vermögensübergänge (MA-Komm. Ziff. 1).

Durch die Bezugnahme auf die „in einem Vertragsstaat ansässige Person" und das „im anderen Vertragsstaat" belegene unbewegliche Vermögen macht die jetzige Fassung des MA deutlich, dass sich Art. 22 Abs. 1 nur mit grenzüberschreitenden Fällen befasst, was bei der Fassung des MA 1963 nicht so klar gewesen war. Außerdem wird hierdurch festgelegt, dass unbewegliches Vermögen in dritten Staaten nicht betroffen ist; es fällt unter Art. 22 Abs. 4.

5 **c)** Ebenso wie andere Verteilungsregeln unterliegt für die Mitgliedstaaten der EU die Besteuerung des Vermögens den **Vorgaben des europäischen Gemeinschaftsrechts** (hierzu ausführlich Grundl. Rz. 250 ff.; Art. 24 Rz. 5 ff.). Der EuGH hat sich bereits mehrfach zur Vereinbarkeit einer vermögensteuerlichen Regelung mit dem EG-Vertrag geäußert (zuletzt EuGH, Rs. C-376/03, Slg. 2005-I, 5821 – *„D"* zur Vermögensteuer in den Niederlanden sowie zuvor Rs. C-251/98, Slg. 2000-I, 2787 – *Baars;* Rs. C-307/97, Slg. 1999-I, 6161 – *Saint-*

Gobain). Obgleich die Urteile nur zum jeweiligen innerstaatlichen Vermögensteuerrecht ergangen sind, wird das primäre Gemeinschaftsrecht bei DBA zwischen Mitgliedstaaten der EU künftig auch für die Auslegung einer dem Art. 22 entsprechenden Abkommensvorschrift zu beachten sein. Zur Vereinbarkeit deutscher bewertungsrechtlicher Vorschriften mit EG-Recht s. EuGH v. 17.1.2008, Rs. C-256/06, DStR 2008, 174 – *Jäger* und den Schlussantrag der GA Trstenjak v. 10.1.2008, Rs. C-360/06 – *Bauer.*

d) Regelung: Nach Art. 22 Abs. 1 kann 6
– **unbewegliches Vermögen** i. S. des Art. 6,
– das einer **in einem Vertragsstaat ansässigen Person gehört** und
– **im anderen Vertragsstaat liegt,**
in dem Staat besteuert werden, in dem es liegt.

Fehlt eine abkommensrechtliche Begriffsdefinition ist nach Art. 3 Abs. 2 das jeweilige innerstaatliche Recht des Anwenderstaates maßgebend. Für den **Begriff des unbeweglichen Vermögens** wird dies durch den ausdrücklichen Verweis in Art. 22 Abs. 1 auf Art. 6 betont, s. dazu Art. 6 Rz. 64 ff. Danach gehören zum unbeweglichen Vermögen insbesondere auch land- und forstwirtschaftliche Betriebe und deren Zubehör. Zutreffend zählt daher das FG Hamburg, EFG 2007, 96 (99): *DBA Spanien 1966* unter Rückgriff auf das innerstaatliche spanische Recht einen dort belegenen land- und forstwirtschaftlichen Betrieb zum unbeweglichen Vermögen. In der Folge verneint das Gericht eine deutsche Vermögenssteuerpflicht eines inländischen Gesellschafters einer ausländischen (spanischen) Personengesellschaft *(Sociedad en Comandita),* weil die Personengesellschaft nach deutschem Steuerrecht als transparent, nach spanischen Recht hingegen als intransparent gilt (zum deutschen Verfahrensrecht s. BFH/NV 2009, 113). Aus diesem Grund scheidet somit die Anwendung des Art. 22 Abs. 4 aus. Es verbleibt bei der Besteuerung in Spanien nach Art. 22 Abs. 1 DBA Spanien (ungeachtet der in Spanien fehlenden Steuerbarkeit der Personengesellschaft). Zur Besteuerung von Erbbauzinsen im Ansässigkeitsstaat s. Rz. 105. Zum **Begriff der in einem Vertragsstaat ansässigen Person** s. Art. 3 Rz. 11 ff., Art. 4 Rz. 5 f. Er umfasst nach hier vertretener Auffassung auch **Personengesellschaften** (s. zu Art. 1 Rz. 25 ff. und zu Art. 4 Rz. 73 f.; dagegen *Firlinger,* S. 225).

e) Zugehörigkeit: Ob unbewegliches Vermögen einer in einem Vertragsstaat ansässigen Person **„gehört"**, ist mangels näherer Definition durch das Abkommen nach dem innerstaatlichen Recht des das Abkommen anwendenden Staates zu bestimmen (s. Art. 3 Abs. 2). Zurechnungskonflikte, die daraus entstehen können, dass ein Staat das unbewegliche Vermögen einem in seinem Gebiet Ansässigen zurechnet, der andere Staat dasselbe Vermögen gleichfalls einem in seinem Gebiet Ansässigen, wirken sich im Rahmen des Art. 22 nicht aus, weil die Besteuerung in jedem Fall dem Belegenheitsstaat zusteht (vgl. aber Rz. 11). 7

f) Die Vorschrift enthält weder eine Bestimmung über die **Wertberechnung** noch über den **Schuldenabzug** (s. MA-Komm. Ziff. 7 sowie UN-Komm. zu Art. 22, Ziff. 7). Der Belegenheitsstaat kann deshalb seine einschlägigen innerstaatlichen Vorschriften ohne Einschränkung anwenden. Für Deutschland sind die Vorschriften des Bewertungsgesetzes maßgebend (s. insbesondere §§ 19, 31 BewG; vgl. dazu BFH BStBl. II 2000, 399: *DBA Österreich 1954/92*). Schulden und Schuldzinsen können nach deutschem Recht nur dann abgezogen werden, wenn sie mit dem unbeweglichen Vermögen in einem wirtschaftlichen Zusammenhang stehen (§ 103 Abs. 1 BewG; vgl. BFH BStBl. II 2000, 577: *DBA Indien, DBA Niederlande 1959/91;* anders für das Abkommensrecht Wassermeyer/*Wassermeyer,* Art. 22 OECD-MA, Rz. 21). Nicht ausreichend ist es, wenn unbewegliches Ver- 8 mögen eines im Ausland Ansässigen lediglich grundpfandrechtlich belastet ist, ohne dass ein wirtschaftlicher Zusammenhang der Forderung mit dem Grundvermögen besteht. Ein Zusammenhang liegt z. B. vor, wenn die Schuld zum Erwerb des unbeweglichen Vermögens aufgenommen wurde; nicht ausreichend ist es dagegen, wenn die Schuld, deren Abzug begehrt wird, mit der Sicherung der Erträge aus dem unbeweglichen Vermögen, nicht aber mit dem Bestand des Vermögens selber zusammenhängt. Wie stets, kommt es hierbei aber auf den Wortlaut des konkreten Abkommens an.

9 So hat der niederländische *Hoge Raad* die dem Art. 22 Abs. 1 entsprechende Vorschrift des *DBA Deutschland/Niederlande* dahin ausgelegt, dass Schulden nicht abzuziehen seien, weil das DBA die Ausdrücke „onroerende zaken" („unbewegliche Sachen") und „vermogensbestanddelen" („Vermögensbestandteile"), nicht aber den auch nach niederländischem Recht als Saldo der Aktiven und Passiven zu verstehenden Ausdruck „vermogen" verwendet (*Hoge Raad* Rolno. 20916, BNB 1983/203; kritisch: *de Hosson,* WFR 1984, 323 ff.). Hätte das Gericht auch die deutsche Fassung des Abkommens in seine Auslegung einbezogen, in der es in Art. 19 Abs. 1 Buchst. a „unbewegliches Vermögen" (nicht „Sachen") heißt, so wäre es möglicherweise zu einem anderen Ergebnis gekommen (wie der *Hoge Raad* aber *Michielse,* WFR 1988, 665 (669); s. a. *Hoge Raad,* Urt. v. 21.11.2008, No. 43.623, NTFR 2008, 2355 (zit. nach IBFD online) zum Umfang des Abzugs von Hypothekenzinsen eines in den Niederlanden belegenen Grundstücks im Verhältnis Niederlande/Niederländische Antillen). Nach einer Erkenntnis des ÖstVwGH sind Schulden abzugsfähig, wenn sie in unmittelbarem wirtschaftlichen Zusammenhang mit dem in Österreich vermögensteuerpflichtigen Grundvermögen eines Steuerausländers stehen. Innerstaatlich werde in Österreich der Schuldenabzug bei der Ermittlung des Gesamtvermögens und nicht des sonstigen Vermögens berücksichtigt (§ 77 ÖstBewG). Die Schulden seien daher nicht „allen anderen Vermögensteilen" i. S. der jeweils dem Art. 22 Abs. 4 nachgebildeten Vorschrift, sondern dem unbeweglichen Vermögen nach Abs. 1 zuzuordnen. Eine Berücksichtigung ausschließlich im Ansässigkeitsstaat scheidet somit aus (ÖstVwGH ÖStZB 1990, 347: *DBA Österreich/Spanien;* s. hierzu *te Boekhorst,* ET 1990, 378).

10 Auch die Frage, mit welchem Wert Schulden anzusetzen sind, ist dem nationalen Steuerrecht überlassen. Einige Staaten lassen den Schuldenabzug nur in dem Verhältnis zu, in dem das inländische Vermögen zum Gesamtvermögen des Steuerpflichtigen steht (z. B. die Schweiz). Auch wird gelegentlich der Schuldenabzug davon abhängig gemacht, dass der im Ausland ansässige Gläubiger die Steuerpflichtigkeit der Forderung in seinem Heimatstaat nachweist (SchweizBG ASA 36 (1967/68), 391; Eidgenössische Steuerverwaltung v. 5.12.1969, zitiert nach *Locher,* B § 3, IB 2 Nr. 24; vgl. auch die Beispiele von FWK/*Kempermann,* Art. 22 Anm. 17 ff.). Von der Frage nach der Bewertung im Staat der Belegenheit (dem „Quellenstaat") zu unterscheiden ist die nach der Bewertung im Ausland belegener Grundstücke durch den **Ansässigkeitsstaat,** wenn dieser die Steuer nach Maßgabe des **weltweiten** Vermögens erhebt und eine Doppelbesteuerung durch Anrechnung vermeidet (Art. 23 B OECD- und UN-MA, Art. 23 US-MA). Auch der Ansässigkeitsstaat bewertet in solchen Fällen grundsätzlich allein nach seinem innerstaatlichen Recht. Eine Sonderregelung enthält eine Verständigungsvereinbarung zwischen Deutschland und der Schweiz (BMF v. 30.6.1989, BStBl. I 1989, 250; s. dazu *Ebling,* IWB 3, Deutschland, Gr. 8, 159 (167 f.), allerdings noch auf der Grundlage eines älteren Erlasses von 1976).

11 Durch die Unterschiede der innerstaatlichen Vorschriften über die Berücksichtigung von Schulden können sich Doppel- oder Minderbelastungen ergeben, nicht anders als durch Unterschiede in der Berücksichtigung von Ausgaben bei der Bemessung steuerpflichtiger Einkünfte. Überschneidungen können besonders entstehen, wenn die nationalen Gesetze den **Zeitabschnitt,** für den die Steuer erhoben wird, unterschiedlich bestimmen: z. B. die frühere Vermögensteuer in Deutschland für das ganze Jahr nach den Verhältnissen zu Beginn des Kalenderjahrs, in der Schweiz Besteuerung pro rata temporis. Eine gegebenenfalls eintretende Doppelbesteuerung oder Doppel-Nichtbesteuerung wird in Kauf genommen (vgl. für das Verhältnis zwischen Deutschland und der Schweiz das Verständigungsverfahren vom 13./16.3.1961, BStBl. II 1961, 98 (122); sowie FWK/*Kempermann,* Art. 22 Anm. 29 f., s. auch Art. 6 Rz. 48 f.).

II. Deutsche DBA

1. Abkommensübersicht zu Artikel 22 Abs. 1

17

DBA	MA-Regelung: Besteuerung des unbeweglichen Vermögens nach Belegenheitsprinzip	Artikel	Rz.
Ägypten	≈ MA, Einbeziehung von Hypotheken u. a. grundpfandrechtlich gesicherten Forderungen	23 Abs. 1 i. V. m. 6 Abs. 2	
Albanien 2010	≈ MA	22 Abs. 1	
Algerien 2007	≈ MA	22 Abs. 1	
Argentinien	≈ MA, Sonderregelung für Schuldenabzug	22 Abs. 1, 6	8
Armenien	s. UdSSR		
Aserbaidschan	≈ MA	22 Abs. 1	22
Australien	≈ MA	21 Abs. 1	
Bangladesch	keine entsprechende Regelung		20
Belarus	≈ MA	22 Abs. 1	22
Belgien	≈ MA	22 Abs. 1 i. V. m. Art. 6 Abs. 2	
Bolivien	≈ MA	22 Abs. 1	
Bosnien-Herzegowina	s. Jugoslawien		
Bulgarien 2010	≈ MA	21 Abs. 1	
China 1985 (ohne Hongkong und Macau)	≈ MA	23 Abs. 1	
China 2014 (E)	≈ MA	22 Abs. 1	
Costa Rica 2014 (E)	≈ MA	22 Abs. 1	3 ff.; 18; 22
Dänemark	≈ MA	22 Abs. 1	
Ecuador	≈ MA	22 Abs. 1	
Elfenbeinküste	≈ MA	22 Abs. 1	
Estland	≈ MA	22 Abs. 1	22
Finnland	≈ MA	22 Abs. 1	
Frankreich	≈ MA	19 Abs. 1	19
Georgien	≈ MA	22 Abs. 1	22
Ghana	≈ MA	22 Abs. 1	
Griechenland	≈ MA	XVI Abs. 1	
Großbritannien 1964/70	≈ MA	XVI Abs. 1	
Großbritannien 2010	≈ MA	22 Abs. 1	
Indien	≈ MA	22 Abs. 1	
Indonesien	≈ MA	22 Abs. 1	
Iran	≈ MA	23 Abs. 1	
Irland 2011	≈ MA	21 Abs. 1	

DBA	MA-Regelung: Besteuerung des unbeweglichen Vermögens nach Belegenheitsprinzip	Artikel	Rz.
Island	≈ MA	22 Abs. 1	
Israel	≈ MA	17A Abs. 1	
Italien	≈ MA	23 Abs. 1	
Jamaika	≈ MA	22 Abs. 1	
Japan	≈ MA	22A Abs. 1	
Jugoslawien	≈ MA	23 Abs. 1	
Kanada	≈ MA	22 Abs. 1; Prot. Nr. 2	
Kasachstan	≈ MA	22 Abs. 1	22
Kenia	≈ MA	22 Abs. 1	
Kirgisistan	≈ MA	22 Abs. 1	
Korea	≈ MA	22 Abs. 1	
Kosovo	s. Jugoslawien		
Kroatien	≈ MA	22 Abs. 1	
Kuwait	≈ MA	22 Abs. 1	
Lettland	≈ MA	22 Abs. 1	22
Liberia	≈ MA	22 Abs. 1	
Liechtenstein 2011	≈ MA	22 Abs. 1	
Litauen	≈ MA	22 Abs. 1	22
Luxemburg 2012	≈ MA	21 Abs. 1	
Malaysia 2010	keine entsprechende Regelung		20; 21
Malta	≈ MA	22 Abs. 1	22
Marokko	≈ MA	22 Abs. 1; SProt. Nr. 1	
Mauritius 2011	keine entsprechende Regelung		20
Mazedonien 2006	≈ MA	22 Abs. 1	
Mexiko 2008	≈ MA	22 Abs. 1	
Moldau	s. UdSSR		
Mongolei	≈ MA	22 Abs. 1	
Montenegro	s. Jugoslawien		
Namibia	≈ MA	22 Abs. 1	22
Neuseeland	≈ MA	22 Abs. 1; Prot. Nr. 7	
Niederlande 1959/ 2004	≈ MA, Einbeziehung von Hypotheken u. a. grundpfandrechtlich gesicherten Forderungen	19 Abs. 1 Buchst. a, d i. V. m. Art. 4, SProt. Nr. 4, 5	19
Niederlande 2012 (E)	keine entsprechende Regelung		
Norwegen 1991	≈ MA	22 Abs. 1	
Norwegen 2013 (E)	keine entsprechende Regelung	Prot. Art. I	20
Oman 2012 (E)	≈ MA	22 Abs. 1	
Österreich	≈ MA	22 Abs. 1	
Pakistan	keine entsprechende Regelung		20
Philippinen 2013	≈ MA	23 Abs. 1	
Polen	≈ MA	23 Abs. 1	
Portugal	≈ MA	23 Abs. 1	
Rumänien	≈ MA	22 Abs. 1	22
Russische Föderation	≈ MA	22 Abs. 1	22
Sambia	≈ MA	22 Abs. 1	
Schweden	≈ MA	22 Abs. 1	22
Schweiz	≈ MA	22 Abs. 1	
Serbien	s. Jugoslawien		

DBA	MA-Regelung: Besteuerung des unbeweglichen Vermögens nach Belegenheitsprinzip	Artikel	Rz.
Simbabwe	≈ MA	22 Abs. 1	
Singapur 2004	≈ MA	23 Abs. 1	22
Slowakei	s. Tschechoslowakei		
Slowenien	≈ MA	22 Abs. 1	22
Spanien 2011	≈ MA; Sonderregelung für Anteile an Grundbesitzgesellschaften und Nutzungsrechte an unbeweglichem Vermögen	21 Abs. 1 und 4	23
Sri Lanka	≈ MA	22 Abs. 1	22
Südafrika 1973	keine Verteilungsregelung (kennt keine VSt), aber Freistellung in Deutschland	20 Abs. 2 Buchst. a Satz 4	20
Südafrika 2008 (E)	≈ MA	21 Abs. 1	22
Syrien 2010	Keine entsprechende Regelung		20
Tadschikistan	≈ MA	21 Abs. 1	22
Taiwan 2011	≈ MA	21 Abs. 1	22
Thailand	≈ MA	21 Abs. 1	
Trinidad und Tobago	keine entsprechende Regelung, aber Freistellung in Deutschland	22 Abs. 1 Buchst. a Satz 4	21
Tschechien 1997 (E)	≈ MA	22 Abs. 1	
Tschechien	s. Tschechoslowakei		
Tschechoslowakei	≈ MA	22 Abs. 1	
Türkei 2011	keine entsprechende Regelung		20
Tunesien	≈ MA	22 Abs. 1	
Turkmenistan	s. UdSSR		
UdSSR	≈ MA	18 Abs. 1	
Ukraine	≈ MA	22 Abs. 1	22
Ungarn 2011	≈ MA	21 Abs. 1	
Uruguay 2010	≈ MA	21 Abs. 1	
USA 1989/2006	≈ MA	22 Abs. 1	
Usbekistan	≈ MA	22 Abs. 1	22
Venezuela	≈ MA	22 Abs. 1	22
Vereinigte Arabische Emirate 2010	keine entsprechende Regelung		20
Vietnam	≈ MA	22 Abs. 1	
Weißrussland	s. Belarus		
Zypern 2011	≈ MA	21 Abs. 1	

2. Erläuterungen

a) Die deutschen Abkommen enthalten eine dem Art. 22 entsprechende Regelung über die Vermögensbesteuerung sehr häufig auch dann, wenn der Abkommenspartner keine Vermögensteuer kennt (oder dort belegenes Vermögen nicht besteuert, vgl. *DBA Costa Rica 2014 (E),* SProt. Nr. 3). Da auch Deutschland im Augenblick keine Vermögensteuer erhebt, kommt der Vorschrift Bedeutung zu, sobald einer der Vertragsstaaten in Zukunft eine Vermögensteuer einführt. Eine Änderung des Abkommens wäre dann nicht erforderlich (vgl. zu Art. 2 Rz. 43 ff.; für einen Überblick über die vermögensteuerliche Situation in den EU-/EG-Ländern s. *Lehner,* MSIStR 24 (2001); *Wacker,* Intertax 1983, 30). 18

b) Einige DBA *(Frankreich, Niederlande 1959/2004* und *Österreich 1954/92)* verweisen für die Verteilung der Besteuerung des Vermögens auf die Regeln über die 19

Besteuerung bei den Einkunftsarten. Danach darf das unbewegliche Vermögen der Staat besteuern, der auch die Einkünfte aus diesem Vermögen besteuern darf. Im Ergebnis weichen die Vorschriften nicht vom MA ab, da für die Einkünfte aus unbeweglichem Vermögen ebenfalls das Belegenheitsprinzip gilt (s. Art. 6 Rz. 2 ff.). Zur Geltung des *DBA Frankreich* für die französische „Impôt de solidarité sur la fortune" s. Art. 2 Rz. 47 und allgemein zu dieser Steuer *Gantz*, SWI 1996, 84.

20 **c)** Eine Reihe von DBA (*DBA Bangladesch, Norwegen 2013, Malaysia 2010, Mauritius 2011, Pakistan, Syrien 2010, Trinidad und Tobago, Türkei 2011* und *Vereinigte Arabische Emirate 2010*) gelten nicht für die Vermögenssteuer (s. Art. 2 Rz. 19, 44). Insoweit besteht ein abkommensloser Zustand, so dass die innerstaatlichen Rechtsvorschriften über die Vermögensbesteuerung uneingeschränkt zur Anwendung kommen (gegenüber Norwegen mit Inkrafttreten des *DBA Norwegen 2013*). Nach innerstaatlichem deutschen Recht wurde die ausländische Vermögenssteuer unter bestimmten Voraussetzungen angerechnet oder die inländische ermäßigt (§§ 11, 12 VStG); in besonderen Fällen konnte auch, wenn ein DBA fehlt, die deutsche Vermögensteuer erlassen oder in einem Pauschbetrag festgesetzt werden (dazu BdF v. 30.11.1987, RIW 1988, 157). Mangels innerstaatlicher deutscher Vermögenssteuer bleiben diese Regelungen derzeit jedoch ohne praktische Bedeutung. Würde Deutschland indes die Vermögenssteuer wieder einführen, könnte eine Doppelbesteuerung nur durch einseitige Vorschriften oder durch eine Nachverhandlung der Abkommen vermieden werden.

21 **d)** Eine Sonderregel enthält das *DBA Trinidad und Tobago*. Zwar kann eine Doppelbesteuerung (derzeit) nicht eintreten, da beide Vertragsstaaten keine Vermögenssteuer kennen. Um aber die von Deutschland aus dort vorgenommenen Investitionen den Investitionen von Inländern (oder aus dritten Staaten) steuerlich gleichzustellen, nimmt das DBA die in Deutschland unbeschränkt Steuerpflichtigen mit ihrem in Trinidad und Tobago belegenen unbeweglichen Vermögen von der deutschen Vermögenssteuer aus (Art. 22 Abs. 1 Buchst. a Satz 4 *DBA Trinidad und Tobago*). Die Freistellung geschieht **ohne** den sonst üblichen **Progressionsvorbehalt** (zum DBA Trinidad und Tobago s. a. Wassermeyer/*Müller*, Art. 22, Rz. 5; eine vergleichbare Regelung sieht das *DBA Südafrika 1973* in Art. 20 Abs. 2 Buchst. a Satz 4 vor), vermutlich, weil eine Vermögenssteuerprogression in Deutschland derzeit nicht aktuell ist. Die Vermögensbesteuerung der in Trinidad und Tobago ansässigen Personen im Rahmen der deutschen beschränkten Vermögenssteuerpflicht wird durch diese Vorschriften nicht berührt, ist aber derzeit nicht aktuell. Eine weitere Besonderheit sieht das *DBA Malaysia 2010* vor. Nach Art. 23 Abs. 1 Buchst. d) sind in Deutschland nach dem DBA freigestellte Vermögenswerte bei Festsetzung des Steuersatzes zu berücksichtigen.

22 **e)** Manche, insbesondere jüngere Abkommen (*Aserbaidschan, Belarus, Costa Rica 2014 (E), Estland, Georgien, Kasachstan, Lettland, Litauen, Malta, Namibia, Philippinen 2013, Rumänien, Russische Föderation, Schweden, Singapur 2004, Slowenien, Südafrika 2008 (E), Sri Lanka, Tadschikistan, Taiwan 2011, Ukraine, Usbekistan und Venezuela*) enthalten für die Bestimmung des Begriffs des unbeweglichen Vermögens in Art. 22 (bzw. der entsprechenden Verteilungsnorm) **keinen ausdrücklichen Verweis auf Art. 6.** Da der Begriff i. S. des Art. 3 Abs. 2 jedoch an anderer Stelle im Abkommen definiert ist (zumeist in Art. 6 Abs. 2, gelegentlich auch bei den allgemeinen Begriffsbestimmungen in Art. 3 Abs. 1), bleibt die fehlende Bezugnahme ohne sachliche Auswirkung. Das DBA Kroatien bezieht sich von vornherein nur auf Art. 6 Abs. 2.

23 **f)** Das *DBA Spanien 2011* erweitert für Zwecke der Vermögenssteuer die Besteuerung im Belegenheitsstaat auf bestimmte **gesellschaftsrechtliche Beteili-**

gungen und Nutzungsrechte an unbeweglichem Vermögen, Art. 21 Abs. 4. Betroffen sind Gesellschaften, Personenvereinigungen oder vergleichbare Beteiligungen, deren Aktivvermögen zu mindestens 50% aus unbeweglichem Vermögen besteht, unabhängig davon, ob der Grundbesitz unmittelbar oder mittelbar gehalten wird. Erfasst werden also auch mehrstöckige Immobiliengesellschaften und Fondsstrukturen. Gleiches gilt für Anteile oder Rechte, die den Eigentümer zur Nutzung des unbeweglichen Vermögens berechtigen, ohne allerdings eine vorgenannte Mindest-Immobilienquote vorzusehen. Für in Deutschland ansässige Steuerpflichtige wird die Doppelbesteuerung durch Freistellung (bei Ausschüttungen von Immobiliengesellschaften, Art. 22 Abs. 2 Buchst a) Satz 3), im übrigen durch Anrechnung der spanischen Steuer (Art. 22 Abs. 2 Buchst. b) vii)) vermieden. Im umgekehrten Fall kommt es grundsätzlich zur Anrechnung der deutschen Steuer oder Anwendung des Progressionsvorbehalts, Art. 22 Abs. 1.

B. Zu Art. 22 Abs. 2

I. Musterabkommen

1. Übereinstimmungen und Abweichungen

Im Unterschied zum OECD-MA verzichtet das UN-MA auch hier auf einen eigenen Vorschlag. Das US-MA 2006 enthält insgesamt keine Regelung der Vermögensbesteuerung. 29

2. OECD-MA

a) Grundzüge: Bewegliches Vermögen, das Betriebsvermögen einer Betriebstätte ist, besteuert vorrangig der Staat, in dem sich die Betriebstätte befindet **(Betriebstättenstaat)** als **Quellenstaat.** Er besteuert das Vermögen nach Maßgabe seines innerstaatlichen Rechts, ohne durch das Abkommen darin beschränkt zu sein. Die Besteuerung dieses Vermögens im Ansässigkeitsstaat lässt Art. 22 offen („kann", s. Vor Art. 6 bis 22 Rz. 4ff.); ob es dort freizustellen ist oder die Steuer des Quellenstaats angerechnet wird, bestimmt sich nach Art. 23 A oder B (s. dort Rz. 3ff.). 30

Bis zur Änderung des MA 2000 erfasste Art. 22 Abs. 2 auch das Vermögen einer im Quellenstaat belegenen **festen Einrichtung.** Durch die Aufhebung des Art. 14 wurde die Einbeziehung entbehrlich (zur deutschen Praxis s. u. Rz. 54); der MA-Komm. war in Ziff. 3 entsprechend anzupassen. Die geänderte Ansicht des MA wird bei zukünftigen Abkommen zu berücksichtigen sein. Für bestehende DBA gelten die nachfolgenden Ausführungen zur „Betriebstätte" für den Begriff der „festen Einrichtung" sinngemäß. 31

b) Abgrenzung: Art. 22 Abs. 2 regelt die Besteuerung nur des beweglichen Betriebsvermögens. Unbewegliches Betriebsvermögen wird von Abs. 1 erfasst und bleibt damit der Besteuerung im Belegenheitsstaat unterworfen. Die Vermögensbesteuerung der Schiffe und Luftfahrzeuge sowie des der Schifffahrt und Luftfahrt dienenden Vermögens regelt Art. 22 Abs. 3. Art. 22 Abs. 2 gilt ferner nur für Betriebsvermögen, das einer Betriebstätte zuzurechnen ist, die ein Steuerpflichtiger im ausländischen Vertragsstaat unterhält. Sonstiges bewegliches Betriebsvermögen darf wie alles übrige bewegliche Vermögen des Steuerpflichtigen nur im Ansässigkeitsstaat besteuert werden, Art. 22 Abs. 4. 32

c) Regelung: Nach Art. 22 Abs. 2 kann 33
- **bewegliches Vermögen,** das
- **Betriebsvermögen** einer Betriebstätte ist,

– die ein **Unternehmen eines Vertragsstaates im anderen Vertragsstaat hat**, im anderen Staat besteuert werden.

34 **d)** Der **Begriff des beweglichen Vermögens** ist im MA nicht definiert. Was „Vermögen" ist, bestimmt das Recht des Anwenderstaates (s. Art. 3 Abs. 2). Für den Begriff des „beweglichen" Vermögens ergibt sich aus dem Zusammenhang insbesondere mit Art. 22 Abs. 1, dass alles Vermögen gemeint ist, soweit es nicht unbewegliches Vermögen i. S. des Art. 6 Abs. 2 ist. Zählt das Recht des Anwenderstaates zum Vermögen i. S. der Vermögenssteuergesetze auch immaterielle Vermögenswerte – z. B. den Firmenwert, selbst geschaffene Rechte u. ä. –, so sind sie bewegliches Vermögen i. S. des Art. 22 Abs. 2 (MA-Komm. zu Art. 13 Ziff. 24). S. auch Art. 13 Rz. 76. Ob der Ausdruck „Vermögen" auch Schulden – insgesamt also das Nettovermögen – meint, bestimmt sich wie bei Abs. 1 (s. Rz. 8) nach innerstaatlichem Recht (bejahend für das niederländische und das deutsche Recht: *Hoge Raad* Rolno. 24723, BNB 1988/188, concl. *van Soest: DBA Deutschland/Niederlande;* s. auch *Michielse,* WFR 1988, 665 ff.). Zum abkommensrechtlichen Schachtelprivileg für Zwecke der Vermögenssteuer s. BFH, BStBl. II 2003, 231: *DBA Niederlande 1959/2004* (vgl. u. Rz. 58).

35 **e)** Das bewegliche Vermögen muss **Teil des Betriebsvermögens** („part of the business property", „partie de l'actif") einer Betriebstätte sein (in der französischen Fassung prägnanter: für diese „constitutif" sein). Zum Begriff der „Betriebstätte" s. zu Art. 5 Rz. 10 ff. Abzugrenzen ist das Betriebsvermögen der Betriebstätte einerseits gegen das **nichtbetriebliche** Vermögen des Unternehmers oder Selbstständigen, andererseits gegen das Betriebsvermögen im Ansässigkeitsstaat, das **„Stammhaus"**.

36 Für die Abgrenzung gegenüber dem **nichtbetrieblichen** Vermögen kann nicht ohne weiteres auf das innerstaatliche Recht des Anwenderstaates verwiesen werden, denn es könnte sein, dass dieses die Unterscheidung gar nicht kennt. Es müssen dann die gleichen Kriterien herangezogen werden wie im Verhältnis zum Stammhaus (s. dazu Rz. 37). Soweit aber das Vermögensteuerrecht des Anwenderstaates zwischen betrieblichem und nichtbetrieblichem Vermögen unterscheidet und sie unterschiedlichen Regeln unterwirft, würde es zu wenig sachgerechten Überschneidungen führen, wenn man diese Unterscheidung nicht auch für die Anwendung des Art. 22 Abs. 2 übernähme. Man wird deshalb, wie auch bei bestimmten anderen Fragen, annehmen müssen, dass das Abkommensrecht die Unterscheidung zwar vorgibt, das innerstaatliche Recht sie jedoch **ausgestalten** und konkretisieren kann. In diesem Sinne für die Zuordnung von Aktienbesitz der Gesellschafter einer Personengesellschaft zum Betriebsvermögen der Gesellschaft der BFH BStBl. II 1987, 99: *DBA Italien.* Für eine Ableitung aus dem abkommensrechtlichen Diskriminierungsverbot s. BFH/NV 2005, 1500: *DBA USA 1989.* Danach bleiben bei der Einheitsbewertung des Betriebsvermögens einer inländischen Betriebstätte nach dem früheren bewertungsrechtlichen Schachtelprivileg gem. § 102 Abs. 1 BewG Anteile an inländischen Kapitalgesellschaften aufgrund des Diskriminierungsverbots in Art. 24 Abs. 2 S. 1 *DBA USA 1989* für Zwecke der Vermögenssteuer außer Ansatz (vgl. *Rust,* IStR 2004, 391). Konsequent auch BFH DStRE 2011, 1004: *DBA Schweiz 1972.* Erzielt eine inländische Personengesellschaft lediglich kraft der innerstaatlichen gesetzlichen Fiktion gem. § 15 Abs. 3 Nr. 2 EStG Einkünfte aus Gewerbebetrieb, bleibt dies für die Auslegung des abkommensrechtlichen Begriffs des „Unternehmens" (i. S. des Art. 22 Abs. 2 DBA Schweiz) ohne Bedeutung. In Übereinstimmung mit der Rechtsprechung des BFH zur ertragsteuerlichen Beurteilung vergleichbarer Sachverhalte – und entgegen der Ansicht der deutschen Finanzverwaltung (BMF v. 16.4.2010, BStBl. 2010, 354, Tz. 2.2.1) – ist eine vermögensverwaltend tätige Personengesellschaft auch für Zwecke der Vermögens-

steuer kein Unternehmen im abkommensrechtlichen Sinne (BFH a.a.O., Rz. 29, 31 m.w.N.). Zur Frage der Zuordnung von Zinsen zum Sonderbetriebsvermögen einer Personengesellschaft s. FG Baden-Württemberg EFG 2006, 677: *DBA USA 1989* und *Ismer/Kost,* IStR 2007, 120 m.w.N.

Für die Abgrenzung des Vermögens der Betriebstätte **gegenüber dem Stammhaus** gilt entsprechend wie für die Gewinnzurechnung nach Art. 7 Abs. 2 der Grundsatz, dass die Vermögenswerte so aufzuteilen sind, **als wenn die Betriebstätte ein selbstständiges Unternehmen wäre** (Fremdvergleich, sog. „dealing at arm's length"; so ausdrücklich nun MA-Komm. Ziff. 3.1 mit Verweis auf den *OECD-Bericht zu Attribution of Profits to Permanent Establishments* aus 2010 und einer gesonderten Regelung für Betriebstätten von Versicherungsunternehmen, MA-Komm. Ziff. 3.2; s.a. BMF v. 24.12.1999, BStBl. I 1999, 1076, Tz. 2ff., das ausdrücklich auch für die Aufteilung des Vermögens der Betriebstätte gilt; zur Parallelität der Vermögensabgrenzung mit den Vorschriften der Gewinnermittlung s.a. BFH BFH/NV 1997, 111 (113): *DBA USA 1954/65* bei der Zuordnung von Währungsverlusten einer US-Betriebstätte und zuletzt BFH BStBl. II 2000, 399 (403): *DBA Österreich 1954/92*). Für **körperliche Wirtschaftsgüter** ist das in der Regel leicht durchzuführen; zur Betriebstätte gehören hier diejenigen Wirtschaftsgüter des Gesamtunternehmens, die der wirtschaftlichen Tätigkeit der Betriebstätte **dienen** und die ein selbstständiger Gewerbebetrieb am gleichen Ort und unter gleichen oder ähnlichen Verhältnissen benötigen würde (BFH BStBl. II 1972, 374 (375): *DBA Großbritannien 1964*). Dient ein körperliches Wirtschaftsgut gleichzeitig der Betriebstätte und dem Stammhaus oder mehreren Betriebstätten des Unternehmens – z.B. ein LKW – und ist nicht eine dieser Tätigkeiten ganz untergeordnet, so ist der Wert des Wirtschaftsguts gegebenenfalls aufzuteilen (bei zeitweiliger Überlassung ist dagegen ein Nutzungsentgelt anzusetzen: zutreffend *Storck,* a.a.O., S. 339; so wohl auch BMF, a.a.O., Tz. 2.4. a.E. im Falle von Umlagevereinbarungen). Auf den **Ort** des Wirtschaftsgutes kommt es dagegen **nicht** an. Auch Wirtschaftsgüter in dem Staat, in dem sich das Stammhaus befindet (im Sitzstaat des Unternehmens), ebenso Wirtschaftsgüter in einem dritten Staat sind am **Betriebstättenstaat** zu besteuern, wenn sie der Betriebstätte dienen (RFH RStBl. 1934, 738 (739); 1938, 937 (938): *DBA Italien 1925).* Ebenso kommt es nicht darauf an, wo das Wirtschaftsgut buchmäßig geführt und bilanziert wird, soweit die buchmäßige Behandlung zur **tatsächlichen Nutzung** in Widerspruch steht. 37

Auch für **Rechte** – etwa Beteiligungen – und für sonstige **immaterielle Wirtschaftsgüter** kommt es nicht darauf an, wo der Gegenstand der Berechtigung sich befindet (ob im Inland oder Ausland) oder wo der Vermögenswert bilanziert wird. Soweit möglich, ist vielmehr ebenfalls darauf abzustellen, ob das betreffende Wirtschaftsgut der Betriebstätte **dient.** Erwirbt z.B. das Unternehmen eine Beteiligung mit dem Ziel, eine im Verhältnis zur Betriebstätte bestehende Konkurrenz zu bekämpfen, so ist diese Beteiligung auch dann dem Vermögen der Betriebstätte zuzurechnen, wenn sie buchmäßig beim Stammhaus geführt wird (RFH RStBl. 1936, 590 (591)). Liegt eine Beteiligung im Interesse mehrerer Betriebstätten, so ist ihr Wert auf die Betriebstätten nach dem Verhältnis des jeweiligen Nutzens aufzuteilen (a.A. *Blumenstein,* 396 (432), die schon in einem derartigen Fall die „indirekte Methode" anwenden und für die Aufteilung auch die Verhältnisse des Gesamtunternehmens berücksichtigt wissen will). 41

Nach Ansicht des BFH besteht eine **tatsächliche Vermutung,** dass Geldmittel, die **vor** Ablauf des Geschäftsjahres dem wirtschaftlichen Verfügungsbereich einer inländischen Betriebstätte durch Überweisung an das ausländische Stammhaus entzogen und fortan von diesem kontrolliert werden, nicht mehr der inländischen Niederlassung, sondern dem ausländischen Unternehmen dienen. Der Wille der 42

Geschäftsführung, einen Wechsel in der wirtschaftlichen Zuordnung der Geldmittel herbeizuführen, sei als freie unternehmenspolitische Entscheidung auch im Steuerrecht anzuerkennen. Die Vermutung wird allerdings **entkräftet,** wenn die Umstände ergeben, dass die Gelder aus Gründen der **Steuerumgehung** überwiesen worden sind, etwa wenn von vornherein beabsichtigt war, die Überweisung kurz nach dem Bilanzstichtag wieder rückgängig zu machen oder wenn das Stammhaus die Geldmittel zur Deckung von Betriebsausgaben verwendet, die allein die Betriebstätte betreffen (s. BFH BStBl. II 1993, 63: *DBA Japan*).

43 Eine **funktionale** Zuordnung nach dem Maßstab des **„Dienens"** entspricht der bei der Gewinnaufteilung sog. **„direkten Methode"** (für die einer inländischen, deutschen Betriebstätte zuzuordnenden Schulden ausdrücklich BFH, IStR 1994, 176: *DBA Belgien;* s. auch Wassermeyer/*Wassermeyer,* Art. 22 OECD-MA Rz. 48 und oben Rz. 37 und zu Art. 7 Rz. 101 ff.). Sie ist hier anders als bei der Gewinnzuordnung nicht mit dem Problem der Verrechnungspreise belastet; eine Aufteilung des Vermögenswerts auf das Stammhaus und sämtliche Betriebstätten des Gesamtunternehmens nach **„indirekter Methode"** kommt deswegen als Alternative **nicht** in Betracht, solange eine funktionale Zuordnung **möglich** bleibt. Nur wo sie **versagt,** muss die Aufteilung nach einem indirekten Schlüssel vorgenommen werden. Dies gilt insbesondere für **Verbindlichkeiten** und **Rückstellungen,** die sich nicht hinreichend deutlich dem Stammhaus oder einer bestimmten Betriebstätte zuordnen lassen. Mit *Storck* und *Hemmelrath* ist für diese Fälle von einer Aufteilung auf der Grundlage eines für alle Betriebsteile einheitlichen Verhältnisses von Fremd- und Eigenkapital auszugehen (*Storck,* a. a.O., S. 344 (346 f.); *Hemmelrath,* S. 198 ff.). Dementsprechend vermindert die **Rückführung von Gewinnen** das Betriebsvermögen der Betriebstätte, wenn sie zur **Verwertung** der Gewinne vorgenommen wird, etwa zu deren Ausschüttung an die Aktionäre des Unternehmens (FG Hamburg EFG 1989, 396: *DBA Japan*).

II. Deutsche DBA

1. Abkommensübersicht zu Artikel 22 Abs. 2

50

DBA	MA-Regelung: Besteuerung beweglichen Vermögens einer Betriebstätte nach Betriebstättenstaatsprinzip	Erstreckung der MA-Regelung auf die Besteuerung beweglichen Vermögens einer festen Einrichtung eines Selbstständigen	Artikel	Rz.
Ägypten	≈ MA	+	23 Abs. 2	
Albanien 2010	≈ MA	+	22 Abs. 2	
Algerien 2007	≈ MA	+	22 Abs. 2	
Argentinien	≈ MA	+	22 Abs. 2	
Armenien	s. UdSSR			
Aserbaidschan	≈ MA	+	22 Abs. 2	
Australien	≈ MA	+	21 Abs. 2	
Bangladesch	keine entsprechende Regelung		–	57
Belarus	≈ MA	+	22 Abs. 2	
Belgien	≈ MA	+	22 Abs. 2	
Bolivien	≈ MA	+	22 Abs. 2	
Bosnien-Herzegowina	s. Jugoslawien			
Bulgarien 2010	≈ MA		21 Abs. 1	

DBA	MA-Regelung: Besteuerung beweglichen Vermögens einer Betriebstätte nach Betriebstättenstaatsprinzip	Erstreckung der MA-Regelung auf die Besteuerung beweglichen Vermögens einer festen Einrichtung eines Selbstständigen	Artikel	Rz.
China 1985 (ohne Hongkong und Macau)	≈ MA	+	23 Abs. 2	54
China 2014 (E)	≈ MA		22 Abs. 2	
Costa Rica 2014 (E)	≈ MA	+	22 Abs. 2	
Dänemark	≈ MA	+	22 Abs. 2	
Ecuador	≈ MA		22 Abs. 2	54
Elfenbeinküste	≈ MA	+	22 Abs. 2	
Estland	≈ MA	+	22 Abs. 2	
Finnland	≈ MA	+	22 Abs. 3	
Frankreich	≈ MA	+	19 Abs. 3	
Georgien	≈ MA	+	22 Abs. 2	
Ghana	≈ MA	+	22 Abs. 2	
Griechenland	≈ MA	+	XVI Abs. 2	
Großbritannien 1964/70	≈ MA	+	XVI Abs. 2	
Großbritannien 2010	≈ MA		22 Abs. 2	
Indien	≈ MA	+	22 Abs. 2	
Indonesien	≈ MA	+	22 Abs. 2	
Iran	≈ MA	+	23 Abs. 2	
Irland 2011	≈ MA		21 Abs. 2	
Island	≈ MA	+	22 Abs. 2	
Israel	≈ MA	+	17A Abs. 2	
Italien	≈ MA	+	23 Abs. 2	
Jamaika	≈ MA	+	22 Abs. 2	
Japan	≈ MA	+	22A Abs. 2	
Jugoslawien	≈ MA	+	23 Abs. 2	
Kanada	≈ MA	+	22 Abs. 2	
Kasachstan	≈ MA	+	22 Abs. 2	
Kenia	≈ MA	+	22 Abs. 2	
Kirgisistan	≈ MA	+	22 Abs. 2	
Korea	≈ MA	+	22 Abs. 2	
Kosovo	s. Jugoslawien			
Kroatien	≈ MA	+	22 Abs. 2	
Kuwait	≈ MA	+	22 Abs. 2	
Lettland	≈ MA	+	22 Abs. 2	
Liberia	≈ MA	+	22 Abs. 2	
Liechtenstein 2011	≈ MA		22 Abs. 2	
Litauen	≈ MA	+	22 Abs. 2	
Luxemburg 2012	≈ MA		21 Abs. 2	
Malaysia 2010	keine entsprechende Regelung (aber Berücksichtigung bei Festsetzung des Steuersatzes)		–	57

DBA	MA-Regelung: Besteuerung beweglichen Vermögens einer Betriebstätte nach Betriebstättenstaatsprinzip	Erstreckung der MA-Regelung auf die Besteuerung beweglichen Vermögens einer festen Einrichtung eines Selbstständigen	Artikel	Rz.
Malta	≈ MA	+	22 Abs. 2	
Marokko	≈ MA	+	22 Abs. 2	
Mauritius 2011	keine entsprechende Regelung		–	57
Mazedonien 2006	≈ MA	+	22 Abs. 2	
Mexiko 2008	≈ MA	+	22 Abs. 2	56
Moldau	s. UdSSR			
Mongolei	≈ MA	+	22 Abs. 2	
Montenegro	s. Jugoslawien			
Namibia	≈ MA	+	22 Abs. 2	
Neuseeland	≈ MA	+	22 Abs. 2	
Niederlande 1959/2004	≈ MA	+	19 Abs. 1 Buchst. c, d	58
Niederlande 2012 (E)	keine entsprechende Regelung			
Norwegen 1991	≈ MA		22 Abs. 2	
Norwegen 2013 (E)	keine entsprechende Regelung		Prot. Art. I	57
Oman 2012 (E)	≈ MA	+	22 Abs. 2	
Österreich	≈ MA	+	22 Abs. 2	
Pakistan	keine entsprechende Regelung		–	57
Philippinen 2013	≈ MA	+	23 Abs. 2	
Polen	≈ MA	+	23 Abs. 2	
Portugal	≈ MA	+	23 Abs. 2	
Rumänien	≈ MA	+	22 Abs. 2	
Russische Föderation	≈ MA	+	22 Abs. 2	
Sambia	≈ MA	+	22 Abs. 2	
Schweden	≈ MA	+	22 Abs. 2	
Schweiz	≈ MA; Sonderregelung für Nutznießung an beweglichem Vermögen	+	22 Abs. 2, 5	
Serbien	s. Jugoslawien			
Simbabwe	≈ MA	+	22 Abs. 2	
Singapur 2004	≈ MA	+	23 Abs. 2	
Slowakei	s. Tschechoslowakei			
Slowenien	≈ MA	+	22 Abs. 2	
Spanien 2011	≈ MA		21 Abs. 2	
Sri Lanka	≈ MA	+	22 Abs. 2	
Südafrika 1973	keine Verteilungsregelung (kennt keine VSt), aber Freistellung des Betriebstättenvermögens in Deutschland		20 Abs. 2 Buchst. a S. 4	55

DBA	MA-Regelung: Besteuerung beweglichen Vermögens einer Betriebstätte nach Betriebstättenstaatsprinzip	Erstreckung der MA-Regelung auf die Besteuerung beweglichen Vermögens einer festen Einrichtung eines Selbstständigen	Artikel	Rz.
Südafrika 2008 (E)	≈ MA		21 Abs. 2	
Syrien 2010	Keine entsprechende Regelung		–	57
Tadschikistan	≈ MA		21 Abs. 2	
Taiwan 2011	≈ MA		21 Abs. 2	
Thailand	≈ MA		21 Abs. 2	54
Trinidad und Tobago	keine entsprechende Regelung, aber Freistellung des Betriebstättenvermögens in Deutschland		22 Abs. 1 Buchst. a S. 4	55; 57
Tschechien 1997 (E)	≈ MA	+	22 Abs. 2	
Tschechien	s. Tschechoslowakei			
Tschechoslowakei	≈ MA	+	22 Abs. 2	
Türkei 2011	keine entsprechende Regelung		–	57
Tunesien	≈ MA	+	22 Abs. 2	
Turkmenistan	s. UdSSR			
UdSSR	≈ MA		18 Abs. 2	54
Ukraine	≈ MA	+	22 Abs. 2	
Ungarn 2011	≈ MA		21 Abs. 2	
Uruguay 2010	≈ MA		21 Abs. 2	
USA 1989/2006	≈ MA		22 Abs. 2	
Usbekistan	≈ MA	+	22 Abs. 2	
Venezuela	≈ MA	+	22 Abs. 2	
Vereinigte Arabische Emirate 2010	keine entsprechende Regelung		–	57
Vietnam	≈ MA	+	22 Abs. 2	
Weißrussland	s. Belarus			
Zypern 2011	≈ MA		21 Abs. 2	

2. Erläuterungen

a) Nach deutschem Recht umfasst das Betriebsvermögen alle dem Betriebsinhaber gehörenden Teile eines Gewerbebetriebs im Sinne des § 15 Abs. 1 und 2 EStG, die bei der steuerlichen Gewinnermittlung zum Betriebsvermögen gehören (§ 95 Abs. 1 BewG). Einen Gewerbebetrieb bilden nach § 97 Abs. 1 BewG insbesondere auch die den dort genannten Körperschaften, Personenvereinigungen und Vermögensmassen zuzurechnenden Wirtschaftsgüter (zur tatsächlichen Zugehörigkeit einer Darlehens- und Zinsforderung gegen eine Auslandsgesellschaft zum inländischen Betriebsvermögen s. BFH, DStRE 2007, 28 (32 ff.) zu den früheren *DBA Frankreich 1959/1969* und *DBA Italien 1925* sowie BFH/NV 2009, 1092 bei einer inländischen atypisch stillen Gesellschaft mit US-Beteiligungen: *DBA USA 1954/1965*). Der Begriff des Wirtschaftsgutes ist hier **im weitesten Sinn** zu ver- 51 stehen (BFH BStBl. II 1965, 219 (220)). Zum Betriebsvermögen gehören auch Wirtschaftsgüter, die dem Betrieb nicht notwendig, sondern nur nach der ihnen durch den Betriebsinhaber gegebenen konkreten Bestimmung dienen, das sog. „gewillkürte Betriebsvermögen", nicht dagegen das persönliche Privatvermögen des Unternehmers (so auch für das schweizerische Recht: *Blumenstein,* 396 (432)). Schließlich zählt zum Betriebs-, und nicht zum Grundvermögen, **in vollem Umfang** auch ein Grundstück, das dem Gewerbebetrieb **zu mehr als der Hälfte** seines Wertes dient, § 99 Abs. 2 BewG (in der bis Ende 2008 geltenden Fassung).

52 Nach einer deutsch-österreichischen Verständigungsvereinbarung muss der Betriebstättenstaat bei der Vermögensbesteuerung auch Einkommensteuerschulden vermögensmindernd berücksichtigen. Entsprechend darf er Ansprüche auf Erstattung von Einkommensteuer zur Vermögensteuer heranziehen. Da beide Staaten der Vermögensteuer den Einheitswert, nicht aber mit der Betriebstätte in wirtschaftlichem Zusammenhang stehendes Vermögen zugrundelegten, wurden diese Ansprüche aber tatsächlich nicht zur Vermögenssteuer herangezogen. Die obersten Finanzbehörden beider Länder haben sich darauf geeinigt, dies bis zur nächsten Vertragsrevision hinzunehmen (s. Protokoll vom 7.6.1991, SWI 1991, 197 (199)).

53 **b)** Zum Begriff der „tatsächlichen" Zugehörigkeit („effectively connected") nach dem außer Kraft getretenen *DBA USA 1954/65* vgl. 3. Auflage, Art. 22 Rz. 28. Das heutige *DBA USA 1989/2006* folgt in Art. 22 dem Sprachgebrauch der MA und hebt daher die Bezugnahme auf die feste Einrichtung eines Selbstständigen ausdrücklich auf (vgl. Art. VII, Ziffer 10 des Protokolls vom 1.6.2006), s. nachstehende Rz.

54 **c)** Einige ältere Abkommen (*DBA Ecuador, Thailand* und *UdSSR)* und zunehmend die neuere Abkommenspraxis (vgl. *DBA Bulgarien 2010, China, Großbritannien 2010, Irland 2011, Liechtenstein 2011, Spanien 2011, Südafrika 2008 (E), Taiwan 2011, Ungarn 2011, Uruguay 2010, USA 1989/2006* und *Zypern 2011*) treffen eine Regelung nur für bewegliches Vermögen, das zu der Betriebstätte eines Unternehmens gehört und verzichten auf eine ausdrückliche Einbeziehung des Vermögens einer **festen Einrichtung** eines Selbstständigen (i. S. des MA vor der Änderung 2000, s. Rz. 31). Das bewegliche Vermögen, das zu einer festen Einrichtung gehört, wird demgemäß am Wohnsitz des Steuerpflichtigen besteuert, wenn in dem Abkommen eine dem Art. 22 Abs. 4 entsprechende Auffangvorschrift vorhanden ist (s. Rz. 89). Das ist in allen genannten Abkommen mit Ausnahme des früheren *DBA Korea 1976* der Fall. Im *DBA Korea 1976* fehlte eine Auffangvorschrift; eine Doppelbesteuerung würde insoweit nicht beseitigt. Da jedoch weder Deutschland noch Korea eine Vermögenssteuer erheben, stellt sich die Problematik derzeit nicht.

55 **d)** Durch die **Freistellung ohne Progressionsvorbehalt** im *DBA Trinidad und Tobago* (s. Rz. 21) werden nur solche Vermögenswerte von der Bemessungsgrundlage der deutschen Vermögenssteuer ausgenommen, die dort belegen sind. Die Zurechnung des Vermögens auf die Betriebstätte bzw. feste Einrichtung beschränkt sich daher auf in Trinidad und Tobago belegene Wirtschaftsgüter. Durch den Wegfall der deutschen Vermögenssteuer bleibt diese Regel gegenwärtig allerdings ohne Bedeutung.

56 **e)** Das *DBA Mexiko 1993* erweitert die Besteuerung im Belegenheitsstaat auf bewegliches Vermögen, das von einem Unternehmen im anderen Vertragsstaat **verwendet** oder **verarbeitet** wird. Das Vorliegen einer Betriebstätte oder einer festen Einrichtung wird insoweit **nicht** vorausgesetzt. Werden Güter oder Waren – ohne eine Betriebstätte zu begründen (vgl. Art. 5 Abs. 4) – zum Zwecke der Weiterverarbeitung oder -verwendung an einen Subunternehmer geliefert, so unterliegt auch dieses bewegliche Vermögen der Vermögensbesteuerung im Belegenheitsstaat. Das aktuelle Abkommen von 2008 folgt hingegen dem OECD-MA.

f) Die *DBA Norwegen 2013, Malaysia 2010, Mauritius 2011, Pakistan, Syrien 2010, Trinidad und Tobago, Türkei 2011* und *Vereinigte Arabische Emirate 2010* gelten **nicht für die Vermögenssteuer** (s. Rz. 20). Die deutschen Bestimmungen des Vermögenssteuerrechts wären insoweit uneingeschränkt anzuwenden, wenn Deutschland eine Vermögenssteuer erneut einführen würde. 57

g) Das *DBA Niederlande 1959/2004* knüpft die abkommensrechtliche Zuordnung der Besteuerung des Vermögens an die Besteuerung der aus diesem Vermögen folgenden Einkünfte (Art. 19 Abs. 1). Liegen daher die abkommensrechtlichen Voraussetzungen für die Inanspruchnahme des ertragsteuerlichen Schachtelprivilegs vor, ist dies seitens Deutschland auch für Zwecke der Vermögenssteuer zu gewähren, s. BFH, BStBl. II 2003, 231: *DBA Niederlande 1959/2004*. Unerheblich ist, ob die Niederlande die Beteiligung tatsächlich der Vermögensbesteuerung unterwerfen (zur EG-rechtlichen Vereinbarkeit der niederländischen Regelung s. EuGH, Rs. C-376/03, Slg. 2005-I, 5821 – *„D"*). Mangels deutscher Vermögenssteuer kommt dem Urteil derzeit bestenfalls für noch offene Verfahren Bedeutung zu. 58

C. Zu Art. 22 Abs. 3

I. Musterabkommen

1. Übereinstimmungen und Abweichungen

Wie bei den Einkünften aus Schifffahrt und Luftfahrt knüpft das OECD-MA die Vorrangbesteuerung des **Vermögens** der Schifffahrt und Luftfahrt an den Ort der Leitung des Unternehmens, während das UN-MA keine Regelung vorsieht (vgl. schon die Erläuterungen zu Abs. 1, Rz. 2, dort auch zum Wegfall einer eigenen Regelung im US-MA 1996). 63

2. OECD-MA

a) Grundzüge: Seeschiffe und Luftfahrzeuge im internationalen Verkehr und Schiffe, die der Binnenschifffahrt dienen, sowie das dem Betrieb dieser Schiffe und Luftfahrzeuge dienende bewegliche Vermögen darf ausschließlich der **Staat der tatsächlichen Geschäftsleitung** des die Fahrzeuge betreibenden Unternehmens besteuern. Er besteuert dieses Vermögen nach Maßgabe seines innerstaatlichen Rechts ohne durch das Abkommen darin beschränkt zu sein. Die Regelung ist abschließend: bereits auf Grund des Art. 22 Abs. 3 ist das Vermögen im Ansässigkeitsstaat freizustellen („können nur", s. Vor Art. 6 bis 22 Rz. 4 f.). 64

b) Abgrenzung: Art. 22 Abs. 3 ist lex specialis zu Abs. 2 und 4. Da Schiffe und Luftfahrzeuge nach der ausdrücklichen Bestimmung in Art. 6 Abs. 2 Satz 2 a. E. abkommensrechtlich nicht unter das unbewegliche Vermögen fallen, würden sie ohne die Vorschrift des Abs. 3 entweder als Betriebsvermögen unter Abs. 2 im Betriebstättenstaat oder als sonstiges Vermögen nach Abs. 4 im Ansässigkeitsstaat der Besteuerung unterliegen. Die vorrangige Anwendbarkeit des Art. 22 Abs. 3 verlangt jedoch, dass das Unternehmen die Schiffe und Luftfahrzeuge **„selbst betreibt";** andernfalls entfällt die Vorrangwirkung. Dies folgt an sich bereits im Umkehrschluss aus dem Wortlaut des Art. 22 Abs. 3. Die Ergänzung des MA-Komm. 2003 in Ziff. 4.1 ist daher nur klarstellend. Offen bleibt aber weiterhin, unter welchen Voraussetzungen das Unternehmen seine Tätigkeit i. S. des Art. 22 Abs. 3 „betreibt" bzw. „nicht betreibt". Letzteres ist nur bei wiederholten (i. e. nicht nur gelegentlichen) Vercharterungen unbemannter Schiffe der Fall (s. a. Art. 8 Rz. 12 ff. und zum Parallelproblem bei Art. 6 Abs. 3, dort Rz. 135 ff., 154 ff., 65

173 ff.). Insoweit bleibt Abs. 3 gegenüber den Absätzen 2 und 4 subsidiär. Auch geht Art. 22 Abs. 1 dem Abs. 3 vor. Unbewegliches Vermögen, das der Schifffahrt bzw. Luftfahrt dient, fällt daher in jedem Fall unter Abs. 1.

66 **c) Regelung:** Nach Art. 22 Abs. 3 können
- **Seeschiffe** und **Luftfahrzeuge,** die im **internationalen Verkehr** betrieben werden, und
- **Schiffe, die der Binnenschifffahrt dienen** sowie
- **bewegliches Vermögen,** das dem Betrieb dieser Schiffe oder Luftfahrzeuge **dient,**

nur in dem Vertragsstaat besteuert werden, in dem sich der **Ort der tatsächlichen Geschäftsleitung** des Unternehmens befindet.

67 **d)** Zum Begriff der Seeschiffe und Luftfahrzeuge im internationalen Verkehr s. zu Art. 8 Rz. 12 f. Zum Begriff des der Binnenschifffahrt dienenden Schiffes s. zu Art. 8 Rz. 24 f.

68 **e)** Zum Begriff des beweglichen Vermögens s. Rz. 34. Das bewegliche Vermögen muss **dem Betrieb** des Schiffes oder Luftfahrzeuges **dienen.** Für ein Unternehmen, das ausschließlich Schifffahrt bzw. Luftfahrt betreibt, kann angenommen werden, dass das gesamte Betriebsvermögen der Schifffahrt oder Luftfahrt dient. Betreibt ein Unternehmen sowohl Schifffahrt oder Luftfahrt als auch eine andere Unternehmenstätigkeit, so richtet sich nur die Besteuerung des der Schifffahrt oder Luftfahrt dienenden Vermögens nach Art. 22 Abs. 3. Für das der sonstigen Unternehmenstätigkeit dienende bewegliche Vermögen gelten Art. 22 Abs. 2 oder Abs. 4. Auf die Abgrenzung bei gemischt tätigen Unternehmen sind die gleichen Grundsätze anzuwenden, wie sie für die Besteuerung des Einkommens dargestellt wurden (s. zu Art. 8 Rz. 27).

69 **f)** Die Schiffe und Luftfahrzeuge und das ihrem Betrieb dienende bewegliche Vermögen dürfen nur im Staat des **Ortes der Geschäftsleitung** besteuert werden. Zum Begriff vgl. zu Art. 8 Rz. 26 und die dortigen Verweisungen. Befindet sich der Ort der Geschäftsleitung an Bord eines Schiffes, so gilt Art. 8 Abs. 3 entsprechend (MA-Komm. Ziff. 4).

3. US-MA 1996 und 2006

73 Die US-MA 1996 bzw. 2006 enthalten keine dem Art. 22 MA vergleichbare Vorschrift. Zur Regelung der Vermögensbesteuerung im Zusammenhang mit Art. 22 Abs. 3 MA nach dem früheren US-MA 1981 s. 3. Aufl., Art. 22 Rz. 41.

II. Deutsche DBA

1. Abkommensübersicht zu Artikel 22 Abs. 3

74

DBA	MA-Regelung: Besteuerung der Schiffe und Luftfahrzeuge am Ort der tatsächlichen Geschäftsleitung	Abweichung: ohne Binnenschifffahrt (Besteuerung insoweit nach allgemeinen Regelungen)	Artikel	Rz.
Ägypten	≈ MA	+	23 Abs. 3	75
Albanien 2010	≈ MA	+	22 Abs. 3	75
Algerien 2007	≈ MA	+	22 Abs. 3	75
Argentinien	≈ MA, Registrierung erforderlich	+	22 Abs. 3, 4 Buchst. b	75; 77
Armenien	s. UdSSR			

DBA	MA-Regelung: Besteuerung der Schiffe und Luftfahrzeuge am Ort der tatsächlichen Geschäftsleitung	Abweichung: ohne Binnenschifffahrt (Besteuerung insoweit nach allgemeinen Regelungen)	Artikel	Rz.
Aserbaidschan	Wohnsitzprinzip	+	22 Abs. 3	81
Australien	Wohnsitzprinzip	+	21 Abs. 3	75; 81
Bangladesch	keine entsprechende Regelung		–	82
Belarus	≈ MA		22 Abs. 3	
Belgien	≈ MA, gilt auch für Eisenbahnmaterial		22 Abs. 3	76
Bolivien	≈ MA	+	22 Abs. 3	75
Bosnien-Herzegowina	s. Jugoslawien			
Bulgarien 2010	Wohnsitzprinzip		21 Abs. 3	81
China 1985 (ohne Hongkong und Macau)	≈ MA	+	23 Abs. 3	75
China 2014 (E)	≈ MA	+	22 Abs. 3	
Costa Rica 2014 (E)	≈ MA	+	22 Abs. 3	75
Dänemark	≈ MA; ergänzende Anwendung von Art. 8 Abs. 3; Sonderregelung für dänische SAS-Beteiligung		22 Abs. 3	83
Ecuador	≈ MA	+	22 Abs. 3	75
Elfenbeinküste	≈ MA	+	22 Abs. 3	75
Estland	≈ MA	+	22 Abs. 3	75
Finnland	≈ MA	+	22 Abs. 4	75
Frankreich	≈ MA		19 Abs. 4	
Georgien	≈ MA	+	22 Abs. 3	
Ghana	≈ MA	+	22 Abs. 3	
Griechenland	≈ MA, für griechische Schiffe Besteuerung am Ort des Registerhafens	+	XVI Abs. 3	75; 77
Großbritannien 1964/70	≈ MA	+	XVIAbs. 3	75
Großbritannien 2010	≈ MA; Verweis auf Art. 8	+	22 Abs. 3	75; 83
Indien	≈ MA	+	22 Abs. 3	75
Indonesien	Wohnsitzprinzip	+	21 Abs. 3	75; 81
Iran	≈ MA	+	23 Abs. 3	75
Irland 2011	≈ MA		21 Abs. 3	75
Island	≈ MA	+	22 Abs. 3	75
Israel	≈ MA	+	17A Abs. 3	75
Italien	≈ MA	+	23 Abs. 3	75
Jamaika	≈ MA	+	22 Abs. 3	75
Japan	Wohnsitzprinzip	+	22A Abs. 3; 8 Abs. 4	75; 81
Jugoslawien	≈ MA	+	23 Abs. 3	75
Kanada	Wohnsitzprinzip, gilt auch für Container	+	22 Abs. 3	75; 81

DBA	MA-Regelung: Besteuerung der Schiffe und Luftfahrzeuge am Ort der tatsächlichen Geschäftsleitung	Abweichung: ohne Binnenschifffahrt (Besteuerung insoweit nach allgemeinen Regelungen)	Artikel	Rz.
Kasachstan	≈ MA	+	22 Abs. 3	75
Kenia	Wohnsitzprinzip	+	22 Abs. 3	75; 81
Kirgisistan	Wohnsitzprinzip	+	22 Abs. 3	
Korea	Wohnsitzprinzip	+	22 Abs. 3	75; 81
Kosovo	s. Jugoslawien			
Kroatien	≈ MA		22 Abs. 3	
Kuwait	≈ MA	+	22 Abs. 3	75
Lettland	≈ MA	+	22 Abs. 3	75
Liberia	Wohnsitzprinzip	+	22 Abs. 3	75; 81
Liechtenstein 2011	≈ MA		22 Abs. 3	
Litauen	≈ MA	+	22 Abs. 3	75
Luxemburg 2012	≈ MA		21 Abs. 3	
Malaysia 2010	keine entsprechende Regelung		–	82
Malta	≈ MA	+	22 Abs. 3	75
Marokko	≈ MA	+	22 Abs. 3	75
Mauritius 2011	keine entsprechende Regelung		–	82
Mazedonien 2006	≈ MA	+	22 Abs. 3	75
Mexiko 2008	≈ MA	+	22 Abs. 3	75
Moldau	s. UdSSR			
Mongolei	≈ MA	+	22 Abs. 3	75
Montenegro	s. Jugoslawien			
Namibia	≈ MA	+	22 Abs. 3	75
Neuseeland	≈ MA	+	22 Abs. 2	75
Niederlande 1959/2004	≈ MA, subsidiär Wohnsitzprinzip		19 Abs. 1 Buchst. c	79
Niederlande 2012 (E)	keine entsprechende Regelung			
Norwegen 1991	≈ MA, gilt auch für Behälter; Verweis auf Art. 8 (Abs. 1)	+	22 Abs. 3	75; 83
Norwegen 2013	keine entsprechende Regelung		Prot. Art. I	82
Oman 2012 (E)	≈ MA		22 Abs. 3	75
Österreich	≈ MA		22 Abs. 3	75
Pakistan	keine entsprechende Regelung		–	82
Philippinen 2013 (E)	≈ MA	+	23 Abs. 3	75
Polen	≈ MA		23 Abs. 3	
Portugal	≈ MA	+	23 Abs. 3	75
Rumänien	≈ MA		22 Abs. 3	
Russische Föderation	Wohnsitzprinzip	+	22 Abs. 3	75; 81
Sambia	≈ MA	+	22 Abs. 3	75

DBA	MA-Regelung: Besteuerung der Schiffe und Luftfahrzeuge am Ort der tatsächlichen Geschäftsleitung	Abweichung: ohne Binnenschifffahrt (Besteuerung insoweit nach allgemeinen Regelungen)	Artikel	Rz.
Schweden	Wohnsitzprinzip, gilt auch für Container; Sonderregelung für schwedische SAS-Beteiligung	+	22 Abs. 3; 42 Abs. 1 Buchst. a	75; 81; 83
Schweiz	≈ MA		22 Abs. 3	
Serbien	s. Jugoslawien			
Simbabwe	≈ MA	+	22 Abs. 3	75
Singapur 2004	≈ MA	+	23 Abs. 3	
Slowakei	s. Tschechoslowakei			
Slowenien	≈ MA	+	22 Abs. 3	
Spanien 2011	≈ MA		21 Abs. 3	
Sri Lanka	≈ MA	+	22 Abs. 3	75
Südafrika 1973	≈ MA (durch Freistellung von der VSt)	+	6 Abs. 3	75; 80
Südafrika 2008 (E)	≈ MA	+	21 Abs. 3	75; 84
Syrien 2010	Keine entsprechende Regelung		–	82
Tadschikistan	≈ MA	+	21 Abs. 3	
Taiwan 2011	≈ MA	+	21 Abs. 3	75
Thailand	Wohnsitzprinzip	+	21 Abs. 3	75; 81
Trinidad und Tobago	≈ MA (durch Freistellung von der VSt)	+	22 Abs. 1 Buchst. a S. 4	75; 80
Tschechien 1997 (E)	≈ MA, gilt auch für Eisenbahnunternehmen	+	22 Abs. 3	75
Tschechien	s. Tschechoslowakei			
Tschechoslowakei	≈ MA		22 Abs. 3	
Türkei 2011	keine entsprechende Regelung		–	82
Tunesien	≈ MA	+	22 Abs. 3	75
Turkmenistan	s. UdSSR			
UdSSR	≈ MA		18 Abs. 3	
Ukraine	≈ MA	+	22 Abs. 3	75
Ungarn 2011	≈ MA		21 Abs. 3	
Uruguay 2010	≈ MA	+	21 Abs. 3	75
USA 1989/2006	≈ MA; Verweis auf Art. 8; gilt auch für Container	+	22 Abs. 3	75; 83
Usbekistan	≈ MA	+	22 Abs. 3	75
Venezuela	≈ MA	+	22 Abs. 3	75
Vereinigte Arabische Emirate 2010	keine entsprechende Regelung		–	82
Weißrussland	s. Belarus			
Zypern 2011	≈ MA		22 Abs. 3	

2. Erläuterungen

75 **a)** Die Mehrzahl der Abkommen (vgl. die Übersicht Rz. 74) bezieht in die Regelung **nicht** die Schiffe und beweglichen Vermögensgegenstände ein, die der **Binnenschifffahrt** dienen. Die Besteuerung des Vermögens richtet sich dann nach Abs. 2 oder Abs. 4. Gehören die Binnenschiffe zum Betriebsvermögen einer Betriebstätte, darf der Betriebstättenstaat besteuern, andernfalls greift die Wohnsitzbesteuerung gemäß Abs. 4 ein.

76 **b)** Die *DBA Belgien* und *Tschechien 1997 (E)* dehnen ihre im Übrigen dem MA entsprechende Regelung auf das Vermögen der Eisenbahnunternehmen aus. Es wird wie die Schiffe und Luftfahrzeuge und das ihnen dienende Vermögen am Ort der Geschäftsleitung besteuert.

77 **c)** Das *DBA Argentinien* folgt grundsätzlich der Regelung des Art. 22 Abs. 3: Schiffe und Luftfahrzeuge sowie das ihrem Betrieb dienende bewegliche Vermögen können nur im Staat des Ortes der tatsächlichen Geschäftsleitung besteuert werden. **Daneben** dürfen Schiffe und Luftfahrzeuge sowie Kraftfahrzeuge aber auch im **anderen** Vertragsstaat besteuert werden, wenn sie dort **registriert** sind. Ergibt sich daraus eine Doppelbesteuerung, so gleicht der Ansässigkeitsstaat diese durch Anrechnung nach Art. 23 Abs. 2 des Abkommens aus. Ähnlich das *DBA Griechenland,* das für Luftfahrzeuge und in Deutschland ansässige Schifffahrtsunternehmen an das MA anknüpft, während in Griechenland ansässige Personen mit ihren in Griechenland registrierten Schiffen unabhängig vom Ort der Geschäftsleitung des Unternehmens nur in Griechenland der Vermögensbesteuerung unterliegen (s. auch Art. 8 Rz. 40).

78 **d)** Auch Art. 22 Abs. 3 des *DBA Zypern 1974* entspricht dem MA. Es bleibt jedoch die Besteuerung von zypriotischen Gesellschaften in Deutschland aufrechterhalten, wenn deren Kapital zu mehr als 25% nicht in Zypern ansässigen Personen gehört und die Gesellschaft nicht nachweist, dass sie in Zypern in einer Höhe besteuert wird, wie es der zypriotischen Besteuerung ohne Berücksichtigung von bestimmten Sonderregeln entspricht. Das aktuelle *DBA Zypern 2011* folgt dem OECD-MA und sieht keine Sonderregelung mehr vor.

79 **e)** Wie bei der Regelung der **Einkünfte** aus Schifffahrt und Luftfahrt hat nach dem *DBA Niederlande 1959/2004* der Ansässigkeitsstaat auch für das **Vermögen** ein subsidiäres Recht zur Besteuerung, wenn der Staat der Geschäftsleitung von seiner Besteuerungsbefugnis keinen Gebrauch macht. Für die Vermögensbesteuerung erstreckt sich die Zuteilung also ebenfalls nicht auf den Fall der virtuellen Doppelbesteuerung (s. Art. 8 Rz. 39).

80 **f)** Nach dem *DBA Trinidad und Tobago* werden Schiffe und Luftfahrzeuge eines Unternehmens, dessen Geschäftsleitung sich in Trinidad und Tobago befindet, von der deutschen Vermögenssteuer freigestellt, wenn Deutschland diese Steuer in Zukunft wieder erheben sollte (Art. 22 Abs. 1 Buchst. a Satz 4 i. V. m. Art. 8 Abs. 1 *DBA Trinidad und Tobago*).

81 **g)** Entsprechend der Aufteilung der Besteuerung bei den Einkünften (s. Rz. 37) belässt eine Reihe von Abkommen die Schiffe und Luftfahrzeuge sowie das ihnen dienende bewegliche Vermögen dem **Ansässigkeitsstaat** zur Besteuerung. Es sind dies die *DBA Aserbaidschan, Australien, Estland, Indonesien, Japan, Kanada, Kenia, Kirgisistan, Korea, Lettland, Liberia, Litauen, Russische Föderation, Schweden, Thailand* sowie *Usbekistan* (vgl. auch Art. 8 Rz. 41). Zum *DBA Japan* hat das zweite Zusatzprotokoll eine ergänzende Regelung für die von den japanischen Gemeinden erhobene sog. „Steuer vom festen Vermögen" eingeführt. Danach werden Seeschiffe,

Luftfahrzeuge, Container im internationalen Verkehr sowie die dazugehörige Ausrüstung in Japan von der Steuer vom festen Vermögen befreit, soweit sie einem Unternehmen gehören, das von einer in Deutschland ansässigen Person betrieben wird (s. Art. 8 Abs. 4, 5 *DBA Japan*). Nach Art. 22 Abs. 3 *DBA Kanada, Schweden* und *USA 1989* gilt das Wohnsitzprinzip auch für die Vermögensbesteuerung von Containern, die von einem Unternehmen im internationalen Verkehr betrieben werden, sowie für bewegliches Vermögen, das dem Betrieb dieser Container dient. Das *DBA Türkei 1985* schloss auch Straßenfahrzeuge in den Art. 22 Abs. 3 ein.

h) Die Abkommen *Bangladesch, Norwegen 2013, Malaysia 2010, Mauritius 2011, Pakistan, Syrien 2010, Trinidad und Tobago, Türkei 2011* und *Vereinigte Arabische Emirate 2010* gelten nicht für die Steuern vom Vermögen (vgl. zu Art. 2 Rz. 14 und oben Rz. 20). 82

i) Die *DBA Dänemark, Großbritannien 2010, Norwegen 1991* und *USA 1989/2006* verweisen zur Bestimmung des steuerberechtigten Staates zusätzlich auf Art. 8; in Sonderfällen kann daher auch der Ansässigkeitsstaat besteuern (vgl. zu Art. 8 Rz. 61). Ferner stellen die *DBA Dänemark, Schweden* und das aufgehobene *Vereinigte Arabische Emirate 1995* klar, dass die dem Art. 22 Abs. 3 entsprechende Vorschrift für die Luftfahrtkonsortien „SAS" und „Gulf Air" nur hinsichtlich deren jeweiliger staatlicher Beteiligung gilt. Norwegen erstreckt die Anwendung der Vorschrift neben Seeschiffen und Luftfahrzeugen zudem auf Behälter, also Container (vgl. Wassermeyer/*Dössfuß,* Art. 22 DBA Norwegen, Rz. 5). 83

j) Eine unklare Formulierung enthält die Verteilungsregel des *DBA Südafrika 2008 (E)*. Nach Art. 21 Abs. 3 werden Seeschiffe und Luftfahrzeuge, die von einem Unternehmen betrieben werden sowie entsprechendes bewegliches Vermögen „nur in diesem Staat" besteuert. Im Gegensatz zur englischen Fassung des Wortlauts („enterprise of a Contracting State") fehlt in der deutschen Übersetzung die Bezugnahme auf den Vertragsstaat. Abzustellen ist daher auf die Ansässigkeit der Person, die das Unternehmen betreibt (Art. 3 Abs. 1 Buchst. f) und g) *DBA Südafrika 2008 (E)*) und nicht auf den Ort der Geschäftsleitung (vgl. Art. 3, Rz. 42). 84

D. Zu Art. 22 Abs. 4

I. Musterabkommen

1. Übereinstimmungen und Abweichungen

Weder das US-MA 1996 oder das US-MA 2006 noch das UN-MA enthalten eine dem Art. 22 Abs. 4 MA entsprechende Regelung (vgl. schon die Erläuterungen zu Abs. 1, Rz. 2). 88

2. OECD-MA

a) Grundzüge: Alle Vermögenswerte, die von den Abs. 1 bis 3 des Art. 22 nicht erfasst werden, besteuert ausschließlich der **Ansässigkeitsstaat** („können nur", s. Vor Art. 6 bis 22 Rz. 4f.). Er besteuert das Vermögen nach Maßgabe seines innerstaatlichen Rechts, ohne durch das Abkommen darin beschränkt zu sein. Im Quellenstaat ist das Vermögen freizustellen (vgl. Vor Art. 6 bis 22 Rz. 4ff.). 89

b) Abgrenzung: Art. 22 Abs. 4 ist nicht – wie Art. 22 Abs. 1, s. Rz. 4 – nur auf die in einem der beiden Vertragsstaaten belegenen Vermögenswerte anzuwenden; er gilt **auch** für Vermögen, das sich in einem **dritten Staat** befindet. In einem dritten Staat belegenes unbewegliches Vermögen bleibt daher nach Art. 22 Abs. 4 der Vermögensbesteuerung im Ansässigkeitsstaat **selbst dann** unterworfen 90

– vorbehaltlich eines DBA zwischen Ansässigkeitsstaat und Drittstaat –, wenn dieses Vermögen zu einer **Betriebstätte** im anderen Vertragsstaat gehört; denn Art. 22 Abs. 2 gilt ausschließlich für bewegliches Vermögen. Das bewegliche Vermögen unterliegt aber nur dann der Wohnsitzbesteuerung nach Abs. 4, wenn es sich nicht um Betriebsvermögen i. S. des Art. 22 Abs. 2 oder 3 handelt. Art. 22 Abs. 4 stellt als Auffangvorschrift sicher, dass jedes Vermögen **ausschließlich einem Staat** zur Besteuerung überlassen bleibt und somit die Steuerhoheiten eindeutig voneinander abgegrenzt werden.

91 **c) Regelung:** Nach Art. 22 Abs. 4 können
– **alle anderen Vermögensteile**
– einer **in einem Vertragsstaat ansässigen Person**
nur **in dem Staat, in dem sie ansässig ist,** besteuert werden.

Zum Begriff der **in** einem Vertragsstaat ansässigen Person s. zu Art. 4 Rz. 3 f. Zur verfahrensrechtlichen Zurechnung des Vermögens einer spanischen Personengesellschaft mit in Spanien belegenem Vermögen BFH/NV 2009, 113 (Vorinstanz FG Hamburg EFG 2007, 96): *DBA Spanien 1966.*

92 **d) Virtuelle Doppelbesteuerung:** Art. 22 Abs. 4 schließt den anderen Vertragsstaat auch dann von der Besteuerung aus, wenn der Ansässigkeitsstaat von seinem Recht zur Besteuerung keinen Gebrauch macht. Auch für den Bereich der Vermögensbesteuerung gilt m. a. W. die abkommensrechtliche Aufteilung schon für die nur virtuelle Doppelbesteuerung (vgl. Grundl. Rz. 69).

93 **e)** Zur Bewertung vgl. Rz. 8.

94 **f)** Art. 22 Abs. 4 findet auch auf bewegliche Vermögensteile Anwendung, an denen **Nutzungsrechte** bestehen. Aufgrund der verschiedenen innerstaatlichen Bewertungsvorschriften kann es hierbei zu Doppelbesteuerungen oder auch zur Doppelfreistellung kommen, wenn Eigentümer und Nutzungsberechtigter in verschiedenen Staaten ansässig sind. Für diesen Fall verweist der OECD-Kommentar ausdrücklich auf das Verständigungsverfahren (MA-Komm. zu Art. 22 Ziff. 6; vgl. auch Art. 22 Abs. 5 *DBA Schweiz*).

95 **g) Verlegt** eine in dem einen Vertragsstaat ansässige Person ihren **Wohnsitz** in den anderen Vertragsstaat, so lässt das MA die sich aus dieser Wohnsitzverlegung ergebenden vermögensteuerlichen Konsequenzen offen. Eine eintretende Doppelbesteuerung, die sich dadurch ergibt, dass der Wegzugsstaat nach dem Stichtagsprinzip die Vermögensteuer für das gesamte Kalenderjahr erhebt und der Zuzugsstaat die Steuer bereits mit der Begründung des Wohnsitzes verlangt, und eine – im umgekehrten Fall – eintretende völlige Nichtbesteuerung wird im allgemeinen von den DBA in Kauf genommen (vgl. hierzu auch Rz. 66).

II. Deutsche DBA

1. Abkommensübersicht zu Artikel 22 Abs. 4

100

DBA	MA-Regelung: Besteuerung des nicht von Art. 22 Abs. 1–3 erfassten Vermögens nach Wohnsitzprinzip	Artikel	Rz.
Ägypten	keine entsprechende Regelung	–	105 f.
Albanien 2010	≈ MA	22 Abs. 4	
Algerien 2007	≈ MA	22 Abs. 4	
Argentinien	≈ MA, Sonderregelung für Gesellschaftsanteile und für Vermögen in Drittstaaten	22 Abs. 5 S. 1, 2; 22 Abs. 4 Buchst. A	101; 103

DBA	MA-Regelung: Besteuerung des nicht von Art. 22 Abs. 1–3 erfassten Vermögens nach Wohnsitzprinzip	Artikel	Rz.
Armenien	s. UdSSR		
Aserbaidschan	≈ MA	22 Abs. 4	
Australien	keine entsprechende Regelung	–	106
Bangladesch	keine entsprechende Regelung	–	106
Belarus	≈ MA	22 Abs. 4	
Belgien	≈ MA, Sonderregelung für Anteile/Beteiligungen an Kapitalgesellschaften	22 Abs. 4; SProt. Nr. 10	103
Bolivien	≈ MA	22 Abs. 4	
Bosnien-Herzegowina	s. Jugoslawien		
Bulgarien 2010	≈ MA	21 Abs. 4	
China 1985 (ohne Hongkong und Macau)	≈ MA	23 Abs. 4	
China 2014 (E)	≈ MA	22 Abs. 4	
Costa Rica 2014 (E)	≈ MA	22 Abs. 4	89 ff.
Dänemark	≈ MA	22 Abs. 4	
Ecuador	≈ MA	22 Abs. 4	
Elfenbeinküste	≈ MA	22 Abs. 4	
Estland	≈ MA	22 Abs. 4	
Finnland	≈ MA, Sonderregelung für Gesellschaftsanteile	22 Abs. 5, 22 Abs. 2 i. V. m. 6 Abs. 4	103
Frankreich	≈ MA, Sonderregelung für Gesellschaftsanteile	19 Abs. 5, 2	
Georgien	≈ MA	22 Abs. 4	
Ghana	≈ MA	22 Abs. 4	
Griechenland	≈ MA	XVI Abs. 4	
Großbritannien 1964/70	≈ MA	XVI Abs. 4	
Großbritannien 2010	≈ MA	22 Abs. 4	
Indien	≈ MA	22 Abs. 4	
Indonesien	≈ MA	22 Abs. 4	
Iran	≈ MA	23 Abs. 4	
Irland 2011	≈ MA	21 Abs. 4	
Island	≈ MA	22 Abs. 4	
Israel	≈ MA	17 A Abs. 4	
Italien	≈ MA	23 Abs. 4	
Jamaika	≈ MA	22 Abs. 4	
Japan	≈ MA	22 A Abs. 4	
Jugoslawien	≈ MA, Sonderbestimmung für deutsche Investitionen in einer jugoslawischen Organisation der Vereinten Arbeit	23 Abs. 5, 4	103
Kanada	≈ MA	22 Abs. 4	
Kasachstan	≈ MA	22 Abs. 4	
Kenia	≈ MA	22 Abs. 4	
Kirgisistan	≈ MA	22 Abs. 4	
Korea	≈ MA	22 Abs. 4	
Kosovo	s. Jugoslawien		
Kroatien	≈ MA	22 Abs. 4	

DBA	MA-Regelung: Besteuerung des nicht von Art. 22 Abs. 1–3 erfassten Vermögens nach Wohnsitzprinzip	Artikel	Rz.
Kuwait	≈ MA	22 Abs. 4	
Lettland	≈ MA	22 Abs. 4	
Liberia	≈ MA	22 Abs. 4	
Liechtenstein 2011	≈ MA	22 Abs. 4	
Litauen	≈ MA	22 Abs. 4	
Luxemburg 2012	≈ MA	21 Abs. 4	
Malaysia 2010	keine entsprechende Regelung	–	106
Malta	≈ MA	22 Abs. 4	
Marokko	≈ MA	22 Abs. 4	
Mauritius 2011	keine entsprechende Regelung	–	106
Mazedonien 2006	≈ MA	22 Abs. 4	
Mexiko 2008	≈ MA	22 Abs. 4	
Moldau	s. UdSSR		
Mongolei	≈ MA	22 Abs. 4	
Montenegro	s. Jugoslawien		
Namibia	≈ MA	22 Abs. 4	
Neuseeland	≈ MA	22 Abs. 4	
Niederlande 1959/2004	≈ MA	19 Abs. 2	105
Niederlande 2012 (E)	keine entsprechende Regelung		
Norwegen 1991	≈ MA	22 Abs. 4	
Norwegen 2013 (E)	keine entsprechende Regelung	Prot. Art. I	106
Oman 2012 (E)	≈ MA	22 Abs. 4	
Österreich	≈ MA	22 Abs. 4	
Pakistan	keine entsprechende Regelung	–	106
Philippinen 2013	≈ MA	23 Abs. 4	
Polen	≈ MA	23 Abs. 4	
Portugal	≈ MA	23 Abs. 4	
Rumänien	≈ MA	22 Abs. 4	
Russische Föderation	≈ MA	22 Abs. 4	
Sambia	≈ MA	22 Abs. 4	
Schweden	≈ MA	22 Abs. 4	
Schweiz	≈ MA, Sonderregelung für Beteiligungen als stiller Gesellschafter, Gewinnobligationen, partiarische Darlehen	22 Abs. 4, 6	102; 104
Serbien	s. Jugoslawien		
Simbabwe	≈ MA	22 Abs. 4	
Singapur 2004	≈ MA	23 Abs. 4	
Slowakei	s. Tschechoslowakei		
Slowenien	≈ MA	22 Abs. 4	
Spanien 2011	≈ MA	21 Abs. 4	91
Sri Lanka	≈ MA, Sonderregelung für Aktien	22 Abs. 5, 4	103
Südafrika 1973	keine entsprechende Regelung	–	106
Südafrika 2008 (E)	≈ MA	22 Abs. 4	
Syrien 2010	Keine entsprechende Regelung	-	106
Tadschikistan	≈ MA	22 Abs. 4	
Taiwan 2011	≈ MA	21 Abs. 4	
Thailand	≈ MA	21 Abs. 4	
Trinidad und Tobago	keine entsprechende Regelung	–	106

DBA	MA-Regelung: Besteuerung des nicht von Art. 22 Abs. 1–3 erfassten Vermögens nach Wohnsitzprinzip	Artikel	Rz.
Tschechien 1997 (E)	≈ MA	22 Abs. 4	
Tschechien	s. Tschechoslowakei		
Tschechoslowakei	≈ MA	22 Abs. 4	
Türkei 2011	keine entsprechende Regelung	–	106
Tunesien	≈ MA	22 Abs. 4	
Turkmenistan	s. UdSSR		
UdSSR	≈ MA, Sonderregelung für Anteile/Beteiligungen an Kapitalgesellschaften	18 Abs. 5, 4	103
Ukraine	≈ MA	22 Abs. 4	
Ungarn 2011	≈ MA	21 Abs. 4	
Uruguay 2010	≈ MA	21 Abs. 4	
USA	≈ MA	22 Abs. 4	
Usbekistan	≈ MA	22 Abs. 4	
Venezuela	≈ MA	22 Abs. 4	
Vereinigte Arabische Emirate 2010	keine entsprechende Regelung	–	106
Vietnam	≈ MA	22 Abs. 4	
Weißrussland	s. Belarus		
Zypern 2011	≈ MA	21 Abs. 4	

2. Erläuterungen

a) Das *DBA Argentinien* trifft in Art. 22 Abs. 5 Satz 2 eine Sonderregelung für die Besteuerung von Vermögen **in einem dritten Staat** für den Fall, dass dieses Vermögen einer Person gehört, die in **beiden** Vertragsstaaten **ansässig** ist. Grundsätzlich darf nur der nach Art. 4 zu bestimmende Ansässigkeitsstaat besteuern. Macht dieser von seinem Recht zur Besteuerung keinen Gebrauch, darf subsidiär der andere Staat das in dem Drittstaat belegene Vermögen besteuern. Die Zuteilung erstreckt sich also ausnahmsweise nicht auf den Fall der nur virtuellen Doppelbesteuerung. 101

b) Das *DBA Schweiz* regelt die vermögensteuerlichen Konsequenzen für den Fall der Wohnsitzverlegung von einem Vertragsstaat in den anderen. Es enthält hierfür in Art. 4 Abs. 5 Abgrenzungsbestimmungen, die die Vermögensbesteuerung zeitanteilig verteilen (vgl. Rz. 95 und RFH RStBl. 1936, 677 (678), sowie – allerdings unter Berücksichtigung der Drei-Monatsfrist nach Abs. 3 des Schlussprotokolls zum *DBA Schweiz 1931/59* – BFH BStBl. II 1973, 810 (811)). 102

c) Nach den *DBA Argentinien, Belgien, Sri Lanka* und *UdSSR* dürfen **Gesellschaftsanteile** bzw. Aktien am Sitz der Gesellschaft besteuert werden (Art. 22 Abs. 4 Buchst. a *DBA Argentinien* (demgegenüber unterliegen über argentinische Betriebstätten gehaltene Anteile der Wohnsitzbesteuerung, s. TNS Headlines v. 17.11.2004); SProt. Nr. 10 *DBA Belgien;* Art. 22 Abs. 4 *DBA Sri Lanka;* Art. 18 Abs. 4 *DBA UdSSR*). Das gilt nach Art. 22 Abs. 4 Satz 2 *DBA Sri Lanka* nicht für Aktien im Besitz von Gesellschaften, solange diese Aktien in Sri Lanka nicht besteuert werden. Zur Sonderregelung in Art. 22 Abs. 2 des *DBA Finnland* s. zu Art. 6 Rz. 196. Ebenfalls am Sitz der Organisation können gem. Art. 23 Abs. 4 *DBA Jugoslawien* die Investitionen einer in Deutschland ansässigen Person in einer jugoslawischen Organisation der Vereinten Arbeit besteuert werden. 103

104 **d)** Nach dem *DBA Schweiz* können Beteiligungen an einem Handelsgewerbe als **stiller Gesellschafter** im Sinne des deutschen Rechts, **Gewinnobligationen** und **partiarische Darlehen** in dem Vertragsstaat besteuert werden, in dem der Schuldner ansässig ist. Nach dem ausdrücklichen Wortlaut bestimmt sich der Begriff des stillen Gesellschafters nach deutschem Recht. Damit werden die Schwierigkeiten vermieden, die sich durch die unterschiedliche Terminologie in den beiden Vertragsstaaten ergeben können (vgl. *Fricke,* DB 1963, 632 ff.; *Jakob,* AWD 1970, 65 ff.). Stiller Gesellschafter im Sinne der Vorschrift ist der sog. „typische stille Gesellschafter", der an dem Handelsgewerbe eines anderen mit einer Vermögenseinlage beteiligt ist und dafür einen Gewinnanteil erhält. Macht der Sitzstaat des Schuldners von seiner Besteuerungsbefugnis keinen Gebrauch, darf subsidiär der Ansässigkeitsstaat des stillen Gesellschafters bzw. Vermögensinhabers besteuern. Die Zuteilung erstreckt sich also auch hier nicht auf den Fall der virtuellen Doppelbesteuerung.

105 **e)** Nach dem *DBA Ägypten* (Art. 23 Abs. 1 i. V. m. Art. 6 Abs. 2) gehören zum unbeweglichen Vermögen auch durch Hypotheken und andere **Grundpfandrechte** gesicherte **Forderungen.** Für die Erhebung der Vermögensteuer von solchen Forderungen gilt mithin das **Belegenheitsprinzip:** Sie unterliegen der Vermögensbesteuerung in dem Staat, in dem sich der die Forderung sichernde unbewegliche Vermögensgegenstand befindet. Gleichartige Regelungen enthielten die *DBA Niederlande 1959/2004* (bis zum *2. ZusProt. 1991*) und das alte *DBA Österreich 1954* (bis zum *ÄndAbk. 1992*). In den *DBA Niederlande 1959/2004* und *Österreich 1954* ist die Änderung auf den ersten Blick nicht zu erkennen, da in ihnen die Sondervorschrift über die Vermögensbesteuerung von durch Grundpfandrechte gesicherten Forderungen unverändert geblieben ist (Art. 19 Abs. 1 Buchst. b *DBA Niederlande 1959/2004,* Art. 14 Abs. 1 Buchst. b *DBA Österreich 1954*). Beide Vorschriften verweisen aber auf die Regeln über die Besteuerung der Zinsen aus solchen Forderungen; da in diesen das Belegenheitsprinzip durch das für Zinsen allgemein geltende **Wohnsitzprinzip** ersetzt worden ist (s. zu Art. 6 Rz. 129), gilt dasselbe jetzt auch für die Vermögensteuer. Zum früheren *DBA Italien 1925* hat der BFH entschieden, dass das Belegenheitsprinzip **nicht** auch für den **Erbbauzins** gelte. Mangels abkommensrechtlicher Regelung bestimmt sich dessen **vermögensteuerrechtliche** Zuordnung nach innerstaatlichem Steuerrecht. In Deutschland gehört das Recht auf den Erbbauzins nicht mehr zum Grundvermögen (§ 92 Abs. 5 BewG). Abkommensrechtlich gilt für die Vermögensbesteuerung des Erbbauzinses daher das Wohnsitzprinzip. Hiervon unberührt bleibt jedoch die **ertragsteuerliche** Behandlung der Erbbauzinsen als Einkünfte aus unbeweglichem Vermögen nach der dem Art. 6 entsprechenden Vorschrift (s. BFH BStBl. II 1994, 220: *DBA Italien 1925;* a. A. hierzu *Wassermeyer,* IStR 1994, 176).

106 **f)** Neben den *DBA Bangladesch, Norwegen 2013, Malaysia 2010, Mauritius 2011, Pakistan, Syrien 2010, Türkei 2011* und *Vereinigte Arabische Emirate 2010,* die für die Vermögensteuer nicht gelten (s. Rz. 20), sowie dem *DBA Trinidad und Tobago* enthalten auch das *DBA Ägypten* und das *DBA Australien* **keine** dem Art. 22 Abs. 4 **entsprechende Auffangklausel.** Somit bleibt im Verhältnis zu Australien die Besteuerungsbefugnis des Belegenheits- ebenso wie die des Ansässigkeitsstaates für die nicht ausdrücklich erfassten Vermögensteile aufrechterhalten, wie dies im Verhältnis zu den vorgenannten Abkommen für die Vermögensbesteuerung insgesamt gilt. Da in Deutschland derzeit jedoch keine Vermögensteuer erhoben wird, wirkt sich das Fehlen einer Regelung für in Deutschland ansässige Steuerpflichtige nicht aus.

107 **g)** Zu Sonderregelungen für **ungeteilte Nachlässe** in den außer Kraft getretenen *DBA Dänemark 1962* und *Schweden 1959* vgl. 3. Aufl., Art. 22 Rz. 71.

Abschnitt V. Methoden zur Vermeidung der Doppelbesteuerung

Text: OECD-Musterabkommen (OECD-MA)

Artikel 23A. Befreiungsmethode

1. Bezieht eine in einem Vertragsstaat ansässige Person Einkünfte oder hat sie Vermögen und können diese Einkünfte oder dieses Vermögen nach diesem Abkommen im anderen Vertragsstaat besteuert werden, so nimmt der erstgenannte Staat vorbehaltlich der Absätze 2 und 3 diese Einkünfte oder dieses Vermögen von der Besteuerung aus.

2. Bezieht eine in einem Vertragsstaat ansässige Person Einkünfte, die nach den Artikeln 10 und 11 im anderen Vertragsstaat besteuert werden können, so rechnet der erstgenannte Staat auf die vom Einkommen dieser Person zu erhebende Steuer den Betrag an, der der im anderen Staat gezahlten Steuer entspricht. Der anzurechnende Betrag darf jedoch den Teil der vor der Anrechnung ermittelten Steuer nicht übersteigen, der auf die aus dem anderen Staat bezogenen Einkünfte entfällt.

3. Einkünfte oder Vermögen einer in einem Vertragsstaat ansässigen Person, die nach dem Abkommen von der Besteuerung in diesem Staat auszunehmen sind, können gleichwohl in diesem Staat bei der Festsetzung der Steuer für das übrige Einkommen oder Vermögen der Person einbezogen werden.

4. Absatz 1 gilt nicht für Einkünfte oder Vermögen einer in einem Vertragsstaat ansässigen Person, wenn der andere Vertragsstaat dieses Abkommen so anwendet, dass er diese Einkünfte oder dieses Vermögen von der Besteuerung ausnimmt oder Absatz 2 des Artikels 10 oder des Artikels 11 auf diese Einkünfte anwendet.

Artikel 23B. Anrechnungsmethode

1. Bezieht eine in einem Vertragsstaat ansässige Person Einkünfte oder hat sie Vermögen und können diese Einkünfte oder dieses Vermögen nach diesem Abkommen im anderen Vertragsstaat besteuert werden, so rechnet der erstgenannte Staat

a) auf die vom Einkommen dieser Person zu erhebende Steuer den Betrag an, der der im anderen Staat gezahlten Steuer vom Einkommen entspricht;
b) auf die vom Vermögen dieser Person zu erhebende Steuer den Betrag an, der der im anderen Vertragsstaat gezahlten Steuer vom Vermögen entspricht.

Der anzurechnende Betrag darf jedoch in beiden Fällen den Teil der vor der Anrechnung ermittelten Steuer vom Einkommen oder vom Vermögen nicht übersteigen, der auf die Einkünfte, die im anderen Staat besteuert werden können oder auf das Vermögen, das dort besteuert werden kann, entfällt.

2. Einkünfte oder Vermögen einer in einem Vertragsstaat ansässigen Person, die nach dem Abkommen von der Besteuerung in diesem Staat auszunehmen sind, können gleichwohl in diesem Staat bei der Festsetzung der

Steuer für das übrige Einkommen oder Vermögen der Person einbezogen werden.

Text: Deutsche Verhandlungsgrundlage (DE-VG)

Artikel 22. Beseitigung der Doppelbesteuerung im Ansässigkeitsstaat

(1) **Bezieht eine in der Bundesrepublik Deutschland ansässige Person Einkünfte oder hat sie Vermögen und können diese Einkünfte oder dieses Vermögen nach diesem Abkommen in** ***[anderer Vertragsstaat]*** **besteuert werden**[1]**, gilt Folgendes:**

1. **Soweit Nummer 3 nichts anderes vorsieht, werden die Einkünfte von der Bemessungsgrundlage der deutschen Steuer ausgenommen. Für Dividenden gilt dies nur, wenn die Dividenden an eine in der Bundesrepublik Deutschland ansässige Gesellschaft (jedoch nicht an eine Personengesellschaft) von einer in** ***[anderer Vertragsstaat]*** **ansässigen Gesellschaft gezahlt werden, deren Kapital zu mindestens 10 Prozent unmittelbar der in der Bundesrepublik Deutschland ansässigen Gesellschaft gehört. Die in Satz 1 vorgesehene Ausnahme von der Bemessungsgrundlage gilt nicht für Dividenden einer steuerbefreiten Gesellschaft oder für Dividenden, die von der ausschüttenden Gesellschaft für Zwecke der Steuer in** ***[anderer Vertragsstaat]*** **abgezogen werden können oder für Dividenden, die nach dem Recht der Bundesrepublik Deutschland einer Person zugerechnet werden, die keine in der Bundesrepublik Deutschland ansässige Gesellschaft ist. Für die Zwecke der Steuern vom Vermögen werden von der Bemessungsgrundlage der deutschen Steuer die Vermögenswerte ausgenommen, die nach Artikel 21 Absatz 1 und 2 in** ***[anderer Vertragsstaat]*** **besteuert werden können sowie Beteiligungen, deren Dividenden, falls solche gezahlt werden, nach den vorhergehenden Sätzen von der Steuerbemessungsgrundlage auszunehmen wären.**
2. **Die Bundesrepublik Deutschland behält das Recht, die nach den Bestimmungen dieses Abkommens von der deutschen Steuer ausgenommenen Einkünfte und Vermögenswerte bei der Festsetzung ihres Steuersatzes zu berücksichtigen.**
3. **Auf die deutsche Steuer vom Einkommen für die folgenden Einkünfte wird unter Beachtung der Vorschriften des deutschen Steuerrechts über die Anrechnung ausländischer Steuern die** ***[anderer Vertragsstaat]*** **Steuer angerechnet, die nach** ***[anderer Vertragsstaat]*** **Recht und in Übereinstimmung mit diesem Abkommen für diese Einkünfte gezahlt wurde:**
   a) **Dividenden im Sinne des Artikels 10, auf die Nummer 1 nicht anzuwenden ist;**
   b) **Veräußerungsgewinne, auf die Artikel 13 Absatz 4 anzuwenden ist;**
   c) **Einkünfte, auf die Artikel 15 anzuwenden ist;**
   d) **Einkünfte, auf die Artikel 16 anzuwenden ist;**
   e) **Einkünfte, auf die Artikel 17 Absatz 2 und 3 anzuwenden ist.**

   Für die Anwendung dieser Nummer 3 gelten Einkünfte oder Vermögen einer in der Bundesrepublik Deutschland ansässigen Person, die nach die-

---

[1] Wird in Artikel 10 Abs. 2 auch ein Nullsatz vereinbart, ist hier einzufügen: *„oder sind sie nach Artikel 10 Absatz 2 von der [anderer Vertragsstaat] Steuer befreit"*.

sem Abkommen in *[anderer Vertragsstaat]* besteuert werden können, als Einkünfte aus Quellen innerhalb *[anderer Vertragsstaat]* oder als Vermögen, das in *[anderer Vertragsstaat]* belegen ist.

4. Die Bestimmungen der Nummer 1 sind auf Einkünfte im Sinne der Artikel 7 und 10 und auf Gewinne aus der Veräußerung von Vermögen im Sinne des Artikels 13 Absatz 2 nur anzuwenden, soweit sie durch Herstellung, Bearbeitung, Verarbeitung oder Montage von Gütern oder Waren, Aufsuchen und Gewinnung von Bodenschätzen, Bank- und Versicherungsgeschäfte, Handel oder Erbringung von Dienstleistungen erzielt werden oder soweit sie wirtschaftlich diesen Tätigkeiten zuzurechnen sind. Das gilt nur, wenn ein dem Geschäftszweck angemessen eingerichteter Geschäftsbetrieb besteht. Das gilt entsprechend für die den Einkünften im Sinne der Artikel 7 und 10 zugrunde liegenden Vermögenswerte. Ist Nummer 1 nicht anzuwenden, wird die Doppelbesteuerung durch Steueranrechnung nach Nummer 3 vermieden.

5. Ungeachtet der Nummer 1 wird die Doppelbesteuerung durch Steueranrechnung nach Nummer 3 vermieden, wenn

a) in den Vertragsstaaten Einkünfte oder Vermögen oder Teile davon unterschiedlichen Abkommensbestimmungen zugeordnet werden und wenn auf Grund dieser unterschiedlichen Zuordnung die betreffenden Einkünfte oder Vermögenswerte doppelt besteuert oder nicht oder niedriger besteuert würden und sich im Fall doppelter Besteuerung dieser Konflikt nicht durch ein Verfahren nach Artikel 24 Absatz 2 oder 3 regeln lässt;

b) *[anderer Vertragsstaat]* Einkünfte oder Vermögen oder Teile davon nach dem Abkommen besteuern kann, tatsächlich aber nicht besteuert;

c) die Bundesrepublik Deutschland nach Konsultation *[anderer Vertragsstaat]* auf diplomatischem Weg Einkünfte oder Vermögen oder Teile davon notifiziert hat, auf die sie die Steueranrechnung nach Nummer 3 anzuwenden beabsichtigt. Die Doppelbesteuerung wird für die notifizierten Einkünfte oder Vermögenswerte oder Teile davon durch Steueranrechnung vom ersten Tag des Kalenderjahres beseitigt, das dem Kalenderjahr folgt, in dem die Notifikation übermittelt wurde.

(2) Bezieht eine in *[anderer Vertragsstaat]* ansässige Person Einkünfte [oder hat sie Vermögen] und können diese Einkünfte [oder dieses Vermögen] nach diesem Abkommen in der Bundesrepublik Deutschland besteuert werden, gilt Folgendes:

Protokoll

4. Zu Artikel 22 Absatz 1 Nummer 5 Buchstabe b

Einkünfte oder Vermögen oder Teile davon werden „tatsächlich" besteuert, wenn sie in die Bemessungsgrundlage einbezogen werden, auf deren Grundlage die Steuer berechnet wird. Sie werden nicht „tatsächlich" besteuert, wenn sie nicht steuerpflichtig sind oder von der Besteuerung ausgenommen werden.

Text: US-Musterabkommen (US-MA)

Artikel 23. Beseitigung der Doppelbesteuerung

1. Im Fall von ______ wird die Doppelbesteuerung wie folgt vermieden:

---

2. In Übereinstimmung mit dem Recht der Vereinigten Staaten und vorbehaltlich der dort vorgesehenen Einschränkungen (unter Beachtung künftiger seine tragenden Prinzipien wahrender Änderungen) rechnen die Vereinigten Staaten bei in ihrem Gebiet ansässigen Personen

und ihren Staatsbürgern auf ihre für ansässige Personen und Staatsbürger anwendbare Einkommensteuer an

a) die von der ansässigen Person oder dem Staatsbürger oder für diese Personen an ______ gezahlte oder dort geschuldete Einkommensteuer und

b) im Fall einer Gesellschaft der Vereinigten Staaten, der mindestens 10 vom Hundert der stimmberechtigten Anteile einer in ______ ansässigen Gesellschaft gehören, von der die Gesellschaft der Vereinigten Staaten Dividenden bezieht, die von dem oder für den Schuldner an ______ gezahlte oder dort geschuldete Einkommensteuer auf die Gewinne, aus denen die Dividenden gezahlt werden.

Im Sinne dieses Absatzes gelten die in Artikel 2 Absatz 3 Buchstabe a) und Absatz 4 (Unter das Abkommen fallende Steuern) aufgeführten Steuern als Einkommensteuern.

2. Für die Anwendung des Absatzes 2 gelten von einer in den Vereinigten Staaten ansässigen Person bezogene Bruttoeinkünfte im Sinne des Rechts der Vereinigten Staaten, die nach diesem Abkommen in ______ besteuert werden können, als Einkünfte aus Quellen in ______.

3. Ist ein Staatsbürger der Vereinigten Staaten in ______ ansässig, so gilt Folgendes:

a) bei Einkünften, die bei Bezug durch eine in ______ ansässige Person ohne Staatsbürgerschaft der Vereinigten Staaten nach diesem Abkommen von der Steuer der Vereinigten Staaten befreit wären oder einem ermäßigten Satz der Steuer der Vereinigten Staaten unterlägen, rechnet ______ auf die ______ Steuer nur die in den Vereinigten Staaten gezahlte Steuer an, die die Vereinigten Staaten nach diesem Abkommen erheben können; dabei werden die Steuern nicht berücksichtigt, die nur aufgrund der Staatsbürgerschaft nach der Vorbehaltsklausel in Artikel 1 Abs. 4 (Allgemeiner Geltungsbereich) erhoben werden können;

b) für Zwecke der Berechnung der Steuer der Vereinigten Staaten bei Anwendung des Absatzes 2 rechnen die Vereinigten Staaten auf ihre Steuer die Einkommensteuer an, die nach der in Buchstabe a genannten Anrechnung an ______ gezahlt worden ist; die so gewährte Anrechnung darf den Teil der Steuer der Vereinigten Staaten nicht schmälern, der nach Buchstabe a auf die Steuer von ______ anrechenbar ist;

c) ausschließlich zum Zweck der Vermeidung der Doppelbesteuerung in den Vereinigten Staaten nach Buchstabe b gelten Einkünfte, die in Buchstabe a genannt sind, als aus ______ stammend, soweit dies erforderlich ist, um die Doppelbesteuerung dieser Einkünfte nach Buchstabe b zu vermeiden.

Inhalt

Literatur: *Bauer u. a.,* Unilaterale Maßnahmen zur Vermeidung der Doppelbesteuerung (2004); *Bender,* De vrijstellingsmethode ter voorkoming van internationaal dubbele belasting (2000); *Blumenstein/Locher,* System des Steuerrechts, 6. Aufl. (2002); *Cagianut/Höhn,* Unternehmungssteuerrecht, 3. Aufl. (1993); *McDaniel/Ault,* Introduction to United States International Taxation, 5. Aufl. (2005); *Davies,* Principles of International Double Taxation Relief (1985); *Engelschalk,* Die Besteuerung von Ausländern auf Bruttobasis (1988); *Exel,* in Gassner/Lang/Lechner, Die Methoden zur Vermeidung der Doppelbesteuerung (1995), S. 173; *Flick,* Die Maßnahmen des Vereinigten Königreichs ... zur Ausschaltung der Doppelbesteuerung (1957); *ders.,* Steuerermäßigung bei ausländischen Einkünften (1959); *Frotscher,* Internationales Steuerrecht (2009); Gassner/Lang/Lechner (Hrsg.), Die Methoden zur Vermeidung der Doppelbesteuerung: Anrechnungs- und Befreiungsmethode (1995); *Hauser,* in K. Vogel/F. Wassermeyer u. a., Freistellung im Internationalen Steuerrecht – rechtlich und rechtspolitisch (1995), S. 47 ff.; *Höhn,* in Höhn, Handbuch des Internationalen Steuerrechts der Schweiz, 2. Aufl. (1993), S. 103 ff.; *Höhn/Waldburger,* Steuerrecht, 10. Aufl. (2003); *Jann,* in Gassner/Lang/Lechner, Die Methoden zur Vermeidung der Doppelbesteuerung (1995), S. 99 ff.; *Jendly,* in Höhn, Handbuch, 2. Aufl. (1993), S. 357; *Kaneko,* La structure de base du système du crédit d'impôt étranger au Japon, in Mélanges Gaudemet (1986); *Krabbe,* in Piltz/Schaumburg, Unternehmensfinanzierung im Internationalen Steuerrecht (1995), S. 12; *Lang* in Gassner/Lang/Lechner, Die Methoden zur Vermeidung der Doppelbesteuerung (1995), S. 187; *Lechner,* in Gassner/Lang/Lechner, Die Methoden zur Vermeidung der Doppelbesteuerung (1995), S. 137 ff.; *Malherbe/Faes,* in Joeph/Hinnekens/Malherbe/van Hoorn Jr., Het Belgisch internationaal belastingrecht in ontwikkeling (1993), S. 465; *Maßbaum,* in Maßbaum/Meyer-Scharenberg/Perlet, Die deutsche Unternehmensbesteuerung im europäischen Binnenmarkt (1994), S. 337 ff.; *Michelsen,* Beregningsregler for dobbeltbeskatningslempelse, Skaltepolitisk oversigt (1993); *ders.,* Die deutsche IFA-Landesgruppe und das internationale Steuerrecht (1977), S. 18; *Owens,* The Foreign Tax Credit (1961); *Owens/Ball,* The Indirect Credit, I: (1975), II: (1979); *Philipp,* Befreiungssystem mit Progressionsvorbehalt und Anrechnungsverfahren, Probleme des zwischenstaatlichen Steuerrechts (1971); *Rädler/Raupach,* Deutsche Steuern bei Auslandsbeziehungen (1966); *Rhoades/Langer,* Income Taxation of Foreign Related Transactions (Loseblattwerk), vol. 2; *Roberts/Warren,* US Income Taxation 1 of Foreign Corporations and Nonresident Aliens (Loseblattwerk), CH 2 A.; *Rust*, Die Hinzurechnungsbesteuerung (2007); *Schäfer*, in K. Vogel/F. Wassermeyer u. a., Freistellung im internationalen Steuerrecht – rechtlich und rechtspolitisch (1996), S. 29; *Schaumburg*, in Gassner/Lang/Lechner, Die Methoden zur Vermeidung der Doppelbesteuerung, S. 269 ff.; *Schön*, in Schön, Tax Competion in Europe (2003), S. 1 ff.; *Schuch*, in Gassner/Lang/Lechner, Die Methoden zur Vermeidung der Doppelbesteuerung, S. 11 ff.; *ders.*, Verluste im Recht der Doppelbesteuerungsabkommen (1998); *Stein*, Tax Policy in the Twenty-First Century (1988); *Stockmann*, Verluste ausländischer Tochtergesellschaften im deutschen internationalen Steuerrecht (2000); *Studer*, in Höhn, Handbuch des Internationalen Steuerrechts der Schweiz, 2. Aufl. (1993), S. 31; *Schuch*, Verluste im Recht der Doppelbesteuerungsabkommen (1998); *Thien*, Die Beurteilung der „fiktiven Steueranrechnung" unter besonderer Berücksichtigung ihrer Anwendung in den Doppelbesteuerungsabkommen (DBA) der Bundesrepublik mit Entwicklungsländern (1975); *Thömmes*, Die Umsetzung der EG-Fusionsrichtlinie und der EG-Mutter-Tochter-Richtlinie in den EG-Mitgliedsstaaten (1995); *ders.*, in Lehner/Thömmes u. a., Europarecht und Internationales Steuerrecht (1994), S. 29; *ders./Betten*, EC-Corporate Tax Law, (1991), (Loseblatt); *Tillmanns/Mössner* in Mössner u. a. B 221 ff.; *Tillmanns/Mössner*, in Mössner u. a., B 397 ff.; *Tumpel*, in Gassner/Lang/Lechner, Die Methoden zur Vermeidung der Doppelbesteuerung (1995), S. 61; *K. Vogel*, in K. Vogel/F. Wassermeyer u. a., Freistellung im Internationalen Steuerrecht (1995), S. 1 ff.; *ders.*, Taxation of Cross-Border Income, Harmonization and Tax Neutrality under European Community Law (1994); *Wassermeyer*, in K. Vogel/ F. Wassermeyer u. a., Freistellung im Internationalen Steuerrecht (1995), S. 18; *Weggenmann*, in Wassermeyer/Richter/Schnittker, Personengesellschaften im Internationalen Steuerrecht (2010); *Wlecke*, Währungsumrechnung und Gewinnbesteuerung bei international tätigen deutschen Unternehmen (1989), S. 399 f.; *Widhalm*, in Gassner/Lang/Lechner, Die Methoden zur Vermeidung der Doppelbesteuerung (1995), S. 153.

OECD-Dokumente: *OECD*, Mesures fiscales pour encourager les investissements privés dans les pays en voie de développement (1965); *dies.*, Tax Sparing. A. Reconsideration. (1998).

Text: OECD-Kommentar (MA-Kommentar)

I. Vorbemerkungen

A. Bedeutung der Artikel

1. [Juristische Doppelbesteuerung] *Die Artikel behandeln die sogenannte „juristische Doppelbesteuerung", die darin besteht, dass dieselben Einkünfte oder dasselbe Vermögen bei derselben Person durch mehr als einen Staat besteuert werden.*

2. [Abgrenzung von der wirtschaftlichen Doppelbesteuerung] *Dieser Fall ist insbesondere von der so genannten „wirtschaftlichen Doppelbesteuerung" zu unterscheiden, d. h. der Besteuerung derselben Einkünfte oder desselben Vermögens bei zwei verschiedenen Personen. Wollen zwei Staaten Probleme der wirtschaftlichen Doppelbesteuerung lösen, so muss dies durch zweiseitige Verhandlungen geschehen.*

3. [Formen der juristischen Doppelbesteuerung] *Eine internationale juristische Doppelbesteuerung kann in drei Fällen auftreten:*

a) Wenn jeder Vertragsstaat dieselbe Person mit ihrem gesamten Einkommen oder Vermögen besteuert (konkurrierende unbeschränkte Steuerpflicht; vgl. Ziffer 4).

b) Wenn eine in einem Vertragsstaat (W)[1] *ansässige Person Einkünfte aus dem anderen Vertragsstaat (Q oder B) bezieht oder dort Vermögen hat und beide Staaten diese Einkünfte oder dieses Vermögen besteuern (vgl. Ziffer 5).*

---

[1] Im nachstehenden Kommentar werden der Buchstabe „W" zur Bezeichnung des Wohnsitzstaates im Sinne des Abkommens, der Buchstabe „Q" zur Bezeichnung des Quellen- oder Belegenheitsstaates und der Buchstabe „B" zur Bezeichnung des Staates verwendet, in dem eine Betriebstätte oder feste Einrichtung liegt.

c) Wenn eine in keinem der Vertragsstaaten ansässige Person von beiden Vertragsstaaten mit den aus einem Vertragsstaat bezogenen Einkünften oder mit dem dort gelegenen Vermögen besteuert wird; dies ergibt sich z. B., wenn eine nichtansässige Person eine Betriebstätte in einem Vertragsstaat (B) hat, durch die sie Einkünfte aus dem anderen Vertragsstaat (Q) bezieht oder dort Vermögen hält (konkurrierende beschränkte Steuerpflicht; vgl. Ziffer 11).

4. [Konfliktlösungen] *Der Konflikt im Fall a wird durch Anwendung des Artikels 4 auf den des Falles b reduziert. Dies ergibt sich daraus, dass dieser Artikel den Ausdruck „eine in einem Vertragsstaat ansässige Person" unter Bezugnahme auf die nach innerstaatlichem Recht aufgrund des Wohnsitzes, des ständigen Aufenthalts, des Ortes der Geschäftsleitung oder eines anderen ähnlichen Merkmals bestehende Steuerpflicht (Artikel 4 Absatz 1) definiert und für den Fall des doppelten Wohnsitzes besondere Merkmale aufzählt, nach denen zu bestimmen ist, welcher der beiden Staaten Wohnsitzstaat (W) im Sinne des Abkommens ist (Artikel 4 Absätze 2 und 3).*

4.1 [Aufeinander folgende unbeschränkte Steuerpflicht] *Artikel 4 behandelt aber nur Fälle von konkurrierender unbeschränkter Steuerpflicht. Der Konflikt in Fall a) kann daher nicht gelöst werden, wenn dieselben Einkünfte der unbeschränkten Steuerpflicht der beiden Staaten zu unterschiedlichen Zeiten unterliegen. Das folgende Beispiel verdeutlicht das Problem. Angenommen, dass eine in Staat W 1 ansässige Person einen steuerbaren Vorteil aus einer Aktienoption für Arbeitnehmer erhält, die dieser Person eingeräumt worden ist. Staat W 1 besteuert den Vorteil zu dem Zeitpunkt, in dem die Option eingeräumt wird. Die Person wird anschließend in Staat W 2 ansässig, der den Vorteil im Zeitpunkt der Ausübung der Option besteuert. In diesem Fall wird die Person von jedem der beiden Staaten zu einem Zeitpunkt besteuert, in dem sie in diesem Staat ansässig ist. Artikel 4 behandelt den Fall nicht, da keine konkurrierende Ansässigkeit in den beiden Staaten besteht.*

4.2 [Lösung nach Artikel 4 Buchstabe b] *Der Konflikt wird bei dieser Sachlage auf denjenigen des Artikels 4 Buchstabe b reduziert und entsprechend gelöst, soweit die Arbeit, auf die sich die Option bezieht, in einem der Vertragsstaaten ausgeübt worden ist und in diesem Staat nach Artikel 15 besteuert werden kann, weil es der Staat ist, in dem die Arbeit ausgeübt worden ist. In einem solchen Fall wird der Staat, in dem die Arbeit ausgeübt worden ist, in der Tat für Zwecke der Vermeidung der Doppelbesteuerung in dem anderen Staat der Quellenstaat sein. Es ist gleichgültig, dass der erste Staat die Steuer nicht zum selben Zeitpunkt erhebt (siehe Ziffer 32.8). Es ist auch gleichgültig, dass der andere Staat der Ansicht ist, er erhebe die Steuer als Ansässigkeitsstaat und nicht als Quellenstaat (s. Ziffer 8 letzter Satz).*

4.3 [Arbeitsausübung in einem Drittstaat] *Wenn die maßgebenden Arbeitsleistungen aber in keinem der beiden Staaten erbracht worden sind, handelt es sich nicht um den Doppelbesteuerungskonflikt zwischen dem Quellen- und dem Ansässigkeitsstaat. Zur Behandlung eines solchen Falles könnte das Verständigungsverfahren genutzt werden. Eine mögliche Grundlage zur Lösung des Falles bestünde darin, dass die zuständigen Behörden der beiden Staaten sich einigen, dass jeder Staat hinsichtlich der auf der Ansässigkeit beruhenden Steuer des anderen Staates für den Teil des steuerpflichtigen Vorteils, der sich auf die Dienstleistungen während der Zeit der Ansässigkeit des Arbeitnehmers in diesem anderen Staat bezieht, eine Entlastung gewährt. Würden die maßgebenden Dienste in einem Drittstaat erbracht, bevor die Person in Staat W 2 ansässig würde, hätte folgerichtig die zuständige Behörde des Staates W 2 der Gewährung einer Entlastung (Anrechnung oder Freistellung) für die Steuer des Staates W 1 zuzustimmen, die auf dem Teil des Vorteils aus nicht selbständiger Arbeit erhoben worden ist, der sich auf die Arbeitsleistung in dem Drittstaat bezieht; denn zu der Zeit, als die Dienste geleistet wurden, war der Steuerpflichtige für Zwecke des Abkommens zwischen diesen beiden Staaten im Staat W 1 und nicht im Staat W 2 ansässig.*

5. [Verteilung der Besteuerungsbefugnisse] *Der Konflikt im Fall b) lässt sich durch Verteilung der Besteuerungsbefugnisse zwischen den Vertragsstaaten lösen. Die Verteilung* *kann dadurch erfolgen, dass entweder der Quellen- oder Belegenheitsstaat (Q) bzw. der Staat, in dem die Betriebstätte liegt (B) oder aber der Wohnsitzstaat (W) auf das Besteuerungsrecht verzichtet, oder dass das Besteuerungsrecht zwischen den beiden Staaten aufgeteilt wird. Die Abschnitte III und IV des Abkommens in Verbindung mit den Artikeln 23 A und 23 B regeln dies.*

6. [Ausschluss der Besteuerung durch den Ansässigkeitsstaat in den Art. 6–22] *Bei einigen Einkünften und Vermögensteilen wird einem der Vertragsstaaten ein ausschließliches Besteuerungsrecht zuerkannt, wobei es in dem betreffenden Artikel heißt, die in Frage stehenden Einkünfte oder Vermögensteile „können nur" in einem Vertragsstaat besteuert werden*[1]*. Die Worte „können nur in einem Vertragsstaat besteuert werden" schließen die Besteuerung durch den anderen Vertragsstaat aus, wodurch die Doppelbesteuerung vermieden wird. Der Staat, dem das ausschließliche Besteuerungsrecht zuerkannt wird, ist in der Regel jener, in dem der Steuerpflichtige nach Artikel 4 ansässig ist, d. h. der Staat W; aber nach vier Artikeln*[2] *kann das ausschließliche Besteuerungsrecht dem anderen Vertragsstaat (Q), in dem der Steuerpflichtige nach Artikel 4 nicht ansässig ist, eingeräumt werden.*

7. [Entlastung durch den Wohnsitzstaat] *Bei anderen Einkünften und Vermögensteilen ist die Zuteilung des Besteuerungsrechts nicht ausschließlich; der entsprechende Artikel sieht dann vor, dass die Einkünfte oder Vermögensteile in dem Vertragsstaat (Q oder B) „besteuert werden können", in dem der Steuerpflichtige nach Artikel 4 nicht ansässig ist. In diesem Fall muss der Wohnsitzstaat (W) eine Entlastung gewähren, um die Doppelbesteuerung zu vermeiden. Artikel 23 A Absätze 1 und 2 und Artikel 23 B Absatz 1 sehen dies vor.*

8. [Geltung der „Methodenartikel" nur für den Wohnsitzstaat] *Die Artikel 23 A und 23 B sind anzuwenden, falls eine im Staat W ansässige Person Einkünfte aus dem anderen Vertragsstaat B oder Q (der nicht Wohnsitzstaat im Sinne des Abkommens ist) bezieht oder dort Vermögen hat und diese Einkünfte bzw. dieses Vermögen nach dem Abkommen im Staat B oder Q besteuert werden können. Die Artikel gelten daher nur für den Wohnsitzstaat, lassen es aber offen, wie der Vertragsstaat B oder Q vorzugehen hat.*

9. [Bezug von Einkünften aus dem Wohnsitzstaat durch eine Betriebstätte in dem anderen Vertragsstaat] *Bezieht eine im Vertragsstaat W ansässige Person Einkünfte aus diesem Staat durch eine Betriebstätte, die sie im anderen Vertragsstaat B hat, so kann der Staat B diese Einkünfte (ausgenommen solche aus unbeweglichem Vermögen, das im Staat W liegt) besteuern, wenn sie dieser Betriebstätte zuzurechnen sind (Artikel 21 Absatz 2). Auch in diesem Fall muss Staat W nach Artikel 23 A oder 23 B Entlastung für die Einkünfte gewähren, die der im Staat B gelegenen Betriebstätte zuzurechnen sind, obwohl die betreffenden Einkünfte ursprünglich aus Staat W stammen (vgl. Artikel 21 Ziff. 5 MA-Komm.). Kommen aber die Vertragsstaaten überein, dem Staat W, der die Befreiungsmethode anwendet, als dem Quellenstaat von Dividenden oder Zinsen ein begrenztes Besteuerungsrecht innerhalb der in Artikel 10 Absatz 2 oder Artikel 11 Absatz 2 gezogenen Grenzen zu geben (vgl. Artikel 21 Ziff. 5 MA-Komm.), so sollten die beiden Staaten auch vereinbaren, dass Staat B für die im Staat W erhobene Steuer eine Anrechnung in Anlehnung an Artikel 23 A Absatz 2 oder Artikel 23 B Absatz 1 zu gewähren hat.*

10. [Bezug von Einkünften aus einem Drittstaat durch eine Betriebstätte in dem anderen Vertragsstaat] *Bezieht eine im Staat W ansässige Person Einkünfte aus einem dritten Staat durch eine Betriebstätte, die sie im Staat B hat, so kann dieser Staat die Einkünfte (ausgenommen solche aus unbeweglichem Vermögen, das im dritten Staat liegt) be-*

---

[1] Siehe Art. 7 Abs. 1 erster Satz, Art. 8 Abs. 1 und 2, Art. 12 Abs. 1, Art. 13 Abs. 3 und 4, Art. 14 Abs. 1 erster Satz, Art. 15 Abs. 1 erster Satz und Abs. 2, Art. 18, Art. 19 Abs. 1 und 2, Art. 21 Abs. 1 und Art. 22 Abs. 3 und 4.

[2] Siehe Art. 8 Abs. 1 und 2, Art. 13 Abs. 3, Art. 19 Abs. 1 und 2 Buchst. a und Art. 22 Abs. 3.

steuern, wenn die Einkünfte der Betriebstätte zuzurechnen sind (Artikel 21 Absatz 2). Staat W muss nach Artikel 23 A oder 23 B für die Einkünfte, die der im Staat B gelegenen Betriebstätte zuzurechnen sind, Entlastung gewähren. Das Abkommen enthält keine Bestimmung über die Entlastung, die der Vertragsstaat B hinsichtlich der Steuern zu gewähren hat, die in dem dritten Staat erhoben werden, aus dem die Einkünfte stammen; nach Artikel 24 Absatz 4 ist aber jede Entlastung, die nach dem innerstaatlichen Recht des Staates B (unter Ausschluss etwaiger Doppelbesteuerungsabkommen) den in diesem Staat ansässigen Personen zusteht, auch einer im Staat B gelegenen Betriebstätte eines Unternehmens des Staates W zu gewähren (vgl. Artikel 24 Ziffern 49 bis 54 MA-Komm.).

*11. **[Doppelbesteuerung bei fehlender Abkommensberechtigung]** Der Konflikt im Fall c) oder e der vorstehenden Nummer 3 liegt außerhalb des Geltungsbereichs des Abkommens, da dieses nach Artikel 1 nur für Personen gilt, die in einem Vertragsstaat oder in beiden Vertragsstaaten ansässig sind. Er lässt sich aber durch das Verständigungsverfahren lösen (vgl. auch Ziffer 10).*

B. Darstellung der Methoden zur Vermeidung der Doppelbesteuerung

*12. **[Zwei Hauptmethoden]** Die bestehenden Abkommen verwenden zur Vermeidung der Doppelbesteuerung durch den Wohnsitzstaat des Steuerpflichtigen zwei Hauptmethoden. Der Einfachheit halber wird im Folgenden nur auf die Einkommensbesteuerung Bezug genommen, jedoch gelten die Grundsätze in gleicher Weise auch für die Vermögensbesteuerung.*

1. Befreiungsmethode

*13. **[Kennzeichnung]** Hiernach besteuert der Wohnsitzstaat W solche Einkünfte nicht, die nach dem Abkommen in Staat B oder Q besteuert werden können (selbstverständlich auch nicht die Einkünfte, die nur im Staat B oder Q besteuert werden können, vgl. Ziffer 6).*

*14. **[Uneingeschränkte Befreiung, Progressionsvorbehalt]** Die Befreiungsmethode kann grundsätzlich auf zwei Arten angewendet werden:*

a) Die Einkünfte, die im Staat B oder Q besteuert werden können, bleiben im Staat W steuerlich völlig außer Betracht. Der Staat W darf die so befreiten Einkünfte bei der Ermittlung der auf die übrigen Einkünfte entfallenden Steuer nicht einbeziehen. Diese Methode wird als „uneingeschränkte Befreiung" bezeichnet.

b) Die Einkünfte, die im Staat B oder Q besteuert werden können, werden im Staat W zwar nicht besteuert, jedoch behält der Staat W das Recht, diese Einkünfte bei der Ermittlung der auf die übrigen Einkünfte entfallenden Steuer einzubeziehen. Diese Methode wird als „Befreiung mit Progression" bezeichnet.

2. Anrechnungsmethode

*15. **[Kennzeichnung]** Hiernach berechnet der Wohnsitzstaat W seine Steuer nach dem Gesamteinkommen des Steuerpflichtigen einschließlich der aus dem anderen Staat B oder Q stammenden Einkünfte, die nach dem Abkommen im anderen Staat besteuert werden können (wobei jedoch die Einkünfte nicht einbezogen werden, die nur im Staat Q besteuert werden können; vgl. Ziffer 6). Der Wohnsitzstaat lässt dann von seiner eigenen Steuer die im anderen Staat gezahlte Steuer abziehen.*

*16. **[Uneingeschränkte und gewöhnliche Anrechnung]** Die Anrechnungsmethode kann grundsätzlich auf zwei Arten angewendet werden:*

a) Staat W lässt den Gesamtbetrag der Steuer abziehen, die im anderen Staat auf die Einkünfte gezahlt worden ist, welche dort besteuert werden können. Diese Methode wird als „uneingeschränkte Anrechnung" bezeichnet.

b) Der vom Staat W gewährte Abzug für die im anderen Staat gezahlte Steuer wird auf den Teil seiner eigenen Steuer beschränkt, der auf solche Einkünfte entfällt, die im anderen Staat besteuert werden können. Diese Methode wird als „gewöhnliche Anrechnung" bezeichnet.

17. [Unterschied] *Der wesentliche Unterschied zwischen den Methoden besteht darin, dass die Befreiungsmethoden auf das Einkommen, die Anrechnungsmethoden aber auf die Steuer abstellen.*

C. Auswirkungen der Methoden

18. *Die Auswirkungen der verschiedenen Methoden lassen sich am besten an Hand eines Zahlenbeispiels veranschaulichen. Von einem angenommenen Einkommen von 100.000 stammen 80.000 aus dem einen Staat (Wohnsitzstaat W) und 20.000 aus dem anderen Staat (Quellenstaat Q). Der Steuersatz im Staat W sei 35 v. H. bei einem Einkommen von 100.000 und 30 v. H. bei einem Einkommen von 80.000. Ferner sei der Steuersatz Q entweder 20 v. H. (Fall 1) oder 40 v. H. (Fall 2), so dass die dort bei einem Einkommen von 20.000 zu entrichtende Steuer im Fall 1 4.000, im Fall 2 8.000 beträgt.*

19. *Würde das Gesamteinkommen von 100.000 des Steuerpflichtigen aus Staat W stammen, so würde seine Steuerschuld 35.000 betragen. Bei einem gleich hohen Einkommen, das sich in der oben erwähnten Weise zusammensetzt, beträgt die gesamte Steuer, falls das innerstaatliche Recht des Staates W keine Entlastung vorsieht und kein Abkommen zwischen den Staaten W und Q besteht, im Fall 1 35.000 + 4.000 = 39.000, im Fall 2 35.000 + 8.000 = 43.000.*

1. Die Befreiungsmethoden

20. *Bei Anwendung der Befreiungsmethoden beschränkt Staat W seine Besteuerung auf den Teil des Gesamteinkommens, den er nach den verschiedenen Artikeln des Abkommens besteuern kann, d. h. auf 80.000.*

a) ***Uneingeschränkte Befreiung:*** *Staat W besteuert 80.000 zu dem für 80.000 vorgesehenen Satz, d. h. zu 30 v. H.*

	Fall 1	*Fall 2*
Steuer im Staat W, 30 v. H. von 80.000	*24.000*	*24.000*
Dazu Steuer im Staat Q	*4.000*	*8.000*
Gesamtsteuer	*28.000*	*32.000*
Entlastung im Staat W	*11.000*	*11.000*

b) ***Befreiung mit Progression:*** *Staat W besteuert 80.000 zu dem Satz, der für das Gesamteinkommen (100.000) ohne Rücksicht auf die Herkunft der Einkünfte gilt, d. h. zu 35 v. H.*

	Fall 1	*Fall 2*
Steuer im Staat W, 35 v. H. von 80.000	*28.000*	*28.000*
Dazu Steuer im Staat Q	*4.000*	*8.000*
Gesamtsteuer	*32.000*	*36.000*
Entlastung im Staat W	*7.000*	*7.000*

21. [Wirkung für Steuerpflichtige] *Die Höhe der Steuerbelastung im Staat Q wirkt sich weder in den Fällen a noch in den Fällen b auf den Steuerbetrag aus, auf den Staat W verzichtet. Ist die Steuer von den Einkünften aus Staat Q in diesem Staat niedriger als die vom Staat W zu gewährende Entlastung – Fälle a1, a2 und b1 –, so ist der Steuerpflichtige in einer günstigeren Lage, als wenn sein Gesamteinkommen nur aus Staat W stammte; im anderen Fall (b2) ist das Ergebnis für den Steuerpflichtigen ungünstiger.*

__22. [Wirkung auf Wohnsitzstaat]__ Das Beispiel zeigt auch, dass die im Staat W bei Anwendung der Methode der uneingeschränkten Befreiung zu gewährende Entlastung höher sein kann als die im Staat Q erhobene Steuer, wenn in diesem Staat höhere Steuersätze gelten als im Staat W. Dies ergibt sich daraus, dass bei der Methode der uneingeschränkten Befreiung nicht nur auf die Steuer des Staates W von den aus Staat Q bezogenen Einkünften verzichtet wird (35 v. H. von 20.000 = 7.000, wie bei der Befreiung mit Progression), sondern dass auch die Steuer von den übrigen Einkünften (80.000) um einen Betrag herabgesetzt wird, der dem Unterschied zwischen den für die beiden Einkommensbeträge im Staat W geltenden Sätzen entspricht (35 abzüglich 30 = 5 v. H. von 80.000 = 4.000).

2. Die Anrechnungsmethoden

__23.__ Bei den Anrechnungsmethoden bleibt Staat W zwar berechtigt, das Gesamteinkommen des Steuerpflichtigen zu besteuern, er lässt aber einen Abzug von der Steuer zu.

a) __Uneingeschränkte Anrechnung:__ Staat W berechnet die Steuer vom Gesamteinkommen (100.000) zum Satz von 35 v. H. und zieht die im Staat Q auf die Einkünfte aus diesem Staat entfallende Steuer ab.

	Fall 1	*Fall 2*
Steuer im Staat W, 35 v. H. von 100.000	*35.000*	*35.000*
Abzüglich Steuer im Staat Q	*– 4.000*	*– 8.000*
Steuerschuld	*31.000*	*27.000*
Gesamtsteuer	*35.000*	*35.000*
Entlastung im Staat W	*4.000*	*8.000*

b) __Gewöhnliche Anrechnung:__ Staat W berechnet die Steuer vom Gesamteinkommen (100.000) zum Satz von 35 v. H. und zieht die im Staat Q auf die Einkünfte aus diesem Staat entfallende Steuer ab; der Abzug übersteigt aber keinesfalls den Teil der Steuer des Staates W, der auf die Einkünfte aus dem Staat Q entfällt (Höchstbetrag der Anrechnung). Der Höchstbetrag der Anrechnung beläuft sich auf 35 v. H. von 20.000 = 7.000.

	Fall 1	*Fall 2*
Steuer im Staat W, 35 v. H. von 100.000	*35.000*	*35.000*
Abzüglich Steuer im Staat Q	*– 4.000*	
Abzüglich Höchstbetrag der Anrechnung		*– 7.000*
Steuerschuld	*31.000*	*28.000*
Gesamtsteuer	*35.000*	*36.000*
Entlastung im Staat W	*4.000*	*7.000*

__24. [Unterschied zur Befreiungsmethode]__ Ein wesentliches Merkmal der Anrechnungsmethoden im Vergleich zu den Befreiungsmethoden besteht darin, dass Staat W niemals mehr anzurechnen hat als die im Staat Q geschuldete Steuer.

__25. [Steuer im Quellenstaat niedriger]__ Ist die Steuer im Staat Q niedriger als die Steuer im Staat W, die auf die Einkünfte aus dem Staat Q entfällt (Höchstbetrag der Anrechnung), so hat der Steuerpflichtige stets insgesamt den Steuerbetrag zu zahlen, der geschuldet wäre, wenn er nur im Staat W besteuert würde, d. h., als stammte sein Gesamteinkommen nur aus dem Staat W.

__26. [Steuer im Quellenstaat höher]__ Dasselbe ergibt sich, wenn die im Staat Q geschuldete Steuer höher ist und Staat W die Methode der uneingeschränkten Anrechnung anwendet, zumindest solange der Gesamtbetrag der im Staat W geschuldeten Steuer gleich hoch ist wie der im Staat Q geschuldete Steuerbetrag oder diesen übersteigt.

__27.__ Ist die Steuer im Staat Q höher, und ist die Anrechnung begrenzt (gewöhnliche Anrechnung), so wird dem Steuerpflichtigen die im Staat Q gezahlte Steuer nicht in voller Höhe angerechnet. In diesem Fall ist das Ergebnis für den Steuerpflichtigen weniger günstig, *als wenn sein gesamtes Einkommen aus Staat W stammte; die Methode der gewöhnlichen Anrechnung führt dann zu dem gleichen Ergebnis wie die Methode der Befreiung mit Progression.*

Tabelle I: Gesamtbetrag der Steuern in den vorstehend dargestellten Fällen

A. Das gesamte Einkommen stammt aus Staat W	*Gesamtsteuer = 35.000*	
B. Einkünfte stammen aus zwei Staaten, nämlich 80.000 aus Staat W und 20.000 aus Staat Q	*Gesamtsteuer bei einer Steuer im Staat Q von*	
	4.000 (Fall 1)	*8.000 (Fall 2)*
*Kein Abkommen (19)**	*39.000*	*43.000*
Uneingeschränkte Befreiung (20a)	*28.000*	*32.000*
Befreiung mit Progression (20b)	*32.000*	*36.000*
Uneingeschränkte Anrechnung (23 A)	*35.000*	*35.000*
Gewöhnliche Anrechnung (23 B)	*35.000*	*36.000*

Tabelle II: Entlastung durch den Wohnsitzstaat

	Bei einer Steuer im Staat Q von	
	4.000 (Fall 1)	*8.000 (Fall 2)*
Kein Abkommen	*0*	*0*
*Uneingeschränkte Befreiung (20a)**	*11.000*	*11.000*
Befreiung mit Progression (20b)	*7.000*	*7.000*
Uneingeschränkte Anrechnung (23 A)	*4.000*	*8.000*
Gewöhnliche Anrechnung (23 B)	*4.000*	*7.000*

* *Die Zahlen in den Klammern beziehen sich auf die Ziffern des Kommentars.*

D. Die durch die Artikel vorgeschlagenen Methoden

28. [Wahlmöglichkeit] *In den zwischen den Mitgliedsstaaten der OECD geschlossenen Abkommen finden sich beide Methoden. Einige Staaten ziehen die erste, andere die zweite Methode vor. Theoretisch könnte eine einzige Methode für zweckmäßiger gehalten werden, doch wurde wegen der unterschiedlichen Auffassungen jedem Staat die Wahl freigestellt.*

29. [Zahl der Abweichungen ist begrenzt] *Andererseits erschien es wichtig, innerhalb jeder Methode die Zahl der zulässigen Möglichkeiten zu begrenzen. Deshalb sind die Artikel so abgefasst, dass den Mitgliedsstaaten die Wahl zwischen zwei Methoden freigestellt ist:*

– *der Methode der Befreiung mit Progression (Artikel 23 A) und*
– *der Methode der gewöhnlichen Anrechnung (Artikel 23 B).*

30. [Verwendung einer einzigen Methode] *Übernehmen beide Vertragsstaaten dieselbe Methode, so genügt es, den entsprechenden Artikel in das Abkommen aufzunehmen. Wählen die beiden Vertragsstaaten jedoch unterschiedliche Methoden, so können die beiden Artikel zu einem Einzigen zusammengefasst werden, wobei die Bezeichnung des jeweiligen Staates in den Teil des Artikels einzusetzen ist, der der von ihm gewählten Methode entspricht.*

31. [Kombination der Methoden] *Die Vertragsstaaten können auch beide Methoden kombinieren. Dies ist für einen Vertragsstaat W, der im Allgemeinen die Befreiungsmethode* *anwendet, für die Einkünfte erforderlich, die nach den Artikeln 10 und 11 im Vertragsstaat Q einer begrenzten Steuer unterworfen werden können. Artikel 23 A sieht dazu in Absatz 2 eine Anrechnung der begrenzten Steuer vor, die im Vertragsstaat Q erhoben worden ist. (Anpassungen der Absätze 1 und 2 des Artikels 23A können jedoch bei Ausschüttungen von Real Estate Investment Trusts (REITs) erforderlich werden, wenn die Vertragsstaaten Bestimmungen, die den in den Ziffern 67.1 bis 67.7 des Kommentars zu Artikel 10 vorgeschlagenen ähnlich sind, vereinbart haben). Ferner können Staaten, die sich im Allgemeinen der Befreiungsmethode bedienen, Wert darauf legen, bestimmte Einkünfte von der Befreiung auszunehmen und auf diese Einkünfte die Anrechnungsmethode anzuwenden. In einem solchen Fall lässt sich Artikel 23 A Absatz 2 durch einen Hinweis auf die betreffenden Einkünfte ergänzen.*

31.1 [Einschränkung der Freistellungsmethode bei steuerlicher Vorzugsbehandlung] *Ein Beispiel, in dem Absatz 2 in dieser Weise abgeändert wird, ist dasjenige, in dem ein Staat, der allgemein die Freistellungsmethode anwendet, der Auffassung ist, dass diese Methode nicht auf Einkünfte angewendet werden sollte, die auf Grund einer Steuermaßnahme, die nach der Unterzeichnung des Abkommens eingeführt worden ist, im anderen Vertragsstaat in den Genuss einer steuerlichen Vorzugsbehandlung kommen. Um diese Einkünfte einzuschließen, könnte Absatz 2 wie folgt geändert werden:*

„(2) Bezieht eine in einem Vertragsstaat ansässige Person Einkünfte, die

a) nach den Artikeln 10 und 11 im anderen Vertragsstaat besteuert werden können, oder

b) nach diesem Abkommen im anderen Vertragsstaat besteuert werden können, aber in diesem anderen Staat in den Genuss einer steuerlichen Vorzugsbehandlung kommen auf Grund einer Steuermaßnahme,

i) die in dem anderen Vertragsstaat nach der Unterzeichnung des Abkommens eingeführt worden ist und

ii) in Bezug auf die der erstgenannte Staat den zuständigen Behörden des anderen Vertragsstaats vor der Erzielung dieser Einkünfte und nach Beratung mit dem anderen Vertragsstaat notifiziert hat, dass dieser Absatz Anwendung finden soll,

so rechnet der erstgenannte Staat auf die vom Einkommen dieser Person zu erhebende Steuer den Betrag an, der der im anderen Staat gezahlten Steuer entspricht. Der anzurechnende Betrag darf jedoch den Teil der vor der Anrechnung ermittelten Steuer nicht übersteigen, der auf die aus dem anderen Staat bezogenen Einkünfte entfällt."

32. [Berechnung des Befreiungs- oder Anrechnungsbetrages bleibt dem innerstaatlichen Recht vorbehalten] *Die beiden Artikel sind allgemein gehalten; sie enthalten keine ins Einzelne gehende Regeln über die Berechnung des Befreiungs- oder Anrechnungsbetrags; dies bleibt dem entsprechenden innerstaatlichen Recht und der innerstaatlichen Praxis überlassen. Vertragsstaaten, die es für erforderlich halten, besondere Fragen im Abkommen selbst zu regeln, können dies bei ihren zweiseitigen Verhandlungen tun.*

E. Qualifikationskonflikte

32.1 [Ausgangslage] *Die Artikel 23 A und 23 B fordern, dass Entlastung, je nachdem, entweder durch die Freistellungs- oder durch die Anrechnungsmethode, gewährt wird, wenn eine Einkunftsart oder ein Vermögenswert nach dem Abkommen durch den Quellenstaat besteuert werden dürfen. Daher muss der Ansässigkeitsstaat auf eine Einkunftsart oder einen Vermögenswert die Freistellungs- oder Anrechnungsmethode anwenden, wenn das Abkommen dem Quellenstaat erlaubt, diese Einkünfte oder dieses Vermögen zu besteuern.*

32.2 [Bedeutung der Auslegung bei unterschiedlicher Qualifizierung] *Die Auslegung der Worte „nach diesem Abkommen besteuert werden können", die in beiden Artikeln verwendet werden, ist besonders wichtig in Fällen, in denen der Ansässigkeitsstaat und der Quellenstaat dieselbe Einkunftsart oder denselben Vermögenswert für die Zwecke des Abkommens unterschiedlich qualifizieren.*

32.3 [Unterschiedliches innerstaatliches Recht] *In dieser Hinsicht müssen verschiedene Fallgestaltungen in Betracht gezogen werden. Wenn aufgrund von Unterschieden im innerstaatlichen Recht zwischen dem Quellenstaat und dem Ansässigkeitsstaat der erstere in Bezug auf bestimmte Einkünfte oder einen bestimmten Vermögenswert andere Abkommensbestimmungen anwendet als die, die der Ansässigkeitsstaat auf dieselbe Einkunftsart oder denselben Vermögenswert angewendet hätte, werden die Einkünfte noch nach dem Abkommen, so wie es vom Quellenstaat ausgelegt und angewendet wird, besteuert. In diesem Fall erfordern die beiden Artikel daher, dass der Ansässigkeitsstaat ungeachtet des Qualifikationskonflikts, der sich aus den Unterschieden des innerstaatlichen Rechts ergibt, die Doppelbesteuerung vermeidet.*

32.4 [Beispiel einer doppelten Besteuerung] *Dieser Punkt mag durch das folgende Beispiel erläutert werden. Eine Geschäftstätigkeit wird im Staat B durch eine Betriebstätte von einer dort errichteten Personengesellschaft ausgeübt. Ein Gesellschafter, der im Staat W ansässig ist, veräußert seinen Anteil an der Personengesellschaft. Staat B behandelt die Personengesellschaft als steuerlich transparent, während Staat W sie als Steuersubjekt ansieht. Staat B hält daher dafür, dass die Veräußerung des Anteils an der Personengesellschaft die Veräußerung der zugrunde liegenden Vermögenswerte des von der Personengesellschaft betriebenen Geschäfts durch den Gesellschafter darstellt und nach den Absätzen 1 oder 2 des Artikels 13 in diesem Staat besteuert werden kann. Da Staat W die Personengesellschaft als Steuersubjekt behandelt, ist er der Auffassung, dass die Veräußerung des Anteils an der Personengesellschaft der Veräußerung eines Anteils an einer Kapitalgesellschaft entspricht, die aufgrund des Absatzes 5 des Artikels 13 durch Staat B nicht besteuert werden darf. In einem solchen Fall ergibt sich der Qualifikationskonflikt ausschließlich aus der unterschiedlichen Behandlung von Personengesellschaften nach dem innerstaatlichen Recht der beiden Staaten, und Staat B muss von Staat W so angesehen werden, als ob er den Veräußerungsgewinn für Zwecke der Anwendung der Artikel 23 A oder 23 B „nach dem Abkommen" besteuert hätte. Staat W muss daher Freistellung nach Artikel 23 A oder Steueranrechnung nach Artikel 23 B gewähren ungeachtet der Tatsache, dass er nach seinem innerstaatlichen Recht den Veräußerungsgewinn als Einkünfte aus der Veräußerung von Anteilen an einer Körperschaft behandelt und dass er keine Entlastung nach Artikel 23 A oder 23 B gewähren müsste, wenn die Einkünftequalifikation des Staates B mit seiner übereinstimmte. In diesem Fall kommt es daher nicht zu einer Doppelbesteuerung.*

32.5 [Unterschiedliche Beurteilung von Tatsachen und unterschiedliche Auslegung des Abkommens] *Artikel 23 A und Artikel 23 B verlangen aber nicht, dass der Ansässigkeitsstaat die Doppelbesteuerung in allen Fällen vermeidet, in denen der Quellenstaat seine Steuer erhoben hat, indem er auf bestimmte Einkünfte eine andere Abkommensbestimmung anwendet, als der Ansässigkeitsstaat für anwendbar hält. Wenn Staat B z. B. in dem obigen Beispiel für Zwecke der Anwendung des Absatzes 2 des Artikels 13 der Auffassung ist, dass die Personengesellschaft ihre Geschäftstätigkeit durch eine feste Geschäftseinrichtung ausübt, während Staat W Absatz 5 anwendet, weil die Personengesellschaft keine feste Geschäftseinrichtung in Staat B habe, besteht in Wirklichkeit eine Meinungsverschiedenheit darüber, ob Staat B die Einkünfte nach dem Abkommen besteuert hat. Dasselbe kann gesagt werden, wenn Staat B bei der Anwendung des Absatzes 2 des Artikels 13 die Worte „Betriebsvermögen einer Betriebstätte" so auslegt, dass bestimmte Wirtschaftsgüter dazu gehören, die nach der Auslegung des Staates W nicht dazu gehören. Solche Konflikte, die sich durch unterschiedliche Beurteilung der Tatsachen oder durch unterschiedliche Auslegung der Abkommensbestimmungen ergeben, müssen von den oben beschriebenen Qualifikationskonflikten unterschieden werden, bei denen die Abweichung nicht auf unterschiedlichen Auslegungen der Abkommensbestimmungen, sondern auf unterschiedlichen Bestimmungen des innerstaatlichen Rechts beruht. Im ersteren Fall kann Staat W geltend machen, Staat B habe seine Steuer nicht nach dem Abkommen erhoben, wenn er seine Steuer aufgrund einer nach Auffassung des Staates W falschen Beurteilung der Tatsachen oder falschen Auslegung des Ab-*

kommens erhoben hat. Die Staaten sollten Artikel 25 (Verständigungsverfahren), vor allem dessen Absatz 3, nutzen, um diese Art von Konflikt zu lösen, falls sich ansonsten eine ungemilderte Doppelbesteuerung ergeben würde.

32.6 [Einschränkung der Freistellung] *Die Worte „nach diesem Abkommen besteuert werden" müssen auch in Bezug auf mögliche Fälle einer doppelten Nichtbesteuerung ausgelegt werden, die sich nach Artikel 23A ergeben können. Wenn der Quellenstaat der Ansicht ist, dass ihn die Abkommensbestimmungen daran hindern, bestimmte Einkünfte oder Vermögenswerte zu besteuern, wozu er sonst berechtigt wäre, sollte es der Ansässigkeitsstaat für Zwecke der Anwendung des Absatzes 1 des Artikels 23A so ansehen, dass die Einkünfte vom Quellenstaat nicht nach dem Abkommen besteuert werden dürfen, selbst wenn der Ansässigkeitsstaat das Abkommen so angewendet hätte, dass er berechtigt wäre, die Einkünfte zu besteuern, wenn er in der Lage des Quellenstaates gewesen wäre. Deshalb ist der Ansässigkeitsstaat nach Absatz 1 nicht gehalten, die Einkünfte freizustellen, ein Ergebnis, das mit der Grundfunktion des Artikels 23, die Doppelbesteuerung zu vermeiden, in Einklang steht.*

32.7 [Beispiel einer doppelten Freistellung] *Diese Fallgestaltung mag unter Bezugnahme auf eine Abwandlung des oben beschriebenen Beispiels beleuchtet werden. Im Staat B wird von einer dort errichteten Personengesellschaft eine Geschäftstätigkeit durch eine feste Geschäftseinrichtung ausgeübt. Ein Gesellschafter, der im Staat W ansässig ist, veräußert seinen Anteil an der Personengesellschaft. In Abänderung des Sachverhalts wird nunmehr angenommen, dass Staat B die Personengesellschaft als Steuersubjekt behandelt, während Staat W sie als steuerlich transparent behandelt. Ferner wird angenommen, dass Staat W die Freistellungsmethode anwendet. Da Staat B die Personengesellschaft als Steuersubjekt behandelt, sieht er die Veräußerung des Anteils an der Personengesellschaft wie eine Veräußerung eines Anteils an einer Kapitalgesellschaft an, die er aufgrund des Absatzes 5 des Artikels 13 nicht besteuern kann. Staat W ist andererseits der Ansicht, dass die Veräußerung des Anteils an der Personengesellschaft von Staat B als Veräußerung der zugrunde liegenden Wirtschaftsgüter des von der Personengesellschaft betriebenen Geschäfts hätte besteuert werden sollen, auf die die Absätze 1 oder 2 des Artikels 13 anwendbar gewesen wären. Bei der Entscheidung, ob er verpflichtet ist, die Einkünfte nach Absatz 1 des Artikels 23A freizustellen, sollte Staat W es gleichwohl so ansehen, als dürfe Staat B angesichts der Art und Weise, wie die Abkommensbestimmungen in Verbindung mit dem innerstaatlichen Recht dieses Staates angewendet werden, die Einkünfte nach dem Abkommen nicht besteuern.*

F. Zeitliche Inkongruenz

32.8 [Unterschiedlicher Zeitpunkt der Besteuerung] *Die Bestimmungen des Abkommens, die dem Quellenstaat für bestimmte Einkünfte und Vermögenswerte ein Besteuerungsrecht einräumen, enthalten keinerlei Beschränkungen hinsichtlich des Zeitpunktes der Erhebung dieser Steuer (s. z. B. Ziffer 2.2 des Kommentars zu Artikel 15). Da sowohl Artikel 23A als auch Artikel 23B verlangen, dass Entlastung zu gewähren ist, wenn Einkünfte oder Vermögenswerte von dem Quellenstaat nach dem Abkommen besteuert werden können, muss diese Entlastung folgerichtig unabhängig davon gewährt werden, wann die Steuer von dem Quellenstaat erhoben wird. Der Ansässigkeitsstaat muss daher die Doppelbesteuerung durch die Anrechnungs- oder Freistellungsmethode in Bezug auf diese Einkünfte und Vermögenswerte auch dann vermeiden, wenn der Quellenstaat sie in einem früheren oder späteren Jahr besteuert. Allerdings folgen einige Staaten in ihren zweiseitigen Abkommen nicht dem Wortlaut der Artikel 23A oder 23B und verweisen zur Vermeidung der Doppelbesteuerung nach den Doppelbesteuerungsabkommen auf ihre entsprechenden innerstaatlichen Regelungen. Von diesen Ländern wird jedoch erwartet, dass sie andere Wege (z. B. das Verständigungsverfahren) zur Vermeidung der Doppelbesteuerung suchen, die sich andernfalls in Fällen, in denen der Quellenstaat die Steuer in einem anderen Steuerjahr erhebt, ergäbe.*

II. Kommentar zu den Bestimmungen des Artikels 23 A (Befreiungsmethode)

Absatz 1

A. Verpflichtung des Wohnsitzstaates, Befreiung zu gewähren

__33. [Befreiung im Ansässigkeitsstaat]__ Der Artikel sieht vor, dass der Wohnsitzstaat W Einkünfte und Vermögen, die nach dem Abkommen im anderen Staat B oder Q „besteuert werden können", von der Steuer zu befreien hat.

__34. [Befreiung ohne Rücksicht auf die Besteuerung im anderen Vertragsstaat]__ Der Wohnsitzstaat muss also Einkünfte und Vermögenswerte, die nach diesem Abkommen im anderen Vertragsstaat besteuert werden können, ohne Rücksicht darauf befreien, ob das Besteuerungsrecht vom anderen Staat auch tatsächlich ausgeübt wird. Dies dürfte die zweckmäßigste Methode sein, da sie dem Wohnsitzstaat Untersuchungen über die tatsächlichen steuerlichen Verhältnisse im anderen Staat erspart.

__34.1 [Voraussetzung für die Befreiung]__ Die dem Ansässigkeitsstaat auferlegte Verpflichtung, bestimmte Einkünfte oder Vermögenswerte freizustellen, hängt davon ab, ob diese in dem Quellenstaat nach dem Abkommen besteuert werden dürfen. In den Ziffern 32.1 bis 32.7 wird erörtert, wie diese Voraussetzung ausgelegt werden sollte. Wenn die Voraussetzung erfüllt ist, kann die Verpflichtung vorbehaltlich der Ausnahmen in den Absätzen 2 und 4 als absolut angesehen werden. Absatz 2 behandelt den bereits in Ziffer 31 erwähnten Fall von Einkünften, die im Quellenstaat nur einer begrenzten Besteuerung unterworfen werden dürfen. Für solche Einkünfte sieht Absatz 4 (vgl. OECD-Com. 2005) die Anrechnungsmethode vor (siehe Ziffern 56.1 bis 56.3).

__35. [Ausnahmen von der unbedingten Verpflichtung zur Steuerbefreiung]__ Um eine doppelte Nichtbesteuerung zu vermeiden, können es die verhandelnden Staaten manchmal für angebracht halten, für besondere Fälle, in denen weder Absatz 2 noch Absatz 4 Anwendung finden würde, eine Ausnahme von der unbedingten Verpflichtung zur Steuerbefreiung durch den Wohnsitzstaat vorzusehen. Dies kann der Fall sein, wenn das innerstaatliche Recht des Quellenstaates eine Besteuerung bestimmter Einkünfte oder Vermögenswerte nicht vorsieht oder die Steuer auf Grund besonderer Umstände wie etwa wegen eines zu berücksichtigenden Verlustes, eines Versehens oder des Ablaufs der Verjährungsfrist nicht erhoben wird. Um eine solche Nichtbesteuerung bestimmter Einkünfte zu vermeiden, könnten die Vertragsstaaten vereinbaren, den entsprechenden Artikel zu ändern (vgl. Artikel 15 Ziffer 9 MA-Komm. und Artikel 17 Ziffer 12 MA-Komm.; für den umgekehrten Fall, in dem die Entlastung im Quellenstaat von der tatsächlichen Besteuerung im Wohnsitzstaat abhängt, vgl. Artikel 10 Ziffer 20 MA-Komm., Artikel 11 Ziffer 10 MA-Komm., Artikel 12 Ziffer 6 MA-Komm., Artikel 13 Ziffer 21 MA-Komm. und Artikel 21 Ziffer 3 MA-Komm. Eine Ausnahme von der allgemeinen Regel könnte zur Erreichung eines gewissen Grades von Gegenseitigkeit auch dann zugelassen werden, wenn einer der Staaten die Befreiungsmethode und der andere die Anrechnungsmethode verwendet. Schließlich kann auch noch dann von der allgemeinen Regel abgewichen werden, wenn ein Staat für bestimmte Einkünfte die Anrechnungsmethode statt der Befreiungsmethode verwenden möchte (vgl. Ziffer 31).

__36.__ [gestrichen]

B. Alternativfassung des Artikels

__37. [Alternative: Abzug von der Bemessungsgrundlage]__ Eine Auswirkung der Befreiungsmethode, wie sie im Artikel geregelt ist, besteht darin, dass das sonst im Wohnsitzstaat der Steuer unterliegende Einkommen oder Vermögen um den Betrag vermindert *wird, den der Wohnsitzstaat von der Steuer zu befreien hat. Ist der so ermittelte Betrag des Einkommens in einem bestimmten Staat auch für andere Zwecke maßgebend, z.B. für die Berechnung von Sozialleistungen, so kann die Befreiungsmethode in der vorgeschlagenen Form dazu führen, dass diese Leistungen Personen zugute kommen, für die sie nicht bestimmt sind. Um dies zu vermeiden, kann der Artikel dahingehend geändert werden, dass die betreffenden Einkünfte in das im Wohnsitzstaat steuerpflichtige Einkommen einbezogen werden. Der Wohnsitzstaat muss dann auf den Teil der Gesamtsteuer verzichten, der auf die betreffenden Einkünfte entfällt. Dieses Verfahren würde zu demselben Ergebnis führen wie die in dem Artikel vorgeschlagene Methode. Die Staaten können den Artikel in diesem Sinne ändern. Wünscht dies ein Staat, so kann Absatz 1 die folgende Fassung erhalten:*

„Bezieht eine in einem Vertragsstaat ansässige Person Einkünfte oder hat sie Vermögen und können diese Einkünfte oder dieses Vermögen nach diesem Abkommen in dem anderen Vertragsstaat oder nur dort besteuert werden, so ermäßigt der erstgenannte Staat, vorbehaltlich des Absatzes 2, die Steuer vom Einkommen oder vom Vermögen um den Betrag dieser Steuer, der auf die aus dem anderen Staat bezogenen Einkünfte oder das dort befindliche Vermögen entfällt."
Durch diese Fassung wird Absatz 3 entbehrlich.

C. Verschiedene Probleme

38. [Durchführung der Befreiung] *Artikel 23 A enthält zwar den Grundsatz, dass der Wohnsitzstaat Befreiung zu gewähren hat; er enthält jedoch keine Einzelheit der Durchführung. Dies entspricht dem Wesen des Musterabkommens. Auch die Artikel 6 bis 22 enthalten Grundsätze, nach denen das Besteuerungsrecht für die verschiedenen Einkunftsarten und Vermögenswerte zugeteilt wird, ohne sich in der Regel mit der Ermittlung des steuerpflichtigen Einkommens oder Vermögens, mit den Abzügen, Steuersätzen u. ä. zu befassen (vgl. jedoch* **[bis 21.7.2010:** *Artikel 7 Absatz 3 und***]** *Artikel 24). Erfahrungsgemäß können sich zahlreiche Probleme ergeben. Dies gilt insbesondere für Artikel 23 A. Einige dieser Probleme werden nachstehend behandelt. Enthält das Abkommen keine besondere Bestimmung, so sind die jeweiligen innerstaatlichen Rechtsvorschriften der Vertragsstaaten anzuwenden. Einige Abkommen weisen ausdrücklich auf das innerstaatliche Recht hin, aber dies kommt selbstverständlich nicht in Betracht, wenn das innerstaatliche Recht die Befreiungsmethode nicht vorsieht. In diesen Fällen sollten die Vertragsstaaten, die sich diesem Problem gegenübersehen, Regelungen für die Anwendung des Artikels 23 A treffen, erforderlichenfalls nach Abstimmung mit der zuständigen Behörde des anderen Vertragsstaates (Artikel 25 Absatz 3).*

1. Freizustellender Betrag

39. [Ermittlung der Einkünfte] *Der Wohnsitzstaat hat die Einkünfte mit dem Betrag freizustellen, mit dem sie ohne das Abkommen nach den innerstaatlichen Vorschriften seiner Einkommensteuer unterliegen würden. Der Betrag kann daher von dem Einkommensbetrag abweichen, der im Quellenstaat nach dessen innerstaatlichem Recht besteuert wird.*

40. [Bemessungsgrundlage grundsätzlich Nettoeinkommen] *In der Regel bildet das gesamte Reineinkommen, d.h. das Roheinkommen nach Berücksichtigung der zulässigen Abzüge, die Bemessungsgrundlage der Einkommensteuer. Freizustellen ist also das aus dem Quellenstaat bezogene Roheinkommen abzüglich aller darauf entfallenden (im Einzelnen oder anteilig zu ermittelnden) Abzüge.*

41. [Zusätzliche Abzüge] *Probleme ergeben sich daraus, dass die meisten Staaten in ihrem Steuerrecht zusätzliche Abzüge vom Gesamteinkommen oder bestimmten Einkünften zur Ermittlung des zu versteuernden Einkommens vorsehen. Ein Zahlenbeispiel soll das Problem veranschaulichen:*

a) Inländische Einkünfte (Roheinkünfte abzüglich absetzbarer Ausgaben)	*100*
b) Einkünfte aus dem anderen Staat (Roheinkünfte abzüglich absetzbarer Ausgaben)	*100*
c) Gesamteinkommen	*200*
d) Abzüge für andere Ausgaben, die nach dem Recht des Wohnsitzstaates zugelassen sind und die nicht mit Einkünften im Sinne von a oder b in Zusammenhang stehen, wie z. B. Versicherungsprämien, Zuwendungen an wohltätige Einrichtungen	*– 20*
e) Reineinkommen	*180*
f) Persönliche Freibeträge und Freibeträge für den Familienstand	*– 30*
g) Zu versteuerndes Einkommen	*150*

Zu prüfen ist, welcher Betrag von der Steuer freizustellen ist, wie z. B.

- *100 (Zeile b), wodurch ein zu versteuernder Betrag von 50 verbleibt;*
- *90 (Hälfte des Betrags von Zeile e entsprechend dem Verhältnis zwischen den Beträgen der Zeilen b und c), wodurch 60 verbleiben (der Betrag von Zeile f wird in voller Höhe von den inländischen Einkünften abgezogen);*
- *75 (Hälfte des Betrags von Zeile g, entsprechend dem Verhältnis zwischen den Beträgen der Zeilen b und c), wodurch 75 verbleiben;*
- *oder ein anderer Betrag.*

42. [Persönliche Freibeträge] *Ein Vergleich der Rechtsvorschriften und der Praxis der Mitgliedsstaaten der OECD zeigt, dass zwischen den Staaten beträchtliche Unterschiede hinsichtlich des freizustellenden Betrags bestehen. Zu welcher Lösung ein Staat kommt, hängt von grundsätzlichen Erwägungen und vom Steuersystem des betreffenden Staates ab. Ein Staat kann z. B. dem Grundsatz folgen, dass die in seinem Gebiet ansässigen Personen stets in den uneingeschränkten Genuss der persönlichen Freibeträge, der Freibeträge für den Familienstand und anderer Abzüge gelangen. Andere Staaten teilen diese steuerfreien Beträge proportional auf. Die persönlichen Freibeträge und die Freibeträge für den Familienstand sind in vielen Staaten Teil des progressiven Tarifs, sie werden vom Steuerbetrag abgezogen oder es gibt sie überhaupt nicht, weil der Familienstand durch Anwendung unterschiedlicher Tarife berücksichtigt wird.*

43. [Keine einheitliche Lösung] *Wegen der Vielgestaltigkeit der steuerlichen Zielsetzungen und Verfahren in den verschiedenen Staaten bei der Ermittlung der Steuer, insbesondere der Abzüge, Freibeträge und ähnlicher Vergünstigungen, wurde es vorgezogen, im Musterabkommen keine ausdrückliche und einheitliche Lösung vorzusehen, sondern jedem Staat die Anwendung seiner Rechtsvorschriften und Verfahrensregelungen zu überlassen. Vertragsstaaten, die besondere Probleme in ihren Abkommen regeln wollen, können dies selbstverständlich bei den zweiseitigen Verhandlungen tun. Schließlich sei noch darauf hingewiesen, dass das Problem auch für die Staaten, die die Anrechnungsmethode verwenden, von Bedeutung ist (vgl. Ziffer 62).*

2. Behandlung von Verlusten

44. *Bei Anwendung des Artikels 23 A behandeln einige Staaten die in einem anderen Staat entstandenen Verluste ebenso wie die aus diesem Staat stammenden Einkünfte: Als Wohnsitzstaat W lassen sie Verluste, die bei dem im anderen Staat (B oder Q) gelegenem unbeweglichen Vermögen oder bei einer dort gelegenen Betriebstätte entstanden sind, nicht zum Abzug zu. Ist im anderen Staat ein Verlustvortrag zulässig, so erleidet der Steuerpflichtige keinen Nachteil, da er lediglich daran gehindert wird, denselben Verlust zweimal, nämlich im Staat B (oder Q) und im Staat W, abzuziehen. Einige andere Staaten lassen es, wenn sie Wohnsitzstaat W sind, zu, dass ein im Staat B (oder Q) entstandener Verlust das von ihnen zu veranlagende Einkommen mindert. In diesem Fall sollte Staat W berechtigt sein, die Befreiung, die er nach Artikel 23 A Absatz 1 für die im anderen Staat B (oder Q) später erzielten Gewinne oder Einkünfte gewährt, zu mindern, indem er von diesen späteren*

Gewinnen oder Einkünften die früheren Verluste abzieht, die für den Steuerpflichtigen im Staat B (oder Q) vortragsfähig sind. Da die Lösung in erster Linie vom innerstaatlichen Recht der Vertragsstaaten abhängt, und da die Rechtsvorschriften der Mitgliedsstaaten der OECD voneinander wesentlich abweichen, kann für den Artikel selbst keine Lösung vorgeschlagen werden; es bleibt vielmehr den Vertragsstaaten überlassen, erforderlichenfalls die vorstehende Frage und sonstige Probleme im Zusammenhang mit Verlusten (vgl. Ziffer 62 bezüglich der Anrechnungsmethode) zweiseitig zu klären, und zwar entweder im Artikel selbst oder durch ein Verständigungsverfahren (Artikel 25 Absatz 3).

3. Besteuerung des verbleibenden Einkommens

45. [Insbesondere: Steuerfreigrenzen] *Außer bei der Anwendung eines progressiven Steuersatzes, die nunmehr in Absatz 3 des Artikels behandelt ist (vgl. Ziffern 55 und 56), können sich auch aus bestimmten steuerrechtlichen Vorschriften Probleme ergeben. So sieht das Steuerrecht einiger Staaten z. B. vor, dass die Besteuerung erst ab einem bestimmten Mindestbetrag des steuerpflichtigen Einkommens einsetzt (steuerliche Freigrenze). Das Gesamteinkommen vor Anwendung des Abkommens kann zwar die Steuerfreigrenze deutlich überschreiten, aber auf Grund der Befreiung nach dem Abkommen, die zum Abzug der steuerfreien Einkünfte vom zu versteuernden Gesamteinkommen führt, kann sich das verbleibende zu versteuernde Einkommen auf einen Betrag verringern, der unterhalb der Freigrenze liegt. Aus den in Ziffer 43 erwähnten Gründen kann keine einheitliche Lösung vorgeschlagen werden. Bemerkt sei, dass sich das Problem nicht stellt, wenn die Alternativfassung von Artikel 23 A Absatz 1 (wie sie in Ziffer 37 vorgeschlagen ist) verwendet wird.*

46. [Insbesondere: Gesellschaftseinkünfte] *Einige Staaten haben besondere Systeme zur Besteuerung von Gesellschaftseinkünften eingeführt (vgl. Ziffern 40 bis 67 des Kommentars zu Artikel 10). Für Staaten, die einen gespaltenen Körperschaftsteuertarif verwenden (Ziffer 43 des genannten Kommentars), kann sich die Frage ergeben, ob die zu befreienden Einkünfte von den nichtausgeschütteten Gewinnen (für die der allgemeine Steuersatz gilt) oder von den ausgeschütteten Gewinnen (für die der ermäßigte Satz gilt) abzuziehen sind oder ob die zu befreienden Einkünfte teilweise den ausgeschütteten und teilweise den nichtausgeschütteten Gewinnen zuzurechnen sind. Wird nach dem Recht eines Staates mit gespaltenem Körperschaftsteuertarif eine zusätzliche Steuer bei der Muttergesellschaft auf Dividenden erhoben, die diese von einer inländischen Tochtergesellschaft bezogen, aber nicht weiter ausgeschüttet hat (wobei die Zusatzsteuer als Ausgleich für den Vorteil eines niedrigeren Steuersatzes angesehen wird, der der Tochtergesellschaft für die Ausschüttungen zustand), stellt sich die Frage, ob die Zusatzsteuer auch dann erhoben werden darf, wenn die Tochtergesellschaft ihre Dividenden aus den nach dem Abkommen steuerfreien Einkünften ausschüttet. Schließlich kann sich ein ähnliches Problem im Zusammenhang mit Steuern („précompte", „Advance Corporation Tax") ergeben, die von den ausgeschütteten Gewinnen einer Gesellschaft im Hinblick auf die den Gesellschaftern zustehende Steuergutschrift erhoben wird (vgl. Ziffer 47 des Kommentars zu Artikel 10). Hier erhebt sich die Frage, ob diese mit den Gewinnausschüttungen zusammenhängenden Sondersteuern auch insoweit erhoben werden können, als die Ausschüttungen aus steuerfreien Gewinnen vorgenommen werden. Die Vertragsstaaten können diese Fragen in den zweiseitigen Verhandlungen regeln.*

Absatz 2

47. [Steuerteilung durch Anrechnung] *Nach den Artikeln 10 und 11 wird das Recht zur Besteuerung der Dividenden und Zinsen zwischen Wohnsitzstaat und Quellenstaat aufgeteilt. In diesen Fällen ist es dem Wohnsitzstaat freigestellt, nicht zu besteuern (vgl. z. B. Ziffern 72 bis 78) und die Befreiungsmethode auch auf diese Einkünfte anzuwenden. Macht aber der Wohnsitzstaat von seinem Recht auf Besteuerung dieser Einkünfte Gebrauch, so kann er zur Vermeidung der Doppelbesteuerung nicht die Befreiungsmethode verwenden, da er damit sein Recht auf Besteuerung der betreffenden Einkünfte gänzlich aufgäbe. Für den Wohnsitzstaat* *dürfte in der Regel die Anrechnungsmethode zu einer befriedigenden Lösung führen. Außerdem können, wie bereits in Ziffer 31 erwähnt, Staaten, die im Allgemeinen die Befreiungsmethode verwenden, Wert darauf legen, bei bestimmten Einkünften die Anrechnungsmethode statt der Befreiungsmethode zu verwenden. Der Absatz ist daher entsprechend den Bestimmungen über die Methode der gewöhnlichen Anrechnung abgefasst. Der Kommentar zu Artikel 23 B gilt sinngemäß auch für Artikel 23 A Absatz 2.*

48. [Alternativ uneingeschränkte Anrechnung] *In den Fällen der vorhergehenden Ziffer sind bestimmte Höchstsätze für die dem Quellenstaat vorbehaltene Steuer vorgesehen. Dabei ist der Steuersatz im Wohnsitzstaat häufig höher als im Quellenstaat. Die Begrenzung des abzugsfähigen Betrages, die im zweiten Satz des Absatzes 2 entsprechend der Methode der gewöhnlichen Anrechnung vorgesehen ist, hat daher nur für eine beschränkte Zahl von Fällen Bedeutung. Wollen aber die Vertragsstaaten in diesen Fällen auf die Begrenzung verzichten und die Methode der uneingeschränkten Anrechnung verwenden, so genügt es, den zweiten Satz des Absatzes 2 wegzulassen* **[bis 14.7.2014:** *(vgl. auch Ziffer 63)*]**.**

D. Dividenden aus wesentlichen Beteiligungen einer Gesellschaft

49. [Grundsätzlich auch bei Schachtelbeteiligung] *Die Absätze 1 und 2 des Artikels 10 bewirken im Zusammenhang mit Artikel 23 (Artikel 23 A oder 23 B), dass der Wohnsitzstaat des Gesellschafters die aus dem anderen Staat stammenden Dividenden besteuern darf, dass er aber auf seine Steuer von diesen Dividenden die Steuer anrechnen muss, die von dem Staat, aus dem die Dividenden stammen, nach dem in Artikel 10 Absatz 2 festgelegten Satz erhoben worden ist. Diese Regelung ist auch anzuwenden, wenn der Empfänger der Dividenden eine Muttergesellschaft ist, die die Dividenden von einer Tochtergesellschaft bezieht; in diesem Fall ist die im Staat der Tochtergesellschaft einbehaltene – und im Staat der Muttergesellschaft anzurechnende – Steuer auf 5 v. H. des Bruttobetrags der Dividenden gemäß Artikel 10 Absatz 2 Buchstabe a begrenzt.*

50. [Erleichterung wünschenswert] *Diese Bestimmungen vermeiden zwar die juristische Doppelbesteuerung der Dividenden, nicht aber die Mehrfachbelastung der an die Muttergesellschaft ausgeschütteten Gewinne durch Körperschaftsteuern, nämlich zunächst bei der Tochtergesellschaft und dann bei der Muttergesellschaft. Diese Mehrfachbelastung beeinträchtigt die internationale Investitionstätigkeit wesentlich. Viele Staaten haben dies anerkannt und in ihr innerstaatliches Recht Bestimmungen aufgenommen, um dieses Hindernis zu beseitigen. Darüber hinaus werden häufig entsprechende Bestimmungen in die Doppelbesteuerungsabkommen aufgenommen.*

51. *Der Fiskalausschuss hat geprüft, ob diese Frage zweckmäßigerweise durch eine Änderung des Artikels 23 des Musterabkommens geregelt werden soll. Obwohl zahlreiche Staaten die Aufnahme einer entsprechenden Bestimmung in das Musterabkommen befürworteten, ergaben sich viele Schwierigkeiten im Hinblick auf die Unterschiedlichkeit der Auffassungen und die Vielzahl der möglichen Lösungen. Einige Staaten wollten sich aus Gründen möglicher Steuerumgehungen ihre Handlungsfreiheit vorbehalten und die Frage lediglich im Rahmen ihres innerstaatlichen Rechts regeln.*

52. [Lösungsmöglichkeiten] *Schließlich erschien es zweckmäßig, den Staaten die Lösung zu überlassen. Staaten, die das Problem in ihren Abkommen regeln wollen, werden meist nach einem der nachstehenden Grundsätze verfahren:*

a) Befreiung mit Progression. Der Staat, in dem die Muttergesellschaft ansässig ist, befreit die Dividenden, die diese von der Tochtergesellschaft im anderen Staat bezieht, kann aber diese Dividenden bei der Ermittlung der Steuer berücksichtigen, die die Muttergesellschaft für das übrige Einkommen zu zahlen hat. (Diese Regelung dürfte häufig von Staaten getroffen werden, die die Befreiungsmethode des Artikels 23 A verwenden.)

b) Einbeziehung der Körperschaftsteuer in die Anrechnung. Bei den von der Tochtergesellschaft bezogenen Dividenden rechnet der Staat, in dem die Muttergesellschaft ansässig ist, gemäß Artikel 23 A Absatz 2 oder Artikel 23 B Absatz 1 nicht nur die auf die Dividenden selbst entfallende Steuer, sondern auch die von der Tochtergesellschaft für die ausgeschütteten Gewinne gezahlte Steuer an. (Diese Regelung dürfte häufig von den Staaten getroffen werden, die allgemein die Anrechnungsmethode des Artikels 23 B verwenden).

c) Gleichstellung mit der Beteiligung an einer inländischen Tochtergesellschaft. Die Dividenden, die die Muttergesellschaft von einer ausländischen Tochtergesellschaft bezieht, werden im Staat der Muttergesellschaft steuerlich ebenso behandelt wie Dividenden, die die Muttergesellschaft von einer in diesem Staat ansässigen Tochtergesellschaft bezieht.

53. [Vermögensteuer] *Erhebt der Staat der Muttergesellschaft Steuern vom Vermögen, so sollte eine entsprechende Regelung auch für diese Steuern getroffen werden.*

54. [Voraussetzungen] *Die Staaten können den Rahmen und das Verfahren für die Anwendung dieser Grundsätze festlegen (Definition und Mindestdauer der Beteiligung; Betrag, um den die Dividenden wegen der Verwaltungs- und Finanzierungskosten als vermindert gelten) oder die auf Grund dieser besonderen Regelung zu gewährende Entlastung davon abhängig machen, dass die Tochtergesellschaft in dem Staat, in dem sie ansässig ist, eine echte wirtschaftliche Tätigkeit ausübt, oder dass sie ihre Einkünfte größtenteils aus diesem Staat bezieht, oder dass sie dort mit ihrem Gewinn einer erheblichen Besteuerung unterliegt.*

Absatz 3

55. [Progressionsvorbehalt] *Das Musterabkommen von 1963 hat die Anwendung der progressiven Steuersätze ausdrücklich dem Wohnsitzstaat vorbehalten (Artikel 23 A Absatz 1 letzter Satz); die meisten zwischen den Mitgliedsstaaten der OECD abgeschlossenen Abkommen, die auf die Befreiungsmethode abstellen, sind diesem Grundsatz gefolgt. Nach Absatz 3 des Artikels 23 A behält der Wohnsitzstaat das Recht, die von der Besteuerung ausgenommenen Einkünfte oder das von der Besteuerung ausgenommene Vermögen bei der Festsetzung der Steuer für das übrige Einkommen oder Vermögen einzubeziehen. Diese Regelung gilt selbst dann, wenn die ausgenommenen Einkünfte (oder Vermögenswerte) oder das steuerpflichtige Einkommen (oder Vermögen) Personen zugerechnet werden, die (z. B. als Ehegatten) nach innerstaatlichem Recht mit ihrem Einkommen (oder Vermögen) gemeinsam besteuert werden. Dieser Progressionsvorbehalt gilt für Einkünfte oder Vermögenswerte, die nach Artikel 23 A Absatz 1 ausgenommen sind, sowie für Einkünfte oder Vermögenswerte, die nach den übrigen Abkommensbestimmungen nur im anderen Vertragsstaat besteuert werden können (vgl. Ziffer 6). Deshalb wurde der Progressionsvorbehalt im Musterabkommen von 1977 aus Artikel 23 A Absatz 1 in einen neuen Absatz dieses Artikels übernommen, und es wurde Bezug genommen auf Einkünfte oder Vermögen, die „nach dem Abkommen" in diesem Staat auszunehmen sind.*

56. [Progressionsvorbehalt für den Quellenstaat] *Artikel 23 A Absatz 3 bezieht sich nur auf den Wohnsitzstaat. Die Fassung des Artikels schließt nicht aus, dass der Quellenstaat sein innerstaatliches Recht bezüglich der Progression anwendet.*

Absatz 4

56.1 [Zweck der Vorschrift] *Der Zweck dieses Absatzes besteht darin, eine doppelte Nichtbesteuerung als Ergebnis von Uneinigkeiten zwischen dem Ansässigkeitsstaat und dem Quellenstaat über die Tatumstände eines Falles oder über die Auslegung von Abkommensbestimmungen zu vermeiden. Dieser Absatz findet Anwendung, wenn auf der einen Seite der Quellenstaat die Tatumstände eines Falles oder die Abkommensbestimmungen in einer Weise auslegt, dass bestimmte Einkünfte oder Vermögenswerte unter eine Abkommensbestimmung fallen, die sein Besteuerungsrecht ausschließt oder begrenzt, während auf der anderen Seite der Ansässigkeitsstaat eine andere Auslegung der Tatumstände oder Abkommensbestimmungen vertritt und deshalb der Ansicht ist, dass die Einkünfte oder Vermögenswerte nach dem Abkommen im Quellenstaat besteuert werden können, was ohne diesen Absatz dazu führen würde, dass der Ansässigkeitsstaat verpflichtet ist, nach Absatz 1 Freistellung zu gewähren.*

56.2 [Voraussetzungen] Der Absatz gilt nur, soweit der Quellenstaat die Abkommensbestimmungen so anwendet, dass er bestimmte Einkünfte oder Vermögenswerte freistellt, oder Absatz 2 der Artikel 10 oder 11 auf bestimmte Einkünfte anwendet. Er würde deshalb nicht gelten, wenn der Quellenstaat der Ansicht ist, er könne bestimmte Einkünfte oder Vermögenswerte nach dem Abkommen besteuern, nach dem innerstaatlichen Recht dieses Staates aber tatsächlich keine Steuer auf diese Einkünfte oder Vermögenswerte anfällt. In einem solchen Fall muss der Ansässigkeitsstaat die Einkünfte nach Absatz 1 freistellen, weil sich die Befreiung im Quellenstaat nicht aus der Anwendung der Abkommensbestimmungen ergibt, sondern aus dem innerstaatlichen Recht des Quellenstaats (s. Ziffer 34). Wenn der Quellen- und der Ansässigkeitsstaat nicht nur in Bezug auf die Qualifikation der Einkünfte, sondern auch über deren Betrag unterschiedlicher Meinung sind, gilt Absatz 4 in ähnlicher Weise nur für den Teil der Einkünfte, den der Quellenstaat in Anwendung des Abkommens von der Steuer befreit oder auf den er Absatz 2 der Artikel 10 oder 11 anwendet.

56.3 [Abgrenzung zu Qualifikationskonflikten nach innerstaatlichem Recht] *Fälle, in denen der Absatz Anwendung findet, müssen von Fällen unterschieden werden, in denen die Qualifikation der Einkünfte nach dem innerstaatlichen Recht des Quellenstaates so mit den Abkommensbestimmungen zusammenwirkt, dass dieser daran gehindert ist, die Einkünfte oder Vermögenswerte zu besteuern, und gleichzeitig die Qualifikation nach dem innerstaatlichen Recht des Ansässigkeitsstaates nicht zu diesem Ergebnis geführt hätte. In einem solchen Fall, der in den Ziffern 32.6 und 32.7 erörtert wird, legt Absatz 1 dem Ansässigkeitsstaat nicht die Verpflichtung auf, Freistellung zu gewähren, weil die Einkünfte nach dem Abkommen nicht im Quellenstaat besteuert werden dürfen. Da Absatz 1 keine Anwendung findet, ist Absatz 4 in einem solchen Fall nicht erforderlich, um das Besteuerungsrecht des Ansässigkeitsstaates sicherzustellen.*

III. Kommentar zu den Bestimmungen des Artikel 23 B (Anrechnungsmethode)

Absatz 1

A. Methoden

57. [Methode der gewöhnlichen Anrechnung] *Artikel 23 B, der auf der Anrechnungsmethode beruht, geht von der Methode der gewöhnlichen Anrechnung aus: Der Wohnsitzstaat W rechnet auf die Steuer, die er vom Einkommen oder Vermögen der in seinem Gebiet ansässigen Person erhebt, einen Betrag in Höhe der Steuer an, die im anderen Staat B (oder Q) für die aus diesem anderen Staat bezogenen Einkünfte oder das dort befindliche Vermögen gezahlt worden ist, wobei aber der Anrechnungsbetrag den entsprechenden Teil der Steuer des Wohnsitzstaats nicht übersteigen darf.*

58. [Methode der gewöhnlichen Anrechnung bei Anrechnung begrenzter Quellensteuern] *Die Methode der gewöhnlichen Anrechnung soll auch für einen Staat gelten, der zwar die Befreiungsmethode verwendet, aber nach Artikel 23 A Absatz 2 die Steuer anrechnen muss, die im anderen Staat nach begrenzten Sätzen von Dividenden und Zinsen erhoben wird (vgl. Ziffer 47). Die in den Ziffern 47 und 48 (uneingeschränkte Anrechnung) erwähnten Änderungsmöglichkeiten können selbstverständlich auch bei Dividenden und Zinsen von Bedeutung sein, die an eine in einem Staat ansässige Person gezahlt werden, wenn dieser die Methode der gewöhnlichen Anrechnung verwendet (vgl. auch Ziffer 63).*

59. [Steuerfreie Einkünfte und steuerfreies Vermögen] *Die einem Staat W durch Artikel 23 B auferlegte Verpflichtung, die Steuer anzurechnen, die in dem anderen Staat B (oder Q) auf bestimmte Einkünfte oder bestimmte Vermögenswerte erhoben worden ist, hängt davon ab, ob diese Einkünfte oder Vermögenswerte nach dem Abkommen von Staat B (oder Q) besteuert werden dürfen. In den Ziffern 32.1 bis 32.7 wird erörtert, wie diese Voraussetzung ausgelegt werden sollte. Einkünfte und Vermögenswerte, die nach Artikel 8, Arti-*

kel 13 Absatz 3, Artikel 19 Absatz 1 Buchst. a und Absatz 2 Buchst. a sowie Artikel 22 Absatz 3 „nur" im anderen Vertragsstaat „besteuert werden können", sind von vornherein im Staat W von der Steuer befreit (vgl. Ziffer 6); für diese steuerfreien Einkünfte und Vermögenswerte ist der Kommentar zu Artikel 23 A zu beachten. Hinsichtlich des Progressionsvorbehalts wird auf Absatz 2 des Artikels (und Ziffer 79) hingewiesen.

60. [Durchführung der Anrechnung nach innerstaatlichem Recht] *Artikel 23 B enthält zwar die wesentlichen Grundsätze der Anrechnungsmethode, er enthält aber keine Einzelheiten über die Berechnung des Anrechnungsbetrags und die praktische Durchführung der Anrechnung. Dies entspricht dem Wesen des Musterabkommens. Erfahrungsgemäß können sich zahlreiche Probleme ergeben. Einige davon werden nachstehend behandelt. Im innerstaatlichen Recht vieler Staaten bestehen bereits eingehende Vorschriften über die Anrechnung ausländischer Steuern. Daher verweisen einige Abkommen auf das innerstaatliche Recht der Vertragsstaaten und sehen dabei vor, dass diese innerstaatlichen Regelungen den in Artikel 23 B niedergelegten Grundsatz nicht beschränken. Kennt das innerstaatliche Recht die Anrechnungsmethode nicht, so sollten die Vertragsstaaten Regelungen für die Anwendung des Artikels 23 B treffen, erforderlichenfalls nach Abstimmung mit der zuständigen Behörde des anderen Vertragsstaats (Artikel 25 Absatz 3).*

61. [Anrechenbare ausländische Steuer] *Die ausländische Steuer ist mit dem Betrag anzurechnen, der in Übereinstimmung mit dem Abkommen im anderen Vertragsstaat tatsächlich gezahlt wurde. Probleme können sich z. B. dann ergeben, wenn diese Steuer nicht unter Zugrundelegung des Einkommens für das Jahr, für das sie erhoben wird, sondern des Einkommens eines früheren Jahres oder des Durchschnittseinkommens mehrerer vorhergehender Jahre berechnet wird. Weitere Fragen können sich im Zusammenhang mit den Unterschieden in den Methoden der Einkommensermittlung und mit den Änderungen der Wechselkurse (Ab- oder Aufwertung) ergeben. Für diese Probleme lassen sich jedoch kaum ausdrückliche Abkommensregelungen finden.*

62. [Höchstbetrag der Anrechnung] *Der vom Wohnsitzstaat W nach Artikel 23 B Absatz 1 zweiter Satz zu gewährende Anrechnungsbetrag darf den Teil der Steuer vom Einkommen nicht übersteigen, der auf die aus dem Staat Q oder B bezogenen Einkünfte entfällt (so genannter „Höchstbetrag der Anrechnung"). Dieser Höchstbetrag kann entweder durch Aufteilung der auf das Gesamteinkommen entfallenden Gesamtsteuer nach dem Verhältnis der Einkünfte, für die die Anrechnung gewährt wird, zum Gesamteinkommen berechnet werden oder durch Anwendung des für das Gesamteinkommen geltenden Steuersatzes auf die Einkünfte, für die die Anrechnung zu gewähren ist. Ist die Steuer im Staat B (oder Q) ebenso hoch wie die entsprechende Steuer des Staates W oder ist sie höher als diese, so wirkt sich die Anrechnungsmethode in der gleichen Weise aus wie die Methode der Befreiung mit Progression. Auch bei der Anrechnungsmethode ergeben sich ähnliche Probleme hinsichtlich des Einkommensbetrages, des Steuersatzes usw., wie sie im Kommentar zu Artikel 23 A behandelt sind (vgl. insbesondere die Ziffern 39 bis 41 und 44). Aus den in den Ziffern 42 und 43 des Kommentars angeführten Gründen ist auch für die Anrechnungsmethode im Musterabkommen keine ausdrückliche und einheitliche Regelung vorgesehen, sondern jedem Staat ist die Anwendung seiner eigenen Rechtsvorschriften und Verfahrensregelungen gestattet. Dies gilt auch für einige weitere Probleme, die nachstehend behandelt werden.*

63. [Vermeidung der Doppelbesteuerung bei niedrigem Höchstbetrag] *Der Höchstbetrag der Anrechnung wird in der Regel aus der Steuer vom Reineinkommen ermittelt, d. h. von den Einkünften aus Staat B (oder Q) nach Berücksichtigung der darauf entfallenden (im Einzelnen oder anteilig zu ermittelnden) zulässigen Abzüge (vgl. Ziffer 40). Daher kann der Höchstbetrag der Anrechnung vielfach niedriger sein als die im Staat B (oder Q) tatsächlich gezahlte Steuer. Dies dürfte insbesondere dann zutreffen, wenn z. B. eine im Staat W ansässige Person, die Zinsen aus dem Staat Q bezieht, bei einem Dritten Geld aufgenommen hat, um das zinsbringende Darlehen zu finanzieren. Da die Zinsen für die aufgenommenen Mittel mit den aus dem Staat Q bezogenen Zinsen verrechnet werden können, kann das im Staat W zu ver-*

steuernde Reineinkommen sehr niedrig sein, oder es wird sogar überhaupt kein Reineinkommen erzielt. **[bis 14.7.2014:** *Dieses Problem könnte dadurch gelöst werden, dass im Staat W gemäß Ziffer 48 die Methode der uneingeschränkten Anrechnung angewendet wird. Eine weitere Lösung bestünde darin, diese Einkünfte im Staat Q von der Steuer zu befreien, wie dies vom Kommentar für Zinsen aus Warenkrediten und Bankdarlehen vorgeschlagen wird (vgl. Ziffer 15 des Kommentars zu Artikel 11).* **ab 15.7.2014:]** *As explained in paragraph 7.1 of the Commentary on Article 11, the problem, in that case, cannot be solved by State R, since little or no tax will be levied in that State. One solution would be to exempt such interest from tax in State S, as is proposed in paragraphs 7 to 7.12 of the Commentary on Article 11.*

64. [Verschiedenartige Einkünfte, aber nur eine wird besteuert] *Bezieht eine im Staat W ansässige Person Einkünfte verschiedener Art aus dem Staat Q und besteuert der letztgenannte Staat nach seinem Steuerrecht nur eine Einkunftsart, so entspricht der vom Staat W zu gewährende Höchstbetrag der Anrechnung in der Regel dem Teil seiner Steuer, der lediglich auf die im Staat Q besteuerte Einkunftsart entfällt. Auch andere Lösungen sind möglich, insbesondere im Hinblick auf das folgende allgemeinere Problem: Die Tatsache, dass eine Anrechnung z. B. für verschiedene Einkünfte zu gewähren ist, die im Staat Q nach unterschiedlichen Sätzen besteuert werden, oder für Einkünfte aus verschiedenen Staaten – ohne Rücksicht darauf, ob mit oder ohne Abkommen –, wirft die Frage auf, ob der Anrechnungshöchstbetrag beziehungsweise die Anrechnung gesondert für jede Einkunftsart oder jeden Staat oder aber für die gesamten ausländischen Einkünfte, die nach innerstaatlichem Recht und auf Grund von Abkommen für die Anrechnung in Betracht kommen, zu ermitteln ist. Im Rahmen des Systems der „Gesamtanrechnung" werden alle ausländischen Einkünfte zusammengefasst; der Gesamtbetrag der ausländischen Steuern wird dann auf die inländische Steuer angerechnet, die auf den Gesamtbetrag der ausländischen Einkünfte entfällt.*

65. [Verluste] *Weitere Probleme können sich bei Verlusten ergeben. Bei einer im Staat W ansässigen Person, die Einkünfte aus dem Staat B (oder Q) bezieht, können im Staat W, Staat B (oder Q) oder in einem Dritten Staat Verluste entstanden sein. Für die Steueranrechnung wird im Allgemeinen ein in einem bestimmten Staat entstandener Verlust mit anderen Einkünften aus demselben Staat verrechnet. Ob ein außerhalb des Staates W (z. B. in einer Betriebstätte) entstandener Verlust von anderen – aus dem Staat W oder einem anderen Staat bezogenen – Einkünften abzuziehen ist, hängt vom innerstaatlichen Recht des Staates W ab. Hier können sich ähnliche Probleme ergeben, wie sie im Kommentar zu Artikel 23 A behandelt sind (vgl. Ziffer 44). Stammen alle Einkünfte aus dem Ausland und entsteht im Staat W nur ein Verlust, der die Auslandseinkünfte nicht übersteigt, so entfällt die gesamte Steuer des Staates W auf die Einkünfte aus dem Staat Q, und der vom Staat W zu gewährende Höchstbetrag der Anrechnung entspricht daher der Steuer des Staates W. Andere Lösungen sind möglich.*

66. [Mögliche Regelungen] *Die erwähnten Probleme werden weitgehend vom innerstaatlichen Recht und der Verwaltungspraxis bestimmt; die Lösung ist daher jedem Staat überlassen. Bemerkt sei im Übrigen, dass einige Staaten bei der Anwendung der Anrechnungsmethode sehr großzügig verfahren. Manche Staaten erwägen auch die Möglichkeit des Übertrags nicht in Anspruch genommener Anrechnungsbeträge oder haben diesen Übertrag bereits zugelassen. Die Vertragsstaaten können selbstverständlich den Artikel bei den zweiseitigen Verhandlungen zur Berücksichtigung dieser Probleme ändern.*

67. [Unterkapitalisierung] *In Fällen sogenannter „Unterkapitalisierung" kann nach dem Musterabkommen der Staat der Schuldnergesellschaft unter bestimmten Voraussetzungen Zinszahlungen aufgrund seines innerstaatlichen Rechts wie Gewinnausschüttungen behandeln; wesentliche Voraussetzung ist, dass derjenige, der das Darlehen gegeben hat, tatsächlich die eingegangenen Risiken derjenigen Gesellschaft teilt, die das Darlehen aufgenommen hat. Daraus ergeben sich zwei Folgen:*
- *Die Erhebung der Quellensteuern von diesen „Zinsen" nach dem für Dividenden vorgesehenen Satz (Artikel 10 Absatz 2);*

– *die Einbeziehung dieser „Zinsen" in den steuerpflichtigen Gewinn der Gesellschaft, die das Darlehen gegeben hat.*

68. [Behandlung der Zinsen wie Dividende] *Sind die dafür maßgebenden Voraussetzungen gegeben, so hat der Wohnsitzstaat des Darlehensgebers die juristische oder wirtschaftliche Doppelbesteuerung der Zinsen so zu vermeiden, als sei die Zahlung tatsächlich eine Dividende. Er sollte dazu die tatsächlich von diesen Zinsen zu dem für Dividenden vorgesehenen Satz erhobene Abzugsteuer des Wohnsitzstaates des Darlehensnehmers anrechnen; ist Darlehensgeber eine Muttergesellschaft der Schuldnergesellschaft, so sollte er darüber hinaus auf solche „Zinsen" die für das Mutter-/Tochter-Verhältnis vorgesehenen Entlastungen gewähren. Eine Verpflichtung hierzu kann sich ergeben*

a) aus dem jeweiligen Wortlaut des Artikels 23 des Abkommens, wenn dieser Entlastungen für Einkünfte vorsieht, die in Artikel 10 als Dividenden definiert sind, oder die unter Artikel 10 fallen;

b) aus dem Zusammenhang des Abkommens, d. h. aus dem Zusammenwirken der Artikel 9, 10, 11 und 23 und, soweit nötig, durch ein Verständigungsverfahren
  - *wenn die Zinsen im Wohnsitzstaat der Schuldnergesellschaft nach Regelungen, die im Einklang mit Artikel 9 Absatz 1 oder Artikel 11 Absatz 6 stehen, als Dividende behandelt wurden und der Wohnsitzstaat des Darlehensgebers dies als zutreffend ansieht und zu einer Gegenberichtigung bereit ist;*
  - *wenn der Staat des Darlehensgebers ähnliche Unterkapitalisierungsbestimmungen anwendet und die Zahlung im umgekehrten Fall (d. h. wenn sie von einer in seinem Gebiet errichteten Gesellschaft an eine im anderen Vertragsstaat ansässige Person geleistet worden wäre) selbst als Dividende behandeln würde;*
  - *in allen anderen Fällen, in denen der Wohnsitzstaat des Darlehensgebers es als angemessen anerkennt, dass der Wohnsitzstaat des Schuldners die Zinsen als Dividende behandelt hat.*

69. [Dividenden aus wesentlichen Beteiligungen] *Bezüglich der Dividenden aus wesentlichen Beteiligungen von Gesellschaften wird auf die Ziffern 49 bis 54 hingewiesen.*

69.1 [Unterschiedliche Klassifizierung von Personengesellschaften] *Probleme können entstehen, wenn die Vertragsstaaten Rechtsträger wie Personengesellschaften unterschiedlich behandeln. Angenommen z. B., dass der Quellenstaat eine Personengesellschaft als Körperschaft und der Ansässigkeitsstaat eines Gesellschafters sie als steuerlich transparent behandelt. Der Quellenstaat darf vorbehaltlich der anwendbaren Abkommensbestimmungen die Personengesellschaft mit ihren Einkünften besteuern, wenn die Einkünfte erzielt werden, und vorbehaltlich des Absatzes 2 des Artikels 10 darf er auch die Gewinnausschüttung der Personengesellschaft an ihre nicht ansässigen Gesellschafter besteuern. Demgegenüber wird der Ansässigkeitsstaat nur den Gesellschafter mit seinem Anteil an den Einkünften der Personengesellschaft besteuern, wenn die Einkünfte erzielt werden.*

69.2 [Anrechnung der Steuer vom Gewinn der Personengesellschaft] *Die erste Frage, die sich in diesem Fall stellt, geht dahin, ob der Ansässigkeitsstaat, der den Gesellschafter mit seinem Anteil an den Einkünften der Personengesellschaft besteuert, nach dem Abkommen verpflichtet ist, die Steuer, die im Quellenstaat von der dort als selbständiges Steuersubjekt behandelten Personengesellschaft erhoben wird, anzurechnen hat. Die Antwort darauf muss positiv sein. Soweit der Ansässigkeitsstaat die Einkünfte der Personengesellschaft an den Gesellschafter durchleitet, um ihn zu besteuern, muss er folgerichtig zur Vermeidung der Doppelbesteuerung, die durch die Besteuerung des Gesellschafters entsteht, die Steuer, die von der Personengesellschaft gezahlt wird, an den Gesellschafter durchleiten. Mit anderen Worten, wenn der Status einer Körperschaft, den der Quellenstaat der Personengesellschaft gewährt, vom Ansässigkeitsstaat für Zwecke der Besteuerung des Gesellschafters nicht beachtet wird, sollte er gleichermaßen für Zwecke der Steueranrechnung unbeachtet bleiben.*

69.3 [Keine Anrechnung der Steuer auf die Ausschüttung der Personengesellschaft] *Eine zweite Frage, die sich in diesem Fall stellt, bezieht sich auf den Umfang, in dem der Ansäs-*

sigkeitsstaat die Steuer, die vom Quellenstaat auf die im Ansässigkeitsstaat nicht besteuerte Ausschüttung erhoben hat, angerechnet wird. Die Antwort auf diese Frage ergibt sich aus der Tatsache der Nichtbesteuerung. Da die Ausschüttung im Ansässigkeitsstaat nicht besteuert wird, ist im Ansässigkeitsstaat einfach keine Steuer vorhanden, auf die die Steuer, die im Quellenstaat auf die Ausschüttung erhoben wird, anzurechnen wäre. Man muss klar unterscheiden zwischen der Entstehung der Gewinne und deren Ausschüttung. Vom Ansässigkeitsstaat darf nicht erwartet werden, dass er die Steuer des Quellenstaates auf die Ausschüttung auf seine Steuer auf die Gewinnentstehung anrechnet (siehe den ersten Satz in Ziffer 64 oben).

B. Bemerkungen zu den Vermögensteuern

***70. [Anrechnung ausländischer Vermögensteuern]** Nach dem Wortlaut des Absatzes 1 darf die Steuer vom Einkommen nur auf eine gleichartige Steuer angerechnet werden; das Gleiche gilt für die Vermögensteuer. Eine Anrechnung für oder auf die Vermögensteuer ist also nur möglich, wenn beide Vertragsstaaten eine Vermögensteuer erheben.*

***71. [Anrechnung von Vermögensteuern auf die Einkommensteuer und umgekehrt]** Die Staaten können bei den zweiseitigen Verhandlungen feststellen, dass eine als Vermögensteuer bezeichnete Steuer ihrem Wesen nach einer Einkommensteuer sehr nahe kommt; sie können deshalb vorsehen, dass die Vermögensteuer auf die Einkommensteuer angerechnet wird und umgekehrt. Häufig wird keine Doppelbesteuerung des Vermögens eintreten, weil der eine Staat keine Vermögensteuer erhebt oder beide Staaten nur im Inland befindliches Vermögen besteuern. In diesen Fällen erübrigt sich selbstverständlich die Erwähnung der Vermögensteuer. Ferner können die Staaten wünschen, ungeachtet der Art der unter das Abkommen fallenden Steuern den Gesamtbetrag der im Quellen- oder Belegenheitsstaat erhobenen Steuer auf den Gesamtbetrag der im Wohnsitzstaat zu erhebenden Steuern anzurechnen. Umfasst aber ein Abkommen sowohl eigentliche Vermögensteuern als auch solche Vermögensteuern, die ihrem Wesen nach Steuern vom Einkommen sind, so können die Staaten vorsehen, dass nur die letzteren Vermögensteuern auf die Einkommensteuer angerechnet werden. Die Staaten können dabei den vorgeschlagenen Artikel entsprechend ändern.*

C. Fiktive Steueranrechnung

***72. [Steuervergünstigungen des anderen Vertragsstaates]** Einige Staaten gewähren ausländischen Investoren verschiedene Arten von Steuervergünstigungen, um ausländische Investitionen anzuziehen. Wenn der Ansässigkeitsstaat des ausländischen Investors die Anrechnungsmethode anwendet, kann der Vorteil, der vom Quellenstaat eingeräumt wird, vermindert werden, soweit der Ansässigkeitsstaat, wenn er das begünstigte Einkommen besteuert, nur die tatsächlich im Quellenstaat erhobene Steuer anrechnet. Wenn der Ansässigkeitsstaat die Freistellungsmethode anwendet, dies aber vorbehaltlich einer bestimmten Höhe der Steuerbelastung im Quellenstaat tut, kann die Gewährung einer Steuerminderung im Quellenstaat die vergleichbare Wirkung haben, dem Investor in seinem Ansässigkeitsstaat die Anwendung der Freistellungsmethode zu versagen.*

***73. [Vermeidung von Nachteilen]** Um eine solche Wirkung im Ansässigkeitsstaat zu vermeiden, möchten einige Staaten, die Steuervergünstigungsmaßnahmen ergriffen haben, Bestimmungen, die gewöhnlich als Vorschriften über die fiktive Steueranrechnung bezeichnet werden, in ihre Abkommen aufnehmen. Der Zweck dieser Bestimmungen geht dahin, den nicht ansässigen Personen zu ermöglichen, eine Anrechnung für Steuern zu erlangen, die nach dem Steuervergünstigungsprogramm des Quellenstaates „eingespart“ worden sind, oder sicher zu stellen, dass diese Steuern für Zwecke der Anwendung bestimmter Voraussetzungen, die mit Steuerbefreiungssystemen verbunden sein mögen, berücksichtigt werden.*

***74. [Formen der fiktiven Anrechnung]** Vorschriften über die fiktive Steueranrechnung stellen eine Abweichung von den Artikeln 23 A und 23 B dar. Sie können verschiedene Formen annehmen, wie z. B.:*

a) Der Ansässigkeitsstaat lässt den Abzug des Steuerbetrags zu, den der Quellenstaat nach seiner allgemeinen Gesetzgebung oder mit der Begrenzung durch das Abkommen (z. B. Steuersatzbegrenzungen für Dividenden und Zinsen nach den Artikeln 10 und 11) hätte erheben können, selbst wenn der Quellenstaat auf diese Steuer nach den Sonderbestimmungen zur Förderung seiner wirtschaftlichen Entwicklung ganz oder teilweise verzichtet hat.
b) Als Gegenstück für die Steuerermäßigung durch den Quellenstaat gesteht der Ansässigkeitsstaat den Abzug eines (teilweise fiktiven) Betrags zu einem höheren Satz von seiner eigenen Steuer zu.
c) Der Ansässigkeitsstaat stellt die Einkünfte, die in den Genuss der Steuervergünstigung im Quellenstaat gekommen sind, frei.

75. [Bericht des Steuerausschusses] *Ein Bericht des Steuerausschusses aus dem Jahre 1998 mit dem Titel „Fiktive Steueranrechnung: Ein Überdenken" analysiert die steuerpolitischen Erwägungen, die den Vorschriften über die fiktive Steueranrechnung zugrunde liegen, sowie deren Fassung. Der Bericht nennt einige Bedenken, die den Nutzen der Gewährung fiktiver Steueranrechnungen insgesamt in Frage stellen. Diese Bedenken beziehen sich insbesondere auf Folgendes:*
– die Missbrauchsanfälligkeit von Vorschriften über die fiktive Steueranrechnung,
– die Wirksamkeit der fiktiven Steueranrechnung als Instrument der ausländischen Hilfe zur wirtschaftlichen Entwicklung des Quellenstaates und
– allgemeine Bedenken gegen die Art und Weise, wie die fiktive Steueranrechnung Staaten ermutigen kann, Steuervergünstigungen zu verwenden.

76. [Missbrauchsanfälligkeit] *Die Erfahrung hat gezeigt, dass die fiktive Steueranrechnung sehr anfällig für Missbrauch durch den Steuerpflichtigen ist. Dies kann in Form von Aufkommensverlusten sowohl für den Ansässigkeitsstaat als auch für den Quellenstaat sehr kostspielig sein. Diese Art von Missbrauch lässt sich schwer aufdecken. Selbst wenn er aufgedeckt wird, ist es überdies für den Ansässigkeitsstaat schwer, schnell auf solchen Missbrauch zu reagieren. Der Vorgang der Streichung oder Abänderung bestehender Vorschriften über die fiktive Steueranrechnung ist oft langwierig und mühsam.*

77. [Wirksamkeit des Instruments] *Des Weiteren ist die fiktive Steueranrechnung nicht notwendigerweise ein wirksames Werkzeug, um die wirtschaftliche Entwicklung zu fördern. Eine Verminderung oder Vernichtung des Vorteils der Steuervergünstigung durch den Ansässigkeitsstaat wird in den meisten Fällen nur eintreten, soweit Gewinne repatriiert werden. Durch die Förderung der Repatriierung von Gewinnen kann die fiktive Anrechnung für ausländische Investoren einen ihr innewohnenden Anreiz, kurzfristige Investitionsvorhaben durchzuführen, und ein Hemmnis für eine langfristige Tätigkeit im Quellenstaat schaffen. Auch sind Systeme der Steueranrechnung gewöhnlich so ausgestaltet, dass ein ausländischer Investor bei der Berechnung des Anrechnungsbetrags in gewissem Umfang die Steuerminderung, die sich durch einen bestimmten Steueranreiz ergibt, mit höheren Steuern in demselben oder einem anderen Land ausgleichen kann, so dass letztlich vom Ansässigkeitsstaat als Ergebnis des Steueranreizes keine höheren Steuern erhoben werden.*

78. [Erosion der Steuerbasis] *Schließlich hat die immer schneller werdende Integration der nationalen Volkswirtschaften manche Teile der nationalen Steuergrundlagen geographisch beweglich gemacht. Diese Entwicklungen haben einige Staaten dazu veranlasst, Steuerregelungen einzuführen, deren Hauptzweck die Erosion der Steuergrundlagen anderer Staaten ist. Diese Arten von Steueranreizen sind speziell so zugeschnitten, dass sie auf hoch bewegliche Finanzdienstleistungen und andere Dienstleistungen abzielen, die gegenüber Steuerunterschieden besonders empfänglich sind. Die potenziell schädlichen Wirkungen solcher Regelungen können durch das Bestehen schlecht gestalteter Vorschriften über die fiktive Steueranrechnung in Abkommen verstärkt werden. Dies gilt insbesondere, wenn ein Staat eine Steuerregelung nach Abschluss von Abkommen einführt und die Regelung so zuschneidet, dass sie von dem Geltungsbereich bestehender Bestimmungen über die fiktive Steueranrechnung erfasst wird.*

78.1 [Schlussfolgerungen] *Der Ausschuss kam zu dem Schluss, dass die Mitgliedsstaaten nicht notwendigerweise von der Aufnahme von Vorschriften über die fiktive Steueranrechnung Abstand nehmen sollten. Er vertrat jedoch die Auffassung, dass Vorschriften über die Anrechnung fiktiver Steuern nur in Blick auf Staaten in Betracht gezogen werden sollten, deren wirtschaftlicher Stand wesentlich unter dem von Mitgliedsstaaten der OECD liegt. Die Mitgliedsstaaten sollten objektive wirtschaftliche Kriterien anwenden, um Staaten, die für Vorschriften über die fiktive Steueranrechnung in Betracht kommen, zu definieren. Wenn Staaten mit der Einfügung von Vorschriften über die fiktive Steueranrechnung einverstanden sind, werden sie ermutigt, die Leitlinien zu befolgen, die in Abschnitt VI des Berichts über die fiktive Steueranrechnung aufgestellt werden. Der Gebrauch dieser „besten Praktiken" wird das Potenzial für den Missbrauch solcher Vorschriften auf ein Minimum herabsetzen, weil sie sicherstellen, dass sie nur auf echte wirtschaftliche Investitionen, die auf die Entwicklung der heimischen Infrastruktur des Quellenstaates abzielen, Anwendung finden. Eine eng gefasste Vorschrift, die für wirkliche Investitionen gilt, würde auch schädlichen Steuerwettbewerb um geographisch mobile Tätigkeiten eindämmen.*

Absatz 2

79. [Progressionsvorbehalt] *Dieser Absatz ist angefügt worden, um dem Wohnsitzstaat das Recht zu erhalten, die in diesem Staat von der Besteuerung befreiten Einkünfte oder Vermögenswerte bei der Festsetzung der Steuer für das übrige Einkommen oder Vermögen einzubeziehen. Dieses Recht bezieht sich auf solche Einkünfte und Vermögenswerte, die „nur" im anderen Staat besteuert werden können. Die Progressionswirkung bleibt somit dem Wohnsitzstaat nicht nur für die Einkünfte und Vermögensteile, die im anderen Staat „besteuert werden können", erhalten, sondern auch für Einkünfte und Vermögen, die „nur" im anderen Staat „besteuert werden können". Der Kommentar zu Artikel 23 A Absatz 3 in Bezug auf den Quellenstaat gilt auch für Artikel 23 B Absatz 2.*

Bemerkungen zum Kommentar

80. *Die* ***Niederlande*** *befürworten im Grundsatz, die Fälle von Doppelbesteuerungen und doppelten Nichtbesteuerungen, die auf Qualifikationskonflikten zwischen den Vertragsstaaten beruhen, zu lösen, da nach Ansicht der Niederlande solche Fälle von den Vertragsstaaten nicht beabsichtigt sind und überdies Sinn und Zweck eines Steuerabkommens widersprechen. Die Niederlande sind jedoch nicht einverstanden mit der in den Ziffern 32.4 und 32.6 vertretenen Auslegung der Worte „nach dem Abkommen besteuert werden können" in den Artikeln 23 A und 23 B des Abkommens, nach der in Fällen von Qualifikationskonflikten, die auf Unterschiede im innerstaatlichen Recht zwischen dem Quellenstaat und dem Ansässigkeitsstaat zurückzuführen sind, die Qualifikation durch den Quellenstaat für die Zwecke der Anwendung der Artikel 23 A oder 23 B regelmäßig maßgebend sein würde. Die Niederlande möchten sich vorbehalten, die Lösung für einen bestimmten Qualifikationskonflikt und ihre Ausgestaltung von den Umständen des jeweils vorliegenden Falles und der Beziehung mit dem betroffenen Vertragsstaat abhängig zu machen. Die Niederlande treten daher der genannten Auslegung in den Ziffern 32.4 und 32.6 nur bei, wenn und soweit sie in einem bestimmten Steuerabkommen als Ergebnis eines Verständigungsverfahrens im Sinne von Artikel 25 des Abkommens ausdrücklich bestätigt wird.*

81. *Die* ***Schweiz*** *behält sich vor, die in Ziffer* **[bis 14.7.2014:** *32* **ab 15.7.2014:]** *32.3 niedergelegten Regeln nicht anzuwenden in Fällen, in denen sich ein Qualifikationskonflikt durch eine Änderung des innerstaatlichen Rechts des Quellenstaates nach Abschluss eines Abkommens ergibt.*

82. *[Gestrichen]*

Text: Stellungnahmen von Nichtmitgliedstaaten zum OECD-MA (OECD-NM)

Positions on the Article

*1. **Albania, Argentina, Brazil, India, Ivory Coast, Malaysia, Morocco, the People's Republic of China, Serbia, Thailand, Tunisia** and **Vietnam** reserve the right to add tax sparing provisions in relation to the tax incentives that are provided for under their respective national laws.*

*2. **Argentina** and **Vietnam** reserve the right to add a matching credit for some or all of the income covered under Articles 10, 11 and 12 with the result that tax shall be deemed to have been paid, for purposes of the Article on elimination of double taxation, at a certain rate, to be negotiated, of the gross income.*

*3. **Brazil** reserves the right to add a matching credit for some or all of the income covered under Articles 11 and 12 with the result that tax shall be deemed to have been paid, for purposes of the Article on elimination of double taxation, at a certain rate, to be negotiated, of the gross income.*

*4. **Brazil** and **Tunisia** reserve the right to provide that income covered under Article 10 shall be exempt or entitled to a matching credit in the other Contracting State.*

5. **[bis 14.7.2014:** ***Argentina*** *and* ***Brazil*** *reserve their* **ab 15.7.2014:]** ***Brazil*** *reserves its position on paragraph 4 of Article 23 A.*

A. Allgemeines

I. Musterabkommen

1. Übereinstimmungen und Abweichungen

Art. 23A und B des OECD-MA regeln die **Vermeidung der Doppelbesteuerung im Ansässigkeitsstaat,** und zwar der juristischen, s. Grundl. Rz. 7 ff. sowie MA-Komm. zu Art. 23 Ziff. 1. Hierfür stellen sie den Vertragsstaaten als **Ausgangspunkte** zwei Möglichkeiten zur Wahl: die **Freistellungsmethode** und die **Anrechnungsmethode.** Das **UN-MA** stimmt im Wesentlichen überein, kennt jedoch in Art. 23A Abs. 2 eine Anrechnung auch für Lizenzgebühren und enthält umgekehrt keine Art. 23A Abs. 4 OECD-MA entsprechende Vorschrift. Demgegenüber sieht das **US-MA** für die Vermeidung der Doppelbesteuerung im Ansässigkeitsstaat als Ausgangspunkt nur die Anrechnungsmethode vor; seine Ausformulierung weicht überdies von den Vorschlägen des OECD-MA (dort Art 23 B) vollkommen ab. 2

2. Inhalt der Regelung („Vermeidungsnorm")

a) In Art. 23A und B OECD-MA und UN-MA bzw. Art. 23 US-MA geht es um die Vermeidung der Doppelbesteuerung im Ansässigkeitsstaat. Die Normen entfalten wie die Verteilungsnormen **Schrankenwirkung** (vgl. Grundl. Rz. 64 ff.). Sie begründen also, was bisweilen missachtet wird (s. Rz. 52 ff. zu Verlusten), keine innerstaatlichen Steueransprüche, sondern beschränken diese nur. Das OECD-MA und das UN-MA stellen den Vertragsstaaten zur Vermeidung der Doppelbesteuerung im Ansässigkeitsstaat mit der Freistellungsmethode und der Anrechnungsmethode zwei Methoden zur Verfügung. Bei der **Freistellungsmethode** (auch Befreiungsmethode genannt) verzichtet der Ansässigkeitsstaat auf eine Besteuerung der Einkünfte bzw. Vermögenswerte aus dem anderen Vertragsstaat. Bei der 3

Anrechnungsmethode besteuert der Ansässigkeitsstaat demgegenüber zwar die Einkünfte bzw. Vermögenswerte aus dem anderen Vertragsstaat, er vermindert seinen Steueranspruch aber um die auf diese entfallende ausländische Steuer.

Art. 23A OECD-MA und UN-MA hat grundsätzlich die Freistellungsmethode zum Gegenstand. Art. 23A Abs. 1 enthält die Grundregel zur Freistellung. Art. 23A Abs. 2 sieht als Ausnahme die Anrechnungsmethode vor für Einkünfte, die nach Art. 10 und 11 OECD-MA bzw. Art. 10–12 UN-MA im Nichtansässigkeitsstaat der Höhe nach beschränkt besteuert werden können. Art. 23A Abs. 3 erlaubt die Einbeziehung der freigestellten Einkünfte bei der Bestimmung des Steuersatzes für die nicht freigestellten Einkünfte (Progressionsvorbehalt). Nach Art. 23A Abs. 4 OECD-MA ist der Ansässigkeitsstaat nicht zur Freistellung nach Abs. 1 verpflichtet, wenn der Nichtansässigkeitsstaat sich aufgrund seines Abkommensverständnisses seinerseits für verpflichtet erachtet, die Freistellung oder beschränkte Besteuerung nach Art. 10 und 11 OECD-MA zu gewähren.

Art. 23B OECD-MA und UN-MA sowie Art. 23 US-MA sehen die Anrechnungsmethode vor. Art. 23B Abs. 1 OECD-MA und UN-MA enthalten die Grundregel zur Anrechnung, Abs. 2 jeweils einen Progressionsvorbehalt für den Fall, dass die Verteilungsnormen eine Besteuerung im Ansässigkeitsstaat untersagen.

4 Die Regelungen betreffen nur die Vermeidung der Doppelbesteuerung im **Ansässigkeitsstaat**. Dies bringen die neueren deutschen Abkommen – anders als das OECD-, UN-MA und US-MA, die pauschal von Methoden zur Vermeidung der Doppelbesteuerung sprechen – schon in ihrer Überschrift zum Ausdruck. Die Regelungen ergänzen die **vorrangigen Verteilungsnormen** der Art. 6 bis 22 MA, Man kann die Regelungen mit *Schaumburg,* Rz. 16.512 **„Vermeidungsnormen"** nennen. Damit wird der Gegensatz zu den Verteilungsnormen zutreffend betont.

Die Verteilungsnormen sehen zum Teil eine Freistellung bestimmter Einkünfte oder Vermögenswerte **im Staat der Nichtansässigkeit** vor (mit der Formel: „können nur in … besteuert werden", s. Vor Art. 6 bis 22 Rz. 6 ff.), zum Teil **begrenzen** sie die Steuer auf bestimmte Einkünfte der Höhe nach (die Besteuerung von Dividenden und Zinsen, nach dem UN-MA und vielen DBA auch der Lizenzgebühren). In Einzelfällen werden durch die Verteilungsnormen Einkünfte und Vermögenswerte umgekehrt auch **im Ansässigkeitsstaat freigestellt:** wo die Besteuerung dem Staat der Geschäftsleitung (im See- und Luftverkehr, Art. 8 Abs. 1 und 2, 13 Abs. 3, 22 Abs. 3) oder dem Staat des öffentlichrechtlichen Dienstherrn (Art. 19 Abs. 1 Buchst. a, Abs. 2 Buchst. a) vorbehalten ist, s. dazu näher MA-Komm. Ziff. 6 f. und Vor Art. 6 bis 22 Rz. 6 ff. Für das US-MA gilt dasselbe in den Fällen, für die es eine Ausnahme von der **saving clause** vorsieht (Art. 1 Abs. 5 Buchst. a, s. zu Art. 1 Rz. 79 ff.).

5 **b) Wahlrecht als Folge entgegengesetzter Grundkonzeptionen:** Das OECD-MA und das UN-MA räumen den Vertragsstaaten ein Wahlrecht ein, sich vorrangig für die Anrechnungsmethode oder für die Freistellungsmethode zu entscheiden. Die Wahl muss nicht für beide Vertragsstaaten übereinstimmen, sondern kann unterschiedlich erfolgen, es kann also für einen Vertragsstaat grundsätzlich die Freistellungs- und für den anderen Vertragsstaat die Anrechnungsmethode vereinbart werden. Bei der Wahl unter ihnen lassen sich die Staaten vorwiegend von ihrer Abkommenstradition leiten; über wirtschaftspolitische Gesichtspunkte und Gerechtigkeitserwägungen s. die Grundl., Rz. 20 ff., ferner: GKG/*Grotherr,* Art. 23 Rz. 34; Wassermeyer/*Wassermeyer,* Art. 23A MA Rz. 3; *Kluge,* S. 320; *Lechner* in Gassner/Lang/Lechner, Methoden, S. 137 ff.

Dass sich die Mitgliedsstaaten der OECD und auch die Mitglieder der UN-Expertengruppe nicht auf eine einheitliche Regelung der verbleibenden Doppelbesteuerung verständigen konnten (einen Überblick über die Entstehungsgeschichte gibt *Avery Jones*, BIT 2012, 67), liegt an den sehr verschiedenen **Grundgedanken** beider Methoden.

6 Die **Freistellungsmethode** beruht auf der Vorstellung, dass der Staat, aus dem die Einkünfte stammen oder in dem das Vermögen belegen ist, ein **besseres Recht zur Besteuerung** habe; der freistellende Staat „tritt" daher „zurück". Sie belässt die Steuerbelastung der ausländischen Einkünfte und Vermögenswerte auf dem Steuerniveau des Staates, der sie nach dem DBA (ausschließlich) besteuern darf. Die Freistellungsmethode ist als solche mit Blick auf die unionsrechtlichen Grundfreiheiten schon deswegen grundsätzlich (zur europarechtlichen Problematik der Verluste s. aber Rz. 49; Grundl. Rz. 268 ff.) unbedenklich, weil der Ansässigkeitsstaat nicht besteuert. Die Freistellungsmethode kann zu einer doppelten Nichtbesteuerung führen, wenn der Nichtansässigkeitsstaat die Einkünfte oder Vermögenswerte auch nicht besteuert. Denn auch eine virtuelle Doppelbesteuerung ist grundsätzlich untersagt (vgl. Grundl. Rz. 8, 69 ff.). Wirtschaftlich soll sie zur Wettbewerbsgleichheit unter den Investoren verschiedener Länder im Quellenstaat (**„Kapitalimportneutralität"**, s. Grundl. Rz. 25) führen. Der Umgang mit **Verlusten** aus dem anderen Staat ist nicht einheitlich. Bisweilen werden sie im Ansässigkeitsstaat symmetrisch zu positiven Einkünften für unbeachtlich erklärt. In anderen Staaten mindern sie hingegen trotz Freistellung der Gewinne die Bemessungsgrundlage, wobei teilweise eine Nachversteuerung vorgesehen wird. Jedenfalls aber verbietet das Abkommen ihre Berücksichtigung nicht (Rz. 52 ff.). Die Freistellungsmethode kann zudem durch einen positiven oder negativen **Progressionsvorbehalt** ergänzt werden, der den Steuersatz nur für die nicht freigestellten Einkünfte modifiziert (vgl. Art. 23A Abs. 3 und 23B Abs. 2 OECD-MA und UN-MA; s. Rz. 205 ff.).

7 Die **Anrechnungsmethode** will nur eine als ungerecht oder wirtschaftlich schädlich empfundene überhöhte Belastung mildern, sie auf das Steuerniveau des anrechnenden Staates zurückführen (s. *K. Vogel,* Intertax 1988, 216 (393 ff.)). Im Gegensatz zur Freistellungsmethode, bei der nur der Nichtansässigkeitsstaat besteuert, können bei der Anrechnungsmethode grundsätzlich beide Vertragsstaaten besteuern. Daraus folgt, dass sie – wiederum anders als die Freistellungsmethode – grundsätzlich nur die effektive, nicht aber die virtuelle Doppelbesteuerung vermeidet (vgl. Grundl. Rz. 8, 69 ff.; GKG/*Grotherr,* Art. 23A/B Rz. 28; 37).

Hat der **Ansässigkeitsstaat höhere Steuern,** „schleust" die Anrechnungsmethode die Steuerbelastung dieser Einkünfte und Vermögenswerte auf dieses höhere Niveau „hoch". Es kommt dann zu einem doppelten, aber koordinierten Steuerzugriff. In einem solchen Fall führt die Anrechnungsmethode tendenziell zur Gleichbehandlung der Investitionen im In- und Ausland durch den Ansässigkeitsstaat (**„Kapitalexportneutralität":** s. Grundl. Rz. 25). Dies genügt grundsätzlich den Anforderungen der unionsrechtlichen Grundfreiheiten an den Ansässigkeitsstaat, weil dieser die Investitionen im Ausland steuerlich nicht schlechter stellt als solche im Inland (EuGH v. 10.2.2011, Rs. C-436/08 und C-437/08, Slg. 2011, I-305 Rz. 86 – *Haribo Lakritzen Hans Riegel und Österreichische Salinen*). Im Ergebnis kommen niedrigere Steuern des Quellenstaats damit nicht den Steuerpflichtigen, sondern dem die Anrechnungsmethode verwendenden Ansässigkeitsstaat zugute; Steuervergünstigungen, die der Quellenstaat aus wirtschaftspolitischen Gründen gewährt, werden im Ansässigkeitsstaat „aufgesogen". Vor allem die Entwicklungsländer sehen in der Anwendung der Anrechnungsmethode eine Benachteiligung (*Widmer,* RIW/AWD 1976, 569). Sie sind daher, wie auch die Stellungnahmen von Nichtmitgliedstaaten zu Art. 23 OECD-MA zeigen, häufig bestrebt, eine **Anrechnung fiktiver Steuern** zu vereinbaren, s. dazu Rz. 193 ff.

Hat der **Nichtansässigkeitsstaat ein höheres Steuerniveau** als der Ansässigkeitsstaat, so bleibt es regelmäßig wie bei der Freistellungsmethode (zu Unterschieden bei den Verlusten s. aber Rz. 8) beim alleinigen Zugriff des Nichtansässigkeitsstaates und damit bei der höheren Belastung. Denn die Abkommen sehen eine Anrechnung nur auf die Steuer des Ansässigkeitsstaates vor, die auf die der Anrechnungsmethode unterliegenden Einkünfte entfällt. Es erfolgt weder eine unbeschränkte Anrechnung auf die Steuerschuld allgemein, noch gar eine Auszahlung.

8 Ob für den Steuerpflichtigen die Freistellungs- oder die Anrechnungsmethode **günstiger** ist, hängt vom Einzelfall ab (vgl. auch GKG/*Grotherr*, Art. 23A/B Rz. 39ff.). In **Gewinnsituationen** ist grundsätzlich die Freistellungsmethode günstiger: Ist das Steuerniveau im Ansässigkeitsstaat höher, so ist die Hochschleusung für den Steuerpflichtigen grundsätzlich ungünstig. Ist es hingegen nicht höher, so unterscheiden sich die Freistellungs- und die Anrechnungsmethode im Ergebnis insoweit zwar nicht. Es kann aber insbesondere durch unterschiedliche Periodenzuordnungen gleichwohl zu Anrechnungsüberhängen kommen, so dass sich aus der Anrechnungsmethode für den Steuerpflichtigen Nachteile gegenüber der Freistellungsmethode ergeben. Etwas anderes kann bei **Verlusten** im Nichtansässigkeitsstaat gelten. Die Freistellungsmethode wird jedenfalls in Deutschland dahin verstanden, dass auch Verluste als „negative Einkünfte" „freizustellen" und damit in Deutschland als Ansässigkeitsstaat nicht steuermindernd zu berücksichtigen seien (s. näher und zur Kritik Rz. 52ff.). Ähnliches gilt – vorbehaltlich des Unionsrechts, vgl. EuGH v. 28.2.2008, Rs. C-293/06, Slg. 2008, I-1129 – *Deutsche Shell* – auch für Währungsverluste bei freigestellten ausländischen Einkünften (Rz. 112). Hingegen führen Verluste bei der Anrechnungsmethode herkömmlich zu einer Steuerminderung auch im Ansässigkeitsstaat. Allerdings kann das innerstaatliche Recht des Ansässigkeitsstaates die Verrechnung bestimmter oder sämtlicher Verluste aus dem Quellenstaat gegen anderweitig erzielte Gewinne versagen (so in Deutschland für bestimmte Drittstaaten-Verluste § 2a EStG, s. Rz. 127). Unterschiede in der Auswirkung beider Methoden im jeweiligen Einzelfall ergeben sich schließlich auch aus dem Ausschluss von Aufwendungen, die unmittelbar mit freigestellten ausländischen Einkünften zusammenhängen (in Deutschland nach § 3c EStG), sowie daraus, dass in den Vertragsstaaten unterschiedliche Vorschriften über die Steuerbemessungsgrundlage gelten (*Selchert/Machens,* DB 1983, 617 (674, 728)).

9 Sowohl die **Freistellungs-** als auch die **Anrechnungsmethode** sind in den MA **nicht als ausschließliche** vorgesehen, sondern jeweils ergänzt um – und somit gemildert durch – Elemente der anderen Methode (vgl. auch *Ault/Arnold,* Comparative Income Taxation, S. 448: „in practice, no country uses a 'pure' credit or 'pure' exemption approach"). Für den Fall, dass die Vertragsparteien sich grundsätzlich für die **Freistellungsmethode** entscheiden, sieht das OECD-MA doch für Quellensteuern auf Dividenden und Zinsen die Anrechnung vor, das UN-MA auch für Lizenzgebühren (Art. 23A Abs. 2). Dies trägt der Beschränkung der Besteuerung im Quellenstaat Rechnung; würden diese Einkünfte gleichwohl im Ansässigkeitsstaat freigestellt, käme es zu einer Besteuerung, die hinter dem allgemeinen Steuerniveau zurückbleibt (less than single taxation). Wählen die Vertragsparteien die **Anrechnungsmethode,** so ergibt sich deren Ergänzung nach dem MA dadurch, dass schon die Verteilungsnormen bestimmte Einkünfte von der Besteuerung im Ansässigkeitsstaat freistellen (s. Rz. 122). Das gilt in gewissem Umfang infolge der Ausnahmen von der saving clause auch für das US-MA (s. Rz. 161 sowie Art. 1 Rz. 64ff.). Bei der Entscheidung zwischen Art. 23A und B nach dem OECD- und UN-MA geht es also nur um die Frage, welche der beiden Methoden nach dem Abkommen den Vorrang haben soll. Die besonders im angloamerikanischen Rechtskreis anzutreffende Auffassung, DBA beschränkten genau genommen nur die Besteuerung im Quellenstaat, entspricht nicht dem MA und auch keinem, jedenfalls keinem bedeutenderen, geltenden DBA.

10 Im Übrigen sind gerade im Rahmen des Art. 23 MA **international koordinierte Bestrebungen zur Vermeidung von Doppelbesteuerungen und**

Doppelnichtbesteuerungen zu verzeichnen, die aus der divergierenden Auslegung der DBA durch die Vertragsstaaten resultieren. Dies gilt auch für Fälle, die sich aus der unterschiedlichen Beurteilung durch das aufgrund Art. 3 Abs. 2 MA maßgebliche innerstaatliche Recht ergeben (**Qualifikationskonflikte,** dazu näher Rz. 40 sowie Grundl. Rz. 96e, 158 ff.). Noch weitergehend belässt Art. 23A Abs. 4 MA dem Ansässigkeitsstaat die Möglichkeit zur Besteuerung auch dann, wenn der andere Staat das DBA unzutreffenderweise so anwendet, dass er die betreffende Einkünfte bzw. das Vermögen freistellt oder Absatz 2 des Artikels 10 oder des Artikels 11 auf diese Einkünfte anwendet (vgl. Rz. 244).

In der **Vertragspraxis** und der deutschen Verhandlungsgrundlage (vgl. insbes. Art. 22 Abs. 1 Nr. 4 und 5 VGL) wird die Freistellung zudem häufig von **weiteren Voraussetzungen** abhängig gemacht, etwa davon, dass der Steuerpflichtige sogenannte „aktive" Einkünfte erzielt (**Aktivitätsvorbehalt,** dazu Rz. 67). Ferner kann die Freistellung im Ansässigkeitsstaat voraussetzen, dass die Einkünfte oder das Vermögen im anderen Staat tatsächlich versteuert werden („subject to tax" oder **Rückfallklausel,** Vor 6–22, Rz. 20 ff.). Eine bloß virtuelle Doppelbesteuerung (vgl. Grundl. Rz. 69 ff.) reicht in diesen Fällen nicht aus; umgekehrt wird aber auch keine bestimmte Höhe der ausländischen Steuer vorgeschrieben, so dass die Klausel bei jeder noch so geringen Besteuerung im Nichtansässigkeitsstaat nicht eingreift. Noch weitergehend erlauben sogenannte **„Switch-Over-Klauseln"** (s. Art. 1. Rz. 136 ff.; zur unionsrechtlichen Problematik s. EuGH v. 6.12.2007, Rs. C-298/05, Slg. 2007, I-10 451 – *Columbus Container Services* und näher Grundl. Rz. 270a) einen Übergang von der Freistellungs- zur Anrechnungsmethode nach einem erfolglosen Verständigungsverfahren bereits dann, wenn es aufgrund eines Qualifikationskonflikts oder Zurechnungskonflikts (s. Grundl. Rz. 181 ff.) zu einer Nichtbesteuerung oder einer zu niedrigen Besteuerung im Quellenstaat kommt; alternativ kann ein solcher Übergang auch an eine bloße Notifikation des Übergangs zur Anrechnungsmethode geknüpft werden (Notifikationseinkünfte). Zu den Besonderheiten der deutschen Vertragspraxis, s. Rz. 16 ff. 11

Diese Bestrebungen sind zu unterscheiden von den **Vertragsverletzungen durch innerstaatliches Recht,** die bisweilen mit dem englischsprachigen Ausdruck „treaty override" beschönigt werden. In derartigen Fällen wird der Anwendungsbefehl des innerstaatlichen Rechts zurückgenommen, ohne dass zugleich die völkerrechtlich gebotene Abkommensänderung vereinbart würde (dazu näher Grundl. Rz. 193 ff.; *Lehner,* IStR 2012, 389; *Ismer/Baur,* IStR 2014, 421). So ist in Deutschland die unilaterale Switch-Over-Klausel in **§ 20 Abs. 2 AStG** zu beachten. Zudem enthält **§ 50d EStG** eine kontinuierlich länger werdende Liste von Tatbeständen, bei denen unilaterale Rückfallklauseln die an sich durch das Abkommen gebotene abkommensrechtliche Freistellung versagen (s. Rz. 108 sowie GKG/*Grotherr,* Art. 23A/B Rz. 75 ff.). 12

Die in Abkommen vereinbarten Rückfallklauseln sind zudem von den **„Quellen-Regeln"** abzugrenzen: In den angloamerikanischen Staaten gibt es häufig Bestimmungen darüber, in welchen Staaten Einkünfte ihre „Quelle" haben bzw. Vermögenswerte belegen sind, etwa in den USA in sec. 861 ff. IRC (*K. Vogel,* FS Walter (1988), S. 101 ff.). Dies kann von Bedeutung sein sowohl für die Besteuerung im Nichtansässigkeitsstaat (*Vann,* CDFI 95a, 79 (82)) als auch für die Anrechnung im Ansässigkeitsstaat. Das MA sieht, soweit die Vertragsstaaten sich für eine Anrechnung entscheiden, im Rahmen der Höchstbetragsregeln (s. Rz. 145 ff.) die Anrechnung aller Steuern auf Einkünfte oder Vermögenswerte vor, die nach den Verteilungsnormen der Art. 6 bis 22 im Quellenstaat besteuert werden „können" („may be taxed"). Abweichend hiervon wird in den angloamerikanischen Staaten die ergänzende Verweisung auf die innerstaatlichen Vorschriften über die Anrechnung (s. Rz. 158) überwiegend dahin verstanden, dass eine Anrechnung nur zu 12a gewähren ist, wenn auch nach innerstaatlichem Recht die Einkünfte im anderen Vertragsstaat ihre „Quelle" haben, sofern das jeweilige DBA nicht ausdrücklich etwas anderes bestimmt (so besonders in den USA: *Owens,* The Foreign Tax Credit, (1961), S. 217 ff.; *McDaniel/Ault,* 35 ff.; *Gourevitch/Hilinski/Oatway,* CDFI LXV b, 347 ff.). Um dennoch die innerstaatlichen Vorschriften mit dem MA in Einklang zu bringen, bestimmt **Großbritannien** seit 1967 regelmäßig in seinen DBA in dem Art. 23 entsprechenden Artikel: „For the purposes of this Article, profits, income and capital gains owned by a resident of a Contracting State which may be taxed in the other Contracting State in accordance with this Convention shall be deemed to arise from sources in that other Contracting State" (die sog. ***„deemed source rule"***: *Davies,* Principles of International Double Taxation Relief, 1985, 197; zu viel diskutierten Sonderproblemen im Zusammenhang mit den Besonderheiten der source rule in Art. 23 Abs. 3 *DBA USA/Vereinigtes Königreich* s. die Entscheidung des *Court of Appeal, Bayfine UK v HM Revenue and Customs* [2011] EWCA Civ 304, der britische *Supreme Court* hat die Revision nicht zugelassen). Andere Staaten des angloamerikanischen Rechtskreises sind diesem Beispiel mit gewissen Abweichungen gefolgt (*K. Vogel,* Beihefter zu IStR 24/97, 3 ff.). In Deutschland werden derartige Klauseln – wohl auch wieder vom BFH, wie die an sich überhaupt nicht notwendige ausdrückliche Abweichung in BStBl. II 2008, 953: *DBA Italien* von der Entscheidung BFH, BStBl. 2004, 260: *DBA Kanada* zeigt, als Rückfallklauseln verstanden. Das ist aber nicht ohne Weiteres möglich. Vielmehr bedarf es einer genauen Ermittlung des Sinngehalts der Klausel im einzelnen Fall, wobei im Verhältnis zu Staaten angloamerikanischer Tradition eine Vermutung gegen eine Rückfallklausel spricht, s. auch Vor Art 6–22, Rz. 20 ff.

13 Während die zuvor genannten Gesichtspunkte die Fälle betrafen, in denen ein in einem Vertragsstaat Ansässiger selbst im anderen Staat Einkünfte erzielte, sind die Fälle zu unterscheiden, in denen ein in einem Vertragsstaat Ansässiger **Einkünfte erzielt durch eine im anderen Vertragsstaat ansässige Kapitalgesellschaft:**

13a Einerseits sind **Regelungen über Schachteldividenden** zu verzeichnen: Damit soll der Tatsache Rechnung getragen werden, dass dann wirtschaftlich, wenngleich nicht rechtlich gesehen mindestens eine dreifache Besteuerung im Raum steht, nämlich die Besteuerung der Kapitalgesellschaft sowie bei Ausschüttungen die Besteuerung des Anteilseigners im Quellenstaat und in seinem Ansässigkeitsstaat (dazu etwa *Kofler,* BIT 2012, 77). Anders als das US-MA in Art. 23 Abs. 2 Buchst. b) bieten das OECD-MA (s. aber MA-Komm. Ziff. 52 ff.) und das UN-MA für diese Fälle noch keine zufriedenstellenden Antworten. In der Abkommenspraxis (zur deutschen Praxis, vgl. näher Rz. 90) finden sich aber entsprechende Freistellungsregelungen, die das Schachtelprivileg im Nichtansässigkeitsstaat ergänzen sollen. Alternativ ist auch als Ausnahme vom Erfordernis der Subjektidentität bei der Anrechnungsmethode eine indirekte Anrechnung der von der Tochtergesellschaft im anderen Staat gezahlten Steuern (s. Rz. 104 f.; 134) möglich (so früher in Deutschland auch § 26 Abs. 2–5 KStG 1991). Jedenfalls im innerstaatlichen Recht der OECD-Staaten geht der Trend allerdings in Richtung Freistellung (s. die Nachweise bei *Göydeniz,* IStR 2011, 665; *Kofler,* BIT 2012, 77 (80 ff.)). Hingegen ist hinsichtlich der innerstaatlichen Regelungen zu den Gewinnen aus der **Veräußerung von Anteilen** an ausländischen Kapitalgesellschaften ein noch heterogeneres Bild zu verzeichnen (*Göydeniz,* IStR 2011, 665 (667 ff.)).

13b Andererseits ist die **Abschirmwirkung von Kapitalgesellschaften** zu bedenken. Diese führt mit Blick auf die Anrechnungsmethode zu einem Steueraufschub der Residualsteuer im Ansässigkeitsstaat bis zur Ausschüttung. Sie wird indes unter bestimmten Umständen negiert, wenn sie zu nicht gerechtfertigt erscheinenden Vorteilen führen würde. Dies kann insbesondere bei der Abkommensberechtigung der Fall sein (zu den Conduit Companies vgl. Art. 1 Rz. 120l). Auch werden Bezüge einer

Basisgesellschaft wegen der Annahme einer Steuerumgehung (s. dazu Anh. zu Art. 1 Rz. 88 ff.) deren inländischem Gesellschafter zugerechnet und bei diesem besteuert, wobei dann aber eine Anrechnung vorgesehen werden sollte (s. näher Rz. 135). Weitergehend finden sich im innerstaatlichen Recht Regelungen zu den Controlled Foreign Corporations (**CFC Rules;** in Deutschland Hinzurechnungsbesteuerung nach §§ 7 ff. AStG). Kommt es unabhängig von einer Ausschüttung zu einer Einkünftezurechnung (zur dogmatischen Konstruktion der Hinzurechnungsbesteuerung *Rust,* Die Hinzurechnungsbesteuerung, S. 26 f.) an die Anteilseigner, so sind regelmäßig die gezahlten ausländischen Steuern anzurechnen (vgl. Rz. 135).

c) Die **abkommenspolitische Entscheidung** zwischen Anrechnung und Freistellung erfordert eine Abwägung diverser Aspekte (vgl. auch die ausführliche Diskussion Grundl. Rz. 20 ff.). Beide Methoden weisen erhebliche Vorzüge und Nachteile auf (*Blanluet/Durand,* CDFI 96b, 17 (50 ff.); *Göydeniz,* IStR 2011, 665; aus deutscher Sicht *Schnitger,* CDFI 96b, 351; *Spengel,* DStjG 36 (2013), 39 ff.), so dass es letztlich keine vollständig befriedigende Lösung gibt (ebenso *Blanluet/Durand,* a. a. O. (19)). Zudem hängt das Ergebnis von der individuellen Gewichtung nicht kommensurabler Faktoren ab. Auch die Abkommensrealität zeigt, dass die Staaten nicht durchgängig einer Methode den Vorzug geben, sondern ein Mischsystem implementieren, dessen Komplexität über das von OECD-MA und UN-MA vorgeschlagene weit hinausgeht. Hierbei lässt sich eine gewisse Konvergenz beobachten, wonach die Freistellungsmethode auf Unternehmensgewinne, und zwar vor allem bei Dividendeneinkünfte aus ausländischen Tochtergesellschaften, hingegen die Anrechnungsmethode auf passive Einkünfte Anwendung findet (*Avi-Yonah,* Tax Convergence and Globalization, University of Michigan Public Law Working Paper No. 214; *Göydeniz,* IStR 2011, 665 (666 f.)). 14

Zu berücksichtigen sind jedenfalls **Gerechtigkeitsauswirkungen**. Dies berührt zum einen staatstheoretische Grundfragen der Steuerrechtfertigung (dazu die Grundl. Rz. 20 ff.). Zum anderen stellen sich empirische Fragen nach tatsächlichen Möglichkeiten zu Steuergestaltungen, die, wenn sie wirtschaftlicher Substanz entbehren, kaum zu rechtfertigende Ungleichbehandlungen hervorrufen. Das ist insbesondere dann der Fall, wenn im Steuerwettbewerb um mobile Steuerquellen Vorzugsregimes für Ausländer angeboten werden. Umgekehrt können die Unterschiede zwischen virtueller und effektiver Doppelbesteuerung minimal sein, so dass daran geknüpfte Normen wie Rückfallklauseln problematisch sein können. Darüber hinaus sind **Effizienzgesichtspunkte** einzubeziehen: Kapitalexportneutralität und Kapitalimportneutralität sind dabei unter unterschiedlichen Voraussetzungen optimal. Unterschiedliche steuerliche Behandlungen von mobilen und weniger mobilen Faktoren können ebenfalls optimal sein, wobei eine hinreichend sichere rechtsförmige Ausgestaltung möglich sein muss. Zudem sind die Kosten der Steuerplanung und Steuerarbitrage (dazu *Kofler/Kofler,* FS Djanani, S. 381) sowie der Befolgung steuerlicher Pflichten und Verwaltungsaufwand wohlfahrtsmindernd (s. dazu etwa *Becker/Fuest,* Journal of Public Economics 95:1–2, 28). Ferner sind aber die Auswirkungen auf das inländische **Steueraufkommen** nicht zu vernachlässigen: die DBA sind als völkerrechtliche Verträge das Ergebnis auch in dieser Hinsicht interessengeleiteter Verhandlungen. Im Übrigen sollte bei allem Streit um die „richtige" Lösung **die Optimierung der jeweiligen Methoden** nicht aus dem Blickfeld geraten (vg. auch die Berichte in CDFI 96b), wobei gerade im Bereich der Anrechnungsmethode erheblicher Forschungsbedarf besteht. Dasselbe gilt für Lücken bei der Vermeidung von Doppelbelastungen, etwa bei der intertemporalen Doppelbesteuerung (vgl. Rz. 14g). 14a

Dies vorausgeschickt, lässt sich festhalten, dass die **Anrechnungsmethode** höhere Verwaltungskosten und mit Blick nicht zuletzt auf die Nachweisanforderun- 14b gen auch höhere Befolgungskosten des Steuerpflichtigen verursacht. Denn es wird eine parallele Ermittlung der Einkünfte bzw. Vermögenswerte nach dem Recht des Ansässigkeitsstaates in jedem Fall erforderlich und nicht nur bei Eingreifen eines Progressionsvorbehaltes; allerdings wird auch die Freistellungsmethode sehr komplex werden, wenn sie nur für einen Teil der Einkünfte gilt und dann eine Abgrenzung vorzunehmen ist oder detaillierte Regeln über die Gewinnzuordnung, insbesondere Verrechnungspreisvorschriften, bestehen. Zudem benachteiligt ein (Hochsteuer-) Staat, der die Anrechnungsmethode bevorzugt, seine eigenen Unternehmen im internationalen Wettbewerb (zutreffend *Leonard,* Denver Journal of Int'l Law and Policy, 20 (1992), 493); daraus kann aber nicht der Umkehrschluss gezogen werden, in der Freistellungsmethode liege eine Beihilfe im Sinne des Art. 107 AEUV (ebenso *Schnitger,* in Brunsbach/Endres/Lüdicke/Schnitger, IFSt 480, S. 92 ff.; s. auch Rz. 195).

14c Umgekehrt ist nicht zu verkennen, dass die **Freistellungsmethode** Vorteile aus Einkünfteverlagerungen eröffnet. Diese sind insbesondere dann problematisch, wenn es keine klaren und überzeugenden Kriterien der territorialen Zuordnung (Quellenregeln) gibt. Letztlich stehen Gestaltungsmöglichkeiten aber auch bei der Anrechnungsmethode durch Zwischenschaltung von anerkannten Kapitalgesellschaften offen. Zudem kann es unter Umständen zu einer doppelten Steueranrechnung kommen (*Blanluet/Durand,* CDFI 96b, 17 (54); s. zu Gestaltungen bei der Anrechnungsmethode auch OECD, Hybrid Mismatch Arrangements, 2012, S. 9 ff. und 20 ff.).

14d Demgegenüber ist bei den in der Praxis um sich greifenden **Mischsystemen,** wonach die Freistellung von der Erfüllung der tatbestandlichen Voraussetzungen von Aktivitätsklauseln (dazu Rz. 67) abhängig gemacht wird, zu bedenken, dass sie mancherlei Gelegenheiten zur Steuerplanung schaffen. Insbesondere können Anfangsverluste in den höher besteuernden Ansässigkeitsstaat importiert werden, während die späteren Gewinne dem niedrigeren Steuerniveau des Nichtansässigkeitsstaates unterliegen (vgl. näher Rz. 77). Zudem können, zumindest in Extremfällen, gleichheitsrechtliche Bedenken entstehen, wenn nur für bestimmte Artikel die Freistellungsmethode, für andere hingegen die Anrechnungsmethode zur Anwendung kommt (vgl. zur Ungleichbehandlung von Einkünften aus selbständiger Arbeit und Unternehmensgewinnen im *DBA Liechtenstein/Österreich Sutter,* SWI 2013, 514 ff.; *Loukota,* SWI 2014, 2 ff.; *Binder/Wöhrer,* SWI 2014, 10 ff.; *Beiser,* SWI 2014, 52 ff.; *Lang,* SWI 2014, 58 ff.; der östVwGH v. 24.10.2013, A 2013/0010 sieht darin einen Verfassungsverstoß und hat den Fall dem öst. Verfassungsgerichtshof vorgelegt).

14e Zumindest für idealtypisch aktive Einkünfte erscheint die Freistellungsmethode grundsätzlich vorzugswürdig (ebenso *Vogel* in der Voraufl., Rz. 7; *Lehner,* FR 2011, 1087 (1091); *Lüdicke,* BIT 2010, 609; *Schnitger,* in Brunsbach/Endres/Lüdicke/Schnitger, IFSt 480, S. 99; grundsätzlich für die Freistellungsmethode *Fleming/Perony/Shay,* Emory Law Journal 59 (2009), 79). Über die Freistellungsmethode als zu empfehlende Grundlage für eine Harmonisierung des Internationalen Steuerrechts in der EU s. *K. Vogel,* Taxation of Cross-Border Income, Harmonization and Tax Neutrality under European Community Law, 1994, bes. S. 21 ff.; *ders.,* StuW 1993, 380 ff.; *ders.,* BIFD 2002, 4 ff.; zur Freistellungsmethode für Einkünfte aus Betriebsstätten und wesentlichen Beteiligungen nach dem Vorschlag für eine CCCTB s. *Kemmeren,* in Lang u. a. (Hrsg.), Common Consolidated Tax Base, S. 653 ff.

14f Ferner erscheint eine **Symmetrie** dahingehend durchaus sinnvoll, dass bei einer Freistellung von Gewinnen auch Verluste im Ansässigkeitsstaat unbeachtlich sind; dies ergibt sich allerdings nicht aus dem Abkommen, sondern muss im innerstaatlichen Recht gesondert vorgesehen sein (vgl. Rz. 52 ff.). Die Berücksichtigung von ausländischen Verlusten kombiniert mit Nachversteuerung muss nicht notwendig vorteilhafter sein als die gänzliche Unbeachtlichkeit (zu einer Vergleichsrechnung, s. *Scheffler,* IStR 2010, 673). Zudem ist die Nachversteuerung sehr komplex, so dass sie der

EuGH v. 15.5.2008, Rs. C-414/06, Slg. 2008, I-3601 – *Lidl Belgium* anders als noch die Generalanwältin *Kokott* in ihren Schlussanträgen zu Recht nicht als milderes Mittel gegenüber einer Nichtberücksichtigung der Verluste angesehen hat.

Im Übrigen können weder die Anrechnungs- noch die Freistellungsmethode in ihrer derzeitigen Ausgestaltung in allen Fällen eine zufriedenstellende Lösung zu bieten. Insbesondere bestehen nach wie vor **Schwierigkeiten bei der intertemporalen Doppelbesteuerung.** So kann es bei Wegzugsteuern („exit taxes") zu einer Doppelbesteuerung kommen (dazu Art. 13 Rz. 289, 301, 304 f.; MA-Komm. zu Art. 23 Ziff. 37 S. 6). Ähnliche Probleme stellen sich bei den Arbeitnehmer-Aktienoptionen (dazu MA-Komm. zu Art. 23 Ziff. 37) sowie bei den Ruhegehältern und ähnlichen Vergütungen (dazu Art. 18 Rz. 151). Vor diesem Hintergrund sollte jedenfalls eine Anrechnung der zu einem anderen Zeitpunkt erhobenen ausländischen Steuer vorgesehen werden, wofür Konsultationsverfahren nach Art. 25 Abs. 3 S. 2 OECD-MA einen Anstoß geben könnten (s. dazu auch Art. 18 Rz. 28; wie hier auch *Macorin Carramaschi,* TNI 2008, 283 im Zusammenhang mit Wegzugsteuern). **14g**

d) Ergänzung durch das innerstaatliche Recht und das Unionsrecht: Sowohl die Freistellungs- als auch die Anrechnungsmethode bedürfen der näheren **Ausgestaltung** durch das **innerstaatliche Recht** (in Deutschland § 32b EStG bzw. §§ 34c, 34d; 32d Abs. 5 und Abs 6 S. 2 EStG, s. Rz. 158, 221 und 232) hinsichtlich der rechnerischen Bezugsgrößen – welche positiven und negativen Elemente gehen in die „ausländischen Einkünfte" ein, in die „inländischen" usw.? – und hinsichtlich des Verfahrens. Dabei ist die Anrechnungsmethode die wesentlich kompliziertere der beiden; sie wird daher i. d. R. auch in größerem Umfang durch das nationale Recht ausgestaltet und ergänzt. Wo dies ausnahmsweise nicht der Fall ist (wie früher in Österreich), ist zu prüfen, ob das nationale Recht die Ergänzung dem Ermessen der Verwaltungsbehörden überlässt. Wenn nicht, sind allgemeine Rechtsgrundsätze, gegebenenfalls auch ein Vergleich mit herkömmlich nahestehenden Rechtsordnungen, heranzuziehen. Im Übrigen gibt es neben den abkommensrechtlichen Regeln auch unilaterale Vorschriften über die Vermeidung der Doppelbelastung (vgl. Rz. 253) sowie umgekehrt einseitige Maßnahmen zur Beseitigung der Freistellung im Falle von Doppelnichtbesteuerungen, dazu näher Rz. 120. **15**

Daneben bestehen zahlreiche Einflüsse des **Unionsrechts** (allgemein dazu etwa *Ismer,* in HHR, Einf. EStG, Rz. 400 ff.). Einerseits entfalten auf die Grundfreiheiten gestützte EuGH-Urteile grundlegende Wirkungen der „negativen Integration", indem sie den Mitgliedsstaaten bestimmte Ausgestaltungen ihres innerstaatlichen Rechts untersagen. Als Ausgangspunkt ist dabei festzuhalten, dass Anrechnungs- und Freistellungsmethode gleichwertig sind (so etwa EuGH v. 10.2.2011, Rs. C-436/08 und C-437/08, Slg. 2011, I-305 – *Haribo und Salinen).* Dies gilt insbesondere für die Beschränkung der Berücksichtigung von finalen ausländischen Verlusten (s. EuGH v. 13.12.2005, Rs. C-446/03, Slg. 2005, I-10837 -*Marks & Spencer;* v. 28.2.2008, Rs. C-293/06, Slg. 2008, I-1129 – *Deutsche Shell* für Währungsverluste bei der Rückführung von Dotationskapital einer in einem anderen Mitgliedstaat belegenen Betriebstätte; v. 29.3.2007, Rs. C-347/04, Slg. 2007, I-2647 – *Rewe Zentralfinanz;* v. 21.2.2006, Rs. C-152/03, Slg. 2006, I-1711 – *Ritter-Coulais* einerseits und EuGH v. 25.2.2010, Rs. C-337/08, Slg. 2010, I-1215 – *X-Holding;* v. 15.5.2008, Rs. C-414/06, Slg. 2008, I-3601 – *Lidl Belgium;* v. 6.11.2007, Rs. C-415/06, Slg. 2007, I-151 – *Ergste Werstig;* v. 6.12.2007, C.298/05, Slg. 2007, I-10451 – *Columbus Container* andererseits sowie näher Grundl. Rz. 268d). Andererseits gibt es eine gewisse Anzahl von Maßnahmen der positiven Integration, indem Rechtangleichung durch Setzung von unionsweit einheitlichen Rechtsakten erreicht wird (dazu näher Grundl. Rz. 253 ff. sowie Rz. 256 ff.). **15a**

II. Deutsche DBA

1. Abkommensübersicht zu Artikel 23 A und B

DBA	D., V.	Regel	Anrechnung als Ausnahme											fiktive Anrechnung	Freistellung als Ausnahme							Progressionsvorbehalt	Sonstiges	Artikel	s. für alle DBA Rz. 3 ff., 33 ff., außerdem:
			Dividenden, soweit nicht Schachtelprivileg	Zinsen	Lizenzgebühren	Veräußerung von Gesellschaftsanteilen	Aufsichtsratsvergütung	Einkünfte der Künstler und Sportler allgemein	Einkünfte der von diesen beherrschten Gesellschaften	Öffentliche Kassen (i.d.R. Staatsangehörigkeitsvorbehalt)	Unbewegliches Vermögen, falls nicht zu Betriebstätte gehörig	Passive Unternehmensgewinne	Ergänzend		Einkünfte aus unbeweglichem Betriebsvermögen	Aktive Unternehmensgewinne	Entsprechende Veräußerungsgewinne	Schachteldividenden	Einkünfte aus unselbständiger Arbeit	Vergütung aus öffentlichen Kassen	Ergänzend				
Ägypten	D	Freistellung	+	+	+		+	+				+	D+V: Gewinne aus der Veräußerung beweglichen Vermögens, das nicht Betriebsvermögen ist; Einkünfte, die unter keine Verteilungsnorm fallen	ja							–	ja	–	24 Abs. 1	68 ff.
	V	Freistellung	+	+	+								–												
Albanien 2010	D	Freistellung	+	+	+	+	+	+	+			+	Einkünfte aus gewerbsmäßiger Arbeitnehmerüberlassung; Einkünfte aus Seeschiffen und Luftfahrzeugen; unbewegliches Vermögen einer Betriebstätte und Einkünfte daraus; Gewinne aus der								–	ja	–	23 Abs. 1	69

													Veräußerung von unbeweglichem Vermögen und beweglichem Betriebsvermögen einer Betriebstätte; Einkünfte, die unterschiedlichen Abkommensbestimmungen zugeordnet oder verschiedenen Personen zugerechnet werden; auf diplomatischem Weg notifizierte Einkünfte												
	V	Anrechnung											–								–	ja	–	23 Abs. 2	
Algerien 2007	D	Freistellung	+	+	+	+	+	+	+			+	Einkünfte aus gewerbsmäßiger Arbeitnehmerüberlassung; Gewinne aus der Veräußerung von unbeweglichem Vermögen und beweglichem Betriebsvermögen einer Betriebstätte; Einkünfte, die unterschiedlichen Abkommensbestimmungen zugeordnet oder verschiedenen Personen zugerechnet werden; auf diplomatischem Weg notifizierte Einkünfte								–	ja	–	23 Abs. 2	69
	V	Anrechnung											–								–	ja	–	23 Abs. 1	

D = Deutschland V = Vertragsstaat + = Einkunftsart, für die als Ausnahme Anrechnung oder Freistellung vorgesehen ist

DBA	D., V.	Regel	Anrechnung als Ausnahme											fiktive Anrechnung	Freistellung als Ausnahme							Progressionsvorbehalt	Sonstiges	Artikel	s. für alle DBA Rz. 3 ff., 33 ff., außerdem:
			Dividenden, soweit nicht Schachtelprivileg	Zinsen	Lizenzgebühren	Veräußerung von Gesellschaftsanteilen	Aufsichtsratsvergütung	Einkünfte der Künstler und Sportler allgemein	Einkünfte der von diesen beherrschten Gesellschaften	Öffentliche Kassen (i.d.R. Staatsangehörigkeitsvorbehalt)	Unbewegliches Vermögen, falls nicht zu Betriebstätte gehörig	Passive Unternehmensgewinne	Ergänzend		Einkünfte aus unbeweglichem Betriebsvermögen	Aktive Unternehmensgewinne	Entsprechende Veräußerungsgewinne	Schachteldividenden	Einkünfte aus unselbständiger Arbeit	Vergütung aus öffentlichen Kassen	Ergänzend				
Argentinien	D	Anrechnung											–	ja	+	+	+	+	+	+	Vergütungen im Rahmen eines Entwicklungshilfeprogramms	ja	–	23 Abs. 1; *Prot.* Nr. 5	63; 68 ff.
	V	Anrechnung											–								–		–	23 Abs. 4	
Armenien	s. UdSSR																								
Aserbaidschan	D	Freistellung	+	+	+	+	+	+	+			+	Einkünfte aus gewerbsmäßiger Arbeitnehmerüberlassung; unbewegliches Vermögen einer Betriebstätte und Einkünfte daraus; Gewinne aus der Veräußerung von unbeweglichem Vermögen und beweglichem Betriebsvermögen einer Betriebstätte								–	ja	–	23 Abs. 1	69
	V	Anrechnung																					–	23 Abs. 2	
Australien	D	Freistellung	+	+	+		+		+			+	Einkünfte aus Seeschiffen und Luftfahrzeugen;								–	ja	Sonderregel für abhängige Territorien	22 Abs. 2; *Prot.* Nr. 10	68 ff.

													Einkünfte, die unter keine Verteilungsnorm fallen												
	V	Anrechnung											–								–	ja	Sonderregel für Gewerbe-ertrag-)steuer	22 Abs. 1; *Prot.* Nr. 10	
Bangladesch	D	Freistellung	+	+	+		+	+			+	+	D+V: Gewinne aus dem Betrieb von Seeschiffen im internationalen Verkehr	ja							–	ja	–	22 Abs. 1; *Prot.* Nr. 3	68 ff.
	V	Freistellung	+	+	+		+	+			+										–	ja	–	22 Abs. 2; *Prot.* Nr. 3	
Belarus	D	Freistellung	+	+	+			+	+			+	Einkünfte aus gewerbsmäßiger Arbeitnehmer-überlassung; unbewegliches Vermögen einer Betriebstätte sowie Gewinne aus dessen Veräußerung und der von beweglichem Betriebs-vermögen einer Betriebstätte									ja		23 Abs. 1	69
	V	Anrechnung																			–		–	23 Abs. 2	
Belgien	D	Freistellung	+	+									–								–	ja	Sonderregeln für überhöhte Zinsen und Lizenz-gebühren, ferner gegen doppelten Verlustabzug bei Betrieb-stätten	23; *Prot.* Nr. 12, 13	

D = Deutschland V = Vertragsstaat + = Einkunftsart, für die als Ausnahme Anrechnung oder Freistellung vorgesehen ist

DBA	D., V.	Regel	Anrechnung als Ausnahme											fiktive Anrechnung	Freistellung als Ausnahme							Progressionsvorbehalt	Sonstiges	Artikel	s. für alle DBA Rz. 3 ff., 33 ff., außerdem:
			Dividenden, soweit nicht Schachtelprivileg	Zinsen	Lizenzgebühren	Veräußerung von Gesellschaftsanteilen	Aufsichtsratsvergütung	Einkünfte der Künstler und Sportler allgemein	Einkünfte der von diesen beherrschten Gesellschaften	Öffentliche Kassen (i.d.R. Staatsangehörigkeitsvorbehalt)	Unbewegliches Vermögen, falls nicht zu Betriebstätte gehörig	Passive Unternehmensgewinne	Ergänzend		Einkünfte aus unbeweglichem Betriebsvermögen	Aktive Unternehmensgewinne	Entsprechende Veräußerungsgewinne	Schachteldividenden	Einkünfte aus unselbständiger Arbeit	Vergütung aus öffentlichen Kassen	Ergänzend				
Belgien	V	Freistellung	+	+									Lizenzgebühren, soweit sie die angemessene Höhe übersteigen und daher in D besteuert werden können												
Bolivien	D	Anrechnung											–	ja	+	+	+	+	+	+	Einkünfte aus selbständiger Arbeit nach Art. 14	ja	Bei passiven Unternehmenseinkünften verbleibt es bei Anrechnung	23 Abs. 1; *Prot.* Nr. 7, 8	63; 68 ff.
	V	Freistellung											–								–	ja	–	23 Abs. 2; *Prot.* Nr. 7, 8	
Bosnien-Herzegowina	s. Jugoslawien																								
Bulgarien 2010	D	Freistellung	+	+	+	+	+	+	+			+	Einkünfte aus gewerbsmäßiger Arbeitnehmerüberlassung; Gewinne aus der Veräußerung von unbeweglichem Vermögen und beweglichem Betriebsvermögen einer Betriebstätte								–	ja	–	22 Abs. 1	69

	V	Freistellung	+	+	+	+							kein Schachtelprivileg								–	ja	–	22 Abs. 2	
China 1985	D	Freistellung	+	+	+	+	+	+					Gewinne aus der Veräußerung beweglichen Vermögens, das nicht Betriebsvermögen ist; Einkünfte, die unter keine Verteilungsnorm fallen	ja							–	ja	–	24 Abs. 2; *Prot.* Nr. 6 b	68 ff.
	V	Anrechnung											–								–		–	23 Abs. 2; *Prot.* Nr. 4, 5	
China 2014 (E)	D	Freistellung	+	+	+	+	+	+					Gewinne aus der Veräußerung unbeweglichen Vermögens und beweglichen Betriebsvermögens einer Betriebstätte; Einkünfte, die unterschiedlichen Abkommensbestimmungen zugeordnet oder verschiedenen Personen zugerechnet werden; auf diplomatischem Weg notifizierte Einkünfte	ja										23 Abs. 2	69
	V	Anrechnung																					indirekte Anrechnung bei nicht steuerbefreiten Schachteldividenden	23 Abs. 1	

D = Deutschland V = Vertragsstaat + = Einkunftsart, für die als Ausnahme Anrechnung oder Freistellung vorgesehen ist

DBA	D., V.	Regel	Anrechnung als Ausnahme											fiktive Anrechnung	Freistellung als Ausnahme							Progressionsvorbehalt	Sonstiges	Artikel	s. für alle DBA Rz. 3 ff., 33 ff., außerdem:
			Dividenden, soweit nicht Schachtelprivileg	Zinsen	Lizenzgebühren	Veräußerung von Gesellschaftsanteilen	Aufsichtsratsvergütung	Einkünfte der Künstler und Sportler allgemein	Einkünfte der von diesen beherrschten Gesellschaften	Öffentliche Kassen (i.d.R. Staatsangehörigkeitsvorbehalt)	Unbewegliches Vermögen, falls nicht zu Betriebstätte gehörig	Passive Unternehmensgewinne	Ergänzend		Einkünfte aus unbeweglichem Betriebsvermögen	Aktive Unternehmensgewinne	Entsprechende Veräußerungsgewinne	Schachteldividenden	Einkünfte aus unselbständiger Arbeit	Vergütung aus öffentlichen Kassen	Ergänzend				
Costa Rica 2014 (E)	D	Freistellung	+	+	+	+	+	+					Einkünfte aus gewerbemäßiger Arbeitnehmer-überlassung; Gewinne der Veräußerung unbeweglichen Vermögens und beweglichen Betriebsvermögens einer Betriebstätte; Einkünfte, die unterschiedlichen Abkommensbe-stimmungen zugeordnet oder verschiedenen Personen zugeordnet oder verschiedenen Personen zugerechnet werden; auf diplomatischem Weg notifizierte Einkünfte	ja										23 Abs. 1	69
	V	Anrechnung																						23 Abs. 2	

Dänemark	D	Freistellung	+			+	+	+					Einkünfte aus gewerblicher Arbeitnehmerüberlassung und private Ruhegehälter nach Wohnsitzwechsel								–	ja	–	24 Abs. 1	
	V	Anrechnung											–					+			Freistellung durch Verteilungsnormen und nach Art. 15 Abs. 1 und 3 als modifizierte Freistellung		Indirekte Anrechnung bei nicht steuerbefreiten Schachteldividenden	24 Abs. 2	51
Ecuador	D	Anrechnung											–	ja	+	+	+	+	+	+	–	ja	–	23 Abs. 1; *Prot.* Nr. 3	63; 68 ff.
	V	Anrechnung											–		+	+	+	+	+	+	passive Unternehmensgewinne	ja	–	23 Abs. 2	
Elfenbeinküste	D	Freistellung	+	+	+		+	+			+	+	Für unbewegliches Vermögen und Einkünfte daraus bleibt es bei Freistellung auch, soweit sie zur festen Einrichtung eines Freiberuflers gehören	ja							–	ja	–	23 Abs. 1	68 ff.
	V	Freistellung											–								–	ja	–	23 Abs. 2	
Estland	D	Freistellung	+	+	+		+	+														ja		23 Abs. 1	69
	V	Anrechnung																					Indirekte Anrechnung bei nicht steuerbefreiten Schachteldividenden	23 Abs. 1	

D = Deutschland V = Vertragsstaat + = Einkunftsart, für die als Ausnahme Anrechnung oder Freistellung vorgesehen ist

DBA	D., V.	Regel	Anrechnung als Ausnahme											fiktive Anrechnung	Freistellung als Ausnahme							Progressionsvorbehalt	Sonstiges	Artikel	s. für alle DBA Rz. 3 ff., 33 ff., außerdem:
			Dividenden, soweit nicht Schachtelprivileg	Zinsen	Lizenzgebühren	Veräußerung von Gesellschaftsanteilen	Aufsichtsratsvergütung	Einkünfte der Künstler und Sportler allgemein	Einkünfte der von diesen beherrschten Gesellschaften	Öffentliche Kassen (i.d.R. Staatsangehörigkeitsvorbehalt)	Unbewegliches Vermögen, falls nicht zu Betriebstätte gehörig	Passive Unternehmensgewinne	Ergänzend		Einkünfte aus unbeweglichem Betriebsvermögen	Aktive Unternehmensgewinne	Entsprechende Veräußerungsgewinne	Schachteldividenden	Einkünfte aus unselbständiger Arbeit	Vergütung aus öffentlichen Kassen	Ergänzend				
Finnland	D	Freistellung	+		+		+	+			+	+										ja	Sonderregeln für Personengesellschaften und für über V geleitete Einkünfte aus Drittstaaten	23 Abs. 5, 6; *Prot.* Nr. 6	67 ff.
	V	Anrechnung											–								Schachteldividenden		Anrechnung auch für Gewerbesteuer	23 Abs. 1–4; *Prot.* Nr. 3	
Frankreich i. d. F. des ZusAbk. 1989	D	Freistellung	+				+						Einkünfte aus Arbeitnehmerüberlassung								–	ja	Gewährung der französischen Steuergutschrift (avoir fiscal)	20 Abs. 1	
	V	Modifizierte Freistellung	+				+						Schachteldividenden, Vergütungen stiller Gesellschafter etc., aus Arbeitnehmerüberlassung								–		Für Streubesitzdividenden unbeschränkt	20 Abs. 2	64; 183
Georgien 2006/2014 (E)	D	Freistellung	+			+	+	+	+		+	+	unbewegliches Vermögen einer Betriebstätte und Einkünfte daraus;								–			23 Abs. 1	69

													Gewinne aus der Veräußerung von unbeweglichem Vermögen und beweglichem Betriebsvermögen einer Betriebstätte												
	V	Anrechnung											–									ja		23 Abs. 2	
Ghana	D	Freistellung	+	+	+	+	+	+	+			+	unbewegliches Vermögen einer Betriebstätte und Einkünfte daraus; Gewinne aus der Veräußerung von unbeweglichem Vermögen und beweglichem Betriebsvermögen einer Betriebstätte									ja	Bei Schachtelbeteiligungen auch indirekte Anrechnung	24 Abs. 1 24 Abs. 2	69
	V	Anrechnung											–								–	ja	Bei Schachtelbeteiligungen auch indirekte Anrechnung	24 Abs. 2	
Griechenland	D	Freistellung	+	+			+			+			Einkünfte aus Dienstleistungen auf Schiffen	ja							–	ja		XVII Abs. 2	
	V	Anrechnung											–								–		–	XVII Abs. 1	
Großbritannien 1964/1970	D	Freistellung	+							+			–								–		Gewinne aus Veräußerung unbeweglichen Vermögens nur freigestellt, falls im V steuerpflichtig	XVIII Abs. 2	65 f.
	V	Anrechnung											–								–		Bei Schachtelbeteiligungen auch indirekte Anrechnung	XVIII Abs. 1	

D = Deutschland V = Vertragsstaat + = Einkunftsart, für die als Ausnahme Anrechnung oder Freistellung vorgesehen ist

DBA	D., V.	Regel	Anrechnung als Ausnahme											fiktive Anrechnung	Freistellung als Ausnahme							Progressionsvorbehalt	Sonstiges	Artikel	s. für alle DBA Rz. 3 ff., 33 ff., außerdem:
			Dividenden, soweit nicht Schachtelprivileg	Zinsen	Lizenzgebühren	Veräußerung von Gesellschaftsanteilen	Aufsichtsratsvergütung	Einkünfte der Künstler und Sportler allgemein	Einkünfte der von diesen beherrschten Gesellschaften	Öffentliche Kassen (i.d.R. Staatsangehörigkeitsvorbehalt)	Unbewegliches Vermögen, falls nicht zu Betriebstätte gehörig	Passive Unternehmensgewinne	Ergänzend		Einkünfte aus unbeweglichem Betriebsvermögen	Aktive Unternehmensgewinne	Entsprechende Veräußerungsgewinne	Schachteldividenden	Einkünfte aus unselbständiger Arbeit	Vergütung aus öffentlichen Kassen	Ergänzend				
Groß-britannien 2010/2014 (E)	D	Freistellung	+			+	+	+	+			+	Veräußerung von unbeweglichem Vermögen und beweglichem Betriebsvermögen einer Betriebstätte; Einkünfte, die unterschiedlichen Abkommensbestimmungen zugeordnet oder verschiedenen Personen zugerechnet werden; auf diplomatischem Weg notifizierte Einkünfte								–	ja	–	23 Abs. 1	69
	V	Anrechnung											–								–	–	Bei Schachtelbeteiligungen auch indirekte Anrechnung	23 Abs. 2	65 f.
Indien	D	Freistellung	+	+	+	+	+	+					Vergütungen für technische Dienstleistungen; Einkünfte, bei denen eine unterschiedliche Qualifikation oder Zurechnung	ja							–	ja	–	23 Abs. 1; *Prot.* Nr. 6	67 ff.

													zu einer Nicht- oder Doppelbesteuerung führen würde; Missbrauchsvermeidung												
	V	Anrechnung											–								–	–	Abzugshöchstbetrag	23 Abs. 2	
Indonesien	D	Freistellung	+	+	+		+	+				+	Gewinne aus technischen Dienstleistungen, Lotteriegewinne, Auszeichnungen und Einkünfte aus der Vermietung beweglichen Vermögens	ja							–	ja	–	23 Abs. 1	67 ff.
	V	Anrechnung											–								–		–	23 Abs. 2	
Iran	D	Freistellung	+	+	+					+			–	ja							–	ja	–	24 Abs. 1	72 ff.
	V	Anrechnung											–								–		–	24 Abs. 2	
Irland 2011	D	Freistellung	+			+	+	+	+			+	Veräußerung von unbeweglichem Vermögen und beweglichem Betriebsvermögen einer Betriebstätte; Einkünfte, die unterschiedlichen Abkommensbestimmungen zugeordnet oder verschiedenen Personen zugerechnet werden; auf diplomatischem Weg notifizierte Einkünfte								–	ja	–	23 Abs. 2	69
	V	Anrechnung											–								–	ja	Bei Schachteldividenden auch indirekte Anrechnung	23 Abs. 1	

D = Deutschland V = Vertragsstaat + = Einkunftsart, für die als Ausnahme Anrechnung oder Freistellung vorgesehen ist

DBA	D., V.	Regel	Anrechnung als Ausnahme											fiktive Anrechnung	Freistellung als Ausnahme							Progressionsvorbehalt	Sonstiges	Artikel	s. für alle DBA Rz. 3 ff., 33 ff., außerdem:
			Dividenden, soweit nicht Schachtelprivileg	Zinsen	Lizenzgebühren	Veräußerung von Gesellschaftsanteilen	Aufsichtsratsvergütung	Einkünfte der Künstler und Sportler allgemein	Einkünfte der von diesen beherrschten Gesellschaften	Öffentliche Kassen (i.d.R. Staatsangehörigkeitsvorbehalt)	Unbewegliches Vermögen, falls nicht zu Betriebstätte gehörig	Passive Unternehmensgewinne	Ergänzend		Einkünfte aus unbeweglichem Betriebsvermögen	Aktive Unternehmensgewinne	Entsprechende Veräußerungsgewinne	Schachteldividenden	Einkünfte aus unselbständiger Arbeit	Vergütung aus öffentlichen Kassen	Ergänzend				
Island	D+V	Freistellung	+				+						–								–	ja	–	23 Abs. 1; *Prot.* (ohne Nr.)	75
Israel	D	Freistellung	+	+	+					+		+	–	ja							–	ja	–	18 Abs. 1	67 ff.
	V	Anrechnung											–								–		Bei Schachteldividenden auch indirekte Anrechnung	18 Abs. 2	
Italien	D	Freistellung	+	+	+		+	+	+				Einkünfte aus unselbständiger Arbeit im Rahmen einer gewerblichen Überlassung von Arbeitnehmern und während einer Übergangszeit; Einkünfte, bei denen eine unterschiedliche Qualifikation oder Zurechnung zu einer Nicht- oder Doppelbesteuerung führen würde								–	ja	Sonderbestimmung über Personengesellschaften; Vorbehalt zur Körperschaftsteuerreform; Sonderbestimmung zur Vermeidung der Doppelbesteuerung im Quellenstaat; Freistellung nur bei tatsächlicher Besteuerung im V	24 Abs. 3; *Prot.* Nr. 2, 13, 16–18	

	V	Anrechnung											–								–	ja	Einschließlich der deutschen Gewerbe- steuer, soweit sie vom Ertrag erhoben wird	24 Abs. 2	
Jamaika	D	Freistellung	+	+	+	+	+	+				+	–	ja							–	ja	–	23 Abs. 1; *Prot.* Nr. 2	66; 67 ff.
	V	Anrechnung											–								–		Bei Schachtel- dividenden auch indirekte Anrechnung	23 Abs. 2	
Japan	D	Freistellung	+	+	+				+	+			–								–	ja	Freistellung von Aufsichts- ratsvergütun- gen nur, soweit im V besteuert	23 Abs. 1	
	V	Anrechnung											–								–		–	23 Abs. 2	
Jersey 2008	D	–																					Abkommen enthält keinen Art. 23 ent- sprechenden Artikel	–	
	V	–																						–	
Jugoslawien	D	Freistellung			+		+	+					–								–	ja	–	24 Abs. 1	67 ff.
	V	Freistellung	+	+	+								–								–	ja	–	24 Abs. 2	
Kanada	D	Freistellung	+	+	+								Bestimmte Ruhe- gelder und Renten sowie andere Einkünfte. Gewinne aus der Veräußerung nicht börsennotierter Anteile an Gesellschaften, deren Vermögen zu mindestens					+					ja		23 Abs. 2	69

D = Deutschland V = Vertragsstaat + = Einkunftsart, für die als Ausnahme Anrechnung oder Freistellung vorgesehen ist

DBA	D., V.	Regel	Anrechnung als Ausnahme											fiktive Anrechnung	Freistellung als Ausnahme							Progressionsvorbehalt	Sonstiges	Artikel	s. für alle DBA Rz. 3 ff., 33 ff., außerdem:
			Dividenden, soweit nicht Schachtelprivileg	Zinsen	Lizenzgebühren	Veräußerung von Gesellschaftsanteilen	Aufsichtsratsvergütung	Einkünfte der Künstler und Sportler allgemein	Einkünfte der von diesen beherrschten Gesellschaften	Öffentliche Kassen (i.d.R. Staatsangehörigkeitsvorbehalt)	Unbewegliches Vermögen, falls nicht zu Betriebstätte gehörig	Passive Unternehmensgewinne	Ergänzend		Einkünfte aus unbeweglichem Betriebsvermögen	Aktive Unternehmensgewinne	Entsprechende Veräußerungsgewinne	Schachteldividenden	Einkünfte aus unselbständiger Arbeit	Vergütung aus öffentlichen Kassen	Ergänzend				
													10 v. H. aus in Kanada belegenem unbeweglichem Vermögen besteht. Einkünfte aus unselbständiger, an Bord eines Seeschiffes oder Luftfahrzeugs eines kanadischen Unternehmens ausgeübter Tätigkeit												
	V	Anrechnung																				ja		23 Abs. 1	
Kasachstan	D	Freistellung	+	+	+	+	+	+					Einkünfte aus Arbeitnehmerüberlassung									ja		23 Abs. 2	69
	V	Anrechnung																				ja		23 Abs. 1	
Kenia	D	Freistellung	+	+	+	+	+	+				+	Geschäftsleitungsvergütungen, Ruhegehälter und Renten	ja							–	ja	–	23 Abs. 1; *Prot.* Nr. 6	67 ff.
	V	Anrechnung											–								–	ja	–	23 Abs. 2 Buchst. a, b	

Kirgisistan	D	Freistellung	+	+	+	+	+	+	+			+	unbewegliches Vermögen einer Betriebstätte und Einkünfte daraus; Gewinne aus der Veräußerung von unbeweglichem Vermögen und beweglichem Betriebsvermögen einer Betriebstätte	ja								ja	–	23 Abs. 1	69
	V	Anrechnung											–									ja	–	23 Abs. 2	
Korea	D	Freistellung	+	+	+		+	+					Bestimmte Gewinne aus der Veräußerung von Vermögen; Arbeitnehmerüberlassung											23 Abs. 1	69
	V	Anrechnung																						23 Abs. 2	
Kosovo	s. Jugoslawien																								
Kroatien	D	Freistellung	+	+	+	+	+	+			+	+	Unbewegliches Vermögen einer Betriebstätte; Gewinne aus der Veräußerung unbeweglichen Vermögens und beweglichen Betriebsvermögens einer Betriebstätte. Vergütungen für Arbeit im Rahmen gewerbsmäßiger Arbeitnehmerüberlassung									ja		23 Abs. 1	

D = Deutschland V = Vertragsstaat + = Einkunftsart, für die als Ausnahme Anrechnung oder Freistellung vorgesehen ist

DBA	D., V.	Regel	Anrechnung als Ausnahme											fiktive Anrechnung	Freistellung als Ausnahme							Progressionsvorbehalt	Sonstiges	Artikel	s. für alle DBA Rz. 3 ff., 33 ff., außerdem:
			Dividenden, soweit nicht Schachtelprivileg	Zinsen	Lizenzgebühren	Veräußerung von Gesellschaftsanteilen	Aufsichtsratsvergütung	Einkünfte der Künstler und Sportler allgemein	Einkünfte der von diesen beherrschten Gesellschaften	Öffentliche Kassen (i.d.R. Staatsangehörigkeitsvorbehalt)	Unbewegliches Vermögen, falls nicht zu Betriebstätte gehörig	Passive Unternehmensgewinne	Ergänzend		Einkünfte aus unbeweglichem Betriebsvermögen	Aktive Unternehmensgewinne	Entsprechende Veräußerungsgewinne	Schachteldividenden	Einkünfte aus unselbständiger Arbeit	Vergütung aus öffentlichen Kassen	Ergänzend				
	V	Freistellung	+	+	+	+	+	+					Vergütungen für Arbeit im Rahmen gewerbsmäßiger Arbeitnehmerüberlassung									ja		23 Abs. 2	
Kuwait	D	Freistellung	+		+		+	+			+											ja		24 Abs. 1	69
	V	Anrechnung																							
Lettland	D	Freistellung	+	+	+		+	+														ja		23 Abs. 1	69
Lettland	V	Anrechnung																					Indirekte Anrechnung bei nicht steuerbefreiten Schachteldividenden	23 Abs. 2	
Liberia	D+V	Freistellung	+	+	+	+	+					+	–	ja							–	ja	–	23; *Prot.* Nr. 7	
Liechtenstein 2011	D	Freistellung	+	+	+	+	+	+	+			+	Veräußerung von Gesellschaftsanteilen, sofern deren Aktivvermögen zu mehr als 50 % unmittelbar oder mittelbar aus unbeweglichem Vermögen besteht, das im V liegt;									ja	Enthält 23 Abs. 4 MA entsprechende Regelung für D+V	23 Abs. 1	69

													Einkünfte aus unselbständiger Arbeit; Unbewegliches Vermögen einer Betriebstätte; Gewinne aus der Veräußerung unbeweglichen Vermögens und beweglichen Betriebsvermögens einer Betriebstätte; Einkünfte, die unterschiedlichen Abkommensbestimmungen zugeordnet oder verschiedenen Personen zugerechnet werden; auf diplomatischem Weg notifizierte Einkünfte												
	V	Freistellung	+	+	+		+	+	+				Einkünfte aus unselbständiger Arbeit; Einkünfte, die unterschiedlichen Abkommensbestimmungen zugeordnet oder verschiedenen Personen umgerechnet werden; auf diplomatischem Weg notifizierte Einkünfte								ja		23 Abs. 2		
Litauen	D V	Freistellung Anrechnung	+	+	+		+	+														ja	Indirekte Anrechnung bei nicht steuerbefreiten Schachteldividenden	23 Abs. 1 23 Abs. 2	69

D = Deutschland V = Vertragsstaat + = Einkunftsart, für die als Ausnahme Anrechnung oder Freistellung vorgesehen ist

DBA	D., V.	Regel	Anrechnung als Ausnahme: Dividenden, soweit nicht Schachtelprivileg	Anrechnung als Ausnahme: Zinsen	Anrechnung als Ausnahme: Lizenzgebühren	Anrechnung als Ausnahme: Veräußerung von Gesellschaftsanteilen	Anrechnung als Ausnahme: Aufsichtsratsvergütung	Anrechnung als Ausnahme: Einkünfte der Künstler und Sportler allgemein	Anrechnung als Ausnahme: Einkünfte der von diesen beherrschten Gesellschaften	Anrechnung als Ausnahme: Öffentliche Kassen (i.d.R. Staatsangehörigkeitsvorbehalt)	Anrechnung als Ausnahme: Unbewegliches Vermögen, falls nicht zu Betriebstätte gehörig	Anrechnung als Ausnahme: Passive Unternehmensgewinne	Anrechnung als Ausnahme: Ergänzend	fiktive Anrechnung	Freistellung als Ausnahme: Einkünfte aus unbeweglichem Betriebsvermögen	Freistellung als Ausnahme: Aktive Unternehmensgewinne	Freistellung als Ausnahme: Entsprechende Veräußerungsgewinne	Freistellung als Ausnahme: Schachteldividenden	Freistellung als Ausnahme: Einkünfte aus unselbständiger Arbeit	Freistellung als Ausnahme: Vergütung aus öffentlichen Kassen	Freistellung als Ausnahme: Ergänzend	Progressionsvorbehalt	Sonstiges	Artikel	s. für alle DBA Rz. 3 ff., 33 ff., außerdem:
Luxemburg 2012	D	Freistellung	+		+	+	+	+	+			+	Veräußerung von Gesellschafts-anteilen, sofern deren Aktiv-vermögen zu mehr als 50 % unmittelbar oder mittelbar aus unbeweglichem Vermögen besteht, das im V liegt; Vergütungen bei gewerbsmäßiger Arbeitnehmer-überlassung; Einkünfte, die unterschiedlichen Abkommensbe-stimmungen zugeordnet oder verschiedenen Personen zugerechnet werden; auf diplomatischem Weg notifizierte Einkünfte								–	ja		22 Abs. 1	69

	V	Freistellung	+		+			+	+				Dividenden und Zinsen, die auf Rechten oder Forderungen mit Gewinnbeteiligung, einschließlich der Einkünfte eines stillen Gesellschafters aus seiner Beteiligung als stiller Gesellschafter oder der Einkünfte aus partiarischen Darlehen oder Gewinnobligationen (Prot. Nr. 2)								–	ja	Enthält 23 Abs. 4 MA entsprechende Regelung für V	22 Abs. 2	
Malaysia 2010	D	Freistellung	+	+	+	+	+	+	+			+	Gewinne aus der Veräußerung von Gesellschaftsanteilen, deren Aktivvermögen – direkt oder indirekt – überwiegend aus unbeweglichem Vermögen im V besteht; Gewinne aus der Veräußerung unbeweglichen Vermögens und beweglichen Betriebsvermögens einer Betriebstätte; Einkünfte, die unterschiedlichen Abkommensbestimmungen zugeordnet oder verschiedenen Personen zugerechnet werden; auf diplomatischem Weg notifizierte Einkünfte	ja							–	ja	Fiktive Anrechnung nur für Einkünfte, die bis zum 31.12.2010 entstehen oder zufließen	23 Abs. 1	69

D = Deutschland V = Vertragsstaat + = Einkunftsart, für die als Ausnahme Anrechnung oder Freistellung vorgesehen ist

DBA	D., V.	Regel	Anrechnung als Ausnahme											fiktive Anrechnung	Freistellung als Ausnahme							Progressionsvorbehalt	Sonstiges	Artikel	s. für alle DBA Rz. 3 ff., 33 ff., außerdem:
			Dividenden, soweit nicht Schachtelprivileg	Zinsen	Lizenzgebühren	Veräußerung von Gesellschaftsanteilen	Aufsichtsratsvergütung	Einkünfte der Künstler und Sportler allgemein	Einkünfte der von diesen beherrschten Gesellschaften	Öffentliche Kassen (i.d.R. Staatsangehörigkeitsvorbehalt)	Unbewegliches Vermögen, falls nicht zu Betriebsstätte gehörig	Passive Unternehmensgewinne	Ergänzend		Einkünfte aus unbeweglichem Betriebsvermögen	Aktive Unternehmensgewinne	Entsprechende Veräußerungsgewinne	Schachteldividenden	Einkünfte aus unselbständiger Arbeit	Vergütung aus öffentlichen Kassen	Ergänzend				
Malta	D	Freistellung	+				+	+					Gewinne aus der Veräußerung von Anteilen an einer Gesellschaft, deren Aktivvermögen überwiegend aus unbeweglichem Vermögen in Malta besteht									ja		23 Abs. 1	69
	V	Anrechnung																						23 Abs. 2	
Marokko	D+V	Freistellung	+	+	+		+			+		+	–	ja							–	ja	–	23; *SProt.* Nr. 2, 3	67 ff.
Mauritius 2011	D	Anrechnung											–									ja	–	23 Abs. 2	
	V	Anrechnung											–										Bei Schachteldividenden auch indirekte Anrechnung	23 Abs. 1	
Mazedonien 2006	D	Anrechnung											–									ja	–	23 Abs. 2	
	V	Anrechnung											–										Bei Schachteldividenden auch indirekte Anrechnung	23 Abs. 1	
																						ja		23 Abs. 1	

Mexiko 2008	D	Freistellung	+	+	+	+	+	+	+			+	Veräußerung von Gesellschaftsanteilen, sofern deren Aktivvermögen zu mehr als 50 % unmittelbar oder mittelbar aus unbeweglichem Vermögen besteht, das im V liegt; Vergütungen für gewerbsmäßige Arbeitnehmerüberlassung; Andere Einkünfte i.S.v. 21 Abs. 2 DBA Mexiko; Gewinne aus der Veräußerung unbeweglichen Vermögens und beweglichen Betriebsvermögens einer Betriebstätte; Einkünfte, die unterschiedlichen Abkommensbestimmungen zugeordnet oder verschiedenen Personen zugerechnet werden; auf diplomatischem Weg notifizierte Einkünfte										Bei Schachteldividenden auch indirekte Anrechnung	23 Abs. 2	69
	V	Anrechnung																			–		–	23 Abs. 1; *Prot.* Nr. 11, 12	
Moldau	s. UdSSR																								
Mongolei	D	Freistellung	+	+	+		+	+			+	+	Für unbewegliches Vermögen und Einkünfte daraus bleibt es bei Freistellungen auch, soweit sie zur festen Einrichtung	ja							–	ja	–	23 Abs. 1; *Prot.* Nr. 3	67 ff.

D = Deutschland V = Vertragsstaat + = Einkunftsart, für die als Ausnahme Anrechnung oder Freistellung vorgesehen ist

DBA	D., V.	Regel	Anrechnung als Ausnahme											fiktive Anrechnung	Freistellung als Ausnahme							Progressionsvorbehalt	Sonstiges	Artikel	s. für alle DBA Rz. 3 ff., 33 ff., außerdem:
			Dividenden, soweit nicht Schachtelprivileg	Zinsen	Lizenzgebühren	Veräußerung von Gesellschaftsanteilen	Aufsichtsratsvergütung	Einkünfte der Künstler und Sportler allgemein	Einkünfte der von diesen beherrschten Gesellschaften	Öffentliche Kassen (i.d.R. Staatsangehörigkeitsvorbehalt)	Unbewegliches Vermögen, falls nicht zu Betriebstätte gehörig	Passive Unternehmensgewinne	Ergänzend		Einkünfte aus unbeweglichem Betriebsvermögen	Aktive Unternehmensgewinne	Entsprechende Veräußerungsgewinne	Schachteldividenden	Einkünfte aus unselbständiger Arbeit	Vergütung aus öffentlichen Kassen	Ergänzend				
													in der Mongolei gehören; Einkünfte, bei denen eine unterschiedliche Qualifikation oder Zurechnung zu einer Nicht- oder Doppelbesteuerung führen würde												
	V	Anrechnung											–								–		–	23 Abs. 2; *Prot.* Nr. 3	
Montenegro	s. Jugoslawien																								
Namibia	D	Freistellung	+	+	+		+	+			+	+	Für unbewegliches Vermögen und Einkünfte daraus bleibt es bei Freistellungen auch, soweit sie zur festen Einrichtung in Namibia gehören; Einkünfte, bei denen eine unterschiedliche Qualifikation oder Zurechnung zu einer Nicht- oder Doppelbesteuerung führen würde								–	ja	–	23 Abs. 1; *Prot.* Nr. 4	67 ff.

	V	Anrechnung											–								–		Bei Schachtel- dividenden auch indirekte Anrechnung	23 Abs. 2	
Neuseeland	D	Freistellung	+	+	+		+	+					Einkünfte, die unter keine Verteilungsnorm fallen								–	ja	Freigestellt nur Einkünfte, die im V „gemäß diesem Abkommen besteuert“ werden	23 Abs. 2, 3	
	V	Anrechnung											–								–		–	23 Abs. 1	
Niederlande 1959/2004	D	Freistellung	+										Zinsen für Wandelanleihen und Gewinn- obligationen								–	ja	–	20 Abs. 2	64
	V	Modifizierte Freistellung											–								Bei Dividenden bis zur Höhe der deutschen Abzugsteuer		–	20 Abs. 3	
Niederlande 2012 (E)	D	Freistellung	+			+	+	+	+			+	Ruhegehälter, Renten und Sozialversiche- rungsleistungen; Gewinne aus der Veräußerung unbeweglichen Vermögens und beweglichen Betriebsver- mögens einer Betriebstätte; Einkünfte, die unterschiedlichen Abkommensbe- stimmungen zugeordnet oder verschiedenen Personen zuge- rechnet werden;									ja	–	22 Abs. 1	

D = Deutschland V = Vertragsstaat + = Einkunftsart, für die als Ausnahme Anrechnung oder Freistellung vorgesehen ist

s. für alle DBA Rz. 3 ff., 33 ff., außerdem:

DBA	D., V.	Regel	Anrechnung als Ausnahme											fiktive Anrechnung	Freistellung als Ausnahme							Progressionsvorbehalt	Sonstiges	Artikel
			Dividenden, soweit nicht Schachtelprivileg	Zinsen	Lizenzgebühren	Veräußerung von Gesellschaftsanteilen	Aufsichtsratsvergütung	Einkünfte der Künstler und Sportler allgemein	Einkünfte der von diesen beherrschten Gesellschaften	Öffentliche Kassen (i.d.R. Staatsangehörigkeitsvorbehalt)	Unbewegliches Vermögen, falls nicht zu Betriebstätte gehörig	Passive Unternehmensgewinne	Ergänzend		Einkünfte aus unbeweglichem Betriebsvermögen	Aktive Unternehmensgewinne	Entsprechende Veräußerungsgewinne	Schachteldividenden	Einkünfte aus unselbständiger Arbeit	Vergütung aus öffentlichen Kassen	Ergänzend			
													auf diplomatischem Weg notifizierte Einkünfte											
	V	Modifizierte Freistellung											–										–	22 Abs. 2
Norwegen 1991	D	Freistellung	+			+	+	+					Einkünfte aus Tätigkeiten vor der Küste und aus Arbeitnehmerüberlassung; Einkünfte bei denen eine unterschiedliche Qualifikation oder Zurechnung zu einer Nicht- oder Doppelbesteuerung führen würde								–	ja	–	23 Abs. 2; *Prot.* Nr. 5, 9, 10
	V	Freistellung	+			+	+	+					Einkünfte aus Tätigkeiten vor der Küste								–	ja	–	23 Abs. 1; *Prot.* Nr. 5, 9, 10

Norwegen 2013 (E)	D	Freistellung	+			+	+	+		+			Gewinne aus der Veräußerung unbeweglichen Vermögens und beweglichen Betriebsvermögens einer Betriebstätte; Einkünfte, die unterschiedlichen Abkommensbestimmungen zugeordnet oder verschiedenen Personen zugerechnet werden; auf diplomatischem Weg notifizierte Einkünfte						+			ja	–	23 Abs. 2	69
	V	Freistellung	+			+	+			+									+				–	23 Abs. 1	
Oman 2012 (E)	D	Freistellung	+		+		+	+	+			+	Gewinne aus der Veräußerung unbeweglichen Vermögens und beweglichen Betriebsvermögens einer Betriebstätte; Einkünfte, die unterschiedlichen Abkommensbestimmungen zugeordnet oder verschiedenen Personen zugerechnet werden; auf diplomatischem Weg notifizierte Einkünfte								–	ja	–	23 Abs. 1	
	V	Anrechnung											–								–		–	23 Abs. 2	
Österreich	D	Freistellung	+	+	+	+	+	+					Vergütungen für unselbständige Arbeit an Bord von Seeschiffen oder Luftfahrzeugen									ja		23 Abs. 1	
	V	Freistellung	+	+		+		+					–									ja		23 Abs. 2	

D = Deutschland V = Vertragsstaat + = Einkunftsart, für die als Ausnahme Anrechnung oder Freistellung vorgesehen ist

DBA	D., V.	Regel	Anrechnung als Ausnahme												Freistellung als Ausnahme										
			Dividenden, soweit nicht Schachtelprivileg	Zinsen	Lizenzgebühren	Veräußerung von Gesellschaftsanteilen	Aufsichtsratsvergütung	Einkünfte der Künstler und Sportler allgemein	Einkünfte der von diesen beherrschten Gesellschaften	Öffentliche Kassen (i.d.R. Staatsangehörigkeitsvorbehalt)	Unbewegliches Vermögen, falls nicht zu Betriebstätte gehörig	Passive Unternehmensgewinne	Ergänzend	fiktive Anrechnung	Einkünfte aus unbeweglichem Betriebsvermögen	Aktive Unternehmensgewinne	Entsprechende Veräußerungsgewinne	Schachteldividenden	Einkünfte aus unselbständiger Arbeit	Vergütung aus öffentlichen Kassen	Ergänzend	Progressionsvorbehalt	Sonstiges	Artikel	s. für alle DBA Rz. 3 ff., 33 ff., außerdem:
Pakistan	D	Freistellung	+	+	+	+	+	+				+	Gebühren für technische Dienstleistungen; Einkünfte, bei denen eine unterschiedliche Qualifikation oder Zurechnung zu einer Nicht- oder Doppelbesteuerung führen würde								–	ja	–	22 Abs. 1; *Prot.* Nr. 5	
	V	Anrechnung											–								–		–	22 Abs. 2; *Prot.* Nr. 5	
Philippinen 1983	D	Freistellung	+	+	+	+	+	+				+	Einkünfte aus Schifffahrt und Luftfahrzeugen; Ruhegehälter und Renten; Einkünfte, die unter keine Verteilungsnorm fallen	ja							–	ja	–	24 Abs. 1; *Prot.* Nr. 6	67 ff.
Philippinen 2013	D	Freistellung	+	+	+	+	+	+				+	Einkünfte aus Schifffahrt und Luftfahrzeugen; Ruhegehälter und Renten; Gewinne aus der Veräußerung unbeweglichen Vermögens	ja							–	ja	–	24 Abs. 1; *Prot.* Nr. 6	69

													und beweglichen Betriebsvermögens einer Betriebstätte; Einkünfte, die unterschiedlichen Abkommensbestimmungen zugeordnet oder verschiedenen Personen zugerechnet werden; auf diplomatischem Weg notifizierte Einkünfte												
	V	Anrechnung											–								–		–	24 Abs. 2	
Polen	D	Freistellung	+	+	+	+	+	+	+			+	Einkünfte von Leiharbeitnehmern; unbewegliches Vermögen einer Betriebstätte sowie Gewinne aus dessen Veräußerung und der von beweglichem Betriebsvermögen einer Betriebstätte									ja		24 Abs. 1	69
	V	Freistellung	+	+	+																	ja		24 Abs. 2	
Portugal	D	Freistellung	+	+	+		+	+				+	–	ja							–	ja	Progressionsvorbehalt für Freistellung durch Verteilungsnorm	24 Abs. 2; *Prot.* Nr. 8 a	67 ff.
	V	Anrechnung											–								–	ja	–	24 Abs. 1	
Rumänien	D	Freistellung	+	+	+	+	+	+	+			+	Einkünfte aus gewerbsmäßiger Arbeitnehmerüberlassung; unbewegliches Vermögen einer Betriebstätte und Einkünfte daraus;								–	ja	–	23 Abs. 2	69

D = Deutschland V = Vertragsstaat + = Einkunftsart, für die als Ausnahme Anrechnung oder Freistellung vorgesehen ist

DBA	D., V.	Regel	Anrechnung als Ausnahme											fiktive Anrechnung	Freistellung als Ausnahme							Progressionsvorbehalt	Sonstiges	Artikel	s. für alle DBA Rz. 3 ff., 33 ff., außerdem:
			Dividenden, soweit nicht Schachtelprivileg	Zinsen	Lizenzgebühren	Veräußerung von Gesellschaftsanteilen	Aufsichtsratsvergütung	Einkünfte der Künstler und Sportler allgemein	Einkünfte der von diesen beherrschten Gesellschaften	Öffentliche Kassen (i.d.R. Staatsangehörigkeitsvorbehalt)	Unbewegliches Vermögen, falls nicht zu Betriebstätte gehörig	Passive Unternehmensgewinne	Ergänzend		Einkünfte aus unbeweglichem Betriebsvermögen	Aktive Unternehmensgewinne	Entsprechende Veräußerungsgewinne	Schachteldividenden	Einkünfte aus unselbständiger Arbeit	Vergütung aus öffentlichen Kassen	Ergänzend				
													Gewinne aus der Veräußerung von unbeweglichem Vermögen und beweglichem Betriebsvermögen einer Betriebstätte												
	V	Anrechnung																						23 Abs. 1	
Russische Föderation	D	Freistellung	+				+	+														ja		23 Abs. 2	69
	V	Anrechnung																						23 Abs. 1	
Sambia	D	Freistellung	+	+	+		+	+				+	–								–	ja	–	23 Abs. 1; *Prot.* Nr. 4	67 ff.
	V	Anrechnung											–								–		Bei Schachteldividenden auch indirekte Anrechnung	23 Abs. 2	
Schweden	D	Freistellung	+			+	+	+	+				Einkünfte aus unselbständiger Arbeit im Rahmen von gewerblicher Arbeitnehmerüberlassung; Einkünfte, bei denen eine unterschiedliche										D+V: Keine Freistellung bei Ausschüttungen eines Investmentfonds sowie von Beträgen, die bereits bei der Gewinn-	23 Abs. 1, 4; 43 Abs. 1	75

													Qualifikation oder Zurechnung zu einer Nicht- oder Doppelbesteuerung führen würde										ermittlung abgezogen wurden		
	V	Anrechnung											–								–	ja	Die deutsche Steuer auf den Vermögenszuwachs bei einem Wohnsitzwechsel nach Schweden (oder 10 Jahre danach) wird auf die schwedische Steuer auf den Veräußerungsgewinn angerechnet	23 Abs. 2, 3	
Schweiz 1971/2010	D	Anrechnung											–		+	+	+	+	+		Einkünfte aus selbständiger Tätigkeit (ohne die der Künstler und Sportler), aus unbewegl. Vermögen, das der Ausübung eines freien Berufs dient, ferner aus der Veräußerung unbewegl. und bewegl. Vermögens einer festen Einrichtung eines Selbständigen	ja	**Nota bene:** Sonderregeln zur Vermeidung der Doppelbesteuerung im Quellenstaat	24 Abs. 1 Nr. 1; 4 Abs. 3, 4, 9; 23	63; 67 ff.
	V	Freistellung											–								–		Anrechnung der Steuer auf Streubesitzdividenden	24 Abs. 2 Nr. 3 i. d. F. des *Prot.* 1989	172

D = Deutschland V = Vertragsstaat + = Einkunftsart, für die als Ausnahme Anrechnung oder Freistellung vorgesehen ist

DBA	D., V.	Regel	Anrechnung als Ausnahme											fiktive Anrechnung	Freistellung als Ausnahme							Progressionsvorbehalt	Sonstiges	Artikel	s. für alle DBA Rz. 3 ff., 33 ff., außerdem:
			Dividenden, soweit nicht Schachtelprivileg	Zinsen	Lizenzgebühren	Veräußerung von Gesellschaftsanteilen	Aufsichtsratsvergütung	Einkünfte der Künstler und Sportler allgemein	Einkünfte der von diesen beherrschten Gesellschaften	Öffentliche Kassen (i.d.R. Staatsangehörigkeitsvorbehalt)	Unbewegliches Vermögen, falls nicht zu Betriebstätte gehörig	Passive Unternehmensgewinne	Ergänzend		Einkünfte aus unbeweglichem Betriebsvermögen	Aktive Unternehmensgewinne	Entsprechende Veräußerungsgewinne	Schachteldividenden	Einkünfte aus unselbständiger Arbeit	Vergütung aus öffentlichen Kassen	Ergänzend				
Simbabwe	D	Freistellung	+	+	+		+	+				+	–								–	ja	–	23 Abs. 1	67 ff.
	V	Anrechnung											–								–		–	23 Abs. 2	
Singapur	D	Freistellung	+	+	+	+	+	+	+			+	Vergütungen für unselbst. Arbeit an Bord eines Seeschiffs oder Luftfahrzeugs eines Unternehmens mit tatsächlicher Geschäftsleitung in Singapur; unbewegliches Vermögen einer Betriebstätte sowie Gewinne aus dessen Veräußerung und der von beweglichem Betriebsvermögen einer Betriebstätte; Einkünfte, die unterschiedlichen Abkommensbestimmungen zugeordnet oder verschiedenen Personen zugerechnet werden; auf diplomatischem Weg notifizierte Einkünfte	ja									Fiktive Anrechnung nur für Zinsen und Lizenzgebühren, die bis zum 31.12.2005 entstehen oder zufließen	23 Abs. 1	69

	V																					ja	Bei Schachteldividenden auch indirekte Anrechnung	23 Abs. 2	
Slowakei	s. Tschechoslowakei																								
Slowenien	D	Freistellung	+	+	+		+	+			+	+	Vergütungen für Arbeit im Rahmen gewerbsmäßiger Arbeitnehmerüberlassung; unbewegliches Vermögen einer Betriebstätte und Einkünfte daraus; Gewinne aus der Veräußerung von unbeweglichem Vermögen und beweglichem Betriebsvermögen einer Betriebstätte									ja		23 Abs. 1	69
	V	Anrechnung																			–	ja		23 Abs. 2	
Spanien 2011	D	Freistellung	+			+	+	+	+		+	+	Veräußerung von Gesellschaftsanteilen, sofern deren Aktivvermögen zu mehr al 50 % unmittelbar oder mittelbar aus unbeweglichem Vermögen besteht, das im V liegt; Vergütungen an Bord eines Seeschiffes, Luftfahrzeugs, Straßenfahrzeugs oder bei Binnenschifffahrt; Ruhegehälter und Renten; Veräußerung unbeweglichen Vermögens								–	ja	–	22 Abs. 2	69

D = Deutschland V = Vertragsstaat + = Einkunftsart, für die als Ausnahme Anrechnung oder Freistellung vorgesehen ist

DBA	D., V.	Regel	Anrechnung als Ausnahme											fiktive Anrechnung	Freistellung als Ausnahme							Progressionsvorbehalt	Sonstiges	Artikel	s. für alle DBA Rz. 3 ff., 33 ff., außerdem:
			Dividenden, soweit nicht Schachtelprivileg	Zinsen	Lizenzgebühren	Veräußerung von Gesellschaftsanteilen	Aufsichtsratsvergütung	Einkünfte der Künstler und Sportler allgemein	Einkünfte der von diesen beherrschten Gesellschaften	Öffentliche Kassen (i.d.R. Staatsangehörigkeitsvorbehalt)	Unbewegliches Vermögen, falls nicht zu Betriebstätte gehörig	Passive Unternehmensgewinne	Ergänzend		Einkünfte aus unbeweglichem Betriebsvermögen	Aktive Unternehmensgewinne	Entsprechende Veräußerungsgewinne	Schachteldividenden	Einkünfte aus unselbständiger Arbeit	Vergütung aus öffentlichen Kassen	Ergänzend				
													und beweglichen Betriebsvermögens einer Betriebstätte; Einkünfte, die unterschiedlichen Abkommensbestimmungen zugeordnet oder verschiedenen Personen zugerechnet werden; auf diplomatischem Weg notifizierte Einkünfte												
	V	Anrechnung											–								–	ja	–	22 Abs. 1	
Sri Lanka	D+V	Freistellung	+	+	+	+	+	+				+	–								–	ja		23; *Prot.* Nr. 2 a	
Südafrika 1973	D	Freistellung	+	+			+					+	–								-	ja	-	20 Abs. 2 und Briefwechsel	74 ff.
	V	Freistellung oder Anrechnung nach Wahl des V											–												

Südafrika 2008 (F)	D	Freistellung	+	+			+	+	+	+		+	Veräußerung von Gesellschaftsanteilen, sofern deren Aktivvermögen überwiegend unmittelbar oder mittelbar aus unbeweglichem Vermögen besteht, das im V liegt; Vergütungen aus gewerbsmäßiger Arbeitnehmerüberlassung; Ruhegehälter, Renten und ähnliche Vergütungen; Einkünfte, die unterschiedlichen Abkommensbestimmungen zugeordnet oder verschiedenen Personen zugerechnet werden; auf diplomatischem Weg notifizierte Einkünfte								–	ja	–	20 Abs. 2 und Briefwechsel	69
	V	Anrechnung											–												
Syrien 2010	D	Freistellung	+	+	+	+	+	+	+			+	Veräußerung von Gesellschaftsanteilen, sofern deren Aktivvermögen überwiegend unmittelbar oder mittelbar aus unbeweglichem Vermögen besteht, das im V liegt; Vergütungen an Bord eines Seeschiffes oder Luftfahrzeugs; Veräußerung unbeweglichen								–	ja	–	22 Abs. 1	69

DBA	D., V.	Regel	Anrechnung als Ausnahme: Dividenden, soweit nicht Schachtelprivileg	Anrechnung als Ausnahme: Zinsen	Anrechnung als Ausnahme: Lizenzgebühren	Anrechnung als Ausnahme: Veräußerung von Gesellschaftsanteilen	Anrechnung als Ausnahme: Aufsichtsratsvergütung	Anrechnung als Ausnahme: Einkünfte der Künstler und Sportler allgemein	Anrechnung als Ausnahme: Einkünfte der von diesen beherrschten Gesellschaften	Anrechnung als Ausnahme: Öffentliche Kassen (i.d.R. Staatsangehörigkeitsvorbehalt)	Anrechnung als Ausnahme: Unbewegliches Vermögen, falls nicht zu Betriebstätte gehörig	Anrechnung als Ausnahme: Passive Unternehmensgewinne	Anrechnung als Ausnahme: Ergänzend	fiktive Anrechnung	Freistellung als Ausnahme: Einkünfte aus unbeweglichem Betriebsvermögen	Freistellung als Ausnahme: Aktive Unternehmensgewinne	Freistellung als Ausnahme: Entsprechende Veräußerungsgewinne	Freistellung als Ausnahme: Schachteldividenden	Freistellung als Ausnahme: Einkünfte aus unselbständiger Arbeit	Freistellung als Ausnahme: Vergütung aus öffentlichen Kassen	Freistellung als Ausnahme: Ergänzend	Progressionsvorbehalt	Sonstiges	Artikel	s. für alle DBA Rz. 3 ff., 33 ff., außerdem:
													Vermögens und beweglichen Betriebsvermögens einer Betriebstätte; Einkünfte, die unterschiedlichen Abkommensbestimmungen zugeordnet oder verschiedenen Personen zugerechnet werden; auf diplomatischem Weg notifizierte Einkünfte												
	V	Anrechnung											–								–	ja	–	22 Abs. 2	
	V	Freistellung oder Anrechnung nach Wahl des V											–								–		–	20 Abs. 1	
Tadschikistan	D	Freistellung	+	+	+	+	+	+	+			+	Einkünfte aus gewerbsmäßiger Arbeitnehmerüberlassung; unbewegliches Vermögen einer Betriebstätte und									ja		22 Abs. 2	69

													Einkünfte daraus; Gewinne aus der Veräußerung von unbeweglichem Vermögen und beweglichem Betriebsvermögen einer Betriebstätte												
	V	Anrechnung																					–	22 Abs. 1	
Taiwan 2011	D	Freistellung	+	+	+	+	+	+	+	+		+	Veräußerung von Gesellschaftsanteilen, sofern deren Aktivvermögen überwiegend unmittelbar oder mittelbar aus unbeweglichem Vermögen besteht, das im V liegt; Vergütungen aus gewerbsmäßiger Arbeitnehmerüberlassung; Ruhegehälter, Renten und ähnliche Vergütungen; Veräußerung unbeweglichen Vermögens und beweglichen Betriebsvermögens einer Betriebstätte; Einkünfte, die unterschiedlichen Abkommensbestimmungen zugeordnet oder verschiedenen Personen zugerechnet werden; auf diplomatischem Weg notifizierte Einkünfte								–	ja	–	22 Abs. 1	69
	V	Anrechnung											–								–		–	22 Abs. 2	

D = Deutschland V = Vertragsstaat + = Einkunftsart, für die als Ausnahme Anrechnung oder Freistellung vorgesehen ist

DBA	D., V.	Regel	Anrechnung als Ausnahme											fiktive Anrechnung	Freistellung als Ausnahme							Progressionsvorbehalt	Sonstiges	Artikel	s. für alle DBA Rz. 3 ff., 33 ff., außerdem:
			Dividenden, soweit nicht Schachtelprivileg	Zinsen	Lizenzgebühren	Veräußerung von Gesellschaftsanteilen	Aufsichtsratsvergütung	Einkünfte der Künstler und Sportler allgemein	Einkünfte der von diesen beherrschten Gesellschaften	Öffentliche Kassen (i.d.R. Staatsangehörigkeitsvorbehalt)	Unbewegliches Vermögen, falls nicht zu Betriebstätte gehörig	Passive Unternehmensgewinne	Ergänzend		Einkünfte aus unbeweglichem Betriebsvermögen	Aktive Unternehmensgewinne	Entsprechende Veräußerungsgewinne	Schachteldividenden	Einkünfte aus unselbständiger Arbeit	Vergütung aus öffentlichen Kassen	Ergänzend				
Thailand	D+V	Freistellung	+	+	+					+			Gewinne aus dem Betrieb von Seeschiffen im internationalen Verkehr; Gewinne aus der Veräußerung von lizenzfähigen Rechten; Ruhegehälter und andere Vergütungen für frühere Arbeit sowie Renten; Einkünfte aus künstlerischen und dgl. Darbietungen von Unternehmen	ja							–	ja	–	22 und Briefwechsel	67 ff.; 72 ff.
Trinidad und Tobago	D	Freistellung	+	+	+		+	+				+	Zahlungen für fachliche und technische Leistungen	ja							–	ja	–	22 Abs. 1; *Prot.* Nr. 5	67 ff.
	V	Anrechnung											–								–		Bei Schachteldividenden auch indirekte Anrechnung	22 Abs. 2	
Tschechien 1997 (E)	D	Freistellung	+		+		+	+					Unselbständige Arbeit und bestimmte Gewinne aus Veräußerung von Vermögen									ja		23 Abs. 1	
	V	Anrechnung																				ja		23 Abs. 2	

Tschechien	s. Tschechoslowakei																								
Tschecho-slowakei	D / V	Freistellung	–		–	–	–	–				+	Auf tschecho slowakischer Seite kein Schachtelprivileg und keine Anrechnung für passive Unternehmens-gewinne								–	ja	–	23	67 ff.
Türkei 2011	D	Freistellung	+	+	+	+	+	+	+			+	Vergütungen für gewerbliche Arbeitnehmerüberlassung; Veräußerung unbeweglichen Vermögens und beweglichen Betriebsvermögens einer Betriebstätte; Einkünfte, die unterschiedlichen Abkommensbestimmungen zugeordnet oder verschiedenen Personen zugerechnet werden; auf diplomatischem Weg notifizierte Einkünfte									ja	–	22 Abs. 1	69
	V	Anrechnung											–									ja	–	22 Abs. 2	
Tunesien	D	Freistellung	+	+	+	+	+	+			+	+	Für unbewegliches Vermögen und Einkünfte daraus bleibt es bei Freistellung auch, soweit sie zur festen Einrichtung eines Freiberuflers gehören								–	ja	–	23 Abs. 1; *SProt.* Nr. 2	

D = Deutschland V = Vertragsstaat + = Einkunftsart, für die als Ausnahme Anrechnung oder Freistellung vorgesehen ist

DBA	D., V.	Regel	Anrechnung als Ausnahme											fiktive Anrechnung	Freistellung als Ausnahme							Progressionsvorbehalt	Sonstiges	Artikel	s. für alle DBA Rz. 3 ff., 33 ff., außerdem:
			Dividenden, soweit nicht Schachtelprivileg	Zinsen	Lizenzgebühren	Veräußerung von Gesellschaftsanteilen	Aufsichtsratsvergütung	Einkünfte der Künstler und Sportler allgemein	Einkünfte der von diesen beherrschten Gesellschaften	Öffentliche Kassen (i.d.R. Staatsangehörigkeitsvorbehalt)	Unbewegliches Vermögen, falls nicht zu Betriebstätte gehörig	Passive Unternehmensgewinne	Ergänzend		Einkünfte aus unbeweglichem Betriebsvermögen	Aktive Unternehmensgewinne	Entsprechende Veräußerungsgewinne	Schachteldividenden	Einkünfte aus unselbständiger Arbeit	Vergütung aus öffentlichen Kassen	Ergänzend				
	V	Anrechnung											–								–		Bei Schachteldividenden beschränkt auf 10 %	23 Abs. 1	
Turkmenistan	s. UdSSR																								
UdSSR	D	Freistellung	+	+				+					–								–	ja	–	19 Abs. 1	23
	V	Beseitigung der Doppelbesteuerung nur nach staatlichem Recht											–								–		–	19 Abs. 2	
Ukraine	D	Freistellung	+	+	+		+	+					Betriebstättengewinne ohne Aktivitätsnachweis i. S. des § 8 AStG; Einkünfte, bei denen eine unterschiedliche Qualifikation oder Zurechnung zu einer Nicht- oder Doppelbesteuerung führen würde; Missbrauchsvermeidung								–	ja	–	23 Abs. 1; *Prot.* Nr. 3 Buchst. b	69; 75
	V	Anrechnung											–								–		Anrechnungshöchstbetrag	23 Abs. 2	

Ungarn 2011	D	Freistellung	+			+	+	+	+				Veräußerung von Gesellschaftsanteilen, sofern deren Aktivvermögen zu mehr als 50 % aus unbeweglichem Vermögen besteht, das im V liegt; Vergütungen bei gewerbsmäßiger Arbeitnehmerüberlassung; Veräußerung unbeweglichen Vermögens und beweglichen Betriebsvermögens einer Betriebstätte; Einkünfte, die unterschiedlichen Abkommensbestimmungen zugeordnet oder verschiedenen Personen zugerechnet werden; auf diplomatischem Weg notifizierte Einkünfte								–	ja	–	22 Abs. 1	
	V	Freistellung	+										Kein Schachtelprivileg								–	ja	Enthält 23 Abs. 4 entsprechende Regelung	22 Abs. 2	
Uruguay 2010	D	Freistellung	+	+	+		+	+	+			+	Veräußerung von Gesellschaftsanteilen, sofern deren Aktivvermögen zu mehr als 50 % unmittelbar oder mittelbar aus unbeweglichem Vermögen besteht, das im V liegt;	ja								ja	fiktive Anrechnung anwendbar auf Beträge, die bis zum 31.12.2014 entstehen oder gezahlt werden	22 Abs. 1	69

D = Deutschland V = Vertragsstaat + = Einkunftsart, für die als Ausnahme Anrechnung oder Freistellung vorgesehen ist

DBA	D., V.	Regel	Anrechnung als Ausnahme											fiktive Anrechnung	Freistellung als Ausnahme							Progressionsvorbehalt	Sonstiges	Artikel	s. für alle DBA Rz. 3 ff., 33 ff., außerdem:
			Dividenden, soweit nicht Schachtelprivileg	Zinsen	Lizenzgebühren	Veräußerung von Gesellschaftsanteilen	Aufsichtsratsvergütung	Einkünfte der Künstler und Sportler allgemein	Einkünfte der von diesen beherrschten Gesellschaften	Öffentliche Kassen (i.d.R. Staatsangehörigkeitsvorbehalt)	Unbewegliches Vermögen, falls nicht zu Betriebstätte gehörig	Passive Unternehmensgewinne	Ergänzend		Einkünfte aus unbeweglichem Betriebsvermögen	Aktive Unternehmensgewinne	Entsprechende Veräußerungsgewinne	Schachteldividenden	Einkünfte aus unselbständiger Arbeit	Vergütung aus öffentlichen Kassen	Ergänzend				
													Vergütungen aus gewerblicher Arbeitnehmerüberlassung; Veräußerung unbeweglichen Vermögens und beweglichen Betriebsvermögens einer Betriebstätte; Einkünfte, die unterschiedlichen Abkommensbestimmungen zugeordnet oder verschiedenen Personen zugerechnet werden; auf diplomatischem Weg notifizierte Einkünfte												
	V	Freistellung											Anrechnungsmethode für Einkünfte, die nicht zu den folgenden gehören: unbeweglichem Vermögen oder aus deren									ja	–	22 Abs. 2	

													Veräußerung, Schachteldividenden, Einkünfte aus unselbständiger Arbeit, Öffentlicher Dienst												
USA 1989/ 2006	D	Freistellung	+			+	+	+	+				US-steuerbefreite Einkünfte, soweit nicht Schranken für die Abkommensvergünstigungen gem. Art. 28 greifen. Anrechnung bei drohender Doppelbesteuerung, durch unterschiedliche Qualifizierung von Einkünften. Sonderregelung für Dividenden zur Vermeidung doppelter Nichtbesteuerung, wenn die USA auf diese keine Steuern erhebt								–		Besondere Anrechnungsmöglichkeiten für Staatsangehörige der USA, die in Deutschland ansässig sind	23 Abs. 3, 4, 5	199
	V	Anrechnung																					Sonderregelung für Dividenden der RIC oder REIT Sonderregelung für in der BRD ansässige US-Staatsbürger: deren Einkünfte und Gewinne gelten als Quelleneinkünfte innerhalb der USA	23 Abs. 1, 2	

D = Deutschland V = Vertragsstaat + = Einkunftsart, für die als Ausnahme Anrechnung oder Freistellung vorgesehen ist

DBA	D., V.	Regel	Anrechnung als Ausnahme											fiktive Anrechnung	Freistellung als Ausnahme							Progressionsvorbehalt	Sonstiges	Artikel	s. für alle DBA Rz. 3 ff., 33 ff., außerdem:
			Dividenden, soweit nicht Schachtelprivileg	Zinsen	Lizenzgebühren	Veräußerung von Gesellschaftsanteilen	Aufsichtsratsvergütung	Einkünfte der Künstler und Sportler allgemein	Einkünfte der von diesen beherrschten Gesellschaften	Öffentliche Kassen (i.d.R. Staatsangehörigkeitsvorbehalt)	Unbewegliches Vermögen, falls nicht zu Betriebstätte gehörig	Passive Unternehmensgewinne	Ergänzend		Einkünfte aus unbeweglichem Betriebsvermögen	Aktive Unternehmensgewinne	Entsprechende Veräußerungsgewinne	Schachteldividenden	Einkünfte aus unselbständiger Arbeit	Vergütung aus öffentlichen Kassen	Ergänzend				
USA 1989/ 2006																						ja	Sonderregelung für in der USA ansässige dt. Staatsbürger: deren Bruttoeinkünfte gelten als Quelleneinkünfte innerhalb der BRD; Besondere Anrechnungsmöglichkeit für in der BRD ansässige US-Staatsangehörige	23 Abs. 1, 2, *Prot.* Nr. 1 9	
	V	Anrechnung											–												
Usbekistan	D	Freistellung	+	+	+		+	+					Bestimmte Gewinne aus der Veräußerung von Vermögen									ja		23 Abs. 1	69
	V	Anrechnung																						23 Abs. 2	
Venezuela	D	Freistellung	+	+	+	+	+	+			+	+	Für unbewegliches Vermögen und Einkünfte daraus								–	ja	–	23 Abs. 1; *Prot.* Nr. 4, 5	67 ff.

													bleibt es bei Freistellung, soweit sie zur festen Einrichtung in Venezuela gehört; andere Einkünfte nach Art. 21 Abs. 3; Einkünfte, bei denen eine unterschiedliche Qualifikation oder Zurechnung zu einer Nicht- oder Doppelbesteuerung führen würde												
	V	Freistellung											–								–		–	23 Abs. 2; *Prot.* Nr. 4, 5	
Vereinigte Arabische Emirate 2010	D	Anrechnung																			–	ja	–	22 Abs. 1	69
	V	Anrechnung																			–			22 Abs. 3	
Vietnam	D	Freistellung	+	+	+	+		+					Technische Dienstleistungen									ja		23 Abs. 2	
	V	Anrechnung																						23 Abs. 1	
Weißrussland	s. Belarus																								
Zypern 2011	D	Anrechnung											–								–	ja	–	22 Abs. 1	
	V	Anrechnung											–								–		–	22 Abs. 3	

D = Deutschland V = Vertragsstaat + = Einkunftsart, für die als Ausnahme Anrechnung oder Freistellung vorgesehen ist

2. Erläuterungen

17 **a)** Die neueren deutschen DBA folgen dem MA ausnahmslos in seiner Technik, die Vermeidung der Doppelbesteuerung in einer ersten Stufe durch die Verteilungsnormen, in einer zweiten dann durch eine Sondervorschrift allein für den Ansässigkeitsstaat (Art. 23 MA als „Vermeidungsnorm") zu regeln.

18 Dabei wird der Wortlaut des MA jedoch nur in einzelnen Wendungen übernommen. Stärker als bei anderen Abkommensvorschriften hat die deutsche Vertragspraxis für die Vermeidung der Doppelbesteuerung im Ansässigkeitsstaat einen **eigenen Standardtext** entwickelt der mittlerweile Eingang in die deutsche Abkommenspraxis und die deutsche Verhandlungsgrundlage gefunden hat.

19 In der deutschen Verhandlungsgrundlage regelt Art. 22 Abs. 1 Nr. 1 die **Freistellung,** die die Regel bildet, einschließlich des **Schachtelprivilegs** (Rz. 78 ff.), Nr. 2 den Progressionsvorbehalt, Nr. 3 die **Anrechnung** als Ausnahme, Nr. 4 den **Aktivitätsvorbehalt** (Rz. 67 ff.); Nr. 5 sieht schließlich ebenfalls den Übergang zur Anrechnung vor bei Qualifikationskonflikten, tatsächlicher Nichtbesteuerung (Subject-to-tax-clause) sowie bei Notifikationseinkünften. Einen ähnlich weit vom MA abweichenden Standardtext haben auch viele andere Staaten entwickelt.

20 **b)** Der Kreis der Einkunfts- und Vermögensarten, für die **Anrechnung, nicht Freistellung** vereinbart ist, ist in der deutschen Abkommenspraxis der letzten Jahrzehnte zunehmend ausgedehnt worden. Dies wird regelmäßig verknüpft mit der Vereinbarung einer **„Aktivitäts-"** oder „Produktivitäts"-**Klausel,** nach der nur Einkünfte aus – näher definierten – „aktiven" Tätigkeiten und die ihnen dienenden Vermögenswerte freigestellt werden, während für **„passive"** Einkünfte **Anrechnung** vereinbart wird (Rz. 67 ff.; s. das Beispiel Rz. 18 unter Abs. 2 Buchst. c)). Solchen Vereinbarungen liegt offenbar die Erwägung zugrunde, dass nur bei bestimmten und zudem nur bei „aktiven" Tätigkeiten im Vertragsstaat „der Wettbewerbsgesichtspunkt" die Freistellung im Ansässigkeitsstaat verlange (in diesem Sinne Wassermeyer/*Debatin,* Syst. II Rz. 75).

21 Die *DBA Schweiz* 1971/2010, *Brasilien* 1975 (K), *Argentinien* 1978, *Ecuador* 1982, *Uruguay* 1987 und *Bolivien* 1992 sowie *Mexiko 2008*, *Vereinigte Arabische Emirate 2010* und *Zypern 2011* (s. auch Rz. 63) gehen noch einen Schritt weiter: Sie sehen abweichend von der bisherigen deutschen Abkommenstradition auch für in der Bundesrepublik Ansässige die **Anrechnung als Regel,** die Freistellung dagegen nur noch als Ausnahme vor (krit. dazu *Schiessl/Keller,* IStR 2011, 285). Doch ist dies fast nur noch ein Unterschied in der Formulierung, da auch viele andere neuere Abkommen den Kreis der der Anrechnung unterliegenden Einkünfte beträchtlich erweitert haben (s. Abkommensübersicht zu Art. 23 A und B allgemein, Rz. 16 sowie Art. 22 Abs. 1 Nr. 3 DE-VG). Der Übergang von der Freistellungs- zur stärkeren Berücksichtigung der Anrechnungsmethode hat allerdings einen Nebeneffekt: Bei Geltung der Anrechnungsmethode bleiben, wie erwähnt, die im Vertragsstaat in der betreffenden Einkunftsart entstandenen **Verluste** grundsätzlich abzugsfähig, während dies die in Deutschland herrschende Meinung für den Fall der Freistellungsmethode verneint (Rz. 52 ff.). Die neuere Abkommenspraxis ist deshalb für den Fiskus nicht unbedingt vorteilhaft (insbesondere bei Einkunftsarten, die stark verlustträchtig sind, wie etwa Einkünfte aus nichtbetrieblichem Grundbesitz). Allerdings schränkt § 2a EStG in Abs. 1 und 2 die Verrechnung ausländischer Verluste aus Drittstaaten gegen positive inländische Einkünfte stark ein.

22 **c)** Die oben in Rz. 8 erwähnten wirtschaftlichen Folgen der Anrechnungsmethode werden – zumindest teilweise – dadurch ausgeglichen, dass in den deutschen Abkommen regelmäßig ein **Schachtelprivileg** (Rz. 90 ff.) vorgesehen ist sowie in DBA mit vielen Entwicklungsländern eine **Anrechnung fiktiver Quellensteuern** (sog. „tax sparing", Rz. 194 ff.) vereinbart wurde.

d) Abweichend von aller sonstigen Praxis verpflichtet Art. 19 *DBA UdSSR* (soweit es im Verhältnis zu Nachfolgestaaten der UdSSR noch gilt) nur Deutschland auf bestimmte Regeln zur Beseitigung einer verbleibenden Doppelbesteuerung gegenüber den in ihrem Gebiet ansässigen Personen. Für die Seite des anderen Vertragsstaats ist **lediglich** bestimmt, **dass sie die Doppelbesteuerung** nach Maßgabe ihres innerstaatlichen Rechts **beseitigt.** Das bedeutet zwar eine Verpflichtung, die Doppelbesteuerung auszuräumen; der Vertragsstaat wird dabei jedoch nicht an Regeln oder ein bestimmtes Verfahren gebunden. Der völkerrechtliche Schutz, den die Abkommen den im Gebiet der Vertragsstaaten Ansässigen sonst stets auch gegenüber ihrem eigenen Staat gewähren, wird hier aufgegeben. 23

B. Zu Art. 23 A Abs. 1 OECD-MA: Die Freistellungsmethode

I. Musterabkommen

1. Übereinstimmungen und Abweichungen

Art. 23 A Abs. 1 OECD- und UN-MA stimmen weitgehend überein. Das US-MA sieht eine Vereinbarung der Freistellungsmethode als Alternative zur Anrechnungsmethode nicht vor. 31

2. Erläuterungen

a) Grundzüge: Art. 23 A Abs. 1 OECD- und UN-MA regeln die **Freistellungsmethode** als eine der beiden Lösungen, die die MA zur Vermeidung der Doppelbesteuerung im Ansässigkeitsstaat zur Wahl stellen. Sie ist die traditionelle Methode Kontinentaleuropas. Die Wahl der Freistellungsmethode schließt nicht aus, dass für den Vertragspartner die Anrechnungsmethode vereinbart wird (und umgekehrt). 32

b) Abgrenzung: Die Vorschrift regelt **nur die Besteuerung im Ansässigkeitsstaat,** und auch dies nur, soweit das Abkommen keine Sondervorschriften enthält. Wo in den Art. 6 bis 22 MA bestimmte Einkunfts- oder Vermögensarten von der Besteuerung im Quellenstaat freigestellt werden, ist Art. 23 A Abs. 1 unmittelbar nicht einschlägig, ebenso nicht, wo einzelne Verteilungsnormen Einkünfte von der Besteuerung im Ansässigkeitsstaat freistellen (s. Vor Art. 6 bis 22 Rz. 6 ff.). Die allgemein für die Freistellung geltenden, hier am Beispiel des Art. 23 A Abs. 1 MA zu entwickelnden Regeln können in den genannten Fällen jedoch entsprechend angewandt werden. 33

c) Regelung: Nach Art. 23 A Abs. 1 sind 34
- **Einkünfte** („income", „des revenus") und **Vermögen,**
- die eine **in einem Vertragsstaat ansässige Person** bezieht (Vermögen, das sie hat) und die
- nach dem Abkommen **im anderen Vertragsstaat besteuert werden können,**

in dem Staat, in dem die Person **ansässig** ist (dem **Ansässigkeitsstaat**), von der Besteuerung **auszunehmen.**

d) Tatbestand: Tatbestandlich setzt Art. 23A Abs. 1 voraus, dass Einkünfte bzw. Vermögen einer in einem Staat ansässigen Person nach dem Abkommen im anderen Staat besteuert werden können. 35

aa) „Einkünfte" und **„Vermögen"** sind Ausdrücke des Abkommensrechts (*Fritscher,* S. 212; *Schuch,* in Gassner/Lang/Lechner, Methoden, S. 11 ff., 19; Was- 36 sermeyer/*Wassermeyer* Art. 23A MA Rz. 21). Sie können nicht anders verstanden werden als in Art. 2, wo sie zur umfassenden Umschreibung der Steuern verwendet werden, auf die das Abkommen sich bezieht. Zwar heißt es in der hier wiedergegebenen deutschen Übersetzung des Art. 23 „Einkünfte", in der des Art. 2 „Einkommen". Die beiden Originalfassungen des MA benutzen aber jeweils das gleiche Wort „income" bzw. „revenus". Für Näheres vgl. Art. 2 Rz. 32ff. Gilt nach dem jeweiligen Abkommen abweichend vom OECD-MA die Freistellungsmethode nur für bestimmte Einkünfte, so sind die Definitionen der Verteilungsnormen grundsätzlich auch für die Bestimmung des Anwendungsbereichs der Vermeidungsnormen heranzuziehen (a.A., aber ohne nähere Begründung die belgische *Cour de Cassation*, F.08.0100.F: *DBA Belgien/Tschechoslowakei* in einer Entscheidung; zur Parallelproblematik bei der Anrechnungsmethode, s. Rz. 130).

37 **bb)** Zum Begriff **„Person"** s. Art. 3 Abs. 1 Buchst. a) (dazu Art. 3 Rz. 8ff.), **„ansässig"** vgl. Art. 4 (dort Rz. 2ff.). Art. 23A Abs. 1 MA setzt damit Abkommensberechtigung voraus; fehlt diese, kann es zu Doppelbesteuerungen kommen, für die die Norm keine Lösung bietet. Stattdessen verweist der MA-Komm. zu Art. 23 Ziff. 11 auf das Verständigungsverfahren, wobei aber mangels Ansässigkeit ein Verfahren nach Art. 25 Abs. 1 und 2 (dazu Art. 25 Rz. 25ff.) regelmäßig ausscheidet. Die Ansässigkeit muss im Zeitpunkt des Bezugs der Einkünfte bzw. des Innehabens des Vermögens gegeben sein. Damit kann es bei aufeinander folgender unbeschränkter Steuerpflicht in den beiden Vertragsstaaten zu Problemen kommen, wenn dieselben Einkünfte bzw. dasselbe Vermögen in den Staaten zu unterschiedlichen Zeitpunkten der unbeschränkten Steuerpflicht unterliegt. In diesen Fällen vermag Art. 23 nicht gegen Doppelbesteuerungen zu schützen; ebenso wenig helfen die Tie-Breaker-Regelungen nach Art. 4 Abs. 2 und 3 MA, da zu jedem Zeitpunkt genau ein Ansässigkeitsstaat besteht. Vielmehr kann erneut nur eine Lösung in einem Verständigungsverfahren gefunden werden; s. zum Ganzen auch MA-Komm. zu Art. 23 Ziff. 4.1 bis 4.3.

38 **cc)** Welche Einkünfte und welches Vermögen **„nach dem Abkommen im anderen Vertragsstaat besteuert werden können"** (und daher im Ansässigkeitsstaat freizustellen sind), ferner, ob sie dort mit ihrem Bruttobetrag oder nur nach Abzug der Kosten – „netto" – anzusetzen sind (Wassermeyer/*Wassermeyer*, a.a.O.; *Kluge*, S. 917f., *Schaumburg*, Rz. 16.531f., 16.553ff.), ergibt sich aus den Art. 6 bis 22. Das MA verwendet zwar nicht den Ausdruck „Steuerquelle", definiert aber der Sache nach durch seine Verteilungsnormen, welcher Staat Quellenstaat i. S. des Abkommens ist, und bestimmt, in welchen Fällen dem Nichtansässigkeitsstaat als Quellenstaat der Vorrang bei der Besteuerung zukommen soll.

39 Der Ausdruck „können … besteuert werden" macht deutlich, dass es nach dem Abkommen nicht auf eine tatsächliche Besteuerung im anderen Vertragsstaat ankommt (Verbot der virtuellen Doppelbesteuerung, s. auch Grundl. Rz. 8, 69ff.). Dies erspart dem Wohnsitzstaat Untersuchungen über die tatsächliche Besteuerung im anderen Staat. Grundsätzlich erfolgt die Freistellung also unabhängig davon, ob die Einkünfte oder Vermögenswerte im anderen Staat einer Steuerpflicht unterliegen (soweit nicht eine subject-to-tax clause vereinbart ist, Vor Art. 6 bis 22 Rz. 19ff., oder ein Qualifikationskonflikt, Rz. 40 bzw. ein Fall des Art. 23A Abs. 4 MA, Rz. 243ff. vorliegt). Es kommt auch nicht darauf an, ob eine im anderen Vertragsstaat geschuldete Steuer tatsächlich gezahlt worden ist (*Hof Amsterdam* Rolno. 2212/85, BNB 1987/185: *DBA Niederlande/USA*).

40 Soweit die Vertragsstaaten Ausdrücke der Verteilungsnormen nach ihrem innerstaatlichen Recht auszulegen haben (weil der Zusammenhang nichts anderes erfordert, Art. 3 Abs. 2, s. dazu Art. 3 Rz. 97ff.) und dies in den beiden Staaten zu unterschiedlichen Ergebnissen führt (ein **„Qualifikations"-Problem**, s. Grundl. Rz. 96bff.), können die Einkünfte oder das Vermögen i. S. des Art. 23 A Abs. 1 im

Nichtansässigkeitsstaat besteuert werden, wenn sich das aus der vom Nichtansässigkeitsstaat vorzunehmenden Auslegung des Abkommens nach Maßgabe seines innerstaatlichen Rechts ergibt. Der Ansässigkeitsstaat hat dann – vorausgesetzt, dass das Qualifikationsproblem nicht aus einem Zurechnungskonflikt (dazu sogleich Rz. 40b) folgt (*Lang,* IStR 2010, 114 (117)) – die Einkünfte oder das Vermögen auch dann von der Besteuerung auszunehmen, wenn er nach seinem innerstaatlichen Recht die Verteilungsnorm anders auslegen müsste und würde (MA-Komm. Ziff. 32. 2; so andeutungsweise bereits: *Ward,* in Sinclair u. a., BIFD 1986, 75 (77 f.); dann: *Déry/Ward,* CDFI LXXVIII a 259 (281 ff.); über zustimmende und kritische Literatur s. Art. 3 Rz. 112). Denn die Auslegung des Nichtansässigkeitsstaates ist, auch wenn der Ansässigkeitsstaat aufgrund seines innerstaatlichen Rechts ein anderes Ergebnis annimmt, nach dem Abkommen eine zutreffende Besteuerung. Mithin können die Einkünfte bzw. das Vermögen, wie es der Wortlaut von Art. 23A Abs. 1 MA verlangt, im anderen Vertragsstaat besteuert werden (so auch MA-Komm. zu Art. 23 Ziff. 32.3). Art. 23 A wird damit nicht, wie Wassermeyer/*Wassermeyer,* Art. 1 Rz. 28g, meinen, als eine „Auslegungsnorm" verstanden, sondern als materiellrechtliche Vorschrift seinerseits ausgelegt. Eine gewisse Ausnahme ergibt sich aber daraus, dass Art. 23A Abs. 1 „vorbehaltlich der Absätze 2 und 3" anzuwenden ist. Fälle einer ausschließlichen Besteuerung im Ansässigkeitsstaat sind damit nach wie vor ausgeschlossen, da auch in der hier interessierenden Vorschrift des Abs. 2 erforderlich ist, dass die Einkünfte nach den Artikeln 10 und 11 im anderen Vertragsstaat besteuert werden können. Jedoch ist der Wortlaut offen, so dass es jedenfalls für Abkommen, die vor Änderung des Kommentars im Jahr 2000 geschlossen wurden (zu Übergangsproblemen vgl. Grundl. Rz. 127) für die Anwendung des Abs. 2 ausreicht, wenn die Einkünfte nach Auffassung des Ansässigkeitsstaats nach Art. 10 und 11 im Nichtansässigkeitsstaat besteuert werden können. Im gewissen Maße bedeutet dies eine Zurückdrängung der Freistellungs- durch die Anrechnungsmethode, woraus aber zumindest grundsätzlich keine Doppelbesteuerungen resultieren.

Darf umgekehrt der Nichtansässigkeitsstaat die Einkünfte oder das Vermögen bei **40a** einer Auslegung nach Maßgabe seines innerstaatlichen Rechts **nach dem Abkommen nicht besteuern,** so braucht der Ansässigkeitsstaat sie **nicht freizustellen,** auch wenn der Nichtansässigkeitsstaat sie bei einer Auslegung nach dem Standpunkt seines innerstaatlichen Rechts besteuern dürfte (MA-Komm. Ziff. 32.6 und 32.7). Für Einzelheiten, vgl. MA-Komm. Ziff. 32.3 ff.; zur Anwendung auf Verteilungsnormen mit abschließender Rechtsfolge s. Grundl. Rz. 158e. In zeitlicher Hinsicht ist allerdings die in Rz. 40 gemachte Einschränkung aufzugreifen, wenn keine Sonderregeln bestehen (zur Konsultationsvereinbarung zwischen Deutschland und Österreich s. Rz. 66a).

Hingegen gibt es derzeit keine hinreichende Grundlage dafür, den new approach auszudehnen auf Fälle, in denen etwa im Kontext von Betriebsstätten die Vertragsstaaten in der Einkünftequalifikation übereinstimmen, aber aufgrund von unterschiedlichen, aber mit dem Abkommen übereinstimmenden Methoden zu einer unterschiedlichen **Höhe der Einkünfte** kommen (zur Diskussion *Sasseville,* BIT 2009, 45 (47 ff.)). Dies würde eine autonome Auslegung in Bezug auf die Ermittlung der Einkünfte erfordern, die nicht zulässig ist. Eine Ausnahme gilt nur für einen Sonderfall, nämlich die in Art. 7 Abs. 3 MA in der Fassung des OECD AOA geregelte begrenzte Zuordnung von freiem Kapital (dazu Art. 7 Rz. 230).

Diese Überlegungen können ebenso wenig ohne Weiteres auf **Zurechnungskon-** **40b** **flikte** (Grundl. Rz. 181 ff.) übertragen werden. Insbesondere ist eine sogenannte **subjektive Qualifikationsverkettung** bei der Frage, ob die Einkünfte bzw. das Vermögen „nach dem Abkommen im anderen Vertragsstaat besteuert werden können", trotz gewichtiger Literaturstimmen (*Jacobs*, Internationale Unternehmensbesteuerung, 7. Aufl., S. 532 ff.; *Schmidt,* IStR 2010, 413 (426); *Weggenmann,* in Wassermeyer/Richter/Schnittker, Personengesellschaften im Internationalen Steuerrecht, Rz 8.45 f.) im Ergebnis **abzulehnen** (Grundl. Rz. 181g; BFH, BFH/NV 2011, 1602: *DBA Ungarn 1977*; sowie zuvor schon der lesenswerte Beitrag von *Lüdicke,* IStR 2011, 91; anders Art. 1 Rz. 64a). Sie hätte zur Folge, dass die Anerkennung eines Steuersubjekts und die Zurechnung von Einkünften an dieses durch den Quellenstaat auch den Ansässigkeitsstaat bindet, etwa bei einer im Ansässigkeitsstaat an sich transparenten Personengesellschaft, die der Quellenstaat als Körperschaftsteuersubjekt behandelt, oder umgekehrt. Dieses Ergebnis mag abkommenspolitisch durchaus wünschenswert erscheinen; auch ist es zweifelhaft, ob der vom BFH, BFH/NV 2011, 1602: *DBA Ungarn 1977* postulierte „Grundsatz der virtuellen Doppelbesteuerung" – gemeint ist: der Grundsatz des Verbots der virtuellen Doppelbesteuerung – wirklich ein Abkommensziel darstellt. Die Frage, wem die Einkünfte zuzurechnen sind, ist jedoch eine des innerstaatlichen Steuerrechts, die der Anwendung des Abkommens vorgelagert ist (dazu näher Grundl. Rz. 181). Sie kann nicht unter Rückgriff auf Art. 23A/B oder Art. 3 Abs. 2 MA beantwortet werden. In Deutschland ist daher im Wege des Typenvergleichs zu klären, ob das ausländische Gebilde einer Körperschaft entspricht oder nicht.

41 **e) Rechtsfolge:** Als **Rechtsfolge** sieht Art. 23A Abs. 1 MA vor, dass die Einkünfte und Vermögenswerte **„von der Besteuerung auszunehmen"** sind.

42 **aa) Allgemeines:** Die freizustellenden Einkünfte werden von der Besteuerung ausgenommen, d. h. der Ansässigkeitsstaat besteuert sie nicht. Dazu werden sie bei den vom Abkommen erfassten **Steuern** (s. Art. 2 Rz. 26 ff., 32 ff.) im Ansässigkeitsstaat **aus der Bemessungsgrundlage ausgeschieden.** Dies bedeutet aber nicht ohne Weiteres, dass bei Vorliegen freizustellender Einkünfte die inländische Steuer zwingend gleich hoch wäre wie ohne deren Vorliegen. Vielmehr kann sich die inländische Steuer aufgrund des in Art. 23A Abs. 3 MA zugelassenen Progressionsvorbehalts erhöhen (dazu näher Rz. 212 und 221). Zudem wird i. d. R. die Freistellung ausländischer Einkünfte die Bemessungsgrundlage von Abzügen beeinflussen, deren Höhe vom Umfang der Einkünfte bzw. bestimmter Einkünfte abhängig ist (so für die frühere deutsche „Vorsorgepauschale" BFH BStBl. II 1983, 475).

43 Ob freigestellte Einkünfte in der **Steuererklärung** angegeben werden müssen, richtet sich nach dem Steuerverfahrensrecht des betreffenden Staates (bejahend *Cour de Cassation,* Chambre criminelle, n. 90–86 666, Dr. Fisc. 1992 comm. 2200, mit Anm. von *Tixier/Lamulle*). Über Offenlegungspflichten nach dem *DBA USA 1989* s. *Zschiegner,* IWB 8 USA Gr. 2, 599.

44 **bb) Progressionsvorbehalt:** Die Auswirkungen der Freistellung auf die Besteuerung der nicht freigestellten Einkünfte sind dann problematisch, wenn diese einem progressiven Steuersatz unterliegen und **im Abkommen kein dem MA entsprechender „Progressionsvorbehalt"** (dazu näher Rz. 226 ff.; zum sogenannten negativen Progressionsvorbehalt Rz. 215) ausdrücklich vorgesehen ist. Der **BFH** bezeichnet den Progressionsvorbehalt der DBA in seiner neueren Rechtsprechung (anders noch BFH BStBl. II 1983, 382: *DBA Italien 1925*) zwar ohne nähere Begründung als nur „deklaratorisch" (BFHE 197, 495: *DBA USA 1986;* BStBl. II 2002, 660: *DBA Niederlande 1959;* BStBl. II 2007, 521: *DBA Tschechien;* zustimmend *Wassermeyer,* IStR 2003, 421; wohl ebenso *Öst VwGH* SWI 2010, 547: *DBA Österreich/Italien*). Enthalte das Abkommen keine anderweitige Regelung, entscheide sich allein nach dem deutschen innerstaatlichen Steuerrecht, ob ein Progressionsvorbehalt anzuwenden sei.

48 Indessen erscheint die Aussage zu weitgehend: Zumindest für die Abkommen, die an sich dem MA 1977 oder einem späteren Muster folgen, aber lediglich einen auf bestimmte Fallgruppen **beschränkten Progressionsvorbehalt** enthalten (s.

Rz. 226), muss im Umkehrschluss (*argumentum e contrario*) gefolgert werden, dass in Fällen, die durch den Vorbehalt nicht abgedeckt sind, die Einkünfte (bzw. das Vermögen) für die Bemessung der Progression im Ansässigkeitsstaat nicht berücksichtigt werden dürfen (abweichend SchweizBG ASA 25 (1956/57), 132 (141): *DBA Schweiz/USA;* Wassermeyer/*Wassermeyer* Art. 23A MA Rz. 122).

cc) Auswirkungen ausländischer Einkünfte auf inländische Verluste: Die Herausnahme der ausländischen Einkünfte hat zur Folge, dass diese **nicht** durch den Ansässigkeitsstaat bei der Berechnung eines inländischen **Verlustvor- oder -rücktrags** berücksichtigt werden, d. h. die ausländischen Gewinne dürfen die inländischen Verluste nicht vermindern (zur umgekehrten Konstellation s. Rz. 52 ff). Dies ergibt sich unmittelbar aus der Freistellung durch das DBA. Einer abweichenden Rechtsprechung der belgischen *Cour de Cassation* (F. J. F. Nr. 84/164, 279 ff., auch *Hof-van Beroep te Gent,* A. F. T. 1986, 259 ff.; s. den Bericht in ET 1985, 105, sowie: *Hinnekens,* A. F. T. 1983, 209 ff.; *ders.,* A. F. T. 1984, 194 ff.; *ders.,* A. F. T. 1986, 261; *Siebens,* BIFD 1987, 391 (393 f.)), und des *Supreme Court of India* (CIT v. Mahalaxmi Sugar Mills Ltd. (1986), zitiert nach *N. Sen,* BIFD 1987, 2) kann nicht gefolgt werden (kritisch auch *de Broe/Bammens,* BIT 2010, 510). Mit einer eher problematischen Überlegung hat der EuGH das hier vertretene Ergebnis auch aus der **Niederlassungsfreiheit** nach Art. 43 EG abgeleitet: Er vergleicht ein Unternehmen mit Gewinnen im Betriebstättenstaat mit Betriebstättengewinnen im Ansässigkeitsstaat und argumentiert, da das letztere seine Verluste verrechnen dürfe, müsse das auch dem ersteren eingeräumt werden (EuGH v. 14.12.2000, Rs. C 141/99, Slg. 2000, I-11 619 – *AMID*). Dabei vernachlässigt er, dass er mit dieser Begründung den **Ansässigkeitsstaat** verpflichtet, den systembedingten Ausschluss einer Verrechnung der Verluste durch den Betriebstättenstaat seinerseits **zu kompensieren**. 49

dd) Keine Vorgabe für Teilwertabschreibung: Es ist eine Frage des innerstaatlichen Rechts, ob der Gesellschafter einer Kapitalgesellschaft in seinem Wohnsitzstaat **Abschreibungen** auf den Wert der Beteiligung vornehmen darf. Durch die Freistellung der Erträge (Dividenden und Veräußerungserlöse) aus einer Beteiligung werden solche Abschreibungen abkommensrechtlich nicht ausgeschlossen (s. Rz. 111 und bei Art. 13 Rz. 44). Bei Ausschüttungen, die den Wert der Beteiligung mindern, kann dies zu einem doppelten Steuervorteil führen. In anderen Fällen kann die Geltendmachung des Steuervorteils an der Anrechnungshöchstgrenze scheitern, s. Rz. 142 ff. Zur Frage der Europarechtswidrigkeit der Unbeachtlichkeit von Teilwertabschreibungen auf Auslandsbeteiligungen, s. EuGH v. 29.3.2007, Rs. C-347/04, Slg. 2007, I-2647 – *Rewe Zentralfinanz;* Grundl. Rz. 268e ff. 50

ee) Keine klare Vorgaben für Währungsergebnisse: Derzeit sind dem OECD-MA auch keine klaren Vorgaben für Währungsergebnisse zu entnehmen (s. dazu *Korn,* IStR 2007, 890; *Schänzle,* CDFI 94b, 307; *ders.,* IStR 2009, 514 sowie zuvor bereits *Weber,* CDFI 71b, 149). Gemeint sind damit etwa Fälle, dass bei der Veräußerung einer ausländischen Betriebstätte Verluste auf das Dotationskapital realisiert werden. Der MA-Komm. zu Art. 13 Ziff. 17 besagt wenig hilfreich, für solche Fälle seien neben Art. 13 MA auch Art. 7 und 23A MA zu beachten; gegebenenfalls könne ein Verständigungsverfahren durchgeführt werden. Die deutsche Rechtsprechung (BStBl. II 1996, 588: *DBA USA 1954/1965;* II 1997, 128: *DBA Belgien* m. w. N.) stellt darauf ab, dass die Währungsergebnisse ohne die Existenz und Tätigkeit der ausländischen Betriebsstätte nicht eingetreten wären und daher in wirtschaftlichem Zusammenhang mit den ausländischen Einkünften aus der Betriebsstätte stehen, aus der sie „stammen" (näher zur Rechtslage in Deutschland Rz. 112). Der *Hoge Raad,* 21 142, BNB 1982/230 hat ebenfalls die Befreiung von Schachteldividenden auf die Währungserträge erstreckt. 50a

ff) „Modifizierte Freistellung": Wie im MA-Komm. in Ziff. 37 dargelegt, führt es zum gleichen Ergebnis wie die Freistellung, wenn die dem Quellenstaat 51 zur Besteuerung belassenen Erträge und Vermögenswerte im Ansässigkeitsstaat zwar in die Steuerbemessungsgrundlage einbezogen werden, dort aber zugleich dessen Steuer um **den auf diese Erträge oder Vermögenswerte** entfallenden **Steueranteil ermäßigt** wird. Der Unterschied zur Freistellung i. e. S. besteht darin, dass die freigestellten Beträge in der Steuerbemessungsgrundlage mitberücksichtigt werden und somit andere innerstaatliche Rechtsvorschriften an sie anknüpfen können, die durch das DBA nicht berührt werden. Der Methode der „modifizierten Freistellung" folgen die **Niederlande** sowohl in ihren innerstaatlichen Vorschriften zur einseitigen Vermeidung der Doppelbesteuerung (s. u. Rz. 253) wie in ihren DBA (*Auerbach,* WFR 1991, 973; *Bender,* S. 341 ff.; *Michielse,* IWB 5 Gr. 2 Niederlande, 191). Die Höhe der Steuerermäßigung hängt hier davon ab, mit welchem Betrag die ausländischen Erträge oder Vermögenswerte angesetzt werden; s. dazu u. a. *Hoge Raad* Rolno 25 419, BNB 1990/60 („onzuiver" oder „zuiver inkomen", d. h. etwa Gesamtbetrag der Einkünfte oder Einkommen) concl. *van Soest,* Anm. *Nooteboom;* Rolno. 26 101, BNB 1992/170 (Abzug eines agio), concl. *Verburg,* Anm. *den Boer:* beide zum *DBA Niederlande/Kanada;* dazu *Bindels,* WFR 1990, 711. S. auch die in Rz. 64 zitierten Entscheidungen. Wie bei der Anrechnung hängt die Höhe der Steuerermäßigung auch davon ab, ob sie „overall" oder „per country" zu berechnen ist (s. Rz. 145); in den Niederlanden wird sie „overall" berechnet: *Hoge Raad* Rolno 26 114, BNB 1990/178, concl. *van Soest,* Anm. *den Boer: DBA Niederlande/USA;* dazu *Albert,* WFR 1991, 643. Für *Dänemark* s. *Hansen,* Skat Ud. 91, 250, der die modifizierte Freistellung als „neue Methode" im Gegensatz zur „alten" Freistellungsmethode bezeichnet.

52 **f) Ausländische Verluste: Berücksichtigung abkommensrechtlich möglich:** Soweit im ausländischen Vertragsstaat **Verluste** im Rahmen einer Einkunftsart angefallen sind, deren Erträge durch DBA von der inländischen Besteuerung freigestellt sind, ergibt sich die Frage, ob diese Verluste im Inland berücksichtigt werden, sie gegen inländische „positive Einkünfte" verrechnet, gegebenenfalls in künftige oder vergangene Veranlagungszeiträume vor- oder zurückgetragen werden können (zur **umgekehrten** Frage, ob freigestellte positive Einkünfte gegen innerstaatliche Verluste verrechnet werden können, s. bereits Rz. 49).

53 Wo die **Anrechnungsmethode** vereinbart ist, entsteht diese Frage nicht. Sie geht vom Welteinkommen aus; erst auf die für dieses sich ergebende inländische Steuer wird die im Ausland gezahlte Steuer angerechnet (s. Rz. 136 ff.). Ausländische Verluste wirken sich unmittelbar auf die Bemessungsgrundlage der inländischen Steuer aus (vorbehaltlich der Verlustverrechnungsverbote des innerstaatlichen Rechts, z. B. in Deutschland nach § 2a oder § 23 Abs. 3 S. 8 EStG). Hat z. B. eine Körperschaft inländische Einkünfte von 100 und ausländische Verluste in gleicher Höhe, so ergibt sich sowohl beim Fehlen eines DBA wie nach der Anrechnungsmethode ein Einkommen von Null, also keine Steuer. Wäre bei Anwendbarkeit der **Freistellungsmethode** eine Berücksichtigung der Verluste im Inland nicht zulässig, so müsste im gleichen Fall ein Einkommen von 100 versteuert werden.

54 Umgekehrt ist es folgerichtig, dort, wo das maßgebende Steuergesetz **generell** nur auf die inländische Leistungsfähigkeit abstellt, es also dem Territorialprinzip folgt, ausländische Verluste nicht zu berücksichtigen. So hat in Frankreich für die nur von inländischen Einkünften erhobene Körperschaftsteuer (impôt sur les sociétés) der *Conseil d'État* entschieden, dass ausländische Verluste nicht zu berücksichtigen seien (req. n. 4883 Dr. Fisc. 1979 comm. 346; req. n. 33 188 Dr. Fisc. 1984 comm. 1416, concl. *Racine;* req. n. 40. 368 Dr. Fisc. 1985 comm. 434, concl. *Bissara: DBA Jordanien/Frankreich*). Übereinstimmend werden bei der nur von inländischen Gewerbebetrieben erhobenen deutschen **Gewerbesteuer** Verluste ausländischer Betriebstätten zu Recht aus der Ermittlung des Gewerbeertrags ausge-

schieden (gestützt auf § 9 Nr. 3 GewStG: BFH BStBl. II 1971, 743 (747); 1974 (752 f.)). Ebenso hat früher die schweizerische Rechtsprechung für die **direkte Bundessteuer** entschieden, die die Gewinne ausländischer Betriebstätten von vornherein, d. h. unilateral, nicht in ihre Besteuerungsgrundlage einbezog (SchweizBG ASA 52 (1983/84) 228); inzwischen hat jedoch der Gesetzgeber den Abzug ausländischer Betriebstättenverluste gestattet, s. Rz. 59. In Frankreich lässt die Rechtsprechung in Abkehr von der früheren strengen Versagung eine vorsichtige Tendenz erkennen, den Abzug ausländischer Kosten selbst beim impôt sur les sociétés zuzulassen (für einen Überblick s. *Tixier/Lamulle,* Dr. Fisc. 1988 comm. 1919 (1920)).

Zweifelhaft erscheint es indessen, ausländische Verluste unberücksichtigt zu lassen in einem System, das an sich von einem Welteinkommensprinzip ausgeht, bestimmte Einkommensbestandteile aber aufgrund eines DBA freistellt und keine Rückfallklausel enthält (liegt diese vor, werden negative Einkünfte von der Freistellung ausgeschlossen; der Verlustverrechnung steht somit nichts entgegen). Davon geht die **ständige deutsche Rechtsprechung** zwar aus (RFH RStBl. 1935, 1358 (1359): *DBA Österreich 1954;* BFH BStBl. II 1970, 569 (571): *DBA Österreich 1954;* II 1973, 531: *DBA Niederlande 1959;* II 1976, 454: *DBA Österreich 1954;* II 1994, 113: *DBA Südafrika 1973*; II 2009, 630: *DBA Luxemburg 1958;* IStR 2014, 377: *DBA Belgien;* entsprechend für Werbungskosten: BFH v. 20.9.2006, I R 59/05: *DBA Australien*). Der BFH hält dies für eine Folge der Freistellungsmethode, somit des Abkommensrechts (so noch BStBl. II 1994, 113: „schon auf Grund der Systematik des DBA"). Zwei Entscheidungen des *Conseil d'État* könnten in einem ähnlichen Sinne verstanden werden (req. n. 38 036 Dr. Fisc. 1985 comm. 1210; req. n. 49 054 Dr. Fisc. 1988 comm. 1919 (1920): beide zum *DBA Deutschland/Frankreich*). 55

Der Auffassung der deutschen Rechtsprechung kann aber nicht gefolgt werden. Der **Wortlaut** des Art. 23 A Abs. 1 und vergleichbarer Bestimmungen gibt nichts dafür her (zutreffend der *Privy Council,* Hock Heng Co. v. Director-General, 1979 STC 291: *DBA Malaysia 1977/Singapur 1972; Freudling,* AWD 1972, 288; *P. Hellwig,* StbJb 1976/77, 427 (435 f.); *Mössner,* 251 ff.; a. A. *Hahn,* IStR 2010, 157 (162) zum *DBA Luxemburg 1958*; *Tiedke/Mohr,* DStZ 2008, 430 (432 f.) zu Vorschriften, nach denen die Einkünfte „von der Bemessungsgrundlage" auszunehmen sind). Wie das zu Rz. 53 gegebene Beispiel zeigt, führt der Ausschluss der Verrechnung ausländischer Verluste dazu, dass eine nach innerstaatlichem Recht gar nicht bestehende Steuerpflicht erst begründet bzw. eine niedrigere Steuer erhöht wird; dies aus dem Abkommen herzuleiten widerspräche dem Grundsatz, dass durch DBA eine innerstaatliche Steuerpflicht nur begrenzt, nicht begründet oder verschärft wird (*Knauer,* StuW 1964, 155; *Kiehne,* AWD 1967, 191). Dem lässt sich nicht entgegenhalten (so aber *Lang,* DStJG 34, 253 (366)), die „vorschnelle Berufung auf die Schrankenwirkung" nehme das erst zu begründende Auslegungsergebnis vorweg. Denn es ist anerkannt, dass den DBA grundsätzlich eine Schrankenwirkung zukommt. Durchbrechungen sind zwar denkbar, die Argumentationslast für das Vorliegen einer solchen trifft aber denjenigen, der sich auf sie berufen will, und nicht denjenigen, der am anerkannten Grundsatz festhält. In einer Auslegung des DBA, die eine Verrechnung von Verlusten aus dem Nichtansässigkeitsstaat untersagt, liegt auch keine Auslegung, die die Souveränität der beteiligten Staaten am wenigsten einschränken würde (so aber *Hahn,* IStR 2010, 157 (161); kritisch dazu *Braunagel*, IStR 2010, 163 (164)). Denn die DBA lassen eine derartige innerstaatliche Regel zweifellos zu. Dies besagt aber nichts darüber, ob eine solche in einem dem OECD-MA entsprechenden DBA als völkerrechtlichem Vertrag enthalten ist, zumal der andere Vertragsstaat an ihr ersichtlich kein Interesse hat. 56

Gegen diese Auffassung spricht ferner, dass sie die Auswirkung von Verlusten in den Fällen der **Freistellungs-** und der **Anrechnungsmethode unterschiedlich** 57 behandelt. Allerdings hat der BFH hierzu ausgeführt, jede der beiden Methoden habe ihre Vor- und Nachteile (BStBl. II 1973, 531 (532): *DBA Niederlande 1959*), ein Gleichheitsverstoß liege deswegen nicht vor (BStBl. II 1976, 454 f.: *DBA Österreich 1954*), es sei auch ausgeschlossen, Grundsätze der einen Methode auf die andere zu übertragen (BStBl. II 1977, 97 (99): *DBA Frankreich, Indien, Spanien 1966*). § 2a Abs. 1 EStG (zu diesem noch Rz. 181) schränkt durch seine partiellen Verlustverrechnungsverbote den Unterschied zur Anrechnungsmethode ein. Diese Wirkung bleibt aber in allen dort nicht geregelten Fällen erhalten, z. B. bei Freiberuflern (s. *K. Vogel,* BB 1983, 180 (182 f.)), die Zahl der unterschiedlichen Lösungen wurde mithin noch vermehrt.

58 Zudem ist jene Rechtsprechung nicht abgestimmt mit der zum **„negativen Progressionsvorbehalt"** (s. Rz. 215 ff.): Eine Auswirkung ausländischer Verluste auf die Höhe des **Steuersatzes** hat der BFH auch bei abkommensrechtlicher Freistellung zugelassen. Im Ergebnis kann dies bei natürlichen Personen dann doch dazu führen, dass infolge des Verlustes die inländische Steuer entfällt; in dem oben, Rz. 53, gegebenen Beispiel bliebe die Bemessungsgrundlage 100, aber der Steuersatz fiele auf Null. Merkwürdig ist dabei vor allem die Proportion, in der sich der „freigestellte" ausländische Verlust nach dieser Rechtsprechung auswirkt: bis zur Höhe der Summe aus ausländischen Verlusten und steuerfreiem Existenzminimum bleiben die inländischen zuzüglich der nicht freigestellten ausländischen Einkünfte steuerfrei; gehen sie über jene Summe hinaus, so unterliegen sie hohen Grenzsteuersätzen von u. U. mehreren hundert Prozent, d. h. mit **zunehmendem** Einkommen **vermindert** sich der von diesem dem Steuerpflichtigen verbleibende Anteil (*K. Vogel,* S. 7; ebenso *Lechner,* S. 144 (147)).

59 In der Tat wird außerhalb Deutschlands die Freistellung **nicht** als ein Verbot verstanden, Verluste im Vertragsstaat von der inländischen Steuerbemessungsgrundlage abzuziehen. Übereinstimmend betont der MA-Komm. Ziff. 44, dass die Durchführung der Freistellung, insbesondere auch die Behandlung von Verlusten, durch Art. 23 nicht präjudiziert werde, sie vielmehr dem Wohnsitzstaat überlassen bleibe. Insbesondere in den Niederlanden werden seit Jahrzehnten ausländische Verluste im Inland ansässiger Personen dort auch dann verrechnet, wenn entsprechende Einkünfte kraft einseitigen Rechts oder eines DBA freigestellt sind (*Albregtse,* WFR 1980, 409; *Bender,* S. 492); dies gilt, zumindest nach einem Teil der niederländischen DBA, sogar dann, wenn zugleich in einem anderen Vertragsstaat Gewinne angefallen sind, die auf Grund des DBA aber freigestellt werden müssen (*Hoge Raad* Rolno. 22717, BNB 1986/47: DBA *Niederlande/Frankreich; Rolno.* 17237, BNB 1986/100: *DBA Niederlande/Finnland; Romyn,* WFR 1984, 1409 und *van Raad,* WFR 1984, 1422), nicht dagegen, wenn der Steuerpflichtige aufgrund einer dem Art. 4 Abs. 2 oder 3 MA entsprechenden Vorschrift für Abkommenszwecke als nicht im Inland ansässig gilt (hier argumentiert der *Hoge Raad* ähnlich wie der deutsche BFH: Rolno. 19180, BNB 1980/170: *DBA Niederlande/Belgien,* Rolno. 28260, BNB 1994/163 concl. *Verburg*: *DBA Niederlande/Irland 1962;* dazu *Smith,* ET 1993, 309). Entsprechend gestattet die niederländische Rechtsprechung bei der Vermögensteuer in gewissem Umfang auch den Abzug von Schulden, die mit durch DBA freigestelltem ausländischen Vermögen in Zusammenhang stehen (s. o. bei Art. 22 Rz. 8). In der Schweiz hat das Gesetz über die direkte Bundessteuer von 1990, in Kraft getreten am 1.1.1995 (BBl. 1990 III 1674, Art. 6 Abs. 3, 52 Abs. 3) eine ganz ähnliche Regelung, wie sie in den Niederlanden gilt, eingeführt (s. *Torrione,* Essays Int. Tax., 363). Schon früher hatte die eidgenössische Steuerverwaltung in einem Erlass vom 25.9.1975 zum *DBA Deutschland/Schweiz* – im konkreten Fall für einen beschränkt Steuerpflichtigen, aber mit allgemein gehaltener Formulierung – ausgesprochen, dass das DBA **nichts** darüber besage, wie **Auslandsverluste** zu behandeln sind (*Locher/Meier/v. Siebenthal/Kolb* B 24.2.1;

übereinstimmend für alle DBA: *M. Widmer* StRev. 1982, 47 (59); *Digeronimo* ASA 56 (1987/88) 321). In Belgien gilt eine sog. „Kaskadenregelung", nach der Verluste aus durch DBA freigestellten Einkunftsarten zuerst gegen durch Abkommen freigestellte Gewinne, dann gegen Gewinne aus Nicht-DBA-Staaten, schließlich gegen innerstaatliche Einkünfte zu verrechnen sind (s. *Malherbe/Faes,* in Joeph/Hinnekens/Malherbe/van Hoorn Jr., (1993), S. 465). Für den britischen Rechtskreis vergleiche die oben zitierte Entscheidung des *Privy Council.* Ähnlich hat in Finnland 1990 das Oberste Verwaltungsgericht entschieden, dass die Freistellung ausländischer Betriebstättengewinne einem Abzug von Verlusten der Betriebstätten nicht entgegensteht. Die luxemburgische *Cour Administrative* lässt ebenfalls seit 2005 die Verrechnung der Verluste aus einer ausländischen Betriebsstätte mit inländischen Gewinnen zu, auch wenn entsprechende Gewinne nach dem DBA im Ansässigkeitsstaat befreit sind (Cour Administrative Nr. 19407C – *Eurobéton: DBA Luxemburg;* eine Übersetzung der wichtigsten Passagen findet sich bei *Hahn,* IStR 2010, 157, der die Entscheidung allerdings ablehnt; zur Vorinstanz *Winandy,* IStR 2005, 594). Auch der *ÖstVwGH,* der über Jahrzehnte der Rspr. des BFH gefolgt war, hat in einer Entscheidung von 2001 diese aufgegeben mit der Begründung, dass der Zweck des DBA, die Doppelbesteuerung zu vermeiden, den Ausschluss der Verlustverrechnung nicht rechtfertigen könne (*ÖstVwGH* 99/14/0217 = IStR 2001, 754 mit Anm. *FW;* s. dazu *Hahn,* IStR 2002, 681; *Jirousek,* ÖStZ 2001, 569; *M. Lang,* SWI 2002, 92; *Lechner,* SWI 2005, 465; *Loukota,* SWI 2001, 466; *Trenkwalder/Firlinger,* SWI 2001, 514; *dies.,* ÖStZ 2001, 569; *K. Vogel,* IStR 2002, 91; *Zorn,* SWI 2001, 456). Inzwischen ist in § 2 Abs. 8 Ziff 3 östEStG eine dahingehende ausdrückliche Regelung geschaffen worden (dazu ausführlich *Hohenwarter,* Verlustverwertung im Konzern, S. 254f.; 355ff.). Dasselbe gilt auch in Spanien, so die Audiencia Nacional, Az. 270/2006: *DBA Spanien/Marokko.*

In Deutschland setzten die früheren § 2 AIG und § 2a Abs. 3 EStG, 60
(s.u. Rz. 109), stillschweigend voraus, dass eine Berücksichtigung ausländischer Verluste durch die abkommensrechtliche Freistellung „positiver Einkünfte" jedenfalls nicht verboten werde (*Hellwig,* a.a.O.). Das FG Hbg hat zu Recht entschieden, dass die Vorschrift mit dem DBA-Recht vereinbar war (FG Hbg EFG 1987, 161: *DBA USA 1954/65*). Entsprechendes galt für die Vermögensteuer, wenn die dem ausländischen freigestellten Vermögen zuzuordnenden Schulden die vorhandenen positiven Vermögenswerte überstiegen. Auch hier entschied das innerstaatliche Recht, ob ein ausländischer Schuldenüberhang gegen innerstaatliche positive Vermögenswerte zu verrechnen war. Die DBA stehen einer Verrechnung nicht entgegen (s. *Krabbe,* FR 1985, 14f.; gegen die Rechtsprechung des BFH nachdrücklich auch *Lechner,* S. 144ff.).

Eine Verrechnung ausländischer Verluste bei Freistellung entsprechender Ein- 61
künfte **kann** allerdings zur Folge haben, dass ein Verlust **doppelt steuermindernd** berücksichtigt wird: im Jahr seiner Entstehung durch Verrechnung im Wohnsitzstaat, in einem **anderen** Veranlagungszeitraum aber auch im Quellenstaat durch Vor- oder Rücktrag. Der *Privy Council* hat diese Folgerung in Kauf genommen (a. a. O. 294; abw. Meinung von *Lord Russel of Killowen,* 295f.). Im gleichen Sinne scheint auch das SchweizBG zum *DBA Schweiz/Irland1962* entschieden zu haben (s. *Digeronimo,* o. Rz. 50, 330, und *Safarik,* ET 1989, 291). Alternativ kann eine sogenannte **Nachversteuerung** vorgesehen werden (vgl. auch *Scheffler,* IStR 2010, 673 m. w. N.). Beispielsweise sieht das niederländische Recht vor, dass die Verrechnung des Verlustes rückgängig gemacht wird, wenn und soweit er in den folgenden sechs Jahren in dem betreffenden Staat durch Gewinne aufgewogen wird (*Albregtse,* a. a. O. m. w. N.). In vielen DBA der Niederlande ist diese „Verlustkompensation" ausdrücklich vorbehalten (z. B. *DBA Deutschland/Niederlande* Art. 20

Abs. 3). Auch das seit dem 1.1.1995 geltende schweizerische Recht (s. Rz. 59) sieht eine nachträgliche Besteuerung der zuvor mit Betriebstättenverlusten verrechneten Einkünfte vor, wenn die Betriebstätte innerhalb der nächsten sieben Jahre Gewinne erzielt. Sie ist **nicht,** wie allerdings der ÖstVwGH a.a.O. meint, als eine Besteuerung des in dem Folgejahr erzielten **ausländischen** Gewinns zu verstehen – das stünde in Widerspruch zu der für diesen Gewinn im DBA vereinbarten Freistellung –, sondern als **nachträgliche** Besteuerung des in dem früheren Jahr gegen den Verlust verrechneten **inländischen** Gewinns (der Verlustabzug erweist sich nachträglich als nur „provisorisch": so zutreffend *Höhn,* Intertax 1974, 97). Deswegen ist die Verlustkompensation auch dann zulässig, wenn das Abkommen keinen besonderen Vorbehalt enthält (*Hoge Raad* Rolno. 19167, BNB 1979/307).

62 Der Ausschluss des Verlustausgleichs gemäß der Rechtsprechung des RFH und BFH kann nach allem **nur** als eine Regel des **deutschen innerstaatlichen Rechts** verstanden werden (übereinstimmend *Krabbe* in *K. Vogel,* DStJG 4 (1985), S. 79 (82)). Eine solche Regelung, die durchaus mit dem Unionsrecht vereinbar sein könnte (EuGH v. 6.11.2007 Rs. C-415/06, IStR 2008, 107 – *Ergste Westig* für Drittstaatensachverhalte und v. 15.5.2008 Rs. C-414/06, Slg. 2008, I-3601 – *Lidl Belgium*), ist aber im innerstaatlichen Recht nicht ausdrücklich vorgesehen. Insbesondere ist sie § 32b Abs. 1 S. 1 Nr. 3 EStG nicht zu entnehmen. Teilweise mag man auf § 3c EStG zurückgreifen können, da sich die ausländischen Verluste aus ausländischen Erwerbsausgaben speisen; jedoch wird die Vorschrift restriktiv ausgelegt. Die Rechtsprechung hat damit, bis der Gesetzgeber tätig wird, jedenfalls **keine dem Erfordernis des Vorbehalts des Gesetzes genügende vollumfassende Grundlage.** Zudem müsste zumindest sichergestellt werden (*K. Vogel,* 9; *Kessler/Schmitt/Janson,* IStR 2001, 729 (733)), dass es zu keiner Beeinträchtigung des Existenzminimums (BVerfGE 87, 153) kommt (vgl. dazu im unionsrechtlichen Kontext auch *Ismer,* IStR 2013, 297 (301 f.)).

II. Deutsche DBA: Erläuterungen

Abkommensübersicht s. Rz. 16

1. Freistellungsmethode

63 **a)** Die geltenden deutschen Abkommen sehen mit wenigen Ausnahmen für die deutsche Seite **jedenfalls dem Grundsatz nach die Freistellungsmethode** vor. In der Vertragspraxis der letzten Jahrzehnte hat jedoch die Zahl der Ausnahmeregelungen, in denen für bestimmte Einkunfts- und Vermögensarten die Anrechnungsmethode vorgesehen wird, stark zugenommen (s. die Übersicht Rz. 16); die Freistellung bleibt zwar nach dem Abkommensaufbau die Regel, aber ihrer Bedeutung nach ist sie fast schon die Ausnahme. In den *DBA Argentinien 1978, Bolivien 1992, Ecuador 1982, Schweiz 1971/2010* und *Uruguay 1987* sowie *Mexiko 2008, Vereinigte Arabische Emirate 2010* und *Zypern 2011* ist sie auch systematisch die Ausnahme, während die Anrechnungsmethode in diesen Abkommen für die deutsche Seite zur Regel geworden ist. Von den deutschen Abkommenspartnern haben sich die kontinentaleuropäischen in ihren Abkommen mit Deutschland überwiegend für die Freistellungsmethode, die angelsächsischen und die Mehrzahl der sonstigen außereuropäischen Staaten für die Anrechnungsmethode entschieden.

64 **b)** Eine **„modifizierte" Freistellung,** bei der die ausländischen Einkünfte zwar in die Steuerbemessungsgrundlage einbezogen werden, aber zugleich die Steuer um **den auf diese Einkünfte** entfallenden **Steueranteil** ermäßigt wird (s.

Rz. 51), sieht das *DBA Niederlande 1959/2004* jeweils für die Besteuerung im ausländischen Vertragsstaat vor. Auch das *ZusAbk. 1989* zum *DBA Frankreich* hat diese Methode als Regelmethode eingeführt; über Ausnahmen s. u. Rz. 177. Über den Unterschied zur Freistellung i. e. S., s. Rz. 51. Die Berechnung des Ermäßigungsbetrags in den Niederlanden war zweifelhaft, weil die niederländische Fassung des Art. 20 Abs. 3 *DBA Niederlande 1959/2004* für die modifizierte Freistellung in den Niederlanden den Ausdruck „alle inkomensbestanddelen" verwendete, Art. 20 Abs. 2 für die Freistellung in Deutschland dagegen den Ausdruck „het gehele inkomen", während die deutsche Fassung in beiden Fällen vom „Gesamteinkommen" sprach. Nach Auffassung des BFH bezeichnet der Ausdruck in Abs. 2 das zu versteuernde Einkommen i. S. des § 2 Abs. 5 EStG (BStBl. III 1967, 729). Der *Hoge Raad* hat entschieden, dass die beiden Ausdrücke trotz gleicher deutscher Übersetzung nicht dasselbe bedeuteten und dass „alle inkomensbestanddelen" das „onzuivere inkomen" (etwa: „den Gesamtbetrag der Einkünfte") meine (Rolno. 28 217 BNB 1992/223; dazu *van Waardenburg,* ET 1992, 418). Zum Abzug der „ondernemingsvrijstelling" bei der Vermögensteuer s. *Hoge Raad* Rolno. 27. 647, BNB 1993/23, concl. *Moltmaker*). Eine „modifizierte Freistellung", freilich begrenzt auf einzelne Einkunftsarten, ist auch der sog. „matching credit", s. Rz. 195.

c) Nach einigen Abkommen, vor allem mit angloamerikanischen Staaten, bezieht sich die Freistellung auf Einkünfte aus **„Quellen"** innerhalb des Vertragsstaates (so schon *DBA Großbritannien 1964* Art. XVIII Abs. 2 Buchst. a und aktueller Art. 23 Abs. 2 Buchst. a *DBA Großbritannien 2010/2014 (E)*) bzw. auf Einkünfte, die aus dem Vertragsstaat „stammen" (*DBA USA 1954/65* Art. XV Abs. 1 Buchst. b)). Wie unten in Rz. 164 noch ausgeführt wird, verwenden diese Staaten den Ausdruck meist auch in ihrem innerstaatlichen Steuerrecht – mit mehr oder weniger klarer Bedeutung –, so dass es für sie nahe liegt, den Ausdruck nach Maßgabe ihres innerstaatlichen Rechts auszulegen. Für das *DBA USA 1954/65* hat ebenfalls der BFH das Wort „stammen" nach dem innerstaatlichen Recht des **Anwendestaates** auslegen wollen (er ist im konkreten Fall allerdings zu einer abweichenden Auslegung aus dem Zusammenhang gekommen: BFH BStBl. II 1969, 579 (581): *DBA USA 1954/65*). Das könnte indes, wenn Einkünfte, die in einem Vertragsstaat in Übereinstimmung mit dem DBA besteuert (oder freigestellt) worden sind, wegen einer abweichenden Auslegung des „Quellen"-Begriffs im anderen Vertragsstaat nicht freigestellt (oder besteuert) werden, zu Doppelbesteuerung oder Doppelfreistellung führen. 65

Auch Abkommensdefinitionen beseitigen die Schwierigkeiten nicht immer. Die Definitionen der *DBA Großbritannien 1964* Art. XVIII Abs. 3, *Irland 1962* Art. XXII Abs. 3 und die neueren *DBA Großbritannien 2010/2014 (E)* Art. 23 Abs. 3, DBA *Irland 2011* Art. 23 Abs. 1 Buchst. c und *Jamaika* Art. 23 Abs. 2 Buchst. d sind nicht erschöpfend und betreffen z. T. auch nur die Einkünfte aus freiberuflicher Tätigkeit. Andere Definitionen sind von der deutschen Finanzverwaltung mangels ausreichender Kenntnis des Rechts des Vertragspartners als subject-to-tax-Klauseln missverstanden worden (s. Vor Art. 6–22 Rz. 20 f.). Als Regel sollte gelten (in der Sache übereinstimmend mit dem MA), dass Einkünfte aus „Quellen" innerhalb eines Vertragsstaats „stammen", wenn sie in diesem Staat nach dem Abkommen besteuert werden können. Hiervon abweichende Definitionen sind als Erweiterungen des vorstehenden „Quellen"-Begriffs zu verstehen. 66

c) **Qualifikationskonflikte:** In der Konsultationsvereinbarung im Sinne des Art. 25 Abs. 3 S. 1 MA zum *DBA Österreich,* die durch eine entsprechende Verordnung in das deutsche innerstaatliche Recht umgesetzt worden sind (vgl. dazu näher Art. 25 Rz. 154a), ist eine Vorschrift über Qualifikationskonflikte (s. Rz. 40 sowie Grundl. Rz. 96b ff.) enthalten (vgl. § 6 Abs. 2 und 3 KonsVerAUTV). Für 66a bestimmte negative Qualifikationskonflikte wird angeordnet, dass die Zahlungen im jeweiligen Ansässigkeitsstaat der Person besteuert werden. Für positive Qualifikationskonflikte wird danach der Eintritt einer Doppelbesteuerung durch Steuerfreistellung im Ansässigkeitsstaat vermieden. Die Reichweite der zuletzt genannten Norm ist nicht ganz klar. Sie bezieht sich dem Wortlaut nach auf sämtliche positiven Qualifikationskonflikte, der (äußere) systematische Zusammenhang legt aber eine Einschränkung auf Abfindungszahlungen (vgl. die Überschrift „Abschnitt 2 Besteuerung von Abfindungszahlungen") nahe, wobei dieser Begriff dann weit zu verstehen sein und alle in diesem Abschnitt genannten Fälle einschließen dürfte.

2. Aktivitätsvorbehalt

67 Fast alle neueren deutschen DBA (s. auch Art. 22 Abs. 1 Nr. 4 VGL; anders aber das *DBA Österreich*) machen die Freistellung von der deutschen Einkommen- und Vermögensteuer davon abhängig, dass die Einnahmen (z.T.: die Einkünfte, s. Rz. 75) der Betriebstätte oder Tochtergesellschaft ausschließlich, fast ausschließlich oder zu einem festen Anteil **aus sog. „aktiven" oder „produktiven Tätigkeiten" stammen;** andernfalls tritt an die Stelle der Freistellung die **Anrechnung.** Aktivitätsvorbehalte bestehen insbesondere für Unternehmensgewinne, die im Rahmen ausländischer Betriebstätten erzielt werden, für bewegliches und unbewegliches Vermögen solcher Betriebstätten und für Gewinne aus dessen Veräußerung, ferner für Schachteldividenden und die ihnen zugrundeliegenden Schachtelbeteiligungen (zum Schachtelprivileg nach der Unternehmenssteuerreform s. Rz. 79). Für eine Zusammenstellung vgl. die Übersicht Rz. 16 in den Spalten „Passive Unternehmensgewinne" und „Aktive Unternehmensgewinne"; s. auch OFD Münster v. 25.9.1998, IStR 1999, 81, und *Krawitz/Büttgen-Pöhland/Hick,* FR 2003, 109. Zur Frage nach der Rechtfertigung des Aktivitätsvorbehalts und den verschiedenen „Aktivitäts"-Begriffen: *Wassermeyer,* IStR 2000, 65; *K. Vogel,* BB 1983, 180 (183). Ergänzt werden die abkommensrechtlichen Regelungen durch die einseitigen Regelungen des § 20 Abs. 2 AStG (vgl. zum Verhältnis dieser Norm zum Abkommensrecht *Gebhardt/Quilizsch,* IStR 2011, 169).

68 **a)** Der Kreis der „aktiven" Tätigkeiten ist nicht in allen DBA einheitlich umschrieben. Die bis 1995 vereinbarten DBA verwenden durchweg eine in ihrem **Kern** übereinstimmende Formulierung, nach der als „aktive" Tätigkeiten aufgeführt werden: **„Herstellung und Verkauf von Gütern und Waren, technische Beratung oder technische Dienstleistung oder Bank- oder Versicherungsgeschäfte"** *(DBA Ägypten, Bangladesch, China 1985, Ecuador, Elfenbeinküste, Indien, Indonesien, Jamaika, Kenia, Malaysia 1977, Mauritius 1978, Mexiko 1993, Mongolei, Namibia, Pakistan, Philippinen 1983, Sambia, Sri Lanka, Uruguay 1987, Venezuela, Vietnam, Zypern 1974).* Dieser Kernbestand kehrt, wenngleich z.T. in anderer Formulierung, mit Ausnahme der technischen Beratung und manchmal der technischen Dienstleistungen in zahlreichen Aktivitätsvorbehalten wieder. In den *DBA Jugoslawien, Singapur 1972* und *Tschechoslowakei* fehlt die technische Beratung, im *DBA Jugoslawien* auch Bank- und Versicherungsgeschäfte. Das *DBA Simbabwe* spricht von Ingenieurleistungen, das dürfte nichts anderes bedeuten als sonst die technischen Dienstleistungen. Keine inhaltliche Erweiterung des Katalogs ist es, wenn gesondert genannt werden: der Handel *(DBA Schweiz),* die Bearbeitung und Verarbeitung von Waren *(DBA Finnland, Israel, Schweiz),* der Bergbau *(DBA Trinidad und Tobago),* das Aufsuchen und die Gewinnung von Mineralien sowie deren Aufbereitung *(DBA Australien, Kroatien, Schweiz),* ihre Erforschung, Ausbeutung und Behandlung *(DBA Finnland, Portugal),* der Betrieb eines Steinbruchs, die Rohstoffgewinnung oder die Grundstoffproduktion, sowie Bau- und Montagearbeiten (*DBA Australien, Finnland,* Steinbruch auch nach dem *DBA Portugal*). **Erweitert**

wird der vorgenannte Katalog dagegen durch die Einbeziehung sämtlicher Dienstleistungen *(DBA Finnland, Kroatien, Marokko, Schweiz, Tunesien, Ungarn 1977),* z. T. auch allgemein von Beratungen *(DBA Finnland),* oder doch kaufmännischen Dienstleistungen *(DBA Argentinien, Portugal),* Beförderungen und Lagerungen, des Fernmeldeverkehrs oder der Nachrichtenübermittlung *(DBA Australien, Finnland),* von Vermietungen *(DBA Argentinien, Brasilien (K), Portugal, Südafrika 1973),* z. T. auch Verpachtungen *(DBA Sri Lanka),* der Land- und Viehwirtschaft *(DBA Bolivien),* schließlich von Zinsen und Lizenzgebühren, die in Verbindung mit produktiven Tätigkeiten gewährt werden, sowie von Zinsen aus staatlichen Anleihen und solchen der Gebietskörperschaften *(DBA Argentinien, Brasilien (K), Portugal).*

Die neuesten, **seit 1996** vereinbarten DBA *(Albanien 2010, Algerien 2007, Aserbaidschan, Belarus, Bulgarien 2010, China 2014 (E), Costa Rica 2014 (E), Georgien, Ghana, Großbritannien 2010, Irland 2011, Estland, Kanada, Kasachstan, Kirgisistan, Korea, Kuwait, Lettland, Liechtenstein 2011, Litauen, Luxemburg 2012, Malaysia 2010, Malta, Mexiko 2008, Niederlande 2012 (E), Norwegen 2013 (E), Philippinen 2013, Polen, Rumänien, Russische Föderation, Singapur, Slowenien, Spanien 2011, Südafrika 2008 (E), Syrien 2010, Tadschikistan, Taiwan 2011, Türkei 2011, Ungarn 2011, Ukraine, Uruguay 2010, Usbekistan, Vereinigte Arabische Emirate 1995,* wie gesagt mit Ausnahme des DBA *Österreich)* enthalten dagegen keine eigene Liste „aktiver" Tätigkeiten, sondern **verweisen** mit weitgehend übereinstimmender Formulierung auf § 8 Abs. 1 Nr. 1 bis 6 des deutschen **AStG** (anders allerdings nunmehr Art. 22 Abs. 1 Nr. 4 VGL, der eine eigenständige Aktivitätsliste enthält, zugleich aber die Versagung der Freistellung auf die passiven Einkünfte beschränkt („soweit")). Für Schachteldividenden verweist auf diese Vorschriften auch das *Prot. (1992)* zum *DBA Schweiz.* Bei **Änderungen** des AStG dürfte diese Bezugnahme wie andere Verweisungen auf das innerstaatliche Recht als **„beweglich"** zu verstehen sein (s. o. Grundl. Rz. 184 ff., Art. 3 Rz. 116), so dass die **jeweils geltende Fassung** des Gesetzes maßgebend ist. Falls allerdings durch eine gesetzliche Neuregelung der Katalog des § 8 AStG **aufgehoben** werden sollte, hat diese Auslegung zur Folge, dass die auf das AStG verweisenden Aktivitätsklauseln **unanwendbar** werden; sieht man, um dies zu vermeiden, die Verweisungen hier als „starr" an, so müsste sie auch während der Geltung des AStG auf dessen jeweils im Zeitpunkt des Vertragsschlusses geltende Fassung bezogen, also unterschiedlich angewandt werden. 69

Verglichen mit den „aktiven" Tätigkeiten des **§ 8 Abs. 1 AStG** (zu diesen *K. Vogel,* BIFD 1985, 4 (6 f., 14)) ist der Kreis der von den bis 1995 abgeschlossenen **DBA** als „aktiv" anerkannten Tätigkeiten seiner Tendenz nach enger. Da jedoch das AStG bestimmte Leistungen dann nicht den „aktiven" zurechnet, wenn sie im Gesellschaftsverhältnis erbracht werden, kann im Einzelfall eine Tätigkeit im Sinne eines DBA „aktiv" sein, die dies nach dem AStG nicht ist. Über den Kreis der im AStG als „aktiv" behandelten Tätigkeiten geht es insbesondere hinaus, wenn einzelne DBA Zinsen als „aktiv" qualifizieren, die von der öffentlichen Hand des betreffenden Staates gezahlt werden, ferner Zinsen einer „aktiv" tätigen Gesellschaft dieses Staates *(DBA Argentinien, Brasilien (K), Portugal).* Nicht unter den „aktiven" Tätigkeiten aufgeführt ist andererseits in jenen DBA, mit Ausnahme des *DBA Bolivien,* die Land- und Forstwirtschaft (§ 8 Abs. 1 Nr. 1 AStG). Sie gehört nicht in den Zusammenhang des „Aktivitätsvorbehalts", da sie keine „Unternehmens"-Tätigkeit ist; doch werden Einkünfte aus unbeweglichem Vermögen, damit auch aus Land- und Forstwirtschaft, in manchen neueren DBA dem Anrechnungsverfahren unterstellt, also wie „passive" Unternehmenseinkünfte behandelt (BMF-Schreiben v. 23.3.1981, BStBl. I 1982, 372). Nirgendwo aufgeführt ist in den DBA auch die in § 8 Abs. 1 Nr. 2 AStG gesondert genannte Erzeugung von Energie; als eine „Herstellung von Waren" wird man sie schwerlich ansehen können, noch weniger von „Sachwerten" *(DBA Trinidad und Tobago, Prot.* Nr. 5). 70

71 Für die **Auslegung** der Tätigkeitskataloge der nicht auf das AStG verweisenden DBA (oder SProt.) können die zum AStG entwickelten Grundsätze herangezogen werden (BMF v. 26.3.1975 zum *DBA Schweiz,* BStBl. I 1975, 479, Abschnitt 3.1.2.1). Hiernach gilt insbesondere, dass im Rahmen einer „aktiven" Tätigkeit anfallende „passive" **Nebentätigkeiten** und die aus ihnen erwachsenen Einkünfte der „aktiven" Tätigkeit zuzurechnen sind (Anwendungsgrundsätze zum AStG, BMF v. 2.12.1994, BStBl. I 1995 Sondernummer, 3, Tz. 8.0.2.). Wirtschaftlich zusammengehörende Tätigkeiten sind steuerlich einheitlich zu beurteilen (sog. **„funktionale Betrachtungsweise":** s. *FWB* AStG § 8 Rz. 15; *Vogt,* in Blümich § 8 AStG, Rz. 16). So ist z.B. der Bau eines Gebäudes als vorbereitende Tätigkeit wie dessen geplante spätere Nutzung – durch Vermietung oder Veräußerung – zu beurteilen (FinMin NRW v. 8.10.1975, BB 1975, 1334). Jedoch sind Erträge, die eine Betriebstätte aus Beteiligungen bezieht, stets „passiv", auch wenn die Beteiligung als Finanzreserve für die aktiven Betätigungen der Betriebstätte gehalten wird (*Hangarter,* StRev 1986, 279 (288)). Nach einem Erlass des FinMin NRW v. 8.9.1980, DB 1980, 1917, ist im Rahmen des *DBA Brasilien (K)* der Betrieb eines Hotels „aktive" Tätigkeit, die Vermietung eines voll eingerichteten Hotels dagegen Vermögensverwaltung und daher „passiv"; für Hotelbetrieb als „aktive" Tätigkeit auch BMF-Schreiben vom 28.8.1985, DStZ/E 1985, 283, zum *DBA Israel.* Als „technische Dienstleistungen" – und somit regelmäßig als „aktiv" – sieht die Verwaltung auch die Durchführung von See- und Lufttransporten sowie die Errichtung und den Betrieb von Tanklagern an (FinMin Nds. v. 1.7.1976, DB 1976, 1406, und v. 7.12.1984, DStZ/E 1985, 19).

72 In der Regel ist eine Tätigkeit nur dann „aktiv" i. S. des DBA, wenn sie **in dem ausländischen Vertragsstaat ausgeübt** wird (Ausnahmen: *DBA Iran, Spanien 1966* und *Thailand*). Für die Besteuerung der Betriebstätten ist dies kaum von Bedeutung, wesentlich aber für die Frage, ob die Ausschüttungen einer im ausländischen Staat errichteten Holdinggesellschaft und die Beteiligung an einer solchen Gesellschaft in der Bundesrepublik freigestellt sind oder sie dem Anrechnungsverfahren unterliegen. **See- und Lufttransport** (s. Rz. 71) wird von der deutschen Finanzverwaltung als im ausländischen Vertragsstaat „ausgeübt" behandelt, wenn diejenigen unternehmerischen Tätigkeiten im Transportgeschäft, die ortsgebunden sind, dort ausgeführt werden (FinMin Nds. v. 1.7.1976, DB 1976, 1406). Soweit nach BFH (BStBl. II 2010, 781; BFH/NV 2010, 885: beide *DBA Schweiz*; dazu *Paetsch,* IStR 2010, 320 (322f.)) eine tatsächlich außerhalb der Schweiz verrichtet Tätigkeit als in der Schweiz ausgeübt gilt, ist dieses den Besonderheiten des Abkommens geschuldet und kann nicht verallgemeinert werden.

73 Verpachtet ein Gesellschafter einer aktiv tätigen **Personengesellschaft** dieser ein Grundstück, so sind die Pachteinnahmen in voller Höhe Einnahmen aus aktiver Tätigkeit (und nicht etwa nur in Höhe des Anteils des Gesellschafters am Gesellschaftsgewinn; zutreffend BFH BStBl. II 1994, 91).

74 **b)** Die Freistellung der Einkünfte im Quellenstaat von der deutschen Besteuerung setzt nach den Aktivitätsvorbehalten der DBA regelmäßig voraus, dass die **Einnahmen** der Betriebstätte oder Tochtergesellschaft **„ausschließlich oder fast ausschließlich"** aus den angeführten „aktiven" Tätigkeiten stammen; die *DBA Argentinien* und *Brasilien* (K) verlangen einen Anteil von mindestens 90%. Diese Formel „ausschließlich oder fast ausschließlich" findet sich in ähnlicher Funktion in § 2a Abs. 2 EStG und § 9 Nr. 7 GewStG, bis 1997, sowie früher in 8 Abs. 2 AStG und in verschiedenen Bestimmungen des früheren AIG. Für das AIG ging die einhellige Auffassung dahin, dass „fast ausschließlich" einen Anteil von mindestens 90% bedeute; die gleiche Ansicht wird von FWB für § 8 Abs. 2 AStG vertreten (FWB AStG Rz. 367f.). Man wird die Wendung auch in den Aktivitätsklau-

seln der DBA grundsätzlich in demselben Sinne auslegen müssen (*Schaumburg,* Rz. 16.516; früher auch Wassermeyer/*Wassermeyer,* Art. 23 Rz. 54). Jedoch räumt die Unbestimmtheit der Formulierung – im Gegensatz zur Angabe eines festen Prozentsatzes in den *DBA Argentinien* und *Brasilien (K)* – der Verwaltung einen Bewertungsspielraum ein, innerhalb dessen sie **geringfügige Überschreitungen** der Zehnprozentgrenze **tolerieren** kann.

Ausschließlich oder fast ausschließlich aus aktiven Tätigkeiten stammen müssen regelmäßig die **„Einnahmen"** der Betriebstätte oder Tochtergesellschaft; diesen Begriff wird man gleichsetzen dürfen mit den „Bruttoerträgen" i. S. des früheren § 8 Abs. 2 AStG. Auf die Formulierung ist dabei genau zu achten. Einzelne Abkommen sprechen nicht von Einnahmen, sondern von „Gewinnen" (profits: *DBA Australien, Schweden* und *Südafrika 1973*) oder „Einkünften" (income: *DBA Iran, Island, Israel, Marokko, Spanien 1966, Thailand, Tunesien* und *Vietnam*); in diesen Fällen ist der Zehnprozentanteil abweichend auf der Basis der Nettoerträge, d. h. nach Abzug der anteiligen Kosten, zu ermitteln. Dagegen verweisen beispielsweise die *DBA Schweiz 1971/2010* sowie *China 2014 (E), Costa Rica 2014 (E), Norwegen 2013 (E), Philippinen 2013* ausdrücklich auf „Bruttoerträge", die *DBA Ukraine* und *Vereinigte Arabische Emirate 1995* sprechen von „Bruttoeinkünften". Heißt es, wie in einer Reihe von Abkommen, bei der ausländischen Betriebstätte „Einnahmen", bei der Tochtergesellschaft aber gleich danach „Einkünfte", und im englischen Text in beiden Fällen „receipts" (z. B. *DBA Simbabwe*), so wird man davon ausgehen müssen, dass die beiden Ausdrücke gleichbedeutend gemeint sind. „Receipts" sind nicht Einkünfte, sondern Einnahmen, so dass in diesen Fällen auch bei der Tochtergesellschaft die Bruttoerträge zugrundezulegen sind. 75

Nach dem *DBA Schweiz* werden **nur** die „aktiven" Einkünfte der Betriebstätten freigestellt, unabhängig davon, wie groß ihr Anteil ist. In diesen Fällen sind die Erträge aufzuteilen. Das BMF-Schreiben v. 26.3.1975 zum *DBA Schweiz* (BStBl. I 1975, 479) nennt als mögliche Verfahren entweder den Abzug der aktiven Einkünfte vom Gesamtertrag der Betriebstätte oder die Aufstellung von gesonderten Teilbilanzen (Einnahmen-Überschuss-Rechnungen), soweit dies buchmäßig möglich ist. Auch hier wird, wenngleich ohne Grundlage im Abkommenstext, die Zehnprozentgrenze wieder aufgenommen: das Schreiben gestattet es „aus Vereinfachungsgründen", die Erträge der Betriebstätte insgesamt als „aktive" zu behandeln, wenn der Anteil der „passiven" Bruttoerträge 10% nicht übersteigt. Nach BFH BStBl. II 1996, 563 soll nach dem *DBA Schweiz* – darüber hinaus aber offenbar generell – auch der „Betriebstättenvorbehalt" der Art. 10, 11 und 12 (s. Vor Art. 10 bis 12 Rz. 30 ff.) bei Bestehen eines Aktivitätsvorbehalts nur für mit den „aktiven" Tätigkeiten in Zusammenhang stehende Einkünfte gelten. Das *DBA Mexiko 1993* verwendet bei der Regelung für Betriebstätten die übliche Formulierung „ausschließlich oder fast ausschließlich", bei der gleich darauf folgenden Regelung für Tochtergesellschaften dagegen nicht. Hier wird man wie bei der parallelen Verwendung von „Einnahmen" und „Einkünfte" (Rz. 75) annehmen müssen, dass beide Regelungen gleichmäßig angewandt werden sollen, dass also die Einschränkung „ausschließlich oder fast ausschließlich" auch für die Einkünfte von Tochter- (und Enkel-)Gesellschaften gilt. 76

c) Sind die Voraussetzungen für die Behandlung von Einkünften als „aktive" nicht gegeben, so tritt an die Stelle der Freistellung **die Anrechnung** (sog. **„switch-over-Klausel",** s. die Grundl. Rz. 72, Art. 1 Rz. 136 ff.). Durch diese Regelung soll verhindert werden, dass eine Freistellung durch DBA unangemessen ausgenutzt wird (insbesondere das sog. „Treaty Shopping", s. Anh. zu Art. 1 Rz. 101). Nur soweit man es zur Gleichstellung deutscher Unternehmungen im ausländischen Wettbewerb für notwendig hielt, ist die Freistellungsmethode beibehalten worden. Wie jede kompli- 77 zierte Regelung kann jedoch auch diese für Zwecke der Steuerplanung ausgenutzt werden. So konnte es bisher z. B. vorteilhaft sein, in den ersten Jahren nach Gründung einer ausländischen Betriebstätte, in denen man Anlaufverluste erwartete, Einnahmen aus „passiven" Tätigkeiten, etwa Beteiligungserträge, in einem Umfang von mehr als 10% über die Betriebstätte zu leiten: auf der Basis des Anrechnungsverfahrens konnten dann die ausländischen Verluste unmittelbar mit inländischen Einkünften verrechnet werden, ohne dass es später zu einem Ausgleich mit Gewinnen nach dem früheren § 2 AIG kam. Sobald die Betriebstätte gewinnträchtig wurde, musste dann freilich sichergestellt werden, dass die „passiven" Einkünfte unter 10% blieben. § 2a EStG hat diese Möglichkeit begrenzt, aber nicht beseitigt: Soweit keine Betriebstätte i. S. des innerdeutschen Rechts (§ 12 AO), wohl aber im weiteren Sinne des Abkommensrechts (s. Art. 5 Rz. 8) gegeben ist, kann von ihr nach wie vor Gebrauch gemacht werden (*K. Vogel,* BB 1983, 180 (183, 185). Auch ist die Norm nunmehr auf Verluste aus Drittstaaten beschränkt. Zum Streit um die Verfassungsmäßigkeit des § 2a EStG s. Rz. 182).

3. Schachtelprivileg

78 **a) Allgemeines.** Halten Kapitalgesellschaften Beteiligungen an ausländischen Gesellschaften, so kommt es zu einer Mehrfachbelastung mit Körperschaftsteuer, wenn der Gewinn einerseits bei der Tochtergesellschaft, andererseits nach dessen Ausschüttung bei der inländischen Muttergesellschaft besteuert wird (ein Fall der „wirtschaftlichen" Doppelbesteuerung, s. Grundl. Rz. 9). Soll die Mehrfachbelastung auf der Ebene der Muttergesellschaft beseitigt oder zumindest gemildert werden, so bedarf es sowohl der Maßnahmen des Nichtansässigkeitsstaates als auch solcher des Ansässigkeitsstaates: Durch die **Ermäßigung des Quellensteuersatzes** wird die Mehrfachbelastung von Seiten des Quellenstaats verringert, durch das Schachtelprivileg von Seiten des Ansässigkeitsstaates. Für Beteiligungen von über 25%, die durchweg zu unternehmerischen Zwecken gehalten werden – im Gegensatz zu reinen Kapitalanlagen, sog. „Portfolio-Beteiligungen" oder „Streubesitz" –, sieht das MA eine Ermäßigung des Quellensteuersatzes auf 5% vor; es beseitigt die Doppelbelastung damit aber nicht (Art. 10 Abs. 2 Buchst. a MA, s. o. Art. 10 Rz. 52 ff.). Hinzutreten muss eine **Entlastung im Ansässigkeitsstaat.** Der MA-Komm. diskutiert das Problem in Ziff. 49 ff.; zu einer Einigung über eine weitergehende Lösung ist die OECD aber nicht gelangt. Deutschland hat es bislang durch das in seinen Abkommen vereinbarte **„internationale Schachtelprivileg"**, das eine Freistellung der Schachteldividenden im Ansässigkeitsstaat beinhaltet, jedenfalls teilweise gelöst (bei dessen Fehlen u. U. durch die sog. „indirekte Anrechnung" als einseitige Maßnahme, Rz. 134, die als doppelbesteuerungsrechtliche von der früheren körperschaftsteuerrechtlichen Anrechnung nach innerstaatlichem Recht streng unterschieden werden muss).

79 Das abkommensrechtliche internationale Schachtelprivileg hat in Deutschland immer noch eine gewisse, wenngleich erheblich **geminderte Bedeutung:** Seit dem 1.1.2001 werden zwar Dividenden und Erlöse aus dem Verkauf von Beteiligungen, die von Körperschaften bezogen werden, nach **§ 8b Abs. 1 und 2 KStG** generell nicht mehr besteuert, und zwar unabhängig davon, ob sie aus dem Inland oder aus dem Ausland bezogen werden. Dadurch ist das Schachtelprivileg weithin leerlaufend geworden. Jedoch kann die dadurch vorgeschriebene Befreiung weiter reichen als die Steuerfreiheit nach § 8b KStG. Beispielsweise fallen unter den Dividendenbegriff des *DBA Japan* auch Einkünfte aus einer Beteiligung als stiller Gesellschafter. Zudem hat sich der BFH, BStBl. II 2011, 129: *DBA Polen 1972* (ebenso zuvor bereits *Ernst,* Ubg 2010, 494 (502 f.) m. w. N.) grundsätzlich für eine parallele Anwendung von innerstaatlicher Steuerfreiheit und internationalem

Schachtelprivileg ausgesprochen (s. dazu auch Art. 2 Rz. 79). Dies hatte für die Gewerbesteuer eine Steuerfreiheit zur Folge, unabhängig davon, ob die Voraussetzungen der Kürzungsvorschrift des § 9 Nr. 7 GewStG erfüllt sind (Haltedauer, Mindestbeteiligung, je nach DBA auch Aktivitätsklausel). Ferner sind zumindest theoretisch Fälle denkbar, in denen keine Steuerfreiheit nach § 8b KStG eintritt (etwa wegen § 8b Abs. 7 und 8 KStG), wohl aber nach einem internationalen Schachtelprivileg. Hingegen sieht der BFH keinen Verstoß gegen das Abkommensrecht in der sogenannten Schachtelstrafe, wonach § 8b KStG 5 % der Dividenden pauschal als nicht abzugsfähige Betriebsausgaben fingiert (BFH, DStR 2012, 2319: *DBA USA* zur Parallelfrage bei § 8b Abs. 7 KStG 1999; *Gosch,* FS Herzig, S. 63 (85 ff.); a. A. etwa *Vogel,* in der Voraufl., Rz. 109 ff.; *Hageböke,* IStR 2009, 473; *Schönfeld,* IStR 2010, 658 (660 f.)). Dem liegt die zutreffende dogmatische Konstruktion zugrunde, dass in einem ersten Schritt die Schachtelprivilegierung vollumfänglich eingeräumt wird und dann in einem zweiten Schritt pauschalierte Betriebsausgaben angenommen werden, die nichtabzugsfähig sind entsprechend dem Rechtsgedanken, dass bei einer Steuerbefreiung von Einkommensbestandteilen auch die damit zusammenhängenden Aufwendungen unbeachtlich sein sollen. Damit wird kein Steuertatbestand geschaffen, der mit der Steuerfreistellung des DBA-Schachtelprivilegs unvereinbar wäre.

b) Abkommensübersicht zum Schachtelprivileg

90

DBA	D, V*	Erforderliche Beteiligung in %**	Besondere Voraussetzungen usw.	Aktivitätsvorbehalt	Artikel	Rz.
Ägypten	D	10	–	ja	24 Abs. 1 Buchst. a, d	91 ff.; 95
Albanien 2010	D	25	–	ja	23 Abs. 1 Buchst. a, c	91 ff.
Algerien 2007	D	10	–	ja	23 Abs. 2 Buchst. a, c	91 ff.
Argentinien	D	25	–	ja	23 Abs. 1 Buchst. c, *Prot.* Nr. 5	91 ff.
Armenien	s. UdSSR					
Aserbaidschan	D	10	–	ja	23 Abs. 1 Buchst. a	91 ff.; 95
Australien	D	25	Ohne „unmittelbar"	ja	22 Abs. 2 Buchst. a; *Prot.* Nr. 10 Buchst. d (ii)	91 ff.
Bangladesch	D	25	–	ja	22 Abs. 1 Buchst. a, d	91 ff.;
	V	25	–	–	22 Abs. 2 Buchst. a	102 f.
Belarus	D	10	–	ja	23 Abs. 1 Buchst. a, c	95; 100

* D = Bundesrepublik Deutschland; V = Vertragsstaat
** Bis 31.12.2000 gewährte D ein Schachtelprivileg bei einer Beteiligung von mindestens 10 %, auch wenn das Abkommen einen höheren Prozentsatz vorsah; s. Rz. 95.

DBA	D, V*	Erforderliche Beteiligung in %**	Besondere Voraussetzungen usw.	Aktivitätsvorbehalt	Artikel	Rz.
Belgien	D	25	Dividenden aus Drittstaaten dürfen nicht mehr als 20% der Gewinne ausmachen, ausgenommen solche, die bei direkter Zahlung nach anderen DBA in Deutschland ebenfalls steuerbefreit wären. Ohne „unmittelbar"	–	23 Abs. 1 Nr. 3	91 ff.; 96;
	V	–	Soweit Dividenden einer belgischen Gesellschaft befreit wären (Sonderregel für précompte mobilier)	–	23 Abs. 2 Nr. 3	102 f.
Bolivien	D	10	–	ja	23 Abs. 1 Buchst. a; *Prot.* Nr. 8	91 ff.; 95
Bosnien-Herzegowina	s. Jugoslawien					
Bulgarien 2010	D	10	–	ja	22 Abs. 1 Buchst. a, c	91 ff.
China 1985	D	10	–	ja	24 Abs. 2 Buchst. a	91 ff.; 95;
	V	10	Nicht Freistellung, sondern indirekte Anrechnung!	–	24 Abs. 1 Buchst. b	104
China 2014 (E)	D	25	–	ja	23 Abs. 2 Buchst. a	91 ff.; 95;
	V	20	Nicht Freistellung, sondern indirekte Anrechnung	–	23 Abs. 1 Buchst. b	104
Costa Rica 2014 (E)	D	10	–	ja	23 Abs. 1 Buchst. a	91 ff.; 95
Dänemark	D	10	–	–	24 Abs. 1 Buchst. a	91 ff.; 95;
	V	10	Soweit Dividende steuerbelastet oder auch bei Zahlung aus Drittstaat steuerbefreit wäre	–	24 Abs. 2 Buchst. c, d	91 ff.; 95; 102 f.
Ecuador	D	25	–	ja	23 Abs. 1 Buchst. a, cc; *Prot.* Nr. 2, 3	91 ff.;
	V	25	–	–	23 Abs. 2 Buchst. a, cc	102 f.

* D = Bundesrepublik Deutschland; V = Vertragsstaat
** Bis 31.12.2000 gewährte D ein Schachtelprivileg bei einer Beteiligung von mindestens 10%, auch wenn das Abkommen einen höheren Prozentsatz vorsah; s. Rz. 95.

DBA	D, V*	Erforderliche Beteiligung in %**	Besondere Voraussetzungen usw.	Aktivitätsvorbehalt	Artikel	Rz.
Elfenbeinküste	D	25	–	ja	23 Abs. 1 Buchst. a, c	91 ff.
Estland	D	10	–	ja	23 Abs. 1 Buchst. a, c	91 ff.; 95;
	V	10	Indirekte Anrechnung	–	23 Abs. 2 Buchst. b	104
Finnland	D	25	Ohne „unmittelbar"	–	23 Abs. 5 Buchst. c	91 ff.; 96
	V	–	Soweit Dividenden einer finnischen Gesellschaft befreit wären	–	23 Abs. 3	
Frankreich	D	10	Ohne „unmittelbar"	–	20 Abs. 1 Buchst. b	91 ff.; 95
Georgien 2006/2014 (E)	D	10		ja	23 Abs. 1 Buchst. a	91 ff.; 95
Ghana	D	10	–	ja	24 Abs. 1 Buchst. a	91 ff.; 95; 100
Griechenland	D	25	Ohne „unmittelbar"; Anrechnung von 30 v. H. der Bruttodividenden	ja	XVII Abs. 2 Buchst. b	91 ff.; 96
Großbritannien 1954/70	D	25	Ohne „unmittelbar"	–	XVIII Abs. 2 Buchst. a	91 ff.; 96; 104
	V	25	Nicht Freistellung, sondern indirekte Anrechnung!	–	XVIII Abs. 1 Buchst. b	
Großbritannien 2010/2014 (E)	D	10	–	ja	23 Abs. 1 Buchst. a, c	91 ff.
Indien	D	10	–	ja	23 Abs. 1 Buchst. a, e	91 ff.; 95; 100
Indonesien	D	25	–	ja	23 Abs. 1 Buchst. a, d	91 ff.
Iran	D	25	–	ja	24 Abs. 1 Buchst. a, d	91 ff.
Irland 2011	D	10	–	ja	23 Abs. 2 Buchst. a, c	91 ff.
Island	D	25	–	ja	23 Abs. 1 Buchst. a; *Prot.* (ohne Nr.)	91 ff.

* D = Bundesrepublik Deutschland; V = Vertragsstaat
** Bis 31.12.2000 gewährte D ein Schachtelprivileg bei einer Beteiligung von mindestens 10%, auch wenn das Abkommen einen höheren Prozentsatz vorsah; s. Rz. 95.

DBA	D, V*	Erforderliche Beteiligung in %**	Besondere Voraussetzungen usw.	Aktivitätsvorbehalt	Artikel	Rz.
Israel	D	25	–	ja	18 Abs. 1 Buchst. a, d	91 ff.
Italien	D	10	–	–	24 Abs. 3 Buchst. a	91 ff.;
	V	25	–	–	24 Abs. 2 Buchst. b	95; 102 f.
Jamaika	D	25	–	ja	23 Abs. 1 Buchst. a; *Prot.* Nr. 2 a	91 ff.; 96; 104
	V	25	Indirekte Anrechnung!	–	23 Abs. 2 Buchst. b	
Japan	D	25	Ohne „unmittelbar"	–	23 Abs. 1 Buchst. a	91 ff.; 96
Jersey 2008	D	–	–	–	–	
Jugoslawien	–	–	–	–	–	91 ff.
Kanada	D	10	–	ja	23 Abs. 2 Buchst. a, c	91 ff.; 95;
	V	10	Nur indirekte Anrechnung		23 Abs. 1 Buchst. b	104
Kasachstan	D	10		ja	23 Abs. 2 Buchst. a, c	91 ff.; 95; 100
Kenia	D	25	–	ja	23 Abs. 1 Buchst. a; *Prot.* Nr. 6	91 ff.; 96
Kirgisistan	D	25	–	ja	23 Abs. 1 Buchst. a	91 ff.; 95; 100
Korea	D	25	–	ja	23 Abs. 1 Buchst. a, c	91 ff.; 95; 100
Kosovo	s. Jugoslawien					
Kroatien	D	10	–	ja	23 Abs. 1 Buchst. a	91 ff.; 95
Kuwait	D	10	–	ja	24 Abs. 1 Buchst. a	91 ff.; 95
Lettland	D	25	–	ja	23 Abs. 1 Buchst. a, c	91 ff.; 95; 104
Liberia	D	25	–	ja	23 Abs. 1 Buchst. a; *Prot.* Nr. 7	91 ff.
Liechtenstein 2011	D	10	–	ja	23 Abs. 1 Buchst. a, c	91 ff.

* D = Bundesrepublik Deutschland; V = Vertragsstaat
** Bis 31.12.2000 gewährte D ein Schachtelprivileg bei einer Beteiligung von mindestens 10%, auch wenn das Abkommen einen höheren Prozentsatz vorsah; s. Rz. 95.

DBA	D, V*	Erforderliche Beteiligung in %**	Besondere Voraussetzungen usw.	Aktivitätsvorbehalt	Artikel	Rz.
	V	10	indirekte Anrechnung		23 Abs. 2 Buchst. a	
Litauen	D	25	–	ja	23 Abs. 1 Buchst. a, c	91 ff.; 95; 104
Luxemburg 2012	D	10	–	ja	22 Abs. 1 Buchst. a, c	91 ff.
	V	25	Indirekte Anrechnung	–	23 Abs. 2 Buchst. b	
Malaysia 2010	D	10	–	ja	23 Abs. 1 Buchst. a, c	91 ff.
	V	10	Indirekte Anrechnung	–	23 Abs. 2	
Malta	D	10	–	ja	23 Abs. 1 Buchst. a, c	91 ff.; 95; 100
Marokko	D	25	(Briefwechsel: Ausdehnung auf Beteiligungen von weniger als 25% für den Fall, dass im Zuge der europäischen Steuerharmonisierung das Schachtelprivileg in Deutschland auf geringere Beteiligungen ausgedehnt wird)	ja	23 Abs. 1 Nr. 1; *SProt.* Nr. 2	91 ff.; 96; 100
Mauritius 2011	D	–	–	–	–	91 ff.
	V	5	Indirekte Anrechnung	–	23 Abs. 1 Buchst. b	
Mazedonien 2006	D	10			23 Abs. 1 Buchst. a, c	91 ff.; 95
Mexiko 2008	D	10	–	ja	23 Abs. 1 Buchst. a, c	91 ff.
	V	10	Indirekte Anrechnung	–	23 Abs. 2 Buchst. b	
Moldau	s. UdSSR					
Mongolei	D	10	–	ja	23 Abs. 1 Buchst. a, d	91 ff.; 95
Montenegro	s. Jugoslawien					
Namibia	D	10	–	ja	23 Abs. 1 Buchst. a, c	91 ff.; 95
Neuseeland	D	25	–	–	23 Abs. 2 Buchst. a	91 ff.
Niederlande 1959/2004	D	25	Ohne „unmittelbar"	–	20 Abs. 2; 13 Abs. 4	91 ff.; 96
Niederlande 2012 (E)	D	10	–	ja	22 Abs. 1 Buchst. a, c	
Norwegen 1991	D	10	Gewinnausschüttung einer Aktiengesellschaft	–	23 Abs. 2 Buchst. a	91 ff.; 95; 96

DBA	D, V*	Erforderliche Beteiligung in %**	Besondere Voraussetzungen usw.	Aktivitätsvorbehalt	Artikel	Rz.
	V	25	Besteuerung, „als ob beide Gesellschaften in Norwegen ansässig wären“	–	23 Abs. 1 Buchst. c	91 ff.; 96; 102 f.
Norwegen 2013 (E)	D	10	–	ja	23 Abs. 2 Buchst. a, c	91 ff.; 95
Oman 2012 (E)	D	10	–	ja	23 Abs. 1 Buchst. a, c	91 ff.
Österreich	D	10	–	–	23 Abs. 1 Buchst. a	91 ff.; 95; 100;
	V	10	–	–	23 Abs. 2 Buchst. c	102 f.
Pakistan	D	20	–	ja	22 Abs. 1 Buchst. a, c	91 ff.; 95
Philippinen 1983	D	25	–	ja	24 Abs. 1 Buchst. a	91 ff.; 95
Philippinen 2013	D	25	–	ja	24 Abs. 1 Buchst. a, c	91 ff.; 95
	V	25	Ohne „unmittelbar“	–	21 Abs. 2 Buchst. a	
Polen	D	10	Ausnahme bei Vergünstigung für besondere Wirtschaftszonen	ja	24 Abs. 2 Buchst. a	91 ff.; 95; 100
Portugal	D	25	–	ja***	24 Abs. 2 Buchst. a; *SProt.* Nr. 8 a	91 ff.
Rumänien	D	10	–	ja	23 Abs. 1 Buchst. a	91 ff.; 95; 100
Russische Föderation	D	10	–	ja	23 Abs. 2 Buchst. a, c	91 ff.; 95
Sambia	D	25	–	ja	23 Abs. 1 Buchst. a; *SProt.* Nr. 4	91 ff.; 96
	V	–	Indirekte Anrechnung	–	23 Abs. 2 Buchst. b	
Schweden	D	10	–	–	23 Abs. 1 Buchst. a	91 ff.; 95;
	V	–	Wenn bei Ansässigkeit der Gesellschaft im V die Dividenden dort ausgenommen wären	ja	23 Abs. 3	102 f.

* D = Bundesrepublik Deutschland; V = Vertragsstaat

** Bis 31.12.2000 gewährte D ein Schachtelprivileg bei einer Beteiligung von mindestens 10%, auch wenn das Abkommen einen höheren Prozentsatz vorsah; s. Rz. 95.

*** Für „passive“ Einkünfte indirekte Anrechnung nach § 26 Abs. 2a KStG.

DBA	D, V*	Erforderliche Beteiligung in %**	Besondere Voraussetzungen usw.	Aktivitätsvorbehalt	Artikel	Rz.
Schweiz 1971/2010	D	20	Ohne „unmittelbar"	ja	24 Abs. 1 Buchst. b	91 ff.
Serbien	s. Jugoslawien					
Simbabwe	D	25	–	ja	23 Abs. 1 Buchst. a, d	91 ff.; 96
Singapur	D	10	Indirekte Anrechnung	ja	24 Abs. 1 Buchst. a, c	91 ff.; 95; 100; 104
	V	10	Indirekte Anrechnung	–	24 Abs. 2	
Slowakei	s. Tschechoslowakei					
Slowenien	D	10	–	ja	23 Abs. 1 Buchst. a	91 ff.; 95
Spanien 2011	D	10	–	ja	22 Abs. 2 Buchst. a, c	91 ff.
Sri Lanka	D+V	25	–	ja	23; *SProt.* Nr. 2 Buchst. a	91 ff.; 102 f.
Südafrika 1973	D	25	Ohne „unmittelbar"	ja	20 Abs. 2 Buchst. a; Briefwechsel	91 ff.; 97
Südafrika 2008 (E)	D	10	–	ja	22 Abs. 1 Buchst. a, c	91 ff.
Syrien 2010	D	10	–	ja	22 Abs. 1 Buchst. a; c	91 ff.
Tadschikistan	D	10	–	ja	22 Abs. 2 Buchst. a, c	91 ff.; 95; 100
Taiwan 2011	D	25	–	ja	22 Abs. 1 Buchst. a, c	91 ff.
Thailand	D	25	Ohne „unmittelbar"	ja	22 Abs. 2 Buchst. a; Briefwechsel	91 ff.; 96
	V	25	Ohne „unmittelbar"	–	22 Abs. 3 Buchst. a; Briefwechsel	
Trinidad und Tobago	D	25	Voraussetzungen der indirekten Anrechnung nach deutschem Recht	–	22 Abs. 1 Buchst. a; *SProt.* Nr. 5	91 ff.
Tschechien	s. Tschechoslowakei					
Tschechien 1997 (E)	D	10	–	ja	23 Abs. 1 Buchst. a	91 ff.; 95
Tschechoslowakei	D	25	Ohne „unmittelbar"	ja	23 Abs. 1 Buchst. a, c	91 ff.; 96
Türkei 2011	D	25	–	ja	22 Abs. 2 Buchst. a, c	91 ff.
Tunesien	D	25	–	ja	23 Abs. 1 Buchst. a; *SProt.* Nr. 2	91 ff.; 96

DBA	D, V*	Erforderliche Beteiligung in %**	Besondere Voraussetzungen usw.	Aktivitätsvorbehalt	Artikel	Rz.
Turkmenistan	s. UdSSR					
UdSSR	D	–				91 ff.
Ukraine	D	10	–	ja	23 Abs. 1 Buchst. a, c	91 ff.; 95
Ungarn 2011	D	10	–	ja	22 Abs. 1 Buchst. a, c	91 ff.
Uruguay 2010	D	10	–	ja	22 Abs. 1 Buchst. a, c	91 ff.; 95; 102 f.
	V	10	–	–	22 Abs. 2 Buchst. a Doppelbuchst. cc	
USA 1989/2006	D	10	Nicht anwendbar auf Dividenden, die durch Regulated Investment Companies gezahlt werden und auf Ausschüttungen, die in den USA vom Bruttoeinkommen abgezogen werden können	–	23 Abs. 3 Buchst. a	91 ff.; 96; 104
	V	10	Indirekte Anrechnung	–	23 Abs. 1 Buchst. b	
Usbekistan	D	25		ja	23 Abs. 1 Buchst. a, c	91 ff.; 95
Venezuela	D	15	–	ja	23 Abs. 1 Buchst. a, d	91 ff.; 95
Vereinigte Arabische Emirate 2010	–	–	–	–	–	
Vietnam	D	10	–	ja	23 Abs. 2 Buchst. a, c	91 ff.; 95
	V	25	Indirekte Anrechnung	–	23 Abs. 2 Buchst. b	
Weißrussland	s. Belarus					
Zypern 2011	–	–	–	–	–	91 ff.

91 **c) Rechtslage nach den Abkommen:** Nahezu alle deutschen Abkommen (nicht aber die *DBA Jugoslawien* und *UdSSR*) gewähren deutschen Kapitalgesellschaften, die an ausländischen Kapitalgesellschaften **wesentlich beteiligt** sind, das sog. **„internationale Schachtelprivileg“.** Während im Allgemeinen für Dividenden eine begrenzte Besteuerung im Quellenstaat (s. zu Art. 10 Rz. 36 ff.) sowie

* D = Bundesrepublik Deutschland; V = Vertragsstaat

** Bis 31.12.2000 gewährte D ein Schachtelprivileg bei einer Beteiligung von mindestens 10 %, auch wenn das Abkommen einen höheren Prozentsatz vorsah; s. Rz. 95.

deren **Anrechnung** auf die Steuer des Ansässigkeitsstaats vorgesehen ist (Rz. 130), werden Dividenden, die eine ausländische Tochtergesellschaft an ihre in Deutschland ansässige Muttergesellschaft ausschüttet, unter bestimmten Voraussetzungen in Deutschland **freigestellt.**

aa) Dividendenbegriff: Die Freistellung von Schachteldividenden im Ansässigkeitsstaat der Muttergesellschaft und die Anrechnung der Kapitalertragsteuer des Quellenstaats nach Art. 23 A Abs. 2 MA sind zwei alternative, einander ergänzende Regelungen. Der Dividendenbegriff im Rahmen der DBA-Vorschriften über das Schachtelprivileg kann daher nicht anders bestimmt werden als der des Art. 23 A Abs. 2; vgl. darüber allgemein Rz. 130 ff. Was „Dividenden" sind, ergibt sich somit auch für die Vorschriften über das Schachtelprivileg aus Art. 10 Abs. 3 MA. Zusätzlich bestätigt wird dies durch die Erwägung, dass das Schachtelprivileg auf die Regelung des Art. 10 Abs. 2 Buchst. a) MA bezogen ist (s. Rz. 78) und für diese Vorschrift die Definition des Art. 10 Abs. 3 (s. dazu näher Art. 10 Rz. 184 ff.) unzweifelhaft maßgebend ist (tendenziell ebenso BFH, BStBl. II 2008, 793: *DBA Luxemburg 1958* m. w. N.). Eine sehr technische Frage des DBA hatte die Entscheidung BFH, BStBl. II 2011, 208: *DBA USA 1989;* zu Unrecht kritisch *Eimermann,* IStR 2010, 909) zum Gegenstand. Zinsen auf ein partiarisches Darlehen unterfielen nach Art. 11 Abs. 2 S. 3 vorrangig Art. 10; sie erfüllten aber gleichwohl nicht die Definition des Ausdrucks Dividende in Art. 10 Abs. 4, sondern konnten nach Art. 10 Abs. 5 der Höhe nach unbeschränkt in den USA besteuert werden. Damit aber waren sie nach Art. 23 Abs. 2 S. 1 Buchst. a) S. 1 in Deutschland freizustellen. Die Rückausnahme nach S. 3 griff tatbestandlich nicht ein, weil zwar Einkünfte nach Art. 10, aber eben keine Dividenden vorlagen. Schließlich lagen – anders als nach Art. 23 Abs. 4 Buchst. b) *DBA USA 2006,* vgl. BMF, BStBl. I 2011, 182 – auch die Voraussetzungen für einen Methodenwechsel von der Freistellungs- zur Anrechnungsmethode nach Art. 23 Abs. 2 S. 1 Buchst. b) Doppelbuchst. gg) i. V. m. Abs. 21 des Protokolls nicht vor. 92

Das Schachtelprivileg in Art. 20 Abs. 2 S. 3 *DBA Luxemburg 1958* soll nach BFH a. a. O. trotz einer entsprechenden Gleichstellung in Nr. 11 des Schlussprotokolls aber nicht für **Gewinnanteile von typisch still Beteiligten** anwendbar sein, weil die stille Beteiligung nicht die erforderliche Mindestbeteiligung vermittele und es andernfalls mangels Besteuerung in Luxemburg zu unbesteuert bleibenden Einkünfte kommen könne. Im Ergebnis dürften diese durchaus überzeugenden Grundsätze (krit. aber etwa *Teufel/Hasenberg,* IStR 2008, 724) auszudehnen sein auch auf andere hybride Finanzierungsformen, die keine relevante Beteiligung begründen können (zur Frage der Anwendbarkeit auf Inbound-Fälle s. Art. 10 Rz. 168). Die nur wenig zuvor ergangenen Entscheidung BFH, BStBl. II 2009, 234: *DBA USA 1989* mit der die Anwendbarkeit des Schachtelprivilegs im Quellenstaat nach Art. 10 Abs. 2 S. 1 Buchst. a DBA USA 1989 für sogenannte *S Corporations* bejaht wurde, obwohl hier ähnliche teleologische Überlegungen angestellt werden können (s. auch *Birker/Seidel,* RIW 2009, 244 (246): der Sache nach eine teleologische Reduktion; dagegen *Gosch,* FS Herzig, S. 63 (83)), legt zudem nahe, dass es auf die fehlende Besteuerung im Nichtansässigkeitsstaat nicht entscheidend ankommt (im Ergebnis ebenso *Gosch,* FS Herzig, S. 63 (83)). BMF, IStR 2014, 77 sieht im Übrigen solche Dividenden nicht vom Schachtelprivileg erfasst, die im Rahmen von Gestaltungsmodellen mit Investmentvermögen bezogen werden. Zur Begründung wird darauf verwiesen, dass es sich um Liebhaberei handelt. 93

bb) Beteiligungsvoraussetzungen: Anteilseignerin und die ausschüttende Gesellschaft müssen **Kapitalgesellschaften** sein. Dem soll nach der Rechtsprechung des BFH, BFHE 230, 18: *DBA Frankreich 1959/1989* eine Kommanditgesellschaft auf Aktien auch dann genügen, wenn ihre persönlich haftende Gesellschafterin eine Personengesellschaft ist. Der deutsche Gesetzgeber hat auf die 94

Entscheidung reagiert und mit § 50d Abs. 11 EStG doch die Einkünftezurechnung für maßgeblich erklärt.

95 Für die Gewährung des Schachtelprivilegs verlangen die Abkommen zudem regelmäßig eine **Mindestbeteiligung.** Nach den **neueren** ***DBA*** *Ägypten, Algerien 2007, Aserbaidschan, Belarus, Bolivien, Bulgarien 2010, China 1985, Costa Rica 2014 (E), Dänemark, Estland, Frankreich (ZusAbk. 1989), Georgien, Ghana, Großbritannien 2010, Indien, Irland 2011, Italien, Lettland, Liechtenstein 2011, Litauen, Luxemburg 2012, Kanada, Kasachstan, Kroatien, Kuwait, Malaysia 2010, Malta, Mazedonen 2006, Mexiko 2008, Mongolei, Namibia, Niederlande 2012 (E), Norwegen 1991, Norwegen 2013 (E), Österreich, Philippinen 2013, Polen, Rumänien, Russische Föderation, Schweden, Singapur, Slowenien, Spanien 2011, Südafrika 2008 (E), Syrien 2010, Tadschikistan, Türkei 1985, Ukraine, Ungarn 2011, Uruguay 2010, USA 1989, USA* und *Vietnam* reicht eine **Beteiligung von mindestens 10 %** aus; dieser Satz entspricht dem Vorschlag des UN-MA zu Art. 10 Abs. 2 Buchst. a). Das *Prot. Schweiz 1989* hat den Satz der Mindestbeteiligung nur auf 20% ermäßigt, ebenso das *DBA Pakistan;* das *DBA Venezuela* verlangt 15%. Die meisten älteren DBA und die neuen mit *Albanien 2010, China 2014 (E), Kirgisistan, Korea, Taiwan 2011, Türkei 2011* und *Usbekistan* verlangen eine Mindestbeteiligung von 25% entsprechend Art. 10 Abs. 2 Buchst. a OECD-MA. Zur Bedeutung der Mindestbeteiligung s. Rz. 79

96 Maßgebend für die Berechnung der Mindestbeteiligung ist nach den meisten DBA der Anteil der deutschen Gesellschaft am **Kapital** der ausländischen Gesellschaft, nach einer nicht geringen Zahl vor allem älterer DBA jedoch die Zahl der **stimmberechtigten Anteile** („voting stock": *DBA Belgien, Dänemark 1962, Finnland, Griechenland, Großbritannien 1964, Irland 1962, Jamaika, Japan, Kenia, Marokko, Niederlande 1959/2004, Norwegen 1991, Polen 1972/79, Rumänien 1973, Sambia, Simbabwe, Spanien 1966, Südafrika 1973, Thailand, Tschechoslowakei, Tunesien, Türkei 1985, Ungarn 1977, USA 1989 und USA 1989/2006).* Zu diesem Begriff und zu dessen Abgrenzung, s. bei Art. 10 Rz. 138 f.

97 Die betreffenden Anteile müssen der dividendenbeziehenden Gesellschaft nach der Mehrzahl der Abkommen **„unmittelbar gehören".** Verwiesen wird damit auf die **zivilrechtliche subjektive Berechtigung** – die „Rechtszuständigkeit" –, bei Anteilen an einer Kapitalgesellschaft auf die **Mitgliedschaft** (BFH BStBl. II 1973, 57 (59)). Die Beteiligung gehört der Gesellschaft „unmittelbar", wenn sie ihr selber, nicht lediglich über zwischengeschaltete natürliche oder juristische Mittelspersonen, gehört. Ist das Wort „unmittelbar" im Abkommenstext nicht ausdrücklich enthalten (so vor allem in einigen älteren DBA: s. o. die Übersicht Rz. 90), so kann dies doch zu keiner anderen Beurteilung führen. Spricht das Abkommen von Berechtigungen, so wird es damit in der Regel nur die „unmittelbare", d. h. die **eigene** Berechtigung meinen, sofern es nicht für eine erweiternde Auslegung mindestens einen Hinweis gibt. Auf mittelbare Beteiligungen ist daher das Schachtelprivileg in keinem Fall auszudehnen (BFH, a. a. O. und BStBl. II 1975, 584 (586)).

98 Eine bestimmte **Dauer** der Mindestbeteiligung – eine **„Mindestbesitzfrist"** – verlangen die Abkommen **nicht.** Sie braucht also nur an einem **Stichtag** gegeben zu sein. Fraglich ist jedoch, welcher Zeitpunkt hierfür maßgebend ist. Nach dem Zusammenhang des MA kann es kein anderer sein als der für die Gewährung des ermäßigten Steuersatzes nach Art. 10 Abs. 2 Buchst. a maßgebende Stichtag (a. A. GKG/*Grotherr,* Art. 23A/B Rz. 101, der auf den Zeitpunkt der steuerlichen Erfassung beim Empfänger abstellt; indessen ist kein hinreichender Grund für die Differenzierung ersichtlich). Nach Ziff. 16 des MA-Komm. zu Art. 10 ist ausschlaggebend der Zeitpunkt der **Entstehung der Steuerschuld** nach dem Recht des Quellenstaats. Im deutschen Recht ist dies für Kapitalerträge zwar **grundsätz-**

lich der Zeitpunkt, an dem sie zufließen (§ 44 Abs. 1 S. 2 EStG, § 30 Nr. 1 KStG). Für **Dividenden** „und andere Kapitalerträge, deren Ausschüttung von einer Körperschaft beschlossen wird", ist jedoch als Zeitpunkt des Zuflusses der Tag anzusehen, der im Ausschüttungsbeschluss als Tag der Auszahlung bestimmt worden ist, bei fehlender Bestimmung der auf die Beschlussfassung folgende Tag (§ 44 Abs. 2 EStG).

Über besondere Voraussetzungen des Schachtelprivilegs und Ausnahmen von **99** ihm nach einzelnen DBA vgl. die 3. Aufl., Rz. 106.

cc) Das Schachtelprivileg der DBA wird grundsätzlich **ohne Rücksicht darauf** **100** gewährt, ob die Ausschüttungen der ausländischen Tochtergesellschaft im Quellenstaat **tatsächlich besteuert worden sind** (so ausdrücklich das *DBA Indien* in *Prot.* Nr. 5 Buchst. a), es wird also, wie regelmäßig, schon die nur „virtuelle Doppelbesteuerung" durch das Abkommen ausgeschlossen (s. Grundl. Rz. 69 ff.). Der Wortlaut, der regelmäßig fordert, dass die Einkünfte nach dem Abkommen im anderen Vertragsstaat besteuert werden können, steht dem nicht entgegen (ebenso BMF, BStBl. I 2010, 1291: *DBA Norwegen 1991*). Dies ist hier auch deshalb systemgerecht, weil das Schachtelprivileg, wie o. bei Rz. 78 dargestellt, die körperschaftsteuerliche Doppelbelastung verhindern soll; dieses Ziel würde aber am besten erreicht, wenn im Quellenstaat der Dividenden von vornherein keine Steuer erhoben würde. Eine Doppelbelastung entsteht jedoch nicht, wenn die **Dividenden im Quellenstaat von der Bemessungsgrundlage der Steuer der Tochtergesellschaft abgezogen** werden können. Dementsprechend schließen die meisten neueren DBA für diesen Fall das Schachtelprivileg aus (beispielsweise *DBA Belarus, Ghana, Kasachstan, Kirgisistan, Korea, Malta, Österreich, Polen, Rumänien, Singapur, Tadschikistan);* dies ist nunmehr auch in Art. 22 Abs. 1 Nr. 1 S. 2 VGL vorgesehen. Auch für den Fall, dass die ausschüttende Gesellschaft steuerbefreit ist, soll dasselbe gelten (so Art. 22 Abs. 1 Nr. 1 S. 2 VGL; Art. 23 Abs. 1 Buchst. a S. 4 *DBA Liechtenstein;* kritisch mit Blick auf eine Vorbelastung falls die steuerbefreite Gesellschaft ihrerseits Dividenden bezieht *Kessler/Arnold,* IWB 2014, 60 (61 f.)).

dd) Fast alle seit 1966 abgeschlossenen DBA unterwerfen das Schachtelprivileg **101** einem **Aktivitätsvorbehalt** (s. Übersicht o. Rz. 90; Art. 22 Abs. 1 Nr. 4 VGL; zum Aktivitätsvorbehalt s. Rz. 67 ff.). Sind die Bedingungen dieses Vorbehalts nicht erfüllt, so entfällt das abkommensrechtliche Schachtelprivileg für die von der ausländischen Tochtergesellschaft an ihre deutsche Muttergesellschaft ausgeschütteten Dividenden. Über Besonderheiten des *DBA Schweiz* vgl. die 3. Auflage, Rz. 113.

ee) Ausschlussgründe: Neuere Abkommen machen das Schachtelprivileg häu- **101a** fig davon abhängig, dass die Zahlung den Gewinn auf der Gesellschaftsebene nicht gemindert hat. Zum *DBA Luxemburg 2012* s. etwa *Birker,* Ubg 2013, 579 (581 f.); vgl. auch Rz. 100 a. E. Dasselbe sieht der deutsche Gesetzgeber zudem unilateral in § 8b Abs. 1 S. 3 KStG für verdeckte Gewinnausschüttungen und in § 50d Abs. 9 S. 1 Nr. 1; S. 2 EStG vor. Weitere unilaterale Ausschlusstatbestände finden sich in § 15 S. 2 KStG für den Fall, dass eine Personengesellschaft oder eine natürliche Person Organträger einer Kapitalgesellschaft ist, die durch das internationale Schachtelprivileg begünstigt wäre, ferner in § 16 Abs. 2 S. 2 u. 3 REITG sowie in §§ 7 ff. AStG. S. zum Ganzen GKG/*Grotherr,* Art. 23A/B Rz. 106.

d) DBA-Schachtelprivileg und indirekte Anrechnung in anderen Ver- 102 tragsstaaten: Teilweise wird ein Schachtelprivileg, im Einzelnen in unterschiedlicher Ausgestaltung, auch im anderen Vertragsstaat gewährt, wenn die ausschüttende Gesellschaft in Deutschland, die die Dividenden beziehende Muttergesellschaft im Vertragsstaat ansässig ist.

Die DBA *Bangladesch, Ecuador, Italien, Luxemburg 1958, Österreich* und *Sri Lanka,* **103** sehen auch für im anderen Vertragsstaat ansässige Gesellschaften ein Schachtelprivileg unter entsprechenden Voraussetzungen wie für in Deutschland ansässige Gesellschaften vor. Eine ähnliche, jedoch eigenständige Regelung enthält das *DBA Dänemark.* Soweit es sich bei den Vertragsstaaten um EU-Staaten handelt, ist zusätzlich die EU-Mutter-Tochter-Richtlinie zu beachten (s. Rz. 105). Nach den *DBA Belgien, Norwegen 1991, Schweden* gewähren die anderen Vertragsstaaten den in ihrem Staatsgebiet ansässigen Gesellschaftern ein Schachtelprivileg in entsprechender Anwendung ihres **inländischen** Rechts.

104 In den *DBA China 1985, China 2014 (E), Estland, Großbritannien 1964, Jamaika, Kanada, Lettland, Litauen, Malaysia 1977, Mexiko 1993, Singapur 1972, Singapur, USA* und *Zypern 1974* ist auf der Seite des jeweiligen Vertragsstaats die **indirekte Anrechnung** der von der deutschen Tochtergesellschaft, an der eine im Vertragsstaat ansässige Gesellschaft eine qualifizierte Beteiligung (10% oder 25%) besitzt, gezahlten Körperschaftsteuer vorgesehen. Die „indirekte Anrechnung" unterscheidet sich von der „normalen" doppelbesteuerungsrechtlichen Anrechnung dadurch, dass bei der „normalen" – der direkten – Anrechnung nur Steuern des inländischen Steuerpflichtigen selber berücksichtigt werden. Demgegenüber werden bei der indirekten Anrechnung Steuern angerechnet, die ein anderer gezahlt hat. Zum Schachtelprivileg verhält sich die indirekte Anrechnung wie die Freistellung zur Anrechnung allgemein (s. o. Rz. 9): Ist die Steuer der Tochtergesellschaft (die die Ausschüttungen vermindert) niedriger als die Steuer, die die Muttergesellschaft im Ansässigkeitsstaat zu entrichten hätte, so ist das Schachtelprivileg günstiger; ausländische Steuerermäßigungen kommen also auch bei indirekter Anrechnung dem inländischen Fiskus zugute. Ist dagegen die ausländische Belastung ebenso hoch wie die deutsche Steuer oder höher als sie, führen Schachtelprivileg und indirekte Anrechnung zu demselben Ergebnis.

Großbritannien 1964/70 gewährt die indirekte Anrechnung (credit for underlying taxes) schon seit langem als einseitige Maßnahme zur Beseitigung der Doppelbesteuerung; seit 1971 genügt hierfür eine Beteiligung der inländischen Gesellschaft oder auch nur ihrer Muttergesellschaft an der ausländischen Gesellschaft in Höhe von 10% der stimmberechtigten Anteile (ICTA 1988 sec. 790).

105 **e) Insbesondere EU-Staaten:** Zudem verpflichtet die EU-Mutter-Tochter-Richtlinie alle EU-Mitgliedsstaaten, den in ihrem Gebiet ansässigen Muttergesellschaften für Ausschüttungen ihrer in anderen EU-Staaten ansässigen Tochtergesellschaften ein Schachtelprivileg oder eine indirekte Anrechnung zu gewähren. Im Verhältnis zu den DBA geht die **jeweils günstigere Regelung** vor (Art. 7 Abs. 2 der Richtlinie; s. Grundl. Rz. 276). Daneben ist die **Sparzinsrichtlinie** zu beachten, die eine Anrechnungs- und gegebenenfalls Erstattungspflicht der nach dieser Richtlinie von *Belgien, Luxemburg* und *Österreich* einbehaltenen Quellensteuer vorsieht, vgl. Rz. 257.

106 **f)** Die Freistellung der Dividenden würde es an sich nahe legen, dass die zu deren Erzielung aufgewandten **Kosten nicht** vom innerstaatlichen Gewinn der Muttergesellschaft **abgezogen** werden können. Ob und inwieweit dies gilt, ergibt sich jedoch nicht aus dem DBA, sondern ist eine Frage der **innerstaatlichen** deutschen Gewinnermittlung (entsprechend wie beim Abzug ausländischer Verluste, s. dazu MA-Komm. Ziff. 44, und die Ausführungen dieses Kommentars Rz. 52 ff., 113). Die für den Kostenabzug maßgebenden innerstaatlichen Vorschriften sind § 3c Abs. 2 EStG und § 8b Abs. 5 KStG; über deren Anwendbarkeit s. Rz. 113.

4. Innerstaatliches deutsches Recht, insbesondere Verluste, Teilwertabschreibungen und Aufwand

107 **a)** Die Freistellung ist zwingend; der Steuerpflichtige hat nicht die Möglichkeit, statt ihrer den Abzug der ausländischen Steuer von der inländischen Bemessungsgrundlage – so im Fall der Anrechnung, auch nach DBA: s. Rz. 136 – zu beantragen (*Krabbe,* BB 1980, 1146 (1149)). Handelt es sich um Einkünfte einer Personengesellschaft, so ist deren Freistellung im Rahmen der **einheitlichen** und gesonderten **Feststellung** des Gesellschaftsgewinns nach § 180 Abs. 1 Nr. 2 Buchst. a AO auszusprechen; diese Feststellung – oder ihr Unterbleiben – erwächst in Bestandskraft (BFH BStBl. II 1970, 588 (589): *DBA Österreich 1954/92;* s. auch *Piltz,* StBp 1989, 193).

Nach § 50d Abs. 9 Nr. 1 EStG entfällt die Freistellung von Einkünften, wenn der andere Vertragsstaat sie in Anwendung des einschlägigen DBA freistellt oder ermäßigt besteuert. Die Steuer des anderen Staats ist dann anzurechnen (§ 34c Abs. 6 Satz 5 EStG). Die amtliche Begründung verweist zur Rechtfertigung auf Ziff. 32.6 des MA-Komm. zu Art. 23 (BT-Drs. 16/2712), schließt sich also der dort vertretenen Auslegung des MA an. Daraus folgt, dass die Vorschrift nur für **Qualifikationsfälle i. w. S.** gelten soll, also **nicht** für Fälle einer Freistellung aufgrund **fehlerhafter** Anwendung des DBA durch den Quellenstaat. Das ergibt sich auch aus dem Gebot völkerrechtskonformer Abkommensauslegung (BVerfGE 111, 307 (318)), denn eine Versagung der Freistellung auch bei fehlerhafter Abkommensanwendung verstieße gegen das DBA (*K. Vogel,* IStR 2007, 225 (228)). Gemäß Nr. 2 des § 50d Abs. 9 soll die Freistellung auch entfallen, wenn der Quellenstaat die Einkünfte nur deshalb nicht besteuert, weil der Steuerpflichtige dort nicht ansässig ist. Das verstößt gegen das Abkommen (s. o. Grundl. Rz. 196). Weitere treaty overrides finden sich in § 50d Abs. 8, 10 und 11 EStG zu Einkünfte aus nichtselbständiger Arbeit, zu Sondervergütungen bei Personengesellschaften und zu Zurechnungskonflikten. **108**

b) Für Verluste aus **gewerblicher Tätigkeit** einer ausländischen **Betriebstätte** gestattete **§ 2a Abs. 3 EStG** (vormals § 2 AIG) bis Ende 1998 auf Antrag die Verrechnung gegen inländische Gewinne, unter den Voraussetzungen des § 10d EStG auch den Vor- oder Rücktrag des Verlustes, auch wenn Gewinne aus der Tätigkeit der Betriebstätte aufgrund eines DBA freigestellt waren. Seit 1982 musste es sich um Einkünfte aus ausländischer „aktiver" Erwerbstätigkeit handeln. Für Einzelheiten s. die 4. Aufl., Rz. 59 und 60. Falls die Betriebstätte in späteren Jahren Gewinne machte, war ein Betrag, der den abgezogenen Verlusten entsprach, dem Gesamtbetrag der Einkünfte wieder hinzuzurechnen, allerdings nicht, wenn in dem ausländischen Staat eine Verrechnung des Gewinns gegen Verluste früherer Jahre nicht zulässig war. Wie oben Rz. 52 ff. ausgeführt, war dies abkommensrechtlich zulässig, weil lediglich die im Verlustjahr unterlassene Besteuerung des inländischen Gewinns nachgeholt wurde. Das stimmte weitgehend mit den oben erläuterten ausländischen Beispielen überein. Spätere Gewinne sind auch solche aus einer Veräußerung der Betriebstätte (im konkreten Fall Tausch einer Beteiligung an einer Personengesellschaft gegen Aktien, s. BFH BStBl. II 1991, 873: *DBA Kanada 1981*) und auch solche aus passiven Tätigkeiten (FG Münster EFG 1990, 157: *DBA Kanada 1981*). **109**

Von vornherein unanwendbar ist jene bisherige Rspr. im Rahmen des **DBA Italien.** Hier sind nach *Prot.* Nr. 16 Buchst. d) nur Einkünfte freigestellt, die **tatsächlich** in Italien besteuert werden (s. Vor Art. 6–22 Rz. 20 f.). Das schließt (u. a.) negative Einkünfte von der Freistellung aus; der Verlustverrechnung steht somit nichts entgegen. **110**

c) Wie eine Verlustverrechnung hat der BFH auch eine **Teilwertabschreibung** auf ein im Ausland befindliches **Grundstück,** in einem anderen Fall auf eine **Kapitalbeteiligung** an einer ausländischen Gesellschaft versagt, weil nach den einschlägigen DBA die Einkünfte aus dem Grundstück bzw. der Kapitalgesellschaft auf deutscher Seite freigestellt waren (BFH BStBl. II 1972, 948 (949); HFR 1982, **111**

300: beide *DBA Italien 1925*). In anderen Fällen hat er dagegen eine Teilwertabschreibung auf eine Beteiligung an einer ausländischen **Kapitalgesellschaft** zugelassen, weil in diesem Fall nicht schlechthin die Einkünfte aus dem Wirtschaftsgut, sondern nur ein Veräußerungsgewinn dem Belegenheitsstaat durch das DBA zugewiesen und daher in Deutschland freigestellt war (BFH BStBl. II 1973, 873; II 1989, 599: beide *DBA Indien,* s. bereits Art. 13 Rz. 59f.; ferner *Hellwig,* StbJb 1976/77, 426 (441); *Wassermeyer,* FR 1989, 518; *Manke,* DStZ 1990, 4). Da gerade bei einer Beteiligung der Teilwert weit eher mit dem Verkaufswert als mit der Höhe der laufenden Erträge aus der Beteiligung korreliert, ist die Unterscheidung recht zweifelhaft. Als Folge des Teileinkünfteverfahrens mindern Teilwertabschreibungen auf Beteiligungen an inländischen oder ausländischen Kapitalgesellschaften den körperschaftsteuerlichen Gewinn grundsätzlich nicht mehr, § 8b Abs. 3 S. 3 KStG.

112 **d)** Der BFH, BStBl. II 1996, 588: *DBA USA 1954/1965*; II 1997, 128: *DBA Belgien* m.w.N. wendet die Grundsätze auch auf **Währungsverluste** an, die im Zusammenhang mit freigestellten Einkünften entstehen und diesen daher zuzuordnen sein sollen (krit. etwa *Korn,* IStR 2007, 890; *Schänzle,* CDFI 94b, 307; *ders.,* IStR 2009, 514 sowie zuvor bereits *Weber,* CDFI 71b, 149). Demnach mindern solche Verluste die innerstaatliche Bemessungsgrundlage nicht, soweit ein solcher Abzug bei finalen Verlusten nicht aus unionsrechtlichen Gründen (EuGH v. 28.2.2008, Rs. C-293/06, Slg. 2008, I-1129 – *Deutsche Shell*) geboten ist. Dasselbe ist auch für **Währungsgewinne** anzunehmen, wobei allerdings eine zur unionsrechtlich gebotenen Verlustberücksichtigung spiegelbildliche Erfassung im Inland ausscheidet; sie ist auch nicht aufgrund der ohnehin fragwürdigen Symmetriethese möglich (a.A. *Hruschka,* IStR 2008, 499 (501)). Etwas anderes gilt – sowohl für Sachverhalte innerhalb der EU als auch außerhalb – hingegen dann, wenn das Stadium der freigestellten Einkünfte nicht erreicht wird, weil die Aktivitätsklausel nicht erfüllt ist (BFH, BStBl. II 2003, 875: *DBA Schweiz*). Letztlich bedeutet diese Rechtsprechung, dass eine steuerliche Berücksichtigung der Verluste und Gewinne insgesamt ausscheidet: Im Nichtansässigkeitsstaat wird das steuerliche Ergebnis in der Landeswährung ermittelt, so dass Umrechnungsdifferenzen ausgeschlossen sind; im Ansässigkeitsstaat hingegen sind solche Differenzen zwar logisch möglich, nach der Rechtsprechung aber gerade unbeachtlich.

113 **e) Betriebsausgaben** und **Werbungskosten,** die durch die Erzielung freigestellter Einnahmen, welche nicht unter § 8b Abs. 1 und 2 KStG fallen, veranlasst sind, mindern die ausländischen Einkünfte, können nicht von den inländischen Einkünften im Ansässigkeitsstaat abgesetzt werden. Bei gemischten Aufwendungen ist aufzuteilen (BFH, BStBl. II 2010, 536: *DBA USA 1989* für einen Rechtsreferendar, der für seine Auslandstätigkeit im Inland sowohl steuerpflichtige als auch steuerfreie Bezüge erhielt), und zwar im Verhältnis, in dem die steuerfreien Einnahmen zu den gesamten Einnahmen stehen, die der Steuerpflichtige im Zeitraum der betreffenden Tätigkeit bezogen hat (BFH, BFH/NV 2010, 194). Im Einzelfall kann fraglich sein, für welche Betriebsausgaben und Werbungskosten das gilt. Der BFH hat z.B. den Abzug von Kosten des Umzugs zur Aufnahme einer ausländischen Erwerbstätigkeit als vorweggenommene Werbungskosten versagt, weil die angestrebten Einkünfte nicht der deutschen Besteuerung unterlagen (BFH/NV 2007, 346: *DBA Australien*). Er hat dagegen den Abzug von Zinsen für Schulden zugelassen, die zum Erwerb einer Beteiligung an einer ausländischen Kapitalgesellschaft aufgenommen worden waren, soweit in dem betreffenden Veranlagungsjahr keine steuerbefreiten Erträge aus dieser Beteiligung anfielen (BFH BStBl. II 1971, 694 (695f.): *DBA USA 1954/65*). Die Entscheidung ist gestützt auf § 13 KStG 1934 (§ 8 KStG 1991 i.V.m. § 3c EStG); sie knüpft an eine vorausgegange-

ne Entscheidung an, bei der in einem sonst gleichgelagerten Fall die Beteiligungserträge nicht infolge eines DBA, sondern aufgrund des innerdeutschen Schachtelprivilegs freigestellt waren (BStBl. III 1967, 92 (93): in dieser Entscheidung setzt sich der BFH gegenüber der Freistellung durch DBA sogar ausdrücklich ab). In einer grundsätzlichen Entscheidung von 1996 hat der BFH seine Rechtsauffassung noch einmal bestätigt (BStBl. II 1997, 57 (59); s. u. a. *Stockmann,* S. 108). Man könnte darin einen Widerspruch zu der oben, Rz. 56 ff., kritisierten Auffassung der Rechtsprechung sehen, dass Verluste aus freigestellten Einkunftsarten nicht mit inländischen positiven Einkünften zu verrechnen seien. Während es dort aber um die Verrechnung unzweifelhaft **ausländischer** Verluste – als Saldo aus einkommensmehrenden und einkommensmindernden Vorgängen – geht, geht es hier um die **logisch vorausgehende** Frage, **welche** einkommensmindernden Vorgänge ausländische, welche inländische sind.

Beides sind allerdings Fragen der Einkommensermittlung im Wohnsitzstaat; sie werden also durch das Abkommen nicht berührt, beurteilen sich vielmehr nach dessen **innerstaatlichem** Recht. In Deutschland beurteilt sich diese Frage nach § 8b Abs. 5 KStG und § 3c EStG (BFH BStBl. II 1983, 566; BFH/NV 1993, 224; FG Nds. EFG 2005, 1877; *Manke,* DStZ 1990, 4 (9); *Rädler/Raupach,* S. 398; *Frotscher,* DStR 2001, 2045; und die Kommentare zum EStG und zum KStG). **114**

Im Zusammenhang mit freigestellten Einkünften stehen Ausgaben auch dann, wenn der Steuerpflichtige die betreffenden Einkünfte nur erzielen wollte, aber erfolglos geblieben ist. Aufwendungen für eine Betriebstätte, zu deren Errichtung es dann nicht kommt, können also nicht anders behandelt werden als Verluste, die sich nach Errichtung der Betriebstätte ergeben (so für den vergleichbaren Fall einer geplanten Auslandstätigkeit BFH BStBl. II 1973, 732; a. A. *S. Schröder,* StBp 1988, 218 ff.). **115**

C. Zu den Art. 23A Abs. 2 und 23B Abs. 1 OECD-MA sowie zu Art. 23 US-MA: Die Anrechnungsmethode

I. Musterabkommen

1. Übereinstimmungen und Abweichungen

Die Bestimmungen des OECD- und des UN-MA über die Anrechnung von Steuern des Quellenstaats durch den Wohnsitzstaat stimmen weitgehend überein. Die Abweichungen sind geringfügig (Einbeziehung der Quellensteuer auf Lizenzgebühren in Art. 23 A Abs. 2 UN-MA als Folgerung aus der Abweichung in Art. 12). Dagegen ist Art. 23 US-MA völlig eigenständig formuliert; er enthält keinerlei Anklänge an die Formulierungen der beiden anderen MA. **120**

2. Erläuterungen

a) Grundzüge: Art. 23 A Abs. 2 und **Art. 23 B Abs. 1** regeln die **Anrechnungsmethode.** Wie die Freistellungsmethode nach Art. 23 A Abs. 1 ermöglichen sie die Vermeidung der Doppelbesteuerung im Ansässigkeitsstaat (grundsätzlich zu den Methoden, s Rz. 3). Art. 23 A Abs. 2 und Art. 23 B Abs. 1 bestimmen beide den Höchstbetrag, bis zu dem die Steuer des Quellenstaats anzurechnen ist. Sie beschränken die Anrechnung auf den Teil der Steuer im Ansässigkeitsstaat, der auf die Einkünfte bzw. das Vermögen entfällt, die im Nichtansässigkeitsstaat besteuert werden können. Der Unterschied zwischen Art. 23A Abs. 2 und Art. 23B Abs. 1 besteht in der Reichweite: Nach **Art. 23A Abs. 2** ist die Anrechnung eine **121**

Ausnahme für die unter Art. 10 und 11 fallenden Einkünfte, wenn grundsätzlich die Freistellungsmethode nach Abs. 1 gewählt worden ist. In der Abkommenspraxis wird sie häufig auch auf Lizenzgebühren und andere Einkünfte erstreckt. Hingegen sieht **Art. 23B Abs. 1** die Anrechnung, die die traditionelle Methode der angelsächsischen Staaten ist, als **Grundregel** vor. Sie lag den Abkommensmodellen von Mexiko und London zugrunde (jeweils Art. XIII, zu den Modellen s. Grundl. Rz. 33), später wurde sie im MA 1963 der Freistellungsmethode als Alternative an die Seite gestellt.

122 **b) Abgrenzung:** Auch die Art. 23A Abs. 2 und Art. 23B Abs. 1 regeln **nur die Besteuerung im Ansässigkeitsstaat.** Soweit das MA die Vermeidung der Doppelbesteuerung durch ein Zurücktreten des Quellenstaats (Nichtansässigkeitsstaat) vorsieht, geschieht dies durch Freistellung. Unberührt bleiben auch diejenigen Verteilungsnormen, die Einkünfte im Ansässigkeitsstaat freistellen (s. Vor Art. 6 bis 22 Rz. 4).

123 **c) Regelung: Art. 23 B Abs. 1** setzt voraus, dass
- **Einkünfte** oder **Vermögen,** die
- eine **in einem Vertragsstaat ansässige Person** bezieht (Vermögen, das sie hat),
- nach dem Abkommen **im anderen Vertragsstaat besteuert werden können,**
- und dass die Person eine derartige Steuer im anderen Vertragsstaat **gezahlt hat.**

Ist dies der Fall, so ist im Staat, in dem die Person ansässig ist (dem **Ansässigkeitsstaat**)
- auf die Einkommen- bzw. Vermögensteuer je gesondert **anzurechnen**
- ein Betrag, der der im anderen Staat gezahlten Steuer **entspricht,**
- bis zu einem **Höchstbetrag,** nämlich bis zu
  - demjenigen **Teil** der **vor Anrechnung** sich ergebenden Steuer des Ansässigkeitsstaates,
  - der bei **gleichmäßiger Verteilung**
  - auf die im anderen Staat besteuerten Einkünfte oder Vermögenswerte **entfällt.**

124 Der **Höchstbetrag** errechnet sich m. a. W. nach folgender **Formel:**

$$\text{Höchstbetrag} = \frac{\text{Steuer des Ansässigkeitsstaates vor Anrechnung} \times \text{Einkünfte (Vermögen) im Quellenstaat}}{\text{Einkommen (Vermögen) lt. Recht des Ansässigkeitsstaates}}$$

125 **Art. 23 A Abs. 2** trifft **dieselbe** Regelung, **nur beschränkt auf Dividenden und Zinsen;** er geht davon aus, dass für die anderen Einkünfte die Freistellungsmethode vereinbart ist.

126 **d) In tatbestandlicher Hinsicht** setzen Art. 23 A Abs. 2 und Art. 23 B Abs. 1 voraus, dass bestimmte Einkünfte (Art. 23 A Abs. 2) bzw. grundsätzlich alle Einkünfte und Vermögenswerte (Art. 23 B Abs. 1) einer in einem Vertragsstaat ansässigen Person nach dem Abkommen im anderen Vertragsstaat besteuert werden können und dass die Person dort auch tatsächlich eine derartige Steuer gezahlt hat.

127 **aa)** Die Ausdrücke **„Einkünfte"** – hier nicht anders zu verstehen als „Einkommen" – und **„Vermögen"** bestimmen sich wie bei Art. 23A Abs. 1 entsprechend Art. 2 MA (s. Rz. 36). Dagegen ist die **Höhe** der im Quellenstaat bezogenen Einkünfte oder des dort belegenen Vermögens für die Zwecke der Anrechnung nach den Vorschriften des Ansässigkeitsstaats zu berechnen (s. dazu näher Rz. 158 ff.). **Ausländische Verluste** sind, soweit die Anrechnungsmethode reicht, von einer Verrechnung gegen inländische Einkünfte nicht ausgeschlossen (s.

Rz. 153). Dies gilt auch dann, wenn sie im anderen Staat zurück- oder vorgetragen werden können, ebenso dann, wenn sie im Ausland aufgrund von Unterschieden in den Gewinnermittlungsmethoden in einem anderen Veranlagungsjahr als nach inländischem Steuerrecht in Erscheinung treten. Sind bestimmte Verluste nach innerstaatlichem Recht von einer Verrechnung gegen positive Einkünfte generell ausgeschlossen (z. B. die „passive activity losses" nach sec. 469 IRC oder die der §§ 2a, 15a, 15b EStG), so gilt dies prinzipiell auch, wenn die Verluste im Ausland angefallen sind. Über die heutige deutsche Regelung des Verlustausgleichs s. noch Rz. 181 f.

bb) Zum Begriff **„Person"** s. Art. 3 Abs. 1 Buchst. a) (dazu Art. 3 Rz. 8 ff.), **„ansässig"** vgl. Art. 4 (dort Rz. 70 ff.). Zu den Problemen bei fehlender Abkommensberechtigung und zeitlich aufeinander folgender Ansässigkeit in beiden Staaten s. Rz. 37. **128**

cc) Anrechenbar sind nur **Steuern auf Einkünfte und Vermögen** des anderen Vertragsstaats. Der Begriff der Steuern vom Einkommen und vom Vermögen bestimmt sich nach **Art. 2 MA** (s. dort Rz. 32 ff.). Für nicht vom Abkommen erfasste Steuern – etwa regelmäßig die Steuern der US-amerikanischen Bundesstaaten oder die Capital Gains Tax nach dem DBA Australien – kommt ggf. aber eine Anrechnung nach den unilateralen Vorschriften in Betracht. In Deutschland ist dazu nach § 34c Abs. 1 EStG eine Vergleichbarkeit mit der Einkommensteuer erforderlich (so zu Recht BayLfSt, DB 2009, 1506). **129**

Zudem müssen die Einkünfte und Vermögen nach dem Abkommen **im anderen Vertragsstaat besteuert werden können.** Es besteht damit keine Verpflichtung zur Anrechnung, wenn der Nichtansässigkeitsstaat abkommenswidrig besteuert (s. etwa BFH, BFH/NV 2011, 695: *DBA Schweiz*). Das im Rahmen der Freistellungsmethode nach Art. 23 A Abs. 1 MA zu den sogenannten **Qualifikationskonflikten** (s. die Grundl. Rz. 96b ff.) Ausgeführte (s. Rz. 40) gilt entsprechend: Soweit die Vertragsstaaten Ausdrücke der Verteilungsnormen nach ihrem innerstaatlichen Recht auszulegen haben (weil der Zusammenhang nichts anderes erfordert, Art. 3 Abs. 2, s. dazu Art. 3 Rz. 97 ff.) und dies in den beiden Staaten zu unterschiedlichen Ergebnissen führt, können die Einkünfte oder das Vermögen im Quellenstaat (dem Nichtansässigkeitsstaat) besteuert werden, wenn sich das aus der vom Quellenstaat vorzunehmenden Auslegung des Abkommens nach Maßgabe seines innerstaatlichen Rechts ergibt. Der Ansässigkeitsstaat hat dann die Steuer des Quellenstaats auch dann im Rahmen des Höchstbetrags auf seine eigene Steuer anzurechnen, wenn er nach seinem innerstaatlichen Recht die Verteilungsnorm anders auslegen müsste und würde (MA-Komm. Ziff. 59).

Während bei Art. 23 B Abs. 1 grundsätzlich alle **Verteilungsnormen,** also die Art. 6 bis 22 MA relevant sind, ist Art. 23 A Abs. 2 OECD-MA ausdrücklich auf Einkünfte beschränkt, die nach Art. 10 und 11 MA im anderen Vertragsstaat besteuert werden können; Art. 23 A Abs. 2 UN-MA schließt zusätzlich Art. 12 MA mit ein. Damit wird auf die in diesen Artikeln enthaltenen Definitionen der Begriffe „Dividenden" und „Zinsen" (sowie für das UN-MA auch „Lizenzgebühren") Bezug genommen. Dies gilt auch dann, wenn nach dem jeweiligen Abkommen abweichend vom OECD-MA die Anrechnungsmethode nur für weitere Einkünfte vorgesehen ist; dann sind die Definitionen der Verteilungsnormen grundsätzlich auch für die Bestimmung des Anwendungsbereichs der Vermeidungsnormen heranzuziehen (a. A., aber ohne nähere Begründung die belgische *Cour de Cassation*, F.08.0100.F: *DBA Belgien/Tschechoslowakei* in einer Entscheidung zu einem vom OECD-MA abweichenden Abkommen; zur Parallelproblematik bei der Freistellungsmethode s. Rz. 36). Aus der ausdrücklichen Erwähnung der Art. 10 und 11 MA folgt im Übrigen auch, dass die Anrechnungsmethode für solche Sachverhalte nicht zur Anwendung kommt, die aus Sicht des Quellenstaates **130** rein innerstaatliche Sachverhalte sind. Für diese sind nämlich mangels Einkünften aus dem anderen Staat Art. 10 und 11 nicht einschlägig, sondern Art. 21 MA (für das Beispiel einer Gesellschaft, die Zinseinkünfte aus Kroatien bezieht, s. *Lang*, IStR 2010, 114).

130a Die Verweisung auf diese Definitionen bedeutet allerdings nicht, dass der Ansässigkeitsstaat deren Auslegung durch die Steuerbehörden oder Gerichte des anderen Staates unbesehen zu übernehmen hätte. Soweit die Abkommen eine Einkunfts- oder Vermögensart autonom definieren, ist die Auslegung einer solchen Definition eine abkommensrechtliche Frage, über die sich die Vertragsstaaten gegebenenfalls nach Art. 25 MA verständigen müssen. Verweist das Abkommen für eine Definition auf das innerstaatliche Recht eines Vertragsstaats – so für Dividenden Art. 10 Abs. 3 MA in seinem dritten Abschnitt (s. zu Art. 10 Rz. 199 ff.) –, dann kann dieser zwar in den Grenzen von Treu und Glauben seine Gesetze ändern und damit u. U. auf die Anwendung des Abkommens Einfluss nehmen. Was sich aber bei einer bestimmten Gesetzeslage aus der Verweisung des Abkommens auf das innerstaatliche Recht eines Vertragsstaats ergibt, ist auch hier eine unter den beteiligten Staaten objektiv zu klärende Rechtsfrage, hinsichtlich derer dem Staat, auf dessen Recht verwiesen wird, **keine verbindliche Auslegungskompetenz** zukommt. Entsprechendes gilt bei Anwendung des Art. 23 B Abs. 1 MA für die Frage, ob Einkünfte oder Vermögen „nach diesem Abkommen im anderen Vertragsstaat besteuert werden" können. Wendet dieser Staat – der „Quellenstaat" – sein innerstaatliches Recht oder das Abkommen unrichtig an oder nimmt er Tatsachen zu Unrecht an und erhebt er infolgedessen Steuern, die ihm nicht zustünden, so ist der Ansässigkeitsstaat an diese Beurteilung nicht gebunden (zutreffend MA-Komm. Ziff. 32.5).

130b Aus dem Fehlen einer Verweisung kann aber nicht gefolgert werden, dass in derartigen Fällen der Ansässigkeitsstaat die Einkunfts- oder Vermögensart gemäß Art. 3 Abs. 2 nach seinem innerstaatlichen Recht **unabhängig von einer Definition der Verteilungsnorm** – insbesondere der Art. 10 Abs. 3, 11 Abs. 3, 12 Abs. 2 – zu bestimmen habe. Das Ausmaß der nach dem Abkommen zulässigen Quellenbesteuerung und der Umfang, in dem die Quellensteuer anzurechnen ist, könnten bei einer solchen Auffassung u. U. auseinanderfallen. Art. 3 Abs. 2 verweist jedoch auf das innerstaatliche Recht nur für Ausdrücke, die **im Abkommen nicht definiert** sind. Es heißt nicht „in dem betreffenden Artikel nicht definiert". Auch die Rechtsprechung, soweit sie veröffentlicht vorliegt, hat es in keinem Fall abgelehnt, eine in einer Verteilungsnorm enthaltene Definition mit oder ohne Verweisung im Rahmen des Art. 23 MA – d. h. der ihm entsprechenden Vorschriften – anzuwenden (s. etwa BFH HFR 1982, 301: *DBA Schweiz:* „Was unter Dividenden zu verstehen sei, werde an anderen Stellen des Abkommens erläutert"). Darüber hinaus verweist Art. 3 Abs. 2 auf das innerstaatliche Recht nur, „wenn der Zusammenhang nichts anderes erfordert". Verwendet aber ein Artikel eines DBA einen Ausdruck, der in einem anderen – früheren – Artikel desselben DBA definiert ist, so spricht **gerade der Zusammenhang** dafür, die Definition auch bei der Auslegung des späteren Artikels zugrundezulegen, sofern der definierende Artikel dies nicht ausdrücklich ausschließt (oder der Zusammenhang sonst dem entgegensteht). Zweifel könnten sich lediglich für diejenigen DBA ergeben, die zwar für andere Einkunftsarten, nicht aber für Dividenden auf die Verteilungsnorm verweisen. In diesen Fällen erklärt sich das Fehlen der Verweisung aber ohne weiteres daraus, dass von den Dividenden – anders als von den sonstigen Einkunftsarten – jeweils schon im vorausgehenden Absatz bei der Regelung der Schachteldividenden die Rede ist. Auch hier spricht deshalb der Zusammenhang dafür, die (Dividenden-) Definition der Verteilungsnorm – regelmäßig entsprechend Art. 10 Abs. 3 – zugrundezulegen.

Art. 23A Abs. 2 MA greift nach ganz überwiegender Auffassung (BFH BFH/NV 2011, 2165: *DBA Großbritannien 1964/1970*; *M. Lang*, FS Raupach, S. 601 ff.; Wassermeyer/*Kaeser/Wassermeyer*, Art. 10 Rz. 172; s. auch Vor Art. 10–12 Rz. 32) – entgegen einer bisweilen im Schrifttum vertretenen Auffassung (Wassermeyer/*Wassermeyer*, Art. 7 Rz. 160c; zweifelnd *Gosch*, FS Wassermeyer, S. 263 (281 ff.) m. w. N.) – dann nicht ein, wenn die **Betriebstättenvorbehalte** in Art. 10 Abs. 4 MA für Dividenden (dazu Art. 10 Rz. 246) und in Art. 11 Abs. 4 MA für Zinsen (dazu Art. 11 Rz. 99) erfüllt sind. Die hier abgelehnte Ansicht hätte zur Konsequenz, dass der Ansässigkeitsstaat diesen Teil der unter Art. 7 MA fallenden Einkünfte nicht freistellen müsste, sondern lediglich zur Anrechnung der ausländischen Steuern verpflichtet wäre. Indessen liegt der Grund für den Übergang von der Freistellung zur Anrechnung in Art. 23A Abs. 2 MA in der nur beschränkten Besteuerung im Quellenstaat. Soweit die Betriebstättenvorbehalte greifen, kann der Betriebsstättenstaat eine unbeschränkte Besteuerung vorsehen. Es gibt dann keine nur beschränkte Besteuerung im Nichtansässigkeitsstaat nach Art. 10 Abs. 2 MA und 11 Abs. 2 MA, so dass nicht vom Grundsatz der Freistellung nach Art. 23A Abs. 1 abgewichen werden muss. 130c

dd) Ferner ist erforderlich, dass eine derartige Steuer auch **tatsächlich gezahlt** wurde. **„Gezahlt"** ist die Steuer auch dann, wenn der zum Quellenabzug verpflichtete Schuldner sie an die Finanzbehörden abgeführt hat (BFH BStBl. II 1992, 607 zum Erfordernis der „Festsetzung" nach § 34c EStG). Hat er sie einbehalten, aber nicht abgeführt, so kann die Steuer nicht angerechnet werden; der Steuerpflichtige kann aber natürlich den einbehaltenen Betrag als nicht erhalten abziehen (*Court of Appeals (7th Cir.)*, Continental Illinois Corp. v. Comm., 998 F 2d. 513 (1993)). Verlangt ein DBA als zusätzliche Voraussetzung, dass dem Steuerpflichtigen **kein Anspruch auf Erstattung** der Steuer zusteht, so ist die Anrechnung auch dann ausgeschlossen, wenn der Erstattungsanspruch wegen Fristablaufs nicht mehr geltend gemacht werden kann (zustimmend *Brenner*, S. 55 f., *Schuch*, SWI 1995, 114). 131

Anrechenbar sind nur **Steuern,** für die nach der dem Art. 2 entsprechenden Vorschrift das Abkommen **gilt.** Wie schon nach Art. 2 ist dabei zwischen den Steuern vom Einkommen und denen vom Vermögen zu unterscheiden: Steuern des Quellenstaats vom Einkommen können nur auf gleichartige Steuern des Ansässigkeitsstaats angerechnet werden; ebenso die Vermögensteuern (Art. 23B Abs. 1 Buchst. a und b; zu den Begriffen s. zu Art. 2 Rz. 19 ff.). Zu den Steuern vom Einkommen gehört selbstverständlich auch die Körperschaftsteuer. Die deutsche Gewerbesteuer ist nach dem Fortfall der Gewerbekapitalsteuer ausschließlich eine Steuer vom Einkommen. Problematisch wegen ihrer Nähe zu Lizenzgebühren sind oft Abgaben auf geförderte Bodenschätze, besonders **Erdöl,** wenn diese Abgaben nicht in einer Art. 2 MA entsprechenden Vorschrift besonders aufgeführt sind. Für eine norwegische Sondersteuer auf Rohöl hat der *U. S. Tax Court* deren Anrechenbarkeit bejaht (Phillips Petroleum Co. v. Comm., 104 Tax Court 256 (1995)). Für eine entsprechende kanadische Steuer hat der IRS zustimmende Private Letter Rulings 1994 zurückgezogen (*Turro,* TNI May 1994, 1179). Werden im Quellenstaat Steuern vom Einkommen oder Vermögen erhoben, die **nicht** unter das DBA fallen, so kommt eine Anrechnung oder sonstige Berücksichtigung dieser Steuern im Ansässigkeitsstaat nur nach Maßgabe seines **internen** Steuerrechts in Betracht. 132

ee) Erforderlich für die **Anrechnungsberechtigung** ist nach OECD- und UN-MA grundsätzlich **Subjektidentität:** Anrechnungsberechtigt ist der Schuldner der ausländischen Steuer, der sie gezahlt hat oder für den sie von einem Dritten gezahlt worden ist **(„direkte Anrechnung").** Als Schuldner der schweizerischen **Verrechnungsteuer** hat der BFH zutreffend den Bezieher der verrechnungssteuerpflichtigen Einkünfte angesehen (BStBl. II 1992, 187 (190): *DBA Schweiz*), auf 133 den sie von Gesetzes wegen zu überwälzen ist *(Höhn/Waldburger,* Steuerrecht, 9. Aufl. (2001), S. 538).

134 Eine **indirekte Anrechnung** von Steuern der ausländischen Tochter- auf die Steuerpflicht der inländischen Muttergesellschaft (in den USA manchmal auch **„deemed paid credit"** genannt) gibt es demgegenüber nur, wo die Abkommen oder das innerstaatliche Recht sie ausdrücklich vorsehen (s. Rz. 102). In EU-Staaten ist dies z. T. auf Grund der **EU-Mutter-Tochter-Richtlinie** (Rz. 256) bestimmt. Das US-MA sieht eine indirekte Anrechnung in Art. 23 Abs. 2 Buchst. b) vor.

135 Wird jedoch infolge unterschiedlicher Regeln über die **subjektive Steuerpflicht von Gesellschaften,** besonders von Personengesellschaften, eine Gesellschaft in einem Vertragsstaat als Steuersubjekt, im anderen dagegen ihre Gesellschafter als solche behandelt, muss es auch ohne ausdrückliche Vereinbarung möglich sein, dass die Gesellschafter ihren Anteil der von der Gesellschaft gezahlten Steuer zur Anrechnung bringen (MA-Komm. Ziff. 69.2; zustimmend *Raupach,* FS Vogel S. 1067 (1086 f.); ebenso für § 34c EStG: *Schaumburg,* Rz. 15.59 m. Nachw.; ablehnend etwa *Lang,* IStR 2010, 114 (117)) und umgekehrt (s. o. Art. 3 Rz. 25): so nach US-Recht für Personengesellschaften und Nachlässe, sec. 901 (b) (5) IRC (anders jedoch für kleine Kapitalgesellschaften, die gemäß sec. 1372 IRC intern für eine Besteuerung nach den Regeln über Personengesellschaften optiert haben, sog. „Subchapter-S-Gesellschaften": US-Rev. Rul. 68–128, 1968–1 Cum. Bull. 381). Vgl. auch Art. 4 Rz. 74. Dieselben Grundsätze müssen auch dann gelten, wenn die Bezüge einer Basisgesellschaft wegen der Annahme einer Steuerumgehung (s. dazu Anh. zu Art. 1 Rz. 88 ff.) deren inländischem Gesellschafter zugerechnet und bei diesem besteuert werden. Zwar soll doch nach Meinung einer älteren Entscheidung des BFH eine Anrechnung der von der Gesellschaft gezahlten Steuer auf die Steuer des Gesellschafters nicht zulässig sein (BFH BStBl. II 1977, 265 (266): *DBA Schweiz;* dem folgend *Rust,* Hinzurechnungsbesteuerung, S. 19 ff.). Dies ist zweifelhaft, wenn die Gesellschaft nicht anerkannt wird: Wer, wenn nicht der Gesellschafter, sollte dann die Steuer gezahlt haben? Die Entscheidung ist zudem mit den geschilderten (neueren) Grundsätzen in MA-Komm. Ziff. 69.2 unvereinbar.

136 **e) Anrechnung als Rechtsfolge:** Liegen die in Rz. 126 ff. genannten Voraussetzungen vor, so ist die gezahlte ausländische Steuer auf die auf diese Einkünfte oder Vermögen entfallende Steuer anzurechnen, also bis zu einem Höchstbetrag abzuziehen. Werden Einkünfte oder Vermögen wegen eines Quellenkonflikts (dazu Grundl. Rz. 91) in mehr als einem Nichtansässigkeitsstaat besteuert, so ist die Anrechnung für die im jeweiligen Nichtansässigkeitsstaat bezahlten Steuern einschließlich der Höchstbetragsberechnung gesondert durchzuführen.

137 **aa) Einkommen- oder Vermögensteuer, auf die anzurechnen ist.** Die **Berechnung** der Steuer bestimmt sich nach dem Recht des Ansässigkeitsstaates, der sie erhebt. Als rechnerischer Ausgangspunkt ist also diese Steuer gemäß dem innerstaatlichen Recht ohne Anrechnung zu ermitteln. Besteuert der Ansässigkeitsstaat unbeschränkt Steuerpflichtige nach ihrem **Welteinkommen oder -vermögen** – ganz oder teilweise oder unter bestimmten Voraussetzungen –, so ist das Welteinkommen oder -vermögen in gleicher Weise auch der Berechnung der Steuer im Anrechnungsverfahren zugrundezulegen. Einzubeziehen sind dabei auch **Verluste** (bei einer Vermögensteuer: **Schulden**) im anderen Vertragsstaat und auch in dritten Staaten, grundsätzlich in dem Maße, in dem das innerstaatliche Recht des Ansässigkeitsstaates deren Ausgleich gegen „positive" Einkünfte und Vermögenswerte vorsieht.

138 Anzurechnen ist auf „die Steuer vom Einkommen" bzw. „die Steuer vom Vermögen". Nach allen deutschen DBA ist Steuer vom Einkommen auch die **Ge-**

werbesteuer (s. Art. 2 Rz. 55), die inzwischen nur noch eine Gewerbeeinkommensteuer ist. Deswegen muss ein verbleibender Anrechnungsüberhang gegebenenfalls auch auf die Gewerbesteuer des Steuerpflichtigen angerechnet werden (zutreffend *E. Lechner,* SWI 1991, 68 (71 ff.)), wenn das Abkommen keine ausdrückliche Beschränkung der Anrechnung auf die Einkommen- und Körperschaftsteuer vorsieht. In jüngster Zeit wird diese Frage, motiviert wohl nicht zuletzt durch die Absenkung der Körperschaftsteuer und die gestiegene Bedeutung der Gewerbesteuer, intensiv diskutiert (vgl. *Becker/Loose,* IStR 2012, 57; *Heurung/Seidel,* IWB F. 3 Deutschland Gr. 5 S. 75; *Kessler/Dietrich,* IStR 2011, 108 und 953 ff.; einerseits und *Eglmaier,* IStR 2011, 951 ff. und 955 ff. sowie wohl auch Wassermeyer/*Wassermeyer,* Art. 23A Rz. 104 andererseits; zweifelnd *Schnitger,* IStR 2013, 626 (628 f.)). Dabei überzeugt weder der Hinweis, das Abkommen gebiete nur eine einmalige Anrechnung, nicht aber eine zweimalige Anrechnung, also eine Anrechnung auf zwei Steuern, noch der, das Gewerbesteuergesetz kenne keine § 34c EStG bzw. § 26 KStG entsprechende Vorschriften (a.A. *Grotherr,* in GKG, Art 23A/B MA, Rz. 325). Denn dann liegt eine Lücke vor, die durch entsprechende Anwendung dieser Vorschriften, ggf. ergänzt durch allgemeine Rechtsgrundsätze zu schließen ist. Auch soweit das Abkommen auf die Vorschriften des innerstaatlichen Rechts über die Anrechnung verweist, kann dies nicht dahin verstanden werden, eine Anrechnung solle unterbleiben, wenn keine derartigen Vorschriften bestehen; ersichtlich kann es bei dem Verweis nur um das „Wie" der Anrechnung gehen, weil das Abkommen ja schon die Frage nach dem „Ob" geklärt hat (der Sache nach ebenso *Hoge Raad,* 08/00315, BNB 2009/310: *DBA Niederlande/Brasilien,* der für die Anrechnung von fiktiven Steuern nur den Anrechnungs*vortrag* scheitern ließ). Schließlich kommt es auch nicht darauf an, ob der andere Staat eine Gewerbesteuer erhebt, da sie im abkommensrechtlichen Sinne eine Steuer vom Einkommen ist (vgl. Art. 2 Rz. 8) und es für die Anrechnung nicht darauf ankommen kann, ob der jeweilige Vertragsstaat das Steueraufkommen aus einer oder mehreren Steuern vom Einkommen erzielt.

bb) Betrag der gezahlten ausländischen Steuer: Anzurechnen ist der Be- 139
trag der im anderen Staat **gezahlten Steuer.** Gewährt das Recht des Quellenstaats (des „anderen Staats") Steuerermäßigungen oder ergeben sich solche Ermäßigungen aufgrund des DBA, so ist anrechenbar nur der Betrag, der unter Berücksichtigung dieser Ermäßigungen tatsächlich gezahlt worden ist. Wird die erhobene Steuer dem Steuerpflichtigen als Subvention (nicht rückzahlbarer Zuschuss) zurückgewährt – wie in bestimmten Fällen nach brasilianischem Recht – so ist anrechenbar nur die nach Abzug des Zuschusses verbleibende Steuer (statt aller s. *Abrams/Doernberg,* Essentials of United States Taxation, (1999), S. 4–118; dazu *Court of Appeals (7th Cir.),* Continental Illinois Corp. v. Comm., 998 F 2d. 513 (1993); *Tax Court,* Nissho Iwai American Corp. v. CIR, 89 Tax Court 765 (1987)). Diese Grundsätze verstoßen nicht gegen Unionsrecht, EuGH v. 8.12.2011 Rs. C-157/10, EuZW 2012, 272 – *Banco Bilbao Vizcaya Argentaria.*

Ziff. 61 MA-Komm. lässt offen, nach welchem **Wechselkurs** der Betrag umzu- 140
rechnen ist. Nach dem Wortlaut – „equal", „égal" – und nach dem Sinn der Anrechnung, die durch die Zahlung entstandene Vermögenseinbuße auszugleichen, kann maßgebend nur der **am Tag der Zahlung geltende Kurs** sein (überzeugend *Greig v. Ashton,* 36 Tax Cases, 581; für Erbschaftsteuer: BFH BStBl. II 1991, 521). Übereinstimmend stellen die deutschen EStR 2012, R 34c Abs. 1, auf den von der Europäischen Zentralbank für diesen Tag veröffentlichten Euro-Referenzkurs ab; zur Vereinfachung erlauben sie auch die Umrechnung dieser Währungen mit den Umsatzsteuer-Umrechnungskursen, die monatlich im Bundessteuerblatt veröffentlicht werden (zur bisherigen Praxis, die auf den für diesen Tag im Bundesanzeiger veröffentlichten amtlich festgesetzten Devisenkurs abstellte,

zustimmend: *Piltz,* Währungsschwankungen und die Methoden zur Vermeidung der Doppelbesteuerung, Institut „Finanzen und Steuern", Heft 125, 30 ff.; kritisch: *Wlecke,* Währungsumrechnung und Gewinnbesteuerung bei international tätigen deutschen Unternehmen, (1989), S. 399 f.). Währungsgewinne oder -verluste, die sich ergeben, weil der Steuerpflichtige den Betrag effektiv früher oder – bei Inanspruchnahme eines Kredits im Quellenstaat – später eingewechselt hat, ändern den Anrechnungsbetrag nicht (zu diesen s. Rz. 112). Der Umrechnungskurs im Zeitpunkt der Zahlung ist auch maßgebend, wenn ein Teil der Steuer später erstattet wird (*Greig v. Ashton,* a. a. O.).

141 Maßgeblich ist nach dem Wortlaut der Betrag, der der ausländischen Steuer **„entspricht".** Daraus ist in der deutschen Rechtsprechung bisweilen gefolgert worden, dass eine Anrechnung im Hinblick auf ausländische Steuern ausscheiden soll, soweit sie auf **im Inland vollständig steuerbefreite Einkünfte** erhoben werden (BFH BStBl. II 1992, 187: *DBA Schweiz* (X. Senat); zustimmend: FG BaWü EFG 1994, 793: *DBA Schweiz; Mathiak,* FR 1991, 735; *Köhler,* FR 1993, 489; ablehnend: BFH, BStBl. II 1994, 727 (I. Senat); BMF BStBl. I 1992, 123; *Wassermeyer,* FR 1991, 680; *Kaufmann,* IStR 1994, 419; *Schnitger* IStR 2003, 298; *Frotscher,* S. 90). Diese Frage ist zu unterscheiden von, wird aber bisweilen verwechselt mit, der Berechnung des Höchstbetrages nach Art. 23A Abs. 2 S. 2 bzw. Art. 23B Abs. 1 S. 2 MA, wo die Höhe der ausländischen Einkünfte zweifellos nach den Vorschriften des Ansässigkeitsstaates zu ermitteln ist; dort sind im Inland steuerfreie Einkünfte unstreitig auch dann nicht zu berücksichtigen, wenn sie im Ausland nicht befreit sind. Hier hingegen geht es darum, ob bei der ausländischen Steuer als zusätzliche Begrenzung der Anrechnung neben dem Höchstbetrag überprüft werden muss, ob sie auf Einkünfte entfällt, die im Inland steuerfrei wären. Die Frage ist entgegen der Rechtsprechung zu verneinen. Sie übersah, dass es um die Frage ging, bis zu welchem Höchstbetrag der Ansässigkeitsstaat zur Anrechnung verpflichtet ist, somit um eine Frage des **Abkommensrechts** (ebenso *Vogel,* in der 5. Aufl., Art. 23 Rz. 147). Der Wortlaut von Art. 23A Abs. 2 und Art. 23B Abs. 1 MA fordert eine Anrechnung des Betrages, der der im anderen Staat gezahlten Steuer vom Einkommen entspricht. Der Relativsatz bezieht sich auf „Betrag" (engl.: „an amount equal to the income tax paid in that other State"; franz. „égal à l'impôt sur le revenu payé dans cet autre État"). Auch besteht Einigkeit, dass die Anrechnung auf auf die Einkünfte entfallende Einkommensteuer nicht bedeutet, dass jeweils für jeden Zufluss gesondert die Anrechnung vorgenommen würde; die Abkommen sehen nur eine per country limitation und gerade keine „per item of income"-Limitation vor (vgl. Rz. 145). Zudem müsste ansonsten konsequenterweise der Tatsache Rechnung getragen werden, dass die Besteuerung im Nichtansässigkeitsstaat auf Basis der Einnahmen und nicht der um die Erwerbsaufwendungen geminderten Einkünfte erfolgt; diese Rechtsfolge wird aber nicht vertreten (so mit Recht *Frotscher,* S. 90 zum innerstaatlichen Recht). Außerdem ist die systematische Argumentation von *Wassermeyer,* FR 1991, 1046 (1048) zu übertragen: Er weist (für die Parallelfrage bei § 34c Abs. 1 S. 3 EStG a. F.) zu Recht darauf hin, dass nur für den Höchstbetrag mit der dort bestimmten Formel, nicht aber für die anzurechnende Steuer eine Bestimmung vorgesehen ist, wie die Steuer den Einkünften zuzuordnen ist; eine solche Zuordnungsregel wäre aber insbesondere dann erforderlich, wenn im Ausland Verluste die Bemessungsgrundlage gemindert haben. Ferner ist zu bedenken, dass nicht recht ersichtlich ist, woraus sich die Beschränkung auf vollständig steuerbefreite Einkünfte ergeben soll, umgekehrt aber oftmals Steuersatzermäßigungen und Freibeträge alternative Instrumente sind; eine Auslegung, die bei der Anrechnung sowohl die inländische Freibeträge als auch die niedrigere ausländische Steuer berücksichtigt, führt zu Doppelbesteuerungen. Schließlich besteht auch gar keine Notwendigkeit für die Einschränkung der Anrechnung auf Ebene der ausländischen Steuer, da ohnehin eine Beschränkung durch die Höchstbetragsberechnung erfolgt (s. Rz. 124).

In eine ähnliche Richtung geht es allerdings, wenn der MA-Komm. Ziff. 69.3 (ebenso BMF BStBl. I 2010, 354 Ziff. Tz. 4.1.4.1; *Lüdicke*, IStR 2011, 91 (94); wie hier hingegen *Frotscher*, S. 170; *Wassermeyer*, IStR 1998, 489 (493)) für den Fall von **Zurechnungskonflikten bei Personengesellschaften,** die von einem Vertragsstaat als intransparent betrachtet werden, vom Ansässigkeitsstaat der Gesellschafter aber als transparent, eine Anrechnung der Quellensteuern des erstgenannten Staates auf Ausschüttungen versagt. Zur Begründung wird darauf verwiesen, dass der Ansässigkeitsstaat der Gesellschafter nur die Entstehung der Gewinne, nicht aber deren Ausschüttung besteuere. Dann könne von ihm nicht erwartet werden, dass er die Steuer des Quellenstaates auf die Ausschüttung auf seine Steuer auf die Gewinnentstehung anrechne. Indessen ist die Position inkonsequent: wenn schon als Durchbrechung des Grundsatzes der Subjektidentität eine indirekte Anrechnung der von einer anderen Person gezahlten Steuer zugelassen wird, dann muss erst recht eine Anrechnung der von derselben Person gezahlten Steuer zulässig sein. Die Tatsache, dass die Quellensteuer nicht auf die Entstehung der Gewinne erhoben wird, sondern auf die Ausschüttung, steht dem nicht entgegen. Denn die zweistufige Besteuerung von intransparenter Gesellschaft und Anteilseignern folgt regelmäßig einem Gesamtsystem, das in etwa dieselbe Belastung herstellt, wie bei einer eigenen wirtschaftlichen Tätigkeit des Anteilseigners. Die bloß technische Anknüpfung an die Ausschüttung ändert daran nichts. Allerdings ist dabei zu beachten, dass es sich aus Sicht des Ansässigkeitsstaates der Gesellschafter dann konsequenterweise um eine Steuer auf die Gewinnentstehung handelt. Dies bedeutet, dass eine Anrechnung nur dann erfolgen kann, wenn auch für die Gewinne die Anrechnungsmethode gilt, nicht aber, wenn für diese Freistellung vereinbart ist. Im Ergebnis bedeutet dies eine Ausnahme vom Grundsatz, dass es bei Qualifikationskonflikten auf die Sichtweise des Quellenstaates ankommt. Unter dieser Maßgabe erscheinen auch die von *Lüdicke*, IStR 2011, 91 (94) angeführten zwei weiteren Argumente im Ergebnis nicht durchschlagend: Wenngleich erstens bei Gesellschafterwechseln nahezu zwangsläufig Unterschiede zwischen den zugerechneten und den innerstaatlich als Entnahme behandelten ausgeschütteten Gewinnen bestehen mögen, so ändert dies nichts an einer Möglichkeit einer Anrechnung der Quellensteuern zugunsten derjenigen, die im Zeitpunkt der Gewinnerzielung und der Entnahme Gesellschafter waren. Zweitens ist auch in einer Situation, wo die Einkünfte aus einem Drittstaat aufgrund eines zwischen diesem und dem Ansässigkeitsstaat bestehenden DBA freigestellt werden, eine Anrechnung der vom Sitzstaat der Gesellschaft bei Ausschüttung auf die nur von ihm angenommene Dividende erhobene Quellensteuer durchaus angemessen, da es sich um eine zusätzliche Steuer handelt, die von dem DBA zwischen dem Drittstaat und dem Ansässigkeitsstaat nicht berührt wird. 141a

cc) Höchstbetrag: Die Anrechnung ist nach Art. 23A Abs. 2 S. 2 und Art. 23B Abs. 1 S. 2 MA nur bis zur Höhe desjenigen **Teils** der inländischen Steuer vorgesehen, der auf die im Quellenstaat gemäß dem Abkommen besteuerten Einkünfte oder Vermögenswerte „entfällt" (zum innerstaatlichen Recht und zu aktuellen Entwicklungen im Unionsrecht s. Rz. 183). Die Anrechnung führt hiernach grundsätzlich zu einem höheren Steuerverlust als die Freistellung unter Progressionsvorbehalt (s. aber zu ausländischen Verlusten, die bei der Freistellungsmethode unbeachtlich sein sollen, während sie bei der Anrechnungsmethode im Ansässigkeitsstaat die Bemessungsgrundlage der Steuer mindern, Rz. 52ff.). Der Staat macht sich die Vorteile zunutze, die ein niedrigerer ausländischer Steuertarif gewährt, schützt sich aber vor Nachteilen, wo die Steuer des anderen Vertragsstaates die höhere ist. 142

143 Der auf die ausländischen Einkünfte oder Vermögenswerte „entfallende" Steuersatz ist der für die steuerpflichtigen Werte in ihrer Gesamtheit sich ergebende Durchschnittssteuersatz (so auch der MA-Komm. Ziff. 62). Ältere deutsche Abkommen bringen das dadurch zum Ausdruck, dass sie bestimmen, die anzurechnende Steuer sei „nach einem durchschnittlichen Steuersatz zu berechnen" (*DBA Luxemburg 1958,* Art. 20; *Niederlande 1959/2004,* Art. 20). Der Höchstbetrag bestimmt sich dementsprechend, indem **die ausländischen Einkünfte oder Vermögenswerte mit dem Durchschnittssatz der inländischen Steuer vor der Anrechnung multipliziert** werden. (Der Bruch in Rz. 124 ließe sich selbstverständlich auch ausdrücken als Multiplikation der ausländischen Einkünfte mit dem Anteil der ausländischen Einkünfte am im Inland zu besteuernden Einkommen oder Vermögen. Diese Darstellung ist mathematisch äquivalent (vgl. auch MA-Komm. Ziff. 62, erscheint aber weniger eingängig und wird daher im Folgenden nicht zugrundegelegt.)) In Deutschland ist im Übrigen das Sonderregime für Einkünfte, die der Abgeltungssteuer nach § 32d EStG unterliegen, zu beachten, § 34c Abs. 1 S. 1 Hs. 2, S. 3 EStG (s. Rz. 18).

144 **(1) Einkünfte oder Vermögenswerte im Nichtansässigkeitsstaat:** Ausgangspunkt der Berechnung sind die – nach dem Steuerrecht des Ansässigkeitsstaates zu bestimmenden – Einkünfte oder Vermögenswerte im Nichtansässigkeitsstaat, die nach dem Abkommen im anderen Staat besteuert werden dürfen; dort nach dem Abkommen (zu nach innerstaatlichem Recht steuerfreien Einkünften s. Rz. 150) freigestellte Einkünfte gehen nicht in die Berechnung des Höchstbetrages ein (ÖstVwGH, 2005/13/0031, RdW 2010/468, 425).

145 Damit kommt es nur auf die Einkünfte oder das Vermögen **„im anderen Staat"** an, d. h. im Quellenstaat (sog. **„per country limitation"**). Die MA sehen nicht die Möglichkeit vor, Anrechnungsüberhänge im Verhältnis zu einem Vertragsstaat auf nicht ausgenutzte Höchstbeträge im Verhältnis zu einem anderen (dritten) Staat zu verrechnen; *Schaumburg,* Rz. 14.31, übt hieran berechtigte Kritik. Wo jedoch das **innerstaatliche** Recht es gestattet, den Höchstbetrag der Anrechnung als einen einheitlichen Betrag für die Gesamtheit der im Ausland erhobenen Steuern, demgemäß auf der Grundlage des Gesamtbetrags der ausländischen Einkünfte oder Vermögenswerte, zu berechnen (so in den USA: **„overall limitation",** seit 1986 beschränkt durch die Aufteilung der ausländischen Einkünfte in verschiedene „baskets"; s. etwa *Saur,* RIW 1989, 294 ff.), bleibt diese Berechnungsweise auch neben einem Abkommen zulässig, sofern sie günstiger ist. Die „overall limitation" ist dies nicht unbedingt; sind in einzelnen ausländischen Staaten Verluste erwirtschaftet worden, so verringert sich dadurch der Höchstbetrag der Anrechnung für die Gesamtheit der fremden Steuern. Die USA haben daher mehrfach zwischen „overall" und „per country limitation" gewechselt (für einen kurzen Überblick: *Hussey II/Palmer/Zucker,* TPI 1985, 5; ausführlicher: *McClure/Bouma,* TN June 1989, 1379 ff.). In den Niederlanden gibt es auf Basis einer Rechtsverordung ebenfalls eine overall limitation, wobei aber eine Beschränkung für missbräuchliche Gestaltungen zu beachten ist (*Specken/Peters,* DFI 2009, 76 (78)) Seit 2012 sieht auch Singapur ein optionales „Pooling" der ausländischen Steuern vor, um die Entstehung von Anrechnungsüberhängen zu vermeiden (dazu *Koenig/Ho,* APTB 2011, 471).

146 Ist das Anrechnungsverfahren nur für einzelne Einkunftsarten vorgesehen, wie nach Art. 23 A Abs. 2 MA nur für Dividenden und Zinsen, nach dem UN-MA dazu für Lizenzgebühren, so bedeutet dies **nicht,** dass die Höchstbeträge **für jede Einkunftsart gesondert** zu berechnen wären (BFH BStBl. 1996, 261 (263): *DBA Schweiz;* OFD *Magdeburg* v. 9.5.1994, FR 1994, 446; *Krabbe,* BB 1980, 1146 (1148); *Brenner,* S. 53; a. A. Wassermeyer/*Debatin,* Syst. III Rz. 105, ohne Begründung). Eine **„limitation per item of income"** kennt das internationale Steuer-

recht nur in Ausnahmefällen (zw. daher EAS 2968; dazu *Sedamer,* SWI 2009, 237; s. aber auch Rz. 185 für die Anrechnung im Rahmen der deutschen Abgeltungssteuer nach § 32d Abs. 5 und Abs. 6 S. 2 EStG). Die seit 1986 in den USA eingeführte gesonderte Berechnung des Anrechnungshöchstbetrags für bestimmte Gruppen von Einkünften, sog. „baskets", wurde schon in der vorigen Rz. 145 erwähnt. Auch wenn im Ansässigkeitsstaat mehrere Steuern mit unterschiedlichen Steuersätzen nebeneinander erhoben werden – etwa gesonderte Steuern auf verschiedene Einkunftsarten –, die einer einheitlichen Steuer im anderen Staat gegenüberstehen, muss wegen der Unterschiede der Höchstbetrag der Anrechnung für die einzelnen Steuern des Ansässigkeitsstaates je gesondert ermittelt werden (*Conseil d'État* req. n. 10708 Dr. Fisc. 1981 comm. 416; s. MA-Komm. Ziff. 64; s. auch *High Court, Chancery Division,* George Wimpey v. Rolfe, 65 Tax Cases 597). Es besteht in solchen Fällen nach den Abkommen kein Anspruch darauf, einen Anrechnungsüberhang bei der einen Steuer gegen einen nicht ausgenutzten Anrechnungsbetrag bei der anderen auszugleichen. Erst recht ist es grundsätzlich nicht möglich, Einkommen- und Vermögensteuer gegeneinander zu verrechnen (s. Rz. 132; auch MA-Komm. Ziff. 68, 69). Das nationale Recht kann aber selbstverständlich in allen Fällen einen derartigen Ausgleich gestatten.

Der Ausdruck „Einkünfte oder Vermögenswerte" meint grundsätzlich das **Nettoeinkommen** bzw. Nettovermögen im ausländischen Vertragsstaat (BFH BStBl. II 1994, 799: *DBA Niederlande 1959/1980, Spanien 1966, Australien, Südafrika 1973; FG Düsseldorf* EFG 1999, 268; *Income Tax Appeal Board,* Munich Jr. v. MNR, 1951 DTC 115; *Hoge Raad* Rolno. 23577, BNB 1987/73: *DBA Niederlande/Belgien;* Rolno. 24723, BNB 1988/188: *DBA Niederlande/Deutschland;* zur Erläuterung s. *van Brunschot,* WFR 1983, 121; *de Hosson,* WFR 1984, 323; *Michielse,* WFR 1988, 665; *Kjær,* Skattepolitisk oversigt 1993, 326; *Specken/Peters,* DFI 2009, 76; einen rechtsvergleichenden Überblick bietet *Palma,* Intertax 2010, 624 (631 ff.)). Maßgebend für seine Berechnung sind die Vorschriften des inländischen Rechts. Es sind von den Bruttoeinnahmen die damit verbundenen abzugsfähigen Erwerbsaufwendungen (bzw. vom ausländischen Vermögen die Schulden) abzuziehen. Dies ist für den Steuerpflichtigen nachteilig, weil sich dadurch der Anrechnungshöchstbetrag mindert. Besonders wirkt sich das für diejenigen Einkünfte aus, für die dem Quellenstaat eine Abzugsteuer vom Bruttoertrag eingeräumt ist – so für Dividenden und Zinsen nach Art. 10 und 11 MA, nach dem UN-MA auch für Lizenzgebühren (Art. 12) –, denn der Anrechnungshöchstbetrag bemisst sich auch bei ihnen nach dem Nettoertrag (Art. 23 A Abs. 2 MA). Vor allem bei Zinsen wird der Ertragsanteil oft gering und somit der Höchstbetrag niedriger als der zulässige Quellensteuersatz sein (MA-Komm. Ziff. 63). 147

Nach deutschem Recht sind Betriebsausgaben und Werbungskosten abzuziehen, soweit sie durch die Erzielung der ausländischen Einkünfte veranlasst sind, bei der Vermögensteuer entsprechend die Schulden. Nach § 34c Abs. 1 S. 4 EStG sind bei der Ermittlung des Gewinns aus den in § 34d Nummer 3, 4, 6, 7 und 8 Buchstabe c EStG genannten Einkünften zum Gewinn eines inländischen Betriebes Betriebsausgaben und Betriebsvermögensminderungen abzuziehen, die mit den diesen Einkünften zugrunde liegenden Einnahmen in wirtschaftlichem Zusammenhang stehen (als Reaktion auf BFH, BStBl. II 2000, 577: *DBA Indien 1959/1984* und *DBA Niederlande 1959/1980*).

Zudem hat der BFH bei einem **Fremdwährungsdarlehen** auch eine Kürzung um Verluste aus einem von der tatsächlichen Kursentwicklung unabhängigen Währungstermingeschäft in einem Fall vorgenommen, wo die Kapitalanlage und das Sicherungsgeschäft eine wirtschaftliche Einheit bildeten (BFH, BStBl. II 2012, 115: *DBA Brasilien*). Konsequenterweise müssten dann auch Kursgewinne das Anrechnungsvolumen erhöhen, und zwar auch bei Kursgewinnen aus einem zur Refinanzierung einer Darlehensforderung aufgenommenen weiteren Darlehen, wobei dies auf dem Weg der Kürzung der Erwerbsaufwendungen für die Zinsen erfolgen müsste (ebenso *Kok,* DFI 2011, 263 (265 ff.)). Der ÖstVwGH (99/14/0099 ÖStZ 2004, 51; 2008/15/0043; dazu *Lang,* DStJG 34 (2011), 353 (363 f.)) kürzt Zinseinkünfte um Verluste aus Kurswertänderungen nur dort, wo die Wertminderung des Vermögensstammes bereits im Investitionszeitpunkt feststand. Demgegenüber hat der *Hoge Raad* (Fall-Nr. 10/00076, BNB 2012, 23: *DBA Niederlande/Brasilien*) die Kürzung der ausländischen Einkünfte aus einem Fremdwährungsdarlehen um Währungsverluste abgelehnt. Nach *Kok,* DFI 2011, 263 (265 f.) soll der Discount aus einem Forward Agreement bzw. Verluste aus einem Swap nach niederländischem Recht wohl doch zu den abzuziehenden Aufwendungen gehören, da der Steuerpflichtige in einer solchen Situation letztlich eine Verbindlichkeit in heimischer Währung halte. Indessen ist dies mit Blick auf die ausländischen Quellensteuern gerade nicht der Fall.

148 Die USA gehen darüber hinaus und verlangen für Kosten, die weder den inländischen noch den ausländischen Einkünften eindeutig zugeordnet werden können, deren anteiligen Abzug (US-Reg. § 1882.5 (c) (1) (1980), Rev. Rul. 80–288, 1980–2 Cum. Bull. 209). Bei Zinsen wird generell unterstellt, dass sie nicht zugeordnet werden können; sie müssen stets aufgeteilt werden (US-Reg. § 1882.5 (e) (2) (1980); s. im Einzelnen *Andrus,* TN December 1988, 1105; *Johnsen/Lipton* TMIJ 1991, 235). Einen anteiligen Zinsabzug sieht ferner Art. 11 Abs. 2 des schweizerischen Bundesratsbeschlusses vom 22.8.1967 für die pauschale Steueranrechnung der schweizerischen DBA vor; auch das ist mit dem Abkommensrecht vereinbar (*Commission cantonale de recours, Canton Vaud,* ASA 42 (1973/74), S. 416).

149 In rechtspolitischer Hinsicht erscheint das Ganze unbefriedigend (kritisch ebenso: *Rasch,* DB 1968, 634; *Becker,* BB 1977, 536; *Palma,* Intertax 2010, 624; und grundsätzlich *Engelschalk,* Die Besteuerung von Ausländern auf Bruttobasis, 1988). Dies gilt umso mehr bei Darlehen in schwachen Währungen, wenn die Quellensteuern bei Zinsen auf Bruttobasis erhoben werden und die zugehörigen Währungsverluste die Einkünfte mindern. Der MA-Komm. Ziff. 63 macht zu dem Problem immerhin zwei Lösungsvorschläge, das MA löst seinerseits das Problem jedoch nicht. In diesen Fällen wird die Doppelbesteuerung nur zum Teil beseitigt. Gelegentlich mag es helfen, eine Bank zwischenzuschalten, die die Quellensteuer durch eigenen Anrechnungsüberhang auffangen kann (*Oliver,* BTR 1982, 257), und auch sonst können die Nachteile, die sich gerade bei Zinsen aus der Höchstbetragsregelung ergeben, durch sorgfältige Steuerplanung in vielen Fällen vermieden werden (für eine umfassende Diskussion: *Gaddum/Hofmann u. a.,* Zinsen im internationalen Steuerrecht, MSIStR 9, (1985); ferner etwa *Pfaar/Jüngling,* IStR 2009, 610 (615)). Aber nicht immer werden die Betroffenen schon von vornherein an Maßnahmen der Steuerplanung gedacht haben. Nicht zu einer Doppelbesteuerung führt es dagegen, wenn unter einem „klassischen" Körperschaftsteuersystem in Fällen ausschüttungsbedingter Teilwertabschreibung den empfangenen Dividenden der Betrag der Abschreibung gegenübersteht, somit keine ausländischen Einkünfte und demgemäß auch keine Möglichkeit zur Anrechnung der ausländischen Quellensteuer verbleiben. Denn in diesen Fällen werden die Dividenden infolge der Abschreibung nicht im Inland besteuert; ein Bedürfnis, eine Doppelbesteuerung zu vermeiden, besteht daher nicht (*Hoge Raad* Rolno. 23577, BNB 1987/73: *DBA Niederlande/Belgien*).

150 Zudem kann das innerstaatliche Recht wie das deutsche in § 34c Abs. 1 S. 3, 2. Halbs. EStG vorsehen, dass nur solche Einkünfte bzw. Vermögenswerte berücksichtigt werden, die **im anderen Staat der Besteuerung unterlagen.** Erfolgte dort nach innerstaatlichem Recht keine Besteuerung, obwohl das DBA sie zuließe, so droht keine Doppelbesteuerung, so dass keine Anrechnung erfolgen muss. Dies setzt allerdings voraus, dass die Einkünfte vollständig steuerbefreit waren; bei einer nur teilweisen Befreiung ist die Regel nicht, und zwar auch nicht nur teilweise anwendbar. Eine Ausnahme ist dort zu machen, wo das jeweilige DBA zur Vermeidung von wirtschaftlichen Doppelbelastungen eine indirekte Anrechnung vorsieht. Im Inland steuerfreie Einkünfte sind hingegen für Zwecke der Berechnung des Höchstbetrags – anders als für die Bestimmung der ausländischen Steuer (vgl. Rz. 141) – schon deswegen außer Betracht zu lassen, weil die Bestimmung auch der ausländischen Einkünfte nach den Regeln des Ansässigkeitsstaats erfolgt (vgl. Rz. 127).

151 **(2) Durchschnittssteuersatz: Als erster Schritt** zur Berechnung des Durchschnittssatzes ist die **„vor der Anrechnung ermittelte Steuer" im Ansässigkeitsstaat** zu bestimmen. Sie ist von dem zur Anrechnung verpflichteten Staat nach den Vorschriften seines inländischen Rechts zu berechnen; ausländische Einkünfte bzw. Vermögenswerte sind einzubeziehen, soweit das inländische Recht dies vorsieht. **Nicht** einzubeziehen sind jedoch Einkünfte und Vermögenswerte, die schon auf Grund der **Verteilungsnormen** in dem zur Anrechnung verpflichteten Staat – dem Ansässigkeitsstaat – freigestellt sind (MA-Komm. Ziff. 15; anders für deutsche DBA, die die Anrechnung als Regel vorsehen: BFH BStBl. II 1996, 261: *DBA Schweiz,* s. Rz. 179). Für die Bemessung der Höhe der Einkünfte oder des Vermögens gelten, wie schon erwähnt (Rz. 12), die Vorschriften des inländischen Rechts, auch soweit die Einkünfte im Ausland erzielt, die Vermögenswerte dort belegen sind: so für die Bewertung von Aktiva und Passiva, für den Ansatz von Betriebsausgaben, für die Abschreibungssätze (*Income Tax Appeal Board,* Nisse v., MNR, 1955 DTC 358). Die im Ausland erhobene **Steuer** ist hierbei **nicht** abzusetzen. Inländische Steuerermäßigungen, die sich nach der Höhe der tariflichen Steuer bemessen, sind an dieser Stelle noch nicht zu berücksichtigen (so z. B. die deutsche Erfinderermäßigung: überzeugend *Baranowski,* NWB F. 3b, 2626 (2655)). Ist die Möglichkeit zur **Verwertung** der im Ausland erzielten Einkünfte **behindert,** z. B. durch Devisenbestimmungen oder ähnliche Transferbeschränkungen im Quellenstaat, so sind diese Einkünfte statt mit ihrem Nennwert **mit ihrem gemeinen Wert** anzusetzen (RFH RStBl. 1935, 1173 (1175)). Nach der Auffassung der deutschen Finanzverwaltung gilt dies entsprechend für **Währungsverluste;** das mindert allerdings nicht nur die inländische Steuer, sondern auch den Anrechnungshöchstbetrag (zur Problematik: *OECD,* Tax Consequences of Foreign Exchange Gains and Losses, Issues in International Taxation No. 3, 1988, 36 ff.; nur wenig ergiebig: *Burge/Farber* CDFI LXXI b (1986) S. 71 (94 f.), und die Landesberichte ebd.). Auf die so ermittelten Einkünfte ist der inländische **Steuersatz** anzuwenden.

152 **Im nächsten Schritt** ist die so gefundene vor der Anrechnung ermittelte Steuer im Ansässigkeitsstaat **(Zähler)** durch das im Inland zu besteuernde Einkommen oder Vermögen (ÖstVwGH, ÖstZB 1994, 618) zu teilen **(Nenner).** Der Nenner beläuft sich, soweit das inländische Recht das vorsieht, auf das Welteinkommen oder -vermögen. In Deutschland ist dies die Summe der Einkünfte, s. BFH BStBl. II 2006, 380, allerdings ohne Berücksichtigung von Einkünften, die der Abgeltungssteuer nach § 32d EStG unterfallen.

153 **d) Anrechnungsüberhänge, Verluste:** Stehen ausländischen Einkünften ebenso hohe oder höhere inländische Verluste gegenüber (oder Verluste in einem anderen Staat, die die inländischen Einkünfte aufwiegen; zu Verlusten im Nichtansässigkeitsstaat s. Rz. 145), so kommt es im Inland zu keiner Besteuerung. Eine Anrechnung der ausländischen Steuern ist dann nicht möglich, sie geht ins Leere (*Conseil d'État* req. n. 57 391 Dr. Fisc. 1993 comm. 1588: *DBA Frankreich/Algerien*). Entsprechendes gilt, wenn die ausländischen Steuern den Höchstbetrag der Anrechnung überschreiten, weil Verluste die inländische Steuerpflicht zwar

nicht ganz aufgehoben, sie aber ermäßigt haben, oder weil der ausländische Steuersatz höher ist als der inländische. Einen Vor- oder Rücktrag von Anrechnungsüberhängen sehen die Abkommen nicht vor, denn die auf die ausländischen Einkünfte nach Anrechnung entfallende inländische Steuer ist null, so dass keine Doppelbesteuerung droht (a. A. etwa *Kühbacher*, SWI 2008, 387; *Schuch*, SWI 1999, 471; *Peyerl*, ÖStZ 2013, 182 (183 f.)).

154 Das innerstaatliche Recht kann einen derartigen **Vor- oder Rücktrag** aber gestatten. In einzelnen Staaten ist dies vorgesehen: in Frankreich gibt es einen Vortrag bis zu fünf Jahren, in Japan einen Rücktrag und Vortrag auf je fünf Jahre, in Kanada für Anrechnungsansprüche aus gewerblichen Einkünften einen Vortrag auf fünf Jahre, in den Niederlanden auf acht Jahre, der sich aber nicht auf die Anrechnung fiktiver Steuern (dazu Rz. 192 ff.) bezieht (*Hoge Raad*, 08/00 315, BNB 2009/310: *DBA Niederlande/Brasilien*), in den Vereinigten Staaten einen Rücktrag auf ein Jahr und einen Vortrag auf zehn Jahre (*Juch,* CDFI LXVI b (1981) S. 81 (101); für die USA sec. 904 (c) IRC). In China ist ein Vortrag von fünf Jahren vorgesehen (*Lin/Xu*, APTB 2010, 221). Der EuGH v. 10.2.2011, Rs. C-436/08 und C-437/08, Slg. 2011, I-305 – *Haribo und Salinen* hielt einen Vor- oder Rücktrag allerdings unter bestimmten Voraussetzungen (indirekte Anrechnung im Vergleich mit einer Freistellung; Verlustvortrag nach innerstaatlichem Recht zulässig) für unionsrechtlich geboten; s. dazu *Kühbacher,* SWI 2011, 116 sowie zuvor schon *Cordewener/Schnitger,* StuW 2006, 50. In Deutschland gibt es ihn hingegen nicht. Vielmehr kann eine nicht oder nur zum Teil anrechenbare ausländische Steuer lediglich auf Antrag – und nur unter Verzicht auf die Anrechnung insgesamt, ferner nur soweit sie auf Einkünfte entfällt, die nicht steuerfrei sind und außerdem nicht, soweit es sich um fiktive Steuern handelt, s. Rz. 139 – wie Kosten bei der Ermittlung der Einkünfte abgezogen werden (§ 34c Abs. 6 S. 2 1. Halbs. i. V. m. Abs. 2 EStG). Ist das Einkommen negativ oder ist die ausländische Steuer höher als das Einkommen, so kann sie auf diesem Wege auch als Verlust zurück- oder vorgetragen werden (*Krabbe,* BB 1980, 1146 (1148)). Dagegen ist es nicht möglich, die ausländische Steuer nur zum Teil – etwa bis zum Höchstbetrag – anzurechnen und lediglich für den Überhang den Abzug von der Bemessungsgrundlage zu wählen (*Krabbe,* a. a. O.).

155 **ee) Anrechnungszeitraum:** Art. 23 A und B regeln nicht eindeutig, in welchem Veranlagungszeitraum die ausländische Steuer anzurechnen ist. Nach Ziff. 32.8 MA-Komm. ist die Verpflichtung des Ansässigkeitsstaats zur Anrechnung unabhängig davon, in welchem Zeitraum die Steuer im Nichtansässigkeitsstaat erhoben wurde (s. auch Ziff. 4.1 MA-Komm.). Damit kommt auch eine Anrechnung in mehreren Zeiträumen in Betracht, wenn die entsprechende Steuer in mehreren Stufen erhoben wird oder wenn mehrere Steuern anfallen (so zutreffend *Reiß*, in Kirchhof-KK, § 34a Rz. 50 zum innerstaatlichen Recht (Nachversteuerung bei Auflösung der Thesaurierungsrücklage nach § 34a EStG)). Übereinstimmend bestimmt in Deutschland § 34c Abs. 6 S. 2 1. Halbsatz i. V. m. Abs. 1 S. 5 EStG, anzurechnen seien diejenigen ausländischen Steuern, die auf die im Veranlagungszeitraum **bezogenen** Einkünfte „entfallen". Maßgebend ist also eine Zuordnung der ausländischen Steuer unabhängig von ihrem Erhebungszeitpunkt zum Veranlagungszeitraum, in dem die Einkünfte im Ansässigkeitsstaat erfasst werden (a.A. beispielsweise *Frotscher,* S. 90). Gegebenenfalls kann dies eine Steuer sein, die im Ausland schon wesentlich früher gezahlt wurde oder erst später zu zahlen ist. Das gilt auch, soweit im Quellenstaat Vorauszahlungen erhoben werden; doch sind dann die deutschen Vorauszahlungen nach § 37 Abs. 3 S. 3 EStG anzupassen. Abweichend will *Schuch,* Verluste im Recht der Doppelbesteuerungsabkommen (1998), S. 163 f., aus den Worten „auf die vom Einkommen dieser Person *zu erhebende* Steuer" herleiten, dass maßgebend das Jahr sei, in dem die im Quellenstaat besteuerten Einkünfte im Ansässigkeitsstaat zur Versteuerung kommen. In den USA hängt der Zeitpunkt der Anrechnung davon ab, ob der Steuerpflichtige seine Bücher auf Ist- oder auf Soll-Basis („cash" oder „accrual method") führt. Bei Sollversteuerung ist grundsätzlich maßgebend das Veranlagungsjahr, für das die fremde Steuer zu zahlen ist (Cuba Railroad Co. v. U. S., 124 F. Supp. 182 (1954)), bei Istversteuerung das Jahr, in dem sie gezahlt wurde; doch kann der Steuerpflichtige auch bei Versteuerung nach der „cash method" für die Anrechnung ausländischer Steuern die „accrual method" wählen, er ist dann daran gebunden (sec. 905 (a) IRC). Nach einer kanadischen Entscheidung ist die ausländische Steuer in dem Jahr anzurechnen, in dem sie fällig wurde (*Income Tax Appeal Board,* Britannia Mining v. MNR, 1952, DTC 13). Für eine flexible Handhabung in den Niederlanden entscheidet sich die Resolutie Staatssecretaris van Financien, BNB 1989/224, ähnlich für Großbritannien *Court Chancery Division* in Legal & General Assurance v. Revenue and Customs Commissioners, [2006] STC 1763.

In manchen Staaten wird die Steuer auf das Einkommen des **jeweils laufenden** Jahres nach der Höhe des Einkommens im **vorangegangenen** Jahr **berechnet** (bzw. für eine zweijährige Steuerperiode nach dem Einkommen der zwei vorangegangenen Jahre, so früher in Großbritannien sowie in der Schweiz bei der direkten Bundessteuer und vielen kantonalen Steuern: *Blumenstein/Locher,* System des Steuerrechts, 4. Aufl. (1992), S. 214 f.). Der MA-Komm. Ziff. 61 lässt offen, für welchen Veranlagungszeitraum dann die Anrechnung vorzunehmen ist. Im Ergebnis „entfällt" eine nach dem Vorjahreseinkommen berechnete Steuer auf das Vorjahr. Nach *House of Lords,* Duckering v. Gollan, 42 Tax Cases 333, „entfällt" zwar eine derartige Steuer auf das Einkommen im Veranlagungsjahr; das des vorhergehenden Jahres ist nur Bemessungsgröße. Übereinstimmend hat in einem vergleichbaren Fall ein BMF-Schreiben vom 16.3.1975 zum *DBA Schweiz,* BStBl. I 1975, 479, Abschnitt 3.2.2 entschieden, das durch den BFH BStBl. II 1991, 923, ebenfalls zum *DBA Schweiz,* bestätigt wurde. Die hier vertretene Auffassung führt in der Tat zu Schwierigkeiten, wenn der ausländische Staat von der Berechnung nach dem Vorjahreseinkommen zu der nach dem Einkommen des laufenden Jahres übergeht oder umgekehrt (*House of Lords,* a. a. O.). Das Gericht und ebenso die deutsche Finanzverwaltung übersehen jedoch, dass die **Höchstbetragsregelung** der DBA vor allem bei wechselnden Einkünften nur dann sinnvoll angewandt werden kann, wenn der ausländischen Steuer im betreffenden Veranlagungszeitraum jeweils entsprechende Einkünfte gegenüberstehen; die Anrechnung würde sonst häufig ins Leere laufen. Wegen dieser von den Abkommen vorausgesetzten **Symmetrie** von Einkünften und Steuer ist eine nach dem Vorjahreseinkommen berechnete Steuer entgegen der Auffassung von britischer und deutscher Rechtsprechung als eine auf das Vorjahr „entfallende" anzusehen. Der Wortlaut der beiden Originalfassungen des MA („is attributable to", „correspondant à") unterstützt dieses Ergebnis. Auch das *DBA Indien* stellt zur Bestimmung des Ausdrucks „Steuerjahr" auf das **vorhergehende Jahr** im Sinne des indischen Income Tax Act ab (Art. 3 Abs. 1 Buchst. k). 156

Davon zu unterscheiden ist die Frage, ob ein **Anrechnungsüberhang** in einem Jahr in ein späteres Jahr **vorgetragen** werden kann. Dies ist kein Fall von Ziff. 32.8 MA-Komm., sondern der Ziff. 60 ff. MA-Komm. und damit dem innerstaatlichen Recht der Vertragsstaaten überlassen (*Hoge Raad,* 08/00315, BNB 2009/310: *DBA Niederlande/Brasilien* für die Anrechnung fiktiver Steuern; unklar *Haase,* IStR 2010, 45 (49); s. auch Rz. 154). 157

f) Ergänzung der Anrechnungsmethode durch das innerstaatliche Recht: Stärker als die Freistellungsmethode ist die Anrechnungsmethode auf eine Ergänzung durch das innerstaatliche Recht angewiesen. Das Anrechnungs**verfahren** 158 ist in den MA nicht geregelt; es bestimmt sich ausschließlich nach dem innerstaatlichen Recht der Vertragsstaaten. In vielen DBA wird dies ausdrücklich hervorgehoben, für Beispiele aus der deutschen Abkommenspraxis (s. dazu Rz. 172). Beispielsweise macht das Abkommensrecht keine Vorgaben für die Änderung von Anrechnungsbescheiden, so dass sich Grenzen der Änderbarkeit ausschließlich aus dem innerstaatlichen Recht ergeben (so zu Recht *Hoge Raad,* 08/03621, BNB 2010/107: *DBA Niederlande/Belgien).* Auch sind zahlreiche Bezugsgrößen so stark vom Steuerrecht des anrechnenden Staates abhängig, dass sie jedenfalls durch ein Musterabkommen nicht geregelt werden können (MA-Komm. Ziff. 60), aber auch von den Einzelabkommen durchweg nicht näher bestimmt werden. Dies gilt vor allem für die verschiedenen Faktoren, aus denen der Höchstbetrag der Anrechnung sich errechnet, ferner für den Anrechnungszeitraum, für das Anrechnungsverfahren und für etwaige Fristen zur Geltendmachung des Anrechnungsanspruchs. Diese innerstaatlichen Regeln können hier nur beispielhaft angeführt werden. Maßgebend sind jeweils die bei Verwirklichung des Steuertatbestands geltenden Regeln, auch wenn sie seit Vertragsschluss geändert wurden (*Cour de Cassation Belge* FJF 2000/213).

159 Neben solcher Ergänzung der **abkommensrechtlichen** Anrechnung durch innerstaatliche Rechtsvorschriften bleibt es den Vertragsstaaten unbenommen, **einseitige** Vorschriften über eine Anrechnung ausländischer Steuern **ergänzend zum Abkommen** und über dieses hinaus anzuwenden, wenn solche Vorschriften für den Steuerpflichtigen günstiger sind; die Vertragsstaaten können dies aber auch ausschließen. So sind in Deutschland nach § 34c Abs. 6 EStG nicht nur zur Ausfüllung eines DBA die innerstaatlichen Berechnungsvorschriften heranzuziehen, sondern es bleibt dem Steuerpflichtigen heute die Möglichkeit, auch für nach dem DBA anrechenbare Steuern statt der Anrechnung der fremden Steuer deren Abzug bei der Ermittlung der Einkünfte zu beantragen (Rz. 154). Das Wahlrecht muss allerdings einheitlich für die gesamten Einkünfte aus einem bestimmten ausländischen Staat und für alle nach dem betreffenden DBA anrechenbaren Steuern ausgeübt werden (EStR 2008, R 34c Abs. 4, dort auch zur Rücknahme eines derartigen Antrags). Zusammenveranlagte Ehegatten können das Wahlrecht getrennt ausüben (EStR 2008, R 34c Abs. 4, S. 2). **Keine** Möglichkeit, statt der Anrechnung den Abzug zu wählen, gibt es ab 1.1.1996 bei der Anrechnung fiktiver Steuern (u. Rz. 192 ff.), s. § 34c Abs. 6 Satz 2, 2. Halbsatz EStG. Zu dieser Alternative zwischen Anrechnung und Abzug s. auch *Scheffler,* DB 1993, 845. – Darüber hinaus sind die einseitigen Regeln über die Anrechnung entsprechend anzuwenden, soweit eine **Doppelbesteuerung** durch das DBA **nicht beseitigt** wird.

3. US-MA

160 **a) Grundzüge:** Art. 23 Abs. 2 US-MA entscheidet sich für die **Anrechnung** als Methode zur Vermeidung der Doppelbesteuerung für in den Vereinigten Staaten ansässige Personen und für nichtansässige amerikanische Staatsbürger (residents, einschließlich non-resident aliens, und non-resident citizens). Wie der andere Vertragsstaat die Doppelbesteuerung vermeiden soll, lässt das US MA offen (Art. 23 Abs. 1). Stärker als die beiden anderen Modelle verweist es für die Anrechnung in den USA auf deren innerstaatliches Recht.

161 **b) Abgrenzung:** Da sich die USA in ihren DBA die Besteuerung des Welteinkommens nicht nur der in ihrem Gebiet ansässigen Personen, sondern auch ihrer nichtansässigen Staatsbürger vorbehalten (durch die **„saving clause“**, s. Art. 1 Rz. 79 ff.), regelt Art. 23 US-MA die Vermeidung der Doppelbesteuerung auch für diesen Fall. Abweichend von den entsprechenden Vorschriften der beiden anderen Modelle **gilt** also Art. 23 US-MA

– nicht nur, wie jene, für die Anrechnung von Steuern, die der Vertragsstaat **als Quellenstaat** erhebt,
– sondern auch für die Anrechnung von Steuern, die der Vertragsstaat als Quellenstaat **oder als Ansässigkeitsstaat** erhebt durch die USA als den Staat, dem der Besteuerte als Staatsbürger angehört.

Mit der Ausdehnung des Steueranspruchs der USA auf das Welteinkommen von nichtansässigen Staatsangehörigen wird also auch der Umfang, in dem ausländische Einkommensteuern (oder der Einkommensteuer gleichgestellte Steuern) zur Anrechnung kommen, beträchtlich erweitert.

c) Regelung des Abs. 2: Art. 23 Abs. 1 US-MA setzt voraus, dass **162**
– eine in den Vereinigten Staaten **ansässige** Person oder ein **Staatsangehöriger** der Vereinigten Staaten
– im anderen Vertragsstaat eine **Einkommensteuer** (für die Zwecke des Abkommens: eine Steuer i. S. des Art. 2 Abs. 3 Buchst. a) und Abs. 4 des US-MA) **gezahlt** hat,

oder dass
– eine im anderen Vertragsstaat ansässige **Gesellschaft,**
– an der eine Gesellschaft der Vereinigten Staaten mindestens 10% der stimmberechtigten **Anteile** hält (owns) und von der sie **Dividenden** bezieht,
– eine **Einkommensteuer** im vorstehenden Sinne für Gewinne **gezahlt** hat (oder die Steuer **für** die Gesellschaft gezahlt wurde), aus denen die Dividenden ausgeschüttet werden.

Ist dies der Fall, so gewähren die USA
– eine **Anrechnung** der gezahlten Steuer (im zweiten Fall: der auf die ausgeschütteten Gewinne entfallenden Steuer)
– **in Übereinstimmung mit dem Recht der Vereinigten Staaten und vorbehaltlich seiner Einschränkungen** (unter Berücksichtigung von Änderungen, soweit sie die allgemeinen Grundsätze unberührt lassen).

Zum Begriff „Gesellschaft" s. Art. 3 Rz. 10, 13, zur „Ansässigkeit" Art. 4 Rz. 70 ff.

163 Das MA verweist also für Ausmaß und Verfahren der Anrechnung in vollem Umfang auf das **innerstaatliche Recht** der USA. Dort ist die Anrechnung ausländischer Steuern in sec. 901 ff. IRC geregelt, vgl. dort insbesondere über die Voraussetzungen der direkten Anrechnung sec. 901, der indirekten sec. 902, über den Höchstbetrag der Anrechnung sec. 904 IRC. Das MA gesteht insoweit nichts zu, was nicht schon nach dem innerstaatlichen Recht der USA gelten würde. Nach Meinung des *US Tax Court* schließt die Verweisung auf das innerstaatliche Recht auch die Einschränkung der Anrechnung ausländischer Steuern durch die *alternative minimum tax* ein (Pekar v. Comm., 113 Tax Court 158, 163 (1999)). Die Bedeutung des Art. 23 Abs. 1 für die USA liegt jedoch in der **Klarstellung,** dass die in Art. 2 des Abkommens aufgeführten Steuern des Vertragsstaats „Einkommensteuern" und als solche auf die Bundeseinkommensteuer der USA **anrechenbar** sind. Während nach dem internen Recht der USA jeweils besonders geprüft werden muss, ob eine gezahlte ausländische Steuer „income tax", „war profits tax" oder „excess profits tax" (sec. 901 (b), 902 IRC) oder ob sie eine „tax paid in lieu of" (sec. 903 IRC) einer derartigen Steuer ist, kommt es für das MA nur auf die Subsumtion der Steuer unter Art. 2 des Abkommens an; eine Steuer, für die das DBA nach Art. 2 gilt, ist **auch dann** anzurechnen, wenn sie dies nach internem US-Recht **nicht** wäre. Zur Anrechenbarkeit der deutschen Körperschaftsteuer sowie zu der Frage, für welches Steuersubjekt in den Fällen der deutschen „Organschaft" die Körperschaftsteuer gezahlt worden ist, s. LTR 83–03–027; zur Frage, für welches Steuerjahr die Anrechnung bei der niederländischen „fiscaale eenheid"

– vergleichbar der deutschen Organschaft – vorzunehmen ist: Rev. Rul. 77–209 (1977–1 Cum. Bull. 238).

164 **d) „Quellenregeln":** Da die Anrechnung nach Art. 23 Abs. 1 US MA nur „in Übereinstimmung mit dem Recht der Vereinigten Staaten und vorbehaltlich seiner Einschränkungen" zugestanden wird, bestimmt sich gemäß sec. 904 (a) IRC der Anrechnungshöchstbetrag (die „limitation on credit") nach dem Verhältnis des Einkommens aus Quellen von außerhalb der Vereinigten Staaten zum steuerbaren Gesamteinkommen; und entsprechend formuliert sind die weiteren Regeln, die die Anrechnung begrenzen (für Einzelheiten s. *Vogel/Shannon/Doernberg/van Raad,* Art. 23, 12 ff.). Sec. 904 verweist damit auf die in sec. 861 ff. IRC enthaltenen sog. „Quellenregeln" **(„source rules"),** die definieren, wann Einkommen im Sinne der Vorschriften des IRC als solches aus Quellen „innerhalb" oder „außerhalb" der Vereinigten Staaten zu betrachten ist (zu den „source rules": *K. Vogel,* in Aktuelle Themen im U. S.-Deutschen Steuer- und Handelsrecht, in FS *Otto L. Walter* (1988), S. 101 ff.; *Shay/Fleming/Peroni,* 56 TLR 81, (2002) S. 139; *Rosenbloom,* BIT 2006, 386; *Easson,* BIT 2006, 495). Diese „source rules" des internen amerikanischen Rechts ersetzt Art. 23 Abs. 3 US MA 2006 wie schon Art. 23 Abs. 3 US MA 1981 für die Zwecke der Abkommensanwendung durch die Verteilungsnormen des DBA: Einkünfte, die die Art. 6 bis 21 der Besteuerung im Nichtansässigkeitsstaat – dem „Quellenstaat" – zuweisen, sollen bei Anwendung der innerstaatlichen Vorschriften der USA über die Anrechnung als Einkünfte aus „Quellen" im anderen Staat angesehen werden. Ähnliche **„deemed source rules"** enthalten auch viele geltende DBA der USA. Das US MA 1996 sah keine derartige Regel vor; wäre ein Abkommen dem gefolgt, so hätten Steuern, die der Quellenstaat nach dem Abkommen erheben darf, nur dann angerechnet werden können, wenn sie auch nach dem innerstaatlichen Recht der Vereinigten Staaten in diesem anderen Staat ihre „Quelle" gehabt hätten (s. *D/vR* S. 193).

165 **e) Verbleibende Doppelbesteuerung:** Wo nach den Regeln des US-MA im anderen Vertragsstaat ansässige Personen, die keine Bürger der USA sind, von Steuern auf bestimmte Einkünfte befreit sind oder einem ermäßigten Steuersatz unterliegen, bleibt infolge der **„saving clause"** bei Bürgern der USA die Besteuerung aufrechterhalten. Um dennoch auch in solchen Fällen die Doppelbesteuerung zu beseitigen, sieht Abs. 4 eine komplizierte **Kompromisslösung** vor. Der andere Vertragsstaat soll hiernach den Staatsbürgern der USA auf ihre Steuern den Betrag anrechnen, den die USA nach dem Abkommen von Nicht-Staatsbürgern erheben dürften. Die durch diese Anrechnung verminderten Steuern des Vertragsstaats auf Einkünfte aus den USA rechnen diese dann ihrem Staatsbürger an (Abs. 4 Buchst. a), jedoch nur bis zur Höhe des Betrags, den der andere Vertragsstaat von diesen Einkünften erheben darf (Buchst. b), wobei die Einschränkung der Anrechnung durch die innerstaatlichen „source rules" entfällt (Buchst. c).

II. Deutsche DBA

1. Abkommensübersicht zu Art. 23 A Abs. 2 und Art. 23 B Abs. 1

Durchführung der Anrechnung

171

DBA	D/V	Höchstbetrag	Abweichungen und Modalitäten	Artikel	Rz.
Ägypten	D	–	„Im Rahmen der jeweils geltenden deutschen Rechtsvorschriften über die Anrechnung"	24	
	V	≠ MA	Berechnung „unter Zugrundelegung eines durchschnittlichen Steuersatzes"		
Albanien 2010	D	–	„Unter Beachtung der Vorschriften des deutschen Steuerrechts über die Anrechnung"	23	
	V	≈ MA			
Algerien 2007	D	–	„Unter Beachtung der Vorschriften des deutschen Steuerrechts über die Anrechnung"	23	
	V	≈ MA			
Argentinien	D	≈ MA	–	23	172; 175
Armenien	s. UdSSR				
Aserbaidschan	D	–	„Unter Beachtung der Vorschriften des deutschen Steuerrechts über die Anrechnung"	23	
	V	≈ MA	–	23	
Australien	D	–	„Im Rahmen der jeweils geltenden deutschen Rechtsvorschriften über die Anrechnung"	22	147; 174; 176
	V	≠ MA	„Im Rahmen der jeweils geltenden australischen Rechtsvorschriften"		
Bangladesch	D+V	–	„Im Rahmen der jeweils geltenden (internen) Vorschriften über die Anrechnung"	22	
Belarus	D	–	„Unter Beachtung der Vorschriften des deutschen Steuerrechts über die Anrechnung"	23	
	V	≈ MA	–		
Belgien	D	≈ MA	–	23	
	V	MA	Anrechnung des im belgischen Recht vorgesehenen Pauschalbetrags der ausländischen Steuer		
Bolivien	D	≈ MA	–	23	172; 175
	V	–	–		
Bosnien-Herzegowina	s. Jugoslawien				
Bulgarien 2010	D	–	„Unter Beachtung der Vorschriften des deutschen Steuerrechts über die Anrechnung"	22	
	V	≈ MA			

DBA	D/V	Höchst-betrag	Abweichungen und Modalitäten	Artikel	Rz.
China 1985	D	≠ MA	„Im Rahmen der jeweils geltenden deutschen Rechtsvorschriften über die Anrechnung“	24	
	V	≈ MA	–		
China 2014 (E)	D	–	„Unter Beachtung der Vorschriften des deutschen Steuerrechts über die Anrechnung“	23	
	V	≈ MA	Indirekte Anrechnung bei nicht steuerbefreiten Schachteldividenden		
Costa Rica (E)	D	–	„Unter Beachtung der Vorschriften des deutschen Steuerrechts über die Anrechnung“	23	
	V	≈ MA	–		
Dänemark	D	–	„Im Rahmen der jeweils geltenden deutschen Rechtsvorschriften über die Anrechnung“	24	177
	V	≠ MA	Indirekte Anrechnung bei nicht steuerbefreiten Schachteldividenden		
Ecuador	D+V	≈ MA	–	23	172; 175
Elfenbeinküste	D	≈ MA	–	23	
Estland	D	–	„Unter Beachtung der Vorschriften des deutschen Steuerrechts“	23	
	V	≈ MA	–		
Finnland	D	≠ MA	„Im Rahmen der jeweils geltenden deutschen Rechtsvorschriften über die Anrechnung“	23	175; 179
	V	≈ MA	–		
Frankreich	D	≈ MA	–	20	
i.d.F. des Zus. Abk. 1989	V	z.T. ≈ MA	Für Steuerbesitzdividenden unbeschränkte Anrechnung		177
Georgien 2006/2014 (E)	D	–	„Unter Beachtung der Vorschriften des deutschen Steuerrechts über die Anrechnung“	23	
Ghana	D	–	„Unter Beachtung der Vorschriften des deutschen Steuerrechts über die Anrechnung“	24	
	V	≈ MA	–		
Griechenland	D	–		XVII	
	V	≠ MA	„Im Rahmen der jeweils geltenden griechischen Rechtsvorschriften“		
Großbritannien 1964/70	D	–	–	XVIII	174
	V	≈ MA	„Im Rahmen der jeweils geltenden Rechtsvorschriften von Großbritannien über die Anrechnung“		
Großbritannien 2010/2014 (E)	D	–	„Unter Beachtung der Vorschriften des deutschen Steuerrechts über die Anrechnung“	23	

DBA	D/V	Höchstbetrag	Abweichungen und Modalitäten	Artikel	Rz.
	V	≠ MA	„Im Rahmen der Rechtsvorschriften des Vereinigten Königreichs über die Anrechnung“		
Indien	D	–	„Im Rahmen der jeweils geltenden deutschen Rechtsvorschriften über die Anrechnung“	23	147; 174
	V	≈ MA	–		
Indonesien	D	≠ MA	„Im Rahmen der jeweils geltenden deutschen Rechtsvorschriften über die Anrechnung“	23	
	V	≈ MA	–		
Iran	D+V	≈ MA	–	24	
Irland 2011	D	–	„Unter Beachtung der Vorschriften des deutschen Steuerrechts über die Anrechnung“	23	
	V	≠ MA	„Im Rahmen der Rechtsvorschriften Irlands über die Anrechnung“		
Island	D	≈ MA	Zusätzlich: „Im Rahmen der jeweils geltenden deutschen Rechtsvorschriften über die Anrechnung“	23	175
	V	≈ MA	–		
Israel	D	–	–	18	174
	V	≈ MA	Die tatsächlich erhobene Steuer in Deutschland, höchstens die Steuer im V; dabei darf der anzurechnende Betrag den Teil der Steuer im V nicht übersteigen, der dem Verhältnis dieser Einkünfte zum Gesamtbetrag der im V zu versteuernden Einkünfte entspricht		
Italien	D+V	≈ MA	–	24	177
Jamaika	D+V	≠ MA	„Unter Beachtung der (internen) Vorschriften über die Anrechnung“	23	
Japan	D	≠ MA	„Im Rahmen der jeweils geltenden deutschen Rechtsvorschriften über die Anrechnung“	23	
	V	≠ MA	„Im Rahmen der jeweils geltenden japanischen Rechtsvorschriften“		
Jersey 2008	–	–	–		
Jugoslawien	D	–	„Im Rahmen der jeweils geltenden deutschen Rechtsvorschriften über die Anrechnung“	24	
	V	≈ MA	–		
Kanada	D	–	„Unter Beachtung der Vorschriften des deutschen Steuerrechts über die Anrechnung“	23	

DBA	D/V	Höchst-betrag	Abweichungen und Modalitäten	Artikel	Rz.
	V	≠ MA	„Unter Beachtung der gegenwärtig geltenden kanadischen Rechtsvorschriften … und etwaiger späterer Änderungen dieser Vorschriften, die den allgemeinen Grundsatz hiervon nicht berühren, und sofern das kanadische Recht keinen höheren Abzugsbetrag oder keine weitergehende Befreiung vorsieht“		
Kasachstan	D	–	„Unter Beachtung der Vorschriften des deutschen Steuerrechts über die Anrechnung“	23	
	V	≈ MA	–		
Kenia	D	≈ MA	Zusätzlich: „Im Rahmen der jeweils geltenden deutschen Rechtsvorschriften über die Anrechnung“	23	
	V	≈ MA	–		
Kirgisistan	D	–	„Unter Beachtung der Vorschriften des deutschen Steuerrechts über die Anrechnung“	23	
	V	≈ MA	–		
Korea	D	–	„Unter Beachtung der Vorschriften des deutschen Steuerrechts über die Anrechnung“	23	
	V	≈ MA	–		
Kosovo	s. Jugoslawien				
Kroatien	D	–	„Unter Beachtung der Vorschriften des deutschen Steuerrechts über die Anrechnung“	23	
	V	–	„nach den Regeln des kroatischen Steuerrechts“		
Kuwait	D	–	„Unter Beachtung der Vorschriften des deutschen Steuerrechts über die Anrechnung“	24	
	V	≈ MA	–		
Lettland	D	–	„Unter Beachtung der Vorschriften des deutschen Steuerrechts über die Anrechnung“	23	
	V	≈ MA	–		
Liberia	D+V	≈ MA	Zusätzlich: „Im Rahmen der jeweils geltenden (internen) Rechtsvorschriften“	23	
Liechtenstein 2011	D	–	„Unter Beachtung der Vorschriften des deutschen Steuerrechts über die Anrechnung“	23	
	V	–	„Unter Beachtung der Vorschriften des liechtensteinischen Steuerrechts über die Anrechnung“		
Litauen	D	–	„Unter Beachtung der Vorschriften des deutschen Steuerrechts über die Anrechnung“	23	
	V	≈ MA	–		

DBA	D/V	Höchstbetrag	Abweichungen und Modalitäten	Artikel	Rz.
Luxemburg 2012 (E)	D	–	„Unter Beachtung der Vorschriften des deutschen Steuerrechts über die Anrechnung"	22	
	V	≈ MA	–		
Malaysia 2010	D	–	„Unter Beachtung der Vorschriften des deutschen Steuerrechts über die Anrechnung"	23	
	V	≈ MA	„Vorbehaltlich der Gesetze Malaysias über die Anrechnung"		
Malta	D	–	„Unter Beachtung der Vorschriften des deutschen Steuerrechts über die Anrechnung"	23	
	V	≠ MA	„Unter Beachtung der Vorschriften des maltesischen Rechts über die Anrechnung"		
Marokko	D	–	–	23	174
	V	≠ MA	„Ermäßigung, die der Höhe nach der ... (in Deutschland) ... erhobenen Steuer entspricht, den genannten Betrag jedoch nicht übersteigt"		
Mauritius 2011	D	–	„Unter Beachtung der Vorschriften des deutschen Steuerrechts über die Anrechnung"	23	
	V	≈ MA	–		
Mazedonien 2006	D	–	„Unter Beachtung der Vorschriften des deutschen Steuerrechts über die Anrechnung"	23	
	V	≈ MA	–		
Mexiko 2008	D	–	„Unter Beachtung der Vorschriften des deutschen Steuerrechts über die Anrechnung"	23	172; 175
	V	≠ MA	„In Übereinstimmung mit dem Recht der Vereinigten Mexikanischen Staaten und vorbehaltlich der dort vorgesehenen Beschränkungen, unter Beachtung künftiger, seine tragenden Prinzipien wahrender Änderungen"		
Moldau	s. UdSSR				
Mongolei	D	–	„Im Rahmen der jeweils geltenden deutschen Rechtsvorschriften über die Anrechnung"	23	
	V	≠ MA	–		
Montenegro	s. Jugoslawien				
Namibia	D	–	„Im Rahmen der jeweils geltenden deutschen Rechtsvorschriften über die Anrechnung"	23	
	V	≠ MA	„Im Rahmen der geltenden namibischen Bestimmungen" oder Freistellung		
Neuseeland	D	≠ MA	„Im Rahmen der jeweils geltenden deutschen Rechtsvorschriften"	23	174

DBA	D/V	Höchstbetrag	Abweichungen und Modalitäten	Artikel	Rz.
	V	≠ MA	„Im Rahmen der jeweils geltenden neuseeländischen Rechtsvorschriften"		
Niederlande 1959/2004	D	–	„Nach einem durchschnittlichen Steuersatz berechnet"	20	
Niederlande 2012 (E)	D	–	„Unter Beachtung der Vorschriften des deutschen Steuerrechts über die Anrechnung"	22	
Norwegen 1991	D	≈ MA	„Im Rahmen der jeweils geltenden deutschen Rechtsvorschriften über die Anrechnung"	23	
	V	≈ MA	–		
Norwegen 2013 (E)	D	–	„Unter Beachtung der Vorschriften des deutschen Steuerrechts über die Anrechnung"	23	
	V	≈ MA	–		
Oman 2012 (E)	D	–	„Unter Beachtung der Vorschriften des deutschen Steuerrechts über die Anrechnung"	23	
	V	≈ MA	–		
Österreich	D	–	„Unter Beachtung der Vorschriften des deutschen Steuerrechts über die Anrechnung"	23	
	V	≈ MA	–		
Pakistan	D	–	„Im Rahmen der jeweils geltenden deutschen Rechtsvorschriften über die Anrechnung"	22	
	V	≠ MA	„Im Rahmen der jeweils geltenden pakistanischen Rechtsvorschriften über die Anrechnung"		
Philippinen 1983	D	–	„Im Rahmen der jeweils geltenden deutschen Rechtsvorschriften über die Anrechnung"	24	
	V	≈ MA	–		
Philippinen 2013 (E)	D	–	„Im Rahmen der jeweils geltenden deutschen Rechtsvorschriften über die Anrechnung"	24	
Polen	D	–	„Unter Beachtung der Vorschriften des deutschen Steuerrechts über die Anrechnung	24	
	V	≈ MA	–		
Portugal	D+V	≈ MA	–	24	
Rumänien	D	–	„Unter Beachtung der Vorschriften des deutschen Steuerrechts über die Anrechnung"	23	
	V	≈ MA	–		
Russische Föderation	D	–	„Unter Beachtung der Vorschriften des deutschen Steuerrechts über die Anrechnung"	23	
	V	≈ MA	–		

DBA	D/V	Höchstbetrag	Abweichungen und Modalitäten	Artikel	Rz.
Sambia	D	≈ MA	„Im Rahmen der jeweils geltenden deutschen Rechtsvorschriften über die Anrechnung“	23	
	V	≈ MA	–		
Schweden	D	–	„Im Rahmen der jeweils geltenden deutschen Rechtsvorschriften über die Anrechnung“	23	177
	V	–	„Im Rahmen der jeweils geltenden schwedischen Rechtsvorschriften (unter Beachtung der jeweils anzuwendenden Änderungen, die den allgemeinen Grundsatz dieser Bestimmung unberührt lassen)“		
Schweiz 1971/ 2010	D	≈ MA	Zusätzlich: „Im Rahmen der jeweils geltenden deutschen Rechtsvorschriften über die Anrechnung“	24	172; 175; 177; 179; 180
	V	≈ MA	Alternativ auch pauschale Ermäßigung der schweizerischen Steuer oder volle oder teilweise Befreiung, mindestens aber Abzug der deutschen Steuer vom Bruttobetrag		
Serbien	s. Jugoslawien				
Simbabwe	D+V	–	„Im Rahmen der jeweils geltenden … Rechtsvorschriften über die Anrechnung“	23	
Singapur	D	–	„Unter Beachtung der Vorschriften des deutschen Steuerrechts über die Anrechnung“	24	
	V	≠ MA	„Unter Beachtung seiner (Singapur) Vorschriften über die Anrechnung“		
Slowakei	s. Tschechoslowakei				
Slowenien	D	–	„Unter Beachtung der Vorschriften des deutschen Steuerrechts über die Anrechnung“	23	
	V	≈ MA	–		
Spanien 2011	D	–	„Unter Beachtung der Vorschriften des deutschen Steuerrechts über die Anrechnung“	22	
	V	≈ MA	–		
Sri Lanka	D+V	≈ MA	–	23	
Südafrika 1973	D	≠ MA	„Im Rahmen der jeweils geltenden deutschen Rechtsvorschriften über die Anrechnung“	20	
	V	≈ MA			
Südafrika 2008 (E)	D	–	„Unter Beachtung der Vorschriften des deutschen Steuerrechts über die Anrechnung“	22	
	V	≈ MA	–		

DBA	D/V	Höchst-betrag	Abweichungen und Modalitäten	Artikel	Rz.
Syrien 2010	D	–	„Unter Beachtung der Vorschriften des deutschen Steuerrechts über die Anrechnung"	22	
	V	≈ MA	–		
Tadschikistan	D	–	„Unter Beachtung der Vorschriften des deutschen Steuerrechts über die Anrechnung"	22	
	V	≈ MA	–		
Taiwan 2011	D	–	„Unter Beachtung der Vorschriften des deutschen Steuerrechts über die Anrechnung"	22	
	V	≈ MA	–		
Thailand	D	≠ MA	„Im Rahmen der jeweils geltenden deutschen Rechtsvorschriften über die Anrechnung"	22	176
	V	≠ MA	Anrechnungsbetrag darf den Teil der Steuer des V nicht übersteigen, der dem Verhältnis der Reineinkünfte aus Deutschland zum Gesamtbetrag der Reineinkünfte – ohne Berücksichtigung von Verlusten – entspricht		
Trinidad und Tobago	D+V	≈ MA	Zusätzlich: „Im Rahmen der jeweils geltenden ... Rechtsvorschriften"	22	
Tschechien	s. Tschechoslowakei				
Tschechien 1997 (E)	D	–	„Unter Beachtung der Vorschriften des deutschen Steuerrechts über die Anrechnung"	23	
	V	≈ MA	–		
Tschechoslowakei	D	–	„Im Rahmen der jeweils geltenden deutschen Rechtsvorschriften über die Anrechnung"	23	
	V	≈ MA	–		
Türkei 2011	D	–	„Unter Beachtung der Vorschriften des deutschen Steuerrechts über die Anrechnung"	22	
	V	≈ MA	–		
Tunesien	D	–	–	23	176
	V	≈ MA	Bei Schachteldividenden werden im V nur 10 % angerechnet; die Doppelbesteuerung wird also für die Spanne zwischen 10 % und 25 % nicht beseitigt		
Turkmenistan	s. UdSSR				
UdSSR	D	–	„Im Rahmen der jeweils geltenden deutschen Rechtsvorschriften über die Anrechnung"	19	
Ukraine	D	–	„Im Rahmen der jeweils geltenden deutschen Rechtsvorschriften über die Anrechnung"	23	

DBA	D/V	Höchst-betrag	Abweichungen und Modalitäten	Artikel	Rz.
	V	≈ MA	„Im Rahmen der geltenden ukrainischen Rechtsvorschriften"		
Ungarn 2011	D	–	„Unter Beachtung der Vorschriften des deutschen Steuerrechts über die Anrechnung"	22	
	V	≈ MA	–		
Uruguay 2010	D	–	„Unter Beachtung der Vorschriften des deutschen Steuerrechts über die Anrechnung"	22	
	V	≈ MA	–		
USA 1989/ 2006	D	–	„Unter Beachtung der Vorschriften des deutschen Steuerrechts über die Anrechnung"	23	174; 177 f.
	V	≠ MA	„In Übereinstimmung mit dem Recht der Vereinigten Staaten und vorbehaltlich der dort vorgesehenen Begrenzungen"; Sonderregelung über Staatsangehörige der USA, die in Deutschland ansässig sind und über Konflikte zwischen Quellenregelungen		
Usbekistan	D	–	„Unter Beachtung der Vorschriften des deutschen Steuerrechts über die Anrechnung"	23	
	V	≈ MA	–		
Venezuela	D	≠ MA	„Im Rahmen der jeweils geltenden deutschen Rechtsvorschriften über die Anrechnung"	23	
	V	–	–		
Vereinigte Arabische Emirate 2010	D	–	„Unter Beachtung der Vorschriften des deutschen Steuerrechts über die Anrechnung"	22	172; 175
	V	≈ MA	–		
Vietnam	D	–	„Unter Beachtung der Vorschriften des deutschen Steuerrechts über die Anrechnung"	23	
	V	≈ MA	–		
Weißrussland	s. Belarus				
Zypern 2011	D	–	„Unter Beachtung der Vorschriften des deutschen Steuerrechts über die Anrechnung"	22	172; 175
	V	≈ MA	„Unter Beachtung der Vorschriften des zyprischen Steuerrechts über die Anrechnung"		

2. Erläuterungen zu den deutschen Abkommen

a) Allgemeines: Die neuere deutsche Vertragspraxis hat den Kreis der Einkunftsarten, für welche im Ansässigkeitsstaat Anrechnung statt Freistellung vorgesehen ist, über den in Art. 23 A OECD- und UN-MA vorgezeichneten Kreis – also über Dividenden, Zinsen und Lizenzgebühren – hinaus z. T. erheblich erweitert (s. die Übersicht Rz. 16; Rz. 21 f. sowie Art. 22 Abs. 1 Nr. 3 DE-VG). Das **172**

soll Steuerumgehungen vermeiden, nützt aber auch den fiskalischen Interessen des Ansässigkeitsstaats (s. Rz. 7). Dass es umgekehrt in bestimmten Fällen auch für Zwecke der Steuervermeidung, etwa durch Verlustzuweisungsgesellschaften, ausgenutzt werden kann (s. Rz. 20f.), wurde zunächst in Kauf genommen. Die deutsche Verhandlungsgrundlage stellt nunmehr die Möglichkeit einer Anrechnung sicher, indem sie in Art. 22 Abs. 1 Nr. 3 S. 2 DE-VG Einkünfte oder Vermögen einer in Deutschland ansässigen Person, die nach dem Abkommen im anderen Staat besteuert werden können, als Einkünfte aus dem anderen Staat oder dort belegenes Vermögen behandelt.

Die Anrechnungsmethode als **Regel** entsprechend Art. 23 B OECD- und UN-MA, jedoch mit bestimmten Ausnahmen, u.a. für Betriebstättengewinne und Schachteldividenden aus aktiver Tätigkeit, sehen die *DBA Argentinien, Bolivien, Brasilien (K), Ecuador, Mexiko 2008, Schweiz 1971/2010, Uruguay 1987, Vereinigte Arabische Emirate 2010 und Zypern 2011* vor.

173 **b) Einkunfts- und Vermögensarten:** Die geltenden deutschen DBA verweisen nicht immer, wie Art. 23 A Abs. 2 OECD- und UN-MA, ausdrücklich auf die Verteilungsnormen; häufig fehlt die Verweisung vor allem für Dividenden, während gleichzeitig für die anderen Einkunftsarten auf die maßgebende Verteilungsnorm Bezug genommen ist.

174 **c) Höchstbeträge:** Höchstbetragsregelungen, die in ihrem Wortlaut vom MA abweichen, in der Sache aber doch wohl dem MA entsprechen, enthalten die *DBA Indien, Israel* und *Marokko* (für den jeweiligen Vertragsstaat)). Dagegen sehen die *DBA Australien, Großbritannien 1964, Irland 1962, Neuseeland, Singapur 1972* und *USA 1989 und 1989/2006* eine Anrechnung im Vertragsstaat jeweils in dem Umfang vor, in dem dessen innerstaatliches Recht sie gestattet. Im *DBA Irland 1962* ist eine Anrechnung (nur) gemäß innerstaatlichem deutschen Recht für den Fall eines Doppelwohnsitzes für diejenigen irischen Steuern vorgesehen, die Deutschland nach dem Abkommen nicht schon als Ansässigkeitsstaat anzurechnen hätte (Art. XXII Abs. 2 Buchst. b).

175 Diejenigen DBA, die auch auf deutscher Seite die Anrechnung als Regel und die Freistellung nur als Ausnahme vorsehen (*Argentinien, Bolivien, Brasilien (K), Ecuador, Mexiko 2008, Schweiz 1971/2010, Uruguay 1987, Vereinigte Arabische Emirate 2010, Zypern 2011*) führen zwangsläufig die Einkunftsarten, bei denen Anrechnung gewährt wird, nicht in einem Katalog auf, sondern regeln deren Anrechnung durch eine Generalklausel (mit im Wesentlichen gleich lautender Formulierung: die nicht ausdrücklich freigestellten Einkünfte, die aus dem Vertragsstaat „stammen"); s. Brenner, S. 54f., der aber zu Unrecht hier auch die Elfenbeinküste, Finnland, Island und Kanada anführt). Der BFH, BStBl. II 1996, 261, hat für das DBA Schweiz aus diesem Wortlaut gefolgert, dass abweichend von der Regel zur Höchstbetragsberechnung (oben Rz. 142) hier bei der Ermittlung der vor der Anrechnung sich ergebenden deutschen Steuer auch etwaige auf Grund der Verteilungsnormen im anderen Vertragsstaat freigestellte Einkünfte einzubeziehen sind (zustimmend *Wassermeyer,* IStR 1996, 172; kritisch *Krabbe* ebd.). Das müsste dann für die anderen oben genannten Abkommen entsprechend gelten.

176 **d) Verschiedene Besonderheiten:** Als einziges deutsches Abkommen sieht das *DBA Australien* vor, dass die von australischen Dividenden, Zinsen und Lizenzgebühren erhobene Steuer, die die auf diese Einkünfte erhobene deutsche Steuer übersteigt, zu einer entsprechenden Kürzung beim Gewerbeertrag führt (*Prot. Australien* Nr. 10e). – Im *DBA Mauritius 1978* ist der Anrechnung auf Seiten des Vertragsstaats eine Steuergutschrift vorgeschaltet. – Nach dem *DBA Thailand* errechnet sich der Anrechnungshöchstbetrag in Thailand nach dem Verhältnis der

„Reineinkünfte“ aus Deutschland zum „Gesamtbetrag der Reineinkünfte“; Verluste werden im Rahmen dieser Höchstbetragsregelung also nicht berücksichtigt. – *Tunesien* rechnet bei Schachteldividenden die deutsche Quellensteuer nur in Höhe von 10% an. Für die verbleibenden 15% der Kapitalertragsteuer wird die Doppelbesteuerung hiernach nicht beseitigt. – In Belgien wird auf deutsche Dividenden und Zinsen nach dem DBA der im belgischen Recht vorgesehene Pauschalbetrag angerechnet. Für die Steuerpflichtigen führt dies vielfach zu einer Steuererleichterung (*G. Dillen,* Intertax 1980, 164).

Die *Schweiz* hat sich im DBA vorbehalten, statt einer Anrechnung der deutschen Quellensteuer auf Dividenden eine **pauschale Ermäßigung** der schweizerischen Steuer oder die volle oder teilweise Freistellung der Dividenden, zumindest aber den Abzug der deutschen Steuer vom Bruttoeinkommen vorzusehen. Zurzeit wendet die Schweiz das Verfahren der pauschalen Ermäßigung an; es ist deshalb gewählt worden, weil aufgrund des Zusammentreffens einer Bundeseinkommensteuer („direkte Bundessteuer“) mit kantonalen Einkommensteuern eine Anrechnung auf diese verschiedenen Steuern nebeneinander schwierig wäre. Das Verfahren der pauschalen Steuerermäßigung ist geregelt durch Bundesratsbeschluss vom 22.8.1967, s. dazu Literatur in der Voraufl. Rz. 121. Art. 24 Abs. 1 Nr. 3 *DBA Schweiz* gibt darüber hinaus den nicht in Deutschland ansässigen Gesellschaftern einer deutschen Personengesellschaft, wenn diese Einkünfte aus der Schweiz bezieht, die nach dem Abkommen dort besteuert werden dürfen, einen **abkommensrechtlichen Anspruch** auf Anrechnung der schweizerischen auf die deutschen Steuern (s. dazu BMF v. 26.3.1975, BStBl. I 1975, 479, Abschnitt 2.5). Auch hier bleibt die Möglichkeit, nach § 50 Abs. 3 i. V. m. § 34c Abs. 2 EStG den Abzug der schweizerischen Steuern bei der Ermittlung der der deutschen Besteuerung unterliegenden Einkünfte zu verlangen. 177

Nach dem *DBA Italien* rechnet Italien die deutsche Steuer nicht auf Einkünfte an, die nach italienischem Recht auf Antrag des Steuerpflichtigen dem Steuerabzug an der Quelle unterliegen.

Das *DBA Frankreich* i. d. Fassg. des *ZusAbk. 1989* sieht auf französischer Seite die **uneingeschränkte Anrechnung** der deutschen Kapitalertragsteuer auf Streubesitzdividenden vor; ist die deutsche Steuer höher als die französische, so erstattet Frankreich den Mehrbetrag. Für Steuern auf Schachteldividenden, Einkünfte aus stillen Gesellschaften usw., Aufsichtsratsvergütungen sowie private Ruhegehälter und Leibrenten gewährt Frankreich Anrechnung bis zur Höhe der französischen Steuer. Bei allen sonstigen Einkünften ermäßigt Frankreich seine Steuer um den Betrag der französischen Steuer („modifizierte Freistellung“, s. Rz. 51).

Über die nachträgliche Anrechnung der gemäß § 6 AStG erhobenen deutschen Steuer bei späterer Veräußerung der Beteiligung im Vertragsstaat nach den *DBA Dänemark* und *Schweden* s. zu Art. 13 Rz. 314.

Das *DBA USA 1989/2006* sieht in seinem Art. 23 Abs. 4 Buchst. a) eine Anrechnung vor, wenn Einkünfte unterschiedlichen Abkommensbestimmungen zugeordnet werden und die Divergenz auch nach einem Verständigungsverfahren nicht beseitigt werden können. Dazu ist jedenfalls die förmliche Ablehnung eines Antrags auf Durchführung eines Verständigungsverfahrens erforderlich, so für die gleichlautende Vorschrift Nr. 21 Buchst. a Doppelbuchst. aa des Protokolls zum *DBA USA 1989* BFH, BFHE 229, 252.

e) Anrechnung bei Doppelanknüpfung: Im Verhältnis zu den USA ergibt sich eine Besonderheit daraus, dass die USA amerikanische Staatsbürger auch dann besteuern, wenn diese im Ausland ansässig sind, und sie sich das Recht dazu auch in ihren Abkommen vorbehalten (sog. **„saving clause“,** s. zu dieser bereits bei Art. 1 Rz. 79ff.). Unbeschränkt steuerpflichtig sind also in den USA nicht nur die 178 in- und ausländischen „residents", sondern auch alle Staatsangehörigen der USA, wo auch immer sie ansässig sind. Eine doppelte unbeschränkte Steuerpflicht kann sich im Verhältnis zu den USA daher nicht nur durch doppelten Wohnsitz, sondern auch dadurch ergeben, dass ein Staatsbürger der USA seinen Wohnsitz in Deutschland hat. Die ***DBA USA 1989*** und ***1989/2006*** regeln die Besteuerung von Staatsbürgern der USA, die in Deutschland ansässig und daher in beiden Staaten unbeschränkt steuerpflichtig sind, in einem eigenen Abs. 5. Diese Vorschrift ist sehr kompliziert formuliert; sie besagt in ihrem Kern, dass Deutschland bei solchen Personen die Steuern der USA nur bis zu der Höhe anrechnet, in der die USA nach dem Abkommen auch **als Quellenstaat** besteuern dürften (d.h. in der sie Personen besteuern dürften, die in Deutschland ansässig und nicht zugleich Staatsangehörige der USA sind). Die hiernach verbleibenden Steuern Deutschlands werden von den USA angerechnet.

179 Eine Anrechnung statt der Bestimmung einer vorrangigen abkommensrechtlichen Ansässigkeit sehen, wie erwähnt, auch das *DBA Irland 1962* (Rz. 174) und in einem anderen Zusammenhang das *DBA Schweiz* vor (Art. 1 Anh. Rz. 139ff.). S. zu allem auch bereits bei Art. 4 Rz. 15. Nach Art. 23 Abs. 4 *DBA Finnland* können finnische Staatsangehörige, soweit sie nach finnischem Recht in Finnland ihren Wohnsitz haben, aber nach der Kollisionsklausel des Art. 4 dort nicht in abkommensrechtlichem Sinne ansässig sind, in Finnland besteuert werden; die nach dem Abkommen Deutschland zustehenden Steuern sind jedoch anzurechnen.

3. DBA-Anrechnung und innerstaatliches Recht

180 **a) Allgemeines:** Nach § 34c Abs. 6 Satz 1 EStG gelten die Vorschriften des innerstaatlichen deutschen Rechts, die zur Vermeidung der Doppelbesteuerung einseitig die Anrechnung ausländischer Einkommensteuern vorsehen, nicht für Einkünfte aus einem Staat, mit dem ein DBA abgeschlossen ist. Eine Anrechnung erfolgt damit grundsätzlich nur in den vom Abkommen vorgesehenen Fällen, nicht aber von abkommenswidrig erhobenen Steuern (BFH, BFH/NV 2010, 1820: *DBA Schweiz*). § 34c Abs. 6 EStG sieht Ausnahmen vor.

181 **b) Verluste:** Bei Anwendung der Anrechnungsmethode wird die inländische Steuer nach dem **Welteinkommen** berechnet; ausländische Verluste mindern dieses im gleichen Umfang wie im Inland entstandene Verluste. Abweichend von dieser Regel untersagt § 2a EStG die Verrechnung bestimmter ausländischer Verluste aus den in § 2a Abs. 2a EStG legaldefinierten Drittstaaten (zum unionsrechtlichen Hintergrund Grundl. Rz. 268c): solcher aus land- und forstwirtschaftlichen Betriebstätten, aus nicht „aktiven" gewerblichen Betriebstätten (§ 2a Abs. 2 definiert dies näher, der Ausdruck „aktiv" wird nicht gebraucht), aus der Veräußerung oder Entnahme von Anteilen an Kapitalgesellschaften sowie aus Teilwertabschreibungen auf solche Anteile, aus Beteiligungen an stillen Gesellschaften und partiarischen Darlehen, wenn der Schuldner Sitz, Wohnsitz oder Geschäftsleitung im Ausland hat, aus der Vermietung oder Verpachtung unbeweglichen Vermögens oder von Sachinbegriffen, schließlich aus Beteiligungen an inländischen Körperschaften, soweit deren negative Einkünfte auf einen der zuvor genannten Gründe zurückzuführen sind. Verluste aus diesen Sachverhalten dürfen nur gegen Verluste der jeweils selben Art aus demselben Staat ausgeglichen werden.

182 Der BFH (BStBl. II 1991, 136; II 1991, 704; II 1992, 192; BFH/NV 1992, 174) hält die Vorschrift für verfassungsmäßig; so wohl auch das BVerfG (darauf deutet die Nichtannahme von entsprechenden Verfassungsbeschwerden hin; zuletzt im Jahre 2011: 2 BvR 1177/10). Im Schrifttum wird die Verfassungsmäßigkeit jedoch überwiegend abgelehnt. Die Bedenken richten sich dabei gegen die **Rechtsfolge**

des **§ 2a EStG,** die bewirkt, dass für positive Einkünfte das Welteinkommensprinzip und für negative das Territorialitätsprinzip gilt; s. dazu *Gosch,* Kirchhof, 13. Aufl. (2014) EStG, § 2a Rz. 2; *Prokisch,* DStJG 28 (2005), 231 (234); *Schaumburg,* Leistungsfähigkeitsprinzip, in FS Tipke, 125 (133); *ders.,* DStJG 24, 225 (246); a. A.: *Mössner,* in KSM § 2a Rdnr. A56k, *Probst,* in F/W/B/S § 2a EStG Anm. 42. Die verfassungsrechtlichen Bedenken richten sich zudem gegen die willkürliche Auswahl der **Tatbestände,** wegen deren ein Verlustabzug versagt wird, sowie gegen die **Rechtsfolge** der Vorschrift. Denn das Verbot des Abzugs ausländischer Verluste kann dazu führen, dass Einkommensteuer erhoben wird, obwohl der Steuerpflichtige gerade nur sein Existenzminimum, vielleicht nicht einmal dies, bestreiten kann, oder dazu, dass sein das Existenzminimum überschreitende verfügbares Einkommen unangemessen hoch besteuert wird; beides verstieße gegen Art. 3 GG (BVerfGE 87, 158 (170)). S. auch die Literaturnachweise bei *Vogel,* in der Voraufl., Rz. 176.

c) Höchstbeträge: Soweit das Abkommen eine Regel über den Höchstbetrag 183
nicht enthält, erstreckt sich die Verweisung auch auf § 34c Abs. 1 S. 2 EStG, der seinem Inhalt nach mit der Höchstbetragsklausel des MA übereinstimmt; s. auch § 34c Abs. 6 S. 2 und 3 i. V. m. Abs. 1 S. 3 EStG. Allerdings ist es mit Blick auf die unionsrechtliche Kapitalverkehrsfreiheit problematisch, ob sich bei der Berechnung des Durchschnittsteuersatzes der inländischen Einkommensteuer im Nenner nach der Summe der Einkünfte bestimmen darf. Dadurch würden die persönlichen Verhältnisse, die etwa durch den Sonderausgabenabzug zu berücksichtigen sind, in Deutschland als Ansässigkeitsstaat teilweise keine Berücksichtigung finden (Vorlagebeschluss BFH, BStBl. II 2011, 500). Der EuGH hat daher in seiner Entscheidung v. 28.2.2013 Rs. C-168/11, *Beker und Beker*) einen Verstoß gegen die Kapitalverkehrsfreiheit bejaht (dazu näher *Ismer,* IStR 2013, 297; *Thömmes,* IWB 2013, 293 sowie BFH, DStR 2014, 693). Hingegen ist die *per country limitation* unionsrechtlich nicht zu beanstanden (so auch BFH a. a. O.).

d) Verfahren: Die geltenden deutschen DBA bestimmen häufig, dass die An- 184
rechnung „unter Beachtung" oder „nach Maßgabe" des deutschen Steuerrechts zu erfolgen habe. Sie verweisen damit in erster Linie auf die Verfahrensvorschriften des deutschen Steuerrechts. In Deutschland ist die Anrechnung von Amts wegen vorzunehmen; ein besonderer Antrag ist nicht erforderlich. Der Nachweis über die Höhe der ausländischen Einkünfte und über Festsetzung und Zahlung der ausländischen Steuer ist jedoch Sache des Steuerpflichtigen (§ 68b EStDV). Die Anrechnung ist entweder Bestandteil des Steuerfestsetzungsverfahrens oder des Gewinnfeststellungsverfahrens; damit schlägt sie sich also entweder im Steuerbescheid (§ 155 AO) oder im einheitlichen Gewinnfeststellungsbescheid (§ 180 Abs. 1 Nr. 2 Buchst. a AO) nieder. Im Fall des Steuerbescheides kann sie nur mit Rechtsmitteln gegen diesen, nicht jedoch selbständig angefochten werden (§ 157 Abs. 2 AO).

e) Sonderregeln bei der Abgeltungssteuer. § 34c Abs. 6 S. 2 Hs. 2 EStG 185
schließt eine entsprechende Anwendung der § 34 Abs. 1 S. 2 bis 5 EStG aus. Stattdessen gelten eigenständige Regelungen. § 32d Abs. 5 EStG sieht grundsätzlich keine „per country limitation", sondern eine „limitation per item of income" vor. Die Berücksichtigung der anzurechnenden Steuer erfolgt bereits im Kapitalertragsteuerabzugsverfahren, § 43a Abs. 3 S. 1 EStG, außer wenn im betreffenden ausländischen Staat nach dem Recht dieses Staates ein Anspruch auf teilweise oder vollständige Erstattung der ausländischen Steuer besteht (so im Zusammenhang mit einem Dividendenfreibetrag in *Spanien 1966* BMF, BStBl. I, 854 und mit dem Abzug fiktiver Eigenkapitalzinsen in *Norwegen 1991* BMF, BStBl. I 2011, 1113). Kommt es hingegen auf Antrag des Steuerpflichtigen zu einer Veranlagung, so

erlaubt Abs. 6 S. 2 EStG eine weitergehende Verrechnung aller entsprechenden Einkünfte und eine Anrechnung aller ausländischen Quellensteuern bis zur Höhe der insgesamt auf die ausländischen Einkünfte entfallenden Einkommensteuermehrbelastung bei Veranlagung, vgl. näher *Hechtner,* BB 2009, 76 ff.

186 **f) Innerstaatliches Recht maßgeblich für vom Abkommen nicht erfasste Fälle:** Die Vorschriften des innerstaatlichen Rechts bleiben aber anwendbar, soweit das Abkommen die Doppelbesteuerung nicht beseitigt oder es sich auf bestimmte Einkommensteuern des anderen Staats nicht bezieht. Dies gilt gegenwärtig z. B. für die von den Gliedstaaten der USA erhobenen Einkommensteuern, die australische Capital gains tax, die argentinische Steuer auf Gewinnüberweisungen und die brasilianische Steuer auf übermäßige Überweisungen und auf Tätigkeiten von geringfügiger Bedeutung. In Deutschland können solche Steuern entweder auf die deutschen Steuern vom Einkommen angerechnet oder, wenn der Steuerpflichtige dies beantragt, soweit sie auf Einkünfte entfallen, die nicht steuerfrei sind, bei der Ermittlung der Einkünfte abgezogen werden (§ 34c Abs. 2 EStG, § 26 Abs. 6 KStG).

187 Die gleichen Möglichkeiten gewährt Deutschland, ebenfalls auf Grund einseitiger Regelung, auch **beschränkt Steuerpflichtigen** für Einkünfte aus einem Drittstaat, die einem im Inland belegenen **Betrieb** des beschränkt Steuerpflichtigen zuzurechnen sind. Die Rechte aus einem Abkommen mit dem Drittstaat könnte der beschränkt Steuerpflichtige nicht in Anspruch nehmen, weil er insoweit nicht abkommensberechtigt ist; ein deutsches Abkommen mit seinem Sitzstaat, soweit es besteht, sieht die Anrechnung zugunsten von Betriebstätten i. d. R. nicht vor (eine Verpflichtung hierzu könnte sich allerdings gemäß Art. 24 Abs. 3 MA ergeben, s. Art. 24 Rz. 114 ff.). Jedenfalls hilft aber § 50 Abs. 3 EStG, der den beschränkt Steuerpflichtigen für seine Einkünfte aus dem Betrieb den inländischen Steuerpflichtigen gleichstellt (hierzu s. auch Art. 1, Rz. 11).

4. Sonderproblem: Anrechnung fiktiver Steuern

a) Abkommensübersicht zur Anrechnung fiktiver Steuern

191

DBA	Einkunftsarten, Voraussetzungen	Satz %	Aktivitätsvorbehalt*	Artikel	Rz.
Ägypten	D: Dividenden und Zinsen, wenn nach bestimmten Gesetzesvorschriften befreit oder ermäßigt: die normale Steuer des V bis zur Höhe des zulässigen Quellensteuersatzes	←	ja	24 Abs. 1 Buchst. c	192 ff.
Argentinien	D: Dividenden und Lizenzgebühren für gewerbliche Schutzrechte; Zinsen	20 15	–	23 Abs. 3	192 ff.; 197
Bangladesch	D: Dividenden, Zinsen, Lizenzgebühren	15	–	22 Abs. 1 Buchst. c	192 ff.; 197
Bolivien	D: Zinsen, Lizenzgebühren	20	–	23 Abs. 1 Buchst. c	192 ff.

* Nicht aufgenommen sind alle Fälle, in denen sich der Aktivitätsvorbehalt auf Schachteldividenden, auch fiktive, beschränkt; vgl. hierzu die Abkommensübersicht zum Schachtelprivileg Rz. 90.

DBA	Einkunftsarten, Voraussetzungen	Satz %	Aktivitäts-vorbehalt*	Artikel	Rz.
China 1985	D: Dividenden;	10	ja	24 Abs. 2 Buchst. c	192 ff.; 197
	Zinsen und Lizenzgebühren	15	–		
Ecuador	D: Zinsen und Lizenzgebühren	20	ja	23 Abs. 1 Buchst. c; *Prot.* Nr. 3	192 ff.; 197
Elfenbeinküste	D: Dividenden und Zinsen, solange im V befreit oder zur Förderung der wirtschaftlichen Entwicklung ermäßigt besteuert	15	ja	23 Abs. 1 Buchst. c–e	192 ff.; 197
Griechenland	D: Zinsen, soweit im V zur Förderung der wirtschaftlichen Entwicklung befreit;	10	–	XVII Abs. 2 Nr. 2a, bb	192 ff.
	Dividenden, falls mindestens 25 % Beteiligung, Empfänger eine deutsche Kapitalgesellschaft sowie aktive Tätigkeit	30			
Indien	D: Zinsen, Berücksichtigung nur für Zeitraum von 12 Jahren Quellensteuersatz bis zur Höhe des normalen Steuersatzes des V	10	–	23 Abs. 1 Buchst. c, d	192 ff.
Indonesien	D: Zinsen	10	–	23 Abs. 1 Buchst. c	192 ff.
Iran	D: Dividenden und Lizenzgebühren, soweit zur Förderung der Wirtschaft befreit oder ermäßigt besteuert:		–	24 Abs. 1 Buchst. c	192 ff.
	die normale Steuer des V bis zur Höhe des zulässigen Quellensteuersatzes	←			
Irland 1962	D: Dividenden außer Schachteldividenden	18	–	XXII Abs. 2 Buchst. a, bb (i)	192 ff.; 199
Israel	D: Dividenden, soweit zur Förderung der Wirtschaft für eine begrenzte Zeit Steuer erlassen oder ermäßigt, bis zur Höhe der normalen Steuer des V;	25	ja	18 Abs. 1 Buchst. c, d und Briefwechsel	192 ff.; 197
	Zinsen unter gleichen Voraussetzungen	15			

* Nicht aufgenommen sind alle Fälle, in denen sich der Aktivitätsvorbehalt auf Schachteldividenden, auch fiktive, beschränkt; vgl. hierzu die Abkommensübersicht zum Schachtelprivileg Rz. 90.

DBA	Einkunftsarten, Voraussetzungen	Satz %	Aktivitätsvorbehalt*	Artikel	Rz.
Jamaika	D: Dividenden, Zinsen, Lizenzgebühren, soweit zur Förderung der wirtschaftlichen Entwicklung Steuer ausgesetzt oder ermäßigt: der nach dem Abkommen zulässige Quellensteuersatz bis zur Höhe des normalen Steuersatzes	←	–	23 Abs. 1 Buchst. c; *Prot.* Nr. 2 b	192 ff.
Kenia	D: Dividenden, Zinsen, Geschäftsleitungsvergütungen, soweit zur Förderung der wirtschaftlichen Entwicklung Steuer erlassen oder unter die nach dem DBA zulässigen Sätze ermäßigt; Lizenzgebühren; jeweils bis zur Höhe des normalen Steuersatzes des V	15 20	–	23 Abs. 1 Buchst. c	192 ff.
Korea	D bis 31.12.2003: Dividenden, Zinsen, Lizenzgebühren ungeachtet des tatsächlich gezahlten Steuerbetrags in Höhe der geltenden Quellensteuersätze	←	–	23 Abs. 1 Buchst. f	192 ff., 197
Liberia	D: Zinsen und Lizenzgebühren – außer solche für Warenzeichen und Urheberrechte, jedoch Lizenzgebühren für Filme, Fernseh- und Rundfunkbandaufnahmen –, soweit aufgrund von Sondermaßnahmen zur Förderung der wirtschaftlichen Entwicklung unter die nach dem DBA zulässigen Sätze ermäßigt	10	–	23 Abs. 1 Buchst. c; *Prot.* Nr. 7	192 ff.
Malaysia 1977	D: Dividenden; Zinsen; Lizenzgebühren außer für Urheberrechte (Wenn der Regelsteuersatz für Zinsen auf weniger als 15 %, für Lizenzgebühren auf weniger als 10 % herabgesetzt	18 15 10	–	23 Abs. 1 Buchst. b; *Prot.* Nr. 7	192 ff.

* Nicht aufgenommen sind alle Fälle, in denen sich der Aktivitätsvorbehalt auf Schachteldividenden, auch fiktive, beschränkt; vgl. hierzu die Abkommensübersicht zum Schachtelprivileg Rz. 90.

DBA	Einkunftsarten, Voraussetzungen	Satz %	Aktivitäts-vorbehalt*	Artikel	Rz.
	wird, wird der Anrechnungsbetrag entsprechend angeglichen.)				
Malta	D vorläufig auf zehn Jahre:	20		23 Abs. 1 Buchst. c	192 ff., 197
	Dividenden aus Gewinnen in einem Jahr, für das die Gesellschaft Vergünstigungen im Rahmen der Unterstützung der Industrie in Malta erhält; Dividenden aus Gewinnen, die nach maltesischem Recht zur Wirtschaftförderung steuerbefreit oder -ermäßigt sind.		–		
Marokko	Dividenden;	15	–	23 Abs. 1 und 3	192 ff.
	Zinsen,	10			
	soweit zur Förderung der wirtschaftlichen Entwicklung steuerfrei oder weniger als nach dem DBA zulässig besteuert;				
	Zinsen bestimmter öffentlicher Fonds	15			
Mauritius 1978	D: Dividenden, soweit nicht nach bestimmten Vorschriften steuerbefreit: der normale Steuerbetrag im V	←	ja	24 Abs. 1; *Prot.* Nr. 4	192 ff.; 197
Mexiko 1993	D: Dividenden, soweit nicht aus Schachtelbeteiligung;	10	–	23 Abs. 2 Buchst. c	192 ff.; 197
	Lizenzgebühren	15			
Mongolei	D: Dividenden, soweit nicht aus Schachtelbeteiligung; Zinsen; Lizenzgebühren	10	–	23 Abs. 1 Buchst. c	192 ff.
Philippinen 1983	Dividenden;	20	–	24 Abs. 1	192 ff.; 197
	Zinsen;	15		Buchst. c	
	Lizenzgebühren, wenn die Quellenbesteuerung nach Art. 12 Abs. 2 beschränkt ist	20			
Polen	D: Dividenden werden unabhängig von einem Schachtelprivileg freigestellt, wenn sie von einer		–	24 Abs. 2 Buchst. a	192 ff.; 197

* Nicht aufgenommen sind alle Fälle, in denen sich der Aktivitätsvorbehalt auf Schachteldividenden, auch fiktive, beschränkt; vgl. hierzu die Abkommensübersicht zum Schachtelprivileg Rz. 90.

DBA	Einkunftsarten, Voraussetzungen	Satz %	Aktivitätsvorbehalt*	Artikel	Rz.
	in V ansässigen Gesellschaft gezahlt werden, die Anspruch auf bestimmte Steuervergünstigungen hat.				
Portugal	D: Dividenden, Zinsen, Lizenzgebühren	15	ja	24 Abs. 2 Buchst. c	192 ff.; 197
Simbabwe	Lizenzgebühren	10	–	23 Abs. 1 Buchst. c	192 ff.
Schweiz 1971/ 2010	V: Streubesitzdividenden	15	–	24 Abs. 1 Nr. 3	200
Singapur	D: Zinsen und Lizenzgebühren, soweit zur Förderung der wirtschaftlichen Entwicklung in V auf weniger als 8 % ermäßigt und soweit bis Ende 2005 entstanden oder zugeflossen	8	–	24 Abs. 1 Buchst. f bis h	192 ff.
Spanien 1966	D: Zinsen, soweit sie einem Bankinstitut zufließen und die Steuer im V niedriger ist	10	–	23 Abs. 1 Buchst. b, bb	192 ff.
Sri Lanka	D: Dividenden und Lizenzgebühren; Zinsen bis zur Höhe des normalen Steuersatzes im V	20 15	–	23 Abs. 1 Buchst. c	192 ff.
Trinidad und Tobago	D: Dividenden, Zinsen, Lizenzgebühren, soweit aufgrund von Sondermaßnahmen zur Förderung der wirtschaftlichen Entwicklung befreit oder Steuer unter die nach dem DBA zulässigen Sätze ermäßigt: Der nach dem Abkommen zulässige Quellensteuersatz bis zur Höhe des normalen Steuersatzes	←	–	22 Abs. 1 Buchst. c	192 ff.
Türkei 1985	D+V: Dividenden, Zinsen, Lizenzgebühren, soweit nach besonderen Bestimmungen zur Wirtschaftsförderung die Steuer hierauf im Quellenstaat auf unter 10 % abgesenkt wird	10	–	23 Abs. 1 Buchst. d, Abs. 2 Buchst. d	192 ff.
Tunesien	D: Dividenden, Zinsen, Lizenzgebühren, solange zur Förderung der wirtschaftlichen Entwicklung befreit oder niedriger als nach dem Abkommen zulässig besteuert: der nach dem Abkommen zulässige Steuersatz	←	–	23 Abs. 1 Buchst. c	192 ff.

DBA	Einkunftsarten, Voraussetzungen	Satz %	Aktivitäts-vorbehalt*	Artikel	Rz.
Uruguay 2010	D: Zinsen und Lizenzgebühren; Soweit vor 2015 entstanden oder gezahlt	10	–	22 Abs. 1 Buchst. f	192 ff.
Venezuela	D: Berücksichtigung für Zeitraum von 10 Jahren, soweit Förderprogramm oder Steuersenkung Anrechnung vorsehen:		–	23 Abs. 1 Buchst. c	192 ff.; 197
	Dividenden; Zinsen,	15			
	Lizenzgebühren	5			
Vietnam	D: Dividenden, außer von D freigestellte Schachteldividenden;	10	–	23 Abs. 2 Buchst. c i. V. m. *Prot. Nr. 5*	192 ff., 197
	Zinsen: solange D keine Quellensteuer auf Zinsen erhebt, die an in Vietnam ansässige Personen gezahlt werden;	5			
	Andernfalls	10			
	Lizenzgebühren	10			
Zypern 1974	D: Dividenden, soweit im V befreit oder zu einem niedrigeren Satz als nach dem DBA zulässig besteuert;	15	–	23 Abs. 1 Buchst. c	192 ff.
	Zinsen, soweit im V aufgrund von Sondermaßnahmen zur Förderung der wirtschaftlichen Entwicklung befreit oder zu einem niedrigeren Satz als nach dem DBA zulässig besteuert	10			

b) Erläuterungen: Soweit für Einkünfte aus ausländischen Quellen die Anrechnungsmethode gilt, werden Vorteile, die der Quellenstaat als Steueranreize aus wirtschafts- oder sozialpolitischen Gründen, insbesondere zur Förderung der wirtschaftlichen Entwicklung, gewährt, im Ansässigkeitsstaat „aufgesogen". Die Ermäßigung kommt nicht dem Steuerpflichtigen, sondern dem Fiskus seines Ansässigkeitsstaates zugute (sofern, wie in der Regel, die Steuer des ausländischen Staates, zumindest aufgrund der Ermäßigung, niedriger als die Steuer des Ansässigkeitsstaates ist). Der Steueranreiz entfällt damit. Diese Wirkung kann häufig dadurch ausgeräumt werden, dass der Ansässigkeitsstaat die Anrechnung so vornimmt, als ob die Steuervergünstigung nicht gewährt worden, die Steuer im Quellenstaat also in ihrer unverminderten Höhe erhoben worden wäre („Anrechnung fiktiver Steuern"). Damit wird der Betrag der gezahlten ausländischen Steuer fiktiv erhöht, bevor nach den normalen Regelungen die anzurechnende Steuer bestimmt wird. **192**

* Nicht aufgenommen sind alle Fälle, in denen sich der Aktivitätsvorbehalt auf Schachteldividenden, auch fiktive, beschränkt; vgl. hierzu die Abkommensübersicht zum Schachtelprivileg Rz. 90.

Dadurch werden allerdings diejenigen Probleme nicht beseitigt, die sich aus dem Zusammentreffen von Bruttobesteuerung im Nichtansässigkeitsstaat und Ansatz der um zugehörige Erwerbsaufwendungen verminderten ausländischen Einkünfte bei der Berechnung des Anrechnungshöchstbetrags ergeben (dazu etwa *Pfaar/Jüngling,* IStR 2009, 610; eine Gestaltungsmöglichkeit bei doppelt ansässigen Kapitalgesellschaften, die zu einer doppelten Anrechnung fiktiver Steuer führen kann, diskutieren *Kollruss* u. a., RIW 2011, 848; zur fiktiven Anrechnung nach der Fusionsrichtlinie vgl. Rz. 258).

193 Deutschland hat in nahezu allen seinen **Abkommen mit Entwicklungsländern** den Vertragsstaaten eine Anrechnung fiktiver Steuern zugestanden. Die Einzelheiten der Anrechnung fiktiver Steuern unterscheiden sich sehr; vgl. die vorstehende Tabelle (s. Rz. 191). Neuere Abkommen (auch mit Entwicklungsländern) enthalten – wenn überhaupt – nur noch eine zeitlich begrenzte fiktive Anrechnung, so beispielsweise *DBA Singapur 2004* Art. 24 Abs. 1 Buchst. f, g, h, *DBA Uruguay 2010* Art. 22 Abs. 1 Buchst. f. Das frühere *DBA Brasilien (K)* ist offensichtlich unter anderem wegen unterschiedlicher Auffassungen zum tax sparing gekündigt worden (vgl. *Coelho*, TNI 2008 (51), 685). Grundsätzlich lassen sich **zwei Methoden** unterscheiden:

194 Beim **„tax sparing credit"** nimmt der Ansässigkeitsstaat **Rücksicht auf Sondermaßnahmen des Quellenstaates**, durch die dieser seine Steuer aus wirtschaftspolitischen oder vergleichbaren Gründen individuell oder für bestimmte Fallgruppen **ermäßigt** hat: der Ansässigkeitsstaat rechnet die Steuer an, die sich nach dem Recht des Quellenstaates **ohne die Sonderermäßigung** ergeben hätte. Durch dieses Vorgehen wird vermieden, dass die im Quellenstaat gegebene Steuervergünstigung, wie sonst beim Anrechnungsverfahren unvermeidlich (s. Rz. 7), durch die höhere Steuer des Ansässigkeitsstaates wirkungslos wird. Der Ansässigkeitsstaat respektiert insoweit die vom Quellenstaat gegebene indirekte Zuwendung. Das Ergebnis ist internationalsteuerrechtlich kein anderes, als wenn der Quellenstaat dem Steuerpflichtigen eine direkte Subvention gegeben und der Ansässigkeitsstaat von deren Besteuerung abgesehen hätte (zu dieser Gleichsetzung bestimmter Steuervergünstigungen mit direkten Subventionen: *K. Vogel,* StuW 1977, 97).

195 Demgegenüber rechnet beim **„matching credit"** der Ansässigkeitsstaat **allgemein** auf seine Steuer auf bestimmte Einkünfte aus einem Vertragsstaat eine **höhere (fiktive) Steuer** an, als sie dieser Vertragsstaat nach seinem internen Steuerrecht erhebt oder aufgrund des Abkommens erheben darf. Hier wird nicht eine Zuwendung des Quellenstaates respektiert; der Quellenstaat wendet überhaupt nur dann etwas zu, wenn auch er – etwa aufgrund des DBA – seinen Steuersatz senkt. Vielmehr handelt es sich beim matching credit um eine **Teil-Freistellung.** Der Ansässigkeitsstaat gibt für die in Frage stehenden Einkunftsarten den Anspruch auf Welteinkommensbesteuerung zwar nicht ganz, aber in Höhe eines bestimmten Prozentsatzes auf. Er überlässt es dem Quellenstaat, ob dieser in Höhe des freigestellten Prozentsatzes seinerseits besteuern will oder nicht. Die Teil-Freistellung ist deshalb auch unabhängig davon, ob der Quellenstaat die betreffenden Einkünfte überhaupt besteuert (anders *Conseil d'État* no. 284930 Dr. Fisc. 2006 comm. 791, concl. *Collin;* wie hier *Gest,* Dr. Fisc. 2006, 2124). Ist die anzurechnende fiktive Steuer so hoch wie die Steuer des Ansässigkeitsstaates, so sind die betreffenden Einkünfte in Wahrheit ganz und gar freigestellt. Die nicht selektiv gewährte Freistellung ist niemals eine Subventionierung. Sie beruht auf einer anderen „Philosophie" als die Anrechnung: dem Respekt vor der Steuerhoheit des Quellenstaates (s. *K. Vogel,* in *H. Stein,* Tax Policy in the Twenty-First Century (1988), S. 76 (78 f.)). Nach der Rechtsprechung der WTO gilt dies allerdings nicht für spezifische Freistellungen, so dass die Steuerfreistellung der US-amerikanischen Foreign Sales

Corporations für Einkommen aus Exportgeschäften eine GATT-widrige Exportsubventionierung darstellt (US-FS C, Appellate Body Report v. 20.3.2000, WT/DS 108/AB/R; s. *Bentley,* ETJ 2000, 81; *Schön,* General Report in *Schön,* Tax Competition in Europe, S. 1 ff.).

Maßgebend ist das DBA mit dem Staat, aus dem die Einkünfte stammen, also etwa bei Dividenden dem Sitzstaat der ausschüttenden Gesellschaft (Art. 10 Abs. 2), bei Zinsen dem Ansässigkeitsstaat des Schuldners (Art. 11 Abs. 5), nicht dem Ansässigkeitsstaat der auszahlenden Stelle (ÖstBMF v. 8.7.1996, SWI 1996, 372). Beim **tax sparing credit** wird es oft Schwierigkeiten bereiten, die zu begünstigenden wirtschaftspolitischen Sondermaßnahmen gegenüber normalen Tarifvorschriften des Quellenstaates abzugrenzen (s. etwa BFH BStBl. II 1990, 951: *DBA Malta 1974;* BMF v. 18.11.1991, BStBl. I 1991, 975: *DBA Spanien 1966*). Die Abkommen finden hierfür gewisse Formeln, nennen Beispiele und verweisen auf das Verständigungsverfahren. Zudem bestehen Bedenken hinsichtlich der Wirksamkeit der Methode zur Förderung der wirtschaftlichen Entwicklung sowie hinsichtlich ihrer Missbrauchsanfälligkeit (*OECD,* Tax Sparing Report (1998), S. 28 ff.; *Meirelles,* ET 2009, 263). Die tax sparing credits sind mit Blick auf das Beihilfeverbot des Art. 107 AEUV problematisch (*Luja,* ET 2004, 234; *Meirelles,* ET 2009, 263): Es wird eine staatliche Begünstigung einer bestimmten Unternehmensgruppe – nämlich jenen Unternehmen, die von Sondermaßnahmen in Staaten mit einem tax sparing credit enthaltenden DBA profitieren – gewährt. Die Begünstigung ist auch nicht in der Natur der Anrechnungsmethode und daher im Aufbau des Systems angelegt. Etwas anderes gilt für die matching-credit Methode, deren Anrechnung nach einem allgemeinen Prozentsatz systeminherent ist. Wirtschaftspolitische Bedenken bestehen deshalb gegenüber der fiktiven Steueranrechnung mittels matching credit Methode nicht. Ist die hier vertretene Auffassung richtig, dass Freistellung der wirtschaftlichen Effizienz diene und dass sie gerechter sei als die Welteinkommensbesteuerung (s. Grundl. Rz. 20 ff.), so ist matching credit als Annäherung an die Freistellung zu begrüßen. 196

Erfasst werden nur die Einkünfte, die den im Abkommen genannten Verteilungsnormen auch wirklich unterfallen. Dementsprechend sind Stückzinsen bei der fiktiven Anrechnung grundsätzlich nicht zu berücksichtigen, da sie nicht dem Art. 11, sondern Art. 13 MA unterfallen, s. BMF v. 8.10.1996, BStBl. I 1996, 1190 und BFH, BFH/NV 2010, 2351: *DBA Brasilien (K).* Über den Nachweis der Voraussetzungen für die fiktive Anrechnung s. BMF v. 12.5.1998, RIW 1998, 655.

Soweit die Abkommen ein Schachtelprivileg vorsehen, gilt das oben zu Rz. 78 f. Ausgeführte. Ist das Schachtelprivileg unter **Aktivitätsvorbehalt** gewährt, so erstreckt sich der Vorbehalt sachgerecht auch auf die Anrechnung fiktiver Dividenden aus Schachtelbeteiligungen; das wird etwa wie folgt formuliert: „Ungeachtet des Absatzes 1 gilt unter Ausschluss des Absatzes 3 ..." (*DBA Argentinien),* wobei Abs. 1 die Fälle der Freistellung einschließlich des Schachtelprivilegs, Abs. 3 die fiktive Anrechnung betrifft. Abweichend nehmen jedoch die *DBA Korea, Polen, Venezuela* und *Vietnam* die Fälle fiktiver Anrechnung vom Aktivitätsvorbehalt aus. Differenzierend dagegen das *DBA Malta* (s. Abkommensübersicht Rz. 191). Keine Bezugnahme auf die Bestimmung über die Freistellung bestimmter Einkünfte enthalten die Aktivitätsvorbehalte der *DBA Bangladesch, China, Ecuador, Elfenbeinküste, Israel, Mauritius 1978, Mexiko 1993, Namibia, Pakistan, Philippinen 1983, Portugal* und *Venezuela.* Soweit er sich auf Dividenden bezieht, ist somit der Aktivitätsvorbehalt nach diesen DBA nicht auf Schachtelbeteiligungen begrenzt, sondern er erstreckt sich auch, obwohl die amtlichen Denkschriften zu den Abkommen dies nicht zum Ausdruck bringen, auf Dividenden aus Streubesitz. Allerdings wird man von den Inhabern solcher Beteiligungen nur verlangen können, dass sie die Herkunft der Dividenden aus aktiven Tätigkeiten hinreichend wahrscheinlich machen; 197

ein umfassender Beweis, etwa durch Vorlage der Geschäftsbücher der Gesellschaft, ist ihnen nicht möglich und nach den Grundsätzen über die Mitwirkungspflicht (§ 90 Abs. 2 AO) wie über das Beweismaß im Verwaltungsverfahren (*Tipke/Kruse,* § 88 Rz. 26ff.) von ihnen auch nicht zu verlangen.

198 Eine Sonderstellung nimmt das *DBA Brasilien (K)* ein. Nach *Prot.* Nr. 8 zu diesem DBA entfallen sowohl die Freistellung als auch die fiktive Anrechnung für alle Dividenden, wenn die Bedingungen des Aktivitätsvorbehalts nicht erfüllt sind; nach *Prot.* Nr. 9 entfällt damit gleichzeitig auch die Begrenzung der brasilianischen Quellensteuer auf Dividenden. Wegen dieser weitreichenden Folgen hat *Krabbe,* DB 1974, 1641 (1642), die Ansicht vertreten, der Aktivitätsvorbehalt des *Prot.* gelte nicht für Streubesitz; mit dessen Wortlaut lässt sich das aber kaum in Einklang bringen. Zu einem sinnvollen Ergebnis gelangt man jedoch, wenn man das Wort „beweisen" im *Prot.* Nr. 8 im Sinne der oben erläuterten Anforderungen des deutschen Steuerverfahrensrechts auslegt. Vom Streubesitzer ist daher auch nach dem *DBA Brasilien (K)* nur zu verlangen, dass er die Voraussetzungen des Aktivitätsvorbehalts hinreichend glaubhaft macht. Da *Prot.* Nr. 9 auf *Prot.* Nr. 8 verweist, gilt dies folgerichtig in gleicher Weise für die Quellensteuerbegrenzung in Brasilien. Über entsprechende Fragen nach der kanadischen Gesetzgebung über abhängige Auslandsgesellschaften s. *Arnold,* TNI July 1989, 27.

199 **Nicht entwicklungs- oder sonst wirtschaftspolitisch bedingt** sind zwei aus dem Rahmen fallende Regelungen im *DBA Irland 1962,* ähnlich im *DBA Norwegen 1958,* sowie Bestimmungen des *DBA USA 1989* und des *Prot. Schweiz 1989.* Nach dem *DBA Irland 1962* werden bei Ausschüttungen irischer Kapitalgesellschaften an einen in Deutschland ansässigen Gesellschafter stets 18% des Nettobetrags der Dividenden auf die deutsche Steuer angerechnet, sofern die Dividenden nicht aufgrund des Schachtelprivilegs ohnedies von der deutschen Besteuerung ausgenommen sind (Art. XXII Abs. 2 Buchst. a, bb) (i) *DBA Irland 1962*). Diese Regelung erklärt sich daraus, dass Irland keine der deutschen Kapitalertragsteuer vergleichbare Abzugsteuer erhebt; das DBA unterstellt deshalb, dass die irische Körperschaftsteuer einen Anteil enthält, der in seiner Funktion der deutschen Kapitalertragsteuer entspricht und den es mit 18% festlegt. In Anbetracht des inzwischen deutlich niedrigeren Körperschaftssteuersatzes ist diese Regelung nicht mehr gerechtfertigt; sie findet sich im neuen DBA *Irland 2011* denn auch nicht mehr.

200 Einen ähnlichen Gedanken legt das *DBA Italien* zugrunde, wenn es in *Prot.* Nr. 16 Buchst. c bestimmt, der von einem Vertragsstaat anzurechnende Steuergesamtbetrag werde nicht ermäßigt, falls einmal einer der Vertragsstaaten zum Ausgleich einer Erhöhung des Körperschaftsteuersatzes seine Quellensteuer auf Dividenden aufheben werde. Nach dem *DBA USA* und dem *DBA Schweiz* i. d. Fassg. des *Prot. 1989* ermäßigte sich die **deutsche Kapitalertragsteuer** auf **Streubesitzdividenden,** solange in Deutschland ansässige Personen die von der Gesellschaft gezahlte Körperschaftsteuer auf ihre Einkommensteuer **anrechnen** konnten, als Ausgleich für diese den im Vertragsstaat Ansässigen nicht gewährte Anrechnung von 15% auf 10%. Damit die Ermäßigung auch dem Dividendenbezieher tatsächlich zugute kommt, wurde er jedoch in seinem Ansässigkeitsstaat so besteuert, **als ob** es beim Kapitalertragsteuerabzug von 15% geblieben wäre (s. näher 5. Aufl. Art. 10 Rz. 156).

D. Zu den Art. 23A Abs. 3 und 23B Abs. 2 OECD-MA: Der Progressionsvorbehalt

I. Musterabkommen

1. Übereinstimmungen und Abweichungen

Die Regelungen des Progressionsvorbehalts im OECD- und UN-MA stimmen im Wortlaut voll überein. Das US-MA sieht die Freistellungsmethode nicht als Alternative vor und enthält daher auch keinen Progressionsvorbehalt. 204

2. Erläuterungen

a) Grundzüge: Art. 23 A Abs. 3 und Art. 23 B Abs. 2 behalten **dem Ansässigkeitsstaat** das Recht vor, Einkünfte und Vermögenswerte, die nach dem Abkommen von seiner Besteuerung freigestellt sind, bei der **Festsetzung des Steuersatzes** für das ihm zur Besteuerung belassene Einkommen oder Vermögen zu berücksichtigen (sog. **„Progressionsvorbehalt"**). 205

b) Abgrenzung: Beide Vorschriften wenden sich allein an den Ansässigkeitsstaat, regeln also – anders als die Vorgaben des Gemeinschaftsrechts (dazu EuGH v. 18.7.2007 Rs. C-182/06, Slg. 2007, I-6705 – *Lakebrink*) – **nicht** die Besteuerung im **Quellenstaat.** Sachlich beziehen sie sich auf Einkünfte oder Vermögenswerte, die „nach dem Abkommen", also nicht nur nach Art. 23 A Abs. 1, von der Besteuerung im Ansässigkeitsstaat freigestellt sind. 206

c) Regelung: Nach Art. 23 A Abs. 3 und Art. 23 B Abs. 2 MA können 207
- **Einkünfte** oder **Vermögen** einer **in einem Vertragsstaat ansässigen Person,**
- die **in diesem Staat** nach dem Abkommen **von der Besteuerung auszunehmen** sind,
- gleichwohl bei der **Festsetzung der Steuer** für das übrige Einkommen und Vermögen der Person **einbezogen** werden.

d) In tatbestandlicher Hinsicht erfordert die Norm das Vorliegen von Einkünften und Vermögen einer ansässigen Person, die im Ansässigkeitsstaat nach dem Abkommen freigestellt sind. 208

aa) Die Ausdrücke **„Einkünfte"** – hier nicht anders zu verstehen als **„Einkommen"** – und **„Vermögen"** bestimmen sich wie bei Art. 23 A Abs. 1 entsprechend Art. 2 (s. Rz. 36), **„Person"** nach Art. 3 Abs. 1 Buchst. a) (s. Art. 3 Rz. 7 ff.) sowie **„Ansässigkeit"** nach Art. 4 (s. dort Rz. 2 ff.). 209

Maßgeblich sind die Einkünfte bzw. das Vermögen „der Person", für die das DBA gilt (d. h. derer, die die Einkünfte bezieht bzw. das Vermögen besitzt). Der Progressionsvorbehalt verlangt mit anderen Worten **Subjektidentität.** Dennoch wird es für abkommensrechtlich zulässig angesehen, bei einer Zusammenveranlagung von Ehegatten gemäß innerstaatlichem Recht den Steuersatz unter Berücksichtigung der ausländischen Einkünfte **auch des Ehegatten** zu ermitteln (BFH BStBl. II 1983, 34: *DBA Österreich 1954;* für die Schweiz: *Eidgenössische Steuerverwaltung* v. 16.5.1980, bei *Locher/Meier/v. Siebenthal/Kolb* B. 24.2.1. Nr. 7; für Frankreich: Stellungnahme des *Ministre délégué chargé du budget,* Dr. Fisc. 1983 comm. 1540). Soweit im Rahmen des Progressionsvorbehalts ausländische Einkünfte eines Ehegatten einzubeziehen sind, sind diese gemäß den allgemeinen Regeln des innerstaatlichen Rechts zu berechnen (BFH BStBl. II 1983, 36: *DBA* 210

Österreich 1954/92). Es kann sich daher für Eheleute empfehlen, eine getrennte Veranlagung zu wählen, um die Ausdehnung der Wirkungen des Progressionsvorbehalts zu verhindern. Ein Progressionsvorbehalt kommt auch bei **Zurechnungskonflikten** in Betracht, etwa wenn der Steuerpflichtige sich an einer ausländischen Gesellschaft beteiligt, die aus Sicht des anderen Vertragsstaates als Kapitalgesellschaft, aus deutscher Sicht aber als transparent zu besteuernde Personengesellschaft anzusehen ist (BFH, BStBl. II 2007, 521: *DBA Tschechien*).

Der Progressionsvorbehalt ist **nicht auf ansässige Personen beschränkt** (a. A. *Vogel*, in der Voraufl., Rz. 214). § 32b EStG gilt für unbeschränkt Steuerpflichtige. Es kann dem DBA regelmäßig keine Sperrwirkung dahingehend entnommen werden, dass ein Vertragsstaat aber den Progressionsvorbehalt nur bei Personen geltend machen darf, die in seinem Gebiet im abkommensrechtlichen Sinne „ansässig" sind (s. dazu Art. 4 Rz. 2 ff.). Damit kann der Progressionsvorbehalt auch angewandt werden für Personen, die zwar unbeschränkt steuerpflichtig sind, jedoch nach einer Art. 4 entsprechenden Regelung des jeweiligen DBA dort nicht ansässig sind, in Deutschland z. B. für fiktiv unbeschränkt Steuerpflichtige nach § 1 Abs. 3 EStG (dazu Art. 4 Rz. 78) oder für Steuerpflichtige, die aufgrund der Tie-breaker Regelung (dazu Art. 4 Rz. 168) im anderen Staat als ansässig gelten.

211 **bb) Im Ansässigkeitsstaat von der Besteuerung auszunehmen** sind Einkünfte oder Vermögenswerte entweder **nach Art. 23 A Abs. 1** oder aufgrund von **Verteilungsnormen** mit abschließender Rechtsfolge (Art. 8 Abs. 1, 2, 13 Abs. 3, 19 Abs. 1 Buchst. a, Abs. 2 Buchst. a, 22 Abs. 3; schweizerisches Bundesgericht, 2C_558/2007 and 2C_559/2007: *DBA Schweiz/Deutschland*; s. auch BFH BStBl. II, 2007, 521: *DBA Tschechien (E)* zu einem Zurechnungskonflikt). Dies zeigt bereits der deutsche Wortlaut, die Originalfassungen des MA ordnen die Einbeziehung auch der Fälle von Freistellungen durch Verteilungsnormen aber noch deutlicher an: „in accordance with any provision of the Convention", „conformément à une disposition quelconque de la Convention". Die beiden Vorschriften Art. 23A Abs. 3 und Art. 23B Abs. 2 beziehen sich hiernach auch – Art. 23 B Abs. 2 sogar nur – auf eine Freistellung von Einkünften oder Vermögen im Ansässigkeitsstaat unmittelbar durch eine Verteilungsnorm, einen der Artikel 6 bis 22 (s. dazu: Vor Art. 6 bis 22 Rz. 4 ff.). Abweichend beschränkte das MA 1963 den Vorbehalt lediglich auf die Freistellung nach Art. 23 A Abs. 1 (s. dort in Halbsatz 2); das MA 1977 hat ihn, gerade um dies zu ändern, in einen selbständigen Absatz 3 des Art. 23 A übernommen und ihn zudem auch dem Art. 23 B angefügt. Der Vorbehalt sollte dadurch auch auf eine Freistellung im Ansässigkeitsstaat durch eine der Verteilungsnormen ausgedehnt werden (MA-Komm. Ziff. 55, 77; s. *K. Vogel,* FS Selmer (2004), Progressionsvorbehalt, S. 962 ff.).

212 **e) Rechtsfolge: Einbeziehung in Steuerfestsetzung im Ansässigkeitsstaat zulässig.** Der Progressionsvorbehalt gestattet es dem Ansässigkeitsstaat, diese von der Besteuerung auszunehmenden Einkünfte oder Vermögenswerte bei der Festsetzung der Steuer doch zu berücksichtigen. Typischerweise erfolgt die Berücksichtigung im Rahmen des **Steuersatzes.** Dazu ist zunächst der maßgebliche Durchschnittssteuersatz unter Einbeziehung der freigestellten Einkünfte zu errechnen, wobei das Gesetz zwei Möglichkeiten vorsehen kann. Zum einen kann eine Schattenveranlagung erfolgen. Hierfür ist die Steuer zu ermitteln, die sich ohne die Freistellung ergeben würde. Damit können auch Auswirkungen auf andere Besteuerungsmerkmale wie den einkünfteabhängigen Altersentlastungsbetrag, aber auch Verlustrückträge und Verlustvorträge zu bedenken sein (so die frühere deutsche Rechtsprechung, BFH BStBl. II 1993, 149). Zum anderen kann sich die Korrektur auch beschränken auf eine Erhöhung oder Verminderung des zu versteuernden Einkommens um die freigestellten Einkünfte (so die Rechtslage in Deutschland

seit Änderung des Einleitungssatzes von § 32b Abs. 2 EStG mit Wirkung ab dem VZ 1996). Die Anwendung des sich hiernach ergebenden Durchschnittssteuersatzes auf die nicht freigestellten Einkünfte ergibt dann die zu zahlende Steuer. Die Anwendung eines höheren Steuersatzes, als er sich bei Einbeziehung der freigestellten Auslandseinkünfte ergibt, gestattet der Progressionsvorbehalt nicht (ÖstBMF, SWI 1994, 383).

aa) Bestimmung der einzubeziehenden Einkünfte und Vermögenswerte: Nach welchen Regeln die einzubeziehenden ausländischen Einkünfte und Vermögenswerte zu bemessen sind, bestimmt sich allein nach dem Recht des Ansässigkeitsstaates (BFH HFR 1979, 425: *DBA Frankreich)*. Zu berücksichtigen sind nur Einkünfte, die im Ansässigkeitsstaat – bzw. allgemeiner in dem Staat, der den Progressionsvorbehalt anwendet – entweder steuerpflichtig sind oder wenigstens dem Progressionsvorbehalt nach § 32b Abs. 1 S. 1 Nr. 1 EStG unterfallen (BFH BStBl. II 1982, 566 (567 ff.): *DBA Frankreich;* BFH/NV 2009, 1625: *DBA Schweiz)*. Abzugsbeträge von der Steuerschuld, die das nationale Recht gewährt („Steuerermäßigungen" i. S. des § 2 Abs. 6 EStG), sind bei der Ermittlung der fiktiven Steuer vom Welteinkommen, nicht erst nach der Anwendung des so ermittelten Steuersatzes auf das Inlandseinkommen, abzusetzen; dies ist eine Frage des Abkommensrechts (*Conseil d'État* req. n. 85 671 Dr. Fisc. 1987 comm. 2334, concl. *Bachellerie: DBA Frankreich/Deutschland*). Die Anwendung des Progressionsvorbehalts kann dazu führen, dass auch kleine Einkommensbeträge zu versteuern sind, die, wären sie die einzigen Einkünfte, wegen ihrer Geringfügigkeit steuerfrei bleiben würden (BFH BStBl. II 1986, 902 zum sog. „Grundfreibetrag": *DBA Belgien*; BFH BStBl. II 2001, 778). Das setzt freilich voraus, dass freigestellte Einkünfte vorhanden sind, die zusammen mit den im Inland zu versteuernden das vom innerstaatlichen Recht steuerfrei gelassene Existenzminimum übersteigen. 214

bb) „Negativer Progressionsvorbehalt": Werden zur Ermittlung des Steuersatzes in das Gesamteinkommen auch ausländische **Verluste** einbezogen, die sich im Rahmen freigestellter Einkunftsarten ergeben haben, so kann dies zu einem **ermäßigten** Steuersatz führen. Die Abkommen gebieten sie nicht, stehen der Einbeziehung aber auch nicht entgegen; die für das Verfahren eingebürgerte Bezeichnung **„negativer Progressionsvorbehalt"** ist darum irreführend. Ob die Einbeziehung zulässig ist, ist vielmehr, wie die Berücksichtigung „freigestellter" Verluste bei der inländischen Besteuerung überhaupt (s. Rz. 52 ff.), ausschließlich eine Frage des **innerstaatlichen** Rechts. Die deutsche Rechtsprechung hat unter hier allerdings unbedenklichen Rückgriff auf ihre Symmetriethese (s. Rz. 112) die Steuersatzermäßigung bei „freigestellten" Verlusten stets bejaht: wenn freigestellte Gewinne innerstaatlich über den Progressionsvorbehalt steuersatzerhöhend wirken und bei hinweggedachter Freistellung nicht Sonderregeln wie §§ 2a, 15a EStG eingreifen, sollen entsprechende Verluste grundsätzlich auch steuersatzmindernd sein – jedenfalls bei Vorliegen eines Progressionsvorbehalts, auf den es aber nach hier vertretener Auffassung nicht ankommt (s. o. Rz. 58); sie ist dabei so weit gegangen, selbst die Absenkung des Steuersatzes **bis auf Null** anzuerkennen (BFH BStBl. II 1970, 660 (661 f.): *DBA Österreich 1954;* FG Münster EFG 1983, 239: *DBA Spanien 1966*). Dem ist die österreichische Rechtsprechung gefolgt (ÖstVwGH, ÖStZB 1985, 347). Der Berücksichtigung des ausländischen Aufwands steht es nicht entgegen, dass er wegen Aufgabe des Wohnsitzes im Inland nicht zu steuerbaren positiven Einkünften führen wird (BFH BStBl. II 1994, 114: *DBA Südafrika 1973*). 215

Ein **Vor- oder Rücktrag** des Verlusts nach § 10d EStG kommt nicht in Betracht. Früher hatte es die deutsche Rechtsprechung erlaubt, dass solch ein Verlust zeitverschoben in die Festsetzung des Steuersatzes einbezogen werden dürfe (BFH BStBl. II 1970, 755 (757): *DBA Österreich 1954*). Seit der Änderung des Einlei- 216 tungssatzes von § 32b Abs. 2 EStG wird jedoch keine Schattenveranlagung mehr durchgeführt. Damit ist für eine solche Auslegung kein Raum mehr.

217 Einen Abzug der im Rahmen freigestellter Einkunftsarten erwachsenen ausländischen Verluste von inländischen und aus Nicht-DBA-Staaten stammenden Einkünften hat die deutsche Rechtsprechung, wie oben dargestellt, stets abgelehnt (s. Rz. 52 ff); durch den negativen Progressionsvorbehalt wird sie auf einem Umweg doch noch erreicht, wobei es im Zusammenspiel mit den unionsrechtlichen Anforderungen an eine Berücksichtigung von finalen Verlusten allerdings nicht zu einer Doppelbegünstigung kommen darf (*„double dip"*, FG Rheinland-Pfalz, EFG 2010, 2099: DBA Portugal; a. A. *Dorn,* BB 2011, 2788). Begrifflich lässt sich die Berücksichtigung im Rahmen des negativen Progressionsvorbehalts widerspruchsfrei begründen: die Freistellung verbiete die Einbeziehung positiver und negativer Einkünfte in die Steuerbemessungsgrundlage; der Progressionsvorbehalt gestatte beides jedoch bei der Festsetzung des Steuersatzes. Die **Ergebnisse** dieser Rechtsprechung sind jedoch **ungereimt** und lassen an der Richtigkeit der Auffassung zweifeln, Verluste seien symmetrisch zu freigestellten Gewinnen unbeachtlich. Lässt der ausländische Staat einen Verlustvortrag zu, so kann der „negative Progressionsvorbehalt" sogar zu einer **doppelten Verlustverrechnung** führen: im Jahr des Verlustes durch Herabsetzung des Steuersatzes im Inland bis gegebenenfalls auf Null; in späteren Jahren durch Ermäßigung der ausländischen Steuer (*Hellwig,* DStR 1971, 590 (594 f.); bestätigend, wenngleich nur in einem *obiter dictum:* BFH BStBl. II 1992, 345 (346): *DBA USA 1954/65;* bei Verlustvortrag in zwei verschiedene Jahre: ÖstBMF v. 7.1.1992, SWI 1992, 36). Solch eine doppelte Verlustverrechnung sollte aber eigentlich durch die Nichtzulassung einer Verrechnung „freigestellter Verluste" gegen positive inländische Einkünfte gerade vermieden werden.

218 Noch schwerer wiegt, dass bei Anwendung des negativen Progressionsvorbehalts zwar die nicht freigestellten, vornehmlich inländischen Einkünfte bis zur Höhe des steuergesetzlichen Existenzminimums steuerfrei bleiben; die unmittelbar über diese Grenze hinausgehenden Einkünfte werden aber **zu Grenzsteuersätzen besteuert**, die **weit über 100 %** hinausgehen können, d. h. bei wachsendem Einkommen vor Steuern **sinkt der dem Steuerpflichtigen nach Steuern verbleibende Betrag** dramatisch (*K. Vogel,* Freistellung, S. 7). Der Effekt beruht darauf, dass erstens der Durchschnittssteuersatz des weltweiten Einkommens positiv wird, sobald dieses den Grundfreibetrag übersteigt, und zweitens dieser Durchschnittssteuersatz auf die nicht um die ausländischen Verluste geminderten und damit höheren inländischen Einkünfte angewandt wird. In Deutschland ist eine solche Beeinträchtigung des Existenzminimums verfassungswidrig (BVerfGE 87, 153 (170); zu unionsrechtlichen Vorgaben s. Rz. 240).

219 **cc) Progressiver Steuertarif: Ins Leere** geht der Progressionsvorbehalt bei Steuern, die allgemein oder jeweils für bestimmte Gruppen von Steuerpflichtigen nach einem **festen (nicht progressiven) Satz** erhoben werden; so für die deutsche Körperschaftsteuer zutreffend bereits der Bundesrat bei der Beratung der Richtlinien zum *DBA USA 1954/65* (BR-Drucks. 1956/168). Ein Versuch der deutschen Finanzverwaltung, den Progressionsvorbehalt auf den gespaltenen Körperschaftsteuersatz des bis 1977 geltenden Körperschaftsteuerrechts anzuwenden, ist daher zu Recht gescheitert (FG RhPf EFG 1974, 225 (226): *DBA Frankreich, Indien, Spanien 1966*). Auch wenn die Verluste im ausländischen Vertragsstaat die Höhe der inländischen Einkünfte erreichen oder sie übersteigen, gibt es bei den nach einem festen Satz erhobenen Steuern keinen „negativen Progressionsvorbehalt": bei einer Besteuerung nach dem Welteinkommen würde in einem solchen Fall zwar keine Körperschaftsteuer erhoben werden, dies aber nicht, weil der Steuersatz auf Null gefallen wäre, sondern weil die Bemessungsgrundlage Null beträgt (dies zeigt einmal mehr die Ungereimtheit der h. M. zur Berücksichtigung ausländischer Verluste). Entsprechendes galt für die deutsche Vermögensteuer.

Dies ist allerdings **keine Folge des Abkommens, sondern des innerstaatlichen Rechts**. Denn jenes erlaubt es, die freigestellten Einkünfte oder Vermögenswerte bei der Festsetzung der Steuer für das übrige Einkommen oder Vermögen der Person einzubeziehen. Sieht das innerstaatliche Steuerrecht eine proportionale Steuer mit einem Freibetrag vor, so ist die Steuer progressiv (steigender Durchschnittssteuersatz). Damit könnte der Progressionsvorbehalt theoretisch auch solche Fälle erfassen. Umgekehrt könnte das innerstaatliche Recht dann auch einen negativen Progressionsvorbehalt vorsehen. Weitergehend könnten die freigestellten ausländischen Einkünfte bei der Bestimmung der Bemessungsgrundlage relevant werden, etwa wenn es Freibeträge oder Freigrenzen gibt. Letztlich wird es an der erforderlichen ausdrücklichen Anordnung im innerstaatlichen Recht aber regelmäßig fehlen. 220

f) **Ausfüllung durch innerstaatliches Recht:** Nach Art. 23 A Abs. 3 und Art. 23 B Abs. 2 „können" freigestellte Einkünfte und Vermögenswerte bei der Festsetzung des Steuersatzes berücksichtigt werden. Ob es von dieser Möglichkeit Gebrauch macht, ist Sache des innerstaatlichen Rechts. Nach innerstaatlichem Recht bestimmt sich auch, ob hierfür eine besondere Rechtsgrundlage erforderlich ist. In Frankreich und Österreich halten die jeweils zuständigen höchsten Gerichte eine besondere gesetzliche Ermächtigung nicht für geboten (*Conseil d'État* req. n. 29001 und 29002, Dr. Fisc. 1983 comm. 1920, concl. *Schricke;* req. n. 37905 und 37906, Dr. Fisc. 1985 comm. 876, concl. *Racine;* ÖstVerfGH, ÖStZB 1985, 52; ÖstVGH, ÖStZB 1985, 347); für Frankreich findet sich eine Rechtsgrundlage in Art 197–C CGI. In Deutschland ist dagegen nach geltendem Verfassungsrecht eine Rechtsgrundlage erforderlich (Art. 20 GG). Scheinbar abweichend hieß es in verschiedenen älteren Entscheidungen des BFH zwar, der Progressionsvorbehalt „ermächtig(e) nicht zu einer ... Regelung durch innerdeutsches Gesetz, sondern stell(e) diese Regelung selbst dar" (BStBl. III 1967, 88 (89): *DBA Kanada 1956;* III 1967, 729 (730): *DBA Niederlande 1959;* II 1970, 660 (661); II 1976, 662: beide *DBA Österreich 1954;* HFR 1979, 425: *DBA Frankreich*). Hier ist aber die Formulierung missverständlich: der tragende Gedanke der Ausgangsentscheidung zum *DBA Kanada 1956* ist es, zwischen der Berücksichtigung von Einkünften als Bestandteil der Steuerbemessungsgrundlage und bei Anwendung der Tarifvorschriften zu unterscheiden; der Progressionsvorbehalt besage, dass das DBA nur die erste Rechtsfolge aufhebe, nicht auch die zweite (a. a. O.; bekräftigend BFH BStBl. II 1968, 101 (102): *DBA Schweiz 1931).* Inzwischen findet sich für Deutschland die Rechtsgrundlage in § 32b Abs. 1 S. 1 Nr. 3, S. 2 u. 3 EStG (s. Rz. 214). Zur **Progressionserhöhung** durch § 2 Abs. 7 Satz 3 EStG sowie zur **Progressionserstreckung** nach § 32b Abs. 1 Nr. 2 EStG s. u. Rz. 234. 221

Die innerstaatliche **Rechtsgrundlage** wird in den **Tarifvorschriften** gesehen: „Der Progressionsvorbehalt begründe damit also keine inländische Steuerpflicht über die deutschen Steuergesetze hinaus, sondern halte eine steuerliche Rechtsfolge aufrecht" (BFH zum *DBA Schweiz 1931,* a. a. O.). 222

Eine Frage des innerstaatlichen Rechts ist es auch, ob bei Anwendung des Progressionsvorbehalts Einkünfte einzubeziehen sind, die im Inland einem **ermäßigten Steuersatz** unterliegen würden (zustimmend FG Düsseldorf, EFG 1993, 664: *DBA Kanada 1981*). In Deutschland sind nach § 32b Abs. 2 Nr. 2 EStG die sog. „außerordentlichen Einkünfte" (§ 34 EStG) nur zu einem Fünftel zu berücksichtigen. Das ist zwar nicht abkommensrechtlich geboten; es ist jedoch folgerichtig, da diese Einkünfte nur einem ermäßigten Steuersatz unterliegen (HHR/*Probst* § 32b EStG Rz. 134; *Richter,* FR 1974, 605 (606); kritisch, aber im Ergebnis nicht we- 223 sentlich abweichend: *Stobbe,* DStZ/A 1989, 81 (82)). „Außerordentliche Einkünfte", somit nur zu einem Fünftel zu berücksichtigen, sind auch Vergütungen für eine mehrjährige Tätigkeit i. S. des § 34 Abs. 2 Nr. 4 EStG (BFH HFR BStBl. II 1993, 790: *DBA Belgien*). Bei der Ermittlung des **ermäßigten** Steuersatzes für außerordentliche Einkünfte sind aber selbstverständlich auch freigestellte außerordentliche Einkünfte mit einzubeziehen (§ 34 Abs. 1 S. 1 EStG: dazu *Richter* und *Kluge,* a. a. O.). Zu entsprechenden Fragen nach österreichischem Recht s. *Exel,* a. a. O.

224 Eine Frage des innerstaatlichen Rechts ist es schließlich, ob Abzüge für typisierte Minderungen der Leistungsfähigkeit (in Deutschland: Sonderausgaben), wie z. B. Sozialversicherungsprämien, bei der Anwendung des Progressionsvorbehalts zu berücksichtigen sind. S. dazu einerseits: *Conseil d'Etat* req. no. 94 304 Dr. Fisc. 1990, 757: *DBA Frankreich/Deutschland;* andererseits: BFH BStBl. II 1993, 149: *DBA Niederlande.*

225 Soweit der Progressionsvorbehalt eingreift, der für das Welteinkommen oder -vermögen sich ergebende Steuersatz also einschlägig ist, sind die Verwaltungsbehörden daran in gleicher Weise gebunden wie allgemein an die Vorschriften des innerstaatlichen Rechts. Sie dürfen somit von der Anwendung des Progressionsvorbehalts nur absehen, wenn ihnen das innerstaatliche Recht dies gestattet (in Deutschland z. B. die §§ 163, 227 AO).

226 **g) Abweichende Regelungen – fehlender oder beschränkter Progressionsvorbehalt:** Wie oben bereits dargestellt, sind die Auswirkungen der Freistellung auf die Besteuerung der nicht freigestellten Einkünfte dann problematisch, wenn diese einem progressiven Steuersatz unterliegen und **im Abkommen kein dem MA entsprechender „Progressionsvorbehalt"** ausdrücklich vorgesehen ist.

Der **BFH** bezeichnet den Progressionsvorbehalt der DBA in seiner neueren Rechtsprechung (anders noch BFH BStBl. II 1983, 382: *DBA Italien 1925*) zwar ohne nähere Begründung schlicht als „deklaratorisch" (BFHE 197, 495: *DBA USA;* BStBl. II 2002, 660: *DBA Niederlande 1959;* BStBl. II 2007, 521: *DBA Tschechien;* BFH/NV 2010, 2172: *DBA Dänemark;* zustimmend *Wassermeyer,* IStR 2003, 421). Enthalte das Abkommen keine anderweitige Regelung, entscheide sich allein nach dem deutschen innerstaatlichen Steuerrecht, ob ein Progressionsvorbehalt anzuwenden sei. Rechtsprechung und Lehre in der **Schweiz** sind einhellig ebenso der Ansicht, dass ein Abkommen dem Gesetzgeber die Berücksichtigung freigestellter Einkünfte bei der Bemessung des Steuersatzes (heute besonders nach Art. 44 Beschluss über die direkte Bundessteuer) auch dann nicht verbiete, wenn es an einem Progressionsvorbehalt fehle (SchweizBG ASA Bd. 5 (1936/37), 299: *DBA Deutschland/Schweiz;* 25 (1956/57), 132: *DBA Schweiz/USA;* 27 (1958/59), 178: *DBA Deutschland/Schweiz; Widmer,* Zuteilung und Besteuerung der Unternehmensgewinne bei Betriebstätten, in E. Höhn, Handbuch, 1. Aufl., (1984), S. 204 (237); *Locher/Meier/v. Siebenthal/Kolb,* Art. 24 Erl. B 24.2.1.). Auch der *ÖstVwGH* SWI 2010, 547: *DBA Österreich/Italien* hält keine gesonderte Rechtsgrundlage für erforderlich.

Hingegen sind nach einer Formulierung des **BVerfG** die freizustellenden Einkünfte „der inländischen Einkommensbesteuerung entzogen …"; sie gelten als nicht vorhanden (BVerfGE 30, 272 (280 f.) = BStBl. II 1973, 431 (434)). Das BVerfG folgert daraus, dass die freigestellten Einkünfte auch für die Bemessung des Steuersatzes nicht berücksichtigt werden dürfen, wenn dies nicht im Abkommen durch einen Progressionsvorbehalt zugelassen ist. Die Freistellung bewirkt also eine Progressionsermäßigung. Dies wurde bei Abschluss der deutschen Abkommen aus der Zeit vor dem zweiten Weltkrieg auch erkannt und als sachlich gerechtfertigt angesehen (*Dorn,* StuW 1926, 97 (102)): Zur Zeit der Entscheidung des BVerfG und darüber hinaus entsprach es der deutschen h. M. (Nachweise s. BVerfGE 30, 272. 283 = BStBl. II 1973, 434: *DBA Schweiz 1931;* s. ferner BFH BStBl. II 1968, 101 (103 f.): *DBA Schweiz 1931;* II 1983, 382: *DBA Italien 1925*). Vor diesem Hintergrund ist die Entscheidung des BFH, BFHE 197, 495: *DBA USA* nicht zweifelsfrei (*K. Vogel,* IStR 2003, 419; a. A. *Wassermeyer,* IStR 2003, 421).

Wie oben schon dargestellt (Rz. 44), ist nach hier vertretener Auffassung zu unterscheiden zwischen Fällen, in denen ein Progressionsvorbehalt gänzlich fehlt, und solchen, in denen ein Abkommen zwar einen Progressionsvorbehalt enthält, dieser sich jedoch seinem Inhalt nach nur auf bestimmte Einkünfte und Vermögenswerte bezieht, andere dagegen nicht mitumfasst:

Im Fall des **gänzlich fehlenden Progressionsvorbehalts** ist eine Einbeziehung der freigestellten Einkünfte bei der Bestimmung des Steuersatzes zulässig (so auch ÖstVwGH, 2010/15/0021: *DBA Österreich/Italien;* dazu *Günther/Willvonseder,* SWI 2011, 303; anders noch EAS 2902, SWI 2008, 11). Die Verpflichtung, Einkünfte (oder Vermögen) „von der Besteuerung" (from tax, de l'impôt) auszunehmen, verbietet es dem Wortlaut nach nicht zwingend, sie bei der Bemessung des Steuer**satzes** zu berücksichtigen: Dadurch werden sie nicht „besteuert" (*Mössner,* Die deutsche IFA-Landesgruppe und das internationale Steuerrecht, 1977, S. 18; *Kluge,* S. 933). Denn ein einfacher Progressionsvorbehalt stellt nur klar, was auch ohne ausdrücklichen Vorbehalt gelten würde. Dies gilt auch für den Progressionsvorbehalt bei Freistellung aufgrund einer Verteilungsnorm mit abschließender Rechtsfolge und für den Progressionsvorbehalt im Nichtansässigkeitsstaat.

Enthält das Abkommen hingegen einen **beschränkten Progressionsvorbehalt,** so hat dieser entgegen der deutschen Rechtsprechung (BFHE 197, 495 (500): *DBA USA 1989;* BStBl. II 2002, 660: *DBA Niederlande 1959/1991*) – zumindest für die Abkommen, die an sich dem MA 1977 oder einem späteren Muster folgen – nicht „nur deklaratorische Bedeutung". Vielmehr ist bei diesen Abkommen im Wege eines Umkehrschlusses **(argumentum e contrario)** zu folgern, dass die vom Progressionsvorbehalt eines solchen DBA nicht mitumfassten Einkünfte und Vermögenswerte für die Besteuerung auch nicht berücksichtigt werden dürfen. Der **ausdrückliche** Vorbehalt hat hier eine **negative Abgrenzungswirkung.** Dies gilt, wenn das DBA eine vom MA abweichende Formulierung enthält, für die nicht ausdrücklich einbezogenen Einkünfte und Vermögen im Ansässigkeitsstaat. Dies ergibt sich aus der Textgeschichte des MA. Ursprünglich beschränkte das **MA 1963** in seiner Formulierung den Progressionsvorbehalt auf den Fall der Freistellung nach **Art. 23 A Abs. 1** (s. dort Halbsatz 2). Die nicht nach dieser Vorschrift, sondern **durch die Verteilungsnormen** freigestellten Einkünfte und Vermögenswerte konnten hiernach in die Berechnung des Steuersatzes nicht einbezogen werden. Um eine Einbeziehung zu ermöglichen, hat das MA 1977 die Formulierung des Vorbehalts entsprechend geändert (MA-Komm. 1977 Rz. 55, 77; *K. Vogel,* Progressionsvorbehalt, 964 ff.). Er gilt seither seinem Wortlaut nach für die Freistellung **im Ansässigkeitsstaat** („Einkünfte oder Vermögen einer in einem Vertragsstaat ansässigen Person, die nach dem Abkommen von der Besteuerung in diesem Staat auszunehmen sind ..."). Hingegen ist für die Besteuerung im **Nichtansässigkeitsstaat** (dazu Rz. 237) grundsätzlich kein ausdrücklicher Vorbehalt erforderlich, da die gegenteilige Aussage im MA-Komm. Ziff. 56, die seit 1977 enthalten ist, einem Umkehrschluss entgegensteht (a. A. *Vogel,* in der Voraufl., Rz. 214; ausführlich zum Problem *Djanani/Hartmann,* IStR 2000, 321 ff.).

II. Deutsche DBA

1. Abkommensübersicht zu Art. 23 A Abs. 3 und 23 B Abs. 2

Progressionsvorbehalt bei Freistellung

227

DBA	D, V*	Nur für Freistellung entsprechend Art. 23 A Abs. 1 MA	Einschließlich anderer Freistellungen (z. B. nach den Verteilungsnormen: ≈ MA)	Artikel	Rz.
Ägypten	D + V	ja	–	24 Abs. 1 Buchst. a; 24 Abs. 2	
Albanien 2010	D	ja	–	23 Abs. 1 Buchst. d	
	V	–	≈ MA	23 Abs. 2 Buchst. b	
Algerien 2007	D	ja	–	23 Abs. 2 Buchst. d	
	V	–	≈ MA	23 Abs. 1 Buchst. b	
Argentinien	D	ja	–	23	
Armenien	s. UdSSR				
Aserbaidschan	D	–	≈ MA	23 Abs. 1 Buchst. d	228
Australien	D	ja	–	22 Abs. 2	
Bangladesch	D + V	ja	–	22	
Belarus	D	ja	–	23 Abs. 1 Buchst. a	228
Belgien	D + V	ja	–	23	
Bolivien	D + V	ja	–	23	
Bosnien-Herzegowina	s. Jugoslawien				
Bulgarien 2010	D	ja	–	22 Abs. 1 Buchst. d	
	V	–	≈ MA	22 Abs. 2 Buchst. c	
China 1985	D	ja	–	24 Abs. 2	
China 2014 (E)	D	ja	–	23 Abs. 2 Buchst. d	
Costa Rica 2014 (E)	D	ja	–	23 Abs. 1 Buchst. d	
Dänemark	D	ja	–	24 Abs. 1 Buchst. a	
Ecuador	D + V	ja	–	23 Abs. 1 Buchst. a; 23 Abs. 2 Buchst. a	
Elfenbeinküste	D + V	ja	–	23	
Estland	D	ja	–	23 Abs. 1	
Finnland	D	ja	–	23 Abs. 5	
Frankreich	D + V	ja	–	20	

* D = Bundesrepublik Deutschland; V = Vertragsstaat

DBA	D, V*	Nur für Freistellung entsprechend Art. 23 A Abs. 1 MA	Einschließlich anderer Freistellungen (z. B. nach den Verteilungsnormen: ≈ MA)	Artikel	Rz.
Georgien 2006/ 2014 (E)	D + V	–	≈ MA	23 Abs. 1 Buchst. d Abs. 2 Buchst. b	228
Ghana	D	–	≈ MA	24 Abs. 1 Buchst. d	228
Griechenland	D	ja	–	XVII Abs. 2	
Großbritannien 1964/70	D	ja	–	XVIII Abs. 2	
Großbritannien 2010/ 2014 (E)	D	ja	–	23 Abs. 1 Buchst. d	
Indien	D	ja	–	23 Abs. 1 Buchst. a	
Indonesien	D	ja	–	23 Abs. 1 Buchst. a	
Iran	D	ja	–	24 Abs. 1	
Irland 2011	D	ja	–	23 Abs. 2 Buchst. d	
	V	–	≈ MA	23 Abs. 1 Buchst. d	
Island	D + V	ja	–	23	
Israel	D	ja	–	18 Abs. 1	
Italien	D	ja	–	24 Abs. 2 Buchst. a	
Jamaika	D	ja	–	23 Abs. 1	
Japan	D	ja	–	23 Abs. 1	
Jersey 2008	–	–	–	–	
Jugoslawien	D	ja	–	24 Abs. 1 Buchst. a	228
	V	–	≈ MA	24 Abs. 2 Buchst. c	
Kanada	D	ja	–	23 Abs. 2 Buchst. a	228
	V		≈ MA	23 Abs. 1 Buchst. c	
Kasachstan	D	ja	–	23 Abs. 2 Buchst. a	
Kenia	D	ja	–	23 Abs. 1	228
	V	–	≈ MA	23 Abs. 2 Buchst. a	
Kirgisistan	D + V	–	≈ MA	23 Abs. 1 Buchst. d, Abs. 2 Buchst. b	228
Korea	D	ja	–	23 Abs. 1 Buchst. a	
Kosovo	s. Jugoslawien				
Kroatien	D + V	–	≈ MA	23 Abs. 3	228

* D = Bundesrepublik Deutschland; V = Vertragsstaat

DBA	D, V*	Nur für Freistellung entsprechend Art. 23 A Abs. 1 MA	Einschließlich anderer Freistellungen (z. B. nach den Verteilungsnormen: ≈ MA)	Artikel	Rz.
Kuwait	D	ja	–	24 Abs. 1 Buchst. a	
Lettland	D	ja	–	23 Abs. 1	
Liberia	D + V	ja	–	23	
Liechtenstein 2011	D + V	ja	–	23 Abs. 1 Buchst. a; 23 Abs. 2 Buchst. a	
Litauen	D	ja	–	23 Abs. 1	
Luxemburg 2012	D + V	ja	–	22 Abs. 1 Buchst. d; 22 Abs. 2 Buchst. a	
Malaysia 2010	D	ja	–	23 Abs. 1 Buchst. d	
Malta	D	ja	–	23 Abs. 1 Buchst. a	
Marokko	D + V	ja	–	23	
Mauritius 2011	D	–	≈ MA	23 Abs. 2 Buchst. b	
Mazedonien 2006	D	ja	–	23 Abs. 1 Buchst. d	
	V		≈ MA	23 Abs. 2 Buchst. b	
Mexiko 2008	D	ja	–	23 Abs. 1 Buchst. d	
Moldau	s. UdSSR				
Mongolei	D	ja	–	23 Abs. 1 Buchst. a	
Montenegro	s. Jugoslawien				
Namibia	D	ja	–	23 Abs. 1 Buchst. a	
Neuseeland	D	ja	–	23 Abs. 1 Buchst. a	
Niederlande 1959/2004	D	–	„Einkünfte oder Vermögensteile, die der Bundesrepublik zur Besteuerung überlassen sind"	20 Abs. 2	228
Niederlande 2012 (E)	D	ja	–	22 Abs. 1 Buchst. d	
Norwegen 1991	D	ja	–	23 Abs. 2 Buchst. a	228
	V	–	≈ MA	23 Abs. 1 Buchst. d	
Norwegen 2013 (E)	D	ja	–	23 Abs. 2 Buchst. d	

* D = Bundesrepublik Deutschland; V = Vertragsstaat

DBA	D, V*	Nur für Freistellung entsprechend Art. 23 A Abs. 1 MA	Einschließlich anderer Freistellungen (z. B. nach den Verteilungsnormen: ≈ MA)	Artikel	Rz.
	V	ja	–	23 Abs. 1 Buchst. b	
Oman 2012 (E)	D	ja	–	23 Abs. 1 Buchst. d	
Österreich	D + V	–	≈ MA	23 Abs. 1 Buchst. c bzw. Abs. 2 Buchst. d	228
Pakistan	D	ja	–	22 Abs. 1 Buchst. a	
Philippinen 1983	D	ja	–	24 Abs. 1 Buchst. a	
Philippinen 2013	D	ja	–	24 Abs. 1 Buchst. a	
Polen	D		≈ MA	24 Abs. 2 Buchst. d	228
	V	ja	–	24 Abs. 1 Buchst. a	
Portugal	D	ja	–	24 Abs. 2 Buchst. a	228
	V	–	≈ MA	24 Abs. 1 Buchst. b	
Rumänien	D	ja	–	23 Abs. 2 Buchst. d	228
Russische Föderation	D	ja	–	23 Abs. 2 Buchst. a	
Sambia	D	ja	–	23 Abs. 1 Buchst. a	
Schweden	D	ja	–	23 Abs. 1 Buchst. a	228
	V	–	Einschließlich Freistellungen nach Artikel 18 und 19 (Verteilungsnormen)	23 Abs. 2 Buchst. d	
Schweiz 1971/2010	D + V	ja	–	24 Abs. 1 Nr. 1; 24 Abs. 2 Nr. 1	231
Serbien	s. Jugoslawien				
Simbabwe	D	ja	–	23 Abs. 1 Buchst. a	
Singapur	D	ja	–	23 Abs. 1 Buchst. d	228
Slowakei	s. Tschechoslowakei				
Slowenien	D + V	–	≈ MA	23 Abs. 1 Buchst. d bzw. Abs. 2 Buchst. b	228
Spanien 2011	D	ja	–	23 Abs. 2 Buchst. d	
	V	–	≈ MA	23 Abs. 1 Buchst. b	

* D = Bundesrepublik Deutschland; V = Vertragsstaat

DBA	D, V*	Nur für Freistellung entsprechend Art. 23 A Abs. 1 MA	Einschließlich anderer Freistellungen (z. B. nach den Verteilungsnormen: ≈ MA)	Artikel	Rz.
Sri Lanka	D + V	ja	–	23	
Südafrika 1973	D	ja	–	20 Abs. 2 Buchst. a	
Südafrika 2008 (E)	D	ja	–	22 Abs. 1 Buchst. a	
Syrien 2010	D	ja	–	22 Abs. 1 Buchst. d	
	V	–	≈ MA	22 Abs. 2 Buchst. b	
Tadschikistan	D	–	≈ MA	22 Abs. 1	228
Taiwan 2011	D	ja	–	22 Abs. 1 Buchst. d	
Thailand	D + V	ja	–	22	
Trinidad und Tobago	D	ja	–	22 Abs. 1 Buchst. a	
Tschechien	s. Tschechoslowakei				
Tschechoslowakei	D + V	ja	–	23	
Türkei 2011	D	ja	–	22 Abs. 2 Buchst. d	
	V	–	≈ MA	22 Abs. 1 Buchst. b	
Tunesien	D	ja	–	23 Abs. 1 Buchst. a	
Turkmenistan	s. UdSSR				
UdSSR	D	ja	–	19 Abs. 1 Buchst. a	
Ukraine	D	ja	–	23 Abs. 1 Buchst. a	
Ungarn 2011	D + V	ja	–	22 Abs. 1 Buchst. d bzw. 22 Abs. 2 Buchst. c	
Uruguay 2010	D + V	ja	–	22 Abs. 1 Buchst. d; 22 Abs. 2 Buchst. a	
USA	D	ja	–	23 Abs. 2 Buchst. a	
Usbekistan	D	ja	–	23 Abs. 1 Buchst. a	
Venezuela	D	ja	–	23 Abs. 1 Buchst. a	
Vereinigte Arabische Emirate 2010	D	–	≈ MA	22 Abs. 2	

* D = Bundesrepublik Deutschland; V = Vertragsstaat

DBA	D, V*	Nur für Freistellung entsprechend Art. 23 A Abs. 1 MA	Einschließlich anderer Freistellungen (z. B. nach den Verteilungsnormen: ≈ MA)	Artikel	Rz.
Vietnam	D	ja	–	23 Abs. 2 Buchst. a	
Weißrussland	s. Belarus				
Zypern 2011	D	–	≈ MA	22 Abs. 2	

2. Erläuterungen

a) Abkommensregelungen: Die *DBA Georgien, Kirgisistan, Kroatien, Österreich* und *Slowenien* haben bisher der Sache (nicht der Formulierung) nach den Progressionsvorbehalt in der weiten Fassung des **MA** 1977 übernommen, d. h. ausgedehnt auf die Freistellung im Ansässigkeitsstaat durch Verteilungsnormen, jedoch nicht auf die Freistellung im Nichtansässigkeitsstaat (als Quellenstaat). Einen entsprechend weiten Progressionsvorbehalt, jedoch nur zugunsten der **deutschen** Seite, gewähren die *DBA Aserbaidschan, Belarus, Ghana, Polen, Rumänien, Singapur 1972* und *Tadschikistan,* umgekehrt nur zugunsten des jeweiligen **Vertragsstaats** die *DBA Bulgarien 2010, Jugoslawien, Kanada, Kenia, Norwegen 1991* und *Portugal.* Dass dieser Progressionsvorbehalt nicht für die Freistellung im Quellenstaat gilt, wird bei den neueren Abkommen noch durch die Überschrift des Artikels, „Vermeidung der Doppelbesteuerung im Wohnsitzstaat", unterstrichen. Das *DBA Niederlande 1959/2004* bezieht den Vorbehalt auf alle „Einkünfte oder Vermögensteile, die der Bundesrepublik Deutschland" als Ansässigkeitsstaat „zur Besteuerung überlassen sind" (so auch früher *DBA Österreich 1954/92*). Das schließt auch Zuweisungen ein, die auf Verteilungsnormen beruhen, entspricht also seinem sachlichen Umfang nach dem MA 1977. Das *DBA Schweden* nennt die Freistellungen im Ansässigkeitsstaat durch zwei Verteilungsnormen, die Art. 18 und 19, ausdrücklich. 228

Alle anderen DBA entsprechen in der Sache dem MA 1963, formulieren also den Vorbehalt so, dass er sich nur auf die Einkünfte bezieht, die in der dem Art. 23 A Abs. 1 MA entsprechenden Vorschrift des jeweiligen Abkommens freigestellt sind. Freistellungen **durch Verteilungsnorm** werden von diesen DBA also **nicht ausdrücklich mitumfasst.** 229

Der Wortlaut, durch den die DBA den Progressionsvorbehalt zum Ausdruck bringen, unterscheidet sich z. T. beträchtlich; insbesondere ist der Vorbehalt teils als fakultativ – „Die Bundesrepublik behält das Recht, zu ..." – teils apodiktisch – „Die Bundesrepublik wird ..." – formuliert. Rechtlich sind diese Unterschiede jedoch nicht von Bedeutung (s. BFH BStBl. II 1968, 101 (102): *DBA Schweiz;* HFR 1968, 21: *DBA Niederlande 1959;* HFR 1979, 425: *DBA Frankreich*). 230

Eine Anwendung des Progressionsvorbehalts **auch im Quellenstaat** ließ das *SProt.* zu den Art. 7 bis 12 *DBA Schweiz 1931* i. d. F. der Nr. 14 des Zusatzprotokolls vom 9.9.1957 ausdrücklich zu. Das jetzige *DBA Schweiz 1971/2010* enthält keine vergleichbare Bestimmung; es entspricht in seiner Fassung dem MA. Entgegen schweizerischer Auffassung ist daher eine Anwendung des Progressionsvorbehalts auf Personen, die i. S. von Art. 4 des DBA in dem besteuernden Vertragsstaat nicht ansässig sind, nach diesem Abkommen nicht zulässig. 231

b) Ergänzungen durch innerstaatliches Recht: Eine innerstaatliche Rechtsgrundlage für den Progressionsvorbehalt findet sich in Deutschland heute, wie schon erwähnt (Rz. 221), in **§ 32b Abs. 1 S. 1 Nr. 2 u. 3, S. 2 u. 3 EStG.** Auf das nach § 32a Abs. 1 EStG zu versteuernde Einkommen ist nach Abs. 2 Nr. 2 des 232

§ 32b EStG der Steuersatz anzuwenden, der sich ergibt, wenn die freigestellten ausländischen Einkünfte einbezogen werden, darin enthaltene außerordentliche Einkünfte (§§ 34, 34b EStG) zu einem Fünftel (s. Rz. 223). Als Reaktion auf die Rechtsprechung des EuGH v. 21.2.2006, Rs. C-152/03, Slg. 2006, I-1711 – *Ritter-Coulais*, wonach die Versagung des negativen Progressionsvorbehalts bei § 2a-EStG-Sachverhalten innerhalb der Europäischen Union europarechtswidrig war, hat der deutsche Gesetzgeber die in § 32b Abs. 1 S. 2 EStG genannten Einkünfte von der Anwendung des positiven und negativen Progressionsvorbehalts gleichermaßen ausgenommen, soweit sie nicht aus Drittstaaten stammen.

233 Aus dem Abkommensrecht ergibt sich auch, dass bei der Ermittlung der Einkünfte für Zwecke des Progressionsvorbehalts innerstaatliche Freibeträge und Steuerermäßigungen zu berücksichtigen sind (o. Rz. 214); § 32b EStG kann dem nicht entgegengehalten werden (zutreffend FG Köln RIW 1989, 924: *DBA Österreich 1954;* dagegen FinMin BaWü vom 27.7.1989 (koord.), DStZ/E 1989, 243).

234 Aus § 2 Abs. 7 Satz 3 EStG ergibt sich eine **Progressionserhöhung.** Für Fälle eines Wechsels von unbeschränkter zu beschränkter Steuerpflicht und umgekehrt während des Veranlagungsjahres bestimmt diese Vorschrift, dass die in der Zeit der beschränkten Steuerpflicht erzielten Einkünfte in die Veranlagung zur unbeschränkten Steuerpflicht einzubeziehen seien; sie erhöht damit die Bemessungsgrundlagen für die auf die unbeschränkt steuerpflichtigen wie für die auf die beschränkt steuerpflichtigen Einkünfte anzuwendenden Steuersätze. Darüber hinaus sieht § 32b Abs. 1 S. 1 Nr. 2 EStG eine **Progressionserstreckung** durch eine Einbeziehung von Einkünften vor, die während des Veranlagungsjahres bezogen wurden, jedoch nicht der deutschen Einkommensteuer unterlagen. Soweit nach ihnen in die Bemessung des Steuersatzes Einkünfte einzubeziehen sind, die durch ein den MA entsprechendes DBA von einer Besteuerung durch Deutschland als Quellenstaat freigestellt sind, gehen diese DBA ihnen vor. Die Verfassungsmäßigkeit dieser Regelung ist höchst zweifelhaft (s. FG Köln EFG 2000, 1006; *Lüdicke,* Doppelansässigkeit, Ansässigkeitswechsel und Progressionsvorbehalt, FS *Fischer,* S. 731 (745 ff.); *ders.,* IStR 1999, 152 und 470 (471); *Mössner,* IStR 1997, 225 (228)). Der BFH (BFHE 197, 495: *DBA USA;* BStBl. II 2002, 660: *DBA Niederlande 1959/1991;* BFH/NV 2007, 1638: *DBA USA 1989*; ebenso *Wassermeyer* IStR 2002, 289 (290)) hält die Vorschrift ungeachtet des DBA für anwendbar in Fällen eines **doppelten Wohnsitzes,** in denen auf Grund einer dem Art. 4 Abs. 2 MA entsprechenden Vorschrift eines DBA der Steuerpflichtige abkommensrechtlich im anderen Vertragsstaat ansässig ist (s. Rz. 210).

235 Eine weitere Rechtsgrundlage für eine Berücksichtigung ausländischer Einkünfte bei der Bemessung der Progression enthält **§ 2 Abs. 5** AStG. § 2 AStG regelt die **„erweiterte beschränkte Steuerpflicht";** ihr unterliegen Deutsche, die ihren Wohnsitz nach mindestens fünfjährigem Aufenthalt in Deutschland (innerhalb der letzten 10 Jahre) in niedrig besteuernde Gebiete verlegt haben, während der ersten zehn Jahre nach ihrem Wohnsitzwechsel. Nach Auffassung der Finanzverwaltung ist § 2 Abs. 5 AStG auch anzuwenden, wenn mit dem neuen Ansässigkeitsstaat ein DBA besteht (Anwendungsgrundsätze zum AStG vom 2.12.1994 BStBl. I 1995, 3, Ziff. 2.0.2.1, übereinstimmend schon früher: *Debatin,* DB 1972, 1939 (1944); *Kübler,* NJW 1973, 1836; *Graf zu Ortenburg,* DStR 1975, 483 (485)), s. auch Rz. 210.

236 Hat eine **Organgesellschaft** (§ 14 KStG) freigestellte Auslandseinkünfte, so sind diese dem Organträger für Zwecke des Progressionsvorbehalts zuzurechnen, § 32b Abs. 1a EStG.

237 Die zugunsten der großen öffentlich-rechtlichen Religionsgemeinschaften von deren Angehörigen durch den Staat erhobene **Kirchensteuer** erhöht sich durch die Anwendung des Progressionsvorbehalts **mittelbar.** Sie bestimmt sich nach der

Höhe der gesetzlichen Einkommensteuer, wie sie sich unter Anwendung auch des Progressionsvorbehalts ergibt (FG München EFG 1972, 323: *DBA Österreich 1954*).

Ob **§ 2a Abs. 1 und 2 EStG,** dessen Verfassungsmäßigkeit umstritten ist (s. Rz. 181 f.), für die dort genannten Einkunftsarten eine Berücksichtigung von Verlusten auch im Rahmen des „negativen Progressionsvorbehalts" ausschließt, war anfänglich streitig (für Nachweise hierzu s. die 2. Auflage, zu Art. 23 Rz. 227). Der BFH hat diese **weite** Auslegung des Verlustverrechnungsverbots inzwischen in ständiger Rechtsprechung **bejaht** (BFH BStBl. II 1991, 136; II 1991, 704; II 1992, 192; II 1993, 399; BFH/NV 1991, 820; 1992, 104; 1994, 100; BStBl. II 2011, 494). In Folge der Entscheidung des EuGH v. 21.6.2006, Rs. C-152/03, Slg. 2006, I-1711 – *Ritter-Coulais* ist der Anwendungsbereich des (positiven und negativen) Progressionsvorbehalts bei EU-internen Sachverhalten erheblich beschränkt worden. Bei Sachverhalten außerhalb der EU findet § 2a EStG aber nach wie vor auch beim Progressionsvorbehalt Anwendung. 238

Folgt man der von *Vogel* in der Voraufl. Rz. 63 entwickelten Empfehlung (s. nunmehr Rz. 52 ff.), in verfassungskonformer Auslegung des innerstaatlichen Rechts und unter Aufgabe der bisherigen Rechtsprechung Verluste auch bei abkommensrechtlicher Freistellung zum Abzug zuzulassen, so bliebe bei den von § 2a Abs. 1 und 2 nicht erfassten Einkunftsarten für den „negativen Progressionsvorbehalt" **kein Raum, aber auch kein Bedürfnis mehr.** Es ergäbe sich insgesamt eine einheitliche und geschlossene Lösung, die gegenüber der des § 2a EStG den Vorzug verdient. Sie würde freilich das Problem „künstlicher Verluste" (Stichwort: Verlustzuweisungsgesellschaften) nicht lösen; aber dieses Problem löst auch § 2a EStG nicht (s. *K. Vogel,* BB 1983, 180). 239

c) Vorgaben des Unionsrechts: Als Folge der zum Anrechnungshöchstbetrag ergangenen Entscheidung des EuGH v. 28.2.2013, Rs. C-168/11 – *Beker* sind nunmehr Konsequenzen auch für die Ausgestaltung der Freistellungsmethode zu beachten (dazu näher *Ismer,* IStR 2013, 297 (301 f.)). Auch hier ist der Ansässigkeitsstaat zur Berücksichtigung der persönlichen Verhältnisse verpflichtet. Daher muss bei Anwendung des Durchschnittssatzes der Grundfreibetrag abgezogen werden. Dadurch erledigen sich auch die Bedenken mit Blick auf die Besteuerung des Existenzminimums (vgl. Rz. 218). 240

E. Zu Art. 23 A Absatz 4 OECD-MA: Doppelfreistellung infolge Meinungsverschiedenheit

I. Musterabkommen

1. Übereinstimmungen und Abweichungen

Abs. 4 ist erst im April 2000 in Art. 23 A OECD-MA eingefügt worden. Weder das UN- noch das US-MA kennen eine entsprechende Vorschrift. 243

2. Erläuterungen

a) Grundzüge: Die Vorschrift regelt Fälle, in denen der Nichtansässigkeitsstaat sich nach Meinung des Ansässigkeitsstaats **zu Unrecht** zur Besteuerung nicht für berechtigt hält. Dann braucht der Ansässigkeitsstaat keine Freistellung zu gewähren, obwohl er nach der von ihm befürworteten Auslegung (ohne Berücksichtigung der Vorschrift des Art. 23A Abs. 4 OECD-MA) eigentlich dazu verpflichtet wäre. 244

Die Vorschrift geht zurück auf eine Empfehlung des OECD-Steuerausschusses – oder genauer: eines Unterausschusses – zur Besteuerung von Personengesellschaf- 245 ten und zu dem dort wie anderwärts auftretenden Qualifikationsproblem (*OECD*, The Application of the OECD Model to Partnerships, Issues in International Taxation, No. 6, 1999, Ziff. 94 ff.). Sie ergänzt die dort und auch in diesem Kommentar (Rz. 40) befürwortete Auslegung des Art. 23A Abs. 1 MA zur Vermeidung von sich aus Qualifikationskonflikten ergebenden Doppelbesteuerungen oder Doppelnichtbesteuerungen. Danach muss der Ansässigkeitsstaat Einkünfte und Vermögen steuerlich freistellen, wenn der Nichtansässigkeitsstaat als Quellenstaat sie in zutreffender Anwendung des DBA – bei Auslegung nach Maßgabe seines innerstaatlichen Rechts gemäß Art. 3 Abs. 2 – besteuert. Dies gilt insbesondere auch dann, wenn eine Auslegung nach Maßgabe des Rechts des Ansässigkeitsstaats zu einem anderen Ergebnis führen würde. Umgekehrt braucht der Ansässigkeitsstaat Einkünfte und/oder Vermögen nicht freizustellen, wenn der Nichtansässigkeitsstaat sich in zutreffender Anwendung seines innerstaatlichen Rechts nicht zur Besteuerung für berechtigt hält (Rz. 41).

246 **b) Regelung:** Nach Art. 23 A Abs. 4 ist – **abweichend** von Art. 23 A Abs. 1 – der Staat, in dem eine Person **ansässig** ist (der Ansässigkeitsstaat), **nicht verpflichtet,**

– **Einkünfte** („income", „des revenus") und **Vermögen** dieser Person,
– die nach dem Abkommen **im anderen Vertragsstaat besteuert werden können,**
– von der Besteuerung auszunehmen (sie **„freizustellen"**),
– wenn der **andere** Vertragsstaat **das Abkommen so anwendet, dass er**
– die Einkünfte oder das Vermögen **seinerseits freistellt** oder
– sie nach Art. 10 Abs. 2 oder Art. 11 Abs. 2 **nur in begrenzter Höhe besteuert.**

247 **c) Besteuerung im Nichtansässigkeitsstaat nach dem Abkommen:** Als erste Tatbestandsvoraussetzung müssen Einkünfte und Vermögen (entsprechend Art. 2, s. Rz. 36) einer ansässigen Person (s. Art. 4 Rz. 2 ff.) vorliegen, die nach dem Abkommen im Nichtansässigkeitsstaat besteuert werden können. Bei einer Freistellung oder ermäßigten Besteuerung im Nichtansässigkeitsstaat aufgrund einer zutreffenden Abkommensanwendung wäre der Ansässigkeitsstaat hingegen ohnehin nicht zur Freistellung nach Abs. 1 verpflichtet. Das gilt ebenso, wenn das von einer Verteilungsnorm oder von Art. 3 Abs. 2 MA in Bezug genommene innerstaatliche Recht den Nichtansässigkeitsstaat an einer Besteuerung hindert. Denn dann steht bereits Art. 23A Abs. 1 MA nach der hier befürworteten Lösung der Qualifikationskonflikte einer Besteuerung im Ansässigkeitsstaat, gegebenenfalls unter Anrechnung nach Abs. 2, nicht entgegen. Umgekehrt greift die Vorschrift auch dann nicht, wenn das in Bezug genommene innerstaatliche Recht eine Besteuerung im Nichtansässigkeitsstaat nicht hindert, da dann der Ansässigkeitsstaat bereits nach Abs. 1 nicht besteuern darf. Es handelt sich also bei Abs. 4 nicht um einen Fall unterschiedlicher Qualifikation von Abkommensbegriffen durch das innerstaatliche Recht der Vertragsstaaten (Grundl. Rz. 151 ff., Art. 3 Rz. 105, Rz. 40).

248 **d) Abkommensanwendung durch den Nichtansässigkeitsstaat:** Der Nichtansässigkeitsstaat muss die Einkünfte oder das Vermögen von Einkünfte oder dieses Vermögen von der Besteuerung ausnehmen oder die Einkünfte nach Art. 10 Abs. 2 oder Art. 11 Abs. 2 ermäßigt besteuern. Die Freistellung oder ermäßigte Besteuerung muss aus einer Abkommensanwendung resultieren, und zwar aus einer unzutreffenden. Ausgangspunkt der Doppelnichtbesteuerung oder der Niedrigbesteuerung ist damit, dass die Vertragsstaaten eine Bestimmung des DBA oder des in Bezug genommenen innerstaatlichen Rechts des Nichtansässigkeitsstaats (!) **unterschiedlich auslegen** oder sie über das Vorliegen **tatsächlicher Voraussetzungen** ihrer Anwendung entgegengesetzte Auffassungen vertreten.

Art. 23A Abs. 4 MA schützt damit die Vertragsstaaten vor **eigener Unzulänglichkeit.** Ein Fehler bei der Anwendung des DBA soll nicht dem Steuerzahler zugutekommen. Würde die unterschiedliche Beurteilung umgekehrt zur Doppelfreistellung führen, soll nach Abs. 4 der Ansässigkeitsstaat – entgegen seiner eigenen Beurteilung des Sachverhalts – zur Besteuerung berechtigt sein. Die Vorschrift regelt also, wie der MA-Komm. Ziff. 6.1, bestätigt, die Folgen von **Meinungsverschiedenheiten** der Vertragsstaaten bei der Anwendung eines DBA, die zu einer **Doppelnichtbesteuerung** führen können. 249

Abs. 4 gilt nur für Meinungsverschiedenheiten **über die Anwendung des DBA**, dagegen nicht, wenn der **Nichtansässigkeitsstaat** auf Grund seines **innerstaatlichen** Rechts keine Steuer erhebt (MA-Komm. Ziff. 56.2, 3). Die Vorschrift ist also **keine subject-to-tax-clause.** Die Entscheidung des Nichtansässigkeitsstaates, einen bestimmten Sachverhalt nicht zu besteuern, bleibt unberührt; seine Souveränität wird nicht angetastet. Abs. 4 dient auch **nicht** der Bekämpfung der **Steuerumgehung.** 250

Die Vorschrift ergänzt die Regelungen über das **Verständigungsverfahren**: Gehen beide Vertragsstaaten davon aus, dass sie durch das Abkommen jeweils zur Freistellung verpflichtet sind, oder hält sich der Ansässigkeitsstaat für zur Freistellung verpflichtet, der Nichtansässigkeitsstaat zugleich aber für zu einer ermäßigten Besteuerung, so ist einer der beiden Vertragsstaaten offensichtlich im Unrecht. Art. 23A Abs. 4 MA erspart es dem Ansässigkeitsstaat zu überprüfen, ob der Nichtansässigkeitsstaat, der die Einkünfte freistellt oder ermäßigt besteuert, das Abkommen richtig angewandt hat. Alternativ kommt ein Verständigungsverfahren, gegebenenfalls ergänzt durch ein Schiedsverfahren (s. Art. 25 Rz. 201 ff.), in Betracht. In der Tat liegt bei Art. 23A Abs. 4 MA im Zusammenwirken der Maßnahmen der beiden Vertragsstaaten immer noch eine Besteuerung vor, die dem Abkommen nicht entspricht. Zwar ist der Ansässigkeitsstaat zur Besteuerung berechtigt. Die unter Berufung auf das Abkommen im Nichtansässigkeitsstaat unterlassene Besteuerung steht aber nicht mit dem Abkommen im Einklang. Wäre sie nicht unterblieben, so wäre Art. 23A Abs. 4 MA nicht einschlägig. Im Ergebnis bedeutet dies, dass der betroffene Steuerpflichtige die Einleitung eines Verständigungsverfahrens initiieren kann. Allerdings zeigen sich zugleich die Grenzen des – ggf. um ein Schiedsverfahren ergänzten – Verständigungsverfahrens. Dessen Parteien sind nur die Vertragsstaaten, die sich zum Nachteil des Steuerpflichtigen auf eine Besteuerung im Ansässigkeitsstaat einigen können (vgl. Art. 25 Rz. 206 ff.). Auch nach der Einführung des obligatorischen Schiedsverfahrens erweist sich die Regelung damit als zweifelhaft (zweifelnd bereits *Vogel*, in der Voraufl., Rz. 247). 251

II. Deutsche DBA

1. Abkommensübersicht zu Art. 23 A Abs. 4 OECD-MA 252

Land	Regelung	Anwendung Art.	Rz.
Liechtenstein 2011	23 Abs. 3 Buchst. b	10 Abs. 2	252a
Luxemburg 2012	22 Abs. 2 Buchst. c	10 Abs. 2, 11 Abs. 2	252a
Ungarn 2011	22 Abs. 2 Buchst. d	10 Abs. 2	252a

2. Erläuterungen

Die ersten deutschen DBA, die eine Art. 23 A Abs. 4 MA entsprechende Regelung enthalten, sind das *DBA Liechtenstein 2011* in Art. 23 Abs. 3 Buchst. b), das *DBA Luxemburg 2012* in Art. 22 Abs. 2 Buchst. c) sowie das *DBA Ungarn 2011* in 252a

Art. 22 Abs. 2 Buchst. d). Während Art. 23 Abs. 3 Buchst. b) *DBA Liechtenstein 2011* für beide Vertragsstaaten Anwendung findet, sehen die Art. 23 A Abs. 4 MA entsprechenden Regelungen im *DBA Luxemburg 2012* und *DBA Ungarn 2011* dies jeweils lediglich für den Vertragsstaat vor. Sie entsprechen dabei weitgehend dem Wortlaut des Art. 23 A Abs. 4 MA. Im *DBA Liechtenstein 2011* wird die Regelung um eine Rückfallklausel ergänzt für den Fall, dass der andere Vertragsstaat „Einkommensteile oder Vermögen oder Vermögensteile nach dem Abkommen besteuern kann, durch sein innerstaatliches Recht jedoch daran gehindert ist."

F. Anhang: Weitere Maßnahmen zur Vermeidung der Doppelbesteuerung

I. Einseitige Maßnahmen zur Vermeidung der Doppelbesteuerung

1. Allgemeines

253 Da das Netz der Doppelbesteuerungsabkommen seiner Natur nach lückenhaft ist, haben die meisten Staaten, soweit sie sich nicht von vornherein auf die Besteuerung inländischer Einkünfte beschränken, einseitige Maßnahmen zur Vermeidung der Doppelbesteuerung getroffen (s. die Grundl. Rz. 31a). Die Gesetze kennen auch hier sowohl die Freistellungs- wie die Anrechnungsmethode; daneben gibt es als den bescheidensten Weg einer einseitigen Erleichterung die Zulassung der ausländischen Steuern zum Abzug von der inländischen Steuerbemessungsgrundlage (d. h. ihre Anerkennung als Kosten). Eine einseitige **Freistellung** der Einkünfte aus ausländischen Betriebstätten und Grundstücken ohne Rücksicht auf die Besteuerung im fremden Staat, allerdings unter Progressionsvorbehalt, dazu eine generelle Steuerermäßigung für Schachteldividenden („Beteiligungsabzug"), sieht das schweizerische Recht vor (seit 1995 Art. 6, 52, 69 f. des Gesetzes über die direkte Bundessteuer, BBl. 1990 III, 1674: *Höhn/Waldburger,* Steuerrecht, 9. Aufl. (2001), S. 909 (912); *Cagianut/Höhn,* Unternehmungssteuerrecht, 3. Aufl. (1993), S. 406 f. (410); *Locher,* S. 57 ff.). Die Niederlande stellen in noch weiterem Umfang frei, aber unter der Voraussetzung, dass die Einkünfte im anderen Staat tatsächlich besteuert werden (Besluit voorkoming dubbele belasting, Staatsblad 1989 No. 594, mit späteren Änderungen: s. *Bender/Philips,* Intertax 1995, 522; *Bender,* De vrijstellingsmethode ter voorkoming van internationale dubbele belasting, 2000; *Lier/van Horzen,* TPIR July 1995, 3; *TerWisch,* TNI August 1997, 500; zur Methode der Ausscheidung aus der Bemessungsgrundlage s. Rz. 41 ff.). Österreich gewährt näher bestimmten ausländischen Einkünften Freistellung, wenn sie im Quellenstaat einer Durchschnittsbelastung von mehr als 15% unterliegen (Verordnung vom 17.12.2002, öst. BGBl. II 474; dazu *Bauer u. a.,* Unilaterale Maßnahmen zur Vermeidung der Doppelbesteuerung, 2004). Überwiegend verwenden jedoch die nationalen Regeln zur einseitigen Vermeidung der Doppelbesteuerung die Methode der **Anrechnung,** so auch nach deutschem Recht die §§ 34c EStG 26 KStG. Den Abzug der ausländischen Steuern **als Kosten** sieht das deutsche EStG in § 34c Abs. 2 **wahlweise** statt der Anrechnung vor; für die Niederlande vgl. *Bender/Rouwers,* WFR 1992, 393.

2. Verhältnis zu Doppelbesteuerungsabkommen

254 Soweit DBA eingreifen, gehen ihre Regeln als Spezialvorschriften den einseitigen innerstaatlichen Bestimmungen zur Vermeidung der Doppelbesteuerung vor (s. Grundl. Rz. 87). Die einseitigen Regeln bleiben jedoch auch neben DBA in

gewissem Umfang anwendbar. Einmal sehen die Abkommen meist die Freistellung oder Anrechnung **nur dem Grundsatz nach vor,** sie regeln aber nicht ihre Durchführung; die innerstaatlichen Vorschriften über die Freistellung oder Anrechnung, soweit es solche gibt, sind dann **zur Ausfüllung** anzuwenden (für die Freistellung: MA-Komm. Ziff. 38, für die Anrechnung Ziff. 60). Häufig wird in den Abkommen für deren Durchführung – besonders der Anrechnung – auch ausdrücklich auf das innerstaatliche Recht verwiesen (s. Übersicht zu Art. 23 A Abs. 2/23 B Abs. 1, Rz. 171). Wo die Abkommen eine **Doppelbesteuerung nicht** oder **nur unvollständig vermeiden,** bleibt es ferner abkommensrechtlich zulässig, die innerstaatlichen Rechtsvorschriften über eine einseitige Vermeidung der Doppelbesteuerung **ergänzend** heranzuziehen; auch insoweit soll das Abkommen das innerstaatliche Recht nur begrenzen, günstige Regelungen des nationalen Rechts soll es nicht ausschließen. Solch eine Heranziehung einseitiger Maßnahmen neben einem DBA und zu dessen Ergänzung darf selbstverständlich aber nicht dazu führen, dass eine Ermäßigung doppelt, einmal aufgrund des Abkommens, dane-ben aufgrund einseitigen Rechts, in Anspruch genommen wird (National Cash Register Co. v. U. S., 400 F. 2d 820 (1968)).

Im Übrigen kann, wo ein DBA eingreift, der Rückgriff auf einseitige Regelungen durch das innerstaatliche Recht ausgeschlossen sein. Für das **geltende deutsche Recht** bestimmt § 34c Abs. 6 Satz 1 EStG – auf den § 26 Abs. 6 Satz 1 KStG verweist – ausdrücklich, dass die einseitigen Entlastungsvorschriften nicht anzuwenden sind, soweit ein DBA eingreift. Soweit Anrechnung vereinbart ist, sind jedoch die innerstaatlichen Vorschriften über die Anrechnung ausländischer Steuern, insbesondere über deren Höchstbetrag, den Anrechnungszeitraum usw. entsprechend anzuwenden, soweit das Abkommen dies gestattet (§ 34c Abs. 6 S. 2 EStG. Die einseitigen Vorschriften über die Anrechnung bei der Einkommen- und Körperschaftsteuer bleiben ferner subsidiär anwendbar, soweit ein Abkommen die Doppelbesteuerung nicht beseitigt oder soweit sich das Abkommen „nicht auf eine Steuer vom Einkommen dieses Staates" bezieht (§ 34c Abs. 6 S. 4 EStG). Hier ist offenbar die Wortstellung verunglückt; gemeint ist nicht der Fall, dass sich das DBA auf gar keine Einkommensteuer des betreffenden Staates bezieht, sondern der, dass es sich auf eine bestimmte Steuer oder mehrere Steuern nicht bezieht, wie z. B. nach den *DBA USA 1954/65* und *1989/2006* auf die Einkommensteuern der Gliedstaaten der USA (*Krabbe,* BB 1980, 1146 (1149)). 255

II. Sekundärrechtliche Maßnahmen zur Vermeidung der Doppelbesteuerung

Für Ausschüttungen von Tochtergesellschaften, die in Mitgliedsstaaten der EU ansässig sind, an ihre in einem anderen Mitgliedsstaat der EU ansässige Muttergesellschaft ist neben den DBA und den Grundfreiheiten des AEUV (dazu Grundl. Rz. 252) die **EU-Mutter-Tochter-Richtlinie** zu beachten (Richtlinie 90/435/EWG des Rates vom 23.7.1990 über das gemeinsame Steuersystem der Mutter- und Tochtergesellschaften verschiedener Mitgliedsstaaten, ABl. Nr. L 225/6, zuletzt geändert durch Richtlinie des Rates vom 30.11.2011, 2011/96/EU, ABl. Nr. L 345/8). Über die Besteuerung der Ausschüttung im Sitzstaat der Tochtergesellschaft s. bereits zu Art. 10 Rz. 174 ff. Den Sitzstaat der **Muttergesellschaft** verpflichtet die Richtlinie, **entweder** die Ausschüttung **freizustellen** („Schachtelprivileg", s. Rz. 78 ff.) **oder** eine Anrechnung der von der Tochtergesellschaft für die ausgeschütteten Gewinnanteile entrichteten Körperschaftsteuer **(„indirekte Anrechnung")** zu gestatten, s. Art. 4 der Richtlinie. 256

257 Daneben verpflichtet die auf natürliche Personen anwendbare **Sparzinsrichtlinie** (Richtlinie des Rates vom 3.6.2003 im Bereich der Besteuerung von Zinserträgen, 2003/48/EG, ABl. Nr. L 157/38, zuletzt geändert durch 2006/98/EG Richtlinie des Rates vom 20.11.2006, ABl. Nr. L 363/129; dazu auch Grundl. Rz. 253; *Aigner,* Sparzinsenrichtlinie und *Terra/Wattel,* S. 641 ff.), soweit sie für Belgien, Luxemburg und Österreich anstelle des Informationsaustausches eine Quellensteuer vorsieht, den Ansässigkeitsstaat des Beneficial Owner (vgl. Vor Art. 10–12, Rz. 13) zu einer Steueranrechnung (Art. 14 Abs. 2 der Richtlinie spricht von einer Steuergutschrift). Übersteigt die Quellensteuer die nach dem innerstaatlichen Recht des Ansässigkeitsstaates auf diese Einkünfte entfallende Steuer, so hat der Ansässigkeitsstaat den überschießenden Betrag zu erstatten. Diese Erstattungspflicht des Ansässigkeitsstaates erklärt sich daraus, dass ihm auch 75% des Aufkommens aus der Quellensteuer zusteht. Erhebt der Nichtansässigkeitsstaat eine weitere Quellensteuer, deren Aufkommen ihm zusteht, und rechnet der Wohnsitzstaat nach einem DBA oder seinem innerstaatlichen Recht diese Quellensteuer auf die innerstaatliche Steuerschuld an, so hat diese Anrechnung Vorrang. Dadurch werden Anrechnungsüberhänge vermieden, die sich aus dem Nebeneinander von Quellensteuer auf Rechnung des Nichtansässigkeitsstaates und Quellensteuer nach der Richtlinie ergeben könnten. Als Alternative zur Anrechnung der Quellensteuer gestattet es die Richtlinie dem Ansässigkeitsstaat, generell eine Erstattung der Quellensteuer vorzusehen.

258 Hingegen beschränkt die auf bestimmte Körperschaften anwendbare **Zins- und Lizenzrichtlinie** (Richtlinie des Rates vom 3.6.2003 über eine gemeinsame Steuerregelung für Zahlungen von Zinsen und Lizenzgebühren zwischen verbundenen Unternehmen verschiedener Mitgliedstaaten, 2003/49/EG, ABl. Nr. L 157/49, zuletzt geändert durch Richtlinie des Rates vom 13.5.2013, 2013/13/EU, ABl. Nr. L 141/30; dazu auch Grundl. Rz. 253; *Aigner,* SWI 2009, 504 und *Terra/Wattel,* S. 625 ff.) lediglich die Besteuerung im Ansässigkeitsstaat des Darlehens- bzw. Lizenzgebührenschuldners. Insbesondere wird ihm verboten, eine Quellensteuer zu erheben.

259 Die **Fusionsrichtlinie** (Richtlinie 2009/133/EG des Rates vom 19. Oktober 2009 über das gemeinsame Steuersystem für Fusionen, Spaltungen, Abspaltungen, die Einbringung von Unternehmensteilen und den Austausch von Anteilen, die Gesellschaften verschiedener Mitgliedstaaten betreffen, sowie für die Verlegung des Sitzes einer Europäischen Gesellschaft oder einer Europäischen Genossenschaft von einem Mitgliedstaat in einen anderen Mitgliedstaat, ABl. Nr. L 310/34 v. 25.11.2009, zuletzt geändert durch Richtlinie des Rates vom 13.5.2013, 2013/13/EU, ABl. Nr. L 141/30) will grundsätzlich steuerneutrale Umstrukturierungen auch über die Grenze zulassen. Sie enthält besondere Vorschriften für die fiktive Steueranrechnung von Kapitalgesellschaften für den Fall, dass der bisherige Ansässigkeitsstaat durch die grenzüberschreitende Umwandlung das Steuergut an einer im anderen Mitgliedsstaat belegenen Anrechnungsbetriebsstätte verliert (Art. 10 der Richtlinie). Dasselbe gilt für hybride Personengesellschaften hinsichtlich der in ihren Wirtschaftsgütern ruhenden stillen Reserven (Art. 11 der Richtlinie), wenn die zuvor geltende Anrechnungsmethode aufgrund der Umwandlung nicht mehr zur Anwendung kommt. In diesen Fällen ist eine Aufdeckung der stillen Reserven nur zulässig, wenn die ausländische Steuer in Betriebstättenstaat bzw. im Staat der Personengesellschaft, die im Falle einer Veräußerung anfallen würde, im Ansässigkeitsstaat fiktiv zur Anrechnung zugelassen wird (Art. 10 Abs. 2 bzw. 11 Abs. 2 der Richtlinie), s. dazu *Mutscher,* IStR 2010, 820.

Abschnitt VI. Besondere Bestimmungen

Artikel 24. Gleichbehandlung

Text: OECD-Musterabkommen (OECD-MA)

1. Staatsangehörige eines Vertragsstaats dürfen im anderen Vertragsstaat keiner Besteuerung oder damit zusammenhängenden Verpflichtung unterworfen werden, die anders oder belastender ist als die Besteuerung und die damit zusammenhängenden Verpflichtungen, denen Staatsangehörige des anderen Staates unter gleichen Verhältnissen, insbesondere hinsichtlich der Ansässigkeit, unterworfen sind oder unterworfen werden können. Diese Bestimmung gilt ungeachtet des Artikels 1 auch für Personen, die in keinem Vertragsstaat ansässig sind.

2. Staatenlose, die in einem Vertragsstaat ansässig sind, dürfen in keinem Vertragsstaat einer Besteuerung oder damit zusammenhängenden Verpflichtung unterworfen werden, die anders oder belastender ist als die Besteuerung und die damit zusammenhängenden Verpflichtungen, denen Staatsangehörige des betreffenden Staates unter gleichen Verhältnissen, insbesondere hinsichtlich der Ansässigkeit, unterworfen sind oder unterworfen werden können.

3. Die Besteuerung einer Betriebstätte, die ein Unternehmen eines Vertragsstaats im anderen Vertragsstaat hat, darf in dem anderen Staat nicht ungünstiger sein als die Besteuerung von Unternehmen des anderen Staates, die die gleiche Tätigkeit ausüben. Diese Bestimmung ist nicht so auszulegen, als verpflichte sie einen Vertragsstaat, den in dem anderen Vertragsstaat ansässigen Personen Steuerfreibeträge, -vergünstigungen und -ermäßigungen auf Grund des Personenstandes oder der Familienlasten zu gewähren, die er seinen ansässigen Personen gewährt.

4. Sofern nicht Artikel 9 Absatz 1, Artikel 11 Absatz 6 oder Artikel 12 Absatz 4 anzuwenden ist, sind Zinsen, Lizenzgebühren und andere Entgelte, die ein Unternehmen eines Vertragsstaats an eine im anderen Vertragsstaat ansässige Person zahlt, bei der Ermittlung der steuerpflichtigen Gewinne dieses Unternehmens unter den gleichen Bedingungen wie Zahlungen an eine im erstgenannten Staat ansässige Person zum Abzug zuzulassen. Dementsprechend sind Schulden, die ein Unternehmen eines Vertragsstaats gegenüber einer im anderen Vertragsstaat ansässigen Person hat, bei der Ermittlung des steuerpflichtigen Vermögens dieses Unternehmens unter den gleichen Bedingungen wie Schulden gegenüber einer im erstgenannten Staat ansässigen Person zum Abzug zuzulassen.

5. Unternehmen eines Vertragsstaats, deren Kapital ganz oder teilweise unmittelbar oder mittelbar einer im anderen Vertragsstaat ansässigen Person oder mehreren solchen Personen gehört oder ihrer Kontrolle unterliegt, dürfen im erstgenannten Staat keiner Besteuerung oder damit zusammenhängenden Verpflichtung unterworfen werden, die anders oder belastender ist als die Besteuerung und die damit zusammenhängenden Verpflichtungen, denen andere ähnliche Unternehmen des erstgenannten Staates unterworfen sind oder unterworfen werden können.

6. Dieser Artikel gilt ungeachtet des Artikels 2 für Steuern jeder Art und Bezeichnung.

Text: Deutsche Verhandlungsgrundlage (DE-VG)

Artikel 23. Gleichbehandlung

(1) **Staatsangehörige eines Vertragsstaats dürfen im anderen Vertragsstaat keiner Besteuerung oder damit zusammenhängenden Verpflichtung unterworfen werden, die anders oder belastender ist als die Besteuerung und die damit zusammenhängenden Verpflichtungen, denen Staatsangehörige des anderen Staates unter gleichen Verhältnissen insbesondere hinsichtlich der Ansässigkeit unterworfen sind oder unterworfen werden können. Diese Bestimmung gilt ungeachtet des Artikels 1 auch für Personen, die in keinem Vertragsstaat ansässig sind.**

(2) **Staatenlose, die in einem Vertragsstaat ansässig sind, dürfen in keinem Vertragsstaat einer Besteuerung oder damit zusammenhängenden Verpflichtung unterworfen werden, die anders oder belastender ist als die Besteuerung und die damit zusammenhängenden Verpflichtungen, denen Staatsangehörige des betreffenden Staates unter gleichen Verhältnissen insbesondere hinsichtlich der Ansässigkeit unterworfen sind oder unterworfen werden können.**

(3) **Die Besteuerung einer Betriebsstätte, die ein Unternehmen eines Vertragsstaats im anderen Vertragsstaat hat, darf im anderen Staat nicht ungünstiger sein als die Besteuerung von Unternehmen des anderen Staates, die die gleiche Tätigkeit ausüben. Diese Bestimmung ist nicht so auszulegen, als verpflichte sie einen Vertragsstaat, den im anderen Vertragsstaat ansässigen Personen Steuerfreibeträge, -vergünstigungen und -ermäßigungen auf Grund des Personenstandes oder der Familienlasten zu gewähren, die er seinen ansässigen Personen gewährt.**

(4) **Sofern nicht Artikel 9 Absatz 1, Artikel 11 Absatz 4 oder Artikel 12 Absatz 4 anzuwenden ist, sind Zinsen, Lizenzgebühren und andere Zahlungen, die ein Unternehmen eines Vertragsstaats an eine im anderen Vertragsstaat ansässige Person leistet, bei der Ermittlung der steuerpflichtigen Gewinne dieses Unternehmens unter den gleichen Bedingungen wie Zahlungen an eine im erstgenannten Staat ansässige Person zum Abzug zuzulassen. Dementsprechend sind Schulden, die ein Unternehmen eines Vertragsstaats gegenüber einer im anderen Vertragsstaat ansässigen Person hat, bei der Ermittlung des steuerpflichtigen Vermögens dieses Unternehmens unter den gleichen Bedingungen wie Schulden gegenüber einer im erstgenannten Staat ansässigen Person zum Abzug zuzulassen.**

(5) **Unternehmen eines Vertragsstaats, deren Kapital ganz oder teilweise unmittelbar oder mittelbar einer im anderen Vertragsstaat ansässigen Person oder mehreren solchen Personen gehört oder ihrer Kontrolle unterliegt, dürfen im erstgenannten Staat keiner Besteuerung oder damit zusammenhängenden Verpflichtung unterworfen werden, die anders oder belastender ist als die Besteuerung und die damit zusammenhängenden Verpflichtungen, denen andere ähnliche Unternehmen des erstgenannten Staates unterworfen sind oder unterworfen werden können.**

(6) **Dieser Artikel gilt ungeachtet des Artikels 2 für Steuern jeder Art und Bezeichnung.**

Protokoll

5. Zu Artikel 23 Absatz 5

Artikel 23 Absatz 5 ist nicht so auszulegen, als verpflichte er einen Vertragsstaat, die grenzüberschreitende Konsolidierung von Einkünften oder vergleichbare Vergünstigungen zwischen Unternehmen zuzulassen.

Text: US-Musterabkommen (US-MA)

1. Staatsangehörige eines Vertragsstaates dürfen im anderen Vertragsstaat keiner Besteuerung oder damit zusammenhängenden Verpflichtung unterworfen werden, die belastender ist als die Besteuerung und die damit zusammenhängenden Verpflichtungen, denen Staatsangehörige des anderen Staates unter gleichen Verhältnissen, insbesondere hinsichtlich der Ansässigkeit, unterworfen sind oder unterworfen werden können. Diese Bestimmung gilt auch für Personen, die in keinem der beiden Vertragsstaaten ansässig sind. Für Zwecke der Besteuerung in den Vereinigten Staaten befinden sich Staatsangehörige der Vereinigten Staaten, die mit ihrem Welteinkommen der Besteuerung unterliegen, nicht in den gleichen Verhältnissen wie Staatsangehörige von ______, die nicht in den Vereinigten Staaten ansässig sind.

2. Die Besteuerung einer Betriebstätte, die ein Unternehmen eines Vertragsstaates im anderen Vertragsstaat hat, darf im anderen Staat nicht ungünstiger sein als die Besteuerung von Unternehmen des anderen Staates, die die gleiche Tätigkeit ausüben.

3. Die Absätze 1 und 2 sind nicht so auszulegen, als verpflichteten sie den Vertragsstaat, den im anderen Vertragsstaat ansässigen Personen Steuerfreibeträge, -vergünstigungen und -ermäßigungen auf Grund des Personenstandes oder der Familienlasten zu gewähren, die er seinen ansässigen Personen gewährt.

4. Sofern nicht Artikel 9 Absatz 1 (Verbundene Unternehmen), Artikel 11 Absatz 5 (Zinsen) oder Artikel 12 Absatz 4 (Lizenzgebühren) anzuwenden sind, sind Zinsen, Lizenzgebühren und andere Entgelte, die eine in einem Vertragsstaat ansässige Person an eine im anderen Vertragsstaat ansässige Person zahlt, bei der Ermittlung der zu besteuernden Gewinne der erstgenannten Person unter den gleichen Bedingungen zum Abzug zuzulassen wie Zahlungen an eine im erstgenannten Staat ansässige Person. Dementsprechend sind Schulden, die eine in einem Vertragsstaat ansässige Person gegenüber einer im anderen Vertragsstaat ansässigen Person hat, bei der Ermittlung des zu besteuernden Vermögens der erstgenannten Person unter den gleichen Bedingungen zum Abzug zuzulassen wie Schulden gegenüber einer im erstgenannten Staat ansässigen Person.

5. Unternehmen eines Vertragsstaates, deren Kapital ganz oder teilweise unmittelbar oder mittelbar einer im anderen Vertragsstaat ansässigen Person oder mehreren solchen Personen gehört oder ihrer Kontrolle unterliegt, dürfen im erstgenannten Staat keiner Besteuerung oder damit zusammenhängenden Verpflichtung unterworfen werden, die belastender ist als die Besteuerung und die damit zusammenhängenden Verpflichtungen, denen ähnliche Unternehmen des erstgenannten Staates unterworfen sind oder unterworfen werden können.

6. Keine Bestimmung dieses Artikels ist so auszulegen, als untersage sie einem Vertragsstaat, eine in Artikel 10 Absatz 8 (Dividenden) beschriebene Steuer zu erheben.

7. Dieser Artikel gilt ungeachtet des Artikels 2 (Unter das Abkommen fallende Steuern) für Steuern jeder Art und Bezeichnung, die ein Vertragsstaat oder eine seiner Gebietskörperschaften erhebt.

Inhalt

1 **Literatur:** *Arnold,* Tax Discrimination against Aliens, Nonresidents, and Foreign Activities: Canada, Australia, New Zealand, the United Kingdom, and the United States (1991); *Bammens,* The Principle of Non-Discrimination in International and European Tax Law (2012); *Bellstedt,* Besteuerung international verflochtener Gesellschaften (1973); *Eckhoff,* in Birk, Handbuch des Europäischen Steuer- und Abgabenrechts (1995), S. 461; *Gifford,* Permanent Establishments and the Nondiscrimination Clause, in Bischel, Income Tax Treaties (1978); *Haslehner,* Das Betriebsstättendiskriminierungsverbot im Internationalen Steuerrecht (2009); *Hofbauer,* Das Prinzip der Meistbegünstigung im grenzüberschreitenden Ertragsteuerrecht (2005); *Jann,* in Gassner/Lang/Lechner, Doppelbesteuerungsabkommen, S. 43; *Kogels/Nagelkerke,* Non-discriminatie (1972); *Kumpf,* Besteuerung inländischer Betriebstätten von Steuerausländern (1982); *ders.,* in Gassner/Lang/Lechner, Doppelbesteuerungsabkommen, S. 25; *Lang/Schuch/Staringer,* Die Diskriminierungsverbote im Recht der Doppelbesteuerungsabkommen (2006); *Lang/Pistone,* The EU and Third Countries: Direct Taxation (2007); *Lehner,* in Birk/Ehlers, Rechtsfragen des europäischen Steuer-, Außenwirtschafts- und Zollrechts (1995), S. 18; *van Raad,* Nondiscrimination in International Tax Law (1986); *Rädler/Raupach,* Deutsche Steuern bei Auslandsbeziehungen (1966); *Ribbrock,* Dreieckssachverhalte im internationalen Steuerrecht (2004); *Scherer,* Doppelbesteuerung und Europäisches Gemeinschaftsrecht (1995); *Staringer,* in Gassner/Lang/Lechner, Aktuelle Entwicklungen im Internationalen Steuerrecht (1994), S. 67; *Vierdag,* The Concept of Discrimination in International Tax Law (1973); *Thömmes,* EG-Recht in der Steuerberaterpraxis (1993); *K. Vogel,* Der ausländische Aktionär in der Körperschaftsteuerreform (1973).

Verwaltungsanweisungen: BdF v. 8.11.1990, ZL 040 101/88 – IV/4/90, AÖFV 291/90; BMF BStBl. I 2004, 860; BMF v. 28.10.1969, BStBl. I 1970, 172; BMF v. 8.12.2004, IStR 2005, 26 mit Anmerkung *Rust;* ÖstBMF v. 11.11.2002 (EAS 2157), SWI 2003, 2; *Chambre commerciale* der *Cour de Cassation,* Dr. Fisc. 1989 comm. 943 und Dr. Fisc. 1990 comm. 614.

Text: OECD-Kommentar (MA-Kommentar)

Allgemeine Bemerkungen

1. [Diskriminierungen und legitime Unterscheidungen] *Der Artikel befasst sich mit der Beseitigung steuerlicher Diskriminierungen unter bestimmten genau umschriebenen Umständen. Alle Steuersysteme kennen legitime unterschiedliche Behandlungen, die z.B. auf unterschiedlicher Steuerpflicht oder unterschiedlicher Steuerzahlungsfähigkeit beruhen. Die Diskriminierungsverbote des Artikels suchen einen Ausgleich zwischen der Notwendigkeit, ungerechtfertigte Diskriminierungen zu beseitigen, und der Notwendigkeit, solchen legitimen Unterscheidungen Rechnung zu tragen. Deshalb sollte der Artikel nicht über Gebühr ausgedehnt werden, um so genannte „indirekte" Diskriminierungen zu erfassen. Z.B. würde Absatz 1, der sich mit Diskriminierungen auf Grund der Staatsangehörigkeit befasst, zwar eine unterschiedliche Behandlung verhindern, die wirklich eine versteckte Form der Diskriminierung auf Grund der Staatsangehörigkeit ist, wie etwa eine unterschiedliche Behandlung von natürlichen Personen je nachdem, ob sie Inhaber eines von dem Staat erteilten Passes sind oder Anspruch darauf haben, aber es könnte nicht geltend gemacht werden, dass Personen, die nicht in einem bestimmten Staat ansässig sind, in erster Linie Nicht-Staatsangehörige dieses Staates seien, so dass die unterschiedliche auf der Ansässigkeit beruhende Behandlung für Zwecke dieses Absatzes mittelbar eine Diskriminierung auf Grund der Staatsangehörigkeit darstelle.*

2. [Keine Meistbegünstigungsklauseln] *Auch können die Bestimmungen des Artikels nicht als Meistbegünstigungsklauseln ausgelegt werden. Wenn ein Staat ein zwei- oder mehrseitiges Abkommen geschlossen hat, das Staatsangehörigen der anderen Vertragspartei oder der anderen Vertragsparteien oder dort ansässigen Personen Steuererleichterungen einräumt, haben Staatsangehörige eines dritten Staats, der nicht Vertragspartei ist, oder dort ansässige Personen auf Grund eines ähnlichen Diskriminierungsverbots in dem Doppelbesteuerungsabkommen zwischen dem dritten Staat und dem erstgenannten Staat keinen Anspruch auf diese Steuererleichterungen. Da Steuerabkommen auf dem Grundsatz der Gegenseitigkeit* *beruhen, kann eine steuerliche Behandlung, die von einem Vertragsstaat einem Staatsangehörigen einer anderen Vertragspartei oder einer dort ansässigen Person auf Grund der besonderen wirtschaftlichen Beziehungen zwischen diesen Vertragsstaaten nach einem zwei- oder mehrseitigen Abkommen gewährt wird, nach dem Diskriminierungsverbot des Steuerabkommens zwischen dem ersten Staat und dem Drittstaat nicht auf einen Staatsangehörigen eines Drittstaats oder eine dort ansässige Person ausgedehnt werden.*

3 [Gleiche Verhältnisse] *Die verschiedenen Bestimmungen des* Artikels 24 *verhindern unterschiedliche steuerliche Behandlungen aus bestimmten genau umschriebenen Gründen (z.B. auf Grund der Staatsangehörigkeit im Fall des Absatzes 1). Daher müssen andere erhebliche Umstände gleich sein, damit die Absätze anwendbar sind. Die verschiedenen Bestimmungen des* Artikels 24 *verwenden unterschiedliche Formulierungen, um dieses Ergebnis zu erzielen (z.B. „unter gleichen Verhältnissen" in den Absätzen 1 und 2, „die die gleiche Tätigkeit ausüben" in Absatz 3, „ähnliche Unternehmen" in Absatz 5). Außerdem gilt: Der Artikel sucht zwar Unterscheidungen zu verbieten, die ausschließlich auf bestimmten Gründen beruhen, er bezweckt aber nicht, ausländischen Staatsangehörigen, nicht ansässigen Personen, Unternehmen anderer Staaten oder einheimischen Unternehmen, die nicht ansässigen Personen gehören oder von diesen beherrscht werden, eine steuerliche Behandlung zuteil werden zu lassen, die günstiger ist als die Behandlung von Staatsangehörigen, ansässigen Personen oder einheimischen Unternehmen, die ansässigen Personen gehören oder von diesen beherrscht werden (s. Ziffer 34).*

4. [Verhältnis zu anderen Abkommensbestimmungen] *Schließlich müssen die Bestimmungen des Artikels, wie in Ziffer 79 veranschaulicht wird, im Zusammenhang mit anderen Artikeln des Abkommens gelesen werden, so dass Maßnahmen, die nach den Bestimmungen dieser anderen Artikel geboten oder ausdrücklich erlaubt sind, nicht als gegen die Bestimmungen des Artikels verstoßend angesehen werden können, selbst wenn sie z.B. nur für Zahlungen an nicht ansässige Personen gelten. Umgekehrt bedeutet jedoch die Tatsache, dass eine bestimmte Maßnahme keine Verletzung von Bestimmungen des Artikels darstellt, nicht, dass sie nach dem Abkommen zulässig ist; denn diese Maßnahme könnte gegen andere Artikel des Abkommens verstoßen.*

Absatz 1

5. [Grundsatz] *Dieser Absatz enthält den Grundsatz, dass die an die Staatsangehörigkeit anknüpfende steuerliche Diskriminierung untersagt ist und dass unter dem Vorbehalt der Gegenseitigkeit die Staatsangehörigen eines Vertragsstaats im anderen Vertragsstaat unter gleichen Verhältnissen nicht ungünstiger behandelt werden dürfen als die Staatsangehörigen des letzteren Staates.*

6. [Historische Entwicklung; Abkommensberechtigung] *Bemerkt sei, dass der Grundsatz der Nichtdiskriminierung unter verschiedenen Bezeichnungen und mit unterschiedlichem Anwendungsbereich für die zwischenstaatlichen steuerlichen Beziehungen schon lange galt, bevor gegen Ende des 19. Jahrhunderts die eigentlichen Doppelbesteuerungsabkommen aufkamen. So enthalten zahlreiche Abkommen verschiedener Art (Konsular- und Niederlassungsabkommen, Freundschafts- und Handelsverträge etc.), die von den Staaten insbesondere im 19. Jahrhundert geschlossen wurden, um den diplomatischen Schutz ihrer Staatsangehörigen, wo immer diese ansässig waren, zu erweitern und zu verstärken, Bestimmungen, nach denen sich jeder der Vertragsstaaten verpflichtete, den Angehörigen des anderen Staates die gleiche Behandlung zu gewähren wie den eigenen Staatsangehörigen. Die Tatsache, dass diese Bestimmungen dann später in Doppelbesteuerungsabkommen aufgenommen wurden, hat ihre ursprüngliche Berechtigung und Bedeutung in keiner Weise berührt. Absatz 1 bestimmt, dass sein Anwendungsbereich durch Artikel 1 nicht auf die in den Vertragsstaaten ansässigen Staatsangehörigen beschränkt ist, sondern sich auf alle Angehörigen der Vertragsstaaten erstreckt, auch wenn sie in keinem der Vertragsstaaten ansässig sind. Mit anderen Worten: Alle Angehörigen eines Vertragsstaats haben das Recht, sich gegenüber dem* *anderen Vertragsstaat auf diese Bestimmung zu berufen. Dies gilt auch für solche Angehörige der Vertragsstaaten, die in keinem Vertragsstaat, sondern in einem dritten Staat ansässig sind.*

7. [Gleiche Verhältnisse] *Der Ausdruck „unter gleichen Verhältnissen" bezieht sich auf Steuerpflichtige (natürliche Personen, juristische Personen, Personengesellschaften und Personenvereinigungen), die sich hinsichtlich der Anwendung der allgemein gültigen Steuergesetze und -vorschriften in ähnlichen rechtlichen und tatsächlichen Verhältnissen befinden. Der Ausdruck „insbesondere hinsichtlich der Ansässigkeit" stellt klar, dass die Ansässigkeit des Steuerpflichtigen einer der Umstände ist, die bei der Feststellung heranzuziehen sind, ob Steuerpflichtige sich in ähnlichen Verhältnissen befinden. Schon aus dem Ausdruck „unter gleichen Verhältnissen" ist zu schließen, dass ein in einem Staat ansässiger und ein dort nicht ansässiger Steuerpflichtiger sich nicht in gleichen Verhältnissen befinden. Obwohl weder das Musterabkommen von 1963 noch das Musterabkommen von 1977 den Ausdruck „insbesondere hinsichtlich der Ansässigkeit" enthielten, haben die Mitgliedstaaten der Anwendung und Auslegung des Ausdrucks „unter gleichen Verhältnissen" die Rechtsauffassung zugrunde gelegt, dass der Ort der Ansässigkeit des Steuerpflichtigen rechtserheblich ist. Der Fiskalausschuss sah jedoch bei der Revision des Musterabkommens in einem ausdrücklichen Hinweis auf die Ansässigkeit der Steuerpflichtigen eine zweckmäßige Klarstellung, da er jeden möglichen Zweifel daran ausschließt, wie der Ausdruck „unter gleichen Verhältnissen" in dieser Frage auszulegen ist.*

8. [Differenzierung nach Ansässigkeit] *Bei der Anwendung von Absatz 1 stellt sich daher zunächst die Frage, ob zwei Personen, die im gleichen Staat ansässig sind, nur wegen ihrer unterschiedlichen Staatsangehörigkeit unterschiedlich behandelt werden. Wenn also ein Vertragsstaat für die Gewährung von Steuervergünstigungen auf Grund der Familienlasten bei seinen eigenen Staatsangehörigen danach unterscheidet, ob sie in seinem Gebiet ansässig sind oder nicht, so kann dieser Staat nicht verpflichtet werden, den Staatsangehörigen des anderen Staates, die nicht in seinem Gebiet ansässig sind, die gleiche Behandlung zu gewähren wie seinen eigenen in seinem Gebiet ansässigen Staatsangehörigen; aber er verpflichtet sich, ihnen die gleiche Behandlung wie seinen in dem anderen Staat ansässigen Staatsangehörigen zukommen zu lassen. Ebenso findet der Absatz 1 keine Anwendung, wenn ein Staatsangehöriger eines Vertragsstaats (Staat R), der auch im Staat R ansässig ist, im anderen Vertragsstaat (Staat S) etwa auf Grund von Bestimmungen gegen die Benutzung von Steueroasen weniger vorteilhaft besteuert wird als ein Staatsangehöriger des Staates S, der in einem Drittstaat ansässig ist, weil sich die beiden Personen in Bezug auf ihre Ansässigkeit nicht in den gleichen Verhältnissen befinden.*

9. [Unbeschränkte Steuerpflicht auf Grund der Staatsangehörigkeit] *Der Ausdruck „unter gleichen Verhältnissen" kann sich in einigen Fällen auf den steuerlichen Status einer Person beziehen. Dies wäre z.B. der Fall, wenn ein Land seine Staatsangehörigen oder einige von ihnen einer umfassenderen Steuerpflicht unterwürfe als Nicht-Staatsangehörige (dies ist z.B. eine Eigenart des Steuersystems der Vereinigten Staaten). Solange diese Behandlung nicht selbst eine Verletzung des Absatzes 1 darstellt, könnte nicht geltend gemacht werden, dass bei Personen, die nicht Staatsangehörige dieses Staates sind, für Zwecke der Anwendung anderer Vorschriften des innerstaatlichen Rechts dieses Staates, für die die unbeschränkte oder beschränkte Steuerpflicht eines Steuerpflichtigen erheblich wäre (z.B. für die Gewährung persönlicher Freibeträge), gleiche Verhältnisse vorliegen wie bei seinen Staatsangehörigen.*

10. [Steuervergünstigungen] *Desgleichen kann aus Absatz 1 nicht gefolgert werden, dass ein Staat, der seinen eigenen öffentlichen Rechtsträgern oder Einrichtungen auf Grund ihrer Eigenart besondere Steuervergünstigungen einräumt, verpflichtet wäre, den öffentlichen Rechtsträgern und Einrichtungen des anderen Staates die gleichen Vergünstigungen zukommen zu lassen.*

11. [Gemeinnützige Einrichtungen] *Ebensowenig kann daraus gefolgert werden, dass ein Staat, der privaten, nicht auf Gewinnerzielung gerichteten Einrichtungen, deren Tätigkeit* *dem öffentlichen Wohl besonders dieses Staates dient, besondere Steuervergünstigungen gewährt, verpflichtet wäre, die gleichen Vergünstigungen ähnlichen Einrichtungen zu gewähren, deren Tätigkeit nicht diesem Zweck dient.*

12. [Staatseigene Körperschaften] *Im erstgenannten Fall ist die Steuerfreiheit, die ein Staat seinen eigenen öffentlichen Rechtsträgern und Einrichtungen einräumt, dadurch gerechtfertigt, dass diese Rechtsträger und Einrichtungen Bestandteile des Staates bilden und in ihrer Stellung niemals mit den öffentlichen Rechtsträgern und Einrichtungen des anderen Staates gleichgestellt werden können. Diese Einschränkung gilt jedoch nicht für die staatseigenen Körperschaften, die erwerbswirtschaftliche Ziele verfolgen. Soweit diese den Unternehmen des Privatrechts vergleichbar sind, ist Absatz 1 anzuwenden.*

13. [Private Einrichtungen] *Im zweiten Fall sind die Steuervergünstigungen, die ein Staat gewissen privaten, nicht auf Gewinnerzielung gerichteten Einrichtungen gewährt, in der Art ihrer Tätigkeit und in dem Nutzen begründet, den dieser Staat und seine Angehörigen daraus ziehen können.*

14. [Negative Formulierung in Absatz 1] *Im Übrigen ist Absatz 1 absichtlich in negativer Form abgefasst worden. Indem vorgesehen ist, dass die Staatsangehörigen eines Vertragsstaats im anderen Vertragsstaat keiner Besteuerung oder einer damit zusammenhängenden Verpflichtung unterworfen werden dürfen, die anders oder belastender ist als die Besteuerung und die damit zusammenhängenden Verpflichtungen, denen die Staatsangehörigen des anderen Vertragsstaats unter gleichen Verhältnissen unterworfen sind oder unterworfen werden können, ist die Bestimmung ebenso zwingend, als verpflichtete sie die Vertragsstaaten, den einen wie den anderen Staatsangehörigen die gleiche Behandlung zukommen zu lassen. Da aber die Bestimmung in erster Linie den Zweck verfolgt, dem einen Staat die Diskriminierung der Staatsangehörigen des anderen Staates zu verbieten, steht es dem erstgenannten Staat frei, aus besonderen für ihn maßgebenden Gründen oder gemäß einer besonderen Bestimmung in einem Doppelbesteuerungsabkommen, insbesondere z. B. der Vorschrift, wonach Betriebstättengewinne* **[bis 21.7.2010:** *auf Grund einer gesonderten Buchführung* **ab 22.7.2010]:** *in accordance with Article 7 zu besteuern sind, Ausländern gewisse Vorteile und Erleichterungen einzuräumen, die er seinen eigenen Staatsangehörigen nicht gewährt. Die Fassung des Absatzes 1 würde dem nicht entgegenstehen.*

15. [„Dürfen keiner Besteuerung unterworfen werden"] *Unter Berücksichtigung der vorstehenden Bemerkungen bedeuten die Worte „dürfen keiner Besteuerung oder damit zusammenhängenden Verpflichtung unterworfen werden, die anders oder belastender ist", dass die Besteuerung der eigenen Staatsangehörigen und die der Ausländer unter gleichen Verhältnissen gleichartig sein muss, dass die Bemessungsgrundlage der Steuer, die Art der Steuerfestsetzung und der Steuersatz gleich sein müssen und dass schließlich die mit der Besteuerung verbundenen Formalitäten (Steuererklärungen, Zahlung, Fristen usw.) für die Ausländer nicht beschwerlicher sein dürfen als für die eigenen Staatsangehörigen.*

16. [Staatsangehörigkeit von Personenvereinigungen] *Die rechtliche Beziehung, die zwischen der Gesellschaft und dem Staat besteht, nach dessen Recht sie errichtet worden ist, ist in gewisser Hinsicht mit der Staatsangehörigkeit im Falle natürlicher Personen eng verwandt; deshalb erscheint es gerechtfertigt, für die juristischen Personen, Personengesellschaften und anderen Personenvereinigungen auf eine besondere Bestimmung zu verzichten und sowohl sie als auch die natürlichen Personen in Absatz 1 aufzunehmen. Dies wird durch die Definition des Ausdrucks „Staatsangehörige" in Artikel 3 Absatz 1 Buchstabe g*[1] *erreicht.*

Absatz 2

17. [Ansässigkeit Staatsangehörigkeit und von Personenvereinigungen] *Nach dieser Definition bedeutet der Ausdruck „Staatsangehöriger" im Falle einer juristischen Person wie einer Kapitalgesellschaft eine juristische Person, „die nach dem in diesem Vertragsstaat gel-*

[1] Amtliche Fassung: „Buchstabe f" wohl Redaktionsversehen.

tenden Recht errichtet worden ist". Eine Kapitalgesellschaft wird gewöhnlich nach dem Recht des Staates errichtet worden sein, in dem sie eingetragen oder registriert worden ist. Nach dem innerstaatlichen Recht vieler Länder ist die Eintragung oder Registrierung jedoch das Merkmal oder eines der Merkmale, das die Ansässigkeit von Gesellschaften für Zwecke des Artikels 4 *bestimmt. Da* Artikel 24 Absatz 1 *die unterschiedliche Behandlung auf Grund der Staatsangehörigkeit verhindert, aber nur bei Personen, die sich in „gleichen Verhältnissen, insbesondere hinsichtlich der Ansässigkeit," befinden, ist es daher wichtig, für Zwecke dieses Absatzes zwischen einer unterschiedlichen Behandlung, die nur auf der Staatsangehörigkeit beruht, und einer unterschiedlichen Behandlung, die sich auf andere Umstände und insbesondere auf die Ansässigkeit bezieht, zu unterscheiden. Wie in Ziffer* 7 *und 8 erläutert, verbietet Absatz 1 nur die Diskriminierung, die auf einer anderen Staatsangehörigkeit beruht, und verlangt, dass alle anderen erheblichen Faktoren einschließlich der Ansässigkeit des Rechtsträgers die gleichen sind. Die unterschiedliche Behandlung von Ansässigen und Nicht-Ansässigen ist ein grundlegendes Merkmal innerstaatlicher Steuersysteme und von Steuerabkommen. Wenn* Artikel 24 *in Zusammenhang mit anderen Artikeln des Abkommens gelesen wird, deren Mehrzahl eine unterschiedliche Behandlung von Ansässigen und Nicht-Ansässigen vorsieht, wird deutlich, dass zwei Gesellschaften, die für Zwecke des Abkommens (nach den Bestimmungen des* Artikels 4*) nicht im selben Staat ansässig sind, sich für Zwecke des Absatzes 1 nicht in denselben Verhältnissen befinden.*

18. [Ansässigkeit ausnahmsweise irrelevant] *Obwohl sich Ansässige und Nicht-Ansässige für Zwecke des Absatzes 1 gewöhnlich nicht in denselben Verhältnissen befinden, trifft dies eindeutig nicht zu, wenn die Ansässigkeit für die fragliche unterschiedliche Behandlung in keiner Hinsicht relevant ist.*

19. [Beispiele] *Die folgenden Beispiele veranschaulichen diese Grundsätze.*

20. Beispiel 1: *Nach dem innerstaatlichen Steuerrecht des Staates A sind Gesellschaften, die in diesem Staat errichtet worden sind oder dort den tatsächlichen Ort ihrer Geschäftsleitung haben, dort ansässig. Das Steuerabkommen zwischen den Staaten A und B entspricht dem Musterabkommen. Das innerstaatliche Steuerrecht des Staates A sieht vor, dass Dividenden, die von einer dort errichteten Gesellschaft an eine andere dort errichtete Gesellschaft gezahlt werden, von der Steuer befreit sind. Da eine im Staat B errichtete Gesellschaft, die den Ort ihrer tatsächlichen Geschäftsleitung im Staat A hat, für Zwecke des Abkommens zwischen den Staaten A und B im Staat A ansässig wäre, wäre die Tatsache, dass Dividenden, die an diese Gesellschaft von einer im Staat A ansässigen Gesellschaft gezahlt werden, nicht die Voraussetzungen für die Steuerbefreiung erfüllen, obwohl sich die Empfängergesellschaft hinsichtlich ihrer Ansässigkeit in gleichen Verhältnissen befindet wie eine im Staat A errichtete Gesellschaft, bei Fehlen anderer erheblicher Umstände ein Verstoß gegen Absatz 1.*

21. Beispiel 2: *Nach dem innerstaatlichen Steuerrecht des Staates A sind Gesellschaften, die in diesem Staat errichtet worden sind, dort ansässig, und Gesellschaften, die im Ausland errichtet worden sind, nicht ansässig. Das Steuerabkommen zwischen den Staaten A und B entspricht dem Musterabkommen, nur sieht Artikel 4 Absatz 3 vor, dass eine juristische Person, die nach Artikel 4 Absatz 1 in beiden Staaten ansässig ist, als in dem Staat ansässig gilt, in dem sie errichtet worden ist. Das innerstaatliche Steuerrecht des Staates A sieht vor, dass Dividenden, die von einer dort errichteten Gesellschaft an eine andere dort errichtete Gesellschaft gezahlt werden, von der Steuer befreit sind. Absatz 1 erweitert diese Behandlung nicht auf Dividenden, die an eine im Staat B errichtete Gesellschaft gezahlt werden. Obwohl eine im Staat A errichtete Gesellschaft und eine im Staat B errichtete Gesellschaft, die diese Dividenden erhält, unterschiedlich behandelt werden, befinden sie sich hinsichtlich ihrer Ansässigkeit nicht in gleichen Verhältnissen. Die Ansässigkeit ist in diesem Fall ein entscheidender Faktor (was z.B. aus Artikel 10 Absatz 5 geschlossen werden kann, der die nachfolgende Besteuerung der von einer nicht ansässigen Gesellschaft gezahlten Dividenden, nicht aber der von einer ansässigen Gesellschaft gezahlten Dividenden ausschließen würde).*

22. Beispiel 3: *Nach dem innerstaatlichen Steuerrecht des Staates A sind Gesellschaften, die in diesem Staat errichtet worden sind, dort ansässig. Nach dem innerstaatlichen Steuerrecht des Staates B sind Gesellschaften, die dort den Ort ihrer tatsächlichen Geschäftsleitung haben, dort ansässig. Das Steuerabkommen zwischen den Staaten A und B entspricht dem Musterabkommen. Das innerstaatliche Recht des Staates A sieht vor, dass eine nicht dort ansässige Gesellschaft, die in einem Staat ansässig ist, mit dem Staat A kein Steuerabkommen hat, das den Austausch von Steuerauskünften erlaubt, einer jährlichen Steuer von 3 v. H. auf das unbewegliche Vermögen anstelle einer Steuer auf das Nettoeinkommen aus dem Vermögen unterliegt. Eine im Staat B errichtete Gesellschaft, die aber in einem Staat ansässig ist, mit dem Staat A kein Steuerabkommen hat, das den Austausch von Steuerauskünften erlaubt, kann nicht geltend machen, dass Absatz 1 die Anwendung der vom Staat A erhobenen Steuer von 3 v. H. ausschließt, weil sie anders behandelt wird als eine in Staat A errichtete Gesellschaft. In diesem Fall befände sich diese Gesellschaft hinsichtlich ihrer Ansässigkeit nicht in den gleichen Verhältnissen wie eine im Staat A ansässige Gesellschaft. Die Ansässigkeit der Gesellschaft wäre erheblich (z.B. für den Zugang zu den Informationen, die notwendig sind, um das Nettoeinkommen eines nicht ansässigen Steuerpflichtigen aus unbeweglichem Vermögen zu überprüfen).*

23. Beispiel 4: *Nach dem innerstaatlichen Steuerrecht des Staates A sind Gesellschaften, die in diesem Staat errichtet worden sind, dort ansässig, und Gesellschaften, die im Ausland errichtet worden sind, nicht ansässig. Das Steuerabkommen zwischen den Staaten A und B entspricht dem Musterabkommen, nur sieht* Artikel 4 Absatz 3 *vor, dass eine juristische Person, die nach* Artikel 4 Absatz 1 *in beiden Staaten ansässig ist, als in dem Staat ansässig gilt, in dem sie errichtet worden ist. Nach dem Lohnsteuerrecht des Staates A sind alle Gesellschaften, die ansässige Arbeitnehmer beschäftigen, unabhängig von der Ansässigkeit des Arbeitgebers zum Abzug der Lohnsteuer verpflichtet. Es sieht jedoch vor, dass nur im Staat A errichtete Gesellschaften in den Genuss eines niedrigeren Lohnsteuersatzes kommen. In diesem Fall hat der Umstand, dass eine im Staat B errichtete Gesellschaft für Zwecke des Abkommens zwischen A und B nicht die gleiche Ansässigkeit hat wie eine im Staat A errichtete Gesellschaft, keinerlei Relevanz für die unterschiedliche Behandlung bei der Lohnsteuer. Diese unterschiedliche Behandlung stellte daher bei Fehlen anderer erheblicher Umstände einen Verstoß gegen Absatz 1 dar.*

24. Beispiel 5: *Nach dem innerstaatlichen Steuerrecht des Staates A sind Gesellschaften, die in diesem Staat errichtet worden sind oder dort den tatsächlichen Ort ihrer Geschäftsleitung haben, dort ansässig und Gesellschaften, die eine dieser Voraussetzungen nicht erfüllen, nicht dort ansässig. Nach dem innerstaatlichen Steuerrecht des Staates B sind Gesellschaften, die dort errichtet worden sind, dort ansässig. Das Steuerabkommen zwischen den Staaten A und B entspricht dem Musterabkommen, nur sieht* Artikel 4 Absatz 3 *vor, dass eine juristische Person, die nach* Artikel 4 Absatz 1 *in beiden Staaten ansässig ist, als in dem Staat ansässig gilt, in dem sie errichtet worden ist. Außerdem sieht das innerstaatliche Recht des Staates A vor, dass Gesellschaften, die in diesem Staat errichtet worden sind und dort den Ort ihrer tatsächlichen Geschäftsleitung haben, berechtigt sind, ihr Einkommen für Steuerzwecke zu konsolidieren, wenn sie zu einer Gruppe von Gesellschaften mit gemeinsamen Anteilseignern gehören. Gesellschaft X, die im Staat B errichtet worden ist, gehört zu derselben Gruppe wie zwei im Staat A errichtete Gesellschaften, und die tatsächliche Geschäftsleitung all dieser Gesellschaften liegt im Staat A. Da Gesellschaft X nicht im Staat A errichtet worden ist, kann sie ihr Einkommen nicht mit dem Einkommen der anderen beiden Gesellschaften konsolidieren.*

25. [Noch Beispiel 5] *In diesem Fall gilt Gesellschaft X, obwohl sie nach dem innerstaatlichen Recht des Staates A dort ansässig ist, für Zwecke des Abkommens nach* Artikel 4 Absatz 3 *nicht als im Staat A ansässig. Sie befindet sich daher hinsichtlich der Ansässigkeit nicht in der gleichen Lage wie die anderen Gesellschaften der Gruppe. Absatz 1 erlaubt ihr nicht, in den Genuss der Konsolidierung zu kommen, obwohl die unterschiedliche*

Behandlung auf dem Umstand beruht, dass sie nicht im Staat A errichtet worden ist. Die Ansässigkeit der Gesellschaft X ist hinsichtlich der Vorteile der Konsolidierung eindeutig relevant, da gewisse Bestimmungen des Abkommens wie die Artikel 7 und 10 *Staat A daran hindern, bestimmte Arten der von Gesellschaft X erzielten Einkünfte zu besteuern.*

26. [Rechtsstellung Staatenloser] *Eine Reihe von Staaten hat am 28. September 1954 in New York ein Abkommen zur Verbesserung der Rechtsstellung von Staatenlosen geschlossen. Artikel 29 dieses Abkommens sieht die Gleichbehandlung dieser Personen mit den eigenen Staatsangehörigen vor. Unter den Unterzeichnerstaaten des Abkommens befinden sich mehrere Mitgliedstaaten der OECD.*

27. [Gleichbehandlung Staatenloser] *Bemerkt sei, dass Absatz 2 die Möglichkeit eröffnet, in einem zweiseitigen Abkommen die Gleichbehandlung Staatenloser mit eigenen Staatsangehörigen auch auf solche Staatenlose auszudehnen, auf die das erwähnte Abkommen nicht anzuwenden ist, da sie zu einer der in Artikel 1 Absatz 2 des Abkommens vom 28. September 1954 genannten Personengruppen gehören. Das gilt insbesondere für Personen, die im Zeitpunkt der Unterzeichnung des genannten Abkommens den Schutz oder die Unterstützung von Organen oder Stellen der Vereinten Nationen mit Ausnahme des Hohen Flüchtlingskommissars der Vereinten Nationen genießen, sowie für Personen, die in einem Land ansässig sind und dort die mit dem Besitz der Staatsangehörigkeit dieses Landes verbundenen Rechte genießen und den damit verbundenen Pflichten unterliegen.*

28. [In den Vertragsstaaten ansässige Staatenlose] *Absatz 2 soll den Geltungsbereich der Bestimmung über Gleichbehandlung Staatenloser mit eigenen Staatsangehörigen eines Vertragsstaats auf die Staatenlosen beschränken, die in diesem oder im anderen Vertragsstaat ansässig sind.*

29. [Außerhalb der Vertragsstaaten ansässige Staatenlose] *Indem Staatenlose ausgeschlossen werden, die in keinem Vertragsstaat ansässig sind, wird verhindert, dass diese Staatenlosen in dem einen Staat gegenüber Angehörigen des anderen Staates begünstigt werden.*

30. [Denkbare Erweiterung] *Wollen aber zwei Staaten im Rahmen ihrer zweiseitigen Beziehungen die Anwendung des Absatzes 2 auf alle Staatenlosen ausdehnen, auch wenn sie in keinem Vertragsstaat ansässig sind, damit diese Personen in jedem Fall in den Genuss der den Angehörigen des betreffenden Staates gewährten günstigsten Behandlung kommen, so brauchen sie lediglich den nachstehenden Text zu übernehmen, der die Bedingung des Wohnsitzes in einem Vertragsstaat nicht enthält:*

> *„Ungeachtet des Artikels 1 dürfen Staatenlose in einem Vertragsstaat keiner Besteuerung oder damit zusammenhängenden Verpflichtung unterworfen werden, die anders oder belastender ist als die Besteuerung und die damit zusammenhängenden Verpflichtungen, denen Staatsangehörige dieses Staates unter gleichen Verhältnissen, insbesondere hinsichtlich der Ansässigkeit, unterworfen sind oder unterworfen werden können."*

31. [Mögliche Einschränkung] **[bis 14.7.2014:** *Einige Staaten werden Absatz 2 möglicherweise als zu weitgehend ablehnen* **ab 15.7.2014:]** *Some states may consider that the provisions of paragraph 2 are too liberal, da er Staatenlosen, die in dem einen Staat ansässig sind, das Recht gibt, Gleichbehandlung nicht nur mit Personen, die im anderen Staat ansässig sind, sondern auch mit Personen, die in demselben Staat ansässig sind, zu beanspruchen und somit insbesondere in den Genuss von Doppelbesteuerungsabkommen zu kommen, die dieser Staat mit dritten Staaten abgeschlossen hat.* **[bis 14.7. 2014:** *Wollen die betreffenden Staaten diese Konsequenz vermeiden, müsste Absatz 2 folgende Fassung erhalten* **ab 15.7.2014:]** *States wishing to avoid this latter consequence are free to modify paragraph 2 as follows:*

> *„Staatenlose, die in einem Vertragsstaat ansässig sind, dürfen im anderen Vertragsstaat keiner Besteuerung oder damit zusammenhängenden Verpflichtung unterworfen werden, die anders oder belastender ist als die Besteuerung und die damit zusammenhängenden Ver-*

pflichtungen, denen Staatsangehörige des anderen Staates unter gleichen Verhältnissen, insbesondere hinsichtlich der Ansässigkeit, unterworfen sind oder unterworfen werden können."

32. [Definition nach dem Übereinkommen v. 28.9.1954] *Schließlich ist davon auszugehen, dass die Definition des in dieser Bestimmung verwendeten Ausdrucks „Staatenloser" nur mit der Definition identisch sein kann, die in Artikel 1 Absatz 1 des Abkommens vom 28. September 1954 niedergelegt ist; hiernach ist ein Staatenloser „eine Person, die von keinem Staat kraft seines Rechtes als Staatsangehöriger angesehen wird".*

Absatz 3

33. [Diskriminierung nach dem Ort der Niederlassung eines Unternehmens] *Dieser Absatz soll die Diskriminierung beseitigen, die genau genommen nicht an die Staatsangehörigkeit, sondern an den Ort der Niederlassung eines Unternehmens anknüpft. Er betrifft daher unterschiedslos und ungeachtet der Staatsangehörigkeit alle in einem Vertragsstaat ansässigen Personen, die im anderen Vertragsstaat eine Betriebstätte haben.*

34. [Andere Besteuerung aus praktischen Erwägungen] *Zunächst sei klargestellt, dass der Wortlaut des ersten Satzes des Absatzes 3 so zu verstehen ist, dass eine Diskriminierung nicht vorliegt, wenn nicht ansässige Personen aus praktischen Erwägungen anders besteuert werden als ansässige Personen, solange dies für die erstgenannten Personen nicht zu einer belastenderen Besteuerung führt als für die letztgenannten. Bei der negativen Form, in der die Bestimmung abgefasst wurde, ist nur das Ergebnis maßgebend, so dass es zulässig bleibt, die Einzelheiten der Besteuerung den besonderen Umständen anzupassen, unter denen die Steuer erhoben wird.* **[ab 22.7.2010:** *For example, paragraph 3 does not prevent the application of specific mechanisms that apply only for the purposes of determining the profits that are attributable to a permanent establishment. The paragraph must be read in the context of the Convention and, in particular, of paragraph 2 of Article 7 which provides that the profits attributable to the permanent establishment are those that a separate and independent enterprise engaged in the same or similar activities under the same or similar conditions would have been expected to make. Clearly, rules or administrative practices that seek to determine the profits that are attributable to a permanent establishment on the basis required by paragraph 2 of Article 7 cannot be considered to violate paragraph 3, which is based on the same principle since it requires that the taxation on the permanent establishment be not less favourable than that levied on a domestic enterprise carrying on similar activities.***]**

35. [Ungünstigere Besteuerung] *Nach dem ersten Satz des Absatzes 3 darf die Besteuerung einer Betriebstätte in dem betreffenden Staat nicht ungünstiger sein als die Besteuerung von Unternehmen dieses Staates, die die gleiche Tätigkeit ausüben. Diese Bestimmung bezweckt die Beseitigung jeder Diskriminierung bei der Behandlung von Betriebstätten gegenüber ansässigen Unternehmen desselben Tätigkeitsbereichs auf dem Gebiet der auf die geschäftliche Tätigkeit entfallenden Steuern, insbesondere der Steuern vom gewerblichen Gewinn.*

36. [Freibeträge und Steuervergünstigungen auf Grund der Familienlasten] *Der zweite Satz des Absatzes 3 bestimmt, unter welchen Voraussetzungen der im ersten Satz niedergelegte Grundsatz der Gleichbehandlung auf natürliche Personen anzuwenden ist, die in einem Vertragsstaat ansässig sind und eine Betriebstätte im anderen Staat haben. Der zweite Satz soll vor allem sicherstellen, dass diese Personen nicht gegenüber den ansässigen Personen dadurch im Vorteil sind, dass sie Anspruch auf Steuerfreibeträge und -vergünstigungen auf Grund der Familienlasten sowohl in ihrem Wohnsitzstaat nach dessen innerstaatlichem Recht als auch im anderen Staat gemäß dem Grundsatz der Gleichbehandlung haben. Der Satz stellt es also dem Staat, in dem die Betriebstätte liegt, frei, den Betreffenden Freibeträge und Vergünstigungen im Verhältnis des Gewinns der Betriebstätte zu dem im anderen Staat steuerpflichtigen Welteinkommen zu gewähren.*

37. [Unterschiedliche rechtliche Struktur] *Es ist ferner klar, dass für Zwecke des Absatzes 3 in einem Vertragsstaat die steuerliche Behandlung einer Betriebsstätte eines Unter-*

nehmens des anderen Vertragsstaats mit der steuerlichen Behandlung eines Unternehmens des erstgenannten Staates verglichen werden sollte, das eine ähnliche rechtliche Struktur hat wie das Unternehmen, zu dem die Betriebsstätte gehört. Daher verlangt Absatz 3 z.B. von einem Staat nicht, auf die Gewinne eines von einer nicht ansässigen natürlichen Person betriebenen Unternehmens denselben Steuersatz anzuwenden, der für ein von einer ansässigen Gesellschaft betriebenes Unternehmen dieses Staates gilt.

38. [Regulierte und nicht regulierte Tätigkeit] *Ebenso sind gesetzlich geregelte und nicht gesetzlich geregelte Tätigkeiten im Allgemeinen keine gleichen Tätigkeiten für Zwecke des Absatzes 3. Daher verlangt Absatz 3 z.B. nicht, dass die Besteuerung einer Betriebsstätte, deren Tätigkeiten die Aufnahme und Vergabe von Geldmitteln einschließen, das aber keine zugelassene Bank ist, nicht weniger günstig ist als die Besteuerung inländischer Banken, da die Betriebsstätte nicht die gleichen Tätigkeiten ausübt. Ein anderes Beispiel wären Tätigkeiten, die von einem Staat oder seinen öffentlichen Einrichtungen ausgeübt werden, die, da sie von dem Staat kontrolliert werden, für Zwecke des Absatzes 3 nicht als den Tätigkeiten ähnlich angesehen werden könnten, die ein Unternehmen des anderen Staates durch eine Betriebsstätte ausübt.*

39. [Keine eindeutige und umfassende Umschreibung des Gleichbehandlungsgrundsatzes] *Zum ersten Satz hat die Erfahrung gelehrt, dass es schwierig war, den Inhalt des Gleichbehandlungsgrundsatzes eindeutig und umfassend zu bestimmen; dies hat zu erheblichen Meinungsverschiedenheiten hinsichtlich der vielfältigen Aspekte dieses Grundsatzes geführt. Die Hauptursache der Schwierigkeiten dürfte in der Natur der Betriebstätte liegen, da diese kein selbständiger Rechtsträger, sondern lediglich Bestandteil eines Unternehmens ist, das seinen Hauptsitz in einem anderen Staat hat. Eine Betriebstätte hat daher eine andere Stellung als ein inländisches Unternehmen, das eine in sich geschlossene Einheit darstellt, dessen gesamte Tätigkeit mit allen steuerrechtlichen Auswirkungen voll von dem Staat erfasst werden kann, in dem sich der Hauptsitz des Unternehmens befindet. Die Auswirkungen der Gleichbehandlungsbestimmungen werden nachstehend unter den verschiedenen Aspekten der Steuerfestsetzung untersucht.*

A. Veranlagung der Steuer

40. [Gleichbehandlung hinsichtlich der Besteuerungsgrundlage] *Hinsichtlich der Besteuerungsgrundlage wirkt sich der Grundsatz der Gleichbehandlung in der Regel wie folgt aus:*

a) Der Betriebstätte muss ebenso wie den ansässigen Unternehmen das Recht gewährt werden, solche Betriebsausgaben geltend zu machen, die nach dem Steuerrecht allgemein zum Abzug vom steuerpflichtigen Gewinn zugelassen sind, **[bis 21.7.2010:** *sowie das Recht, einen Teil der Gemeinkosten des Hauptsitzes des Unternehmens abzusetzen. Diese Abzüge sind ohne alle Einschränkungen – abgesehen von denen, die auch für ansässige Unternehmen gelten – zu gewähren***] [ab 22.7.2010]:** *(see also paragraphs 33 and 34 of the Commentary on Article 7).*

b) Der Betriebstätte sind die gleichen Möglichkeiten hinsichtlich Abschreibung und Rücklagen einzuräumen. Sie sollte nicht nur von den Abschreibungsmöglichkeiten, die den Unternehmen üblicherweise offenstehen (lineare und degressive Abschreibung), sondern auch von den in einigen Ländern bestehenden besonderen Erleichterungen (sofortige Vollabschreibung, beschleunigte Abschreibung usw.) uneingeschränkt Gebrauch machen können. Rücklagen werden – entsprechend den Grundsätzen kaufmännischer Buchführung – oft für andere Zwecke zugelassen als für die Abschreibung von Wirtschaftsgütern, für die Berücksichtigung von Aufwendungen oder von Verlusten, die noch nicht eingetreten, aber nach den Umständen für die nahe Zukunft zu erwarten sind. So dürfen die Unternehmen in manchen Staaten aus dem steuerpflichtigen Gewinn Rücklagen oder „Reserven" für Investitionen bilden. Steht dieses Recht allen Unternehmen oder zumindest allen Un-

ternehmen eines bestimmten Wirtschaftszweiges zu, so soll es unter den gleichen Bedingungen in der Regel auch nichtansässigen Unternehmen für ihre Betriebstätten in dem betreffenden Staat gewährt werden, soweit die Tätigkeiten, auf die sich die Rücklagen oder Reserven beziehen, in diesem Staat der Steuer unterliegen.

c) Die Betriebstätte soll auch die Möglichkeit haben, die den ansässigen Unternehmen in den meisten Staaten zur Verfügung steht, nämlich einen am Ende eines Wirtschaftsjahres ausgewiesenen Verlust innerhalb einer gewissen Zeitspanne (z. B. fünf Jahre) vorzutragen oder rückzutragen. Kaum hervorzuheben ist, dass sich das Recht auf den Übertrag bei Betriebstätten nur auf den Verlust bezieht, der sich aus deren eigener gewerblicher Tätigkeit ergibt **[bis 21.7.2010:** *und der in den für diese Tätigkeit gesondert geführten Büchern ausgewiesen ist.***]**

d) Auf Betriebstätten sollten ferner die gleichen Regeln angewendet werden wie auf ansässige Unternehmen, soweit es sich um die Besteuerung von Gewinnen aus der Veräußerung von Wirtschaftsgütern während der Geschäftstätigkeit oder bei deren Einstellung handelt.

41. [Verhältnis zu den Vorschriften über verbundene Unternehmen] *Wie oben in Buchstabe c deutlich gesagt, bezieht sich der Gleichbehandlungsgrundsatz des Absatzes 3 nur auf die Besteuerung der eigenen Tätigkeiten der Betriebsstätte. Dieser Grundsatz beschränkt sich daher auf einen Vergleich zwischen den Vorschriften, die für die Besteuerung der eigenen Tätigkeiten der Betriebsstätte gelten, und den Vorschriften, die für gleiche Geschäftstätigkeiten eines unabhängigen ansässigen Unternehmens gelten. Er erstreckt sich nicht auf Vorschriften, die dem Verhältnis zwischen einem Unternehmen und anderen Unternehmen Rechnung tragen (z.B. Vorschriften, nach denen die Konsolidierung, die Übertragung von Verlusten oder die steuerfreie Übertragung von Wirtschaftsgütern zwischen Unternehmen mit denselben Eigentümern zulässig ist), da diese Vorschriften nicht die Besteuerung der eigenen Geschäftstätigkeiten eines Unternehmens, die denen der Betriebsstätte ähnlich sind, sondern stattdessen die Besteuerung eines inländischen Unternehmens als Teil einer Gruppe von verbundenen Unternehmen zum Gegenstand haben. Diese Vorschriften werden oft ermöglichen, die Erfüllung steuerlicher Pflichten und die Verwaltung der Steuer innerhalb einer inländischen Gruppe sicher zu stellen oder zu erleichtern. Daraus ergibt sich, dass der Gleichbehandlungsgrundsatz nicht anwendbar ist. Aus denselben Gründen können auch Vorschriften, die sich auf die Gewinnausschüttungen eines inländischen Unternehmens beziehen, nach Absatz 3 nicht auf eine Betriebsstätte erstreckt werden, da sie nicht die Geschäftstätigkeiten der Betriebsstätte betreffen (s. Ziffer 59).*

42. [Anwendung des Fremdvergleichsgrundsatzes] *Es ist auch klar, dass die Anwendung der Verrechnungspreisvorschriften, die auf dem Grundsatz des Fremdvergleichs beruhen, im Fall von Leistungen einer Betriebsstätte an das Stammhaus (und umgekehrt) nicht als Verletzung des Absatzes 3 angesehen werden kann, selbst wenn diese Vorschriften nicht auf den Leistungsaustausch innerhalb eines Unternehmens des Vertragsstaates, in dem die Betriebsstätte liegt, anwendbar sind. In der Tat wird die Anwendung des Grundsatzes des Fremdvergleichs bei der Ermittlung der einer Betriebsstätte zuzurechnenden Gewinne von Artikel 7 Absatz 2 gefordert, und dieser Absatz ist Teil des Zusammenhangs, in dem Artikel 24 Absatz 3 zu lesen ist. Da Artikel 9 die Anwendung des Fremdvergleichsgrundsatzes auf Leistungen zwischen einem inländischen Unternehmen und einem ausländischen verbundenen Unternehmen erlaubt, kann man auch nicht der Ansicht sein, dass seine Anwendung im Fall einer Betriebsstätte zu einer weniger günstigen Besteuerung führt als die Besteuerung eines Unternehmens des Vertragsstaats, in dem die Betriebsstätte liegt.*

43. [Besondere Investitionsanreize] *Während die vorstehenden allgemeinen Regelungen nur selten Anlass zu Schwierigkeiten im Zusammenhang mit dem Grundsatz der Gleichbehandlung geben, so gilt dies aber nicht immer für die steuerlichen Anreize, die die meisten Staaten im Zusammenhang mit der Dezentralisierung der Industrie, der Entwicklung wirtschaftlich schwacher Gebiete oder der Förderung neuer Tätigkeitsbereiche im Interesse des Ausbaus der Wirtschaft eingeführt haben, um die Lösung dieser Probleme durch Steuerbe-*

freiungen, -erleichterungen oder sonstige Steuervergünstigungen für Unternehmen zur Anregung von Investitionen im Sinne dieser Ziele zu erleichtern.

44. [Zusammenhang mit der Wirtschaftstätigkeit der Staaten] *Da solche Maßnahmen auf Zielsetzungen beruhen, die unmittelbar im Zusammenhang mit der eigentlichen Wirtschaftstätigkeit des betreffenden Staates stehen, ist es gerechtfertigt, die damit verbundenen Vorteile auch den Betriebstätten von Unternehmen eines anderen Staates zu gewähren, der mit dem ersten Staat ein Doppelbesteuerungsabkommen abgeschlossen hat, das die Bestimmungen des Artikels 24 enthält, wenn den Betriebstätten die geschäftliche Betätigung in diesem Staat entweder auf Grund eines eigenen Rechts oder im Rahmen eines internationalen Abkommens (Handels-, Niederlassungsvertrags usw.) gestattet worden ist.*

45. [Gleiche Bedingungen und Voraussetzungen] *Bemerkt sei, dass nichtansässige Unternehmen zwar Anspruch auf diese Steuervergünstigungen in dem betreffenden Staat haben, aber nur unter den gleichen Bedingungen und Voraussetzungen wie ansässige Unternehmen. Die Vergünstigungen können ihnen also verweigert werden, wenn ihre Betriebstätten nicht imstande oder bereit sind, die mit der Gewährung der Vergünstigungen verbundenen Auflagen zu erfüllen.*

46. [Gründe des nationalen Interesses] *Schließlich ist es selbstverständlich, dass nichtansässige Unternehmen keinen Anspruch auf Steuervergünstigungen haben, die mit Tätigkeiten verbunden sind, deren Ausübung aus Gründen des nationalen Interesses, der Verteidigung, des Schutzes der heimischen Wirtschaft usw. ausnahmslos inländischen Unternehmen vorbehalten ist, da in diesem Fall nichtansässige Unternehmen derartige Tätigkeiten nicht ausüben dürfen.*

47. [Betriebsstätten gemeinnütziger Organisationen] *Schließlich sollte Absatz 3 nicht so ausgelegt werden, als verpflichte er einen Staat, der gemeinnützigen Organisationen, deren Tätigkeiten dem öffentlichen Wohl speziell dieses Staates dienen, besondere Steuervorrechte gewährt, dieselben Steuervorrechte auch Betriebsstätten ähnlicher Organisationen des anderen Staates einzuräumen, deren Tätigkeiten nicht ausschließlich dem öffentlichen Wohl des erstgenannten Staates dienen.*

B. Besondere Behandlung von Dividenden aus den von Betriebstätten gehaltenen Beteiligungen

48. [Bestehen von Sonderregelungen] *In zahlreichen Ländern bestehen Sonderregelungen für die Besteuerung von Dividenden, die von einer Gesellschaft an eine andere Gesellschaft ausgeschüttet werden (Mutter-Tochter-Regelung, Schachtelprivileg, Grundsatz „non bis in idem"). Fraglich ist, ob diese Behandlung auf Grund von Absatz 3 auch für Betriebstätten hinsichtlich der Dividenden aus Beteiligungen in Betracht kommt, die zu deren Vermögen gehören.*

49. [Sonderbehandlung auch für Betriebstätten] *Die Auffassungen hierüber gehen auseinander. Einige Staaten sind der Meinung, dass diese Sonderbehandlung auch den Betriebstätten zuzugestehen ist. Sie machen geltend, dass diese Behandlung eingeführt wurde, um die Doppelbesteuerung der von einer Tochtergesellschaft erzielten und an die Muttergesellschaft ausgeschütteten Gewinne zu vermeiden. Grundsätzlich sollte die Gewinnsteuer nur einmal erhoben werden, und zwar bei der Tochtergesellschaft, durch deren Tätigkeit der Gewinn erzielt wurde. Die Muttergesellschaft sollte für solche von der Tochtergesellschaft bezogenen Gewinne von der Steuer befreit sein oder nach der Methode der indirekten Anrechnung für die von der Tochtergesellschaft getragene Steuer entlastet werden. Werden Aktien von einer Betriebstätte als Direktbeteiligung gehalten, so erfordert dieser Grundsatz, dass diese Betriebstätte, der die Dividenden von der Tochtergesellschaft zufließen, ebenfalls in den Genuss der Sonderregelung kommt, da die Gewinne bereits bei der Tochtergesellschaft besteuert worden sind. Andererseits ist es bei dieser Betrachtungsweise kaum denkbar, dass es dem*

Staat, in dem sich der Hauptsitz der Muttergesellschaft befindet, überlassen bleiben soll, Entlastung von der Doppelbesteuerung zu gewähren, die durch die nochmalige Besteuerung im Staat der Betriebstätte entstanden ist. Der Staat der Muttergesellschaft, in dem keine Tätigkeit ausgeübt wurde, die zur Entstehung der doppelt besteuerten Gewinne geführt hat, befreit in der Regel die betreffenden Gewinne oder erhebt eine Gewinnsteuer, die für eine doppelte Anrechnung (nämlich der auf die Tochtergesellschaft und der auf die Betriebstätte entfallenden Steuer) nicht ausreicht. Hierbei wird stets davon ausgegangen, dass die von der Betriebstätte gehaltenen Aktien tatsächlich in Zusammenhang mit der Betriebstättentätigkeit stehen. Selbstverständlich müssen die Gewinne, aus denen die Dividenden ausgeschüttet werden, einer Gewinnsteuer unterworfen worden sein.

50. [Gegenansicht: keine Sonderbehandlung] *Andere Staaten vertreten dagegen die Meinung, dass die Gleichstellung von Betriebstätten mit ansässigen Unternehmen nicht die Verpflichtung mit sich bringt, den Betriebstätten diese Sonderregelung einzuräumen. Sie führen dafür mehrere Gründe an. Der Zweck der Sonderregelung bestehe darin, die wirtschaftliche Doppelbesteuerung von Dividenden zu vermeiden, und es sollte Sache des Wohnsitzstaates der die Dividenden beziehenden Gesellschaft, nicht aber des Staates der Betriebstätte sein, die entsprechenden Kosten zu tragen, da jener Staat an dem angestrebten Ziel stärker interessiert ist. Ein weiterer in diesem Zusammenhang vorgebrachter Grund betrifft die Aufteilung der Steuereinnahmen auf die beteiligten Staaten. Der Einnahmeausfall, der in einem Staat bei der Anwendung dieser Sonderregelung entsteht, wird teilweise ausgeglichen durch die Besteuerung der Dividenden bei ihrer Wiederausschüttung durch die Muttergesellschaft, der diese Sonderbehandlung gewährt worden ist (Kapitalertragsteuer, Aktionärsteuer). Der Staat, der einer Betriebstätte diese Behandlung gewährt, kommt nicht in den Genuss des Ausgleichs. Ferner wird angeführt, dass sich die Ausdehnung der Sonderbehandlung auf Betriebstätten nicht rechtfertige, wenn diese Behandlung von der Wiederausschüttung der Dividenden abhängig gemacht wird, da in diesem Fall die Betriebstätte, die lediglich Teil einer Gesellschaft eines anderen Staates ist und keine Dividenden ausschüttet, günstiger behandelt würde als eine ansässige Gesellschaft. Schließlich vertreten die Staaten, die glauben, dass Absatz 3 nicht zur Ausdehnung dieser Behandlung auf Betriebstätten verpflichtet, die Auffassung, dass Gesellschaften des einen Staates gegebenenfalls versucht sein könnten, ihre Beteiligungen an Gesellschaften eines anderen Staates auf ihre Betriebstätten in diesem anderen Staat zu übertragen, und zwar lediglich zu dem Zweck, sich diese Behandlung zu sichern.*

51. [Einwendung gegen die Gegenansicht] *Tatsächlich kann es aber gewichtige Gründe dafür geben, dass eine Beteiligung statt vom Hauptsitz des Unternehmens von einer Betriebstätte gehalten und verwaltet wird, nämlich*

- *Rechtsgründe, die sich in erster Linie aus einer rechtlichen und von den Aufsichtsbehörden auferlegten Verpflichtung der Banken, sonstiger Kreditinstitute und Versicherungsgesellschaften ergeben, in den Ländern, in denen sie tätig sind, gewisse Vermögenswerte, insbesondere Aktien, als Sicherheit für die Erfüllung ihrer Verpflichtungen zu halten;*
- *Zweckmäßigkeitsgründe im Falle von Beteiligungen an Gesellschaften, die geschäftliche Beziehungen zu der Betriebstätte unterhalten oder deren Hauptsitz sich in demselben Land wie die Betriebstätte befindet;*
- *praktische Gründe im Zusammenhang mit den gegenwärtigen Bestrebungen zur Dezentralisierung der Leitungsaufgaben in großen Unternehmen.*

52. [Bedürfnis der Klarstellung] *Angesichts dieser Meinungsunterschiede und der soeben geschilderten Aspekte sollten die Staaten beim Abschluss zweiseitiger Abkommen klarstellen, wie sie den ersten Satz des Absatzes 3 auslegen. Sie können gegebenenfalls in einem Protokoll oder in einem anderen dem Abkommen beizufügenden Dokument ihre Auffassung darlegen oder eine Abweichung gegenüber einer früher vertretenen Auffassung kundtun.*

53. [Verhinderung unerwünschter Besserstellung] *Mit einem solchen Dokument ließe sich auch eine Lösung vereinbaren, die dem vorstehend erwähnten Einwand begegnen würde,* *nämlich, dass die Ausdehnung der Sonderbehandlung des Staates A für Beteiligungen auf Betriebstätten der im Staat B ansässigen Gesellschaften dazu führt, dass diese Gesellschaften ungerechtfertigt gegenüber anderen Gesellschaften, die in demselben Staat ansässig sind und deren Hauptsitz an im Staat A ansässigen Gesellschaften beteiligt ist, begünstigt werden, weil den erstgenannten Gesellschaften die Dividenden aus ihren Beteiligungen überwiesen werden, ohne dass sie der Abzugsteuer unterworfen sind, während diese Steuer zum Satz von 5 oder 15 v. H. von solchen Dividenden erhoben wird, die unmittelbar an die letztgenannten Gesellschaften ausgeschüttet werden. Die von den betreffenden Staaten geforderte steuerliche Neutralität und Gleichstellung von Betriebstätten und Tochtergesellschaften können erreicht werden, indem die Staaten A und B in zweiseitigen Abkommen die Absätze 2 und 4 des Artikels 10 so ergänzen, dass im Staat A eine Abzugsteuer von den Dividenden, die die in diesem Staat ansässigen Gesellschaften an Betriebstätten der im Staat B ansässigen Gesellschaften zahlen, so erhoben werden kann, als seien die Dividenden unmittelbar, d. h. vom Hauptsitz der letztgenannten Gesellschaften, bezogen worden, und zwar zum Satz von*

- *5 v. H. bei Beteiligungen von mindestens 25 v. H.;*
- *15 v. H. in allen anderen Fällen.*

54. [Schachtelprivileg] *Können die an Betriebstätten gezahlten Dividenden mangels einer entsprechenden Bestimmung des innerstaatlichen Rechts des betreffenden Staates nicht an der Quelle besteuert werden, so ließe sich das Schachtelprivileg auf die Betriebstätten mit der Einschränkung ausdehnen, dass die vom Quellenstaat erhobene Steuer dieselbe bleibt, gleichgültig, ob die Dividenden von der Betriebstätte einer im anderen Staat ansässigen Gesellschaft oder von dieser Gesellschaft unmittelbar bezogen werden.*

C. Struktur der Steuer und Steuersatz

55. [Spezifische Unternehmensbesteuerung] *In Staaten, in denen Unternehmen, insbesondere Kapitalgesellschaften, mit ihren Gewinnen zu einer spezifisch auf sie zugeschnittenen Steuer herangezogen werden, führt Absatz 3 hinsichtlich des auf Betriebstätten anzuwendenden Satzes zu besonders schwierigen und heiklen Problemen, die sich auch hier aus der Tatsache ergeben, dass die Betriebstätte lediglich Teil eines Rechtsträgers ist, der nicht unter die Jurisdiktion des Staates fällt, in dem die Betriebstätte liegt.*

56. [Progressiver Tarif] *Werden die Gewinne von den in einem Staat ansässigen Gesellschaften nach einem progressiven Tarif besteuert, so ist dieser Tarif grundsätzlich auch auf die in diesem Staat gelegenen Betriebstätten anzuwenden. Geht der Staat, in dem die Betriebstätte liegt, bei Anwendung des progressiven Tarifs vom Gewinn der gesamten Gesellschaft aus, zu der die Betriebstätte gehört, so dürfte diese Regelung nicht im Widerspruch zum Gleichbehandlungsgrundsatz stehen, da ansässige Gesellschaften in derselben Weise behandelt werden (vgl. Ziffern 55, 56 und 79 des Kommentars zu den Artikeln 23 A und 23 B). Staaten, die ihre eigenen Gesellschaften so besteuern, können daher in ihren zweiseitigen Abkommen das auf Betriebstätten anzuwendende System klarstellen.*

57. [Mindeststeuersatz] *Sieht ein auf einem progressiven Tarif beruhendes Steuersystem für Betriebstätten einen Mindestsatz vor, so kann nicht von vornherein angeführt werden, diese Regelung verstoße gegen den Grundsatz der Gleichbehandlung. Bei der Ermittlung des nach dem progressiven Tarif anzuwendenden Satzes ist auf die Gewinne des gesamten Unternehmens abzustellen, zu dem die Betriebstätte gehört. Nur wenn der Mindestsatz höher ist, liegt ein Verstoß gegen die Bestimmungen des ersten Satzes des Absatzes 3 vor.*

58. [Beachtung der Gewinnzurechnungsregeln] *Aber selbst wenn auf die Gewinne des Gesamtunternehmens, zu dem die Betriebstätte gehört, bei der Anwendung entweder eines progressiven Tarifs oder eines Mindestsatzes abgestellt wird, darf dies nicht zu einem Verstoß gegen den gemäß Artikel 7 Absatz 2 für die Ermittlung des Betriebstättengewinns maßgebenden Grundsatz des* **[bis 21.7.2010:** *gesonderten* **ab 22.7.2010]:** *separate and* *independent Unternehmens führen. In dem Staat, in dem die Betriebstätte liegt, entspricht daher der Mindestbetrag der Steuer dem Betrag, der zu erheben wäre, wenn es sich um ein* **[bis 21.7.2010:** *gesondertes* **ab 22.7.2010]:** *separate and independent Unternehmen handelte, und zwar ohne Rücksicht auf die Gewinne des Gesamtunternehmens, zu dem sie gehört. Der Staat, in dem die Betriebstätte liegt, ist daher berechtigt, den für ansässige Unternehmen geltenden progressiven Tarif allein auf die Gewinne der Betriebstätte anzuwenden und dabei die Gewinne des Gesamtunternehmens außer acht zu lassen, selbst wenn die letzteren niedriger sind als die der Betriebstätte. Dieser Staat kann auch die Gewinne der Betriebstätten zu einem Mindestsatz besteuern, sofern derselbe Satz auch für ansässige Unternehmen gilt, auch wenn die Berücksichtigung der Gewinne des Gesamtunternehmens, zu dem die Betriebstätte gehört, zu einer niedrigeren oder zu keiner Steuer führen würde.*

59. [Integration von Körperschaftsteuer und Steuer auf Dividenden] *Da eine Betriebsstätte ihrer Natur nach keine Dividenden ausschüttet, steht die steuerliche Behandlung von Ausschüttungen des Unternehmens, zu dem die Betriebsstätte gehört, außerhalb des Geltungsbereichs des Absatzes 3. Absatz 3 beschränkt sich auf die Besteuerung der Gewinne aus den Tätigkeiten der Betriebsstätte selbst und erstreckt sich nicht auf die Besteuerung des Gesamtunternehmens. Dies wird durch den zweiten Satz bestätigt, der klarstellt, dass steuerliche Gesichtspunkte, die sich auf den Steuerpflichtigen, dem die Betriebsstätte gehört, beziehen, wie persönliche Freibeträge oder Abzüge, außerhalb des Geltungsbereichs des Absatzes stehen. Fragen, die sich auf die Integration der Körperschaftsteuer und der Steuer des Anteilseigners beziehen (z.B. advance corporate tax, précompte mobilier, Berechnung des steuerfreien Einkommens [franked income] und entsprechende Steueranrechnungen auf Dividenden), stehen daher außerhalb des Geltungsbereichs des Absatzes.*

60. [Branch Tax] *In einigen Staaten werden die Gewinne einer Betriebsstätte eines Unternehmens eines anderen Vertragsstaats zu einem höheren Steuersatz besteuert als die Gewinne von Unternehmen dieses Staates. Diese zusätzliche Steuer, manchmal als Zweigstellensteuer („branch tax") bezeichnet, erklärt sich daraus, dass, wenn eine Tochtergesellschaft eines ausländischen Unternehmens die gleichen Gewinne erzielte wie die Betriebsstätte und diese Gewinne anschließend als Dividende ausschüttete, nach Artikel 10 Absatz 2 eine zusätzliche Steuer auf die Dividenden erhoben würde. Wenn die Steuer nur als Zusatzsteuer auf die Gewinne der Betriebsstätte ausgedrückt wird, muss sie als Steuer auf die Gewinne aus den Tätigkeiten der Betriebsstätte selbst angesehen werden und nicht als Steuer auf das Unternehmen in dessen Eigenschaft als Eigentümer der Betriebsstätte. Eine solche Steuer stünde im Widerspruch zu Absatz 3.*

61. [Branch Level Interest Tax] *Diese Situation muss aber unterschieden werden von derjenigen einer Steuer, die auf Beträge, z.B. Zinsen, erhoben wird, die bei der Berechnung der Gewinne einer Betriebsstätte abgezogen werden (z.B. Steuer auf Zinsen, die auf der Ebene der Betriebsstätte erhoben wird („branch level interest tax")); in diesem Fall würde die Steuer nicht von der Betriebsstätte selbst, sondern vielmehr von dem Unternehmen, an das die Zinsen als gezahlt gelten, erhoben und würde daher außerhalb des Geltungsbereichs des Absatzes 3 stehen (je nach den Umständen könnten jedoch andere Bestimmungen wie Artikel 7 und 11 für die Frage, ob eine solche Steuer nach dem Abkommen zulässig ist, relevant werden; s. hierzu den letzten Satz des Absatzes 4).*

D. Abzugsteuer von Dividenden, Zinsen und Lizenzgebühren, die von einer Betriebstätte bezogen werden

62. [Behandlung als Betriebstättengewinn] *Bezieht eine Betriebstätte Dividenden, Zinsen oder Lizenzgebühren, so fallen diese Einkünfte auf Grund von Artikel 10 Absatz 4 und Artikel 11 Absatz 4 sowie Artikel 12 Absatz 3 unter Artikel 7 und werden somit*

– vorbehaltlich der Bemerkungen in Ziffer 34 über Dividenden aus Beteiligungen von Betriebstätten – in die steuerpflichtigen Gewinne dieser Betriebstätte einbezogen (vgl. Ziffer 74 des Kommentars zu Artikel 7).

63. [Besteuerung im Quellenstaat] *Nach den Kommentaren zu den vorstehend erwähnten Bestimmungen der Artikel 10, 11 und 12 (vgl. dort die Ziffern 31, 24 bzw. 20) bewirken diese Bestimmungen, dass der Quellenstaat der von der Betriebstätte bezogenen Dividenden, Zinsen oder Lizenzgebühren die in diesen Artikeln vorgesehene Begrenzung nicht zu beachten hat, was nach allgemein anerkannter Auslegung bedeutet, dass das Recht des Quellenstaats – wo die Betriebstätte liegt – auf Erhebung seiner Abzugsteuer nach dem vollen Steuersatz unberührt bleibt.*

64. [Abzugsteuer nur bei Nichtansässigen] *Während dies hinsichtlich der Anwendung des Artikels 24 Absatz 3 zu keinerlei Problemen bei solchen Ländern führt, die eine Abzugsteuer von allen derartigen Einkünften erheben, gleichgültig, ob die Einkünfte ansässigen Personen (wenn die Betriebstätten diese Abzugsteuer wie ansässige Unternehmen auf die nach Artikel 7 vom Gewinn erhobene Steuer anrechnen können) oder nichtansässigen Personen (vorbehaltlich der Begrenzungen nach den Artikeln 10, 11 und 12) zufließen, liegen die Dinge jedoch anders, wenn die Abzugsteuer auf Einkünfte nichtansässiger Personen beschränkt ist.*

65. [Verstoß gegen Absatz 3] *Im letzteren Fall lässt sich die Erhebung der Abzugsteuer kaum mit dem Grundsatz des Absatzes 3 in Einklang bringen, nach dem bei der Besteuerung solcher Einkünfte, die die Betriebstätten aus ihrer Tätigkeit beziehen oder die den Betriebstätten in der Regel zuzurechnen sind – was für die unter die Artikel 10 Absatz 4, Artikel 11 Absatz 4 und Artikel 12 Absatz 3 fallenden Dividenden, Zinsen und Lizenzgebühren anerkannt ist –, die Betriebstätten wie ansässige Unternehmen zu behandeln und daher mit diesen Einkünften nur zu einer Steuer vom Gewinn heranzuziehen sind.*

66. [Verhandlungsweg] *Auf jeden Fall ist es Sache der Vertragsstaaten, für die sich diese Schwierigkeiten ergeben, in zweiseitigen Verhandlungen eine Lösung unter Berücksichtigung der besonderen Gegebenheiten zu finden.*

E. Anrechnung ausländischer Steuern

67. [Gewährung der Anrechnung] *Bezieht eine Betriebstätte ausländische Einkünfte, die in ihren steuerpflichtigen Gewinn einbezogen werden, so ist es gerechtfertigt, dieser Betriebstätte für die auf diese ausländischen Einkünfte entfallende ausländische Steuer Anrechnung zu gewähren, wenn eine derartige Anrechnung nach innerstaatlichem Recht auch ansässigen Unternehmen zusteht.*

68. [Bedeutung eines Drittstaats-DBA] *Kann im Vertragsstaat A, in dem die Betriebstätte eines Unternehmens des Vertragsstaats B liegt, die in einem dritten Staat C erhobene Steuer nur auf Grund eines Abkommens angerechnet werden, so stellt sich die grundsätzliche Frage, inwieweit das mit dem dritten Staat geschlossene Abkommen für Betriebstätten gilt. Obwohl die Betriebsstätte selbst keine Person ist und daher keinen Anspruch auf diese Abkommensvorteile hat, ist die Frage für die Besteuerung der Betriebsstätte relevant. Sie wird unten für den besonderen Fall von Dividenden oder Zinsen erörtert.*

F. Anwendung der mit dritten Staaten geschlossenen Doppelbesteuerungsabkommen auf Betriebstätten

69. [Grundkonstellation] *Bezieht eine in einem Vertragsstaat gelegene Betriebstätte eines im anderen Vertragsstaat ansässigen Unternehmens Dividenden oder Zinsen aus einem* *dritten Staat, so stellt sich die Frage, ob und in welchem Umfang der Betriebstättenstaat eine im dritten Staat erhobene und von diesem nicht zu erstattende Steuer anrechnen sollte.*

70. [Anrechnung der Quellensteuer durch Betriebstättenstaat] *Es besteht Übereinstimmung darüber, dass in solchen Situationen eine Doppelbesteuerung entsteht und dass ein Weg zu ihrer Beseitigung gefunden werden sollte. Die meisten Mitgliedstaaten können in diesen Fällen aufgrund ihres innerstaatlichen Rechts oder nach Absatz 3 eine Steueranrechnung gewähren. Staaten, die hierzu nicht in der Lage sind oder die die Rechtslage zu klären wünschen, können ihr Abkommen mit dem Wohnsitzstaat des Unternehmens in folgendem Sinne ergänzen: Der Betriebstättenstaat rechnet die Steuer des Quellenstaats der Einkünfte bis zu dem Betrag an, den im Betriebstättenstaat ansässige Unternehmen nach dem Abkommen zwischen diesem Vertragsstaat und dem dritten Staat anrechnen können. Ist die nach dem Abkommen zwischen dem dritten Staat und dem Wohnsitzstaat des Unternehmens der Betriebstätte im Quellenstaat zu erhebende Steuer niedriger als nach dem Abkommen zwischen dem dritten Staat und dem Betriebstättenstaat, so wird nur die niedrigere, vom dritten Staat erhobene Steuer angerechnet. Dies könnte dadurch erreicht werden, dass nach Absatz 3 Satz 1 Folgendes eingefügt wird:*

> *„Bezieht eine in einem Vertragsstaat gelegene Betriebstätte eines Unternehmens des anderen Vertragsstaats Dividenden oder Zinsen aus einem dritten Staat und gehören die Rechte oder Vermögenswerte, für die die Dividenden, Zinsen oder Lizenzgebühren gezahlt werden, tatsächlich zu dieser Betriebstätte, so rechnet der erstgenannte Staat die im dritten Staat von diesen Dividenden oder Zinsen gezahlte Steuer an, indem er den Steuersatz anwendet, der in dem Abkommen auf dem Gebiet der Steuern vom Einkommen und vom Vermögen zwischen dem Staat, in dem das Unternehmen ansässig ist, und dem dritten Staat vorgesehen ist. Der anzurechnende Betrag darf jedoch den Betrag nicht übersteigen, den ein im erstgenannten Staat ansässiges Unternehmen nach dem Abkommen auf dem Gebiet der Steuern vom Einkommen und vom Vermögen zwischen diesem Staat und dem dritten Staat beanspruchen kann.“*

Wenn das Abkommen auch für andere Einkünfte vorsieht, dass sie im Quellenstaat besteuert werden können und dass eine entsprechende Steueranrechnung zu gewähren ist (z.B. bei Lizenzgebühren in einigen Abkommen), sollte diese Bestimmung zur Erfassung auch dieser Einkünfte geändert werden.

71. [Verfahrens- und Missbrauchsfragen] *Bezieht eine in einem Vertragsstaat gelegene Betriebstätte eines Unternehmens des anderen Vertragsstaats (des Wohnsitzstaats) Dividenden, Zinsen oder Lizenzgebühren aus einem dritten Staat (dem Quellenstaat) und verlangt der Quellenstaat zur Anwendung des im Abkommen zwischen Wohnsitz- und Quellenstaat für die Quellensteuer vorgesehenen Satzes nach den Verfahrensvereinbarungen beider Staaten eine Wohnsitzbescheinigung, dann ist diese vom Wohnsitzstaat auszustellen. Wendet der Wohnsitzstaat die Anrechnungsmethode an, so mag dieses Verfahren sinnvoll sein; benutzt der Wohnsitzstaat aber die Befreiungsmethode, so verfehlt das Verfahren seinen Zweck, weil die Einkünfte aus dem dritten Staat im Wohnsitzstaat nicht der Steuer unterliegen. Dagegen wäre die Beteiligung an dem Verfahren für den Betriebstättenstaat von Vorteil, da es für die steuerliche Überprüfung nützliche Informationen liefert. Als weiteres Problem taucht bei solchen Dreiecksfällen die Missbrauchsfrage auf. Nimmt der Wohnsitzstaat des Unternehmens die Gewinne der im anderen Vertragsstaat gelegenen Betriebstätte von der Besteuerung aus, so besteht die Gefahr, dass das Unternehmen Wirtschaftsgüter wie Gesellschaftsanteile, Obligationen oder Patente auf Betriebstätten in solche Staaten überführt, die eine sehr günstige Besteuerung bieten; unter gewissen Umständen werden die Einkünfte aus ihnen in keinem der drei Staaten besteuert. Um einem etwaigen Missbrauch durch Gestaltungen dieser Art entgegenzutreten, könnte in das Abkommen zwischen dem Staat, in dem das Unternehmen ansässig ist, und dem dritten Staat (dem Quellenstaat) eine Bestimmung aufgenommen werden, nach der die Abkommensvergünstigungen nur zu gewähren sind, wenn die*

Einkünfte der im anderen Staat gelegenen Betriebstätte im Betriebstättenstaat normal besteuert werden.

72. ***[Andere Dreiecksfälle]*** *Neben den hier betrachteten typischen Dreiecksfällen können noch andere Dreiecksfälle auftauchen; das gilt besonders für den Fall, dass der Staat des Unternehmens gleichzeitig der Quellenstaat von Einkünften ist, die der Betriebstätte* **[bis 14.7.2014:** *zuzurechnen* **ab 15.7.2014:]** *attributed sind (vgl. auch Ziffer 5 des Kommentars zu Artikel 21). Diese Fragen können von den Staaten in zweiseitigen Verhandlungen geregelt werden.*

Absatz 4

73. ***[Zielsetzung]*** *Dieser Absatz soll eine besondere Form der Diskriminierung ausschalten, die sich daraus ergibt, dass in manchen Ländern Zinsen, Lizenzgebühren und andere Entgelte uneingeschränkt abgezogen werden dürfen, wenn der Empfänger eine dort ansässige Person ist, während der Abzug bei nichtansässigen Empfängern eingeschränkt oder sogar unzulässig ist. Ähnliches findet sich auch bei der Vermögensbesteuerung für die Schulden, die gegenüber Nichtansässigen eingegangen wurden. Die Vertragsstaaten können jedoch in ihren zweiseitigen Abkommen diese Bestimmung ändern, um einen Missbrauch zum Zweck der Steuerhinterziehung zu vermeiden.*

74. ***[Behandlung von Zinszahlungen als Dividenden]*** *Absatz 4 hindert den Staat des Darlehensnehmers nicht, seine innerstaatlichen Regelungen über die Unterkapitalisierung anzuwenden, soweit diese Regelungen mit Artikel 9 Absatz 1 oder Artikel 11 Absatz 6 vereinbar sind. Absatz 4 untersagt entsprechende Maßnahmen aber insoweit, als sie sich aus Regelungen ergeben, die mit den genannten Artikeln nicht vereinbar sind und nur für nicht ansässige Gläubiger (unter Ausschluss ansässiger Gläubiger) gelten.*

75. ***[Zusätzliche Auskunftspflichten]*** *Absatz 4 verbietet auch nicht zusätzliche Auskunftspflichten in Bezug auf Zahlungen an nicht ansässige Personen, da diese Pflichten bezwecken, dass bei nicht ansässigen Zahlungsempfängern ein ähnliches Niveau der Erfüllung der Steuerpflichten und der Kontrolle wie bei ansässigen gilt.*

Absatz 5

76. ***[Regelungsgegenstand]*** *Dieser Absatz untersagt es einem Vertragsstaat, ein ansässiges Unternehmen, dessen Kapital ganz oder teilweise unmittelbar oder mittelbar einer im anderen Vertragsstaat ansässigen Person oder mehreren solchen Personen gehört oder ihrer Kontrolle unterliegt, ungünstiger zu behandeln. Diese Bestimmung und die durch sie beseitigte Diskriminierung bezieht sich nur auf die Besteuerung der Unternehmen, nicht aber auf die Besteuerung der Personen, die das Kapital der Unternehmen besitzen oder es kontrollieren. Die Bestimmung soll also sicherstellen, dass allen in demselben Staat ansässigen Personen die gleiche Behandlung zuteil wird, nicht aber, dass das in den Händen der Gesellschafter befindliche Auslandskapital bei diesen der gleichen Behandlung zu unterwerfen ist wie inländisches Kapital.*

77. ***[Vorschriften für verbundene Unternehmen]*** *Da sich der Absatz nur auf die Besteuerung von ansässigen Unternehmen bezieht, nicht aber auf die Besteuerung der Personen, denen ihr Kapital gehört oder die sie kontrollieren, kann er nicht so ausgelegt werden, dass er die Tragweite von Vorschriften, die der Verbundenheit eines ansässigen Unternehmens mit anderen ansässigen Unternehmen Rechnung tragen (z.B. Vorschriften, nach denen die Konsolidierung, die Übertragung von Verlusten oder die steuerfreie Übertragung von Wirtschaftsgütern zwischen Unternehmen, die dieselben Eigentümer haben, zulässig ist) ausdehnt. Wenn das innerstaatliche Recht eines Staates einer ansässigen Gesellschaft erlaubt, ihr Einkommen mit dem einer ansässigen Muttergesellschaft zu konsolidieren, kann Absatz 5 z.B. nicht die Wirkung haben, den Staat zu zwingen, eine solche Konsolidierung zwischen einer ansässigen Gesellschaft und einer nicht ansässigen Muttergesellschaft zuzulassen. Dies setzte voraus, einen Vergleich zwischen der gemeinsamen Behandlung eines ansässigen Unterneh-*

mens und des nicht ansässigen Unternehmens, dem sein Kapital gehört, und der gemeinsamen Behandlung eines ansässigen Unternehmens und des ansässigen Unternehmens, dem sein Kapital gehört, vorzunehmen, was eindeutig über die Besteuerung des ansässigen Unternehmens allein hinausginge.

78. [Kapitalertragsteuer auf Dividenden] *Da Absatz 5 bezweckt sicherzustellen, dass alle ansässigen Unternehmen gleich behandelt werden, unabhängig davon, wem ihr Kapital gehört oder wer sie kontrolliert, nicht aber, dass Ausschüttungen an ansässige und nicht ansässige Personen gleich behandelt werden (s. Ziffer 76), ergibt sich auch die Konsequenz, dass Steuerabzugspflichten, die einer ansässigen Gesellschaft für Dividendenzahlungen an nicht ansässige Anteilseigner, nicht aber für solche Zahlungen an ansässige Anteilseigner auferlegt sind, nicht als Verletzung des Absatzes 5 angesehen werden können. In diesem Fall hängt die unterschiedliche Behandlung nicht davon ab, ob das Kapital der Gesellschaft nicht ansässigen Personen gehört oder von diesen kontrolliert wird, sondern beruht darauf, dass Dividendenzahlungen an nicht ansässige Personen anders besteuert werden. Ein ähnliches Beispiel wäre dasjenige eines Staates, der von ansässigen Gesellschaften, die Ausschüttungen an ihre ansässigen und nicht ansässigen Anteilseigner vornehmen, eine Steuer erhebt, diese aber zur Vermeidung einer mehrfachen Erhebung der Steuer nicht auf Ausschüttungen an verbundene ansässige Unternehmen, die selbst mit ihren Ausschüttungen der Steuer unterliegen, anwendet. Die Tatsache, dass diese Ausnahme nicht für Ausschüttungen an nicht ansässige Gesellschaften gilt, wird nicht als Verletzung des Absatzes 5 angesehen werden dürfen. In diesem Fall wird die ansässige Gesellschaft nicht unterschiedlich behandelt, weil ihr Kapital nicht ansässigen Personen gehört oder von diesen kontrolliert wird, sondern weil sie Ausschüttungen an Gesellschaften vornimmt, die nach den Bestimmungen des Abkommens nicht derselben Steuer unterworfen werden können, wenn sie die Dividenden, die sie von der ansässigen Gesellschaft erhalten haben, weiter ausschütten. In diesem Beispiel werden alle ansässigen Gesellschaften, unabhängig davon, wem ihr Kapital gehört oder wer es kontrolliert, gleich behandelt. Die unterschiedliche Behandlung ist beschränkt auf Fallgestaltungen, in denen Ausschüttungen unter Umständen vorgenommen werden, unter denen die Steuer auf die Ausschüttungen vermieden werden könnte.*

79. [Zinszahlungen] *Da der Absatz eine Diskriminierung eines ansässigen Unternehmens verbietet, die allein auf der Person dessen beruht, dem das Kapital gehört oder der es kontrolliert, ist er auf den ersten Blick nicht relevant für Vorschriften, die eine unterschiedliche Behandlung eines Unternehmens für Zinszahlungen, je nachdem, ob sie an ansässige oder an nicht ansässige Gläubiger erfolgen, vorsehen. Der Absatz befasst sich nicht mit Vorschriften, die auf dem Verhältnis zwischen dem Schuldner und dem Gläubiger beruhen, solange die unterschiedliche Behandlung, die sich aus diesen Vorschriften ergibt, nicht davon abhängt, ob das Kapital des Unternehmens unmittelbar oder mittelbar nicht ansässigen Personen gehört oder von diesen unmittelbar oder mittelbar kontrolliert wird. Wenn z.B. nach den innerstaatlichen Regelungen eines Staates über die Unterkapitalisierung ein ansässiges Unternehmen Zinsen, die es an ein verbundenes nicht ansässiges Unternehmen zahlt, nicht abziehen darf, stellte diese Regelung keine Verletzung des Absatzes 5 dar, selbst wenn sie auf Zinszahlungen an einen Gläubiger angewendet würde, dem das Kapital des Unternehmens gehörte oder der es kontrollierte, vorausgesetzt, dass die Behandlung die gleiche wäre, wenn die Zinsen an ein nicht ansässiges verbundenes Unternehmen, dem das Kapital des Zahlenden nicht gehörte oder das es nicht kontrollierte, gezahlt worden wären. Eine solche innerstaatliche Regelung verletzte aber eindeutig Absatz 4, soweit unterschiedliche Voraussetzungen für den Abzug von Zinsen, die an ansässige und nicht ansässige Personen gezahlt werden, gälten. Es ist deshalb für die Anwendung dieses Absatzes wichtig festzustellen, ob die Regelung mit Artikel 9 Absatz 1 oder Artikel 11 Absatz 6 vereinbar ist (s. Ziffer). Dies wäre auch für Zwecke des Absatzes 5 wichtig, falls Vorschriften über die Unterkapitalisierung nur für Unternehmen eines Vertragsstaates gälten, deren Kapital ganz oder teilweise unmittelbar oder mittelbar nicht ansässigen Personen gehört oder von diesen kontrolliert wird. Da Arti-*

kel 9 Absatz 1 oder Artikel 11 Absatz 6 Teil des Zusammenhangs sind, in dem Absatz 5 zu lesen ist (wie dies in Artikel 31 der Wiener Konvention über das Recht der Verträge verlangt wird), könnten Berichtigungen, die mit diesen Vorschriften vereinbar sind, nicht als Verletzung des Absatzes 5 angesehen werden.

80. [Sachverhaltsermittlungen] *Bei Ermittlungen über Fragen der Verrechnungspreise stellen nach Ansicht fast aller Mitgliedsländer zusätzliche, über die normalen Mitwirkungspflichten hinausgehende Pflichten zur Information und selbst eine Beweislastumkehr keine Diskriminierung im Sinne des Artikels dar.*

Absatz 6

81. [Inhalt der Vorschrift] *Der Absatz bestimmt, dass der Geltungsbereich des Artikels nicht durch Artikel 2 eingeschränkt wird. Der Artikel gilt demnach für Steuern jeder Art und Bezeichnung, die von dem Staat oder seinen Gebietskörperschaften oder für Rechnung des Staates oder der Gebietskörperschaften erhoben werden.*

Bemerkungen zum Kommentar

82. **[bis 14.7.2014:]** ***Deutschland*** *kann sich der in den Ziffern 57 und 58 enthaltenen Auslegung nicht anschließen, da das deutsche Steuerrecht die Anwendung eines Mindestsatzes auf ausschließlich inländische Quellen bei nichtansässigen Personen vorschreibt; der Mindestsatz liegt am unteren Ende des progressiven Steuertarifs.* **[ab 15.7.2014:]** *[gestrichen]*

83. *Die* ***Vereinigten Staaten*** *stellen fest, dass ihre nichtansässigen Staatsangehörigen nicht den gleichen Verhältnissen unterworfen sind wie andere nichtansässige Personen, da die Vereinigten Staaten bei ihren nichtansässigen Staatsangehörigen das Gesamteinkommen besteuern.*

84. *Zu Ziffer 71 erkennen die* ***Niederlande*** *an, dass Staaten in ihren zweiseitigen Abkommen in „Dreiecksfällen" durch eine Bestimmung Abkommensvorteile ausschließen wollen, die als missbräuchlich angesehen werden können. Bei der Abfassung solcher Bestimmungen sollte aber Ausgangspunkt sein, dass Abkommensvorteile beansprucht werden können, außer wenn die Situation als missbräuchlich anzusehen ist. Die Niederlande sind ferner der Auffassung, dass das Merkmal „normal besteuert" zu vieldeutig ist, um als entscheidendes Abgrenzungsmerkmal bei der Entscheidung zu dienen, ob ein Missbrauch vorliegt oder nicht.*

Vorbehalte zum Artikel

85. Australien*,* ***Kanada*** *und* ***Neuseeland*** *machen einen Vorbehalt zu diesem Artikel.*

86. Australien *behält sich vor, Änderungen vorzuschlagen, um sicherzustellen, dass es weiterhin bestimmte Vorschriften seines innerstaatlichen Rechts zum Abzug von Forschungs- und Entwicklungskosten und zur Erhebung von Abzugsteuern anwenden kann.*

87. *Die* ***Vereinigten Staaten*** *behalten sich vor, ihre Steuer auf Betriebstättengewinne („Branch tax") zu erheben.*

Absatz 1

88. Frankreich *behält sich vor, Absatz 1 im Hinblick auf die französische Rechtsprechung und den weiten Schutz gegen Diskriminierung, den schon die Absätze 3, 4 und 5 Gesellschaften gewähren, nur auf natürliche Personen anzuwenden.*

89. **[ab 22.7.2010: *Chile*]** *und* ***Großbritannien*** *machen einen Vorbehalt zum zweiten Satz von Absatz 1.*

Absatz 2

90. **[ab 22.7.2010: *Chile*] [ab 15.7.2014: , *Estonia*]** *und die* ***Schweiz*** *behalten sich vor, Absatz 2 nicht in ihre Abkommen aufzunehmen.*

Absatz 3

[ab 22.7.2010:]

90.1 *In view of its particular taxation system,* **Chile** *retains its freedom of action with regard to the provisions in the Convention relating to the rate and form of distribution of profits by permanent establishments.*

Absatz 4

91. Frankreich *stimmt Absatz 4 zu, möchte jedoch die Möglichkeit haben, die französischen Bestimmungen über die Beschränkung der Abzugsfähigkeit von Zinsen beizubehalten, die von einer französischen Gesellschaft einer ausländischen Muttergesellschaft gezahlt werden.*

Absatz 6

92. **[ab 22.7.2010: *Chile*], *Griechenland*, [bis 14.7.2014: *Irland,*] [bis 21.7.2010: *Luxemburg*]** *und das* **Vereinigte Königreich** *behalten sich vor, den Anwendungsbereich des Artikels auf die Steuern zu begrenzen, für die das Abkommen gilt.*

Text: Stellungnahmen von Nichtmitgliedstaaten zum OECD-MA (OECD-NM)

Positions on the Article

Paragraph 1

1. *[Deleted]*

2. *Brazil,* [ab 15.7.2014: *Colombia,*] *Romania, Russia,* [ab 15.7.2014: *Singapore,*] *Thailand* *and* **Vietnam** *reserve their position on the second sentence of paragraph 1.*

2.1 Bulgaria *reserves the right to omit the words "other or" in the first sentence of paragraph 1.*

2.2 Indonesia, Malaysia *and* **Tunisia** *reserve the right to restrict the scope of the Article to residents of the Contracting States.*

[ab 15.7.2014:]

2.3 Singapore *reserves the right to add a provision to state that the granting of tax incentives to its nationals designed to promote economic or social developments shall not be construed as discriminatory.*

Paragraph 2

3. *[Deleted]*

4. *Albania, Bulgaria,* [bis 14.7.2014: *Estonia,*] *India, Malaysia, the Philippines, Russia, Serbia* [ab 15.7.2014: , *Singapore*] *and* **Vietnam** *reserve the right not to insert paragraph 2 in their conventions.*

Paragraph 3

5. Argentina *reserves the right to apply a branch profits tax.*

6. Brazil *reserves its position on paragraph 3 since royalties paid by a permanent establishment situated in Brazil to its head office abroad are not deductible under its law.*

7. Thailand *reserves the right to apply a profit remittance tax and a special taxation regime in respect of agricultural production activities.*

7.1 Morocco *reserves the right to add a paragraph stating that nothing in this article can be interpreted as prohibiting Morocco to apply its branch tax, its domestic thin-capitalisation and transfer-pricing legislation.*

7.2 **[bis 14.7.2014:** ***South Africa*** *reserves the right to add a paragraph stating that nothing in the Article will prevent South Africa from imposing on the profits attributable to a permanent establishment in South Africa of a company that is not a resident, a tax at a rate that does not exceed the rate of normal tax on companies by more than five percentage points.* **ab 15.7.2014:]** ***Argentina*** *reserves the right to provide in paragraph 3 that no exemptions or concession provided for in its internal laws shall be granted as long as that would result in a transfer of taxes to foreign tax administrations.*

7.3 ***Colombia*** *reserves the right to impose its tax on the transfer of profits attributable to permanent establishments.*

Paragraph 4

8. Vietnam *reserves its position on this paragraph in the case of interest paid to non-residents that is not subject to a withholding tax.*

8.1 Malaysia *reserves its position on this paragraph in the case of interest, royalties, or fees for technical services paid to non-residents where withholding tax has not been deducted.*

[ab 15.7.2014:]

8.2 Singapore *reserves its position on this paragraph in the case of interest paid to nonresidents where withholding tax has not been deducted.*

8.3 Argentina *reserves the right not to include paragraph 4 of Article 24.*

Paragraph 5

9. Brazil *reserves the right to include, after the words "other similar enterprises of the first-mentioned State", the words "whose capital is totally or partially, directly or indirectly, held or controlled by one or several residents of a third State".*

Paragraph 6

10. Albania, **[ab 15.7.2014:** ***Argentina,*]** ***Brazil, Bulgaria,*** **[ab 15.7.2014:** ***Colombia,*]** ***Malaysia, the Philippines, Romania, Serbia,*** **[ab 15.7.2014:** ***Singapore,*]** ***Thailand, Tunisia, Vietnam*** *and* ***Ukraine*** *reserve the right to restrict the scope of the Article to the taxes covered by the Convention.*

Positions on the Commentary

11. India **[bis 14.7.2014:** *and* ***Malaysia*** **[ab 15.7.2014: ,** ***Malaysia*** *and* ***Singapore*]** *reserve their position on the interpretation set out in paragraph 44.*

[ab 15.7.2014:]

11.1 Argentina *does not agree with the interpretation in paragraph 44 because Argentina considers that paragraph 3 of Article 24 does not preclude a State to establish, on any ground, a preferential tax regime that only residents are able to apply for.*

12. India *reserves the right to add a paragraph to clarify that this provision can either be construed as preventing a Contracting State from charging the profits of a permanent establishment which a company of the other Contracting State has in the first-mentioned State at a rate of tax which is higher than that imposed on the profits of a similar company of the first-mentioned Contracting State, nor as being in conflict with the provisions of paragraph 3 of Article 7 (as it read before the 2010 update to the Model Tax Convention).*

A. Allgemeines

I. Musterabkommen

1. Grundzüge

Art. 24 MA normiert für das Doppelbesteuerungsrecht den **Grundsatz der steuerlichen Nichtdiskriminierung.** Die Vorschrift nennt vier Merkmale, die das innerstaatliche Recht der Vertragsstaaten nicht zum Ansatzpunkt einer steuerlichen Benachteiligung machen darf: die Staatsangehörigkeit (Art. 24 Abs. 1, 2 OECD-MA, Art. 24 Abs. 1 US-MA), das Unterhalten einer Betriebstätte im Inland (Art. 24 Abs. 3 OECD-MA, Art. 24 Abs. 2 US-MA), die – in das MA 1977 neu aufgenommene – Zahlung von Zinsen, Lizenzgebühren und anderen Entgelten ins Ausland (Art. 24 Abs. 4 OECD-MA, Art. 24 Abs. 4 US-MA) sowie die Beteiligung von Ausländern an einem inländischen Unternehmen (Art. 24 Abs. 5 OECD-MA, Art. 24 Abs. 5 US-MA). Dies gilt für alle Steuern der Vertragsstaaten, auch für diejenigen, die sonst nicht Gegenstand der DBA sind (Art. 24 Abs. 6 OECD, Art. 24 Abs. 7 US-MA). Soweit die dem Art. 24 MA entsprechenden Vorschriften der DBA zur Anwendung kommen, schließen sie eine Anwendung der innerstaatlichen Normen aus, die Personen aufgrund eines der in Art. 24 genannten Merkmale benachteiligen; an die Stelle der diskriminierenden Vorschriften treten die für eigene Staatsangehörige bzw. für Inländer geltenden Regelungen (s. BFH BFHE 186, 89 = IStR 1998, 504 (505); *Schön,* in Lang/Schuch/Staringer, S. 13 (21); allgemein über das Verhältnis der DBA zum innerstaatlichen Recht s. die Grundl. Rz. 64 ff.). 2

Art. 24 untersagt nur eine **Benachteiligung**, nicht auch eine **Bevorzugung** der von dieser Vorschrift geschützten Personen (s. MA-Komm. Ziff. 14; *Baker,* Rz. 24B.10). Bei einer Deutung des Art. 24 als Gleichbehandlungsgebot könnten durch diese Vorschrift Steueransprüche begründet werden, was dem Sinn und Zweck der DBA widerspricht (s. Grundl. Rz. 68). Art. 24 stellt daher **keine Gleichbehandlungsgebote** auf, sondern normiert **Diskriminierungsverbote;** die deutsche Fassung der Überschrift „Gleichbehandlung" ist zu weit, die englische und französische Originalfassung spricht von „Non-discrimination". Eine Bevorzugung von Steuerausländern gegenüber Steuerinländern kann jedoch im Widerspruch zu den Beihilfevorschriften des AEUV bzw. dem Code of Conduct der OECD oder der EU stehen (*Graetz,* S. 448). 3

Art. 24 stellt **absolute Diskriminierungsverbote** auf (BFH v. 10.3.2005, IStR 2005, 745 (746); DW/*Debatin,* Syst. III Rz. 300; Wassermeyer/*Wassermeyer,* Art. 24 OECD-MA Rz. 26; SKK/*Hageböke,* Art. 24 OECD-MA Rz. 6), bereits eine Differenzierung nach den in den einzelnen Absätzen genannten Kriterien ist unzulässig. Jede Benachteiligung aufgrund der in Art. 24 genannten Merkmale führt zu einem Verstoß gegen das jeweilige Diskriminierungsverbot; die unterschiedliche Behandlung kann von den Vertragsstaaten nicht durch sachliche Gründe gerechtfertigt werden (s. *Avery Jones u. a.,* ET 1991, 345). Mangels Rechtfertigungsmöglichkeit kann die Verletzung eines Diskriminierungsverbots nur durch Einschränkung seines Anwendungsbereiches oder seiner Reichweite vermieden werden.So wird versucht, bereits das Vorliegen „gleicher Verhältnisse" zu verneinen (s. Rz. 47 ff.), den Anwendungsbereich des Betriebstättendiskriminierungsverbots auf betriebsbezogene Besteuerungsmerkmale zu beschränken (s. Rz. 109) und die Reichweite der Diskriminierungsverbote auf rein innerstaatliche Vorschriften einzugrenzen (s. Rz. 114). Die Diskriminierungsverbote verhindern Benachteiligungen durch den Aufnahmestaat; bei der Prüfung von Diskriminierungen ist dessen Besteuerung **isoliert** und nicht im Zusammenwirken mit der Besteuerung durch den Heimatstaat zu betrachten. Damit 4 ist es für die Diskriminierung **nicht** von Bedeutung, ob nach den Rechtsvorschriften des Heimatstaates eine steuerliche Mehrbelastung **ausgeglichen** werden kann und dadurch insgesamt eine belastendere Besteuerung nicht mehr besteht. Im EU-Recht können dagegen Ungleichbehandlungen in einem Mitgliedstaat durch bilateral vereinbarte Ausgleichsmechanismen im anderen Mitgliedstaat neutralisiert werden. S. um Ausgleich einer diskriminierenden Quellenbesteuerung durch die Anrechnung im anderen Mitgliedstaat EuGH v. 8.11.2007, Rs. C-379/05, IStR 2007, 853 ff. – *Amurta,* Tz. 79, 84; v. 19.11.2009, Rs. C-540/07; IStR 2009, 853 ff. – *Com. v. Italy; Kofler,* BIT 2011, 684.

5 Nur **offene, direkte Diskriminierungen**, die nach einem in Art. 24 genannten Tatbestandsmerkmal unterscheiden, werden von Art. 24 verboten (s. DW/*Debatin,* Syst. III Rz. 305; Wassermeyer/*Wassermeyer,* Art. 24 OECD-MA Rz. 16, 86). Art. 24 erfasst – anders als die Diskriminierungsverbote des AEUV (s. Rz. 16) – keine **versteckten Diskriminierungen**, die an ein anderes Kriterium anknüpfen, typischerweise aber die von Art. 24 geschützten Personen benachteiligen (s. zu dem Begriff: *Schaumburg,* S. 95; dagegen will es BFH BStBl. II 2013, 186 (189) im Einklang mit der Auslegung des EuGH zu den europarechtlichen Diskriminierungsverboten für die Anwendung des Art. 24 Abs. 5 ausreichen lassen, dass von der nationalen Regelung „vorrangig im anderen Vertragsstaat ansässige Anteilseigner betroffen sind" (s. Rz. 165). Eine solche Erweiterung ist abzulehnen, da der Anwendungsbereich der abkommensrechtlichen Diskriminierungsverbote nicht durch Rechtfertigungsgründe eingeschränkt werden kann). Ebensowenig untersagt Art. 24 **mittelbare/indirekte Diskriminierungen,** also Benachteiligungen, die nicht unmittelbar die von Art. 24 geschützten Personen treffen (s. *K. Vogel,* Aktionär, S. 79). So stellt es etwa keinen Verstoß gegen Art. 24 Abs. 3 dar, wenn die Anteilseigner des ausländischen Unternehmens mit Betriebstätte im Inland nicht in den Genuss der Körperschaftsteueranrechnung kommen (s. Rz. 111), da die Benachteiligung auf der Ebene der Anteilseigner und nicht unmittelbar auf der Ebene der Körperschaft eintritt. Dies schließt nicht aus, dass die Diskriminierungsverbote faktisch auch anderen Personen zugutekommen. Beispielsweise profitieren mittelbar auch die ausländischen Vertragspartner des inländischen Unternehmens davon, dass Zahlungen an sie gemäß Art. 24 Abs. 4 beim inländischen Unternehmen unter den gleichen Bedingungen wie Zahlungen an inländische Vertragspartner zum Abzug zugelassen werden müssen.

6 Die einzelnen Diskriminierungsverbote des Art. 24 unterscheiden sich hinsichtlich des **Anwendungsbereiches** und hinsichtlich der **Rechtsfolge.** Art. 24 Abs. 1 findet auf alle Steuerpflichtigen Anwendung, Art. 24 Abs. 2 schützt nur natürliche Personen und der Anwendungsbereich von Art. 24 Abs. 3 bis 5 beschränkt sich auf Unternehmen. Abs. 1 schützt Staatsangehörige des anderen Vertragsstaates unabhängig von ihrer Ansässigkeit, Abs. 3 dagegen im anderen Vertragsstaat ansässige Personen unabhängig von ihrer Staatsangehörigkeit. Abs. 1 und 2 verbieten eine Diskriminierung nach der Staatsangehörigkeit, Abs. 3 bis 5 hingegen nach der Ansässigkeit (des Unternehmens, der Vertragspartner bzw. der Kapitalgeber). Das Betriebstättendiskriminierungsverbot des Abs. 3 untersagt nur eine ungünstigere Besteuerung, lässt dabei aber Unterschiede hinsichtlich der Abzugsfähigkeit von existenzsichernden Aufwendungen zu (s. Rz. 120). Nach Abs. 1, 2 und 5 dürfen die Besteuerung und die damit zusammenhängenden Verpflichtungen nicht einmal anders ausgestaltet sein (s. Rz. 42, 45). Die einzelnen Diskriminierungsverbote können **nebeneinander** zur Anwendung kommen, ein Verhältnis der Spezialität oder Alternativität besteht nicht (*K. Vogel,* AWD 1970, 349 (351); *J. F. Avery Jones et al.*, WTJ 2011, 179 (215 ff.) u. *Bammens,* S. 485 ff. mit zahlreichen Beispielen mehrfacher Anwendung von Diskriminierungsverboten); dies gilt auch für Art. 24 Abs. 4 und 5 (s. Rz. 165a).

Damit erfassen die Diskriminierungsverbote nur einen Aspekt möglicher Benachteiligungen. Sie richten sich an den **Aufnahmestaat** und verbieten ihm die Schlechterstellung von Angehörigen des anderen Vertragsstaats gegenüber eigenen Angehörigen. Maßnahmen eines Vertragsstaates, die Investitionen von Inländern im anderen Vertragsstaat gegenüber Investitionen im Heimatstaat benachteiligen (sog. **Outbound-Fälle**), untersagt Art. 24 dagegen nicht (*van Raad*, Nondiscrimination, S. 257; *Avery Jones u. a.,* ET 1991, 311). Einzig Art. 24 Abs. 4 kann auch als Outbound-Sachverhalt angesehen werden, da er Zahlungen an im anderen Vertragsstaat ansässige Personen betrifft. Im Public Discussion Draft der OECD zur Anwendung und Auslegung des Art. 24 v. 3.5.2007, www.oecd.org/dataoecd/59/30/38 516 170.pdf, wird nun erwogen, zusätzliche Diskriminierungsverbote in Art. 24 aufzunehmen. 7

Während die Verteilungsnormen der DBA den Zugriff der Vertragsstaaten auf bestimmte Steuerquellen begrenzen, enthalten sie keine Vorgaben für die **Ausgestaltung des innerstaatlichen Steuerrechts**. Den Vertragsstaaten bleibt es danach überlassen, ob und wie sie den durch die Verteilungsnormen vorgegebenen Rahmen füllen. Dagegen wirken sich die Diskriminierungsverbote auf die Ausgestaltung der innerstaatlichen Besteuerungsvorschriften aus (s. *Lehner,* IStR 2001, 329 (332)). Die Diskriminierungsverbote bestimmen, welche Kriterien nicht als Anknüpfungsmerkmal für eine steuerliche Benachteiligung ausgewählt werden dürfen und beeinflussen somit die Art und Weise der Besteuerung. Wie Art. 9 Abs. 1 stellt auch Art. 24 Direktiven für die innerstaatliche Gewinnermittlung auf. Art. 24 verlangt von den Vertragsstaaten, die nach den Verteilungsnormen verbleibende Besteuerung diskriminierungsfrei auszuüben. Das nationale Recht muss daher kumulativ den Anforderungen der Verteilungsnormen und den Anforderungen der Diskriminierungsverbote gerecht werden. Allein die nach Art. 9, 11 oder 12 zulässigen Gewinnberichtigungen dürfen auch in diskriminierender Weise vorgenommen werden (s. Rz. 138). Art. 24 Abs. 4 nimmt diese Benachteiligungen ausdrücklich vom Diskriminierungsschutz aus; für andere Abkommensbestimmungen wird der Diskriminierungsschutz dagegen nicht eingeschränkt. So hat auch der BFH (BFHE 186, 89; a. A. die Vorinstanz FG Kassel EFG 1996, 1108) zum *DBA Philippinen 1983,* das in seinem Art. 8 Abs. 2 Buchst. a eine pauschalierte Besteuerung der Einnahmen aus dem Betrieb von Luftschiffen im internationalen Verkehr der Höhe nach beschränkt, entschieden, dass im Verlustfalle eine Pauschalbesteuerung der Einnahmen einer deutschen Betriebstätte gegen die dem Art. 24 Abs. 3 OECD-MA entsprechende Vorschrift verstößt. A. A. allerdings Lady Justice Arden in *Court of Appeal v. England und Wales* v. 21.2.2007 [2007], EWCA Civ. 119 Rz. 82, die aus der Einräumung eines Körperschaftsteuerguthabens für bestimmte beschränkt Steuerpflichtige in Art. 10 *DBA Großbritannien/Schweiz* schloss, dass für die Anwendung des Betriebstättendiskriminierungsverbotes zur Erlangung eines Körperschaftsteuerguthabens kein Raum mehr sei. M. E. kann eine Verteilungsnorm nur dann als abschließend angesehen werden, wenn die Anwendung des jeweiligen Diskriminierungsverbotes ausdrücklich ausgeschlossen ist oder die Regelung eine Diskriminierung ausdrücklich erlaubt (wie etwa Art. 10 Abs. 8 US-MA). Diese Abgrenzung wird nun auch durch Ziff. 4 MA-Komm. 2008 bestätigt. Danach stellen zwar anderweitig ausdrücklich erlaubte Maßnahmen keinen Verstoß gegen die Diskriminierungsverbote dar, umgekehrt kann aber aus der Vereinbarkeit einer Maßnahme mit den Verteilungsnormen nicht automatisch gefolgert werden, dass die Maßnahme dadurch insgesamt mit dem Doppelbesteuerungsabkommen in Einklang steht. 8

Die Bedeutung des Art. 24 für die internationale **Steuerharmonisierung** sollte jedoch nicht überschätzt werden (vgl. aber DW/*Debatin,* Syst. III Rz. 284). Die Diskriminierungsverbote verpflichten keinen Vertragsstaat, Angehörige des anderen Vertragsstaates so zu behandeln, wie es der andere Vertragsstaat getan hätte. Die 9

Diskriminierungsverbote ebnen die Unterschiede in den Steuerrechtsordnungen nicht ein, der Diskriminierungsschutz führt zu keiner Harmonisierung der Steuerrechtsordnungen der Vertragsstaaten. Jeder Vertragsstaat bestimmt das von ihm für angemessen gehaltene Steuerniveau. **Benachteiligungen innerhalb einer Steuerrechtsordnung** werden durch die Diskriminierungsverbote allerdings untersagt. Die einmal getroffene Belastungsentscheidung muss diskriminierungsfrei umgesetzt werden. Ein Vertragsstaat darf die Angehörigen des anderen Vertragsstaates also hoch oder niedrig besteuern; untersagt ist nur eine gegenüber den eigenen Angehörigen höhere Besteuerung.

10 In der **Vertragspraxis** der OECD-Staaten wird Art. 24 sehr unterschiedlich beachtet. Relativ selten ist ein Diskriminierungsschutz für Staatenlose entsprechend Abs. 2 (s. Rz. 78). Australien und Neuseeland lehnen die Aufnahme eines Diskriminierungsverbots in ihre DBA grundsätzlich ab. Begründet wird dies damit, dass Zweck eines DBA die Vermeidung von Doppelbesteuerung und die Verhinderung von Steuerhinterziehung sei; ein Diskriminierungsverbot sei zur Erreichung dieser Ziele nicht notwendig (vgl. *Gordon,* CDFI LXXVIII b, 273 m. w. N.; *Martin/Peters,* CDFI 93 a, 427). Die kanadischen DBA enthalten keine dem Art. 24 Abs. 4 MA entsprechende Vorschrift und beschränken die Anwendung des Diskriminierungsverbots auf Steuern im Sinne des Abkommens. Auch die japanische Abkommenspolitik wendet sich gegen ein Verbot eines diskriminierenden Abzugs von Zahlungen ins Ausland.

2. Abgrenzung

11 **a)** Art. 24 enthält einen Sonderfall des **völkerrechtlichen Diskriminierungsschutzes** (s. *Vierdag,* S. 1 ff.). Ein allgemeines völkerrechtliches Diskriminierungsverbot ist bisher, zumindest soweit nicht Völkerrechtssubjekte unmittelbar diskriminiert werden, nur für den Bereich der elementaren Menschenrechte anerkannt (statt aller *Partsch,* EPIL Bd. 1 (1992), 1079; *van Raad,* Nondiscrimination, S. 25). Ausgenommen blieb insbesondere die wirtschaftliche Betätigung; hier kam es zur Aufstellung spezieller Diskriminierungsverbote (vgl. z. B. Art. 1 und 3 GATT; Art. 4 des früheren EGKS-Vertrag; Art. 18, 28, 45, 49, 56 und 63 AEUV, dazu Rz. 15 ff.). Spezifisch **steuerrechtliche** Diskriminierungsverbote – insbesondere in der Form von Gleichbehandlungsklauseln – wurden schon früh in bilaterale Freundschafts-, Handels- und Schifffahrtsverträge aufgenommen. Diese Verträge leisteten einen wichtigen Beitrag zur Entwicklung der wirtschaftlichen Beziehungen zwischen den Vertragsstaaten (zu den Handelsverträgen der Niederlande und den USA s. *van Raad,* Nondiscrimination, S. 213 ff.; *ders.,* TMIJ 1986, 135 (143 ff.); für Deutschland vgl. bereits Art. 3 Abs. 2 Freundschafts-, Handels- und Schifffahrtsvertrag zwischen dem Deutschen Reich und dem Freistaate Columbien vom 23.7.1892, RGBl. 1894, 471; ferner z. B. Art. VIII Freundschafts-, Handels- und Konsularvertrag zwischen dem Deutschen Reich und den Vereinigten Staaten von Amerika vom 8.12.1923, RGBl. II 1925, 795; Art. 7 deutsch-italienischer Handelsvertrag vom 31.10.1925, RGBl. II 1925, 1020). Nach Art. 1 Abs. 3 Buchst. b US-MA 1996 sollten die in diesen Verträgen enthaltenen Benachteiligungsverbote auf steuerliche Vorschriften keine Anwendung finden; steuerliche Diskriminierungsverbote waren nach Ansicht der USA abschließend in den Doppelbesteuerungsabkommen geregelt (s. *McDaniel/Ault,* S. 192). Art. 1 Abs. 3 lit. a US-MA 2006 räumt den abkommensrechtlichen Diskriminierungsverboten nun nur noch einen Vorrang gegenüber dem GATT ein. Ein **universelles** Gleichbehandlungsgebot enthält heute Art. 26 des Internationalen Pakts über bürgerliche und politische Rechte vom 19.12.1966 (UNTS Bd. 999, S. 171) für alle Staaten, die sich diesem Pakt angeschlossen haben (s. hierzu die Ausführungen in den Schlussanträgen des *Advocaat-Generaal Moltmaker* zur Entscheidung des *Hoge Raad* Rolno. 24 694, BNB 1988/302 mit Anm. *Scheltens).*

Art. 24 MA ergänzt die bereits nach **internationalem** oder nach **innerstaatlichem Recht** bestehenden Diskriminierungsverbote oder Gleichbehandlungsgebote und steht als selbständiges steuerrechtliches Diskriminierungsverbot unabhängig neben anderen Regelungen des Diskriminierungsschutzes. 12

b) Verhältnis zu den ErbSt-DBA: Art. 24 findet auch im Bereich der **Erbschaft- und Schenkungsteuer** Anwendung (s. Art. 24 Abs. 6; Rz. 180f.). Art. 10 OECD-ErbSt-MA enthält dem Art. 24 Abs. 1 und 2 entsprechende Diskriminierungsverbote, die ebenfalls für alle Steuerarten zur Geltung kommen. Die Diskriminierungsverbote im ErbSt-MA vermitteln keinen über Art. 24 hinausgehenden Schutz. Nach Ziff. 2 des ErbSt-MA-Komm. können sie aber den Schutz vor Diskriminierungen zusätzlich absichern, wenn etwa ein DBA auf dem Gebiet der Einkommen- und Vermögensteuer außer Kraft tritt. 13

c) In Deutschland tritt Art. 24 MA neben den **verfassungsrechtlichen Gleichheitssatz des Art. 3 GG**. Zwar können sich nach neuester Rechtsprechung (BVerfGE 129, 78) auch juristische Personen mit Sitz in der EU über Art. 19 Abs. 3 GG auf Art. 3 GG berufen. Für juristische Personen mit Sitz außerhalb der EU findet Art. 3 GG jedoch weiterhin keine Anwendung, da ausländische juristische Personen in Art. 19 Abs. 3 GG nicht genannt werden (s. BFH BStBl. II 2001, 290). Hier schließen die abkommensrechtlichen Diskriminierungsverbote die insoweit auftretenden Lücken. Anders als das Völkerrecht enthält Art. 3 Abs. 1 GG ein **allgemeines** Verbot rechtlicher Ungleichbehandlung. Im Gegensatz zu Art. 24 MA stellt Art. 3 GG ein Gleichbehandlungsgebot auf. Es wendet sich sowohl gegen Benachteiligungen wie Bevorzugungen. Gesetzliche Differenzierungen sind jedoch dadurch nicht ausgeschlossen; Ungleichbehandlungen können nach Art. 3 Abs. 1 GG im Unterschied zu Art. 24 MA gerechtfertigt sein, verboten ist nach Art. 3 Abs. 1 GG nur die grundlose Ungleichbehandlung. Bei Ungleichbehandlungen geringer Intensität versteht das BVerfG das Gleichheitsgebot als Willkürverbot und akzeptiert eine Ungleichbehandlung als gerechtfertigt, wenn sich irgendein sachlicher Grund für die Ungleichbehandlung findet. Bei Ungleichbehandlungen größerer Intensität versteht das BVerfG das Gleichheitsgebot als Verbot der Ungleichbehandlung ohne gewichtigen sachlichen Grund. Nach der „Neuen Formel" ist eine Ungleichbehandlung gerechtfertigt, wenn zwischen zwei Vergleichsgruppen Unterschiede von solcher Art und solchem Gewicht bestehen, dass sie die Ungleichbehandlung rechtfertigen (BVerfGE 95, 143; vgl. zusammenfassend zur Rspr. des BVerfG zum Gleichheitssatz *K. Vogel,* DStJG 12 (1989), 123 (138f.); die dort vorgeschlagene Unterscheidung zwischen personalem Gleichheitssatz und rechtsstaatlichem Willkürverbot wurde durch BVerfGE 89, 15 (22f.); 89, 132 (141f.) bestätigt). Die Verfassung belässt damit dem Gesetzgeber einen weiten Regelungsspielraum. Näher steht dem Art. 24 MA der Art. 3 Abs. 3 GG. Art. 3 Abs. 3 GG nennt bestimmte Merkmale, die nicht als rechtfertigender Grund für eine Ungleichbehandlung herangezogen werden dürfen, und stellt damit ebenso wie Art. 24 MA Kriterien für eine unzulässige Differenzierung auf. 14

d) Für die **Mitgliedstaaten der EU** ergibt sich ein **steuerliches Diskriminierungsverbot** auch aus dem **Vertrag über die Arbeitsweise der Europäischen Union.** Es wird aus Art. 18 AEUV abgeleitet, der seinerseits durch Art. 28, 45, 49, 56 und 63 AEUV konkretisiert wird. Diese Vorschriften sind leges speciales zu Art. 18 AEUV und seit dem Ende der Übergangsperiode unmittelbar anwendbares Recht in den Mitgliedstaaten. Der Inhalt des Diskriminierungsverbots wurde maßgeblich durch die Rechtsprechung des EuGH geprägt. Zum EWR-Abkommen s. Grundl. Rz. 261. 15

Das Diskriminierungsverbot des AEUV ist – Art. 18 bringt dies deutlich zum Ausdruck – **ein Staatsangehörigkeitsdiskriminierungsverbot.** Es wird vom 16

EuGH in Fortführung der im Fall *Sotgiu gegen Deutsche Bundespost* (v. 12.2.1974, Rs. 152/73, Slg. 1974, 153) entwickelten Auslegungsgrundsätze jedoch sehr weit interpretiert. Untersagt sind damit nicht nur offene Diskriminierungen, die direkt an die Staatsangehörigkeit anknüpfen, sondern auch alle versteckten Formen der Diskriminierung, die, obwohl sie an andere Unterscheidungsmerkmale anknüpfen, tatsächlich zu den gleichen Ergebnissen führen. Im steuerlichen Bereich kann eine Differenzierung nach der Ansässigkeit eine versteckte Diskriminierung darstellen; differenziert ein Mitgliedstaat nach der Ansässigkeit des Steuerpflichtigen, so besteht die Gefahr, dass dadurch hauptsächlich Angehörige anderer Mitgliedstaaten benachteiligt werden, da Gebietsfremde meist Ausländer sind (s. EuGH v. 14.2.1995, Rs. C-279/93, Slg. 1995, I-225 – *Schumacker,* Tz. 28). Allerdings ist die Gleichstellung von ansässigen und nichtansässigen Personen auch nach dem AEUV nicht allgemein gefordert; der AEUV will keineswegs die in allen Mitgliedstaaten praktizierte Unterscheidung zwischen beschränkter und unbeschränkter Steuerpflicht aufheben. Eine Diskriminierung wird in der Rechtsprechung des EuGH lediglich in den Fällen angenommen, in denen unterschiedliche Vorschriften auf **vergleichbare Situationen** angewandt werden. Grundsätzlich befinden sich ansässige und nichtansässige Personen nicht in der gleichen Lage. Bezieht eine natürliche Person in ihrem Wohnsitzstaat jedoch keine nennenswerten Einkünfte, dagegen im anderen Mitgliedstaat den Großteil ihrer Einkünfte, so kann der Wohnsitzstaat die existenzsichernden Aufwendungen steuerlich nicht berücksichtigen. Ein solcher Gebietsfremder befindet sich im Quellenstaat hinsichtlich der Berücksichtigung der existenzsichernden Aufwendungen in einer vergleichbaren Situation mit einer dort ansässigen Person (EuGH, *Schumacker,* a.a.O., Tz. 36). Trotz Vergleichbarkeit der Situation kann eine an die Ansässigkeit anknüpfende Regelung gerechtfertigt sein, wenn sie notwendig ist, um die Kohärenz der anwendbaren Steuerregelung zu gewährleisten (EuGH v. 28.1.1992, Rs. C-240/90, Slg. 1992, I-249 – *Bachmann,* Tz. 28). Ob eine Diskriminierung zur Wahrung der Kohärenz erforderlich ist, ist allerdings von Fall zu Fall besonders zu prüfen (EuGH v. 11.8.1995, Rs. C-80/94, Slg. 1995, I-2493 – *Wielockx,* Tz. 25).

17 Bei **juristischen Personen** sieht der EuGH den Anknüpfungspunkt für die Staatsangehörigkeit der Gesellschaft in ihrem **Sitz** (EuGH v. 28.1.1986, Rs. 270/83, Slg. 1986, 273 – *avoir fiscal,* Tz. 18; v. 13.7.1993, Rs. C-330/91, Slg. 1993, I-4017 – *Commerzbank,* Tz. 13). Auch insoweit unterscheidet sich das Diskriminierungsverbot nach Art. 18 AEUV von Art. 24 MA (s. Rz. 54). Wie bei natürlichen Personen kann auch bei juristischen Personen eine versteckte Diskriminierung i. S. des Art. 18 AEUV vorliegen, wenn die Unterscheidung an die steuerliche Ansässigkeit der Gesellschaft anknüpft (EuGH, *Commerzbank,* a. a. O., Tz. 15). Dabei befinden sich ausländische Gesellschaften mit einer inländischen Betriebstätte und inländische Gesellschaften grundsätzlich in einer objektiv vergleichbaren Lage (EuGH v. 21.9.1999, Rs. C-207/97, Slg. 1999, I-6161 – *Saint-Gobain,* Tz. 48). Der Diskriminierungsschutz aufgrund der Niederlassungsfreiheit beschränkt sich nicht auf die rein nationalen Vorschriften, sondern erfasst auch die **abkommensrechtlichen Vergünstigungen** (EuGH, *Saint Gobain,* a.a.O., Tz. 42).

18 Die Auslegungsgrundsätze des EuGH zu Art. 18 AEUV können grundsätzlich nicht auf die Interpretation des Art. 24 MA übertragen werden (anders insoweit *Adonnino* CDFI LXXXVIII b, 131 (136); anders in bestimmten Fallkonstellationen Wassermeyer/*Wassermeyer,* Art. 24 OECD-MA Rz. 17 und SKK/*Hageböke,* Art. 24 OECD-MA Rz. 7; dagegen *Lehner,* in Birk, S. 28 ff.; *Hahn,* BB 2005, 521 (525 f.)). Insbesondere ist die unterschiedliche Rolle beider Vorschriften zu berücksichtigen. Während für das Ziel der Errichtung eines Europäischen Binnenmarktes die Nichtdiskriminierung im wirtschaftlichen Bereich von zentraler Bedeutung ist, was eine weite Auslegung der Diskriminierungsverbote des AEUV legitimiert, ist

Art. 24 MA eine der Sondervorschriften des MA, die für die eigentliche Zweckerreichung des Abkommens, die Vermeidung der Doppelbesteuerung und die Verhinderung von Steuerhinterziehung, nicht erforderlich sind. Dies führt zu einer engen Auslegung der Vorschrift. Darüber hinaus listet das MA die Fälle, in denen es eine Diskriminierung nach der Ansässigkeit untersagt, detailliert auf, während im Bereich des AEUV der gesamte Diskriminierungsschutz aus dem Kriterium der „Staatsangehörigkeit" abgeleitet werden muss. Dies führt dazu, dass etwa in der Entscheidung *Bachmann* Sachverhalte unter dem Aspekt der Staatsangehörigkeitsdiskriminierung diskutiert werden, die nach dem MA einer ganz anderen Variante des Diskriminierungsverbots, nämlich dem Abzugs-Diskriminierungsverbot des Art. 24 Abs. 4 MA, zuzuordnen wären. Auch zeigt die Einfügung der Begriffe „insbesondere hinsichtlich der Ansässigkeit" in Art. 24 Abs. 1, dass eine Differenzierung nach der Ansässigkeit durch das abkommensrechtliche Staatsangehörigkeitsdiskriminierungsverbot nicht verboten wird, da sich Ansässige und Nichtansässige nicht in gleichen Verhältnissen befinden. Überdies kann eine Benachteiligung nach den europarechtlichen Diskriminierungsverboten gerechtfertigt werden, was einen weit gezogenen Anwendungsbereich erlaubt, dagegen lassen die abkommensrechtlichen Diskriminierungsverbote keine Rechtfertigung zu. Insgesamt bleibt der Diskriminierungsschutz der Doppelbesteuerungsabkommen weit hinter dem des AEUV zurück.

Die abkommensrechtlichen und die europarechtlichen Diskriminierungsverbote 19 entfalten jedoch gegenseitige Wechselwirkungen. Während einerseits viele nationale Rechtsvorschriften aufgrund der Vorgaben des EU-Rechts geändert (in Deutschland z.B. § 8b Abs. 4 KStG a.F., § 8a KStG a.F., ferner s. 278 des britischen ICTA, s. 1032 des irischen TCA) und dadurch Verstöße gegen abkommensrechtliche Diskriminierungsverbote beseitigt wurden, verhindern die abkommensrechtlichen Diskriminierungsverbote andererseits Verstöße der nationalen Rechtsvorschriften gegen den AEUV. Aufgrund des Abkommensrechts bedarf es in vielen Fällen keiner Abänderung der nationalen Regelungen. Die Berücksichtigung des Abkommensrechts schont dabei im Gegensatz zu einer Abänderungsverpflichtung die Souveränität der Mitgliedstaaten und entspricht somit eher dem gemeinschafts-/unionsrechtlichen Subsidiaritätsprinzip (s. *Lehner,* IStR 2001, 329 (333)). Unterhält z.B. ein Staatsangehöriger eines Mitgliedstaates eine Zweigniederlassung in einem anderen Mitgliedstaat, so stellt Art. 24 Abs. 3 MA die Gleichbehandlung der Betriebstätte mit Unternehmen des anderen Mitgliedstaates sicher und setzt somit die Vorgaben der Niederlassungsfreiheit um. Soweit der Wortlaut der abkommensrechtlichen Diskriminierungsverbote eine Auslegung im Sinne der unionsrechtlichen Vorgaben zulässt, sind die Abkommensbestimmungen m.E. europarechtskonform auszulegen, wenn dies zur Umsetzung der Bestimmungen des AEUV notwendig ist (s. *Züger,* SWI 2001, 111 (120); s. hierzu die Ausführungen bei den einzelnen Diskriminierungsverboten Rz. 62, 121, 150, 169). Eine europarechtskonforme Auslegung der Abkommensvorschriften ist einer zwangsweisen Änderung der nationalen Rechtsvorschriften vorzuziehen. Diese Lösung ist souveränitätsschonender, die Normen des Abkommensrechts sind bereits jahrzehntelang erprobt, auch können gerade spezifisch abkommensrechtliche Zusammenhänge berücksichtigt werden. Dies führt aber nicht zu einem generellen Bedeutungswandel der abkommensrechtlichen Diskriminierungsverbote. Außerhalb des Anwendungsbereiches des AEUV bleibt es bei der herkömmlichen Auslegung der abkommensrechtlichen Diskriminierungsverbote (zur Bedeutung der Übereinkommen mit Drittstaaten s. *Lang/Pistone,* Third Countries). Kommt der AEUV zur Anwendung, ist eine europarechtskonforme Auslegung der Doppelbesteuerungsabkommen nur insoweit notwendig, als die unionsrechtlichen Vorgaben nicht ausreichend im nationalen Steuerrecht umgesetzt wurden (a.A. *Bammens,* S. 1057 ff.).

II. Deutsche DBA

1. Abkommensübersicht: Abweichungen und Ergänzungen zu Art. 24 insgesamt

23

DBA	Abweichungen	Artikel	Rz.
Armenien	s. UdSSR		
Australien	Kein Diskriminierungsverbot im DBA		24
Frankreich	Gleichstellung gemeinnütziger Organisationen	21 Abs. 7 i. d. F. des ZusAbk. 89	29
Ghana	Fördergelder Studenten	20 Abs. 3	31
Jersey 2008	Kein Diskriminierungsverbot im DBA		
Kuwait	Kein Diskriminierungsverbot im DBA		24
Moldau	s. UdSSR		
Neuseeland	Kein Diskriminierungsverbot im DBA		24
Niederlande 2012 (E)	Abzugsfähigkeit von Versicherungsbeiträgen		30
Slowakei	s. Tschechoslowakei		
Tschechien	s. Tschechoslowakei		
Tschechien 1997 (E)	Abzugsfähigkeit von Versicherungsbeiträgen	24 Abs. 7	30
Tschechoslowakei	Nur Verbot der Schlechterstellung gegenüber Personen, die in Drittstaaten ansässig sind	24 Abs. 1	27
Tunesien	Vorbehalt zugunsten steuerlicher Investitionsförderungs-Maßnahmen	24 Abs. 6	28
Turkmenistan	s. UdSSR		
UdSSR	Nur Verbot der Schlechterstellung gegenüber Personen, die in Drittstaaten ansässig sind	20	26 f.

2. Erläuterungen

24 a) **Keine Regelung** des Diskriminierungsschutzes auf Abkommensebene enthalten nur noch die *DBA Australien, Jersey 2008, Kuwait und Neuseeland*. Durch den Neuabschluss zahlreicher Abkommen in den letzten Jahren hat sich der Diskriminierungsschutz wesentlich verbessert. Der Schutz gegen steuerliche Benachteiligungen wird gegenüber manchen Staaten jedoch auch durch entsprechende Regelungen **in sonstigen Abkommen** der Vertragsstaaten gewährleistet. So war im *DBA Italien 1925* noch kein Diskriminierungsverbot enthalten. In Art. 14 des Freundschafts-, Handels- und Schifffahrtsvertrags zwischen der Bundesrepublik Deutschland und der Italienischen Republik vom 21.11.1957, BGBl. II 1959, 949 findet sich aber ein spezifisch für den Bereich der Besteuerung vereinbartes Staatsangehörigkeitsdiskriminierungsverbot entsprechend der Regelung der MA, verbunden mit einer Meistbegünstigungsklausel (s. hierzu Rz. 174). Derselbe Vertrag verbietet es in seinem Art. 8 Abs. 3, ein Unternehmen aufgrund der Tatsache schlechter zu stellen, dass es sich im Eigentum oder unter dem Einfluss von Staatsangehörigen oder Gesellschaften des anderen Vertragsstaats befindet (vgl. Art. 24 Abs. 5 MA). Die früher bestehenden Lücken im Diskriminierungsschutz im Ver-

hältnis zu Österreich wurden zwar nicht durch das *ErbSt-DBA Österreich* geschlossen, da auch dieses kein Diskriminierungsverbot enthält (s. Rz. 13). Art. 2 des Rechtsschutz- und Rechtshilfevertrages zwischen der Bundesrepublik Deutschland und der Republik Österreich vom 4.10.1954, BGBl. II 1955, 833 gewährleistet jedoch einen rein steuerlichen Gleichbehandlungsanspruch für die Staatsangehörigen der Vertragsstaaten. Die Anwendung dieser Vorschrift auf juristische und diesen gleichgestellte Personen setzt voraus, dass die betreffende Person ihren Sitz im Gebiet eines Vertragsstaats hat und nach den Gesetzen dieses Staates errichtet worden ist. Das neue *DBA Österreich* enthält nun ein dem Art. 24 MA entsprechendes Diskriminierungsverbot.

b) Abgeschwächte Diskriminierungsverbote: Einen abgeschwächten Diskriminierungsschutz vermittelt Art. 20 *DBA UdSSR*. Nach dieser Vorschrift dürfen in einem Vertragsstaat ansässige Personen, die im anderen Vertragsstaat besteuert werden, dort keiner höheren steuerlichen Belastung unterworfen werden als Personen, die in einem Drittstaat, der nicht DBA-Staat ist, ansässig sind. Art. 20 ist zu verstehen als Ersatz eines Staatsangehörigkeitsdiskriminierungsverbots, das mangels einer Einigung über die Definition der Staatsangehörigkeit nicht vereinbart werden konnte (vgl. *Manke,* DStZ 1982, 91 (97)). Statt auf die Staatsangehörigkeit wird auf die Ansässigkeit als Bezugspunkt des Rechtsschutzes abgestellt; geschützt werden nur die im anderen Vertragsstaat ansässigen Personen. Die Vorschrift verbietet einem Vertragsstaat aber nicht, die im anderen Vertragsstaat ansässigen Personen gegenüber den im eigenen Gebiet Ansässigen zu diskriminieren. Die im anderen Vertragsstaat ansässigen Personen dürfen nur nicht schlechter behandelt werden als Personen, die in einem Nicht-DBA-Staat ansässig sind. Art. 20 enthält keine Meistbegünstigungsklausel (s. Rz. 174). Die Vorschrift erstreckt keine Vorteile aus Abkommen mit Drittstaaten auf die im anderen Vertragsstaat ansässigen Personen; der im anderen Vertragsstaat Ansässige darf gegenüber in anderen DBA-Staaten ansässigen Personen diskriminiert werden. Grundsätzlich stellt Art. 20 damit auch nur klar, dass die Anwendung des Abkommens für Nichtansässige zu keiner höheren Besteuerung führen darf. Eine eigenständige Bedeutung entfaltet das Diskriminierungsverbot nur in Fällen, in denen ein Vertragsstaat aufgrund nationalen Rechts Ansässigen eines Nicht-DBA-Staates Vergünstigungen gewährt; diese steuerlichen Vergünstigungen müssen dann auch den im anderen Vertragsstaat ansässigen Personen eingeräumt werden. Geschützt durch Art. 20 sind natürliche sowie juristische und diesen gleichgestellte Personen (Art. 1 Abs. 2 *DBA UdSSR*). Der Diskriminierungsschutz beschränkt sich auf Steuern i. S. des Abkommens (hierzu Art. 2 *DBA UdSSR*), da nicht ausdrücklich etwas anderes vorgesehen ist. 26

Einen dem Art. 20 *DBA UdSSR* entsprechenden Diskriminierungsschutz als Ersatz des Staatsangehörigkeitsdiskriminierungsverbots enthält auch Art. 24 Abs. 1 *DBA Tschechoslowakei.* Im Gegensatz zum *DBA UdSSR* gilt die Regelung jedoch für Steuern jeder Art und Bezeichnung (Art. 24 Abs. 4 *DBA Tschechoslowakei*). Das *DBA Tschechoslowakei* enthält im Übrigen weitere, dem MA entsprechende Diskriminierungsverbote. 27

c) Das Diskriminierungsverbot des Art. 24 *DBA Tunesien* steht nach dessen Abs. 6 unter dem Vorbehalt, dass nationale Vorschriften über die **Investitionsförderung** unberührt bleiben. Durch diese Einschränkung wird dem Bestreben der tunesischen Wirtschaftspolitik Rechnung getragen, über steuerliche Investitionsanreize eine Steigerung privater unternehmerischer Tätigkeit einzuleiten (vgl. zum tunesischen Investitionsförderungsgesetz vom 23.6.1981 *Eden,* IWB F. 7, Tunesien, Gr. 3, 17; auch *Hintzen,* IWB F. 7, Tunesien, Gr. 2, 9). 28

Art. 21 Abs. 7 *DBA Frankreich* i. d. F. des *ZusAbk. 1989* gewährleistet den öffentlichen Anstalten und **gemeinnützigen Organisationen** des anderen Vertrags- 29 staats dieselben Steuervorteile, die gleichartige inländische Organisationen erhalten würden. Ferner werden der andere Vertragsstaat und seine Untergliederungen im Hinblick auf Steuerbefreiungen und -ermäßigungen für Erbschaften und Schenkungen dem jeweils diese Erleichterungen gewährenden Vertragsstaat und dessen Untergliederungen gleichgestellt.

30 Nach Art. 24 Abs. 7 *DBA Tschechien (E)* und Art. 24 Abs. 6 *DBA Niederlande 2012 (E)* sind **Rentenversicherungsbeiträge**, die ein Arbeitnehmer oder im Falle des *DBA Niederlande 2012 (E)* auch ein Selbständiger an Versicherungsunternehmen im anderen Vertragsstaat zahlt, unter den dort aufgeführten Voraussetzungen genauso wie Beiträge an inländische Versicherungsunternehmen zum Abzug zuzulassen (s. zu einer entsprechenden Regelung MA-Komm. zu Art. 18 Ziff. 37 und Art. 18 Abs. 2 US MA; s. a. Art. 18 Rz. 154). Nach deutschem Recht sind Beitragszahlungen an Versicherungsunternehmen in der Europäischen Union gemäß § 10 Abs. 1 Nr. 2 Buchst. a, Abs. 2 Nr. 2 Buchst. a EStG bereits den Zahlungen an deutsche Versicherungsunternehmen gleich gestellt.

31 Nach Art. 20 Abs. 3 *DBA Ghana* sind Studenten für bestimmte Fördergelder und Vergütungen die gleichen Steuervergünstigungen zu gewähren, die auch im Gastland ansässige Personen unter gleichen Umständen erhalten.

B. Zu Art. 24 Abs. 1

I. Musterabkommen

1. Übereinstimmungen und Abweichungen

35 Die Vorschriften stimmen inhaltlich überein; das US-MA enthält in Art. 24 Abs. 1 Satz 3 und in Abs. 3 zusätzliche Klarstellungen.

2. Erläuterungen

36 **a) Grundzüge:** Als ersten Unterfall des abkommensrechtlichen Diskriminierungsverbots enthält Art. 24 Abs. 1 ein Verbot der Diskriminierung aus Gründen der **Staatsangehörigkeit.** Nach der Vorschrift dürfen Staatsangehörige des anderen Vertragsstaates nicht allein wegen ihrer Staatsangehörigkeit schlechter behandelt werden. Sachlich bezieht sich das Diskriminierungsverbot auf Steuern jeder Art und Bezeichnung (Art. 24 Abs. 6 MA, Rz. 179 ff.). Da in den meisten Staaten die Unterscheidung zwischen Inländer- und Ausländerbesteuerung nach dem Wohnsitz bzw. gewöhnlichen Aufenthalt vorgenommen wird (s. Art. 4 Rz. 90 ff.), ist das Verbot der Staatsangehörigkeitsdiskriminierung bei natürlichen Personen in der Praxis nur von relativ geringer Bedeutung (*Raupach,* AWD 1966, 85 (87); *Böckli,* StuW 1979, 1 (4)). Meist wird es in Fällen angewandt, die Kapitalgesellschaften betreffen (*van Raad,* Nondiscrimination, S. 75).

37 **b) Abgrenzung:** Das Staatsangehörigkeitsdiskriminierungsverbot ergänzt den Abkommensschutz durch die Verteilungsnormen. Die Vertragsstaaten dürfen bei der Besteuerung in den ihnen nach den Verteilungsnormen verbleibenden Bereichen nicht nach der Staatsangehörigkeit differenzieren (s. Rz. 8). Das Diskriminierungsverbot wirkt sich daher auf die Ausgestaltung der Besteuerung durch die Vertragsstaaten aus. Sind Staatsangehörige eines Vertragsstaates zugleich in diesem ansässig und unterhalten sie in dem anderen Vertragsstaat eine Betriebstätte, können Art. 24 Abs. 1 und Abs. 3 nebeneinander Anwendung finden.

38 **c) Regelung:** Nach Art. 24 Abs. 1 MA dürfen
- **Staatsangehörige** eines Vertragsstaats
- **unabhängig von ihrer Ansässigkeit** in einem der Vertragsstaaten

– im anderen Vertragsstaat keiner **Besteuerung oder damit zusammenhängenden Verpflichtung** unterworfen werden,
– die **anders oder belastender** ist als die Besteuerung und die damit zusammenhängenden Verpflichtungen,
– denen Staatsangehörige des **anderen** Staates **unter gleichen Verhältnissen,** insbesondere hinsichtlich der Ansässigkeit, unterworfen sind oder unterworfen werden können.

d) Der Begriff der **Staatsangehörigkeit** war im MA 1963 in Art. 24 Abs. 2 geregelt. Da die Staatsangehörigkeit nicht nur für Art. 24 Abs. 1 bedeutsam ist, wurde der Begriff im MA 1992 in Art. 3 Abs. 1 Buchst. f definiert, seit 2000 findet er sich in Art. 3 Abs. 1 Buchst. g MA. Natürliche Personen, juristische Personen, Personengesellschaften und andere Personenvereinigungen können danach aus Art. 24 Abs. 1 **berechtigt** sein. Im Gegensatz zu Art. 3 Abs. 1 Buchst. a sind hier die Personengesellschaften ausdrücklich genannt. Für Personengesellschaften kann der Diskriminierungsschutz insbesondere dann relevant werden, wenn sie für bestimmte Steuern als eigene Steuersubjekte angesehen werden, wie das etwa in Deutschland für die GewSt, USt und GrESt der Fall ist. Nicht in Art. 3 Abs. 1 Buchst. g aufgeführt sind dagegen die Rechtsträger, die für die Besteuerung wie juristische Personen behandelt werden (s. dazu Art. 3 Abs. 1 Buchst. b). Es liegt nahe, sie als „juristische Personen i. S. des Steuerrechts“ in den Anwendungsbereich des Art. 24 einzubeziehen. Hiergegen spricht aber, dass Art. 3 Abs. 1 sie ausdrücklich **neben** den juristischen Personen nennt. Man wird deshalb die Folgerung nicht vermeiden können, dass diese Rechtsträger keinen Schutz gegen Staatsangehörigkeitsdiskriminierung genießen. **39**

Art. 1 MA macht die Abkommensberechtigung von der Ansässigkeit in einem Vertragsstaat abhängig; im Rahmen von Art. 24 Abs. 1 ist allein die Staatsangehörigkeit eines Vertragsstaates Voraussetzung für den Diskriminierungsschutz. Für die **Berechtigung** aus Art. 24 Abs. 1 MA wird nicht verlangt, dass der Steuerpflichtige gemäß Art. 1 MA zusätzlich noch in einem der Vertragsstaaten **ansässig** ist. Diese Auffassung war unter den Mitgliedstaaten der OECD umstritten, wurde aber im MA 1977 durch Anfügung des jetzigen Satz 2 im Abs. 1 ausdrücklich so geregelt. Da Art. 24 Abs. 1 nur die Staatsangehörigkeit, nicht aber die Ansässigkeit für die Abkommensberechtigung voraussetzt, kommen auch die LOB-Klauseln nicht zur Anwendung, s. a. US-TE zu Art. 24 nach Abs. 7. Folgen Abkommen noch der Fassung des MA 1963 (s. Rz. 67), findet Art. 1 des jeweiligen DBA aufgrund seiner systematischen Stellung auf alle Bestimmungen des Abkommens Anwendung. Für die Abkommensberechtigung im Rahmen des Art. 24 Abs. 1 ist dann zusätzlich zur Staatsangehörigkeit die Ansässigkeit in einem Vertragsstaat zu fordern (a. A. FWK/*Land,* Art. 25 *DBA Schweiz* Rz. 8; *Conseil d'Etat* req. n. 128611, Dr. fisc. 1997, n° 11, 309). Drittstaatsangehörige werden – auch wenn sie in einem Vertragsstaat ansässig sind – von Art. 24 Abs. 1 nicht geschützt (s. aber Sonderregelung Rz. 71 ff.). In der „Belastingregeling voor het Koninkrijk“ zwischen den Niederlanden, den Niederländischen Antillen und Aruba verpflichten sich die drei Vertragspartner unter dem Vorbehalt gleicher Verhältnisse, Ausländer nicht gegenüber eigenen Staatsangehörigen zu diskriminieren. Diese Regelung beschränkt ihren Anwendungsbereich nicht auf Angehörige der jeweiligen Vertragspartner, sondern gilt für alle natürlichen Personen („aliens“) unabhängig von ihrer Staatsangehörigkeit (s. *Goedkoop/Kloosterhof,* ET 1997, 215). In den Niederlanden dürfen ausländische Staatsangehörige daher generell nicht gegenüber Niederländern benachteiligt werden. **40**

e) Besteuerung im anderen Vertragsstaat: Unabhängig von der Ausdehnung der Vorschrift auch auf Staatsangehörige der Vertragsstaaten, die in einem **41**

Drittstaat ansässig sind (als Ausnahme von Art. 1 MA), betrifft doch das Diskriminierungsverbot des Art. 24 Abs. 1 MA – ebenso wie die sonstigen Vorschriften des Abkommens – nur die steuerrechtlichen Beziehungen zwischen den Vertragsstaaten. Es gilt damit **nur** für die Besteuerung von Staatsangehörigen eines Vertragsstaats **im anderen Vertragsstaat.** Gegenüber seinem eigenen nationalen Fiskus kann der Staatsangehörige eines Vertragsstaates aus der Vorschrift keine Rechte ableiten. Nach Art. 24 Abs. 1 kann daher eine Gleichstellung mit anderen Staatsangehörigen desselben Vertragsstaates nicht verlangt werden.

42 **f) Diskriminierende Besteuerung:** Besitzt eine Person die Staatsangehörigkeit eines Vertragsstaates, ist sie also abkommensberechtigt im Sinne von Art. 24 Abs. 1, so darf sie der andere Vertragsstaat steuerlich nicht **anders** oder **belastender** behandeln als Staatsangehörige des anderen Vertragsstaates, die sich in gleichen Verhältnissen befinden. Die Merkmale „anders oder belastender" stehen zueinander in einem Verhältnis der Alternativität. Für ein Eingreifen des Diskriminierungsschutzes reicht es damit schon aus, wenn die Besteuerung der Staatsangehörigen des anderen Vertragsstaats **nach anderen rechtlichen Grundlagen** erfolgt als die Besteuerung der eigenen Staatsangehörigen; weder Bemessungsgrundlage noch Steuersatz, Art der Steuerfestsetzung oder gar Formalitäten dürfen unterschiedlich sein (s. MA-Komm. Ziff. 15). Es ist nicht erforderlich, dass diese andere steuerliche Behandlung auch tatsächlich zu einer höheren Belastung führt. Allein die **Möglichkeit**, dass sich die „andere" Behandlung des Ausländers für diesen nachteilhaft auswirken könnte, führt bereits zur Anwendung des Art. 24 Abs. 1 (vgl. im Gegensatz dazu die ausschließlich auf einen **steuerlichen Belastungsvergleich** abstellende Vorschrift des Art. 24 Abs. 3, s. Rz. 104f.). Dadurch bleibt dem Steuerpflichtigen der unter Umständen schwierig zu führende Nachweis einer letztlich größeren Belastung erspart (s. FWK/*Land,* Art. 25 DBA Schweiz Rz. 14).

43 Der südafrikanische *Transvaal Income Tax Special Court* hat deshalb im Ergebnis zutreffend die in Südafrika ausschließlich von nichtansässigen ausländischen Staatsangehörigen erhobene Quellenabzugsteuer auf Dividendenzahlungen nach sec. 42 Income Tax Act als Verstoß gegen Art. 24 Abs. 1 MA bewertet, ohne darauf einzugehen, ob nichtansässige Ausländer in Südafrika insgesamt steuerlich besser gestellt seien als nichtansässige Südafrikaner; diese Auslegung entspreche der „internationalen Praxis" (wofür das Gericht auf den vorliegenden Kommentar verweist: Entscheidung vom 10.3.1992, SA Tax Review 1992, 63 mit Anmerkung von *Horak: DBA Südafrika/Niederlande*). Zu Recht betrachtete auch die *Cour d'Appel de Lyon* (req. n. 89271, Dr. Fisc. 1991 comm. 137: *DBA Frankreich/Schweiz*) eine pauschalierte Besteuerung als „belastender" im Sinne des Art. 24 Abs. 1 MA. Die *Queen's Bench* entschied, dass ein deutscher Staatsangehöriger, dem nach britischem Recht ein Erstattungszuschlag bei der Rückzahlung zuviel bezahlter Steuern verweigert werde, der einem britischen Staatsangehörigen in denselben Umständen gewährt worden wäre, einer belastenderen Verpflichtung im Sinne des Art. XX Abs. 1 *DBA Großbritannien/Deutschland 1964* unterliege (Regina v. IRC, ex parte Commerzbank, S. T. C. 1991, 271); Art. XX war auf den Fall jedoch aus anderen Gründen nicht anwendbar (vgl. nunmehr dazu EuGH v. 13.7.1993, Rs. C-330/91, Slg. 1993, I-4017 – *Commerzbank;* s. ferner die Erörterung dieses Falls bei *Avery Jones,* BTR 1992, 405). Der *Hoge Raad* hat entschieden, dass eine Bestimmung, die eine Gewinnkonsolidierung („fiscale eenheid") davon abhängig macht, dass die verbundene Gesellschaft nach niederländischem Recht errichtet ist, gegen ein Verbot der Staatsangehörigkeitsdiskriminierung verstoßen könne (im konkreten Fall ging es nicht um ein DBA, jedoch um eine dem Art. 24 Abs. 1 gleichlautende innerstaatliche Bestimmung der Belastingregeling voor het Koningrijk: *Hoge Raad* Rolno. 27764, BNB 1994/191; s. dazu: *van Raad,* WFR 1994, 1717; *van Weeghel,* ET 1994, 278).

Das Verbot einer „anderen" steuerlichen Behandlung untersagt es dem besteuernden Vertragsstaat jedoch **nicht,** durch besondere Bestimmungen den Ausländern steuerliche **Vergünstigungen** einzuräumen (vgl. MA-Komm. Ziff. 14; s. bereits Rz. 3). Zwar wird sich ein Steuerpflichtiger nicht gegen Vergünstigungen zur Wehr setzen, ein Vertragsstaat könnte aber die Besserstellung eigener Staatsangehöriger im anderen Vertragsstaat verhindern wollen, um eine Abwanderung von Besteuerungspotential zu verhindern. Abweichend nehmen *Colin/Sinkondo* (Revue de Marché Commun et de l'Union Europénne, Jan. 1993, 47) und *M. I. Veldt/ J. A. Veldt* (WFR 1993, 1959) an, Art. 24 Abs. 1 enthalte auch ein Verbot der Besserstellung von Staatsangehörigen des anderen Vertragsstaats. Eine derartige Auslegung hätte zur Folge, dass Vergünstigungen, wie sie Entwicklungsländer und Staaten Mittel- und Osteuropas für ausländische Investoren vorsehen, für Investitionen aus DBA-Staaten nicht gewährt werden könnten. Anhaltspunkte dafür, dass eine derartige Rechtsfolge gewollt wäre, lassen sich weder dem MA noch dem MA-Komm. entnehmen. Art. 24 MA regelt, wie sich bereits aus seiner Überschrift „Non-Discrimination" ergibt (die deutsche Übersetzung „Gleichbehandlung" ist zu weit), lediglich das Verbot der Schlechterstellung von Ausländern, verbietet dagegen nicht deren Besserstellung (ebenso *Gouthière,* BF 1993, 399). So stellt etwa die Schlechterstellung eigener nichtansässiger Staatsangehöriger gegenüber nichtansässigen fremden Staatsangehörigen im Rahmen der erweiterten beschränkten Steuerpflicht nach § 2 AStG keinen Verstoß gegen das Diskriminierungsverbot dar (s. *Schaumburg,* S. 95). Schließlich verstößt es auch nicht gegen Art. 24 Abs. 1, wenn an die Stelle einer mit Art. 24 Abs. 1 unvereinbaren Vorschrift nach innerstaatlichem Recht eine andere, nicht diskriminierende Vorschrift tritt, nach der die Besteuerung im Ergebnis aufrechterhalten werden kann („substitution de base légale", s. *Conseil d'État* req. n. 82784, Dr. Fisc. 1989 comm. 239: *DBA Frankreich/ Belgien*). 44

Inhaltlich bezieht sich das Diskriminierungsverbot auf das **gesamte steuerliche Pflichtenverhältnis** zwischen Steuerschuldner und Fiskus. Dies wird durch die gesonderte Erwähnung der mit der Besteuerung zusammenhängenden Verpflichtungen im Abkommenstext ausdrücklich klargestellt (vgl. auch MA-Komm. Ziff. 14, 15; DW/*Debatin,* Syst. III Rz. 294). Der Diskriminierungsschutz erstreckt sich auf sämtliche für die Besteuerung relevanten Regelungen. Er betrifft insbesondere auch steuerliche Vergünstigungen, die auf den Personenstand bzw. die Familienlasten des Steuerpflichtigen abstellen, ebenso vereinfachende Steuerpauschalen (*Tribunal administratif de Paris* req. n. 177/80–3, Dr. Fisc. 1983 comm. 1964: *DBA Frankreich/Italien*). 45

Die **Reichweite** der Gleichbehandlungsverpflichtung ist allerdings umstritten. Viele Vertragsstaaten beschränken die Rechtsfolge von Art. 24 Abs. 1 auf Gleichbehandlung nur bezüglich der rein innerstaatlichen Regelungen. Dagegen fühlen sie sich aus Art. 24 Abs. 1 nicht verpflichtet, ihre mit **Drittstaaten abgeschlossen DBA** auch auf die Staatsangehörigen des anderen Vertragsstaates anzuwenden. Da die subjektive Abkommensberechtigung aber grundsätzlich nach Art. 1 MA an die Ansässigkeit anknüpft, genießen Staatsangehörige eines Vertragsstaates, die im anderen Vertragsstaat ansässig sind, auch grundsätzlich den Schutz durch Abkommen, die der andere Vertragsstaat mit Drittstaaten abgeschlossen hat. Im Rahmen von Art. 24 Abs. 1 wird die Frage der Reichweite der Gleichbehandlungsverpflichtung daher nur in seltenen Fällen relevant. Bedeutsam wird sie aber bei der Anwendung von Art. 24 Abs. 3, da das Betriebstättendiskriminierungsverbot zu einer Gleichbehandlung Nichtansässiger führen kann. Die Problematik wird daher in Rz. 114 ff. erörtert. Das *DBA Italien 1925* stellte für die subjektive Abkommensberechtigung noch auf die Staatsangehörigkeit ab. Hierzu hat der BFH BStBl. II 1989, 649 entschieden, dass sich ein in Deutschland ansässiger Niederländer, der in Italien eine 46

Tätigkeit ausübte, über Art. 24 Abs. 1 *DBA Deutschland/Niederlande* gegenüber Deutschland auf das *DBA Deutschland/Italien 1925* berufen konnte. Der *Hoge Raad* Rolno. 16806, BNB 1973/1: *DBA Niederlande/Belgien* verneinte jedoch die Möglichkeit einer Abkommenserstreckung über das Staatsangehörigkeitsdiskriminierungsverbot.

47 **g)** Nach Art. 24 Abs. 1 hat der Staatsangehörige eines Vertragsstaates Anspruch auf Gleichbehandlung mit Staatsangehörigen des anderen Vertragsstaates, die sich **in gleichen Verhältnissen** befinden. Anders ausgedrückt, kann der Steuerpflichtige eine Gleichbehandlung mit dem Staatsangehörigen des anderen Vertragsstaates nur verlangen, wenn er sich mit diesem „in gleichen Verhältnissen" befindet.

48 Der Ausdruck „in gleichen Verhältnissen" (engl. in the same circumstances; franz.: dans la même situation) bedeutet **in nahezu vollständig identischen Umständen mit Ausnahme der Staatsangehörigkeit** (s. McCarthy P. in *New Zealand Court of Appeal* v. 16.7.1973, 1 N.Z.T.C. 61,028: „in substantially identical circumstances in all other areas except nationality"; *Avery Jones u. a.,* ET 1991, 312 m. w. N.). Unterschiede anderer Art als die Staatsangehörigkeit führen zu ungleichen Verhältnissen und berechtigen daher ohne Verstoß gegen Art. 24 Abs. 1 zu einer Ungleichbehandlung durch den anderen Vertragsstaat. Eine Verletzung des Staatsangehörigkeitsdiskriminierungsverbotes kann somit nur angenommen werden, wenn die Staatsangehörigkeit – und nichts anderes – das nach innerstaatlichem Steuerrecht für die Schlechterstellung des Steuerschuldners **ausschlaggebende Merkmal** ist (*Schaumburg,* S. 95; DW/*Debatin,* Systematik III Rz. 295, 305; vgl. auch BFH BStBl. II 1974, 255 (257): *DBA Frankreich*). Für die Prüfung gleicher Verhältnisse ist die so genannte **Gegenprobe** durchzuführen (*Debatin,* AWD 1970, 129 (133); *Doernberg,* 9 Emory Int'l L. Rev. (1995), 71 (98); *Rust,* IStR 2004, 385 (393)). Danach ist das jeweils verbotene Inlandskriterium hinzuzudenken, alle sonstigen Umstände müssen jedoch unverändert bleiben (*Goldberg/Glicklich,* Florida Tax Review 1992, 51 (86)). Ein Verstoß gegen das Staatsangehörigkeitsdiskriminierungsverbot kann also nur dann angenommen werden, wenn bei unterstellter Staatsangehörigkeit des anderen Vertragsstaates die Benachteiligung entfiele. Dagegen wird Art. 24 Abs. 1 nicht verletzt, wenn ein Staat eine steuerliche Besserstellung an ein Kriterium bzw. an eine Kombination mehrerer Kriterien knüpft, die **faktisch** in der Regel nur von Staatsangehörigen dieses Staates erfüllt werden, solange nicht unmittelbar auf die Staatsangehörigkeit Bezug genommen wird (kein Verbot der sog. **versteckten Diskriminierung,** s. Rz. 5; vgl. für einen Beispielsfall den Art. 150–1-b des französischen CGI i. d. F. der Loi de Finances 1992: *Beauvais/Dozat,* CDFI LXXVIII b, 417 (425)).

49 **Nicht** unter Art. 24 Abs. 1 MA fällt damit insbesondere eine Benachteiligung von **Nicht-Ansässigen**, auch wenn es sich im Einzelfall um Staatsangehörige des anderen Vertragsstaats handelt (s. BFH BStBl. II 2004, 560 (563); BStBl. II 2011, 747 (748)). Das Musterabkommen baut selbst auf der Unterscheidung zwischen Ansässigen und Nichtansässigen auf, im Rahmen einiger Einkunftsarten beschränkt es die Quellenbesteuerung Nichtansässiger auf Bruttobasis nur der Höhe nach (s. *Avery Jones u. a.,* ET 1991, 311). Nach Art. 24 Abs. 3 verbietet das Musterabkommen Diskriminierungen nach der Ansässigkeit nur, wenn das wirtschaftliche Engagement des Steuerpflichtigen im Quellenstaat die Intensität und Dauerhaftigkeit einer Betriebstätte angenommen hat, erlaubt nach Abs. 3 Satz 2 aber noch gewisse Benachteiligungen (s. Rz. 120). Das Staatsangehörigendiskriminierungsverbot untersagt dagegen auch die nach Abs. 3 Satz 2 zugelassenen Benachteiligungen. Art. 24 Abs. 3 wäre nicht notwendig, verböte Art. 24 Abs. 1 bereits jegliche Diskriminierungen nach der Ansässigkeit. Das MA 1992 stellt nun durch den Zusatz „insbesondere hinsichtlich der Ansässigkeit" ausdrücklich klar, dass der Ort der

Ansässigkeit ein wesentliches Kriterium dafür ist, ob zwischen zwei Steuerpflichtigen „gleiche Verhältnisse bestehen" (s. a. MA-Komm. Ziff. 7).

Der Begriff „insbesondere" ließe aber auch die Auslegung zu, dass die Ansässigkeit zwar ein zentrales – nicht aber das allein entscheidende Kriterium darstellt. **50** Überwiegen die sonstigen Gemeinsamkeiten so stark, könnte trotz unterschiedlicher Ansässigkeit von gleichen Verhältnissen ausgegangen werden. *Wassermeyer* stellt mit guten Gründen die Frage, ob schon das bloß **formale Anknüpfen an die Nichtansässigkeit** ausreicht, um eine Verletzung des Diskriminierungsverbotes auszuschließen, oder ob dafür noch weitere materielle Unterschiede zwischen den Vergleichspersonen notwendig sind (Wassermeyer/*Wassermeyer,* Art. 24 OECD-MA Rz. 17; s. a. SD/*Bruns,* Art. 24 Rz. 61). Auch bei anderen Abkommensbestimmungen sind formale Aspekte nicht entscheidend, wie etwas das beneficial ownership Prinzip zeigt (s. Vor Art. 10–12 Rz. 10 ff.). Im Regelfall lässt sich von der Ansässigkeit in einem Staat auf die **wirtschaftliche Zugehörigkeit** zu diesem Staat schließen. Bereits bei partieller wirtschaftlicher Zugehörigkeit gewährt das MA Diskriminierungsschutz. Erreicht die Betätigung eines Unternehmens im Quellenstaat die Intensität und Dauer einer Betriebstätte, ist der Steuerpflichtige nach Art. 24 Abs. 3 vor Benachteiligungen geschützt. Erwirtschaftet der Nichtansässige nahezu sein gesamtes Einkommen im Quellenstaat, liegt also nahezu vollständige wirtschaftliche Zugehörigkeit zum Quellenstaat vor, so spricht einiges dafür, Diskriminierungen des nichtansässigen fremden Staatsangehörigen nach Art 24 Abs. 1 zu verbieten. Allerdings ist zu beachten, dass Art. 24 in seinen Absätzen zwischen Diskriminierungen nach der Ansässigkeit und nach der Staatsangehörigkeit unterscheidet und Diskriminierungen nach der Ansässigkeit nur im unternehmerischen Bereich verhindern will (Abs. 3 bis 5). Die Diskriminierungsverbote sind als Sondervorschriften in den Abkommen eng auszulegen (s. Rz. 18), überdies sind auch Rechtfertigungen der Benachteiligungen nicht möglich (s. Rz. 18), was ebenfalls für einen eng gefassten Schutzbereich spricht. Des Weiteren stellt die Ansässigkeit auch nicht nur ein formales Kriterium dar, die Ansässigkeit steht gerade für persönliche Zugehörigkeit zu einem Vertragsstaat mit all seinen Konsequenzen. Daher führen Unterschiede in Bezug auf die Ansässigkeit immer zu ungleichen Verhältnissen. Differenzierungen nach der Ansässigkeit verstoßen also nicht gegen Art. 24 Abs. 1 (Die Rechtsprechung des EuGH, wonach Benachteiligungen aufgrund der Ansässigkeit in bestimmten Fällen einen Verstoß gegen die Staatsangehörigendiskriminierungsverbote darstellen, lässt sich aufgrund der in Rz. 18 angeführten Gründe auf die abkommensrechtlichen Diskriminierungsverbote nicht übertragen, a. A. jedoch SKK/*Hageböke* Art. 24 OECD-MA Rz. 7). Eine Ausnahme wäre nur dann zu machen, wenn eine benachteiligende Vorschrift gerade an die abkommensrechtliche Ansässigkeit anknüpfte und sich diese im Einzelfall nach der tie-breaker-Regel des Art. 4 Abs. 2 Buchst. c aus der Staatsangehörigkeit ergäbe. Das US-MA 2006 stellt in Art. 24 Abs. 3 ausdrücklich klar, dass Nichtansässige über das Staatsangehörigendiskriminierungsverbot nicht in den Genuss personen- und familienbezogener Freibeträge kommen können.

Folge dieser Auslegung ist allerdings ein nur sehr begrenzter Anwendungsbereich der Vorschrift. **51** Taugliche Vergleichsperson kann nur ein Staatsangehöriger des anderen Vertragsstaates sein, der **im selben Staat ansässig** ist wie der Steuerpflichtige, der sich auf die Vorschrift beruft (SD/*Bruns,* Art. 24 Rz. 59). **Innerhalb** der Gruppe der im Vertragsstaat ansässigen bzw. nichtansässigen Personen darf jedoch eine Diskriminierung nach der Staatsangehörigkeit **nicht** vorgenommen werden (s. auch FG Nürnberg EFG 1968, 560: *DBA Israel* und BFH BStBl. II 1975, 595: *DBA Großbritannien 1964/70*). Ein Vertragsstaat darf daher einen im Staat X ansässigen Staatsangehörigen des anderen Vertragsstaat nicht gegenüber einem ebenfalls im Staat X ansässigen eigenen Staatsangehörigen benachteiligen.

Staat X kann dabei einer der beiden Vertragsstaaten oder ein Drittstaat sein. Gewährt ein Vertragsstaat (z.B. Großbritannien nach ss. 257ff., 278 ICTA 88) eigenen beschränkt steuerpflichtigen Staatsangehörigen bestimmte persönliche Freibeträge, so werden diese Vergünstigungen nach Art. 24 Abs. 1 auch auf beschränkt steuerpflichtige Staatsangehörige des anderen Vertragsstaates ausgedehnt.

52 Geschützt ist nach dem Wortlaut des Art. 24 Abs. 1 **nur der Steuerpflichtige selber.** Es ist danach nicht zu beanstanden, wenn bei Personen, die zwar nicht selber steuerpflichtig sind, die jedoch bei der Steuerfestsetzung des Steuerschuldners berücksichtigt werden, vom Erfordernis einer bestimmten Staatsangehörigkeit ausgegangen wird. So stellt es keinen Verstoß gegen Art. 24 Abs. 1 MA dar, wenn die Gewährung eines Steuerfreibetrages für Kinder davon abhängig gemacht wird, dass die Kinder die Staatsbürgerschaft des besteuernden Staates besitzen. Der ausländische Staatsangehörige wird hier nicht gegenüber seinem Vergleichspartner benachteiligt; ein Staatsangehöriger des besteuernden Staates mit ausländischen Kindern käme auch nicht in den Genuss des Kinderfreibetrages. Art. 24 Abs. 1 verlangt auch nicht bei in Deutschland ansässigen Ausländern, entsprechend § 10 Abs. 1 Nr. 2 und 3, Abs. 2 Satz 1 Nr. 2 Buchst. a EStG den Abzug von Beiträgen an Versicherungsunternehmen des Heimatstaates zuzulassen (s. BFH BStBl. II 1975, 708; die *DBA Niederlande 2012 (E)* und *Tschechien (E)* enthalten zusätzlich ein Diskriminierungsverbot hinsichtlich der Abzugsfähigkeit von Versicherungsleistungen, s. Rz. 31) oder den in Deutschland ansässigen ausländischen Staatsangehörigen einen Behindertenpauschbetrag für im Heimatland lebende Kinder, entsprechend § 33b Abs. 5 EStG a.F., zu gewähren (BFH BStBl. II 1982, 256). In diesen Fällen kämen die Verschonungstatbestände auch nicht für den in Deutschland ansässigen deutschen Staatsbürger zur Anwendung. Auch der *US Tax Court* v. 29.6.1992, Hofstetter v. Comm., 98 T.C. No. 48, 4981 sah in der Ablehnung der Zusammenveranlagung eines in den USA ansässigen Schweizer Bürgers mit seiner in Schweiz lebenden Ehefrau keinen Verstoß gegen das Staatsangehörigendiskriminierungsverbot, da auch ein US-Bürger nach Sec. 6013 (a)(1) IRC nicht mit seiner in der Schweiz lebenden Ehefrau eine Zusammenveranlagung hätte wählen können.

53 **h)** Die **deutschen ertragsteuerlichen Vorschriften** differenzieren grundsätzlich nicht nach der Staatsangehörigkeit. Benachteiligungen aufgrund der Staatsangehörigkeit können aber bei Anwendung von § 1a EStG, § 50 Abs. 2 Satz 2 Nr. 4 lit. b und Nr. 5 i.V.m. S. 7 EStG und § 6 Abs. 5 AStG auftreten (wegen Benachteiligungen ausländischer Staatsangehöriger nach § 2 AStG während des Anrechnungsverfahrens s. die 4. Aufl.). Diese Vorschriften knüpfen zwar an die Staatsangehörigkeit eines EU/EWR-Staates an, mit der deutschen Staatsangehörigkeit ist diese Voraussetzung aber erfüllt. Art. 24 Abs. 1 wird nicht dadurch unanwendbar, dass neben den deutschen Staatsangehörigen noch weitere Personen in den Genuss der jeweiligen Vergünstigung kommen. Nach der Gegenprobe (s. Rz. 48) ist dem Angehörigen des anderen Vertragsstaates die Vergünstigung immer dann zu gewähren, wenn er sie bei unterstellter deutscher Staatsangehörigkeit erhalten hätte. M.E. ist allerdings der Anwendungsbereich der Diskriminierungsverbote bei Vergünstigungen, die auf dem EU-Recht/dem EWR-Übereinkommen beruhen, teleologisch zu reduzieren (s. ausführlich *Rust,* MSIStR 26, 89). *Bruns* stellt hier zu Recht die Frage, ob nicht bei EU-Staatsangehörigen im Rahmen des Art. 24 Abs. 1 immer andere Verhältnisse vorliegen als bei einem Staatsangehörigen eines Drittstaats (SD/*Bruns*, Art. 24 Rz. 69). Die Vorteile des § 1a, § 50 Abs. 2 Satz 2 Nr. 4 lit. b und Nr. 5 i.V.m. S. 7 EStG und § 6 Abs. 5 AStG können Drittstaatsangehörige daher nicht über Art. 24 Abs. 1 erlangen. Die Grundfreiheiten des AEUV/aus dem EWR-Übereinkommen wollen primär die Gleichbehandlung von Ausländern mit

Inländern im Aufnahmemitgliedstaat sicher stellen. Im Ergebnis würde man dem Drittstaatsangehörigen über Art. 24 Abs. 1 eine Gleichbehandlung mit den anderen EU/EWR-Ausländern gewähren. Dies aber ist Meistbegünstigung. Meistbegünstigungsverpflichtungen erstrecken sich aber grds. nicht auf Vorteile, die auf dem EU-Recht/dem EWR-Übereinkommen beruhen, s. Art. XXIV Abs. 8 GATT und BayVGH v. 30.6.1970, BayVBl. 1970, 368 für eine Meistbegünstigungsklausel aus einem Freundschaftsvertrag. In die umfassende Rechte- und Pflichtenstellung aus dem AEUV/EWR-Übereinkommen kann ein Staat nur durch den Beitritt zur EU/EWR eintreten. Die Rechte aus dem AEUV/EWR-Übereinkommen sollten nicht einseitig ohne eine vergleichbare Übernahme von Pflichten über Art. 24 Abs. 1 erworben werden können. Auch der Discussion Draft spricht sich im Änderungsvorschlag zu MA-Komm. Ziff. 1.1 (s. aber auch den Annex Rz. 6) dafür aus, Art. 24 nicht auf Vorteile aufgrund des EU-Rechts anzuwenden. Gegen eine solche teleologische Reduktion spricht jedoch, dass einige Staaten mit der EU bereits Verträge mit erheblichen Rechten und Pflichten abgeschlossen haben und dass es häufig nur schwer zu erkennen ist, ob nationale Vorschriften eine Verpflichtung des Unionsrechts umsetzen oder ob sie über die unionsrechtliche Verpflichtung hinausgehen.

Bei Ablehnung einer teleologischen Reduktion müssen den Drittstaatsangehöri- **53a**
gen über Art. 24 Abs. 1 die Vergünstigungen der § 1a EStG, § 50 Abs. 2 Satz 2 Nr. 4 lit. b und Nr. 5 i. V. m. S. 7 EStG und § 6 Abs. 5 AStG gewährt werden (so *Gosch,* DStR 2007, 1553 (1560) und für § 1 Abs. 4 öst. EStG *Fekar/Schnitger,* SWI 2002, 76 (85); *Loukota,* SWI 2005, 55 (57 f.); *Dommes/Metzler,* in Lang/Schuch/Staringer, S. 93 (133 f.); *Haslehner,* S. 163 ff.; vgl. auch die Entscheidungen des *Hoge Raad* in Rz. 166: Danach verstößt eine Regelung, die nur Unternehmen aus EU-Staaten begünstigt, gegen Art. 24 Abs. 5). Nach **§ 1a Abs. 1 Nr. 1 EStG** dürfen Deutsche unter bestimmten Voraussetzungen Unterhaltszahlungen an den nicht unbeschränkt steuerpflichtigen geschiedenen Ehegatten als Sonderausgaben abziehen, wenn dieser seinen Wohnsitz innerhalb eines EWR-Staates hat. Zwar wird der Ehegatte eines Nicht-EWR-Bürgers grundsätzlich nicht innerhalb eines EWR-Staates seinen Wohnsitz haben. In diesen Fällen liegt keine Benachteiligung vor, da § 1a Abs. 1 Nr. 1 EStG auch bei Deutschen mit Ehegatten außerhalb der EWR nicht zur Anwendung kommt. Art. 24 Abs. 1 des jeweiligen DBA erweitert – bei rein grammatikalischer Auslegung – den Anwendungsbereich von § 1a Abs. 1 Nr. 1 EStG auf Staatsangehörige des anderen Vertragsstaates, die entweder als unbeschränkt Steuerpflichtige die Voraussetzungen des § 1 Abs. 3 Satz 2–4 EStG erfüllen oder die nach § 1 Abs. 3 EStG als unbeschränkt steuerpflichtig zu behandeln sind und deren geschiedener Ehegatte seinen Wohnsitz innerhalb eines EWR-Staates hat. Genauso verstößt bei Ablehnung einer teleologischen Reduktion auch **§ 50 Abs. 2 Satz 2 Nr. 4 lit. b i. V. m. S. 7 EStG** gegen Art. 24 Abs. 1 des jeweiligen DBA, soweit die Regelung Staatsangehörigen des anderen Vertragsstaates, die innerhalb eines EWR-Staates ihren Wohnsitz oder gewöhnlichen Aufenthalt haben, eine Veranlagung ihrer Arbeitnehmereinkünfte versagt. Über Art. 24 Abs. 1 können die Staatsangehörigen des anderen Vertragsstaates daher insbesondere in den Genuss des vollen Arbeitnehmerpauschbetrages nach § 9a Satz 1 Nr. 1 Buchst. a EStG entsprechend § 50 Abs. 2 Satz 2 Nr. 4 lit. b i. V. m. Satz 7 EStG auch bei nur vorübergehender Arbeitstätigkeit in Deutschland kommen. Über Art. 24 Abs. 1 profitieren Drittstaatsangehörige bei Wegzug in einen anderen EWR-Staat von der Stundungsregelung des **§ 6 Abs. 5 AStG** (zur Anwendbarkeit des Art. 24 Abs. 1 auf exit taxes s. *Zalaziński,* Intertax 2007, 460 (470)). Bei Wegzug in ihren Heimatstaat findet die Stundungsregelung dagegen keine Anwendung, da auch EWR-Angehörige bei Wegzug in diesen Staat nicht in den Genuss der Stundungsregelung kommen.

54 **i)** Soweit es sich bei den Staatsangehörigen um **nicht natürliche Personen** handelt, wird die Staatsangehörigkeit über Art. 3 Abs. 1 Buchst. g ii) nach der Rechtsordnung bestimmt, gemäß der die juristische Person, Personengesellschaft oder andere Personenvereinigung errichtet wurde. Das Verbot der Staatsangehörigkeitsdiskriminierung ist bei nicht natürlichen Personen also ein Verbot, sie im Hinblick auf das **Recht ihrer Errichtung** zu benachteiligen. Eine nach Art. 24 Abs. 1 verbotene Diskriminierung liegt hiernach unzweifelhaft dann vor, wenn die nicht natürliche Person gegenüber vergleichbaren Personen deshalb schlechter behandelt wird, weil sie nicht nach der Rechtsordnung des besteuernden Staates, sondern nach der des anderen Vertragsstaats errichtet wurde (für ein Beispiel: *van Raad,* BIFD 1988, 347 (349f.)). Eingehend diskutiert worden ist dagegen, ob, gegebenenfalls inwieweit, das Verbot der Staatsangehörigkeitsdiskriminierung bei nicht natürlichen Personen auch eine **steuerliche Unterscheidung nach dem Ort der Geschäftsleitung oder dem Sitz der Person** verbietet.

55 Nach Ansicht der Rechtsprechung und überwiegender Meinung der Literatur verbietet Art. 24 Abs. 1 **nur** eine Unterscheidung nach dem Errichtungsstatut (BFH BStBl. II 1975, 595 (596): *DBA Großbritannien 1964/70;* BStBl. II 1984, 9 (10): *DBA Schweiz 1931/59; FG Hamburg* EFG 1965, 551: *DBA Schweden 1959;* DW/*Debatin,* Syst. III Rz. 302; *Raupach,* AWD 1966, 85 (87); *Debatin,* DStZ/A 1970, 129 (133); *Mersmann,* DStZ/A 1971, 310; *Gouthière,* RDAI 1988, 257 (260)). Dies ergibt sich insbesondere aus der Definition der Staatsangehörigkeit juristischer Personen in der französischen Fassung des MA: „... constitutées conformément à la législation en vigueur dans un État contractant".

56 Die Gegenmeinung weist darauf hin, dass die meisten Staaten der OECD in ihrem **Internationalen Privatrecht** der **Sitztheorie** folgen (s. nun jedoch EuGH v. 9.3.1999, Rs. C-212/97, NJW 1999, 2027 – *Centros;* v. 5.11.2002, Rs. C-208/00, NJW 2002, 3614 – *Überseering*; v. 30.9.2003, Rs. C-167/01, NJW 2003, 3331 – *Inspire Art*; v. 16.12.2008, Rs. C-210/06, NJW 2009, 569 – *Cartesio*)). Nach der Sitztheorie beurteilen sich die Rechtsverhältnisse einer Gesellschaft nach der an ihrem Verwaltungssitz geltenden Rechtsordnung (BeckOK/*Mäsch,* Art. 12 EGBGB Rz. 58a). Sind aber **Ort der Geschäftsleitung und Errichtungsstatut immer identisch**, könnte das Diskriminierungsverbot bei nicht natürlichen Personen leicht umgangen werden, wenn nur Diskriminierungen nach dem Errichtungsstatut verboten sind. Jeder Staat könnte mit der gleichen Wirkung an das Merkmal „Ort der Geschäftsleitung" statt an das Merkmal „Errichtungsstatut" anknüpfen, ohne gegen das Diskriminierungsverbot zu verstoßen (*K. Vogel,* AWD 1970, 352). Die französischen Gerichte wenden ohne die vorstehenden Gründe Art. 24 Abs. 1 auf eine an den Sitz (siège) anknüpfende Diskriminierung an (vgl. *Chambre commerciale* der *Cour de Cassation,* Dr. Fisc. 1989 comm. 943 und Dr. Fisc. 1990 comm. 614; s. dazu und zu den voraufgehenden Entscheidungen zahlreicher *Tribunaux de grande instance: Poujade* ebd.; ferner *Lazarski,* ET 1987, 335 und ET 1989, 285; *Desmeules/Ricci,* StRev 1989, 378; *de Wall,* Dr. Fisc. 1993, 1565 erörtert Tendenzen der französischen Verwaltung, die Anwendung von Art. 24 zu beschränken). Auch die *Cour d'Appel de Bruxelles* hat eine an den Sitz einer Gesellschaft anknüpfende Ungleichbehandlung als Verstoß gegen das Verbot der Staatsangehörigkeitsdiskriminierung angesehen (No. 325/82, Journal de Droit Fiscal 1987, 2: *DBA Frankreich/Belgien,* dazu: *Malherbe,* RDAI 1987, 503; *Verjans,* ET 1988, 86).

57 Gründungsrecht und Ort der Geschäftsleitung müssen aber nicht zwangsläufig zusammenfallen. Nicht alle Staaten der OECD folgen in ihrem Internationalen Privatrecht der Sitztheorie. Im anglo-amerikanischen Rechtskreis ist die **Gründungstheorie** herrschend, nach der eine juristische Person derjenigen Rechtsordnung unterstellt wird, nach der sie gegründet wurde (BeckOK/*Mäsch,* Art. 12 EGBGB Rz. 57b). Nach der Gründungstheorie kann eine juristische Person ihren

Verwaltungssitz in ein anderes Land verlegen, ohne ihre Rechtsfähigkeit zu verlieren. In diesen Fällen unterscheiden sich Errichtungsstatut und Ort der Geschäftsleitung. Bei der Auslegung von Art. 24 Abs. 1 muss auch der starke Einfluss des angelsächsischen Rechts auf die Entwicklung des OECD-MA berücksichtigt werden. Nach angelsächsischem Recht führt eine Benachteiligung aufgrund des Ortes der Geschäftsleitung nicht immer zu einer Benachteiligung aufgrund des Errichtungsstatus; eine einschränkende Interpretation des Art. 24 Abs. 1 macht danach Sinn. Weder der Wortlaut des MA noch des MA-Komm. geben einen Hinweis darauf, dass Art. 24 Abs. 1 auch Diskriminierungen nach dem Ort der Geschäftsleitung verbietet, während diese Problematik für das Anknüpfungsmerkmal der Ansässigkeit ausgiebig diskutiert und verneint wird (MA-Komm. Ziff. 7, 8). Aber auch die Anwendung der Sitztheorie führt nicht immer zu einer Identität von Errichtungsstatut und Ort der Geschäftsleitung. Bei Anwendung der Sitztheorie können Verwaltungssitz und Errichtungsstatut aufgrund von Weiterverweisungen durch das Recht des Sitzstaates auseinanderfallen. Selbst wenn Verwaltungssitz und Errichtungsstatut übereinstimmen, bedeutet dies nicht automatisch, dass auch Ort der Geschäftsleitung und Errichtungsstatut identisch sein müssen. So unterscheiden sich die Definition des Verwaltungssitzes nach deutschem Internationalen Privatrecht und die Definition des Ortes der Geschäftsleitung nach deutschem Steuerrecht geringfügig. Der effektive Verwaltungssitz befindet sich an demjenigen Ort, an dem die grundlegenden Entscheidungen der Unternehmensführung effektiv in laufende Geschäftsführungsakte umgesetzt werden (BGH v. 21.3.1986, NJW 1986, 2194 (2195); BeckOK/*Mäsch*, Art. 12 EGBGB Rz. 59). Demgegenüber befindet sich der Ort der Geschäftsleitung dort, wo der für die Geschäftsführung maßgebende Wille gebildet wird, unabhängig davon, wo die angeordneten Maßnahmen ausgeführt werden (s. Tipke/Kruse, § 10 AO Rz. 1, 2). Eine juristische Person kann daher in einem Staat ihren Verwaltungssitz und in einem anderen Staat den Ort ihrer Geschäftsleitung haben. Ort der Geschäftsleitung und Errichtungsstatut sind somit auch bei Staaten, die der Sitztheorie folgen, nicht gleichbedeutend. Eine Diskriminierung nach dem Ort der Geschäftsleitung beinhaltet nicht in jedem Fall auch eine Diskriminierung nach dem Errichtungsstatut. Eine über den Wortlaut von Art. 24 Abs. 1 hinausgehende Auslegung ist somit m. E. nicht zulässig. Art. 24 Abs. 1 verbietet bei nicht natürlichen Personen daher nur eine Diskriminierung nach dem Errichtungsstatut.

Bestimmt sich die unbeschränkte Steuerpflicht bei Körperschaften allerdings nach dem Errichtungsstatut (s. z.B. für die USA Sec. 7701(a)(4) IRC „created under the law of the US"), so müssen die für unbeschränkt steuerpflichtige Körperschaften geltenden Vorschriften über Art. 24 Abs. 1 auch auf die nach ausländischem Recht errichteten Gesellschaften des anderen Vertragsstaates ausgedehnt werden. Denn bei unterstellter Errichtung nach dem Recht des anderen Vertragsstaates (Gegenprobe s. Rz. 48) wäre auch bei ansonsten identischen Verhältnissen eine unbeschränkte Steuerpflicht gegeben. Das Berufungsgericht von Neuseeland (*Court of Appeal* v. 16.7.1973, N.Z.T.C. 61, 028: *DBA Neuseeland/Großbritannien* gl. Ansicht auch *Avery Jones/Bobbett,* BIT 2008, 50 (50f.)) lehnte diese Konsequenz allerdings mit der Begründung ab, dass bei unterstellter Errichtung nach dem Recht des anderen Vertragsstaates auch eine Ansässigkeit im anderen Vertragsstaat vorliege und damit keine gleichen Verhältnisse gegeben seien. In diese Richtung tendieren auch die Änderungsvorschläge zu MA-Komm. Ziff. 11.1ff. insb. 11.5 im Discussion Draft und die Fallbeispiele in MA-Komm. 2008 Ziff. 19ff. (s.a. SD/*Bruns,* Art. 24 Rz. 61 u. ausführlich *Bammens,* S. 69ff.). M. E. ist es in diesen Fällen aber notwendig, die Anwendbarkeit des Art. 24 Abs. 1 ausdrücklich auszuschließen, wie dies etwa in Art. 24 Abs. 1 S. 3 US-MA 2006 geschehen ist.

58 **j)** Die Feststellung einer Diskriminierung setzt einen hypothetischen Vergleich mit einer nationalen Vergleichsperson voraus. Der Vergleich ist auf der Basis der **für das Besteuerungsverfahren maßgebenden tatsächlichen und rechtlichen Umstände** vorzunehmen. **Sonstige** Umstände wie z.B. die Höhe des unternehmerischen Risikos sind dagegen **nicht** zu berücksichtigen. So ist eine Benachteiligung ausländischer Banken nicht dadurch gerechtfertigt, dass diese (angeblich) in Großstädten tätig seien, inländische dagegen einen Schwerpunkt ihrer Tätigkeit in ländlichen Regionen hätten (zutreffend das *Income Tax Appellate Tribunal* in *Bombay,* vgl. TNI December 1991, 1314: *DBA Indien/Großbritannien*). Auch die in Schweizer Kantonen erhobene Quellensteuer auf das Arbeitseinkommen von Ausländern mit befristeter Aufenthaltsbewilligung konnte nicht mit dem Argument gerechtfertigt werden, bei dieser Gruppe von Steuerpflichtigen bestehe das Risiko, dass sie, ohne ihre Steuern zu zahlen, das Land wieder verlassen und dass ihnen das schweizerische Veranlagungsverfahren fremd sei (so zwar das *SchweizBG* zum Gleichheitssatz der eidgenössischen Bundesverfassung, BGE 91 I 81; zum DBA-Recht jedoch kritisch die *Bundessteuer-Rekurskommission,* Entscheid v. 21.12.1988, StE 1989, B 81.4 Nr. 1: *DBA Schweiz/Deutschland; Boss,* CDFI vol. LXXVIII b, 665 (672 ff.)). Das *Tribunal administratif de Nice* hat ebenso folgerichtig die Auffassung der französischen Steuerverwaltung abgelehnt, bei der Besteuerung des Veräußerungsgewinns einer Wohnung in Frankreich nach Art. 150 C I b CGI seien im Ausland ansässige nichtfranzösische Staatsangehörige deshalb nicht mit außerhalb Frankreichs ansässigen Franzosen vergleichbar, weil französische Staatsangehörige engere persönliche und wirtschaftliche Bindungen an Frankreich hätten und in der Regel nach ihrem Auslandsaufenthalt wieder nach Frankreich zurückkehrten (Entscheidung v. 3.8.1988, RJF 1/89 no. 54). Die französische Steuerverwaltung hat ihre Haltung inzwischen revidiert (dazu *Gouthière,* BF 1993, 400).

59 Das Erfordernis der gleichen Verhältnisse bezieht sich nicht nur auf die tatsächlichen Umstände, sondern setzt auch einen **Vergleich der rechtlichen Pflichtenstellung** voraus (s. MA-Komm. Ziff. 7). Rechtliche Unterschiede, die nur an die Staatsangehörigkeit anknüpfen, führen allerdings nicht zu ungleichen Verhältnissen (s. *van Raad,* Nondiscrimination, S. 91; *Adonnino,* S. 167; SD/*Bruns,* Art. 24 Rz. 58). Sinn und Zweck der Vorschrift ist gerade die Beseitigung der auf der Staatsangehörigkeit beruhenden Unterschiede, diese rechtlichen Unterschiede dürfen daher die Anwendbarkeit des Diskriminierungsverbotes nicht ausschließen (*Goldberg/Glicklich,* Florida Tax Review 1992, 51 (87)). Auch bei größeren Unterschieden zwischen fremden Staatsangehörigen und eigenen Staatsangehörigen hinsichtlich der rechtlichen Pflichtenstellung befinden sich daher beide insoweit in gleichen Verhältnissen. Sonst würden nur kleinere Diskriminierungen einen Verstoß gegen Art. 24 Abs. 1 darstellen, diskriminiert ein Vertragsstaat dagegen stärker, könnte er sich auf ungleiche Verhältnisse berufen. Besteuert ein Vertragsstaat seine eigenen Staatsangehörigen auch dann mit ihrem Welteinkommen, wenn sie nicht in seinem Territorium ansässig sind, können Staatsangehörige anderer Vertragsstaaten dies ebenfalls nach Art. 24 Abs. 1 verlangen. Die USA nehmen jedoch nach Art. 24 Abs. 1 Satz 3 US-MA die Welteinkommensbesteuerung eigener nichtansässiger Staatsbürger ausdrücklich aus dem Anwendungsbereich der Vorschrift heraus (s. auch die Bemerkung der USA zu Art. 24 Abs. 1 in MA-Komm. Ziff. 62). Die USA sehen sich auch nicht zur Gleichbehandlung eines ausländischen Staatsbürgers verpflichtet, der nur während eines Teils des amerikanischen Steuerjahrs in den USA ansässig ist („dual status alien", vgl. Rev. Rul. 74–239, 1974–1 Cum. Bull. 372, 21; *US Court of Appeal,* Nico Jr. v. Com., 77–2 USTC 9742 (1977)).

60 **k)** Die MA gehen davon aus, dass bei festgestellter Übereinstimmung der Besteuerungsumstände eine diskriminierend wirkende Besteuerung unzulässig ist. Auf

den Zweck der unterschiedlichen steuerlichen Behandlung kommt es nicht an („**absolutes“ Diskriminierungsverbot** s. Rz. 4). Der besteuernde Vertragsstaat kann sich damit auch nicht darauf berufen, dass er mit der in Frage stehenden Besteuerung eine bestimmte – etwa wirtschaftslenkende – Zielsetzung verfolge, beispielsweise Investitionsanreize für die nationale Industrie schaffen wolle (zustimmend *van Raad,* Nondiscrimination, S. 77, der als Abweichung US LTR 80-300-05 anführt). Steuerliche Wirtschaftslenkungsmaßnahmen des nationalen Rechts finden damit eine Schranke an Art. 24 Abs. 1 MA (so für die Regelung des Betriebstättendiskriminierungsverbots im *DBA Frankreich* auch *K. Vogel,* AWD 1970, 349 (356)). Die Vorschrift verpflichtet jedoch nicht dazu, Vergünstigungen für **öffentliche Rechtsträger** und Einrichtungen den entsprechenden Rechtsträgern und Einrichtungen des anderen Staats zu gewähren. Das gleiche gilt bei Vergünstigungen für gemeinnützige Investitionen, wenn sie nur für eine Tätigkeit zum Wohl des die Vergünstigungen gebenden Staates zuerkannt werden (MA-Komm. Ziff. 10 und 11). Ohne Verstoß gegen Art. 24 MA hat daher der ÖstVwGH eine Verpflichtung zur Gleichstellung einer ausländischen gemeinnützigen Körperschaft mit einer inländischen Körperschaft, die aufgrund ihrer Gemeinnützigkeit steuerfrei bzw. steuerbegünstigt ist, verneint (ÖstVwGH v. 7.9.1989, 89/16/85; vgl. *Zöchling,* SWI 1994, 16 (19)).

l) Nach Ziff. 5 des MA-Komm. zu Art. 24 Abs. 1 steht das Verbot der Staats- 61
angehörigkeitsdiskriminierung unter einem **Vorbehalt der Gegenseitigkeit.** Im Wortlaut der Vorschrift findet dieses Gegenseitigkeitsprinzip keinen weiteren Anhalt (s. *Avery Jones,* ET 1991, 312); doch ergibt sich aus allgemeinen völkerrechtlichen Grundsätzen, dass ein Vertragsstaat seine Verpflichtung zur Nichtdiskriminierung „zurückbehalten“ kann, wenn der andere Vertragsstaat seinerseits diskriminiert. Es handelt sich hierbei aber nur um eine sog. „formale Reziprozität“ (vgl. *O'Brien,* LPIB 1978, 545 (609)); gemeint ist, dass die sich aus dem Abkommen ergebende Pflicht zur Nichtdiskriminierung beide Vertragsstaaten gleichmäßig trifft. Dagegen darf die Erwähnung des Gegenseitigkeitserfordernisses im MA-Komm. **keinesfalls** dahin verstanden werden, dass etwa die Vertragsstaaten zu einer gleich schweren (oder leichten) **steuerlichen** Belastung ihrer Staatsangehörigen verpflichtet wären (so auch *van Raad,* Nondiscrimination, S. 79; s. Rz. 9).

3. Europarechtskonforme Auslegung des Diskriminierungsverbotes

Die europarechtlichen Diskriminierungsverbote verbieten den Mitgliedstaaten, 62
einen Staatsangehörigen eines anderen Mitgliedstaates gegenüber einem eigenen Staatsangehörigen zu benachteiligen, wenn sich beide in einer vergleichbaren Lage befinden. Auch der EuGH geht davon aus, dass sich die Situation eines Gebietsfremden grundsätzlich von der eines Gebietsansässigen unterscheidet. Erzielt der beschränkt Steuerpflichtige allerdings seine Einkünfte fast ausschließlich im Quellenstaat, so können seine existenzsichernden Aufwendungen nicht mehr im Ansässigkeitsstaat berücksichtigt werden. In diesem Fall befindet sich nach dem EuGH v. 14.2.1995, Rs. C-279/93, Slg. 1995, I-225 – *Schumacker* der Nichtansässige hinsichtlich des Abzuges seiner existenzsichernden Aufwendungen im Quellenstaat in der gleichen Lage wie ein dort Ansässiger. Art. 24 Abs. 1 MA ist dagegen so auszulegen, dass Unterschiede hinsichtlich der Ansässigkeit ausnahmslos zu ungleichen Verhältnissen führen (s. Rz. 49 ff.). Nach dem Wortlaut wäre eine andere Interpretation des abkommensrechtlichen Diskriminierungsverbotes aber nicht ausgeschlossen. Art. 24 Abs. 1 könnte auch dahingehend ausgelegt werden, dass die Ansässigkeit zwar ein zentrales, aber nicht das allein entscheidende Kriterium für die Vergleichbarkeit darstellt. Es widerspricht nur dem Sinn und Zweck der Vorschrift, eine Vergleichbarkeit zu bejahen, wenn trotz der Nichtansässigkeit die Gemein-

samkeiten so stark überwiegen. Systematische und teleologische Argumente haben aber zurückzustehen, wenn nur durch europarechtskonforme Auslegung einer Norm Gemeinschaftsrechtsverstöße vermieden werden können (*Nettesheim,* AöR 1994, 261 (274 f.)). Nach Art. 4 Abs. 3 UAbs. 2 EUV haben alle Organe der Mitgliedstaaten die Verpflichtung, das nationale Recht im Lichte des Unionsrechts auszulegen (Streinz/*Streinz,* Art. 4 EUV Rz. 33). Auch die DBA müssen von den Mitgliedstaaten im Einklang mit den Grundfreiheiten angewandt werden (*Lang,* in Gassner/Lang/Lechner, Doppelbesteuerungsabkommen, S. 27; *Scherer,* S. 110 ff.; SKK/*Hageböke,* Art. 24 OECD-MA Rz. 27). M. E. verbietet Art. 24 Abs. 1 einem Vertragsstaat daher auch Benachteiligungen von nichtansässigen Staatsangehörigen des anderen Vertragsstaates gegenüber ansässigen eigenen Staatsangehörigen, soweit es für die Umsetzung des Unionsrechtes erforderlich ist.

II. Deutsche DBA

1. Abkommensübersicht zu Artikel 24 Abs. 1

66

DBA	MA-Regelung: Verbot einer an die Staatsangehörigkeit anknüpfenden steuerlichen Diskriminierung	Artikel	Rz.
Ägypten	≈ MA, jedoch nicht für nichtansässige Staatsangehörige	25 Abs. 1	40; 67
Albanien 2010	≈ MA	24 Abs. 1	
Algerien 2007	≈ MA	24 Abs. 1	
Argentinien	≈ MA, jedoch nicht für nichtansässige Staatsangehörige	24 Abs. 1	40; 67
Armenien	s. UdSSR		
Aserbaidschan	≈ MA	24 Abs. 1	
Australien	Keine Regelung im DBA	–	–
Belarus	≈ MA	24 Abs. 1	
Bangladesch	≈ MA	23 Abs. 1	
Belgien	≈ MA, jedoch nicht für nichtansässige Staatsangehörige	24 Abs. 1	40; 67
Bolivien	≈ MA, jedoch nicht für nichtansässige Staatsangehörige	24 Abs. 1	40; 67
Bosnien-Herzegowina	s. Jugoslawien		
Bulgarien 2010	≈ MA	23 Abs. 1	
China 1985	≈ MA	25 Abs. 1	
China 2014 (E)	≈ MA	24 Abs. 1	
Costa Rica 2014 (E)	≈ MA	24 Abs. 1	
Dänemark	≈ MA	41 Abs. 1	
Ecuador	≈ MA, jedoch nicht für nichtansässige Staatsangehörige	24 Abs. 1	40; 67
Elfenbeinküste	≈ MA, jedoch nicht für nichtansässige Staatsangehörige	24 Abs. 1	40; 67
Estland	≈ MA	24 Abs. 1	
Finnland	≈ MA, jedoch nicht für nichtansässige Staatsangehörige	24 Abs. 1	40; 67
Frankreich	≈ MA, jedoch nicht für nichtansässige Staatsangehörige	21 Abs. 1	40; 67
Georgien 2006/2014 (E)	≈ MA	24 Abs. 1	
Ghana	≈ MA	25 Abs. 1	

DBA	MA-Regelung: Verbot einer an die Staatsangehörigkeit anknüpfenden steuerlichen Diskriminierung	Artikel	Rz.
Griechenland	≈ MA, jedoch nicht für nichtansässige Staatsangehörige	XXI Abs. 1	40; 67
Großbritannien 1964/70	≈ MA, jedoch nicht für nichtansässige Staatsangehörige, Ausdehnung auf alle Ansässigen	XX Abs. 1; XVII	40; 67; 71 ff.
Großbritannien 2010/2014 (E)	≈ MA, jedoch nicht für nichtansässige Staatsangehörige	25 Abs. 1	40; 67;
Indien	≈ MA	24 Abs. 1	
Indonesien	≈ MA	24 Abs. 1	
Iran	≈ MA, jedoch nicht für nichtansässige Staatsangehörige	25 Abs. 1	40; 67
Irland 2011	≈ MA	24 Abs. 1	
Island	≈ MA, jedoch nicht für nichtansässige Staatsangehörige	24 Abs. 1	40; 67
Israel	≈ MA, jedoch nicht für nichtansässige Staatsangehörige	19 Abs. 1	40; 67
Italien	≈ MA, ausdrückliche Einbeziehung von Steuerbegünstigungen aufgrund von Familienlasten	25 Abs. 1	68
Jamaika	≈ MA, jedoch nicht für nichtansässige Staatsangehörige	24 Abs. 1	40; 67
Japan	≈ MA, jedoch nicht für nichtansässige Staatsangehörige	24 Abs. 1, 5	40; 67
Jugoslawien	Keine Regelung im DBA	–	–
Kanada	Geltung für nicht natürliche Personen nur, soweit sie abkommensberechtigt sind	24 Abs. 1	67
Kasachstan	≈ MA	24 Abs. 1	
Kenia	≈ MA	24 Abs. 1, 5	
Kirgisistan	≈ MA	24 Abs. 1	
Korea	≈ MA	24 Abs. 1	
Kosovo	s. Jugoslawien		
Kroatien	≈ MA	24 Abs. 1	
Kuwait	Keine Regelung im DBA	–	–
Lettland	≈ MA	24 Abs. 1	
Liberia	≈ MA, jedoch nicht für nichtansässige Staatsangehörige	24 Abs. 1	40; 67
Liechtenstein 2011	≈ MA	24 Abs. 1	
Litauen	≈ MA	24 Abs. 1	
Luxemburg 2012	≈ MA	23 Abs. 1	
Malaysia 2010	≈ MA, jedoch nicht für nichtansässige Staatsangehörige	24 Abs. 1	40; 67
Malta	≈ MA	24 Abs. 1	
Marokko	≈ MA, jedoch nicht für nichtansässige Staatsangehörige	24 Abs. 1	40; 67
Mauritius 2011	≈ MA	24 Abs. 1	
Mazedonien 2006	≈ MA	24 Abs. 1	
Mexiko 2008	≈ MA	24 Abs. 1	
Moldau	s. UdSSR		
Mongolei	≈ MA	24 Abs. 1	
Montenegro	s. Jugoslawien		
Namibia	≈ MA	24 Abs. 1	

DBA	MA-Regelung: Verbot einer an die Staatsangehörigkeit anknüpfenden steuerlichen Diskriminierung	Artikel	Rz.
Neuseeland	Keine Regelung im DBA	–	–
Niederlande 1959/2004	≈ MA, jedoch nicht für nichtansässige Staatsangehörige	24 Abs. 1	40; 67; 68
Niederlande 2012 (E)	≈ MA Sonderregelungen bzgl. deutschem EStG	24 Abs. 1 Prot. Nr. XVI Abs. 2	
Norwegen 1991	≈ MA	24 Abs. 1	
Norwegen 2013 (E)	≈ MA	24 Abs. 1	
Oman 2012 (E)	≈ MA, jedoch nicht für nichtansässige Staatsangehörige	24 Abs. 1	40; 67
Österreich	≈ MA	24 Abs. 1	
Pakistan	≈ MA	23 Abs. 1	
Philippinen 1983	≈ MA, jedoch nicht für nichtansässige Staatsangehörige. Bestimmte philippinische Steuervergünstigungen sind ausgenommen	25 Abs. 1; Prot. Nr. 9 Buchst. a	
Philippinen 2013	≈ MA	25 Abs. 1	40; 67; 70
Polen	≈ MA	25 Abs. 1	
Portugal	≈ MA	25 Abs. 1	
Rumänien	≈ MA	24 Abs. 1	
Russische Föderation	≈ MA, jedoch nicht für nichtansässige Staatsangehörige	24 Abs. 1	40; 67
Sambia	≈ MA, jedoch nicht für nichtansässige Staatsangehörige. Bestimmte sambische Steuervergünstigungen sind ausgenommen	24 Abs. 1; Prot. Nr. 5	40; 67; 70
Schweden	≈ MA	38 Abs. 1	
Schweiz	≈ MA, jedoch nicht für nichtansässige Staatsangehörige	25 Abs. 1	40; 67
Serbien	s. Jugoslawien		
Simbabwe	≈ MA	24 Abs. 1	
Singapur 2004	≈ MA	25 Abs. 1	
Slowakei	s. Tschechoslowakei		
Slowenien	≈ MA	24 Abs. 1	
Spanien 2011	≈ MA	23 Abs. 1	
Sri Lanka	≈ MA, jedoch nicht für nichtansässige Staatsangehörige	24 Abs. 1	40; 67
Südafrika 1973	≈ MA, jedoch nicht für nichtansässige Staatsangehörige	23 Abs. 1	40; 67
Südafrika 2008 (E)	≈ MA	23 Abs. 1	
Syrien 2010	≈ MA	23 Abs. 1	
Tadschikistan	≈ MA	23 Abs. 1	
Taiwan 2011	≈ MA, jedoch nicht für nichtansässige Staatsangehörige	23 Abs. 1	40; 67
Thailand	≈ MA, jedoch nicht für nichtansässige Staatsangehörige	23 Abs. 1	40; 67
Trinidad und Tobago	≈ MA, jedoch nicht für nichtansässige Staatsangehörige	23 Abs. 1	40; 67
Tschechien	s. Tschechoslowakei		
Tschechien (E)	≈ MA	24 Abs. 1	

DBA	MA-Regelung: Verbot einer an die Staatsangehörigkeit anknüpfenden steuerlichen Diskriminierung	Artikel	Rz.
Tschechoslowakei	Nur Verbot der Schlechterstellung gegenüber Personen, die in Drittstaaten ansässig sind	–	27
Türkei 2011	≈ MA	23 Abs. 1	
Tunesien	≈ MA, jedoch nicht für nichtansässige Staatsangehörige	24 Abs. 1	40; 67
Turkmenistan	s. UdSSR		
UdSSR	Nur Verbot der Schlechterstellung gegenüber Personen, die in Drittstaaten ansässig sind	20	26
Ukraine	≈ MA	24 Abs. 1	
Ungarn 2011	≈ MA	23 Abs. 1	
Uruguay 2010	≈ MA	23 Abs. 1	
USA 1989/2006	≈ MA	24 Abs. 1	69
Usbekistan	≈ MA	24 Abs. 1	
Venezuela	≈ MA	24 Abs. 1	
Vereinigte Arabische Emirate 2010	≈ MA	23 Abs. 1	
Weißrussland	s. Belarus		
Zypern 2011	≈ MA	23 Abs. 1	

2. Erläuterungen

a) Ansässigkeitserfordernis: Eine große Zahl deutscher DBA beruht auf Art. 24 Abs. 1 des OECD-MA 1963. Bei diesen Abkommen gilt das Diskriminierungsverbot nur für Staatsangehörige eines Vertragsstaates, die in einem der Vertragsstaaten **ansässig** sind (s. Rz. 40). Art. 24 Abs. 1 des *DBA Kanada* dehnt den persönlichen Geltungsbereich des Diskriminierungsverbots nur für natürliche Personen aus. Daraus ist im Umkehrschluss zu folgern, dass das Verbot der Staatsangehörigkeitsdiskriminierung bei nicht natürlichen Personen nur dann eingreifen soll, wenn diese Personen unter den persönlichen Geltungsbereich des Abkommens nach Art. 1 *DBA Kanada* fallen, also in einem Vertragsstaat oder in beiden Vertragsstaaten ansässig sind. 67

b) Nach dem *DBA Niederlande 1959/2004* bezieht sich das Diskriminierungsverbot dem Wortlaut nach nur auf die Besteuerung selbst, nicht auf die damit zusammenhängenden Verpflichtungen. Hier ist jedoch der Begriff **„Besteuerung"** weit auszulegen, sodass im Ergebnis das Diskriminierungsverbot nicht hinter dem in den MA vorgesehenen Schutz zurückbleibt (so auch *van Raad,* Nondiscrimination, S. 97). Art. 24 Abs. 1 *DBA Niederlande 1959/2004,* Art. 24 Abs. 2 *DBA Spanien 1966* und Art. 25 Abs. 1 *DBA Italien* stellen ausdrücklich klar, dass der Diskriminierungsschutz auch für steuerliche Vergünstigungen gilt, die an Personenstand und Familienlasten anknüpfen (hierzu BFH BStBl. II 1982, 256 (258)). Auch ohne ausdrückliche Klarstellung erstreckt sich der Diskriminierungsschutz der MA auf diese Vergünstigungen (s. Rz. 42). 68

c) Nr. 22 des Protokolls zum *DBA USA 1989* und Nr. 20 des Protokolls zum *DBA USA 1989/2006* stellen klar, dass Art. 24 Abs. 1 die USA nicht zur Gleichstellung nichtansässiger deutscher Staatsangehöriger mit den – aufgrund ihres weltweiten Einkommens besteuerten – nichtansässigen Staatsangehörigen der USA zwingt. Alle DBA der **USA** enthalten neben der Bestimmung über die Nichtdis- 69 kriminierung eine Vorbehaltsklausel, die **„saving clause“** (s. dazu näher bei Art. 1 Rz. 79 ff.). In Art. 1 Abs. 5 Buchst. a US-MA 2006 und in einigen neueren DBA der USA wird die Stellung des Diskriminierungsverbots als Ausnahmeregelung zur saving clause ausdrücklich klargestellt, so insbesondere auch im *DBA USA 1989* in Prot. Nr. 1 Buchst. b, aa und Art. 1 Abs. 5 Buchst. a *DBA USA 1989/2006.*

70 **d) Vom Diskriminierungsverbot ausgenommen** sind bestimmte auf die Staatsangehörigkeit des Vertragsstaates abstellende Steuervergünstigungen in den *Philippinen* (Prot. Nr. 9a zu Art. 25) und *Sambia* (Prot. Nr. 5 zu Art. 24).

71 **e) Erweiterter Anwendungsbereich:** Für die Erweiterung des Anwendungsbereiches des Staatsangehörigendiskriminierungsverbots auf im anderen Vertragsstaat ansässige Personen nach Art. XVII *DBA Großbritannien 1964* und Art. XXI *DBA Irland 1962* s. die Vorauflage.

C. Zu Art. 24 Abs. 2

I. Musterabkommen

1. Übereinstimmungen und Abweichungen

77 Das US-MA enthält keine dem Art. 24 Abs. 2 OECD-MA entsprechende Vorschrift.

2. Erläuterungen

78 **a) Grundzüge:** Art. 24 Abs. 2 MA erweitert das Verbot der Staatsangehörigkeitsdiskriminierung nach Abs. 1 in **beiden Vertragsstaaten** auf **Staatenlose,** die **in einem Vertragsstaat ansässig** sind. Jeder der Vertragsstaaten darf Staatenlose nicht gegenüber eigenen Staatsangehörigen steuerlich benachteiligen. In der Abkommenspraxis ist die Vorschrift selten.

79 Die Vorschrift gehört in den Zusammenhang **des völkerrechtlichen Schutzes der Staatenlosen.** Dieser wird im Wesentlichen durch das Übereinkommen vom 28.9.1954 über die Rechtsstellung der Staatenlosen (BGBl. II 1976, 474) geregelt, das für Deutschland am 24.1.1977 in Kraft getreten ist und das für Staatenlose in den Vertragsstaaten der Konvention einen Minimalstatus an Rechten begründet (*von Mangoldt,* EPIL Bd. 4 (2000), 656). Das Übereinkommen enthält in seinem Art. 29 auch die Bestimmung, dass die Vertragsstaaten von Staatenlosen keine anderen oder höheren Gebühren, Steuern oder sonstigen Abgaben gleich welcher Art oder Bezeichnung erheben dürfen, als von ihren Staatsangehörigen unter entsprechenden Voraussetzungen erhoben werden. Art. 24 Abs. 2 MA nimmt diesen Grundsatz auf; sein Geltungsbereich soll hierdurch auf diejenigen DBA-Staaten ausgedehnt werden, die sich dem Übereinkommen vom 28.9.1954 bislang nicht angeschlossen haben.

80 **b) Regelung:** Nach Art. 24 Abs. 2 MA dürfen
- **Staatenlose,**
- die in einem der beiden Vertragsstaaten **ansässig** sind,
- in keinem der beiden Vertragsstaaten einer **Besteuerung oder damit zusammenhängenden Verpflichtung** unterworfen werden,
- die **anders oder belastender** ist als die Besteuerung oder damit zusammenhängende Verpflichtungen,
- denen Staatsangehörige des **betreffenden Staates unter gleichen Verhältnissen,** insbesondere hinsichtlich der Ansässigkeit, unterworfen sind oder unterworfen werden können.

c) Der **Begriff des „Staatenlosen"** ist in Art. 1 Abs. 1 des Übereinkommens von 1954 definiert. Staatenlose i. S. des Abkommens sind Personen, die kein Staat aufgrund seines innerstaatlichen Rechts als seine Staatsangehörigen ansieht. Die MA gehen bei der Regelung des Art. 24 Abs. 2 von dieser Definition aus (vgl. MA-Komm. Ziff. 32). Die Einschränkung im Art. 1 Abs. 2 des Übereinkommens von 1954 betrifft die Abkommensberechtigung in Bezug auf das Übereinkommen, nicht dagegen die Definition des Staatenlosen, sodass sie für die Auslegung der MA nicht von Bedeutung ist. Da Hintergrund der Vorschrift die völkerrechtlichen Regelungen über den Schutz der Staatenlosen sind und diese sich ausschließlich auf natürliche Personen beziehen, **beschränkt** sich auch der Anwendungsbereich von Art. 24 Abs. 2 MA **auf natürliche Personen.** 81

Voraussetzung für die **Abkommensberechtigung** aus Art. 24 Abs. 2 ist die **Ansässigkeit** in einem der beiden Vertragsstaaten. Dies wird seit dem MA 1977 durch die Einfügung der Worte „die in einem Vertragsstaat ansässig sind" ausdrücklich klargestellt. Das MA 1963 enthielt diesen Zusatz noch nicht. Nach seinem Art. 24 Abs. 3 waren aber auch nur Staatenlose geschützt, die in einem der beiden Vertragsstaaten ansässig waren. Art. 1 MA bezieht sich auf alle Bestimmungen des Abkommens und verlangt als persönliche Anwendungsvoraussetzung die Ansässigkeit in zumindest einem der Vertragsstaaten (s. Rz. 40 zu Art. 24 Abs. 1). Überdies ist auch nicht anzunehmen, dass die Staaten einen Diskriminierungsschutz für sämtliche Staatenlose der Welt einführen wollten. Der MA-Komm. 1977 Ziff. 18 (entspricht der Ziff. 30 in der aktuellen Fassung) schlägt den Vertragsstaaten, die die Bestimmung auf sämtliche Staatenlose ausdehnen wollen, eine alternative Formulierung vor, die die Abkommensberechtigung nicht auf Staatenlose beschränkt, die in einem Vertragsstaat ansässig sind. Der Begriff der Ansässigkeit bestimmt sich nach Art. 4 MA (s. dort Rz. 4). 82

Abs. 2 entspricht hinsichtlich seiner Rechtsfolge dem Diskriminierungsschutz für Staatsangehörige nach Abs. 1 und umfasst daher die **Besteuerung sowie die damit zusammenhängenden Verpflichtungen** (s. Rz. 45); beide dürfen weder **anders** noch **belastender** ausgestaltet sein (s. Rz. 42) als die Besteuerung oder damit zusammenhängenden Verpflichtungen eigener Staatsangehöriger des jeweiligen Vertragsstaates unter gleichen Verhältnissen. Im MA in der Fassung 1997 wurden hinter „unter gleichen Verhältnissen" die Worte „insbesondere hinsichtlich der Ansässigkeit" ergänzt. Diese Wortlautergänzung folgt der Änderung des Abs. 1 aus dem Jahre 1992 (*Aigner/Züger,* SWI 1998, 225 (226)). Dadurch wird klargestellt, dass sich nichtansässige Staatenlose nicht in gleichen Verhältnissen wie ansässige eigene Staatsangehörige befinden (s. Rz. 49). 83

Der Diskriminierungsschutz nach Abs. 2 gilt in **beiden Vertragsstaaten.** Ein Staatenloser kann sich damit auch gegenüber dem Fiskus des Staates, in dem er ansässig ist, auf den Diskriminierungsschutz durch das DBA berufen. Er kann aber immer nur eine Gleichbehandlung mit eigenen Staatsangehörigen des jeweiligen Vertragsstaates verlangen; eine Benachteiligung des Staatenlosen durch einen Vertragsstaat gegenüber Staatsangehörigen des anderen Vertragsstaates oder Staatsangehörigen eines Drittstaates wird durch das Diskriminierungsverbot nicht untersagt. 84

Die Gleichbehandlungsverpflichtung bezieht sich nach MA-Komm. Ziff. 31 nicht nur auf das innerstaatliche Recht, sondern auch auf die DBA (s. Rz. 114 ff.). 85

II. Deutsche DBA

1. Abkommensübersicht zu Artikel 24 Abs. 2

88 Eine der Bestimmung des MA entsprechende Regelung (s. Rz. 78 ff.) findet sich nur in folgenden DBA:

DBA	Artikel	Rz.
Albanien 2010	24 Abs. 2	
Algerien 2007	24 Abs. 2	
Aserbaidschan	24 Abs. 2	
Belarus	24 Abs. 2	
Belgien	24 Abs. 3	89
Bulgarien 2010	23 Abs. 2	
Costa Rica 2014 (E)	24 Abs. 2	
Frankreich	21 Abs. 3	89
Georgien 2006/2014 (E)	24 Abs. 2	
Ghana	25 Abs. 2	
Griechenland	XXI Abs. 3	89
Großbritannien 2010/2014 (E)	25 Abs. 2	
Irland 2011	24 Abs. 2	
Israel	19 Abs. 2	89
Kasachstan	24 Abs. 2	
Kirgisistan	24 Abs. 2	89
Korea	24 Abs. 2	
Kroatien	24 Abs. 2	
Liechtenstein 2011	24 Abs. 2	89
Luxemburg 2012	23 Abs. 2	
Malta	24 Abs. 2	
Mauritius 2011	24 Abs. 2	
Mazedonien 2006	24 Abs. 2	
Mexiko 2008	24 Abs. 2	
Niederlande 2012 (E)	24 Abs. 2	89
Norwegen 1991/2013 (E)	24 Abs. 2	89
Oman 2012 (E)	24 Abs. 2	
Österreich	24 Abs. 2	89
Pakistan	23 Abs. 2	
Polen	25 Abs. 2	
Slowenien	24 Abs. 2	
Tadschikistan	23 Abs. 2	
Türkei 2011	23 Abs. 2	
Tschechien (E)	24 Abs. 2	89
Tunesien	24 Abs. 2	89
Ungarn 2011	23 Abs. 2	89
Uruguay 2010	23 Abs. 2	
Ukraine	24 Abs. 2	
Weißrussland	s. Belarus	
Zypern 2011	23 Abs. 2	

Die übrigen Abkommen der Bundesrepublik enthalten kein Diskriminierungsverbot für Staatenlose.

2. Erläuterungen

Soweit in die DBA Deutschlands ein Diskriminierungsschutz für Staatenlose aufgenommen wurde (s. die Übersicht Rz. 88), folgt dessen Formulierung in den älteren Abkommen *Belgien, Frankreich, Griechenland, Israel, Spanien 1966* und *Tunesien* dem MA 1963, d. h. es fehlt ein ausdrücklicher Hinweis auf das Erfordernis der Ansässigkeit. Auch diese Abkommen finden nach der dem Art. 1 entsprechenden Vorschrift in dem jeweiligen DBA nur auf Staatenlose Anwendung, die in einem Vertragsstaat ansässig sind (s. Rz. 82). Die *DBA Bulgarien 2010, Costa Rica 2014 (E), Kirgisistan, Liechtenstein 2011, Niederlande 2012 (E), Österreich, Tschechien (E) und Ungarn 2011* entsprechen bereits dem MA in der Fassung 1997; in ihnen wird klargestellt, dass Unterschiede in der Ansässigkeit zu unterschiedlichen Verhältnissen führen (s. Rz. 83). Das Diskriminierungsverbot des Art. 24 Abs. 2 *DBA Norwegen 1991* wirkt nur in dem Vertragsstaat, in dem der Staatenlose nicht ansässig ist. 89

D. Zu Art. 24 Abs. 3

I. Musterabkommen

1. Übereinstimmungen und Abweichungen

Art. 24 Abs. 3 OECD-MA und Art. 24 Abs. 2 und 3 US-MA stimmen inhaltlich überein. Nach der Streichung des Art. 14 im OECD-MA 2000 und im US-MA 2006 unterfällt auch die feste Einrichtung eines Selbständigen dem Betriebstättendiskriminierungsverbot (s. Rz. 98). 93

2. Erläuterungen

a) Grundzüge: Art. 24 Abs. 3 erfasst mit dem Verbot der Betriebstättendiskriminierung das Hauptgebiet steuerlicher Diskriminierungen im wirtschaftlichen Bereich. Unternehmen eines Vertragsstaates dürfen im anderen Vertragsstaat hinsichtlich ihrer dort unterhaltenen Betriebstätte nicht ungünstiger besteuert werden als Unternehmen des anderen Vertragsstaates. Art. 24 Abs. 3 steht als Regelung selbständig neben dem Verbot der Staatsangehörigkeitsdiskriminierung des Art. 24 Abs. 1. Auch wenn ein DBA kein Betriebstättendiskriminierungsverbot enthält, kann das Unternehmen immer noch über eine dem Art. 24 Abs. 1 entsprechende Vorschrift vor Diskriminierungen geschützt werden (s. z. B. *Cour d'Appel de Bruxelles,* Journal de Droit Fiscal 1987, 2: *DBA Frankreich/Belgien*). Der Diskriminierungsschutz gilt für Steuern jeder Art und Bezeichnung (Art. 24 Abs. 6 MA, Rz. 179 ff.). 94

Bei der Ertragsbesteuerung von Unternehmen vermitteln Art. 24 Abs. 1 und Abs. 3 im Zusammenwirken mit der Verteilungsnorm des Art. 7 und dem Methodenartikel einen nach Intensität des wirtschaftlichen Engagements **abgestuften Diskriminierungsschutz.** Wird ein Unternehmen eines Vertragsstaates nur gelegentlich und vorübergehend im anderen Vertragsstaat tätig, so darf ausschließlich der Ansässigkeitsstaat die Gewinne besteuern. Ein Schutz vor Diskriminierungen im Quellenstaat ist nicht notwendig, da dem Quellenstaat schon aufgrund der Verteilungsnorm des Art. 7 Abs. 1 Satz 1 jegliche Besteuerung untersagt ist. Verdichtet sich das wirtschaftliche Engagement im anderen Vertragsstaat in Form einer Betriebstätte, steht das Unternehmen dauerhaft im Wettbewerb mit Unternehmen des anderen Vertragsstaates, darf der Quellenstaat das Unternehmen besteuern, soweit die Einkünfte der Betriebstätte zuzurechnen sind. Hier bestimmt Art. 7, mit 94a welchen Einkünften das Unternehmen besteuert werden darf. Kehrseite der Besteuerungszuständigkeit ist ein Diskriminierungsschutz, der allerdings nach Art. 24 Abs. 3 Satz 2 noch nicht den Bereich der subjektiven Leistungsfähigkeit erfasst. Das Unternehmen steht in Wettbewerb mit Konkurrenzunternehmen aus beiden Vertragsstaaten. Durch die Wahl des Methodenartikels hat es der Ansässigkeitsstaat in der Hand, ob er für die Betriebstätte im anderen Vertragsstaat **Wettbewerbsgleichheit** mit heimischen Unternehmen (Anrechnungsmethode) herstellt oder Wettbewerbsgleichheit mit Unternehmen des anderen Vertragsstaates ermöglicht (Freistellungsmethode). Wettbewerbsgleichheit im Quellenstaat wird aber erst durch das Zusammenspiel von Freistellungsmethode einerseits und Diskriminierungsschutz im anderen Vertragsstaat andererseits geschaffen. Weitere Voraussetzung für die Herstellung der Kapitalimportneutralität ist allerdings auch, dass der Wettbewerb nicht durch grenzüberschreitende Fremdkapitalfinanzierungen verzerrt wird (s. *Spengel*, DStJG 36 (2013), 39 (49)). Wählt der Ansässigkeitsstaat die Anrechnungsmethode, so schützt ihn das Betriebsstättendiskriminierungsverbot vor überhöhten Anrechnungsverpflichtungen (s. *Friedlander,* BTR 2002, 71 (76f.)). Löst das Unternehmen seine Bindungen zum Heimatstaat und wird die das Unternehmen betreibende Person im anderen Vertragsstaat ansässig, so erlangt der andere Vertragsstaat die ausschließliche Besteuerungszuständigkeit. Die unbeschränkte Besteuerungsmöglichkeit wird allerdings durch einen umfassenden – auch die persönlichen Merkmale betreffenden – Diskriminierungsschutz flankiert. Art. 24 Abs. 1 verhindert nun jegliche Benachteiligungen aufgrund der Staatsangehörigkeit der das Unternehmen betreibenden Person.

95 Das MA spricht zwar von der Besteuerung einer Betriebstätte; die Betriebstätte ist aber kein eigenständiges Steuersubjekt. Steuerpflichtiger ist vielmehr der die Betriebstätte unterhaltende Unternehmer (s. *K. Vogel,* AWD 1970, 349 (354)). Nach Abs. 3 Satz 2 ist ein Vertragsstaat nicht verpflichtet, „den im anderen Vertragsstaat ansässigen Personen" (nicht „der Betriebstätte") bestimmte Vergünstigungen zu gewähren. Auch daraus wird deutlich, dass das Diskriminierungsverbot den im anderen Vertragsstaat ansässigen Unternehmer schützt (s. *N. Y. Court of Appeals,* Reuters Ltd. v. Tax Appeals Tribunal, 82 N.Y.2d 112, 116 (1993): „The ultimate taxpayer … is the corporate entity … not its branch affiliate."). Er soll nach Art. 24 Abs. 3 vor Benachteiligungen aufgrund seiner Ansässigkeit bewahrt werden (vgl. MA-Komm. Ziff. 33). Geschützt wird das ausländische Unternehmen, soweit es im Inland mit einer Betriebstätte der Besteuerung unterworfen wird (Wassermeyer/*Wassermeyer,* Art. 24 OECD-MA Rz. 46; SKK/*Hageböke,* Art. 24 OECD-MA Rz. 65; s. DW/*Debatin,* Syst. III Rz. 309; *Schön,* in Lang/Schuch/Staringer, Diskriminierungsverbote, S. 13 (27)). Verglichen werden muss daher die Besteuerung des ausländischen Unternehmens hinsichtlich seiner inländischen Betriebstätte mit einem inländischen Unternehmen. Die Betriebstätte ist dagegen nicht Vergleichsobjekt, ihre rechtliche Selbständigkeit darf nicht fingiert werden (zweifelnd *Friedlander,* BR 2002, 71 (83)). Eine solche Fiktion hätte ihre Abkommensberechtigung zur Folge (s. FWK/*Kubaile,* Art. 25 *DBA Schweiz* Rz. 47) und könnte auch nicht konsequent durchgehalten werden, da bestimmte Merkmale des Stammhauses bei der Besteuerung der Betriebstätte berücksichtigt werden müssten (etwa die Rechtsform, s. Rz. 103). Ist im Folgenden von der Besteuerung einer Betriebstätte die Rede, so ist damit die Besteuerung eines Unternehmens des anderen Vertragstaates hinsichtlich der seiner Betriebstätte zuzuordnenden Einkünfte gemeint.

96 **b) Regelung:** Nach Art. 24 Abs. 3 darf die Besteuerung einer

- **Betriebstätte**, die ein Unternehmen eines Vertragsstaates **im anderen Vertragsstaat** hat,
- **nicht ungünstiger** sein

– als die Besteuerung von **Unternehmen des anderen Vertragsstaates,**
– die die **gleiche Tätigkeit** ausüben.

Die Vertragsstaaten werden dadurch jedoch **nicht verpflichtet,**
– den im anderen Vertragsstaat ansässigen Personen
– Steuerfreibeträge, -vergünstigungen und -ermäßigungen aufgrund des **Personenstands oder der Familienlasten** zu gewähren,
– die sie den in ihrem Gebiet ansässigen Personen gewähren.

c) Art. 24 Abs. 3 geht vom Bestehen einer **Betriebstätte** in einem Vertragsstaat 97 aus. Zum Begriff der Betriebstätte s. Art. 5 Rz. 2f. Die Vorschrift ist damit auf all diejenigen Fälle nicht anwendbar, in denen ein Unternehmen im anderen Vertragsstaat durch ein **selbständiges Unternehmen**, insbesondere eine Tochtergesellschaft, tätig wird (BFH BStBl. II 1974, 616 (618): *DBA Schweiz 1959*). Für Tochtergesellschaften gibt es einen eigenständigen Diskriminierungsschutz in Art. 24 Abs. 5 MA. Bei natürlichen Personen kann sich die Besteuerung im anderen Vertragsstaat wesentlich unterscheiden, wenn sie dort über eine Betriebstätte statt über eine Tochtergesellschaft tätig werden. Dagegen sorgt Art. 24 Abs. 3 bei Investitionen durch Körperschaften weitgehend für Rechtsformneutralität. Im anderen Vertragsstaat wird die Besteuerung der Betriebstätte einer Körperschaft durch das Diskriminierungsverbot der Besteuerung einer eigenständigen Tochtergesellschaft angeglichen (vgl. *Bellstedt,* S. 371), bei Investition über eine Betriebstätte entfällt überdies die Quellensteuer auf Dividendenausschüttungen. Art. 24 Abs. 3 lässt aber die Unterscheidung zwischen den beiden Rechtsformen unberührt (vgl. Art. 5 Abs. 7 OECD- und US-MA).

d) Nach Art. 24 Abs. 3 sind nur **Unternehmen eines Vertragsstaates** ge- 98 schützt, die im anderen Vertragsstaat eine Betriebstätte unterhalten. Mit der Anknüpfung an die Ausübung unternehmerischer Tätigkeit über eine im Vertragsstaat gelegene Betriebstätte schließt die Regelung an die Verteilung der Unternehmensgewinne nach Art. 7 MA an (s. dort Rz. 16ff.). Zum Begriff des „Unternehmens" s. Art. 3 Abs. 1 Buchst. c und h (dort Rz. 40), der Ausdruck „Unternehmen eines Vertragsstaates" bestimmt sich nach Art. 3 Abs. 1 Buchst. d (dort Rz. 42). Voraussetzung für die **Abkommensberechtigung** nach Art. 24 Abs. 3 ist die Ansässigkeit in einem Vertragsstaat, auf die Staatsangehörigkeit kommt es dagegen nicht an. Vor dem MA in der Fassung 2000 erfasste das Betriebstättendiskriminierungsverbot einen freiberuflich tätigen oder sonst selbständigen Steuerpflichtigen mit seiner festen Einrichtung nicht (BFH BStBl. II 2011, 747 (748f.)). Im MA 2000 wurde Art. 14 gestrichen und Art. 3 Abs. 1 Buchst. c, h eingeführt. Einkünfte aus selbständiger Tätigkeit unterfallen nun dem Art. 7. Dadurch findet Art. 24 Abs. 3 auch auf Selbständige Anwendung (s. Wassermeyer/*Wassermeyer,* Art. 14 Rz. 8). Aus diesem Grund wurde auch der Wortlaut des MA-Komm. angeglichen. In Ziff. 35 und 44 heißt es statt „gewerblicher Tätigkeit" nun „geschäftliche Tätigkeit". Auch im US-MA 2006 wurde Art. 14 nun gestrichen. Art. 24 Abs. 2 US-MA 1996 erstreckte sich aber bereits ausdrücklich auf die feste Einrichtung im Sinne von Art. 14. Überdies erlaubt Art. 6 Abs. 5 US-MA (entsprechend Sec. 871(d) und Sec. 882(d) IRC) bei Einkünften aus unbeweglichem Vermögen die Option zu einer Nettobesteuerung. Auf Land- und Forstwirte finden die Betriebstättendiskriminierungsverbote jedoch weiterhin keine Anwendung (s. auch ÖstVfGH v. 15.3.1990, 44, ÖStZB 1991, 274: *DBA Österreich/Portugal;* s. aber Rz. 126; für die Anwendung des Betriebstättendiskriminierungsverbotes im Rahmen des Art. 8 s. BFH IStR 1998, 504).

Das Diskriminierungsverbot gilt unabhängig davon, ob Inhaber der Betriebstätte 99 eine Gesellschaft oder eine Einzelperson ist. Bei natürlichen Personen kann das Diskriminierungsverbot zur Anwendung kommen, wenn die natürliche Person in einem Vertragsstaat ihr Unternehmen betreibt und im anderen Vertragsstaat eine Betriebstätte unterhält, aber auch dann, wenn die in einem Vertragsstaat ansässige Person ihr Unternehmen vollständig im anderen Vertragsstaat betreibt. Bei Körperschaften setzt Art. 24 Abs. 3 dagegen den Ort der tatsächlichen Geschäftsleitung in einem Vertragsstaat und das Unterhalten einer Betriebstätte im anderen Vertragsstaat voraus. Ist Inhaber der Betriebstätte eine **Personengesellschaft,** so ist ein von ihr betriebenes Unternehmen insgesamt ein Unternehmen eines Vertragsstaates, wenn die Personengesellschaft als solche Person i. S. des Abkommens und sie in dem betreffenden Vertragsstaat ansässig ist (s. Art. 3 Rz. 44; zur Abkommensberechtigung der Personengesellschaft Art. 1 Rz. 14 ff.). Ist dagegen die Personengesellschaft nicht Person i. S. des DBA, so sind als Träger der Betriebstätte **die Gesellschafter** anzusehen. Voraussetzung für den Diskriminierungsschutz ist dann, dass die Gesellschafter im Vertragsstaat ansässig sind; es ist in diesem Fall unerheblich, in welchem Staat die Personengesellschaft besteht (vgl. BFH BStBl. II 1969, 466 (467): *DBA Schweiz 1959*). Ist nur ein Teil der Gesellschafter im anderen Vertragsstaat ansässig, so gilt das Diskriminierungsverbot nur für den ihnen zurechenbaren Anteil.

100 **e)** Das Unternehmen des anderen Vertragsstaates darf nicht gegenüber **inländischen Unternehmen** benachteiligt werden, soweit es im Inland eine Betriebstätte unterhält. Der von einem New Yorker Gericht in Reuters Ltd. v. Tax Appeals Tribunal geforderte Vergleich mit einem inländischen Unternehmen, das weltweit die gleiche Struktur aufweist wie das die Betriebstätte betreibende Unternehmen (dazu *Kaplan,* BTR 1992, 285), wird nur in Ausnahmefällen erforderlich sein, nämlich wenn dies für die steuerliche Beurteilung des Vergleichsunternehmens tatsächlich maßgebend ist. Die Behandlung der Betriebstättengewinne oder -verluste im **Ansässigkeitsstaat** des die Betriebstätte betreibenden Unternehmens spielt für die Frage, ob eine Diskriminierung vorliegt, keine Rolle. Art. 24 Abs. 3 stellt nur auf die Behandlung im anderen Vertragsstaat ab (s. Rz. 4). Dies lassen die österreichischen Erlasse zum Verlustvortrag (Erlass des BdF v. 8.11.1990, ZL 040101/88 – IV/4/90, AÖFV 291/90 und EAS 2975 v. 11.7.2008, SWI 2008, 338) außer Acht, wenn sie der inländischen Betriebstätte den nach dem EStG vorgesehenen Verlustvortrag in den Fällen versagen, in denen das ausländische Unternehmen die Verluste im Ansässigkeitsstaat mit seinen übrigen Gewinnen verrechnen kann (vgl. auch: *Zöchling,* CDFI LXXVIII b, 297 (309 f.); *Lang,* SWI 1990, 34; *Loukota,* SWI 1991, 45; ausführlich *Haslehner,* S. 325 ff.). Allerdings ist es unbefriedigend, wenn als Folge des Art. 24 Abs. 3 Verluste der Betriebstätte sowohl im Betriebstättenstaat als auch im Ansässigkeitsstaat des Unternehmens steuerlich berücksichtigt werden können. Dies zu verhindern (wenn es verhindert werden soll), ist jedoch Sache des Ansässigkeitsstaates des Unternehmens. Auch der öst. VwGH v. 16.2.2006, ÖStZ 2006, 313; v. 28.11.2007, 2007/14/0048 sieht jedoch einen Verlustvortrag nur insoweit durch das Betriebstättendiskriminierungsverbot als geboten an wie es nicht zu einer doppelten Verlustverwendung kommt, s. *Weninger,* SWI 2007, 98.

101 Die Besteuerung des ausländischen Unternehmens hinsichtlich der inländischen Betriebstätte ist mit der Besteuerung eines **rein inländischen Unternehmens** zu vergleichen. Zeitweilig sollte nach Auffassung der britischen Steuerverwaltung als Vergleichsobjekt eine von **einer ausländischen Gesellschaft beherrschte** inländische Tochtergesellschaft dienen (vgl. die Darstellung bei *Oliver,* BTR 1977, 148 (151)). Diese Auffassung, die Art. 24 Abs. 3 auf eine Nichtdiskriminierung gegenüber ausländisch beherrschten inländischen Unternehmen reduziert und ihn damit im Ergebnis einer gegenständlich beschränkten Meistbegünstigungsklausel (s. Rz. 174) gleichstellt, wird der Zielsetzung der Vorschrift nicht gerecht (s. MA-Komm. Ziff. 35). Gegen die Auslegung spricht bereits der Wortlaut des Art. 24

Abs. 3, der einen Vergleich mit einem Unternehmen des besteuernden Vertragsstaates voraussetzt, ohne diesen Begriff in irgendeiner Form einzuschränken. Damit ist der Begriff „Unternehmen des anderen Vertragsstaates" aus Art. 3 Abs. 1 Buchst. d MA zu entnehmen (s. *van Raad,* Nondiscrimination, S. 135); diese Vorschrift bezieht sich jedoch als Regelfall auf ein Unternehmen mit reiner Inlandsbeteiligung, nicht speziell auf die inländische Tochtergesellschaft eines ausländischen Unternehmens. So ist Art. 24 Abs. 3 MA auch gemeint; er soll die steuerliche Benachteiligung von Betriebstätten in vollem Umfang für unzulässig erklären, nicht eine Benachteiligung dann gestatten, wenn auch Tochtergesellschaften ausländischer Unternehmen in gleicher Weise benachteiligt werden.

In den Diskriminierungsschutz **nicht** einbezogen sind besondere steuerliche Vorteile, die den **öffentlichen Rechtsträgern** des besteuernden Staates gewährt werden sowie den **gemeinnützigen Einrichtungen** unter der Voraussetzung, dass ihre Tätigkeit dem öffentlichen Wohl allein dieses Staates dient. Die Einschränkungen, die der MA-Komm. im Zusammenhang mit dem Verbot der Staatsangehörigkeitsdiskriminierung ausdrücklich anführt (s. zu Art. 24 Abs. 1 Ziff. 10 und 11; s. Rz. 60), gelten somit entsprechend auch für das Betriebstättendiskriminierungsverbot (s. a. *IRS* Letter Ruling 80–30–005 für US Private Pension Funds; s. a. *Haslehner,* S. 242; a. A. *van Raad,* Nondiscrimination, S. 138). Auf alle anderen privilegierten Besteuerungsbereiche findet allerdings das Betriebstättendiskriminierungsverbot Anwendung. Dies gilt insbesondere auch für steuerliche Maßnahmen zur **Förderung inländischer Unternehmen** (a. A. DW/*Debatin,* Syst. III Rz. 319). 102

Das Diskriminierungsverbot untersagt eine Benachteiligung gegenüber einem rechtlich selbständigen Unternehmen, das **die gleiche Tätigkeit** ausübt. Dies ist dann bedeutsam, wenn ein Vertragsstaat bei der Besteuerung nach der Art der Tätigkeit differenziert. Das ausländische Unternehmen muss im gleichen Wirtschaftszweig wie das inländische Unternehmen tätig sein. Ein inländisches Vergleichsunternehmen braucht nicht tatsächlich zu existieren. Das Diskriminierungsverbot ist bereits dann verletzt, wenn die Besteuerung bei einem fiktiven inländischen Vergleichsunternehmen günstiger ausfiele. Voraussetzung ist aber auch, dass das ausländische Unternehmen dem inländischen Vergleichsunternehmen **rechtlich gleichgestellt** ist. So kann etwa eine natürliche Person nicht verlangen, dass ihre Betriebstättengewinne im anderen Vertragsstaat mit dem niedrigeren Körperschaftsteuersatz besteuert werden. Wird nach a. A. auf die Besteuerung der Betriebstätte selbst abgestellt (s. Rz. 95), so muss für den Belastungsvergleich die Rechtsform des Stammhauses bei der Besteuerung der Betriebstätte berücksichtigt werden (*Debatin,* DStZ/A 1970, 129 (135); FG Düsseldorf EFG 1973, 509: *DBA Japan*). 103

f) Diskriminierende Besteuerung: Nach Art. 24 Abs. 3 darf **die Besteuerung** des Unternehmens des einen Vertragsstaates im anderen Vertragsstaat hinsichtlich der dort unterhaltenen Betriebstätte **nicht ungünstiger** ausfallen. Der Diskriminierungsschutz umfasst alle Steuerarten (Abs. 6), beschränkt sich also nicht auf die Besteuerung der Unternehmensgewinne. Die Besteuerung anderer Personen wie etwa der Anteilseigner darf in den Belastungsvergleich jedoch nicht einbezogen werden, s. BFH v. 10.3.2005, IStR 2005, 745 (747); *Rust,* IStR 2005, 391 (392). Im Rahmen der Gewinnbesteuerung gilt der Diskriminierungsschutz nicht nur im Zeitpunkt der Gewinnerzielung, sondern auch im Zeitpunkt der Gewinnverwendung (s. Rz. 112; a. A. Ziff. 41 und 59 MA-Komm. 2008, s. a. die Ausführungen dazu in Rz. 33 des Discussion Draft). Eine Gegenüberstellung des Wortlauts des Abs. 3 mit dem der Absätze 1, 2 und 5 zeigt unmissverständlich, dass mit „Besteuerung" hier lediglich die unmittelbare Steuer-, d. h. **Geldzahlungslast** gemeint ist: Abs. 3 nennt nur die be- 104 lastendere, nicht auch die „andere" Besteuerung. Die Besteuerung des ausländischen Unternehmens kann also ohne Verstoß gegen das Diskriminierungsverbot nach anderen Normen als bei einem inländischen Unternehmen durchgeführt werden. Anders als nach Abs. 1, 2 und 5 bezieht sich Abs. 3 überdies auch nicht auf die mit der Besteuerung „zusammenhängenden Verpflichtungen". Ein Verstoß gegen das Diskriminierungsverbot des Art. 24 Abs. 3 liegt daher nicht vor, wenn sich das Besteuerungs**verfahren** bei ausländischen Unternehmen mit inländischer Betriebstätte von dem Verfahren bei der Besteuerung ansässiger Unternehmungen unterscheidet (vgl. MA-Komm. Ziff. 34; kritisch zu dieser Unterscheidung: *O'Brien,* LPIB 1978, 545 (568)). Damit ist es insbesondere **nicht** als eine i. S. von Art. 24 Abs. 3 unzulässige Diskriminierung anzusehen, wenn die auf die Betriebstätte entfallende Steuer nicht im Veranlagungsverfahren, sondern durch **Steuerabzug an der Quelle** erhoben wird, sofern sich hieraus keine Erhöhung des Steuerbetrags ergibt (s. a. DW/*Debatin,* Syst. III Rz. 312).

105 Dagegen folgt aus dem Verbot einer höheren steuerlichen Belastung, dass bei Anwendung eines progressiven Steuertarifs die Degression im unteren Tarifbereich nicht zum Nachteil der Betriebstätte eingeschränkt werden darf. Daher ist die Anwendung eines **Mindeststeuersatzes** auf Betriebstättengewinne Nichtansässiger grundsätzlich verboten (MA-Komm. Ziff. 57 und 58). Dementsprechend wenden etwa die Niederlande den nach nationalem Steuerrecht vorgesehenen Steuersatz von 25% auf Betriebstättengewinne nichtansässiger natürlicher Personen nicht an, wenn ein DBA mit Betriebstättendiskriminierungsverbot zur Anwendung kommt und der für ansässige Gewerbetreibende in einem vergleichbaren Fall anwendbare progressive Steuersatz unter dem Satz von 25% liegen würde (vgl. *Wijnen,* CDFI Vol. LXXVIII b, 579 (590)). Deutschland teilt diese Auffassung dagegen nicht und hat deshalb eine Bemerkung zu Ziff. 57 und 58 des MA-Komm. abgegeben (MA-Komm. Ziff. 82; zur Rechtsnatur der Bemerkungen zum Kommentar s. die Grundl. Rz. 35). Zum deutschen Mindeststeuersatz nach § 50 Abs. 3 Satz 2 EStG a. F. s. die Vorauflage. Bei inländischen Betriebstätten sind nach § 50 Abs. 1 S. 2 EStG die inländischen Einkünfte für die Berechnung des Steuertarifes um den Grundfreibetrag zu erhöhen. Nach Art. 24 Abs. 3 Satz 2 MA besteht aber hinsichtlich des Grundfreibetrages keine Gleichbehandlungsverpflichtung. § 50 Abs. 1 S. 2 EStG verstößt daher nicht gegen das Betriebstättendiskriminierungsverbot. Nach Ansicht des MA-Komm. Ziff. 56 darf der Gesamtgewinn des Unternehmens im Rahmen eines **Progressionsvorbehalts** ohne Verstoß gegen das Diskriminierungsverbot bei der Besteuerung des Betriebstättengewinnes berücksichtigt werden (zustimmend Wassermeyer/*Wassermeyer,* Art. 24 OECD-MA Rz. 53, s. a. Rz. 71 des Discussion Draft mit einem Berechnungsbeispiel). Auch der BFH BStBl. II 2011, 747 (749) sieht es als vereinbar mit dem Betriebstättendiskriminierungsverbot an, wenn für die Frage, ob ein Mindeststeuersatz für beschränkt Steuerpflichtige zu einer höheren Steuerbelastung führt als der für Ansässige geltende progressive Tarif, die ausländischen Einkünfte in die Steuersatzbemessungsgrundlage einbezogen werden. Dies ist konsequent, wenn die rechtliche Selbständigkeit der Betriebstätte nicht fingiert wird (s. Rz. 95). Nur bei einer isolierten Betrachtung der Betriebstätte wäre eine Einbeziehung von Gewinnen des Stammhauses nicht zulässig. Betrachtet man dagegen das ausländische Unternehmen als Einheit, so wird das ausländische gegenüber dem inländischen Unternehmen nicht ungünstiger besteuert, da auch beim inländischen Unternehmen der Gesamtgewinn im Rahmen eines Progressionsvorbehalts berücksichtigt wird. Der Progressionsvorbehalt bei beschränkt Steuerpflichtigen kann aber nach anderen Abkommensnormen unzulässig sein (s. Art. 23 Rz. 208 ff.).

106 Zu beachten sind aber die Regeln des Art. 7 Abs. 2 über die Ermittlung des Betriebstättengewinns (Fremdvergleichsmaßstab), s. zu Art. 7 Rz. 101 ff., 104 ff.).

Eine diskriminierende Besteuerung liegt erst dann vor, wenn sich unter Berücksichtigung dieser Regeln und – soweit sie der Verwaltung Spielräume geben – unter der für die Betriebstätte ungünstigsten Voraussetzung ein Steuerbetrag ergibt, der unter dem gesetzlich festgelegten Mindeststeuersatz liegt (s. a. DW/*Debatin,* Syst. III Rz. 321, 322). Anders liegt es natürlich, wenn der betreffende Staat den Mindeststeuersatz auch auf inländische Unternehmungen anwendet. Soweit Art. 7 Abs. 4 MA a. F. die Berechnung der Gewinne einer Betriebstätte durch **formelle Zurechnung** („indirekte Methode") erlaubt, wäre sogar eine höhere Steuerbelastung, die sich aus der Anwendung dieser Methode ergibt, nach Art. 24 Abs. 3 zulässig (vgl. *N. Y. Court of Appeals,* Reuters Ltd. v. Tax Appeals Tribunal, 82 N. Y. 2d 112, 116 (1993); *High Court of Justice, Chancery Division,* Sun Life Assurance Co. of Canada v. Pearson (1984), STC 461 (514 f.), abweichend *House of Lords,* Ostime v. Australian Mutual Provident Society, 1961, Tax Cases 492; zustimmend *van Raad,* Nondiscrimination, S. 139 f.).

Unvereinbar mit Art. 24 Abs. 3 ist auf jeden Fall die Erhebung von Sondersteuern von den Betriebstättengewinnen ausländischer Unternehmen, wenn diese von den entsprechenden Gewinnen inländischer Unternehmen nicht erhoben werden. Solche **Betriebstättensteuern** („branch profits taxes", für die USA s. etwa Sec. 884 IRC) mögen zwar ein **Äquivalent** zu der von den Ausschüttungen rechtlich selbständiger Tochtergesellschaften erhobenen **Kapitalertragsteuer** sein; das ändert aber nichts daran, dass sie die Betriebstätte höher belasten als vergleichbare inländische Unternehmen, da die Kapitalertragsteuer keine Steuer des ausschüttenden Unternehmens, sondern eine Steuer des Anteilseigners darstellt (s. *McDaniel/Ault,* S. 71 Fn. 67; *High Court of Justice Chancery Division,* EWHC 2006, 117 (Ch) Rz. 37; Ziff. 60 MA-Komm.). Die USA in Ziff. 87 des MA-Komm. und die Nichtmitgliedstaaten Argentinien und Marokko haben daher ausdrücklich einen Vorbehalt zur Aufrechterhaltung ihrer branch profits tax gemacht. Derzeit werden solche Steuern erhoben in *Brasilien* (sec. 555 RIR), *Indonesien* (Art. 26 Buchst. e EStG), *Kanada* (sec. 219 ITA) und den *USA* (sec. 884 (a) IRC). *Kenia* erzielt ein ähnliches Ergebnis dadurch, dass es Betriebstättengewinne einem höheren Steuersatz unterwirft. In den *USA* sieht allerdings sec. 884 (e) (1) (A) (B), (4) IRC vor, dass auf die Erhebung der branch profits tax verzichtet wird, wenn die Vorschriften eines DBA einer entsprechenden Besteuerung entgegenstehen. Damit wird dem Betriebstättendiskriminierungsverbot Rechnung getragen (Conference Report II–950, s. auch IRS Notice 87–56, Taxes Int'l 1987, 27 und Notice 88–133, December 1988, 1278; s. *Plutte,* TMIJ 1988, 31; *Musher,* Journal of Taxation 1988, 186 (190 ff.)). Die Erhebung einer branch profits tax verstößt dagegen nicht gegen das Staatsangehörigendiskriminierungsverbot nach Art. 24 Abs. 1, da sich das nichtansässige Unternehmen nicht in gleichen Verhältnissen wie ein ansässiges Unternehmen befindet (s. Rz. 49). Soweit die Abkommen der USA kein Diskriminierungsverbot für Betriebstätten, sondern lediglich ein Staatsangehörigkeitsdiskriminierungsverbot enthalten, können die USA ihre branch profits tax daher weiterhin erheben (*Hammer/Rohrer,* BIFD 1987, 3 (7); *Gordon/Newmann,* TMIJ 1986, 51 (53); zur (Un)Vereinbarkeit der branch profits tax mit bestehenden DBA s. ferner *Vettel,* TN 1987, 632; *Bohnert,* RIW 1987, 37). Entsprechendes gilt für die anderen genannten Staaten, die Betriebstättensteuern erheben. Deutschland hat allerdings inzwischen mit allen fünf genannten Staaten im Rahmen der DBA Vereinbarungen getroffen, die die **Betriebstättensteuer gestatten** (s. etwa Art. 24 Abs. 5, Art. 10 Abs. 8 *DBA USA 1989*). Insoweit ist Art. 24 Abs. 3 unanwendbar; s. dazu noch Rz. 132 und Art. 10 Rz. 270 ff. Zum Verhältnis der U. S. branch profits tax zu den DBA der USA vgl. auch *Glicklich/Goldberg,* CDFI LXXVIII b, 715 (725), speziell zur branch profits tax unter dem *DBA USA/Niederlande: van Beelen,* MBB 1993, 226. Steuerpflichtiger der US **branch profits tax on interest** 107 nach Sec. 884 (f) IRC ist dagegen der Empfänger der Zinszahlungen, daher verstößt diese Steuer nicht gegen das Betriebstättendiskriminierungsverbot, s. Ziff. 61 MA-Komm. Zweifelhaft allerdings hinsichtlich Sec. 884 (f)(1)(B) IRC *Goldberg/Glicklich,* Florida Tax Review 1992, 51 (95).

108 Nach Art. 7 Abs. 1 Satz 2 MA darf ein Unternehmen eines Vertragsstaates im anderen Vertragsstaat nur mit den Gewinnen besteuert werden, die der Betriebstätte dieses Unternehmens im anderen Vertragsstaat zuzurechnen sind (Ablehnung des **Attraktionsprinzips** s. Art. 7 Rz. 16). Das Betriebstättendiskriminierungsverbot trifft über die Zurechnung der Einkünfte zur Betriebstätte keine Regelung (s. Wassermeyer/*Wassermeyer,* Art. 24 OECD-MA Rz. 43), es normiert nur die Ausgestaltung der Besteuerung der der Betriebstätte zuzurechnenden Einkünfte. Das Betriebstättendiskriminierungsverbot kann eine Besteuerung nach dem Attraktionsprinzip daher nicht verhindern. Die Ablehnung des Attraktionsprinzips könnte nur dann zusätzlich auf Art. 24 Abs. 3 gestützt werden, wenn von einer Selbständigkeitsfiktion der Betriebstätte auszugehen wäre (s. Rz. 95). Da ein selbständiges Vergleichsunternehmen nur mit dem ihm zuzurechnenden Gewinn besteuert wird, dürfte die unselbständige Betriebstätte demgegenüber nicht benachteiligt werden (so *van Raad,* Nondiscrimination, S. 149).

109 **g)** Umstritten ist nach wie vor die **Reichweite der Gleichbehandlungsverpflichtung.** Der MA-Komm. hat eine Reihe grundsätzlicher Auslegungsfragen zur Anwendung des Art. 24 Abs. 3 MA offengelassen, weil zwischen den OECD-Mitgliedstaaten keine einheitliche Haltung erzielt werden konnte. Art. 24 Abs. 3 stellt auf die wirtschaftliche Betätigung der Betriebstätte ab. Der BFH folgert daraus, dass sich das Diskriminierungsverbot des Abs. 3 nur auf **betriebsbezogene Besteuerungsmerkmale** erstreckt. Dagegen bleibt nach Ansicht des BFH die Dispositionsfreiheit des nationalen Gesetzgebers hinsichtlich **personenbezogener** Besteuerungsmerkmale uneingeschränkt (BFH BStBl. II 1969, 466, 468: *DBA Schweiz 1959,* seither st. Rspr.; ablehnend *Hintzen,* DB 1976, 2226 (2227)). Die Unterscheidung lässt sich indes weder auf den Wortlaut des Art. 24 Abs. 3 stützen, noch entspricht sie der Auffassung des OECD-Finanzausschusses (vgl. *Weber,* IWB F. 10, International, Gr. 2, 393 (394); *ders.,* Institut Finanzen und Steuern, Brief 204, 20). Der Wortlaut von Abs. 3 Satz 1 erfasst die gesamte Besteuerung der Betriebstätteneinkünfte des ausländischen Unternehmens. Zwar bleiben nach Art. 24 Abs. 3 Satz 2 Steuervorteile unberücksichtigt, die ihren Rechtsgrund in persönlichen Verhältnissen des im anderen Vertragsstaat ansässigen Unternehmers haben. Diese Regelung gilt jedoch unmissverständlich nur für den Fall der Besteuerung einer **natürlichen Person** als Trägerin einer Betriebstätte (so ausdrücklich Art. 24 Abs. 4 *DBA Belgien;* für das MA siehe MA-Komm. Ziff. 36; s. a. Rz. 120). Nur die natürliche Person hat einen Personenstand und trägt Familienlasten. Der Betriebstättenstaat braucht bei natürlichen Personen die existenznotwendigen Aufwendungen bei der Ermittlung des Betriebstättenergebnisses nicht zum Abzug zuzulassen. Für die Berücksichtigung der existenznotwendigen Aufwendungen ist allein der Wohnsitzstaat zuständig. Abs. 3 Satz 2 schränkt den Diskriminierungsschutz für andere als natürliche Personen dagegen nicht ein, die Vorschrift enthält keine Grundlage für eine Limitierung des Schutzes auf betriebsbezogene Merkmale. Eine Unterscheidung zwischen personen- und betriebsbezogenen Merkmalen lässt sich nicht begründen; sie führt zu einer unsachgemäßen Einengung des Diskriminierungsverbots (dies zeigt sich besonders deutlich im Fall BFH BStBl. II 1970, 790 (792): *DBA Frankreich,* Versagung des Ausschüttungssteuersatzes von 15% nach § 19 Abs. 1 KStG a. F.; vgl. auch: *Rädler/Raupach,* S. 392; die Entscheidung des BFH BStBl. II 1974, 255: *DBA Frankreich* zu § 16 Abs. 2 KStG a. F. = § 12 Abs. 2 KStG 1977 ist für Betriebstätten von Nicht-EU-Gesellschaften nach wie vor aktuell.

h) Anrechnungsverfahren – gespaltener Steuersatz: Die Probleme des Betriebstättendiskriminierungsverbotes waren für Deutschland besonders aktuell im Bereich des **körperschaftsteuerlichen Anrechnungsverfahrens** (s. dazu allgemein bei Art. 10 Rz. 114 ff.). Seit Einführung des Halbeinkünfteverfahrens ist diese Problematik weitgehend entschärft: unbeschränkt steuerpflichtige und beschränkt steuerpflichtige Körperschaften werden mit einem einheitlichen Steuersatz besteuert, auch der ermäßigte Ausschüttungssteuersatz ist weggefallen. Soweit ein Verstoß des Anrechnungsverfahrens gegen das Diskriminierungsverbot verneint wird, greifen Rechtsprechung und Schrifttum z. T. auf die Lehre des BFH von der Unterscheidung zwischen betriebs- und personenbezogenen Besteuerungsmerkmalen zurück; das Anrechnungsverfahren wird dann den personenbezogenen Besteuerungsmerkmalen zugerechnet (s. z. B. *Wrede,* in HHR § 27 KStG 1977, S. 18; *Mersmann,* DStZ/A 1971, 310 (311)). Die Nichtgewährung eines Körperschaftsteueranrechnungsguthabens stellt jedenfalls eine ungünstigere Besteuerung im Sinne von Art. 24 Abs. 3 dar (MA-Komm. Ziff. 49; *High Court of London* v. 7.2.2006, UBS AG v. HMRC [2006], EWHC 117 (Ch) Rz. 33; *Court of Appeal von England und Wales* v. 21.2.2007 [2007], EWCA Civ. 119 Rz. 19, 21 und 27). 110

Die Beurteilung des Anrechnungsverfahrens muss allerdings vom Adressatenkreis des Art. 24 Abs. 3 ausgehen. Der Diskriminierungsschutz beschränkt sich auf die Besteuerung **des ausländischen Unternehmens** hinsichtlich seiner inländischen Betriebstätte; die Vorschrift verbietet nur unmittelbare, nicht aber mittelbare Diskriminierungen (s. Rz. 5). Die **Anteilseigner** des ausländischen Unternehmens werden von Art. 24 Abs. 3 nicht geschützt. Nach dem Anrechnungsverfahren wurde dem Anteilseigner grundsätzlich nur dann ein Körperschaftsteuerguthaben vermittelt, wenn die Körperschaft (§ 36 Abs. 2 Nr. 3 EStG a. F.) und der Anteilseigner (§ 50 Abs. 5 Satz 2 EStG a. F.) unbeschränkt steuerpflichtig waren. Eine im Ausland ansässige Körperschaft mit inländischer Betriebstätte konnte mangels unbeschränkter Steuerpflicht somit kein Körperschaftsteuerguthaben vermitteln, die Benachteiligung traf unmittelbar aber nicht die Betriebstätte, sondern nur die Anteilseigner. Insofern lag also kein Verstoß gegen Art. 24 Abs. 3 vor (vgl. auch: *Raupach,* JbFfSt 1977/78, 424 (436), sowie *Manke,* JbFfSt 1977/78, 444 (453)). Waren die Anteilseigner der ausländischen Körperschaft im Ausland ansässig, so wurde ihnen auch aus diesem Grunde (§ 50 Abs. 5 Satz 2 EStG a. F.) ein Körperschaftsteuerguthaben versagt. Wiederum wirkte sich die Benachteiligung aber unmittelbar nur bei den Anteilseignern aus. Überdies hätten die ausländischen Anteilseigner auch von einer inländischen Körperschaft kein Anrechnungsguthaben erhalten, sodass in diesem Falle nicht einmal eine mittelbare Diskriminierung der Betriebstätte vorlag. War die beschränkt steuerpflichtige Körperschaft selbst Anteilseignerin, so erhielt sie nach § 50 Abs. 5. S. 3 EStG a. F., § 50 Abs. 1 Nr. 2 KStG a. F. ein Anrechnungsguthaben, wenn die Dividendeneinkünfte der inländischen Betriebstätte zuzuordnen waren. Insofern lag schon keine Benachteiligung vor. Nach finnischem Recht wurde ein Anrechnungsguthaben nur ansässigen Anteilseignern gewährt, ausländischen Anteilseignern bei Dividendenbezug über eine finnische Betriebstätte dagegen verwehrt. Der finnische oberste Verwaltungsgerichtshof nahm hier aufgrund einer Sonderbestimmung im Dividendenartikel des *DBA Finnland/Großbritannien* keinen Verstoß gegen das Diskriminierungsverbot an (KHO 1992/4585; TNI 1993, 81; *Helminen,* BIT 2007, 103 (105)); ebenso *Court of Appeal von England und Wales* [2007], EWCA Civ. 119. 111

Allerdings verstößt ein **gespaltener Steuersatz** nur für unbeschränkt Steuerpflichtige gegen das Betriebstättendiskriminierungsverbot (*Haslehner,* S. 311; a. A. BFH BStBl. II 1970, 790 (792): *DBA Frankreich,* dazu bereits Rz. 109; s. auch FG Hamburg EFG 1965, 551: *DBA Schweden;* öst. VwGH v. 21.1.1987, ÖStZB 1987, 453; *Sass,* AWD 1965, 106 (108); der MA-Komm. ließ in Ziff. 40, 41 a. F. das 112

Ergebnis offen, in der Fassung von 2008 sieht er in Ziff. 59 in der Versagung eines gespaltenen Steuersatzes jedoch keinen Verstoß mehr gegen das Betriebstättendiskriminierungsverbot; s. SD/*Bruns,* Art. 24 Rz. 105; s. zum EU-Recht Rz. 121). Nach Art. 23 Abs. 3 S. 3 *DBA Norwegen 1991* wird die Benachteiligung der Betriebstätte hinsichtlich des gespaltenen Steuersatzes ausdrücklich zugelassen. Dieser Satz wird nun aber im *DBA Norwegen 2013 (E)* gestrichen. Ein gespaltener Steuersatz galt nach § 19 KStG a. F. zur Zeit des klassischen Körperschaftsteuersystems, aber auch nach § 27 KStG a. F. während der Zeit des Anrechnungsverfahrens. Wird der beschränkt steuerpflichtigen Körperschaft ein niedrigerer Ausschüttungssteuersatz versagt, so wirkt sich diese Benachteiligung unmittelbar bei dem ausländischen Unternehmen aus. Der Diskriminierungsschutz nach Abs. 3 gilt nicht nur im Zeitpunkt der Gewinnerzielung sondern auch im Zeitpunkt der Gewinnverwendung (s. Rz. 104). Letztlich stellen zwar Körperschaftsteueranrechnung auf der Ebene des Anteilseigners und Minderung der Steuerlast bei Ausschüttung auf der Ebene der Körperschaft nur zwei unterschiedliche Methoden zur Vermeidung der Doppelbelastung dar, die beim inländischen Anteilseigner zum gleichen Ergebnis führen. Für die beschränkt steuerpflichtige ausschüttende Gesellschaft hat die Methodenwahl aber weitreichende Konsequenzen.

113 Voraussetzung für den gespaltenen Körperschaftsteuersatz ist zwar eine Gewinnausschüttung, die nach innerstaatlichem Recht von einer Betriebstätte nicht vorgenommen werden kann (so *Philipp/Pollak,* Z 24 Rz. 13; *Rädler/Raupach,* S. 393). Steuerpflichtiger und damit von Art. 24 Abs. 3 geschützte Person ist aber nicht die Betriebstätte, sondern die ausländische Körperschaft (s. Rz. 95). Das ausländische Unternehmen kann jedoch eine Gewinnausschüttung vornehmen (s. *K. Vogel,* AWD 1970, 354; a. A. Wassermeyer/*Wassermeyer,* Art. 24 OECD-MA Rz. 51: ungleiche Verhältnisse, da sich die Ausschüttung nicht auf der Ebene der Betriebstätte vollzieht).

114 **i) Anwendung von DBA:** Umstritten ist weiterhin, ob Art. 24 Abs. 3 nur Benachteiligungen aufgrund innerstaatlicher Vorschriften verbietet oder auch zu einer Erstreckung der Vorteile aus mit **Drittstaaten abgeschlossenen DBA** führt (vgl. ausführlich *Ribbrock,* S. 90 ff. und 137 ff.) und den Länderüberblick in *Burns u. a.,* TMIF Vol. 23, Heft 2, 2002). Diese Problematik ist auch bei den anderen Diskriminierungsverboten noch nicht geklärt (s. Rz. 46; DW/*Debatin,* Syst. III Rz. 329; Wassermeyer/*Wassermeyer,* Art. 24 OECD-MA Rz. 21 und 52; FWK/*Kubaile,* Art. 25 *DBA Schweiz* Rz. 54; SD/*Bruns,* Art. 24 Rz. 27). Die Frage, ob die Vertragsstaaten aufgrund des Art. 24 Abs. 3 verpflichtet sind, die mit dritten Staaten abgeschlossenen DBA auf **Betriebstätten** ausländischer Unternehmen anzuwenden, ist im Anschluss an den „Triangular Cases"-Report der OECD 1987 in der Neufassung des MA-Komm. von 1992 ausführlich behandelt. Nach MA-Komm. Ziff. 68 ff. und MA-Komm. zu Art. 23 Ziff. 10 verpflichtet das Betriebstättendiskriminierungsverbot den Betriebstättenstaat hiernach **nicht**, mit einem **Drittstaat** abgeschlossene DBA bei der Besteuerung der Betriebstätteneinkünfte von Unternehmen des anderen Vertragsstaates zu berücksichtigen. Im Rahmen des Art. 24 Abs. 2 geht der MA-Komm. in Ziff. 31 allerdings davon aus, dass das Diskriminierungsverbot auch eine Anwendung von Drittstaatsabkommen auf Staatenlose verlangt. Die Rspr. beantwortet die Frage der Reichweite der Gleichbehandlungsverpflichtung nicht einheitlich. Während der *Hoge Raad* Rolno. 16806, BNB 1973/1 (ebenso FG Hamburg EFG 1986, 63 und BFH BStBl. II 1972, 281) eine Erstreckung der Vergünstigungen aus Drittstaatsabkommen als nicht vom Diskriminierungsschutz erfasst ansieht, hat der BFH in BStBl. II 1989, 649 ein Drittstaatsabkommen aufgrund eines Diskriminierungsverbotes angewandt: Ein in Deutschland ansässiger Niederländer, der in Italien arbeitete, kam in Deutschland aufgrund des im *DBA Deutschland/Niederlande* vereinbarten Staatsangehörigendiskriminierungsverbotes in den Genuss der Abkommensvorteile aus dem *DBA Deutschland/Italien 1925*, das seinen Geltungsbereich abweichend vom MA auf Staatsangehörige der Vertragsstaaten beschränkte. Das ÖstBMF v. 11.11.2002 (EAS 2157), SWI 2003, 2 gewährte in Deutschland ansässigen Personen über Art. 24 Abs. 3 *DBA Deutschland/Österreich 2000* Vergünstigungen aus dem *DBA Österreich/Bulgarien*.

Die Diskriminierungsverbote können – wenn überhaupt – nur zu einer einseitigen Abkommenserstreckung führen. Für den Drittstaat dürfen aufgrund des zwischen den beiden Vertragsstaaten abgeschlossenen Abkommens keine Verpflichtungen entstehen. Daher erlangt der durch das Diskriminierungsverbot Begünstigte keinesfalls die Abkommensberechtigung für Drittstaatsabkommen (so ausdrücklich auch der Änderungsvorschlag zum MA-Komm. Ziff. 50 des Discussion Draft, vgl. zu dieser Problemstellung unter unionsrechtlichen Aspekten (s. Rz. 121): *Jann*, in Gassner/Lang/Lechner, Doppelbesteuerungsabkommen, S. 73; *Kostense*, EC Tax Review 2000, 220). Umstritten ist nur, ob die Vertragsstaaten einseitig die Vergünstigungstatbestände aus den Drittstaatsabkommen auf den Staatsangehörigen des anderen Vertragsstaates (Art. 24 Abs. 1), den Staatenlosen (Abs. 2), die Betriebstätte (Abs. 3) oder das Unternehmen (Abs. 4 und 5) erstrecken müssen, was zu einer Verpflichtung zur Freistellung von Drittstaatseinkünften (etwa wegen des Internationalen Schachtelprivilegs oder Einkünften aus unbeweglichem Vermögen nach Art. 23 A Abs. 1 DBA Drittstaat) oder zu einer Anrechnung von Drittstaatsteuern (nach Art. 23 A Abs. 2 oder Art. 23 B Abs. 1 DBA Drittstaat) führen kann. **115**

Allein aus dem **Wortlaut** der Diskriminierungsverbote, der generell eine „belastendere" oder „ungünstigere Besteuerung" verbietet, lässt sich eine Beschränkung des Diskriminierungsschutzes auf die rein innerstaatlichen Vorschriften nicht ableiten. Insbesondere beim Betriebstättendiskriminierungsverbot sprechen auch der Sinn und Zweck für einen möglichst weitreichenden Diskriminierungsschutz. Art. 24 Abs. 3 hat die Aufgabe, Wettbewerbsgleichheit im steuerlichen Bereich zwischen rechtlich unselbständigen Betriebstätten und rechtlich selbständigen Unternehmen sicherzustellen (s. *Adonnino*, S. 172; *Staringer*, S. 82 f.). Bei einer restriktiven Auslegung der Diskriminierungsverbote hätte es ein Vertragsstaat in der Hand, seinen eigenen Unternehmen Wettbewerbsvorteile zu verschaffen, indem er Vergünstigungen nicht in seinem nationalen Steuerrecht, sondern im DBA-Recht schafft. Die Rechtsform der Benachteiligung sollte aber für deren abkommensrechtliche Zulässigkeit nicht entscheidend sein. Auch der MA-Komm. geht in Ziff. 35 davon aus, dass Art. 24 Abs. 3 die Beseitigung jeder Diskriminierung von Betriebstätten gegenüber ansässigen Unternehmen bezweckt. **116**

Gegen eine Erstreckung von Abkommensvorteilen aufgrund der Diskriminierungsverbote wird jedoch vorgebracht, dass es sich bei den DBA um bilaterale Verträge handelt, die im Verhältnis des *do ut des* stehen. Ein Staat verzichtet auf Steueraufkommen, weil auch der andere Staat seine Besteuerung zurücknimmt. Dies bedeutet aber nicht, dass die jeweiligen Steuerverzichte ihrem Wesen nach auf die beiden Vertragsstaaten beschränkt sein müssen (*van Raad*, Nondiscrimination, S. 152; *Avery Jones u. a.*, ET 1991, 337). Auch im Falle einer weiten Auslegung der Diskriminierungsverbote verpflichten sich die jeweiligen Vertragsstaaten zu einem wechselseitigen Steuerverzicht: Ein Vertragsstaat muss die Vergünstigungen aus seinen Drittstaatsabkommen auf die vom Diskriminierungsverbot geschützten Personen anwenden; als Gegenleistung dafür erstreckt der andere Vertragsstaat seine Drittstaatsabkommen auch auf die vom Diskriminierungsverbot geschützten Personen (s. *Züger*, SWI 2001, 111 (114)). M. E. sollten die Diskriminierungsverbote daher weit ausgelegt werden. Sie verbieten nicht nur Benachteiligungen aufgrund rein innerstaatlicher Vorschriften, sondern auch Diskriminierungen aufgrund der Nichtanwendung von DBA (ebenso Wassermeyer/*Wassermeyer*, Art. 24 OECD- **117**

MA Rz. 21 und 52; *Schaumburg,* S. 96; GKG/*Fischer-Zernin,* Art. 24 OECD-MA Rz. 17; *Salomé/Danon,* ASA 2002, 461 (480); *Tumpel/Stangel,* in Lang/Schuch/Staringer, Diskriminierungsverbote, S. 69 (88 f.); *Haslehner,* S. 263 ff., 352 ff.; differenzierend: SD/*Bruns,* Art. 24 Rz. 108 ff.). Fühlt sich der Betriebstättenstaat zu einer Erstreckung von Abkommensvorteilen nicht verpflichtet, geht aber der Ansässigkeitsstaat von einer solchen Verpflichtung aus, kann es bei Wahl der Anrechnungsmethode im Ansässigkeitsstaat zu einer Doppelbesteuerung kommen, bei der nur das Verständigungsverfahren Abhilfe bietet (*Lang/Lüdicke/Riedweg,* IStR 2006, 73 (77)). Zu den Konsequenzen der Erstreckung einer fiktiven Steueranrechnung (s. Art. 23 Rz. 192 ff.) auf Betriebstätten s. *Avery Jones/Bobbett,* BIT 2008, 50 (54).

118 In **Deutschland** können **Benachteiligungen ausländischer Unternehmen hinsichtlich ihrer Betriebstätten** gegenüber inländischen Unternehmen durch die Nichtanwendung von Drittstaatsabkommen in folgenden Fällen auftreten:

1.) Freistellung von Einkünften durch Drittstaatsabkommen: Bei Drittstaatseinkünften aus unbeweglichem Vermögen kann es nicht zu Diskriminierungen kommen, da Deutschland als Betriebstättenstaat eine Besteuerung nach Art. 21 Abs. 1 *DBA Deutschland/Ansässigkeitsstaat des Unternehmens* untersagt ist (s. Art. 21 Rz. 46). Diskriminierungen sind aber denkbar, wenn das Abkommen keine dem Art. 21 MA entsprechende Vorschrift enthält. Das inländische Unternehmen kommt dann in den Genuss der Freistellung nach Art. 6 Abs. 1, 23 A Abs. 1 *DBA Deutschland/Belegenheitsstaat,* während die Betriebstätte nur die Drittstaatssteuern (= Steuern des Belegenheitsstaates) nach §§ 34c Abs. 1, 50 Abs. 6 EStG anrechnen kann. Bei Unternehmenseinkünften aus Drittstaaten werden die Einkünfte aus Unterbetriebstätten schon nach nationalem Steuerrecht nicht von § 49 Abs. 1 Nr. 2 Buchst. a EStG erfasst (BFH BStBl. II 1988, 663; HHR/*Kumpf,* § 49 EStG Rz. 52). Schachteldividenden sind bereits nach § 8b Abs. 1 KStG auch für Betriebstätten steuerfrei, Diskriminierungen beim Bezug von Schachteldividenden können allerdings im Rahmen der Gewerbesteuer auftreten (s. *Jacob,* IStR 2002, 735).

2.) Anrechnung von Drittstaatssteuern: Grundsätzlich sind auch Betriebstätten zur Anrechnung von Drittstaatssteuern nach §§ 34c Abs. 1, 50 Abs. 3 EStG berechtigt. Die Anrechnungsmöglichkeit in den Drittstaatsabkommen erfasst häufig aber auch in § 34d EStG nicht genannte Einkünfte aus dem jeweiligen Drittstaat und geht daher über die Anrechnungsmöglichkeit nach nationalem Recht hinaus. Nach Art. 24 Abs. 3 sind aber maximal die im DBA Deutschland/Drittstaat vereinbarten Quellensteuersätze anrechenbar, auch wenn das DBA Ansässigkeitsstaat/Drittstaat einen höheren Quellensteuersatz vorsieht (*Haslehner,* S. 355).

119 **j)** Gewährt ein Vertragsstaat den in seinem Staatsgebiet ansässigen Unternehmen schon aufgrund seines **innerstaatlichen Steuerrechts** eine **Steuerbefreiung**, so muss diese Steuerbefreiung nach Art. 24 Abs. 3 auf die ausländischen Unternehmen für deren Betriebstätten ausgedehnt werden. In diesem Fall gelten die oben angegebenen Argumente (s. Rz. 116) a fortiori, da die Vergünstigungen hier nicht einmal in bilateralen Verträgen enthalten sind. Viele Vertragsstaaten stellen etwa schon nach nationalem Recht die von einer Körperschaft erzielten Dividendeneinkünfte frei, teilweise machen sie diese Freistellung auch von einer Mindestbeteiligungsquote oder Mindesthaltedauer abhängig. Von der Mehrzahl der OECD-Staaten wird der Betriebstätte unter gleichen Bedingungen jedoch ein Schachtelprivileg versagt (vgl. Ausnahmen bei *Adonnino,* CDFI LXXVII b, 131 (182), sowie *Avery Jones u. a.,* ET 1991, 334 f.). Der MA-Komm. (Ziff. 48 ff.) überlässt es den Vertragsstaaten klarzustellen, wie Art. 24 Abs. 3 MA hier auszulegen ist. Die Versagung des Schachtelprivilegs stellt jedoch einen Verstoß gegen das Betriebstättendiskriminierungsverbot dar (so der *Conseil d'État* req. n. 50 643, Dr. Fisc. 1986 comm. 347 concl. *Fouquet: DBA Frankreich/Italien;* für das vermögensteuerliche Schachtelprivileg nach § 102 Abs. 1 BewG BFH v. 10.3.2005, IStR 2005, 745; s. hierzu *Rust*, IStR 2004, 391). Auch der MA-Komm. tendiert zu dieser Auslegung (vgl. Ziff. 49 f.; ebenso: *Avery Jones u. a.*, ET 1991, 334, und *Lechner*, SWI 1990, 9; Wassermeyer/*Wassermeyer*, Art. 24 OECD-MA Rz. 51; a. A. dagegen wohl *Adonnino*, 182 und für das österreichische Recht: *Philipp/Loukota*, Anm. 14 ff. zu Art. 24). Sieht das nationale Steuerrecht ein Schachtelprivileg auch für Betriebstätten vor, so darf dieses nicht ungünstiger ausgestaltet sein als das für inländische Unternehmen geltende Schachtelprivileg (*Berufungsgericht Brüssel* v. 28.5.1993, FJF 1994, N°25, 56, bestätigt durch *Cour de Cassation* v. 26.1.1995, *DBA Belgien/Schweiz* und Berufungsgericht Brüssel v. 17.6.1993, *DBA Belgien/Niederlande;* s. dazu *Kerfs*, ET 1994, 114).

k) Der auf die Betriebstätte bezogene Diskriminierungsschutz gilt **nicht für steuerliche Vergünstigungen,** die **auf der Grundlage persönlicher Verhältnisse** gewährt werden und eine Ansässigkeit der begünstigten Person im besteuernden Vertragsstaat voraussetzen (Art. 24 Abs. 3 Satz 2 MA; s. bereits Rz. 109). Unter diese Einschränkung fallen jedoch lediglich Steuervergünstigungen, deren Adressatenkreis auf **natürliche Personen** beschränkt ist (s. MA-Komm. Ziff. 36; Wassermeyer/*Wassermeyer*, Art. 24 OECD-MA Rz. 51). Personenstand und Familienlasten sind in Abs. 3 nur beispielhaft aufgeführt; für sonstige persönliche Verhältnisse gilt Entsprechendes (SKK/*Hageböke*, Art. 24 OECD-MA Rz. 83). Die Einschränkung des Satz 2 soll sicherstellen, dass die Diskriminierungsklausel, statt eine Schlechterstellung zu verhindern, zu einer Besserstellung des Steuerpflichtigen führt, indem dieser Vergünstigungen aufgrund des Personenstandes im Wohnsitzstaat und im Betriebstättenstaat geltend machen kann (*Kumpf*, S. 174). Überdies lassen viele Staaten Rentenversicherungsbeiträge nur deswegen zum Abzug zu, da sie später die Auszahlung der Renten besteuern wollen. Dem Nichtansässigkeitsstaat ist aber zumeist die Besteuerung der Renten nach Art. 18 versagt *(Ault/Sasseville*, WTJ 2010, 101 (108). Im Unterschied zu den MA sehen einige DBA zudem ausdrücklich vor, dass personenbezogene Steuerfreibeträge und -abzüge, die ein Vertragsstaat seinen ansässigen Steuerpflichtigen gewährt, gleichermaßen auch den im anderen Vertragsstaat ansässigen Steuerpflichtigen zuzuerkennen sind. Eine derartige Regelung ist z. B. in Art. 25 Abs. 3 des *DBA Niederlande/Belgien* enthalten. Der *Hoge Raad* (Rolno. 27 064, BNB 1991/123, concl. *van Soest*) hält diese Regelung auch dann für anwendbar, wenn sie dazu führt, dass die im anderen Vertragsstaat ansässigen Steuerpflichtigen besser gestellt werden als die im besteuernden Staat ansässigen Steuerpflichtigen. Dagegen gelte die Regelung nicht für den Abzug von Verlusten der Ehefrau des nichtansässigen Steuerpflichtigen (*Hoge Raad* Rolno. 27 585, BNB 1991/318, concl. *van Soest;* vgl. auch *Hoge Raad* Rolno. 27 925, BNB 1992/391: *DBA Niederlande/Surinam*). 120

3. Europarechtskonforme Auslegung des Diskriminierungsverbotes

Aufgrund der Niederlassungsfreiheit nach Art. 49, 54 AEUV dürfen die EU-Mitgliedstaaten Betriebstätten von im EU-Ausland ansässigen EU-Bürgern/Gesellschaften nicht gegenüber eigenen Unternehmen diskriminieren. Den Betriebstätten müssen insbesondere auch die Vergünstigungen aus DBA mit Drittstaaten gewährt werden (EuGH v. 21.9.1999, Rs. C-207/97, Slg. 1999, I-6161 ff. – *Saint Gobain;* s. *Kostense*, EC Tax Review 2000, 220; *Saß*, DB 1999, 2381; *de Weerth*, IStR 1999, 628). Deutschland ist dieser Verpflichtung durch die Einführung des § 8b Abs. 4 a. F. KStG nachgekommen. Zum gleichen Ergebnis hätte jedoch m. E. im Fall *Saint Gobain* auch eine europarechtskonforme Auslegung des Art. 21 Abs. 4 *DBA Frankreich* geführt (s. *Lehner*, IStR 2001, 329 (333)). Zwar ist unter den Vertragsstaaten umstritten, ob Art. 24 Abs. 3 MA zu einer Berücksichtigung von 121

Drittstaatsabkommen bei der Ermittlung des Betriebstättengewinns ausländischer Unternehmen verpflichtet (s. Rz. 114), eine solche Auslegung kann jedoch europarechtlich geboten sein, um die Vorgaben der Niederlassungsfreiheit umzusetzen (s. *Züger,* SWI 2001, 111 (120)). Der Wortlaut des Betriebstättendiskriminierungsverbotes steht einer einseitigen Abkommenserstreckung jedenfalls nicht entgegen. Die europarechtskonforme Auslegung stellt gegenüber einer Verpflichtung zur Änderung des innerstaatlichen Rechts die souveränitätsschonendere Maßnahme dar. Mag die Erstreckung eines gespaltenen Steuersatzes (s. Rz. 112f.) auf Betriebstätten abkommensrechtlich umstritten sein, unionsrechtlich ist eine Erstreckung jedoch erforderlich (EuGH v. 23.2.2006, Rs. C-253/03, Slg. 2006, I-1831 – *CLT-UFA*). Auch im CLT-UFA Fall wäre eine europarechtskonforme Auslegung des Art. 25 Abs. 3 *DBA Luxemburg 1958* ausreichend gewesen.

II. Deutsche DBA

1. Abkommensübersicht zu Artikel 24 Abs. 3

125

DBA	MA-Regelung: Verbot der Diskriminierung der Betriebstätte eines Unternehmens des Vertragsstaates	Artikel	Rz.
Ägypten	≈ MA	25 Abs. 2	
Albanien 2010	≈ MA	24 Abs. 3	
Algerien 2007	≈ MA	24 Abs. 3	134
Argentinien	≈ MA	24 Abs. 2	
Armenien	s. UdSSR		
Aserbaidschan	≈ MA	24 Abs. 3	
Australien	Keine Regelung im DBA	–	–
Bangladesch	≈ MA	23 Abs. 2, 5	134
Belarus	≈ MA	24 Abs. 3	
Belgien	Einschränkung des Anwendungsbereichs gem. SProt.	24 Abs. 4; SProt. Nr. 15	130
Bolivien	≈ MA	24 Abs. 2	
Bosnien-Herzegowina	s. Jugoslawien		
Bulgarien 2010	≈ MA	23 Abs. 3	
China 1985	≈ MA	25 Abs. 2	
China 2014 (E)	≈ MA	24 Abs. 2	
Costa Rica 2014 (E)	≈ MA	24 Abs. 3	
Dänemark	≈ MA	41 Abs. 2	134
Ecuador	≈ MA	24 Abs. 2	
Elfenbeinküste	Nur für Besteuerung des unbeweglichen Vermögens der Betriebstätten und festen Einrichtungen	24 Abs. 2	129
Estland	≈ MA	24 Abs. 2	
Finnland	≈ MA	24 Abs. 3	
Frankreich	≈ MA	21 Abs. 4	
Georgien 2006/2014 (E)	≈ MA	24 Abs. 3	
Ghana	≈ MA	25 Abs. 3	
Griechenland	≈ MA	XXI Abs. 4	
Großbritannien 1964/70	≈ MA	XX Abs. 3	
Großbritannien 2010/2014 (E)	≈ MA	25 Abs. 3, 6	126; 134

DBA	MA-Regelung: Verbot der Diskriminierung der Betriebstätte eines Unternehmens des Vertragsstaates	Artikel	Rz.
Indien	≈ MA; Einschränkung des Anwendungsbereichs	24 Abs. 2	128
Indonesien	≈ MA	24 Abs. 2	132; 134
Iran	≈ MA	25 Abs. 2	
Irland 2011	≈ MA	23 Abs. 3	126
Island	≈ MA	24 Abs. 2	
Israel	≈ MA	19 Abs. 3	
Italien	≈ MA	25 Abs. 2	134
Jamaika	≈ MA	24 Abs. 2	
Japan	≈ MA	24 Abs. 2	
Jugoslawien	≈ MA	25 Abs. 1	
Kanada	≈ MA; aber Ausnahme für „branch profits tax" Art. 10 Abs. 6	Art. 24 Abs. 2	132
Kasachstan	≈ MA	24 Abs. 3	
Kenia	Berührt nicht zusätzliche Gewinnbesteuerung in Kenia	24 Abs. 2; Prot. Nr. 7 Buchst. b	132
Kirgisistan	≈ MA	24 Abs. 3	
Korea	≈ MA	24 Abs. 3	
Kosovo	s. Jugoslawien		
Kroatien	≈ MA	24 Abs. 3	
Kuwait	Keine Regelung im DBA	–	–
Lettland	≈ MA	24 Abs. 2	
Liberia	≈ MA	24 Abs. 2	
Liechtenstein 2011	≈ MA	24 Abs. 3	126
Litauen	≈ MA	24 Abs. 2	
Luxemburg 2012 (E)	≈ MA	23 Abs. 3	126
Malaysia 2010	≈ MA	24 Abs. 2	
Malta	≈ MA	24 Abs. 3	
Marokko	≈ MA	24 Abs. 2	
Mauritius 2011	≈ MA	24 Abs. 3	
Mazedonien 2006	≈ MA	24 Abs. 3	134
Mexiko 2008	≈ MA	24 Abs. 3	
Moldau	s. UdSSR		
Mongolei	≈ MA	24 Abs. 2	134
Montenegro	s. Jugoslawien		
Namibia	≈ MA	24 Abs. 2	134
Neuseeland	Keine Regelung im DBA	–	–
Niederlande 1959/2004	Gilt auch für „andere" Besteuerung sowie mit der Besteuerung zusammenhängende Verpflichtungen	24 Abs. 2	127
Niederlande 2012 (E)	≈ MA	24 Abs. 3	126
Norwegen 1991	≈ MA; gespaltener Steuersatz erlaubt	24 Abs. 3	112; 132
Norwegen 2013 (E)	≈ MA	24 Abs. 3	112; 132
Oman 2012 (E)	≈ MA	24 Abs. 3	134
Österreich	≈ MA	24 Abs. 3	133
Pakistan	≈ MA; Ausnahme für bestimmte Steuervergünstigungen in Pakistan	23 Abs. 3, 6	134
Philippinen 1993	≈ MA	25 Abs. 2	

DBA	MA-Regelung: Verbot der Diskriminierung der Betriebstätte eines Unternehmens des Vertragsstaates	Artikel	Rz.
Philippinen 2013	≈ MA	25 Abs. 2	
Polen	≈ MA	25 Abs. 3	
Portugal	≈ MA	25 Abs. 2	
Rumänien	≈ MA	24 Abs. 2	
Russische Föderation	≈ MA	24 Abs. 2	134
Sambia	≈ MA; Einschränkung für Dividendenbesteuerung	24 Abs. 2; Prot. Nr. 5	131
Schweden	≈ MA	38 Abs. 2	134
Schweiz	≈ MA	25 Abs. 2	
Serbien	s. Jugoslawien		
Simbabwe	≈ MA	24 Abs. 2	
Singapur 2004	≈ MA	25 Abs. 2, 3	
Slowakei	s. Tschechoslowakei		
Slowenien	≈ MA	24 Abs. 3	
Spanien 2011	≈ MA	23 Abs. 2	126
Sri Lanka	Berührt nicht zusätzliche Besteuerung nach § 37 Einkommensteuergesetz Sri Lanka	24 Abs. 2, 4	126; 132; 134
Südafrika 1973	≈ MA	23 Abs. 2	
Südafrika 2008 (E)	≈ MA	23 Abs. 2	126; 132; 134
Syrien 2010	≈ MA	23 Abs. 2	134
Tadschikistan	≈ MA	23 Abs. 3	126
Taiwan 2011	≈ MA	23 Abs. 2	126; 134
Thailand	≈ MA	23 Abs. 2	
Trinidad und Tobago	≈ MA	23 Abs. 2	
Tschechien	s. Tschechoslowakei		
Tschechien (E)	≈ MA; Ausdehnung auf feste Einrichtung	24 Abs. 3, 4	126
Tschechoslowakei	≈ MA	24 Abs. 3	
Türkei 2011	≈ MA	23 Abs. 3	
Tunesien	≈ MA	24 Abs. 3	
Turkmenistan	s. UdSSR		
UdSSR	Keine Regelung im DBA	–	126
Ukraine	≈ MA	24 Abs. 3	134
Ungarn 2011	≈ MA	23 Abs. 3	134
Uruguay 2010	≈ MA	23 Abs. 3	126
USA 1989/2006	≈ MA; aber Ausnahme für „branch profits tax"	24 Abs. 2, 5	126; 132
Usbekistan	≈ MA	24 Abs. 2	
Venezuela	≈ MA	24 Abs. 2	134
Vereinigte Arabische Emirate 2010	≈ MA	23 Abs. 2	126
Vietnam	≈ MA; aber Ausnahmen für „branch profits tax" und bestimmte Tätigkeiten; Meistbegünstigung	24 Abs. 2, 3; Prot. Nr. 7	132; 134
Weißrussland	s. Belarus		
Zypern 2011	≈ MA	24 Abs. 3	126

2. Erläuterungen

a) Mit Ausnahme der *DBA Großbritannien 2010/2014 (E), Irland 2011, Liechtenstein 2011, Luxemburg 2012, Niederlande 2012 (E), Spanien 2011, Südafrika 2008 (E), Tadschikistan, Uruguay 2010, USA 1989/2006, Vereinigte Arabische Emirate 2010* und *Zypern 2011* (s. Art. 14 Rz. 45) differenzieren noch alle deutschen Doppelbesteuerungsabkommen zwischen **selbständiger Arbeit** und Unternehmensgewinnen. Auf die feste Einrichtung eines Selbständigen finden die Betriebstättendiskriminierungsverbote nur in den zwölf oben genannten Abkommen Anwendung (s. Rz. 98). Art. 24 Abs. 3 *DBA Tschechien (E)* erweitert den Anwendungsbereich des Betriebstättendiskriminierungsverbotes aber ausdrücklich auf die feste Einrichtung eines Selbständigen. Unterfallen Einkünfte aus Land- und Forstwirtschaft nicht dem Art. 6, sondern sind sie den Unternehmensgewinnen nach Art. 7 zuzuordnen (etwa *DBA Sri Lanka,* s. Art. 6 Rz. 52), so gilt das Betriebstättendiskriminierungsverbot auch für Land- und Forstwirte. 126

b) Im *DBA Niederlande 1959/2004* ist im Gegensatz zum MA den Vertragsstaaten nicht nur eine belastendere, sondern auch eine **„andere" Besteuerung** der Betriebstätte als bei einem inländischen Unternehmen untersagt. Der Schutz des ausländischen Unternehmens hinsichtlich seiner Betriebstätte bezieht sich nach Art. 24 Abs. 2 *DBA Niederlande 1959/2004* auch auf die mit der Besteuerung zusammenhängenden Verpflichtungen. Diese Formulierung des Betriebstättendiskriminierungsverbots, die sich auch in Art. XVIII Abs. 2 *DBA Großbritannien 1954* und Art. XVIII Abs. 3 *DBA Ceylon 1962* fand, geht auf eine Vertragspraxis vor Verabschiedung des MA 1963 zurück. Sie steht in deutlichem Gegensatz zu einer Reihe anderer deutscher DBA, die in der Zeit zwischen 1958 und 1962 geschlossen wurden und inhaltlich mit dem MA 1963 übereinstimmen (so z.B. die *DBA Dänemark 1962, Frankreich 1959, Irland 1962, Luxemburg 1958* und *Norwegen 1958*), darunter auch solchen Abkommen, über die fast zur gleichen Zeit wie über das DBA *Ceylon 1962* verhandelt wurde *(DBA Luxemburg 1958, Norwegen 1958).* Der Unterschied kann deswegen nicht einfach vernachlässigt werden. Das Verbot einer „anderen" Besteuerung ist entsprechend Art. 24 Abs. 1 auszulegen (s. Rz. 42). Im Ergebnis führt dies dazu, dass Sonderbestimmungen für die Besteuerung inländischer Betriebstätten nach Art. 24 Abs. 3 MA, z.B. die frühere Gesellschaftsteuerpflicht nach § 2 Abs. 2 Nr. 6 KVStG, auf Betriebstätten niederländischer Unternehmen nicht anwendbar sind und bis zum Inkrafttreten des *DBA Sri Lanka* auch auf Betriebstätten von Unternehmen aus Ceylon (Sri Lanka) nicht anwendbar waren (so auch *Raupach,* AWD 1966, 85 (89)). 127

Das *DBA Indien* gewährt im Prot. Nr. 1 Buchst. d für die bei der Ermittlung der Betriebstättengewinne nach Art. 7 Abs. 3 abziehbaren Aufwendungen des Hauptsitzes einen besonderen Schutz. Danach dürfen die Abzüge in keinem Fall niedriger sein als die nach dem indischen Income Tax Act zum Zeitpunkt des Inkrafttretens des Abkommens zulässigen Abzüge (vgl. auch Art. 7 Rz. 138). 128

c) Eine Beschränkung des Diskriminierungsschutzes auf die Besteuerung des **unbeweglichen Vermögens** einer Betriebstätte oder festen Einrichtung enthält das *DBA Elfenbeinküste.* Zum Begriff der festen Einrichtung vgl. zu Art. 14 Rz. 21 ff. 129

d) Eine **doppelte Einschränkung** erfährt das im Übrigen dem MA entsprechende Betriebstättendiskriminierungsverbot des *DBA Belgien* durch die Regelung des SProt. Nr. 15. Nach Tz. 2 von SProt. Nr. 15 gilt der Diskriminierungsschutz nicht für Dividenden, die der Betriebstätte zufließen; diese Regelung ergänzt Art. 10 Abs. 6 *DBA Belgien,* der die Dividendeneinkünfte einer Betriebstätte als reine Unternehmensgewinne qualifiziert. Belgien ist daher abkommensrechtlich 130 nicht verpflichtet, einer Betriebstätte ein Schachtelprivileg für erhaltene Dividenden zu gewähren (Wassermeyer/*Malinski,* DBA Belgien Art. 24 Rz. 20; s. den im Jahre 1997 gestrichenen Vorbehalt Belgiens in MA-Komm. Ziff. 69). Eine Diskriminierung im Bereich der Besteuerung der Gewinne der Betriebstätte liegt weiter nach SProt. Nr. 15 Tz. 1 Buchst. b erst dann vor, wenn der auf die Betriebstätte angewandte Steuersatz höher ist als der Maximalsteuersatz, dem inländische Gesellschaften unterworfen werden können. Die Bestimmung hatte nur für das belgische Steuerrecht Bedeutung. Bis 1996 war die Körperschaftsteuer für ausländische Körperschaften mit ihren belgischen Betriebstättengewinnen höher als der Höchstsatz der Körperschaftsteuer für belgische Körperschaften. Die Bestimmung bewirkte, dass sich der Steuersatz deutscher Unternehmen hinsichtlich ihrer belgischen Betriebstätteneinkünfte auf den Höchstsatz für Körperschaften reduzierte.

131 **e)** Nach dem Prot. Nr. 5 zu Art. 24 *DBA Sambia* bedeutet das Betriebstättendiskriminierungsverbot im Rahmen dieses Abkommens nicht, dass die im ausländischen Vertragsstaat ansässige Gesellschaft bezüglich ihrer inländischen Betriebstätte Anspruch auf Gewährung des Schachtelprivilegs besitzt, auch wenn ein derartiges Schachtelprivileg bei im Inland verbleibenden Erträgen gewährt wird.

132 **f) Besondere Vorbehalte:** Einige DBA sehen ausdrücklich vor, dass das Betriebstättendiskriminierungsverbot die Anwendung bestimmter Vorschriften des innerstaatlichen Steuerrechts nicht ausschließt: Zu den besonderen Bestimmungen der *DBA Brasilien (K), Indonesien, Kanada, USA 1989/2006* und *Vietnam* über die Zulässigkeit der „branch profits tax" s. bereits Rz. 107 und Art. 10 Rz. 261 ff. Nach Nr. 7 Buchst. b Prot. *DBA Kenia* darf Kenia den Gewinn der kenianischen Betriebstätten deutscher Gesellschaften nach einem höheren Satz als den Gewinn ähnlicher kenianischer Unternehmen besteuern. Nach Art. 23 Abs. 5 *DBA Südafrika 2008 (E)* dürfen Betriebstätten deutscher Unternehmen in Südafrika mit einem bis zu 5% höherem Steuersatz besteuert werden als südafrikanische Unternehmen. Zur Zeit liegt der südafrikanische Steuersatz für unbeschränkt steuerpflichtige Gesellschaften bei 28% und für beschränkt steuerpflichtige Gesellschaften bei 33%. Das *DBA Norwegen 1991* betont ausdrücklich, dass die Betriebstätte bei Anwendung eines gespaltenen Körperschaftsteuersatzes mit dem Thesaurierungssteuersatz besteuert werden kann. Diese Einschränkung wurde nun im *DBA Norwegen 2013 (E)* gestrichen. Gemäß Art. 24 Abs. 2 *DBA Vietnam* findet das Diskriminierungsverbot in Vietnam bei Unternehmen der Erdölbranche keine Anwendung. Nach Art. 24 Abs. 4 Buchst. b *DBA Sri Lanka* berührt das Diskriminierungsverbot nicht den zusätzlichen Steuersatz i. S. des § 37 EStG von Sri Lanka. Nach dieser Vorschrift erhebt Sri Lanka von den Ausschüttungen sri-lankischer Gesellschaften eine zusätzliche Dividendenabzugsteuer von 5 bzw. 7,5% des Dividendenbetrags, wenn der Dividendenempfänger eine ausländische Gesellschaft ist.

133 **g)** Eine auf die **österreichische Kommunalsteuer** beschränkte **Meistbegünstigungsklausel** (s. Rz. 174) enthält Ziff. 12 Buchst. a des Protokolls zum *DBA Österreich.* Danach gilt die im *DBA Österreich 1954/92* enthaltene Entlastung von der österreichischen Kommunalsteuer für in Deutschland ansässige Unternehmen noch so lange weiter wie andere Mitgliedstaaten der EU aufgrund ihrer DBA mit Österreich von der Kommunalsteuer entlastet werden. Derzeit findet noch eine Vielzahl von österreichischen Abkommen mit anderen EU-Staaten auf die Kommunalsteuer Anwendung (s. Wassermeyer/*Schuch/Haslinger,* Art. 24 DBA Österreich Rz. 3). Die Meistbegünstigungsklausel des Protokolls erfasst allerdings nicht die österreichische Kammerumlage s. EAS 3174 v. 20.8.2010, SWI 2010, 419.

134 **h)** Eine vom **Art. 24 Abs. 3 Satz 2 MA abweichende Formulierung** enthalten Art. 24 Abs. 3 *DBA Algerien 2007*, Art. 23 Abs. 2, 5 *DBA Bangladesch,*

Art. 41 Abs. 2 *DBA Dänemark,* Art. 25 Abs. 3 und 6 *DBA Großbritannien 2010/ 2014 (E),* Art. 24 Abs. 2 *DBA Indonesien,* Art. 25 Abs. 2, *DBA Italien,* Art. 24 Abs. 3 *DBA Mazedonien 2006,* Art. 24 Abs. 2 *DBA Mongolei,* Art. 24 Abs. 2 *DBA Namibia,* Art. 23 Abs. 3, 6 Buchst. a *DBA Pakistan,* Art. 24 Abs. 2 *DBA Russische Föderation,* Art. 38 Abs. 2 *DBA Schweden,* Art. 24 Abs. 2, 4 *DBA Sri Lanka,* Art. 23 Abs. 2 *DBA Südafrika 2008 (E),* Art. 23 Abs. 2 *DBA Syrien 2010,* Art. 23 Abs. 2 *DBA Taiwan 2011,* Art. 24 Abs. 3 *DBA Ukraine,* Art. 23 Abs. 3 *DBA Ungarn 2011,* Art. 24 Abs. 2 *DBA Venezuela* und Art. 24 Abs. 2, 3 *DBA Vietnam.*

Es fehlt jeweils die Konkretisierung aufgrund des **Personenstandes** oder der **Familienlasten.** Dies bedeutet jedoch nicht, dass hier jegliche Diskriminierungen erlaubt wären oder dass sich der Diskriminierungsschutz nur auf betriebsbezogene Merkmale erstreckte (so aber Wassermeyer/*Krabbe,* Art. 41 *DBA Dänemark* Rz. 12 und Art. 25 *DBA Italien* Rz. 12). Eine Abweichung vom MA ist nicht bezweckt. Mit der Formulierung sollen gemäß MA-Komm. Ziff. 36 alle auf der persönlichen Leistungsfähigkeit im Sinne des subjektiven Nettoprinzips beruhenden Verschonungstatbestände aus dem Anwendungsbereich des Betriebstättendiskriminierungsverbotes genommen werden, der Ausschlusstatbestand soll sich also nicht nur auf Vergünstigungen aufgrund des Personenstandes oder der Familienlasten beziehen (s. a. Wassermeyer/*Müller,* Art. 24 DBA Namibia Rz. 3).

E. Zu Art. 24 Abs. 4

I. Musterabkommen

1. Übereinstimmungen und Abweichungen

Das US-MA hat einen gegenüber dem OECD-MA erweiterten Anwendungs- **135**
bereich (s. Rz. 151).

2. Erläuterungen

a) Grundzüge: Die Vorschrift schützt vor steuerlichen Benachteiligungen, die **136**
an bestimmte wirtschaftliche Leistungen eines Unternehmens an eine im anderen Vertragsstaat ansässige Person anknüpfen.

Das OECD-MA 1963 enthielt noch keine vergleichbare Bestimmung. In **137**
Ziff. 17 MA-Komm. 1963 zu Art. 11 MA 1963 und in Ziff. 9 MA-Komm. 1963 zu Art. 12 MA 1963 wurde jedoch darauf hingewiesen, dass einige Staaten Zinsen bzw. Lizenzgebühren beim Schuldner nur dann zum Abzug zulassen, wenn der Empfänger im Staatsgebiet ansässig oder dort steuerpflichtig ist. Der Steuerausschuss hielt es für wünschenswert, dass solche Staaten den Abzug auch dann gestatten, wenn der Empfänger der Zinsen bzw. Lizenzgebühren im ausländischen Vertragsstaat ansässig ist. Diese Empfehlung wurde im OECD-MA 1977 durch die Einführung eines Art. 24 Abs. 5 umgesetzt; seit 1992 ist diese Vorschrift in Art. 24 Abs. 4 enthalten.

b) Abgrenzung: Grundsätzlich haben die Vertragsstaaten die Besteuerung in **138**
den ihnen nach den Verteilungsnormen verbleibenden Bereichen diskriminierungsfrei auszugestalten (s. Rz. 8). Das Diskriminierungsverbot des Abs. 4 steht aber ausdrücklich unter dem Vorbehalt, dass Art. 9 Abs. 1, 11 Abs. 6 und 12 Abs. 4 OECD-MA nicht zur Anwendung kommen. Diese Vorschriften lassen das Recht der Vertragsstaaten **unberührt,** bei **nicht dem arm's-length-Prinzip** entsprechenden Transaktionen zwischen verbundenen bzw. in besonderen Beziehungen stehenden Personen das steuerliche Ergebnis zu korrigieren bzw. das DBA

nur auf den angemessenen Teil der Zins- oder Lizenzzahlung anzuwenden. Soweit Berichtigungen nach Art. 9 Abs. 1, 11 Abs. 6 und 12 Abs. 4 zulässig sind, kommt Art. 24 Abs. 4 nicht zur Anwendung (s. MA-Komm. Ziff. 74). Dadurch wird den Vertragsstaaten ermöglicht, Gewinnberichtigungen bei verbundenen Unternehmen nur bei grenzüberschreitenden Sachverhalten durchzuführen. Untersagt wird die Gewinnberichtigung nur bei Entgelten, die dem Fremdvergleichsgrundsatz entsprechen und die gleichzeitig in diskriminierender Weise nicht zum Abzug zugelassen werden (*Portner,* IStR 1996, 23 (30); SKK/*Hageböke,* Art. 24 OECD-MA Rz. 88; s.a. Art. 9 Rz. 8). Nach der früheren Rechtsprechung des EuGH (v. 12.12.2002, Rs. C-324/00, Slg. 2002, I-11779 – *Lankhorst-Hohorst*) verstieß ein solches Sonderrecht für Auslandssachverhalte auch dann gegen die Niederlassungsfreiheit, wenn die Korrekturnormen nur auf Transaktionen angewandt wurden, die nicht in Einklang mit dem Fremdvergleichsgrundsatz standen. Diese Rechtsprechung hält der EuGH nun jedoch zumindest für solche Sachverhaltskonstellationen nicht mehr aufrecht, bei denen dem Steuerpflichtigen eine missbräuchliche Manipulation der Gewinnzuordnung vorgeworfen werden kann (v. 21.1.2010, Rs. C-311/08, Slg. 2010, I-487 ff. – *SGI*; s. *Schön,* IStR 2011, 777).

139 Soweit die Entgelte dem arm's-length-Prinzip entsprechen, verstoßen Gewinnberichtigungsvorschriften gegen Art. 24 Abs. 4, wenn sie nach der Ansässigkeit des Empfängers differenzieren. Im Bereich von verbundenen Unternehmen verbietet Art. 9 Abs. 1 aber bereits jede Gewinnberichtigung – die diskriminierende wie die nichtdiskriminierende –, soweit die Entgelte als angemessen anzusehen sind. Diskriminierende Gewinnberichtigungen verstoßen in diesen Fällen sowohl gegen Art. 9 Abs. 1 als auch gegen Art. 24 Abs. 4 (s. *Lang,* in Gassner/Lang/Lechner, Entwicklungen, S. 151). Nur wenn der Fremdvergleichsmaßstab des Art. 9 Abs. 1 nicht als Begrenzung innerstaatlicher Gewinnberichtigungsvorschriften angesehen würde (s. Art. 9 Rz. 19), könnte dem Art. 24 Abs. 4 auch im Bereich verbundener Unternehmen eigenständige Bedeutung zugemessen werden (*Avery Jones u. a.,* ET 1991, 343, Fn. 383).

140 Eine **eigenständige Bedeutung** kommt dem Art. 24 Abs. 4 OECD-MA aber hinsichtlich der Abzugsfähigkeit von Zahlungen zu, die nicht an verbundene Unternehmen geleistet werden. Die Verteilungsnormen des Art. 11 und 12 mildern nur die juristische Doppelbesteuerung, ihr Anwendungsbereich erfasst aber nicht die wirtschaftliche Doppelbesteuerung (*Michielse,* BIFD 1997, 565), sie regeln daher nur die Besteuerung der Entgelte beim Empfänger, treffen aber keine Aussage über die Abzugsfähigkeit der Entgelte beim Leistenden. Auch Art. 11 Abs. 6 und Art. 12 Abs. 4 schränken nur den Anwendungsbereich der jeweiligen Verteilungsnorm ein, verbieten aber keine Gewinnkorrektur beim Leistenden. Gewinnkorrekturen werden aber durch Art. 24 Abs. 4 eingeschränkt: Zinsen und Lizenzgebühren, die an im anderen Vertragsstaat ansässige Personen gezahlt werden und bei denen der Fremdvergleichsmaßstab eingehalten wurde, müssen beim Unternehmen genauso wie solche Zahlungen an inländische Personen zum Abzug zugelassen werden. Nicht in den Anwendungsbereich von Art. 9 Abs. 1, 11 Abs. 6 und 12 Abs. 4 fallende Entgelte an im anderen Vertragsstaat ansässige Personen sind nach Art. 24 Abs. 4 unabhängig vom Fremdvergleichsmaßstab wie Zahlungen an inländische Personen abzugsfähig.

141 **c) Regelung:** Nach Art. 24 Abs. 4 MA sind
- vorbehaltlich einer möglichen Berichtigung nach Art. 9 Abs. 1, 11 Abs. 6 und 12 Abs. 4 MA
- **Zinsen, Lizenzgebühren und andere Entgelte,**
- die ein **Unternehmen** eines Vertragsstaates
- **an eine im anderen Vertragsstaat ansässige Person zahlt,**

– bei der Ermittlung des steuerpflichtigen Gewinns des Unternehmens
– **unter den gleichen Bedingungen wie Zahlungen an eine im Inland ansässige Person zum Abzug zuzulassen.**

Entsprechendes gilt für Schulden bei der Vermögensteuer.

d) Art. 24 Abs. 4 gilt für **Zinsen** (s. Art. 11 Abs. 3), **Lizenzgebühren** (s. Art. 12 142 Abs. 2) und **sonstige Entgelte.** Der Ausdruck „sonstige Entgelte“ ist im Abkommen nicht definiert. Das englische Wort „disbursements“ bezeichnet nur Geldzahlungen. Der entsprechende französische Text ist zwar allgemeiner gehalten („dépenses“ = Ausgaben), doch wird wie im Englischen der Ausdruck „gezahlt“ (payé, paid) verwendet, der ebenfalls nur an Geldzahlungen denken lässt. Die entsprechende Regelung für die Vermögensteuer enthält den Begriff der Schulden, beschränkt die Anwendung des Diskriminierungsverbotes also nicht nur auf Geldschulden. Daher muss auch der Ausdruck sonstige Entgelte weit ausgelegt werden. Auch Gegenleistungen, die nicht in Geld bestehen, sind als sonstige Entgelte anzusehen. Allerdings können nur Leistungen mit Gegenleistungscharakter ein Entgelt darstellen. Nicht umfasst von Abs. 4 sind daher einseitige Zuwendungen wie z. B. Spenden (s. GKG/*Fischer-Zernin,* Art. 24 OECD-MA Rz. 43; SKK/*Hageböke,* Art. 24 OECD-MA Rz. 89). Ein besonderes Diskriminierungsverbot für Beiträge zu Pensionsplänen wird in Ziff. 37 MA-Komm. zu Art. 18 vorgeschlagen s. dort Rz. 154.

Im Gegensatz zu Abs. 1 und Abs. 3 schützt Art. 24 Abs. 4 nicht gegen eine Dis- 143 kriminierung im anderen Vertragsstaat, sondern **in dem Vertragsstaat, in dem das Unternehmen ansässig ist** („Unternehmen eines Vertragsstaates“, s. dazu die Definition in Art. 3 Abs. 1 Buchst. d MA, und dort Rz. 42f.). Für die Gewinnbesteuerung des Unternehmens sollen sich keine Nachteile daraus ergeben, dass mit Personen im anderen Vertragsstaat statt mit im Inland ansässigen Personen Geschäfte betrieben wurden (s. Wassermeyer/*Wassermeyer,* Art. 24 OECD-MA Rz. 62). Die Vorschrift dient zunächst dem Schutz inländischer Unternehmen, ein Vertragsstaat darf seine eigenen Unternehmen nicht diskriminieren. Mittelbar werden aber auch die im anderen Vertragsstaat ansässigen Vertragspartner des Unternehmens geschützt; Geschäfte mit ihnen dürfen steuerlich nicht weniger attraktiv sein. Das Diskriminierungsverbot verhindert also Beschränkungen des Geschäftsverkehrs zwischen den beiden Vertragsstaaten. Art. 24 Abs. 4 ist nur dann einschlägig, wenn sich die fragliche Leistung, wäre sie an eine im Staat des Unternehmens ansässige Person gegangen, **auf die Gewinnermittlung des Unternehmens ausgewirkt hätte** (s. *van Raad,* Nondiscrimination, S. 176). Ob dies der Fall ist, ergibt sich aus den Gewinnermittlungsvorschriften des besteuernden Staates, d. h. hier des Sitzstaates des Unternehmens.

e) Abs. 4 beschränkt allerdings die Anwendung des Diskriminierungsverbots auf 144 Zahlungen, die von **Unternehmen** geleistet werden (zum Begriff des Unternehmens s. Art. 3 Abs. 1 Buchst. c, h; s. dort Rz. 40). Seit der Streichung des Art. 14 im MA 2000 werden auch selbständig tätige Personen durch das Diskriminierungsverbot geschützt. Für Land- und Forstwirte sowie Privatpersonen bleibt Art. 24 Abs. 4 aber weiterhin unanwendbar (s. Rz. 98 und 126).

Entgelte, die an **im anderen Vertragsstaat ansässige Personen** geleistet 145 wurden, müssen genauso wie Entgelte an **im besteuernden Staat** ansässige Personen zum Abzug zugelassen werden. Der Begriff **„ansässig“** bestimmt sich ausschließlich nach Art. 4 Abs. 1 MA (s. dort Rz. 71 ff.). Im Falle doppelter Ansässigkeit des Leistungsempfängers sind Art. 4 Abs. 2 und 3 nicht anzuwenden (so für Art. 4 Abs. 3 *DBA USA 1989* BFH v. 19.1.2003, IStR 2003, 422 (423)). Zweck der „tie-breaker-rules“ ist es nur, den Ansässigkeitsstaat des Steuerpflichtigen eindeutig zu bestimmen und so eine Anwendung der Verteilungsnormen zu ermöglichen (s. Art. 15 Rz. 53d; a. A. Wassermeyer/*Wassermeyer,* Art. 15 OECD-MA

Rz. 121). Die unbeschränkte Steuerpflicht des Leistungsempfängers im anderen Vertragsstaat darf auch dann nicht zum Anknüpfungsmerkmal von Benachteiligungen gemacht werden, wenn der Leistungsempfänger gleichzeitig im Inland unbeschränkt steuerpflichtig ist. Die Anwendung von Art. 4 Abs. 2 und 3 führte zu dem widersinnigen Ergebnis, dass Diskriminierungen durch einen Vertragsstaat erlaubt wären, wenn dieser auch die Leistungen beim Empfänger besteuern dürfte, Diskriminierungen hingegen verboten wären, sofern die Leistungen ausschließlich durch den anderen Vertragsstaat besteuert werden könnten.

Art. 24 Abs. 4 untersagt alle Diskriminierungen, die auf der Ansässigkeit des Leistungsempfängers im anderen Vertragsstaat beruhen. Eine Differenzierung nach **anderen** Merkmalen als dem der Ansässigkeit ist dem besteuernden Staat dagegen **gestattet** (Wassermeyer/*Wassermeyer,* Art. 24 OECD-MA Rz. 73; SD/*Bruns,* Art. 24 Rz. 142). Die Ansässigkeit des Zahlungsempfängers im anderen Vertragsstaat muss der auslösende Umstand für die steuerliche Schlechterstellung sein. Auch hier ist wieder die **Gegenprobe** (s. Rz. 48) durchzuführen. Ein Verstoß gegen Art. 24 Abs. 4 ist dann anzunehmen, wenn die Zahlungen bei unterstellter Inlandsansässigkeit des Zahlungsempfängers – und ansonsten identischer Sachverhaltslage – abzugsfähig wären. Versteckte Diskriminierungen verhindert Art. 24 Abs. 4 nicht (s. Rz. 5). Allerdings kann auch die Benachteiligung aufgrund eines anderen Merkmals als der Ansässigkeit des Zahlungsempfängers gegen Art. 24 Abs. 4 verstoßen, wenn bei unterstellter Inlandsansässigkeit desselben gleichzeitig auch die Benachteiligung aufgrund des anderen Merkmals entfallen würde. So war z. B. nach **§ 8a KStG a. F.** die fehlende Einbeziehung der Vergütung in eine Veranlagung beim Zahlungsempfänger bzw. zuvor die fehlende Anrechnungsberechtigung des Zahlungsempfängers ursächlich für die Umqualifizierung der Zinszahlungen in verdeckte Gewinnausschüttungen. Ein Verstoß gegen Art. 24 Abs. 4 war somit in den Fällen anzunehmen, in denen bei unterstellter Inlandsansässigkeit des Zahlungsempfängers die Vergütung in eine Veranlagung einbezogen worden wären bzw. der Zahlungsempfänger anrechnungsberechtigt gewesen wäre. Dies wäre etwa bei Zahlungen an steuerbefreite Körperschaften nicht der Fall gewesen.

146 Auch wenn durch § 8 Nr. 7 GewStG a. F. hauptsächlich Zahlungen an Nichtansässige benachteiligt wurden, differenzierte die Regelung nicht nach der Ansässigkeit des Zahlungsempfängers. Nach dieser Vorschrift entfiel eine Hinzurechnung, wenn die Miet- oder Pachtzinsen beim Vermieter oder Verpächter zur Gewerbesteuer heranzuziehen waren. Auch bei Zahlungen an einen in Deutschland ansässigen Vermieter kam es zu einer Hinzurechnung, wenn dieser im Ausland seinen Betrieb unterhielt. Art. 24 Abs. 4 kann nur über die fehlende Inlandsansässigkeit, nicht aber über einen fehlenden inländischen Betrieb des Zahlungsempfängers hinweghelfen. Zur EU-Rechtswidrigkeit des § 8 Nr. 7 GewStG a. F. s. aber EuGH v. 26.10.1999, Rs. C-294/97, Slg. 1999, I-7447 – *Eurowings.* Die EU-Rechtswidrigkeit wurde durch § 8 Nr. 1 lit. d und e GewStG in der Fassung des Unternehmensteuerreformgesetz 2008 beseitigt.

147 **f)** Die meisten **thin-capitalization-rules** (s. dazu Art. 11 Rz. 65 f.) werden durch Art. 24 Abs. 4 nicht eingeschränkt, solange sie sich in den Schranken von Art. 9 Abs. 1 und Art. 11 Abs. 6 bewegen (s. Rz. 138 und MA-Komm. Ziff. 74). Ein Verstoß gegen das Diskriminierungsverbot liegt nur dann vor, wenn die Umqualifizierung nicht von Art. 9 Abs. 1 MA oder Art. 11 Abs. 6 MA gedeckt wird **und** sich ihre Anwendung auf nichtansässige Kreditgeber beschränkt; im Ergebnis anders für die spanischen thin-capitalization-Regeln: *Veldt,* Intertax 1992, 293; wie hier dagegen *Avery Jones u. a.,* ET 1991, 310 (343); *Thömmes/Stricof/Nakhai,* Intertax 2004, 126 (132); *Bennett,* 59 Tax L. Rev. 439 (463). In Deutschland bot die **thin-capitalization-rule** des **§ 8a Abs. 1 Satz 1 Nr. 2 KStG a. F.** (s. bereits

Rz. 145) dem Steuerpflichtigen jedoch die Nachweismöglichkeit, dass die Zahlung mit dem Fremdvergleichsmaßstab übereinstimmt. Daher lag hier kein Verstoß gegen Art. 24 Abs. 4 vor (aufgrund der Beweislastumkehr vorsichtiger *Cordewener,* in *Lang,* Recent EC-Developments, S. 35 (58)). § 8 Abs. 1 Satz 1 Nr. 1 KStG a. F. enthielt diesen Entlastungsbeweis nicht, konnte daher gegen Art. 24 Abs. 4 verstoßen. Zur Unvereinbarkeit des § 8a Abs. 1 Satz 1 Nr. 2 KStG a. F. mit Art. 43 EG (jetzt Art. 49 AEUV) s. EuGH v. 12.12.2002, Rs. C-324/00, Slg. 2002, I-11779 – *Lankhorst-Hohorst* und *Thömmes,* DB 2002, 2693 und zur Vereinbarkeit gegenüber Drittstaaten EuGH v. 10.5.2007, Rs. C-492/04, Slg. 2007, I-3775 – *Lasertec.* Zu Sec. 163(j) IRC in den USA s. *Doernberg,* 9 Emory Int'l L. Rev. (1995), 71 (98).

Der Abzug der Entgelte muss **unter den gleichen Bedingungen** zulässig sein 148
wie bei Zahlungen an im Inland ansässige Personen. Im Gegensatz zur Regelung der Abs. 1 und 3 ist nach Art. 24 Abs. 4 MA nicht ein Vergleich der Belastung des Steuerpflichtigen mit der einer hypothetischen Vergleichsperson vorzunehmen, sondern die Leistungen des Unternehmens an im anderen Vertragsstaat ansässige Personen sind denen an im Inland Ansässige **vollständig gleichzustellen.** „Bedingungen" sind hier die Voraussetzungen für den Abzug des Entgelts. Die Formulierung „unter gleichen Bedingungen" besagt hier also nicht, dass nur gleichartige Verhältnisse gleich zu behandeln sind.

g) Satz 2 des Art. 24 Abs. 4 MA überträgt die vorstehend entwickelten Grund- 149
sätze für den Bereich der **Vermögensteuer** auf **Schulden,** die ein Unternehmen eines Vertragsstaates gegenüber Personen im anderen Vertragsstaat hat. Für die Vermögensteuer erlangt das Diskriminierungsverbot auch bei verbundenen Unternehmen Bedeutung, da Art. 9 MA Korrekturen bei der Ermittlung der Schulden nicht einschränkt.

3. Europarechtskonforme Auslegung des Diskriminierungsverbotes

Werden Zahlungen an im EU-Ausland ansässige Personen im Gegensatz zu 150
Zahlungen an Inländer nicht zum Abzug zugelassen, so sind diese Abzugsverbote in zweifacher Hinsicht unionsrechtlich problematisch (s. *Lehner,* IStR 2001, 329 (332 f.)). Zum einen werden im EU-Ausland ansässige Anteilseigner gegenüber inländischen Anteilseignern diskriminiert, wenn sie mit ihrer Gesellschaft in Geschäftsbeziehung treten. Ihre Gesellschaft wird bei der Gewinnermittlung gegenüber anderen Gesellschaften benachteiligt. Hier sind die Niederlassungsfreiheit bzw. Kapitalverkehrsfreiheit in ihrer Ausprägung als Diskriminierungsverbote betroffen. Zum andern werden aber auch inländische Unternehmen daran gehindert, Geschäfte mit im EU-Ausland ansässigen Personen abzuschließen, da das gleiche Geschäft mit dem Inländer für sie steuerlich günstiger ist. Bei dieser Sichtweise können die Grundfreiheiten in ihrer Ausprägung als Beschränkungsverbote zur Anwendung kommen (zu den Begriffen „Diskriminierungsverbot" und „Beschränkungsverbot" s. *Knobbe-Keuk,* DB 1990, 2573; *Lehner,* DStJG 23 (2000), S. 267 ff.; *Thömmes,* 87). Abzugsverbote für Zahlungen an nichtansässige Personen können allerdings gerechtfertigt sein, um missbräuchliche Gestaltungen zu verhindern (EuGH v. 21.1.2010, Rs. C-311/08, Slg. 2010, I-487 – *SGI*; s. *Schön,* IStR 2011, 777). Widerspricht ein Abzugsverbot dem EU-Recht, so kann der Unionsrechtsverstoß durch eine Änderung der innerstaatlichen Regelung beseitigt werden. In solchen Fällen kann den Anforderungen der Grundfreiheiten aber häufig auch schon durch eine europarechtskonforme Interpretation der abkommensrechtlichen Diskriminierungsverbote genügt werden, ohne dass das innerstaatliche Recht geändert werden müsste. Die Bindung der Mitgliedstaaten an die Grundfreiheiten des AEUV erfordert m. E. eine extensive Auslegung, wenn es bei enger Auslegung der Abkommensvorschriften zu einem Verstoß gegen das Unionsrecht käme.

Allerdings hat Deutschland bislang nur wenige DBA mit anderen Mitgliedstaaten der EU abgeschlossen, die eine dem Art. 24 Abs. 4 MA entsprechende Regelung enthalten.

4. US-MA

151 Art. 24 Abs. 4 des US-MA verwendet anstelle des Begriffs „Unternehmen eines Vertragsstaates" den Begriff „in einem Vertragsstaat ansässige Person". Der Anwendungsbereich der Vorschrift wird damit auf Zahlungen ausgedehnt, die nicht im Zusammenhang mit einer unternehmerischen Tätigkeit stehen (wie etwa Zinszahlungen für ein Darlehen zum Erwerb einer Wohnung).

II. Deutsche DBA

1. Abkommensübersicht zu Artikel 24 Abs. 4

154

DBA	MA-Regelung: Verbot der Diskriminierung wegen Zahlung bestimmter Entgelte ins Ausland	Artikel	Rz.
Ägypten	≈ MA	25 Abs. 3	
Albanien 2010	≈ MA	24 Abs. 4	
Algerien 2007	≈ MA	24 Abs. 4	
Argentinien	≈ MA; ausdrücklicher Vorbehalt für Realschuldenabzug nach Art. 22 Abs. 6	24 Abs. 4	156
Aserbaidschan	≈ MA	24 Abs. 4	
Belarus	≈ MA	24 Abs. 4	
Bangladesch	≈ MA; keine Regelung für Schuldenabzug	23 Abs. 3	156
Bolivien	≈ MA	24 Abs. 3	
Bosnien-Herzegowina	s. Jugoslawien		
Bulgarien 2010	≈ MA	23 Abs. 4	
China 1985	≈ MA	25 Abs. 3	
China 2014 (E)	≈ MA	24 Abs. 3	
Costa Rica 2014 (E)	≈ MA	24 Abs. 4	
Dänemark	≈ MA	41 Abs. 3	
Ecuador	≈ MA; keine Regelung für Schuldenabzug	24 Abs. 3	156
Estland	≈ MA	24 Abs. 3	
Georgien 2006/2014 (E)	≈ MA	24 Abs. 4	
Ghana	≈ MA	25 Abs. 4	
Großbritannien 1964/70	≈ MA		
Großbritannien 2010/2014 (E)	≈ MA	25 Abs. 4	
Indien	≈ MA	24 Abs. 3	
Indonesien	≈ MA; ausdrückliche Einbeziehung von „Zahlungen für technische Dienstleistungen"	24 Abs. 3	156
Irland 2011	≈ MA	24 Abs. 4	
Italien	≈ MA	25 Abs. 3	
Jugoslawien	≈ MA	25 Abs. 2	
Kasachstan	≈ MA	24 Abs. 4	

DBA	MA-Regelung: Verbot der Diskriminierung wegen Zahlung bestimmter Entgelte ins Ausland	Artikel	Rz.
Kirgisistan	≈ MA	24 Abs. 4	
Korea	≈ MA	24 Abs. 4	
Kosovo	s. Jugoslawien		
Kroatien	≈ MA	24 Abs. 4	
Lettland	≈ MA	24 Abs. 3	
Liechtenstein 2011	≈ MA	24 Abs. 4	
Litauen	≈ MA	24 Abs. 3	
Luxemburg 2012	≈ MA	23 Abs. 4	156
Malaysia 2010	≈ MA; keine Regelung für Schuldenabzug	24 Abs. 3	156
Malta	≈ MA	24 Abs. 4	
Mauritius 2011	≈ MA; keine Regelung für Schuldenabzug	24 Abs. 4	
Mazedonien 2006	≈ MA	24 Abs. 4	
Mexiko 2008	≈ MA	24 Abs. 4	
Mongolei	≈ MA	24 Abs. 3	
Montenegro	s. Jugoslawien		
Namibia	≈ MA	24 Abs. 3	
Niederlande 2012 (E)	≈ MA; keine Regelung für Schuldenabzug	24 Abs. 4	156
Norwegen 1991	≈ MA	24 Abs. 4	
Norwegen 2013 (E)	≈ MA; keine Regelung für Schuldenabzug	24 Abs. 4	156
Oman 2012 (E)	≈ MA	24 Abs. 4	
Österreich	≈ MA	24 Abs. 4	
Pakistan	≈ MA; keine Regelung für Schuldenabzug	23 Abs. 4	156
Philippinen 1983	≈ MA	SProt. Nr. 9 Buchst. b	
Philippinen 2013 (E)	≈ MA	25 Abs. 3	
Polen	≈ MA	25 Abs. 4	
Portugal	≈ MA	25 Abs. 3	
Rumänien	≈ MA	24 Abs. 3	
Russische Föderation	≈ MA	24 Abs. 3	
Schweden	≈ MA	38 Abs. 3	
Schweiz	≈ MA	25 Abs. 3	
Serbien	s. Jugoslawien		
Simbabwe	≈ MA	24 Abs. 3	
Singapur	≈ MA	25 Abs. 4	
Slowenien	≈ MA	24 Abs. 4	
Spanien 2011	≈ MA	23 Abs. 3	
Südafrika 2008 (E)	≈ MA	23 Abs. 3	
Syrien 2010	≈ MA; keine Regelung für Schuldenabzug	23 Abs. 3	156
Tadschikistan	≈ MA	23 Abs. 4	
Taiwan 2011	≈ MA	23 Abs. 3	
Tschechien (E)	≈ MA	24 Abs. 5	
Türkei 2011	≈ MA; keine Regelung für Schuldenabzug	23 Abs. 4	156
Ukraine	≈ MA	24 Abs. 4	
Ungarn 2011	≈ MA	23 Abs. 4	
Uruguay 2010	≈ MA	23 Abs. 4	

DBA	MA-Regelung: Verbot der Diskriminierung wegen Zahlung bestimmter Entgelte ins Ausland	Artikel	Rz.
USA 1989/2006	≈ MA	24 Abs. 3	
Usbekistan	≈ MA	24 Abs. 3	
Venezuela	≈ MA	24 Abs. 3	
Vereinigte Arabische Emirate 2010	≈ MA; keine Regelung für Schuldenabzug	23 Abs. 3	156
Vietnam	≈ MA	24 Abs. 4	
Weißrussland	s. Belarus		
Zypern 2011	≈ MA	23 Abs. 4	

Die übrigen Abkommen enthalten keine entsprechende Regelung.

2. Erläuterungen

155 Die Vorschrift erlangte erst in den neueren deutschen DBA Bedeutung.

156 Die *DBA Bangladesch, Ecuador, Malaysia 2010, Niederlande 2012 (E), Norwegen 2013 (E), Pakistan, Syrien 2010* und *Vereinigte Arabische Emirate 2010* enthalten trotz einer grundsätzlichen Übernahme der Vorschrift keine Klausel in Bezug auf Schulden. Diese Abkommen finden zumeist auch keine Anwendung auf die Vermögensteuer. Nach Art. 24 Abs. 4 *DBA Argentinien* steht das Diskriminierungsverbot im Bereich des Schuldenabzugs unter dem Vorbehalt des Art. 22 Abs. 6 des Abkommens. Dort ist eine Ausnahme vom Grundsatz des proportionalen Schuldenabzugs im argentinischen Steuerrecht vorgesehen; eine abkommensberechtigte Person kann, soweit die Voraussetzungen des Art. 22 Abs. 6 vorliegen, vermögensteuerlich diejenigen Schulden in Abzug bringen, die dem betreffenden Vermögen tatsächlich zuzuordnen sind, ohne den Abzugsbetrag proportional beschränken zu müssen. Diese Regelung bleibt durch Art. 24 Abs. 4 unberührt. Die *DBA Indonesien* und *Malaysia 2010* beziehen ausdrücklich Gebühren für technische Dienstleistungen in den Diskriminierungsschutz ein. Diese fallen bei den übrigen Abkommen bereits unter den Begriff der sonstigen Entgelte (s. Rz. 142). Der Einleitungssatz des Art. 23 Abs. 4 *DBA Luxemburg 2012* schließt übermäßige Zinszahlungen nach Art. 11 Abs. 4 des Abkommens nicht vom Anwendungsbereich des Diskriminierungsverbotes aus. Das bedeutet, dass übermäßige Zinszahlungen an eine im anderen Vertragsstaat ansässige Person nur dann einem Abzugsverbot unterliegen dürfen, wenn auch vergleichbare Zinszahlungen an im Inland ansässige Personen nicht zum Abzug zugelassen werden.

F. Zu Art. 24 Abs. 5

I. Musterabkommen

1. Übereinstimmungen und Abweichungen

159 Art. 24 Abs. 5 OECD-MA und Art. 24 Abs. 5 US-MA stimmen überein.

2. Erläuterungen

160 **a) Grundzüge und Abgrenzung:** Während nach Abs. 4 die Ansässigkeit des Zahlungsempfängers nicht als Anknüpfungspunkt für eine Benachteiligung des Unternehmens dienen darf, verbietet Abs. 5 eine steuerliche Schlechterstellung des Unternehmens aufgrund der **Ansässigkeit der an dem Unternehmen Betei-**

ligten im anderen Vertragsstaat. Art. 24 Abs. 5 schützt auch den Vertragsstaat der Muttergesellschaft. Dieser wird nur dann zu einer Freistellung der Dividenden oder zu einer indirekten Anrechnung bereit sein, wenn der andere Vertragsstaat die Tochtergesellschaft nicht höher besteuert als vergleichbare inländisch beherrschte Tochtergesellschaften, s. *Bennett,* 59 Tax L. Rev. 439 (464). Ursprünglich war der Absatz 5 als Ergänzung des Absatzes 1 eingeführt worden; Gesellschaften sollten im Aufnahmestaat nicht nur vor Benachteiligungen aufgrund ihres Errichtungsstatuts, sondern auch vor Benachteiligungen aufgrund der Auslandsansässigkeit der Anteilseigner geschützt werden. Beide Vorschriften entsprechen sich daher weitgehend im Wortlaut (*J.F. Avery Jones et al.,* WTJ 2011, 179 (184)).

b) Regelung: Nach Art. 24 Abs. 5 MA dürfen 161
- **Unternehmen eines Vertragsstaates,**
- **deren Kapital** ganz oder teilweise unmittelbar oder mittelbar **einer im anderen Vertragsstaat ansässigen Person** oder mehreren solchen Personen **gehört** oder ihrer Kontrolle unterliegt,
- im Sitzstaat des Unternehmens **keiner Besteuerung oder damit zusammenhängenden Verpflichtung** unterworfen werden,
- die **anders oder belastender** ist als die Besteuerung und die damit zusammenhängenden Verpflichtungen,
- denen andere **ähnliche Unternehmen des Sitzstaates unterworfen sind** oder unterworfen werden können.

Der Begriff **„Unternehmen"** bestimmt sich nach Art. 3 Abs. 1 Buchst. c und h 162
(s. Art. 3 Rz. 40), der Ausdruck **„Unternehmen eines Vertragsstaates"** nach Art. 3 Abs. 1 Buchst. d (s. Art. 3 Rz. 42f.). Seit Art. 14 im Jahr 2000 aus dem OECD-MA gestrichen wurde, werden vom Diskriminierungsschutz des Art. 24 Abs. 5 auch Selbständige erfasst (s. Rz. 98 und 126). Zum Begriff „ansässig" s. Art. 4 Rz. 4ff.; zur Doppelansässigkeit und zur Gleichsetzung von Ansässigkeit und unbeschränkter Steuerpflicht s. Rz. 145; zu den Merkmalen „Besteuerung oder damit zusammenhängende Verpflichtung" sowie „anders oder belastender" s. Rz. 42, 45. Im Gegensatz zum Betriebstättendiskriminierungsverbot des Art. 24 Abs. 3 MA bezieht sich das Beteiligungs-Diskriminierungsverbot des Abs. 5 wie das Staatsangehörigkeitsdiskriminierungsverbot des Abs. 1 auf das **gesamte steuerliche Pflichtenverhältnis** (s. Rz. 45). Allerdings stellt es nach Auffassung fast aller OECD-Mitgliedstaaten keinen Verstoß gegen Art. 24 Abs. 5 dar, wenn zur Überprüfung von Verrechnungspreisen (transfer prices) Unternehmen mit ausländischer Kapitalbeteiligung strengeren **Berichts- und Kontrollpflichten** bis hin zur Beweislastumkehr unterworfen werden (MA-Komm. Ziff. 80). Damit verletzen etwa die US-Regulations nach sec. 6038 A IRC über Berichts- und Buchführungspflichten von foreign-owned corporations nicht das Diskriminierungsverbot (dazu *Ledermann/Hirsch,* JTax 1991, 158). Nach Ansicht des US-Kongresses sind die Regulations bereits deshalb mit dem Beteiligungs-Diskriminierungsverbot vereinbar, weil sie nur die besonderen Verwaltungsprobleme berücksichtigen, die sich bei der Kontrolle dieser Gesellschaften ergeben, aber im Grundsatz nicht über die allgemeinen Berichtspflichten nach sec. 6001 IRC hinausgehen (vgl. *Spector,* TNI February 1991, 211 (227); *Ledermann/Hirsch,* a. a. O., 168f.).

c) Kapitalbeteiligungen i. S. des Abs. 5 sind sämtliche Rechtsbeziehungen, die 163
einer Person auf der Grundlage einer Kapital- oder Sacheinlage die Stellung eines Gesellschafters gewähren. Nach BFH BStBl. II 1992, 532 begründen kapitalersetzende Darlehen jedoch keine Kapitalbeteiligung. Die Vorschrift beschränkt sich nicht auf den Schutz von Kapitalgesellschaften, sondern bezieht ebenso **Personengesellschaften** ein (übereinstimmend *Raupach,* AWD 1966, 85 (89)). Auch Abs. 5 verbietet eine Diskriminierung bei allen Steuern, nicht nur bei den Steuern vom

Einkommen und Vermögen (s. Art. 24 Abs. 6). Demgemäß kann es für die Anwendung des Abs. 5 auf Personengesellschaften nicht darauf ankommen, ob nach dem Recht des betreffenden Staates die Personengesellschaft einkommen- und/oder vermögensteuerpflichtig ist. Eine derartige Einschränkung lediglich im Hinblick darauf, dass Art. 4 Abs. 1 MA die Ansässigkeit durch Bezugnahme auf die (Einkommen- und/oder Vermögen-)Steuerpflicht definiert (hiergegen schon Art. 4 Rz. 71), verbietet sich für Abs. 5 schon durch den weiter gezogenen Anwendungsbereich dieser Vorschrift. Dagegen gilt Abs. 5 insoweit nur für die Besteuerung der Personengesellschaft, also nicht auch für die Fälle, in denen eine Abkommensberechtigung der Personengesellschaft nach der in diesem Kommentar vertretenen Ansicht auf deren Gesellschafter „durchschlägt" (s. Art. 1 Rz. 33). – **Keine** Kapitalbeteiligung i. S. des Abs. 5 ist dagegen eine rein schuldrechtliche **Gläubigerstellung.** In diesem Fall kann jedoch das Diskriminierungsverbot nach Art. 24 Abs. 4 einschlägig sein. – Auf die Höhe der Beteiligung oder des Einflusses des ausländischen Gesellschafters auf die Geschäftsführung der Gesellschaft kommt es nicht an. Insbesondere setzt das Diskriminierungsverbot nicht voraus, dass die Gesellschaft durch den ausländischen Gesellschafter beherrscht wird.

164 Wie Abs. 4 schützt auch Abs. 5 das **Unternehmen** gegen den Vertragsstaat, in dem es ansässig ist (vgl. MA-Komm. Ziff. 76). **Nicht** unter den Schutz der Vorschrift fallen die im ausländischen Vertragsstaat ansässigen **Gesellschafter.** Abs. 5 verbietet es also nicht, deren aus der Gesellschaftsbeteiligung resultierende Einkünfte anders zu besteuern als die entsprechenden Einkünfte inländischer Gesellschafter. Aus diesem Grunde verstieß auch das in Deutschland geltende Anrechnungsverfahren bei der Körperschaftsteuer (s. näher 5. Aufl. bei Art. 10 Rz. 115) nicht gegen Art. 24 Abs. 5: Die Körperschaftsteuer der Gesellschaft (d. h. des Unternehmens i. S. des Abs. 5) hing nur vom Umfang der Ausschüttungen ab, nicht davon, ob deren Empfänger, also die Gesellschafter, im Inland oder Ausland ansässig waren; die ausländischen Gesellschafter erhielten zwar keine Anrechnung, wurden also „anders" besteuert, waren hiergegen aber durch Art. 24 Abs. 5 nicht geschützt. Gegen dieses Ergebnis ist vorgebracht worden, die Steueranrechnung auf Seiten des Aktionärs stehe nach dem KStG mit der Besteuerung der Körperschaft selber in so engem Zusammenhang, dass jedenfalls für diesen besonderen Fall auch eine unterschiedliche Besteuerung der Gesellschafter nicht mehr zulässig sei (*Mersmann,* DStZ/A 1971, 310 (311); *Salditt,* AWD 971, 474 (476)). Bei Art. 24 Abs. 5 geht es aber einzig und allein um die „andere oder belastendere Besteuerung" auf der Ebene der Gesellschaft; **nur mittelbare Benachteiligungen** werden durch Abs. 5 nicht verhindert (s. Rz. 5; *K. Vogel,* Aktionär, S. 79). Wirtschaftlich vergleichbare Systeme zur Vermeidung der Doppelbesteuerung in Form eines Betriebsausgabenabzuges von Gewinnausschüttungen oder in Form einer Reduzierung des Steuersatzes bei Ausschüttung verstoßen aber gegen Art. 24 Abs. 5, wenn diese nur bei Ausschüttung an ansässige Anteilseigner zur Anwendung kommen, s. *Goldberg/Glicklich,* Florida Tax Review 1992, 51 (100). Diese Beispiele zeigen, dass eine wirtschaftliche Betrachtungsweise bei den Diskriminierungsverboten nicht zulässig ist, die Vorschriften vielmehr wortlautgetreu auszulegen sind (gegen einen „substance over form"-approach a. *J. F. Avery Jones et al.*, WTJ 2011, 179 (195)). Auch die Verpflichtung der inländischen Gesellschaft, eine Quellensteuer nur auf Ausschüttungen an ausländische Gesellschafter nicht aber auf Ausschüttungen an inländische Gesellschafter abzuführen, verstößt nicht gegen Art. 24 Abs. 5, da Steuerschuldner der Quellensteuer die ausländischen Gesellschafter sind. Der Ausdruck „mit der Besteuerung zusammenhängenden Verpflichtung" bezieht sich nur auf die Besteuerung der inländischen Gesellschaft (*J. F. Avery Jones et al.*, WTJ 2011, 179 (188); im Ergebnis genauso MA-Komm. Ziff. 78). Nach Art. 3 Abs. 1 Buchst. h des schwedischen staatl. EStG sind Vermögensübertragungen an schwedische Gesellschaften mit schwedischen Anteilseignern steuerneutral möglich,

Übertragungen an schwedische Gesellschaften mit ausländischen Anteilseignern führen dagegen zur Gewinnrealisierung. Auch eine solche Vorschrift verstößt nicht gegen Art. 24 Abs. 5, die steuerlichen Auswirkungen treffen die das Vermögen übertragende Person, nicht die erwerbende Gesellschaft. Es liegt wiederum nur eine mittelbare Diskriminierung vor (hinsichtlich der Unvereinbarkeit einer solchen Vorschrift mit dem AEUV s. EuGH v. 21.11.2002, Rs C-436/00, Slg. 2002, I-10 829 – *X und Y/Riksskatteverk*).

Untersagt ist nur eine andere oder benachteiligende Besteuerung, die **tatbestandlich** an die Beteiligung nichtansässiger Gesellschafter **anknüpft.** Ursache für die Benachteiligung muss daher die Ansässigkeit der Gesellschafter im Ausland sein (*J. F. Avery Jones et al.*, WTJ 2011, 179 (180)). Nach der **Gegenprobe** (s. Rz. 48) ist eine Verletzung des Art. 24 Abs. 5 dann anzunehmen, wenn bei unterstellter Ansässigkeit der Gesellschafter im Inland – und bei sonstiger Identität des Sachverhalts – die Benachteiligung entfiele. Knüpft die Diskriminierung tatbestandlich an ein anderes Merkmal als die Ansässigkeit der Gesellschafter an, so kann dennoch ein Verstoß gegen das Diskriminierungsverbot vorliegen, wenn bei unterstellter Inlandsansässigkeit der Gesellschafter gleichzeitig die Benachteiligung aufgrund des anderen Merkmals entfiele (s. Rz. 145). So kam es etwa nach § 8a KStG a. F. für die Umqualifizierung von Zinszahlungen in verdeckte Gewinnausschüttungen darauf an, ob der Anteilseigner zur Anrechnung der Körperschaftsteuer berechtigt war bzw. ob die Vergütungen beim Anteilseigner in eine Veranlagung einbezogen wurden. Die Benachteiligung durch § 8a KStG a. F. beruht daher nur dann auf der Auslandsansässigkeit der Anteilseigner, wenn diese bei unterstellter Inlandsansässigkeit anrechnungsberechtigt gewesen wären oder bei unterstellter Inlandsansässigkeit die Vergütung in eine Veranlagung einbezogen worden wäre (s. a. BFH DStR 2014, 734 (736) Rz. 15). Dies wäre etwa bei steuerbefreiten Körperschaften nicht der Fall gewesen. Der BFH BStBl. II 2013, 186 (188 f.) ließ dagegen in einem früheren Urteil für die Anwendbarkeit des Art. 24 Abs. 5 im Einklang mit der Rechtsprechung des EuGH zu den europarechtlichen Diskriminierungsverboten bereits ausreichen, dass von der diskriminierenden Regelung vorrangig Unternehmen mit im Ausland ansässigen Anteilseignern betroffen werden (s. Rz. 5). Auf jeden Fall schützt die Vorschrift **nicht** etwa Unternehmen, an denen nicht im Vertragsstaat ansässige Personen beteiligt sind, **schlechthin** gegen Diskriminierungen, auch wenn kein Zusammenhang zwischen Ausländerbeteiligung und Diskriminierung besteht (Square D v. Commissioner, *US Tax Court* v. 27.3.2002, 118 T. C. 299: Art. 24 Abs. 3 *DBA USA/Frankreich,* der zur Begründung auf diesen Kommentar verweist; vgl. zur Entscheidung jedoch *Vogel,* BIFD 2002, 286). Beispielsweise verstößt es nicht gegen Art. 24 Abs. 5, wenn – etwa in Auswirkung eines Wirtschaftsembargos – sämtliche Unternehmen eines Drittstaates steuerlich diskriminiert werden und davon auch Unternehmen betroffen sind, an denen im Vertragsstaat ansässige Personen beteiligt sind. Denn in einem solchen Fall wäre die Beteiligung nicht der auslösende Umstand für die steuerliche Schlechterstellung des Unternehmens. Untersagt ist ferner auch nach Art. 24 Abs. 5 nur eine Ungleichbehandlung **unter vergleichbaren Verhältnissen.** Allerdings darf der Umstand, dass die Gesellschafter des Unternehmens im Ausland ansässig sind, nicht die Vergleichbarkeit ausschließen (so aber *IRS* Notice 87–66 zur Besteuerung von Liquidationsgewinnen mit der Begründung, im Ausland ansässige Gesellschafter könnten die stillen Reserven leichter der Besteuerung entziehen; s. *Boidman/Gartner,* TMIJ 1987, 513; wie hier *Goldberg/Glicklich,* Florida Tax Review 1992, 51 (87)). Sonst käme die Vorschrift nie zur Anwendung. Die Frage der Ähnlichkeit des zu vergleichenden Unternehmens beurteilt sich daher allein nach Kriterien, die das Unternehmen selbst betreffen (s. *Knobbe-Keuk,* DB 1993, 60 (63)). 165

Art. 24 Abs. 4 und Abs. 5 können **kumulativ nebeneinander** zur Anwendung kommen, Art. 24 Abs. 4 ist nicht als lex specialis gegenüber Abs. 5 anzusehen 165a

(Abweichung von der 4. Auflage; so jedoch bereits *Lang,* in Gassner/Lang/Lechner, Entwicklungen, S. 127 (154f.); Wassermeyer/*Wassermeyer,* Art. 24 OECD-MA Rz. 102). Beide Vorschriften haben einen unterschiedlichen Anwendungsbereich. Werden Zahlungen an ausländische Muttergesellschaften – wie bei vielen **thin-capitalization-rules** – benachteiligt, ist Art. 24 Abs. 4 verletzt, wenn die Benachteiligung bei Zahlung an inländische Zahlungsempfänger entfiele. Gegen Art. 24 Abs. 5 wird dagegen verstoßen, wenn die Zahlung bei unterstellter Ansässigkeit der Anteilseigner im Inland an dieselbe nach wie vor im Ausland ansässige Gesellschaft abzugsfähig wäre (so ausdrücklich Square D v. Comm., *US Court of Appeals* v. 13.2.2006, 438 F. 3d 739 und nun auch der MA-Komm. Ziff. 79). Auch wenn Zahlungsempfänger und Anteilseigner personenidentisch sind, ist hier gedanklich zwischen beiden Eigenschaften zu trennen. So kam § 8a KStG in der Fassung des Standortsicherungsgesetzes, BGBl. I 1993, 1569 nur im Falle nicht zur Anrechnung der Körperschaftsteuer berechtigter Anteilseigner zur Anwendung. Dies verstieß gegen Art. 24 Abs. 5 (s. BFH DStR 2014, 734). Bei § 8a KStG in der Fassung des Steuersenkungsgesetzes, BGBl. I 2000, 1433 und in der Fassung des Unternehmenssteuerfortentwicklungsgesetzes, BGBl. I 2001, 3858 konnte es jedoch auch im Falle inländischer Anteilseigner zu einer Umqualifizierung in verdeckte Gewinnausschüttungen kommen, wenn die Vergütungen an eine im Ausland ansässige Person gezahlt wurden. Dann war ein Verstoß gegen Art. 24 Abs. 5 zu verneinen. Ziff. 79 S. 5 und 6 MA-Komm. 2008 wollen überdies nach Art. 9 und Art. 11 Abs. 6 zulässige Berichtigungen vom Anwendungsbereich des Art. 24 Abs. 5 ausnehmen (s. a. SD/*Bruns,* Art. 24 Rz. 172; für Art. 9 auch Wassermeyer/*Wassermeyer,* Art. 24 ODCD-MA Rz. 102). Dabei wird die Ansicht vertreten, dass die Vorschrift des Art. 24 Abs. 5 im Zusammenhang mit den anderen Abkommensbestimmungen zu lesen ist und dass steuerliche Maßnahmen, die nach Art. 9 oder Art. 11 Abs. 6 „ausdrücklich erlaubt" sind, nicht als gegen die Diskriminierungsverbote verstoßend anzusehen sind (s. a. Ziff. 4 MA-Komm. 2008 und *Ault/Sasseville,* WTJ 2010, 101 (117)). Zumindest dem Art. 11 Abs. 6 kann ein Vorrang gegenüber Art. 24 Abs. 5 jedoch nicht entnommen werden, da diese Vorschrift nur die Besteuerung des Zahlungsempfängers, nicht aber die Abzugsfähigkeit beim Zahlenden regelt. M. E. verdrängt auch der Art. 9 nicht den Art. 24 Abs. 5. Soweit ein Vorrang nicht – wie bei Art. 24 Abs. 4 – ausdrücklich im Abkommenstext aufgenommen wurde, hat das nationale Steuerrecht allen Anforderungen aus dem Abkommen kumulativ zu genügen s. Rz. 8. Auch der BFH BStBl. II 2013, 186 (189f) hat einen ungeschriebenen Anwendungsvorrang der Art. 9 Abs. 1 und Art. 11 Abs. 6 gegenüber Art. 24 Abs. 5 abgelehnt; das im Streitfall anwendbare *DBA Schweiz 1971/1992* enthielt aber keine dem Art. 24 Abs. 4 entsprechende Bestimmung (s. *J. F. Avery Jones et al.*, WTJ 2011, 179 (195). Nun hat der BFH DStR 2014, 734 gerade im Umkehrschluss aus Art. 24 Abs. 3 *DBA USA 1989* gefolgert, dass Art. 9 und Art. 11 Abs. 6 gegenüber Art. 24 Abs. 4 *DBA USA 1989* keinen Vorrang genießen. Rechtspolitisch erscheint der Vorrang des Art. 9 gleichfalls nicht wünschenswert. Die leges-speciales Anordnung hat in Abs. 4 den Sinn, Gewinnberichtigungen grenzüberschreitend zu ermöglichen, ohne sie auch innerstaatlich vorschreiben zu müssen. Auch ohne Vorrang des Art. 9 dürfen in Einklang mit Art. 24 Abs. 5 alle Zahlungen an ausländische Zahlungsempfänger benachteiligt werden. Art. 24 Abs. 5 verbietet nur, bei Zahlungen an ausländische Zahlungsempfänger nach der Ansässigkeit der Anteilseigner zu differenzieren.

Zur Unvereinbarkeit der französischen Unterkapitalisierungsregelungen nach Art. 212 CGI mit Art. 26 Abs. 3 *DBA Frankreich/Österreich,* der dem Art. 24 Abs. 5 entspricht, s. *Conseil d'Etat* v. 30.12.2003, SA Andritz, N° 233894 mit Anmerkung *Burgstaller,* SWI 2004, 285.

Gruppenbesteuerung: Gemäß Ziff. 77 MA-Komm. 2008 findet Art. 24 Abs. 5 auf Gruppenbesteuerungssysteme keine Anwendung (s. auch die Ergänzung in Ziff. 41 MA-Komm. 2008). Das Gesellschafterdiskriminierungsverbot kann nach Auffassung des OECD Kommentars nicht zu einer grenzüberschreitenden Gewinnkonsolidierung führen. Auch das Protokoll Nr. 8 *DBA Liechtenstein,* das Protokoll Nr. 4 *DBA Luxemburg 2012,* das Protokoll Nr. 9 *DBA Norwegen 2013 (E)* und das Protokoll Nr. 21 zum *DBA USA 1989/2006* schließt eine Erstreckung der Gruppenbesteuerung (Organschaft) auf grenzüberschreitende Sachverhalte nach Maßgabe des Art. 24 Abs. 5 aus. Ebenso nimmt auch das Protokoll Nr. 5 der deutschen Verhandlungsgrundlage eine grenzüberschreitende Konsolidierung von Einkünften vom Anwendungsbereich des Abs. 5 aus. Der OECD-Kommentar will eine doppelte Nichtbesteuerung der Einkünfte verhindern, da die Gewinnkonsolidierung in dem einen Vertragsstaat zu einer Steuerminderung führt, ohne dass der andere Vertragsstaat die zwischen den Gesellschaften transferierten Gewinne berücksichtigt. Auch im Ausland wird die Anwendbarkeit des Art. 24 Abs. 5 auf Gewinnkonsolidierungsregelungen abgelehnt (*van Raad,* Nondiscrimination, S. 192f.; *Papetti,* Intertax 2003, 320). Die Anwendbarkeit des Art. 24 Abs. 5 pauschal bei Gruppenbesteuerungssystemen auszuschließen, ist aber weder durch den Wortlaut noch durch den Zweck des Gesellschafterdiskriminierungsverbotes gedeckt. *J.F. Avery Jones et al.*, WTJ 2011, 179ff. sprechen sich nach einer umfassenden historischen Analyse der Vorschrift dafür aus, Art. 24 Abs. 5 in all den Fällen anzuwenden, in denen der Gewinn der ausländischen Muttergesellschaft nicht in den Konsolidierungskreis einbezogen wird. So verstößt etwa die Versagung einer Konsolidierung der Gewinne zweier inländischer Schwestergesellschaften wegen der Auslandsansässigkeit der Muttergesellschaft gegen Art. 24 Abs. 5 (s. das *First-tier Tribunal des Vereinigten Königreichs* v. 1.4.2010, FCE Bank plc v. HMRC [2010] SFTD 718). Dagegen kann die Konsolidierung mit Gewinnen der im anderen Vertragsstaat ansässigen Muttergesellschaft nach Art. 24 Abs. 5 nicht verlangt werden, da diese Gewinne auch nicht im Ansässigkeitsstaat der Tochter besteuert werden dürfen. Auch das *House of Lords* v. 23.5.2007, Boake Allen Ltd. v. HMRC, [2007] UKHL 25, (anders noch der *High Court of London, Nec Semi-Conductors. Ltd v. Comm.* [2003], EWHC 2813 (Ch)) hat einen Verstoß der group income election gegen Art. 24 Abs. 5 abgelehnt. Danach kann eine Gruppenbesteuerung immer nur von Gruppen wahrgenommen werden (s.a. SD/*Bruns,* Art. 24 Rz. 167). Die Diskriminierungsverbote dürfen nach Ansicht des House of Lords nicht dazu führen, dass Teile des Konzerns von den Vorteilen einer Gruppenbesteuerung profitieren, ohne dass die Gruppenbesteuerung insgesamt – also auch mit den nachteiligen Vorschriften – zur Anwendung kommt (umfassend zu Fragen der Gruppenbesteuerung s. *Bammens,* S. 405ff.). **166**

Nach Ansicht des Bundesfinanzhofes können die Regelungen der deutschen Organschaft gegen das Gesellschafterdiskriminierungsverbot verstoßen. So stand § 14 Nr. 3 KStG a.F. nicht mit Art. 24 Abs. 5 in Einklang (s. BFH v. 29.1.2003, IStR 2003, 422 zum *DBA USA 1989*). Nach dieser Vorschrift konnte eine Organschaft nur dann begründet werden, wenn der Organträger zugleich Sitz und Geschäftsleitung im Inland hatte. Die Versagung der Organschaft aufgrund des ausländischen Sitzes der beherrschenden Gesellschaft führte zu einer unmittelbaren Benachteiligung der beherrschten Gesellschaft, da diese ihren Gewinn nicht mit steuerlicher Wirkung an die beherrschende Gesellschaft abführen durfte. Mit gleicher Argumentation ließ sich allerdings auch ein Verstoß des § 14 Nr. 2 KStG in der Fassung des UntStFG v. 20. 12. 2001 (BGBl. I 2001, 3858) gegen das Diskriminierungsverbot begründen, da auch die Geschäftsleitung im Inland ein ansässigkeitsbegründendes Merkmal darstellt (s. *Rust,* IStR 2003, 658 (661)). M.E. ist in diesen Fällen jedoch der Anwendungsbereich des Art. 24 Abs. 5 teleologisch zu **166a** reduzieren, da eine Organschaft über die Grenze zwangsläufig zu einer doppelten Nichtbesteuerung führen (BMF v. 8.12.2004, IStR 2005, 26 mit Anmerkung *Rust*). Der BFH BStBl. II 2012, 106 m. Anm. *Mössner* IStR 2011, 345 (s. *Frotscher*, IStR 2011, 697) hat sich nun gegen eine teleologische Reduktion des Art. 24 Abs. 5 ausgesprochen. Auch die „Keinmalbesteuerung" der Einkünfte in beiden Vertragsstaaten führt nach Auffassung des BFH nicht zu einer Einschränkung des Anwendungsbereiches des Gesellschafterdiskriminierungsverbotes. Der BFH gestattete damit die gewerbesteuerliche Organschaft nach § 2 Abs. 2 GewStG zwischen einer inländischen Tochtergesellschaft und einer in Großbritannien ansässigen Muttergesellschaft. In BFH BStBl. II 1974, 616 hatte der Bundesfinanzhof noch eine Erstreckung der gewerbesteuerlichen Organschaft über die Grenze mit dem Argument abgelehnt, dass sonst der im Inland erwirtschaftete Gewinn des Organs nicht beim ausländischen Organträger zu einer Besteuerung herangezogen werden könnte.

166b Art. 24 Abs. 5 kann auch verletzt sein, wenn eine Vorschrift, die Erleichterungen bei **Konzernumstrukturierungen** gewährt, ihren Geltungsbereich auf Fälle beschränkt, in denen beide beteiligte Gesellschaften nach inländischem Recht errichtet wurden (vgl. den schwedischen *Regeringsrätt* RÅ 1987 ref. 158, 1990 not. 507 und den niederländischen *Hoge Raad* Rolno. 27843, BNB 1993/71 concl. *Moltmaker;* zu den Einwirkungen des Art. 24 Abs. 5 auf das Umwandlungssteuerrecht s. *Hageböke/Käbisch,* IStR 2006, 849). Nach Ansicht des *Hoge Raad* Rolno. 28239, 28603 und 28674, BNB 1994/ 207, 209 und 210, jeweils concl. *Moltmaker: DBA Niederlande/Schweden, Niederlande/Japan* und *Niederlande/USA* ist Art. 24 Abs. 5 aber auch verletzt, wenn die steuerliche Vergünstigung, veranlasst durch eine EU-Richtlinie, außer inländischen Unternehmungen auch solchen aus anderen EU-Staaten, jedoch **nicht** Unternehmen aus **Nicht-EU-Staaten** zugute kommt. Der *Hoge Raad* weist in diesen Entscheidungen darauf hin, dass das Unionsrecht die Ausdehnung der Vergünstigung auf Unternehmen aus Nicht-EU-Staaten nicht verbietet. S. dazu auch *Goudswaard,* WFR 1994, 1167. M. E. ist eine Erstreckung der auf dem Unionsrecht beruhenden Vorteile über die abkommensrechtlichen Diskriminierungsverbote jedoch nicht möglich s. Rz. 53.

167 **d) Vergleichsobjekt:** Das Unternehmen darf nicht wegen der Ausländerbeteiligung anders oder belastender besteuert werden als ein **ähnliches Unternehmen des besteuernden Staates.** Als Vergleichsobjekt ist ein Unternehmen heranzuziehen, an dem ausschließlich im Inland ansässige Personen beteiligt sind. Vergleichsobjekte sind dagegen nicht Unternehmen, an denen in einem **Drittstaat** ansässige Personen beteiligt sind. Eine Einschränkung des Unternehmensbegriffes auf ausländisch beherrschte Unternehmen lässt sich dem Abs. 5 nicht entnehmen, der Begriff des „Unternehmens des anderen Vertragsstaates" bestimmt sich daher auch im Rahmen des Art. 24 Abs. 5 nach Art. 3 Abs. 1 Buchst. d MA. Art. 3 Abs. 1 Buchst. d geht aber vom typischen Fall eines inlandsbeherrschten Unternehmens aus. So hat auch Brasilien ausdrücklich einen Vorbehalt erklärt (s. Ziff. 9 OECD-NM), um den Diskriminierungsschutz einschränken zu können (übereinstimmend mit der hier vertretenen Ansicht der schwedische *Regeringsrätt,* ET 1988, 401; der *High Court of London* v. 24.11.2003 in Nec Semi-Conductors Ltd. v. Commissioners, [2003] EWHC 2813 Rz. 27; *Conseil d'Etat* v. 30.12.2003, SA Andritz, N° 233894; US-TE zu Art. 24 Abs. 5; *Avery Jones u. a.,* ET 1991, 310 (339) m. w. N.; *Hughes,* BIFD 1996, 390; *Michielse,* BIFD 1997, 565 (571) und nun auch der Discussion Draft Rz. 88; für die Entstehungsgeschichte der Vorschrift s. *Avery Jones u. a.,* WTJ 2011, 179 (204) u. *Bammens,* S. 403 ff.). Eine Schlechterstellung gegenüber Unternehmen, an denen in einem Drittstaat ansässige Personen beteiligt sind, ist daher nicht durch das Diskriminierungsverbot verboten. Entgegen der Ansicht des MA-Komm. Ziff. 76 kann die Vorschrift daher nicht sicherstellen, dass allen in demselben Staat ansässigen Unternehmen die gleiche Behandlung zuteil wird.

Nach welchen Kriterien sich die **Ähnlichkeit** beurteilt, sagt das MA nicht. Die amerikanische Finanzverwaltung geht offenbar davon aus, dass es sich um ein Unternehmen mit ähnlicher Tätigkeit handeln müsse (vgl. CCH Tax Treaties 2, 8103 DD, 8107–56: *DBA USA/Großbritannien*). Die Frage, ob ein Unternehmen einem anderen Unternehmen ähnlich ist, lässt sich aber nicht abstrakt beurteilen. Es kommt vielmehr darauf an, nach welchen Kriterien das Steuerrecht des Aufnahmestaates differenziert. Ist die Rechtsform eines Unternehmens Anknüpfungspunkt für eine unterschiedliche Besteuerung, so ist für die Ähnlichkeit die gleiche Rechtsform der Vergleichsunternehmen Voraussetzung. Differenziert das Steuerrecht dagegen nach der jeweiligen Tätigkeit des Unternehmens, so sind die beiden Vergleichsunternehmen nur dann ähnlich, wenn sie die gleiche Tätigkeit ausüben. Dienen dagegen Rechtsform und Tätigkeit als Differenzierungskriterium, kann eine Gleichbehandlung nur mit Unternehmen der gleichen Rechtsform und gleichen Tätigkeit verlangt werden. 168

3. Europarechtskonforme Auslegung des Diskriminierungsverbotes

Soweit es zur Umsetzung des Unionsrechtes notwendig ist, muss auch Art. 24 Abs. 5 europarechtskonform ausgelegt werden. Die europarechtskonforme Auslegung kann sowohl den Anwendungsbereich als auch die Reichweite des Diskriminierungsverbotes betreffen. In der Rs. *Metallgesellschaft/Hoechst* (EuGH v. 8.3.2001, Rs. C-397/98 und C-410/98, Slg. 2001, I-1727; s. *Hummel,* EWS 2001, 323; *Eicker/Müller,* RIW 2001, 438; *Lehner,* IStR 2001, 221) hätte die Diskriminierung der britischen Tochtergesellschaft auch durch eine europarechtskonforme Auslegung des Art. XX Abs. 4 *DBA Großbritannien* beseitigt werden können. Nach s. 247 a. F. des britischen ICTA entfiel die Verpflichtung der Tochtergesellschaft zur Zahlung einer Körperschaftsteuervorauszahlung („ACT") bei Dividendenausschüttung an die Muttergesellschaft, wenn die Muttergesellschaft in Großbritannien ansässig war, mehr als 50% der Anteile an der Tochtergesellschaft hielt und für eine „group income election" optierte (s. *Hughes,* BIFD 1996, 390 (391)). Auch wenn die Versagung der group income election gegenüber Drittstaaten nicht gegen Art. 24 Abs. 5 verstößt (s. *House of Lords,* Boake Allen Ltd. v. HMRC [2007], UKHL 25; s. Rz. 166), hätte die ACT jedoch bei Dividendenausschüttung an eine in Deutschland ansässige Muttergesellschaft bei einer europarechtskonformen Auslegung des Art. XX Abs. 4 *DBA Großbritannien 1964* nicht erhoben werden dürfen. 169

II. Deutsche DBA

1. Abkommensübersicht zu Artikel 24 Abs. 5

172

DBA	MA-Regelung: Verbot der Diskriminierung eines Unternehmens wegen der Beteiligung im anderen Vertragsstaat ansässiger Personen	Artikel	Rz.
Ägypten	≈ MA	25 Abs. 4	
Albanien 2010	≈ MA	24 Abs. 5	
Algerien 2007	≈ MA	24 Abs. 5	
Argentinien	≈ MA	24 Abs. 3	
Armenien	s. UdSSR		
Aserbaidschan	≈ MA	24 Abs. 5	
Australien	Kein Diskriminierungsverbot	–	–

DBA	MA-Regelung: Verbot der Diskriminierung eines Unternehmens wegen der Beteiligung im anderen Vertragsstaat ansässiger Personen	Artikel	Rz.
Bangladesch	≈ MA	23 Abs. 4	
Belarus	≈ MA	24 Abs. 5	
Belgien	≈ MA	24 Abs. 5	
Bolivien	≈ MA	24 Abs. 4	
Bosnien-Herzegowina	s. Jugoslawien		
Bulgarien 2010	≈ MA	23 Abs. 5	
China 1985	≈ MA	25 Abs. 4	
China 2014 (E)	≈ MA	24 Abs. 4	
Costa Rica 2014 (E)	≈ MA	24 Abs. 5	
Dänemark	≈ MA	41 Abs. 4	
Ecuador	≈ MA	24 Abs. 4	
Elfenbeinküste	≈ MA	24 Abs. 3	
Estland	≈ MA	24 Abs. 4	
Finnland	≈ MA	24 Abs. 4	
Frankreich	≈ MA	21 Abs. 5	
Georgien 2006/2014 (E)	≈ MA	24 Abs. 5	
Ghana	≈ MA	25 Abs. 5	
Griechenland	≈ MA	XXI Abs. 5	
Großbritannien 1964/70	≈ MA	XX Abs. 4	
Großbritannien 2010/2014 (E)	≈ MA	25 Abs. 5	
Indien	≈ MA	24 Abs. 4	
Indonesien	≈ MA	24 Abs. 4	
Iran	≈ MA	25 Abs. 3	
Irland 2011	≈ MA	24 Abs. 5	
Island	≈ MA	24 Abs. 3	
Israel	≈ MA	19 Abs. 4	
Italien	≈ MA	25 Abs. 4	
Jamaika	≈ MA	24 Abs. 3	
Japan	≈ MA	24 Abs. 3	
Jersey 2008	Kein Diskriminierungsverbot	–	–
Jugoslawien	≈ MA	25 Abs. 3	
Kanada	Meistbegünstigungsklausel	24 Abs. 3	174
Kasachstan	≈ MA	24 Abs. 5	
Kenia	≈ MA	24 Abs. 3	
Kirgisistan	≈ MA	24 Abs. 5	
Korea	≈ MA	24 Abs. 5	
Kosovo	s. Jugoslawien		
Kroatien	≈ MA	24 Abs. 5	
Kuwait	Kein Diskriminierungsverbot	–	–
Lettland	≈ MA	24 Abs. 4	
Liberia	≈ MA	24 Abs. 3	
Liechtenstein 2011	≈ MA	24 Abs. 5	166
	Regelung bzgl. Konsolidierung	Prot. Nr. 8	
Litauen	≈ MA	24 Abs. 4	
Luxemburg 2012	≈ MA	23 Abs. 5	166
Malaysia 2010	≈ MA	24 Abs. 4	
Malta	≈ MA	24 Abs. 5	
Marokko	≈ MA	24 Abs. 3	

DBA	MA-Regelung: Verbot der Diskriminierung eines Unternehmens wegen der Beteiligung im anderen Vertragsstaat ansässiger Personen	Artikel	Rz.
Mauritius 2011	≈ MA	24 Abs. 5	
Mazedonien 2006	≈ MA	24 Abs. 5	
Mexiko 2008	≈ MA	24 Abs. 5	
Moldau	s. UdSSR		
Mongolei	≈ MA	24 Abs. 4	
Montenegro	s. Jugoslawien		
Namibia	≈ MA	24 Abs. 4	
Neuseeland	Kein Diskriminierungsverbot	–	–
Niederlande 1959/ 2004	Kein Diskriminierungsverbot	–	–
Niederlande 2012 (E)	≈ MA	24 Abs. 5	
	Regelung zur Gruppenbesteuerung	Prot. Nr. XVI. Abs. 2	
Norwegen 1991	≈ MA	24 Abs. 5	
Norwegen 2013 (E)	≈ MA	24 Abs. 5	166
	Regelung zur Gruppenbesteuerung	Prot. Nr. 9	
Oman 2012 (E)	≈ MA	24 Abs. 5	
Österreich	≈ MA	24 Abs. 5	
Pakistan	≈ MA	23 Abs. 5	
Philippinen 1983	≈ MA	25 Abs. 3	
Philippinen 2013	≈ MA	25 Abs. 4	
Polen	≈ MA	25 Abs. 5	
Portugal	≈ MA	25 Abs. 4	
Rumänien	≈ MA	24 Abs. 4	
Russische Föderation	≈ MA	24 Abs. 4	
Sambia	≈ MA	24 Abs. 3	
Schweden	≈ MA	38 Abs. 4	
Schweiz	≈ MA	25 Abs. 4	
Serbien	s. Jugoslawien		
Simbabwe	≈ MA	24 Abs. 4	
Singapur	≈ MA	25 Abs. 5	
Slowakei	s. Tschechoslowakei		
Slowenien	≈ MA	24 Abs. 5	
Spanien 2011	≈ MA	23 Abs. 4	
Sri Lanka	≈ MA	24 Abs. 3	
Südafrika 1973	≈ MA	23 Abs. 3	
Südafrika 2008 (E)	≈ MA	23 Abs. 4	
	Sonderregelung bzgl. Secondary Tax on Companies	Prot. Nr. 3	
Syrien 2010	≈ MA	23 Abs. 4	
Tadschikistan	≈ MA	23 Abs. 5	173
Taiwan 2011	≈ MA	23 Abs. 4	
Thailand	≈ MA	23 Abs. 3	
Trinidad und Tobago	≈ MA	23 Abs. 3	
Tschechien	s. Tschechoslowakei		
Tschechien (E)	≈ MA	24 Abs. 6	
Tschechoslowakei	≈ MA	24 Abs. 3	
Türkei 2011	≈ MA	23 Abs. 5	
Tunesien	≈ MA	24 Abs. 4	
Turkmenistan	s. UdSSR		
UdSSR	Kein Diskriminierungsverbot	–	–

DBA	MA-Regelung: Verbot der Diskriminierung eines Unternehmens wegen der Beteiligung im anderen Vertragsstaat ansässiger Personen	Artikel	Rz.
Ukraine	≈ MA	24 Abs. 5	
Ungarn 2011	≈ MA	23 Abs. 5	
Uruguay 2010	≈ MA	23 Abs. 5	
USA 1989/2006	≈ MA	24 Abs. 4	166; 173
Usbekistan	≈ MA	24 Abs. 4	
Venezuela	≈ MA	24 Abs. 4	
Vereinigte Arabische Emirate 2010	≈ MA	23 Abs. 4	
Vietnam	≈ MA	24 Abs. 5	
Weißrussland	s. Belarus		
Zypern 2011	≈ MA	23 Abs. 5	

2. Erläuterungen

173 **a)** Abgesehen von den *DBA Großbritannien 2010/2014 (E), Irland 2011, Liechtenstein 2011, Luxemburg 2012, Niederlande 2012 (E), Spanien 2011, Südafrika 2008 (E), Tadschikistan, Uruguay 2010, USA 1989/2006, Vereinigte Arabische Emirate 2010 und Zypern 2011* enthalten noch alle deutschen DBA eine eigenständige Verteilungsnorm für Einkünfte aus **selbständiger Arbeit.** Selbständige werden daher nur in den oben genannten DBA durch die dem Art. 24 Abs. 5 entsprechenden Vorschrift geschützt.

174 **b)** Eine Formulierung des Diskriminierungsverbots in Gestalt einer **Meistbegünstigungsklausel** (hierzu allgemein: *Rädler,* FS Debatin, S. 335 ff.; *Stockmann,* IStR 1999, 129; *Verdross/Simma,* S. 485; umfassend zu Meistbegünstigungsklauseln in den Doppelbesteuerungsabkommen: *Hofbauer,* Das Prinzip der Meistbegünstigung im grenzüberschreitenden Ertragsteuerrecht; zu den Auswirkungen einzelner Meistbegünstigungsklauseln s. a. *Rust,* MSIStR 26 (2006), S. 77) enthält Art. 24 Abs. 3 *DBA Kanada:* ein Unternehmen, an dem eine im anderen Vertragsstaat ansässige Person beteiligt ist, darf hiernach steuerlich nicht schlechter behandelt werden als ein Unternehmen, an dem eine in einem Drittstaat ansässige Person beteiligt ist. Da aber Kanada und Deutschland mit Drittstaaten jeweils musterkonforme DBA abgeschlossen haben und sie den jeweils anderen Vertragsstaat aufgrund der Meistbegünstigungsklausel so wie den bestbehandelten Dritten behandeln müssen, sind die Vertragsstaaten im Ergebnis auch zu einer Gleichbehandlung mit Unternehmen verpflichtet, an denen nur im Inland ansässige Personen beteiligt sind.

175 **c)** Nach brasilianischem Körperschaftsteuerrecht ist bei einer brasilianischen Gesellschaft der Abzug von **Lizenzgebühren** als Betriebsausgabe an eine im Ausland ansässige Person dann unzulässig, wenn die Gesellschaft von dieser Person beherrscht wird. Dies ist nach brasilianischer Auffassung dann der Fall, wenn der betreffenden Person mindestens 50 % des stimmberechtigten Kapitals der Gesellschaft zuzuordnen sind. Diese Rechtslage soll durch das Diskriminierungsverbot des Art. 25 Abs. 3 *DBA Brasilien (K)* nicht berührt werden (Prot. Nr. 7 zu Art. 25 Abs. 3).

G. Zu Art. 24 Abs. 6

I. Musterabkommen

1. Übereinstimmungen und Abweichungen

Art. 24 Abs. 6 OECD-MA und Art. 24 Abs. 7 US-MA entsprechen sich inhaltlich. Art. 24 Abs. 7 des US-MA stellt ausdrücklich klar, dass auch Steuern der Gebietskörperschaften vom Anwendungsbereich des Diskriminierungsverbots erfasst werden. Ohne ausdrückliche Erwähnung im Abkommenstext gilt dies auch für das OECD-MA. 179

2. Erläuterungen

Nach Art. 24 Abs. 6 gelten die Diskriminierungsverbote des Abkommens **ungeachtet des Art. 2 MA für Steuern jeder Art und Bezeichnung**. Art. 24 soll den völkerrechtlichen Diskriminierungsschutz für den Bereich des Steuerrechts konkretisieren (s. schon Rz. 11). Abs. 6 stellt sicher, dass die Wettbewerbsgleichheit von Steuerinländern und -ausländern nicht durch die Einführung von Steuern beeinträchtigt wird, die außerhalb der Anwendungsbereichs des Abkommens liegen (*J. F. Avery Jones et al.*, WTJ 2011, 179 (190)). Art. 24 greift deshalb über den engeren Anwendungsbereich der Verteilungsnormen des Abkommens hinaus (s. *Debatin,* DStZ/A 1970, 129 (132)). Der leichte sprachliche Unterschied zwischen dem MA 1963 und dem MA 1977 „will die Bedeutung nur klarstellen und nicht ausdehnen" (*van Raad,* Nondiscrimination, S. 201). 180

Voraussetzung für die Anwendbarkeit des Art. 24 ist damit lediglich – unabhängig von Art. 2 MA –, dass von einem Vertragsstaat oder einer seiner Untergliederungen **Steuern** erhoben werden. Zum Begriff der Steuern i. S. des MA s. Art. 2 Rz. 18 ff. Hierzu zählen auch Eintragungssteuern und Katastergebühren nach Art. 711 A des französischen CGI (*Chambre Commerciale de la Cour de Cassation* v. 9.11.1993, Dr. Fisc. 1994 comm. 100: *DBA Frankreich/Schweiz*). Nach der US-TE zu Art. 24 Abs. 7 sind die Diskriminierungsverbote auf Zölle nicht anzuwenden. In Deutschland entfalten die Diskriminierungsverbote gemäß Art. 3 Abs. 2 MA i. V. m. § 3 Abs. 3 AO jedoch auch im Bereich der Zölle ihre Wirkung. Nicht erforderlich ist, dass es eine entsprechende Steuer auch im anderen Vertragsstaat gibt. Eine Besteuerung durch einen Vertragsstaat liegt bereits dann vor, wenn die Steuer **für seine Rechnung** erhoben wird (s. MA-Komm. Ziff. 81; ferner zu Art. 2 Rz. 8). 181

II. Deutsche DBA

1. Abkommensübersicht zu Artikel 24 Abs. 6

184

DBA	MA-Regelung: Art. 24 gilt für Steuern jeder Art und Bezeichnung	Artikel	Rz.
Ägypten	≈ MA	25 Abs. 6	
Albanien 2010	≈ MA	24 Abs. 6	
Algerien 2007	≈ MA	24 Abs. 6	
Argentinien	≈ MA	24 Abs. 5	
Armenien	s. UdSSR		
Aserbaidschan	≈ MA	24 Abs. 6	
Australien	Kein Diskriminierungsverbot nach DBA	–	–

DBA	MA-Regelung: Art. 24 gilt für Steuern jeder Art und Bezeichnung	Artikel	Rz.
Bangladesch	Keine entsprechende Regelung	–	185
Belarus	≈ MA	24 Abs. 6	
Belgien	≈ MA	24 Abs. 6	
Bolivien	≈ MA	24 Abs. 5	
Bosnien-Herzegowina	s. Jugoslawien		
Bulgarien 2010	≈ MA	23 Abs. 6	
China 1985	≈ MA	25 Abs. 5	
China 2014 (E)	≈ MA	24 Abs. 5	
Costa Rica 2014 (E)	≈ MA	24 Abs. 6	
Dänemark	≈ MA	41 Abs. 5	
Ecuador	Keine entsprechende Regelung	–	185
Elfenbeinküste	≈ MA	24 Abs. 4	
Estland	≈ MA	24 Abs. 5	
Finnland	≈ MA	24 Abs. 5	
Frankreich	≈ MA	21 Abs. 6	
Georgien 2006/2014 (E)	≈ MA	24 Abs. 6	
Ghana	≈ MA	25 Abs. 6	
Griechenland	≈ MA	XXI Abs. 6	
Großbritannien 1964/70	≈ MA	XX Abs. 5	
Großbritannien 2010/2014 (E)	Nur Steuern im Sinne des DBA	25 Abs. 7	187
Indien	Keine entsprechende Regelung	–	185
Indonesien	Nur Steuern im Sinne des DBA	24 Abs. 5	187
Iran	≈ MA	25 Abs. 4	
Irland 2011	≈ MA	24 Abs. 6	
Island	Keine entsprechende Regelung		
Israel	≈ MA	19 Abs. 5	
Italien	≈ MA	25 Abs. 5	
Jamaika	Keine entsprechende Regelung	–	185
Japan	≈ MA	24 Abs. 4	
Jugoslawien	Nur Steuern im Sinne des DBA	25 Abs. 4	187
Kanada	≈ MA	24 Abs. 4	
Kasachstan	≈ MA	24 Abs. 6	
Kenia	≈ MA	24 Abs. 4	
Kirgisistan	≈ MA	24 Abs. 6	
Korea	≈ MA	24 Abs. 6	
Kosovo	s. Jugoslawien		
Kroatien	≈ MA	24 Abs. 6	
Kuwait	Kein Diskriminierungsverbot nach DBA	–	–
Lettland	≈ MA	24 Abs. 5	
Liberia	≈ MA	24 Abs. 4	
Liechtenstein 2011	≈ MA	24 Abs. 6	
Litauen	≈ MA	24 Abs. 5	
Luxemburg 2012	≈ MA	23 Abs. 6	
Malaysia 2010	Nur Steuern im Sinne des Abkommens	24 Abs. 5	187
Malta	Keine entsprechende Regelung	–	185
Marokko	≈ MA	24 Abs. 4	
Mauritius 2011	≈ MA	24 Abs. 6	
Mazedonien 2006	≈ MA	24 Abs. 6	
Mexiko 2008	≈ MA	24 Abs. 6	

DBA	MA-Regelung: Art. 24 gilt für Steuern jeder Art und Bezeichnung	Artikel	Rz.
Moldau	s. UdSSR		
Mongolei	≈ MA	24 Abs. 5	
Montenegro	s. Jugoslawien		
Namibia	≈ MA	24 Abs. 5	
Neuseeland	Kein Diskriminierungsverbot nach DBA	–	–
Niederlande 1959/2004	Nur Steuern im Sinne des DBA	24 Abs. 1, 2	186
Niederlande 2012 (E)	≈ MA	24 Abs. 7	
Norwegen 1991	≈ MA	24 Abs. 6	
Norwegen 2013 (E)	≈ MA	24 Abs. 6	
Oman 2012 (E)	Nur Steuern im Sinne des Abkommens	24 Abs. 6	187
Österreich	≈ MA	24 Abs. 6	
Pakistan	Nur Steuern im Sinne des Abkommens	23 Abs. 7	187
Philippinen 1983	≈ MA	25 Abs. 4	
Philippinen 2013	≈ MA	25 Abs. 5	
Polen	≈ MA	25 Abs. 6	
Portugal	Keine entsprechende Regelung	–	185
Rumänien	≈ MA	24 Abs. 5	
Russische Föderation	Keine entsprechende Regelung	–	185
Sambia	≈ MA	24 Abs. 4	
Schweden	≈ MA	38 Abs. 5	
Schweiz	≈ MA	25 Abs. 5	
Serbien	s. Jugoslawien		
Simbabwe	Keine entsprechende Regelung	–	185
Singapur	Nur Steuern im Sinne des DBA	25 Abs. 6	187
Slowakei	s. Tschechoslowakei		
Slowenien	≈ MA	24 Abs. 6	
Spanien 2011	≈ MA	23 Abs. 5	
Sri Lanka	Nur Steuern im Sinne des DBA	24 Abs. 5	187
Südafrika 1973	Keine entsprechende Regelung	–	185
Südafrika 2008 (E)	≈ MA	23 Abs. 6	
Syrien 2010	Keine entsprechende Regelung	-	185
Tadschikistan	≈ MA	23 Abs. 6	
Taiwan 2011	Nur Steuern im Sinne des DBA	23 Abs. 5	187
Thailand	≈ MA	23 Abs. 4	
Trinidad und Tobago	≈ MA	23 Abs. 4	
Tschechien	s. Tschechoslowakei		
Tschechien (E)	≈ MA	24 Abs. 8	
Tschechoslowakei	≈ MA	24 Abs. 4	
Türkei 2011	Keine entsprechende Regelung	–	185
Tunesien	Nur Steuern im Sinne des DBA	24 Abs. 5	187
Turkmenistan	s. UdSSR		
UdSSR	Keine entsprechende Regelung	–	185
Ukraine	≈ MA	24 Abs. 6	
Ungarn 2011	≈ MA	23 Abs. 6	
Uruguay 2010	≈ MA	23 Abs. 6	
USA 1989/2006	Auch für Gebietskörperschaften und örtliche Behörden	24 Abs. 6	188
Usbekistan	≈ MA	24 Abs. 5	
Venezuela	≈ MA	24 Abs. 5	

DBA	MA-Regelung: Art. 24 gilt für Steuern jeder Art und Bezeichnung	Artikel	Rz.
Vereinigte Arabische Emirate 2010	≈ MA	23 Abs. 6	
Vietnam	Keine entsprechende Regelung	–	185
Weißrussland	s. Belarus		
Zypern 2011	Keine entsprechende Regelung	–	185

2. Erläuterungen

185 **a) Keine Regelung:** Eine dem Art. 24 Abs. 6 MA entsprechende Vorschrift enthält nur ein Teil der geltenden deutschen DBA. Soweit die Abkommen auf eine einschlägige Regelung verzichten, bestimmt sich auch der Anwendungsbereich der Diskriminierungsverbote nach der dem Art. 2 MA entsprechenden allgemeinen Vorschrift. Die Diskriminierungsverbote dieser Abkommen gelten dann m. a. W. **nur für die im Abkommen genannten Steuerarten** (vgl. Wassermeyer/*Müller,* Art. 24 DBA Jamaika Rz. 1; Wassermeyer/*Wittchen,* Art. 23 DBA Südafrika Rz. 1; *Debatin,* DStZ/A 1970, 129 (132).

186 **b)** Nach Art. 24 Abs. 2 *DBA Niederlande 1959/2004* gilt das Betriebstättendiskriminierungsverbot nur für Steuern i. S. des Art. 1 *DBA Niederlande 1959/2004.* Das Staatsangehörigkeitsdiskriminierungsverbot des Art. 24 Abs. 1 enthält eine derartige Einschränkung nicht. Es fehlt aber eine dem Art. 24 Abs. 6 MA entsprechende Regelung, die den sachlichen Anwendungsbereich der Diskriminierungsverbote ausdehnt. Es kann daher nicht in einem Umkehrschluss zu Art. 24 Abs. 2 angenommen werden, dass Art. 24 Abs. 1 auch für andere als die sonst im Abkommen geregelten Steuern gilt. Art. 24 Abs. 2 *DBA Niederlande 1959/2004* stellt nur klar, was ohnehin nach Art. 1 des DBA für den Anwendungsbereich des Abkommens gilt (s. a. Wassermeyer/*Schauhoff,* Art. 24 DBA Niederlande Rz. 3).

187 **c)** Ausdrücklich auf **Steuern i. S. des Abkommens beschränkt** wird das Diskriminierungsverbot in den *DBA Großbritannien 2010/2014 (E), Indonesien, Jugoslawien, Malaysia, Pakistan, Singapur, Sri Lanka* und *Taiwan 2011.* Gleiches gilt für das *DBA Tunesien,* dessen widersprüchlich formulierter Art. 24 Abs. 6 auf die unter das Abkommen fallenden Steuern verweist.

188 **d)** Art. 24 Abs. 6 des *DBA 1989/2006* erstreckt die Diskriminierungsverbote der Vorschrift ausdrücklich auch auf Steuern der **Gebietskörperschaften** und der **örtlichen Behörden** (s. hierzu *Goldberg/Glicklich,* Florida Tax Review 1992, 51 ff. (55); vgl. die Entscheidung des *N. Y. Court of Appeals* v. 12.10.1993, Reuters Ltd. v. Tax Appeals Tribunal, 82 N. Y. 2d 112 zur Frage, ob die Erhebung der corporate franchise tax des Staates New York gegen das Betriebstättendiskriminierungsverbot des DBA Großbritannien/USA verstößt). Das ist deswegen besonders bedeutsam, weil die DBA der USA grundsätzlich für die Einkommensteuern der einzelnen Bundesstaaten der USA und deren Kommunen nicht gelten.

Artikel 25. Verständigungsverfahren

Text: OECD-Musterabkommen (OECD-MA)

1. Ist eine Person der Auffassung, dass Maßnahmen eines Vertragsstaats oder beider Vertragsstaaten für sie zu einer Besteuerung führen oder führen werden, die diesem Abkommen nicht entspricht, so kann sie unbeschadet der nach dem innerstaatlichen Recht dieser Staaten vorgesehenen Rechtsmittel ihren Fall der zuständigen Behörde des Vertragsstaats, in dem sie ansässig ist, oder, sofern ihr Fall von Artikel 24 Absatz 1 erfasst wird, der zuständigen Behörde des Vertragsstaats unterbreiten, dessen Staatsangehörige sie ist. Der Fall muss innerhalb von drei Jahren nach der ersten Mitteilung der Maßnahme unterbreitet werden, die zu einer dem Abkommen nicht entsprechenden Besteuerung führt.

2. Hält die zuständige Behörde die Einwendung für begründet und ist sie selbst nicht in der Lage, eine befriedigende Lösung herbeizuführen, so wird sie sich bemühen, den Fall durch Verständigung mit der zuständigen Behörde des anderen Vertragsstaats so zu regeln, dass eine dem Abkommen nicht entsprechende Besteuerung vermieden wird. Die Verständigungsregelung ist ungeachtet der Fristen des innerstaatlichen Rechts der Vertragsstaaten durchzuführen.

3. Die zuständigen Behörden der Vertragsstaaten werden sich bemühen, Schwierigkeiten oder Zweifel, die bei der Auslegung oder Anwendung des Abkommens entstehen, in gegenseitigem Einvernehmen zu beseitigen. Sie können auch gemeinsam darüber beraten, wie eine Doppelbesteuerung in Fällen vermieden werden kann, die im Abkommen nicht behandelt sind.

4. Die zuständigen Behörden der Vertragsstaaten können zur Herbeiführung einer Einigung im Sinne der vorstehenden Absätze unmittelbar miteinander verkehren, gegebenenfalls auch durch eine aus ihnen oder ihren Vertretern bestehende gemeinsame Kommission.

5. Wenn

a) eine Person nach Absatz 1 der zuständigen Behörde eines Vertragsstaats einen Fall mit der Begründung unterbreitet hat, dass Maßnahmen eines Vertragsstaats oder beider Vertragsstaaten für sie zu einer Besteuerung geführt haben, die diesem Abkommen nicht entspricht, und

b) die zuständigen Behörden nicht in der Lage sind, sich innerhalb von 2 Jahren gemäß Absatz 2 über die Lösung des Falles seit der Unterbreitung des Falles an die zuständige Behörde des anderen Vertragsstaats zu einigen,

werden alle ungelösten Fragen des Falles auf Antrag der Person einem Schiedsverfahren unterworfen. Diese ungelösten Fragen werden aber nicht dem Schiedsverfahren unterworfen, wenn zu ihnen bereits eine Gerichtsentscheidung in einem der Staaten ergangen ist. Sofern nicht eine Person, die unmittelbar von dem Fall betroffen ist, die Verständigungsvereinbarung, durch die der Schiedsspruch umgesetzt wird, ablehnt, ist der Schiedsspruch für beide Staaten verbindlich und ungeachtet der Fristen des innerstaatlichen Rechts dieser Staaten durchzuführen. Die zuständigen Behörden dieser Vertragsstaaten regeln in gegenseitigem Einvernehmen die Anwendung dieses Absatzes.[1]

---

[1] In einigen Staaten können innerstaatliches Recht, politische oder verwaltungstechnische Erwägungen die in diesem Absatz vorgesehene Art der Streitbeilegung nicht zulassen oder

Text: Deutsche Verhandlungsgrundlage (DE-VG)

Artikel 24. Verständigungsverfahren

(1) **Ist eine Person der Auffassung, dass Maßnahmen eines Vertragsstaats oder beider Vertragsstaaten für sie zu einer Besteuerung führen oder führen werden, die diesem Abkommen nicht entspricht, so kann sie unbeschadet der nach dem innerstaatlichen Recht dieser Staaten vorgesehenen Rechtsmittel ihren Fall der zuständigen Behörde des Vertragsstaats, in dem sie ansässig ist, oder, sofern ihr Fall von Artikel 23 Absatz 1 erfasst wird, der zuständigen Behörde des Vertragsstaats unterbreiten, dessen Staatsangehöriger sie ist. Der Fall muss innerhalb von drei Jahren nach der ersten Mitteilung der Maßnahme unterbreitet werden, die zu einer dem Abkommen nicht entsprechenden Besteuerung führt.**

(2) **Hält die zuständige Behörde die Einwendung für begründet und ist sie selbst nicht in der Lage, eine befriedigende Lösung herbeizuführen, so wird sie sich bemühen, den Fall durch Verständigung mit der zuständigen Behörde des anderen Vertragsstaats so zu regeln, dass eine dem Abkommen nicht entsprechende Besteuerung vermieden wird. Die Verständigungsregelung ist ungeachtet der Fristen des innerstaatlichen Rechts der Vertragsstaaten durchzuführen.**

(3) **Die zuständigen Behörden der Vertragsstaaten werden sich bemühen, Schwierigkeiten oder Zweifel, die bei der Auslegung oder Anwendung des Abkommens entstehen, durch Verständigung zu beseitigen. Sie können auch gemeinsam beraten, um eine Doppelbesteuerung in Fällen, die im Abkommen nicht behandelt sind, zu beseitigen.**

(4) **Die zuständigen Behörden der Vertragsstaaten können zur Herbeiführung einer Einigung im Sinne der vorstehenden Absätze unmittelbar miteinander verkehren, gegebenenfalls auch durch eine aus ihnen oder ihren Vertretern bestehende gemeinsame Kommission.**

(5) **Wenn**

1. **eine Person der zuständigen Behörde eines Vertragsstaats nach Absatz 1 einen Fall vorgelegt hat, weil die Maßnahmen eines oder beider Vertragsstaaten für sie zu einer dem Abkommen nicht entsprechenden Besteuerung geführt haben, und**
2. **die zuständigen Behörden sich innerhalb von zwei Jahren ab Vorlage des Falls bei der zuständigen Behörde des anderen Vertragsstaats erfolglos um eine Einigung zur Regelung des Falls nach Absatz 2 bemüht haben, und**
3. **es sich nicht um einen Einzelfall handelt, in dem die zuständigen Behörden vor dem Zeitpunkt, zu dem das Schiedsverfahren andernfalls begonnen hätte, übereinkommen, dass er für eine Entscheidung durch ein Schiedsverfahren nicht geeignet ist, und**

---

rechtfertigen. Außerdem mögen einige Staaten diesen Absatz nur in Verträge mit bestimmten Staaten aufnehmen wollen. Aus diesen Gründen sollte der Absatz nur in das Abkommen aufgenommen werden, wenn beide Staaten dies nach den Faktoren, die in Ziffer 65 des Kommentars zu dem Absatz beschrieben werden, für angemessen halten. Wie in Ziffer 74 dieses Kommentars erwähnt, könnten andere Staaten jedoch damit einverstanden sein, aus dem Absatz die Voraussetzung zu streichen, dass Fragen nicht dem Schiedsverfahren unterworfen werden, wenn zu ihnen bereits eine Gerichtsentscheidung in einem der Staaten ergangen ist.

4. es sich nicht um einen Fall handelt, auf den das Übereinkommen Nr. 90/436/EWG über die Beseitigung der Doppelbesteuerung im Falle von Gewinnberichtigungen zwischen verbundenen Unternehmen vom 23. Juli 1990 anzuwenden ist,

werden noch offene Fragen des Falls auf Antrag der Person einem Schiedsverfahren unterworfen. Diese noch offenen Fragen werden jedoch nicht einem Schiedsverfahren unterworfen, wenn diesbezüglich bereits in einem der Staaten eine Gerichtsentscheidung ergangen ist. Die Entscheidung des Schiedsgerichts ist für beide Vertragsstaaten verbindlich und ungeachtet der Verjährungsfristen des innerstaatlichen Rechts dieser Staaten umzusetzen, es sei denn, eine unmittelbar von dem Fall betroffene Person erkennt die Entscheidung des Schiedsgerichts nicht an. Die zuständigen Behörden der Vertragsstaaten regeln durch Verständigung, wie dieser Absatz durchzuführen ist.

Text: US-Musterabkommen (US-MA)

1. Ist eine Person der Auffassung, dass Maßnahmen eines Vertragsstaates oder beider Vertragsstaaten für sie zu einer Besteuerung führen oder führen werden, die diesem Abkommen nicht entspricht, so kann sie unbeschadet der nach dem innerstaatlichen Recht dieser Staaten vorgesehenen Rechtsmittel und der dort vorgesehenen Fristen für die Geltendmachung eines Erstattungsanspruchs ihren Fall der zuständigen Behörde eines Vertragsstaates unterbreiten.

2. Hält die zuständige Behörde die Einwendung für begründet und ist sie selbst nicht in der Lage, eine befriedigende Lösung herbeizuführen, so wird sie sich bemühen, den Fall durch Verständigung mit der zuständigen Behörde des anderen Vertragsstaates so zu regeln, dass eine dem Abkommen nicht entsprechende Besteuerung vermieden wird.

Die Verständigungsvereinbarung ist ungeachtet bestehender Fristen oder anderer Verfahrensvoraussetzungen des innerstaatlichen Rechts der Vertragsstaaten durchzuführen. Während der Anhängigkeit eines Verständigungsverfahrens sind Veranlagungs- und Erhebungsverfahren auszusetzen.

3. Die zuständigen Behörden der Vertragsstaaten werden sich bemühen, Schwierigkeiten oder Zweifel, die bei der Auslegung oder Anwendung des Abkommens entstehen, in gegenseitigem Einvernehmen zu beseitigen. Sie können auch gemeinsam darüber beraten, wie eine Doppelbesteuerung in Fällen vermieden werden kann, die im Abkommen nicht behandelt sind.

Die zuständigen Behörden der Vertragsstaaten können sich insbesondere verständigen über:

a) die übereinstimmende Zurechnung von Einkünften, Abzügen, Anrechnungs- oder Freibeträgen bei der Betriebsstätte eines Unternehmens eines Vertragsstaates, die im anderen Vertragsstaat liegt;

b) die übereinstimmende Zuordnung von Einkünften, Abzügen, Anrechnungs- oder Freibeträgen zu Personen;

c) die Beilegung von Anwendungskonflikten bei diesem Abkommen, einschließlich
   i.) der Qualifikation bestimmter Einkünfte;
   ii.) der Qualifikation von Personen;
   iii.) der Anwendung von Regelungen über die Quelle bestimmter Einkünfte;
   iv.) der Bedeutung eines Ausdrucks, der im Abkommen verwendet wird;
   v.) der zeitlichen Einordnung bestimmter Einkünfte;

d) Vorabvereinbarungen über Verrechnungspreise

und

e) die Anwendung von Vorschriften des innerstaatlichen Steuerrechts über Strafzuschläge, Geldstrafen und Zinsen in Übereinstimmung mit den Zwecken des Abkommens.

4. Die zuständigen Behörden können sich auch auf die Anhebung von bestimmten Dollarbeträgen in diesem Abkommen einigen, um der Wirtschafts- und Geldentwicklung gerecht zu werden.

5. Die zuständigen Behörden der Vertragsstaaten können zur Herbeiführung einer Einigung im Sinne der vorstehenden Absätze unmittelbar miteinander verkehren, gegebenenfalls durch eine gemeinsame Kommission.

Inhalt

1 **Literatur:** *Albert*, DBA-Verständigungsverfahren – Probleme und Verbesserungsvorschläge (2009); *ders.*, Schiedsverfahren im Internationalen Steuerrecht (2010); *Baßler*, Steuerliche Gewinnabgrenzung im Europäischen Binnenmarkt (2009); *Eigelshoven/Wolff*, in Lüdicke, Praxis und Zukunft des deutschen Internationalen Steuerrechts (2012), S. 129; *Engler/Elbert*, in Vögele/Borstell/Engler (Hrsg.), Verrechnungspreise (2011), Kapital F, Rz. 231 ff.; *Englisch*, Bindende „tatsächliche" und „rechtliche" Verständigungen zwischen Finanzamt und Steuerpflichtigem, IFSt-Schrift Nr. 417, 2004; *Glaser*, Internationale Verwaltungsbeziehungen (2010); *Gloria*, Das steuerliche Verständigungsverfahren und das Recht auf diplomatischen Schutz

(1988); Herzig (Hrsg.), Advance pricing agreements (APAs): Ein neues Instrument zur Vermeidung von Verrechnungspreiskonflikten? (1996); *Ismer,* in Rust (Hrsg.), Double Taxation within the European Union (2011), S. 211; *Lang,* in Gassner/Lechner (Hrsg.), Österreich und das EG-Steuerrecht (1992), S. 229; Lang/Züger (Hrsg.), Settlements of Disputes in Tax Treaty Law (2002); *Lehner,* in Gassner u. a. (Hrsg.), Tax Treaties and EC Law (1997); *ders.*, Möglichkeiten zur Verbesserung des Verständigungsverfahrens auf der Grundlage des EWG-Vertrages (1982); *Lindencrona/Mattson,* Arbitration in Taxation (1981); *Lombardo,* in Schilcher/Weninger (Hrsg.), Fundamental Issues and Practical Problems in Tax Treaty Interpretation (2008), S. 457; *Lüthi,* in Höhn (Hrsg.), Handbuch des internationalen Steuerrechts der Schweiz (1993); *Mülhausen,* Das Verständigungsverfahren im deutschen internationalen Steuerrecht (1976); *Neumann,* Die Koordination des WTO-Rechts mit anderen völkerrechtlichen Ordnungen (2002); *Nguyen/Qouc/Dinh/Daillier/Pellet,* Droit international public, (1999); *Park/Tillinghast,* Income Tax Treaty Arbitration, Amersfoort (2004); *Plansky,* in Lang/Pistone/Schuch/Staringer (Hrsg.), Introduction to European Tax Law on Direct Taxation (2010), S. 159; *Portner,* in Herzig (Hrsg.), Advance Pricing Agreements (APAs (1969), S. 13; *Reich,* Das Verständigungsverfahren nach den internationalen Doppelbesteuerungsabkommen (1976); *Rodemer,* Advance Pricing Agreements im US-amerikanischen und im deutschen Steuerrecht (2001); *Romano,* Advance Tax Rulings and Principles of Law: Towards a European Tax Rulings System, Doctoral Series: Vol. 4 (2002); *Runge,* in Herzig (Hrsg.), Advance Pricing Agreements (APAs) (1996), S. 43; *Stiewe,* Die verfahrensrechtliche Umsetzung internationaler Verständigungsvereinbarungen (§ 175a AO) (2010); *Seer,* Verständigung in Steuerverfahren (1996); *ders.*, in Lang/Pistone/Schuch/Staringer (Hrsg.), Common Consolidated Tax Base (2008), S. 925; *Sharma,* in Herdin-Winter/Hofbauer (Hrsg.), The Relevance of WTO Law for Tax Matters (2006), S. 551; *Tittel,* Das Verständigungsverfahren nach den Doppelbesteuerungsabkommen (1963); *Wichmann,* in Lüdicke (Hrsg.), Wo steht das deutsche internationale Steuerrecht? (2009), S. 103; *Züger,* in M. Lang (Hrsg.), Multilateral Tax Treaties, New Developments in International Tax Law (1997), S. 153; *ders.*, Schiedsverfahren für Doppelbesteuerungsabkommen (2001).

Verwaltungsrichtlinien: *Deutschland: BMF,* Merkblatt zum Internationalen Verständigungs- und Schiedsverfahren auf dem Gebiet der Steuern vom Einkommen und Vermögen, BStBl. I 2006, 461 (zit. *BMF,* Verständigungsverfahren); *BMF,* Merkblatt für bilaterale oder multilaterale Vorabverständigungsverfahren auf der Grundlage der Doppelbesteuerungsabkommen zur Erteilung verbindlicher Vorabzusagen über Verrechnungspreise zwischen international verbundenen Unternehmen (sog. „Advance Pricing Agreements" – APAs), BStBl. I 2006, 594 (zit. *BMF,* APA); *BMF,* Verständigungsvereinbarung zwischen den zuständigen Behörden der Bundesrepublik Deutschland und der Vereinigten Staaten von Amerika über die Anwendung des Schiedsverfahrens, BStBl. II 2009, 345 (zit. *BMF,* Schiedsverfahren USA); *BMF,* Verständigungsvereinbarung zwischen den zuständigen Behörden des Vereinigten Königreichs und der Bundesrepublik Deutschland zur Regelung der Durchführung des Schiedsverfahrens gemäß Artikel 26 Absatz 5 des am 30. März 2010 in London unterzeichneten Abkommens zwischen der Bundesrepublik Deutschland und dem Vereinigten Königreich Großbritannien und Nordirland zur Vermeidung der Doppelbesteuerung und zur Verhinderung der Steuerverkürzung auf dem Gebiet der Steuern vom Einkommen und vom Vermögen BStBl. II 2011, 956 (zit. *BMF,* Schiedsverfahren GB); *BMF,* Schreiben v. 20.6.2011, BStBl. I 2011, 674 (zit. *BMF,* BZSt).

Italien: Verwaltungsrichtlinien, abrufbar unter www.agenciaentrate.gov.it (dazu *Peracin/Benettin,* ITPJ 2012, 459; 2013, 287).

USA: *USA IRS,* Revenue Procedure (Rev. Proc.) 2006–54 v. 4.12.2006 (2006–49 I. R. B. 1035 ff.); *USA IRS,* Rev. Proc. 2006–9 v. 9.1.2006 (2006–2 I. R. B. 278 ff.), modifiziert durch Rev. Proc. 2008-31 v. 9.6.2008 (2008-23 I. R. B. 1133 f.).

Text: OECD-Kommentar (MA-Kommentar)

Vorbemerkungen

*1. **[Grundsatz]** Artikel 25 sieht ein Verständigungsverfahren zur Beseitigung von Schwierigkeiten vor, die sich aus der Anwendung des Abkommens im weitesten Sinne ergeben.*

2. ***[Absatz 1 und 2]*** *In den Absätzen 1 und 2 ist zunächst bestimmt, dass die zuständigen Behörden der beiden Staaten sich bemühen werden, solche Fälle durch Verständigung zu bereinigen, in denen Steuerpflichtige einer Besteuerung unterworfen wurden, die dem Abkommen nicht entspricht.*

3. ***[Absatz 3]*** *In Absatz 3 werden die zuständigen Behörden der beiden Vertragsstaaten aufgefordert und ermächtigt, auf dieselbe Weise die bei der Anwendung oder Auslegung des Abkommens entstandenen Fragen zu regeln und gemeinsam darüber zu beraten, wie eine Doppelbesteuerung in Fällen vermieden werden kann, die im Abkommen nicht behandelt sind.*

4. ***[Absatz 4]*** *Bezüglich der praktischen Durchführung dieses Verfahrens beschränkt sich der Artikel in Absatz 4 darauf, die zuständigen Behörden zu ermächtigen, unmittelbar miteinander zu verkehren, ohne sich des diplomatischen Weges bedienen zu müssen, und erforderlichenfalls in einer zu diesem Zweck eigens eingesetzten Kommission einen mündlichen Meinungsaustausch durchzuführen. Artikel 26 findet Anwendung auf Informationsaustausch für Zwecke der Vorschriften dieses Artikels. Die Vertraulichkeit von Informationen, die zum Zwecke eines Verständigungsverfahrens ausgetauscht werden, ist damit gesichert.*

5. **[Absatz 5]** *Absatz 5 sieht schließlich einen Mechanismus vor, der es einem Steuerpflichtigen erlaubt, eine Schiedsentscheidung über Fragen zu beantragen, über die sich die zuständigen Behörden nicht innerhalb von zwei Jahren verständigen konnten. Obwohl das Verständigungsverfahren eine im allgemeinen wirksame und leistungsfähige Methode der Beilegung von Streitigkeiten, die sich nach dem Abkommen ergeben, zur Verfügung stellt, kann es Fälle geben, in denen die zuständigen Behörden sich nicht einigen können, dass die Besteuerung in beiden Staaten dem Abkommen entspricht. Das in Absatz 5 vorgesehene Schiedsverfahren erlaubt die Lösung solcher Fälle durch eine unabhängige Entscheidung über streitig gebliebene Fragen, auf Grund deren eine Verständigungsvereinbarung getroffen werden kann. Dieses Verfahren ist integraler Bestandteil des Verständigungsverfahrens und stellt keinen alternativen Weg zur Beilegung von Streitigkeiten bezüglich der Anwendung des Abkommens dar.*

6. ***[Kommentar]*** *Da Artikel 25 nur Grundsätze für das Verständigungsverfahren enthält, soll der nachstehende Kommentar diese Grundsätze näher erläutern und erforderlichenfalls ergänzen, wobei auf die Regeln Bezug genommen wird, die im internationalen Bereich bei der Durchführung von Verständigungsverfahren oder im innerstaatlichen Bereich bei der Durchführung von Verfahren angewandt werden, die in den meisten Mitgliedstaaten der OECD zur Entscheidung über strittige Steueransprüche bestehen. Da Absatz 5 ausdrücklich eine Einigung zwischen den zuständigen Behörden über die Durchführung des dort vorgesehenen Schiedsverfahrens verlangt, erörtert der nachstehende Kommentar insbesondere die verschiedenen prozessualen Aspekte dieses Verfahrens. Der Anhang zu dem Kommentar enthält eine Mustervereinbarung, die die zuständigen Behörden als Grundlage für eine Vereinbarung über die Durchführung des Schiedsverfahrens verwenden können. Er behandelt verschiedene Struktur- und Verfahrensfragen, erörtert die einzelnen Bestimmungen der Mustervereinbarung und schlägt in einigen Fällen Alternativen vor.*

Absätze 1 und 2

7. ***[Antragsbefugnis]*** *Die Regeln der Absätze 1 und 2 sehen für Einzelfälle die Beseitigung von Besteuerungen vor, die dem Abkommen nicht entsprechen. Bekanntlich können die Steuerpflichtigen in diesen Fällen in der Regel, und zwar entweder sofort oder nach Abweisung ihres Einspruchs durch die Steuerbehörde, ein Steuergericht anrufen. Hat sich die dem Abkommen nicht entsprechende Besteuerung aus der unrichtigen Anwendung des Abkommens in beiden Staaten ergeben, so sind die Steuerpflichtigen gezwungen, in jedem Staat den Rechtsweg zu beschreiten und alle damit verbundenen Nachteile und Ungewissheiten auf sich zu nehmen. Absatz 1 eröffnet nun den betroffenen Steuerpflichtigen, ohne sie der übli-*

chen Rechtsmittel zu berauben, ein Verfahren, das als Verständigungsverfahren bezeichnet wird, da es in seiner zweiten Phase darauf abzielt, den strittigen Fall durch Vergleich, d. h. durch Einigung der zuständigen Behörden, beizulegen, während die erste Phase vom Vorbringen der Einwendungen bis zur darüber ergehenden Entscheidung der zuständigen Behörde ausschließlich im Wohnsitzstaat abgewickelt wird (außer das Verfahren wird vom Steuerpflichtigen wegen der Anwendung des Artikels 24 Absatz 1 in dem Staat, dessen Staatsangehöriger er ist, in Gang gesetzt).

8. [Besonderes Verfahren] *Das Verständigungsverfahren ist eindeutig ein besonderes Verfahren außerhalb des innerstaatlichen Rechts. Deshalb kann es nur in Fällen, für die Absatz 1 gilt, in Anspruch genommen werden, d. h. wenn eine Steuer entgegen den Abkommensbestimmungen erhoben worden ist oder erhoben werden soll. Widerspricht eine Besteuerung sowohl dem Abkommen als auch dem innerstaatlichen Recht, so kommt das Verständigungsverfahren nur insoweit in Betracht, als das Abkommen berührt ist, es sei denn, es besteht ein Zusammenhang zwischen den angewendeten Abkommensbestimmungen und den unrichtigerweise angewendeten Bestimmungen des innerstaatlichen Rechts.*

9. [Anwendungsbereich] *In der Praxis findet das Verfahren weitaus überwiegend auf Fälle Anwendung, in denen die betreffende Maßnahme zu einer Doppelbesteuerung führt, die gerade durch das Abkommen vermieden werden soll. Von den häufigsten Fällen seien erwähnt:*

– **[bis 21.7.2010:** *Fragen im Zusammenhang mit der Belastung einer Betriebstätte durch einen Teil der Geschäfts- und allgemeinen Verwaltungskosten des Unternehmens gemäß Artikel 7 Absatz 2;* **ab 22.7.2010:]** *questions relating to the attribution of profits to a permanent establishment under paragraph 1 of Article 7;*
– *Besteuerung des übersteigenden Teils der Zinsen und Lizenzgebühren nach Artikel 9, Artikel 11 Absatz 6 und Artikel 12 Absatz 4 im Staat des Schuldners bei Bestehen besonderer Beziehungen zwischen Schuldner und Gläubiger;*
– *Anwendungsfälle gesetzlicher Regelungen gegen die Unterkapitalisierung, bei denen im Staat einer Schuldnergesellschaft Zinsen als Dividenden behandelt wurden, hinsichtlich der Frage, wie weit dies Abkommensklauseln wie z. B. Artikel 9 oder Artikel 11 Absatz 6 entspricht;*
– *Fälle, in denen ein Mangel an Informationen über die tatsächliche Lage des Steuerpflichtigen zur unrichtigen Anwendung des Abkommens geführt hat, insbesondere bezüglich der Bestimmung des Wohnsitzes (Artikel 4 Absatz 2), des Bestehens einer Betriebstätte (Artikel 5) oder über die Kurzfristigkeit der Ausübung einer unselbständigen Arbeit (Artikel 15 Absatz 2).*

10. [Anwendung auch bei Art. 9] *Auch bei Verrechnungspreisproblemen sieht Artikel 25 ein Verfahren vor, in dem die zuständigen Behörden nicht nur miteinander beraten können, um Probleme der juristischen Doppelbesteuerung, sondern auch solche der wirtschaftlichen Doppelbesteuerung zu lösen; das gilt besonders für die Einbeziehung von Gewinnen verbundener Unternehmen nach Artikel 9 Absatz 1; deshalb liegen auch Gegenberichtigungen, die gemäß Artikel 9 Absatz 2 dieses Artikels vorzunehmen sind, im Anwendungsbereich des Verständigungsverfahrens, und zwar sowohl nach ihrer Begründetheit als auch nach ihrer Höhe.*

11. [Wirtschaftliche Doppelbesteuerung] *Das ergibt sich aus dem Wortlaut des Artikels 9 Absatz 2, wenn ein Abkommen diese Klausel enthält. Enthält ein zweiseitiges Abkommen keine Artikel 9 Absatz 2 entsprechende Regelung (wie dies im Allgemeinen bei den vor 1977 unterzeichneten Abkommen der Fall ist), so weist die bloße Einfügung des auf seinen ersten Absatz beschränkten Artikels 9 – der ja meist nur die mehr oder minder ähnlichen Regeln des innerstaatlichen Steuerrechts bestätigt – doch darauf hin, dass die Vertragsstaaten die wirtschaftliche Doppelbesteuerung in den Anwendungsbereich des Abkommens einzubeziehen beabsichtigen. Die Mehrheit der Mitgliedstaaten ist deshalb der Auffassung, dass die durch die Berichtigung von Verrechnungspreisen eintretende wirtschaftliche Doppelbe-*

steuerung zumindest nicht dem Geist des Abkommens entspricht und damit Gegenstand des Verständigungsverfahrens werden kann.

12. [Beseitigung der wirtschaftlichen Doppelbesteuerung] *Während das Verständigungsverfahren für die Behandlung von Fragen, die sich aus Berichtigungen der in Artikel 9 Absatz 2 genannten Art ergeben, eine eindeutige Rolle spielt, sollten die Staaten folgerichtig sogar bei Fehlen einer solchen Vorschrift anstreben, die Doppelbesteuerung zu vermeiden, auch durch korrespondierende Berichtigungen in Fällen der in Absatz 2 angesprochenen Art. Es mag zwar einige Meinungsverschiedenheiten geben; die Staaten pflegen jedoch im Allgemeinen als Gegenstand eines vom Steuerpflichtigen beantragten Verständigungsverfahrens wegen einer nicht den Voraussetzungen des Artikel 9 entsprechenden wirtschaftlichen Doppelbesteuerung auch die Frage anzusehen, ob eine korrespondierende Berichtigung hätte vorgenommen werden sollen, selbst wenn eine dem Absatz 2 ähnliche Vorschrift fehlt. Die Staaten aber, die diese Meinung nicht teilen, finden in der Praxis bei in gutem Glauben (bona fide) handelnden Gesellschaften in den meisten Fällen Wege, bei wirtschaftlicher Doppelbesteuerung aufgrund der Bestimmungen ihres innerstaatlichen Rechts Abhilfe zu schaffen.*

13. [Abkommenswidrige Besteuerung] *Das Verständigungsverfahren findet auch Anwendung, ohne dass eine dem Abkommen widersprechende Doppelbesteuerung vorliegt, sobald die angefochtene Besteuerung unmittelbar einer Bestimmung des Abkommens widerspricht. Dies ist der Fall, wenn ein Staat bestimmte Einkünfte besteuert, für die das Abkommen das ausschließliche Besteuerungsrecht dem anderen Staat zuerkennt, obwohl der letztere wegen einer Lücke in seinem innerstaatlichen Recht davon keinen Gebrauch machen kann. Eine andere Art von Fällen betrifft Personen, die als Staatsangehörige des einen Vertragsstaats im anderen Staat ansässig sind und dort einer Besteuerung unterliegen, die im Sinne des Artikels 24 Absatz 1 diskriminierend ist.*

14. [Verständigungsverfahren vor der Steuerfestsetzung] *Bemerkt sei, dass das Verständigungsverfahren anders als das innerstaatliche Rechtsmittelverfahren vom Steuerpflichtigen in Gang gesetzt werden kann, ohne dass er abwarten müsste, bis die Besteuerung, die nach seiner Auffassung „dem Abkommen nicht entspricht", durchgeführt oder durch Bescheid wirksam geworden ist. Um das Verfahren in Gang zu setzen, genügt der Nachweis, dass „Maßnahmen eines Vertragsstaates oder beider Vertragsstaaten" zu einer solchen Besteuerung führen werden und dass das Risiko einer solchen Besteuerung nicht nur möglich, sondern wahrscheinlich ist. Mit den hier angesprochenen Maßnahmen sind alle Handlungen oder Entscheidungen gesetzgeberischer oder administrativer Art von allgemeiner oder nur bestimmte Fälle betreffender Bedeutung gemeint, deren unmittelbare oder notwendige Folge eine dem Abkommen widersprechende Besteuerung zu Lasten des Antragstellers ist. Wenn z. B. eine Änderung des Steuerrechts eines Vertragsstaats dazu führen würde, dass eine Person, die bestimmte Einkünfte erzielt, nicht dem Abkommen entsprechend besteuert würde, könnte diese Person daher das Verständigungsverfahren in Gang setzen, sobald das Gesetz geändert worden ist und sie die betroffenen Einkünfte erzielt hat oder wahrscheinlich wird, dass sie sie erzielen wird. Andere Beispiele sind die Abgabe einer Erklärung im Rahmen einer Selbstveranlagung oder die gezielte Untersuchung einer der Erklärung zugrunde gelegten bestimmten Auffassung im Lauf einer Prüfung, soweit durch diese Ereignisse eine nicht dem Abkommen entsprechende Besteuerung wahrscheinlich wird (z. B. wenn die Auffassung, die der Steuerpflichtige nach dem innerstaatlichen Recht eines Vertragsstaats der Selbstveranlagungserklärung zugrunde zu legen hat, im Fall einer Veranlagung außerhalb des Selbstveranlagungssystems die Wahrscheinlichkeit einer nicht dem Abkommen entsprechenden Besteuerung begründete oder wenn Umstände wie etwa die bekannt gemachten Auffassungen eines Vertragsstaats oder dessen Prüfungspraxis die große Wahrscheinlichkeit begründen, dass die gezielte Untersuchung einer der Erklärung zugrunde gelegten bestimmten Auffassung des Steuerpflichtigen zu einer nicht dem Abkommen entsprechenden Veranlagung führen werden). Ein anderes Beispiel mag der Fall sein, in dem das Recht der Verrechnungspreise eines Vertragsstaats von dem Steuerpflichtigen zur Befolgung des Fremdpreisgrundsatzes verlangt,* *höhere Einkünfte zu erklären als die, die sich aus den tatsächlichen von dem Steuerpflichtigen bei Geschäften mit einer verbundenen Partei vereinbarten Preisen ergeben, und wesentliche Zweifel bestehen, ob die verbundene Partei in der Lage ist, in dem anderen Vertragsstaat ohne ein Verständigungsverfahren eine korrespondierende Berichtigung zu erreichen. Wie den Einleitungsworten des Absatzes 1 zu entnehmen ist, muss die Frage, ob Maßnahmen eines Vertragsstaats oder beider Vertragsstaaten zu einer nicht dem Abkommen entsprechenden Besteuerung führen werden, aus der Sicht des Steuerpflichtigen beurteilt werden. Die Ansicht des Steuerpflichtigen, dass dies der Fall ist, muss vertretbar und auf glaubhafte Tatsachen gestützt sein; die Steuerbehörden sollten die Behandlung des Antrags aber nicht allein deshalb ablehnen, weil nicht bewiesen ist (z. B. nach innerstaatlichen Beweisstandards des Abwägens der Wahrscheinlichkeiten), dass eine solche Besteuerung erfolgen wird.*

15. [Verhältnis zur 2-Jahres-Frist nach Absatz 5] *Da die ersten Schritte in einem Verständigungsverfahren in einem sehr frühen Stadium nur aufgrund der Wahrscheinlichkeit einer nicht dem Abkommen entsprechenden Besteuerung gemacht werden können, würde die Einleitung des Verfahrens in dieser Weise nicht als Unterbreitung des Falles gegenüber der zuständigen Behörde für Zwecke des Beginns der 2-Jahres-Frist im Sinne des Absatzes 5 angesehen werden. Die Bedingungen, unter denen die 2-Jahres-Frist zu laufen beginnt, werden in Absatz 8 des Anhangs zum Kommentar zu Artikel 25 beschrieben.*

16. [Antragsvoraussetzungen] *Damit Einwendungen nach Absatz 1 zulässig sind, müssen zwei dort ausdrücklich geforderte Voraussetzungen erfüllt sein: Sie müssen grundsätzlich bei der zuständigen Behörde des Wohnsitzstaates des Steuerpflichtigen (außer das Verfahren wird vom Steuerpflichtigen wegen der Anwendung des Artikels 24 Abs. 1 in dem Staat in Gang gesetzt, dessen Staatsangehöriger er ist) und dort innerhalb von drei Jahren nach der ersten Mitteilung der Maßnahme vorgebracht werden, die zu einer dem Abkommen nicht entsprechenden Besteuerung führt. Das Abkommen enthält für den Antrag keine besonderen Formvorschriften. Die zuständigen Behörden können erforderlichenfalls besondere Verfahrensvorschriften erlassen. Ist kein besonderes Verfahren vorgeschrieben, so können die Einwendungen in der gleichen Weise unterbreitet werden wie Einwendungen in steuerlichen Angelegenheiten, die an die Steuerbehörden des betreffenden Staates gerichtet werden.*

17. [Zuständige Behörde] *Die vom Steuerpflichtigen zu erfüllende Voraussetzung, sich an die zuständige Behörde des Staates zu wenden, in dem er ansässig ist (außer das Verfahren wird vom Steuerpflichtigen wegen der Anwendung des Artikels 24 Absatz 1 in dem Staat in Gang gesetzt, dessen Staatsangehöriger er ist), gilt ganz allgemein, ohne Rücksicht darauf, ob die beanstandete Besteuerung in diesem oder im anderen Staat erfolgte und ob eine doppelte Besteuerung eingetreten ist oder nicht. Hat der Steuerpflichtige nach Durchführung der beanstandeten Maßnahme oder Besteuerung seinen Wohnsitz in den anderen Vertragsstaat verlegt, so muss er dessen ungeachtet seine Einwendungen an die zuständige Behörde des Staates richten, in dem er während des Jahres ansässig war, für das die Steuer erhoben wurde oder erhoben werden soll.*

18. [Staatsangehörigkeitsdiskriminierung] *In dem bereits erwähnten Fall des Steuerpflichtigen, der als Staatsangehöriger des einen Staates im anderen Staat ansässig ist oder der geltend macht, dass er in diesem anderen Staat einer Maßnahme oder Besteuerung unterworfen worden ist, die im Sinne des Artikels 24 Absatz 1 diskriminierend ist, dürfte es jedoch aus nahe liegenden Gründen gerechtfertigt sein, ihm in Abweichung von der vorstehend dargelegten allgemeinen Regel zu gestatten, seine Einwendungen bei der zuständigen Behörde des Vertragsstaats vorzubringen, dessen Staatsangehöriger er ist. Im Übrigen ist diese Behörde auch zuständig für Einwendungen einer Person, die zwar nicht in einem Vertragsstaat ansässig, aber Staatsangehöriger eines Vertragsstaats ist, und deren Fall von Artikel 24 Absatz 1 erfasst wird.*

19. [Antragswahlrecht] *Die Vertragsstaaten können auch, wenn sie dies für zweckmäßiger halten, dem Steuerpflichtigen die Möglichkeit einräumen, seinen Fall der zuständigen*

Behörde des einen oder des anderen Staates zu unterbreiten. Dazu müsste Absatz 1 folgende Fassung erhalten:

„(1) Ist eine Person der Auffassung, dass Maßnahmen eines Vertragsstaats oder beider Vertragsstaaten für sie zu einer Besteuerung führen oder führen werden, die diesem Abkommen nicht entspricht, so kann sie unbeschadet der nach dem innerstaatlichen Recht dieser Staaten vorgesehenen Rechtsmittel ihren Fall der zuständigen Behörde des einen oder des anderen Vertragsstaates unterbreiten. Der Fall muss innerhalb von drei Jahren nach der ersten Mitteilung der Maßnahme unterbreitet werden, die zu einer dem Abkommen nicht entsprechenden Besteuerung führt".

***20. [Frist]** Die durch den zweiten Satz des Absatzes 1 zur Unterbreitung von Einwendungen vorgesehene Frist von drei Jahren soll die Verwaltung vor verspäteten Eingaben schützen. Die Frist ist als Minimum anzusehen, so dass die Vertragsstaaten in ihren zweiseitigen Abkommen im Interesse der Steuerpflichtigen eine längere Frist vorsehen können, z.B. entsprechend den Fristen, die nach den jeweiligen innerstaatlichen Regelungen für Steuerabkommen vorgesehen sind. Der zweite Satz des Absatzes 1 kann entfallen, wenn die Vertragsstaaten übereinstimmend der Auffassung sind, dass ihre jeweiligen innerstaatlichen Regelungen ohne weiteres für diese Einwendungen gelten und für den Steuerpflichtigen günstiger sind, entweder weil diese Regelungen eine längere Frist oder gar keine Frist für Einwendungen dieser Art vorsehen.*

***21. [Fristbeginn]** Die Bestimmung, wonach die Dreijahresfrist mit dem Tag der „ersten Mitteilung der Maßnahme, die zu einer dem Abkommen nicht entsprechenden Besteuerung führt", zu laufen beginnt, ist in der für den Steuerpflichtigen günstigsten Weise auszulegen. Daher beginnt die Frist selbst dann, wenn die Besteuerung unmittelbar auf Grund einer allgemeinen Verwaltungsentscheidung oder Verwaltungsmaßnahme vorgenommen werden könnte, erst am Tag der Mitteilung der Einzelmaßnahme, die zu der Besteuerung führt, d.h. bei der günstigsten Auslegung im Zeitpunkt der Besteuerungsmaßnahme selbst, wie diese durch Zustellung eines Steuerbescheides, einer amtlichen Zahlungsaufforderung oder einer sonstigen Urkunde zur Erhebung der Steuer zum Ausdruck kommt. Da der Steuerpflichtige berechtigt ist, einen Fall vorzulegen, sobald er der Auffassung ist, dass es zu einer dem Abkommen widersprechenden Besteuerung kommen wird, die 3-Jahres-Frist aber erst beginnt, wenn dies eingetreten ist, gibt es Fälle, in denen der Steuerpflichtige berechtigt ist, das Verfahren vor Beginn der 3-Jahres-Frist in Gang zu setzen (s. das Beispiel in Ziffer 12).*

***22. [Datum der Mitteilung]** In den meisten Fällen wird klar sein, was der maßgebende Steuerbescheid, das maßgebende amtliche Leistungsgebot oder sonstige Instrument der Steuereinziehung oder -erhebung ist, und gewöhnlich wird es innerstaatliche Regelungen darüber geben, wann die Bekanntgabe als erfolgt angesehen wird. Das innerstaatliche Recht wird gewöhnlich auf das Absendedatum, eine bestimmte Zahl von Tagen nach dem Absendedatum, den Zeitpunkt, zu dem der Eingang beim Empfänger gewöhnlich zu erwarten ist (in beiden Fällen handelt es sich um eine Vermutung) oder auf den Zeitpunkt des tatsächlichen Zugangs (Zeitpunkt der physischen Empfangs) abstellen. Wenn es solche Regelungen nicht gibt, sollte entweder der Zeitpunkt des tatsächlichen physischen Empfangs oder, wenn dieser nicht ausreichend nachgewiesen ist, der Zeitpunkt, zu dem der Eingang beim Empfänger gewöhnlich zu erwarten war, als Bekanntgabedatum behandelt werden, wobei zu beachten ist, dass die Vorschrift in der für den Steuerpflichtigen vorteilhaftesten Weise ausgelegt werden sollte.*

***23. [Datum der Mitteilung bei Selbstveranlagung]** In Fällen der Selbstveranlagung wird es gewöhnlich eine die Steuerfestsetzung bewirkende Mitteilung geben (Mitteilung der Steuerschuld, Ablehnung oder Änderung einer Erstattungsforderung), und im Allgemeinen wird der Zeitpunkt der Bekanntgabe, nicht aber der Zeitpunkt, zu dem der Steuerpflichtige die Selbstveranlagungserklärung abgibt, Ausgangspunkt für den Beginn der 3-Jahres-Frist* *sein. Es mag aber auch Fälle geben, in denen solche Mitteilungen nicht ergehen. In solchen Fällen würde der maßgebende Zeitpunkt der „Mitteilung" der Zeitpunkt sein, zu dem der Steuerpflichtigen nach dem normalen Geschehensablauf als auf die tatsächlich nicht dem Abkommen entsprechende Besteuerung aufmerksam gemacht angesehen würde. Dies könnte z. B. sein, wenn eine Information, aus dem sich der Geldtransfer ergibt, dem Steuerpflichtigen erstmals übermittelt wird, z. B. in einer Kontostandsanzeige oder einem Kontoauszug. Der Fristlauf beginnt, gleichgültig ob der Steuerpflichtige die Besteuerung in diesem Stadium wirklich als dem Abkommen widersprechend ansieht oder nicht, vorausgesetzt, dass eine mit angemessener Sorgfalt anstelle des Steuerpflichtigen handelnde Person in diesem Stadium in der Lage gewesen wäre, die Besteuerung als nicht dem Abkommen entsprechend zu erkennen. In solchen Fällen reicht es aus, dass dem Steuerpflichtigen die Tatsache der Besteuerung mitgeteilt wird. Wenn jedoch nur die Kombination der Selbstveranlagung mit einem anderen Umstand (wie z. B. einer Gerichtentscheidung, die die Besteuerung in einem dem Fall des Steuerpflichtigen ähnlichen Fall als abkommenswidrig beurteilt) eine mit angemessener Sorgfalt anstelle des Steuerpflichtigen handelnde Person auf eine abkommenswidrige Besteuerung schließen ließe, beginnt der Fristlauf erst, wenn der letztere Umstand eintritt.*

24. [Datum der Mitteilung in weiteren Sonderfällen] *Wird die Steuer durch Abzug an der Quelle erhoben, so beginnt der Lauf der Frist im Zeitpunkt der Zahlung der Vergütung; kann der Steuerpflichtige aber nachweisen, dass er erst zu einem späteren Zeitpunkt von dem Abzug erfahren hat, so beginnt der Lauf der Frist an diesem Zeitpunkt. Ergibt sich die dem Abkommen nicht entsprechende Besteuerung erst aus dem Zusammenwirken von Entscheidungen oder Maßnahmen, die in beiden Vertragsstaaten getroffen werden, so beginnt der Lauf der Frist mit der ersten Mitteilung der jüngsten Entscheidung oder Maßnahme. Wenn ein Vertragsstaat z. B. eine abkommenswidrige Steuer erhebt, aber der andere Staat wegen dieser Steuer eine Entlastung nach Artikel 23A oder Artikel 23B gewährt, so dass keine Doppelbesteuerung eintritt, wird der Steuerpflichtige in der Praxis kein Verständigungsverfahren wegen der Maßnahme des ersten Staats in Gang setzt. Wenn jedoch der andere Staat dem Steuerpflichtigen später mitteilt, dass die Entlastung verweigert wird, so dass nunmehr eine Doppelbesteuerung eintritt, beginnt mit dieser Mitteilung eine neue Frist, da dann das Zusammenwirken beider Staaten zu einer abkommenswidrigen Doppelbesteuerung des Steuerpflichtigen führt. In einigen Fällen, insbesondere in Fällen dieser Art, werden die Akten der Steuerbehörden entsprechend der üblichen Praxis eines Staates oder beider Staaten vor Ende der Frist routinemäßig vernichtet worden sein. Die Abkommensverpflichtungen stehen dem nicht entgegen; sie verlangen auch nicht, dass eine zuständige Behörde dann die Argumente des Steuerpflichtigen ohne Beweis akzeptiert. In solchen Fällen sollte dem Steuerpflichtigen jedoch Gelegenheit gegeben werden, im Lauf des Verständigungsverfahrens den fehlenden Beweis zu erbringen, soweit das innerstaatliche Recht dies zulässt. In manchen Fällen wird der andere Staat in der Lage sein, ausreichendes Beweismaterial gemäß Artikel 26 des Musterabkommens zur Verfügung zu stellen. Besser ist es allerdings, wenn die Unterlagen von den Steuerbehörden für die volle Zeit, solange der Steuerpflichtige für einen bestimmten Fall noch die Einleitung des Verständigungsverfahren beantragen kann, aufbewahrt werden.*

25. [3-Jahres-Frist und innerstaatliche Rechtsmittel] *Die 3-Jahres-Frist läuft während innerstaatlicher Verfahren einschließlich Verwaltungsverfahren weiter (z. B. während eines Rechtsmittelverfahrens). Dies könnte Schwierigkeiten bereiten, weil vom Steuerpflichtigen praktisch verlangt wird, zwischen dem innerstaatlichen Rechtsmittel und dem Verständigungsverfahren zu wählen. Einige Steuerpflichtige werden sich allein auf das Verständigungsverfahren verlassen wollen; andere werden jedoch versuchen, diesen Schwierigkeiten in der Weise zu begegnen, dass sie das Verständigungsverfahren beantragen, während sie gleichzeitig das innerstaatliche Rechtsmittel einlegen, wenn dieses auch anfangs nicht aktiv betrieben wird. Dies könnte dazu führen, dass Mittel für das Verständigungsverfahren nicht wirtschaftlich eingesetzt werden. Manche Staaten mögen den Wunsch haben, diese Frage, soweit nach* *innerstaatlichem Recht möglich, ausdrücklich in der Weise zu regeln, dass sie zulassen, die 3-Jahres-Frist (oder längere Frist) während des Laufs des innerstaatlichen Verfahrens auszusetzen. Zwei Lösungsansätze, die in gleicher Weise mit Artikel 25 vereinbar sind, sind folgende: Entweder wird vom Steuerpflichtigen verlangt, dass er das Verständigungsverfahren beantragt, aber ohne Aussetzung während des innerstaatlichen Verfahrens, jedoch treten die zuständigen Behörden nicht ernsthaft in Gespräche ein, bevor nicht über das innerstaatliche Rechtsmittel endgültig entschieden ist. Oder man lässt die zuständigen Behörden in Gespräche eintreten, aber ohne eine abschließende Vereinbarung zu treffen, wenn und solange der Steuerpflichtige nicht mit der Rücknahme innerstaatlicher Rechtsmittel einverstanden ist. Diese zweite Möglichkeit wird in Ziffer 31 dieses Kommentars erörtert. In beiden Fällen sollte der Steuerpflichtige darauf hingewiesen werden, welcher Weg eingeschlagen wird. Gleichgültig, ob der Steuerpflichtige der Ansicht ist, es sei nötig, vorsorglich ein innerstaatliches Rechtsmittel einzulegen (z. B. wegen der einzuhaltenden Fristen für innerstaatliche Rechtsmittel), bevorzugen es alle Beteiligten häufig, die Lösung der Fragen des Steuerpflichtigen zuerst im Verständigungsverfahren zu suchen, auch weil dies auf bilateraler Basis geschieht.*

26. [Missbrauchsfälle] *Einige Staaten mögen dem Steuerpflichtigen in Fällen, in denen die Geschäftsvorfälle, auf die sich der Antrag bezieht, als missbräuchlich angesehen werden, die Fähigkeit absprechen, das Verständigungsverfahren nach Artikel 25 Absatz 1 zu beantragen. Diese Frage ist eng verwandt mit dem Problem des „Abkommensmissbrauchs", das in Ziffer 9.1ff. des Kommentars zu Artikel 1 erörtert wird. Beim Fehlen einer ausdrücklichen Bestimmung gibt es jedoch keine allgemeine Regel, wonach der Zugang zum Verständigungsverfahren in als missbräuchlich erscheinenden Situationen verweigert wird. Allein die Tatsache, dass eine Steuer aufgrund einer Missbrauchsvorschrift des innerstaatlichen Rechts erhoben wird, sollte kein Grund sein, den Zugang zum Verständigungsverfahren zu versagen. Wenn aber schwere Verletzungen des innerstaatlichen Rechts vorliegen, die bedeutende Strafen zur Folge haben, mögen einige Staaten den Wunsch haben, den Zugang zum Verständigungsverfahren zu verweigern. Die Umstände, unter denen dies geschieht, sollten in dem Abkommen klar gestellt werden.*

27. [Hindernisse nach innerstaatlichem Recht] *Einige Staaten betrachten bestimmte Fragen als einer Lösung im Verständigungsverfahren nicht zugänglich, sei es allgemein, sei es zumindest in von Steuerpflichtigen beantragten Verständigungsverfahren, weil verfassungsrechtliche oder andere Vorschriften oder Entscheidungen des innerstaatlichen Rechts entgegen stehen. Ein Beispiel wäre der Fall, dass die Gewährung einer Entlastung des Steuerpflichtigen gegen eine endgültige Gerichtsentscheidung verstieße, die die Steuerbehörde nach der Verfassung dieses Staats zu befolgen hat. Es ist jedoch für Steuerabkommen und andere Abkommen allgemein anerkannt, dass innerstaatliches Recht, sogar innerstaatliches Verfassungsrecht, die Verletzung von Vertragspflichten nicht rechtfertigt. In Artikel 27 des Wiener Übereinkommens über das Recht der Verträge kommt dieser allgemeine Grundsatz des Vertragsrechts zum Ausdruck. Daraus folgt, dass jede Rechtfertigung für das, was ansonsten eine Verletzung des Abkommens darstellen würde, sich aus den Abkommensvorschriften selbst, so wie sie nach den anerkannten Auslegungsgrundsätzen ausgelegt werden, ergeben muss. Eine solche Rechtfertigung wäre selten, denn sie wäre nicht nur maßgebend für die Behandlung der Angelegenheit durch die beiden Staaten, wenn sie Gegenstand des Verständigungsverfahrens geworden ist, sondern würde sogar verhindern, dass die Angelegenheit das Stadium erreicht, in dem sie von beiden Staaten behandelt würde. Da eine dahin gehende Entscheidung in der Praxis von einem der Staaten ohne Erörterung mit dem anderen Staat getroffen werden und deshalb eine zweiseitige Lösung unberücksichtigt bleiben könnte, sollte die Auffassung, dass eine Angelegenheit nicht Gegenstand eines vom Steuerpflichtigen beantragten Verständigungsverfahrens sein kann, nicht leichtfertig vertreten werden, und muss mit den ausgehandelten Abkommensbestimmungen begründet werden. Eine zuständige Behörde, die sich auf ein Hindernis nach innerstaatlichem Recht für die Ablehnung eines vom Steuerpflichtigen beantragten Verständigungsverfahrens beruft, sollte die andere zuständige Behörde darüber* *unterrichten und die Rechtsgrundlage für ihre Haltung angemessen erläutern. Meistens stehen echte Hindernisse des innerstaatlichen Rechts der Behandlung einer Angelegenheit im Verständigungsverfahren nicht entgegen. Wenn sie jedoch klar und eindeutig eine zuständige Behörde davon abhalten, die Frage so zu lösen, dass eine dem Abkommen widersprechende Besteuerung vermieden wird, und keine realistische Aussicht besteht, dass der andere Staat das Problem des Steuerpflichtigen löst, sollte diese Sachlage im Interesse der Steuerpflichtigen veröffentlicht werden, damit diese keine falschen Erwartungen hinsichtlich der wahrscheinlichen Ergebnisse des Verfahrens hegen.*

***28. [Nachträglich entstehende Hindernisse]** In anderen Fällen mag der Antrag auf Eröffnung des Verständigungsverfahrens zugelassen worden sein, aber Fragen des innerstaatlichen Rechts, die nach der Aushandlung des Abkommens entstanden sind, hindern eine zuständige Behörde daran, die vom Steuerpflichtigen aufgeworfene Frage, auch nur zum Teil, zu lösen. Wenn solche Entwicklungen eine rechtliche bindende Wirkung für die zuständige Behörde haben, so dass zweiseitige Gespräche die Angelegenheit eindeutig nicht lösen können, würden die meisten Staaten akzeptieren, dass diese Änderung der Umstände von solcher Bedeutung ist, dass sie den Rückzug dieser zuständigen Behörde aus dem Verfahren erlauben. In einigen Fällen mag die Schwierigkeit jedoch nur vorübergehender Natur sein, z. B. wenn Abhilfe schaffende Gesetzgebung anhängig ist. Dann sollte das Verfahren nicht beendet, sondern ausgesetzt werden. Die beiden zuständigen Behörden werden die Schwierigkeit und ihre mögliche Auswirkung auf das Verständigungsverfahren erörtern müssen. Es wird auch Situationen geben, in denen eine ganz oder teilweise zugunsten des Steuerpflichtigen getroffene Entscheidung bindend und von einer der beiden zuständigen Behörden zu befolgen ist, aber noch Raum für Erörterungen im Verständigungsverfahren bleibt, z. B. wenn eine zuständige Behörde der anderen aufzeigt, dass letztere eine Entlastung gewähren sollte.*

***29. [Hindernisse für die Durchführung der Verständigungsvereinbarung]** Weniger gerechtfertigt ist die Berufung auf das innerstaatliche Recht, um eine Einigung, die im Verständigungsverfahren erzielt worden ist, nicht durchzuführen. Die Verpflichtung, solche Vereinbarungen durchzuführen, ergibt sich eindeutig aus dem letzten Satz des Absatzes 2, und Hindernisse für die Durchführung, die schon bestanden, sollten generell in die Bestimmungen des Abkommens selbst eingearbeitet werden. Da Steuerabkommen auf dem Hintergrund sich ändernden innerstaatlichen Rechts, das oft schwer vorhersehbar ist, ausgehandelt werden und beide Seiten bei der Aushandlung des ursprünglichen Abkommens und bei Verständigungsvereinbarungen sich dieses Umstands bewusst sind, wird bei nachfolgenden unerwarteten Änderungen, die die wesentliche Grundlage einer Verständigungsvereinbarung berühren, allgemein die Auffassung vertreten, dass die Vereinbarung, soweit erforderlich, revisionsbedürftig ist. Wenn eine Entwicklung dieser Art des innerstaatlichen Rechts eintritt, was nur selten geschehen dürfte, erfordert der Grundsatz von Treu und Glauben, dass dies so bald wie möglich mitgeteilt wird, und nach Treu und Glauben sollten Anstrengungen unternommen werden, die Verständigungsvereinbarung zu revidieren oder eine neue zu treffen, sowie die Entwicklung des innerstaatlichen Rechts dies zulässt. In diesen Fällen sollte der Antrag des Steuerpflichtigen als nicht erledigt angesehen und kein neuer Antrag von ihm verlangt werden.*

***30. [Phasen des Verfahrens]** Hinsichtlich des Ablaufs des eigentlichen Verfahrens sind zwei aufeinander folgende Phasen zu unterscheiden (vgl. Ziffer 7).*

***31. [Abhilfeverfahren]** Die durch die Einwendungen des Steuerpflichtigen eingeleitete Phase spielt sich ausschließlich zwischen dem Steuerpflichtigen und der zuständigen Behörde seines Wohnsitzstaates ab (außer das Verfahren wird vom Steuerpflichtigen wegen der Anwendung des Artikel 24 Absatz 1 in dem Staat in Gang gesetzt, dessen Staatsangehöriger er ist). Absatz 1 räumt dem Steuerpflichtigen das Recht ein, sich an die zuständige Behörde des Staates zu wenden, in dem er ansässig ist, ohne Rücksicht darauf, ob er die Rechtsmittel erschöpft hat, die ihm nach dem innerstaatlichen Recht eines jeden der beiden Staaten zur*

Verfügung stehen. Diese zuständige Behörde ist verpflichtet zu prüfen, ob die Einwendungen gerechtfertigt sind, und wenn sie berechtigt sind, muss sie eine der in Absatz 2 vorgesehenen Maßnahmen ergreifen.

32. [Abhilfemaßnahmen] *Erkennt die angerufene zuständige Behörde die Einwendungen als gerechtfertigt an und ist sie der Auffassung, dass die beanstandete Besteuerung ganz oder teilweise auf eine im Wohnsitzstaat des Steuerpflichtigen getroffene Maßnahme zurückzuführen ist, so hat sie den Einwendungen so rasch wie möglich stattzugeben, indem sie die ihr angemessen erscheinenden Berichtigungen oder Entlastungen vornimmt. Unter diesen Umständen kann der Fall ohne gegenseitige Verständigung bereinigt werden. Andererseits kann es zweckmäßig sein, mit der zuständigen Behörde des anderen Vertragsstaats Meinungen und Informationen auszutauschen, z. B. um sich über eine bestimmte Auslegung des Abkommens zu vergewissern.*

33. [Einleitung des Verständigungsverfahrens] *Ist die zuständige Behörde aber der Auffassung, dass die beanstandete Besteuerung ganz oder teilweise auf eine im anderen Staat getroffene Maßnahme zurückzuführen ist, so ist sie gehalten und – wie aus dem Wortlaut des Absatzes 2 eindeutig hervorgeht – sogar verpflichtet, das vorgesehene Verständigungsverfahren einzuleiten. Es ist wichtig, dass die betreffende Behörde dieser Verpflichtung so schnell wie möglich nachkommt, vor allem in Fällen, in denen Gewinne verbundener Unternehmen nach einer Verrechnungspreiskorrektur berichtigt wurden.*

34. [Innerstaatliche Rechtsmittel] *Ein Steuerpflichtiger hat nach Absatz 1 das Recht, seinen Fall der zuständigen Behörde des Staates zu unterbreiten, in dem er ansässig ist, ohne Rücksicht darauf, ob er daneben nach dem innerstaatlichen Recht dieses Staates seinen Anspruch geltend gemacht oder ein Rechtsmittel eingelegt hat. Ist ein Rechtsmittel anhängig, so soll die zuständige Behörde des Wohnsitzstaats nicht die endgültige Erledigung abwarten, sondern erklären, ob nach ihrer Auffassung der Fall für ein Verständigungsverfahren geeignet ist. Ist sie dieser Auffassung, so hat sie festzustellen, ob sie selbst eine befriedigende Lösung herbeiführen kann oder ob der Fall der zuständigen Behörde des anderen Vertragsstaats zu unterbreiten ist. Ein Antrag eines Steuerpflichtigen auf Einleitung eines Verständigungsverfahrens sollte nicht ohne zureichende Gründe abgelehnt werden.*

35. [Staatenpraxis] *Auch wenn ein Anspruch durch eine endgültige Gerichtsentscheidung im Wohnsitzstaat geregelt worden ist, kann der Steuerpflichtige gegebenenfalls beabsichtigen, seinen Anspruch im Verständigungsverfahren geltend zu machen oder weiter zu verfolgen. In einigen Staaten kann die zuständige Behörde in der Lage sein, eine befriedigende Lösung herbeizuführen, die von der Gerichtsentscheidung abweicht. In anderen Staaten ist die zuständige Behörde an eine derartige Entscheidung gebunden. Sie kann aber dessen ungeachtet den Fall der zuständigen Behörde des anderen Vertragsstaats unterbreiten und diese ersuchen, Maßnahmen zur Vermeidung der Doppelbesteuerung zu treffen.*

36. [Zwischenstaatliche Verständigung] *In der zweiten Phase – die damit beginnt, dass die zuständige Behörde des anderen Staates durch die zuständige Behörde, an die sich der Steuerpflichtige gewandt hat, eingeschaltet wird – spielt sich das Verfahren zwischen den Staaten ab, als hätte der Staat, bei dem die Einwendungen vorgebracht worden sind, diese unterstützt. Obwohl das Verfahren zweifellos ein solches zwischen Staaten ist, ergeben sich doch folgende Fragen:*

- *Handelt es sich, wie aus der Überschrift des Artikels 25 und dem Wortlaut des ersten Satzes des Absatzes 2 hervorgehen könnte, lediglich um ein Verfahren zur gegenseitigen Verständigung, mit anderen Worten, die praktische Durchführung eines „pactum de contrahendo", das die Vertragsstaaten zwar zum Verhandeln, nicht aber zur Erzielung einer Einigung verpflichtet?*
- *Oder handelt es sich vielmehr um ein dem Gerichtsverfahren angeglichenes Verfahren wegen des in Absatz 5 vorgesehenen Schiedsverfahrens zur Behandlung ungelöster Fragen oder weil es im Rahmen einer gemischten Kommission stattfindet), das die Parteien zur Lösung des Konfliktes verpflichtet?*

*37. **[Verhandlungspflicht]** Absatz 2 verpflichtet zweifellos zum Verhandeln; was aber die Erzielung einer Verständigung im Wege dieses Verfahrens betrifft, so sind die zuständigen Behörden lediglich verpflichtet, sich nach Kräften zu bemühen; sie sind jedoch nicht verpflichtet, ein Ergebnis zu erzielen. Absatz 5 stellt jedoch einen Mechanismus bereit, um eine Vereinbarung zu ermöglichen, selbst wenn es Fragen gibt, über die sich die zuständigen Behörden nicht durch Verhandlungen haben einigen können.*

*38. **[Billigkeitserwägungen]** Bei der Suche nach einer Verständigung haben sich die zuständigen Behörden selbstverständlich in erster Linie an die Vorschriften ihres Steuer-rechtes und des Abkommens zu halten, die beide für sie ebenso verbindlich sind wie für den Steuerpflichtigen. Macht die strenge Anwendung dieser Vorschriften eine Einigung unmöglich, so ist es sinnvoll, wenn die zuständigen Behörden wie bei internationalen Schiedsverfahren subsidiär auch Billigkeitserwägungen berücksichtigen, um dem Steuerpflichtigen zu entsprechen.*

*39. **[Durchführung der Regelung]** Der letzte Satz des Absatz 2 soll es den Staaten, deren innerstaatliches Recht Fristen für die Berichtigung von bereits festgesetzten Steuern oder für Steuererstattungen vorsieht, ermöglichen, eine vereinbarte Regelung ohne Rücksicht auf diese Fristen durchzuführen. Die Bestimmung hindert jedoch die Staaten, die sich aus verfassungsrechtlichen oder sonstigen rechtlichen Gründen nicht über die im innerstaatlichen Recht vorgesehenen Fristen hinwegsetzen können, nicht daran, in die Vereinbarung selbst die Fristen einzusetzen, die ihrem innerstaatlichen Verjährungsrecht entsprechen. In gewissen Ausnahmefällen kann es ein Vertragsstaat vorziehen, auf eine Verständigung zu verzichten, deren Durchführung die Nichtbeachtung der innerstaatlich vorgesehenen Fristen voraussetzen würde. Abgesehen von den Fristen kann die Durchführung einer vereinbarten Regelung auch noch auf andere Hindernisse, wie z. B. rechtskräftige Gerichtsentscheidungen, stoßen. Den Vertragsstaaten steht es frei, sich auf ausdrückliche Bestimmungen zur Beseitigung dieser Hindernisse zu einigen. Zur praktischen Durchführung des Verfahrens wird allgemein empfohlen, dass die Steuerverwaltungen alles daran setzen, damit das Verständigungsverfahren nicht an verwaltungsmäßigen Verzögerungen oder – wo Fristen eine Rolle spielen – am Zusammentreffen von Fristen und von solchen Verzögerungen scheitert.*

*40. **[Empfehlungen für Verrechnungspreisfälle]** Der Steuerausschuss hat mehrere Empfehlungen zu den Problemen ausgesprochen, die bei Gegenberichtigungen von Gewinnen nach der Korrektur von Verrechnungspreisen (bei Anwendung von Artikel 9 Absätze 1 und 2) und bei der Durchführung von Verständigungsverfahren in derartigen Fällen auftreten:*

a) Die Steuerbehörden sollten die Steuerpflichtigen möglichst früh von ihrer Absicht unterrichten, Verrechnungspreiskorrekturen vorzunehmen (und sie darüber baldmöglichst klar und förmlich unterrichten, falls der Zeitpunkt dieser Unterrichtung von Bedeutung sein kann); denn es ist besonders wichtig, möglichst frühe und ausgiebige Kontakte zu allen wesentlichen Fragen zwischen den Steuerbehörden und den Steuerpflichtigen dieses Vertragsstaats selbst und jenseits der Grenze zwischen den dort betroffenen verbundenen Unternehmen und den für die Sache zuständigen Steuerbehörden sicherzustellen.

b) Die zuständigen Behörden sollten in solchen Angelegenheiten so flexibel wie möglich miteinander verkehren, sei es schriftlich, fernmündlich, in Besprechungen miteinander oder in „Gesprächen am runden Tisch", welche Form auch immer am angemessensten ist; sie sollten die wirksamsten Mittel zur Lösung der zu behandelnden Probleme zu entwickeln suchen. Ermutigt werden sollte die Anwendung der Bestimmungen des Artikels 26 über den Informationsaustausch, um den zuständigen Behörden eine Entscheidungsfindung in voller Kenntnis der Sachlage zu ermöglichen.

c) In Verständigungsverfahren über Verrechnungspreisfälle sollte den Steuerpflichtigen jede angemessene Gelegenheit gegeben werden, den zuständigen Behörden schriftlich und mündlich die entscheidungserheblichen Tatsachen und ihre Argumente darzulegen.

*41. **[Allgemeine Empfehlung zum Verständigungsverfahren]** Zum Verständigungsverfahren im Allgemeinen hat der Ausschuss folgende Empfehlungen ausgesprochen:*

a) Die Formalitäten bei der Einleitung und Durchführung von Verständigungsverfahren sollten auf ein Mindestmaß beschränkt bleiben; unnötige Formalitäten sollten beseitigt werden.
b) Verständigungsfälle sollten einzelfallbezogen entschieden werden und nicht im Hinblick auf einen Ausgleich mit dem Ergebnis anderer Fälle.
c) Die zuständigen Behörden sollten, wenn dies angemessen ist, innerstaatliche Regeln, Richtlinien und Verfahrenshinweise für Verständigungsverfahren formulieren und veröffentlichen.

42. [Aussetzung des Verständigungsverfahrens] *Es kann der Fall eintreten, dass eine Verständigung für einen Steuerpflichtigen getroffen wird, der beim zuständigen Gericht eines der beiden Vertragsstaaten ein Verfahren in derselben Sache angestrengt hat, das noch anhängig ist. In diesem Fall kann das Ersuchen des Steuerpflichtigen, die Annahme der im Verständigungsverfahren erzielten Lösung bis zur Gerichtsentscheidung in diesem Verfahren hinauszuschieben, nicht abgelehnt werden. Auch kann eine zuständige Behörde mit Recht die Auffassung vertreten, dass, solange das Rechtsmittel des Steuerpflichtigen hinsichtlich der bestimmten Frage, zu der derselbe Steuerpflichtige um eine Verständigungsvereinbarung ersucht hat, anhängig ist, mit vertieften Erörterungen zwischen den zuständigen Behörden bis zu einer Gerichtsentscheidung gewartet werden sollte. Wenn sich der Antrag des Steuerpflichtigen auf Durchführung eines Verständigungsverfahrens zwar auf andere Steuerjahre bezieht als die Klage vor Gericht, aber im Wesentlichen auf die gleichen tatsächlichen und rechtlichen Fragen, so dass zu erwarten ist, dass das Ergebnis des Gerichtsverfahrens faktisch die Behandlung des Steuerpflichtigen in den Jahren, die nicht gesondert Gegenstand des Rechtsstreits waren, beeinflusst, könnte in der Praxis derselbe Standpunkt wie im vorgenannten Fall eingenommen werden. In beiden Fällen wird das Abwarten einer Gerichtsentscheidung oder das Schwebenlassen eines Verständigungsverfahrens während der Anhängigkeit eines förmlichen innerstaatlichen Rechtsmittelverfahrens die 2-Jahres-Frist im Sinne des Absatzes 5 des Artikels nicht beeinträchtigen oder insoweit einen Zeitverbrauch bewirken. Wenn die zuständigen Behörden in einem der Fälle der Ansicht sind, dass die Angelegenheit trotz der Anhängigkeit des innerstaatlichen Gerichtsverfahrens gelöst werden könnte (z. B. wenn die zuständige Behörde des Staates, wo die Klage erhoben worden ist, nicht durch die Gerichtsentscheidung gebunden oder beschränkt ist), kann das Verständigungsverfahren natürlich normal weitergeführt werden.*

43. [Verfahren bei Anhängigkeit von Musterverfahren] *Die Sachlage ist auch eine andere, wenn eine Klage zu einer Frage anhängig ist, aber von einer anderen Person als derjenigen, die das Verständigungsverfahren beantragt, erhoben worden ist. Im Grundsatz sollten, wenn der Fall der Person, die das Verständigungsverfahren beantragt, Maßnahmen einer oder beider zuständigen Behörden zur Vermeidung einer nicht dem Abkommen entsprechenden Besteuerung angezeigt erscheinen lassen, die Maßnahmen nicht ungebührlich bis zu einer allgemeinen Rechtsklärung im Falle eines anderen Steuerpflichtigen verzögert werden, obwohl der Steuerpflichtige, der das Verständigungsverfahren anstrebt, damit einverstanden sein könnte, wenn die Wahrscheinlichkeit besteht, dass die Klärung seinen Fall günstig beeinflusst. In anderen Fällen kann die Verzögerung der Erörterungen zwischen den zuständigen Behörden als Teil des Verständigungsverfahrens bei Berücksichtigung aller Umstände gerechtfertigt sein; die zuständigen Behörden sollten aber so weit wie möglich in einem solchen Fall Nachteile für den Steuerpflichtigen, der eine Verständigungslösung anstrebt, vermeiden. Dies könnte z. B. dadurch geschehen, dass die Zahlung des geschuldeten Betrags für die Zeit der Verzögerung oder zumindest für den Teil der Verzögerung, den der Steuerpflichtige nicht beeinflussen kann, aufgeschoben wird, soweit das innerstaatliche Steuerrecht dies zulässt.*

44. [Wahl des Steuerpflichtigen] *Abhängig von den innerstaatlichen Verfahren ist es im Normalfall Sache des Steuerpflichtigen, zwischen den Abhilfeverfahren zu wählen. In den meisten Fällen sind es die innerstaatlichen Rechtsbehelfe wie Einsprüche oder Klagen, die* *zugunsten der weniger förmlichen und zweiseitigen Natur des Verständigungsverfahrens in der Schwebe gehalten werden.*

45. [Rechtsmittelverzicht] *Obwohl, wie oben bemerkt, ein Gerichtsverfahren des Steuerpflichtigen zu einer Frage anhängig sein kann oder der Steuerpflichtige sich vorbehalten haben kann, ein solches innerstaatliches Rechtsmittel einzulegen, könnten die zuständigen Behörden der Ansicht sein, dass eine Einigung erzielt werden kann. In solchen Fällen ist jedoch dem Bestreben der zuständigen Behörde Rechnung zu tragen, Abweichungen und Widersprüche zwischen der Gerichtsentscheidung und der Verständigungslösung wegen der sich etwa daraus ergebenden Schwierigkeiten und Missbrauchsgefahren zu vermeiden. Es erscheint daher normal, die Durchführung einer Verständigungsregelung davon abhängig zu machen, dass*

- *der Steuerpflichtige die Regelung annimmt und*
- *der Steuerpflichtige sein Rechtsmittel betreffend die im Verständigungsverfahren geregelten Punkte zurückzieht.*

46. [Zahlung der streitigen Steuer als Vorbedingung] *Einige Staaten vertreten die Auffassung, dass ein Verständigungsverfahren von einem Steuerpflichtigen nicht beantragt werden kann, wenn und solange nicht der streitige Steuerbetrag ganz oder zu einem bestimmten Teil gezahlt worden ist. Sie meinen, dass das Erfordernis der Zahlung der geschuldeten Steuern vorbehaltlich ihrer vollen oder zum Teil erfolgenden Erstattung je nach Ausgang des Verfahrens eine im Wesentlichen verfahrensrechtliche Angelegenheit ist, die durch Artikel 25 nicht geregelt und daher mit ihm vereinbar ist. Die Gegenauffassung, die von vielen Staaten vertreten wird, besagt, dass Artikel 25 erschöpfend angibt, was der Steuerpflichtige tun muss, bevor das Verfahren in Gang gesetzt wird, und dass er ein solches Erfordernis nicht aufstellt. Diese Staaten sehen sich in ihrer Auffassung durch den Umstand bestätigt, dass das Verfahren sogar durchgeführt werden kann, bevor die Steuer gegen den Steuerpflichtigen festgesetzt oder ihm die Steuerschuld mitgeteilt worden ist (wie in Ziffer 12 angemerkt), und weil anerkannt ist, dass ein solches Erfordernis eindeutig für ein von der zuständigen Behörde nach Artikel 25 Absatz 3 eingeleitetes Verfahren nicht besteht.*

47. [Zu berücksichtigende Gesichtspunkte] *Artikel 25 gibt keine absolut klare Antwort auf die Frage, ob ein vom Steuerpflichtigen beantragtes Verständigungsverfahren mit der Begründung abgelehnt werden kann, dass die notwendige Zahlung der streitigen Steuer oder eines Teils der Steuer nicht erfolgt sei. Welche Auffassung auch immer zu diesem Punkt vertreten wird, sollte jedoch bei der Anwendung des Artikels anerkannt werden, dass das Verständigungsverfahren die materiellen Bestimmungen des Abkommens absichert und dass der Wortlaut von Artikel 25 daher im Zusammenhang und im Licht von Sinn und Zweck des Abkommens, der Vermeidung der Doppelbesteuerung und der Verhinderung der Steuerverkürzung, verstanden werden muss. Die Staaten sollten daher so weit wie möglich den Zahlungsfluss und mögliche Doppelbesteuerungsfragen berücksichtigen, wenn sie die vorgängige Zahlung eines Betrages verlangen, von dem der Steuerpflichtige behauptet, dass er zumindest teilweise im Widerspruch zu dem Abkommen erhoben wird. Zumindest sollte die Zahlung der geschuldeten Steuer nicht Voraussetzung für den Antrag auf Einleitung des Verständigungsverfahrens sein, wenn dies für die Einlegung eines innerstaatlichen Rechtsmittels nicht verlangt wird. Wenn ein Verständigungsverfahren beantragt wird, bevor die Steuer gegen den Steuerpflichtigen festgesetzt worden ist (z. B. durch Veranlagung), scheint die Minimallösung zu sein, dass die Zahlung erst verlangt werden sollte, wenn die Steuerfestsetzung erfolgt ist.*

48. [Aussetzung der Steuerzahlung] *Es gibt mehrere Gründe, warum die Aussetzung der Steuererhebung bis zur Lösung im Verständigungsverfahren wünschenswert sein kann, mag auch in vielen Staaten hierfür eine Gesetzesänderung erforderlich sein. Ein Erfordernis, dass die festgesetzte Steuer eigens als Voraussetzung für den Zugang zum Verständigungsverfahren zu zahlen ist, das gerade die Entlastung von dieser Steuer bezweckt, wäre allgemein nicht mit der Politik vereinbar, das Verständigungsverfahren in breitem Umfang zur Verfügung zu stellen, um solche Streitfragen zu lösen. Selbst wenn ein Verständigungsverfah-*

ren letztlich die Doppelbesteuerung oder sonstige abkommenswidrige Besteuerung beseitigt, kostet das Erfordernis zur Zahlung der Steuer vor Abschluss des Verständigungsverfahrens den Steuerpflichtigen für die Zeitspanne bis zur Lösung im Verständigungsverfahren endgültig den Zeitwert des Geldbetrags, der dem nicht richtig festgesetzten Betrag entspricht, zumindest in dem ziemlich häufigen Fall, dass die Zinspolitik der betroffenen Vertragsstaaten den Steuerpflichtigen nicht voll für diese Kosten entschädigt. Dies bedeutet daher, dass das Verständigungsverfahren in solchen Fällen das Ziel, die Doppelbesteuerung oder sonstige abkommenswidrige Besteuerung zu beseitigen, wirtschaftlich nicht voll erreicht. Selbst wenn diese wirtschaftliche Belastung letztlich beseitigt wird, kann das Verlangen an den Steuerpflichtigen, auf dasselbe Einkommen Steuern an zwei Vertragsstaaten zu zahlen, zu Zahlungsbelastungen führen, die mit den Zielen des Abkommens, Hindernisse für den grenzüberschreitenden Handel und für solche Investitionen zu beseitigen, unvereinbar sind. Schließlich kann eine weitere unerfreuliche Komplizierung darin bestehen, dass sich Verzögerungen bei der Lösung der Fälle ergeben, falls ein Land weniger gewillt ist, in ernsthafte Verständigungsgespräche einzutreten, wenn ein mögliches Ergebnis darin bestehen könnte, dass eine schon erhobene Steuer zurückgezahlt werden müsste. Wenn Staaten die Auffassung vertreten, dass die Zahlung der geschuldeten Steuer eine Vorbedingung für das vom Steuerpflichtigen beantragte Verständigungsverfahren ist, sollte dies dem Vertragspartner während der Verhandlungen über die Abkommensbestimmungen mitgeteilt werden. Wenn beide Vertragspartner diese Auffassung vertreten, besteht zwar eine gemeinsame Auslegung, aber auch die besondere Gefahr, dass der Steuerpflichtige einen Betrag zweimal zahlen muss. Soweit nach innerstaatlichem Recht zulässig, bestünde eine Lösungsmöglichkeit, die die Staaten in Betracht ziehen könnten, darin, den höheren der zwei Beträge bis zur Entscheidung im Verständigungsverfahren durch einen Treuhänder, auf einem Treuhandkonto oder in ähnlicher Weise in Verwahrung zu nehmen. Alternativ könnte eine Garantie der Bank des Steuerpflichtigen ausreichend sein, um den Anforderungen der zuständigen Behörden zu entsprechen. Eine andere Möglichkeit wäre, dass der eine oder der andere Staat (bestimmt z. B. nach dem Zeitpunkt der Veranlagung oder nach der Ansässigkeit im Sinne des Abkommens) damit einverstanden ist, keinen höheren Betrag geltend zu machen als die etwaige Differenz zwischen dem Betrag, der an den anderen Staat zu zahlen ist, und demjenigen, den er selbst fordert. Welche dieser Möglichkeiten offen steht, wird letztlich vom innerstaatlichen Recht (einschließlich administrativer Erfordernisse) des jeweiligen Staates abhängen; dies sind jedoch die Arten von Optionen, die bei dem Bemühen, das Verständigungsverfahren möglichst wirksam zu führen, soweit wie möglich in Betracht gezogen werden sollten. Wenn Staaten eine Zahlung der geschuldeten Steuer als Vorbedingung für das vom Steuerpflichtigen beantragte Verständigungsverfahren oder für die aktive Behandlung einer Frage in diesem Verfahren verlangen, sollten sie über ein System verfügen, nach dem Steuerpflichtigen Zinsen auf den Betrag gezahlt werden, der nach dem Ergebnis der von den zuständigen Behörden erreichten Verständigung zu erstatten ist. Diese Zinsen sollten die Höhe des zugrunde liegenden Betrags und die Zeitspanne, während der dieser Betrag dem Steuerpflichtigen nicht zur Verfügung stand, hinreichend widerspiegeln.

49. [Zinsen und Strafzuschläge] *Die Staaten vertreten unterschiedliche Auffassungen zu der Frage, ob Verwaltungszinsen und Strafzuschläge als unter Artikel 2 fallende Steuern behandelt werden. Einige Staaten behandeln sie so, als ob sie den Charakter des zugrunde liegenden streitigen Betrages hätten, andere Staaten tun dies aber nicht. Daraus folgt, dass es unterschiedliche Meinungen darüber geben wird, ob diese Zinsen und Strafzuschläge Gegenstand eines vom Steuerpflichtigen beantragten Verständigungsverfahrens sind. Wenn sie als unter das Abkommen fallende Steuern behandelt werden, legen der Zweck des Abkommens, Doppelbesteuerungen zu vermeiden, und das Erfordernis, dass die Staaten die Abkommen nach Treu und Glauben anwenden, nahe, Zinsen und Strafzuschläge soweit wie möglich nicht in einer Weise zu erheben, dass Steuerpflichtige wegen der damit verbundenen Kosten und Zahlungsflüsse tatsächlich von Anträgen auf Einleitung von Verständigungsverfahren* *abgehalten werden. Auch wenn Verwaltungszinsen und Strafzuschläge nicht als unter Abkommen fallende Steuern im Sinne des Artikels 2 angesehen werden, sollte von ihnen nicht in einer Weise Gebrauch gemacht werden, dass Steuerpflichtige ernsthaft von der Nutzung der Abkommensvorteile wie des Rechts auf Beantragung eines Verständigungsverfahrens gemäß Artikel 25 abgehalten werden oder deren Nutzung zunichte gemacht wird. Die Anforderungen eines Staates zur Zahlung geschuldeter Zinsen und Strafzuschläge sollten z. B. nicht belastender sein, als sie im Zusammenhang mit einem vom Steuerpflichtigen eingelegten innerstaatlichen Rechtsmittels wären.*

Absatz 3

50. [Konsultationsverfahren] *Der erste Satz dieses Absatzes legt den zuständigen Behörden nahe und ermächtigt sie, Schwierigkeiten bei der Auslegung oder Anwendung möglichst im Verständigungsweg zu beseitigen. Dabei handelt es sich im Wesentlichen um Schwierigkeiten allgemeiner Art, die, obwohl sie sich in einem Verfahren im Sinne der Absätze 1 und 2 bei einem Einzelfall ergeben haben, eine ganze Gruppe von Steuerpflichtigen betreffen oder betreffen können.*

51. [Abkommensanwendung und Auslegung] *Diese Bestimmung ermöglicht die Beseitigung von Schwierigkeiten, die bei der Anwendung des Abkommens auftreten. Unter solchen Schwierigkeiten sind nicht nur Fragen der praktischen Anwendung zu verstehen, die bei der Einführung und Durchführung der Verfahren zur Entlastung von Steuern entstehen, welche im Quellenstaat von Dividenden, Zinsen und Lizenzgebühren einbehalten werden, sondern auch solche Schwierigkeiten, die das Zusammenwirken der Abkommensbestimmungen, wie dies bei den Vertragsverhandlungen vorgesehen war, beeinträchtigen oder behindern können und deren Bereinigung nicht von einer vorhergehenden Einigung über die Abkommensanwendung abhängig gemacht worden ist.*

52. [Einzelfälle] *Nach dieser Bestimmung können die zuständigen Behörden insbesondere*
- *die Definition von Ausdrücken, die im Abkommen unvollständig oder nicht eindeutig definiert sind, ergänzen oder klarstellen, um etwaigen Schwierigkeiten vorzubeugen;*
- *wenn Änderungen in der Gesetzgebung eines Staates eingetreten sind, die die Ausgewogenheit oder den wesentlichen Inhalt des Abkommens nicht beeinträchtigen, die sich daraus ergebenden Schwierigkeiten beseitigen;*
- *entscheiden, ob und unter welchen Voraussetzungen Zinsen im Staat des Darlehensnehmers nach den Regelungen über die Unterkapitalisierung in Dividenden umgedeutet und im Staat des Darlehensgebers in gleicher Weise wie Dividenden entlastet werden können (z. B. durch die Entlastungen im Mutter/Tochter-Verhältnis, wenn zweiseitige Abkommen darüber Bestimmungen enthalten).*

53. [Zuständigkeiten] *Absatz 3 ermächtigt die „zuständigen Behörden der Vertragsstaaten“, d. h. im Allgemeinen die Finanzminister oder ihre für die Abkommensanwendung zuständigen Vertreter, in gegenseitigem Einvernehmen alle sich aus der Abkommensauslegung ergebenden Schwierigkeiten zu lösen. Dabei darf jedoch nicht übersehen werden, dass je nach dem innerstaatlichen Recht der Vertragsstaaten nicht nur die im Abkommen genannten „zuständigen Behörden“, sondern auch andere Behörden (Außenministerien, Gerichte) berechtigt sind, internationale Verträge und Abkommen auszulegen, und dass dies mitunter diesen anderen Behörden ausschließlich vorbehalten ist.*

54. [Bindungswirkung] *Vereinbarungen zur Lösung allgemeiner Auslegungs- oder Anwendungsschwierigkeiten sind für die Verwaltungsbehörden solange bindend, als die zuständigen Behörden die Vereinbarung nicht ändern oder aufheben.*

55. [Betriebsstätten drittstaatlicher Unternehmen] *Der zweite Satz des Absatzes 3 ermöglicht es den zuständigen Behörden, sich auch mit Doppelbesteuerungsfällen zu befassen, die im Abkommen nicht behandelt sind. Von besonderem Interesse in diesem Zusam-*

menhang ist der Fall einer in einem dritten Staat ansässigen Person, die Betriebstätten in beiden Vertragsstaaten hat. Es ist nicht nur erwünscht, dass das Verständigungsverfahren in diesem Fall die Doppelbesteuerung wirksam vermeidet, sondern entspricht mit der Regelung, dass die zuständigen Behörden, um das wirksame Funktionieren des Abkommens in seiner Gesamtheit sicher zu stellen, miteinander beraten können, in den meisten Fällen auch besonders der Rolle des Artikels 25 und des Verständigungsverfahrens. Die Möglichkeit, solche Fragen im Verständigungsverfahren zu behandeln, erlangt immer größere Bedeutung, da die Vertragsstaaten einheitlichere Rahmen für Fragen der Gewinnzuordnung bei Betriebsstätten suchen. Es handelt sich um ein Problem, das zur Zeit der Aushandlung von Abkommen oder Protokollen zu ihnen nutzbringend erörtert werden kann. Es wird Vertragsstaaten geben, deren innerstaatliches Recht eine Ergänzung des Abkommens zu Punkten, die nicht ausdrücklich oder zumindest in erkennbarer Weise im Abkommen behandelt sind, aber nicht zulässt; in diesen Fällen ließe sich das Abkommen durch ein Protokoll ergänzen, das diese Frage behandelt. Meistens werden jedoch die Abkommensbestimmungen selbst, so wie sie nach anerkannten Auslegungsgrundsätzen ausgelegt werden, ausreichende Grundlage sein, um Fragen, die zwei Betriebsstätten eines drittstaatlichen Unternehmens betreffen, in Verfahren nach Absatz 3 zu behandeln.

Absatz 4

56. [Gemeinsame Beratung] *Der Absatz bestimmt, wie die zuständigen Behörden die gemeinsame Beratung zur einvernehmlichen Lösung entweder eines Einzelfalles nach den Absätzen 1 und 2 oder von allgemeinen Problemen, die insbesondere die Abkommensauslegung und -anwendung betreffen und die unter Absatz 3 fallen, durchzuführen haben.*

57. [Unmittelbarer Behördenverkehr] *Der Absatz sieht zunächst vor, dass die zuständigen Behörden unmittelbar miteinander verkehren. Diese brauchen also nicht den diplomatischen Weg zu beschreiten.*

58. [Verfahrensdurchführung] *Die zuständigen Behörden können miteinander schriftlich, durch den Austausch von Abschriften, telefonisch, im direkten Meinungsaustausch und auf jede andere angemessene Weise miteinander verkehren. Sie können, falls sie dies wünschen, für diesen Zweck eine Kommission einsetzen.*

59. [Anzahl der Kommissionsmitglieder] *Absatz 4 überlässt es den zuständigen Behörden der Vertragsstaaten, die Zahl der Mitglieder und die Verfahrensordnung dieser Kommission zu bestimmen.*

60. [Stellung des Steuerpflichtigen] *Obwohl die Vertragsstaaten in diesem Zusammenhang auf Formalitäten verzichten können, sind sie jedoch verpflichtet, den Steuerpflichtigen, deren Fall gemäß Absatz 2 der Kommission unterbreitet wird, gewisse wesentliche Rechte zuzusichern, nämlich:*
- *das Recht, Erklärungen schriftlich oder mündlich in eigener Person oder durch einen Vertreter abzugeben;*
- *das Recht auf einen Rechtsbeistand.*

61. [Akteneinsicht] *Wegen der Besonderheit des Verfahrens erscheint es aber nicht erforderlich, dem Steuerpflichtigen oder seinem Vertreter Akteneinsicht zu gewähren.*

62. [Zusammensetzung der Kommission] *Die zuständigen Behörden sind zwar in der Auswahl ihrer Vertreter in der gemeinsamen Kommission völlig frei, sie sollten aber als Vorsitzenden jeder Delegation – die einen oder mehrere Vertreter der für die Abwicklung des Verfahrens zuständigen Verwaltungsdienststelle umfassen kann – einen auf Grund seiner besonderen Erfahrungen ausgewählten hohen Beamten oder Richter bestimmen, da anzunehmen ist, dass die Hinzuziehung solcher Persönlichkeiten die Einigung fördert.*

Absatz 5 [1]

63. [Zwingendes Schiedsverfahren] *Dieser Absatz sieht vor, dass in Fällen, in denen die zuständigen Behörden nicht in der Lage sind, innerhalb von 2 Jahren nach Absatz 2 eine Einigung zu erzielen, die ungelösten Fragen auf Antrag der Person, die den Fall unterbreitet hat, durch ein Schiedsverfahren gelöst werden. Dieses Verfahren hängt nicht von der vorherigen Zustimmung der zuständigen Behörden ab: sobald die geforderten Verfahrensvoraussetzungen erfüllt sind, müssen die ungelösten Fragen, die einer Verständigungsvereinbarung entgegenstehen, dem Schiedsverfahren unterworfen werden.*

64. [Kein zusätzlicher Rechtsbehelf] *Das in dem Absatz vorgesehene Schiedsverfahren ist kein alternativer oder zusätzlicher Rechtsbehelf. Wenn die zuständigen Behörden eine Einigung erzielt haben, die keine Frage hinsichtlich der Anwendung des Abkommens ungelöst lässt, gibt es keine ungelösten Fragen, die dem Schiedsverfahren unterworfen werden können, selbst wenn die Person, die den Antrag auf Einleitung des Verständigungsverfahrens gestellt hat, der Auffassung ist, dass die Einigung, die die zuständigen Behörden erzielt haben, nicht die richtige Lösung des Falles darstellt. Der Absatz ist daher eine Erweiterung des Verständigungsverfahrens, die dazu dient, die Wirksamkeit dieses Verfahrens zu erhöhen, indem er sicherstellt, dass, wenn die zuständigen Behörden sich über eine Frage oder mehrere Fragen, die eine Lösung des Falles verhindern, nicht einigen können, eine Lösung des Falles noch dadurch möglich ist, dass diese Fragen dem Schiedsverfahren unterworfen werden. Nach dem Absatz wird daher die Lösung des Falles weiterhin im gegenseitigen Verständigungsverfahren erreicht, während die Lösung einer Einzelfrage, die einer Einigung in dem Fall entgegen steht, Gegenstand des Schiedsverfahrens ist. Dies unterscheidet das Verfahren nach Absatz 5 von anderen Formen von kommerziellen oder öffentlich-privaten Streitschlichtungen, bei denen sich die Entscheidungsgewalt des Schiedsgerichts auf die Lösung des gesamten Falles erstreckt.*

65. [Hindernisse für die Schiedsklausel] *Es ist jedoch anerkannt, dass in einigen Staaten innerstaatliches Recht oder politische oder verwaltungstechnische Erwägungen ein Schiedsverfahren, wie es der Absatz vorsieht, nicht erlauben oder rechtfertigen. Es können z. B. verfassungsrechtliche Hindernisse bestehen, die Schiedsrichter daran hindern, über steuerliche Fragen zu entscheiden. Außerdem können einige Staaten nur in der Lage sein, den Absatz in ihre Abkommen mit bestimmten Staaten aufzunehmen. Aus diesen Gründen sollte der Absatz nur dann in das Abkommen aufgenommen werden, wenn beide Staaten zu dem Ergebnis gelangen, dass das Verfahren wirksam durchgeführt werden kann.*

66. [Beschränkung der Schiedsklausel] *Ferner mögen einige Staaten zwar den Absatz 5 übernehmen, aber seine Anwendung auf einen engeren Bereich von Fällen beschränken wollen. So könnte der Zugang zum Schiedsverfahren auf Fälle beschränkt werden, in denen es hauptsächlich um Fragen tatsächlicher Art geht. Es wäre auch möglich vorzusehen, dass das Schiedsverfahren in bestimmten Gruppen von Fällen stets zur Verfügung steht, z. B. in Fällen hochgradig tatsächlicher Art wie solchen, die sich auf Verrechnungspreise oder auf die Frage beziehen, ob eine Betriebsstätte besteht, während das Schiedsverfahren auf andere Fragen nur von Fall zu Fall erstreckt wird.*

67. [Koordinierung mit der Europäischen Schiedskonvention] *Staaten, die der Europäischen Gemeinschaft angehören, müssen den Anwendungsbereich des Absatzes 5 mit ihren Verpflichtungen nach der Europäischen Schiedskonvention koordinieren.*

68. [Schwerwiegende Rechtsverletzungen] *Der Steuerpflichtige sollte die Möglichkeit haben, das Schiedsverfahren für ungelöste Fragen in allen im Verständigungsverfahren behandelten Fällen zu beantragen, die nach Absatz 1 mit der Begründung unterbreitet worden sind, dass Maßnahmen eines Vertragsstaats oder beider Vertragsstaaten für ihn zu einer Besteuerung geführt haben, die diesem Abkommen nicht entspricht. Wenn das Verständi-*

---

[1] Zur Mustervereinbarung mit Kommentar siehe Anhang.

gungsverfahren nicht zur Verfügung steht, z. B. wegen des Vorliegens schwerwiegender Rechtsverletzungen, die erhebliche Strafen zur Folge haben (s. Ziffer 26), ist klar, dass Absatz 5 nicht anwendbar ist.

69. [Schiedsverfahren aufgrund einer Verständigungsvereinbarung] *Wenn zwei Vertragsstaaten, die den Absatz nicht in ihr Abkommen aufgenommen haben, ein Schiedsverfahren durchführen wollen, entweder generell oder nur für einen bestimmten Fall, ist dies noch durch eine Verständigungsvereinbarung möglich. In diesem Fall können die zuständigen Behörden eine Verständigungsvereinbarung entsprechend dem im Anhang vorgestellten Muster treffen, dem sie den folgenden ersten Absatz voranstellen würden:*

„1. Wenn

a) eine Person nach Artikel 25 Absatz 1 des Abkommens der zuständigen Behörde eines Vertragsstaats einen Fall mit der Begründung unterbreitet hat, dass Maßnahmen eines Vertragsstaats oder beider Vertragsstaaten für sie zu einer Besteuerung geführt haben, die diesem Abkommen nicht entspricht, und

b) die zuständigen Behörden nicht in der Lage sind, sich nach Absatz 2 über die Lösung des Falles innerhalb von zwei Jahren seit der Unterbreitung des Falles an die zuständige Behörde des anderen Vertragsstaats zu einigen,

werden alle ungelösten Fragen des Falles auf Antrag der Person einem Schiedsverfahren nach Maßgabe der folgenden Absätze unterworfen. Diese ungelösten Fragen werden aber nicht dem Schiedsverfahren unterworfen, wenn zu ihnen bereits eine Gerichtsentscheidung ergangen ist. Sofern nicht eine Person, die unmittelbar von dem Fall betroffen ist, die Verständigungsvereinbarung, durch die der Schiedsspruch umgesetzt wird, ablehnt, vereinbaren die zuständigen Behörden hiermit, dass sie sich durch die Schiedsentscheidung gebunden fühlen und den Fall auf der Grundlage dieser Entscheidung nach Artikel 25 Absatz 2 lösen.“

Die Vereinbarung würde dann im Folgenden die verschiedenen Struktur- und Verfahrenfragen ansprechen, die im Anhang erörtert werden. Obwohl die zuständigen Behörden auf diese Weise durch dieses Verfahren gebunden wären, wäre die Vereinbarung nur Teil einer gegenseitigen Verständigung und deshalb nur so lange wirksam, wie die zuständigen Behörden nach wie vor einig sind, das Verfahren zur Lösung von Fällen, die sie im herkömmlichen Verständigungsverfahren nicht haben lösen können, weiter anzuwenden.

70. [Antragsgebundenheit] *Absatz 5 sieht vor, dass eine Person, die nach Absatz 1 der zuständigen Behörde eines Vertragsstaats einen Fall mit der Begründung unterbreitet hat, dass Maßnahmen eines Vertragsstaats oder beider Vertragsstaaten für sie zu einer dem Abkommen nicht entsprechenden Besteuerung geführt haben, beantragen kann, ungelöste Fragen des Falles einer Schiedsentscheidung zu unterwerfen. Dieser Antrag kann jeder Zeit nach dem Ablauf einer Frist von zwei Jahren gestellt werden; die Frist beginnt, wenn der Fall der zuständigen Behörde des anderen Vertragsstaats unterbreitet worden ist. Die Einschaltung des Schiedsverfahrens geschieht daher nicht automatisch. Die Person, die den Fall unterbreitet hat, mag es vorziehen, über das Ende der Zwei-Jahres-Frist hinaus abzuwarten (z. B. um den zuständigen Behörden mehr Zeit zu geben, den Fall nach Absatz 2 zu lösen) oder den Fall einfach nicht weiter zu verfolgen. Den Staaten steht es frei vorzusehen, dass unter bestimmten Voraussetzungen eine längere Frist abgelaufen sein muss, bevor der Antrag gestellt werden kann.*

71. [Ungelöste Fragen] *Nach Artikel 25 Absatz 2 müssen sich die zuständigen Behörden bemühen, einen nach Absatz 1 unterbreiteten Fall zur Vermeidung einer nicht dem Abkommen entsprechenden Besteuerung zu lösen. Für Zwecke des Absatzes 5 sollte daher ein Fall nicht als gelöst angesehen werden, solange es zumindest eine Frage gibt, in der die zuständigen Behörden nicht übereinstimmen und die nach Auffassung einer der zuständigen Behörden erkennen lässt, dass eine nicht dem Abkommen entsprechende Besteuerung vorliegt. Eine der zuständigen Behörden könnte daher nicht einseitig entscheiden, dass ein sol-*

cher Fall abgeschlossen ist und dass die betroffene Person kein Schiedsverfahren zu den ungelösten Fragen beantragen kann. Ebenso wenig könnten die zwei zuständigen Behörden den Fall als gelöst ansehen und den Antrag auf Schiedsentscheidung ablehnen, wenn noch ungelöste Fragen vorhanden sind, die einer Einigung darüber, dass keine dem Abkommen widersprechende Besteuerung vorliegt, entgegen stehen. Wenn die zuständigen Behörden aber einig sind, dass die Besteuerung durch beide Staaten dem Abkommen entspricht, gibt es keine ungelösten Fragen, und der Fall kann als gelöst angesehen werden, selbst wenn eine Doppelbesteuerung vorliegt, die im Abkommen nicht behandelt wird.

72. [Bereits eingetretene abkommenswidrige Besteuerung] *Das Schiedsverfahren steht nur zur Verfügung, wenn die Person geltend macht, dass eine nicht dem Abkommen entsprechende Besteuerung sich bereits aus Maßnahmen eines Vertragsstaats oder beider Vertragsstaaten ergeben hat. Es steht jedoch nicht zur Verfügung, wenn geltend gemacht wird, dass solche Maßnahmen letztlich zu einer solchen Besteuerung führen werden, obwohl ein solcher Fall den zuständigen Behörden nach Absatz 1 unterbreitet werden kann (s. Ziffer 70). Für diese Zwecke sollte eine Besteuerung als durch Maßnahmen eines Vertragsstaats oder beider Vertragsstaaten herbeigeführt angesehen werden, sobald z. B. die Steuer gezahlt, festgesetzt oder sonst bestimmt worden ist oder sogar in Fällen, in denen dem Steuerpflichtigen von den Steuerbehörden amtlich mitgeteilt wird, dass sie ihn mit bestimmten Einkünften zu besteuern beabsichtigen.*

73. [Nur Fälle im Sinne des Absatzes 1] *So wie Absatz 5 gefasst ist, sieht er nur eine Schiedsentscheidung über ungelöste Fragen vor, die sich aus einem Antrag nach Absatz 1 des Artikels ergeben. Den Staaten, die den Anwendungsbereich des Absatzes auf Verständigungsfälle nach Absatz 3 ausdehnen wollen, steht dies frei. In einigen Fällen kann sich ein Verständigungsfall auch aus bestimmten anderen Abkommensbestimmungen wie z. B. Artikel 4 Absatz 2 Buchstabe d ergeben. Nach dieser Vorschrift sind die zuständigen Behörden in bestimmten Fällen verpflichtet, in gegenseitigem Einvernehmen den Status einer natürlichen Person, die in beiden Vertragsstaaten ansässig ist, zu regeln. Wie aus Ziffer 20 des Kommentars zu Artikel 4 zu ersehen ist, müssen solche Fälle im Verfahren nach Artikel 25 gelöst werden. Wenn die zuständigen Behörden keine Einigung über einen solchen Fall erzielen und dies zu einer nicht dem Abkommen entsprechenden Besteuerung führt (nach dem Abkommen sollte die Person im Sinne des Abkommens nur in einem Vertragsstaat ansässig sein), fällt der Fall des Steuerpflichtigen unter Artikel 25 Absatz 1 und Absatz 5 ist daher anwendbar.*

74. [Streichung des Satzes 2] *In einigen Staaten mag es möglich sein, dass die zuständigen Behörden von einer Gerichtsentscheidung zu einer bestimmten Frage des Falles, der den zuständigen Behörden unterbreitet worden ist, abweichen. Diese Staaten sollten daher imstande sein, den zweiten Satz des Absatzes auszulassen.*

75. [Unterbreitung des Falles] *Die Unterbreitung des Falles gegenüber der zuständigen Behörde des anderen Vertragsstaats, die die in dem Absatz genannte Zwei-Jahres-Frist in Lauf setzt, kann durch die Person erfolgen, die den Fall der zuständigen Behörde des ersten Staats nach Artikel 25 Absatz 1 unterbreitet hat (z. B. indem sie den Fall gleichzeitig oder zu einem späteren Zeitpunkt der zuständigen Behörden des anderen Staats unterbreitet), oder durch die zuständige Behörde des ersten Staats, die mit der zuständigen Behörde des anderen Staats nach Absatz 2 in Verbindung tritt, wenn sie selbst nicht in der Lage ist, eine befriedigende Lösung herbeizuführen. Für den Zweck, den Beginn der Zwei-Jahres-Frist zu bestimmen, wird ein Fall nur dann als der zuständigen Behörde des anderen Staats unterbreitet angesehen, wenn dieser zuständigen Behörde ausreichende Informationen übermittelt worden sind, die ihr die Entscheidung erlauben, ob der dem Fall zugrunde liegende Einwand gerechtfertigt erscheint. Die Verständigungsvereinbarung zur Anwendung des Absatzes 5 sollte im Einzelnen festlegen, welche Art von Informationen zu diesem Zweck gewöhnlich ausreichen.*

76. [Verhältnis zu innerstaatlichen Rechtsmitteln] *Der Absatz behandelt auch das Verhältnis zwischen dem Schiedsverfahren und innerstaatlichen Rechtsmitteln. Damit das Schiedsverfahren wirksam ist und widerstreitende Entscheidungen vermieden werden, sollte einer Person nicht gestattet werden, das Schiedsverfahren zu betreiben, wenn die Fragen, die der Schiedsentscheidung unterworfen werden, bereits durch ein innerstaatliches Streitverfahren in einem der Staaten entschieden worden sind (d. h. dass ein Gericht einer der beiden Vertragsstaaten bereits eine Entscheidung gefällt hat, die diese Fragen behandelt und die Person betrifft). Dies stimmt mit der Lösung überein, den die meisten Staaten beim Verständigungsverfahren anwenden. Danach gilt Folgendes:*

a) Eine Person kann nicht gleichzeitig das Verständigungsverfahren und innerstaatliche Rechtsmittel verfolgen. Wenn innerstaatliche Rechtsmittel noch zur Verfügung stehen, werden die zuständigen Behörden entweder verlangen, dass der Steuerpflichtige der Aussetzung dieser Rechtsmittelverfahren zustimmt, oder, wenn er nicht einverstanden ist, das Verständigungsverfahren hinauszögern, bis die Rechtsmittel erschöpft sind.

b) Wenn zunächst das Verständigungsverfahren betrieben und eine Verständigung herbeigeführt wird, wird dem Steuerpflichtigen und anderen Personen, die unmittelbar von dem Fall betroffen sind, die Möglichkeit gegeben, die Verständigungsvereinbarung abzulehnen und die innerstaatlichen Rechtsmittel weiter zu verfolgen. Wenn diese Personen die Anwendung der Verständigungsvereinbarung bevorzugen, werden sie umgekehrt auf die innerstaatlichen Rechtsmittel hinsichtlich der Fragen zu verzichten haben, die durch die Verständigungsvereinbarung betroffen sind.

c) Wenn in einem Staat zunächst die innerstaatlichen Rechtsmittel betrieben und ausgeschöpft werden, kann eine Person das Verständigungsverfahren nur zur Vermeidung der Doppelbesteuerung im anderen Staat betreiben. Sobald eine gerichtliche Entscheidung in einem bestimmten Fall ergangen ist, sehen es in der Tat die meisten Staaten als unmöglich an, sich mit einer Verständigungsvereinbarung über diese Entscheidung hinwegzusetzen, und würden deshalb die nachfolgende Durchführung des Verständigungsverfahrens auf den Versuch beschränken, eine Entlastung im anderen Staat zu erreichen.

Dieselben allgemeinen Grundsätze sollten für ein Verständigungsverfahren gelten, in dessen Verlauf eine Frage oder mehrere Fragen dem Schiedsverfahren unterworfen werden. Es wäre nicht hilfreich, eine Frage dem Schiedsverfahren zu unterwerfen, wenn von vornherein feststeht, dass einem der Länder bei der Umsetzung des Schiedsspruchs Grenzen gesetzt sind. Dies wäre allerdings nicht der Fall, wenn ein Land in einem Verständigungsverfahren von einer Gerichtsentscheidung abweichen könnte (s. Ziffer 74); in diesem Fall könnte Absatz 5 entsprechend abgeändert werden.

77. [Wahlrecht] *Ein zweites Problem betrifft das Verhältnis zwischen bestehenden innerstaatlichen Rechtsmitteln und dem Schiedsverfahren, wenn der Steuerpflichtige diese Rechtsmittel nicht eingelegt (oder nicht erschöpft) hat. In diesem Fall bestünde der Lösungsansatz, der mit der Grundstruktur des Verständigungsverfahrens am besten vereinbar ist, darin, dieselben allgemeinen Grundsätze anzuwenden, wenn das Verständigungsverfahren ein Schiedsverfahren mit sich bringt. Daher würden die innerstaatlichen Rechtsmittelverfahren ausgesetzt, solange hinsichtlich der Fragen, über die die zuständigen Behörden sich nicht einigen können, das Verständigungsverfahren mit einem damit verbundenen Schiedsverfahren anhängig ist, und auf der Grundlage der Schiedsentscheidung würde eine vorläufige Verständigungsvereinbarung getroffen werden. Wie in anderen Verständigungsfällen würde diese Vereinbarung dem Steuerpflichtigen vorgelegt werden. Er hätte dann die Wahl zwischen der Annahme dieser Vereinbarung, was den Verzicht auf alle verbleibenden innerstaatlichen Rechtsmitteln erforderte, oder der Zurückweisung der Vereinbarung, um diese Rechtsmittel weiter zu verfolgen.*

78. [Übereinstimmung mit der Natur des Verständigungsverfahrens] *Dieser Lösungsansatz steht mit der Natur des in Absatz 5 geregelten Schiedsverfahrens in Einklang.*

Der Zweck des Verfahrens besteht darin, es den zuständigen Behörden zu ermöglichen, zu einer Entscheidung über die ungelösten Fragen, die einer Einigung entgegenstehen, zu kommen. Wenn dies mit Hilfe des Schiedsverfahrens geschieht, bleibt der wesentliche Charakter des Verständigungsverfahrens unverändert.

***79. [Folgen der Ablehnung einer Verständigungsvereinbarung]** In einigen Fällen bedeutet dieser Ansatz, dass die Beteiligten Zeit und Geldmittel in einem Schiedsverfahren aufzuwenden haben, das zu einer von dem Steuerpflichtigen nicht akzeptierten Verständigungsvereinbarung führt. Die Erfahrung in der Praxis zeigt jedoch, dass die Fälle, in denen der Steuerpflichtige eine Verständigungsvereinbarung zurückweist, um auf innerstaatliche Rechtsmittel zurückzugreifen, sehr selten sind. Außerdem würde man in diesen seltenen Fällen erwarten, dass die innerstaatlichen Gerichte den Umstand zur Kenntnis nehmen, dass dem Steuerpflichtigen eine Verwaltungslösung angeboten worden ist, durch die beide Staaten gebunden gewesen wären.*

***80. [Rechtsmittelverzicht als Voraussetzung des Schiedsverfahrens]** In einigen Staaten können Fragen, die zwischen den zuständigen Behörden ungelöst bleiben, dem Schiedsverfahren nur unterworfen werden, wenn innerstaatliche Rechtsmittel nicht mehr zur Verfügung stehen. Um eine Lösung im Schiedsverfahren zu ermöglichen, könnten diese Staaten alternativ von einer Person verlangen, auf innerstaatliche Rechtsmittel zu verzichten, bevor das Schiedsverfahren stattfinden kann. Dies könnte in der Weise geschehen, dass Satz 2 des Absatzes durch die Formulierung „Diese ungelösten Fragen unterliegen jedoch nicht dem Verständigungsverfahren, wenn eine Person, die unmittelbar von dem Fall betroffen ist, noch berechtigt ist, nach dem innerstaatlichen Recht eines Staats Gerichtsentscheidungen über diese Fragen herbeizuführen oder bereits Gerichtsentscheidungen zu diesen Fragen ergangen sind" ersetzt wird. Um eine Situation zu vermeiden, in der von einem Steuerpflichtigen verlangt würde, auf innerstaatliche Rechtsmittel ohne jede Gewissheit über den Ausgang des Falles zu verzichten, wäre es dann ratsam, den Absatz so abzuändern, dass ein Mechanismus eingebaut würde, der z. B. sicherstellte, dass die Doppelbesteuerung wirklich vermieden würde. Da der Steuerpflichtige dann auch auf das Recht verzichtete, vor den innerstaatlichen Gerichten gehört zu werden, sollte der Absatz ferner auch so abgeändert werden, dass dem Steuerpflichtigen ausreichender Rechtsschutz gewährt wird, was seine Beteiligung am Schiedsverfahren betrifft, damit die Anforderungen erfüllt werden, die nach innerstaatlichem Recht für die Anerkennung eines solchen Verzichts im Rahmen des jeweiligen Rechtssystems gestellt werden mögen (z. B. könnte in einigen Ländern der Verzicht nicht wirksam sein, wenn der Person nicht die Gewähr gegeben wird, im Schiedsverfahren mündlich gehört zu werden).*

***81. [Übereinstimmung zwischen Schiedsspruch und Verständigungsvereinbarung]** Absatz 5 sieht vor, dass der Schiedsspruch für beide Staaten verbindlich ist, es sei denn, dass der Steuerpflichtige, der unmittelbar von dem Fall betroffen ist, die Verständigungsvereinbarung, die den Schiedsspruch umsetzt, nicht annimmt. Daher muss die Besteuerung von Personen, die unmittelbar von dem Fall betroffen sind, der Entscheidung über die dem Schiedsverfahren unterworfenen Fragen entsprechen, und die Entscheidungen im Schiedsverfahren werden sich in der Verständigungsvereinbarung niederschlagen, die diesen Personen mitgeteilt wird.*

***82. [Rechtsmittelverzicht bei Annahme der Verständigungsvereinbarung]** Wenn eine Verständigung erzielt wird, bevor die innerstaatlichen Rechtsmittel ausgeschöpft sind, werden die zuständigen Behörden, wie in Ziffer 58 Buchstabe b erwähnt, gewöhnlich als Voraussetzung für die Durchführung der Verständigungsvereinbarung verlangen, dass die betroffenen Personen auf den Gebrauch innerstaatlicher Rechtsmittel, die hinsichtlich der unter die Vereinbarung fallenden Fragen noch gegeben sein mögen, verzichten. Ohne einen solchen Verzicht könnte eine nachfolgende Gerichtsentscheidung die zuständigen Behörden in der Tat daran hindern, die Vereinbarung durchzuführen. Deshalb muss eine Person, der die aufgrund der Schiedsentscheidung geschlossene Verständigungsvereinbarung übermittelt worden ist und die nicht damit einverstanden ist, den Rechtsmittelverzicht zu erklären, so behandelt werden, als hätte sie die Vereinbarung nicht akzeptiert.*

83. [Grenzen der Bindungswirkung des Schiedsspruchs] *Der Schiedsspruch ist nur verbindlich bezüglich der bestimmten Fragen, die dem Schiedsverfahren unterworfen worden sind. Obwohl es den zuständigen Behörden unbenommen bleibt, andere ähnliche Fälle (einschließlich von Fällen, die dieselben Personen, aber unterschiedliche Steuerjahre betreffen) auf der Grundlage der Entscheidung zu lösen, besteht keine Verpflichtung hierzu, und jeder Staat ist berechtigt, zur Behandlung dieser Fälle einen anderen Lösungsansatz zu wählen.*

84. [Zulassung von Abweichungen vom Schiedsspruch] *Einige Staaten mögen den Wunsch haben, den zuständigen Behörden zu erlauben, von dem Schiedsspruch abzuweichen, wenn sie sich auf eine andere Lösung verständigen können (s. z. B. Artikel 12 der Europäischen Schiedskonvention). Die Staaten, die dies wollen, sind frei, Satz 3 des Absatzes wie folgt zu ändern:*

> *„. . . Sofern nicht eine Person, die unmittelbar von dem Fall betroffen ist, der Verständigungsvereinbarung, durch die der Schiedsspruch umgesetzt wird, widerspricht oder die zuständigen Behörden und die Personen, die unmittelbar von dem Fall betroffen sind, sich innerhalb von sechs Monaten, nachdem ihnen die Entscheidung übermittelt worden ist, auf eine andere Lösung einigen, ist der Schiedsspruch für beide Staaten verbindlich und ungeachtet der Fristen des innerstaatlichen Rechts durchzuführen."*

85. [Durchführungsvereinbarung] *Der letzte Satz des Absatzes überlässt es den zuständigen Behörden, die Durchführung des Schiedsverfahrens in gegenseitigem Einvernehmen durch eine Verständigungsvereinbarung zu regeln. Einige Gesichtspunkte könnten auch in dem Artikel selbst, in einem Protokoll oder durch Austausch diplomatischer Noten geregelt werden. Welche Form die Vereinbarung auch immer annimmt, sie sollte die strukturellen und verfahrensmäßigen Regeln, die bei der Anwendung des Absatzes zu befolgen sind, festlegen und dabei das Erfordernis, dass der Schiedsspruch für beide Seiten verbindlich ist, beachten. Im Idealfall sollte die Vereinbarung gleichzeitig mit dem Abkommen ausgearbeitet werden, so dass sie, unmittelbar nachdem der Absatz in Kraft tritt, unterzeichnet und angewendet werden kann. Es wäre außerdem ratsam, sie zu veröffentlichen, da sie die Einzelheiten des Verfahrens festlegt, die zu beachten sind, um ungelöste Fragen einer Schiedsentscheidung zuzuführen. Ein Muster einer solchen Vereinbarung ist zusammen mit Kommentaren zu den Verfahrensregeln im Anhang beigefügt.*

Nutzung anderer ergänzender Streitbeilegungsmechanismen

86. [Mediation] *Unabhängig davon, ob Absatz 5 in ein Abkommen aufgenommen wird oder ein Schiedsverfahren in anderer Weise unter Anwendung des in Ziffer 69 beschriebenen Verfahrens durchgeführt wird, können natürlich als Teil einer Verständigungsvereinbarung andere ergänzende Streitbeilegungsmechanismen als ein Schiedsverfahren ad hoc angewendet werden. Besteht Uneinigkeit über die Schlüssigkeit der Auffassungen der beiden zuständigen Behörden, so könnte es hilfreich sein, wenn die Streitfragen des Falles durch einen Vermittler geklärt würden. In diesem Fall hört der Vermittler die Positionen beider Seiten und übermittelt eine Einschätzung der Stärken und Schwächen jeder Seite. Dies hilft jeder Seite, ihre eigene Auffassung und die Auffassung der Gegenseite besser zu verstehen. Einige Steuerverwaltungen nutzen heute die Mediation erfolgreich, um interne Streitigkeiten beizulegen; die Erstreckung solcher Techniken auf Verständigungsverfahren könnte nützlich sein.*

87. [Sachverständigengutachten] *Wenn die Streitfrage rein tatsächlicher Art ist, könnte der Fall einem Sachverständigen vorgelegt werden, dessen Auftrag einfach darin besteht, die erforderlichen tatsächlichen Ermittlungen durchzuführen. Dies geschieht häufig in Gerichtsverfahren, wenn Angelegenheiten tatsächlicher Art an eine unabhängige Person überwiesen werden, die die tatsächlichen Feststellungen trifft und dann dem Gericht übermittelt. Anders als der Streitbeilegungsmechanismus nach Absatz 5 sind diese Verfahren für die Parteien nicht verbindlich; gleichwohl können sie aber hilfreich sein, um zu einer Entscheidung zu kommen, bevor eine Frage nach Absatz 5 dem Schiedsverfahren zu unterworfen wäre.*

Verhältnis des Verständigungsverfahrens zum Verfahren zur Streitbeilegung nach dem Allgemeinen Übereinkommen über den Handel mit Dienstleistungen

*88. **[Besondere Schwierigkeiten]** Die Anwendung des Allgemeinen Übereinkommens über den Handel mit Dienstleistungen (GATS), das am 1. Januar 1995 in Kraft getreten ist und das alle Mitgliedstaaten unterzeichnet haben, wirft im Hinblick auf das Verständigungsverfahren besondere Schwierigkeiten auf.*

*89. **[Anwendungsbereich]** Artikel XXII Abs. 3 GATS sieht vor, dass Meinungsverschiedenheiten über die Anwendung des Artikels XVII der Übereinkunft, der eine Regelung zur Inländerbehandlung enthält, nicht in den in Artikel XXII und XXIII des Übereinkommens vorgesehenen Konsultations- und Streitbeilegungsverfahren zu behandeln ist, wenn die streitige Maßnahme „in den Geltungsbereich eines zwischen ihnen geschlossenen Abkommens zur Vermeidung der Doppelbesteuerung fällt" (z. B. ein Steuerabkommen). Für Meinungsverschiedenheiten darüber, ob eine Maßnahme „in den Geltungsbereich" eines derartigen Abkommens fällt, sieht Absatz 3 weiter vor, dass es jedem beteiligten Staat freisteht, die Angelegenheit vor den Rat für den Handel und Dienstleistungen zu bringen, der die Angelegenheit einem Schiedsgericht unterbreitet. Eine Fußnote zu Absatz 3 enthält jedoch die wichtige Ausnahme: Bezieht sich der Streit auf eine internationale Vereinbarung, die „bei In-Kraft-Treten des Übereinkommens besteht", so kann die Angelegenheit nur mit Zustimmung der beiden Vertragsstaaten vor den Rat für Handel und Dienstleistungen gebracht werden.*

*90. **[Zwei Sonderprobleme]** Dieser Absatz wirft im Hinblick auf Steuerabkommen zwei Sonderprobleme auf.*

*91. **[Abkommen vor und nach In-Kraft-Treten des GATS]** Erstens sieht die Fußote eine unterschiedliche Behandlung von Steuerabkommen vor, die vor und nach dem In-Kraft-Treten von GATS abgeschlossen wurden; dies kann als unangemessen angesehen werden, vor allem wenn ein vor dem In-Kraft-Treten von GATS bestehendes Abkommen später neu verhandelt wird oder wenn zu einem zu jener Zeit bestehenden Abkommen nach diesem Zeitpunkt ein Protokoll abgeschlossen wird.*

*92. **[„Geltungsbereich"]** Zweitens ist der Ausdruck „in den Geltungsbereich … fallen" in sich zweideutig; dies zeigt sich darin, dass Artikel XXII Abs. 3 GATS ein Schiedsverfahren und eine Klausel einschließt, die bereits früher bestehende Abkommen ausnimmt, wenn Meinungsverschiedenheiten über seine Tragweite entstehen. Nun kann kein Land nach Treu und Glauben[1] behaupten, eine Steuer, auf die keine der Bestimmungen eines Abkommens anzuwenden ist, falle in den Anwendungsbereich dieses Abkommens; unklar ist dagegen, ob die Klausel alle Maßnahmen in Bezug auf solche Steuern abdeckt, für die alle Bestimmungen des Steuerabkommens gelten, oder auch in Bezug auf solche Steuern, für die nur einige Bestimmungen des Abkommens gelten.*

*93. **[Konsultationen]** Die Vertragsstaaten können solche Schwierigkeiten beheben, indem sie zweiseitig den Anwendungsbereich der Fußnote 3 zu Artikel XXII Abs. 3 GATS auf Abkommen erstrecken, die nach dem Inkrafttreten von GATS geschlossen werden. Solche zweiseitigen Erstreckungen, die die Verpflichtungen der Vertragsstaaten nach GATS ergänzen, aber keinesfalls verletzen, könnten mit folgendem Wortlaut in das Abkommen aufgenommen werden:*

---

[1] Die Verpflichtung, Verträge nach Treu und Glauben zu erfüllen und auszulegen, wird in Art. 26 und 31 des Wiener Übereinkommens über das Recht der Verträge ausdrücklich anerkannt; die in Artikel XXII Abs. 3 GATS enthaltene Ausnahme bezieht sich mithin nur auf Streitigkeiten, die sich im Rahmen von Treu und Glauben halten.

„Für die Zwecke des Artikels XXII Abs. 3 (Konsultationen) des Allgemeinen Übereinkommens über den Handel mit Dienstleistungen kommen die Vertragsstaaten überein, dass abweichend von diesem Absatz Meinungsverschiedenheiten darüber, ob eine Maßnahme in den Geltungsbereich dieses Abkommens fällt, nach dem genannten Absatz nur mit Zustimmung beider Vertragsstaaten vor den Rat für den Handel mit Dienstleistungen gebracht werden können. Zweifel über die Auslegung dieses Absatzes sind nach Artikel 25 Absatz 3 (Verständigungsverfahren) oder, falls dieses nicht zur Einigung führt, in einem von den Vertragsstaaten zu vereinbarenden Verfahren zu beseitigen."

94. [Andere Handels- und Investitionsabkommen] *Ähnliche Probleme können in Bezug auf andere zweiseitige oder multilaterale Handels- oder Investitionsabkommen entstehen. Die Vertragsstaaten können in ihren zweiseitigen Verhandlungen die oben vorgeschlagene Bestimmung abändern, um zu sichern, dass Fragen in Bezug auf die unter das Steuerabkommen fallenden Steuern durch das Verständigungsverfahren und nicht in den Verfahren zur Streitentscheidung geregelt werden, die derartige Abkommen vorsehen.*

Bemerkung zum Kommentar

95. Ungarn *teilt die Auslegung in* Artikel 25 Ziffer 27 MK *nicht in vollem Umfang und ist nicht in der Lage, ein Verständigungsverfahren zu führen, wenn ein ungarisches Gericht in einem Fall bereits zur Sache entschieden hat.*

Vorbehalte zum Artikel

96. *Die* ***Türkei*** *behält sich zu Absatz 1 eine Bestimmung vor, nach der der Fall ihrer zuständigen Behörde innerhalb einer Frist von fünf Jahren nach Abschluss des betreffenden Steuerjahres vorgelegt werden muss. Ist jedoch die Mitteilung im letzten Jahr dieser Frist gemacht worden, so muss der Antrag innerhalb eines Jahres nach der Mitteilung gestellt werden.*

97. Großbritannien *macht einen Vorbehalt zum letzten Satz von Absatz 1, da er mit der 6-Jahres-Frist seines innerstaatlichen Rechts im Widerspruch steht.*

98. **[ab 22.7.2010:** ***Chile],*** ***Griechenland, Italien, Mexiko, Polen, Portugal*** **[bis 14.7.2014:** ***die Slowakei,]*** **[bis 21.7.2010:** ***Spanien,]*** *und die* ***Schweiz*** *machen einen Vorbehalt zum zweiten Satz des Absatzes 2. Diese Staaten sind der Auffassung, dass für die aus der Durchführung eines Verständigungsverfahrens resultierenden Steuerentlastungen oder Steuererstattungen die in ihrem innerstaatlichen Recht vorgesehenen Fristen gelten müssen.*

99. *Die* ***Türkei*** *macht einen Vorbehalt zum zweiten Satz des Absatzes 2. Die türkische Gesetzgebung verlangt, dass Steuererstattungen, wie auch die Steuerveranlagung selbst, innerhalb einer bestimmten Frist abgewickelt werden. Nach diesen Bestimmungen teilt die Steuerverwaltung, wenn sie einen Erstattungsantrag als zulässig erachtet, dies dem Steuerpflichtigen mit, der hierauf innerhalb eines Jahres vom Erhalt der Mitteilung an gerechnet seinen Anspruch geltend machen kann. Unternimmt der Steuerpflichtige innerhalb dieser Frist nichts, so verwirkt er das Recht auf Erstattung. Das Gleiche gilt für richterliche Entscheidungen, die eine Erstattung zur Folge haben. Daher muss die* ***Türkei*** *für die Durchsetzung der Verständigungsergebnisse die gleiche Frist wie für Erstattungen setzen. Die* ***Türkei*** *behält sich deshalb vor, in zweiseitigen Abkommen eine bestimmte Frist für die Durchführung vorzusehen.*

100. Kanada *behält sich vor, eine Vorschrift* **[bis 14.7.2014:** *(s.* Artikel 9 Ziffer 10 MK*)* **ab 15.7.2014:]** *similar to a provision as referred to in paragraph 10 of the Commentary on Article 9 aufzunehmen, die in wirksamer Weise eine Frist setzt, innerhalb derer ein Vertragsstaat* **[bis 14.7.2014:** *verpflichtet ist, eine angemessene Gegenberichtigung vorzunehmen, nachdem in dem anderen Vertragsstaat die Gewinne des Unternehmens nach oben berichtigt worden sind* **ab 15.7.2014:]** *can make an adjustment to the profits of an enterprise.*

101. Ungarn *macht einen Vorbehalt zum letzten Satz des Absatzes 1, da es nicht in der Lage ist, ein Verständigungsverfahren durchzuführen, wenn ein Ersuchen nach Ablauf der Verjährungsfrist gemäß seinem innerstaatlichen Recht an seine zuständige Behörde gerichtet wird.*

Anhang: Mustervereinbarung

1. *Die folgende Mustervereinbarung können die zuständigen Behörden als Grundlage für eine Verständigungsvereinbarung zur Durchführung des in Artikel 25 Abs. 5 vorgesehenen Schiedsverfahrens verwenden (s. Ziffer 85). In den nachfolgenden Ziffern 2 bis 43 werden die einzelnen Bestimmungen der Mustervereinbarung erörtert, und in einigen Fällen werden Alternativlösungen vorgestellt. Den zuständigen Behörden steht es selbstverständlich frei, Bestimmungen der Vereinbarung zu ändern oder wegzulassen oder andere Bestimmungen hinzuzufügen, wenn sie ihre zweiseitige Vereinbarung treffen.*

Verständigungsvereinbarung zur Durchführung des Artikels 25 Absatz 5

Die zuständigen Behörden von [Staat A] und [Staat B] haben folgende Verständigungsvereinbarung getroffen, um die Durchführung des Schiedsverfahrens, das in Artikel 25 Absatz 5 des am [Datum des Inkrafttretens] in Kraft getretenen [Bezeichnung des Abkommens] vorgesehen ist, zu regeln. Die zuständigen Behörden können diese Vereinbarung durch einen Briefwechsel ändern oder ergänzen.

1. Antrag auf Einleitung des Schiedsverfahrens. *Ein Antrag, ungelöste Fragen eines Verständigungsfalles nach Artikel 25 Absatz 5 des Abkommens dem Schiedsverfahren zu unterwerfen, (Antrag auf Einleitung des Schiedsverfahrens) bedarf der Schriftform und ist bei einer der zuständigen Behörden einzureichen. Der Antrag muss ausreichende Angaben zur Identifizierung des Falles enthalten. Dem Antrag ist die schriftliche Erklärung jeder Person, die den Verständigungsfall unterbreitet hat oder von dem Fall unmittelbar betroffen ist, beizufügen, dass bisher zu denselben Fragen keine Gerichtsentscheidung in den beiden Staaten ergangen ist. Innerhalb von 10 Tagen nach Eingang des Antrags hat die zuständige Behörde, bei der er eingegangen ist, der anderen zuständigen Behörde eine Abschrift des Antrags und der begleitenden Erklärungen zu übersenden.*

2. Antragsfrist. *Der Antrag auf Einleitung des Schiedsverfahrens ist nur zulässig nach Ablauf von 2 Jahren ab dem Tag, an dem ein Fall, der der zuständigen Behörde eines Vertragsstaats nach Artikel 25 Absatz 1 unterbreitet worden ist, auch der zuständigen Behörde des anderen Vertragsstaats unterbreitet worden ist. Zu diesem Zweck wird ein Fall als der zuständigen Behörde des anderen Staats unterbreitet angesehen, wenn ihr die folgenden Angaben übermittelt worden sind: (die erforderlichen Angaben und Urkunden werden im Einzelnen in der Vereinbarung aufgeführt werden).*

3. Entscheidungsvorlage. *Innerhalb von 3 Monaten, nachdem der Antrag auf Einleitung des Schiedsverfahrens beiden zuständigen Behörden zugegangen ist, haben sich die zuständigen Behörden über die Fragen, die durch das Schiedsgericht zu lösen sind, zu einigen und sie dem Antragsteller schriftlich zu übermitteln. Sie bilden die Entscheidungsvorlage für den Fall. Ungeachtet der folgenden Absätze dieser Vereinbarung können die zuständigen Behörden in der Entscheidungsvorlage auch Verfahrensregeln vorgeben, die zu den Verfahrensregeln, die diese Absätze vorsehen, hinzutreten oder von ihnen abweichen, und andere Fragen behandeln, die ihnen angemessen erscheinen.*

4. Versäumnis der Übermittlung der Entscheidungsvorlage. *Wenn die Entscheidungsvorlage dem Antragsteller nicht innerhalb der in Absatz 3 genannten Frist übermittelt worden ist, können dieser und jede zuständige Behörde innerhalb eines Monats nach Ablauf dieser Frist einander schriftlich eine Aufstellung der Fragen, die im Schiedsverfahren zu lösen sind, übermitteln. Alle so übermittelten Aufstellungen stellen die vorläufige Entscheidungsvorlage dar. Innerhalb eines Monats, nachdem alle Schiedsrichter nach Maßgabe der Nr. 5 berufen worden sind, werden die Schiedsrichter den zuständigen Behörden und dem An-*

tragsteller auf der Grundlage der übermittelten Aufstellungen eine überarbeitete Fassung der vorläufigen Entscheidungsvorlage übermitteln. Innerhalb eines Monats, nachdem sie die überarbeitete vorläufige Entscheidungsvorlage erhalten haben, haben die zuständigen Behörden die Möglichkeit, sich auf eine andere Entscheidungsvorlage zu einigen und diese den Schiedsrichtern und dem Antragsteller zu übermitteln. Wenn sie dies innerhalb der Frist tun, ist diese abweichende Entscheidungsvorlage für den Fall maßgebend. Wenn sich die zuständigen Behörden nicht auf eine andere Entscheidungsvorlage einigen und diese schriftlich innerhalb der Frist übermitteln, ist die von den Schiedsrichtern vorbereitete Entscheidungsvorlage für den Fall maßgebend.

5. Auswahl der Schiedsrichter. *Innerhalb von 3 Monaten, nachdem der Antragsteller die Entscheidungsvorlage erhalten hat, oder, falls Absatz 4 anzuwenden ist, innerhalb von 4 Monaten, nachdem der Antrag auf Einleitung des Schiedsverfahrens beiden zuständigen Behörden zugegangen ist, beruft jede zuständige Behörde einen Schiedsrichter. Innerhalb von 2 Monaten nach der letzten Berufung, berufen die so ernannten Schiedsrichter als Vorsitzenden einen dritten Schiedsrichter. Wenn eine Berufung nicht innerhalb der geforderten Zeit erfolgt, werden noch nicht berufene Schiedsrichter innerhalb von 10 Tagen ab Eingang eines entsprechenden Ersuchens des Antragstellers durch den Direktor des Zentrums für Steuerpolitik und Steuerverwaltung der OECD berufen. Dasselbe Verfahren gilt mit den notwendigen Anpassungen, wenn es aus irgendeinem Grund nötig wird, nach Beginn des Schiedsverfahrens einen Schiedsrichter zu ersetzen. Wenn die Entscheidungsvorlage nichts anderes vorsieht, wird die Vergütung aller Schiedsrichter … (die Art und Weise der Vergütung der Schiedsrichter sollte hier festgelegt werden; eine Möglichkeit wäre, auf die Methode, die in dem Verhaltenskodex zur Europäischen Schiedskonvention angewandt wird, zu verweisen)*

6. Vereinfachtes Schiedsverfahren. *Wenn die zuständigen Behörden dies in der Entscheidungsvorlage bestimmen (sofern diese nicht nach Absatz 4 nach der Auswahl der Schiedsrichter vereinbart worden ist), gelten ungeachtet der Absätze 5, 11, 15, 16 und 17 dieser Vereinbarung für einen Fall folgende Regeln:*

a) Innerhalb eines Monats, nachdem der Antragsteller die Entscheidungsvorlage erhalten hat, berufen die zuständigen Behörden in gegenseitigem Einvernehmen einen Schiedsrichter. Wenn der Schiedsrichter bis zum Ablauf dieser Frist nicht berufen worden ist, wird er innerhalb von 10 Tagen ab Eingang eines entsprechenden Ersuchens des Antragstellers im Sinne des Absatzes 1 durch den Direktor des Zentrums für Steuerpolitik und Steuerverwaltung der OECD berufen. Die Vergütung des Schiedsrichters wird wie folgt festgesetzt . . . (die Art und Weise der Vergütung sollte hier festgelegt werden; eine Möglichkeit wäre, auf die Methode, die in dem Verhaltenskodex zur Europäischen Schiedskonvention angewandt wird, zu verweisen)

b) Innerhalb von zwei Monaten ab der Berufung des Schiedsrichters unterbreitet jede zuständige Behörde schriftlich ihre eigene Antwort auf die in der Entscheidungsvorlage aufgeführten Fragen.

c) Innerhalb von einem Monat, nachdem der Schiedsrichter die letzte Antwort erhalten hat, entscheidet dieser über jede in der Entscheidungsvorlage aufgeführte Frage in Übereinstimmung mit einer der zwei zu der Frage erhaltenen Antworten und teilt den zuständigen Behörden zusammen mit einer kurzen Entscheidungsbegründung seine Entscheidung mit. Diese Entscheidung wird nach Maßgabe des Absatzes 19 ausgeführt.

7. Qualifikation und Berufung von Schiedsrichtern. *Jede Person einschließlich eines Beamten eines Vertragsstaats kann zum Schiedsrichter berufen werden, sofern die Person nicht in früheren Verfahrensabschnitten mit dem Fall, der zum Schiedsverfahren führt, befasst war. Ein Schiedsrichter wird als berufen angesehen, wenn das Berufungsschreiben sowohl von der Person oder den Personen, die zur Berufung des Schiedsrichters befugt ist bzw. sind, als auch von dem Schiedsrichter selbst unterzeichnet worden ist.*

8. Übermittlung von Informationen und Vertraulichkeit. *Nur für Zwecke der Anwendung der Artikel 25 und 26 und des innerstaatlichen Rechts der Vertragsstaaten hin-*

sichtlich der Übermittlung und der Vertraulichkeit der Informationen, die sich auf den zum Schiedsverfahren führenden Fall beziehen, wird jeder Schiedsrichter als bevollmächtigter Vertreter der zuständigen Behörde, die ihn berufen hat, bestimmt oder, wenn dieser Schiedsrichter nicht ausschließlich von einer zuständigen Behörde berufen worden ist, als bevollmächtigter Vertreter der zuständigen Behörde des Vertragsstaats, der der Fall, der das Schiedsverfahren auslöst, ursprünglich unterbreitet worden war. Wenn der Fall, der das Schiedsverfahren auslöst, ursprünglich beiden zuständigen Behörden gleichzeitig unterbreitet worden war, bezeichnen im Sinne dieser Vereinbarung die Worte „die zuständige Behörde des Vertragsstaats, der der Fall, der das Schiedsverfahren auslöst, ursprünglich unterbreitet worden war" die in Artikel 25 Absatz 1 genannte zuständige Behörde.

9. Versäumnis rechtzeitiger Informationserteilung. *Wenn beide zuständigen Behörden darin übereinstimmen, dass das Unvermögen, den Fall innerhalb der in Artikel 25 Absatz 5 genannten 2-Jahres-Frist zu lösen, hauptsächlich auf das Versäumnis einer unmittelbar von dem Fall betroffenen Person zurückzuführen ist, relevante Informationen rechtzeitig mitzuteilen, können die zuständigen Behörden ungeachtet der Absätze 5 und 6 die Berufung der Schiedsrichter über einen Zeitraum, der der Verzögerung der Informationserteilung entspricht, aufschieben.*

10. Verfahrens- und Beweisregeln. *Vorbehaltlich dieser Vereinbarung und der Entscheidungsvorlage wenden die Schiedsrichter die Verfahrens- und Beweisregeln an, die sie für erforderlich halten, um die in der Entscheidungsvorlage aufgeführten Fragen zu beantworten. Sie haben Zugang zu allen, auch vertraulichen, Informationen, die zur Entscheidung über die dem Schiedsverfahren unterliegenden Fragen erforderlich sind. Wenn die zuständigen Behörden sich nicht anders verständigen, wird eine Information, die beiden zuständigen Behörden nicht zur Verfügung stand, bevor der Schiedsantrag bei beiden einging, für Zwecke der Entscheidung nicht berücksichtigt.*

11. Beteiligung des Antragstellers. *Die Person, die das Schiedsverfahren beantragt hat, kann den Schiedsrichtern ihre Auffassung entweder persönlich oder durch Bevollmächtigte genau so wie im Verständigungsverfahren schriftlich darlegen. Mit Erlaubnis der Schiedsrichter kann sie ihre Auffassung im Schiedsverfahren auch mündlich darlegen.*

12. Logistische Vorkehrungen. *Sofern sich die zuständigen Behörden nicht anders verständigen, obliegen der zuständigen Behörde, der der Fall, der das Schiedsverfahren auslöst, ursprünglich unterbreitet worden war, die logistischen Vorkehrungen für die Treffen des Schiedsgerichts und sie stellt das für die Durchführung des Schiedsverfahrens notwendige Verwaltungspersonal zur Verfügung. Dieses Personal untersteht hinsichtlich einer Angelegenheit, die sich auf dieses Verfahren bezieht, nur dem Vorsitzenden des Schiedsgerichts.*

13. Kosten. *Sofern sich die zuständigen Behörden nicht anders verständigen,*

a) trägt jede zuständige Behörde und die Person, die das Schiedsverfahren beantragt hat, die Kosten, die durch ihre Teilnahme an dem Schiedsverfahren entstehen (einschließlich Reisekosten und Kosten für die Vorbereitung und Abgabe ihrer Stellungnahme);

b) trägt jede zuständige Behörde die Vergütung des Schiedsrichters, den sie allein berufen hat oder der durch den Direktor des Zentrums für Steuerpolitik und Steuerverwaltung der OECD berufen worden ist, weil diese zuständige Behörde es versäumt hat, den Schiedsrichter zu berufen. Dasselbe gilt für die Reise-, Fernverbindungs- und Bürokosten dieses Schiedsrichters;

c) die Vergütungen anderer Schiedsrichter und deren Reise-, Fernverbindungs- und Bürokosten tragen die beiden Vertragsstaaten zu gleichen Teilen;

d) Kosten, die sich auf die Treffen des Schiedsgerichts und auf das für die Durchführung des Schiedsverfahrens notwendige Verwaltungspersonal beziehen, werden von der zuständigen Behörde getragen, der der Fall, der das Schiedsverfahren auslöst, ursprünglich unterbreitet worden war, oder werden zu gleichen Teilen getragen, wenn der Fall in beiden Staaten unterbreitet worden war;

e) alle anderen Kosten (einschließlich Übersetzungs- und Dokumentationskosten), die im Einvernehmen zwischen den beiden zuständigen Behörden aufgewendet werden, werden von beiden Vertragsstaaten zu gleichen Teilen getragen.

14. Anzuwendende Rechtsgrundsätze. *Die Schiedsrichter entscheiden die Fragen, die dem Schiedsverfahren unterliegen, nach den einschlägigen Bestimmungen des Abkommens, und vorbehaltlich dieser Bestimmungen nach den Bestimmungen des innerstaatlichen Rechts der Vertragsstaaten. Fragen der Abkommensauslegung werden von den Schiedsrichtern im Licht der Auslegungsgrundsätze gemäß Artikeln 31 bis 33 des Wiener Übereinkommens über das Recht der Verträge unter Beachtung der Kommentare des OECD-Musterabkommens in der von Zeit zu Zeit revidierten Fassung, wie dies in Ziffern 28 bis 36.1 der Einführung zu dem OECD-Musterabkommen erläutert wird, entschieden. Fragen, die die Anwendung des Fremdvergleichsgrundsatzes betreffen, sollten entsprechend unter Beachtung der OECD-Verrechnungspreisrichtlinien für multinationale Unternehmen und Steuerverwaltungen entschieden werden. Die Schiedsrichter können andere Quellen heranziehen, die die zuständigen Behörden in der Entscheidungsvorlage ausdrücklich benennen.*

15. Schiedsspruch. *Wenn nicht nur ein Schiedsrichter berufen worden ist, ergeht der Schiedsspruch mit einfacher Mehrheit der Stimmen. Sofern in der Entscheidungsvorlage nichts anderes bestimmt ist, wird der Schiedsspruch schriftlich übermittelt und soll die Rechtsgrundlagen, auf denen er beruht, angeben und eine Begründung der Entscheidung enthalten. Mit Zustimmung der Person, die den Antrag auf Einleitung des Schiedsverfahrens gestellt hat, und der beiden zuständigen Behörden, wird die Entscheidung des Schiedsgerichts in redaktionell bearbeiteter Form ohne Nennung der Namen der Beteiligten und ohne Angabe von Einzelheiten, die Rückschlüsse auf ihre Identität zuließen, unter der Voraussetzung, dass sie formal nicht als Präzedenzfall zu werten ist, veröffentlicht.*

16. Frist für die Übermittlung des Schiedsspruchs. *Der Schiedsspruch ist den zuständigen Behörden und der Person, die das Schiedsverfahren beantragt hat, innerhalb von sechs Monaten ab dem Tag zu übermitteln, an dem der Vorsitzende die zuständigen Behörden und die Person, die das Schiedsverfahren beantragt hat, schriftlich benachrichtigt hat, dass er alle für den Beginn der Behandlung des Falles nötigen Informationen erhalten hat. Wenn der Vorsitzende zu einem Zeitpunkt innerhalb von 2 Monaten ab dem Tage, an dem der letzte Schiedsrichter berufen worden ist, mit Zustimmung einer der zuständigen Behörden der anderen zuständigen Behörde und der Person, die das Schiedsverfahren beantragt hat, mitteilt, dass er nicht alle für den Beginn der Behandlung des Falles nötigen Informationen erhalten hat, gilt ungeachtet des Satzes 1 Folgendes:*

a) erhält der Vorsitzende die nötigen Informationen innerhalb von zwei Monaten nach dem Tag, an dem die Mitteilung versandt worden ist, so ist der Schiedsspruch den zuständigen Behörden und der Person, die das Schiedsverfahren beantragt hat, innerhalb von sechs Monaten ab dem Tag zu übermitteln, an dem der Vorsitzende die Informationen erhalten hat, und

b) erhält der Vorsitzende die nötigen Informationen nicht innerhalb von zwei Monaten nach dem Tag, an dem die Mitteilung versandt worden ist, muss der Schiedsspruch, sofern die zuständigen Behörden nichts anderes vereinbaren, ohne Berücksichtigung dieser Informationen ergehen, selbst wenn der Vorsitzende sie später erhält, und ist den zuständigen Behörden und der Person, die das Schiedsverfahren beantragt hat, innerhalb von acht Monaten ab dem Tag zu übermitteln, an dem die Mitteilung versandt worden ist.

17. Versäumnis der Frist für die Übermittlung des Schiedsspruchs. *Falls der Schiedsspruch nicht innerhalb der in Absatz 6 Buchstabe c oder in Absatz 16 vorgesehenen Frist den zuständigen Behörden übermittelt worden ist, können diese die Frist einvernehmlich um nicht mehr als sechs Monate verlängern, und, wenn sie dies nicht innerhalb eines Monats nach dem Ablauf der in Absatz 6 Buchstabe c oder in Absatz 16 vorgesehenen Frist tun, berufen sie einen neuen Schiedsrichter oder neue Schiedsrichter nach Absatz 5 bzw. nach Absatz 6 Buchstabe a.*

18. ***Abschließende Entscheidung.*** *Der Schiedsspruch ist endgültig, es sei denn, dass die Gerichte eines der Vertragsstaaten ihn wegen Verletzung des Artikels 25 Absatz 5 oder einer in der Entscheidungsvorlage oder in dieser Vereinbarung enthaltenen Verfahrensregel, die die Entscheidung bei vernünftiger Betrachtung beeinflusst haben kann, nicht für anwendbar befinden. Wenn die Entscheidung aus einem dieser Gründe für nicht anwendbar befunden wird, wird der Antrag auf Einleitung des Schiedsverfahrens als nicht gestellt und das Schiedsverfahren (außer für Zwecke des Absatzes 8 – Übermittlung von Informationen und Vertraulichkeit – und des Absatzes 13 – Kosten) als nicht stattgefunden angesehen.*

19. ***Durchführung des Schiedsspruchs.*** *Die zuständigen Behörden führen den Schiedsspruch innerhalb von sechs Monaten ab seiner Übermittlung an sie aus, indem sie zu dem Fall, der das Schiedsverfahren ausgelöst hat, eine Verständigungsvereinbarung treffen.*

20. ***Nichtergehen eines Schiedsspruchs.*** *Wenn die zuständigen Behörden ungeachtet der Absätze 6, 15, 16 und 17 zu irgendeinem Zeitpunkt, nachdem der Antrag auf Einleitung des Schiedsverfahrens gestellt worden ist und bevor die Schiedsrichter den zuständigen Behörden und der Person, die das Schiedsverfahren beantragt hat, eine Entscheidung übermittelt haben, den Schiedsrichtern und dieser Person schriftlich mitteilen, dass sie die im Entscheidungsrahmen aufgeführten ungelösten Fragen gelöst haben, wird der Fall als im Verständigungsverfahren gelöst angesehen, und es ergeht kein Schiedsspruch.*

Diese Vereinbarung gilt für Anträge auf Einleitung eines Schiedsverfahrens nach Artikel 25 Absatz 5 des Abkommens, die nach Inkrafttreten dieser Bestimmung gestellt werden.

[Datum der Unterzeichnung der Vereinbarung]

[Unterschrift der zuständigen Behörde jedes Vertragsstaats]

Allgemeiner Lösungsansatz der Mustervereinbarung

2. Zur Gestaltung des Schiedsverfahrens als Ergänzung des Verständigungsverfahrens kommen mehrere Lösungsansätze in Betracht. Nach einem Lösungsansatz, den man als „Methode der unabhängigen Meinung" bezeichnen könnte, würden den Schiedsrichtern auf der Grundlage des anwendbaren Rechts alle Tatsachen und Argumente der Parteien vorgelegt. Sie würden dann auf Grund einer schriftlichen mit Gründen versehenen Analyse der einschlägigen Tatsachen und anwendbaren Rechtsquellen ihre eigene unabhängige Entscheidung treffen.

3. Alternativ würde den zuständigen Behörden nach der so genannten „Methode des letzten besten Angebots" oder „Methode des abschließenden Angebots" aufgegeben, dem Schiedsgericht einen Lösungsvorschlag zu der betreffenden Frage vorzulegen, und das Schiedsgericht würde zwischen den beiden vorgelegten Lösungsvorschlägen entscheiden. Offensichtlich gibt es eine Reihe von Varianten zwischen diesen beiden Methoden. Die Schiedsrichter könnten z. B. eine unabhängige Entscheidung treffen, aber nicht verpflichtet sein, eine schriftlich begründete Entscheidung vorzulegen, sondern nur ihre Schlussfolgerungen. Bis zu einem gewissen Grade hängt die geeignete Methode von der Art der zu entscheidenden Frage ab.

4. Ausgangspunkt der oben aufgeführten Mustervereinbarung ist die „Methode der unabhängigen Meinung"; sie ist die allgemein anzuwendende Verfahrensweise. Aber in Anerkennung der Tatsache, dass viele Fälle, insbesondere solche, in denen es in erster Linie um tatsächliche Fragen geht, am besten anders behandelt werden, sieht sie alternativ auch ein vereinfachtes Verfahren vor, das auf der „Methode des letzten besten Angebots" oder „Methode des abschließenden Angebots" beruht. Die zuständigen Behörden können sich daher von Fall zu Fall auf die Anwendung dieses vereinfachten Verfahrens einigen. Die zuständigen Behörden können natürlich zwischen dieser Kombinationslösung, dem vereinfachten Verfahren als allgemeiner Lösung mit der unter bestimmten Umständen möglichen Option auf die „Methode der unabhängigen Meinung" oder der Beschränkung auf eine der beiden Methoden wählen.

Antrag auf Einleitung des Schiedsverfahrens

__5.__ Absatz 1 der Mustervereinbarung regelt, wie ein Antrag auf Einleitung des Schiedsverfahrens zu stellen ist. Der Antrag sollte schriftlich bei einer der von dem Fall betroffenen zuständigen Behörden gestellt werden. Diese sollte dann die andere zuständige Behörde innerhalb von 10 Tagen ab Eingang des Antrags unterrichten.

__6.__ Um zu entscheiden, ob die Voraussetzungen des Artikels 25 Absatz 5 erfüllt sind (s. Ziffer 76 des Kommentars zu diesem Artikel), sollten dem Antrag Erklärungen beigefügt werden, dass zu diesen Fragen in keinem der Vertragsstaaten bereits eine Gerichtsentscheidung ergangen ist.

__7.__ Da das Schiedsverfahren eine Erweiterung des Verständigungsverfahrens ist und dazu dient, Fälle zu behandeln, die im Verständigungsverfahren nicht gelöst werden konnten, wäre es unangemessen, von dem Antragsteller eine Antragsgebühr oder den Ersatz der Kosten zu verlangen, die den zuständigen Behörden im Lauf des Schiedsverfahrens entstehen. Anders als bei Anträgen eines Steuerpflichtigen auf verbindliche Auskünfte oder andere Arten von Vorabvereinbarungen, für die manchmal Gebühren erhoben werden, obliegt es den Vertragsstaaten, Meinungsverschiedenheiten zwischen sich zu lösen. Sie haben daher grundsätzlich die dadurch entstehenden Kosten zu tragen.

__8.__ Ein Antrag auf Einleitung des Schiedsverfahrens kann nicht gestellt werden vor Ablauf von zwei Jahren ab dem Tag, an dem ein Verständigungsfall, der der zuständigen Behörde eines Vertragsstaats unterbreitet worden war, auch der zuständigen Behörde des anderen Vertragsstaats unterbreitet worden ist. Absatz 2 der Mustervereinbarung sieht zu diesem Zweck vor, dass ein Fall nur dann als der zuständigen Behörde dieses Staats unterbreitet anzusehen ist, wenn dabei die in dem Absatz im Einzelnen genannten Informationen übermittelt worden sind. Der Absatz sollte daher eine Auflistung der erforderlichen Informationen enthalten. Im Allgemeinen sollten diese Informationen den Informationen und Urkunden entsprechen, die für die Beantragung des Verständigungsverfahrens verlangt worden sind.

Entscheidungsvorlage

__9.__ Absatz 3 der Mustervereinbarung bezieht sich auf die Entscheidungsvorlage, das Dokument, das die Fragen aufführt, die die Schiedsrichter zu entscheiden haben. Er ist die Entscheidungsgrundlage für die vom Schiedsgericht zu entscheidenden Fragen und von den zuständigen Behörden zu erstellen, die aber den Wunsch haben können, darüber in diesem Zusammenhang mit dem Antragsteller zu beraten. Wenn sich die zuständigen Behörden nicht innerhalb der in Absatz 3 vorgesehenen Frist über die Entscheidungsvorlage einigen können, sind einige Mechanismen nötig, um den Fortgang des Verfahrens sicher zu stellen. Absatz 4 trifft für diesen Fall Vorsorge.

__10.__ Obwohl die Entscheidungsvorlage im Allgemeinen auf eine bestimmte Frage oder eine Reihe von Fragen beschränkt ist, können die zuständigen Behörden je nach Art des Falles und dem Zusammenhang zwischen den Fragen die Entscheidungsvorlage auch so abfassen, dass der gesamte Fall (und nicht nur bestimmte Fragen) dem Schiedsverfahren unterworfen wird.

__11.__ Die Verfahrensregeln, die in der Mustervereinbarung vorgesehen sind, sind anzuwenden, sofern nicht die zuständigen Behörden in der Entscheidungsvorlage etwas anderes regeln. Den zuständigen Behörden ist es daher möglich, in der Entscheidungsvorlage von diesen Regeln abzuweichen oder im Einzelfall zusätzliche Verfahrensregeln festzulegen.

Vereinfachtes Verfahren

__12.__ Das Verfahren, das in der Mustervereinbarung vorgesehen ist, ermöglicht die Behandlung von rechtlichen und tatsächlichen Fragen sowie von Fragen gemischter Art. Im Allgemeinen ist es ratsam, dass die Schiedsrichter ihre Entscheidung mit den Gründen untermau-

ern, die zu ihr geführt haben. Es kann ratsam sein, die Methode, mit der sie zu der Entscheidung gelangt sind, aufzuzeigen, um die Akzeptanz der Entscheidung sicher zu stellen.

13. *In einigen Fällen werden die ungelösten Fragen vornehmlich tatsächlicher Art sein, und die Entscheidung wird einfach eine abschließende Feststellung sein, z. B. die Festlegung des Betrags der Berichtigung der Einkünfte oder Abzüge der betroffenen verbundenen Personen. Solche Umstände werden sich häufig in Verrechnungspreisfällen ergeben, in denen die ungelöste Frage einfach die Bestimmung eines Fremdpreises oder einer Bandbreite von Preisen ist (es gibt aber andere Verrechnungspreisfälle mit schwierigen tatsächlichen Fragen). In anderen Fällen mag Entsprechendes gelten, z. B. die Feststellung des Bestehens einer Betriebstätte. In einigen Fällen kann die Entscheidung die Feststellung der tatsächlichen Voraussetzungen sein, auf die die zuständigen Behörden dann die geeigneten Rechtsgrundsätze anwenden sollten. Absatz 5 der Mustervereinbarung sieht ein vereinfachtes Verfahren vor, das die zuständigen Behörden in diesen Fällen anwenden können. Dieses Verfahren, das dann den anderen Verfahrensregeln der Mustervereinbarung vorgeht, nimmt die Form der Schiedsentscheidung auf Grund „des letzten besten Angebots" oder „des abschließenden Angebots" an. Danach ist jede zuständige Behörde verpflichtet, einem einvernehmlich bestellten Schiedsrichter ihre eigene Antwort zu den in der Entscheidungsvorlage aufgeführten Fragen zu geben, und der Schiedsrichter wählt einfach eine der ihm vorgelegten Antworten aus. Die zuständigen Behörden können das vereinfachte Verfahren wie die meisten Verfahrensregeln durch die auf einen bestimmten Fall anzuwendende Entscheidungsvorlage abändern oder ergänzen.*

Auswahl der Schiedsrichter

14. *Absatz 5 der Mustervereinbarung beschreibt, wie die Schiedsrichter ausgewählt werden, sofern nicht die Entscheidungsvorlage für einen bestimmten Fall etwas anderes vorsieht (z. B. indem er das vereinfachte Verfahren im Sinne des vorstehenden Absatzes oder mehr als einen durch jede zuständige Behörde zu bestellenden Schiedsrichter vorsieht). Im Regelfall wird jede zuständige Behörde einen Schiedsrichter berufen. Diese Berufungen müssen innerhalb von drei Monaten, nachdem der Antragsteller die Entscheidungsvorlage erhalten hat, erfolgen (eine andere Frist gilt für Fälle, in denen die zuständigen Behörden sich nicht innerhalb der geforderten Frist auf die Entscheidungsvorlage einigen). Die so berufenen Schiedsrichter berufen einen Vorsitzenden; er muss innerhalb von zwei Monaten ab der letzten anfänglichen Berufung berufen werden. Wenn die zuständigen Behörden während der geforderten Frist keinen Schiedsrichter berufen oder wenn die berufenen Schiedsrichter innerhalb der geforderten Frist keinen dritten Schiedsrichter berufen, sieht der Absatz vor, dass die Berufung von dem Direktor des Zentrums für Steuerpolitik und -verwaltung der OECD vorgenommen wird. Die zuständigen Behörden können selbstverständlich für diese seltenen Fälle auf andere Weise vorsorgen; es erscheint jedoch wichtig dafür zu sorgen, dass eine unabhängige Berufungsstelle einen Stillstand bei der Auswahl der Schiedsrichter löst.*

15. *Es ist nicht nötig, dass die Vereinbarung besondere Eigenschaften der Schiedsrichter festlegt; denn es liegt im Interesse der zuständigen Behörden, dass qualifizierte und passende Personen als Schiedsrichter tätig werden, und im Interesse der Schiedsrichter, einen qualifizierten Vorsitzenden zu haben. Jedoch wäre es möglich, eine Liste geeigneter Schiedsrichter zu erstellen, um das Berufungsverfahren zu erleichtern; diese Aufgabe könnte von dem Fiskalausschuss der OECD übernommen werden. Es ist wichtig, dass der Vorsitzende des Gremiums für die Art von Verfahrens-, Beweis- und Logistikfragen, die wahrscheinlich während des Schiedsverfahrens auftauchen, Erfahrungen mitbringt und auch mit steuerlichen Fragen vertraut ist. Es kann von Vorteil sein, Vertreter jedes Vertragsstaats zu Schiedsrichtern zu berufen; denn sie würden mit Fragen dieser Art vertraut sein. Es sollte deshalb möglich sein, Beamte in das Gremium zu berufen, die nicht unmittelbar mit dem Fall befasst waren. Sobald ein Schiedsrichter bestellt ist, sollte klar sein, dass seine Rolle darin besteht, über den Fall in neutraler und objektiver Weise zu entscheiden; er hat nicht länger die Funktion eines Vertreters der Interessen des Landes, das ihn berufen hat.*

16. *Absatz 9 der Mustervereinbarung sieht den Aufschub der Berufung der Schiedsrichter vor, wenn die zuständigen Behörden einig sind, dass das Unvermögen, innerhalb der Frist von zwei Jahren zu einer Verständigungsvereinbarung zu gelangen, hauptsächlich der mangelnden Mitwirkung einer unmittelbar von dem Fall betroffenen Person zuzuschreiben ist. In diesem Fall besteht die Lösung der Mustervereinbarung darin, den zuständigen Behörden zu gestatten, die Berufung der Schiedsrichter über einen Zeitraum, der der ungebührlichen Verzögerung der Übermittlung relevanter Informationen entspricht, aufzuschieben. Falls diese Informationen noch nicht erteilt worden sind, wenn der Antrag auf Einleitung des Schiedsverfahrens gestellt wird, läuft der Zeitraum, der der Verzögerung der Informationserteilung entspricht, so lange, bis die Informationen schließlich erteilt werden. Wenn die zuständigen Behörden jedoch die Informationen, die zur Lösung des Falles benötigt werden, nicht erhalten, hindert sie nichts daran, den Fall auf der Grundlage der ihnen zur Verfügung stehenden begrenzten Informationen zu lösen und auf diese Weise den Zugang zum Schiedsverfahren auszuschließen. Es wäre auch möglich, in der Vereinbarung festzulegen, dass, wenn der Steuerpflichtige nicht innerhalb einer zusätzlichen Frist (z. B. ein Jahr) immer noch nicht die für die angemessene Prüfung der Frage erforderlichen Informationen geliefert hat, die Frage nicht mehr dem Schiedsverfahren unterworfen werden muss.*

Informationserteilung und Vertraulichkeit

17. *Es ist wichtig, dass die Schiedsrichter vollen Zugang zu den Informationen haben, die zur Lösung der dem Schiedsverfahren unterworfenen Fragen benötigt werden. Sie sollten aber gleichzeitig denselben strengen Vertraulichkeitserfordernissen hinsichtlich dieser Informationen unterliegen, die für die zuständigen Behörden selbst gelten. Die zu diesem Zweck vorgeschlagene Lösung, die in Absatz 8 der Mustervereinbarung verankert ist, besteht darin, die Schiedsrichter zu bevollmächtigten Vertretern der zuständigen Behörden zu machen. Dies gilt jedoch nur für Zwecke der Anwendung der einschlägigen Bestimmungen des Abkommens (d. h. die Artikel 25 und 26) und der Bestimmungen des innerstaatlichen Rechts der Vertragsstaaten, die gewöhnlich die Sanktionen für die Verletzung der Vertraulichkeit einschließen. Die Bestellung des Schiedsrichters zu einem bevollmächtigten Vertreter einer zuständigen Behörde würde typischerweise in dem Berufungsschreiben erfolgen, kann aber ein anderes Vorgehen erfordern, wenn das innerstaatliche Recht dies verlangt oder der Schiedsrichter nicht durch eine zuständige Behörde berufen wird.*

Verfahrens- und Beweisregeln

18. *Die einfachste Art, die Verfahrens- und Beweisregeln festzulegen, die für das Schiedsverfahren gelten sollen und noch nicht in der Vereinbarung oder in der Entscheidungsvorlage festgelegt sind, besteht darin, es den Schiedsrichtern zu überlassen, diese Regeln ad hoc zu entwickeln. Dabei steht es den Schiedsrichtern frei, auf bestehende Schiedsverfahren zurückzugreifen wie etwa die Regeln der Internationalen Handelskammer, die viele dieser Fragen behandeln. Es sollte in den Verfahrensregeln klar gestellt werden, dass das Schiedsgericht seine Entscheidung grundsätzlich auf das Tatsachenmaterial stützen wird, das im Verständigungsverfahren zu Tage getreten ist. Nur in besonderen Situationen wird es dem Schiedsgericht erlaubt sein, Tatsachen zu ermitteln, die in früheren Stadien des Falles nicht zu Tage getreten sind.*

19. *Absatz 10 der Mustervereinbarung folgt diesem Ansatz. Daher werden Entscheidungen über Termin und Gestaltung der Treffen des Schiedsgerichts von den Schiedsrichtern getroffen, wenn die Entscheidungsvorlage nichts anderes vorsieht. Ferner gilt: Während die Schiedsrichter Zugang zu allen Informationen einschließlich vertraulicher Informationen haben, die nötig sind, um die dem Schiedsverfahren unterliegenden Fragen zu entscheiden, werden alle Informationen, die den beiden zuständigen Behörden nicht zur Verfügung standen, von den Schiedsrichtern nicht berücksichtigt, sofern die zuständigen Behörden nichts anderes vereinbaren.*

Beteiligung des Steuerpflichtigen an dem ergänzenden Schiedsverfahren

20. *Absatz 11 der Mustervereinbarung sieht vor, dass die Person, die das Schiedsverfahren beantragt hat, berechtigt ist, entweder selbst oder durch Vertreter den Schiedsrichtern eine schriftliche Stellungnahme vorzulegen und während eines Treffens der Schiedsrichter mit deren Zustimmung eine mündliche Stellungnahme abzugeben.*

Praktische Vorkehrungen

21. *Für den tatsächlichen Ablauf des Schiedsverfahrens werden eine Reihe von praktischen Vorkehrungen zu treffen sein. Sie betreffen den Ort der Treffen, die Verfahrenssprache und mögliche Übersetzungseinrichtungen, die Protokollführung, die Behandlung praktischer Einzelheiten wie Einreichung von Dokumenten usw.*

22. *Was den Ort und die logistischen Vorkehrungen für die Treffen des Schiedsgerichts betrifft, besteht die einfachste Lösung darin, die Behandlung dieser Fragen der zuständigen Behörde zu überlassen, der der das Schiedsverfahren auslösende Fall ursprünglich unterbreitet worden war. Diese sollte daher das Verwaltungspersonal, das für die Führung des Schiedsverfahrens nötig ist, zur Verfügung stellen. Diese Lösung wird in Absatz 12 der Mustervereinbarung vorgeschlagen. Es wird davon ausgegangen, dass die zuständige Behörde für diese Zwecke Einrichtungen und Arbeitskräfte einsetzt, die ihr bereits zur Verfügung stehen. Die beiden zuständigen Behörden sind aber berechtigt, sich auf etwas anderes zu verständigen (sie können z. B. ein anderes Treffen an einem anderen Ort, an dem die beiden zuständigen Behörden und die Schiedsrichter teilnehmen, nutzen).*

23. *Es ist vorgesehen, dass das Personal, das für die Führung des Schiedsverfahrens zur Verfügung gestellt wird, in Bezug auf Angelegenheiten, die sich auf das Verfahren beziehen, nur dem Vorsitzenden des Schiedsgerichts untersteht.*

24. *Die Verfahrenssprache und die Frage, ob für Übersetzungseinrichtungen und ggf. für welche gesorgt werden sollte, sind Angelegenheiten, die im Normalfall in der Entscheidungsvorlage behandelt werden sollten. Es kann aber sein, dass die Notwendigkeit einer Übersetzung oder Aufzeichnung sich erst nach Beginn des Verfahrens ergibt. In diesem Fall sind die zuständigen Behörden berechtigt, sich hierüber zu verständigen. Kommt es nicht zu einer solchen Verständigung, könnten die Schiedsrichter auf Ersuchen einer zuständigen Behörde und nach Maßgabe des Absatzes 10 der Mustervereinbarung entscheiden, dass eine Übersetzung oder Aufzeichnung erfolgt. In diesem Fall wären jedoch die dadurch entstehenden Kosten von der ersuchenden Partei zu tragen (s. unten unter „Kosten").*

25. *Andere praktische Einzelheiten (z. B. Bekanntgabe und Einreichen von Dokumenten) sollten in ähnlicher Weise behandelt werden. Sie sollten daher durch Verständigung zwischen den zuständigen Behörden (im Idealfall in der Entscheidungsvorlage), und bei Scheitern einer solchen Verständigung durch Entscheidung der Schiedsrichter geregelt werden.*

Kosten

26. *Im Zusammenhang mit dem Schiedsverfahren können unterschiedliche Kosten entstehen. Es sollte klar sein, wer diese Kosten trägt. Absatz 13 der Mustervereinbarung, der diese Frage behandelt, beruht auf dem Grundsatz, dass, wenn eine zuständige Behörde oder eine an dem Fall beteiligte Person die Höhe bestimmter Kosten in der Hand hat, sie diese Kosten auch tragen sollte, und dass andere Kosten zu gleichen Teilen von den zuständigen Behörden getragen werden sollten.*

27. *Es erscheint daher folgerichtig vorzusehen, dass jede zuständige Behörde sowie die Person, die das Schiedsverfahren beantragt hat, für die eigene Beteiligung an dem Schiedsverfahren zahlen sollte. Dies umfasst die Kosten der Vertretung bei den Treffen und der Vorbereitung und Darlegung von Auffassungen und Argumenten, gleichgültig ob dies schriftlich oder mündlich geschieht.*

28. Die Vergütungen der Schiedsrichter werden wahrscheinlich einer der größten Kostenposten des Schiedsverfahrens sein. Jede zuständige Behörde wird die Vergütung des Schiedsrichters tragen, der ausschließlich von ihr (oder wegen ihres Versäumnisses, diesen Schiedsrichter zu bestellen, von dem Direktor des Zentrums für Steuerpolitik und -verwaltung der OECD) bestellt worden ist, sowie die Reise-, Fernverbindungs- und Bürokosten dieses Schiedsrichters.

29. Die Vergütungen und die Reise-, Fernverbindungs- und Bürokosten der anderen Schiedsrichter werden jedoch von den beiden zuständigen Behörden zu gleichen Teilen getragen. Die zuständigen Behörden werden sich im Normalfall zu dem Zeitpunkt, zu dem die Schiedsrichter bestellt werden, über die aufzuwendenden Kosten einigen, und dies würde typischerweise in dem Berufungsschreiben bestätigt werden. Die Vergütungen sollten hoch genug sein, um sicher zu stellen, dass angemessen qualifizierte Experten gewonnen werden können. Eine Möglichkeit bestünde darin, eine ähnliche Vergütungsstruktur zu verwenden wie nach dem Verhaltenskodex zur Schiedskonvention der Europäischen Union.

30. Die Kosten, die sich auf die Treffen des Schiedsgerichts beziehen, einschließlich der Kosten für das zur Führung des Schiedsverfahrens notwendige Verwaltungspersonal, sollten von der zuständigen Behörde getragen werden, der der das Schiedsverfahren auslösende Fall ursprünglich unterbreitet worden war, solange diese zuständige Behörde diese Treffen zu organisieren und das Verwaltungspersonal zur Verfügung zu stellen hat (s. Absatz 12 der Mustervereinbarung). In den meisten Fällen wird diese zuständige Behörde Sitzungsräume und Arbeitskräfte verwenden, über die sie bereits verfügt, und es wäre nicht tunlich zu versuchen, einen Teil dieser Kosten der anderen zuständigen Behörde aufzuerlegen. Zu den Kosten, die sich auf die Treffen des Schiedsgerichts beziehen, gehören jedoch eindeutig nicht die Reise- und Unterbringungskosten der Teilnehmer; diese werden oben behandelt.

31. Die anderen Kosten (ausschließlich der Kosten, die durch die Beteiligung des Steuerpflichtigen an dem Verfahren entstehen) sollten zu gleichen Teilen von den beiden zuständigen Behörden getragen werden, sofern sie sich geeinigt haben, diese Kosten aufzuwenden. Dies würde Kosten für Übersetzungen und Aufzeichnungen umfassen, auf die sich beide zuständigen Behörden geeinigt haben. Bei Fehlen einer solchen Einigung sollte die Partei, die beantragt hat, diese besonderen Kosten aufzuwenden, diese auch bezahlen.

32. Wie in Absatz 13 der Mustervereinbarung festgelegt ist, können sich die zuständigen Behörden jedoch auf eine andere Kostenverteilung verständigen. Eine solche Vereinbarung kann Teil der Entscheidungsvorlage sein oder später getroffen werden (z. B. wenn unvorhergesehene Kosten anfallen).

Anzuwendende Rechtsgrundsätze

33. Eine Untersuchung der Fragen, über die die zuständigen Behörden nur schwer eine Verständigung haben erzielen können, zeigt, dass es sich typischerweise um Fragen der Abkommensauslegung oder um die Anwendung des Fremdvergleichsgrundsatzes, der dem Artikel 9 und dem Artikel 7 Absatz 2 zugrunde liegt, handelt. Wie in Absatz 14 der Mustervereinbarung vorgesehen, sollten Fragen der Abkommensauslegung von den Schiedsrichtern im Licht der in den Artikeln 31 bis 33 des Wiener Übereinkommens über das Recht der Verträge verankerten Auslegungsgrundsätze sowie nach den Erläuterungen in Ziffern 28 bis 36.1 der Einleitung unter Berücksichtigung des OECD- Kommentars in seiner von Zeit zu Zeit überarbeiteten Fassung entschieden werden. Fragen, die sich auf die Anwendung des Fremdvergleichsgrundsatzes beziehen, sollten entsprechend im Licht der OECD-Verrechnungspreisrichtlinien für Multinationale Unternehmen und Steuerverwaltungen entschieden werden. Da Artikel 32 des Wiener Übereinkommens über das Recht der Verträge einen weitgehenden Rückgriff auf ergänzende Auslegungsmittel zulässt, werden die Schiedsrichter in der Praxis einen beträchtlichen Spielraum haben, um relevante Quellen für die Abkommensauslegung zu bestimmen.

34. *In vielen Fällen hängt die Anwendung von Bestimmungen eines Steuerabkommens von Fragen des innerstaatlichen Rechts ab (z. B. hängt die Definition des unbeweglichen Vermögens in Artikel 6 Absatz 2 hauptsächlich von der Bedeutung dieses Ausdrucks nach innerstaatlichem Recht ab). Im Regelfall wäre es unangemessen, von den Schiedsrichtern zu verlangen, eine unabhängige Entscheidung über rein innerstaatliche Fragen zu treffen; die Beschreibung der zu lösenden Fragen in der Entscheidungsvorlage sollte dies berücksichtigen. Es mag aber Fälle geben, in denen legitime Auffassungsunterschiede zu einer Angelegenheit des innerstaatlichen Rechts bestehen, und in solchen Fällen können die zuständigen Behörden den Wunsch haben, die Angelegenheit durch einen Schiedsrichter entscheiden zu lassen, der Experte auf dem betroffenen Gebiet ist.*

35. *Es mag auch Fälle geben, in denen die zuständigen Behörden einig sind, dass die Auslegung oder Anwendung einer Bestimmung eines Steuerabkommens von einem bestimmten Dokument abhängt (z. B. eines Einverständnismemorandums oder einer Verständigungsvereinbarung, abgeschlossen nach dem Inkrafttreten eines Abkommens), sich aber nicht über die Auslegung dieses Dokuments einigen können. In solchen Fällen mögen die zuständigen Behörden den Wunsch haben, in der Entscheidungsvorlage ausdrücklich auf dieses Dokument Bezug zu nehmen.*

Schiedsentscheidung

36. *Absatz 15 der Mustervereinbarung sieht vor, dass der Schiedsspruch bei Bestellung nicht nur eines Schiedsrichters mit einfacher Mehrheit der Schiedsrichter ergeht. Sofern in der Entscheidungsvorlage nichts anderes vorgesehen ist, wird die Entscheidung schriftlich übermittelt und gibt die Rechtsquellen an, auf denen sie beruht, und die Gründe, die zu ihr geführt haben. Die Methode aufzuzeigen, durch die die Entscheidung erreicht wurde, ist wichtig, um sicher zu stellen, dass die Entscheidung von allen Beteiligten akzeptiert wird.*

37. *Nach Absatz 16 muss der Schiedsspruch den zuständigen Behörden und der Person, die das Schiedsverfahren beantragt hat, innerhalb von sechs Monaten ab dem Tage, an dem der Vorsitzende den zuständigen Behörden und der Person, die das Verständigungsverfahren beantragt hat, schriftlich mitgeteilt hat, dass er alle zum Beginn der Prüfung des Falles erforderlichen Informationen erhalten hat, übermittelt werden. Jedoch kann der Vorsitzende jeder Zeit innerhalb von zwei Monaten ab dem Tag, an dem der letzte Schiedsrichter berufen worden ist, mit Zustimmung einer der zuständigen Behörden der anderen zuständigen Behörde und der Person, die das Schiedsverfahren beantragt hat, schriftlich mitteilen, dass er noch nicht alle zum Beginn der Prüfung des Falles erforderlichen Informationen erhalten hat. In diesem Fall werden zwei weitere Monate für die Übermittlung der erforderlichen Informationen an den Vorsitzenden gewährt. Für den Fall, dass der Vorsitzende die Informationen innerhalb dieses Zeitraums nicht erhalten hat, ist vorgesehen, dass die Entscheidung innerhalb der nächsten sechs Monate ohne Berücksichtigung der Informationen ergeht (falls die zuständigen Behörden nichts anderes vereinbaren). Wenn andererseits der Vorsitzende innerhalb der 2-Monats-Frist die Informationen erhält, werden diese berücksichtigt, und die Entscheidung wird innerhalb von sechs Monaten ab Erhalt der Informationen übermittelt.*

38. *Zur Behandlung des ungewöhnlichen Falles, dass die Schiedsrichter nicht willens oder in der Lage sind, einen Schiedsspruch vorzulegen, sieht Absatz 17 vor, dass die zuständigen Behörden, wenn die Entscheidung nicht innerhalb der maßgeblichen Frist übermittelt wird, vereinbaren können, die Frist für die Übermittlung der Entscheidung zu verlängern, oder, dass sie, wenn sie sich innerhalb eines Monats nicht darauf einigen können, neue Schiedsrichter zur Behandlung des Falles berufen. Im Fall der Berufung neuer Schiedsrichter geht das Verfahren zurück zu dem Punkt, an dem die ursprünglichen Schiedsrichter berufen worden waren, und das Verfahren wird mit den neuen Schiedsrichtern fortgesetzt.*

Veröffentlichung der Entscheidung

39. *Entscheidungen im Verständigungsverfahren über Einzelfälle werden generell nicht veröffentlicht. In Fällen von mit Gründen versehenen Schiedsentscheidungen würde deren*

Veröffentlichung jedoch dem Verfahren zusätzliche Transparenz verleihen. Obwohl die Entscheidung in keiner Weise ein förmlicher Präzedenzfall wäre, könnte die Veröffentlichung des Streitstoffs den Ablauf anderer Fälle beeinflussen, so dass nachfolgende Streitigkeiten vermieden werden und eine einheitlichere Lösung derselben Fragen erreicht wird.

40. *Absatz 15 der Mustervereinbarung sieht daher die Möglichkeit vor, die Entscheidung zu veröffentlichen. Dies sollte aber nur geschehen, wenn beide zuständigen Behörden und die Person, die das Schiedsverfahren beantragt hat, zustimmen. Auch sollte dies, um die Vertraulichkeit der den zuständigen Behörden übermittelten Informationen zu wahren, in einer Form geschehen, in der die Namen der Beteiligten oder die Umstände, die zu deren Identifizierung beitragen könnten, nicht offenbart würden.*

Durchführung der Entscheidung

41. *Sobald das Schiedsverfahren zu einer bindenden Lösung der Fragen geführt hat, die die zuständigen Behörden nicht hatten lösen können, werden die zuständigen Behörden als nächsten Schritt eine Verständigungsvereinbarung treffen, die diese Entscheidung widerspiegelt, und diese wird den Personen, die unmittelbar von der Entscheidung betroffen sind, übermittelt. Um weitere Verzögerungen zu vermeiden, ist vorgesehen, dass die Verständigungsvereinbarung, die die erreichte Lösung umsetzt, innerhalb von sechs Monaten ab Übermittlung der Entscheidung abgeschlossen und dem Steuerpflichtigen übermittelt werden sollte. Dies ist in Absatz 19 der Mustervereinbarung geregelt.*

42. *Artikel 25 Absatz 2 bestimmt, dass die zuständigen Behörden verpflichtet sind, die Verständigungsvereinbarung ungeachtet der Fristen ihres innerstaatlichen Rechts durchzuführen. Absatz 5 des Artikels bestimmt auch, dass der Schiedsspruch für beide Vertragsstaaten verbindlich ist. Das Versäumnis, Steuerpflichtige entsprechend der Vereinbarung zu besteuern oder den Schiedsspruch durch eine Verständigungsvereinbarung umzusetzen, würde daher zu einer nicht dem Abkommen entsprechenden Besteuerung führen, und als solche die Person, deren Besteuerung betroffen ist, berechtigten, Abhilfe durch innerstaatliche Rechtsmittel zu suchen oder erneut einen Antrag nach Absatz 1 des Artikels zu stellen.*

43. *Absatz 20 der Mustervereinbarung behandelt den Fall, dass die zuständigen Behörden in der Lage sind, die ungelösten Fragen, die zu dem Schiedsverfahren geführt haben, vor Ergehen des Schiedsspruchs zu lösen. Da das Schiedsverfahren ein Ausnahmemechanismus ist, um Fragen zu behandeln, die im gewöhnlichen Verständigungsverfahren nicht gelöst werden können, ist es angemessen, diesen Ausnahmemechanismus zu beenden, wenn die zuständigen Behörden diese Fragen selbst lösen können. Die zuständigen Behörden können sich auf eine Lösung dieser Fragen verständigen, solange der Schiedsspruch noch nicht ergangen ist.*

Text: Stellungnahmen von Nichtmitgliedstaaten zu OECD-MA (OECD-NM)

Positions on the Article

Paragraph 1

1. Brazil, *the* ***Philippines*** *and* ***Thailand*** *reserve their positions on the last sentence of paragraph 1.*

1.1 Kazakhstan *reserves its position on the second sentence of paragraph 1 and reserves its right to supplement the paragraph with the following sentence: "In the case of judicial proceedings, a court decision cannot be reconsidered by the competent authority of Kazakhstan."*

Paragraph 2

2. **[ab 15.7.2014:** ***Argentina,*****]** ***Brazil,*** **[ab 15.7.2014:** ***Bulgaria,*****]** *the* ***Philippines*** *and* ***Thailand*** *reserve their positions on the second sentence of paragraph 2. These countries consider that the implementation of reliefs and refunds following a mutual agreement ought to remain linked to time limits prescribed by their domestic laws.*

Paragraph 3

3. ***Brazil, Thailand, Tunisia*** *and* ***Ukraine*** *reserve their position on the second sentence of paragraph 3 on the grounds that they have no authority under their respective laws to eliminate double taxation in cases not provided for in the Convention.*

Paragraph 4

4. ***Brazil, Malaysia,*** *the* ***People's Republic of China,*** *the* ***Philippines,*** **[ab 15.7.2014:** ***Singapore,*****]** ***Thailand*** *and* ***Ukraine*** *reserve the right to omit the words "including through a joint commission consisting of themselves or their representatives".*

Positions on the Commentary

5. ***Brazil*** *and* ***India*** *do not agree with the interpretation given in paragraphs 11 and 12; they are of the view that in the absence of paragraph 2 in Article 9, economic double taxation arising from transfer pricing adjustments does not fall within the scope of mutual agreement procedure set up in Article 25.*

6. **[bis 14.7.2014:** *Concerning paragraph 14,* ***Argentina*** *reserves its right not to commence or accept a mutual agreement procedure case if taxation not in accordance with the Convention has not been charged or notified to the taxpayer.* **ab 15.7.2014:]** ***Argentina*** *considers that paragraph 1 of the Article does not bind the competent authorities to commence or accept a mutual agreement procedure case where the taxpayer alleges that taxation is not in accordance with the Convention in respect of a hypothetical case, rather than an actual case.*

7. In relation to paragraph 25, ***India*** *is of the view that the competent authorities can reach an agreement under Article 25 during pendency of domestic law action. However, the taxpayer has an option to either accept or reject the resolution order. If the taxpayer accepts the resolution order, he has to withdraw domestic law action.*

8. ***India*** *does not agree with the view expressed in paragraph 42 that a taxpayer may be permitted to defer acceptance of the solution agreed upon as a result of the mutual agreement procedure until the court had delivered its judgement in that suit.*

A. Allgemeines

I. Grundzüge

Literatur: *Albert,* DBA-Verständigungsverfahren, S. 1 ff.; *Avery Jones u. a.,* BTR 1979, 333; *ders. u. a.,* BIFD 1980, 556; *ders.,* EC Tax Law, 1999, 4; *ders.,* BTR 2001, 9; *Beams,* BIFD 1992, 119; *K. Becker,* IStR 2007, 592; *dies.,* DStJG 36 (2013), 167; *Bellstedt,* IWB Fach 11, EG, Gruppe 2, 191; *Bernhard,* IWB Fach 11, EG, Gruppe 3, 243; *van Brunschot,* MBB 1993, 216; *Carl/Klos,* RIW 1995, 493; *Cole,* JTax 1991, 380; *Cole/Huston/Weiss,* CDFI LXVI a (1981), 249; *Debatin,* AWD 1969, 477; *ders.,* AWD 1966, 413; *Devillet,* BIT 2012, 612; *Eggers,* IWB 1997, 851; *Eigelshoven/Wolff,* in Lüdicke, Praxis und Zukunft, S. 129; *Felonis,* ET 1986, 342; *P. Fischer,* StuW 1975, 233; *Fischer-Zernin,* RIW 1990, 305; *Flüchter,* IStR 2012, 694; *Francke/Lindencrona/Mattsson,* CDFI LXVI a (1981), 375; *Friezer,* Australian Tax Forum 1990, 64; *Gassner,* in Lang (Hrsg.), Die Zukunft des Internationalen Steuerrechts (1999), S. 89; *Geurts/Stevens,* RIW 1994, 392; *Glaser,* S. 1 ff.; *Gloria,* S. 1 ff.; *Goris/Smit,* ET 1997, 20; **1a**

Haigh, TMIJ 2002, 499; *Hengsle,* BIFD 2002, 371; *Hey,* RIW 1992, 603; *Hintzen/Hintzen,* DB 1979, 1907, 1953; *Höppner,* IWB Fach 10, Gruppe 2, 1665; *Hummel,* IStR 2011, 397; *Ismer,* IStR 2003, 394; *ders.,* BIFD 2003, 18; *ders.,* IStR 2009, 366; *Kaligin,* Wpg 1982, 217; *Kleemans,* EC Tax Rev., 2000, 45; *Koch,* CDFI LXVI a (1981), 13; *Krabbe,* DStZ 1995, 627; *ders.,* IStR 2002, 548; *Krämer,* IWB 2007, 11; *Kramer,* TNI November 1993, 1155; *M. Lang,* Juristische Blätter 1989, 365; *Lang/Züger* (Hrsg.), S. 1 ff.; *Lasars,* IWB 1996, Fach 3, Gruppe 2, 1079; *Lehner,* RIW 1981, 832; *ders.,* in Gassner u. a. (Hrsg.), Tax Treaties and EC Law (1997); *ders.,* Möglichkeiten, S. 1 ff.; *ders.,* in FS Reiss, S. 665; *ders.,* IStR 2011, 733; *Leising,* IStR 2002, 114; *Lemelin/Deanehan,* Canadian Tax Journal 1998, 657; *Lenz,* CDFI XLII (1960), 307; *Loh/Steinert,* BB 2008, 2383; *Loukota,* SWI 1997, 204; *ders.,* SWI 2000, 299; *Lombardo,* in Schilcher/Weninger (Hrsg.), Fundamental Issues and Practical Problems in Tax Treaty Interpretation (2008), S. 457; *Lühn/Siemers,* PIStB 2009, 161; *Lühn,* BB 2009, 412; *Lüthi,* S. 1 ff.; *Majure/Lindholm,* The Journal of International Taxation 1996, 532; *Menck,* IWB 1987, Fach 10, International, 627; *Mössner,* RIW 1983, 360; *Mülhausen,* S. 1 ff.; *Mutén,* TNI September 1992, 531; *Ohno,* BIFD 2002, 110; *Owens,* ET 2007, 270; *Pascoe,* CDFI LXVI a (1981), 189; *Penney,* BTR 1997, 79; *Reich,* S. 1 ff.; *Revilla,* TNI April 1999, 1643; *Ritz,* SWI 2000, 353; *Rooney/Suit,* Tax Lawyer 1996, 675; *Runge,* SWI 1997, 191; *ders.,* in FS 50 Jahre AG FAStR (2002), S. 139; *ders.,* Intertax 1997, 3; *Schnitger,* IWB 2002, Fach 10, Gruppe 2, 1577; *Schröder,* IStR 2009, 48; *Seer,* S. 1 ff.; *Seibold,* IStR 1998, 649; *Sieker,* RIW 1995, 578; *Sivalingam,* APTB 1997, 114; *Skaar,* TNI December 1992, 1441; *Smit,* ET 1989, 165; *Strobl,* CDFI LXVI a (1981), 171; *ders.,* ET 1980, 245; *ders./Zeller,* StuW 1978, 244; *Stiewe,* S. 1 ff.; *Stoll,* ÖStZ 1998, 444; *Teck,* ITR 2000, 206; *Tipke,* AWD 1972, 589; *Tittel,* S. 1 ff.; *van Raad,* Intertax 2001, S. 212; *van Randenborg/Seidenfus,* INF 1996, 481; *Vogel,* in FS Döllerer, S. 677; *von Uckermann,* IStR 1998, IX; *Züger,* M. Lang (Hrsg.), Multilateral Tax Treaties, S. 153 ff.; *ders.,* SWI 1999, 19; *ders.,* IWB 1999, Fach 5, Gruppe 2, 755.

Verwaltungsrichtlinien: *Deutschland: BMF,* Verständigungsverfahren.

USA: *IRS,* Revenue-Procedure (Rev. Proc.) 2006–54 v. 4.12.2006 (2006–49 I. R. B. 1035 ff.). Informationen zu den OECD-Mitgliedsstaaten sowie einiger weiterer Staaten finden sich auch unter der Rubrik „Country Profiles on Mutual Agreement Procedures“ auf der Webseite der OECD unter http://www.oecd.org.; zu Italien s. *Peracin/Benettin,* ITPJ 2012, 459.

OECD-Dokumente: *OECD,* Manual on Effective Mutual Agreement Procedures, Version Februar 2007 (abrufbar unter http://www.oecd.org/dataoecd/19/35/38 061 910.pdf); Informationen zu den OECD-Mitgliedsstaaten sowie einiger weiterer Staaten finden sich auf der Internetseite des Centre for Tax Policy and Administration der OECD (http://www.oecd.org) unter der Rubrik „Dispute Resolution“, Unterrubrik „Information by Country“.

2 Die Vorschrift enthält **Verfahrensvorschriften** für die Vermeidung bzw. Beseitigung der Doppelbesteuerung in einem Verwaltungsverfahren. Sie gibt den zuständigen Behörden der Vertragsstaaten die Möglichkeit, Schwierigkeiten bei der Auslegung oder Anwendung des Abkommens auf Antrag des Steuerpflichtigen oder ohne solch einen Antrag im gegenseitigen Einvernehmen zu beseitigen, ohne dafür die diplomatischen Vertretungen einzuschalten. Auch außerhalb der Verfahren nach Art. 25 MA sind die zuständigen Behörden und Gerichte der Vertragsstaaten verpflichtet, Abkommen auszulegen und anzuwenden. Trotz anzustrebender Entscheidungsharmonie (s. Grundl. Rz. 114 ff.) handelt es sich dabei um ein jeweils unilaterales Bemühen, das zu divergierender Abkommensauslegung und -anwendung führen kann. Dagegen eröffnen die Verfahren nach Art. 25 den Vertragsstaaten Möglichkeiten, durch bilaterales Zusammenwirken Schwierigkeiten – insbesondere die Entstehung von Doppelbesteuerungen – zu vermeiden und zu beseitigen, die aus der Ausübung ihrer Besteuerungshoheit resultieren können.

3 Art. 25 sieht in Abs. 1 bis 3 **drei Verfahrensarten** vor, die jeweils gesondert und unabhängig voneinander durchgeführt werden können (*K. Becker,* DStJG 36 (2013), S. 167; Wassermeyer/*Eilers,* Art. 25 Rz. 1; GKG/*Lüthi,* Art. 25 OECD-MA Rz. B 1 ff.; *Schaumburg,* S. 654 f., Tz. 16.89; *Kramer,* TNI November 1993, 1155 (1157 ff.); *Runge,* FS AG FAfStR, S. 139). Überschneidungen sind jedoch möglich und auch gewollt.

(1.) Das Verständigungsverfahren i. e. S. nach Art. 25 Abs. 1 und 2 (s. Rz. 20 ff., 70 ff.; zur Terminologie: *Lehner,* Verständigungsverfahren, S. 13 ff.; *Mülhausen,* Verständigungsverfahren, S. 30; BMF, Verständigungsverfahren, Tz. 1.2, 1. Spiegelstrich; aus belgischer Sicht: *Hinnekens,* EC Tax Rev. 1992, 77; für die USA: Rev. Proc. 2006–54 v. 4.12.2006) dient der Vermeidung einer dem **Abkommen nicht entsprechenden Besteuerung** durch Maßnahmen eines oder beider Vertragsstaaten **in Einzelfällen** (s. Rz. 20 ff.). Hat der Ansässigkeitsstaat (zum Begriff s. Grundl. Rz. 91) des Steuerpflichtigen abkommenswidrig besteuert, so kann die für die Einleitung des Verständigungsverfahrens zuständige Behörde die dem Abkommen widersprechende Besteuerung allerdings auch von sich aus, also ohne Anrufung der zuständigen Behörde des Partnerstaats, beseitigen (s. Rz. 76 ff.). Einen Unterfall des Verständigungsverfahrens i. e. S. bilden nach hier vertretener Auffassung die Vorabverständigungsverfahren, die auf Abschluss so genannter Vorabverständigungsvereinbarungen **(Advance Pricing Agreements – APAs)** gerichtet sind (s. Rz. 316 ff.).

(2.) Das Konsultationsverfahren nach **Art. 25 Abs. 3 S. 1** dient der Beseitigung von Schwierigkeiten oder Zweifeln, die bei der Auslegung oder Anwendung der Abkommen entstehen können (s. Rz. 152 ff.).

(3.) Das Konsultationsverfahren nach **Art. 25 Abs. 3 S. 2** dient der gemeinsamen Beratung beider Finanzverwaltungen über die Vermeidung einer Doppelbesteuerung in Fällen, die in den Abkommen nicht genannt sind (s. Rz. 155 ff.). Mit dem Verständigungsverfahren i. e. S. kann sich das Konsultationsverfahren in beiden Fällen überschneiden, wenn ein Einzelfall Anlass zu Vereinbarungen gibt, die für eine größere Anzahl von Fällen Bedeutung haben (s. Rz. 151). **Art. 25 Abs. 4** enthält **Durchführungsbestimmungen** für alle drei Verfahrensarten. Insbesondere gestattet er es den zuständigen Behörden, unmittelbar miteinander zu verhandeln (s. Rz. 180 ff.).

Abs. 5 enthält seit dem Update 2008 ein obligatorisches Schiedsverfahren (dazu näher Rz. 199 ff.), also ein Schiedsverfahren, auf dessen Durchführung sich die Vertragsstaaten **vor Entstehung der Streitigkeit** verbindlich geeinigt haben. Insoweit muss nach mindestens zweijähriger Dauer des erfolglosen Verständigungsverfahrens auf Antrag eines der Staaten (oder des Steuerpflichtigen) ein Schiedsverfahren eingeleitet werden. Zusätzlich enthält der MA-Komm. in seinen Ziff. 63 ff. umfangreiche Ausführungen zu dieser Vorschrift. **3a**

II. Geschichtliche Entwicklung

Einen unmittelbaren Behördenverkehr in Steuersachen sowie die Befugnis zur Vereinbarung bestimmter Verfahrensvorschriften sah erstmals ein Entwurf des Völkerbundes zu einem Amtshilfeabkommen in Steuersachen aus dem Jahre 1927 vor. Ein mit dem heutigen Verständigungsverfahren vergleichbarer Vorschlag ist in dem **Völkerbundsentwurf eines bilateralen DBA** aus dem gleichen Jahr enthalten. Hier war in Art. 14 bereits eine **Instanz zur Schlichtung** zwischenstaatlicher Streitigkeiten bei der Auslegung oder Anwendung des Vertrags vorgesehen. Für den Fall, dass keine Einigung zustande komme, wollte der Entwurf den Vertragsstaaten das Recht zur Anrufung des Ständigen Internationalen Gerichtshofes geben (Art. 14 Abs 3 und 4). Die Musterabkommen von Mexiko und London enthielten Rechtsschutzklauseln für den Steuerpflichtigen. Art. 25 des UN- und US-MA entsprechen weitgehend Art. 25 des OECD-MA. Das UN-MA sieht in seinem Update 2011 alternativ die Einführung eines Schiedsverfahrens entsprechend Art. 25 Abs. 5 OECD-MA (s. Rz. 199 ff.) vor (zu diesen Modellen s. auch Grundl. Rz. 36 f., 37). **4**

Im Zusammenhang mit den Arbeiten internationaler Organisationen sind zwei Vorschläge der **Europäischen Gemeinschaft** (heute: **Union**) zu erwähnen: ein **5**

Vorentwurf der Kommission zu einem multilateralen europäischen Doppelbesteuerungsabkommen aus dem Jahre 1968 (EG-Dok. 11 414/XIV/68-D) sowie ein Richtlinienvorschlag der Kommission an den Rat „über Bestimmungen zur Vermeidung der Doppelbesteuerung für den Fall der Gewinnberichtigung zwischen verbundenen Unternehmen (Schiedsverfahren)" (KOM (76) 611 endg. = BT-Drs. 8/740 vom 7.7.1977 (s. Grundl. Rz. 35b, 256d; *Lehner,* Verständigungsverfahren; sowie *Krabbe,* RIW 1982, 269; *IDW,* DB 1983, 635).

6 Eine diesem Entwurf entsprechende Regelung ist das multilaterale Übereinkommen über die Beseitigung der Doppelbesteuerung im Falle von Gewinnberichtigungen zwischen verbundenen Unternehmen (90/436/EWG; ABl. Nr. L 225 v. 20.8.1990, S. 10; im Folgenden: **(EU-)Schiedsübereinkommen**; hierzu ausführlich Rz. 300 ff.). Das EU-Schiedsübereinkommen basiert auf Art. 293 EG (früher Art. 220 EWG; zur Diskussion um die Rechtsgrundlage s. Grundl. Rz. 264a sowie *Hinnekens,* EC Tax Rev. 1998, 247 ff.; *Lehner,* EC Law, 3; *Schelpe,* EC Tax Rev. 1995, 70; zu den Folgen der ersatzlosen Streichung von Art. 293 EG s. Rz. 300; *Dürrschmidt,* NJW 2010, 2086 (2089); *Lehner,* IStR 2005, 397; zur Anwendung des Schiedsübereinkommens nach dem Beitritt neuer Mitgliedstaaten s. Rz. 300). Zur Verbesserung der Verfahrensabläufe haben sich die Vertragsstaaten auf einen **Verhaltenskodex zum Schiedsübereinkommen** geeinigt, der mittlerweile überarbeitet wurde (s. Rz. 301). Dieser enthält im Wesentlichen Regelungen zur Fristberechnung und zum beratenden Ausschuss. Der Verhaltenskodex ist – übereinstimmend mit einem neuerdings zu beobachtenden Trend – allerdings nicht verbindlich, sondern bloßes *„soft-law"*. Er dient gleichwohl der Finanzverwaltung als Orientierungsmaßstab und den betroffenen Steuerpflichtigen als Argumentationsgrundlage bei Auseinandersetzungen mit der Finanzverwaltung. Zu Einzelheiten des Schiedsübereinkommens, der Ratifikationsprobleme und des Verhaltenskodexes s. Rz. 300 ff.

7 Einen weitergehenden Vorschlag zur Fortentwicklung des Verständigungsverfahrens hat die Internationale Handelskammer („Resolution of International Tax Conflicts", ICC Doc. No. 180/240; ET 1984, 337; BB 1987, 595) unterbreitet. Darin betont sie die Rechte des Steuerpflichtigen auf eine Beteiligung am Verfahren und empfiehlt auf lange Sicht die Bildung eines internationalen Steuergerichts. Bedenkenswert erscheint schließlich auch ein Vorschlag von *van Raad,* Intertax 2001, 212, wonach ein Gremium aus internationalen Experten auf Anfragen der Vertragsstaaten begründete unverbindliche Stellungnahmen zur Auslegung und Anwendung der DBA abgeben soll.

8 In jüngerer Zeit mehren sich die Stimmen für die Aufnahme von Vorschriften in die Doppelbesteuerungsabkommen, die obligatorische Schiedsverfahren ermöglichen. Bereits im Mai 2000 legte die Internationale Handelskammer ein Dokument (ICC Doc. No. 180/438, dazu *Züger,* ET 2001, 221) vor, in dem die Einführung von obligatorischen **Schiedsverfahren** (zum Begriff s. Rz. 203) gefordert wird (für ein obligatorisches Schiedsverfahren auch *Ribes,* ET 2002, 400).

9 Diesen Forderungen hat die OECD dadurch Rechnung getragen, dass sie im Januar 2007 in Art. 25 Abs. 5 eine Ergänzung des OECD-MA um Vorschriften für ein obligatorisches Schiedsverfahren sowie eine entsprechende Erläuterung im OECD-MA-Komm. (s. Ziff. 63 ff.; früher: Ziff. 45 ff.) beschlossen hat. Diese Ergänzung ist in dem im Februar 2007 veröffentlichten Bericht „Improving the Resolution of Tax Treaty Disputes" der OECD enthalten. Sie wurde mit dem Update 2008 in das MA und in den MA-Komm. aufgenommen. Gegenüber dem ursprünglichen Entwurf vom Februar 2006 enthält der Bericht eine entscheidende Verbesserung, weil er nicht mehr fordert, dass der Steuerpflichtige auf seine innerstaatlichen Rechtsmittel verzichtet. Damit entfällt die Bindung des Steuerpflichtigen an die Ergebnisse eines Verfahrens, dessen Partei er nicht sein konnte

(krit. zu Schiedsklauseln, die eine solche Bindung vorsehen *Ismer,* BIFD 2003, 18). In jüngerer Zeit verabschiedete DBA enthalten bisweilen eine Schiedsklausel (vgl. Rz. 200ff.), die jedoch zumeist nur auf ein fakultatives Verfahren gerichtet ist (s. Rz. 203). Als innovativ erweisen sich aber die Regelungen im Änderungsprotokoll zum *DBA USA 1989/2006* vom Juni 2006. Sie sehen ein obligatorisches Schiedsverfahren vor, machen aber eine Bindung des Steuerpflichtigen von seiner Zustimmung zur Durchführung des Schiedsverfahrens abhängig (s. Rz. 263; obligatorische Schiedsverfahren enthalten die *DBA Großbritannien 2010, Lichtenstein 2011, Luxemburg 2012, Niederlande 2012, Österreich* und *Schweiz*; s. Rz. 268, 270, 271, 272, 274).

10 Daneben treten Versuche, das Verständigungsverfahren als solches durch verbessertes Verfahrensmanagement effizienter zu gestalten. Zu diesem Zweck hat die OECD ein **Handbuch über effiziente Verständigungsverfahren** (OECD, Manual on Effective Mutual Agreement Procedures (MEMAP)) vorgelegt, das – ähnlich dem Verhaltenskodex zu den Schiedsverfahren (Rz. 6 und 301) – auf die effektivere Ausgestaltung von Verständigungsverfahren in der Praxis gerichtet ist. Weiterhin wurden zusammen mit der Einführung des obligatorischen Schiedsverfahrens in Art. 25 Abs. 5 MA durch das Update 2008 auch Änderungen des MA-Komm. beschlossen, die auf eine effektivere Durchführung des Verständigungsverfahrens gerichtet sind (s. Ziff. 63ff.; früher: Ziff. 43ff.).

11 Zunehmende Bedeutung bei Verrechnungspreisen gewinnen zudem **Vorabverständigungsvereinbarungen** (Advance Pricing Agreements – APAs; s. Rz. 316). Diese ursprünglich in Japan (als Vorabzusagen) und in den USA (als zivilrechtlich verbindliche Verträge) entwickelten Vereinbarungen finden sich zwischenzeitlich nicht nur in den OECD-Verrechnungspreisrichtlinien, sondern verstärkt auch in der Rechtspraxis verschiedener Staaten, darunter auch der Bundesrepublik Deutschland.

III. Abgrenzung

16 Art. 25 bildet nur insoweit eine Rechtsgrundlage für den zwischenstaatlichen Austausch von steuerlich relevanten **Informationen,** wie diese für die Durchführung des Verständigungsverfahrens notwendig sind. Die Geheimhaltungsvorschriften des Art. 26 sind jedoch auch in diesem Fall zu beachten (seit 2005 ausdrücklich klargestellt in MA-Komm. Ziff. 4 a. E.; vgl. auch Art. 26 Rz. 8; s. auch Art. 9 Abs. 7 *DBA Jersey 2008* und Art. 25 Abs. 8 *DBA Liechtenstein 2011*, die für den Austausch personenbezogener Daten im Rahmen eines Verständigungsverfahrens auf besondere Vereinbarungen zum Schutz solcher Daten verweisen). Werden darüber hinaus im Rahmen von Verständigungsverhandlungen Informationen ausgetauscht, richtet sich dieses Verfahren insgesamt nach Art. 26.

16a Art. 9 Abs. 2 letzter Halbs. MA sieht Konsultationen der zuständigen Behörden der Vertragsstaaten vor, um Zweifel bei der Bestimmung angemessener **Verrechnungspreise** einvernehmlich zu beseitigen. Dies ist eine **Verweisung** auf Art. 25, und zwar nicht allein, wie der Begriff „konsultieren“ nahe legen könnte, auf die Konsultationsverfahren des Abs. 3, sondern auf das Verständigungsverfahren in all seinen Anwendungsformen (vgl. Art. 9 Rz. 165ff.; GKG/*Lüthi,* Art. 25 OECD-MA Rz. B 17f., a. A. SKK/*Schmitz,* Art. 25 Rz. 6, der ein eigenständiges Konsultationsverfahren annimmt). Dasselbe gilt für die **Gewinnabgrenzung bei Betriebstätten** (Art. 7 Abs. 3 S. 2 OECD-MA 2010).

16b Zudem verweist auch Art. 4 Abs. 2 Buchst. d MA zur Klärung der Frage der **Ansässigkeit** natürlicher Personen auf das Verständigungsverfahren, wenn die Kriterien in den Buchst. a–c kein Ergebnis liefern (s. Art. 4 Rz. 245; vgl. SKK/*Schmitz,* Art. 25 Rz. 5 und Art. 4 Rz. 94; dort auch zu der Besonderheit, dass insoweit ein Einigungszwang besteht; ferner *van der Berg/van der Gulik*, TNI May 2009, 417).

16c Die Art. 10 Abs. 2, Art. 11 Abs. 2 und Art. 27 Abs. 1 MA sehen vor, dass die Vertragsstaaten **verfahrensrechtliche Fragen**, die den Anwendungsbereich der jeweiligen Artikel betreffen, regeln. Dies erfolgt durch Konsultationsvereinbarung i. S. des Art. 25 Abs. 3 S. 1 MA.

16d Nach Art. 28 Abs. 2 der deutschen Verhandlungsgrundlage (DE-VG) beraten die zuständigen Behörden nach Art. 24 Abs. 3 (entspricht Art. 25 Abs. 3 MA), d. h. im Wege eines einzelfallübergreifenden Konsultationsverfahrens (s. Rz. 150 ff.), wie die Doppelbesteuerung zu vermeiden ist, wenn die Vertragsstaaten in Übereinstimmung mit Art. 28 Abs. 1 DE-VG **Missbrauchsverhinderungsvorschriften** oder das (deutsche) AStG anwenden.

17 Zur Bedeutung der beiden Formen des Konsultationsverfahrens nach Abs. 3 im Zusammenhang mit Änderungen oder Ergänzungen von DBA s. Rz. 155. Über das Verhältnis des Verständigungsverfahrens zum **innerstaatlichen Recht** s. Rz. 34, 93 ff., 103 ff.; zu den Streitbeilegungsvorschriften des **Allgemeinen Übereinkommens über den Handel mit Dienstleistungen (GATS)** s. MA-Komm. Ziff. 88 ff. und Rz. 355; zu den Schiedsverfahren nach den Investitionsabkommen s. Rz. 358.

B. Zu Art. 25 Abs. 1

I. Musterabkommen

1. Übereinstimmungen und Abweichungen

20 Abs. 1 des US-MA gibt dem Steuerpflichtigen die Möglichkeit, sich an die jeweils zuständige Behörde der beiden Staaten zu wenden. Es enthält jedoch keinen Zuständigkeitshinweis auf Fälle, die dem Art. 24 unterfallen, und keine Regelung der Antragsfrist (s. Rz. 50). Ansonsten stimmen die OECD-, US- und UN-MA sowie die deutsche Verhandlungsgrundlage für DBA (Art. 24) überein.

2. OECD-MA

21 **a) Grundzüge, Regelung:** Art. 25 Abs. 1 regelt die **Zulässigkeit des Antrags** auf Einleitung des Verständigungsverfahrens i. e. S. Der Antrag ist grundsätzlich Voraussetzung für die Einleitung des Verfahrens (BMF, Verständigungsverfahren, Tz. 2.1; *K. Becker,* DStJG 36 (2013), S. 167, 169; Wassermeyer/*Eilers,* Art. 25 OECD-MA Rz. 25; *Schaumburg,* S. 657 ff.; Tz. 16.94 ff.). Einige Staaten leiten das Verständigungsverfahren jedoch auch ohne Antrag des Steuerpflichtigen – d. h. von Amts wegen – ein, wenn über den Einzelfall hinaus eine allgemeine Regelung angestrebt wird (*Koch,* CDFI LXVI a (1981), 39). Insoweit handelt es sich dann auch um ein Konsultationsverfahren i. S. des Abs. 3 S. 1 (s. Rz. 87).

22 Die Antragsbefugnis setzt voraus, dass
– eine in einem Vertragsstaat **ansässige Person**
– **meint**, dass Maßnahmen **eines** Vertragsstaats oder **beider** Vertragsstaaten für sie zu einer **Besteuerung** führen oder führen werden, **die dem Abkommen nicht entspricht.**

Unter dieser Voraussetzung kann sie
– bei der **zuständigen Behörde** einen **Antrag** auf Einleitung eines Verständigungsverfahrens stellen, der
– **unbeschadet innerstaatlicher Rechtsmittel**
– **innerhalb einer Dreijahresfrist** möglich ist.

Entsprechendes gilt, wenn ein Verstoß gegen Art. 24 Abs. 1 behauptet wird, für **Staatsangehörige** der Vertragsstaaten, auch wenn sie nicht im Gebiet eines Vertragsstaats ansässig sind.

Das Verständigungsverfahren i. e. S. betrifft jeweils **Einzelfälle**; es setzt voraus, dass ein Steuerpflichtiger der Auffassung ist, er werde **abkommenswidrig** besteuert (BMF, Verständigungsverfahren, Tz. 1.2 und 1.3). Demgegenüber können die Konsultationsverfahren des Art. 25 Abs. 3 sowohl einen Einzelfall als auch eine unbestimmte Vielzahl von Fällen zum Gegenstand haben. Eine Abkommensverletzung muss **nicht** behauptet werden; es genügen Schwierigkeiten, Zweifel oder durch das Abkommen nicht gelöste Doppelbesteuerungsfälle (GKG/*Lüthi,* Art. 25 OECD-MA Rz. B 85 f.; *LS,* Art. 21 Rz. 1). 23

An einem Verständigungsverfahren i. S. der Abs. 1 und 2 können **nur die Behördenvertreter der beiden Staaten** teilnehmen, deren Steuern betroffen sind. Ist z. B. bei Gewinnermittlungsfällen die Besteuerung – mittelbar – in einem weiteren Staat betroffen, kann die zuständige Behörde dieses Staats nur im Rahmen eines Verständigungsverfahrens mit einem oder den beiden erstgenannten Staaten tätig werden. Es gibt also grundsätzlich kein mehrseitiges bzw. multilaterales Verständigungsverfahren. Auch der Steuerpflichtige ist am Verfahren nicht beteiligt; er ist nicht Partei (zur Rechtsstellung des Steuerpflichtigen im Einzelnen s. Rz. 116). 24

b) Antragsberechtigung: Zum Begriff der **„ansässigen Person"** s. Art. 3 Rz. 11 und Art. 4 Rz. 71 ff. Während Art. 25 Abs. 1 MA 1963 noch ausdrücklich von einer „in einem Vertragsstaat ansässige(n) Person" sprach, ergibt sich das Erfordernis seit dem MA 1977 nur noch mittelbar daraus, dass der Antrag bei der zuständigen Behörde **des Vertragsstaats** zu stellen ist, **in dem** die Person **ansässig ist** (Wassermeyer/*Eilers,* Art. 25 OECD-MA Rz. 25; GKG/*Lüthi,* Art. 25 OECD-MA Rz. B 23 f.). Überdies sind auch nur im Vertragsstaat ansässige Personen nach Art. 1 MA **abkommensberechtigt** (s. Art. 1 Rz. 4 f.). Nach BMF, Verständigungsverfahren, Tz. 2.1.2, können aber auch nicht abkommensberechtigte Personen den Antrag auf Einleitung eines Verständigungsverfahrens stellen, wenn sie durch eine abkommenswidrige Besteuerung betroffen sind, z. B. in Haftungsfällen. Das kann sich auf einen Berater beziehen, der gegenüber dem Abkommensberechtigten zivilrechtlich haften würde, ebenso auf Personen, die gegenüber dem Finanzamt für eine Steuerschuld eines Abkommensberechtigten haften (z. B. in Deutschland nach § 48 Abs. 2, §§ 69 ff. AO). Diese Antragsberechtigung ist aber nicht durch das MA vorgegeben. 25

Eine **Ausnahme** besteht lediglich für Personen, die sich auf eine Verletzung des Verbots der **Staatsangehörigkeitsdiskriminierung** nach Art. 24 Abs. 1 berufen. Art. 24 Abs. 1 schützt auch Staatsangehörige der Vertragsstaaten, die nicht in einem Vertragsstaat ansässig und somit nicht abkommensberechtigt i. S. des Art. 1 sind. Demgemäß musste für diese Personen auch die Befugnis, einen Antrag auf Einleitung eines Verständigungsverfahrens zu stellen, gesondert begründet werden (vgl. MA-Komm. Ziff. 18). 26

c) Antragsbefugnis: Die Person muss der Auffassung sein, dass Maßnahmen eines oder beider Vertragsstaaten für sie zu einer dem Abkommen nicht entsprechenden Besteuerung führen oder führen werden. 27

aa) Schon **diese Auffassung** eröffnet der abkommensberechtigten Person die Befugnis, den Antrag auf Einleitung eines Verständigungsverfahrens zu stellen; der **Nachweis,** dass eine Doppelbesteuerung eintreten werde oder bereits eingetreten sei, ist nach der überwiegenden Staatenpraxis **nicht erforderlich** (vgl. Rz. 57). Nachzuweisen ist nur, soweit dies zweifelhaft sein könnte, dass aufgrund des innerstaatlichen Rechts der Vertragsstaaten eine abkommenswidrige Doppelbesteuerung eintreten kann; im Übrigen braucht der Antragsteller nur seine Rechtsauffassung 28 darzulegen, dass die Besteuerung dem Abkommen nicht entspreche. Ob und in welchem Umfang es dem Antragsteller obliegt, die für seine Rechtsauffassung bedeutsamen Tatsachen offen zu legen, ist eine Frage des innerstaatlichen Rechts (in Deutschland insbesondere des § 90 Abs. 2 AO; vgl. auch BMF, Verständigungsverfahren, Tz. 3.2; für die USA Rev. Proc. 2006–54, Sec. 4.05 und 4.07 sowie für „small cases" Sec. 5; für die Niederlande vgl. *Smit,* ET 1989, 165; für Großbritannien *Haigh,* TMIJ 2002, 503).

29 **bb)** Der Antrag kann grundsätzlich bereits gestellt werden, **bevor die Besteuerung durchgeführt** oder durch Bescheid wirksam wird (vgl. MA-Komm. Ziff. 14). Etwa ab Einreichung einer Selbstveranlagungserklärung, die, wenn sie als Steuerbescheid ergehen würde, zu einer abkommenswidrigen Besteuerung führen könnte. Eine abkommenswidrige Besteuerung droht ferner, wenn die Finanzbehörden im Rahmen einer Betriebsprüfung eine bestimmte Frage untersucht haben und im Fall einer Anpassung von Verrechnungspreisen damit zu rechnen ist, dass der andere Vertragsstaat ohne Durchführung eines Verständigungsverfahrens keine korrespondierende Anpassung vornehmen wird. In den Fällen, in denen eine abkommenswidrige Besteuerung droht, reicht es aus, wenn der Steuerpflichtige entsprechend beweisbare Tatsachen angibt (zum Ganzen MA-Komm. Ziff. 14). In Kanada ist der Antrag auf Einleitung eines Verständigungsverfahrens ab dem Zeitpunkt möglich, in welchem dem Steuerpflichtigen mitgeteilt wird, dass eine Gewinnberichtigung zur Diskussion steht (Canadian Information Circular 71–17 R5, Tz. 10; vgl. dazu *Lemelin/Deanehan,* CTJ 1998, 662, dort auch mit Nachweisen zu den Anforderungen, die an die Mitteilung gestellt werden). In den USA kann ein Antrag erst gestellt werden, nachdem der Betrag der geplanten Berichtigung dem Steuerpflichtigen schriftlich mitgeteilt wurde (Rev. Proc. 2006–54, Sec. 4.01). Zu der sog. pre-filing conference s. Rev. Proc. 2006–54, Sec. 4.06 (09) und *Lemelin/Deanehan,* CTJ 1998, 663.

30 **cc)** Eine **dem Abkommen nicht entsprechende,** d. h. ihm widersprechende Besteuerung liegt vor, wenn eine Besteuerung geltend gemacht und/oder durchgesetzt wird, die sich bei richtiger Auslegung und Anwendung des Abkommens auf den richtig festgestellten Sachverhalt so nicht ergibt. Dabei muss die Besonderheit des DBA berücksichtigt werden, die darin besteht, dass es materielles innerstaatliches Recht einschränkt (s. Grundl. Rz. 66). Daraus folgt, dass eine dem Abkommen widersprechende Besteuerung folgen kann: (1.) aus einer falschen Auslegung und Anwendung des **Abkommensrechts**, also von Rechtsnormen eines völkerrechtlichen Vertrags, (2.) aus einer fehlerhaften Anwendung des **innerstaatlichen** Rechts, sofern das Abkommensrecht auf dieses Bezug nimmt, und (3.) aus unrichtigen Feststellungen zum **tatsächlichen Sachverhalt** (zu den ersten beiden Fällen s. Ziff. 8 f. MA-Komm. zu Art. 25). Alle drei Typen von Fehlern können Gegenstand eines Verständigungsverfahrens sein. Besondere Schwierigkeiten bestehen, wenn der Abkommensschutz wegen einer missbräuchlichen Inanspruchnahme des DBA versagt werden soll (zum „treaty shopping" s. Art. 1 Rz. 88 ff.). Eine Doppelbesteuerung oder sonstige Schwierigkeiten, die sich aufgrund einer richtigen Anwendung des innerstaatlichen Recht (etwa aufgrund eines Verweises nach Art. 3 Abs. 2) ergeben, können nicht in einem Verständigungsverfahren beseitigt werden (a. A. GKG/*Lüthi*, Art. 25, Rz. 32; möglicherweise auch BFH, Urt. v. 26.2.1992, I R 85/91, BStBl. II 1992, 937; s. Grundl. Rz. 155 ff., Art. 23 Rz. 40 f.; speziell zu Doppelbesteuerungen als Folge der Anwendung unterschiedlichen innerstaatlichen Rechts nach Art. 3 Abs. 2 s. Art. 3 Rz. 125 ff.). Gegenstand eines Verständigungsverfahrens kann jedoch das Bemühen um eine einvernehmliche Auslegung der Voraussetzungen des Art. 3 Abs. 2 sein (s. Grundl. Rz. 158e; Art. 3 Rz. 110a).

31 **Nicht** erforderlich ist, dass die fehlerhafte Rechtsanwendung oder Tatsachenfeststellung zu einer **Doppelbesteuerung** führt (so auch Wassermeyer/*Eilers,*

Art. 25 Rz. 31; *Skaar,* TNI December 1992, 1441 (1443 f.); differenzierend *Hinnekens,* EC Tax Rev. 1992, 71). Eine dem Abkommen nicht entsprechende Besteuerung liegt auch dann vor, wenn – etwa aufgrund einer unrichtigen Anwendung des Progressionsvorbehalts – ein **zu hoher Steuersatz** zur Anwendung kommt. Selbst mit dem Ziel, eine **Freistellung in beiden Vertragsstaaten** zu erreichen, kann ein Verständigungsverfahren beantragt werden. Zwar sollen die DBA nur die Doppelbesteuerung beseitigen; die Doppelfreistellung als Ergebnis ist deshalb unerwünscht. Wenn sich die Doppelfreistellung aber aus einer richtigen Anwendung des Abkommensrechts ergibt, bleiben die Staaten an dieses von ihnen selber gesetzte Recht auch dann gebunden, wenn das Ergebnis unerwünscht ist; sie können allenfalls das DBA für die Zukunft in dem dafür vorgesehenen Verfahren ändern (vgl. *Lehner,* IStR 2011, 733 (736 f.); ferner BFH, BStBl. II 2008, 793; *Gosch,* SWI 2011, 324 (331) zur Rechtsprechung des BFH).

Die abkommenswidrige Besteuerung muss auf **Maßnahmen eines oder beider Vertragsstaaten** beruhen. „Maßnahmen" können sowohl in einem Handeln als auch in einem Unterlassen bestehen; entscheidend ist, ob das Handeln oder Unterlassen für eine dem Abkommen nicht entsprechende Besteuerung **kausal** geworden ist oder werden kann. 32

Zu einer dem Abkommen nicht entsprechenden Besteuerung müssen die Maßnahmen **für die Person** führen, die den Antrag auf Einleitung eines Verständigungsverfahrens stellt (nach Auffassung der FinVerw. kann dies auch eine selbst nicht abkommensberechtigte Person sein, wenn sie von einer abkommenswidrigen Steuer betroffen ist; s. Rz. 25). Mit anderen Worten, der Antragsteller, und nicht eine andere Person, muss ein Rechtsschutzbedürfnis haben. **Subjektidentität** zwischen Antragsteller und abkommenswidrig Besteuertem ist für die Antragsbefugnis im Verständigungsverfahren nicht erforderlich. Eine „wirtschaftliche Doppelbesteuerung" ist ausreichend (zum Begriff s. Grundl. Rz. 9 f.). Dies ergibt sich für Verrechnungspreise nunmehr aus Art. 9 Abs. 2, entsprach aber bereits vorher der allgemeinen Ansicht und gilt daher nach Auffassung der meisten Staaten auch für Abkommen, die keine dem Art. 9 Abs. 2 entsprechenden Vorschriften enthalten (vgl. MA-Komm. Ziff. 10 ff. und die Nachweise in der 3. Aufl. Art. 25 Rz. 38 sowie *Krabbe,* IStR 2002, 548; s. auch US-TE zu Abs. 1). Die Feststellung, dass eine wirtschaftliche Doppelbesteuerung eine abkommenswidrige Besteuerung i. S. des Art. 25 darstellen kann, reicht **nur für die Antragsbefugnis**; ob eine wirtschaftliche Doppelbesteuerung tatsächlich abkommenswidrig ist, kann sich nur aus den konkreten Normen des DBA ergeben (verneinend für das *DBA Schweiz 1931/1957:* BFH BStBl. II 1982, 583; GKG/*Lüthi,* Art. 25 OECD-MA Rz. 31). 33

d) Selbst wenn die Antragsbefugnis nach dem Vorstehenden an sich zu bejahen ist, können **Ausschlussgründe** der Einleitung eines Verständigungsverfahrens entgegenstehen. 33a

aa) Ausschluss bei Rechtsmissbrauch: Nach Auffassung einiger Staaten soll es in Missbrauchsfällen ausgeschlossen sein, ein Verständigungsverfahren zu beantragen (s. Art. 1 Rz. 88 ff., 101 ff., zu der Frage, ob die Inanspruchnahme von Rechten aus dem Abkommen einem allgemeinen Missbrauchsvorbehalt unterliegt). Dafür gibt es aber, wenn das Abkommen keine speziellen Ausschlussgründe enthält, keine Rechtsgrundlage. Dies gilt entsprechend, wenn gravierende Verstöße gegen innerstaatliches Recht zu erheblichen Strafen geführt haben. In diesen Fällen besteht allerdings nach Art. 8 Abs. 2 des europäischen Schiedsübereinkommens (dazu Rz. 304) kein Anspruch auf Einleitung eines Verständigungs- oder Schiedsverfahrens nach diesem Abkommen. 33b

bb) Weitere Ausschlussgründe: Häufig lehnen die Finanzbehörden die Einleitung eines Verständigungsverfahrens ab, wenn der Steuerpflichtige seiner **Ver-** 33c

pflichtung zur Sachverhaltsaufklärung nur mangelhaft nachkommt (so die Behörden Deutschlands, Griechenlands, der Niederlande und Österreichs: *Koch,* CDFI LXVI a (1981), 109). Manche Staaten schließen ein Verständigungsverfahren zudem aus, solange **geschuldete Steuern noch nicht vollständig entrichtet** worden sind, s. MA-Komm. Ziff. 46 ff. Bisweilen wird erwogen, eine Antragsbefugnis auszuschließen, wenn eine **bindende Gerichtsentscheidung** vorliegt, von der ein Vertragsstaat nicht abweichen kann. Ein solcher Ausschluss kommt aber nur dann in Betracht, wenn das Abkommen entsprechende Anhaltspunkte gibt. Das Verständigungsverfahren sollte als Grundlage für die Suche nach einer bilateralen Lösung also auch dann eröffnet werden, wenn eine bindende Gerichtsentscheidung vorliegt (so mit Recht MA-Komm. Ziff. 27; s. auch Rz. 34, 93 ff.). Ein Verständigungsverfahren ist schließlich auch dann nicht ausgeschlossen, wenn der andere Vertragsstaat nicht besteuert (zutr. *Ismer,* IStR 2003, 394; s. auch Rz. 91). Die zuständige Behörde sollte den Steuerpflichtigen aber rechtzeitig über eingeschränkte Möglichkeiten unterrichten.

33d In den USA enthält Rev. Proc. 2006–54, sec 12.02 eine Auflistung von Gründen, aus denen die Einleitung eines Verständigungsverfahrens abgelehnt und ein laufendes Verfahren abgebrochen werden kann. Dazu zählen insbesondere die fehlende Abkommensberechtigung (Ziff. 1), die fehlende Anerkennung der Rechtsnatur als Verfahren zwischen den Behörden unter Ausschluss des Steuerpflichtigen (Ziff. 4), die Verletzung von Mitwirkungspflichten (Ziff. 5 und. 7) sowie u. U. die Zustimmung zu einer Änderung der Steuerfestsetzung im anderen Staat, ohne zuvor die zuständige Behörde in den USA um Hilfe ersucht zu haben (Ziff. 6). Vgl. zu diesen Gründen *Rooney/Suit,* Tax Lawyer 49/3, 680 f.

34 **e) Verhältnis zu innerstaatlichen Rechtsmitteln:** Der Antrag kann nach Art. 25 Abs. 1 S. 1 **unbeschadet der nach dem innerstaatlichen Recht** der Vertragsstaaten **vorgesehenen Rechtsmittel** gestellt werden (s. *K. Becker,* DStJG 36 (2013), 167, 171 f.). Rechtsmittel sind sämtliche außergerichtliche und gerichtliche Verfahren, die das innerstaatliche Recht zur Überprüfung von Maßnahmen der Finanzbehörden zur Verfügung stellt (zum Verhältnis zwischen dem Verständigungsverfahren und dem Vorabentscheidungsverfahren nach Art. 267 AEUV s. *M. Lang,* Intertax 2014, 169). **Unbeschadet** dieser Rechtsmittel bringt Art. 25 Abs. 1 S. 1 zum Ausdruck, dass das Recht, ein Verständigungsverfahren zu beantragen, **vor, neben, anstelle** und **nach** den innerstaatlichen Verfahren besteht (vgl. MA-Komm. Ziff. 34; BFH BStBl. III 1967, 495; BStBl. II 1979, 64; 1982, 583; FG Münster v. 14. 2. 2014, 4 K 1053/11 E, EFG 2014, 921 (922) sowie Rz. 91). Durchbrochen wird hiermit die allgemein anerkannte Regel des Völkerrechts, dass die Einzelperson vor der Inanspruchnahme zwischenstaatlicher Streitschlichtungsmöglichkeiten den erfolglosen Versuch unternommen haben muss, ihre Rechte vor den Behörden und Gerichten des schädigenden Staats durchzusetzen („*rule of the exhaustion of local remedies*“, s. dazu *Mülhausen,* S. 125 m. w. N.; Wassermeyer/*Eilers,* Art. 25 OECD-MA Rz. 34; GKG/*Lüthi,* Art. 25 OECD-MA Rz. B 44; *Schaumburg,* Tz. 16.102 (S. 661, Fn. 5)). Die Klausel bezieht sich nach ihrem Wortlaut nur auf die Antragsbefugnis. Davon zu unterscheiden sind die Fragen, ob das Verständigungsverfahren von den zuständigen Behörden eingeleitet werden kann, wenn gleichzeitig Rechtsmittel eingelegt sind (s. Rz. 93 ff.), und inwieweit die Ergebnisse im innerstaatlichen Recht trotz entgegenstehender bestands- oder rechtskräftiger Entscheidungen umgesetzt werden können (s. Rz. 103 ff.).

35 **f) Zuständige Behörde:** Der Antrag auf Einleitung des Verständigungsverfahrens ist nach Art. 25 Abs. 1 S. 1 bei der **zuständigen Behörde** (Art. 3 Abs. 1 Buchst. f) des Ansässigkeitsstaats zu stellen (für Deutschland s. Rz. 55; Informationen zu den zuständigen Behörden der OECD-Mitgliedsstaaten sowie einiger weiterer Staaten finden sich auf der Internetseite des Centre for Tax Policy and Administration der OECD (http://www.oecd.org) unter der Rubrik „Country Profiles on Mutual Agreement Procedures Dispute Resolution", Unterrubrik „Information by Country"). Geht es um eine Verletzung des Art. 24 Abs. 1, ist der Antrag bei der zuständigen Behörde desjenigen Vertragsstaats zu stellen, dessen Staatsangehörigkeit der Antragsteller besitzt (Art. 25 Abs. 1 S. 1). Bei welcher Behörde der Antrag zu stellen ist, kann zweifelhaft sein, wenn der Antragsteller gemäß Art. 4 Abs. 1 in beiden Vertragsstaaten ansässig ist (s. Art. 4 Rz. 20f., 209). Lässt sich aufgrund keines der Kriterien des Art. 4 Abs. 2 eine überwiegende Bindung an einen der Vertragsstaaten bestimmen, ist nach Art. 4 Abs. 2 Buchst. d der abkommensrechtliche Wohnsitz durch gegenseitiges Einvernehmen der Vertragsstaaten zu bestimmen. Für den Antrag auf Einleitung **dieses** Verständigungsverfahrens gibt es keine eindeutig zuständige Behörde. Dem Steuerpflichtigen ist deshalb in diesen Fällen das Recht zuzubilligen, zwischen den zuständigen Behörden beider Vertragsstaaten zu wählen (zur Behördenzuständigkeit nach einer Wohnsitzverlegung in den anderen Vertragsstaat vgl. MA-Komm. Ziff. 17).

Bei Gewinnverlagerungen i. S. des Art. 9 sind zwei verschiedene Steuersubjekte (Gesellschaften) betroffen. Jedes von ihnen kann sich an die jeweils zuständige Behörde wenden (s. Art. 9 Rz. 186; für Verfahren nach dem europäischen Schiedsübereinkommen s. Art. 6 Abs. 1 des Schiedsübereinkommens). Nach dem BMF, Verständigungsverfahren, Tz. 2.1.3, soll der Antrag, soweit mehrere Steuerpflichtige betroffen sind (z. B. eine Mutter- und eine Tochtergesellschaft), zweckmäßigerweise im Staat des „übergeordneten" Steuerpflichtigen gestellt werden (dasselbe soll nach Tz. 11.1.2 für Verfahren nach dem europäischen Schiedsübereinkommen gelten). Innerstaatliches Recht sieht auch teilweise vor, dass im Falle einer Gewinnberichtigung diejenige Gesellschaft den Antrag zu stellen hat, die die korrespondierende Gegenberichtigung begehrt (für Frankreich vgl. *Gouthière*, BIT 2011, 188 (194)). 36

g) Form: Der Antrag auf Einleitung des Verständigungsverfahrens ist an **keine bestimmte Form** gebunden (unklar Haase/*Becker*, Art. 25, Rz. 22). Zweckmäßig und üblich ist jedoch ein schriftlicher Antrag des Steuerpflichtigen (*Strobl*, CDFI LXVI a (1981) 176; vgl. auch BMF Verständigungsverfahren, Tz. 2.3). In den USA verlangt Rev. Proc. 2006–54, Sec. 4.04, die Unterzeichnung durch eine Person, die ermächtigt ist, für den Antragsteller Steuererklärungen abzugeben; zu der vergleichbaren Vorgängerregelung s. *Venuti/Schlaman/Malocha,* TMIJ 2002, 603; *Zschiegner,* IWB Fach 8, Gruppe 2, S. 1191. Zur Rechtslage in Großbritannien s. *Haigh,* TMIJ 2002, 503. 37

h) Antragsfrist: Art. 25 Abs. 1 S. 2 sieht für den Antrag eine **Frist von drei Jahren** vor, beginnend mit der **ersten Mitteilung der Maßnahme**, die zu der dem Abkommen nicht entsprechenden Besteuerung führt. Zum Begriff der „Maßnahme" s. bereits Rz. 32. Diese Voraussetzung sollte aus Gründen möglichst effektiven Verfahrensnutzens großzügig ausgelegt werden. Eine **erste** Mitteilung ist daher erst dann anzunehmen, wenn ein Steuerbescheid o. ä. ergangen ist. Nicht ganz zweifelsfrei ist, auf welchen Zeitpunkt im Fall einer Selbstveranlagung abzustellen ist. Zumeist wird aber auch in diesen Fällen eine förmliche Mitteilung seitens der Finanzbehörden vorliegen. Ziff. 23 des MA-Komm. will für den Beginn der Dreijahresfrist auf den Zeitpunkt dieser Mitteilung abstellen. Fehlt es jedoch, wie etwa im Fall des Quellensteuereinbehalts, an einer förmlichen Mitteilung, so soll es, unabhängig von der tatsächlichen Kenntnis des Steuerpflichtigen, auf den Zeitpunkt ankommen, zu dem er bei gewöhnlichem Verlauf der Dinge von der abkommenswidrigen Besteuerung Kenntnis erlangt, beispielsweise im Zeitpunkt 38 des Zugangs eines Kontoauszugs. Entsteht die abkommenswidrige Besteuerung erst aus einem Zusammenwirken der Maßnahmen beider Vertragsstaaten oder wirkt sie sich erst dann aus – etwa weil der Ansässigkeitsstaat die ursprünglich gegebene Anrechnung später verweigert –,beginnt die Dreijahresfrist ab Mitteilung der Maßnahme des zweiten Vertragsstaats erneut zu laufen (so auch MA-Komm. Ziff. 24).

Da ein Antrag auf Einleitung eines Verständigungsverfahrens bereits ab dem Zeitpunkt möglich ist, ab dem eine abkommenswidrige Besteuerung droht (s. Rz. 29), kann der Steuerpflichtige den Antrag u. U. schon zu einem Zeitpunkt stellen, zu dem die Dreijahresfrist noch nicht läuft (so auch MA-Komm. Ziff. 21).

Die Dreijahresfrist läuft auch dann, **wenn ein innerstaatlicher Rechtsbehelf verfolgt wird**. Dadurch kann dem Steuerpflichtigen die Möglichkeit genommen werden, das Verständigungsverfahren zu beantragen, bevor über seinen innerstaatlichen Rechtsbehelf entschieden worden ist. Daher kann es sich empfehlen, das Verständigungsverfahren neben den innerstaatlichen Rechtsbehelfen zu beantragen (s. dazu auch Rz. 93). Die zuständigen Behörden können darauf reagieren, indem sie bis zur Entscheidung über innerstaatliche Rechtsbehelfe keine Verhandlungen führen oder indem sie zwar Verhandlungen führen, sich aber erst nach der Entscheidung über die innerstaatlichen Rechtsbehelfe abschließend einigen (MA-Komm. Ziff. 25).

Nach BMF, Verständigungsverfahren, Tz. 2.2.1, soll der Antrag möglichst bald nach Bekanntgabe der zur Doppelbesteuerung führenden deutschen oder ausländischen Maßnahme gestellt werden. Beruht die Doppelbesteuerung auf Maßnahmen der deutschen und der ausländischen Verwaltung, soll die Bekanntgabe des letzten Bescheids maßgebend sein. Einer Eröffnung des Verständigungsverfahrens stimmt die deutsche Finanzverwaltung nicht mehr zu, wenn (1) im anzuwendenden DBA keine Frist festgelegt ist und (2) seit der den Antrag begründenden Maßnahme mehr als vier Jahre verstrichen sind und nicht besondere Umstände einen früheren Antrag ausgeschlossen haben (vgl. BMF, Verständigungsverfahren, Tz. 2.2.3; zu abweichenden Fristen in einzelnen deutschen DBA, s. BMF, Verständigungsverfahren, Tz. 2.2.2 und Rz. 62). Zu Vorbehalten von Großbritannien, Kanada, der Türkei und Ungarn s. MA-Komm. Ziff. 96, 97 und 101, zu Großbritannien ferner *Haigh,* TMIJ 2002, 503.

39 Die Notwendigkeit, den Antrag innerhalb von drei Jahren nach der **ersten** Mitteilung der abkommenswidrigen Maßnahme zu stellen, kann zu einem – möglicherweise unzweckmäßigen – Nebeneinander von Verständigungsverfahren und innerstaatlichem Rechtsmittelverfahren führen. In den USA hat der Steuerpflichtige beispielsweise drei Möglichkeiten (dazu Rev. Proc. 2006–54, Sec. 7, 8): Er kann zuerst ein innerstaatliches Rechtsbehelfsverfahren einleiten oder einen Antrag auf Einleitung eines Verständigungsverfahrens stellen oder beide Wege zugleich beschreiten (Simultaneous Appeals Procedure, s. dazu Rz. 94). Der IFA-Kongress 1981 in Berlin hat in seiner Resolution vorgeschlagen, dass die Frist für den Antrag auf Einleitung des Verständigungsverfahrens durch Einlegung innerstaatlicher Rechtsbehelfe gehemmt wird (dazu *Lehner,* RIW/AWD 1981, 832 (836)).

40 **i) Praktische Durchführung:** Die oft beklagte Dauer der Verständigungsverfahren ist nicht nur auf Mängel des Verfahrens zurückzuführen, sondern auch auf die Hindernisse, die einer einheitlichen Feststellung und Beurteilung des Sachverhalts, einer Verständigung über die Auslegung der anzuwendenden DBA-Norm und der Erzielung eines Lösungskompromisses entgegenstehen können. Es kommt hinzu, dass die „zuständigen Behörden" immer auf Feststellungen von Unterbehörden angewiesen sind. In Bundesstaaten muss ggf. jede einen einzelnen Fall betreffende Regelung von den Behörden des jeweiligen Einzelstaats, z. B. in Deutschland vom Finanzminister des zuständigen Bundeslandes, gebilligt werden. Die Kooperation zwischen den Ländern und dem BZSt auf diesem Gebiet ist zwar dem Vernehmen nach gut, aber sie bedeutet eine Etappe mehr als in einem Einheitsstaat wie z. B. Frankreich. Im Verhältnis der EU-Staaten zueinander bringt das europäische Schiedsübereinkommen insoweit eine Verbesserung, s. Rz. 6, 300 ff.

Zu beachten ist, dass das Verständigungsverfahren in der Praxis der Steuerverwaltungen sehr **flexibel** gehandhabt wird. Abweichungen in den einzelnen Vertragsvorschriften haben daher nicht immer Auswirkungen auf die Verständigungs**praxis.** Richtlinien zum Verfahren haben beispielsweise erlassen die Steuerverwaltungen Deutschlands (BMF, Verständigungsverfahren), Japans (Administrative Guidelines v. 25.6.2001, s. BIFD 2002, 115), der USA (Rev. Proc. 2006–54) und Kanadas (Information Circular 71–17R5; zur weitgehend vergleichbaren Vorgängerregelung s. *Lemelin/Deanehan,* CTJ 1998, 657 ff.). Ein guter Überblick über die Praxis findet sich auf der Webseite des Centre for Tax Policy and Administration der OECD (http://www.oecd.org) unter der Rubrik „Country Profiles on Mutual Agreement Procedures Dispute Resolution", Unterrubrik „Information by Country". **41**

j) Weitere Wirkungen des Antrags: Bereits die Stellung des Antrags auf Einleitung eines Verständigungsverfahrens wirkt sich in einigen Rechtsordnungen auf das innerstaatliche Besteuerungsverfahren aus. In Deutschland hemmt der Antrag den Ablauf der Steuerfestsetzungsfrist, wenn mit dem Antrag gleichzeitig die Änderung eines Steuerbescheids beantragt wird (§ 171 Abs. 3 AO; s. auch § 175a S. 2 AO) nicht aber die Rechtsmittelfristen (*BMF,* Verständigungsverfahren, Tz. 4.1 sowie Prot. Nr. 19 zum *DBA Italien*). Auch eine Aussetzung der Vollziehung kommt in Betracht (§§ 361 AO, 69 FGO). Hier müssen aber u. U. Sicherheiten gestellt werden, und zwar bei einer Doppelbesteuerung möglicherweise sogar in beiden Staaten (dazu MA-Komm. Ziff. 48). Zudem fallen Aussetzungszinsen an (§ 237 AO), krit. Wassermeyer/*Eilers,* Art. 25 Rz. 36. Das erscheint mit der Absicht unvereinbar, den Zugang zum Verständigungsverfahren möglichst leicht zu gestalten (MA-Komm. Ziff. 49). **42**

3. US-MA

Art. 25 Abs. 1 des US-MA eröffnet dem Steuerpflichtigen ein **Wahlrecht** an welche Behörde er sich wendet: Er kann den Antrag auf Einleitung des Verständigungsverfahrens bei der Behörde seines Ansässigkeitsstaats oder der des anderen Staates stellen. Diese Regelung, die auch weitgehend der US-Vertragspraxis entspricht (vgl. US-TE zu Abs. 1) folgt der Anregung des OECD-MA-Kommentars (Ziff. 19). Entgegen dem OECD-MA statuiert das US-MA **keine Antragsfrist** (zur Umsetzung einer Verständigungsvereinbarung vgl. Rz. 125). Der Antrag kann ungeachtet der innerstaatlichen Antragsfristen für Steuererstattungen gestellt werden. Das US-MA enthält in Art. 25 Abs. 1 keinen Hinweis auf die **Staatsangehörigendiskriminierung** des Art. 24. Zur Form des Antrags s. Rz. 37; zur Darlegungslast s. Rz. 28; zum Zeitpunkt, ab dem ein Antrag möglich ist, s. Rz. 29. **50**

II. Deutsche DBA

1. Abkommensübersicht zu Artikel 25 Abs. 1

54

DBA	Artikel	Gegenstand des Verfahrens (MA: abkommenswidrige Besteuerung)	Antragsvoraussetzung	Verhältnis zu innerstaatlichen Rechtsmitteln	Staatsangehörigkeitsdiskriminierung	Antragsfrist	Rz.
Ägypten	26 Abs. 1	≈ MA	≈ MA	≈ MA	≈ MA	≈ MA	60
Albanien 2010	25 Abs. 1	≈ MA	≈ MA	≈ MA	≈ MA	≈ MA	60
Algerien 2007	25 Abs. 1	≈ MA	≈ MA	≈ MA	≈ MA	≈ MA	60
Argentinien	25 Abs. 1	≈ MA	≈ MA	≈ MA	–	–	
Armenien	s. UdSSR						
Aserbaidschan	25 Abs. 1	≈ MA	≈ MA	≈ MA	≈ MA	≈ MA	60
Australien	23 Abs. 1	≈ MA	≈ MA	≈ MA	–	–	
Bangladesch	25 Abs. 1	≈ MA	≈ MA	≈ MA	≈ MA	≈ MA	60
Belarus	25 Abs. 1	≈ MA	≈ MA	≈ MA	≈ MA	≈ MA	
Belgien	25 Abs. 1	Doppel-best.	≈ MA	≈ MA	–	2 Jahre	57; 62
Bolivien	25 Abs. 1	≈ MA	≈ MA	≈ MA	–	–	
Bosnien-Herzegowina	s. Jugoslawien						
Bulgarien 2010	24 Abs. 1	≈ MA	≈ MA	≈ MA	≈ MA	≈ MA	60
China 1985	26 Abs. 1	≈ MA	≈ MA	≈ MA	≈ MA	≈ MA	60
China 2014 (E)	25 Abs. 1	≈ MA	≈ MA	≈ MA	≈ MA	≈ MA	60
Costa Rica 2014 (E)	25 Abs. 1	≈ MA	≈ MA	≈ MA	≈ MA	≈ MA	60
Dänemark	43 Abs. 1	≈ MA	≈ MA	≈ MA	≈ MA	≈ MA	60
Ecuador	25 Abs. 1	≈ MA	≈ MA	≈ MA	–	–	
Elfenbeinküste	25 Abs. 1	≈ MA	≈ MA	≈ MA	–	–	
Estland	25 Abs. 1	≈ MA	≈ MA	≈ MA	≈ MA	≈ MA	60
Finnland	25 Abs. 1	≈ MA	≈ MA	≈ MA	–	–	
Frankreich	25 Abs. 1	Doppel-best.	Nach-weis	–	–	–	57 f.
Georgien	25 Abs. 1	≈ MA	≈ MA	≈ MA	≈ MA	≈ MA	60
Ghana	26 Abs. 1	≈ MA	≈ MA	≈ MA	≈ MA	≈ MA	60
Griechenland	XX Abs. 1	Doppel-best.	Nach-weis	–	–	–	41; 57 f.
Großbritannien 1964/70	XVIII A Abs. 1	≈ MA	≈ MA	≈ MA	–	–	
Großbritannien 2010	26 Abs. 1	≈ MA	≈ MA	≈ MA	≈ MA	≈ MA; 6 Jahre bei späterer Unterbreitung	60; 62
Indien	25 Abs. 1	≈ MA	≈ MA	≈ MA	≈ MA	≈ MA	60
Indonesien	25 Abs. 1	≈ MA	≈ MA	≈ MA	≈ MA	2 Jahre	62
Iran	26 Abs. 1	≈ MA	≈ MA	≈ MA	–	–	
Irland 2011	25 Abs. 1	≈ MA	≈ MA	≈ MA	≈ MA	≈ MA	60
Island	25 Abs. 1	≈ MA	≈ MA	≈ MA	–	–	

DBA	Artikel	Gegenstand des Verfahrens (MA: abkommenswidrige Besteuerung)	Antragsvoraussetzung	Verhältnis zu innerstaatlichen Rechtsmitteln	Staatsangehörigkeitsdiskriminierung	Antragsfrist	Rz.
Israel	21 Abs. 1	Doppelbest.	Nachweis	–	–	–	57 f.
Italien	26 Abs. 1	≈ MA	≈ MA	≈ MA	≈ MA	2 Jahre	42; 58; 60; 62
Jamaika	25 Abs. 1	≈ MA	≈ MA	≈ MA	–	–	
Japan	25 Abs. 1	≈ MA	≈ MA	≈ MA	–	–	41
Jersey 2008	9 Abs. 1	≈ MA	≈ MA	≈ MA	–	≈ MA	
Jugoslawien	26 Abs. 1	≈ MA	≈ MA	≈ MA	–	≈ MA	
Kanada	25 Abs. 1	≈ MA	≈ MA	≈ MA	≈ MA	2 Jahre	29; 41; 60 ff.
Kasachstan	25 Abs. 1	≈ MA	≈ MA	≈ MA	≈ MA	≈ MA	60
Kenia	25 Abs. 1	≈ MA	≈ MA	≈ MA	–	≈ MA	
Kirgisistan	25 Abs. 1	≈ MA	≈ MA	≈ MA	≈ MA	≈ MA	60
Korea	25 Abs. 1	≈ MA	≈ MA	≈ MA	≈ MA	≈ MA	60
Kosovo	s. Jugoslawien						
Kroatien	25 Abs. 1	≈ MA	≈ MA	≈ MA	≈ MA	≈ MA	60
Kuwait	25 Abs. 1	≈ MA	≈ MA	≈ MA	–	≈ MA	
Lettland	25 Abs. 1	≈ MA	≈ MA	≈ MA	≈ MA	≈ MA	60
Liberia	25 Abs. 1	≈ MA	≈ MA	≈ MA	–	–	
Liechtenstein 2011	25 Abs. 1	≈ MA	≈ MA	≈ MA	≈ MA	≈ MA	60
Litauen	25 Abs. 1	≈ MA	≈ MA	≈ MA	≈ MA	≈ MA	60
Luxemburg 2012	24 Abs. 1	≈ MA	≈ MA	≈ MA	≈ MA	≈ MA	60
Malaysia 2010	25 Abs. 1	≈ MA	≈ MA	≈ MA	≈ MA	≈ MA	
Malta	25 Abs. 1	≈ MA	≈ MA	≈ MA	≈ MA	≈ MA	60
Marokko	25 Abs. 1	≈ MA	≈ MA	≈ MA	–	–	
Mauritius 2011	25 Abs. 1	≈ MA	≈ MA	≈ MA	≈ MA	≈ MA	60
Mazedonien 2006	25 Abs. 1	≈ MA	≈ MA	≈ MA	≈ MA	≈ MA	60
Mexiko 2008	25 Abs. 1	≈ MA	≈ MA	≈ MA	≈ MA	≈ MA	60
Moldau	s. UdSSR						
Mongolei	25 Abs. 1	≈ MA	≈ MA	≈ MA	≈ MA	≈ MA	60
Montenegro	s. Jugoslawien						
Namibia	25 Abs. 1	≈ MA	≈ MA	≈ MA	≈ MA	≈ MA	60
Neuseeland	24 Abs. 1	≈ MA	≈ MA	≈ MA	–	–	
Niederlande 1959/2004	22 Abs. 1	Doppelbest.	Nachweis	≈ MA	–	–	28; 57; 60
Niederlande 2012 (E)	25 Abs. 1	≈ MA	≈ MA	≈ MA	≈ MA	≈ MA	60
Norwegen 1991	25 Abs. 1	≈ MA	≈ MA	≈ MA	≈ MA	≈ MA	60
Norwegen 2013 (E)	25 Abs. 1	≈ MA	≈ MA	≈ MA	≈ MA	≈ MA	60
Oman 2012 (E)	25 Abs. 1	≈ MA	≈ MA	≈ MA	≈ MA	≈ MA	60
Österreich	25 Abs. 1	≈ MA	≈ MA	≈ MA	≈ MA	≈ MA	60
Pakistan	24 Abs. 1	≈ MA	≈ MA	≈ MA	≈ MA	2 Jahre	60
Philippinen 1983	26 Abs. 1	≈ MA	≈ MA	≈ MA	–	–	
Philippinen 2013	26 Abs. 1	≈ MA	≈ MA	≈ MA	≈ MA	≈ MA	
Polen	26 Abs. 1	≈ MA	≈ MA	≈ MA	≈ MA	≈ MA	60
Portugal	26 Abs. 1	≈ MA	≈ MA	≈ MA	≈ MA	2 Jahre	60; 62

DBA	Artikel	Gegenstand des Verfahrens (MA: abkommenswidrige Besteuerung)	Antragsvoraussetzung	Verhältnis zu inner-staatlichen Rechtsmitteln	Staatsangehörigkeitsdiskri-minierung	Antragsfrist	Rz.
Rumänien	25 Abs. 1	≈ MA	≈ MA	≈ MA	≈ MA	≈ MA	60
Russische Föderation	25 Abs. 1	≈ MA	≈ MA	≈ MA	–	≈ MA	
Sambia	25 Abs. 1	≈ MA	≈ MA	≈ MA	–	–	
Schweden	40 Abs. 1	≈ MA	≈ MA	≈ MA	≈ MA	–	59 f.
Schweiz	26 Abs. 1	≈ MA	≈ MA	≈ MA	–	–	33; 41
Serbien	s. Jugoslawien						
Simbabwe	25 Abs. 1	≈ MA	≈ MA	≈ MA	≈ MA	≈ MA	60
Singapur 2004	26 Abs. 1	≈ MA	≈ MA	≈ MA	≈ MA	≈ MA	60
Slowenien	25 Abs. 1	≈ MA	≈ MA	≈ MA	≈ MA	≈ MA	60
Spanien 2011	24 Abs. 1	≈ MA	≈ MA	≈ MA	≈ MA	≈ MA	60
Sri Lanka	26 Abs. 1	≈ MA	≈ MA	≈ MA	–	–	
Südafrika 1973	22 Abs. 1	≈ MA	≈ MA	≈ MA	–	–	
Südafrika 2008 (E)	24 Abs. 1	≈ MA	≈ MA	≈ MA	≈ MA	≈ MA	60
Syrien 2010	24 Abs. 1	≈ MA	≈ MA	≈ MA	≈ MA	≈ MA	60
Tadschikistan	24 Abs. 1	≈ MA	≈ MA	≈ MA	≈ MA	≈ MA	60
Taiwan 2011	24 Abs. 1	≈ MA	≈ MA	≈ MA	–	≈ MA	
Thailand	24 Abs. 1	≈ MA	≈ MA	≈ MA	–	–	
Trinidad und Tobago	24 Abs. 1	≈ MA	≈ MA	≈ MA	–	–	
Tschechien 1997 (E)	25 Abs. 1	≈ MA	≈ MA	≈ MA	≈ MA	≈ MA	60
Tschechien	s. Tschechoslowakei						
Tschechoslowakei	25 Abs. 1	≈ MA	≈ MA	≈ MA	–	–	
Türkei 2011	24 Abs. 1	≈ MA	≈ MA	≈ MA	≈ MA	≈ MA	60
Tunesien	25 Abs. 1	≈ MA	≈ MA	≈ MA	–	–	
Turkmenistan	s. UdSSR						
UdSSR	22 Abs. 1	≈ MA	≈ MA	–	–	–	41
Ukraine	25 Abs. 1	≈ MA	≈ MA	≈ MA	≈ MA	≈ MA	60
Ungarn 2011	24 Abs. 1	≈ MA	≈ MA	≈ MA	≈ MA	≈ MA	60
Uruguay 2010	24 Abs. 1	≈ MA	≈ MA	≈ MA	≈ MA	≈ MA	60
USA 1989/2006	25 Abs. 1	≈ MA	≈ MA	≈ MA	≈ MA	4 Jahre	29; 41; 50; 60
Usbekistan	25 Abs. 1	≈ MA	≈ MA	≈ MA	≈ MA	≈ MA	60
Venezuela	25 Abs. 1	≈ MA	≈ MA	≈ MA	≈ MA	2 Jahre	60; 62
Vereinigte Arabische Emirate 1995/2010	24 Abs. 1	≈ MA	≈ MA	≈ MA	≈ MA	≈ MA	
Vietnam	25 Abs. 1	≈ MA	≈ MA	≈ MA	–	≈ MA	
Weißrussland	s. Belarus						
Zypern 2011	24 Abs. 1	≈ MA	≈ MA	≈ MA	≈ MA	≈ MA	60

2. Erläuterungen

55 **a) Allgemeines:** Die **zuständige Behörde** i. S. des DBA (s. Rz. 35) ist in allen deutschen Abkommen für beide Vertragsstaaten ausdrücklich definiert (entsprechend Art. 3 Abs. 1 Buchst. f MA; s. dort Rz. 55 f.). Für Deutschland wäre dies das BMF (s. Art. 3 Abs. 1 Buchst. i DE-VG), jedoch wurde die Zuständigkeit für Verständigungsverfahren an das BZSt delegiert (§ 5 Abs. 1 Nr. 5 FVG). Diese Zuständigkeit des

BZSt soll aber nicht für Konsultationsverfahren nach Art. 25 Abs. 3 S. 1 und 2 gelten (vgl. *BMF*, BZSt); insoweit bleibt es bei der bestehenden Zuständigkeit des BMF. Der Antrag kann bei der für die Besteuerung des Abkommensberechtigten zuständigen Finanzbehörde gestellt werden. In beiden Fällen nimmt die zuständige Finanzbehörde Stellung gegenüber dem BZSt, sofern auch deutsche Besteuerungsmaßnahmen betroffen sind (vgl. BMF, Verständigungsverfahren, Tz. 2.1.4; *Runge,* FS AG FAfStR, S. 139 (143)). Die Finanzbehörden haben nach § 89 AO den Steuerpflichtigen durch Beratung und Aufklärung zu unterstützen und ihm zu einem richtigen Vorgehen zu verhelfen.

Darüber hinaus ist für das deutsche Recht zu beachten, dass der Antrag auf Einleitung des Verständigungsverfahrens den **Ablauf der Steuerfestsetzungsfrist** hemmt, wenn damit gleichzeitig die Änderung eines Steuerbescheids beantragt wird (§ 169 Abs. 2 S. 1 Nr. 2 AO i. V. m. § 171 Abs. 3 AO; dazu: *BMF,* Verständigungsverfahren, Tz. 4.1; *Lehner,* Verständigungsverfahren, S. 110). Zur Abänderbarkeit von bestandskräftigen Steuerbescheiden s. Rz. 131 ff. 56

b) Zu den Verfahrensvoraussetzungen gehört nach einigen älteren Abkommen das Vorliegen oder Drohen einer **Doppelbesteuerung.** Der Steuerpflichtige muss das Vorliegen dieser Verfahrensvoraussetzung nach einigen DBA **nachweisen** (*DBA Frankreich,* Art. 25 Abs. 1; *Griechenland,* Art. XX Abs. 1 S. 1; *Israel,* Art. 21 Abs. 1; *Niederlande 1959/2004,* Art. 22 Abs. 1). Die *DBA Luxemburg 2012 und Niederlande 2012 (E)* enthalten musterkonforme Regelungen. Nach Art. 25 Abs. 1 *DBA Belgien* genügt die **Auffassung**, dass die Maßnahmen eines oder beider Vertragsstaaten zu einer **Doppelbesteuerung** führen, die dem Abkommen nicht entspricht (ein Nachweis ist nicht erforderlich). Nach diesen Abkommen wird das Verständigungsverfahren bei einer dem Abkommen widersprechenden Besteuerung, die nicht zu einer Doppelbesteuerung führt (s. Rz. 33), somit nicht eröffnet. Eine wirtschaftliche Doppelbesteuerung genügt, wenn etwa im Fall einer Gewinnberichtigung zwischen verbundenen Unternehmen die Durchführung eines Verständigungsverfahrens beantragt wird (s. Rz. 33; Art. 9 Rz. 175). Werden verfahrensrechtliche Vorschriften nicht beachtet und kommt es deshalb zu einer Doppelbesteuerung, ist darin nach Auffassung der Finanzverwaltung keine Doppelbesteuerung zu sehen, die dem Abkommen widerspricht (BMF, Verständigungsverfahren, Tz. 2.1.7). 57

c) Das Verhältnis des Verständigungsverfahrens zu den **innerstaatlichen Rechtsmitteln** (s. Rz. 34) wird in einigen Abkommen nicht geregelt: *DBA Frankreich, Griechenland, Israel.* Über das Verhältnis des Verständigungsverfahrens zu den innerstaatlichen Rechtsmitteln entscheidet somit nach diesen Abkommen allein das jeweilige innerstaatliche Recht. In Frankreich sind nach einem Erlass der Steuerverwaltung (s. Rz. 41) dem Steuerpflichtigen nach Einleitung eines Verständigungsverfahrens innerstaatliche Rechtsmittel versperrt, damit einander widersprechende Entscheidungen vermieden werden. *Prot.* Nr. 19 zum *DBA Italien* enthält den Hinweis, dass die Eröffnung des Verständigungsverfahrens das innerstaatliche Rechtsmittel nicht ersetzen kann. 58

Das *DBA Schweden* enthält neben dem in Art. 40 Abs. 1 und 2 geregelten Verständigungsverfahren, das übereinstimmend mit Art. 25 Abs. 1 und 2 MA mit Ausnahme des Art. 25 Abs. 1 Satz 2 ausgestaltet ist, eine besondere Regelung für Rechtsbehelfe gegen Maßnahmen der Vertragsstaaten im Rahmen der gegenseitigen Hilfe bei der Steuererhebung nach Art. 32 (s. Art. 34 Abs. 1). 59

d) Zahlreiche neuere *DBA* weisen auf die Möglichkeit zur Eröffnung eines Verständigungsverfahrens in den Fällen des Art. 24 Abs. 1 **(Gleichbehandlung von Staatsangehörigen)** hin: *DBA Ägypten,* Art. 26 Abs. 1; *Albanien 2010,* 60

Art. 25 Abs. 1; *Algerien 2007*, Art. 25 Abs. 1; *Aserbaidschan*, Art. 25 Abs. 1; *Bangladesch*, Art. 25 Abs. 1; *Belarus*, Art. 25 Abs. 1; *Bulgarien 2010*, Art. 24 Abs. 1; *China 1985*, Art. 26 Abs. 1; *China 2014 (E)*, Art. 25 Abs. 1; *Costa Rica 2014 (E)*, Art. 25 Abs. 1; *Dänemark*, Art. 43 Abs. 1; *Estland*, Art. 25 Abs. 1; *Georgien*, Art. 25 Abs. 1; *Ghana*, Art. 26 Abs. 1; *Großbritannien 2010*, Art. 26 Abs. 1; *Indien*, Art. 25 Abs. 1; *Irland 2011*, Art. 25 Abs. 1; Italien, Art. 26 Abs. 1; *Kanada*, Art. 25 Abs. 1; *Kasachstan*, Art. 25 Abs. 1; *Kirgisistan*, Art. 25 Abs. 1; *Korea*, Art. 25 Abs. 1; *Kroatien*, Art. 25 Abs. 1; *Lettland*, Art. 25 Abs. 1; *Liechtenstein 2011*, Art. 25 Abs. 1; *Litauen*, Art. 25 Abs. 1; *Luxemburg 2012*, Art. 24 Abs. 1; *Malaysia 2010*, Art. 25 Abs. 1; *Malta*, Art. 25 Abs. 1; *Mauritius 1978*, Art. 26 Abs. 1; *Mauritius 2011 (E)*, Art. 25 Abs. 1; *Mazedonien 2006*, Art. 25 Abs. 1; *Mexiko 2008*, Art. 25 Abs. 1; *Mongolei*, Art. 25 Abs. 1; *Namibia*, Art. 25 Abs. 1; *Niederlande 1959/2004*, Art. 25 Abs. 1; *Niederlande 2012 (E)*, Art. 25 Abs. 1; *Norwegen 1991*, Art. 25 Abs. 1; *Norwegen 2013 (E)*, Art. 25 Abs. 1; *Österreich*, Art. 25 Abs. 1; *Pakistan*, Art. 25 Abs. 1; *Philippinen 2013 (E)*, Art. 26 Abs. 1; *Polen*, Art. 26 Abs. 1; *Portugal*, Art. 26 Abs. 1; *Rumänien*, Art. 25 Abs. 1; *Schweden*, Art. 40 Abs. 1; *Simbabwe*, Art. 25 Abs. 1; *Singapur 2004*, Art. 26 Abs. 1; *Slowenien*, Art. 25 Abs. 1; *Spanien 2011*, Art. 24 Abs. 1; *Südafrika 2008 (E)*, Art. 24 Abs. 1; *Syrien 2010*, Art. 24 Abs. 1; *Tadschikistan*, Art. 24 Abs. 1; *Tschechien (E)*, Art. 25 Abs. 1; *Türkei 2011*, Art. 24 Abs. 1; *USA 1989 und USA 1989/2006*, Art. 25 Abs. 1; *Ukraine*, Art. 25 Abs. 1; *Ungarn 2011*, Art. 24 Abs. 1; *Uruguay 2010*, Art. 25 Abs. 1; *Usbekistan*, Art. 25 Abs. 1; *Venezuela*, Art. 25 Abs. 1 und *Zypern 2011*, Art. 24 Abs. 1. Die älteren DBA folgen Art. 25 MA 1963, der noch keine Regelung über die Gleichbehandlung von Staatsangehörigen enthielt. Von den neueren Abkommen enthält das *DBA Vereinigte Arabische Emirate 2010* keine entsprechende Regelung. Auch das *DBA Jersey 2008* enthält in Art. 9 keinen entsprechenden Hinweis, jedoch gibt es in diesem Abkommen keine dem Art. 24 MA entsprechende Regelung. Das *DBA Schweden*, Art. 40 Abs. 3, enthält eine beispielhafte, nicht abschließende („insbesondere") **Aufzählung für bestimmte Fälle**, in denen ein Verständigungsverfahren durchgeführt werden kann (z. B. die Gewinnzurechnung, Qualifikationskonflikte usw.).

61 **e)** Art. 25 Abs. 1 des *DBA Kanada* verlangt einen **schriftlichen** Antrag mit Begründung.

62 **f) Fristen** für den Antrag auf Einleitung des Verständigungsverfahrens sehen abweichend vom MA (3 Jahre) vor (grundsätzlich Frist ab der ersten Mitteilung der Maßnahme, die zu einer dem Abkommen nicht entsprechenden Besteuerung führt): die *DBA Belgien*, Art. 25 Abs. 1 (2 Jahre, jedoch nicht vor Ablauf eines Jahres nach Eintritt der Rechtskraft); *Großbritannien 2010*, Art. 26 Abs. 1 (3 Jahre = MA; im Falle einer späteren Unterbreitung [des Falls gegenüber der zuständigen Behörde], innerhalb von 6 Jahren nach Ablauf des Steuerjahrs oder VZs, für den die Steuern erhoben oder vorgesehen werden); *Indonesien*, Art. 25 Abs. 1 (2 Jahre); *Italien*, Art. 26 Abs. 1 (2 Jahre); *Kanada*, Art. 25 Abs. 1 (2 Jahre); *Portugal*, Art. 26 Abs. 1 (2 Jahre); *Venezuela*, Art. 25 Abs. 1 (2 Jahre).

63 **g) Ausschlussgründe:** Das *DBA Jersey 2008* enthält wie das europäische Schiedsübereinkommen (s. Rz. 300 ff.) Ausschlussgründe, die der Einleitung eines Verständigungsverfahrens entgegenstehen (s. Rz. 33b, 33c). Zunächst ist die zuständige Behörde eines Vertragsstaats nach Art. 9 Abs. 4 *DBA Jersey 2008* nicht zur Einleitung eines Verständigungsverfahrens verpflichtet, wenn durch ein Gerichts- oder Verwaltungsverfahren endgültig festgestellt ist, dass eines der betroffenen Unternehmen aufgrund von Handlungen, die eine Gewinnberichtigung nach Art. 8 des Abkommens zur Folge haben, einen Verstoß begangen hat, der empfindlich zu bestrafen ist. Diese Regelung unterscheidet sich von Art. 8 Abs. 2 des europäi-

schen Schiedsübereinkommens dadurch, dass das Erstere einen Ausschlussgrund enthält, der greift, wenn ein entsprechender Verstoß endgültig festgestellt ist, während nach Art. 8 Abs. 2 des europäischen Schiedsübereinkommens lediglich ein Aussetzungsgrund besteht, wenn ein entsprechendes Verfahren anhängig ist (Aussetzung bis zum Abschluss des Verfahrens). Ferner ist eine zuständige Behörde eines Vertragsstaats nach Art. 9 Abs. 4 *DBA Jersey 2008* nicht verpflichtet, ein Verständigungsverfahren einzuleiten, wenn das Unternehmen seine Dokumentations- und/oder Informationspflichten nicht erfüllt hat.

C. Zu Art. 25 Abs. 2

I. Musterabkommen

1. Übereinstimmungen und Abweichungen

Nach Abs. 2 S. 2 des US-MA ist die Verständigungsregelung ungeachtet „*other procedural limitations in the domestic law of the contracting States*“ durchzuführen. Außerdem werden die Steuerfestsetzung und die Steuererhebung ausgesetzt (s. Rz. 125). Ansonsten stimmen die OECD-, US- und UN-MA sowie die deutsche Verhandlungsgrundlage für DBA überein. 70

2. OECD-MA

a) Grundzüge, Regelung: Art. 25 Abs. 2 enthält verfahrensrechtliche Bestimmungen über die **Einleitung** und **Durchführung** des nach Abs. 1 beantragten Verständigungsverfahrens i. e. S. (zu diesem Begriff s. Rz. 3). 71

Drei Verfahrensabschnitte sind zu unterscheiden:

- das **Vorprüfungs- und Abhilfeverfahren** vor der zuständigen Behörde des Ansässigkeitsstaats, in den Fällen des Art. 24 Abs. 1 des Staatsangehörigkeitsstaats (Satz 1),
- das eigentliche **Verständigungsverfahren** im Zusammenwirken der Behörden beider Vertragsstaaten (Satz 1),
- die **Umsetzung bzw. Durchführung der Verständigungsregelung** durch die Behörden der Vertragsstaaten je für sich (Satz 2).

Nach Satz 2 ist die Verständigungsvereinbarung ungeachtet der Fristen des innerstaatlichen Rechts durchzuführen (s. Rz. 102).

b) Rechtliche Bindungen der Finanzverwaltungsbehörden im Verständigungsverfahren: Die Finanzverwaltungen sind an einem leicht zu handhabenden und flexiblen Verfahren interessiert. Sie halten es für wünschenswert, im Verständigungsverfahren möglichst wenig rechtlich gebunden zu sein (deutlich in den IFA-Landesberichten 1981 zum Thema „Verständigungsverfahren – Verfahren und praktische Handhabung“; CDFI LXVI a (1981)). Der Generalbericht fasst zusammen, es habe sich bislang nicht als notwendig erwiesen, besondere Rechtsgrundsätze für das Verständigungsverfahren zu entwickeln. Die Steuerverwaltungen seien an die „allgemeinen Grundsätze“ ihres nationalen Rechts gebunden; das schließe jedoch nicht aus, dass die Entscheidung im Verständigungsverfahren nach Billigkeits- und Praktikabilitätserwägungen getroffen werde (*Koch,* CDFI LXVI a (1981), 26; ferner Ziff. 38 MA-Komm. zu Art. 25; *Ismer*, in Rust, Double Taxation, S. 211 (216 u. 223f.) in Bezug auf Schiedsverfahren (dazu auch Rz. 230)). Die wichtigste Begründung für die Auffassung, wonach das Verständigungsverfahren nur geringen rechtlichen Bindungen unterliegt, ergibt sich aus der Annahme, es sei ein diplomatisches Streiterledigungsmittel ohne den Charakter und die Ga- 72 rantien eines Rechtsverfahrens (vgl. *Avery Jones u. a.*, BTR 1979, 333; *Lenz*, CDFI XLII (1960), 317; *Mülhausen*, S. 84; *Reich*, S. 33; *Saß*, DB 1979, 2196; *Strobl*, CDFI LXVI a (1981), 171; *Strobl/Zeller*, StuW 1978, 245; *Tittel*, S. 45 ff.; *Züger*, in Lang, Multilateral Tax Treaties, S. 17 ff.; s. auch Wassermeyer/*Eilers*, Art. 25 OECD-MA Rz. 9, 19; GKG/*Lüthi*, Art. 25 OECD-MA Tz. B 15).

73 Diese Einschätzung wird dem **Ziel** des Verständigungsverfahrens nicht gerecht. Nach Art. 25 Abs. 2 S. 1 MA soll es eine dem Abkommen nicht entsprechende Besteuerung vermeiden. Dabei geht es um **Rechtsfragen** (vgl. hierzu *Conseil d'État* Dr. Fisc. 1983, comm. 1568 concl. *Bissara: DBA Frankreich/USA*). Ziel des Verfahrens ist es, das Drohen oder das Vorliegen einer **Rechtsverletzung** zu prüfen und nach Möglichkeit auszuräumen. Demgemäß ist im Rahmen des Verständigungsverfahrens zu untersuchen, ob der einer Entscheidung zugrunde gelegte Sachverhalt richtig ermittelt wurde, ob er zutreffend unter die Tatbestände des Abkommens subsumiert wurde und ob daraus die nach dem Abkommen gebotene Rechtsfolge zutreffend abgeleitet wurde. Bei dieser rechtlichen Prüfung unterliegen die beteiligten Behörden den **gleichen Bindungen**, die sie auch **beim Erlass** von Maßnahmen gegenüber dem Steuerpflichtigen zu beachten haben. Sie sind daher sowohl an das Abkommen als auch an das jeweilige innerstaatliche Recht gebunden. Die Verständigungsvereinbarung kann weder das geltende Abkommensrecht noch das innerstaatliche Recht ändern oder diesen Vorgaben gar widersprechen (zur Bedeutung von OECD-Dokumenten bei der Entscheidung s. Grundl. Rz. 123 ff.). Das Ziel, eine einvernehmliche Entscheidung zu erreichen, rechtfertigt keine Freistellung der Behördenvertreter vom Abkommen und von der Bindung an das Gesetz zugunsten einer pragmatischen Entscheidung. Art. 25 gibt für einen **rechtsfreien Raum** keine Grundlage, dies um so weniger, als die Vorschrift die Behördenvertreter nur dazu verpflichtet, sich um eine einvernehmliche Regelung zu **bemühen** (vgl. Rz. 88 ff.). Vom Gesetz und vom Abkommensrecht können die Behördenvertreter auch im Verständigungsverfahren deshalb **nur** abweichen, wenn und soweit **ihnen ihr innerstaatliches Recht dies ausnahmsweise gestattet** (für Deutschland s. Rz. 127). Rechtliche Bindungen der Behördenvertreter im Verständigungsverfahren werden jedoch nur von einem Teil des Schrifttums bejaht (vgl. *P. Fischer*, StuW 1975, 234; *Lehner*, Verständigungsverfahren, S. 45 ff. (83 ff.); *Lindencrona/Mattsson*, S. 80; *Teichner*, StuW 1965, 347).

74 Dies gilt auch für die **Auslegung** des Abkommens, wenn es, wie in Art. 3 Abs. 1 MA, eigene Auslegungsregeln zur Verfügung stellt, aber auch dann, wenn nach Art. 3 Abs. 2 MA oder einer anderen Verweisungsnorm jeder Vertragsstaat das Abkommen gemäß seinem innerstaatlichen Recht auszulegen hat (s. Art. 3 Rz. 97 ff.; Grundl. Rz. 95 ff.). Der Anspruch des Verständigungsverfahrens, auch in den letztgenannten Fällen zu einer Lösung zu kommen, geht allerdings nur dahin, über die Methode der Auslegung, für die Art. 3 Abs. 2 eine Weichenstellung vorsieht (s. Grundl. Rz. 149a; Art. 3 Rz. 98), und über die Auslegung (d.h. das Verständnis) des jeweiligen innerstaatlichen Rechts Einvernehmen zu erzielen (s. Rz. 30, dort auch Hinweise auf Möglichkeiten zur Lösung von Qualifikationsproblemen, die aus der Heranziehung unterschiedlichen innerstaatlichen Rechts resultieren können; ferner Grundl. Rz. 155 ff. insbesondere Rz. 158e; Art. 3 Rz. 110a).

75 **Ob** eine abkommenswidrige Verständigungsvereinbarung und eine falsche Tatsachenfeststellung in einem anschließenden gerichtlichen Verfahren Gericht und Steuerpflichtige dennoch **binden**, bestimmt sich nach dem jeweils maßgebenden **innerstaatlichen** Recht. Eine solche Bindung wird in der Regel zu **verneinen** sein (so für Frankreich der *Conseil d'État*, a. a. O. (s. Rz. 73); ebenso in Deutschland bereits nach Art. 20 Abs. 3 und Art. 19 Abs. 4 GG (Tipke/*Drüen*, § 2 AO Rz. 43; BFH v. 10.7.1996, I R 4/96, BStBl. II 1997, 15 (17); FG Köln, EFG 1999, 707 (709): *DBA Österreich*; SD/*Flüchter*, Art. 25 Rz. 167; zur vergleichbaren

Frage der Bindungswirkung von Konsultationsvereinbarungen i.S. des Art. 25 Abs. 3 MA s.Rz. 154); für Belgien übereinstimmend *Hinnekens,* EC Tax Rev. 1992, 77, unter Verweisung auf die belgische Rspr. zu Auslegungsvereinbarungen; **anders** für Norwegen *Skaar,* TNI December 1992, 1441 (1445ff.), unter Verweisung auf *Høyesterett,* Rt. 1992, 1401, (1413): *DBA Norwegen/Schweiz,* ebenfalls eine Entscheidung zu einer Auslegungsvereinbarung nach Art. 25 Abs. 3; anders auch für die Schweiz das *Verwaltungsgericht Zürich,* Der Steuerentscheid 1984, ZH A 31.1 Nr. 1, RIW 1984, 566: *DBA Deutschland/Schweiz;* das Schweizer Bundesgericht hat aber über die Frage – soweit ersichtlich – noch nicht entschieden, s. *Reich/Boss,* ASA 65 (1996/97); 275 (287)).

c) Im **Vorprüfungs- und Abhilfeverfahren** vor der zuständigen Behörde des Ansässigkeitsstaats (in den Fällen des Art. 24 Abs. 1 des Staatsangehörigkeitsstaats) ist zunächst zu klären, ob die **Einwendungen** des Antragstellers **begründet** sind. Die Behörde ist zu dieser Prüfung nach Art. 25 verpflichtet (s. zum Verfahren: Wassermeyer/*Eilers,* Art. 25 OECD-MA Rz. 45ff.; GKG/*Lüthi,* Art. 25 OECD-MA Rz. B 56ff.). Ist es zur Aufklärung des Sachverhalts erforderlich, muss sie gegebenenfalls ein Amtshilfeersuchen an die zuständige Behörde des anderen Vertragsstaats richten (s. Art. 26 Rz. 42f.). Der Steuerpflichtige seinerseits muss seinen Aufklärungs- und Mitwirkungspflichten nachkommen. Die Behörde muss den Steuerpflichtigen dabei unterstützen, **sachdienliche** Angaben zu machen und Anträge zu stellen. Eine erhöhte Mitwirkungspflicht des Steuerpflichtigen bei der Aufklärung von Auslandssachverhalten (§ 90 Abs. 2 AO) ist jedoch zu beachten. 76

Richtet sich ein Antrag gegen einen Steuerbescheid oder gegen einen sonstigen hoheitlichen Akt einer Finanzbehörde, muss die Behörde prüfen und gegebenenfalls durch Nachfrage klarstellen, ob ein Antrag auf Einleitung eines Verständigungsverfahrens oder ein sonstiger Rechtsbehelf gemeint ist. Richtet sich ein Antrag auf Einleitung des Verständigungsverfahrens gegen eine Maßnahme des Ansässigkeitsstaats, ohne dass der andere Vertragsstaat betroffen ist, muss der Steuerpflichtige auf die Möglichkeit des innerstaatlichen Rechtsbehelfsverfahrens hingewiesen werden. Die Anforderungen, die an die Begründetheit des Antrags zu stellen sind, dürfen im Übrigen nicht höher sein als diejenigen, die das innerstaatliche Recht an die behördliche Überprüfung von Steuerverwaltungsakten stellt. **Unsicherheiten,** die sich aus den besonderen Schwierigkeiten bei der Anwendung ausländischen Rechts ergeben, dürfen sich **nicht zu Lasten des Steuerpflichtigen** auswirken. 77

Hält die Behörde die Einwendung für begründet, hat sie weiter zu prüfen, ob sie **selber** in der Lage ist, eine befriedigende Lösung herbeizuführen, der Einwendung also **abzuhelfen** (vgl. BMF, Verständigungsverfahren, Tz. 2.4.1). 78

Dies wird regelmäßig dann **nicht** der Fall sein, wenn die abkommenswidrige Besteuerung auf eine Maßnahme des **anderen** Vertragsstaats zurückzuführen ist. Zwar wäre es denkbar, dass die Behörde des Ansässigkeitsstaats auch in einem solchen Fall dem Steuerpflichtigen durch eine **Billigkeitsmaßnahme** entgegen kommt (zustimmend: GKG/*Lüthi,* Art. 25 OECD-MA Rz. 68, 73). Eine Billigkeitsmaßnahme ist jedoch häufig nicht möglich. So hat für das deutsche Recht der BFH entschieden, dass ein Billigkeitserlass aus sachlichen Gründen nur in dem Staat erfolgen könne, durch dessen Besteuerung und Steuersystem die Härte verursacht wurde (BFH BStBl. II 1970, 392 (394); grundsätzlich zur Möglichkeit einer Billigkeitsentscheidung FG Hamburg, EFG 2001, 27). Zudem mag ein solches Vorgehen, wo es zulässig ist, zwar für den Steuerpflichtigen eine befriedigende Lösung ermöglichen. Es ändert aber an der Abkommenswidrigkeit der Besteuerung nichts. Eine Billigkeitsentscheidung führt daher für den Staat, der die Abkommenswidrigkeit nicht zu vertreten hat, nicht zu einer „befriedigenden Lö- 79 sung". Die Befugnis, ein Verständigungsverfahren einzuleiten, wird also durch diese Möglichkeit nicht versperrt. Zur Frage, ob nach Scheitern eines Verständigungsverfahrens Billigkeitsmaßnahmen geboten sind, s. Rz. 115 und speziell für Deutschland Rz. 136.

80 Demgegenüber kommt eine Abhilfe in Betracht, wenn die abkommenswidrige Besteuerung auf einer eigenen Rechtsverletzung oder der einer nachgeordneten Behörde des Ansässigkeitsstaats beruht (ebenso Wassermeyer/*Eilers,* Art. 25 OECD-MA Rz. 51). Ob eine entsprechende Verpflichtung besteht, richtet sich nach dem innerstaatlichen Recht; für das Verständigungsverfahren kommt es nur auf die **Möglichkeit** der Abhilfe an.

85 **d) Zwischenstaatliche Verständigung:** Hält die Behörde die Einwendungen des Steuerpflichtigen für begründet (s. Rz. 76 f.) und kann sie nicht abhelfen (s. Rz. 78 f.), wird sie sich um eine zwischenstaatliche Verständigung mit der zuständigen Behörde des anderen Vertragsstaats bemühen.

86 **aa) Ziel des Verfahrens** ist die Vermeidung einer im Einzelfall bestehenden, dem Abkommen nicht entsprechenden Besteuerung. **Vermeidung** (engl.: „avoidance"; franz.: „éviter") ist dabei jedoch nicht wörtlich i. S. von nur präventiven Maßnahmen zu verstehen. Präventive Maßnahmen werden sogar die Ausnahme sein; in den meisten Fällen wird das Verständigungsverfahren der **Beseitigung** einer bereits **eingetretenen** abkommenswidrigen Besteuerung dienen (s. in Abs. 1: „zu einer Besteuerung führen oder führen werden, die ...").

87 Im Verständigungsverfahren i. e. S. geht es jeweils um die **Regelung eines Einzelfalls** (s. Rz. 23). Es umfasst jedoch auch die allgemeine Erörterung der durch den Einzelfall deutlich gewordenen Schwierigkeiten oder Zweifel bei der Auslegung oder Anwendung des Abkommens; darüber hinaus ist es jederzeit zulässig, auch Fragen der Vermeidung einer Doppelbesteuerung in Fällen, die im Abkommen nicht behandelt sind, einzubeziehen. In solchen Situationen tritt neben das Verständigungsverfahren i. S. des Art. 25 Abs. 1 ein Konsultationsverfahren i. S. des Abs. 3 (s. Rz. 150 ff.) bzw. das eine Verfahren geht in das andere über (dazu auch Rz. 21).

88 **bb)** Das MA sieht vor, dass sich die Behörden **bemühen.** Daraus kann zweierlei gefolgert werden:

89 **(1)** Eine **Verpflichtung** der Behörden, sich zu einigen, gibt es im Verständigungsverfahren grundsätzlich **nicht** (MA-Komm. Ziff. 37, *Koch,* CDFI LXVI a (1981), 40; Wassermeyer/*Eilers,* Art. 25 OECD-MA Rz. 54; GKG/*Lüthi,* Art. 25 OECD-MA Rz. 73; Ausnahme: Klärung der Ansässigkeit bei Doppelansässigkeit; s. Rz. 16b). Sie kommt schon deswegen nicht in Betracht, weil die Behördenvertreter, wie dargelegt, an die Vorschriften ihres innerstaatlichen Rechts gebunden und nur im Rahmen des ihnen eingeräumten Ermessens und etwaiger Möglichkeiten zu Billigkeitsentscheidungen zu Konzessionen befugt sind. In keinem Fall ist es möglich, dass durch eine Verständigungsentscheidung eine Vorrangbesteuerung zugewiesen wird, die der betreffende Staat nach einer eindeutigen Abkommensbestimmung nicht hat (FG Schleswig-Holstein EFG 1971, 578: *DBA Dänemark;* aus anderen Gründen durch BFH HFR 1974, 231 aufgehoben). Verständigungs- bzw. Konsultationsvereinbarungen, die im Verhältnis zu Drittstaaten getroffen werden, binden grds. nicht im Verhältnis zu anderen Vertragsstaaten (zutreffend FG Köln v. 25.2.2014, 8 K 2555/11, EFG 2014, 114 (116 f.): *DBA Italien* sowie Art. 25 Rz. 3, 73); nichts anderes folgt aus dem Gebot der Entscheidungsharmonie (s. Grundl. Rz. 114 ff.; FG Köln, a. a. O.).

90 **(2)** Die deutsche Finanzverwaltung und die im Schrifttum überwiegende Meinung leiten weiterhin aus der Formulierung „Bemühen" einen Anspruch des Steuerpflichtigen auf eine **fehlerfreie Ermessensausübung** der Behörde bei der Entscheidung über die Einleitung eines Verständigungsverfahrens ab (so noch deutlich BMF, Merkblatt zum internationalen Verständigungsverfahren und Schiedsverfahren in Steuersachen, BStBl. I 1997, 717 ff., Tz. 2.4.3 unter Hinweis auf BFH, BStBl. II 1982, 583; *Debatin,* AWD 1969, 477 (485); *Koch,* CDFI LXVI a (1981), 30; *Mülhausen,* S. 153; SKK/*Schmitz,* Art. 25 Rz. 41; **a. A.** *Tipke,* AWD 1972, 589 (592); *Schaumburg,* S. 660, Tz. 16.101; *Gloria,* StuW 1989, 138, die weitergehend einen Anspruch auf Einleitung annehmen; unklar ist hingegen, ob das BMF, Verständigungsverfahren, Tz. 2.4.3 einen Anspruch des Steuerpflichtigen auf Einleitung des Verfahrens einräumen will, wenn es wie folgt formuliert: „Ergibt die Prüfung des BZSt, dass die materiellen Voraussetzungen für das Verständigungsverfahren hinreichend dargelegt sind, leitet es das Verständigungsverfahren ein."). Nach der Rechtsprechung des BFH bleibt die Entscheidung, ob die Behörde dem Antrag auf Einleitung des Verständigungsverfahrens nachkommen will, „selbst bei Nachweis" einer abkommenswidrigen Besteuerung in ihr Ermessen gestellt. Einer zum Handeln im zwischenstaatlichen Bereich aufgerufenen Behörde müsse ein weiter Ermessensspielraum eingeräumt werden; dazu gehöre auch die Beurteilung der Erfolgsaussichten des Verständigungsverfahrens auf Grund der Praxis der Behörde des anderen Vertragsstaats. „Auch Zweckmäßigkeitserwägungen können das Handeln der angerufenen nationalen Behörde bestimmen" (BFH BStBl. II 1982, 583: *DBA Schweiz;* FG Hamburg, EFG 2001, 27). Nur ganz ausnahmsweise kann eine Ermessensreduzierung auf Null zugunsten des Steuerpflichtigen angenommen werden. Ähnliches gilt auch für die meisten anderen Staaten. Noch zurückhaltender formuliert der *Conseil d'État:* Die Verpflichtung, ein Verständigungsverfahren einzuleiten, sei nicht mit einer Sanktion verknüpft („dépourvue de sanction": Dr. Fisc. 1987 comm. 2178: *DBA Frankreich/Belgien*). Das belgische Recht hingegen gibt dem Steuerpflichtigen einen **Rechtsanspruch** auf Einleitung eines Verständigungsverfahrens (*Koch,* CDFI LXVI a (1981), 30; *Hinnekens,* EC Tax Rev. 1992, 78).

Etwas anderes gilt in den Fällen eines **obligatorischen Schiedsverfahrens** (s. Rz. 203), das dem Steuerpflichtigen einen Anspruch auf Einleitung des Schiedsverfahrens gibt, wie dies nach einigen DBA und dem EU-Schiedsübereinkommen der Fall ist (s. Rz. 208 ff.; 259 ff.; 301).

Häufig lehnen die Finanzbehörden die Einleitung eines Verständigungsverfahrens ab, wenn der Steuerpflichtige seiner Verpflichtung zur Sachverhaltsaufklärung nur mangelhaft nachkommt (so die Behörden Deutschlands, Griechenlands, der Niederlande und Österreichs: *Koch,* CDFI LXVI a (1981), 109). Darüber hinaus kann teilweise die Einleitung eines Verständigungsverfahrens auch dann nicht mehr verlangt werden, wenn bestands- oder rechtskräftige Entscheidungen vorliegen, so dass eine Korrektur der abkommenswidrigen Besteuerung nicht mehr möglich ist (s. Rz. 104 ff.). Auch wird die Durchführung eines Verständigungsverfahrens in der Regel ausscheiden, wenn der andere Staat bereits in der Vergangenheit gezeigt hat, dass er zu einer Verständigung im streitigen Punkt nicht bereit ist. Das FG Hamburg, EFG 2001, 27 (29): *DBA Zypern 1974* (rkr.) nimmt dann sogar eine Ermessensreduzierung auf Null zu Lasten des Steuerpflichtigen an (zw.; vgl. *Ismer,* IStR 2003, 394). 91

Gegen eine die Einleitung eines Verständigungsverfahrens **ablehnende Behördenentscheidung** ist nach deutschem Recht der Rechtsweg zu den Finanzgerichten gegeben (§ 33 Abs. 1 Nr. 1 FGO). Ein Vorverfahren ist grundsätzlich nicht erforderlich, wenn das BMF als oberste Bundesbehörde zuständig ist (§ 348 Nr. 3 AO; vgl. BFH BStBl. II 1982, 583; *Leising,* IStR 2002, 114). Etwas anderes gilt aber, wenn – wie regelmäßig – das BZSt für die Einleitung und Durchführung des Verständigungsverfahrens zuständig ist (vgl. SD/*Flüchter,* Art. 25 Rz. 130). In den USA ist nach Rev. Proc. 2006–54 Sec. 12.04 die Entscheidung abschließend 92 und verwaltungsintern nicht überprüfbar. Der „Anti-Injunction Act" verbietet ferner gerichtliche Anordnungen, die in ein laufendes Steuerfestsetzungs- und -erhebungsverfahren eingreifen. Unter Berufung hierauf wurde eine Klage auf Einleitung eines Verständigungsverfahrens während eines laufenden Verfahrens vor dem *Tax Court* abgewiesen; doch hielt das Gericht einen Antrag auf Einleitung eines Verständigungsverfahrens nach Abschluss des steuergerichtlichen Verfahrens für nach wie vor möglich (*Yamaha Motor Corp. v. USA, District Court* for the District of Columbia, 779 FSupp. 610: *DBA USA/Japan;* eine Verhandlung der Berufung erfolgte aber wegen anderweitiger Lösung des Falls nicht; s. zum Ganzen *Hey,* RIW 1992, 603; *Rooney/Suit,* Tax Lawyer 49/3, 692 ff.).

93 **cc)** Dass der Antrag auf Einleitung eines Verständigungsverfahrens nach Art. 25 Abs. 1 „**unbeschadet** der nach dem innerstaatlichen Recht … vorgesehenen **Rechtsmittel**" gestellt werden kann (s. Rz. 34, 104, 131 ff.), bedeutet **noch nicht,** dass die beiden Verfahren auch **nebeneinander durchgeführt werden** können. Die Staatenpraxis ist uneinheitlich: In Deutschland sind ein Verständigungsverfahren und ein Gerichtsverfahren gleichzeitig möglich (*K. Becker,* DStJG 36 (2013), S. 167 (171 ff.); *Strobl,* CDFI LXVI a (1981), 175; *Krabbe,* IStR 2002, 548 (549); BFH BStBl. III 1967, 495; BFH BStBl. II 1982, 583: beide *DBA Schweiz 1931/1959;* sowie die in Rz. 132 zitierten Entscheidungen). Nach Tz. 2.1.5 des BMF, Verständigungsverfahren, steht einem Antrag auf Eröffnung des Verfahrens nicht entgegen, dass ein Rechtsbehelf eingelegt ist oder der Rechtsweg noch nicht erschöpft ist. Daher **empfiehlt es sich,** neben einem Antrag nach Abs. 1 **gleichzeitig ein Rechtsmittel einzulegen.** Es kann dann das Ruhen des innerstaatlichen Verfahrens beantragt werden (so auch *Lasars,* IWB, Fach 3, Deutschland, Gruppe 2, 672). Umgekehrt kann aber auch das Verständigungsverfahren ausgesetzt werden, wenn die Rechtsfrage erst in der innerstaatlichen Rechtsprechung geklärt werden muss (MA-Komm. Ziff. 42 f.). Auch in der Schweiz sind die innerstaatlichen Rechtsmittel vom Verständigungsverfahren völlig unabhängig (vgl. etwa *Reich/Boss,* ASA 65 (1996/97), 275 (282)).

94 Dagegen sehen in den USA die Rev. Proc. 2006–54, Sec. 7.03, vor, dass die zuständige US-Behörde, der *Director International,* nicht ohne die Zustimmung des *Associate Chief Counsel* einen Antrag auf Einleitung eines Verständigungsverfahrens in einem bereits anhängigen oder einem zur Durchführung eines gerichtlichen Verfahrens vorgesehenen Fall annimmt. Allerdings besteht die Möglichkeit zu einer **„Simultaneous Appeals Procedure"** (Rev. Proc. 2006–54, Sec. 8; dazu *Lemelin/Deanehan,* CTJ 1998, 668 f.; *Rooney/Suit,* Tax Lawyer 49/3, 687 ff.; *Terr,* IBFD 1996, 209 f.). Diese erlaubt es dem Steuerpflichtigen, Rechtsmittel und das Verständigungsverfahren gleichzeitig zu verfolgen. Danach beraten der Steuerpflichtige, die „Competent Authority" und der „Appeals Representative", um eine übereinstimmende Position zu finden, bevor der Fall der Behörde des anderen Staats vorgelegt wird. Wird eine Übereinstimmung erreicht, so ist weder die Behörde noch der Steuerpflichtige daran gebunden. Wird im Verständigungsverfahren keine für den Steuerpflichtigen annehmbare Einigung erzielt, kann er seine Rechtsmittel weiterverfolgen (zu neuen Entwicklungen s. *Ault,* Arbitration, S. 55 ff.).

95 In Schweden muss sich der Steuerpflichtige zwischen dem Verständigungsverfahren und dem Rechtsbehelfsverfahren entscheiden (vgl. *Franke/Lindencrona/Mattsson,* CDFI LXVI a (1981), 375 ff.). In Mexiko können Verständigungsverfahren und innerstaatliche Rechtsmittel nicht nebeneinander verfolgt werden. Allerdings unterbricht ein Antrag nach Abs. 1 die Frist für die Einlegung von Rechtsbehelfen (vgl. *Revilla,* TNI April 1999, 1643 (1644 ff.)). Für das belgische Recht s. *Hinnekens,* EC Tax Rev. 1992, 77 ff.; für Großbritannien s. *Haigh,* TMIJ 2002, 502 (505); für Singapur s. *Tan How Teck,* Intertax 2000, 207; für die USA s. *Venuti/Schlaman/Malocha,* TMIJ 2002, 603; *Zschiegner,* IWB Fach 8, Gruppe 2, 1191.

Im Ergebnis wird durch solche Regelungen der Schutz, den Art. 25 dem Steuerpflichtigen geben soll, erheblich eingeschränkt. Dass sie mit dem MA unvereinbar seien, lässt sich jedoch im Hinblick auf die unbestimmte Formulierung des Art. 25 nicht feststellen. Soll eine völkervertragliche Norm innerstaatliches Recht modifizieren oder in bestimmten Fällen außer Kraft setzen, muss sie dies eindeutig zum Ausdruck bringen; mit Wendungen wie „bemühen" und „unbeschadet der innerstaatlichen Rechtsmittel" wird diesem Bestimmtheitserfordernis nicht genügt (vgl. die Nachweise bei *Lehner,* Verständigungsverfahren, S. 40ff. und 104f.). Immerhin hält der MA-Komm. offenbar ein Verständigungsverfahren neben einem gerichtlichen Verfahren für möglich. Er hält es allerdings andererseits für „normal", die Durchführung einer Verständigungsregelung davon abhängig zu machen, dass der Steuerpflichtige „seine Rechtsmittel betreffend die im Verständigungsverfahren geregelten Punkte zurückzieht" (MA-Komm. Ziff. 45). 96

dd) Beendet wird das Verständigungsverfahren dadurch, dass die zuständigen Behörden eine Verständigungsvereinbarung erreichen oder dass das Verfahren scheitert. Die zuständige Behörde kann sich etwa dann aus dem Verfahren zurückziehen, wenn ihr Einigungsspielraum aufgrund einer Änderung des innerstaatlichen Rechts nach Beginn des Verfahrens so beschnitten wird, dass sie das Verfahren nicht eingeleitet hätte, so auch MA-Komm. Ziff. 28. Hingegen beendet der Übergang zu einem Schiedsverfahren nach DBA das Verständigungsverfahren nicht. Vielmehr ist das Schiedsverfahren unselbständiger Teil des Verständigungsverfahrens (MA-Komm. Ziff. 64 und Rz. 209). 97

e) Die Verständigungsregelung ist von den Vertragsstaaten **durchzuführen** (s. *K. Becker,* DStJG 36 (2013), S. 167 (178f.)). **Verständigungsregelung** ist die im Verständigungsverfahren getroffene Vereinbarung. **Durchführung** der Verständigungsregelung ist deren Verwirklichung im Verwaltungsverfahren. Die Durchführung erfolgt **ungeachtet der Fristen des innerstaatlichen Rechts** der Vertragsstaaten (Abs. 2 S. 2). Damit ist aber noch nicht gesagt, dass sie auch bei bestands- oder rechtskräftigen Steuerbescheiden möglich wäre (s. Rz. 104ff.). 100

aa) Einige Staaten, darunter die Schweiz (vgl. *Reich/Boss,* ASA 65 (1996/97), 275 (286)) und die USA (vgl. Rev. Proc. 2006–54, Sec. 12.05), machen die Durchführung der Verständigungsregelung von der **Zustimmung des Steuerpflichtigen** abhängig (*Koch,* CDFI LXVI a (1981), 40). Nach Tz. 3.4 BMF, Verständigungsverfahren, erfolgt die Verständigung im Allgemeinen im schriftlichen Verfahren. Sie steht in aller Regel unter dem Vorbehalt, dass sich der Antragsteller mit ihr einverstanden erklärt und dass anhängige Rechtsbehelfsverfahren erledigt werden (vgl. BMF, Verständigungsverfahren Tz. 3.4 S. 2; Tz. 4.2). Der Steuerpflichtige muss dazu auf innerstaatliche Rechtsbehelfe verzichten und bereits eingelegte zurücknehmen. Zu diesem Zweck sind in Deutschland mit §§ 354 Abs. 1a, 362 Abs. 1a AO sowie §§ 50 Abs. 1a, 72 Abs. 1a FGO Normen geschaffen worden, die einen Teilverzicht bzw. eine Teilrücknahme beschränkt auf den Gegenstand der Verständigungsvereinbarung ermöglichen. 101

bb) Fristen des innerstaatlichen Rechts i.S. des Abs. 2 S. 2 sind Verjährungs-, Ausschluss- und vergleichbare Fristen, von denen die Geltendmachung des Steuer- oder eines Steuererstattungsanspruches abhängig ist. **Nicht** zu den Fristen i.S. des Abs. 2 S. 2 gehören **Rechtsmittelfristen**. Bei rechtskräftigen Entscheidungen würden sich sonst unterschiedliche Rechtswirkungen ergeben, je nachdem, ob die Rechtskraft durch Fristablauf oder aus anderen Gründen eingetreten ist. I.Ü. ist zu beachten, dass zahlreiche Staaten gegenüber der Regelung Vorbehalte angemeldet haben (s. MA-Komm. Ziff. 98f.). Zur Rechtslage in Deutschland s. Rz. 134ff. 102

cc) Grundsätzlich wird die Verständigungsvereinbarung durch **Berichtigung des Steuerbescheids** für das betroffene Veranlagungsjahr verwirklicht. Wenn das 103 innerstaatliche Recht es gestattet (s. Rz. 105 ff.), ist es auch möglich, den Ausgleich durch eine entsprechend niedrigere (oder höhere) Veranlagung in einem späteren Jahr vorzunehmen. Inwieweit **Zinsen** erhoben werden können, richtet sich nach innerstaatlichem Recht. Zu Aussetzungszinsen s. bereits Rz. 42.

104 **dd)** Ist der Steuerbescheid **bestandskräftig** oder ist bereits eine **rechtskräftige gerichtliche Entscheidung** ergangen, ist eine hiervon abweichende Verständigungsvereinbarung nur noch möglich, soweit das innerstaatliche Recht des betreffenden Staats das gestattet. Art. 25 MA allein ist keine ausreichende Rechtsgrundlage für eine Durchbrechung der Bestands- und Rechtskraft, weil die Regelung nicht bestimmt genug ist (*Lehner,* Verständigungsverfahren, S. 104 f.).

105 Nach **deutschem** Recht können bestandskräftige Steuerbescheide zur Umsetzung einer Verständigungsvereinbarung nach Maßgabe des § 175a AO aufgehoben oder geändert werden. Rechtskräftige Entscheidungen hingegen können nicht mehr geändert werden, soweit sie sich auf Fragen beziehen, die Streitgegenstand des Gerichtsverfahrens waren (s. Rz. 131 ff.).

106 Nach **österreichischem Recht** können Steuerbescheide in den Grenzen des § 299 BAO, § 48 i. V. m. § 295 BAO oder § 303 BAO geändert werden. Danach können auch rechtskräftige Bescheide aufgehoben werden (vgl. *LS,* Art. 19 Rz. 14; ÖstVwGH v. 12.9.2001, 2000/13/0031, dazu *Urtz,* SWI 2002, 51).

107 Nach **schweizerischem** Recht können unanfechtbar gewordene Steuerbescheide nur noch geändert werden, wenn ein rechtlich zugelassener „Revisionsgrund" vorliegt und wenn dies innerhalb einer Frist von 90 Tagen ab Entdeckung des Revisionsgrunds, spätestens aber innerhalb von zehn Jahren ab der Eröffnung der Verfügung oder des Entscheids (Art. 148 DBG) beantragt wird. Eine Verständigungsvereinbarung wird zwar in der Praxis der schweizerischen Steuerbehörden einem derartigen Revisionsgrund gleichgestellt, kann aber nach Ablauf der Frist auch nicht mehr zu einer Änderung der Veranlagung führen (*Lüthi,* S. 434; s. auch BMF-Schreiben vom 30.7.1997, BStBl. I 1997, 651). Diese Regelung ist spätestens seit dem 31.12.2000 auch in den kantonalen Steuergesetzen zu berücksichtigen. Sie tritt an die Stelle der alten Fünfjahresfrist ab Rechtskraft des Steuerbescheids (vgl. BMF-Schreiben vom 13.11.1987), die für die Übergangszeit weiter von Bedeutung ist.

108 In den **USA** sehen die Rev. Proc. 2006–54, Sec. 7.05 vor, dass sich die zuständige Behörde, falls ein Urteil eines U. S.-Gerichts oder ein gerichtlicher oder außergerichtlicher Vergleich abgeschlossen wurde, in einem anschließenden Verständigungsverfahren allenfalls noch um eine Anpassung der Besteuerung im anderen Vertragsstaat bemühen, jedoch nichts unternehmen wird, was die U. S.-Steuerschuld reduziert.

109 Im **Vereinigten Königreich** steht, nach Einfügung des s. 815AA TA 1988 im Jahre 2000, eine Verständigungsvereinbarung nach Art. 25 Abs. 2 MA auf derselben Stufe wie das Abkommen selbst. Sie kann ungeachtet zeitlicher Beschränkungen und trotz ergangener Gerichtsurteile durchgeführt werden. Ob dies sogar zum Nachteil des Steuerpflichtigen gilt, ist unklar. Vgl. zum ganzen *Avery Jones,* BTR 2001, 10 f.

110 In den **Niederlanden** kann zur Verwirklichung einer Verständigungsvereinbarung innerhalb einer Siebenjahresfrist auch von einem Gerichtsurteil abgewichen werden, weil die Vereinbarung als Teil des höherrangigen Völkerrechts gilt (*Avery Jones,* EC Tax Rev. 1999, 4 (7)).

111 **ee)** Ein Sonderproblem entsteht schließlich, wenn sich das **maßgebliche innerstaatliche Recht** nach Abschluss einer Verständigungsvereinbarung, aber vor ihrer Durchführung **ändert**. Für den eher seltenen Fall, dass diese Änderungen beim Abschluss der Verständigungsvereinbarung noch nicht absehbar waren und die „Geschäftsgrundlage" der Vereinbarung berühren, muss der betreffende Vertragsstaat den anderen Vertragsstaat unverzüglich unterrichten. Die Staaten sind dann nach Treu und Glauben zu Bemühungen verpflichtet, die Verständigungsvereinbarung anzupassen bzw. zu modifizieren. Dahingehende Verhandlungen stellen nach Auffassung des MA-Komm. Ziff. 29 eine Fortsetzung des ursprünglichen Verständigungsverfahrens dar, was insbesondere für die Zweijahresfrist zur Einleitung eines Schiedsverfahrens (Rz. 215) von Bedeutung sein kann. Im Übrigen wird hier nach dem jeweiligen innerstaatlichen Recht ab dem Zeitpunkt der Zustimmung des Steuerpflichtigen sorgsam darauf zu achten sein, ob der Steuerpflichtige bereits eine schützenswerte, nicht ohne weiteres entziehbare Rechtsposition erlangt hat.

f) Als **Folge eines Scheiterns des Verständigungsverfahrens** ist zum einen zu prüfen, ob durch Billigkeitsmaßnahmen abgeholfen werden kann (für Deutschland s. Rz. 79, 127). Zum anderen sehen einige DBA bzw. Protokolle zu den DBA explizit vor, dass bei andernfalls drohender Doppelbesteuerung bzw. teilweise auch bei doppelter Nichtbesteuerung wegen Qualifikations- oder Zurechnungskonflikten eine Steueranrechnung möglich ist (für Deutschland s. Rz. 136). Nach dem EU-Schiedsübereinkommen ist das Scheitern des Verständigungsverfahrens Voraussetzung für die Einleitung eines Schiedsverfahrens (s. Rz. 300 ff.). Gleiches gilt für die Schiedsverfahren nach DBA (s. Rz. 199 ff.). In diesem Zusammenhang bedeutet „Scheitern", dass keine Vereinbarung innerhalb der vorgegebenen Frist zustande gekommen ist. Eine endgültige Nichteinigung zwischen den Vertragsstaaten ist dagegen nicht erforderlich. 115

g) Die Stellung des Steuerpflichtigen im Verständigungsverfahren ist, von der Regelung der Antragsbefugnis (s. Rz. 27 ff.) abgesehen, in den MA nicht näher ausgestaltet. Nach Ansicht des MA-Komm. sind die Vertragsstaaten jedoch verpflichtet, den Steuerpflichtigen „gewisse wesentliche Rechte zuzusichern" (MA-Komm. Ziff. 60). Genannt wird das Recht, Erklärungen schriftlich oder mündlich abzugeben, sowie das Recht auf einen Rechtsbeistand. Wegen der Besonderheit des Verfahrens hielt der OECD-Steuerausschuss es aber nicht für erforderlich, dem Steuerpflichtigen oder seinem Vertreter Akteneinsicht zu gewähren (MA-Komm. Ziff. 61). Andererseits ist die **Mitwirkungspflicht**, d. h. die Sachverhaltsaufklärungspflicht des Steuerpflichtigen, jedoch mitunter sehr umfassend (vgl. bereits Rz. 28, sowie *Koch,* CDFI LXVI a (1981), 38 f.). Richtigerweise muss dem Steuerpflichtigen jedenfalls ein Anspruch auf **rechtliches Gehör** und eine **Informationsmöglichkeit** über den Verfahrensverlauf gegeben werden (vgl. auch die Resolution der *IFA,* IWB Fach 1, 1205, sowie MA-Komm. zu Art. 25 MA Ziff. 60; Wassermeyer/*Eilers,* Art. 25 Rz. 69; *Krabbe,* IStR 2002, 548 (550); *Lehner,* Verständigungsverfahren, S. 122 ff.; *Reich,* Verständigungsverfahren, S. 79 f.; *Strobl/Zeller,* StuW 1978, 251; *Rooney/Suit,* Tax Lawyer 49/3, 700 ff.; *Züger,* in Lang, Multilateral Tax Treaties, S. 27 ff.; zur Vereinbarkeit der Regelungen über das Verständigungsverfahrens mit Art. 6 EMRK s. *Baker,* in FS Avery Jones, S. 63 (67 ff.); zur Stellung des Steuerpflichtigen aus österreichischer Sicht vgl. *Koppensteiner,* ÖStZ 2009, 549 ff.). Für zahlreiche Rechtsordnungen, so auch für die deutsche, folgt dies aus dem Rechtsstaatsprinzip. 116

Die deutsche Finanzverwaltung wird diesen Anforderungen gerecht. Nach BMF, Verständigungsverfahren, Tz. 3.3.1 sollen die zuständigen deutschen Behörden den Abkommensberechtigten über den Stand und den Fortgang des Verfahrens unterrichten. Der Abkommensberechtigte hat das Recht, Anträge zu stellen, sich zu den für die Verständigung erheblichen Tatsachen und Rechtsfragen zu äußern und sich durch einen Bevollmächtigten vertreten zu lassen. 117

Kosten für die Durchführung des Verständigungsverfahrens werden vom Steuerpflichtigen üblicherweise nicht erhoben (*Koch,* CDFI LXVI a (1981), 39; aus deutscher Sicht vgl. BMF, Verständigungsverfahren, Tz. 9, 14). Die Kosten des 118

Steuerpflichtigen werden regelmäßig nicht erstattet (aus deutscher Sicht s. BMF, Verständigungsverfahren, Tz. 9, 14; BFH v. 9.10.2013, IX R 25/12, BStBl. II 2014, 102).

119 Eine **Veröffentlichung** der Verständigungsergebnisse unter Wahrung des Steuergeheimnisses ist im Interesse anderer Steuerpflichtiger wünschenswert (so auch *Runge,* Intertax 1997, 4 f.). Z. T. geschieht dies deswegen nicht, weil befürchtet wird, dass Entscheidungen, die nur auf Einzelfälle bezogen sind, Präjudizwirkung erlangen.

3. US-MA

125 Nach Abs. 2 S. 2 US-MA ist die Verständigungsregelung nicht nur ungeachtet der Fristen des innerstaatlichen Rechts, sondern auch ungeachtet anderer Verfahrensbeschränkungen („*other procedural limitations in the domestic law of the contracting States*") durchzuführen. Mit der Einleitung des Verständigungsverfahrens werden Steuerfestsetzung und Steuererhebung ausgesetzt (Art. 25 Abs. 2 S. 3). Das innerstaatliche Verfahren ruht, soweit es Fragen betrifft, die Gegenstand des Verständigungsverfahrens sind (Rev. Proc. 2006–54, Sec. 7.01; s. *Venuti/Schlaman/Malocha,* TMIJ 2002, 603 ff.; *Zschiegner,* IWB Fach 8, Gruppe 2, 1191). Ausnahmen kann die zuständige Behörde anordnen, etwa bei Rechtshängigkeit oder in anderen Situationen, wenn eine Gefährdung amerikanischer Interessen droht. Im Übrigen läuft das Verfahren weiter (vgl. *Terr,* BIFD 1996, 208; US-TE zu Abs. 2). Trifft die zuständige Behörde keine Entscheidung, darf das innerstaatliche Verfahren vom Zeitpunkt der Aussetzung an wieder aufgenommen werden. Kommt die zuständige Behörde zu einer Entscheidung, dann wird zwischen dem Steuerpflichtigen und dem *IRS* eine i. d. R. für beide Seiten verbindliche Übereinkunft abgeschlossen (*Cole/Huston/Weiss,* CDFI LXVI a (1981), 268 f.). Ist eine Übereinkunft mit der zuständigen Behörde nicht möglich, ist es dem Steuerpflichtigen freigestellt, seine Rechte auf dem Verwaltungsweg und vor Gericht zu verfolgen (Report on Proposed United States Model Income Tax Treaty, 313). Dies gilt auch nach Rev. Proc. 2006–54. Zur Möglichkeit von Rechtsmitteln gegen die eine Einleitung eines Verständigungsverfahren ablehnende Behördenentscheidung s. Rz. 92, zum Nebeneinander von Appeal und Verständigungsverfahren s. Rz. 94 und zum Verständigungsverfahren nach rechtskräftiger Gerichtsentscheidung in den USA s. Rz. 108.

II. Deutsche DBA

1. Abkommensübersicht zu Artikel 25 Abs. 2

126

DBA	Artikel	Bemühen, sich zu verständigen	Rz.
Ägypten	26 Abs. 2	≈ MA	134
Albanien 2010	25 Abs. 2	≈ MA	134; 136a
Algerien 2007	25 Abs. 2	≈ MA	134; 136a
Argentinien	25 Abs. 2	≈ MA, ohne Bestimmung über Durchführung im innerstaatlichen Recht	135
Armenien	s. UdSSR		
Aserbaidschan	25 Abs. 2	≈ MA	134; 136a
Australien	23 Abs. 2	≈ MA, ohne Bestimmung über Durchführung im innerstaatlichen Recht	135
Bangladesch	25 Abs. 2	≈ MA	134

DBA	Artikel	Bemühen, sich zu verständigen	Rz.
Belarus	25 Abs. 2	≈ MA	134
Belgien	25 Abs. 2	≈ MA, ohne Bestimmung über Durchführung im innerstaatlichen Recht	135
Bolivien	25 Abs. 2	≈ MA, ohne Bestimmung über Durchführung im innerstaatlichen Recht	127; 130; 135
Bosnien-Herzegowina	s. Jugoslawien		
Bulgarien 2010	24 Abs. 2	≈ MA	134; 136a
China 1985	26 Abs. 2	≈ MA	134
China 2014 (E)	25 Abs. 2	≈ MA	
Costa Rica 2014 (E)	25 Abs. 2	≈ MA	
Dänemark	43 Abs. 2	≈ MA	89; 134; 137
Ecuador	25 Abs. 2	≈ MA, ohne Bestimmung über Durchführung im innerstaatlichen Recht	127; 130; 135
Elfenbeinküste	25 Abs. 2	≈ MA, ohne Bestimmung über Durchführung im innerstaatlichen Recht	135
Estland	25 Abs. 2	≈ MA, ohne Bestimmung über Durchführung im innerstaatlichen Recht	134
Finnland	25 Abs. 2	≈ MA, ohne Bestimmung über Durchführung im innerstaatlichen Recht	135
Frankreich	25 Abs. 2	Kann sich verständigen; ohne Bestimmung über Durchführung im innerstaatlichen Recht	48; 129 f.; 135
Georgien	25 Abs. 2	≈ MA	134
Ghana	26 Abs. 2	≈ MA	134
Griechenland	XX Abs. 1 S. 2	≈ MA; ohne Bestimmung über Durchführung im innerstaatlichen Recht	129; 135; MA-Komm. Ziff. 98
Großbritannien 1964/70	XVIII A Abs. 2	≈ MA; ohne Bestimmung über Durchführung im innerstaatlichen Recht	135
Großbritannien 2010	26 Abs. 2	≈ MA; ohne Fristen für Durchführung im innerstaatlichen Recht	134; 136a
Indien	25 Abs. 2	≈ MA	134
Indonesien	25 Abs. 2	≈ MA	134
Iran	26 Abs. 2	≈ MA, ohne Bestimmung über Durchführung im innerstaatlichen Recht	135
Irland 2011	25 Abs. 2	≈ MA	134; 136a
Island	25 Abs. 2	≈ MA, ohne Bestimmung über Durchführung im innerstaatlichen Recht	135
Israel	21 Abs. 1 S. 2	≈ MA, ohne Bestimmung über Durchführung im innerstaatlichen Recht	129; 135
Italien	26 Abs. 2	≈ MA, ohne Bestimmung über Durchführung im innerstaatlichen Recht	135; MA-Komm. Ziff. 98

DBA	Artikel	Bemühen, sich zu verständigen	Rz.
Jamaika	25 Abs. 2	≈ MA, ohne Bestimmung über Durchführung im innerstaatlichen Recht	135
Japan	25 Abs. 2	≈ MA, ohne Bestimmung über Durchführung im innerstaatlichen Recht	135
Jersey 2008	9 Abs. 2	≈ MA	134
Jugoslawien	26 Abs. 2	≈ MA	134
Kanada	25 Abs. 2	≈ MA, ohne Bestimmung über Durchführung im innerstaatlichen Recht	135
Kasachstan	25 Abs. 2	≈ MA	134
Kenia	25 Abs. 2	≈ MA, ohne Bestimmung über Durchführung im innerstaatlichen Recht	135
Kirgisistan	25 Abs. 2	≈ MA	134
Korea	25 Abs. 2	≈ MA	134
Kosovo	s. Jugoslawien		
Kroatien	25 Abs. 2	≈ MA	134
Kuwait	25 Abs. 2	≈ MA	134
Lettland	25 Abs. 2	≈ MA	134
Liberia	25 Abs. 2	≈ MA, ohne Bestimmung über Durchführung im innerstaatlichen Recht	135
Liechtenstein 2011	25 Abs. 2	≈ MA	134; 136
Litauen	25 Abs. 2	≈ MA	134
Luxemburg 2012	24 Abs. 2	≈ MA	134
Malaysia 2010	25 Abs. 2	≈ MA	135
Malta	25 Abs. 2	≈ MA	134
Marokko	25 Abs. 2	≈ MA, ohne Bestimmung über Durchführung im innerstaatlichen Recht	135
Mauritius 2011	25 Abs. 2	≈ MA	134
Mazedonien 2006	25 Abs. 2	≈ MA	134
Mexiko 2008	25 Abs. 2	≈ MA, Frist: 10 Jahre	135; MA-Komm. Ziff. 55
Moldau	s. UdSSR		
Mongolei	25 Abs. 2	≈ MA	134
Montenegro	s. Jugoslawien		
Namibia	25 Abs. 2	≈ MA	134
Neuseeland	24 Abs. 2	≈ MA, ohne Bestimmung über Durchführung im innerstaatlichen Recht	135
Niederlande 1959/2004	22 Abs. 2	Soll versuchen	129 f.; 134
Niederlande 2012 (E)	25 Abs. 2	≈ MA	134; 136
Norwegen 1991	25 Abs. 2	≈ MA	134; 137
Norwegen 2013 (E)	25 Abs. 2	≈ MA	134; 137
Oman 2012 (E)	25 Abs. 2	≈ MA	134; 136
Österreich	25 Abs. 2	≈ MA	75; 134
Pakistan	24 Abs. 2	≈ MA	134
Philippinen 1983	26 Abs. 2	≈ MA, ohne Bestimmung über Durchführung im innerstaatlichen Recht	135
Philippinen 2013	26 Abs.	≈ MA	

DBA	Artikel	Bemühen, sich zu verständigen	Rz.
Polen	26 Abs. 2	≈ MA	134
Portugal	26 Abs. 2	≈ MA ohne Bestimmung über Durchführung im innerstaatlichen Recht	135
Rumänien	25 Abs. 2	≈ MA	134
Russische Föderation	25 Abs. 2	≈ MA	134
Sambia	25 Abs. 2	≈ MA, ohne Bestimmung über Durchführung im innerstaatlichen Recht	135
Schweden	40 Abs. 2	≈ MA, mit zusätzlichem Konsultationsverfahren	134 f.; 137
Schweiz	26 Abs. 2	≈ MA, ohne Bestimmung über Durchführung im innerstaatlichen Recht	75; 90; 132; 135; MA-Komm. Ziff. 98
Serbien	s. Jugoslawien		
Simbabwe	25 Abs. 2	≈ MA	134
Singapur 2004	26 Abs. 2	≈ MA	134
Slowakei	s. Tschechoslowakei		
Slowenien	25 Abs. 2	≈ MA	134; 135
Spanien 2011	24 Abs. 2	≈ MA	134; 136
Sri Lanka	26 Abs. 2	≈ MA, ohne Bestimmung über Durchführung im innerstaatlichen Recht	135
Südafrika 1973	22 Abs. 1 S. 2	≈ MA, ohne Bestimmung über Durchführung im innerstaatlichen Recht	129; 135
Südafrika 2008 (E)	24 Abs. 2	≈ MA	134; 136
Syrien 2010	24 Abs. 2	≈ MA	134; 136
Tadschikistan	24 Abs. 2	≈ MA	134
Taiwan 2011	24 Abs. 2	≈ MA	136
Thailand	24 Abs. 2	≈ MA, ohne Bestimmung über Durchführung im innerstaatlichen Recht	135
Trinidad und Tobago	24 Abs. 2	≈ MA, ohne Bestimmung über Durchführung im innerstaatlichen Recht	135
Tschechien	s. Tschechoslowakei		
Tschechien 1997 (E)	25 Abs. 2	≈ MA	134
Tschechoslowakei	25 Abs. 2	≈ MA, ohne Bestimmung über Durchführung im innerstaatlichen Recht	135
Türkei 2011	24 Abs. 2	≈ MA	134; 136
Tunesien	25 Abs. 2	≈ MA, ohne Bestimmung über Durchführung im innerstaatlichen Recht	135
Turkmenistan	s. UdSSR		
UdSSR	22 Abs. 1	≈ MA, ohne Bestimmung über Durchführung im innerstaatlichen Recht	129; 135
Ukraine	25 Abs. 2	≈ MA	134; 136
Ungarn 2011	24 Abs. 2	≈ MA	135
Uruguay 2010	24 Abs. 2	≈ MA	130; 135; 136

DBA	Artikel	Bemühen, sich zu verständigen	Rz.
USA 1989/2006	25 Abs. 2	≈ MA	134 f.; 137
Usbekistan	25 Abs. 2	≈ MA	134
Venezuela	25 Abs. 2	≈ MA	134 f.
Vereinigte Arabische Emirate 2010	24 Abs. 2	≈ MA	134 f.; 136
Vietnam	25 Abs. 2	≈ MA	134
Weißrussland	s. Belarus		
Zypern 2011	24 Abs. 2	≈ MA	91; 135

2. Erläuterungen

127 **a)** Eine Verständigungsvereinbarung i. e. S., die im Wege der Billigkeitsentscheidung **vom geltenden innerstaatlichen und vom Abkommensrecht abweicht,** ist durch kein DBA ausdrücklich zugelassen (das *DBA Luxemburg 1958/2009,* Art. 26 Abs. 3, und das *DBA Niederlande 1959/2004,* Art. 25 Abs. 2 enthalten lediglich für das Konsultationsverfahren nach Art. 25 Abs. 3 S. 2 MA die Möglichkeit zum Erlass von Billigkeitsregelungen („zur Beseitigung von Härten auf Grund einer Doppelbesteuerung")). Die Entwürfe *DBA Luxemburg 2012* und *Niederlande 2012 (E)* enthalten musterkonforme Regelungen. Die zuständige Behörde bleibt somit an das Abkommen und an das innerstaatliche Recht gebunden (s. Rz. 72 ff.). Nach deutschem Recht kommt dann insbesondere eine Billigkeitsentscheidung nach §§ 163, 227 AO in Betracht. Nach § 163 AO können Steuern niedriger festgesetzt werden und einzelne Besteuerungsgrundlagen bei der Festsetzung der Steuer unberücksichtigt bleiben, nach § 227 AO Ansprüche aus dem Steuerschuldverhältnis erlassen werden, wenn dies aus Gründen der Billigkeit geboten ist. Nach allgemeinen Grundsätzen sind auch die Billigkeitsentscheidungen nach §§ 163, 227 AO gerichtlich überprüfbar und gegebenenfalls einklagbar (grundlegend BFH Großer Senat BStBl. II 1972, 603; st. Rspr. zuletzt BStBl. II 2002, 176). Ob die Festsetzung oder Erhebung einer Steuer unbillig wäre, bestimmt sich daher auch nach der Besteuerung im anderen Vertragsstaat und nach der Konzessionsbereitschaft des Abkommenspartners im Verständigungsverfahren (*Lehner,* Verständigungsverfahren, S. 98; *Tipke,* AWD 1972, 592; LS, Art. 19 Rz. 17).

128 Fraglich ist, ob die zuständige deutsche Behörde sich zur **Erzielung einer Verständigungsvereinbarung** auf eine Tatsachenbeurteilung oder auf eine Rechtsauffassung einlassen darf, die sie an sich nicht für richtig hält. Letztlich entspricht dies der Frage im innerdeutschen Recht, ob ein Vergleich zwischen Steuerverwaltung und Steuerpflichtigem zulässig ist. Dies ist umstritten; die herrschende Auffassung verneint es (*Tipke/Kruse,* a. a. O., § 38 AO Rz. 20; differenzierend a. a. O., § 85 AO Rz. 45 ff.; zum Ganzen ausführlich *Seer,* S. 1 ff.; s. auch *Englisch,* IFSt-Schrift Nr. 417, 2004). Der BFH hält immerhin „tatsächliche Verständigungen" für zulässig und bindend (st. Rspr.; vgl. BStBl. II 1996, 625; BFH/NV 2000, 1045; Urt. v. 7.7.2004, X R 24/03, BStBl. II 2004, 975; Urt. v. 1.9.2009, VIII R 78/06, BFH/NV 2010, 593; Beschl. v. 20.2.2014, XI B 85/13, BFH/NV 2014, 828). In der Praxis werden in großer Zahl Vergleiche auch über Rechtsfragen abgeschlossen (für deren Zulässigkeit, wenn die rechtliche Lösung vertretbar ist, u. a. *K. Vogel* in FS Döllerer (1988) S. 677 ff.). Aus den Gründen, die dort für die Zulässigkeit eines Vergleichs mit dem Steuerpflichtigen angeführt werden, muss es der Behörde auch gestattet sein, sich im Wege der Verständigung mit der zuständigen Behörde des anderen Vertragsstaats auf eine tatsächliche oder rechtliche Beurteilung zu einigen, wenn dies zu einer allseits akzeptablen Lösung führt und der Steuerpflichtige zustimmt. Diese Auffassung ist allerdings auch für das Verständigungsverfahren nicht unangefochten.

b) Die Möglichkeit der innerstaatlichen Behörde, den Einwendungen des Steuerpflichtigen **abzuhelfen** (s. Rz. 78f.), fehlt im Wortlaut der *DBA Frankreich, Griechenland, Israel, Luxemburg 1958/2009, Niederlande 1959/2004* (in *Luxemburg 2012* und *Niederlande 2012 (E)* nunmehr enthalten), *Südafrika 1973* und *UdSSR*. Aus dem Fehlen einer ausdrücklichen Abkommensregelung darf selbstverständlich nicht geschlossen werden, dass die innerstaatlichen Behörden keine Abhilfemöglichkeit haben und sofort die zwischenstaatliche Verständigung einleiten müssen. Die Abhilfemöglichkeit und gegebenenfalls -pflicht richtet sich in diesen Fällen somit allein nach dem **innerstaatlichen Recht** der Vertragsstaaten (s. Rz. 78). **129**

c) Das **Bemühen** um die zwischenstaatliche Verständigung (vgl. Rz. 88ff.) wird in den einzelnen Abkommen überwiegend, wenn auch in unterschiedlichen Formulierungen, in Übereinstimmung mit dem MA umschrieben. Häufig findet sich die Wendung, dass die Behörde eine zwischenstaatliche Verständigung **versuchen solle:** *DBA Luxemburg 1958/2009,* Art. 22 Abs. 2; *Niederlande 1959/2004,* Art. 22 Abs. 2; *DBA Luxemburg 2012* und *Niederlande 2012 (E)* enthalten eine musterkonforme Formulierung. In Art. 25 Abs. 2 *DBA Frankreich* heißt es lediglich, dass die zuständige Behörde sich verständigen „könne". Die *DBA Bolivien* und *Ecuador* verwenden im deutschen Text das Wort „hat" und im spanischen Text das Wort „deberá". Dies rechtfertigt nicht die Annahme einer unbedingten Verpflichtung, sondern kann im Einklang mit dem MA interpretiert werden (s. Rz. 171). **130**

d) Eine **Durchbrechung der Bestandskraft** eines Steuerbescheides gestatten nach geltendem deutschen Recht die §§ 172ff. AO, soweit dies (an anderer Stelle) gesetzlich ausdrücklich zugelassen ist. Ein bestandskräftiger Steuerbescheid ist nach deutschem Recht auch dann zu ändern, wenn dies aufgrund des Ergebnisses eines Verständigungsverfahrens erforderlich wird. Die dafür erforderliche Rechtsgrundlage bildet seit dem 22.12.1993 § 175a AO (ganz h.M., vgl. nur Tipke/Kruse/*Drüen,* § 2 AO Rz. 43; *Tipke/Kruse,* § 175a AO Rz. 1; *BMF,* Verständigungsverfahren, Tz. 4.1; ausführlich zu § 175a AO *Stiewe*, S. 81ff.). Dagegen rechtfertigen **Billigkeitserwägungen** eine Durchbrechung der Bestandskraft i.d.R. **nicht,** wenn es sich um Rechtsfragen handelt, über die schon im Festsetzungsverfahren entschieden wurde oder hätte entschieden werden können (*Tipke/Kruse,* § 227, Rz. 48, mit Hinweis auf Ausnahmen). **131**

Erst recht kann die **Rechtskraft gerichtlicher Urteile** entgegen der Auffassung der Finanzverwaltung (BMF, Verständigungsverfahren, Tz. 13.1.4 speziell zu Verfahren nach dem europäischen Schiedsübereinkommen (s. Rz. 300ff.), wobei diese Auffassung allgemein und damit auch für Verfahren nach Art. 25 OECD-MA gelten dürfte; vgl. *Engler/Elbert,* Rz. 260, Fn. 502)) in Deutschland durch eine Verständigungsvereinbarung **nicht durchbrochen werden** (zustimmend *Schaumburg* S. 662, Tz. 16.103; *Tipke/Kruse,* § 110 FGO Rz. 33; a.A. *K. Becker,* DStJG 36 (2013), S. 167 (175f.); *Mülhausen,* S. 130; *Strobl/Zeller,* StuW 1978, 246; *Krabbe,* RIW 1982, 271; offenbar auch *Wichmann*, S. 103 (117f.); differenzierend aber *Krabbe,* IStR 2002, 548 (549f.); offen bei *Ismer,* IStR 2003, 394 (396); SKK/*Schmitz*, Art. 25, Rz. 50). Im Hinblick auf den Zweck des Verständigungsverfahrens, der auch darin liegt, unterschiedliche Auslegungen durch die Gerichte der Vertragsstaaten miteinander in Einklang zu bringen, mag dies problematisch sein. Mangels gesetzgeberischer Klarstellung kann aber **nicht** davon ausgegangen werden, dass das Verständigungsverfahren Vorrang vor einer rechtskräftigen Entscheidung hat. In einigen Urteilen (RFH vom 23.11.1933, RStBl. 1934, 40 zu Art. 15 *DBA Italien 1925;* BFH, HFR 1962, 228; BStBl. III 1967, 495; BStBl. II 1979, 64; BStBl. II 1982, 583: alle *DBA Schweiz*; BFH/NV 1994, 268ff.: *DBA Frankreich*) hat die Rechtsprechung demgegenüber ausgeführt, dass es dem Steuerpflich- **132** tigen freistehe, ein Verständigungsverfahren auch nach Abschluss des Rechtsmittelverfahrens zu beschreiten. Die Urteile enthalten jedoch **keinen** Anhaltspunkt dafür, dass die Rechtsprechung eine von der Rechtskraft abweichende Regelung **durch die deutschen Behörden** als zulässig erachtet (s. *Lehner,* Verständigungsverfahren, S. 119ff., sowie Rz. 218). In diesen Fällen kann auch ein Verständigungsverfahren allerdings auf eine andere steuerrechtliche Behandlung im anderen Vertragstaat gerichtet sein.

133 Eine Durchbrechung der Rechtskraft von Urteilen lässt sich entgegen der Auffassung der Finanzverwaltung (Nachweis s. Rz. 132) auch nicht auf § 110 Abs. 2 FGO stützen. Nach dieser Vorschrift bleiben die Vorschriften der AO und anderer Gesetze über die Rücknahme, den Widerruf, die Aufhebung und die Änderung von VA unberührt, jedoch nach dem ausdrücklichen Wortlaut nur, „soweit sich aus [dessen] Absatz 1 Satz 1 nichts anderes ergibt". Diese Einschränkung hat zur Folge, dass eine Abweichung von einem rechtskräftigen Urteil in einer Verständigungsvereinbarung nur in Fragen möglich ist, die **nicht Streitgegenstand** des gerichtlichen Verfahrens waren und daher nicht von der Rechtskraft erfasst werden (§ 110 Abs. 1 FGO), ferner nach § 100 Abs. 1 S. 1 Halbs. 2 FGO wegen **neu bekannt werdender Tatsachen und Beweismittel**. Die Verständigungsvereinbarung als solche ist keine neue Tatsache in diesem Sinne. Auch durch **Billigkeitsmaßnahmen** können gerichtliche Entscheidungen nicht stärker als entsprechende Verwaltungsmaßnahmen korrigiert werden (s. Rz. 79f.; 115, 127, 136); wenn BFHE 88, 545 (549) den Eindruck erweckt, dass Billigkeitskorrekturen als Folge eines Verständigungsverfahrens unbegrenzt zulässig seien, kann dies nicht anders gemeint gewesen sein. Aus diesen Gründen stellt *BMF,* Verständigungsverfahren, Tz. 4.2 i. V. m. Tz. 3.4 die Umsetzung der Verständigungsvereinbarung unter den Vorbehalt, dass Gerichtsverfahren durch übereinstimmende Erklärung oder durch Klagerücknahme des Steuerpflichtigen erledigt werden. Dem entspricht es, dass die Gerichte nach deutschem Recht durch Verständigungsvereinbarungen **nicht** gebunden werden (BFH v. 10.7.1996, I R 4/96, BStBl. II 1997, 15 (17); Tipke/*Drüen,* § 2 AO, Rz. 43; zum Konsultationsverfahren s. u. Rz. 154a).

134 **e)** Eine Art. 25 Abs. 2 S. 2 entsprechende Vorschrift, nach der die Verständigungsregelung **ungeachtet der Fristen** des innerstaatlichen Rechts der Vertragsstaaten durchzuführen ist, enthalten die *DBA Ägypten,* Art. 26 Abs. 2; *Albanien 2010,* Art. 25 Abs. 2; *Algerien 2007,* Art. 25 Abs. 2; *Aserbaidschan,* Art. 25 Abs. 2; *Bangladesch,* Art. 25 Abs. 2; *Belarus,* Art. 25 Abs. 2; *Bulgarien 1987/2010,* Art. 24 Abs. 2; *China,* Art. 26 Abs. 2; *Dänemark,* Art. 43 Abs. 2; *Estland,* Art. 25 Abs. 2; *Georgien,* Art. 25 Abs. 2; *Ghana,* Art. 26 Abs. 2; *Großbritannien 2010,* Art. 26 Abs. 2; *Indien,* Art. 25 Abs. 2; *Indonesien,* Art. 25 Abs. 2; *Irland 2011,* Art. 25 Abs. 2; *Jersey 2008,* Art. 9 Abs. 2; *Jugoslawien,* Art. 26 Abs. 2; *Kasachstan,* Art. 25 Abs. 2; *Kirgisistan,* Art. 25 Abs. 2; *Korea,* Art. 25 Abs. 2; *Kroatien,* Art. 25 Abs. 2; *Kuwait,* Art. 25 Abs. 2; *Lettland,* Art. 25 Abs. 2; *Liechtenstein 2011,* Art. 25 Abs. 2; *Litauen,* Art. 25 Abs. 2; *Luxemburg 2012,* Art. 24 Abs. 2; *Malaysia 2010,* Art. 25 Abs. 2; *Malta,* Art. 25 Abs. 2; *Mauritius 1978,* Art. 26 Abs. 2; *Mauritius 2011,* Art. 25 Abs. 2 S. 2; *Mazedonien 2006,* Art. 25 Abs. 2 S. 2; *Mongolei,* Art. 25 Abs. 2; *Namibia,* Art. 25 Abs. 2; *Niederlande 2012 (E),* Art. 25 Abs. 2; *Norwegen 1991,* Art. 25 Abs. 2; *Norwegen 2013 (E),* Art. 25 Abs. 2; *Österreich,* Art. 25 Abs. 2; *Pakistan,* Art. 24 Abs. 2; *Philippinen 2013 (E),* Art. 26 Abs. 2; *Polen,* Art. 26 Abs. 2; *Rumänien,* Art. 25 Abs. 2; *Russische Föderation,* Art. 25 Abs. 2; *Schweden,* Art. 40 Abs. 2; *Simbabwe,* Art. 25 Abs. 2; *Singapur 2004,* Art. 26 Abs. 2; *Slowenien,* Art. 25 Abs. 2; *Spanien 2011,* Art. 24 Abs. 2; *Südafrika 2008 (E),* Art. 24 Abs. 2; *Syrien 2010,* Art. 24 Abs. 2; *Tadschikistan,* Art. 24 Abs. 2; *Taiwan 2011,* 24 Abs. 2; *Tschechien (E),* Art. 25 Abs. 2; *Türkei 2011,* Art. 25 Abs. 2; *Ukraine,* Art. 25 Abs. 2; *USA*

1989 und USA 1989/2006, Art. 25 Abs. 2 („oder anderer Verfahrensbeschränkungen"; vgl. Rz. 125); *Ungarn 2011,* Art. 24 Abs. 2; *Uruguay 2010,* Art. 24 Abs. 2; *Usbekistan,* Art. 25 Abs. 2; *Venezuela,* Art. 25 Abs. 2; *Vereinigte Arabische Emirate 2010,* Art. 24 Abs. 2; *Vietnam,* Art. 25 Abs. 2; *Zypern 2011,* Art. 24 Abs. 2.

Fehlt eine solche Regelung, sind bei der Durchführung die innerstaatlichen Fristen zu beachten (anders das österreichische BMF, EAS 1493 vom 12.7.1999, SWI 1999, 374, zum *DBA Österreich* 1954/92, wonach das Fehlen einer Art. 25 Abs. 2 S. 2 MA entsprechenden Norm in Österreich eine Umsetzung der Verständigungslösung auch bei Verjährung nicht hindert; dagegen: *Ritz,* SWI 2000, 353 ff.; anders auch LS, Art. 19 Rz. 14 sowie o. Rz. 106). Im deutschen Recht ist nach § 169 Abs. 1 AO eine Aufhebung oder Änderung der Steuerfestsetzung unzulässig, sobald die **Festsetzungsfrist** abgelaufen ist. Die Frist beträgt für Steuern vom Einkommen und Vermögen vier Jahre (§ 169 Abs. 2 AO). Der Erlass oder die Änderung eines Steuerbescheides ist innerhalb eines Jahres nach Wirksamwerden der Verständigungsvereinbarung möglich (§ 175a S. 2 AO). Dies ändert allerdings nichts daran, dass eine bei Einleitung des Verständigungsverfahrens abgelaufene Festsetzungsfrist einem Erlass, einer Änderung oder einer Aufhebung eines Steuerbescheids gemäß § 169 Abs. 1 AO entgegensteht (strittig, vgl. *Tipke/Kruse,* § 175a Rz. 8 m. N.; dazu ferner *Loh/Steinert,* BB 2008, 2383; *Lühn,* BB 2009, 412). Bedeutsam ist dies regelmäßig gleichwohl nicht: Nach § 171 Abs. 3 AO wird der Fristablauf durch einen Antrag des Steuerpflichtigen auf Änderung oder Aufhebung des Steuerbescheids gehemmt; ein derartiger Antrag ist auch der Antrag auf Einleitung des Verständigungsverfahrens. Soweit die deutschen DBA Fristen für den Antrag auf Einleitung des Verständigungsverfahrens enthalten, sind diese i. d. R. kürzer als die Steuerfestsetzungsfrist nach der Abgabenordnung, so dass der Verwirklichung des Verständigungsergebnisses insoweit keine Hindernisse entgegenstehen sollten. 135

Eine besondere Regelung enthält Art. 25 Abs. 2 *DBA Mexiko 2008,* wonach die Verständigungsregelung innerhalb von zehn Jahren durchzuführen ist. Ein Hinweis auf die Unbeachtlichkeit innerstaatlicher Fristen fehlt; aufgrund der unbedingten Durchführungsverpflichtung führt dies jedoch nicht zur Beachtlichkeit der innerstaatlichen Fristen.

f) Im Falle eines **Scheiterns des Verständigungsverfahrens** ist zu prüfen, ob eine Doppelbesteuerung unter den Voraussetzungen des § 163 AO unter dem Gesichtspunkt der sachlichen Unbilligkeit vermieden bzw. beseitigt werden kann (BMF, Verständigungsverfahren, Tz. 8.2). Ein Billigkeitserlass kann aber nicht immer und ohne weiteres gewährt werden. Andernfalls entsteht die Gefahr, dass kaum ein Verhandlungspartner im Verständigungsverfahren zu Konzessionen bereit sein wird (so zutreffend *van Randenborgh/Seidenfus,* INF 1996, 485). Zu den Voraussetzungen des Billigkeitserlasses s. auch Rz. 127. 136

Darüber hinaus sehen die Protokolle zu einigen DBA und neuerdings einige DBA selbst vor, dass die Bundesrepublik eine gezahlte ausländische Steuer anrechnet, nicht aber die ausländischen Einkünfte freistellt, wenn es wegen einer unterschiedlichen Abkommensanwendung durch die beiden Vertragsstaaten oder eines Zurechnungskonflikts zu einer Doppelbesteuerung kommt und sich dieser **Konflikt nicht durch ein Verständigungsverfahrens lösen** lässt. Ebenso wird unter diesen Voraussetzungen die Bundesrepublik, wenn der andere Vertragsstaat nicht oder nur ermäßigt besteuert (doppelte Nichtbesteuerung oder Minderbesteuerung), keine Steuerbefreiung, sondern nur eine Steueranrechnung gewähren. Im Einzelnen sind dies die Protokolle zu den DBA *Italien* (Nr. 18); *Kanada* (Nr. 10); *Mexiko 1993* (Nr. 12); *Norwegen 1991* (Nr. 10); *Vereinigte Arabische Emirate 1995* (Nr. 7) und *Venezuela* (Nr. 5). Entsprechende Regelungen finden sich in den *DBA* 136a

Albanien 2010 (Art. 23 Abs. 1 Buchst. e Doppelbuchst. aa); *Algerien 2007* (Art. 23 Abs. 2 Buchst. e Doppelbuchst. aa); *Aserbaidschan* (Art. 23 Abs. 1 Buchst. e Doppelbuchst. aa); *Bulgarien 2010* (Art. 22 Abs. 1 Buchst. e Doppelbuchst. aa); *Großbritannien 2010* (Art. 23 Abs. 1 Buchst. e Doppelbuchst. aa); *Irland 2011* (Art. 23 Abs. 2 Buchst. e Doppelbuchst. aa); *Liechtenstein 2011* (Art. 23 Abs. 3 Buchst. a); *Luxemburg 2012* (Art. 22 Abs. 1 Buchst. e Doppelbuchst. aa); *Malaysia 2010* (Art. 23 Abs. 1 Buchst. e Doppelbuchst. aa); *Mexiko 2008* (Art. 23 Abs. 1 Buchst. e Doppelbuchst. aa); *Niederlande 2012 (E)* (Art. 22 Abs. 1 Buchst. e Doppelbuchst. aa); *Philippinen 2013 (E)* (Art. 24 Abs. 2 Buchst. e Doppelbuchst. i); *Spanien 2011* (Art. 22 Abs. 1 Buchst. e Doppelbuchst. ii); *Südafrika 2008 (E)* (Art. 22 Abs. 1 Buchst. d Doppelbuchst. ii); *Syrien 2010* (Art. 22 Abs. 1 Buchst. e Doppelbuchst. aa); *Türkei 2011* (Art. 22 Abs. 2 Buchst. e Doppelbuchst. aa); *Taiwan 2011* (Art. 22 Abs. 1 Buchst. e Doppelbuchst. ii); *Ungarn 2011* (Art. 22 Abs. 1 Buchst. e Doppelbuchst. aa); *Uruguay 2010* (Art. 22 Abs. 1 Buchst. e Doppelbuchst. aa); USA 1989/2006 (Art. 23 Abs. 4 Buchst. a). Zu Einzelheiten sog. **switch-over-Klauseln** s. Grundl. Rz. 165; Art. 1 Rz. 134, 136; Vor 6–22 Rz. 20g; Art. 23 Rz. 11, 243 ff., 252 ff. Nach hier vertretener Ansicht soll das Merkmal „Konflikt nicht durch ein Verständigungsverfahren regeln lässt" im Falle der Vermeidung einer doppelten Nichtbesteuerung oder Minderbesteuerung als milderes Mittel gegenüber dem Übergang auf die Anrechnungsmethode die Verhältnismäßigkeit wahren; daher kommt es nicht darauf an, ob im konkreten Fall ein Verständigungsverfahren überhaupt eingeleitet werden kann oder tatsächlich eingeleitet wurde (differenzierend *Haase/Dorn*, BB 2011, 791 (792 ff.)). Im Falle der Vermeidung einer Doppelbesteuerung soll ein Wechsel zur Methode zur Wahrung der Besteuerungsmöglichkeiten des Ansässigkeitsstaats nur dann möglich sein, wenn ein Verständigungsverfahren – als aus der Sicht des Ansässigkeitsstaats milderes Mittel – nicht durchgeführt werden kann oder wird.

137 **g)** Die *DBA Dänemark,* Art. 44 Abs. 4; *Norwegen 1991* und *Norwegen 2013 (E),* Art. 25 Abs. 5 S. 3; *Schweden,* Art. 41 Abs. 4 und *USA 1989 und USA 1989/2006,* Art. 25 Abs. 4, sehen für den Steuerpflichtigen ausdrücklich ein **Anhörungsrecht** vor.

138 **h)** Nach Art. 9 Abs. 6 *DBA Jersey 2008* können die zuständigen Behörden der Vertragsstaaten die **Bestimmungen und das Verfahren betreffend das Verständigungsverfahren i. e. S. ändern oder ergänzen**, soweit dies für eine wirksamere Umsetzung der durch sie angestrebten Ziele erforderlich ist. Letztlich stellt dies die Rechtsgrundlage für die Schaffung einer Verständigungsvereinbarung in Gestalt einer – ansonsten im *DBA Jersey 2008* nicht ausdrücklich vorgesehenen (s. Rz. 167) – Konsultationsvereinbarung dar, nicht jedoch für eine Abkommensänderung. Inhaltlich ist im Hinblick auf die Änderung und Ergänzung der Bestimmungen und des Verfahrens betreffend das Verständigungsverfahren i. e. S. zu berücksichtigen, dass für die ändernde oder ergänzende Verständigungsvereinbarung auf der Grundlage des Art. 9 Abs. 6 *DBA Jersey 2008* die innerstaatlichen (verfassungsrechtlichen) Grenzen für die Reichweite bzw. Bindungswirkung von Verständigungsvereinbarungen zu beachten sind (s. Rz. 75).

139 **i)** Prot. Nr. 7 zu Art. 24 Abs. 2 *DBA Türkei 2011* sieht vor, dass der Steuerpflichtige im Fall der Türkei eine sich aus der Verständigungsvereinbarung ergebende **Erstattung** innerhalb eines Jahres beantragen muss.

D. Zu Art. 25 Abs. 3

I. Musterabkommen

1. Übereinstimmungen und Abweichungen

Das US-MA nennt in Abs. 3 S. 2, 3 und Abs. 4 besondere Fälle, in denen ein Konsultationsverfahren durchgeführt werden kann. Die Aufzählung ist nicht abschließend (s. Wortlaut: „insbesondere"; vgl. US-TE zu Abs. 3). Ansonsten stimmen die OECD-, US- und UN-MA sowie die deutsche Verhandlungsgrundlage für DBA überein. 150

2. OECD-MA

a) **Grundzüge:** Art. 25 Abs. 3 räumt den zuständigen Behörden die Befugnis ein, Rechtsfragen des Abkommens auch **ohne** Bezug auf einen konkreten Einzelfall sowie die Beseitigung von Doppelbesteuerungsfällen zu erörtern, die im Abkommen nicht geregelt sind. Wird ein Verständigungsverfahren **i. e. S.** eingeleitet, umfasst dies **notwendig** das Verfahren nach Abs. 3 S. 1, während das Verfahren nach Abs. 3 S. 2 einbezogen sein **kann** (vgl. Rz. 16ff., 23). 151

b) Nach **Abs. 3 S. 1** werden sich die zuständigen Behörden der Vertragsstaaten **bemühen,** 152

- Schwierigkeiten oder Zweifel,
- die bei der Auslegung oder Anwendung des Abkommens entstehen,
- in gegenseitigem Einvernehmen zu beseitigen.

Die Verpflichtung, sich um gegenseitiges Einvernehmen zu bemühen, bringt die Notwendigkeit des Zusammenwirkens zum Ausdruck; sie ist jedoch **nicht** so zu verstehen, als würden die beiden Staaten verpflichtet, einander quantitativ und qualitativ im gleichen Umfang nachzugeben. Dies ist bereits wegen der möglicherweise in den beiden Staaten unterschiedlichen rechtlichen Bindungen nicht möglich (s. Grundl. Rz. 52ff.). Die Vertragsstaaten sind jedoch verpflichtet, die für ein gegenseitiges Nachgeben bestehenden Möglichkeiten voll auszuschöpfen. Gestatten Abkommensrecht oder innerstaatliches Recht mehrere mögliche Auslegungen, ist derjenigen Auslegung der Vorzug zu geben, die eine einvernehmliche Lösung erlaubt (zum Grundsatz der „Internationalen Entscheidungsharmonie" s. Grundl. Rz. 114ff.). Schwierigkeiten oder Zweifel, die bei der **Auslegung** des Abkommens entstehen, sind **Rechtsfragen.** Schwierigkeiten oder Zweifel bei der **Anwendung** des Abkommens können Rechtsfragen (Subsumtionsfragen) sein, ergeben sich jedoch vornehmlich auch im Bereich der **Sachverhaltsermittlung** (ebenso GKG/*Lüthi,* Art. 25 OECD-MA Rz. B 90f.; *Schaumburg,* S. 665, Tz. 16.108). Unter die Anwendung des Abkommens fällt darüber hinaus auch dessen **verwaltungstechnische Handhabung:** die Einführung besonderer Vordrucke oder die Bildung besonderer Kommissionen (vgl. *Koch,* CDFI LXVI a (1981), 43). Zumindest missverständlich ist es dagegen, wenn der MA-Komm. zur Abkommens**anwendung** auch die Ergänzung oder Klarstellung unvollständiger oder nicht eindeutiger Vorschriften des Abkommens rechnet (MA-Komm. Ziff. 51f.): Hier handelt es sich um Fragen der **Auslegung** des Abkommens. Anwendungsprobleme betreffen überwiegend die Durchführung der DBA bei den Abzugsteuern und die Besteuerung von bestimmten Gruppen von Steuerpflichtigen (z.B. Grenzgänger, Künstler). Streitigkeiten über die zutreffende **Auslegung von Verständigungsvereinbarungen** können in einem weiteren Verständigungsverfahren gelöst werden (FG Baden-Württemberg, EFG 2010, 1980). 153

Umstritten ist der Rechtscharakter, insbesondere die **Bindungswirkung** von Auslegungsvereinbarungen, die für eine **Vielzahl** von Fällen getroffen werden. Zu 154 unterscheiden ist die Bindung gegenüber dem anderen Vertragsstaat, die Bindung innerstaatlicher Rechtsanwendungsorgane und die Selbstbindung der die Verständigungsvereinbarung abschließenden und der ihnen nachgeordneten Behörden. Man könnte die Auslegungsvereinbarung als einen völkerrechtlichen Vertrag zur Ergänzung des DBA betrachten, gerichtet auf eine authentische Interpretation des DBA, gegebenenfalls auch auf dessen Änderung. Innerstaatliche Wirkungen könnte solch eine Vereinbarung aber nur nach den Grundsätzen des jeweils einschlägigen Verfassungsrechts erlangen: ohne eine Mitwirkung des Parlaments somit nur in den Staaten, in denen völkerrechtliche Verträge innerstaatlich unmittelbar gelten (s. Grundl. Rz. 52 ff.) oder in denen eine Ermächtigung an die zuständigen Behörden verfassungsrechtlich zulässig ist, den Befehl zur innerstaatlichen Anwendung des Vertrags an Stelle des Parlaments zu erteilen. Da dies nur in wenigen OECD-Staaten in Betracht kommt, wird man Art. 25 Abs. 3 nicht dahin auslegen können, dass er zu einer so verstandenen völkerrechtlichen Vereinbarung ermächtigt. Die Auslegungsvereinbarung kann daher nur als eine Abrede der Verwaltungen verstanden werden, das DBA in einem bestimmten Sinne anzuwenden. Sie bindet als solche die beteiligten Verwaltungen, soweit nicht das Abkommen, das innerstaatliche Recht oder verbindliche gerichtliche Entscheidungen dem entgegenstehen (zur Einordnung nach deutschem Recht s. Rz. 166). Sie kann auch Wirkung für die Vergangenheit entfalten (so ausdrücklich für Österreich ÖstBMF v. 25.4.2000 (EAS 1646), ÖStZ 2000, 491; SWI 2000, 307).

154a Auch die **Bindung der Gerichte** und der Steuerpflichtigen ist eine Frage des innerstaatlichen Rechts (näher s. Grundl. Rz. 136 sowie *Avery Jones,* EC Tax Rev. 1999, 4 ff.; *Ismer,* IStR 2009, 366 ff.). In Deutschland jedenfalls kann eine Verständigungsvereinbarung innerstaatliches Recht ohne weiteren Umsetzungsakt nicht ändern, sie ist innerstaatlich unverbindlich (BStBl. II 1997, 15; BStBl. II 2010, 387; BStBl. II 2010, 394; BStBl. II 2010, 602; BStBl. II 2012, 548; zum Verständigungsverfahren i. e. S. s. o. Rz. 133; zur Umsetzung von Verständigungsvereinbarungen durch **Rechtsverordnung auf der Basis von § 2 Abs. 2 AO** s. Grundl. Rz. 136 ff.). Erhebliche rechtsstaatliche Kritik in Bezug auf eine Bindung von Gerichten machen auch LS, Art. 20 Rz. 13 geltend.

154b Im Konsultationsweg werden gelegentlich auch Regelungen noch **vor Inkrafttreten** des maßgebenden DBA getroffen (vgl. dazu *Schürmann,* in Meyer-Marsilius/Hangarter zu Art. 26 *DBA Schweiz 1971; Debatin,* AWD 1966, 413; *Meilicke,* AWD 1966, 231). Diese können den gesamten Regelungsgegenstand der DBA betreffen; für ihre rechtlichen Wirkungen gelten die Ausführungen in Rz. 154a entsprechend (s. dazu auch Grundl. Rz. 47 ff.).

154c **Vorweggenommene „Verständigungsvereinbarungen"** in der Form von Protokollen, die Art. 25 entsprechende Normen betreffen, enthalten beispielsweise die *DBA Belarus, Italien, Kanada, Liberia, Mexiko 1993, Norwegen 1991* und *Norwegen 2013 (E), Russische Föderation, Schweiz, Spanien 2011, USA 1989 und USA 1989/2006, Venezuela* und *Vereinigte Arabische Emirate 2010.* Solche „Verständigungsvereinbarungen" sind jedoch typischerweise keine Konsultationsvereinbarungen i. S. des Art. 25 Abs. 3 MA entsprechenden Regelungen, sondern („ausgelagerte") Bestandteile des Abkommens (vgl. Grundl. Rz. 49).

155 **c)** Nach **Abs. 3 S. 2** können die zuständigen Behörden gemeinsam darüber **beraten,**

– wie eine Doppelbesteuerung in Fällen vermieden werden kann, die im Abkommen nicht behandelt sind.

Ebenso wie das Verfahren des Abs. 3 Satz 1 kann auch das Konsultationsverfahren des Abs. 3 S. 2 einen konkreten Einzelfall oder eine Vielzahl von Fällen zum Gegenstand haben (s. Rz. 3). Hinsichtlich der Frage, ob sie das Verfahren einleiten, haben die Behördenvertreter ein weites Ermessen („können").

Art. 25 Abs. 3 S. 2 MA enthält nach seinem Wortlaut keine Rechtsgrundlage für „Vereinbarungen" über die Vermeidung von Doppelnichtbesteuerungen. Vor diesem Hintergrund ist die Regelung in § 2 Abs. 2 AO problematisch, da diese nach ihrer im Wortlaut erkennbaren Zielsetzung auch Rechtsverordnungen zur rechtsverbindlichen Umsetzung von Konsultationsvereinbarungen ermöglichen soll, die auf die Vermeidung von Doppelnichtbesteuerungen gerichtet sind (vgl. *Lehner*, FS Frotscher 2013, S. 388 (395); *ders.*, IStR 2011, 733 (735 ff.); Grundl. Rz. 136 ff.). **155 a**

Obwohl die Vorschrift das Ziel des Verfahrens nur mit dem Wort **„beraten"** (engl. „consult together"; franz. „se concerter") umschreibt, geht ein Teil der Praxis und der Literatur davon aus, dass das Ergebnis der „Beratung" für die Vertragsparteien sowie deren Behörden und Bürger innerstaatlich verbindlich sei. Hier gilt jedoch „a fortiori", was in Rz. 153 f. zu Auslegungsvereinbarungen im Wege des „gegenseitigen Einvernehmens" ausgeführt worden ist. In den meisten Staaten bedarf auch die Ergänzung des Abkommens der Zustimmung der gesetzgebenden Körperschaften (s. Grundl. Rz. 52 ff.). Dem entspricht die Praxis Deutschlands für Änderungs- und Ergänzungsprotokolle (*Koch,* CDFI LXVI a (1981), 42 f.; Grundl. Rz. 4a, 49 ff.). **156**

Zwischen den Verfahren nach Abs. 3 S. 1 und S. 2 muss aus diesem Grunde genau unterschieden werden. Im Verfahren nach Abs. 3 S. 1 geht es um die **Auslegung und Anwendung** des DBA, im Verfahren nach Abs. 3 S. 2 um die Beratung von **Ergänzungen.** **157**

Es gibt allerdings nur **wenige Fälle**, die im Abkommen nicht geregelt sind. Verrechnungspreisfragen werden von der Generalklausel des Fremdvergleichsgrundsatzes in den Art. 7, 9 MA erfasst (*Engler/Elbert*, Rz. 273). Für sonstige Fragen enthält Art. 21 MA eine Auffangklausel für Fälle, die in den übrigen Verteilungsnormen nicht geregelt sind (vgl. Art. 21 Rz. 3; ferner SD/*Flüchter*, Art. 25 Rz. 224). Einer der in der Praxis wichtigsten Fälle, der im Abkommen nicht geregelt ist, betrifft die **Gewinnabgrenzung zwischen in beiden Vertragsstaaten** (N1 und N2) **gelegenen Betriebstätten** eines in einem Drittstaat (Stammhausstaat S) ansässigen Unternehmens (s. MA-Komm. Ziff. 55). Das Abkommen zwischen den beiden Nichtansässigkeitsstaaten N1 und N2 enthält keine materielle Lösung, weil die Betriebstätten nicht abkommensberechtigt sind, das Unternehmen hingegen (nach dem DBA N1/N2) keine in einem Vertragsstaat ansässige Person ist. Man könnte allerdings erwägen, das Problem über die folgende Konstruktion zu lösen: Die materiell richtige Lösung der Gewinnabgrenzung kann – soweit eine solche überhaupt existiert – nur den DBA zwischen Stammhausstaat S und dem jeweiligen Betriebstättenstaat zu entnehmen sein. Nach dem DBA N1/S sind (zumeist) die Einkünfte aus der Betriebstätte in N2 nicht in N1, sondern in S zu besteuern. Besteuert N1 Einkünfte, die gemessen an den Maßstäben des Abkommens N1/S nicht in N1 zu besteuern wären, so liegt ein Verstoß gegen das Abkommen N1/S vor und damit eine abkommenswidrige Besteuerung. Möglicherweise wird eine Bereitschaft der zuständigen Behörde in N1 zum Nachgeben im Verständigungsverfahren nur dann bestehen, wenn der Gewinn aus der Betriebsstätte in N2 in N2 oder S besteuert wird und wenn sie zusätzlich für den umgekehrten Fall eine Beseitigung der abkommenswidrigen Besteuerung in N2 erwarten kann. Wendet S bei Gewinnen aus N2 die Anrechnungsmethode an, ist jedenfalls die erste Voraussetzung erfüllt. Stellt S die Gewinne hingegen frei, bieten sich verfahrensrechtlich Beratungen zwischen den zuständigen Behörden von N1 und N2 an. Dafür bietet Abs. 3 S. 2 (des DBA N1/N2) auch in diesem Fall eine Grundlage. Verständigungsvereinbarungen nach Abs. 2 sind dagegen nur aufgrund der DBA N1/S und N2/S denkbar. Dem Wunsch von N1 nach einer Besteuerung in N2 könnte aber dadurch Rechnung getragen werden, dass die Verständigungsvereinbarung N1/S **157a** unter die Bedingung des Nachweises einer Berücksichtigung der Einkünfte in N2 gestellt wird. Diese Möglichkeit versagt allerdings, wenn zwischen N1 und S kein DBA besteht.

3. US-MA

158 Art. 25 Abs. 3 S. 2, 3 des US-MA enthält einen besonderen Zuständigkeitskatalog für die Beratung und Lösung von Sachfragen durch die Behörden. Dieser Katalog ist nicht abschließend („In particular …"; US-TE zu Abs. 4). Ohne Abweichung von dem Grundsatz, dass Gegenstand von Verständigungsverfahren (einschließlich dem Konsultationsverfahren) nur die Auslegung und Anwendung des Abkommens sind (s. Rz. 153), sieht der Katalog Vereinbarungen über die Zurechnung/Zuordnung von Einkünften vor. Betroffen ist dabei nicht die nach innerstaatlichem Recht vorzunehmende Zurechnungsentscheidung (s. Grundl. Rz. 152g, 181 ff.; Art. 3 Rz. 116c), sondern die lediglich feststellende Klärung der Zurechnung/Zuordnung von Einkünften nach dem maßgeblichen innerstaatlichen Recht als Grundlage für die Abkommensanwendung. Auch Sachverhalte, die Drittstaaten berühren, können behandelt werden (US-TE zu Abs. 5: „Triangular Competent Authority Solutions"). Abs. 4 sieht Konsultationsverfahren für die Erhöhung von Dollarbeträgen vor, um sie den veränderten wirtschaftlichen und monetären Gegebenheiten anzupassen. Dies betrifft derzeit nur Art. 17 US-MA über Sportler und Künstler (US-TE zu Abs. 4). Aus der Zielsetzung des Abkommens (Art. 1 Abs. 2) folgt, dass die Vorschrift nur zugunsten des Steuerpflichtigen wirkt.

II. Deutsche DBA

1. Abkommensübersicht zu Artikel 25 Abs. 3

165

DBA	Artikel	Konsultationsverfahren nach Satz 1	Konsultationsverfahren nach Satz 2	Rz.
Ägypten	26 Abs. 3	≈ MA	≈ MA	
Albanien 2010	25 Abs. 3	≈ MA	≈ MA	
Algerien 2007	25 Abs. 3	≈ MA	≈ MA	
Argentinien	25 Abs. 3	≈ MA	≈ MA	
Armenien	s. UdSSR			
Aserbaidschan	25 Abs. 3; 28 Abs. 2	≈ MA	≈ MA	
Australien	23 Abs. 3	≈ MA	–	167
Bangladesch	25 Abs. 3	≈ MA	≈ MA	154 ff.
Belarus	25 Abs. 3	≈ MA	≈ MA	154 ff.
Belgien	25 Abs. 3	≈ MA	–	167; 169 f.
Bolivien	25 Abs. 3	≈ MA, mit Zusatzregelung	≈ MA	170; 171
Bosnien-Herzegowina	s. Jugoslawien			
Bulgarien 2010	24 Abs. 3	≈ MA	≈ MA	
China 1985	26 Abs. 3	≈ MA	≈ MA	
China 2014 (E)	25 Abs. 3	≈ MA		
Costa Rica 2014 (E)	25 Abs. 3	≈ MA		
Dänemark	42; 43 Abs. 3	≈ MA, mit Zusatzregelung	≈ MA	168 f.; 170
Ecuador	25 Abs. 3	≈ MA	≈ MA	171
Elfenbeinküste	25 Abs. 3	≈ MA	≈ MA	
Estland	25 Abs. 3	≈ MA	≈ MA	

DBA	Artikel	Konsultationsverfahren nach Satz 1	Konsultationsverfahren nach Satz 2	Rz.
Finnland	25 Abs. 3	≈ MA	≈ MA	
Frankreich	25 Abs. 3	≈ MA	≈ MA	171
Georgien	25 Abs. 3	≈ MA	≈ MA	
Ghana	26 Abs. 3	≈ MA	≈ MA	
Griechenland	XX Abs. 2	≈ MA, mit Zusatzregelung	–	167; 171
Großbritannien 1964/70	XVIII A Abs. 3, 4	≈ MA, mit Zusatzregelung	–	167; 170
Großbritannien 2010	26 Abs. 3	≈ MA	≈ MA	
Indien	25 Abs. 3	≈ MA	≈ MA	170
Indonesien	25 Abs. 3, 4	≈ MA, mit Zusatzregelung	≈ MA	170
Iran	26 Abs. 3	≈ MA	≈ MA	
Irland 2011	25 Abs. 3	≈ MA, mit Zusatzregelung	≈ MA	
Island	25 Abs. 3	≈ MA	≈ MA	
Israel	21 Abs. 2	≈ MA, mit Zusatzregelung	–	167; 171
Italien	26 Abs. 3	≈ MA	–	154; 167
Jamaika	25 Abs. 3	≈ MA	≈ MA	
Japan	25 Abs. 3	≈ MA	≈ MA	
Jersey 2008	Keine entsprechende Regelung	-	-	167
Jugoslawien	26 Abs. 3	≈ MA	≈ MA	
Kanada	25 Abs. 3, 4	≈ MA, mit Zusatzregelung	≈ MA	168
Kasachstan	25 Abs. 3	≈ MA	≈ MA	
Kenia	25 Abs. 3	≈ MA	≈ MA	
Kirgisistan	25 Abs. 3	≈ MA	≈ MA	
Korea	25 Abs. 3	≈ MA	≈ MA	
Kosovo	s. Jugoslawien			
Kroatien	25 Abs. 3	≈ MA	≈ MA	
Kuwait	25 Abs. 3	≈ MA	≈ MA	
Lettland	25 Abs. 3	≈ MA	≈ MA	
Liberia	25 Abs. 3	≈ MA	≈ MA	154 ff.; 171 ff.
Liechtenstein 2011	25 Abs. 3 Satz 1, 2	≈ MA, mit Zusatzregelung	≈ MA	
Litauen	25 Abs. 3	≈ MA	≈ MA	
Luxemburg 2012	24 Abs. 3	≈ MA	≈ MA	
Malaysia 2010	25 Abs. 3	≈ MA	≈ MA	
Malta	25 Abs. 3, 4	≈ MA, mit Zusatzregelung	≈ MA	170
Marokko	25 Abs. 3	≈ MA	≈ MA	
Mauritius 2011	25 Abs. 3	≈ MA	≈ MA	
Mazedonien 2006	25 Abs. 3	≈ MA	≈ MA	
Mexiko 2008	25 Abs. 3,	≈ MA	≈ MA	154; 170
Moldau	s. UdSSR			
Mongolei	25 Abs. 3, 4	≈ MA, mit Zusatzregelung	≈ MA	170
Montenegro	s. Jugoslawien			
Namibia	25 Abs. 3, 4	≈ MA, mit Zusatzregelung	≈ MA	170

DBA	Artikel	Konsultationsverfahren nach Satz 1	Konsultationsverfahren nach Satz 2	Rz.
Neuseeland	24 Abs. 3	≈ MA	–	167
Niederlande 1959/2004	25 Abs. 2	≈ MA, mit Zusatzregelung	–	169; 171
Niederlande 2012 (E)	25 Abs. 3	≈ MA	≈ MA	
Norwegen 1991	25 Abs. 3, 4	≈ MA, mit Zusatzregelung	≈ MA	154; 168
Norwegen 2013 (E)	25 Abs. 3, 4	≈ MA, mit Zusatzregelung	≈ MA	154; 168
Oman 2012 (E)	25 Abs. 3	≈ MA	≈ MA	
Österreich	25 Abs. 3	≈ MA	≈ MA	154 ff.
Pakistan	24 Abs. 3, 4	≈ MA, mit Zusatzregelung	≈ MA	170
Philippinen 1983	26 Abs. 3	≈ MA	≈ MA	
Philippinen 2013		≈ MA	≈ MA	
Polen	26 Abs. 3	≈ MA	≈ MA	
Portugal	26 Abs. 3	≈ MA	–	167
Rumänien	25 Abs. 3	≈ MA	≈ MA	154 ff.
Russische Föderation	25 Abs. 3	≈ MA	≈ MA	
Sambia	25 Abs. 3	≈ MA	≈ MA	
Schweden	39 Abs. 1 40 Abs. 3	≈ MA, mit Zusatzregelung	≈ MA, mit Zusatzregelung	168 ff.
Schweiz	26 Abs. 3	≈ MA	≈ MA	
Serbien	s. Jugoslawien			
Simbabwe	25 Abs. 3	≈ MA	≈ MA	
Singapur 2004	26 Abs. 3	≈ MA	≈ MA	
Slowakei	s. Tschechoslowakei			
Slowenien	25 Abs. 3	≈ MA	≈ MA	
Spanien 2011	24 Abs. 3	≈ MA	≈ MA	
Sri Lanka	26 Abs. 3	≈ MA	≈ MA	
Südafrika 1973	22 Abs. 2	≈ MA, mit Zusatzregelung	–	167; 171
Südafrika 2008 (E)	24 Abs. 3	≈ MA	≈ MA	
Syrien 2010	24 Abs. 3	≈ MA	≈ MA	
Tadschikistan	24 Abs. 3	≈ MA	≈ MA	
Taiwan 2011	24 Abs. 3	≈ MA	≈ MA	
Thailand	24 Abs. 3	≈ MA	≈ MA	
Trinidad und Tobago	24 Abs. 3	≈ MA	≈ MA	
Tschechien	s. Tschechoslowakei			
Tschechien 1997 (E)	25 Abs. 3	≈ MA	≈ MA	
Tschechoslowakei	25 Abs. 3	≈ MA	≈ MA	
Türkei 2011	24 Abs. 3	≈ MA	≈ MA	
Tunesien	25 Abs. 3	≈ MA	≈ MA	
Turkmenistan	s. UdSSR			
UdSSR	22 Abs. 2	≈ MA	≈ MA	
Ukraine	25 Abs. 3, 4	≈ MA, mit Zusatzregelung	≈ MA	170
Ungarn 2011	24 Abs. 3	≈ MA	≈ MA	
Uruguay 2010	24 Abs. 3	≈ MA	≈ MA	171
USA 1989/2006	25 Abs. 3	≈ MA, mit Zusatzregelung	≈ MA	154 ff.; 168; 170
Usbekistan	25 Abs. 3	≈ MA	≈ MA	

DBA	Artikel	Konsultationsverfahren nach Satz 1	Konsultationsverfahren nach Satz 2	Rz.
Venezuela	25 Abs. 3, 4	≈ MA, mit Zusatzregelung	≈ MA	154; 170
Vereinigte Arabische Emirate 2010	24 Abs. 3	≈ MA	≈ MA	154; 170
Vietnam	25 Abs. 3, 4	≈ MA, mit Zusatzregelung	≈ MA	170
Weißrussland	s. Belarus			
Zypern 2011	24 Abs. 3	≈ MA	≈ MA	

2. Erläuterungen

a) Die Auslegungsvereinbarung hat innerstaatlich den Rang einer **Verwaltungsvorschrift,** wenn sie als solche bekanntgemacht worden ist (zu den Verwaltungsvorschriften vgl. *Seer,* in Bonner Kommentar, Art. 108 GG Rz. 172 ff.). Eine Rechtsverordnung hingegen ist sie nicht, weil es insoweit sowohl an einer entsprechenden Form und Publikation als auch einer den Bestimmtheitserfordernissen des Art. 80 GG genügenden Ermächtigung fehlt (BFH BStBl. II 1990, 4: *DBA Italien 1925; Mülhausen,* S. 208; zur Möglichkeit der Umsetzung einer Verständigungsvereinbarung durch Rechtsverordnung aufgrund § 2 Abs. 2 AO s. Rz. 154a; Grundl. Rz. 136 ff.). Die Auslegungsvereinbarung ist auch kein normatives Verwaltungsabkommen, weil ein solches nach h. M. nicht möglich ist, wenn es sich auf einen völkerrechtlichen Vertrag bezieht, der, wie das DBA, seinerseits zustimmungsbedürftig ist (vgl. die Nachweise bei *Mülhausen,* S. 199; GKG/*Lüthi,* Art. 25 OECD-MA Rz. B 94). 166

b) Kein Konsultationsverfahren i. S. des Art. 25 Abs. 3 S. 2 MA enthalten die *DBA Australien, Belgien, Griechenland, Israel, Italien, Jersey 2008, Neuseeland, Portugal* und *Südafrika 1973.* Mit Ausnahme des *DBA Jersey 2008* sehen jedoch all diese Abkommen ein Konsultationsverfahren i. S. des Art. 25 Abs. 3 S. 1 vor, allerdings teilweise abweichend vom MA. So bietet eine Reihe von Abkommen die Möglichkeit, auch Schwierigkeiten aus Abkommen der Vertragsstaaten mit **Drittstaaten** in das Verfahren einzubeziehen: *DBA Griechenland,* Art. XX Abs. 2; *Israel,* Art. 21 Abs. 2; *Südafrika 1973,* Art. 22 Abs. 2. Das *DBA Jersey 2008* enthält zudem kein Konsultationsverfahren i. S. des Art. 25 Abs. 3 S. 1 MA. 167

Nach Art. 9 Abs. 6 *DBA Jersey 2008* können die zuständigen Behörden der Vertragsstaaten die Bestimmungen und das Verfahren betreffend das Verständigungsverfahren i. e. S. ändern oder ergänzen, soweit dies für eine wirksamere Umsetzung der durch sie angestrebten Ziele erforderlich ist. Auf dieser Grundlage können grundsätzlich auch Konsultationsverfahren i. S. des Art. 25 Abs. 3 MA geschaffen werden.

c) Besondere Konsultationsverfahren für die Gewinnzurechnung zwischen Unternehmen und Betriebstätte und für die Gewinnaufteilung in den Fällen des Art. 9 (s. Rz. 16 und Art. 9 Rz. 165 ff.) enthalten die *DBA Dänemark,* Art. 43 Abs. 3a und b, *Kanada,* Art. 25 Abs. 4; *Norwegen 1991* und *Norwegen 2013 (E),* Art. 25 Abs. 4 und *Schweden,* Art. 40 Abs. 3 und *Türkei 1985,* Art. 25 Abs. 3. Eine Sonderregelung für die Vermeidung der Doppelbesteuerung bei Nachlässen oder Trusts enthält das *DBA Kanada* in Art. 25 Abs. 4c. Art. 25 Abs. 3 *DBA USA 1989* und *DBA USA 1989/2006* regelt Spezialzuständigkeiten. Daneben sehen die *DBA Dänemark,* Art. 43 Abs. 3c, und *Norwegen 1991* und *Norwegen 2013 (E),* Art. 25 Abs. 4c, ein Konsultationsverfahren für die übereinstimmende Behandlung von Einkünften vor, die im Quellenstaat den Einkünften aus Aktien steuerlich gleichgestellt sind und im an- 168 deren Staat anderen Einkünften zugerechnet werden. Eine ähnliche Regelung findet sich im *DBA Schweden,* Art. 40 Abs. 3. Die *DBA Dänemark,* Art. 43 Abs. 3d, und *Schweden,* Art. 40 Abs. 3d, sehen außerdem ein besonderes Verständigungsverfahren für die übereinstimmende Behandlung von Schulden bei Steuern vom Vermögen, von Nachlässen, von Erbschaften und von Schenkungen vor.

169 Das *DBA Luxemburg 1958/2009,* Art. 26 Abs. 3, und das *DBA Niederlande 1959/2004,* Art. 25 Abs. 2, kennen ein dem Konsultationsverfahren des Art. 25 Abs. 3 S. 2 MA entsprechendes Verfahren „zur Beseitigung von Härten aufgrund einer Doppelbesteuerung in Fällen, die in diesem Abkommen nicht geregelt sind." Ferner enthält das *DBA Niederlande 1959/2004,* Art. 25 Abs. 2 eine Zusatzbestimmung, nach der über den Erlass von Durchführungsbestimmungen zum Zwecke der Abkommensanwendung ein gegenseitiges Einvernehmen hergestellt werden muss. Die *DBA Luxemburg 2012* und *Niederlande 2012 (E)* enthalten eine dem Art. 25 Abs. 3 entsprechende Regelung ohne die vorgestellten Besonderheiten. Das DBA *Belgien,* Art. 25 Abs. 4 sieht vor, dass sich die Behörden über die zur Durchführung des Abkommens erforderlichen Verwaltungsmaßnahmen verständigen. Im *DBA Dänemark,* Art. 42 Abs. 1, und *Schweden,* Art. 39 Abs. 1, sind darüber hinaus Konsultationen zur Verhinderung der Steuervermeidung und -hinterziehung vorgesehen. Eine Regelung für Missbrauchsfälle enthält auch Art. 29 Abs. 2 *DBA Norwegen 2013 (E).*

170 **Sonderbestimmungen** für die Durchführung der Quellenbesteuerung, Steuerermäßigung, Steuerbegrenzung und Steuerfreistellung enthalten die folgenden DBA: *Belgien,* Art. 25 Abs. 4 (insbes. Nachweise für Quellensteuerbefreiungen und -ermäßigungen); *Bolivien,* Art. 25 Abs. 3 (Quellensteuerbegrenzung); *Dänemark,* Art. 42 Abs. 2b (Bestimmung von Begrenzungen, insbes. nach Art. 10 bis 12); *Indien,* Art. 25 Abs. 4 (Quellensteuerbefreiungen und -ermäßigungen); *Indonesien,* Art. 25 Abs. 4 (Quellensteuerbefreiungen und -ermäßigungen); *Malta,* Art. 25 Abs. 4 (Quellensteuerbefreiungen und -ermäßigungen); *Mexiko 1993,* Art. 25 Abs. 4 (Ermäßigungen); *Mongolei,* Art. 25 Abs. 4 (Quellensteuerbefreiungen und -ermäßigungen); *Namibia,* Art. 25 Abs. 4 (Steuerbegrenzungen); *Pakistan,* Art. 25 Abs. 4 (Quellensteuerbefreiungen und -ermäßigungen); *Philippinen 2013 (E),* Art. 28 Abs. 5 (Steuerermäßigungen und -befreiungen; *Schweden,* Art. 39 Abs. 2b (Begrenzungen, insbes. Art. 10 bis 12); *Südafrika 1973,* Art. 24 Abs. 4 (Quellensteuerbefreiungen und -ermäßigungen); *Ukraine,* Art. 25 Abs. 4 (Quellensteuerbefreiungen und -ermäßigungen); *Venezuela,* Art. 25 Abs. 4 (Ermäßigungen); *Vietnam,* Art. 25 Abs. 4 (Quellensteuerbefreiungen und -ermäßigungen). Die *DBA Dänemark,* Art. 42 Abs. 2a, und *Schweden,* Art. 39 Abs. 2a, sehen zusätzlich ein Konsultationsverfahren für Zweifelsfälle im sachlichen Anwendungsbereich des Abkommens vor.

Verfassungsrechtlich bedenklich sind die sehr weitgespannten Ermächtigungen des *DBA USA 1989* und *DBA USA 1989/2006.*

171 **d)** Die *DBA Bolivien* und *Ecuador,* jeweils Art. 25 Abs. 3, verwenden die Worte „**haben**" bzw. „deberán", die jedoch nicht im Sinne einer unbedingten Verpflichtung verstanden werden dürfen (s. auch schon Rz. 130). Dasselbe gilt für die DBA *Griechenland,* Art. XX Abs. 2, *Israel,* Art. 21 Abs. 2 und *Südafrika 1973,* Art. 22 Abs. 2 bzw. die DBA *Frankreich,* Art. 25 Abs. 3; und *Niederlande 1959/2004* (*DBA Niederlande 2012 (E)* enthält eine musterkonforme Formulierung), Art. 25 Abs. 2, wenn dort die Ausdrücke „verständigen sich" bzw. „werden sich … verständigen" und „werden sich … ins Einvernehmen setzen" gebraucht werden.

172 Eigenständige Regelungen enthalten das *DBA Luxemburg 1958/2009,* Art. 26 Abs. 3, und das *DBA Niederlande 1959/2004,* Art. 25 Abs. 2, die eine **Billigkeitsentscheidung** auch in den Fällen des Art. 25 Abs. 3 S. 2 vorsehen. *DBA Luxemburg 2012* und *Niederlande 2012 (E)* enthalten musterkonforme Formulierungen).

In den Protokollen zum *DBA Liberia* (Punkt 9) ist – letztlich wie in Art. 2 Abs. 4 (s. Art. 2 Rz. 66) – vorgesehen, dass sich die Vertragsstaaten auf Verlangen gegenseitig über eine **wesentliche Änderung ihrer Steuergesetze** informieren und gemeinsam beraten, ob Änderungen des Abkommens wünschenswert sind. **173**

E. Zu Art. 25 Abs. 4

I. Musterabkommen

1. Übereinstimmungen und Abweichungen

Abs. 5 des US-MA stimmt mit Abs. 4 des OECD-MA und Art. 24 Abs. 4 der deutsche Verhandlungsgrundlage für DBA überein. Diplomatische Vertretungen müssen nicht eingeschaltet werden; auch eine unmittelbare Zusammenarbeit zwischen Behörden mehrerer Staaten ist möglich (US-TE zu Abs. 5). Art. 25 Abs. 4 S. 2 des UN-MA verpflichtet die zuständigen Behörden zusätzlich, ihr Verfahren gemeinsam in geeigneter Weise zu bestimmen. Zur Verwirklichung dieses Zieles sieht Abs. 4 S. 3 eine Ermächtigung für ergänzende einseitige Maßnahmen der Behörden vor. Das UN-MA sieht in Abs. 4 Möglichkeiten zur Vereinbarung von Verfahren für die Durchsetzung von Verständigungsvereinbarungen vor. **180**

2. OECD-MA

a) Abs. 4 regelt das **Verfahren** der Verständigung. Danach können die **zuständigen Behörden** (vgl. Rz. 35) der Vertragsstaaten **unmittelbar miteinander verkehren.** Sie müssen also nicht den diplomatischen Weg über das Außenministerium beschreiten, sondern können direkt miteinander in Verbindung treten. Das Verständigungsverfahren kann **in jeder zweckmäßigen Weise** schriftlich, über Telefax, Telefon, durch persönliche Treffen etc. durchgeführt werden (s. MA-Komm. Ziff. 58). **181**

b) Für den Fall, dass für die Herbeiführung der Einigung ein **mündlicher Meinungsaustausch** zweckmäßig ist, sah das MA früher in Abs. 4 S. 2 ausdrücklich vor, dass dieser in einer Kommission durchgeführt werden konnte, die aus Vertretern der zuständigen Behörden der Vertragsstaaten besteht. Nach der Neufassung des Abs. 4 (1995) ist die ausdrückliche Erwähnung des mündlichen Meinungsaustausches entfallen. Er wird nunmehr für selbstverständlich erachtet (vgl. MA-Komm. Ziff. 58 sowie Rz. 181). Dasselbe wird man auch für die DBA anzunehmen haben, die aus der Zeit vor der Änderung des Kommentares stammen und einen mündlichen Meinungsaustausch nicht ausdrücklich vorsehen. **182**

Der Behördenverkehr kann auch in einer **Kommission** erfolgen, die „aus ihnen", den zuständigen Behörden, „oder ihren Vertretern" besteht. Wie die Behörde selber Mitglied einer Kommission sein soll, ohne in ihr durch Beamte vertreten zu werden, ist nicht recht verständlich. Bedeutsam ist, dass die Kommission, wenn nicht aus den Behörden selber, aus **Vertretern** der zuständigen Behörden zusammengesetzt ist. Diese sind somit weisungsgebunden. In der Praxis kann dies zu Schwierigkeiten führen, wenn der Entscheidungsspielraum bereits vor der Verhandlung eingeschränkt wurde oder bestimmte Vereinbarungen erst nach Rückfrage bei Vorgesetzten getroffen werden können. **183**

Daten über die zahlenmäßige Zusammensetzung der gemischten Kommissionen und über die Kriterien, nach denen die Kommissionsmitglieder ausgewählt werden, liegen nicht vor (vgl. zu den gemischten Kommissionen: *Mülhausen,* S. 117 f.; zur Zusammensetzung des beratenden Ausschusses nach dem EU-Schiedsübereinkommen s. Rz. 305). **184**

II. Deutsche DBA

1. Abkommensübersicht zu Artikel 25 Abs. 4

190

DBA	Artikel	Unmittelbarer Behördenverkehr	Rz.
Ägypten	26 Abs. 4	≈ MA	192
Albanien 2010	25 Abs. 4	≈ MA	
Algerien 2007	25 Abs. 4	≈ MA	
Argentinien	25 Abs. 4	≈ MA	182
Armenien	s. UdSSR		
Aserbaidschan	25 Abs. 4	≈ MA	
Australien	23 Abs. 3	≈ MA	
Bangladesch	25 Abs. 4	≈ MA	
Belarus	25 Abs. 4	≈ MA	
Belgien	SProt Nr. 16	≈ MA; Einschränkung auf Finanzminister	
Bolivien	25 Abs. 4	≈ MA	
Bosnien-Herzegowina	s. Jugoslawien		
Bulgarien 2010	24 Abs. 4	≈ MA; ohne Hinweis auf Kommissionen	
China 1985	26 Abs. 4	≈ MA	
China 2014 (E)	25 Abs. 4	≈ MA	
Costa Rica 2014 (E)	25 Abs. 4	≈ MA	
Dänemark	44 Abs. 1, 2	≈ MA	182; 192
Ecuador	25 Abs. 4	≈ MA	
Elfenbeinküste	25 Abs. 4	≈ MA mit Zusatzregelung	193
Estland	25 Abs. 4	≈ MA	
Finnland	25 Abs. 4	≈ MA	
Frankreich	25 Abs. 4	nicht explizit geregelt, aber mündlicher Meinungsaustausch vorgesehen	182; 191 f.
Georgien	25 Abs. 4	≈ MA	
Ghana	26 Abs. 4	≈ MA	
Griechenland	–	–	191
Großbritannien 1964/70	XVIII A Abs. 5	≈ MA	
Großbritannien 2010	26 Abs. 4	≈ MA; ohne Hinweis auf Kommissionen	
Indien	25 Abs. 5	≈ MA	
Indonesien	25 Abs. 5	≈ MA	
Iran	26 Abs. 4	≈ MA	
Irland 2011	25 Abs. 4	≈ MA; ohne Hinweis auf Kommissionen	
Island	25 Abs. 4	≈ MA	182; 192
Israel	–	–	191
Italien	26 Abs. 4	≈ MA	182; 192
Jamaika	25 Abs. 4	≈ MA; ohne Hinweis auf Kommissionen	
Japan	25 Abs. 4	≈ MA; ohne Hinweis auf Kommissionen	
Jersey 2008	9 Abs. 3	≈ MA; ohne Hinweis auf Kommissionen	
Jugoslawien	26 Abs. 4	≈ MA	182; 192
Kanada	25 Abs. 5	≈ MA; ohne Hinweis auf Kommissionen	
Kasachstan	25 Abs. 4	≈ MA	182; 192
Kenia	25 Abs. 4	≈ MA	182; 192
Kirgisistan	25 Abs. 4	≈ MA	
Korea	25 Abs. 4	≈ MA	
Kosovo	s. Jugoslawien		
Kroatien	25 Abs. 4	≈ MA	192

DBA	Artikel	Unmittelbarer Behördenverkehr	Rz.
Kuwait	25 Abs. 4	≈ MA; ohne Hinweis auf Kommissionen	
Lettland	25 Abs. 4	≈ MA; ohne Hinweis auf Kommissionen	
Liberia	25 Abs. 4	≈ MA; ohne Hinweis auf Kommissionen	
Liechtenstein 2011	25 Abs. 4	≈ MA	
Litauen	25 Abs. 4	≈ MA	
Luxemburg 2012	24 Abs. 4	≈ MA	
Malaysia 2010	25 Abs. 4	≈ MA; ohne Hinweis auf Kommissionen	
Malta	25 Abs. 5	≈ MA; ohne Hinweis auf Kommissionen	
Marokko	25 Abs. 4	≈ MA; mit Zusatzregelung	193
Mauritius 2011	25 Abs. 4	≈ MA	
Mazedonien 2006	25 Abs. 4	≈ MA	
Mexiko 2008	25 Abs. 4	≈ MA	182; 192
Moldau	s. UdSSR		
Mongolei	25 Abs. 5	≈ MA; ohne Hinweis auf Kommissionen	
Montenegro	s. Jugoslawien		
Namibia	25 Abs. 5	≈ MA; ohne Hinweis auf Kommissionen	
Neuseeland	24 Abs. 4	≈ MA	182; 192
Niederlande 1959/2004	25 Abs. 1	≈ MA; Einschränkung	
Niederlande 2012 (E)	25 Abs. 4	≈ MA; ohne Hinweis auf Kommissionen	
Norwegen 1991	25 Abs. 5	≈ MA	182; 192
Norwegen 2013 (E)	25 Abs. 5	≈ MA	182; 192
Oman 2012 (E)	25 Abs. 4	≈ MA	
Österreich	25 Abs. 4	≈ MA	182; 192
Pakistan	24 Abs. 5	≈ MA; ohne Hinweis auf Kommissionen	
Philippinen 1983	26 Abs. 4	≈ MA; ohne Hinweis auf Kommissionen	
Philippinen 2013	26 Abs. 4	≈ MA	
Polen	25 Abs. 4	≈ MA; ohne Hinweis auf Kommissionen	
Portugal	26 Abs. 4	≈ MA	182; 192
Rumänien	25 Abs. 4	≈ MA	
Russische Föderation	25 Abs. 5	≈ MA; ohne Hinweis auf Kommissionen	
Sambia	25 Abs. 4	≈ MA; ohne Hinweis auf Kommissionen	
Schweden	41 Abs. 1, 2	≈ MA	182; 192
Schweiz	26 Abs. 4	≈ MA	182; 192
Serbien	s. Jugoslawien		
Simbabwe	25 Abs. 4	≈ MA; ohne Hinweis auf Kommissionen	
Singapur	26 Abs. 4	≈ MA; ohne Hinweis auf Kommissionen	
Slowakei	s. Tschechoslowakei		
Slowenien	25 Abs. 4	≈ MA; ohne Hinweis auf Kommissionen	
Spanien 2011	24 Abs. 4	≈ MA	
Sri Lanka	26 Abs. 4	≈ MA; ohne Hinweis auf Kommissionen	
Südafrika 1973	22 Abs. 3	≈ MA	182; 192
Südafrika 2008 (E)	24 Abs. 4	≈ MA; ohne Hinweis auf Kommission	
Syrien 2010	24 Abs. 4	≈ MA	
Tadschikistan	24 Abs. 4	≈ MA	
Taiwan 2011	24 Abs. 4	≈ MA	
Thailand	24 Abs. 4	≈ MA; mit Zusatzregelung	194
Trinidad und Tobago	24 Abs. 4	≈ MA; ohne Hinweis auf Kommissionen	
Tschechien	s. Tschechoslowakei		
Tschechien 1997 (E)	25 Abs. 4	≈ MA	
Tschechoslowakei	25 Abs. 4	≈ MA; ohne Hinweis auf Kommissionen	
Türkei 2011	24 Abs. 4	≈ MA	
Tunesien	25 Abs. 4	≈ MA	182; 192
Turkmenistan	s. UdSSR		

DBA	Artikel	Unmittelbarer Behördenverkehr	Rz.
UdSSR	22 Abs. 3	≈ MA; ohne Hinweis auf Kommissionen	
Ukraine	25 Abs. 5	≈ MA; ohne Hinweis auf Kommissionen	
Ungarn 2011	24 Abs. 4	≈ MA	182; 192
Uruguay 2010	24 Abs. 4	≈ MA	
USA 1989/2006	25 Abs. 4	≈ MA; mit Zusatzregelung	182; 192
Usbekistan	25 Abs. 4	≈ MA; ohne Hinweis auf Kommissionen	
Venezuela	25 Abs. 5	≈ MA; ohne Hinweis auf Kommissionen	
Vereinigte Arabische Emirate 2010	24 Abs. 4	≈ MA	
Vietnam	25 Abs. 5	≈ MA; ohne Hinweis auf Kommissionen	
Weißrussland	s. Belarus		
Zypern 2011	24 Abs. 4	≈ MA	

2. Erläuterungen

191 **a) Keinen unmittelbaren Behördenverkehr** sehen vor: die *DBA Brasilien (K), Frankreich, Griechenland,* und *Israel.* Allerdings bietet das *DBA Frankreich* die Möglichkeit eines mündlichen Meinungsaustausches. Darin liegt die konkludente Ermächtigung zu einem unmittelbaren Behördenverkehr.

192 **b)** Zahlreiche deutsche Abkommen sehen entsprechend dem alten MA ausdrücklich die Möglichkeit eines mündlichen Meinungsaustausches vor. Im Einzelnen sind dies die *DBA Ägypten,* Art. 26 Abs. 4; *Dänemark,* Art. 44 Abs. 2; *Frankreich,* Art. 25 Abs. 4; *Island,* Art. 25 Abs. 4; *Italien,* Art. 25 Abs. 4; *Jugoslawien,* Art. 26 Abs. 4; *Kasachstan,* Art. 25 Abs. 4; *Kenia,* Art. 25 Abs. 4; *Kroatien,* Art. 25 Abs. 4; *Neuseeland,* Art. 24 Abs. 4; *Norwegen 1991* und *Norwegen 2013 (E),* Art. 25 Abs. 5; *Österreich,* Art. 25 Abs. 4; *Portugal,* Art. 26 Abs. 4; *Schweden,* Art 41 Abs. 2; *Schweiz,* Art. 26 Abs. 4; *Südafrika 1973,* Art. 22 Abs. 3; *Tunesien,* Art. 25 Abs. 4; *USA 1989 und USA 1989/2006,* Art. 25 Abs. 4. Die seit der Neufassung des Art. 25 Abs. 4 geschlossenen, aber auch die älteren Abkommen, die nicht explizit die Möglichkeit eines mündlichen Meinungsaustausches vorsehen, müssen so ausgelegt werden, dass sie einen solchen Austausch ermöglichen (s. Rz. 182).

193 **c)** Die *DBA Elfenbeinküste,* Art. 25 Abs. 4 und *Marokko,* Art. 25 Abs. 4 gestatten den unmittelbaren Behördenverkehr auch zu anderen, im Abkommen vorgesehenen Zwecken.

194 Das *DBA Thailand,* Art. 24 Abs. 4, sieht den unmittelbaren Behördenverkehr ausdrücklich auch „zum Austausch von Informationen nach Artikel 25" vor (vgl. dazu Art. 26, Rz. 30).

F. Zu Art. 25 Abs. 5

I. Musterabkommen

1. Übereinstimmungen und Abweichungen

199 Weder das US-Muster noch das UN-Muster enthalten derzeit Regelungen über ein Schiedsverfahren. Im Rahmen des Update 2011 zum UN-Muster wurde in Art. 25 Abs. 5 aber eine Alternativbestimmung für eine obligatorische Schiedsklausel aufgenommen (vgl. *Committee of Experts on International Cooperation in Tax Matters*, Report by the Subcommittee on Dispute Resolution: Arbitration as an Additional Mechanism to improve the mutual Agreement Procedure (6.10.2010); ferner *Arnold*, BIT 2012, 523 (525); *ders.,* BIT 2013, 630 (631 f.); *Bayer*, SWI 2011, 539

(540); *Christians,* TNI 2012, 351; *Devillet,* BIT 2012, 612). Dagegen enthält die deutsche Verhandlungsgrundlage für DBA eine obligatorische Schiedsklausel (Art. 24 Abs. 5). Diese weicht vom OECD-MA ab, weil sich die zuständigen Behörden darauf einigen können, dass ein bestimmter Einzelfall für eine Entscheidung durch ein Schiedsverfahren nicht geeignet ist (s. Rz. 262, 271, 272), die EU-Schiedskonvention vorrangig ist (s. Rz. 209, 306) und eine ergangene Gerichtsentscheidung nicht entgegensteht (s. Rz. 218).

2. OECD-MA

Literatur: *Albert,* DBA-Schiedsverfahren, S. 1 ff.; *Ault,* in FS Lodin, S. 55; *ders.*, FS Avery Jones, S. 297; *ders.*, FS Vanistendael, S. 53; *K. Becker,* DStJG 36 (2013), S. 167 (179 ff.); *Bricker,* Intertax 1998, 97; *Campos,* Intertax 1996, 370; *Couzin,* TPI 2002, 12; *Dehnen/Bacht,* BIFD 2006, 463; *Fogarasi/Gordon/Vernuti,* TMIJ 1989, 319; *Groen,* Intertax 2002, 3; *Happ,* IStR 2006, 649; *Hofbauer,* SWI 2003, 325; *Krabbe,* DStZ 1995, 627; *Lang/Züger* (Hrsg.), S. 1 ff.; *Lindencrona/Mattson,* S. 1 ff.; *dies.*, ET 1980, 263; *Markham,* Intertax 2005, Vol. 33, Issue 2, S. 68; *Masui,* BIFD 2004, 14; *Morgan,* TNI August 2003, 681; *Noel,* ASA 65 (1996/97), S. 225; *Park/Tillinghast,* S. 1 ff.; *Tillinghast,* BIFD 2002, 90; *ders.*, Intertax 1994, 159; *Velthuizen,* WFR 2002, 435; *Züger,* in M. Lang (Hrsg.), Multilateral Tax Treaties, S. 153 ff.; *ders.*, Schiedsverfahren, S. 1 ff. **199a**

a) Grundzüge: Das Verständigungsverfahren weist vor allem aus der Sicht des Steuerpflichtigen Schwächen auf, weil seine Stellung im Verfahren noch nicht zufrieden stellend ausgestaltet ist. Auch die Umsetzung des Verständigungsergebnisses ist nicht in allen Fällen gewährleistet (s. Rz. 100 ff.; zusammenfassend *Avery Jones* u. a., BTR 1980, 19 f.; *Bricker,* Intertax 1998/3, 101; *Groen,* Intertax 2002, 3 (7 f.); *Züger,* ET 2000, 101 ff.; *ders.*, Schiedsverfahren, S. 17 ff.; a. A. *Runge,* Intertax 1997, 4; *Lemelin/Deanehan,* CTJ 1998, 663). **200**

Zur Überwindung dieser Schwächen hat die OECD einen seit Beginn der 90er Jahre aufkommenden Trend (dazu 4. Aufl., Rz. 201) aufgegriffen: Der mit dem Update 2008 eingeführte Abs. 5 MA sowie die entsprechenden Erläuterungen in MA-Komm. Ziff. 63 ff. (früher Ziff. 45 ff.) sehen ein obligatorisches Schiedsverfahren vor (dazu *Bödefeld/Kuntschik,* IStR 2009, 449 (450 ff.); *D'Allesandro,* TNI September 2009, 1153; *Herlinghaus,* IStR 2010, 125; *Owens,* IStR 2007, 472; *Nientimp/Tomson,* IStR 2009, 615). **201**

Schiedsverfahren im hier relevanten Zusammenhang sind die aufgrund einer Vereinbarung der Vertragsstaaten vorgesehenen Verfahren zur verbindlichen Streitentscheidung durch einen oder mehrere Schiedsrichter bei Schwierigkeiten oder Zweifeln, die bei der Auslegung und Anwendung des Abkommens entstehen. Vergleichbar einem Schiedsverfahren nach allgemeinem Völkerrecht und Zivilrecht handelt es sich um Verfahren zur verbindlichen Entscheidung einer Streitigkeit durch einen Dritten, der dazu durch eine Schiedsvereinbarung zwischen den Parteien berufen wurde. **202**

Das Schiedsverfahren nach Abs. 5 ist als **obligatorisches Schiedsverfahren** ausgestaltet. Es ist vor allem bezüglich des Zeitpunkts seiner Vereinbarung von den fakultativen Schiedsverfahren zu unterscheiden. Ein **fakultatives** Schiedsverfahren ist anzunehmen, wenn sich die Vertragsstaaten **nach Entstehung des Konflikts** zur Durchführung eines Schiedsverfahrens verpflichten. Es liegt auch dann vor, wenn sie im DBA vereinbaren, dass sich die Behörden nach erfolglosem Verständigungsverfahren auf die Durchführung eines Schiedsverfahrens einigen **können** oder wenn die zuständigen Behörden ihr generell gegebenes **Einverständnis** mit der Durchführung eines Schiedsverfahrens nach Auftreten der Streitigkeit **widerrufen** können (s. dazu Rz. 239). Demgegenüber einigen sich die Vertragsstaaten beim **obligatorischen** Schiedsverfahren **vor Entstehung der Streitigkeit** verbindlich über die Durchführung. Insoweit muss nach einer bestimmten Dauer des **203**

Verständigungsverfahrens auf Antrag eines der Staaten (oder des Steuerpflichtigen) ein Schiedsverfahren eingeleitet werden. Das hat den Vorteil, dass in einer von konkreten Spannungen weitgehend unbelasteten Atmosphäre mit klaren Vorgaben gearbeitet werden kann. Die Vereinbarung ermöglicht es somit jedem Vertragsstaat, einseitig ein Schiedsverfahren einzuleiten. Allerdings ist in der Praxis regelmäßig eine zusätzliche Vereinbarung erforderlich, um den genauen Streitgegenstand und das genaue Verfahren festzulegen. Auch ist das Verfahren nur dann sinnvoll durchführbar, wenn beide Staaten es fördern (vgl. *Nguyen Qouc Dinh/Daillier/Pellet,* Rz. 525 ff.).

205 Beide Varianten führen zu einer die Vertragsstaaten **bindenden Entscheidung**, wenn das Schiedsverfahren einmal eingeleitet ist: Sei es durch einen Schiedsspruch, sei es durch eine anderweitige Einigung der Vertragsstaaten (zu Letzterem s. Rz. 207, 229). Dies ergibt sich zumeist schon aus dem Wortlaut der Schiedsklausel, in jedem Fall aber aus Völkergewohnheitsrecht (vgl. *Züger,* in Lang, Multilateral Tax Treaties, S. 56 ff.). Darüber hinaus dient die Möglichkeit zur Durchführung eines (obligatorischen) Schiedsverfahrens bereits im Verständigungsverfahren als Druckmittel gegen Säumigkeit und überlange Verfahren (so zutreffend zum *DBA Österreich Züger,* IWB Fach 5, Österreich, Gruppe 2, 466).

206 **Parteien** des Schiedsverfahrens sind nur die zuständigen Behörden. Der Antragsteller ist hingegen, wie ganz generell beim Verständigungsverfahren (s. Rz. 116), nicht Partei des Schiedsverfahrens (s. Rz. 228; ferner *Ismer,* IBFD 2003, 18 f.). Daneben gibt es noch Personen, die nicht Antragsteller sind, für die aber der Ausgang des Verfahrens von Bedeutung ist. Diese Personen müssen dem Schiedsspruch ebenfalls zustimmen (Art. 25 Abs. 5 S. 3 OECD-MA).

207 Das Schiedsverfahren ist durch den Grundsatz der **Parteiautonomie** geprägt. Dieser kommt in der Definitionsmacht über den Verfahrensgegenstand, im Recht zur Auswahl der Schiedsrichter sowie der Möglichkeit einer anderweitigen Einigung der zuständigen Behörden zum Ausdruck (zu Letzterem s. Rz. 205, 229).

208 Bei der Frage, ob der Steuerpflichtige einen **Anspruch auf Einleitung eines Schiedsverfahrens** hat, ist zwischen dem fakultativen und dem obligatorischen Schiedsverfahren zu unterscheiden. Entsprechend dem oben zum Verständigungsverfahren Ausgeführten (s. Rz. 90 ff.) hat der Steuerpflichtige keinen Anspruch auf Einleitung eines **fakultativen** Schiedsverfahrens. Ein solcher lässt sich auch nicht daraus ableiten, dass der Steuerpflichtige gemäß den Schiedsklauseln regelmäßig der Einleitung eines Schiedsverfahrens zustimmen muss (a. A. *Züger,* in Lang, Multilateral Tax Treaties, S. 42). Bei den **obligatorischen** Schiedsverfahren ist hingegen zu differenzieren: Das DBA kann dem Steuerpflichtigen einen Anspruch zuerkennen (wie Abs. 5 MA und das *DBA Österreich,* wo jeweils „auf Antrag der Person im Sinne des Absatzes 1" das Schiedsverfahren eingeleitet wird). Ob der Anspruch besteht, ist im Wege der Auslegung zu klären. Erkennt das Abkommen ihn nicht an, ist es eine Frage des innerstaatlichen Rechts, ob dem Steuerpflichtigen ein Anspruch gegen den Staat i. S. von Abs. 1 (vgl. Rz. 90) zusteht. Für Deutschland ist dies als Konsequenz aus dem Recht auf konsularischen Schutz zu bejahen. Dementsprechend besteht in dieser Konstellation auch ein Anspruch auf Einleitung eines Verständigungsverfahrens (s. Rz. 90).

209 **b) Abgrenzung:** Das Schiedsverfahren nach Abs. 5 ist abzugrenzen einerseits zum **Verständigungsverfahren i. e. S.** nach Abs. 1 und 2: Das Schiedsverfahren ist unselbständiger Teil dieses Verständigungsverfahrens i. e. S. (so ausdrücklich MA-Komm. Ziff. 64). Es setzt dementsprechend die Einleitung eines, allerdings bezüglich der Antragsbefugnis qualifizierten, zwischenstaatlichen Verständigungsverfahrens voraus, das nicht vollständig zur Vermeidung der abkommenswidrigen Besteuerung geführt hat. Andererseits ist das Schiedsverfahren nach DBA von

den **Schiedsverfahren nach dem (europäischen) Schiedsübereinkommen** (s. Rz. 300) abzugrenzen: Letztere sind nur auf Gewinnberichtigungen zwischen verbundenen Unternehmen anwendbar und betreffen daher nur einen Teilbereich der möglichen Gegenstände von obligatorischen Schiedsverfahren nach DBA. Auch muss für das DBA-Schiedsverfahren anders als nach dem (europäischen) Schiedsübereinkommen keine (wirtschaftliche) Doppelbesteuerung geltend gemacht werden. Wie für das Verständigungsverfahren reicht insoweit eine bloße Abkommenswidrigkeit. Zum Verhältnis zwischen Schiedsverfahren nach DBA und nach dem EU-Schiedsübereinkommen s. Rz. 306 (zum Vergleich von Schiedsverfahren nach DBA mit anderen Verfahren *van Herksen/Fraser*, ITPJ 2009, 143).

c) Regelung nach Abs. 5 S. 1 und 2: hat 210
- nach **Abs. 1** eine Person ihren Fall der zuständigen Behörde eines Vertragstaates unterbreitet und haben
- Maßnahmen eines oder beider Vertragsstaaten **zu einer Besteuerung geführt, die diesem Abkommen nicht entspricht**, und können
- die zuständigen Behörden innerhalb von **zwei Jahren** gerechnet ab Unterbreitung des Falls
- den **Fall nicht gemäß Abs. 2 vollständig lösen**,

so werden
- auf **Antrag** der Person
- die **noch nicht gelösten Probleme** dieses Falles
- in einem **Schiedsverfahren** geklärt,
- **wenn nicht** zu den ungelösten Fragen bereits ein **Urteil** eines Gerichts ergangen ist.

Abs. 5 S. 3 bestimmt, dass
- die **Verständigungsvereinbarung, die den Schiedsspruch umsetzt,**
- **für beide Vertragsstaaten bindend**
- und **ungeachtet der Fristen des nationalen Rechts umzusetzen** ist,
- es sei denn, dass eine direkt vom Fall betroffene Person **widerspricht.**

Abs. 5 S. 4 sieht schließlich vor, dass die Vertragstaaten die Anwendungsmodalitäten durch eine Verständigungsvereinbarung klären. Diese Verständigungsvereinbarung soll im Weiteren als **Anwendungsvereinbarung** bezeichnet werden. Der MA-Komm. enthält im Anhang der Kommentierung des Art. 25 eine entsprechende Mustervereinbarung (MA-Komm., Anhang zu Art. 25, Ziff. 1; *K. Becker*, DStJG 36 (2013), 167 (182 ff.)). Die Vertragsstaaten können diese Mustervereinbarung als Verständigungsvereinbarung abschließen oder sie zumindest als Ausgangspunkt für eine eigene, ihren Anforderungen gerecht werdende Regelung nutzen. Zusätzliche Verfahrensregelungen, die gegebenenfalls die generelle Anwendungsvereinbarung modifizieren, können sich ferner in den **Terms of Reference** (dazu MA-Komm., Anhang zu Art. 25, Ziff. 9 ff.; Rz. 223) finden. 211

d) (Zumindest teilweise) erfolgloses Verständigungsverfahren i. e. S.: 212
aa) Dem Schiedsverfahren muss ein zwischenstaatliches **Verständigungsverfahren i. e. S.** vorangegangen sein. Das Schiedsverfahren dient der Verbesserung des Individualrechtsschutzes. Mit Blick auf die Schwächen des Verständigungsverfahrens wird ergänzend ein Verfahren eröffnet, das eine Lösung des Problems der abkommenswidrigen Besteuerung gewährleisten soll. Nicht erfasst sind nach dem klaren Wortlaut des Abs. 5 S. 1 hingegen Verständigungsverfahren in der Form eines Konsultationsverfahrens nach Abs. 3 S. 1 oder gar eines Lückenschließungsverfahrens nach Abs. 3 S. 2. Damit kann es in diesen Fällen bei einem Scheitern eines Verständigungsverfahrens bleiben. Ein solches Ergebnis hat den Vorzug, souveränitätsschonend zu sein und Abkommensänderungen außerhalb des dafür vorgesehenen völker- und verfassungsrechtlichen Verfahrens auszuschließen. Sie er-

scheint auch hinnehmbar, weil in den Fällen des Abs. 3 zumeist keine abkommenswidrige Besteuerung gegeben sein wird, die eine Person unmittelbar belastet. Ist dies ausnahmsweise doch der Fall, kann die betroffene Person nach Eintritt der abkommenswidrigen Besteuerung den Antrag auf Einleitung eines Verständigungsverfahren i. e. S. stellen, das dann gegebenenfalls in ein Schiedsverfahren mündet.

213 Aus dem Erfordernis eines vorangegangenen erfolglosen Verständigungsverfahrens folgt zugleich, dass dort, wo das **Verständigungsverfahren nicht (mehr) in Betracht kommt,** etwa wegen Versäumnis der Frist (s. Rz. 38 f.) oder wegen schwerer Verfehlungen des Steuerpflichtigen (s. Rz. 33b), zugleich auch ein Schiedsverfahren ausgeschlossen ist.

214 **bb)** Um den Zugang zum Schiedsverfahren zu eröffnen, muss eine **abkommenswidrige Besteuerung** aufgrund von Maßnahmen eines oder beider Vertragstaaten (dazu Rz. 30 ff.) **tatsächlich eingetreten** sein. Eine drohende abkommenswidrige Besteuerung reicht also, anders als beim Verständigungsverfahren i. e. S., nicht aus. Das Erfordernis einer tatsächlich eingetretenen abkommenswidrigen Besteuerung statuiert damit eine gewisse Subsidiarität des Schiedsverfahrens. Dies erscheint mit Blick auf den erheblichen Aufwand, den ein solches Schiedsverfahren verursacht, sachgerecht. Die Hauptbedeutung wird dieses Kriterium allerdings für die Berechnung der Dauer des erfolglosen Verständigungsverfahrens entfalten: Die Zwei-Jahresfrist beginnt erst ab Eintritt der abkommenswidrigen Besteuerung (s. Rz. 215).

215 **cc)** Das Verständigungsverfahren muss für die Dauer von **mindestens zwei Jahren erfolglos** geblieben sein (nach UN-Muster: drei Jahre). Erfolglos bedeutet, dass nicht alle Punkte, die eine abkommenswidrige Besteuerung begründen, ausgeräumt werden konnten. Die Zweijahresfrist beginnt grundsätzlich mit der Vorlage des Falles und der erforderlichen Unterlagen bei der zuständigen Behörde des anderen Vertragsstaates. Die erforderlichen Unterlagen werden gegebenenfalls durch die Anwendungsvereinbarung (Rz. 211) näher bezeichnet. Ist die abkommenswidrige Besteuerung später eingetreten – insbesondere, weil sie zunächst nur drohte –, beginnt die Frist erst mit Eintritt der abkommenswidrigen Besteuerung. Anders als bei der Frist für den Antrag auf Einleitung eines Verständigungsverfahrens (Rz. 38) sollte man hier im Interesse des Steuerpflichtigen ein relativ enges Verständnis an die Norm herantragen. Dementsprechend ist eine abkommenswidrige Besteuerung bereits dann anzunehmen, wenn die Steuer bezahlt oder festgesetzt wurde oder wenn dem Steuerpflichtigen von den Steuerbehörden förmlich mitgeteilt wurde, dass sie beabsichtigen, ihn in Bezug auf einen bestimmten Einkommensteil zu besteuern. Die Musteranwendungsvereinbarung (dazu Rz. 211) präzisiert in Ziff. 9, dass sich die Frist insoweit verlängert, als eine Verzögerung des Verständigungsverfahrens im Wesentlichen durch eine vom Ausgang des Verfahrens direkt betroffene Person vorliegt. Ferner soll die Anwendungsvereinbarung vorsehen können, dass bei einer erheblichen Verzögerung (beispielsweise von einem weiteren Jahr) das Recht, ein Schiedsverfahren zu beantragen, ganz ausgeschlossen werden kann (MA-Komm., Anhang zu Art. 25, Ziff. 16 a.E.).

216 **e) Antrag:** Das Schiedsverfahren wird nur auf Antrag der Person eingeleitet, die zuvor das Verständigungsverfahren beantragt hatte (nach UN-MA: Antrag eines Staates; im UN-MA-Komm. ist der Antrag einer Person nur als Alternative vorgesehen (Ziff. 17)). Eine bestimmte Form ist im MA für den Antrag nicht vorgeschrieben. Es ist jedoch empfehlenswert, den Antrag schriftlich zu stellen und zu konkretisieren; eine solche Pflicht sieht die im MA-Komm. als Anhang zur Kommentierung des Art. 25 enthaltene Musteranwendungsvereinbarung (s. Rz. 211) in Tz. 1 ausdrücklich vor (nunmehr auch BMF, Schiedsverfahren GB, Tz. 1). Soweit eine vorherige Gerichtsentscheidung einen Ausschlussgrund für das Schiedsverfahren darstellt (dazu Rz. 218), sollten nach MA-Komm., Anhang zu Art. 25, Ziff. 6 ferner Unterlagen beigefügt werden, aus denen sich ergibt, dass in keinem der Staaten eine Gerichtsentscheidung ergangen ist. Der Antrag ist jederzeit möglich, sobald die Zweijahresfrist (s. Rz. 215) abgelaufen ist (ebenso MA-Komm. Ziff. 70). Er ist, wie die Musteranwendungsvereinbarung in Tz. 1 klarstellt, an eine der beiden zuständigen Behörden zu richten. Dies muss nicht zwingend dieselbe Behörde sein, an welche ursprünglich der Antrag auf Einleitung eines Verständigungsverfahrens gerichtet worden war.

f) Verhältnis zu innerstaatlichen Rechtsmitteln: Der Antrag erfordert keinen Verzicht des Steuerpflichtigen auf **innerstaatliche Rechtsmittel**, anders noch der Entwurf vom Februar 2006. Zu rechtstaatlichen Bedenken gegen das Erfordernis eines vorherigen Verzichts auf innerstaatliche Rechtsmittel ausführlich *Ismer,* BIFD 2003, 18 ff.; zu Bedenken mit Blick auf die Gesetzmäßigkeit der Besteuerung *Masui,* BIFD 2004, 14 (15 f.) mit dem Vorschlag, dem Schiedsspruch dieselbe Bedeutung zu geben wie einer Einigung der Staaten im Verständigungsverfahren. Eine Bindung des Steuerpflichtigen an einen Schiedsspruch ohne seine volle Beteiligung erscheint allerdings unangemessen (*Tillinghast,* BIFD 2002, 90 (94)). 217

Nach Abs. 5 S. 2 MA soll ein Schiedsverfahren ausscheiden, wenn ein **innerstaatliches Gericht** (eines der beiden Vertragsstaaten) **bereits über die Frage entschieden** hat (s. auch *K. Becker,* DStJG 36 (2013), S. 167 (181 f.)). Wie auch die Fußnote zum Abkommenstext klarstellt, hängt die Frage eines derartigen Ausschlussgrundes letztlich vom innerstaatlichen Recht des jeweiligen Vertragsstaates ab. In Deutschland gibt es derzeit nach hier vertretener Auffassung keine Rechtsgrundlage für ein Abweichen von einem rechtskräftigen Urteil (s. Rz. 132), so dass in Deutschland an diesem Kriterium festgehalten werden müsste. Es gibt jedoch abweichende Auffassungen (s. Rz. 132), die zur Folge hätten, dass – wie die deutsche Verhandlungsgrundlage für DBA in Art. 24 Abs. 5 – auf das Ausschlusskriterium der entgegenstehenden Gerichtsentscheidung verzichtet werden könnte. In Staaten, die die Durchführung eines Schiedsverfahrens vom Verzicht auf innerstaatliche Rechtsmittel abhängig machen, sollte der Verzicht durch Verfahrensgarantien im Schiedsverfahren zugunsten des Steuerpflichtigen kompensiert werden. So sollte insbesondere das Recht des Steuerpflichtigen auf rechtliches Gehör festgeschrieben werden (ebenso MA-Komm. Ziff. 80). 218

Ferner soll es nach dem MA-Komm. Ziff. 76 S. 3 Buchst. a in vielen Staaten nicht möglich sein, **Schiedsverfahren und innerstaatliche Rechtsmittel parallel zu verfolgen.** Vielmehr soll der Steuerpflichtige gehalten sein, die Aussetzung der innerstaatlichen Verfahren zu erwirken. Sobald ein Schiedsspruch ergeht, soll der Steuerpflichtige zwischen einer Zustimmung zum Ergebnis mit Verzicht auf die innerstaatlichen Rechtsmittel und der Fortsetzung der innerstaatlichen Rechtsmittel wählen können. Letztlich stellt sich hier erneut das bereits im Rahmen des Verständigungsverfahrens diskutierte Problem, ob Verständigungsverfahren und innerstaatliche Rechtsmittel parallel verfolgt werden können (dazu Rz. 34 und 93). Nachdem für das Verständigungsverfahren aufgezeigt werden konnte, dass in Deutschland Verständigungsverfahren und innerstaatliche Rechtsmittel sehr wohl nebeneinander möglich sind (s. Rz. 93), sollte dies für das Schiedsverfahren, das Bestandteil des Verständigungsverfahrens ist, nicht anders sein. Insoweit entspricht die Parallelität von Schiedsverfahren und innerstaatlichen Rechtsmitteln durchaus dem Grundanliegen des Art. 25 MA, dem Steuerpflichtigen **zusätzliche** Rechtsschutzmöglichkeiten an die Hand zu geben, nicht nur **alternative** (s. auch MA-Komm. Ziff. 64). Allein das Bedenken, den Aufwand des Schiedsverfahrens vergebens zu verursachen, rechtfertigt die Forderung des MA-Komm. nicht. Zudem besteht die Gefahr einander widersprechender Ergebnisse gerade nicht. Denn auch 219 der Schiedsspruch als besondere Form bzw. als Teil der Verständigungsvereinbarung ist im innerstaatlichen Recht durchzuführen. Dafür bedarf es der vorherigen Zustimmung des Steuerpflichtigen und eines Rechtsmittelverzichts (dazu Rz. 101; ebenso ausdrücklich im Kontext der Schiedsverfahren MA-Komm. Ziff. 82). Vermutlich entspringt die in der Kommentierung im MA-Komm. referierte Auffassung noch dem ursprünglichen Entwurf (dazu oben Rz. 9). Sie ist jedenfalls für Deutschland abzulehnen.

221 **g) Schiedsverfahren: aa) Gegenstand des Schiedsverfahrens** sind nur die nach Auffassung zumindest einer der beiden zuständigen Behörden (vgl. MA-Komm. Ziff. 71) im Verständigungsverfahren noch nicht gelösten Probleme. Haben sich die zuständigen Behörden über bestimmte (Teil-) Fragen geeinigt, scheidet die Einbeziehung der gelösten (Teil-)Fragen in das Schiedsverfahren nach dem klaren Wortlaut des Abs. 5 S. 1 aus. Die betroffene Person kann nicht geltend machen, dass die Einigung nicht zweckmäßig ist. Mit Blick auf den Grundsatz der Parteiautonomie (der Vertragsstaaten), der das Verständigungsverfahren beherrscht (s. Rz. 206 f.; *Ismer,* BIFD 2003, 18; s. zu den Bindungen an das innerstaatliche Recht Rz. 74), findet auch keine inhaltliche Kontrolle einer zwischen den Vertragsstaaten erreichten Verständigungsvereinbarung statt. Der MA-Komm. stellt dies klar, wenn in Ziff. 64 ausgeführt wird, dass das Schiedsverfahren kein zusätzliches oder alternatives Verfahren neben dem Verständigungsverfahren ist, sondern eine unselbständige Ergänzung, die die Effektivität des Verständigungsverfahrens verbessern soll. Dies gilt nach MA-Komm. Ziff. 71 selbst dann, wenn eine Doppelbesteuerung verbleibt, die im Abkommen nicht behandelt wird.

222 **aa)** Grundsätzlich kommen für das Schiedsverfahren nach Abs. 5 – anders als bei dem Verfahren nach dem europäischen Schiedsübereinkommen (dort sachliche Beschränkung auf Gewinnberichtigungen verbundener Unternehmen; s. Rz. 302, 305) – **sämtliche Gegenstände** in Betracht, die auch **Gegenstand eines Verständigungsverfahrens i. e. S.** sein können. Eingeschlossen ist damit auch die Bestimmung der Ansässigkeit im Sinne des Abkommens für natürliche Personen nach Art. 4 Abs. 2 Buchst. d MA (so ausdrücklich auch MA-Komm. Ziff. 73). Eine Doppelbesteuerung ist nicht erforderlich, es genügt die abkommenswidrige Besteuerung. Der MA-Komm. stellt es in Ziff. 66 den Vertragsstaaten aber auch anheim, nur bestimmte Probleme als Gegenstand eines Schiedsverfahrens zuzulassen, etwa solche, bei denen die aufgetretenen Schwierigkeiten wie im Bereich der Verrechnungspreise primär tatsächlicher Natur sind.

223 Weitere Präzisierungen zur Bestimmung des Gegenstands des Schiedsverfahrens enthält die **Musteranwendungsvereinbarung** (Rz. 211). Sie sieht in Tz. 3 vor, dass die Vertragsstaaten innerhalb von drei Monaten, nachdem der Antrag auf Einleitung eines Schiedsverfahrens bei den zuständigen Behörden beider Vertragsstaaten eingegangen ist, die vom Schiedsgericht zu klärenden Fragen sowie gegebenenfalls ergänzende Verfahrensregelungen (zusammen die **Terms of Reference;** zur Notwendigkeit ergänzender Verfahrensregelungen auch bei obligatorischen Schiedsverfahren s. Rz. 211) vereinbaren und dem Antragsteller mitteilen. Erfolgt dies innerhalb der genannten Frist nicht, kann jede der beiden zuständigen Behörden, aber auch der Antragsteller eine vorläufige Liste mit den zu klärenden Fragen erstellen. Das Schiedsgericht stellt daraus eine Liste mit zu klärenden Fragen zusammen, die durch Vereinbarung der zuständigen Behörden noch binnen eines Monats abgeändert werden kann (Tz. 4 der Musteranwendungsvereinbarung).

224 **bb) Verfahren:** Abs. 5 enthält keine Regelungen des Verfahrens. Er besagt insbesondere nichts über die Besetzung des Schiedsgerichts, die Rechtsstellung der Schiedsrichter, die eventuelle Form und Veröffentlichung des Schiedsspruches sowie schließlich die Möglichkeit einer Anfechtung des Schiedsspruchs. Insoweit

verweist der MA-Komm. in Ziff. 85 auf eine zwischen den Vertragsstaaten abzuschließende Verständigungsvereinbarung, ein dahingehendes Protokoll oder einen Notenwechsel. Eine derartige Musteranwendungsvereinbarung (Rz. 211) zur Ausgestaltung des Schiedsverfahrens findet sich im MA-Komm. im Anhang zur Kommentierung des Art. 25.

Schiedsrichterbestellung: Tz. 5 der Musteranwendungsvereinbarung legt fest, 225 dass die zuständigen Behörden jeweils einen Schiedsrichter ernennen und dass die ernannten Schiedsrichter sich auf einen dritten Schiedsrichter einigen, der den Vorsitz des Schiedsgerichts übernimmt. Einigen sich die Personen nicht oder benennt eine zuständige Behörde keinen Schiedsrichter, entscheidet innerhalb von 10 Tagen der Direktor des OECD-Zentrums für Steuerpolitik und -verwaltung. Als Schiedsrichter kommen nach Tz. 7 der Musteranwendungsvereinbarung alle Personen in Betracht, die nicht bereits zuvor mit dem Fall beschäftigt waren. Die Wahl des Vorsitzenden ist oftmals für den Ausgang des Schiedsverfahrens von entscheidender Bedeutung: Die von den zuständigen Behörden ernannten Schiedsrichter werden – auch wenn sie nicht als Vertreter des Staates fungieren, der sie ernannt hat, sondern auf neutraler und objektiver Basis entscheiden sollen (so auch MA-Komm., Anhang zu Art. 25, Ziff. 15) – nicht selten eine gewisse Sympathie für die Position der zuständigen Behörde haben. Da das Schiedsgericht typischerweise Mehrheitsentscheidungen fällt, hängt die Entscheidung in streitigen Konstellationen vom dritten Schiedsrichter ab. Alternativ besteht nach Tz. 6 der Musteranwendungsvereinbarung die Möglichkeit für die zuständigen Behörden, sich auf ein beschleunigtes Verfahren (s. Rz. 231) mit nur einem Schiedsrichter zu einigen; einigen sich die Behörden bezüglich der Person des Schiedsrichters nicht, entscheidet wiederum der Direktor des OECD-Zentrums für Steuerpolitik und -verwaltung.

Die Schiedsrichter sind im selben Maße wie die zuständigen Behörden zur **Vertraulichkeit** verpflichtet. Nur wenn diese garantiert ist, kann ihnen der ungehinderte Zugang zu entscheidungserheblichen Informationen gegeben werden. Die Musteranwendungsvereinbarung erreicht dieses Ergebnis, indem sie – allein für Zwecke der Anwendung der relevanten Vorschriften des Abkommens wie Art. 25 und 26 sowie der Vorschriften des nationalen Rechts, vgl. MA-Komm., Anhang zu Art. 25, Ziff. 17 – den Schiedsrichter zum Vertreter eines der beiden Vertragsstaaten ernennt. In Deutschland folgt daraus die strafbewehrte Verpflichtung zur Wahrung des Steuergeheimnisses nach § 30 AO. 226

Eigene **Verfahrens- und Beweisregeln** enthält die Musteranwendungsvereinbarung nicht. Vielmehr können die zuständigen Behörden solche Regeln in den Terms of Reference vorsehen, sofern sie diese für erforderlich halten. Nicht geregelte Fragen können die Schiedsrichter *ad hoc* entscheiden. Sie können dabei insbesondere auf bestehende Verfahrensregeln für Schiedsverfahren, etwa die der Internationalen Handelskammer in Paris, zurückgreifen (MA-Komm., Anhang zu Art. 25, Ziff. 18). Regelmäßig dürften die Schiedsgerichte aber keine Tatsachen aufzuklären haben. Auch sind nach Ziff. 10 der Musteranwendungsvereinbarung solche Informationen unbeachtlich, die nicht beiden zuständigen Behörden im zwischenstaatlichen Verständigungsverfahren vorlagen. Sie können dennoch in das Schiedsverfahren eingeführt werden, wenn beide zuständigen Behörden zustimmen. 227

Stellung des Steuerpflichtigen: Der Steuerpflichtige ist nicht Partei des 228 Schiedsverfahrens. Er kann aber im selben Umfang wie im Verständigungsverfahren selber oder durch seine Vertreter schriftliche Stellungnahmen abgeben. Tz. 11 der Musteranwendungsvereinbarung lässt darüber hinaus auch einen mündlichen Vortrag vor dem Schiedsgericht zu, wenn die Schiedsrichter zustimmen.

Anderweitige Einigung: Bis zur Bekanntgabe des Schiedsspruchs haben die 229 Vertragsstaaten die Möglichkeit, sich anderweitig zu einigen. Der Gegenstand des

Schiedsverfahrens gilt dann als gelöst, so dass kein Schiedsspruch mehr ergehen darf (vgl. Tz. 20 der Musteranwendungsvereinbarung und MA-Komm., Anhang zu Art. 25, Ziff. 43).

230 **cc) Schiedsspruch:** Das Schiedsgericht fällt seine Entscheidung auf der Basis des Rechts (ebenso zum Verständigungsverfahren bereits Rz. 72 ff.; zum *DBA Großbritannien 2010* BMF, Schiedsverfahren GB, Tz. 1; zur Bedeutung von OECD-Dokumenten bei der Entscheidung s. Grundl. Rz. 123 ff.). Es trifft **keine Billigkeitsentscheidung**. Grundlage der Entscheidung ist das Abkommen, das im Lichte der für das Abkommen maßgeblichen Auslegungsregeln (s. Grundl. Rz. 95 ff.) anzuwenden ist (s. aber den Vorschlag von *Ismer*, in Rust, Double Taxation, S. 211 (220 ff.) für ein EU-internes Schiedsverfahren, wonach auch Billigkeitserwägungen möglich sein sollen). Daneben kann es bisweilen auf die Auslegung (das Verständnis) des nationalen Rechts eines Vertragsstaates ankommen. Unter dieser Voraussetzung kann es sich empfehlen, diese Streitfrage von einem Schiedsrichter klären zu lassen, der ein Experte auf diesem Gebiet ist. Schließlich kann bisweilen auch die Auslegung einer bestimmten zusätzlichen Vereinbarung, etwa einer Verständigungsvereinbarung, maßgeblich sein. In einem solchen Fall sollten die *Terms of Reference* bereits auf die zusätzliche Vereinbarung Bezug nehmen. Vgl. zum Ganzen auch Tz. 14 der Musteranwendungsvereinbarung und MA-Komm., Anhang zu Art. 25, Ziff. 33 ff.

231 Bezüglich der **Entscheidungsspielräume des Schiedsgerichts** können zwei Formen unterschieden werden (dazu näher MA-Komm., Anhang zu Art. 25, Ziff. 3 f.), nämlich zum einen der so genannte Ansatz einer unabhängigen Rechtsauffassung **(independent opinion approach)** und zum anderen der Ansatz des letzten Angebots **(final offer approach).** Bei ersterem trifft das Schiedsgericht diejenige Entscheidung über den Streitgegenstand, die es für rechtlich richtig hält. Beim zweiten Ansatz, dem auch das *DBA USA 1989/2006* folgt (dazu Rz. 261 ff.), hingegen hat es lediglich die Wahl zwischen den letzten Angeboten der zuständigen Behörden. Das Schiedsgericht wählt dann allein unter den beiden Angeboten die nach seiner Auffassung richtigere Entscheidung aus. Korrekturen am richtigeren Angebot darf das Schiedsgericht nicht vornehmen. Die Musteranwendungsvereinbarung folgt, wie dies der MA-Komm. im Anhang zu Art. 25, Ziff. 4 ausdrücklich herausstellt, im Wesentlichen dem Ansatz der unabhängigen Rechtsauffassung. Lediglich im beschleunigten Verfahren nach Tz. 6 der Musteranwendungsvereinbarung und MA-Komm., Anhang zu Art. 25, Ziff. 12 f. findet der Ansatz des letzten Angebots Anwendung.

232 Der Schiedsspruch wird nach Tz. 15 der Musteranwendungsvereinbarung durch **Mehrheitsentscheidung** der Schiedsrichter getroffen (so auch BMF, Schiedsverfahren GB, Tz. 15). Er ergeht in schriftlicher **Form**. Er ist zu begründen. Die **Begründung** hat die entscheidungserheblichen Rechtsgrundlagen anzuführen. Sie dient der Akzeptanz des Ergebnisses durch alle am Verfahren Beteiligten (so auch MA-Komm., Anhang zu Art. 25, Ziff. 36). Stimmen die zuständigen Behörden beider Vertragsstaaten und der Antragssteller zu, kann der Schiedsspruch in anonymisierter Form **veröffentlicht** werden. Die Veröffentlichung vergrößert die Transparenz des Verfahrens und kann durch faktische Präzedenzwirkung dazu beitragen, zukünftige Streitigkeiten zu vermeiden (so zu Recht MA-Komm., Anhang zu Art. 25, Ziff. 39 f.; ferner BMF, Schiedsverfahren GB, Tz. 15 mit dem Hinweis, dass formal keine Präzedenzwirkung besteht).

233 Der Schiedsspruch hat innerhalb von 6 Monaten nach Bestätigung durch den Vorsitzenden des Schiedsgerichts, dass das Schiedsgericht über alle erforderlichen Informationen verfügt, zu ergehen. Ergeht der Schiedsspruch nicht fristgerecht, können sich die zuständigen Behörden darauf einigen, die Frist nach Tz. 17 der Musteranwendungsvereinbarung um bis zu sechs Monate zu verlängern. Erzielen

sie keine Einigung oder verstreicht auch die verlängerte Frist, ohne dass ein Schiedsspruch ergeht, beginnt das Schiedsverfahren mit einer nochmaligen Ernennung von (neuen) Schiedsrichtern durch die zuständigen Behörden.

dd) Kosten: Nach Tz. 13 der Musteranwendungsvereinbarung (dazu näher MA-Komm., Anhang zu Art. 25, Ziff. 26ff.) tragen die Vertragsstaaten und der Antragsteller jeweils die Kosten, die ihnen aus der Teilnahme am Schiedsverfahren entstehen. Dies entspricht der Rechtslage bei den Verständigungsverfahren (Rz. 118). Die Vergütung für den vom jeweiligen Vertragsstaat ernannten Schiedsrichter trägt dieser Vertragsstaat. Die Kosten für das Zusammentreten des Schiedsgerichts einschließlich des zugehörigen Verwaltungspersonals trägt der Vertragsstaat, bei dem der ursprüngliche Antrag auf Einleitung eines Verständigungsverfahrens eingereicht wurde. Die übrigen Kosten, insbesondere die Vergütung des Vorsitzenden des Schiedsgerichts, die Kosten für Übersetzungen und für die Protokollierung des Verfahrens teilen sich die Vertragsstaaten hälftig. MA-Komm., Anhang zu Art. 25, Ziff. 7 bekräftigt den Grundsatz, dass der Steuerpflichtige, anders etwa als im Rahmen der Advance Pricing Agreements (dazu Rz. 315ff., 343), die Kosten der Vertragsstaaten nicht tragen muss. **234**

ee) Anfechtung des Schiedsspruchs: Der Schiedsspruch ist grundsätzlich endgültig, wenn sich die Vertragsstaaten nicht die Befugnis einer abweichenden Einigung vorbehalten haben. Er kann allerdings vor nationalen Gerichten jedes der beiden Vertragsstaaten wegen einer Verletzung des Abs. 5 oder der Terms of Reference für nicht vollstreckbar erklärt werden (Tz. 18 der Musteranwendungsvereinbarung; so auch BMF, Schiedsverfahren GB, Tz. 18). Eine solche Entscheidung könnte in Deutschland zumeist im Rahmen einer Verpflichtungsklage gemäß § 40 Abs. 1 FGO ergehen, mit der der betroffene Steuerpflichtige die Finanzbehörde zur Umsetzung des Schiedsspruchs verpflichten will. **235**

ff) Wirkung des Schiedsspruchs: Der Schiedsspruch entfaltet Wirkung allein in Bezug auf den jeweils dem Verständigungsverfahren zugrunde liegenden Einzelfall. Zweifelhaft erscheint allerdings die Verbindlichkeit des Schiedsspruches, wenn sich die Behörden nach Ergehen eines Schiedsspruches anderweitig einigen. Das europäische Schiedsübereinkommen sieht diese Möglichkeit explizit vor (dazu Rz. 304). Der MA-Komm. geht offensichtlich davon aus, dass eine solche Möglichkeit nicht besteht, wenn sie nicht explizit in das Abkommen aufgenommen wird. Er schlägt dazu in Ziff. 84 eine Formulierung vor. Nach dem UN-Muster ist eine solche Einigung innerhalb von sechs Monaten dagegen möglich (Ziff. 18 a.E. UN-MA-Komm. zu Art. 25). **236**

h) Durchführung des Schiedsspruchs: Der Schiedsspruch bedarf der Durchführung bzw. Umsetzung im innerstaatlichen Recht. Tz. 19 der Musteranwendungsvereinbarung löst dieses Problem durch Zurückführen auf ein bekanntes Problem: Er verpflichtet die Staaten dazu, innerhalb von 6 Monaten nach Erlass des Schiedsspruchs eine inhaltsgleiche Verständigungsvereinbarung abzuschließen, die dann ihrerseits im innerstaatlichen Recht durchzuführen ist (s. Rz. 100ff.; ferner BMF, Schiedsverfahren GB, Tz. 19). Führt ein Vertragsstaat den Schiedsspruch nicht durch, so besteuert er abkommenswidrig. Dem betroffenen Steuerpflichtigen steht dann der Rechtsweg zu den nationalen Gerichten oder aber ein erneutes Verständigungsverfahren offen (so auch MA-Komm., Anhang zu Art. 25, Ziff. 42). In diesem Verfahren kann dann letztlich nur noch auf die Einhaltung der Verpflichtung zur Durchführung des Schiedsspruchs hingewirkt werden. **237**

i) Sonderprobleme: **238**

aa) Verfassungsmäßigkeit einer Schiedsklausel: In manchen Staaten können verfassungsrechtliche Probleme im Hinblick auf obligatorische Schiedsklauseln bestehen. Eine Schiedsklausel sollte daher nur von und mit Staaten vereinbart werden, bei denen solche Bedenken nicht bestehen (vgl. auch MA-Komm. Ziff. 65). Für Deutschland sind derartige Probleme allerdings nicht anzunehmen, da der Zugang zum Schiedsverfahren nicht von einem vorherigen Rechtsmittelverzicht abhängig gemacht wird (zur Problematik umfassend *Ismer,* BIFD 2003, 18; aus südamerikanischer Sicht *Cruz*, TNI August 2008, 533). Zudem ist zu bedenken, dass die Überantwortung des Entscheidungsrechts der im Verständigungsverfahren streitig bleibenden Fragen an ein Schiedsgericht eine erhebliche Beschränkung der **Souveränität** bedeuten kann.

239 **bb) Schiedsklausel in Verständigungsvereinbarungen:** Nach Ziff. 69 MA-Komm. soll es auch möglich sein, statt der formellen Aufnahme einer Abs. 5 entsprechenden Regelung eine Schiedsklausel durch eine Verständigungsvereinbarung zu vereinbaren. Eine solche Schiedsklausel soll nur solange gültig sein, wie die zuständigen Behörden über ein solches Verfahren einig sind. Damit liegt hier trotz des Abs. 5 entsprechenden Wortlautes in Wahrheit kein obligatorisches Schiedsverfahren vor, sondern nur ein fakultatives. Dieser Klausel ist daher auch kein subjektives Recht des Antragstellers auf Einleitung eines Schiedsverfahrens zu entnehmen. Allerdings erscheint nicht ganz zweifelsfrei, ob die zuständige Behörde in Deutschland derartige Verständigungsvereinbarungen abschließen darf. Dies wird insbesondere dann problematisch, wenn man wie hier (Rz. 72 ff.) auch im Verständigungsverfahren eine strenge Bindung der zuständigen Behörde an das Recht annimmt. Allerdings kann derartigen Bedenken letztlich in den Terms of Reference (dazu Rz. 223) durch Vereinbarung klarer Vorgaben für das Recht als Entscheidungsmaßstab Rechnung getragen werden. Damit ist letztlich von der Zulässigkeit einer solchen Verständigungsvereinbarung auszugehen.

II. Deutsche DBA

1. Abkommensübersicht

250

DBA	Artikel	Schiedsklausel	EU-Schiedsübereinkommen	Rz.
Belgien	–	–	+	
Bulgarien 2010	–	–	+	
Dänemark	–	–	+	390
Estland	–	–	+	
Finnland	–	–	+	
Frankreich	Art. 25 A	fakultativ	+	201 ff.; 266
Griechenland	–	–	+	
Großbritannien 1964/70	–	–	+	
Großbritannien 2010	26 Abs. 5	obligatorisch	+	
Irland 2011	–	–	+	
Italien 1962	–	–	+	
Jersey 2008	9 Abs. 5	fakultativ	-	273
Kanada	Art. 25 Abs. 6	fakultativ	-	201 ff.; 269
Lettland	–	–	+	
Liechtenstein 2011	25 Abs. 5 ff.	obligatorisch	-	261; 271 f.
Litauen	–	–	+	
Luxemburg 2012	24 Abs. 5	obligatorisch	+	274
Malta	–	–	+	
Niederlande 1959/2004	–	–	+	

DBA	Artikel	Schiedsklausel	EU-Schiedsübereinkommen	Rz.
Niederlande 2012 (E)	25 Abs. 5	obligatorisch	+	274
Österreich	Art. 25 Abs. 5	obligatorisch	+	201 ff.; 268
Polen	–	–	+	
Portugal	–	–	+	
Rumänien	–	–	Nach Ratifikation anwendbar	
Schweden	Art. 41 Abs. 5	Europäische Konvention zur friedl. Beilegung von Streitigkeiten; alternativ Schiedsverfahren	+	201 ff.; 267; 390
Schweiz	26 Abs. 5 ff.	obligatorisch	–	261; 271 f.
Slowakei	–	–	+	
Slowenien	–	–	+	
Spanien 2011	–	–	+	
Tschechien 1997 (E)	–	–	+	
Ungarn	–	–	+	
USA 1989/2006	Art. 25 Abs. 5, 6	obligatorisch		201 ff.; 261 ff.
Zypern 2011	–	–	+	

2. Erläuterungen

Schiedsklauseln enthalten – neben dem im Verhältnis zu den EU-Mitgliedsstaaten anwendbaren europäischen Schiedsübereinkommen (s. Rz. 300 ff.) – die folgenden deutschen DBA (zu Schiedsklauseln in deutschen DBA *Bödefeld/Kuntschik*, IStR 2009, 449 (452 f.): **259**

a) Das *DBA USA 1989,* Art. 25 Abs. 5, sieht die Fortsetzung eines gescheiterten Konsultationsverfahrens durch ein fakultatives Schiedsverfahren auf der Grundlage international anerkannter Grundsätze des Schiedsverfahrens vor (vgl. *Cole,* JTax 1991, 381). Zu Einzelheiten s. 5. Auflage Rz. 260. **260**

Im *DBA USA 1989/2006* wurde das vorherige fakultative Schiedsverfahren zum Teil durch ein (im Wesentlichen) obligatorisches Schiedsverfahren ersetzt (dazu etwa BMF, Schiedsverfahren USA; *Bahns/Schoenfeld*, ET 2009, 343; *Dehnen/Rudelman*, BIT 2009, 137; *Harrington,* TNI September 2010, 753; *Puls/Nientimp,* RIW 2006, 673; *Sharon/McCutchen,* TMIJ 2012, 91; *Schönfeld*, Ubg 2008, 544). Dieses kann möglicherweise wegweisend für die weitere Ausgestaltung von obligatorischen Schiedsverfahren in DBA sein (s. z. B. die offensichtliche Vorbildfunktion für die Schiedsklauseln in den *DBA Schweiz* und *Liechtenstein 2011*; s. Rz. 271 f.). Nach der Regelung in Art. 25 Abs. 5 lit. b) aa) A) *DBA USA 1989/2006,* die durch die Vorschriften in Ziffer 22 des Protokolls ergänzt wird, findet ein Schiedsverfahren bei Nichteinigung in Verständigungsverfahren zu den folgenden Problembereichen statt: Art. 4 *DBA USA 1989/2006* (Ansässigkeit einer natürlichen Person), Art. 5 *DBA USA 1989/2006* (Vorliegen einer Betriebstätte), Art. 7 *DBA USA 1989/2006* (Gewerbliche Gewinne), Art. 9 *DBA USA 1989/2006* (Verbundene Unternehmen) und Art. 12 *DBA USA 1989/2006* (Lizenzgebühren). **261**

Art. 25 Abs. 5b) aa) B) *DBA USA 1989/2006* enthält allerdings – in Übereinstimmung mit der deutschen Verhandlungsgrundlage für DBA – eine Ausnahme **262** von einem obligatorischen Schiedsverfahren, wenn sich die Vertragsstaaten einig sind, dass sich der konkrete Sachverhalt nicht für ein Schiedsverfahren eignet. Diese Formulierung wirft in Bezug auf den Rechtsschutz des betroffenen Steuerpflichtigen Probleme auf: wenn es überhaupt einen Rechtsschutz geben sollte, dürfte **nur ein vorbeugender Rechtsschutz**, also ein Rechtsschutz vor Mitteilung des Einigseins an den anderen Vertragsstaat, in Betracht kommen. Dieser dürfte aber bei einem Anspruch auf ermessensfehlerfreie Entscheidung selten zum Zuge kommen. Hält man hingegen den Begriff der „Eignung" für einen unbestimmten Rechtsbegriff, wäre die Entscheidung der Behörde (vorbeugend) gerichtlich überprüfbar, es sei denn, dass der Behörde ein Beurteilungsspielraum eingeräumt wäre.

263 Weitere Voraussetzungen für die Einleitung sowohl eines obligatorischen als auch eines fakultativen Schiedsverfahrens ist, dass über **24 Monate hinweg ein Verständigungsverfahren erfolglos** betrieben worden ist (zu den Einzelheiten der Fristberechnung s. Art. 25 Abs. 6 lit. b und c) sowie die **Zustimmung der betroffenen Personen** (Art. 25 Abs. 5 lit. c i. V. m. Abs. 6 lit. d *DBA USA 1989/2006*). Letzteres schließt die Pflicht der betroffenen Personen und ihre Vertreter ein, eine **Verschwiegenheitserklärung** abzugeben. Welche Sanktion an einen Verstoß gegen diese Verpflichtung geknüpft wird, ist nicht festgelegt.

264 Bei dem Schiedsverfahren nach dem *DBA USA 1989/2006* handelt es sich um die **Fortsetzung des Verständigungsverfahrens**. Folglich können sich die beiden Staaten während des Verfahrens anderweitig einigen (Prot. Ziff. 22c) *DBA USA 1989/2006*); eine einseitige Beendigung des Verfahrens durch eine zuständige Behörde soll jedoch grundsätzlich nicht möglich sein (vgl. BMF, Schiedsverfahren USA, Anlage 1, 2. c)). Bei dem Verständigungsverfahren soll es sich auch um Verständigungsverfahren zum Abschluss eines APA handeln können (vgl. BMF, Schiedsverfahren USA, Anlage 1, 2. b)). Schließlich kann der Steuerpflichtige seine Zustimmung zur Einleitung jederzeit zurückziehen (Prot. Nr. 22c)).

265 Die Schiedsstelle erreicht ihre **Entscheidung** auf der Grundlage eines sog. „Baseball-Approach" (vgl. dazu *Puls/Nientimp,* RIW 2006, 673 (676) m. w. N.), also eines Anwendungsfalles des *final offer approach* (dazu Rz. 231). Zunächst geben die Staaten Positionspapiere mit Lösungsvorschlägen ab. Die Schiedsstelle übernimmt einen der Lösungsvorschläge der Vertragsstaaten als ihre Entscheidung. Gibt nur ein Vertragsstaat einen Lösungsvorschlag ab, wird dieser automatisch übernommen. Unterbreiten beide Vertragsstaaten einen solchen Vorschlag, wählen die Schiedsrichter den Vorschlag, der näher an dem von ihnen für richtig gehaltenen Ergebnis liegt (Prot. Nr. 22 lit. h) S. 2). Die Entscheidung der Schiedsrichter erfolgt auf der Basis des Rechts, vgl. Prot. Nr. 22 lit. i). Sie ist nicht zu begründen; ihr kommt auch – wie ausdrücklich klargestellt wird – keine Präjudizwirkung zu (Prot. Nr. 22 lit. j) S. 2 und 3).

266 **b)** Auch das *DBA Frankreich,* Art. 25 A, sieht für alle in Art. 25 geregelten Verfahren die Entscheidung einer Schiedskommission vor, falls sich die zuständigen Behörden nicht innerhalb von 24 Monaten nach Einleitung des Verständigungsverfahrens einigen können. Dieses Schiedsverfahren ist fakultativ.

267 **c)** Für den Fall, dass die Vertragsstaaten im Verständigungsverfahren keine Einigung erzielen, sieht, Art. 41 Abs. 5 des *DBA Schweden* (vgl. *Guttentag/Misback,* BIFD 1986, 350 ff.; *Mutén,* TNI September 1992, 531 (534 f.) die Anwendung des **Europäischen Übereinkommens zur friedlichen Beilegung von Streitigkeiten** vor (BGBl. II 1961, 81). Danach fällt dem Internationalen Gerichtshof die Entscheidungskompetenz in Rechtsstreitigkeiten über die Anwendbarkeit des DBA zu. Die Vertragsstaaten (also offenbar nicht deren für das Verständigungsverfahren zuständige Behörden) können jedoch stattdessen vereinbaren, ein Schiedsgericht anzurufen, dessen Entscheidung für sie bindend ist. Dieses Schiedsgericht soll aus

Berufsrichtern der Vertragsstaaten oder dritter Staaten oder internationaler Organisationen bestehen, wobei sich sein Verfahren nach den für Schiedsverfahren international anerkannten Grundsätzen richtet; eine Entscheidung *ex aequo et bono* ist in diesem Zusammenhang jedoch ausdrücklich nicht zugelassen. Art. 41 Abs. 5 bestimmt für das Schiedsverfahren, dass den Beteiligten volles rechtliches Gehör und das Recht zur Stellung eigener Anträge zu gewähren ist. Dieses Recht muss auch dem Steuerpflichtigen gewährt werden, der aber formal keine Partei des Schiedsverfahrens ist. Auch eine der deutschen Beiladung entsprechende Beteiligtenstellung wird man abzulehnen haben, da dem Steuerpflichtigen nicht notwendig das Recht zur ständigen Anwesenheit im Schiedsverfahren zusteht. Aus Art. 41 Abs. 4 lässt sich aber schließen, dass rechtliches Gehör und die Möglichkeit zur Stellung eigener Anträge dem Betroffenen bereits im Verständigungsverfahren zu gewähren sind. Dass mit dem Übergang in das Schiedsverfahren eine Verschlechterung der Verfahrensrechte des Steuerpflichtigen gewollt wäre, ist nicht anzunehmen.

d) Das *DBA Österreich* enthält in Art. 25 Abs. 5 eine obligatorische Schiedsklausel, von der bislang – soweit ersichtlich – kein Gebrauch gemacht wurde (s. *M. Lang,* Intertax 2014, 168 (170)). Sie entspricht dem österreichischen Musterentwurf, der den **EuGH als Schiedsgericht** bestimmt. Diese Vereinbarung ist mit Blick auf Art. 273 AEUV (ex 239 bzw. 182 EG) zulässig (dazu ausführlich *Züger,* SWI 1999, 21; *ders.,* ET 2001, 19). Die Klausel sieht ein Schiedsverfahren vor, wenn das Verständigungsverfahren nicht innerhalb einer Frist von drei Jahren seit Einleitung zum Erfolg geführt hat. Bei einem Verständigungsverfahren i. e. S. hat der Steuerpflichtige ein Antragsrecht. Der EuGH wird als Unionsorgan tätig. Das Verfahrensrecht und die Zusammensetzung bestimmen sich daher nach der Satzung und der Verfahrensordnung des EuGH. Eine Abweichung durch Vereinbarung der Vertragsstaaten ist nicht zulässig. Verfahrensgegenstand ist der Streit zwischen den Vertragsstaaten über die Auslegung und Anwendung des DBA. Der Steuerpflichtige ist nicht Partei des Verfahrens, kann aber vom EuGH als Zeuge gehört werden. Anwendbares Recht ist das DBA, das der EuGH nach den im Abkommen bestimmten Regeln auslegt (vgl. Grundl. Rz. 96ff.). Im Falle einer Streitigkeit über Verrechnungspreise sind das EU-Schiedsübereinkommen und das Schiedsverfahren nach DBA grundsätzlich nebeneinander anwendbar (*Jirousek,* ÖStZ 1999, 219). Nach den Grundsätzen des Verfahrenshindernisses der anderweitigen Rechtshängigkeit kommt dem zuerst eingeleiteten Verfahren Vorrang zu. Daher wird regelmäßig ein Schiedsverfahren nach dem EU-Schiedsübereinkommen durchgeführt, weil dies bereits nach erfolglosem Verständigungsverfahren von zwei Jahren Dauer eingeleitet wird (a. A. *Züger,* ET 2000, 104 f.: Vorrang der DBA-Klausel wegen Art. 15 des Übereinkommens). 268

e) Ferner ist im *DBA Kanada* eine fakultative Schiedsklausel enthalten. Art. 25 Abs. 6 bestimmt, dass ein Schiedsverfahren bei Schwierigkeiten und Zweifeln über die Auslegung oder Anwendung des Abkommens durchgeführt werden kann, wenn die Behörden nicht in Anwendung der Absätze 1 bis 3 (entsprechend dem MA) zu einem Ergebnis kommen. 269

f) Eine obligatorische Schiedsklausel enthält Art. 26 Abs. 5 *DBA Großbritannien 2010.* Die Regelung entspricht inhaltlich Art. 25 Abs. 5 OECD-MA (s. Rz. 200 ff.). Die mitunter unterschiedliche Terminologie (z. B. „offene Fragen" anstelle „ungelöste Fragen") oder unterschiedliche Formulierung ändert daran nichts. Zu Einzelheiten s. BMF, Schiedsverfahren GB. 270

g) Mit dem Änderungsprotokoll v. 27.10.2010 wurde Art. 26 *DBA Schweiz 1971/2010* um die Absätze 5, 6 und 7 ergänzt, die eine obligatorische Schiedsklausel enthalten. Die Regelung ist der Regelung in Art. 25 Abs. 5 und 6 *DBA* 271

USA 1989/2006 (s. Rz. 260 ff.) und Art. 25 Abs. 5, 6 und 7 *DBA Liechtenstein* (s. Rz. 272) sehr ähnlich. Anders als die Regelung im *DBA USA 1989/2006* ist das Schiedsverfahren im *DBA Schweiz 1971/2010* nicht auf bestimmte Rechtsfragen beschränkt; vielmehr können alle Rechtsfragen Gegenstand eines Schiedsverfahrens sein, es sei denn, die Vertragsstaaten einigen sich vor dem Beginn des Schiedsverfahrens darauf, dass ein Fall nicht für ein Schiedsverfahren geeignet ist (Art. 26 Abs. 5 lit. b *DBA Schweiz 1971/2010*; insoweit übereinstimmend mit Art. 24 Abs. 5 S. 1 Buchst. e der deutschen Verhandlungsgrundlage für DBA). Auch kann das Schiedsverfahren – anders als nach der Regelung im *DBA USA 1989/2006* und im MA – nicht schon nach zwei Jahren beginnen, sondern erst nach drei Jahren (Art. 26 Abs. 6 lit. c aa *DBA Schweiz 1971/2010*). Es soll – ähnlich wie im Rahmen des *DBA USA 1989/2006* (s. Rz. 265) – der sog. *Baseball-Approach* zur Anwendung kommen (BR-Drs. 257/11, 13; *Kubaile*, Schweizer Treuhänder 2011, 85 (86); *ders.*, PIStB 2010, 317 (319 f.)). Nach Abs. 7 regeln die zuständigen Behörden die Einzelheiten des Schiedsverfahrens durch Verständigungsvereinbarung (zum Regelungsauftrag im Zusammenhang mit dem *DBA USA 1989/2006* s. Prot. Nr. 22 lit. q, der in das BMF, Schiedsverfahren USA mündete). Ein Schiedsverfahren nach dem *DBA Schweiz 1971/2010* kann nicht nur im Falle der Einreichung einer Steuererklärung in einem Vertragsstaat durchgeführt werden (so *DBA USA 1989/2006*, Art. 25 Buchst. a bzw. *DBA Liechtenstein 2011*, Art. 25 Buchst. a), sondern auch im Falle eines Steuerabzugs (aus deutscher Sicht etwa nach den §§ 38 ff., 43 ff., 50a EStG).

272 **h)** Das *DBA Liechtenstein 2011* enthält in den Art. 25 Abs. 5, 6 und 7 eine obligatorische Schiedsklausel, die fast wörtlich mit der Schiedsklausel im *DBA Schweiz* übereinstimmt und damit – unter Beachtung der Abweichungen – der Regelung im *DBA USA 1989/2006* sehr ähnlich ist. Die Ausführungen zum *DBA Schweiz* (Rz. 271) gelten deshalb entsprechend. Eine Besonderheit des *DBA Liechtenstein 2011* besteht allerdings darin, dass die Vertragsstaaten nicht nur im Falle der Ablehnung der Entscheidung durch den Steuerpflichtigen nicht an diese gebunden sind, sondern – insoweit abweichend von der deutschen Verhandlungsgrundlage für DBA – auch, wenn die zuständigen Behörden innerhalb von drei Monaten seit der Entscheidung des Schiedsgerichts eine abweichende Vereinbarung erzielen (Art. 25 Abs. 6 Buchst. e). Weder das *DBA Schweiz* noch das *DBA USA 1989/2006* noch das MA sehen die Möglichkeit zu einer vorrangigen Einigung durch die zuständigen Behörden nach der Entscheidung durch das Schiedsgericht vor. Jedoch soll es möglich sein, eine solche Regelung in das DBA aufzunehmen (s. Rz. 236 mit Hinweis auf den MK; eine Einigung vor dem Schiedsspruch ist ohne weiteres möglich; s. Rz. 229).

273 **i)** Nach Art. 9 Abs. 5 des (punktuellen) *DBA Jersey 2008* können sich die Vertragsstaaten auf „andere Formen der Streitbeilegung" einigen. Die Regelung schließt ausdrücklich Schiedsverfahren als andere Form der Streitbeilegung ein. Eine Verpflichtung zur Schaffung eines Schiedsverfahrens geht damit nicht einher. Die Einigung auf ein Schiedsverfahren erfolgt durch eine Verständigungsvereinbarung, für die nicht auf die allgemeine Rechtsgrundlage für Verständigungsvereinbarungen in Art. 9 Abs. 6 (s. Rz. 138) zurückgegriffen werden muss. Eine Verständigungsvereinbarung nach Art. 9 Abs. 5 darf nicht weiter gehen als eine Verständigungsvereinbarung nach Abs. 6 (zu den Grenzen s. Rz. 138).

274 **j)** Die *DBA Luxemburg 2012* und *Niederlande 2012 (E)* enthalten in Art. 24 Abs. 5 und Art. 25 Abs. 5 jeweils eine dem MA entsprechende obligatorische Schiedsklausel. Für das *DBA Luxemburg 2012* wurde mit Abschluss des DBA am 12.4.2013 gleichzeitig die Verständigungsvereinbarung zur Durchführung des Schiedsverfahrens abgeschlossen (abrufbar unter www.bundesfinanzministerium.de).

G. Weiterentwicklungen des Verständigungsverfahrens und konkurrierende Verfahren

I. Allgemeines

Die zahlreichen Schwächen des Verständigungsverfahrens (Rz. 200) haben nicht nur zur Aufnahme des Art. 25 Abs. 5 in das MA geführt (Rz. 199 ff.). Vielmehr gibt es zusätzliche Ansätze zur Weiterentwicklung des Verständigungsverfahrens sowie weitere konkurrierende Verfahren. Die wichtigsten werden nachfolgend im Überblick dargestellt: Das europäische Schiedsübereinkommen (Rz. 300 ff.), die Advance Pricing Agreements (Rz. 316 ff.), Streitbeilegungsverfahren nach Welthandelsrecht und Investitionsschutzverträgen (Rz. 355 ff.) sowie weitere Verfahren (Rz. 359). **299**

1. EU-Schiedsübereinkommen

Literatur: *Adonnino,* ET 2003, 403; *Ault,* in FS Lodin, S. 55; *K. Becker,* DStJG 36 (2013), S. 167 (186 ff.); *Bödefeld/Kuntschik,* IStR 2009, 268; *dies.,* IStR 2010, 474; *Baßler,* S. 291 ff.; *Carclis,* Intertax 2013, 308; *Gangemi,* in FS Rödler, S. 255; *Graf,* SteuerStud 2005, 98; *De Hert,* ITPJ 2005, 51; *Heyvaert,* TNI December 1997, 1859 ff.; *Hinnekens,* EC Tax Rev. 1998, 247; *ders.,* ET 1998, 447; *ders.,* BTR 1996, 132; *ders.,* EC Tax Rev. 1992, 70; *Huibregtse/Offermanns,* ITPJ 2004, 76; *Jirousek,* ÖStZ 1999, 218; *Krabbe,* IStR 1996, 5; *ders.,* RIW 1982, 269; *Lang,* TNI S. 229 ff.; *Menck,* StBp 1994, 169; *Morelli,* La Convenzione Europea 90/436 relativa all'eliminazione delle doppie imposizioni in caso di rettifica di prezzi di trasferimento tra imprese associate, Il Diritto Tributario Europeo (2001); *Plansky,* S. 199; *Rousselle,* ET 2005, 14; *Saß,* DB 1991, 984; *Schelpe,* EC Tax Rev. 1995, 68; *Vögele/Forster,* IStR 2006, 537; *Züger,* ET 2000, 101. **299a**

Verwaltungsanweisungen: BMF, Verständigungsverfahren, insbes. Tz. 9.

Das (europäische) EU-**Schiedsübereinkommen** (ABl. Nr. L/225 v. 20.8.1990, S. 10) wurde als völkerrechtlicher Vertrag zwischen den Mitgliedstaaten auf Grundlage von Art. 293 (ex 220) EG geschlossen (zur Rechtsgrundlage s. *Schelpe,* EC Tax Rev. 1995, 70 f.; *Lehner,* EC Law, 3 ff.; *Hinnekens,* EC Tax Rev. 1998, 247; 1995, 202 (221 f.); *Tillinghast,* BIFD 2002, 90; umfassend *Morelli,* La Convenzione; jeweils m. w. N.). Die rechtliche Qualität des EU-Schiedsübereinkommens ist die eines multilateralen völkerrechtlichen Abkommens, dem nicht die Höherrangigkeit des Unionsrechts zukommt (a. A. *Hinnekens,* EC Tax Rev. 1998, 249). Die ersatzlose Streichung des Art. 293 EG (s. Rz. 6) entzieht dem EU-Schiedsübereinkommen nicht die Rechtsgrundlage und steht künftigen Änderungen/Ergänzungen/Erweiterungen nicht entgegen, da die Mitgliedstaaten ohne gesonderte Rechtsgrundlage kraft ihrer Steuersouveränität (bi-/multilaterale) Doppelbesteuerungsabkommen abschließen dürfen (*Dürrschmidt,* NJW 2010, 2086 (2089); *Hinnekens,* EC Tax Rev. 2010, 109 (115 f.); *Plansky,* S. 199 (203)). Die Laufzeit des Schiedsübereinkommens war zunächst auf fünf Jahre befristet und daher ursprünglich nur vom 1.1.1995 bis 31.12.1999 in Kraft. Der Beitritt der Staaten Finnland, Österreich und Schweden zum Schiedsübereinkommen mit Beitrittsabkommen v. 21.12.1995 (ABl. Nr. C 26 v. 31.1.1996, S. 1) bedurfte der Ratifikation durch alle Vertragsstaaten. Daraus ergab sich zunächst ein Schwebezustand, der jedoch von den Vertragsstaaten pragmatisch gehandhabt wurde. So leitete etwa Deutschland ein Schiedsverfahren auch dann ein, wenn der andere Vertragsstaat die Verlängerung des Schiedsübereinkommens schon ratifiziert hatte (vgl. *Graf,* SteuerStud 2005, 98 (99)). Zwischenzeitlich wurde das EU-Schiedsübereinkommen rückwirkend zum 1.1.2000 wieder in Kraft gesetzt und die (ursprünglich vorgesehene) **300**

Befristung auf fünf Jahre beseitigt (s. *Eicker/Stockburger,* IWB F. 11, Gr. 2 S. 661). Das Abkommen wird seitdem nach dessen Art. 20 nach Ablauf von fünf Jahren automatisch um weitere fünf Jahre verlängert, sofern nicht ein Vertragsstaat spätestens sechs Monate vor Ablauf des Fünfjahreszeitraums schriftlich Einspruch einlegt. Der Beitritt zum Schiedsübereinkommen der zehn zum 1. Mai 2004 der EU beigetretenen Mitgliedsstaaten wurde ebenfalls in einem gesonderten Abkommen vereinbart (ABl. Nr. 2005/C 160/01 v. 30. Juni 2005), das wiederum durch alle Vertragsstaaten ratifiziert werden musste. Am 12.10.2009 erfolgte die letzte Ratifikation durch Italien, so dass das Beitrittsabkommen am 1.1.2010 in Kraft trat (Art. 5 des Beitrittsabkommens). Das Schiedsübereinkommen gilt auch im Verhältnis zu den zum 1.1.2007 beigetretenen Staaten Bulgarien und Rumänien. Der Beitritt zum Schiedsübereinkommen wurde in diesem Fall bereits im Abkommen über den Beitritt zur EU erklärt (Art. 3 Abs. 3 des Protokolls über die Beitrittsbedingungen i. V. m. Anhang I Ziff. 2; ABl. EU Nr. L 157 v. 21.6.2005, S. 29). Der Rat wurde ermächtigt, durch einstimmigen Beschluss insbesondere das Datum des Inkrafttretens zu bestimmen. Mit Beschluss v. 23.6.2008 wurde der 1.7.2008 als Datum des Inkrafttretens festgelegt (ABl. EU Nr. L 174 v. 3.7.2008, S. 1). Dasselbe Verfahren gilt für das zum 1.7.2013 beigetretene Kroatien (s. Art. 3 Abs. 4 der Beitrittsakte i. V. m. Anhang I Ziff. 1, ABl. Nr. L 112 v. 24.4.2012, S. 10). Der entsprechende Ratsbeschluss steht noch aus. Das Abkommen gilt nach dem gegenwärtigen Stand jedenfalls bis zum 31.12.2014 zwischen allen Mitgliedstaaten (mit der vorübergehenden Ausnahme von Kroatien), da bis zum 30.6.2009 von keinem Vertragsstaat Einspruch nach Art. 20 des Abkommens eingelegt wurde.

301 a) **Grundzüge:** Das Abkommen kann seiner Struktur nach als ein obligatorisches Schiedsverfahren mit vorangehendem Verständigungsverfahren charakterisiert werden (s. zum Ablauf des Verfahrens GKG/*Menck,* Anh. zu Art. 25 OECD-MA; ferner *Bödefeld/Kuntschik,* IStR 2009, 268). Eine Zuständigkeit des Europäischen Gerichtshofes, die wünschenswert wäre und über Art. 272, 273 AEUV (ex 238, 239 bzw. 181, 182 EG) vereinbart werden könnte (dafür auch *Schelpe,* EC Tax Rev. 1995, 76; *Vögele/Forster,* IStR 2006, 537 (539)), besteht aber grundsätzlich nicht. Zur Präzisierung – insbesondere der Fristregelungen und des Verfahrens – haben sich die Vertragsstaaten auf einen **Verhaltenskodex** zum Schiedsübereinkommen (ABl. Nr. C/176 v. 28.7.2006, S. 1) geeinigt, der im Jahre 2009 überarbeitet wurde (Überarbeiteter Verhaltenskodex; ABl. EU Nr. C 322 v. 30.12.2009, S. 1; dazu *Bödefeld/Kuntschik,* IStR 2010, 474). Der Verhaltenskodex ist nicht rechtsverbindlich, sondern hat den Charakter von *„soft law"*. Gleichwohl hat die deutsche Finanzverwaltung etwa im BMF-Schreiben v. 12.4.2005, BStBl. I 2005, 570 („Verwaltungsgrundsätzeverfahren") ihre Bereitschaft signalisiert, den Verhaltenskodex anzuwenden (ebenso SKK/*Schmitz,* Art. 25 Rz. 8).

302 Das Schiedsübereinkommen findet auf **Gewinnberichtigungen bei verbundenen Unternehmen** Anwendung (Definition in Art. 4; vgl. Wassermeyer/*Krabbe,* Art 4 EU-SchÜ Rz. 2 ff.; Wassermeyer/*Eilers,* Art. 25 Rz. 71 f.; zu einem Vorschlag, der alle EU-internen Konstellationen mit Doppelbesteuerungen erfassen soll s. *Ismer,* in Rust, Double Taxation, S. 211 (220 ff.)). Unter das Abkommen fallen nicht nur Gewinnberichtigungen auf Arm's-length-Grundlage (so aber *Terra/Wattel,* S. 574), sondern auch weitere Fälle wie z. B. Regelungen zur Unterkapitalisierung (vgl. Überarbeiteter Verhaltenskodex (Rz. 301), Tz. 1.2; ferner *Adonnino,* ET 2003, 403, 405). Dagegen dürfte die Hinzurechnungsbesteuerung nicht in den sachlichen Anwendungsbereich des Schiedsübereinkommens fallen (vgl. *Baßler,* S. 303 f.). Die in einem Vertragsstaat gelegene Betriebstätte gilt für die Zwecke des Abkommens als eigenes Unternehmen (Art. 1 Abs. 2). Das Schiedsübereinkommen ist allerdings nicht auf die Frage nach dem Bestehen einer Betriebstätte anwendbar.

Das Verfahren setzt einen Antrag des betroffenen Unternehmens voraus (Art. 6 Abs. 1). Eine anderweitig betroffene Person, z. B. ein Haftender, ist nicht antragsberechtigt. **302a**

Das Unternehmen muss in einem Vertragsstaat im Gebiet der EU i. S. von Art. 52 Abs. 1 EUV (früher: Art. 299 Abs. 1 EG bzw. Art. 227 Abs. 1 EWG) ansässig sein (Art. 16 Abs. 1), so dass insbesondere Gibraltar nicht berücksichtigt wird (*Baßler*, S. 297). Die französischen Überseedepartements, die Faröer Inseln und Grönland werden vom Anwendungsbereich ausdrücklich ausgenommen (Art. 16 Abs. 2). Bei Betriebstätten muss es sich um solche eines in der Union ansässigen Unternehmens handeln, wobei auch die Betriebstätten innerhalb der EU gelegen sein müssen. Betriebstätten von Unternehmen aus Drittstaaten unterfallen dem Abkommen nicht. **302b**

Erfolgt eine Gewinnberichtigung, worauf die Behörde das Unternehmen frühzeitig hinzuweisen hat (Art. 5), und stellt das Unternehmen innerhalb der Antragsfrist von drei Jahren (zu Details der Fristberechnung s. Tz. 4 des Überarbeiteten Verhaltenskodex zum Schiedsübereinkommen (s. Rz. 301)) ab Mitteilung der Maßnahme einen Antrag auf **Durchführung eines Verständigungsverfahrens,** wird zunächst ein Verständigungsverfahren eingeleitet (Art. 6). Dieses folgt den allgemeinen Regeln (s. Rz. 21 ff.; zur Aussetzung der Vollziehung s. auch Tz. 8 des Überarbeiteten Verhaltenskodex zum Schiedsübereinkommen). Allerdings kann seine Einleitung nicht in das Ermessen der Behörden gestellt sein, weil der obligatorische Charakter des Schiedsverfahrens dann nicht gewährleistet wäre (s. Rz. 90). Art. 6 Abs. 2 ist daher so zu verstehen, dass er nur einen „Filter" für offensichtlich unbegründete Anträge bildet (so auch *Schelpe,* EC Tax Rev. 1995, 74). Gegen eine Ablehnung der Eröffnung des Verständigungsverfahrens ist der Rechtsweg gegeben (vgl. Rz. 92; a. A. *Heyvaert,* TNI December 1997, 1859 (1863)). **303**

Bleibt dieses **Verständigungsverfahren über zwei Jahre hinweg erfolglos** (zu den Details der Fristberechnung s. *Hinnekens,* EC Tax Rev. 1998, 255 ff. sowie neuerdings Tz. 5 des Überarbeiteten Verhaltenskodex zum Schiedsübereinkommen (s. Rz. [301])) und wird die Frist nicht im Einvernehmen mit den beteiligten Unternehmen verlängert, wird ein **beratender Ausschuss** eingesetzt (Art. 7; zu Verfahrensfragen s. Rz. 305). Dies kann allerdings unterbleiben – mit der Folge, dass kein Schiedsverfahren eingeleitet wird und es bei der (wirtschaftlichen) Doppelbesteuerung bleibt –, wenn der Steuerpflichtige einen empfindlich zu bestrafenden Verstoß gegen steuerliche Vorschriften begangen hat (Art. 8). In bestimmten Staaten besteht zudem dann keine Verpflichtung zur Einsetzung eines beratenden Ausschusses, wenn der Steuerpflichtige noch die Möglichkeit hat, innerstaatliche Rechtsmittel zu verfolgen (Art. 7 Abs. 3). Der beratende Ausschuss gibt binnen sechs Monaten eine Stellungnahme ab (Art. 11; zu den Anforderungen an die Stellungnahme s. Tz. 7.4 des Überarbeiteten Verhaltenskodex zum Schiedsübereinkommen (s. Rz. 301)). Die an dem Verfahren beteiligten zuständigen Behörden treffen sodann im gegenseitigen Einvernehmen eine Entscheidung, nach der die Doppelbesteuerung binnen sechs Monaten nach Abgabe der Stellungnahme des beratenden Ausschusses beseitigt wird (Art. 12; Art. 14). Sie können dabei von der Auffassung des beratenden Ausschusses abweichen (vgl. *Hinnekens,* EC Tax Rev. 1992, 96; *Saß,* DB 1991, 986 f.). Einigen sie sich nicht, wird die Stellungnahme verbindlich. Die Verwirklichung der Entscheidung im innerstaatlichen Recht folgt den Regeln, die auch für das Verständigungsverfahren gelten (s. Rz. 100 ff.). **304**

b) Schlichtungsverfahren: Der beratende Ausschuss besteht gemäß Art. 9 Abs. 1 außer dem Vorsitzenden aus zwei Vertretern jeder beteiligten Behörde und einer geraden Anzahl unabhängiger Personen, die von den beteiligten zuständigen Behörden im gegenseitigen Einvernehmen oder mangels eines solchen durch Los **305**

bestimmt werden. Die betroffenen Unternehmen haben das Recht (und auf Aufforderung die Pflicht) zur Stellungnahme und Vorlage von Beweismitteln und Schriftstücken. Sie sind anzuhören und können sich vertreten lassen (Art. 10). Der beratende Ausschuss entscheidet mit einfacher Mehrheit, ist aber an den Fremdvergleichsgrundsatz des Art. 4 gebunden. Die Kosten des Verfahrens teilen sich die beteiligten Staaten zu gleichen Anteilen; die Kosten der Unternehmen sind aber nicht ersatzfähig (Art. 11). Die Mitgliedstaaten können zusätzliche Regelungen über das Verfahren vereinbaren (Art. 11 Abs. 2). Die Entscheidung kann mit Zustimmung der beteiligten Unternehmen veröffentlicht werden (Art. 12 Abs. 2).

306 **c)** Das Abkommen lässt **weitergehende Verpflichtungen aus DBA unberührt** (Art 15), so dass es neben den DBA anwendbar ist. DBA-Schiedsverfahren haben aber keinen Vorrang vor dem Schiedsübereinkommen und umgekehrt (Wassermeyer/*Krabbe,* Vor Art. 1 EU-SchÜ Rz. 10; ferner *Bödefeld/Kuntschik*, IStR 2009, 449 (453); a. A. *Züger,* ET 2000, 101 (104 f.): Vorrang der DBA-Klausel; offen MA-Komm. Art. 25 Ziff. 67). Dies bringt auch das BMF, Verständigungsverfahren, Tz. 2.1.1 zum Ausdruck, wenn es vom Steuerpflichtigen die Klarstellung fordert, worauf sich der Antrag stützt, wenn sowohl ein Verständigungsverfahren nach einem DBA als auch nach dem Abkommen in Betracht kommt. Allerdings kann damit nicht gemeint sein, dass beide Verfahren parallele Anwendung finden. Vielmehr ist von einem Wahlrecht des Steuerpflichtigen zwischen den beiden Schiedsverfahren auszugehen. Dabei kann sich der Steuerpflichtige für das für ihn günstigere Verfahren entscheiden. Etwas anderes gilt aber, wenn nach einem DBA die Anwendung der abkommensrechtlichen Schiedsverfahren ausgeschlossen ist, sofern das Schiedsverfahren nach dem EU-Schiedsübereinkommen zur Verfügung steht (so die – bislang nicht umgesetzte – Voraussetzung nach Art. 24 Abs. 5 S. 1 Buchst. d der deutschen Verhandlungsgrundlage für DBA).

2. Vorabverständigungsvereinbarungen (APAs)

315 **Literatur**: *Feinschreiber,* ET 1991, 234; *Flick,* IStR 1996, 161; *Gehm,* Stbg 2005, 149; *Grotherr,* BB 2005, 855; *ders.*, IStR 2005, 350; *van der Ham/Voll*; Ubg 2013, 219; Herzig (Hrsg.), Advance Pricing Agreements (APAs): Ein neues Instrument zur Vermeidung von Verrechnungspreiskonflikten? (1996), mit mehreren Einzelbeiträgen; *Rodemer,* S. 1 ff.; *Kosyan/Müller,* IWB Gruppe 2, International, Fach 10, S. 1971; *Loh/Peters,* RIW 2007, 116; *Portner,* ET 1996, 50; *Schmid,* in Grotherr (Hrsg.), Handbuch, S. 733; *Schnorberger,* ITPJ 2007, 109; *Romano,* S. 1 ff.; *Rutges/Sporken/Reyneveld,* ITR, Vol. 16, Issue 10 (2006), S. 62 ff.; *Saeger/Tomar/Wright,* ITPJ 2005, 3; *Terr u. a.,* TMIJ 2012, 435; *van der Ham/Voll/Wingen*, IStR 2013, 861; *Vollert/Eikel/Sureth,* StuW 2013, 367; *Vögele/Brem,* ITR, Vol. 14, Issue 1 (2003), S. 35; *Schnorberger/ Wingendorf,* ITPJ 2005, 77; *dies.*, DB 2004, 2234.
Verwaltungsanweisungen: BMF, APA.

316 Bei den Verrechnungspreisen treten in jüngster Zeit neben die zuvor geschilderten streitbeilegenden Instrumente Verständigungsverfahren i. e. S. (Rz. 3, 20 ff.) und Schiedsverfahren (Rz. 199 ff.) zunehmend präventive **Vorabverständigungsvereinbarungen** (auch Advance Pricing Agreements oder insbesondere in Tz. 4.124 der OECD-Verrechnungspreisrichtlinien mit gleichem Inhalt Advance Pricing Arrangements oder auch **abgekürzt APAs** genannt). Japanischem und amerikanischem Vorbild folgend räumen mittlerweile viele Staaten diese Möglichkeit ein (vgl. zu Australien: *Breckenridge,* ATPB 2006, 24; *Joseph,* ITPJ 2011, 312; *Markham,* APTB 2009, 308 (318 f.); *Sawyer,* BIFD 2004, 556; Belgien: *Rutges et al.,* ITR 17:6 (2006), 62, 63; China: *Qin Ju,* ITPJ 2005, 69; *Chan,* Intertax 2005, 46; *Chong/Yu,* ITR 17:5 (2006), 15; *Chang/Zhao/Zhu,* TNI January 2009, 205; *Wang/Ackermann,* IStR 2010, 730; Deutschland: BMF APA (s. Rz. 1), dazu *Dagnese,* ITPJ 2007, 174; *Schnorberger,* ITPJ 2007, 109; *Kramer,* IStR 2007, 174; Frankreich: *Gibert,* ET 2005, 56; *ders.,* ET 2006, 94, 99 f.; *Gouthière,* BIT 2011, 188 (197); *Mancour/Bourtourault,* Intertax

2003, 298; Griechenland: *Perrou,* TPIJ 2013, 273; Großbritannien: *Hay/Norton,* ITPJ 2011, 312; *Rutges et al.* Intertax 17:6 (2006), 62, 64; Hongkong: *Richter/Cheung,* APTB 2012, 228 (228 ff.); *Schaller/Schwerdt,* IWB 2012, 541; Indien: *Singh/Mahajn,* Intertax 2010, 378; *Arora, Gubta, Bhatnagar,* APTB 2012, 448; *Krishmamusthy,* BIT 2012, 675; *Pratel/Pradham,* TPIJ 2013, 21; *Plieschke/Schaller,* IWB 2013, 199; *Lauten/Steinert,* IStR 2013, 386; Indonesien: *Garven,* ITPJ 2011, 147 (148); Italien: *Cottani,* BIT 2010, 463 (469); *Patelli/Porpora,* ITPJ 2005, 37 (anscheinend jedoch nur unilaterale APAs); Japan: *Gruendel,* ITPJ 2009, 309; *Markham,* APTB 2009, 308 (316 f.); *ders.,* Intertax 2012, 63 (63 ff.); *Okawara/Campbell/Gruendel,* ITPJ 2004,138; Kanada: *Markham,* Intertax 2006, 393; *Peters/Mayles,* TNI September 2010, 1051; *Wilkie,* ITPJ 2009, 200; *Wrappe/Goldberg/Mulvihill/Oatway/McAlonan/Ponds,* TNI October 2009, 273; Kolumbien: *Diaz Tong,* ITPJ 2009, 36 (39); Lettland: *Sarghi/Eanders,* TPIJ 2013, 350; Litauen: *Dougela,* ET 2012, 322; Malaysia: *Raj/Yong,* A New Transfer Pricing Regime, APTB 2010, 308 (310); *Trotzek,* IWB 2012, 580 (692); Neuseeland: *Peters,* APTB 2010, 476 (478); *Sawyer,* BIFD 2004; 556; Niederlanden: *Blok/van Lohuizen,* ITPJ 2003, 186; *van Dam,* BIFD 2003, 290; Österreich: *Dommes/Gahleitner/Steiner,* SWI 2009, 56; *Friedrich/Kuschil/Steiner,* GS Quantschnigg, S. 109; Polen: *Wojcieszyk-Kluge,* IStR 2006, 176; *Rzymkowska,* ITPJ 2007, 116; Russland: *Stroykova/Lemetyuynen/Slavinskaya,* ITPJ 2012, 237 (237 ff.); *Variychuk,* BIT 2011, 640, 644; Schweiz: *Salvi/Hess/Scholl,* TMIJ 2009, 3 (11 ff.); *Schreiber/Jaun/Kobierski,* ASA 80 (2011/2012), 293 (allgemein zu Steuerrulings); Spanien: *Bouzas Fernández,* ITPJ 2009, 223 (226 f.); Südkorea: *Moller/Tae-Yeon Nam,* APTB 2003, 221; Taiwan: *Chen,* ITR – Asia Transfer Pricing 16 (2005), 44; Türkei: Askin, Intertax 2009, 701; *Öner,* Intertax 2012, 503; *Yalti,* Advance Pricing Agreements in Turkey, ET 2008, 390; Ungarn: *Stricca,* ITPJ 2005, 31; USA *Canale/Wrappe/McAlonan/Boyce,* TNI May 2011, 497; *Drake/Rode/Wright,* ITPJ 2005, 210; *Nadal,* TNI January 2008, 203; *dies.,* TNI September 2008, 867; *Rodemer,* S. 1 ff.; *Schmid,* in Grotherr, 1770 ff.; *Sharon,* TMIJ 2011, 342; *ders.,* TMIJ 2012, 294; 407; 567; *Spencer/Kelleher,* ITPJ 2013, 116; *Terr,* TMIJ 2012, 435; *Wrappe/Goldberg/Mulvihill/Oatway/McAlonan/Ponds,* TNI October 2009, 273; *Wrappe/McAlonan/Boyce,* TNI April 2011, 315; Venezuela: *Pisani,* A New Approach to the Venezuelan APA Program, TNI July 2008, 65; Vietnam: *Duong/Binh,* APTB 2013, 431). Trotz der bisweilen verkündeten ambitionierten Ziele und der durchaus beachtlichen Vorteile (vgl. Rz. 329) sollten APAs nicht als Allheilmittel betrachtet werden (kritisch auch *Flick,* IStR 1996, 161). Nicht zuletzt in Anbetracht der recht langen Verfahrensdauer von Vorabverständigungsverfahren kann es sich empfehlen, das Entstehen eines Streits abzuwarten und dann streitbeilegende Verfahren, namentlich Schiedsverfahren, zu verfolgen (ebenso *van Herksen,* ITPJ 2003, 173).

Derzeit enthalten weder das OECD-MA noch der OECD-MA-Komm. gesonderte Regelungen zu den APAs. Jedoch finden sich in Rz. 4.124 ff. der OECD-Verrechnungspreisrichtlinien Regelungen im Kapitel „Verwaltungsansätze zur Vermeidung und Beilegung von Verrechnungspreisstreitigkeiten" sowie ausführlich im Anhang „Richtlinien für Advance Pricing Arrangements auf Grundlage von Verständigungsverfahren". Mittlerweile hat allerdings die EG-Kommission (jetzt: EU-Kommission) umfangreiche APA-Leitlinien formuliert (KOM (2007), 71 endg; dazu *Gibert/Daluzeau,* ITPJ 2007, 228). Die Finanzverwaltungen der Pazifikstaaten Australien, Japan, Kanada und USA haben darüber hinaus gemeinsame, stärker anwendungsorientierte Richtlinien erlassen, vgl. *Saeger/Tomar/Wright,* ITPJ 2005, 3.

a) Definition und Typologie der APAs: Bei APAs handelt es sich um zeitlich befristete formelle Absprachen zwischen einem oder mehreren Steuerpflichtigen einerseits und der bzw. den betroffenen Steuerbehörden andererseits, in der auf Antrag des oder der Steuerpflichtigen eine bestimmte **Methode zur Bestim-** 317

mung eines angemessenen Verrechnungspreises (vorab) für einen bestimmten Zeitraum verbindlich festgelegt wird. Daneben werden in den APAs die Anwendungsmodalitäten und Gültigkeitsbedingungen **(Critical Assumptions)** festgelegt. Der Steuerpflichtige kann seinen Antrag in sachgerechter Weise auf bestimmte Gesellschaften oder Betriebstätten und/oder bestimmte Geschäftsvorfälle beschränken (so für Deutschland BMF APA, Tz. 3.2). Daneben kommen über die Vereinbarung einer anwendbaren Verrechnungspreismethode hinausgehende Regelungen wie die Festlegung der Spanne der Aufschlagssätze bei der Cost-plus-Methode in Betracht (so in Ausnahmefällen für Deutschland BMF, APA, Tz. 3.3). Jedenfalls aber legt das APA keinen bestimmten Verrechnungspreis fest. Vielmehr bestimmt es Kriterien, die es ermöglichen, den Verrechnungspreis in einer bestimmten Spanne festzulegen.

318 Vergleichbare Probleme stellen sich auch dann, wenn es um eine fremdvergleichskonforme Gewinnaufteilung zwischen einem Unternehmen und einer im anderen Vertragsstaat belegenen **Betriebstätte** geht. Dem entspricht es im Wesentlichen, wenn § 178a Abs. 1 AO das Vorabverständigungsverfahren definiert als Verständigungsverfahren „nach einem Vertrag im Sinne des § 2 [AO] zur einvernehmlichen Besteuerung von noch nicht verwirklichten Geschäften eines Steuerpflichtigen mit nahestehenden Personen im Sinne des § 1 des Außensteuergesetzes oder zur zukünftigen einvernehmlichen Gewinnaufteilung zwischen einem inländischen Unternehmen und seiner ausländischen Betriebstätte oder zur zukünftigen einvernehmlichen Gewinnermittlung einer inländischen Betriebstätte eines ausländischen Unternehmens".

319 APAs können von Zusagen (auch **Advance Tax Rulings**) abgegrenzt werden. Darunter versteht man mehr oder weniger bindende Stellungnahmen der Finanzbehörden auf Antrag des Steuerpflichtigen in Bezug auf die steuerlichen Folgen einer oder einer Reihe von geplanten zukünftigen Maßnahmen (*Ellis,* CDFI LXXXIV b, 22; *van der Ham/Voll/Wingen,* IStR 2013, 861). Solche Zusagen binden, anders als dies in manchen Staaten für APAs der Fall ist, den Steuerpflichtigen grundsätzlich nicht (vgl. etwa *Romano,* Advance Tax Rulings, 471 f.; *Chung/Chong,* APTB 2005, 397 für Singapur).

321 Innerhalb der APAs lassen sich uni-, bi- und multilaterale APAs unterscheiden: Mit einem **unilateralen APA** kann sich ein Steuerpflichtiger gegenüber *einer* nationalen Finanzverwaltung absichern, etwa im Wege einer verbindlichen Zusage (s. *Kramer,* IStR 2007, 174 (176 f.)) bzw. Auskunft. Jedoch lässt das bei grenzüberschreitenden Sachverhalten die andere Finanzbehörde außen vor. Unilaterale APAs beseitigen damit nicht die Gefahr einer Doppelbesteuerung. Vielmehr kann die Finanzbehörde, die ein mit dem anderen Vertragsstaat geschlossenes unilaterales APA vorgelegt bekommt, den Sachverhalt möglicherweise einer besonders genauen Analyse unterziehen (vgl. etwa FinMin Baden-Württemberg v. 28.11.1994 – S 1300/26, IStR 1995, 34). Die OECD bevorzugt daher bi- und multilaterale APAs (OECD-Verrechnungspreisgrundsätze von 1995, Tz. 4.131; 4.148 und 4.163). Auch die deutsche Finanzverwaltung (BMF, APA, Tz. 1.2) geht auf unilaterale APAs grundsätzlich nicht ein, wenn auch bi- oder multilaterale APAs möglich wären (tendenziell ebenso die amerikanische Finanzverwaltung (Rev. Proc. 2006–9, Sec. 2.08)). Unilaterale APAs haben ihre Berechtigung jedoch in den folgenden Konstellationen (*Grotherr,* BB 2005, 856 (857)): in Nicht-DBA-Fällen; bei zahlreichen Transaktionen kleineren Umfangs mit verschiedenen Ländern; bei einer nur in einem Staat umstrittenen Rechtsfrage und für den Fall, dass Strafzuschläge als besondere Gefahr nur in einem Staat drohen.

322 Bei **bilateralen APAs** beteiligen sich an der Verrechnungspreisvereinbarung zwei nationale Steuerverwaltungen. Sie stellen sicher, dass die beiden beteiligten Finanzbehörden eine einheitliche Verrechnungspreismethode zugrundelegen. Durch

bilaterale APAs kann eine internationale Doppelbesteuerung in der Regel vermieden werden, weil Verrechnungspreiskorrekturen zumeist ausgeschlossen sind (*Grotherr,* IStR 2005, 350; *Kramer,* IStR 2007, 174).

Ein **multilaterales APA** ist eine Verständigungsvereinbarung zwischen mehr als zwei nationalen Steuerbehörden und mindestens einem Steuerpflichtigen. Technisch gesehen handelt es sich dabei um mehrere bilaterale APAs, die in ihrem Bestand aneinander geknüpft sind (BMF APA, Tz. 3; ebenso für Frankreich *Mancour/Bourtourault,* Intertax 2003, 298 (299); zu den ersten Anwendungsfällen von multilateralen APAs vgl. *Rutges et al.,* ITR 17:6 (2006), 62). **323**

Bilaterale und multilaterale APAs werden gemeinsam auch als APAs auf Grundlage eines Verständigungsverfahrens, oder nach dem englischen Terminus für Verständigungsverfahren („Mutual Agreement Procedure") auch als **MAP-APA** bezeichnet. **324**

b) Rechtsgrundlage: Die Suche nach der geeigneten Rechtsgrundlage hat auch die wissenschaftliche Diskussion über APAs in Deutschland (vgl. Rz. 376; sowie *Portner,* IStR 1996, 156 ff.; *Gehm,* Steuerberatung 2005, 149 ff.), aber auch in anderen Staaten (zu Frankreich vgl. etwa *Gibert,* ET 2006, 94, 99) von Anfang an begleitet. **Unilaterale APAs** sind nicht durchgängig zulässig, können aber häufig, wie auch in Deutschland (§ 89 Abs. 2 AO), auf die Regelungen zur verbindlichen Auskunft gestützt werden. Bei **bi- und multilateralen APAs** sind, wie bei den Verständigungsverfahren im engeren Sinne (vgl. Rz. 85 ff., 100 ff.), zwei verschiedene Ebenen zu unterscheiden: einerseits die Ebene der zwischenstaatlichen Verständigung und andererseits die Ebene der Umsetzung der zwischenstaatlichen Verständigung im innerstaatlichen Recht. **325**

Die Rechtsgrundlage für den Abschluss einer **zwischenstaatlichen Vereinbarung** über bi- oder multilaterale APAs ist in Art. 25 OECD-MA zu sehen (so auch *Kramer,* IStR 2007, 174 (175 f.); *Schnorberger,* ITPJ 2007, 109 (111); *van der Ham/Voll/Wingen,* IStR 2013, 861 (864); SD/*Flüchter,* Art. 25 Rz. 330 ff.; *Vollert/Eikel/Sureth,* StuW 2013, 367 (372)). Dagegen spricht nicht, dass die Finanzbehörden mancher Staaten beim Abschluss von Verständigungsvereinbarungen an das jeweilige innerstaatliche Recht gebunden bleiben. Denn bei den APAs werden aus der *ex ante* Sicht gerade keine Abweichungen vom Gesetz angestrebt. Dass sich die Entscheidung nach Beseitigung der *ex ante* bestehenden Unsicherheiten nachträglich in einem anderen Licht darstellen kann, berührt diese Sichtweise nicht. **326**

Nicht vollständig geklärt ist jedoch, ob innerhalb der Art. 25 OECD-MA entsprechenden Vorschriften **Abs. 1 und 2 oder Abs. 3 S. 1 als Rechtsgrundlage** herangezogen werden soll. Für letztere Möglichkeit sprechen sich die Verrechnungspreisrichtlinien der OECD (Tz. 4.140; dem folgend *Portner,* in Herzig, APAs, S. 13 (30); krit. *Runge,* in Herzig, APAs, S. 43 (65)) aus, ferner Art. 23 Abs. 3 S. 3 Buchst. d US-MA. Überzeugender erscheint es aber mit Blick auf die Funktion der APAs, eine anderweitig drohende Doppelbesteuerung zu vermeiden, die Rechtsgrundlage in Abs. 1 und 2 zu sehen (dafür auch *Runge,* in Herzig, APAs, S. 43 (48); *Urtz,* SWI 1996, 476 f.; krit. *Rodemer,* S. 166). Dazu müssen zwar die Termini „führen werden" in Abs. 1 und „für begründet" in Abs. 2 großzügig ausgelegt werden. Dies harmoniert aber mit der weiten Auslegung der Normen über den Zugang zum Verständigungsverfahren im engeren Sinne (s. Rz. 28 f.). Auch geht es um eine mit dem Abkommen nicht zu vereinbarende Besteuerung: Wenngleich die Abkommen keine Verrechnungspreismethode festlegen, geben sie doch für das Ergebnis die Restriktion vor, dass die Besteuerung Arm's-length-Grundsätzen genügen muss. **327**

c) Bedeutung: Mit APAs können die Steuerpflichtigen schon vor Durchführung der Transaktion Sicherheit über die anzuwendende Verrechnungspreismetho- **328**

de erlangen. Sie stellen für die Steuerpflichtigen einen gewissen Ausgleich dafür dar, dass die Finanzbehörden die Angemessenheit dieser Preise verstärkt nachprüfen und dass den Steuerpflichtigen umfangreiche Dokumentationspflichten auferlegt werden. Die APAs vermeiden damit Verrechnungspreiskorrekturen und die sich daraus ergebenden Zinsnachteile, Strafzahlungen („penalties") und die bei international nicht abgestimmtem Vorgehen drohende materielle Doppelbesteuerung. Sie stellen eine Alternative zu hergebrachten Betriebsprüfungen dar (so ausdrücklich IRS Announcement 2006–22). Auch die EG-Kommission (jetzt: EU-Kommission) (KOM/2001/582/Final) sieht in bi- oder multilateralen Advance Pricing Agreements eine Möglichkeit, den Problemen bei der Verrechnungspreisgestaltung abzuhelfen.

329 Bi- und multilaterale APAs haben für den Steuerpflichtigen den **Vorteil,** dass sie einen Schutz vor Doppelbesteuerung bieten, die sich andernfalls aus der Anwendung verschiedener Verrechnungspreismethoden durch die beteiligten Finanzbehörden der jeweiligen Länder ergeben könnte. Damit gehen kürzere und dadurch billigere Betriebsprüfungen einher. Teure Prozesse können vermieden werden. Der effektive Schutz vor Doppelbesteuerungen ist nicht zuletzt deshalb bedeutsam, weil die Verständigungsverfahren grundsätzlich keinen Einigungszwang kennen, obligatorische Schiedsverfahren jedenfalls mit einer langen Verfahrensdauer verbunden sind und innerhalb der EU das europäische Schiedsübereinkommen noch keine herausragende Bedeutung in der Praxis gewinnen konnte (so auch *Grotherr,* BB 2005, 855 (861)). Zudem lässt sich die bestehende Struktur der Verständigungs- und Schiedsverfahren in Konstellationen nicht leicht anwenden, in denen mehr als zwei Staaten betroffen sind. APAs haben ferner den bereits erwähnten Vorteil für die Steuerpflichtigen, dass sich die mit Steuernachforderungen oftmals verbundenen Zinszahlungen ebenso vermeiden lassen wie die beispielsweise in den USA üblichen Strafzahlungen für den Ansatz zu niedriger Verrechnungspreise. Zugleich wird den betroffenen Steuerpflichtigen Gestaltungssicherheit und Schutz vor Steuerrisiken gewährt. Das kann insbesondere bei geplanten Unternehmensverkäufen relevant sein. Schließlich ist auch die viel gerühmte kooperative Atmosphäre bei den APA-Verhandlungen zu bedenken (OECD-Verrechnungspreisrichtlinien, Tz. 4.144; *Markham,* Intertax 2006, 393 (399 f.); relativierend *Runge,* in Herzig, APAs, S. 43 (45) unter Hinweis auf das zumindest in Deutschland traditionell gute Klima bei den Betriebsprüfungen).

330 Der wesentliche **Nachteil der APAs** dürfte demgegenüber in der Kostenbelastung liegen. Erstens entstehen Kosten für die Erstellung der notwendigen Dokumentation; allerdings besteht häufig nach dem jeweiligen nationalen Recht ohnehin die Verpflichtung zur Dokumentation von Verrechnungspreisen. Daneben treten zweitens die Verwaltungsgebühren (vgl. dazu in Deutschland die Kostenregelung in § 178a AO, s. Rz. 380) sowie drittens der Zeitaufwand. Auch kann durch den APA-Antrag die Aufmerksamkeit der Steuerbehörden erst auf einen bestimmten Steuerpflichtigen oder einen bestimmten Sachverhalt gelenkt werden (so *Breckenridge,* APTB 2006, 24 (28)). Zudem können Informationen, die der Finanzbehörde im Rahmen des APA-Verfahrens bekannt werden, möglicherweise zu Lasten des Steuerpflichtigen verwendet werden. Die Verwertung solcher Informationen kann sogar dann zulässig sein, wenn das APA letztlich nicht zustande kommt (so für die Rechtslage in Deutschland BMF, APA, Tz. 1.3; Frankreich *Maucour/Bourtourault,* Intertax 2003, 298 (299) und Kanada, s. *Markham,* Intertax 2006, 393 (402); anders etwa in Südkorea *Moller/Tae-Yeon Nam,* APTB 2003, 221). Außerdem besteht die Gefahr, dass die im Rahmen des APA-Verfahrens unterbreiteten Geschäftsgeheimnisse der Konkurrenz bekannt werden. Weiterhin kann die bisweilen lange Verfahrensdauer als Dispositionshindernis wirken. Schließlich hat der Steuerpflichtige einen Verlust an Dispositionsfreiheit zu beachten, wenn nach der

jeweiligen Rechtsordnung auch er an das APA gebunden ist (*Vögele/Brem,* ITR 14:1 (2003), 35 (37)).

d) Antrag: Das Verfahren ist **antragsgebunden.** Der schriftliche Antrag ist bei der zuständigen Behörde zu stellen, in Deutschland also beim BZSt. Der Antrag muss eine detaillierte Begründung für die gewählte bzw. angestrebte Methode enthalten. Ferner sind die erforderlichen Unterlagen beizulegen. Zu Einzelheiten der Voraussetzungen des Antrags s. BMF APA, Tz. 3; SD/*Flüchter,* Art. 25 Rz. 330 ff.; *Kramer,* IStR 2007, 174; *Schnorberger,* ITPJ 2007, 109, 110 f. 331

Der Antrag hat **keine Auswirkungen auf gerichtliche oder außergerichtliche Verfahren,** also insbesondere nicht auf die Betriebsprüfung (so für Deutschland BMF, APA, Tz. 1.3; für die USA Rev. Proc. 2006–9 Sec. 2.13). Umgekehrt kann ein Antrag auf ein APA auch während einer laufenden Betriebsprüfung gestellt werden (BMF, APA, Tz. 2.3). Die beiden Verfahren sind parallel möglich. 332

Durch **Rücknahme des Antrags** kann der Steuerpflichtige das Verfahren automatisch beenden (für die USA Rev. Proc. 2006–9, Sec. 6.09). Freilich heißt das nicht, dass die Steuerverwaltungen dann keinen Informationsaustausch nach Art. 26 OECD-MA bzw. ein Konsultationsverfahren nach Art. 25 Abs. 3 OECD-MA betreiben könnten (*Runge,* in Herzig, APA, S. 43 (48 f.) sowie BMF, APA, Rz. 7.2). 333

e) Verfahrensablauf: Schon vor Stellung des Antrags kann der Steuerpflichtige in einigen Staaten ein **Vorgespräch (Prefiling)** beantragen. In diesem Gespräch wird das Verfahren erörtert und insbesondere abgesprochen, welchen Inhalt der APA-Antrag haben sollte. Das Vorgespräch kann auch auf anonymer Basis möglich sein (wie etwa in Deutschland, vgl. BMF, APA, Tz. 2.2 und den USA Rev. Proc. 2006–9, Sec. 3.04). Das ist insbesondere dann von Bedeutung, wenn die Finanzbehörden bezüglich der im Rahmen des APA-Verfahrens erlangten Informationen – wie in Deutschland – keinem Verwertungsverbot unterliegen. 334

Ist der Antrag einmal gestellt (zu den Anforderungen Rz. 331), kommt es zu einem **Vorprüfungsverfahren.** In diesem wird untersucht, ob der Antrag formgerecht und vollständig ist. In den Staaten, in denen das APA Bindungswirkung auch für den Steuerpflichtigen hat, kann es in diesem Stadium auch zu Verhandlungen zwischen der Steuerbehörde und dem Steuerpflichtigen über den Inhalt des APA kommen (s. Rz. 330). 335

Im Anschluss an das Vorprüfungsverfahren geht das Verfahren in das **zwischenstaatliche (Vorab-)Verständigungsverfahren** über. Die oben aufgezeigten Probleme bezüglich des **Rechtsanspruchs auf Einleitung** des Verständigungsverfahrens (Rz. 90) spiegeln sich ebenfalls bei den APAs wider. Nach Auffassung der deutschen Finanzverwaltung (BMF, APA, Tz. 3.9) steht die Einleitung eines Vorabverständigungsverfahrens im Ermessen des BZSt. 336

Im zwischenstaatlichen Vorabverständigungsverfahren getroffene Vereinbarungen zwischen den Vertragsstaaten bedürfen zu ihrer Wirksamkeit der **Zustimmung des Steuerpflichtigen** (*Schnorberger,* ITPJ 2007, 109 (114)). Diese wird – wenn sich keine Änderungen gegenüber dem ursprünglich eingereichten Antrag ergeben – regelmäßig schon in der Stellung des Antrags liegen. Die Vereinbarungen werden zum Schutz der im Verfahren zu offenbarenden Geschäftsgeheimnisse in der Regel **nicht veröffentlicht.** 337

Wird eine Vorabverständigungsvereinbarung wirksam, sind jedenfalls die beteiligten Staaten daran gebunden. Die Verrechnungspreismethode und gegebenenfalls weitere Inhalte der APAs sind damit für die Finanzbehörden für die erfassten Transaktionen verbindlich festgelegt, soweit nicht Änderungen bezüglich der Gültigkeitsbedingungen (vgl. Rz. 340) eintreten. Bei der Frage nach der **Bindung des Steuerpflichtigen** bestehen hingegen in der Praxis der Staaten Unterschiede: In 338 den USA wird in den APAs ein zivilrechtlicher Vertrag zwischen den Finanzbehörden und dem Steuerpflichtigen gesehen. Der Steuerpflichtige muss daher einem APA zustimmen und ist dann auch an dessen Inhalt gebunden (Rev. Proc. 2006–9, Sec. 2.04; ebenso in Südkorea, vgl. *Moller/Tae-Yeon Nam,* APTB 2003, 221). Die japanische Finanzverwaltung hingegen hat bereits in den 80er Jahren ein sogenanntes Pre-confirmation System eingeführt, das nur die Finanzbehörden, nicht aber den Steuerpflichtigen bindet (dazu *Harris/Preshaw/Horiguchi,* ITR 16 (2005), 45). Zur Rechtslage in Deutschland s. u. Rz. 376.

339 **f) Gültigkeitsdauer:** APAs sehen typischerweise eine bestimmte **Laufzeit** vor. Diese liegt in der Praxis zumeist zwischen drei und fünf Jahren, kann aber in besonders gelagerten Fällen auch wesentlich länger sein. Der Beginn der Laufzeit wird ebenfalls im APA festgeschrieben. Häufig ist dies der Anfang des Jahres, in dem der förmliche Antrag auf Erteilung eines APA gestellt wird (vgl. etwa BMF APA, Tz. 3.8). In den meisten Ländern kann die in APAs vereinbarte Verrechnungspreismethode – formal aufgrund eines gesonderten Verständigungsverfahrens, *Loh/Peters,* RIW 2007, 116 (119) – sogar rückwirkend für Veranlagungszeiträume vereinbart werden, die der vereinbarten Laufzeit eines APA vorangehen (***Roll-back***; etwa in Deutschland, vgl. BMF APA, Tz. 7.3; und in den USA Rev. Proc. 2006–9, Sec. 8; anders aber in Frankreich, *Gibert,* ET 2005, 54, 57 und Taiwan *Chen,* ITR – Asia Transfer Pricing 16 (2005), 44, 46). Für die Zeit nach Ablauf der Gültigkeitsdauer kann eine Verlängerung beantragt werden, die bei unverändert gebliebenen Verhältnissen in einem vereinfachten Verfahren gewährt werden kann (sogenannte **Verlängerungs-APA**). Ein solcher Antrag ist bereits während der Laufzeit eines APAs möglich. Die US-Rev. Proc. 2006–9, Sec. 12.01 schlagen vor, den Antrag neun Monate vor Ablauf des APA zu stellen.

340 Ferner wirken sich die **Gültigkeitsbedingungen** ***(Critical Assumptions)*** auf die Gültigkeit der APAs aus. Darunter sind bestimmte Annahmen zu verstehen, die die Geschäftsbeziehung maßgeblich beeinflussen. Inhaltlich hängen die Gültigkeitsbedingungen derart voneinander ab, dass Änderungen der vereinbarten Gültigkeitsbedingungen die materiellen Vereinbarungen der APA beeinflussen oder in Frage stellen können (so zu Recht BMF APA, Tz. 3.7). Beispiele für solche Gültigkeitsbedingungen sind tatsächliche Umstände wie gleich bleibende Beteiligungsverhältnisse; gleich bleibende Verhältnisse bezüglich Marktbedingungen, Marktanteil, Geschäftsvolumen und Verkaufspreise, wobei insoweit ein Rahmen anzugeben ist, ebenso gleich bleibende Risiko- und Funktionsverteilungen und Kapitalstrukturen, aber auch rechtliche Voraussetzungen, wie keine wesentlichen Änderungen der steuerlichen Rahmenbedingungen im anderen Staat und die Durchführung der Besteuerung entsprechend dem APA im anderen Staat (vgl. im Einzelnen BMF APA, Tz. 3.7). Die Gültigkeitsbedingungen werden explizit in das APA aufgenommen und stellen im Verhältnis zwischen den beteiligten Parteien des APA – also zumindest den Vertragsstaaten sowie gegebenenfalls auch dem Steuerpflichtigen (vgl. Rz. 338) – eine ausdrücklich vereinbarte Vertragsgrundlage dar. Werden die Gültigkeitsbedingungen nicht erfüllt, kann das APA ab diesem Zeitpunkt widerrufen oder angepasst werden (dazu näher BMF APA, Tz. 6.5).

341 **g) Stellung des Steuerpflichtigen:** Die Stellung des Steuerpflichtigen ergibt sich daraus, dass APAs nach hier vertretener Auffassung einen Anwendungsfall des Verständigungsverfahrens im engeren Sinne darstellen (vgl. Rz. 327). Mithin gilt für das Vorabverständigungsverfahren das zum Verständigungsverfahren i. e. S. über die schwache Stellung des Steuerpflichtigen Ausgeführte entsprechend (Rz. 200). Der Steuerpflichtige ist daher auch bei dem zwischenstaatlichen Verständigungsverfahren im Rahmen der APAs nicht Partei des Verfahrens. Er hat auch kein Recht darauf, bei den Verhandlungen anwesend zu sein. Er kann jedoch, weil der

Sachverhalt noch nicht verwirklicht ist, informell einen stärkeren Einfluss auf das Verfahren ausüben (*Grotherr,* IStR 2005, 350 (352f.)). Zudem ist er über den Verfahrensstand zu informieren.

Den Steuerpflichtigen treffen erhebliche **Mitwirkungspflichten**. Schon mit dem Antrag hat der Steuerpflichtige detaillierte Informationen offenzulegen. Während der Dauer des Vorabverständigungsverfahrens hat der Steuerpflichtige die Informationen zu aktualisieren und zu berichtigen (für die USA Rev. Proc. 2006–9, Sec. 5.02). Auf Aufforderung der Finanzbehörden kann er verpflichtet sein, die eingereichten Unterlagen auf seine Kosten übersetzen zu lassen. Auch während der Laufzeit der APAs bestehen typischerweise solche Pflichten. Die APAs sehen typischerweise jährlich zu erfüllende **Berichtspflichten** vor. Dabei geht es insbesondere darum, die Behörden darüber zu informieren, ob die Gültigkeitsbedingungen noch gegeben sind. Verletzt der Steuerpflichtige diese Mitwirkungspflichten, kann die Bindung der Finanzverwaltung entfallen (für die USA Rev. Proc. 2006–9, Sec. 11.01). 342

h) Kosten: Derzeit hat sich international noch keine einheitliche Linie herausgebildet. In einigen Staaten wie den USA (s. Rev. Proc. 2006–9, Sec. 4.12; *Dasgupta/Porta/Wright,* ITPJ 2006, 158) und Kanada (vgl. *Markham,* Intertax 2006, 393 (404)) sowie seit einiger Zeit in der Bundesrepublik Deutschland (näher dazu Rz. 379) sind Anträge auf Einleitung eines APA-Verfahrens gebührenpflichtig, wobei in diesen Ländern für kleine und mittlere Unternehmen niedrigere Gebühren erhoben werden. Demgegenüber erheben etwa Australien, Frankreich und Belgien keine Gebühren (*Rutges et al.,* ITR 17:6 (2006), 62ff.). 343

i) Verwertbarkeit außerhalb des APA-Verfahrens: Die Staatenpraxis ist uneinheitlich bei der Möglichkeit, die im Rahmen eines APA-Verfahrens vom Steuerpflichtigen offenbarten Informationen auch außerhalb des Verfahrens für steuerliche Zwecke zu verwenden. In Südkorea beispielsweise unterliegen derartige Informationen einem Verwertungsverbot (*Moller/Tae-Yeon Nam,* APTB 2003, 221). In Deutschland (BMF, APA, Tz. 1.3) und Kanada (*Markham,* Intertax 2006, 393 (402)) gibt es hingegen kein derartiges Verwertungsverbot. 344

j) Rechtsschutz: Der Steuerpflichtige hat in vielen Staaten keine Rechtsmittel zur Verfügung, mit denen er sich gegen die Ablehnung seines Antrags auf Verhandlung eines APA wehren könnte (vgl. die Nachweise bei *Gibert,* ET 2005, 54 (59)). 345

3. Streitbeilegungsverfahren nach Welthandelsrecht und Investitionsschutzverträgen

a) Entsprechend der in jüngster Zeit gewachsenen Aufmerksamkeit für die Auswirkungen von WTO-Recht auf die direkten Steuern (s. Grundl. Rz. 15; ferner *Lang/Herdin/Hofbauer* (Hrsg.), WTO and Direct Taxation (2005); *Schön,* RIW 2004, 50ff.) finden nunmehr neben den auf DBA oder dem europäischen Schiedsübereinkommen beruhenden Streitbeilegungsverfahren zunehmend auch solche nach **Welthandelsrecht** Beachtung (s. *Neumann,* Koordination des WTO-Rechts). 355

Besondere Schwierigkeiten weist das GATS auf: **Art. XXII Abs. 3 GATS** versagt den Zugang zu Streitbeilegungsmechanismen der WTO bezüglich des Grundsatzes der Inländergleichbehandlung, wenn die Maßnahme des Vertragsstaates in den Anwendungsbereich eines DBA fällt. Bei der Bestimmung des – von seiner Reichweite her unklaren (vgl. Ziff. 92 MA-Komm.) – Ausdrucks „die in den Anwendungsbereich [eines DBA] . . . fallen“, ist ein gespaltener Mechanismus vorge- 356 sehen: Soweit es um ein DBA geht, das am 1.1.1995 bereits in Kraft war, kann eine Klärung dieser Frage durch Streitbeilegungsmechanismen der WTO nur erfolgen, wenn beide Vertragsstaaten zustimmen. Für erst nach diesem Zeitpunkt geschlossene DBA kann grundsätzlich jeder der beiden Vertragsstaaten die Klärung dieser Frage durch den Council for Trade in Services als das zuständige Organ der WTO veranlassen.

357 Allerdings besteht die – der Beschränkung auf eine fakultative Schiedsklausel (Rz. 203) entsprechende und auch vom MA-Komm. in Ziff. 93 befürwortete – Möglichkeit, dass die Vertragsstaaten die Zuständigkeit des Council for Trade in Services von ihrer beider Zustimmung abhängig machen. Namentlich die USA machen in ihren Abkommen von dieser Möglichkeit Gebrauch (vgl. *Sharma,* S. 572), etwa in Art. 1 Abs. 3 *DBA USA 1989/2006* und im DBA USA-UK. Eine ausdrückliche Regelung des Verhältnisses des abkommensrechtlichen Streitbeilegungsmechanismus zu anderen Streitbeilegungsmechanismen enthält das *DBA Mexiko 2008.* Nach dessen Art. 25 Abs. 5 soll jede Streitigkeit, die Steuern i. S. des Art. 2 dieses Abkommens betrifft, oder, in Gleichbehandlungsfällen, über eine von einem Vertragsstaat getroffene Besteuerungsmaßnahme, einschließlich einer Streitigkeit über die Anwendbarkeit dieses Abkommens, ausschließlich nach Maßgabe des Abkommens beigelegt werden, es sei denn, dass die zuständigen Behörden der Vertragsstaaten etwas anderes vereinbaren.

358 **b)** Daneben besteht ein umfangreiches Netz von **Investitionsschutzverträgen** (s. *Happ,* IStR 2006, 649; *de Heer/Kraan,* ET 2012, 3 (3 ff.)). Diese sehen die Verpflichtung der Vertragsstaaten vor, Investoren aus dem anderen Staat in einer bestimmten Weise zu behandeln. Häufig fordern solche Verträge eine faire und gerechte Behandlung oder sehen eine Meistbegünstigung (s. Grundl. Rz. 271) vor. In verfahrensrechtlicher Hinsicht wird zumeist eine Zuständigkeit eines Schiedsgerichts statuiert. Allerdings schlägt der OECD-MA-Komm. Ziff. 94 eine Klarstellung durch die Vertragsstaaten dahingehend vor, dass Fragen in Bezug auf die unter das Steuerabkommen fallenden Steuern nur durch das Verständigungsverfahren geklärt werden können (vgl. zum Verhältnis der Streitschlichtung nach den Investitionsschutzverträgen und nach DBA auch *Knöller,* IStR 2008, 453 (454)).

4. Weitere Verfahren

359 Insbesondere in Verrechnungspreisangelegenheiten besteht die Möglichkeit, **Simultanbetriebsprüfungen** vorzunehmen. Darunter versteht man die Vereinbarung zwischen zwei oder mehreren Staaten, jeweils auf eigenem Staatsgebiet die steuerlichen Angelegenheiten eines Steuerpflichtigen zeitgleich, aber unabhängig voneinander zu überprüfen und alle erlangten Informationen auszutauschen. Dabei handelt es sich jedoch primär um einen dem Art. 26 MA unterfallenden Informationsaustausch (vgl. OECD Transfer-Pricing-Richtlinien, 4.79 ff.; *Jirousek,* SWI 1998, 206 ff.; Wassermeyer/*Eilers,* Art. 25 Rz. 81). Dasselbe gilt für die **Prüferentsendung** ins Ausland (vgl. *Jirousek,* SWI 1998, 208 ff.). Ferner besteht die Möglichkeit der Vereinbarung einer **Mediation** (vgl. MA-Komm. Ziff 67). Schließlich regt der MA-Komm. Ziff. 86 an, den Steuerausschuss in schwierigen Fällen um ein **Gutachten** über die Auslegung der relevanten Bestimmungen zu ersuchen, wenn sich besondere Auslegungsschwierigkeiten zu bestimmten Punkten ergeben (s. auch Rz. 390 zu den *DBA Dänemark* und *Schweden*).

360 Denkbar wäre auch eine Anwendung der **Europäischen Konvention zur friedlichen Beilegung von Streitigkeiten** (BGBl. II 1961, 81; vgl. *Engler/Elbert,* Rz. 296). Dies sieht das *DBA Schweden* in Art. 41 Abs. 5 ausdrücklich vor (dazu Rz. 267). Praktische Bedeutung hat diese Möglichkeit bislang nicht erlangt. Zur möglichen Anwendbarkeit der Convention on the Settlement of Investment Disputes between States and Nationals of Other States aus der Sicht der Türkei *Penezoğlu*, TNI 2011 April 2011, 111 (111 ff.). Darüber hinaus wird bereits seit langer Zeit über die Einrichtung eines **Weltsteuergerichts** nachgedacht (s. bereits *Spitaler,* StuW 1950, 803; *Bühler,* S. 42; *Azzi,* BIFD 1998, 344 (347)).

II. Deutsche DBA

1. Vorabverständigungsverfahren (APAs)

a) Grundsätzliches: Die DBA der Bundesrepublik Deutschland enthalten derzeit keine besonderen Regeln über APAs. Auch nach dem innerstaatlichen Recht Deutschlands besteht – sieht man von der Regelung zur Kostenpflichtigkeit des Antrags auf ein APA gemäß § 178a AO ab – derzeit **keine gesetzliche Regelung über APAs.** Vielmehr gibt es ein umfangreiches BMF-Schreiben (BMF, APA), das sich zumeist für den Steuerpflichtigen als großzügig erweist. Ergänzend gilt gem. BMF, APA, Tz. 1.1 das BMF-Schreiben zu den Verständigungs- und Schiedsverfahren (BMF, Verständigungsverfahren). 375

b) Bindung des Steuerpflichtigen an APAs: Eine Bindung des Steuerpflichtigen an APAs ist derzeit in der Bundesrepublik Deutschland nicht herzuleiten. Die **verbindliche Auskunft** gemäß § 89 Abs. 2 AO bietet schon deswegen keine Rechtsgrundlage, weil sie nur für die Zukunft erteilt wird (*Grotherr,* IStR 2005, 350 (356)) und auch nur dann schützen soll, wenn der Steuerpflichtige im Vertrauen auf die verbindliche Auskunft disponiert hat (*Rodemer,* S. 194). Schließlich lässt sich aus einer verbindlichen Auskunft nur eine Bindung der Behörde, nicht aber eine Bindung des Steuerpflichtigen herleiten. Denn eine Auskunft ist eine einseitige Wissenserklärung, kein Zusammenspiel korrespondierender Willenserklärungen. Eine **Zusage nach den §§ 204 ff. AO** scheitert daran, dass es häufig an einer vorangegangenen Betriebsprüfung fehlt. Zudem ist die Zusage wiederum nur ein einseitig die Verwaltung bindendes Instrument. Auch eine **tatsächliche Verständigung** liegt in den APAs nicht: Bei den APAs geht es regelmäßig auch um Rechtsfragen (*Schnorberger/Wingendorf,* DB 2004, 2234 (2235)). Zudem kommt eine tatsächliche Verständigung grundsätzlich nur über abgeschlossene Sachverhalte in Betracht (*Grotherr,* BB 2005, 855 (859)). Ein **Verwaltungsvertrag** ist hingegen im Bereich der Steuerfestsetzung nach der – freilich nicht unbestrittenen – ständigen Rechtsprechung des BFH (s. Rz. 128) und der dieser Rechtsprechung folgenden Verwaltungsauffassung (BMF, APA Tz. 1.2) grundsätzlich nicht zulässig. 376

Das **BMF** will daher einen anderen Weg in Form einer Kombination von **Vorabzusage und Einspruchsverzicht** beschreiten: Die Finanzbehörde setzt die zwischenstaatliche Vorabverständigung durch eine Vorabzusage gegenüber dem Steuerpflichtigen um und bindet sich dadurch ihm gegenüber. Der Steuerpflichtige muss hingegen, wenn er die Vorabzusage erhalten will, im Vorhinein gemäß § 354 Abs. 1a AO, auf einen Einspruch gegen Steuerbescheide verzichten, soweit diese die Ergebnisse der Vorabverständigungsvereinbarung für deren Laufzeit zutreffend umsetzen. Ein gleichwohl eingelegter Einspruch soll dann insoweit unzulässig sein. Dieser Weg begegnet **Bedenken:** Zum einen erscheint es zweifelhaft, ob ein derartiger Rechtsmittelverzicht vor Erlass des Steuerbescheids zulässig ist. Dem dürften die Rspr. des Bundesverfassungsgerichts (BVerfGE 10, 200 (216); 22, 49 (80)) entgegenstehen. Zum anderen wäre im Falle von Änderungen des Steuerbescheids die Finanzbehörde immer verpflichtet, das materiell richtige Ergebnis im Steuerbescheid umzusetzen. Für eine Bindung der Finanzverwaltung auf der Grundlage einer Vorabverständigung s. *van der Ham/Voll/Wingen,* IStR 2013, 861 (864); SD/*Flüchter,* Art. 25 Rz. 358. Dem Steuerpflichtigen, der sich auf das materiell richtige 377

Ergebnis beruft, kann auch nicht ein Verstoß gegen Treu und Glauben entgegengehalten werden. Letztlich wird sich eine Bindung des Steuerpflichtigen, die rechtspolitisch wünschenswert erscheint (*Rodemer,* S. 200), nur aufgrund einer **ausdrücklichen gesetzlichen Regelung** ergeben können.

378 **c) Antrag:** Der Antrag bedarf in Deutschland der Schriftform. Er ist persönlich vom Antragsteller zu unterzeichnen (BMF, APA, Tz. 2.3). Eine nicht abschließende Aufzählung der wichtigsten, zusammen mit dem Antrag einzureichenden Unterlagen, findet sich in BMF APA, Tz. 3.5. Weitere Hinweise enthält der Fragebogen des BZSt (www.bzst.de). Bei Umlageverträgen bestimmen sich die Minimalanforderungen an die einzureichenden Unterlagen nach BMF, APA, Tz. 3.6 sowie zusätzlich nach Maßgabe des BMF-Schreibens zu den Dokumentations- und Nachweispflichten für Umlageverträge v. 30.12.1999, BStBl. 1999 I, 1122.

379 **d) Mitwirkungspflichten:** Die deutsche Finanzverwaltung (BMF, APA, Tz. 4.2) leitet die Mitwirkungspflichten des Steuerpflichtigen aus der Tatsache her, dass der Steuerpflichtige zwar nicht Partei des zwischenstaatlichen (Vorab-)-Verständigungsverfahrens ist, wohl aber Partei des innerstaatlichen auf Erteilung einer Vorabzusage gerichteten Verfahrens.

380 **e) Kosten:** Gemäß § 178a AO fallen für Anträge auf APAs in der Bundesrepublik Deutschland pauschale Gebühren an. Sie belaufen sich auf eine Grundgebühr in Höhe von EUR 20.000, ein Verlängerungsantrag kostet EUR 15.000. Die Änderung eines Antrags schlägt mit EUR 10.000 zu Buche. Multilaterale APAs lösen für jedes bilaterale Verfahren eine gesonderte Gebührenpflicht aus. Für Kleinverfahren ermäßigen sich diese Beträge auf jeweils die Hälfte. § 178a Abs. 4 AO enthält eine Härteklausel, wonach die Gebühr herabgesetzt oder erlassen werden kann, wenn sie eine unbillige Härte für den Steuerpflichtigen bedeutet und das BZSt ein besonderes Interesse an der Durchführung des Vorabverständigungsverfahrens feststellt.

2. Gutachterliche Äußerung

390 Eine andere Weiterentwicklung für das Verständigungsverfahren findet sich in zwei deutschen DBA: das *DBA Dänemark* sieht gemäß Art. 44 Abs. 3 die Möglichkeit vor, ein unabhängiges Gremium mit einer gutachterlichen Äußerung zu beauftragen. Diese Möglichkeit besteht auch nach Art. 41 Abs. 3 *DBA Schweden* (vgl. *Guttentag/Misback,* BIFD 1986, 350; *Mutén,* TNI September 1992, 531 (534 f.)).

Artikel 26. Informationsaustausch

Text: OECD-Musterabkommen (OECD-MA)

1. Die zuständigen Behörden der Vertragsstaaten tauschen die Informationen aus, die zur Durchführung dieses Abkommens oder zur Verwaltung oder Anwendung des innerstaatlichen Rechts betreffend Steuern jeder Art und Bezeichnung, die für Rechnung der Vertragsstaaten oder ihrer Gebietskörperschaften erhoben werden, voraussichtlich erheblich sind, soweit die diesem Recht entsprechende Besteuerung nicht dem Abkommen widerspricht. Der Informationsaustausch ist durch Artikel 1 und 2 nicht eingeschränkt.

2. Alle Informationen, die ein Vertragsstaat nach Absatz 1 erhalten hat, sind ebenso geheim zu halten wie die auf Grund des innerstaatlichen Rechts dieses Staates beschafften Informationen und dürfen nur den Personen und Behörden (einschließlich der Gerichte und der Verwaltungsbehörden) zugänglich gemacht werden, die mit der Veranlagung oder Erhebung, der Vollstreckung oder Strafverfolgung oder mit der Entscheidung von Rechtsmitteln hinsichtlich der in Absatz 1 genannten Steuern oder mit der Aufsicht über diese Personen oder Behörden befasst sind. Diese Personen oder Behörden dürfen die Informationen nur für diese Zwecke verwenden. Sie dürfen die Informationen in einem öffentlichen Gerichtsverfahren oder in einer Gerichtsentscheidung offen legen. [ab 17.7.2012:] Notwithstanding the foregoing, information received by a Contracting State may be used for other purposes when such information may be used for such other purposes under the laws of both States and the competent authority of the supplying State authorises such use.

3. Die Absätze 1 und 2 sind nicht so auszulegen, als verpflichteten sie einen Vertragsstaat,

a) Verwaltungsmaßnahmen durchzuführen, die von den Gesetzen und der Verwaltungspraxis dieses oder des anderen Vertragsstaats abweichen;

b) Informationen zu erteilen, die nach den Gesetzen oder im üblichen Verwaltungsverfahren dieses oder des anderen Vertragsstaats nicht beschafft werden können;

c) Informationen zu erteilen, die ein Handels-, Industrie-, Gewerbe- oder Berufsgeheimnis oder ein Geschäftsverfahren preisgeben würden oder deren Erteilung dem Ordre public[1] widerspräche.

4. Wenn ein Vertragsstaat in Übereinstimmung mit diesem Artikel um Erteilung von Informationen ersucht, wendet der andere Vertragsstaat zur Beschaffung der Informationen seine innerstaatlichen Ermittlungsbefugnisse an, auch wenn er die Informationen nicht für seine eigenen Steuerzwecke benötigt. Die Verpflichtung unterliegt den Beschränkungen des Absatzes 3; diese sind aber nicht so auszulegen, als erlaubten sie einem Vertragsstaat, die Erteilung der Informationen abzulehnen, nur weil er kein eigenes Interesse an ihnen hat.

5. Absatz 3 ist nicht so auszulegen, als erlaube er einem Vertragsstaat, die Erteilung von Informationen abzulehnen, nur weil sie sich im Besitz einer Bank, einer anderen Finanzinstitution, eines Beauftragten, Bevollmächtigten oder Treuhänders befinden oder weil sie sich auf Beteiligungen an einer Person beziehen.

---

[1] Für die Bundesrepublik Deutschland „der öffentlichen Ordnung".

Text: Deutsche Verhandlungsgrundlage für DBA (DE-VG)

Artikel 25. Informationsaustausch

(1) **Die zuständigen Behörden der Vertragsstaaten tauschen die Informationen aus, die zur Durchführung dieses Abkommens oder zur Verwaltung oder Durchsetzung des innerstaatlichen Rechts betreffend Steuern jeder Art und Bezeichnung, die für Rechnung eines Vertragsstaats, eines seiner Länder oder einer ihrer Gebietskörperschaften erhoben werden, voraussichtlich erheblich sind, soweit die diesem Recht entsprechende Besteuerung nicht dem Abkommen widerspricht. Der Informationsaustausch ist durch Artikel 1 und 2 nicht eingeschränkt.**

(2) **Alle Informationen, die ein Vertragsstaat nach Absatz 1 erhalten hat, sind ebenso geheim zu halten wie die auf Grund des innerstaatlichen Rechts dieses Staates beschafften Informationen und dürfen nur den Personen oder Behörden (einschließlich der Gerichte und Verwaltungsbehörden) zugänglich gemacht werden, die mit der Festsetzung oder Erhebung, der Vollstreckung oder Strafverfolgung, der Entscheidung über Rechtsbehelfe hinsichtlich der in Absatz 1 genannten Steuern oder mit der Aufsicht darüber befasst sind. Diese Personen oder Behörden dürfen die Informationen nur für diese Zwecke verwenden. Für diese Zwecke dürfen die Informationen in einem verwaltungs- oder strafrechtlichen Ermittlungsverfahren, in einem öffentlichen Gerichtsverfahren oder in einer Gerichtsentscheidung offengelegt werden, sofern dies nach dem jeweiligen Recht der Vertragsstaaten vorgesehen ist. Ungeachtet der vorstehenden Bestimmungen können Informationen, die ein Vertragsstaat erhalten hat, für andere Zwecke verwendet werden, wenn sie nach dem Recht beider Staaten für diese anderen Zwecke verwendet werden können und die zuständige Behörde des übermittelnden Staates dieser Verwendung zugestimmt hat. Ohne vorherige Zustimmung der zuständigen Behörde des übermittelnden Staates ist eine Verwendung für andere Zwecke nur zulässig, wenn sie im Einzelfall zur Abwehr einer dringenden Gefahr für das Leben, die körperliche Unversehrtheit oder die persönliche Freiheit einer Person oder zum Schutz bedeutender Vermögenswerte erforderlich ist und Gefahr im Verzug besteht. In diesem Fall ist die zuständige Behörde des übermittelnden Staates unverzüglich um nachträgliche Genehmigung der Zweckänderung zu ersuchen. Wird die Genehmigung verweigert, ist die weitere Verwendung der Informationen für den anderen Zweck unzulässig; ein durch die zweckändernde Verwendung der Informationen entstandener Schaden ist zu ersetzen.**

(3) **Absätze 1 und 2 sind nicht so auszulegen, als verpflichteten sie einen Vertragsstaat,**

1. **Verwaltungsmaßnahmen durchzuführen, die von den Gesetzen und der Verwaltungspraxis dieses oder des anderen Vertragsstaats abweichen;**
2. **Informationen zu erteilen, die nach den Gesetzen oder im üblichen Verwaltungsverfahren dieses oder des anderen Vertragsstaats nicht beschafft werden können;**
3. **Informationen zu erteilen, die ein Betriebs-, Geschäfts-, Gewerbe-, Handels- oder Berufsgeheimnis oder ein Geschäftsverfahren preisgeben würden oder deren Erteilung der öffentlichen Ordnung (ordre public) widerspräche.**

(4) **Ersucht ein Vertragsstaat gemäß diesem Artikel um Informationen, so nutzt der andere Vertragsstaat die ihm zur Verfügung stehenden Möglichkeiten zur Beschaffung der erbetenen Informationen, selbst wenn er diese Informationen für seine eigenen steuerlichen Zwecke nicht benötigt. Die in**

Satz 1 enthaltene Verpflichtung unterliegt den Beschränkungen nach Absatz 3, aber diese Beschränkungen sind in keinem Fall so auszulegen, als könne ein Vertragsstaat die Erteilung von Informationen nur deshalb ablehnen, weil er kein innerstaatliches Interesse an diesen Informationen hat.

(5) Absatz 3 ist in keinem Fall so auszulegen, als könne ein Vertragsstaat die Erteilung von Informationen nur deshalb ablehnen, weil sich die Informationen bei einer Bank, einem sonstigen Finanzinstitut, einem Bevollmächtigten, Vertreter oder Treuhänder befinden oder weil sie sich auf Eigentumsanteile an einer Person beziehen.

Protokoll

6. Zu Artikel 25

a) Die empfangende Stelle kann die Daten in Übereinstimmung mit Artikel 25 Absatz 2 nur zu dem von der übermittelnden Stelle angegebenen Zweck verwenden und unterliegt dabei den durch die übermittelnde Stelle vorgeschriebenen und mit Artikel 25 in Einklang stehenden Bedingungen.

b) Die übermittelnde Stelle ist verpflichtet, auf Richtigkeit der zu übermittelnden Daten und ihre voraussichtliche Erheblichkeit im Sinne des Artikels 25 Absatz 1 und die Verhältnismäßigkeit in Bezug auf den mit der Übermittlung verfolgten Zweck zu achten. Voraussichtlich erheblich sind die Daten, wenn im konkreten Fall die ernstliche Möglichkeit besteht, dass der andere Vertragsstaat ein Besteuerungsrecht hat, und keine Anhaltspunkte dafür vorliegen, dass die Daten der zuständigen Behörde des anderen Vertragsstaats bereits bekannt sind oder dass die zuständige Behörde des anderen Vertragsstaats ohne die Information von dem Gegenstand des Besteuerungsrechts Kenntnis erlangt. Erweist sich, dass unrichtige Daten oder Daten, die nicht übermittelt werden durften, übermittelt worden sind, so ist dies der empfangenden Stelle unverzüglich mitzuteilen. Diese ist verpflichtet, die Berichtigung oder Löschung solcher Daten unverzüglich vorzunehmen.

c) Auf Ersuchen unterrichtet die empfangende Stelle die übermittelnde Stelle im Einzelfall über die Verwendung der übermittelten Daten und die dadurch erzielten Ergebnisse.

d) Die empfangende Stelle hat den Betroffenen über die Datenerhebung bei der übermittelnden Stelle zu informieren. Die Information kann unterbleiben, soweit und solange eine Abwägung ergibt, dass das öffentliche Interesse an dem Unterbleiben der Information gegenüber dem Informationsinteresse des Betroffenen überwiegt.

e) Der Betroffene ist auf Antrag über die zu seiner Person übermittelten Daten sowie über deren vorgesehene Verwendung zu unterrichten. Buchstabe d Satz 2 gilt entsprechend.

f) Wird jemand im Zusammenhang mit Übermittlungen im Rahmen des Datenaustauschs nach diesem Abkommen rechtswidrig geschädigt, haftet ihm hierfür die empfangende Stelle nach Maßgabe ihres innerstaatlichen Rechts. Sie kann sich im Verhältnis zum Geschädigten zu ihrer Entlastung nicht darauf berufen, dass der Schaden durch die übermittelnde Stelle verursacht worden ist.

g) Die übermittelnde und die empfangende Stelle sind verpflichtet, die Übermittlung und den Empfang von personenbezogenen Daten aktenkundig zu machen.

h) Soweit das für die übermittelnde Stelle geltende innerstaatliche Recht in Bezug auf die übermittelten personenbezogenen Daten besondere Löschungsfristen vorsieht, weist diese Stelle die empfangende Stelle darauf hin. In jedem Fall sind die übermittelten personenbezogenen Daten zu löschen, sobald sie für den Zweck, für den sie übermittelt worden sind, nicht mehr erforderlich sind.

i) Die übermittelnde und die empfangende Stelle sind verpflichtet, die übermittelten personenbezogenen Daten wirksam gegen unbefugten Zugang, unbefugte Veränderung und unbefugte Bekanntgabe zu schützen.

Text: US-Musterabkommen (US-MA)

1. Die zuständigen Behörden der Vertragsstaaten tauschen die Informationen aus, die für die Durchführung dieses Abkommens oder des innerstaatlichen Rechts der Vertragsstaaten betreffenden Steuern jeder Art und Bezeichnung, die von einem Vertragsstaat erhoben werden, von Bedeutung sein können, soweit die diesem Recht entsprechende Besteuerung nicht dem Abkommen widerspricht, einschließlich Informationen bezüglich der Veranlagung und Erhebung, der Vollstreckung oder Strafverfolgung oder der Entscheidung über Rechtsmittel dieser Steuern. Der Informationsaustausch ist durch Artikel 1 (Allgemeiner Geltungsbereich) oder Artikel 2 (Unter das Abkommen fallende Steuern) nicht eingeschränkt.

2. Alle Informationen, die ein Vertragsstaat nach diesem Artikel erhalten hat, sind ebenso geheim zu halten wie die auf Grund des innerstaatlichen Rechts dieses Staates beschafften Informationen und dürfen nur den Personen oder Behörden (einschließlich der Gerichte und der Verwaltungsbehörden) zugänglich gemacht werden, die mit der Veranlagung oder Erhebung, der Verwaltung, Vollstreckung oder Strafverfolgung oder mit der Entscheidung über Rechtsmitteln hinsichtlich der in Absatz 1 genannten Steuern oder mit der Aufsicht über diese Personen oder Behörden befasst sind. Diese Personen oder Behörden dürfen die Informationen nur für diese Zwecke verwenden. Sie dürfen die Informationen in einem öffentlichen Gerichtsverfahren oder in einer Gerichtsentscheidung offen legen.

3. Die vorstehenden Absätze sind nicht so auszulegen, als verpflichteten sie einen Vertragsstaat,

a) Verwaltungsmaßnahmen durchzuführen, die von den Gesetzen und der Verwaltungspraxis dieses oder des anderen Vertragsstaates abweichen;

b) Informationen zu erteilen, die nach den Gesetzen oder im üblichen Verwaltungsverfahren dieses oder des anderen Vertragsstaates nicht beschafft werden können;

c) Informationen zu erteilen, die ein Handels-, Industrie-, Gewerbe- oder Berufsgeheimnis oder ein Geschäftsverfahren preisgeben würden oder deren Erteilung der öffentlichen Ordnung widerspräche.

4. Wenn ein Vertragsstaat in Übereinstimmung mit diesem Artikel um Erteilung von Informationen ersucht, wendet der andere Vertragsstaat zur Beschaffung der Informationen seine innerstaatlichen Ermittlungsbefugnisse an, auch wenn er die Informationen nicht für seine eigenen Steuerzwecke benötigt. Die Verpflichtung nach vorstehendem Satz unterliegt den Beschränkungen des Absatzes 3; diese sind aber nicht so auszulegen, als erlaubten sie einem Vertragsstaat, die Erteilung der Informationen abzulehnen, nur weil er kein eigenes Interesse an ihnen hat.

5. Absatz 3 ist nicht so auszulegen, als erlaubte er einem Vertragsstaat, die Erteilung von Informationen abzulehnen, nur weil sie sich im Besitz einer Bank, einer anderen Finanzinstitution, eines Beauftragten, Bevollmächtigten oder Treuhänders befinden oder weil sie sich auf Beteiligungsverhältnisse beziehen.

6. Wenn die zuständige Behörde eines Vertragsstaates ausdrücklich darum ersucht, wird die zuständige Behörde des anderen Vertragsstaates die Informationen nach diesem Artikel in der Form eidlicher Zeugenaussagen sowie beglaubigter und unveränderter Kopien der Originalunterlagen (einschließlich Büchern, Dokumenten, Berichten, Akten, Abschlüssen und Schreiben) erteilen.

7. Jeder Vertragsstaat bemüht sich, für den anderen Vertragsstaat diejenigen Beträge zu erheben, die notwendig sind, um sicher zu stellen, dass die durch das Abkommen gewährte

Entlastung von der Steuer des anderen Staates anderen als abkommensberechtigten Personen zugute kommt. Dieser Absatz verpflichtet keinen der Vertragsstaaten, Verwaltungsmaßnahmen durchzuführen, die in Widerspruch zu seiner Souveränität, Sicherheit oder öffentlichen Ordnung stünden.

8. Die zuständige Behörde des ersuchten Staates soll Vertretern des ersuchenden Staates die Einreise in den ersuchten Staat gestatten, um – mit deren Einverständnis – natürliche Personen zu befragen oder die Buchhaltung und Unterlagen der Personen einzusehen, die Gegenstand der Untersuchung sind.

9. Die zuständigen Behörden der Vertragsstaaten können eine Vereinbarung über die Durchführung dieses Artikels entwickeln, einschließlich einer Vereinbarung zur Sicherstellung eines vergleichbaren Niveaus der Amtshilfe für beide Vertragsstaaten, aber in keinem Fall befreit das Fehlen einer solchen Vereinbarung einen Vertragsstaat von den Verpflichtungen nach diesem Artikel.

Inhalt

1 **Neuere Literatur:** *Aigner,* Die Sparzinsenrichtlinie (2009); *Aumayr/Marchgraber,* Der Anwendungsbereich des Art. 26 OECD-MA mit kleiner Auskunftsklausel, SWI 2011, 199; *Beier/Schulte,* Die zwischenstaatlichen Musterabkommen zur FATCA-Implementierung, die Änderung des Art. 26 OECD-MA und die Position der Art. 29-Gruppe, RIW 2012, 683; *Bozza-Bodden,* Internationale Zusammenarbeit – Informationsaustausch, DStJG 36 (2013), 133; *Cavelti,* Automatic Information Exchange versus the Withholding Tax Regime Globalization and Increasing Sovereignty Conflicts in International Taxation, WTJ 2013, 172; *Czakert,* Neue Entwicklungen beim abkommensrechtlichen Informationsaustausch, in Baumhoff/Schönfeld, Doppelbesteuerungsabkommen – Nationale und internationale Entwicklungen, 2012; *ders.,* Aktuelle Entwicklungen im Bereich des automatischen Informationsaustauschs, ISR 2013, 409; *ders.,* Entwicklungen im internationalen steuerlichen Informationsaustausch, in FS Frotscher (2013), S. 5; *Güntherl/Tüchler,* Exchange of Information for Tax Purposes, 2013; *Herlinghaus,* Zu Möglichkeiten und Grenzen des Rechtsschutzes gegen Maßnahmen des zwischenstaatlichen Informationsaustausches nach den Doppelbesteuerungsabkommen, in FS Herzig (2010), S. 933; *Jirousek,* Die Zukunft der internationalen Verwaltungszusammenarbeit, ÖStZ 2013, 308; *Keen/Ligthart,* Information Sharing and International Taxation, Tilburg University Discussion Paper No. 2004–117 (2004); *Lang,* Die Rechtsprechung des EuGH zur internationalen Amtshilfe im rechtlichen und politischen Kontext, SWI 2012, 67; *Lang/Schuch/Staringer,* Internationale Amtshilfe in Steuersachen (2011); *Lehner,* Möglichkeiten zur Verbesserung des Verständigungsverfahrens auf der Grundlage des EWG-Vertrages (1982); *Locher,* Handbuch und Praxis der schweizerisch-amerikanischen Doppelbesteuerungsabkommen, Loseblatt; *Lochmann,* Fiskal- und Spezialitätsvorbehalte in der Rechtshilfe mit der Schweiz vor dem Aus, SWI 2012, 463; *Luchtman,* European cooperation between financial supervisory authorities, tax authorities and judicial authorities (2008); *Möllenbeck,* Das Verhältnis der EG-Amtshilfe zu den erweiterten Mitwirkungspflichten bei internationalen Steuerfällen (2010); *Mühlbauer,* Die gemeinschaftsrechtlichen Aspekte der Zinsbesteuerung bei privaten Investoren (2008); *Oberson,* The Development of International Assistance in Tax Matters in Switzerland: from Evolution to Revolution, ET 2013, 368; *Pistone,* Exchange of Information and Rubik Agreements: The perspective of an EU Academic, BIFD 2013, 216; *Reich/Bachmann,* Steuerrecht (2006); *Schenk-Geers,* International Exchange of Information and the Protection of Taxpayers (2009); *Schilcher,* Grenzen der Mitwirkungspflichten im Lichte des Gemeinschaftsrechts (2010); *ders.,* in Lang/Pistone/Schuch/Staringer, Introduction to European Tax Law on Direct Taxation (2010), S. 181; *Schmehl,* Tendenzen und Probleme der interna-

tionalen Zusammenarbeit im Steuerverfahren, in Lüdicke (Hrsg.), Brennpunkte im deutschen Internationalen Steuerrecht (2010), S. 45; *Seer,* Steuerverfahrensrechtliche Bewältigung grenzüberschreitender Sachverhalte, in FS Schaumburg (2009), S. 151; *ders., Recent* Developments in Exchange of Information within the EU for Tax Matters, EX Tax Review 2013, 66; *Seer/Gabert,* Mutual assistance and information exchange (2010); *dies.,* Der internationale Auskunftsverkehr in Steuersachen, StuW 2010, 3; *Stahlschmidt/Laws,* Handbuch des Auskunftsverkehrs in Steuersachen (2009); *Stewart,* Transnational Tax Information Exchange Networks: Steps towards a Globalized, Legitimate Tax Administration, WTJ 2012, 152; *OECD,* Standard for Automatic Exchange of Financial Account Information – Common Reporting Standard, (2014); *Tegtmeyer,* Zwischenstaatliche informationelle Unterstützung in Steuersachen mit Nicht-EU-Staaten (2007); *Wolff/Bachof/ Stober,* Verwaltungsrecht II (2010).

Verwaltungsanweisungen: *BMF,* Merkblatt zur zwischenstaatlichen Amtshilfe durch Auskunftsaustausch in Steuersachen, BStBl. I 2006, 26; *BMF,* Zwischenstaatliche Rechtshilfe in Steuerstrafsachen, BStBl. I 2006, 698.

OECD-Dokumente: *OECD,* Tax Information Exchange Between OECD Member Countries: A Survey of Current Practices (1994); *OECD,* Improving Access to Bank Information for Tax Purposes (2000); *OECD,* Access for Tax Authorities to Information Gathered by Anti-Money Laundering Authorities (2002); *OECD,* Manual on the Implementation of Exchange of Information Provisions for Tax Purposes (2006) (abrufbar unter www.oecd.org/ctp/eoi/manual); *OECD,* Improving Access to Bank Information for Tax Purposes: The 2007 Progress Report (2007); *OECD,* Tax Co-operation 2010: Towards a Level Playining Field (2010); *Global Forum on Transparency and Exchange of Information for Tax Purposes,* Germany: Peer Review Report Combined: Phase 1 and Phase 2 (2011); *OECD,* Implementing the Tax Transparency Standards – A Handbook for Assessors and Jurisdictions (2011); *Global Forum on Transparency and Exchange of Information for Tax Purposes,* Tax Transparency 2011: Report on Progress (2011); *OECD,* Automatic Exchange of Information (2012); *OECD,* Keeping It Safe – The OECD Guide on the Protection of Confidentiality of Information for Tax Purposes (2012); *OECD,* Standard for Automatic Exchange of Financial Account Information in Tax Matters, (2014).

Text: OECD-Musterkommentar (MA-Kommentar)

I. Vorbemerkungen

1. [Hintergrund der Regelung] *Die Aufnahme von Bestimmungen über die Zusammenarbeit der Steuerverwaltungen der beiden Vertragsstaaten in ein Abkommen zur Vermeidung der Doppelbesteuerung ist sicherlich gerechtfertigt. In erster Linie ist Amtshilfe zur Ermittlung von Sachverhalten, auf die die Abkommensregelungen anzuwenden sind, erforderlich. Ferner sind die Vertragsstaaten wegen der ständig enger werdenden internationalen Wirtschaftsbeziehungen immer mehr am gegenseitigem Austausch von Informationen zur Anwendung der innerstaatlichen Steuergesetze interessiert, selbst wenn es dabei nicht um die Anwendung eines bestimmten Abkommensartikels geht.*

2. [Regelungsgegenstand] *Daher enthält dieser Artikel Regeln für einen möglichst weitgehenden Informationsaustausch, um damit eine geeignete Grundlage für die Durchführung des innerstaatlichen Steuerrechts der Vertragsstaaten und gegebenenfalls auch für die Anwendung einzelner Abkommensbestimmungen zu haben. Der Wortlaut des Artikels stellt klar, dass der Informationsaustausch nicht durch die Artikel 1 und 2 eingeschränkt wird, so dass die Informationen auch Angaben über nichtansässige Personen beinhalten können, und sich auf die Verwaltung oder Anwendung von Steuern beziehen kann, die in Art. 2 nicht genannt sind.*

3. [Steuererhebung] *Die Amtshilfe bei der Erhebung und Eintreibung von Steuern wird in Artikel 27 behandelt.* **[ab 17.7.2012:]** *, but exchanges of information for the purpose of tax collection are governed by Article 26 (see paragraph 5 of the Commentary on Article 27). Similarly, mutual agreement procedures are dealt with in Article 25, but exchanges of information for the purposes of a mutual agreement procedure are governed by Article 26 (see paragraph 4 of the Commentary on Article 25).*

4. [Änderungen im Jahr 2005] *Im Jahr 2002 unternahm der Steuerausschuss eine umfassende Prüfung des Artikels 26, um sicherzustellen, dass er die gegenwärtige Staatenpraxis wiedergibt. Diese Überprüfung berücksichtigte auch neuere Entwicklungen wie das Musterabkommen zum Austausch von Informationen in Steuersachen, das von der Arbeitsgruppe des Globalen Forums der OECD zum wirksamen Austausch von Informationen erarbeitet worden ist, und den Idealstandard des Zugangs zu Bankinformationen, wie er in dem Bericht „Verbesserung des Zugangs zu Bankinformationen für Steuerzwecke“*[1] *beschrieben ist. Als Ergebnis wurden im Jahre 2005 mehrere Änderungen sowohl im Text als auch im Kommentar vorgenommen.*

4.1 [Keine substanziellen Änderungen] *Bei vielen der Änderungen, die im Artikel vorgenommen worden sind, bestand nicht die Absicht, seine Substanz zu ändern; sie sollten vielmehr Zweifel bei seiner Auslegung beseitigen. So erfolgten der Wechsel von „erforderlich“ zu „voraussichtlich erheblich“ und die Einfügung der Worte „zur Verwaltung oder Anwendung“ in Absatz 1, um Übereinstimmung mit dem Musterabkommen zum Austausch von Informationen in Steuersachen zu erzielen, sollten aber die Wirkung der Vorschrift nicht ändern.* **[bis 16.7.2012:** *Der neue***]** *Absatz 4 wurde angefügt, um das vorher im Kommentar zum Ausdruck gebrachte allgemeine Verständnis (s. Ziffer 19.6) in den Text aufzunehmen.* **[bis 16.7.2012:** *Der neue***]** *Absatz 5 wurde angefügt, um die* **[bis 16.7.2012:** *gegenwärtige***]** *Praxis zwischen der großen Mehrheit der OECD-Mitgliedstaaten wiederzugeben (s. Ziffer 19.10). Die Einfügung der Worte „oder mit der Aufsicht über die vorgenannten Personen oder Behörden“ in den* **[bis 16.7.2012:** *neuen***]** *Absatz 2* **[bis 16.7.2012:** *stellt* **ab 17.7.2012:** *constituted***]** *andererseits eine Umkehrung der bisherigen Regelung dar.*

4.2 [Ausweitung des Kommentars] *Der Kommentar* **[bis 16.7.2012:** *ist* **ab 17.7.2012:** *was***]** *außerdem beträchtlich ausgeweitet worden. Diese Ausweitung* **[bis 16.7.2012:** *spiegelt* **ab 17.7.2012:** *reflected***]** *z. T. die Anfügung der* **[bis 16.7.2012:** *neuen***]** *Absätze 4 und 5 wider. Änderungen wurden vorgenommen, um kürzliche Entwicklungen und die gegenwärtige Länderpraxis zu berücksichtigen oder – allgemeiner – Zweifel über die richtige Auslegung des Artikels zu beseitigen.*

[ab 17.7.2012:]

4.3 The Article and the Commentary were further modified in 2012 to take into account recent developments and to further elaborate on the interpretation of certain provisions of this Article. Paragraph 2 of the Article was amended to allow the competent authorities to use information received for other purposes provided such use is allowed under the laws of both States and the competent authority of the supplying State authorises such use. This was previously included as an optional provision in paragraph 12.3 of the Commentary.

4.4 The Commentary was expanded to develop the interpretation of the standard of “foreseeable relevance” and the term “fishing expeditions” through the addition of: general clarifications (see paragraph 5), language in respect of the identification of the taxpayer under examination or investigation (see paragraph 5.1), language in respect of requests in relation to a group of taxpayers (see paragraph 5.2) and new examples (see subparagraphs e) to h) of paragraph 8 and paragraph 8.1). The Commentary further provides for an optional default standard of time limits within which the information is required to be provided unless a different agreement has been made by the competent authorities (see paragraphs 10.4 to 10.6) and that in accordance with the principle of reciprocity, if a Contracting State applies under paragraph 5 measures not normally foreseen in its domestic law or practice, such as to access and exchange bank information, that State is equally entitled to request similar information from the other Contracting State (see paragraph 15). Other clarifications were added in paragraphs 3, 5.3, 6, 11, 12, 12.3, 12.4, 16, 16.1 and 19.7.

---

[1] OECD, Paris, 2000.

II. Kommentar zu den Abkommensbestimmungen

Absatz 1

5. ***[Grundregel]*** *Der erste Satz des Absatzes enthält die grundsätzliche Bestimmung über den Informationsaustausch. Die zuständigen Behörden der Vertragsstaaten tauschen die Informationen aus, die zur ordnungsgemäßen Anwendung der Artikel des Abkommens und des innerstaatlichen Rechts der Vertragsstaaten betreffend Steuern jeder Art und Bezeichnung, die in diesen Staaten erhoben werden, voraussichtlich erheblich sind, auch wenn im letzteren Fall kein bestimmter Artikel des Abkommens anzuwenden ist. Der Maßstab von „voraussichtlich erheblich" soll für einen Informationsaustausch im weitest möglichen Umfang sorgen und gleichzeitig klarstellen, dass es den Vertragsstaaten nicht frei steht, „Fischexpeditionen" zu unternehmen oder um Auskünfte zu ersuchen, die wahrscheinlich für die Steuerangelegenheiten eines bestimmten Steuerpflichtigen unerheblich sind.* **[ab 17.7.2012: [Text bis 16.7.2012 nun in Ziffer 5.3]]** *In the context of information exchange upon request, the standard requires that at the time a request is made there is a reasonable possibility that the requested information will be relevant; whether the information, once provided, actually proves to be relevant is immaterial. A request may therefore not be declined in cases where a definite assessment of the pertinence of the information to an ongoing investigation can only be made following the receipt of the information. The competent authorities should consult in situations in which the content of the request, the circumstances that led to the request, or the foreseeable relevance of requested information are not clear to the requested State. However, once the requesting State has provided an explanation as to the foreseeable relevance of the requested information, the requested State may not decline a request or withhold requested information because it believes that the information lacks relevance to the underlying investigation or examination. Where the requested State becomes aware of facts that call into question whether part of the information requested is foreseeably relevant, the competent authorities should consult and the requested State may ask the requesting State to clarify foreseeable relevance in the light of those facts. At the same time, paragraph 1 does not obligate the requested State to provide information in response to requests that are „fishing expeditions", i.e. speculative requests that have no apparent nexus to an open inquiry or investigation.*

5.1 **[ab 17.7.2012: [Text bis 16.7.2012 nun in Ziffer 5.4]]** *As is the case under the Model Agreement on Exchange of Information on Tax Matters*[1] *a request for information does not constitute a fishing expedition solely because it does not provide the name or address (or both) of the taxpayer under examination or investigation. The same holds true where names are spelt differently or information on names and addresses is presented using a different format. However, in cases in which the requesting State does not provide the name or address (or both) of the taxpayer under examination or investigation, the requesting State must include other information sufficient to identify the taxpayer. Similarly, paragraph 1 does not necessarily require the request to include the name and/or address of the person believed to be in possession of the information. In fact, the question of how specific a request has to be with respect to such person is typically an issue falling within the scope of subparagraphs a) and b) of paragraph 3 of Article 26.*

5.2 **[ab 17.7.2012: [Text bis 16.7.2012 nun in Ziffer 5.5]]** *The standard of „foreseeable relevance" can be met both in cases dealing with one taxpayer (whether identified by name or otherwise) or several taxpayers (whether identified by name or otherwise). Where a Contracting State undertakes an investigation into a particular group of taxpayers in accordance with its laws, any request related to the investigation will typically serve „the administration or enforcement" of its domestic tax laws and thus comply with the requirements of paragraph 1, provided it meets the standard of „foreseeable relevance". However, where the request relates to a group of taxpayers not individually identified, it will often be more diffi-*

[1] See Paragraph 58 of its Commentary.

cult to establish that the request is not a fishing expedition, as the requesting State cannot point to an ongoing investigation into the affairs of a particular taxpayer which in most cases would by itself dispel the notion of the request being random or speculative. In such cases it is therefore necessary that the requesting State provide a detailed description of the group and the specific facts and circumstances that have led to the request, an explanation of the applicable law and why there is reason to believe that the taxpayers in the group for whom information is requested have been non-compliant with that law supported by a clear factual basis. It further requires a showing that the requested information would assist in determining compliance by the taxpayers in the group. As illustrated in the example in subparagraph h) of paragraph 8, in the case of a group request a third party will usually, although not necessarily, have actively contributed to the non-compliance of the taxpayers in the group, in which case such circumstance should also be described in the request. Furthermore, and as illustrated in the example in subparagraph a) of paragraph 8.1, a group request that merely describes the provision of financial services to non-residents and mentions the possibility of non-compliance by the non-resident customers does not meet the standard of foreseeable relevance.

[ab 17.7.2012: [bisher in Ziffer 5.]]

5.3. Die Vertragsstaaten können sich auf eine alternative mit dem Geltungsbereich des Artikels vereinbarte Formulierung **[bis 16.7.2012:** *dieses Maßstabs* **ab 17.7.2012:** *the standard of foreseeable relevance***]** *einigen* **[ab 17.7.2012:** *and is therefore understood to require an effective exchange of information***]** **[bis 16.7.2012:** *(z. B. durch Ersetzung von „voraussichtlich erheblich" durch „notwendig" oder „erheblich")* **ab 17.7.2012]:** *(e.g. by replacing, "is foreseeably relevant" with "is necessary", "is relevant" or "may be relevant"). Der Geltungsbereich des Informationsaustauschs erstreckt sich unbeschadet der allgemeinen Regeln und Rechtsvorschriften über die Rechte von Beschuldigten und Zeugen in Gerichtsverfahren auf alle Steuerangelegenheiten. Der Informationsaustausch für Zwecke von Steuerstraftaten kann auch auf zwei- oder mehrseitige Rechtshilfeabkommen (soweit sie auf Steuerstraftaten anwendbar sind) gestützt werden. Um den Informationsaustausch im Rahmen des Abkommens zu halten, wird bestimmt, dass die Informationen nur insoweit zu geben sind, als die Besteuerung nach dem in Betracht kommenden innerstaatlichen Steuerrecht dem Abkommen nicht widerspricht.*

[ab 17.7.2012: [bisher in Ziffer 5.1]]

5.4 [Nicht personenbezogene Informationen] *Der Informationsaustausch nach Absatz 1 ist nicht auf die auf den Steuerpflichtigen bezogenen Informationen beschränkt. Die zuständigen Behörden können auch andere sensible auf die Steuerverwaltung oder die Verbesserung des Vollzugs bezogene Informationen austauschen, z. B. Techniken der Risikoanalyse oder Steuervermeidungs- oder -verkürzungsgestaltungen.*

[ab 17.7.2012: [bisher in Ziffer 5.2]]

5.5 [Verhältnis zu anderen Instrumenten der Amtshilfe] *Die Amtshilfe, die Artikel 26 ermöglicht, begrenzt nicht die Amtshilfemöglichkeiten nach anderen bestehenden internationalen Abkommen oder Vereinbarungen zwischen den Vertragsstaaten, die sich auf die Zusammenarbeit in Steuerangelegenheiten beziehen, noch wird sie durch diese begrenzt. Da der Informationsaustausch in Bezug auf die Erhebung von Zöllen seine Rechtsgrundlage in anderen internationalen Instrumenten hat, werden im Allgemeinen diese spezielleren Instrumente vorrangig sein, und der Informationsaustausch in Bezug auf Zölle richtet sich in der Praxis nicht nach dem Artikel.*

6. [Anwendungsbeispiele] **[bis 16.7.2012:** *Die folgenden Beispiele sollen den in Ziffer 5 dargelegten Grundsatz veranschaulichen. In allen angeführten Fällen können gemäß Absatz 1 Informationen ausgetauscht werden.* **ab 17.7.2012:]** *The following examples seek to clarify the principles dealt with in paragraphs 5, 5.1 and 5.2 above. In the examples mentioned in paragraphs 7 and 8 information can be exchanged under paragraph 1 of Article 26. In the examples mentioned in paragraph 8.1, and assuming no further information is provided, the Contracting States are not obligated to provide information in response to a* *request for information. The examples are for illustrative purposes only. They should be read in the light of the overarching purpose of Article 26 not to restrict the scope of exchange of information but to allow information exchange „to the widest possible extent".*

7. [Fälle der Abkommensanwendung] *Anwendung des Abkommens:*

a) Bei Anwendung des Artikels 12 ersucht Staat A, in dem der Empfänger ansässig ist, den Staat B, in dem der Schuldner ansässig ist, um Auskünfte über die Höhe der gezahlten Lizenzgebühr.

b) Umgekehrt fragt Staat B, um die in Artikel 12 vorgesehene Befreiung gewähren zu können, bei Staat A an, ob der Empfänger der Zahlungen tatsächlich im letztgenannten Staat ansässig und Nutzungsberechtigter der Lizenzgebühren ist.

[bis 21.7.2010:

c) Ferner können Informationen benötigt werden, um verbundenen Unternehmen in verschiedenen Staaten einen angemessenen Gewinn zuzurechnen oder die Gewinne zu berücksichtigen, die in den Büchern einer Betriebsstätte in dem einen Staat und den Büchern des Hauptsitzes im anderen Staat ausgewiesen sind (Artikel 9, 7, 23 A und 23 B).

ab 22.7.2010:]

c) Similarly, information may be needed with a view to the proper allocation of profits between associated enterprises in different States or the proper determination of the profits attributable to a permanent establishment situated in one State of an enterprise of the other State (Articles 7, 9, 23 A and 23 B).

d) Informationen können für Zwecke der Anwendung des Artikels 25 benötigt werden.

e) Bei der Anwendung der Artikel 15 und 23 A unterrichtet Staat A, in dem der Arbeitnehmer ansässig ist, Staat B, wo die Arbeit an mehr als 183 Tagen ausgeübt worden ist, über den in Staat A von der Besteuerung ausgenommen Betrag.

8. [Fälle der Anwendung des innerstaatlichen Rechts] *Anwendung des innerstaatlichen Rechts:*

a) Eine Gesellschaft im Staat A liefert Waren an eine unabhängige Gesellschaft im Staat B. Staat A möchte vom Staat B Auskunft darüber, welchen Preis die Gesellschaft im Staat B für die Waren gezahlt hat, um sein innerstaatliches Recht richtig anwenden zu können.

b) Eine Gesellschaft im Staat A verkauft Waren über eine Gesellschaft im Staat C (möglicherweise ein Staat mit einem niedrigeren Steuerniveau) an eine Gesellschaft im Staat B. Die Gesellschafter können, müssen aber nicht, miteinander verbunden sein. Zwischen den Staaten A und C und den Staaten B und C bestehen keine Abkommen. Auf Grund des Abkommens zwischen den Staaten A und B ersucht Staat A zwecks richtiger Anwendung seines innerstaatlichen Rechts auf die Gewinne, die die in seinem Gebiet bestehende Gesellschaft erzielt hat, den Staat B um Auskunft über die von der Gesellschaft im Staat B für die Waren gezahlten Preise.

c) Staat A ersucht für die Zwecke der Besteuerung einer in seinem Gebiet bestehenden Gesellschaft auf Grund des zwischen den Staaten A und B bestehenden Abkommens um Auskunft über die Preise, die eine Gesellschaft oder ein Konzern im Staat B ohne Geschäftsbeziehungen zur Gesellschaft im Staat A berechnet, um durch Vergleich die von der Gesellschaft im Staat A geforderten Preise (z. B. Preise, die von einer Gesellschaft oder einem Konzern in beherrschender Stellung berechnet werden) zu überprüfen. Der Informationsaustausch kann in diesen Fällen unter Umständen schwierige und heikle Fragen aufwerfen, insbesondere wegen der Bestimmungen des Absatzes 3 Buchstabe c über Geschäfts- und sonstige Geheimnisse.

d) Zum Zweck der Prüfung von Vorsteuerabzügen, die eine in seinem Gebiete ansässige Gesellschaft für Dienste einer in Staat B ansässigen Gesellschaft geltend gemacht hat, ersucht Staat A um die Bestätigung, dass die Kosten der Dienste ordnungsgemäß in die Bücher und Aufzeichnungen der Gesellschaft in Staat B eingetragen worden sind.

[ab 17.7.2012:]

e) The tax authorities of State A conduct a tax investigation into the affairs of Mr. X. Based on this investigation the tax authorities have indications that Mr. X holds one or several undeclared bank accounts with Bank B in State B. However, State A has experienced that, in order to avoid detection, it is not unlikely that the bank accounts may be held in the name of relatives of the beneficial owner. State A therefore requests information on all accounts with Bank B of which Mr. X is the beneficial owner and all accounts held in the names of his spouse E and his children K and L.

f) State A has obtained information on all transactions involving foreign credit cards carried out in its territory in a certain year. State A has processed the data and launched an investigation that identified all credit card numbers where the frequency and pattern of transactions and the type of use over the course of that year suggest that the cardholders were tax residents of State A. State A cannot obtain the names by using regular sources of information available under its internal taxation procedure, as the pertinent information is not in the possession or control of persons within its jurisdiction. The credit card numbers identify an issuer of such cards to be Bank B in State B. Based on an open inquiry or investigation, State A sends a request for information to State B, asking for the name, address and date of birth of the holders of the particular cards identified during its investigation and any other person that has signatory authority over those cards. State A supplies the relevant individual credit card numbers and further provides the above information to demonstrate the foreseeable relevance of the requested information to its investigation and more generally to the administration and enforcement of its tax law.

g) Company A, resident of State A, is owned by foreign unlisted Company B, resident of State B. The tax authorities of State A suspect that managers X, Y and Z of Company A directly or indirectly own Company B. If that were the case, the dividends received by Company B from Company A would be taxable in their hands as resident shareholders under State A's controlled foreign company rules. The suspicion is based on information provided to State A's tax authorities by a former employee of Company A. When confronted with the allegations, the three managers of Company A deny having any ownership interest in Company B. The State A tax authorities have exhausted all domestic means of obtaining ownership information on Company B. State A now requests from State B information on whether X, Y and Z are shareholders of Company B. Furthermore, considering that ownership in such cases is often held through, for example, shell companies and nominee shareholders it requests information from State B on whether X, Y and Z indirectly hold an ownership interest in Company B. If State B is unable to determine whether X, Y or Z holds such an indirect interest, information is requested on the shareholder(s) so that it can continue its investigations.[1]

h) Financial service provider B is established in State B. The tax authorities of State A have discovered that B is marketing a financial product to State A residents using misleading information suggesting that the product eliminates the State A income tax liability on the income accumulated within the product. The product requires that an account be opened with B through which the investment is made. State A's tax authorities have issued a taxpayer alert, warning all taxpayers about the product and clarifying that it does not achieve the suggested tax effect and that income generated by the product must be reported. Nevertheless, B continues to market the product on its website, and State A has evidence that it also markets the product through a network of advisors. State A has already discovered several resident taxpayers that have invested in the product, all of whom had failed to report the income generated by their investments. State A has exhausted its domestic

[1] For cases where State B becomes aware of facts that call into question whether part of the shareholder information is foreseeably relevant, the competent authorities should consult and State B may ask State A to clarify foreseeable relevance in light of those facts, as discussed in paragraph 5.

means of obtaining information on the identity of its residents that have invested in the product. State A requests information from the competent authority of State B on all State A residents that (i) have an account with B and (ii) have invested in the financial product. In the request, State A provides the above information, including details of the financial product and the status of its investigation.

***8.1** Situations where Contracting States are not obligated to provide information in response to a request for information, assuming no further information is provided*

a) Bank B is a bank established in State B. State A taxes its residents on the basis of their worldwide income. The competent authority of State A requests that the competent authority of State B provide the names, date and place of birth, and account balances (including information on any financial assets held in such accounts) of residents of State A that have an account with, hold signatory authority over, or a beneficial interest in an account with Bank B in State B. The request states that Bank B is known to have a large group of foreign account holders but does not contain any additional information.

b) Company B is a company established in State B. State A requests the names of all shareholders in Company B resident of State A and information on all dividend payments made to such shareholders. The requesting State A points out that Company B has significant business activity in State A and is therefore likely to have shareholders resident of State A. The request further states that it is well known that taxpayers often fail to disclose foreign source income or assets.

***9. [Arten des Auskunftsverkehrs]** Nach Absatz 1 ist der Informationsaustausch auf drei verschiedene Arten möglich:*

a) Auf Ersuchen, und zwar einen bestimmten Fall, wobei vorausgesetzt wird, dass die Informationsquellen, die üblicherweise im innerstaatlichen Besteuerungsverfahren zur Verfügung stehen, zunächst auszuschöpfen sind, bevor der andere Staat um Auskunft ersucht wird;

b) automatisch, z. B. wenn Mitteilungen über eine bestimmte Art oder mehrere Arten von Einkünften, die aus einem Vertragsstaat in den anderen Vertragsstaat fließen, dem anderen Staat regelmäßig gegeben werden;[1]

c) unaufgefordert, z. B. wenn ein Staat, der im Verlauf eines Verfahrens Kenntnis von Umständen erlangt hat, die nach seiner Auffassung auch für den anderen Staat von Interesse sind.

***9.1 [Andere Verfahren zum Informationsaustausch]** Diese drei Arten des Informationsaustauschs (auf Ersuchen, automatisch und spontan) können auch miteinander verbunden werden. Auch sollte hervorgehoben werden, dass der Artikel die Möglichkeiten des Informationsaustauschs nicht auf diese Arten beschränkt und dass die Vertragsstaaten andere Verfahren zur Erlangung von Informationen, die für beide Vertragsstaaten erheblich sein können, anwenden können, wie gleichzeitige Prüfungen, Steuerprüfungen im Ausland oder einen branchenweiten Informationsaustausch. Diese Verfahren werden ausführlich in der Veröffentlichung „Austausch von steuerlichen Informationen zwischen Mitgliedstaaten der OECD: Ein Überblick über gegenwärtige Praktiken" (OECD, Paris, 1994) beschrieben und lassen sich wie folgt zusammenfassen:*

---

[1] Siehe Empfehlung des Rates der OECD **[bis 16.7.2012:** (81) 39/Final vom 5. Mai 1981 „Recommendation of the Council Concerning a Standardised Form for Automatic Exchanges of Information under International Tax Agreements" und Empfehlung des Rates der OECD **ab 17.7.2012:]** C (92) 50/Final vom 23. Juli 1992 (Recommendation of the Council Concerning a Standard Magnetic Exchange of Tax Information), C (97) 29/FINAL, dated 13 March 1997 (Recommendation on the use of Tax Identification Numbers in an international context), C (97) 30/FINAL, dated 10 July 1997 (Recommendation of the Council of the OECD on the Use of the Revised Standard Magnetic Format for Automatic Exchange of Information) and C (2001) 28/FINAL, dated 22 March 2001 (Recommendation on the use of the OECD Model Memorandum of Understanding on Automatic Exchange of Information for Tax Purposes).

- *Eine gleichzeitige Prüfung ist eine Abrede zwischen zwei oder mehr Parteien, die Steuerangelegenheiten eines (von) Steuerpflichtigen, an dem (denen) sie ein gemeinsames oder verbundenes Interesse haben, jeweils auf eigenem Gebiet zu prüfen, um erhebliche Informationen, die sie auf diese Weise erlangen, auszutauschen (siehe die Empfehlung des Rates der OECD C (92)81 vom 23. Juli 1992 zu einer OECD-Mustervereinbarung über die Durchführung gemeinsamer Prüfungen).*
- *Eine Steuerprüfung im Ausland ermöglicht es, Informationen durch die Anwesenheit von Vertretern der zuständigen Behörde des ersuchenden Vertragsstaats zu erlangen. Soweit dies nach seinem innerstaatlichen Recht zulässig ist, kann ein Vertragsstaat bevollmächtigten Vertretern des andere Vertragsstaates erlauben, in den erstgenannten Staat einzureisen, um entsprechend den von den zuständigen Behörden einvernehmlich festgelegten Verfahren natürliche Personen zu befragen oder Bücher und Aufzeichnungen einer Person zu prüfen oder um bei solchen Befragungen oder Prüfungen, die durch Steuerbehörden des erstgenannten Staates durchgeführt werden, anwesend zu sein. Ein solches Ersuchen könnte sich ergeben, wenn es dem Steuerpflichtigen in einem Vertragsstaat erlaubt ist, die Bücher in dem anderen Vertragsstaat zu führen. Diese Art von Beistand wird auf der Grundlage der Gegenseitigkeit gewährt. Die Gesetze und Praktiken der Staaten unterscheiden sich in Bezug auf den Umfang der Rechte, die ausländischen Beamten eingeräumt werden. Es gibt z. B. Staaten, wo ein ausländischer Steuerbeamter von jeder aktiven Teilnahme an einer Ermittlung oder Prüfung in ihrem Gebiet ausgeschlossen ist. Es gibt auch Staaten, wo eine solche Teilnahme nur mit Zustimmung des Steuerpflichtigen möglich ist. Die Konvention des Europarats und der OECD über die Amtshilfe in Steuerangelegenheiten spricht Steuerprüfungen im Ausland in ihrem Artikel 9 besonders an.*
- *Ein branchenweiter Informationsaustausch ist ein Austausch von steuerlichen Informationen, die speziell einen ganzen Wirtschaftszweig und nicht einzelne Steuerpflichtige betreffen (z. B. die Ölindustrie, die pharmazeutische Industrie, den Banksektor usw.).*

10. [Durchführung des Austausches] *Die Art und Weise, wie der im Abkommen vereinbarte Informationsaustausch durchzuführen ist, kann von den zuständigen Behörden der Vertragsstaaten bestimmt werden. Die Vertragsstaaten können z. B. wünschen, elektronische und andere Kommunikations- und Informationstechnologien mit angemessenen Sicherungssystemen zu nutzen, um die Rechtzeitigkeit und Qualität des Informationsaustausches zu verbessern. Vertragsstaaten, die nach ihrem innerstaatlichen Recht verpflichtet sind, Datenschutzgesetze zu beachten, mögen wünschen, in ihre zweiseitigen Abkommen Bestimmungen über den Schutz der ausgetauschten persönlichen Daten aufzunehmen. Der Datenschutz betrifft die Rechte und Grundfreiheiten einer natürlichen Person, insbesondere das Recht auf die Privatsphäre, im Hinblick auf die automatische Verarbeitung persönlicher Daten. Auf die Konvention des Europarats vom 28. Januar 1981 zum Schutz natürlicher Personen bei der automatischen Verarbeitung persönlicher Daten wird hingewiesen.*[1]

10.1 [Sachlicher Geltungsbereich] *Vor dem Jahre 2000 ermächtigte der Absatz den Austausch von Informationen und die Verwendung ausgetauschter Informationen nur in Bezug auf Steuern, die nach der allgemeinen Regelung des Artikels 2 unter das Abkommen fallen. So wie er gefasst war, verpflichtete der Absatz den ersuchten Staat nicht, einem die Erhebung von Umsatzsteuern betreffenden Auskunftsersuchen zu entsprechen, da eine solche Steuer von dem Abkommen nicht erfasst wurde. Der Absatz wurde dann in der Weise geändert, dass er für den Informationsaustausch in Bezug auf alle Steuern gilt, die von einem Vertragsstaat oder seinen Gebietskörperschaften erhoben werden, und die Verwendung der ausgetauschten Informationen für all diese Steuern zulässt. Einige Staaten mögen jedoch nicht in der Lage sein, in Bezug auf Steuern, die nach der allgemeinen Regelung des Artikels 2 nicht unter das: Abkommen fallen, Informationen auszutauschen oder die von einem*

[1] **[bis 16.7.2012:** Siehe http://conventions.coe.int.**]**

Vertragspartner erhaltenen Informationen zu verwenden. Solche Staaten sind frei, den Geltungsbereich des Absatzes 1 auf Steuern zu beschränken, die unter das Abkommen fallen.

10.2 [Besondere Form der Auskunft] *In einigen Fällen mag ein Vertragsstaat eine Auskunft in bestimmter Form benötigen, um Beweisanforderungen oder sonstigen gesetzlichen Erfordernissen zu entsprechen. Hierbei kann es sich um Zeugenaussagen oder beglaubigte Abschriften von Originalaufzeichnungen handeln. Die Vertragsstaaten sollten sich so weit wie möglich bemühen, solchen Ersuchen Rechnung zu tragen. Nach Absatz 3 kann der ersuchte Staat die Erteilung der Auskunft in der besonderen Form verweigern, wenn diese Form z. B. nach seinem Recht oder seiner Verwaltungspraxis unbekannt oder unzulässig ist. Die Verweigerung der Auskunftserteilung in der ersuchten Form lässt die Pflicht zur Auskunftserteilung unberührt.*

10.3 [Vorvertragliche Auskünfte] *Das Abkommen hindert nicht daran, die Bestimmungen des Artikels auf den Austausch von Informationen anzuwenden, die vor Inkrafttreten des Abkommens vorhanden waren, sofern die Amtshilfe bezüglich dieser Informationen nach dem Inkrafttreten des Abkommens geleistet wird und die Bestimmungen des Artikels anwendbar geworden sind. Die Vertragsstaaten mögen es allerdings nützlich finden zu klären, inwieweit die Bestimmungen des Artikels auf diese Informationen anwendbar sind, insbesondere wenn die Bestimmungen des Abkommens erstmals auf Steuern anzuwenden sind, die ab einem bestimmten Zeitpunkt entstehen oder erhoben werden.*

10.4 *Contracting States may wish to improve the speediness and timeliness of exchange of information under this Article by agreeing on time limits for the provision of information. Contracting States may do so by adding the following language to the Article:*

> *"6. The competent authorities of the Contracting States may agree on time limits for the provision of information under this Article. In the absence of such an agreement, the information shall be supplied as quickly as possible and, except where the delay is due to legal impediments, within the following time limits:*
>
> *(a) Where the tax authorities of the requested Contracting State are already in possession of the requested information, such information shall be supplied to the competent authority of the other Contracting State within two months of the receipt of the information request;*
>
> *(b) Where the tax authorities of the requested Contracting State are not already in the possession of the requested information, such information shall be supplied to the competent authority of the other Contracting State within six months of the receipt of the information request.*
>
> *Provided that the other conditions of this Article are met, information shall be considered to have been exchanged in accordance with the provisions of this Article even if it is supplied after these time limits."*

10.5 *The provisions in subparagraphs a) and b) of optional paragraph 6, referenced in paragraph 10.4, set a default standard for time limits that would apply where the competent authorities have not made a different agreement on longer or shorter time limits. The default standard time limits are two months from the receipt of the information request if the requested information is already in the possession of the tax authorities of the requested Contracting State and six months in all other cases. Notwithstanding the default standard time limits or time limits otherwise agreed, competent authorities may come to different agreements on a case-by-case basis, for example, when they both agree more time is appropriate. This may arise where the request is complex in nature. In such a case, the competent authority of a requesting Contracting State should not unreasonably deny a request by the competent authority of a requested Contracting State for more time. If a requested Contracting State is unable to supply the requested information within the prescribed time limit because of legal impediments (for example, because of ongoing litigation regarding a taxpayer's challenge to the validity of the request or ongoing litigation regarding a domestic notification procedure of the type described in paragraph 14.1), it would not be in violation of the time limits.*

10.6 *The last sentence in optional paragraph 6, referenced in paragraph 10.4, which provides, "Provided that the other conditions of this Article are met, information shall be considered to have been exchanged in accordance with the provisions of this Article even if it is supplied after these time limits." makes it clear that no objection to the use or admissibility of information exchanged under this Article can be based on the fact that the information was exchanged after the time limits agreed to by the competent authorities or the default time limits provided for in the paragraph.*

Absatz 2

11. [Geheimhaltungspflicht] *Die Steuerverwaltungen können einander nur Hilfe leisten, wenn jede Verwaltung sicher ist, dass die andere Verwaltung die im Rahmen der Zusammenarbeit erhaltenen Informationen vertraulich behandelt. Die Geheimhaltungsregeln des Absatzes 2 gelten für alle Arten von Informationen, die nach Absatz 1 empfangen werden, einschließlich sowohl der Informationen, die in einem Ersuchen enthalten sind, als auch der Informationen, die in Beantwortung eines Ersuchens übermittelt werden.* **[ab 17.7.2012:]** *Hence, the confidentiality rules cover, for instance, competent authority letters, including the letter requesting information. At the same time, it is understood that the requested State can disclose the minimum information contained in a competent authority letter (but not the letter itself) necessary for the requested State to be able to obtain or provide the requested information to the requesting State, without frustrating the efforts of the requesting State. If, however, court proceedings or the like under the domestic laws of the requested State necessitate the disclosure of the competent authority letter itself, the competent authority of the requested State may disclose such a letter unless the requesting State otherwise specifies. Die Geheimhaltungspflicht im empfangenden Vertragsstaat ist eine Frage des innerstaatlichen Rechts. Absatz 2 sieht daher vor, dass die auf Grund des Abkommens erhaltenen Informationen im empfangenden Staat ebenso geheimzuhalten sind wie die auf Grund des innerstaatlichen Rechts dieses Staates beschafften Informationen. Die Folgen der Verletzung der Geheimhaltungspflicht in diesem Staat richten sich nach dessen strafrechtlichen Bestimmungen.* **[ab 17.7.2012:]** *In situations in which the requested State determines that the requesting State does not comply with its duties regarding the confidentiality of the information exchanged under this Article, the requested State may suspend assistance under this Article until such time as proper assurance is given by the requesting State that those duties will indeed be respected. If necessary, the competent authorities may enter into specific arrangements or memoranda of understanding regarding the confidentiality of the information exchanged under this Article.*

12. [Zugang zu ausgetauschten Informationen] **[ab 17.7.2012:]** *Subject to paragraphs 12.3 and 12.4, die erhaltenen Informationen dürfen nur Personen und Behörden zugänglich gemacht werden, die mit der Veranlagung, Erhebung, Vollstreckung, Strafverfolgung oder Entscheidung von Rechtsmitteln hinsichtlich der Steuern, in Bezug auf die nach Absatz 1 Satz 1 Informationen ausgetauscht werden dürfen, oder mit der Aufsicht über diese Personen oder Behörden befasst sind. Dies bedeutet, dass die Informationen auch dem Steuerpflichtigen selbst, seinen Bevollmächtigten oder Zeugen zugänglich gemacht werden dürfen. Dies bedeutet auch, dass die Informationen Regierungs- oder Gerichtsbehörden offenbart werden dürfen, die beauftragt sind, über die Frage, ob die Informationen dem Steuerpflichtigen, seinem Vertreter oder den Zeugen offen gelegt werden sollten, zu entscheiden. Die einem Vertragsstaat zugegangenen Informationen dürfen von den betreffenden Personen oder Behörden nur für die in Absatz 2 erwähnten Zwecke verwendet werden. Außerdem sollten Informationen, die unter Absatz 1 fallen, gleich ob es sich um personenspezifische Informationen handelt oder nicht, nicht Personen oder Behörden offenbart werden, die in Absatz 2 nicht genannt sind, und zwar unabhängig davon, ob innerstaatliche Gesetze über den Zugang zu Informationen wie Informationsfreiheitsgesetze oder andere Gesetze in größerem Umfang Zugang zu Regierungsdokumenten erlauben.*

12.1 [Weitergabe an Überwachungsbehörden] *Informationen können auch Aufsichtsbehörden offenbart werden. Diese schließen Behörden ein, die die Steuerverwaltungs- und -vollzugsbehörden im Rahmen der allgemeinen Verwaltungstätigkeit eines Vertragsstaats überwachen. In zweiseitigen Verhandlungen können die Vertragsstaaten von diesem Grundsatz abweichen und die Offenbarung der Informationen an solche Aufsichtsbehörden ausschließen.*

12.2 [Weitergabe an Drittstaat] *Die Informationen, die ein Vertragsstaat erhalten hat, dürfen nicht einem dritten Staat offenbart werden, sofern dies nicht durch eine ausdrückliche Bestimmung in dem zweiseitigen Abkommen zwischen den Vertragsstaaten zugelassen ist.*

12.3 [Verwendung für andere Zwecke] **[bis 16.7.2012:** *In gleicher Weise darf der empfangende Staat die Informationen, wenn sie ihm für andere Zwecke als die in Absatz 12 genannten von Bedeutung zu sein scheinen, nicht für diese anderen Zwecke verwenden. Er muss vielmehr auf die Mittel zurückgreifen, die für diese Zwecke besonders bestimmt sind (z. B. auf ein Rechtshilfeabkommen, wenn keine Steuerstraftat vorliegt). Die Vertragsstaaten können jedoch zulassen, dass steuerliche Informationen von den Steuerbehörden in bestimmten Angelegenheiten hoher Priorität (z. B. Bekämpfung von Geldwäsche, Korruption, Finanzierung des Terrorismus) mit anderen Vollzugsorganen oder Gerichtsbehörden geteilt werden. Vertragsstaaten, die die Zwecke, für die sie die nach diesem Artikel ausgetauschten Informationen verwenden dürfen, erweitern wollen, können dies durch Anfügung folgenden Textes am Ende des Absatzes 2 tun:*

*„Ungeachtet der vorstehenden Bestimmungen dürfen Informationen, die ein Vertragsstaat erhalten hat, für andere Zwecke verwendet werden, wenn diese Informationen nach dem Recht beider Staaten für diese anderen Zwecke verwendet werden dürfen und die zuständige Behörde des übermittelnden Staates hierzu ermächtigt."***]**

[ab 17.7.2012:] *Information exchanged for tax purposes may be of value to the receiving State for purposes in addition to those referred to in the first and second sentences of paragraph 2 of Article 26. The last sentence of paragraph 2 therefore allows the Contracting States to share information received for tax purposes provided two conditions are met: first, the information may be used for other purposes under the laws of both States and, second, the competent authority of the supplying State authorises such use. It allows the sharing of tax information by the tax authorities of the receiving State with other law enforcement agencies and judicial authorities in that State on certain high priority matters (e.g., to combat money laundering, corruption, terrorism financing). When a receiving State desires to use the information for an additional purpose (i.e. non-tax purpose), the receiving State should specify to the supplying State the other purpose for which it wishes to use the information and confirm that the receiving State can use the information for such other purpose under its laws. Where the supplying State is in a position to do so, having regard to, amongst others, international agreements or other arrangements between the Contracting States relating to mutual assistance between other law enforcement agencies and judicial authorities, the competent authority of the supplying State would generally be expected to authorise such use for other purposes if the information can be used for similar purposes in the supplying State. Law enforcement agencies and judicial authorities receiving information under the last sentence of paragraph 2 must treat that information as confidential consistent with the principles of paragraph 2.*

12.4. *It is recognised that Contracting States may wish to achieve the overall objective inherent in the last sentence of paragraph 2 in other ways and they may do so by replacing the last sentence of paragraph 2 with the following text:*

"The competent authority of the Contracting State that receives information under the provisions of this Article may, with the written consent of the Contracting State that provided the information, also make available that information to be used for other purposes allowed under the provisions of a mutual legal assistance treaty in force between the Contracting States that allows for the exchange of tax information."

13. [Offenlegung in Gerichtsverfahren] *Wie in Ziffer 12 ausgeführt, können die erhaltenen Informationen den erwähnten Personen und Behörden zugänglich gemacht werden. Sie dürfen auf Grund des* **[bis 16.7.2012:** *letzten* **ab 17.7.2012:]** *third Satzes in Absatz 2 von diesen in einem öffentlichen Gerichtsverfahren oder in einer Entscheidung, in der der Steuerpflichtige namentlich genannt wird, offen gelegt werden. Sobald eine Information in einem öffentlichen Gerichtsverfahren oder in einer Gerichtsentscheidung verwendet und damit der Öffentlichkeit zugänglich gemacht wird, steht es fest, dass die Information von diesem Zeitpunkt an aus den Gerichtsakten oder Entscheidungen auch für andere Zwecke, sogar als etwaige Beweismittel, herangezogen werden kann. Dies bedeutet aber nicht, dass die in Absatz 2 erwähnten Personen und Behörden ermächtigt wären, auf Ersuchen darüber hinausgehende Informationen, die sie besitzen, liefern zu dürfen. Bestehen in einem Vertragsstaat oder in beiden Staaten Bedenken gegen diese Art der Offenlegung von Informationen durch die Gerichte oder gegen die Verwendung der Informationen für andere Zwecke nach der Offenlegung, weil dies dem üblichen Vorgehen nach ihrem innerstaatlichen Recht nicht entspricht, so sollten sie dies im Abkommen ausdrücklich feststellen.*

Absatz 3

14. [Nationaler Ermittlungsrahmen] *Dieser Absatz enthält zugunsten des ersuchten Staates gewisse Einschränkungen der grundsätzlichen Bestimmung. Zunächst stellt der Absatz klar, dass ein Vertragsstaat nicht verpflichtet ist, bei der Beschaffung von Informationen für den anderen Vertragsstaat über seine eigenen Gesetze und die eigene Verwaltungspraxis hinauszugehen. Jedoch dürfen innerstaatliche Bestimmungen über das Steuergeheimnis nicht als Hinderungsgrund für den Informationsaustausch nach diesem Artikel angesehen werden. Wie oben erwähnt, sind die Behörden des ersuchenden Staates zur Geheimhaltung der nach diesem Artikel eingeholten Informationen verpflichtet.*

14.1 [Anhörung des Betroffenen] *Das Recht einiger Länder sieht Verfahren zur Unterrichtung der Person vor, die die Auskunft gegeben hat, und/oder des Steuerpflichtigen, gegen den sich die Ermittlung richtet, bevor die Information erteilt wird. Solche Unterrichtungsverfahren können ein wichtiger Aspekt der Rechte sein, die nach innerstaatlichem Recht gewährt werden. Sie können helfen, Fehler zu vermeiden (z. B. in Fällen verwechselter Identität), und den Austausch zu erleichtern (indem sie Steuerpflichtigen, die unterrichtet werden, erlauben, freiwillig mit den Steuerbehörden in dem ersuchenden Staat zusammenzuarbeiten). Unterrichtungsverfahren sollten jedoch nicht in einer Weise angewandt werden, dass sie unter den besonderen Umständen des Ersuchens die Bemühungen des ersuchenden Staates zunichte machen. Sie sollten mit anderen Worten nicht den wirkungsvollen Informationsaustausch verhindern oder unangemessen verzögern. Unterrichtungsverfahren sollten z. B. Ausnahmen von der vorherigen Unterrichtung vorsehen, z. B. in Fällen, in denen das Auskunftsersuchen besonders dringend ist oder die Unterrichtung die Erfolgsaussicht der vom ersuchenden Staat durchgeführten Ermittlung wahrscheinlich untergraben würde. Ein Vertragsstaat, der nach seinem innerstaatlichen Recht verpflichtet ist, die Person, die die Auskunft gegeben hat, und/oder den Steuerpflichtigen darüber zu unterrichten, dass ein Informationsaustausch geplant ist, sollte seine Vertragspartner schriftlich davon in Kenntnis setzen, dass er eine solche Verpflichtung hat und welche Folgen sich für seine Pflichten bezüglich der gegenseitigen Amtshilfe daraus ergeben. Die Unterrichtung des anderen Vertragsstaates sollte erfolgen, wenn ein Abkommen geschlossen wird und immer wenn später die entsprechenden Regelungen geändert werden.*

15. [Gegenseitigkeitsprinzip] *Der ersuchte Staat braucht ferner keine Verwaltungsmaßnahmen durchzuführen, die nach dem Recht oder der Praxis des ersuchenden Staates nicht zulässig sind, und er braucht keine Informationen zu erteilen, die nach den Gesetzen oder der Verwaltungspraxis des ersuchten Staates nicht beschafft werden können. Daraus folgt, dass ein Vertragsstaat sich nicht der Informationsmöglichkeiten des anderen Vertragsstaates, soweit diese umfassender sind als die eigenen, bedienen kann. So kann ein Staat die*

Erteilung der Auskunft verweigern, wenn der ersuchende Staat gesetzlich daran gehindert wäre, die Auskunft zu beschaffen oder zu erteilen, oder wenn die Verwaltungspraxis des ersuchenden Staates (z. B. weil keine ausreichenden administrativen Mittel zur Verfügung gestellt werden) mangelnde Gegenseitigkeit zur Folge hat. Es wird allerdings anerkannt, dass eine zu strenge Anwendung des Grundsatzes der Gegenseitigkeit den wirksamen Informationsaustausch zunichte machen kann und dass Gegenseitigkeit breit und pragmatisch verstanden werden sollte. Verschiedene Länder werden notwendigerweise über unterschiedliche Mechanismen zur Beschaffung und Erteilung von Informationen verfügen. Abweichungen in der Praxis und im Verfahren sollten nicht als Grund für die Ablehnung eines Gesuchs genutzt werden, sofern diese Abweichungen sich nicht so auswirken, dass die generelle Fähigkeit des ersuchenden Staates, Informationen zu beschaffen und zu erteilen, wenn er selbst von dem ersuchten Staat ein legitimes Ersuchen erhielte, wesentlich eingeschränkt wäre. **[ab 17.7.2012:]** *It is worth noting that if a Contracting State applies, under paragraph 5, measures not normally foreseen in its domestic law or practice, such as to access and exchange bank information, that State is equally entitled to request similar information from the other Contracting State. This would be fully in line with the principle of reciprocity which underlies subparagraphs a) and b) of paragraph 3.*

15.1 [Bedeutung bestimmter Verfahren] *Der Grundsatz der Gegenseitigkeit ist nicht anwendbar, wenn das Rechtssystem oder die Verwaltungspraxis nur eines Landes ein bestimmtes Verfahren vorsieht. Ein Land, das um die Erteilung einer Auskunft ersucht worden ist, könnte z. B. nicht auf das Fehlen verbindlicher Auskünfte in dem ersuchenden Land verweisen und die Erteilung von Auskünften über eine verbindliche Auskunft, die es erteilt hat, unter Hinweis auf mangelnde Gegenseitigkeit verweigern. Wenn die erbetene Auskunft selbst nach den Gesetzen oder dem üblichen Verwaltungsverfahren des ersuchenden Staates nicht beschafft werden kann, kann ein ersuchter Staat aber selbstverständlich ein solches Ersuchen ablehnen.*

15.2 [Auskunftsverweigerungsrecht] *Die meisten Länder erkennen nach ihren innerstaatlichen Gesetzen an, dass eine Auskunft von einer Person nicht erlangt werden kann, soweit diese ein Auskunftsverweigerungsrecht wegen Selbstbezichtigung beanspruchen kann. Ein ersuchter Staat darf daher die Auskunftserteilung ablehnen, wenn der ersuchende Staat durch seine eigener Vorschriften über die Selbstbezichtigung daran gehindert gewesen wäre, unter ähnlichen Umständen die Auskunft zu erhalten. In der Praxis dürfte für das Auskunftsverweigerungsrecht wegen Selbstbezichtigung jedoch, wenn überhaupt, nur wenig Raum sein. Dieses Recht ist persönlicher Natur und kamt nicht von jemandem in Anspruch genommen werden, dem selbst keine Strafverfolgung droht. Die weitaus größte Zahl von Auskunftsersuchen geht dahin, von dritter Seite wie Banken, Mittelspersonen oder dem anderen Partner eines Vertrages, nicht aber von der Person, gegen die sich die Ermittlung richtet, Auskünfte zu erhalten. Außerdem steht das Auskunftsverweigerungsrecht wegen Selbstbezichtigung im Allgemeinen nur natürlichen Personen zu.*

16. [Beschaffbarkeit nach Verwaltungspraxis] *Unter Informationen, die nach der Verwaltungspraxis beschafft werden können, sind solche zu verstehen, die sich im Besitz der Steuerbehörden befinden oder von ihnen im üblichen Steuerfestsetzungsverfahren eingeholt werden können, wozu gegebenenfalls auch besondere Ermittlungen oder die besondere Prüfung der Geschäftsbücher des Steuerpflichtigen oder sonstiger Personen gehören, vorausgesetzt, die Steuerbehörden würden ähnliche Ermittlungen oder Prüfungen auch für eigene Zwecke vornehmen.* **[ab 17.7.2012:]** *The paragraph assumes, of course, that tax authorities have the powers and resources necessary to facilitate effective information exchange. For instance, assume that a Contracting State requests information in connection with an investigation into the tax affairs of a particular taxpayer and specifies in the request that the information might be held by one of a few service providers identified in the request and established in the other Contracting State. In this case, the requested State would be expected to be able to obtain and provide such information to the extent that such information is held by one of the service providers identified in the request. In responding to a request the requested State should be* *guided by the overarching purpose of Article 26 which is to permit information exchange "to the widest possible extent" and may consider the importance of the requested information to the requesting State in relation to the administrative burden for the requested State.*

16.1 *Subparagraphs a) and b) of paragraph 3 do not permit the requested State to decline a request where paragraph 4 or 5 applies. Paragraph 5 would apply, for instance, in situations in which the requested State's inability to obtain the information was specifically related to the fact that the requested information was believed to be held by a bank or other financial institution. Thus, the application of paragraph 5 includes situations in which the tax authorities' information gathering powers with respect to information held by banks and other financial institutions are subject to different requirements than those that are generally applicable with respect to information held by persons other than banks or other financial institutions. This would, for example, be the case where the tax authorities can only exercise their information gathering powers with respect to information held by banks and other financial institutions in instances where specific information on the taxpayer under examination or investigation is available. This would also be the case where, for example, the use of information gathering measures with respect to information held by banks and other financial institutions requires a higher probability that the information requested is held by the person believed to be in possession of the requested information than the degree of probability required for the use of information gathering measures with respect to information believed to be held by persons other than banks or financial institutions.*

17. [Informationsaustausch nach Ermessen] *Dem ersuchten Staat steht es frei, in den vorstehenden Fällen die Erteilung einer Information zu verweigern. Erteilt er jedoch die erbetenen Informationen, so hält er sich gleichwohl innerhalb des Rahmens der im Abkommen getroffenen Vereinbarung über den Informationsaustausch, so dass nicht eingewendet werden kann, dieser Staat verletzte die Geheimhaltungspflicht.*

18. [Unterschiedliche Ermittlungsmöglichkeiten der Vertragsstaaten] *Sind die Informationsmöglichkeiten der beiden Vertragsstaaten sehr unterschiedlich, so können die Bedingungen des Absatzes 2 Buchstaben a und b dazu führen, dass die Vertragsstaaten nur sehr wenige oder vielleicht überhaupt keine Informationen austauschen können. In diesem Fall können es die Vertragsstaaten für angebracht halten, den Bereich des Informationsaustausches zu erweitern.*

18.1 [Vermutung der Beschaffbarkeit] *Sofern von den Vertragsstaaten nichts anderes vereinbart ist, kann angenommen werden, dass die erbetene Auskunft von dem ersuchenden Staat unter ähnlichen Umständen beschafft werden könnte wenn dieser Staat nicht das Gegenteil hat erkennen lassen.*

19. [Schutz von Wirtschaftsgeheimnissen und öffentlicher Ordnung] *Nach den vorstehend erwähnten Einschränkungen enthält Absatz 3 Buchstabe c einen Vorbehalt bezüglich der Preisgabe gewisser Geheimnisse. Der dort verwendete Geheimnisbegriff darf nicht zu weit ausgelegt werden. Ein Vertragsstaat sollte, bevor er sich auf diese Bestimmung beruft, sorgsam abwägen, ob die Interessen des Steuerpflichtigen die Anwendung dieser Abkommensbestimmung tatsächlich rechtfertigen. Andernfalls würde eine zu weite Auslegung dieser Bestimmung den im Abkommen vorgesehenen Informationsaustausch vielfach unmöglich machen. Die Bemerkungen in Ziffer 17 gelten auch hier. Der ersuchte Staat hat zum Schutz der Interessen seiner Steuerpflichtigen einen gewissen Ermessensspielraum in der Verweigerung der erbetenen Informationen; entschließt er sich aber, die Informationen zu erteilen, so kann der Steuerpflichtige nicht eine Verletzung der Geheimhaltungsbestimmungen geltend machen.*

19.1 [Schutz durch Geheimhaltungsvorschriften] *In ihren Überlegungen bezüglich der Anwendung von Geheimhaltungsvorschriften sollten die Vertragsstaaten auch die Vertraulichkeitsregeln des Artikels 26 Abs. 2 berücksichtigen. Die innerstaatlichen Gesetze und Verwaltungspraktiken des ersuchenden Staates zusammen mit den nach Artikel 26 Abs. 2 auferlegten Pflichten können sicherstellen, dass die Auskunft nicht für die nicht zugelassenen*

Zwecke verwendet werden kann, gegen die das Geschäftsgeheimnis und andere Geheimhaltungsvorschriften schützen sollen. So kann ein Vertragsstaat sich für die Erteilung der Auskunft entscheiden, wenn er findet, dass keine vernünftigen Anhaltspunkte für die Annahme bestehen, ein betroffener Steuerpflichtiger könnte irgendwelche nachteiligen mit dem Zwecke des Informationsaustausches nicht vereinbaren Folgen erleiden.

***19.2 [Begriff des Geschäftsgeheimnisses]** In den meisten Fällen des Informationsaustausches wird sich die Frage des Handels-, Geschäfts- oder sonstigen Geheimnisses nicht stellen. Unter einem Handels- oder Geschäftsgeheimnis werden im Allgemeinen Tatsachen und Umstände verstanden, die von beträchtlicher wirtschaftlicher Bedeutung sind, die praktisch verwertet werden können und deren nicht erlaubte Verwertung einen ernsthaften Schaden verursachen kann (z. B. zu einer ernsthaften finanziellen Notlage führen kann). Die Ermittlung, Festsetzung und Erhebung von Steuern könnte als solche nicht als derartiger ernsthafter Schaden angesehen werden. Finanzielle Informationen, eingeschlossen Bücher und Aufzeichnungen, stellen ihrer Natur nach kein Handels-, Geschäfts- oder sonstiges Geheimnis dar. In bestimmten begrenzten Fällen könnte allerdings die Offenlegung finanzieller Informationen ein Handels-, Geschäfts- oder sonstiges Geheimnis offenbaren. Ein Ersuchen um Auskunft über bestimmte Einkaufsaufzeichnungen könnte z. B. ein solches Problem aufwerfen, wenn die Offenlegung dieser Information die bei der Herstellung eines Produkts genutzte exklusive Formel preisgäbe. Der Schutz solcher Informationen kann sich auch auf Informationen erstrecken, die im Besitz dritter Personen sind. Eine Bank kann z. B. einen anhängigen Patentierungsantrag in ihrem Tresor verwahren, oder ein geheimes Geschäftsverfahren oder eine geheime Formel kann in einem Darlehensantrag oder in einem Vertrag beschrieben sein, den eine Bank in Besitz hat. In solchen Fällen sollten Einzelheiten des Handels-, Geschäfts- oder sonstigen Geheimnisses aus den Dokumenten entfernt werden; nur die verbleibenden Informationen sollten dementsprechend ausgetauscht werden.*

***19.3 [Vertrauliche Mitteilungen zwischen Klient und Berater]** Ein ersuchter Staat kann es ablehnen, Informationen zu offenbaren, die sich auf vertrauliche Mitteilungen zwischen Rechtsanwälten oder anderen zugelassenen Rechtsvertretern in ihrer Eigenschaft als solchen und ihren Klienten beziehen, soweit die Mitteilungen nach innerstaatlichem Recht gegen Offenlegung geschützt sind. Der Umfang des Schutzes, der solchen Mitteilungen zuteil wird, sollte jedoch eng umschrieben werden. Ein solcher Schutz erstreckt sich nicht auf Dokumente oder Aufzeichnungen, die einem Rechtsanwalt oder sonstigen zugelassenen Rechtsvertreter in der Absicht übermittelt worden sind, diese Dokumente oder Aufzeichnungen vor der vom Gesetz geforderten Offenlegung zu bewahren. Auch ist die Auskunft über die Identität einer Person als Geschäftsführer oder Inhaber einer Gesellschaft typischerweise nicht als vertrauliche Mitteilung geschützt. Wenn auch der Umfang des Schutzes für vertrauliche Mitteilungen von Staat zu Staat unterschiedlich ist, sollte er nicht übermäßig weit gehen und so den wirksamen Informationsaustausch behindern. Mitteilungen zwischen Rechtsanwälten oder anderen zugelassenen Rechtsvertretern und ihren Klienten sind nur vertraulich, wenn und soweit diese Vertreter in ihrer Eigenschaft als Rechtsanwalt oder anderer zugelassener Rechtsvertreter und nicht in anderer Eigenschaft wie als nomineller Anteilseigner, Treuhänder, Treugeber, Geschäftsführer einer Gesellschaft oder im Rahmen einer Rechtsanwaltsvollmacht zur Vertretung einer Gesellschaft bei ihren Geschäftstätigkeiten handeln. Über die Behauptung, eine Information sei als vertrauliche Mitteilung zwischen einem Rechtsanwalt oder einem anderen zugelassenen Rechtsvertreter und seinem Klienten geschützt, sollte ausschließlich in dem Staat entschieden werden, nach dessen Recht sie geltend gemacht wird. Es ist daher nicht gewollt, dass die Gerichte des ersuchten Staates über Einwendungen, die sich auf die Gesetze des ersuchenden Staates stützen, entscheiden.*

***19.4 [Vorschrift zum Schutz von vertraulichen Mitteilungen zwischen Klient und Berater]** Vertragsstaaten, die sich ausdrücklich auf den Schutz für vertrauliche Mitteilungen zwischen einem Klienten und einem Rechtsanwalt oder einem anderen zugelassenen Rechts-*

vertreter beziehen wollen, können dies tun, indem sie den folgenden Text am Ende des Absatzes 3 anfügen:

„d) Informationen zu beschaffen oder zu erteilen, die vertrauliche Mitteilungen zwischen einem Klienten und einem Rechtsanwalt oder anderen zugelassenen Rechtsvertreter preisgeben würden, wenn diese Mitteilungen
i) für die Zwecke des Einholens oder Erteilens von Rechtsrat gemacht werden oder
ii) für die Verwendung in anhängigen oder erwogenen Gerichtsverfahren gemacht werden."

19.5 [Begriff der öffentlichen Ordnung] *Absatz 3 enthält auch eine Beschränkung in Bezug auf Informationen, die die lebenswichtigen Interessen des Staates selbst betrifft. Zu diesem Zweck ist vorgesehen, dass die Vertragsstaaten keine Informationen zu erteilen brauchen, deren Offenbarung der öffentlichen Ordnung (Ordre public) widerspräche. Diese Einschränkung dürfte allerdings nur in Extremfällen von Bedeutung sein. Ein solcher Fall könnte sich z. B. ergeben, wenn die steuerliche Ermittlung in dem ersuchenden Staat durch politische, rassische oder religiöse Verfolgung motiviert wäre. Die Einschränkung kann auch geltend gemacht werden, wenn die Information ein Staatsgeheimnis darstellt, z. B. sensible Informationen im Besitz der Geheimdienste, deren Preisgabe den lebenswichtigen Interessen des ersuchten Staates widerspräche. Fragen der öffentlichen Ordnung (Ordre public) tauchen daher im Zusammenhang mit dem Informationsaustausch zwischen Vertragspartnern nur selten auf.*

Absatz 4

19.6 [Bisherige Praxis] *Absatz 4 wurde im Jahre 2005 angefügt, um ausdrücklich die Verpflichtung zum Informationsaustausch in Fällen zu behandeln, in denen die erbetene Auskunft von dem ersuchten Staat nicht für eigene Steuerzwecke benötigt wird. Vor der Anfügung des Absatzes 4 wurde die Verpflichtung nicht besonders zum Ausdruck gebracht, ergab sich aber eindeutig aus der Praxis der Mitgliedstaaten, die zeigte, dass die Vertragsstaaten bei der Beschaffung von Informationen, um die ein Vertragspartner ersucht hat, oft von den besonderen Prüfungs- oder Ermittlungsbefugnissen Gebrauch machen, die ihnen durch ihre Gesetze für die Zwecke der Erhebung ihrer eigenen Steuern eingeräumt werden, obwohl sie selbst sie für diese Zwecke nicht benötigen. Dieser Grundsatz wird auch in dem Bericht Verbesserung des Zugangs zu Bankinformationen für Steuerzwecke („Improving Access to Bank Information for Tax Purposes")*[1] *zum Ausdruck gebracht.*

19.7 [Ermittlungsbefugnisse] *Nach Absatz 4 müssen die Vertragsstaaten von ihren Ermittlungsbefugnissen Gebrauch machen, selbst wenn sie sich nur zu dem Zweck, dem anderen Vertragsstaat Informationen zu erteilen, darauf berufen* **[ab 17.7.2012:** *and irrespective of whether the information could still be gathered or used for domestic tax purposes in the requested Contracting State. Thus, for instance, any restrictions on the ability of a requested Contracting State to obtain information from a person for domestic tax purposes at the time of a request (for example, because of the expiration of a statute of limitations under the requested State's domestic law or the prior completion of an audit) must not restrict its ability to use its information gathering measures for information exchange purposes.***]** *Der Ausdruck „Ermittlungsbefugnisse" bezeichnet Gesetze und Verwaltungs- und Gerichtsverfahren, die es einem Vertragsstaat ermöglichen, die erbetenen Informationen zu beschaffen und zu erteilen.* **[ab 17.7.2012:]** *Paragraph 4 does not oblige a requested Contracting State to provide information in circumstances where it has attempted to obtain the requested information but finds that the information no longer exists following the expiration of a domestic record retention period. However, where the requested information is still available notwithstanding the expiration of such retention period, the requested State cannot decline to exchange the information available. Contracting States should ensure that reliable accounting records are kept for five years or more.*

---

[1] OECD 2000, Abschnitt 21b.

19.8 [Verhältnis zu Absatz 3] *Der zweite Satz des Absatzes 4 macht deutlich, dass die Verpflichtung nach Absatz 4 den Beschränkungen des Absatzes 3 unterliegt, bestimmt aber auch, dass diese Beschränkungen nicht so ausgelegt werden können, als begründeten sie die Verweigerung der Information, wenn nach den Gesetzen oder der Verwaltungspraxis eines Landes ein eigenes Steuerinteresse vorausgesetzt wird. Wenn auch ein ersuchter Staat sich daher nicht mit der Begründung auf Absatz 3 berufen kann, nach seinen innerstaatlichen Gesetzen oder seiner innerstaatlichen Verwaltungspraxis erteile er nur Informationen, an denen er ein eigenes steuerliches Interesse habe, kann er aber z. B. die Informationserteilung verweigern, soweit sie ein Geschäftsgeheimnis preisgäbe.*

19.9 [Alternative Vorschrift] *Für viele Länder stellt Absatz 4 zusammen mit ihrem innerstaatlichen Recht eine hinreichende Grundlage dar, um ihre Ermittlungsbefugnisse zur Beschaffung der erbetenen Information zu nutzen, selbst wenn ein eigenes steuerliches Interesse an der Information fehlt. Andere Länder mögen jedoch ausdrücklich im Abkommen klarstellen wollen, dass die Vertragsstaaten die hierfür nötigen Befugnisse ihrer zuständigen Behörden gewährleisten müssen. Vertragsstaaten, die dies klarstellen wollen, können Absatz 4 durch den folgenden Text ersetzen:*

„Zur Durchführung des in Absatz 1 vorgesehenen Informationsaustauschs ergreift jeder Vertragsstaat die notwendigen Maßnahmen, einschließlich von Gesetzen, Richtlinien oder Verwaltungsvereinbarungen, um zu gewährleisten, dass seine zuständige Behörde nach seinem innerstaatlichen Recht, unabhängig davon, ob er diese Information für seine eigenen Steuerzwecke benötigt, hinreichende Befugnisse zur Beschaffung der Informationen für den Informationsaustausch hat."

Absatz 5

19.10 [Bisherige Praxis] *Absatz 1 erlegt einem Vertragsstaat ausdrücklich die Verpflichtung auf, alle Arten von Informationen auszutauschen. Mit Absatz 5 soll gewährleistet werden, dass die Einschränkungen des Absatzes 3 nicht benutzt werden, um den Austausch von Informationen, die sich im Besitz von Banken, anderen Finanzinstituten, Beauftragten, Bevollmächtigten und Treuhändern befinden, oder Informationen über den Eigentümer zu verhindern. Wenn Absatz 5, der im Jahre 2005 angefügt wurde, auch eine Änderung der Struktur des Artikels 26 darstellt, sollte er doch nicht so ausgelegt werden, als bedeute er, dass die frühere Fassung des Artikels 26 den Austausch dieser Informationen nicht erlaube. Die große Mehrheit der Mitgliedstaaten der OECD haben bereits nach der früheren Fassung des Artikels 26 derartige Informationen ausgetauscht. Die Anfügung des Absatzes 5 spiegelt lediglich die gegenwärtige Praxis wider.*

19.11 [Bankauskünfte] *Absatz 5 sieht vor, dass ein Vertragsstaat die Erteilung einer Information an einen Vertragspartner nicht allein deshalb ablehnen darf, weil die Information sich im Besitz einer Bank oder eines anderen Finanzinstituts befindet. Daher geht Absatz 5 dem Absatz 3 insoweit vor, als Absatz 3 ansonsten einem ersuchten Vertragsstaat erlauben würde, die Erteilung der Information auf Grund des Bankgeheimnisses zu verweigern. Die Anfügung des Absatzes 5 spiegelt die internationale Entwicklung auf diesem Gebiet wider, wie sie sich in dem Musterabkommen zum Informationsaustausch in Steuersachen zeigt und wie sie in dem Bericht „Verbesserung des Zugangs zu Bankinformationen für Steuerzwecke" („Improving Access to Bank Information for Tax Purposes")*[1] *beschrieben wird. Nach diesem Bericht geschieht der Zugang zu Informationen, die sich im Besitz einer Bank oder eines anderen Finanzinstituts befinden, entweder unmittelbar oder mittelbar über ein Verwaltungs- oder Gerichtsverfahren. Das Verfahren für den mittelbaren Zugang sollte nicht so beschwerlich und zeitraubend ein, dass es als Hindernis für den Zugang zu Bankinformationen wirkt.*

19.12 [Vertreter, Treuhänder usw.] *Absatz 5 sieht auch vor, dass ein Vertragsstaat die Erteilung von Informationen nicht allein deshalb verweigern darf, weil sich die Informationen*

---

[1] OECD 2000.

im Besitz von Personen befinden, die in ihrer Eigenschaft als Vertreter oder Treuhänder handeln. Wenn z. B. nach einem Gesetz eines Vertragsstaats alle Informationen, die sich im Besitz eines Treuhänders befinden, als Berufsgeheimnis behandelt würden, nur weil sie sich im Besitz eines Treuhänders befinden, könnte er dieses Gesetz nicht als Begründung für die Versagung der Erteilung der Information an den anderen Vertragsstaat heranziehen. Man sagt allgemein, dass eine Person in der Eigenschaft eines Treuhänders handelt, wenn diese Person nicht in eigenem Namen oder für eigene Rechnung Geschäfte tätigt oder Geldmittel oder Vermögenswerte verwaltet, sondern dies für Rechnung einer anderen Person tut, zu der sie in einem Verhältnis steht, das Vertrauen auf der einen Seite und Treue auf der anderen Seite einschließt und voraussetzt, wie z. B. bei einem Vermögensverwalter („trustee"). Der Ausdruck „Vertreter" ist sehr weit zu verstehen und schließt alle Arten von Dienstleistenden für Körperschaften ein (z. B. Gesellschaftsgründungsagenten, Treuhandgesellschaften, eingetragene Vertreter, Rechtsanwälte).

19.13 [Auskünfte über Eigentumsverhältnisse] *Schließlich besagt Absatz 5, dass ein Vertragsstaat die Erteilung einer Information nicht ablehnen darf, nur weil sie sich auf die Eigentumsverhältnisse bei einer Person einschließlich Kapital- und Personengesellschaften, Stiftungen oder ähnlicher Organisationen bezieht. Auskunftsersuchen können nicht abgelehnt werden, nur weil innerstaatliche Gesetze oder die innerstaatliche Praxis Informationen über die Eigentumsverhältnisse als Geschäftsgeheimnis oder sonstiges Geheimnis behandeln.*

19.14 [Verhältnis zu Absatz 3] *Absatz 5 schließt nicht aus, dass sich ein Vertragsstaat auf Absatz 3 beruft, um die Erteilung von Informationen, die sich im Besitz von Banken, Finanzinstituten oder Personen, die in ihrer Eigenschaft als Vertreter oder Treuhänder handeln, befinden, oder von Informationen über die Eigentumsverhältnisse abzulehnen. Allerdings muss sich die Weigerung auf Gründe stützen, die mit der Eigenschaft der Person als Bank, Finanzinstitut, Vertreter, Treuhänder oder Auftraggeber oder mit der Tatsache, dass sich die Information auf die Eigentumsverhältnisse bezieht, nichts zu tun haben. Ein Rechtsvertreter, der für einen Klienten tätig wird, mag z. B. in Vertretereigenschaft handeln, aber für Informationen, die als vertrauliche Mitteilungen zwischen Rechtsanwälten oder anderen zugelassenen Rechtsvertretern und ihren Klienten geschützt sind, kommt Abs. 3 weiterhin als Grundlage für die Ablehnung der Informationserteilung in Betracht.*

19.15 [Beispiele] *Die folgenden Beispiele verdeutlichen die Anwendung des Absatzes 5:*

a) Gesellschaft X hält die Mehrheit der Anteile einer Tochtergesellschaft Y, und beide Gesellschaften sind nach dem Recht des Staates A gegründet. Staat B führt eine steuerliche Prüfung der Geschäftsvorfälle der Gesellschaft Y im Staat B durch. Im Lauf der Prüfung wird die Frage sowohl der unmittelbaren als auch der mittelbaren Beteiligung an Gesellschaft Y erheblich. Staat B ersucht Staat A um Auskunft über die Anteilseigner in der Beteiligungskette der Gesellschaft Y. In seiner Antwort sollte Staat A Auskunft über die Anteilseigner sowohl der Gesellschaft X als auch der Gesellschaft Y erteilen.

b) Eine natürliche Person, die in Staat A steuerpflichtig ist, unterhält ein Konto bei der Bank B im Staat B. Staat A prüft die Einkommensteuererklärung der Person und ersucht den Staat B um Mitteilung der bei der Bank B vorliegenden Informationen über alle Kontogutschriften und von der Bank verwahrten Vermögensgegenstände, um festzustellen, ob dort unversteuerte Einkünfte angelegt sind. Staat B sollte die erbetenen Bankinformationen an Staat A übermitteln.

Bemerkungen zum Kommentar

[bis 21.7.2010:

20. Japan *stellt zu Ziffer 11 fest, dass sein innerstaatliches Recht und seine Verwaltungspraxis betreffend die Offenlegung der auf Grund japanischen Rechtes erhaltenen Informationen sehr einschränkend sind und dass es für Japan schwierig wäre, Auskünfte zu ertei-*

len, wenn der ersuchende Staat hierzu keine vergleichbare Gesetzgebung und Verwaltungspraxis hat.]

***21.** Im Zusammenhang mit Ziffer 15.1 möchte **Griechenland** klarstellen, dass internationale Steuerabkommen nach Art. 28 der Griechischen Verfassung nach den Grundsätzen der Gegenseitigkeit angewendet werden.*

***22.** [gestrichen]*

Text: Stellungnahmen von Nichtmitgliedstaaten zum OECD-MA (OECD-NM)

Positions on the Article

***1.** [Deleted]*

***2. India** reserves the right to include documents or certified copies of the documents within the scope of this Article.*

***2.1 Morocco** and **Thailand** reserve the right not to include the words „The exchange of information is not restricted by Articles 1 and 2" in paragraph 1.*

Position on the Commentary

***3.** As regards paragraph 10.3 of the Commentary, **Hong Kong, China** wishes to clarify its position on the exchange of information that existed prior to the entry into force of the bilateral agreement. In view of its domestic law requirements, Hong Kong, China will only exchange information relating to taxable periods after the agreement came into operation.*

A. Allgemeines

I. Grundsatz

2 Art. 26 Abs. 1 regelt den **zwischenstaatlichen Informationsaustausch** der Steuerbehörden. Die Vorschrift begründet gegen den anderen Vertragsstaat einen völkerrechtlichen Auskunftsanspruch. Missverständlich ist es, von einer Rechts- und Amtshilfeklausel zu sprechen; andere Maßnahmen als die Erteilung von Auskünften – etwa Zustellungen und Vollstreckungen – regelt Art. 26 nicht. In das MA ist die Vorschrift eingefügt worden, weil zur sachgemäßen Durchführung eines DBA, insbesondere seiner Verteilungsnormen, Informationen aus ausländischen Quellen erforderlich sein können, diese Informationen jedoch ohne eine besondere Rechtsgrundlage vielfach nicht zu beschaffen sein werden: Steuerliche Ermittlungen im Gebiet des anderen Staates sind ohne dessen Zustimmung nicht zulässig (s. die Grundl. Rz. 16); der andere Staat wird zudem in der Regel aufgrund seiner nationalen Vorschriften über das Steuergeheimnis zu Auskünften „über die Grenze" nicht befugt sein.

3 Das MA geht allerdings über dieses aus dem Abkommen sich ergebende Bedürfnis nach Auskunft hinaus. Es sieht einen Informationsaustausch **nicht nur zur Durchführung des Abkommens** vor (sog. **„kleine Auskunftsklausel"**), sondern darüber hinaus **auch zur Durchführung des innerstaatlichen Steuerrechts** der Vertragsstaaten (sog. **„große Auskunftsklausel"**). Der Zweck ist insofern ein anderer – ein weiterer – als der der sonstigen Vorschriften des MA: Der „große Auskunftsverkehr" steht, soweit er über den „kleinen" hinausgeht, mit der Vermeidung der Doppelbesteuerung in keinem Zusammenhang mehr; er dient allein den nationalen Interessen der Vertragsstaaten. Informationen im Rahmen des

großen Auskunftsverkehrs werden primär vom Ansässigkeitsstaat des Steuerpflichtigen aufgrund der dort bestehenden unbeschränkten Steuerpflicht benötigt; die große Auskunftsklausel dient damit wesentlich **der Durchsetzung des Prinzips der Besteuerung des weltweiten Einkommens** des Steuerpflichtigen im Ansässigkeitsstaat (s. *Keen/Ligthart,* S. 6).

Die **Verpflichtung** eines Vertragsstaats zur Erfüllung eines Auskunftsersuchens **4** des anderen Staats ist andererseits durch Abs. 3 des Artikels **in verschiedener Hinsicht eingeschränkt.** Diese Einschränkung kann sich sowohl aus dem Recht und der Praxis der beiden Vertragsstaaten als auch aus den Belangen der betroffenen Steuerpflichtigen ergeben.

II. Entwicklung

Die Regelung über den zwischenstaatlichen Informationsaustausch war bereits **5** im MA 1963 enthalten; sie hat mit den Revisionen des MA kontinuierlich Ergänzungen und Änderungen erfahren. Das MA 1977 erstreckte mit einer gewissen Folgerichtigkeit den Auskunftsverkehr zur Durchführung des innerstaatlichen Rechts auch auf die steuerrelevanten Daten von nicht abkommensberechtigten Personen. Ferner wurde die Verpflichtung zur Geheimhaltung der empfangenen Informationen, die im MA 1963 noch autonom geregelt war, durch eine Bezugnahme auf das nationale Steuerrecht der Vertragsstaaten ersetzt. Das MA 2000 erweiterte den Auskunftsverkehr auf Steuern jeder Art und Bezeichnung. Das MA 2005 fasste wesentliche Teile der Vorschrift und des MA-Komm. neu. Dabei wurde insbesondere: a) eine Klarstellung in den Text der Vorschrift aufgenommen, dass Informationen auch dann beschafft und ausgetauscht werden müssen, wenn der auskunftgebende Staat kein eigenes Interesse an der Information hat (Abs. 4); b) klargestellt, dass die Berufung auf das Bankgeheimnis keinen relevanten Grund darstellt, um ein Auskunftsersuchen abzulehnen (Abs. 5); c) eine Lockerung der Geheimhaltungsverpflichtung aufgenommen, die eine Weitergabe der erhaltenen Informationen an Aufsichtsbehörden zulässt (Abs. 2). Mit dem MA 2012 wurde insbesondere der MA-Komm. zu Art. 26 in wesentlichen Bereichen erweitert und präzisiert. Dies betrifft vor allem die Diskussion der Frage wann eine Information „voraussichtlich erheblich“ ist, die Abgrenzung des berechtigten Informationsersuchens von der unberechtigten „fishing expedition“, und die Zulässigkeit von Auskunftsersuchen, die sich nicht auf Einzelpersonen, sondern auf Gruppen von Steuerpflichtigen beziehen. Der Text des Artikels wurde ergänzt in Abs. 2 und ermöglicht nunmehr unter gewissen Voraussetzungen auch die Informationsnutzung für nichtsteuerliche Zwecke.

Die Revision der Vorschrift im MA 2005 wurde wesentlich beeinflusst von der **6** Arbeit der OECD zur **Beseitigung wettbewerbsschädlicher Steuerpraktiken.** Der Bericht der OECD „Schädlicher Steuerwettbewerb: ein weltweites Problem“ hatte 1998 das Fehlen eines effektiven Verfahrens für den Austausch steuerrelevanter Informationen als ein Hauptkriterium für die Identifizierung wettbewerbsverzerrender Steuerpraktiken benannt. Um den von der OECD im Jahr 2000 identifizierten 35 Steueroasen die Erfüllung der Kriterien der steuerlichen Transparenz und des effektiven Informationsaustausches zu erleichtern, wurde in einer gemeinsamen Arbeitsgruppe aus Vertretern von OECD-Staaten und Steueroasen ein **Musterabkommen über den steuerlichen Informationsaustausch** erarbeitet und 2002 veröffentlicht. Das Musterabkommen soll eine rechtliche Basis für den zwischenstaatlichen steuerlichen Informationsaustausch in den Fällen schaffen, in denen die Vertragsstaaten keinen Abschluss eines DBA beabsichtigen. Das Musterabkommen hat in den letzten Jahren erheblich an Bedeutung gewonnen; während zwischen 2002 und 2008 lediglich 44 Abkommen auf der Basis des Musters abgeschlossen worden waren, wurden allein im Jahr 2010 insgesamt 104 Abkommen und im Jahr 2011 insgesamt 67 Abkommen unterzeichnet. Deutschland hat 2008 begonnen, Abkommen über den Informationsaustausch in Steuersachen (Tax Information Exchange Agreements – TIEAs) auf der Basis des Musters abzuschließen; derzeit (Stand 1.1.2014) sind 18 TIAS in Kraft getreten, weitere 3 Abkommen sind unterzeichnet worden. S. dazu weiter Rz. 27aff. Die praktische Bedeutung, die der Informationsaustausch mit Niedrigsteuerländern auf der Grundlage von TIEAs erlangen kann, ist noch unklar. Während einerseits eine revolutionäre Entwicklung hin zu mehr steuerlicher Transparenz und Informationsaustausch angenommen wird (etwa *Owens,* BIFD 2009, 557), bezweifeln Kritiker die Wirksamkeit von TIEAs und die Durchsetzbarkeit von Auskunftsverlangen (etwa *McIntyre,* TNI Oktober 2009, 255, *Sheppard,* TNI März 2009, 1139).

III. Praktische Bedeutung

7 In der Praxis spielen der spontane sowie der automatische Auskunftsaustausch eine wesentlich größere Rolle als die Erteilung von Auskünften auf Ersuchen. In den Jahren 2007–2009 hat Deutschland mehr als 2,7 Millionen Spontanauskünfte erhalten und insgesamt 60.842 Spontanauskünfte erteilt. Automatischen Auskunftsverkehr unterhält Deutschland mit insgesamt 28 Partnerstaaten; in den Jahren 2007–2009 wurden insgesamt 865.629 Auskünfte erteilt und 354.974 Auskünfte erhalten. Im Vergleich dazu ist der Auskunftsaustausch auf Ersuchen gering mit 1.667 gestellten Auskunftsersuchen und 4.998 erhaltenen Ersuchen im Zeitraum 2007–2009 (vgl. BT-Drucks. 17/2743); 2011 wurden 606 Auskunftsersuche gestellt und 1003 Ersuche entgegengenommen (*Czakert,* Deutscher Länderbericht für den IFA-Kongress 2013, CDFI Vo. 98b, S. 319). 227 Auskunftsersuchen wurden in der Zeitspanne 2007–2009 nicht erledigt. 57% dieser nicht erledigten Ersuchen hatten keine ausreichende Rechtsgrundlage, etwa weil sie Steuern betrafen, die nicht vom Artikel über Informationsaustausch im betreffenden DBA erfasst wurden; in weiteren 30% legte der ersuchende Vertragsstaat die voraussichtliche Erheblichkeit der erbetenen Informationen für die Anwendung des DBA oder seines innerstaatlichen Rechts nicht ausreichend dar. Lediglich 12% der Auskunftsersuchen konnten innerhalb der Sollfrist des OECD-Manuals von 90 Tagen erledigt werden; rund 35% der Auskunftsersuchen benötigten eine Bearbeitungszeit von zwischen 90 und 180 Tagen, und weitere 25% wurden in der Zeitspanne von 6–12 Monaten erledigt. Die Peer Review durch das Global Forum on Transparency and Exchange of Information for Tax Purposes hat deshalb darauf hingewiesen dass die Effektivität des Auskunftsverkehrs verbessert werden könnte. Allerdings weist der Peer Review Bericht auch darauf hin, dass durch die Länderzuständigkeit für Steuerverwaltung und die fehlende direkte Zugriffsmöglichkeit des Bundes auf Informationen sich längere Bearbeitungszeiten für Auskunftsersuchen ergeben.

IV. Abgrenzung

8 **1.** Nach Art. 25 Abs. 4 können die zuständigen Behörden der Vertragsstaaten im **Verständigungs- und im Konsultationsverfahren** zur Beseitigung abkommenswidriger Besteuerung im Einzelfall, zur Ausräumung von Schwierigkeiten und Zweifeln bei der Auslegung und Anwendung des Abkommens sowie von im Abkommen nicht geregelten Doppelbesteuerungsfällen unmittelbar in Verkehr miteinander treten. Solche Verhandlungen können im Einzelfall mit dem Austausch steuerlicher Auskünfte verbunden sein. Art. 25 stellt keine Rechtsgrundlage für den Informationsaustausch im Rahmen eines Verständigungsverfahrens dar. Die Funktion des Artikels beschränkt sich darauf, ein Verfahren zur Lösung von Konflikten in grenz-

überschreitenden Steuerfällen bereitzustellen. Die Befugnis zum Auskunftsaustausch im Verständigungs- und Konsultationsverfahren ergibt sich auch nicht einfach aus dem Sachzusammenhang des Art. 25; dem stünde der Aufbau des MA entgegen, das in Art. 26 den Auskunftsverkehr durch eine Spezialvorschrift nach Voraussetzungen, Umfang und Grenzen genauestens regelt. Auch im Verständigungs- und Konsultationsverfahren ist daher ein allgemeiner Austausch von Auskünften nur auf der Grundlage und im Rahmen des Art. 26 gestattet. Der MA-Komm. hat dies nunmehr klargestellt (MA-Komm. zu Art. 25 Ziff. 4 und zu Art. 26 Ziff. 3).

2. Eine Verständigung sieht auch Art. 9 Abs. 2 S. 2 vor. Es geht dabei um die nach einer **Gewinnberichtigung** erforderliche **Gegenberichtigung** bei einem verbundenen Unternehmen im anderen Vertragsstaat. Der Sache nach handelt es sich um einen Sonderfall des Verständigungsverfahrens (vgl. Art. 9 Rz. 165), so dass für den Auskunftsverkehr auch hier Art. 26 gilt (s. dazu Rz. 52). 9

3. Art. 27 regelt die **Amtshilfe bei der Vollstreckung von Steueransprüchen.** Wie bei Art. 26 handelt es sich dabei um die rechtliche Verankerung der Möglichkeit zu zwischenstaatlicher Rechts- und Amtshilfe im Steuerrecht. Obwohl zur Durchführung der Vollstreckungshilfe regelmäßig auch der Austausch von Informationen erforderlich sein wird, bietet Art. 27 keine Rechtsgrundlage für einen derartigen Informationsaustausch. Auch die zur Durchführung der Vollstreckungshilfe erforderlichen Informationen sind damit nach Art. 26 auszutauschen. Die Kombination von Art. 26 und Art. 27 bewirkt eine weitgehende Amtshilfeverpflichtung im MA; trotzdem ist diese nicht vollständig, denn sie umfasst nicht die Amtshilfe zur **Zustellung von Schriftstücken.** Diese ist damit nicht möglich, wenn nicht eine gesonderte Rechtsgrundlage außerhalb eines DBA herangezogen werden kann, z. B. ein allgemeiner Amts- und Rechtshilfevertrag. 9a

4. Art. 2 Abs. 4 S. 2 enthält die Regel, dass die zuständigen Behörden der Vertragsstaaten einander am Ende jedes Jahres Änderungen ihrer Steuergesetze mitteilen. Die Vorschrift begründet keine Mitteilungspflicht, sondern enthält lediglich eine unverbindliche Anregung (s. hierzu Kommentierung zu Art. 2 Rz. 66). Sie hat daher mit dem Auskunftsverkehr nach Art. 26 nichts zu tun. 10

5. Abkommen über Amtshilfe und Informationsaustausch (TIEAs; vgl. dazu Rz. 6**).** Separate TIEAs werden in der Regel mit Staaten vereinbart werden, mit denen der Abschluss eines DBA nicht beabsichtigt ist. Insoweit ist ein Konkurrenzverhältnis zwischen DBA und TIEA ausgeschlossen. Eine ähnliche Situation ergibt sich gegenüber der Insel Man und Jersey, mit denen jeweils lediglich beschränkte DBA abgeschlossen wurden, die keine Regelung über den zwischenstattlichen Informationsaustausch enthalten, der somit ausschließlich auf der Grundlage der betreffenden TIEA erfolgt. Lediglich im Verhältnis zu Liechtenstein ist neben dem ab 1.1.2010 anwendbaren TIEA ein DBA mit einer Art. 26 MA entsprechenden Regelung über den zwischenstaatlichen Informationsaustausch vereinbart worden. Informationsaustausch kann insoweit wahlweise auf der Grundlage des DBA oder des TIEA erfolgen; soweit sich aus dem DBA weitergehende Möglichkeiten des Informationsaustausches als nach dem TIEA ergeben, steht das TIEA der Nutzung dieser weitergehenden Auskunftsmöglichkeiten nicht entgegen (Ziff. 9b Prot. *DBA Liechtenstein 2011*). 11

Mit einer Reihe von Staaten ist der steuerliche Auskunftsverkehr durch **gesonderte Amts- und Rechtshilfeverträge** geregelt. Über diese s. noch u. Rz. 72 ff. 11a

V. Regelungen des UN-MA und US-MA

1. Art. 26 des **UN-MA** wurde mit der Revision des MA 2011 an das OECD-MA in seiner derzeitigen Fassung angepasst. Wesentliche sachliche Unterschiede 12

zwischen den beiden MA bestehen nicht mehr. Allerdings bemerkt der MA-Komm. zum UN-MA in Ziff. 1.2, dass der Informationsaustausch nach dem UN-MA breiter gestaltet sein soll als der Auskunftsaustausch nach dem OECD-MA. So erwähnt der Komm. zum UN-MA besonders die Möglichkeit, branchenspezifische Informationen ohne Bezug zu einzelnen Steuerpflichtigen auszutauschen; auch rät er den Vertragsstaaten, wenn keine gewichtigen Gründe dagegen sprechen, einer Verwendung erhaltener Informationen auch für bestimmte nichtsteuerliche Zwecke zuzustimmen. Die Formulierung von Art. 26 Abs. 1 UN-MA hebt besonders die Bedeutung der Bekämpfung internationaler Steuerhinterziehung als Ziel des Auskunftsverkehrs hervor; ein zusätzlicher Abs. 6 beauftragt die zuständigen Behörden der Vertragsstaaten, die nötigen Bestimmungen für die praktische Durchführung des Informationsaustausches zu erlassen

13 **2.** Das **US-MA** entspricht in seinen wesentlichen Teilen dem MA 2005, einschließlich der neu in das OECD-MA eingefügten Abs. 4 und 5 des Art. 26. Das US-MA erweitert zusätzlich die Art und Weise der Amtshilfe, die neben der Verpflichtung zum Austausch von Informationen auch eidliche Zeugenaussagen und beglaubigte Abschriften von unveränderten Originalunterlagen einschließlich Büchern, Akten, Erklärungen, Protokollen, Rechnungen und Schreiben umfasst (Art. 26 Abs. 6). Dies trägt den gerichtlichen Beweisverwertungsvorschriften in den USA Rechnung und soll garantieren, dass die erhaltenen Informationen in einem gerichtlichen Verfahren verwertet werden können. Ferner soll nach Abs. 8 des MA die zuständige Behörde des ersuchten Vertragsstaates Vertretern des ersuchenden Staates gestatten, auf dem Territorium des ersuchten Vertragsstaates Befragungen durchzuführen und Bücher einzusehen, soweit die betroffenen Personen zustimmen.

VI. Multilaterale Rechtsgrundlagen für den internationalen Auskunftsverkehr

14 **1. EU-Amtshilferichtlinie:** Der steuerliche Auskunftsverkehr zwischen den Mitgliedstaaten der EU wird nunmehr durch die Richtlinie 2011/16/EU des Rates der Europäischen Union über die Zusammenarbeit der Verwaltungsbehörden im Bereich der Besteuerung vom 15.2.2011, ABl. Nr. L 64/1, geregelt. Die RL ersetzt die bisher anwendbare Richtlinie 77/799/EWG. In Deutschland ist die Umsetzung durch das EU-Amtshilfe-Gesetz v. 26.6.2013 erfolgt. Die Richtlinie 2011/16/EU, die für Steuern aller Art mit Ausnahme von Verbrauchsteuern und Zöllen gilt (für den Bereich der Mehrwertsteuer s. die VO Nr. 904/2010 v. 7.10.2010 über die Zusammenarbeit der Verwaltungsbehörden und die Betrugsbekämpfung auf dem Gebiet der Mehrwertsteuer), geht in einigen Bereichen über den Auskunftsverkehr nach Art. 26 hinaus. Insbesondere ist für bestimmte Arten von Informationen ein **verpflichtender automatischer bzw. spontaner Informationsaustausch** vorgesehen. Für den Informationsaustausch auf Ersuchen enthält die RL Fristen für die Übermittlung der erbetenen Informationen. Auch kann um eine bestimmte behördliche Ermittlungshandlung ersucht werden. Im Unterschied zu Art. 26 Abs. 2 MA dürfen erhaltene Informationen mit Zustimmung des die Information erteilenden Staates bereits dann auch für andere als steuerliche Zwecke verwendet werden, wenn dies nach dem Recht des die Informationen erhaltenden Staates zulässig ist. Zudem ist eine Weitergabe erhaltener Informationen an einen anderen Mitgliedstaat, für den diese Informationen von Nutzen sein können, grundsätzlich zulässig.

15 Nach Auffassung der Europäischen Kommission überlagert die Richtlinie nach dem Grundsatz der Vorrangigkeit des Gemeinschaftsrechts die Auskunftsklauseln der DBA. Dies soll bedeuten, dass der Informationsaustausch und jede andere

Form der Amtshilfe zwischen den Mitgliedstaaten der Gemeinschaft, soweit sie in den Geltungsbereich der Richtlinie fallen, nach den dort festgelegten Regeln vorzunehmen sind (s. Antwort der Kommission auf die schriftliche Anfrage Nr. 224/82, ABl. Nr. C 156/33 v. 21.6.1982 zur RL 77/799/EWG). Dem ist im Ergebnis zuzustimmen. Die an die Mitgliedstaaten der EU (Art. 31 RL) gerichtete Richtlinie verpflichtet zum Erlass der erforderlichen Rechts- und Verwaltungsvorschriften (Art. 29 RL). Sie bezweckt, die Zusammenarbeit zwischen den Steuerverwaltungen innerhalb der Union nach gemeinsamen Grundsätzen und Regeln zu verstärken. Dieser Zweck wird bereits dadurch erreicht, dass die nationalen Rechtsordnungen der Mitgliedstaaten der Union parallele Regelungen über den gegenseitigen Informationsaustausch in Steuersachen enthalten. Einer Anpassung der bestehenden Verträge an die Richtlinie (s. hierzu *Lehner,* 1982, S. 180), bedarf es zur Erreichung des Zwecks der Richtlinie nicht; die Mitgliedstaaten sind zu einer derartigen Anpassung somit auch nicht verpflichtet.

Dies bedeutet, dass zunächst die **Auskunftsklauseln der DBA** zwischen den Mitgliedstaaten **unberührt bleiben** (vgl. § 2 AO; a. A. aber wohl der EuGH; vgl. EuGH v. 11.10.2007, Rs. C-451/05, Slg. 2007, I-8251 – *Elisa*). Jedoch will die Richtlinie einen Mindeststandards für den Auskunftsverkehr zwischen den Mitgliedstaaten garantieren (Präambel Ziff. (21) der RL). Dieses Ergebnis würde nicht erreicht, könnten die Mitgliedstaaten zur Umgehung der Grundsätze der Auskunftsrichtlinie auf den Informationsaustausch nach den DBA ausweichen. Die EU-Mitgliedstaaten sind beim Austausch von Auskünften **an die Grundsätze der Richtlinie gebunden.** Nur soweit der Umfang der Auskunftspflicht nach dem DBA inhaltlich weiter geht als nach der EU-Richtlinie, bestimmt er sich weiterhin nach dem DBA. Für die Einzelheiten des Auskunftsverkehrs (Steuergeheimnis usw.) bleibt aber auch in diesem Fall die Richtlinie maßgebend. 16

2. Ein **automatischer Auskunftsaustausch** wurde in den Mitgliedstaaten der EU mit Ausnahme von Österreich, Luxemburg und ursprünglich auch Belgien durch die **Zinsertragsteuerrichtlinie** (Richtlinie 2003/48/EG vom 3.6.2003, ABl. Nr. L 157 vom 26.6.2003, S. 38) mit Wirkung vom 1.7.2005 eingeführt. Sie wurde in Deutschland durch die Zinsinformationsverordnung vom 26.1.2004 (BGBl. I, 128) auf der Grundlage von § 45e EStG umgesetzt. Zur Durchführung des Auskunftsaustausches teilt die Zahlstelle von grenzüberschreitenden Zinszahlungen der zuständigen Behörde im Quellenstaat Informationen über Identität und Wohnsitz des wirtschaftlichen Eigentümers und den Gesamtbetrag der Zinsen oder Erträge mit. Der Quellenstaat übermittelt diese Informationen periodisch, mindestens einmal jährlich, der zuständigen Behörde des Ansässigkeitsstaates des Zinsempfängers. Zur Bewertung der Anwendung der RL s. den Bericht der Kommission an den Rat vom 2.3.2012, COM(2012) 65 final. 17

3. Die seit 1979 vom **Europarat** und der **OECD** gemeinsam vorbereitete **multilaterale Konvention zur gegenseitigen Amtshilfe in Steuersachen,** die 1987 vom Ministerrat des Europarats verabschiedet und Anfang 1988 zur Zeichnung aufgelegt wurde, ist am 1.4.1995 in Kraft getreten. Die Konvention soll das Netz von bilateralen und multilateralen Regelungen des internationalen Auskunftsverkehrs ergänzen und die Auskunftspflichten und -möglichkeiten erweitern. Sie gilt für Steuern aller Art sowie für Pflichtbeiträge zur Sozialversicherung und enthält Regelungen über den Informationsaustausch, simultane Betriebsprüfungen und die steuerliche Beitreibungshilfe. Die Teilnahme von Beamten eines Staates an Betriebsprüfungen in einem anderen Staat wird von ihrem Regelungsbereich ebenso umfasst wie die Amtshilfe durch Zustellung von Dokumenten und Schriftstücken. Die ursprüngliche Konvention wurde 2010 revidiert mit dem Ziel, neuere Entwicklungen im zwischenstaatlichen Informationsaustausch, insbesondere die aus 18

der Arbeit des Global Forum on Tax Transparency and Exchange of Information entstandenen Standards in die Konvention aufzunehmen. Die revidierte Fassung, die zum 1.6.2011 in Kraft getreten ist, erweitert insbesondere den Auskunftsaustausch auf Informationen, die dem Bankgeheimnis unterliegen und beseitigt das Erfordernis eines eigenen steuerlichen Interesses des auskunfterteilenden Staates bei der Beschaffung von Informationen. Die Möglichkeit des Beitritts zur Konvention wurde auf Staaten, die nicht Mitglieder von Europarat oder OECD sind, erweitert. Deutschland hat die Konvention in geänderter Fassung am 3.11.2011 unterzeichnet. Bisher haben (Stand Juli 2014) 41 Staaten die Konvention in geänderter Fassung ratifiziert.

18a Zur Umsetzung des US-amerikanischen Foreign Account Tax Compliance Act (FATCA) haben Deutschland, Frankreich, Italien, Spanien und Großbritannien zusammen mit den USA Musterabkommen über die Einholung steuerlich relevanter Bankdaten und deren automatische Weiterleitung erarbeitet. Deutschland hat auf dieser Basis im Mai 2013 ein bilaterales FATCA-Abkommen mit den USA abgeschlossen; nach diesem Abkommen werden beide Staaten ab September 2015 automatisch Informationen über inländische Konten von im anderen Vertragsstaat steuerpflichtigen Personen austauschen. In der Folge erarbeiteten die G5-Staaten ein Pilotvorhaben, um entsprechend den mit den USA entwickelten Musterabkommen auch untereinander einen multilateralen automatischen Informationsaustausches von Bankdaten einzuführen. Mit diesem Ansatz soll auch der Verpflichtung aus Art. 19 der EU-AmtshilfeRL, den mit den USA praktizierten Auskunftsstandard auch gegenüber anderen EU-Staaten anzuwenden, Rechnung getragen werden (dazu *Czakert,* ISR 2013, 409). Dieser Ansatz wird inzwischen von einer Reihe von OECD- und Nicht-OECD-Staaten unterstützt. Inzwischen hat die OECD einen globalen Standard zum automatischen Austausch von Bankdaten entwickelt (dazu Rz. 40a).

19 **4.** Rechtsgrundlage für einen zwischenstaatlichen Informationsaustausch in Steuersachen ist auch das **Europäische Übereinkommen über Rechtshilfe in Strafsachen** vom 20.4.1959 (BGBl. II 1964, 1369 (1386); II 1966, 1799; hierzu s. *Figge,* Intertax 1980, 86 und 130; *Bilsdorfer,* IWB Fach 5, Frankreich Gruppe 2, 1). Der Informationsaustausch nach dem Übereinkommen steht selbständig neben den Auskunftsklauseln der DBA. Er bezieht sich ausschließlich auf die Verfolgung strafbarer Handlungen. Die Rechtshilfe kann nach Art. 2 Buchst. a des Abkommens verweigert werden, wenn sich die Straftat, zu deren Verfolgung die Information benötigt wird, aus der Sicht des ersuchten Vertragsstaates als Fiskaldelikt darstellt (dazu SchweizBGE 104 I a 49; zur Rechtshilfe der Schweiz in Fällen von Abgabebetrug vgl. SchweizBG v. 14.2.1997, IStR 1998, 117). Ein Zusatzprotokoll vom 17.3.1978 zu dem Übereinkommen (BGBl. II 1990, 124) verpflichtet in seinem Artikel 1 die Vertragschließenden dieses Zusatzprotokolls, das Verweigerungsrecht nicht auszuüben; dieses Zusatzprotokoll wurde von allen 50 Signatarstaaten des Übereinkommens mit Ausnahme von Andorra, Bosnien und Herzegowina, Israel, Liechtenstein, Monaco und der Schweiz ratifiziert. Einige Staaten, wie Bulgarien und Luxemburg, haben in einem Vorbehalt die Erteilung von Informationen in Steuerstrafsachen an die Bedingung geknüpft, dass die verfolgte Tat auch nach ihrem eigenen innerstaatlichen Recht eine strafbare Handlung darstellen würde. Für die Mitgliedstaaten der EU wurde das Übereinkommen ergänzt durch das Übereinkommen über die Rechtshilfe in Strafsachen zwischen den Mitgliedstaaten der Europäischen Union (EU-RhÜbk) vom 29.5.2000 mit Zusatzprotokoll (ZP-EU-RhÜbk) vom 16.10.2001. In diesem Zusatzprotokoll wurde der Fiskalvorbehalt aufgegeben. Darüber hinaus haben sich die Signatarstaaten verpflichtet, Auskünfte über Bankkonten im Rahmen der Rechtshilfe in Strafsachen zu erteilen. Für die

Durchführung der zwischenstaatlichen Rechtshilfe in Steuerstraftaten s. das Merkblatt des BMF v. 16.11.2006, BStBl. I 2006, 698.

5. Als Rechtsgrundlage für den Auskunftsverkehr im Zusammenhang mit der Verfolgung von Steuerstraftaten können ferner die **bilateralen Verträge über Rechtshilfe in Strafsachen** herangezogen werden, soweit sie auch für Steuerstrafsachen gelten. 20

VII. Informationsaustausch außerhalb Art. 26 Abs. 1

Art. 26 schafft eine Rechtsgrundlage für den internationalen Auskunftsverkehr, ohne diesen damit allgemein zu begrenzen. Ein Austausch von Informationen außerhalb des Art. 26 Abs. 1 ist deshalb nach wie vor zulässig und verletzt das Abkommen nicht. Schon mit dem Wortlaut der Vorschrift wäre es nicht vereinbar, in ihr eine Begrenzung des nach nationalem Recht zulässigen Auskunftsverkehrs zu sehen (so auch United States v. Vetco Inc. 644 F. 2d 1324: *DBA USA*/Schweiz). Eine derartige Auslegung widerspräche außerdem der Zweckbestimmung der Vorschrift, einen möglichst weitgehenden Informationsaustausch zu gewähren (MA-Komm. Ziff. 2). Zu diesem Zweck begründet das MA einen eigenen, von der Disposition des um Auskunft ersuchten Staates weitgehend unabhängigen Auskunftsanspruch nach Völkerrecht. Art. 26 Abs. 1 hebt bereits bestehende Aufklärungsmöglichkeiten bei Sachverhalten mit Auslandsbeziehung nicht auf, sondern tritt zusätzlich neben sie. Damit bleibt insbesondere auch der Weg einer internationalen Auskunft ohne vertragliche Verpflichtung weiterhin offen (das Schrifttum spricht von der „Kulanzauskunft"; für den Staatenverkehr erscheint mir dieser Ausdruck kaum angemessen). So können beispielsweise zwei Vertragsstaaten, die ein DBA mit nur einer „kleinen Auskunftsklausel" abgeschlossen haben, dennoch Auskünfte auch zur Durchführung ihres nationalen Steuerrechts austauschen, wenn ihr nationales Recht ihnen dies gestattet; das zwischen ihnen bestehende Abkommen wird dadurch nicht verletzt. Z. B. haben ausländische Staaten gegenüber der *Schweiz*, die in ihre DBA bis zur Änderung ihrer Abkommenspraxis auf der Grundlage des Bundesratsbeschlusses vom 13.3.2009 – mit Ausnahme der *DBA* mit *Deutschland* und mit den *USA* – allenfalls die „kleine Auskunftsklausel" aufgenommen hatte, auf das schweizerische Bundesgesetz über internationale Rechtshilfe Bezug genommen (zum IRSG: SchweizBGE 1984 I b 173; *Reich/Bachmann*, Steuerrecht 2006, Best of zsis, 5). 21

Der Grundsatz, dass der Auskunftsverkehr außerhalb der Auskunftsklausel des DBA vom Inhalt der Klausel nicht beeinflusst wird, gilt allerdings dann nicht, wenn die Auskunftsklausel des DBA bestimmte **Geheimhaltungsbereiche** einem **besonderen Schutz** unterwirft, sie diese Bereiche vom Auskunftsverkehr **zwingend ausnimmt** (vgl. Rz. 117). In diesem Sonderfall begründet die Auskunftsklausel des DBA, die im Allgemeinen nur Rechte und Pflichten der beteiligten Staaten schafft (s. auch BFH vom 3.8.1972 IV R 13/72 zum Rechtshilfeabkommen *Deutschland/Österreich*, zitiert bei *Baranowski*, DStZ/A 1975, 296 (298); ÖstVwGH v. 30.5.1978, Erk. Slg. Nr. 5268 (F)), ein **subjektives Recht** der in Bezug auf dieses Geheimnis geschützten Personen auf dessen absolute Geheimhaltung gegenüber dem um die Auskunft ersuchenden Vertragsstaat (so auch *Söhn*, in *Hübschmann/Hepp/Spitaler*, § 117 Anm. 130). Die Geheimhaltungsklausel des DBA ist in einem solchen Fall auch zu beachten, wenn das Auskunftsersuchen nicht auf diese Rechtsgrundlage gestützt wird. 22

VIII. Deutsches innerstaatliches Recht

1. **Grundlage des Informationsaustausches** ist nach deutschem Recht § 117 AO, der in Abs. 3 den Austausch von Informationen unter bestimmten Voraussetz- 23

zungen auch ohne völkerrechtliche Verpflichtung gestattet (s. *Söhn,* in Hübschmann/Hepp/Spitaler, § 117 Anm. 17). In der Praxis beschränkt sich der Informationsaustausch ohne völkerrechtliche Grundlage jedoch auf Fälle mit besonderer Bedeutung (s. BMF-Merkblatt zur zwischenstaatlichen Amtshilfe Tz. 1.4.5). Aus § 117 AO ergibt sich auch die innerstaatliche Befugnis deutscher Steuerbehörden, von den Möglichkeiten zur Informationsbeschaffung nach den Art. 26 MA entsprechenden Vorschriften eines DBA Gebrauch zu machen. Die Weitergabe steuerlich erheblicher Daten an ausländische Finanzverwaltungen unterliegt in Deutschland **besonderen durch die Verfassung gezogenen Schranken.** Hierbei ist insbesondere das **Grundrecht auf informationelle Selbstbestimmung** zu beachten (vgl. dazu grundlegend BVerfGE 65, 1, (41 ff.); *Benda,* DStR 1984, 351 ff.; *Schmitt-Glaeser,* HdbStR Bd. 5, 1989, 84 ff.; *Oldiges,* in Menck/Ritter u. a., Internationale Steuerauskunft und deutsches Verfassungsrecht, 1987, 86 ff.). Neuere deutsche DBA enthalten zur Wahrung des Rechts auf informationelle Selbstbestimmung ergänzende Regelungen über den Schutz **personenbezogener Daten** und die Information des Betroffenen über die Speicherung und Verwendung derartiger Daten (vgl. DE-VG Prot. Ziff. 6 zu Art. 25, sowie z. B. *DBA Estland* Prot. Nr. 8, *Kuwait* Prot. Nr. 8, *Mexiko* Prot. Nr. 14, *Russische Föderation* Art. 26 Abs. 3 und *Vietnam* Prot. Nr. 8).

24 Nach § 117 Abs. 4 S. 3 i. V. m § 91 AO hat vor der Erteilung einer Auskunft an einen anderen Vertragsstaat regelmäßig eine **Anhörung der Beteiligten** zu erfolgen. Die Anhörungspflicht stellt eine Ausprägung des grundrechtlichen Schutzes der informationellen Selbstbestimmung dar (*Oldiges,* a. a. O., 104). Sie besteht grundsätzlich auch, wenn die deutsche Steuerverwaltung beabsichtigt, ein Auskunftsersuchen an einen anderen Vertragsstaat zu richten. Der MA-Komm. weist nunmehr darauf hin, dass Anhörungspflichten nach nationalem Recht möglichst den Informationsaustausch nicht einschränken oder verzögern sollten (MA-Komm. Ziff. 14.1). Er empfiehlt deshalb, in bestimmten Fällen Ausnahmen von der Anhörungspflicht vorzusehen. Dies ist in Deutschland nach § 91 Abs. 2 oder Abs. 3 AO der Fall (s. zum Umfang der Ausnahmen näher BMF-Merkblatt zur zwischenstaatlichen Amtshilfe Tz. 5).

24a Mit dem **Steuerhinterziehungsbekämpfungsgesetz** v. 29.7.2009 (BGBl. I, 2302), konkretisiert durch die SteuerhinterziehungsbekämpfungsVO vom 18.9.2009 (BGBl. I 3046), wurden erweiterte Mitwirkungs- und Aufklärungspflichten für Steuerpflichtige mit Geschäftsbeziehungen zu nicht kooperativen Staaten begründet (s. insb. § 90 Abs. 2 S. 3 AO). Hierbei gelten Staaten und Gebiete als nicht kooperativ, wenn sie mit Deutschland kein Abkommen abgeschlossen haben, das einen zwischenstaatlichen Informationsaustausch im Umfang von Art. 26 MA in der Fassung des MA 2005 ermöglicht, sie keine Auskünfte in einem vergleichbaren Umfang erteilen, und bei Ihnen auch keine Bereitschaft zu einer entsprechenden Auskunftserteilung besteht. Die Feststellung, welche Staaten als nicht kooperativ einzustufen sind, wird durch das BMF durchgeführt. Bisher wurde noch kein Staat oder Gebiet identifiziert, das die Voraussetzungen für Maßnahmen nach der SteuerhinterziehungsbekämpfungsVO erfüllt (s. BMF v. 5.1.2010, BStBl. I 2010, 19).

25 **2. Rechtsschutz:** Das **Auskunftsersuchen** an den anderen Vertragsstaat ist nicht als Verwaltungsakt i. S. v. § 118 AO, sondern als schlichtes Verwaltungshandeln einzustufen (FG Köln v. 26.2.2004: *DBA USA; Seer,* in Tipke/Kruse, § 117 AO Rz. 113; anders noch BFH BStBl. II, 1979, 268). Will der Steuerpflichtige das Stellen eines Auskunftsersuchens verhindern bzw. dessen Rücknahme erzwingen, so ist dieses Begehren im Wege einer vorbeugenden Unterlassungsklage (§ 40 FGO) bzw. **Feststellungsklage** gemäß § 41 FGO zu verfolgen. Vorläufiger Rechtsschutz kann mittels einer einstweiligen Anordnung (§ 114 FGO) beantragt werden.

Für die **Erteilung einer Auskunft** gilt: Ist die Auskunft nach Art. 26 Abs. 3 in das Ermessen des ersuchten Staates gestellt und macht die Erteilung der Auskunft Ermittlungen beim Steuerpflichtigen erforderlich, so kann dieser nach deutschem Recht die Rechtmäßigkeit der Ermessensausübung im Verfahren gegen die Ermittlungshandlungen prüfen lassen (Einspruch und finanzgerichtliche Klage, § 347 AO, § 40 FGO; anders in *Österreich:* s. ÖstVfGH ÖStZB 1987, 267 sowie *Koppensteiner,* in Lang/Schuch/Staringer, S. 237; ein Rechtsschutzverfahren zugunsten von Bankkunden – Recht auf Erlass eines Feststellungsbescheids – wurde jedoch durch das österreichische Amtshilfe-Durchführungsgesetz v. 9.9.2009 etabliert). Ein subjektives Recht des Steuerpflichtigen auf eine Ermessensentscheidung bestimmten Inhalts lässt sich zwar nicht aus dem Abkommen herleiten (a. A. *Holzheimer,* IWB Fach 3, Deutschland, Gruppe 1, 555; wie hier: ÖstVwGH v. 30.5.1978 Erk. Nr. 5268 (F)), ebenso nicht eine Rechtspflicht des ersuchten Staats, zu verhindern, dass in die Geheimnissphäre des Steuerpflichtigen stärker als zur Durchführung des DBA erforderlich eingegriffen wird (dafür FG BW EFG 1976, 62 (64): *DBA Frankreich*). Subjektive Rechte des Steuerpflichtigen können sich aber aus dem **innerstaatlichen Recht** ergeben. Insbesondere wenn der Erteilung der Auskunft deutsche Gesetze – Grundrechte oder einfaches Recht – entgegenstehen, ist die Erteilung der Auskunft zwar nach dem Abkommen in das Ermessen der Bundesrepublik gestellt; innerstaatlich ist sie aber verboten. Man wird dann regelmäßig davon ausgehen können, dass die betreffenden Gesetze dem Steuerpflichtigen ein **subjektives Recht auf Unterlassung der Auskunft** einräumen. Entsprechendes gilt für einen Verstoß gegen den ordre public. Betrifft das Auskunftsbegehren ein Wirtschaftsgeheimnis, so ist die Erteilung der Auskunft zwar nicht gesetzlich verboten, die zuständige Behörde ist aber verpflichtet, die rechtlichen Grundsätze über die Ausübung des Ermessens zu beachten (§ 5 AO; s. die Kommentare zur AO und zu § 40 VwVfG). Ein subjektives Recht auf sachgerechte Ermessensausübung ergibt sich hier aus dem durch Art. 14 GG geschützten **Recht am eingerichteten und ausgeübten Gewerbebetrieb.** Ist die Auskunft wegen eines Gesetzesverstoßes oder nicht sachgerechter Ermessensausübung unzulässig, so sind auch die Ermittlungen nicht erforderlich, also rechtswidrig. 26

Sind zur Beantwortung eines Auskunftsersuchens des anderen Vertragsstaates keine besonderen Nachforschungen beim betroffenen Steuerpflichtigen erforderlich, so stellt die Weitergabe der Information nach h. M. keinen Verwaltungsakt dar. Gleiches gilt im Falle der Erteilung von Spontanauskünften (vgl. statt aller: *Carl/Klos,* 1994, 238 m. w. N.). Der Betroffene kann sich in diesem Fall nur mit einer vorbeugenden Unterlassungsklage gegen die Auskunftserteilung zur Wehr setzen. Als Anspruchsgrundlage kommt § 1004 BGB analog i. V. m. § 30 AO in Betracht (vgl. BFH/NV 2008, 51 und BFH/NV 2005, 1503: jeweils *DBA USA*; FG Köln, EFG 2008, 1764: *DBA* Türkei; s. a. *Güroff,* in Beermann/Gosch, Steuerliches Verfahrensrecht, § 118 AO Rz. 10). Vorläufiger Rechtsschutz wird im Wege der einstweiligen Anordnung gewährt (§ 114 Abs. 1 FGO); dazu BFH BStBl. II 2006, 616. Die Erteilung einer Auskunft an einen ausländischen Staat schafft Tatsachen, die nicht mehr rückgängig gemacht werden können und die geeignet sein können, dem Betroffenen Schaden zuzufügen. Art. 19 Abs. 4 GG fordert deshalb, dass die Verwaltung den Betroffenen vor der Auskunftserteilung anhört und ihm Gelegenheit gibt, seine Einwendungen gegebenenfalls gerichtlich geltend zu machen. Eine Anhörung braucht jedoch dann nicht stattzufinden, wenn eine Ausnahme nach § 91 Abs. 2 oder 3 AO vorliegt, insbes. bei Gefahr im Verzug oder wenn der Anhörung ein zwingendes öffentliches Interesse entgegensteht (s. BMF-Merkblatt zum zwischenstaatlichen Auskunftsaustausch Tz. 2.1.3; anders häufig die Rechtslage im Ausland; so besteht z. B. keinerlei Pflicht zur Information des Steuerpflichtigen in Frankreich; s. Rep. min. eco., fin. et ind. n. 6648a Mme Cerisier-Ben Guiga, Dr. Fisc. 1998, 997). Allein 27 ein Antrag des um Auskunft ersuchenden Staates, die Auskunftserteilung vor dem Betroffenen geheim zu halten, reicht hierzu nicht aus (anders die Rechtslage in Belgien, s. Ci. R.9 DIV/460 792 vom 27.11.1996, TNS 1997, 17).

IX. Abkommen über den Informationsaustausch in Steuersachen

1. Grundzüge

27a Der Informationsaustausch nach dem OECD Musterabkommen über den Informationsabkommen in Steuersachen entspricht weitgehend Art. 26 MA (für eine detaillierte Kommentierung des Musterabkommens s. Wassermeyer/*Hendricks*, MA-InfAust). Jedoch sind einige wesentliche Unterschiede zu beachten:

– Der Informationsaustausch erstreckt sich nicht auf Steuern jeder Art und Bezeichnung, sondern erfolgt lediglich für die unter das Abkommen fallenden Steuern.
– Informationen werden nur auf Ersuchen ausgetauscht. Ein automatischer und spontaner Auskunftsaustausch ist nicht vorgesehen.
– Als Sonderform des Informationsaustausches sieht Art. 6 des Musterabkommens die Möglichkeit von Ermittlungshandlungen von Vertretern des ersuchenden Staates im ersuchten Staat sowie die Teilnahme an Steuerprüfungen im ersuchten Vertragsstaat vor. Art. 26 MA regelt diese Möglichkeit nicht ausdrücklich, jedoch weist der MA-Komm. zu Art. 26 in Ziff. 9.1 ausdrücklich auf derartige Varianten des Informationsaustausches hin (s. a. Ziff. 43).
– Während Art. 26 MA für den Umfang der Geheimhaltungspflicht von erhaltenen Informationen auf das nationale Steuergeheimnis des ersuchten Vertragsstaates verweist, enthält Art. 8 des Musterabkommens ein eigenständiges „internationales" Steuergeheimnis (s. Wassermeyer/*Hendricks,* Art. 8 MA-InfAust, Rz. 2).
– Das Musterabkommen konkretisiert über die Regelung des Art. 26 MA hinaus den Umfang der Auskunftspflicht. Es stellt klar dass bestimmte Informationen, durch welche vertrauliche Mitteilungen zwischen einem Mandanten und einem Rechtsanwalt oder Rechtsvertreter offenbart würden, nicht beschafft und ausgetauscht werden müssen. Ein sachlicher Unterschied zu Art. 26 MA ergibt sich aus diesen lediglich konkretisierend wirkenden Ergänzungen allerdings nicht.
– Das Musterabkommen erwähnt als Behörden, die berechtigterweise Zugang zu ausgetauschten Informationen erhalten können nicht die Aufsichtsbehörden. Dies ergibt sich daraus, dass das Musterabkommen veröffentlicht wurde, bevor das MA im Jahr 2005 Aufsichtsbehörden in den Kreis der berechtigten Empfänger erhaltener Informationen aufgenommen hat. Eine Weiterleitung von Informationen an Aufsichtsbehörden ist damit ausgeschlossen.
– Der ersuchende Vertragsstaat kann verlangen, dass Auskünfte in der Form von Zeugenaussagen und beglaubigten Kopien von Originaldokumenten übermittelt werden. Nach Art. 26 MA besteht ein derartiger Anspruch nicht; der ersuchte Vertragsstaat soll sich jedoch bemühen, einem Ersuchen um Übermittlung von Informationen in bestimmter Form zu entsprechen.
– Auskünfte sollen grundsätzlich innerhalb einer Frist von 90 Tagen erteilt werden. Art. 26 MA enthält eine derartige Frist nicht (s. aber nunmehr zum MA 2012 Rz. 45); jedoch empfiehlt das OECD Manual ebenfalls die Einhaltung einer 90-Tage-Frist.

2. Deutsche Abkommenspraxis

27b

Abkommen	Inkrafttreten	Geltung für deutsche Steuern	Geltung der nationalen Geheimhaltungsvorschriften
Andorra	20.1.2012	ESt; KSt; GewSt; VermSt; ErbSt; USt; VersSt	x
Anguilla	11.4.2011	ESt; KSt; GewSt; VermSt; ErbSt; USt; VersSt	x
Antigua und Barbuda (E)		Alle Steuern außer Zölle und Verbrauchsteuern	x
Bahamas	12.12.2011	ESt; KSt; GewSt; VermSt; ErbSt; USt; VersSt	x
Bermuda	6.12.2012	ESt; KSt; GewSt; VermSt; ErbSt	
Brit. Jungferninseln	4.12.2011	ESt; KSt; GewSt; VermSt; ErbSt; USt; VersSt	x
Cook-Inseln	11.12.2013	ESt; KSt; GewSt; VermSt; ErbSt; USt; VersSt	x
Dominica (E)		Alle Steuern außer Zölle und Verbrauchsteuern	x
Gibraltar	4.11.2010	ESt; KSt; GewSt; VermSt; ErbSt; USt; VersSt	
Grenada	22.11.2013	Alle Steuern außer Zölle und Verbrauchsteuern	x
Guernsey	22.12.2010	ESt; KSt; GewSt; VermSt; ErbSt	
Insel Man	5.11.2010	ESt; KSt; GewSt; VermSt; ErbSt	
Jersey 2008	28.8.2009	ESt; KSt; GewSt; VermSt; ErbSt	
Kaimaninseln	20.8.2011	ESt; KSt; GewSt; VermSt; ErbSt; USt; VersSt	x
Liechtenstein 2011	28.10.2010	ESt; KSt; GewSt; VermSt; ErbSt; USt; VersSt	
Monaco	9.12.2011	ESt; KSt; GewSt; VermSt; ErbSt; VersSt	x
Montserrat (E)		ESt; KSt; GewSt; VermSt; ErbSt; USt; VersSt	x
San Marino	23.12.2011	ESt; KSt; GewSt; VermSt; ErbSt; USt; VersSt	x
St. Lucia	28.2.2013	Alle Steuern außer Zölle und Verbrauchsteuern	x
St. Vincent die und Grenadinen	7.6.2011	Alle Steuern außer Zölle und Verbrauchsteuern	x
Turks- und Caicosinseln	25.11.2011	ESt; KSt; GewSt; VermSt; ErbSt; USt; VersSt	x

3. Einzelheiten

Abweichungen vom OECD-Muster. Die deutschen TIEAs folgen im Wesentlichen dem Musterabkommen der OECD. Standardabweichungen sind: 27c

– **Anwendung der nationalen Vorschriften über das Steuergeheimnis.** Während das OECD-Muster wie das MA bis zu seiner Revision 1977 ein internationales Steuergeheimnis enthält, verweisen die deutschen Abkommen in der Mehrzahl auf die Vorschriften des Empfängerstaates der Information über sein nationales Steuergeheimnis. Der Geheimnisschutz nach den TIEAs wird insoweit dem Geheimnisschutz nach den neueren deutschen DBA angeglichen.

- **Verwendung erhaltener Informationen.** Anders als das OECD-Muster enthalten die deutschen Abkommen eine Öffnungsklausel zur Zweckbindung erhaltener Informationen. Mit Zustimmung des auskunftgebenden Staates dürfen die erhaltenen Informationen auch für Zwecke außerhalb der Festsetzung, Erhebung oder Vollstreckung von unter das Abkommen fallenden Steuern bzw Verfolgung von Steuerstrafsachen verwendet werden. Ohne die vorherige Einholung der Zustimmung erlauben die Abkommen *Britische Jungferninseln, Gibraltar, Kaimaninseln, Liechtenstein 2011, Monaco, San Marino, St. Lucia, St. Vincent und die Grenadinen* die Verwendung für andere Zwecke, wenn dies im Einzelfall zur Abwehr einer dringenden Gefahr für Leben, körperliche Unversehrtheit oder persönliche Freiheit einer Person oder zum Schutz bedeutender Vermögenswerte erforderlich ist und Gefahr im Verzug besteht. Auch mit Zustimmung des auskunftgebenden Vertragsstaates beschränken die Abkommen mit *Guernsey*, der *Insel Man, Jersey 2008* und den *Turks- und Caicoinseln* die weitergehende Verwendung auf Fälle der Verhütung und Verfolgung von Straftaten von erheblicher Bedeutung sowie der Abwehr erheblicher Gefahren für die öffentliche Sicherheit. Die deutsche Abkommenspraxis unterscheidet sich damit grundsätzlich vom Ansatz des OECD-Musters, das zwar in Art. 8 eine Weitergabe erhaltener Informationen an andere Personen, Rechtsträger oder Behörden mit Zustimmung des auskunftgebenden Staates zulässt, ohne dabei aber die abkommensrechtliche Zweckbindung der Datenverwendung aufzuheben (so auch Wassermeyer/*Hendricks,* Art. 8 MA-InfAust Rz. 10).
- **Informationsweitergabe an Drittstaaten.** Anders als das MA, das die Weitergabe erhaltener Informationen an Drittstaaten mit Zustimmung des ersuchten Vertragsstaates ermöglicht, schließen alle deutschen TIEAs eine derartige Weitergabe generell aus.
- **Informationspflicht des Betroffenen**. Die deutschen TIEAs enthalten eine Regelung, wonach der Betroffene grundsätzlich über die Datenerhebung bei der übermittelnden Stelle zu unterrichten ist.
- **Rückwirkende Informationsbeschaffung.** Einige TIEAs beschränken die Verpflichtung zur Einholung und Erteilung betagter Informationen. Nach den TIEAs *Anguilla* und *Turks- und Caicoinseln* besteht eine Auskunftsverpflichtung nicht für Informationen die sich auf einen Zeitraum beziehen, der mehr als fünf Jahre vor dem Jahr liegt, in dem das Ersuchen gestellt wurde; eine Frist von sechs Jahren gilt nach den TIEAs *Bermuda* und *Britische Jungferninseln.*

B. Zu Art. 26 Abs. 1

I. Musterabkommen

1. Grundzüge

28 Die Vorschrift begründet einerseits einen völkerrechtlichen Anspruch auf den Austausch von Informationen zur Anwendung des DBA bzw. zur Durchführung eines nationalen Besteuerungsverfahrens; sie stellt darüber hinaus eine Rechtsgrundlage für einen automatischen und spontanen Informationsaustausch ohne konkrete Anforderung dar.

2. Regelung

29 Die
- **zuständigen Behörden** der Vertragsstaaten
- geben sich wechselseitig **Informationen,**

– die **voraussichtlich erheblich** sind
– **zur Durchführung des DBA** oder
– zur Durchführung des **innerstaatlichen Rechts der Vertragsstaaten** betreffend **Steuern jeder Art und Bezeichnung**, soweit die diesem Recht entsprechende **Besteuerung nicht dem DBA widerspricht,**
– auch über **nicht** in einem der Vertragsstaaten **ansässige Personen.**

3. Erläuterungen

30 **a) Zuständige Behörde, innerstaatliches Recht:** Zum Begriff der zuständigen Behörde s. Art. 3 Abs. 1 Buchst. f, dazu zu Art. 3 Rz. 55 f. Art. 26 Abs. 1 befasst sich nur mit dem Informationsaustausch zwischen Behörden, so dass als Adressat des Auskunftsersuchens nur die zuständige Behörde des anderen Vertragsstaates in Betracht kommt. Der nach Art. 3 Abs. 1 Buchst. e benannten Behörde bleibt es abkommensrechtlich unbenommen, ihre Zuständigkeit nach den Regeln des innerstaatlichen Rechts auf andere Behörden zu delegieren. Der Informationsaustausch kann auch für die Zwecke eines Rechtsbehelfs-(Rechtsmittel-)verfahrens durchgeführt werden. Auch in diesem Fall wird das Auskunftsersuchen von den „zuständigen Behörden" abgewickelt. Die Verletzung der Zuständigkeitsregeln führt zum Verwertungsverbot der erteilten Auskunft (*Cour d'Appel Bruxelles* v. 15.1.1996, Algemeen Fiscaal Tijdschrift 1996, 221). Auf deutscher Seite ist die zuständige Behörde für das Auskunftsersuchen der Bundesminister für Finanzen. In § 5 Abs. 1 Nr. 5 FVG ist die Möglichkeit der Delegation auf das **Bundeszentralamt für Steuern** vorgesehen. Eine derartige Übertragung ist durch Erlass v. 29.11.2004 (BStBl. I, 1144) erfolgt, nunmehr ersetzt durch Erlass vom 20.6.2011, BStBl. I, 674.

31 Art. 26 regelt die Durchführung des zwischenstaatlichen Auskunftsverkehrs, ohne dabei die nationalen Bestimmungen über die Einholung von steuerlichen Auskünften zu modifizieren. Die Vorschrift hebt die entsprechenden Regelungen in den nationalen Rechtsordnungen nicht auf, sondern tritt zusätzlich neben sie. Damit beurteilt sich die Frage, ob zur Klärung eines Steuerfalles von der Möglichkeit des zwischenstaatlichen Auskunftsverkehrs nach Art. 26 Abs. 1 Gebrauch gemacht werden darf, ausschließlich nach den Vorschriften des innerstaatlichen Rechts (zur Frage des Einflusses eines Auskunftsersuchens auf den Abschluss eines Betriebsprüfungsverfahrens vgl. ÖstBMF v. 12.7.1996, SWI 1996, 373). Ebenfalls ausschließlich nach nationalem Recht beurteilt sich die Verpflichtung der Finanzbehörden und Gerichte, zur Aufklärung eines Sachverhaltes ein Auskunftsersuchen nach Art. 26 Abs. 1 einzuleiten. Folgerichtig hat die Nichtbeachtung der innerstaatlichen Voraussetzungen eines Auskunftsersuchens auf den Auskunftsverkehr selbst grundsätzlich keinen Einfluss. Der um Auskunft ersuchte Vertragsstaat braucht nicht zu prüfen, ob der ersuchende Staat nach seiner Rechtsordnung zur Stellung des Auskunftsersuchens ermächtigt war. Verweigern darf er die Auskunft wegen einer Verletzung der innerstaatlichen Vorschriften des um Auskunft ersuchenden Staates nur, wenn es infolge dieser Verletzung an der **abkommensrechtlichen** Voraussetzung der **Erheblichkeit** der Auskunft fehlt; s. dazu Rz. 34 ff.

32 Die Beschränkung auf den Informationsaustausch zwischen den zuständigen **Behörden der Vertragsstaaten** schließt es aus, die Einholung von Auskünften von Privatpersonen und Gesellschaften im anderen Vertragsstaat – beispielsweise durch die gezielte Zusendung von Fragebögen – oder die Vornahme eigener behördlicher Ermittlungen auf dem Staatsgebiet des anderen Vertragsstaates auf Art. 26 Abs. 1 zu stützen.

33 **b)** Der Begriff der **Information** ist weit zu interpretieren. Er umfasst sowohl **tatsächliche Gegebenheiten** als auch **rechtliche Verhältnisse.** Vor allem be-

schränkt sich der Begriff nicht etwa nur auf Umstände, die nach den Rechtsordnungen der Vertragsstaaten vom nationalen Steuergeheimnis erfasst werden. Einen derartigen Gedanken könnte zwar die Verknüpfung des Informationsaustausches mit der abkommensrechtlichen Geheimhaltungsverpflichtung in Art. 26 Abs. 2 nahe legen. Er hätte aber zur Folge, dass für die Vertragsstaaten ein Auskunftsanspruch nur bei Umständen bestünde, die einen Geheimnisschutz genießen, in allen anderen Fällen dagegen der Vertragsstaat, der eine Information benötigt, von den nationalen Vorschriften des ersuchten Staates über zwischenstaatliche Rechts- und Amtshilfe abhängig wäre. Eine derartige Differenzierung wäre weder vom Ergebnis her zu rechtfertigen noch entspräche sie der Intention des Art. 26, einen möglichst weitgehenden Informationsaustausch entsprechend den Bedürfnissen der nationalen Steuerverwaltungen zu gewährleisten. Die erbetene Auskunft braucht sich auch **nicht** auf einen **bestimmten Steuerpflichtigen** und dessen Verhältnisse zu beziehen. Neben der Mitteilung von Tatsachen, die sich auf einen Einzelfall beziehen, umfasst Art. 26 Abs. 1 gleichermaßen Auskünfte allgemeinen Charakters, beispielsweise über den zu einem bestimmten Zeitpunkt für eine bestimmte Ware im anderen Vertragsstaat generell üblichen Marktpreis, oder über neuere Praktiken im Bereich der Steuerhinterziehung (s. MA-Komm. Ziff. 8 Buchst. c und das OECD Manual on the implementation of exchange of information, Grundmodul Rz. 26 f.). Schließlich ist es für den Begriff der Information unerheblich, ob die mitzuteilende Auskunft offenkundig bzw. allgemein bekannt ist oder ob sie besonders ermittelt werden muss; zum Umfang der Ermittlungspflicht s. Abs. 3. Somit kann Gegenstand eines Auskunftsersuchens beispielsweise auch die Auslegung einer Vorschrift des nationalen Rechts des anderen Vertragsstaats durch die Steuerbehörden dieses Staates sein, wenn sich daraus Konsequenzen für die Durchführung des DBA oder für die Anwendung des nationalen Steuerrechts des ersuchenden Staates ergeben; Gleiches gilt für Informationen über die möglichen Rechtsformen von Gesellschaften nach dem Gesellschaftsrecht des anderen Vertragsstaates (a. A. *Schaumburg/Schlossmacher,* BIFD 2000, 522; GKG/*Höppner,* Art. 26 Rz. 111). Die weite Definition des Begriffs der Information ist insbes. von Bedeutung für den industrieweiten Informationsaustausch, der sich nicht auf konkrete Daten bestimmter Steuerpflichtiger, sondern auf allgemeine Informationen über ausgewählte Wirtschaftssektoren bezieht.

34 **c) Begrenzt** wird die Auskunftsbefugnis nicht durch den Begriff der Information, sondern nur durch die Voraussetzung, dass die erbetene Mitteilung zur Durchführung des DBA bzw. des nationalen Rechts **voraussichtlich erheblich** sein muss. Das MA 2005 ersetzt insoweit den bisher verwendeten Begriff der „Erforderlichkeit" und trägt damit der Tatsache Rechnung, dass der ersuchte Vertragsstaat regelmäßig nicht in der Lage sein wird, sich ein vollständiges Bild über die tatsächliche Bedeutung einer Information für das Besteuerungsverfahren im ersuchenden Staat zu machen. Auch für den automatischen und spontanen Auskunftsverkehr ist es zutreffender, von der Übermittlung „voraussichtlich erheblicher" Informationen zu sprechen; ein rechtlicher Unterschied gegenüber der früheren Terminologie liegt jedoch nicht vor. Der MA-Komm. 2012 stellt klar, dass die Beurteilung der voraussichtlichen Erheblichkeit vom ersuchenden Vertragsstaat vorzunehmen ist und dessen Bewertung grundsätzlich vom ersuchten Vertragsstaat zu akzeptieren ist.

34a Der MA-Komm. konzentriert sich bei der Interpretation des Kriteriums „voraussichtlich erheblich" auf die Abgrenzung zu sog. „fishing expeditions". In der deutschen Abkommenspraxis findet sich dagegen eine konkretere Definition des Begriffs „voraussichtlich erheblich" im Protokoll zu einigen TIEAs (s. Prot. Ziff. 2c *TIEA Andorra,* Prot. Ziff. 2c *TIEA Bahamas*). Danach sind Daten dann voraussichtlich erheblich, wenn im konkreten Fall die ernstliche Möglichkeit besteht, dass die andere Vertragspartei ein Besteuerungsrecht hat, und keine Anhaltspunkte dafür vorliegen, dass die Daten der zuständigen Behörde des anderen Vertragsstaats bereits bekannt sind oder dass die zuständige Behörde des anderen Vertragsstaats ohne die Information von dem Gegenstand des Besteuerungsrechts Kenntnis erlangt.

Ein wesentliches Kriterium für die voraussichtliche Erheblichkeit erbetener In- **34b**
formationen ist, dass sie **konkret bestimmte Steuerpflichtige** betreffen und sich **auf einen konkreten Steuerfall beziehen.** „**Fishing expeditions**" sind dagegen spekulative Anfragen, die keinen klaren Bezug zu einem einzelnen Besteuerungsvorgang aufweisen (OECD Manual Ziff. 23). Modellfall einer fishing expedition ist die Einholung von Informationen über sämtliche Konten der Staatsbürger eines Vertragsstaates im anderen Vertragsstaat (dazu *Aumayr,* in Lang/Schuch/Staringer, S. 64). Dies gilt auch, wenn sich die Anfrage auf ein bestimmtes Bankinstitut beschränkt, da der ersuchende Vertragsstaat in der Regel nicht glaubhaft machen kann, dass er gegen alle von dem Ersuchen umfassten Steuerpflichtigen Verfahren zur Berichtigung ihrer Steuererklärungen vorbereitet. (zweifelnd hier *Aumayr,* a. a. O., S. 65). Anders stellt sich die Situation dagegen dar, wenn das Bankinstitut für Steuerpflichtige des ersuchenden Staates spezielle Produkte, die eine gesetzeswidrige Steuerreduzierung ermöglichen, anbietet; in diesem Fall kann sich das Auskunftsersuchen auf sämtliche Erwerber der betreffenden Produkte beziehen (s. MA-Komm. Ziff. 8h). Umgekehrt ist nicht Voraussetzung, dass der ersuchende Staat ein bestimmtes Finanzinstitut benennen kann, von dem erbetene Informationen einzuholen sind, wenn konkrete Anhaltspunkte bestehen, dass ein bestimmter Steuerpflichtiger im ersuchten Staat über ein Bankkonto verfügt (s. a. *Schmehl,* in Lüdicke, S. 45; zweifelnd hier *Urtz,* SWI 2011, 144). Auch ist nicht erforderlich, dass der Steuerpflichtige, für dessen Besteuerungsfall die Informationen benötigt werden, namentlich benannt wird, wenn eine Identifikation über andere Merkmale erfolgen kann. Infrage kommen hierbei etwa eine Sozialversicherungsnummer, die Nummer eines amtlichen Lichtbildausweises, eine Melderegisterzahl, eine Steuernummer, eine Kontonummer, oder in Ausnahmefällen auch biometrische Daten (*Staringer/Günther,* in Lang/Schuch/Staringer, S. 203). Zweifelhaft dagegen ist die Zulässigkeit eines Auskunftsersuchens, das sich auf alle Inhaber von Kreditkarten einer ausländischen Bank bezieht, die aufgrund ihrer Transaktionen vermutlich im ersuchenden Staat ansässig sind. Der MA-Komm. Ziff. 8f hält ein Ersuchen auf Übermittlung der Namen der Karteninhaber für unbedenklich; dies kann aber nach der Logik des MA-Komm. nur gelten, wenn der Verdacht der Verschleierung der steuerlichen Ansässigkeit für alle Kartenbesitzer glaubhaft gemacht werden kann.

Erheblich ist die Information für die Durchführung des DBA oder, falls eine **35**
„große Auskunftsklausel" (Rz. 47) vereinbart ist, für die Anwendung des innerstaatlichen Rechts des ersuchenden Staates nur, wenn dieser sich die Informationen **nicht durch eigene Nachforschungen** auf seinem Staatsgebiet **beschaffen kann.** Bevor ein Auskunftsersuchen gestellt wird, müssen also die **innerstaatlichen** Auskunftsquellen **ausgeschöpft** werden (MA-Komm. Ziff. 9 Buchst. a; BMF-Merkblatt zur zwischenstaatlichen Amtshilfe Tz. 2.1.2). Dies ist in Anbetracht des erheblichen Arbeitsaufwands, den sowohl die Ausarbeitung eines Auskunftsersuchens als auch dessen Beantwortung verursacht, auch sachgerecht (vgl. zu den Verwaltungsproblemen im Zusammenhang mit dem steuerlichen Informationsaustausch aus der Sicht des IRS auch *Egger,* TI July 1982, 7). Allerdings ist die Pflicht zur Ausschöpfung innerstaatlicher Auskunftsquellen nicht schrankenlos. So wie nach Art. 26 Abs. 3 ein Auskunftsersuchen abgelehnt werden kann, wenn die Beschaffung der Auskunft nur mit unverhältnismäßigen Mitteln möglich wäre

(auch gegen das Prinzip der Wirtschaftlichkeit der Verwaltung würde verstoßen werden; s. Rz. 100), kann umgekehrt auch ein Auskunftsersuchen bereits dann gestellt werden, wenn zu erwarten ist, dass die Informationsbeschaffung durch den ersuchten Staat wesentlich effizienter gestaltet werden kann als im ersuchenden Staat. Dieser Effizienzgewinn ist im Ersuchen zu begründen (so auch *Pistone/ Gruber,* in Lang/Schuch/Staringer, S. 75, m. w. N.). Diese Subsidiarität der Amtshilfe bedeutet auch, dass ein Steuerpflichtiger sich nicht dadurch seinen Mitwirkungspflichten zur Sachverhaltsaufklärung (einschließlich der erhöhten Mitwirkungspflichten bei Auslandsbeziehungen nach § 90 AO) entziehen kann, dass er auf die Möglichkeit der Informationsbeschaffung im Wege des zwischenstaatlichen Auskunftsverkehrs verweist (*Seer,* FS Schaumburg, S. 151, sowie *Brocke/Tippelhofer,* IWB F. 11, Europäische Union Gr. 2, 949 ff. Für Österreich s. *Schuch/Titz,* in Lang/Schuch/Staringer, S. 343).

36 **Fehlt** es an der Voraussetzung der Erheblichkeit, so besteht nach dem Abkommen **keine Auskunftspflicht.** Der ersuchte Staat ist befugt, die Voraussetzungen zu prüfen und die Auskunft gegebenenfalls zu verweigern; Art. 26 verpflichtet ihn **nicht,** die Behauptung des ersuchenden Staats, eine Auskunft sei erheblich, **ungeprüft zu übernehmen.** Bestehen Zweifel, so kann der ersuchte Staat verlangen, dass ihm die Tatsachen und die Rechtslage dargelegt werden, aus denen sich nach der Auffassung des ersuchenden Staats die Erheblichkeit ergibt. Der ersuchende Staat hat auch von sich aus das Recht, im Laufe des Verfahrens sein Amtshilfegesuch zu ergänzen bzw. zu berichtigen, wenn sich für die ersuchende Behörde neue Erkenntnisse ergeben, die mit dem Gegenstand des Amtshilfegesuchs im Zusammenhang stehen (s. SchweizBG v. 6.2.2002, 2A. 250/2001/mks). Art. 26 **verbietet** es allerdings dem um eine Auskunft ersuchten Staat **nicht,** die Auskunft auch zu erteilen, wenn er durch das Abkommen nicht dazu verpflichtet ist (Rz. 98); ob er zur Auskunft befugt ist, ist dann allein eine Frage seines **innerstaatlichen Rechts.** Demgemäß bestimmt sich auch nach innerstaatlichem Recht, ob der ersuchte Staat die Erheblichkeit der Auskunft ungeprüft lassen darf: er darf dies dann, wenn sein innerstaatliches Recht ihm die Auskunft auch ohne völkerrechtliche Verpflichtung gestattet und unter den Voraussetzungen, von denen es in einem solchen Fall die Auskunft abhängig macht. Für Deutschland ist dies eine Frage des § 117 Abs. 3 AO (s. Rz. 23). Die Verpflichtung zum Informationsaustausch besteht für die Geltungsdauer des DBA. Hiergegen kommt es nicht darauf an, ob die Information selbst sich auf den Geltungszeitraum des DBA bezieht. Damit können etwa auch Informationen ausgetauscht werden, die sich auf **Steuerjahre vor Inkrafttreten des DBA** beziehen, wenn nicht das DBA ausdrücklich eine andere Regelung enthält.

37 **d)** Art. 26 Abs. 1 spricht vom **„Austausch"** von Informationen. Damit ist jedoch kein „Zug-um-Zug-Austausch" gemeint, sondern nur die **Gegenseitigkeit** unter den Vertragsstaaten in dem Sinne, dass sich **beide** zu Auskünften unter vergleichbaren Umständen und in vergleichbarem Umfang verpflichten (Näheres in Abs. 3). Teilweise wird die Auskunft durch ein spezielles **Ersuchen** des die Information benötigenden Vertragsstaats ausgelöst werden. Besondere Formerfordernisse für ein derartiges Auskunftsersuchen lassen sich aus dem MA nicht ableiten. Inhaltlich sind im Ersuchen diejenigen Daten anzugeben, die für die Erledigung des Auskunftsersuchens notwendig sind, ferner diejenigen Tatsachen, die den ersuchten Staat in die Lage versetzen, die Erforderlichkeit des Auskunftsersuchens zu prüfen. Hierbei kann vom ersuchenden Staat nicht verlangt werden, dass er den Sachverhalt, auf den sich das Gesuch stützt, lückenlos und widerspruchsfrei darstellt (SchweizBG v. 6.2.2002, 2A. 250/2001/mks: *DBA Schweiz/USA*). Dies folgt daraus, dass das Amtshilfeersuchen gerade den Zweck verfolgt, über den Sachverhalt

Klarheit zu gewinnen. Gegebenenfalls ist der im Ersuchen dargestellte Sachverhalt nachträglich zu ergänzen oder zu berichtigen. Als Bestandteil des internationalen Auskunftsverkehrs unterliegen auch die im Auskunftsersuchen enthaltenen Daten dem Geheimnisschutz im gleichen Umfang wie der Inhalt der erteilten Information selbst.

Das **Auskunftsersuchen kann nur dann abgelehnt werden,** wenn die Voraussetzungen für die Stellung eines Ersuchens nach Art. 26 Abs. 1 nicht vorliegen, insbesondere also wenn die erbetene Information für die Anwendung des Abkommens oder des nationalen Rechts voraussichtlich nicht erheblich ist, oder ein Fall des Art. 26 Abs. 3 vorliegt. Aufgrund der überragenden Bedeutung des Steuergeheimnisses für den zwischenstaatlichen Informationsaustausch wird man dem ersuchten Vertragsstaat auch dann eine Berechtigung zur Zurückhaltung der erbetenen Informationen zuerkennen müssen, wenn er aufgrund konkreter Umstände ernstliche **Zweifel an der Wahrung des Steuergeheimnisses** im ersuchenden Staat hat und diese auch durch eine entsprechende Zusicherung des ersuchenden Staates (s. dazu das BMF-Merkblatt zur zwischenstaatlichen Amtshilfe, Tz. 1.3.2) nicht ausgeräumt werden (zum Anspruch des betroffenen Steuerpflichtigen auf Unterlassung der Auskunftserteilung FG Köln EFG 2008, 1764: *DBA Türkei;* s. a. *Seer,* FS Schaumburg, 158). 38

e) Während der **MA-Komm. 1963** nur die Möglichkeit der Auskunft auf Ersuchen sah (MA-Komm. 1963 Ziff. 7), nennt der **MA-Komm. seit 1977** daneben als weitere Möglichkeiten die **automatisch** – d. h. regelmäßig und ohne besonderes Ersuchen über Tatsachen bestimmter Art – und die im Einzelfall **unaufgefordert** erteilte **Auskunft** (MA-Komm. Ziff. 9). Mit Rücksicht darauf, dass für die Auslegung der DBA die zum Zeitpunkt des jeweiligen Vertragsschlusses geltende Fassung des MA-Komm. heranzuziehen ist (s. Grundl. Rz. 127 ff.), ist daher bei den DBA, die vor dem 11.4.1977 abgeschlossen wurden, ein automatischer oder spontaner Informationsaustausch nicht zulässig, es sei denn das jeweilige DBA gestatte ihn ausdrücklich (i. d. S. wohl auch der BFH, der für die Zulässigkeit einer Spontanauskunft nach dem *DBA Russland* ausdrücklich darauf hinweist, dass das DBA auf der Basis des MA 1977 abgeschlossen wurde (BFH NV 2006, 922); ebenso für die Niederlande *v. Raad/Milders,* 1988, 60; a. A. FG Düsseldorf EFG 1981, 604: *DBA Belgien;* NdsFG RIW 1987, 888: *DBA Dänemark*). Die große Mehrheit der OECD-Staaten erkennt allerdings dem Stichtag 11.4.1977 die hier dargelegte Rolle nicht zu und vertritt die Ansicht, dass sowohl der spontane als auch der automatische Auskunftsaustausch bereits auf der Basis des MA 1963 zulässig waren und dass der MA-Komm. 1977 hier lediglich eine Klarstellung gebracht hat. Dies entspricht auch der Ansicht des MA-Komm. selbst (vgl. MA-Komm. 1977 Ziff. 4). 39

Allerdings erwähnt auch Art. 26 Abs. 1 MA 1977 den automatischen und spontanen Auskunftsverkehr nicht ausdrücklich. Trotzdem wird man, wie der MA-Komm., die Vorschrift so interpretieren können, dass ein Informationsaustausch ohne vorheriges Auskunftsersuchen nicht definitiv **ausgeschlossen** sein sollte. Somit sind in Übereinstimmung mit dem MA-Komm. 1977 automatische und spontane Auskünfte auf jeden Fall nach denjenigen DBA zulässig, die **nach jenem Datum** geschlossen wurden (im Ergebnis wie hier *Becker,* JbFfSt 1980/81, 122 (130); *Heidner,* DStR 1989, 526 (527)). Auch dass die Auskunft für bestimmte Zwecke „erheblich" sein muss, rechtfertigt **keine** Beschränkung auf **angeforderte** Auskünfte. Eine besondere Feststellung der Erheblichkeit durch den Staat, an den die Auskunft gehen soll, wird damit nicht verlangt, noch weniger eine Feststellung in jedem Einzelfall. 40

Ausgehend von den Bestrebungen der G20-Staaten zur Bekämpfung der internationalen Steuervermeidung, den durch den US-amerikanischen FATCA be- 40a dingten Abschluss von Vereinbarung zum internationalen Austausch von Bankinformationen, sowie den zwischen den EU-Staaten geltenden Regelungen zum Informationsaustausch bei Zinseinkünften haben sich die OECD-Staaten im Mai 2014 auf einen einheitlichen globalen Standard zum automatischen Informationsaustausch geeinigt. Der Rat der OECD hat im Juli 2014 den Standard gebilligt. Danach werden zwischen den Staaten, die sich zur Anwendung des Standards verpflichtet haben, jährlich Informationen von Banken und Finanzinstituten wie etwa Zins- und Dividendeneinkünfte und Gewinne aus Anteilsveräußerungen, ausgetauscht. Der Standard regelt die Berichtspflichten von Banken und Finanzinstituten, einschließlich Trusts und Stiftungen, die auszutauschenden Informationen, Konten und Kontoinhaber, die unter den Informationsaustausch fallen, sowie auch Sorgfaltspflichten, die von Finanzinstituten einzuhalten sind. Informationsaustausch auf der Basis des Standards soll ab 2017 von den Staaten, die sich zu einer beschleunigten Umsetzung verpflichtet haben (early adopters), geleistet werden. Bisher haben sich mehr als 40 Staaten, darunter auch Deutschland, zu einer Umsetzung ab 2017 verpflichtet.

41 Allerdings ist das Kriterium der voraussichtlichen Erheblichkeit auch beim automatischen sowie beim spontanen Auskunftsverkehr zu beachten. Für den **automatischen Auskunftsverkehr** wird regelmäßig die dem Auskunftsverkehr zugrunde liegende Verwaltungsvereinbarung die Informationen definieren, die generell – auf den Einzelfall kommt es nicht an – für die Besteuerung im anderen Vertragsstaat erheblich sind. Die OECD hat hierzu ein Modell für eine Vereinbarung erarbeitet und den Mitgliedstaaten zur Verwendung empfohlen (Recommendation of the Council on the Use of the OECD Model Memorandum of Understanding on Automatic Exchange of Information for Tax Purposes, C(2001)28/FINAL). Für die Zulässigkeit des **spontanen Auskunftsverkehrs** fordert der BFH **objektive Anhaltspunkte** für eine tatsächliche oder mögliche Steuerverkürzung (Beschluss v. 15.2.2006, BStBl. II, 616 zu § 2 EGAHiG; s. auch *BMF* v. 1.8.2006, BStBl. I, 489). Ein entsprechender Maßstab ist auch für die Erteilung einer Spontanauskunft nach Art. 26 MA anzuwenden (a. A. *Binder,* ÖStZ 1986, 169 (173); kritisch auch *Urtz,* SWI 1996, 313). Hierbei reicht aus, dass die **ernste Möglichkeit** besteht, dass der andere Vertragsstaat abkommensrechtlich ein Besteuerungsrecht hat und ohne die Spontanauskunft von dem Gegenstand dieses Besteuerungsrechts keine Kenntnis erlangen würde (BFH NV 2008, 51: *DBA USA*). Der EuGH hat Art. 4 Abs. 1a der Richtlinie 77/799/EWG dahingehend ausgelegt, dass ein Mitgliedstaat eine Spontanauskunft erteilen **soll,** wenn er Gründe für die Vermutung hat, dass ohne diese Auskunft in dem anderen Staat eine nicht gerechtfertigte Steuerersparnis bestehen oder gewährt werden könnte (Rs. C-420/98, Slg. 2000, I-2847 – *WN gegen Staatssecretaris van Financiën*). Dieser Ansatz ist für Art. 26 MA nicht einschlägig; im Gegensatz zur EU-Richtlinie, die die Mitgliedstaaten in den in Art. 4 aufgeführten Fällen zur Erteilung von Spontanauskünften anhielt, enthält Art. 26 MA lediglich eine Befugnis zur Erteilung von Spontanauskünften und stellt es den Vertragsstaaten frei, von dieser Befugnis Gebrauch zu machen (a. A. BHGK/*Höppner,* Art. 26 Rz. 148, sowie *Tegtmeyer* S. 233, die eine generelle Pflicht zur Erteilung von Spontanauskünften annehmen).

42 **f)** Die **Ermittlungen** sind nach dem Recht des um Auskunft ersuchten Vertragsstaates unter ausschließlicher Verantwortung seiner Behörden vorzunehmen. Über die Begründung einer Auskunfts- und gegebenenfalls Ermittlungspflicht hinaus gibt Art. 26 MA dem ersuchenden Vertragsstaat **keine Einflussmöglichkeit auf die Beschaffung der Auskunft** im ersuchten Staat. Aus der Bestimmung des Art. 26 Abs. 3 Buchst. a, dass die Vertragsstaaten nicht verpflichtet seien, Verwaltungsmaßnahmen durchzuführen, die von den Gesetzen oder der Verwaltungspraxis eines der Vertragsstaaten abweichen, kann nicht gefolgert werden, dass mit dem Ersuchen um Auskunft die Durchführung bestimmter Verwaltungsmaßnahmen verlangt werden könne. Insbesondere kann nach Art. 26 nicht verlangt werden, dass Vertreter von Behörden des ersuchenden Vertragsstaats an den Ermittlungen im anderen Vertragsstaat beteiligt werden.

g) Der MA-Komm. erwähnt als zusätzliche Varianten des Informationsaustausches die Durchführung **koordinierter Betriebsprüfungen,** die Teilnahme von Beamten eines Vertragsstaates an im anderen Vertragsstaat durchgeführten Betriebsprüfungen und den **industrieweiten Informationsaustausch.** In der Sache handelt es sich dabei lediglich um kombinierte und teils modifizierte Anwendungsfälle des Informationsaustausches auf Ersuchen oder auf spontaner und automatischer Basis; sie sind damit bereits auf der Basis des MA 1977 zulässig (a. A. *Urtz,* SWI 1996, 354). Allerdings wird für die Durchführung des Informationsaustausches regelmäßig eine Zuständigkeitsdelegation für die Erteilung und den Empfang von Informationen durch die in Art. 3 Abs. 1 Buchst. f genannte Behörde erforderlich sein (s. dazu auch *Jirousek,* SWI 1998, 205). **43**

Vor allem von Seiten der USA wurden Vereinbarungen über die Durchführung **koordinierter Betriebsprüfungen** im Rahmen des Auskunftsartikels der DBA geschlossen. Derartige Vereinbarungen existieren inzwischen mit 12 Staaten, darunter auch Deutschland. Hierbei sprechen sich die Steuerverwaltungen zwar ab über Durchführung und Fortgang der Prüfung sowie über die Prüfungsergebnisse; die Ermittlungen selbst werden jedoch in jedem Vertragsstaat selbständig von der zuständigen Steuerverwaltung vorgenommen (vgl. im Einzelnen: *Cole/Gordon,* TMIJ 1994, 600; *Jirousek,* SWI 1994, 139). Die OECD hat 1992 eine Mustervereinbarung über die Durchführung koordinierter Betriebsprüfungen erarbeitet und zur Verwendung empfohlen (Empfehlung v. 23.7.1992, C (92) 81/Final). Auch der **industrieweite Informationsaustausch** basiert auf bilateralen Vereinbarungen zwischen DBA-Vertragsstaaten. Er hat zum Ziel, eine effektivere Kontrolle der Steuererklärungen multinationaler Unternehmen zu ermöglichen. Anstelle spezifischer Informationen über bestimmte Steuerpflichtige werden branchenspezifische Informationen z. B. aus dem Bereich Banken und Versicherungen oder der chemischen Industrie ausgetauscht. Die **Teilnahme ausländischer Prüfer an inländischen Ermittlungen** stellt die weitest reichende Form der Kooperation zwischen zwei Steuerbehörden dar. Während die Anwesenheit eines Vertreters der ausländischen zuständigen Behörde bei Ermittlungen, wie z. B. der Vernehmung eines Steuerpflichtigen oder einer Auskunftsperson, im Wesentlichen unbestritten ist, wird die Teilnahme ausländischer Prüfungsorgane bei formellen Betriebsprüfungen nicht von allen OECD-Staaten akzeptiert; in Frankreich z. B. führt sie zur Nichtigkeit der Folgebescheide zum Betriebsprüfungsverfahren (*Jirousek,* SWI 1994, 139). **44**

h) Auszutauschen ist nach Art. 26 Abs. 1 der gedankliche Inhalt der Information. Die Bestimmung trifft **keine** Anordnung über die **Form** des Auskunftsverkehrs und beabsichtigt dies auch nicht. Fehlen gesonderte Vereinbarungen, so ist es Sache des auskunftgebenden Vertragsstaates zu entscheiden, in welcher Form er die Auskunft erteilt. Dies kann auch **mündlich** geschehen (*Runge,* JbFfSt 1980/81,142 (147)). Der ersuchte Vertragsstaat ist nach Art. 26 Abs. 1 – im Unterschied zum US-MA (s. Art. 26 Abs. 6 US-MA) – auch dann **nicht** zur Übermittlung der Information in einer besonderen Form verpflichtet, wenn die Information für den ersuchenden Staat nur in einer qualifizierten Form **verwertbar** ist (für die Forderung nach Übersendung von Kopien der Originalakten: Schweiz. BG E 101, 1b, 160: *DBA Schweiz/USA).* Die Bestimmungen des nationalen Verfahrensrechts über die Verwertbarkeit von Informationen beeinflussen die auf der Abkommensebene getroffene Abgrenzung und Ausgestaltung der Auskunftspflicht nicht. Der MA- **45**

Komm. legt seit 2005 jedoch den Vertragsstaaten nahe, Ersuchen um Übermittlung von Daten in qualifizierter Form nach Möglichkeit zu erfüllen (MA-Komm. Ziff. 10.2).

45a Art. 26 enthielt bisher auch keine Regelung über **Fristen** für die Erledigung von Auskunftsersuchen. In der Praxis leidet die Effizienz des zwischenstaatlichen Informationsaustausches häufig an sehr langen Bearbeitungszeiten eines Auskunftsersuchens (zur Praxis in Deutschland siehe Rz. 7). Der MA-Komm. 2012 schlägt nunmehr vor, in DBA Zeitgrenzen für die Erledigung von Ersuchen aufzunehmen. Das OECD Manual über den Informationsaustausch auf Ersuchen hatte noch eine Frist von maximal 90 Tagen für die Beantwortung von Ersuchen enthalten; der MA-Komm. hält jedoch eine Beantwortungsfrist von sechs Monaten für Informationen, die sich nicht bereits im Besitz der Steuerverwaltung des ersuchten Staates befinden, für angemessener (MA-Komm. Ziff. 10.4).

45b Für die Abwicklung des **automatischen** Auskunftsverkehrs war 1992 ein Standardformat für den computerisierten Informationsaustausch mit Hilfe von Magnetbändern (Standard Magnetic Format – SMF)erarbeitet und 1997 aktualisiert worden. Nachdem diese Übermittlungsmethode nicht mehr zeitgemäß ist, wurden die Empfehlungen zur Verwendung des SMF im Juli 2014 aufgehoben. Stattdessen wurde als Alternativverfahren das Standard Transmission Format (STF) den Mitgliedstaaten ab 1.1.2012 zur Verwendung empfohlen.

46 Insbesondere der spontane und automatische Auskunftsverkehr stellt den Empfängerstaat der Information vor die Aufgabe, ggf. in erheblichem Umfang erhaltene Daten einheimischen Steuerfällen zuzuordnen. Zur Erleichterung dieser Aufgabe hat die OECD eine Empfehlung zur Verwendung **internationaler Steuernummern** (Tax Identification Numbers – TIN) erarbeitet (C(1997)39/FINAL). Danach sollen die Mitgliedstaaten der OECD nichtansässige Bezieher von Einkünften dazu anhalten, ihre Ansässigkeitsstaat-Steuernummer der Steuerverwaltung des Quellenstaats mitzuteilen. Soweit eine Steuernummer nicht mitgeteilt wird, sollen alternative Wege der Identifizierung nichtansässiger Bezieher von Einkünften vorgesehen werden. Soweit ein OECD-Staat keine nationale Steuernummer vergibt, soll für Steuerpflichtige mit Auslandsbeziehungen eine spezielle internationale Steuernummer eingeführt werden.

47 **i)** Art. 26 verpflichtet zur Erteilung von Auskünften einerseits **zur Durchführung des DBA,** andererseits **zur Durchführung des innerstaatlichen Rechts** der Vertragsstaaten. Das MA übernimmt damit die sog. **„große Auskunftsklausel“** (von „kleiner Auskunftsklausel“ spricht man, wenn Auskünfte nur zur Durchführung des DBA zu erteilen sind). Eine generelle Abgrenzung zwischen den beiden Zielsetzungen des Auskunftsverkehrs nehmen weder das MA noch der MA-Komm. vor; dieser führt in Ziff. 7 und 8 nur beispielhaft Anwendungsfälle auf. Für das MA ist eine derartige Abgrenzung auch nicht erforderlich, wohl aber für diejenigen DBA, die nur die „kleine Auskunftsklausel“ enthalten.

48 Eine Auskunft wird **zur Durchführung des Abkommens** begehrt, wenn die Auskunft **für die Anwendung der Verteilungsnormen des DBA** von Bedeutung ist, wobei der Begriff der Verteilungsnorm hier in einem umfassenden Sinn zu verstehen ist (vgl. die Grundl. Rz. 67). Für die Anwendung der Verteilungsnormen ist die Auskunft von Bedeutung, wenn die **abkommensrechtliche Rechtsfolge** je nach dem Ergebnis der Auskunft eine andere ist: also etwa ein Vertragsstaat bestimmte Einkünfte besteuern darf oder sie freistellen muss. Die DBA begrenzen das nationale Recht inhaltlich, gewissermaßen wie eine Lochschablone, die über das Muster des innerstaatlichen Rechts gelegt wird und bestimmte Partien abdeckt (s. die Grundl. Rz. 87). Das Ergebnis einer Auskunft beeinflusst also die abkommensrechtliche Rechtsfolge immer dann, wenn je nach diesem Ergebnis das innerstaatliche Recht durch das DBA **stärker oder weniger stark begrenzt wird,** es in weiterem oder in geringerem Umfang anwendbar bleibt. Nicht erforderlich ist, dass eine Doppelbesteuerung oder eine Doppelfreistellung droht; hier handelt es sich nur um zwei mögliche Anwendungsfälle. Nimmt das nationale Recht eine ihm nach dem DBA zustehende Befugnis zur Besteuerung nicht wahr oder decken sich seine Grenzen mit denen, die das DBA zieht, so wirkt sich das DBA auf das innerstaatliche Recht **nur potentiell, jedoch nicht aktuell** aus. Eine Frage zur Klärung dieser Grenzen in einem konkreten Fall dient dann nicht der Durchführung des Abkommens, sondern der des innerstaatlichen Rechts. **„Der Merksatz lautet: Die kleine Klausel ist anwendbar, wenn sich die Rechtslage nach dem Abkommen anders darstellt als ohne das Abkommen"** (*Seer,* in Tipke/Kruse, § 117 AO Rz. 20).

Abweichend von der vorstehend entwickelten Auffassung nennt der MA-Komm. in Ziff. 7 als Beispiel für eine Auskunft „zur Durchführung des Abkommens" die Anfrage eines Staates, in dem ein Empfänger von Lizenzgebühren ansässig ist, an den Ansässigkeitsstaat des Schuldners nach der Höhe der gezahlten Lizenzgebühr. Bei dieser Anfrage geht es nicht um eine Rechtsfolge des Art. 12; denn für diese ist das Ausmaß der gezahlten Lizenzgebühr unerheblich. Es geht vielmehr darum, die nach Art. 12 im Ansässigkeitsstaat zu besteuernden Einkünfte nunmehr für die **Steuerbemessung** der Höhe nach zu bestimmen, somit um eine Frage des **innerstaatlichen Rechts** (so auch *Debatin,* RIW/AWD 1978, 382, Wassermeyer/*Eilers,* Art. 26 OECD MA Rz. 24). Eine Auskunft „zur Durchführung des Abkommens" läge hier nur vor, wenn darunter jeder Auskunftsaustausch zu rechnen wäre, der einen – wie auch immer gearteten – Bezug zu einer Vorschrift des Abkommens aufweist (*Debatin,* DB 1977, 2064 (2068); *ders.,* RIW/AWD 1980, 3 (9)). Eine derartige Auslegung ließe sich mit dem Wortlaut des Art. 26 Abs. 1 nur in Einklang bringen, wenn man annähme, dass bei Anwendung einer DBA-Norm auch das anzuwendende nationale Steuerrecht in seiner Qualität verändert und zu Abkommensrecht erhoben würde. Einer derartigen Auffassung steht entgegen, dass das DBA nicht nationale Steueransprüche zuteilt (s. die Grundl. Rz. 69), sondern sie lediglich beschränkt. Das nationale Recht wird durch die Abkommensnorm weder in seinem Charakter verändert, noch leitet es sich konstruktiv aus ihr ab; es bleibt von ihr unberührt. In Fällen, in denen die „kleine Auskunftsklausel" gilt, hätte die Auffassung des MA-Komm. zur Folge, dass Auskünfte begehrt werden könnten, wenn es sich um abkommensberechtigte Personen handelt (weil die Verteilungsnorm dann einschlägig ist), über die Verhältnisse nicht abkommensberechtigter Personen dagegen nicht; das stünde im Widerspruch zu Art. 26 Abs. 1 S. 2 MA. Schließlich würden mit dieser Auffassung die Unterschiede zwischen „kleiner" und „großer Auskunftsklausel" stark eingeebnet, im Widerspruch zu der zu vermutenden Absicht derjenigen Vertragsstaaten, die sich nur zur Preisgabe der zur Abkommensanwendung nötigen Informationen entschlossen haben. 49

Umfasst eine Auskunftserteilung auf der Grundlage der kleinen Auskunftsklausel auch Informationen, die nicht unmittelbar für die Anwendung einer Verteilungsnorm des Abkommens benötigt werden, so ist die Auskunftserteilung insoweit rechtswidrig. Dies ist etwa der Fall, wenn eine Auskunft zur Anwendung der Verteilungsnorm über Einkünfte aus unselbständiger Arbeit auch Informationen über Namen und Anschrift des Arbeitgebers enthält, da derartige Informationen lediglich das Steuererhebungsverfahren betreffen und für die Frage der Verteilung des Besteuerungsrechts nicht relevant sind (BFH/NV 2008, 1807: *DBA China*). 49a

Ein Auskunftsbegehren zur **Verwaltung oder Anwendung des innerstaatlichen Rechts der Vertragsstaaten** liegt insbesondere vor, wenn Tatsachen erfragt werden, die für den um Auskunft ersuchenden Staat **bei der Entscheidung über** 50

das Bestehen und die Höhe eines Steueranspruchs rechtlich erheblich sind (s. bereits *Menck,* DStZ/A 1971, 57 (60)). Dem Bestreben, einen weitestgehenden Informationsaustausch für die Durchführung des Besteuerungsverfahrens zu ermöglichen, würde es jedoch widersprechen den Informationsaustausch auf das Steuerfestsetzungsverfahren zu beschränken. Für die Zulässigkeit des Informationsaustausches kommt es nicht darauf an, in welchem Stadium des nationalen Steuerverfahrens die Information begehrt wird; eine Auskunft kann damit auch für die Vorbereitung der Beitreibungshilfe (s. Art. 27 Rz. 3) oder von Zustellungsmaßnahmen, aber auch noch zur **Durchführung eines Steuerstrafverfahrens** eingeholt werden (a. A. *Hübner/Schellmann,* FS Rödler, S. 395; *Urtz,* SWI 2011, 144; wie hier DW/*Eimermann,* Art. 26 DBA USA Rz. 14). So kann ein Auskunftsersuchen zu dem Zweck gestellt werden, die Anschrift einer Person im anderen Vertragsstaat zur Vornahme einer Auslandszustellung zu ermitteln (BFH BStBl. II 2010, 732: *DBA Spanien 1966*; zur Stellung eines Auskunftsersuchens zum Zwecke der Vornahme einer Steuerrückerstattung s. *Simader,* SWI 2009, 348). Das BMF-Merkblatt zur zwischenstaatlichen Amtshilfe durch Auskunftsaustausch in Steuersachen Tz. 1.2 verweist für die Einholung von Auskünften im Straf- und Bußgeldverfahren allerdings auf die Regeln über die zwischenstaatliche Rechtshilfe in Strafsachen (s. a. BMF v. 16.11.2006, BStBl. I 2006, 698, Tz. 1.3); zwingend erforderlich wäre dies allerdings nicht. Der MA-Komm. Ziff. 5 erwähnt für den Informationsaustausch in Steuerstrafsachen die Anwendung von bilateralen und multilateralen Rechtshilfeabkommen lediglich als Alternative zum Informationsaustausch nach Art. 26, schließt diesen also nicht aus. Zudem schließen eine Reihe von Staaten die Verfolgung von Steuerstraftaten aus dem Anwendungsbereich von Rechtshilfeabkommen aus (s. etwa für das Europäische Übereinkommen über Rechtshilfe in Strafsachen, s. Rz. 19), so dass in der Praxis eine derartige Alternative gar nicht besteht. Auch die in einigen DBA (s. Rz. 64 ff.) ausdrücklich genannte Verhinderung der Steuerhinterziehung als Ziel des Informationsaustausches würde nicht vollständig erreicht werden, wenn sie die Beschaffung von Informationen zur strafrechtlichen Verfolgung von Fällen des Steuerbetrugs nicht enthalten würde (a. A. allerdings *Lohr,* 1993; *Urtz,* SWI 2002, 225).

51 **j) Sonderfälle:**

aa) Das **Verständigungsverfahren** i. e. S. nach Art. 25 Abs. 1 und 2 soll eine abkommenswidrige Besteuerung im Einzelfall ausräumen, das Konsultationsverfahren des Art. 25 Abs. 3 S. 1 dient der Beseitigung von Schwierigkeiten oder Zweifeln, die sich bei der Auslegung oder Anwendung des Abkommens ergeben (s. Art. 25 Rz. 3). In beiden Fällen geht es somit um eine Anwendung von DBA-Normen; der Austausch von Auskünften dient hier der Durchführung des Abkommens. Das Konsultationsverfahren nach Art. 25 Abs. 3 S. 2 soll dagegen Doppelbesteuerungen vermeiden, die im Abkommen nicht geregelt sind. Hier könnte man zweifeln, ob noch eine Durchführung des Abkommens vorliegt und nicht eine Abgrenzung des nationalen Steuerrechts der Vertragsstaaten – wie wenn kein DBA bestünde –, somit ein Auskunftsaustausch zur Durchführung innerstaatlichen Rechts. Jedoch: Auch wenn Art. 25 Abs. 3 S. 2 seinem Wortlaut nach die Vertragsstaaten zur Konsultation nur ermächtigt, so ist doch nach dieser Vorschrift die Vermeidung der Doppelbesteuerung auch über die vereinbarten Verteilungsnormen hinaus ein Ziel des DBA. Man wird deshalb auch das Konsultationsverfahren nach dieser Vorschrift noch als ein Verfahren zur Durchführung des DBA ansehen können.

52 **bb)** Auskünfte zum Zwecke der **Gewinnabgrenzung zwischen verbundenen Unternehmen** nach Art. 9 rechnet der MA-Komm. Ziff. 7 der Durchführung des Abkommens zu (ebenso *Runge,* RIW/AWD 1979, 73 (78)). Gegen diese

Ansicht wird eingewandt, dass durch Vereinbarungen über die Gewinnabgrenzung nur das geltende Recht klargestellt werde; somit liege keine Durchführung des Abkommens, sondern der nationalen Gewinnkorrekturvorschriften vor (so insbes. *Ritter,* DStZ/A 1974, 267 (270); ebenso *Jansen,* StBp 1977, 97 (98); *Söhn,* in Hübschmann/Hepp/Spitaler, § 117 AO Anm. 48). Richtigerweise ist hier zu unterscheiden zwischen der Verteilung der Befugnis zur Gewinnberichtigung und deren Durchführung. Art. 9 begrenzt das innerstaatliche Recht; er legt mit konstitutiver Wirkung fest, unter welchen Voraussetzungen Gewinnberichtigungen in den Vertragsstaaten zulässig sind (vgl. Art. 9 Rz. 18 ff.). Soweit der Auskunftsverkehr der Feststellung dieser **abkommensrechtlichen Grenzen** der Gewinnberichtigung dienen soll, liegt demgemäß eine **Durchführung des Abkommens** vor. Geht es dagegen um die Anwendung der Gewinnberichtigungsvorschriften **innerhalb** dieser Grenzen, so dient die Auskunft der Verwirklichung **innerstaatlichen Rechts** (s. auch *Seer,* in Tipke/Kruse, § 117 AO Rz. 20). Der Unterschied wird in dem Maße bedeutsam, in dem sich die Voraussetzungen des innerstaatlichen Rechts für eine Gewinnberichtigung von denen des Art. 9 unterscheiden. Wo sie sich decken – wie weitgehend nach § 1 AStG oder in den Vereinigten Staaten nach sec. 482 IRC – wird das innerstaatliche Recht durch Art. 9 nur potentiell, nicht aktuell berührt; ein Auskunftsersuchen dient insoweit dann der Durchführung des innerstaatlichen, nicht des Abkommensrechts.

cc) Der **Progressionsvorbehalt** (Art. 23 A Abs. 3, Art. 23 B Abs. 2) bestätigt das Recht des freistellenden Vertragsstaates, die freigestellten Einkünfte bei der Ermittlung des Steuersatzes zu berücksichtigen (s. Art. 23 A und B Rz. 204). Ob der Staat vom Progressionsvorbehalt Gebrauch macht, wie er die Steuerbemessungsgrundlage und wie er den Steuersatz bestimmt, bleibt ausschließlich eine Angelegenheit des innerstaatlichen Rechts. Auskünfte zur Bestimmung der Gesamteinkünfte des Steuerpflichtigen als der Steuerbemessungsgrundlage sind daher zwischenstaatlich nur im Rahmen des „großen Auskunftsverkehrs" geboten (a. A. *Runge,* RIW/AWD 1979, 73 (78) ohne Begründung). 53

dd) Dreiecksauskunftsverkehr: Zu unterscheiden ist zwischen der Ermittlung von Geschäftsbeziehungen, die über einen Drittstaat laufen, bei denen aber die steuerlich erheblichen Tatsachen im Gebiet der beiden Vertragsstaaten festgestellt werden können, und der **Beschaffung von Informationen** aus einem Drittstaat unter Zwischenschaltung eines Vertragsstaats. Im ersten Fall spricht die Literatur von der Ermittlung von „Dreiecksverhältnissen" (s. *Debatin,* DB 1977, 2064 (2069)); der Ausdruck hat sich aber für die spezifischen Probleme der Personengesellschaften eingebürgert (dazu Art. 1 Rz. 9 ff.) und sollte darauf beschränkt bleiben. Auskunftsgegenstand sind hier meist die Geschäftsbedingungen zwischen dem Unternehmen im auskunftgebenden Staat und dem Unternehmer im Drittstaat; in der Regel wird es um eine Durchführung des innerstaatlichen Rechts gehen (vgl. MA-Komm. Ziff. 8 Buchst. b), wenn nicht um eine Anwendung des Art. 9 (Rz. 52; ablehnend zur Mitteilung von Informationen über ausschließlich in dem Drittstaat realisierte Aktivitäten oder Verhältnisse der Personen, deren Daten übermittelt werden: *Langer,* TI November 1982, 37 f.). Im zweiten Fall, dem „Dreiecksauskunftsverkehr", ist Ausgangspunkt das Bedürfnis, Informationen aus einem Staat C zu beschaffen, von dem sie direkt nicht einzuholen sind. Schaltet Staat A, der die Auskunft benötigt, Staat B ein, mit dem er ein DBA unterhält, um die Auskunft von Staat C zu erlangen, so führt dies zu einem zweifachen Auskunftsverkehr: zunächst zwischen B und C, dann zwischen A und B. Die Zulässigkeit des Dreiecksauskunftsverkehrs war bisher umstritten; er erschien zumindest denkbar, wenn Staat B die Information von Staat C nicht nur für die Zwecke der Weitergabe an Staat A einholte, sondern auch für eigene Besteuerungszwecke benötigte. Allerdings stand nach der hier vertretenen Auffassung auch in diesem Fall die Ge- 54 heimhaltungsverpflichtung einer Weitergabe der Information entgegen. Diese Auffassung wird nunmehr durch den MA-Komm. bestätigt, der in Ziff. 12.2 klarstellt, dass eine Weitergabe erhaltener Informationen an einen Drittstaat grundsätzlich nur mit Zustimmung des die Auskunft erteilenden Staates zulässig ist.

55 **k)** Die Einholung von Auskünften zur Durchführung des innerstaatlichen Rechts eines Vertragsstaats setzt voraus, dass **die Besteuerung im Vertragsstaat dem Abkommen nicht widerspricht**, also aus deutscher Sicht nicht **mit hoher Wahrscheinlichkeit** zu erwarten ist, dass die ausländische Besteuerung von deutscher Seite als abkommenswidrig eingestuft wird (GKG/*Höppner,* Art. 26 OECD-MA, Rz. 191). Ein weiterer Bezug zum DBA ist nicht erforderlich. Damit ist ein Auskunftsaustausch zur Durchführung des innerstaatlichen Rechts auch dann möglich, wenn DBA-Probleme in keiner Weise berührt sind. Im Ergebnis bedeutet dies, dass nach der zweiten Variante des Art. 26 Abs. 1 S. 1 sämtliche Auskünfte ausgetauscht werden können, die zur Durchführung der nationalen Besteuerung benötigt werden, soweit nur diese Besteuerung für den Steuerpflichtigen nicht zu einer Doppelbesteuerung führt oder ein Diskriminierungsverbot verletzt. Die bloße Möglichkeit, dass, etwa als Folge eines Qualifikationskonflikts, eine Doppelbesteuerung eintreten könnte, soll jedoch nach Ansicht des BFH noch kein rechtliches Hindernis für die Auskunftserteilung darstellen, da über die Durchführung eines Verständigungsverfahrens die Möglichkeit besteht, eine derartige Doppelbesteuerung wieder zu beseitigen (BFH NV 2005, 1503: *DBA USA 1989; Herlinghaus,* in FS Herzig, S. 947).

56 **l)** Durch die Neufassung von Art. 26 Abs. 1 MA im April 2000 wurde der zwischenstaatliche Informationsaustausch auf **sämtliche in den Vertragsstaaten einschließlich ihrer Gebietskörperschaften erhobenen Steuern** ausgedehnt. Dies ist, nach der Aufhebung des Ansässigkeitserfordernisses für den Informationsaustausch durch das MA 1977 ein weiterer Schritt, um den zwischenstaatlichen Informationsaustausch zu einem zwar im DBA angesiedelten, inhaltlich aber selbständigen Instrument zur Bekämpfung internationaler Steuerhinterziehung und -umgehung werden zu lassen. Insbes. im Bereich grenzüberschreitender Mehrwertsteuertransaktionen kann Art. 26 damit erhebliche Bedeutung erlangen. Die Vorschrift setzt in ihrer Neufassung lediglich voraus, dass es sich um den Austausch steuerlicher Informationen handelt. Der Begriff der Steuer ist im Abkommen nicht definiert und ist daher unter Heranziehung des innerstaatlichen Rechts der Vertragsstaaten auszulegen (vgl. Art. 2 Rz. 26). Ausgeschlossen ist damit aus deutscher Sicht der Datenaustausch zur Erhebung von Sozialversicherungsbeiträgen. Der MA-Komm. stellt es den Mitgliedstaaten aber frei, den Informationsaustausch auf die vom DBA erfassten Steuern zu beschränken.

57 **m)** Nach Art. 26 Abs. 1 Satz 2 ist der Informationsaustausch **durch Art. 1 MA nicht eingeschränkt.** Das heißt: Der Anwendungsbereich des Art. 26 Abs. 1 Satz 1 ist losgelöst vom Anwendungsbereich der sonstigen Vorschriften der DBA-Normen zu bestimmen. Nach Art. 1 MA gilt das DBA für Personen, die in einem oder in beiden Vertragsstaaten ansässig sind. Für Art. 26 soll das nicht zutreffen: weder auf Seiten der Personen (natürliche Personen, Gesellschaften oder sonstige Personenvereinigungen, Art. 3 Abs. 1 Buchst. a), deren Verhältnisse Gegenstand des Auskunftsbegehrens sind, noch auf Seiten der Personen, für deren steuerliche Beurteilung Informationen benötigt werden. Der Informationsaustausch nach Art. 26 Abs. 1 ist vielmehr jeweils schon dann eröffnet, wenn es denkbar ist, dass die Person, zu deren Besteuerung die Informationen eingeholt werden, nach dem Ergebnis des Auskunftsersuchens der – zumindest beschränkten – Steuerpflicht des die Auskunft anfordernden Vertragsstaates unterliegt.

II. Deutsche DBA

1. Abkommensübersicht zu Art. 26 Abs. 1

58

DBA	Informationsaustausch nur zur Anwendung des DBA	Informationsaustausch nur für unter das Abkommen fallende Steuern	Informationsaustausch nur bei ansässigen Personen	Sonstiges	Artikel	Rz.
Ägypten	+	+	+		27 Abs. 1	62
Albanien 2010				≈ MA	26 Abs. 1; *Prot.* Nr. 6	
Algerien 2007				≈ MA	26 Abs. 1; *Prot.* Nr. 6	
Argentinien	+	+	+		26 Abs. 1	
Armenien				s. UdSSR		
Aserbaidschan				≈ MA	26 Abs. 1; *Prot.* Nr. 8	64
Australien		+	+		24 Abs. 1	
Bangladesch	+	+	+		24 Abs. 1	62
Belarus		+			26 Abs. 1; *Prot.* Nr. 7	64
Belgien				≈ MA	26 Abs. 1	
Bolivien	+	+	+		26 Abs. 1	
Bosnien-Herzegowina				s. Jugoslawien		
Bulgarien 2010				≈ MA	25 Abs. 1; *Prot.* Nr. 5	
China 1985	+	+	+		27 Abs. 1; *Prot.* Nr. 7	62
China 2014 (E)				≈ MA	26 Abs. 1	
Costa Rica 2014 (E)				≈ MA	26 Abs. 1	
Dänemark				Umfassende Rechts- und Amtshilfe in Steuersachen	29–40	60; 71
Ecuador	+	+	+		26 Abs. 1	
Elfenbeinküste	+	+	+		26 Abs. 1	
Estland		+	+		26 Abs. 1	62; 64
Finnland				Umfangreiche Amts- und Rechtshilfe	26 Abs. 1	61; 72 f.
Frankreich				Allgemeine Amts- und Rechtshilfeverpflichtung im Veranlagungs- und Erhebungsverfahren (Art. 22 Abs. 1 DBA). Ausdehnungsmöglichkeit auf vom Abkommen nicht erfasste Steuern nach Art. 26 Abs. 2 DBA	22 Abs. 2	66 f.; 71

DBA	Informationsaustausch nur zur Anwendung des DBA	Informationsaustausch nur für unter das Abkommen fallende Steuern	Informationsaustausch nur bei ansässigen Personen	Sonstiges	Artikel	Rz.
Georgien				≈ MA	26 Abs. 1; *Prot.* Nr. 5	64
Georgien (E)				≈ MA	26 Abs. 1; *Prot.* Nr. 5	
Ghana				≈ MA	27 Abs. 1; *Prot.* Nr. 5	
Griechenland		+	+	Auskunftsverkehr nur auf Ersuchen	XIX Abs. 1	64; 66 f.; 70
Großbritannien 1964/70		+	+		XIX Abs. 1	28 ff.; 66
Großbritannien 2010				≈ MA	27 Abs. 1; *Prot.* Nr. 4	
Indien	+	+	+	Definition des Ausdrucks „Information"; Sonderregelung für Übermittlung personenbezogener Daten	26 Abs. 1; *Prot.* Nr. 7	62
Indonesien	+	+	+		26 Abs. 1	62
Iran	+	+	+		27 Abs. 1	
Irland 2011				≈ MA	26 Abs. 1; *Prot.* Nr. 8	
Island		+	+		26 Abs. 1	61; 64
Israel	+	+	+		20 Abs. 1	
Italien		+			27 Abs. 1	64; 72 f.
Jamaika	+	+	+		26 Abs. 1	
Japan	+	+	+		26 Abs. 1	
Jugoslawien	+	+	+		27 Abs. 1	
Kanada					26 Abs. 1, 3 und 4	64
Kasachstan		+			26 Abs. 1	64
Kenia	+	+	+	Informationsaustausch zur Verhinderung von Steuerhinterziehung oder -verkürzung bei gegenseitigem Einvernehmen möglich	26 Abs. 1 und 3	69
Kirgisistan		+			26 Abs. 1; *Prot.* Nr. 6	64
Korea		+			26 Abs. 1	64
Kosovo				s. Jugoslawien		
Kroatien		+			26 Abs. 1; *Prot.* Nr. 5	64
Kuwait	+	+	+		26 Abs. 1	
Lettland		+	+		26 Abs. 1	62; 64
Liberia		+	+		26 Abs. 1	64; 66
Liechtenstein 2011				≈ MA	26 Abs. 1; *Prot.* Nr. 9	

DBA	Informationsaustausch nur zur Anwendung des DBA	Informationsaustausch nur für unter das Abkommen fallende Steuern	Informationsaustausch nur bei ansässigen Personen	Sonstiges	Artikel	Rz.
Litauen		+	+		26 Abs. 1	62
Luxemburg 2012				≈ MA	25 Abs. 1; *Prot.* Nr. 5	
Malaysia 2010				≈ MA	26 Abs. 1; *Prot.* Nr. 9	
Malta 2001/2010				≈ MA	26 Abs. 1	
Marokko	+	+	+		26 Abs. 1	
Mauritius 2011				≈ MA	26 Abs. 1; *Prot.* Nr. 8	
Mazedonien 2006		+			26 Abs. 1; *Prot.* Nr. 5	60
Mexiko 2008				≈ MA	26 Abs. 1; *Prot.* Nr. 9	
Moldau				s. UdSSR		
Mongolei	+	+	+		26 Abs. 1	
Montenegro				s. Jugoslawien		
Namibia	+	+	+		26 Abs. 1 *Prot.* Nr. 5	62
Neuseeland		+			25 Abs. 1	64
Niederlande 1959/2004	+	+	+	Zulässigkeit grenzüberschreitender Außenprüfungen innerhalb von grenzüberschreitenden Gewerbegebieten (Art. 22a)	23 Abs. 1; Amtshilfeabkommen v. 21.5.1999; Art. 6 Drittes Zusatzprotokoll zum DBA v. 4.6.2004	65; 71
Niederlande 2012 (E)				≈ MA	27 Abs. 1; *Prot.* Nr. 18	
Norwegen 1991		+			26 Abs. 1	
Norwegen 2013 (E)				≈ MA	26 Abs. 1; Prot. Nr. 10	
Oman 2012 (E)		+			26 Abs. 1	
Österreich				≈ MA	26 Abs. 1	
Pakistan	+	+	+	Auskunftsverkehr nur auf Ersuchen	25 Abs. 1	
Philippinen 1983	+	+	+		27 Abs. 1	65
Philippinen 2013	+	+	+		27 Abs. 1	65
Polen				≈ MA	27 Abs. 1	
Portugal		+	+		27 Abs. 1	61; 64
Rumänien		+			26 Abs. 1	64
Russische Föderation				≈ MA	26 Abs. 1	
Sambia	+	+	+		26 Abs. 1	
Schweden			+	Umfassende Amts- und Rechtshilfe	29–36	60; 64; 71 f.; 75

DBA	Informationsaustausch nur zur Anwendung des DBA	Informationsaustausch nur für unter das Abkommen fallende Steuern	Informationsaustausch nur bei ansässigen Personen	Sonstiges	Artikel	Rz.
Schweiz				≈ MA Keine Verpflichtung zum Austausch von Informationen auf spontaner oder automatischer Basis	27 Abs. 1	68; 71
Serbien				s. Jugoslawien		
Simbabwe	+	+	+		26 Abs. 1	62
Singapur		+			27 Abs. 1; *Prot.* Nr. 6	62
Slowakei				s. Tschechoslowakei		
Slowenien				≈ MA	26 Abs. 1; *Prot.* Nr. 5	64
Spanien 2011				≈ MA	25 Abs. 1; *Prot.* Nr. 10	
Sri Lanka	+	+	+		27 Abs. 1	62
Südafrika 1973	+	+	+		21 Abs. 1	
Südafrika 2008 (E)				≈ MA	25 Abs. 1; *Prot.* Nr. 4	
Syrien 2010				≈ MA	25 Abs. 1; *Prot.* Nr. 11	
Tadschikistan				≈ MA	25 Abs. 1; *Prot.* Nr. 3	60; 62
Taiwan 2011				≈ MA	25 Abs. 1; *Prot.* Nr. 5	
Thailand	+	+	+		25 Abs. 1	
Trinidad und Tobago	+	+	+		25 Abs. 1	
Tschechien (E)	+	+	+		26 Abs. 1	
Tschechien				s. Tschechoslowakei		
Tschechoslowakei	+	+	+		26 Abs. 1	
Türkei 2011				≈ MA	25 Abs. 1; *Prot.* Nr. 8	
Tunesien	+	+	+		26 Abs. 1	
Turkmenistan				s. UdSSR		
UdSSR				keine Regelung		59
Ukraine	+	+	+		26 Abs. 1; *Prot.* Nr. 4	62
Ungarn 2011				≈ MA	25 Abs. 1; *Prot.* Nr. 5	
Uruguay 2010				≈ MA	25 Abs. 1; *Prot.* Nr. 5	
USA 1989/2006		(+)		Auskunftserteilung seitens der Bundesrepublik Deutschland	26 Abs. 1, 3–6; *Prot.* Nr. 23	64; 71

DBA	Informationsaustausch nur zur Anwendung des DBA	Informationsaustausch nur für unter das Abkommen fallende Steuern	Informationsaustausch nur bei ansässigen Personen	Sonstiges	Artikel	Rz.
				im Umfang des EG-Amtshilfegesetzes; Umfang und Form der Auskunft geregelt; Ausdehnung auf Auskünfte über nicht unter das Abkommen fallende Steuern möglich		
Usbekistan		+			26 Abs. 1	64
Venezuela	+	+	+		26 Abs. 1; *Prot.* Nr. 6	62
Vereinigte Arabische Emirate 2010				≈ MA	25 Abs. 1; *Prot.* Nr. 6	
Vietnam	+	+	+		26 Abs. 1	62
Weißrussland				s. Belarus		
Zypern 2011				≈ MA	25 Abs. 1; *Prot.* Nr. 5	

2. Erläuterungen

a) Keine Regelung des Auskunftsverkehrs findet sich im *DBA UdSSR*. In bewusster Abweichung von Art. 26 MA sieht Art. 21 *DBA UdSSR* lediglich die gegenseitige Unterrichtung über eingetretene Änderungen im nationalen Steuerrecht vor. Eine abkommensrechtliche Verpflichtung zum steuerlichen Informationsaustausch ergibt sich in diesem Fall auch nicht zum Zwecke der Durchführung des Abkommens. Die Auskunftsmöglichkeiten auf der Grundlage des nationalen Rechts des auskunftgebenden Staates bleiben daher unberührt. 59

b) Anders als die meisten neueren DBA, die dem MA 1977 bzw. MA 2000 folgen (mit Abweichungen, s. Rz. 62 ff.), und die *DBA Dänemark* und *Schweden,* die sich nicht einordnen lassen, **entsprechen alle älteren deutschen Abkommen,** wenn man vom Umfang des Auskunftsverkehrs absieht, **weitgehend dem** MA 1963. Dies bedeutet insbesondere, dass die Regelung des Art. 1 MA über den **persönlichen Anwendungsbereich** auch für den Auskunftsverkehr gilt. Eine Auskunftspflicht besteht also **nur,** soweit die Person, deren Daten Gegenstand des Informationsaustausches sind, sowie auch die Person, zu deren Besteuerung die Information eingeholt wird, in einem oder in beiden Vertragsstaaten **ansässig** sind. Eine andere Ansicht vertritt allerdings die OECD (s. Tax Information Exchange between OECD Member Countries, 1994), die in der Neufassung des Artikels durch das MA 1977 lediglich eine Klarstellung sieht (so auch GKG/*Höppner*, Art. 26 Rz. 83). Dies ist jedoch nicht einleuchtend, da sämtliche Artikel dem allgemeinen Geltungsbereich des Abkommens unterliegen, solange nicht ausdrücklich etwas anderes festgesetzt ist. Es handelt sich hierbei im Gegensatz zur Auffassung der OECD nicht um eine Auslegungsfrage. 60

61 **c)** Nur die *DBA Finnland, Island, Portugal* und *Spanien 1966* folgen dem MA 1963 auch darin, dass Auskünfte zur Durchführung des innerstaatlichen Rechts der Vertragsstaaten nur vorgesehen werden, „soweit die diesem Recht entsprechende Besteuerung mit dem Abkommen in Einklang steht" (statt, wie nach dem MA 1977, „nicht widerspricht"). Der MA-Komm. 1963 interpretiert dies dahin, dass eine Auskunftspflicht dann nicht bestehe, wenn entweder die Besteuerung dem DBA widerspreche oder die betreffende Steuer nicht unter das Abkommen falle (MA-Komm. 1963 Ziff. 5 mit einem Beispiel). Da dieses zweite Erfordernis aber im MA 1963 wie im MA 1977 noch gesondert genannt wird, wird man „in Einklang steht", wie es auch dem Sprachgebrauch entspricht, als mit „nicht widerspricht" **gleichbedeutend** ansehen müssen.

62 **d)** Die meisten neueren DBA **folgen dem MA in der Fassung seit 1977.** Jedoch schließen auch in dieser Abkommensgruppe die *DBA Ägypten, Bangladesch, China, Estland, Indien, Indonesien, Lettland, Litauen, Namibia, Simbabwe, Singapur, Sri Lanka, Ukraine, Venezuela* und *Vietnam* eine Anwendung der Regeln über den persönlichen Anwendungsbereich (Art. 1 MA) auf den Auskunftsverkehr nicht aus. Nach diesen DBA besteht also eine Auskunftspflicht wie nach dem MA 1963 nur mit Bezug auf Personen, die in einem Vertragsstaat oder in beiden ansässig sind. Alle soeben angeführten DBA, mit Ausnahme der Abkommen mit den drei baltischen Staaten und mit Singapur, eröffnen den Informationsaustausch ferner nur im Umfang der „kleinen Auskunftsklausel" (dazu Rz. 48).

63 **e)** Die neueren deutschen Abkommen (s. Übersicht Rz. 58) folgen nunmehr regelmäßig dem MA und ermöglichen auch einen Informationsaustausch für **nicht vom DBA erfasste Steuern.**

64 **f)** Die den MA entsprechende **„große Auskunftsklausel"** (s. Rz. 47) hatte Deutschland ursprünglich überwiegend in Abkommen mit anderen OECD-Staaten, daneben aber auch mit einigen Nachfolgestaaten der *UdSSR* vereinbart. Neuere deutsche Abkommen vereinbaren einen Auskunftsaustausch im Umfang der großen Auskunftsklausel auch mit Entwicklungsländern. Nach *Prot.* Nr. 20 *DBA Italien* ist die Auskunft von beiden Vertragsstaaten, nach *Prot.* Nr. 23 *DBA USA 1989/2006* von deutscher Seite in dem Umfang zu erteilen, den das die EG-Amtshilferichtlinie umsetzende innerstaatliche Recht (in Deutschland derzeit das EU-Amtshilfegesetz, s. o. Rz. 14 ff.) vorsieht. Dagegen sehen die älteren Abkommen mit Entwicklungsländern nur die **„kleine Auskunftsklausel"** vor, s. im Einzelnen die Übersicht Rz. 58. Hierbei verwenden einige DBA eine vom MA abweichende Terminologie; sie sprechen von der **Verhinderung von Steuerhinterziehung,** z. T. daneben auch von der Verhinderung von **Steuerverkürzung.** Erst seit 1966 konnte sich der Sprachgebrauch der MA durchsetzen, ähnlich auch in der Abkommenspraxis der anderen europäischen Staaten. Für die Auslegung jener Formulierungen ist zu unterscheiden:

65 Zum Teil sehen die deutschen DBA den Informationsaustausch **zur Durchführung des Abkommens** mit dem Zusatz **„insbesondere** zur Verhinderung von Steuerhinterziehungen", gegebenenfalls auch „Steuerverkürzungen", vor (so das *DBA Niederlande 1959/2004*) oder es heißt „Verhinderung der Steuerhinterziehung oder -verkürzung im Zusammenhang mit diesem Abkommen" *(DBA Philippinen).* Mit derartigen Formulierungen ist im Ergebnis lediglich der **„kleine Auskunftsverkehr"** vereinbart. Durch das Wort „insbesondere" ist deutlich gemacht, dass der Hinweis auf Steuerhinterziehungen bzw. -verkürzungen lediglich Beispiele für den Auskunftsaustausch zur Durchführung des Abkommens, also i. S. der kleinen Auskunftsklausel geben soll, ohne ihn inhaltlich zu erweitern (für Auslegung als „großen Auskunftsverkehr" dagegen der Einführungserlass des BMF zur AO 1977, BStBl. I

1976, 576 (596), für kleinen Auskunftsaustausch im Falle des *DBA Niederlande 1959/2004* auch Wassermeyer/*Schauhoff*, DBA Niederlande, Rz. 1).

In den übrigen Fällen stellen die DBA den Austausch von Auskünften zur Verhinderung von Steuerhinterziehungen und -verkürzungen **neben** den Auskunftsverkehr zur **Durchführung** des DBA. Dabei unterscheiden sich die Formulierungen. Teilweise ist nur von der Durchführung des Abkommens und der Verhinderung von Steuerhinterziehung die Rede *(DBA Frankreich* und *Liberia),* teilweise wird der Auskunftsaustausch vorgesehen, „um … die Hinterziehung zu verhindern oder gesetzliche Vorschriften gegen Steuerverkürzung durchzuführen" *(DBA Griechenland,* und *Irland 1962).* Zu einer vergleichbaren Wendung in Art. XVI Abs. 1 *DBA Schweiz/USA 1996* – „Auskünfte auszutauschen, die notwendig sind … für die Verhütung von Betrugsdelikten und dergleichen" – hat das SchweizBG entschieden, die Erteilung von Auskünften sei nur zulässig, wenn der **begründete Verdacht** bestehe, dass ein Betrugs- oder ein ähnliches Delikt verübt worden sei oder geplant werde (BGE 96, 737 (742): *DBA Schweiz/USA 1996*). Diese Entscheidung war jedoch Ausdruck der gegenüber Auskünften in Steuersachen besonders zurückhaltenden Rechtsposition der Schweiz; sie lässt sich auf außerschweizerische Verhältnisse nicht übertragen. Gleiches gilt für die Auffassung *Lochers,* der die Formulierung nur auf Betrugsdelikte usw. bei der Anwendung von Abkommensnormen, also auf den strafbaren Missbrauch des DBA, beziehen will (*Locher,* Handbuch und Praxis der schweizerisch-amerikanischen Doppelbesteuerungsabkommen, § 19 Rz. 190); sie entsprach der Regelung des schweizerischen Bundesgesetzes über internationale Rechtshilfe in Strafsachen vom 20.3.1981, das eine Rechtshilfe einseitig, aber nur dann gestattete, wenn Gegenstand des Strafverfahrens ein **Abgabebetrug** im Sinne des schweizerischen Rechts war (zu diesem Begriff s. *SchweizBGE* I A. 253/2002/bmt. v. 28.1.2003; BGE 125 II, 250 v. 19.4.1999). 66

Aus dem Wortlaut der DBA lassen sich derartige Einschränkungen nicht herleiten. Alle oben angeführten Abkommen sprechen von der Verhinderung, nicht von der Ahndung von Steuerhinterziehungen usw.. Der Verhinderung von Steuerhinterziehung dient aber jede Aufklärung eines steuerlich erheblichen Sachverhalts, somit auch jede Auskunft. Dass eine Steuerhinterziehung im konkreten Fall zu erwarten sei, dass sie mit einer gewissen Wahrscheinlichkeit bevorstehe, dass für sie ein begründeter Anhalt gegeben sein müsse, verlangen die Abkommen nicht. „Zur Verhinderung von Steuerhinterziehung" besagt m. a. W. nichts anderes, als dass die Auskunft der **Durchführung des Steuerrechts** dienen müsse. Die Auskunftsbefugnis ist hiernach keineswegs unbegrenzt. Die Vertragsstaaten können Auskünfte nicht ohne Anlass, beliebig „ins Blaue hinein" begehren. Die **Grenze** der Auskunftsbefugnis ergibt sich aber nach den behandelten DBA (nicht anders als nach den MA) daraus, dass die Auskunft „zur Verhinderung von Steuerhinterziehung" – d. h.: zur Durchführung des innerstaatlichen Steuerrechts – **voraussichtlich erheblich** sein muss (s. dazu Rz. 34 ff.). Die angeführten Formulierungen erweisen sich damit als **Ausprägungen der „großen Auskunftsklausel"** (Nds. FG RIW 1987, 888: *DBA Dänemark;* ebenso zum *DBA Griechenland* auch Wassermeyer/*Krabbe,* DBA Griechenland Rz. 8 und zum *DBA Irland* auch Wassermeyer/*Rosenthal,* DBA Irland Rz. 1). Sie sind Vorläufer ihrer Formulierung in den MA, freilich noch unbeholfen, weil sie **an die Stelle eines Tatbestandsmerkmals den Zweck des Auskunftsverkehrs,** die Verhinderung von Hinterziehungen und Verkürzungen, setzen. 67

g) Das Revisionsprotokoll zum *DBA Schweiz* ist am 21.12.2011 in Kraft getreten. Es ermöglicht Auskunftsersuchen im Umfang des MA für Zeiträume ab dem 1.1.2011. Eine Verständigungsvereinbarung vom 15.12.2011 stellt klar, dass ein 68

Auskunftsersuchen auch dann nicht als „fishing expedition" einzustufen ist, wenn die steuerpflichtige Person nicht durch Angabe des Namens und der Adresse identifiziert werden kann, soweit die Identifikation durch andere Merkmale gewährleistet ist. Name und Adresse des mutmaßlichen Informationsinhabers sind nur anzugeben, soweit sie dem ersuchenden Staat bekannt sind.

69 **h)** Das *DBA Kenia* ermöglicht den Austausch von Auskünften zur Verhinderung von Steuerhinterziehung und -verkürzung, also im Umfang der „großen Auskunftsklausel", aber nur **im gegenseitigen Einvernehmen** der zuständigen Behörden. Eine Verpflichtung zur Auskunft wird hier also nicht begründet; die Behörden werden nur zum Auskunftsaustausch ermächtigt.

70 **i)** Die *DBA Griechenland* und *Irland* sehen nur die **Anrufungsauskunft,** also nicht den spontanen oder automatischen Auskunftsverkehr vor. Auch nach Ziff. 3e) des Protokolls zum *DBA Schweiz* besteht keine Verpflichtung zum Austausch spontaner oder automatischer Auskünfte.

71 **j)** Die *DBA Dänemark, Frankreich, Niederlande 1959/2004, Schweden* und *USA* enthalten **über den Informationsaustausch hinausgehende** Regelungen über die Rechts- und Amtshilfe in Steuersachen. Kernstück dieser Regelungen ist die Verpflichtung zur Beitreibungshilfe einschließlich der Vornahme vorläufiger Maßnahmen zur Sicherung des Steueranspruchs (s. dazu näher die Kommentierung zu Art. 27). Die *DBA Dänemark* und *Schweden* regeln darüber hinaus die Zustellungshilfe und gestatten den Vertragsstaaten, einer Person im anderen Vertragsstaat Schriftstücke durch die Post unmittelbar zuzustellen. Die *DBA Dänemark, Niederlande 1959/2004, Schweiz 1971/2010* und *USA* verpflichten die Vertragsstaaten zur Beantwortung eines Auskunftsersuchens in qualifizierter Form (z. B. durch beglaubigte Kopien von Originalunterlagen), wenn dies vom ersuchenden Staat erbeten wird.

72 **k)** Neben den DBA hat Deutschland mit *Finnland, Italien, Österreich* und *Schweden* **Verträge über eine Amts- oder Rechtshilfe in Steuersachen** abgeschlossen (s. Abkommen zwischen dem Deutschen Reich und der Republik *Finnland* über Rechtsschutz und Rechtshilfe in Steuersachen vom 25.9.1935, RGBl. II 1936, 37; dazu Durchführungsverordnung vom 20.10.1936, RGBl. II 1936, 329; Abkommen zwischen dem Deutschen Reich und dem Königreich Italien über Amts- und Rechtshilfe in Steuersachen vom 9.6.1938, RGBl. II 1939, 124; dazu Durchführungsverordnung vom 20.2.1939, RGBl. II 1939, 122; Vertrag zwischen der Bundesrepublik Deutschland und der Republik Österreich über Rechtsschutz und Rechtshilfe in Abgabesachen vom 4.10.1954, BGBl. II 1955, 833, dazu für Deutschland Verwaltungsanordnung der BReg. vom 31.3.1958, BStBl. I 1958, 76 mit Änderung vom 18.11.1963, BGBl. II 1963, 795, für die Republik Österreich insbes. Durchführungserlass des ÖstBMF vom 29.6.1956, Zl. 35. 672–8/56 sowie Erlass vom 15.1.1960, Zl. 2401 – 7 a/1960). Die DBA nehmen hier z. T. auf die Amts- und Rechtshilfeverträge Bezug (Nr. 8 *SProt.* Finnland).

73 **Finnland, Italien:** Weder das *DBA Finnland* noch das *DBA Italien* haben die bestehenden Rechtshilfeverträge offiziell aufgehoben. Auch nach Inkrafttreten dieser DBA kann deshalb weiterhin ein Auskunftsersuchen wahlweise auf den Rechtshilfevertrag oder auf die Auskunftsklausel des DBA gestützt werden. Bedeutsam kann das für den Umfang des Steuergeheimnisses sein: Während etwa Art. 26 Abs. 1 *DBA Finnland* die ausgetauschten Informationen einem internationalen Steuergeheimnis unterwirft (s. Rz. 78 f.), stellt Art. 16 des Rechtshilfevertrags für den Umfang der Geheimhaltung auf das nationale Recht des Empfängerstaats ab. Auch das BMF-Merkblatt zur zwischenstaatlichen Amtshilfe geht von der Fortgeltung der Amts- und Rechtshilfevereinbarungen aus (Tz. 1.4.3 des Merkblatts).

Österreich: Der Vertrag zwischen der Bundesrepublik Deutschland und der Republik Österreich über Rechtsschutz und Rechtshilfe in Abgabesachen von 1954 wurde zeitlich parallel mit dem *DBA* Österreich *1954/92* ausgehandelt und unterzeichnet. Eine Regelung über das Verhältnis zwischen der Auskunftsklausel des Art. 20 DBA und den Vorschriften des Rechtshilfeabkommens wurde nicht getroffen. Auch im Verhältnis zu Österreich unterwarf Art. 20 *DBA Österreich 1954/92* den Auskunftsverkehr dem internationalen Steuergeheimnis, während Art. 8 des Rechtshilfevertrages auf die Regeln des Empfängerstaats über das Steuergeheimnis verweist. Das Nebeneinander lässt sich nur damit erklären, dass der Auskunftsverkehr zur Durchführung des DBA durch die Schaffung einer eigenen Auskunftsklausel im DBA vom Bestand des Rechtshilfevertrags unabhängig gemacht werden sollte. Zweck des Art. 20 *DBA Österreich* war es damit nicht, den Rechtshilfevertrag im Bereich des DBA als *lex specialis* zu modifizieren. Nunmehr wurde in einer Konsultationsvereinbarung vom 6.11.2013 vereinbart, dass der steuerliche Informationsaustausch zwischen beiden Staaten vorrangig auf der Grundlage der EU-Amtshilferichtlinie durchzuführen ist. Mit Wirkung vom 1.1.2013 sollen damit die Bestimmungen des Rechtshilfevertrags, die sich auf den Informationsaustausch in Steuersachen beziehen, keine Anwendung mehr finden. Der Rechtshilfevertrag hat damit lediglich noch Bedeutung für direkte Amtshilfekontakte zwischen Finanzämtern in dringenden Fällen (Art. 4 Abs. 2 des Vertrags). 74

Schweden: Der in Art. 29 ff. *DBA Schweden* geregelte, allgemeine Beistand in Steuersachen, der sich nach Art. 2 Abs. 1 Buchst. c des DBA auf Steuern jeder Art und Bezeichnung bezieht, ist – auch ohne dass der Amts- und Rechtshilfevertrag formell aufgehoben wurde – *lex specialis* und verdrängt damit die Vorschriften des Vertrags. 75

C. Zu Art. 26 Abs. 2

I. Musterabkommen

1. Grundzüge

Für die Anwendung des Steuergeheimnisses auf ausgetauschte Informationen gelten die Regeln des Empfängerstaates der Information. 76

2. Regelung

Nach Art. 26 Abs. 2 MA sind 77
- **alle Informationen,** die ein Vertragsstaat nach Art. 26 erhalten hat,
- **geheim zu halten**
- **ebenso wie die auf Grund des innerstaatlichen Rechts** dieses Staates **beschafften Informationen;**

sie dürfen nur
- den **Personen oder Behörden** (einschließlich der **Gerichte, Verwaltungsbehörden** und **Überwachungsbehörden**) zugänglich gemacht werden,
- die **mit der Veranlagung und Erhebung, der Vollstreckung oder Strafverfolgung oder mit der Entscheidung von Rechtsmitteln** hinsichtlich der unter die Vorschrift fallenden **Steuern** befasst sind.

Diese Personen oder Behörden dürfen die Informationen
- **nur für die vorstehend genannten Zwecke verwenden, jedoch** sie
- in einem öffentlichen **Gerichtsverfahren** oder einer **Gerichtsentscheidung offen legen.**
- Die **Zweckbindung entfällt** jedoch **mit Zustimmung des auskunftgebenden Staates**, wenn **nach dem Recht beider Vertragsstaaten eine weitergehende Verwendung erlaubt** ist.

3. Erläuterungen

78 **a)** Art. 26 Abs. 1 MA schränkt den Schutz des Steuergeheimnisses ein; er gestattet eine Weitergabe an die Behörden des anderen Vertragsstaats. Diese Einschränkung wird gerechtfertigt mit dem höher zu wertenden Interesse an der internationalen Zusammenarbeit in Steuersachen. Sie wird, jedenfalls zum Teil, kompensiert durch die abkommensrechtliche Pflicht der Vertragsstaaten, die nach Art. 26 erhaltenen Informationen ihrerseits geheim zu halten (*Zuppinger,* ASA 50 (1981/82), 5 (20)). Das **MA 1963** gewährleistete diesen Schutz **absolut** („sind geheim zu halten") und begründete so ein eigenständiges **internationales Steuergeheimnis.** Seit 1977 gewährleistet das MA einen **relativen** Schutz, bezogen auf das **innerstaatliche Recht** des die Information empfangenden Vertragsstaats („sind ebenso geheim zu halten wie die auf Grund des innerstaatlichen Rechts dieses Staates beschafften Informationen").

79 Die Vorschrift bringt damit in einem weiteren Punkt eine Gleichstellung der zwischenstaatlich übermittelten Informationen mit den nach innerstaatlichem Recht ermittelten. Es liegt nahe, in dieser Gleichstellung eine **Verringerung** des Schutzes zu sehen. Diese Verringerung, falls sie vorliegen sollte, wird jedoch sogleich wieder **eingeschränkt** durch Vorschriften darüber, dass die Informationen nur **bestimmten Personen** zugänglich gemacht und von diesen nur **in bestimmter Weise verwendet** werden dürfen. Die Frage, bis zu welcher Grenze die Preisgabe rechtlich geschützter Informationen durch einen völkerrechtlichen Vertrag nach dem innerstaatlichen Recht noch verhältnismäßig, somit verfassungsmäßig ist (für Deutschland s. Rz. 23), braucht daher an dieser Stelle noch nicht gestellt zu werden.

80 **b)** Wie in Rz. 33 dargelegt, umfasst der Begriff der „Information" nicht nur geheimhaltungsbedürftige Tatsachen. Die Pflicht zur Geheimhaltung nach Art. 26 Abs. 2 MA erstreckt sich aber, obwohl der Wortlaut eine andere Auslegung nahe legen könnte, selbstverständlich **nicht** auf Tatsachen oder rechtliche Verhältnisse, die in dem die Auskunft gebenden Staat **offenkundig** sind. So kann ein Vertragsstaat den anderen um Auskunft über den Marktpreis einer Ware zu einem bestimmten Zeitpunkt ersuchen; dieser ist in den Grenzen des Art. 26 verpflichtet dem Ersuchen zu entsprechen. Eine Geheimhaltungspflicht wäre hier aber sinnlos. Sie besteht auch dann nicht, wenn ein „internationales Steuergeheimnis" ohne Bezugnahme auf das nationale Recht der Vertragsstaaten vereinbart worden ist.

81 **c)** Die ausgetauschten Informationen im gleichen Umfang zu schützen wie nach den Regeln des nationalen Steuergeheimnisses des die Information erhaltenden Staates ist eine **abkommensrechtliche Pflicht** dieses Vertragsstaates. Die Verletzung des nationalen Steuergeheimnisses ist in einem solchen Fall zugleich Verletzung des völkerrechtlichen Vertrags; der Abkommenspartner kann gegen diese Verletzung die völkerrechtlich zulässigen Sanktionen ergreifen. Die nationalen Vorschriften über das Steuergeheimnis dienen regelmäßig nicht nur dem Schutz objektiver Rechtsgüter, sondern auch dem Schutz des Steuerpflichtigen. Soweit dies der Fall ist, führt die Gewährleistung des nationalen Steuergeheimnisses zu einer Ausdehnung des Schutzes auch auf die die Auskunft erteilende Person im anderen Staat, die dadurch **einen eigenen,** im nationalen Recht des Empfängerstaates begründeten **Anspruch auf Geheimhaltung** erhält. Dieser Anspruch ist durchsetzbar gemäß nationalem Recht, unabhängig von der völkerrechtlichen Verpflichtung zur Geheimhaltung, die Rechte und Pflichten nur für die Vertragsstaaten begründet. Ist die Information noch nicht ausgetauscht, so hat der Steuerpflichtige einen Anspruch auf Unterlassung des Informationsaustausches gegen den die Information erteilenden Vertragsstaat, wenn die Einhaltung des Steuergeheim-

nisses im Empfängerstaat nicht gewährleistet ist (FG Köln EFG 2008, 1764: *DBA Türkei 1985*).

Bei stark unterschiedlicher Ausgestaltung des Steuergeheimnisses in den Vertragsstaaten kann die Bezugnahme auf das nationale Steuergeheimnis zu einer recht verschiedenen Intensität des Geheimnisschutzes führen. Ein geringerer Umfang des Steuergeheimnisses im Empfängerstaat als im Staat, der die Information geliefert hat, lässt die Auskunftspflicht grundsätzlich unberührt; in Extremfällen könnte eine Auskunftspflicht gegen die öffentliche Ordnung verstoßen (dazu Rz. 112). In der Regel werden jedoch solche unterschiedlichen Intensitäten des Geheimnisschutzes durch die **abkommensrechtliche Zweckbindung** der Auskunft weitgehend eingeebnet werden. Art. 26 garantiert, dass die erhaltene Auskunft nur Personen und Behörden zugänglich gemacht wird, die mit Steuerverfahren befasst sind, und dass sie lediglich für steuerliche Zwecke verwertet wird. 82

d) Das MA 2005 erweitert den Kreis der Behörden, denen die erhaltenen Informationen zugänglich gemacht werden können, auf **Überwachungsbehörden** über die in Rz. 30 genannten Behörden. Überwachungsbehörden sind nach dem MA-Komm. Ziff. 12.1 Behörden, die die Steuerverwaltungs- und -vollzugsbehörden im Rahmen der allgemeinen Verwaltungstätigkeit eines Vertragsstaats überwachen. Die Einbeziehung dieser Behörden entspricht nach Einschätzung des OECD-Sekretariats einer zunehmenden Entwicklung in der Praxis der Mitgliedstaaten. So entspricht es z. B. US-amerikanischer Praxis, auf die Einbeziehung von „appropriate Congressional Commitees" und dem „U. S. General Accounting Office" in den Kreis der Empfangsberechtigten zu drängen, da nach *US-amerikanischer* Auffassung auch sie mit der Verwaltung von Steuern befasst sind (s. z. B. die Position des US-Senats zum DBA *USA/Norwegen* sowie zum Erbschaftsteuerabkommen mit Deutschland, ET 1982, 35). 83

e) Zu den empfangsberechtigten „Personen" im Sinne von Abs. 2 S. 1 sind auch der Steuerpflichtige selbst und seine Bevollmächtigten sowie Zeugen zu rechnen (MA-Komm. Ziff. 12; anders *Tribunal administratif de Besançon* req. n. 94–1127, Dr. Fisc. 1997 comm. 944, concl. *Garde: DBA Frankreich/USA;* jedoch ergibt sich der Ausschluss der Steuerpflichtigen aus dem Kreis der Empfangsberechtigten im konkreten Fall aus der vom MA abweichenden Formulierung des Auskunftsartikels des DBA). Das OECD-Manual on the Implementation of Exchange of Information Provisions for Tax Purposes, Grundmodul, Rz. 60 erwähnt jedoch, dass in bestimmten Fällen eine Weitergabe an den Steuerpflichtigen nicht angebracht sein kann. Auf keinen Fall ergibt sich aus dem DBA eine **Verpflichtung zur Information des Steuerpflichtigen** über im Wege des zwischenstaatlichen Auskunftsaustausches erhaltene Informationen (so auch Cour administrative d'appel de Douai N°99DA00 297 v. 4.6.2003 zu erhaltenen Spontanauskünften nach dem *DBA Frankreich/Belgien*). 84

f) Die abkommensrechtliche Geheimhaltungsverpflichtung verdrängt eine im nationalen Recht des Empfängerstaates enthaltene Verpflichtung zur Bekanntgabe der erhaltenen Information (vgl. *Conseil d'État* req. n. 105 069, Dr. Fisc. 1993 comm. 2127: *DBA Frankreich/USA*). So ist z. B. in Deutschland die vorgesehene Durchbrechung des Steuergeheimnisses zur Bekämpfung der **illegalen Beschäftigung** (§ 31a AO) oder der **Geldwäsche** (§ 31b AO) bei Informationen, die die deutsche Steuerverwaltung im Wege des zwischenstaatlichen Informationsaustausches erhalten hat, ebenso unbeachtlich wie die Ermächtigung nach § 77 Abs. 3 AuslG, steuerliche Daten an die Ausländerbehörden weiterzugeben. Nachdem von Art. 26 nur Steuern, nicht aber Sozialversicherungsbeiträge erfasst werden, ist auch eine Weiterleitung erhaltener Informationen an Sozialversicherungsträger (§ 31 85

Abs. 2 AO) nicht gestattet. Soweit ein Auskunftsaustausch nur für unter das Abkommen fallende Steuern vorgesehen ist, ergibt sich daraus eine **Zweckbindung der erhaltenen Informationen.** Eine Information, die für Einkommensteuerzwecke gegeben wurde, kann zwar auch für die Vermögensbesteuerung, jedoch z.B. nicht für die Erhebung der Erbschaftsteuer verwendet werden. Die genaue Einhaltung dieser Beschränkungen ist eine der wesentlichen Grundlagen, auf denen der Informationsaustausch beruht. Art. 26 Abs. 2 S. 3 sieht darüber hinaus die Möglichkeit vor, dass die zur Verwendung der Information befugten Personen diese **in einem öffentlichen Gerichtsverfahren oder einer Gerichtsentscheidung offen legen.** Dies bezieht sich ausschließlich auf Gerichtsverfahren im Sinne von Abs. 2 S. 1, also Finanzgerichtsverfahren und Steuerstrafverfahren (so auch Wassermeyer/*Eilers,* Art. 26 OECD-MA Rz. 32; verfehlt insoweit die Argumentation des *Supreme Court of India,* der annimmt, dass sich Art. 26 Abs. 2 auf Gerichtsverfahren ohne steuerlichen Bezug bezieht; s. Entscheidung v. 4.7.2011, Ram Jethmalani vs Union of India: *DBA Deutschland/Indien*). Zu der Art. 26 Abs. 2 S. 3 MA entsprechenden Vorschrift des Art. 22 Abs. 2 S. 3 der multilateralen Konvention von Europarat und OECD zur gegenseitigen Amtshilfe in Steuersachen hat die Bundesregierung eine Erklärung abgegeben, die klarstellt, dass aus deutscher Sicht die Offenlegung der Information in einem öffentlichen Gerichtsverfahren auch die Offenlegung in einem staatsanwaltlichen Ermittlungsverfahren einschließt.

85a **g)** Das MA 2012 ermöglicht nunmehr in engen Grenzen eine **Verwendung** erhaltener Informationen auch **für nichtsteuerliche Zwecke.** Deutschland hat diese Möglichkeit in Art. 25 der Verhandlungsgrundlage für DBA aufgenommen. Dies ist dann möglich, wenn nicht nur nach dem Recht des ersuchenden Staates, sondern auch nach dem Recht des ersuchten Staates eine derartige Zweckverwendung zulässig ist. Hierbei kommt es lediglich auf den spezifischen Verwendungszweck der Information an; nicht erforderlich ist, dass die Behörde, an die die Information weitergeleitet wird, eine Entsprechung im ersuchten Vertragsstaat findet. Eine Weitergabe ist damit auch dann nicht ausgeschlossen, wenn die betreffende Aufgabe im ersuchenden Staat im Gegensatz zum ersuchten Staat von einer kommunalen Behörde wahrgenommen wird. Zweck der Erweiterung ist die verbesserte Bekämpfung schwerwiegender Fälle internationaler Kriminalität, insbesondere von Geldwäsche und grenzüberschreitender Wirtschaftskriminalität. Das MA 2012 setzt insoweit die Ergebnisse des Oslo-Dialogs zur Bekämpfung von Steuer- und Wirtschaftskriminalität um. Vor der Weitergabe ist in jedem Fall die **Zustimmung des die Information erteilenden Vertragsstaates** einzuholen. Dieser kann nach seinem Ermessen entscheiden, ob er seine Zustimmung erteilen möchte.

85b Mit der Zustimmung zur Verwendung der ausgetauschten Informationen für nichtsteuerliche Zwecke entfällt die **Wirkung des steuerlichen Geheimnisschutzes**. Dies ist nur dadurch zu rechtfertigen, dass eine vergleichbare Durchbrechung des Steuergeheimnisses auch im ersuchten Vertragsstaat rechtlich vorgesehen sein muss. Eine tatsächliche Benachteiligung des Steuerpflichtigen ergibt sich also nicht, da er sich auch im ersuchten Staat nicht auf die Wirkung des Steuergeheimnisses berufen könnte.

II. Deutsche DBA

1. Abkommensübersicht zu Art. 26 Abs. 2 86

DBA	Eigenständige Definition des Steuergeheimnisses im Abkommen	Keine Offenlegung im Gerichtsverfahren	Sonstiges	Artikel	Rz.
Ägypten			≈ MA 2005	27 Abs. 1	83
Albanien 2010			≈ MA 2005	26 Abs. 2	83
Algerien 2007			≈ MA 2005	26 Abs. 2	83
Argentinien	+	+		26 Abs. 1	87
Armenien			s. UdSSR		
Aserbaidschan			≈ MA 2005	26 Abs. 1	83
Australien	+	+		24 Abs. 1	87
Bangladesch			≈ MA 2005	24 Abs. 1	
Belarus			≈ MA 2005	26 Abs. 1	
Belgien 1967/2010			≈ MA 2005 Weitergehende Verwendungsmöglichkeit mit Zustimmung	26 Abs. 2	93
Bolivien	+			26 Abs. 1	87; 91
Bosnien-Herzegowina			s. Jugoslawien		
Bulgarien 2010			Weitergehende Verwendungsmöglichkeit mit Zustimmung	25 Abs. 2	93
China 1985			≈ MA 2005	27 Abs. 1; *Prot.* Nr. 7	83
China 2014 (E)			≈ MA 2005	26 Abs. 2	
Costa Rica 2014 (E)			≈ MA 2005	26 Abs. 2	
Dänemark			≈ MA 2005	29–40	
Ecuador	+			26 Abs. 1	87
Elfenbeinküste	+			26 Abs. 1	88 f.; 91
Estland			≈ MA 2005	26 Abs. 1	83
Finnland	+	+		26 Abs. 1	87
Frankreich	+			22 Abs. 2	87; 88
Georgien			≈ MA 2005	26 Abs. 1	83
Georgien (E)			≈ MA 2005	26 Abs. 2	83
Ghana			≈ MA 2005	27 Abs. 1	83
Griechenland	+	+		XIX Abs. 1	87; 88
Großbritannien 1964/70	+	+		XIX Abs. 1	87; 88
Großbritannien 2010			≈ MA 2005 Weitergehende Verwendungsmöglichkeit mit Zustimmung	27 Abs. 2	93
Indien			Definition des Ausdrucks „Information“; Sonderregelung für Übermittlung personenbezogener Daten	26 Abs. 1; *Prot.* Nr. 7	85
Indonesien		+		26 Abs. 1	
Iran	+	+		27 Abs. 1	87; 88

DBA	Eigenständige Definition des Steuergeheimnisses im Abkommen	Keine Offenlegung im Gerichtsverfahren	Sonstiges	Artikel	Rz.
Irland 2011			≈ MA 2005 Weitergehende Verwendungsmöglichkeit mit Zustimmung	26 Abs. 2	93
Island	+	+		26 Abs. 1	87; 88
Israel	+	+		26 Abs. 1	87; 88
Italien			Befugnis zur Offenlegung nur, wenn der die Information erteilende Staat keine Einwände erhebt	27 Abs. 1	
Jamaika	+	+		26 Abs. 1	87
Japan	+	+		26 Abs. 1	87; 88
Jugoslawien	+			27 Abs. 1	87; 88
Kanada			Befugnis zur Offenlegung nur, wenn der die Information erteilende Staat keine Einwände erhebt	26 Abs. 1, 3	92
Kasachstan			≈ MA 2005	26 Abs. 1	83
Kenia	+	+		26 Abs. 1	87; 88
Kirgisistan			≈ MA 2005	26 Abs. 1	83
Korea			≈ MA 2005	26 Abs. 1	83
Kosovo			s. Jugoslawien		
Kroatien			Befugnis zur Offenlegung nur, wenn der die Information erteilende Staat keine Einwände erhebt. Weitergabe von Daten mit Zustimmung des die Daten übermittelnden Staates möglich	26 Abs. 1	93
Kuwait			Möglichkeit der Einschränkung der Informationsverwendung durch den die Auskunft erteilenden Staat	26 Abs. 1	
Lettland			≈ MA 2005	26 Abs. 1	
Liberia	+	+		26 Abs. 1	87; 88
Liechtenstein 2011			≈ MA 2005 Weitergehende Verwendungsmöglichkeit mit Zustimmung	26 Abs. 2	93
Litauen			≈ MA 2005	26 Abs. 1	83
Luxemburg 1958/2009	+		≈ MA 2005 Weitergehende Verwendungsmöglichkeit mit Zustimmung	23 Abs. 2	93
Luxemburg 2012			≈ MA 2005 Weitergehende Verwendungsmöglichkeit mit Zustimmung	25 Abs. 2	93
Malaysia 2010			≈ MA 2005	26 Abs. 2	83
Malta 2001/2010			≈ MA 2005 Weitergehende Verwendungsmöglichkeit mit Zustimmung	26 Abs. 2	93

DBA	Eigenständige Definition des Steuergeheimnisses im Abkommen	Keine Offenlegung im Gerichtsverfahren	Sonstiges	Artikel	Rz.
Marokko	+	+		26 Abs. 1	87; 89
Mauritius 2011			≈ MA 2005	27 Abs. 1	83
Mazedonien 2006			≈ MA 2005, jedoch keine Weitergabe erhaltener Informationen an Aufsichtsbehörden	26 Abs. 1	83
Mexiko 2008			≈ MA 2005	26 Abs. 2; *Prot.* Nr. 9	83
Moldau			s. UdSSR		
Mongolei			≈ MA 2005	26 Abs. 1	83
Montenegro			s. Jugoslawien		
Namibia			≈ MA 2005	26 Abs. 1; *Prot.* Nr. 5	83
Neuseeland			≈ MA 2005	25 Abs. 1	83
Niederlande 1959/2004	+			23 Abs. 2	87; 88
Niederlande 2012 (E)			≈ MA 2005 Weitergehende Verwendungsmöglichkeit mit Zustimmung	27 Abs. 2	93
Norwegen 1991			Offenlegung im Gerichtsverfahren nur soweit Auskunft erteilender Staat keine Einwendungen erhebt	26 Abs. 1	87
Norwegen 2013 (E)			≈ MA 2005 Weitergehende Verwendungsmöglichkeit mit Zustimmung	26 Abs. 2	93
Oman 2012 (E)	+		≈ MA 2005	26 Abs. 1	
Österreich			≈ MA 2005 Weitergehende Verwendungsmöglichkeit mit Zustimmung	26 Abs. 2	93
Pakistan	+	+		25 Abs. 1	87
Philippinen 1983	+	+		27 Abs. 1	87
Philippinen 2013	+	+		27 Abs. 1	87
Polen			Einschränkung der Datenverwendung möglich; Weitergabe von Daten mit Zustimmung des die Daten übermittelnden Staates möglich	27 Abs. 1	93
Portugal	+	+		27 Abs. 1	87; 88
Rumänien			≈ MA 2005	26 Abs. 1	83
Russische Föderation			≈ MA 2005	26 Abs. 2	83
Sambia	+	+		26 Abs. 1	87
Schweden				37	
Schweiz			≈ MA 2005 Weitergehende Verwendungsmöglichkeit mit Zustimmung	27 Abs. 2	93

DBA	Eigenständige Definition des Steuergeheimnisses im Abkommen	Keine Offenlegung im Gerichtsverfahren	Sonstiges	Artikel	Rz.
Serbien			s. Jugoslawien		
Simbabwe			≈ MA 2005	26 Abs. 1	
Singapur			≈ MA 2005	27 Abs. 1	88
Slowakei			s. Tschechoslowakei		
Slowenien			Offenlegung im Gerichtsverfahren nur soweit Auskunft erteilender Staat keine Einwendungen erhebt. Weitergabe von Daten mit Zustimmung des die Daten übermittelnden Staates möglich	26 Abs. 1	
Spanien 2011			≈ MA 2005 Weitergehende Verwendungsmöglichkeit mit Zustimmung	25 Abs. 2	93
Sri Lanka				27 Abs. 1	
Südafrika 1973	+	+		21 Abs. 1	75; 81; 87; 89
Südafrika 2008 (E)			≈ MA 2005 Weitergehende Verwendungsmöglichkeit mit Zustimmung	25 Abs. 1	93
Syrien 2010			≈ MA 2005	25 Abs. 2	
Tadschikistan			≈ MA 2005	25 Abs. 1	
Taiwan 2011			≈ MA 2005	25 Abs. 2	
Thailand	+	+		25 Abs. 1	87
Trinidad und Tobago	+	+		25 Abs. 1	87; 88
Tschechien			s. Tschechoslowakei		
Tschechoslowakei	+	+			87; 88
Türkei 2011			≈ MA 2005	25 Abs. 2	
Tunesien	+	+		26 Abs. 1	87; 88
Turkmenistan			s. UdSSR		
UdSSR			keine Regelung		
Ukraine			≈ MA 2005	26 Abs. 1; *Prot.* Nr. 4	
Ungarn 2011			≈ MA 2005 Weitergehende Verwendungsmöglichkeit mit Zustimmung	25 Abs. 2	93
Uruguay 2010			≈ MA 2005	25 Abs. 2	83
USA 1989/2006			Befugnis zur Offenlegung im Gerichtsverfahren nur, soweit der auskunftgebende Staat keine Einwendungen erhebt; Keine Weitergabe erhaltener Informationen an Aufsichtsbehörden	26 Abs. 1	
Usbekistan			≈ MA 2005	26 Abs. 1	83
Venezuela			≈ MA 2005	26 Abs. 1; *Prot.* Nr. 6	83

DBA	Eigenständige Definition des Steuergeheimnisses im Abkommen	Keine Offenlegung im Gerichtsverfahren	Sonstiges	Artikel	Rz.
Vereinigte Arabische Emirate 2010			≈ MA 2005	25 Abs. 2; *Prot.* Nr. 6	83
Vietnam			≈ MA 2005	26 Abs. 1	83
Weißrussland			s. Belarus		
Zypern 2011			≈ MA 2005 Weitergehende Verwendungsmöglichkeit mit Zustimmung	25 Abs. 2	93

2. Erläuterungen

a) Abkommen, die noch dem MA 1963 folgen, enthalten eine eigenständige Regelung der Pflicht zur Geheimhaltung der Information in dem die Auskunft empfangenden Staat, unabhängig vom nationalen Recht dieses Staates; quasi wird damit ein **internationales Steuergeheimnis** gewährleistet; s. dazu bereits Rz. 78. Eine Aufweichung oder Durchbrechung des Steuergeheimnisses nach den Vorschriften des nationalen Rechts ist also – unabhängig von den Grenzen, die auch das MA seit der Revision 1977 solchen Durchbrechungen zieht – in keinem Fall zulässig. 87

b) Nach dem Abkommenswortlaut vieler älterer Abkommen dürfen die Informationen „nur solchen Personen oder Behörden zugänglich gemacht werden, die mit der Veranlagung oder Einhebung der unter das Abkommen fallenden Steuern befasst sind" (so die DBA *Frankreich, Griechenland, Iran, Irland, Israel, Japan, Jugoslawien, Niederlande 1959/2004, Spanien 1966, Tschechoslowakei, Tunesien).* Anders als im MA ist also **nicht ausdrücklich** gesagt, dass zu diesen Behörden **auch die Gerichte** gehören (ein derartiger Hinweis fehlt auch in den *DBA Elfenbeinküste* und *Kenia);* nicht ausdrücklich als Tätigkeiten genannt sind auch die Vollstreckung, die Strafverfolgung und die Entscheidung von Rechtsmitteln (so auch in dem – im Übrigen die Gerichte gesondert aufführenden – *DBA Portugal;* eine zusätzliche Einbeziehung lediglich des Steuerstrafverfahrens neben der Veranlagung und Einhebung der Steuern findet sich in den *DBA Island, Liberia, Singapur 1972* sowie *Trinidad und Tobago*). In der Sache bedeutet dies jedoch keinen Unterschied. Sowohl der Behördenbegriff wie die Begriffe „Veranlagung und Einhebung" sind **weit auszulegen.** „Behörden" sind, mag dies in der Umgangssprache nicht immer klar sein, nach deutschem juristischen Sprachgebrauch eindeutig auch die Gerichte (statt aller: *Wolff/Bachof/Stober,* § 45 IV 3, s. a. MA-Komm. 1963 Ziff. 9). Dies wird auch durch die beiden Originalfassungen des MA 1963 bestätigt; der dort verwendete Ausdruck „authorities" bzw. „autorités" schließt auch in seiner umgangssprachlichen Bedeutung die Gerichte mit ein. Ebenso umfasst „Einhebung", ein Ausdruck des österreichischen Rechts, schon sprachlich auch die Vollstreckung (s. vor § 210 österreichische BAO). Die Ausdrücke „collection" und „recouvrement" sind im gleichen Sinn zu verstehen. Für die Auslegung müssen aber auch die Durchsetzung der Steuerpflichten im Strafverfahren und der Rechtsschutz im Rechtsmittelverfahren unter den Begriff „Einhebung" miteinbezogen werden. Wäre dies nicht so, dann könnte der Steuerpflichtige die endgültige Verwertung einer zulässigerweise eingeholten, für ihn ungünstigen Information jeweils 88 dadurch verhindern, dass er die Gerichte anriefe; hier müsste die Information dann unberücksichtigt bleiben. Das wäre so sinnwidrig, dass sich diese Auslegung verbietet. Man muss deshalb davon ausgehen, dass schon das MA 1963 die Verwendung der Informationen im Rechtsmittel- und im Strafverfahren gestattet und dass das MA 1977 dies **lediglich klarstellt.**

89 Diese Auslegung gilt in gleicher Weise für die *DBA Elfenbeinküste* und *Marokko,* die die Justizbehörden *(DBA Elfenbeinküste)* und Gerichte ausdrücklich **nur** im Zusammenhang mit der Durchführung von Steuerstrafverfahren erwähnen. Es handelt sich insoweit lediglich um einen klarstellenden Hinweis auf die Einbeziehung der strafrechtlichen Tätigkeit der Gerichtsorgane im Bereich des Steuerrechts in den Informationsaustausch, nicht etwa um eine Einschränkung der Zugänglichkeit im Bereich des die Information verwertenden Staates. Inhaltlich gleichbedeutend mit der Regelung des MA ist in diesem Punkt auch die Vorschrift des Art. 21 Abs. 1 *DBA Südafrika 1973,* die eine Zugänglichmachung der Informationen an Personen, Behörden und Rechtsprechungsorgane vorsieht, die mit der Anwendung des DBA befasst sind.

90 **c)** Nicht ausdrücklich gesagt in allen dem MA 1963 folgenden DBA ist ferner, dass die Informationen **nur für die Zwecke verwendet** werden dürfen, für die sie den auskunftsberechtigten Behörden mitgeteilt worden sind. Diese Einschränkung ist aber eine selbstverständliche Folge des abkommensrechtlichen Geheimnisschutzes. Auch insoweit stellt daher das MA seit 1977 nur klar, was sich ebenso schon aus dem Zusammenhang des MA 1963 ergibt.

91 **d)** Dagegen unterscheiden sich die dem MA 1963 folgenden DBA vom MA 1977 wesentlich dadurch, dass sie **nicht** die **Offenlegung** der überlassenen Informationen in einem **Gerichtsverfahren** oder einer Gerichtsentscheidung gestatten (so alle dem MA 1963 entsprechenden DBA mit Ausnahme der *DBA Bolivien, Ecuador, Elfenbeinküste* und *Uruguay 1977,* die insoweit dem MA 1977 folgen. Der MA-Komm. 1963 stellt dies ausdrücklich klar und empfiehlt für den Fall, dass die Offenlegung im Gerichtsverfahren gewünscht wird, darüber eine besondere Vereinbarung abzuschließen (MA-Komm. 1963 Ziff. 9; s. a. *Runge,* JbFfSt 1980/81, 142 (153)). Ist, wie nach den hier besprochenen DBA, eine derartige Abrede nicht getroffen worden, so können die ausgetauschten Informationen in einem gerichtlichen Verfahren nur verwertet werden, wenn auch dort ihre Geheimhaltung gewährleistet ist. Verlangt das Prozessrecht des Empfängerstaates zwingend die Offenlegung, ohne dass eine Ausnahme möglich ist, so kann die Information nicht berücksichtigt werden (für generelles Verwertungsverbot für Zwecke der Strafverfolgung ÖstBMF v. 12.6.1995, SWI 1995, 287 zum *DBA Österreich/Tschechoslowakei*).

92 **e)** Einige deutsche DBA sehen zwar die Möglichkeit der **Offenlegung** der erhaltenen Informationen **in einem Gerichtsverfahren** sowie in einer Gerichtsentscheidung vor, nach dem *DBA Kanada* sogar in einem öffentlichen Anhörungsverfahren; sie machen sie jedoch davon abhängig, dass die zuständige Behörde des die Information erteilenden Staates keine Einwände erhebt. Eine abkommensrechtliche Pflicht des auskunftgebenden Staates, derartige Einwendungen zu unterlassen, besteht hingegen nicht.

93 **f)** Eine Reihe neuerer deutscher DBA erlauben entsprechend dem MA 2012 die Weitergabe der Information an andere Behörden, soweit der die Daten übermittelnde Staat der Weitergabe zustimmt. Bereits der Kommentar zum Musterabkommen 2002 betonte, dass ein Ersuchen um Zustimmung zur Weitergabe nicht wie ein Ersuchen um Auskunftserteilung zu behandeln ist; damit kann aus dem Abkommen keine Verpflichtung des auskunftgebenden Staates abgeleitet werden, über die Erteilung einer Information hinaus auch deren Weitergabe zuzustimmen. Aufgrund der Bindung an das innerstaatliche Steuergeheimnis kommen darüber hinaus nur solche Behörden für eine Weitergabe infrage, für die innerstaatlich eine Durchbrechung des Steuergeheimnisses rechtlich vorgesehen ist, wie z. B. in Deutschland nach § 31a AO.

D. Zu Art. 26 Abs. 3

I. Musterabkommen

1. Grundzüge

Art. 26 Abs. 3 regelt drei Ausnahmen von der vertraglichen Auskunftspflicht. Um echte Ausnahmen handelt es sich allerdings nur zum Teil. Teilweise wird nur deklaratorisch festgestellt, was sich bereits aus der Auslegung des Art. 26 Abs. 1 oder, soweit auf den Ordre public des Anwendestaates verwiesen wird, aus dem allgemeinen Völkerrecht ergibt. 95

2. Regelung

Nach Art. 26 Abs. 3 ist ein Vertragsstaat **nicht verpflichtet** 96
- zur Durchführung von **Verwaltungsmaßnahmen,** die **von den Gesetzen oder der Verwaltungspraxis** eines der Vertragsstaaten **abweichen;**
- zu **Informationen,**
  - **die nach den Gesetzen oder im üblichen Verwaltungsverfahren** eines der Vertragsstaaten nicht **beschafft werden können,**
  - deren Inhalt unter den Schutzbereich eines **Handels-, Industrie-, Geschäfts-, Gewerbe- oder Berufsgeheimnisses** fällt,
  - deren Übermittlung ein **Geschäftsverfahren** preisgeben würde oder
- deren Erteilung der **öffentlichen Ordnung** widerspräche.

3. Erläuterungen

a) Abgrenzung: Art. 26 Abs. 3 berührt nicht die völkerrechtlichen Regeln über das Recht zur Verweigerung der Erfüllung einer vertraglich geschuldeten Verpflichtung (vgl. Art. 60 WÜRV). Ein Recht zur Ablehnung eines Auskunftsersuchens über die Fälle des Art. 26 Abs. 3 hinaus besteht nach diesen Grundsätzen insbes. dann, wenn konkrete Anhaltspunkte dafür sprechen, dass die Geheimhaltung der Information im Empfangsstaat nicht, wie im Abkommen vorgesehen, gesichert oder wenn ihre Verwendung für nichtsteuerliche Zwecke zu befürchten ist (vgl. *Ritter,* DStZ/A 1974, 267 (271)). 97

b) Art. 26 Abs. 3 befasst sich **ausschließlich** mit der **völkerrechtlichen Verpflichtung** zur Auskunftserteilung. Liegt einer der Tatbestände des Abs. 3 vor, so besteht keine Auskunfts- und somit auch keine Ermittlungspflicht. Ermittlung und Auskunft sind vielmehr völkerrechtlich in das **Ermessen** des um Auskunft ersuchten Staates gestellt. Erteilt er die Auskunft, obwohl er nicht zu ihr verpflichtet ist, so bleibt er jedoch im Rahmen des vertraglich vereinbarten Informationsaustausches. Die Rechtsfolgen, insbesondere hinsichtlich des Steuergeheimnisses, bleiben also die des Art. 26 Abs. 1 und 2 (vgl. MA-Komm. Ziff. 17). Völkerrechtliches Ermessen bedeutet im Übrigen **nicht** schon, dass der Staat zur Ermittlung und Auskunft **auch innerstaatlich befugt** ist. Nicht befugt ist er selbstverständlich zu Handlungen, die nach seinem innerstaatlichen Recht gesetzeswidrig sind (vgl. aber für die USA United States v. Stuart, 109 S. Ct. 1183 (1989): der *Supreme Court* 98 vertritt dort die Auffassung, dass bei der Beschaffung von Informationen durch den IRS zur Beantwortung eines kanadischen Auskunftsersuchens nicht geprüft werden müsse, ob in Kanada ein Steuerstrafverfahren gegen den Steuerpflichtigen eingeleitet werden soll, obwohl nach US-amerikanischem Recht der IRS im Falle der Vorbereitung einer strafrechtlichen Verfolgung in den USA gemäß sec. 7602 (c) IRC in seinen Nachforschungsmöglichkeiten beschränkt wäre).

99 **c)** Buchst. a und b des Art. 26 Abs. 3 regeln die **Beschaffung** der erbetenen Informationen. Nach Buchst. b ist der um Auskunft ersuchte Vertragsstaat nicht zu Informationen verpflichtet, die er **nach seinen Gesetzen oder im üblichen Verwaltungsverfahren nicht beschaffen kann** oder die der andere Vertragsstaat – der ihn um Auskunft ersuchende – seinerseits nicht beschaffen könnte. Nach Buchst. a ist der ersuchte Staat nicht zu **Verwaltungsmaßnahmen** verpflichtet, die von seinen Gesetzen oder seiner Verwaltungspraxis oder von Gesetzen und Praxis des ersuchenden Vertragsstaates **abweichen.** Buchst. b betrifft Verwaltungsmaßnahmen, die zur Beschaffung der Information unerlässlich sind; widerspricht eine derartige Verwaltungsmaßnahme den Gesetzen oder der Verwaltungspraxis, so kann der ersuchte Staat die Information nach seinen Gesetzen oder im üblichen Verwaltungsverfahren nicht beschaffen. **Der Vorbehalt des Buchst. a ist also in dem des Buchst. b enthalten;** die Vorschrift stellt nur klar, dass aus einer Beschränkung der Auskunftspflicht nach Buchst. b stets zugleich auch eine Beschränkung der Ermittlungspflicht folgt.

100 **Verwaltungsmaßnahmen** sind sämtliche Handlungen des um Auskunft angegangenen Staates, die durch das Auskunftsersuchen veranlasst sind. Unerheblich ist, von welcher Stelle dieses Staates die Handlung vorzunehmen wäre; auch gerichtliche Untersuchungshandlungen sind daher Verwaltungsmaßnahmen i. S. der Vorschrift. **Gesetze** sind alle Vorschriften, an die die Behörden des betreffenden Staates nach ihrem Verfassungs- und Verwaltungsrecht **gebunden sind.** Soweit dies der Fall ist, fallen unter den Begriff auch Verwaltungsrichtlinien. Sind die Behörden an Verwaltungsrichtlinien nicht gebunden, so kommt es darauf an, ob die Richtlinien tatsächlich beachtet werden und insofern Verwaltungspraxis bilden, also Bestandteil des üblichen Verwaltungsverfahrens sind. Ist das der Fall, so kommt es nicht darauf an, ob die Verwaltungspraxis eine Selbstbindung bewirkt hat oder nicht. Hauptanwendungsfall einer Beschränkung der Ermittlungstätigkeit der Steuerbehörden, zwar nicht durch Gesetz, aber aufgrund entsprechender Verwaltungspraxis, ist in den meisten Staaten das **Bankgeheimnis** (s. dazu Abs. 5). Das Prinzip der **Wirtschaftlichkeit** der Verwaltung ist in Deutschland nach § 6 HGrG von den Verwaltungsbehörden bei ihrer gesamten Haushalts- und Wirtschaftsführung zu beachten und insofern rechtlich für sie **verbindlich.** Eine nach Art. 26 Abs. 1 erbetene Auskunft kann daher abgelehnt werden, wenn der Aufwand für die Ermittlungen den Nutzen eindeutig übersteigen würde (wie hier *Baranowski,* Besteuerung von Auslandsbeziehungen, S. 455). Dabei ist „Nutzen" allerdings nicht nur der finanzielle Ertrag; wenn es um die prinzipielle Wahrung der Rechtsordnung geht, kann u. U. auch ein hoher Aufwand bei geringem Geldertrag zulässig sein. Die Ablehnung einer Ermittlung als unwirtschaftlich lässt sich allerdings dann nicht rechtfertigen, wenn der ersuchte Staat die Ermittlung auch bei einem rein inländischen Steuerfall durchführen würde.

101 Die rechtlichen Möglichkeiten, aber auch die Praxis der Informationsbeschaffung in den Vertragsstaaten werden sich regelmäßig unterscheiden. Um einem einseitigen Informationsverkehr vorzubeugen, schränken Abs. 3 Buchst. a und b die Ermittlungspflicht durch das **Prinzip der Gegenseitigkeit** in einer spezifischen Ausprägung ein: der ersuchte Vertragsstaat ist auch zu Maßnahmen nicht verpflichtet, die er zwar seinerseits rechtlich vornehmen dürfte und die auch seiner

Verwaltungspraxis nicht widersprechen, die aber **der ersuchende Staat** nach seinen nationalen Gesetzen **nicht vornehmen darf** oder **die bei ihm nicht üblich sind** (die nicht seiner Verwaltungspraxis entsprechen). Eine Pflicht zu Ermittlungsmaßnahmen besteht hiernach für beide Vertragsstaaten jeweils nur in dem Umfang, in dem die Maßnahmen nach dem Recht und der Praxis beider Staaten zulässig und üblich sind; maßgebend ist die jeweils **niedrigere Ermittlungsintensität.** Abzustellen ist dafür nicht auf Verfahrensformalien; das Kriterium der Gegenseitigkeit sollte flexibel und pragmatisch interpretiert werden (MA-Komm. Ziff 15; s. a. OECD Manual on the Implementation of Exchange of Information for Tax Purposes, Grundmodul, Rz. 38). Art. 26 verlangt nicht, dass die erforderliche Ermittlungshandlung in Recht und Praxis des ersuchenden Staates ihre genaue Entsprechung findet. Vielmehr genügt es, wenn dem Ermittlungsverfahren im ersuchten Vertragsstaat ein Verfahren im ersuchenden Staat gegenübersteht, das in entsprechenden Fällen eine Beschaffung von Informationen in einem **annähernd gleichen** Umfang ermöglicht (so auch *Runge,* RIW/AWD 1979, 73 (86); *Söhn,* in Hübschmann/Hepp/Spitaler, § 117 Anm. 103; ebenso *New Zealand Court of Appeal* [2010] NZCA 183: *DBA Australien/Neuseeland*: „information accessible by a broadly analogous process"). Das Gegenseitigkeitsprinzip gilt auch für den automatischen und spontanen Auskunftsverkehr.

d) Buchst. b geht in zwei Punkten **über Buchst. a hinaus:** Er gilt auch, wenn die Beibringung der Information zwar rechtlich zulässig ist und der Verwaltungspraxis entspricht, sie sich aber nach dem Gesetz oder im üblichen Verwaltungsverfahren **nicht durchsetzen lässt;** er gilt ferner für Informationen, die nicht erst beschafft zu werden brauchen, weil die Behörde **schon über sie verfügt.** 102

Nicht durchsetzbar ist die Beibringung der Information insbesondere dann, wenn nach dem Recht der Vertragsstaaten **Auskunftsverweigerungsrechte** bestehen. Ein Steuerpflichtiger, von dem der ersuchte Vertragsstaat gemäß seinem innerstaatlichen Recht zur Durchführung des internationalen Auskunftsverkehrs seinerseits eine Auskunft verlangt (in Deutschland nach § 93 AO), kann von den Auskunftsverweigerungsrechten des innerstaatlichen Rechts in gleicher Weise Gebrauch machen wie gegenüber einem Auskunftsersuchen im Rahmen der innerstaatlichen Besteuerung (in Deutschland §§ 101 ff. AO). Nicht gemeint sind in diesem Zusammenhang besondere Einschränkungen der Auskunftspflicht, gegebenenfalls auch der Auskunftsbefugnis, gegenüber ausländischen Behörden (z. B. für die Schweiz Art. 273 StGB, dazu TI May 1984, 16); sie gelten nicht, wenn eine inländische Behörde, sei es auch zu deren Weitergabe ins Ausland, die Information verlangt. Die nationalen Auskunftsverweigerungsrechte werden auch nicht dadurch erweitert, dass die Information für eine ausländische Steuerbehörde eingeholt werden soll. Nach einer Entscheidung des FG BW soll allerdings der Auskunftsperson in Einzelfällen, wenn die Information einer ausländischen Steuerbehörde mitgeteilt werden soll, ein erweitertes Verweigerungsrecht zustehen, insbesondere wenn ihr aufgetragen wird, ein Geschäfts- oder Betriebsgeheimnis darzulegen (FG BW EFG 1976, 62 (64): *DBA Frankreich;* offen gelassen vom BFH BStBl. II 1979, 268 (271) zum Amtshilfevertrag mit Schweden). Aus dem Abkommensrecht lässt sich das nicht ableiten: nach Art. 26 Abs. 3 Buchst. c MA bezieht sich der internationale Auskunftsverkehr auch auf Geschäfts- und Gewerbegeheimnisse; dem ersuchten Staat wird in diesem Bereich lediglich ein Auskunftsermessen eingeräumt (Rz. 98). Ein erweitertes Auskunftsverweigerungsrecht der befragten Person lässt sich abkommensrechtlich auch nicht daraus ableiten, dass der Geheimnisschutz im ausländischen Vertragsstaat vielfach nicht im gleichen Umfang gesichert sein wird wie nach innerstaatlichem Recht, insbesondere nicht durch strafrechtliche Sanktionen. Nach Art. 26 Abs. 2 unterliegt die ausgetauschte Information auch im anderen 103

Vertragsstaat der Geheimhaltungspflicht. Diese Geheimhaltungspflicht steht abkommensrechtlich, so unrealistisch das oft auch sein mag, dem nationalen Steuergeheimnis gleich. Dass der Geheimnisschutz in dem um Auskunft ersuchenden Staat möglicherweise **tatsächlich** nicht gewährleistet ist, gehört zu den Umständen, die der ersuchte Staat bei seiner Ermessensentscheidung berücksichtigen wird und auch abkommensrechtlich berücksichtigen darf (s. MA-Komm. Ziff. 11).

104 Der MA-Komm. erwähnt seit 2005 besonders Auskunftsverweigerungsrechte, die das nationale Recht **Rechtsvertretern des Steuerpflichtigen**, insbesondere also Rechtsanwälten, Steuerberatern oder Notaren, zuerkennt (MA-Komm. Ziff. 19.3; s. in Deutschland das Auskunftsverweigerungsrecht nach § 102 Abs. 1 AO). Der MA-Komm. betont das Interesse an einer restriktiven Definition des Verweigerungsrechts. Der Kommentar zum OECD-Musterabkommen über den steuerlichen Informationsaustausch 2002, das das Auskunftsverweigerungsrecht in Art. 7 Abs. 3 besonders erwähnt, weist insbesondere darauf hin, dass das Verweigerungsrecht nur für Informationen gelten soll, die unter dem Vorbehalt der Verschwiegenheit gegeben werden. Es soll ferner nur diejenigen Informationen umfassen, die der Steuerpflichtige im Rahmen einer rechtlichen Beratung übermittelt, nicht dagegen Fälle, in denen der Anwalt oder Steuerberater nicht als Rechtsbeistand, sondern als Treuhänder, Aktionärsvertreter oder in ähnlicher Funktion handelt. Entsprechendes sollte aus der Sicht der OECD für die Anwendung von Art. 26 MA gelten (s. OECD Manual on the Implementation of Exchange of Information Provisions for Tax Purposes, Basismodul, Rz. 42).

105 Auch im Rahmen des Buchst. b gilt das **Gegenseitigkeitsprinzip** (s. Rz. 101). Der ersuchte Vertragsstaat kann daher die Information verweigern, wenn sie im ersuchenden Vertragsstaat aufgrund eines dort bestehenden Auskunftsverweigerungsrechts einer entsprechenden Person nicht beschaffbar wäre.

106 Für Kenntnisse, die die Behörde des um Auskunft ersuchten Staates **bereits besitzt,** wird Art. 26 Abs. 3 Buchst. b regelmäßig nicht von Bedeutung sein. Der MA-Komm. geht als selbstverständlich davon aus, dass solche Angaben von der Beschränkung nach Buchst. b nicht erfasst werden, dass sie somit der Mitteilungspflicht unterliegen (MA-Komm. Ziff. 16; a. A. *Urtz,* SWI 1998, 14). Abs. 3 Buchst. b soll bewirken, dass der ersuchte Vertragsstaat durch Auskunftsersuchen weder gezwungen sein soll, seine Gesetze zu übertreten, noch dazu, seine Verwaltungspraxis abzuändern. Verfügt die ersuchte Behörde bereits über die Information, so ist ein derartiger Schutz i. d. R. nicht erforderlich. Entsprechend ist der deutsche Fiskus auch befugt, im Rahmen einer Spontanauskunft Zufallserkenntnisse und Zufallsfunde, die innerhalb eines Steuerstrafverfahrens gewonnen wurden, die jedoch nicht im Besteuerungsverfahren nach den Vorschriften der AO hätten mitgeteilt werden müssen, im Rahmen des internationalen Informationsaustausches weiterzugeben (BFH BStBl. II 1995, 497 und BFH BStBl. II 2000, 648, jeweils zu § 3 EGAHiG). Anders liegt es jedoch, wenn die Behörde bei der Beschaffung der Information gegen ein **Beweisgewinnungsverbot** verstoßen hat und dieser Verstoß nach dem Recht des ersuchten Vertragsstaats zu einem **Verwertungsverbot** führt. In diesem Fall würde der ersuchte Vertragsstaat sich auch mit der Weitergabe der Information zu seiner Rechtsordnung in Widerspruch setzen, so dass ihm nach Abs. 3 Buchst. b ein Auskunftsermessen einzuräumen ist. Ob die Verletzung eines Beweisgewinnungsverbots im ersuchten Staat zu einem Verwertungsverbot im ersuchenden Staat führt, richtet sich nach dessen innerstaatlichem Recht (eher zurückhaltend: *Tax Court,* Midwest Generator Co. v. Comm., TCM 1988, 90). An etwaige Beweisverwertungsverbote des ersuchten Staats ist der ersuchende Staat, wenn man von den Beweisverwertungsverboten nach Abs. 3 absieht, nicht gebunden; derartige Verbote stellen damit keinen Auskunftsverweigerungsgrund nach Abs 3 dar. Allerdings wird eine Information, die im ersuchenden Vertragsstaat nicht verwertet werden kann, regelmäßig auch nicht für die Besteuerung erheblich im Sinne von Art. 26 Abs. 1 sein; eine Erörterung der Frage, ob in diesem Fall die beantrage Beweiserhebung seitens des ersuchten Staates als unverhältnismäßig angesehen werden kann (in diesem Sinne etwa *Marchgraber*, in Lang/Schuch/Staringer, S. 304) ist insoweit nicht erforderlich.

e) **Art.** 26 Abs. 3 Buchst. c schränkt die Auskunftspflicht bei **Wirtschafts- und Berufsgeheimnissen** ein. Dem ersuchten Vertragsstaat soll die Möglichkeit eingeräumt werden, einen Missbrauch des steuerlichen Auskunftsverkehrs zum Zwecke der Wirtschaftsspionage zu verhindern (so schon *Menck,* DStZ/A 1971, 57 (61); s. a. FG Münster EFG 2005, 754: *DBA Russland; Herlinghaus* in FS Herzig, S. 950). In gleicher Weise gibt ihm die Vorschrift aber die Möglichkeit, zum Schutz des Geheimnisses im Interesse des Steuerpflichtigen eine nach Art. 26 begehrte Auskunft abzulehnen. **107**

Die in Abs. 3 Buchst. c verwendeten Begriffe „Handels-", „Industrie-", „Gewerbe-" und „Berufsgeheimnis" sowie „Geschäftsverfahren" werden durch das MA selbst nicht definiert. Daher scheint es auf den ersten Blick geboten, ihre Definition gemäß Art. 3 Abs. 2 dem nationalen Recht zu entnehmen (dafür *Ritter,* DStZ/A 1974, 267 (271); *Rüping,* S. 28). Der MA-Komm. ließ indes bereits vor der Neufassung 2005 erkennen, dass eine selbständige abkommensrechtliche Auslegung des Geheimnisbegriffs gewollt war. Dies erscheint logisch, denn eine Auslegung gemäß nationalem Recht würde schon deshalb zu keinem befriedigenden Ergebnis führen, weil die in Art. 26 angeführten Geheimnisbegriffe in den nationalen Rechtsordnungen der Vertragsstaaten vielfach gesetzlich nicht definiert, z. T. überhaupt nicht gebräuchlich sind. Wo es Definitionen gibt, betreffen sie oft nicht die durch das Abkommen geregelten Steuern; eine Verweisung nach Art. 3 Abs. 2 kommt dann schon deshalb nicht in Betracht. **108**

Der MA-Komm. enthält nunmehr in Ziff. 19.2 eine allgemeine Definition des Geheimnisbegriffs. Eine klare Abgrenzung der einzelnen vom MA genannten Geheimnisbereiche voneinander wird dabei nicht vorgenommen. Sie ist auch weder möglich noch nötig. Die einzelnen Geheimnisbereiche bezeichnen ein Gesamtgefüge des wirtschaftlichen Geheimnisschutzes, innerhalb dessen dem einzelnen Ausdruck keine Eigenbedeutung zukommt. Deutlich wird das insbes. daran, dass die englische Fassung des MA zur Umschreibung fünf Ausdrücke verwendet (trade, business, industrial, commercial or professional secret), die französische dagegen nur drei (secret commercial, industriel, professionel); die deutsche Fassung hat sich für vier Ausdrücke entschieden. Hieraus sowie aus dem Zweck des Art. 26 Abs. 3 Buchst. c MA ergibt sich deutlich, dass die **Gesamtheit der wirtschaftlichen Tätigkeiten** in den Vertragsstaaten geschützt werden soll. **109**

Innerhalb dieses Gesamtbereichs wirtschaftlicher Tätigkeit schützt Art. 26 Abs. 3 Buchst. c diejenigen Kenntnisse, die **nur einem begrenzten Personenkreis zugänglich, wirtschaftlich verwertbar** und im Falle ihrer Offenlegung **geeignet** sind, **Dritten einen Vorteil** gegenüber demjenigen, dessen Interessen durch das Geheimnis geschützt sind, zu verschaffen. Der BFH spricht von „Tatsachen und Umständen …, die von erheblicher wirtschaftlicher Bedeutung und für Dritte praktisch nutzbar sind" (BFH NV/2006, 922: *DBA Russland;* BFH BStBl. II 1979, 268 (272): *Amtshilfevertrag Schweden;* s. auch FG Hamburg EFG 1987, 285: *DBA Australien;* kritisch *Stahlschmidt,* IStR 2003, 109). Ob derartige Aspekte und Umstände bestehen, kann nur im Benehmen mit dem Betroffenen geprüft werden (*Oliver,* Intertax 1995, 116). Anders als nach § 30 Abs. 2 Nr. 2 AO genügt es nicht, dass die Veröffentlichung dem Inhaber des Geheimnisses schaden könnte (etwa dadurch, dass seine Geschäftspartner ihr Verhalten ihm gegenüber ändern würden: z. B. Kreditwürdigkeit); dies wäre keine hinreichende Rechtfertigung für die Ver- **110** weigerung von Informationen im Abkommensrecht. Das MA geht davon aus, dass grundsätzlich auch die Steuerbehörden des anderen Staates solch ein Geheimnis wahren werden und dass die Versuchung, es zu verletzen, erst dann besteht, wenn es möglich ist, die Kenntnis zu nutzen, aus ihr einen Vorteil zu ziehen. Auf den Geheimhaltungswillen des Betroffenen kommt es allein nicht an. Ein Geheimnis liegt allerdings nicht vor, wenn der Betroffene an der Geheimhaltung nicht interessiert ist und ihn auch der um Auskunft ersuchte Staat nach den Bestimmungen seines innerstaatlichen Rechts an einer Offenlegung nicht hindern kann.

111 Der Geheimnisschutz i. S. des Abs. 3 Buchst. c kommt in keinem Fall im Verhältnis zwischen einer Betriebstätte und ihrer Hauptniederlassung zum Zug. Nach einer Auffassung gilt er auch nicht für **Geheimnisse zwischen verbundenen oder sonst nahe stehenden Unternehmen** (so nach – zumindest früherer – Ansicht der deutschen Finanzverwaltung, vgl. *Runge,* RIW/ AWD 1979, 73 (86); Antwort der Bundesregierung auf eine Anfrage betr. die Besteuerung multinationaler Unternehmen, BT-Drs. 7/2324; sowie *Koch,* DStZ/A 1979, 8; s. a. GKG/ *Höppner,* Art. 26 OECD-MA, Rz. 221). Begründet wird dies damit, dass in einem solchen Fall das Geheimnis des Unternehmens nur gegenüber einem wirtschaftlichen Teil seiner selbst aufgedeckt werde (*Runge,* a. a. O.) und zwischen den verbundenen Unternehmen kein Wettbewerbsverhältnis bestehe (*Koch,* a. a. O.). Diese Begründung ist angesichts der Zweckbestimmung des Geheimnisschutzes nicht stichhaltig. Sie stellt einseitig auf die Interessen der beteiligten Unternehmen ab und übersieht, dass der abkommensrechtliche Geheimnisschutz in erster Linie **dem Interesse des um Auskunft ersuchten Staates** an der Nichtweitergabe seiner Wirtschaftsdaten dienen soll. Darüber hinaus können die Interessen der beteiligten Unternehmen andere sein: Auch zwischen verbundenen Unternehmen gibt es geschäftliche Geheimnisse des einen gegenüber dem anderen Gliedunternehmen, und es gibt dann keinen sachlichen Grund, ihnen den Geheimnisschutz zu versagen (zutreffend: *Seer,* in Tipke/Kruse, § 117 Rz. 56; *Söhn,* in Hübschmann/ Hepp/ Spitaler, § 117 Anm. 125; *Flick,* DB 1975, 1727; *Reuter,* StbJb 1975/76, 419 (439)). Besteht allerdings zwischen den verbundenen Unternehmen **kein** solch abgrenzbarer Geheimnisbereich, so ist es auch nicht möglich, das Geheimnis ausschließlich dem Unternehmen eines der beiden Vertragsstaaten zuzuordnen. In solchen Fällen besteht kein schutzwürdiges Interesse des ersuchten Vertragsstaats mehr, die Auskunft zurückzuhalten; sie kann dann nicht mehr verweigert werden.

112 **f)** Nach Abs. 3 Buchst. c können die Vertragsstaaten ferner die Auskunft im Interesse ihrer **öffentlichen Ordnung** verweigern. Wie jede völkerrechtliche Norm steht auch der Informationsaustausch nach Art. 26 Abs. 1 unter dem Vorbehalt der Vereinbarkeit mit dem ordre public; Art. 26 Abs. 3 Buchst. c stellt dies klar (zum völkerrechtlichen und internationalprivatrechtlichen Begriff des ordre public vgl. statt aller *Seidl-Hohenveldern,* Ordre Public, in EPIL, Bd. 10, 321). Überträgt man dies auf Art. 26 Abs. 1, so kann die Auskunft hiernach im Einzelfall dann unter Hinweis auf die öffentliche Ordnung verweigert werden, wenn ihre Erteilung **mit den grundlegenden Wertungen des innerstaatlichen Rechts** des ersuchten Vertragsstaates nicht zu vereinbaren wäre. Die Berufung auf den ordre public ist ein Instrument zur Beseitigung rechtlicher Wertungswidersprüche in Extremfällen; sie ist daher nur in Ausnahmesituationen zulässig. Zu vergleichen sind hierfür die formelle Ausgestaltung und der Zweck des Steuerverfahrens, für das die Information begehrt wird, mit den Grundwerten des nationalen Rechts des um Auskunft ersuchten Staates. Ein Verstoß gegen den ordre public liegt dann vor, wenn sich aus diesem Vergleich ergibt, dass eine Hilfe des um Auskunft ersuchten Staates zu seinen grundlegenden Gerechtigkeitsvorstellungen in einem unerträglichen Widerspruch stünde (vgl. BGHZ 50, 376; 75, 32; BGH AWD 1961, 316; BGH HFG

1980, 27; für die Schweiz: Schweiz. BGE 68, 386; 72, 415; 76, 65). Nach deutschem Recht kommen solche tragenden Wertungen vor allem in den Grundrechten des Grundgesetzes zum Ausdruck. Wenn ein dem ausländischen entsprechendes Verfahren in Deutschland gegen Grundrechte verstieße, kann allerdings bereits die Auskunft als Beitrag zu einem solchen Verfahren eine Grundrechtsverletzung, die Verweigerung der Auskunft also schon wegen eines Gesetzesverstoßes nach Art. 26 Abs. 3 Buchst. b zulässig sein (s. Rz. 102); eine Berufung auf den ordre public ist dann nicht nötig (zur Frage, wann Grundrechte auch für Auslandssachverhalte gelten, s. besonders *Schröder,* in FS Schlochauer (1981), 137). Der MA-Komm. Ziff 19.5 nennt als Beispiele für einen Verstoß gegen den ordre public Steuerverfahren, die zur politischen, religiösen oder rassisch motivierten Verfolgung betrieben werden. Auch das Interesse an der Wahrung von Staatsgeheimnissen schränkt die Auskunftsverpflichtung ein. Nach Auffassung der Schweiz und Liechtensteins verstößt ein Auskunftsersuchen gegen den ordre public, wenn es auf Informationen beruht, die durch nach schweizerischem oder liechtensteinischem Recht strafbare Handlungen erlangt wurden (s. Art. 7 StAG Schweiz; Art. 8 Abs. 2 SteAHG Liechtenstein). Die Regelung zielt ab auf Auskunftsersuchen, die auf gestohlenen Bankdaten basieren.

Nach Wassermeyer/*Eilers,* Art. 26 OECD-MA, Rz. 47, liegt ein Verstoß gegen den ordre public auch vor, wenn die erteilte Information im ersuchenden Staat nicht in ausreichendem Maße geheim gehalten wird; erforderlich ist eine Berufung auf den ordre public in diesem Fall jedoch in der Regel nicht, denn der Wegfall der Auskunftspflicht ergibt sich hier bereits daraus, dass der ersuchende Vertragsstaat gegen seine abkommensrechtliche Verpflichtung aus Abs. 1 S. 3 verstößt (s. Rz. 38).

II. Deutsche DB

1. Abkommensübersicht zu Art. 26 Abs. 3 113

DBA	MA	Keine Abweichung von eigenen Gesetzen	Keine Abweichung von eigener Verwaltungspraxis	Beachtung auch von Recht und Praxis des ersuchenden Staates	Auskunftsermessen bei Wirtschaftsgeheimnissen	Keine Auskunft bei Wirtschaftsgeheimnissen	Sonstiges	Artikel	Rz.
Ägypten	≈ MA							27 Abs. 2	
Albanien 2010	≈ MA							26 Abs. 3	
Algerien 2007	≈ MA							26 Abs. 3	
Argentinien	≈ MA							26 Abs. 2	
Armenien							s. UdSSR		
Aserbaidschan	≈ MA							26 Abs. 2	
Australien	≈ MA							24 Abs. 2	
Bangladesch	≈ MA							24 Abs. 2	
Belarus	≈ MA							26 Abs. 2	
Belgien	≈ MA							26 Abs. 3	
Bolivien	≈ MA							26 Abs. 2	
Bosnien-Herzegowina							s. Jugoslawien		
Bulgarien 2010	≈ MA							25 Abs. 3	
China 1985	≈ MA							27 Abs. 2	
China 2014 (E)	≈ MA							26 Abs. 3	

DBA	MA	Keine Abweichung von eigenen Gesetzen	Keine Abweichung von eigener Verwatungspraxis	Beachtung auch von Recht und Praxis des ersuchenden Staates	Auskunftsermessen bei Wirtschaftsgeheimnissen	Keine Auskunft bei Wirtschaftsgeheimnissen	Sonstiges	Artikel	Rz.
Costa Rica 2014 (E)	≈ MA							26 Abs. 3	
Dänemark	≈ MA							37	
Ecuador	≈ MA							26 Abs. 2	
Elfenbeinküste	≈ MA						Keine Ausnahme für gesetzeswidrige Verwaltungsmaßnahmen	26 Abs. 2	115
Estland	≈ MA							26 Abs. 2	
Finnland	≈ MA							26 Abs. 2	
Frankreich		×	×		×			22 Abs. 2 S. 1, Abs. 3	118 f.
Georgien	≈ MA							26 Abs. 2	
Georgien (E)	≈ MA							26 Abs. 3	
Ghana	≈ MA							27 Abs. 2	
Griechenland		×	×	×		×		XIX	117; 119
Großbritannien 1964/70	≈ MA							XIX Abs. 2	
Großbritannien 2010	≈ MA							27 Abs. 3	
Indien	≈ MA							26 Abs. 2	
Indonesien	≈ MA							26 Abs. 2	
Iran	≈ MA							27 Abs. 2	
Irland 2011	≈ MA							26 Abs. 3	
Island	≈ MA							26 Abs. 2	
Israel		×	×	×		×	Keine Gegenseitigkeit bei Verwaltungspraxis	20	117 ff.
Italien	≈ MA							27 Abs. 2	
Jamaika	≈ MA							26 Abs. 2	
Japan	≈ MA							26 Abs. 2	
Jugoslawien	≈ MA							27 Abs. 2	
Kanada	≈ MA							26 Abs. 2	
Kasachstan	≈ MA							26 Abs. 2	
Kenia	≈ MA							26 Abs. 2	
Kirgisistan	≈ MA							26 Abs. 2	
Korea	≈ MA							26 Abs. 2	
Kosovo							s. Jugoslawien		
Kroatien	≈ MA							26 Abs. 2	
Kuwait	≈ MA							26 Abs. 2	
Lettland	≈ MA							26 Abs. 2	
Liechtenstein 2011	≈ MA							26 Abs. 3	
Liberia	≈ MA							26 Abs. 2	
Litauen	≈ MA							26 Abs. 2	

DBA	MA	Keine Abweichung von eigenen Gesetzen	Keine Abweichung von eigener Verwatungspraxis	Beachtung auch von Recht und Praxis des ersuchenden Staates	Auskunftsermessen bei Wirtschaftsgeheimnissen	Keine Auskunft bei Wirtschaftsgeheimnissen	Sonstiges	Artikel	Rz.
Luxemburg 2012	≈ MA							25 Abs. 3	
Malaysia 2010	≈ MA							26 Abs. 3	
Malta 2001/2010	≈ MA							26 Abs. 3	
Marokko	≈ MA							26 Abs. 2	
Mauritius 2011	≈ MA							26 Abs. 3	
Mazedonien 2006	≈ MA							26 Abs. 2	
Mexiko 2008	≈ MA							26 Abs. 3	
Moldau							s. UdSSR		
Mongolei	≈ MA							26 Abs. 2 *Prot.* Nr. 4	
Montenegro							s. Jugoslawien		
Namibia	≈ MA							26 Abs. 2	
Neuseeland	≈ MA							25 Abs. 2	
Niederlande 1959/2004		×	×	×		×	Keine Verpflichtung zur Durchführung ausgedehnter Ermittlungen; Informationen, die von Banken herrühren, brauchen nicht ausgetauscht zu werden	23 Abs. 1 S. 2, Abs. 3–5; *SProt.* Nr. 20	116 f.; 119
Niederlande 2012 (E)	≈ MA							27 Abs. 4	
Norwegen 1991	≈ MA							26 Abs. 2	
Norwegen 2013 (E)	≈ MA							27 Abs. 3	
Oman 2012 (E)	≈ MA							26 Abs. 3	
Österreich	≈ MA							26 Abs. 3	
Pakistan		×	×	×				25 Abs. 2	
Philippinen 1983	≈ MA							27 Abs. 2	
Philippinen 2013	≈ MA							27 Abs. 2	
Polen	≈ MA						Zusätzlich Beachtung des Gleichbehandlungsgrundsatzes und der allgemein anerkannten Grundsätze der Besteuerung	27 Abs. 2	114

DBA	MA	Keine Abweichung von eigenen Gesetzen	Keine Abweichung von eigener Verwatungspraxis	Beachtung auch von Recht und Praxis des ersuchenden Staates	Auskunftsermessen bei Wirtschaftsgeheimnissen	Keine Auskunft bei Wirtschaftsgeheimnissen	Sonstiges	Artikel	Rz.
Portugal	≈ MA							27 Abs. 2	
Rumänien	≈ MA							26 Abs. 2	
Russische Föderation	≈ MA							26 Abs. 3	
Sambia	≈ MA							26 Abs. 2	
Schweden						×	Absolute Grenze des Auskunftsverkehrs	36	
Schweiz 1971/2010	≈ MA							27 Abs. 3	
Serbien							s. Jugoslawien		
Simbabwe	≈ MA							26 Abs. 2	
Singapur	≈ MA							27 Abs. 2	
Slowakei							s. Tschechoslowakei		
Slowenien	≈ MA							26 Abs. 2	
Spanien 2011	≈ MA							25 Abs. 2	
Sri Lanka	≈ MA							27 Abs. 2	
Südafrika 1973	≈ MA							21 Abs. 2	
Südafrika 2008 (E)	≈ MA							21 Abs. 2	
Syrien 2010	≈ MA							25 Abs. 3	
Tadschikistan	≈ MA							25 Abs. 2	
Taiwan 2011	≈ MA							25 Abs. 3	
Thailand	≈ MA							25 Abs. 2	
Trinidad und Tobago	≈ MA							25 Abs. 2	
Tschechien							s. Tschechoslowakei		
Tschechoslowakei	≈ MA							26 Abs. 2	
Türkei 2011	≈ MA							25 Abs. 3	
Tunesien	≈ MA							26 Abs. 2	
Turkmenistan							s. UdSSR		
UdSSR							Keine Regelung im DBA	–	–
Ukraine	≈ MA							26 Abs. 2	
Ungarn 2011	≈ MA							25 Abs. 3	
Uruguay 2010	≈ MA							25 Abs. 3	
USA 1989/2006	≈ MA							26 Abs. 2	
Usbekistan	≈ MA							26 Abs. 2	
Venezuela	≈ MA							26 Abs. 2	
Vereinigte Arabische Emirate 2010	≈ MA							25 Abs. 3	
Vietnam	≈ MA							26 Abs. 2	
Weißrussland							s. Belarus		
Zypern 2011	≈ MA							25 Abs. 3	

2. Erläuterungen

a) Während das Recht zur Auskunftsverweigerung nicht die Rechtmäßigkeit des Auskunftsverlangens der innerstaatlichen Behörde berührt, ist bereits **das Auskunftsverlangen nach deutschem Recht rechtswidrig** (also schon ein Fall des Buchst. a gegeben), wenn es gegen die Grundrechte des Grundgesetzes verstößt. So darf nicht gefragt werden nach Umständen, die die Intimsphäre des Auskunftspflichtigen berühren; diese ist geschützt durch das allgemeine **Persönlichkeitsrecht** nach Art. 1 und 2 GG, sofern nicht übergeordnete Interessen ausnahmsweise den Eingriff rechtfertigen (dazu grundlegend BVerfGE 6, 32 (41); ferner BVerfGE 27, 1 (6); 27, 344 (350 f.); 32, 373 (379); 34, 238 (245 f.); 47, 46 (73); 49, 286 (298)). Fiskalische Interessen reichen hierfür nicht aus. Noch darüber hinaus gesteht das Bundesverfassungsgericht dem Einzelnen das verfassungsmäßige Recht zu, „grundsätzlich selbst zu entscheiden, wann und innerhalb welcher Grenzen persönliche Lebenssachverhalte offenbart werden" (BVerfGE 65, 1 (42): „informationelle Selbstbestimmung", s. bereits Rz. 23). Unerheblich ist es, ob die die Auskunft verweigernde Person die deutsche Staatsangehörigkeit besitzt; das Recht auf Schutz der Intimsphäre steht als sog. Menschenrecht nach dem Grundgesetz auch Ausländern zu (BVerfGE 35, 382 (399)). Von vornherein rechtswidrig ist ein Auskunftsverlangen auch dann, wenn die deutschen Behörden aus verfassungsrechtlichen Gründen nicht zur **Übermittlung** der Information berechtigt sind, sofern die Information nicht zugleich auch im Interesse der deutschen Besteuerung nach § 39 AO eingeholt wird. Die Formulierung in Art. 27 Abs. 2 *DBA Polen,* wonach ein Vertragsstaat nicht zum Informationsaustausch verpflichtet ist, wenn die Besteuerung im ersuchenden Staat den allgemein anerkannten Grundsätzen der Besteuerung widerspricht oder der Informationsaustausch zu einer Verletzung des Gleichbehandlungsgrundsatzes führen würde, verankert diese Einschränkungen ausdrücklich im Abkommen. Sie gelten gleichermaßen für alle anderen deutschen DBA. 114

b) Nicht ausdrücklich ausgeschlossen wird eine Verpflichtung zur Durchführung von Verwaltungsmaßnahmen, die von den Gesetzen eines der Vertragsstaaten abweichen, in Art. 26 Abs. 2 Buchst. a *DBA Elfenbeinküste.* Jedoch verweist die Bestimmung, insoweit in der Sache wie das MA, auf die Verwaltungspraxis der beiden Vertragsstaaten; dadurch wird mittelbar auch die Verpflichtung zur Durchführung gesetzeswidriger Verwaltungsmaßnahmen ausgeschlossen, soweit die Verwaltungspraxis der Vertragsstaaten mit deren gesetzlichen Regelungen in Einklang steht. 115

c) Art. 23 Abs. 1 S. 2 *DBA Niederlande 1959/2004* gestattet es den Vertragsstaaten, Auskünfte zu verweigern, die nicht aufgrund der bei den Finanzbehörden schon vorhandenen Unterlagen gegeben werden können, sondern ausgedehnte Ermittlungen notwendig machen würden. Der Wortlaut der Vorschrift lässt offen, ob eine Verpflichtung zu Auskünften besteht, die nur Ermittlungen mit geringerem Aufwand verlangen. Nach dem Sinn der Vorschrift ist dies zu bejahen. Art. 23 Abs. 1 S. 2 *DBA Niederlande 1959/2004* geht auf die Zeit vor dem MA zurück, entspricht jedoch inhaltlich der Regelung des Art. 26 Abs. 3. 116

Ein Teil der deutschen DBA **schließt wirtschaftliche Geheimnisse** vom Informationsaustausch **unter allen Umständen aus** (so die *DBA Griechenland, Irland 1962, Israel* und *Niederlande 1959/2004*). Im Gegensatz zur Regelung des Art. 26 Abs. 2 Buchst. c MA wird hierdurch auch abkommensrechtlich ein echter eigener Anspruch des Steuerpflichtigen auf Nichtweitergabe seines Geheimnisses – falls es noch der Ermittlung bedarf: auf deren Unterlassung – begründet. Wird das Geheimnis dennoch mitgeteilt, so ist der andere Vertragsstaat jedoch nicht daran gehindert, die Mitteilung zu verwerten. Ein Verwertungsverbot ergibt sich aus den 117

Abkommen nicht. Noch weiter gehend umfasst das Auskunftsverbot des Art. 36 *DBA Schweden* neben Wirtschaftsgeheimnissen auch Informationen, die durch ein Ermittlungsverfahren beschafft werden müssten, das im ersuchenden Vertragsstaat nicht vorgenommen werden könnte oder das einer allgemeinen Verwaltungsanweisung zuwiderlaufen würde, sowie Auskünfte, die zu einer abkommenswidrigen Besteuerung führen oder die öffentliche Ordnung beeinträchtigen würden.

118 **d)** Abweichend von Art. 26 Abs. 3 hat eine Reihe von deutschen DBA das Gegenseitigkeitsprinzip nicht in den Auskunftsvorbehalt aufgenommen (so das *DBA Frankreich*) oder seine Geltung nur für die Auskunftserteilung (Buchst. b), nicht auch für die Durchführung von Verwaltungsmaßnahmen (Buchst. a) vorgesehen (so die *DBA Irland 1962* und *Israel*). Die Abkommen begnügen sich insoweit mit der Gleichstellung des ausländischen Steuerfalls mit einem inländischen.

119 **e)** Die Pflicht zur Übermittlung von Informationen, die sich bereits im Besitz der ersuchten Behörde befinden, wird nach den *DBA Frankreich* und *Niederlande 1959/2004* nicht dadurch ausgeschlossen, dass diese Informationen weder im üblichen Verwaltungsverfahren des ersuchten noch in dem des ersuchenden Vertragsstaats beschaffbar wären, es sei denn, der Beschaffung stehen gesetzliche Hinderungsgründe entgegen. Auf die Beschaffbarkeit im üblichen Verwaltungsverfahren – allerdings nur des ersuchenden Vertragsstaats – kommt es bei derartigen Informationen auch nicht an nach der Regelung in den *DBA Griechenland, Irland 1962* und *Israel.*

E. Zu Art. 26 Abs. 4

I. Musterabkommen

1. Grundzüge

120 Die Vorschrift stellt klar, dass die Informationsbeschaffung zur Beantwortung eines Auskunftsersuchens eines Vertragsstaates unabhängig davon betrieben werden muss, ob die Information auch für die Zwecke der nationalen Besteuerung benötigt wird.

2. Regelung

121 Nach Art. 26 Abs. 4 ist ein Vertragsstaat verpflichtet,
- zur Beantwortung eines Auskunftsersuchens die ihm **nach nationalem Recht zustehenden Möglichkeiten zur Informationsbeschaffung auszuschöpfen,**
- soweit nicht **nach Abs. 3 die Verpflichtung** zur Erteilung von Informationen oder zur Durchführung von Verwaltungsmaßnahmen **entfällt,**
- **auch wenn kein eigenes steuerliches Interesse** an der zu beschaffenden Information **besteht.**

3. Erläuterungen

122 Der Auskunftsverkehr wird sich jeweils in erster Linie auf Informationen beziehen, über die der um Auskunft ersuchte Vertragsstaat **bereits verfügt.** Verfügt er nicht über sie, so ergibt sich die Frage, ob und in welchem Umfang er zur Erfüllung des Auskunftsersuchens **Ermittlungen** anstellen muss. Art. 26 Abs. 1 sagt nichts über den Umfang einer solchen Verpflichtung. Abs. 3 **beschränkt** jedoch die Verpflichtung des um Auskunft ersuchten Vertragsstaats, bestimmte Verwaltungsmaßnahmen durchzuführen und bestimmte Informationen zu beschaffen.

Daraus ergibt sich im Umkehrschluss, dass in den durch Abs. 3 gezogenen Grenzen der ersuchte Vertragsstaat zu Verwaltungsmaßnahmen und zur Beschaffung der erforderlichen Informationen **verpflichtet** ist. Der MA-Komm. 1963 Ziff. 12 hatte die Ansicht vertreten, dass eine Verpflichtung zu besonderen Nachforschungen oder besonderen Buchprüfungen über den normalen Gang der Verwaltungsgeschäfte hinaus durch Art. 26 nicht begründet werde (ebenso *Locher/Meier/v. Siebenthal/Kolb* B. 27.2 Nr. 1). Damit waren Ermittlungen nur zulässig und geboten, soweit sie **zugleich** auch **für die inländische Besteuerung erforderlich** waren.

Bereits der **MA-Komm. 1977** hat jedoch in diesem Punkt eine **Kehrtwendung** vollzogen; er betonte ausdrücklich die Verpflichtung des ersuchten Vertragsstaats, Informationen – vorbehaltlich der Einschränkungen des Abs. 2 – „auf die gleiche Weise zu beschaffen, als handelte es sich um seine eigenen Steuern" (MA-Komm. 1977 Ziff. 16). In der Tat ließ sich dem Wortlaut des Art. 26 eine über die Eingrenzungen des Abs. 3 hinausgehende Beschränkung der Verpflichtung zur Informationsbeschaffung **nicht entnehmen.** Ermittlungen waren daher, wenn die Auskunft erforderlich war und in den Grenzen des Abs. 2, **auch dann geboten,** wenn sie **nicht zugleich** für die inländische Besteuerung erforderlich waren (so auch Schweiz. BGE 96 I 737 (746): *DBA Schweiz/USA;* United States v. Burbank & Co. Ltd. 75–2 USTC 9795: *DBA USA/Kanada 1942*). Mit dem **MA 2005** wurde eine Klärung dieser Frage in den Text des MA aufgenommen. Das MA regelt nunmehr ausdrücklich, dass sich der ersuchte Vertragsstaat zur Ablehnung des Auskunftsersuchens nicht auf fehlendes nationales Steuerinteresse berufen kann. Kommt es aber auf das nationale Besteuerungsinteresse nicht an, so kann es für die Informationsbeschaffungspflicht auch nicht von Bedeutung sein, ob die erbetenen Informationen im ersuchten Staat noch rechtlich verwertbar wären. Der MA-Komm. 2012 weist folgerichtig darauf hin, dass etwa die Verjährungsvorschriften des ersuchten Staates für die Beurteilung seiner Auskunftspflicht unerheblich sind. Dass die Informationsbeschaffungspflicht dort erlischt, wo die erbetenen Informationen faktisch nicht mehr vorhanden sind, etwa weil Dokumente nach Ablauf der Aufbewahrungspflicht vernichtet wurden (MA-Komm. 2012 Ziff. 19.7) versteht sich von selbst. **123**

Die Beschaffung der Information im ersuchten Vertragsstaat erfordert allerdings, dass dieser **nach nationalem Recht befugt** ist, Verwaltungsmaßnahmen ausschließlich im Interesse eines anderen Staates durchzuführen. In einigen OECD-Staaten war dies bis vor kurzem nicht der Fall; so ist die britische Steuerverwaltung erst seit Inkrafttreten des Finance Bill 2006 befugt, Informationen ausschließlich im Interesse eines Vertragspartners einzuholen; auch Japan und Irland haben erst 2003 ihr nationales Recht in diesem Sinne geändert. Der kanadische *Federal Court of Appeal* verlangt in einem solchen Fall jedenfalls eine **Aufklärung** des Steuerpflichtigen über den Zweck der Ermittlung. Er hat ein Ermittlungsverfahren, das im Interesse der amerikanischen Steuerverwaltung vorgenommen worden war, für rechtswidrig erklärt, weil der Steuerpflichtige nicht darüber informiert worden war, dass die Ermittlungen zur Beantwortung eines Auskunftsersuchens vorgenommen wurden (Montreal Aluminium Processing Ltd. and Philip Klein v. A. G. of Canada et al., 1992 DTC, 6567). **124**

II. Deutsche DBA

Eine Vorschrift entsprechend Art. 26 Abs. 4 ist bisher lediglich in einigen neueren deutschen DBA enthalten (Art. 26 Abs. 4 *DBA Albanien 2010;* Art. 26 Abs. 4 *DBA Algerien 2007;* Art. 26 Abs. 4 *DBA Belgien1967/2010;* Art. 25 Abs. 4 *DBA* **125**

Bulgarien 2010; Art. 26 Abs. 4 *DBA China 2014 (E);* Art. 26 Abs. 4 *DBA Costa Rica (E);* Art. 26 Abs. 4 *DBA Georgien (E);* Art. 27 Abs. 4 *DBA Großbritannien 2010;* Art. 26 Abs. 3 *DBA Irland 2011;* Art. 26 Abs. 4 *DBA Liechtenstein 2011;* Art. 23 Abs. 4 *DBA Luxemburg 2012;* Art. 26 Abs. 4 *DBA Malaysia 2010;* Art. 26 Abs. 4 *DBA Malta 2001/2010;* Art. 26 Abs. 4 *DBA Mauritius 2011;* Art. 26 Abs. 4 *DBA Mexiko;* Art. 27 Abs. 5 *DBA Niederlande 2012 (E);* Art. 26 Abs. 4 *DBA Norwegen 2013 (E);* Art. 26 Abs. 4 *DBA Oman 2012 (E);* Art. 26 Abs. 4 *DBA Österreich;* Art. 26 Abs. 4 *DBA Russische Föderation;* Art. 27 Abs. 4 *DBA Schweiz 1971/2010;* Art. 25 Abs. 4 *DBA Syrien 2010;* Art. 25 Abs. 4 *DBA Türkei 2011;* Art. 25 Abs. 4 *DBA Ungarn 2011;* Art. 25 Abs. 4 *DBA Uruguay 2010;* Art. 25 Abs. 4 *DBA Vereinigte Arabische Emirate 2010;* Art. 25 Abs. 4 *DBA Zypern 2011.* Allerdings ergibt sich aus der rein klarstellenden Funktion der Vorschrift, dass auch bei deutschen DBA, die auf dem MA 1977 beruhen, eine Verpflichtung zur Beschaffung von Informationen ausschließlich im Interesse des anderen Vertragsstaates besteht.

F. Zu Art. 26 Abs. 5

I. Musterabkommen

1. Grundzüge

126 Die Vorschrift wurde mit dem MA 2005 neu in das MA aufgenommen. Sie ist in Verbindung mit Art. 26 Abs. 3 zu lesen und konkretisiert die dort aufgelisteten Ausnahmen von der Verpflichtung zur Informationsbeschaffung bzw. schränkt diese ein.

2. Regelung

127 Die in Art. 26 Abs. 3 aufgeführten **Ausnahmen von der vertraglichen Auskunftspflicht beziehen sich nicht** auf
– Informationen im Besitz von **Banken und Finanzinstituten;**
– Informationen von **Beauftragten, Bevollmächtigten, Treuhändern;**
– Informationen über **Beteiligungsverhältnisse.**

3. Erläuterungen

128 **a)** Abs. 5 **schränkt den Schutz nationaler Berufs- und Wirtschaftsgeheimnisse nach Abs. 3 wieder ein.** Eine Berufung auf den nationalen Geheimnisschutz führt insbesondere dann nicht zu einem Recht des ersuchten Vertragsstaates, ein Auskunftsersuchen abzulehnen, wenn es sich bei dem in Frage stehenden Geheimnis um das Bankgeheimnis oder die Geheimhaltung von Beteiligungsverhältnissen handelt. In der Praxis wird ein Vertragsstaat eine Regelung entsprechend Abs. 5 nur dann in ein DBA aufnehmen, wenn er nach seinem innerstaatlichen Recht und gängiger Verwaltungspraxis Informationen von Banken und Finanzinstitutionen erlangen kann. Dann war der Austausch dieser Informationen aber bereits nach der bisherigen Formulierung des Artikels möglich, wie auch der MA-Komm. betont (Ziff. 19.10). Abs. 5 enthält damit eine Klarstellung, dass das Bankgeheimnis nicht als Wirtschafts- und Berufsgeheimnis im Sinne von Abs. 3 Buchst. c einzustufen ist. Das OECD-Manual on the Implementation of Exchange of Information Provisions for Tax Purposes gibt Beispiele für die Anwendung des Artikels (Basismodul Ziff. 45; s. a. MA-Komm. Ziff 19.15). Der MA-Komm. 2012 Ziff. 16.1 stellt nunmehr ferner klar, dass als Konsequenz von Abs. 5 für die Beschaffung von Informationen von Banken und Finanzinstituten dieselben Regeln anzuwenden sind, die für die Informationsbeschaffung von anderen Stellen

gelten. Erhöhte Nachweispflichten oder etwa die Notwendigkeit der Einleitung eines Steuerstrafverfahrens als Voraussetzung für die Einholung von Bankinformationen können damit nicht als Begründung herangezogen werden, um ein Ersuchen, Auskünfte von Banken einzuholen, abzulehnen.

b) Die Vorschrift setzt teilweise die **Empfehlungen des OECD-Berichts** ,Improving Access to Bank Information for Tax Purposes' auf Ebene des MA um. Der Bericht empfiehlt allen OECD-Staaten, der Steuerverwaltung direkten oder indirekten **Zugriff auf Bankinformationen** zu gewähren, um die volle Durchsetzung des Besteuerungsrechts zu gewährleisten und einen effektiven zwischenstaatlichen Informationsaustausch zu ermöglichen. Belgien, Luxemburg, Österreich und die Schweiz hatten zunächst einen Vorbehalt gegen die Aufnahme von Abs. 5 in ein DBA eingelegt; diese Vorbehalte wurden inzwischen zurück gezogen. In ***Österreich*** etwa ist das Bankgeheimnis nach § 38 BWG mit erhöhtem Bestandsschutz versehen; Bankinformationen konnten deshalb nur dann an andere Staaten übermittelt werden, wenn sie dort für ein finanzbehördliches oder gerichtliches Strafverfahren benötigt wurden. Erst mit Erlass des Amtshilfe-Durchführungsgesetzes 2009 wurde die Schutzwirkung des Bankgeheimnisses bei ausländischen Amtshilfeersuchen eingeschränkt. Zum Umfang des Bankgeheimnisses in Deutschland s. § 30a AO und die einschlägigen Kommentierungen. 129

c) Abs. 5 stellt ferner klar, dass Auskunftsersuchen nicht bereits deshalb abgelehnt werden können, weil die benötigten Informationen von **Beauftragten, Bevollmächtigten** oder **Treuhändern** des Steuerpflichtigen eingeholt werden müssen. Zur Terminologie s. MA-Komm. Ziff. 19.12. Anknüpfungspunkt der Vorschrift ist also die **Person des Informationsinhabers, nicht der Inhalt der Information.** Der Absatz bezweckt jedoch nicht eine Einschränkung nationaler Zeugnisverweigerungsrechte für Rechtsanwälte, Steuerberater und ähnliche Berufsgruppen (hierzu Rz. 104). Das Zeugnisverweigerungsrecht soll jedoch nicht geltend gemacht werden können, wenn ein Rechtsanwalt oder Steuerberater nicht in beratender Funktion, sondern z. B. als Treuhänder in Erscheinung tritt. Treuhändern und Bevollmächtigten wird damit die Berufung auf das Berufsgeheimnis für die Zwecke der Zurückhaltung steuerlich relevanter Informationen nicht zugebilligt. Dies gilt auch dann, wenn ein Staat nach seiner nationalen Rechtsordnung Treuhändern ausdrücklich eine Berufung auf das Berufsgeheimnis zubilligt; Abs. 5 ist insoweit Spezialvorschrift gegenüber Abs. 3 (s. *Czakert,* IStR 2013, 596). Agiert der Rechtsanwalt des Steuerpflichtigen gleichzeitig auch als dessen Treuhänder, so erstreckt sich der Schutz des Berufsgeheimnisses nur auf den anwaltlichen Teil der Tätigkeit (*Pistone/Gruber,* in Lang/Schuch/Staringer, Int. Amtshilfe in Steuersachen, S. 106). 130

d) Schließlich können **Informationen über Eigentumsverhältnisse** nicht deshalb verweigert werden, weil das nationale Recht diese als Handels- oder Geschäftsgeheimnis einstuft. Dies betrifft z. B. Informationen über die Identität des Nutznießers von Inhaberaktien oder die Eigentumsverhältnisse an einem Unternehmen. 131

II. Deutsche DBA

a) Die Aufnahme einer Abs. 5 entsprechenden Vorschrift entspricht nunmehr gängiger Praxis bei allen neueren deutschen Abkommen. Aufgrund der lediglich klarstellenden Funktion der Vorschrift hat das Fehlen einer Abs. 5 entsprechenden Regelung jedoch keine praktische Bedeutung. 132

133 **b)** Im Gegensatz zum Prinzip des Abs. 5 bezieht sich die Auskunftsverpflichtung des *DBA Niederlande 1959/2004* ausdrücklich nicht auf Tatsachen, deren Kenntnis die ersuchte Steuerbehörde von einer Bank erlangt hat (*SProt*. Nr. 20 zu Art. 23 *DBA Niederlande 1959/2004)*. Dies gilt dies auch für Informationen, die von einer Bank gleichgestellten Institutionen stammen; darunter fallen auch Versicherungsgesellschaften (Deutsche Denkschrift zum DBA, BT-Drs. III/1614, 9).

Artikel 27. Amtshilfe bei der Erhebung von Steuern[1]

Text: OECD-Musterabkommen (OECD-MA)

1. Die Vertragsstaaten leisten sich gegenseitige Amtshilfe bei der Erhebung von Steueransprüchen. Diese Amtshilfe ist durch Artikel 1 und 2 nicht eingeschränkt. Die zuständigen Behörden der Vertragsstaaten können in gegenseitigem Einvernehmen regeln, wie dieser Artikel durchzuführen ist.

2. Der in diesem Artikel verwendete Ausdruck „Steueranspruch" bedeutet einen Betrag, der auf Grund von Steuern jeder Art und Bezeichnung, die für Rechnung der Vertragsstaaten oder einer ihrer Gebietskörperschaften erhoben werden, geschuldet wird, soweit die Besteuerung diesem Abkommen oder anderen völkerrechtlichen Übereinkünften, denen die Vertragsstaaten beigetreten sind, nicht widerspricht, sowie mit diesem Betrag zusammenhängende Zinsen, Geldbußen und Kosten der Erhebung oder Sicherung.

3. Ist der Steueranspruch eines Vertragsstaats nach dem Recht dieses Staates vollstreckbar und wird er von einer Person geschuldet, die zu diesem Zeitpunkt nach dem Recht dieses Staates die Erhebung nicht verhindern kann, wird dieser Steueranspruch auf Ersuchen der zuständigen Behörde dieses Staates für die Zwecke der Erhebung von der zuständigen Behörde des anderen Vertragsstaats anerkannt. Der Steueranspruch wird vom anderen Staat nach dessen Rechtsvorschriften über die Vollstreckung und Erhebung seiner eigenen Steuern erhoben, als handele es sich bei dem Steueranspruch um einen Steueranspruch des anderen Staates.

4. Handelt es sich bei dem Steueranspruch eines Vertragsstaats um einen Anspruch, bei dem dieser Staat nach seinem Recht Maßnahmen zur Sicherung der Erhebung einleiten kann, wird dieser Steueranspruch auf Ersuchen der zuständigen Behörde dieses Staates zum Zwecke der Einleitung von Sicherungsmaßnahmen von der zuständigen Behörde des anderen Vertragsstaats anerkannt. Der andere Staat leitet nach seinen Rechtsvorschriften Sicherungsmaßnahmen in Bezug auf diesen Steueranspruch ein, als wäre der Steueranspruch ein Steueranspruch dieses anderen Staates, selbst wenn der Steueranspruch im Zeitpunkt der Einleitung dieser Maßnahmen im erstgenannten Staat nicht vollstreckbar ist oder von einer Person geschuldet wird, die berechtigt ist, die Erhebung zu verhindern.

5. Ungeachtet der Absätze 3 und 4 unterliegt ein von einem Vertragsstaat für Zwecke der Absätze 3 oder 4 anerkannter Steueranspruch als solcher in diesem Staat nicht den Verjährungsfristen oder den Vorschriften über die vorrangige Behandlung eines Steueranspruchs nach dem Recht dieses Staates. Ferner hat ein Steueranspruch, der von einem Vertragsstaat für Zwecke der

---

[1] In einigen Ländern können innerstaatliches Recht, innerstaatliche Politik oder Verwaltungserwägungen die Art der Amtshilfe, die nach diesem Artikel in Aussicht genommen wird, nicht zulassen oder rechtfertigen oder erfordern, dass diese Art der Amtshilfe beschränkt wird, z. B. auf Länder, die ähnliche Steuersysteme oder -verwaltungen haben, oder bezüglich der betroffenen Steuern. Aus diesem Grund sollte der Artikel nur dann in das Abkommen einbezogen werden, wenn jeder Staat der Auffassung ist, dass er auf der Grundlage der in Nummer 1 des Kommentars zu dem Artikel beschriebenen Umstände darin einwilligen kann, Amtshilfe bei der Vollstreckung von Steueransprüchen des anderen Staates zu leisten.

Absätze 3 oder 4 anerkannt wurde, in diesem Staat nicht den Vorrang, den dieser Steueranspruch nach dem Recht des anderen Vertragsstaats hat.

6. Verfahren im Zusammenhang mit dem Bestehen, der Gültigkeit oder der Höhe des Steueranspruchs eines Vertragsstaats können nicht bei den Gerichten oder Verwaltungsbehörden des anderen Vertragsstaats eingeleitet werden.

7. Verliert der betreffende Steueranspruch, nachdem das Ersuchen eines Vertragsstaats nach den Absätzen 3 oder 4 gestellt wurde und bevor der andere Vertragsstaat den betreffenden Steueranspruch erhoben und an den erstgenannten Staat ausgezahlt hat,

a) im Falle eines Ersuchens nach Absatz 3 seine Eigenschaft als Steueranspruch des erstgenannten Staates, der nach dem Recht dieses Staates vollstreckbar ist und von einer Person geschuldet wird, die zu diesem Zeitpunkt nach dem Recht dieses Staates die Erhebung nicht verhindern kann, oder

b) im Falle eines Ersuchens nach Absatz 4 seine Eigenschaft als Steueranspruch des erstgenannten Staates, für den dieser Staat nach seinem Recht Maßnahmen zur Sicherung der Erhebung einleiten kann,

teilt die zuständige Behörde des erstgenannten Staates dies der zuständigen Behörde des anderen Staates unverzüglich mit, und nach Wahl des anderen Staates setzt der erstgenannte Staat das Ersuchen entweder aus oder nimmt es zurück.

8. Dieser Artikel ist nicht so auszulegen, als verpflichte er einen Vertragsstaat,

a) Verwaltungsmaßnahmen durchzuführen, die von den Gesetzen und der Verwaltungspraxis dieses oder des anderen Vertragsstaats abweichen;

b) Maßnahmen durchzuführen, die der öffentlichen Ordnung widersprächen;

c) Amtshilfe zu leisten, wenn der andere Vertragsstaat nicht alle angemessenen Maßnahmen zur Erhebung oder Sicherung, die nach seinen Gesetzen oder seiner Verwaltungspraxis möglich sind, ausgeschöpft hat;

d) Amtshilfe in Fällen zu leisten, in denen der Verwaltungsaufwand für diesen Staat in einem eindeutigen Missverhältnis zu dem Nutzen steht, den der andere Vertragsstaat dadurch erlangt.

Text: Deutsche Verhandlungsgrundlage für DBA (DE-VG)

Artikel 26. Amtshilfe bei der Steuererhebung

(1) **Die Vertragsstaaten leisten sich gegenseitige Amtshilfe bei der Erhebung von Steueransprüchen. Diese Amtshilfe wird durch die Artikel 1 und 2 nicht eingeschränkt. Die zuständigen Behörden der Vertragsstaaten können durch Verständigung regeln, wie dieser Artikel durchzuführen ist.**

(2) **Der Ausdruck „Steueranspruch" im Sinne dieses Artikels bedeutet einen Betrag, der auf Grund von Steuern jeder Art und Bezeichnung, die für Rechnung eines Vertragsstaats, eines seiner Länder oder einer ihrer Gebietskörperschaften erhoben werden, geschuldet wird, soweit die Besteuerung nicht diesem Abkommen oder anderen völkerrechtlichen Vereinbarung, denen die Vertragsstaaten beigetreten sind, widerspricht, sowie mit diesem Betrag zusammenhängende Zinsen, Geldbußen sowie Vollstreckungskosten und Kosten für Sicherungsmaßnahmen.**

(3) **Ist der Steueranspruch eines Vertragsstaats nach dem Recht dieses Staates vollstreckbar und wird er von einer Person geschuldet, die zu diesem**

Zeitpunkt nach dem Recht dieses Staates die Vollstreckung nicht verhindern kann, wird dieser Steueranspruch auf Ersuchen der zuständigen Behörde dieses Staates für die Zwecke der Erhebung von der zuständigen Behörde des anderen Vertragsstaats anerkannt. Der Steueranspruch wird von dem anderen Staat nach dessen Rechtsvorschriften über die Vollstreckung und Erhebung der eigenen Steuern erhoben, als handele es sich bei dem Steueranspruch um einen Steueranspruch dieses anderen Staates.

(4) **Handelt es sich bei dem Steueranspruch eines Vertragsstaats um einen Anspruch, bei dem dieser Staat nach seinem Recht Maßnahmen zur Sicherung der Erhebung erlassen kann, wird dieser Steueranspruch auf Ersuchen der zuständigen Behörde dieses Staates zum Zwecke der Einleitung von Sicherungsmaßnahmen durch die zuständige Behörde des anderen Vertragsstaats anerkannt. Dieser andere Staat leitet in Übereinstimmung mit den eigenen Rechtsvorschriften Sicherungsmaßnahmen in Bezug auf diesen Steueranspruch ein, als wäre der Steueranspruch ein Steueranspruch dieses anderen Staates, selbst wenn der Steueranspruch im Zeitpunkt der Einleitung dieser Maßnahmen in dem erstgenannten Staat nicht vollstreckbar ist oder von einer Person geschuldet wird, die berechtigt ist, die Vollstreckung zu verhindern.**

(5) **Ungeachtet der Absätze 3 und 4 unterliegt ein von einem Vertragsstaat für die Zwecke der Absätze 3 oder 4 anerkannter Steueranspruch als solcher in diesem Staat nicht den Verjährungsfristen oder den Bestimmungen über vorrangige Behandlung eines Steueranspruchs nach dem Recht dieses Staates. Auch hat ein Steueranspruch, der von einem Vertragsstaat für die Zwecke der Absätze 3 oder 4 anerkannt wurde, in diesem Staat nicht den Vorrang, den dieser Steueranspruch nach dem Recht des anderen Vertragsstaats hat.**

(6) **Verfahren im Zusammenhang mit dem Bestehen, der Gültigkeit oder der Höhe des Steueranspruchs eines Vertragsstaats können nicht bei den Gerichten oder Verwaltungsbehörden des anderen Vertragsstaats eingeleitet werden.**

(7) **Verliert der betreffende Steueranspruch, nachdem das Ersuchen eines Vertragsstaats nach den Absätzen 3 oder 4 gestellt wurde und bevor der andere Vertragsstaat den betreffenden Steueranspruch erhoben und an den erstgenannten Staat ausgezahlt hat,**

1. **im Falle eines Ersuchens nach Absatz 3 seine Eigenschaft als Steueranspruch des erstgenannten Staates, der nach dem Recht dieses Staates vollstreckbar ist und von einer Person geschuldet wird, die zu diesem Zeitpunkt nach dem Recht dieses Staates die Vollstreckung nicht verhindern kann, oder**
2. **im Falle eines Ersuchens nach Absatz 4 seine Eigenschaft als Steueranspruch des erstgenannten Staates, für den dieser Staat nach seinem Recht Maßnahmen zur Sicherung der Erhebung erlassen kann,**

teilt die zuständige Behörde des erstgenannten Staates dies der zuständigen Behörde des anderen Staates unverzüglich mit und setzt das Ersuchen nach Wahl des anderen Staates aus oder nimmt es zurück.

(8) **Die Bestimmungen dieses Artikels sind nicht so auszulegen, als verpflichteten sie einen Vertragsstaat,**

1. **Verwaltungsmaßnahmen durchzuführen, die von den Gesetzen und der Verwaltungspraxis dieses oder des anderen Vertragsstaats abweichen;**
2. **Maßnahmen durchzuführen, die der öffentlichen Ordnung (ordre public) widersprächen;**

3. Amtshilfe zu leisten, wenn der andere Vertragsstaat nicht alle angemessenen Maßnahmen zur Erhebung oder Sicherung seines Steueranspruchs, die nach seinen Gesetzen oder seiner Verwaltungspraxis möglich sind, ausgeschöpft hat;

4. Amtshilfe zu leisten, wenn der Verwaltungsaufwand für diesen Staat im Vergleich zum sich daraus ergebenden Vorteil für den anderen Vertragsstaat unverhältnismäßig hoch ist.

Inhalt

1 **Literatur:** *Carl/Klos,* Leitfaden zur internationalen Amts- und Rechtshilfe in Steuersachen (1995); *Dutta,* Die Durchsetzung öffentlichrechtlicher Forderungen (2006); *Gabert,* Deutsche Beitreibungsamtshilfe nach dem EU-Beitreibungsgesetz (EU-BeitrG): Überblick und Bezüge zum Ertragsteuerrecht, FR 2012, 707; *Schilcher,* The Directives on Mutual Assistance in the Assessment and in the Recovery of Tax Claims in the Field of Direct Taxation, in Lang/Pistone/Schuch/Staringer, Introduction to European Tax Law on Direct Taxation, 2. Aufl. (2010), S. 181; *Seer,* Vollstreckungsamtshilfe in Steuersachen in Europa, in Holoubek/Lang, Verfahren der Zusammenarbeit von Verwaltungsbehörden in Europa (2012), S. 85.

Text: OECD-Kommentar (MA-Kommentar)

Vorbemerkungen

1. [Erwägungen für und gegen Vollstreckungshilfe] *Dieser Artikel bestimmt die Regeln, nach denen Vertragsstaaten[1] übereinkommen können, einander Amtshilfe bei der Vollstreckung von Steueransprüchen zu leisten. In einigen Staaten können nationales Recht und nationale Politik dieser Form der Amtshilfe entgegen stehen oder Grenzen setzen. Auch können Verwaltungserwägungen es in einigen Fällen nicht rechtfertigen, einem anderen Staat Amtshilfe bei der Vollstreckung von Steuerforderungen zu leisten, oder ihr ebenfalls Grenzen zu setzen. Bei den Verhandlungen wird daher jeder Vertragsstaat entscheiden müssen, ob und inwieweit dem anderen Staat Amtshilfe geleistet werden sollte. Dabei wird er sich auf verschiedene Faktoren stützen, u. a.*

- *die Haltung, die das innerstaatliche Recht zur Leistung von Amtshilfe bei der Vollstreckung von Steueransprüchen anderer Staaten einnimmt;*
- *ob und inwieweit die Steuersysteme, Steuerverwaltungen und die rechtlichen Maßstäbe der beiden Staaten ähnlich sind, insbesondere was den Schutz grundlegender Rechte des Steuerpflichtigen angeht (z. B. zeitnahe und angemessene Bekanntgabe von Steuerforderungen, das Recht auf Geheimhaltung der von Steuerpflichtigen erteilten Auskünfte, das Einspruchsrecht, das Recht auf rechtliches Gehör und auf Darlegung von Gründen und Beweismitteln, das Recht auf Beistand durch einen Berater eigener Wahl, das Recht auf eine faire Verhandlung usw.);*
- *ob die Amtshilfe bei der Vollstreckung von Steueransprüchen beiden Staaten ausgewogene und gegenseitige Vorteile bringt;*

---

[1] In diesem Kommentar zu Artikel 27 wird durchgängig der Staat, der ein Amtshilfeersuchen stellt, als ersuchender Staat und der Staat, der um Amtshilfe ersucht wird, als ersuchter Staat bezeichnet.

– *ob die Steuerverwaltung jedes Staats in der Lage sein wird, wirksam solche Amtshilfe zu leisten;*
– *ob die Handels- und Investitionsströme zwischen beiden Staaten ausreichen, um diese Form der Amtshilfe zu rechtfertigen;*
– *ob aus verfassungsrechtlichen oder sonstigen Gründen die Steuern, auf die dieser Artikel Anwendung findet, begrenzt werden sollten.*

Dieser Artikel sollte nur in das Abkommen aufgenommen werden, wenn jeder Staat zu der Schlussfolgerung gelangt, dass sie auf der Grundlage dieser Faktoren übereinkommen können, Amtshilfe bei der Vollstreckung von Steuern, die von dem anderen Staat erhoben werden, zu leisten.

***2. [Beschränkung auf Rückgängigmachung von Abkommensvorteilen]** Dieser Artikel sieht eine umfassende Vollstreckungshilfe vor. Einige Staaten mögen es jedoch vorziehen, eine begrenztere Vollstreckungshilfe zu leisten. Dies mag die einzige Form der Vollstreckungshilfe sein, die sie allgemein leisten oder in einem besonderen Abkommen vereinbaren können. Ein Staat kann z. B. die Amtshilfe auf Fälle beschränken wollen, in denen Abkommensvorteile (z. B. Ermäßigung der Steuer in dem Staat, aus dem die Einkünfte wie z. B. Zinsen stammen) von Personen geltend gemacht worden sind, die keinen Anspruch darauf haben. Staaten, die eine solche eingeschränkte Vollstreckungshilfe vorsehen möchten, können folgende Alternativvorschrift vereinbaren:*

„Amtshilfe bei der Vollstreckung

1. Die Vertragsstaaten leisten einander Amtshilfe bei der Vollstreckung von Steueransprüchen, soweit dies erforderlich ist, um sicher zu stellen, dass eine Befreiung oder Ermäßigung, die nach diesem Abkommen gewährt wird, nicht Personen zugute kommt, die hierauf keinen Anspruch haben. Die zuständigen Behörden der Vertragsstaaten können in gegenseitigem Einvernehmen regeln, wie dieser Artikel durchzuführen ist.

2 Dieser Artikel ist nicht so auszulegen, als verpflichte er einen Vertragsstaat

a) Verwaltungsmaßnahmen durchzuführen, die von den Gesetzen oder der Verwaltungspraxis dieses oder des anderen Vertragsstaats abweichen;

b) Maßnahmen durchzuführen, die der öffentlichen Ordnung widersprächen."

Absatz 1

***3. [Grundregel]** Dieser Absatz enthält den Grundsatz, dass ein Vertragsstaat verpflichtet ist, dem anderen Staat Amtshilfe bei der Vollstreckung von Steuern zu leisten, die ihm geschuldet werden, falls die Voraussetzungen dieses Artikels erfüllt sind. Die Absätze 3 und 4 sehen zwei Formen der Amtshilfe vor.*

***4. [Anwendungsbereich]** Der Absatz bestimmt auch, dass die Amtshilfe nach diesem Artikel durch die Artikel 1 und 2 nicht beschränkt ist. Amtshilfe ist daher für eine Steuer zu leisten, die einem Vertragsstaat von einem Steuerpflichtigen geschuldet wird, gleichgültig, ob er in einem Vertragsstaat ansässig ist oder nicht. Einige Staaten können aber wünschen, die Amtshilfe auf Steuern zu begrenzen, die von Ansässigen eines der beiden Staaten geschuldet werden. Solche Staaten können den Geltungsbereich des Artikels durch Fortlassen der Bezugnahme auf Artikel 1 in Absatz 1 einschränken.*

***5. [Geheimhaltung von Auskünften]** Auf den Auskunftsaustausch für Zwecke dieses Artikels findet Artikel 27 Absatz 1 Anwendung. Die Geheimhaltung der Auskünfte, die für Zwecke der Amtshilfe bei der Vollstreckung erteilt worden sind, ist damit gewährleistet.*

***6. [Durchführungsbestimmungen]** Der Absatz bestimmt schließlich, dass die zuständigen Behörden der Vertragsstaaten in gegenseitigem Einvernehmen die Einzelheiten der praktischen Durchführung des Artikels festlegen.*

***7. [Beizufügende Schriftstücke]** Eine solche Vereinbarung sollte sich insbesondere mit den Schriftstücken befassen, die einem Ersuchen nach Absatz 3 oder 4 beigefügt werden sollen. Es entspricht allgemeiner Praxis, dass einem Amtshilfeersuchen solche Schriftstücke* *beigefügt werden, die das Recht des ersuchten Staats erfordert oder auf die sich die zuständigen Behörden der Vertragsstaaten verständigt haben und die notwendig sind, um, je nachdem, die Vollstreckung der Steuerforderung oder Sicherungsmaßnahmen durchzuführen. Solche Schriftstücke können z. B. eine Erklärung einschließen, dass die Steuerforderung vollstreckbar ist und von einer Person geschuldet wird, die nach dem Recht des ersuchenden Staats die Vollstreckung nicht abwenden kann, oder eine amtliche Abschrift des im ersuchenden Staat gültigen Vollstreckungstitels. Eine amtliche Übersetzung der Schriftstücke in die Sprache des ersuchten Staats sollte ebenfalls übermittelt werden. In geeigneten Fällen könnte auch vereinbart werden, dass der im ersuchten Staat gültige Vollstreckungstitel, wo dies tunlich ist und in Einklang mit den im ersuchten Staat geltenden Vorschriften steht, so bald wie möglich nach dem Eingang des Amtshilfeersuchens durch einen im letztgenannten Staat gültigen Vollstreckungstitel übernommen, anerkannt, ergänzt oder ersetzt wird.*

8. [Vollstreckungskosten] *Die Vereinbarung sollte sich auch mit den Kosten befassen, die im ersuchten Staat entstehen, wenn er einem Ersuchen nach Absatz 3 oder 4 nachkommt. Im Allgemeinen werden Vollstreckungskosten dem Schuldner auferlegt; es muss aber bestimmt werden, welcher Staat die Kosten trägt, die nicht bei dieser Person beigetrieben werden können. Die übliche Praxis geht in dieser Hinsicht dahin, dass gewöhnliche Kosten, die ein Staat bei der Leistung von Amtshilfe gegenüber einem anderen Staat aufwendet, mangels einer besonderen Vereinbarung im Einzelfall von diesem anderen Staat nicht ersetzt werden. Gewöhnliche Kosten sind solche, die unmittelbar und üblicherweise mit der Vollstreckung verbunden sind, d. h. solche, die im üblichen nationalen Vollstreckungsverfahren zu erwarten sind. Im Fall von außergewöhnlichen Kosten wird in der Praxis bestimmt, dass diese von dem ersuchenden Staat getragen werden, wenn zweiseitig nichts anderes vereinbart ist. Solche Kosten sind z. B. Kosten, die entstehen, wenn auf Ersuchen des anderen Staats von einer besonderen Verfahrensart Gebrauch gemacht wird, oder Nebenkosten für Sachverständige, Dolmetscher oder Übersetzer. Die meisten Staaten sehen als außergewöhnliche Kosten auch Kosten von Gerichts- oder Insolvenzverfahren an. Die Vereinbarung sollte die außergewöhnlichen Kosten definieren, und die Vertragsstaaten sollten sich konsultieren, wenn im Einzelfall außergewöhnliche Kosten wahrscheinlich entstehen werden. Ferner sollte vereinbart werden, dass ein Vertragsstaat, sobald er außergewöhnliche Kosten vorhersieht, den anderen Vertragsstaat unterrichtet und den voraussichtlichen Betrag solcher Kosten angibt, so dass der andere Staat entscheiden kann, ob solche Kosten aufgewendet werden sollen. Selbstverständlich ist es den Vertragsstaaten auch möglich, eine andere als die beschriebene Kostenaufteilung festzulegen. Dies kann z. B. erforderlich sein, wenn ein Ersuchen nach Leistung von Vollstreckungshilfe nach Absatz 7 ausgesetzt oder zurückgenommen worden ist oder wenn die Frage der Kostentragung bei der Leistung von Vollstreckungshilfe bereits in einer anderen Rechtsgrundlage, die auf diese Staaten anwendbar ist, behandelt wird.*

9. [Praktische Fragen] *In der Vereinbarung können die zuständigen Behörden auch andere praktische Fragen behandeln wie z. B.,*

- *ob eine Zeitgrenze gelten soll, nach der ein Amtshilfeersuchen bezüglich eines bestimmten Steueranspruchs nicht mehr gestellt werden könnte;*
- *welcher Wechselkurs angewendet werden sollte, wenn eine Steuerforderung in einer Währung beigetrieben wird, die sich von der Währung des ersuchenden Staats unterscheidet;*
- *wie der auf Grund eines Ersuchens nach Absatz 3 beigetriebene Betrag an den ersuchenden Staat übermittelt werden sollte.*

Absatz 2

10. [Steueranspruch] *Absatz 2 definiert für Zwecke dieses Artikels den Ausdruck „Steueranspruch". Die Definition bezieht sich auf Beträge, die in Bezug auf alle für Rechnung der Vertragsstaaten oder ihrer Gebietskörperschaften erhobenen Steuern geschuldet werden, aber nur, soweit die Erhebung dieser Steuern nicht dem Abkommen oder einer anderen zwischen den Vertragsstaaten gültigen Rechtsvorschrift widerspricht. Sie gilt auch für Zinsen,*

Verwaltungsstrafen und die Kosten der Vollstreckung oder der Sicherung, die mit diesen Steuerbeträgen zusammenhängen. Die Amtshilfe ist daher, wie Absatz 1 bestätigt, nicht auf Steuern beschränkt, auf die nach Art. 2 das Abkommen allgemein Anwendung findet.

11. [Beschränkung auf Abkommenssteuern] *Einige Staaten können es bevorzugen, den Anwendungsbereich des Artikels auf Steuern zu begrenzen, die nach den allgemeinen Regelungen des Artikel 2 unter das Abkommen fallen. Staaten, die dies wünschen, sollten die Absätze 1 und 2 folgendermaßen ersetzen:*

„1. Die Vertragsstaaten leisten einander Amtshilfe bei der Vollstreckung von Steuerforderungen. Diese Amtshilfe ist nicht durch Artikel 1 beschränkt. Die zuständigen Behörden der Vertragsstaaten können in gegenseitigem Einvernehmen regeln, wie dieser Artikel durchzuführen ist.

2. Der Ausdruck „Steuerforderung" im Sinne dieses Artikels bedeutet einen Betrag, der in Bezug auf unter das Abkommen fallende Steuern geschuldet wird, sowie die damit zusammenhängenden Zinsen, Verwaltungsstrafen und Kosten der Vollstreckung oder Sicherung."

12. [Liste von Steuern] *In ähnlicher Weise mögen manche Staaten die Steuerarten, auf die dieser Artikel Anwendung findet, begrenzen oder den Anwendungsbereich dieses Artikels durch Einfügung einer ausführlichen Liste der Steuern klar stellen wollen. Staaten, die dies wünschen, können zweiseitig folgende Definition vereinbaren:*

„Der Ausdruck „Steuerforderung" im Sinne dieses Artikels bedeutet einen Betrag, der in Bezug auf folgende von den Vertragsstaaten erhobene Steuern geschuldet wird, **[bis 14.7.2014:** *sowie ab* **15.7.2014]** *insofar as the taxation thereunder is not contrary to this Convention or any other instrument to which the Contracting States ae parties, as well as damit zusammenhängende Zinsen, Verwaltungsstrafen und Kosten der Beitreibung oder Sicherung:*

a) (in Staat A): ...

b) (in Staat B): ..."

13. [Anpassung des Artikels 26] *Um sicher zu stellen, dass die zuständigen Behörden für Zwecke des Artikels einander frei Auskünfte erteilen können, sollten die Vertragsstaaten dafür sorgen, Artikel 26 so zu fassen, dass er den Auskunftsaustausch in Bezug auf eine Steuer, auf die dieser Artikel Anwendung findet, zulässt.*

14. [Erstmalige Anwendung] *Das Abkommen schließt nicht aus, den Artikel auf Steuerforderungen anzuwenden, die vor dem Inkrafttreten des Abkommens entstehen, sofern die Amtshilfe bezüglich dieser Steuerforderungen nach dem Inkrafttreten des Abkommen und dem Wirksamwerden des Artikels geleistet wird. Vertragsstaaten mögen aber eine Klarstellung für nützlich halten, inwieweit der Artikel auf solche Steuerforderungen Anwendung findet, insbesondere wenn das Abkommen nach seinen Vorschriften über das Inkrafttreten auf Steuern Anwendung findet, die ab einem bestimmten Zeitpunkt entstehen oder erhoben werden. Staaten, die die Anwendung des Artikels auf Steuerforderungen beschränken möchten, die nach dem Inkrafttreten des Abkommens entstehen, können dies im Rahmen ihrer zweiseitigen Verhandlungen tun.*

Absatz 3

15. [Grundvoraussetzungen für die Vollstreckungshilfe] *Dieser Absatz bestimmt die Voraussetzungen, unter denen ein Gesuch um Vollstreckungshilfe gestellt werden kann. Der Steueranspruch muss nach dem Recht des ersuchenden Staats vollstreckbar sein und von einer Person geschuldet werden, die zu diesem Zeitpunkt nach dem Recht dieses Staats die Vollstreckung nicht abwenden kann. Dies wird der Fall sein, wenn der ersuchende Staat nach seinem internen Recht berechtigt ist, den Steueranspruch zu vollstrecken und der Schuldner durch verwaltungsbehördliche oder gerichtliche Rechtsmittel die Vollstreckung nicht abwenden kann.*

*16. **[Anfechtbarkeit der Steuerfestsetzung]** In vielen Staaten kann ein Steueranspruch vollstreckt werden, obwohl bezüglich des Bestehens oder der Höhe der Forderung noch ein Rechtsbehelf zu einer Verwaltungsbehörde oder einem Gericht gegeben ist. Wenn das interne Recht des ersuchten Staats es nicht zulässt, seine eigenen Steueransprüche zu vollstrecken, solange Rechtsbehelfe noch anhängig sind, ermächtigt der Absatz ihn nicht, dies im Fall von Steueransprüchen des anderen Staats zu tun, wenn insoweit noch Anfechtungsrechte bestehen, selbst wenn dies in dem anderen Staat die Vollstreckung nicht hindert. In der Tat bewirkt der Satzteil „von diesem Staat nach seinem Recht über die Erhebung und Beitreibung von Steueransprüchen vollstreckt, als handele es sich um einen eigenen Steueranspruch dieses anderen Staates", dass die Beschränkung der Vollstreckung nach dem internen Recht des ersuchten Staats auf die Vollstreckung des Steueranspruchs des anderen Staates anwendbar ist. Viele Staaten mögen indessen wünschen, die Vollstreckungshilfe zuzulassen, wenn ein Steueranspruch im ersuchenden Staat trotz Bestehens eines Anfechtungsrechts vollstreckt werden kann, selbst wenn das eigene Recht des ersuchten Staats dies in diesem Fall nicht erlaubt. Staaten, die dies tun möchten, können Absatz 3 wie folgt abändern:*

> *„Ein Steueranspruch eines Vertragsstaats, der nach dem Recht dieses Staates vollstreckbar ist und von einer Person geschuldet wird, die zu diesem Zeitpunkt nach dem Recht dieses Staats seine Vollstreckung nicht abwenden kann, wird auf Ersuchen der zuständigen Behörde dieses Staates von der zuständigen Behörde des anderen Vertragsstaates für Zwecke der Vollstreckung anerkannt und durch diesen anderen Staat nach seinem Recht über die Erhebung und Vollstreckung von Steueransprüchen vollstreckt, als handele es sich um einen eigenen Steueranspruch dieses anderen Staats, der die Voraussetzungen für ein Amtshilfeersuchen dieses anderen Staats nach diesem Absatz erfüllt".*

*17. **[Anwendung des Vollstreckungsrechts des ersuchten Staates]** Absatz 3 regelt auch die Art und Weise, wie die Steuerforderung des ersuchenden Staats von dem ersuchten Staat zu vollstrecken ist. Außer für die Verjährung und die Vorrangigkeit (s. den Kommentar zu Absatz 5) ist der ersuchte Staat verpflichtet, die Steuerforderung des ersuchenden Staats zu vollstrecken, als handele es sich um eine eigene Steuerforderung des ersuchten Staats, selbst wenn er zu diesem Zeitpunkt für seine eigenen Zwecke keine Vollstreckungshandlungen gegen diesen Steuerschuldner vorzunehmen braucht. Wie bereits erwähnt, bewirkt der Satzteil „von diesem Staat nach seinem Recht über die Erhebung und Vollstreckung von Steueransprüchen vollstreckt, als handele es sich um einen eigenen Steueranspruch dieses anderen Staats", dass die Vollstreckungshilfe auf Forderungen beschränkt ist, in Bezug auf die keine weiteren Anfechtungsrechte bestehen, wenn nach dem internen Recht des ersuchten Staats die Vollstreckung der eigenen Steueransprüche dieses Staats nicht zulässig ist, solange noch solche Rechte bestehen.*

*18. **[Unterschiedliche Steuerarten]** Es ist denkbar, dass das Ersuchen eine Steuer betrifft, die es im ersuchten Staat nicht gibt. Der ersuchende Staat wird, soweit dies tunlich ist, die Art des Steueranspruchs, seine Bestandteile, den Zeitpunkt seines Erlöschens und die Vermögenswerte, aus denen der Anspruch beigetrieben werden kann, angeben. Der ersuchte Staat wird dann das Verfahren, das auf eine eigene der Steuer des ersuchenden Staats ähnliche Steuer anwendbar ist, anwenden oder ein anderes angemessenes Verfahren, wenn keine ähnliche Steuer besteht.*

Absatz 4

*19. **[Grundregelung für Sicherungsmaßnahmen]** Um die Vollstreckungsrechte eines Vertragsstaats zu sichern, ermöglicht dieser Absatz ihm, den anderen Staat um Sicherungsmaßnahmen zu ersuchen, selbst wenn er noch kein Vollstreckungsgesuch stellen kann, z. B. wenn der Steueranspruch noch nicht vollstreckbar ist oder der Schuldner die Vollstreckung noch abwenden kann. Dieser Absatz sollte nur in Abkommen zwischen Staaten aufgenommen werden, die nach ihrem eigenen Recht Sicherungsmaßnahmen treffen können. Auch können Staaten, die es nicht für angemessen halten, Sicherungsmaßnahmen in Bezug auf einem anderen Staat geschuldete Steuern zu treffen, sich dafür entscheiden, den Absatz nicht* *in ihre Abkommen aufzunehmen oder seinen Geltungsbereich zu beschränken. In einigen Staaten werden Sicherungsmaßnahmen als „vorläufige Maßnahmen" bezeichnet; solche Staaten können diese Worte dem Absatz hinzuzufügen, um dessen Anwendungsbereich im Verhältnis zu ihrer eigenen Terminologie klar zu stellen.*

***20. [Beispiele]** Ein Beispiel von Maßnahmen, auf die der Absatz Anwendung findet, ist der Arrest oder das Einfrieren von Vermögensgegenständen vor der endgültigen Entscheidung, um zu gewährleisten, dass diese Vermögensgegenstände zur Verfügung stehen, wenn die Vollstreckung später erfolgen kann. Die Voraussetzungen für Sicherungsmaßnahmen können von Staat zu Staat unterschiedlich sein, aber in allen Fällen sollte der Betrag der Steuerforderung im Voraus ermittelt sein, wenn auch nur vorläufig oder teilweise. Ein Ersuchen auf Sicherungsmaßnahmen in Bezug auf einen bestimmten Steueranspruch kann nicht gestellt werden, wenn der ersuchende Staat selbst solche Maßnahmen in Bezug auf diesen Anspruch nicht treffen kann (s. Kommentar zu Absatz 8).*

***21. [Notwendige Angaben]** Bei einem Ersuchen auf Sicherungsmaßnahmen sollte der ersuchende Staat in jedem Einzelfall den Stand des Verfahrens der Steuerfestsetzung oder -erhebung angeben. Der ersuchte Staat wird dann zu prüfen haben, ob seine eigenen Gesetze und seine eigene Verwaltungspraxis ihm in einem solchen Fall Sicherungsmaßnahmen erlauben.*

Absatz 5

***22. [Verjährungsfristen des ersuchten Staats]** Absatz 5 bestimmt zunächst, dass die Verjährungsfristen des ersuchten Staats, d. h. die zeitlichen Grenzen, jenseits deren ein Steueranspruch nicht mehr erhoben oder vollstreckt werden kann, auf einen Steueranspruch, für den der andere Staat ein Gesuch nach Absatz 3 oder 4 gestellt hat, keine Anwendung finden. Da Absatz 3 sich auf Steueransprüche bezieht, die in dem ersuchenden Staat vollstreckbar sind, und Absatz 4 auf Steueransprüche, für die der ersuchende Staat Sicherungsmaßnahmen treffen kann, sind folgerichtig allein die Verjährungsfristen des ersuchenden Staats anwendbar.*

***23. [Einwendung der Verjährung]** Solange ein Steueranspruch im ersuchenden Staat erhoben oder vollstreckt werden (Absatz 3) oder Anlass zu Sicherungsmaßnahmen geben kann (Absatz 4), können daher auf Grund der Verjährungsfristen nach dem Recht des ersuchten Staats keine Einwendungen gegen die Anwendung des Absatzes 3 oder 4 auf den Steueranspruch erhoben werden. Staaten, die mit der Unmaßgeblichkeit ihrer eigenen nationalen Verjährungsfristen nicht einverstanden sind, sollten Absatz 5 entsprechend abändern.*

***24. [Frist für die Amtshilfe]** Die Vertragsstaaten können vereinbaren, dass die Verpflichtung zur Amtshilfe bei der Vollstreckung der Steuerforderung nach Ablauf einer bestimmten Frist nicht mehr besteht. Die Frist sollte vom Zeitpunkt der Wirksamkeit des ursprünglichen Vollstreckungstitels laufen. Die Gesetzgebung mancher Staaten erfordert eine Erneuerung des Vollstreckungstitels; in diesem Fall ist der ursprüngliche Vollstreckungstitel für Zwecke der Berechnung der Frist, nach deren Ablauf die Verpflichtung zur Amtshilfe endet, maßgebend.*

***25. [Bevorzugte Befriedigung]** Absatz 5 bestimmt ferner, dass die Regelungen sowohl des ersuchenden (Satz 1) als auch des ersuchten Staats (Satz 2) über die bevorzugte Befriedung ihrer Steueransprüche gegenüber den Ansprüchen anderer Gläubiger nicht für einen Steueranspruch gilt, für den ein Gesuch nach Absatz 3 oder 4 gestellt worden ist. Solche Regelungen finden sich häufig im innerstaatlichen Recht, um zu gewährleisten, dass Steuerbehörden Steuern so weit wie möglich beitreiben können.*

***26. [Alternativfassung]** Die Regelung, dass die Vorschriften des ersuchten Staats über die bevorzugte Befriedigung auf einen Steueranspruch des anderen Staats, für den ein Amtshilfegesuch gestellt worden ist, keine Anwendung findet, gilt, obwohl der ersuchte Staat diesen Anspruch nach den Absätzen 3 und 4 allgemein wie seinen eigenen Anspruch behandeln muss. Staaten, die bestimmen möchten, dass der Steueranspruch des anderen Staats dasselbe Vorrecht genießt wie ihre eigenen Steueransprüche, können den Absatz durch Weglassen der Worte „oder den Vorschriften über die bevorzugte Befriedigung" in Satz 1 abändern.*

*27. **[Verhältnis zu allgemeinen Regelungen]** Die Worte „für Steueransprüche als solche" am Ende von Satz 1 weisen darauf hin, dass als Vorschriften des ersuchten Staats über Verjährungsfristen und die bevorzugte Befriedigung, für die dieser Absatz gilt, nur besondere Vorschriften für Steuerschulden zu verstehen sind. Daher schließt der Absatz nicht die Anwendung allgemeiner Regelungen über die Verjährung oder die bevorzugte Befriedigung aus, die für alle Ansprüche gelten würden (z. B. Regelungen, nach denen einer Forderung Vorrang eingeräumt wird, weil sie vor einer anderen entstanden oder angemeldet worden ist).*

Absatz 6

*28. **[Einwendungen gegen den Steueranspruch]** Dieser Absatz stellt sicher, dass Einwendungen vor Gerichten oder Verwaltungsbehörden, die den Bestand, die Gültigkeit oder die Höhe eines Steueranspruchs eines Vertragsstaats betreffen, nicht von Gerichten und Verwaltungsbehörden des ersuchten Staats behandelt werden dürfen. Daher können in dem ersuchten Staat keine Gerichts- oder Verwaltungsverfahren, z. B. ein Antrag auf richterliche Überprüfung, hinsichtlich dieser Fragen eingeleitet werden. Der Hauptzweck dieser Regelung besteht darin zu verhindern, dass Gerichte oder Verwaltungsbehörden des ersuchten Staats um Entscheidung darüber ersucht werden, ob ein Betrag ganz oder teilweise nach dem internen Recht des anderen Staats geschuldet wird. Staaten, in denen der Absatz verfassungsrechtliche oder sonstige rechtliche Schwierigkeiten aufwirft, können ihn bei ihren zweiseitigen Verhandlungen abändern oder weglassen.*

Absatz 7

*29. **[Wegfall der Voraussetzungen]** Für den Fall, dass die Voraussetzungen, die zur Zeit des Ersuchens vorlagen, nicht mehr gegeben sind (z. B. eine Steuerforderung ist im ersuchenden Staat nicht mehr vollstreckbar), nachdem ein Ersuchen nach Absatz 3 oder 4 gestellt worden ist, bestimmt dieser Absatz, dass der Staat, der das Ersuchen gestellt hat, dem anderen Staat unverzüglich die Änderung der Sachlage mitzuteilen hat. Nach Eingang einer solchen Mitteilung hat der ersuchte Staat die Wahl, den ersuchenden Staat um Aussetzung oder um Rücknahme des Ersuchens zu bitten. Wenn das Ersuchen ausgesetzt wird, sollte die Aussetzung fortdauern, bis der Staat, der das Ersuchen gestellt hat, dem anderen Staat mitteilt, dass die Voraussetzungen für das Ersuchen bezüglich des fraglichen Steueranspruchs wieder vorliegen oder dass er das Ersuchen zurücknimmt.*

Absatz 8

*30. **[Grenzen der Amtshilfe]** Dieser Absatz umschreibt bestimmte Grenzen der Verpflichtungen des Staats, an den ein Amtshilfegesuch gerichtet ist.*

*31. **[Bedeutung der Grenzen]** Dem ersuchten Staat steht es frei, in den Fällen, die in dem Absatz genannt sind, die Leistung der Amtshilfe abzulehnen. Wenn er jedoch in diesen Fällen Amtshilfe leistet, liegt sie im Rahmen des Artikels, und es kann nicht eingewendet werden, dass dieser Staat den Artikel nicht befolgt hat.*

*32. **[Innerstaatlicher Rahmen und Gegenseitigkeit]** In erster Linie enthält der Absatz die Klarstellung, dass ein Vertragsstaat nicht verpflichtet ist, bei der Erfüllung seiner Verpflichtungen nach dem Artikel über seine eigenen Gesetze und seine eigene Verwaltungspraxis oder über die des anderen Staats hinauszugehen. So könnte es der ersuchte Staat ablehnen, Sicherungsmaßnahmen für den ersuchenden Staat zu treffen, wenn der ersuchende Staat innerstaatlich zu solchen Maßnahmen nicht befugt ist. Ebenso ist der ersuchte Staat nicht verpflichtet, bei der Leistung von Amtshilfe nach dem Artikel den Arrest in Vermögensgegenstände anzuordnen, wenn der Arrest zur Sicherung eines Steueranspruchs im ersuchten Staat nicht zulässig ist. Sind solche Verwaltungsmaßnahmen für Zwecke der Steuern des ersuchten Staats zulässig, so muss aber von ihnen Gebrauch gemacht werden, selbst wenn sie nur für die Leistung von Amtshilfe bei der Vollstreckung von Steuerforderungen, die dem anderen Staat geschuldet werden, angewendet werden.*

*33. **[Vorrang des Absatzes 5]** Absatz 5 des Artikels bestimmt, dass die Verjährungsfristen eines Vertragsstaats nicht für einen Steueranspruch gelten, in Bezug auf den der andere Staat um Amtshilfe ersucht hat. Durch Buchst. a ist nicht beabsichtigt, diesen Grundsatz zunichte zu machen. Nach dem Ablauf der Verjährungsfristen des ersuchten Staates Amtshilfe in Bezug auf einen Steueranspruch zu leisten, wird daher nicht als von den Gesetzen oder der Verwaltungspraxis dieses oder des anderen Staates abweichend angesehen, sofern die Verjährungsfristen, die auf diese Forderung Anwendung finden, im ersuchenden Staat noch nicht abgelaufen sind.*

*34. **[Verstoß gegen die öffentliche Ordnung]** Buchst. b enthält die Begrenzung für Maßnahmen, die der öffentlichen Ordnung (ordre public) widersprächen. Wie im Fall des Art. 26 (s. Art. 26 Ziff. 19 MA-Komm.), wurde es nicht für erforderlich gehalten, eine Begrenzung für Amtshilfe, die die lebenswichtigen Interessen des Staates selbst berühren kann, vorzuschreiben.*

*35. **[Ausschöpfung der Vollstreckungsmöglichkeiten]** Nach Buchst. c ist ein Vertragsstaat nicht verpflichtet, einem Ersuchen nachzukommen, wenn der andere Staat nicht alle angemessenen Möglichkeiten – je nachdem – der Vollstreckung oder Sicherung, die ihm nach seinen Gesetzen oder seiner Verwaltungspraxis zur Verfügung stehen, ausgeschöpft hat.*

*36. **[Unverhältnismäßigkeit der Kosten]** Schließlich kann der ersuchte Staat nach Buchst. d das Ersuchen auch aus praktischen Erwägungen zurückweisen, z. B. wenn die Kosten, die ihm bei der Vollstreckung der Steuerforderung des ersuchenden Staats entstehen würden, den Betrag der Steuerforderung übersteigen würden.*

*37. **[Verstoß gegen anerkannte Besteuerungsgrundsätze]** Einige Staaten mögen dem Absatz eine weitere Begrenzung hinzufügen wollen, die sich bereits in dem gemeinsam vom Europarat und der OECD ausgearbeiteten multilateralen Abkommen über die gegenseitige Amtshilfe in Steuersachen findet und einem Staat erlaubt, keine Amtshilfe zu leisten, wenn er der Auffassung ist, dass die Steuern, für die um Amtshilfe ersucht wird, unter Verstoß gegen allgemein anerkannte Besteuerungsgrundsätze erhoben werden.*

A. Allgemeines

I. Grundsatz

Literatur: *App,* RIW 1996, 235; *Baker,* BTR 1999, 14; *Bertoni,* La Revue du Trésor 1994, 745; *Buchmann,* ZZKF 1987, 255; *Carl/Klos,* S. 1 ff.; *Cole/Gordon/Venuti,* TMIJ 1995, 25; *Ismer/Sailer,* IStR 2003, 622; *Jirousek,* SWI 2002, 215; *Prats,* Intertax 2002, 56; *Ruiz,* S. 1 ff.; *Zagaris,* TMIJ 1998, 506. S. auch die Literaturhinweise zu Art. 26. **2a**

Verwaltungsanweisungen: BMF, Merkblatt zur zwischenstaatlichen Amtshilfe bei der Steuererhebung (Beitreibung), BStBl. I 2004, 66; *BRH,* Jahresbericht 2000; OECD, Manual on the Implementation of Assistance in Tax Collection, CTPA/CFA (2007) 1.

Die Vorschrift über die Vollstreckungshilfe wurde mit dem MA 2003 neu in das OECD-Muster aufgenommen. Im Januar 2007 hat der OECD-Steuerausschuss zusätzlich ein Handbuch für die Durchführung der Vollstreckungshilfe beschlossen. Die Vorschrift tritt neben die Regelung über den steuerlichen Informationsaustausch nach Art. 26 MA und begründet damit die Basis für eine **umfassende steuerliche Rechts- und Amtshilfe.** Diese wird noch dadurch ausgedehnt, dass beide Vorschriften weder die Ansässigkeit des Steuerpflichtigen in einem Vertragsstaat voraussetzen, noch ihre Anwendung auf die Steuern im Sinne des DBA beschränkt ist. Die OECD hatte sich bereits bei der Vorbereitung des MA 77 mit dem Entwurf einer Regelung über die Amtshilfe bei der Vollstreckung befasst. Dies führte zur Erarbeitung eines **Musterabkommens für die Amtshilfe bei der Vollstreckung von Steueransprüchen,** das den Mitgliedstaaten vom Rat **2b** der OECD im Januar 1981 als Grundlage für Abkommensverhandlungen empfohlen wurde. Im Unterschied zum nunmehr praktizierten Ansatz wurde 1981 der Abschluss eines selbständigen Amtshilfevertrages zusätzlich zu einem bestehenden oder neu abzuschließenden DBA vorgeschlagen. Das Musterabkommen erlangte jedoch in der Praxis keine Bedeutung. In der Folge arbeitete die OECD gemeinsam mit dem Europarat eine multilaterale **Konvention zur gegenseitigen Amtshilfe in Steuersachen** aus, die 1988 zur Zeichnung aufgelegt wurde (dazu Rz. 8f.). In der Abkommenspraxis wurde die Amtshilfe bei der Vollstreckung von Steueransprüchen von den OECD-Staaten zunächst nur zögerlich in DBA aufgenommen. In der Praxis wird derzeit Beitreibungshilfe noch primär in DBA zwischen den Mitgliedstaaten der OECD vereinbart. Von den deutschen DBA etwa enthalten außerhalb des EU- und OECD-Bereichs lediglich die *DBA Albanien 2010, Algerien 2007, Mauritius 2011 und Uruguay 2010* Regelungen über Beitreibungshilfe (s. Rz. 11). In Zukunft ist allerdings zu erwarten, dass die zwischenstaatliche Beitreibungshilfe auch außerhalb des OECD-Bereichs an Bedeutung gewinnt. Dies ergibt sich zum einen aus der 2011 erfolgten Aufnahme einer dem Art. 27 MA entsprechenden Vorschrift in das UN-MA, zum anderen aus der Revision der Konvention des Europarats und der OECD zur gegenseitigen Amtshilfe in Steuersachen, die nunmehr auch Nichtmitgliedstaaten von OECD oder Europarat zur Zeichnung offen steht. Als erster Nichtmitgliedstaat von OECD und Europarat hat Indien am 21.2.2012 die Konvention ratifiziert. Die praktische Wirksamkeit der Beitreibungshilfe ist auch innerhalb der EU eher gering. Zwar hat sich die Anzahl der Beitreibungsersuchen zwischen den EU-Staaten von weniger als 3000 im Jahr 2003 auf mehr als 9000 im Jahr 2008 erhöht, jedoch liegt die Gesamterfolgsquote für die Beitreibungsersuchen lediglich bei etwa 5% (Bericht der Kommission über die Anwendung der Bestimmungen über die gegenseitige Unterstützung bei der Beitreibung von Forderungen in Bezug auf bestimmte Abgaben, Zölle, Steuern und sonstige Maßnahmen im Zeitraum 2005–2008 (KOM(2009) 451 endg.). Die Kommission fordert deshalb, die Effizienz der Beitreibungsamtshilfe zu verbessern.

2c In Deutschland hat der Bundesrechnungshof mehrfach, zuletzt in seinem Jahresbericht 2000, auf die **Notwendigkeit der Intensivierung der zwischenstaatlichen Beitreibungshilfe,** vor allem zwischen den Mitgliedstaaten der EU, hingewiesen (s. *BRH,* Jahresbericht 2000, S. 222). Dies setzt entsprechende Abkommensvorschriften voraus, da nach allgemeinen Regeln des internationalen Rechts Staaten, soweit Vollstreckungshilfe nicht in einem Abkommen vereinbart wurde, nicht bereit sind, die Steuerforderungen anderer Staaten beizutreiben (s. z.B. Newcomb v. Commissioner of Internal Revenue, 23 T.C. 954, 960 (1955) sowie Government of India v. Taylor, 1 All Eng.L.Rep. 292 (H.L. 1955); kritisch zum Grundsatz der Nichtdurchsetzbarkeit ausländischer öffentlichrechtlicher Forderungen dagegen Dutta, 2006). Auch die deutsche Praxis entspricht insoweit der allgemeinen Staatenpraxis (vgl. BVerfGE 63, 343). Die Aufnahme des neuen Art. 27 in das MA kann zur Ausdehnung der zwischenstaatlichen Vollstreckungshilfe beitragen; der MA-Komm. erkennt jedoch an, dass sowohl rechtliche als auch wirtschaftliche oder technische Argumente gegen die Verpflichtung zur Leistung von Vollstreckungshilfe sprechen können. Der MA-Komm. empfiehlt deshalb eine sorgfältige Interessenabwägung vor Aufnahme einer Art. 27 entsprechenden Vorschrift in ein DBA.

II. Verhältnis zu anderen Abkommensvorschriften

3 Nach **Art. 26 Abs. 1** können die zuständigen Behörden der Vertragsstaaten Informationen zur Durchführung des DBA oder ihres innerstaatlichen Rechts aus-

tauschen. Die Vorschrift ermächtigt nicht dazu, vom anderen Vertragsstaat Vollstreckungshandlungen zu fordern. Andererseits wird regelmäßig zur Vorbereitung und ggf. auch im Rahmen der Durchführung der Vollstreckungshilfe ein Austausch steuerlicher Informationen zwischen den beteiligten Staaten erforderlich sein. Es wäre denkbar, diesen Informationsaustausch als notwendigen Bestandteil der Vollstreckungshilfe auf Art. 27 zu stützen; der MA-Komm. geht dagegen davon aus, dass Auskünfte zur Durchführung der Vollstreckungshilfe nach Art. 26 auszutauschen sind (s. MA-Komm. Ziff. 5). Damit soll die Wahrung des Steuergeheimnisses auch bei einem Informationsaustausch im Rahmen von Vollstreckungshilfe garantiert werden.

III. Regelungen des UN-MA und US-MA

Das UN-MA hat im Rahmen der Aktualisierung 2011 eine mit Art. 27 OECD-MA identische Vorschrift in den Abkommenstext aufgenommen. Art. 26 Abs. 7 des US-MA sieht eine begrenzte Verpflichtung zur Vollstreckungshilfe vor um zu verhindern, dass Abkommensvorteile Personen zugutekommen, die nach dem Abkommen keinen Anspruch darauf haben. Die Regelung des US-MA entspricht damit der im MA-Komm. Ziff. 2 vorgeschlagenen Alternative der Beschränkung der Amtshilfe auf die Rückgängigmachung von Abkommensvorteilen. 4

IV. Multilaterale Rechtsgrundlagen für die zwischenstaatliche Vollstreckungshilfe

1. EU-Beitreibungsrichtlinie

Literatur: *Caram,* Intertax 2009, 630; *Leitgeb,* SWI 2010, 206; *O'Shea,* TNI 2010, 475; *Schilcher,* in Lang/Pistone/Schuch/Staringer, Introduction to European Tax Law on Direct Taxation, 2. Aufl. (2010), S. 181; *Seer,* IWB 2011, 144; *Vascega/van Thiel,* ET 2010, 231; *Vogel,* PIStB 2010, 150. 5

Die Vollstreckungshilfe zwischen den Mitgliedstaaten der EU wurde mit dem Erlass einer neuen EU-Beitreibungsrichtlinie (RL 2010/24/EU v. 16.3.2010, ABl. EU Nr. L 84, 1; s. dazu auch die Durchführungsverordnung der Kommission v. 18.11.2011 Nr. 1189/2011, ABl. EU Nr. L 302, 16) neu gestaltet. Die Richtlinie wurde durch das BeitrRLUmsG vom 7.12.2011 in nationales Recht umgesetzt. Die Richtlinie soll die Amtshilfe bei der Beitreibung von Steuern gegenüber der bisherigen Rechtslage sowohl erweitern als auch effizienter gestalten. Entsprechend Art. 27 MA wird nunmehr Amtshilfe für die Beitreibung von Steuern und Abgaben aller Art, einschließlich Zinsen, Geldbußen, Gebühren und Zuschlägen, geleistet. Zur Erleichterung der Durchführung der Beitreibungshilfe wurde ein einheitlicher Vollstreckungstitel geschaffen, der die alleinige Grundlage für die im ersuchten Mitgliedstaat zu ergreifenden Beitreibungs- und Sicherungsmaßnahmen darstellt. 5a

Die Vollstreckungshilfe nach der EU-BeitreibungsRL entspricht weitgehend der Regelung von Art. 27 MA. Folgende **Besonderheiten** sind zu beachten: 6

- Ein Amtshilfeersuchen kann abgelehnt werden, wenn die beizutreibende Steuerforderung älter als fünf Jahre ist.
- Anders als nach Art. 27 MA setzt bereits die Stellung eines Beitreibungsersuchens auf der Basis der Richtlinie grundsätzlich voraus, dass die im ersuchenden Vertragsstaat zur Verfügung stehenden Beitreibungsmöglichkeiten ausgeschöpft wurden (Art. 11 der Richtlinie). Die ersuchende Behörde hat zu bestätigen, dass im ersuchenden Staat bereits Vollstreckungsmaßnahmen durchgeführt wurden,

die zu keiner vollständigen Tilgung des Steueranspruchs führten (FG Hamburg EFG 2010, 848).

- Vollstreckungshilfe muss nur geleistet werden, wenn die einzuziehende Forderung mindestens 1500 Euro beträgt.
- Im Falle einer Steuererstattung an einen in einem anderen Mitgliedstaat ansässigen Steuerpflichtigen kann der die Erstattung vornehmende Mitgliedstaat den Ansässigkeitsstaat über die bevorstehende Erstattung unterrichten (Art. 6 der Richtlinie). Diese Spontanauskunft soll es dem Ansässigkeitsstaat erleichtern, ein Beitreibungsersuchen an den die Erstattung vornehmenden Staat zu richten.
- Im Unterschied zu Art. 27 MA bestimmt die Richtlinie ausdrücklich, dass der ersuchte Staat die Amtshilfe ablehnen kann, wenn sie aus Gründen, die auf die Verhältnisse des Vollstreckungsschuldners zurückzuführen sind, geeignet wäre, erhebliche Schwierigkeiten wirtschaftlicher oder sozialer Art hervorzurufen. Ein Anwendungsfall dieser Regelung wäre es zum Beispiel, wenn wegen Insolvenz des Vollstreckungsschuldners ein Betrieb eingestellt werden müsste und dadurch Arbeitsplätze in erheblicher Zahl verloren gingen oder die Wirtschaftsstruktur einer Region nachteilig verändert würde. Allerdings setzt die Ablehnung der Vollstreckungshilfe voraus, dass im entsprechenden Fall auch eine nationale Forderung nicht beigetrieben würde. Durch diese Einschränkung wird diese Fallkonstellation aus der Sicht des MA zu einem Unterfall von Art. 27 Abs. 8 Buchst. a und entspricht damit der Rechtslage nach dem MA.
- Amtshilfe wird nach der BeitreibungsRL auch für die Zustellung aller mit einer Steuerforderung oder mit deren Beitreibung zusammenhängenden Verfügungen und Entscheidungen des ersuchenden Staates gewährt.

7 Während die ursprüngliche BeitreibungsRL 76/308/EWG kein **Rangverhältnis** zwischen der Beitreibungshilfe nach der Richtlinie gegenüber der Beitreibungshilfe auf der Grundlage von DBA aufstellte, ergibt sich nunmehr aus Art. 24 Abs. 1 der Richtlinie 2010/24/EU, dass Beitreibungshilfe zwischen den Mitgliedstaaten der EU grundsätzlich auf der Basis der Richtlinie zu leisten ist. Lediglich soweit DBA oder andere Vereinbarungen eine gegenüber der Richtlinie weitergehende Beitreibungshilfe ermöglichen, soll ein Ersuchen um Beitreibungshilfe auf diese weitergehende Rechtsgrundlage gestützt werden können. Dies macht jedoch ein auf Art. 27 gestütztes Amtshilfeersuchen gegenüber einem anderen EU-Mitgliedstaat nicht automatisch rechtswidrig. Zum Konkurrenzverhältnis der zwischenstaatlichen Amtshilfe nach der BeitreibungsRL zum Steuerabzugsverfahren bei beschränkt Steuerpflichtigen nach § 50a EStG s. BFH v. 29.11.2007, I B 181/07.

2. Konvention des Europarates und der OECD zur gegenseitigen Amtshilfe in Steuersachen

8 S. dazu bereits Art. 26, Rz. 18. Die Konvention regelt die Vollstreckungshilfe in den Artikeln 11–16. Die Vorschriften über Vollstreckungshilfe gelten für Steuern jeder Art und Bezeichnung; prinzipiell ausgeschlossen sind lediglich Zölle (Art. 2 Abs. 1 der Konvention). Im Unterschied zu Art. 27 MA und zur EU-BeitreibungsRL umfasst die Konvention auch Amtshilfe zur Beitreibung von Sozialversicherungsabgaben. Die Konvention wurde bisher von mehr als 40 Staaten ratifiziert; dabei haben die USA in einem Vorbehalt erklärt, keine Vollstreckungshilfe nach Art. 11 bis 16 der Konvention zu leisten. Die Beitreibungshilfe nach der Konvention steht gleichberechtigt neben der Beitreibungshilfe nach DBA (Art. 27 Abs. 1 der Konvention); im Verhältnis zur EU-BeitreibungsRL tritt die Konvention insoweit zurück, als sie nicht eine gegenüber der Richtlinie weitergehende Beitreibungshilfe ermöglicht (Art. 27 Abs. 2 der Konvention).

Die Vollstreckungshilfe nach der Konvention unterscheidet sich nicht wesentlich von der Regelung des Art. 27. **Zu beachtende Unterschiede** sind: 9

– Während Art. 27 lediglich voraussetzt, dass der Steueranspruch im ersuchenden Vertragsstaat vollstreckbar ist und der Steuerschuldner die Vollstreckung nicht abwenden kann, enthält die Konvention weiter gehende Einschränkungen der Amtshilfe und unterscheidet grundsätzlich – d. h. soweit die Vertragsstaaten keine anderweitige Vereinbarung treffen – danach, ob der Steuerschuldner im ersuchenden Vertragsstaat ansässig ist oder nicht. Bei Ansässigkeit im ersuchenden Staat setzt die Amtshilfe voraus, dass der Vollstreckungstitel nicht angefochten wurde. Hat der Steuerschuldner gegen die Steuerforderung Rechtsmittel eingelegt, kann Amtshilfe erst beantragt werden, wenn über die Rechtsmittel entschieden wurde. Zum Schutz der Rechte Nichtansässiger bestimmt die Konvention darüber hinaus, dass im Falle der Nichtansässigkeit des Steuerschuldners im ersuchenden Staat Amtshilfe erst beantragt werden kann, wenn der Vollstreckungstitel nicht nur nicht angefochten ist, sondern auch nicht mehr angefochten werden kann.
– Die Konvention schließt eine Verpflichtung zur Beitreibung betagter Vollstreckungstitel aus. Der ersuchte Staat ist von den Vorschriften der Vertragsstaaten über die Verjährung von Steueransprüchen unabhängig und zur Steuerbeitreibung nicht verpflichtet, wenn die Vollstreckbarkeit der Steuerforderung bereits seit 15 Jahren oder mehr besteht.

V. Deutsches innerstaatliches Recht

Die Leistung zwischenstaatlicher Vollstreckungshilfe durch deutsche Finanzbehörden außerhalb völkerrechtlicher Vereinbarungen richtet sich nach § 117 Abs. 3 AO. Vollstreckungshilfe kann danach auf Ersuchen gewährt werden, soweit die Gegenseitigkeit verbürgt ist, keine Gefahr einer Doppelbesteuerung besteht und die in § 117 Abs. 3 Ziff. 4 AO aufgeführten Belange berücksichtigt sind. Soweit die Gegenseitigkeit nicht durch völkerrechtliche Vereinbarung gewährleistet ist, muss sie materiell oder faktisch verbürgt sein (*Söhn,* in Hübschmann/Hepp/Spitaler, § 117 Rz. 172 ff.). Die Annahme materiell verbürgter Gegenseitigkeit wird jedoch regelmäßig bereits daran scheitern, dass deutsche Finanzbehörden die Amtshilfe ausländischer Finanzbehörden bei der Vollstreckung aus Kulanzgründen ersichtlich nicht in Anspruch nehmen. Anders als der zwischenstaatliche Informationsaustausch ist damit die Vollstreckungshilfe aus Kulanzgründen mangels verbürgter Gegenseitigkeit nicht durchführbar (so *Kruse,* in Tipke/Kruse, § 250 Rz. 42). Dem ist zuzustimmen. Dies ergibt sich auch aus dem BMF-Merkblatt zur zwischenstaatlichen Amtshilfe bei der Steuererhebung, das als in Frage kommende Rechtsgrundlagen für die Beitreibungshilfe lediglich völkerrechtliche Vereinbarungen sowie Europäisches Recht erwähnt; eine Vollstreckungshilfe aus Kulanzgründen sieht das Merkblatt dagegen nicht vor. 10

VI. Deutsche DBA sowie Amts- und Rechtshilfeverträge

Neben den Amts- und Rechtshilfeverträgen mit Finnland, Italien und Österreich enthält eine Reihe neuerer deutscher DBA Regelungen über die zwischenstaatliche Vollstreckungshilfe. Hierbei entspricht die deutsche Abkommenspraxis zunehmend dem Wortlaut des MA. Die hauptsächlichen Abweichungen von dem OECD-MA sind in der folgenden Übersicht dargestellt. Zu Einzelheiten siehe die Kommentierung zu den entsprechenden Absätzen von Art. 27. 11

DBA	Entspricht MA	Nur bei Ansässigkeit des Steuerpflichtigen in einem Vertragsstaat	Nur Steuern im Sinne des DBA/Amtshilfevertrags	Nur rechtskräftige Vollstreckungstitel	Amtshilfe bei Sicherungsmaßnahmen	Keine Subsidiarität der Amtshilfe	Artikel	Rz.
Albanien 2010	x						27	2a ff.
Algerien 2007	x						27	2a ff.
Belgien		x	x		x	x	27	17, 48, 74, 103
Bulgarien 2010	x						26	
China 2014 (E)		x	x				27	25, 67, 73, 100
Costa Rica 2014 (E)	Nur zur Verhinderung von Abkommensmissbrauch						27	28, 47, 67, 73, 100
Dänemark		x	x	x	x		33 ff. Absprache über die gegenseitige Amtshilfe	36, 81, 88
Finnland			x	x	x		Rechtshilfevertrag 1935	20, 27, 36, 74, 102
Frankreich		x	x	x	x	x	23	36, 73, 103
Georgien (E)	x						26a	2a ff.
Großbritannien 2010	x						28	99a
Irland 2011	x						27	99a
Italien			x	x	x		Rechtshilfevertrag	27, 67, 74, 102
Kanada				x		x	27	67, 75, 81, 88, 100, 101
Liechtenstein 2011	x						28	
Luxemburg 2012			x					
Mauritius 2012	x						27	2a ff.
Mexiko	x						27	
Niederlande 1959/2004			x		x		Amtshilfeabkommen	17, 29, 71b
Niederlande 2012 (E)	x						28	17, 29, 71b
Norwegen 1991	x	x	x	x	x	x	27	17, 36, 74, 103
Norwegen 2013 (E)	x						27	2a ff.
Oman 2012 (E)	x							
Österreich			x	x	x		Rechtshilfevertrag 1954	17, 36, 73, 102
Polen	x						28	33, 81
Schweden		x		x	x	x	29 ff.	17, 36, 81, 88, 99
Spanien	x						26	
Türkei 2011	x						26	

DBA	Entspricht MA	Nur bei Ansässigkeit des Steuerpflichtigen in einem Vertragsstaat	Nur Steuern im Sinne des DBA/Amtshilfevertrags	Nur rechtskräftige Vollstreckungstitel	Amtshilfe bei Sicherungsmaßnahmen	Keine Subsidiarität der Amtshilfe	Artikel	Rz.
Uruguay 2010	x						27	2a ff.
USA 1989/2006		Nur zur Verhinderung von Abkommensmissbrauch					26 Abs. 4, 5	28, 36, 47, 67, 73, 100

B. Zu Art. 27 Abs. 1

I. Musterabkommen

1. Übereinstimmungen und Abweichungen

12 Das UN-MA entspricht dem OECD-MA. Das US-MA ist beschränkt auf die Amtshilfe zur Verhinderung eines Abkommensmissbrauchs.

2. OECD-MA

13 **a) Grundzüge:** Die Vorschrift trägt der Tatsache Rechnung, dass der zwischenstaatliche Informationsaustausch nach Art. 26 MA dann zu keinen praktischen Ergebnissen führt, wenn der Steuerpflichtige im Inland keine Vermögenswerte besitzt, die zur Vollstreckung herangezogen werden könnten. Art. 27 erweitert die zwischenstaatliche Rechts- und Amtshilfe und begründet einen Anspruch auf bzw. eine Verpflichtung zur Leistung von Vollstreckungshilfe.

14 **b) Regelung:** Die Vertragsstaaten leisten einander
- **Amtshilfe** bei der **Vollstreckung**
- von **Steueransprüchen**
- unabhängig von der **Ansässigkeit des Steuerschuldners**
- und für **Steuern jeder Art und Bezeichnung.**

15 **c) Vollstreckungsamtshilfe:** Art. 27 Abs. 1 enthält eine generelle Verpflichtung zur Leistung von Amtshilfe zur Vollstreckung von Steuerforderungen des anderen Vertragsstaates. Die Modalitäten der Vollstreckung richten sich nach dem Recht des ersuchten Vertragsstaates (s. Abs. 3). Abs. 1 spricht nur von Amtshilfe, er ermächtigt damit den ersuchenden Staat **nicht zu Amtshandlungen auf dem Territorium des anderen Vertragsstaates,** auch nicht zur Mitwirkung von eigenen Vollstreckungsbeamten bei vom anderen Vertragsstaat durchgeführten Vollstreckungsmaßnahmen. Er betrifft andererseits Amtshandlungen aller Art im Vollstreckungsverfahren. So ist auch die Zustellung einer Zahlungsaufforderung als Maßnahme des Vollstreckungsverfahrens auf Art. 27 Abs. 1 zu stützen.

16 Anders als die EU-BeitreibungsRL, die neben der Amtshilfe zur Beitreibung von Steuerforderungen auch die **zwischenstaatliche Zustellungshilfe** umfasst, ist Art. 27 auf Maßnahmen der Vollstreckung eines Steueranspruchs beschränkt. Die Zustellung eines Steuerbescheids an einen ausländischen Steuerpflichtigen kann als Maßnahme des Steuerfestsetzungsverfahrens damit nicht auf Art. 27 gestützt werden. Sie ist auch nicht nach Art. 26 möglich, da sie nicht Teil des zwischenstaatlichen Informationsaustausches ist. Neben der förmlichen zwischenstaat-

lichen Zustellungshilfe auf der Basis völkerrechtlicher Vereinbarungen besteht die Möglichkeit einer einfachen postalischen Zustellung an einen Empfänger im Ausland, falls der Empfängerstaat dazu seine Zustimmung erteilt. Eine derartige generelle Zustimmung zur postalischen Zustellung haben sämtliche Staaten, mit denen Deutschland DBA mit Vollstreckungshilfevorschriften oder Amts- und Rechtshilfeverträge abgeschlossen hat, erteilt (s. AEAO zu § 122 Nr. 4).

17 **d)** Zum Begriff des **Steueranspruchs** s. Abs. 2. Nach deutscher Praxis soll ein Amtshilfeersuchen nur gestellt werden, wenn der zu vollstreckende Steueranspruch mindestens 1500 Euro beträgt (BMF v. 19.1.2004, BStBl. I 2004, 66 (70)). Niedrigere Bagatellgrenzen gelten im Amtshilfeverkehr mit Belgien, den Niederlanden, Norwegen, Österreich und Schweden. Zu beachten ist, dass der Entwurf des *DBA Niederlande 2012 (E)* in Art. 28 eine dem MA weitestgehend entsprechende Amtshilferegelung enthält.

18 **e)** Art. 27 Abs. 1 schafft nur die Rechtsgrundlage für die zwischenstaatliche Vollstreckungshilfe; er regelt nicht die damit zusammenhängenden **administrativen Fragen,** wie z. B. die Kosten der Amtshilfe (dazu Wassermeyer/*Krabbe,* Art 27 OECD-MA Rz. 13), die Übersetzung des Vollstreckungstitels oder Fragen der Währungsumrechnung. Zur Regelung dieser Fragen schlägt der MA-Komm. den Abschluss von Verwaltungsvereinbarungen vor (s. dazu auch Ziff. 87 ff. des OECD-Handbuchs).

19 **f) Ersuchen:** Im Gegensatz zum Informationsaustausch, der neben dem Austausch auf Ersuchen auch spontan und automatisch vollzogen werden kann, ist die zwischenstaatliche Beitreibungshilfe ohne Ersuchen schwer vorstellbar. Allerdings sind Fälle denkbar, wie etwa die in den US-TE zu Art. 26 Abs. 7 US-MA geschilderte Fallkonstellation (s. Rz. 24), in denen zumindest die Durchführung von Sicherungsmaßnahmen ohne Ersuchen sinnvoll sein könnte. Ein praktisches Beispiel einer Vollstreckungshilfe ohne Ersuchen ist der zusätzliche Steuerrückbehalt nach der Schweizer Verordnung zur Durchführung des *DBA Schweiz/USA*, der allerdings auch Schweizer Interessen dient (s. dazu auch *Cole/Gordon/Venuti,* S. 37). Art. 27 sieht diese Möglichkeit nicht vor; wie sich auch aus Abs. 3 und 4 ergibt, soll die Vollstreckungshilfe nur auf Ersuchen erfolgen. Das Vollstreckungsersuchen führt zu einer **Verpflichtung des ersuchten Vertragsstaates** zur Leistung der Amtshilfe im Rahmen des Art. 27. Diese ist unabhängig davon, ob der ersuchte Staat ein eigenes Interesse an der Vollstreckungsmaßnahme hat.

20 **g) Ansässigkeit:** Wie der Informationsaustausch nach Art. 26 MA soll auch die Vollstreckungshilfe nicht davon abhängig sein, dass der Steuerschuldner in einem der beiden Vertragsstaaten ansässig ist. Vollstreckungshilfe ist danach auch in den Fällen möglich, in denen ein Steuerpflichtiger, ohne seine Steuerschulden zu begleichen, aus dem ersuchenden Staat in einen Drittstaat verzogen ist oder in denen er nie Ansässigkeit im ersuchenden Vertragsstaat begründete, wie etwa bei Künstlern, die ein Gastspiel im ersuchenden Staat absolvierten. Die Grundlagen für die Vollstreckungshilfe sind damit lediglich ein vollstreckbarer Steueranspruch des ersuchenden Staates und Vermögenswerte oder Ansprüche, die zur Vollstreckung herangezogen werden können, im ersuchten Staat. Die Vollstreckungshilfe ist unabhängig davon, welche **Staatsangehörigkeit** der Steuerschuldner besitzt. Der ersuchte Vertragsstaat kann damit seine Verpflichtung zur Leistung von Vollstreckungshilfe nicht deshalb verneinen, weil er den Steueranspruch eines fremden Staates gegen seine eigenen Staatsangehörigen durchsetzen muss. Dagegen sind die USA in diesen Fällen eher geneigt, einen Interessenkonflikt anzunehmen. In einigen der von den USA abgeschlossenen DBA mit über die Regelung des US-MA hinausgehenden Vollstreckungshilfevorschriften wurde deshalb vereinbart, dass

Amtshilfe nicht geleistet wird, wenn es sich beim Adressaten der Vollstreckungsmaßnahme um einen Staatsangehörigen, eine Gesellschaft oder eine sonstige juristische Person des ersuchten Vertragsstaates handelt (vgl. etwa Art. 31 Abs. 4 *DBA USA/Niederlande* und Art. 28 Abs. 5 *DBA USA/Frankreich*). In Deutschland findet sich eine ähnliche Regelung noch in den älteren, vom Deutschen Reich abgeschlossenen Rechtshilfeverträgen mit Finnland und Italien, dazu Rz. 27.

h) Art. 27 ist nicht auf Vollstreckungsmaßnahmen gegen den eigentlichen Steuerpflichtigen beschränkt. Die Vorschrift ermöglicht auch Amtshilfe zur Vollstreckung des Steueranspruchs gegen **Drittschuldner und Personen, die für die Steuerforderung haften** (s. auch FG Hamburg EFG 2010, 848 zum EG-BeitrG). In welchem Umfang dritte Personen für einen Steueranspruch haften, richtet sich nach dem Recht des ersuchenden Staates (s. Abs. 3). **21a**

i) Kann zur Begleichung der Steuerschuld **Vermögen in mehreren Vertragsstaaten** herangezogen werden, mit denen der ersuchte Staat DBA mit Amtshilfevorschriften abgeschlossen hat, so steht es dem ersuchenden Staat frei, an welchen Vertragsstaat er sich zuerst wendet. Insbesondere ist der ersuchende Staat nicht verpflichtet, im Falle eines nichtansässigen Steuerschuldners zunächst den Ansässigkeitsstaat um Beitreibungshilfe zu bitten (s. dazu die Fallbeispiele im OECD-Handbuch Ziff. 18). Besteht damit keine Rangfolge der Statthaftigkeit von Amtshilfeersuchen, so ergibt sich für den ersuchenden Staat grundsätzlich auch die Möglichkeit, **gleichzeitig mehrere Vertragsstaaten** um Beitreibungshilfe für denselben Steueranspruch zu bitten. Die Subsidiaritätsklausel in Art. 27 Abs. 8 erfordert lediglich, dass vor Stellen eines Ersuchens die **innerstaatlichen** Beitreibungsmöglichkeiten ausgeschöpft sein müssen; sie verlangt nicht, dass auch kein weiteres Verfahren der zwischenstaatlichen Beitreibungshilfe mehr anhängig sein darf. Trotzdem widerspricht das gleichzeitige Stellen mehrerer Amtshilfeersuchen um Beitreibung desselben Steueranspruchs in der Regel dem aus Art. 27 Abs. 8 folgenden Grundsatz der strikten Subsidiarität eines Amtshilfeersuchens. Ein zweites Amtshilfeersuchen ist insoweit erst statthaft, wenn das erst gestellte Ersuchen abgeschlossen ist und zu keiner vollständigen Tilgung der Steuerschuld geführt hat (so auch *Prats,* Intertax 2002, 56 (69)). Anders wird man allerdings urteilen müssen, wenn von vorneherein klar ist, dass mit dem Erstersuchen eine vollständige Tilgung der Steuerschuld nicht erreicht werden kann; in diesem Fall wäre es widersinnig, den ersuchenden Staat zu verpflichten, mit der Beitreibung des voraussichtlichen Restschuldbetrags auf den Abschluss des ersten Amtshilfeverfahrens zu warten (s. a. *Tüchler* in Lang/Schuch/Staringer, S. 117 (125)). Art. 6 der DurchführungsVO der Kommission zur EU-BeitreibungsRL verpflichtet den ersuchenden Vertragsstaat im Ersuchen darzulegen, ob ein ähnliches Ersuchen auch an eine andere Behörde gerichtet wurde. Dies dient der vollständigen Information des ersuchten Staates über den Stand des Beitreibungsverfahrens; eine entsprechende Informationspflicht wird deshalb auch bei Beitreibungsersuchen auf der Basis von Art 27 MA anzunehmen sein. **21b**

j) Ähnlich wie im Falle des zwischenstaatlichen Informationsaustausches (s. Art. 26 Rz. 54) ist auch bei der Beitreibungshilfe eine **Amtshilfe im Dreiecksverhältnis** denkbar. Diese liegt dann vor, wenn Staat A zur Beitreibung einer Steuerforderung durch Staat C, mit dem er kein DBA mit Amtshilfe zur Vollstreckung von Steueransprüchen besitzt, mittelbar über die Einschaltung von Staat B und unter Nutzung der Amtshilfevorschriften der DBA zwischen A und B und zwischen B und C Vollstreckungshilfe erhält. Aus Art. 27 Abs. 2 ergibt sich aber, dass der im ersuchten Vertragsstaat zu vollstreckende Steueranspruch im ersuchenden Vertragsstaat geschuldet sein muss. Dies ist im Falle der Amtshilfe im Dreiecks- **21c**

verhältnis in Staat B nicht der Fall. Die Möglichkeit einer Amtshilfe im Dreiecksverhältnis ist damit abzulehnen (s. a. *Tüchler* in Lang/Schuch/Staringer, S. 117 (124); *Ismer/Sailer,* IStR 2003, 622).

22 **k)** Die Vollstreckungshilfe ist nicht beschränkt auf unter das Abkommen fallende Steuern. Wie der zwischenstaatliche Informationsaustausch soll auch die Vollstreckungshilfe **für sämtliche in einem Vertragsstaat, einschließlich seiner Gebietskörperschaften, erhobenen Steuern** gelten (s. dazu Art. 26 Rz. 56).

23 **l) Zuständig** für die zwischenstaatliche Amtshilfe bei der Steuererhebung ist in Deutschland das Bundeszentralamt für Steuern als Nachfolgebehörde des Bundesamts für Finanzen.

3. US-MA

24 Das US-MA regelt die Vollstreckungshilfe zusammen mit dem Informationsaustausch in seinem Art. 26. Die Vollstreckungshilfe ist nach Art. 26 Abs. 7 auf die Erhebung von Steuern zum Zwecke der Sicherstellung beschränkt, dass Abkommensvorteile nicht Personen eingeräumt werden, die keinen Anspruch darauf haben. Die US-TE zu Art. 26 nennen als ein Beispiel den Fall einer Dividendenzahlung aus amerikanischen Quellen an eine Person im anderen Vertragsstaat, die in den USA mit dem durch das DBA reduzierten Quellensteuerabzug belastet wird. Stellt sich nachträglich heraus, dass der Empfänger der Dividende keine abkommensberechtigte Person ist, kann die USA den anderen Vertragsstaat auffordern, den Differenzbetrag zu erheben und an die USA abzuführen.

II. Deutsche DBA

25 **1.** Standardabweichungen von Art. 27 sind insbesondere die Beschränkung der Vollstreckungshilfe auf Fälle, in denen der Steuerpflichtige nach Art. 1 MA in einem oder in beiden Vertragsstaaten ansässig ist, sowie auf die Vollstreckung von unter das Abkommen fallenden Steuern (s. dazu die Übersicht Rz. 11). Eine Übersicht über die Steuern, zu deren Beitreibung nach den deutschen DBA und Rechtshilfeverträgen Amtshilfe geleistet wird, enthält Anlage 1 des BMF-Merkblatts zur zwischenstaatlichen Amtshilfe bei der Steuererhebung.

27 **2.** Die *Rechtshilfeverträge Finnland* und *Italien* schränken die Vollstreckung gegen Staatsangehörige des ersuchten Staates ein. Art. 14 des *Rechtshilfevertrags Finnland* und Art. 13 des *Rechtshilfevertrags Italien* bestimmen, dass Amts- und Rechtshilfe nicht gegen Staatsangehörige des ersuchten Staates gewährt wird, die innerhalb des Gebiets dieses Staates ihren Wohnsitz oder dauernden Aufenthalt haben. Dies gilt sinngemäß auch für juristische Personen und Personenvereinigungen.

28 **3.** Das *DBA USA* entspricht dem US-MA. Amtshilfe wird danach nur in Fällen gewährt, in denen ein Steuerpflichtiger Abkommensvorteile, auf die er keinen Anspruch hatte, in Anspruch nahm, und ist auf die Rückgängigmachung dieser Vorteile beschränkt. Gleiches gilt für das *DBA Costa Rica 2014 (E).*

29 **4.** Die Vollstreckungshilfe nach dem Amtshilfeabkommen *Niederlande 1959/2004* ist auf die in Art. 2 des Abkommens aufgeführten direkten Steuern beschränkt. Der Entwurf des *DBA Niederlande 2012* sieht in Art. 28 weitestgehend Amtshilfe entsprechend dem MA vor.

C. Zu Art. 27 Abs. 2

I. Musterabkommen

1. Übereinstimmungen und Abweichungen

Das UN-MA entspricht dem OECD-MA. Das US-MA enthält keine entsprechende Vorschrift. 30

2. OECD-MA

a) Grundzüge: Art. 27 Abs. 2 enthält eine Definition des Begriffs „Steueranspruch". Die Vorschrift hat zum Teil klarstellende Funktion, da sich die Erstreckung der Amtshilfe auf Steuern jeder Art und Bezeichnung bereits aus dem Ausschluss der Geltung von Art. 2 für die Vollstreckungshilfe durch Abs. 1 S. 2 ergibt. 31

b) Regelung: Amtshilfe wird geleistet zur Vollstreckung von 32
- **Steuern jeder Art und Bezeichnung**
- sowie **Zinsen, Verwaltungsstrafen** und **Kosten,**
- soweit die Besteuerung **nicht dem DBA** oder **anderen Abkommen** zwischen den Vertragsstaaten **widerspricht.**

c) Wie der Informationsaustausch nach Art. 26 findet auch die Vollstreckungshilfe Anwendung auf **Steuern jeder Art und Bezeichnung** (vgl. dazu Art. 26 Rz. 56). Es kommt nicht darauf an, ob die zur Vollstreckung stehende Steuer des ersuchenden Staates im ersuchten Staat ein Äquivalent aufweist. Für die Vollstreckungshilfe kommt es auch nicht darauf an, zu welchem Zeitpunkt ein Steueranspruch entstanden ist. Um Amtshilfe kann danach auch dann ersucht werden, wenn die Fälligkeit des zu vollstreckenden Steueranspruchs vor Inkrafttreten der dem Art. 27 entsprechenden DBA-Vorschrift entstanden ist. Dies folgt bereits aus dem Text der Vorschrift; entsprechende Regelungen in bilateralen Vereinbarungen (s. z. B. Verständigungsvereinbarung zu Art. 28 *DBA Polen* v. 23.12.2004, BStBl. I, 1183) haben damit lediglich klarstellende Funktion (s. a. *UK High Court* v. 20.7.2012, [2012] EWHC 1807 (CH), *Arnold,* Tax Treaty Case Law News, BIFD 2013, 137). Dies stellt nach deutschem Recht auch keine verfassungsrechtlich unzulässige Rückwirkung der Amtshilfeklausel dar (BVerfGE 63, 343: *Rechtshilfevertrag Österreich in Zoll-, Verbrauchsteuer- und Monopolangelegenheiten*). Ebenso wenig setzt das MA, anders als die Europarat/OECD Konvention, ein Zeitlimit, um betagte Steuerforderungen von der Vollstreckungshilfe auszuschließen. 33

d) Der MA-Komm. zu Art. 2 Ziff. 4 weist darauf hin, dass nicht alle OECD-Staaten Zinsen und Verwaltungsstrafen unter den Begriff der Steuer subsumieren. Art. 27 Abs. 2 regelt deshalb explizit, dass auch in Fällen, in denen die nationale Steuerdefinition enger ist, **Zinsen, Verwaltungsstrafen** und **Kosten der Vollstreckung und Sicherung** als Steueranspruch anzusehen sind und in die Vollstreckungshilfe einbezogen werden. Die Beitreibungshilfe erstreckt sich dagegen nicht auf Kriminalstrafen, wie Geldstrafen, aufgrund einer gerichtlichen Verurteilung wegen Steuerhinterziehung; insoweit erfolgt eine Beitreibungshilfe nach den Vorschriften einschlägiger Rechtshilfeverträge in Strafsachen. 34a

e) Das Amtshilfeersuchen muss sich nicht auf den Steueranspruch selbst beziehen. Es kann auch **ausschließlich zur Beitreibung von Zinsen** oder Vollstreckungskosten gestellt werden. 34b

f) Die Amtshilfe zur Beitreibung von Zinsen umfasst auch den Teil der Säumniszinsen, der in der Zeit **zwischen dem Stellen und dem Abschluss des Amts-** 34c

hilfeersuchens anfällt. Das OECD-Handbuch (Ziff. 25) stellt vier Alternativen zur Berechnung des Gesamtzinsbetrags zur Wahl; es empfiehlt den Vertragsstaaten, sich auf eine Methode zu verständigen.

35 **g)** Amtshilfe ist nicht zu leisten, falls der zur Vollstreckung stehende Steueranspruch **dem DBA oder einem anderen Übereinkommen** zwischen den Vertragsstaaten **widerspricht.** S. dazu bereits Art. 26 Rz. 55.

II. Deutsche DBA

36 Die *DBA Frankreich* und *Norwegen 1991* sprechen, zusätzlich zum eigentlichen Steuerbetrag, von „Zuschlägen, Zinsen und Kosten", erwähnen also nicht Verwaltungsstrafen; das *DBA Norwegen 1991* auch nicht Säumniszuschläge. Die Amtshilfe ist insoweit beschränkt auf die Vollstreckung von Steuern und steuerlichen Nebenleistungen im Sinne von § 3 AO; Bußgelder sind damit von der Vollstreckungshilfe ausgeschlossen. Gleiches gilt für den *Rechtshilfevertrag Finnland,* der nach § 1 der Durchführungsverordnung zum Vertrag auf Steuern und steuerliche Nebenleistungen anzuwenden ist. Die *DBA Dänemark* und *Schweden* sprechen von „steuerlichen Ansprüchen". Auch darunter sind lediglich Steuern und steuerliche Nebenleistungen, also keine Bußgelder, zu verstehen. Der Rechtshilfevertrag *Österreich* umfasst nicht Geldstrafen mit Strafcharakter. Das *DBA USA* schließlich spricht nur von „Steuerbeträgen", worunter nur der eigentliche Steuerbetrag im Sinne von § 3 Abs. 1 AO zu verstehen ist.

D. Zu Art. 27 Abs. 3

I. Musterabkommen

1. Übereinstimmungen und Abweichungen

37 Das UN-MA entspricht dem OECD-MA. Das US-MA enthält keine entsprechende Regelung.

2. OECD-MA

38 **a) Grundzüge:** Der Absatz regelt die Voraussetzungen für die Inanspruchnahme von Vollstreckungshilfe und die Frage, nach welchem Recht sich die Durchführung der Vollstreckungsmaßnahmen richtet.

39 **b) Regelung:** Ein Vertragsstaat vollstreckt

- **auf Ersuchen**
- einen **nach dem Recht des anderen Vertragsstaates vollstreckbaren** Steueranspruch
- soweit der Steuerschuldner die **Vollstreckung nicht abwenden kann.**

Der Steueranspruch wird vom ersuchten Staat **nach Maßgabe seines innerstaatlichen Rechts** vollstreckt.

40 **c)** Zur **Notwendigkeit** eines Amtshilfeersuchens s. bereits Rz. 19.

41a **d) Vollstreckungstitel:** Voraussetzung für die Durchführung von Vollstreckungsmaßnahmen ist, soweit es sich nicht um Sicherungsmaßnahmen handelt, ein vollstreckbarer Verwaltungsakt. Das nationale Steuerrecht wird regelmäßig davon ausgehen, dass nur Steuern, die von den nationalen Finanzbehörden festgesetzt wurden, vollstreckt werden können (s. für die deutsche Rechtslage §§ 6 Abs. 2, 155 AO). Art. 27 Abs. 3 stellt den von einer Behörde des anderen Vertragsstaates erlassenen Vollstreckungstitel einem innerstaatlichen Titel gleich. Dies ersetzt allerdings nicht die **Vollstreckbarerklärung des ausländischen Titels** im ersuchten Vertragsstaat, falls diese nach seinem nationalen Recht Voraussetzung für die Einleitung von Vollstreckungsmaßnahmen ist (so etwa in Österreich, s. *Jirousek,* SWI 1995, 365 (371) unter Hinweis auf eine Entscheidung des ÖstVwGH v. 22.11.1973 zum deutsch-österreichischen Amtshilfevertrag in Zoll-, Verbrauchsteuer- und Monopolangelegenheiten). Voraussetzung für ein Ersuchen um Vollstreckungshilfe ist danach, dass der ersuchende Staat einen Titel vorlegen kann, der **nach seinem innerstaatlichen Recht vollstreckbar** ist. Nicht erforderlich ist die **Unanfechtbarkeit** des Vollstreckungstitels im ersuchenden Staat, wenn nach den Vorschriften seines nationalen Rechts die Einlegung von Rechtsmitteln gegen Steuerverwaltungsakte keine aufschiebende Wirkung hat und den Vollzug des Verwaltungsakts nicht hemmt (so in Deutschland nach § 361 Abs. 1 AO; s.a. Wassermeyer/*Krabbe,* Art. 27 OECD-MA Rz. 22). Der ersuchte Vertragsstaat braucht nicht zu prüfen, ob die **Steuerfestsetzung** im ersuchenden Staat rechtmäßig ist (*Cour administrative d'appel de Lyon* Dr. Fisc. 1993 comm. 189: *DBA Frankreich*); soweit sich aus dem Amtshilfeersuchen oder aus sonstigen Umständen, einschließlich der Einwendungen des Steuerpflichtigen, keine offensichtlichen **Zweifel an den rechtlichen Voraussetzungen für eine Beitreibungshilfe** ergeben, hat der ersuchte Vertragsstaat davon auszugehen, dass die Vollstreckungsvoraussetzungen vorliegen. Er ist nicht zu einer eigenständigen Prüfung dieser Voraussetzungen befugt (BFH BStBl. II 2011, 401; EuGH v. 14.1.2010, Rs C-233/08, Slg. 2010-I, 177 – *Kyrian*, jeweils zur EG-BeitreibungsRL). Sollte er jedoch Zweifel an der Rechtmäßigkeit der Steuerfestsetzung haben, so hat er diese Zweifel zu klären, bevor er Vollstreckungsmaßnahmen einleitet (*Tüchler,* in Lang/Schuch/Staringer, S. 117 (126)), wobei im Regelfall zur Klärung eine einfache Rückfrage beim ersuchenden Staat ausreichend sein wird. S. auch für die Prüfung der Verjährung des Steueranspruchs Rz. 71a).

e) Betagte Steuerforderungen: Amtshilfe zur Beitreibung eines Steueran- 41b
spruchs kann nicht mehr in Anspruch genommen werden, wenn der Anspruch nach dem Recht des ersuchenden Staates bereits verjährt ist (s. Abs. 5). Im Übrigen ist das **Alter der Steuerforderung kein Hinderungsgrund,** der den ersuchten Staat berechtigt, die Amtshilfe zu verweigern. Der Ansatz des OECD-MA unterscheidet sich hierbei bewusst von der Regelung der EU-BeitreibungsRL und der Europarat/OECD-Konvention, die betagte Forderungen (Forderungen älter als 5 Jahre im Falle der BeitreibungsRL und älter als 15 Jahre im Falle der Europarat/OECD-Konvention) von der Verpflichtung zur Leistung von Amtshilfe ausnehmen.

f) Vollstreckungsschuldner: Die Beitreibungshilfe kann sich gegen den Steu- 41c
erschuldner selbst, aber auch gegen dritte Personen richten. Dritte Personen kommen dann als Adressaten von Maßnahmen der Beitreibungshilfe in Betracht, wenn sie entweder für die Steuerforderung haften, dem Steuerschuldner gehörende Vermögenswerte verwahren oder der Steuerschuldner Forderungen gegen die dritte Person hat. Der Umfang der Dritthaftung für Steuerforderungen, z.B. von Geschäftsführern oder Mitgliedern des Verwaltungsrats für die Steuerschulden einer Gesellschaft oder von einem Erwerber von Grundvermögen für die grundstücksbezogenen Steuerschulden des Veräußerers, ist von Land zu Land unterschiedlich. Inwieweit ein Steueranspruch gegen eine dritte Person durchgesetzt werden kann, richtet sich **ausschließlich nach dem Recht des ersuchenden Staates.** Der ersuchte Staat hat damit z.B. eine Steuerforderung gegen eine Gesellschaft auch dann bei deren Geschäftsführer beizutreiben, wenn dieser nach dem nationalen Recht des ersuchten Staates für die Forderung nicht haften würde.

42 **g) Ersuchen:** Das Amtshilfeersuchen ist als an eine ausländische Behörde gerichteter Akt nicht als Verwaltungsakt zu qualifizieren (BFH BStBl. II 2010, 51; a. A. *Hartmann,* DÖV 2011, 142). Nachdem es andererseits allerdings auch keinen reinen behördeninternen Vorgang darstellt, kann Rechtsschutz auf Rücknahme eines Ersuchens mit einer Leistungsklage bzw. vorbeugenden Unterlassungsklage gesucht werden (s. auch *Seer,* IWB 2011, 145). Das MA enthält keine Bestimmung über die **Form des Amtshilfeersuchens,** insbesondere die zu übermittelnden Dokumente; möglich ist damit auch die Stellung eines Ersuchens durch Versendung einer Email (s. für das EG-BeitrG BFH BStBl. II 2013, 475). Der ersuchte Vertragsstaat wird zur Prüfung des Amtshilfeersuchens und zur Einleitung von Vollstreckungsmaßnahmen nur in der Lage sein, wenn ihm ein offizieller Vollstreckungstitel vorliegt. Dem Ersuchen sind daher regelmäßig eine amtliche Ausfertigung des im ersuchenden Staat gültigen Vollstreckungstitels und eine Erklärung, dass der Anspruch nach dem Recht des ersuchenden Staates vollstreckbar ist, beizufügen. Nach Tz. 2.2.3 des BMF-Merkblatts genügt als Vollstreckungstitel die Ausfertigung einer Rückstandsanzeige, in der die einzelnen Ansprüche aufgeführt sind.

43 **h) Durchführung der Vollstreckungshilfe:** Abs. 3 S. 2 regelt die Erledigung des Vollstreckungsersuchens im ersuchten Vertragsstaat. Die Vorschrift ist in Verbindung mit Abs. 5 und Abs. 8 zu lesen. Mit Ausnahme der Regelungen über Verjährungsfristen und bevorzugte Befriedigung ist für die Vollstreckungshilfe das **nationale Recht und die Verwaltungspraxis des ersuchten Staates** maßgebend. Die Verweisung auf das nationale Recht ist allerdings nicht unbeschränkt; sie bezieht sich lediglich auf die Rechtsvorschriften über die Erhebung und Vollstreckung von Steueransprüchen, in Deutschland damit auf den fünften und sechsten Teil der AO. Die Verweisung erstreckt sich auch auf diejenigen Vorschriften außerhalb des eigentlichen Steuerrechts, die für die Vollstreckung von Steuerforderungen von Bedeutung sind, etwa Regelungen des BGB, der ZPO und der InsO. In Deutschland ist danach Voraussetzung für die Vollstreckung, dass der Vollstreckungsschuldner mit einem Leistungsgebot der zuständigen deutschen Vollstreckungsbehörde nach § 254 AO zur Zahlung aufgefordert wird. Das Leistungsgebot hat dem Vollstreckungsschuldner eine 14-tägige Frist zur Zahlung der Steuerschuld zu setzen (so Tz. 3.2.2 des BMF-Merkblatts) Zur Behandlung ausländischer Steuerforderungen im Insolvenzverfahren s. Tz. 3.2.4 des BMF-Merkblatts.

44 Art. 27 ermächtigt den ersuchenden Staat nicht ausdrücklich, mit seinem Ersuchen dem anderen Vertragsstaat **Weisungen betreffend die Art und Weise der Vollstreckung** zu erteilen. Es entspricht jedoch dem Wesen der Amtshilfe, dass die ersuchende Behörde im Ersuchen auch Bestimmungen zur Durchführung der Vollstreckung treffen und dabei auch bestimmte Vollstreckungsmaßnahmen vorschreiben kann (*Tüchler,* in Lang/Schuch/Staringer, S. 117 (134); *Beermann,* in Hübschmann/Hepp/Spitaler, § 250 Rz. 104). Derartige Weisungen sind von den Behörden des ersuchten Staates zu beachten, soweit nicht Abs. 8 einschlägig ist.

45 Der ersuchte Staat hat den Vollstreckungstitel des ersuchenden Staates **wie einen eigenen Vollstreckungstitel im selben Stadium des Besteuerungsverfahrens** zu behandeln. Die Regelung des Art. 27 Abs. 3 bedeutet, dass Vollstreckungshilfe nur durchgeführt werden kann, wenn **sowohl nach dem Recht des ersuchenden als auch nach dem Recht des ersuchten Staates ein vollstreckbarer Verwaltungsakt vorliegt.** Der MA-Komm. Ziff. 16 hebt eine Konsequenz dieses Grundsatzes hervor: Ist ein nicht bestandskräftiger Vollstreckungstitel zwar nach dem Recht des ersuchenden, jedoch nicht nach dem Recht des ersuchten Vertragsstaates vollstreckbar, so ist die Vollstreckung solange auszusetzen, bis der Titel unanfechtbar geworden ist. Hat der ersuchte Vertragsstaat **weitergehende Vollstre-**

ckungsmöglichkeiten als der ersuchende Staat, so kann sich der ersuchende Staat diese weitergehenden Vollstreckungsmöglichkeiten zunutze machen. Nach Abkommensrecht gilt dies auch für den Fall, dass die Pfändungsfreigrenzen im ersuchten Staat niedriger als im ersuchenden Staat sind; für die Durchführung der Vollstreckung sind ausschließlich die im ersuchten Staat geltenden Pfändungsgrenzen maßgebend. Nationales Recht kann jedoch einer (mittelbaren) Nutzung derartiger erweiterter Vollstreckungsmöglichkeiten entgegenstehen (hierzu *Hendricks,* IStR 2009, 846 mit Hinweis auf nach § 117 Abs. 1 AO unerlaubtes Befugnis-Shopping). Das FG Münster (BeckRS 2009, 26027844) hält weiterhin die nach der ZPO festgelegten Pfändungsfreigrenzen für maßgeblich, auch wenn die Beitreibung der Steuerforderung im Wege der Amtshilfe durch eine ausländische (hier die bulgarische) Steuerverwaltung erfolgt. Die Begründung des Urteils ist aber insofern unbefriedigend, als die Wirkung des Abkommensrechts (bzw. im einschlägigen Fall des EU-Rechts) auf das Beitreibungsverfahren nicht erörtert wird.

Die Maßgeblichkeit von Recht und Verwaltungspraxis des ersuchten Staates für **46** die Vollstreckung selbst bedeutet auch, dass die Behörden des ersuchten Staates zu beurteilen haben, inwieweit **die Steuerschuld zu stunden** oder dem Schuldner **Zahlungsaufschub** zu gewähren ist (a. A. *Carl/Klos,* S. 219). Insoweit sind die gleichen Grundsätze wie bei rein innerstaatlichen Vollstreckungsmaßnahmen anzuwenden. Allerdings ist die ersuchte Behörde nicht befugt, über die Steuerforderung zu verfügen. Die Niederschlagung oder der Erlass der Steuerforderung ist damit den Vollstreckungsbehörden des ersuchten Staates nicht gestattet (so auch *Kruse,* in Tipke/Kruse, § 250 Rz. 36).

Zur Frage der **Subsidiarität** des Ersuchens um Beitreibungshilfe s. Rz. 95. **46a**

II. Deutsche DBA

Abgesehen von den *DBA Costa Rica 2014 (E)* und *USA,* die keine dem Art. 27 **47** Abs. 3 entsprechende Regelung enthalten, sehen alle in den deutschen DBA und Rechts- und Amtshilfeverträgen enthaltenen Vorschriften über Vollstreckungshilfe, die Anwendung des Rechts des ersuchten Vertragsstaates für die Durchführung der Vollstreckungshilfe vor.

Mit Ausnahme des *DBA Belgien* ist Voraussetzung für die Vollstreckungshilfe, **48** dass der zu vollstreckende Verwaltungsakt im ersuchenden Staat bestandskräftig geworden ist. Das *DBA Belgien* ermöglicht auch Vollstreckungshilfe bei noch anfechtbaren Steuerverwaltungsakten, soweit der Verwaltungsakt im ersuchenden Staat unmittelbar vollstreckt werden könnte.

E. Zu Art. 27 Abs. 4

I. Musterabkommen

1. Übereinstimmungen und Abweichungen

Das UN-MA entspricht dem OECD-MA. Das US-MA enthält keine entsprechende Regelung. **61**

2. OECD-MA

a) Grundzüge: Art. 27 Abs. 4 erweitert die Vollstreckungshilfe auf die Durchführung von Sicherungsmaßnahmen. Die Regeln über die Amtshilfe zur Durchführung von Sicherungsmaßnahmen entsprechen dem Amtshilfeverfahren zur Vollstreckung von Steueransprüchen nach Abs. 3. **62**

63 **b) Regelung:** Sind nach dem Recht des einen Vertragsstaates zur **Sicherstellung der Vollstreckung** eines Steueranspruchs **Sicherungsmaßnahmen** möglich, so kann er den anderen Vertragsstaat zur Durchführung der Sicherstellung ersuchen. Die Sicherstellung erfolgt **nach dem Recht des ersuchten Staates.**

64 **c)** Während Abs. 3 die Vollstreckungshilfe bei unmittelbar vollstreckbaren Verwaltungsakten regelt, bezieht sich Abs. 4 auf Fälle, in denen der **Steueranspruch noch nicht vollstreckbar** ist oder der Schuldner die Vollstreckung noch abwenden kann. Voraussetzung der Amtshilfe ist in diesem Fall, dass nach dem Recht des ersuchenden Staates Vollstreckungsmaßnahmen zur Sicherung des Steueranspruchs möglich sind.

65 **d)** Der MA-Komm. zitiert eine Reihe von Beispielen für **Sicherungsmaßnahmen,** auf die die Regelung Anwendung finden kann, ohne den Begriff der Sicherungsmaßnahme zu definieren. Das MA verweist damit für die Definition auf die Vorschriften über die Sicherstellung nach nationalem Recht. In Deutschland erfolgt die Sicherung regelmäßig durch Anordnung und Vollziehung des dinglichen Arrests (§ 324 AO). Abs. 4 bezieht sich sowohl auf Steuern als auch auf Zinsen und Kosten sowie Verwaltungsstrafen.

66 **e)** Für die **Durchführung der Sicherungsmaßnahme** ist ebenfalls das nationale Recht des ersuchten Vertragsstaates maßgebend.

II. Deutsche DBA

67 Keine Regelung über die Amtshilfe zur Durchführung von Sicherungsmaßnahmen enthalten die *DBA China 2014 (E), Costa Rica 2014 (E), Kanada* und *USA;* Amtshilfe zur Durchführung von Sicherungsmaßnahmen ist damit nach diesen beiden Abkommen nicht möglich. Der *Rechtshilfevertrag Italien* sieht zwar Amtshilfe zur Durchführung von Sicherungsmaßnahmen vor, er findet jedoch nach Ziff. 7 des Schlussprotokolls keine Anwendung auf Ersuchen zur Vollziehung des dinglichen Arrests. Im Übrigen entspricht die Regelung der DBA und Amts- und Rechtshilfeverträge dem MA. Dies gilt auch in den Fällen, in denen die DBA-Regelung nicht ausdrücklich festlegt, dass die Sicherungsmaßnahmen nach dem Recht des ersuchten Vertragsstaates getroffen werden.

F. Zu Art. 27 Abs. 5

I. Musterabkommen

1. Übereinstimmungen und Abweichungen

68 Das UN-MA entspricht dem OECD-MA. Das US-MA enthält keine entsprechende Regelung.

2. OECD-MA

69 **a) Grundzüge:** Art. 27 Abs. 5 regelt zwei Ausnahmen vom Grundsatz der Anwendbarkeit des Rechts des ersuchten Staates auf die Durchführung von Vollstreckungsmaßnahmen. Der Grundsatz gilt nicht für die Vorschriften über die Verjährung von Steuerforderungen und die Vorschriften über die bevorzugte Befriedigung. Während sich die Verjährung des Steueranspruchs nach den Vorschriften des ersuchenden Vertragsstaates richtet, finden Vorschriften über eine bevorzugte Befriedigung von Steueransprüchen generell keine Anwendung auf Fälle internationaler Vollstreckungshilfe.

b) Regelung: Die **Verjährung** des zu vollstreckenden Steueranspruchs richtet sich nach dem **Recht des ersuchenden Vertragsstaates.** Vorschriften über die **bevorzugte Befriedigung von Steueransprüchen** im Recht des ersuchenden und des ersuchten Vertragsstaates finden **keine Anwendung.** 70

c) Die zwischenstaatliche Vollstreckungshilfe setzt einen vollstreckbaren Steuer- 71a
anspruch des ersuchenden Vertragsstaates voraus. Dies bedeutet sowohl, dass der Anspruch bereits vollstreckbar geworden sein muss, als auch, dass er noch vollstreckbar, also auch noch nicht verjährt ist. Die Maßgeblichkeit der **Verjährungsvorschriften des ersuchenden Vertragsstaates** ergibt sich damit bereits aus Abs. 3. Dies führt allerdings nicht bereits automatisch dazu, dass die Verjährungsvorschriften des ersuchten Staates unbeachtlich sein sollen. Dies ist erst die Konsequenz von Abs. 5, der damit dazu führt, dass der ersuchte Vertragsstaat auch dann Vollstreckungsmaßnahmen einzuleiten hat, wenn dies bei gleichgearteten inländischen Steuerforderungen aufgrund einer Verjährung der Steuerforderung nicht mehr möglich wäre. Nach dem belgischen *Cour de Cassation* muss der ersuchte Vertragsstaat vor Durchführung einer Vollstreckungsmaßnahme überprüfen, ob der ausländische Titel nicht in der Zwischenzeit verjährt ist (Arrêt C 01/8, Le Courrier Fiscal 2001/146: *DBA Belgien/Frankreich*); hierzu muss es aber ausreichen, wenn der ersuchende Staat in seinem Amtshilfeersuchen Einzelheiten über seine Verjährungsvorschriften und insbesondere über den Ablauf der Verjährungsfrist im konkreten Fall mitteilt.

d) Art. 27 enthält, im Gegensatz zur EU-BeitreibungsRL und zur Konvention 71b
des Europarats und der OECD zur gegenseitigen Amtshilfe in Steuersachen, keine Regelung über die **Hemmung bzw. Unterbrechung der Verjährung.** Sowohl die BeitreibungsRL als auch die Europarat/OECD-Konvention regeln ausdrücklich, dass die vom ersuchten Staat vorgenommenen Beitreibungsmaßnahmen in demselben Umfang zu einer Hemmung oder Unterbrechung der Verjährung des Steueranspruchs führen, wie dies bei gleichartigen vom ersuchenden Staat vorgenommenen Maßnahmen der Fall wäre. Bei Anwendung von Art. 27 ergibt sich diese Rechtsfolge nicht aus dem Abkommen; es ist vielmehr eine Frage des innerstaatlichen Rechts des ersuchenden Staates, inwieweit auch von ausländischen Behörden durchgeführte Vollstreckungsmaßnahmen die innerstaatliche Verjährung des Steueranspruchs beeinflussen. Für Deutschland s. Tz. 1.6 des BMF-Merkblattes, wonach Maßnahmen der ersuchten Behörde für die Unterbrechung der Verjährung (§ 231 AO) die gleiche Wirkung wie entsprechende Maßnahmen einer deutschen Finanzbehörde haben; so ausdrücklich auch Art. 5 Abs. 2 Amtshilfeabkommen *Niederlande.* Zu beachten ist, dass der Entwurf des *DBA Niederlande 2012* in Art. 28 Amtshilfe entsprechend dem MA vorsieht. Für Österreich s. *Tüchler,* in Lang/Schuch/Staringer, S. 117 (136).

e) Bevorzugte Befriedigung: Steuerforderungen genießen in vielen Staaten 72
ein Vorrecht bei der Berichtigung von Konkursforderungen. In Deutschland war dies bis zum 1.1.1999 nach § 61 Nr. 2 KO der Fall. Derartige Regelungen über bevorzugte Befriedigung dienen ausschließlich dem Interesse der Sicherung des nationalen Steueranspruchs. Sie finden auf die Beitreibung ausländischer Steuerforderungen keine Anwendung. Der ausländische Steueranspruch wird damit im Insolvenzverfahren wie eine sonstige Forderung behandelt.

II. Deutsche DBA

1. Keine Regelung entsprechend Art. 27 Abs. 5 enthalten die *DBA China 2014 (E),* 73
Costa Rica 2014 (E), Frankreich und *USA* sowie der *Rechtshilfevertrag Österreich.*

Diese Abkommen verweisen damit für die Vollstreckung uneingeschränkt auf das Recht des ersuchten Vertragsstaates. Nach Ansicht des BMF sollen jedoch dessen ungeachtet die Regelungen des ersuchten Vertragsstaates über die Zahlungsverjährung nicht zur Anwendung kommen (BMF-Merkblatt, Tz. 1.6). Nach dem Abkommenstext ist dies zumindest zweifelhaft. Die Ansicht des BMF lässt sich allenfalls darauf stützen, dass – im Unterschied zum MA, das eine Verweisung auf die Vorschriften des ersuchten Staates über die Erhebung und Vollstreckung seiner Steuerforderungen enthält – die DBA lediglich auf das Vollstreckungsrecht des ersuchten Staates und damit in Deutschland als ersuchtem Staat auf den sechsten Teil der AO verweisen, während die Vorschriften über die Zahlungsverjährung Teil des Erhebungsverfahrens sind. Die *DBA Frankreich* und *Luxemburg 1958/2009* beziehen sich auf „die Gesetze für die Einziehung und Beitreibung der eigenen Steuern", der *Rechtshilfevertrag Österreich* auf die Vorschriften betreffend die „Art und Weise" der Vollstreckung.

74 **2.** Die *DBA Belgien* und *Norwegen 1991,* sowie die *Rechtshilfeverträge Finnland* und *Italien* regeln nur die Nichtanwendbarkeit der Vorschriften des ersuchten Staates über die bevorzugte Befriedigung von Steuerforderungen. Für die Verjährung gelten damit die Ausführungen oben zu den *DBA Frankreich, Luxemburg 1958/2009* und *USA.*

75 **3.** Das *DBA Kanada* regelt lediglich das Verhältnis des Steueranspruchs des ersuchenden Staates zu etwaigen Steueransprüchen des ersuchten Staates und stellt klar, dass der ersuchte Staat dem zur Beitreibung anerkannten Steueranspruch keinen höheren Rang zuerkennen muss als seinen eigenen Steueransprüchen. Das DBA schließt jedoch nicht generell die Anwendung von Vorschriften über die bevorzugte Befriedigung von Steuerforderungen auf die Forderung des ersuchenden Staates aus.

G. Zu Art. 27 Abs. 6

I. Musterabkommen

1. Übereinstimmungen und Abweichungen

76 Das UN-MA entspricht dem OECD-MA. Das US-MA enthält keine entsprechende Regelung.

2. OECD-MA

77 **a) Grundzüge:** Art. 27 Abs. 6 enthält Bestimmungen über den Rechtsschutz gegen Maßnahmen der zwischenstaatlichen Vollstreckungshilfe. Die Vorschrift ist als Negativvorschrift abgefasst; sie bestimmt lediglich, dass der Rechtsweg im ersuchten Vertragsstaat für Einwendungen gegen den Bestand, die Gültigkeit oder die Höhe des Steueranspruchs nicht offen steht. Sie enthält im Übrigen keine Regelung über das Rechtsschutzverfahren. Zweck der Vorschrift ist damit lediglich, etwaige Zweifel darüber auszuschließen, dass der Vollstreckungstitel selbst, der nach dem Recht des ersuchenden Vertragsstaates Rechtswirkung erlangte, auch nur in diesem Staat angefochten werden kann. Die Vorschrift betrifft sowohl den Rechtsschutz bei Vollstreckungsmaßnahmen nach Art. 27 Abs. 3 als auch bei Sicherungsmaßnahmen nach Art. 27 Abs. 4.

78 **b) Regelung: Einwendungen** gegen den **Bestand,** die **Gültigkeit** oder die **Höhe** des zu vollstreckenden Steueranspruchs können **nicht bei den Gerichten oder Verwaltungsbehörden des ersuchten Staates** geltend gemacht werden.

c) Art. 27 Abs. 6 unterscheidet implizit zwischen Rechtsschutz im Gerichts- oder Verwaltungsverfahren **gegen den zu vollstreckenden Verwaltungsakt** und Rechtsschutz **gegen die durchgeführten Vollstreckungsmaßnahmen.** Die Vorschrift nimmt damit Bezug auf Abs. 3 S. 2 und Abs. 4 S. 2, wonach sich die Frage, ob ein zu vollstreckender Steueranspruch entstanden ist, nach dem Recht des ersuchenden Vertragsstaates, die Durchführung der Vollstreckungshandlungen dagegen nach dem Recht des ersuchten Vertragsstaates richtet. Die Gerichte und Verwaltungsbehörden des ersuchten Staates sollen nicht mit der Aufgabe konfrontiert werden, das Recht des ersuchenden Staates auslegen und Tatsachenermittlung im ersuchenden Vertragsstaat vornehmen zu müssen. Der Steuerschuldner kann damit im ersuchten Vertragsstaat z. B. nicht die Einwendung erheben, dass er die Steuerschuld bereits beglichen habe. Ist dies der Fall, so hat der Steuerschuldner den ersuchenden Vertragsstaat, ggf. mittels Einlegung von Rechtsmitteln, dazu anzuhalten, das Amtshilfeersuchen zurückzunehmen. 79

d) Die Beschränkung des Rechtsschutzes im ersuchten Vertragsstaat verletzt aus deutscher Sicht grundsätzlich nicht **die Rechtsschutzgarantie des Art. 19 Abs. 4 GG.** Allerdings ist zu fordern, dass gegen den in Deutschland vollstreckten ausländischen Verwaltungsakt im anderen Vertragsstaat ein Maß an Rechtsschutz tatsächlich eröffnet war, das gewissen Mindestanforderungen an Rechtsstaatlichkeit genügt. Hierzu gehört die Möglichkeit des Rechtswegs vor unabhängige und unparteiische Gerichte, ein Mindestmaß an gehörigem Verfahren, insbesondere die Gewährleistung des rechtlichen Gehörs und rechtskundigen Beistands, sowie eine hinreichende, dem Rechtsschutzbegehren angemessene Prüfungs- und Entscheidungsmacht der Gerichte über das Rechtsschutzbegehren (BVerfGE 63, 343 zum *Rechtshilfevertrag Österreich in Zoll-, Verbrauchsteuer- und Monopolangelegenheiten*). Dass Verwaltungsbehörden und Gerichte des ersuchenden Vertragsstaates nicht befugt sind, die in Ausübung hoheitlicher Gewalt durchgeführten Vollstreckungsmaßnahmen des ersuchten Staates einer rechtlichen Überprüfung zu unterziehen, ergibt sich unabhängig von der DBA-Regelung bereits aus dem allgemeinen Völkerrecht (s. *Miller v. US,* 955 F. Supp. 795 (N. D. Ohio 1996), *DBA Niederlande/USA*). 80

II. Deutsche DBA

Keine Regelungen entsprechend Art. 27 Abs. 6 enthalten die *DBA Dänemark, Kanada, Polen* und *Schweden*. Aufgrund des lediglich klarstellenden Charakters der Vorschrift ergibt sich hierbei keine andere Rechtslage als in den Fällen, in denen ein DBA eine entsprechende Regelung enthält. 81

H. Zu Art. 27 Abs. 7

I. Musterabkommen

1. Übereinstimmungen und Abweichungen

Das UN-MA entspricht dem OECD-MA. Das US-MA enthält keine entsprechende Regelung. 82

2. OECD-MA

a) Grundzüge: Die Vorschrift soll sicherstellen, dass Vollstreckungs- oder Sicherungsmaßnahmen im ersuchten Vertragsstaat nur solange durchgeführt werden, solange die Voraussetzungen für Vollstreckungs- oder Sicherungsmaßnahmen im 83 ersuchenden Staat vorliegen. Fallen diese Voraussetzungen im Laufe des Vollstreckungs- oder Sicherungsverfahrens weg, so ist der ersuchte Staat davon in Kenntnis zu setzen. Dieser kann entweder die Aussetzung oder die Rücknahme des Amtshilfeersuchens fordern.

84 **b) Regelung:** Fallen im **Zeitraum zwischen Stellung und Abschluss des Amtshilfeersuchens** im ersuchenden Vertragsstaat die **Voraussetzungen für die Vollstreckbarkeit oder die Vornahme von Sicherungsmaßnahmen** weg, so ist der ersuchte Vertragsstaat hiervon unverzüglich **in Kenntnis zu setzen.** Der ersuchende Vertragsstaat hat **nach Wahl des ersuchten Staates** entweder **das Amtshilfeersuchen auszusetzen oder zurückzunehmen.**

85 **c)** Die Vorschrift regelt im Grundsatz etwas Selbstverständliches: Wie bei einer Vollstreckung im rein nationalen Bereich ist auch bei zwischenstaatlicher Vollstreckungshilfe die Vollstreckungs- oder Sicherungsmaßnahme zu beenden, wenn die Voraussetzungen hierfür nicht mehr vorliegen. Da sich die Voraussetzungen für die Vollstreckung nach dem Recht des ersuchenden Staates beurteilen, ist in der Praxis erforderlich, dass der ersuchte Staat vom Wegfall der Vollstreckungsvoraussetzungen in Kenntnis gesetzt wird. Der Kern von Art. 27 Abs. 7 ist damit die **Verpflichtung des ersuchenden Vertragsstaates zur unverzüglichen Unterrichtung** des ersuchten Vertragsstaates. Art. 27 Abs. 7 regelt nur diese Verpflichtung; die Unterrichtung als solche erfolgt als Maßnahme des zwischenstaatlichen Informationsaustausches nach **Art. 26.** Die Verpflichtung des ersuchenden Staates besteht bis zum vollständigen Abschluss des Amtshilfeverfahrens, also auch dann noch, wenn zwar die Vollstreckungsmaßnahme im ersuchten Staat bereits beendet ist, der erhobene Betrag aber noch nicht an den ersuchenden Staat überwiesen wurde.

86 **d)** Die Unterlassung der Unterrichtung begründet eine **Schadensersatzverpflichtung** des ersuchenden Vertragsstaates. Er hat dem ersuchten Vertragsstaat – unabhängig von der generellen Kostenregelung für die Vollstreckungshilfe – sämtliche Kosten zu ersetzen, die dieser für Vollstreckungsmaßnahmen nach Eintritt des Wegfalls der Vollstreckungsvoraussetzungen aufgewandt hat. Ein unmittelbarer Schadensersatzanspruch des Steuerschuldners ergibt sich aus einem DBA dagegen nicht; er kann jedoch aus den nationalen Amtshaftungsvorschriften des ersuchenden Vertragsstaates folgen.

87 **e)** Das MA überlässt die Entscheidung über die nach Wegfall der Amtshilfevoraussetzungen zu treffenden Maßnahmen dem ersuchten Vertragsstaat. Dieser kann entweder die **Rücknahme** oder die **Aussetzung des Amtshilfeersuchens** verlangen. Man wird den ersuchten Vertragsstaat auch als berechtigt ansehen müssen, Vollstreckungsmaßnahmen im Zuge der Amtshilfe einzustellen, sobald er vom Wegfall der Amtshilfevoraussetzungen Kenntnis erlangt.

II. Deutsche DBA

88 Art. 27 Abs. 5 *DBA Kanada* regelt, dass der ersuchende Vertragsstaat, falls er nach den Vorschriften seines innerstaatlichen Rechts im Laufe der Durchführung eines Amtshilfeersuchens das Recht auf Beitreibung verliert, das Amtshilfeersuchen unverzüglich zurückzuziehen hat. Die *DBA Dänemark* und *Schweden* verpflichten den ersuchenden Vertragsstaat, den ersuchten Vertragsstaat unverzüglich von der Einlegung eines Rechtsbehelfs gegen den Vollstreckungstitel zu unterrichten. Nach Eingang einer derartigen Mitteilung hat der ersuchte Staat das Beitreibungsverfahren auszusetzen, bis über den Rechtsbehelf entschieden ist. Auch soweit deutsche Abkommen keine entsprechende Regelung enthalten, wird man die Vertragsstaa-

ten unter Berücksichtigung des Sinns und Zwecks der Amtshilfevorschrift für verpflichtet halten müssen, sich gegenseitig über den Wegfall der Voraussetzungen für die Vollstreckbarkeit oder Sicherungsmaßnahmen zu informieren. Ein sachlicher Unterschied zu Art. 27 Abs. 7 besteht damit nur insoweit, als aus dem generellen Sinn und Zweck der Vorschrift nicht weiter gehend auch ein Wahlrecht des ersuchten Staates zwischen Anspruch auf Rücknahme oder Aussetzung des Amtshilfeersuchens abzuleiten ist. Die Entscheidung, ob er das Amtshilfeersuchen zurücknimmt oder aussetzt, liegt damit beim ersuchenden Vertragsstaat.

I. Zu Art. 27 Abs. 8

I. Musterabkommen

1. Übereinstimmungen und Abweichungen

Das UN-MA entspricht dem OECD-MA. Das US-MA enthält keine ausdrückliche Regelung über die Subsidiarität der Amtshilfe und die Verweigerung von Amtshilfe bei Unverhältnismäßigkeit der Kosten. 89

2. OECD-MA

a) Grundzüge: Art. 27 Abs. 8 regelt Ausnahmen von der vertraglichen Amtshilfeverpflichtung. Um echte Ausnahmen handelt es sich allerdings, ähnlich wie bei Art. 26 Abs. 3, nur zum Teil. Teilweise wird nur deklaratorisch festgestellt, was sich bereits aus der Auslegung von Art. 27 Abs. 1 bis 7 oder, soweit auf den ordre public verwiesen wird, aus dem allgemeinen Völkerrecht ergibt. 90

b) Regelung: Nach Art. 27 Abs. 8 ist ein Vertragsstaat **nicht verpflichtet** 91
- zur Durchführung von **Verwaltungsmaßnahmen,** die von den **Gesetzen oder der Verwaltungspraxis** eines der Vertragsstaaten **abweichen;**
- zur Durchführung von Verwaltungsmaßnahmen, die der **öffentlichen Ordnung** widersprächen;
- zur Leistung von Amtshilfe, falls der ersuchende Vertragsstaat seine **innerstaatlichen Vollstreckungsmöglichkeiten nicht vollständig ausgeschöpft hat;**
- zur Leistung von Amtshilfe, soweit deren **Aufwand in eindeutigem Missverhältnis zu dem Nutzen für den anderen Vertragsstaat** steht.

c) Art. 27 Abs. 8 befasst sich **ausschließlich** mit der **völkerrechtlichen Verpflichtung** zur Amtshilfe. Liegt einer der Tatbestände des Abs. 8 vor, so besteht keine Verpflichtung zur Leistung von Amtshilfe. Diese wird vielmehr in das **Ermessen** des ersuchten Staates gestellt. Entschließt er sich zur Leistung von Amtshilfe, so wird diese weiterhin auf der Grundlage von Art. 27 geleistet. Allerdings kann das nationale Recht des ersuchten Staates die Ermessensausübung auf Null reduzieren. Dies ist nach deutschem Recht etwa der Fall, wenn die Gewährleistung der öffentlichen Ordnung einer Amtshilfeleistung entgegensteht (s. dazu Art. 26 Rz 112). 92

d) Zur Durchführung von Verwaltungsmaßnahmen, die **von den Gesetzen oder der Verwaltungspraxis eines der Vertragsstaaten abweichen,** vgl. Art. 26 Rz. 99 ff. Die Maßgeblichkeit von Gesetzen und Verwaltungspraxis sowohl des ersuchten als auch des ersuchenden Staates steht nicht in Widerspruch zur Regelung in Art. 27 Abs. 3 und 4, wonach für die Durchführung der Vollstreckungsmaßnahme ausschließlich das Recht des ersuchten Staates einschlägig ist. Art. 27 beabsichtigt lediglich, die Vollstreckungsmöglichkeiten für einen Steueranspruch **territorial,** nicht aber ihren Umfang zu erweitern. Außerdem soll, wie beim Informationsaustausch, das **Prinzip der Gegenseitigkeit** gewahrt werden (s. Art. 26 93

Rz. 101). Ist somit der ersuchende Vertragsstaat zu einer bestimmten Vollstreckungsmaßnahme nicht in der Lage, so soll auch der ersuchte Staat hierzu nicht verpflichtet sein. Der MA-Komm. führt in Ziff.32 als Beispiele die Durchführung von Sicherungsmaßnahmen, falls der ersuchende Vertragsstaat hierzu nicht in der Lage ist, und den Arrest in Vermögensgegenstände auf. Ziff. 33 des MA-Komm. stellt klar, dass die Vorschrift nicht die Anwendung der Verjährungsvorschriften des ersuchten Vertragsstaates betrifft. Dies folgt bereits daraus, dass Art. 27 Abs. 5 hierzu eine Spezialregelung enthält.

94 **e)** Zum **Vorbehalt der öffentlichen Ordnung** s. die Erläuterungen zu Art. 26 Rz. 112. Im Bereich der Beitreibungshilfe liegt nach der Rechtsprechung des EuGH ein Verstoß gegen die öffentliche Ordnung vor, wenn dem im ersuchten Vertragsstaat ansässigen Vollstreckungsschuldner der Vollstreckungstitel nicht in einer der Amtssprachen des Ansässigkeitsstaates zugestellt wurde (EuGH v. 14.1.2010, Rs C-233/08, Slg. 2010-I, 177 – *Kyrian*). Zum Verstoß gegen den ordre public im Falle der Zustellung einer in ausländischer Sprache abgefassten Zahlungsaufforderung ohne Rechtsbehelfsbelehrung s. BFH BStBl. II 2011, 401 und FG München v. 4.4.2012, DStRE 2013, 745.

95 **f)** Art. 27 Abs. 8 regelt ferner die **Subsidiarität der Amtshilfe** im Verhältnis zu nationalen Vollstreckungsmaßnahmen. Im Falle des zwischenstaatlichen Informationsaustausches ergibt sich die Subsidiarität der Amtshilfe bereits aus der in Art. 26 Abs. 1 genannten Voraussetzung, dass die Information für das Besteuerungsverfahren **voraussichtlich erheblich** sein muss (s. Art. 26 Rz. 34f.). Art. 27 dagegen stellt nicht auf die Erforderlichkeit der Amtshilfe ab, sondern regelt die Subsidiarität ausdrücklich in Abs. 8 Buchst. c. Während nach der EU-BeitreibungsRL ein Ersuchen um Beitreibungshilfe **nicht zulässig** ist, solange die im ersuchenden Staat bestehenden Beitreibungsmöglichkeiten nicht in zumutbarer Weise ausgeschöpft wurden, begnügt sich Art 27 MA mit einer **faktischen Subsidiarität.** Der ersuchende Staat ist rechtlich nicht an der vorzeitigen Stellung eines Ersuchens gehindert, jedoch ist der ersuchte Staat zur Amtshilfe nicht verpflichtet, falls der ersuchende Staat die ihm zur Verfügung stehenden Vollstreckungs- oder Sicherungsmaßnahmen noch nicht vollständig ausgeschöpft hat. Allerdings ist die Subsidiarität beschränkt auf „vertretbare“ oder „angemessene“ (der englische Originaltext verwendet den Ausdruck „reasonable“) Vollstreckungsmaßnahmen. Dies schließt auch eine wirtschaftliche Abwägung mit ein; ist eine Vollstreckungshandlung in einem Vertragsstaat mit erheblichem Aufwand, Kosten oder Risiko verbunden und erscheint eine Vollstreckung im anderen Vertragsstaat als wesentlich effizientere und erfolgversprechendere Maßnahme, so kann der erstgenannte Vertragsstaat sofort um Amtshilfe ersuchen. Anders wird sich die Rechtslage darstellen, wenn lediglich zweifelhaft ist, ob die gesamte Steuerforderung durch Vollstreckungsmaßnahmen im ersuchenden Vertragsstaat beigetrieben werden kann. In diesem Fall ist zunächst die Vollstreckung in diesem Staat abzuschließen, bevor eine Verpflichtung des anderen Vertragsstaat entsteht, Beitreibungshilfe zu leisten. Eine engere Gestaltung des Subsidiaritätsprinzips ergibt sich aus dem deutschen nationalen Recht (s. *Seer,* in Tipke/Kruse, § 117 Rz. 11). Das BMF-Merkblatt weist in Tz. 2.2.1.1 darauf hin, dass Beitreibungshilfe erst in Anspruch zu nehmen ist, wenn die im Inland getroffenen Maßnahmen nicht zur vollständigen Tilgung der Forderung führen werden.

96 **g)** Die Einschränkung der Amtshilfeverpflichtung im Falle einer **Unverhältnismäßigkeit der Kosten** ist lediglich ein spezieller Anwendungsfall des Art. 27 Abs. 8 Buchst. a. S. dazu Art. 26 Rz. 100.

97 **h)** Art. 27 regelt nicht ausdrücklich, dass Vollstreckungshilfe auch nicht zu leisten ist, wenn sie zu einer Besteuerung führen würde, **die dem betreffenden**

DBA widerspricht. Diese Einschränkung ergibt sich bereits aus den allgemeinen Grundsätzen über die Auslegung von DBA.

3. US-MA

Das US-MA sieht eine Ablehnung eines Amtshilfeersuchens nicht vor, wenn das Recht und die Verwaltungspraxis des ersuchenden Staates die betreffende Vollstreckungsmaßnahme nicht gestatten würden; als Ablehnungsgrund kommt ausschließlich entgegenstehendes Recht und Verwaltungspraxis des ersuchten Staates in Frage. Das US-MA sieht auch nicht vor, dass der ersuchende Staat vor Stellung des Amtshilfeersuchens seine eigenen Vollstreckungs- und Sicherungsmöglichkeiten auszuschöpfen hat. Da die Amtshilfe auf die Verhinderung des Abkommensmissbrauchs beschränkt ist, hat jeder Vertragsstaat das in seiner Macht Stehende zu tun, um die Beitreibung des nach dem Abkommen geschuldeten Steuerbetrags zu gewährleisten. **98**

II. Deutsche DBA

Die deutsche Abkommenspraxis unterscheidet sich in den folgenden Fällen von Art. 27 Abs. 8:

1. Das *DBA Schweden* entspricht weitgehend dem MA, anstelle einer Ermesseneinräumung enthält es jedoch ein **Amtshilfeverbot,** falls die Amtshilfemaßnahme nach dem Recht eines der beiden Vertragsstaaten nicht vorgenommen werden könnte oder einer allgemeinen Verwaltungsanweisung widersprechen würde; Gleiches gilt für den Fall der Beeinträchtigung der öffentlichen Ordnung. **99**

2. Ebenfalls weitgehend dem MA entsprechen die *DBA Großbritannien 2010* und *Irland 2011*, die eine Amtshilfeverpflichtung zusätzlich zu den im MA aufgeführten Fällen auch dann ausschließen, wenn die Steuern, für die Amtshilfe erbeten wird, nach Auffassung des ersuchten Staates **entgegen allgemein anerkannten Besteuerungsgrundsätzen erhoben** werden (s. hierzu Ziff. 37 MA-Komm.). **99a**

3. Die *DBA China 2014 (E), Costa Rica 2014 (E), Kanada* und *USA* enthalten keine Regelung über die Subsidiarität der Amtshilfe. Im Falle des *DBA USA 1989/2006* ist dies darauf zurückzuführen, dass die Amtshilfe auf die Verhinderung des Abkommensmissbrauchs beschränkt ist. Für die Anwendung des *DBA Kanada* kann die Subsidiarität in einer Verwaltungsvereinbarung nach Art. 27 Abs. 10 *DBA Kanada* festgelegt werden. **100**

4. Das *DBA Kanada* sieht auch nicht vor, dass Verwaltungsmaßnahmen, die von den Rechtsvorschriften oder Verwaltungspraktiken des **ersuchenden Vertragsstaates** abweichen, nicht durchzuführen sind. Damit kann die Amtshilfe nur mit dem Hinweis auf entgegenstehendes Recht oder Verwaltungspraxis des **ersuchten Vertragsstaates** abgelehnt werden. Zwar ist die Vorschrift des Art. 27 Abs. 9 *DBA Kanada* insoweit nicht vollständig klar, jedoch ergibt sich diese Auslegung aus einem Umkehrschluss zu Art. 26 Abs. 2 des Abkommens, der im Gegensatz zu Art. 27 ausdrücklich auf Recht und Verwaltungspraxis beider Vertragsstaaten verweist. **101**

5. Die *Rechtshilfeverträge Finnland, Italien* und *Österreich* enthalten nur unvollständige Regelungen über die Möglichkeit zur Ablehnung von Amtshilfeersuchen. Sie regeln insbesondere, dass der ersuchte Vertragsstaat keine Zwangsmittel anwenden darf, die im ersuchenden Vertragsstaat in einem entsprechenden Fall unzulässig wären. Der *Rechtshilfevertrag Italien* enthält einen Vorbehalt zur Gewährleistung der **102**

nationalen Hoheitsrechte und Sicherheit, der *Rechtshilfevertrag Österreich* erlaubt die Ablehnung eines Rechtshilfeersuchens bei Gefährdung wesentlicher Interessen.

103 **6. Keine Regelung** entsprechend Art. 27 Abs. 8 enthalten die *DBA Belgien, Frankreich* und *Norwegen 1991.* Dies bedeutet: Der ersuchte Staat kann ein Amtshilfeersuchen unter Berufung auf entgegenstehendes eigenes Recht und eigene Verwaltungspraxis ablehnen. Dies ergibt sich aus Art. 27 Abs. 3 S. 2 und Abs. 4 S. 2, wonach die Amtshilfe unter Berücksichtigung des Rechts und der Verwaltungspraxis des ersuchten Staates zu leisten ist. Dies beinhaltet die Beachtung des Prinzips der Wirtschaftlichkeit des Verwaltungshandelns, wie es in Art. 27 Abs. 8 Buchst. d zum Ausdruck kommt. Ein Amtshilfeersuchen kann ferner unter Berufung auf die öffentliche Ordnung nach allgemeinen völkerrechtlichen Grundsätzen abgelehnt werden (s. Art. 26 Rz. 112).

Artikel 28*. Mitglieder diplomatischer Missionen und konsularischer Vertretungen

Text: OECD-Musterabkommen (OECD-MA)

Dieses Abkommen berührt nicht die steuerlichen Vorrechte, die den Mitgliedern diplomatischer Missionen und konsularischer Vertretungen nach den allgemeinen Regeln des Völkerrechts oder auf Grund besonderer Übereinkünfte zustehen.

Text: Deutsche Verhandlungsgrundlage (DE-VG)

Artikel 29. Mitglieder diplomatischer Missionen und konsularischer Vertretungen

Dieses Abkommen berührt nicht die steuerlichen Vorrechte, die den Mitgliedern diplomatischer Missionen und konsularischer Vertretungen nach den allgemeinen Regeln des Völkerrechts oder auf Grund besonderer Übereinkünfte zustehen.

Text: US-Musterabkommen (US-MA)

Dieses Abkommen berührt nicht die steuerlichen Vorrechte, die den Mitgliedern diplomatischer Missionen und konsularischer Vertretungen nach den allgemeinen Regeln des Völkerrechts oder auf Grund besonderer Übereinkünfte zustehen.

Inhalt

Literatur: *Borsetto,* in Hohenwarter/Metzler, Taxation of Employment Income in International Tax Law (2009), S. 393; *Kramer,* Die Besteuerung der Bediensteten Internationaler Organisationen unter besonderer Berücksichtigung der Rechtslage in der Bundesrepublik Deutschland (1977); *Zeileissen,* Die abgabenrechtlichen Privilegien in den diplomatischen und konsularischen Beziehungen (1971). 1

* Nummerierung geändert durch OECD-MA 2003.

Text: OECD-Kommentar (MA-Kommentar)

__1. [Zielsetzung]__ Diese Bestimmung soll sicherstellen, dass die Mitglieder diplomatischer Missionen und konsularischer Vertretungen auf Grund eines Doppelbesteuerungsabkommens keine weniger günstige Behandlung erfahren als die, welche ihnen nach dem Völkerrecht oder nach besonderen zwischenstaatlichen Übereinkünften zusteht.

__2. [Vermeidung von Doppelbefreiungen]__ Das Zusammentreffen der Bestimmungen eines Doppelbesteuerungsabkommens mit den nach den allgemeinen Regelungen des Völkerrechts oder nach besonderen zwischenstaatlichen Übereinkünften bestehenden diplomatischen oder konsularischen Vorrechten kann unter bestimmten Umständen in beiden Vertragsstaaten eine Befreiung von den sonst zu entrichtenden Steuern zur Folge haben. So kann z. B. ein Diplomat des Staates A, der beim Staat B beglaubigt (akkreditiert) ist und aus dem Staat A stammende Lizenzgebühren oder Dividenden bezieht, im Staat B mit diesen Einkünften auf Grund des Völkerrechts nicht besteuert werden und außerdem, je nach den Bestimmungen des Abkommens zwischen den beiden Staaten, als eine im Staat B ansässige Person im Staat A in Bezug auf diese Einkünfte Anspruch auf Steuerbefreiung oder -ermäßigung haben. Zur Vermeidung solcher nicht beabsichtigter Steuerentlastungen können die Vertragsstaaten zweiseitig eine zusätzliche Bestimmung etwa folgenden Wortlauts vereinbaren:

> *„Soweit Einkünfte oder Vermögen im Empfangsstaat wegen der den Mitgliedern diplomatischer Missionen und konsularischer Vertretungen nach den allgemeinen Regeln des Völkerrechts oder auf Grund besonderer zwischenstaatlicher Übereinkünfte zustehenden steuerlichen Vorrechte nicht besteuert werden, steht das Besteuerungsrecht dem Entsendestaat zu."*

__3. [Ansässigkeit im Entsendestaat]__ Nach dem innerstaatlichen Recht vieler Mitgliedstaaten der OECD gelten die Mitglieder diplomatischer Missionen und konsularischer Vertretungen während ihres Auslandsaufenthaltes für Steuerzwecke als im Entsendestaat ansässig. Im zweiseitigen Verhältnis können die Mitgliedstaaten, deren innerstaatliches Recht solche Vorschriften enthält, einen Schritt weitergehen, indem sie im Abkommen ausdrücklich vorsehen, dass für das Abkommen die Mitglieder der diplomatischen Missionen und konsularischen Vertretungen der Vertragsstaaten als im Entsendestaat ansässig gelten. Eine derartige zusätzliche Bestimmung könnte etwa folgenden Wortlaut haben:

> *„Ungeachtet des Artikels 4 gilt eine natürliche Person, die Mitglied einer diplomatischen Mission oder einer konsularischen Vertretung eines Vertragsstaats ist, die im anderen Vertragsstaat oder in einem dritten Staat gelegen ist, für die Zwecke dieses Abkommens als im Entsendestaat ansässig, wenn sie*
> *a) nach dem Völkerrecht im Empfangsstaat mit Einkünften aus Quellen außerhalb dieses Staates oder mit außerhalb dieses Staates gelegenem Vermögen nicht steuerpflichtig ist und*
> *b) im Entsendestaat den gleichen Verpflichtungen bezüglich der Steuer von ihrem gesamten Einkommen oder vom Vermögen unterworfen ist wie die in diesem Staat ansässigen Personen."*

__4. [Geltungsbereich]__ Nach Artikel 4 Absatz 1 gelten die bei einem Vertragsstaat beglaubigten Mitglieder einer diplomatischen Mission oder einer konsularischen Vertretung nicht als im Empfangsstaat ansässig, wenn sie dort nur beschränkt steuerpflichtig sind (vgl. Ziffer 8 des Kommentars zu Artikel 4). Dies gilt auch für internationale Organisationen in einem Vertragsstaat und ihre Beamten, da diese gewöhnlich im Rahmen des Gründungsübereinkommens oder -vertrags oder eines Vertrags zwischen der Organisation und dem aufnehmenden Staat gewisse steuerliche Vorrechte genießen. Vertragsstaaten, die diese Frage ausdrücklich regeln oder unerwünschte Steuervorteile verhindern wollen, können den Artikel wie folgt ergänzen:

„Dieses Abkommen gilt nicht für internationale Organisationen, deren Organe oder Beamten und für Personen, die Mitglieder einer diplomatischen Mission oder einer konsularischen Vertretung eines dritten Staates sind und die sich in einem Vertragsstaat aufhalten und in keinem der Vertragsstaaten für die Zwecke der Steuern vom Einkommen oder Vermögen als ansässig gelten."

Dies bedeutet, dass internationale Organisationen, deren Organe oder Beamten, die in einem Vertragsstaat nur mit den Einkünften aus den in diesem Staat gelegenen Quellen steuerpflichtig sind, das Abkommen nicht in Anspruch nehmen können.

5. ***[Honorarkonsuln]*** *Obwohl Honorarkonsuln aus den Bestimmungen des Artikels keine Vorrechte ableiten können, die ihnen nicht schon auf Grund der allgemeinen Regeln des Völkerrechts zustehen (im allgemeinen sind nur Beträge steuerfrei, die den Honorarkonsuln als Ersatz für Auslagen zufließen, die sie für den Entsendestaat haben), können die Vertragsstaaten durch zweiseitige Vereinbarungen die Honorarkonsuln von der Anwendung des Artikels ausdrücklich ausschließen.*

Bemerkungen zum Kommentar

6. [gestrichen]

Text: Stellungnahme von Nichtmitgliedstaaten zum OECD-MA (OECD-NM)

Position on the Article

1. Considering that ***Hong Kong, China*** *is not a sovereign state but a special administrative region of the People's Republic of China, Hong Kong, China reserves the right to replace "diplomatic missions" by "government missions" in this Article.*

I. Musterabkommen

1. Übereinstimmung

Die Musterabkommen stimmen inhaltlich überein. 2

2. Erläuterungen

Literatur: *Bishop,* AJIL Bd. 46 (1952) S. 239; *Blaubergs,* Georgia Journal of International and Comparative Law 1982, 429; *Chip/Snider,* BIFD 1982, 243; *Debatin,* FR 1981, 580; *Hundt,* IWB F. 10 Gr. 2, 307; *Kramer,* S. 1 ff.; *Lang,* StuW 1975, 285; *Menétrey,* RDADF Bd. 29 (1973) S. 225 (297); *ders.,* RDADF Bd. 34 (1978) S. 1 (73); *rr,* FR 1981, 242; *Streck,* StuW 1973, 119; *ders.,* FR 1975, 261; *Stulemeijer,* WFR 1986, 57; *Veiel,* StuW 1942, Sp. 551. 3

Verwaltungsanweisungen: BMF v. 16.9.2008, BStBl. I 2008, 886; BMF v. 18.12.2009, BStBl. I 2010, 15; BMF v. 2.11.1981 BStBl. I 1981, 654; BMF v. 23.2.1999, BStBl. I, 1999, 405; BMF v. 27.5.1981, DStR 1981, 441; BMF v. 8.8.2008, BStBl. I 2008, 835; BMF vom 25.5.1987, DStZ 1987, 227; FinMin Nds v. 11.7.1967, DB 1967, 1199; FinMin Nds. v. 26.1.1995, FR 1995, 241; FinMin NRW v. 25.11.1974, NWB Dok. StR F. 3 §§ 43–45 EStG Rz. 2/75; NdsFinMin vom 26.1.1995, FR 1995, 241; ÖstBMF v. 13.11.1995, SWI 1996, 7; ÖstBMF v. 15.11.1995, SWI 1996, 3; SenVerwFin Berlin v. 8.11.1994, IStR 1995, 85; Verwaltungsanordnung der Bundesregierung vom 13.10.1950, BAnz. 1950 Nr. 212; ÖstBMF v. 8.11.1996, SWI 1996, 515; ÖstBMF v. 8.5.2000, SWI 2000, 381.

a) Grundzüge: Art. 28 enthält einen Vorbehalt zugunsten der völkervertrags- 3a
bzw. völkergewohnheitsrechtlich geregelten steuerlichen Privilegien des diplomatischen und konsularischen Personals. Ausgangspunkt der Regelung ist der Umstand, dass hier zwei Gruppen völkerrechtlicher Normen, die sich auf das Steuerrecht

beziehen, zueinander in Widerspruch geraten können: Regeln des Gesandtschafts- und Konsularrechts und die Normen der DBA. Art. 28 stellt für diesen Fall klar, dass die Regeln des Diplomaten- und Konsularrechts denen der DBA vorgehen. Der Sache nach ist das ein Anwendungsfall der allgemeinen Regel, dass die DBA Steuerpflichten nicht erweitern, sondern nur begrenzen (s. die Grundl. Rz. 65), dass sie also Rechte der Steuerpflichtigen, die sich aus den Steuergesetzen der Vertragsstaaten ergeben, nicht mindern, ebenso nicht Rechte aus sonstigen Abkommen der Vertragsstaaten oder aus multilateralen Abkommen, denen die Vertragsstaaten beigetreten sind.

4 **b) Regelung:** Die **steuerlichen Vorrechte,** die den Mitgliedern **diplomatischer Missionen und konsularischer Vertretungen** nach den **allgemeinen Regeln des Völkerrechts** oder **besonderen Übereinkünften** zustehen, **bleiben von den Regeln der DBA unberührt.** Die Änderung des MA und des MA-Komm. von 1994 hat den Ausdruck „Diplomaten und Konsularbeamte" durch den Ausdruck „Mitglieder diplomatischer Missionen und konsularischer Vertretungen" ersetzt. Durch diese Änderung soll der Wortlaut von Art. 28 (bisher Art. 27) an die Terminologie der Wiener Übereinkommen über diplomatische Beziehungen sowie über konsularische Beziehungen angepasst werden. Eine inhaltliche Änderung der Vorschrift ist nicht damit verbunden. Dies gilt ebenso für die Streichung des Begriffs „ständige Vertretung" aus dem MA-Komm.

5 **c) Steuerliche Vorrechte** der Angehörigen diplomatischer Missionen und konsularischer Vertretungen sind als sog. **fiskalische Immunität** Ausfluss der Befreiung der Auslandsvertreter der Staaten von bestimmten Pflichten im anderen Staat (nicht der sog. „Exterritorialität" des Botschaftsgebäudes, in dem sie arbeiten; diese schließt nicht schon die Freistellung von der Besteuerung ein (*Conseil d'État* req. n. 8854, Dr. Fisc. 1978, comm. 1551: *DBA Frankreich/Mauretanien*). Art und Umfang der Vorrechte ergeben sich in erster Linie aus zwei internationalen Verträgen, dem **Wiener Übereinkommen über diplomatische Beziehungen (WÜD)** vom 18.4.1961, BGBl. II 1964, 958 bzw. 5000 UNTS 95, und dem **Wiener Übereinkommen über konsularische Beziehungen (WÜK)** vom 24.4.1963, BGBl. II 1969, 1585 bzw. 596 UNTS 261, soweit die Vertragsstaaten des DBA diesen Übereinkommen beigetreten sind. Für die übrigen Staaten ergibt sich die Verpflichtung zur Gewährung steuerlicher Vorrechte in einem im Verhältnis zu den Wiener Übereinkommen eingeschränkten Umfang aus dem Völkergewohnheitsrecht (vgl. zum Umfang der steuerlichen Privilegien ausführlich *Zeileissen* und *G. Menétrey,* sowie die allgemeinen Lehr- und Handbücher des Völkerrechts; s. dazu auch die Verwaltungsanordnung der Bundesregierung vom 13.10.1950, BAnz. 1950 Nr. 212, sowie NdsFinMin vom 26.1.1995, FR 1995, 241). Zusätzliche Vorschriften über eine steuerliche Sonderbehandlung diplomatischer und konsularischer Vertreter können sich aus besonderen Vereinbarungen ergeben, insbesondere bilateralen Freundschafts- oder Konsularverträgen. Die Wiener Übereinkommen gewähren eine Steuerbefreiung, die wie eine Freistellung i. S. der Verteilungsnormen der DBA wirkt. Art. 28 nimmt auf diese Regelungen Bezug, ohne über den Umfang und Inhalt der Privilegien eine eigene Aussage zu machen.

6 Einer Bezugnahme auf Art. 28 bedarf es nicht bei Steuerbefreiungen, die ihre Grundlage im innerstaatlichen Steuerrecht eines Vertragsstaates finden (so in einigen Staaten, die ausländische Journalisten oder entsandte Spezialisten wie Diplomaten behandeln). Der Vertragsstaat, der eine Steuerbefreiung analog den Regeln über die diplomatischen Privilegien gewährt, wird daran auch bei Anwendung der Regeln des DBA nicht gehindert. Ebenso gilt Art. 28 nicht für Steuerbefreiungen aufgrund **internationaler Courtoisie,** so beispielsweise bei der Steuerfeststellung des im Empfangsstaat bezogenen nichtdienstlichen Einkommens eines

Diplomaten oder der Befreiung der Dienstbezüge von „Ortskräften“ durch den Empfangsstaat, da in diesem Bereich keine völkerrechtliche Normenkollision entsteht.

Mitglieder einer **diplomatischen Mission** sind nach Art. 1 WÜD der Missionschef und das Personal der Mission. Zu diesen gehören (Art. 1 Buchst. c WÜD) die Mitglieder des diplomatischen Personals, des Verwaltungs- und technischen Personals und des dienstlichen Hauspersonals. Der Missionschef und die Mitglieder des diplomatischen Personals werden zusammenfassend als **„Diplomaten“** bezeichnet (Art. 1 Buchst. e). Die zum Haushalt eines Diplomaten gehörenden Familienmitglieder, ebenso die Familienmitglieder der Mitglieder des Verwaltungs- und technischen Personals, sind nicht selber Mitglieder der Mission, nehmen aber unter bestimmten Voraussetzungen an deren Immunitäten und Vorrechten teil. Dies gilt dagegen nicht für die Familienmitglieder des dienstlichen Hauspersonals (Art. 37 WÜD). Entsprechendes gilt nach Art. 1, 49, 71 WÜK für die Mitglieder der **konsularischen Vertretungen.** 7

d) Je nach dem Status der unter die Wiener Übereinkommen fallenden Personen gilt Folgendes: 8

Diplomaten sind grundsätzlich von allen Steuern des Empfangsstaates befreit (persönliche Steuerbefreiung; vgl. ÖstBMF v. 8.5.2000, SWI 2000, 381). Dies gilt jedoch u. a. nicht für

- Steuern von privatem unbeweglichem Vermögen, das im Empfangsstaat belegen ist, außer der Diplomat hat es im Auftrag des Entsendestaats für die Zwecke der Mission in Besitz;
- Erbschaftsteuern des Empfangsstaats;
- Steuern des Empfangsstaats auf die aus diesem Staat stammenden privaten Einkünfte sowie Steuern auf das in diesem Staat befindliche gewerbliche Unternehmensvermögen (Art. 34 WÜD); diese Ausnahme bewirkt, dass ein in Deutschland akkreditierter ausländischer Diplomat mit den angeführten Einkünften und Vermögensgegenständen i. S. des deutschen Steuerrechts beschränkt steuerpflichtig ist.

Konsularbeamte sind im gleichen Umfang wie die Diplomaten begünstigt, wenn sie weder die Staatsangehörigkeit des Empfangsstaats besitzen noch in diesem Staat „ständig ansässig“ sind (Art. 49 Abs. 1 und Art. 71 Abs. 1 WÜK; zum Begriff der ständigen Ansässigkeit s. Rz. 14). 9

Familienangehörige eines Diplomaten, die zu dessen Haushalt gehören und nicht die Staatsangehörigkeit des Empfangsstaats besitzen, genießen dieselben Steuervergünstigungen wie die Diplomaten (Art. 37 Abs. 1 WÜD; zu einem Fall, in dem die Ehefrau des Diplomaten die Staatsangehörigkeit des Empfangsstaats besaß, s. *Hoge Raad,* Rolno. 26914, BNB 1991/89: *DBA Niederlande/Spanien*). Dies gilt auch für die Familienangehörigen eines Konsularbeamten, die in dessen gemeinsamem Haushalt leben und weder die Staatsangehörigkeit des Empfangsstaats besitzen noch in diesem Staat ständig ansässig sind (Art. 49 Abs. 1 und 71 Abs. 2 WÜK). 10

Mitglieder des Verwaltungs- und technischen Personals einer diplomatischen Mission und die zu ihrem Haushalt gehörenden Familienmitglieder werden nur dann wie die Diplomaten behandelt, wenn sie weder die Staatsangehörigkeit des Empfangsstaats besitzen noch in diesem Staat ständig ansässig sind (Art. 37 Abs. 2 WÜD). Der *Cour administrative d'appel de Paris* hat deshalb zutreffend einer Mitarbeiterin des Verwaltungspersonals der amerikanischen Botschaft in Paris eine Steuerbefreiung nach dem WÜD versagt, weil sie die französische Staatsangehörigkeit besaß (Dr. Fisc. 1991 comm. 2336). Aus dem gleichen Grund war auch die Art. 19 entsprechende Vorschrift des *DBA Frankreich/USA* nicht anwendbar. Das- 11 selbe gilt für die zur Durchführung eines Projekts in den Empfangsstaat entsandten wissenschaftlichen und technischen Sachverständigen, die aufgrund einer Vereinbarung zwischen den Staaten als Mitglieder des Verwaltungs- und technischen Personals der Mission gelten. Verwaltungs- und technische Bedienstete einer konsularischen Vertretung sowie die mit ihnen im gemeinsamen Haushalt lebenden Familienangehörigen werden wie die konsularischen Beamten behandelt, wenn sie weder die Staatsangehörigkeit des Empfangsstaats besitzen noch in diesem Staat ständig ansässig sind (Art. 71 Abs. 2 WÜK).

12 Das **dienstliche Hauspersonal** einer diplomatischen Mission oder einer konsularischen Vertretung ist im Empfangsstaat mit den Dienstbezügen steuerbefreit, wenn es weder die Staatsangehörigkeit des Empfangsstaats besitzt noch dort ständig ansässig ist (Art. 37 Abs. 3 WÜD, Art. 49 Abs. 2 und Art. 71 Abs. 2 WÜK). Bei den **privaten Hausangestellten** sind die Arbeitsbezüge, die sie von Mitgliedern einer diplomatischen Mission erhalten, im Empfangsstaat steuerbefreit, wenn die Hausangestellten weder die Staatsangehörigkeit des Empfangsstaats besitzen noch in diesem Staat ständig ansässig sind (Art. 37 Abs. 4 WÜD). Die Arbeitsbezüge von Bediensteten konsularischer Beamter sind nicht begünstigt.

13a **Anderen Mitgliedern des Personals** einer diplomatischen Mission und privaten Hausangestellten, die Staatsangehörige des Empfangsstaats sind oder in diesem Staat ständig ansässig sind, steht eine Steuerbefreiung nur zu, soweit sich diese aus dem internen Steuerrecht des Empfangsstaats, aus einem DBA oder aus einem besonderen Vertrag (z. B. Konsularvertrag) ergibt (Art. 38 Abs. 2 WÜD). Zum Personal zählen nicht Mitarbeiter, die lediglich auf der Basis freier Dienstverträge angestellt sind (ÖstBMF v. 8.11.1996, SWI 1996, 515).

13b Die auf dem Völkerrecht beruhende persönliche Steuerbefreiung für Diplomaten und Konsularbeamte gilt nur **für die Dauer ihrer offiziellen Entsendung.** Bleiben Sie nach ihrer Pensionierung im Empfangsstaat ansässig, so werden sie dort grundsätzlich unbeschränkt steuerpflichtig. Ob ihr **Ruhegehalt** im Empfangsstaat besteuert werden kann, richtet sich dann nach Art 19 Abs. 2 (vgl. vgl. *Conseil d'Etat* req. n. 148 683, Dr. Fisc 1997 comm. 836, concl. *Bachelier* für den Fall eines pensionierten Beamten einer internationalen Organisation).

14 Der Begriff **„ständig ansässig"** i. S. der Wiener Übereinkommen ist nicht mit der unbeschränkten Steuerpflicht nach nationalem Steuerrecht identisch und stellt wesentlich auch auf den Aufenthaltsgrund ab (SenVerwFin Berlin v. 8.11.1994, IStR 1995, 85). Ständig ansässig sind, jedenfalls nach Auffassung der deutschen Finanzverwaltung, grundsätzlich alle „Ortskräfte", d. h. die von den ausländischen Vertretungen am Ort der Vertretung eingestellten Bediensteten, und zwar ohne Rücksicht auf deren Staatsangehörigkeit (FinMin Nds. v. 26.1.1995, FR 1995, 241; zur Besteuerung von Ortskräften nach dem *DBA USA* s. BMF v. 18.12.2009, BStBl. I 2010, 15; nach dem *DBA Großbritannien* BMF v. 8.8.2008, BStBl. I 2008, 835 sowie BMF v. 16.9.2008, BStBl. I 2008, 886).

15 **Wahlkonsuln** sind von allen Steuern auf die Bezüge befreit, die sie vom Entsendestaat für die Ausübung ihrer konsularischen Tätigkeit erhalten (Art. 66 WÜK).

16 **e)** In welchem Vertragsstaat das Personal der diplomatischen Mission oder konsularischen Vertretung im Sinne der DBA **ansässig** ist, bestimmt sich gemäß Art. 4 nach den Vorschriften des innerstaatlichen Rechts beider Vertragsstaaten (vgl. MA-Komm. zu Art. 4 Ziff. 8, und allgemein Art. 4 Rz. 2 ff.). Regelmäßig begründet diplomatisches und konsularisches Personal im **Empfangsstaat** zwar nach dessen Recht einen steuerlichen Wohnsitz (vgl. FG Düsseldorf EFG 1974, 64 (65); a. A. Wassermeyer/*Wassermeyer,* Art. 28 OECD-MA Rz. 16), jedoch wegen seiner besonderen völkerrechtlichen Steuervorrechte nicht aufgrund dieses Wohnsitzes eine Steuerpflicht (anders dagegen die Rechtslage in den USA, die ausländische

Bedienstete diplomatischer und konsularischer Vertretungen und internationaler Organisationen sowie deren unmittelbare Familienangehörige grundsätzlich nicht als ansässig im Sinne des Steuerrechts einstufen, s. hierzu sec. 7701 (b) IRC und dazu Reg. § 301 7701 (b) – 3; als Anleitung zur Auslegung des Begriffs „unmittelbare Familienangehörige" vgl. noch 1971–2 Cum. Bull. 266). Unerheblich ist dabei, ob sich aus den völkerrechtlichen Steuervorrechten im Empfangsstaat unmittelbar eine beschränkte Steuerpflicht i. S. des deutschen Rechts ergibt (so BFH/NV 1997, 664: *DBA Portugal; Streck,* StuW 1973, 119; Wassermeyer/*Wassermeyer,* Art. 28 Rz. 10; ablehnend *Heintzen,* 471, der eine nach Maßgabe der Steuerbefreiungen der beschränkten Steuerpflicht ähnliche Stellung annimmt) oder eine unbeschränkte Steuerpflicht mit gegenständlicher Befreiung (dafür *Lang,* StuW 1975, 285; vgl. auch FG Bremen EFG 1961, 146 sowie FG Düsseldorf EFG 1974, 64). Denn nach Art. 4 Abs. 1 Satz 2 kommt es lediglich darauf an, ob die Besteuerung einer Person im Ergebnis umfassend oder auf inländische Einkünfte und inländisches Vermögen begrenzt, der deutschen beschränkten Steuerpflicht also vergleichbar ist. Ist das Letztere der Fall, so ist die privilegierte Person im Empfangsstaat i. S. des Art. 4 nicht ansässig (dazu Art. 4 Rz. 120; damit übereinstimmend die Intention des Art. 34 WÜD, vgl. *Lang,* StuW 1975, 285 (287) unter Hinweis auf eine amtliche Stellungnahme Luxemburgs, Fn. 25; vgl. auch BFH BStBl. II 1978, 628: *DBA Griechenland*).

Im **Entsendestaat** bleibt dagegen das diplomatische und konsularische Personal im Regelfall unbeschränkt steuerpflichtig, so dass eine Ansässigkeit i. S. des MA und somit die Abkommensberechtigung hier begründet wird (für Deutschland § 1 Abs. 2 EStG; näher dazu BMF vom 25.5.1987, DStZ 1987, 227, sowie *Stapperfend,* in Herrmann/Heuer/Raupach, § 1 EStG Anm. 150 ff.). Diejenigen Personen allerdings, denen nach den Regeln des Diplomaten- und Konsularrechts im Empfangsstaat lediglich Steuerbefreiung für ihre Dienstbezüge gewährt wird, deren übriges Einkommen und Vermögen dort jedoch der unbeschränkten Besteuerung unterliegt (so nach Art. 37 Abs. 3 und 4 WÜD, Art. 49 Abs. 2 WÜK), sind dort ansässig i. S. des Art. 4 Abs. 1. Behandelt auch der Entsendestaat sie als ansässig, so muss über die abkommensrechtlich maßgebende Ansässigkeit nach den Regeln des Art. 4 Abs. 2 (dazu Art. 4 Rz. 160 ff.) entschieden werden. 17

f) Nach Art. 28 gehen die steuerlichen Bestimmungen über die Vorrechte von Mitgliedern diplomatischer Missionen und konsularischer Vertretungen den DBA vor. Hat ein Staat nach einem DBA das Recht zur Besteuerung, so entfällt dieses, wenn der betreffende Steuergegenstand nach den Wiener Übereinkommen oder sonstigem Völkerrecht im Empfangsstaat nicht besteuert werden darf. Für den umgekehrten Fall, dass ein Staat nach dem DBA Steuerbefreiung zu gewähren hat, geht Ziff. 2 des Kommentars davon aus, dass die Regeln des DBA durch die völkerrechtlichen Steuerprivilegien nicht berührt werden. Denn nur unter dieser Prämisse ist der Fall denkbar, dass eine bevorrechtigte Person mit bestimmten Einkünften und Vermögenswerten von dem einen Vertragsstaat, nach den Regeln des Diplomatenrechts, vom anderen, nach den Verteilungsnormen des DBA, nicht besteuert werden darf, so dass es im Ergebnis zu einer Nichtbesteuerung in beiden Vertragsstaaten kommt. Nach dem Vorschlag des Kommentars (dort Ziff. 2) soll dieser Situation durch die Einfügung einer zusätzlichen, auf diesen Fall zugeschnittenen Verteilungsnorm begegnet werden. Einer derartigen Zusatznorm bedarf es jedoch nicht. Schon der RFH hat zu Recht darauf hingewiesen, dass die **Verteilungsnormen** des DBA **nicht zur Anwendung kommen** können, **soweit** die im DBA vorgesehene Aufteilung der Besteuerungsbefugnisse aufgrund **völkerrechtlicher Sonderregelungen nicht durchführbar ist** (RFH RStBl. 1942, 691: *DBA Schweiz 1931*). Der RFH leitet dies aus dem Zusammenhang zwischen 18 der Einschränkung der Besteuerung in dem einen Vertragsstaat und der Zuweisung der Besteuerung an den anderen her: sei nach völkerrechtlichen Regeln im zweiten Staat eine Besteuerung gar nicht möglich, so könne folgerichtig auch der Einschränkung der Besteuerung im anderen Vertragsstaat keine Wirksamkeit zuerkannt werden (RFH a. a. O. 691 (692)). Das Ergebnis wird bestätigt durch den Zweck der DBA. Sie sollen Doppelbesteuerung verhindern; ist jedoch bereits die theoretische Möglichkeit einer Doppelbesteuerung durch das Völkerrecht ausgeschlossen, so ist eine Anwendung der Verteilungsnorm nicht mehr geboten.

19 **Im Verhältnis zu den völkerrechtlichen Regeln über diplomatische und konsularische Steuervorrechte gelten die DBA also nur subsidiär.** Von diesem Subsidiaritätsverhältnis betroffen sind insbesondere die dem Art. 19 entsprechenden Verteilungsnormen über die Besteuerung der Vergütungen im öffentlichen Dienst (vgl. auch MA-Komm. Ziff. 2 zu Art. 19, sowie u. Rz. 33 f.). Die Vorschriften des DBA bleiben jedoch weiter anwendbar für solche Einkünfte bzw. Vermögensbestandteile, die keiner steuerlichen Privilegierung nach Völkerrecht unterliegen, z. B. also für private Einkünfte eines Diplomaten aus Quellen im Empfangsstaat. An diesen Regeln ist ungeachtet der Tatsache festzuhalten, dass die Konstellation des vom RFH seinerzeit entschiedenen Falles sich auf der Grundlage eines DBA, das dem MA folgt, heute nicht mehr ergeben kann. Nach Art. 8 Abs. 1 *DBA Schweiz 1931* hatte der Diplomat in der Schweiz einen Wohnsitz begründet; nach dem DBA war Deutschland also nur Quellenstaat. Nach Art. 4 Abs. 1 MA ist dagegen der Diplomat im Empfangsstaat, da er dort nicht aufgrund seines Wohnsitzes besteuert wird, keine dort ansässige Person. Der Vorrang des Diplomaten- und Konsularrechts vor dem DBA bleibt jedoch für Personen bedeutsam, die – wie Wahlkonsuln, dienstliches Hauspersonal und private Hausangestellte – auch nach dem MA eine Ansässigkeit im Empfangsstaat begründen können. Er bleibt ferner bedeutsam für DBA, die heute noch eine ähnliche Wohnsitzdefinition wie das *DBA Schweiz 1931* enthalten. Dazu gehört z. B. das *DBA Niederlande 1959/2004*. Für dieses wurde allerdings in einem Verständigungsverfahren vereinbart, dass die Diplomaten (trotz eines möglichen Wohnsitzes im Empfangsstaat) stets als im Entsendestaat ansässig gelten, und zwar mit der entsprechenden Konsequenz für die Anwendung des DBA im anderen Vertragsstaat, d. h. im Empfangsstaat (FinMin Nds v. 11.7.1967, DB 1967, 1199). Indes kann ein Verständigungsverfahren nicht das Abkommen ändern; die Wirksamkeit der Verständigungsvereinbarung ist daher zweifelhaft.

20 Soweit das völkerrechtliche Diplomaten- und Konsularrecht die Verteilungsnormen des DBA verdrängt, ist auch ein abkommensrechtlicher **Progressionsvorbehalt unanwendbar** (vgl. MA-Komm. Ziff. 77 zu Art. 23). Er bezieht sich nur auf die Freistellung durch Verteilungsnormen des DBA, nicht auf eine Freistellung durch andere, auch völkerrechtliche Vorschriften. So für die – den diplomatischen und konsularischen Vorrechten insoweit gleichstehenden – Befreiungen der Bediensteten internationaler Organisationen: EuGH E VI, 1163 zu Art. 16 Protokoll über die Vorrechte und Immunitäten der EGKS; *Hoge Raad* Rolno. 16786, BNB 1972/205 zu Art. 5 Convention on the Privileges and Immunities of the United Nations v. 13.2.1946; *Hof Den Haag* Rolno. 98/1971 M II, BNB 1973/128 zu Art. 19 NATO-Vertrag v. 20.9.1951. Der Progressionsvorbehalt bleibt jedoch selbstverständlich zu beachten, soweit diplomatische Vorrechte nicht eingreifen, die Einkünfte eines Diplomaten jedoch aufgrund eines DBA freigestellt werden, weil dieses insoweit eben durch allgemeines Völkerrecht nicht verdrängt wird: z. B. Einkünfte eines Diplomaten aus privatem Grundbesitz im Empfangsstaat (Art. 34 Buchst. b WÜD, Art. 6 MA).

21 **g)** Die Steuerprivilegien gibt es nach Völkerrecht auch für bestimmte **internationale Organisationen** und ihre **Bediensteten;** sie beruhen auf den entspre-

chenden Abkommen (s. BMF v. 23.2.1999, BStBl. I, 1999, 405; sowie *Hundt,* 307 ff.). Nach deutscher und österreichischer Auffassung (anders einige andere Mitgliedstaaten der OECD) gelten diese Privilegien nur für Personen, die im festen Dienst dieser Organisationen stehen (und damit nicht für Personen, die nur tageweise, für einzelne Experteneinsätze oder lediglich im Auftrag einer internationalen Organisation tätig sind; vgl. BFH RIW 1999, 155 (Dolmetscher im tageweisen Einsatz für den Europarat); ÖstBMF v. 15.11.1995, SWI 1996, 3 (UNO-Menschenrechtsbeobachter); und ÖstBMF v. 13.11.1995, SWI 1996, 7 (Unternehmensberatung im Auftrag der Weltbank). Zur Besteuerung von Tagegeldern eines der Europäischen Kommission zugewiesenen deutschen Beamten s. BFH BB 2000, 1394).

Deutsche Bedienstete der Vereinten Nationen, ihrer Sonderorganisationen und 22
anderer internationaler Organisationen unterliegen, soweit sie nicht im Bereich der Bundesrepublik ihren Wohnsitz beibehalten, nicht der deutschen unbeschränkten Steuerpflicht nach dem EStG. Dies hat zur Folge, dass eine Ansässigkeit in Deutschland nicht begründet wird. Die betreffenden Personen sind daher nur dann abkommensberechtigt i. S. eines DBA, wenn sie in dem Vertragsstaat, in dem sie wohnen und tätig sind, unbeschränkt steuerpflichtig sind. Dies ist jedoch nur dann der Fall, wenn sich ihre völkerrechtliche Steuerbefreiung auf die Dienstbezüge beschränkt (auch insoweit u. U. nicht nach der Regelung in den USA, s. Rz. 16). Zur Besteuerung nichtdienstlicher Einkünfte deutscher UNO-Bediensteter in Deutschland s. BMF v. 27.5.1981, DStR 1981, 441; FinMin NRW v. 25.11.1974, NWB Dok. StR F. 3 §§ 43–45 EStG Rz. 2/75. Zur Vorschrift des Art. 10 Abs. 1 Satz 1 Nato-Truppenstatut v. 19.6.1951 vgl. *Stapperfend,* in Herrmann/Heuer/Raupach, § 1 EStG Anm. 175 sowie BFH BStBl. II 1970, 153. Für den Bereich der Europäischen Union ergibt sich eine Sonderregelung der Ansässigkeit ihrer Bediensteten aus Art. 14 des Protokolls über Vorrechte und Befreiungen der Europäischen Gemeinschaften vom 8.4.1965 (BGBl. II 1965, 1482; s. auch den Vorlagebeschluss an den EuGH, FG Nürnberg EFG 1974, 479). Der EuGH hat 1993 entschieden, dass die Besteuerung des in einem anderen Mitgliedstaat der EU belegenen Grundvermögens eines EU-Bediensteten durch seinen Heimatstaat nicht gegen diese Befreiung verstößt (EuGH v. 25.5.1993, Rs. C-263/91 E 1993 I, 2755 – *Kristoffersen*).

Art. 28 regelt die Steuerprivilegien der internationalen Organisationen und ihrer 23
Bediensteten nicht ausdrücklich. Da die Bestimmung aber ohnehin nur ein Ausfluss der allgemeinen Regeln über das Verhältnis der DBA zu sonstigen Rechtsvorschriften – sowohl des innerstaatlichen wie des Völkerrechts – ist (s. Rz. 3), bedarf es einer derartigen ausdrücklichen Regelung auch nicht, ebenso wenig einer Analogie zu Art. 28. Vielmehr gilt für die internationalen Organisationen und ihre Bediensteten schon aufgrund jener allgemeinen Regeln Entsprechendes wie nach Art. 28: ihre völkerrechtlichen Steuervorrechte bleiben unberührt; soweit sie einschlägig sind, wird das DBA-Recht verdrängt (o. Rz. 18).

II. Deutsche DBA

1. Abkommensübersicht zu Artikel 28

29

DBA	MA-Regelung	Zusätzliche Verteilungsnorm zur Verhinderung einer Doppelfreistellung (MA-Komm. Ziff. 2)	Sonderbestimmung über die Ansässigkeit entsprechend MA-Komm. Ziff. 3	Sonderbestimmung über die Ansässigkeit entsprechend MA-Komm. 63 Ziff. 3	Zusätzliche Regelung der Nichtanwendbarkeit des DBA bei fehlender Ansässigkeit (MA-Komm. Ziff. 4)	Keine Besteuerung der Dienstbezüge von Wahlkonsuln im Empfangsstaat	Sonstiges	Artikel	Rz.
Ägypten	+		+					28	35
Albanien 2010	+							30	
Algerien 2007	+							30	
Argentinien	+	+		+				27	36
Armenien							s. UdSSR		
Aserbaidschan	+							29	
Australien	+	+						25	
Bangladesch	+		+					27	35
Belarus	+	+	+					28	35
Belgien	+							28 Abs. 1	
Bolivien	+	+		+		+		27	36; 38
Bosnien-Herzegowina							s. Jugoslawien		
Bulgarien 2010	+							29	
China 1985	+							28	
China 2014 (E)	+							30	
Costa Rica 2014 (E)	+		+					30	35
Dänemark	+	+	+		+		Einschließlich Personal von internationalen Organisationen	47	31; 35; 37
Ecuador	+	+		+	(+)			27	36; 37; 38
Elfenbeinküste	+	+		+	+			27	36; 37
Estland	+		+				Einschließlich Personal von internationalen Organisationen	27	31; 35
Finnland	+							27	
Frankreich	+	+				+	Einschränkung des Besteuerungsrechts im Empfangsstaat	24	32
Georgien	+							29	
Ghana	+		+					30	35

DBA	MA-Regelung	Zusätzliche Verteilungsnorm zur Verhinderung einer Doppelfreistellung (MA-Komm. Ziff. 2)	Sonderbestimmung über die Ansässigkeit entsprechend MA-Komm. Ziff. 3	Sonderbestimmung über die Ansässigkeit entsprechend MA-Komm. 63 Ziff. 3	Zusätzliche Regelung der Nichtanwendbarkeit des DBA bei fehlender Ansässigkeit (MA-Komm. Ziff. 4)	Keine Besteuerung der Dienstbezüge von Wahlkonsuln im Empfangsstaat	Sonstiges	Artikel	Rz.
Griechenland	+							XVIII	
Großbritannien 2010	+							30	
Großbritannien 2014 (E)	+						Für Vergütungen von Konsularangestellten gilt Art. 18 Abs. 1 DBA	30	
Indien	+						Einschließlich Personal von internationalen Organisationen	27	31
Indonesien	+						Einschließlich Personal von internationalen Organisationen	27	31
Iran	+							29	
Irland 2011	+							30	
Island	+	+		+				27	36
Israel							Keine Regelung	–	30
Italien	+							28	
Jamaika	+	+		+				27	36
Japan	+							27	
Jugoslawien	+						Einschließlich Personal von internationalen Organisationen	28	31
Kanada	+		+		+			28	35; 37
Kasachstan	+	+	+				Einschließlich Personal von internationalen Organisationen	29	31; 35
Kenia	+							27	
Kirgisistan	+	+	+		+			27	35; 37
Korea	+	+	+		+				35; 37
Kosovo							s. Jugoslawien		
Kroatien	+	+	+		+		Einschließlich Personal von internationalen Organisationen	28	31; 35; 37
Kuwait	+		+				Einschließlich	28	31; 35

DBA	MA-Regelung	Zusätzliche Verteilungsnorm zur Verhinderung einer Doppelfreistellung (MA-Komm. Ziff. 2)	Sonderbestimmung über die Ansässigkeit entsprechend MA-Komm. Ziff. 3	Sonderbestimmung über die Ansässigkeit entsprechend MA-Komm. 63 Ziff. 3	Zusätzliche Regelung der Nicht-anwendbarkeit des DBA bei fehlender Ansässigkeit (MA-Komm. Ziff. 4)	Keine Besteuerung der Dienstbezüge von Wahlkonsuln im Empfangsstaat	Sonstiges	Artikel	Rz.
							Personal von internationalen Organisationen		
Lettland	+		+				Einschließlich Personal von internationalen Organisationen	27	31; 35
Liberia	+	+		+				27	36
Liechtenstein 2011	+		+					29	35
Litauen	+		+				Einschließlich Personal von internationalen Organisationen		31; 35
Luxemburg 2012	+							28	
Malaysia	+							28	
Malta	+							28	
Marokko	+	+		+	+			27	36; 37
Mauritius 2012	+							30	
Mazedonien	+							29	
Mexiko	+							29	
Moldau							s. UdSSR		
Mongolei	+						Einschließlich Personal von internationalen Organisationen; Bestimmung der Ansässigkeit im Entsendestaat bei dort bestehender unbeschränkter Steuerpflicht	27	31
Montenegro							s. Jugoslawien		
Namibia	+		+				Einschließlich Personal von internationalen Organisationen	27	31; 35
Neuseeland	+		(+)				Einschließlich Personal von	26	31; 35

DBA	MA-Regelung	Zusätzliche Verteilungsnorm zur Verhinderung einer Doppelfreistellung (MA-Komm. Ziff. 2)	Sonderbestimmung über die Ansässigkeit entsprechend MA-Komm. Ziff. 3	Sonderbestimmung über die Ansässigkeit entsprechend MA-Komm. 63 Ziff. 3	Zusätzliche Regelung der Nicht-anwendbarkeit des DBA bei fehlender Ansässigkeit (MA-Komm. Ziff. 4)	Keine Besteuerung der Dienstbezüge von Wahlkonsuln im Empfangsstaat	Sonstiges	Artikel	Rz.
							internationalen Organisationen; Bestimmung der Ansässigkeit im Entsende-staat bei dort bestehender unbeschränkter Steuerpflicht		
Niederlande 1959/2004	+	+						21	19
Niederlande 2012 (E)	+			+	+			30	36; 37
Norwegen 1991	+							29	
Norwegen 2013 (E)	+							29	
Oman 2012 (E)	+		+					29	35
Österreich	+	+	+		+		Einschließlich Personal von internationalen Organisationen	29	31; 35
Pakistan	+		+				Einschließlich Personal von internationalen Organisationen	26	31; 35
Philippinen	+	+		+				28	36
Philippinen 2013	+			+				30	36
Polen	+	+	+		+			31	
Portugal	+		+					28	35
Rumänien	+							29	
Russische Föderation	+							27	
Sambia	+							27	
Schweden	+	+	+		+	+	Einschließlich Personal von internationalen Organisationen	45	31; 35; 37; 38
Schweiz	+	+		+	+			30	31; 36; 37
Serbien	+						s. Jugoslawien		

DBA	MA-Regelung	Zusätzliche Verteilungsnorm zur Verhinderung einer Doppelfreistellung (MA-Komm. Ziff. 2)	Sonderbestimmung über die Ansässigkeit entsprechend MA-Komm. Ziff. 3	Sonderbestimmung über die Ansässigkeit entsprechend MA-Komm. 63 Ziff. 3	Zusätzliche Regelung der Nichtanwendbarkeit des DBA bei fehlender Ansässigkeit (MA-Komm. Ziff. 4)	Keine Besteuerung der Dienstbezüge von Wahlkonsuln im Empfangsstaat	Sonstiges	Artikel	Rz.
Simbabwe	+		+				Einschließlich Personal von internationalen Organisationen	27	31; 35
Singapur	+	+	+		+		Einschließlich Personal von internationalen Organisationen	30	31; 35; 37
Slowakei							s. Tschechoslowakei		
Slowenien	+	+	+		+			29	35; 37
Spanien	+							27	
Sri Lanka	+	+		+				25	36
Südafrika							Keine Regelung	–	30
Südafrika 2008 (E)	+							27	
Syrien	+							27	
Tadschikistan	+		+					28	35
Taiwan 2011							Keine Regelung		
Thailand		+						26	
Trinidad und Tobago	+	+		+				26	36
Tschechien							s. Tschechoslowakei		
Tschechoslowakei	+							27	
Türkei 2011	+							28	
Tunesien	+	+						27	
Turkmenistan							s. UdSSR		
UdSSR							Keine Regelung	–	30
Ukraine	+						Einschließlich Personal von internationalen Organisationen; Bestimmung der Ansässigkeit im Entsendestaat bei dort bestehender unbeschränkter Steuerpflicht	27	31; 35
Ungarn 2011	+							28	
Uruguay 2010	+							29	

DBA	MA-Regelung	Zusätzliche Verteilungsnorm zur Verhinderung einer Doppelfreistellung (MA-Komm. Ziff. 2)	Sonderbestimmung über die Ansässigkeit entsprechend MA-Komm. Ziff. 3	Sonderbestimmung über die Ansässigkeit entsprechend MA-Komm. 63 Ziff. 3	Zusätzliche Regelung der Nichtanwendbarkeit des DBA bei fehlender Ansässigkeit (MA-Komm. Ziff. 4)	Keine Besteuerung der Dienstbezüge von Wahlkonsuln im Empfangsstaat	Sonstiges	Artikel	Rz.
USA 1989/2006	+	+	+		+			30	34; 35; 37
Usbekistan	+						Einschließlich Personal von internationalen Organisationen	29	31
Venezuela	+		+				Einschließlich Personal von internationalen Organisationen	27	31; 35
Vereinigte Arabische Emirate 2010	+							27	
Vietnam	+						Einschließlich Personal von internationalen Organisationen	27	31
Weißrussland							s. Belarus		
Zypern 2011	+		+					28	35

2. Erläuterungen

a) Keine Bestimmung über Diplomaten und Konsularbeamte findet sich in den *DBA Israel, Südafrika, Taiwan 2011* und *UdSSR*. Eine Änderung in der steuerlichen Behandlung des diplomatischen und konsularischen Personals ergibt sich angesichts der rein klarstellenden Funktion des Art. 28 nicht (vgl. bereits o. Rz. 3). Der Entwurf zum *DBA Südafrika 2008* enthält eine entsprechende Regelung. 30

Die Abkommen folgen in ihrer Formulierung teilweise dem MA in seiner alten Fassung, beschränken sich also auf „Diplomaten und Konsularbeamte", teilweise entspricht die Formulierung dem MA 1994; die *DBA Dänemark, Estland, Indien, Indonesien, Jugoslawien, Kasachstan, Kroatien, Kuwait, Lettland, Litauen, Mongolei, Namibia, Neuseeland, Österreich, Pakistan, Schweden, Simbabwe, Singapur, Ukraine, Usbekistan, Venezuela* und *Vietnam* gelten darüber hinaus auch für die Bediensteten internationaler Organisationen. Gemeint sind allerdings nur Mitarbeiter internationaler Organisationen, die als in einem der beiden Vertragsstaaten steuerlich ansässig gelten; dies wird in einigen Abkommen ausdrücklich klar gestellt (so in Art. 47 Abs. 4 *DBA Dänemark* und Art. 26 Abs. 3 *DBA Neuseeland)*, gilt aber auch soweit das DBA keine derartige Klarstellung enthält. Das *DBA Schweiz* spricht „diplomatisch" von den „diplomatischen und konsularischen Vorrechten", ohne deren Träger zu nennen. Auch all das ist nur deklaratorisch; inhaltlich macht es keinen Unterschied. 31

32 Eine **selbständige Regelung** über die Besteuerung des diplomatischen und konsularischen Personals im Empfangsstaat enthält das *DBA Frankreich*. Es handelt sich hierbei um eine Vertragsbestimmung, die vor Abschluss der Wiener Übereinkommen ausgehandelt wurde und die inhaltlich das zu diesem Zeitpunkt bestehende Völkergewohnheitsrecht teilweise übernimmt, teilweise auch die Steuervorrechte gegenüber dem Völkergewohnheitsrecht erweitert. In der Zwischenzeit sind für beide Vertragsstaaten die Wiener Übereinkommen über diplomatische und konsularische Beziehungen in Kraft getreten. Das führt zu folgender Rechtslage: soweit die DBA-Bestimmung und die Wiener Übereinkommen gleichartige Bestimmungen enthalten, bestehen beide nebeneinander selbständig fort. Soweit die Wiener Übereinkommen oder das Völkergewohnheitsrecht weitergehende Vorrechte als die DBA-Vorschrift gewähren, bleiben diese Vorrechte uneingeschränkt bestehen (vgl. Art. 24 Abs. 5 *DBA Frankreich*). Soweit sich umgekehrt aus den DBA weiter gehende Sonderrechte als aus dem völkerrechtlichen Diplomaten- und Konsularrecht ergeben, können diese ebenfalls weiter geltend gemacht werden, da die Wiener Übereinkommen es den Vertragsstaaten nicht verbieten, zusätzlich steuerliche Vorrechte zu gewähren. So können beispielsweise nach Art. 37 Abs. 2 WÜD die Dienstbezüge eines Büroangestellten der deutschen Botschaft in Paris in Frankreich besteuert werden, wenn der Angestellte ein ständig in Frankreich ansässiger, deutscher Staatsangehöriger ist. Nach Art. 24 Abs. 2 *DBA Frankreich* entfällt jedoch die Besteuerung in Frankreich, weil dort die Freistellung durch den Empfangsstaat Frankreich nur an die Tatsache anknüpft, dass der Angestellte die deutsche Staatsangehörigkeit besitzt (wenn man im Übrigen unterstellt, dass er in Frankreich keine weitere Erwerbstätigkeit ausübt).

33 Außer den Sonderbestimmungen der DBA über Mitglieder diplomatischer Missionen und konsularischer Vertretungen sind **auch** die Verteilungsnormen für die Bezüge aus **öffentlichen Kassen** zu beachten (subsidiär, s. Rz. 19). So durften z. B. die Bezüge eines deutschen Angestellten bei einem österreichischen Konsulat in Deutschland nach Art. 17 Abs. 2 *DBA Österreich 1954/92* der deutschen Besteuerung unterworfen werden. Sie waren jedoch nach Art. 10 Abs. 1 i. V. m. Art. 15 Abs. 1 des DBA von der deutschen Besteuerung auszunehmen (BFH BStBl. II 1971, 734). Die Verteilungsnormen kommen dagegen nicht zur Anwendung, soweit bereits die Sonderbestimmung Steuerbefreiung im Empfangsstaat vorsieht.

34 Für das *DBA USA* regelt eine Verständigungsvereinbarung vom 1.10.2009, dass die Bezüge von Ortskräften der konsularischen Vertretungen beider Staaten entsprechend der Regelung des Art. XIX Abs. 1 des deutsch-amerikanischen Freundschaft-, Handels- und Konsularvertrags vom 8. Dezember 1923 zu besteuern sind. Das Besteuerungsrecht steht damit für die Gehälter deutscher Ortskräfte der deutschen konsularischen Vertretungen in den USA der Bundesrepublik Deutschland, für die Gehälter amerikanischer Ortskräfte der amerikanischen Konsulate in Deutschland den USA zu.

35 Entsprechend einem Vorschlag des MA-Komm. (Ziff. 3 MA) haben einige deutsche DBA eine eigene Regelung über die Ansässigkeit des diplomatischen und konsularischen Personals aufgenommen, nach der dieses **ausschließlich im Entsendestaat** ansässig i. S. des Abkommens ist (vgl. die Abkommensübersicht Rz. 29). Ein anderes Ergebnis als schon nach Art. 4 MA ergibt sich aus dieser Vorschrift jedoch nicht. Der Formulierung des MA-Komm. gleichzustellen ist die des Art. 26 Abs. 2 *DBA Neuseeland:* hier wird ausdrücklich nur die Ansässigkeit der Diplomaten usw. im Entsendestaat festgelegt, nicht jedoch die Kehrseite, ihre Nichtansässigkeit im Empfangsstaat. Dass die betreffenden Personen nicht im Empfangsstaat ansässig werden, ergibt sich für dieses Abkommen jedoch unmittelbar aus dessen Art. 4 Abs. 1 Satz 2. Ebenfalls gleichbedeutend mit dem vom MA-Komm. vorgeschlagenen Text ist die Formulierung des Art. 28 Abs. 2 *DBA Kanada,* die anstelle

der Worte „im Empfangsstaat ... nicht steuerpflichtig ist" sagt „im Empfangsstaat ... nicht zur Steuer herangezogen wird"; eine Abweichung liegt hier ohnehin nur in der deutschen Übersetzung der Vorschrift, die englische und französische Fassung („is not liable to tax", „ne soit pas assujettie à l'impôt") entspricht dem MA-Kommentar.

Zum Teil folgt die deutsche Abkommenspraxis bei der Bestimmung der Ansässigkeit des diplomatischen und konsularischen Personals noch einer Empfehlung des **MA-Komm. 63** zu Art. 27 Ziff. 3 (vgl. die Abkommensübersicht o. Rz. 29). Danach wird Ansässigkeit im Entsendestaat dann angenommen, wenn die Mitglieder der Vertretung die Staatsangehörigkeit des Entsendestaates besitzen und in diesem unbeschränkt steuerpflichtig sind. Die Vorschrift soll lediglich die nach dem innerstaatlichen Recht, in Deutschland nach § 1 Abs. 2 EStG und früher § 1 Abs. 2 VStG, bestehende Rechtslage auf Abkommensebene zum Ausdruck bringen; sie soll die allgemeinen Bestimmungen über die Ansässigkeit nicht inhaltlich ändern. Dies spielt insofern eine Rolle, als nach Art. 4 MA die Staatsangehörigkeit für die Begründung der Ansässigkeit nicht von Bedeutung ist. Über Art. 4 kann sich deshalb für das Mitglied einer Vertretung Ansässigkeit im Entsendestaat auch dann ergeben, wenn es nicht die Staatsangehörigkeit des Entsendestaats besitzt. **36**

In Übereinstimmung mit Ziff. 4 des MA-Komm. hebt ein Teil der deutschen DBA zusätzlich noch hervor, dass das Abkommen auch keine Anwendung finde auf **internationale Organisationen, deren Organe oder Beamten,** sowie auf Personen, die Mitglieder einer diplomatischen Mission, konsularischen oder ständigen **Vertretung eines dritten Staates** sind und die sich zwar in einem der Vertragsstaaten aufhalten, jedoch in keinem der beiden Vertragsstaaten für die Zwecke der Steuern vom Einkommen oder Vermögen aufgrund ihres Wohnsitzes oder einer vergleichbaren Anknüpfung steuerpflichtig, also ansässig i. S. des Art. 4, sind. Die betreffenden Abkommen stellen damit eine Rechtsfolge fest, die sich im gleichen Sinne auch schon aus Art. 4 Abs. 1 Satz 2 ergibt. **37**

b) Auf **internationale Organisationen, ihre Organe und Beamten,** sowie das Personal diplomatischer und konsularischer **Vertretungen dritter Staaten** sind nach den *DBA Bolivien, Ecuador* und *Schweden,* bestimmte Verteilungsnormen des DBA nicht anzuwenden, wenn die betreffende Person oder Organisation mit den Einkünften, die sie aus einem Vertragsstaat erhält, sowie mit den Vermögensteilen, die nach der Regelung des DBA im Ansässigkeitsstaat besteuert werden, im anderen Staat nicht zu den Steuern vom Einkommen und Vermögen herangezogen wird. Diese Regelung weicht von der im MA-Komm. in Ziff. 4 vorgeschlagenen ab: während dort nur gesagt wird, dass jene Organisationen und Bediensteten Abkommensrechte nur in Anspruch nehmen können, wenn sie in einem Vertragsstaat ansässig i. S. des Art. 4 sind (also nur bestätigt wird, was sich bereits aus Art. 1 MA ergibt), gelten die hier wiedergegebenen Regelungen **nur für den Fall, dass** bestimmte Organisationen und Personen abkommensberechtigt sind; für diesen Fall machen sie die Anwendung bestimmter Verteilungsnormen von einer Besteuerung im anderen Vertragsstaat abhängig („subject-to-tax-Klausel") und verhindern so eine Doppelfreistellung. **38**

Anhang: Besteuerung ausländischer Staaten

Einkünfte nichthoheitlichen Charakters, die ein Staat oder Souverän aus einem anderen Staat bezieht (etwa Einkünfte aus Handelsgeschäften, Kapitalbeteiligungen oder Grundbesitz) sind nach allgemeinem Völkerrecht von der Besteuerung im Quellenstaat **nicht befreit.** Art. 28 ist hier nicht einschlägig. Dies gilt auch, soweit diese Einkünfte in Zusammenhang mit der Nutzung des Botschaftsgebäudes ste- **39** hen, es sich z. B. um Einkünfte aus der Vermietung von Botschaftsräumen handelt. Aus Gründen der Courtoisie sehen jedoch einige angelsächsische Staaten, insbesondere Australien, Großbritannien, Irland, Südafrika und die USA in ihrem internen Steuerrecht vor, dass solche Einkünfte oder ein Teil dieser Einkünfte von der Besteuerung befreit werden. Soweit das nicht der Fall ist, bestimmt sich die Besteuerung nach dem einschlägigen DBA. Auch der Vertragsstaat selbst ist „Person" i. S. des Art. 3 Abs. 1 Buchst. a (s. o. Art. 3 Rz. 13d). Ob er eine „ansässige Person" i. S. des Art. 4 ist, mag fraglich sein, weil er i. d. R. nicht nach seinem innerstaatlichen Recht unbeschränkt steuerpflichtig sein wird; man wird es jedoch nach dem Sinn des Art. 4 zu bejahen haben (vgl. entsprechend die Argumentation bei Art. 4 Rz. 25; s. für das *DBA Großbritannien 1964/70* zum Verzicht auf die Erhebung der Abzugssteuern von Zinsen, die der öffentlichen Hand zufließen: BMF v. 2.11.1981 BStBl. I 1981, 654).

Artikel 29*. Ausdehnung des räumlichen Geltungsbereichs

Text: OECD-Musterabkommen (OECD-MA)

1. Dieses Abkommen kann entweder als Ganzes oder mit den erforderlichen Änderungen [auf jeden Teil des Hoheitsgebiets (des Staates A) oder (des Staates B), der ausdrücklich von der Anwendung des Abkommens ausgeschlossen ist, oder] auf jeden anderen Staat oder jedes andere Hoheitsgebiet erstreckt werden, dessen internationale Beziehungen von (Staat A) oder (Staat B) wahrgenommen werden und in dem Steuern erhoben werden, die im Wesentlichen den Steuern ähnlich sind, für die das Abkommen gilt. Eine solche Erstreckung wird von dem Zeitpunkt an und mit den Änderungen und Bedingungen, einschließlich der Bedingungen für die Beendigung, wirksam, die zwischen den Vertragsstaaten durch auf diplomatischem Weg auszutauschende Noten oder auf andere, den Verfassungen dieser Staaten entsprechende Weise vereinbart werden.

2. Haben die beiden Vertragsstaaten nichts anderes vereinbart, so wird mit der Kündigung durch einen Vertragsstaat nach Artikel 30 die Anwendung des Abkommens in der in jenem Artikel vorgesehenen Weise auch [für jeden Teil des Hoheitsgebiets (des Staates A) oder (des Staates B) oder] für Staaten oder Hoheitsgebiete beendet, auf die das Abkommen nach diesem Artikel ausgedehnt worden ist.

Inhalt

1 **Literatur:** *Baumbach,* Vertragswandel und demokratische Legitimation (2008); *Boehmer,* Der völkerrechtliche Vertrag im deutschen Recht (1965); *Borer,* Das Legalitätsprinzip und die auswärtigen Angelegenheiten (1986); *Delbrück/Wolfrum,* Völkerrecht, Bd. I/1, 2. Aufl. (1989); *Dregger,* Die antizipierte Zustimmung des Parlaments zum Abschluß völkerrechtlicher Verträge, die sich auf Gegenstände der Bundesgesetzgebung beziehen (1989); *Fastenrath,* Kompetenzverteilung im Bereich der auswärtigen Gewalt (1986); *Geiger,* Grundgesetz und Völkerrecht, 2. Aufl. (1994); *Ipsen,* Völkerrecht, 4. Aufl. (1999); *Lehner,* Die Rolle des Parlaments beim Zustandekommen von Doppelbesteuerungsabkommen, in Steuern im Verfassungsstaat

* Nummerierung geändert durch OECD-MA 2003.

(1996), S. 95; *Müller,* Die innerstaatliche Umsetzung von einseitigen Maßnahmen der Auswärtigen Gewalt (1994); *Patrick,* Law and Policy in International Business (1978); *Vogel,* Der räumliche Anwendungsbereich der Verwaltungsrechtsnorm (1965); *ders.,* Gesetzesvorbehalt, Parlamentsvorbehalte und völkerrechtliche Verträge, in FS Lerche (1993), S. 95; *Wengler,* Völkerrecht, Bd. 2 (1964).

Zur Geltung der DBA auf dem Festlandsockel s. Zur Überschrift Rz. 9.

Text: OECD-Kommentar (MA-Kommentar)

1. [Allgemeines] *Einige Doppelbesteuerungsabkommen bestimmen ausdrücklich die Hoheitsgebiete, für die sie gelten. Manche sehen zudem vor, dass ihre Bestimmungen auf andere Hoheitsgebiete erstreckt werden können und legen fest, wann und wie dies geschehen kann. Eine derartige Bestimmung ist für Staaten, die überseeische Hoheitsgebiete besitzen oder die internationale Beziehungen anderer Staaten oder Hoheitsgebiete wahrnehmen, von besonderem Nutzen, vor allem deshalb, weil diese Bestimmung vorsieht, dass die Erstreckung durch auf diplomatischem Weg auszutauschende Noten vereinbart werden kann. Sie ist auch von Nutzen, wenn die Bestimmungen des Abkommens auf einen Teil des Hoheitsgebiets eines Vertragsstaats erstreckt werden sollen, der ausdrücklich von der Anwendung des Abkommens ausgeschlossen wurde. Der Artikel, der vorsieht, dass die Erstreckung auch auf eine andere den Verfassungen der Staaten entsprechende Weise vereinbart werden kann, ist so abgefasst, dass er für alle in Betracht kommenden Mitgliedstaaten der OECD in verfassungsrechtlicher Hinsicht tragbar ist. Die Erstreckung eines Abkommens auf irgendwelche Staaten oder Hoheitsgebiete ist an die einzige Voraussetzung geknüpft, dass diese Staaten oder Hoheitsgebiete Steuern erheben, die im Wesentlichen den Steuern ähnlich sind, für die das Abkommen gilt.*

2. [Wirkung] *Der Artikel sieht vor, dass das Abkommen entweder als Ganzes oder mit den erforderlichen Änderungen erstreckt werden kann, dass die Erstreckung von dem Zeitpunkt an und mit den Bedingungen wirksam wird, die zwischen den Vertragsstaaten vereinbart werden, und schließlich, dass mit der Kündigung des Abkommens ohne weiteres auch seine Anwendung für die Staaten oder Hoheitsgebiete beendet wird, auf die es erstreckt worden ist, sofern die Vertragsstaaten nichts anderes vereinbart haben.*

Text: Stellungnahme von Nichtmitgliedstaaten zum OECD-MA (OECD-NM)

Position on the Article

1. Indonesia, **[ab 15.7.2014: *Malaysia,*]** *the* ***People's Republic of China,*** **[ab 15.7.2014: *Singapore*]** *and* ***Thailand*** *reserve their position on this Article.*

I. Musterabkommen

1. Übereinstimmungen und Abweichungen

1a Nur das OECD-MA sieht eine Regelung zur Erstreckung des räumlichen Geltungsbereichs des Abkommens auf andere Hoheitsgebiete vor. Das US-MA enthält keine entsprechende Vorschrift.

2. OECD-MA

1b **Literatur** *Bachsmann,* DVBl. 1956, 747; *Baumbach,* S. 1 ff.; *Bernhardt,* HStR, Bd. 7 1. Aufl. (1992), § 174; *Boehmer,* S. 1 ff.; *Borer,* S. 1 ff.; *Delbrück/Wolfrum,* Völkerrecht, Bd. I/1, 2. Aufl. (1989); *Dregger,* S. 1 ff.; *Fastenrath,* S. 1 ff.; *Geiger,* Grundgesetz und Völkerrecht, 2. Aufl. (1994); *Ipsen,* Völkerrecht, 4. Aufl. (1999); *Jarass,* DÖV 1975, 117; *Juilhard,,* IBFD-Bulletin 1995, 107; *Lehner,* S. 95; *Lehner/Waldhoff,* in KSM, § 1; *Müller,* S. 1 ff.; *Patrick,* S. 1 ff.; *Schweiger,* BayVBl. 1995, 65; *Vogel,* S. 1 ff.; *ders.,* Gesetzesvorbehalt, Parlamentsvorbehalte und völkerrechtliche Verträge, in FS Lerche (1993), S. 95; *Waldhoff,* IStR 2002, 693; *Waldhoff/Engler,* FR 2012, 254; *Wengler,* Völkerrecht, Bd. 2 (1964); *Wolfrum,* VVDStRL 56 (1997), S. 38.

Deutschland verwendet in seinen Abkommen die Wörter „Erstreckung“ und „erstreckt“, während zum Teil andere deutschsprachige Staaten die Wörter „Ausdehnung“ und „ausgedehnt“ gebrauchen. 2

a) Grundzüge: Art. 29 eröffnet die Möglichkeit, das Abkommen ohne förmliche Revisionsverhandlungen auf andere Staaten oder Hoheitsgebiete zu erstrecken. Die Erstreckung wird durch bloßen Notenaustausch auf diplomatischem Wege vereinbart. Es handelt sich um einen vereinfachten Sonderfall der Abkommensänderung. 3

b) Voraussetzungen: Vertragsstaaten, von denen der eine die internationalen Beziehungen von anderen Staaten oder Hoheitsgebieten wahrnimmt, können den geographischen und sachlichen Anwendungsbereich des Abkommens auf diese betreuten Staaten oder Hoheitsgebiete erstrecken, wenn dort Steuern erhoben werden, die im Wesentlichen den Steuern ähnlich sind, für die das Abkommen gilt. Zum Begriff der „ähnlichen Steuern“ und der „Steuern, für die das Abkommen gilt“ s. zu Art. 2 Rz. 3ff., 56ff. Der Ausdruck ist mangels entgegenstehender Anhaltspunkte im gesamten MA einheitlich auszulegen. Die Steuern in dem anderen Staat oder Hoheitsgebiet können sowohl von diesem als auch von dem Vertragsstaat selber erhoben werden. Anders der MA-Komm. zu Art. 29, nach dessen Auffassung es Voraussetzung sein soll, dass die betreuten Staaten oder Hoheitsgebiete die Steuern erheben (MA-Komm. zu Art. 29 Ziff. 1). Dieser Auslegung steht jedoch der eindeutige Wortlaut der Vorschrift entgegen. Überdies würden damit die wichtigsten Fälle der Wahrnehmung internationaler Beziehungen für einen anderen Staat – Anschlüsse, Fremdverwaltung und Treuverwaltung (vgl. *Wengler,* S. 1158ff.; *Delbrück/Wolfrum,* S. 332ff.; *Ipsen,* § 23, Rz. 12ff.; *Hoffmann,* Enclaves, EPIL 10, 1987, S. 143; *Fastenrath,* Servitudes, EPIL 10, 1987, S. 389; *Torrez Bernadez,* Territorial Sovereignty, EPIL 10, 1987, S. 487) – von der Vorschrift nicht erfasst, da die Steuern in diesen Fällen regelmäßig von dem betreuenden Staat erhoben werden. 4

Art. 29 ermöglicht auch die Erstreckung des Abkommens auf Gebiete, die zum Hoheitsgebiet eines Vertragsstaats gehören, jedoch aufgrund einer ausdrücklichen Regelung des DBA zunächst nicht unter dessen räumlichen Anwendungsbereich fallen (für Beispiele s. Rz. 14). Änderungen des Gebietsbestands durch Gebietszuwachs bedürfen nach dem „Grundsatz der beweglichen Vertragsgrenzen“ nicht des Verfahrens nach Art. 29 (s. Zur Überschrift Rz. 17; GKG/*Höppner,* Art. 28 OECD-MA Rz. 2). Hauptfall dieser Änderung des Gebiets auch in seiner Auswirkung auf die DBA für die Bundesrepublik Deutschland war die Erstreckung der Abkommen der Bundesrepublik Deutschland auch auf das Gebiet der ehemaligen DDR (s. Zur Überschrift Rz. 17). 5

Zum geographischen Anwendungsbereich der DBA s. Rz. 10ff. sowie Zur Überschrift Rz. 2ff. 6

c) Kündigung: Nach Art. 29 Abs. 2 wirkt eine Kündigung des DBA durch einen Vertragsstaat (s. hierzu Art. 31) auch für die Hoheitsgebiete, die erst nachträglich im Wege der Erstreckung nach Abs. 1 in den Geltungsbereich des Abkommens gelangt sind. Diese Regelung stellt nur klar, dass die Erstreckung des räumlichen Anwendungsbereichs, wenn sie erst einmal vereinbart ist, integrierter Bestandteil des DBA ist und dessen Schicksal in jeder Hinsicht teilt, es sei denn, es wäre ausdrücklich etwas anderes vereinbart. Für Beispiele zur Kündigung nur der Vereinbarung nach Art. 29 Abs. 1 s. Rz. 17. 7

3. US-MA

Das US-MA enthält keine Regelung über die Erstreckung des räumlichen Geltungsbereichs von DBA. Die Erstreckung des Abkommens auf zusätzliche Gebiete 8 ist daher regelmäßig als Abkommensänderung zu behandeln, d. h. die Vertragsparteien müssen gegebenenfalls hierüber in förmlichen Revisionsverhandlungen eine Einigung herbeiführen und diese entsprechend ihren verfassungsrechtlichen Vorschriften über den Abschluss völkerrechtlicher Verträge in Kraft setzen (s.u. zu Art. 30 Rz. 3; zum US-MA s. *Patrick,* 716).

II. Deutsche DBA

1. Abkommensübersicht zu Artikel 29 Abs. 1 und 2

Eine dem MA entsprechende, jedoch **einseitige** Regelung – mit Kündigungsklausel – enthalten:

9

DBA	Besonderheiten	Artikel	Rz.
Australien	–	27	15; 17; 20
Dänemark	–	48	15; 17; 20
Finnland	Beschränkung auf Gemeindesteuer in Åland	29	14; 15; 16; 17; 20
Frankreich	Regelung für eingeschränkte Kündigung	27	14; 17; 20
Großbritannien 1964/70	–	XXI	15; 17; 20
Neuseeland	–	27	15; 17; 20
Niederlande 1959/2004	Konkrete Bezeichnung des Gebietes, Kündigungsregelung bleibt vorbehalten	27 Abs. 2	14; 15; 17; 20
Pakistan	–	27	15; 17; 20

Alle übrigen DBA enthalten keine dem MA entsprechende Regelung (s. Rz. 18).„Einseitige Regelung" bedeutet in diesem Zusammenhang, dass es nur um eine räumliche Erstreckung auf Gebietsteile des anderen Vertragsstaats oder um Gebietsteile, die sonst in einer der in dem Artikel genannten Beziehung zu dem anderen Vertragsstaat stehen, geht; Deutschland hat seine Abkommen jeweils von vornherein auf das gesamte Staatsgebiet erstreckt.

2. Erläuterungen

10 **a) Räumlicher Geltungsbereich (transitiv):** Nach der in den deutschen DBA regelmäßig enthaltenen Umschreibung des Begriffs „Vertragsstaat" gelten die DBA auf deutscher Seite für den Geltungsbereich des Grundgesetzes. Zur Einbeziehung Berlins in den älteren DBA vgl. die 2. Aufl. zu Art. 28 Rz. 12.

11 Zum Gebiet Deutschlands wie jedes Staates gehört auch das **Küstenmeer, nicht** jedoch der **Festlandsockel** (*Lehner/Waldhoff,* in KSM, § 1 Rz. B 26, B 28). Die Küstenstaaten können jedoch eine auf die Erforschung und die Ausbeutung der Naturschätze begrenzte Souveränität ausüben (so nach dem Seerechtsübereinkommen der Vereinten Nationen von 1982). Deutschland sieht dementsprechend die Erforschung und Ausbeutung der Naturschätze des Meeresgrundes und des Meeresuntergrundes als sein ausschließliches Hoheitsrecht an (Proklamation v. 20.1.1964, BGBl. II 1964, 104; Gesetz v. 24.7.1964, BGBl. I 1964, 497; I 1974, 2149). Der Festlandsockel rechnet nach deutschem Einkommen- und Körperschaftsteuerrecht zum Inland (§ 1 Abs. 1 Satz 2 EStG, § 1 Abs. 3 KStG sowie früher § 1 Abs. 4 VStG; zu dem Meinungsstreit hinsichtlich der Bedeutung dieser Extension des einkommensteuerlichen In-

lands *Lehner/Waldhoff,* in KSM, § 1 Rz. B 39 f.; *Waldhoff/Engler,* FR 2012, 254 m. w. N.; *dies.,* in Böttcher/Faßbender/Waldhoff, Erneuerbare Energien in der Notar- und Gestaltungspraxis, 2014, S. 118 ff.). Zur Abgrenzung des deutschen Festlandsockels s. die Verträge mit Dänemark, den Niederlanden und Großbritannien, BGBl. II 1972, 881 (1616). Damit gelten die deutschen DBA auch für die im Bereich des deutschen Festlandsockels erwirtschafteten Einkünfte, soweit sie aus der Erforschung und Ausbeutung der Naturschätze des Meeresgrundes oder des Meeresuntergrundes herrühren, entsprechend für Vermögenswerte, die der Erforschung und Ausbeutung der Naturschätze dienen. Vgl. in diesem Zusammenhang § 3 der Verordnung zur Umsetzung von Konsultationsvereinbarungen zwischen der Bundesrepublik Deutschland und dem Königreich der Niederlande v. 23.12.2010, BGBl. I 2183. Erweitert wurde dieser Anwendungsbereich auf die Gewinnung regenerativer Energien im Bereich des Festlandsockels (näher *Waldhoff/Engler,* FR 2012, 254; *dies.,* in Böttcher/Faßbender/Waldhoff, Erneuerbare Energien in der Notar- und Gestaltungspraxis, 2014, S. 118 ff.). In einer Reihe von DBA ist das ausdrücklich vereinbart (s. o. Anhang zu Art. 3 Abs. 1, Rz. 84; s. auch Notenwechsel mit Dänemark, BStBl. I 1982, 309). Die *DBA Argentinien, Brasilien (K), China, Elfenbeinküste, Indien, Indonesien, Kenia, Mauritius 2011, Mongolei, Philippinen, Polen, Sri Lanka, Türkei 1985, Tunesien, Ukraine* und *Ungarn 1977* stellen die Einbeziehung des Festlandsockels in den Geltungsbereich der DBA dadurch sicher, dass die Definition des Begriffs „Vertragsstaat" auf den Geltungsbereich des nationalen Steuerrechts Bezug nimmt (s. *Bode,* DB 1976, 407).

Für DBA **ohne** eine solche Vorschrift bestimmt sich die Frage, ob Vorgänge (z. B. Einkünfte), Einrichtungen oder Vermögenswerte im Bereich des Festlandsockels „inländisch" sind, nach dem innerstaatlichen Recht des betreffenden Staates (s. Zur Überschrift Rz. 9; vgl. auch Art. 6 Rz. 44 ff.). Für Deutschland führt das zum selben Ergebnis. **12**

Im Übrigen richtet sich der räumliche Geltungsbereich der Abkommen nach den staatsrechtlichen Grenzen Deutschlands und damit nach den völkerrechtlich dafür maßgebenden Rechtsvorschriften: Zum Inland gehören die Zollausschlüsse und die Zwölfmeilenzone (für den einkommensteuerrechtlichen Inlandsbegriff entsprechend *Lehner/Waldhoff,* in KSM, § 1 Rz. B 29). Zollanschlussgebiete sind Ausland (z. B. das Kleine Walsertal). Kondominien (im deutsch-luxemburgischen Grenzgebiet an Mosel, Saar und Our) gehören zu beiden Vertragsstaaten, eine Doppelbesteuerung kann hier nur über das Verständigungsverfahren beseitigt werden. Andererseits kann Doppelbesteuerung bei direkten Steuern hier kaum auftreten, da nach übereinstimmender Rechtsansicht der deutschen und luxemburgischen Finanzverwaltungen keiner der beiden Kondominialstaaten einseitig Steuerrechtsetzungsakte für dieses Gebiet vornehmen kann (näher m. w. N. *Lehner/Waldhoff,* in KSM, § 1 Rz. B 31). Umstritten ist die Gebietshoheit am Bodensee. Nach der von der Schweiz vertretenen Realteilungstheorie würde die Grenze längs der Seemitte verlaufen, während nach österreichischer Ansicht der Bodensee als Kondominat unter gemeinsamer Hoheit der Anliegerstaaten stünde. Eine deutsche Auffassung ist nicht klar ersichtlich (vgl. *Kurz,* DStR 1975, 461; *Schweiger,* BayVBl. 1995, 65; für die Realteilungstheorie RFH RStBl. 1934, 1445; näher *Lehner/Waldhoff,* in KSM, § 1 Rz. B 31; dort auch Hinweise auf weitere **Grenzunsicherheiten** mit steuerlicher Bedeutung). Für die Anwendung der *DBA Österreich* und *Schweiz* dürfte das Problem jedoch kaum relevant werden. Unter den räumlichen Anwendungsbereich der DBA fallen auch die Exklaven. Z. B. fand das *DBA Italien 1925* und findet auch jetzt das *DBA Italien* auf die italienische Exklave Campione Anwendung. Vgl. aber BMF v. 11.7.1974, Anlage 1, BStBl. I 1974, 442 (484). Zur Geltung von DBA, besonders des *DBA Italien 1925,* im Luftraum über dem Staatsgebiet s. zur Überschrift des MA Rz. 9. **13**

14 Einige Abkommen konkretisieren den geografischen Anwendungsbereich, indem sie bestimmte Gebiete ausdrücklich ein- bzw. ausschließen. So gilt das *DBA Frankreich* für das französische Mutterland und ausdrücklich auch für die überseeischen Departements (Guadeloupe, Französisch Guyana, Martinique, Réunion), das *DBA Niederlande 1959/2004* nur für den europäischen Teil der Niederlande. Das Ausscheiden der Niederländischen Antillen aus dem Niederländischen Staat mit Wirkung vom 10.10.2010 hat daher steuerlich keine Auswirkungen (BMF BStBl. I 2010, 1345; zur Situation *van Doremalen*, ET 2011, 118). Das *DBA Dänemark 1962* schloss seine Anwendung hinsichtlich der Färöer-Inseln und Grönland aus, das geltende *DBA Finnland* hinsichtlich Åland, und das *DBA Norwegen 1958* galt nicht für Svalbard, Jan Mayen und die außereuropäischen Besitzungen Norwegens.

15 **b) Räumliche Erweiterung:** Die *DBA Australien, Dänemark, Frankreich, Großbritannien 1964/70, Neuseeland,* und *Pakistan* sehen die Erstreckung des räumlichen Anwendungsbereiches auf diplomatischem Wege vor. Gleiches gilt für die *DBA Finnland* und *Niederlande 1959/2004,* wobei in diesen Abkommen die Gebiete bereits bezeichnet werden, auf die eine Erstreckung möglich ist (*Finnland:* Åland; *Niederlande 1959/2004:* außereuropäische Gebiete).

16 Das *DBA Finnland* schränkt die Regelung insoweit noch weiter ein, als die Erstreckung auf Åland nur hinsichtlich der Gemeindesteuern ermöglicht wird (Art. 29 Abs. 1 *DBA Finnland*).

17 Durch die Kündigung des Abkommens wird entsprechend dem MA in den *DBA Australien, Dänemark, Finnland, Frankreich, Großbritannien 1964/70, Neuseeland* und *Pakistan* auch die Erstreckungsregelung erfasst, wobei das *DBA Frankreich* ausdrücklich die Möglichkeit vorsieht, die Kündigung auf die Erstreckungsregelung zu beschränken (Art. 27 Abs. 4 *DBA Frankreich*). Nach dem *DBA Niederlande 1959/2004* bleiben die Bedingungen, unter denen eine Kündigung möglich sein soll, der Erstreckungsregelung vorbehalten.

18 **c)** Der weitaus größte Teil der deutschen DBA enthält **keine** dem Art. 29 MA **entsprechende Regelung** (s. o. Abkommensübersicht Rz. 9). Soll der räumliche Anwendungsbereich dieser Abkommen auf andere Gebiete erstreckt werden, so ist der auch sonst für Abkommensrevisionen vorgeschriebene Weg einzuhalten, insbesondere ist stets die parlamentarische Zustimmung notwendig (vgl. Grundl. Rz. 45 ff.).

19 **d) Problematik der parlamentarischen Zustimmung:** Letzteres wird teilweise auch für das Verfahren nach Art. 29 verlangt (GKG/*Höppner,* Art. 28 OECD-MA, Rz. 7 mit Hinweis auf den steuerlichen Gesetzesvorbehalt; bisher auch Wassermeyer/*Wassermeyer,* Art. 28 OECD-MA Rz. 11: Ratifikation nach Art. 59 Abs. 2 GG). Bei dem Verfahren nach Art. 29 handelt es sich nicht um eine einseitige Erklärung eines der beiden Vertragsstaaten, sondern um eine Vertragsänderung in einem vereinfachten Verfahren, ohne dass das Abkommen im übrigen inhaltlich geändert werden müsste (Wassermeyer/*Wassermeyer,* Art. 29 OECD-MA Rz. 11). Richtiger Ausgangspunkt der dargelegten Ansicht ist es, dass grundsätzlich auch die Abänderung eines völkerrechtlichen Vertrags nach den Regeln über Abschluss und Ratifikation auszurichten ist (BVerfGE 90, 286 (361)). Dieser Grundsatz gilt jedoch nicht ausnahmslos, wie etwa die strittige Rechtslage zur Parlamentsbeteiligung bei der Kündigung und Anbringung von Vorbehalten zeigt (BVerfGE 68, 1 (83 f.)). Eine Erleichterung in verfahrensrechtlicher Hinsicht will auch Art. 29 schaffen, ohne damit auf die innerstaatliche Koordination von Völker- und nationalem Recht Einfluss nehmen zu können oder zu wollen (GKG/*Höppner,* Art. 28 OECD-MA, Rz. 1, 4). Nach der referierten Ansicht wäre durch die von dem Artikel unberührt gelassene innerstaatliche Rechtslage ein Teil der Regelungsintention des Artikels ausgeschaltet. Zwar wäre auch nach dieser Ansicht kein formelles Revisionsverfahren einzuleiten; der Beschleunigungs-, Entlastungs- und Vereinfachungsgedanke würde jedoch weitgehend leerlaufen, müsste bei jeder Anwendung das Parlament noch zustimmen (für ähnliche Fälle *Bachsmann,* 747 (748f.)). Nach richtiger Ansicht bedürfen die im Wege des Art. 29 vorgenommenen Erstreckungen somit auch nach deutschem Verfassungsrecht grundsätzlich keiner Mitwirkung des Bundestags, sofern die Änderungen bei Abschluss des DBA hinreichend bestimmt und damit vorhersehbar waren und daher der wesentliche Vertragsinhalt durch eine Änderung auf der Grundlage von Art. 29 weder ausgehöhlt noch beeinträchtigt werden würde (*Waldhoff,* IStR 2002, 693; vgl. allgemein MD/*Maunz,* Art. 59 Rz. 35). Unabhängig von dem grundsätzlichen Anliegen, wegen ihrer besonderen Rechtsnatur und Wirkweise unmittelbar dem Bürger gegenüber, die Mitwirkung des Bundestags beim Abschluss von DBA zu stärken (*Vogel,* FS Lerche, S. 95; *Lehner,* S. 95), liegt hier ein **Fall antizipierter Zustimmung des Bundestags** vor, auf den – auch wenn keine Rechtsverordnung in Rede steht – der Rechtsgedanke von Art. 80 Abs. 1 Satz 2 GG Anwendung findet (*Waldhoff,* IStR 2002, 693; zu vergleichbaren Sachverhalten *Bachsmann,* DVBl. 1956, 747 (749); *Jarass,* DÖV 1975, 117 (122f.); *Fastenrath,* S. 235f. (290); *Dregger,* S. 73ff.; *Bernhardt,* HStR, § 174 Rz. 15; vMK/*Rojahn,* Art. 59 Rz. 44, 42; Dreier/*Pernice,* Art. 59 Rz. 48; *Sachs/Streinz,* Art. 59 Rz. 52, Fn. 142; so jetzt auch Wassermeyer/*Wassermeyer,* Art. 29 OECD-MA Rz. 12; a. A. *Boehmer,* S. 5f.; unentschieden *Müller,* S. 80f.; de lege ferenda großzügiger als hier vertreten *Wolfrum,* VVDStRL 56 (1997), S. 46f.). BVerfGE 1, 372 (395f.) betraf einen sachlich etwas anders gelagerten Fall (vgl. auch *Geiger,* 133f.); zudem ist es fraglich, ob diese Frage heute angesichts der inzwischen ausgefeilten Rechtsprechung des BVerfG zu den verfassungsrechtlichen Anforderungen an den Abschluss und die Umsetzung völkerrechtlicher Verträge noch genau so ergehen würde. Der hier skizzierte Rechtsgedanke gilt dann auch für das innerstaatliche Wirksamwerden dieser Änderungen der DBA.

Für die deutschen DBA bedeutet dies eine differenzierte Beurteilung der Klauseln hinsichtlich der im Fall ihrer Anwendung ausgelösten verfassungsrechtlichen Rechtsfolgen: Die dargelegten Anforderungen sind durch die in den deutschen Abkommen verwendeten Formulierungen erfüllt, sofern das betroffene Gebiet sowie teilweise auch die Steuern in der entsprechenden Abkommensvorschrift ausdrücklich bezeichnet sind. Dies betrifft die *DBA Finnland* und *Niederlande 1959/2004.* Durch solche Explizierungen ist sichergestellt, dass sich das Parlament seiner Kontrollbefugnisse nicht unvorhersehbar entäußert. Bei den *DBA Australien, Dänemark, Frankreich, Großbritannien 1964/70, Neuseeland* und *Pakistan* hingegen verlangen der steuerliche Gesetzesvorbehalt und die Kontrollkompetenz des Parlaments im Rahmen der Ausübung der auswärtigen Gewalt eine Zustimmung des Bundestags nach Art. 59 Abs. 2 GG, falls von dem dort vorgesehenen Verfahren Gebrauch gemacht wird. **20**

Abschnitt VII. Schlussbestimmungen

Artikel 30*. Inkrafttreten

Text: OECD-Musterabkommen (OECD-MA)

Artikel 30

1. Dieses Abkommen bedarf der Ratifikation; die Ratifikationsurkunden werden so bald wie möglich in ... ausgetauscht.

2. Das Abkommen tritt mit dem Austausch der Ratifikationsurkunden in Kraft, und seine Bestimmungen finden Anwendung
a) (in Staat A): ...
b) (in Staat B): ...

Text: Deutsche Verhandlungsgrundlage (DE-VG)

Artikel 31. Inkrafttreten

(1) **Dieses Abkommen bedarf der Ratifikation; die Ratifikationsurkunden werden so bald wie möglich ausgetauscht.**

(2) **Dieses Abkommen tritt am Tage des Austauschs der Ratifikationsurkunden in Kraft und ist in beiden Vertragsstaaten anzuwenden**

1. **bei den im Abzugsweg erhobenen Steuern auf die Beträge, die am oder nach dem 1. Januar des Kalenderjahres gezahlt werden, das dem Jahr folgt, in dem das Abkommen in Kraft getreten ist;**
2. **bei den übrigen Steuern auf die Steuern, die für Zeiträume ab dem 1. Januar des Kalenderjahres erhoben werden, das dem Jahr folgt, in dem das Abkommen in Kraft getreten ist.**

[(3) **Mit Inkrafttreten dieses Abkommens tritt das am .... in .... unterzeichnete Abkommen zwischen der Bundesrepublik Deutschland und** *[anderer Vertragsstaat]* **zur Vermeidung der Doppelbesteuerung auf dem Gebiet der Steuern vom Einkommen und vom Vermögen** [*ggf. Titel anpassen*] **außer Kraft. Seine Bestimmungen gelten bis zur in Absatz 2 geregelten Anwendbarkeit dieses Abkommens fort. Auf Sachverhalte, die vor dem Inkrafttreten dieses Abkommens liegen, bleiben die Bestimmungen des Abkommens vom ....**[*Datum des Altabkommens*] **anwendbar.**]

Text: US-Musterabkommen (US-MA)

Artikel 28

1. Dieses Abkommen bedarf der Ratifikation in Übereinstimmung mit den einschlägigen Verfahrensregelungen des jeweiligen Vertragsstaats; die Ratifikationsurkunden werden so bald wie möglich ausgetauscht.

2. Das Abkommen tritt am Tag des Austauschs der Ratifikationsurkunden in Kraft, und seine Bestimmungen finden Anwendung:

---

* Nummerierung geändert durch OECD-MA 2003.

a) bei den im Abzugsweg erhobenen Steuern auf die Beträge, die am oder nach dem ersten Tag des zweiten Monats nach dem Inkrafttreten des Abkommens gezahlt oder gutgeschrieben werden;
b) bei den übrigen Steuern für Veranlagungszeiträume, die am oder nach dem ersten Januar nach dem Inkrafttreten des Abkommens beginnen.

3. Ungeachtet des Absatzes 2 findet Artikel 26 (Informationsaustausch und Amtshilfe) unabhängig davon, auf welchen Veranlagungszeitraum sich die Angelegenheit bezieht, ab dem Tag des Inkrafttretens des Abkommens Anwendung.

Artikel 31*. Kündigung

Text: OECD-Musterabkommen (OECD-MA)

Artikel 31

Dieses Abkommen bleibt in Kraft, solange es nicht von einem Vertragsstaat gekündigt wird. Jeder Vertragsstaat kann nach dem Jahr . . . das Abkommen auf diplomatischem Weg unter Einhaltung einer Frist von mindestens sechs Monaten zum Ende eines Kalenderjahres kündigen. In diesem Fall findet das Abkommen nicht mehr Anwendung
a) (in Staat A): . . .
b) (in Staat B): . . .

Schlussklausel

Anmerkung: Die Schlussklausel über die Unterzeichnung richtet sich nach den verfassungsrechtlichen Verfahren der beiden Vertragsstaaten.

Text: Deutsche Verhandlungsgrundlage (DE-VG)

Artikel 32. Kündigung

(1) **Dieses Abkommen bleibt in Kraft, solange es nicht von einem Vertragsstaat gekündigt wird.**

(2) **Jeder der Vertragsstaaten kann frühestens nach Ablauf von fünf Jahren, vom Tag des Inkrafttretens an gerechnet, das Abkommen unter Einhaltung einer Frist von mindestens sechs Monaten zum Ende eines Kalenderjahres gegenüber dem anderen Vertragsstaat auf diplomatischem Weg schriftlich kündigen. In diesem Fall ist das Abkommen in beiden Vertragsstaaten nicht mehr anzuwenden**
1. bei den im Abzugsweg erhobenen Steuern auf die Beträge, die am oder nach dem 1. Januar des Kalenderjahres gezahlt werden, das dem Kündigungsjahr folgt;
2. bei den übrigen Steuern auf die Steuern, die für Zeiträume ab dem 1. Januar des Kalenderjahres erhoben werden, das dem Kündigungsjahr folgt.

Schlussklausel

Geschehen zu … am … in zwei Urschriften, jede in deutscher, *[anderer Vertragsstaat]* und [englischer] Sprache, wobei jeder Wortlaut verbindlich ist. Bei unterschiedlicher Auslegung des deutschen und des *[anderer Vertragsstaat]* Wortlauts ist der englische Wortlaut maßgebend.

Für die Bundesrepublik Deutschland	**Für ……**

* Nummerierung geändert durch OECD-MA 2003.

Text: US-Musterabkommen (US-MA)

Artikel 29

1. Dieses Abkommen bleibt in Kraft, solange es nicht von einem Vertragsstaat gekündigt wird. Jeder Vertragsstaat kann das Abkommen auf diplomatischem Weg kündigen. In diesem Fall findet das Abkommen nicht mehr Anwendung:

a) bei den im Abzugsweg erhobenen Steuern, auf Beträge, die nach Ablauf der Sechsmonatsfrist, die an dem Tag der Abgabe der Kündigungserklärung beginnt, gezahlt oder gutgeschrieben werden; und

b) in Bezug auf andere Steuern für Veranlagungszeiträume, die mit oder nach Ablauf der Sechsmonatsfrist beginnen, die an dem Tag der Abgabe der Kündigungserklärung beginnt.

Schlussklausel

Zum Zeugnis dessen haben die hierzu von ihren jeweiligen Regierungen gehörig befugten Unterzeichner dieses Abkommen unterzeichnet.

Geschehen zu ... in zweifacher Ausfertigung in englischer und ... Sprache, wobei beide Texte die gleiche Verbindlichkeit besitzen, am ...

Für die Regierung der Vereinigten Staaten von Amerika:	Für die Regierung von .....

Inhalt

Literatur: *Alimi,* Die Staatensukzession in völkerrechtliche Verträge und die Einigung Deutschlands (2004); *Aust,* Treaties, Termination, in MPEPIL, vol. X (2012); *Bayer,* Die Aufhebung völkerrechtlicher Verträge im deutschen parlamentarischen Regierungssystem (1969); *Boehmer,* Der völkerrechtliche Vertrag im deutschen Recht (1965); *Busse,* Die Besteuerung der stillen Reserven durch einen allgemeinen Steuerentstrickungstatbestand (2009); *Doehring,* Völkerrecht, 2. Aufl. (2004); *Dörr/Schmalenbach* (Hrsg.),Vienna Convention on the Law of Treaties – A Commentary (2012); *Galan,* Spain, in Lang (Hrsg.), Recent Tax Treaty Developments Around the Globe (2009), S. 423; *Geiger,* Grundgesetz und Völkerrecht mit Europarecht, 6. Aufl. (2013); *Hey,* Steuerplanungssicherheit als Rechtsproblem (2002); *Ipsen,* Völkerrecht, 5. Aufl. (2004); *Karl,* Vertrag und spätere Praxis im Völkerrecht (1983); *Kunig,* in Graf Vitzthum/Proelß (Hrsg.), Völkerrecht, 6. Aufl. (2013), Abschnitt 2 S. 61; *Jü. Lüdicke,* Überlegungen zur deutschen DBA-Politik (2008); *ders.,* Das Jahr im Rückblick: Wertung der aktuellen Abkommenspolitik aus Sicht des Rechtsanwenders, in Brunsbach/Endres/Jü. Lüdicke/ Schnitger, Deutsche Abkommenspolitik – Trends und Entwicklungen 2011/12, IFSt-Schrift Nr. 480 (2012), S. 49; *McNair,* The law of treaties (1961); *Müller,* Besteuerung stiller Reserven bei Auslandsbezug im Spannungsfeld zwischen Verfassung, Abkommens- und Europarecht – Zu ausgewählten Entstrickungsregelungen nach dem SEStEG (2012); *Reiter,* Besteuerung stiller Reserven nach § 4 Abs. 1 Satz 3 EStG (2011); *Schuch,* Die Zeit im Recht der Doppelbesteuerungsabkommen (2002); *Triepel,* Völkerrecht und Landesrecht (1899); *Verdross/Simma,* Universelles Völkerrecht (1984); *Villiger,* Commentary on the 1969 Vienna Convention on the Law of Treaties (2009); *Zimmermann,* State Succession in Treaties, in MPEPIL, vol. IX (2012); *ders.,* Staatennachfolge in völkerrechtliche Verträge (2000). 1

Text: OECD-Kommentar (MA-Kommentar)

1. [Regelung für zweiseitige Verträge] *Die Bestimmungen über das Inkrafttreten, die Ratifikation und die Kündigung sind für zweiseitige Abkommen verfasst und entsprechen den üblicherweise in zwischenstaatlichen Verträgen enthaltenen Regeln.*

2. [Abweichende Klauseln] *Einige Vertragsstaaten benötigen in Artikel 30 Absatz 1 gegebenenfalls noch eine zusätzliche Bestimmung, in der die Organe genannt sind, die der Ratifikation zuzustimmen haben. Andere Vertragsstaaten können vereinbaren, in den Artikel die Bestimmung aufzunehmen, dass das Abkommen nach einem Notenwechsel in Kraft tritt, in dem bestätigt wird, dass jeder Staat die für das Inkrafttreten erforderlichen Verfahren abgeschlossen hat.*

3. [Zeitverschobenes Inkrafttreten] *Die Vertragsstaaten können vereinbaren, dass das Abkommen erst nach Ablauf einer bestimmten Frist nach dem Austausch der Ratifikationsurkunden oder nach der Bestätigung, dass jeder Staat die für das Inkrafttreten erforderlichen Verfahren abgeschlossen hat, in Kraft tritt.*

*4. **[Regelung des Anwendungszeitpunktes]** Bestimmungen über die Zeitpunkte, von denen an das Abkommen anzuwenden oder nicht mehr anzuwenden ist, sind nicht ausgearbeitet worden, da diese Bestimmungen weitgehend vom innerstaatlichen Recht der Vertragsstaaten abhängen. Einige Staaten setzen die Steuern für ein Steuerjahr nach dem in diesem Jahr erzielten Einkommen fest, andere Staaten berechnen die Steuern von dem während des Vorjahres erzielten Einkommen, und bei weiteren Staaten weicht das Steuerjahr vom Kalenderjahr ab. Verschiedene Abkommen sehen ferner für die im Abzugsweg an der Quelle erhobenen Steuern Zeitpunkte für die erstmalige und letztmalige Anwendung vor, die von dem für veranlagte Steuern maßgebenden Zeitpunkt abweichen.*

*5. **[Mindestzeitraum]** Da ein Abkommen für einen gewissen Mindestzeitraum in Kraft bleiben sollte, bestimmt der Artikel über die Kündigung, dass das Abkommen erst nach Ablauf eines in gegenseitigem Einvernehmen festgelegten Jahres gekündigt werden kann. Die Vertragsstaaten sind in der Bestimmung des Jahres frei, in dem frühestens gekündigt werden kann; sie können aber auch auf die Festsetzung eines solchen Jahres verzichten.*

A. Zu Art. 30

I. Musterabkommen

1. Übereinstimmungen und Abweichungen

2 Das OECD-MA und das US-MA treffen weitgehend vergleichbare Regelungen zu Ratifikation, Inkrafttreten und Anwendungsbeginn, unterscheiden sich dabei jedoch in den Anforderungen für das Eintreten der völkerrechtlichen Bindung. Die Deutsche Verhandlungsgrundlage enthält, wie das US-MA, zudem eine differenziertere Regelung für den Anwendungsbeginn des Abkommens selbst, das US-MA darüber hinaus noch eine spezifische Regelung für den Anwendungsbeginn der Regelungen zum Informationsaustausch und zur Verwaltungshilfe (zum US-MA vgl. Rz. 14).

2. Erläuterungen

3 **a)** Art. 30 Abs. 1 MA legt die Notwendigkeit der (völkerrechtlichen) **Ratifikation** des Abkommens für dessen Inkrafttreten fest. Die Ratifikation ist eine der in Art. 11 WÜRV (zu diesem Abkommen s. Grundl. Rz. 46) genannten förmlichen Möglichkeiten, in denen das dafür zuständige Staatsorgan die Zustimmung des Vertragsstaats, an einen völkerrechtlichen Vertrag gebunden zu sein (Art. 2 Abs. 1 Buchst. b WÜRV), erklären kann. Sie steht mithin am Ende des Abschlusses völkerrechtlicher Verträge (hierzu ausführlich Grundl. Rz. 47 ff.). In Staaten, die völkerrechtlichen Verträgen unmittelbar innerstaatliche Wirkung beimessen, soll das Ratifikationserfordernis den Zeitpunkt des Inkrafttretens bis zur Ratifikation „verzögern“ (Wassermeyer/*Wassermeyer,* Art. 30, 31 OECD-MA Rz. 1). In Staaten, in denen innerstaatlich ein Verfahren zwischengeschaltet ist (so ist z. B. in Deutschland nach Art. 59 Abs. 2 GG innerstaatlich die Zustimmung i. F. e. Bundesgesetzes erforderlich und in den USA verlangt Art. II § 2 cl. 2 der Verfassung die Zustimmung des Senats), wird die Ratifikation grundsätzlich erst nach dem erfolgreichen Abschluss dieses Verfahrens vollzogen, denn erst dann hat der betreffende Staat das Abkommen als für sich verbindlich angenommen und kann dies dem Vertragspartner gegenüber erklärt werden (s. dazu Rz. 4). Die völkerrechtliche Ratifikation (Art. 11, 14, 16 WÜRV) ist in jedem Falle von einer innerstaatlich erforderlichen parlamentarischen Zustimmung zum Vertrag zu unterscheiden, die in irreführender Weise oft ebenfalls als „Ratifikation“ bezeichnet wird (dazu s. nur *Doehring,* Rz. 337, *Verdross/Simma,* § 698 und *McNair,* S. 129 f.).

Die Ratifikation im völkerrechtlichen Sinne geschieht nach Art. 16 WÜRV durch Unterzeichnung und Austausch besonderer Ratifikationsurkunden (s. a. Art. 30 Abs. 1 MA), bei multilateralen Verträgen regelmäßig durch deren Hinterlegung an einer im Vertrag bestimmten Stelle (Dispositar), so z. B. beim Generalsekretär der Vereinten Nationen im Falle des WÜRV nach dessen Art. 82 f. Erst durch diesen Austausch der Ratifikationsurkunden (oder deren Hinterlegung) werden die Vertragsstaaten nach Art. 16 WÜRV völkerrechtlich an den Vertrag **gebunden.** Eine mögliche Paraphierung und die Vertragsunterzeichnung (s. dazu Grundl. Rz. 50 ff.) bleiben zumindest beim mehrphasigen Verfahren nur vorläufige Maßnahmen (*Sasseville,* FS Avery Jones, S. 37 (56); zur Problematik auch Grundl. Rz. 52; s. aber u. U. Art. 18 WÜRV). 4

Ziff. 2 Satz 2 MA-Komm. ermöglicht für die Vertragsstaaten auch eine alternative Regelung: In Anknüpfung an Art. 11 WÜRV können die Vertragsstaaten danach vereinbaren, dass statt der Ratifikation als Erfordernis für das Inkrafttreten des Abkommens die weniger förmliche Möglichkeit eines **Notenwechsels** genügt, in dem gegenseitig bestätigt wird, dass die für das Inkrafttreten erforderlichen innerstaatlichen Verfahren abgeschlossen sind (Notifizierung, Notifikation; s. a. Dörr/*Hoffmeister,* Art. 16 WÜRV Rz. 13, Art. 11 WÜRV Rz. 14, 18). Erst durch diesen Notenwechsel werden die Vertragsstaaten völkerrechtlich an den Vertrag gebunden (Rz. 4). In manchen DBA wird auf diese Weise mittelbar die Einhaltung der nach innerstaatlichem Recht vorgesehenen Zustimmungsverfahren auch völkerrechtlich vorgeschrieben. Zur deutschen Vertragspraxis insoweit s. Rz. 17. 5

b) Nach Art. 30 Abs. 2 MA fallen der Zeitpunkt der Ratifikation (Austausch der Ratifikationsurkunden nach Art. 16 WÜRV; s. Rz. 4) und der **Zeitpunkt des Inkrafttretens** des Vertrages zusammen. Ist der Vertrag in Kraft getreten, sind die Vertragsstaaten grundsätzlich von diesem Zeitpunkt an völkerrechtlich verpflichtet, den Bestimmungen des DBA Genüge zu tun, d. h. die Abkommensnormen anzuwenden, sofern das DBA keine abweichende Regelung zum Anwendungsbeginn enthält (s. a. Art. 26 f. WÜRV). Der Zeitpunkt des Inkrafttretens kann abweichend vom MA geregelt werden: Nach Art. 24 Abs. 1 WÜRV tritt ein völkerrechtlicher Vertrag zu dem Zeitpunkt in Kraft, der im Vertrag dafür vorgesehen ist. Ziff. 3 MA-Komm. erwähnt dementsprechend die Möglichkeit, ein zeitverschobenes Inkrafttreten vorzusehen, indem das Abkommen erst nach Ablauf einer bestimmten Frist nach dem Zeitpunkt der Ratifikation bzw. Notifikation in Kraft tritt. Fehlt es an einer ausdrücklichen Bestimmung für den Zeitpunkt des Inkrafttretens, so gilt nach Art. 24 Abs. 2 WÜRV die Regelung, die auch im MA vorgesehen ist: Der Vertrag tritt in Kraft, sobald alle beteiligten Vertragsstaaten zugestimmt haben, an das Abkommen gebunden zu sein. Wenn also das Erfordernis einer Ratifikation vereinbart ist, tritt der Vertrag in Kraft, sobald die Ratifikationsurkunden ausgetauscht sind. Tritt der Vertrag völkerrechtlich in Kraft und sind die weiteren innerstaatlichen Voraussetzungen gegeben, ist der Vertrag auch innerstaatlich bindend (s. dazu Grundl. Rz. 52 ff.; zur Transformations- und Vollzugslehre s. die Vorauflage, 5. Aufl., Einl. Rz. 61; zur Vollzugslehre allgemein: *Geiger,* § 33 II. 3.). 6

c) Als weiteren, davon zu unterscheidenden Zeitpunkt spricht Art. 30 Abs. 2 MA den **Anwendungsbeginn** an (s. a. Grundl. Rz. 57). Der Anwendungsbeginn ist der entscheidende Zeitpunkt, von dem an die nach ihm verwirklichten Sachverhalte materiell nach den Regeln des DBA zu beurteilen sind. Eine zusätzliche Regelung des Anwendungsbeginns ist bei DBA – anders als bei anderen völkerrechtlichen Verträgen – notwendig, weil DBA an das innerstaatliche materielle Steuerrecht anknüpfen (s. Grundl. Rz. 4 a, 64, 66) und die Wirkung von DBA daher bei Veranlagungssteuern sinnvollerweise in jedem der Vertragsstaaten zu Beginn des Veranlagungszeitraumes einsetzen sollte; die erstmalige Anwendung 7 kann infolgedessen in beiden Vertragsstaaten auch zu verschiedenen Zeitpunkten vereinbart werden. Bei anderen Steuern, insbes. im Hinblick auf die Erhebungsform, kann wiederum ein anderer, auch ein in beiden Staaten identischer Zeitpunkt des Anwendungsbeginns gewählt werden. Insgesamt sollte der Anwendungsbeginn aber nicht allein von dem oft zufälligen Zeitpunkt des Inkrafttretens abhängen (s. zum Ganzen *Vogel,* FS Bernhardt, S. 1143 (1148)).

7a Das MA selbst macht keine konkrete Vorgabe für den Anwendungsbeginn. Ziff. 4 MA-Komm. verweist lediglich auf die Abhängigkeit einer solchen Regelung vom innerstaatlichen Recht. Der Anwendungsbeginn kann so gewählt werden, dass er mit dem Inkrafttreten des DBA zusammenfällt, er kann später, aber auch früher liegen. Ein Anwendungsbeginn **vor** Inkrafttreten des DBA bedeutet, dass das Abkommen **rückwirkend** auch auf Sachverhalte in der Vergangenheit angewandt werden soll (s. dazu unter Rz. 10f. und 20ff.). Völkerrechtlich sind die Vertragsstaaten frei, den Beginn der Anwendung eines DBA nach ihren Vorstellungen zu vereinbaren. Art. 28 WÜRV sieht dementsprechend die fehlende Rückwirkung von Verträgen auch nur für den Fall vor, dass eine abweichende Regelung nicht getroffen wurde. Ferner kann der Anwendungsbeginn **differenzierend** nach Steuerarten, Erhebungsformen (für Veranlagungssteuern anders als für Abzugsteuern; zur entsprechenden Regelung im US-MA s. Rz. 14) oder nach Einkunfts- bzw. Vermögensarten festgelegt oder für einzelne Abkommensvorschriften unterschiedlich angeordnet werden. Zur deutschen Praxis insoweit s. Rz. 19.

8 Mit Anwendungsbeginn des DBA wird die Besteuerung der abkommensberechtigten Personen in den beiden Vertragsstaaten gemäß der Verteilungsnormen sowie des Methodenartikels des DBA **begrenzt** (zur Wirkungsweise der Verteilungsnormen und des Art. 23 MA im Hinblick auf Freistellung bzw. Anrechnung s. Grundl. Rz. 64ff.). **Dadurch erlöschen jedoch nicht zwingend auch steuerliche Mitwirkungspflichten** (Wassermeyer/*Wassermeyer,* Art. 30, 31 OECD-MA, Rz. 23). Vielmehr kann es z.B. vorkommen, dass das Abkommen für den Steuerpflichtigen durch die Anordnung der Freistellung bestimmter Einkünfte nach innerstaatlichem Recht neue, andere Mitwirkungspflichten entstehen lässt. So verlangt beispielsweise § 50d Abs. 8 S. 1 EStG vom Steuerpflichtigen die Erbringung des Nachweises, „dass der Staat, dem nach dem Abkommen das Besteuerungsrecht zusteht, auf dieses Besteuerungsrecht verzichtet hat oder dass die in diesem Staat auf die Einkünfte festgesetzten Steuern entrichtet wurden". U.U. wird der Steuerpflichtige auch auf ein besonderes Erstattungsverfahren (s. dazu Vor 10–12 Rz. 55ff.) verwiesen, welches wiederum zu zusätzlichen Mitwirkungspflichten für den Steuerpflichtigen führen kann.

8a In besonderen Situationen kann der Abschluss eines DBA jedoch auch zu einer **höheren Steuerbelastung** führen: Dies ist beispielsweise der Fall, wenn der in Deutschland ansässige Steuerpflichtige im anderen Vertragsstaat Verluste erlitten hat und diese Verluste als Folge der von der deutschen Rechtsprechung vertretenen sog. „Symmetriethese" nun nicht mehr gegen positive Einkünfte aus dem Inland oder aus Drittstaaten verrechnet werden können (dazu und zur Kritik s. Art. 23 Rz. 14f, 52ff.). Eine solche Situation liegt aber auch dann vor, wenn durch ein DBA ein früheres, günstigeres Abkommen geändert oder ersetzt wird. Aufgrund der mit dem SEStEG 2006 eingeführten Regelungen des **§ 4 Abs. 1 S. 3 EStG,** des **§ 12 Abs. 1 KStG und** des **§ 6 Abs. 1 S. 2 Nr. 4 AStG** kann es zudem durch die Vereinbarung der Freistellungsmethode zur **Entstrickung** und mithin zu einer höheren Steuerbelastung kommen, wenn mit dem betreffenden Staat bisher kein Doppelbesteuerungsabkommen bestand oder im Abkommen bisher die Anrechnungsmethode für die betreffenden Einkünfte vorgesehen war. In diesen Fällen kommt es nämlich zur **Aufdeckung stiller Reserven** bzw. Gewinnrealisierung (zur Problematik auch Art. 13 Rz. 25, 97, 326). Der sehr weit gefasste Wortlaut dieser Vorschriften ist als Fiktion auch unabhängig von einer dem Steuerpflichtigen zurechenbaren Handlung erfüllt und erfasst mit der tatbestandlichen Anknüpfung an die Rechtsfolge des Ausschlusses oder der Beschränkung des deutschen Besteuerungsrechts auch Fälle der sog. „passiven Steuerentstrickung" (*str.*, so z. B. *Jü. Lüdicke,* FR 2011, 1077 (1081), wenn auch mit abkommenspolitischer Kritik an diesem Ergebnis verbunden; *ders.,* in Brunsbach u. a., Deutsche Abkommenspolitik, S. 71 ff.; *Wassermeyer,* FS Krawitz, S. 483 (499); *ders.,* DB 2006, 2420 (2423); *Reiter,* S. 38, 100 f.; *ders.,* IStR 2012, 357 (358 ff.), der jedoch in bestimmten Situationen für eine teleologische Reduktion eintritt; HHR/*Kolbe,* § 12 KStG Rz. 7, 31; HHR/*Musil,* § 4 EStG Rz. 215; *ders.,* FR 2011, 545 (549); *Müller,* S. 104 f.; SD/*Meinert,* Art. 30 Rz. 17; Blümich/*Wied,* § 4 EStG Rz. 470, 486c; Blümich/*Hofmeister,* § 12 KStG Rz. 40 f.; *Benecke/Staats,* in DPM, § 12 KStG Rz. 304, 335 ff.; *Käshammer/Schümmer,* IStR 2012, 362; auch Nr. 4 des Protokolls zum neuen *DBA Liechtenstein 2011* geht klarstellend hiervon aus; dazu s. Art. 13 Rz. 97, 326; s. schließlich auch BMF v. 11.11.2011, BStBl. I 2011, 1314, Tz. 22.27 zu einer ähnlichen Passage in § 1 Abs. 4 UmwStG und östBMF v. 26.5.2010 (EAS 3157), SWI 2010, 274 sowie Rz. 6162b östEStR zu einer Entstrickungsregelung des öst. Steuerrechts). Die Gegenansicht argumentiert vor allem mit § 38 AO, weil der Abschluss eines DBA mit Freistellungsmethode dem Steuerpflichtigen nicht mit der Folge der Entstehung der Steuer zugerechnet werden könne (s. beispielsweise *Dörfler/Adrian/Oblau,* RIW 2007, 266 (267); *G. Förster,* DB 2007, 72 (73); *Rödder/Schumacher,* DStR 2006, 1481 (1484); im Zusammenhang von Entstrickung und Hinzurechnungsbesteuerung s. a. *Kraft,* IStR 2012, 733 (735)). Auch *Schönfeld* argumentiert so und geht sogar davon aus, dass der Steuerpflichtige durch eine Entstrickung in solchen Fällen entgegen Art. 1 GG zum Objekt staatlichen Handelns degradiert werde (IStR 2010, 133 (137), und z. T. im Anschluss hieran *Bron,* IStR 2012, 904 ff.). Jedoch verlangt § 38 AO lediglich, dass der Tatbestand verwirklicht ist, an den das Gesetz die Leistungspflicht knüpft. Der Abschluss eines DBA einschl. seines Vertragsgesetzes, das den innerstaatlichen „Anwendungsbefehl" darstellt, ist jedoch mit einer normalen Gesetzesänderung vergleichbar, die einen (neuen) Entstrickungstatbestand betreffend die unter deutschem Besteuerungsrecht vom Steuerpflichtigen erwirtschafteten stillen Reserven schafft. Auf eine solche Gesetzesänderung hat der Steuerpflichtige naturgemäß ebenso wenig Einfluss. Es handelt sich gerade nicht um einen Fall, in dem ein Dritter in die Erfüllung des Steuertatbestands einbezogen wird, in dem sich dann die Frage der Zurechenbarkeit zum Steuerpflichtigen stellt (s. dazu *Schuster,* in Hübschmann/Hepp/Spitaler, § 38 AO Rz. 15 f.). Insoweit zeigt sich auch, dass das Argument, Deutschland habe gerade in Ausübung seines Besteuerungsrechts die Freistellung vereinbart, oder der Hinweis auf ein widersprüchliches Verhalten Deutschlands (s. *wiss. Beirat von Ernst & Young tax,* DB 2010, 1776 (1787)) nicht weiter führt. Der Gesetzgeber ist schließlich befugt, einen steuerlichen Vorteil wie die Freistellungsmethode nur eingeschränkt oder unter der Bedingung der Versteuerung zwischenzeitlich unter deutscher Besteuerungshoheit gebildeter stiller Reserven zu gewähren. Eine andere Frage ist es, ob der Gesetzgeber aus Gründen der Verhältnismäßigkeit nicht Regelungen zur Steuerstundung etc. vorsehen muss, weil der Steuerpflichtige andernfalls ohne entsprechenden Liquiditätszufluss eine Steuer zu zahlen hätte, die ihn unvorbereitet trifft. Unterstellt man die grundsätzliche Anwendbarkeit der Entstrickungsvorschriften im Recht der Hinzurechnungsbesteuerung (zu dieser Problematik allgemein s. insbes. *Wassermeyer,* IStR 2012, 804 ff., aber auch *Kraft,* IStR 2012, 733 ff.), so erscheint es entgegen einzelner Stimmen in der Literatur (*Kraft,* IStR 2012, 733 ff.) auch in folgenden Situationen nicht geboten, Ausnahmen von der Entstrickungsbesteuerung für die Fälle des Abschlusses eines DBA zu machen: (1) der Neuabschluss eines DBA ohne Beteiligung Deutschlands kann zur Entstrickung nach Maßgabe der deutschen Vorschriften auf Ebene der ausländischen Gesellschaft führen und dadurch den Hinzurechnungsbetrag nach § 10 Abs. 3 AStG erhöhen; (2) durch den Neuabschluss eines DBA entfallen die Voraussetzungen für die Hinzurechnungsbesteuerung und dadurch wird die Entstrickung nach § 4 Abs. 1 S. 3 EStG, § 12 Abs. 1 KStG oder § 6 Abs. 1 S. 2 Nr. 4 AStG ausgelöst. Die oben geschilderte Rechtslage ab VZ 2006 bzw. VZ 2007, die eine **Entnahme** oder **Veräußerung fingiert**, unterscheidet sich daher fundamental von der Handhabe solcher Situationen durch die frühere Rechtsprechung des BFH zur Rechtslage ohne diese Vorschriften: Der BFH forderte in analoger Anwendung der Entnahmevorschriften eine tatsächliche Handlung des Steuerpflichtigen. In den hier besprochenen Fällen des Abschlusses eines DBA fehlt eine solche Handlung bzw. fehlt ein Rechtsvorgang, aufgrund dessen ein Wirtschaftsgut aus dem Betriebsvermögen ausscheidet. Der BFH ging mithin zu Recht nicht von einer Verpflichtung zur **Aufdeckung stiller Reserven** (Gewinnrealisierung) aus, obwohl die stillen Reserven aus der inländischen Besteuerung ausschieden, weil der Steuerpflichtige in solchen Fällen keine Ursache dafür setzte, dass die stillen Reserven künftig im Inland nicht mehr besteuert werden konnten (s. BFH BStBl. II 1976, 246 (247 f.) zum *DBA Spanien 1966*). Zur europarechtlichen Würdigung des § 4 Abs. 1 S. 3 EStG, des § 12 Abs. 1 KStG bzw. des § 6 Abs. 1 S. 2 Nr. 4 AStG jeweils i. d. F. seit 2006 s. *Gosch,* IWB 2012, 779, *Heurung/Engel/Thiedemann,* EWS 2011, 228 ff., *Musil,* FR 2011, 545 (548 f.), *Müller,* S. 172 ff. und *Hornig,* IWB 2014, 265 (270 ff.); zur Entstrickungsproblematik im Europarecht s. a. Grundl. Rz. 266 ff. und *Dobratz,* ISR 2014, 198. Zur verfassungsrechtlichen Würdigung der Besteuerung von noch nicht realisierten Wertsteigerungen *Müller,* S. 123 ff., insbes. vor dem Hintergrund der sofortigen Besteuerung s. *Busse,* S. 47 ff. Zur Rückwirkungsproblematik bei Einführung von § 4 Abs. 1 S. 3 EStG bzw. § 12 Abs. 1 KStG s. *Micker,* IWB 2011, 714 (717 f.) m. w. N.

9 Von der Frage des Inkrafttretens bzw. des Anwendungszeitraumes eines DBA – seines zeitlichen Geltungsbereiches – zu unterscheiden ist die Frage, welche Sachverhalte von einer einzelnen Abkommensnorm tatbestandlich erfasst werden. Der zeitliche Geltungsbereich des DBA beschreibt in zeitlicher Hinsicht, ab wann Sachverhalte die im Abkommen vorgesehenen Rechtsfolgen auslösen können. Hierdurch wird jedoch nichts darüber ausgesagt, welche Sachverhalte von den jeweiligen Abkommensnormen innerhalb ihres zeitlichen Wirkungsbereichs tatbestandlich in Bezug genommen werden. Tatbestandlich kann es nämlich durchaus auch auf Sachverhalte ankommen, die zeitlich vor dem Anwendungsbeginn bzw. Inkrafttreten des Abkommens liegen. Hierzu ausführlich *Schuch,* S. 99 ff. mit einem Beispiel aus der österreichischen Praxis zu einer Bauausführung, bei der die Frage, ob eine Betriebstätte anzunehmen ist, davon abhängt, ob die Dauer der Bauausführung 12 Monate überschreitet, und es vollkommen unerheblich ist, ob diese Zeitdauer vollständig in den Anwendungszeitraum des Abkommens fällt, oder nicht. So i. Erg. auch Wassermeyer/*Wassermeyer,* Art. 30, 31 OECD-MA, Rz. 24, der sich terminologisch jedoch einer abweichenden Differenzierung bedient. Allgemein zum maßgebenden Zeitpunkt bei den Verteilungsnormen Vor Art. 6 bis 22 Rz. 8 ff. sowie *M. Lang,* FS Flick, S. 895 ff. und *Tenore,* Intertax 2006, 475 (479 ff.). Im Hinblick auf Art. 26 MA können auch Informationen ausgetauscht werden, die sich auf Steuerjahre vor Inkrafttreten bzw. Anwendungsbeginn des DBA beziehen (s. Art. 26 Rz. 36 a. E. und Ziff. 10.3 MA-Komm. zu Art. 26 MA).

10 **d)** Da ein DBA für den Steuerpflichtigen auch belastend wirken kann (s. Rz. 8a), stellt ein Anwendungsbeginn vor Inkrafttreten des DBA eine **rückwirkende Belastung** dar. Zur Vermeidung eines derartigen Nachteils wird in DBA gelegentlich vorgesehen, dass – bei grundsätzlicher Rückwirkung des neueren DBA – das frühere DBA anwendbar bleibt, soweit es für den Steuerpflichtigen günstiger ist, bzw. dass der Steuerpflichtige die Anwendung des alten DBA wählen kann. Zur Rückwirkung nach deutscher Abkommenspraxis und verfassungsrechtlichen Grenzen nach deutschem Recht s. Rz. 16, 20 f.

e) Von einer vereinbarten Rückwirkung können die Vertragsstaaten bestandskräftige, d. h. **abgeschlossene Veranlagungen,** ausnehmen; sie können sie aber auch einbeziehen. **Ob** ein rückwirkend abgeschlossenes DBA auch für bestandskräftige Veranlagungen gelten soll, ist primär Sache der Auslegung des betreffenden DBA. In einer Entscheidung von 1936 zum *DBA Schweiz 1931* hat der RFH die Rückwirkung auch für bestandskräftige Veranlagungen verneint, weil das streitgegenständliche DBA die bestandskräftigen Veranlagungen nicht ausdrücklich einbezog (RFH RStBl. 1936, 892 (893): *DBA Schweiz 1931* und mit Bezug hierauf RFH RStBl. 1936, 1209 (1210): *DBA Schweiz 1931*). Diese Erkenntnis darf jedoch nicht verallgemeinert werden, da sie von einem Umkehrschluss aus der Regelung zweier damals in etwa gleichzeitig abgeschlossener anderer DBA herrührt, deren Rückwirkung bestandskräftige („rechtskräftige") Veranlagungen ausdrücklich einbezog (zur Auslegung anhand solcher „Parallelabkommen" allgemein s. Grundl. Rz. 140 ff.). Sollen im Falle einer Rückwirkung auch bereits abgeschlossene Veranlagungen einbezogen werden, so **muss** insoweit jedoch in jedem Fall innerstaatlich eine **Korrekturvorschrift bestehen oder geschaffen werden**. Dies kann auch in einem etwa erforderlichen Zustimmungsgesetz zum Abkommen erfolgen. S. dazu im deutschen Recht Rz. 22. 11

f) Im Falle von **Staatensukzessionen** – Vereinigungen von Staaten (Inkorporationen, Fusionen), Sezessionen, vollständigen Dismembrationen oder Gebietsabtretungen (zum Begriff und zur Systematisierung der Formen der Staatennachfolge s. *Zimmermann,* S. 9 ff., 17 ff., MPEPIL/*Zimmermann,* State Succession in Treaties, Rz. 8 ff. und *Alimi,* S. 31 ff.) – stellt sich häufig die Frage nach einer möglichen **Fortgeltung** eines früheren, vor der Staatensukzession für dieses Gebiet gültigen Abkommens oder nach einer möglichen **Erstreckung bestehender Verträge auf neue Gebietsteile** aufgrund völkerrechtlicher Regelungen. Nach der 1996 in Kraft getretenen Wiener Konvention über das Recht der Staatennachfolge in Verträge v. 23.8.1978 (Wortlaut in englischer Sprache abgedruckt bei *Treviranus,* ZaöRV, Bd. 39, 1979, 279 ff.; Umsetzungsstand abrufbar unter http://treaties.un.org) sowie nach Völkergewohnheitsrecht bestehen im Hinblick auf völkerrechtliche Verträge unterschiedliche Regelungen je nach der Art des abgeschlossenen Vertrages und der Art der konkreten Staatennachfolge (vgl. Überschrift und Präambel Rz. 16 f. sowie ausführlich *Zimmermann* und *Alimi,* S. 95 ff., 110 ff.). Im Falle von Doppelbesteuerungsabkommen kommt deren enger Verzahnung mit dem innerstaatlichen materiellen Steuerrecht besondere Bedeutung auch in Fällen der Staatensukzession zu (vgl. *Baker,* Introductory Topics, Rz. G. 03): es können nicht für dasselbe Staatsgebiet zwei unterschiedliche Doppelbesteuerungsabkommen zu ein und demselben anderen Vertragsstaat nebeneinander Anwendung finden, die Einfluss auf das nationale Steuerrecht nehmen; bei Gebietsänderungen muss gewährleistet sein, dass im Erstreckungsgebiet im Wesentlichen gleiche steuerliche Regelungen gelten. Wenn also die materiellen Steuergesetze auf das betreffende Gebiet ausgedehnt werden, so liegt es nahe, auch die „dazugehörigen" DBA entsprechend zu erstrecken. Daher wurden im Rahmen der deutschen Wiedervereinigung die DBA der Bundesrepublik Deutschland auf dem Gebiet der ehemaligen DDR auch erst mit der Übernahme des (west-)deutschen, materiellen Steuerrechts am 1.1.1991 angewandt (BMF v. 4.1.1993, BStBl. I 1993, 4 und u. Rz. 27). Im Einzelnen zu dieser Thematik s. Überschrift und Präambel Rz. 17, *K. Vogel,* FS Bernhardt, S. 1143 (1150 ff.) und insbes. *Rodi/Prokisch,* StuW 1992, 48 ff.; s. aber auch *Zimmermann,* 12

S. 254 ff. m. w. N. und *Debatin,* BB 1991, 389 ff. In gleicher Weise hält das BMF das *DBA China 1985* – unter Hinweis darauf, dass das allgemeine Steuerrecht der Volksrepublik China in den Sonderverwaltungsgebieten Hongkong und Macau nicht gilt – in Hongkong bzw. Macau für nicht anwendbar (BMF v. 22.1.2014, BStBl. I 2014, 171; so i. Erg. auch das niederländische Finanzministerium (zitiert nach *Molenaars,* TNI July 1997, 184) sowie die Steuerverwaltung von Hongkong (zitiert nach *Zimmermann,* S. 442 f. und ergänzend für Macau s. S. 445 f.); s. i. Ü. auch Rz. 26). Letztlich ergibt sich diese Rechtsfolge auch aus einigen DBA der Volksrepublik China selbst, falls dort darauf Bezug genommen wird, dass in dem betreffenden Gebiet das Steuerrecht der Volksrepublik gelten muss (s. z. B. Art. 3 Abs. 1 Buchst. a *DBA China 1985),* was aber auf Hongkong gerade nicht zutrifft (vgl. *Oliver,* BTR 2010, 563 (567)). Da es sich bei dem Recht der Staatennachfolge aber um ein äußerst umstrittenes Teilgebiet des Völkerrechts handelt (vgl. BVerfGE 96, 68 (79)), werden in der Praxis aus Gründen der Rechtssicherheit und der Rechtsklarheit häufig Vereinbarungen über die Fortgeltung eines Abkommens abgeschlossen. Für insoweit von der Bundesrepublik Deutschland abgeschlossene Vereinbarungen vgl. Rz. 25.

3. US-MA

14 Anders als das OECD-MA verlangt die dem Art. 30 entsprechende Norm des Art. 28 US-MA als Voraussetzung für die völkerrechtliche Verbindlichkeit die „Ratifikation" nach den Vorschriften des jeweiligen innerstaatlichen Rechts (s. dazu Rz. 3 und die US-TE zu Abs. 1). Darüber hinaus verlangt das US-MA seit seiner Änderung 2006 – wie das OECD-MA – auch wieder den Austausch von Ratifikationsurkunden. Vor der Änderung 2006 hatte das US-MA für das Inkrafttreten allein eine Notifikation dahingehend vorgesehen, dass die innerstaatlichen Vorschriften erfüllt sind. Der Vertrag tritt nach n. F. mit dem Austausch der Ratifikationsurkunden in Kraft.

Hinsichtlich des Anwendungsbeginns differenziert das US-MA zwischen an der Quelle einbehaltenen Steuern einerseits und allen anderen Steuern andererseits. Die Bestimmungen für Erstere finden für Dividenden, Zinsen etc. Anwendung, die ab Beginn des zweiten Monats nach dem Inkrafttreten des Doppelbesteuerungsabkommens gezahlt oder gutgeschrieben werden; die Bestimmungen für letztgenannte Steuern werden auf Veranlagungszeiträume, die am oder nach dem 1. Januar nach dem Inkrafttreten des Abkommens beginnen, angewendet. Diese Differenzierung ermöglicht es, das DBA auf Quellensteuern frühzeitig anwenden zu können, ohne auch insoweit bis zum Beginn des nächsten Veranlagungszeitraumes warten zu müssen (s. die US-TE zu Abs. 2). Der Anwendungsbeginn liegt nach dem US-MA jeweils nach dem Zeitpunkt des Inkrafttretens des Abkommens, so dass eine Rückwirkung vermieden wird. Die Zeit zwischen Inkrafttreten und Anwendungsbeginn bei den Quellensteuern gewährleistet zudem, dass sich die Personen, die die Quellensteuer einzubehalten und abzuführen haben, auf die Neuregelung einstellen können (US-TE zu Abs. 2).

Darüber hinaus sieht das US-MA seit der Änderung 2006 auch eine spezifische Regelung des Anwendungsbeginns für die Regelungen zum Informationsaustausch und zur Verwaltungshilfe (Art. 26 US-MA) vor. Diese Regelungen sollen – unabhängig davon, auf welchen Besteuerungszeitraum sich der zugrundeliegende Sachverhalt bezieht – in jedem Fall bereits mit Inkrafttreten des Doppelbesteuerungsabkommens angewendet werden und einen Informationsaustausch ermöglichen. Informationen können auch im Hinblick auf Veranlagungszeiträume vor dem Inkrafttreten ausgetauscht werden. Dazu s. Rz. 9 a. E., US-TE zu Abs. 3 und US-TE zu Art. 26.

II. Deutsche DBA

1. Abkommensübersichten

a) Regelungen zu Inkrafttreten und Anwendungsbeginn

(Für die Daten des Inkrafttretens und Anwendungsbeginns siehe die Abkommensübersichten vor den Grundlagen des Abkommensrechts) **15**

DBA	Artikel	Rz.
Ägypten	30 Abs. 1, 2	3 f.; 18 f.
Albanien 2010	32	3 f.; 19
Algerien 2007	32	3 f.; 19
Argentinien 1978/1996	29; 3 Abs. 2 Prot. 1996	3 f.; 10 f.; 18 f.; 20 ff.
Armenien	s. UdSSR	25
Aserbaidschan	31 Abs. 1, 2	3 f.; 19; 25
Australien	28	3 f.; 10 f.; 18 f.; 20 ff.
Bangladesch	28	3 f.; 10 f.; 18; 20 ff.
Belarus (Weißrussland)	31 Abs. 1, 2	3 f.; 19; 25
Belgien 1967/2002/2010 (E)	30; 5 Abs. 1, 2 Zusatz-Abk. 2002; III Abs. 1, 2, 3 Änd. Prot. 2010	3 f.; 10 f.; 18 f.; 20 ff.
Bolivien	28	3 f.; 10 f.; 18 f.; 20 ff.
Bosnien-Herzegowina	s. Jugoslawien	25
Bulgarien 2010	31 Abs. 1, 2	3 f.; 19
China 1985	30	5; 10 f.; 17 ff.; 20 ff.; 26; 35
China 2014 (E)	32 Abs. 1, 2	5; 17 ff.; 26
Costa Rica 2014 (E)	32	3 f.; 19
Dänemark	49 Abs. 1, 2	3 f.; 18 f.
Ecuador	29	3 f.; 19
Elfenbeinküste	29	3 f.; 10 f.; 18 f.; 20 ff.
Estland	28	3 f.; 10 f.; 18 f.; 20 ff.
Finnland	30 Abs. 1, 2; Nr. 9 Prot.	5; 10 f.; 17 ff.; 20 ff.
Frankreich 1959/1969/1989/2001	29; 7 Rev. Prot. 1969; 10 Zusatz-Abk. 1989; 3 Zusatz-Abk. 2001	3 ff.; 10 f.; 17 ff.; 20 ff.
Georgien 2006/2014 (E)	31; 4 Änd. Prot. 2014	3 f.; 19; 25
Ghana	32	3 f.; 19
Griechenland	XXIII	3 f.; 10 f.; 18; 20 ff.
Großbritannien 1964/1970	XXIII Abs. 1–4; 14 Abs. 1, 2, 4–6 Rev. Prot. 1970	3 f.; 10 f.; 18 f.; 20 ff.; 35
Großbritannien 2010/2014 (E)	32 Abs. 1, 2, 4, 5; IV Änd. Prot. 2014	3 f.; 19
Indien	28 Abs. 1, 2	5; 17 ff.
Indonesien	28 Abs. 1, 2	3 f.; 18 f.
Iran	30	3 f.; 18
Irland 2011	32 Abs. 1, 2, 4, 5	3 f.; 19
Island	29 Abs. 1, 2	3 f.; 10 f.; 18; 20 ff.
Israel 1962/1977	25; VIII Abs. 1, 2 Änd. Prot. 1977	3 ff.; 10 f.; 17 f.; 20 ff.
Italien	31 Abs. 1, 2; Nr. 22 Prot.	3 f.; 10 f.; 18 f.; 20 ff.
Jamaika	29	5; 10 f.; 17 ff.; 20 ff.
Japan 1966/1979/1983	29; 7 Änd. Prot. 1979; 4 Änd. Prot. 1983	3 f.; 10 f.; 18 f.; 20 ff.
Jersey 2008	10 Abs. 1, 2 Buchst. a, Abs. 3	5; 17 f.

DBA	Artikel	Rz.
Jugoslawien	30; Nr. 3 Prot.	3 f.; 10 f.; 18 f.; 20 ff.; 25
Kanada	31 Abs. 1	5; 10 f.; 17; 19; 20 ff.
Kasachstan	31; Nr. 6 Prot.	3 f.; 10 f.; 19; 20 ff.; 25
Kenia	29	3 f.; 10 f.; 20 ff.
Kirgisistan	28 Abs. 1, 2	3 f.; 19; 25
Korea	29 Abs. 1, 2	3 f.; 19
Kosovo	s. Jugoslawien	25
Kroatien	30 Abs. 1, 2	3 f.; 19; 25
Kuwait	29	3 f.; 10 f.; 19; 20 ff.
Lettland	28	3 f.; 10 f.; 18 f.; 20 ff.
Liberia	29	3 f.; 10 f.; 19; 20 ff.
Liechtenstein 2011	33	3 f.; 19
Litauen	28	3 f.; 10 f.; 18 f.; 20 ff.
Luxemburg 2012	30 Abs. 1, 2	3 f.; 19
Malaysia 2010	30 Abs. 1, 2	5; 17; 19
Malta 2001/2010	31 Abs. 1, 2; III Abs. 1, 2 Änd. Prot. 2010	3 f.; 19
Marokko	29	3 f.; 19
Mauritius 2011	32 Abs. 1, 2	3 f.; 19
Mazedonien 2006	31 Abs. 1, 2	5; 17; 19; 25
Mexiko 2008	31 Abs. 1, 2	3 f.; 19
Moldau	s. UdSSR	25
Mongolei	28	3 f.; 18 f.
Montenegro	s. Jugoslawien	25
Namibia	28	3 f.; 10 f.; 18 f.; 20 ff.
Neuseeland	29	3 f.; 10 f.; 18 f.; 20 ff.
Niederlande 1959/1980/1991/2004	28 f.; 4 Zusatz-Prot. 1980; 3 Zusatz-Prot. 1991; 8 Abs. 1–3 Zusatz-Prot. 2004	3 ff.; 10 f.; 17 ff.; 20 ff.; 35
Niederlande 2012 (E)	33 Abs. 1, 2, 4, 6	3 f.; 10 f.; 18 f.; 20 ff.
Norwegen 1991/2013 (E)	30 Abs. 1–3; XVII Änd.Prot. 2013	3 f.; 10 f.; 18 f.; 20 ff.
Oman 2012 (E)	31	3 f.; 10 f.; 18 f.; 20 ff.
Österreich 2000/2010	31 Abs. 1, 2; III Abs. 2 Änd. Prot. 2010	3 f.; 10 f.; 18 f.; 20 ff.
Pakistan	28 Abs. 1, 2	3 f.; 10 f.; 18 f.; 20 ff.
Philippinen 1983	30	3 f.; 18 f.; 35
Philippinen 2013	32 Abs. 1, 2	3 f.; 19
Polen	32 Abs. 1, 2	3 f.; 18 f.
Portugal	30; Nr. 9 Prot.	3 f.; 10 f.; 18 f.; 20 ff.
Rumänien	31 Abs. 1, 2	3 f.; 19
Russische Föderation 1996/2007	28 Abs. 1, 2; 4 Abs. 2 Änd. Prot. 2007	3 f.; 19
Sambia	29	3 f.; 10 f.; 20 ff.
Schweden	46 Abs. 1–3	3 f.; 10 f.; 18; 20 ff.
Schweiz 1971/1978/1989/1992/2002/2010	32 Abs. 1, 2; III Prot. 1978; VIII Prot. 1989; VII Prot. 1992; VII Rev. Prot. 2002; 6 Prot. 2010	3 ff.; 10 f.; 17 ff.; 20 ff.
Serbien	s. Jugoslawien	25
Simbabwe	29	3 f.; 10 f.; 18 f.; 20 ff.
Singapur 2004	31 Abs. 1, 2	3 f.; 19
Slowakei	s. Tschechoslowakei	25

DBA	Artikel	Rz.
Slowenien 2006/2011	31 Abs. 1, 2; III Änd. Prot. 2011	3 f.; 19; 25
Spanien 2011	30 Abs. 1, 2, 4	3 f.; 10 f.; 18 f.; 20 ff.
Sri Lanka	29 Abs. 1, 2	3 f.; 18
Südafrika 1973	25	3 f.; 10 f.; 19; 20 ff.; 35
Südafrika 2008 (E)	29 Abs. 1, 2; Nr. 2 Prot.	3 f.; 19
Syrien 2010	29	3 f.; 19
Tadschikistan	30 Abs. 1, 2	3 f.; 19; 25
Taiwan 2011	29	28
Thailand	29	3 f.; 10 f.; 18; 20 ff.
Trinidad und Tobago	28	3 f.; 10 f.; 19; 20 ff.
Tschechien	s. Tschechoslowakei	25
Tschechoslowakei	29	3 f.; 18 f.; 25
Tunesien	29	3 f.; 18 f.
Türkei 2011	30	3 f.; 10 f.; 19; 20 ff.
Turkmenistan	s. UdSSR	25
UdSSR	24 Abs. 1, 2	3 f.; 10 f.; 18 f.; 20 ff.; 25
Ukraine	28 Abs. 1, 2	3 f.; 18 f.
Ungarn 2011	30 Abs. 1, 2	3 f.; 18 f.
Uruguay 2010	31 Abs. 1, 2	3 f.; 19
USA 1989/2006 i. d. F. von 2008	32 Abs. 1–6; XVII Abs. 1–5 Änd. Prot. 2006	2; 3 f.; 10 f.; 14; 19; 20 ff.
Usbekistan	31 Abs. 1, 2	3 f.; 19; 25
Venezuela	28	5; 10 f.; 17; 19; 20 ff.
Vereinigte Arabische Emirate (VAE) 2010	29	3 f.; 10 f.; 19; 20 ff.
Vietnam	28	5; 17; 19
Weißrussland	s. Belarus	
Zypern 2011	30 Abs. 1, 2	5; 17; 19

b) Zustimmungsgesetze mit allgemeiner Rückwirkungsklausel (entsprechend der Terminologie der deutschen Rechtsprechung, **einschließlich** der Fälle einer sog. unechten Rückwirkung bzw. tatbestandlichen Rückanknüpfung). 16

DBA	Datum des Gesetzes	BGBl. II	BStBl. I	Ausschluss rückwirkender Belastung	Änderung bestandskräftiger Bescheide
Argentinien	30.5.1979	1979, 585	1979, 326	ja	ja
Argentinien Prot. 1996	27.1.1998	1998, 18	1998, 187	nein	nein
Australien	26.4.1974	1974, 337	1974, 423	ja	ja
Bangladesch	20.12.1991	1991, 1410	1992, 34	ja	ja
Belgien	6.1.1969	1969, 17	1969, 38	ja	ja
Belgien Änd. Prot. 2010 (E)	15.11.2010	2010, 1278		nein	nein
Bolivien	15.7.1994	1994, 1086	1994, 575	ja	ja, zeitlich befristet auch nach Ablauf der Festsetzungsfrist

DBA	Datum des Gesetzes	BGBl. II	BStBl. I	Ausschluss rückwirkender Belastung	Änderung bestandskräftiger Bescheide
China 1985	6.2.1986	1986, 446	1986, 329	ja	ja
Elfenbeinküste	15.2.1982	1982, 153	1982, 357	nein	nein
Estland	22.4.1998	1998, 547	1998, 543	ja	ja, zeitlich befristet auch nach Ablauf der Festsetzungsfrist
Finnland	21.12.1981	1981, 1164	1982, 201	ja	ja
Frankreich	14.4.1961	1961, 397	1961, 342	nein	nein
Frankreich Rev. Prot 1969	10.7.1970	1970, 717	1970, 900	ja	ja
Frankreich Zusatz-Abk. 1989	10.8.1990	1990, 770	1990, 413	ja	ja, zeitlich befristet auch nach Ablauf der Festsetzungsfrist
Frankreich Zusatz-Abk. 2001	11.9.2002	2002, 2370	2002, 891	nein	nein
Griechenland	18.2.1967	1967, 852	1967, 50	ja	nein
Großbritannien 1964	2.6.1966	1966, 358	1966, 729	ja; Art. XXIII Abs. 4	nein
Großbritannien Rev. Prot. 1970	11.2.1971	1971, 45	1971, 139	ja; Art. 14 Abs. 5, 6	ja
Island	22.5.1973	1973, 357	1973, 504	ja	ja
Israel	1.6.1966	1966, 329	1966, 700	nein	nein
Israel Änd. Prot. 1977	16.2.1979	1979,181	1979, 124	ja	ja
Italien	10.8.1990	1990, 742	1990, 396	nein	ja, zeitlich befristet auch nach Ablauf der Festsetzungsfrist
Jamaika	14.7.1976	1976, 1194	1976, 407	ja	ja
Japan	18.2.1967	1967, 871	1967, 58	nein	nein
Japan Änd. Prot. 1979	2.9.1980	1980, 1182	1980, 649	ja	ja
Japan, 2. Änd. Prot. 1983	4.3.1984	1984, 194	1984, 216	ja	ja
Jugoslawien	31.8.1988	1988, 744	1988, 372	nein	ja
Kanada	23.3.2002	2002, 670	2002, 505	ja, Art. 31 Abs. 3	ja, zeitlich befristet auch nach Ablauf der Festsetzungsfrist

DBA	Datum des Gesetzes	BGBl. II	BStBl. I	Ausschluss rückwirkender Belastung	Änderung bestandskräftiger Bescheide
Kasachstan	22.7.1998	1998, 1592	1998, 1029	ja	ja, zeitlich befristet auch nach Ablauf der Festsetzungsfrist
Kenia	30.5.1979	1979, 606	1979, 337	nein	nein
Kuwait	27.2.2000	2000, 390	2000, 439	ja	ja, zeitlich befristet auch nach Ablauf der Festsetzungsfrist
Lettland	31.3.1998	1998, 330	1998, 531	ja	ja, zeitlich befristet auch nach Ablauf der Festsetzungsfrist
Liberia	30.8.1973	1973, 1285	1973, 615	ja	ja
Litauen	22.7.1998	1998, 1571	1998, 1016	ja	ja, zeitlich befristet auch nach Ablauf der Festsetzungsfrist
Namibia	9.8.1994	1994, 1262	1994, 673	ja	ja, zeitlich befristet auch nach Ablauf der Festsetzungsfrist
Neuseeland	4.9.1980	1980, 1222	1980, 654	ja	ja
Niederlande	10.6.1960	1960, 1781	1960, 381	nein	nein
Niederlande 1 Zus. Prot. 1980	26.8.1980	1980, 1150	1980, 646	nein	nein
Niederlande 3. Zus. Prot. 2004	15.12.2004	2004, 1653	2005, 364	nein	nein
Niederlande 2012 (E)	5.12.2012	2012, 1414		ja; Art. 33 Abs. 6	nein
Norwegen 1991	13.7.1993	1993, 970	1993, 655	ja	ja, zeitlich befristet auch nach Ablauf der Festsetzungsfrist
Österreich Änd. Prot. 2010	5.12.2011	2011, 1209	2012, 366	nein	nein
Pakistan	21.9.1995	1995, 836	1995, 617	ja	ja, zeitlich befristet auch nach Ablauf der Festsetzungsfrist
Portugal	9.2.1982	1982, 129	1982, 347	nein	nein

DBA	Datum des Gesetzes	BGBl. II	BStBl. I	Ausschluss rück-wirkender Belastung	Änderung bestands-kräftiger Bescheide
Sambia	24.4.1975	1975, 661	1975, 688	ja	ja
Schweden	8.6.1994	1994, 686	1994, 422	nein	ja
Schweiz	5.9.1972	1972, 1021	1972, 518	nein	nein
Schweiz Prot. 1978	13.6.1980	1980, 750	1980, 398	nein	nein
Schweiz Prot. 1989	10.8.1990	1990, 766	1990, 409	ja	ja, zeitlich befristet auch nach Ablauf der Fest-setzungsfrist
Schweiz Rev. Prot. 2002	8.2.2003	2003, 67	2003, 165	nein	nein
Simbabwe	25.8.1989	1989, 713	1989, 310	ja	ja
Spanien 2011	16.1.2012	2012, 18	2013, 349	nein	nein
Südafrika 1973	2.9.1974	1974, 1185	1974, 850	ja	ja
Thailand	19.7.1968	1968, 589	1968, 1046	ja	ja
Trinidad und Tobago	24.4.1975	1975, 679	1975, 697	ja	ja
Türkei 2011	24.5.2012	2012, 526	2013, 373	ja	ja, zeitlich befristet auch nach Ablauf der Fest-setzungsfrist
UdSSR	7.1.1983	1983, 2	1983, 90	ja	ja
USA	11.1.1991	1991, 354	1991, 94	ja	ja, zeitlich befristet auch nach Ablauf der Fest-setzungsfrist
USA Änd. Prot. 2006	7.12.2006	2006, 1184	2008, 766	nein	ja, zeitlich befristet auch nach Ablauf der Fest-setzungsfrist
Venezuela	25.4.1996	1996, 727	1996, 611	ja	ja, zeitlich befristet auch nach Ablauf der Fest-setzungsfrist
Vereinigte Arabische Emirate (VAE) 2010	29.4.2011	2011, 538	2011, 942	ja	ja, zeitlich befristet auch nach Ablauf der Fest-setzungsfrist

2. Erläuterungen

17 **a) Ratifikation:** In den deutschen DBA ist in den meisten Fällen entsprechend dem Vorschlag des MA ausdrücklich eine Ratifikation vorgesehen. Manche DBA, so die *DBA Israel* und *Jamaika* legen fest, dass der Vertrag nach einem an einem

bestimmten Ort erfolgten Austausch von Urkunden in Kraft tritt, in denen die Vertragsstaaten sich gegenseitig bestätigen, dass die für das Wirksamwerden des Vertrages erforderlichen verfassungsrechtlichen Voraussetzungen – in Deutschland beispielsweise die nach Art. 59 Abs. 2 GG – erfüllt sind. Andere DBA, z. B. die *DBA China 1985, Finnland* und *Kanada,* verlangen nur eine Notifikation desselben Inhalts. Allgemein zu solchen Notenwechseln s. Rz. 5.

b) Späteres Inkrafttreten: In deutschen DBA ist häufig vorgesehen, dass diese statt im Zeitpunkt der Ratifikation erst eine gewisse Zeit, z. B. 15 oder 30 Tage, danach in Kraft treten. 18

c) Bei der Bestimmung des **Anwendungsbeginns** differenzieren die DBA häufig zwischen den nach Veranlagung und den durch Steuerabzug erhobenen Steuern: bei den **Abzugsteuern** ist dann regelmäßig das DBA auf alle Beträge anzuwenden, die von einem Stichtag an gezahlt, gutgeschrieben, überwiesen werden oder zufließen, bei den **Veranlagungssteuern** auf alle Steuerjahre, die nach einem bestimmten Stichtag beginnen. Zur Bedeutung des Begriffs „Zufluss" bei einer solchen Anwendungsregelung i. R. von Abzugsteuern s. BFH BStBl. II 1998, 672 (673 f.), wo darauf abgestellt wird, dass die grundsätzlich vorzunehmende autonome Auslegung bei dem Begriff „Zufluss" versagt, weil DBA hierzu im Regelfall keine Aussage treffen, so dass die innerstaatlich im Abzugsverfahren vorgesehene Zuflussfiktion insoweit auch für Abkommenszwecke anwendbar bleibt (zustimmend: *Wassermeyer,* IStR 1998, 606 f. und *Baranowski,* IWB 1999, 123, F. 3a, Gr. 1, S. 789 f.; a. A.: *Portner/Heuser,* IStR 1998, 268 f. und *Gosch,* DStR 1998, 1419 f.; zur besonderen Thematik im Hinblick auf Vorauseinkünfte oder nachträgliche Einkünfte s. auch Vor Art. 6–22 Rz. 8 ff.). Zum Teil wird der Anwendungsbeginn für beide Vertragsstaaten unterschiedlich festgelegt (so z. B. beim *DBA Großbritannien 2010/2014 (E)),* es wird für bestimmte Steuergruppen ein unterschiedlicher Anwendungsbeginn vorgesehen (so z. B. beim *DBA Dänemark* oder dem *DBA USA)* oder es wird ein besonderer Anwendungsbeginn für Bestimmungen zum Informationsaustausch bzw. zur Amtshilfe angeordnet (so z. B. beim *DBA Polen).* Das *DBA Niederlande 2012 (E)* enthält in Art. 33 Abs. 6 sogar eine Regelung, die es einem Steuerpflichtigen – unabhängig von einer etwaigen Rückwirkung – ermöglicht, die Anwendung des neuen Abkommens um ein Jahr, beginnend ab dem Anwendungsbeginn nach Art. 33 Abs. 2, hinauszuschieben (macht ein Steuerpflichtiger hiervon Gebrauch, behält das *DBA Niederlande 1959/1980/1991/2004* in dieser Frist seine Gültigkeit in Bezug auf diesen Steuerpflichtigen). 19

d) DBA mit **Rückwirkung** hat schon das Deutsche Reich abgeschlossen. Auch einige deutsche DBA der Nachkriegszeit sehen eine Rückwirkung vor. Da die rückwirkende Anwendung eines DBA auch belastende Wirkungen mit sich bringen kann (s. Rz. 8a, 10), stellt sich die Frage nach ihrer verfassungsrechtlichen Zulässigkeit. Für einen einleitenden Überblick s. *Hey,* S. 203 ff. Dass u. U. auch „klarstellende" Regelungen des Gesetzgebers materiell an den Maßstäben der Rückwirkung zu messen sind, machte das BVerfG im Dezember 2013 deutlich, indem es im konkreten Fall nicht eine deklaratorische, sondern eine konstitutive rückwirkende Gesetzesänderung annahm (BVerfG DStR 2014, 520; zustimmend *Hey,* JZ 2014, 500; kritisch *O. Lepsius,* JZ 2014, 488 und *Wiese/Berner,* DStR 2014, 1260). Nach der Rechtsprechung des BVerfG widerspricht eine **belastende echte Rückwirkung** bzw. **Rückbewirkung von Rechtsfolgen** grundsätzlich den im Rechtsstaatsgebot des **Art. 20 GG** enthaltenen Grundsätzen der Rechtssicherheit und des Vertrauensschutzes (hierzu zuletzt BVerfG DStR 2014, 520 (524 ff.)). Eine **unechte Rückwirkung** bzw. **tatbestandliche Rückanknüpfung** ist demgegenüber nach der Rechtsprechung des BVerfG grundsätzlich zulässig, soweit nicht be- 20 sondere Momente der Schutzwürdigkeit des Steuerpflichtigen hinzutreten. Im Besonderen für die unechte Rückwirkung hat das BVerfG eine „neue" Dogmatik in seinen Beschlüssen vom 7.7.2010 (BStBl. II 2011, 76 (81 ff.), BStBl. II 2011, 86 (91 ff.) und BVerfGE 127, 31 (46 ff.) herausgearbeitet (bestätigt durch BVerfG BStBl. II 2012, 932). Trotz der Beibehaltung der tradierten, aber von der Literatur kritisierten Unterscheidung zwischen echter und unechter Rückwirkung anhand eines veranlagungszeitraum-bezogenen Vertrauensschutzkonzepts (zuletzt BVerfG DStR 2014, 520 (522)) ist erkennbar, dass das BVerfG durch eine ausdrückliche Abkehr von einem „Abwägungsautomatismus" (*Musil/Lammers,* BB 2011, 155 (159)) den Forderungen der Literatur nach einem mehr dispositionsbezogenen Vertrauensschutz bei der unechten Rückwirkung entgegenkommt. Auch in Fällen einer unechten Rückwirkung darf die Enttäuschung schutzwürdigen Vertrauens nur mit einer hinreichenden, den Maßstäben der Verhältnismäßigkeit genügenden Begründung erfolgen, ist mithin ein besonderes, gerade die tatbestandliche Rückanknüpfung rechtfertigendes öffentliches Interesse erforderlich. Das BVerfG setzt insoweit seine Rechtsprechungsentwicklung fort, die mit der Entscheidung BVerfGE 97, 67 ff. begonnen hatte und mit dem Beschluss BVerfGE 105, 17 ff. insoweit konkretisiert wurde, als durch das BVerfG vertrauensbestärkende und -reduzierende Aspekte im Hinblick auf die Schutzwürdigkeit des Steuerpflichtigen sowie das öffentliche Interesse bei einer unechten Rückwirkung umfassend abgewogen wurden. Zu den Beschlüssen des BVerfG vom 7.7.2010 s. ergänzend *Desens,* StuW 2011, 113 ff., *Musil/Lammers,* BB 2011, 155 ff., *Birk,* FR 2011, 1 (5 ff.), der auch die Auswirkungen der genannten Entscheidungen auf nicht rückwirkende Gesetze in Blick nimmt, und *Momen,* BB 2011, 2781 ff. Zur Fortentwicklung durch die Entscheidung vom 10.10.2012 auch *Desens,* FR 2013, 148, *Scharfenberg,* DB 2013, 85 und *Krüger,* DStZ 2013, 137. Diese Rechtsprechung des BVerfG vergleicht *Meindl,* StuW 2013, 143 mit dem Schutz der europäischen Menschenrechtskonvention vor rückwirkenden Steuergesetzen. Die vom BVerfG entwickelten Grundsätze zur Rückwirkung **können auf** die **Rückwirkung eines DBA übertragen werden**. Hinzuweisen ist in diesem Zusammenhang insbes. darauf, dass das Vertrauen des Steuerpflichtigen auch bei einer echten Rückwirkung im Regelfall erst von dem Zeitpunkt an nicht mehr schutzwürdig ist, an dem der Bundestag das Zustimmungsgesetz zum Abkommen beschlossen hat (allg. Meinung; speziell zum Abkommenszusammenhang s. BVerfG BStBl. II 1973, 431 (434 f.): *Zus.Prot. 1957 DBA Schweiz 1931* mit dem Hinweis, der Steuerpflichtige könne bis dahin trotz des feststehenden Inhalts des vereinbarten DBA mit Rückwirkung darauf vertrauen, dass der Gesetzgeber in das Vertragsgesetz Schutzklauseln aufnehmen würde, die eine rückwirkende Belastung ausschließen; s. a. BStBl. II 1986, 628 (651 f.): *DBA Schweiz 1971*). In manchen Entscheidungen zeigen sich jedoch Tendenzen, diesen Zeitpunkt vorzuverlegen (u. a. wegen des sog. „Ankündigungseffekts" und damit einhergehend wegen des fehlenden schutzwürdigen Vertrauens; s. z. B. BVerfGE 97, 67 (79, 82 ff.), BVerfGE 95, 64 (88 f.) und NJW 1992, 2877 (2878); vgl. aber auch BVerfGE 32, 111 (123 ff.) und zuletzt BVerfG BStBl. II 2012, 932 (939 f.)). Inwieweit „auf Grund besonderer Umstände, etwa wegen einer erst Jahre nach dem Gesetzesbeschluss des Bundestags erfolgten Ratifikation" **Vertrauensschutz auch über den Zeitpunkt jenes Bundestagsbeschlusses hinaus** gewährt werden muss, eine Rückwirkung insoweit also unzulässig ist, hat das **BVerfG bisher ausdrücklich offengelassen** (BVerfG BStBl. II 1986, 628 (651 f.)). Im Falle des *DBA Italien* betrug dieser Zeitraum zwischen Gesetzesbeschluss und Ratifikation fast zweieinhalb Jahre. Dennoch ist die Rückwirkung auf den Zeitpunkt des Bundestagsbeschlusses in Anbetracht des nicht mehr ohne Weiteres abänderbaren Abkommensinhalts nicht unzulässig (s. BFH BStBl. II 1994, 155 (156 f.); BFH BStBl. II 1994, 508 (510); BFH BFH/NV

1994, 692 (693 f.); BFH BFH/NV 1995, 9 (11), 96 (97) und 189). Die Verfassungsbeschwerde gegen eine der genannten Entscheidungen, nämlich BFH BStBl. II 1994, 508 ff., wurde vom BVerfG per Kammerbeschluss ohne Begründung nicht zur Entscheidung angenommen (HFR 1995, 40). Zum selben Ergebnis wie der BFH gelangt das FG Rheinland-Pfalz, welches hierfür die Zustimmungsgesetze der 11. und 12. Wahlperiode analysiert und auf mehrere, das Wiederaufleben schutzwürdigen Vertrauens verhindernde Erlasse der Finanzverwaltung hinweist (FG Rheinland-Pfalz v. 24.11.1993, 1 K 2155/93, juris-Dok.-Nr. DVRE 000 108 925). Demgegenüber wird der Zeitraum zwischen Bundestagsbeschluss und Ratifikation bisweilen auch für unangemessen lang gehalten, wenn er mehrere Jahre beträgt (so *Drüen,* in Tipke/Kruse, § 4 AO Rz. 20a, *ders.*, in Tipke/Kruse, § 2 AO Rz. 32 und SD/*Meinert,* Art. 30 Rz. 19; s. a. FG Baden-Württemberg, EFG 1993, 772 (773), vollständig abgedruckt bei juris-Dok.-Nr. STRE 937 078 470). **Im Hinblick auf bisher nicht bestehende steuerliche Hilfspflichten** (wie die Pflicht zur Einbehaltung und Abführung einer Abzugsteuer) ist demgegenüber eine **Rückwirkung** des zugrundeliegenden DBA **nicht zulässig**. Zur Begründung einer Einbehaltungs- und Abführungspflicht reicht es nämlich nicht aus, wenn mit einer solchen Regelung zu rechnen war oder sie unmittelbar bevorstand, sondern das Gesetz muss in Kraft getreten sein. Auch nach dem Bundestagsbeschluss über das Zustimmungsgesetz kann bis zum Inkrafttreten des Abkommens mithin niemand von einem Steuerpflichtigen oder einem Dritten rückwirkend verlangen, Hilfspflichten erfüllt zu haben, die zu dem relevanten Zeitpunkt rechtlich noch gar nicht bestanden haben. Nach dem BFH dürfen deswegen auch rückwirkend aus einer Nichterfüllung solcher Hilfspflichten keine für den Steuerpflichtigen nachteiligen Folgerungen gezogen werden (BFH BStBl. III 1965, 634 (636): *DBA Schweiz 1931/1959;* ähnlich, wenngleich weniger weit, s. schon RFH RStBl. 1938, 812 (813): *DBA Schweiz 1931*).

Um der Rechtsprechung des BVerfG zur belastenden Rückwirkung Rechnung zu tragen, bestimmen heute die deutschen **Zustimmungsgesetze** zu den DBA, sofern eine Rückwirkung des betreffenden DBA vorgesehen ist, häufig, dass die Steuer nicht zu erheben und gegebenenfalls zu erstatten ist, wenn anderenfalls die Rückwirkung zu einer Mehrbelastung des Steuerpflichtigen durch das DBA führen würde (s. die Abkommensübersicht bei Rz. 16). Völkerrechtlich ist dies unproblematisch, da die Vertragsstaaten aufgrund eines DBA nicht verpflichtet sind, die ihnen zugewiesene Besteuerungszuständigkeit (zur Wirkungsweise von DBA s. ausführlich Grundl. Rz. 64 ff.) tatsächlich auszuüben (Vermeidung einer bereits virtuellen Doppelbesteuerung, s. dazu Grundl. Rz. 69 ff.); daran ändert sich nichts durch den Umstand, dass es sich um eine rückwirkende Besteuerungszuständigkeit handelt. Liegt eine solche Regelung zur Vermeidung einer Mehrbelastung vor, so bleiben z. B. ausländische **Betriebsausgaben,** die während der Rückwirkungsphase entstanden sind, **abzugsfähig,** wenn sie dies ohne das Inkrafttreten des Abkommens waren (FG Düsseldorf EFG 1977, 548); **Freistellungen oder Steuerermäßigungen aus früheren DBA** bleiben somit erhalten. 21

e) Ob das allgemeine deutsche Steuerverfahrensrecht eine Möglichkeit gibt, **abgeschlossene Veranlagungen** im Hinblick auf nachträglich in Kraft tretende rückwirkende DBA noch **zu ändern,** war früher umstritten. In Betracht kam eine Korrektur nach § 175 Abs. 1 S. 1 Nr. 2 AO, jedoch stellt die rückwirkende Änderung einer steuerrechtlichen Norm nach der zutreffenden Rechtsprechung des BFH (BStBl. II 1991, 55 (56 f.)) grundsätzlich kein rückwirkendes Ereignis i. S. dieser Vorschrift dar. Die Norm betrifft nur Veränderungen der zu beurteilenden Sachlage, nicht aber der rechtlichen Kriterien für deren Beurteilung. Dies folgt aus der Stellung der Norm im System des Abgabenrechts, der Entstehungsgeschichte sowie 22 der Tatsache, dass die steuerliche Rückwirkung von Gesetzesänderungen und deren Folgen für bestandskräftige Bescheide in Überleitungsvorschriften geregelt werden können (s. dazu BFH BStBl. II 1991, 55 (57); Klein/*Rüsken,* § 175 Rz. 80f.; *v. Groll,* in Hübschmann/Hepp/Spitaler § 175 Rz. 251ff., insbes. Rz. 254). Seit längerer Zeit enthalten die deutschen **Zustimmungsgesetze** zu DBA daher, soweit diese eine Rückwirkung vorsehen, grundsätzlich eine **spezielle Ermächtigung,** bereits bestandskräftige Steuerfestsetzungen, die der Rückwirkung entgegenstehen, zu ändern (s. § 172 Abs. 1 S. 1 Nr. 2 Buchst. d AO); **zum Teil** wird im Zustimmungsgesetz als lex specialis zu § 169 Abs. 1 S. 1 AO sogar eine Korrektur **nach Ablauf der Festsetzungsfrist** zugelassen (*Kruse,* in Tipke/Kruse, § 169 AO Rz. 35); diese sehr weit reichende Befugnis wird jedoch meist zeitlich begrenzt (s. die Abkommensübersicht bei Rz. 16). Sieht das Zustimmungsgesetz keine Korrekturmöglichkeit für bestandskräftige Bescheide vor, kann in Anbetracht dieser jahrelangen Praxis jedenfalls für jüngere Abkommen nicht davon ausgegangen werden, dass das rückwirkend abgeschlossene DBA ohne Weiteres schon seinerseits eine ausreichende Rechtsgrundlage für eine Korrektur darstellt; etwas Anderes mag für Abkommen der unmittelbaren Nachkriegszeit gelten. Sieht das Zustimmungsgesetz die zeitlich befristete Möglichkeit vor, Steuerfestsetzungen auch nach dem Ablauf der Festsetzungsfrist zu ändern, ging damit nach der Rechtsprechung des BFH regelmäßig auch eine entsprechende Verlängerung der früher in § 46 Abs. 2 Nr. 8 EStG geregelten Antragsfrist einher, wenn das Gesamtbild der getroffenen Regelung, z.B. durch den Ausschluss rückwirkender Belastungen, verdeutlicht, dass der Gesetzgeber durch die rückwirkende Anwendung des Abkommens allenfalls eine Verminderung der Steuerbelastung, nicht aber steuerliche Nachteile bewirken wollte (BFH BStBl. II 2003, 477 (478f.): *DBA VAE 1995*). Das Zustimmungsgesetz war daher in solchen Fällen analog auf die Antragsfrist nach § 46 Abs. 2 Nr. 8 EStG a.F. anzuwenden. Mit der bis zum VZ 2005 rückwirkenden Aufhebung der Antragsfrist durch das JStG 2008 sollte sich dieses Problem im Regelfall nicht mehr stellen.

23 **f)** Um bei laufenden DBA-Verhandlungen eine Änderung von **Steuerbescheiden** offenzuhalten, kann die Finanzverwaltung nach § 165 Abs. 1 S. 2 Nr. 1 AO Veranlagungen **vorläufig** vornehmen. Der Umstand, dass ein DBA nach seinem Inkrafttreten voraussichtlich rückwirkend zugunsten des Steuerpflichtigen anwendbar sein wird, berechtigt wegen der insoweit ungewissen Rechtslage, die Vorläufigkeit der Steuerfestsetzung (*Seer,* in Tipke/Kruse, § 165 AO Rz. 12).

25 **g)** Mit Aserbaidschan (BGBl. II 2005, 1146), Belarus (BGBl. II 2006, 1042), Georgien (BGBl. II 2007, 1034), Kasachstan (BGBl. II 1998, 1592), Kirgisistan (BGBl. II 2006, 1066), Tadschikistan (BGBl. II 2004, 1034) und Usbekistan (BGBl. II 2001, 978) hat die Bundesrepublik Deutschland mittlerweile eigene DBA abgeschlossen. Zuvor bestanden mit diesen Staaten **Vereinbarungen** hinsichtlich der **Fortgeltung** des *DBA UdSSR*. Eine solche Fortgeltungsvereinbarung besteht weiterhin mit der Republik Armenien (BGBl. II 1993, 169) und der Republik Moldau (BGBl. II 1996, 768). Auch mit Turkmenistan hat man sich auf die Fortgeltung des *DBA UdSSR* geeinigt (s. Bericht der Botschaft Aschgabat v. 11.8.1999, Nr. 377/99). Eine vergleichbare Fortgeltungsvereinbarung wurde mit der Slowakei und Tschechien (BGBl. II 1993, 762) hinsichtlich der Fortgeltung des *DBA Tschechoslowakei* getroffen. Zwar wurde mit der Tschechischen Republik im Jahr 2000 ein Revisionsabkommen paraphiert (s. BMF v. 2.1.2001, BStBl. I 2001, 41 (44)). Die Bemühungen um dieses Abkommen wurden offenbar aber nicht mehr fortgeführt (vgl. BMF v. 18.1.2002, BStBl. I 2002, 135 (139)). Seit 2009 weist das BMF in seinem Schreiben zum Stand der Doppelbesteuerungsabkommen keine Verhandlungen mit Tschechien in dieser Hinsicht mehr aus.

Hinsichtlich des Gebiets des ehemaligen Jugoslawien wurden mittlerweile mit Kroatien (BGBl. II 2006, 1112), Mazedonien (BGBl. II 2010, 1153) und Slowenien (BGBl. II 2006, 1091) eigene DBA geschlossen. Mit diesen Staaten hatten zuvor Vereinbarungen hinsichtlich der Fortgeltung des *DBA Jugoslawien* bestanden. Eine solche besteht weiterhin mit der Republik Bosnien und Herzegowina (BGBl. II 1992, 1196), der Republik Kosovo (BGBl. II 2011, 748), Montenegro (BGBl. II 2011, 745) und der Republik Serbien (ehemals Bundesrepublik Jugoslawien, BGBl. II 1997, 961).

h) Weder das *DBA China 1985* noch das *DBA China 2014 (E)* sind in Hongkong bzw. in Macau anwendbar. Daran ändert nichts, dass beide Gebiete jeweils Sonderverwaltungsgebiet der Volksrepublik China geworden sind. Das allgemeine Steuerrecht Chinas gilt hier nicht, was die vereinbarten Doppelbesteuerungsabkommen einschließt (BMF v. 22.1.2014, BStBl. I 2014, 171; vgl. auch Rz. 12, Überschrift und Präambel Rz. 17 und *Zimmermann,* S. 432 ff., 444 ff.). 26

i) Aufgrund des Beitritts der DDR werden die Doppelbesteuerungsabkommen der Bundesrepublik Deutschland seit dem 1.1.1991 auch auf dem Gebiet der ehemaligen DDR angewandt. Die bisherigen DBA der ehemaligen DDR galten nur noch bis 31.12.1990. Darauf hat sich die Bundesrepublik Deutschland mit den USA, der Schweiz und vielen anderen Staaten geeinigt (BMF v. 4.1.1993, BStBl. I 1993, 4; vgl. auch Rz. 12 und *Zimmermann,* S. 254 ff., 267 f.). 27

j) Da Taiwan völkerrechtlich nicht als souveräner Staat angesehen wird und Deutschland wie auch viele andere Staaten aus diesem Grund zu Taiwan keine diplomatischen Beziehungen unterhält, mussten beim 2011 abgeschlossenen DBA mit Taiwan besondere Probleme bewältigt werden. Ein völkerrechtlicher Vertrag konnte nicht geschlossen werden (*Schiessl,* ISR 2013, 125). Die deutschen Interessen werden in Taiwan u. a. durch das Deutsche Institut Taipei wahrgenommen. Das Abkommen wurde daher zwischen diesem Institut und der Taipeh Vertretung in der Bundesrepublik Deutschland geschlossen. Es orientiert sich am OECD-MA und trat gem. Art. 29 Abs. 1 in Kraft, nachdem die Vertragsschließenden sich am 7.11.2012 gegenseitig die Annahme des Abkommens in ihrem jeweiligen Gebiet notifiziert hatten. Es ist damit ab 1.1.2013 anzuwenden. Zu den Besonderheiten dieses Abkommens, die dem Status Taiwans Rechnung tragen, insbes. im Hinblick auf das Abschlussverfahren ausführlich Grundl. Rz. 58 ff.; zu den verfahrensrechtlichen Fragen s. auch *Schiessl,* ISR 2013, 125 (126 ff.). Darüber hinaus sind – soweit hier relevant – keine Abweichungen von den unter Rz. 6 ff. und Rz. 17, 19 gemachten Ausführungen gewollt. 28

B. Zu Art. 31

I. Musterabkommen

1. Übereinstimmungen und Abweichungen

Die Regelung des Art. 29 US-MA stimmt inhaltlich weitgehend mit dem OECD-MA überein. Im Gegensatz zum OECD-MA enthält das US-MA jedoch keine Mindestlaufzeit und keine Kündigungsfrist. Das US-MA sieht außerdem eine ausdifferenziertere Regelung für das Anwendungsende vor (zum US-MA s. Rz. 37). 30

2. Erläuterungen

a) Art. 31 MA legt fest, dass das Abkommen zeitlich unbefristet gültig ist, eröffnet aber i. S. des Art. 42 Abs. 2 S. 1 i. V. m. Art. 54 lit. a WÜRV die Möglichkeit, 31 den völkerrechtlichen Vertrag zu kündigen. Die Kündigung ist ein **Unterfall der Vertragsbeendigung** (zur Vertragsbeendigung allgemein: *Karl,* S. 47 ff.). Eine Kündigung eines DBA kann z. B. sinnvoll sein bei einem aus der Sicht eines der Vertragsstaaten veralteten Abkommen, das durch tatsächliche Veränderungen wie beispielsweise den erreichten Entwicklungsstand der Vertragspartner inzwischen unausgewogen zu Lasten dieses Vertragsstaats geworden, der andere Vertragsstaat zu einer Abkommensänderung aber nicht bereit ist (so z. B. bei der Kündigung des DBA mit *Brasilien,* s. BT-Drs. 16/5208, S. 1; zu weiteren Gründen in diesem Fall s. *Schaumburg/Schulz,* IStR 2005, 794 (794 f.); s. a. *Jü. Lüdicke,* Überlegungen, S. 14). Sie kann auch nach einer Änderung des innerstaatlichen Rechts eines Vertragsstaates in Betracht kommen, sofern eine einvernehmliche Anpassung des DBA selbst nicht möglich erscheint oder nicht erreicht wird (so wegen der Neuregelung der Besteuerung von Pensionen geschehen seitens Dänemarks im Jahr 2008 im Hinblick auf die DBA mit Frankreich und Spanien, s. dazu www.skm.dk, *Singer/Delaurière,* TNI July 2008, 13 und *Galan,* in Lang, Tax Treaty Developments, S. 430). Durch die Kündigung eines DBA kann Druck zum Abschluss eines neuen, veränderten DBA ausgeübt und u. U. ein Treaty Override vermieden werden (vgl. dazu Grundl. Rz. 193 ff., vgl. auch *Kippenberg,* IStR Beih. zu Heft 11/1998, 1). Die Kündigung des betreffenden Abkommens kann außerdem zur Sanktionierung eines Treaty Override durch den anderen Vertragsstaat in Betracht kommen (s. Grundl. Rz. 197). Zur Kündigung als ultima ratio und anderen Gestaltungsmöglichkeiten aus rechtspolitischer Sicht siehe *Jü. Lüdicke,* Überlegungen, S. 13 ff. Die **Kündigung** eines DBA ist eine **völkerrechtliche Willenserklärung**, durch die ein Vertragsstaat dem anderen seinen Willen mitteilt, das **Vertragsverhältnis** gemäß den Bestimmungen des DBA **zu einem bestimmten Zeitpunkt zu beenden** (zum Begriff der Kündigung s. *Bayer,* S. 11 ff.). Sie ist von einer zuständigen Person und auf diplomatischem Wege, d. h. unter Einhaltung der diplomatischen Gepflogenheiten, zu erklären (Wassermeyer/*Wassermeyer,* Art. 30, 31 OECD-MA, Rz. 29; s. dazu allgemein auch Art. 65 Abs. 1, 2, Art. 67 WÜRV). Das MA sieht dabei eine Kündigungsfrist von 6 Monaten zum Ende des Kalenderjahres sowie einen festzulegenden frühestmöglichen Kündigungszeitpunkt vor (zu solchen Klauseln s. *Bayer,* S. 18 ff.). Erforderlich ist nach MA weder die Geltendmachung von geänderten Umständen noch eines besonderen Kündigungsgrundes.

31a Durch eine vertragsmäßige (wirksame) Kündigung werden die Vertragsparteien von der Verpflichtung, den Vertrag weiterhin zu erfüllen, befreit (s. Art. 70 Abs. 1 Buchst. a WÜRV); das DBA tritt damit zu dem Zeitpunkt, für den es gekündigt wurde, **außer Kraft.** Multilaterale Abkommen bleiben demgegenüber bei einer Kündigung nur einzelner Staaten zwischen den verbleibenden Staaten in Kraft (s. Art. 70 Abs. 2 WÜRV; vgl. beispielsweise auch Art. 32 der Nordischen Konvention, s. Grundl. Rz. 40a). Entsprechend der Regelung des Anwendungsbeginns (vgl. Rz. 7, 7a) ist entscheidender Zeitpunkt auch hier der Zeitpunkt, ab dem das Abkommen völkerrechtlich **keine Anwendung** mehr findet. Das MA macht auch insoweit keine Angaben, da eine sinnvolle Regelung im einzelnen Abkommen an die innerstaatliche Regelung des Steuerjahres anknüpfen muss. Der Zeitpunkt der letztmaligen Anwendung wird daher im Abkommen teilweise gesondert vereinbart. Er muss nicht mit dem Zeitpunkt des Außer-Kraft-Tretens zusammenfallen.

31b Art. 29 Abs. 2 MA legt fest, dass die Wirkungen der Kündigung auch für jeden Staat bzw. jedes Hoheitsgebiet gelten, auf die das Abkommen nach Art. 29 Abs. 1 MA erstreckt wurde (vgl. Art. 29 Rz. 7).

32 **b)** Mit der völkerrechtlichen Unanwendbarkeit wird das Abkommen auch **innerstaatlich unanwendbar;** eines besonderen Aufhebungsgesetzes bedarf es nicht (ebenso Wassermeyer/*Wassermeyer,* Art. 30, 31 OECD-MA, Rz. 30). Dies ergibt sich zweifelsfrei, wenn man mit Recht der weit verbreiteten Ansicht der Vollzugslehre folgt. Hiernach wird der völkerrechtliche Vertrag durch einen besonderen Staatsakt innerstaatlich per „Rechtsanwendungsbefehl" anwendbar gemacht. Anders als nach der sog. Transformationslehre, die eine den Vertragswortlaut übernehmende, innerstaatliche Regelung verlangt, tritt nach der Vollzugslehre keine Verdoppelung der betreffenden Rechtsregel ein; es wird lediglich die innerstaatliche Vollziehung des völkerrechtlichen Vertrages angeordnet (zur Transformationslehre *Geiger,* § 33 II. 1., § 36 II. 2.; zur Vollzugslehre *Geiger,* § 33 II. 3.; s. aber auch die Vorauflage, 5. Aufl., Einl. Rz. 61). Ein gesondertes Aufhebungsgesetz ist nach der Vollzugslehre also nicht erforderlich, denn das ursprüngliche Zustimmungsgesetz zum DBA geht ins Leere, wenn das Abkommen wirksam gekündigt und daher nicht mehr existent ist. Ein besonderes Aufhebungsgesetz wäre aber auch nach der traditionelleren Transformationslehre nicht erforderlich, wenn man zugrunde legt, dass das innerstaatliche Gesetz in der Regel nur so lange Geltung beanspruchen will, wie der völkerrechtliche Vertrag besteht, mithin von einer stillschweigenden auflösenden Bedingung ausgegangen werden kann (so im Ansatz schon *Triepel,* S. 432 ff.; s. a. *Kunig,* in Graf Vitzthum, Völkerrecht, Rz. 117 f., *Boehmer,* S. 96 ff. und *Steinberger,* ZaöRV 1988, 1 (4)).

Mit dem Ende der Anwendung des DBA **entfallen** alle auf dem DBA beruhenden **Beschränkungen des innerstaatlichen Steuerrechts** der Vertragsstaaten. Nach dem Anwendungsende verwirklichte Steuersachverhalte sind allein nach innerstaatlichem Recht zu beurteilen; der Zeitpunkt der Steuerfestsetzung ist dabei nicht entscheidend. Im Regelfall hat dies zur Folge, dass die so wieder eintretende Doppelbesteuerung allenfalls noch durch innerstaatlich vorgesehene Maßnahmen gemildert werden kann. Das ersatzlose Entfallen eines DBA führt also regelmäßig zu einem Wiederaufleben der unbeschränkten Besteuerung aufgrund innerstaatlichen Rechts und daher zu einer im Regelfall höheren Steuerbelastung. Knüpfen unilaterale Vorschriften an die Existenz eines DBA an, so sind diese nach einer Kündigung desselben grundsätzlich nicht mehr anwendbar. 33

In Einzelfällen ist es jedoch möglich, dass die Beendigung eines DBA positive, d. h. steuermindernde Rechtsfolgen für den Steuerpflichtigen zeitigt. So können Betriebsausgaben wieder abgezogen werden bzw. Verluste wieder verrechnet werden, wenn sie während der Geltung des DBA der Freistellungsmethode unterlagen. Das Welteinkommensprinzip gilt dann grundsätzlich wieder unbeschränkt. Aus der Begründung des deutschen Besteuerungsrechts bei bislang aufgrund des DBA freigestellten Einkünften folgt, dass eine (fiktive) Einlage nach § 4 Abs. 1 S. 8 Halbs. 2 EStG und damit eine **Verstrickung** betrieblicher Wirtschaftsgüter anzunehmen ist (s. BT-Drs. 16/2710, S. 28; so i. Erg. auch *Ehlermann/Müller,* ISR 2013, 47 (53); zur spiegelbildlichen Situation einer Entstrickung durch Abschluss eines DBA s. Rz. 8a). Zur Verstrickung bei grenzüberschreitenden Sachverhalten und deren Rechtsfolgen allgemein, sowie zu den unionsrechtlichen Rahmenbedingungen: *Ehlermann/Müller,* ISR 2013, 47. 33a

c) Eine völkerrechtlich wirksame Kündigung führt also zu einer endgültigen **Aufhebung des Vertrages**; dieser erlischt **ex nunc** (Ipsen/*Heintschel von Heinegg,* § 15 Rz. 62). Aufgrund dieser **unmittelbar rechtsgestaltenden Wirkung** ist eine **einseitige Rücknahme der Kündigung nicht möglich** (ebenso: Wassermeyer/*Wassermeyer,* Art. 30, 31 OECD-MA Rz. 30). Dennoch haben die Vereinigten Staaten bei zwei internationalen Verträgen, die aber keine Steuern betrafen, die Rücknahme ihrer Kündigung erklärt (s. *Johnson,* TN July 1987, 127 (130)). Sie haben ferner ihre im Juni 1987 ausgesprochene Kündigung des *DBA USA/Niederländische Antillen* im Juli 1987 nachträglich dahin „modifiziert", dass die für Zinsen geltenden Bestimmungen des DBA, insbes. Art. VIII, aufrechterhalten bleiben 34 sollten (*Johnson,* TN July 1987, 245; s. inzwischen auch Rev.Rul. 87-79, 1987-35 IRB 7). Lässt sich der andere Vertragsstaat auf eine Rücknahme bzw. eine Modifikation der Kündigung ein, so kann darin jedoch möglicherweise ein Neuabschluss des Vertrages liegen (Umdeutung). Dessen innerstaatliche Zulässigkeit richtet sich allerdings nach den allgemeinen Regeln des dafür maßgebenden Verfassungsrechts (ebenso: Wassermeyer/*Wassermeyer,* Art. 30, 31 OECD-MA Rz. 30).

35 **d)** Neben der Kündigung besteht die im MA nicht ausdrücklich geregelte, nach Art. 42 Abs. 2 i. V. m. Art. 54 lit. b WÜRV aber positivierte und selbstverständliche Möglichkeit der **Vertragsbeendigung durch gegenseitiges Einvernehmen** (MPEPIL/*Aust,* Treaties, Termination, Rz. 23 f.; *Villiger,* Art. 54 WÜRV Rz. 6 f.), die wiederum den hierfür geltenden Regeln des Verfassungsrechts genügen muss. Dann sind die Vertragsstaaten, die Herren des Vertrages, auch nicht an etwaige Mindestvertragslaufzeiten etc. gebunden (*Villiger,* Art. 54 WÜRV Rz. 6; Dörr/*Giegerich,* Art. 54 WÜRV Rz. 10 f., 37 ff.). Der **Abschluss eines späteren DBA** kann die Beendigung des Früheren implizit einschließen (vgl. Art. 42 Abs. 2 i. V. m. Art. 59 Abs. 1 WÜRV; s. a. *Villiger,* Art. 59 WÜRV Rz. 7, 9 ff.; Dörr/*Giegerich,* Art. 54 WÜRV Rz. 1 ff.; MPEPIL/*Aust,* Treaties, Termination, Rz. 25 f.). Häufig wird jedoch in einem solchen späteren Vertrag das Außer-Kraft-Treten und das Ende der Anwendung des früheren Abkommens ausdrücklich geregelt und zeitlich mit dem Anwendungsbeginn des neuen Abkommens abgestimmt (s. z. B. Art. 32 Abs. 3 *DBA Großbritannien 2010/2014 (E)* und Art. 30 Abs. 3 *DBA Spanien 2011*). In Art. 30 *DBA Schweiz* wurde sogar nur eine teilweise Rechtsüberleitung vom Altabkommen vorgesehen, weil das *DBA Schweiz 1931/59* partiell weiter gelten sollte (FWWK/*Erhard,* Art. 30 Rz. 2, 5).

35a Zum Teil enthalten DBA sogar eine **Verpflichtung,** in bestimmten Fällen (z. B. der grundlegenden Änderung des innerstaatlichen Rechts) **in Verhandlungen über** die Abänderung eines bestehenden DBA **einzutreten** (vgl. z. B. *DBA Australien,* Prot. Nr. 11 Buchst. a und b, *DBA Kroatien,* Prot. Nr. 2 oder *DBA Spanien 2011,* Prot. Nr. III. im Hinblick auf die Anpassung des Art. 7 *DBA Spanien 2011* an den sog. „Authorised OECD Approach"). In manchen Fällen haben sich die Vertragsstaaten bei Abschluss des Abkommens darauf geeinigt, es nach einer bestimmten Zeit bzw. in bestimmten Intervallen einer Überprüfung zu unterziehen (so z. B. in Nr. 6 des Prot. zu *DBA Argentinien* und der Note zum *DBA Bangladesch* v. 29.5.1990). In diesen Fällen sind Abänderungen bestehender DBA (i. F. v. Zusatzabkommen oder Protokollen) in gewissen Abständen zu erwarten; eine Verpflichtung der Vertragsstaaten zur Abkommensänderung besteht jedoch nicht. Im Fall des *DBA USA 1989/2006* wurden in der gemeinsamen Erklärung anlässlich der Unterzeichnung des Protokolls von 1.6.2006 in Anbetracht des AltEinkG 2005 bereits Konsultationen hinsichtlich einer nochmaligen Änderung des Art. 18 anvisiert. In ähnlicher Weise wurde in Nr. 2 der Gemeinsamen Erklärung vom 30.3.2010 zu *DBA Großbritannien 2010,* Nr. III. Prot. zu *DBA Spanien 2011* oder Nr. VIII. Abs. 4 Prot. zu *DBA Niederlande 2012 (E)* beschränkt auf einen bestimmten Themenbereich vereinbart, dass bei Eintreten einer bestimmten Bedingung die Anpassung des Abkommens in dieser Hinsicht geprüft werden soll.

36 **e)** In seltenen Fällen werden DBA – entgegen dem OECD-MA – aber auch nur **zeitlich befristet** abgeschlossen. Befristet abgeschlossene DBA haben unabhängig von der eingeschränkten Planungs- und Rechtssicherheit für den Steuerpflichtigen den Nachteil, dass eine Neuverhandlung des Abkommens mit Unwägbarkeiten belastet sein und das Altabkommen sich bei Fristablauf durchaus als noch angemessen erweisen kann; es ist schlicht kaum möglich, den passenden Zeitraum zu prognostizieren (*Jü. Lüdicke,* Überlegungen, S. 14 f., der Alternativen zu einer Befristung des Abkommens aufzeigt). Bei befristet abgeschlossenen DBA tritt dieses mit

Ablauf der Frist außer Kraft; einer Kündigung bedarf es dann nicht. Solch befristete DBA sehen regelmäßig die Möglichkeit einer Verlängerung oder Konsultation vor Ablauf der Frist vor (s. z. B. Art. 30 Abs. 1 *DBA VAE 2010*). Die Wirkungen eines durch Befristung außer Kraft getretenen Abkommens entsprechen denen einer wirksamen Kündigung des DBA (s. dazu Rz. 31a ff.)

f) Auch ohne Kündigung kann ein DBA dann außer Kraft treten, wenn einer der Vertragsstaaten aufgelöst wird, ohne dass eine Rechtsnachfolge gegeben ist (vgl. Rz. 12 und *Alimi,* S. 230 f. für völkerrechtliche Verträge der ehem. DDR i. R. der deutschen Einigung; s. a. Wassermeyer/*Wassermeyer,* Art. 30, 31 OECD-MA Rz. 26). **36a**

3. US-MA

Auch das US-MA sieht in Art. 29 vor, dass das Abkommen bis zu einer wirksamen Kündigung in Kraft bleibt. Die Mindestvertragslaufzeit von 5 Jahren ist seit 1996 nicht mehr im US-MA enthalten. Vielmehr ist – anders als nach dem OECD-MA – die Kündigung jederzeit, wenn auch in ihrer Wirkung fristgebunden, möglich, d. h. nicht an den Ablauf eines bestimmten Jahres gebunden. Für das Anwendungsende enthält das US-MA – im Gegensatz zum OECD-MA, aber im Einklang mit seiner Regelung des Anwendungsbeginns – unterschiedliche Regelungen für Abzugsteuern einerseits und für die Steuern mit anderer Erhebungsform andererseits. Das Abkommen findet für erstere auf Beträge, die nach Ablauf einer mit Abgabe der Kündigungserklärung beginnenden Sechsmonatsfrist gezahlt oder gutgeschrieben werden, keine Anwendung mehr, für letztere verliert das Abkommen seine Anwendung erst mit Beginn des nach Ablauf der genannten Sechsmonatsfrist anfangenden Veranlagungszeitraumes (vgl. für die entsprechende Regelung des Anwendungsbeginns Rz. 14). Eine einverständliche Änderung oder Aufhebung eines DBA wird durch diese Regelung nicht tangiert; eine solche ist mithin auch unabhängig von den genannten Fristen möglich. Dazu näher auch die US-TE. **37**

II. Deutsche DBA

1. Abkommensübersicht **38**

DBA	Artikel	Rz.
Ägypten	30 Abs. 3; 31	35; 38b
Albanien 2010	33	38b
Algerien 2007	33	38b
Argentinien 1978/1996	30; Nr. 6 Prot.	35a; 38b
Armenien	s. UdSSR	25
Aserbaidschan	31 Abs. 3; 32	35; 38b; 25
Australien	29; Nr. 11 Prot.	35a; 38b
Bangladesch	29; Notenwechsel zum Abkommen vom 29.5.1990	35a
Belarus (Weißrussland)	31 Abs. 3; 32	35; 38b; 25
Belgien 1967/2002/2010 (E)	31	38b
Bolivien	29	38b
Bosnien-Herzegowina	s. Jugoslawien	25
Bulgarien 2010	31 Abs. 3; 32	35; 38b
China 1985	31	38b
China 2014 (E)	32 Abs. 3; 33	35; 38b
Costa Rica 2014 (E)	33	38b

DBA	Artikel	Rz.
Dänemark	49 Abs. 3; 50	35; 38b
Ecuador	30	38b
Elfenbeinküste	30	38b
Estland	29	38b
Finnland	30 Abs. 3; 31	35; 38b
Frankreich 1959/1969/1989/2001	30; 30a Abs. 2; 31	35; 35a; 38b
Georgien 2006/2014 (E)	32	38b, 25
Ghana	33	38b
Griechenland	XXIV	
Großbritannien 1964/1970	XXIII Abs. 3, 4; XXIV	35
Großbritannien 2010/2014 (E)	32 Abs. 3, 4, 5; 33; Nr. 2 der gemeinsamen Erklärung anlässlich der Unterzeichnung des Abkommens am 30.3.2010	35; 35a; 38b
Indien	28 Abs. 3; 29	35; 38b
Indonesien	28 Abs. 3; 29	35; 38b
Iran	31	
Irland 2011	32 Abs. 3, 4, 5; 33	35; 38b
Island	29 Abs. 3; 30	35
Israel 1962/1977	26	
Italien	31 Abs. 3, 4; 32	35; 38b
Jamaika	30	38b
Japan 1966/1979/1983	30; Notenwechsel zum Rev. Prot. 1979 v. 17.4.1979	35a
Jersey 2008	11	36; 38a
Jugoslawien	31	38b; 25
Kanada	31 Abs. 2, 3; 32	35; 38b
Kasachstan	32	38b
Kenia	30	
Kirgisistan	28 Abs. 3; 29	35; 38b
Korea	29 Abs. 3; 30	35; 38b
Kosovo	s. Jugoslawien	25
Kroatien	30 Abs. 3; 31; Nr. 2 Prot.	35; 35a; 38b; 25
Kuwait	30	38b
Lettland	29	38b
Liberia	30	38b
Liechtenstein 2011	34; Nr. 13 S. 2 Prot.	35a; 38b
Litauen	29	38b
Luxemburg 2012	30 Abs. 3; 31	35; 38b
Malaysia 2010	30 Abs. 3; 31	35; 38b
Malta 2001/2010	31 Abs. 3; 32	35; 38b
Marokko	30	38b
Mauritius 2011	32 Abs. 3; 33	35; 38b
Mazedonien 2006	31 Abs. 3; 32	35; 38b
Mexiko 2008	31 Abs. 3; 32	35; 38b
Moldau	s. UdSSR	25
Mongolei	29	
Montenegro	s. Jugoslawien	25
Namibia	29	38b
Neuseeland	30; Notenwechsel zum Abkommen vom 20.10.1978	35a; 38b
Niederlande 1959/1980/1991/2004	29 Abs. 2	

DBA	Artikel	Rz.
Niederlande 2012 (E)	33 Abs. 3, 5, 6; 34; Nr. VIII. Prot.	35; 35a
Norwegen 1991/2013 (E)	30 Abs. 4; 31	35; 38b
Oman 2012 (E)	32	38b
Österreich 2000/2010	31 Abs. 3; 33	35; 38b
Pakistan	28 Abs. 3; 29	35; 38b
Philippinen 1983	31	38b
Philippinen 2013	32 Abs. 3; 33	35; 38b
Polen	32 Abs. 3; 33	35; 38b
Portugal	31	38b
Rumänien	31 Abs. 3; 32	35; 38b
Russische Föderation 1996/2007	28 Abs. 3; 29	35; 38b
Sambia	30	
Schweden	46 Abs. 4; 47	35
Schweiz 1971/1978/1989/1992/ 2002/2010	30; 33	35; 38b
Serbien	s. Jugoslawien	25
Simbabwe	30	38b
Singapur 2004	31 Abs. 3; 32	35; 38b
Slowakei	s. Tschechoslowakei	25
Slowenien 2006/2011	31 Abs. 3; 32	35; 38b; 25
Spanien 2011	30 Abs. 3; 31; Nr. III. Prot.	35; 35a; 38b
Sri Lanka	29 Abs. 3; 30	35
Südafrika 1973	26; 27	35; 38b
Südafrika 2008 (E)	29 Abs. 3; 30; Nr. 2 Prot.	35; 38b
Syrien 2010	30	38b
Tadschikistan	30 Abs. 3; 31	35; 38b
Taiwan 2011	30	38b; 28
Thailand	30	
Trinidad und Tobago	29	38b
Tschechien	s. Tschechoslowakei	25
Tschechoslowakei	30	38b; 25
Tunesien	30	38b
Türkei 2011	31	38b
Turkmenistan	s. UdSSR	25
UdSSR	25	38b; 25
Ukraine	28 Abs. 3; 29	35; 38b
Ungarn 2011	30 Abs. 3; 31	35; 38b
Uruguay 2010	31 Abs. 3; 32	35; 38b
USA 1989/2006 i. d. F. von 2008	32 Abs. 3–7; 33; gemeinsame Erklärung anlässlich der Unterzeichnung des Änd. Prot. am 1.6.2006	30; 35; 35a; 37; 38b
Usbekistan	31 Abs. 3; 32	35; 38b; 25
Venezuela	29	38b
Vereinigte Arabische Emirate (VAE) 2010	30	36; 38a; 38b
Vietnam	29	38b
Weißrussland	s. Belarus	
Zypern 2011	30 Abs. 3; 31	35; 38b

2. Erläuterungen

a) Im Allgemeinen übernehmen die deutschen DBA weitgehend die Regelung des OECD-MA. Sie sehen daher eine grundsätzlich unbefristete Gültigkeit, eine **38a**

Mindestlaufzeit von drei oder fünf Jahren und eine Kündigungsfrist von sechs Monaten zum Ende des Kalenderjahres vor. In wenigen Fällen sind DBA aber auch zeitlich befristet (z.B. 10 Jahre im Falle des *DBA VAE 2010*). Befristete DBA – wie auch das *DBA VAE 2010* – sehen neben einer Kündigungsmöglichkeit regelmäßig die Möglichkeit einer Verlängerung und Konsultation vor Ablauf der Frist vor (s. Art. 30 Abs. 1, 2 *DBA VAE 2010*).

38b **b)** Häufig enthalten sie, entsprechend der nach Abzug- und Veranlagungssteuern differenzierenden Regelung des Anwendungsbeginns, differenzierende Regelungen zum Ende der Anwendung eines DBA.

38c **c)** Auch im Hinblick auf die Kündigung des DBA ist im Falle des *DBA Taiwan 2011* auf die Besonderheiten des Status Taiwans Rücksicht zu nehmen. Dementsprechend verlangt das Abkommen, dass die „zuständigen Behörden" das Abkommen nach seiner Mindestlaufzeit kündigen, um sich vom DBA zu lösen. Darüber hinaus sind – soweit hier relevant – keine Abweichungen von den unter Rz. 31 ff. und Rz. 38b gemachten Ausführungen gewollt.

39 **d)** In der deutschen Praxis sind Kündigungen selten (zum Hintergrund s. *Strunk/Kaminski,* in SKK, Einf. OECD-MA Rz. 87): Nach der Kündigung des *DBA Argentinien* durch Argentinien zum 31.12.1973 (s. BStBl. I 1973, 642) und der Erklärung Kasachstans, der zwischenzeitlichen Fortgeltung des *DBA UdSSR* mit Wirkung vom 1.1.1995 entgegenzutreten (BStBl. I 1995, 9), hat die Bundesrepublik Deutschland das *DBA Brasilien* am 7.12.2005 mit Wirkung zum 1.1.2006 gekündigt (zu Hintergründen s. *Schaumburg/Schulz,* IStR 2005, 794 f. und *Strunk/Kaminski,* in SKK, Einf. OECD-MA Rz. 88; s. a. BMF v. 6.1.2006, BStBl. I 2006, 83). Während mit Argentinien und Kasachstan zeitnah neue DBA (mit rückwirkender Kraft) abgeschlossen wurden, besteht mit Brasilien bis heute kein neues Abkommen. Deutschland kündigte im Juli 2009 zudem das *DBA Türkei* zum 1.1.2011 (BMF v. 21.7.2009, BB 2009, 1723), schloss jedoch bereits 2011 ein neues Abkommen, welches rückwirkend Anwendung finden sollte, damit ein abkommensloser Zustand vermieden werden konnte. Zu früheren Absichten, das *DBA Irland 1962* von deutscher Seite zu kündigen, vgl. *Kippenberg,* IStR Beih. zu Heft 11/1998, 1.

C. Schlussklausel

I. Musterabkommen

41 Das OECD-MA sieht eine Schlussklausel vor, ohne jedoch über ihren Inhalt etwas zu sagen. In einer Anmerkung gibt das MA lediglich den Hinweis, dass sich die Aussage der Schlussklausel über die Unterzeichnung nach den verfassungsrechtlichen Verfahren der beiden Vertragsstaaten zu richten habe. Nach dem US-MA werden durch die Schlussklausel die Vertragssprachen festgelegt, die beide in gleicher Weise verbindlich sein sollen. Wichtig ist die Schlussklausel insoweit vor allem im Hinblick auf die Besonderheiten bei der Auslegung mehrsprachiger DBA (s. dazu Grundl. Rz. 111 ff.).

II. Deutsche DBA

1. Abkommensübersicht

42

DBA	Verbindliche Sprachen: deutsch und	In Zweifelsfällen maßgebende Fassung:
Ägypten	arabisch/englisch	englisch
Albanien 2010	albanisch/englisch	englisch
Algerien 2007	arabisch/französisch	französisch
Argentinien 1978/1996	spanisch	
Armenien	s. UdSSR	
Aserbaidschan	aserbaidschanisch/russisch	russisch
Australien	englisch	
Bangladesch	bengalisch/englisch	englisch
Belarus (Weißrussland)	belarussisch	
Belgien 1967/2002/2010 (E)	französisch/niederländisch	
Bolivien	spanisch	
Bosnien-Herzegowina	s. Jugoslawien	
Bulgarien 2010	bulgarisch/englisch	englisch
China 1985	chinesisch	
China 2014 (E)	chinesisch/englisch	englisch
Costa Rica 2014 (E)	spanisch/englisch	englisch
Dänemark	dänisch	
Ecuador	spanisch	
Elfenbeinküste	französisch	
Estland	estnisch/englisch	englisch
Finnland	finnisch	
Frankreich 1959/1969/ 1989/2001	französisch	
Georgien 2006/2013 (E)	georgisch/russisch	russisch
Ghana	englisch	
Griechenland	griechisch/englisch	englisch
Großbritannien 1964/1970	englisch	
Großbritannien 2010/2014 (E)	englisch	
Indien	hindi/englisch	englisch
Indonesien	indonesisch/englisch	englisch
Iran	persisch/französisch	französisch
Irland 2011	englisch	
Island	isländisch	
Israel 1962/1977	hebräisch/englisch	englisch
Italien	italienisch	
Jamaika	englisch	
Japan 1966/1979/1983	japanisch/englisch	englisch
Jersey 2008	englisch	
Jugoslawien	serbo-kroatisch/englisch	englisch
Kanada	englisch/französisch	
Kasachstan	kasachisch/russisch/englisch	englisch
Kenia	englisch	
Kirgisistan	kirgisisch/russisch	russisch
Korea	koreanisch/englisch	englisch
Kosovo	s. Jugoslawien	
Kroatien	kroatisch	
Kuwait	arabisch/englisch	englisch
Lettland	lettisch/englisch	englisch
Liberia	englisch	
Liechtenstein 2011	einsprachig deutsch	
Litauen	litauisch/englisch	englisch
Luxemburg 2012	einsprachig deutsch	

DBA	Verbindliche Sprachen: deutsch und	In Zweifelsfällen maßgebende Fassung:
Malaysia 2010	malaysisch/englisch	englisch
Malta 2001/2010	englisch	
Marokko	französisch	
Mauritius 2011	englisch	
Mazedonien 2006	mazedonisch/englisch	englisch
Mexiko 2008	spanisch/englisch	englisch
Moldau	s. UdSSR	
Mongolei	mongolisch/englisch	englisch
Montenegro	s. Jugoslawien	
Namibia	englisch	
Neuseeland	englisch	
Niederlande 1959/1980/ 1991/2004	niederländisch	
Niederlande 2012 (E)	niederländisch	
Norwegen 1991/2013 (E)	norwegisch	
Oman 2012 (E)	arabisch/englisch	englisch
Österreich 2000/2010	einsprachig deutsch	
Pakistan	englisch	
Philippinen 1983	englisch	
Philippinen 2013 (E)	englisch	
Polen	polnisch	
Portugal	portugiesisch/englisch	englisch
Rumänien	rumänisch/englisch	englisch
Russische Föderation 1996/2007	russisch	
Sambia	englisch	
Schweden	schwedisch	
Schweiz 1971/1978/1989/ 1992/2002/2010	einsprachig deutsch	
Serbien	s. Jugoslawien	
Simbabwe	englisch	
Singapur 2004	englisch	
Slowakei	s. Tschechoslowakei	
Slowenien 2006/2011	slowenisch/englisch	englisch
Spanien 2011	spanisch	Lösung über Art. 24 des Abkommens
Sri Lanka	singhalesisch/englisch	englisch
Südafrika 1973	afrikaans/englisch	englisch
Südafrika 2008 (E)	englisch	
Syrien 2010	arabisch/englisch	englisch
Tadschikistan	russisch	
Taiwan 2011	chinesisch/englisch	englisch
Thailand	thailändisch/englisch	englisch
Trinidad und Tobago	englisch	
Tschechien	s. Tschechoslowakei	englisch
Tschechoslowakei	tschechisch	
Tunesien	französisch	
Türkei 2011	türkisch/englisch	englisch
Turkmenistan	s. UdSSR	
UdSSR	russisch	
Ukraine	ukrainisch/englisch	englisch
Ungarn 2011	ungarisch/englisch	englisch
Uruguay 2010	spanisch	
USA 1989/2006 i. d. F. von 2008	englisch	
Usbekistan	usbekisch/russisch	russisch
Venezuela	spanisch	

DBA	Verbindliche Sprachen: deutsch und	In Zweifelsfällen maßgebende Fassung:
Vereinigte Arabische Emirate (VAE) 2010	arabisch/englisch	englisch
Vietnam	vietnamesisch/englisch	englisch
Weißrussland	s. Belarus	
Zypern 2011	griechisch/englisch	englisch

2. Erläuterungen

In der deutschen **Vertragspraxis** werden durch die Schlussklausel vor allem die für die Anwendung, nicht zuletzt für die Auslegung des DBA maßgebenden Vertragssprachen festgelegt (s. Rz. 41 und Grundl. Rz. 49 f., 111 ff.). Regelmäßig sind das die Landessprachen der beiden Vertragsstaaten, gegebenenfalls auch mehrere Landessprachen desselben Vertragsstaats nebeneinander (s. z. B. *DBA Kanada*). Gelegentlich wird darüber hinaus eine **Abkommensfassung in einer weiteren, neutralen Sprache** – meist Englisch – **als authentisch vereinbart** (s. Grundl. Rz. 111a), dies vor allem dann, wenn die Abkommensverhandlungen in dieser Sprache geführt worden sind, die betreffende Fassung also die Verhandlungsfassung des Abkommens ist (s. Grundl. Rz. 49). Diese Fassung steht dann i. d. R. gleichberechtigt neben denen in beiden Landessprachen (vgl. Art. 33 Abs. 1 WÜRV); liegt jedoch ein **„Zweifelsfall"** vor **oder** handelt es sich um einen Fall **„unterschiedlicher Auslegung"** des Wortlautes der beiden Landessprachen, so **gibt** regelmäßig die **neutrale Fassung den Ausschlag** (s. Art. 33 Abs. 1 Halbs. 2 WÜRV und Grundl. Rz. 111a). Bevor jedoch bei lediglich sprachlichen Unterschieden in den verschiedenen authentischen Textfassungen auf die neutrale Fassung zurückgegriffen werden kann, ist zwingend zunächst zu prüfen, ob tatsächlich ein „Zweifelsfall" oder eine unterschiedliche Auslegung des Wortlauts der beiden Landessprachen gegeben ist, denn nur dann soll entsprechend des S. 2 der meisten Schlussklauseln deutscher DBA die neutrale Fassung zugrunde gelegt werden. Wird in S. 2 der Schlussklausel auf die unterschiedliche Auslegung als Voraussetzung für den Rückgriff auf die neutrale Sprachfassung abgestellt, wird deutlich, was letztlich auch für die Schlussklauseln gelten muss, die einen „Zweifelsfall" erfordern. Wie *Clausen,* DB 2001, 2515 zutreffend ausführt, kann ein Zweifelsfall nicht schon dann angenommen werden, wenn sprachliche Unterschiede zwischen den Textfassungen existieren. Vielmehr müssen beide Textfassungen ausgelegt und inhaltlich verglichen werden; erst, wenn beide Ergebnisse derart divergieren, dass sie nicht einheitlich verstanden werden können, liegen die Voraussetzungen für den Rückgriff auf die neutrale Textfassung vor. Zu einem Fall, in dem der BFH dies nicht beherzigte, „begriffliche Unterschiede" der Sprachfassungen des *DBA Irland 1962* feststellte („Kapitalgesellschaften" in der deutschen Fassung und „companies limited by shares" in der englischen Fassung), daraufhin ohne weitere Prüfung oder Begründung das Bestehen von Zweifeln bejahte und infolgedessen seiner Entscheidung den englischen Wortlaut nach der Schlussklausel des *DBA Irland 1962* i. d. F. bis 2010 zugrunde legte BFH BStBl. II 2001, 222 (225); kritisch dazu: *Clausen,* DB 2001, 2515, *Raupach/Burwitz,* IStR 2000, 385 ff., *Philipowski,* IStR 2001, 676 (680 f.) und GKG/*Henkel,* Grundlagen 4 Rz. 24. In Abweichung zu dieser Entscheidung aus dem Jahr 2000 arbeitete der BFH bereits kurze Zeit später, nämlich im Jahr 2004, zutreffend heraus, dass ein Zweifel aus den begrifflichen Unterschieden nicht resultiert und legte seiner Entscheidung – insoweit konsequent – seine auf der deutschen Sprachfassung basierende Auslegung zugrunde, weil die irische und die englische Abkommensfassung dieser Auslegung nicht widersprachen (BFH BStBl. II 2005, 14 (18 f.)). Ist **keine neutrale authentische Sprach-** 43

fassung als maßgeblich im Zweifelsfall oder im Falle unterschiedlicher Auslegung der Wortlaute nach den authentischen Textfassungen in den Landessprachen **vereinbart** worden, so ist nach Art. 33 Abs. 4 WÜRV vorzugehen (s. hierzu im Einzelnen auch Grundl. Rz. 112f.).

Anhang

United Nations Model Double Taxation Convention Between Developed and Developing Countries United Nations 2011

SUMMARY OF THE CONVENTION

TITLE OF THE CONVENTION

Convention between (State A) and (State B) with respect to taxes on income and capital[1]

PREAMBLE OF THE CONVENTION[2]

Chapter I. Scope of the Convention

Article 1. Persons covered

This Convention shall apply to persons who are residents of one or both of the Contracting States.

Article 2. Persons covered

1. This Convention shall apply to taxes on income and on capital imposed on behalf of a Contracting State or of its political subdivisions or local authorities, irrespective of the manner in which they are levied.

2. There shall be regarded as taxes on income and on capital all taxes imposed on total income, on total capital, or on elements of income or of capital, including taxes on gains from the alienation of movable or immovable property, taxes on the total amounts of wages or salaries paid by enterprises, as well as taxes on capital appreciation.

3. The existing taxes to which the Convention shall apply are in particular:

(a) (in State A): ....

(b) (in State B): ....

4. The Convention shall apply also to any identical or substantially similar taxes which are imposed after the date of signature of the Convention in addition to, or in place of, the existing taxes. The competent authorities of the Contracting States shall notify each other of significant changes made to their tax law.

Chapter II. Definitions

Article 3. General definitions

1. For the purposes of this Convention, unless the context otherwise requires:

(a) The term "person" includes an individual, a company and any other body of persons;

(b) The term "company" means any body corporate or any entity that is treated as a body corporate for tax purposes;

(c) The terms "enterprise of a Contracting State" and "enterprise of the other Contracting State" mean respectively an enterprise carried on by a resident of a Contracting State and an enterprise carried on by a resident of the other Contracting State;

(d) The term "international traffic" means any transport by a ship or aircraft operated by an enterprise that has its place of effective management in a Contracting State, except when the ship or aircraft is operated solely between places in the other Contracting State;

(e) The term "competent authority" means:

(i) (In State A): ....

(ii) (In State B): ....

---

[1] States wishing to do so may follow the widespread practice of including in the title a reference to either the avoidance of double taxation or to both the avoidance of double taxation and the prevention of fiscal evasion.

[2] The Preamble of the Convention shall be drafted in accordance with the constitutional procedures of the Contracting States.

(f) The term "national" means:
(i) any individual possessing the nationality of a Contracting State
(ii) any legal person, partnership or association deriving its status as such from the laws in force in a Contracting State.

2. As regards the application of the Convention at any time by a Contracting State, any term not defined therein shall, unless the context otherwise requires, have the meaning that it has at that time under the law of that State for the purposes of the taxes to which the Convention applies, any meaning under the applicable tax laws of that State prevailing over a meaning given to the term under other laws of that State.

Article 4. Resident

1. For the purposes of this Convention, the term "resident of a Contracting State" means any person who, under the laws of that State, is liable to tax therein by reason of his domicile, residence, place of incorporation, place of management or any other criterion of a similar nature, and also includes that State and any political subdivision or local authority thereof. This term, however, does not include any person who is liable to tax in that State in respect only of income from sources in that State or capital situated therein.

2. Where by reason of the provisions of paragraph 1 an individual is a resident of both Contracting States, then his status shall be determined as follows:
(a) He shall be deemed to be a resident only of the State in which he has a permanent home available to him; if he has a permanent home available to him in both States, he shall be deemed to be a resident only of the State with which his personal and economic relations are closer (centre of vital interests);
(b) If the State in which he has his centre of vital interests cannot be determined, or if he has not a permanent home available to him in either State, he shall be deemed to be a resident only of the State in which he has an habitual abode;
(c) If he has an habitual abode in both States or in neither of them, he shall be deemed to be a resident only of the State of which he is a national;
(d) If he is a national of both States or of neither of them, the competent authorities of the Contracting States shall settle the question by mutual agreement.

3. Where by reason of the provisions of paragraph 1 a person other than an individual is a resident of both Contracting States, then it shall be deemed to be a resident only of the State in which its place of effective management is situated.

Article 5. Permanent establishment

1. For the purposes of this Convention, the term "permanent establishment" means a fixed place of business through which the business of an enterprise is wholly or partly carried on.

2. The term "permanent establishment" includes especially:
(a) A place of management;
(b) S branch;
(c) An office;
(d) A factory;
(e) A workshop;
(f) A mine, an oil or gas well, a quarry or any other place of extraction of natural resources.

3. The term "permanent establishment" also encompasses:
(a) A building site, a construction, assembly or installation project or supervisory activities in connection therewith, but only if such site, project or activities last more than six months;

(b) The furnishing of services, including consultancy services, by an enterprise through employees or other personnel engaged by the enterprise for such purpose, but only if activities of that nature continue (for the same or a connected project) within a Contracting State for a period or periods aggregating more than 183 days in any 12-month period commencing or ending in the fiscal year concerned.

4. Notwithstanding the preceding provisions of this Article, the term "permanent establishment" shall be deemed not to include:

(a) The use of facilities solely for the purpose of storage or display of goods or merchandise belonging to the enterprise;

(b The maintenance of a stock of goods or merchandise belonging to the enterprise solely for the purpose of storage or display;

(c) The maintenance of a stock of goods or merchandise belonging to the enterprise solely for the purpose of processing by another enterprise;

(d) The maintenance of a fixed place of business solely for the purpose of purchasing goods or merchandise or of collecting information, for the enterprise;

(e) The maintenance of a fixed place of business solely for the purpose of carrying on, for the enterprise, any other activity of a preparatory or auxiliary character.

(f) The maintenance of a fixed place of business solely for any combination of activities mentioned in subparagraphs (a) to (e), provided that the overall activity of the fixed place of business resulting from this combination is of a preparatory or auxiliary character.

5. Notwithstanding the provisions of paragraphs 1 and 2, where a person – other than an agent of an independent status to whom paragraph 7 applies – is acting in a Contracting State on behalf of an enterprise of the other Contracting State, that enterprise shall be deemed to have a permanent establishment in the first-mentioned Contracting State in respect of any activities which that person undertakes for the enterprise, if such a person:

(a) Has and habitually exercises in that State an authority to conclude contracts in the name of the enterprise, unless the activities of such person are limited to those mentioned in paragraph 4 which, if exercised through a fixed place of business, would not make this fixed place of business a permanent establishment under the provisions of that paragraph; or

(b) Has no such authority, but habitually maintains in the first-mentioned State a stock of goods or merchandise from which he regularly delivers goods or merchandise on behalf of the enterprise.

6. Notwithstanding the preceding provisions of this Article, an insurance enterprise of a Contracting State shall, except in regard to re-insurance, be deemed to have a permanent establishment in the other Contracting State if it collects premiums in the territory of that other State or insures risks situated therein through a person other than an agent of an independent status to whom paragraph 7 applies.

7. An enterprise of a Contracting State shall not be deemed to have a permanent establishment in the other Contracting State merely because it carries on business in that other State through a broker, general commission agent or any other agent of an independent status, provided that such persons are acting in the ordinary course of their business. However, when the activities of such an agent are devoted wholly or almost wholly on behalf of that enterprise, and conditions are made or imposed between that enterprise and the agent in their commercial and financial relations which differ from those which would have been made between independent enterprises, he will not be considered an agent of an independent status within the meaning of this paragraph.

8. The fact that a company which is a resident of a Contracting State controls or is controlled by a company which is a resident of the other Contracting State, or which

carries on business in that other State (whether through a permanent establishment or otherwise), shall not of itself constitute either company a permanent establishment of the other.

Chapter III. Taxation of income

Article 6. Income from immovable property

1. Income derived by a resident of a Contracting State from immovable property (including income from agriculture or forestry) situated in the other Contracting State may be taxed in that other State.

2 The term "immovable property" shall have the meaning which it has under the law of the Contracting State in which the property in question is situated. The term shall in any case include property accessory to immovable property, livestock and equipment used in agriculture and forestry, rights to which the provisions of general law respecting landed property apply, usufruct of immovable property and rights to variable or fixed payments as consideration for the working of, or the right to work, mineral deposits, sources and other natural resources; ships, boats and aircraft shall not be regarded as immovable property.

3. The provisions of paragraph 1 shall also apply to income derived from the direct use, letting or use in any other form of immovable property.

4. The provisions of paragraphs 1 and 3 shall also apply to the income from immovable property of an enterprise and to income from immovable property used for the performance of independent personal services.

Article 7. Business profits

1. The profits of an enterprise of a Contracting State shall be taxable only in that State unless the enterprise carries on business in the other Contracting State through a permanent establishment situated therein. If the enterprise carries on business as aforesaid, the profits of the enterprise may be taxed in the other State but only so much of them as is attributable to (a) that permanent establishment; (b) sales in that other State of goods or merchandise of the same or similar kind as those sold through that permanent establishment; or (c) other business activities carried on in that other State of the same or similar kind as those effected through that permanent establishment.

2. Subject to the provisions of paragraph 3, where an enterprise of a Contracting State carries on business in the other Contracting State through a permanent establishment situated therein, there shall in each Contracting State be attributed to that permanent establishment the profits which it might be expected to make if it were a distinct and separate enterprise engaged in the same or similar activities under the same or similar conditions and dealing wholly independently with the enterprise of which it is a permanent establishment.

3. In the determination of the profits of a permanent establishment, there shall be allowed as deductions expenses which are incurred for the purposes of the business of the permanent establishment including executive and general administrative expenses so incurred, whether in the State in which the permanent establishment is situated or elsewhere. However, no such deduction shall be allowed in respect of amounts, if any, paid (otherwise than towards reimbursement of actual expenses) by the permanent establishment to the head office of the enterprise or any of its other offices, by way of royalties, fees or other similar payments in return for the use of patents or other rights, or by way of commission, for specific services performed or for management, or, except in the case of a banking enterprise, by way of interest on moneys lent to the permanent establishment. Likewise, no account shall be taken, in the determination of the profits of

a permanent establishment, for amounts charged (otherwise than towards reimbursement of actual expenses), by the permanent establishment to the head office of the enterprise or any of its other offices, by way of royalties, fees or other similar payments in return for the use of patents or other rights, or by way of com-mission for specific services performed or for management, or, except in the case of a banking enterprise, by way of interest on moneys lent to the head office of the enterprise or any of its other offices.

4. In so far as it has been customary in a Contracting State to determine the profits to be attributed to a permanent establishment on the basis of an apportionment of the total profits of the enterprise to its various parts, nothing in paragraph 2 shall preclude that Contracting State from determining the profits to be taxed by such an apportionment as may be customary; the method of apportionment adopted shall, however, be such that the result shall be in accordance with the principles contained in this Article.

5. For the purposes of the preceding paragraphs, the profits to be attributed to the permanent establishment shall be determined by the same method year by year unless there is good and sufficient reason to the contrary.

6. Where profits include items of income which are dealt with separately in other Articles of this Convention, then the provisions of those Articles shall not be affected by the provisions of this Article.

(NOTE: The question of whether profits should be attributed to a permanent establishment by reason of the mere purchase by that permanent establishment of goods and merchandise for the enterprise was not resolved. It should therefore be settled in bilateral negotiations.)

Article 8. Shipping, inland waterways transport and air transport

Article 8 (alternative A)

1. Profits from the operation of ships or aircraft in international trafic shall be taxable only in the Contracting State in which the place of effective management of the enterprise is situated.

2. Profits from the operation of boats engaged in inland waterways transport shall be taxable only in the Contracting State in which the place of effective management of the enterprise is situated.

3. If the place of effective management of a shipping enterprise or of an inland waterways transport enterprise is aboard a ship or a boat, then it shall be deemed to be situated in the Contracting State in which the home harbour of the ship or boat is situated, or, if there is no such home harbour, in the Contracting State of which the operator of the ship or boat is a resident.

4. The provisions of paragraph 1 shall also apply to profits from the participation in a pool, a joint business or an international operating agency.

Article 8 (alternative B)

1. Profits from the operation of aircraft in international trafic shall be taxable only in the Contracting State in which the place of effective management of the enterprise is situated.

2. Profits from the operation of ships in international trafic shall be taxable only in the Contracting State in which the place of effective management of the enterprise is situated unless the shipping activities arising from such operation in the other Contracting State are more than casual. If such activities are more than casual, such profits may be taxed in that other State. The profits to be taxed in that other State shall be determined on the basis of an appropriate allocation of the overall net profits derived by the

enterprise from its shipping operations. The tax computed in accordance with such allocation shall then be reduced by __ per cent. (The percentage is to be established through bilateral negotiations.)

3. Profits from the operation of boats engaged in inland waterways transport shall be taxable only in the Contracting State in which the place of effective management of the enterprise is situated.

4. If the place of effective management of a shipping enterprise or of an inland waterways transport enterprise is aboard a ship or boat, then it shall be deemed to be situated in the Contracting State in which the home harbour of the ship or boat is situated, or if there is no such home harbour, in the Contracting State of which the operator of the ship or boat is a resident.

5. The provisions of paragraphs 1 and 2 shall also apply to profits from the participation in a pool, a joint business or an international operating agency.

Article 9. Associated enterprises

1. Where:

(a) an enterprise of a Contracting State participates directly or indirectly in the management, control or capital of an enterprise of the other Contracting State, or

(b) the same persons participate directly or indirectly in the management, control or capital of an enterprise of a Contracting State and an enterprise of the other Contracting State,

and in either case conditions are made or imposed between the two enterprises in their commercial or financial relations which differ from those which would be made between independent enterprises, then any profits which would, but for those conditions, have accrued to one of the enterprises, but, by reason of those conditions, have not so accrued, may be included in the profits of that enterprise and taxed accordingly.

2. Where a Contracting State includes in the profits of an enterprise of that State – and taxes accordingly – profits on which an enterprise of the other Contracting State has been charged to tax in that other State and the profits so included are profits which would have accrued to the enterprise of the first-mentioned State if the conditions made between the two enterprises had been those which would have been made between independent enterprises, then that other State shall make an appropriate adjustment to the amount of the tax charged therein on those profits. In determining such adjustment, due regard shall be had to the other provisions of the Convention and the competent authorities of the Contracting States shall, if necessary, consult each other.

3. The provisions of paragraph 2 shall not apply where judicial, administrative or other legal proceedings have resulted in a final ruling that by actions giving rise to an adjustment of profits under paragraph 1, one of the enterprises concerned is liable to penalty with respect to fraud, gross negligence or wilful default.

Article 10. Dividends

1. Dividends paid by a company which is a resident of a Contracting State to a resident of the other Contracting State may be taxed in that other State.

2. However, such dividends may also be taxed in the Contracting State of which the company paying the dividends is a resident and according to the laws of that State, but if the beneficial owner of the dividends is a resident of the other Contracting State, the tax so charged shall not exceed:

(a) __ per cent (the percentage is to be established through bilateral negotiations) of the gross amount of the dividends if the beneficial owner is a company (other than a partnership) which holds directly at least 10 per cent of the capital of the company paying the dividends;

(b) __ per cent (the percentage is to be established through bilateral negotiations) of the gross amount of the dividends in all other cases.

The competent authorities of the Contracting States shall by mutual agreement settle the mode of application of these limitations.

This paragraph shall not affect the taxation of the company in respect of the profits out of which the dividends are paid.

3. The term "dividends" as used in this Article means income from shares, "jouissance" shares or "jouissance" rights, mining shares, founders' shares or other rights, not being debt claims, participating in profits, as well as income from other corporate rights which is subjected to the same taxation treatment as income from shares by the laws of the State of which the company making the distribution is a resident.

4. The provisions of paragraphs 1 and 2 shall not apply if the beneficial owner of the dividends, being a resident of a Contracting State, carries on business in the other Contracting State of which the company paying the dividends is a resident, through a permanent establishment situated therein, or performs in that other State independent personal services from a fixed base situated therein, and the holding in respect of which the dividends are paid is effectively connected with such permanent establishment or fixed base. In such case the provisions of Article 7 or Article 14, as the case may be, shall apply.

5. Where a company which is a resident of a Contracting State derives profits or income from the other Contracting State, that other State may not impose any tax on the dividends paid by the company, except in so far as such dividends are paid to a resident of that other State or in so far as the holding in respect of which the dividends are paid is effectively connected with a permanent establishment or a fixed base situated in that other State, nor subject the company's undistributed profits to a tax on the company's undistributed profits, even if the dividends paid or the undistributed profits consist wholly or partly of profits or income arising in such other State.

Article 11. Interest

1. Interest arising in a Contracting State and paid to a resident of the other Contracting State may be taxed in that other State.

2. However, such interest may also be taxed in the Contracting State in which it arises and according to the laws of that State, but if the beneficial owner of the interest is a resident of the other Contracting State, the tax so charged shall not exceed __ per cent (the percentage is to be established through bilateral negotiations) of the gross amount of the interest. The competent authorities of the Contracting States shall by mutual agreement settle the mode of application of this limitation.

3. The term "interest" as used in this Article means income from debt claims of every kind, whether or not secured by mortgage and whether or not carrying a right to participate in the debtor's profits, and in particular, income from government securities and income from bonds or debentures, including premiums and prizes attaching to such securities, bonds or debentures. Penalty charges for late payment shall not be regarded as interest for the purpose of this Article.

4. The provisions of paragraphs 1 and 2 shall not apply if the beneficial owner of the interest, being a resident of a Contracting State, carries on business in the other Contracting State in which the interest arises, through a permanent establishment situated therein, or performs in that other State independent personal services from a fixed base situated therein, and the debt claim in respect of which the interest is paid is effectively connected with (a) such permanent establishment or fixed base, or with (b) business activities referred to in (c) of paragraph 1 of Article 7. In such cases the provisions of Article 7 or Article 14, as the case may be, shall apply.

5. Interest shall be deemed to arise in a Contracting State when the payer is a resident of that State. Where, however, the person paying the interest, whether he is a resident of a Contracting State or not, has in a Contracting State a permanent establishment or a fixed base in connection with which the indebtedness on which the interest is paid was incurred, and such interest is borne by such permanent establishment or fixed base, then such interest shall be deemed to arise in the State in which the permanent establishment or fixed base is situated.

6. Where, by reason of a special relationship between the payer and the beneficial owner or between both of them and some other person, the amount of the interest, having regard to the debt claim for which it is paid, exceeds the amount which would have been agreed upon by the payer and the beneficial owner in the absence of such relationship, the provisions of this Article shall apply only to the last-mentioned amount. In such case, the excess part of the payments shall remain taxable according to the laws of each Contracting State, due regard being had to the other provisions of this Convention

Article 12. Royalties

1. Royalties arising in a Contracting State and paid to a resident of the other Contracting State may be taxed in that other State.

2. However, such royalties may also be taxed in the Contracting State in which they arise and according to the laws of that State, but if the beneficial owner of the royalties is a resident of the other Contracting State, the tax so charged shall not exceed __ per cent (the percentage is to be established through bilateral negotiations) of the gross amount of the royalties. The competent authorities of the Contracting States shall by mutual agreement settle the mode of application of this limitation.

3. The term "royalties" as used in this Article means payments of any kind received as a consideration for the use of, or the right to use, any copyright of literary, artistic or scientific work including cinematograph films, or films or tapes used for radio or television broadcasting, any patent, trade-mark, design or model, plan, secret formula or process, or for the use of, or the right to use, industrial, commercial or scientific equipment or for information concerning industrial, commercial or scientific experience.

4. The provisions of paragraphs 1 and 2 shall not apply if the beneficial owner of the royalties, being a resident of a Contracting State, carries on business in the other Contracting State in which the royalties arise, through a permanent establishment situated therein, or performs in that other State independent personal services from a fixed base situated therein, and the right or property in respect of which the royalties are paid is effectively connected with (a) such permanent establishment or fixed base, or with (b) business activities referred to in (c) of paragraph 1 of Article 7. In such cases the provisions of Article 7 or Article 14, as the case may be, shall apply.

5. Royalties shall be deemed to arise in a Contracting State when the payer is a resident of that State. Where, however, the person paying the royalties, whether he is a resident of a Contracting State or not, has in a Contracting State a permanent establishment or a fixed base in connection with which the liability to pay the royalties was incurred, and such royalties are borne by such permanent establishment or fixed base, then such royalties shall be deemed to arise in the State in which the permanent establishment or fixed base is situated.

6. Where by reason of a special relationship between the payer and the beneficial owner or between both of them and some other person, the amount of the royalties, having regard to the use, right or information for which they are paid, exceeds the amount which would have been agreed upon by the payer and the beneficial owner in the absence of such relationship, the provisions of this Article shall apply only to the last-

mentioned amount. In such case, the excess part of the payments shall remain taxable according to the laws of each Contracting State, due regard being had to the other provisions of this Convention.

Article 13. Capital gains

1. Gains derived by a resident of a Contracting State from the alienation of immovable property referred to in Article 6 and situated in the other Contracting State may be taxed in that other State.

2. Gains from the alienation of movable property forming part of the business property of a permanent establishment which an enterprise of a Contracting State has in the other Contracting State or of movable property pertaining to a fixed base available to a resident of a Contracting State in the other Contracting State for the purpose of performing independent personal services, including such gains from the alienation of such a permanent establishment (alone or with the whole enterprise) or of such fixed base, may be taxed in that other State.

3. Gains from the alienation of ships or aircraft operated in international trafic, boats engaged in inland waterways transport or movable property pertaining to the operation of such ships, aircraft or boats, shall be taxable only in the Contracting State in which the place of effective management of the enterprise is situated.

4. Gains from the alienation of shares of the capital stock of a company, or of an interest in a partnership, trust or estate, the property of which consists directly or indirectly principally of immovable property situated in a Contracting State may be taxed in that State. In particular:

(a) Nothing contained in this paragraph shall apply to a company, partnership, trust or estate, other than a company, partnership, trust or estate engaged in the business of management of immovable proper-ties, the property of which consists directly or indirectly principally of immovable property used by such company, partnership, trust or estate in its business activities.

(b) For the purposes of this paragraph, "principally" in relation to ownership of immovable property means the value of such immovable property exceeding 50 per cent of the aggregate value of all assets owned by the company, partnership, trust or estate.

5. Gains, other than those to which paragraph 4 applies, derived by a resident of a Contracting State from the alienation of shares of a company which is a resident of the other Contracting State, may be taxed in that other State if the alienator, at any time during the 12-month period preceding such alienation, held directly or indirectly at least __ per cent (the percentage is to be established through bilateral negotiations) of the capital of that company.

6. Gains from the alienation of any property other than that referred to in paragraphs 1, 2, 3, 4 and 5 shall be taxable only in the Contracting State of which the alienator is a resident.

Article 14. Independent personal services

1. Income derived by a resident of a Contracting State in respect of professional services or other activities of an independent character shall be taxable only in that State except in the following circumstances, when such income may also be taxed in the other Contracting State:

(a) If he has a fixed base regularly available to him in the other Contracting State for the purpose of performing his activities; in that case, only so much of the income as is attributable to that fixed base may be taxed in that other Contracting State; or

(b) If his stay in the other Contracting State is for a period or periods amounting to or exceeding in the aggregate 183 days in any twelvemonth period commencing or ending in the fiscal year concerned; in that case, only so much of the income as is derived from his activities performed in that other State may be taxed in that other State.

2. The term "professional services" includes especially independent scientific, literary, artistic, educational or teaching activities as well as the independent activities of physicians, lawyers, engineers, architects, dentists and accountants.

Article 15. Dependent personal services

1. Subject to the provisions of Articles 16, 18 and 19, salaries, wages and other similar remuneration derived by a resident of a Contracting State in respect of an employment shall be taxable only in that State unless the employment is exercised in the other Contracting State. If the employment is so exercised, such remuneration as is derived therefrom may be taxed in that other State.

2. Notwithstanding the provisions of paragraph 1, remuneration derived by a resident of a Contracting State in respect of an employment exercised in the other Contracting State shall be taxable only in the first-mentioned State if:

(a) The recipient is present in the other State for a period or periods not exceeding in the aggregate 183 days in any twelve-month period commencing or ending in the fiscal year concerned; and

(b) The remuneration is paid by, or on behalf of, an employer who is not a resident of the other State; and

(c) The remuneration is not borne by a permanent establishment or a fixed base which the employer has in the other State.

3. Notwithstanding the preceding provisions of this Article, remuneration derived in respect of an employment exercised aboard a ship or aircraft operated in international trafic, or aboard a boat engaged in inland waterways transport, may be taxed in the Contracting State in which the place of effective management of the enterprise is situated.

Article 16. Directors' fees and remuneration of top-level managerial officials

1. Directors' fees and other similar payments derived by a resident of a Contracting State in his capacity as a member of the Board of Directors of a company which is a resident of the other Contracting State may be taxed in that other State.

2. Salaries, wages and other similar remuneration derived by a resident of a Contracting State in his capacity as an official in a top-level managerial position of a company which is a resident of the other Contracting State may be taxed in that other State.

Article 17. Artistes and sportspersons

1. Notwithstanding the provisions of Articles 14 and 15, income derived by a resident of a Contracting State as an entertainer, such as a theatre, motion picture, radio or television artiste, or a musician, or as a sportsperson, from his personal activities as such exercised in the other Contracting State, may be taxed in that other State.

2. Where income in respect of personal activities exercised by an entertainer or a sportsperson in his capacity as such accrues not to the entertainer or sportsperson himself but to another person, that income may, notwith-standing the provisions of Articles 7, 14 and 15, be taxed in the Contracting State in which the activities of the entertainer or sportsperson are exercised.

Article 18. Pensions and social security payments

Article 18 (alternative A)

1. Subject to the provisions of paragraph 2 of Article 19, pensions and other similar remuneration paid to a resident of a Contracting State in consideration of past employment shall be taxable only in that State.

2. Notwithstanding the provisions of paragraph 1, pensions paid and other payments made under a public scheme which is part of the social security system of a Contracting State or a political subdivision or a local authority thereof shall be taxable only in that State.

Article 18 (alternative B)

1. Subject to the provisions of paragraph 2 of Article 19, pensions and other similar remuneration paid to a resident of a Contracting State in consideration of past employment may be taxed in that State.

2. However, such pensions and other similar remuneration may also be taxed in the other Contracting State if the payment is made by a resident of that other State or a permanent establishment situated therein.

3. Notwithstanding the provisions of paragraphs 1 and 2, pensions paid and other payments made under a public scheme which is part of the social security system of a Contracting State or a political subdivision or a local authority thereof shall be taxable only in that State.

Article 19. Government service

1.

(a) Salaries, wages and other similar remuneration paid by a Contracting State or a political subdivision or a local authority thereof to an individual in respect of services rendered to that State or subdivision or authority shall be taxable only in that State.

(b) However, such salaries, wages and other similar remuneration shall be taxable only in the other Contracting State if the services are rendered in that other State and the individual is a resident of that State who:

(i) is a national of that State; or

(ii) did not become a resident of that State solely for the purpose of rendering the services.

2.

(a) Notwithstanding the provisions of paragraph 1, pensions and other similar remuneration paid by, or out of funds created by, a Contracting State or a political subdivision or a local authority thereof to an individual in respect of services rendered to that State or subdivision or authority shall be taxable only in that State.

(b) However, such pensions and other similar remuneration shall be taxable only in the other Contracting State if the individual is a resident of, and a national of, that other State.

3. The provisions of Articles 15, 16, 17 and 18 shall apply to salaries, wages, pensions, and other similar remuneration in respect of services rendered in connection with a business carried on by a Contracting State or apolitical subdivision or a local authority thereof.

Article 20. Students

Payments which a student or business trainee or apprentice who is or was immediately before visiting a Contracting State a resident of the other Contracting State and who is present in the first-mentioned State solely for the purpose of his education or training receives for the purpose of his maintenance, education or training shall not be taxed in that State, provided that such payments arise from sources outside that State.

Article 21. Other income

1. Items of income of a resident of a Contracting State, wherever arising, not dealt with in the foregoing Articles of this Convention shall be taxable only in that State.

2. The provisions of paragraph 1 shall not apply to income, other than income from immovable property as defined in paragraph 2 of Article 6, if the recipient of such income, being a resident of a Contracting State, carries on business in the other Contracting State through a permanent establishment situated therein, or performs in that other State independent personal services from a fixed base situated therein, and the right or property in respect of which the income is paid is effectively connected with such permanent establishment or fixed base. In such case the provisions of Article 7 or Article 14, as the case may be, shall apply.

3. Notwithstanding the provisions of paragraphs 1 and 2, items of income of a resident of a Contracting State not dealt with in the foregoing Articles of this Convention and arising in the other Contracting State may also be taxed in that other State.

Chapter IV. Taxation of capital

Article 22. Capital

1. Capital represented by immovable property referred to in Article 6, owned by a resident of a Contracting State and situated in the other Contracting State, may be taxed in that other State.

2. Capital represented by movable property forming part of the business property of a permanent establishment which an enterprise of a Contracting State has in the other Contracting State or by movable property pertaining to a fixed base available to a resident of a Contracting State in the other Contracting State for the purpose of performing independent personal services may be taxed in that other State.

3. Capital represented by ships and aircraft operated in international trafic and by boats engaged in inland waterways transport, and by movable property pertaining to the operation of such ships, aircraft and boats, shall be taxable only in the Contracting State in which the place of effective management of the enterprise is situated.

[4. All other elements of capital of a resident of a Contracting State shall be taxable only in that State.]

(The question of the taxation of all other elements of capital of a resident of a Contracting State is left to bilateral negotiations. Should the negotiating parties decide to include in the Convention an article on the taxation of capital, they will have to determine whether to use the wording of paragraph 4 as shown or wording that leaves taxation to the State in which the capital is located.)

Chapter V. Methods for elimination of double taxation

Article 23 A. Exemption method

1. Where a resident of a Contracting State derives income or owns capital which, in accordance with the provisions of this Convention, may be taxed in the other Contracting State, the first-mentioned State shall, subject to the provisions of paragraphs 2 and 3, exempt such income or capital from tax.

2. Where a resident of a Contracting State derives items of income which, in accordance with the provisions of Articles 10, 11 and 12, may be taxed in the other Contract-

ing State, the first-mentioned State shall allow as a deduction from the tax on the income of that resident an amount equal to the tax paid in that other State. Such deduction shall not, however, exceed that part of the tax, as computed before the deduction is given, which is attributable to such items of income derived from that other State.

3. Where in accordance with any provision of this Convention income derived or capital owned by a resident of a Contracting State is exempt from tax in that State, such State may nevertheless, in calculating the amount of tax on the remaining income or capital of such resident, take into account the exempted income or capital.

Article 23 B Credit method

1. Where a resident of a Contracting State derives income or owns capital which, in accordance with the provisions of this Convention, may be taxed in the other Contracting State, the first-mentioned State shall allow as a deduction from the tax on the income of that resident an amount equal to the income tax paid in that other State; and as a deduction from the tax on the capital of that resident, an amount equal to the capital tax paid in that other State. Such deduction in either case shall not, however, exceed that part of the income tax or capital tax, as computed before the deduction is given, which is attributable, as the case may be, to the income or the capital which may be taxed in that other State.

2. Where, in accordance with any provision of this Convention, income derived or capital owned by a resident of a Contracting State is exempt from tax in that State, such State may nevertheless, in calculating the amount of tax on the remaining income or capital of such resident, take into account the exempted income or capital.

Chapter VI. Special provisions

Article 24. Non-discrimination

1. Nationals of a Contracting State shall not be subjected in the other Contracting State to any taxation or any requirement connected therewith which is other or more burdensome than the taxation and connected requirements to which nationals of that other State in the same circumstances, in particular with respect to residence, are or may be subjected. This provision shall, notwithstanding the provisions of Article 1, also apply to persons who are not residents of one or both of the Contracting States.

2. Stateless persons who are residents of a Contracting State shall not be subjected in either Contracting State to any taxation or any requirement connected therewith which is other or more burdensome than the taxation and connected requirements to which nationals of the State concerned in the same circumstances, in particular with respect to residence, are or may be subjected.

3. The taxation on a permanent establishment which an enterprise of a Contracting State has in the other Contracting State shall not be less favourably levied in that other State than the taxation levied on enterprises of that other State carrying on the same activities. This provision shall not be construed as obliging a Contracting State to grant to residents of the other Contracting State any personal allowances, reliefs and reductions for taxation purposes on account of civil status or family responsibilities which it grants to its own residents.

4. Except where the provisions of paragraph 1 of Article 9, paragraph 6 of Article 11, or paragraph 6 of Article 12 apply, interest, royalties and other disbursements paid by an enterprise of a Contracting State to a resident of the other Contracting State shall, for the purpose of determining the taxable profits of such enterprise, be deductible under the same conditions as if they had been paid to a resident of the first-mentioned State.

Similarly, any debts of an enterprise of a Contracting State to a resident of the other Contracting State shall, for the purpose of determining the taxable capital of such enterprise, be deductible under the same conditions as if they had been contracted to a resident of the first-mentioned State.

5. Enterprises of a Contracting State, the capital of which is wholly or partly owned or controlled, directly or indirectly, by one or more residents of the other Contracting State, shall not be subjected in the first-mentioned State to any taxation or any requirement connected therewith which is other or more burdensome than the taxation and connected requirements to which other similar enterprises of the first-mentioned State are or may be subjected.

6. The provisions of this Article shall, notwithstanding the provisions of Article 2, apply to taxes of every kind and description.

Article 25. Mutual agreement procedure (alternatives A and B)

Article 25 (alternative A)

1. Where a person considers that the actions of one or both of the Contracting States result or will result for him in taxation not in accordance with the provisions of this Convention, he may, irrespective of the remedies provided by the domestic law of those States, present his case to the competent authority of the Contracting State of which he is a resident or, if his case comes under paragraph 1 of Article 24, to that of the Contracting State of which he is a national. The case must be presented within three years from the first notification of the action resulting in taxation not in accordance with the provisions of the Convention.

2. The competent authority shall endeavour, if the objection appears to it to be justified and if it is not itself able to arrive at a satisfactory solution, to resolve the case by mutual agreement with the competent authority of the other Contracting State, with a view to the avoidance of taxation which is not in accordance with this Convention. Any agreement reached shall be implemented notwithstanding any time limits in the domestic law of the Contracting States.

3. The competent authorities of the Contracting States shall endeavour to resolve by mutual agreement any difficulties or doubts arising as to the interpretation or application of the Convention. They may also consult together for the elimination of double taxation in cases not provided for in the Convention.

4. The competent authorities of the Contracting States may communicate with each other directly, including through a joint commission consisting of themselves or their representatives, for the purpose of reaching an agreement in the sense of the preceding paragraphs. The competent authorities, through consultations, may develop appropriate bilateral procedures, conditions, methods and techniques for the implementation of the mutual agreement procedure provided for in this Article.

Article 25 (alternative B)

1. Where a person considers that the actions of one or both of the Contracting States result or will result for him in taxation not in accordance with the provisions of this Convention, he may, irrespective of the remedies provided by the domestic law of those States, present his case to the competent authority of the Contracting State of which he is a resident or, if his case comes under paragraph 1 of Article 24, to that of the Contracting State of which he is a national. The case must be presented within three years from the first notification of the action resulting in taxation not in accordance with the provisions of the Convention.

2. The competent authority shall endeavour, if the objection appears to it to be justified and if it is not itself able to arrive at a satisfactory solution, to resolve the case by mutual agreement with the competent authority of the other Contracting State, with a view to the avoidance of taxation which is not in accordance with this Convention. Any agreement reached shall be implemented notwithstanding any time limits in the domestic law of the Contracting States.

3. The competent authorities of the Contracting States shall endeavour to resolve by mutual agreement any difficulties or doubts arising as to the interpretation or application of the Convention. They may also consult together for the elimination of double taxation in cases not provided for in the Convention.

4. The competent authorities of the Contracting States may communicate with each other directly, including through a joint commission consisting of themselves or their representatives, for the purpose of reaching an agreement in the sense of the preceding paragraphs. The competent authorities, through consultations, may develop appropriate bilateral procedures, conditions, methods and techniques for the implementation of the mutual agreement procedure provided for in this Article.

5. Where,

(a) under paragraph 1, a person has presented a case to the competent authority of a Contracting State on the basis that the actions of one or Articles 25 and 26 both of the Contracting States have resulted for that person in taxation not in accordance with the provisions of this Convention, and

(b) the competent authorities are unable to reach an agreement to resolve that case pursuant to paragraph 2 within three years from the presentation of the case to the competent authority of the other Contracting State,

any unresolved issues arising from the case shall be submitted to arbitration if either competent authority so requests. The person who has presented the case shall be notified of the request. These unresolved issues shall not, however, be submitted to arbitration if a decision on these issues has already been rendered by a court or administrative tribunal of either State. The arbitration decision shall be binding on both States and shall be implemented notwithstanding any time limits in the domestic laws of these States unless both competent authorities agree on a different solution within six months afer the decision has been communicated to them or unless a person directly affected by the case does not accept the mutual agreement that implements the arbitration decision. The competent authorities of the Contracting States shall by mutual agreement settle the mode of application of this paragraph.

Article 26. Exchange of information

1. The competent authorities of the Contracting States shall exchange such information as is foreseeably relevant for carrying out the provisions of this Convention or to the administration or enforcement of the domestic laws of the Contracting States concerning taxes of every kind and description imposed on behalf of the Contracting States, or of their political subdivisions or local authorities, insofar as the taxation thereunder is not contrary to the Convention. In particular, information shall be exchanged that would be helpful to a Contracting State in preventing avoidance or evasion of such taxes. The exchange of information is not restricted by Articles 1 and 2.

2. Any information received under paragraph 1 by a Contracting State shall be treated as secret in the same manner as information obtained under the domestic laws of that State and it shall be disclosed only to persons or authorities (including courts and administrative bodies) concerned with the assessment or collection of, the enforcement or prosecution in respect of, or the determination of appeals in relation to, the taxes referred to in paragraph 1, or the oversight of the above. Such persons or authorities

shall use the information only for such purposes. They may disclose the information in public court proceedings or in judicial decisions.

3. In no case shall the provisions of paragraphs 1 and 2 be construed so as to impose on a Contracting State the obligation:

(a) To carry out administrative measures at variance with the laws and administrative practice of that or of the other Contracting State;

(b) To supply information which is not obtainable under the laws or in the normal course of the administration of that or of the other Contracting State;

(c) To supply information which would disclose any trade, business, industrial, commercial or professional secret or trade process, or information, the disclosure of which would be contrary to public policy (ordre public).

4. If information is requested by a Contracting State in accordance with this Article, the other Contracting State shall use its information gathering measures to obtain the requested information, even though that other State may not need such information for its own tax purposes. The obligation contained in the preceding sentence is subject to the limitations of paragraph 3 but in no case shall such limitations be construed to permit a Contracting State to decline to supply information solely because it has no domestic interest in such information.

5. In no case shall the provisions of paragraph 3 be construed to permit a Contracting State to decline to supply information solely because the information is held by a bank, other financial institution, nominee or person acting in an agency or a fiduciary capacity or because it relates to ownership interests in a person.

6. The competent authorities shall, through consultation, develop appropriate methods and techniques concerning the matters in respect of which exchanges of information under paragraph 1 shall be made.

Article 27. Assistance in the collection of taxes[1]

1. The Contracting States shall lend assistance to each other in the collection of revenue claims. This assistance is not restricted by Articles 1 and 2. The competent authorities of the Contracting States may by mutual agreement settle the mode of application of this Article.

2. The term "revenue claim" as used in this Article means an amount owed in respect of taxes of every kind and description imposed on behalf of the Contracting States, or of their political subdivisions or local authorities, insofar as the taxation thereunder is not contrary to this Convention or any other instrument to which the Contracting States are parties, as well as interest, administrative penalties and costs of collection or conservancy related to such amount.

3. When a revenue claim of a Contracting State is enforceable under the laws of that State and is owed by a person who, at that time, cannot, under the laws of that State, prevent its collection, that revenue claim shall, at the request of the competent authority of that State, be accepted for purposes of collection by the competent authority of the other Contracting State. Tat revenue claim shall be collected by that other State in accordance with the provisions of its laws applicable to the enforcement and collection of its own taxes as if the revenue claim were a revenue claim of that other State.

---

[1] In some countries, national law, policy or administrative considerations may not allow or justify the type of assistance envisaged under this Article or may require that this type of assistance be restricted, e.g. to countries that have similar tax systems or tax administrations or as to the taxes covered. For that reason, the Article should only be included in the Convention where each State concludes that, based on the factors described in paragraph 1 of the Commentary on the Article, they can agree to provide assistance in the collection of taxes levied by the other State.

4. When a revenue claim of a Contracting State is a claim in respect of which that State may, under its law, take measures of conservancy with a view to ensure its collection, that revenue claim shall, at the request of the competent authority of that State, be accepted for purposes of taking measures of conservancy by the competent authority of the other Contracting State. Tat other State shall take measures of conservancy in respect of that revenue claim in accordance with the provisions of its laws as if the revenue claim were a revenue claim of that other State even if, at the time when such measures are applied, the revenue claim is not enforceable in the first-mentioned State or is owed by a person who has a right to prevent its collection.

5. Notwithstanding the provisions of paragraphs 3 and 4, a revenue claim accepted by a Contracting State for purposes of paragraph 3 or 4 shall not, in that State, be subject to the time limits or accorded any priority applicable to a revenue claim under the laws of that State by reason of its nature as such. In addition, a revenue claim accepted by a Contracting State for the purposes of paragraph 3 or 4 shall not, in that State, have any priority applicable to that revenue claim under the laws of the other Contracting State.

6. Proceedings with respect to the existence, validity or the amount of a revenue claim of a Contracting State shall not be brought before the courts or administrative bodies of the other Contracting State.

7. Where, at any time after a request has been made by a Contracting State under paragraph 3 or 4 and before the other Contracting State has collected and remitted the relevant revenue claim to the first-mentioned State, the relevant revenue claim ceases to be:

(a) in the case of a request under paragraph 3, a revenue claim of the first-mentioned State that is enforceable under the laws of that State and is owed by a person who, at that time, cannot, under the laws of that State, prevent its collection, or

(b) in the case of a request under paragraph 4, a revenue claim of the first-mentioned State in respect of which that State may, under its laws, take measures of conservancy with a view to ensure its collection, the competent authority of the first-mentioned State shall promptly notify the competent authority of the other State of that fact and, at the option of the other State, the first-mentioned State shall either suspend or withdraw its request.

8. In no case shall the provisions of this Article be construed so as to impose on a Contracting State the obligation:

(a) to carry out administrative measures at variance with the laws and administrative practice of that or of the other Contracting State;

(b) to carry out measures which would be contrary to public policy (ordre public);

(c) to provide assistance if the other Contracting State has not pursued all reasonable measures of collection or conservancy, as the case may be, available under its laws or administrative practice;

(d) to provide assistance in those cases where the administrative burden for that State is clearly disproportionate to the benefit to be derived by the other Contracting State.

Article 28. Members of diplomatic missions and consular posts

Nothing in this Convention shall affect the fiscal privileges of members of diplomatic missions or consular posts under the general rules of international law or under the provisions of special agreements.

Chapter VII. Final provisions

Article 29. Entry into force

1. This Convention shall be ratified and the instruments of ratification shall be exchanged at ________________ as soon as possible.

2. The Convention shall enter into force upon the exchange of instruments of ratification and its provisions shall have effect:

(a) (In State A): ....
(b) (In State B): ....

Article 30. Termination

This Convention shall remain in force until terminated by a Contracting State. Either Contracting State may terminate the Convention, through diplomatic channels, by giving notice of termination at least six months before the end of any calendar year after the year ____. In such event, the Convention shall cease to have effect:
(a) (In State A): ....
(b) (In State B): ....

TERMINAL CLAUSE

NOTE: The provisions relating to the entry into force and termination and the terminal clause concerning the signing of the Convention shall be drafted in accordance with the constitutional procedure of both Contracting States.

Sachverzeichnis

Fette Zahlen verweisen auf den Artikel, magere Zahlen auf die Randnummern.

Sachverzeichnis